NUEVO DICCIONARIO POLITECNICO DE LAS LENGUAS ESPAÑOLA E INGLESA

Volumen SEGUNDO

Español / Inglés

NEW POLYTECHNIC DICTIONARY OF SPANISH AND ENGLISH LANGUAGE

SECOND Volume

Spanish / English

Federico Beigbeder Atienza

NUEVO DICCIONARIO POLITECNICO DE LAS LENGUAS ESPAÑOLA E INGLESA

Volumen SEGUNDO

ESPAÑOL-INGLES

Ediciones DIAZ DE SANTOS, S.A.

Madrid, 1988

Federico Beigbeder Atienza

NEW POLYTECHNIC DICTIONARY OF SPANISH AND ENGLISH LANGUAGE

SECOND Volume

SPANISH-ENGLISH

Ediciones DIAZ DE SANTOS, S.A.

Madrid, 1988

C/ Juan Bravo, 3-A
Madrid 28006

Publicación subvencionada parcialmente por el Ministerio de Cultura.

Esta obra ha sido impresa en papel especialmente fabricado por Miquel y Costas & Miquel, S. A.-Barcelona-España.

I.S.B.N.: 84-86251-71-0
I.S.B.N.: Volumen Segundo: 84-86251-73-7

Depósito legal: M.-1733-1988

Diseño de portada: DIDOT
Tratamiento informático y fotocomposición: DIDOT
C/ Nervión, 3, 5.°
BILBAO-1

Encuadernación: ENCOVER, S. A.
C/ Avda. de Cervantes, 59
ARIZ-BASAURI (Vizcaya)

Impreso en LAVEL
Los Llanos, Nave 6
Humanes
Madrid

Tabla de Materias

Volumen Segundo

Table of Contents

Second Volume

Preface

English and Spanish-speaking communities have never before enjoyed such an open and constant relationship. As well intercommunications among countries, an interdependent relationship in technical and commercial fields has now been established. This bilingual polytechnic dictionary will serve as an additional link between these two languages which are in turn the means of expressing a culture.

English and Spanish are two important languages universally recognized as reference tools by all international organizations. The usage of this dictionary should ease the task of technicians, scientists and translators. This work includes the current morphology of both languages as well as the latest terms resulting from the most important advances in the field of science and technology. It also supplies direct, accurate and thorough solutions to the problems related to bilingual technology. Likewise, it reduces the need to refer to other sources to obtain the precise information.

This work is comprised of a very extensive and multi-faceted scientific and technical terminology. Even the most modern and specialized terms from the most advanced fields such as microelectronics, telemechanics, nucleonics, aerospace engineering, data processing and computing, biotechnology, genetic engineering and environmental science have been included. It also encompasses an extended lexicography of economics, public administration, law, armed forces, medicine, and biochemistry because of their intrinsic relationship to modern technology.

The creative ability of the USA as well as its technical, scientific and economic potential has necessitated the development of many new words and expressions in all English-speaking countries. The same has occured in Spanish-speaking countries where new idioms and slang have been created and subsequently incorporated into the current Spanish heritage. The orthographic differences as well as the differences in practical usage between Great Britain and the United States have also been included. Their spelling and semantic variants merit inclusion in this dictionary which aims to contribute to a greater uniformity in the usage of neologisms by the Spanish-speaking community.

My years of experience within the lexicological, educational, translation and research fields have led me to produce for the educated public a work which keeps up with the demand of terminology. It includes the latest technical and scientific developments.

I want to point out the wealth of entries and terms that I have endeavored to give maximun coverage to this English-Spanish volume. It is the most complete polytechnic bilingual dictionary published to date.

This work has been made possible thanks to the interest and dedication of the editor and his team of specialists. I am indebted to each one of them and particularly to Mateo Bárcena Yela, the person responsible for the unrewarding task of revision and correction, and to Margarita Malagón Díaz his closest collaborator.

As in any human work, omissions and errors may appear. The author would appreciate any critical suggestions which would help to correct the imperfections.

FEDERICO BEIGBEDER ATIENZA
Madrid, april 1987

Foreword-Introduction

When this recently established publishing firm decided to undertake this ambitious project, we had to confront two contradictions. On the one hand was the care and responsibility needed in revising, ordering and updating the large amount of information compiled during almost fifty years of professional activity by Mr. Federico Beigbeder Atienza, author of this work. On the other and, there was the great pleasure of carrying out a project by a Spanish author and produced by a Spanish publisher. We sincerely hope that this endeavor will prove to be a useful tool for professionals in the fields of science, technology, bibliography and, in general, in information science within the linguistic scope of the Spanish and English-speaking worlds. At DIAZ DE SANTOS, we have made every effort for this publication to be of maximun interest.

This dictionary, which does not claim to be exhaustive, contributes to the accurate translation of words and expressions which appear in manuals and specialized dictionaries. It includes foreign adquisitions not yet accepted by the Spanish Royal Academy as well as being enriched by a few archaisms no longer used. Also the most important nouns and verbs of the colloquial language have been preserved because of their inseparable ties to the specialized terminology used in each field which embraces two of the principal languages in the world, so that the translator will not have to use a general dictionary. This will contribute to achieving one of the most important objectives of this dictionary, by offering the richest, most extensive treatment of vocabulary. However, this wealth is not the only objective of the work. As science and technology are under constant development, and realizing that any up-to-date reference will become outdated rapidly, the latest terminology of each field has been incorporated in the form of neologisms or transcribed in the original form, even when the terms differ from Spanish to English. Usually, in these cases, a brief explanation is given which helps to clarify the expression.

In each group different specialities are treated, but especially commercial terminology and Linnaean classification of industrial timbers.

Conversion tables of Standard English U.S. and Metric equivalencies, a list of abbreviations and acronyms will also appear as appendices.

However, we are aware that such a considerable work can always be improved. We would be grateful for any criticisms or suggestions regarding errors or omissions. We have taken every measure within our reach to produce not only another dictionary but an up-to-date comprehensive bilingual one that has long been awaited. However, we make a public commitment to daily improve this source of information and our publishing work.

THE PUBLISHER

Observaciones para la mejor localización de algunos términos:

- Con objeto de distinguir en las entradas en inglés los verbos de los sustantivos, todos los verbos llevan a continuación la palabra «to» entre paréntesis; ej.: get (to).
  Así pues, la clasificación alfabética de los verbos se ha realizado teniendo en cuenta que van siempre seguidos de dicho término.
- Las palabras compuestas separadas por guiones han sido alfabetizadas como si de una palabra simple se tratara.

Observations for the localization of some terms:

- To distinguish verbs from substantives in the English-Spanish entries, verbs are followed by «to» in parenthesis, e.g. get (to) Therefore, bearing this in mind, the alphabetical order is followed Throughout.
- Compound words with a hyphen have been put in alphabetical order and should be written as single words.

A

a babor | aport.
a bajo coste | low cost.
a barlovento | aweather.
a barlovento (marina) | ahold.
a base de cera de lignito | montan-based.
a base de resina alkídica | alkyd-resin based.
a base de tonelada por tonelada | on a ton for ton basis.
a base de una cantidad alzada | on a lump sum basis.
a besar (aparejos) | two-blocked.
a bocamina | at the pit's mouth.
a bordo | in-flight | on shipboard.
a bordo (buques) | inboard.
a bordo (buques, aviones) | on board.
a bordo (dentro de un vehículo terrestre o de un buque o de un avión) | aboard.
a bordo (mercancías) | waterborne.
a brazo | manually.
a buena cuenta | on account.
a cambio de | in return.
a campana herida | sounding the tocsin.
a campotraviesa | off the road.
a cargo de (economía) | drawn on.
a cargo del armador | chargeable on the owner.
a cargo del consignatario | at the cost of the consignee.
a cargo del expedidor | at the cost of the consignor.
a cargo del propietario | chargeable on the owner.
a causa de | because of.
a causa de la subida de jornales y coste de materiales | because of rising labor and materials cost.
a causa de parcialidad | on account of partiality.
a causa de un delito | on account of some crime.
a causa que | considering.
a ciclo lento (pruebas de materiales) | low-cycled.
a cielo abierto | exposed | opencast | open cast.
a cielo abierto (excavaciones) | in the open | open.
a compás | in step.
a condición (comercio) | on approval.
a consecuencia de | ensuant on | arising from.
a contar desde hoy | beginning from today.
a continuación | straight through.
a contrahilo | against the grain.
a contrahilo (carpintería) | end grain.
a contraluz | against the light.
a contratiempo (música) | contra tempo.
a contravía (circulación en doble vía) | on the wrong track | on the wrong line.
a corazón (tratamientos térmicos) | through (G.B.).
a corta vista (letras) | short sight.
a corto plazo | short-date.
a corto plazo (cambios) | short sight.
a corto plazo (comercio) | short-term | short time.
a corto plazo (planes) | short range.
a costa de la claridad de la imagen | at the expense of image clearness.
a costa del arrendador | at lessor's expense.
a costa del arrendatario | at lessee's expense.
a costa propia | at one's private expense.
a cuadros y a listas | check and stripes.
a cuatro aguas (cubierta) | hipped.
a cubierto | indoor.
a cuenta | installment | on account.
a cuenta de | on account of | o/a (on account of).
a cuya jurisdicción se someten las partes contratantes cualesquiera que sean sus domicilios | to whose jurisdiction the parties agree whatever their domicile may be.
a cuyo fin | for which purposes.
a derechas (hélices, tornillos) | right-hand. **t a derechas (tornillos)** | right-handed.
a designar | to be appointed.
a despecho de | in the teeth of.
a destiempo | ill-timedly.
a dos (tenis) | deuce.
a dos aguas (cubiertas) | ridged.
a entregar | deliverable.
a escala | scaled.
a escala natural | full scale.
a escuadra | square | on the square | at right angle.
a escuadra con | square with.
a estribor | on the starboard side.
a excepción de | except | save | other than.
a expensas de | chargeable to.
a expensas del concesionario | at the licensee's expense.
a falta de uno mejor | for want of better.
a favor | on the right.
a favor de | on account of | issued to.
a favor del viento | downwind.
a fil de roda (buques) | right ahead.
a fin de solucionar este problema | in order to solve this problem.
a fletes tarifados (buque) | on fixed charter.
a flor de | flush with.
a flor de agua | lurking | at water-level | awash | at the water's edge | between wind and water.
a flor de cuño (numismática) | in perfect condition.
a flor de tierra | flush with the ground | near the surface of the ground.
a flote | afloat.
a flote (buques) | waterborne.
a flote y fondeado en la dársena interior | afloat and anchored in the interior basin.
a fondo | exhaustive.
a gran profundidad | deeply-buried.
a grandes rasgos | in broad outlines.
a granel | in bulk | loose.
a granel en silo | in bulk ex-silo.
a hueso (ladrillos) | laid-dry.
a igualdad de condiciones | all factors considered | all things being equal.
a igualdad de otras condiciones | other conditions being equal.
a igualdad de tamaño | size-for-size.
a igualdad de volumen | bulk for bulk.
a instancia de parte | from petition of party.
a interés | at interest.
a intervalos | on and off | off and on.
a intervalos predeterminados | at predetermined intervals.
a intervalos regulares | timed.
a jornal | not on bonus | on time.
a la altura de | on a level with.
a la altura de (navegación marítima) | off.
a la altura de Cádiz (navegación marítima) | off Cadiz.
a la altura de las circunstancias | in tune with the times.
a la altura del cerco (ventana) | frame high.
a la altura del pecho | breast-high.
a la altura del puerto (buques) | off the port.
a la atmósfera o a la aviación | aerial.
a la cabeza | foremost.
a la capa (buque de vela) | atry.
a la capa (buques) | laying to.
a la capa seca (buques) | hove-to under bare poles.
a la capa seca (buques vela) | hulling.
a la cotización corriente | at the market.
a la crema (cocina) | creamed.
a la derecha | rightwise | to the right, as you are entering.
a la deriva | helmless.
a la deriva (buques) | knocked off.
a la gruesa (comercio) | at respondentia.
a la holandesa (encuadernación) | half-leather.
a la hora debida | on time.
a la hora prevista | on schedule.
a la intemperie | in the open | fielded | outdoors | outdoor.
a la interperie | exposed.
a la izquierda | left-handedly.
a la luz de | in the light of.
a la luz de la experiencia adquirida | in the light of acquired experience.
a la mar (buques) | overboard.
a la máxima velocidad (aviación) | full bore.
a la misma altitud y lado a lado (formación aviones) | abreast.
a la misma frecuencia | equifrequent.
a la octava alta (música) | to be played an octave higher.
a la oferta ha de acompañar fianza | bond required with bid.
a la par | at face value | at par plus accrued interests.
a la par de | pari passu.
a la pendura (anclas) | cock-a-bill | acock-bill.
a la potencia de régimen | full-rated.
a la presentación | on presentation.
a la presentación (efectos) | on demand.
a la primera ocasión | upon the first opportunity.
a la salida de la pala (hélice marina) | at blade exit.
a la salida del álabe (turbina) | at blade exit.
a la terminación satisfactoria de las pruebas | on satisfactory completion of trials.
a la velocidad de | at the rate of.
a la venta | on offer | salable.
a la vez | simultaneous.
a la vista | on presentation | on d/d | on sight.
a la vista (asuntos) | in the offing.
a la vista (efecto de comercio) | at sight.
a la vista (efectos) | on demand.
a la vista de las señales | within signal distance.
a la vista de tierra (marina) | land to.
a la voz de mando | at the word of command.
a la vuelta | c/f (carried forward).
a la vuelta (libros) | overleaf.
a largo plazo | long | protracted.
a las órdenes de capitán Smith | under captain Smith.
a lo ancho | off shore.
a lo ancho (tintes, etc.) | open-width.
a lo ancho de la letra (tipografía)
a lo ancho del cilindro | across the cylinder.
a lo largo | longwise | lengthwise | lengthways.
a lo largo de la costa | alongshore.
a lo largo de la costa (marina, aviación) | off the coast.
a lo largo de la costa (navegación) | along the coast.
a lo largo de la envergadura (aviones) | spanwise.
a lo largo de la línea de fractura | along line of fracture.
a lo largo de la pieza | piecewise.
a lo largo de la trayectoria | trajectory-wise.
a lo largo de las fibras | along the grain.
a los precios indicados | at the prices stated.
a los precios vigentes en la fecha del envío | at prices in effect at time of shipment.
a mano | manually.
a media asta (banderas) | half-staff | at half mast | half-mast.
a media driza (bandera de buques) | at the drip.
a media ladera | halfway up the hill.
a media máquina | half speed.
a media marcha | half speed.
a media pasta | half-leather.
a medida | finish to size.
a medidas finales | finish.
a medio plazo | medium-term.
a menos de su valor nominal | below par.
a menos que | except | save.
a menos que el armador manifieste su deseo en contra | unless the owner expresses a wish to the contrary.
a menos que se diga específicamente | unless otherwise specifically stated.

a mitad de carrera (pistón) | halfway.
a mitad de la luz (vigas) | at middle of span.
a nivel | flush | level | true.
a nivel con | on a level with.
a nivel de | flush with.
a no ser que | save.
a nuestra conveniencia (comercio) | on call.
a nuestro cargo | for our account | account for our.
a ojo de buen cubero | at a rough guess.
a opción del abastecedor | at supplier's option.
a opción del tenedor (acciones) | at option of holder.
a opción y costa | at the option and expense.
a pagar | payable.
a pagar por el dador | be paid by sender (to).
a pagar por plazos como sigue | be paid by instalments as follows (to).
a palo seco (buques de vela) | sailless | hulling.
a palo seco (marina) | bare poles.
a paño | flush.
a paño (asas, etc.) | flash-mounted.
a partes iguales | fifty-fifty.
a partir de | as from.
a partir de esta fecha | from and after this date.
a partir de la colocación de la quilla (buques) | from the laying of the keel.
a partir de un punto en adelante | from some point on.
a partir del 1.º de enero | as and from the 1st January.
a pasos agigantados | by leaps and bounds.
a perpetuidad | forever.
a pesar de | in the teeth of.
a pesar de eso | still.
á petición | by request.
a petición de los armadores | at the owners' request.
a petición del asegurado | at request of assured.
a petición del capitán (buques) | at the master's request.
a petición se facilitarán amplios detalles y precios | full particulars and prices available on application.
a pico | perpendicular.
a pico (anclas) | short stay.
a pie | afoot.
a pie de obra | in the clear | in situ | on-the-spot | on site.
a pie de tocón (agricultura) | at stump.
a pie de tocón (corta forestal) | at stump.
a pique (ancla) | apeak.
a pique (buques) | sunk | sunken.
a pique (cadena de ancla) | up-and-down.
a pique por abordaje (buques) | sunk by collision.
a plan barrido (buques) | decks swept.
a plazo | for credit.
a plazo (comercio) | on time.
a plena carga | full-loaded | fully loaded | at full load.
a plena carga (con toda la potencia) | full load.
a plena potencia | at full power.
a pleno rendimiento | all-out.
a pleno sol | full in the sun.
a plomo | true | plumb | aweigh | on edge | perpendicular.
a popa | aft | astern | abaft.
a popa de la maestra | abaft amidships | aft of amidships.
a popa de la maestra (buques) | aft of midship section.
a popa de la perpendicular de popa | aft of after perpendicular.
a popa de la quilla de balance | aft of bilge keel.
a popa de la roda (buques) | aft of the bow.
a popa del disco de máxima carga (buque) | aft of freeboard disc.
a popa del mamparo | aft of the line of the bulkhead.
a popa del mamparo de colisión | abaft the collision bulkhead.
a popa del mamparo de proa del espacio de maquinaria (buques) | aft of the forward machinery space bulkhead.
a popa del mamparo del rasel de popa | abaft the after peak bulkhead.
a popa del redán (hidros) | aft of step.
a popa encima del codaste | aft under the stern.
a porte debido | carriage forward | carriage charges to pay.
a precio de coste | at prime cost.
a precio de ganga | at bargain price.
a precio de ocasión | at bargain price.
a precio del mercado | at the market.
a precio fijo | turnkey contract.
a precios corrientes | at current prices.
a precios tirados | at rockbottom prices.
a presencia del inspector | in the presence of a surveyor.
a presión (aire) | live.
a préstamo (dinero) | on loan.
a prima | at a premium.
a primera vista | at the first blush | at first sight.
a proa | at the first blush | forward **a proa de la maestra (buques)** | forward of midship section.
a proa del centro del disco de máxima carga | forward of centre of ring (freeboard).
a proa del mamparo de colisión | forward of collision bulkhead.
a proporción | in proportion.
a prorrata | ratably | in proportion.
a prueba | on approval | on trial.
a prueba de | proof against.
a prueba de accidentes | accident proof.
a prueba de ácidos | acid proof.
a prueba de averías | fail-safe.
a prueba de balas | ball-proof.
a prueba de bomba (abrigos, estructuras) | bomb-proof.
a prueba de corrosión | corrosion-proofed.
a prueba de chispas | sparkproof.
a prueba de desgaste por polvos | grit-proof.
a prueba de equivocaciones | mistakeproof.
a prueba de errores | error-proof.
a prueba de escapes | leak-proof.
a prueba de explosiones | explosion-proof.
a prueba de filtraciones | leak-proof.
a prueba de fugas | leakproof.
a prueba de gases | gastight | gasproof.
a prueba de golpes | shockproof.
a prueba de impericia (que impide las falsas maniobras) | foolproof.
a prueba de incendio | fireproof.
a prueba de intemperie | weatherproof | weather proof.
a prueba de interferencias | jamproof.
a prueba de lima | file-hard.
a prueba de rebalones | slipproof.
a prueba de retroceso de la llama | antibackfire.
a prueba de robos | pilferproof.
a prueba de sacudidas | shakerproof | shake-proof.
a prueba de sacudidas fuertes | high-shock.
a prueba de salpicaduras | spotproof.
a prueba de viento | windproof.
a prueba del frío | cold-proof.
a pruebas de sobretensiones | surgeproof.
a pueba de proyectiles | shellproof.
a punto de deslizar | about to slip.
a punto de oscilar | on the verge of oscillation.
a punto de terminar | near to total completion.
a punto de zozobrar | about to capsize.
a qué título | on what score.
a quemarropa | at point blank.
a quien lo solicite | on request.
a rajatabla | out of hand.
a ras de | level | flush with.
a ras de tierra | even with the ground | flush with the ground | aflat.
a razón de | at the rate of | rated.
a recuadros | paned.
a rechina motón (aparejos) | block-on-block | block-and-block.
a rechina motor (a besar - aparejos) | chocka-block.
a rechinamotón (aparejos) | two-blocked.
a rédito | at interest.
a remolque | in tow.
a renglón seguido | the next moment.
a reserva de las pruebas generales a flote (buques) | pending the general test afloat.
a retaguardia | in rear.
a retornar sin gastos (bancos) | be returned without expense (to).
a riesgo de constructor | at builder's risk.
a riesgo de vendedor | let the seller beware.
a riesgo del comprador | at the risk of the buyer | let the purchaser beware | caveat emptor.
a riesgo del destinatario | at owner's risk.
a riesgo del expedidor | at the sender's risk | at shippers' risk.
a riesgo del vendedor | caveat venditor.
a riesgo del viajante | caveat viator.
a riesgo y peligro de quien corresponda | at the risk and peril of whom it may concern.
a roza abierta | openwork.
a roza abierta (minería) | opencast.
a rumbo (buques) | underway.
a saber | to wit.
a salvo | safe.
a salvo de equivocaciones | mistake-proof.
a sangre (impresión) | bleed.
a sardinel (ladrillos) | on edge.
a sardinel (muros) | axed.
a satisfacción del inspector | to the surveyor's satisfaction.
a solicitud | on call | on demand | by request | at call.
a solicitud de los armadores | upon application by owners.
a sotavento | alee | down the helm.
a su aprobación (comercio) | on approval.
a su costa | at your expense.
a su debido tiempo | in due time | due time.
a su hora | in due time | on time.
a su hora (trenes, aviones, etc.) | on schedule.
a su inmediata disposición | at your fingertips.
a su tiempo | in due time | on time | duly.
a su velocidad máxima de crucero | at its full cruising speed.
a su vencimiento | when due.
a su vencimiento (efecto comercial) | at maturity.
a sus condiciones anteriores | to its prior conditions.
a sus expensas | at your expense.
a tenazón (caza) | without taking aim.
a tenor de | in pursuance of | in compliance with.
a término - futuro (comercio) | forward.
a testera (cañones) | forward.
a testera del eje de muñones (cañones) | forward of trunnions.
a tiro de cañón | within firing range.
a título de | on the score of.
a título de ejemplo | by way of illustration.
a título de ensayo | tentative.
a título informativo | merely for information.
a título oneroso | for a valuable consideration.
a toda costa | against every contingency.
a toda fuerza | full power.
a toda máquina | at full speed.
a toda marcha | with sails and oars | at full lick | at speed | full speed.
a toda plana | full page.
a toda potencia | full-rated | full power | all-out.
a toda potencia (motores) | wide open | at full throttle.
a toda vela | full-sailed.
a toda vela (buques vela) | in full sail.
a toda velocidad | full speed | flat-out | at speed | all-out | at full speed | at full lick.
a toda velocidad (motores) | wide open.
a todo color | full-color.
a todo el ancho de página | across the page.
a todo evento | against every contingency.
a todo lo ancho | full-width.

a todo lo largo | throughout.
a todo riesgo | against all risks.
a todo vapor | full power.
a toque de rebato | sounding the tocsin.
a través | thru (EE.UU.).
a través de | across | through (G.B.).
a través de la corriente | athwart the stream.
a través de los tiempos | through the ages.
a través de tubos telescópicos | via telescopic tubes.
a través de un extremo a otro de | thru (EE.UU.).
a través del pistón (motores) | past the piston.
a treinta días a partir de la fecha | thirty days after date.
a un descuartelar (buque de vela) | full and by.
a un grado no insignificante de la totalidad | to a not altogether insignificant degree.
a un largo (buques vela) | flowing.
a un otro tribunal | ad aliud examen.
a una | unitedly.
a usanza de buen minero | in a minerlike manner.
a veces se emplea para designar | sometimes it is used to designate.
a vela y remo | with sails and oars.
a vencer (plazos) | unmatured.
a voluntad | ad libitum.
a voluntad (carreras) | go-as-you-please.
a voluntad (música) | what you please.
a vuelo de pájaro | as the crow flies.
a vuelta de correo | by return of mail.
a vuelta de telex | by return telex.
a vuestro riesgo | at your peril.
Aaleniano (jurásico inferior) | Aalenian.
abacá | Manilla | Manila | Cebu hemp | abaca.
abacá (fabricación de papel) | rope.
abacería | grocery.
abacero | grocer.
ábaco | nomograph | nomogram | plotter diagram | abac | calculating chart | abacus | graphic chart | graph.
ábaco (matemáticas) | abac.
ábaco logarítmico | logarithmic chart.
ábaco para corte de metales | cutting nomogram.
ábaco sicrométrico | psych chart.
ábacos sicrométricos | psychrometric charts.
abacterial | abacterial.
abacteriano | abacterial.
abajador (minas) | abater.
abajador (minas México) | tool carrier.
abajador (minería) | stable-boy.
abalaustrar | balustrade (to).
abalonado (tejeduría) | ballooning.
abalorio | glass bead | bead | bugle.
aballestar (marina) | swig (to) | haul (to).
aballestar un cable (marina) | haul a cable (to).
abamperio | abampere.
abancalado | terracing.
abancalamiento | terracing.
abancalamiento por curvas de nivel | contour bunding.
abancalar | terrace (to) | bench (to).
abanderado | ensign bearer.
abanderado (persona) | vexillary.
abanderado trasero (nivelación) | back flagman.
abanderamiento de un buque | flagging.
abanderamiento de un navío | registry.
abanderamiento del buque | ship's register.
abanderar (buques) | register (to).
abanderar un barco | register a vessel (to).
abanderarse (buques) | flag (to).
abandonado (minas, buques) | derelict.
abandonado por la tripulación | abandoned by the crew.
abandonar | expose (to) | deliver up (to) | cast off (to).
abandonar (a un derecho) | release (to).
abandonar (amigos, una causa) | quit (to).
abandonar (derechos) | disclaim (to).
abandonar (minas) | run to waste (to).
abandonar (pozo petróleo) | junk (to).
abandonar (proyectos) | discard (to) | sidetrack (to).
abandonar (un buque navegando o un avión en vuelo) | abandon (to).
abandonar (un proyecto) | heave overboard (to).
abandonar (un proyecto, un asunto) | drop (to).
abandonar el combate (buque de guerra) | haul out of action.
abandonar en la adversidad | fail in his need (to).
abandonar las mercancías a los aseguradores | abandon the goods to the underwriters (to).
abandonar un pozo (petróleo) | junk a hole (to).
abandonar un sondeo | lose a hole (to).
abandonar una mina | abandon a mine (to).
abandonarse | give way (to).
abandonatario | releasee.
abandono | abandoning | waiver.
abandono (de derechos) | surrender.
abandono (de derechos, mercancías, etc.) | cession.
abandono (de un buque averiado o de un avión en vuelo) | abandonment.
abandono (de un derecho) | release.
abandono (derecho) | disclaimer.
abandono (proyecto) | dropping.
abandono bajo reserva | abandonment under reserve.
abandono de acción | nonsuit.
abandono de la apelación (jurídico) | obandonment of appeal.
abandono de la mujer y los hijos por el marido | desertion.
abandono de la propiedad asegurada | abandonment of insured property.
abandono de las mercancías al asegurador | abandonment of the goods to the underwiter.
abandono de los macizos (minas) | incomplete removal of the mineral.
abandono de pilares (minas) | leaving pillars.
abandono de prima | put.
abandono de un buque | abandonment of a vessel.
abandono de un derecho | waiver.
abandono de vehículos de motor | motor vehicles abandonment.
abandono del buque | surrender.
abandono del empleo | quit.
abang (Clorophora excelsa - Bent & Hook'f) | abang.
abang (Clorophora excelsa - Benth) | African teak.
abanicar | fan (to).
abanico | fan.
abanico (aparejo de izar) | hoisting gin.
abanico (arquitectura) | fan window.
abanico (marina) | crane.
abanico aluvial tipo pie de monte | compound alluvial fan.
abanico fluvial | alluvial fan.
abanico micelial (madera en pudrición) | mycelial fan.
abaniqueo (automóviles) | shimmy.
abaniqueo (método para inspeccionar papel en pilas) | fanning.
abaniqueo de las ruedas delanteras (autos) | wheel wobble.
abaragnosis | abaragnosis.
abaratamiento | depreciation | cheapening.
abarbetamiento | mousing.
abarbetamiento (cuerdas) | frapping.
abarbetar | frap (to) | seize (to).
abarbetar (marina) | lash (to) | jam (to) | rack (to) | mouse (to) | stop (to).
abarcar | embrace (to) | engulf (to) | comprise (to).
abarloado (borda con borda - buques) | close alongside.
abarloado (buques) | side-by-side.
abarloamiento de dos buques proa con popa | Chinese landing.
abarloar | haul the wind (to).
abarloar (buques) | moor abreast (to) | come alongside (to).
abarloar (buques vela) | round to (to).
abarloarse | range alongside (to).
abarquillado | warped | lap-sided.
abarquilladura | warpage.
abarquillamiento | crippling | buckle | cup.
abarquillamiento (maderas) | twisting | twist | winding.
abarquillarse | buckle (to) | jet out (to) | warp (to).
abarquillarse (alabearse - madera, telas, etc.) | curl up (to).
abarquillarse (maderas) | roll (to) | wind (to).
abarquillarse (telas) | spiral (to).
abarrotado | filled to capacity | full up | bursting.
abarrotado de pedidos | heavily-booked.
abarrotar | overstock (to).
abarrotar (el mercado) | glut (to).
abarrotar de carga (aviones, buques) | fill her up (to).
abarrote | broken stowage | stop gap.
abarrotes | dunnage.
abastecedor | furnisher | victualler | victualer | caterer | supplier | purveyor | tradesman.
abastecedor (de artículos de vestir) | outfitter.
abastecedor de buques | ship chandler.
abastecedor de combustible | fueller.
abastecedor de materiales | supply dealer.
abastecedor que se preocupa de la calidad del producto | quality-minded supplier.
abastecedora | cateress.
abastecer | victual (to) | supply (to) | provide (to) | feed (to) | cater (to) | make out (to) | stock (to) | store (to).
abastecer por el aire una unidad que queda aislada de su fuente normal de abastecimiento | resupply (to).
abastecido desde el aire | air supplied.
abastecimiento | delivery | procurement | supply | provision | replenishment.
abastecimiento aéreo a fuerzas combatientes | combat air supply.
abastecimiento centrífugo del líquido refrigerante | centrifugal coolant supply.
abastecimiento de agua | water supply.
abastecimiento de aire | air supply.
abastecimiento de buques de guerra en la mar | underway replenishment of naval vessels.
abastecimiento de combustible | fuelling.
abastecimiento de chapas | plate supply.
abastecimiento de gasolina | petrol supply.
abastecimiento de municiones | ammunition supply.
abastecimiento desde el aire (por aviones) | air supply.
abastecimiento inadecuado (las necesidades mayores que las entradas) | short supply.
abastecimiento por tuberías | piped supply.
abastecimiento reglamentario | standard supply.
abastecimiento vertical | vertical replenishment.
abastecimientos | supplies.
abastecimientos operativos | operating supplies.
abastecimientos sujetos a un plan de distribución | controlled supplies | controlled items.
abasto | provision.
abasto asequible de agua | available water supply.
abatanado | fulling | milling | milled.
abatanar | mill (to) | beetle (to) | beat (to) | full (to).
abatible | hinged.
abatible (asientos, etc.) | lift-up.
abatible (palo, chimenea) | lowerable.
abatible (palos, chimeneas) | lowering.
abatido (geometría descriptiva) | projected off.

abatiendo hacia la costa (buques) | driving ashore.
abatimiento | perpendicular depth.
abatimiento (aviones, buques) | drift | drifting.
abatimiento (buques) | casting.
abatimiento (marina) | leeway | driftage.
abatimiento (mercado) | flatness.
abatimiento del plano de imagen (dibujo) | imagen plane folding.
abatir | cut down (to) | breakup (to) | sink (to).
abatir (buques, aviones, proyectiles) | drift (to).
abatir (marina) | fall off (to).
abatir (navegación) | cast (to).
abatir bajo el viento (buques) | pay off (to).
abatir el plano de imagen | fold the image plane (to).
abatir por el viento (buques) | cast off (to).
abaxial | abaxial.
abcisa | X axis.
abducir | abduce.
abductor (medicina) | abducent.
abé (Canarium schweinfurthil - Engl) | abeul | abel.
abebay (entandrophagma cylindricum Sprague) | aboudikro.
abedul (botánica) | birch.
abedul amarillo (Betula lutea) | yellow birch | Canadian yellow birch.
abedul amarillo canadiense (Betula lutea) | Quebec birch.
abedul americano (Betula alba) | white birch.
abedul americano (Betula papyrifera) | paper birch.
abedul de Alaska (Betula neoalashana) | Alaska birch.
abedul de Canadá (Betula papyrifera) | western paper birch.
abedul europeo (Betula alba) | European birch | silver birch.
abedul japonés (Betula maximowiczii) | Japanese birch.
abedúl montaña (Betula tortuosa - Led) | mountain birch.
abedul negro (Betula lenta) | black birch.
abedul rojo (Betula lutea) | red birch.
abedul veteado | flamy birch | curly birch.
abeja | bee.
abeja albañil | mason.
abeja carpintera | carpenter bee.
abeja macho | drone.
abeja madre | queen-bee.
abeja melífica | honey bee.
abeja melipónida | meliponid bee.
abeja obrera | worker.
abejorro histerido | histerid beetle.
abejorro mordélido | mordellid beetle.
abeliano | abelian.
aberración | aberration.
aberración anual | annual aberration.
aberración axial | axial aberration.
aberración cromática | color aberration.
aberración cromática axial | axial chromatic aberration.
aberración cromática lateral | chromatic difference of magnification.
aberración cromática longitudinal | longitudinal chromatic aberration.
aberración cromtica | chromatic aberration.
aberración de curvatura del campo | aberration of curvature of field.
aberración de esfericidad | spherical aberration.
aberración de frente de onda | wave front aberration.
aberración de la lente | lens aberration.
aberración de la luz | aberration of light.
aberración de refrangibilidad | color aberration.
aberración de zona | aberration oblique spherical.
aberración distancial | distantial aberration.
aberración experimental | smearing aberration.
aberración fotogramétrica | photogrammetric aberration.
aberración geométrica | geometrical aberration.
aberración lateral | lateral aberration.
aberración meridiana | meridional aberration.
aberración monocromática | monochromatic aberration.
aberración planetaria | planetary aberration.
aberracional | aberrational.
aberraciones microgeométricas | microgeometrical aberrations.
aberraciones residuales | residual aberrations.
aberrómetro | aberrometer.
aberroscopio | aberroscope.
abertura | break | span | gaping | gap | gap | gate | loophole | vent | orifice | aperture | opening | gape | openness | opening out | access fitting.
abertura (altoparlante) | flare factor.
abertura (anatomía) | lumen.
abertura (de las esclusas) | flashing.
abertura (de lente) | stop.
abertura (de presa hidráulica) | daylight.
abertura (de un orificio, etc.) | porting.
abertura (de un pozo, etc.) | sinking.
abertura (micrómetros) | capacity.
abertura (soldadura en V) | groove.
abertura anal o cloacal | vent.
abertura angular | angular aperture.
abertura anticipada | early opening | advance opening.
abertura completa inferior | full-bottom opening.
abertura con bordes reforzados | stiffened-edge opening.
abertura con compuerta | gated port.
abertura con resina entre los anillos anuales (maderas) | pitch pocket.
abertura de boca (llave de tuercas) | jaw opening.
abertura de boca (llave para tuercas) | jaw span.
abertura de calibración | metering passage.
abertura de carga | filling hole | loading opening | feed opening.
abertura de cierre rápida | quick-return port.
abertura de colimación | collimating aperture.
abertura de cubierta | deck opening.
abertura de descarga | discharging hole.
abertura de despumación | skimming gate.
abertura de entrada de aire | air inlet hole.
abertura de exploración | scanning spot.
abertura de interacción | interaction gap.
abertura de introducción del combustible (hornos) | port.
abertura de la lumbrera | port opening.
abertura de las valvas del cucharón | dipper trip.
abertura de limpieza | cleaning hole.
abertura de llave | wrench width.
abertura de paso | passage opening.
abertura de paso (cuadernal, guíacabos) | swallow.
abertura de paso de estays (toldos buques) | dog's ear.
abertura de punteadura | pit orifice | pit aperture.
abertura de reducción de arqueo | tonnage opening.
abertura de rerradiación (telecomunicación) | scattering aperture.
abertura de salida | output gap | exit slit | ejection opening.
abertura de seguridad | safety gap.
abertura de trabajo (hornos) | rabble hole.
abertura de transporte (nuclear) | transfer port.
abertura de una remachadora | gap of a rivetter.
abertura de ventilación (minas) | aspirail.
abertura del diafragma (lentes) | aperture-stop.
abertura del diagrama de control | tone control aperture.
abertura del disyuntor | circuit-breaker gap.
abertura del haz | beamwidth | beam width.
abertura del plato (tornos) | chuck capacity.
abertura del portabrocas | chuck capacity.
abertura eficaz (objetivos) | effective aperture.
abertura en el extremo de popa del túnel (buques) | tunnel escape.
abertura en el techo para paso del electrodo (horno eléctrico) | bull's eye.
abertura en la caldera | boiler opening.
abertura en la parte alta del velamen del paracaídas | parachute vent.
abertura en un piso (para un ascensor) | hoistway.
abertura enfaldillada | flanged opening.
abertura entre los platos (prensas) | daylight between the platens.
abertura gradual del diafragma (óptica) | irising-in.
abertura lateral con tapón roscado (tuberías) | ferrule.
abertura libre | net openig | clear span.
abertura libre de paso | free passage-opening.
abertura más exterior de un estoma (botánica) | entrance.
abertura máxima (calibre de tolerancias) | go opening.
abertura máxima de la lumbrera | maximum port opening.
abertura máxima entre los platos (prensas) | daylight height.
abertura máxima entre platos (prensas) | maximum daylight between platens.
abertura media del poro de 10 micrómetros | mean pore opening of 10 microns.
abertura mínima (calibres de tolerancias) | not go opening.
abertura muy pequeña | pinhole.
abertura no enfaldillada | unflanged opening.
abertura para colocar un quemador (pared de horno de caldera) | quarl.
abertura para dar forma al haz | beam-shaping aperture.
abertura para dar paso a palos (toldos de buques) | shark's mouth.
abertura para el calendario | calender opening.
abertura para la expulsión | ejection opening.
abertura para salida del agua (muros revestimiento, revestimiento túneles, etc.) | weeper.
abertura para una cámara fotográfica o cañón (aviones) | port.
abertura para ventilación | airing.
abertura para ventilación (edificios) | gaping hole.
abertura por drenaje | scupper.
abertura que se produce en la capa de combustible por aglutinación de escoria (hogares) | blowhole.
abertura reforzada por anillo | ring reinforced opening | ring reinforced opening.
abertura reforzada por reborde | rim reinforced opening.
abertura relativa (lentes) | F number | relative aperture | stop value.
abertura relativa (óptica) | aperture ratio | lens speed.
abertura semiangular | semiangular aperture.
abertura total (turbinas hidráulicas) | full gate.
abertura útil (objetivos) | working aperture.
abertural | apertural.
aberturas | lumina.
aberturas (anatomía) | lumina (plural de lumen).
aberturas de cierre (construcción de presas) | closer gaps.
aberturas de contracción (presas) | contraction gaps.
aberturas de exploración | scanning apertures.
aberturas de observación (reactor nuclear) | scanning holes.
aberturas en el mamparo de proa de la toldilla (petroleros) | openings in poop front.
aberturas murales | wall openings.
aberturas pequeñas en un filón (G.B.) | dot holes.
aberturas que conectan pasos paralelos a

distinto nivel (minería) | drop ways.
abeto | fir | fir.
abeto (Abies alba) | silver fir.
abeto (botánica) | spruce.
abeto alpino (Abies lasiecarpa - Hook) | alpine fir (USA).
abeto amabilis (Abies amabilis) | amabilis fir.
abeto amable (abies amabilis-orbes-Canadá) | Pacific silver fir.
abeto balsámico (Abies balsamea) | balsam fir.
abeto blanco americano (Abies grandis) | grand fir.
abeto blanco americano (Abies lasiocarpa) | white balsam fir | alpine fir.
abeto blanco americano (Abies nobilis) | noble fir.
abeto de bálsamo (Abies balsamea - Mill) | balsam.
abeto de Nordmann (Abies nordmanniana - Spach) | Caucasian silver fir.
abeto de Noruega | Norway spruce.
abeto falso (Picea abies | white deal | European spruce.
abeto grande (EE.UU.) | lowland fir.
abevacuación | abevacuation.
abey | abey.
abichita (mineralogía) | klinoklas.
abierta (barcazas, botes) | undecked.
abierta (flores) | full-bloom.
abierta (pólizas) | running.
abierta (puerta) | patent.
abiertamente | on the level.
abierto | unconfined.
abierto (aparatos) | on.
abierto (botánica) | patent.
abierto (ojos) | peeled.
abierto (puente levadizo) | drawn.
abierto al azar | opened at random.
abierto con violencia | forced open.
abierto de par en par (ventanas, etc.) | fully opened.
abierto hacia arriba | retracted upwardly | upwardly open.
abierto instantáneamente a intervalos | intermittently momentarily opened.
abierto por inserción de una moneda (contador de gas, etc.) | coin-feed.
abierto por la parte alta | open-topped.
abierto por uno mismo | self-operated.
abieteno | abietene.
abigarrado | speckled | mottled | party-colored.
abigarrado (roble, etc.) | piebald.
abigarramiento | variegation.
abigarramiento (mezcolanza de colores) | freak.
abigarrar | streak (to) | speck (to) | cloud (to) | spot (to) | fleck (to) | mottle (to).
abigeato | cattle theft | cattle-lifting | rustling.
abigeo (ladrón de ganado) | cattle thief.
abintestato | abintestate | intestate.
abiogénesis | archebiosis | abiogenesis.
abiogenético | abiogenetic.
abioglifo | abiogliph.
abiología | abiology.
abionergía | abionergy.
abioquímica | abiochemistry.
abiosis | abiosis.
abiotico | abiotic.
abisal | deep seated | abyssal.
abisal (con profundidad mayor de 3.700 metros-oceanografía) | abyssobenthic.
abisalbéntico | abyssalbenthic.
abismal | abysmal.
abismal (clavo de sección cuadrada y cuya cabeza tiene dos salientes que se clavan en la madera) | clasp nail.
abismo | abysm | deep | ULF.
abismo (oceanografía) | abyss.
abisobéntico | abyssobenthic.
abisolito | abyssolith.
abisopelágico | abyssopelagic.
abizcochado (porcelana) | biscuit-baked.
abizcochar (porcelana) | biscuit (to).
abjunción | abjunction.
abjunción (botánica) | delimitation.
ablaciómetro | ablatometer.
ablación | excision.
ablación (glaciar) | melting.
ablación (glaciares) | thinning.
ablación aerodinámica | aerodynamic ablation.
ablación de la estructura de la envuelta | shell structure ablating.
ablación de material rudáceo (geología) | ablation of rudaceous material.
ablación de tierra firme | land ablation.
ablación en la reentrada | re-entry ablation.
ablación hipersónica | hypersonic ablation.
ablación meteórica | meteoric ablation.
ablactación | ablactation.
ablador | ablator.
ablador en fusión | melting ablator.
ablandador | softener.
ablandador (de plástico) | plasticizer.
ablandador de hidrógeno y zeolita (aguas duras) | hydrogen-zeolite softener.
ablandador de sosa y cal (tratamiento de aguas duras) | lime-soda softener.
ablandador de zeolita | zeolite softener.
ablandador de zeolita sódica (aguas duras) | sodium zeolite softener.
ablandador del agua | water softener.
ablandador por proceso caliente (aguas) | hot-process softener.
ablandamiento | annealing.
ablandamiento (aguas duras) | softening.
ablandamiento (fibras o tejidos) | tendering.
ablandamiento de la textura (papel) | tender.
ablandamiento del agua | water softening.
ablandamiento por deformación plástica (aceros) | strain softening.
ablandar | tender (to) | loosen (to).
ablandar (aguas duras) | soften (to).
ablandar una sustancia | malax (to).
ablandarse por el calor | run (to).
ablaqueación | ablaqueation.
ablaquear | ablaqueate (to).
ablativo | ablative.
ablatógrafo | ablatograph.
ablator | ablator.
ablución | ablution.
abluente | abluent.
abocador (tubos de plomo) | tampin.
abocar un estrecho | enter the mouth of a channel (to).
abocardado | bellmouthed | evasé.
abocardado (de tubo) | expanding.
abocardado (tubos) | expansion | expanded | wide-mouthed | flared.
abocardado de tubos (condensadores) | tube rolling.
abocardador cónico | rose countersinker.
abocardadora de tubos (calderas) | tube beader.
abocardadora para tubos | tube expander.
abocardar | mandrel (to) | splay (to).
abocardar (tubos) | bellmouth (to) | widen (to) | flare (to) | stave (to) | expand (to).
abocardar y estirar hacia fuera mientras se calienta con el soplete el material de un agujero lateral (empalme soldado de tubería de cobre) | taft (to).
abocetar | rough-cast (to).
abocinado | funnel-shaped | evasé.
abocinado (arcos) | splayed.
abocinado (tubos) | flaring | flared.
abocinador | flarer.
abocinador de tubos | flue expander.
abocinamiento | belling | flaring.
abocinamiento (tuberías) | trumpeting.
abocinamiento (tubos) | trumpeting.
abocinar (rebordear - tubos) | flue (to).
abocinar (tubos) | trumpet (to) | bellmouth (to).
abogada | woman lawyer.
abogado | solicitor | lawyer | attorney.
abogado (EE.UU.) | jurist.
abogado (G.B.) | barrister.
abogado asesor | consulting attorney | legal adviser | legal expert.
abogado de beneficencia | ex-officio advocate.
abogado de bufete | chamber counsel.
abogado de oficio | attorney for the state | court attorney.
abogado de patentes | patent attorney.
abogado defensor | defense counsel.
abogado demandante | claims adviser.
abogado desprestigiado | disreputable lawyer.
abogado ejerciente | practicing lawyer.
abogado fiscal | general attorney | prosecuting attorney | assistant attorney.
abogado investigador legal | chief counsel.
abogado jefe de una investigación | chief counsel.
abogado laboralista | labor lawyer.
abogado litigante | trial lawyer.
abogado no ejerciente | nonpracticing lawyer.
abogado perito en juicios | trial lawyer.
abogado principal (en una causa) | leader.
abogado tributarista | tax counsel.
abogar | plead (to).
abogar por sí mismo | conduct one's own defense (to).
abohmio | abohm.
abolengo | lineage.
abolible | abolishable.
abolición | abolishment | abolition.
abolicionismo | abolitionism.
abolicionista | abolitionist.
abolicionista (América) | free-soiler.
abolir | abolish (to).
abolir un impuesto | abolish a duty (to).
abolsado | purse-shaped.
abollado | sprung | dented.
abolladura | denting | unevenness | flat bend | dint | boss | bump | bulging | dent.
abolladura (golpe en una chapa fina) | ding.
abolladura lateral (lata cilíndrica de conservas) | paneling.
abollamiento producido por explosión (chapas) | explosion bulge.
abollanamiento | bossing up.
abollar | bump (to) | dent (to) | dint (to).
abollonado | raised.
abollonado hecho con punzón especial (chapas) | dimpling.
abollonador (herramienta) | cress.
abollonar | emboss (to) | boss (to) | boss up (to).
abollonar (cuero) | pebble (to).
abollonar (chapas) | dimple (to).
abomaso (zoología) | reed.
abombado | dished.
abombado (frisos) | pulvinated.
abombamiento (carreteras, poleas) | crowning.
abombamiento (fondos) | dishing.
abombar | crown (to) | dish (to).
abonado | consumer.
abonado (cuentas) | accredited.
abonado (electricidad) | customer.
abonado (telefonía) | subscriber.
abonado (viaje en ferrocarril diariamente) | commuter.
abonado a quien se llama (telefonía) | called subscriber.
abonado a tanto alzado | flat-rate subscriber.
abonado con composte | compost dressing.
abonado con conversación tasada (telefonía) | message-rate subscriber.
abonado de una sola línea (telefonía - EE.UU.) | individual-line subscriber.
abonado de una sola línea (telefonía - G.B.) | single-line subscriber.
abonado del terreno por espolvoreo desde una avioneta | aerial fertilizing.
abonado en cuenta | credited.
abonado móvil | on hook.
abonado peticionario (telefonía) | calling subscriber.
abonado que habla (telefonía) | talker.
abonado que llama (telefonía) | calling subscriber | caller.

abonado telefónico | telephone subscriber.
abonadora (agricultura) | spreader.
abonanzar (viento) | fall calm (to).
abonar | soil (to) | manure (to) | endorse (to) | put to the credit (to) | make good (to).
abonar (agricultura) | heart (to).
abonar (contabilidad) | credit with (to).
abonar (tierras) | fertilize (to).
abonar al contado | pay cash (to).
abonar con cal | lime (to).
abonar con marga | marl (to).
abonar con polvos de huesos | bone (to).
abonar con yeso (enyesar - terrenos) | gypsum (to).
abonar de más | overcredit (to).
abonar echando el abono encima sin enterrarlo | top-dress (to).
abonar el suelo | fatten the soil (to).
abonar en cuenta (contabilidad) | credit (to).
abonar en cuenta (economía) | carry to account (to).
abonar en la cuenta de | place to the credit of (to).
abonar una cuenta | credit an account.
abonaré | due-bill | note | promissory note | i.o.u (I owe you) | due bill.
abonaré tornaguía | debenture.
abonarse (a un periódico) | take (to).
abono | installment | credit | soil.
abono (agricultura) | dung | manure.
abono (contabilidad) | credit entry.
abono (de ferrocarril) | contract.
abono (del terreno) | enriching.
abono (para tierras) | dressing.
abono amoniacal | ammoniacal manure.
abono artificial | fertilizer.
abono con cal (terrenos) | liming.
abono de escorias | cineral manure.
abono de huesos | bonemeal | bone-manure | bone fertilizer.
abono de pescado | fish manure.
abono en verde | green manuring.
abono líquido | liquid fertilizer.
abono mineral | mineral fertilizer.
abono natural (agricultura) | natural fertilizer.
abono nitrogenado | nitrogenous fertilizer.
abono obtenido de residuos animales (fábricas de grasas) | ammonite.
abono orgánico | organic fertilizer.
abono por cosecha enterrada | green manuring.
abono químico | chemical fertilizer.
abono verde (agricultura) | green manure.
abonos animales | animal manures.
abonos fosfáticos | phosphatic fertilizers.
abonos nitrogenados | nitrate fertilizers.
aboquillado (chapas o cuadernas buques) | joggled.
aboquilladora | joggling machine.
aboquilladora (cuadernas) | joggler.
aboquillar | splay (to).
aboquillar (chapas) | crimp (to) | joggle (to).
abordable | get-at-able | approachable.
abordado (buques) | collided.
abordador (buques) | colliding.
abordaje | colliding | boarding | running down | grappling.
abordaje (colisión - marina) | foul.
abordaje (marina) | collision.
abordaje con el espolón (buques) | ramming.
abordaje en que ambas partes tienen igual responsabilidad | both-to-blame collision.
abordar | board (to) | accost (to).
abordar (a un buque) | run foul of (to).
abordar (asuntos, problemas) | approach (to).
abordar (buques) | collide (to) | come up to (to) | run into (to) | grapple (to).
abordar (marina) | fall aboard (to) | fall foul of (to) | foul (to).
abordar con la proa (buques) | board end on (to).
abordar por la aleta (buques) | board on the quarter (to).
abordar un asunto | tap a subject (to).
abordar y hundir (a un buque) | rundown (to).
aborigen | aboriginal.
aborregado (cielo) | woolly.
aborregarse (el cielo) | dapple (to).
abortado (botánica) | blind.
abortar | miscarry (to).
abortar (animales) | cast (to).
abortivo | abortive.
aborto | stillbirth.
aborto (mujeres) | mishap.
aborto contagioso (zoología) | warping.
abotagarse | bloat (to).
abotonar | button (to).
abotonar (marina) | lash (to).
abovedado | arched | archwise | arch-like | groined | domed | dome-shaped.
abovedado (botánica) | convex.
abovedamiento de la carga (alto horno) | hanging.
abovedar | cove (to) | groin (to) | arch (to) | vault (to).
abovedarse | arch (to).
abozado | stoppering.
abozado del timón (buques) | rudder brakes.
abozar (marina) | stop (to) | stopper (to).
abozar un cabo de maniobra (buques) | stop a rope (to).
abra | haven | inlet | creek | cove.
abra (extensión de extremo a extremo-bahía, golfo) | fetch.
abradir con esmeril | emery-abrade (to).
abrasado | burnt | scorched.
abrasador | burning.
abrasador (calor) | melting.
abrasamiento | burnout.
abrasar (el sol) | scorch (to).
abrasarse | burn (to).
abrasible | abradable.
abrasilado (color) | brazil-wood colored.
abrasimetría | abrasiometry.
abrasímetro | abrasionmeter.
abrasímetro de carga creciente | increasing load abrasion tester.
abrasión | abrading | abrasion | corrasion.
abrasión de los cuerpos refractarios por el roce de sólidos en movimiento | abrasion of refractories.
abrasión en el carril por el patinaje de las ruedas de la locomotora (EE.UU.) | engine burn.
abrasión molecular interfacial | fretting abrasion.
abrasión por el polvo | dust abrasion.
abrasión por rodadura en carretera | road-abrasion.
abrasión unidireccional | unidirectional abrasion.
abrasiorresistente | abrasion resistant.
abrasividad | abradability | abradibility | abrasiveness.
abrasividad relativa | relative abrasiveness.
abrasivo | abradant | abrasive | gritty | lapping agent.
abrasivo adiamantado | diamond abrasive.
abrasivo adiamantado metalizado | metal-clad diamond abrasive.
abrasivo aglomerado | bonded abrasive.
abrasivo aluminoso | aluminous abrasive.
abrasivo arrastrado por un líquido | liquid-entrained abrasive.
abrasivo artificial | manufactured abrasive.
abrasivo con capa galvánica | electrocoated abrasive.
abrasivo con ligado flexible | flexible bonded abrasive.
abrasivo de alúmina alfa | alpha alumina abrasive.
abrasivo de alumina levigada | levigated alumina abrasive.
abrasivo de corte frío | cool-cutting abrasive.
abrasivo de ligante vitrificado | vitrified-bonded abrasive.
abrasivo de nitruro de silicio | silicon nitride abrasive.
abrasivo de polvo de granate | garnet abrasive.
abrasivo de silicio | silicon abrasive.
abrasivo en barritas | stone.
abrasivo fabricado en el electrohorno | electric furnace abrasive.
abrasivo granular de acero | steel abrasive.
abrasivo ligado con caucho | rubber-cushioned abrasive.
abrasivo ligado con goma laca | gum-lacquer-bonded abrasive.
abrasivo ligado con laca | shellac-bonded abrasive.
abrasivo ligado con metal | metal-bonded abrasive.
abrasivo ligado con un resinoide | resinoid-bonded abrasive.
abrasivo metálico (chorreo) | abrasive shot.
abrasivo natural | natural abrasive.
abrasivo natural con 90 a 95% de alumina cristalina | Canadian corundum.
abrasivo para desrebarbado en el tambor | tumbling abrasive.
abrasivo para el chorreado a presión | pressure-blast abrasive.
abrasivo para lapidar | lapping abrasive.
abrasivo para pulir lentes | lens surfacing abrasive.
abrasivo particulado | particulate abrasive.
abrasivo reforzado | reinforced abrasive.
abrasivo revestido de resina fenólica | phenolic-resin-coated abrasive.
abrasivo sinterizado | sinter-bonded abrasive.
abrasivo sintético ultraduro | synthetic ultra-hard abrasive.
abrasivo sobre soporte flexible | coated abrasive.
abrasivos inadiamantados | nondiamond abrasives.
abrasivos separados por fuerza centrífuga | centriforce abrasives.
abrazadera | keeper | band | clamp | tie band | knife clip | drawband | strap | fastener | clasp | clevis | clip | binding hoop | loop | gripper | gripe.
abrazadera (del arado) | clevis.
abrazadera (electricidad) | saddle.
abrazadera (jaula minas) | shoe.
abrazadera (para fijar tubos a la pared) | holderbat.
abrazadera (telares) | lug strap.
abrazadera antideslizante | anticreeper.
abrazadera de anclaje | strain clamp.
abrazadera de anclaje al carril (grúas sobre vía) | rail clamp.
abrazadera de compresión | pinchcock.
abrazadera de conductos | conduit clip.
abrazadera de fijación | binding clamp.
abrazadera de hincar (sondeos) | drive clamp.
abrazadera de pivote (relojes) | pivoted brace.
abrazadera de sondeo | drilling crow.
abrazadera de sujeción | fastening yoke.
abrazadera de tornillo para conexiones | binding screw clamp.
abrazadera de tornillo para postes | pole bracket.
abrazadera de tubería (entubación pozos) | casing clamp.
abrazadera de tubo flexible | pinchcock.
abrazadera de unión | coupling clamp.
abrazadera de unión para tubería | pipe joint clamp.
abrazadera del cabezal | headstock clamp.
abrazadera del eje | axle clamp.
abrazadera del tímpano (imprenta) | tympan clamp | bale.
abrazadera giratoria | revolving claps.
abrazadera graduable | adjusting clamp.
abrazadera limpiadora del lodo | mud wiper.
abrazadera neumática | air clamp.
abrazadera para cable | cable clip.
abrazadera para dados de roscar | clip for dies.
abrazadera para manguera | hose clamp.

abrazadera para pendientes | grade clamp.
abrazadera para reparaciones | repair clamp.
abrazadera para sujetar chapas onduladas | roofing clip.
abrazadera para taladrar | drilling crow.
abrazadera para taladrar (construcción naval) | old man.
abrazadera para tubería | pipe clamp.
abrazadera para tubo | tube clip.
abrazadera para tubos | pipe saddle | pipe clip.
abrazadera para viga | beam clamp.
abrazadera tapafugas | leak clamp.
abrazadera terminal | dead-end clamp.
abrazaderas (jaula de mina) | sliding pieces.
abrazaderas de proyectiles (cañón) | shell fingers.
abrazaderas del fusible | fuse clips.
abrazaderas del timón | rudder arms.
abrazaderas soportatubos | pipe support clips.
abrazador | embracer.
abrazador (botánica) | embracing | sheathing.
abrazar | clasp (to) | lock (to) | entwine (to).
abrazo | clasp.
abrebalas (máquina) | bale-breaker.
abrebocas (cirugía) | gag.
abrehoyos | hole opener.
abrelatas | can opener.
abresacos (molinería) | sackholder.
abresurco de azadón | runner furrow opener.
abresurcos (agricultura) | furrow opener.
abretrochas | trailbuilder.
abretubos | tube expander.
abretubos (pozo petróleo) | swage.
abretubos (sondeos) | pipe swage.
abretubos acanalado (sondeos) | fluted swedge.
abretubos de rodillos (sondeos) | roller swedge | roller swage.
abrevadero | horse-pond | watering trough | abreuvoir | drinking-trough.
abrevadero de lona | canvas trough.
abrevar las pieles (curtición) | sam (to).
abrevar las pieles (para curtir) | sammy (to) | sam skins (to) | soak skins (to).
abreveredas | trailbuilder.
abreviación | telescoping | shortening.
abreviado | telescoped down | shortcut | abridged.
abreviador | abbreviator.
abreviador (de una obra) | abridger.
abreviar | compress (to) | retrench (to) | abbreviate (to) | abridge (to).
abreviatura | abbreviation.
abreviatura de centro a centro | C to C.
abreviatura de Mississippi | Miss.
abreviatura toponímica | place name abbreviation.
abriachanita (forma amorfa de la crocidolita) | abriachanite.
abridor | riving knife | opener.
abridor de balas (obrero) | bale-breaker.
abridor de dientes | reed opener.
abridor de gancho | hook opener.
abridor del paracaídas | parachute-opener.
abridora | opener.
abridora (textil) | willow.
abridora de balas con aspirador de polvos | exhaust bale opener.
abridora de capullos | cocoon opener.
abridora de cilindro | cylinder opener.
abridora de desperdicios duros | hard waste-breaker.
abridora de estopas (tejeduría) | open teaser.
abridora de lana | wool duster | duster.
abridora de tambores múltiples | multiple cylinder opener.
abridora de tolva para balas | hopper bale opener.
abridora de tubos | pipe swedge.
abridora de yute | jute opener.
abridora doble | double opener.
abridora garnett (cardas) | garnett.
abridora horizontal | lattice opener.
abridora mecánica | opener.
abridora puercoespín (tejeduría) | porcupine opener.
abridora-limpiadora | opener and cleaner.
abriéndose hacia dentro | opening inwards.
abriéndose hacia fuera | opening outwards.
abrigado (buques) | becalmed.
abrigado (puertos) | closed.
abrigado del viento | fenced from the wind.
abrigado por la tierra (marina) | landlocked.
abrigado por un rompeolas | sheltered by breakwater.
abrigamos la confianza de que este libro | we are confident that this book.
abrigaño | mat | matting.
abrigar (a un buque) | becalm (to).
abrigar (plantas) | nurse (to).
abrigar con esteras (plantas) | mat up (to).
abrigar una espaldera | cope (to).
abrigo | harbor (EE.UU.) | harbour (G.B.).
abrigo (en las obras enemigas) | lodgment | lodgement.
abrigo (terreno de invernada animales) | yard.
abrigo a prueba de bala | bulletproof cover.
abrigo a prueba de bombas | bomb shelter.
abrigo a prueba de gases | gasproof shelter.
abrigo antiaéreo | air shield.
abrigo antigás (milicia) | gas-shelter | gasproof shelter.
abrigo blindado con tierra | earthcovered shelter.
abrigo caverna. (fortificación) | gloryhole.
abrigo contra bombas | antibomb shelter.
abrigo contra la lluvia | rain shelter.
abrigo de hormigón armado para submarinos | submarine pen.
abrigo del cañón | gun shelter.
abrigo desarmable | knock down shelter.
abrigo en galería (milicia) | mined shelter.
abrigo excavado recubierto | cut-and-cover shelter.
abrigo ligero (fortificación) | light shelter.
abrigo ligero para aviones de chorro | alert shelter.
abrigo para bomba atómica | atom-bomb shelter.
abrigo para el personal | personnel hut.
abrigo para huracanes (edificios) | hurricane shelter.
abrigo para la parte anterior con la barqui-lla de motores (aviones) | nose hangar.
abrigo para municiones | ammunition pit.
abrigo reforzado para el rebufo de la bomba nuclear | hardened shelter.
abrigo subterráneo | creep hole | dugout.
abrigo vegetal | mulch.
abrigo-caverna (fortificación) | cave shelter.
abrigos cavernas (milicia) | mined dugouts.
abrillantado | lustering | polishing.
abrillantado (telas) | lustring.
abrillantado electrolítico | electrolytic brightening.
abrillantado químico | chemical brightening | bright dipping.
abrillantador (electrodeposición) | brightener.
abrillantador vibratorio | vibratory polisher.
abrillantamiento (electrodeposición) | coloring.
abrillantamiento del papel haciéndolo pasar por un cilindro (fabricación del papel) | pelliculage.
abrillantar | furbish (to) | brighten (to).
abrillantar en la calandria (papelería) | calender (to).
abrir | open (to) | unlatch (to).
abrir (balas) | break (to).
abrir (cerraduras) | unlock (to).
abrir (galerías, túneles) | drive (to).
abrir (minas, canteras) | open up (to).
abrir (negocios, tienda, etc.) | set up (to).
abrir (pozos) | sink (to) | bore (to).
abrir (túneles) | excavate (to).
abrir brecha | breach (to).
abrir brecha en | break (to).
abrir camino | clear the way (to) | pioneer (to) | break out (to).
abrir con el bichero (botes del muelle) | shove off (to).
abrir con el bisturí | lance (to).
abrir con el lobo (lanas) | willow (to).
abrir desgarrando | unrip (to).
abrir el circuito | open the circuit (to).
abrir el circuito (electricidad) | break a circuit (to).
abrir el fuego | open fire (to).
abrir el fuego (tiro artillería) | open (to).
abrir el interruptor | switch off (to).
abrir en canal | cleave (to).
abrir fosos | ditch (to).
abrir la caja (carreteras) | bed (to).
abrir la calada (tejeduría) | shed (to).
abrir la llave | turn on (to).
abrir la majada (Uruguay) | open herding (to).
abrir la puerta a | let in (to).
abrir la sesión | call to order (to).
abrir las escotillas y empezar la descarga (buques) | break bulk (to).
abrir ligeramente | crack open (to).
abrir los pinos (resinación) | setting up | cupping.
abrir ojetes | eyelet (to).
abrir ollaos | eyelet (to).
abrir paso | clear the way (to).
abrir pozos para indagar la dirección del filón | costean (to).
abrir propuestas (comercial) | open bids (to).
abrir respiraderos (moldería) | vent (to).
abrir rozas | assart (to).
abrir todos los gases (autos) | open out (to).
abrir un agujero | scuttle.
abrir un agujero (muro o puerta) | break in (to).
abrir un barreno con el pistolete | jump (to).
abrir un crédito | open a credit (to).
abrir un frente de arranque (minas) | open a stope (to).
abrir un paso a través de un campo de minas | clear path through mine field (to).
abrir un rebaño | open herding (to).
abrir una brecha en un buque | hole a ship (to).
abrir una brecha en un buque (por torpedo, proyectil, etc.) | hole (to).
abrir una cerradura con ganzúa | pick (to).
abrir una cuenta (bancos) | open an account (to).
abrir una galería subterránea | gopher | gopher (to).
abrir una sucursal | open up (to).
abrir una trinchera (milicia, ferrocarriles) | cut a trench (to).
abrir una zanja | cut a trench (to).
abrir y cerrar un circuito | make and break (to).
abrir y clasificar el correo de entrada (oficinas) | open and sort incoming mail (to).
abrir y hacer público (un testamento) | prove (to).
abrir zanjas | ditch (to).
abrir-cerrar | on-off.
abrirse (flores) | expand (to).
abrirse (paracaídas) | deploy (to).
abrirse (vías de agua) | spring (to).
abrirse automáticamente | open automatically (to).
abrirse bruscamente | fly open (to).
abrirse camino (en la vida) | get on (to).
abrirse camino a través de la selva | bushwhack (to).
abrirse de repente | fly open (to).
abrirse paso por | breakthrough (to).
abrirse una vía de agua | bilge (to).
abrochar | button (to) | fasten (to) | clasp (to) | clap (to).
abrogación | repeal.
abrogación expresa | expressed abrogation.
abrogar | set aside (to) | circumduct (to) | rescind

(to) | nullify (to).
abrogar (jurisprudencia) | defeat (to).
abrojo (defensa de hierro) | caltrop.
abrojo (fortificación) | crow's foot.
abrojos (fortificación) | crowfoot.
abrumado (de trabajo) | full up.
abrupto | abrupt.
absceso | gathering.
abscisa | abscissa.
abscisa (agrimensura) | departure.
abscisa (topografía) | plus.
abscisal | abscissal.
abscisión | abscission.
absentismo | absenteeism.
absentista | absentist.
ábside | apse.
ábside lobulado (presbiterio - catedrales góticas) | chevet.
absidiola | apsidiole | reliquary.
absolución | acquittance.
absolución (acusados) | dismissal.
absolución a la demanda | acquittal of defendant.
absolución de derecho | acquittal in law.
absolución de hecho (jurídico) | acquittal in fact.
absolutamente | down-to-the-ground.
absolutamente convergente | absolutely convergent.
absolutamente libre de aceite | absolutely free from oil.
absoluto | absolute.
absoluto dominio | direct ownership.
absolver | justify (to) | free (to).
absolver (acusados) | dismiss (to).
absolver (de una acusación) | clear (to).
absolver de la instancia | nonsuit (to).
absolver de toda culpa (abordajes) | clear from blame (to).
absorbancia | absorbance.
absorbancia espectral | spectral absorptance.
absorbancia radiante | radiant absorbency.
absorbancia solar | solar absorbance.
absorbedor | sorbate | absorber.
absorbedor acústico | acoustic absorber.
absorbedor de neutrones | neutron absorber.
absorbedor de neutrones (reactor nuclear) | burnable poison.
absorbedor de olores | odor absorber.
absorbedor de pulsación | pulsation absorber.
absorbedor de radiactividad | radioactivity absorber.
absorbedor de rayos beta | beta absorber.
absorbedor de vibraciones de masas múltiples | multi-mass vibration absorber.
absorbedor neutrónico para conseguir un flujo neutrónico constante | flattening material.
absorbefaciente | absorbefacient.
absorbencia | absorbency.
absorbencia (radiación) | absorbance.
absorbencia molar | molar absorptivity.
absorbencia óptica | optical absorbancy.
absorbente | absorbent | imbibent.
absorbente (explosivos) | dope.
absorbente activo | active dope.
absorbente de cedazo molecular | molecular sieve absorbent.
absorbente inerte | inert dope.
absorbente por contacto con turbulencias | turbulent contact absorber.
absorbente selectivo | selective absorber.
absorber | take up (to) | absorb (to) | mop up (to) | imbibe (to).
absorber (esfuerzos) | take up (to).
absorber (química) | occlude (to).
absorber el empuje | absorb the thrust (to).
absorber la pérdida | absorb the loss (to).
absorber las aguas de cursos de agua próximos | abstract (to).
absorber un choque | damp (to).
absorbibilidad | absorbability.
absorbible | absorbable.
absorciometría | absorptiometry.
absorciometría de rayos gamma | gamma-ray absorptiometry.
absorciométrico | absorptiometric.
absorciómetro | absorptiometer.
absorciómetro fotoeléctrico | photoelectric absorptiometer.
absorción | absorbedness | pickup | absorption | indraft.
absorción (biología) | inception.
absorción (de calor) | pickup.
absorción (de la atención) | engrossing.
absorción (economía) | take-over.
absorción (geología) | abstract (to).
absorción actínica | actinic absorption.
absorción acústica | acoustic absorption.
absorción anómala | anomalous absorption.
absorción atmosférica | atmospheric absortion.
absorción atómica | atomic absorption.
absorción bruta | gross absorption.
absorción capilar | persorption.
absorción de aceite | oil absorption.
absorción de calor | heat abstraction.
absorción de carbono | carbon pickup.
absorción de elementos nutrientes (plantas) | nutrient uptake.
absorción de energía | damping.
absorción de fotones | photon absorption.
absorción de gas por un metal | gassing.
absorción de gases | occlusion | absorption of gases.
absorción de iones (suelos) | uptake of ions.
absorción de la luz | absorption of light.
absorción de neutrones | neutron absorption.
absorción de neutrones lentos | low-neutron absorption.
absorción de neutrones sin fisión | nonfission neutron absorption.
absorción de radiación electromagnética por una nube | cloud absorption.
absorción de radiaciones | photon absorption.
absorción de resonancia | resonance absorption.
absorción de resonancia del espín por electrones de conducción | conduction electron spin resonance absorption.
absorción de resonancia ferromagnética | ferromagnetic resonance absortion.
absorción de tierra | ground absorption.
absorción de un fotón en el efecto Compton | Compton absorption.
absorción de una sociedad por otra con desaparición de la sociedad absorbida | statutory merger.
absorción del casquete polar | polar cap absorption.
absorción del gas inerte | inert gas clean-up.
absorción del suelo | ground absortion.
absorción dieléctrica | dielectric absorption.
absorción fotoeléctrica | photoelectric absorption.
absorción inicial | initial absorption.
absorción interna (cilindros con líquidos radioactivos) | self-absortion.
absorción intersticial | interstitial absortion.
absorción ionosférica | ionospheric absorption.
absorción ionosférica en los casquetes polares | polar-cap ionospheric absortion.
absorción máxima | absorption peak.
absorción neta | net absorption.
absorción nuclear | nuclear absorption.
absorción óptica | optical absorption.
absorción por desviación | deviative absorption.
absorción por formación de pares | pair production absorption.
absorción por resonancia paramagnética electrónica | E.P.R. absorption.
absorción por rotación molecular | molecular rotation absorption.
absorción relajacional | relaxation absorption.
absorción repentina del ruido cósmico (satélites) | sudden cosmic noise absorption.
absorción selectiva | selective absortion.
absorción sin desviación | nondeviative absorption.
absorción sin fisión | nonfission absorption.
absorción sin fisión (nucleónica) | resonance capture.
absorción sonora | sound absorption.
absorción tiroidea | thyroid uptake.
absorción ultravioleta | uv absorption.
absorcividad (óptica) | absorptivity.
absorsancia (iluminación) | absorptance.
absortancia acústica | acoustical absorptivity.
absortividad | absorption factor.
absortivo | absorptive.
absorvedor de vibraciones sintonizado y amortiguado | tuned and damped vibration absorber.
abstención | forbearance.
abstenerse de | miss (to) | forbear (to).
abstenerse de disparar a un blanco | hold fire (to).
abstenerse de votar | flee the question (to).
abstergente | abstersive | abstergent.
abstersión | abstersion.
abstracción | abstraction.
abstracto | abstract.
abstraer | abstract (to).
abstraído | absent.
absuelto (jurisprudencia) | quit.
abubilla | hoopoe.
abuelastro | step grandfather.
abujardado (labra de piedras) | granulated.
abujardamiento (labra de piedras) | granulating.
abujardar | granulate (to).
abultado | bosselated.
abultamiento | burl | bulking.
abultar | bulk (to) | swell (to) | enlarge (to).
abullonar (trajes) | puff (to).
abunda al trabajo | work is large.
abunda el dinero | money is plenty.
abundancia | rifeness | shower | fullness.
abundancia (de dinero, etc.) | flush.
abundancia atómica | atomic abundance.
abundancia cósmica | cosmic abundance.
abundancia de información | abundance of information.
abundancia de luz (cine) | hot.
abundancia de manchas | spottedness.
abundancia de nudos | knottiness.
abundancia de plomo en el sol | lead abundance in the sun.
abundancia del U235 en el uranio natural | abundance of U235 in natural uranium.
abundancia extraordinaria | extraordinary abundance.
abundancia isotópica | isotopic abundance.
abundancia isotópica natural | natural abundance.
abundancia meteorítica | meteoritic abundance.
abundancia natural | natural abundance.
abundancia relativa | relative abundance.
abundancias distribuidas log-normalmente | log-normally distributed abundances.
abundancias en la atmósfera solar | solar atmospheric abundances.
abundancias isotópicas relativas | relative isotopic abundances.
abundante | full.
abundante en agua | watered.
abundante en cañas | reeded.
abundante en maderas | well-timbered.
abundante en pinos | firry.
abura (Mitragyna ciliata - Aubrev et Pellegr) | abura.
abura (Mitragyna ciliata - O. Ktze) | vuku | voukou | subaha.
aburrimiento de la inspección | tedium of inspection.
abusar de | abuse (to).
abusar de la bondad de alguno | encroach upon one's kindness (to).
abuso | abuse.
abuso de autoridad | misfeasance.
abuso de beber té (medicina) | theism.
abuso de confianza | embezzlement | false

pretense | breach of faith.
abuso de confianza (abogacía) | betrayal of confidence.
abuso de la propaganda | misdoings of advertising.
abuso de proceso (jurídico) | abuse of process.
abuso del derecho de asilo | abuse of the right of asylum.
abuso del terreno por el hombre | man's misuse of the land.
acabado | topping | finished | superfinish | all-over.
acabado (de piezas galvanoplastiadas) | trim.
acabado (de superficies) | surfacing.
acabado (enlucidos) | fining-off.
acabado a fuego | fire-finished.
acabado a la estufa | backed-on finish.
acabado a la muela | ground finish.
acabado a puntero (labra de sillares) | pointed finish.
acabado abigarrado en colores | colored mottle finish.
acabado aceitado | oiled finish.
acabado anodizado | satin finish | anodized finish.
acabado anodizado duradero | lifetime anodized finish.
acabado arenoso | sand finish.
acabado atrayente | eye-appeal finish.
acabado basto | rough finish.
acabado brillante | glossy finish.
acabado brillante (laminado de metales no férricos) | dry-rolled finish.
acabado brillante con muela abrasiva | ground finish.
acabado brillante en una sola cara | standard one side bright finish.
acabado brillante normal en ambas caras (chapas) | standard bright finish.
acabado brillante por inmersión | bright dipped finish.
acabado brillante por torneado | turned finish.
acabado brillante sumergiendo primero en baño de cobre o de estaño y después en baño fermentado de harina de centeno (trefilado de alambres) | liquor finish.
acabado bruñido | burnished finish.
acabado castor (telas) | beaver finish.
acabado con abrasivos | abrasive finishing.
acabado con asperezas pequeñísimas | superfinish.
acabado con cepillo de alambre o pulimento con compuestos sin grasa (cobre) | satin finish | scratch brushed finish.
acabado con colores de temple (calentando a diversas temperaturas el acero) | carbonia finish.
acabado con el agregado en realce (hormigón) | exposed-aggregate finish.
acabado con fratás de madera y adición de arena (enlucidos) | sand-float finish.
acabado con papel de lija | sand finish.
acabado con papeles abrasivos | lapping.
acabado con ruedas pulidoras | cutting down.
acabado de colar | as cast.
acabado de colar y sin ningún postratamiento | as-cast.
acabado de chapas con dibujo regular de manchas circulares | spotting.
acabado de diseñar | off the drawing board.
acabado de electrodepositar y sin ningún postratamiento (aceros) | as-coated.
acabado de esmalte estufado por rayos infrarrojos | infrared baked enamel finish.
acabado de extrusión | extrusion finish.
acabado de forjar y sin postratamiento | as-forged.
acabado de hacer | green | freshly prepared | freshly done.
acabado de imprimir | printed off.
acabado de interiores (edificios) | inside trim.
acabado de laminación | mill finish.
acabado de llegar del mar (salmón) | fresh-run.
acabado de maquinado (de superficies metálicas) | finish.
acabado de muaré | moiré finish.
acabado de óxido magnético sobre la superficie (hierro o acero) | bower barffing.
acabado de poner | newly-laid.
acabado de preparar | freshly prepared.
acabado de publicarse | just published.
acabado de revestir | as-coated.
acabado de revisar | just overhauled.
acabado de salir | just published.
acabado de soldar | as welded.
acabado de soldar y sin ningún postratamiento | as-welded.
acabado de superficie | hardfacing.
acabado de superficie mate áspera (papel) | antique finish.
acabado de superficies de carreteras | road surfacing | road surface dressing.
acabado de textiles | textile processing.
acabado de trama de tela (papel) | cloth finish.
acabado decorativo brillante | bright decorative finish.
acabado defectuoso | blemished finish.
acabado del eslabón (fabricación a mano de cadenas) | dollying.
acabado del papel haciéndolo pasar entre rodillos de acero a gran presión | pebble finish.
acabado después de quitar el encofrado (hormigón) | off-the-form finish.
acabado duro (papel o cartón) | skin.
acabado electrogalvánico completamente brillante | fully bright plated finish.
acabado electrolítico | plating finish.
acabado en baño de bicromato sódico | bichromate dip finish.
acabado en caliente | hot-finished.
acabado en color resistente al desgaste | hardwearing colored finish.
acabado en frío | cold-finished.
acabado en frío con rodillos pulidos (laminación) | dry-rolled finish.
acabado en negro | black finish.
acabado en relieve | wrinkle finish.
acabado en seco | dry finish.
acabado en solución de bicromato y ácido sulfúrico (cobre y latón) | bichromate dipped finish.
acabado en tambor | rotofinishing.
acabado en tambor giratorio | barrel finishing.
acabado en tambor metálico | metal barrel-finishing.
acabado estufado | baked finish.
acabado exento de entretenimiento | maintenance-free finish.
acabado final de 10 micropulgadas | final finish of 10 micro-inchs.
acabado galvanoplástico | plated finish | electroplated finish.
acabado granudo | grained finish.
acabado imitación lona (papel) | crash finish.
acabado jaspeado | mottled finish.
acabado lavable impermeable | impermeable washable finish.
acabado limpio | neat finish.
acabado mate | dull finish.
acabado mate (pintura) | flat finish.
acabado mecánico | tooled finish | mechanical finish.
acabado meltón | doeskin finish.
acabado meltón (lana) | face finish.
acabado meltón (lana o estambre) | cloth finish.
acabado meltón (telas lana) | dress-face finish.
acabado microfino | microsmooth finish.
acabado moteado | mottled finish.
acabado muarado (telas) | chasing.
acabado negro mate | dull black finish.
acabado nuboso (papel) | cloud finish.
acabado ópticamente especular | optically specular finish.
acabado orgánico de secado al aire resistente a la gasolina | petrol-resisting air-drying organic finish.
acabado orgánico que no se oscurece | nonfading organic finish.
acabado para hacer opaco o semiopaco (tejidos algodón) | holland finish.
acabado para la producción en serie | production finishing.
acabado patén (tela de lana) | hard finish | clear finish.
acabado pavonado | blued finish.
acabado perfecto | faultless finish.
acabado policromático | polychromatic finish.
acabado policromático metálico | metallic polychromatic finish.
acabado por ambos lados | double-faced.
acabado por decapado en solución de ácido sulfúrico (productos de cobre) | plain pickle finish.
acabado por emulsión química abrasiva eyectada por aire a presión | liquid honing.
acabado por estirado | drawn finish.
acabado por extrusión en caliente (aleaciones de cobre) | extruded finish.
acabado por formación de pátina artificial sumergiendo en ácido acético | patina finish.
acabado por inmersión en solución de bicromato con ácido sulfúrico (chapas cobre) | soda dip finish.
acabado por laminación (chapas) | planished finish.
acabado por laminación en frío con lubricante | cold-rolled finish.
acabado por laminación en frío sin lubricante | dry-rolled finish.
acabado por muela abrasiva | ground-finished | ground finished.
acabado por un solo lado | one-side finish.
acabado por una sola cara | oneside finish.
acabado posrectificado por medio de tacos abrasivos | honing.
acabado primario | primary finishing.
acabado protector | protective finish.
acabado que no se oscurece | nonfade finish.
acabado repp (papel) | ribbing | repp finish.
acabado resistente a la cascarilla de óxido | scale-tight finish.
acabado satinado | satin finish.
acabado satinado de poca reflectividad (chapas) | Tampico brushing.
acabado semibrillante | semimatt finish.
acabado semibruñido laminado en frío con lubricante de aceites solubles (aleaciones de cobre y no ferrosas) | soluble-oil rolled finish.
acabado semibruñido laminado en frío con lubricante de keroseno (aleaciones de cobre y no ferrosas) | kerosene-rolled finish.
acabado semibruñido laminando en frío con lubricante de jabón (aleaciones de cobre y no ferrosas) | soap-rolled finish.
acabado semimate | semimatt finish.
acabado sin calandrar ni engomar (telas) | Spanish finish.
acabado sin marcas de vibración | chatter-free finish.
acabado superficial de grandísimo pulimento | superfinishing.
acabado superficial del granito obtenido por calor intenso aplicado con soplete | thermal texturing.
acabado superficial fino | fine surface finish.
acabado superficial haciendo rodar las piezas en un tambor de fundición (forrado de goma, con pedazos de caliza, agua y un espumante) | barrelling.
acabado verificado por examen de anillos de Newton | Newton-rings-checked finish.
acabadora | surfacer | surfacing machine.
acabadora (carreteras) | tamping-leveling finisher.
acabadora de carreteras | road finisher.
acabadora de explanaciones | subgrade planer.
acabadora de frota (acabadora de fratás-enlucidos, carreteras, etc.) | float finisher.
acabadora de superficies de carreteras | road

surface finisher.
acabadora para hormigón | concrete finisher.
acabaduría (taller para acabado de telas) | finishing plant.
acaballado (Argentina) | pleat.
acaballonador | bedder.
acabamiento | finishing.
acabamiento a fuego | fire-finishing.
acabamiento a máquina | machine-finishing.
acabamiento con brillo especular | specular gloss finish.
acabamiento con planidad de una banda de luz | finish with one light band flatness.
acabamiento contrastado por anillos de Newton | Newton-ring-checked finish.
acabamiento de CLA 2 micrones | finish of CLA 2.
acabamiento de la superficie superior de las puntas de los dientes (sierras) | topping.
acabamiento de pistones de aleación de aluminio | aluminum-alloy piston finishing.
acabamiento de poco brillo | low gloss finish.
acabamiento del interior del agujero | bore finishing.
acabamiento especular | mirror finish.
acabamiento exento de arañazos o defectos superficiales (lapeadura) | sleek-free finish.
acabamiento exento de rayado | scratch-free finish.
acabamiento mate | matte finish.
acabamiento no brillante | nonbrilliant finishing.
acabamiento por muela abrasiva | ground finishing.
acabamiento por rasurado (metalurgia) | shaving finish.
acabamiento por una sola cara | one-side finish.
acabamiento suave | slick finish.
acabamiento superficial de | surface finish of 20 μ RMS on the circunference.
acabamiento superficial de calidad excepcional | supremely high-grade surface finish.
acabamiento superficial de 0 | surface finish of 0.5 micro-in CLA.
acabamiento superficial de 8 rms | surface finish of 8 rms.
acabamiento superficial no contaminado | uncontaminated surface finish.
acabamiento superficial por rasurado (metalurgia) | shaving surface finish.
acabamiento superficial que reduce el rozamiento a un mínimo | friction-free surface finish.
acabamiento superficial ultrafino | ultrafine surface finish.
acabar | finish (to) | wash out (to) | end (to) | round out (to) | face (to) | conclude (to) | perfect (to).
acabar (taludes) | dress (to).
acabar a fuego | fire-finish (to).
acabar a la muela | finish by grinding (to).
acabar al tambor | barrel finish (to).
acabar con esmeril | emery finish (to).
acabar por lapidado | lap-finish (to).
acabar por soldadura | finish-weld (to).
acabarse | come to a stop (to) | give out (to).
acabarse la cuerda (relojes) | rundown (to).
acabezuelado (botánica) | headed.
acabó por decir que | finally he said that.
acacia falsa (Robina pseudoacacia) | yellow locust.
acacia falsa (Robinia pseudoacacia) | white laburnum.
acacia negra australiana (Acacia melanoxylon) | Australian blackwood.
academia de baile | school of dancing.
academia de dibujo | art-school.
acadialita | acadialite.
acadiense (geología) | acadian.
acalabrotado | hawser-laid.
acallamiento | quieting.
acambrayado | cambriclike.
acampado | fielded.
acampador (persona) | camper.
acampamiento | camping.
acampanado | belled | bellmouthed.
acampanado (botánica) | bell-shaped.
acampanado (tubos) | flared.
acampanarse | flare (to).
acampar | camp (to) | camp out (to).
acampar en tiendas de campaña | live under canvas (to).
acana (Mimusops heckelii - Hutch & Dalz) | abaku.
acanalado | ribbed | furrowed | fluted | chamfered | channeled | corrugated | serrated | limbrics | grooved.
acanalado (México) | cup.
acanalado (tejido de punto) | ribbing.
acanalado convergente (chapas) | en gaine.
acanalado corto hecho con soplete oxiacetilénico | spot gouging.
acanalado cruzado (tejeduría) | cross rib.
acanalado de ladrillo (telas) | cul-de-de.
acanalado del espaldar de la soldadura a tope | back gouging of butt weld.
acanalado diagonal (acanalado oblicuo - ligamentos) | diagonal rib.
acanalado en el sentido de la cuerda | chordwise-fluted.
acanalado figurado | figured rib.
acanalado horizontalmente | horizontally-grooved.
acanalado interrumpido (ligamento) | broken rib.
acanalado longitudinal | longitudinal fluting.
acanalado mixto (tejeduría) | mixed rib.
acanalado oblicuo | flat twill weave.
acanalado oblicuo (paño de lana) | corkscrew cloth.
acanalado oblicuo (tela) | warp corkscrew cloth.
acanalado oblicuo por trama (tejeduría) | reclining twill weaves.
acanalado oblicuo por urdimbre | steep twill weave.
acanalado para muebles | figured warp-rib fabric.
acanalado por oxicorte | gouging.
acanalado por trama | warp rib.
acanalado por urdimbre | weft rib | filling rib.
acanalado suizo | swiss rib.
acanalador | matching plane | grooving tool | groover | match-plane.
acanalador hembra | grooving plane | grooving cutter plane.
acanalador macho | tonguing plane.
acanaladora | routing-machine | fluting machine | creaser | quarring machine.
acanaladora (canteras) | channeling machine.
acanaladora para roca | rock channeler.
acanaladora por arco eléctrico y chorro de aire comprimido (emplea electrodo de grafito cobreado) | electric arc-compressed air gouging.
acanaladura | channel molding | channeling | groove | gash | spline | fluting | flute | crease.
acanaladura (imprenta) | crease.
acanaladura abierta (laminador) | open pass.
acanaladura con nervios | ribbed fluting.
acanaladura entre cordones de soldadura (defecto soldadura de varios cordones) | inter-run grooving.
acanaladura helicoidal | spiral groove.
acanaladura para carriles (laminador) | rail pass.
acanaladura para desahogar la rebaba (estampado) | gutter.
acanaladura para vigas (laminadores) | girder-pass.
acanaladura redondeada | rounded flute.
acanaladura semicircular | half-round groove.
acanaladuras interiores helicoidales | helical splines.
acanalar | corrugate (to) | plough (to) | quirk (to) | groove (to) | trough (to) | flute (to) | channel (to) | chamfer (to) | ridge (to) | spline (to) | slot (to).
acanalar (carpintería) | furrow (to).
acanalar (ranuras) | hollow out (to).
acanalar espiralmente (ánima cañones) | rifle (to).
acanillado (papel) | laid.
acanillado (telas) | streaky.
acantilado | cliff.
acantilado a pico | bluff.
acantilado marítimo | sea cliff.
acantina (química) | acanthine.
acantino (botánica) | acanthine.
acantita | acanthite.
acanto (Acanthus mollis - L) | bear's breech.
acantonado | quartered.
acantonamiento | quarter | cantonment | quartering.
acantonamiento en vivaques | close billets.
acantonar | quarter (to).
acantonar tropas | canton (to).
acaparador | engrosser | monopolist | hoarder | buyer-up | grabber.
acaparador de terrenos | land-grabber.
acaparamiento | buying up.
acaparamiento de bienes para especulación | speculative hoarding of goods.
acaparamiento de corriente | current hogging.
acaparamiento de mercancías | commodity hoarding | hoarding of goods.
acaparamiento de oferta total | coemption.
acaparar | buy up (to) | stockpile (to).
acaparar (comercio) | capture (to).
acaparar mercancías | engross goods (to).
acápite (hispanoamérica) | paragraph.
acaricida | acaricide | miticide.
acárido | acarid.
acáridos | acarida | mite.
acarnerado | muttony.
ácaro | acarus | mite | acarid.
acarraladura | tangle.
acarreado | carryover.
acarreador | carrier.
acarreador (minas) | putter | trammer.
acarreador de escorias | barrow-man.
acarreador de material | material handler.
acarrear | haul (to) | wheel (to).
acarreo | portage | porterage | porterage | hauling | haulage | transportation | transport | carry | carriage | truckage.
acarreo (geología) | carry | driftage | drifting.
acarreo (minas) | draw.
acarreo (minas carbón) | putting.
acarreo a alta velocidad | high speed carry.
acarreo al almacén | cartage to warehouse.
acarreo bloqueado en nueve | standing-on nines carry.
acarreo continental | continental drift.
acarreo de barrenas (entre el perforista y el herrero) | nipping.
acarreo de fondo | bed load.
acarreo de ganado (Iberoamérica) | trailing.
acarreo de helero | glacial drift.
acarreo de sedimentos | silt trasportation.
acarreo de sólidos del fondo (ríos, canales) | bed-load movement.
acarreo del cauce | bead load.
acarreo en esquema circular | end around carry.
acarreo en suspensión | wash load.
acarreo extra | overhaul.
acarreo fluvial | river load.
acarreo glacial | glacial drift.
acarreo hidráulico | sluicing.
acarreo negativo | borrow.
acarreo pluvial | rainwash.
acarreo simultáneo | high speed carry.
acarreos | float-rocks | back haul | drayage.
acarreos (hidráulica) | debris.
acarreos (mineral existente lejos de la roca de origen) | float ore.
acarreos de cobre | flour copper.
acarreos de la escorrentía | silt runoff.
acarreos fluviales | river deposition | river drift.
acarreos fluvioglaciáricos | fluvioglacial drift.

acartabonado | bracketed.
acartabonado (estructuras) | gusseted.
acartelar (acartabonar - estructuras) | gusset (to).
acartelar (estructuras) | bracket (to).
acatar (órdenes) | conform (to).
acatar una orden | conform with an order (to).
acaustobiolito | acaustobiolith.
acaustofitolito (geología) | acaustophytolith.
acceder | give in (to).
accediendo a | in compliance with.
accesibilidad | approachability | accessibility | get-at-ableness.
accesibilidad del blanco | target accesibility.
accesibilidad para el entretenimiento | maintenance accessibility.
accesible | approachable | accesible | get-at-able | retrievable.
accesible durante todo el año | year-round.
accesión | accession.
accesión por separación | accretion by avulsion.
acceso | entrance | entry | gateway | access.
acceso (de fiebre, etc.). | attack.
acceso (medicina) | access.
acceso (redes eléctricas) | port.
acceso a distancia (telecomunicación) | remote access.
acceso a un mercado | entry.
acceso al puente | bridge approach.
acceso aleatorio | random access.
acceso balizado | buoyed approach.
acceso casual (informática) | random access.
acceso común (telefonía) | joint access.
acceso de secuencia (informática) | sequential access.
acceso direccionado | addressed access.
acceso directo (información) | random access.
acceso estadístico | random access.
acceso fortuito | random access.
acceso múltiple por distribución de frecuencias | frequency division multiple access | frequency division multiplex access.
acceso relativamente fácil | reasonable access.
acceso salteado a tarjetas magnéticas | card random access memory.
acceso secuencial | sequential access.
acceso selectivo | random access.
acceso sólo por un costado | one-side-only access.
acceso único | single access.
accesorio | equipment | accessory | fitting | fitment.
accesorio (de máquina) | implement.
accesorio (de máquina herramienta) | fixture.
accesorio (de una cosa) | associate.
accesorio (máquinas) | attachment.
accesorio de amarre | tie-down.
accesorio de barrenar | boring attachment.
accesorio de cruce inferior | crossunder fitting.
accesorio de escoplear | mortising attachment.
accesorio de forma especial (tuberías, etcétera) | special.
accesorio de fresadura circular (fresadora) | rotary attachment.
accesorio de retenida de la pieza que se va a trabajar | work-holding attachment.
accesorio divisor | indexing fixture.
accesorio fácil de conservar limpio | easy to-keep-clean fixture.
accesorio motor | power attachment.
accesorio movible | movable fitting.
accesorio neumático para dividir (máquina herramienta) | air operated indexing fixture.
accesorio para centrar | centering fixture.
accesorio para dividir (máquina herramienta) | indexing attachment.
accesorio para fresar circularmente | circular milling attachment.
accesorio para fresar cremalleras | rack milling attachment.
accesorio para hacer y deshacer camellones | magnolia attachement.
accesorio para perfilar la curva de unión | radius truing attachment.
accesorio para rectificar con bloques abrasivos | honing fixture.
accesorio para taladrar | drill attachment.
accesorio para tornear cónico (tornos) | taper attachment.
accesorio para trabajar a larga distancia (microscopio) | long-working-distance attachment.
accesorio para trocear | cropping attachment.
accesorio reductor (de diámetro) | reducer fitting.
accesorio solar (teodolitos) | solar attachment.
accesorio sujetador | tie-down.
accesorios | implements | trimming | specials | fixtures | accessories | furnishings | materials | fittings | attachment units.
accesorios (de calderas, etc.) | mountings.
accesorios (estudios de cine y TV) | props.
accesorios (máquinas) | gadget.
accesorios a prueba de amoníaco | ammonia fittings.
accesorios abocinados | flare fittings.
accesorios con bordón | beaded fittings.
accesorios con bridas | flanged fittings.
accesorios con bridas de bronce | bronze flanged fittings.
accesorios de bloqueo (tornos) | spider.
accesorios de cabeza de pozo (petróleo) | Christmas tree fittings.
accesorios de caldera | boiler fittings.
accesorios de carrocería | body fittings.
accesorios de curva abierta (tuberías) | long-sweep fittings.
accesorios de izada (grúas) | hoisting accesories.
accesorios de la bomba | pump-gear.
accesorios de la vía | accessories to track.
accesorios de latón | brass fittings.
accesorios de montaje | fittings.
accesorios de montaje de canalizaciones | conduit fittings.
accesorios de radar | radar equipment.
accesorios de reborde | banded fittings.
accesorios de telecomunicación | plumbing.
accesorios de tubo aislador | conduit fittings.
accesorios de unión | union fittings.
accesorios del torno | lathe attachments.
accesorios eléctricos | electrical fittings.
accesorios eléctricos para automóviles | automobile electrical accessories.
accesorios empleados | supplies used.
accesorios esmaltados vítreos a prueba de goteras | dripproof vitreous enameled fittings.
accesorios estampados | stamped fittings.
accesorios galvanoplastiados | plated fittings.
accesorios metálicos soldados | fabricated metal sundries.
accesorios para alambrados | fence fittings.
accesorios para alumbrado de buques | shiplighting fittings.
accesorios para alumbrado de cubiertas (buques) | deck lighting fittings.
accesorios para automóviles | automobile components.
accesorios para bajantes de aguas (edificios) | rainwater goods.
accesorios para calderas | boiler appurtenances.
accesorios para colocar la loza en hornos de túnel | kiln furniture.
accesorios para cultivar | cultivating implement.
accesorios para dirigir el haz | beam-directing fittings.
accesorios para gas | gas fittings.
accesorios para luces que hacen juego | blended light fittings.
accesorios para máquina y calderas | engine and boiler fittings.
accesorios para máquinas hidráulicas | hydraulic fittings.
accesorios para protección del personal | personnel-protection features.
accesorios para tendido de cables (electricidad) | wiring sundries.
accesorios para tubería de entubación (sondeos) | casing fittings.
accesorios para tubos | pipe fittings.
accesorios reductores (tuberías) | reducing fittings.
accesorios refractarios para su empleo en hornos | kiln furniture.
accesorios roscados de hierro maleable | malleable-iron screwed fittings.
accesorios sin reducción en la sección de paso (tuberías) | full flow fittings.
accesorios soldados | welded fittings.
accesorios tubulares para pozos de petróleo | oil well tubular goods.
accesos | approaches.
accesos del puente | bridge approaches.
accesual | accessual.
accidentado | abrupt.
accidentado (persona) | accidentee | casualty.
accidentado (quebrado - terreno) | broken.
accidentado (terreno) | rolling | irregular | rough | accidented | rugged | hilly.
accidental | contingent | incidental.
accidental (música) | accidental.
accidentalidad | accidentality.
accidentalismo | accidentalism.
accidente | emergency | injury | accident.
accidente (aeronáutica) | mishap.
accidente (del terreno) | feature | irregularity.
accidente (EE.UU.) | wreck.
accidente (geología) | jump | leap.
accidente al peatón por desplazarse a la calzada | moving-off accident.
accidente al virar a la derecha | right-turning accident.
accidente al virar a la izquierda | left-turning accident.
accidente automovilístico | auto accident.
accidente con fusión del núcleo | whole-core accident | core disruptive accident.
accidente con ningún muerto o herido grave (aviación) | crack-up.
accidente con pérdida de refrigeración | loss of coolant accident.
accidente de aeroplano | aeroplane accident.
accidente de armas nucleares | nuclear weapons accident.
accidente de automóvil | motoring accident.
accidente de trabajo | industrial accident | occupational accident | occupational injury.
accidente debido a la imposibilidad de controlar la criticidad | criticality accident.
accidente debido al patinaje de las ruedas (carreteras) | skidding accident.
accidente debido al resbalamiento de las ruedas del avión | accident due to aquaplaning of aircraft tires.
accidente del reactor nuclear con pérdida del refrigerante | loss of coolant reactor accident | loss-of-coolant reactor accident.
accidente del terreno | feature of the ground.
accidente en tierra | ground accident.
accidente evitable | preventable accident.
accidente explosivo | explosive accident.
accidente grave no fatal | serious non-fatal accident.
accidente inevitable | casus fortuitus.
accidente inexplicable | unexplained accident.
accidente laboral | occupational accident | occupational injury.
accidente leve | minor accident.
accidente ligero | minor accident.
accidente máximo-verosímil | maximum credible accident.
accidente mortal | fatal accident | fatality | fatal injury.
accidente nuclear | nuclear accident.
accidente ocurrido en el trayecto al trabajo | accident on the way.
accidente por derrumbamiento (minas) | fall-of-ground accident.

accidente por error del piloto (aviación) | pilot-error accident.
accidente por patinazo (autos) | skid accident.
accidente por tractor agrícola | agricultural tractor accident.
accidente producido por avería de la bomba | pump-failure accident.
accidente profesional | occupational accident.
accidente que afecta al personal industrial | industrial personnel accident.
accidente que implica a la seguridad pública | public safety accident.
accidente topográfico natural | natural feature.
accidente trágico | tragic accident.
accidentes de la circulación | road accidents.
accidentes del trabajo | accidents to workmen.
accidentes en pasos a nivel | grade crossing accidents.
accidentes laborales | industrial injuries | work accidents.
accidentes mortales | fatalities.
accidentes operacionales | operational accidents.
accidentes operativos | operational accidents.
accidentes por patinazos en carreteras mojadas | wet-roadway skidding accidents.
acción | action | acting | security.
acción (comercio) | share.
acción (de estribo) | leather.
acción (de una palanca) | leverage.
acción (palanca) | effect.
acción a distancia | action-at-a-distance.
acción a que hubiere lugar (jurídico) | action which may lie.
acción abrasiva entre dientes (engranajes) | galling.
acción acuñante | wedging action.
acción acuñante afuera (recipientes) | outwardly wedging action.
acción al contado | cash share.
acción al portador | bearer share | bearer stock.
acción amortiguadora (química) | buffer action.
acción anticipadora | anticipatory action.
acción apropiada | suitable action.
acción asidora | griping action.
acción bioquímica | biochemical action.
acción cincelante | chiseling action.
acción civil por culpa | action on the case.
acción clase A | class A stock.
acción combinada | joint action.
acción combinada federal-municipal privada (EE.UU.) | federal-city-private action.
acción compensadora (química, electricidad) | buffer action.
acción común sin valor a la par | non-par value common stock.
acción con prima | premium stock.
acción contraria | cross action.
acción convertible | convertible stock.
acción corrasiva (geología) | corrasive action.
acción correctiva | corrective action.
acción correctora | controller function | control response | control effect | corrective action.
acción correctora del fabricante | manufacturer's corrective action.
acción corrosiva | corroding action.
acción cortante activa (cuchillas) | aggressive cutting action.
acción cotizable | listed stock.
acción cotizada en mercados internacionales | international stock.
acción dada como prima | bonus share.
acción de abrir brecha (en muros, fortificaciones) | breaching.
acción de abrir con machete los paquetes de chapas pegadas (laminación) | swording stickers.
acción de abrirse paso a través de hielo blando (buques) | boring.
acción de alegrar las costuras (calafateo cubiertas de madera) | reaming.
acción de apagar un alto horno | blowout.
acción de apostar (centinela, espía, etc.) | planting.
acción de apremio (abogacía) | action of debt.
acción de aprender | learning.
acción de apuntar de nuevo (cañones) | relaying.
acción de armar (espoletas, etc.) | arming.
acción de arrastre de la hélice | propeller trailing action.
acción de arriar (marina) | lowering.
acción de arrojar mercancía por la borda | jettison.
acción de arrojarse con paracaídas (de un avión) | bailout.
acción de aserrar al hilo (maderas) | felting.
acción de astillarse por los bordes (laminado chapas) | reediness.
acción de atar con cadena | chaining.
acción de atar los caballos a un piquete | picketing.
acción de aumentar la temperatura del viento (alto horno) | coddling.
acción de avanzar o retroceder en la cámara tomavistas | dollying.
acción de bajar el timón (aviones) | low rudder.
acción de buscar (telefonía automática) | hunting action.
acción de caer a sotavento (buques) | sagging.
acción de cargar | lading | loading.
acción de cargar vagonetas (minas) | filling.
acción de clavar inclinado | skew nailing.
acción de clavar oblicuamente clavos en los cantos de una tabla para que las cabezas no se vean al exterior (pisos de madera) | toenailing.
acción de clavetear un molde (moldería) | sprigging.
acción de colocar de centinela | posting.
acción de colocar el cuerpo de una locomotora sobre sus ruedas | wheeling.
acción de colocar un fondo (a una caja, barril, etc.) | bottoming.
acción de conectar una máquina | switching on.
acción de conjunto | concerted action.
acción de contener la fermentación (vinos) | mutage.
acción de contratar | recruiting drive.
acción de contratar obreros eventuales (agricultura) | hirings.
acción de controlar el espesor y diámetro máximo exterior de la copa (embutición) | ironing.
acción de cortar al tamaño deseado (chapas) | shearing.
acción de cortar en frío con cincel y martillo (tochos, chapas) | chipping.
acción de cortar en láminas delgadas | wafering.
acción de daños y perjuicios | action in damages.
acción de dar agua para que flote el buque (dique seco) | float-out.
acción de dar ángulo al giroscopio (torpedos) | gyro angling.
acción de dar en garantía (una cosa) | pledging.
acción de dar fuego | firing.
acción de dar negro en seco (moldería) | dry blacking.
acción de dar plombagina a los moldes | blackening.
acción de dejar libre | releasing.
acción de demoler | battering.
acción de depositar documentos (en el juzgado) | impounding.
acción de desconectar una línea defectuosa para unirla al aparato verificador (telefonía) | plugging-in.
acción de desconectar una máquina (electricidad) | switching off.
acción de desconexión mecánica | mechanical trigger action.
acción de desenganche mecánico | mechanical trigger action.
acción de desorientar al enemigo en operaciones electrónicas | spoofing.
acción de destacar | picking out.
acción de destrocar | picking out.
acción de dibujar las curvas de nivel (planos) | contouring.
acción de dibujar un corte vertical del terreno | profiling.
acción de dirigir (espoleta de aproximación) | homing.
acción de disminuir el viento para limitar la producción (alto horno) | fanning.
acción de disparar | firing.
acción de echar arena entre las chapas de un paquete para que no se peguen (laminación) | dusting.
acción de echar la cadeneta (labores de punto) | casting on.
acción de echar un bote al agua | getting out.
acción de embarcar personal o carga en un avión | air pickup.
acción de embrear (buques) | paying.
acción de empeñar (prendas) | pledging.
acción de encajar una pieza en otra | let-in.
acción de encender | firing.
acción de enjugar | mopping up.
acción de enrollar un toldo y sujetarlo con cabos delgados (buques) | stopping up.
acción de envolver un conjunto electrónico con resina en estado líquido (aparatos electrónicos) | potting.
acción de equipar una máquina con las herramientas necesarias | tooling.
acción de espiarse (buques) | kedging.
acción de esterar | matting.
acción de estrellarse (aeroplanos) | crackup.
acción de extender una capa de cebada para que empiece la germinación (cerveza) | couching.
acción de filar (una escota, un cabo, buques) | flowing.
acción de formar con metales sobrepuestos distintos un elemento resistente | sandwiching.
acción de formar un paquete (pudelado) | fagoting.
acción de formar un tubo | piping.
acción de fumar | smoking.
acción de garantía | guaranty stock.
acción de girar el morro de un avión en tierra | nose over.
acción de hacer a mano una red de pescar | beating.
acción de hacer desaparecer con el soplete un exceso de estañado (sobre una superficie) | flaming off.
acción de hacer el vacío | evacuation.
acción de hacer punto | knitting.
acción de hacer puré | mashing.
acción de hacer un haz de leña | fagoting.
acción de hacer volar un aeroplano a diferentes rumbos para poder compensar la brújula | airswinging.
acción de halar corto y seguido de la tira (aparejos) | jigging.
acción de halar sobre un ancla (buques) | kedging.
acción de hipotecar | hypothecation.
acción de indemnización | action for compensation.
acción de irse a pique (buques) | foundering.
acción de las puntas | needle effect.
acción de lavar las ropas (marina) | dobbying.
acción de levantar | lifting.
acción de levantar el timón de altura en un viraje (aviones) | high rudder.
acción de levantar presión (calderas) | putting on.
acción de levar el ancla (buques) | purchasing.
acción de limpiar con un chorro de vapor o agua a presión | lancing.
acción de llenar las casillas de un estado de dimensiones (proyectos) | taking-off.

acción de llenar los blancos (imprenta) | blanking.
acción de mantener a una temperatura dada (aceros) | soaking.
acción de marcar con plantillas (planchas, etc.) | laying-off.
acción de marcar las líneas de un buque con la punta de trazar (sala de gálibos) | razing | scribing | rasing.
acción de masas (química) | mass action.
acción de mejorar o continuar una acción inicial | follow-up.
acción de meter en el baño de casca (curtición) | pickling.
acción de minar | exesion.
acción de montar (el gatillo, el percutor) | cocking.
acción de morder (trefilería) | biting-in.
acción de mover la cámara tomavistas (cine, televisión) | dolly (to).
acción de mover las compuertas (turbinas hidráulicas) | gating.
acción de mover rodando el avión en varias direcciones para compensar la brújula | groundswinging.
acción de obtener información de una persona que ha venido de territorio enemigo | debriefing.
acción de palanca | crowbar.
acción de parar el motor (motor chorro) | around the horn.
acción de parar el pistón unos segundos en la carrera de cierre para que se escapen los gases ocluídos (moldeo de plásticos) | gassing.
acción de pasar (laminadores, máquinas herramientas, vuelo de un avión) | pass.
acción de pasar a ser de plantilla (obreros o empleados temporeros) | decasualization.
acción de pasar de la plena admisión a la marcha con expansión (locomotora vapor) | hooking-up.
acción de pasar lista | call.
acción de pasar un pasador cónico para igualar agujeros que no coinciden (remachado) | drifting.
acción de pasar volando sobre un punto dado | flyover.
acción de pastar | grazing.
acción de picar el fuego (hogares) | slicing | clinkering.
acción de picar el terreno | pecking.
acción de picar las incrustaciones (calderas) | pricking.
acción de picar piedra | knapping.
acción de picar un billete de ferrocarril | clipping.
acción de pintar de blanco las llagas (muro de ladrillo) | pencilling.
acción de pintar un molde | facing.
acción de planchar ropa | ironing.
acción de poner a cero (aparatos de medida) | zeroing.
acción de poner a flote (reflotamiento-buques) | floating off.
acción de poner a la vía el timón después de una evolución (buques) | meeting rudder.
acción de poner acodos (botánica) | laying.
acción de poner aros (barriles) | hooping.
acción de poner burletes | listing.
acción de poner cabios (cerchas) | raftering.
acción de poner dos puntos (:) | coloning.
acción de poner en hora (relojes) | hand setting.
acción de poner en una caja o estuche | encasing.
acción de poner etiquetas | labeling.
acción de poner la clave (arcos) | keying | keying in | keying up.
acción de poner la espoleta (proyectiles) | fusing.
acción de poner la rúbrica (a un documento) | initialling.
acción de poner tapones roscados (frascos) | capping.
acción de poner trinquete | ratchetting.
acción de ponerse de nuevo en guardia (esgrima) | recovery.
acción de posicionado | positioning action.
acción de preferencia o privilegiada | preference share.
acción de primera emisión | original share.
acción de probar el techo golpeándolo (minas) | sounding.
acción de proporción | rate action.
acción de proteger ciertas zonas del ataque químico de alguna sustancia | stopping-off.
acción de puntear un instrumento de cuerda | plucking.
acción de quemarse el combustible a la salida del tubo de escape (mezcla excesivamente rica) | torching.
acción de quitar bebederos | snagging.
acción de quitar defectos de tochos durante las fases de laminado por medio del soplete oxiacetilénico de boquillas múltiples (escarpado) | machine scarfing.
acción de quitar el cordón de soldadura acanalándolo con el soplete | flame gouging.
acción de quitar hidráulicamente la montera (minas) | costeaning.
acción de quitar la cobresoldadura | debrazing.
acción de quitar la salbanda (minas) | hulking.
acción de quitar las tierras de una ladera por la acción de una corriente potente de agua (minería) | hushing.
acción de quitar los bebederos | degating.
acción de quitar los bordes vivos de chapas o piezas fundidas o forjadas | peening.
acción de rebajar la sección de una pieza por laminación | bolting.
acción de rebasar el final de la pista (despegue o aterrizaje) | overrun.
acción de rebasar los topes de fin de carrera (jaula extracción de minas) | pulleying.
acción de recibir un torpedo (buques) | pickup.
acción de recubrir una chapa de metal con otro distinto | cladding.
acción de reducir papel impreso a pasta y extracción de la tinta | deinking.
acción de reducirse a polvo | mouldering.
acción de reforzar con hilo la unión del sedal al anzuelo
acción de rellenar (hasta un nivel marcado) | topping-up.
acción de repasar una rosca con el macho | tapping.
acción de reposicionado | reset action.
acción de resaltar (pintura) | picking out.
acción de restitución | claiming-back.
acción de retacar con arena un molde | tamping.
acción de revisar un texto | editorship.
acción de rociar con bórax (bronceado) | fluxing.
acción de sacar el crisol (hornos) | drawing.
acción de sacar el macho después de roscar el agujero | backing out.
acción de salirse los clavos introducidos en la madera | spring.
acción de separar las fibras en una suspensión acuosa | devillicate.
acción de separar las rugosidades parásitas de un oscilógrama | smoothing.
acción de separarse de la formación en vuelo | breakaway.
acción de situar una estación (radio) | logging.
acción de situarse el remolque en dirección atravesada al tomar una curva | snaking.
acción de sobrepasar el fin de carrera (jaula de minas) | overwinding.
acción de soltar los frenos | brake release.
acción de soltarse (remaches) | flying.
acción de taponar el agujero de colada de un cubilote | tamping.
acción de terraplenar | grading.
acción de tirar y soltar de una cuerda entizada para trazar sobre una superficie | snapping of chalk lines.
acción de tocar fondo (buques) | bumping.
acción de tomar notas o apuntes | note-taking.
acción de tomar petróleo | oiling.
acción de tomar rizos (velas) | reefing.
acción de traer el remo hacia sí | recovery.
acción de transigir | compounding.
acción de voto plural | share with plural voting right.
acción decisiva | controlling action.
acción desencadenante | trigger action.
acción desimanante | demagnetizing action.
acción desviadora | deflecting action.
acción detenedora | barrier action.
acción dilatoria | delaying action.
acción disyuntiva | trip action.
acción drómica | dromic action.
acción ejercitable sin jurisdicción determinada | transitory action.
acción eliminadora de imperfectos del título de propiedad | action to quiet title.
acción emitida para un determinado depósito | special stock.
acción en blanco | blank stock.
acción entre sí de especies o individuos (ecología) | coaction.
acción enzimática | wilting.
acción erosiva (gases pólvora en cañones) | cutting action.
acción erosiva del agua a gran velocidad | scouring.
acción escalonada | sequence action.
acción evasiva | avoiding action.
acción fiscalizadora | controlling action.
acción fragilizante | brittling action.
acción gratuita | bonus share.
acción hidráulica del agua por sí misma (geología) | hydraulicking.
acción inhibitoria | inhibitory action.
acción iniciadora | trigger action.
acción inmediata (telecomunicación) | quick operation.
acción inscrita | registered share.
acción intransferible | personal share.
acción involuntaria | automatism.
acción irregular del muelle (válvulas) | surging.
acción judicial | action at law | lawsuit.
acción juvenil deutérica (petrología) | paulo-post juvenile action.
acción legal | action.
acción legal por retención ilegal de una persona | habeas corpus.
acción liberada | bonus stock.
acción liberada en parte | part-paid stock.
acción ligante | bonding action.
acción lunisolar | luni-solar action.
acción mancomunada | concerted action.
acción menguadora (calcetería) | narrowing action.
acción minera | claim.
acción mobiliaria | personal action.
acción multiescalonada | multiposition action.
acción nominal | registered stock.
acción nominativa | registered share | registered bond | personal share.
acción nucleante | nucleating action.
acción operante | trigger action.
acción ordinaria | common stock.
acción personal | personal action.
acción petitoria | claim of ownership.
acción por acuerdo de las partes | agreed case.
acción por cuenta y razón | action of account.
acción por daños y perjuicios | action for damages | suit for damages.
acción por incumplimiento de contrato | action of assumpsit.
acción posesoria | possessory action.
acción preferente | preference share | preferred stock.
acción preferente acumulativa amortizable | cumulative redeemable preference share.
acción preferente amortizable | callable prefe-

rred stock.
acción preferente con derechos singulares | prior stock.
acción preferente reembolsable | redeemable preference share.
acción preferida | preferred stock.
acción prioritaria | priority action.
acción privilegiada | priority share.
acción provisional | interim share.
acción pública (jurisprudencia) | action popular.
acción que economiza trabajo | laboursaving.
acción rápida | snap action.
acción reactiva | reagency.
acción recíproca | mutual interaction | interaction.
acción recurrente | recurrent action.
acción refrigerante | cooling action.
acción reguladora | regularizing action.
acción reivindicatoria | replevin.
acción retardadora elástica | lag elastic action.
acción retardatriz | delaying action.
acción secuencial | sequence action.
acción secundaria | ancillary bill.
acción servocorrectiva | servocorrective action.
acción sin cotización oficial | unlisted share.
acción sin valor a la par | no par stock.
acción sin valor nominal | share without par value.
acción sin voto | no voting share.
acción sobre rendición de cuentas | action for accounting.
acción sostenible (jurisprudencia) | action which lies.
acción sujeta a impuesto | assessable share.
acción triple | triple action.
acción vibratoria | dither.
accionable | actionable.
accionada a mano | hand-driven.
accionada electromagnéticamente | electromagnetically-operated.
accionada en un punto | point-driven.
accionada por aire comprimido | compressed-air driven.
accionada por correa | belt-coupled.
accionada por muelle (válvulas) | spring-loaded.
accionado | driven.
accionado a mano | hand-operated | manually operable | manually operated.
accionado a mano y por pedal | hand-and-foot operated.
accionado a máquina | engine operated.
accionado al unísono | operated in unison.
accionado automáticamente | automatically operated.
accionado centrífugamente | centrifugally operated | centrifugally-actuated.
accionado con el dedo pulgar | thumb-operated.
accionado con el pie | foot-operated.
accionado con hilo de caucho (aeromodelos) | rubber-powered.
accionado con los dedos | finger-operated.
accionado con motor de gasolina | petrol-powered.
accionado desde el costado | side-operated.
accionado desde el tablero (autos) | dash-controlled.
accionado directamente | directly operated | direct-driven | straight drive.
accionado directamente por el cigüeñal | positively driven from the crankshaft.
accionado directamente por la voz humana | voice-actuated.
accionado elásticamente | resiliently driven.
accionado eléctricamente | electric-powered | electrically operated.
accionado electrodinámicamente | electrodynamically driven.
accionado electromagnéticamente | electromagnetically driven.
accionado electrónicamente | electronically-operated.
accionado en derivación | shunt-operated.
accionado en paralelo desde una acometida de corriente alterna a 110 voltios | operated in parallel from a 110-V. A. C. supply .
accionado giroscópicamente | gyroscopically operated.
accionado hacia arriba | upwardly urged.
accionado hidráulicamente | water-propelled | fluid-operated | hydraulic-operated | hydraulically-actuated | hydraulically powered | hydraulically operated.
accionado hidroneumáticamente | hydropneumatically-powered.
accionado hidrostáticamente | hydrostatically operated.
accionado independientemente | independently-operated.
accionado individualmente | individually-powered.
accionado magnéticamente | magnetically operated | magnetically actuated | magnetically driven.
accionado manualmente | hand-actuated.
accionado mecánicamente | mechanically actuated | mechanical | mechanically-operated | power-driven | power-operated | power-worked.
accionado neumáticamente | pnematically-powered | pneumatically-operated.
accionado oleohidráulicamente | oil-hydraulically operated.
accionado por acumulador | battery-operated.
accionado por acumuladores | battery-powered | battery-driven.
accionado por aire comprimido | air-powered | air driven | air actuated | air controlled | air operated | pnematically-powered | compressed-air-operated | pneumatically-applied.
accionado por aparato de relojería | clock-driven | clockwork-operated.
accionado por balancín | lever-operated | rocker-actuated | beam-driven.
accionado por balancín (máquinas) | lever-driven.
accionado por botón | fingertip-operated.
accionado por botón pulsador | pushbuttom-operated.
accionado por cable | cable operated.
accionado por cadena | chain-driven.
accionado por carraca | ratchet-lever operated.
accionado por célula fotoeléctrica | photocell operated.
accionado por cinta magnética | tape-driven.
accionado por contrapeso | balance-operated.
accionado por correa | belt-powered | belt-driven.
accionado por correa desde un eje suspendido de silletas (máquinas de un taller) | lineshaft driven.
accionado por corrientes de radiofrecuencia | radiofrequency-actuated.
accionado por cremallera | rack-actuated.
accionado por cuña | wedge-actuated.
accionado por debajo | underdriven.
accionado por diafragma | diaphragm-operated.
accionado por diesel | oil-driven.
accionado por el amperaje (corriente eléctrica) | current-operated.
accionado por el cigüeñal (motores) | crank-driven.
accionado por el eje | axle-driven.
accionado por el tractor | tractor-operated.
accionado por el tránsito | traffic-actuated.
accionado por el voltaje | pressure-operated.
accionado por electricidad producida por motor diesel | diesel-electric.
accionado por electroimán | magnet-operated.
accionado por electromotor (electricidad) | motor-driven.
accionado por energía acústica (teléfono) | sound-operated.
accionado por energía solar | solar operated | solar-operated.
accionado por engranaje | geared.
accionado por engranaje cónico | bevel-driven.
accionado por engranajes | gear-driven.
accionado por explosión de un cartucho | cartridge-actuated.
accionado por explosivos | explosively-operated | explosive-actuated.
accionado por flotador | float-actuated | float-controlled.
accionado por fricción en su periferia | frictionally driven at its perphery.
accionado por fuelle | bellows-operated | bellows-actuated.
accionado por fuerza hidráulica | hydraulically driven.
accionado por gas | gas-operated.
accionado por gasesinyección (de disparos, etc.) | gas-operated.
accionado por grupos | group-operated.
accionado por hélice | propeller-driven.
accionado por hidroturbina | water-driven.
accionado por husillo | screw-operated.
accionado por inercia | inertia operated.
accionado por isótopos radioactivos | isotope-powered.
accionado por la aspiración | suction-operated.
accionado por la corriente | current-operated | flow-operated.
accionado por la gravedad | gravity actuated.
accionado por la luz | light-powered | light-trigered.
accionado por la presión | pressure-operated.
accionado por la radiación solar | sun-sensing.
accionado por leva | cam-operated | cam-driven | cam-actuated.
accionado por líquido | fluid-operated.
accionado por los gases del disparo (cierre de armas) | gas-operated.
accionado por manipulador | key-worked.
accionado por manivela | crank-operated | handle-operated | crank-actuated | crank-driven.
accionado por máquina | engine-driven.
accionado por máquina alternativa de vapor | steam driven.
accionado por medio de una cremallera y engranaje | actuated through a rack and gearing.
accionado por monedas | coin-actuated.
accionado por motor | motor-driven | engine operated | engine-driven | motor-propelled | motorized.
accionado por motor de aceite pesado | oil-driven.
accionado por motor de gas | gas driven.
accionado por motor de gasolina | gasoline-operated | petrol driven.
accionado por motor diesel | diesel-driven | diesel-powered | diesel engine-driven | diesel-engine powered | diesel-operated.
accionado por motor engranado | gearmotor-operated | gearmotor-driven.
accionado por motor independiente | independently-motor driven.
accionado por movimiento de relojería | clockwork-driven.
accionado por muelle | spring-controlled | spring-assisted | spring-operated | spring-actuated | spring-driven.
accionado por palanca | lever-driven | lever-actuated | lever-operated.
accionado por palanca acodada | toggle-operated.
accionado por pedal | foot-operated.
accionado por péndulo | pendulum-operated.
accionado por pila | battery-operated.
accionado por pistón | piston-operated | piston-powered | piston-controlled.
accionado por pistón auxiliar | pilot piston-operated.
accionado por pulsador | press button-operated | push-button-actuated | push-button-operated.
accionado por rayos solares | solar-powered.
accionado por relé | relayed.
accionado por reloj | clock-controlled.

accionado por resorte | spring-controlled | spring-operated | spring-loaded.
accionado por rueda Pelton | Pelton-driven.
accionado por solenoide | selenoid-operated | selenoid actuacted.
accionado por teclado | keyboard operated | key-driven.
accionado por transductor | transductor-operated.
accionado por trinquete | pawl-actuated | pawl actuated | ratchet-operated.
accionado por trinquete (telecomunicación) | ratchet-drive.
accionado por turbina | turbodriven | turbine-powered | turbine-driven.
accionado por turbina de aire comprimido | air turbine driven.
accionado por turbina de combustión | turbine-driven.
accionado por turbina de vapor | steam driven.
accionado por turbina hidráulica | water-turbine-driven.
accionado por turbina neumática | air turbine-powered.
accionado por turbomáquina | turbodriven.
accionado por un brazo | arm-actuated.
accionado por un fluido | fluid-operated.
accionado por un mecanismo | mechanical.
accionado por un par oscilante | oscillatory torque-operated.
accionado por un solo hombre | one-man operated.
accionado por una máquina | mechanical.
accionado por una uñeta (máquinas) | finger-operated.
accionado por válvula auxiliar | pilot-operated.
accionado por vapor | operated by steam.
accionado por vapor de agua | steam driven.
accionado por voltaje | voltage-operated.
accionado progresivamente | step-driven.
accionado secuencialmente | sequence-operated | sequentially operated.
accionado ultrasónicamente | ultrasonically operated.
accionador | tripping | actuator.
accionador (aparato) | actuator.
accionador de puertas | door controller.
accionador de válvula motorizada | motor valve operator.
accionador del cierre | breech operator.
accionador del tiro (chimeneas) | damper operator.
accionador electrostático | electrostatic actuator.
accionados uno a uno | individually-powered.
accionamiento | action | operation.
accionamiento (de un mecanismo) | running.
accionamiento a la vez de un grupo de selectores (telefonía) | X-operation.
accionamiento a velocidad regulable | variable speed drive.
accionamiento compensado | rate action.
accionamiento con amplidino (EE.UU.) | metadyne drive.
accionamiento con discriminador (telefonía) | discriminating selector working.
accionamiento con dos motores | dual motor drive.
accionamiento con el pie | foot-control.
accionamiento de alta velocidad de pequeña potencia | low-horsepower high-speed drive.
accionamiento de la antena radárica | radar antenna drive.
accionamiento de las agujas (vía férrea) | point operation.
accionamiento de las puntas de la pala del helicóptero | helicopter blade tip drive.
accionamiento de un generador en serie por un motor en serie | series generator series motor drive.
accionamiento de velocidad regulable | variable drive | vari-speed drive.
accionamiento de velocidad variable con amplificación del par motor | forced-torque adjustable speed drive.
accionamiento del batán | beating-up motion.
accionamiento desmodrómico de la válvula | desmodromic valve operation.
accionamiento directo | direct drive.
accionamiento eléctrico | electric drive.
accionamiento electromagnético de velocidad variable | electromagnetic variable speed drive.
accionamiento en ángulo recto (embarcación de aletas hidrodinámicas) | Z drive.
accionamiento en ángulo recto (engranajes) | right-angle drive.
accionamiento en las cuatro ruedas (de cuatro ruedas motrices) | four-wheel drive.
accionamiento estático de frecuencia ajustable | static adjustable frequency drive.
accionamiento flexible | flexible drive.
accionamiento guiado a mano | hand guided operation.
accionamiento hidráulico | hydraulic drive | hydraulic working | fluid drive.
accionamiento hidráulico de la mesa | hydraulic feed mechanism.
accionamiento hidrodinámico | fluidrive.
accionamiento hidrostático | hydrostatic drive.
accionamiento independiente | independent drive.
accionamiento individual | individual drive | single drive.
accionamiento individual de los ejes | individual axle drive.
accionamiento integral | integral action.
accionamiento magnético del par de torsión | magnetic torque drive.
accionamiento manual | manual operation.
accionamiento mecánico | power assistance.
accionamiento numérico | digit control.
accionamiento oleoeléctrico | electro-oil drive.
accionamiento oleohidráulico | oil-hydraulic drive.
accionamiento ortogonal | right-angle drive.
accionamiento plurimotórico | plural drive.
accionamiento polimotórico | multimotor drive.
accionamiento por aire comprimido | air operation.
accionamiento por conos de fricción | friction cone drive.
accionamiento por corona dentada | rim drive.
accionamiento por correa trapezoidal | vee-rope drive.
accionamiento por chorro de aire comprimido en las puntas de las palas del rotor | compressed-air rotor tip drive.
accionamiento por chorro en la punta de la pala (helicóptero) | jet blade-tip drive.
accionamiento por diesel engranado | geared-diesel drive.
accionamiento por embrague | clutch-driving.
accionamiento por embrague de corrientes de Foucault | eddy-current clutch drive.
accionamiento por engranaje cónico en cárter | enclosed bevel-gear drive.
accionamiento por engranaje hiperboloide | skew-gearing drive.
accionamiento por excéntrica | eccentric motion | eccentric action.
accionamiento por fluido | fluidrive.
accionamiento por grupos | group driving.
accionamiento por husillo y tuerca | screw-and-nut drive.
accionamiento por monopolea | single-pulley drive.
accionamiento por monopolea y caja de velocidades | all-gear single-pulley drive.
accionamiento por motor | motor drive.
accionamiento por motor vertical embridado | flange motor drive.
accionamiento por pedal | pedal actuation.
accionamiento por reacción del chorro | jet reaction drive.
accionamiento por rodillo de fricción (soldadoras por resistencia) | knurl drive.
accionamiento por rueda de dentadura interior | internal gear wheel drive.
accionamiento por tornillo sinfín colocado debajo del piñón | undermounted worm drive.
accionamiento por trinquete | ratchet-drive | pawl actuation.
accionamiento reversible | reversible drive.
accionamiento rígido | positioning action.
accionar | drive (to) | bring into action(to) | set in action (to) | put in action (to) | actuate (to) | activate (to) | operate (to) | propel (to) | manipulate (to).
accionar (máquinas) | engage (to).
accionar (máquinas, mecanismos) | actuate (to).
accionar (mecanismos) | run (to).
accionar con balancín | lever (to).
accionar con palanca | lever (to).
accionar el motor | act the motor (to).
accionar en frío | cold-drive (to).
accionar las señales sonoras | operate the sound signals (to).
accionar mecánicamente | power (to).
accionar por aire comprimido | air operate (to).
accionar por correa | belt (to).
accionar por cremallera | rack drive (to).
accionar por introducción de una moneda (aparatos) | coin-operate (to).
accionar por manigueta | handle-operate (to).
accionar por manivela | handle-operate (to).
accionar por pedal | pedal-operate (to).
accionar por pulsador | push-button control (to).
accionar por radar | radar-operate (to).
accionariado obrero | industrial copartnership | industrial partnership.
acciones | stocks | corporate stock | stock.
acciones a préstamo | borrowed stock.
acciones acumulativas | instalment shares.
acciones afectas a la garantía del cargo de consejero | director's qualification shares.
acciones alfabéticas | alphabet stock.
acciones amortizables | treasury stock.
acciones autorizadas | authorized stock.
acciones bancarias | bank stock.
acciones como garantía | qualification shares.
acciones compradas sin desembolsar totalmente | on margin.
acciones comunes con valor nominal | par value common stock.
acciones con cotización oficial | quoted shares.
acciones con derecho a voto | voting capital.
acciones con derecho de voto | voting stock.
acciones con derechos a comprar otras nuevas | cum rights.
acciones con dividendos asegurados por otra empresa | guaranteed stocks.
acciones con perspectivas de mejoras | growth stock.
acciones con prima | option stock.
acciones con valor a la par | par-value shares.
acciones convertibles | convertible debentures stock.
acciones cubiertas | paid-up stock | fully-paid shares.
acciones dadas como prima | capital bonus.
acciones dadas en pago por servicios | qualifying shares.
acciones de aportación | vendors shares.
acciones de capital | stock capital.
acciones de dividendo | junior stocks.
acciones de dividendo diferido | deferred stock | deferred shares.
acciones de dividendo garantizadas por otra empresa | guaranteed stock.
acciones de EE.UU | dollar stock.
acciones de fundador | founder's shares | promoter's shares | management shares.
acciones de las cámaras de compensación | clearing stocks.
acciones de preferencia | preferred stock.
acciones de rescate (EE.UU.) | treasury stock.
acciones de tesorería | reacquired stock.

acciones de trabajo | stock issued for services.
acciones de voto | voting shares.
acciones de voto plural | plural-voting stock.
acciones depositadas en garantía | shares deposited in escrow.
acciones depreciadas (bolsa) | displaced shares.
acciones donadas | donated stock.
acciones donadas en cartera | donated stock.
acciones eléctricas | electricity shares.
acciones emitidas | stock issued | issued stock.
acciones emitidas sin aumento de capital que las represente | water.
acciones en cartera | portfolio bonds.
acciones en circulación | outstanding stock | outstanding shares.
acciones en petróleo | oil shares.
acciones en plica | escrow stock.
acciones en poder de los accionistas | stockholdings of the stockholders.
acciones en poder del público | outstanding stock.
acciones en posesión del personal | staff shares.
acciones entregadas en garantía (para ocupar un cargo) | qualification shares.
acciones estatutarias | qualifying stock | qualifying shares.
acciones favoritas | leading shares.
acciones fraccionadas | split-ups of stocks.
acciones gratuitas | ex-bonus shares.
acciones habilitantes | dummy stock | qualifying shares | qualifying stock.
acciones imponibles | assessable stock.
acciones indivisas | joint shares.
acciones industriales | industrial shares.
acciones inferiores a un dólar | penny stock.
acciones inscritas | inscribed stock.
acciones irredimibles | debenture stock.
acciones liberadas | bonus stock | paid up shares.
acciones liberadas (México) | paid-up stock.
acciones libradas | issued stock.
acciones mancomunadas | shares pooled.
acciones mineras | mining shares.
acciones mortizables | redeemable capital stock.
acciones navieras | shipping shares.
acciones no emitidas | unissued stock | potential stocks.
acciones no gravables | nonassessable stock.
acciones no libradas | unissued stock.
acciones no susceptibles de dividendos pasivos | nonassessable shares.
acciones no vendidas | undigested securities.
acciones no vendidas al público | undigested securities.
acciones nominativas | nominal shares.
acciones ordinarias | ordinary stock | equity shares | general stock | venture capital.
acciones ordinarias (sociedades) | equity securities.
acciones ordinarias diferidas | deferred ordinary shares.
acciones ordinarias preferentes | preferred ordinary shares.
acciones participantes preferentes | participating stock.
acciones perdidas | stock owned.
acciones petrolíferas | oils.
acciones por emitir | stock unissued.
acciones poseidas | share owned | owned stock.
acciones postergadas | deferred shares.
acciones preferentes | preferred shares | privileged stock | preference stock | preference shares.
acciones preferentes acumulativas | cumulative preference shares.
acciones preferentes de dividendo acumulativo | cumulative preference stock.
acciones preferentes no acumulativas | noncumulative preferred stock | noncumulative preference shares.
acciones preferentes no participantes | nonparticipating preferred stock.
acciones preferentes participantes | participating stock.
acciones preferidas | leaders.
acciones preferidas a otras de igual clase | prior preferred stock.
acciones primitivas | original stock.
acciones privilegiadas | preferred shares | preference stock | preferred stock.
acciones privilegiadas con participación adicional en el beneficio sobrante | participating preferred stock.
acciones privilegiadas de dividendo acumulativo | cumulative preferred stock.
acciones privilegiadas sin participación estatal | nonparticipating preferred stock.
acciones proporcionadas como pago | qualifying shares.
acciones provisionales | scrip.
acciones públicas | utility.
acciones que se exigen para ocupar un cargo | qualifying shares.
acciones realizables | marketable stock.
acciones rescatables | redeemable stock.
acciones restituidas por los fundadores | donated stock.
acciones sin derecho a voto | nonvoting stock.
acciones sin valor a la par | nonpar stock.
acciones sin valor nominal | nonpar-value-stock | no-par shares | nonpar stock | no-par-value stock | no par value stock.
acciones votantes | voting stock.
accionista | shareholder | investor | stockowner | stockholder | holder | holder of a share.
accionista de minas | adventurer.
accionista disidente | dissenting stockholder.
accionista mayoritario | major shareholder.
accionista nominatario | nominee shareholder.
accionista preferente | preferred shareholder.
accionista principal | major shareholder.
accionista principal que colabora en la dirección empresarial | inside director.
accionista testaferro | dummy stockholder.
accionistas constituyentes | founding stockholders.
accionistas disidentes | dissenting stockholders | nonassenting stockholders.
acebo | ilex.
acebo (ilex aquifolium L.)
acebolladura | windshake.
acebolladura (maderas) | gall | shake | ring shake | ring spliting.
acebolladura de cicatrización (maderas) | rind gall.
acebolladura de dilatación (maderas) | burst check.
acebolladura de través (árboles) | through shake.
acebolladura en concha (maderas) | shell shake.
acebolladura parcial | cup shake.
acebolladura total | round shake.
acecinamiento | curing.
acecinar | salt (to) | dry-cure (to).
acecinar (carne) | corn (to) | dry-salt (to) | jerk (to) | cure (to).
acechar | ambush (to).
acecho | ambush | outlook.
acedia (trastorno mental con apatía y melancolía) | acedia.
aceitado | oiled.
aceitar | strike oil (to) | oil (to).
aceite | oil.
aceite absorbente | absorbing oil.
aceite ácido | acid oil.
aceite adiamantado para lapidar | diamond lapping oil.
aceite aislante | insulating oil | insulation oil.
aceite alterado para dar enlaces dobles conjugados en las moléculas de los ácidos grasos | conjugated oil.
aceite amarillo obtenido por destilación de coaltar | anthrasol.
aceite animal | animal oil.
aceite ardiendo | flaming oil.
aceite atemperante | attemperating oil.
aceite bituminoso para afirmados (carreteras) | road oil.
aceite clarificado por reposo | tanked oil.
aceite cocido | boiled oil.
aceite comestible | edible oil.
aceite comestible emulsionado | emulsified edible oil.
aceite con temperatura de inflamación alta | high-flash oil.
aceite corrosivoinhibidor autoemulsificante | self-emulsifying corrosion inhibiting oil.
aceite creosotado | creosote oil.
aceite de abedul | birch oil.
aceite de absorción | wash oil.
aceite de algodón | cotton-seed oil | cotton oil.
aceite de almendras | almond oil.
aceite de almendras amargas | oil of bitter almonds.
aceite de alquitrán de pino | pine-tar oil.
aceite de alumbrado | lamp oil | illuminating oil.
aceite de animales marinos | marine animal oil.
aceite de antraceno | anthracene oil.
aceite de arenques | pilchard oil | herring oil.
aceite de baja presión de vapor | low-vapor pressure oil.
aceite de baja volatilidad | flux oil.
aceite de ballena | train oil | sperm oil | blubber oil.
aceite de bardana | bur oil.
aceite de base | stock.
aceite de bellota | acorn oil.
aceite de cacahuete | peanut oil | arachis oil.
aceite de carapa | crab oil.
aceite de cartamo | cotton seed oil | safflower oil.
aceite de casia | Chinese oil.
aceite de cilindros | cylinder stock.
aceite de cobertura (conservas pescado) | covering oil.
aceite de coco | coconut oil.
aceite de coco hidrogenado | hydrogenated coconut oil.
aceite de colza | rapeseed oil | rape seed oil.
aceite de colza desnaturalizado | denatured colza oil.
aceite de colza negro | black rape oil.
aceite de colza neutro | acid-free rape oil.
aceite de copra | coconut oil | copra oil.
aceite de corte con un 3% de azufre (máquinas herramientas) | sulfurized oil.
aceite de corte transparente | transparent cutting oil.
aceite de creosata | liquid pitch.
aceite de creosota | dead oil.
aceite de curtidor | currier's oil.
aceite de Dippel | bone oil.
aceite de dugongo | dugong oil.
aceite de engrasar paños | textile oil.
aceite de esquisto | schist oil.
aceite de foca | sea oil.
aceite de germen del trigo | wheat germ oil.
aceite de gran detergencia | high detergency oil.
aceite de gran estabilidad | highly stable oil.
aceite de grasa de ballena | body oil.
aceite de hígado de bacalao | cod-liver oil | cod oil.
aceite de hígado de halibut | haliver oil.
aceite de hígado de pescado | fish liver oil.
aceite de huesos | bone oil.
aceite de huesos de albaricoque | apricot kernel oil.
aceite de huesos de cerezas | cherry kernel oil.
aceite de icoca | icoca oil.
aceite de la corteza de abedul americana (Betula lenta L.) | betula oil.
aceite de lignito | lignite oil.
aceite de linaza | linseed oil | flaxseed oil.
aceite de linaza blanqueado | bleached oil.
aceite de linaza cocido | bunghole oil | boiled linseed oil | dry oil.
aceite de linaza cocido (pinturas) | stand oil.
aceite de linaza cocido con secante | bung oil.

aceite de linaza crudo | raw linseed-oil.
aceite de linaza sin cocer | raw linseed-oil.
aceite de linaza trementinado y sulfonado | Dutch drops.
aceite de lino | flax seed oil.
aceite de lubricación con alto contenido de aditivos | high-additive lubrication oil.
aceite de madera | tung oil.
aceite de madera de aloe | agar attar.
aceite de madera de cedro | cedar wood oil.
aceite de maíz | corn oil | maize oil.
aceite de mala calidad | poor oil.
aceite de maní (Argentina) | peanut oil.
aceite de moldeo | mold oil.
aceite de nueces | nut oil.
aceite de nuez de anacaro | cashew nut oil.
aceite de oliva desnaturalizado | denaturated olive oil.
aceite de orujo | olive-kernel oil.
aceite de palo | tung oil.
aceite de parafina | liquid parafin | paraffin oil.
aceite de patas de buey | foot oil.
aceite de patas vacunas | neat's-foot stock.
aceite de pepitas de uva | grape seed oil.
aceite de pescado | train oil | body oil.
aceite de pescado desodorizado | deodorized fish oil.
aceite de pezuña de ternera | calf's foot oil.
aceite de pezuñas de buey | bubulum oil.
aceite de piñón | fir seed oil.
aceite de ricino | castor oil | lamp oil.
aceite de ricino sulfonado (teñido) | Turkey-red oil.
aceite de sardinas | herring oil.
aceite de secado duro | hard-drying oil.
aceite de semillas | seed oil.
aceite de semillas (girasol, soja) | oil of seeds.
aceite de semillas de algodón | cotton seed oil.
aceite de semillas de angélica | angelica seed oil.
aceite de sésamo | gingili oil.
aceite de temple (metales) | quenching oil.
aceite de trementina | gum spirit | oil turp.
aceite de tung | tung oil | China wood oil | Chinese wood oil.
aceite de tung (aceite de nueces del tung) | Chinese tung oil.
aceite de zanahoria en solución de aceite de algodón | carex.
aceite de zanahorias | carrot oil.
aceite densificado por soplado | condensed oil.
aceite denso | high gravity oil | stiff oil.
aceite depurado | stainless oil.
aceite desodorizante | deodorizing oil.
aceite emulsionable | emulsible oil.
aceite esencial | perfume oil | volatile oil | ethereal oil.
aceite especial | attar.
aceite espeso | gummed oil.
aceite exprimido en frío | cold-drawn oil.
aceite extraído por presión | expressed oil.
aceite extraligero | spindle oil.
aceite falsificado | adulterated oil.
aceite fijo | fixed oil.
aceite fluidificante | flux oil.
aceite fluido | free flowing oil | light oil.
aceite frigelizado | winterized oil.
aceite fundente | flux oil.
aceite garantizado | certified oil.
aceite grafitado | graphite oil.
aceite graso | fixed oil.
aceite grumoso | clotted oil.
aceite imprimador | primer.
aceite incongelable | nonfreezing oil.
aceite inferior | poor oil.
aceite inhibido para transformadores | inhibited transformer oil.
aceite insípido | bland oil.
aceite lampante | lamp oil | burning oil.
aceite ligero | light oil.
aceite lubricante | lubricating oil | lube oil.
aceite lubricante acidificado | acid treated lubricating oil.
aceite lubricante con aditivo químico | additive type lubricating oil.
aceite lubricante de mala calidad | dark oil.
aceite lubricante mineral | mineral lubricating oil.
aceite lubricante muy parafínico | highly paraffinic lubricating oil.
aceite lubricante para todo el año | all-year oil.
aceite lubricante sucio (que ya ha servido) | dirty lubricating oil.
aceite mezclado | blended oil.
aceite mineral | mineral lubricant | mineral oil.
aceite mineral de base nafténica | naphthene-based mineral oil.
aceite mineral insecticida | dormant oil.
aceite muy fluido | thin oil.
aceite muy viscoso | gummy oil.
aceite negro para engrasar vagonetas de minas | blackjack.
aceite neutro | acid free oil.
aceite no secante | nondrying oil.
aceite no volátil | fixed oil.
aceite nuevo | fresh oil.
aceite obtenido por presión | fixed oil.
aceite oxidado (curtición) | raised oil.
aceite para calmar la mar (buques) | storm oil | sea-quelling oil.
aceite para calmar la mar (marina) | wave-quelling oil.
aceite para cordaje | cordage oil.
aceite para encofrados | mold oil | form oil | shutter oil.
aceite para engranaje | gear oil.
aceite para engrasar cañones de escopetas y fusiles | gun oil.
aceite para extender el caucho | extender oil.
aceite para frenos (cañones) | recoil oil.
aceite para husos | spindle oil.
aceite para interruptores | breaker oil.
aceite para machos (moldería) | core oil.
aceite para matar el polvo (caminos) | dust-laying oil.
aceite para mecanismo de retroceso | recoil oil.
aceite para moldes | oil for moulds | mold oil.
aceite para motores de aviación | aeroengine oil.
aceite para templar | hardening oil.
aceite para termotratamientos | heat-treating oil.
aceite para turbinas con aditivos antidesgaste | antiwear turbine oil.
aceite pasivado para transformadores | passivated transformer oil.
aceite penetrante | penetrating oil.
aceite penetrante teñido de rojo fluorescente | fluorescent penetrant red-dyed oil.
aceite pesado de asfalto | heavy asphalt oil.
aceite pesado derivado del petróleo | pyronaphtha.
aceite pesado refinado | bright stock.
aceite polimerizado | blown oil | polymerized oil.
aceite pulverizado | atomized oil.
aceite que no mancha | stainless oil.
aceite recuperado de las aguas de lavado de la gamuza (curtición) | raised oil.
aceite recuperado del tratamiento del cuero con aceite de ballena o de otro mamífero marino | sod oil.
aceite regenerado | reclaimed oil.
aceite secante | boiled oil | drying oil.
aceite secante de linaza | linseed drying oil.
aceite secante espesado calentándolo en atmósfera inerte | stand oil.
aceite secante polimerizado | polymerized drying oil.
aceite secativo | stand oil.
aceite sobrante | oil overflow.
aceite sulfonado | solid oil.
aceite sulfonado de esperma de ballena | sulfonated sperm whale oil.
aceite sulfurado | alizarine oil.
aceite sulfurado (máquinas herramientas) | sulfurized oil.
aceite tratado | finished oil.
aceite vegetal | vegetable oil | plant oil.
aceite vegetal (para caucho) | white factice.
aceite vegetal oxidado por corriente de aire (que aumenta su viscosidad) | blown oil.
aceite vegetal vulcanizado (fabricación de caucho) | factice.
aceite viscoso | heavy oil | nonfluid oil.
aceite viscoso para pulidoras | buffing oil.
aceitera | oil pot | oil feeder | oiler | oilcan.
aceitera de engrase | lubricating oil can.
aceitera de resorte | oil-gun.
aceitero | oil-merchant.
aceitero (rangua de relojes) | oiler.
aceitero esférico (ranguas de relojes) | spherical oiler.
aceites blancos (parafina, gasolina y productos ligeros del petróleo) | white oils.
aceites comestibles vegetales | eatable vegetal oils.
aceites de pescados | marine oils.
aceites esenciales de la corteza | peel oils.
aceites industriales | engineering oils.
aceites minerales mezclados con grasas vegetales o animales | compound oils.
aceites para telas | cloth oil.
aceites pesados (destilación del alquitrán) | dead oils.
aceites poco viscosos para la industria textil | loom-and-spindle.
aceitoso | oily | oil-based | oleaginous.
aceitoso (lustre de minerales) | greasy.
aceituna | olive.
aceitunas rellenas | stuffled olives.
aceitunas verdes | green olives.
aceituno (Vitex gigantea) | pechiche.
acelera la producción | it speeds production.
aceleración | acceleration | speedup | pushing-on.
aceleración (motores) | speeding up.
aceleración angular | angular acceleration.
aceleración angular instantánea | instantaneous angular acceleration.
aceleración angular rotacional | rotational angular acceleration.
aceleración brusca de la corriente | rush of current.
aceleración centrífuga | centrifugal acceleration.
aceleración centrifuga de 5.000 metros/segundo^2 | centrifugal acceleration of 5,000 m/sec^2.
aceleración centrípeta | normal acceleration | centripetal acceleration | central acceleration.
aceleración con sacudidas | jerky acceleration.
aceleración controlada por relación aire-combustible | air fuel-ratio-controlled acceleration.
aceleración Coriolis | Coriolis acceleration.
aceleración de balance (buques) | roll acceleration.
aceleración de cabeceo | pitch acceleration.
aceleración de Coriolis | compound centrifugal acceleration.
aceleración de entrada | entrance acceleration.
aceleración de guiñada | yaw acceleration.
aceleración de la estela de corriente | wake stream acceleration.
aceleración de la gravedad | constant of gravitation | apparent gravity.
aceleración de lanzamiento óptima (cohetes) | optimum thrust acceleration.
aceleración de motores de los aviones de chorro antes del despegue | run-up of jet aircarft before takeoff.
aceleración de un haz continuo de plasma | acceleration of a continuous plasma beam.
aceleración debida a la gravedad | acceleration due to gravity.
aceleración del cuerpo en dirección a los pies | footward acceleration.
aceleración del cuerpo en dirección desde la

espalda al pecho | back-to-chest acceleration.
aceleración del cuerpo en dirección hacia la cabeza | headward acceleration.
aceleración del cuerpo en una dirección que no sea hacia la cabeza o hacia los pies (medicina de aviación) | transverse acceleration.
aceleración del movimento | kinematic acceleration.
aceleración durante el despegue | takeoff acceleration.
aceleración ecuatorial | equatorial acceleration.
aceleración en millas por hora por segundo | acceleration in miles per. hr. per. sec..
aceleración en que cada sucesivo aumento o disminución de la velocidad está elevado a una cierta potencia | cresceleration.
aceleración giroscópica | gyroscopic acceleration.
aceleración gravífica | gravity acceleration.
aceleración hacia la derecha | rightward acceleration.
aceleración hacia la izquierda | leftward acceleration.
aceleración instantánea | instantaneous acceleration | momentary acceleration.
aceleración media | average acceleration.
aceleración negativa | retarded acceleration | retardation | minus acceleration.
aceleración para la subida | climb-boosting.
aceleración pasajera intensa por empleo de cohetes (aviones) | rocket boost.
aceleración por inducción | induction acceleration.
aceleración por resonancia magnética | magnetic resonance acceleration.
aceleración radial | radial acceleration.
aceleración rápida (motor autos) | pickup.
aceleración rápida (motores) | lightning pickup.
aceleración rápida (motores aviación) | gunning.
aceleración retardatriz | retarded acceleration.
aceleración sostenida | sustained acceleration.
aceleración tolerable | tolerable acceleration.
aceleración transitoria | transient acceleration.
aceleración transónica (avión supersónico) | transonic acceleration.
acelerado | speeded-up.
acelerado eléctricamente | electrically-accelerated.
acelerado por cohete a 12 Km/segundo (misiles) | rocket-boosted to 12 kilometers.
acelerado por el campo | field-enhanced.
acelerador | accelerant | energizer.
acelerador (autos) | throttle valve.
acelerador (nuclear) | accelerator.
acelerador (química) | promoter | inductor.
acelerador alcalino | alkaline accelerator.
acelerador cíclico resonante | magnetic resonance accelerator.
acelerador circular (sincrotrón) | donut.
acelerador coaxial de plasma | coaxial plasma accelerator.
acelerador cohético (para despegue de aviones) | rocket booster.
acelerador de acción retardada | delayed-action accelerator.
acelerador de campo constante en el tiempo | fixed-field accelerator.
acelerador de cavidad resonante | resonator accelerator.
acelerador de choque frontal | colliding beam accelerator.
acelerador de electrones | electron accelerator.
acelerador de estricción theta | θ-pinch accelerator.
acelerador de gradiente alterno | alternating-gradient accelerator.
acelerador de gradiente magnético | magnetic gradient accelerator.
acelerador de guiaondas | wave guide accelerator.
acelerador de inducción | induction accelerator.
acelerador de iones | ion accelerator.
acelerador de iones positivos | positive-ion accelerator.
acelerador de la combustión | combustion accelerator.
acelerador de la corrosión | corrosion accelerator.
acelerador de la ignición | ignition accelerator.
acelerador de la impregnación | introfier.
acelerador de la vulcanización (fabricación de caucho) | curing accelerator.
acelerador de ondas estacionarias | standing wave accelerator.
acelerador de ondas progresivas | traveling-wave accelerator.
acelerador de partículas | cosmotron | particle accelerator.
acelerador de partículas atómicas | atom smasher | atomic accelerator.
acelerador de partículas elementales | elementary particle accelerator.
acelerador de partículas nucleares | nuclear particle accelerator.
acelerador de plasma | plasma accelerator.
acelerador de plasmas pulsados | pulsed-plasma accelerator.
acelerador de propagación de ondas | traveling-wave accelerator | progressive-wave accelerator.
acelerador de reagrupación del haz de electrones | electron bunching accelerator.
acelerador de refuerzo | booster.
acelerador del ciclotrón | cyclotron dee.
acelerador del decapado | pickling accelerator.
acelerador del fraguado | setting accelerator.
acelerador electrónico | atom smasher.
acelerador electrónico analógico | electronic analog accelerator.
acelerador electronuclear | electronuclear accelerator.
acelerador electrostático con montaje múltiple | multiplier circuit electrostatic accelerator.
acelerador electrostático de acoplamiento | tandem electrostatic accelerator.
acelerador electrostático de transportador aislante | insulating moving belt electrostatic accelerator .
acelerador electrostático pulsado de 2 MeV | pulsed 2 MeV electrostatic accelerator.
acelerador final (electrodos) | ultor.
acelerador giratorio | rotary accelerator.
acelerador inorgánico | inorganic accelerator.
acelerador lineal | linear accelerator.
acelerador lineal de electrones | linac | linear electron accelerator.
acelerador lineal de electrones de onda progresiva | traveling wave electron accelerator.
acelerador lineal de iones | linear ion accelerator.
acelerador lineal de iones pesados (nuclear) | heavy ions linear accelerator.
acelerador linear de retropropulsión | feedback linear accelerator.
acelerador mesonígeno | meson-producing accelerator.
acelerador para vulcanización del caucho | rubber vulcanization accelerator.
acelerador plasmático | plasma accelerator.
acelerador protónico | proton accelerator.
acelerador pulsado de partículas | pulsed particle accelerator.
acelerar | boost (to) | accelerate (to) | rush (to).
acelerar (motores) | rev up (to).
acelerar (reacción química) | promote (to).
acelerar a fondo (motores) | race an engine (to).
acelerar a fondo el motor antes del despegue (como prueba) | trim the wicks (to).
acelerar brevemente el motor | clear the engine (to) | clean the engine (to).
acelerar el fraguado | speedup setting (to).
acelerar el motor | open the throttle (to).
acelerar el movimiento | quicken the motion (to).
acelerar la velocidad | accelerate the speed (to).
acelerar poco a poco el motor (avión en tierra) | runup (to).
acelerarse (pulso) | race (to).
acelerarse rápidamente (motores) | pick up speed (to).
acelerógrafo | recording accelerometer | accelerograph | strong motion seismograph.
acelerógrafo aerodinámico | aerodynamic accelerograph.
acelerograma | accelerogram.
acelerometría | accelerometry.
acelerómetro | accelerometer | G-meter.
acelerómetro de extensímetro de resistencia eléctrica (telemetría) | strain gage accelerometer.
acelerómetro de masa sísmica | seismic-mass accelerometer.
acelerómetro para el guiamiento inercial | inertial guidance accelerometer.
acelerómetro para medir la desaceleración al aterrizar (aviones) | impact accelerometer.
acelerómetro piezoeléctrico | piezoelectric accelerometer | piezoelectric accelerometer.
acelerómetro registrador del número de veces que se ha excedido un valor dado | statistical accelerometer.
acelerómetro totalizador que mide aceleración y velocidad y distancia recorrida (cohetes) | integrating accelerometer.
acelerómetros montados ortogonalmente | orthogonally mounted accelerometers.
acémila | pack animal.
acemilero | muleteer.
acento circunflejo | circumflex.
acento tónico | stress.
acentricidad | acentricity.
acéntrico | acentric | centerless | accentric.
acentuación | emphasis.
acentuación de colores en el clisé por operación manual (grabado) | color separation.
acentuación de los contrastes (aumento de una frecuencia respecto a otra) | preemphasis.
acentuación del contorno | contour accentuation.
acentuación del contorno (TV) | crispening.
acentuación del contraste | crispening.
acentuador | accentuator.
acentuador de la intensidad de una señal | emphasizer.
acentuando (música) | accelerating | the note to be emphasized.
acentuar | emphasize (to) | accentuate (to).
acentuarse | deepen (to).
acepción (palabras) | acceptation.
acepillado | planing.
acepillado de engranajes | gear shaving.
acepillado en hueco | hollow planing.
acepillado en línea recta | dead straight planing.
acepilladora de cantear | edge planer.
acepilladora de clisés | block leveler.
acepilladora de clisés (imprenta, grabado) | type-high planer.
acepilladora de engranajes | gear shaper.
acepilladora para cantear chapas de metal | metal edge planer.
acepillar | smooth (to) | smooth (to).
aceptabilidad | acceptability | acceptableness.
aceptabilidad del lote | lot acceptability.
aceptable | agreeable | admissible | passable | acceptable.
aceptable (ofertas) | reasonable.
aceptable (recibible-mercancías) | fit for acceptance.
aceptable como activo | acceptable as asset.
aceptable para transferencia (valores) | good transfer.
aceptación | accepting | acceptation | acceptance | honouring | recognition | honour.
aceptación (de piezas fabricadas) | acceptance.
aceptación (estadística) | confidence.
aceptación bajo reserva | qualified acceptance.
aceptación bancaria | bank acceptance | ban-

ker's acceptance.
aceptación bursátil | offer.
aceptación comercial | trade acceptance.
aceptación con cláusula condicional | qualified acceptance.
aceptación condicionada | qualified acceptance | conditional acceptance.
aceptación contra documentos | acceptance against documents.
aceptación de complacencia | accommodation acceptance.
aceptación de deuda | assumption of debt.
aceptación de efecto comercial | trade acceptance.
aceptación de electrones | electron seeking.
aceptación de favor (jurídico) | accommodation acceptance.
aceptación de géneros (comercio) | acceptance of goods.
aceptación de la carga | charge acceptance.
aceptación de la oferta | bid acceptance.
aceptación de pasivo | acceptance liability.
aceptación de pedido | order acceptance.
aceptación de poderes | acceptance of proxies.
aceptación de sistemas de producción de bienes de capital más productivos | deepening of capital.
aceptación de una garantía | taking over a guarantee.
aceptación de una letra contra entrega de documentos | documents against acceptance.
aceptación del certificado | certificate acceptance.
aceptación del cliente | consumer acceptance.
aceptación del librador | drawer's own acceptance.
aceptación del público | consumer acceptance.
aceptación del riesgo | risk-taking.
aceptación en blanco | acceptance in blank | blank acceptance.
aceptación en descubierto | acceptance in blank.
aceptación estipulada | qualified acceptance.
aceptación general | general acceptance | currentness.
aceptación incondicional | unconditional acceptance | clean acceptance.
aceptación libre | general acceptance.
aceptación mercantil | trade acceptance.
aceptación no pagada | dishonored acceptance.
aceptación parcial | partial acceptance | part-acceptance.
aceptación por el comprador de ser retenida la mercancía hasta su pago en el almacén | letter of lien.
aceptación por intervención | acceptance supra protest.
aceptación por la industria | industry acceptance.
aceptación posterior | subsequent acceptance.
aceptación preliminar | previous acceptance.
aceptación provisional | provisional acceptance.
aceptación sin condicionamiento | clean acceptance.
aceptación tardía | after acceptance.
aceptaciones a cobrar | acceptances payable.
aceptaciones bancarias de primera mano | prime bankers' acceptances.
aceptaciones y avales y créditos documentarios | acceptances and guarantees and documentary credits.
aceptado (G.B.) | honoured.
aceptado (inspección) | passed.
aceptado (letras) | honored.
aceptador | accepter.
aceptador de ácidos (química) | acid acceptor.
aceptador de radicales libres | free radical acceptor.
aceptante | accepter | taker.
aceptante de la orden | order-taker.
aceptar | force on (to).
aceptar (efectos comerciales) | protect (to) | honor (to).
aceptar a reserva de | accept subject (to).
aceptar el precio | meet the price (to).
aceptar la entrega de mercancías | take delivery of goods (to).
aceptar las condiciones | agree to the terms (to).
aceptar sin perjuicio de | accept subject to (to).
aceptar un pedido | accept an order (to).
aceptar una letra | accept a bill (to) | honor a bill (to).
aceptar una oferta | close with an offer (to).
aceptar una orden | accept an order (to).
aceptar una resolución (abogacía) | adopt a resolution (to).
aceptarse | pass (to).
aceptor (química, electrónica) | acceptor.
aceptor de aluminio | aluminium acceptor.
acequia | drain | lode | sluice | brook | ditch | channel | irrigation ditch | leat.
acequia de riego | float.
acequia madre (riegos) | main canal.
acequia maestra | main irrigation canal.
acequia principal | main ditch.
acequiador (riegos) | ditch digger | ditch tender.
acequiaje | irrigation dues.
acequiero | irrigation workman.
acera | walk | footway | footwalk.
acera a cada lado de una pista de rodaje con objeto de que los motores de chorro no absorban fango (aeropuertos) | shoulder.
acera con soportales | arcaded footway.
acera en ménsula (puentes) | cantilevered footway.
acera en voladizo (puentes) | overhanging footway.
acera móvil | moving platform.
aceración | steelmaking | steeling.
aceración (adición de carbono al hierro o acero) | acieration.
aceración (metalurgia) | acierage.
acerado | steeled | steel-faced | steel.
acerado (del acero) | overlaying.
acerado (hierro) | steely.
acerar | steel (to).
acerar (por cementación o galvanoplastia) | acierate (to).
acerato (química) | acerate.
acerbo | carking.
acercamiento (distancia entre cilindros alimentadores-hilatura) | ratch.
acercamiento de las capas de los árboles (bosques) | crown closure.
acercamiento en picado (aviones) | diving approach.
acercamiento oblicuo (telecomunicación) | oblique exposure.
acercamiento rápido a una escena televisada | zoom.
acercar | zoom (to).
acercarse (marina, aviación) | approach (to).
acercarse a | come up to (to).
acerdesa | gray manganese ore | acerdese.
acerdesa (mineralogía) | manganite.
acería | iron mill | steel mill | steel fabricating plant | steel company | steelworks.
acería al oxígeno | oxygen steelworks.
acería Bessemer | Bessemer steel works.
acería con afino del caldo por oxígeno | oxygen steelmaking plant.
acería de ciclo integral | integrated steelworks.
acería integrada electrificada | electrified integrated steel works.
acería Martin-Siemens | open-hearth steelworks | open-hearth plant | open-hearth steelmaking plant.
acería Thomas | basic steel works.
acería y fundición de hierro de ciclo integral | integrated iron and steelworks.
acerico | pincushion.
acerino | steel.
acerista | steel melter | steel-treater | steelmaker | steel specialist.
acero | steel.
acero abrasiorresistente | A-R steel.
acero aceptable | acceptable steel.
acero ácido | acid steel.
acero acuñado en frío | cold-hobbed steel.
acero afinado | fined steel.
acero afinado con una aleación | alloy-treated steel.
acero agrio | perished steel.
acero al bismuto | bismuth steel.
acero al boro | boron steel.
acero al boro absorbedor de neutrones | neutron-absorbing boron steel.
acero al boro termotratable | heat-treatable boron steel.
acero al boromolibdeno | molybdenum-boron steel.
acero al carbono | carbon steel.
acero al carbono calmado | carbon killed steel.
acero al carbono con estirado brillante y escaso en azufre y fósforo | silver steel.
acero al carbono corriente | ordinary steel.
acero al carbono desoxidado con silicio | silicon-killed plain steel.
acero al carbono no aleado | plain carbon steel.
acero al carbono obtenido in vacuo | vacuum-quality carbon steel.
acero al carbono ordinario (sin aleación) | straight carbon steel.
acero al carbono perlítico | pearlitic carbon steel.
acero al cobalto | cobalt steel.
acero al crisol | cast steel | crucible steel | pot-steel.
acero al cromo | chrome steel | chromium steel.
acero al cromo austenítico | austenitic chromium steel.
acero al cromo martensítico | martensitic chromium steel.
acero al cromo ordinario | plain chromium steel.
acero al cromo-cobalto | cobalt-chromium steel.
acero al cromomolibdeno | chrome-molybdenum steel.
acero al cromoníquel | chrome-nickel steel.
acero al cromoníquel cementado | nickel-chrome case-hardened steel.
acero al cromoníquel estabilizado con niobio | niobium-stabilized chromium-nickel steel.
acero al cromotitanio | chrome-titanium steel.
acero al cromovanadio | chrome-vanadium steel.
acero al manganeso austenítico | austenitic manganese steel.
acero al molibdeno | molybdenum-steel.
acero al molibdeno exento de boro | boron-free molybdenum-containing steel.
acero al níquel austenítico | austenitic nickel steel.
acero al níquel bajo en níquel | low percentage nickel steel.
acero al níquel con coeficiente de dilatación casi invariable | invar.
acero al níquel con pequeño porcentaje de carbono y endurecible por reposo | nickel-containing age-hardenable low-carbon steel.
acero al níquel cronoendurecible | nickel-containing age-hardenable steel.
acero al níquel endurecido por reposo | nickel-containing age-hardenable steel.
acero al níquel ferrítico | ferritic nickel steel.
acero al níquel ferrítico hipoeutectoide | hypoeutectoid ferritic nickel steel.
acero al níquel hipoaleado | low-alloy nickel-containing steel.
acero al silicio | silicon iron or steel | electric steel | electrical steel.
acero al silicio de grano orientado | grain-oriented silicon steel.
acero al silicio de grano orientado laminado en frío | grain-oriented cold-rolled silicon steel.
acero al vanadio | vanadium steel.
acero aleado | alloy steel | compound steel.
acero aleado bajo en carbono | universal steel.
acero aleado con tierras raras | rare-earth-containing steel.

acero aleado con uranio | uranium-bearing steel.
acero aleado con volframio | tungsten-alloyed steel.
acero aleado de gran resistencia a la tracción | high-yield-strength alloy steel.
acero aleado sinterizado soldable | weldable sinterized alloyed steel.
acero alto en carbono para cuchillas agrícolas | section strip.
acero alto en manganeso y bajo en carbono | low-carbon high-manganese steel.
acero aluminiado (revestido de aluminio) | aluminized steel.
acero aluminizado | aluminized steel.
acero aluminizado en baño caliente | hot-dip aluminized steel.
acero amagnético | nonmagnetic steel.
acero ampollado | blister steel.
acero aporcelanado | porcelain-enamelled steel.
acero asado (con parte de carbono oxidado) | roasted steel.
acero austénico niobioso | niobium-containing austenitic steel.
acero austenítico | austenitic steel.
acero austenítico al cromoníquel | chromium-nickel austenitic steel.
acero austenítico al cromo-níquel nitrogenado | nitrogen-containing austenitic chromium-nickel steel.
acero austenítico al manganeso | manganese austenitic steel.
acero austenítico con gran porcentaje de nitrógeno disuelto | high-nitrogen austenitic steel.
acero austenítico con gran proporción de carbono fundido centrifugado | centrifugally-cast high-carbon austenitic steel.
acero austenítico conteniendo cromo y níquel y nitrógeno | chromium-nickel-nitrogen austenitic steel.
acero austenítico cronoendurecible | age hardening austenitic steel.
acero austenítico cuproso | copper-containing austenitic steel.
acero austenítico de endurecimiento estructural | precipitation hardening austenitic steel.
acero austenítico de grano fino | fined-grain austenitic steel.
acero austenítico de níquel y titanio metaestable | metastable austenitic nickel-titanium steel.
acero austénitico dúctil en caliente | hot-ductile austenitic steel.
acero austenítico estabilizado | stabilized austenitic steel.
acero austenítico estabilizado con niobio | niobium-stabilized austenitic steel.
acero austenitico forjado | wrought austenitic steel.
acero austenítico hiperaleado | high-alloy austenitic steel.
acero austenítico inoxidable | noncorrodible austenitic steel.
acero austenítico libre de la formación de la fase sigma | sigma-free austenitic steel.
acero austenítico muy bajo en carbono | extra low-carbon austenitic steel.
acero austenítico nitrogenado | nitrogen-bearing austenitic steel.
acero austenítico quebradizo en caliente | hot-short austenitic steel.
acero austenítico resistente a la termofluencia | austenitic creep-resisting steel.
acero austenítico sin niobio | niobium-free austenitic steel.
acero austenítico tratado con tierras raras | rare-earth-treated austenitic steel.
acero austenoferrítico | austenoferritic steel.
acero austenomartensítico | austenito-martensitic steel.
acero autotemplable | self-hardening steel | air hardening steel.
acero azulado | blued steel.
acero bainítico bajo en carbono | low-carbon bainitic steel.
acero bainítico con porcentaje medio de carbono | medium-carbon bainitic steel.
acero bajo de aleación para todo uso | general-purpose low-alloy steel.
acero bajo en carbono | mild steel | ingot metal | ingot iron | low steel.
acero bajo en carbono calmado con aluminio | low-carbon aluminum-killed steel.
acero bajo en nitrógeno obtenido con viento caliente | hot-blow low-nitrogen steel.
acero bajo en nitrógeno y en fósforo | low-nitrogen low-phosphorus steel.
acero Bessemer | Bessemer steel.
acero Bessemer básico aperlítico | pearlite-free basic Bessemer steel.
acero Bessemer básico calmado bajo en carbono | low-carbon killed basic Bessemer steel.
acero Bessemer básico de bajo contenido en nitrógeno | low-nitrogen basic-Bessemer steel.
acero Bessemer terminado en horno Siemens o en horno eléctrico | duplex steel.
acero borado de aleación múltiple bajo en molibdeno | low-molybdenum multiple alloy boron-treated steel.
acero brillante | bright steel.
acero bruñido | planished steel.
acero cadmiado | cadmium-plated steel.
acero calidad E obtenido controlando la temperatura durante el laminado y eliminando la subsecuente normalización (construcción naval) | I.N. treated steel.
acero calmado | deoxidized steel | nonefferves-cing steel | killed steel.
acero calmado con aluminio | aluminum-killed steel | aluminium killed steel.
acero calmado con mazarota no refractaria | nonhot-topped killed steel.
acero calmado con rechupe de contracción | piping steel.
acero calmado de calidad para recipientes a presión | fully-killed pressure-vessel quality steel.
acero calorizado (acero aleado superficialmente con aluminio) | calorized steel.
acero carbonitrurado | carbonitrided steel.
acero carburado | high-temper steel.
acero cargado explosivamente | explosively-loaded steel.
acero cementado | hardened steel | hardfaced steel | carburized steel | carbonized steel | artificial steel | double steel.
acero cementado con gas | gas-carburized steel.
acero cementado en caja con polvo de carbón | carbon-case -hardening steel.
acero cementado muy superficialmente | skin hardened steel.
acero cementítico | cementitic steel.
acero cianizado | cyanized steel.
acero cobaltoso | cobalt-bearing steel.
acero cobreado y pulido | copper-plated-and-buffed steel.
acero colado | run steel | molded steel | cast steel | casting steel.
acero colado en sifón | rising steel.
acero comprimido antes de solidificarse por completo | fluid-compressed steel.
acero con acritud por torsión en el dominio de la austenita metaestable | steel ausformed by torsion.
acero con alma suave | soft-centered steel.
acero con aproximadamente 0 | medium-carbon steel | copperized steel.
acero con aproximadamente 1% de cobre | copper steel | copper-bearing steel.
acero con capa superficial de sulfuro de hierro | sulfided steel.
acero con coeficiente de dilatación pequeño | low-expansion steel.
acero con contenido medio de carbono tratado con boro | medium-carbon boron-treated steel.
acero con corteza delgada exenta de carbono e impurezas | rising steel.
acero con costra (lingote) | setover steel.
acero con desoxidación regulada para producir una corteza exenta de carbono e impurezas | rimming steel.
acero con desprendimiento vigoroso de gases durante la solidificación | wild steel.
acero con el 13 | flame-sprayed 13.5% chrome steel.
acero con el 6% de cromo y 1 a 1 | chrome-aluminum steel.
acero con escasa proporción de nitrogeno | low-nitrogen steel.
acero con fluidez subnormal | overreduced steel.
acero con gran proporción de carbono | high-steel.
acero con gran proporción de manganeso y pequeña proporción de carbono desoxidado con silicio | silicon-killed low-carbon high-manganese steel.
acero con gran proporción de sorbita | patented steel.
acero con hierro en el alma | iron steel.
acero con hierro gamma | martensite steel.
acero con inclusiones | dirty steel.
acero con la parte central más carburada | hard-centered steel.
acero con límite elástico elevado | high-elastic-limit steel.
acero con más de 0 | steel over 75-point carbon content.
acero con pequeña aleación de níquel y cobre endurecible por autoenvejecimiento | age hardenable nickel-cupper steel.
acero con pequeña proporción de carbono | soft-carbon steel.
acero con pequeñas proporciones de materiales de aleación (como níquel, tungsteno, etc.) | economy steel.
acero con pequeñísima proporción de azufre | ultralow-sulfur steel.
acero con revestimiento vinílico | vinyl-coated steel.
acero con temple diferido | slack-quenched steel.
acero con temple profundo | deep-hardening steel.
acero con uranio | uranium steel.
acero con variación amplia de histéresis magnética | irreversible steel.
acero con 0 | lead-bearing steel.
acero con 1 | razor steel.
acero con 3 | low carbon 3,5% nickel steel.
acero con 3 ó 4% de silicio | diaphragm steel.
acero con 9% de níquel revenido y después enfriado rapidamente | quenched-and-tempered 9% nickel steel.
acero con 9% de niquel y porcentaje bajo de carbono | low-carbon 9% nickel steel.
acero conformable | formable steel.
acero correoso | tough steel.
acero corrosiorresistente endurecible por solubilización | precipitation-hardenable corrosion-resisting steel.
acero cortado a las medidas del cliente | custom-tailored steel.
acero criatratado | subzero-treated steel.
acero criogénico | cryogenic steel.
acero criotratado | cold-treated steel.
acero cromizado | chromized steel.
acero cromo-níquel alto en carbono | high-carbon nickel chromium steel.
acero cromoníquel austenítico resistente a la termofluencia | austenitic nickel-chromium creep-resisting steel .
acero cromoníquel titaniado | titanium containing chromium-nickel steel.
acero cuproníquel termorresistente | heat-resistant copper-nickel steel.
acero chapado con acero inoxidable | stainless-clad steel.

acero chapado con metal Monel | Monel-clad steel.
acero chapado con otro metal | plated steel.
acero chapado con titanio | titanium-clad steel | titanium clad steel.
acero chapado en aluminio | aluminum-clad steel.
acero chapeado | clad steel.
acero chapeado con níquel | nickel-clad steel.
acero damasquinado | damascene steel.
acero de afino | refining-steel.
acero de aleación bajo en níquel de alta resistencia a la tracción | high-tensile low-nickel alloy steel.
acero de aleación con más de dos elementos aleantes | complex steel.
acero de aleación con pequeñas proporciones de elementos aleantes | lean-alloy steel.
acero de aleación con plomo | alloy-leaded steel.
acero de aleación de alta resistencia | alloy high tensile steel.
acero de aleación electrofundido | electrically-melted alloy steel.
acero de aleación estirado en frío | cold-drawn alloy steel.
acero de aleación para emplearlo trabajando en un intervalo prefijado de temperaturas (por ejemplo de 440 a 500 °C.) | enter-alloy steel.
acero de alta resistencia corrosiorresistente | corrosion-resisting high tensile steel.
acero de altas características | high-test steel.
acero de autotemple | furnace-hardening steel | air-quenched steel.
acero de baja aleación | low-alloy steel.
acero de baja aleación tenaz y soldable | weldable tough low-alloy steel.
acero de baja aleación termotratado | heat-treated low-alloy steel.
acero de blindaje | armor plate.
acero de buena calidad | high-grade steel.
acero de calidad corriente | merchant steel.
acero de calidad especial | special-quality steel.
acero de calidad forjable | forging quality steel.
acero de calidad para blindajes | armor quality steel.
acero de calidad para buques | ship quality steel.
acero de calidad para embutición profunda en caliente | hot-top quality steel.
acero de calidad soldable | weldable quality steel.
acero de calidad Z (para estructuras marinas) | Z steel.
acero de carburación de aleación baja | low-alloy carburizing steel.
acero de cementación | cement steel | cementation steel | casehardened steel.
acero de cementación borado | boron-containing carburizing steel.
acero de corte rápido | quick speed steel.
acero de densidad regulada | controlled density steel.
acero de doble paquete | double shear steel.
acero de efervescencia interrumpida | interrupted rimming steel | capped steel.
acero de efervescencia interrumpida (colocando una chapa en la parte alta de la lingotera cuando está llena) | cooler plated steel.
acero de electrohorno | electric steel.
acero de elevadas características | high-duty steel.
acero de emergencia | alternate steel.
acero de emergencia hipoaleado | low-alloy emergency steel.
acero de emergencia para economizar elementos de aleación escasos (como níquel, tungsteno, etc.) | critical steel.
acero de endurecimiento al aire | air hardening steel.
acero de envejecimiento por deformación plástica | strain-aging steel.
acero de estampas para plásticos | plastic die steel.
acero de fabricación nacional | domestic steel.
acero de fácil maquinado | easy-machining steel.
acero de fácil maquinización | free-cutting steel.
acero de factura | invoiced steel.
acero de forja | forging steel | forge steel.
acero de gran espesor enfriado por chorros de agua | spray-quenched thick section steel.
acero de gran resistencia | H. R. steel.
acero de gran resistencia a la tracción | high-test steel | high-tensile steel.
acero de gran velocidad de corte (acero de herramientas aleado con tungsteno o molibdeno) | high-speed steel.
acero de grano fino | fine grain steel | close-grained steel.
acero de grano fino bajo en arsénico | low-arsenic fine-grained steel.
acero de grano fino rico en manganeso | high manganese fine-grained steel.
acero de grano fino tratado con niobio | niobium-treated fine grain steel.
acero de grano grueso | coarse-grained steel.
acero de grano orientado | grain-orientated steel | directional steel.
acero de grano orientado para aplicaciones eléctricas | grain-oriented electrical steel.
acero de grano orientado reducido en frío | cold-reduced grain-oriented steel.
acero de grano orientado y de pequeñas pérdidas magnéticas laminado en frío | cold-rolled low-loss grain-oriented steel.
acero de grano refinado con aluminio | aluminum grain-refined steel.
acero de grano regulado bajo en carbono y manganeso | low-carbon-manganese grain-controlled steel.
acero de grano regulado homogenizado | normalized grain-controlled steel.
acero de herramienta rico en vanadio | high-vanadium tool steel.
acero de herramientas de aleación baja templado en aceite | oil-hardening low-alloy tool steel.
acero de herramientas de carburo refractario endurecible | hardenable refractory carbide tool steel.
acero de herramientas de molibdeno y cobalto | molybdenum-cobalt tool steel.
acero de horno eléctrico | electric-furnace steel.
acero de la superficie exterior (lingotes) | edge steel.
acero de lupia | bloom steel.
acero de mazarota refractaria | hot-topped steel.
acero de nitruración | nitralloy | nitriding steel.
acero de paquete hecho con barras de hierro cementadas en caja | shear-steel.
acero de paquete sencillo | single-shear steel.
acero de pequeña sensibilidad a la entalla | low notch-sensitive steel.
acero de proceso básico de escoria sencilla | single slag basic process steel.
acero de sección cruciforme para barrenas | cruciform steel.
acero de sección transversal grande enfriado rápidamente y recocido | thick-section quenched-and-tempered steel.
acero de temple | hardening steel.
acero de temple al aire | air hardening steel | self-hardening steel.
acero de temple diferido revenido | tempered slack-quenched steel.
acero de temple en aceite | oil-hardening steel.
acero de temple por corrientes de inducción | induction-hardening steel.
acero de temple superficial | shallow hardening steel.
acero de tiempo de guerra | alternate steel.
acero de tocho | ingot steel.
acero de tochos | billet steel.
acero de transformación regulada | controlled-transformation steel.
acero de 0 | steel between 30 and 70 points.
acero débilmente aleado | low-alloyed steel.
acero decapado | bright steel.
acero decapado electrolíticamente | electrolytically pickled steel.
acero deformado plásticamente | plastically deformed steel.
acero del núcleo (pieza de acero fundida) | core steel.
acero descarburado (con parte de carbono oxidado) | roasted steel.
acero desgasificado en el vacío | vacuum steel.
acero desoxidado | deoxidized steel | nonrimming steel | dead steel | killed steel | noneffervescing steel.
acero desoxidado alto en carbono | high-carbon killed steel.
acero desoxidado con aluminio | aluminium killed steel.
acero desoxidado con exceso | overreduced steel.
acero desoxidado con gran proporción de carbono | high-carbon killed steel.
acero diamagnético | nonmagnetic steel.
acero difícil de labrar | difficult-to-work steel.
acero dimensionalmente estable | dimensionally stable steel.
acero doblemente normalizado | double-normalized steel.
acero dúctil a la entalla | notch ductile steel.
acero dulce | soft steel.
acero dúplex | duplex steel.
acero efervescente | open-poured steel | rimming steel | open steel | rimmed steel | effervescent steel.
acero efervescente bajo en carbono | low-carbon-rimmed steel.
acero efervescente de convertidor básico | basic converter rimming steel.
acero efervescente para embutición profunda | rimmed deep-drawing steel.
acero eléctrico | electrosteel | electric steel.
acero eléctrico ácido | acid electric steel.
acero eléctrico de horno básico | basic-electric steel.
acero electrocincado | electrozinc plated steel.
acero electrodecapado | electrocleaned steel.
acero electroforjado | electroforged steel.
acero electrogalvanizado | electrozinc plated steel.
acero embutido | pressed steel.
acero embutido por corte | shear-spun steel.
acero en bandas | strip steel.
acero en barras | mill-bar | bar stock.
acero en estado de acritud (se sobrepasa el límite elástico) | tempered steel.
acero en flejes | hoop steel.
acero en lingotes | ingot steel.
acero en polvo (pulvimetalurgia) | steel powder.
acero endurecible por reposo | age-hardenable steel.
acero endurecible por solubilización de un componente | precipitation hardenable steel.
acero endurecible superficialmente | surface-hardenable steel.
acero endurecido para muelles | hardened spring steel.
acero endurecido por acritud (se sobrepasa el límite elástico) | temper-passed steel.
acero endurecido por compresión | compression-hardened steel.
acero endurecido por laminación en frío (se sobrepasa el límite elástico) | tempered steel.
acero envejecido mecánicamente | strain-aged steel.
acero envejecido por trabajo en frío | strain-aged steel.
acero esfervescente (que desprende gases durante la solidificación) | unkilled steel.

acero esmaltado claro | glassed steel.
acero estabilizado | nonaging steel.
acero estabilizado con niobio | columbium-treated steel.
acero estabilizado con niobio más tantalio | columbium-plus-tantalum stabilized steel.
acero estabilizado con tantalio y niobio | tantalum-niobium-stabilized steel.
acero estabilizado con titanio | titanium-treated steel.
acero estabilizado defectuosamente | imperfectly stabilized steel.
acero estabilizado dimensionalmente | dimensionally stabilized steel.
acero establemente austenítico | stably austenitic steel.
acero estampado | pressed steel | drop-forged steel.
acero estirado | drawn steel.
acero estirado en caliente | hot drawn steel.
acero estructural hipoaleado soldable | low-alloy weldable structural steel.
acero estructural soldable de gran resistencia a la tracción | high tensile weldable structural steel.
acero eutectoide | benmutic steel | eutectoid steel.
acero extraduro | diamond steel.
acero extrasuave | dead mild steel.
acero extrasuave (con menos de 0,15% de carbono) | dead-soft steel.
acero extruido en caliente | hot-extruded steel.
acero fabricado con arreglo a especificación del cliente | purpose steel.
acero fabricado con especificación del comprador | tailor made steel.
acero fabricado de polvos (pulvimetalurgia) | powder-produced steel.
acero fabricado por procedimiento ácido | acid steel.
acero fácil de afilar | high grindability steel.
acero fatigorresistente | fatigue-resisting steel.
acero ferrítico austenítico | ferritic-austenitic steel.
acero ferrítico de aleación de níquel resistente a la plastodeformación | creep resisting ferritic nickel-alloy steel.
acero ferrítico de calidad para soldeo por fusión | ferritic steel of fusion-welding quality.
acero ferrítico forjado | forged ferritic steel.
acero ferrítico inoxidable | stainless-type ferritic steel.
acero ferrítico inoxidable resistente a la termofluencia | stainless ferritic creep-resisting steel.
acero ferrítico para calderas | ferritic boiler steel.
acero ferrítico para tuberías de vapor | ferritic steam piping steel.
acero ferrítico rico en cromo | high chromium ferritic steel.
acero ferrítico termorresistente | ferritic heat-resisting steel.
acero fisurado reotrópicamente | rheotropically embrittled steel.
acero flamenco (acero forjado en forma de cuñas) | gad steel.
acero forjado | wrought steel | forged steel.
acero forjado en bruto | rough drop forging.
acero forjado Martin-Siemens | open-hearth forged steel.
acero fosfatado | phosphated steel.
acero frágil por entalla | notch-fragile steel | notch-brittle steel.
acero fragilizado | embrittled steel.
acero fragilizado por la fase sigma | sigma-phase-embrittled steel.
acero fragilizado por revenido | temper-embrittled steel.
acero fritado | powdered steel.
acero fuertemente aleado | high-alloyed steel.
acero fundido | cast steel.
acero fundido al arco eléctrico | arc-fused steel.
acero fundido al carbono | cast carbon steel.
acero fundido desgasificado | degasified molten steel.
acero fundido desgasificado por vacío | vacuum cast steel.
acero fundido en arco eléctrico en el vacío | vacuum-arc-melted steel.
acero fundido en coquilla | chilled steel.
acero fundido en solera | open-hearth steel.
acero fundido sin sopladuras | homogeneous steel.
acero grafítico autotemplable | air hardenable graphitic steel.
acero grafítico para herramientas | graphitic tool steel.
acero grafítico templado | hardened graphitic steel.
acero grafitizado | graphitized steel.
acero hervido en solución de fosfato de hierro y ácido fosfórico | coslettizzed steel.
acero heterogéneo | heterogeneous steel.
acero hidrogenado (tratado con hidrógeno) | hydrogenated steel.
acero hiperaleado | highly alloyed steel.
acero hiperestabilizado | overstabilized steel.
acero hipereutectoide | hypereutectoid steel | hyperaeolic steel.
acero hiperresistente | ultrahigh strength steel.
acero hiperresistente con gran porcentaje de silicio y fundido en el vacío | vacuum-melted high-silicon ultra-high-strength steel.
acero hiperresistente hipoaleado | low-alloy high-tensile steel.
acero hipoaleado | low-alloy steel.
acero hipoaleado de gran resistencia | low-alloy high-strength steel.
acero hipoeutectoide | hypoeutectoid steel | hypoaeolic steel.
acero homogenizado | normalized steel.
acero importado caro | high-priced imported steel.
acero incompletamente desoxidado | open steel.
acero incompletamente desoxidado con formación de sopladura y parte alta esponjosa | rising steel.
acero indeformable | nondeforming steel | nondistorting steel.
acero indeformable de temple al aceite para troqueles | nonshrinking oil-hardening die steel.
acero indeformable para herramientas | nondeforming tool steel | nonshrinking tool steel.
acero indeformable para matrices | nonshrinking die steel.
acero inoculado con boro | boron-inoculated steel.
acero inoxidable | stainless steel.
acero inoxidable activo | depassivated stainless steel.
acero inoxidable al cromoníquel | chromium-nickel rustless steel.
acero inoxidable al cromoníquel amagnético | nonmagnetic nickel-chromium stainless steel.
acero inoxidable al cromoníquel austenítico molibdenoso | molybdenum bearing austenitic chromium-nickel stainless steel.
acero inoxidable al cromo-níquel endurecible por precipitación | chromium-nickel precipitation-hardenable stainless steel.
acero inoxidable amagnético de gran densidad | high-density nonmagnetic stainless steel.
acero inoxidable austenítico | austenitic stainless steel.
acero inoxidable austenítico al cromo-níquel de fácil maquinización | free-machining chromium-nickel austenitic stainless steel.
acero inoxidable austenítico amagnético | nonmagnetic austenitic stainless steel.
acero inoxidable austenítico con pequeño porcentaje de carbono | low-carbon austenitic stainless steel.
acero inoxidable austenítico estirado en frío | cold-drawn austenitic stainless steel.
acero inoxidable austenítico no sensibilizado | nonsensitized austenitic stainless steel.
acero inoxidable austenoferrítico | austenoferritic inox steel.
acero inoxidable coloreado | colored stainless steel.
acero inoxidable coloreado en la industria de captadores de energía solar | colored stainless steel in solar energy industry .
acero inoxidable con acabado mate | matt-finish stainless steel.
acero inoxidable con acabado satinado | satin finish stainless steel.
acero inoxidable con menos de 0 | extra-low-carbon stainless steel.
acero inoxidable de emergencia | substitute stainless steel.
acero inoxidable de transformación controlada | controlled-transformation stainless steel.
acero inoxidable de transformación forzada | forced-transformation stainless steel.
acero inoxidable despasivado | depassivated stainless steel.
acero inoxidable elaborado a temperatura bajo cero | sub-zero-worked stainless steel.
acero inoxidable endurecible en el intervalo térmico de transformación | transformation-hardenable stainless steel.
acero inoxidable endurecido por adiciones de nitrógeno | nitrogen-strengthened stainless steel.
acero inoxidable estabilizado | welding quality stainless steel.
acero inoxidable exento de níquel | nickel-free stainless steel.
acero inoxidable ferrítico | ferritic stainless steel.
acero inoxidable ferrítico endurecible | hardenable ferritic stainless steel.
acero inoxidable ferrítico intemplable | nonhardenable ferritic stainless steel.
acero inoxidable fundido en concha | shell-cast stainless steel.
acero inoxidable inestabilizado | nonstabilized stainless steel.
acero inoxidable metaestable | metastable stainless steel.
acero inoxidable moldeado | stainless cast steel.
acero inoxidable muy bajo en carbono | exta low-carbon stainless steel.
acero inoxidable niobado | columbium-bearing stainless steel.
acero inoxidable niobioso | niobium-bearing stainless steel.
acero inoxidable niqueloso | nickel-containing stainless steel.
acero inoxidable no sensibilizado | nonsensitized stainless steel.
acero inoxidable para usos culinarios | culinary stainless steel.
acero inoxidable pasivo | passive stainless steel.
acero inoxidable poroso | porous stainless steel.
acero inoxidable pulido | buffed stainless steel.
acero inoxidable relicuado por segunda vez por arco eléctrico en cámara de vacío parcial | vacuum-arc-remelted stainless steel.
acero inoxidable semiausténitico endurecible por precipitación de un componente | semiaustenitic precipitation-hardenable stainless steel.
acero inoxidable sin níquel | nonnickel bearing stainless steel.
acero inoxidable totalmente austenizado | fully austenitic stainless steel.
acero insensible a la fisuración | crack-insensitive steel.
acero Krupp cementado | Krupp cemented steel.
acero laminado a temperatura bajo cero | zerolled steel | subzero-rolled steel.
acero laminado en caliente | hot-rolled steel.
acero laminado en chapas | straight-rolled steel.
acero laminado en frío | cold-worked steel.
acero laminado en frío para la corona (rueda dentada) | cold-rolled rim steel.

acero laminado sin ningún postratamiento | as-rolled steel.
acero líquido (caldo - del convertidor) | blow metal.
acero líquido vivo (con desprendimiento de gases) | lively steel.
acero madurado mecánicamente | strain-aging steel.
acero magnético | magnetic steel.
acero manganomolibdoso | manganese-molybdenum steel.
acero maquinable en caliente | hot-workable steel.
acero maquinable rico en azufre | high-sulfur free-machining steel.
acero mariginizado al níquel | nickel maraging steel.
acero martensítico alto en cromo | high-chromium martensitic steel.
acero martensítico bonificado sometido a una pequeña deformación plástica y después revenido otra vez o madurado (aumenta el límite elástico en un 15%) | marstrained steel.
acero martensítico con poca proporción de carbono | low-carbon martensitic steel.
acero martensítico de baja aleación de gran resistencia | low-alloy martensitic high-strengt steel.
acero martensítico endurecido por acritud | tempered-martensitic steel.
acero martensítico endurecido por precipitación | precipitation hardenable martensitic steel.
acero martensítico no revenido | untempered martensitic steel.
acero martensítico poco aleado de gran resistencia | high-strength martensitic low-alloy steel.
acero martillado | tilt steel.
acero Martín | hearth steel.
acero Martín Siemens básico | basic open-hearth steel.
acero Martín Siemens desoxidado con aluminio | aluminum-deoxidized open-hearth steel.
acero Martín-Siemens | O. H. steel | open-hearth steel | Siemens-Martin steel.
acero matrizado | drop-forged steel.
acero menos resistente a la oxidación | less-oxidation-resistant steel.
acero microaleado | microalloyed steel.
acero moldeado | molded steel | cast steel | run steel.
acero moldeado bajo presión | pressure poured steel.
acero moldeado de contracción constreñida | hindered-contracting cast steel.
acero moldeado de gran resistencia | high-test cast steel.
acero moldeado decapado | pickled steel casting.
acero moldeado inoxidable con 13% de cromo | cast 13% chromium steel.
acero molibdenoso | molybdenum-steel | molybdenum-containing steel.
acero molido disperso en resina epóxica | comminuted steel dispersed in epoxy resin.
acero muerto (quemado o con mucho azufre) | dead steel.
acero muy corroído | badly corroded steel.
acero muy efervescente | wild steel.
acero nitrurable | nitridable steel.
acero nitrurado | nitrided steel | nitrogen-hardened steel.
acero nitrurado cementado | cemented nitrided steel.
acero no aleado | simple steel | unalloyed steel.
acero no aleado exento de impurezas | skin hardener.
acero no calmado | lively steel | open steel | open-poured steel.
acero no efervescente | nonrimming steel.
acero no estabilizado | unstabilized steel.
acero no relajado de esfuerzos interiores | unstabilized steel.
acero no soldable | harsh steel.
acero no sujeto a normas | nonstandard steel.
acero normalizado | homogenized steel | normalized steel.
acero normalizado de grano fino totalmente calmado | fully killed fine-grained normalized steel.
acero normalizado y revenido | normalized-and-tempered steel.
acero obtenido en el horno eléctrico | electrical steel.
acero obtenido por colada continua | concast steel.
acero obtenido soplando polvo de mineral de hierro en un gas caliente | cyclosteel.
acero obtenido soplando sobre la superficie líquida de arrabio básico | turbohearth steel.
acero ordinario | simple steel.
acero ordinario (no aleado) | single steel.
acero ordinario al carbono | plain steel.
acero para barrenas | rock drill steel.
acero para barrenas (minería) | drill steel.
acero para barrenas de minas | miners' drill steel.
acero para brocas | drill steel.
acero para buques | ship steel.
acero para cañones | gun steel.
acero para cañones sin retroceso | recoilless rifle steel.
acero para cinceles | chisel steel.
acero para construcciones | structural steel.
acero para crinolina | crinoline steel.
acero para cuchillería | knife steel.
acero para chapas con dirección del grano y reducida en frío | cold-reduced directional sheet steel.
acero para chapas de pequeñas péridas magnéticas | low-loss sheet steel.
acero para chavetas | key steel.
acero para el pretensado (hormigón) | prestressing steel.
acero para embutición profunda completamente calmado con aluminio | fully aluminum-killed deep-drawing steel.
acero para estampas en caliente | hot-work die steel.
acero para forja de grano fino | fine-grained forging steel.
acero para granadas de alto explosivo | high-explosive shell steel.
acero para imanes | magnet steel.
acero para magnetos | magnet steel.
acero para máquinas automáticas | automatic milling stock.
acero para matrices | die steel.
acero para matrices de fundir a presión | die-casting die steel.
acero para moldear vidrio | glass-molding steel.
acero para moldes | mold steel.
acero para muelles de reloj | clock-spring steel.
acero para navajas de afeitar | razor steel.
acero para picas (minería) | drill steel.
acero para recipientes a presión | pressure vessel steel.
acero para remaches de calderas | boiler-rivet steel.
acero para rotores de electrogeneradoras | generator rotor steel.
acero para tornillería | screwing steel | screw steel.
acero para troqueles | die steel.
acero para troqueles en caliente | hot die steel.
acero para tubos | tubular steel.
acero para tubos de cañones | gun-tube steel.
acero para usos eléctricos de pequeña pérdida por histéresis | electrical low-loss steel.
acero para vainas | cartridge case steel.
acero parcialmente desoxidado | rimmed steel.
acero parcialmente estabilizado | partially stabilized steel.
acero parkerizado (acero bañado en solución de fosfatos de hierro y manganeso) | parkerized steel.
acero pasivado | pasivated steel.
acero pavonado | blued steel | browned steel.
acero pirorresistente | refractory steel.
acero placado en cobre | copper-clad steel.
acero plaqueado | clad steel | plated steel.
acero plomado | lead-coated steel.
acero plomoso | lead-bearing steel.
acero plomoso (con 0,25 de plomo) | leaded steel.
acero poco resistente | poorly-resistant steel.
acero pretensado | prestrained steel.
acero producido en grandes cantidades | tonnage steel.
acero pudelado | puddle steel | forge steel.
acero pulido | smoothed steel.
acero que conserva buenas características mecánicas después del revenido | steel resistant to tempering.
acero que contiene de 1 a 2% de elementos aleadores | moderately alloyed steel.
acero que no se escoria por abrasión | nongalling steel.
acero que se le puede dar forma | formable steel.
acero que se maquina rápidamente | rapid-machine steel.
acero quemado | fiery steel | oxygenated steel.
acero químicamente estabilizado | chemically stabilized steel.
acero rápido | quick speed steel | self-hardening steel.
acero rápido (acero de herramientas aleado con tungsteno o molibdeno) | high-speed steel.
acero rápido bajo en tungsteno | low-tungsten high-speed steel.
acero rápido indeformable | nonshrinking air-hardening steel.
acero rápido para herramientas | rapid tool steel.
acero recalentado | reheated steel.
acero recién laminado | as-rolled steel.
acero recocido | annealed steel.
acero rectificado con la muela | ground steel.
acero rectificado plano para troqueles | flat-ground die steel.
acero redondo en rollos | reeled bar.
acero redondo rectificado con muela abrasiva | ground round steel.
acero reducido en frío | cold-worked steel | cold-reduced steel.
acero refractario | heatproof steel | heat-resisting steel | nonburning steel | refractory steel.
acero refractario volframioso | tungsten-containing heat resisting steel.
acero refractorio cromoníquel que contiene boro | boron-containing chromium-nickel heat-resisting steel.
acero refundido en atmósfera rarificada | vacuum remelted steel.
acero refundido in vacuo con electrodo consumible | consumable-electrode vacuum-remelted steel.
acero regenerado | restored steel.
acero relicuado en vacío subatmosférico | vacuum-remelted steel.
acero resistente a altas temperaturas | nonburning steel.
acero resistente a la fatiga | antifatigue steel.
acero resistente a la formación de cascarilla de óxido | scale-resistant steel.
acero resistente a la fragilidad por entalla | notch tough steel.
acero resistente a la oxidación | oxidation-resistant steel.
acero resistente a la termofluencia | creep resisting steel.
acero resistente a los productos químicos | chemically-resistant steel.
acero resistente al choque | shock-resistant steel.
acero revenido | drawn steel | tempered steel.
acero revenido durante mucho tiempo | long-tempered steel.

acero revenido en aceite | oil-toughening steel.
acero revestido | clad steel.
acero revestido de caucho | rubber-coated steel.
acero revestido superficialmente de gránulos de diamante | diamond coated steel.
acero rico en carbono | high-carbon steel.
acero rico en níquel | high-percentage nickel steel.
acero rico en vanadio y en azufre | high-sulfur high-vanadium steel.
acero sano | sound steel.
acero saturado con nitrógeno | nitrogen-saturated steel.
acero semicalmado | semikilled steel.
acero semicalmado de calidad para buques | semikilled ship steel.
acero semicalmado de calidad para calderas | semikilled boiler quality steel.
acero semidesoxidado | semideoxidized steel.
acero semidesoxidado0059- | rimming steel.
acero semiduro | half-hard steel.
acero semiefervescente | semirimming steel.
acero semimartensítico | semimartensitic steel.
acero semirrápido | semihigh-speed steel.
acero semisuave | semimild steel | quarter-hard steel.
acero sensibilizado | sensibilized steel.
acero sensible (a la corrosión, etc.) | susceptible steel.
acero sensible a la fisuración de la soldadura | weld-crack sensitive steel.
acero Siemens ácido | acid open-hearth steel.
acero siliciado | silicium plated steel | siliconized steel.
acero silicioso | silicon steel.
acero silicomanganoso para resortes | silicomanganese spring steel.
acero sin fase sigma | s-free steel.
acero sin pintar | bare steel.
acero sinterizado débilmente aleado | sintered low-alloy steel.
acero sinterizado y termotratado | sintered-and-heat-treated steel.
acero sobredeformado en estado de acritud | overstrained steel.
acero sobresaturado de carbono | carbon-supersaturated steel.
acero soldable de gran resistencia | weldable high-strength steel.
acero soldable de gran resistencia a la tracción | high-tensile weldable steel.
acero solidificado en el extremo de la buza | fly.
acero solo con carbono (sin aleación) | straight carbon steel.
acero soplado con oxígeno | oxygen-blown steel.
acero sorbitizado | sorbitized steel.
acero suave | wrought iron | low steel | low-carbon steel | soft steel | mild steel.
acero suave de grano regulado | grain-controlled mild steel.
acero suave inoxidable | mild stainless steel.
acero suave maleable | malleable steel.
acero sucio | dirty steel.
acero sulfinizado | sulfinuz-treated steel.
acero superficialmente adiamantado | diamond coated steel.
acero susceptible a la corrosión | sensibilized steel.
acero susceptible a la fisuración | susceptible-to-embrittlement steel.
acero susceptible a la fragilidad por temple | susceptible steel.
acero susceptible de agrietarse | crack-susceptible steel.
acero tamaño del grano regulado | grain-size-controlled steel.
acero templable en la fase sigma | sigma-hardenable steel.
acero templado | quench-hardened steel | hardened steel.
acero templado en agua | quenched steel.
acero templado en baño de sales | brine-quenched steel.
acero templado en horno de sales | salt-quenched steel.
acero templado para muelles | hardened spring steel.
acero templado y revenido | Q and T steel.
acero tenaz | tough steel.
acero termoestable | heat-stable steel.
acero termorresistente de gran resistencia | high-strength heat-resisting steel.
acero termotratable | heat-treatable steel.
acero termotratable hipoaleado | low-alloy heat-treatable steel.
acero termotratado por solubilización y enfriado en el horno | solution-treated and furnace cooled steel.
acero Thomas | basic steel | Thomas steel.
acero Thomas bajo en nitrógeno | low-nitrogen Thomas steel.
acero totalmente austénico con proporción media de níquel | medium-nickel fully austenitic steel.
acero totalmente calmado de gran ductilidad a la entalla | high-notch-ductility fully killed steel.
acero totalmente efervescente | fully-rimming steel.
acero tratado con mischmetal | mischmetal-treated steel.
acero tratado conteniendo gran proporción de sorbita | patent steel.
acero uranioso | uranium-bearing steel.
acero uranoso | uranium steel | uranium-bearing steel.
acero vacuodesgasificado | vacuum steel | vacuum degasified steel.
acero vacuofundido | vacuum-smelted steel.
acero vacuofundido y laminado en frío | cold-rolled vacuum-melted steel.
acero vitrificado | glasslined steel.
acero volframioso | tungsten-alloyed steel.
acero zincometalizado | zinc-sprayed steel.
acero zirconiado | zirconium-containing steel.
aceros al níquel muy bajos en carbono con 18 a 25% de níquel y otros elementos como cobalto (No es necesario el temple y se consiguen cargas de rotura a la tracción de 152-224 Kg/mm^2 y límites elásticos de 144-216 Kg/mm^2 - Se pueden maquinar y conformarse en frío) | maraging steels.
aceros aleados con distintos grados de templabilidad | H-steels.
aceros aleados endurecidos por corriente de aire | air-hardened steels.
aceros calidad para calderas | boiler-quality steels.
aceros comerciales | utility steels.
aceros con escasa proporción de materiales estratégicos | conservation steels.
aceros de guerra | conservation steels.
aceros estructurales aleados de poco carbono de gran resistencia | mild alloy steels.
aceros industriales | engineering steels.
aceros para aviación | aircraft steels.
aceros para herramientas de trabajo en caliente | hot-work tool steels.
aceros para perforadoras de mina | mining drill steels.
aceros para válvulas de exhaustación | exhaust-valve steels.
aceros perlíticos | nonair-hardening steels.
aceroscopio | steeloscope.
aceroso (fractura) | steely.
acertar | hit (to) | guess (to).
acertelado | bracketed.
acervezado | alish.
acérvulo | brainsand.
acescencia | acescence.
acescente | acescent.
acetaldehido | acetaldehyde.
acetamida | acetic acid amide.
acetato | acetate.
acetato básico de cobre | acetate basic copper.
acetato butílico | butyl acetate.
acetato cúprico | crystallized verdigris.
acetato de alumina | calico printer's red mordant.
acetato de aluminio | lemeet.
acetato de amilo | amyl acetate.
acetato de celulosa | cellulose acetate.
acetato de ciclohexanol | cyclohexanol acetate.
acetato de ciclohexilo | cyclohexanol acetate.
acetato de cobre | acetate of copper.
acetato de hierro (mordiente para negro) | black liquor.
acetato de isoamilo | isoamyl acetate.
acetato de isopropilo | isopropyl acetate.
acetato de linalilo | linalyl acetate.
acetato de magnesio | magnesium acetate.
acetato de plomo | lead acetate.
acetato de polivinilo | polyvinyl acetate (PVA).
acetato de uranilo | uranyl acetate.
acetato de vinilo | vinyl acetate.
acetato de vinilo monómero | vinyl acetate monomer.
acetato de zinc | zinc acetate.
acetato potásico | potassium acetate.
acetato propionato de celulosa | cellulose acetate-propionate.
acetato y butirato de celulosa | cellulose-acetate-butyrate.
acetatos de amilo primarios | primary amyl acetates.
acetificación | acetification.
acetificar | acetify (to).
acetil | acetil.
acetil coenzima | acetyl-coenzyme.
acetilacetato de metilo | methylacetoacetate.
acetilación de la madera | acetylation of wood.
acetilar | acetylize (to).
acetileno | ethine | acetylene.
acetileno disuelto | dissolved acetylene.
acetílita | acetylite.
acetímetro | acetimeter.
acetoarseniato de cobre | king's silver.
acetoarsenito de cobre | copper acetoarsenite | emerald green.
acetobacteria | acetobacter.
acetolisis | acetolysis.
acetolizar | acetolyze (to).
acetona | pyroacetic spirit | dimethyl ketone.
acetona cianhidrina | acetone cyanhydrin.
acetosidad | acetosity.
acetoso | acetous.
acetosoluble | acetosoluble.
acial | brake | barnacle | gag.
acicate | prick | prod.
acíclico | noncyclic | acyclic.
acíclico (química) | open-chained.
acícula | aciculum | spike.
acícula (plural de aciculum) | acicula.
aciculado | aciculate | needle-shaped.
acicular | acicular | needle-like | needle-shaped | sharp-pointed | aciform | aciculine.
acículas subdesarrolladas | little-leaf.
aciculiforme | aciculiform.
aciculita | needle ore.
aciche | brick chisel | paving-hammer | acisculis.
aciche (albañilería) | brick axe.
aciche (martillo de adoquinador) | paver's hammer.
acidez | acid strength | tartness | acidity | acidness.
acidez del agua de alimentación (caldera) | feedwater acidity.
acidez mineral | mineral acidity.
acidez orgánica | organic acidity.
acidez total | total acidity.
acidez valorable | titratable acidity.
acídico | acid forming.
acidifacación | souring.
acidífero | acidiferous.
acidificable | acidifiable.
acidificación | acidification | acidizing.
acidificación (cerveza, vinos) | foxing.

acidificación de pozos de petróleo | oil well acidizing.
acidificador | acidifier.
acidificante | acidific | acidifiant | acidifier.
acidificar | acidify (to) | acid treat (to) | sour (to).
acidificarse | acidify (to).
acidimetría | acidometry | acidimetry.
acidimétricamente evaluado | acidometrically evaluated.
acidimétrico | acidimetric.
acidímetro | acidity meter | acidimeter | acidometer.
acidismo | acidism.
acidización | acidizing | acidization.
acidizar | acidize (to).
ácido | acid | acidic.
ácido abiético | sylvic acid.
ácido acético | acetic acid | ethanoic acid.
ácido acético anhidro | anhydrous acetic acid.
ácido acético bruto | distilled wood vinegar.
acido acetonadicarboxílico | acetonedicarboxylic acid.
ácido aireado | air aerated acid.
ácido al tornasol | acid to litmus.
ácido amidonaftolsulfónico | I-acid.
ácido aminoacético | glycocoll.
ácido ascórbico | ascorbic acid.
ácido bórico | boracid acid.
ácido bórico (H_3B0_3) | boric acid.
ácido bromhídrico | hydrogen bromide.
ácido caprílico | octoic acid.
ácido carbónico | carbon dioxide.
ácido carboxílico de cadena larga | long-chain carboxilic acid.
ácido cianhídrico | prussic acid.
ácido cinámico | cyanic acid.
ácido cítrico | citrid acid.
acido clorhídrico | chlorhydric acid.
ácido colorante | dye-acid.
ácido crómico cristalizado | crystallized chromic acid.
acido crotónico | crotonic acid.
ácido de contacto (ácido sulfúrico) | contact acid.
ácido de decapar | pickling acid.
ácido de formación | forming acid.
ácido de gran peso molecular | high-molecular-weight acid.
ácido de recuperación | stripping acid.
ácido de soldar | acid flux.
ácido desoxirribonucleico (biología) | desoxyribonucleic acid (DNA).
ácido dextrogiro | dextro-acid.
ácido dietilbarbitúrico | diethylbarbituric acid.
ácido dihidroacético | dehydracetic acid.
ácido diluido | dilute acid.
ácido estánnico | stannic acid.
ácido esteárico | stearic acid.
acido etanóico | ethanoic acid.
ácido etilenodiaminotetracético | ethylenediaminetetracetic acid.
acido etil-exóico | ethylhexoic acid.
ácido fénico | carbolic acid.
ácido fítico | phytic acid.
ácido fluorhídrico | hydrofluoric acid.
ácido fluorofosfórico | fluorophosphoric acid.
ácido fórmico | formic acid.
ácido fosfórico | phosphoric acid.
ácido ftálico | phthalic acid.
ácido fulmínico | fulminic acid.
ácido gálico | gallic acid.
ácido geico (ácido orgánico derivado de la turba) | geic acid.
ácido glicólico | glycolic acid.
ácido glutamínico | glutamin acid.
ácido graso | fatty acid.
ácido graso trans | trans-fatty acid.
ácido hidratado | hydroxy-acid.
ácido hidrociánico | hydrocyanic acid.
ácido hidroxámico | hydroxamic acid.
ácido hidroxibutírico polimerizado | poly-hidroxybutyric acid.
ácido hidroxilado | hydroxy-acid.
ácido húmico | mould acid.
ácido inhibido | inhibited acid.
ácido láctico | lactic acid.
ácido lignosulfónico | lignosulfonic acid.
ácido linoleico | linoleic acid.
ácido lodoso | sludge acid.
ácido maleico | maleic acid.
ácido málico | malic acid.
ácido malónico | malonic acid.
ácido mandélico | mandelic acid.
ácido mercaptoacético | mercaptoacetic acid.
ácido molíbdico | molybdic acid.
ácido monocloroacético | monochloracetic acid.
ácido múcico | mucic acid.
ácido muriático | muriatic acid.
ácido muy ionizado | strong acid.
ácido nafténico | petroleum acid.
ácido nicotínico | nicotinic acid.
ácido nítrico | nitric acid.
ácido nítrico concentrado | strong nitric acid.
ácido nítrico diluido | aqua-fortis.
ácido nítrico en ebullición | boiling nitric acid.
ácido nítrico fumante rojo | red fuming nitric acid.
ácido nitrobenzoico | nitrobenzoic acid.
ácido nitroclorhídrico | nitrohydrochloric acid.
ácido nitroso | nitrous acid.
ácido nitroxilado | nitroxy-acid.
ácido nucléico | nucleic acid.
ácido octoico | octoic acid.
ácido oléico | oleic acid | red oil.
ácido oleico sulfurizado | sulphurised oleic acid.
ácido orgánico | organic acid.
ácido ortofosfórico | orthophosphoric acid.
ácido ósmico | osmic acid.
ácido oxálico | oxalic acid.
ácido oxiaminado | aminohydroxy-acid.
ácido pantoténico | pantothenic acid.
ácido para decapar (mezcla de ácido sulfúrico y nítrico) | dipping acid.
ácido para grabar | etching liquor | etchant.
ácido perclórico | perchloric acid.
ácido peryódico | periodic acid.
ácido pícrico | picric acid | trinitrophenol.
ácido pipitzaoico | aurum vegetabile.
ácido pirobórico | pyroboric acid.
ácido pirofosfórico | pyrophosphoric acid.
ácido piroleñoso | pyroligneous acid | wood vinegar.
ácido plicático | plicatic acid.
ácido polibásico | polybasic acid.
ácido propiónico | propionic acid.
ácido prúsico | prussic acid | hydrocyanic acid.
ácido químico | quinic acid.
ácido recuperado | recovered acid.
ácido ribonucleico | ribonucleic acid (RNA).
ácido salicílico | salicylic acid.
ácido selénico | selenious acid.
ácido silícico | silicic acid.
ácido sin fuerza (ácido gastado) | dead acid.
ácido sórbico | sorbic acid.
ácido subérico | suberic acid.
ácido sucio | sludge acid.
ácido sulfhídrico | hydrogen sulphide.
ácido sulfocarbólico | sulphocarbolic acid.
ácido sulfónico | sulphonic acid | sulfonic acid.
ácido sulfúrico | sulfuric acid | oil of vitriol | vitriolic acid.
ácido sulfúrico anhidro (66 grados Bè) | anhydrous sulfuric acid.
ácido sulfúrico con 20% de trióxido de azufre | oleum.
ácido sulfúrico concentrado | concentrated sulfuric acid.
ácido sulfúrico concentrado por evaporación (60 grados Bé) | evaporated acid | pan acid.
ácido sulfúrico exento de SO_2 | SO_2-free sulfuric acid.
ácido sulfúrico fumante | pyrosulfuric acid | oleum | fuming sulfuric acid | fuming sulphuric acid.
ácido sulfúrico para acumuladores | battery acid.
ácido sulfúrico saturado con bióxido de azufre | sulphur-dioxide-saturated sulphuric acid.
ácido sulfúrico saturado con SO_2 | SO_2-saturated sulfuric acid.
ácido superfosfórico | superphosphoric acid.
ácido tánico | tannic acid.
ácido tánico refinado químicamente | chemically refined tannic acid.
ácido tartárico | tartaric acid.
ácido taurocólico | taurocholic acid.
ácido tioglicólico | thioglycollic acid.
ácido tioláctico | thiolactic acid.
ácido tricarboxílico | tricarboxylic acid.
ácido undecilénico | undecylenic acid.
ácido úrico | uric acid.
ácido valeriánico | valerianic acid.
ácido valorante (química) | titrating acid.
ácido yodhídrico | hydriodic acid.
ácido yódico | iodic acid.
ácidoestable | acid stable.
acidofilización | acidophilization.
acidófilo | acidophile | acidophilous.
acidofóbico | acidophobous.
acidófobo | acidophobous.
acidoide | acidoid.
acidoinsoluble | acid insoluble.
acidólisis | acidolysis.
acidolizar | acidolyze (to).
acidología | acidology.
ácidoneutralizante | acid neutralizing.
ácido-resistente | acid fast.
ácidorresistente | acidproof | acid resistant | acid resisting | acid-fast.
ácidos cetónicos | ketoacids.
ácidos culinarios | culinary acids.
ácidos de alquitrán | tar acids.
ácidos de caoba | mahogany acids.
ácidos de la colofonia | rosin acids.
ácidos de líquenes | lichen acids.
ácidos grasos | fatty acids | fat acids.
ácidos minerales | mineral acids.
acidosis | acidosis.
ácidosoluble | acid soluble.
acidulado | acidulated | souring | acidified | acidulous.
acidulado (baños) | sour.
acidulado (telas) | souring.
acidulante | acidulant.
acidular | acidulate (to) | acidify (to) | acidify | acidize (to) | sour (to).
acientífico | nonscientific.
acierto | hit.
aciforme | aciform | needle-shaped.
acigoto | azygote.
acilación | acylation.
acimut aproximado | coarse azimuth.
acimut de tiro | firing azimuth.
acimut del plano | grid azimut.
acimut inicial | present azimuth.
acimut magnético | magnetic azimuth.
acimut supuesto | assumed azimuth.
acimut verdadero | true azimuth.
acineta | akinete.
acinoso | grape-shaped | acinous | acinose.
acintado (mineralogía) | ribbon.
acintado (rocas) | streaky.
acintamiento (mineralogía) | banding.
acircunstancial | noncircunstantial.
acitrino (amarillo verdoso - color) | citrine.
aclamar | cheer (to).
aclaración | classification.
aclaración (debate) | clarify.
aclarado (de bosques) | thinning.
aclarado en agua caliente | hot-rinsed.
aclarado en salmuera (teñido telas) | brine wash.
aclaradora | gapper | root gapper.
aclaramiento | clearance.
aclaramiento (del tiempo) | lightening.
aclarar | rinse (to) | lighten (to) | clarify (to) | settle (to) | clear (to).
aclarar (aparejos) | overhaul (to).

aclarar (despejarse - el cielo) | clear off (to).
aclarar (equivocaciones) | clear away (to).
aclarar (licores) | draw off (to).
aclarar demasiado (cortas en bosques) | overcut (to).
aclarar un aparejo | clear a tackle (to).
aclarar una información | glean information (to).
aclarar vueltas (de una cadena o calabrote - buques) | unbitt (to).
aclaratorio | explanatory.
aclareo | thinning.
aclareo de calidad | quality thinning.
aclareo natural (cota de árboles) | natural thinning.
aclareo por bajo | low thinning.
aclareo por entresaca | selection thinning.
aclareo por entresaca (agricultura) | borggreve thinning.
aclareos sistemáticos | mechanical thinnings.
aclareos sucesivos por fajas (corta de árboles) | shelter-wood strip system.
aclástico | nonrefractive | aclastic.
aclimación | acclimation.
aclimatación | naturalization | acclimatization | seasoning.
aclimatación de talleres gráficos | printing plant seasoning.
aclimatar | acclimate (to) | acclimatize (to) | season (to).
aclimatar gradualmente | temper (to).
aclimatarse | acclimatize (to).
aclimatizado a trabajos calientes (minería) | acclimatized to hot working.
aclinado | sloping upward.
aclinal | aclinal.
aclínico | aclinic.
aclive | acclivous.
aclividad | slope upward.
acloropsia | green-blindness.
acloruro | achloride.
acmé | fastigium.
acné producido por las salpicaduras constantes de líquidos lubricantes | oil acne.
acnodo | acnode.
acocado (maderas) | cup.
acocodrilamiento (superficies pintadas o barnizadas) | crocodiling.
acocodrilarse (la pintura al secarse se recubre de grumos y rayado irregular produciendo el aspecto de piel de cocodrilo) | alligator (to).
acodado | flexed.
acodado (ecuatorial astronómico) | coudé.
acodado (ejes, palancas, herramientas) | cranked.
acodado (tubos) | kneed.
acodadura (botánica) | layering.
acodalado | stayed | strutted.
acodalado (carpintería) | bridging.
acodalamiento | staying | trench bracing | propping | shoring.
acodalar | stay (to) | strut (to) | prop (to) | shore (to).
acodamiento | bracing.
acodar | crank (to) | offset (to) | knee (to) | elbow (to) | bend (to).
acodar (plantas) | layer (to).
acodar (vid) | provine (to).
acodar hacia abajo el chasis (remolques) | crank the chassis (to).
acodillado | joggled.
acodillar | crimp (to).
acodo (botánica) | layer.
acoger (efectos comerciales) | protect (to).
acoger bien | accept (to).
acognosia (medicina) | acognosy.
acogollarseponer fondos (barriles) | head up (to).
acolada | accolade.
acolado | side-by-side | acolate.
acolado (heráldica) | conjoined.
acolado (milicia) | in line.
acolados | joined side by side.
acolato (química) | acolate.
acolchado | matelassé | padding | padded | apron.
acolchado (cuerdas) | strand-laid.
acolchado (tela) | mattress.
acolchamiento | quilting.
acolchar | quilt (to) | wad (to) | pad (to).
acolchar (marina) | intertwine (to) | intertwist (to).
acolpado (palinografía) | furrowless.
acollador | rigging screw | turnbuckle | lanyard.
acollador de manguito | bottle rigging screw.
acometer | break in (to) | launch (to) | push (to) | assault (to) | attack (to) | engage (to).
acometida | attack | rush | onrush.
acometida (de electricidad, de agua) | service.
acometida (del agua, de la luz, del gas, de la alcantarilla, etc.) | house connection.
acometida (del agua, del gas, de la electricidad, etc.) | house service.
acometida (electricidad) | tapping.
acometida al abonado (electricidad) | service connection.
acometida del abonado (telefonía - G.B.) | drop wire.
acometida del abonado (telefonía EE.UU.) | entrance.
acometida del alcantarillado | house slant.
acometida del gas (a una casa) | gas service.
acometida eléctrica | service wires.
acometida general de edificios | master service.
acometida maestra (agua, gas, etc.) | master service.
acometida para varios edificios (agua, gas, etc.) | master service.
acometividad | combativity.
acomismo | acomism.
acomodación | accommodation | shakedown.
acomodación del punto próximo | near-point accomodation.
acomodación para emigrantes (en el sollado o entrepuente, buques) | dormitory accommodation.
acomodar | fit up (to).
acomodar (máquinas) | accommodate (to).
acomodo | accommodation.
acompañado por técnicos | professionally-escorted.
acompañamiento | company.
acompañamiento (música) | accompaniment.
acompañante | companion.
acompañante de un tren de vagonetas (minas) | rider.
acompañar | accompany (to) | enclose (to).
acompañista (música) | accompanist.
acompasamiento (de partes en movimiento) | matching.
acompasamiento de barrenos (voladuras) | proportioning.
acompasamiento de los cigüeñales | crankshaft phasing.
acompasar (barrenos) | couple up (to).
acompasar los barrenos (voladuras) | proportion the shots (to).
acompasar los fuegos (voladuras) | prepare a volley (to).
acompasarse | match (to).
acomplamiento en cantidad | connecting in multiple.
aconcavar | concave (to).
aconchar contra la costa (buques) | drive ashore (to).
aconcharse (marina) | embay (to).
acondicionado | fitted.
acondicionado (aire, telas) | conditioned.
acondicionado (papel) | mellow.
acondicionado para quemar petróleo | fitted for burning oil fuel.
acondicionador (de aire) | conditioner.
acondicionador de arenas (funderías) | sand conditioner.
acondicionador de la humedad | humidity conditioner.
acondicionador de los gases de escape para enfriarlos y apagar las chispas (locomotoras minas) | exhaust-conditioner.
acondicionador de señales | signal conditioner.
acondicionador del lodo (sondeos) | mud conditioner.
acondicionador para agua | water conditioner.
acondicionador para eliminación de la cascarilla (termotratamientos) | scale conditioner.
acondicionador para lubricantes | oil conditioner.
acondicionadora de arenas (funderías) | mullor.
acondicionamiento (del aire) | conditioning.
acondicionamiento de aire | air conditioning.
acondicionamiento de los locales | site installation.
acondicionamiento en húmedo (maderas) | high humidity treatment.
acondicionamiento químico | chemical conditioning.
acondicionar (telas, aire ambiente) | condition (to).
acondrítico | achondritic.
aconfesional | nonconfesional.
acongojar | bereave (to).
aconsejable | advisable.
aconsejar | advice (to).
aconsejarse | consult (to).
acontecer | come off (to).
acontecimiento | incident.
acontecimientos cíclicos | repetitious events.
acontecimientos del día | current events.
acontecimientos terrestres relacionados con la actividad solar | solar-linked terrestrial events.
acontonamiento de reposo (tropas) | rest camp.
acopación (chapas, tubos) | cupping.
acopado | dished | cupwise | vase-shaped | cup-shaped.
acopamiento (chapas, tubos) | cupping.
acopar (chapas) | hollow (to).
acopiación de existencias | stockpiling.
acopiar | procure (to) | gather (to) | store (to) | stock (to).
acopio | pondage | stock.
acopio (de un servicio) | procurement.
acopio de combustible | warming.
acopio y almacenamiento y recuperación de datos | collection and storage and retrieval of data.
acopios | procurement.
acoplado | linked | fitted | paired | coupled | geminate | built-in | ganged.
acoplado (de la positiva muda y de la sonora - cine) | marrying.
acoplado a un alternador de 1.500 kilovatios a 3 | coupled to a 1,500-kW 3.3-kV alternator.
acoplado al sistema | on-line.
acoplado autocapacitivamente | autocapacity-coupled.
acoplado con bobina de impedancia | choke-coupled.
acoplado conductivamente | conductively-coupled.
acoplado directamente | direct-connected.
acoplado electromagnéticamente | electromagnetically coupled.
acoplado en cantidad | parallel-connected.
acoplado en forma compacta | close-coupled.
acoplado en paralelo | parallel-connected | shunt-connected.
acoplado en reacción | retroactively coupled.
acoplado en reactancia | choke-coupled.
acoplado flexiblemente | flexibly-coupled.
acoplado por cátodo | cathode-coupled.
acoplado por inducción | inductively coupled.
acoplado por inductancia mutua | mutual-inductance coupled.
acoplado por sus extremos | coupled end to end.
acoplado rígidamente | rigidly coupled.
acoplador | nipple | coupler | coupler | earphone coupler.
acoplador acoplado con ventana | slot-coupled

coupler.
acoplador acústico | acoustic coupler.
acoplador de antena | antenna coupler.
acoplador de barras de distribución | bus-coupler.
acoplador de espira resistiva | resistive-loop coupler.
acoplador de guía de ondas | magic tee | magic T.
acoplador de guía de ondas de ramas múltiples | multibranch waveguide coupler.
acoplador de guiaondas de variable iris | variable-iris waveguide coupler.
acoplador de la salida | output nipple.
acoplador de microondas | microwave coupler.
acoplador de modos de propagación | mode coupler.
acoplador de restricción | restriction fitting.
acoplador de salida numérica a cinta perforada | digitizer-to-tape punch-coupling unit.
acoplador del autopiloto | autopilot coupler.
acoplador del piloto automático | autopilot coupler.
acoplador direccional | directional coupler.
acoplador direccional coaxial | coax directional coupler.
acoplador direccional de bucle capacitativo | capacitance-loop directional coupler.
acoplador direccional de dos orificios | two-hole directional coupler.
acoplador direccional simétrico | symmetrical direction coupler.
acoplador directo | forward coupler.
acoplador electrónico | clamper.
acoplador electrostático de haces electrónicos | electrostatic electron beam coupler.
acoplador equilibrador (radar) | bazooka.
acoplador hidráulico | hydraulic coupler.
acoplador oscilante (ondas) | wobble joint.
acoplador para tubería de aire | airline coupler.
acoplador pluripolar | polypole coupler.
acoplador variable | variocoupler.
acoplados por una capacidad | capacitively coupled.
acoplamiento | hook up | attachment | pickup | coupling | coupler | connexion | connecting connection | accouplement | mating | linkage.
acoplamiento (de circuitos eléctricos) | hookup.
acoplamiento (electricidad) | grouping.
acoplamiento acústico | acoustic coupling.
acoplamiento ajustable (radio) | loose coupling.
acoplamiento al azar (genética) | random mating.
acoplamiento angular | angle coupling.
acoplamiento anódico sintonizado | tuned anode coupling.
acoplamiento articulado | jointed coupling | joint coupling.
acoplamiento autocapacitivo | autocapacity coupling | auto-coupling.
acoplamiento autoinductivo | self-inductive coupling | autoinductive coupling.
acoplamiento automático | automatic coupling.
acoplamiento automático para carga y descarga de aviones (terminal de mercancías-aeropuertos) | finger.
acoplamiento capacitivo | capacitive coupling | electrostatic coupling.
acoplamiento cerrado (electricidad) | close coupling.
acoplamiento cerrado (TV) | tight coupling.
acoplamiento compacto | tight coupling | close coupling.
acoplamiento con bridas horizontales | horizontal-flanged coupling.
acoplamiento con cabezas articuladas | flexible head coupler.
acoplamiento con pasador de seguridad | shear-pin coupling.
acoplamiento con recalco interior | internal upset joint.
acoplamiento con tacos de caucho trabajando a esfuerzo cortante (motores) | rubber-in-shear coupling.
acoplamiento conductivo | conductive coupling.
acoplamiento contrarreactivo | reverse coupling.
acoplamiento crítico | critical coupling | optimum coupling.
acoplamiento de arrastre magnético con resbalamiento regulado | magnetic-drag controlled-slip coupling.
acoplamiento de arrastre magnético por corrientes parásitas | eddy-current magnetic-drag coupling.
acoplamiento de autodesembrague | automatic release coupling.
acoplamiento de bayoneta | bayonet coupling.
acoplamiento de bayoneta de acción rápida | quick-connecting bayonet coupling.
acoplamiento de bridas | flanged coupling | plate coupling.
acoplamiento de capacidad inductiva | choke capacity coupling.
acoplamiento de cierre por cuña | wedge-lock coupling.
acoplamiento de cinta | band coupling.
acoplamiento de compresión | clamp coupling.
acoplamiento de consanguinidad | sib mating.
acoplamiento de corriente alterna | AC coupling.
acoplamiento de corriente intermitente | open circuit connections.
acoplamiento de desembrague extrarrápido | instantaneously disengaged coupling.
acoplamiento de desembrague rápido | quick-release coupling.
acoplamiento de disco | flange coupling.
acoplamiento de disco flexible | flexible-disk coupling.
acoplamiento de discos | plate coupling | disc coupling.
acoplamiento de doble dirección | double-way connection.
acoplamiento de emergencia | emergency coupling.
acoplamiento de engranajes | dental coupling.
acoplamiento de engranajes fijos | fast-gear coupling.
acoplamiento de espiga | spud-clutch.
acoplamiento de fases (electricidad) | interlinking of phases.
acoplamiento de fendas (entre un cable coaxial y una guíaonda) | slot coupling.
acoplamiento de fricción | friction coupling | overload coupling.
acoplamiento de garras | dog clutch | claw coupling.
acoplamiento de garras con enclavamiento | interlocking claw clutch.
acoplamiento de garras entrelazado | interlocking claw clutch.
acoplamiento de guiaondas | waveguide coupling.
acoplamiento de husillo (vagones) | screwed-type coupling.
acoplamiento de la cañería del freno (trenes) | brake-hose coupling.
acoplamiento de la frecuencia del campo con la de la red (televisión) | locking | mains hold.
acoplamiento de línea | line coupling.
acoplamiento de los ejes | shaft coupling.
acoplamiento de manguito | box coupling | butt coupling | muff-coupling | sleeve coupling.
acoplamiento de manguito engranado | geared sleeve coupling.
acoplamiento de platillos | plate coupling.
acoplamiento de platos | plate coupling.
acoplamiento de platos (ejes) | faceplate coupling.
acoplamiento de platos con pernos a paño (ejes) | pulley-coupling.
acoplamiento de platos con pernos de cabeza embutida (ejes) | recessed flange-coupling.
acoplamiento de platos con pernos de cabezas ocultas | shrouded flange-coupling.
acoplamiento de platos forjados con el eje | solid flanged coupling.
acoplamiento de reacción | reaction coupling | regenerative coupling.
acoplamiento de reacción (radio) | choke-coupling | back coupling.
acoplamiento de resbalamiento con regulación electrónica | electronically-controlled slip coupling.
acoplamiento de resbalamiento magnético | magnetic-slip coupling.
acoplamiento de resistencia eléctrica | resistive coupling.
acoplamiento de segmentos extensibles | spring ring coupling.
acoplamiento de transformadores opuestos | opposed-voltage coupling.
acoplamiento de transmisión | driving engagement.
acoplamiento de trinquete | pawl coupling.
acoplamiento de vástago | rod coupling.
acoplamiento débil | loose coupling.
acoplamiento del eje motor | driving shaft coupling.
acoplamiento desconectable | loose coupling.
acoplamiento diafónico transversal | transverse crosstalk coupling.
acoplamiento directo | common impedance coupling | direct drive | direct coupling | conductive coupling.
acoplamiento elástico | compensating coupling | resilient coupling | slipping clutch | flexible coupling.
acoplamiento eléctrico | electric coupling.
acoplamiento electromagnético | electric slip coupling | magnetic coupling | electromagnetic coupling | slip-coupling.
acoplamiento electrónico | electron coupling | electronic coupling.
acoplamiento electrostático | electrostatic coupling.
acoplamiento en cantidad | parallel connection | coupling in parallel | multiple circuit | multiple connection | connecting in bridge | connecting in quantity | connecting in parallel | jointing up in quantity.
acoplamiento en cantidad y voltaje | multiple series connection.
acoplamiento en cascada (electricidad) | concatenation.
acoplamiento en derivación | connecting in parallel | connecting in multiple | connecting in bridge | connecting in quantity | multiple connection | multiple circuit | parallel connection | coupling in parallel.
acoplamiento en derivación (de una máquina eléctrica a las barras de distribución) | paralleling.
acoplamiento en derivación (electricidad) | bridge connection.
acoplamiento en grupo | group connection.
acoplamiento en L | ell coupling.
acoplamiento en oposición (transformadores) | opposed-voltage coupling.
acoplamiento en paralelo | jointing up in parallel | multiple circuit.
acoplamiento en paralelo (electricidad) | abreast connection.
acoplamiento en serie | cascade arrangement | cascade connection | coupling in series | connecting in series | jointing up in series.
acoplamiento en serie y en derivación | connecting in parallel series.
acoplamiento en series paralelas (electricidad) | parallel series connection.
acoplamiento en triángulo | mesh grouping.
acoplamiento en triángulo (electricidad) | mesh connection | mesh-coupling.
acoplamiento en triángulo y estrella | mesh-star connection.
acoplamiento en voltaje | coupling in series.

acoplamiento entre tubosco) | tube coupling.
acoplamiento extensible | extensible coupling.
acoplamiento falso | dummy coupling.
acoplamiento fijo (entre dos ejes) | fast coupling.
acoplamiento flexible | flexible joint.
acoplamiento flexible (electrotecnia) | flexible coupling.
acoplamiento flexible de anillo cónico | cone-ring flexible coupling.
acoplamiento flexible de cadena de rodillos-rodillos (buques) | roller chain flexible coupling.
acoplamiento flexible de garras | flexible claw-type coupling.
acoplamiento flexible para transmisiones mecánicas | flexible power transmission coupling.
acoplamiento flojo | loose coupling.
acoplamiento fluido de llenado variable | variable-fill fluid coupling.
acoplamiento fotónico | photon coupling.
acoplamiento frontal | end-on coupling.
acoplamiento fuerte | close coupling.
acoplamiento fuerte (electricidad) | tight coupling.
acoplamiento gradual | step connection.
acoplamiento hidráulico | fluid flywheel | fluid coupling | hydraulic coupling.
acoplamiento hidráulico de cangilón | scoop-tube fluid coupling.
acoplamiento impulsor | impulse coupling.
acoplamiento inductivo | induction coupling | inductance coupling | inductive coupling.
acoplamiento inductivo mutuo | mutual inductive coupling.
acoplamiento interetápico | interstage coupling.
acoplamiento interfásico | interstage coupling.
acoplamiento intervalvular (radio) | intervalve coupling.
acoplamiento L-S | L-S coupling.
acoplamiento mecánico | ganging.
acoplamiento metálico flexible (electricidad) | pigtail.
acoplamiento mixto | combined coupling.
acoplamiento mixto (acoplamiento en serie y en derivación) | connecting in multiple series.
acoplamiento mutuo | interface | mutual coupling.
acoplamiento negativo | negative coupling.
acoplamiento óptico | optical coupling.
acoplamiento óptimo | optimum coupling.
acoplamiento órbita-espín | spin-orbit coupling.
acoplamiento para laminadores | mill coupling.
acoplamiento para mangueras de incendios | fire-hose coupling.
acoplamiento para tubos sin derramamientos | nonspill pipe coupling.
acoplamiento parafásico | paraphase coupling.
acoplamiento permanente (entre dos ejes) | fast coupling.
acoplamiento por bobina de inductancia | inductance coupling.
acoplamiento por bobina de reactancia (radio) | choke-coupling.
acoplamiento por cono | cone coupling.
acoplamiento por diafonía transversal | transverse crosstalk coupling.
acoplamiento por embrague de fricción | friction clutch coupling.
acoplamiento por impedancia | impedance coupling.
acoplamiento por impedancia común | common impedance coupling.
acoplamiento por manguito | bow coupling.
acoplamiento por manguito acanalado interiormente | splined muff coupling.
acoplamiento por manguito taladrado | jump-coupling.
acoplamiento por pasador | pin coupling.
acoplamiento por ranura (microondas) | slot coupling.
acoplamiento por reacción (radio) | feedback coupling.
acoplamiento por resistencia y capacidad | resistance-capacitance coupling.
acoplamiento por resistencia-capacidad | RC coupling.
acoplamiento por transformador | autotransformer coupling.
acoplamiento rápido | quick coupling.
acoplamiento resistivo | resistive coupling.
acoplamiento reversible por flúido | reversible fluid coupling.
acoplamiento rígido | rigid coupling.
acoplamiento seguro | positive engagement.
acoplamiento seudoescalar | pseudoscalar coupling.
acoplamiento seudovectorial | pseudovector coupling.
acoplamiento telescópico | sliding coupling.
acoplamientos de circuitos | connections of circuits.
acoplar | couple (to) | connect (to) | accouple (to) | mate (to) | attach (to).
acoplar (electricidad) | hook-up (to) | group (to).
acoplar en caliente | hot cup (to).
acoplar en cantidad (acoplar en derivación - electricidad) | connect in multiple (to).
acoplar en cantidad (electricidad) | join up in quantity (to).
acoplar en contrarreacción | feedback (to).
acoplar en derivación | shunt (to).
acoplar en derivación (electricidad) | parallel (to) | couple in parallel (to).
acoplar en paralelo | connect in parallei (to) | joint up in parallel (to).
acoplar en paralelo (electricidad) | couple in parallel (to).
acoplar en serie | connect in series (to).
acoplar en serie (electricidad) | cascade (to) | join up in series (to).
acoplar en serie y derivación | connect in series-multiple (to).
acople (Iberoamérica) | pole wagon.
acoplo | patch-in.
acoplo (radio) | coupling.
acoplo conductivo | conduction coupling.
acoplo cruzado | cross coupling.
acoplo cuasiestacionario | quasistationary coupling.
acoplo de alta frecuencia | doorknob.
acoplo del desagüe | house slant.
acoplo directo | conductive coupling.
acoplo inductivo | choke coupling.
acoplo inductivo (electricidad) | flux linkage.
acoplo óptico | optical coupling.
acoplo por capacitor | condenser coupling.
acoplo por transformador | transformer coupling.
acoplo reactivo (radio) | feedback coupling.
acoplo retroactivo | couple back.
acoplo suplementario de cavidades | double-ring strapping.
acoplo transicional | transitional coupling.
acor | achor.
acorazado | battlesship | totally enclosed | armored | armor-plated | armor-clad | metal enclosed | metalclad | metal coated.
acorazado (buque) | ironclad.
acorazado (buque de guerra) | battleship.
acorazado (electroimán) | iron-cased.
acorazado (electroimán, motor, etc.) | ironclad.
acorazado (transformador, etcétera) | shell-type.
acorazamiento | armoring.
acorazar | steel (to) | armor-plate (to) | armor (to).
acorazonado | cordate.
acorazonadocardioide | heart-shaped.
acordar | attune (to) | tune (to) | concert (to).
acordar una moratoria | grant a respite (to).
acorde | consistent.
acorde (música) | consonance | chord | accord | tone | triad.
acorde accidental (música) | accidental.
acorde alterado (música) | altered chord.
acorde consonante (música) | consonant chord.
acorde cromático (música) | chromatic chord.
acorde de novena (música) | chord of the ninth.
acorde de sexta aumentada (música) | chord of the augmented sixth.
acorde de sexta aumentada con tercera (música) | augmented sixth-third | Italian sixth.
acorde de sexta aumentada con tercera y cuarta (música) | French sixth.
acorde de sexta aumentada con tercera y cuartas (música) | chord of the augmented sixth-fourth and third.
acorde de sexta aumentada con tercera y quinta (música) | german sixth | chord of the augmented sixth-fifth and third.
acorde de trecena de dominante (música) | chord of the dominant thirteenth.
acorde derivado (música) | inverted chord.
acorde diatónico (música) | diatonic chord.
acorde diminuto (música) | diminished triad.
acorde directo (música) | fundamental chord | root note.
acorde disonante (música) | dissonant chord.
acorde enarmónico (música) | enharmonic chord.
acorde fundamental | fundamental chord.
acorde fundamental (música) | real chord.
acorde invertido | inverted chord.
acorde mayor (escala musical) | major triad.
acorde perfecto mayor (música) | major common chord.
acorde perfecto menor (música) | minor common chord.
acorde secundario (música) | secondary triad.
acordeón | accordion.
acordeón (tela) | accordion tartan.
acordes de quinta alterada (música) | triads with altered fifth.
acordes de séptima secundarias (música) | secondary chords of the seventh.
acordes principales de tres sonidos (música) | primary triads.
acordes secundarios de tres sonidos (música) | secondary triads.
acordonado | cord-shaped.
acordonado (tejidos) | beeting.
acordonado por el revés (telas) | back cording.
acordonar (monedas) | nurl (to) | mill (to).
acornisado | corniced.
acorralar un incendio | contain a fire (to) | corral a fire (to).
acortamiento | shrinking | shrink | shortening.
acortamiento (soldeo por forja) | gather.
acortamiento de impulso | pulse shortening.
acortamiento de la impulsión | pulse-shortening.
acortamiento foliar (Iberoamérica) | little-leaf.
acortamiento por torsión (cadenas) | climbing.
acortar | cut down (to) | retrench (to).
acortar (el bauprés o un masterelillo) | reef (to).
acortar el período de producción | short the production period (to).
acortar el tiro (artillería) | lessen the range (to).
acortar la marcha | slowdown (to).
acortar los gastos | retrench expenses (to).
acortarse | shrink (to).
acostado | lying.
acostado (heráldica) | accosted.
acostillado | ribbed.
acostillado longitudinalmente | longitudinally-ribbed.
acostumbrado | customary.
acostumbramiento | accustomization.
acostumbrar | habituate (to).
acostumbrarse | enure (to).
acostumbrarse a | grow familiar with (to).
acotación (dibujos) | dimension.
acotación (matemáticas) | boundedness.
acotación (planos) | dimensioning.

acotación (sobre un documento) | indorsement.
acotada para todos los valores de z del plano complejo | bounded for all values of z in the complex plane .
acotado | dimensioning | closed area | bounded.
acotado (dibujo) | dimensioned | figured.
acotado con tolerancias (dibujos) | toleranced.
acotado inferiormente | bounded from below.
acotado inferiormente (conjuntos) | bounded below.
acotado superiormente | bounded from above.
acotado total (Argentina, Chile) | sanctuary.
acotar | mark the contour (to).
acotar (Argentina) | demarcate (to).
acotar (dibujos) | dimension (to) | proportion (to) | figure (to).
acotar con tolerancias (planos) | tolerance (to).
acratismo | acratism.
acratrón (electrónica) | acratron.
acreación | aggradation.
acrecencia de los cristales | accretion of crystals.
acrecentamiento | accretion | augmentation | accrument | growth.
acrecentar | increase (to) | accrue (to) | augment (to).
acrecimiento de la resistencia | strengthening.
acreción | accretion.
acreción (medicina) | accretion.
acreción artificial | artificial accretion.
acreción meteorítica | meteoritic accretion.
acreción natural | natural accretion.
acreción terrestre proviniente del viento solar | terrestrial accretion from solar wind.
acreditación | accreditation.
acreditado | accredited.
acreditado (cuentas) | accredited.
acreditar | verify (to) | make good (to).
acreditar (contabilidad) | credit with (to) | credit (to).
acreditar (derechos) | establish (to).
acreditar en la cuenta de | place to the credit of (to).
acreditar una cuenta | credit an account (to).
acreedor | debtee | creditor | lienor | obligor | truster.
acreedor con caución | bond creditor.
acreedor con derecho de ejecución | execution creditor.
acreedor de dominio | claimant as owner.
acreedor de una obligación | obligee.
acreedor embargante | execution creditor | attaching creditor.
acreedor escriturario | encumbrancer | secured creditor.
acreedor garantizado por fianza | bond creditor.
acreedor hipotecario | incumbrancer | loan-holder | encumbrancer | mortgage creditor | mortgagee.
acreedor no privilegiado | general creditor.
acreedor no residente en el estado del deudor (EE.UU.) | foreign creditor.
acreedor ordinario | ordinary creditor.
acreedor peticionario (quiebras) | petitioning creditor.
acreedor pignoraticio | pledgee | secured creditor.
acreedor por fallo judicial | judgement creditor.
acreedor postergado | unpaid creditor.
acreedor preferente | preferential creditor | preferred creditor.
acreedor prendario | chattel mortgage creditor.
acreedor privilegiado | preferred creditor | preferential creditor | privileged creditor.
acreedor que pide la adjudicación contra un deudor (quiebras) | petitioning creditor.
acreedor que solicita la adjudicación en una quiebra | petitioning creditor.
acreedor quirografario | unsecured creditor | common creditor | general creditor.
acreedor reconocido judicialmente | judgment creditor.
acreedor refaccionario | financing creditor | crop-loan creditor.
acreedor secundario | junior creditor.
acreedor simple | general creditor.
acreedor solidario | joint creditor.
acreedor testamentario | devisee.
acreedora | borrow.
acreedores a largo plazo | long-term creditors.
acreedores preferentes | preferring creditors.
acrementición | accrementition.
acre-pie (cantidad de agua para cubrir un acre con un pie de altura=1.233,49 metros cúbicos) | acre-foot.
acre-pulgada (cantidad de agua para cubrir un acre hasta una altura de una pulgada=102,77 litros) | acre-inch.
acrescente (botánica) | enlarged.
acresponamiento (telas) | creping | crepage.
acresponar | crep (to).
acresponar (telas) | crimp (to).
acretivo | accretive.
acribadura | sifting.
acribillado a balazos | riddled with shots.
acribillado de impactos | riddled with shots.
acribillado por impactos de proyectiles | shell-torn.
acribillar | riddle (to).
acribillar con impactos un avión | beaver (to).
acribillar un avión o un blanco con una ráfaga de disparos | blast (to).
acribómetro | acribometer.
acridina | acridine.
acrilato | acrylate.
acrilato de butilo | butyl acrilate.
acrilato de etilo | ethyl acrylate.
acrilato de metilo | perspex | methylacrylate.
acrilato polibutílico | polybutyl acrylate.
acrílico | acrylic.
acrílico autopolimerizable | autopolymerizable acrilic.
acriogénico | noncryogenic.
acristalado | glazed | glassed-in | glass-covered.
acristalado del techo | roof glazing.
acristalado plástico de acrílico | acrylic plastic glazing.
acristalamiento del buque | ship glazing.
acrítico | acritical | noncritic.
acritud (agrua - metales) | cold-shortness.
acritud (metales) | cold-short.
acritud en caliente (metales) | hot shortness.
acritud por absorción de hidrógeno (metalurgia) | hydrogen embrittlement.
acritud por decapado | acid brittleness.
acritud por el decapado | embrittlement.
acritud por escoria (metales) | slag-short.
acritud por torsión en el dominio de la austenita metaestable (aceros) | torsion ausforming.
acrobacia | aerial acrobatics.
acrobacia (aviación) | stunt.
acrobacia aérea | aerobatics | acrobatics.
acrobacia practicada por varios aeroplanos | flying circus.
acróbata | aerobat.
acróbata aéreo que anda sobre un ala (avión en vuelo) | wingwalker.
acrobático | aerobatic.
acrobatolítico (minería) | acrobatholitic.
acroblasto | acroblast.
acrocéntrico | acrocentric.
acrografía | acrography.
acrología | acrology.
acrológico | acrologic.
acromático | colorless | achromatic.
acromatismo estable | stable achromatism.
acromatismo óptico | optical achromatism.
acromatización | achromatization.
acromatizado | achromatized.
acromatizar | achromatize (to).
acromato | achromate.
acromatopsia | achromatopsia.
acrómetro | acrometer.
acrómico | achromic | acromical.
acromonogramático (versificación) | acromonogrammatic.
acromorfo | acromorph.
acrónico (astronomía) | acronycal.
acronimizar | acronymize (to).
acrónimo | acronym | outline | sigla.
acronizoico | achronizoical.
acrosofía | acrosophy.
acrostolio (espolón de nave antigua) | acrostolium.
acrotera | acroterion.
acroterio | acroterium.
acrótomo (mineralogía) | acrotomous.
acta | act | deed | proceeding | certificate | record | document.
acta (de una sesión) | minute.
acta adicional | rider.
acta constitutiva | incorporation agreement.
acta de acusación | indictment.
acta de acusación y resumen del sumario | bill of indictment.
acta de aportación | contribution deed.
acta de avería | statement of damage.
acta de caución | bail bond.
acta de donación | grant.
acta de entrega (de un buque) | bill of sale.
acta de la reunión | minutes of the meeting.
acta de liquidación | notice of assessment.
acta de notoriedad | identity certificate.
acta de protesto | note of protest.
acta de quiebra | act of bankruptcy.
acta de requerimiento notarial | act of notarial demand.
acta de sociedad | deed of association.
acta de transferencia | transfer deed.
acta desamortizadora | disentailing deed.
acta duplicada | duplicate deed.
acta fiduciaria | trust-deed.
acta financiera | money-act.
acta judicial | legal act.
acta jurídica | instrument.
acta notarial | affidavit | certificate of acknowledgment | certificate | notarial deed | notarial certificate.
acta por cuadriplicado | deed in quadriplicate.
acta que constituye el estado de quiebra | act of bankruptcy.
acta taquigráfica | bill of evidence.
actas | docket | proceedings | records.
actas de junta general | proceedings of a general meeting.
actas de las reuniones | minutes of meetings.
actas de una sociedad | transactions.
actas del consejo | proceedings of the council.
actenia | childlessness.
actina | actin.
actínico | actinic.
actinidad | actinicity.
actínido | actinide.
actínidos (elementos con números atómicos mayores de 88) | actinide series.
actiniforme | actiniform.
actinio (Ac) | actinium.
actinio K | Ac K.
actinismo | actinism.
actinización | actinization.
actinodieléctrico | actinodielectric.
actinódromo | actinodromous | actinodrome.
actinoeléctrico | actinoelectric.
actinofónico | actinophonic.
actinófono | actinophone.
actinoforme | actinoform.
actinogénesis | actinogenesis.
actinógeno | actinogen.
actinografía | actinography.
actinógrafo | actinometer | exposure meter | actinograph | recording actinometer.
actinograma | actinogram.
actinoide | actinoid.
actinolita | actinolite.
actinolito (medicina) | actinolite.
actinología | actinology.
actinometría | actinometry.
actinométrico | actinometric.

actinómetro | actinometer.
actinomorfo | actinomorphic.
actinón | actinium emanation.
actinón (radón 219) | actinon.
actinoquímica | actinochemistry.
actinoscopia | actinoscopy.
actinota | actinolite.
actinoterapia | actinotherapy.
actinótico | actinotous.
actinotroco | actinotrocha.
actinouranio | actinouranium.
actitud | attitude.
actitud aerodinámica pasiva | passive aerodynamic attitude.
actitud con el morro hacia arriba (aviones) | nose-high attitude.
actitud con relación a un plano horizontal (buques, aeróstatos, hidroaviones) | trim.
actitud de flotación (hidros) | floating attitude.
actitud de fuego (lanzamisiles) | firing attitude.
actitud de régimen (avión en vuelo) | normal attitude.
actitud de vuelo (aviones) | flying attitude.
actitud del misil con relación al blanco | missile-to-target attitude.
actitud en tierra (aviones) | ground attitude.
actitud en vuelo estacionario | hover attitude.
actitud física | medical fitness.
actitud horizontal (los ejes horizontales en un plano perpendicular a la plomada) | horizontal attitude.
actitud lateral (aviones) | lateral attitude.
actitud que tiende a hacer picar | nose-down trim.
activabilidad | activability.
activable | activable | activatable.
activación | activation | activisation | triggering | firing | sensitization | enhancement | power on.
activación (electricidad) | firing.
activación atérmica | athermal activation.
activación de un arma | arming.
activación del aeropuerto | airport activation.
activación del emisor | activation of emiter.
activación del ignitrón | ignitron firing.
activación del receptor | receiver gating.
activación intermitente | intermittent activation.
activación neutrónica | neutron activation.
activación periódica | gating.
activación por carbón vegetal | charcoal activation.
activación radiactiva | radioactive activation.
activación térmica | thermal activation.
activado | alive.
activado con un disolvente | solvent-responsive.
activado hidráulicamente | hydraulically-energized.
activado por isótopos radioactivos | isotope-energized.
activado por la temperatura | temperature-energized.
activador | expeditor | activator | trigger.
activador (química) | activator | promoter.
activador (sustancia para activar una reacción química) | energizer.
activador (televisión) | sensitizer.
activador de carbonato | carbonate energizer.
activador paramagnético | paramagnetic activator.
activante | activating.
activar | activate (to) | brisk (to) | forward (to) | press on (to) | accelerate (to) | spur (to) | sensitize (to) | urge (to) | enable (to).
activar (circuitos eléctricos) | trigger (to).
activar (comercio) | push (to).
activar (con corriente eléctrica) | live (to).
activar (el fuego) | rouse (to).
activar (electroimán) | energize (to).
activar el crecimiento económico | fuel economic growth (to).
activar el fuego | poke up (to).
activar el paso | press on (to).
activar el tiratrón | fire the thyratron (to).
activar la báscula | trigger the flip flop (to).
activar la demanda | boost the demand (to).
activar la entrega (ofertas, planos, etc.) | expedite (to).
activar la memoria magnética | trigger the memory (to).
activar los fuegos (calderas) | accelerate the combustion (to) | hurry the fires (to) | force the fires (to) | hasten the fires (to) | fire up (to).
activar una mina | booby trap.
actividad | go-aheadness | activity | movement.
actividad (medicinas) | potency.
actividad administrativa | managerial activity.
actividad aérea | aerial activity.
actividad bioeléctrica cerebral | bioelectric cerebral activity.
actividad biológica | biological activity | biologic activity.
actividad de las manchas solares | sunspot activity.
actividad de quietud-movimiento | start-stop activity.
actividad de saturación | saturation activity.
actividad de una cantidad de nuclido radiactivo | activity of a quantity of radioactive nuclide.
actividad dedicada al bienestar físico y mental | welfare activity.
actividad económica de mayor accidentabilidad | economical activity of the greater accidentality .
actividad electoral | electioneering.
actividad específica por gramo de elemento (nucleónica) | gram-element specific activity.
actividad extravehicular | extravehicular activity.
actividad herbicida | herbicidal activity.
actividad herbicida selectiva | selective herbicidal activity.
actividad inducida por azufre-35 | induced sulfur-35 activity.
actividad inducida por rayos cósmicos | cosmic-ray induced activity.
actividad industrial portuaria | port-related industrial activity.
actividad insecticida | insecticidal activity.
actividad neutrónica inducida | neutron induced activity.
actividad óptica | optical rotation | optical activity.
actividad promotora de la adsorción | adsorption-promoting activity.
actividad súbita | boom.
actividad voluminal | activity concentration.
actividades al margen de la ley | shady activities.
actividades de adquisiciones militares | military procurement activities.
actividades de gestión | line activities.
actividades de la empresa | firm's activities.
actividades engendradas (nucleónica) | daughter activities.
actividades extravehiculares (cosmonautas) | extravehicular activities.
actividades incompatibles con el desempeño de su misión | activities inconsistent with the performance of his mission.
actividades iniciales de la auditoría | initial audit actions.
actividades legítimas que encubren otras ilegales (EE.UU.) | front.
actividades mercantiles | business activities.
activismo | activism.
activista | activist.
activo | operative | live | on | assets.
activo (capital disponible.)
activo (comercio) | active.
activo (de una quiebra) | estate.
activo (electricidad) | driven.
activo admisible | admissible assets.
activo admitido | admitted assets.
activo agotable | wasting asset.
activo amortizable | depreciable assets | wasting asset.
activo aparente | intangible assets.
activo aprobado | assets not admitted | admitted assets.
activo asignado para uso especial | earmarked assets.
activo casi líquido | near money.
activo circulante | liquid assets | working assets | current asset | current asset accounts | floating assets.
activo circulante neto | net current assets.
activo computable | admitted assets.
activo con rendimiento de intereses | interest-yielding assets.
activo confirmado | admitted assets.
activo confirmado (seguros) | net assets.
activo convertible | convertible assets.
activo corriente | current assets | receivables.
activo de explotación (economía) | operating assets.
activo de la quiebra | bankrupt's state.
activo de rápida realización | quick assets.
activo del balance | assets side of the balance-sheet.
activo diferido | deferred assets.
activo disponible | cash assets | available assets | quick assets | liquid assets.
activo disponible (efectivo en caja y bancos) | cash and due from banks.
activo disponible en ciertas condiciones | contingent asset.
activo en divisas | foreign-exchange assets.
activo estimado | estimated assets.
activo eventual | contingent assets.
activo exigible | receivables.
activo exterior (economía) | assets held abroad.
activo fijo | capital expenditure | capital assets | slow asset | slow assets | fixed assets | permanent assets.
activo fijo tangible | fixed tangible assets | tangible fixed assets.
activo físico | physical assets.
activo flotante | floating assets | current assets.
activo gastable | wasting assets.
activo grabado (contabilidad) | pledged assets.
activo improductivo | dead assets.
activo inmovilizado | permanent assets | capital assets | frozen assets.
activo inmovilizado (banca) | unliquid assets.
activo intangible | passive assets | immaterial assets | intangibles | intangible assets.
activo invisible | concealed assets.
activo líquido | net worth | net assets.
activo líquido (neto) | liquid assets.
activo líquido (Puerto Rico) | liquid assets.
activo neto | net worth.
activo neto de explotación | net operating asset.
activo neto después del pago de impuestos (herencias) | residue.
activo neto realizable | net quick assets.
activo no aprobado | not admitted assets.
activo no confirmado | nonadmitted asset | unadmitted assets.
activo no confirmado (seguros) | nonadmitted assets.
activo no disponible | tax liability | slow assets.
activo no realizable | nonrealizable asset.
activo no reconocido (seguros) | inadmitted asset.
activo nominal | nominal assets | intangible assets.
activo oculto | concealed assets.
activo para consumo | wasting asset.
activo que no se halla en el libro contable | nonledger assets.
activo realizable | circulating assets | quick assets | physical assets | current asset | realizable asset | current assets.
activo reconocido | admitted assets.
activo sin valor | dead assets.
activo social | assets of the company | company's assets | partnership assets.
activo tangible | physical assets | tangibles | tangible assets | tangible net worth.
activo total | gross assets.

activo transitorio | prepayments | unadjusted assets | deferred assets.
activo y pasivo | assets and debts.
activos acumulados | accrued assets.
activos alquilados a terceros | assets leased to third parties.
activos con renta | earning.
activos congelados | frozen assets.
activos contables | accumulated assets.
activos de la sociedad | corporate assets.
activos de no explotación | nonoperating assets.
activos en divisas | foreign assets.
activos en moneda extranjera | foreign currency assets.
activos fijos inmateriales | intangible assets.
activos financieros | financial assets.
activos inmobiliarios | real assets.
activos no realizados | noncash assets.
activos obsoletos | waste assets.
activos productivos (economía) | earning assets.
activos realizables (economía) | liquid assets.
activos retirados | retired assets.
acto | writting.
acto contrario a la ley | wrongful act.
acto corto (televisión) | blackout.
acto de añadir un trazador isotópico | spiking.
acto de comisión | act of commission.
acto de derretir (sebo) | rendering.
acto de dominio | act of state.
acto de dominio (jurídico) | act of ownership.
acto de donación de un terreno con pleno dominio | infeoffment.
acto de intervención | act of honor.
acto de protestar una letra de cambio | noting.
acto de registrar | register.
acto deliberado de estrellarse contra un avión enemigo (combate aéreo) | ramming.
acto delictuoso | indictable offence.
acto fuera de litigio (abogacía) | act in pais.
acto hostil | overt act.
acto ilegal | malfeasance.
acto impugnado (abogacía) | act concerned.
acto impugnado (jurídico) | contested act.
acto injusto (abogacía) | wrongful.
acto judicial de autorización y designación de albaceas | letters testamentary.
acto jurídico | act of law | legal proceeding.
acto legal ejecutado ilegalmente | misfeasance.
acto susceptible de daño | damageable act.
actógrafo (registrador de movimientos) | actograph.
acton (armadura medieval) | acton.
actor | player | actor.
actor supernumerario | super.
actos onerosos | dealings.
actos públicos | public relations.
actuable | actable.
actuable en respuesta a una caída en la resistencia torsional | actuable in response to a fall in torque resistance.
actuación | action | proceeding | function.
actuación (motores, hélices, etc.) | performance.
actuación (TV) | sensitization.
actuación deficiente | poor performance.
actuación del obrero | employee performance.
actuación del paracaídas | parachute performance.
actuación del sistema | system performance.
actuación durante el recorrido (de un motor, etc.) | route performance.
actuación en gran escala | macro-scale procedure.
actuación fiscalizadora | supervisory action.
actuación industrial acelerada del Lloyd's Register of Shipping | Lloyd's Register of Shipping's booming industrial role.
actuación judicial | judicial act.
actuación neumática | pneumatic actuation.
actuación neumática del flap | pneumatic flap operation.
actuación óptima | optimum performance.
actuación supervisora | supervisory action.
actuaciones | records | proceedings.
actuador | actuator | actuator | power feed.
actuador de gato de pistón (aviones) | piston-jack actuator.
actuador de la aleta compensadora de centrado (aviones) | trim actuator.
actuador de la leva matriz | master cam actuator.
actuador de la superficie de mando (aviones) | control-surface actuator.
actuador de la válvula de frenado | brake-valve actuator.
actuador del timón | rudder actuator.
actuador eléctrico | electric actuator.
actuador giratorio | rotary actuator.
actuador hidráulico | hydraulic actuator.
actuador lineal | linear actuator.
actuador motorizado | motor-driven actuator.
actuador rotativo | rotary actuator.
actuador termostático | thermostatic actuactor.
actual | existing | ruling | today's | present | current.
actualidades | current events.
actualización | recycling | actualization | update.
actualización de archivos | file processing.
actualización de ficheros | file updating | file maintenance.
actualización de un material | retrofitting.
actualización de un sistema | system updating.
actualizado | updated | discounted cash flow.
actualizar | restate (to) | actualize (to) | retrofit (to) | update (to) | bring up to date (to).
actualizar (fichero) | maintain (to).
actualizar la contabilidad | write up the accounts (to).
actualmente en funcionamiento | ongoing.
actualmente en vigor | currently in force.
actuando longitudinalmente hacia fuera | acting longitudinally outwards.
actuar | do (to) | operate (to) | execute (to) | drive (to) | set (to) | function (to) | act (to).
actuar como doble de otra persona (cine) | double (to).
actuar como estrella | star (to).
actuar como fiador | act as surety (to).
actuar como fiduciario | act as trustee (to).
actuar con juicio | do the right thing (to).
actuar conjuntamente | team up (to).
actuar conjuntamente con | act conjointly with (to).
actuar cooperativamente | team up (to).
actuar de coordinador | act as a coordinator (to).
actuar en oposición (electricidad) | buck (to).
actuar en una audición (televisión) | audition (to).
actuar recíprocamente | react (to).
actuar sobre | act upon (to) | manipulate (to).
actuar vigorosamente contra alguien | lower the boom (to).
actuarial | actuarial.
actuario (seguros) | actuary.
acuacultivo | aquaculture.
acuadag | aquadag.
acuafacto (geología) | aquafact.
acuáfilo | aquaphilous.
acuafortist | aquafortist.
acuametría | aquametry.
acuaplaneo sobre una pista inundada de agua (aviones) | runway aquaplaning.
acuaplano | aquaplane.
acuarela | aquarelle.
acuarela pintada del proyecto | architect's rendering.
acuario | aquarium.
Acuario (zodíaco) | Aquarius.
acuariofilia | acuariophily.
acuariófilo | acuariophilous.
acuarios de paredes de vidrio | glass aquaria.
acuartelado | quartered.
acuartelado (heráldica) | ecartele.
acuartelamiento | quartering.
acuartelamiento (de tropas) | quartering.
acuartelamiento de los soldados | housing of soldiers.
acuartelamiento de oficiales | officers' quarters.
acuartelar | quarter (to).
acuartelar (velas) | bagpipe (to).
acuático | aquatic | watery.
acuatinta | aquatint.
acuclusión (medicina) | acuclosure.
acucharamiento (Chile) | cup.
acuchilladora de pisos | floor surfacer | floor-dresser.
acuchillar | hack (to).
acudir | turn out (to).
acudir a | make for (to).
acudir al ruido del cañón (combates) | make for the sound of guns (to).
acueducto | aqueduct | pipeline | water conduit.
acueducto de llenado (dique seco, esclusas) | filling culvert.
acueducto de tubería | pipe aqueduct.
acueducto ladrón (esclusas) | drawoff culvert.
acueducto submarino | submarine aqueduct.
acueloglaciar | aqueoglacial.
acuerdo | agreement | compact | composition in bankruptcy | convention | tie-in | arrangement | compromise | concert.
acuerdo (dientes de engranajes) | fillet.
acuerdo (junta o asamblea) | resolution.
acuerdo (música) | accord.
acuerdo adoptado (reuniones) | resolution passed.
acuerdo aduanero | tariff agreement.
acuerdo arancelario | tariff agreement.
acuerdo base | general agreement.
acuerdo bilateral | bilateral agreement.
acuerdo binacional | two-nation agreement.
acuerdo colectivo | collective bargaining.
acuerdo comercial | commercial agreement | trade agreement.
acuerdo comercial entre varias empresas respecto al porcentaje de producción de cada una | pool.
acuerdo condicional | conditional engagement.
acuerdo consorcial | pooling agreement.
acuerdo consumado | consummated agreement.
acuerdo de arbitraje (comercio) | arbitration agreement.
acuerdo de buena vecindad | bon voisinage agreement.
acuerdo de colaboración | working agreement.
acuerdo de colocar una emisión por un banco y devolver lo que sobre | best efforts.
acuerdo de compensación | clearing agreement.
acuerdo de compra y venta | agreement on sales and purchases.
acuerdo de constitución de un cartel | cartel agreement.
acuerdo de consulta de proyectos | design consultancy agreement.
acuerdo de crédito contingente | standby agreement.
acuerdo de pago | pay agreement.
acuerdo de pago al terminar bien el asunto | no cure-no pay agreement.
acuerdo de pagos | payment arrangement | payments agreement.
acuerdo de reciprocidad | reciprocity agreement.
acuerdo de reparto de beneficios | profit-sharing agreement.
acuerdo de restricción de la competencia | combination in restraint of commerce.
acuerdo de suministro | agreement on the supply of goods.
acuerdo ejecutivo | executive agreement.
acuerdo en lo fundamental | agreement on fundamentals.
acuerdo entre compañías de seguros para que cada una indemnice a su cliente sin repartir las responsabilidades entre ellas | knock-for-knock agreement.
acuerdo entre el sindicato y los patronos |

union-employer agreement.
acuerdo entre grupos políticos | cartel.
acuerdo entre los concursantes (subastas) | knockout.
acuerdo entre padre e hijos para explotar la granja | father-son farm-operating agreement.
acuerdo expreso | express agreement.
acuerdo financiero | commitment.
acuerdo fiscal | tax agreement.
Acuerdo General sobre Aranceles y Comercio | General Agreement of Tariffs and Trade.
acuerdo interlocal | interlocal agreement.
acuerdo laboral por soborno | sweetheart agreement.
acuerdo laboral sobre líneas fundamentales | pattern bargaining.
Acuerdo Monetario Europeo | european monetary agreement.
acuerdo multilateral | multilateral agreement.
acuerdo obligatorio | binding agreement.
acuerdo para el rescate de las acciones | stock repurchase agreement.
acuerdo para mantener los precios entre competidores | pool.
acuerdo para restringir la competencia | combination in restraint of trade.
acuerdo por escrito | written agreement.
acuerdo por las dos partes (abogacía) | case agreed on.
acuerdo por unanimidad | unanimous agreement.
acuerdo preferencial | preferential agrement.
acuerdo preventivo | scheme of composition.
acuerdo sobre tránsito aéreo | air transit agreement.
acuerdo social para adquirir de un socio fallecido su participación | cross purchase agreement.
acuerdo tácito | implied engagement.
acuerdo unánime | consensus.
acuerdo unilateral | one-sided agreement.
acuerdo verbal | parol agreement.
acuerdo verbal entre comerciantes para fijar el precio de venta y repartirse el mercado | gentlemen's agreement.
acuerdos (economía) | proposals.
acuerdos comerciales mutuos | reciprocal trade agreement.
acuerdos de arrendamiento | leasing arrangements.
acuerdos de beneficios compartidos (hidrocarburos) | carried interest arrangement.
acuerdos federales-provinciales (Canadá) | federal-provincial agreements (Canada).
acuerdos generales de préstamos | general agreement to borrow.
acuerdos sobre moratoria | standstill agreements.
acuerdos sobre precios | price understandings.
acuicludo | aquiclude.
acuiclusa | aquiclude.
acuícola | aquicolous.
acuicultivo | aquiculture.
acuicultor | aquiculturist.
acuicultura | aquaponics | aquiculture | aquabusiness.
acuidad | acuity.
acuidad (de una punta) | acuteness.
acuidad (de visión) | quickness.
acuidad de la entalla | notch sharpness | notch acuity.
acuidad de la resonancia | resonance sharpness.
acuidad para leer en el nonio (anteojos) | aligning power.
acuidad visual binocular | binocular visual acuity.
acuífero | aquiferous | water-bearing | watery | water bearing.
acuífero (formación total o parcialmente saturada de agua) | aquifer.
acuífero artesiano | artesian aquifer.
acuífero cerrado (geología) | confined aquifer.
acuífero en transmisibilidad de 60 litros/minuto por metro de anchura | aquifer with a transmissibility of 60 liters/minute per meter witdth.
acuífero ilimitado | unconfined aquifer.
acuífero libre (geología) | unconfined aquifer.
acuífugo | aquifuge.
acuíparo | aquiparous.
aculeiforme | aculeiform.
aculotarse (pipas) | color (to).
aculturación | acculturation.
acumetría | acumetry.
acuminado | sharp-pointed | acuminate.
acumulable | congestible.
acumulación | stacking | accruing | accrual | accretion | cumulation | accumulation | gathering | accumulating | build-up | storage.
acumulación (barro, etcétera) | lodgment.
acumulación (de barro, etc.) | lodgement.
acumulación (de trabajo) | backlog.
acumulación aluvial | alluviation.
acumulación de acciones | joinder.
acumulación de acciones indebidamente | misjoinder.
acumulación de artículos por ser menores las salidas que las entradas | backlog.
acumulación de calor | heat storage.
acumulación de carga espacial limitada | limited space-charge accumulation.
acumulación de cargas estáticas (electrónica) | static storage.
acumulación de energía en circuito sintonizado | energy storage in tuned circuit.
acumulación de grisú | accumulation of fire damp.
acumulación de hielo | ice accretion.
acumulación de hielo en cubierta y superestructuras (buques) | icing-up.
acumulación de humus | humus accumulation.
acumulación de informes | information accumulation.
acumulación de intereses cobrables y no vencidos | accrual.
acumulación de materiales | stockpiling.
acumulación de nieve | snow pack.
acumulación de óxido | oxide buildup.
acumulación de partículas de varios impulsos y su empleo posterior en una sola descarga (acelerador de partículas) | beam stacking.
acumulación de pedidos pendientes | backlog.
acumulación de petróleo | oil pool.
acumulación de presiones | pyramiding of pressures.
acumulación de restos de plantas en el sitio de su crecimiento | autochthony.
acumulación de restos en las vertientes (América Central) | bajada.
acumulación del xenón tras parada | xenon build-up after shutdown.
acumulación térmica | thermal stacking.
acumulación ultrasónica del polvo | dust ultrasonic accumulation.
acumulaciones | accruals.
acumulaciones a pagar | accruals payable.
acumulaciones atmosféricas | atmospheric accumulations.
acumulaciones de ondas de choque | shock impingements.
acumulaciones por pagar | accruals payable.
acumulado | stored | accrued.
acumulado e invertido | funded.
acumulador | storage battery | storage cell | secondary cell | secondary battery | accumulator.
acumulador (calculadora electrónica) | counter.
acumulador (electricidad) | second battery | cell.
acumulador (para mineral o carbón) | bin.
acumulador ácido de plomo | acid cell.
acumulador alcalino | alkaline battery | alkaline accumulator.
acumulador alcalino de placas sinterizadas | sintered-plate alkaline battery.
acumulador alcalino ferroníquel | nickel-iron-alkaline accumulator.
acumulador autorizado (minas) | permissible battery.
acumulador cargado | active cell.
acumulador con electrolito denso | high-gravity battery.
acumulador con electrólitos de baja densidad | low-gravity battery.
acumulador con vaso de plástico | plastic-cased battery.
acumulador de aire comprimido | pneumatic accumulator | compressed-air accumulator | air accumulator.
acumulador de almacenamiento de vapor | steam storage accumulator.
acumulador de avión de cierre hermético | sealed-cell aircraft battery.
acumulador de cadmio y níquel | alkaline battery.
acumulador de cadmio-níquel | cadmium-nickel accumulator.
acumulador de calor | heat accumulator.
acumulador de calor solar | solar-heat accumulator.
acumulador de electro-bomba | electro-pump accumulator.
acumulador de energía recargable | rechargeable energy cell.
acumulador de ferroníquel | iron-nickel accumulator.
acumulador de frío | cold accumulator.
acumulador de gran régimen de descarga | high discharge battery.
acumulador de níquel-cadmio | nickel-cadmium battery.
acumulador de níquel-cadmio de cierre hermético | sealed nickel-cadmium cell.
acumulador de plomo | lead accumulator | lead battery | lead-acid battery.
acumulador de presión de vapor | steam intensifier.
acumulador de tamaño micrométrico | button cell.
acumulador eléctrico de avión con vaso ventilado | vented-cell aircraft battery.
acumulador en descarga | discharging battery.
acumulador hidráulico | hydraulic accumulator.
acumulador hidráulico con carga por aire comprimido | air hydraulic accumulator.
acumulador hidráulico con presión neumática | air loaded hydraulic accumulator.
acumulador hidroneumático | air loaded accumulator | air hydraulic accumulator | hydropneumatic accumulator.
acumulador hidroneumático sin pistón | air loaded pistonless hydraulic accumulator.
acumulador impolarizable | impolarizable battery.
acumulador lechoso | milky cell.
acumulador neumohidráulico | pneumohydraulic accumulator.
acumulador oleoneumático | oleopneumatic accumulator.
acumulador para automóviles | automobile accumulator.
acumulador para submarinos | submarine battery.
acumulador para vuelos cósmicos | space battery.
acumulador para vuelos espaciales resistente a la irradiación | radiation-resistant space battery.
acumulador perlino | milky cell.
acumulador prematuramente agotado | prematurely exhausted battery cell.
acumulador recargable | rechargeable battery.
acumulador sellado de larga duración exento de conservación | maintenance-free long-life sealed battery.
acumulador solar | solar battery.
acumulador sulfatado | sulfated battery.
acumulador ultraligero con un peso de 3 g/cm^3 | ultralight battery with a weight of 3 g/cm^3.

acumulador volumétrico | volumetric accumulator.
acumuladores de energía solar (satélites) | satellite cells.
acumuladores para satélites artificiales | satellite cells.
acumuladorista (encargado de los acumuladores) | battery attendant.
acumulante factorial | factorial cumulant.
acumular | consolidate (to) | build up (to) | accumulate (to) | accrue (to) | stock (to) | store (to) | gather (to) | pile up (to) | pile-up (to) | pile (to).
acumular (deudas) | run up (to).
acumular antiguedad | buck seniority (to).
acumular interés al capital | add the interest to the capital (to).
acumularse (madera flotada) | clog (to).
acumulativo | cumulative.
acuñación | stamping | milling | minting.
acuñación (de moneda) | coinage.
acuñación con volante | coining by the engine.
acuñación de moneda | coining | mintage.
acuñación en cuproníquel | cupronickel coinage.
acuñación en frío | cold coining.
acuñación limitada (bancos) | limited coinage.
acuñada (herramienta de sondeo) | stuck.
acuñada (válvulas) | frozen.
acuñada (válvulas motores, aros pistón) | stuck.
acuñado | coined | wedged | keyed.
acuñado (botadura de buques) | wedging up | setting up.
acuñado (minas) | hung up.
acuñado (válvulas) | jammed.
acuñado de los palos (buques) | mast wedging.
acuñador (imprenta) | shooting-stick | printer's shooting stick.
acuñador de moneda | coiner.
acuñamiento | wedging | shimming | binding | keying.
acuñamiento (de filones) | tailing out.
acuñamiento (galería en terreno suelto) | spilling.
acuñamiento (sondeos) | sticking.
acuñamiento (válvulas) | jamming.
acuñamiento (válvulas, etc.) | jam.
acuñamiento de la broca en el agujero | hogging.
acuñamiento de la carga para que no se mueva (bodegas buques) | blocking-off.
acuñamiento de la zapata o cinta de freno de la rueda | sprag.
acuñamiento de las superficies rotas denticuladas de un hueso fracturado | rabbeting.
acuñamiento de las virutas | jamming of chips.
acuñamiento de los cojinetes | seizing of bearings.
acuñamiento del pistón debido a impurezas del líquido que obstruyen el huelgo diametral (servomotores) | dirt lock.
acuñamiento del pistón en los cilindros debido a distribución asimétrica de la presión en el huelgo diametral (servomecanismo) | hydraulic lock.
acuñamiento del pistón en los cilindros debido a impurezas del líquido que obstruyen el huelgo diametral (bombas, servomotores) | muck lock.
acuñamiento en bóveda que impide el movimiento | arching.
acuñamiento por congelación del agua del suelo (rocas) | frost wedging.
acuñar | stamp coin (to) | stamp (to) | jam (to) | block (to) | block up (to) | key (to) | key on (to) | wedge (to) | shim (to).
acuñar (con cuñas) | quoin (to).
acuñar (moneda) | strike (to).
acuñar de nuevo | recoin (to).
acuñar el encerado (escotilla de buques) | batten down the tarpaulin (to).
acuñar en frío | cold-hob (to).
acuñar la barra (timón) | jam the helm (to).
acuñar moneda | money (to) | mint (to) | coin (to).
acuñar una chaveta | drive in a cotter (to).
acuñarse (geología) | fray out (to).
acuñarse (válvulas) | get jammed (to) | stick (to).
acuñarse en forma de bóveda y no moverse (carga alto horno) | arch (to).
acuñarse la carga (alto horno) | scaffold (to).
acuñarse sobre su asiento (válvulas) | jam (to).
ácuo | aqueous.
acuoenfriado | water-cooled.
acuoenfriar | water-cool (to).
acuófeno | acouphene.
acuófono | acuophone.
acuoígneo | aqueoigneous.
acuoimbibente | water-imbibent.
acuoinsensible | water-insensitive.
acuólisis | aquolysis.
acuómetro | acoumeter.
acuomiscible | water-miscible.
acuoplaneo del neumático (automóviles) | tyre aquaplaning.
acuorrefrigerado | water-cooled.
acuorresistente | water-resistant.
acuosidad | aqueousness.
acuoso | watery | aquiform | hydrous | aqueous.
acupuntor | acupuncturist.
acuracidad (estadística) | accurateness | accuracy.
acuracidad del cálculo | accuracy of calculation.
acusable | suable.
acusación | indictment | charge.
acusación criminal (abogacía) | criminal charge.
acusación de alta traición | impeachment.
acusación del delito de fuga después de un atropello (con un auto) | hit-and-run charge.
acusación fundada | just charge.
acusación refutable | answerable charge.
acusación temeraria | malicious prosecution.
acusado | defendant.
acusador | prosecutor | prosecutor.
acusador (jurídico) | criminator.
acusador público | prosecutor | public prosecutor.
acusar | indict (to) | criminate (to).
acusar de | charge with (to).
acusar de nuevo | recharge (to).
acusar recepción de | acknowledge (to).
acusar recibo | acknowledge (to) | acknowledge receipt (to).
acusar recibo de un pedido | confirm an order (to).
acusativo | objective.
acuse de no recepción | negative acknowledge.
acuse de recibo | acknowledgement of receipt | acknowledgment of receipt | acknowledgment | ACK | advice of receipt | official receipt | receipt.
acuse de recibo (de una carta) | acknowledgement.
acuse de recibo con razón a tercero | accountable receipt.
acuse de recibo de pedido | order entry acknowledgment.
acuse personal de recibo | personal return receipt.
acuse recepción positivo | wack.
acusmancia | acousmancy.
acustiaislamiento | acoustic isolation.
acústica (ciencia) | acoustics.
acústica arquitectónica | architectural acoustics.
acústica atmosférica | atmospheric acoustics.
acústica audiométrica | audiometrical acoustics.
acústica de locales | room acoustics.
acústica de locales escolares | school acoustics.
acústica geométrica | geometric acoustics.
acústica radiofónica | radioacoustics.
acústica submarina | underwater acoustics.
acústicamente aislado | noiseproof.
acústicamente transparente | acoustically transparent.
acusticista (persona) | acoustician.
acústico | acoustical | sonic | sound | acoustic | audible.
acústico polarizado (telefonía) | polarized sounder.
acusticodinámico | acoustodynamic.
acústico-gravítico | acoustic gravity.
acusticon | acousticon.
acustímetro | acoustimeter.
acustoelástico | acoustoelastic.
acutancia (óptica) | acutance.
acutangular | acutangular.
acutángulo | sharp-edged.
acutómetro objetivo | objective noise-meter.
acutrón | accutron.
achacar | ascribe (to).
achaflanada (jamba) | splayed.
achaflanado | bevel-edged | chamfered | featheredged | splay | beaded.
achaflanado del diente | gear tooth chamfering.
achaflanado del interior (extremo de tubos) | oliving.
achaflanadora | beader.
achaflanar | edge (to) | bevel (to) | chamfer the edge (to) | bezel (to) | splay (to) | taper (to) | pencil edge (to).
achaflanar (cantos chapas) | vee out (to).
achaflanar (esquinas) | cant off (to).
acharnelado | hinge-mounted.
achatado | oblate.
achatado (de poca altura en relación al diámetro) | squat.
achatamiento | oblateness | flattening.
achatamiento de la tierra | earth's oblateness.
achatar | flatten down (to) | flatten (to).
achicador | scoop | scooper | bailing can | bail.
achicador (marina) | piggin.
achicador automático de aspiración hidráulica | automatic hydraulic suction bailer.
achicador con válvula de dardo en el fondo (sondeos) | dart bailer.
achicador de gancho (sondeos) | grab bailer.
achicador del lodo (sondeos) | mud socket.
achicador hidrostático | hydrostatic bailer.
achicamiento (del agua) | lading.
achicar | bail (to).
achicar (agua) | scoop up (to) | scoop (to) | lade (to).
achicar (dique seco) | dewater (to).
achicar agua (buques) | free (to).
achicar arena | bail out sand (to).
achicar con pistón de achique (sondeos) | swab (to).
achicar el agua de la sentina (buques) | pump ship (to).
achiflonado (minas - Chile) | sloping.
achique | bailing | scoop.
achique (buques) | drainage.
achique (de agua) | baling.
achique (de un dique seco, de un cajón neumático) | dewatering.
achique de sentina | bilge drainage.
ad libitum | ad lib.
ad valorem | ad valorem.
adaba de ventana | casement staple.
adamascado | embossed | damask.
adamascado de algodón | cotton damask.
adamascado de lino | linen damask.
adamascado para muebles | furniture damask.
adamascar (labrar - telas) | diaper (to).
adamascar (telas) | damask (to).
adamita | adamite.
adapatador cromoscópico | chromoscopic adapter.
adaptabilidad | adaptivity | adaptability | versatility | fitness.
adaptabilidad ecológica | ecologic adaptability.
adaptable | adaptable | adaptive | attachable | versatile.
adaptación | adaptation | adapting | matching | adjustment | accommodation | tailoring | match | framing.
adaptación (geología) | adjustment.

adaptación (radio) | matching.
adaptación a la escala | scaling.
adaptación a la radiación solar | solar radiation matching.
adaptación a los requisitos del cuerpo humano (aviones) | anthropometric adaptation.
adaptación al cine (de una novela) | cinematization.
adaptación al medio ambiente | adaptation to environment.
adaptación cinematográfica | film version.
adaptación conjugada | conjugate match.
adaptación de carga | load matching.
adaptación de ecos | pip matching.
adaptación de la estampa | die spotting.
adaptación de la impedancia | impedance matching.
adaptación de los precios | making of rates.
adaptación del punzón al troquel (prensas) | marriage of the punches.
adaptación entre partículas | particle bootstrap.
adaptación enzimática | enzyme adaptation.
adaptación funcional | functional versatility.
adaptación imperfecta | poor matching.
adaptación incompleta | poor matching.
adaptación óptima | best fit.
adaptado a la faena de ejecutar | job-tailored.
adaptado a las necesidades de | tailored to the needs of.
adaptado a sus ingresos | suited to his pocket book | within his income.
adaptado anaeróbicamente | anaerobically adapted.
adaptado para | adapted for.
adaptado para ser controlado por un supervisor sin supervisores subordinados (organización) | horizontal.
adaptador | adapter | adaptor | converter | transition piece | fitting | adjustor.
adaptador (antena) | matchmaker.
adaptador (de aparátos eléctricos) | hickey.
adaptador (de una obra escrita) | rewriter.
adaptador (electricidad) | pad.
adaptador (fotografía) | adaptor.
adaptador (tuberías) | adapter.
adaptador de aproximación de VHF | VHF homing adapter.
adaptador de atraque para objetivo aumentado (astronáutica) | augmented target docking adapter.
adaptador de canal a canal | channel-to-channel adapter.
adaptador de cuna (cañón) | slide adapter.
adaptador de enchufe | plug adaptor.
adaptador de guías de ondas | waveguide stub.
adaptador de impedancia | impedance-matching unit | impedance matchmaker.
adaptador de leva de bloqueo (fresas) | cam-lock adapter.
adaptador de línea | line adapter.
adaptador de modulación de frecuencia de banda estrecha | narrow-band frequency modulation adapter.
adaptador de multiplex | multiplex adapter.
adaptador de ondas cortas | short-wave adaptor.
adaptador de pedestal | pedestal adaptor.
adaptador de placas (fotografía) | plate-adapter.
adaptador de trinquete | ratchet adapter.
adaptador de tubos | free-point tester.
adaptador enchufable | plug lampholder.
adaptador guiaondas coaxial | wave guide-to-coax adapter.
adaptador hembra | female adapter.
adaptador macho | male adapter.
adaptador orientable | offset adapter.
adaptador panorámico de receptor | panoramic adapter.
adaptador para el analizador de imágenes | picture-monitor adaptor.
adaptador para herramienta de espiga cónica | taper shank tool adaptor.
adaptador para herramienta de torno | lathe tool adaptor.
adaptador para la carga de aire comprimido | air charging adaptor.
adaptador para tubería de entubación | casing adapter.
adaptador redondo | round adaptor.
adaptador reductor | reducting adapter.
adaptador vertical de cuarto de onda | vertical quarter-wave stub.
adaptadores para la estiba y lanzamiento de misiles | missile stowage-and-launch adapters.
adaptar | customize (to) | fit (to) | fashion (to) | match (to) | adapt (to).
adaptar al cine (novela) | cinematize (to).
adaptar un aparato a un fin determinado | tailor (to).
adaptarse perfectamente (a una abertura, etc.) | socket (to).
adaptativo | adaptative.
adaptómetro | adaptometer.
adaraja | quoin | toothing.
adaraja (muros) | bonding key | bondstone | indenting.
adarce (depósitos calcáreos de fuentes minerales) | adarce.
adarga | buckler.
adátomo | adatom.
adecuación | adequation | adequacy | matching.
adecuación a la carga | matching to the load.
adecuación del salario al coste de la vida | adequacy of salary to the cost of life.
adecuación temporal | timing.
adecuadamente protegido | adequately-protected.
adecuado al riesgo | adequate to the risk.
adecuado para | useable for.
adecuado para la tarea | job-adjusted.
adelantado | forward | advanced.
adelantado (reloj) | fast.
adelantado sobre la hora de Greenwich | fast of Greenwich.
adelantamiento | advancement | way | progression.
adelantamiento (coche en carretera) | overtaking.
adelantamiento (coches) | passing.
adelantar | forward (to).
adelantar (a otro buque) | forge ahead (to).
adelantar (pasar a otro buque) | forereach (to).
adelantar (relojes) | gain (to).
adelantar (una reunión) | bring forward (to).
adelantar (una teoría) | put forth (to).
adelantar a otro buque | have the heels of another ship (to).
adelantar el encendido | advance the spark (to).
adelantar poco a poco | gain (to).
adelantarse | advance (to) | put forward (to) | distance (to).
adelantarse la marea | prime (to).
adelante | forward.
adelante (telecomunicación) | go ahead (g.a).
adelante y atrás | ahead and behind.
adelanto | furtherance | lead 11 | imprest | advance | pushing-on | retaining fee.
adelanto (de dinero) | retainer.
adelanto (del reloj) | putting on.
adelanto (dinero) | advance.
adelanto (relojes) | gaining rate.
adelanto a cuenta de pago de una obligación | token payment.
adelanto contra documento de embarque | advance against shipping documents.
adelanto de comisiones a un agente comercial | front money.
adelanto de dinero | money advances.
adelanto de fondos para la explotación (minas) | habilitation.
adelanto del buque en el agua | way.
adelanto diario de la marea | priming.
adelanto sobre el flete | advance on freight.
adelantos | advances.
adelantos (en las ciencias) | advances.
adelantos a contratistas | advances to contractors.
adelantos a cuenta de compras | advance payments on purchase obligations.
adelantos y atrasos de las exportaciones | leads and lags of exportations.
adelantos y retrasos (comercio internacional) | leads and lags.
adelgaza hacia la punta | it tapers towards the point.
adelgazado | drawn-out.
adelgazado a martillo | hammer-dressed.
adelgazado en la punta | drawn out at the tip.
adelgazado en la punta (diente engranaje) | tip-relieved.
adelgazado químicamente | chemically thinned.
adelgazador de pinturas | paint thinner.
adelgazamiento | reducing | attenuation.
adelgazamiento (de la cinta) | drawing-down.
adelgazamiento (de un filón) | pinch.
adelgazamiento (filones) | wedging out | petering.
adelgazamiento de la punta (diente engranajes) | tip-relief.
adelgazamiento de las paredes reduciendo el huelgo entre el punzón y el troquel (piezas troqueladas) | ironing.
adelgazamiento de las puntas por corrosión (electrodos baños de sales) | pencilling.
adelgazamiento en cuña (capa geológica) | balk.
adelgazamiento en cuña (de filones) | tailing out.
adelgazamiento en cuña (filones) | bind.
adelgazamiento local por excesiva torsión (hilados) | twit.
adelgazamiento por ataque químico (chapas) | chemical thinning.
adelgazar | edge off (to) | attenuate (to) | fine off (to) | fine away (to) | thin (to).
adelgazar (filones) | play out (to).
adelgazar gradualmente (filones) | peter out (to).
adelgazar la piel (fabricación de guantes) | dole (to).
adelgazarse | fine down (to).
adelgazarse (filones) | end off (to) | edge away (to) | blowout (to).
adelomorfo | adelomorphous.
adema | strut.
adema (minas) | prop | shore.
adema de cincha y estacada (minas) | prop crib-timbering.
adema metálica extensible (minas) | pack prop.
ademación (minas) | timbering.
ademación perdida (minas) | lost timbering.
ademado | shoring | timbering | bracing.
ademado de cajón (minas) | cribwork.
ademador | mine carpenter.
ademador (minas) | shorer | carpenter | mine shorer | timberman.
ademar | prop (to).
ademar (minas) | timber (to) | shore (to) | sprag (to).
además | still | furthermore.
ademe (minas) | shore | sprag.
ademe de anillo cerrado (minas) | solid crib-timbering | solid-timbering.
ademe de cincha y estacada (minas) | crib timbering.
ademe de prestado (minas) | temporary timbering.
adenosindifosfato | adenosine diphosphate (A.D.P.).
adenosinmonofosfato (bioquímica) | adenosine monophosphate.
adenosintrifosfato (biología) | adenosine triphosphate.
aderezo (para aceitunas, etc.) | dressing.
aderezo en húmedo (muelas abrasivas) | wet truing.
aderezo para aceitunas | olive pickling.
adeudable | chargeable | debitable.

adeudable (aduanas) | customable.
adeudar | charge (to) | debit (to) | debt (to).
adeudo | debit | indebtedness | indebtment | charge | amount of duty.
adeudos de arrendadores | due from lessors.
adeudos por préstamos sobre pólizas | policy loan indebtedness.
adherencia | tackiness | sticking | adhesivity | licking | adherence | adhesion.
adherencia (entre el hormigón y la armadura metálica) | bond.
adherencia (rozamiento) | traction.
adherencia al electrodo de partículas de aluminio fundido (soldadura del aluminio) | pickup.
adherencia al suelo | ground adhesion.
adherencia de la arena (piezas moldeadas) | burning-on.
adherencia de la correa | belt grip.
adherencia de la pasta o fibras a los rodillos (máquina de hacer papel) | pick.
adherencia de la rueda al carril | wheel-to-rail adhesion.
adherencia de la viruta (a la herramienta) | chip adhesion.
adherencia de la viruta al flanco de la herramienta de corte | flank build-up.
adherencia de las ruedas | bite.
adherencia de las ruedas (locomotoras) | grip of the wheels.
adherencia de rozamiento | frictional adhesion.
adherencia de un conjunto (topología) | closure of a set.
adherencia de un metal a la superficie de otro cuando están en contacto | pickup.
adherencia del intervalo abierto (topología) | closure of the open interval.
adherencia electromagnética | electromagnetic adherence.
adherencia electrostática | electrostatic adhesion.
adherencia en carretera mojada (automóvil) | wet hold.
adherencia entre capas de plásticos en contacto | blocking.
adherencia estática | stiction.
adherencia metálica | metallic adhesion.
adherencia mutua | mutual cling.
adherencia por atracción molecular (galgas de cuña) | wringing.
adherencia química de la fibra mineral a la matriz | fibre-to-matrix chemical adhesion.
adherencímetro | adherence meter.
adherendo (pieza que se une a otra por un adhesivo) | adherend.
adherente | cohesive | tacky | tacky.
adherente (botánica) | annexed.
adherímetro | adherometer.
adherir | stick (to).
adherirse | cleave (to) | cling (to) | adhere (to) | bind (to) | attach (to).
adherirse al diamante | bond diamond (to).
adherografía | adherography.
adhesión | freezing | clinging | adherence.
adhesión a una opinión | endorsement of one opinion.
adhesión del electrón | electron attachment.
adhesividad | clinginess | adhesivity | stickiness | sticking.
adhesividad de la tinta | ink adhesivity.
adhesivo | adhesive | adherent | bonding agent | tenacious | binder | stick-on.
adhesivo (fabricación del caucho) | cement.
adhesivo a base de caucho | rubber-based adhesive.
adhesivo acuorresistente dieléctrico | nonconductive water-resistant adhesive.
adhesivo con base de agua | water-base adhesive.
adhesivo con base de almidón | starch-based adhesive.
adhesivo con base de solvente | solvent-base adhesive.
adhesivo conductivo | conductive adhesive.
adhesivo de curado en caliente | heat-curing adhesive.
adhesivo de endurecimiento en frío | cold-setting adhesive.
adhesivo de resina de fraguado en caliente | hot-setting resin adhesive.
adhesivo de resina sintética | resin adhesive | synthetic resin adhesive.
adhesivo de resina sintética fenólica | phenolic cement.
adhesivo de silicona piezosensible | pressure-sensitive silicone adhesive.
adhesivo elastomérico termoplástico | thermoplastic elastomeric adhesive.
adhesivo epoxídico | epoxy adhesive.
adhesivo estructural anaeróbico | anaerobic structural adhesive.
adhesivo fenólico | phenolic cement | phenol cement.
adhesivo industrial | engineering adhesive.
adhesivo orgánico hidrorresistente | water-resistant organic adhesive.
adhesivo para juntas | adhesive edge jointing.
adhesivo para unión entre superficies separadas | gap-filling adhesive.
adhesivo para unión por contacto entre superficies | close contact glue.
adhesivo para unir metal con metal | metal-to-metal adhesive.
adhesivo que se mezcla con insecticidas (árboles) | sticker.
adhesivo quirúrgico | surgical adhesive.
adhesivo resistente a altas temperaturas | elevated-temperature-resistant adhesive.
adhesivo resistente al calor y humedad | heat-and-moisture-resistant adhesive.
adhesivo termo endurecible | adhesive hot-setting.
adhesivo termoestable | thermosetting adhesive.
adhesivo termoplástico | thermoplastic adhesive.
adhesivo termorresistente | heat resistant adhesive.
adhesivo volatil no carbonizante | noncarbonizing volatile binder.
adhesivos para unión de metales | metal-bonding adhesives.
adiabático | adiabatic | nonadiabatic.
adiactínico | adiactinic.
adiáfano | adiaphanous.
adiaforia | adiaphory.
adiáforo | adiaphorous.
adiagnóstico | adiagnostic.
adiamantado | diamond-plated | diamond-impregnated.
adiamantado (con polvo de diamante incrustado) | diamond-charged | diamond.
adiamantar | diamondize (to).
adiatermancia | adiathermancy.
adiatérmico | adiathermic | nonconducting | nonheat-conducting | nonconductive | adiathermal.
adición | addendum | adding | adjunction | extension | pouring-in | affix.
adición (de una columna de números) | footing up.
adición conocida | spiking | analate addition.
adición cuadrática | quadrature summation.
adición de | piecing on.
adición de aceite a los textiles (tejeduría) | batching.
adición de alcohol al vino | dosing.
adición de aleantes | alloying addition.
adición de aluminio al caldo durante la colada | topping-up.
adición de arrabio al baño antes de la colada para elevar la temperatura (acero Siemens) | furnace blocking.
adición de arrabio al baño antes de sangrar para elevar la temperatura (acero Siemens) | pigging up.
adición de arrabio al caldo antes de la colada para elevar la temperatura (aceros Siemens) | blocking.
adición de arrabio al caldo antes de sangrar para elevar la temperatura (horno Siemens ácido) | pigging.
adición de arrabio para carburar la carga (horno Siemens ácido) | pigging.
adición de azúcar al mosto | gallizing.
adición de azúcar al mosto durante la fermentación (vinos) | chaptalizing.
adición de bitios | bit filling.
adición de castina | fluxing.
adición de color a la zona transparente (filmos) | tinting.
adición de ferroaleaciones desoxidantes al caldo para que no baje el contenido de carbono (metalurgia) | blocking the bath.
adición de ferromanganeso | ferromanganese addition.
adición de fundente | fluxing.
adición de la sonoridad | loudness summation.
adición de levadura | leavening.
adición de mineral al baño para oxidarlo (horno Siemens ácido) | ore down.
adición de mineral al caldo | oring down.
adición de mineral al caldo para oxidarlo (horno Siemens ácido) | oreing down.
adición de mineral para oxidar la carga (horno Siemens ácido) | oring.
adición de muestra | analate addition.
adición de números complejos | compound addition.
adición de números racionales | addition of rationals.
adición de refinador del grano (metalurgia) | grain-refiner addition.
adición de sal común a una solución | salting-out.
adición de sustancias al caldo para formar núcleos para la cristalización (metalurgia) | inoculation.
adición de un desoxidante al baño (metalurgia) | spiking the heat | blocking the heat.
adición de una inductancia para aumentar su longitud de onda natural (antenas) | loading.
adición de uno o más electrones a un elemento (química) | electronation.
adición desoxidante | deoxidizing addition.
adición electrofílica a carbono insaturado | electrophilic addition to unsaturated carbon.
adición gota a gota | addition drop by drop | dropwise addition.
adición horizontal | cross foot.
adición lógica | logical add.
adición mínima | minaddition.
adición nucleófila | nucleophilic addition.
adición oxidante | oxidizing addition.
adición para eliminar impurezas (acero al crisol) | physic | physicking.
adición pequeña | minor addition.
adición trans (química) | trans addition.
adicionable | addible.
adicionador | adder.
adicionador (personas) | adder.
adicionador analógico de múltiples canales de entrada | multiinput analog adder.
adicionador binario | binary adder.
adicionador de memorias de retenida separada | separate carry storage adder.
adicionador en paralelo | parallel adder.
adicional | additional | extra | supplementary.
adicionar aditivos al lubricante usado | fortify used lubricant (to).
adicionar alcohol (bebidas) | lace (to).
adicionar fundente (tratar con castina - metalurgia) | flux (to).
adiciones | addenda.
adiciones a la reserva | additions to reserve.
adiciones de recarburación | recarburizing additions.
adiciones en la cuchara | ladle additions.
adiciones para afino del grano (metales) |

grain-refining additions.
adiciones y correcciones | addenda et corrigenda.
adiciones y erratas | addenda and errata.
adicto | addict.
adicto a las drogas | drug abuser | abuser of drugs.
adiestrado | trained.
adiestramiento | training | indoctrination | learning.
adiestramiento de la unidad | unit training.
adiestramiento del operador | operator training.
adiestramiento en el trabajo | job training.
adiestramiento fuera el taller | vestibule training.
adiestramiento industrial | industrial training.
adiestramiento para conseguir una mayor graduación | upgrade training.
adiestramiento profesional | vocational training.
adiestramiento técnico | technical training.
adiestramiento temprano | early training.
adiestrar | lead (to) | teach (to) | train (to) | exercise (to) | break in (to) | coach (to).
adiestrar (caballos) | dress (to).
adiestrarse | train oneself (to).
adimensional | dimensionless | nondimensional.
adimensionalizar | nondimensionalize (to) | adimensionalize (to).
adinamia | adynamia.
adinámico | adynamic.
adintelada (puertas) | square-headed.
adintelado | linteled.
adión | adion.
adiplicativo | addiplicative.
adipocerita | mineral adipocere.
adipógeno | fat-producing.
adipólisis | adipolysis.
adireccional | nondirectional.
aditamento | adjunct | additament.
aditamento metido con la prensa | press-fit insert.
aditamento para acanalar | slotting attachment.
aditamento para fresar | milling attachment.
aditamento para ranurar | slotting attachment.
aditamento que modifica la póliza básica (seguros) | endorsement.
aditamento sumador | adding attachment.
aditamentos | fittings | mountings | attachments.
aditamentos a la envolvente cilíndrica (recipiente a presión) | attachments to the shell.
aditamentos y piezas de repuesto | attachments and supplies.
aditamiento de taladrar | boring attachment.
aditamiento para suma y resta horizontal (mecanismo de saldos - máquina contabilidad) | crossfooter.
aditiva en forma numerable (topología) | countably additive.
aditividad | additivity.
aditivo | additive | blending agent | dope | admittance | admixture.
aditivo (detergente sintético) | builder.
aditivo absorbente de la tinta | absorbent ink additive.
aditivo alimentario | food additive.
aditivo antiherrumbroso | rust inhibiting additive.
aditivo antimaculador | antioffset additive.
aditivo antioxidante | antioxidant additive.
aditivo antirrepinte | antioffset additive.
aditivo de adhesividad | bonding additive.
aditivo de silicona | silicone additive.
aditivo de surfactante al líquido refrigerador (muela adiamantada) | surfactant coolant additive.
aditivo de tintas | ink additive.
aditivo del fluido de rectificación | coolant additive.
aditivo detergente | detergent additive.
aditivo en polvo | powdered admixture.
aditivo inhibidor de la oxidación | oxidation-inhibiting additive.
aditivo inverso | additive inverse.
aditivo mejorador del índice de viscosidad | viscosity index improver.
aditivo orgánico atenuador de tensiones | stress-reducing organic additive.
aditivo para disminuir la colapsibilidad de los machos de arena (fundición) | breakdown additive.
aditivo para evitar que se ensucien los electrodos de la bujía de encendido | sparkplug antifouling additive.
aditivo para gasolina | gasoline dope.
aditivo para maleabilización | malleablizing additive.
aditivo para nivelar el abrillantado | levelling-brightening additive.
aditivo para soportar grandes presiones de trabajo (lubricantes) | pressure additive.
aditivo químico corrector del pH | pH corrective chemical additive.
aditivo radiactivo | radioactive additive.
aditivo reductor (petróleos) | pour point depressant.
aditivo reductor de la neblina | mist-reducing additive.
aditivo retardador | deterrent additive.
aditivos alimentarios (aditivos para fortificar alimentos - con vitaminas y productos químicos) | food additives.
aditivos untuosos (lubricantes) | oiliness additives.
aditrón | additron.
adivinación | divining.
adivinación por los libros o versículos de la Biblia | bibliomancy.
adjetivo numeral ordinal | ordinal numeral adjective.
adjudicable | awardable | allocatable.
adjudicación | awarding.
adjudicación (contratos) | award | acceptance of tender.
adjudicación (de daños y perjuicios) | giving.
adjudicación (de frecuencia) | allotment.
adjudicación (subastas) | knocking down.
adjudicación anterior | former adjudication.
adjudicación crediticia | adjudgement.
adjudicación de contrato | contract award.
adjudicación de contrato de obras | construction contract award.
adjudicación de frecuencias (países) | frequency allotment.
adjudicación de la obra | submision of work.
adjudicación de obras | letting works.
adjudicación de quiebra (abogacía) | adjudication of bankruptcy.
adjudicación de trabajos | letting works.
adjudicación de un nombre simbólico | tagging.
adjudicación del contrato | award of contract.
adjudicación dinámica | dynamic allocation.
adjudicación en pago | award in payment.
adjudicación en pública subasta | open tender.
adjudicación forzosa | compulsory sale.
adjudicación hereditaria | adjudication by inheritance.
adjudicación judicial | foreclosure award.
adjudicado por 250 dólares (subastas) | knocked down for 250 dollars.
adjudicar | assess (to) | award (to) | apportion (to).
adjudicar (contratos) | let (to).
adjudicar (subastas) | knock down (to).
adjudicar al mejor postor | knock down to the highest bidder (to).
adjudicar el contrato | let the contract (to).
adjudicatario | favored bidder | successful bidder | contractor.
adjudicatario (subastas) | purchaser.
adjudicatario principal | prime contractor.
adjuntar | attach (to) | enclose (to).
adjuntía | adjunctship.
adjunto | enclosed | assistant | attached.
adjunto (determinantes) | cofactor.
adjunto (matemáticas) | adjugate.
adjunto a la presente | enclosed herewith.
adjunto de jefe de taller | assistant foreman.
adjunto encontraran una letra de cambio | enclosed please find draft.
adminículo | adminicle.
administración | control | husbanding | management | administration.
administración (de sociedades) | direction.
administración (de un medicamento) | exhibition.
administración (de una medicina) | giving.
administración (organización) | authority.
Administración Civil del Estado (EE.UU.) | civil service.
administración culpable | malversation.
administración de aduanas | customs administration.
administración de contribuciones indirectas | excise administration.
administración de correos | postal authorities | post office.
administración de datos | data management.
administración de desechos sólidos | solid waste management.
administración de empresas | business administration | industrial administration.
administración de impuestos | tax-collector's office.
administración de inversiones por otras personas | management of investments by others.
administración de justicia | judiciary.
administración de la conservación | maintenance management.
administración de la deuda pública | debt management.
administración de la electrificación rural | rural electrification administration.
Administración de la Seguridad Social (EE.UU.) | Social Security Administration.
administración de la sucesión (jurídico) | administration of an estate.
administración de rentas | excise office | excise administration | collector's office.
administración de tránsito (telefonía - EE.UU.) | via administration.
administración de tránsito (telefonía - G.B.) | transit administration.
administración de un depósito de valores por el banco en el cual están depositados | custodian account.
administración de un periódico | administration of a paper.
administración de veteranos de guerra | veterans administration.
Administración del Estado | Civil Service.
administración del proyecto | project management.
Administración del Valle del Tennessee (EE. UU.) | Tennessee Valley Authority.
administración directiva | managing administration.
administración fiscal | tax administration | revenue autorities | taxation authorities.
administración fiscal británica | inland revenue.
administración fiscal norteamericana | internal revenue service.
administración gerencial | managing administration.
administración industrial | industrial management | management.
administración interna | housekeeping.
administración judicial equitativa | equity receivership.
administración media | middle management.
Administración Nacional de Aeronáutica y del Espacio | National Aeronautics and Space Administration (N.A.S.A.).
administración oceánica atmosférica norteamericana | national oceanic and atmospheric administration (NOAA).

administración pública | public service | public management.
administrado por el Estado | government-operated.
administrado por el Gobierno | government-administered.
administrador | director | governor | curator | fixed trust | administrator | trustee.
administrador (aduanas) | collector.
administrador (aduanas, etc.) | comptroller.
administrador (de fincas) | factor.
administrador (de leyes, etc.) | dispenser.
administrador (periódicos) | business manager.
administrador de aduanas | collector of the Customs.
administrador de correos | postmaster.
administrador de empresa | manager.
administrador de fincas | estate-agent.
administrador de mina | barmaster.
administrador de rentas públicas | collector of taxes.
administrador de trust | trustee.
administrador delegado | deputy administrator | managing director | joint manager.
administrador en equidad (abogacía) | receiver in equity.
Administrador General | Comptroller-General | administrator general.
administrador interino | acting manager.
administrador investigador | research administrator.
administrador judicial | liquidator | judicial factor | assignee of a bankrupt's estate | receiver | administrator of a bankrupt's estate | official receiver.
administrador judicial de la quiebra | receiver in bankruptcy.
administrador territorial | land agent.
administrar | control (to) | manage (to) | administrate (to) | direct (to).
administrar (justicia, etc.) | dispense (to).
administrar (medicamentos) | exhibit (to).
administrar a grandes dosis | overdose (to).
administrar con economía | nurse (to).
administrar mal | mismanage (to).
administrar una dosis | dose (to).
administrativo | clerk | administrative.
admisibilidad | admissability.
admisible | admissible | admittable | acceptable | permissible.
admisión | entrance | letting-in | entering | induction | intake | input | inlet.
admisión (de aire, etc.) | accession.
admisión (de un candidato) | passing.
admisión (gases) | ingress.
admisión (máquinas) | intake | admission | induction.
admisión anticipada | early admission.
admisión aparente (máquina vapor) | apparent cutoff.
admisión de aire | air inlet | air admission | air intake.
admisión de aire regulable | adjustable air admission.
admisión de baja presión | low-pressure cutoff.
admisión de la apelación | permission to appeal.
admisión de régimen (máquina vapor) | nominal cutoff.
admisión de sentencia | confession of judgment.
admisión del cilindro de alta presión | high-pressure cutoff.
admisión del viento | blast inlet.
admisión delantera (locomotoras) | head-end admission.
admisión delantera (máquina vapor horizontal) | crank-end admission.
admisión efectiva (máquinas de vapor) | actual cutoff.
admisión exterior | outside admission.
admisión libre de impuestos | duty-free entry | duty free entry.
admisión media (máquinas vapor) | mean cutoff.
admisión posterior (locomotora vapor) | crank-end admission.
admisión posterior (máquina de vapor fija horizontal) | head-end admission.
admisión retardada | later admission.
admisión subsecuente | after admission.
admisión temporal de mercancías | drawback.
admisión variable automáticamente regulada | automatically-controlled variable cutoff.
admisor | admitter.
admitancia (electricidad) | admittance.
admitancia acústica específica | specific acoustic admittance.
admitancia característica | surge admitance.
admitancia compleja | complex admittance.
admitancia compleja de un circuito | complex admitance.
admitancia de entrada en cortocircuito | short-circuit input admittance.
admitancia de ingreso | driving-point admittance.
admitancia de intervalo de un circuito | circuit gap admittance.
admitancia de potencia absorbida | input admittance.
admitancia de transferencia | transfer admittance | transadmittance.
admitancia efectiva de entrada | effective input admittance.
admitancia en circuito abierto | open circuit admitance.
admitancia en cortocircuito | short-circuit admittance.
admitancia en derivación | shunt admittance.
admitancia en derivación con la línea | line shunt admittance.
admitancia en paralelo | shunt admittance.
admitancia en vacío | no-load admittance | no load admittance.
admitancia homopolar | homopolar admittance.
admitancia impulsiva | impulsive admittance.
admitancia indicial | indicial admittance.
admitancia neta de entrada | net input admittance.
admitancia suplemantaria de reacción de ánodo (televisión) | susceptance | feedback admittance.
admitancia vectorial | vector admittance.
admitancímetro | admittance meter.
admite piezas hasta 30 pulgadas de diámetro | it deals with work up to 30 inches diameter.
admite ruedas hasta de | it accommodates wheels up to 20 cms diameter.
admite un diámetro de
admitido a cotización en Bolsa | listed.
admitido con el mismo grado en otra universidad | ad eundem.
admitir | receive (to).
admitir (abriendo válvula o grifo) | turn on (to).
admitir géneros (sastres) | make up (to).
admitir mercancías en consignación | take goods on consignment (to).
admitir una deuda | recognize a debt (to).
admitir una reclamación | grant a claim (to).
admnistración judicial | receivership.
admonición | admonition | warning.
admonición administrativa | administrative admonition.
admonición oral | oral admonition.
admonición por escrito | written admonition.
admonición punitiva oral o por escrito | punitive admonition.
adnato (botánica) | annexed.
adobado (cueros) | dressed.
adobador (de pieles) | dresser.
adobar (pieles) | dress (to) | beam (to) | curry (to) | tan (to) | dub (to).
adobe | air brick | adobe | sun-dried brick.
adobe o polvo de roca para atracar barrenos | dummy maker.
adobera | brick mold.
adobería | adobe brickyard.
adobo (Méjico) | boom.
adobo (para aceitunas, etc.) | dressing.
adobo clasificador (madera flotada) | sorting jack.
adobo de cierre (maderas flotadas) | shearwater.
adobo del cuero | leather dressing.
adocenado | common.
adoleciendo del vicio de duplicidad | duplicitous.
adolescencia topográfica (geografía física) | topographic adolescence.
adolescente | teen-ager.
adopción (de una resolución) | passing.
adopción de un proyecto de ley | passing.
adoptado por unanimidad | carried unanimously | agreed unanimously.
adoptar | assume (to).
adoptar un acuerdo | pass a resolution (to).
adoptar una opinión | embrace an opinion (to).
adoptar una resolución | pass a resolution (to).
adoquín | paving block | paver | blockc
adoquín de bordillo | parging block.
adoquín de granito | granite block.
adoquín para carreteras | sett.
adoquinado | pavement | pitched.
adoquinado de mosaico | random paving.
adoquinado irregular | random paving.
adoquinador | pavior | paver.
adoquinar | pave (to) | lay (to) | pitching.
adoquines (minas) | block riffles.
adormidera | poppy.
adornado | fretted | trim.
adornado con pieles | furry.
adornado en oro con rayas paralelas horizontales (lomo de libros) | azured.
adornar | decorate (to) | dress (to) | attire (to) | trim (to).
adornar (con piedras preciosas) | set out (to).
adornar con anillos | ring (to).
adornar con borlas | tassel (to).
adornar con calados | fret (to).
adornar con estrellas | star (to).
adornar con gemas | gem (to).
adornar con nieles | niello (to).
adornar con orlas | purl (to).
adornar con ramitas | sprig (to).
adornar con volutas | scroll (to).
adorno | patterning | dressing | cartouche.
adorno (arquitectura) | enrichment.
adorno (de un relato) | embroidery.
adorno de encajes | lace trimming.
adornos bordados (calcetería) | wraps designs.
adornos incrustados | inlay.
adosar | back (to).
adquirente | purchaser | purchasing party.
adquirente en virtud del derecho de propiedad | preemptor.
adquirible | purchasable.
adquirible por prescripción | prescribable.
adquiridor | purchaser.
adquirir | buy (to) | purchase (to).
adquirir (velocidad) | gather (to).
adquirir de antemano | preempt (to).
adquirir el título de | qualify (to).
adquirir los derechos en bloque | buy rights outright (to).
adquirir personalidad jurídica | become artificial person (to).
adquirir velocidad | gather speed (to) | gather momentum (to) | pick up speed (to).
adquisición | take-over | procuration | securing | procurement | purchasing | purchase.
adquisición (leyes) | acquest.
adquisición de dinero | money-making.
adquisición de equipo especializado | procurement of specialized equipment.
adquisición de espacio | buying of space.
adquisición de prestigio | building up goodwill.
adquisición obligada de productos actuales y pasados | full-line forcing.
adquisición por reversión | acquirement by escheat.

adquisiciones | procurements.
adquisiciones (de libros, etcétera) | accessions.
adquisiciones empresariales | capital appropriations.
adquisiciones y enajenaciones | acquisition and disposals.
adquisión centralizada | centralized adquisition.
adral | cart hurdle | hurdle.
adral (carruajes) | rail.
adral de carros | cart rail.
adral portátil (carreta de bueyes) | hurdle.
adrales (Argentina) | rack | dray.
adrales (carros) | rack.
adrales salientes (carros) | flareboards.
adrenalina | adrenalin.
adrenitis | adrenalitis.
adrizado (buques) | heelless.
adrizado y sin diferencia de calados (buques) | upright and without trim.
adrizamiento (buques) | righting.
adrizar (marina) | right (to).
adrizarse (buques) | right itself (to).
adscripción | adscription.
adscrito | attached.
adsorbato | adsorbate.
adsorbedor | adsorber.
adsorbente | adsorbing | adsorbent.
adsorbente metálico | getter.
adsorbente polar | polar adsorbent.
adsorbente sólido | solid adsorbent.
adsorber | adsorb (to).
adsorber químicamente | chemisorb (to).
adsorbibilidad | adsorbability.
adsorbible | adsorbable.
adsorbido reversiblemente | reversibly adsorbed.
adsorción | adsorbing | adsorption.
adsorción activada | chemosorption | activated adsorption.
adsorción adiabática | adiabatic adsorption.
adsorción capilar | capillary adsorption.
adsorción cromatográfica | chromatographic adsorption.
adsorción de gases (por las paredes metálicas del equipo de fusión en vacío) | clean up.
adsorción de gases por dispersión | dispersal gettering.
adsorción de gases residuales (por las paredes metálicas del equipo de fusión en vacío) | gettering.
adsorción dinámica | dynamic adsorption.
adsorción en carbón activo | activated carbon adsorption.
adsorción en varias capas | multilayer adsorption.
adsorción física | physical adsorption.
adsorción interfacial | interfacial adsorption.
adsorción iónica | ionic adsorption.
adsorción orientada | oriented adsorption.
adsorción por carbón vegetal | charcoal adsorption.
adsorción por contacto | contact gettering.
adsorción por dispersión | dispersal gettering.
adsorción química | chemical adsorption.
adsortivo | adsorptive.
aduana (edificio) | customhouse.
aduana de entrada | place of entry.
aduanero | customs officer.
adúcar | ferret silk.
aducar (borra de seda) | floss silk.
aducción | conduction.
aducido | adduct.
aducir | plead (to).
aducir como prueba | produce proof (to).
aducir sus derechos a | assert his rights to (to).
aducto (química) | adduct.
aduja | coil.
aduja (de cable) | deadeye | fake.
adujado | coiled.
adujar (cabos) | hank (to).
adujar (cuerdas) | fake (to).
adujar (marina) | coil (to).
adujar de derecha a izquierda | coil against sun (to).
adujar en espiral (cuerdas) | flemish down (to).
adujar plano en espiral (cabos en buques) | flemish (to).
adularescencia | adularescence.
adularescencia (gemas) | adularescence.
adularia | moonstone.
adularia (geología) | adular.
adularia (silicato aluminopotásico) | adularia.
adularización | adularization.
adulteración | fake | faking | impurity.
adulteración (semiconductores) | doping.
adulteración con boro (semiconductores) | boron doping.
adulteración de la moneda | debasement of the coinage.
adulterado con amoníaco (látex) | doctored with ammonia.
adulterado con neodimio | neodymium doped.
adulterado en el substrato | doped into the substrate.
adulterante | adulterant.
adulterante (semiconductores) | dopant.
adulterar | fake (to) | dope (to) | adulterate (to).
adulterar (alimentos) | doctor up (to).
adulterar (bebidas) | dope (to).
adulterar el vino | blend wine (to).
adulterar la moneda | base (to).
adultez | adultness.
adulticida (insecticidas) | adulticide.
adulto | full-grown.
adulto padre (insectos) | parent adult.
aduncado | crooked.
advección | advection.
advección de aire frío | cool air advection.
advección neta anual (embalses) | annual net advection.
advectivo | advective.
advenimiento al poder | accession to power.
advenimiento de hostilidades | advent of hostilities.
adventicio (botánica) | accidental | subsequent.
adverbialización | adverbialization.
adverso | hostile.
advertencia | advice | reminder | warning.
advertencia (llamada) | notice.
advertencia de obstrucción | obstruction warning.
advertidor (señal de alarma) | detector.
advertidor local | audio warning device.
advertir | warn (to).
adyacencia | contiguity | adjacency.
adyacente | vicinal | adjacent | bordering.
adyacente (ángulos) | contiguous.
adyuvante de filtración (nucleónica) | filter-aid.
aechador | winnower.
aechar | winnow (to).
aeliócromo | aeliochromous.
aelotropía | aelotropy.
aelotrópico | aelotropic.
aeremia | diver's paralysis | aeremia | compressed-air illness.
aéreo | aerial | air.
aéreo (cable, etc.) | overhead.
aerícola | aericolous.
aerífero | aeriferous | air conveying.
aerificación | aerifaction | aerification.
aerificar | aerify (to).
aeriforme | aeriform.
aeroambulancia | ambulance aircraft | ambulance plane.
aeroamortiguado | air cushioned.
aeroastenia | aeroasthenia.
aeroastronáutica | aeroastronautics.
aeroautomóvil | car-cum-plane.
aerobacia | aerobacy.
aerobación | aerobation.
aerobalística | aeroballistics | air ballistics.
aerobalístico | aeroballistic.
aeróbico | aerobic.
aerobio | aerobiont | aerobic | aerobion | aerobium | aerobe.
aerobiología | aerobiology.
aerobiólogo | aerobiologist.
aerobionto | aerobiont.
aerobiosis | aerobiosis.
aerobús | aerobus | airbus.
aerocartografía | aerocartography | airplane mapping.
aerocina | aerozine.
aerocinética | aerokinetics.
aeroclimatizador de radiación | surface-type air conditioner.
aeroclinoscopio | aeroclinoscope.
aeroclub | flying-club.
aerocondicionamiento | aeroconditioning.
aerodeslizador | air-cushion vehicle | air-glider | hovercraft.
aerodeslizador (vehículo) | hovercraft.
aerodinámica | aerodynamics.
aerodinámica del helicóptero | helicopter aerodynamics.
aerodinámica en gases de densidad muy pequeña | superaerodynamics.
aerodinámica ionosférica | ionospheric aerodynamics.
aerodinámica transónica | transonic aerodynamics.
aerodinamicista | aerodynamicist.
aerodinamicista hipersónico | hypersonic aerodynamicist.
aerodinámico | aerodynamic | aerodynamical.
aerodinámico (aviones) | streamlined.
aerodino | surface | heavier-than-air aircraft.
aerodino de alas giratorias | rotocraft | rotorcraft | rotary-wing aeroplane | rotorplane.
aerodino oscilante | oscillating airfoil.
aerodino supersónico | supersonic aerofoil.
aerodinos de régimen laminar | laminar-flow aerofoils.
aerodoncia | aerodontia.
aerodontalgia | aerodontalgia.
aerodrómica | aerodromics.
aerodrómico | aerodromic.
aerodromo | aerodrome | flying ground | airdrome | aviation track.
aeródromo abandonado | disused aerodrome.
aeródromo autorizado | authorized aerodrome.
aeródromo con helipuerto | airfield heliport.
aeródromo con servicio de control del tráfico | controlled airdrome.
aeródromo de alternativa | alternate aerodrome.
aeródromo de campaña | field aerodrome.
aeródromo de desviación del tráfico | diversion field.
aeródromo de emergencia | alternate aerodrome.
aerodromo de gran tráfico | busy airport.
aeródromo de hierba | grass aerodrome.
aeródromo de retaguardia | rear airfield.
aeródromo disperso | dispersed aerodrome.
aeródromo flotante | seadrome.
aeródromo para mercancías | freight aerodrome.
aeródromo principal | parent airfield.
aeródromo rodeado de montañas | mountain-locked airfield.
aeródromo sanitario | sanitary aerodrome.
aerodromómetro | aerodromometer.
aeroducto | aeroduct.
aeroelasticidad | aeroelasticity.
aeroelasticidad estática | static aeroelasticity.
aeroelasticista (persona) | aeroelastician.
aeroelástico | aeroelastic.
aeroelectrónica | aeroelectronics.
aeroembolia | aeroembolism.
aeroembolismo | compressed-air illness | decompression sickness.
aeroembolismo (buzos) | aeroembolism | air bends | air embolism | traumatic air embolism.
aeroembolismo (cimentaciones, etcétera) | bends.
aeroembolismo (medicina) | caisson disease.

aeroenfisema | aeroemphysema.
aeroenfriador hidroenfriado | water-cooled aircooler.
aeroespacial | aerospace.
aeroespacio | aerospace.
aeroestable | aerostable.
aeroestructura | aerostructure | airframe.
aeroeyector | aeroejector.
aerofagia (medicina) | air swallowing.
aerofaro | aerial beacon | aerophare | radio beacon.
aerofiltración | aerofiltration.
aerofiltro | aerofilter.
aerofísica (ciencia) | aerophysics.
aerofísico | aerophysical.
aerofísico (persona) | aerophysicist.
aerófono | aerophone.
aeróforo | aerophore.
aerofotocartografía | aerophotocartography | photomapping.
aerofotocartografiar | photomap (to).
aerofotografía | aerophotography | aeronautical photography | aerial photography | airphoto | air photography.
aerofotografía con anotaciones hechas en el campo | field-annotated aerial photography.
aerofotografía controlada por shoran | shoran-controlled aerial photography.
aerofotografía de imágenes que aparecen en una pantalla de TV | video photograph.
aerofotografía de reconocimiento | intelligence photography.
aerofotografía de un blanco minúsculo | pinpoint photograph.
aerofotografía de una faja estrecha del terreno | strip photography.
aerofotografía nocturna | night aerial photography.
aerofotografía oblicua | oblique.
aerofotografía oblicua alta (ángulo entre el eje de la cámara y la vertical mayor de 45 grados) | high oblique photography.
aerofotografía oblicua baja (ángulo entre el eje de la cámara y la vertical menor de 45 grados) | low-oblique photography.
aerofotografía oblicua con horizonte sensible | high oblique photograph.
aerofotografía oblicua sin horizonte visible (ángulo entre el eje de la cámara y la vertical menor de 45 grados) | low-oblique photography.
aerofotografía panorámica | high oblique photograph.
aerofotografía panorámica (ángulo entre el eje de la cámara y la vertical menor de 45 grados) | low-oblique photography.
aerofotografía que muestra los objetos sobre el terreno diferenciados por sus radiaciones de ondas caloríficas o infrarrojas | thermal photograph.
aerofotografía recién tomada | newly-taken air photograph.
aerofotografía superpuesta | overlapping aerial photography.
aerofotografía vertical | vertical aerial photograph | vertical aerial photography.
aerofotográfico | aerophotographic.
aerofotograma | aerial photogram | aerophotograph.
aerofotograma vertical | vertical photograph.
aerofotogrametría | aerosurveying | aerophotogrammetry | aeroplane mapping | aerial survey | aerial photographic survery | aerial mapping.
aerofotometría | aerial photographic survey | aerial survey | aerophotometry.
aerofreno | clamp brake.
aerofreno (aviones) | air brake.
aerogel (química) | aerogel.
aerogel de sílice | silica aerogel.
aerogela | aerogel.
aerogenerador | wind charger | wind machine | aerogenerator.
aerogénesis | aerogenesis.
aerógeno | aerogenic | gas producing.
aerogeofísico | aerogeophysical.
aerogeología | aerogeology.
aerogeólogo | aerogeologist.
aerogiro | rotorcraft.
aerografía | aerography.
aerógrafo | aerograph | air brush.
aerógrafo (persona) | aerographer.
aerograma | aerogram | air letter.
aerohídrico | aerohydrous.
aerohidrodinámica | aerohydrodynamics.
aerohidrodinámico | aerohydrodynamical.
aerohiperoxia | aerohyperoxia.
aerohipoxia | aerohypoxia.
aeroisoclínico | aeroisoclinic.
aerolevantamiento geológico | geological aerial survey.
aerolínea | airline.
aerolínea de gran importancia y regularidad | trunk line.
aerolínea de servicio regular | scheduled airline.
aerolínea fusionada | merged airline.
aerolítica | aerolitics.
aerolítico | aerolitic.
aerolito | aerolite | atmospheric stone | meteoric stone | meteorite.
aerolitología | aerolithology.
aerolocomoción | aerolocomotion.
aerología | aerology.
aerología de minas | mine aerology.
aerología minera | mining aerology.
aerológico | aerological.
aerólogo | aerologist.
aeromagnético | aeromagnetic.
aeromagnetismo | aeromagnetism.
aeromecánica | aeromechanics.
aeromedicina | aeromedicine.
aerometeorografía | aerometeorography.
aerometeorógrafo | aerometeorograph.
aerometría | aerometry.
aerómetro | aerometer | gravimeter | air poise.
aerómetro para cerveza | beer float.
aeromicrobio | aeromicrobe.
aeromodelismo | aeromodelism | model aeroplane building | model aviation | model aircraft | model aeronautics.
aeromodelista | aeromodeler.
aeromodelo | model aeroplane.
aeromotor | aeromotor | windmill | windcharger | wind motor | wind engine.
aeromóvil | aeromobile.
aeromozo | steward.
aeronauta | aeronaut | aeronavigator.
aeronáutica | aeronautics.
aeronáutica civil | civil aeronautics.
aeronáutico | aeronautical.
aeronaval | aeronaval | air naval.
aeronave | flying machine | airliner | aircraft | craft.
aeronave capaz de realizar vuelo estacionario | hovercraft.
aeronave cohetipropulsada | rocket-propelled aircraft.
aeronave con cabina presionizada | pressure-cabin aircraft.
aeronave con control táctico terrestre | goldie lock.
aeronave con propulsión totalmente por reactores | pure-jet airliner.
aeronave con turbina de hélice | airscrew turbined aircraft.
aeronave de alas fijas | fixed-wings aircraft.
aeronave de búsqueda | search aircraft.
aeronave de búsqueda de gran radio de acción | long-range search aircraft.
aeronave de exploración de señalización | pathfinder aircraft.
aeronave de propulsión nuclear | nuclear aircraft.
aeronave de reactores con alas triangulares de flujo laminar | laminar-flow delta-wing jet airliner.
aeronave de reactores de pequeña autonomía | short-range jet airliner.
aeronave de transporte táctico | tactical transport aircraft.
aeronave de turbohélice | turbo-propeller airliner | turbine-powered airliner | turboprop airliner.
aeronave en pruebas de servicio (antes de ser declarada reglamentaria) | service test aircraft.
aeronave fotográfica | camera aircraft.
aeronave guía | lead aircraft.
aeronave nuclear | nuclear aircraft.
aeronave para líneas secundarias | branch liner.
aeronave pendiente de control terrestre | goldie.
aeronave presente | tied on.
aeronave propulsada por turbina de gases | turbine-powered airliner.
aeronave que alcanza a otra | overtaking aircraft.
aeronave supersónica con motores en la ola | supersonic rear-engined airliner.
aeronave supersónica para trayectos medios | supersonic medium range airliner.
aeronave transoceánica | transoceanic airliner.
aeronave utilitaria | utility aircraft.
aeronave-día | aircraft-day.
aeronavegabilidad | airworthiness.
aeronavegación | aeronavigation | air navigation.
aeronavegación en la región del Polo Norte o Sur | polar air navigation.
aeronavegación por radiobalizas | omnidirectioning range.
aeroneurosis | aeroneurosis.
aeronomía | aeronomy.
aeronómico | aeronomic.
aeropaleta | aerovane.
aeroparque | airpark.
aeropatía | diver's paralysis | compressed-air illness.
aeropausa | aeropause.
aeropausia | altitude barrier.
aeropermeabilidad | aeropermeability.
aeropermeable | aeropermeable.
aeroplano | aeroplane | airplane | craft | machine | flying machine | flyer | plane.
aeroplano accionado por reacción | reaction propelled airplane.
aeroplano al que se ha concedido la orden de despegar (aeropuertos) | cleared plane.
aeroplano anfibio | amphibian aeroplane | amphibious aeroplane.
aeroplano averiado que se guarda para desguace y aprovechamiento de sus elementos | hangar queen.
aeroplano biplaza en tándem | tandem two-seater aeroplane.
aeroplano con alas en flecha | sweptback-winged aeroplane.
aeroplano con empenaje | tailed aeroplane.
aeroplano con flotadores | float plane.
aeroplano con ruedas en el aterrizador | wheeled aircraft.
aeroplano con turborreactores en barquillas colgadas del ala | podded-turbojet aeroplane.
aeroplano cuatrimotor | four-engined aeroplane.
aeroplano de ala baja | low-wing aeroplane.
aeroplano de alas basculantes | tilt-wing aircraft.
aeroplano de alas rectas | straight-winged aeroplane.
aeroplano de enlace | liaison aircraft.
aeroplano de flotadores | float seaplane.
aeroplano de flujo alar laminar | laminarized aeroplane.
aeroplano de fuselaje ancho | wide-body aeroplane.
aeroplano de hélice tractora | tractor aeroplane.
aeroplano de morro afilado | sharp-nosed aeroplane.

aeroplano de poco peso | lightplane.
aeroplano de propulsión por chorro de gases | jet-propelled aeroplane.
aeroplano de reconocimiento fotográfico | photographic-reconnaissance aeroplane | focus cat.
aeroplano desguazado | scrapped airplane.
aeroplano destinado a reparación | deadlined airplane.
aeroplano diseñado para ser catapultado | catapult plane.
aeroplano diseñado para ser transportado o lanzado desde otro aeroplano en vuelo | parasite airplane.
aeroplano equipado con esquís | ski-equipped aircraft.
aeroplano esbelto | slender airplane.
aeroplano espolvoreador de insecticidas | duster airplane.
aeroplano fumígeno | smoker.
aeroplano monoplaza para ataque rasante | single-seat ground attack aeroplane.
aeroplano no apto para combatir que requiere reparación | war-weary airplane.
aeroplano obediente a los mandos | obedient aeroplane.
aeroplano para carga y pasaje | freighter-passenger aeroplane.
aeroplano para fumigación de cosechas en pie | crop-spraying aeroplane | crop-dressing aircraft.
aeroplano para instrucción de bombardeo | bombardier trainer.
aeroplano para misiones múltiples | multimission aircraft.
aeroplano para operaciones en regiones boscosas | bush airplane.
aeroplano para servicios meteorológicos | meteorological aeroplane.
aeroplano para transportes pesados | heavy transport aircraft.
aeroplano parásito transportado sobre otro aeroplano | piggyback plane | pickaback plane.
aeroplano patrulla para localización de icebergs | ice-patrol plane.
aeroplano que no despega por fallos mecánicos | ground abort.
aeroplano que puede volar pero no está en condiciones de combatir | flyable dud.
aeroplano que transporta a otro | composite aircraft.
aeroplano remolcador | tow plane.
aeroplano remolcador del planeador | glider-tug aeroplane.
aeroplano subsónico | subsonic aeroplane.
aeroplano supersónico aflechado | arrow-shaped supersonic aeroplane.
aeroplano tetramotor | four-engined aeroplane.
aeroportable | air-portable.
aeroportado | airmobile | airborne.
aeroprospección | aerial prospection.
aeroproyección | aeroprojection.
aeroproyector | aeroprojector.
aeropuerto | aerodrome | terminal | port | airport | airfield.
aeropuerto (aviación) | port.
aeropuerto aduanero | airport of entry | customs airport.
aeropuerto civil | civil airport.
aeropuerto comercial | commercial airport.
aeropuerto con pistas ranuradas | grooved airport.
aeropuerto con una sola pista de despegue | one-runway airport.
aeropuerto de cuarentena | quarantine airport.
aeropuerto de destino | airport of delivery.
aeropuerto de emergencia | alternate airport.
aeropuerto de empleo internacional | internationally-used airport.
aeropuerto de escala | airport called at.
aeropuerto de llegada | airport of destination.
aeropuerto de salida | airport of departure.
aeropuerto de utilización conjunta civil y militar | joint-use airport.
aeropuerto emplazado a gran altitud | high-altitude airport.
aeropuerto en todo tiempo | all-weather airport.
aeropuerto franco | customs-free airport.
aeropuerto intercontinental | intercontinental airport.
aeropuerto internacional | international airport.
aeropuerto marítimo | marine airport.
aeropuerto mixto | joint airport.
aeropuerto municipal | city owned airport | municipal airport.
aeropuerto para aterrizaje y despegue en todas direcciones | all-way airport.
aeropuerto para dirigibles | airship harbor.
aeropuerto para embarque y transporte aéreo | port of aerial embarkation.
aeropuerto para tráfico de frutas | fruit airport.
aeropuerto pequeño | airpark.
aeropuerto sostenido por sus propias tasas | tax-supported airport.
aeropuerto terminal | terminal airport.
aeropuerto transatlántico | transatlantic airport.
aeropuerto transoceánico | transoceanic airport.
aeropuertos principales del mundo | world's major airports.
aeropulverizador | aeropulverizer.
aerorreconocimiento fotográfico | photoreconnaissance.
aerorrefrigeración | aircooling.
aerorrefrigerado | aircooled.
aerorrefrigerador | aircooler.
aerorrefrigerar | aircool (to).
aerorremolcar | aerotow (to).
aeroscafo | aeroscaphe.
aeroscopia | aeroscopy.
aerosfera | aerosphere.
aerosiderito | aerosiderite.
aerosiderolito | aerosiderolite.
aerosinusitis | aerosinusitis.
aerosinusitis (medicina aeronáutica) | sinus barotrauma.
aerosol | aerosol | spray.
aerosol cargado eléctricamente | electrically charged aerosol | electrically-charged aerosol.
aerosol complejo | complex aerosol.
aerosol congelador | freezing spray.
aerosol de aluminio | aluminum aerosol.
aerosol de origen continental | continentally derived aerosol.
aerosol de óxido de cromo | chromium-oxide aerosol.
aerosol en polvo | powder aerosol.
aerosol gaseoso licuado | liquefied gas aerosol.
aerosol higroscópico | hygroscopic aerosol.
aerosol mesosférico | mesospheric aerosol.
aerosol submicrométrico | submicron aerosol.
aerosol troposférico | tropospheric.
aerosoles estratosféricos | stratospheric aerosols.
aerosolia | aerosol.
aerosoloscopio | aerosoloscope.
aerostación | aerostation.
aerostática | ballooning.
aerostática (ciencia) | aerostatics.
aerostático | aerostatic.
aerostatismo | aerostatism.
aeróstato | aerostat | lighter-than-air craft.
aerostilo | aerostyle.
aerotáctico | aerotactical.
aerotecnia | aerotechnics.
aerotécnico | aerotechnician | aerotechnical.
aerotecnología | aero-engineering.
aerotermo (calefactor) | unit heater.
aerotermodinámica | aerothermodynamics.
aerotermodinámico | aerothermodynamic.
aerotermoelasticidad | aerothermoelasticity.
aerotermómetro | aerothermometer.
aerotermoquímica | aerothermochemistry.
aerotermoterapia | aerothermotherapy.
aeroterrestre | air-surface.
aerotitis media | aero otitis | aerotitis media.
aerotitis media (aviadores) | otitic barotrauma.
aerotopografía | aerotopography.
aerotopógrafo | aerotopographer.
aerotransportabilidad | air transportability.
aerotransportable | air transportable.
aerotransportado | air-transported.
aerotransportar | airfreight (to).
aerotransportar (personal o material) | airlift (to).
aerotransportar tropas o material | airland (to).
aerotransporte | air transport | air transportation.
aerotrén | hovertrain.
aerotriangulación | aerotriangulation | aerial triangulation.
aerovía de cable | aerial tramway.
aesférico | nonspherical.
aetita | aetites.
afanarse | bestir oneself (to).
afanarse por | strive to (to).
afaneidoscopio (cinema) | aphengoscope.
afanesa (mineralogía) | klinoklas.
afanfírico | aphanphyric.
afanifíricos | aphaniphyric.
afanita | aphanite.
afanita calcífera | calc-aphanite.
afanítico | aphanitic.
afanofídico | aphanophyric.
afectable | allocatable | allocable.
afectación (de fondos) | earmarking.
afectación (de una unidad a otra) | attachment.
afectación de una cantidad a | devoting.
afectación hipotecaria | mortgage charge.
afectación impositiva | earmarking of taxes.
afectado (matemáticas) | adfected.
afectado como garantía | pledged as security.
afectado como garantía del contrato | charged as security for the contract.
afectado por impacción del omaso (veterinario) | fardel-bound.
afectar | preset (to) | encumber (to) | assign (to).
afectar (a una cuenta) | apply (to).
afectar (fondos, dinero) | appropriate (to).
afectar por la acción glaciar | glaciate (to).
afectar un tripulante a servicios de tierra (aviación) | ground (to).
afectar una cantidad a | devote (to).
afecto al uso de | appropriated to the use of.
afeitado | shaving | shave.
afeitadora | shaver | shaving machine.
afeitar | shave (to).
afelio (astronáutica) | aphelion.
afelios | aphelia.
afelpado | plush-like | flock | balk back.
afelpado (frisado - telas) | cloth raised.
afelpado electrolítico (telas) | electrostatic flock printing.
afelpado electrostático | electrostatic flocking.
afelpadora (tejidos) | napping machine.
afelpamiento (tejidos) | napping.
aferramiento | griping | seizing | grappling.
aferramiento (de una vela) | furl.
aferramiento (velas) | furling.
aferrar | grasp (to) | gripe (to) | moor (to).
aferrar (velas) | truss (to) | hand (to) | furl (to).
aferrar (velas, toldos) | stow (to).
aferrar las velas (buque de vela) | stow the sails (to).
aferrar por detrás | seize from behind (to).
aferrar una vela (buques) | hand a sail (to).
aferrarse | grapple (to).
afianzado | bond in | in bond | warrantee.
afianzador | fastener.
afianzador de carril | rail brace.
afianzamiento | security.
afianzar | clamp (to) | secure (to) | caution (to) | bond (to).
afianzar con grapas | dog (to).
afianzar con rebordes o pestañas | rib (to).
afibroso | nonfibrous.
aficida | aphicide.
afición a la aviación | air mindedness.
aficionado | amateur.
aficionado a las antigüedades | antiquary.

afiche | poster | placard.
afidavit | affidavit.
áfido | green fly.
áfido productor de agallas (coníferas) | gall aphid.
áfidos | bark lice.
afieltrado | felted.
afieltrar (pelo, etc.) | intermat (to).
afieltrar (telas) | felt (to).
afijación | allocation.
afijación (estadística) | allocation.
afijación por valores (estadística) | value allocation.
afijación proporcional | proportional allocation.
afijar (estadística) | allocate (to).
afijo | affix.
afiladera | rubstone.
afilado | tapered | sharp-edged | edged.
afilado (herramientas) | setting.
afilado a mano | hand-sharpened | offhand sharpening.
afilado a máquina | machine grinding.
afilado anodomecánico de herramientas de corte | cutting tool anodomechanical grinding.
afilado con ayuda electrolítica | electrolytic-assisted grinding.
afilado con cara cóncava (herramientas) | hollow-ground.
afilado con muela | grindstone sharpening.
afilado con muela de forma | formed wheel grinding.
afilado con piedra aceitada | sharpened on an oil stone.
afilado de avance normal | infeed grinding.
afilado de cuchillas | knives-grinding.
afilado de herramientas a pulso | offhand grinding.
afilado de la cuchilla | cutter-setting.
afilado de la fresa | cutter-setting.
afilado de la fresa matriz | hob sharpening.
afilado de sierras con muela de cazuela | saw gumming.
afilado electroerosivo de herramientas | electroerosive tool grinding.
afilado electrolítico | electrolytic grinding | electrogrinding.
afilado electrolítico de herramientas | electrolytic tool sharpening.
afilado en húmedo | wet grinding.
afilado en punta | pointing.
afilado en seco | dry sharpening | dry grinding.
afilado en su extremo | drawn out at end.
afilado por cinta abrasiva | abrasive belt grinding.
afilado por electroerosión | spark sharpening | electrosharpening.
afilado químico de limas | file chemical grinding.
afilador | sharpener.
afilador (amolador - persona) | grinder.
afilador de cuchillas | mower blade grinder.
afilador de herramientas | knife-grinder.
afilador de herramientas (obrero) | tool sharpener.
afilador para cuchillos | knife-sharpener.
afiladora | sharpening-machine | grinder | tool sharpener.
afiladora (de sierras) | gummer | scuffler.
afiladora (dientes de sierra) | gulleting machine.
afiladora de barrenas (minas) | drill sharpener.
afiladora de brocas | drill grinder | drill sharpener | bit grinder.
afiladora de brochas | broach-sharpening machine.
afiladora de cuchillas | cutter grinder.
afiladora de cuchillas (de torno) | tool grinder.
afiladora de cuchillas de cepilladoras | plane iron grinder.
afiladora de cuchillos | knife-sharpening machine | knife grinding machine.
afiladora de doble muela | double-disc grinding machine.
afiladora de fresas | cutter sharpener | milling cutter sharpening machine.
afiladora de fresas de dentadura helicoidal | helical cutter sharpener.
afiladora de fresas para engranajes cónicos de dentadura espiral | spiral bevel cutter sharpener.
afiladora de herramienta de forma | form-tool sharpener.
afiladora de herramientas | tool grinding machine.
afiladora de hierros de cepillo | plane iron grinder.
afiladora de hojas de sierra | band filer.
afiladora de machos de terrajar | tap sharpener.
afiladora de pedestal | pedestal grinder.
afiladora de sierras | saw sharpener | saw grinder | saw filer.
afiladora de sierras de cinta | bandsaw sharpening machine.
afiladora electrolítica | electrolytic grinder.
afiladora neumática para herramientas | pneumatic tool dresser.
afiladora para fresas | milling cutter grinding machine.
afiladora para fresas de dentadura recta | straight tooth cutter sharpener.
afiladora para fresas frontales | face-cutter grinder.
afiladora para herramientas (de torno) | tool grinder.
afiladora para herramientas con cuchillas de carburo | carbide-tool grinder.
afiladora para herramientas de carburo sinterizado | sintered carbide grinder.
afiladora para sierras circulares | circular saw grinding machine.
afiladora para sierras de dientes de carburo de tungsteno | carbide saw sharpener.
afiladora-amoladora de cuchillas | knife grinder.
afiladura | pointing.
afiladura (de dientes de sierra) | gumming.
afilamiento (filones) | wedging out.
afilar | whet (to) | sharpen (to) | sharp (to) | fine off (to) | edge (to) | set out (to) | taper (to) | hone (to) | grind (to).
afilar (herramientas) | fit (to).
afilar (herramientas, muelas) | dress (to).
afilar en húmedo | grind wet (to).
afilar en seco | dry-grind (to).
afilar la barrena | dress the bit (to).
afilarse | edge off (to) | enter (to).
afiliación | membership.
afiliación sindical | union membership.
afiliado | member | affiliate.
afiliado a la universidad | university-affiliated.
afiliado a un sindicato | union member.
afiliados | membership.
afiliar | affiliate (to).
afiliarse | affiliate (to).
afiligranado | filigree | filigreed.
afiligranar | filigree (to).
afilón | smoothing steel | steel | knife-sharpener.
afilón de carnicero | butcher's steel.
afín | closely-allied.
afín (elemento, producto) | sister.
afín (emparentado por casamiento) | at-law.
afina (Strombosia postulata - Oliv) | pue | ubelu.
afina (Strombosia pustulata - Oliv) | afina.
afinable (instrumentos música) | tunable.
afinación (acústica) | tuning.
afinación (motores) | tuning.
afinado | setting up | sharp | processing.
afinado (aparatos) | peaked.
afinado (buques) | shipshaped.
afinado (dientes de engranajes) | burnishing.
afinado (eliminación de burbujas de gas-vidrio fundido) | fining.
afinado (instrumento música) | tuned.
afinado (metales) | refining.
afinado (motores, aparatos) | tuned.
afinado (música) | keying | keyed | in tune.
afinado de las puntas (lino) | tailing | topping.
afinado electrolítico | electrorefining | electrolytic refining.
afinado en horno | furnace-refined.
afinado por oxidación (nucleónica) | oxidative slagging.
afinador | refiner | tuner | finer | finisher.
afinador (hojalatería) | goozing iron.
afinador de pianos | piano-tuner.
afinador del grano (metalurgia) | grain refiner.
afinadora del afirmado bituminoso | bituminous finisher.
afinamiento (construcción naval) | fineness.
afinamiento de las líneas de agua (plano de formas de buques) | snubbing.
afinamiento progresivo | tapering.
afinar | fine away (to) | fine off (to) | fine down (to) | refine (to).
afinar (aparatos) | peak (to).
afinar (en el convertidor Bessemer-metalurgia) | convert (to).
afinar (instrumentos de música) | tone (to).
afinar (instrumentos música) | temper (to) | key (to).
afinar (máquinas) | overhaul (to).
afinar (metales) | fine (to).
afinar (motores) | true up (to) | tune up (to) | tune (to).
afinar (música) | tune (to) | attune (to).
afinar (radio, TV) | tune (to).
afinar (válvulas, motores) | position (to).
afinar con la lima | file down (to).
afinar el grano (metalurgia) | refine the grain (to).
afinar el motor | adjust the engine (to).
afinar la estructura cristalina | refine the crystal structure (to).
afinar por electrólisis | electrorefine (to).
afincarse en tierras del Estado con prioridad | preempt (to).
afinidad | linkage | affinity.
afinidad electiva | elective affinity.
afinidad electrónica | electronic affinity | electron affinity.
afinidad entre el cojinete y el lubricante | wettability.
afinidad por el oxígeno | adustion.
afinidad residual | affinity residual.
afino | fining | refining.
afino (metalurgia) | knobbling.
afino (motores) | power setting | lining up.
afino al carbón vegetal | charcoal refinery.
afino al crisol | crucible refining.
afino común de dos particiones | common refinement of two partitions.
afino con temperatura de oxidación debajo de la temperatura de fusión (cobre) | dry sweating.
afino de encendido (motores) | timing.
afino de la aleación | alloy refining.
afino de la hélice (aviones) | propeller adjustment.
afino de las válvulas (motores) | timing.
afino del acero | steel shearing.
afino del cobre | tough poling.
afino del grano | grain refinement.
afino del grano (metalurgia) | grain refining | normalizing.
afino del mecanismo de carga (cañón) | loader timing.
afino del motor | motor tune-up | engine setting | engine tune-up.
afino del plomo | lead refining.
afino del regulador | governor setting.
afino electrolítico del estaño | electrolytic tin refining.
afino electrotérmico | electrothermic refining.
afino en baño de escoria | wash metal process | washing.
afino en frío (aceros) | cool refining.
afino en horno de solera | hearth refining | hearth fining.
afino neumático (metalurgia) | converting.

afino por corriente de oxígeno (aceros) | oxygen lancing.
afino sobre solera | open-hearth refining.
afino térmico | heat refining.
afírico | aphyric.
afirmación categórica | emphatic statement.
afirmación de deuda | averment of claim.
afirmación de fé | establishment.
afirmada (carreteras) | metalled.
afirmado (caminos) | improved.
afirmado (carreteras) | surfacing | metalling.
afirmado de gravilla | hogging | hoggin.
afirmador | consolidator.
afirmar | secure (to) | establish (to) | compact (to) | vouch (to) | aver (to).
afirmar bajo juramento | verify (to).
afirmar el pabellón (buques guerra) | affirm the colors (to).
afirmar el suelo con pilotes | pile (to).
afirmarse | strengthen (to).
afirmarse (precios) | harden (to).
afirmativo | affirmative.
aflautado (sonido) | pipy.
aflechado | arrowy | arrow-shaped.
aflogístico | aphlogistic.
aflogistico (que se quema sin llama) | flameless.
aflojado (frenos) | released.
aflojador de las mallas (tejido de punto) | stitch slackener.
aflojamiento | slackening | slackage | loosening | relaxation.
aflojamiento (cuerdas) | looseness.
aflojamiento (de un cable) | drift.
aflojamiento de la cimbra (arcos) | center easing.
aflojamiento de la chaveta | key slackening.
aflojamiento de las cuñas | easing out of wedges.
aflojar | slack (to) | loose (to) | let loose (to).
aflojar (aparejos) | settle (to).
aflojar (cuerdas) | loose (to).
aflojar (frenos) | relieve (to) | relax (to).
aflojar (frenos, tuercas) | slacken (to).
aflojar (precios, una cuerda) | relax (to).
aflojar (tornillos, frenos) | ease (to).
aflojar (un cabo - marina) | loosen (to).
aflojar con palanca (rocas) | bar (to).
aflojar el freno | loosen the brake (to) | free the brake (to).
aflojar el prensa | ease off the gland (to).
aflojar gradualmente | ease (to) away | ease off (to).
aflojar la marcha | slow down the velocity (to).
aflojar roca con barrena de punta | gad (to).
aflojar un tornillo | back off a screw (to).
aflojar una tuerca | take off a nut (to).
aflojarse | loosen (to) | work free (to) | come loose (to) | give way (to).
aflojarse (carga estibada | work (to).
aflojarse (tuercas) | rundown (to).
afloración | seepage.
afloramiento | outcropping.
afloramiento (de un filón) | outbreak.
afloramiento (filones) | cropping out | cropping | basset.
afloramiento (geofísica) | offset.
afloramiento (geología) | outburst | outcrop | surface termination | blow | breakthrough | exposure | rock exposure | day stone | beat.
afloramiento (minas) | black pins | crop | flash | cap.
afloramiento alterado por los agentes atmosféricos (geología) | blossom.
afloramiento de carbón | coal smut.
afloramiento de cuarzo (minería) | quartz-blow.
afloramiento de falla | fault outcrop.
afloramiento de roca más vieja rodeada por otras más jóvenes | inlier.
afloramiento de un filón potente que se adelgaza en profundidad | blowout.
afloramiento del techo (filones) | outcrop of hanging wall.
afloramiento enmascarado | buried outcrop | concealed outcrop.
afloramiento oculto | concealed outcrop.
afloramiento rocos | rock outcrop.
afloramientos | croppings | surface outcroppings.
aflorando en la superficie | outcropping.
aflorar | flush up (to) | outcrop (to).
aflorar (filones) | crop out (to) | basset (to) | come out to the day (to).
aflorar (frenos) | free (to).
aflorar (geología) | chop up (to) | expose (to).
aflorar (minas) | fay (to).
aflorar (minería) | break-out (to).
aflorescencia | afflorescence.
afluencia | fluency | inflow | influx | general rush.
afluencia (aguas | concourse.
afluencia de agua | rate of inflow.
afluencia de capital | inflow of capital | influx of capital.
afluencia e influencia | inflow and outflow.
afluente | affluent.
afluente (de un río) | influent.
afluente de aguas arriba (ríos) | head-tributary.
aflujo (gases) | influx.
aflujo catódico | cathodic influx.
aflujo de aire por debajo de la parrilla (caldera) | underfire air.
aflujo de corriente | current inrush.
aflujo de sangre (fisiología) | determination.
afnología | aphnology.
afocal | afocal.
afocalidad | afocality.
afofar (la lana) | open (to).
afonía | aphony.
aforable | appraisable.
aforable (aduanas) | gageable.
aforado | gaged.
aforador | appraiser | flowmeter | flowmeter | gager | stream gager.
aforador (bosques) | estimator.
aforador de aduana | customs appraiser.
aforador de combustible | fuel flowmeter.
aforador de resalto | standing-wave flume.
aforador registrador | recording gage.
aforador registrador automático | automatic recording gage.
aforamiento | gauging | meterage.
aforar | meter (to) | calibrate (to) | appraise (to) | gauge (to) | measure (to).
aforar (leyes) | give privileges (to).
aforardosificar el cemento (hormigones) | gage (to).
aforestación | afforestation.
aforismo jurídico | legal maxim.
aforo | calibration | metering | inning | gauging | gauge (G.B.) | gauge | valuation for customs purposes | rating | measure | gage (EE.UU.) | gaging (EE.UU.).
aforo (aduanas) | appraisal | customs appraisal.
aforo (depósito) | innage.
aforo con solución radiactiva | radioactive solution gaging.
aforo de árboles en pie | cruise (to).
aforo de corrientes | flow gaging.
aforo de cursos de agua | stream gaging.
aforo de desnivel constante (ríos) | constant-fall rating.
aforo de pastos | forage density.
aforo de ríos | river gaging | flow gaging.
aforo del agua | water metering.
aforo directo | direct gaging.
aforo electroquímico | electrochemical gaging.
aforo en vertedero | notch-gaging.
aforo forestal (Iberoamérica) | forest assessment.
aforo por flotadores | float gaging.
aforo por método color-velocidad (hidráulica) | color-velocity method.
aforo por profundidad crítica (hidráulica) | critical-depth meter.
aforo por valoración | chemical gaging.
aforrado (cabo o cables metálicos - marina) | served.
aforrado con yute alquitranado (cables eléctricos) | tarred jute serving.
aforrar (marina) | sheathe (to).
aforrar cabos (marina) | parcel (to).
aforrar un cabo (marina) | keckle (to) | serve (to).
afótico | aphotic.
afotonita | aphothonite.
afrecho | bran.
afrita | foam spar | argentine.
afrizita | aphrizite.
afroamericano | afro-american.
afrofora | spittle bug.
afrohispánico | afrohispanic.
afrolítico | aphrolithic.
afrolito | aphrolith.
afrontamiento | fronting.
afrontar | front (to) | encounter (to).
afrontar los riesgos | face the risks (to).
afrooriental | afro-oriental.
afrormosia (Afrormosia spp) | afrormosia | kokrodua.
aftongo | aphthong.
afuera | out.
afuncional | afunctional.
afuste | carriage.
afuste (artillería) | mount.
afuste (cañones) | top carriage | mounting.
afuste (perforaciones) | bar.
afuste de doble cola (cañones) | split-trail gun carriage.
afuste de mortero (artillería) | mortar bed.
agafita | agaphite.
agalai (Chukrasia velutina) | agalai.
agalita | agalite.
agalmatolita | figured stone | Chinese soapstone | lard-stone.
agalla (botánica) | gall apple.
agalla (branquia - peces) | gill 11.
agalla (cecidia - botánica) | gall.
agalla de enebro | cedar-apple.
agalla del roble | oak apple.
agalla radicular (raíces plantas) | root knot.
agallón | hollow silver bead | bead.
agallón (arquitectura) | egg moulding.
agamoespecie | agamospecies.
agamospérmico | agamospermic.
agamuzado (cueros) | oil-tanning.
agamuzar | suede (to).
agamuzar (cuero) | chamois (to).
agar | agar.
agar con triptona-glucosa | tryptone glucose agar.
agar de bilis | bile agar.
agar en copos | flaked agar.
agar nutritivo (bioquímica) | nutrient agar.
agar verde brillante (bacteriología) | brilliant green agar.
agárico | agaric.
agárico fósil | agaric mineral | rock milk.
agárico melado | honey-fungus.
agárico mineral | agaric mineral | chalk liquid | liquid chalk | rock-milk | mineral agaric.
agarrable | seizable.
agarradera | lug.
agarradero | handle | handgrip | holder | hold | gripe | grip.
agarradero (maza de martinete) | die.
agarradero del neumático | strake.
agarrador de remaches (cuadrilla de remachado) | passer.
agarrador para mover carriles | gripper.
agarradores del cilindro de impresión | grippers of impression cylinder.
agarrar | tackle (to) | tackle (to) | gripe (to) | grip (to) | grapple (to) | seize (to).
agarrar con el bichero (botes) | hook (to).
agarrarse (obstruirse - válvulas) | gag (to).
agarre | handhold.
agarre (de la pintura a una superficie, etc.) | keying.

agarre (pintura) | key.
agarre (tornillos, etc.) | bite.
agarre de la barra | bar hold.
agarre de mordaza | jaw clip | jaw grip.
agarre del ancla | anchor-hold.
agarre para la mano | hold for hand.
agarre que no resbala (mangos de herramientas) | nonskid gripping.
agarrotado (piezas máquinas) | frozen.
agarrotado (pistones) | seized.
agarrotado (válvulas) | jammed.
agarrotamiento | wedging | binding.
agarrotamiento (del pistón, cojinetes, etc.) | sticking.
agarrotamiento (máquinas) | seizure.
agarrotamiento (motores) | seizing.
agarrotamiento (piezas de máquinas) | seize.
agarrotamiento (válvulas) | jamming.
agarrotamiento (válvulas, etc.) | jam.
agarrotamiento de la dirección (autos) | steering lock.
agarrotamiento de los aros (pistones) | ring sticking.
agarrotamiento de varias piezas | seizing between parts.
agarrotamiento del inyector | injector seizure.
agarrotamiento del pistón | piston seizure.
agarrotamiento hidráulico (válvulas y bombas) | hydraulic lock.
agarrotamiento por el calor | heat seizure.
agarrotamiento por la viruta (máquina herramienta) | swarf jamming.
agarrotarse | wedge (to) | fray (to).
agarrotarse (órganos de máquinas) | gripe (to).
agarrotarse (partes de máquinas) | grab (to).
agarrotarse (partes de máquinas, tuerca en el perno) | freeze (to).
agarrotarse (válvulas) | jam (to).
agarrotarse (válvulas, pistones, etc.) | seize (to).
ágata | agate | Egyptian pebble.
ágata acintada | ribbon agate.
ágata arborescente | arborescent agate.
ágata arborizada | arborized agate | dendritic agate.
ágata azulada o calcedonia de tinte azulado | blue onyx.
ágata cintada con bandas no rectas y no paralelas | carnelian agate.
ágata con colores dispuestos en bandas paralelas algo onduladas | banded agate.
ágata con inclusión de manchas cónicas de cacholonga | conachatae.
ágata con inclusiones discoidales de cachalonga | discachatae.
ágata con marcas circulares | circle agate.
ágata con marcas delicadas | fancy agate.
ágata coralina | coral agate.
ágata de Islandia | Iceland agate.
ágata de pluma de pavo real | peacock stone.
ágata dendrítica | dendritic agate.
ágata enhidra | enhydrous agate.
ágata iridiscente | iridescent agate.
ágata jaspeada | jasp agate | jasperated agate | agate jasper.
ágata listada | ribbon agate.
ágata musgosa | moss agate.
ágata negra o calcedonia negra | black onyx.
ágata o jaspe teñido de azul | false lapis.
ágata ocelada | eye agata.
ágata oculiforme | eye-shaped agate.
ágata onix | ribbon agate.
ágata opalizada | agate opal.
ágata parecida al coral fosilizado | coral agate.
agatado | agaty.
ágathis índico (Agathis alba - Lam) | East Indian kauri.
agatífero | agatiferous.
agatificar | agatize (to).
agatiforme | agatiform.
agatino | agaty | agatine.
agatoide | agatoid.
agavilladora | windrowing cornmower | binder | side-delivery reaper | cradle.
agavillar | bind in bundles (to).
agena | agene.
agencia anunciadora | advertising agency.
agencia archival | archival agency.
agencia autorizada | accrediting agency.
agencia comercial | trading station.
agencia de adquisición | procurement agency.
agencia de aduanas | customs agency.
agencia de bienestar público | public welfare agency.
agencia de cambio | exchange office.
agencia de cobranzas | collection agency.
agencia de cobros | collection agency.
agencia de colocación para profesores e institutrices | scholastic agency.
agencia de colocaciones | register office | registry office.
agencia de compras | buying agency | purchasing agency.
agencia de información | press bureau.
agencia de informaciones | enquiry office.
agencia de informes comerciales | mercantile agency.
agencia de informes mercantiles | commercial agency.
agencia de intercambio de informes de crédito | credit-interchange bureau.
agencia de publicidad | advertising agency | advertising office.
agencia de transportes | forwarding firm | forwarding agency | shipping firm | shipping agency.
agencia de venta de planos | map agency.
agencia de ventas de inmuebles o fincas | estate office.
Agencia Estatal de Seguros (EE.UU.) | State Carrier.
agencia inmobiliaria | real estate agency.
agencia marítima | shippig office | shipping agency.
Agencia Nuclear Europea | European Nuclear Agency (E.N.A.).
agencia oficial | authorized agency.
agencia oficial de publicidad | accredited agency.
Agencia para el Control de Armamentos y Desarme | Arms Control and Disarmament Agency.
agencia para repostaje de buques (carbón, petróleo, etc.) | shipping bunkering agency.
agencia prestamista | lending agency.
agencia publicitaria | publicity bureau.
agencia responsable de un proyecto | cognizant agency.
agencia supervisora (de un proyecto) | directing agency.
agenciárselas | manage (to).
agencias de importación-exportación | confirming house.
agencias federales | federal agencies.
agencias semioficiales | quasi-official agencies.
agenda | notebook | engagement book | agendum.
agenda financiera | financial diary.
agenizado (tratado con tricloruro de nitrógeno) | agenized.
agente | operator.
agente (química) | medium.
agente (sustancia que transmite impulsos de luz, de calor, etc.) | medium.
agente abrillantador | brightening agent.
agente activante | activating agent.
agente activo superficialmente | surfactant.
agente adherente | bonding agent.
agente adicional | additional agent | doping agent.
agente aglomerativo | agglomeratic agent.
agente alkilizante | alkylating agent.
agente antiaglutinante | anticaking agent.
agente anticorrosivo | anticorrosive agent | antipitting agent | antipit agent.
agente antidetonante | antidetonation agent.
agente antiescarcha (gasolina) | anti-stalling agent.
agente antiespumante | antifoaming agent | defoaming agent.
agente antiespumante de la fermentación | fermentation antifoaming agent.
agente antilodos | antisludging agent.
agente antiózono | antiozonant.
agente antiporoso | antipit | antipitting agent.
agente antirrasgable | antitearing agent.
agente asesor (seguros) | underwriter.
agente autorizado | franchised dealer.
agente azeotropógeno | azeotrope forming agent.
agente bioestático | biostatic agent.
agente biológico que si se emplea contra el enemigo puede infectar las fuerzas propias | retroactive agent.
agente cargador (buques) | forwarding agent.
agente causativo | incitant.
agente clarificante | clearer | clarifying agent.
agente colorante | tinting medium.
agente comercial | salesman | purchasing agent.
agente comisionado | factor.
agente complejante (química) | sequestering agent.
agente comprador | purchaser.
agente condensador (química) | condensing agent.
agente cremante (fabricación caucho) | creaming agent.
agente de adición | addition agent.
agente de adición marcado radiactivamente | radiactively-labelled addition agent.
agente de adición que se añade al baño para obtener depósitos brillantes (electrodeposición) | brightener.
agente de aduanas | forwarding agent | customs agent | customs broker | customhouse broker.
agente de arrastre | entraining agent.
agente de auditoría | revenue agent.
agente de bienes inmobiliarios | real estate agent.
agente de bolsa | stockbroker | transfer agent | stock broker | broker.
agente de bolsa que ejecuta ordenes por cuenta de brokers | two dollar broker.
agente de cambio | stockbroker | mercantile broker | agent of Exchange | foreign exchange broker | exchange broker | exchanger.
agente de cambio (bolsa) | stock broker.
agente de cambio y bolsa | jobber | stockbroker.
agente de cambios | bill broker | bill-broker.
agente de compras | purchasing agent | buying agent | buyer.
agente de compras (EE.UU.) | procurement clerk.
agente de conservación | preservative.
agente de control | quality inspector.
agente de denudación | denuding agent.
agente de desengomado alcalino | alkaline scouring agent.
agente de desmoldeo | release agent.
agente de dopado | doping agent.
agente de embarques | shipping and forwarding agent.
agente de enlace | liaison officer.
agente de enlace (química) | condensing agent.
agente de extensión agraria | county agent.
agente de impurificación | doping agent.
agente de librería | book-canvasser.
agente de mercaderías | produce broker.
agente de mezcla | compounding agent.
agente de negocios | commission merchant | business promoter.
agente de nucleación | nucleator.
agente de pasajes (buques y aviones) | booking agent.
agente de policía | trooper.
agente de precipitación (química) | precipitating agent.
agente de reforzamiento en estado húmedo | wet strengthening agent.

agente de reservación | seat reservation clerk.
agente de retención | hold-back agent.
agente de seguros | insurance agent | insurance broker.
agente de tierras | land man.
agente de transportes | freight forwarder | forwarding agent | shipping agent.
agente de venta de inmuebles | estate-agent.
agente de ventas | selling agent.
agente de vía (ferrocarril) | roadmaster.
agente de vigilancia de costas | coast-waiter.
agente debilitador (fotografía) | reducing agent | reducing-agent.
agente defoliante | defoliant.
agente demostrador | house salesman.
agente demulsionante | demulsifying agent.
agente depositario | factor.
agente descolorante | discoloring agent.
agente descontaminante | decontaminating agent.
agente desengrasador | fat extraction agent.
agente desengrasante | degreasing agent.
agente desgrasante rociador | aerosol degreasing agent.
agente deshidrante para detener la descomposición de las pieles | cure.
agente desnaturante | denaturing agent.
agente despachante | dispatching agent.
agente despasivante | depassivating agent.
agente ejecutivo | executive.
agente electoral | canvasser.
agente eliminador del azufre (aceros) | desulfurizer.
agente emulsionante | emulsifying agent.
agente en el extranjero garantizador de crédito del comprador | guarantee broker.
agente encubridor | masking agent.
agente entumecedor | swelling agent.
agente espesador | inspissating agent.
agente espumante | foaming agent.
agente espumante sintético fluorocarbonado | aqueous film forming foam.
agente espumígeno | froth-producing agent.
agente estabilizador (fabricación caucho) | stopper.
agente estabilizante (química) | regulating agent.
agente estimulador del crecimiento de la planta | plant-growth stimulating agent.
agente etiológico | etiologic agent.
agente exclusivo | sole agent.
agente expedidor | dispatching agent | shipping broker | forwarding agent.
agente expulsivo | expulsive agent.
agente fermentador | leavening agent.
agente fijo | regular agent.
agente floculante aniónico | nonionic flocculating agent.
agente floculante y fluorizante | flocculating-fluoridating agent.
agente forestal | forest officer.
agente gelificante | gelifying agent | gelificant agent.
agente humectador de polvos | pickup agent.
agente humectante | wetting agent.
agente humectante aniónico | nonionic surfactant.
agente humidificador | wetting agent | wetting.
agente humidificante | wetting agent.
agente importador | import agent.
agente inclusor de aire (hormigones) | air entraining agent.
agente independiente de bolsa | floor-trade.
agente industrial | manufacturer's agent.
agente inflador que desprende gases (vulcanización caucho celular) | inflating agent.
agente inhibidor | sequestering agent.
agente iniciador (de una reacción) | trigger.
agente inmobiliario | estate-agent.
agente lacrimógeno | tear producing agent.
agente libre de seguros | insurance broker.
agente lixiviador | leaching agent.
agente local | resident agent.
agente marítimo | ship broker | shipping agent.
agente mineralizador | mineralizer.
agente mojante | wetting agent.
agente monetario | circulating medium.
agente motor | driving agent.
agente nodulante | nodulizing agent.
agente ocasional | part-time agent.
agente opacificante | opacifying agent.
agente oxidante | oxidizing agent.
agente oxidante (cohetes) | fuel.
agente oxidante enérgico | strong oxidizing agent.
agente oxidante muy enérgico | fairly strong oxidizing agent.
agente oxidante químico | chemical oxidizing agent.
agente pagador | paying agent | disbursing agent.
agente para evitar la formación de oquedades (niquelado) | antipit agent.
agente polimerizante para resinas (química) | curative.
agente porógeno | pore-inducing agent.
agente porosígeno | porosity-forming agent | porosity-producing agent.
agente precipitante | precipitating agent.
agente promotor de adherencia | adhesion promoting agent | adherence promoting agent.
agente promotor de la adherencia del ligante | bond-adhesion-promoting agent.
agente propulsor | propelling agent.
agente que dificulta la cementación | carburizing masking agent.
agente que vende libros baratos | colporteur.
agente quelante | chelating agent.
agente químico estornutatorio | sternutator.
agente químico para que las moléculas formen cadenas lineales (industria del caucho) | chain straightener.
agente químico para variar la viscosidad | viscosity-adjusting agent.
agente reactivo salino | salting out agent.
agente recaudador | fiscal agent | debt collector.
agente reductor | reducing agent.
agente reductor (química) | reducing-agent | reductant.
agente reductor de la permeabilidad | permeability-reducing agent.
agente retenedor (de pinturas, etc.) | antistripping agent.
agente revelador (fotografía) | developer.
agente secuestrador | chelant.
agente separador para una destilación azeotrópica | entrainer.
agente síquico agresivo (medicina) | stressor.
agente suavizante | softening agent.
agente superficiactivo | surface-active agent | surfactant.
agente superficieactivo | wetting agent.
agente técnico | engineering technician.
agente tensioactivo | depressant.
agente tensioactivo (química) | surfactant.
agente tensoactivo | surface-active agent | wetting agent.
agente tensoactivo aniónico | anionic surface-active agent.
agente tensoactivo catiónico | cationic surface-active agent.
agente terapéutico | therapeutant.
agente titulado | ordinary agent.
agente transmisor | carrying agent | carrier.
agente verbal | agent by parole authority.
agente vulcanizante (fabricación caucho) | curative.
agente y sujeto | agent and patient.
agentes a gran escala de viajes | tours operators.
agentes antifluorescentes | deblooming agents.
agentes atmosféricos | atmospheric agencies | weathering.
agentes de intemperismo | meteoric agents.
agentes de servicio en el tren | train staff.
agentes de superficie | surface agents.
agentes del Lloyd's (supervisores de averías, seguros, etc.) | Lloyd's agents.
agentes endurecedores | curing agents.
agentes financieros | retail dealers.
agentes fiscales | revenue authorities.
agentes geológicos de erosión | geological agencies of erosion.
agentes gradacionales (geología) | gradational agents.
agentes naturales | natural agencies | elements.
ageostrófico | nongeostrophic.
ágil | limber.
agilidad del director del tiro (artillería) | director agility.
agio | exchange premium | premium on redemption.
agiotaje | jobbing | jobbery | manipulation.
agiotaje de letras | bill jobbing.
agiotista | jobber | stockbroker | manipulator | money jobber | money-changer | speculator.
agiotista (bolsa) | rigger.
agiroscópico | nongyroscopic.
agitable | shakeable | agitable.
agitación | agitation | shaking.
agitación de la masa por medio de un espetón pudelado) | bleeding.
agitación de la superficie del mar por la hélice | churning.
agitación del baño con una barra de acero | rodding.
agitación del baño con una varilla (acero Martin-Siemens) | shaking down.
agitación del caldo con una barra para darse cuenta del estado de fusión (metalurgia) | feeling.
agitación del metal fundido con el electrodo mientras se está soldando | puddling.
agitación del metal fundido en el molde (metalurgia) | churning.
agitación disruptiva | disruptive agitation.
agitación electromagnética | electromagnetic agitation.
agitación electromagnética del acero licuado | liquid steel electromagnetic agitation.
agitación inductiva (electrohornos) | inductive stirring.
agitación por aire comprimido | pressure air agitation.
agitación por aire comprimido (baño) | air agitation.
agitación por aire filtrado | filtered air agitation.
agitación térmica | thermal excitation | thermal velocity | thermal agitation.
agitada (mar) | rough | surgy.
agitado | shaken.
agitado (música) | agitated.
agitado con vapor | steam-agitated.
agitado magnéticamente | magnetically stirred.
agitado por aire | air-stirred.
agitado por aire comprimido | air-agitated.
agitado por motor | motor-stirred.
agitado por ultrasonidos | ultrasonically agitated.
agitador | mixing device | shaker | mashing machine.
agitador (aparato) | agitator.
agitador (de ropa o de mineral) | dolly.
agitador (fabricación caucho) | muddler.
agitador (fabricación papel) | hog.
agitador (química) | stirrer.
agitador centrífugo | centrifugal agitator.
agitador con cabezas múltiples de gotas de tinta | multiple-head ink drop agitator.
agitador de chorro | jet agitator.
agitador de hélice | propeller agitator.
agitador de hormigón ya batido | premixed concrete agitator.
agitador de inducción (horno eléctrico) | induction stirrer.
agitador de la máquina | machine agitator.
agitador de la tinta | ink fountain agitator.
agitador de lavadora | washing machine agitator.

agitador de paleta giratoria | rotating paddle agitator.
agitador de paletas | paddle stirrer | propeller mixer.
agitador de plástico | plastic agitator.
agitador de salmuera | brine agitator.
agitador de tornillo helicoidal | screw agitator.
agitador de varilla | rod agitator.
agitador espiral | spiral agitator.
agitador hidráulico | hydraulic agitator.
agitador mecánico (fabricación de cerveza) | rudder.
agitador neumático | air power stirrer.
agitador para el adhesivo (fabricación caucho) | cement churn.
agitador para latas de pintura posada | paint rejuvenator.
agitador para limpiar piezas | shaking machine | tumbling barrel | tumbler.
agitafangos | slime agitator.
agitar | jar (to) | stir (to) | shake (to) | agitate (to) | stir (to).
agitar a fondo | stir (to).
agitar con varas | pole (to).
agitar el caldo para extraer las burbujas del colado (metalurgia) | churn (to).
agitar el mineral en la cuba | dolly (to).
agitar el mosto (cerveza) | rouse (to).
agitar vigorosamente | stir (to).
agitarse (agua, ríos) | popple (to).
agitarse (las olas) | roll (to).
agitarse (mar) | heave (to).
agitarse (ríos) | fret (to).
aglaucopsia | green-blindness.
aglaucópsico | green-blind.
aglomeración | congestion | agglomerating | agglomerate | agglomeration | massing | sintering.
aglomeración (barro en las botas, etc.) | balling.
aglomeración (biología) | accretion.
aglomeración de coches | holdup.
aglomeración de mineral en polvo | pelletizing.
aglomeración de partículas (cintas magnéticas) | redeposit.
aglomeración de unidades urbanas | conurbation.
aglomeración del hielo | ice sintering.
aglomeración en caliente | hot set.
aglomeración en frío | cold set.
aglomeración nodulizante | pelletizing agglomeration.
aglomeración por presión y cochura | sintering.
aglomerado | bonded | sintered | balled up | glomerate | agglomerate | aggregate.
aglomerado (geología) | massive | breccia.
aglomerado autofundente | self fluxing sinter.
aglomerado cerámicamente | ceramically bonded.
aglomerado de carbón | briquette.
aglomerado de corcho | cork filling.
aglomerado de polvo de diamante | diamond dust compact.
aglomerado descompuesto de terrenos diamantíferos | blue ground.
aglomerado en tambor giratorio | rolled.
aglomerado para altos hornos | blast-furnace sinter.
aglomerado térreo | binder soil.
aglomerante | agglomerating | agglomerative | agglomerant | admixture | bond | binding material | binder.
aglomerante (química) | matrix.
aglomerante a base de aceite de linaza | linseed-oil-base binder.
aglomerante de resina | resin binder.
aglomerante orgánico | organic binder.
aglomerantes | binders.
aglomerar | agglomerate (to) | pellet (to) | sinter (to) | mass (to) | glomerate (to).
aglomerar (fabricación vidrio) | frit (to).
aglomerar (pudelaje) | ball (to).
aglomerar por vitrificación | sinter (to).
aglomerarse | conglomerate (to) | agglomerate (to) | cohere (to).
aglomerativo | agglomerative.
aglutinabilidad | agglutinability.
aglutinable | agglutinable.
aglutinación | agglutination | sinter | slagging | sintering | clumping.
aglutinación (agregado - de bacterias) | clump.
aglutinación (combustibles) | cementing.
aglutinación (del carbón) | caking.
aglutinación de polvos | dust agglutination.
aglutinación del cok | clinkering.
aglutinado | sintered.
aglutinado (substantivo) | agglutinate.
aglutinado con arcilla | clay-bonded.
aglutinador | agglutinator.
aglutinante | agglutinating | cementing material | binding material | binder | binding agent | bonding medium | cement | bond.
aglutinante arcilloso | argillaceous binding material.
aglutinante para briquetas | briquette cement.
aglutinante para machos (moldería) | corebinder.
aglutinante para machos de fundición | core binders.
aglutinar (moldería) | corebinder. | bind (to) | agglutinate (to). **aglutinarse** | agglutinate (to) | sinter (to) | cake (to) | clump (to).
aglutinativo | agglutinative.
aglutinato | agglutinate.
aglutinina | agglutinin.
aglutinófilo | agglutinophilic.
aglutinoscopio | agglutinoscope.
agnaticio | agnatic.
agnogénico | agnogenic.
agnosia | mind blindness.
agnostozoico | agnostozoic.
agolpamiento de sangre | rush of blood.
agolparse | press (to).
agolletado (escopetas) | choke-bored.
agolletamiento | choke-bore.
agómetro | agometer.
agonía | throe.
agónico | agonic.
agorgojado | weeviled.
agostado | scorched.
agostado (agricultura) | sere.
agostado (hojas) | sear.
agostamiento por el viento (árboles) | wind blast.
agostar | sear (to).
agostarse (plantas) | scorch (to).
agotabilidad | exhaustibility.
agotabilidad de los recursos | exhaustability of resources.
agotable | exhaustible | spendable.
agotada (una edición) | out of print.
agotado | overspent.
agotado (baños) | runout | spent.
agotado (baños, catalizadores, filones) | exhausted.
agotado (baños, combustibles, etc) | depleted.
agotado (libros) | sold out.
agotado de fatiga | deadbeat.
agotado el tipo (tipografía) | all out.
agotado hace tiempo (libros) | long out of print.
agotador | exhauster.
agotador químico (teñido) | exhausting agent.
agotamiento | draining | drainage | exhausting | exhaustion | exhaustation | depletion | bailing | frazzle | pumping.
agotamiento (de agua) | drawing.
agotamiento (del combustible nuclear) | burnout.
agotamiento (desagüe minas) | forking.
agotamiento (minas) | dewatering.
agotamiento (por esfuerzo físico) | distress.
agotamiento (pozos) | emptying.
agotamiento de la actividad electrónica (cátodo) | desactivation.
agotamiento de las existencias | sellout.
agotamiento de los recursos naturales | natural recourse depletion.
agotamiento del activo | cost depletion.
agotamiento en repeticiones (bombas colocadas a distintas alturas - minas muy profundas) | multistage pumping.
agotamiento en una sola fase (minas) | single-stage pumping.
agotamiento interno | internal drain.
agotamiento por repeticiones (bomba minas muy profundas) | stage pumping.
agotar | clean out (to) | drain (to) | unwater (to) | consume (to) | waste (to) | wash out (to) | bail (to).
agotar (acumuladores) | overdischarge (to).
agotar (baños, etc.) | spend (to).
agotar (comercio) | sell out (to).
agotar (desfallecer - por esfuerzo físico) | distress (to).
agotar (existencias) | runoff (to).
agotar (filones) | work out (to).
agotar (minas) | dwindle away (to) | exhaust (to) | drain (to).
agotar (municiones, recurso, etc.) | deplete (to).
agotar el agua de | pump out (to) | pump (to).
agotar el frente de arranque | spend ground (to).
agotar el suelo | rack (to).
agotar existencias | run out of stock (to).
agotar la paciencia | tire one's patience (to).
agotar los caladeros | overfish (to).
agotar una mina (explotarla a fondo) | pick the eyes out of a mine (to).
agotarse | give out (to) | run low (to).
agotarse (baños) | addle (to).
agotarse (baños electrolíticos) | rundown (to).
agotarse (filones) | pin out (to).
agotarse (minas) | peter out (to).
agotarse (pozos) | run dry (to).
agpaítico | agpaitic.
agraciar | gift (to).
agradable | comfortable.
agradación | aggradation.
agradación del lecho del río | riverbed aggradation.
agradacional | aggradational.
agradecimiento | acknowledgment.
agradezco su colaboración | many thanks for your help.
agrafadora | seam folder.
agrafadora (latas conservas) | seamer.
agrafadora (para coser correas) | clincher.
agrafar | seam (to).
agrafítico | agraphitic.
agramadera | brake | scutch blade | scutch blade | stripping machine.
agramado | braking | breaking.
agramador de cáñamo | hemp breaker.
agramadora | breaking machine | braking machine | scutcher | scutch.
agramadora a mano | hand brake.
agramadora circular | circular breaking machine.
agramadora para lino | flax breaker.
agramaje | batting | beating.
agramar | tew (to) | break (to) | beat (to).
agramar (cáñamo) | brake (to).
agramar (textil) | scutch (to).
agramar lino | brake flax (to).
agramiladora | trimming machine.
agramiza | chaff | stalk.
agramiza (cáñamo, lino) | shive | shove.
agramiza (materia leñosa - botánica) | boon.
agrandado | extended.
agrandamiento gradual de la imagen (TV) | wipe.
agrandar | increase (to) | enlarge (to).
agravación (enfermedades) | heightening.
agraviador | tort-feasor.
agrávico | agravic.
agravio | grievance | tort | complaint | wrong |

delict.
agravio marítimo | maritime tort.
agregación (de personas) | attachment.
agregación de datos | pooling data.
agregado | squatter | aggregate | clump | attached.
agregado (buques - EE. UU.) | subjunior officer.
agregado (geología) | aggregate.
agregado (oficial practicando en un buque) | officer apprentice.
agregado (persona) | attaché.
agregado a (persona) | on loan.
agregado aeronáutico | air attaché.
agregado afieltrado | felted aggregate.
agregado amorfo | amorphous aggregate.
agregado anubarrado | cloudy aggregate.
agregado bituminoso | bituminous aggregate.
agregado coherente microcristalino | microcrystalline coherent aggregate.
agregado coloidal (petróleo) | admixture.
agregado comercial | commercial attaché.
agregado con gran proporción de huecos (hormigón) | open aggregate.
agregado concreto | concrete aggregate.
agregado de cantos rodados grandes (hormigón) | cyclopean aggregate.
agregado de cristales distorsionados | distorted-crystal aggregate.
agregado de cristales tabulares de barita en areniscas | barite rose.
agregado de mayor tamaño que el especificado (hormigones) | oversize aggregate.
agregado de moléculas | micelles.
agregado de muchos cristales de diamantes pequeños | shot bort.
agregado de poros | pore aggregation.
agregado de relación baja de vacíos (hormigón) | dense-graded aggregate.
agregado de relleno | keystone.
agregado de relleno (carreteras) | chocker stone | keystone.
agregado de tamaño único | single-sized aggregate.
agregado de tamaño uniforme (hormigón) | one-stone aggregate.
agregado en polvo (hormigón) | admixture.
agregado hojoso | laminar aggregate.
agregado lábil | labile aggregation.
agregado laboral (embajadas) | labor attaché.
agregado laminoso (mineralogía) | platy aggregate.
agregado militar | military attaché.
agregado molecular que regula la multiplicación celular y que producido en exceso la frena (medicina) | chalone.
agregado naval | naval attaché.
agregado picudo | spiky aggregate.
agregado primal | primal cluster.
agregado pulverizado | grog.
agregado tenaz duro | hard tough aggregate.
agregados monominerálicos | monomineralic aggregates.
agregaduría | attachéship | assistantship.
agregar | tail (to) | attach (to) | add (to) | aggregate (to).
agregar (personas) | attach (to).
agregar gota a gota | drop-in.
agregar notas o comentarios (informática) | annotate (to).
agregar un oficial a (milicia) | lend an officer (to).
agregar una cláusula | attach a clause (to).
agremán | gimp | dress trimming.
agremiado | union member | union man.
agremiar | unionize (to) | unionize (to) 00.
agresión (jurisprudencia) | battery.
agresión a personas o bienes | tort.
agresividad | combativity.
agresivo | combative | aggressive.
agresivo fumígeno irritante | irritant smoke.
agresivo permanente | persistent agent.
agresivo químico letal | lethal chemical agent.
agresivo síquico (medicina) | stressor.
agresivo tóxico | systemic poison | toxic chemical agent.
agresología | agressology.
agresor | attacker.
agresor posible | potential aggressor.
agriado (picado - vino) | foxy.
agriado (vinos) | stale.
agriamiento | strain hardening.
agriar | sour (to).
agriarse (leche) | turn (to).
agriarse (vinos) | sharpen (to).
agrícola | agricultural.
agricolita (silicato de bismuto adamantino) | agricolite.
agricultor | agriculturist | agriculturalist | husbandman | farmer | tiller | grower.
agricultores que cubren gastos | marginal farmers.
agricultura | agriculture | farming.
agricultura de regadío | irrigated agriculture.
agricultura mecanizada | mechanized agriculture.
agricultura mixta | mixed farming.
agridulce | tart.
agriedad | embrittlement.
agrietada (maderas) | shaky.
agrietada (rocas) | seamy.
agrietado | flawy | broken up | cracky | cracked.
agrietado (cerámica) | crazed.
agrietado (geología) | jointed.
agrietado (loza) | dunted.
agrietado (muros) | creviced.
agrietado durante la cocción | fire-cracked.
agrietado exteriormente | externally fissured.
agrietado por el sol | sun-cracked.
agrietado por la helada | frost cleft.
agrietadura (maderas) | shake.
agrietamiento | crackling | checking.
agrietamiento (frutas) | cracking.
agrietamiento cuando se calienta rápidamente a temperatura mayor que la de recristalización (metalurgia) | firecracking.
agrietamiento de la superficie (carreteras) | crazing.
agrietamiento del canto de la chapa (entre remaches) | bursting of the plate.
agrietamiento en la pintura o barniz | crazing.
agrietamiento en los bordes | edge-cracking.
agrietamiento intergranular del acero por ataque con cadmio fundido (cadmiado de piezas) | hot shortness.
agrietamiento interior de una estructura | cracking.
agrietamiento irregular | craze cracking | random cracking.
agrietamiento por calor (aceros) | heat-checking.
agrietamiento por corrosión bajo tensiones mecánicas | season cracking.
agrietamiento por fatiga | fatigue cracking.
agrietamiento por flexión | flex cracking.
agrietamiento por temple (aceros) | quench-cracking.
agrietamiento posterior del material soldado | delayed cracking.
agrietamiento transgranular (metalurgia) | transgranular cracking.
agrietamiento transversal (alambre estirado) | cracked back.
agrietar | crackle (to) | flaw (to) | crevice (to).
agrietarse | crackle (to) | chap (to) | check (to) | crack (to) | crevice (to).
agrietarse (cuartearse - cerámica, pintura) | craze (to).
agrietarse (madera) | cranny (to) | shake (to).
agrietarse (metalurgia) | fringe out (to).
agrietarse bajo carga | craze under stress (to).
agrietarse por el peso (ademas de mina-Australia) | speak (to).
agrimensor | measurer | land surveyor | meter (EE.UU.) | metre (G.B.) | surveyor.
agrimensor de minas | mine surveyor.
agrimensura | surveying | land surveying | land measurement | land surveying | land survey | land-measuring | land-surveying.
agrio | pungent.
agrio (botánica) | citrus.
agrio (metales) | eager | dry | short.
agrio (no dúctil - metales) | brittle.
agrio (petróleo) | sour.
agrio (vino, etc.) | sour.
agrio en caliente | hot short.
agrio en caliente (metales) | red-short.
agriología | agriology.
agriólogo | agriologist.
agrios | citrus fruits.
agrisarse | gray (to).
agroalimentario | agroalimentary.
agrobacteria | agrobacterium.
agrobacteriología | agricultural bacteriology.
agrobiología | agrobiology.
agrobiólogo | agrobiologist.
agrobotánica | agricultural botany.
agroclimático | agroclimatic.
agroclimatología | agroclimatology.
agroecología | agroecology.
agroecológico | agro-ecological.
agroelectrificación | farm electrification.
agrofitopatología | agricultural phytopathology.
agrogénico | agrogenical.
agrogeología | agrogeology | agricultural geology.
agrohidráulica | agricultural hydraulics.
agroindustria | agroindustry.
agroindustrial | agroindustrial.
agrología | agrology.
agrólogo | agrologist.
agrometeorología | agricultural meteorology.
agromicrobiología | agricultural microbiology.
agronomía | agronomy | sciences of agriculture.
agronómico | agronomic | agricultural.
agrónomo | agronomist | agriculturalist.
agropedalogía | agropedology.
agroquímica | agrochemistry | agricultural chemistry.
agroquímico | agrochemical.
agroquímico (persona) | agrochemist.
agroquimurgia | farm chemurgy.
agrostide | bent grass.
agrostografía | agrostography.
agrostología | agrostology.
agrostólogo | agrostologist.
agrotecnia | agricultural engineering | chemurgy.
agrotipo | agrotype.
agrozoología | agricultural zoology.
agrumación | flocculation | clotting.
agrumado | lumped.
agrumador | flocculator | floc-former.
agrumarse | curdle (to) | clot (to).
agrupación | grouping | assemblage | bank.
agrupación (de electrones) | bunch.
agrupación (radio) | bunching.
agrupación columnar (lavas) | columnar jointing.
agrupación de acciones en fondo común | stock pool.
agrupación de antenas | antenna array.
agrupación de electrodos (soldadura) | bunching.
agrupación de impactos | shot group | shot pattern.
agrupación de los perdigones sobre el blanco (escopeta caza) | pattern.
agrupación de partículas de rayos cósmicos | air shower.
agrupación de personal o material para un uso común | pool.
agrupación de personas | team.
agrupación de registros | grouping of records.
agrupación excesiva (de electrones) | overbunching.
agrupación homogénea | homogeneous grouping.
agrupación local móvil de iones | crowdion.
agrupación obrera | labor unionization.

agrupación ordenada | arrangement.
agrupación por registros (ordenador) | gather by record.
agrupaciones discernibles | distinguishable arrangements.
agrupado | batched.
agrupado en cubículos | nested in cubicles.
agrupado en diez categorías | grouped under ten categories.
agrupado para facilidad de manejo | grouped for ease of manipulation.
agrupador | consolidator.
agrupador de carga | freight consolidator.
agrupador de electrones | buncher.
agrupados aproximadamente en 15 encabezamientos de asuntos | roughly grouped under 15 subject headings.
agrupamiento | grouping | pool | clustering | bunching.
agrupamiento alfa (transistores) | alpha crowding.
agrupamiento de electrones | bunching of electrons | bunching.
agrupamiento de los disparos en el blanco | pattern.
agrupamiento de los errores | pooling of errors.
agrupamiento de transporte (milicia) | serial.
agrupamiento en bloques | blocking.
agrupamiento en cascada | cascade grouping.
agrupamiento en fase | phase bunching.
agrupamiento en las orillas (ríos) | bank storage.
agrupamiento en serie | cascade grouping.
agrupamiento en triángulo | delta grouping.
agrupamiento en un solo control | ganging.
agrupamiento excesivo | overbunching.
agrupamiento ideal | ideal bunching.
agrupamiento magnético | magnetic cluster.
agrupamiento óptimo | optimum bunching.
agrupamiento ordenado de trabajos | job stacking.
agrupamiento por reflexión | reflex bunching.
agrupamiento reflexivo (electrónica) | reflex bunching.
agrupar | mass (to) | group (to) | batch (to) | consolidate (to) | cluster (to).
agrupar (palancas) | bank (to).
agrupar en bloque | block (to).
agrupar industrias | form allied industries into a vertical trust (to).
agrupar información de contexto idéntico o semejante | compile (to).
agrupar términos semejantes | collect like terms (to).
agruparse | cluster (to) | concentrate (to) | pool (to).
agruparse aparte | segregate (to).
agrura | embrittlement | foxiness.
agrura (metales) | brittleness | rottenness | shortness.
agrura grafítica | graphitic embrittlement.
agua | water.
agua (fabricación cerveza) | liquor.
agua (piedras preciosas) | water.
agua a presión | pressure water.
agua ablandada | dehardened water.
agua absorbida en el terreno por capilaridad | capillary soil water.
agua ácida sulfatada-clorurada | acid sulfate-chloride water.
agua acidulada | acidulous water | acidified water.
agua activa | active water.
agua activada | activated water.
agua adicional (clarificador) | hydraulic water.
agua aflorada | water yield.
agua alcalina | alkaline water.
agua almacenada del año anterior (embalses) | carryover storage.
agua amoniacal | aqua ammonia | ammonia water.
agua amoniacal (horno coque) | gas liquor.
agua aprovechable | available water.
agua arrastrada (hélices) | entrained water.
agua arrastrada con el vapor (calderas) | slug.
agua artesiana | confining groundwater.
agua bidestilada | double-distilled water.
agua blanca (fabricación papel) | pulp water | backwater.
agua blanda | soft water.
agua bromurada | bromine water.
agua calcárea | hard water.
agua caliente a alta temperatura y alta presión | h.p h.t hot water.
agua caliza | chalk water.
agua capilar | capillary water.
agua circulada para extraer el calor producido por la fisión nuclear (reactor nuclear) | primary water.
agua clorada | chlorinated water.
agua colgada (geología) | pendular water | suspended water.
agua coloidal | shrinkage water.
agua combinada químicamente | bound water | combined water.
agua comprada por contador | city-purchased water.
agua con hielos a la deriva | ice-strewn water.
agua con humectantes | wet water.
agua con materia corrosiva | aggresive water.
agua con salvado | mash.
agua con superficie libre (buques) | loose water.
agua con una apreciable cantidad de deuterio en forma de D_2O o HDO | heavy water.
agua connata | fossil water.
agua connata (geología) | primitive water.
agua consumida (vegetación natural) | consumptive use.
agua corriente | tap water | flowing water.
agua corriente dulce caliente (buques) | hot fresh running water.
agua corrompida | foul water.
agua cuprífera (minas) | ziment copper.
agua de alimentación | feedwater | feed water.
agua de alimentación con gran proporción de sustancias sólidas | high-solids feedwater.
agua de alimentación de la caldera | boiler feed water.
agua de alimentación de relleno (calderas) | makeup feed water.
agua de alimentación desoxigenada (calderas) | oxygen-free feed.
agua de arroz (India) | congee.
agua de bacalao (agua de mar con temperatura de 3 a 5 °C y con 33 a 34 por mil de salinidad) | cod water.
agua de batanado | felting water.
agua de cal (curtición) | lime liquor.
agua de calidad de reactor nuclear | reactor-grade water.
agua de cantera | coursing water.
agua de cantera (piedras) | quarry-sap.
agua de capas (geología) | sheet-water.
agua de casca para curtir (cueros) | ooze.
agua de cemento conteniendo cobre | cement water.
agua de circulación del inyector | injector circulating water.
agua de cola (pintura) | size-water.
agua de composición isotópica normalizada | standard mean ocean water.
agua de condensación | condensation water | condensate | waste water.
agua de condensación (meteorología) | precipitate.
agua de constitución | combined water.
agua de cristalización | mother liquor | water of crystallisation.
agua de cristalización (mineralogía) | constitution water.
agua de cristalización (química) | crystal water.
agua de churre | sud.
agua de depósito de limpia | flush.
agua de descarga | tailwater | waste water.
agua de desperdicios industriales | industrial waste water.
agua de diaclasas (geología) | crevice water.
agua de dureza cero | zero water.
agua de elaboración | process water.
agua de enfriamiento de la culata del cilindro | cylinder-head cooling water.
agua de enriar ácida | acid steeping water.
agua de enriar alcalina | alkaline steeping water.
agua de estanque | pond water.
agua de estiércol | dung water.
agua de fondo (glaciar) | melt-water.
agua de fondo (pozo petróleo) | bottom water.
agua de formación | bound water.
agua de formación (rocas) | connate water.
agua de fuerte corriente | dashing water.
agua de fusión de hielos | melt-water.
agua de gravedad | gravitational water.
agua de grifo | tap water.
agua de hielo derretido | ice-water.
agua de imbibición | imbition water | soakage water.
agua de infiltración | leakage water | soakage water | percolation water | percolating water.
agua de interposición | included water.
agua de inyección | injection water.
agua de inyección de sentina | bilge injection water.
agua de jabón | sud.
agua de Javel (blanqueo) | bleaching-liquid.
agua de la chaqueta del compresor | compressor-jacket water.
agua de la chaqueta del motor | engine-jacket water.
agua de Labarraque | Labarraque's solution.
agua de lastre compensadora (dique flotante) | compensating ballast water.
agua de lixiviación | percolate.
agua de lluvia | rain water.
agua de lluvia (alcantarillados) | stormwater.
agua de maceración | steepwater.
agua de mar | seawater.
agua de mar artificial | artificial sea water | synthetic seawater.
agua de mar artificial aireada | aerated artificial seawater.
agua de mar con superficie rizada o con remolinos y rodeada por agua en calma | broken water.
agua de mar desaireada | deaerated seawater.
agua de mar en proceso de congelación | cream ice | sludge.
agua de mar en reposo | quiet seawater.
agua de mar polucionada con sulfuros | sulfide-polluted seawater.
agua de mar tranquila | stagnant surface seawater.
agua de mina | pit water.
agua de percolación (suelos) | percolate.
agua de poca hondura | shallow water.
agua de puertos contaminada | polluted harbor water.
agua de rechazo (hidroturbina) | backwater.
agua de reemplazo | make-up water.
agua de refrigeración | cooling water (cw).
agua de relleno (calderas, acumuladores) | makeup water | makeup.
agua de relleno con pequeña proporción de sólidos (calderas) | low solids make up.
agua de relleno desmineralizada (calderas) | demineralized makeup.
agua de relleno destilada (calderas) | evaporated make-up.
agua de relleno salada (calderas buques) | seawater makeup.
agua de reposición | makeup water.
agua de río | river water.
agua de salvado | bran-mash.
agua de sentina (buques) | bilge water.
agua de yacimiento de petróleo | oil water.
agua de zona de transición (geología) | intermediate water.
agua del embalse | dam.

agua del mar | saltwater.
agua del mar parcialmente congelada con consistencia jabonosa (estado inicial del mar en vía de congelación) | slush.
agua del mar sin mezcla alguna | full-strength sea water.
agua del sobrante | waste water.
agua del subsuelo | ground water.
agua del suelo (hidroagronomía) | soil water.
agua dentro de los poros | porewater.
agua derivada | tap water | bypassed water.
agua desaireada | deaereated water.
agua desgasificada y desionizada | degassed and deionized water.
agua desionizada | deionized water.
agua desmineralizada | solid-free water | demineralized water.
agua destilada | aqua pura | distilled water.
agua destilada en alambique de vidrio | glass-distilled water.
agua destilada exenta de pirógenos | pyrogen-free distilled water.
agua destilada mezclada con nitrógeno a presión | pressurized distilled water.
agua destilada por el calor solar | solar distilled water.
agua destilada químicamente | demineralized water.
agua dialitizada | dialitized water.
agua dormida | quiet seawater | slack-water.
agua dormida (mareas) | slack tide.
agua dormida (oceanografía) | quiet water.
agua dulce (buques) | drinking water.
agua dulce (no salada) | fresh water.
agua dulce potable | safe fresh water.
agua dura | hard water | earthy water.
agua embalsada | pond water.
agua embalsada (embalses) | impounded water.
agua emulsionada | emulsified water.
agua emulsionada con aceite (prensas) | lubricated water.
agua en cavitación | cavitated water.
agua en ebullición | boiling water.
agua en estado de subfusión | subfusion state water.
agua en estado supercrítico | supercritical water.
agua en fase líquida (nucleónica) | solid water.
agua en movimiento | moving water.
agua en reposo (tuberías) | static water.
agua en tránsito rápido | fast-flowing water.
agua encima de la capa freática | fringe water.
agua enferma (aguas costeras de Perú) | salgaso.
agua enfriada con hielo | ice-cooled water | ice-water.
agua estancada | backwater | slack water | still water | dead water.
agua estática | nonflowing water.
agua evaporada | flash-off.
agua fangosa de glaciar | glacier milk.
agua fluorada | fluoridated water.
agua fluyente (ríos) | flowing water.
agua fósil | fossil water.
agua freática | phreatic water | ground water | groundwater.
agua freática (geología) | suspended water.
agua freática afluente | influent ground water.
agua freática de imbibición | fixed ground water.
agua freática efluente | effluent ground water.
agua fresca | fresh water.
agua fuerte | etched plate.
agua fuerte diluida | eraser water.
agua funicular | funicular water.
agua gaseosa bicarbonatada | potash-water.
agua gorda | earthy water | hard water.
agua gravitatoria | gravity water.
agua hidráulica | hydraulic water.
agua hidrogenada | hydrogenated water.
agua higrométrica | hygrometric water.
agua higroscópica | higroscopic moisture | film water | hygroscopic water.
agua impotable | nondomestic water.
agua impropia para el consumo | nondomestic water.
agua incrustante (calderas) | scale producing water.
agua infiltrada | seep.
agua interceptada (hidrología) | interception.
agua intersticial | porewater | porewater.
agua intersticial (agua fósil - geología) | connate water.
agua intersticial (rocas) | interstitial water.
agua inyectada (pozo petróleo) | input water.
agua jabonosa | sud | soapy water.
agua juvenil | primitive water.
agua lanzada en chorro | jetted water.
agua libre | free water.
agua ligada | bound water.
agua ligera | light water.
agua líquida subenfriada | subcooled liquid water.
agua litinada | lithia.
agua litiosa | lithia water.
agua madre (salinas) | bittern.
agua madre del saladar | brine leech.
agua magmática | magmatic water.
agua magmática (geología) | juvenile water.
agua marina | seawater.
agua marina artificial | simulated sea water.
agua marina con gran proporción de oxígeno disuelto | highly aerated seawater.
agua medicinal | medicinal water.
agua metamórfica (geología) | metamorphic water.
agua meteórica (alcantarillados) | stormwater.
agua mezclada con una sustancia para reducir su tensión superficial | wet water.
agua mineral | mineral water.
agua mineral artificial | artificial mineral water.
agua motriz | moving water.
agua muy caliente de circulación lenta | low-flow high-temperature water.
agua natural | crude water | plain water | raw water.
agua nebulizada | nebulized water | sprayed water.
agua nebulizada a presión | wet water.
agua necesaria (plantas) | irrigation requirement.
agua no aireada | nondeaerated water.
agua oligodinámica | oligodynamic water.
agua ordinaria (reactor nuclear) | light water.
agua oxigenada | oxygenated water | hydrogen peroxide.
agua oxigenada muy concentrada | high-strength hydrogen peroxide.
agua para abrevar | available water.
agua para la industria | industrial water.
agua para mitigación de las molestias del polvo (minería) | dust-allaying water.
agua para usos industriales | power water.
agua parada | slack tide | slack-water.
agua pelicular | pellicular water | adhesive water.
agua perdida (la que pasa de un nivel más alto a un nivel más bajo en el manejo de la esclusa) | lockage.
agua pesada | deuterium oxide | heavy water.
agua poco profunda | shallow water | slew.
agua poco profunda (oceanografía) | shoaling water.
agua potable | drinking water | fresh water.
agua potable carbonatada | soda water.
agua precipitable (atmósfera) | precipitable water.
agua primaria radiactiva | radioactive primary water.
agua profunda | deep water.
agua pulverizada | sprayed water | spray | atomized water.
agua que circula rápidamente (tuberías) | fast-flowing water.
agua radiactiva | radioactive water | active water.
agua recalentada | superheated water.
agua reenfriada | recooled water.
agua regenerada | reclaimed water.
agua regia | nitrohydrochloric water | nitrohydrochloric acid | nitromuriatic acid | aqua regia.
agua represada | backwater | damming water.
agua residual | wastewater.
agua residual estabilizada | stabilized residual water.
agua retenida | suspended water.
agua salada | seawater | saltwater.
agua salina | saltwater.
agua salobre | saline water | lime water | brackish water.
agua saturada (agua caliente a la temperatura correspondiente a su punto de ebullición) | saturated water.
agua saturada con nitrógeno | nitrogen-saturated water.
agua saturada de nitrógeno | nitrogen saturated water.
agua servida por contador | meter-delivered water.
agua sin movimiento (mareas) | slack-water.
agua singenética (agua fósil - geología) | connate water.
agua sobre playas tendidas de arena | white water.
agua subfundida | subcooled water.
agua subfundida (física) | undercooled water | supercooled water.
agua subterránea | subsoil water | groundwater | ground water.
agua subterránea adherida | attached ground water.
agua subterránea aislada | perched ground water.
agua subterránea fijada | attached ground water.
agua subterránea libre | phreatic water.
agua subterránea salina | saline groundwater.
agua subyacente | top water | edge water.
agua sucia | foul water.
agua sulfurosa | sulfur water.
agua superficial | surface water.
agua superficial (minas) | day water.
agua superior (pozo petróleo) | top water.
agua telúrica | telluric water.
agua termal | hot-spring water.
agua tranquila | still water.
agua transportada por tuberías | piped water.
agua tratada | soft water.
agua tratada químicamente | chemically-treated water.
agua tratada químicamente para calderas | treated boiler water.
agua tridestilada | triply-distilled water.
agua tritiada | tritiated water.
agua tumultuosa | rough water.
agua usada de factoría para tratamiento de minerales de uranio | uranium mill tailing water.
agua usada por las plantas (uso consuntivo - riegos) | consumptive use.
agua y neblina desprendida del casco durante el despegue y amaraje (hidros de canoa) | blister.
aguacate (Persea americana) | avocado | alligator pear.
aguacero | shower.
aguacero (meteorología) | cloudburst.
aguacero fuerte | heavy rain.
aguada | gouache | water point.
aguada (pastizales) | available water.
aguada avanzada (milicia) | forward water point.
aguadero | holding ground.
aguadero (para almadías) | timber yard.
aguadero para almacenar troncos flotados a un aserradero | log pond.
aguado | watered.
aguado (con exceso de agua - hormigón) | sloppy.

aguafortista (pintor) | etcher.
aguafuerte | etching.
aguaja aérea | trolley frog.
aguaje | tiderace | wake.
aguaje (aguas costeras de Perú) | salgaso.
aguamarina | beryl | Brazilian aquamarine.
aguamarina (mineral) | aquamarine.
aguanieve | sleet.
aguanoso | watery.
aguantar | carry (to) | stand (to) | bear (to).
aguantar al ancla un temporal | ride out a gale (to).
aguantar bien un temporal (buques) | make good weather (to).
aguantar la mar | remain at sea (to).
aguantar mar gruesa al ancla (buques) | ride hard (to).
aguantar un temporal (buques) | weather (to).
aguantar un viento violento (navegación) | weather out a gale (to).
aguapié (vino muy flojo) | hedge-wine.
aguar | water (to).
aguar (leche o vino) | dilute (to).
aguardiente de maíz | corn.
aguardiente de manzana | apple-jack.
aguardiente de patatas | potato-spirit.
aguarrás | oil of turpertine | oil of turpentine | essence of turpentine | turpentine.
aguarrás al sulfato (pasta papelera de pinos) | sulphate turpentine.
aguarrás de madera | wood turpentine.
aguarrás de resina | gum turpentine.
aguarrás de trementina (Iberoamérica) | gum turpentine.
aguarrás mineral | white spirit.
aguarras sintético | white spirit.
aguas (de un diamante) | luster (EE.UU.).
aguas (diamantes) | lustre (Inglaterra) | brightness.
aguas (joyería y tejidos) | wave.
aguas (tejidos) | glossing.
aguas (telas) | luster (EE.UU.) | lustre (Inglaterra).
aguas abajo | down the stream | downstream | downwash.
aguas abajo (ríos) | aft.
aguas abajo del puente | below the bridge.
aguas afluentes | inflowing waters.
aguas amoniacales | ammoniacal liquor.
aguas arriba | upstream.
aguas arriba (ríos, presas) | above.
aguas arriba de la presa | above the dam.
aguas arriba del salto | above the falls.
aguas artesianas | confined waters | artesian waters.
aguas blancas (fabricación del papel) | white water.
aguas cloacales | sewage.
aguas cloacales cítricas | citrus wastes.
aguas cloacales combinadas (aguas negras con aguas de lluvia) | combined sewage.
aguas cloacales de destilería | distillery wastes.
aguas cloacales de lecherías | creamery wastes.
aguas cloacales de lluvia | storm sewage.
aguas cloacales de tintorería | dye wastes.
aguas coladas (fabricación del papel) | white water.
aguas con hielos a la deriva | ice-infested waters.
aguas crudas de alcantarilla | crude sewage.
aguas de alcantarilla | sewage.
aguas de alcantarillado | sanitary sewage.
aguas de cabecera (ríos) | headwater.
aguas de condensación | waste waters.
aguas de desagüe | drainage.
aguas de descarga de baños galvánicos | plating wastes.
aguas de estuario | estuarine waters.
aguas de fabricación (papelerías) | white water.
aguas de fusión (glaciar) | outwash.
aguas de la madera | dip grain.
aguas de poca profundidad | narrow waters.
aguas de profundidad limitada (pruebas de mar de buques) | confined waters.
aguas de torre depuradora de gases | scrub liquor.
aguas de vertido (fabricación del papel) | white water.
aguas en profundidades dos mil metros (oceanografía) | abyssal realm.
aguas estuariales | estuarial waters.
aguas fluviales | fresh water.
aguas freáticas | underground water.
aguas fuertes | strong liquor.
aguas jurisdiccionales | territorial waters | maritime belt | marine belt | closed sea.
aguas madre (saladares) | brine.
aguas madres | mothers | mother lye | mother liquor.
aguas madres de filones (minería) | vein-forming waters.
aguas madres de hornos de coque | coke-oven liquors.
aguas marítimas territoriales | territorial waters.
aguas meteóricas | meteoric waters.
aguas minerales frías impregnadas de ácido carbónico | acidulae.
aguas negras | sanitary sewage | sewerage | sewage | sewage see.
aguas negras (alcantarillado) | domestic sewage.
aguas negras con gran contenido de materia órganica | strong sewage.
aguas negras con poca materia orgánica | weak sewage.
aguas negras de establecimientos públicos | institutional sewage.
aguas negras depuradas | purified sewage.
aguas negras no depuradas | fresh sewage.
aguas negras sin depurar | raw sewage.
aguas negras sin purificar | crude sewage.
aguas petrificantes | incrusting waters.
aguas pluviales | storm water | surface water.
aguas residuales | waste waters | residual liquor | waste | process water | waste water | sewage.
aguas residuales (procesos de fabricación) | effluent.
aguas residuales de electrólisis | plating wastes.
aguas residuales de establos | barn sewage.
aguas residuales de galvanoplastia | plating wastes.
aguas residuales de refinerías | refinery wastewater.
aguas residuales industriales | industrial residual waters | trade wastes.
aguas subpolares (oceanografía) | subpolar waters.
aguas subterráneas | underground water.
aguas sucias (industrias) | refuse water.
aguas sucias de barros | slops.
aguas superficiales | drainage.
aguas terrestres | earth waters.
aguas territoriales | marginal sea | home waters.
aguas tranquilas | dead water.
aguas tranquilas (navegación) | quiet waters.
aguda (herramienta, mirada, grito, etc.) | piercing.
agudeza | acuity.
agudeza auditiva | auditory acuteness.
agudeza de directividad | sharpness of directivity.
agudeza de ingenio | brightness.
agudeza de la broca | sharpness of the drill.
agudeza de la cuña | wedge taper.
agudeza de la entalladura | acuity of the notch.
agudeza de la resonancia | resonance sharpness.
agudeza de la sintonía | tuning sharpness.
agudeza de resonancia (radio) | resonance sharpness.
agudeza del taladro | drill sharpness.
agudeza visual | visual acuity.
agudizar | sharpen (to).
agudo | acute | sharp-pointed | peaked | high.
agudo (ángulos) | sharp.
agudo (música) | alt.
agudo (sonido) | high | piping.
agudo (sonido, frío) | keen.
agudo (sonidos) | high-pitched.
agudos (acústica) | treble.
aguijón | prod | gad | pricker | prick.
aguijón (botánica) | spine.
aguijonear | prod (to) | prick (to).
águila | eagle.
águila (en insignias) | crow.
águila de mar | eagle-ray.
águila explayada (heráldica) | eagle displayed.
águila marina | white-tailed eagle.
águila pescadora | white-tailed eagle.
aguilón (grúas) | jib | boom.
aguilón de excavadora | excavator boom.
aguilón de grúa | crane jib | crane arm | crane boom | crane beam.
aguja | crossover | point-rail | pointer.
aguja (aparatos) | indicator.
aguja (arquitectura) | broach | spire.
aguja (bajos marinos) | needle.
aguja (balanzas) | tongue.
aguja (cambio de vía) | tongue | slide rail | switch | point.
aguja (clasificación) | needle.
aguja (cuadrante indicador) | index.
aguja (cuña de hierro - minas) | gad.
aguja (de torre) | shaft.
aguja (del cambio) | switch point.
aguja (entibación minas) | lagging piece.
aguja (ferrocarril) | sliding tongue | latch | moveable rail | tongue rail.
aguja (gramófono) | point.
aguja (inyector de motor diesel) | pintle.
aguja (inyectores) | spindle.
aguja (minas) | back lath | pole | spill | pile | spile | skewer.
aguja (montañas) | aiguille | needle.
aguja (orografía) | spine.
aguja (para disco gramofónico) | stylus.
aguja (presas) | needle beam.
aguja (prueba de cementos) | probe.
aguja (túneles, minas) | poling-board.
aguja (vía ferrea) | point-rail.
aguja aérea | overhead frog | aerial frog.
aguja aérea diagonal | diagonal frog.
aguja aérea simétrica | equilateral frog.
aguja astática (brújula) | astatic needle.
aguja atraumática (medicina) | atraumatic needle.
aguja automática (ferrocarril) | automatic switch-point | self-acting switch | jumping switch | jumper switch.
aguja biselada (cambio de vía) | lap switch.
aguja cepillada (ferrocarril) | planed point.
aguja cerrada (ferrocarril) | closed point.
aguja con punta de osmio | osmium-tipped needle.
aguja curva | bent-shank needle.
aguja de acero para cojinetes | bearing steel needle.
aguja de agrimensor | marking pin.
aguja de bifurcación (ferrocarril) | diverging switch | branching-off points.
aguja de bordar | crewel needle.
aguja de cadeneo (topografía) | arrow | chain pin.
aguja de cambio (ferrocarril) | switch blade.
aguja de catenaria (ferrocarril eléctrico) | deflector.
aguja de cerrojo (tejido de punto) | latch needle.
aguja de corazón doble (ferrocarril) | diamond switch.
aguja de corchete (telar) | hook needle.
aguja de coser | needle.
aguja de cruce (ferrocarril) | blade.
aguja de cúpula (edificios) | broach-spire.
aguja de dar vientos (moldes) | vent wire.
aguja de derrota (buques) | steering compass.
aguja de descarrilamiento | derail switch | derailing switch.
aguja de descarrilamiento (estaciones) | runa-

way-switch.
aguja de descarrilamiento (ferrocarril) | throw-off point.
aguja de desmoldear | draw stick.
aguja de desmoldeo | draw-spike.
aguja de enclavamiento (ferrocarriles) | detector-point.
aguja de enjalmar | pack needle | packing needle.
aguja de enlace (ferrocarril) | converging switch.
aguja de ensalmar | sail-needle.
aguja de fonocaptor | reproducer reedle.
aguja de ganchillo | bearded needle | spring beard needle.
aguja de ganchillo (tejido de punto) | spring needle.
aguja de gancho (telar) | hook needle.
aguja de gobierno (buques) | steering compass.
aguja de gramófono de punta piramidal | pyramid point phone needle.
aguja de gramófono de sección elíptica | elliptical stylus.
aguja de hacer medias | knitting needle.
aguja de inclinación | inclinatory needle.
aguja de jareta | bodkin.
aguja de la tobera de eyección (aviones) | bullet.
aguja de lanzadera | shuttle peg.
aguja de lengüeta (tejido de punto) | latch needle.
aguja de madera para hacer redes de pesca | meshing needle.
aguja de maniobras (trenes) | shunting switch.
aguja de mar | horn-fish.
aguja de marear | compass needle | mariner's compass.
aguja de media de hueso | bone knitting-needle.
aguja de medición (topografía) | tally pin.
aguja de mina | picker | nail.
aguja de minero | miner's needle.
aguja de pico | spring beard needle.
aguja de pico (tejido de punto) | spring needle.
aguja de polvorero | priming needle.
aguja de polvorero (espigueta) | blasting needle.
aguja de polvorero (minas) | pricker.
aguja de punta roma | blunt needle.
aguja de punto | knitting-pin.
aguja de radio | radium needle.
aguja de reglaje | set pointer.
aguja de talón alto | high-butt needle.
aguja de talón corto | short-butt needle.
aguja de talón largo | long-butt needle.
aguja de torre | steeple.
aguja de trole | trolley frog.
aguja de unión (cambio de vía) | points.
aguja de velero | pricker.
aguja de velero (para coser velas) | roping needle.
aguja de ventear (moldes) | vent wire.
aguja de zafiro para gramófonos | sapphire gramophone needle.
aguja de zurcir | darner.
aguja del cilindro | cylinder needle.
aguja del flotador | float-spindle | float needle.
aguja del inyector | nozzle needle.
aguja del manómetro | gage needle.
aguja del percutor | striker pin.
aguja del velero | sail-needle.
aguja descarriladora | derailing points.
aguja desechable después de su uso | disposable needle.
aguja en rampa (transbordador aéreo) | climbing ramp.
aguja enclavada (ferrocarril) | interlocked switch.
aguja enclavadora (ferrocarril) | detector point.
aguja enhebrada para suturación (cirugía) | threaded suture needle.
aguja fija (cambio de vía) | fixed point.
aguja fina aérea (ferrocarril eléctrico) | frog.
aguja grabadora | stylus | recording stylus.
aguja gruesa | coarse needle.
aguja imanada | magnetized needle | magnetic needle.
aguja imantada | compass needle.
aguja impulsora | driver needle.
aguja inactiva (tejido punto) | welting needle.
aguja independiente (ferrocarriles) | noninterlocked switch.
aguja independiente (vía férrea) | outlying switch.
aguja indicadora | bouncing pin.
aguja indicadora (aparatos) | pointer.
aguja indicadora (instrumentos) | needle.
aguja indicadora del número de Mach crítico | Mach needle.
aguja infernal (canteras) | plug and feathers.
aguja lectora | pickup needle.
aguja loca (brújula) | whirling needle.
aguja loca (magnetismo) | perturbed needle | disturbed needle.
aguja magistral (buques) | standard compass.
aguja magnética empleada por los compensadores para averiguar la intensidad relativa de la componente horizontal del magnetismo propio del buque | vibrating needle.
aguja marcadora (aparatos) | recording needle.
aguja móvil (ferrocarril) | movable point.
aguja obturadora | obturator spindle.
aguja oscilando ultrasónicamente | ultrasonically oscillated needle.
aguja para agujeros de aire (moldes) | vent wire.
aguja para alforzas de níquel berílico (telares) | beryllium-nickel tucking needle.
aguja para crochet | crochet hook.
aguja para enfardelar | baler needle.
aguja para enriquecer la mezcla (carburadores) | enrichening needle.
aguja para fonógrafo | phonograph stylus.
aguja para grabar (discos gramofónicos) | recording needle.
aguja para grabar discos de gramófono | record-cutter.
aguja para hacer agujeros en los moldes (fundición) | pricker.
aguja para moldes (fundición) | piercer.
aguja para ollaos | marline needle.
aguja para relingar (velas) | lolly needle.
aguja para tarjetas de perforación | keysort needle.
aguja portalanzadera | shuttle carrying pin.
aguja saltacarril (ferrocarril) | jumper switch.
aguja saquera | packing needle.
aguja selfactina | automatic needle.
aguja selfactina (tejido de punto) | latch needle.
aguja sencilla (ferrocarril) | simple points.
aguja sin corazón (ferrocarril) | frogless switch.
aguja vibrando axialmente a 20 kiloHertzios | needle vibrating at 20 kHz.
aguja vibrante (para compactar hormigón) | pervibrator lance.
agujas (defecto gemas) | feathers.
agujas (vía férrea) | turnout.
agujas a distancia (vía férrea) | distance points.
agujas accionadas electroneumáticamente (vía férrea) | electropneumatic-operated points.
agujas aurorales | auroral needles.
agujas de ajuste (estampación telas) | pitch pins.
agujas de avance (túneles) | head piles.
agujas de contrapesos (cambio de vías) | self-acting points.
agujas de descarrilamiento | catch points.
agujas de diamante para gramófonos | diamond gramophone styli.
agujas de encuentro (ferrocarril) | facing point-switch.
agujas de gramófono | gramophone styli.
agujas de reconocimiento (aduanas) | spits.
agujas del cambio de vía (ferrocarril) | points.
agujas tomadas de punta | catch points.
agujas tomadas de punta (ferrocarril) | facing point-switch.
agujas tomadas de talón (ferrocarril) | trailing-point switch.
agujas tubulares de combustible nuclear insertadas en grandes bloques de grafito (reactor nuclear) | fuel pins.
agujereado | vented | holed.
agujerear | bore (to) | pierce (to) | hole (to) | punch (to) | puncture (to).
agujerearse | hole (to).
agujero | perforation | piercing | hole.
agujero (plantas) | finger-hole.
agujero a través de la pared de un grano tubular de pólvora (cohetería) | radial hole.
agujero a través de la protección para permitir el paso de un haz de neutrones (reactor nuclear) | beam hole.
agujero abierto con la lanza de oxígeno | lanced hole.
agujero abocardado | bellmouthed hole.
agujero alargado | slot hole | oblong hole.
agujero aterrajado con henchimento correspondiente en la pieza (para que ésta no se debilite) | bossed up tapped hole.
agujero barrenado con chorro | jet-pierced hole.
agujero base (tolerancias) | basic hole.
agujero calibrador | metering hole.
agujero centrador cónico | tapered centering hole.
agujero ciego | no thoroughfare hole | recess | blind-ended hole | blind hole | dead hole.
agujero cilíndrico | parallel hole.
agujero con conicidad hacia adentro | tapered-back hole.
agujero con diámetro creciente | tapered-back hole.
agujero cónico | tapered hole | conical hole.
agujero cónico de gran longitud | long-tapered hole.
agujero cuadrado brochado | broached square hole.
agujero cuadrado del yunque | hardy-hole.
agujero cuadrado del yunque (fragua) | hardie-hole.
agujero de aire (moldes) | sand vent | venthole | vent.
agujero de aligeramiento | lightening hole.
agujero de alimentación | pouring-in hole | feed hole.
agujero de alivio (zampeados) | weephole.
agujero de alivio contra las subpresiones (zampeados, plan de dique seco) | weeper.
agujero de anclaje del perno de sujeción | tie bolt anchorage hole.
agujero de arrastre | drive hole.
agujero de aspiración (bombas) | blasthole.
agujero de barrenillo (para inspeccionar interior de maderas) | shothole.
agujero de carga | filling hole.
agujero de centrado | center hole.
agujero de colada | pouring hole | downgate | down-runner | upright runner | running gate | jet | sprue hole | drawhole | funnel | teeming hole.
agujero de colada (alto horno) | taphole.
agujero de colada (bebedero - moldes) | gate.
agujero de colada (en un molde) | feeder.
agujero de colada (hornos) | mouth.
agujero de colada (hornos metalúrgicos) | runner.
agujero de colada (moldes) | pouring-gate.
agujero de colada (piquera) | cast gate.
agujero de colada del molde | mold gate hole.
agujero de compensación (equilibrado dinámico) | balancing hole.
agujero de contrapunzón (yunque de fragua) | pritchel hole.
agujero de desagüe | drain hole.
agujero de desagüe (bañeras, etc.) | plug-hole.
agujero de desapriete | loosening hole.
agujero de desarenar (moldería) | cored hole.
agujero de descarga | emptying hole.

agujero de desescoriado | scumming hole.
agujero de diámetro micrométrico | micron-sized hole.
agujero de drenaje | drain tap | weephole.
agujero de estirado | drawhole.
agujero de evacuación de escorias (puerta de deshornar - cubilotes) | breast hole.
agujero de fijación | lock hole.
agujero de fondo (sondeos) | bottom hole.
agujero de forma cónica | round-taper hole.
agujero de fundición (hecho al fundir la pieza) | rough-cored hole.
agujero de galga (trefilado) | gage hole.
agujero de gran diámetro | large-diameter hole.
agujero de guía | guide hole | guiding hole.
agujero de hombre (calderas) | manhole.
agujero de hombre con faldilla | flanged manhole.
agujero de inspección | handhole.
agujero de la chaveta | keyhole.
agujero de la hilara | drawing hole.
agujero de la torreta (torno revólver) | turret hole.
agujero de lavado (calderas) | handhole.
agujero de limpieza (calderas) | mudhole | mud door.
agujero de lubricación | oil passage | oil hole.
agujero de llamada (de una espiga en su mortaja) | draw bore.
agujero de mano (calderas) | washout hole.
agujero de masa negativa | negative-mass hole.
agujero de muela de molino | navel-hole.
agujero de muy pequeño diámetro | fine hole.
agujero de palomar | pigeonhole.
agujero de paso (perno roscado) | clearance hole.
agujero de pequeñísimo diámetro | extremely fine hole.
agujero de perno | bolthole.
agujero de prospección | trial pit | prospect hole.
agujero de purga | bleed hole.
agujero de referencia | guiding hole | guide hole | locating hole | hole mark.
agujero de rellenar | feed hole.
agujero de remache abierto con punzón | punched rivet hole.
agujero de salida | spout-hole.
agujero de sondeo | prospect hole | drillhole.
agujero de sondeo en tamaño reducido | rathole.
agujero de sondeo hecho en seco | dry hole.
agujero de ventilación | vent | air hole | air vent.
agujero de visita | inspection hole | eyehole.
agujero de visita (calderas) | sludge hole | manhole.
agujero de visita del condensador | condenser manhole.
agujero debajo del nivel del vidrio fundido para el paso de éste desde el extremo de fusión al extremo de trabajo (hornos de cuba para vidrio) | dog hole.
agujero del cubo de la hélice | propeller bore.
agujero del núcleo de la hélice | bore of the propeller boss.
agujero del pitón | dowel hole.
agujero descendente | downward-hole.
agujero desviado | crooked hole.
agujero elíptico | radiused hole.
agujero en la hilera | drawhole.
agujero escariado | counterbore | reamed hole.
agujero escotado | slot hole.
agujero guía | lead hole | pilot hole.
agujero hecho por un clavo | nail-hole.
agujero horadado por el pájaro carpintero (árboles) | woodpecker's hole.
agujero inclinado | angled borehole.
agujero indicador | telltale hole.
agujero laserizado | laser made hole.
agujero moldeado (no taladrado en piezas fundidas) | cored hole.
agujero numérico simple | single digit hole.
agujero o abertura para mirar | sight.
agujero obstruido | blocked hole.
agujero olivado | olive hole.
agujero olivado (en forma de hiperboloide de revolución) | olivated hole.
agujero oval | oblong hole.
agujero ovalizado | untrue hole.
agujero para coincidencia | registering hole.
agujero para desescoriar (hornos pudelar) | floss hole.
agujero para el bañón (cartón jacquard) | peg hole.
agujero para el clavo | nail-hole.
agujero para el dedo | finger-hole.
agujero para el eje | arbor hole.
agujero para el muñón de pie de biela (pistones) | pinhole.
agujero para el pasador del pistón | wrist pin hole.
agujero para el perno exento de rebabas | chip-free bolt hole.
agujero para el tornillo de brida (carriles) | fishbolt hole.
agujero para espiga | pinhole.
agujero para guiar | lead hole.
agujero para mirilla | eyehole.
agujero para pasador | pinhole.
agujero para paso del escobén (forro del casco) | hawsehole.
agujero para rellenar | filler opening.
agujero para salida de escorias (piquera-alto horno) | floss.
agujero pasante | through hole | thoroughfare hole.
agujero pequeño en el retículo (alza óptica) | pip | pipper.
agujero pequeño en la superficie (defecto plásticos) | pit.
agujero pequeño excavado en el suelo para recibir el trípode perforador | cathole.
agujero perforado por el laser | hole pierced by the laser.
agujero pluriestriado | multisplined hole.
agujero poco inclinado con relación a la horizontal | shallow angled hole.
agujero pretaladrado | prebored hole.
agujero profundo | elongated hole.
agujero profundo acabado con precisión | precision-finished long hole.
agujero punzonado | cutout hole.
agujero punzonado a su diámetro definitivo | full-punched hole.
agujero punzonado sin rebabas | cleanly-punched hole.
agujero que hace el alfiler | pinhole.
agujero ranurado interiormente | internal splined hole.
agujero rayado (defecto hilera de estirar alambres) | notched hole.
agujero reavellanado | recountersunk hole.
agujero rectangular | rectangular hole.
agujero rectificado interiormente | internally ground hole.
agujero roscado a derechas | right-hand threaded hole.
agujero sin rebabas | chip-free hole.
agujero sin salida | blind hole.
agujero sobredimensionado | overside hole.
agujero taladrado | bored hole | drilled hole.
agujero taladrado con herramienta de diamante | diamond bored hole.
agujero tapado con espiche (buques) | plugged hole.
agujero testigo | telltale hole.
agujero tomamuestras (agujero de 150 mm de diámetro que atraviesa el reactor nuclear) | rabbit hole.
agujero único | basic hole.
agujero ya taladrado | prebored hole.
agujeros coincidentes | fair holes.
agujeros colocados sobre una circunferencia | ring of holes.
agujeros de aspiración (bombas) | snore holes.
agujeros de fijación | fixing holes.
agujeros de unión (juntas remachadas) | bond holes.
agujeros exploradores | scanning holes.
agujeros no coincidentes (remachado) | unfair holes.
agujeros no opuestos | blinded holes.
agujeros para el aire terciario | tertiary air holes.
agujeros por donde el agua entra en el fondo de una bomba | blasthole.
agujeros próximos | close-spaced holes.
agujeros que casan | fair holes.
agujeros que se cierran con los dedos (instrumentos de viento) | finger holes.
agujeros que se solapan | overlapping holes.
agujeros taladrados sobre plantilla | jig-drilled holes.
aguller (selfactina) | draw.
agusanado | grub-eaten.
aguzado | pointing | acutely-pointed | sharp-edged | tapered.
aguzado de barrenas (minas) | steel sharpening.
aguzado electrolítico | electrolytic pointing.
aguzador de barrenas | bit dresser.
aguzador de barrenas (sondeos) | bit ram.
aguzadora de barrenas (minas) | drill sharpener.
aguzadura | pointing.
aguzamiento | pointing | taper.
aguzamiento de la punta antes de estirar (alambres) | pointing.
aguzamiento de la punta de la broca | drill point thinning.
aguzar | sharp (to) | sharpen (to) | grind (to) | ross (to) | edge (to) | acuminate (to).
aguzar (herramientas, muelas) | dress (to).
aguzar con la lima | file up (to).
aguzar la troza (Iberoamérica) | nose (to).
aguzar la troza (Iberoamérica - corta de árboles) | snipe (to).
aguzar para el arrastre (troncos árboles) | snip (to).
aheliotropismo | aheliotropism.
aherrojado | ironbound | ironed.
ahí mismo | on-the-spot.
ahilarse | weaken (to).
ahilarse (plantas) | etiolate (to).
ahilarse (vinos) | grow ropy (to).
ahínco | earnestness.
ahistórico | nonhistoric.
ahogadero de brida | band throat | band lash.
ahogado (carburador) | flooded.
ahogamiento | drowning.
ahogar | rescind (to) | drown (to).
ahogar (el carburador) | flood (to).
ahogar el eco | drown the echo (to).
ahogarse | drown (to).
ahogarse con gasolina (carburador motor) | load up (to).
ahogarse por exceso de combustible (carburador) | load (to).
ahogo (carburador motores) | loading.
ahojarse | laminate (to).
ahomomórfico | nonhomomorphic.
ahondar | hollow (to) | sink (to) | excavate (to).
ahora mismo | right.
ahorcador de ramas (Panama) | twig girdler.
ahorcaperro doble | cat's paw.
ahormado | lasting.
ahormador | laster.
ahormar | last (to).
ahornagarse | blight (to).
ahorquillado | forked | forky | furcate.
ahorquillar | fork (to) | furcate (to).
ahorquillar (artillería) | range (to).
ahorra personal | it saves manpower.
ahorrador de tiempo para personal científico y técnico y traductores | time-saver for scientific and technical workers and translators.
ahorrar | economize (to) | spare (to) | layby (to) | retrench (to).
ahorrar acero | conserve steel (to).
ahorrar poco a poco | scrape (to).

ahorrar 30% del precio | save 30% off the price (to).
ahorre energía y dinero | save energy and money.
ahorrista | saver.
ahorro | saving.
ahorro conseguido | savings achieved.
ahorro de energía | energy saving.
ahorro de tiempo considerable | considerable time saving.
ahorro debido al reflector | reflector saving.
ahorro estable | permanent saving.
ahorro indirecto que se obtiene por pagos de cuotas de seguro de vida | contractual savings.
ahorro interno | domestic savings.
ahorro negativo | dissaving.
ahorro personal | personal savings.
ahorro por hora | saving per hour.
ahorro por pieza | saving per piece.
ahorro sobre los impuestos de los dividendos | bail-out.
ahorro total (nacional) | economy's savings.
ahorros | savings.
ahoyado alterno | wave bedding.
ahoyado en tresbolillo (Argentina) | wave bedding.
ahoyador | hole digger.
ahoyar con almocafre | dibble-in (to).
ahoyar con plantador | dibble-in (to).
ahuecado | cored | recessed.
ahuecado de una forja maciza | gashed from a solid forging.
ahuecador metálico | floor pan.
ahuecamiento | hollowing.
ahuecamiento (debajo de una presa) | roofing.
ahuecamiento con gubia | gouging-out.
ahuecar | hollow out (to) | hollow (to) | hollow out (to) | recess (to) | core out (to) | router (to) | turn out (to).
ahuecar con la gubia | gouge out (to).
ahuecarse en forma de cráter (carbones de eléctrico) | crater (to).
ahumada (válvula termiónica) | carbonized.
ahumado | smoke-dried | smoked | smoky | infumated.
ahumado (cerámica) | smoking.
ahumado (pescado) | cured.
ahumado caliente (pescado) | hot smoking.
ahumado del pescado | fish-smoking.
ahumado electrostático | electrostatic smoking.
ahumado frío (pescado) | cold smoking.
ahumador de pescado | fish-smoker.
ahumar | smudge (to) | smoke (to) | blacken (to) | reed (to) | fume (to) | fumigate (to).
ahumar (curar al humo - carnes) | cure (to).
ahumar (pescado) | kipper (to).
ahumar el interior (moldes) | reek (to).
ahusado | taper | tapered.
ahusado al revés | back taper.
ahusado de guiaondas | waveguide taper.
ahusamiento | tapering | taper.
ahusamiento chato (canillas, bobinas) | partial taper top.
ahusamiento de la punta antes de estirar (alambre) | tagging.
ahusamiento del ala | wing taper.
ahusar | nose (to) | skive (to).
ahusarse (plantas) | spindle (to).
ahuyentador | repellent.
ahuyentador de insectos | insect repellent.
ahuyentar | chase off (to) | drive away (to).
ailsita | ailsite.
aimiqui (Mimosops jaimique) | acana.
aire | atmosphere | air.
aire (caballerías) | gait.
aire (música) | time.
aire a presión | compressed air.
aire accidentalmente incorporado durante la mezcla (hormigones) | accidental air.
aire acondicionado | air conditioning.
aire adicional | extra air.
aire admitido en sentido de la marcha (aviones) | ram air.
aire agitado (aviación) | bumpy air.
aire al nivel del suelo | ground level air.
aire alcalino | alkaline air.
aire ambiente con humedad relativa del 40 por ciento | room air of 40 per cent relative humidity.
aire antártico | Antarctic air.
aire aprisionado | trapped air.
aire ártico | Arctic air.
aire aspirado | inhaled air.
aire aspirado (compresores) | inlet air.
aire bajo presión dinámica | ramair.
aire caliente | hot-air.
aire caliente filtrado | hot filtered air.
aire caliente para antihielo | hot air deicer.
aire circulado por ventilador | fan-circulated air.
aire climatizado | conditioned air.
aire clínico (hospitales) | medical air.
aire comburente | burning air.
aire comprimido | compressed air | live air.
aire comprimido deshidratado | devaporized compressed air.
aire con anhídrido carbónico | dead air.
aire con partículas en suspensión | suspended particulate air.
aire contaminado | polluted air.
aire continental | continental air.
aire de admisión (motores) | inlet air.
aire de arranque (diesel) | starting air.
aire de barrido a presión normal | free-aspirated scavenging air.
aire de enfriamiento (molienda de carbones) | tempering air.
aire de poca densidad | tenuous air.
aire de relleno (sistemas de recirculación de aire) | makeup air.
aire de salida | leaving air.
aire del mar | sea air.
aire del subsuelo | ground air.
aire denso | close air.
aire deprimido | depressed air.
aire descendente | subsiding air.
aire desplazado por ventilación | fan-driven air.
aire difundido | diffused air.
aire difuso | diffused air.
aire ecuatorial | equatorial air.
aire en calma | calm air | static air | smooth air.
aire en reposo | motionless air.
aire enrarecido a presión subatmosférica | vacuum.
aire entrante | inflowing air.
aire fluidizante | fluidizing air.
aire forzado | blast | blast wind.
aire higrosaturado | water-saturated air.
aire húmedo extraído del circuito de molienda (carbones) | strip air.
aire impuro | vitiated air | polluted air.
aire inflamable | dirt.
aire insaturado | unsaturated air.
aire irrespirable | irrespirable air.
aire lavado electrostáticamente | electrostatically washed air.
aire lavado y filtrado | washed-and-filtered air.
aire limpio y filtrado | washed and filtered air.
aire líquido | liquid air.
aire macrodisperso | macrodispersed air.
aire microdisperso | microdisperse air.
aire no renovado | entrapped air.
aire ocluido | trapped air | entrapped air | entrained air.
aire pesado | close air.
aire polar | polar air.
aire polar continental | polar continental air.
aire primario (combustible pulverizado) | primary air.
aire propanado | propanized air.
aire propanizado | propanized air.
aire purgable | purgeable air.
aire que a veces fluye desde el borde de la toma de aire al exterior (estatorreactor) | spillover.
aire que pasa por un molino pulverizador | mill air.
aire que queda en el cilindro al final de la carrera (compresores) | clearance air.
aire que se mueve verticalmente | air current.
aire que se puede extraer | purgeable air.
aire que transporta el combustible pulverizado a los quemadores (calderas) | carrier air.
aire quieto | motionless air.
aire quieto húmedo | humid still air.
aire radiactivo | radioactive air.
aire recirculado | recirculated air.
aire refrigerador del estator | stator cooling air.
aire retenido | entrained air | entrapped air.
aire sangrado | bled air | bleed-air.
aire seco y caliente | dry hot air.
aire secundario (hornos) | overfire air.
aire sin turbulencia | smooth air.
aire sin vapor de agua | dry air.
aire sobrante | excess air.
aire suave | breathing.
aire suplementario | reserve air.
aire suplementario (calderas) | secondary air.
aire turbulento | rough air | turbulent air.
aire viciado | dead-air | dead air | vitiated air | contaminated air.
aireación | venting | aeration | airing | airiness.
aireación (minas) | air conditioning.
aireación activada | activated aeration.
aireación con crecimiento bacteriano disperso | dispersed growth aeration.
aireación del suelo | soil-aeration.
aireación graduada | tapered aeration.
aireación por aire difuso | diffused-air aeration.
aireación por contacto | contact aeration.
aireación suave | gentle aeration.
aireación violenta | violent aeration.
aireación y rotura del flujo (timón buques) | burbling.
aireado | fanning | aired | aerated.
aireador | aerator.
aireador de aspiración mecánica | forced-draft aerator.
aireador de bandejas | tray aerator.
aireador de batea de coque | coke-tray aerator.
aireador de boquilla | nozzle aerator.
aireador de cascada | cascade aerator.
aireador de conos múltiples | multicone aerator.
aireador de difusión | diffusion aerator.
aireador de inducción | induction aerator.
aireador de paletas | paddle aerator.
aireador de placas deflectoras | baffle-plate aerator.
aireador de salpicadura | splash aerator.
aireador rociador | spray aerator.
airear | aerate (to) | fan (to) | ventilate (to) | weather (to).
airear (tarjetas) | riffle (to).
airear (telas, etc.) | sky (to).
airear el agua | aerate water (to).
airón pequeño (ave) | squacco.
aislable | isolable.
aislación superficial | oxalizing.
aislación térmica | heat insulation.
aislacionismo | aislationism.
aislacionista | isolationist.
aislado | insulated.
aislado (con corcho, etc.) | lined.
aislado (con envuelta metálica puesta a tierra - aparatos eléctricos) | shockproof.
aislado (fuera del circuito - máquinas) | short circuited.
aislado con amianto | asbestos-insulated.
aislado con batista barnizada | varnished cambric-insulated.
aislado con caucho (cables) | rubber-covered.
aislado con cerámica | ceramic insulated.
aislado con gas | gas-insulated.
aislado con goma butílica | butyl rubber insulated.
aislado con madera de balsa | balsa-wood insulated.

aislado con material alveolar | foam-insulated.
aislado con material mineral (electricidad) | mineral insulated.
aislado con papel | paper-insulated.
aislado con película aislante (electricidad) | film-insulated.
aislado con relleno | fill-insulated.
aislado con revestimiento | blanket insulated.
aislado con seda (cables) | silk insulated.
aislado con silicona | silicone insulated.
aislado con una capa de algodón | single cotton covered.
aislado del calor | lagged.
aislado por inmersión | dipped insulated.
aislado separadamente | individually-insulated.
aislador | insulator | isolator.
aislador (electricidad) | nonconductor.
aislador acanalado | corrugated insulator.
aislador acústico | acoustic aislator.
aislador cerámico para altos voltages | ceramic high-tension insulator.
aislador cerámico tubular | tubular ceramic insulator.
aislador cerámico-circónico | zircon ceramic insulator.
aislador coaxial | coaxial isolator.
aislador de aceite | oil insulator.
aislador de aletas | ribbed insulator.
aislador de amarre | tension insulator.
aislador de amarre (líneas eléctricas) | strain insulator.
aislador de anclaje | shackle insulator.
aislador de anclaje (líneas eléctricas) | strain insulator.
aislador de antena | antenna insulator.
aislador de apoyo (electrónica) | stand-off insulator.
aislador de apoyo (mástil de radio) | standoff insulator.
aislador de apoyo de porcelana | porcelain standoff insulator.
aislador de baja pérdida | low loss insulator.
aislador de barra colectora | busbar insulator.
aislador de bola | globe insulator.
aislador de botón | knob insulator.
aislador de cadena | string insulator.
aislador de campana | mushroom insulator | shed insulator | hood insulator | bell-shaped insulator | petticoat insulator.
aislador de campana doble | double bell insulator.
aislador de campana sencilla | single petticoat insulator.
aislador de campaña | canopy insulator.
aislador de caperuza | hood insulator.
aislador de carrete (instalación eléctrica) | spool insulator.
aislador de cerámica | ceramic insulator.
aislador de derivación múltiple | takeoff insulator.
aislador de doble campana (telecomunicación) | double-petticoat insulator | double cup insulator.
aislador de entrada | leading-in insulator.
aislador de entrada (borna - transformadores) | bushing.
aislador de espiga | pin insulator.
aislador de espiga (líneas telefónicas) | pin-type insulator.
aislador de esteatita | steatite insulator.
aislador de extremidad del cable | live cable testcap | test cap.
aislador de gancho | hook insulator.
aislador de garganta | cleat.
aislador de horquilla y macho | clevis-and-tap insulator.
aislador de la carga | load isolator.
aislador de mordaza | cleat insulator.
aislador de perilla | knob insulator.
aislador de polea | bobbin insulator.
aislador de porcelana | porcelain insulator.
aislador de porcelana (electricidad) | porcelain bead.
aislador de retención | shackle insulator.
aislador de rosario | string insulator | suspension-chain insulator | suspesion-chain insulator.
aislador de sujeción | shackle insulator.
aislador de suspensión (líneas eléctricas) | strain insulator.
aislador de transposición (línea telefonica) | transposition insulator.
aislador de varilla (líneas telefónicas) | pin-type insulator.
aislador de vibraciones | vibration isolator.
aislador de vidrio | glass insulator.
aislador del cable de amarre (antenas) | anchor wire insulator.
aislador del electrodo | electrode insulator.
aislador distanciador | standoff insulator.
aislador fotoconductor | photoconducting insulator.
aislador metálico (telecomunicación) | metallic insulator.
aislador no recíproco (electrónica) | isolator.
aislador para barra colectora | bus support.
aislador para cable de retenida | guy insulator.
aislador para curvas (líneas eléctricas) | pull-off.
aislador para fusibles | fuse insulator.
aislador para horquilla | clevis insulator.
aislador para vientos | guy insulator | guy-strain insulator.
aislador para vientos del mástil de la antena | radio mast rigging insulator.
aislador pasamuros | wall tube insulator.
aislador pequeño para clavar en la pared (instalación eléctrica) | nail knob.
aislador prensado en seco | dry-process insulator.
aislador protegido por fusibles | fused insulator.
aislador rajado (electricidad) | busted insulator.
aislador rígido | pin insulator.
aislador terminal | dead-end insulator.
aislador tipo de niebla | fog-type insulator.
aislador unilateral | isolator.
aisladores de baja tensión | low tension insulators.
aisladores en cadena | suspension-chain insulator.
aislador-tensor (líneas eléctricas) | strain insulator.
aislamiento | insulation | isolation.
aislamiento acústico | acoustical isolation | sound insulation | soundproofing.
aislamiento antivibratorio | vibration isolation.
aislamiento comprobado entre 0 y 30 kiloohmios | tested insulation between 0 and 30 kiloohms.
aislamiento con cerca de cuerda (de una zona) | roping off.
aislamiento con corcho | cork insulation.
aislamiento con silicona | silicone insulation.
aislamiento con terileno barnizado (cable eléctrico) | varnished terylene insulation.
aislamiento con una cinta de papel solapándose las vueltas | paper lapping.
aislamiento contra la radiación | antiradiation insulation.
aislamiento de aire | air insulation.
aislamiento de aire sin circulación | dead-air insulation.
aislamiento de arseniuro de galio semiaislante | semi-insulating gallium-arsenide isolation.
aislamiento de combustión lenta | flame-retardant insulation.
aislamiento de las aguas (sondeos) | shooting off water.
aislamiento de mica en escamas ligadas con asfalto | asphalt-bonded flake-mica insulation.
aislamiento de relleno | fill insulation.
aislamiento del colector | commutator insulation.
aislamiento del inducido | armature insulation.
aislamiento elastomérico | elastomeric insulation.
aislamiento eléctrico termoestable | heat-stable electrical insulation.
aislamiento en las horas que no se está de servicio | off-duty seclusion.
aislamiento entre capas | interlayer insulation.
aislamiento entre fases | between-phase insulation | phase-to-phase insulation.
aislamiento entre vueltas | inter-turn insulation.
aislamiento fónico | phonic isolation | sound insulation.
aislamiento insonorizante | sound-absorbing insulation.
aislamiento interbobinal | intercoil insulation.
aislamiento interlaminar | interlaminar insulation.
aislamiento internacional | isolationism.
aislamiento introducido sobre los pasadores | impaled-on-the-pins insulation.
aislamiento pirorresistente | fire-resisting insulation.
aislamiento por difusión triple | triple diffusion isolation.
aislamiento por reflexión | mirror insulation.
aislamiento por substrato dieléctrico | dielectric-substrate isolation.
aislamiento por unión | junction isolation.
aislamiento que suprime la vibración (cimentaciones) | vibration-cancelling isolation.
aislamiento refractario en la parte alta (lingoteras) | hot top.
aislamiento reotaxial | rheotaxial isolation.
aislamiento sonoro | sound insulation.
aislamiento sujeto con vueltas de alambre | wire wrapping insulation.
aislamiento térmico | thermal insulation.
aislancia (electricidad) | insulance.
aislante | insulating.
aislante (electricidad) | nonconducting.
aislante (refrigeración, calor, acústica) | insulant.
aislante con resistividad superficial estabilizada (cables eléctricos) | nontracking insulation.
aislante de fibra | fiber insulation.
aislante dieléctrico (electricidad) | onconductor.
aislante electrófilo | electrophilic insulator.
aislante electrófobo | electrophobic insulator.
aislante inhomogénico | inhomogeneous insulator.
aislante sólido que forma el aislamiento principal aparte del aceite (transformadores) | barrier.
aislantes acústicos | sound proof material.
aislar | insulate (to) | confine (to) | isolate (to).
aislar (bombas, calderas, etc.) | short-circuit (to).
aislar con una capa de (cables eléctricos) | lap (to).
aislar contra la humedad | dampproof (to).
aislar del circuito (tuberías, etc.) | blank off (to).
aislarse (en el trabajo, etc.) | entrench (to).
ajadura (maderas) | shake.
ajar | blight (to).
ajedrez | chess.
ajedrezado | checked.
ajedrezado (boyas) | chequered.
ajeno | foreign.
ajeno a los hechos | not involved.
ajeno al asunto | beside the question.
ajetreado | busy.
ajicola | glue.
ajizal (Hispanoamérica) | chili plantation.
ajorca | bangle.
ajorrar (agricultura) | jigger (to).
ajorro | holding ground.
ajuagas (aguajas - veterinaria) | dew.
ajuagas (veterinaria) | quitter.
ajuar de casa | house stuff.
ajustabilidad | adjustability.
ajustabilidad en el sitio | on-the-job adjustability.
ajustable | adjustable | variable.

ajustable angularmente respecto al eje longitudinal | angularly adjustable with respect to the longitudinal axis.
ajustable en altura | height adjustable.
ajustable en vuelo | flight-adjusted.
ajustable lateral y verticalmente | laterally and vertically adjustable.
ajustable oblicuamente | angularly adjustable.
ajustable por deslizamiento | slidably adjustable.
ajustable sobre un pivote | pivotally adjustable.
ajustado | tight | right | close | fitted | snug | shrunk on | trimmed | trim.
ajustado (ropas) | clinging.
ajustado a mano | manually adjusted.
ajustado con cono | taper fit.
ajustado en caliente | shrink-fitted.
ajustado por contracción en caliente | shrink-fitted.
ajustador | operator.
ajustador (obrero) | viceman | bench hand.
ajustador (tipografía) | clicker | justifier.
ajustador de anchura de banda | bandwidth adjustor.
ajustador de banda | band setter.
ajustador de cardas | card fixer | card setter.
ajustador de fase | phaser.
ajustador de la admisión | inlet adapter.
ajustador de modelos (funderías) | pattern setter.
ajustador de puesta a cero | zero adjuster.
ajustador de reclamaciones | claim adjuster.
ajustador de ventana de dos hojas | casement adjuster.
ajustador del asiento | seat adjuster.
ajustador del huelgo | slack adjuster.
ajustador del margen lateral | side margin adjuster.
ajustador del talón (cambio vía) | heel adjuster.
ajustador magistral | master adjuster.
ajustador mecánico | metal fitter | filer.
ajustador tipográfico (tipografía) | maker-up.
ajustador-verificador | fitter-tester.
ajustar | compose (to) | conform (to) | tally (to) | adapt (to) | adjust (to) | set (to) | set out (to) | make true (to) | fitup (to) | fit up (to) | fit (to) | snug (to) | dress (to) | compound (to) | trim (to).
ajustar (cuentas) | settle (to) | make up (to).
ajustar (entallar-trajes) | fit (to).
ajustar (mecánica) | tram (to).
ajustar (texto) | justify (to).
ajustar (tipografía) | lay out (to) | set up (to) | make up into pages (to) | make up (to) | dress (to).
ajustar (un trato) | shut (to).
ajustar (válvulas en su asiento, escobillas) | seat (to).
ajustar a lima | file to a fit (to).
ajustar a mano | adjust by hand (to).
ajustar a martillo | force-fit (to).
ajustar a ojo | fit by eye (to).
ajustar bajando | adjust down (to).
ajustar cepillando (madera) | shoot (to).
ajustar con huelgo (máquinas) | make a loose fit (to).
ajustar el alza | adjust the sight (to).
ajustar el alza por disparos de verificación (cañones) | zero-in (to).
ajustar el grado de admisión | adjust the cut-off (to).
ajustar forzado | force-fit (to).
ajustar la forma (los tipos de imprenta en la forma) | lock up (to).
ajustar la forma (tipografía) | lock (to).
ajustar la impedancia | impedance-match (to).
ajustar la presión | set the pressure (to).
ajustar la separación entre los electrodos (bujía encendido de motores) | regap (to).
ajustar la trama (tejeduría) | beat up (to).
ajustar levantando | adjust up (to).
ajustar los mandos (aviones) | set the controls (to).
ajustar mal | misfit (to).
ajustar para el máximo rendimiento (aparatos) | peak (to).
ajustar sin huelgo (máquinas) | make a tight fit (to).
ajustar sobre | fit over (to).
ajustar suavemente | free-fit (to).
ajustar un cojinete (rasqueteándolo) | scrape a bearing (to).
ajuste | setting up | setting | alignment | engagement | adaptation | patch | fit | fitting | trimming | contract | trueing.
ajuste (acústica) | scaling.
ajuste (carpintería) | shooting.
ajuste (de válvulas, de escobillas) | seating.
ajuste (espectroscopia) | tilling.
ajuste (motores) | lining up.
ajuste (tipografía) | setup | making-up.
ajuste a cero | zeroing.
ajuste a mano | hand-fitting.
ajuste a martillo | driving fit.
ajuste a prueba de vapor | steam fit.
ajuste al ejercicio anterior | prior period adjustment.
ajuste anual | yearly adjustment.
ajuste apretado | tight fit | close fit.
ajuste automático de sueldos | automatic wage adjustment.
ajuste catastral sobre variaciones | equalization of assessments.
ajuste con apriete | interference fit.
ajuste con el huelgo máximo | loosest fit.
ajuste con huelgo | clearance fit | loose fit.
ajuste con huelgo o interferencia dentro de tolerancias | transition fit.
ajuste con interferencia | tunking fit.
ajuste con pequeño huelgo | easy fit.
ajuste concéntrico | concentric adjustment.
ajuste conificado | taper fit.
ajuste consecutivo de salarios | consequential adjustment of salaries.
ajuste correcto | proper adjustment.
ajuste corrector | setting adjustment.
ajuste corredizo | sliding fit.
ajuste corriente | average adjustment.
ajuste de altímetro | altimeter setting.
ajuste de apalancamiento | gearing adjustment.
ajuste de cierre de un circuito topográfico | adjustment of angles.
ajuste de coincidencia | coincidence setting.
ajuste de corrección | take up | setting adjustment.
ajuste de corrección lateral | lateral setting adjustment.
ajuste de cuatro inserciones | four-tuck splice.
ajuste de cuentas | reckoning.
ajuste de curvas | curve-fitting.
ajuste de curvas (matemáticas) | curve fitting.
ajuste de deslizamiento | running fit.
ajuste de distancia | stop setting.
ajuste de dos piezas entre sí girándolas en vez de introducir una en otra | wringing fit.
ajuste de émbolo | piston fit.
ajuste de entrada en las pinzas de arrastre | gripper margin.
ajuste de expansión | expansion fit.
ajuste de fase | phase adjustment | phasing.
ajuste de frecuencia | frequency adjusting.
ajuste de frotamiento suave | slip fit.
ajuste de la carda | card setting.
ajuste de la forma (tipografía) | locking up.
ajuste de la frecuencia de imagen | framing.
ajuste de la imagen a la posición deseada (cine, televisión) | framing.
ajuste de la mordaza | jaw setting.
ajuste de la presión | pressure setting.
ajuste de la prima en caso de cancelación | pro rata rate.
ajuste de la reactividad (reactor nuclear) | shim.
ajuste de la velocidad | speed-setting.
ajuste de los cañones fijos para que converjan en un punto a distancia determinada (avión de caza) | point harmonization.
ajuste de los elementos de puntería | zeroing.
ajuste de manguito roscado | bottle screw adjustment.
ajuste de pinzas | gripper margin.
ajuste de plano | fitting regression plane.
ajuste de precios | price adjustment.
ajuste de precisión | precision adjustment.
ajuste de ranura (telecomunicación) | spline fit.
ajuste de rotación libre | running fit.
ajuste de telares | loom fixing.
ajuste de tendencia (estadística) | trend fitting.
ajuste de tolerancia normal | standard fit.
ajuste de varios circuitos en serie | line-up.
ajuste defectuoso | poor fit.
ajuste del cilindro alimentador | feed roller setting.
ajuste del cojinete | journal adjustment.
ajuste del chapón de carda | flat setting.
ajuste del disyuntor | cutout adjustment.
ajuste del foco a un punto situado entre dos personas una en la boca y otra en el fondo de la escena (TV) | split focus.
ajuste del original al espacio que ha de ocupar (imprenta) | copy fitting.
ajuste del pasador del pistón | pin fitting.
ajuste del paso (hélices) | pitch setting.
ajuste del pH | pH adjustment.
ajuste del primordio de la rueda sobre la mesa de la fresadora con fresa matriz (engranajes) | setting of the blank on the hobber table.
ajuste del tiempo de reconexión | reset-rate adjustment.
ajuste del tintero | ink duct setting.
ajuste del trazado | balancing the survey.
ajuste deslizante | running fit | snug fit.
ajuste duro | exact fit.
ajuste en caliente | shrink fit.
ajuste en la prensa | pressed-on fit.
ajuste en la valoración de las existencias | inventory valuation adjustment.
ajuste entre la producción y el consumo | production-consumption adjustment.
ajuste entre piezas | interference fit.
ajuste escogido | selective fit.
ajuste exacto | snug fit | close adjustment | proper setting.
ajuste fino | trimming adjustment.
ajuste forzado | tight fit | snug fit | press fit | drive fit | force fit | forced fit.
ajuste fuerte | hard-driving fit.
ajuste hecho después del montaje (pieza de un equipo) | fix.
ajuste holgado | loose fit | free fit | floating fit.
ajuste impositivo | tax adjustment.
ajuste incierto | transition fit.
ajuste inicial | initial adjustment.
ajuste interocular | interocular adjustment.
ajuste lateral | lateral adjustment | side adjustment.
ajuste lineal | linear adjustment.
ajuste litigioso | litigated adjustment.
ajuste mecánico | power adjustment.
ajuste micrométrico | cheater | micrometer adjusting | micrometer setting | microadjustment.
ajuste mínimo-cuadrático | least square fit.
ajuste motorizado | motorized adjustment.
ajuste óptico | optical registration.
ajuste óptimo | best fit.
ajuste para la inclinación de la mesa (máquina herramienta) | canting adjustment.
ajuste parcial de reclamaciones | part settlement of claims.
ajuste paritario del cambio mensualmente | crawling peg.
ajuste perfecto | dead true.
ajuste por coincidencia | coincidence adjustment.
ajuste por contracción | shrink fit.
ajuste por contracción en caliente | shrink fit.
ajuste por conversión de divisas | currency translation adjustment.
ajuste por galga | setting by gage.

ajuste por rascado | scraping in.
ajuste preciso | fine adjustment | fine fit.
ajuste preciso del ancho (laminación) | edging.
ajuste previo | preset.
ajuste radial | radial adjustment.
ajuste sin huelgo | working fit | wringing fit | snug fit | push-fit | tunking fit.
ajuste sin presión | loose fit.
ajuste suave | free fit | sliding fit | medium fit | push-fit | easy fit.
ajuste suave a presión | medium force fit.
ajuste suelto | running fit.
ajuste transversal | cross adjustment.
ajuste vertical a mano rápido (máquina - herramienta) | quick hand vertical adjustment.
ajuste vertical manual lento | slow hand vertical adjustment.
ajustes de video (TV) | tilt-and-bend.
ajustes después del período de cierre | off-period adjustments.
ajustes isostáticos | isostatic adjustments.
ajustes marginales | marginal adjustments.
ajustes operativos a costes actuales | current cost operating adjustments.
ajustes retroaplicadas o por arrastre de privilegios de tasas | adjustments by carry-back or carry-forward tax privilege.
ajusticiar | execute (to).
ako (Antiaris africana) | PAS.
ako (Antiaris africana - Engl) | ako.
akoga (Lophira alata) | African oak.
akoga (Lophira alata - Quercus borealis) | red oak.
akon (Terminalia superba - Engl. & Diels) | afara.
aktológico | aktological.
al abrigo de | proof against.
al abrigo de la evaporación | evaporation-proof.
al abrigo de la luz | in the absence of light.
al abrigo del aire | away from the air.
al abrigo del aire (química) | air being excluded.
al abrigo del viento | off the wind.
al agua (buques) | overboard.
al agua fuerte | etched.
al aire libre | in the open | outdoor | exposed.
al alcance | reachable.
al alcance de la mano | convenient to the hand | within hand reach | at hand.
al azar | at random.
al bies | on the bias.
al bies (telas) | on the cross.
al borde del mar | by the sea.
al cambio corriente (comercio) | at the common rate.
al cambio del día (comercio) | at the day's rate.
al cambio más bajo (Bolsa) | at the lowest rate.
al cobro | for collection.
al contado | cash | in cash | for ready money | for delivery | outright | for cash | sharp cash.
al contado con descuento | cash less discount.
al contado contra documentos | net cash against documents.
al contrario | contrariwise.
al correr del día | during the course of the day.
al corriente de pago de las cuotas | dues currently paid.
al costado | alongside.
al costado (buques) | over-the-side.
al costado de un buque | alongside a ship.
al costado del buque | ex ship.
al costado del buque (comercio) | alongside ship.
al costo | ad custum.
al curso más favorable (comercio) | at the best possible rate.
al dar sentencia (jurisprudencia) | in giving judgement.
al descubierto | exposed.
al detalle | retail.
al día | up to date.
al dimitir el cargo de presidente en funciones de | on relinquishing office as chairman of.
al dorso (libros) | overleaf.
al encuentro uno del otro | end on to one another.
al exterior (buques) | overboard.
al fallar | in giving judgement.
al filo de la medianoche | near the midnight.
al final de la lista | at the bottom of the list.
al final de la prueba | at end of test.
al frente | c/f (carried forward).
al garete | adrift.
al hacer el pago | at the time of payment.
al hacer esto se debe tener cuidado de asegurarse que | when doing this care should be taken to ensure that.
al hilo (telas) | parallel to the warp threads.
al igual que | the same as.
al inicio del ensayo | at beginning of test.
al instante | right | out of hand.
al largo (marina) | offshore | offward.
al largo (navegación marítima) | off.
al mar (buques) | overboard.
al margen de la ley | lawlessness.
al mejor postor | to the highest bidder.
al menor coste posible | at lowest possible cost.
al menudeo | in the piece.
al momento | out of hand.
al nivel del mar | at sea level.
al nivel del suelo | at ground level | even with the ground | aflat.
al óleo (pintura) | in oil colors.
al otro lado | across the way.
al pairo (buques) | hove-to | lying-to.
al por mayor | in bulk.
al por menor | retail.
al precio convenido | at the agreed rate | at the price agreed upon.
al precio corriente del mercado en la fecha de contrato | at the current market price as of date of contract.
al primer pensamiento | at the first blush.
al principio de la prueba | at beginning of test.
al punto | on-the-spot | out of hand.
al punto inmediatamente | straight.
al raso | in the open | outdoors.
al régimen de | at the rate of.
al revés | inside out | contrariwise.
al revés (impresión, anuncios) | inverted upside down.
al riguroso contado | strictly cash.
al rojo | red-hot.
al sesgo | on the skew | on the bias | on the cross | askant | askance | slopewise.
al tanto convenido | at the agreed rate.
al tanto de los avances modernos | abreast of modern advances.
al tanto de todos los aspectos de la soldadura | fully conversant with all aspects of welding.
al tresbolillo | in quincunx | staggered.
al unísono | on the level.
al uso | according to custom.
al vacío | in vacuo.
al vencimiento del plazo | at the expiration of the time.
al viento (marina) | ahold.
al vuelo | on the fly | on-the-fly.
ala | wing.
ala (anticlinal) | leg.
ala (botánica, zoología) | wing.
ala (de avión) | panel.
ala (de edificio) | pavilion.
ala (de sombrero) | brim.
ala (edificios) | allette.
ala (hierro en ángulo) | leg.
ala (plano - aviones) | deck.
ala (sombrero) | flap.
ala (vigas) | wing.
ala a incidencia nula | wing at zero incidence.
ala adelantada | swept forward wing.
ala aflechada | arrowheaded wing.
ala alta | high wing.
ala alta (aviones) | shoulder wing.
ala anular | annular wing.
ala articulada (aviones) | flapped wing | articulated plane.
ala autocompensada (avión) | self-trimming wing.
ala baja | low wing.
ala basculante | tilt wing.
ala basculante (aviones) | tilting wing.
ala bastarda (entomología) | false wing.
ala bilarguero (aviones) | two-sparred wing.
ala bilarguero de caja de torsión | two-spar torsion-box wing.
ala con curvatura (aviones) | twisted wing.
ala con el borde de salida romo | blunt-trailing-edge wing.
ala con flap de chorro | jet-flapped wing.
ala con flecha positiva | backswept wing.
ala con ondas de choque adheridas | attached shock waves wing.
ala con punta recortada (aviones) | clipped wing.
ala con ranura | slotted wing.
ala con retroinclinación regulable | variable-sweep-back wing.
ala con superficie acanalada (aviones) | channel wing.
ala corta (autogiros) | stub plane | stubwing.
ala curva con flecha de 40 grados | cambered 40° sweptback wing.
ala de aeronave de flujo laminar | laminar-flow aircraft wing.
ala de aeroplano | aeroplane wing.
ala de alargamiento 10 | aspect-ratio-10 wing.
ala de aspersores | sprinkler lateral.
ala de avión con nervaduras integrantes | integrally stiffened aircraft wing.
ala de babor (aviones) | L. H. plane | port wing.
ala de bombardeo | combat wing | bomb wing.
ala de cajón de torsión (aviones) | torsion-box wing.
ala de cangreja (buques vela) | ringsail.
ala de combate (organización) | combat wing.
ala de contacto (viga que se va a soldar a una plancha) | faying.
ala de costillas enterizas (aviones) | monocoque wing.
ala de curvatura variable | variable-camber plane.
ala de curvatura variable (aviación) | variable camber wing.
ala de envergadura infinita | infinite span wing.
ala de estribor | starboard mainplane.
ala de flujo laminar | laminarized wing | laminar-flow wing.
ala de forma elíptica en planta | elliptical-planform wing.
ala de forma romboidal en proyección horizontal | diamond platform wing.
ala de gaviota (aeroplanos) | gull wing.
ala de régimen laminar | laminar wing.
ala de sección de paralelogramo | wing of diamond section.
ala de sección delgada | thin-section wing.
ala de sección gruesa | thick section wing.
ala de sección uniforme | untapered wing.
ala de succión (aviones) | suction wing.
ala de un edificio en ángulo recto con el cuerpo principal | ell | L.
ala de unión (viga que se va a soldar a una plancha) | faying.
ala del domo (geología) | domal flank.
ala del medio (fallas) | common limb.
ala del palmejar (buques) | stringer face plate.
ala del refuerzo | stringer face plate.
ala delgada | airfoil.
ala delgada (aerodinámica) | aerofoil.
ala delgada a velocidad subsónica elevada | thin wing at high subsonic speed.
ala delgada en delta (aviones) | slender delta wing.
ala delta de borde de ataque supersónico | supersonic-edged delta wing.
ala en delta con las puntas cortadas | cropped delta wing.
ala en delta de gran alargamiento | high-aspect-ratio swept-back wing.

ala en delta de 60 grados de multilargueros | multispar 60º delta wing.
ala en flecha | wing sweptback | sweptback | swept back wing.
ala en flecha (aviones) | sweptwing.
ala en flecha aeroisoclínica | aeroisoclinic swept-back wing.
ala en flecha de succión laminar | swept laminar suction wing.
ala en flecha decreciente | swept tapered wing.
ala en flecha inversa | sweptforward wing.
ala en flecha variable | scimitar wing.
ala en forma de cabeza de flecha | arrowheaded wing.
ala en forma de triángulo isósceles | delta wing.
ala en forma de triángulo isósceles en proyección horizontal | delta planform wing.
ala en forma de V | arrow wing.
ala en ménsula | cantilever wing.
ala en movimiento (movimiento envolvente - ejércitos) | outer flank.
ala en parasol (aviones) | umbrella wing.
ala en que el borde de salida es más largo que el borde de ataque | positive wingtip rake.
ala en rombo | diamond wing.
ala en V | sweep wing.
ala esbelta (aviones) | slender wing.
ala esbelta en delta | slender delta wing.
ala giratoria | rotary wing.
ala gruesa de alargamiento finitio | thick wing of finite aspect ratio.
ala hueca | shell wing.
ala inclinada con relación a la dirección del flujo | yawed wing.
ala inclinada hacia atrás (aviones) | sweptwing.
ala inclinada hacia delante | sweptforward wing.
ala inferior (de pliegue acostado) | underlimb.
ala inferior de un pliegue acostado (geología) | floor limb.
ala infinita con guiñada | infinite yawed wing.
ala interior (fallas) | down-side.
ala interior de la cuaderna (buques) | inboard flange of frame.
ala intermedia estirada (geología) | reduced middle limb.
ala isoclina (aviones) | isoclinic wing.
ala izquierda | left wing.
ala izquierda (aviones) | port wing | L. H. plane.
ala larga en relación con su anchura (aviones) | slender wing.
ala más ancha en la punta que en la raíz (aviones) | inverse taper wing.
ala metálica | metal wing.
ala monocasco de paredes delgadas | thin-walled monocoque wing.
ala monolarguero (aviones) | monospar wing | one-sparred wing.
ala monolarguero semiménsula | semicantilever single-spar wing.
ala opuesta (ejércitos) | refused wing.
ala oscilando periódicamente | periodically oscillating wing.
ala oscilatoria | oscillating wing.
ala plegable | folding wing.
ala plegadiza mecánicamente | power-folding wing.
ala posterior (insectos) | secondary.
ala que se une al forro (cuadernas) | shell flange.
ala recortada | sheared wing.
ala recta delgada de pequeño alargamiento | low-aspect-ratio thin straight wing.
ala rectangular | untapered wing.
ala rectangular plana de sección delgada | thin flat rectangular wing.
ala rectangular semiinfinita oscilante | oscillating semi-infinite rectangular wing.
ala revestida de madera contrachapada (aviones) | ply-covered wing.
ala rígida | rigid wing.
ala rotatoria | whirling wing.
ala sin estrechamiento | untapered wing.
ala sin flecha de alargamiento 6 | unswept aspect-ratio-6 wing.
ala sinclinal (pliegue, geología) | trough limb.
ala soplada (aeronaves) | blowing wing.
ala soplada de envergadura finita (aerodinámica) | finite-span blowing wing.
ala supersónica | supersonic wing.
ala tornapuntada (aviones) | strutted wing.
ala trapezoidal | trapezoidal wing.
ala trapezoidal (en proyección horizontal) | tapered wing.
ala trapezoidal en flecha | tapered sweptback wing.
ala trapezoidal en flecha con borde de ataque en media luna (aviones) | crescent wing.
ala triangular | delta wing | triangle wing.
ala triangular con borde de ataque supersónico | supersonic leading edge triangular wing.
ala triangular de pequeño alargamiento | low-aspect-ratio triangular wing.
ala unida al o cerca del fondo del fuselaje | low wing.
ala volante | tailless aircraft | all-wing airplane | flying-wing.
alabamio | alabamine.
alabandina | mangan-blende.
alabar | applaud (to).
alabastrino | alabaster-like.
alabastrita | alabaster stone | gypseous alabaster.
alabastro | alabaster.
alabastro calizo | calcareous alabaster.
alabastro oriental | Algerian onyx | Egyptian alabaster.
alabe (compresor axial) | bucket.
álabe (turbina) | blade | vane.
álabe con borde de ataque cargado | loaded leading edge blade.
álabe curvado hacia atrás | backward curved blade.
álabe curvo | twisted blade.
alabe de ajuste (turbinas) | stop blade.
álabe de guía (turbinas) | redirecting blade.
álabe de la rueda móvil (turbinas) | impeller blade.
álabe de semitorbellino | half vortex blade.
álabe de toma de aire | bucket vane.
álabe de torbellino libre | free vortex blade.
álabe del difusor | diffuser vane | diffusor vane.
álabe del distribuidor (turbina hidráulica) | wicket gate.
álabe del distribuidor (turbinas) | guide vane.
álabe desviador (turbinas) | redirecting blade.
álabe difusor | diffusion vane.
álabe director | gun blade.
álabe director (turbina hidráulica) | wicket gate | wicket.
álabe fijo (turbina) | stationary vane | guide vane.
álabe fijo de compresor | compressor stator blade.
álabe giratorio (turbina hidráulica) | wicket gate.
alabe giratorio de encauzamiento | rotating guide vane.
alabe móvil (compresores) | rotating bucket.
alabeada (madera) | sprung.
alabeado | crooked | twisted | warped.
alabeado (madera) | back-sided.
alabeado (piezas) | not true.
alabeamiento | warpage.
alabeamiento (maderas) | kink.
alabeamiento longitudinal | longitudinal warping.
alabeamiento por esfuerzo cortante | shear buckling.
alabear | warp (to) | jet out (to).
alabearse | jet out (to) | drop (to) | bow (to) | spring (to) | buckle (to).
alabearse (madera) | kink (to) | kink out of line (to) | buck (to) | wind (to).
alabeo | camber | buckling | buckle | sagging | bend | bending | warping | warp | warpage.
alabeo (chapas) | twist.
alabeo (maderas) | curl | springing | casting up | casting | twisting | winding.
alabeo de disco | record warp.
alabeo de la corteza | crustal warping.
alabeo del ala | wing warping.
alabeo durante el aserrado | spring.
alabeo longitudinal | longitudinal warping.
alabeo negativo (aviones) | washout.
alabeo por temple o revenido | skeller.
alabeo positivo (aviones) | washin.
alabeo positivo aerodinámico | aerodynamic washin.
alabe-riostra (turbinas) | supporting blade.
álabes de entrada del motor | impeller-intake guide-vanes.
álabes de prerrotación (compresor radial) | prewhirl vane.
alabes deflectores | cascade vanes.
alabes del rodete (turbina hidráulica) | runner vanes.
alabes del rotor | rotor blades.
álabes fijos (turbinas) | stationary blades.
álabes fijos (turbocompresores) | diffusing blades.
álabes guías (turbinas de combustión) | prestator blades.
álabes guías de entrada | entry guide vanes.
álabes guías de entrada (compresor rotativo) | entry vanes.
álabes guías de salida | discharge guide vanes.
álabes rotativos | revolving vanes.
alabiada (monedas) | lipped.
alacena | aumbry | locker | closet.
alacha | bit.
aladrada | plow furrow.
aladrero | timber-man.
alamar | dress trimming | trimming | loop | frog.
alamar (trajes) | piping cord.
alambicar los precios | cut prices (to).
alambique | distillatory | still | alembic.
alambique a presión | pressure still.
alambique caldeado directamente por la llama | pot-still.
alambique centrífugo para destilación molecular | centrifugal molecular still.
alambique de destilación discontinua | still batch.
alambique de destilación molecular | molecular still.
alambique de hierro para separar el alcohol del ácido acético (destilación maderas) | limelee still.
alambique de redestilación (crudo) | rerunning still.
alambique de vacío | vacuum still.
alambique desintegrador | cracking still.
alambique despojador | stripping still.
alambique discontinuo | batch still.
alambique para crudos (petróleo) | crude still.
alambique para destilar agua del mar utilizando la radiación solar | solar sea water still.
alambique para redestilación | rerun still.
alambique para secar material muy húmedo | pressure still.
alambique para separar los productos hidrocarbonados del petroleo bruto | petroleum still.
alambique pirolizador | cracking still.
alambique pirolizador (fabricación gasolinas) | cracker.
alambique solar | solar still.
alambrada | wire entanglement | barbed-wire obstacle.
alambrada baja (fortificación) | low-wire entanglement.
alambrada de entrelazamiento irregular (fortificación) | spider wire entanglement.
alambrada de rollos en acordeón (milicia) | concertina.
alambrada en concertina | concertina wire.
alambrada plegable | concertina.
alambrada portátil en espiral | gooseberry.
alambradas del enemigo | enemy's wire.
alambrado | wiring.

alambrado (de cables) | armoring.
alambrado (mangueras, cables) | armored.
alambrado en cuerdas (cuaderna dirigibles) | chord wiring.
alambrado radial (dirigibles) | radial wiring.
alambrar | fence (to) | wire (to).
alambre | wire | mild drawn wire.
alambre (peine de urdir o tejer) | split.
alambre (transductores) | string.
alambre acanalado | grooved wire.
alambre adiamantado ligado galvánicamente | diamond galvanically bonded wire.
alambre adiamantado para serrar | diamond-prepared sawing wire.
alambre aéreo | open wire.
alambre aislado | insulated wire.
alambre aislado con dos capas de seda | double silk-covered wire.
alambre aislado con teflón | teflon-insulated wire.
alambre bimetálico | bimetallic wire.
alambre blindado | shielded wire.
alambre brillante | lime bright wire.
alambre bruto de estirado | plain draw wire.
alambre bruto de trefilado | bench-hardened wire.
alambre caliente | hot-wire.
alambre cincado | galvanized wire.
alambre cizallable (seguridad de mecanismos) | shear wire.
alambre cobreado y estirado después al diámetro deseado | coppered wire.
alambre cobreado y estirado después al diámetro deseado (trefilado) | drawn coppered wire.
alambre con cavidades internas (defectos) | cupped wire.
alambre con color codificado | color-coded wire.
alambre con diámetro escalonado a lo largo de su longitud | step wire.
alambre con dos pasadas por la hilera | two-holed wire.
alambre con sección en forma de ocho | figure-eight wire.
alambre con una pasada por la hilera (trefilado) | one-holed wire.
alambre conificado calibrado | calibrated tapered wire.
alambre cuadrado | square wire.
alambre cubierto de seda | silk covered wire.
alambre cuyo diámetro es mayor al final del rollo | running out wire.
alambre de acero | brush wire.
alambre de acero adiamantado | diamond wire.
alambre de acero al carbono según galga especial | music wire.
alambre de acero aluminizado en caliente | hot-aluminized steel wire.
alambre de acero cromoníquel martensítico inoxidable de gran resistencia | high-tensile martensitic chromium-nickel rust-resisting steel wire.
alambre de acero chapado de cobre | copper-covered steel wire.
alambre de acero chapado en cobre | copper-clad steel wire.
alambre de acero electrocobreado | copperplated steel wire.
alambre de acero estirado en frío | cold-drawn steel wire.
alambre de acero inoxidable al cromo martensítico | martensitic chromium rust-resisting steel wire.
alambre de acero niquelado antes del estirado final | preplated nickel-coated steel wire.
alambre de acero o latón estirado con sección transversal de un piñón (relojería) | pinion wire.
alambre de acero revestido de aluminio | steel-core aluminum wire.
alambre de aluminio | aluminum wire.
alambre de aluminio revestido de cobre | copper-clad aluminium wire.
alambre de aportación (soldeo) | filler.
alambre de bronce | bronze wire.
alambre de carda | card wire.
alambre de cobre | copper wire.
alambre de cobre cincado | galvanized copper wire.
alambre de cobre cincado galvánicamente | galvanically zinc-coated copper wire.
alambre de cobre estañado | tinned copper wire.
alambre de cobre macizo | solid-copper wire.
alambre de cobre niquelado y después plateado | nickel-silver-plated copper wire.
alambre de cobre plateado | silver-plated copper wire.
alambre de cobre recocido | annealed copper wire.
alambre de cobre rectangular | rectangular copper wire.
alambre de cobre recubierto de polivinilacetal | polyvinylacetal-covered copper wire.
alambre de diámetro micrométrico (unos 2 μ de diámetro) | microwire.
alambre de diámetro muy pequeño | ultrafine wire.
alambre de disparo (sondeos) | shot line.
alambre de empacar | baling wire.
alambre de encuadernación | binding wire.
alambre de forma (no de sección circular) | shaped wire.
alambre de gran límite elástico | high-yield wire.
alambre de gran resistencia para muelles de acero | high-tensile steel spring wire.
alambre de gran resistencia para zunchar envueltas de motores cohéticos | rocket wire.
alambre de la armadura (cables) | armoring wire.
alambre de latón | brass wire.
alambre de latón duro de donde se sacan los buchones | bouchon wire.
alambre de ligazón | bond wire.
alambre de línea | line wire.
alambre de metal de aportación (soldadura) | filler wire.
alambre de metal que se aplica con una esponja humedecida con la solución galvanoplástica | doctor.
alambre de piano | piano wire.
alambre de piano (carga de rotura mayor de 190 Kg/mm^2) | music wire.
alambre de platino de estructura fibrosa que resiste a la recristalización a altas temperaturas (termopares) | fibro-thermocouple platinum.
alambre de plomo | lead wire.
alambre de protección | guard-wire.
alambre de recocido brillante (recocido en vaso cerrado con atmósfera reductora) | bright annealing wire.
alambre de relleno (cables metálicos) | filler wire.
alambre de relleno para el soldeo con arco eléctrico | arc-welding filler wire.
alambre de retención | tie wire.
alambre de retención (avión) | antilifting wire.
alambre de retorno | return wire.
alambre de sección recta circular | round wire.
alambre de sección sectorial | sector wire.
alambre de seguridad (seguridad de mecanismos) | shear wire.
alambre de seguridad (sello de plomo de vagones) | detective wire.
alambre de sostén (del hilo que lleva corriente) | span wire.
alambre de tierra | ground wire.
alambre de unión | tie wire.
alambre de unión entre el inducido y el colector | commutator riser.
alambre descubierto | open wire.
alambre desnudo | bare wire | naked wire.
alambre desnudo (comunicaciones) | open wire.
alambre eléctrico flexible | electric wire cord.
alambre empleado como bajada de una antena de altísima frecuencia | balum.
alambre esmaltado | glazed wire | enamel-covered wire | enameled wire | enamel-insulated wire.
alambre espinoso | barbed wire.
alambre espinoso galvanizado | galvanized barbed wire.
alambre estañado en caliente | hot-tinned wire.
alambre estañado y estirado después al diámetro deseado (trefilado) | drawn tinned wire.
alambre estirado a un diámetro intermedio y recocido después y estirado al diámetro final | interannealed wire.
alambre estirado al diámetro deseado y después galvanizado | fully galvanized wire.
alambre estirado con lubricante líquido | lacquer drawn wire.
alambre estirado de acero suave envejecido y templado | chilled spring wire.
alambre estirado en frío | bright drawn wire.
alambre estirado en hilera de diamante | diamond-drawn wire.
alambre estirado en la hilera a temperatura normal | cold-drawn wire.
alambre estirado por el procedimiento Wollaston (antes de usarlo hay que disolver su camisa) | composite wire.
alambre exagonal | hexagonal wire.
alambre explosionado eléctricamente | electrically exploded wire.
alambre fabricado por electropulido | electropolishing produced wire.
alambre fiador (de espoleta) | interrupter.
alambre fijador | locking wire.
alambre fino (de pequeño diámetro) | thin wire.
alambre fino de contacto (transistores) | cat's whisker.
alambre fino en paquetes de 1 | stone wire.
alambre forrado | covered wire.
alambre forrado de algodón | cotton-covered wire.
alambre forrado de nilón | nylon-jacketed wire.
alambre forrado de papel | paper-covered wire.
alambre galvanizado | galvanized wire.
alambre galvanizado de acero de alta resistencia | galvanized high tensile steel wire.
alambre galvanizado en caliente y pasado por rodillos enjugadores | wiped galvanized wire.
alambre galvanizado y estirado después al diámetro deseado | drawn galvanized wire.
alambre galvanoplastiado | plated wire.
alambre guía (para meter cables eléctricos dentro de tubos) | fish wire.
alambre hueco | tubular wire.
alambre ignifugado | flameproof wire.
alambre incrustado en plástico | plastic-encased wire.
alambre laminado | rolled wire.
alambre no circular | section wire.
alambre no escurrido (trefilería) | unwiped wire.
alambre obturador | sealing-in wire.
alambre para alambrados | fence wire.
alambre para cables con carga de rotura de 100 a 110 tons. × pulgada^2 | best plough steel wire.
alambre para cables con carga de rotura de 115 a 125 toneladas/pulgada^2 | extra special improved plough steel wire.
alambre para cables con carga de rotura de 80 a 90 tons × pulgada^2 | best patent steel wire.
alambre para cercas | fence wire.
alambre para cinchos de inducidos | armature banding wire.
alambre para cobresoldar | brazing wire.
alambre para colgar cuadros | picture-wire.
alambre para conductores de encendido | ignition conductor wire.
alambre para conexiones | hookup wire.
alambre para cubiertas (autos) | tire rope.
alambre para enlazar las paletas de la turbina

| turbine-blading lacing wire.
alambre para fusibles | fuse wire.
alambre para hacer tornillos | blank.
alambre para instrumentos musicales | music wire.
alambre para ligaduras | tie wire.
alambre para lizo de telar | lingo.
alambre para máquina de coser (encuadernación) | stitching wire.
alambre para meter conductores eléctricos por tuberías | fishing wire.
alambre para muelles estirado en frío | hard-drawn spring wire.
alambre para muelles revenido en aceite | oil-tempered spring wire.
alambre para peines (tejeduría) | reed wire.
alambre para puntas de latón | brass pin wire.
alambre para reforzar el talón de la cubierta (neumáticos) | tire-bead reinforcing wire.
alambre para retrefilar | redraw wire.
alambre para zunchar cañones | gun screw wire.
alambre perfilado | section wire.
alambre perfilado (no de sección circular) | shaped wire.
alambre plano | flat wire | flattened wire.
alambre plano para peines | flat reed wire.
alambre provocador de turbulencia (canal hidrodinámico) | trip-wire.
alambre que después del estirado inicial está en curso de terminación (trefilado) | process wire.
alambre que une las dos alas para mantener el decalaje (biplanos) | stagger wire.
alambre que une las puntas de las largas paletas (turbina de baja presión) | lashing wire.
alambre recocido | annealed wire | softened wire.
alambre recocido alto en carbono | high-carbon annealed wire.
alambre recocido negro | black annealed wire.
alambre recocido para atar | binder.
alambre recocido por solubilización | solution annealed wire.
alambre rectangular | rectangular wire.
alambre recubierto | covered wire.
alambre redondo | round wire.
alambre revestido de algodón parafinado (electricidad) | waxed cotton-covered wire.
alambre revestido de metal | metal-clad wire.
alambre revestido de plástico | plastic-covered wire.
alambre rico en carbono de elevada resistencia a la tracción | high-tensile high-carbon-content wire.
alambre taladrador | drilling wire.
alambre tejido | textured wire.
alambre templado en baño de plomo | patented steel wire.
alambre tensor | bracing wire.
alambre termodetector | heat-detecting wire.
alambre tiralizos | harness wire.
alambre torcido sin púas | barbless cable.
alambre transversal (cinta sin fin metálica de máquina fabricar papel) | shute wire.
alambre trefilado | drawn wire.
alambre trefilado con lubricante sólido de jabón | soap drawn wire.
alambre trefilado con reducción de área inferior al 10% | soft drawn wire.
alambre trenzado | braid wire | braided wire | stranded wire.
alambre tubular | tubular wire.
alambre virola | burr wire.
alambrera | wire netting.
alambrero | wire seller.
alambres | tautness-meter.
alambres de gran resistencia eléctrica | calrod units.
alambres de metales preciosos de gran resistencia | high-strength precious metal wires.
alambres de níquel soldados a los electrodos (transistores) | whiskers.
alambres del detonador | leg wires.
alambres en sentido longitudinal (tela metálica) | warp wires.
alambres enclavados (cables metálicos) | locked wires.
alambres muy finos de estaño que crecen espontáneamente en objetos estañados | whiskers.
alambres para dentaduras | dental wires.
alambres que forman la conexión mecánica entre un conmutador y su mecanismo teleaccionador | tracker wires.
alambres transversales (tela metálica) | fill wires.
alambrón | fermachine.
alameda | mall.
álamo (botánica) | poplar.
álamo americano (Populus tremuloides) | American poplar.
álamo balsámico (Populus tacamahacca) | balsam poplar.
álamo balsámico canadiense (Populus monilifera) | tacamahac.
álamo blanco (Populus alba) | white poplar | abele.
álamo canadiense (Picea alba) | Quebec spruce.
álamo de California (Populus trihocarpa) | black cottonwood.
álamo gris (Populus canescens) | grey poplar.
álamo inglés (Populus nigra) | English poplar.
álamo italiano (Populus pyramidalis) | Lombardy poplar.
álamo negro (Populus canadensis) | black poplar.
álamo temblón (Populus tremula) | European aspen.
álamo temblon (Populus tremuloides) | Canadian aspen.
alanina | alanine.
alargabilidad | stretchability | extendability | extendibility.
alargable | stretchable | extendable | extendible.
alargadera | extension piece | additional extension | eking-piece | allonge.
alargadera (compás, etc.) | extension bar.
alargadera (química) | adapter.
alargadera oscilante (narria doble) | sway bar.
alargado | extended | drawn-out | oblong | expanded.
alargador | cheater.
alargador de duración de impulso | pulse lengthener.
alargador de la anchura de impulso | pulse lengthener.
alargador de línea | line stretcher.
alargamiento | extension | extending | elongation | strain | lengthening | stretching | stretch | eking.
alargamiento (de banda radio) | splatter.
alargamiento (del tiro) | lifting.
alargamiento (fuselaje) | fineness ratio.
alargamiento antes de la rotura | elongation prior to rupture.
alargamiento circunferencial | hoop extension.
alargamiento de cristal | crystal pulling.
alargamiento de la banda lateral por modulación | modulation sideband splatter.
alargamiento de la fibra | elongation of the fibre.
alargamiento de la imagen (TV) | pulling.
alargamiento de los impulsos sincronizantes (televisión) | synchronizing pulse stretching.
alargamiento de rotura | ultimate elongation | rupture elongation | breaking elongation | break-down elongation.
alargamiento de una pieza empalmando otra pequeña longitud | eiking.
alargamiento de 15% por pasada en la hilera de estirar | elongation of 15% per drawing pass.
alargamiento debido a la humedad | damping stretch.
alargamiento del ala | wing aspect ratio.
alargamiento del contorno | boundary stretching.
alargamiento del tiro de la barrera de artillería | lifting of the artillery barrage.
alargamiento dúctil | ductile elongation.
alargamiento elástico | elastic elongation | elastic extension.
alargamiento geométrico (perfiles aerodinámicos, alas) | aspect ratio.
alargamiento infinito (aviación) | infinite aspect ratio.
alargamiento lateral (mesa trabajo de prensas) | horning extension.
alargamiento longitudinal | longitudinal extension.
alargamiento mínimo entre puntos (probetas) | minimum elongation on gage length.
alargamiento permanente | permanent stretch | permanent extension.
alargamiento plástico (resistencia de materiales) | plastic elongation.
alargamiento por unidad de longitud | specific elongation.
alargamiento posterior más bajo (chasis autobuses) | dropped rear extension.
alargamiento que tiende a cero (aviones) | vanishing aspect ratio.
alargamiento total | overall elongation.
alargamiento transversal | transverse extension.
alargamiento uniformemente repartido | necking.
alargamiento unitario | extension per unit length | elongation per unit of length.
alargamiento vídeo | video stretching.
alargar | elongate (to) | dilate (to) | extend (to) | lengthen (to) | stretch (to) | stretch out (to) | draw (to) | protract (to).
alargar (taladros) | splice (to).
alargar demasiado | overreach (to).
alargar el tiro (artillería) | lengthen range (to) | lift fire (to) | lift (to).
alargar el tiro por salvas sucesivas (artillería) | feel out (to).
alargarse | veer aft (to).
alargarse (correas) | expand (to).
alargarse (el viento) | enlarge (to) | draw aft (to).
alargarse (llama) | spire (to).
alarma | emergency | warning | alarm.
alarma a distancia | remote alarm.
alarma aérea | air warning.
alarma antiaérea | aircraft warning | air-raid warning.
alarma audible del nivel peligroso | audible danger level warning.
alarma automática | autoalarm | automatic alarm.
alarma automática de incendios | automatic fire-alarm.
alarma contra falta de corriente | power-failure alarm.
alarma contra incendios | fire-alarm.
alarma contra los aviones intrusos (aviación) | intruder alarm.
alarma de ataque nuclear | nuclear strike warning.
alarma de exceso de nivel | high level alarm.
alarma de exceso de presión y de nivel bajo del agua (calderas vapor) | high-low alarm.
alarma de reposición | release alarm.
alarma de sobrerradiación | over-radiation alarm.
alarma de subtemperatura | subtemperature alarm.
alarma del nivel de agua en la sentina (buques) | bilge level alarm.
alarma electrónica contra robos | electronic burglar-alarm.
alarma en caso de aterrizajes violentos (aeropuertos) | crash alarms.
alarma óptica | visual alarm.
alarma óptica del nivel peligroso | visible danger level warning.

alarma óptica y sonora | visible and audible alarm.
alarma para falsas maniobras | wrong way alarm.
alarma por temperatura excesiva | excess temperature alarm.
alarma sonora | audible alarm | squawker.
alarma sonora automática | automatic audible alarm.
alarma transitoria | fleeting alarm.
alarma visible y audible | visible and audible alarm.
alarma visual | visual alarm.
alarma visuoauditiva | visual and audible alarm.
alas en ángulo diedro | dihedral wings.
alas en ángulo diedro negativo | anhedral wings.
alas en ángulo recto | cruciform wings.
alas en flecha | sweptwings.
alas en flecha muy cerrada | sharply swept-back wing.
alas formando paracaídas | parawings.
alas rectangulares sin flechas | unswept rectangular wings.
alautogamia | allautogamy.
alavante (buques) | warping chock | fairleader | fairlead.
alba | daw.
albacea | administrator | conservator | executor | executrix | executer | estate administrator | trustee.
albacea administrativo | managing executor.
albacea testamentario (jurídico) | testamentary executor.
albacea universal | general executor.
albaceas de la herencia de | executors of the estate of.
albaceazgo | trusteeship | executorship.
albación | albation.
albaliñería | masonry.
albañal | gutter | sewer | common sewer.
albañalero | sewer builder.
albañil | brick-setter | mason | bricklayer.
albañil de cemento | cement finisher.
albañil de mina | packwaller.
albañil de pozos (minas) | cogman.
albañil que coloca los sillares en un muro | fixer.
albañilería | mason work | walling.
albañilería (obra de ladrillos) | brickwork.
albañilería de bóvedas | arch masonry.
albañilería de la caldera | boiler setting.
albarán de entrada | receiving order.
albarán de entrega | delivery note.
albarco (Cariniana pyriformis Miers) | albarco.
albarda | bardelle | pad-saddle | pad | aparejo | packsaddle | saddle.
albardero | packsaddle maker.
albardilla (coronamiento - muros) | capping.
albardilla (muros) | coping | coping stone.
albardilla | saddle stone.
albaricoque | apricot.
albayalde | ceruse | white lead | lead white.
albayalde calcinado | yellow lead.
albayalde y aceite de linaza | luting.
albedo | albedo.
albedo (coeficiente de reflexión) | albedo.
albedo (nuclear) | albedo.
albedo (parte blanca de la corteza de agrios) | albedo.
albedo de Bond (astronomía planetaria) | Bond albedo.
albedo de la superficie del mar | sea surface albedo.
albedo del hielo de mar | sea-ice albedo.
albedo reentrante | return albedo | re-entrant albedo.
albedómetro | albedometer.
alberca | basin | pond | pool | stock pond.
alberca para apagar la cal | lime-slaking pen.
alberca para bañar ganado | cattle dipping vat.
albergue | harbor (EE.UU.) | harbour (Inglaterra).
albergue para automovilistas | motel.
albero (paño para limpieza platos) | dish cloth.
albertita | albert coal | asphaltic coal.
albiense (geología) | albian.
albita | albite.
albitización | albitization.
albitizar | albitize (to).
albizia indica (Albizzia lebbeck) | suk.
albizzia africana (Albizzia ferruginea) | albizzia.
albizzia indica (Albizzia lebbeck) | pruk.
albizzia índica (Albizzia lebbeck - Benth) | ye-ho-shu.
albóndiga de pescado | fish-ball.
alborotar | clatter (to).
alborotarse (el mar) | go high (to).
alboroto | riot.
alboroto popular | popular disturbance.
albufera | coastal pool.
álbum de dibujo | drawing-book.
albumen (botánica) | albumen.
albúmina | albumen.
albúmina (bioquímica) | albumin.
albúmina isolubilizada al calor | coagulated albumen.
albuminar | albuminize (to).
albuminosidad | albuminousness.
albura | alburnum | sapwood | splintwood | splint.
albura sana | bright sap.
alburno | splint | splintwood.
alca (ornitología) | razor-bill.
alcabala | tallage.
alcacer (cebada en hierba) | green barley.
alcachofa (tubo de aspiración) | strum box.
alcachofa de aspiración | snore-piece.
alcachofa de aspiración (bombas) | tailpiece | wind bore | strainer.
alcachofa de aspiración (tuberías de aspiración) | rose box.
alcahaz (para halcones) | birds' large cage.
alcahuetería | procurement.
alcalde | mayor.
alcalde de barrio | ward leader.
alcaldilla | slice bar.
alcalescencia | alkalescency | alkalescence.
alcalescente | alkalescent.
álcali | alkali.
alcali alcohólico | alcoholic alkali.
álcali volátil | volalkali.
álcali-celulosa | alkali-cellulose.
alcalífero | alkaliferous.
alcalificable | alkalifiable.
alcalificante | alkalizing.
alcalígeno | alkaligenous.
álcali-lignina | alkali lignin.
alcalimetría | alkalimetry | alkalometry.
alcalimétrico | alkalimetric.
alcalímetro | alkalimeter | alkali hydrometer | kalimeter.
alcalinidad | alkalinity.
alcalinidad al anaranjado de metilo (dureza del agua) | M alkalinity.
alcalinidad cáustica del agua de alimentación (calderas) | caustic alkalinity of feed water.
alcalinidad del suelo | soil alkalinity.
alcalinidad sódica (agua calderas) | sodium alkalinity.
alcalinímetro | alkalinity meter.
alcalinización | alkalinization.
alcalinizar | alkalify (to) | alkalinize (to).
alcalino | alkali | alkaline.
alcalino (suelo) | sweet.
alcalino al tornasol | alkaline to litmus.
alcalinobarítico | alkalinobarytic.
alcalinoigneo | alkali-igneous.
alcalinoplumbífero | alkalinoplumbiferous.
alcalinorresistente | alkaliproof.
alcalinosalino | alkalinosaline.
alcalinosilíceo | alkalinosiliceous.
alcalinotérreo | alkali-earth.
alcalioso | alkalious.
alcalisoluble | alkali-soluble.
alcalizador | alkalizer.
alcalizador (fabricación azúcar) | liming tank.
alcalizar (fabricación azúcar) | lime (to).
alcaloide | alkaloid.
alcaloide animal | animal alkaloid.
alcaloides del opio | opiumalkaloids.
alcalosis producida por volar a grandes altitudes (aviadores) | altitude alkalosis.
alcaluria | alkaluria.
alcaluria producida por volar a grandes alturas | altitude alkaluria.
alcance | reach | range | compass | setting | stretch | balance due | pitch | scope | extent | sweep | fetch.
alcance (alza de cañón) | sight angle.
alcance (arma de fuego) | carry.
alcance (balística) | range.
alcance (caballos) | interference.
alcance (climatización de aire) | blow.
alcance (de grúas, etcétera) | spread.
alcance (de trenes) | rear-end collision.
alcance (de una flecha, de una pedrada) | flight.
alcance (de una punzonadora) | throat.
alcance (disparos) | length.
alcance (grúas) | radius.
alcance (máquinas) | runout.
alcance (óptica) | path.
alcance (patas de caballos) | forging.
alcance (proyectiles) | throw.
alcance (termiónica) | sweep.
alcance (veterinaria) | interfering | tread.
alcance (zona de audibilidad - radio) | coverage.
alcance a buque parado | static range.
alcance cerca de la superficie | near-surface range.
alcance con alza mínima (armas) | pointblank range.
alcance con bombas o torpedos (aviones de caza) | ferry range.
alcance corregido | adjusted range.
alcance corto | low range.
alcance cuartil (estadística) | quartile range.
alcance dañino | lethal range.
alcance dañino (armas) | damaging range.
alcance de chorro | range of jet.
alcance de descarga (palas mecánicas) | dumping reach.
alcance de difusión de portador de carga | charge-carrier diffusion lenght.
alcance de diseminación | flight limit.
alcance de espaleo (excavadoras) | digging reach.
alcance de excavación (excavadoras) | digging reach.
alcance de exploración (radar) | scanning range.
alcance de la auditoría | scope of the examination.
alcance de la escalera | ladder range.
alcance de la grúa de almeja (dragas) | grabbing radius.
alcance de la rejilla (termiónica) | grid sweep.
alcance de la uña | gripper bite.
alcance de la vista | ken | eyeshot.
alcance de las señales | signal range.
alcance de noche | night range.
alcance de planeo | gliding range.
alcance de seguridad | arming range.
alcance de servicio | service range.
alcance de un proyectil antes que funcione la espoleta | fuze range.
alcance de vaciamiento (palas mecánicas) | dumping reach.
alcance de visibilidad | visibility range.
alcance del cañón | out of gunshot.
alcance del cañón medido con radar | radar gun ranging.
alcance del eco | echo range.
alcance del fusil | gunshot | rifle-range.
alcance del haz de los faros | headlight beam

distance.
alcance del oído | hearing.
alcance del radar | radar range.
alcance del viento | fetch.
alcance diurno | diurnal range.
alcance efectivo | useful range | effective range.
alcance efectivo (altavoz) | beam.
alcance eficaz | effective range | operational range | operating range.
alcance eficaz (antena) | effective area.
alcance eficaz (antenas) | action-radius.
alcance estático | static range.
alcance extrapolado | set forward range | extrapolated range | extrapolation range.
alcance extremo | ultimate range.
alcance futuro prognosticado | predicted future range.
alcance geográfico | geographical range.
alcance grande | long range.
alcance hacia el exterior (grúas, etc.) | outreach.
alcance hacia el interior | in-reach.
alcance horizontal | downrange | horizontal range.
alcance inclinado (artillería antiaérea) | slant range.
alcance intercuartil (estadística) | interquartile range.
alcance luminoso | luminous range.
alcance másico | mass range.
alcance máximo | maximum range.
alcance máximo (grúas) | maximum spread.
alcance máximo de una grua | extreme range.
alcance máximo efectivo del radar para detectar objetos | radar range.
alcance máximo en vuelo | flying range.
alcance medido con radar (artillería) | radar ranging.
alcance medio | mean range | midrange.
alcance medio en masa | mean mass range.
alcance nominal | nominal range.
alcance óptico | visual range | line-of-sight range | optical path | optical range.
alcance previsto corregido | corrected predicted range.
alcance radio | radio range.
alcance radioeléctrico (radar) | lobe penetration.
alcance radioóptico | radiooptical range.
alcance real (bombardeo aéreo) | actual range.
alcance tabular corregido | corrected range.
alcance útil (grúas, etc.) | outreach.
alcance útil (radio, TV) | working range.
alcance vertical (cañones) | vertical range.
alcance visivo | optical range.
alcance visual | visual range.
alcance visual-auditivo | visual-aural range.
alcances | overtakings.
alcancía | money-box | cash box.
alcancía (geología) | ore shoot.
alcancía (minas) | ore pass.
alcanfor | camphor.
alcanfor buchú | bucco-camphor.
alcanfor de Borneo | Indian camphor.
alcanfor sintético | synthetic camphor.
alcano | alkane.
alcantarilla | sewer 1.1 | common sewer | gully.
alcantarilla (carreteras) | culvert.
alcantarilla de alivio | relief culvert.
alcantarilla de cuatro arcos de medio punto (carreteras) | four-barrel arch culvert.
alcantarilla de hormigón armado hecha en su emplazamiento | cast-in-situ reinforced concrete culvert.
alcantarilla de hormigón de sección cuadrada (carreteras) | concrete-box culvert.
alcantarilla de ladrillo | brick sewer.
alcantarilla de pozo | drop-inlet culvert.
alcantarilla escalonada | flight sewer.
alcantarilla igualadora | equalizer.
alcantarilla interceptadora | intercepting sewer.
alcantarilla maestra | trunk sewer line | trunk sewer.
alcantarilla ovoide | ovoid-section sewer.
alcantarilla para aguas negras y de lluvia | combined sewer.
alcantarilla para aguas sucias | foul-water sewer.
alcantarilla plana | flattop culvert.
alcantarilla principal | main sewer.
alcantarilla rectangular | box culvert.
alcantarillado | sewer 1.1 | sewerage.
alcantarillado entarquinado | silted sewer.
alcantarillado para recoger solamente las aguas pluviales | stormwater sewer.
alcanza su apogeo a los 4000 km de altitud (satélite artificial) | it apogees at 4000 kilometers.
alcanzar | attain (to) | get (to) | come up to (to) | reach Mach 2 (to) | overreach (to) | compass (to) | reach (to).
alcanzar (cañones) | range (to).
alcanzar (con la grúa) | plumb (to).
alcanzar (precios) | realize (to).
alcanzar (sumas, ediciones, etc.) | run into (to).
alcanzar (un buque a otro) | overhaul (to).
alcanzar el límite elástico | reach the elastic limit (to).
alcanzar la altitud deseada (aviones) | hit altitude (to).
alcanzar la criticidad (reactor nuclear) | go critical (to).
alcanzar la mayor clasificación del Lloyd | meet Lloyd's highest class (to).
alcanzar su apogeo (satélite artificial, cohetes) | apogee (to).
alcanzar un blanco con más potencia destructiva que la necesaria (aviación) | overhit (to).
alcanzar un empréstito | raise a loan (to).
alcanzar un objetivo | accomplish (to).
alcanzar una posición casi de desplome en un encabritamiento (aviones) | hang on the propeller (to).
alcanzarse (caballo al trote) | brush (to).
alcanzarse (caballos) | forge (to).
alcanzarse (veterinaria) | interfere with (to) | overreach (to).
alcarraza | goglet.
alcatrón | alcatron.
alcaudón (ave) | shrike.
alcaudón (ornitología) | butcher bird.
alcayata | wall hook | tenterhook | L-headed nail | dog spike | spike | spad | staple | hook nail | bent pin | hook pin.
alcayata para canalones de recogida de aguas | gutter spike.
alcázar | quarterdeck.
alcázar (buques) | poop.
alce (alces machlis) | moose.
alce (zoología) | elk.
alce de Bengala (India) | axis.
alcista (bolsa) | long | long of stock.
alco (Antiaris africana - Engl. | antiaris (11).
alcogas (carburante) | alcogas.
alcohilación catalítica | catalytic alkylization.
alcohol | spirit | alcohol.
alcohol absoluto | anhydrous alcohol | dehydrated alcohol.
alcohol alifático inferior | lower aliphatic alcohol.
alcohol amílico | fusel oil | amyl alcohol.
alcohol anhidro | absolute alcohol.
alcohol cetílico | cetyl alcohol.
alcohol de alfareros | cubical galena | potter's ore.
alcohol de beber | potable spirit | beverage alcohol.
alcohol de boca | beverage alcohol | potable spirit.
alcohol de cadena larga | long-chain alcohol.
alcohol de cadena recta (química) | straight-chain alcohol.
alcohol de cera de lana | wool wax alcohol.
alcohol de madera | wood alcohol.
alcohol de melaza refinado | refined molasse alcohol.
alcohol de quemar | gas | denatured alcohol | fuel alcohol.
alcohol de remolacha | beetroot spirit | beet alcohol.
alcohol desnaturalizado | denatured alcohol.
alcohol desnaturalizado por adición de petróleo | mineralized methylated spirit.
alcohol desodorizado | deodorized alcohol.
alcohol destilado | distilled spirit.
alcohol en bruto | crude spirit.
alcohol especialmente desnaturalizado | specially denatured alcohol.
alcohol etílico | grain alcohol | spirit of wine | ethyl alcohol.
alcohol exílico | hexyl alcohol.
alcohol graso | fatty alcohol.
alcohol industrial | industrial alcohol | power alcohol | industrial spirit.
alcohol isoamílico | isobutyl carbinol.
alcohol isobutílico | isobutyl alcohol.
alcohol isopropílico | petrohol | isopropyl alcohol.
alcohol libre de impuestos | excise-free alcohol.
alcohol medicinal | medicinal alcohol.
alcohol metílico | methylated spirit | methyl alcohol | wood alcohol.
alcohol metílico industrial | industrial methylated spirit.
alcohol metílico | wood spirit.
alcohol monoatómico | monatomic alcohol.
alcohol nonílico | nonyl alcohol.
alcohol polivalente | polyhydric alcohol.
alcohol polivinílico | polyvinyl alcohol | solvar.
alcohol primario de cadena recta | straight-chain primary alcohol.
alcohol propílico | propyl alcohol.
alcohol solidificado | solid spirit | solidified alcohol.
alcohol totalmente desnaturalizado | completely denatured alcohol.
alcoholado | alcoholature.
alcoholato | alcoholic solution | alkoxide | alkoside.
alcoholes bajos (fabricación alcohol) | low-wines.
alcoholes de cabeza (destilación) | faints | foreshots.
alcoholes grasos | fat alcohols.
alcoholes grasos sulfonados | sulphonated fatty alcohols.
alcoholes minerales (solventes derivados de petróleo) | mineral spirits.
alcoholicista | alcoholicist.
alcohólico | alcoholic.
alcoholificación | alcoholification.
alcoholímetro | alcoholometer | spirit hydrometer.
alcohólisis | alcoholysis.
alcoholizable | alcoholizable.
alcoholizar | alcoholize (to).
alcoholizar (vinos) | load (to).
alcoholómetro | spirit hydrometer.
alcohóxilo | alkoxyl.
alcomax (aleación especial) | alcomax.
alcornoque (Quercus suber - L) | cork oak.
alcotán | lanner.
alcotana | scabble axe | hack hammer | mattock | pickax | mason's cutting hammer.
alcotana (albañilería) | gurlet | jedding axe.
alcotana de asfaltador (de dos hachas) | asphalt mattock.
alcovinometría | alcovinometry.
alcovinómetro | alcovinometer.
alcoxilación | alkoxylation.
alcurnia | lineage.
alcuza | oiler | oil cruet | oilcan.
aldaba | falling latch | iron flap | clapper | sneck | door knocker | latch.
aldaba (de candado) | hasp.
aldaba de picaporte | latch hasp.
aldaba dormida | deadlatch.
aldabilla | latch.

aldabilla (ventanas) | casement fastener.
aldabilla de contraventana | shutter bar.
aldabilla de retenida | casement stay.
aldabón | iron flap.
aldehídico | aldehyde.
aldehido (química) | aldehyde.
aldehido crotónico | crotonaldehyde.
aldehido salicílico | salycylic aldehyde.
alder rosa (Ackama muelleri) | rose alder.
aldohexosa | aldohexose.
aldosa | aldose.
aleabilidad | alloyability.
aleable | alloyable.
aleación | composition metal | created metal | mixed metal | alloy | blending.
aleación a base de aluminio | aluminum-base alloy.
aleación a base de cobalto endurecida por disolución sólida | cobalt-base solid-solution-strengthened alloy.
aleación a base de cobre | copper-base alloy.
aleación a base de galio | gallium-based alloy.
aleación ácidorresistente | acid resisting alloy.
aleación acidorresistente y termorresistente | heat-and-acid-resistant alloy.
aleación amagnética (dragaminas) | nonmagnetic alloy.
aleación anatómica | anatomical alloy.
aleación anisótropa | anisotropic alloy.
aleación anisótropa dúctil | ductile anisotropic alloy.
aleación antiácida | acid resisting alloy | acid proof alloy.
aleación antifricción | antifriction alloy.
aleación antimagnética | antimagnetic alloy.
aleación antimagnética (dragaminas) | nonmagnetic alloy.
aleación apirofórica | nonsparking alloy.
aleación austenítica (de hierro, cromo y níquel) rica en nitrógeno | nitrogen-rich austenitic iron-chromium-nickel alloy.
aleación austenítica de níquel-cromo-hierro con gran porcentaje de níquel | high-nickel austenitic iron-chromium-nickel alloy.
aleación austenítica endurecible por solubilización de un componente | precipitation-hardenable austenitic alloy.
aleación austenitizada | austenitized alloy.
aleación bimetálica | bimetal.
aleación binaria | binary alloy | two-component alloy.
aleación binaria rica en hierro | iron-rich binary alloy.
aleación briqueteada | briquetted.
aleación caldeada por resistencia | resistance heating alloy.
aleación ceriosa | cerium bearing alloy.
aleación cianurada | cyanided alloy.
aleación comercial de granos orientados | oriented commercial alloy.
aleación compleja de silicio con desoxidantes (metalurgia) | inoculant.
aleación completamente estable | fully-stable alloy.
aleación compuesta de ligante de aluminiuro dúctil | aluminide-ductile binder composite alloy.
aleación con gran proporción de estaño | high-tin alloy.
aleación con pequeña proporción de silicio y hierro y gran proporción de cromo | high-chromium low-silicon low-iron alloy.
aleación cromífera para altas temperaturas | chromium-based high-temperature alloy.
aleación cronoendurecida | age hardened alloy.
aleación cuaternaria | quaternary alloy.
aleación cuyos componentes tienen temperaturas de solidificación próximas | narrow-freezing-range alloy.
aleación de | aluminum gold.
aleación de alta coercividad | high-coercivity alloy | high coercivity alloy.
aleación de alto porcentaje | high-percentage alloy.
aleación de aluminio | alnico | aluminum alloy.
aleación de aluminio (78%) | aluminum gold.
aleación de aluminio amagnética que no da chispas (al golpear) | nonsparking nonmagnetic aluminim alloy.
aleación de aluminio conformada en caliente | hot-formed aluminum alloy.
aleación de aluminio corrosiorresistente | corrosion-resistant aluminium alloy.
aleación de aluminio desgasificada | degassed aluminum alloy.
aleación de aluminio forjada | forged aluminium alloy.
aleación de aluminio fresada con ácido | acid milled aluminum alloy.
aleación de aluminio inoxidable | noncorrosive aluminum alloy.
aleación de aluminio pobre en cobre | aluminum-rich aluminum-copper alloy.
aleación de aluminio pulido | polished aluminum alloy.
aleación de aluminio termotratable | heat-treatable aluminium alloy.
aleación de aluminio termotratada por solubilización
aleación de aluminio y cobre | aluminum bronze.
aleación de aluminio y magnesio con gran proporción de magnesio | high-magnesium aluminium-magnesium alloy.
aleación de aluminio y silicio exenta de magnesio | magnesium-free silicon-aluminum alloy.
aleación de aproximadamente cobre (1,25 partes) | brazing brass.
aleación de autoendurecimiento no termotratable | unheat-treatable self-hardening alloy.
aleación de baja temperatura de fusión | anatomical alloy.
aleación de bajo contenido en níquel | low-nickel alloy.
aleación de bajo punto de fusión | low melting alloy.
aleación de base de aluminio | aluminum-based alloy.
aleación de base de hierro | iron-base alloy.
aleación de base de niquel solidificada direccionalmente | directionally solidified nickel-base alloy.
aleación de base níquel | nickel-based alloy.
aleación de base zinc | zinc base alloy.
aleación de bismuto que se dilata al enfriarse | expanding metal.
aleación de broncesoldar de base de níquel | nickel-base brazing alloy.
aleación de calidad soldable | welding quality alloy.
aleación de cinc | biddery | bidree.
aleación de cobre | mu-metal.
aleación de cobre (10%) y plomo 10%) | bushing and bearing bronze.
aleación de cobre (15%) | antiacid bronze.
aleación de cobre (2%) | alpaca.
aleación de cobre (4%) | lumen bronze.
aleación de cobre con 46% a 49% de zinc | beta brass.
aleación de cobre con estaño y hierro | bronze steel.
aleación de cobre y estaño | alpha bronze.
aleación de cobre y níquel conteniendo pequeña cantidad de zirconio | zirconium-containing copper-nickel alloy.
aleación de cobre 90% y cinc 10% | commercial bronze.
aleación de cobre-estaño-plomo y cinc | copper-tin-lead-zinc alloy.
aleación de composición predeterminada para añadir ciertos metales al caldo (metalurgia) | master alloy.
aleación de constituyentes ordenados | ordering alloy.
aleación de cromoníquel resistente a la termofluencia | creep resistant nickel chromium alloy.
aleación de dilatación controlada | controlled-expansion alloy.
aleación de dos fases | duplex alloy.
aleación de endurecimiento estructural | structural hardening alloy.
aleación de endurecimiento por precipitación de base férrica | iron-base precipitation-hardening alloy.
aleación de envejecimiento natural | naturally aged alloy | natural-aging alloy.
aleación de estaño (14,5%) | argentine metal.
aleación de estaño (95%) y antimonio (5%) | antimonial tin solder.
aleación de estaño con gran proporción de plomo | soft solder.
aleación de estaño 63% y plomo 37% | eutectic solder.
aleación de germanio y silicio activada con impurezas | impurity-activated germanium-silicon alloy.
aleación de gran coeficiente de dilatación | high-expansion alloy.
aleación de gran permeabilidad inicial | high initial permeability alloy.
aleación de gran resistividad | high resistivity alloy.
aleación de grano afinado | grain-refined alloy.
aleación de granos monocristalinos columnares largos | single-crystal alloy.
aleación de hierro y aluminio de gran permeabilidad magnética | high-permeability magnetic iron-aluminum alloy.
aleación de hierro y estaño obtenida por fusión de escorias de alto horno o de reverbero (afino de concentrados de estaño) | hardhead.
aleación de hierro y estaño que se deposita en el fondo (cubas de estañar) | heavy metal.
aleación de hierro y níquel exenta de carbono | carbon-free iron-nickel alloy.
aleación de hierro y tungsteno baja en carbono | low-carbon iron-tungsten alloy.
aleación de hierro-carbono-níquel | iron-carbon-nickel alloy.
aleación de hierro-níquel de pequeña dilatación endurecible por autoenvejecimiento | age-hardenable low-expansion nickel-iron alloy.
aleación de magnesio con tierras raras | magnesium-rare earth alloy.
aleación de maquinización fácil | free-machining alloy.
aleación de molibdeno | molybdenum alloy.
aleación de níquel (20%) | chromel.
aleación de níquel con pequeña proporción de fósforo | low-phosphorus nickel alloy.
aleación de níquel-aluminio endurecida por autoenvejecimiento | aged nickel-aluminum alloy.
aleación de orientación desordenada | disordered alloy.
aleación de oro | caracoli.
aleación de oro (4 partes) | brown gold.
aleación de oro con el 10% de cobre (EE.UU.) | standard gold.
aleación de oro y paladio | palau.
aleación de oro y plata en hojas para dorar | pale leaf gold.
aleación de paladio (2 a 6 partes) | palladium-gold.
aleación de pequeña dialatación | low-expansion alloy.
aleación de pequeño coeficiente de dilatación | constant-modulus alloy.
aleación de permeabilidad inicial constante | constant initial permeability alloy.
aleación de permeabilidad magnética constante | constant-permeability alloy.
aleación de plata con mucho cobre | billon.
aleación de plomo | bidry.
aleación de plomo (50%) | half and half.
aleación de plomo con litio | alkali lead.
aleación de plomo con metales nobles | ennobled lead alloy.
aleación de plomo y estaño | lead-tin alloy.

aleación de relicuación en vacío parcial | vacuum-refusion alloy.
aleación de renio | rhenium alloy.
aleación de saturación | saturation alloying.
aleación de saturación magnética elevada | high magnetic saturation alloy.
aleación de siluminio hipereutéctica | hypereutectic aluminum silicon alloy.
aleación de soldadura difícil | not-easily-weldable alloy.
aleación de solidificación dendrítica | dendritically-solidified alloy.
aleación de temperatura baja de fusión | low-melting-point alloy.
aleación de temple superficial | hardfacing alloy.
aleación de unión por difusión | diffusion-bonding alloy.
aleación de 57 a 63% de cobre y 37 a 43% de zinc | alpha-beta brass.
aleación de 70% cobre y 30% de zinc | alpha brass.
aleación de 90 a 97% de cobre y 10 a 3% de cinc | gilding metal.
aleación de 99,4% de cobre, 0,1% de plata y 0,5% de cromo | cupaloy.
aleación deformada por ondas explosivas | explosively-deformed alloy.
aleación del dominio orientado | domain-oriented alloy.
aleación desgasificante | degasifying alloy.
aleación diluida | dilute alloy.
aleación diluida magnéticamente | magnetically dilute alloy.
aleación dura de carburo de titanio con ligante de acero | steel-bonded titanium carbide hard alloy.
aleación dura de carburo sinterizado | sintered carbide hard alloy.
aleación en estado de tratamiento de solubilización | solutionized condition alloy.
aleación endurecible por solubilización de un componente | precipitation-hardenable alloy.
aleación endurecida por dispersión de un óxido | dispersion-hardened alloy.
aleación envejecida | aged alloy.
aleación estabilizada | aged alloy.
aleación estable metalúrgicamente | metallurgically stable alloy.
aleación eutéctica | eutectic alloy.
aleación eutectica de plutonio (química) | plutonium eutectic alloy.
aleación eutéctica para soldeo a baja temperatura | eutectic low temperature welding alloy.
aleación eutéctica sobrefundida | supercooled eutectic alloy.
aleación eutectífera | eutectiferous alloy.
aleación exótica | exotic alloy.
aleación extraída (por arrastre al vapor) | extracted alloy.
aleación fácilmente oxidable | readily-oxidable alloy.
aleación ferrífera de endurecimiento por deformación | iron-base strain-hardening alloy.
aleación ferrífera de endurecimiento por envejecimiento | iron-base age-hardening alloy.
aleación ferrítica viscorrespondiente | ferritic creep-resisting alloy.
aleación ferromagnética | ferromagnetic alloy.
aleación ferrosa | ferrous alloy.
aleación ferrosa martensítica ultradura | ultrahard martensitic ferrous alloy.
aleación forjada | wrought alloy.
aleación forjada de base de níquel resistente a la viscofluencia | wrought nickel-base creep-resisting alloy.
aleación fundida bajo capa protectora de argón | argon-melted alloy.
aleación fundida termorresistente | cast heat-resistant alloy.
aleación fusible | fusible alloy | fuse-alloy.
aleación fusible de temperatura baja de fusión | low-melting fusible alloy.
aleación fusible eutéctica | eutectic fusible alloy.
aleación hiperaleada termorresistente | highly alloyed heat-resistant alloy.
aleación hipereutéctica de carbono y níquel | hypereutectic nickel-carbon alloy.
aleación hipoeutéctica | hypoeutectic alloy.
aleación hipoeutéctica de aluminio y silicio | hypoeutectic aluminum-silicon alloy.
aleación homogeneizada | homogenized alloy.
aleación inendurecible | nonhardenable alloy.
aleación inestabilizada | unstabilized alloy.
aleación infiltrada para paletaje de turbinas | infiltrated turbine blading alloy.
aleación inoxidable | nonoxidizing alloy.
aleación intermetálica | intermetallic alloy.
aleación laminada | wrought alloy.
aleación líquida de bismuto | liquid bismuth alloy.
aleación liviana | light alloy.
aleación madre | parent alloy.
aleación magistral | master alloy.
aleación magnética de ferroníquel | magnetic nickel-iron alloy.
aleación magnetoestrictiva | magnetostrictive alloy.
aleación martensítica de coercividad mucho menor | much-lower-coercivity martensitic alloy.
aleación metálica endurecible y tenaz | tough hardenable metal alloy.
aleación metálica refractaria | metal refractory alloy.
aleación monofásica (metalurgia) | single-phase alloy.
aleación muy densa | heavy alloy.
aleación nativa de color blanco-rosada con 65 | bismuth gold.
aleación no termotratable | nonheat-treatable alloy.
aleación no termotratada | unheat-treated alloy.
aleación obtenida disolviendo hierro en zinc líquido a alta temperatura | zinc iron.
aleación ordenada | ordered alloy.
aleación oxidada interiormente | internally oxidized alloy.
aleación oxidada interiormente y endurecida por dispersión del óxido | dispersion-strengthened internally-oxidized alloy.
aleación paladiosa | palladium-containing alloy.
aleación paladiosa para broncesoldar | palladium-brazing alloy.
aleación para añadir elementos al caldo (fundición) | foundry alloy.
aleación para broncesoldar | brazing alloy.
aleación para broncesoldar de metal noble | noble metal brazing alloy.
aleación para cobresoldar de cobre (2 partes) | brazing metal.
aleación para cojinetes a base de plomo | lead-base bearing alloy.
aleación para cojinetes de cobre endurecido con siliciuro de níquel | silicide-hardened bearing alloy.
aleación para colada a la cera perdida | investment casting alloy.
aleación para cuchillas | cutting alloy.
aleación para herramientas de corte con base de cobalto endurecido por infusión de partículas en su masa | dispersion-hardened cobalt-base cutting tool alloy.
aleación para imanes de pulvimetal sinterizado | sintered powder-metal magnet alloy.
aleación para imanes permanentes de grano direccional | directionally-grained permanent-magnet alloy.
aleación para monedas de oro (10 %) | American gold.
aleación para monedas de oro (8,33%) | Australian gold.
aleación para paletaje de turbinas de gran amortiguamiento | high-damping turbine blading alloy.
aleación para platasoldar | silver brazing alloy.
aleación para recrecimiento de piezas | hard-facing alloy.
aleación para recrecimiento duro con soldadura | hard-surfacing alloy.
aleación para recrecimientos | facing alloy.
aleación para revestimiento | coating alloy.
aleación para revestir | sheathing alloy.
aleación para soldar | brazing solder.
aleación para unir vidrio con metal | glass-to-metal sealing alloy.
aleación patrón (aleación rica en un elemento que se añade al caldo) | hardener.
aleación perlítica | pearlitic alloy.
aleación pirofófica | ignition alloy.
aleación pirofórica | sparking alloy.
aleación pluricomponente | multiple-component alloy.
aleación pobre en | low-percentage alloy.
aleación policomponente | multicomponent alloy.
aleación por impulso | flash alloy.
aleación probada a la termofluencia | creep-tested alloy.
aleación pulvimetalúrgica | powder-metallurgically-produced alloy.
aleación que no contiene acero | nonsteel-based alloy.
aleación que se puede laborar con máquinas | workable alloy.
aleación que se puede maquinizar | workable alloy.
aleación quebradiza en caliente | hot-short alloy.
aleación quemada (en el termotratamiento) | burned alloy.
aleación recocida por deformación plástica | strain annealed alloy.
aleación reforzada con alambre de tungsteno | tungsten-wire-reinforced alloy.
aleación reforzada por endurecimiento estructural | precipitation hardening strengthened alloy.
aleación reforzada por solubilización de la fase sólida | solid-solution-strengthened alloy.
aleación reforzadora de la matriz (metalurgia) | matrix-strengthened alloy.
aleación refractaria | high-temperature alloy.
aleación refractaria de base de níquel | nickel-base high-temperature alloy.
aleación resistente a la plastodeformación progresiva | creep resistant alloy.
aleación resistente a las altas temperaturas | high temperature alloy | high hot-strength alloy.
aleación resistente a los ácidos | acidproof alloy.
aleación resistente al agua del mar | saltwater resisting alloy.
aleación resistente al agua salada o atmósferas salinas | seawater-resisting alloy.
aleación resistente al calor y al desgaste | hard-wearing heat-resisting alloy.
aleación resitente a la formación de cascarilla | scaling-resistant alloy.
aleación revestida con metal noble | noble-metal-clad alloy.
aleación rica | high-percentage alloy.
aleación rica en cobre | copper rich alloy.
aleación rica en magnesio | magnesium-rich alloy.
aleación rica en nitrógeno | high-nitrogen-containing alloy.
aleación rica en plomo | high lead alloy.
aleación sensible al enfriamiento brusco | quench sensitive alloy.
aleación sobreenvejecida | overaged alloy.
aleación templada homogenizada | homogenized quenched alloy.
aleación templada por disolución | solution-quenched alloy.
aleación termointratable | nonheat-treatable alloy.
aleación termoquebradiza | hot-short alloy.
aleación termorresistente | heat-resisting alloy.
aleación termorresistente austenítica muy aleada | high-alloy austenitic heat-resistant alloy.

aleación termotratable resistente a la termofluencia | heat-treatable creep-resisting alloy.
aleación ternaria | three-component alloy.
aleación totalmente estabilizada | fully-aged alloy.
aleación totalmente ferrítica | completely ferritic alloy.
aleación viscorresistente de base de cromoníquel | nickel-chromium-base creep-resisting alloy.
aleación 50-50 de hierro y níquel de cristalitos orientados | grain-oriented 50-50 nickel-iron alloy.
aleacionaje | alloyage.
aleaciones cuyos componentes tienen temperaturas de solidificación muy separadas | long-freezing-range alloys.
aleaciones de gran pureza | high-purity alloys.
aleaciones eutécticas | eutectic alloys.
aleaciones industriales | engineering alloys.
aleaciones más pobres en ciertos componentes (para economizarlos en tiempo de guerra) | downgrading of alloys.
aleaciones metálicas para caso de guerra | noncritical metals alloy.
aleaciones metalorgánicas | organo-metallic compounds.
aleaciones para motores de chorro | jet alloys.
aleaciones peritécticas | peritectic alloys.
aleaciones que tienen mayor susceptibilidad magnética que el hierro | permeability alloys.
aleaciones tecnológicas | engineering alloys.
aleado | alloyed.
aleado con | alloyed with.
aleante | alloy-forming.
alear | alloy (to).
alear con otro metal | alchemy (to).
alearse | alloy (to).
aleatoriamente espaciado | randomly spaced.
aleatoriamente seleccionado | randomly selected.
aleatoriedad | randomness.
aleatorio | randomly distributed.
aleatorización | randomizing | randomization.
aleatorizado | randomized.
aleatorizar | randomize (to) | aleatorize (to).
aleccionado | experienced.
aleccionamiento | briefing.
aleccionar a | lesson (to).
alectoria | cock stone.
alechugar | flute (to).
alefo (matemáticas) | aleph.
alefriz | mortise | rabbet.
alefriz (buques de madera) | rabbet plane.
alefriz de la quilla (buques madera) | keel rabbet.
alefriz de la roda | stem rabbet.
alefrizado al codaste | rabbeted to the sternpost.
alefrizar (buques de madera) | rabbet (to).
alegable (excusa) | pleadable.
alegación | plea | pleading.
alegación de bien probado | summing up.
alegación de culpabilidad | plea of guilty.
alegación de falta de jurisdicción | plea to the jurisdiction.
alegación de haber presentado oferta formal | plea of tender.
alegación de hechos | fact pleading.
alegación de los puntos de disputa | plea of the general issue.
alegación del demandado que siempre ha estado dispuesto a pagar | plea of tender.
alegación falsa | false plea.
alegaciones | pleadings.
alegamar (puertos) | silt (to).
alegamiento (puertos) | siltage.
alegar | plead (to) | plead (to) | plead (to).
alegar agravios | allege claims (to).
alegar como defensa desequilibrio mental | plead insanity (to).
alegar de buena prueba | argue the evidence (to).
alegar en favor de | plead (to).
alegar exención | claim exemption (to).
alegar falsamente (jurídico) | misallege (to).
alegar jurisdicción para un juicio | lay a venue (to).
alegar las leyes de prescripción | plead the statute of limitations (to).
alegar locura (jurisprudencia) | stultify (to).
alegar una excepción por | establish a plea of (to).
alegato | plea | plea | allegation.
alegato (escrito de conclusiones - jurisprudencia) | summation.
alegato acusatorio al tribunal | instruction to the court.
alegato dilatorio | dilatory plea.
alegato jurídico | juridical allegation.
alegato perentorio | peremptory plea.
alegato simulado (jurisprudencia) | sham plea.
alegoría | figuration.
alegórico | distinctive.
alegorizar | allegorize (to).
alegrar | cheer (to).
alegrar una costura antes de calafatear (cubiertas de madera de buques) | ream (to).
alegre (música) | glad.
alejado de la costa | offshore.
alejado de los hechos | out of line with the facts.
alejamiento | going off.
alejar | drive away (to) | repel (to) repeler | get away (to).
alejarse | edge off (to).
alejarse (fondo de un cuadro) | retire (to).
alejarse de la costa (buques) | bear off (to).
alejarse de la costa (navegación) | claw off (to).
alejarse de tierra (buques) | clear the land (to).
alelí | stock.
alélico | allelic.
alelismo | allelism.
alelo | allele.
alelomorfismo | allelomorphism.
alelomorfismo gradual | step allelomorphism.
alelos múltiples | multiple alleles.
alemán (EE.UU.) | Dutchman.
alemanisco (tejidos) | huckaback.
aleno | allene.
alentar | breathe (to) | cheer (to).
alepín | bombazine.
alepín (tela lana) | bombazet.
alepín de seda | bombazine silk.
alepín negro (tela) | black italians | Italians black.
alerce | larch.
alerce (Fitzroya cupressoides | fitzroya.
alerce (Fitzroya cupressoides - F. M. J) | alerce.
alerce (Larix americana) | hackmatack.
alerce americano (Larix occidentalis) | western tamarack | western larch.
alerce de Siberia (G.B.) | Siberian larch.
alerce europeo (Larix decidua) | European larch.
alerce japonés (Larix kaempferi) | Japanese larch.
alerce rojo (Larix Kaempferi - Larix leptolepis | red larch.
alergia | atopy.
alergia alimentaria | food allergy.
alergología | alergology.
alergólogo | alergologist.
alerión | eagle displayed.
alero | eaves | roof pendant.
alero (arquitectura) | chantlate.
alero corrido | overhanging eaves.
alero de cornisa | corona.
alero de tejado | eaves drip.
alero sin canalón | dripping eave.
alerón | control surface | aileron | flap shutter.
alerón (aviones) | balancing flap.
alerón colocado en el centro del borde de salida del ala | mid-span aileron.
alerón compensado | balanced aileron.
alerón con ranura | slotted aileron.
alerón de alabeo | warping aileron.
alerón de curvatura | flap aileron.
alerón de la derecha | right aileron.
alerón de trasdós | upper surface aileron.
alerón del extremo del ala | wing-tip aileron.
alerón en ángulo negativo (alas) | up aileron.
alerón en la parte del ala cercana al fuselaje | inboard-aileron.
alerón en posición hacia abajo que origina sustentación | down-aileron.
alerón flotante | floating aileron.
alerón ranura-spoiler | spoiler-slot aileron.
alerón retráctil | retractable aileron.
alerón superior | upper surface.
alerones | flange.
alerones (Bolivia, Venezuela) | spur.
alerones de aterrizaje | landing flaps.
alerones servomandados | power-operated ailerons.
alerta | watchfulness | alerting | alarm.
alerta aérea | air alert.
alerta al gas (milicia) | gas alarm.
alerta de aproximación de los aviones enemigos | yellow alert.
alerta de crecidas | flood warning.
alerta de radio | radio alert.
alerta en tierra | ground alert.
alerta inmediata | early warning.
alerta para un ataque aéreo inminente | red alert.
alerta y control de aviones | aircraft control and warning.
alertar | alert (to).
alertas geofísicas | geophysical alerts.
alerzal | larch groove.
aleta | rib | flapper.
aleta (araña - huso) | flyer.
aleta (autos) | wing | mudguard.
aleta (buques) | quarter.
aleta (buques madera) | fashion-piece | fashion timber.
aleta (de cilindro) | grill.
aleta (de radiador, de cilindro, etc.) | gill 11.
aleta (de tubos fundidos, etc.) | fin.
aleta (escudo de cañón) | flap.
aleta (exceso de material que sale entre las dos estampas al forjar con martinete) | fin.
aleta (máquina de colchar) | spool frame.
aleta (misiles) | wing.
aleta (muros) | allette.
aleta (peces) | fin.
aleta (saliente del casco para dar estabilidad en el agua - hidros de canoa) | sponson.
aleta (tubos) | flange.
aleta (ventilador) | wing.
aleta abollada (autos) | dented wing.
aleta amortiguadora del balance | roll-damping fin.
aleta apantalladora | shielding flap.
aleta auxiliar móvil situada a lo largo del borde de ataque y que se separa con ciertos ángulos de ataque (alas) | slat.
aleta caudal | tail fin.
aleta caudal (peces) | tail-fin.
aleta centrífuga (continua de hilar) | centrifugal flyer.
aleta compensadora (aviones) | trimming tab.
aleta compensadora (timón aviones) | trimmer.
aleta compensadora articulada (aeronáutica) | tab.
aleta compensadora automática (aviones) | autotab.
aleta compensadora de mando (aviones) | balancing tab.
aleta compensadora del timón | trimming tab.
aleta compensativa del alerón | aileron tab.
aleta compensatoria (avión) | trim or trimming tab.
aleta correctora del equilibrio en vuelo (aviones) | trimming tab.
aleta de babor | larboard quarter.
aleta de centrado (aviones) | trimming tab.
aleta de compensación (aviones) | trimming tab | trim tab.

aleta de compensación de mando (aviones) | balance tab.
aleta de compensación del timón de altura (aviones) | elevator tab.
aleta de compensación del timón de dirección (aviones) | rudder tab.
aleta de compensación regulable (aviación) | controllable trim tab.
aleta de división | parting flange.
aleta de enfriamiento | cooling fin.
aleta de guía | guide-fin.
aleta de la cola (ballena) | fluke.
aleta de popa (buques) | stern quarter.
aleta de refuerzo del émbolo | piston rib.
aleta de retorcer (tejeduría) | doubling flyer.
aleta de servomando (aviones) | servotab.
aleta de sotavento | lee quarter.
aleta de submarino | hydrovane.
aleta del cohete | rocket fin.
aleta del misil | missile fin.
aleta del talud (muro contención) | retaining wing.
aleta desviadora | redirecting blade.
aleta directriz (aerodinámica) | fence.
aleta dorsal (ictiología) | sail.
aleta estabilizadora | guide-fin | stabilizing fin.
aleta estabilizadora del ala | wing trim tab.
aleta guiadora | guide vane.
aleta hidrodinámica (embarcaciones) | hydrofoil.
aleta hidrodinámica portante totalmente cavitante (embarcación de aletas) | fully-cavitating foil.
aleta hidrodinámica sustentadora (embarcaciones) | foil.
aleta hidrodinámica sustentadora que hiende la superficie del agua (embarcaciones de aletas) | surface-piercing foil.
aleta horizontal | horizontal fin.
aleta inferior | bottom fin.
aleta inferior (sobres) | bottom flap.
aleta pequeña (zoología) | finlet.
aleta plegable | folding fin.
aleta portante (embarcaciones) | hydrofoil.
aleta sumergida cerca del codaste (hidroavión) | hydroflap.
aleta totalmente sumergida (embarcación de aletas hidrodinámicas) | fully submerged foil.
aleta transversal | cross rib.
aleta ventral (aviones) | ventral fin.
aleta vertical a popa para contrarrestar las guiñadas (barcaza remolcada) | skeg.
aleta volcadora (agricultura) | kicker.
aletado (tubos, cilindros) | ribbed.
aletar (tubos, cilindros) | rib (to).
aletas (Colombia) | spur | flange.
aletas de enfriamiento | cooling fins.
aletas de enfriamiento de aluminio | aluminum cooling fins.
aletas de la presa | dam wings.
aletas de refrigeración (motores) | cowl flaps.
aletas del capó (motores) | cowl flaps.
aletas delgadas de masa mínima | minimum-mass thin fins.
aletas en escalerilla | ladder foils.
aletas estabilizadoras | stability fins.
aletas extendibles | popped out fins.
aletas fundidas con la pieza | fins cast integral.
aletas hidrodinámicas (embarcaciones) | skimming foils.
aletas insonorizantes | sound damping vanes.
aletas posteriores | back wings.
aletas totalmente sumergidas | fully submerged foils.
aletas traseras | back wings.
aletazo | flapping.
aleteado | finned.
aleteadura (tubos, cilindros) | finning.
aletear | wing (to) | flap (to) | flutter (to).
aletear (tubos) | fin (to).
aletear (vibrar aeroelásticamente - aviones) | flutter (to).
aleteo | fluttering | teetering | clapping.
aleteo (helicópteros) | flapping.
aleteo (temblor - aviones) | flutter.
aleteo de la cola del fuselaje | fuselage-fin flutter.
aleteo de las manos | flapping.
aletones (Bolivia, Venezuela) | spur.
aletones (Bolivia, Venezuela, Ecuador) | flange.
aletoscopio (óptica) | alethoscope.
aleurodio | mealy-bug.
aleurografía | aleurography.
aleurometría | aleurometry.
aleurómetro | aleurometer.
aleuta | aleut.
aleutitas | aleutites.
alevín | fry | young fish.
alevín (peces) | alevin.
alevín (zoología) | fingerling.
alevín de arenque | bit.
alevín de trucha | trout-fry.
alexandrita transparente (Ceilán) | Ceylon alexandrite.
aleznado | awl shaped.
aleznado (botánica) | acute.
alfa | alpha.
alfa-alumina cristalina | crystalline alpha-alumina.
alfabeticonumérico | alphanumeric.
alfabetización funcional | functional literacy.
alfabetización para obreros de la industria | works-oriented literacy.
alfabeto Braille | Braille alphabet.
alfabeto dactilológico | finger alphabet.
alfabeto de sordomudos | finger alphabet.
alfabeto en bastardilla | italic alphabet.
alfabeto fonético | phonetic alphabet.
alfabeto Morse | Morse alphabet | continental code.
alfabeto normal ordenado | basic sequence.
alfabeto telegráfico | telegraphic alphabet.
alfalfa deshidratada | dehydrated alfalfa.
alfalfal | alfalfa field.
alfa-naftol | alpha-naphthol.
alfaneque | buzzard | lanner.
alfange | hanger.
alfanumérico | alphameric | alphanumeric | alphanumerical.
alfaque | delta.
alfarda (tejados) | angle rafter.
alfarería | pottery | potter's ware | earthenware | tileworks | potterymaking.
alfarería vidriada | pottery ware | pottery.
alfarero | potter.
alfarjar | wainscot (to).
alfarje | gutter | carved ceiling.
alfarje (paredes) | wainscot.
alfatrón | alphatron.
alfatrón (electrónica) | alfatron.
alfeizado (ladrillos) | splayed.
alféizar | embrasure | banquet | flanning | flue (to).
alféizar (ventanas) | splay.
alféizar de ventana | window rabbet.
alfeñique (azúcar de cebada) | barley sugar.
alférez de fragata | ensign.
alférez de navío | lieutenant junior grade.
alferfírico | alferphyric.
alfiler | brad | pin.
alfiler (clavo) | escutcheon pin.
alfiler corto y grueso | blanket-pin.
alfiler de corbata | breast-pin.
alfilerazo | pin hole.
alfombra | mat | carpet.
alfombra (interferidor de radar) | carpet.
alfombra aisladora | insulating mat.
alfombra anudada mecánicamente | mechanically knotted carpet.
alfombra aterciopelada | pile carpet.
alfombra bordada | Indian carpet.
alfombra de doble cara | ingrain carpet.
alfombra de escalera | venetian carpet.
alfombra de felpilla (alfombra de Axminster) | chenille carpet.
alfombra de lana alta | deep pile carpet.
alfombra de nudo | pile carpet.
alfombra de nudos | knotted carpet.
alfombra de pelo | pile carpet.
alfombra de pelo cortado | cut pile carpet.
alfombra gruesa | heavy-quality carpet.
alfombra marroquí | Moroccan carpet.
alfombra tejida a mano | hand-tufted carpet.
alfombrar | carpet (to).
alfombrilla de tela y caucho para pigmentar la prueba bromoleotípica | bromoil support cloth.
alforar (geología) | chop out (to).
alforfón (botánica) | buckwheat.
alforjas (motocicleta) | pannier bags.
alforza | tuck.
alforza (costura) | plait.
alforzar | tuck (to).
alfoz | suburb.
alga | alga | seaweed.
alga calcárea | calcareous alga.
alga coralina | coralline alga.
alga del género gloiopeltis | gluc plant.
alga dulciacuícola | fresh-water alga.
alga marina | tangle.
alga marina herbácea | grasslike marine alga | eelgrass.
alga parda | brown alga.
alga planctónica | planktonic alga.
algáceo | algal.
algal | algal.
algar | sargasso.
algaroba chilena (Prosopis chilensis) | algaroba tree.
algarrobo (Hymenaea courbaril - L) | algarrobo.
algas | algae.
algas adaptadas anaeróbicamente | anaerobically adapted algae.
algas apetitosas | palatable algae.
algas calcáreas | calcium-secreting algae.
algas calcáreas fósiles | fossil calcareous algae.
algas de agua dulce | fresh-water algae.
algas del género Gloiopeltis | furori.
algas fucáceas | fucaceous algas.
algas marinas | marine algae.
algas que depositan carbonato cálcico | calcareous algae.
algas terrícolas | soil algae.
algas verde-azul | blue-green algae.
algas verdes-azules | green-blue algae.
algas y hierbas marinas expuestas en la bajamar | emergents.
algazo | sargasso.
álgebra | algebra.
álgebra asociativa | associative algebra.
álgebra autoadjunta | self-adjoint algebra.
álgebra binaria | switching algebra.
álgebra booleana | Boolean algebra.
álgebra cilíndrica | cylindric algebra.
álgebra cuantitativa | quantity algebra.
álgebra de Boole | Boolean algebra.
álgebra de conjuntos | algebra of sets.
álgebra de cuasigrupos | quasigroup algrebra.
álgebra de la conmutación | switching algebra.
álgebra de matrices (matemáticas) | matrix algebra.
álgebra de nulidad | vanishing algebra.
álgebra de operadores | operator algebra.
álgebra diferencialmente simple | differentially simple algebra.
álgebra filtrada | filtered algebra.
álgebra homológica | homologal algebra.
álgebra jerárquica | hierarchic algebra.
álgebra lineal asociativa | linear associative algebra.
álgebra localmente primal | primal-in-the-small algebra.
álgebra matricial | matric algebra | matrix algebra.
álgebra nilestable | nilstable algebra.
álgebra nilpotente | nilpotent algebra.
álgebra no flexible | nonflexible algebra.

álgebra normada | normed algebra.
álgebra primal | primal algebra.
álgebra que no distingue puntos | algebra which does not separate points.
álgebra topológica conmutativa | commutative topological algebra.
algebra uniformente cerrada | uniformly closed algebra.
algebraico | algebraic.
algebraico-topológico | algebraico-topological.
álgebras nilestables flexibles | flexible nilstable algebras.
algebrista | algebrist.
algebrista (persona) | algebraist.
algebrizar | algebraize (to).
algibe | tank.
algicida | algicide.
algífico | cold-producing.
alginato | alginate.
algo más (música) | some more.
algo más que una masa crítica (material fisionable) | multiple crit.
algodón | flock | byssus.
algodón amarillento | yellow-stained cotton.
algodón americano de fibra larga | peelers.
algodón animalizado | animalized cotton.
algodón artificial (papel absorbente) | cellulose wadding.
algodón bruto | seed cotton.
algodón bueno | good fair.
algodón bueno común | good ordinary.
algodón bueno corto | good middling.
algodón cardado | carded cotton.
algodón cianoetílado | cyanoethylated cotton.
algodón común | middling.
algodón con la semilla | seed cotton.
algodón corriente | middling fair.
algodón de bordar | nun's thread.
algodón de Egipto | Egyptian cotton.
algodón de fibra corta | short staple cotton.
algodón de fibra larga | staple cotton.
algodón de fibra larga (de más de 26 milímetros) | long staple cotton.
algodón de hebra larga | mains.
algodón de hebra medianamente larga | middling large.
algodón de pelo en bruto | linters.
algodón de secano | raingrown cotton.
algodón despepitado | lint.
algodón disponible | spot cotton.
algodón disponible inmediatamente y al contado | prompt cotton.
algodón disponible para entrega inmediata | cash cotton.
algodón egipcio | maco.
algodón en balas | pressed cotton.
algodón en plaza | spot cotton.
algodón en rama | wad | cotton wool.
algodón entrefino | middle fine.
algodón estampado | printed cotton.
algodón grisáceo (algodón manchado - por exposición al aire) | gray cotton.
algodón gris-azulado | blue-stained cotton.
algodón hidrófilo | cotton batting | absorbent cotton | surgical cotton wool.
algodón hilado | spun cotton.
algodón impermeabilizado | proofed cotton.
algodón inmunizado (contra los tintes corrientes) | immunized cotton.
algodón largo (de más de 26 milímetros) | long staple cotton.
algodón maduro | ripe cotton.
algodón manchado | stained cotton | blue-stained cotton | yellow-stained cotton.
algodón mediano | good middling.
algodón mercerizado | mercerized cotton.
algodón mineral | cinder wool.
algodón neoprenado | neoprene-coated cotton.
algodón para apósitos | wadding.
algodón para entrega inmediata | spot cotton | call cotton.
algodón perlé | corded cotton.
algodón pólvora | pyroxilin | guncotton | explosive cotton.
algodón pólvora seco | dry gun cotton.
algodón que no necesita plancharse | no-iron cotton.
algodón vítrico | glass cotton.
algodonal | cotton plantation | cotton field.
algodonarse | cotton (to).
algodonería | cotton trade | cotton fabrics.
algodonización | cottonizing.
algodonizar | cottonize (to).
algodonoso | cottony.
algol (informática) | algol.
algología | algology.
algólogo | algologist | phycologist.
algonquino | proterozoic.
algorismo | algorism.
algoritmia (ciencia) | algorithm.
algoritmo | algorithm.
algoritmo de alocación de memoria (calculadoras electrónicas) | storage allocation algorithm.
algoritmo de análisis del texto | textual analysis algorithm.
algoritmo dirigido subdual | directed subdual algorithm.
algoritmo euclídeo | euclidean algorithm.
algoritmo para presentar una curva por segmentos de recta | line segment curve-fitting algorithm.
algoritmo programado | programmed algorithm.
algoritmos computacionales | computational algorithms.
algrafía (tipografía) | algraphy.
alguacil | court officer | constable | setter.
alguacil (zoología) | jumping spider.
alguacil judicial | marshall.
alguacilazgo | bailiwick.
algunas veces | off and on.
alhaja | jewel.
alholva | fenugreek.
alhucema | lavender.
aliada holométrica | altitude finder.
aliado | ally.
alianza | consociation.
alible | alible.
alicatado | diaper.
alicate de corte frontal | wire nippers.
alicate de picoplano | snipe plier.
alicates | pliers | plyers.
alicates ajustables (alicates de mecánico) | combination pliers.
alicates articulados | lever shears.
alicates con corte delantero | end-cutting pliers.
alicates de apriete paralelo | parallel pliers.
alicates de boca cuadrada | square nose pliers.
alicates de boca plana | flat-nose pliers.
alicates de boca redonda | roundnose pliers.
alicates de corte | nippers | cutting-off pliers.
alicates de corte diagonal | diagonal cutting pliers.
alicates de corte lateral | side-cutting pliers.
alicates de cuchillas postizas | inlaid cutter's pliers.
alicates de curvar | bending pliers.
alicates de doblar | flat pliers.
alicates de electricista | electrician's pliers.
alicates de engarzar | crimping pliers.
alicates de garganta | open-throat pliers.
alicates de gasista | gas pliers.
alicates de mango electroaislado | insulated pliers.
alicates de pico corto | short nose pliers.
alicates de pico de loro | parrot nose pliers.
alicates de pico de pato | duck bill pliers.
alicates de pico plano | snipe nose pliers.
alicates de pico redondo | roundnosed pliers | round pliers.
alicates de precintar | sealing pliers.
alicates de punta | sharp-pointed pliers.
alicates de punta larga | long-nose pliers.
alicates de punta redonda | roundnose pliers.
alicates de triscar sierras | pliers saw-set.
alicates de vidriero | glass pliers.
alicates para arrancar aislamiento | insulation-stripping pliers.
alicates para ceñir los nervios (encuadernación) | band nippers.
alicates para desforrar (cables eléctricos) | stripping pliers.
alicates para determinar el número de dureza Brinell (muestras delgadas) | Brinell's pliers.
alicates para detonadores | cap crimper | crimper | blasting cap crimper.
alicates para estirar | drawing pliers.
alicates para tubos | gas pliers.
alicates para uñas | nail clippers.
alicates paralelos | parallel-jaw pliers.
alicates planos | flat-nose pliers.
alicates punzonadores | punch pliers.
alicates torcedores para empalmes (electricidad) | joint twisting pliers.
alicates universales | pin-tongs.
alicíclico | alicylic.
alicuanta | aliquant.
alícuota | aliquot.
alidada | radius bar | index | sight bar | sighting board | cross staff.
alidada (sextante) | index bar | index arm.
alidada (topografía) | alidade.
alidada azimutal | azimuth sight | azimuth finder.
alidada de anteojo | telescopic alidade.
alidada de deriva | drift sight.
alidada de eclímetro | clinometer alidade.
alidada de la plancheta | plane-table alidade.
alidada de pinulas | open-sight alidade | peep-sight alidade | alidade with sights | sight rule.
alidada de reflexión | dump compass | pelorus.
alidada de topógrafo | engineering alidade.
alidada holométrica | holometric alidade.
alidada niveladora | leveling alidade.
alidada para determinar la dirección y velocidad del viento | wind gage sight.
alidada telescópica | telescopic alidade.
alienabilidad | alienability.
alienación de propiedades | alienation of property.
alienador | alienator.
aliento | breath.
alifático | aliphatic | fatty.
alífero | winged.
aliforme | aliform | winglike | wing-shaped.
aligación | alligation.
aligación directa | medial alligation.
aligación inversa | alternate alligation.
aligeramiento | lightening | relief.
aligeramiento (de pesos, etc.) | easing.
aligeramiento (piezas estructurales de buques) | manhole.
aligerar | lighten (to) | alleviate (to) | unload (to).
aligerar de pesos | ease (to).
alijar (buques) | lighten (to) | light (to).
alijo (buques) | lightening.
alijo del buque | ship unloading.
alilo | allyl.
alimentación | feed | loading | feeding.
alimentación (antena TV) | firing.
alimentación (electricidad) | input.
alimentación (glaciología) | alimentation.
alimentación a mano | hand feed.
alimentación a presión | pressure feed.
alimentación acelerada de tarjetas | accelerated card feed.
alimentación anódica | anode supply | plate power supply.
alimentación anódica (radio) | plate supply.
alimentación anódica de resnatrón | resnatron plate supply.
alimentación automática | power feed | automatic feed | self-acting feed.
alimentación central | rear feed.
alimentación central (antena - EE.UU.) | apex drive.
alimentación columna a columna | endwise

feed | serial feed.
alimentación con caudal constante | constant-rate feed.
alimentación con forraje seco | dry feeding.
alimentación con revólver (en la prensa) | roll feed.
alimentación de antena | aerial feeding.
alimentación de combustible por vacío | vacuum fuel supply.
alimentación de drenaje (transistor) | drain supply.
alimentación de energía | power supply.
alimentación de fichas hacia abajo | face down feed.
alimentación de fichas hacia arriba | face up feed.
alimentación de formularios | form feeding.
alimentación de formularios continuos | continuous-form feed.
alimentación de inclinación | nutating feed.
alimentación de la caldera | boiler feeding.
alimentación de la línea | line feed.
alimentación de la trama por cadena sin fin | endless chain weft supply.
alimentación de mecha cruzada | cross ribbon feed.
alimentación de página (telegrafía) | page-feed.
alimentación de papel (tipografía) | feeding of the paper.
alimentación de telera | apron feed.
alimentación deficiente | malnutrition.
alimentación deficiente (armas) | misfeed.
alimentación del evaporador de agua salada | seawater evaporator feed.
alimentación del glaciar | glacier nourishment.
alimentación del hilo | yarn feed.
alimentación directa | feed thru.
alimentación en cabeza | forward feed.
alimentación en cola (evaporador de múltiple efecto) | backward feed.
alimentación en derivación | shunt feed.
alimentación en el vértice (antena cónica) | vertex feed.
alimentación en establo | penned feeding.
alimentación en paralelo | shunt feed | parallel feed | parallel feeding.
alimentación en serie | series feed | serial feeding.
alimentación en tensión | voltage feed.
alimentación excéntrica | offset-feed.
alimentación forzada | force feed | forced feed.
alimentación glaciárica | glacial alimentation.
alimentación holofítica (ecología) | holophytic nutrition.
alimentación holozoica | holozoic nutrition.
alimentación inferior | bottom feed.
alimentación intermitente | periodical feeding | dribble feed.
alimentación intermitente de estrella | star feed.
alimentación irregular | irregular feed.
alimentación lateral | endwise feed.
alimentación línea a línea | sideways feed.
alimentación manual (máquinas) | hand feeding.
alimentación manual de municiones | manual ammunition feed.
alimentación mecánica | mechanical feed | power feed.
alimentación obstruida | choke feeding.
alimentación oscilante (radar) | nutating feed.
alimentación paralela | parallel feed.
alimentación por bomba | pump feed.
alimentación por cilindros | roller feed.
alimentación por depósito (máquinas) | magazine feed.
alimentación por detrás | back feed.
alimentación por el extremo | end-feed.
alimentación por flotador | float-feed.
alimentación por fricción | friction feed.
alimentación por gravedad | gravity feed.
alimentación por paletas | scoop feed.
alimentación por pedal | pedal feed.
alimentación por piñón y cremallera | rack-and-pinion feed.
alimentación por rodillos | roller feed.
alimentación por sonda | gavage.
alimentación por succión | suction-feed | vacuum feed.
alimentación regular (máquinas) | regular feed.
alimentación sólo con coque hasta que se consume el mineral (alto horno) | banking.
alimentación transversal | sideways feed.
alimentación visible | sight feed.
alimentada con combustibles fósiles | fossil-fuelled.
alimentado a mano | hand-fed.
alimentado a presión | pressure-fed.
alimentado a través de un transformador a 115 V | fed via transformer at 115 V.
alimentado con carbón | coal-fed.
alimentado con fotocélula | photocell-powered.
alimentado con microondas | microwave energized.
alimentado con pilas | battery-powered.
alimentado conductivamente | conductively supplied.
alimentado en establo con forraje verde (animales) | zero-grazed.
alimentado en la extremidad (antenas) | end-fire.
alimentado en paralelo | shunt-fed.
alimentado en prado | grass-fed.
alimentado en voltaje (radio) | voltage-fed.
alimentado inductivamente | inductively supplied.
alimentado lateralmente (antenas) | side-fired.
alimentado mecánicamente | power-fed.
alimentado para mantenimiento | energized for holding.
alimentado pastando en el prado (animales) | strip-grazed.
alimentado por acumulador | battery-fed.
alimentado por depósito (máquinas) | magazine-fed.
alimentado por energía solar | solar powered.
alimentado por glaciar | glacier-fed.
alimentado por gravedad | gravity-fed.
alimentado por la corriente de la red | mains-energized.
alimentado por la parte alta | overfeed.
alimentado por la parte baja | underfeed.
alimentado por la red | mains-operated.
alimentado por tolva | hopper-fed.
alimentado por tornillo de Arquímedes | screw fed.
alimentado por transportador | conveyor-fed.
alimentado por un convertidor estático (electricidad) | rectified-fed.
alimentador | feeder | feeding drum | feed pitch.
alimentador (de documentos) | magazine.
alimentador (de red eléctrica de distribución) | feeder.
alimentador (moldes) | riser.
alimentador a través | feedthrough.
alimentador automático | automatic feeder | self-feeder.
alimentador automático (prensa de cortar) | layer-on.
alimentador basculante | jog feeder.
alimentador de ácido | acid feeder.
alimentador de antena | aerial feeder.
alimentador de banda articulada | apron feeder.
alimentador de cinta | ribbon feed | tape feed.
alimentador de cinta (telegrafía) | tape feed.
alimentador de compensación | equalizer feeder.
alimentador de correa | belt feeder.
alimentador de disco rotatorio | rotary-disk feeder.
alimentador de discos | disk feeder.
alimentador de distribución | distribution feeder.
alimentador de energía formado de un amplificador magnético y de un transistor de silicio | magnetic-amplifier-silicon-transistor power supply.
alimentador de entrada | incoming feeder.
alimentador de fichas | card feed.
alimentador de hojas | sheet feeder.
alimentador de la caldera | boiler feeder.
alimentador de mineral | core feeder.
alimentador de papel con pila alta (imprenta) | high-pile feeder.
alimentador de pliegos de gran capacidad (imprenta) | high-pile feeder.
alimentador de rodillos | roll feeder.
alimentador de sacudidas | shaking feeder.
alimentador de salida | output feeder.
alimentador de subestación | stub feeder.
alimentador de tarjeta unitario | single card feed.
alimentador de tornillo para carbón pulverizado | pulverized coal screw-feeder.
alimentador de una sola dirección | single card feed.
alimentador de ventosa (tipografía) | suction feeder.
alimentador electroneumático de pesadas constantes | electropneumatic constant-weight feeder.
alimentador frontal de fichas o documentos | front feed.
alimentador gravimétrico | gravimetric feeder.
alimentador independiente (red electricidad) | dead-ended feeder.
alimentador intercentrálico | tie feeder.
alimentador interconectador | interconnector | interconnecting feeder.
alimentador múltiple | teed feeder.
alimentador oscilante | reciprocating feeder.
alimentador para bobinas | web feeder.
alimentador para máquina de composición | feeder for composing machine.
alimentador para plegadoras | folder feeder.
alimentador principal | trunk feeder.
alimentador radial (red electricidad) | dead-ended feeder.
alimentador rotatorio | rotary feeder.
alimentador vibrador electromagnético | electromagnetic vibrating feeder.
alimentador vibrante (plataforma de fábrica electrónica) | vibratory feeder.
alimentador vibratorio | vibratory feeder.
alimentadora de tolva | hopper feeder.
alimentados con desperdicios de comidas | food-wastes-fed.
alimentar | energize (to) | supply (to) | nurse (to) | feed (to).
alimentar (con potencia) | power (to).
alimentar (electricidad) | supply (to) | load (to).
alimentarse | eat (to).
alimento | food | feed.
alimento concentrado | concentrated food.
alimento concentrado por congelación | freeze-concentrated food.
alimento cultivado en granja | farm-produced food.
alimento del ganado | fodder.
alimento deshidratado comprimido | compressed dehydrated food.
alimento desnaturalizado por irradiación | radiation-denaturized food.
alimento en bolas (para ganado) | pelleted foods.
alimento en pasta envasado (en tubos) | pressure-dispensed food.
alimento en pasta envasado a presión | pressure-packed food.
alimento enriquecido con vitaminas y compuestos químicos | fortified food.
alimento esterilizado por irradiaciones | radiation-sterilized food.
alimento estropeado | ruined food.
alimento irradiado | radiation-processed food.
alimento precocinado | precooked food.

alimento preenvasado | prepackaged food.
alimento que deja residuo ácido | acid-forming.
alimento rico en proteínas | high-protein food.
alimento semihígrico | semihygric food.
alimento termógeno | heat-producing food.
alimentos | consumables.
alimentos (jurisprudencia) | alimony.
alimentos bombardeados con radiaciones | bombarded foods.
alimentos cocinados y después congelados | prepared frozen foods.
alimentos congelados | frozen dish | deep-frozen foods.
alimentos congelados a baja temperatura | deeply-frozen foodstuff.
alimentos de primera necesidad | essential foodstuffs.
alimentos deshidratados por refrigeración | freeze-dried foods.
alimentos dietéticos | health food.
alimentos elaborados | processed foods.
alimentos gelificados | gelled foods.
alimentos geriátricos | geriatric foods.
alimentos irradiados | bombarded foods | ray-treated foods | rayed foods.
alimentos irradiados con grandes dosis | high-dose treated foods.
alimentos isodinámicos | isodynamic foods.
alimentos liofilizados | freeze-dried foods.
alimentos naturales | health food.
alimentos para niños preparados comercialmente | commercially prepared infant foods.
alimentos perecederos almacenados | stored perishables.
alimentos preparados en fábrica | factory prepared food.
alimentos preservados por irradiación | ray-preserved foods.
alimentos que pueden prepararse con sencillez y rapidez | convenience foods.
alimentos semihumedos | semimoistered foods.
alimentos semisólidos para ser extendidos (manteca, etc.) | spreads.
alimentos vitaminizados y mineralizados | enriched foods.
alineabilidad | alignability.
alineable | alignable.
alineación | drawing up | range | leading marks | aligning | registration | tracking | lining | row.
alineación (de las estampas superior e inferior) | matching.
alineación (de tropas) | dressing.
alineación (de una calle) | building line.
alineación (ferrocarril) | lining.
alineación (máquinas) | lining up.
alineación (milicia) | dress.
alineación crítica | critical alignment.
alineación de casas a lo largo de la carretera | ribbon development.
alineación de circuitos | line-up.
alineación de cojinetes | lining up.
alineación de la coma | point alignment.
alineación de la línea de ejes (buques) | shafting alignment.
alineación de las formularios | registration of forms.
alineación de las imadas (botaduras de buques) | slipways alignement.
alineación de las mordazas de sujeción | grip-head alignment.
alineación de las ruedas delanteras (autos) | front-wheel alignment.
alineación de octeto | octet alignment.
alineación de rastreles | sticker alignment.
alineación de traveseros (pilas de madera - Iberoamérica) | sticker alignment.
alineación de un sistema de antena direccional por procedimientos ópticos | boresighting.
alineación defectuosa | incorrect alignment | malalignment.
alineación del eje | shaft alignment.
alineación del eje del rotor | rotor alignment.
alineación del haz | beam alignment.
alineación del retrocohete | retrorocket alignment.
alineación final de la cámara tomavistas | camera terminal alignement.
alineación óptica | optical aligning.
alineación para efectuar sondeos | range.
alineación por la izquierda | left aligned.
alineación recta (caminos) | tangent.
alineación y pendiente | line and grade.
alineación y rasante | line and level.
alineaciones homográficas | homographic ranges.
alineado | true | adjusted to line.
alineado (máquinas) | in line.
alineado con la corriente | flow-aligned.
alineador (aparato topográfico para situar un punto en la alineación de dos lejanos) | line ranger.
alineador de fichas | joggler.
alineador de tubos | pipe aligner.
alineados antiparalelamente entre sí | aligned antiparallel to each other.
alineados por la derecha | right justified.
alineal | no-lineal.
alinealidad | nonlinearity.
alineamiento | alignment.
alineamiento de la exploración | sweep linearity.
alineamiento del barrido | sweep linearity.
alineamiento del circuito de rejilla | grid circuit alignment.
alineamiento del proyector | projector alignment.
alineamiento interferométrico | interferometric alignment.
alinear | line in (to) | line up (to) | line (to) | align (to) | joggle (to).
alinear (topografía) | range (to) | range into line (to) | range (to) | range out (to).
alinear (tropas, barriles, etc.) | dress (to).
alinear el eje del cañón con el alza | boresight (to).
alinear el eje en la dirección del viento (aviones, cohetes) | weathervane (to).
alinear el margen | justify (to).
alinear jalones | align stakes (to).
alinear partes de una forja en la prensa | iron (to).
alinear su eje longitudinal en la dirección del viento (aviones, cohetes) | weathercock (to).
alinear verticalmente (tipografía) | range (to).
alinearse (milicia) | fall into line (to) | fall in (to) | form line (to).
aliño | dressing.
alípedo | wing-footed.
alirrojo | red-winged.
alisado | rolled | smooth | smooth-faced | smoothing.
alisado (de superficies) | scurfing.
alisado del peinado (hilatura) | straightening.
alisado por amoladura | blended by grinding.
alisador | smoother | smoothing iron | planisher | polisher | evener | sleeker | tree facer.
alisador (curtición de pieles) | slicker.
alisador (hacha para desroñe) | hogal.
alisador (moldes) | slicker.
alisador de escuadra (moldería) | corner slicker | corner smoother.
alisador de moldes (fundería) | smoother.
alisador de seta (moldeo) | bacca-box smoother.
alisador de telas | expander | cloth expander.
alisador de tubo (fundería) | pipe smoother.
alisador de tubo (funderías) | pipe-slick.
alisador redondo (moldería) | egg sleeker.
alisadora | smoothing machine | surfacer | surfacing machine | dresser | planer | planing.
alisadora (de asfalto) | planer.
alisadora de la lana | backwasher.
alisadora de resaltos superficiales (pistas aeródromos) | bump cutter.
alisadura | smoothing.
alisamiento | making even | surfacing.
alisamiento de las ranuras (defectos superficiales) | blending of grooves.
alisar | smooth (to) | surface (to) | face off (to) | face (to) | plane (to) | buff out (to) | sleek (to) polish (to) | lap (to) | set out (to) | true up (to) | mangle (to).
alisar (Argentina) | snag (to).
alisar (moldería) | slick (to).
alisar (pintura) | lay off (to).
alisar (superficie de un rodillo) | dress (to).
alisar (superficies) | scurf (to).
alisar (taludes) | dress (to).
alisar a lima | dress with a file (to).
alisar la pintura con la brocha | lay off the paint (to).
alisar los dobleces de los pliegos | break the back (to).
alisar un plegado (costura) | stroke (to).
alíscafo | hydrofoil-supported craft | hydrofoil ship | hydrofoil boat.
aliso (Alnus glutinosa) | alder.
aliso (Alnus jorullensis) | aliso.
aliso americano (Alnus rubra) | red alder.
aliso blanco | birch.
aliso blanco (Alnus incana) | speckled alder | grey alder.
aliso de Formosa (Alnus marítima) | Formosan alder.
aliso negro (Alnus glutinosa) | black alder.
alistado | enlistee.
alistamiento | enlistment.
alistamiento (milicia) | enrollment | draft | conscription.
alistamiento al servicio militar (EE.UU.) | draft registration.
alistamiento fraudulento | fraudulent enlistment.
alistar | enlist (to) | enroll (to) | make ready (to) | raise (to).
alistar el ancla de babor | make the port anchor ready (to).
alistar el bote (buques) | call away (to).
alistarse | enlist (to).
alistarse (milicia) | draft (to).
aliteración | paromoeon.
aliterar | alliterate (to).
aliviadero | overflow | relief sewer | weir.
aliviadero (presas) | bye-channel | waste weir | wasteway.
aliviadero con compuerta anular | ring gate spillway.
aliviadero con embocadura en forma de la flor campanilla (presas) | morning glory spillway.
aliviadero de avenidas | flood spillway.
aliviadero de compuertas | barrage-type spillway.
aliviadero de coronación | overchute.
aliviadero de crecidas (presas) | storm overflow | flooway.
aliviadero de fondo | undersluice.
aliviadero de fondo (presas) | sluiceway.
aliviadero de seguridad | emergency spillway.
aliviadero de trampolín (presas) | ski-jump spillway.
aliviadero en campana (presas) | morning glory spillway.
aliviadero en conducto cerrado | closed conduit spillway.
aliviadero evacuador de crecidas (presas) | spillway.
aliviadero para aforos | tumbling way.
aliviadero superior (presas) | overchute.
aliviar | relieve (to).
aliviar (de peso o carga) | ease up (to).
aliviar el estreñimiento | relax (to).
aliviar la carga | ease the burden (to).
aliviar la tensión internacional | relieve international tension (to).
aliviar las cargas financieras | relieve the financial burdens (to).
alivio | allaying.
alivio (de un dolor) | relieving.
alivio de la presión | pressure alleviation.
alizarina | madder dye.

aljez | crude gypsum | gypsum rock.
aljezar | pit of gypsum.
aljibe | well | cistern | reservoir.
aljibe (embarcación) | waterboat.
aljibe (marina) | water-tank vessel.
aljófar | pearl seed | seed pearl | ounce pearl.
alkídico | alkyd.
alkido | alkyd.
alkilación catalítica | catalytic alkylization.
alkílato | alkylate.
alkilización | alkylation.
alkilizar | alkylate (to).
alkilo | alkyl.
alma | ghost.
alma (cable metálico) | heart.
alma (cables) | central strand | center (EE.UU.) | center strand.
alma (cables, cuerdas) | core.
alma (caja sonora de instrumentos de cuerdas y arco - música) | sound-post.
alma (cartones) | middle.
alma (de botón) | flat.
alma (de carril) | center-rib.
alma (de cartón compuesto) | filler.
alma (laminado de madera) | core.
alma (taladro) | web.
alma (vigas) | web.
alma alveolar (estructuras de emparedado) | honeycomb core.
alma alveolar para emparedados | honeycomb sandwich core.
alma celular de resina fenólica reforzada con nilón | nylon-phenolic honeycomb.
alma combada (vigas) | arched web.
alma de andamio | scaffolding pole.
alma de cáñamo (cable metálico) | hempen core.
alma de celosía (vigas) | lattice web.
alma de chapa (vigas) | plate web.
alma de chapa (vigas de emparedado) | flitch plate.
alma de devanar | yarn carrier.
alma de la bulárcama (buques) | web-frame web.
alma de palmejar (buques) | stringer web plate.
alma de panal (estructuras de emparedado) | honeycomb core.
alma de placa (Argentina) | core.
alma de plomo | lead core.
alma de refuerzo | stringer web plate.
alma de tablero | core.
alma de un cable | heart of a cable.
alma del cable | cable core.
alma delgada de metal que se punzona para obtener un agujero pasante (forjas) | wad.
alma eléctricamente activa | electrically-conducting core.
alma festoneada (vigas) | scalloped web.
alma llena (vigas) | solid web.
alma metálica (fundición) | mandrel.
alma perforada (vigas) | perforated web.
alma perforada de viga sometida a esfuerzo cortante | perforated shear web.
alma portarrollos (imprenta) | paper roll chuck.
almacén | store | depot | goods-shed | magazine | shop | entrepôt.
almacén (fabricación vidrio) | lagre.
almacén (linotipia, proyector de cine, fusil) | magazine.
almacén (máquinas copiadoras) | tray.
almacén aduanero | bonded warehouse | fiscal deposit.
almacén cargado a mano | hand-filled magazine.
almacén con aire refrigerado | dry store.
almacén de ácidos | acid store.
almacén de adeudo (Puerto Rico) | bonded warehouse.
almacén de aduana | customs depot.
almacén de alimentación | feed hopper | feeder bin.
almacén de alimentación o de recepción | magazine.
almacén de alimentos al por menor | retail food store.
almacén de antigüedades | antique shop.
almacén de apoyo | backing store.
almacén de armas | armory.
almacén de artículos prohibidos (aduanas) | general order warehouse.
almacén de comestibles | grocery store | provision warehouse.
almacén de confecciones para hombres | men's furnishing store.
almacén de conjuntos | detail store.
almacén de consignación | consignment stock.
almacén de crudos (tejidos algodón) | gray room.
almacén de chapas | black sheet warehouse.
almacén de depósito | bond store.
almacén de derribos | housebreaker's yard.
almacén de efectos navales | tagarene shop | ship-chandlery.
almacén de embalaje | packing house.
almacén de estación (ferrocarril) | depot.
almacén de explosivos (minería) | powder house.
almacén de ferretería | retail hardware store.
almacén de información electrónica (calculadoras electrónicas) | electronic store.
almacén de información magnética (calculadora electrónica) | magnetic store.
almacén de la aduana | stores.
almacén de la cinta de papel (telégrafo) | tape drawer.
almacén de lino peinado | linen store.
almacén de maderas | wood yard | timber yard | lumber depot | lumber room | lumberyard.
almacén de materias primas | raw store.
almacén de memoria (informática) | storage dump.
almacén de mercancías en depósito | bonded warehouse.
almacén de novedades | gift-shop.
almacén de papel | paper storeroom.
almacén de perfiles laminados | black-steel warehouse.
almacén de piezas en curso de fabricación (talleres) | interoperational store.
almacén de piezas pequeñas | small parts store.
almacén de piezas preparadas para el montaje | detail store.
almacén de piezas terminadas | finished-parts store.
almacén de piezas terminadas (talleres) | receiving and issuing store.
almacén de precio único | one-price store.
almacén de precios únicos | dime store.
almacén de recepción | output magazine.
almacén de ropa | clothing store.
almacén de tambor magnético (calculadora electrónica) | magnetic drum store.
almacén de tarjetas de alimentación | hopper.
almacén de tipos de un tamaño (imprenta) | font.
almacén de uso público | public warehouse.
almacén del calentador | heater magazine.
almacén del puerto franco | free port store.
almacén depósito | store.
almacén en fábrica instalado | field warehouse.
almacén expedidor de materiales | material-issuing store.
almacén frigorífico | cold store.
almacén general de depósitos | public warehouse.
almacén industrial | engineering store.
almacén intermedio | intermediate store.
almacén magnético | magnetic store.
almacén para depósito | bonded warehouse.
almacén para lana | lanary.
almacén particular | private warehouse.
almacén pequeño | closet.
almacén provisional para mercancías pignoradas | field warehouse.
almacén receptor | takeup magazine.
almacenabilidad | storability.
almacenable | storable.
almacenado | stored | impounded.
almacenado a presión en botellones portátiles (gases) | bottled.
almacenado capacitívamente | capacitively stored.
almacenado en depósito (aduanas) | bonded.
almacenado en depósitos en una habitación a 20 ºC | tank-stored in a 20 ºC room.
almacenado en estado de semiacabado | stocked semifinished.
almacenado en la granja | farm-stored.
almacenaje | stowage | storage | storing of goods | warehousing | warehouse rent | storing.
almacenaje de crudos | crude oil storage.
almacenaje de mercancías embandejadas | palleted-goods storage.
almacenaje de mercancías sobre paletas | palleted-goods storage.
almacenaje en bruto | crude storage.
almacenaje en depósitos | tank storage.
almacenaje en silos subterráneos (agricultura) | soilage.
almacenaje en sótanos | cellarage.
almacenaje en sótanos (carbón, madera, etc.) | cellaring.
almacenaje estático | static storage.
almacenaje y recuperación de la información | information storage and retrieval.
almacenamiento | storage | storing | warehousing.
almacenamiento (hidrología) | pondage.
almacenamiento al aire libre | outdoor storage | open storage.
almacenamiento auxiliar | auxiliary storage.
almacenamiento auxiliar de disco | disk auxiliar storage.
almacenamiento borrable | erasable storage.
almacenamiento cíclico (informática) | wrap storage.
almacenamiento compartido | shared storage.
almacenamiento complementario | backing storage.
almacenamiento con retención | nonvolatile storage.
almacenamiento conjunto de clases diferentes de explosivos o municiones | combination storage.
almacenamiento conjunto de diferentes clases de municiones o explosivos | compatible storage.
almacenamiento de acceso aleatorio | random access storage.
almacenamiento de acceso rápido | fast store.
almacenamiento de aguas subterráneas | groundwater storage.
almacenamiento de calor | heat storage.
almacenamiento de calor en las horas de poco consumo (electricidad) | off-peak heat storage.
almacenamiento de combustible irradiado | spent fuel storage.
almacenamiento de cuerda de núcleos magnéticos | core rope storage.
almacenamiento de datos (calculadoras electrónicas) | memory.
almacenamiento de detritos radiactivos | storing radioactive waste | radioactive waste storing.
almacenamiento de estiércol | manure storage.
almacenamiento de gases radiactivos | radioactive gases storage.
almacenamiento de gran duración | long-term storage.
almacenamiento de impulsos eléctricos | electrical pulse storage.
almacenamiento de información automatizada | computerized information storage.
almacenamiento de interceptación (hidrografía) | interception storage.
almacenamiento de la grava | gravel storage.
almacenamiento de la información | information storage.
almacenamiento de lectura | read only storage.
almacenamiento de materias primas | stock-

piling.
almacenamiento de matrices en serie | serial matrix storage.
almacenamiento de núcleos | core storage.
almacenamiento de proceso | working storage.
almacenamiento de productos volátiles | volatile products storage.
almacenamiento de punto luminoso móvil (tubo electrónico) | flying-spot store.
almacenamiento de reserva | back-up storage.
almacenamiento de tambor (informática) | drum storage.
almacenamiento de un bitio | bit storage.
almacenamiento de una unidad binaria | bit storage.
almacenamiento defectuoso | poor storage.
almacenamiento del nitrógeno líquido | liquid nitrogen storage.
almacenamiento disipable | volatile storage.
almacenamiento electrostático | electrostatic storage.
almacenamiento electrostático de información | electrostatic information storage.
almacenamiento en atmósfera artificial (manzanas, etc.) | gas storage.
almacenamiento en bandejas | pallet storage.
almacenamiento en cinta magnética | magnetic tape storage.
almacenamiento en depresiones (hidrología) | depression storage.
almacenamiento en disco | magnetic disk storage.
almacenamiento en frío | cooler storage.
almacenamiento en línea | on-line storage.
almacenamiento en los márgenes | bank storage.
almacenamiento en microfilm | microfilm storage.
almacenamiento en tambor magnético | magnetic drum storage.
almacenamiento específico | specific storativity.
almacenamiento estable | nonvolatile storage.
almacenamiento excesivo | overstocking.
almacenamiento externo | external storage.
almacenamiento fotográfico por espejo giratorio | rotating-mirror photographic storage.
almacenamiento fuera de línea | off-line storage.
almacenamiento gratuito | free storage.
almacenamiento holográfico de datos | holographic data storage.
almacenamiento inactivo | dead storage.
almacenamiento interanual | carryover storage.
almacenamiento intermedio | buffer.
almacenamiento interno | internal storage.
almacenamiento masivo (informática) | mass storage.
almacenamiento masivo de núcleos | bulk core storage.
almacenamiento no borrable | nonerasable storage.
almacenamiento para más de un año (embalses) | holdover storage.
almacenamiento permanente | nonvolatile storage | permanent storage.
almacenamiento por discos | disk storage.
almacenamiento principal | primary storage.
almacenamiento separado de información | separate information storing.
almacenamiento sin riesgo | safe storage.
almacenamiento subterráneo | underground storage.
almacenamiento subterráneo de agua | underground water storage.
almacenamiento subterráneo de productos petrolíferos y de gases licuados | underground storage of oil and gas products.
almacenamiento subterráneo excavado | excavated underground storage.
almacenamiento temporal | temporary storage.
almacenamiento y rebusca de las informaciones | information storage/retrieval.
almacenamiento y reenvío (computador) | store and forward.
almacenar | stow (to) | impound (to) | stockpile (to) | stock (to) | tank (to) | warehouse (to) | house (to) | store (to).
almacenar en costaneras | rack (to).
almacenar en frigorífico | cold store (to).
almacenar en memoria un dato editado | edit memory.
almacenar en montones | stockpile (to).
almacenar energía | pick up energy (to).
almacenar grandes cantidades | stockpile (to).
almacenar previamente | prestore (to).
almacenero | storekeeper.
almacenes de depósito (aduanas) | bonded store.
almacenes de depósito (puertos) | dock.
almacenes de venta de autoservicio con pago a la salida | supermarkets.
almacenista | storekeeper | stockist | jobber warehouseman.
almacenista autorizado | approved stockholder.
almacenista de efectos navales | ship chandler.
almacenista de metales | metal stockman.
almáciga | nursery | mastic.
almácigo (Bursere gummifera) | gumbo limbo.
almadena | spalling-hammer | maul | knapping-hammer.
almadena con cotillo lateral | side hammer.
almadeneta | stamp.
almadía | raft.
almadiero | river driver | raftsman | rafter | cattyman | log driver | log floater.
almadraba | kiddle | mandrague | fish garth.
almadreña | sabot.
almagre | yellow earth | redding | red ochre | reddle | red iron ore | ruddle.
almajar | polder.
almajara (agricultura) | forcing bed.
almanaque | calendar.
almanaque aéreo | air almanac.
almanaque náutico | nautical almanac | ephemeris.
almandina | common garnet.
almandita | Ceylon garnet.
almandita amarillo-rojo brillante | Cape garnet.
almandita de Ceilán | Ceylon hyacinth.
almártaga | lead ochre.
almazara | oil-crusher | expresser | olive-oil mill | oil-works | oil-press | oil-mill | crushing mill.
almazara (extracción de aceites) | expeller.
almazarero | oil miller.
almazarrón | reddle | red ochre | redding.
almedilla (botánica) | hornbeam.
almeja | cockle | clam.
almeja (cucharón bivalvo - dragas) | grapple.
almeja (excavadoras) | clamshell.
almenado | castellated | battlemented.
almenar (muros) | embattle (to).
almenar (tuercas) | castellate (to).
almenara (Colombia) | surge tank.
almenara (riegos) | return ditch.
almendra | kernel | almond.
almendra (de avellana, de hueso de fruta) | kernel.
almendra de cristal | crystal drop.
almendrilla | nut coal.
almendro (Terminalia amazonía - Brasil).
almete | armet.
almez (Celtis occidentalis) | hackberry.
almiar | rick (to) | ridge | rick.
almiar de heno | haystack.
almiaradora | hay stacker.
almíbar denso | heavy syrup.
almíbar espeso | heavy syrup.
almicantarada | almicantar | almucantar.
almidón | starch.
almidón animal | animal starch.
almidón de cereales | cereal starch.
almidón de líquenes | lichen starch.
almidón de maíz | cornstarch.
almidón de maíz en polvo | powdered maize starch.
almidón de musgos | moss starch.
almidón de patata | potato starch.
almidón de patata molido | farina.
almidón de trigo | cornstarch.
almidón natural de la madera (árboles) | wood starch.
almidonado | starching | stiff.
almidonar | starch (to).
almirantazgo | board of admiralty | Navy Office | Admiralty.
almirante | flag-officer | admiral.
Almirante de la flota, Almirante en jefe | Admiral-of-the-Fleet.
Almirante del Arsenal | Admiral Superintendent.
almirez | mortar.
almirez de bronce | brass mortar.
almizcle | musk.
almizcle artificial | Baur's musk.
almocafrar | dibble (to).
almocafre | dibble | pronged hoe | grubbing-mattock | garden dibber | hoe | grub hoe | grubbing axe.
almofar | armor-cap.
almoflate (cuchilla de guarnicero) | dressing knife.
almohada | cushion.
almohada de arena para el pantoque (buque en grada) | collapsible bilge block.
almohada de escobén | hawse chock.
almohada de los palos (buques) | bolster.
almohada de pantoque | bilge block.
almohadilla | cushion | pad | padding.
almohadilla (botánica, columna jónica) | coussinet.
almohadilla (cabezal de roscar) | chaser.
almohadilla (cables eléctricos) | bedding.
almohadilla (de cojinete) | brass.
almohadilla (de sillares) | dressing.
almohadilla (frenos) | block.
almohadilla amortiguadora | resilient pad.
almohadilla amortiguadora de caucho | rubber damping pad.
almohadilla antivibratoria | antivibration pad.
almohadilla colocada entre el carril y la traviesa | tie pad.
almohadilla de apisonar | tamping pad.
almohadilla de caucho | rubber pad.
almohadilla de caucho antivibratoria | rubber antivibration pad.
almohadilla de cebado | priming pad.
almohadilla de cebado y limpieza (offset) | priming and cleaning pad.
almohadilla de corcho | cork wad.
almohadilla de cuero | leather cushion.
almohadilla de empuje | thrust pad.
almohadilla de engrase | oil pad.
almohadilla de estampar | stamp pad.
almohadilla de limpieza | cleaning pad.
almohadilla de oro (encuadernación) | gold cushion.
almohadilla de paño | cloth pad.
almohadilla de pecho (berbiquí de pecho) | palette.
almohadilla de pivote | pivot pad.
almohadilla de topes | buffer-block.
almohadilla deslizante | sliding pad.
almohadilla elástica | resilient pad | spring wad.
almohadilla elástica colocada debajo del cojinete del carril | rail chair pad.
almohadilla insonora | sound-resisting pad.
almohadilla lubricante | lub pad | lubricating pad.
almohadilla neumática | air pad.
almohadilla oscilante | rocker pad.
almohadilla para entintar | inking pad.
almohadilla para lijar (lijadoras) | sanding pad.
almohadilla protectora | protective bedding.
almohadilla succionadora | sucker pad | suction pad.
almohadilla sujetadora | gripping pad.
almohadilla sujetadora de las hojas de papel

(imprenta) | diamond-coated gripper pad.
almohadillado | cushioning | padding | padded.
almohadillado (arquitectura) | bossage.
almohadillado (coraza buques) | backing.
almohadillado achaflanado | chamfered bossage.
almohadillado corrido (arquitectura) | parallel bossage.
almohadillado de ángulos redondeados (sillería) | round-edged embossing.
almohadillado de coraza (buques de guerra) | armor backing.
almohadillado rehundido (muros) | fluted bossage.
almohadillado saliente (muros) | projecting bossage.
almohadillar | pad (to).
almohadón (capitel) | dosseret.
almohaza | comb | curry comb | card.
almohazar | dress (to) | card (to).
almohazar (caballos) | curry (to).
almojaya | outrigger.
almojaya (andamios) | putlog.
almón (Shorea polysperma Merr) | Philippine mahogany.
almoneda | auction | vendue.
almorta | wild vetch.
almucantar | parallel of altitude.
alnico | alnico.
alnoita nefelínica | nepheline-bearing alnoite.
alobaro | allobar.
alocroísmo | allocroism.
alocromático | allochromatic.
alocromía | allochromy.
alóctono | allochthonous.
alóctono (geología) | strange.
alocúrtico | allokurtic.
alodial | allodial | alodial.
alodialidad | allodialism.
alodio | allodium.
alodizar | alodize (to).
alófana | allophane.
alofanoides | allophanoids.
alógama | cross-pollinated.
alogamia | allogamy.
alógeno | allothigene | allogenic.
alógeno (geología) | derivative.
alógico | nonlogic.
alóglota | alloglottal.
alojamiento | setting.
alojamiento (de una pieza) | seat.
alojamiento cónico | cupped recess.
alojamiento cónico de la banda de forzamiento (recámara cañón) | band seat.
alojamiento de animales | lairage.
alojamiento de la cadena | chain housing.
alojamiento de la carga iniciadora | primer envelope.
alojamiento de la cuña de cierre (cañón) | breechblock way.
alojamiento de la espoleta (torpedos) | pistol housing.
alojamiento de la marinería (buques) | messing accommodation.
alojamiento de la tripulación | crew steerage | crew's quarters.
alojamiento de la tripulación (buques) | crew quartering | crew space.
alojamiento de obturador | obturator seating.
alojamiento de pasajeros | berthing accommodation.
alojamiento decente | decent housing.
alojamiento del ancla (proa buques) | anchor pocket.
alojamiento del cierre | breech opening.
alojamiento del cierre (cañón) | screw box.
alojamiento del cierre (en la culata) | breech housing.
alojamiento del cojinete | bearing cartridge.
alojamiento del detonador | primer envelope | detonator envelope.
alojamiento del disparador | trigger housing.
alojamiento del estopín | primer seat.
alojamiento del macho (moldería) | core print.
alojamiento del muelle | spring chamber.
alojamiento del pasaje | passengers accommodation.
alojamiento del pasaje de tercera clase (buques) | steerage.
alojamiento dentro de taco de caucho | rubber encased housing.
alojamiento en el ala para el aterrizador | wing well.
alojamiento fuera de la base | off-base housing.
alojamiento principal | main housing.
alojamiento y comida en pago de servicios | board wages.
alojamientos de los oficiales de máquinas (buques) | engineers' accommodation.
alojar | quarter (to).
alojar (en un buque) | berth (to).
alojarse a proa | berth forward (to).
aloma (Sarcocephalus diderrichii) | abiache.
alomado | curve-backed.
alomador | middlebuster.
alomar | ridge (to).
alomeria | allomerism.
alomorfismo | allomorphism.
alomorfo | allomorph | alomorph.
alondra de mar | dunlin.
alónimo | allonym.
alopaladio | allopalladium.
alopatria | allopatry.
alopelágico | allopelagic.
aloploide | alloploid.
alopoliploide | allopoluploid.
aloquema (oceanografía) | allochem.
alosindético | alosyndetic.
alosoma (genética) | allosome.
alotermo | allotherm.
alotígeno | allothigene.
alotigeno (minería) | strange.
alotígeno (petrología) | allogene.
alotípico | allotypic.
alotipo | allotype.
alotriomórfico | anhedral.
alotriomorfo | allotriomorphic | anhedral.
alotropía | allotropism | allotropy.
alotrópico | allotropic.
alotropismo | allotropism.
alpaca (animal, tejido) | alpaca.
alpaca (tejido) | paco.
alpargata | espadrille.
alpargatas | hempen sandals.
alpechín | oil-foot | dregs of oil.
alpenstock (bastón con punta de hierro y en forma de piqueta por el mango) | alpenstock.
Alpes Peninos | Pennine Alps.
Alpidos | Alpides.
alpinismo (deporte) | mountaineering.
alpinoártico | alpino-arctic.
alpiste | alpiste.
alpiste (semilla) | canary seed.
alqueno | alkene.
alquería | farmstead | farmhouse.
alquifol | alquifou.
alquifux | potter's ore | arquifoux.
alquifux sulfuro de plomo | potter's lead.
alquilable | tenantable | rentable.
alquilación (química) | alkylation.
alquilación por ácido fluorhídrico (gasolina de gran octanaje) | hydrofluoric acid alkylation.
alquilación reductiva | reductive alkylation.
alquilado (aviones) | charter.
alquilado con opción de compra | rented with purchase option.
alquilador | letter | hirer.
alquilador de botes | boatman.
alquilar | rent (to) | rent (to) | let off (to) | let out (to) | let on hire (to) | charter (to) | let (to).
alquilar (casas) | lease out (to) | lease (to).
alquilar (coche o caballo) | hack (to).
alquilar (habitaciones) | engage (to).
alquilar llave en mano | let with vacant possession (to).
alquiler | let | rental | leasing | rent | hire.
alquiler (casas) | lease.
alquiler abusivo | rack rent.
alquiler de abono | subscription rental.
alquiler de bienes de equipo con derecho a compra | leasing.
alquiler de cajas de seguridad | safe deposit privilege.
alquiler de muelle por metro^2 | pier rental.
alquiler de tipo financiero | financing lease.
alquiler del combustible nuclear | nuclear fuel leasing.
alquiler del terreno | ground-rent.
alquiler eventual | contingent rent.
alquiler exorbitado | rack rent.
alquileres a cobrar | rent receivable.
alquileres anuales | annual rentals.
alquileres de equipo | hire of plant.
alquilindeno | alkylindene.
alquilsulfonato lineal | linear alkylate sulfonate.
alquimia | alchemy.
alquino | alkyne.
alquitarar | distil (to).
alquitran | tar | bitumen | pitch.
alquitrán anhidro | dehydrated tar.
alquitrán de alto horno | steelworks' tar.
alquitrán de carbón vegetal | cylinder tar.
alquitrán de corteza de abedul | birch-bark tar.
alquitrán de gas | road-tar | oil gas tar | gas tar.
alquitrán de gas de petróleo | oil-gas tar.
alquitrán de gasógenos | producer tar.
alquitrán de horno | kiln tar.
alquitrán de hornos de coque | coke tar.
alquitrán de hulla | tar | coal tar.
alquitrán de hulla diluido | coal tar cutback.
alquitrán de lignito | lignite tar | brown-coal tar.
alquitrán de petróleo | oil asphalt | petroleum tar.
alquitrán de turba | peat tar.
alquitrán diluido | cutback road tar.
alquitrán dulce | pitch-pine tar.
alquitrán en suspensión (coquerías) | tar fog.
alquitrán mineral | coal tar | mineral tar.
alquitrán para bacheo (carreteras) | road tar.
alquitrán para carreteras | road-tar.
alquitrán rebajado | cutback road tar.
alquitrán y sustancias bituminosas | tar and bitumens.
alquitranado en frío (carreteras) | cold tarring.
alquitranado exterior de un tubo | rolling.
alquitranadora | tar spreader.
alquitranaje | tarring.
alquitranamiento | tarring.
alquitranar | tar (to) | pitch (to).
alquitranar una costura | pay a seam (to).
alquitranoso | tarry.
alrededor de un conducto | periductal.
Alseis eggersii.
alsócola (botánica) | grove-dwelling.
alsófilo (botánica) | grove-loving.
alstonia (Alstonia congensis - Engl) | patternwood.
alta (voz) | loud.
alta calidad (aparatos radio) | high fidelity.
alta costura | high fashion.
alta dirección | top management.
alta dirección (empresas) | front office.
alta fidelidad | top management | Hi-Fi.
alta frecuencia | high frequency.
alta frecuencia mezclada | mixed-high frequency.
alta gerencia | top management.
alta mar | high seas | mid-ocean | open sea | blue water | main sea.
alta nitidez (radio) | high definition.
alta presión | high-pressure | heavy pressure.
alta presión (vapor) | high tension.
alta prioridad | top priority.
alta seguridad funcional | high reliability.
alta tensión (superior a 650 voltios) | high tension | high voltage.
alta velocidad de conmutación | high switching speed.

altaita | altaite.
altamente lesiva para los intereses económicos | grossly detrimental for economical interests.
Altar (astronomía) | Ara.
altar (calderas) | firebridge | bridge.
altar (calderas y hornos) | flame bridge.
altar (de horno) | fire dog.
altar (horno Martín) | fantail arch.
altar (hornos) | fire stop.
altar (tornallamas - calderas) | bridge wall.
altar con entrada de aire (calderas) | split bridge.
altar de fundición (hogar) | cast-iron bridge.
altar de mampostería (hogar) | masonry bridge.
altar del canal de llamas (hornos) | flue bridge.
altar del horno | furnace bridge.
altas mezcladas | mixed highs.
altavoces con pantalla | acoustic enclosures.
altavoz | loudhailer | loudspeaker.
altavoz amplificado con transistor | transistor-amplified loudspeaker.
altavoz de agudos electrostáticos | electrostatic tweeter.
altavoz de alta fidelidad | high fidelity loudspeaker.
altavoz de bajos | bass loudspeaker.
altavoz de bobina móvil | moving coil loudspeaker.
altavoz de bobina para bajas frecuencias | woofer.
altavoz de cámara de compresión | labyrinth speaker.
altavoz de contrastación | monitor loudspeaker.
altavoz de control | monitoring loudspeaker.
altavoz de dos conos | duo cone loudspeaker.
altavoz de excitación separada | excited-field loudspeaker.
altavoz de fondo (estudio) | playback loudspeaker.
altavoz de imán permanente (IP) | PM loudspeaker.
altavoz de órdenes (torres artillería) | action information loudspeaker.
altavoz dinámico de imán permanente | permanent-magnet dynamic loudspeaker.
altavoz electrodinámico | dynamic loudspeaker | electrodynamic loudspeaker | moving-conductor loudspeaker | moving-coil loudspeaker.
altavoz electromagnético | electromagnetic loudspeaker | moving-armature loudspeaker | moving-cone loudspeaker | induction loudspeaker | inductor-type loudspeaker.
altavoz electrostático | condenser loudspeaker | electrostatic loudspeaker | capacitor loudspeaker.
altavoz ortofónico | baffle loudspeaker.
altavoz para comunicaciones bilaterales | talkback loudspeaker.
altavoz para notas agudas | tweeter.
altavoz para notas altas | tweeter.
altavoz para notas graves | boomer | boomer.
altavoz para sonidos graves | woofer.
altavoz piezoeléctrico | crystal loudspeaker.
altavoz reforzador de agudos | tweeter.
altavoz reforzador de altos | tweeter.
altavoz reforzador de bajos | woofer.
altavoz supletorio | extension loudspeaker.
altazimut | altazimuth.
altazimutal | altazimuth.
alterabilidad | alterability.
alterabilidad a la intemperie (rocas) | weatherability.
alterabilidad del suelo | soil alterability.
alterable | alterable | changeable | unstable.
alterable al aire | affected by the air.
alteración | tampering | alteration | change.
alteración (de un texto) | distortion.
alteración al aire de la madera | weathering of wood.
alteración al aire libre | weathering.
alteración biológica del plancton | biological alteration of plankton.
alteración cromática | stain.
alteración cromática de los extremos (TV) | fringing.
alteración de hilos de diferentes colores (tejeduría) | pick-and-pick.
alteración de Q | Q spoilling.
alteración de un libro durante su impresión | state.
alteración de un programa (televisión) | hypo.
alteración del aragonito a calcita | calcitization.
alteración del negro por parásitos (TV) | noisy blacks.
alteración del valor | color depreciation.
alteración económica debida a factores no económicos | exogenous change.
alteración en cheques | kiting.
alteración en el valor de una variable | pulse.
alteración genética | gene changes.
alteración metasomática | metasomatic alteration.
alteración organoléptica | organoleptic deterioration.
alteración por agentes atmosféricos | weathering.
alteración por fatiga | creep.
alteración superficial de la roca | rock decay.
alterada (voz) | husky.
alterado | affected | impaired.
alterado por los agentes atmosféricos | weathered.
alterador | alterer.
alterante | alterant | alterative.
alterar | change (to) | change (to).
alterar (un texto) | distort (to).
alterar la posición de roce de un cabo o cadena (buques) | freshen (to).
alterar la transmisión intencionadamente para engañar al enemigo | garble (to).
alterar la velocidad o dirección del paracaídas tirando del cordaje de suspensión | slip (to).
alterar los libros de la contabilidad | cook the books (to).
alterarse (la salud) | break (to).
alterarse por apofonía | grade (to).
alternación | ping-pong (to) | rotation.
alternación (movimiento) | reciprocation.
alternación de la herramienta | reciprocation of the tool.
alternación del movimiento | alternation of motion.
alternación geométrica de los conductores de las fases (cable trifásico) | cross-bonding.
alternado | staggered.
alternado en zig zag | staggered.
alternador | generator | alternating-current generator | alternator.
alternador (electricidad) | synchronous generator.
alternador accionado por motor diesel | diesel-driven alternator.
alternador accionado por rueda Pelton de eje vertical | vertical water-wheel alternator.
alternador accionado por turbina de combustión | gas-turbine-driven alternator.
alternador accionado por turbina de gases | gas-turbine alternator.
alternador asincrónico | induction generator.
alternador asíncrono | asynchronous alternator.
alternador bifásico | diphaser | two-phase alternator.
alternador compensado autoexcitado | self-excited compensated alternator.
alternador con enfriamiento de hidrógeno en contacto directo con el cobre del rotor | direct-cooled alternator.
alternador con excitación propia | inherent excitation alternator.
alternador con interruptor de flujo | flux-switch alternator.
alternador con regulación de voltaje entre límites restringidos | close-regulation alternator.
alternador con regulación precisa del voltaje | close-voltage regulation alternator.
alternador de alta frecuencia | high-frequency alternator.
alternador de eje vertical con rangua inferior | umbrella-type alternator.
alternador de frecuencia audible | audible frequency alternator.
alternador de frecuencia musical | audiofrequency alternator.
alternador de hierro giratorio | inductor alternator.
alternador de hiperfrecuencia | radiofrequency alternator.
alternador de inducido fijo | revolving-field alternator.
alternador de inducido móvil | revolving-armature alternato.
alternador de inductor de hiperfrecuencia | high-frequency inductor alternator.
alternador de inductor fijo o inducido fijo | inductor alternator.
alternador de inductor giratorio | revolving-field alternator.
alternador de intensidad constante | constant-current alternator.
alternador de onda sinusoidal | sinewave alternator.
alternador de propulsión (buques) | propulsion alternator.
alternador enfriado con hidrógeno | hydrogen-cooled alternator.
alternador enfriado con hidrógeno a presión | supercharged generator.
alternador heteropolar | heteropolar alternator.
alternador hidráulico | hydroelectric generator.
alternador hidroeléctrico | hydroelectric alternator.
alternador homopolar | homopolar alternator.
alternador homopolar de inductor giratorio | homopolar inductor-alternator.
alternador monofásico | monophase alternator | one-phase alternator.
alternador multipolar de campo giratorio | multipolar revolving-field alternator.
alternador para soldar | welding alternator.
alternador para uso en puertos (buques) | harbor-use alternator.
alternador polifásico | polyphase alternator | multiphase alternator.
alternador reactivo | reluctance generator.
alternador síncrono | synchronous alternator.
alternador trifásico | triphaser | three-phase alternator.
alternador trifásico exapolar | six-pole three-phase alternator.
alternadores conectados en serie | tandem-coupled a.c. motors.
alternador-volante (de una máquina) | flywheel-type alternator.
alternancia | half-wave | alternation | alternacy.
alternancias (telegrafía) | reversals.
alternante | alternant.
alternar | interchange (to) | reciprocate (to) | stagger (to).
alternar (cultivos) | rotate (to).
alternar las junturas | break joints (to).
alternativa | alternate | option.
alternativa unilateral | one-sided alternative.
alternativas irrelevantes | irrelevant alternatives.
alternativas políticas | policy issues.
alternatividad | alternativeness.
alternativo | alternate.
alterno | staggered | altern.
alternobárico | alternobaric.
alternomotor con colector | alternating-current commutator motor.
alteroso (alto de amura - buques) | deep waisted.
alteroso (buques) | moon-sheered.
altervalente | altervalent.
altigrafía | altigraphy.
altígrafo | altigraph | recording altimeter.
altigrama | altigram.
altimetrado | altimetered.
altimetrar | altimeter (to).

altimetría | levelling | altimetry.
altimetría (topografía) | levelling (Inglaterra) | leveling.
altimétrico | altimetrical.
altímetro | altimeter | height finder | heightfinder | height gage.
altímetro absoluto | absolute altimeter.
altímetro absoluto (aviones) | height computor.
altímetro acústico | sonic altimeter | sound ranging altimeter | sound-ranging altimeter.
altímetro aneroide | aneroid altimeter.
altímetro barométrico | altimeter barometric | pressure altimeter | barometric altimeter.
altímetro capacitivo | capacitance altimeter | electric capacity altimeter.
altímetro conmutador | contacting altimeter.
altimetro de agrimensor | surveying altimeter.
altímetro de eco | echo altimeter.
altímetro de laser | laser altimeter.
altímetro de precisión | sensitive altimeter.
altímetro de sonda | height indicator.
altímetro iónico | ion altimeter.
altímetro ionosférico | ionospheric height recorder.
altímetro isotérmico | isothermal altimeter.
altímetro medidor de dispersión | dispersion measuring altimeter.
altímetro óptico | optical altimeter.
altímetro que registra la altitud absoluta (aviones) | absolute altimeter.
altímetro radárico | radar height-finder | radar altimeter.
altímetro radárico (aviones) | radio altimeter.
altímetro radárico de impulsos de hiperfrecuencia | pulsed radar altimeter | pulsed altimeter.
altímetro registrador | altitude recorder | altigraph | recording altimeter.
altímetro sensible | sensitive altimeter.
altiplanicie | tableland | highland.
altiplanicie (geología) | plateau.
altiplano | elevated plain.
altiplano (geología) | plateau.
altiscopio (óptico) | altiscope.
altitud | height | elevation.
altitud a la que el aire ascendente queda saturado y empieza la condensación | lifting condensation level.
altitud a la que un motor sobrealimentado da su máxima potencia (aviación) | rated altitude.
altitud absoluta | absolute altitude.
altitud absoluta determinada por el radar | radar altitude.
altitud angular determinada con un sextante | sextant altitude.
altitud baja | low altitude.
altitud barométrica | pressure altitude.
altitud barométrica a la que un blanco debe ser atacado desde el aire | target pressure altitude.
altitud calculada | computed altitude.
altitud compensada del error del instrumento | calibrated altitude.
altitud computada | computed altitude.
altitud correspondiente a la densidad de la atmósfera normalizada | density altitude.
altitud correspondiente a la presión de la atmósfera normalizada | pressure altitude.
altitud crítica (aviación) | critical altitude.
altitud crítica de escape (tripulante de aeroplano) | critical escape altitude.
altitud cuadrantal | quadrantal altitude.
altitud de combate (aviación) | combat altitude.
altitud de crucero (aviación) | cruising altitude.
altitud de diseño (aeroplanos) | design altitude.
altitud de la órbita (satélite artificial) | orbiting height.
altitud de restablecimiento de potencia (aviación) | critical altitude.
altitud de seguridad (aviones) | safe altitude.
altitud de una estrella | altitud of a star.
altitud de utilización (aviones) | operational altitude | operational height.
altitud de vuelo | flying height.
altitud de vuelo de vigilancia radiológica
altitud de vuelo muy cercana al suelo | deck.
altitud de 16 gramos × centimetro^2 (de presión barométrica) | height of 16 gm/cm^2.
altitud del aeródromo | aerodrome elevation.
altitud exmeridiana | ex-meridian altitude.
altitud mantenida durante un vuelo | base altitude.
altitud medida según la densidad del aire | density height.
altitud meridional | meridional altitude.
altitud mínima de formación de hielo sobre un avión | icing level.
altitud mínima de seguridad | minimum safe altitude.
altitud observada | observed altitude.
altitud operacional (aviación) | operating altitude.
altitud orbital | orbital altitude.
altitud real | true altitude.
altitud simulada | simulated altitude.
altitud sobre el nivel del mar | elevation above sea level.
altitud sobre el nivel del mar de un aeródromo | field elevation.
altitud tabulada | tabulated altitude.
altitudinal | altitudinal.
altivez | haughtiness.
alto | stop | top | alt | high | stand | standstill | lofty.
alto (de la cuesta) | hilltop.
alto (de una columna militar) | pull-up.
alto (de una cuesta) | summit.
alto (sonido) | high.
Alto Comisario | High Commissioner.
alto costo y poca efectividad | high cost and low effectivity.
alto de popa (buques) | high-sterned.
alto en el camino | halt en route.
alto horno | blast-furnace | draft furnace.
alto horno al carbón vegetal | charcoal blast furnace.
alto horno con gran presión de viento | pressurized blast furnace.
alto horno con viento climatizado | air-conditioned blast furnace.
alto horno de coque | coke blast-furnace.
alto horno de cuba baja | low-shaft-blastfurnace.
alto horno para hierro | iron blast furnace.
Alto Mando | High Command.
alto parlante para frecuencias bajas | boomer.
alto personal | senior staff.
alto poder de amortiguamiento mecánico | high mechanical damping.
alto potencial (EE.UU.) | hi-pot.
alto relieve | high relief.
alto vacío | high vacuum | hard vacuum.
alto voltaje | high-pressure.
alto voltaje (superior a 650 voltios) | high tension | high voltage.
altocúmulo | altocumulus.
altocúmulo almenado | altocumulus castellatus.
altocúmulos | altocumuli.
altoestratos | altostrati.
altofondo del litoral continental | continental platform.
altofondo del litoral continental (oceanografía) | continental shelf.
altonimbo | altonimbus.
altonimbos | altonimbi.
altoparlante | loudspeaker | sound reproducer | loudhailer.
altoparlante de comprobación | monitoring loudspeaker.
altoparlante de dos canales coaxiales | coxial dual-channel loudspeaker.
altoparlante de fondo (TV) | playback loudspeaker.
altoparlante de superfrecuencias | tweeter.
altoparlante electrodinámico | electrodynamic loudspeaker | dynamic loudspeaker.
altoparlante electromagnético | electromagnetic loudspeaker.
altoparlante electrostático | electrostatic loudspeaker.
altoparlante para frecuencias bajas | woofer.
altoparlante supletorio | extension loudspeaker.
altoparlante testigo | monitoring loudspeaker | monitor loudspeaker.
altos | treble.
altos cargos | senior staff.
altos cargos de una empresa | top executives.
altos salarios | top salaries.
altostrato | altostratus.
altozano | hill | rising.
altriz | altrix.
altura | elevation | eminence.
altura (cerchas) | rise.
altura (cono oblicuo) | slant height.
altura (de aparato topográfico) | level.
altura (de hoja) | length.
altura (de paño de bandera) | depth.
altura (de vigas) | height.
altura (del agua en el río) | stage.
altura (del terreno) | level | hilltop.
altura (palos buques) | height.
altura (saliente-diente engranaje) | addendum.
altura (sonidos) | pitch.
altura (tonal) | pitch.
altura (velas o banderas) | hoist.
altura a la que se mide el diámetro (árboles) | diameter measuring height.
altura a un diámetro fijo | height to a fixed top.
altura al centro (buques) | midship height.
altura angular | angular height.
altura angular futura | future angular height.
altura aparente | apparent elevation.
altura aspirante neta positiva | net positive suction head.
altura bajo la clave (arcos) | pitch.
altura barométrica | barometric height.
altura calculada | rated altitude.
altura cinética (hidráulica) | dynamic head | velocity head.
altura circunmeridiana | secondary meridian altitude | ex-meridian altitude.
altura comercial del tronco (árboles) | merchantable height.
altura comprimido (muelles) | solid height.
altura con la cola en el suelo (aviones) | height tail-down.
altura cordal (diente engranaje) | chordal height.
altura cuasigeoidal | quasigeoidal height.
altura de agua precipitable (atmósfera) | depth of precipitable water.
altura de amura | deep waisted.
altura de apoyo | elbow-height.
altura de aspiración | draft head.
altura de caída | height of fall | dropping height | dropping depth | drop | fall | head.
altura de caída (martinetes) | rise.
altura de caída libre | free falling distance.
altura de carga | head.
altura de descarga (bombas) | delivery lift.
altura de descarga (pala mecánica) | dumping height.
altura de desmoldeo | draw stroke.
altura de despeje | clearance height.
altura de elevación | height of rise | hoisting depth.
altura de elevación (bombas) | static head | head | static lift.
altura de elevación (esclusas) | lift.
altura de elevación total (bombas) | total head.
altura de emplazamiento (artillería) | height-of-site.
altura de entrepuente (buques) | deck height.
altura de explosión | point of detonation.
altura de explosión (proyectiles) | point of burst | height of burst | bursting height.
altura de extracción (minas) | lift.
altura de extracción (pozos de minas) | drawing

height.
altura de fabricación (resortes, muelles) | free height.
altura de flecha | boom height.
altura de franqueo | clearance height.
altura de impulsión | delivery head | discharge lift.
altura de impulsión (bombas) | static discharge-head | lift | delivery lift | discharge head.
altura de impulsión (bombas de mina) | stage.
altura de incidencia | incidence height.
altura de instalación (de un aparato) | mounting height.
altura de interrupción | break-off height.
altura de la barrera de potencial | barrier height | height of the potential barrier.
altura de la cabeza del diente (engranaje recto) | addendum.
altura de la caja (vagones) | height of body.
altura de la carrocería | height of body.
altura de la cepa (Iberoamérica) | stump height.
altura de la crecida | flood stage.
altura de la nube | cloud level.
altura de la sección del tocho terminado | finished bloom section height.
altura de la viga | girder depth | depth of girder.
altura de la X de la baja (tipografía) | X-height.
altura de labio (explosión) | lip height.
altura de las ondulaciones (asperezas superficiales) | roughness of undulations.
altura de levantamientos (grúas) | lift.
altura de levitación (vehículo levitante por reacción de chorros de aire sobre el suelo) | hover height.
altura de paso | clearance height.
altura de penetración | breakout height.
altura de pies (engranajes) | dedenda.
altura de pieza colada | depth of casting.
altura de precipitación (agua) | rainfall.
altura de proyecto (hidráulica) | design head.
altura de puntos | swing of the lathe.
altura de puntos (tornos) | height of centers | swing | lathe swing.
altura de radiación (antenas) | radiation height.
altura de rebote | height of rebound.
altura de rodillera (cañones) | height of gun axis.
altura de salto (fallas) | normal throw.
altura de seguridad | clearance height.
altura de seguridad (aviones) | safety height.
altura de seguridad (castillete extracción de pozos de mina) | overwinding allowance.
altura de seguridad (minas) | clearance.
altura de seguridad (tiro sobre tropas amigas) | troop clearance.
altura de tono absoluta | absolute pitch.
altura de topes (vagones) | buffer height.
altura de trabajo del diente (engranajes) | working depth.
altura de un triángulo | altitude of a triangle.
altura de una capa ionosférica | layer height.
altura de vaciamiento (pala mecánica) | dumping height.
altura de vertido del hormigón | depth of placement.
altura de vertimiento (pala mecánica) | dumping height.
altura debida a la energía (hidráulica) | energy head.
altura debida a la velocidad (hidráulica) | velocity head.
altura del acero en la escala | gage datum.
altura del agua en el vado (ríos) | fording height.
altura del agua en marea baja | depth of water at low tide.
altura del alma (carril Vignole) | fishing space.
altura del alma de la ménsula (buques) | cantilever web depth.
altura del antepecho (telares) | breast beam height.
altura del aparato | height of instrument.
altura del argollón de contera (cañones) | lunette height.
altura del cordón (vigas de celosía) | chord thickness.
altura del diente | depth of tooth.
altura del diente (sierras) | gullet depth.
altura del entrepuente | height of between decks.
altura del escalón | rise of step.
altura del hombro al ojo (tipografía) | neck | beard.
altura del impulso | pulse height.
altura del instrumento en la estación (topografía) | elevation of the instrument | height of instrument.
altura del ocular del anteojo del nivel (topografía) | height of eye of the level telescope.
altura del pecho (altura de 1,30 metros a que se mide el diametro - árboles) | breast height.
altura del pie del diente (engranaje) | dedendum.
altura del piso al techo | floor-to-top height.
altura del piso al techo (minas) | headroom.
altura del ramoneo (árboles) | grazing line.
altura del relieve de la letra (altura del hombro a la superficie del ojo - tipografía) | drive.
altura del relleno (pozo petróleo) | fill up.
altura del salto | height of fall.
altura del salto (fallas) | apparent throw.
altura del techo (vagones) | deck height.
altura del tipo (tipografía) | height-to-paper.
altura del tocón | stump height.
altura desde el seno a la cresta (olas marítimas) | trough to crest.
altura dinámica (hidráulica) | velocity head.
altura disponible | available head.
altura dividida por el ancho en la dirección del codo (codo de cajillos de ventilación) | aspect ratio of elbow.
altura dominante | top height | commanding height | dominant height.
altura efectiva | effective height.
altura efectiva (antenas) | radiation height.
altura efectiva (hidráulica) | neat head.
altura en crujía (buques) | midship height.
altura en la entrada | entrance head.
altura en longitud de onda ×2 π radianes (antenas) | angular height.
altura especificada | given height.
altura estática de aspiración | static suction head.
altura geodinámica | geodynamic height | dynamic depth | dynamic height.
altura geométrica descargadora | static discharge head.
altura hasta una sección variable | height to a variable top.
altura hidrostática de prueba | test head.
altura hidrostática de prueba del tanque de lastre (buques) | ballast tank test head.
altura indicada sobre el terreno | indicated terrain clearance altitude.
altura interior | inner height.
altura lateral (pirámide) | slant height.
altura libre | clear height | clearance height.
altura libre (radioenlaces) | path clearance.
altura libre de la puerta | clear door height.
altura libre de paso (puentes, bóvedas) | headway.
altura libre de paso (vigas puentes) | headroom.
altura libre debajo del gancho de la grúa | clearance under the crane hook.
altura libre inferior (vehículos) | ground clearance.
altura libre por debajo (vigas puentes) | headroom.
altura libre por debajo del coche (autos) | ground-clearance.
altura libre por debajo del chasis (autos) | road clearance.
altura libre sobre el suelo (autos) | ground-clearance.
altura maderable (árboles) | timber height.
altura manométrica | manometric head.
altura manométrica (bombas) | static head | static lift.
altura manométrica de aspiración | suction head.
altura manométrica total | total head.
altura máxima (crecidas) | crest | peak stage.
altura máxima de la trayectoria (proyectiles) | ceiling.
altura máxima de una crecida | peak stage.
altura máxima en milímetros de una llama de queroseno que arde sin humo | smoke point.
altura media de los 100 árboles mayores de un rodal | dominant height.
altura media de los 100 árboles mayores de un rodal (bosques) | top height.
altura media del año | mean yearly height.
altura media del terreno en zona de 3 a 16 kilómetros alrededor de la antena | antenna height above average terrain.
altura media representativa de un tercio de las olas más altas de un tren de olas | characteristic wave height.
altura media representativa de un tercio de las olas mas altas de un tren de olas (oceanografía) | significant wave height.
altura medida según la presión | pressure height.
altura meridiana | meridian altitude.
altura metacéntrica | metacentric height.
altura metacéntrica (buques) | G. M.
altura metacéntrica después de avería | metacentric height after damage.
altura metacéntrica inicial | initial metacentric height.
altura metacéntrica longitudinal | longitudinal metacentric height.
altura metacéntrica remanente | residual metacentric height.
altura mórfica (árboles) | form height.
altura neta efectiva | net effective head.
altura normal sentado (personas) | normal sitting height.
altura óptima de detonación | optimum height of burst.
altura ortométrica | orthometric height.
altura para el desmontaje del pistón (motor marino) | height for withdrawal of piston.
altura para trabajar de rodillas | elbow room.
altura perpendicular a la hipotenusa (cartabones) | throat depth.
altura piezométrica | hydraulic pressure head | pressure level | hydraulic head | hydraulic grade | static head | head.
altura piezométrica (hidráulica) | pressure head.
altura pluviométrica | rainfall.
altura práctica de aspiración (bombas) | actual suction lift.
altura que media entre dos sonidos | interval.
altura real | actual height.
altura sesgada | slant height.
altura sobre el nivel del mar | height above sea-level | altitude above sea level.
altura sobre el nivel medio del mar | true altitude.
altura sobre el punto de partida (aviación) | height above starting point.
altura sobre el suelo (aviación) | above-ground height.
altura superior de la copa (árboles) | upper crown height.
altura tipográfica del tipo de imprenta | type height.
altura total | height over all | whole depth | extreme height.
altura total de dragado | full dredging-depth.
altura total de roce entre dientes del engranaje | total working depth of engagement.
altura total del mamparo | bulkhead full depth.
altura útil | operating head.
altura útil (salto agua) | effective height.
altura verdadera | true altitude.

altura vertical entre dos pisos (minas) | lift.
altura vertical entre la estación receptora en el suelo y el globo sonda que lleva el equipo emisor radiotelegráfico | rawin altitude.
altura visible del árbol | visible tree height.
alturas de cabezas (dientes engranajes) | addenda.
alturas fotomultiplicadoras del impulso | photomultiplier pulse heights.
alubrado por el sol | sunlit.
alucima (levadura de cerveza) | aluzyme.
alucrativo | nonlucrative.
alud | avalanche | slide.
alud catastrófico | catastrophic avalanche.
alud de barro | mud-stream.
alud de fondo | ground avalanche.
alud de nieve | snowslide | snow-slip.
alud de polvo (geología) | powdery avalanche.
alud de rocas | rockslide.
aluda | aluta.
aludo (aves) | large-winged (birds).
aludur (aleación) | aludur.
alumbrado | illumination | lighting | alumed | aluminated.
alumbrado a contraluz | back lighting.
alumbrado antideslumbrante | nondazzling lighting.
alumbrado artificial con distribución espectral análoga a la de la luz natural | artificial daylight.
alumbrado automático de emergencia | automatic emergency lighting.
alumbrado cenital | top light.
alumbrado con intensidad | highlit.
alumbrado con lámpara de mercurio | mercury lighting.
alumbrado con lámparas de mercurio fluorescente | color-improved mercury lighting.
alumbrado con señales animadas | animated-sign lighting.
alumbrado con tubo fluorescente | fluorescent tube lighting.
alumbrado con vela | candlelit.
alumbrado de aeropuertos | airport lighting.
alumbrado de alta intensidad | floodlighting.
alumbrado de calles | streetlighting.
alumbrado de contorno | outline lighting.
alumbrado de cuarzo yodificado | iodine quartz lighting.
alumbrado de demarcación | perimeter lighting.
alumbrado de emergencia | emergency lighting.
alumbrado de emergencia de la cámara de máquinas | engine room emergency lighting.
alumbrado de escenarios | stage lighting.
alumbrado de estudios (cine, TV) | studio lighting.
alumbrado de fábricas | factory lighting.
alumbrado de festón | festoon lighting.
alumbrado de gas | gaslighting.
alumbrado de incandescencia por gas | incandescent gas lighting.
alumbrado de los estudios | set lighting.
alumbrado de luz cambiante | color-changing lighting.
alumbrado de pavimentos de aeropuertos | airfield pavement lighting.
alumbrado de quirófano | surgical lighting.
alumbrado de quirófanos | operation theater lighting.
alumbrado de realce | modeling light.
alumbrado de salas (clínicas) | ward lighting.
alumbrado de salas de enfermos (hospitales) | ward lighting.
alumbrado de seguridad (cines) | primary maintained lighting | emergency light.
alumbrado de seguridad (cines, etc.) | panic lighting.
alumbrado de socorro | emergency lighting.
alumbrado de talleres | factory lighting.
alumbrado de toma de vistas (cine, TV) | cue light.
alumbrado del eje central de la pista de aterrizaje (aeropuertos) | touch-down and center-line lighting.
alumbrado difuso | diffused lighting.
alumbrado dirigido | directed lighting.
alumbrado dispuesto en dos filas de luces que aparecen como una sola fila si el aterrizaje es correcto (pistas aerodromos) | slope-line lighting.
alumbrado eléctrico | electric lighting.
alumbrado eléctrico auxiliar | auxiliary electric lighting.
alumbrado en caso de pánico (cines, etc.) | panic lighting.
alumbrado exterior | outside lighting.
alumbrado festivo | festive lighting.
alumbrado fluorescente de cátodo frío | cold-cathode lighting.
alumbrado fluorescente de cátodo incandescente | hot-cathode fluorescent lighting.
alumbrado frontal (cine) | broad lighting | plain lighting.
alumbrado general | general lighting.
alumbrado indirecto | indirect lighting.
alumbrado industrial para naves altas (talleres) | high-bay industrial lighting.
alumbrado interior accionado al abrir la puerta | door-operated interior lighting.
alumbrado para trabajo nocturno | night-work lighting.
alumbrado permanente | continuous lighting.
alumbrado por conducción de electricidad a través del gas xenón | gas-arc lighting.
alumbrado por dentro | internally illuminated.
alumbrado por flujo dirigido hacia abajo | downlighting.
alumbrado por gas de petróleo | oil-gas lighting.
alumbrado por lámparas mixtas | blended-lighting.
alumbrado por proyección | distance lighting.
alumbrado por proyectores | directional flooding.
alumbrado por tubos fluorescentes | fluorescent tubular lighting.
alumbrado principal (cine, televisión) | hot light.
alumbrado provisional | temporary lighting.
alumbrado público | streetlighting.
alumbrado que hace resaltar los contornos | outline lighting.
alumbrado reducido | dimmed light.
alumbrado sobre el plano principal (estudios cine, televisión) | key-light.
alumbrado suficiente (TV) | foundation lighting.
alumbrado urbano | city street lighting.
alumbrado vertical | overhead lighting | top light.
alumbramiento | birth | deliverance.
alumbrar | lighten (to) | light (to) | illuminate (to) | alum (to) | illumine (to).
alumbrar con intensidad | highlight (to).
alumbre | alumen | alum.
alumbre amoniacal | ammonia alum | ammoniacal alum.
alumbre calcinado | burnt alum.
alumbre calcinado en polvo | alum flower.
alumbre calcinado pulverizado | alum flour.
alumbre capilar | feather alum.
alumbre con exceso de ácido sulfúrico | acid alum.
alumbre cristalizado | alum glass.
alumbre de cesio | caesium aluminum sulphate.
alumbre de cromo | chrome alum.
alumbre de hierro | iron alum.
alumbre de pluma | alum-feather | plume alum | feather alum.
alumbre de potasa | common alum.
alumbre de potasio | common white alum.
alumbre de roca | rock alum.
alumbre de roca incoloro | ice alum.
alumbre de Roma | rock alum.
alumbre ordinario | common alum.
alumbre potásico | potash alum | potash alum.
alumbreado | aluminated | alumed.
alumbrear | alum (to).
alumbrera | alum mine | alum-pit.
alúmbrico | alum.
alumbroso | alumish | alum.
alúmina | aluminum oxide | alumina.
alumina activada | activated alumina.
alumina calcinada | calcined alumina.
alúmina gamma | gamma aluminium oxide.
alúmina preparada fundiendo bauxita | borolon.
aluminación | aluming | alumination.
aluminado | aluminated.
aluminaje | alumination | aluming.
aluminar | aluminum-plate (to).
aluminato cobaltoso | cobaltous aluminate.
aluminato de itrio | yttrium aluminate.
aluminato de sodio | alkaline pink mordant.
aluminiación | aluminiumization | aluminizing | aluminization.
aluminiado | aluminum-plated.
aluminiar (termotratar a 850 °C una chapa de acero metalizada con aluminio, que se difunde en el acero) | aluminize (to).
alumínico | aluminum.
aluminífero | alumina bearing | aluminiferous.
aluminio (EE.UU.) | aluminum.
aluminio (G.B.) | aluminium.
aluminio anodizado en color | dye-anodized aluminum | colored anodized aluminum.
aluminio anodizado en color de cobre | copper-toned anodized aluminum.
aluminio anodizado en negro | black anodized aluminum.
aluminio aporcelanado | porcelainized aluminum.
aluminio coloreado electrolíticamente | electrolytically colored aluminum.
aluminio con estructura vesicular | foamed aluminum.
aluminio con revestimiento duro | hard-coated aluminium.
aluminio craquelado | cracklelized aluminium.
aluminio cromado | chromatized aluminum.
aluminio chapado en acero inoxidable | stainless-clad aluminum.
aluminio de aviación | stooge.
aluminio de pureza comercial | commercial purity aluminum.
aluminio de pureza eléctrica (de 99,5% como mímimo) | electrical purity aluminum.
aluminio eloxadizado | eloxadized aluminum.
aluminio en escamas | leaf aluminum.
aluminio en lingotes | pig aluminum.
aluminio esmaltado | enameled aluminium.
aluminio esmaltado en porcelana | porcelain-enamelled aluminum.
aluminio estirado | drawn aluminium.
aluminio fundido | cast aluminum.
aluminio fundido a presión | die-cast aluminium.
aluminio fundido con gases ocluídos | gas-occluded molten aluminium.
aluminio fundido de chatarra | secondary aluminum.
aluminio galvanoplastiado | plated aluminium.
aluminio granulado | granulated aluminum.
aluminio laminado | rolled aluminium.
aluminio metalizado con cobre | copper metallized aluminium.
aluminio niquelado | nickel-plated aluminum.
aluminio pasivado anódicamente | anodically-passivated aluminum.
aluminio pirofórico | pyrophoric aluminium.
aluminio placado químicamente | chemically plated aluminum.
aluminio plomado | lead-plated aluminum.
aluminio primario (obtenido de fusión del mineral) | primary aluminum.
aluminio pulido anódicamente | anodically polished aluminum.

aluminio pulido químicamente | chemically-polished aluminum | chemical polished aluminum.
aluminio recubierto con plástico fluorocarbúrico | fluorocarbon plastic-coated aluminum.
aluminio soldado por presión en frío | cold-welded aluminum.
aluminita | aluminite.
aluminiuro de cromo con buena resistencia a la oxidación | chromium aluminide.
aluminiuro de níquel sinterizado | sintered nickel aluminide.
aluminización | alumetizing | aluminizing | aluminization.
aluminización de espejos astronómicos | mirror aluminization.
aluminización del acero | steel aluminizing.
aluminización en paquete | pack aluminizing.
aluminizado | aluminium coated.
aluminizado en paquete (metalurgia) | pack-aluminized.
aluminizado por metalización | spray-aluminized.
aluminizado por un proceso de cementación en paquete | aluminized by a pack-cementation process.
aluminizar | aluminize (to).
aluminizar (tratar con aluminio) | aluminiumize (to).
aluminoférrico | aluminoferric.
aluminografía (litografía) | aluminography.
aluminometalurgia | aluminometallurgy.
aluminosilicato | aluminosilicate.
aluminosis | aluminosis.
aluminoso | aluminous.
aluminotérmico | aluminothermic.
alumno | student.
alumno externo | day scholar.
alumno que asiste a todos los cursos | full-timer.
alumnos de los cursos intermedios | upper classmen.
alumnos de los primeros cursos | lower classmen.
alunamiento (velas) | girth.
alunamiento del pujamen | reef tackle piece.
alunamiento del pujamen (velas) | sweep | roach.
alunita | alum stone.
alunitización | alunitization.
alunitizar | alunitize (to).
alunizaje | lunar landing | lunar alightment | moon landing.
alunizaje suave | soft lunar landing | soft moon landing.
alunógeno (halotriquita) | hair salt.
alusión | reference.
aluta | aluta.
aluviación | alluviation.
aluvial | alluvial | alluvial.
aluvión | alluvion | alluvium | alluvial.
aluvión (geología) | wash.
aluvión (mineral desprendido del filón principal) | float mineral.
aluvión aurífero | placer 11 | placer dirt | dirt | auriferous alluvial.
aluvión congelado | frozen alluvium.
aluvión estannífero | stream works.
aluvión explotable (minería) | pay-dirt | pay gravel.
aluvión glacial | glacial drift.
aluvión glaciárico | glacial till.
aluvión remunerador (minería) | pay-dirt.
aluvionación | alluviation.
aluvionación (geología) | aggradation.
aluviones | river deposits.
aluviones auríferos | gold bearing alluvia.
aluviones fluviales | river-borne silt.
aluviones marinos | marine drift.
alveo | alveus.
álveo (ríos) | channel.
álveo del río | river sill.
alveógrafo | alveograph.
alveolación | alveolation.
alveolado | alveolated | honeycombed | cloisonné.
alveolar | honeycombed | alveolar.
alveolar (caucho, etc.) | foamed.
alveolización | alveolization.
alveolizar | alveolize (to).
alvéolo | alveole | alveolus | pit | socket | socket tooth | cell | pockmark.
alvéolo (placa acumulador) | pocket.
alveolografía | alveolography.
alveolos | alveoli.
alza | sight | sight | upswing | up | appreciation | increase.
alza (armas) | rear sight | backsight.
alza (cañones) | scale.
alza (compuertas de presa) | flush board.
alza (de colmena) | super.
alza (de precios) | improvement | rise | enhancing.
alza (fusiles, cañones) | range.
alza (precios) | going up.
alza (presas) | gate | shuttle | shutter.
alza (tejeduría) | lifting.
alza (tipografía) | interlay.
alza abatida (armas de fuego) | folded-down sight.
alza abatida (fusil) | battle sight.
alza abatida (fusiles) | low range.
alza acentuada (bolsa) | sharp rise.
alza antiaérea | antiaircraft sight.
alza artificial (precios) | ballooning.
alza automática (armas) | automatic sight.
alza basculante automática (presas) | automatic flashboard.
alza calculadora | computing sight.
alza calculadora de puntería futura | lead computing sight.
alza circular | ring sight.
alza circular (artillería) | dial sight.
alza controlada por la aguja (artillería naval) | compass controlled sight.
alza correctora | corrector sight.
alza de anteojo (cañón) | tube sight.
alza de cañón | gunsight.
alza de corredera (armas) | sliding sight.
alza de corredera (fusiles) | ramp sight.
alza de costos | cost growth.
alza de cuadrante (cañones) | arc sight.
alza de charnela (armas) | leaf sight.
alza de charnela (fusiles) | flap-sight.
alza de librillo (armas) | leaf sight.
alza de los precios | run up.
alza de noche (armas) | night sight.
alza de parrilla (cañones) | ring sight.
alza de pinulas (cañón) | peep sight.
alza de precios | price appreciation | prices rise | enhancement | increase in price.
alza de ranura | peep-sight.
alza de ranura (cañón) | peep sight.
alza de rayos infrarrojos (armas) | infrared sight.
alza de reflexión (cañón) | reflector sight.
alza de tablero basculante | hinged-leaf gate.
alza de tablero engoznado | shutter weir.
alza de tambor (presas) | drum gate.
alza de un cañón | gun scale.
alza del director local (cañón) | local director sight.
alza directora | director sight.
alza directora (director de tiro - artillería) | director.
alza directora del cañón | gun-directing sight.
alza fija (armas) | block sight.
alza general de precios | general rise in prices.
alza giroscópica | gyro gunsight | gyroscopic gunsight.
alza giroscópica de reflexión | gyroscopic reflector sight.
alza gradual de los precios | price escalation.
alza luminosa (armas) | luminous sight.
alza mecánica (fotografía) | overlay.
alza mecánica de polvo (fotograbado) | powder overlay.
alza mecánica de tiza (imprenta) | chalk overlay.
alza metálica (no óptica ni calculadora) | iron sight.
alza micrométrica (cañones) | micrometer sight.
alza móvil (presas) | wicket.
alza no ajustable (cañón) | fixed sight.
alza o baja ficticia (bolsa) | rig.
alza óptica | optical sight.
alza panorámica (artillería) | dial sight.
alza panorámica (cañones) | panoramic sight.
alza para bombardeo en picado | dive bomb-sight.
alza periscópica | periscopic sight.
alza plegable (armas) | leaf sight.
alza por puntos (bolsa) | marking up by points.
alza predictora (cañones) | predictor sight.
alza radárica para cañón | radar gun sight.
alza rápida de precios (bolsa) | boom.
alza rápida de un mercado | skyrocketing.
alza rápida de un precio | skyrocketing.
alza removible (alza móvil-presas) | flash-board.
alza súbita de precios | zoom.
alza telescópica | telescopic sight.
alza telescópica de prisma basculante (cañones) | tilting-prism telescope gunsight.
alza vectorial (blancos móviles) | vector gunsight.
alzacuello | lappet.
alzada (abogacía) | appeal.
alzada (animales) | height.
alzada (de un cuadernal) | reach.
alzada (husadas) | traverse.
alzada (levas) | throw.
alzada de un caballo | height of a horse.
alzada falsa (tejeduría) | mislift.
alzado | profile | elevation | front view.
alzado (dibujo) | end elevation.
alzado (edificios) | upright projection.
alzado (planos) | raised plan.
alzado (reunión de los pliegos por su orden - encuadernación) | gathering.
alzado (unión de pliegos - para encuadernar) | collating.
alzado (vista de frente - dibujos) | front elevation.
alzado a escala de 1/4 de pulgada por pie | one-quarter-inch elevation.
alzado auxiliar (dibujo) | auxiliary elevation.
alzado cortado en parte (dibujos) | partly-sectioned elevation.
alzado de pliegos (tipografía) | gather.
alzado desarrollado (dibujo) | developed elevation.
alzado en corte | sectional elevation.
alzado longitudinal (dibujo) | longitudinal elevation.
alzado telescópico | telescopic lift.
alzador | lifter.
alzador (el que une los pliegos para encuadernar) | collator.
alzador (telares) | lifter.
alzadora | collator | gatherer | sorter.
alzadora de papel | collating machine.
alzadora de pliegos (imprenta) | gathering machine.
alzadora-cosedora-cortadora (imprenta) | collator-stitcher-trimmer.
alzamiento | lifting.
alzamiento (minas) | raise.
alzamiento a fuerza de brazos | dead lift.
alzamiento hidráulico | hydraulic lifting.
alzaprima | claw lever | pinch bar.
alzaprima con punta piramidal | bridge bar.
alzaprima de ruedas pequeñas (Argentina) | bogie | drag cart.
alzaprima de ruedas pequeñas (transporte de rollizos) | bummer.
alzaprima para levantar traviesas (ferrocarriles) | holdup bar.
alzaprima sobre rodillo | roll-pry bar.

alzaprimar | prize (to) | prise (to) | pry (to).
alzar | pull up (to) | raise (to) | lift (to) | pick up (to) | carry off (to) | rise (to) | elevate (to) | hoist (to) | hoist up (to) | heave (to).
alzar el casco por encima del agua (embarcación) | lift the hull clear of the water (to).
alzar el compás (música) | unaccented | upbeat (to).
alzar los pliegos (ponerlos en orden correlativo para el cosido del libro) | collate (to).
alzar pliegos (ponerlos por su orden - encuadernación) | gather (to).
alzar y bajar el cilindro de mantilla (offset) | raise and lower blanket cylinder (to).
alzarse | stand up (to).
alzas conjugadas (artillería) | combined sights.
alzaválvulas (motores) | lifter.
allá veremos | we shall see.
allanado | rolled.
allanado (de chapas rugosas) | snagging.
allanador | flatter.
allanamiento (de morada) | breaking.
allanamiento de morada | breach of domicile | housebreaking | unlawful entry.
allanar | even (to) | lay level (to) | make level (to) | flatten (to) | plane (to) | level (to) | surface (to) | smooth (to) | grade (to) | dress (to) | flat (to) | flatten down (to).
allanar (dificultades) | clear away (to).
allanar con la niveladora de cuchilla | blade (to).
allanar dificultades | overcome difficulties (to).
allanar el camino | smooth the way (to).
allanar el local | raid the premises (to).
allanarse a la demanda | admit the charge (to).
allegado | ally.
allegar (dinero) | raise (to).
allegar (recursos) | collect (to).
allegretto (música) | slower than allegro.
allende los mares | oversea.
allí mismo | on-the-spot.
amacrático | amacratic.
amadrinar (marina) | marry (to).
amaestramiento de perros | dog training.
amaestrar a mano (aves) | hand tame (to).
amagnético | amagnetic | nonmagnetic.
amagnetismo | amagnetism.
amainador (minas) | striker.
amainar (mar) | lower (to).
amainar (viento) | fall calm (to).
amainar (viento, mar) | abate (to).
amajadar | bedding-out.
amalgabilidad | amalgability.
amalgama | amalgam | mixture.
amalgama de aluminio | aluminum amalgam | active aluminum.
amalgama de amonio | ammonium amalgam.
amalgama de oro (oro 2 partes y mercurio 1 parte) | gold amalgam.
amalgama de plata | silver amalgam | argental mercury | silver amalgan.
amalgama eléctrica) | electric amalgam.
amalgama nativa | native amalgam.
amalgama para espejos | quicksilvering.
amalgama preparada con virutas de aluminio añadidas a una solución de cloruro de mercurio | aluminum amalgama.
amalgamable | amalgamable.
amalgamación | amalgamating | amalgamation.
amalgamación con cinc a 426 °C. (de su inventor Sherard Owper-Coles) | sherardizing.
amalgamación con mercurio caliente | dry amalgamation.
amalgamación de empresas | merger.
amalgamación de grupos (tipología) | amalgamation of groups.
amalgamación en barriles | barrel amalgamation.
amalgamación en batería de bocartes | battery amalgamation.
amalgamación en cubetas | pan amalgamation.
amalgamación en frío (metalurgia) | cold amalgamation process.
amalgamado | amalgamate | amalgamated.
amalgamador | amalgamator.
amalgamante | amalgamating.
amalgamar | amalgamize (to) | amalgamate (to) | quicken (to).
amalgamar (fusionar - sociedades) | fuse (to).
amalgamarse | amalgamate (to) | merge (to).
amalgrama dental | dental amalgram.
amanecida | dawn.
amansar | break in (to) | break (to).
amante (buques) | pennant | pendant.
amante (cabos o cadenas—marina) | fall.
amante (de un aparejo) | runner.
amante (náutica) | tie.
amante de aparejo | runner of a tackle.
amante de escota (velas) | sheet pendant.
amante de rizos | reef tackle.
amantillabilidad (grúas) | luffability.
amantillado (de grúas, de una verga) | peaking.
amantillado (grúas) | luffing.
amantillado (plumas de carga) | derrick topping.
amantillado del brazo (grúa) | derricking.
amantillamiento del brazo por medio de un tornillo sinfín (grúas) | screw luffing.
amantillar (brazo de grúa) | peak (to) | top (to).
amantillar (grúas) | luff (to).
amantillar el pico (vergas buques) | peak (to).
amantillo de maniobra (buques) | handing lift.
amantillo de puntal de carga | derrick pendant.
amantillo de verga (buques) | lift.
amantillo de vergas mayores | lower lift.
amantillo fijo | standing lift.
amanuense | clerk.
amañar cuentas | doctor accounts (to).
amañar el balance | doctor the balance sheet (to).
amaño de votos | gerrymandering.
amapá (Tabebuia pentaphylla - Hemsi) | amapa.
amaraje | splashing dowin | waterlanding | alighting | flying-on.
amaraje a botes (hidros en mar agitada) | porpoise landing.
amaraje a saltos (hidros en mar agitada) | porpoise landing.
amaraje en agua espejo (hidros) | mirage landing.
amaraje forzoso | forced water landing.
amaraje forzoso en el agua (avión terrestre) | ditching.
amaranto (Peltogyne porphyrocardia) | purpleheart.
amaranto (Peltogyne species) | amaranth.
amarar | splash down (to) | alight (to).
amarar (un avión terrestre) | ditch (to).
amarillear | yellow (to) | grow yellow (to).
amarilleo (del trigo) | ripening.
amarilleo de la lana | wool yellowing.
amarilleo debido al blanqueo (textiles) | bleach-induced yellowing.
amarillez | flavedo | yellowness.
amarillo | yellow.
amarillo (Centrolobium ochroxylon - Rose) | amarillo.
amarillo (en nombres de colorantes) | G.
amarillo (Plathymenia reticulata - Benth) | Brazilian yellow wood | vinhatico amarello | vinhatico | vinhatico castanho.
amarillo de antimonio | antimony yellow.
amarillo de cadmio | cadmium yellow.
amarillo de Cassel | Cassel yellow | Montepelier yellow.
amarillo de cinc | citron yellow.
amarillo de cobalto | cobalt yellow.
amarillo de cromo | lead chromate | Leipzing yellow.
amarillo de cromo (cromato de plomo) | chrome yellow.
amarillo de hierro | iron buff.
amarillo de la India | Indian yellow.
amarillo de Nápoles | antimony yellow.
amarillo de París | Paris yellow.
amarillo de plomo | lead yellow.
amarillo limón | lemon yellow | citron yellow.
amarillo tirando a amarillo rojo | yellow to reddish yellow.
amaroide | amaroid.
amarra | lashing | headfast | holdfast | fast | line.
amarra (buques) | inhaul.
amarra (cuerda) | mooring rope.
amarra (Chile) | dunnage.
amarra (marina) | makefast.
amarra de cable | rope-grab.
amarra de costado (buques) | breast rope.
amarra de la aleta (buques) | quarter line | quarter fast.
amarra de popa | stern fast.
amarra de popa (buques) | after rope.
amarra de proa | bow breast | bow fast | bow line.
amarra de retenida (globos) | mooring guy.
amarra de tierra (buques) | shore fast.
amarra del costado (buques) | breastfast.
amarra para maniobra desde el suelo | trail rope.
amarra que impide el avance del buque (muelles) | afterspring.
amarradero | alighting | mooring | mooring berth.
amarrado | bound.
amarrado (buques) | laid up | moored.
amarradura | lashing | seizing.
amarrar | tie (to) | secure (to) | cord (to) | grapple (to) | hitch (to) | moor (to) | lash (to) | knot (to) | seize (to) | trice (to).
amarrar (cables) | snub (to).
amarrar (con cuerda) | rope (to).
amarrar (globos) | bed down (to).
amarrar con un cable (buques) | cable (to).
amarrar dando vueltas (cuerdas) | belay (to).
amarrar el cable en dos bitas (marina) | double-bitt (to).
amarrar el chicote de un cabo (marina) | belay (to).
amarrar los botes al tangón (buques) | man boats over the boom (to).
amarrar un buque | moor a ship (to).
amarrarse a barba de gato (buques) | moor by the head (to).
amarrarse a la gira (buques) | moor with two anchors ahead (to).
amarrarse a un muerto (buques) | moor to a dolphin (to).
amarras | tie-ins.
amarras (buques) | working lines.
amarre | mooring | seizing | tie-down | tie.
amarre (Argentina) | holding ground.
amarre (chimeneas, etcétera) | stay.
amarre a monoboya (petroleros) | exposed location single buoy mooring.
amarre en el pie de roda del paraván | point of tow.
amarre rápido | quick mooring.
amarres situados en la parte inferior de la carena (dirigibles) | fiddle bridge.
amartillar (montar el percutor - armas) | hammer (to).
amasabilidad | kneadability.
amasadera | pugmill.
amasado (cerámica) | wedging | slapping.
amasado (de arcilla) | mulling.
amasado a mano | hand-kneaded.
amasado mecánico (arcillas) | mechanical pugging.
amasador | kneader.
amasador mecánico (de arcilla) | mechanical blunger.
amasadora | muller | butter worker | kneading mill | mill | pugger | brake | malaxator.
amasadora (para pan, para cerámica) | dough mixer.
amasadora de arcilla | clay blunger | clay mixer | clay tempering machine.
amasadora de arcillas | pug-mill.

amasadora de arcillas (fabricación ladrillos) | pug mixer.
amasadora de eje horizontal (fabricación ladrillos) | horizontal pug-mill.
amasadora mecánica | kneading machine.
amasadora para xantogenación | baratte.
amasamiento | kneading.
amasar | stir (to) | knead (to) | mash (to).
amasar (albañilería) | temper (to).
amasar (construcción) | puddle (to).
amasar (yeso) | gage (to) | gauge (to).
amasar (yeso, etcétera) | pug (to).
amasar de nuevo (morteros, cales, hormigón) | retemper (to).
amasar pan | brake (to).
amasijo | mash.
amasijo de fibras de mayor tamaño que los neps | bouloche.
amatista | amethyst.
amatista de Bahía (Brasil) | Bahia amethyst.
amatistado | amethystine.
amatistino | amethystine.
amatistolina | amethystoline.
amaurosis fugax (aviadores) | flight blindness.
amaurosis saturnino | saturnine amourosis.
amazonita | amazonite | green microcline.
ambagegitorio | ambagegitory.
ámbar | sunstone.
ámbar (resina fósil del Pinus succinifera) | amber.
ámbar amarillento opaco | fat amber.
ámbar clarificado | clarified amber.
ambar de Birmania | burmite.
ámbar de la costa de Dinamarca | Baltic amber | Danish amber.
ámbar deteriorado en transparencia y color | earth amber.
ámbar extraido de minas | earth stone.
ámbar extraido de una mina | earth amber.
ámbar gris | grey amber | ambergris.
ambar natural | block amber.
ambar nuboso | bastard amber.
ámbar nuboso clarificado calentándolo en aceite de colza | clarified amber.
ambar óseo en tinte azulado | blue amber.
ámbar prensado | pressed amber | ambroid | amberoid.
ambarado | amber-tinted | amber-colored.
ambarino | amberous.
ambas partes contratantes designan esta ciudad como | both contracting parties designate this city as.
ambear | pitch (to).
amberoide | ambroid.
ambición desmedida | unbridled ambition.
ambicoloración | ambicoloration.
ambicoloreado | ambicolorate.
ambientación | environics.
ambientación (cine) | modeling.
ambiental | environmental.
ambiente | environment | ambient | climax.
ambiente al nivel del mar | sea-level ambient.
ambiente de características extremas | extreme environment.
ambiente del misil | missile environment.
ambiente espacial | space environment.
ambiente industrial | business climate.
ambiente lótico | lotic environment.
ambiente natural | natural environment.
ambiente operativo | operating environment.
ambiente térmico | thermal enviroment.
ambiente urbano | urban environment.
ambifonía | ambiphony.
ambigüedad | amphibology.
ambiguo | evasive.
ambila (Pterocarpus erinaceus) | ambila.
ambilateral | ambilateral.
ambipolar | ambipolar.
ámbito | ambit | compass | scope | range.
ámbito de aplicación (jurídico) | scope.
ámbito de la censura contable | scope of the examination.
ámbito de la medida (aparatos) | range.
ámbito local | local scope.
amblígono | amblygonal.
amblioscopio | amblyoscope.
amboceptor | sensitizer.
amboceptor (biología) | preparative.
amboina (Pterocarpus indicus) | amboyna | vryabuca.
ambón (anatomía) | ambon.
ambos buques culpables (abordajes) | both to blame.
ambrotipo | ambrotype.
ambulancia | ambulance.
ambulancia aérea | air ambulance | aerial ambulance | sky ambulance.
ambulancia automóvil | ambulance car | motor ambulance.
ambulancia dispuesta para casos de aterrizajes violentos (aeropuertos) | crash ambulance.
ambulancia divisionaria | field ambulance.
ambulante | ambulant | ambulatory | traveling (Estados Unidos).
ambulante (equipo, biblioteca) | itinerant.
ambulatorio | cloisters | ambulatory | ambulant.
ambustión | ambustion.
amebicida | amebicide.
amébico | amebic.
ameboide | amoeboid.
amedrentador | frightener.
amedrentar | frighten (to).
amén de | irrespective of.
amenaza | threat.
amenazar | intimidate (to).
amensalismo | amensalism.
américa anglófona | anglo-saxon America.
América anglohablante | anglo-saxon America.
América anglosajona | anglo-saxon America.
americanista | americanist.
americio (Am) | americium.
amerindios | amerindians.
ameritar | merit (to).
ametrallador (aviones) | gunner | air gunner.
ametrallador cuyo puesto de combate está en la parte inferior del fuselaje | undergunner.
ametrallador de cola (aviones) | tail-end Charlie.
ametrallador de la torreta | turret gunner.
ametrallador de proa (aviones) | front gunner.
ametrallador de torreta esférica giratoria (aviones) | ball gunner.
ametrallador trasero | aft gunner.
ametralladora | machine gun.
ametralladora (aviones) | gun.
ametralladora aérea | air gun.
ametralladora de ala | wing gun.
ametralladora de avión | aeroplane machine gun.
ametralladora de pequeño calibre | light machine gun.
ametralladora enfriada al aire | aircooled machine gun.
ametralladora fotográfica | camera gun | gun camera.
ametralladora fotográfica (aviones) | ciné-gun.
ametralladora montada dentro del fuselaje y que dispara a través de una abertura (aviones) | tunnel gun.
ametralladora para el observador (avión) | observer's gun.
ametralladora que puede moverse en sentido vertical y horizontal (aviones) | flexible gun.
ametrallador-observador (aviones) | gunner-observer.
ametrallamiento | strafing.
ametrallamiento de tropas volando a baja altura | ground strafing.
ametrallamiento en picado | high-angle strafing.
ametrallar | machine-gun (to).
ametrallar desde el aire (aviación) | strafe (to).
ametrallar en vuelo bajo (desde avión) | strafe (to).
ametrallar tropas o blancos volando bajo | ground-strafe (to).
ametropía | ametropia.
ametrópico | ametropic.
amiantado | asbestos.
amiantista | asbestos worker.
amianto | asbestos | asbesto | earth flax | mountain flax.
amianto aluminiado | aluminized asbestos.
amianto chapado de cobre | copper-covered asbestos.
amianto de fibra fina | fine-fibered asbestos.
amianto de fibra larga | cryactile | long-fibered asbestos.
amianto en polvo | powdered asbestos.
amianto iridiado | iridized asbestos.
amianto leñoso | amiant wood.
amianto ligniforme | rock wood.
amianto paladiado | palladinized asbestos.
amianto platinado | platinized asbestos.
amianto tremolítico | Italian asbestos.
amianto vulcanizado | vulcanized asbestos.
amiba | amoeba.
amicróbico | amicrobic.
amicrón | amicron.
amicroscopia | amicroscopy.
amicroscópico | amicroscopical.
amíctico | amictic | amyctic.
amida (química) | amide.
amida alcalina | alkali amide.
amida sódica (química) | sodium amide.
amidación | amidation.
amidado | amido.
amidar | amidate (to).
amidasa (biología) | amidase.
amídico | amide.
amidificar | amidify (to).
amido | amido.
amielínico | amyelic.
amigable componedor | umpire | compounder | amicable referee | amicable compounder.
amigables componedores | friendly arbitrators | friendly referees | friendly adjusters.
amígdala (faringe) | tonsil.
amigdaliforme | almond-shaped | amygdaliform.
amigdalino | amygdaline.
amigdaloide | amygdaloid.
amigdalotomo | guillotine.
amigdulo | amygdule.
amígdulo (mineralogía) | amygdale.
amígdulos | amigdules.
amiláceo | amylaceous | farinaceous.
amilasa | amylase.
amilenizar | amylenizate (to).
amileno | amylene.
amílico | amylic.
amilina | amylin.
amilito | amylite.
amilnitrato (gasóleos) | amyl nitrate.
amilo | amyl.
amilobacteria | amilobacterium.
amiloclástico | amyloclastic.
amilogénesis | amylogenesis.
amiloideo | glassy | lardaceous.
amilólisis | amylolysis.
amilolizable | amylolyzable.
amilosa (química) | farinose.
amillarador | assessor.
amillaramiento | assessment of taxes | assessment | assesment | tax assessment | cess.
amillaramiento forestal | forest assessment.
amillarar | cess (to) | assess a tax (to) | assess (to).
amina | nitrogen base.
amina (química) | amine.
amina anfipática | amphipathic amine.
ámina de ácidos grasos del coco | coconut amine.
aminación | aminization | amination.
aminar | aminate (to).
aminas biogénicas | biogenic amines.
amínico | amine.
aminoácido | aminoacid | amino acid.
aminoácido ácido | acidic amino acid.

aminoácidos | amino acids.
aminoazoico | aminoazo.
aminólisis | aminolysis.
aminolizable | aminolyzable.
aminolización | aminolization.
aminoplástico | aminoplastics.
aminoración | lessening | diminution.
aminoración de daños | damage lessening.
aminoración del coste de galvanoplastia | electroplating cost cutting.
aminoración del impuesto de utilidades | income-tax relief.
aminoramiento | minimization.
aminorar | minimize (to) | lower (to) | lessen (to).
aminorar (la marcha) | reduce (to).
aminorar (la velocidad) | slacken (to).
aminorar (presión, velocidad) | ease (to).
aminorar (ruidos) | cut (to).
aminorar (velocidad, etc.) | diminish (to).
aminorar el coste | cut cost (to).
aminorar el ruido | cut noise (to).
amistad comercial | trade connection.
amital sódico | sodium amytal.
amitosis | amitosis.
amitótico | amitotic.
amitrón (batería ligera) | amytron.
amnistía | amnesty | pardon.
amnistía incondicional | absolute pardon.
amnistiado | pardonee.
amo | master.
A-modulos normados (topología) | normed A-moduli.
amohadillado | cushion-like.
amojonamiento | staking out | landmark setting | marking-out | pegging | stacking.
amojonamiento (topografía) | cornering.
amojonamiento de las concesiones (minería) | pegging of claims.
amojonamiento ilegal de las concesiones mineras | illegal pegging of claims.
amojonar | mark out (to) | peg out (to) | peg (to).
amojonar (topografía) | monument (to).
amoladera | grindstone.
amolado | whetting.
amolado (afilado - de herramientas) | grinding.
amolado a paño | grind flushed.
amolado anodomecánico | anodomechanical grinding.
amolado con dispositivo de paso del refrigerante a través de la muela | coolant-through-wheel grinding.
amolado de avance longitudinal | end-feed grinding.
amolado de avance normal | infeed grinding.
amolado de desbaste | offhand grinding.
amolado de la boca del destornillador | blade grinding.
amolado de piezas fundidas | snagging.
amolado de soldaduras | weld grinding.
amolado de superficies frontales | face grinding.
amolado electrolítico | electrolytic grinding.
amolador | sharpener.
amolador de cuchillos | knife-grinder.
amoladora de pedestal | pedestal grinder.
amoladora de troqueles | die grinder.
amoladora en húmedo | wet grinder.
amoladora mecánica | power grinder.
amoladura con lubricación | wet grinding.
amoladura sin lubricación | dry grinding.
amolar | whet (to) | grind (to).
amolar en seco | grind dry (to).
amollar | slack away (to).
amollar (cabos, cadenas) | ease (to) away.
amollar (marina) | slacken (to) | slack (to) | ease off (to) | surge (to).
amonación | ammonation.
amonal | ammonal.
amonedado | coined.
amonedar | monetize (to) | mint (to).
amonestación | admonition.
amonestación (jurídica) | warning.
amonestación escrita por faltas en el servicio que queda registrada | letters of censure.
amonestación oficial | official reprimand.
amonestación pública | public reprimand.
amonestación punitiva que se registra en la hoja de servicios | punitive reprimand.
amoniacal | ammoniated | ammoniacal.
amoniacalidad | ammoniacal quality.
amoníaco | ammonia.
amoníaco anhidro fraccionado | ammogas.
amoníaco disociado | dissociated ammonia | cracked ammonia.
amoníaco gaseoso | caustic ammonia.
amoníaco para abonos químicos | agricultural ammonia.
amoníaco piroescindido | cracked ammonia.
amoniador | ammoniator.
amoniámetro | ammoniameter.
amoniaquero | ammonia carrier.
amónico | ammonic | ammonium.
amonificación | ammonification.
amonificador | ammonifier.
amonificar | ammonify (to).
amonio | ammonium.
amoniolizar | ammoniolyze (to).
amonita (explosivo) | ammonite.
amonite (paleontología) | ammonite.
amonitífero | ammonitiferous.
amoniuro (química) | ammonite.
amonización | ammonization.
amonobacteria | ammonobacterium.
amonólisis | ammonolysis.
amonolizar | ammonolyze (to).
amontonable | stackable.
amontonado | piled.
amontonadora de gavillas | grain shocker.
amontonamiento | gathering | piling | piling-up.
amontonamiento (de la nieve) | drifting.
amontonamiento (nubes) | massing.
amontonamiento de témpanos | ice jam | ice-pack.
amontonamiento de troncos de árboles (transporte por río) | log-jam.
amontonar | mass (to) | stack (to) | clamp (to) | accumulate (to) | heap (to) | pile (to) | pile up (to).
amontonar con la pala | scoop up (to).
amontonar la tierra | hill (to).
amontonar poco a poco | scrape (to).
amontonar un material en hilera (agricultura) | windrow (to).
amontonarse (arena) | drift (to).
amontonarse (nieve) | drift in (to).
amontonarse (nubes) | mass (to).
amorfia | amorphism.
amorfismo | amorphism | amorphousness | formlessness.
amorfización | discrystallization.
amorfización cristalográfica | crystallographic amorphizing.
amorfizar | amorphize (to).
amorfo | amorphic | amorphous | structureless | without crystalline form | uncrystalline | shapeless | textureless | formless | unstructured | shapeless.
amorfo (cristalografía) | massive.
amorronada (bandera) | awaft.
amortajador (de muertos) | layer-out.
amortajar | slot (to).
amortajar (a un cadáver) | dress (to).
amortecer | deaerate (to).
amortiguacímetro | dampometer.
amortiguación | damping | muffling | attenuation.
amortiguación (de ruidos) | muting.
amortiguación aperiódica | aperiodical damping.
amortiguación crítica | critical damping | aperiodical damping.
amortiguación de Coulomb | Coulomb damping.
amortiguación de guiñada (aeroplanos) | yaw damping.
amortiguación de la dislocación | dislocation damping.
amortiguación de la luminiscencia | luminescence quenching.
amortiguación de la radiación de antena | antenna radiation damping.
amortiguación de líquido viscoso | viscous damping.
amortiguación de nutación (satélites) | nutation damper.
amortiguación de ruido | sound damping.
amortiguación del balance (buques) | roll damping.
amortiguación electromagnética | electromagnetic damping.
amortiguación en el mismo vano (líneas eléctricas aéreas) | in-span damping.
amortiguación estructural | structural damping.
amortiguación geométrica | geometrical attenuation.
amortiguación magnética | magnetic damping.
amortiguación mecánica (aleaciones) | mechanical damping.
amortiguaciones fiscales rápidas | accelerated capital allowances.
amortiguado | quenched | damped.
amortiguado (golpes) | cushioned.
amortiguado por aire | air damped.
amortiguado por electroimán | magnet-damped.
amortiguado por topes de caucho | rubber-cushioned.
amortiguador | moderator | bumper pad | dimmer | cushion | pad | attenuator | dampener | dashpot | muffler | shock absorber | suppressor | deadener | damper.
amortiguador (autos) | stabilizer | snubber.
amortiguador (de choques) | absorber | buffer.
amortiguador (de pistón) | dash pot.
amortiguador (de puerta) | check.
amortiguador (radio) | quencher.
amortiguador (reactivo compensador - química) | buffer.
amortiguador (telegrafía) | deafener.
amortiguador acústico | acoustic clarifier | sound damper.
amortiguador avisador | cueing attenuator.
amortiguador centrífugo de vibraciones | centrifugal vibration damper.
amortiguador de aceite | oil-filled dashpot | oil buffer.
amortiguador de aceite y tacos de caucho | rubber-oleo-shock absorber.
amortiguador de aire | air cushion | air damper | air pot.
amortiguador de aire con resorte | air spring.
amortiguador de aire y muelles | air spring.
amortiguador de chispas | spark absorber.
amortiguador de choque | bumper | antibouncer | shock eliminator.
amortiguador de choque para material móvil | rolling stock shock absorber.
amortiguador de choques | shock absorber | shock reducer.
amortiguador de choques acústicos | acoustic shock absorber.
amortiguador de choques neumático | air-cushion shock absorber.
amortiguador de discos de fricción | friction disc shock absorber.
amortiguador de efectos de torsión colocado en la bancada de pruebas (para motores) | testbed-detuner.
amortiguador de energía | energy absorber.
amortiguador de energía (disipador de energía - pie de presas) | disperser.
amortiguador de energía (pie de presa) | stilling pool.
amortiguador de energía (pie de presas) | tumble bay.
amortiguador de escape | exhaust head.
amortiguador de escape tipo de choque |

baffle-plate exhaust head.
amortiguador de esfuerzos | stress buffer.
amortiguador de fondeo | mooring shock absorber.
amortiguador de fricción | friction damper | friction-type shock absorber | frictional damper.
amortiguador de fricción reglable | adjustable friction damper.
amortiguador de guiñadas (aviones) | yaw damper.
amortiguador de la luz | dimmer.
amortiguador de la ola | wave absorber.
amortiguador de la teja de carga (cañón) | tray buffer.
amortiguador de las oscilaciones de la rueda del morro (despegues y aterrizajes) | shimmy damper.
amortiguador de líquido | fluid damper | liquid dashpot.
amortiguador de líquido viscoso | viscous damper.
amortiguador de llamas del escape (motores) | flame damper.
amortiguador de olas | wave filter.
amortiguador de oleaje (pie de presas) | surge-snubber.
amortiguador de ondas vagabundas | surge absorber.
amortiguador de oscilaciones | oscillation absorber.
amortiguador de película de aceite exprimida (máquina herramienta) | squeeze-film dampener.
amortiguador de péndulo | pendulum damper.
amortiguador de pistón | piston buffer | piston air damper.
amortiguador de puerta | door check.
amortiguador de pulsaciones (bombas) | surge bottle.
amortiguador de pulsaciones de la bomba | pump pulsation absorber.
amortiguador de rebote | rebound-stop | rebound-check.
amortiguador de resortes | spring cushion | spring-type shock absorber.
amortiguador de retroceso | recoil buffer | recoil buffer.
amortiguador de ruido | silencer.
amortiguador de ruidos | noise clipper.
amortiguador de sacudidas (autos) | harmonic balancer.
amortiguador de sonido | sound absorber.
amortiguador de troquel (prensas) | die cushion.
amortiguador de vibración | stock bridge damper.
amortiguador de vibración (radio) | stockbridge damper.
amortiguador de vibraciones | vibration absorber | vibration damper | vibration dampener.
amortiguador de vibraciones (del cigüeñal) | frictional damper.
amortiguador de vibraciones dinámico | dynamic vibration absorber.
amortiguador de vibraciones torsionales | torsional vibration damper.
amortiguador de vibraciones torsionales en medio viscoso (ejes) | viscous torsional-vibration damper.
amortiguador del aterrizador | landing-gear shock absorber.
amortiguador del balance (buques) | roll damper.
amortiguador del bloque de cierre | breechblock buffer.
amortiguador del chorro de vapor | steam breaker.
amortiguador del golpe de ariete | desurger.
amortiguador del mecanismo de mando (cañones) | control mechanism buffer.
amortiguador dinámico (cigüeñales) | dynamic damper.
amortiguador dinámico de esfuerzos de torsión (cigüeñales) | detuner.
amortiguador dinámico de oscilación | dynamic oscillation damper.
amortiguador elástico | spring buffer.
amortiguador en masa | mass dampener.
amortiguador hidráulico | hydraulic shock absorber | hydraulic damper.
amortiguador magnético | magnetic damper.
amortiguador neumático | pneumatic shock absorber | air dashpot.
amortiguador oleoneumático | oil gear | air-oil shock absorber | oleopneumatic damper | oleo gear.
amortiguador para tubos | pipe damper.
amortiguador por arrastre magnético de corrientes de Foucault | eddy-current drag damper.
amortiguador telescópico | telescopic shock absorber | telescopic damper.
amortiguador viscoso | viscous damper.
amortiguadores superiores de la teja de carga (cañón) | tray upper buffers.
amortiguamiento | cushioning | muting | lag | buffing | decaying | damping | absorption | die-away | fall off.
amortiguamiento (de una caída) | breaking.
amortiguamiento (del ruido) | silencing.
amortiguamiento (EE.UU.) | decrement.
amortiguamiento (radio) | fading.
amortiguamiento aerodinámico | aerodynamic damping.
amortiguamiento aperiódico | aperiodic damping.
amortiguamiento de cabeceo | damping-in-pitch.
amortiguamiento de Coulomb | dry friction damping.
amortiguamiento de esfuerzos de torsión | detuning.
amortiguamiento de la antena | antenna decrement.
amortiguamiento de la hélice | propeller damping.
amortiguamiento de la oscilación | quenching.
amortiguamiento de la vibración | vibration isolation.
amortiguamiento de las pérdidas de antena | antenna loss damping.
amortiguamiento del barrón de mandrinar | boring bar damping.
amortiguamiento del cabeceo (buques) | pitch-damping.
amortiguamiento en cámara cerrada | closed chamber damping.
amortiguamiento exponencial | exponential decay.
amortiguamiento hidrodinámico | hydrodynamic damping.
amortiguamiento muy débil | underdamping.
amortiguamiento por aceite | oil damping.
amortiguamiento por aire | air cushioning | air damping.
amortiguamiento por rozamiento con un fluido | fluid-friction damping.
amortiguamiento por rozamiento en el aire | air friction damping.
amortiguamiento reactivo | reactive damping.
amortiguamiento sismológico | seismological damping.
amortiguamiento viscoso | viscous damping.
amortiguar | take up (to) | slowdown (to) | slack (to) | damp (to) | deafen (to) | deaden (to) | cushion (to) | absorb (to).
amortiguar (oscilaciones) | quench (to).
amortiguar (ruidos) | mute (to).
amortiguar (sonidos) | dumb (to).
amortiguar (tamponar - química) | buffer (to).
amortiguar (un choque) | buff (to).
amortiguar ecos (estudios) | dampen (to).
amortiguar los esfuerzos de torsión (ejes) | detune (to).
amortiguar un choque | absorb a shock (to).
amortiguar una caída | break a fall (to).
amortiguarse (oscilaciones) | die away (to).
amortiguarse la audibilidad (radio) | fade (to).
amortizabilidad | amortizability.
amortizable | callable | amortizable | redeemable.
amortizable a la par | redeemable at par.
amortización | amortization | amortizement | extinguishment | extinction | writing-off | underwriting | payout | depreciation | sinking.
amortización (de una deuda) | redemption.
amortización (deudas) | liquidation.
amortización acelerada | fast write-off | accelerated amortization.
amortización acumulada | accumulated depreciation.
amortización constante | straight-line depreciation.
amortización de bonos | bond retirement.
amortización de la deuda | redemption of a debt.
amortización de la instalación | plant amortization.
amortización de los gastos de organización | write-down of organization expense.
amortización del capital (empréstitos) | repayment of principal.
amortización del crédito mercantil | write-off of goodwill.
amortización directa | direct method of depreciation.
amortización fija | fixed depreciation.
amortización industrial | industrial writeoff.
amortización permitida | depreciation allowance.
amortización real | real depreciation.
amortización total de la deuda | full discharge of the debt.
amortizaciones fiscales | capital allowances.
amortizado | paid-up | paid off | due for repayment.
amortizar | redeem (to) | extinguish (to) | write down (to) | amortize (to) | write off (to).
amortizar (capital) | refund (to).
amortizar (deudas) | sink (to) | liquidate (to).
amortizar (la maquinaria) | depreciate (to).
amortizar bonos | retire bonds (to).
amortizar una deuda | sink a debt (to).
amortizarse | pay for itself (to).
amostado (vinos) | unfermented.
amovible | removably-mounted | vacatable.
amovible (empleados) | displaceable | removable.
amovible a voluntad | vacatable at will.
amóvil | amotile.
ampacidad | ampacity.
amparar a los inquilinos | protect the tenants (to).
amparar los daños | provide for damage (to).
amparo contra una decisión | injunction against a decision.
amparo judicial | legal aid.
ampélita | ampelite.
ampelítico | ampelite.
ampelografía | ampelography.
ampelográfico | ampelographical.
ampelógrafo | ampelographist.
amperaje | amperage | load.
amperaje (corriente eléctrica) | quantity.
amperaje de carga | charging rate.
amperaje de descarga | discharging amperage.
amperaje de fusión | fusing current.
amperaje de servicio (electricidad) | rating.
amperaje de terminación (régimen de fin de carga-acumuladores) | finishing rate.
amperaje efectivo | virtual amperes.
amperhorímetro | ampere-hour meter.
amperihorímetro | quantity meter.
amperihorímetro avisador | contact ampere-hour meter.
amperimetría | amperometry.
amperimétrico | amperometric.
amperímetro | ammeter | current meter.
amperímetro aperiódico | deadbeat-ammeter.

amperímetro de antena | antenna ammeter.
amperímetro de bolsillo | pocket ammeter.
amperímetro de corriente alterna | A. C. ammeter | alternating-current ammeter.
amperímetro de corriente continua | direct current ammeter | continuous current ammeter.
amperímetro de hilo caliente | expansion ammeter.
amperímetro de imán móvil | moving-iron ammeter.
amperímetro de inducción | induction ammeter.
amperímetro de inserción | clamp-on ammeter.
amperímetro de montador | erector's ammeter.
amperímetro de muelle antagonista | spring ammeter.
amperímetro de núcleo giratorio | moving-iron ammeter.
amperímetro de pinza (para pinchar el cable) | clamp-type ammeter.
amperímetro de pinzas | tong-test ammeter.
amperímetro de repulsión | magnetic vane ammeter.
amperímetro de resorte | marine ammeter.
amperímetro de resorte amplificador | magnifying spring ammeter.
amperímetro de tenaza | clamp ammeter.
amperímetro de válvula rectificadora | rectified-type ammeter.
amperímetro electrodinámico | dynamometer ammeter.
amperímetro electrostático | electrostatic ammeter.
amperímetro óptico | optical ammeter.
amperímetro térmico | hot-band ammeter | hot-wire ammeter | thermoammeter | wire ammeter.
amperímetro térmico de cinta | hot-strip ammeter.
amperímetro y ohmímetro combinados | ohmammeter.
amperio | ampere.
amperio-centímetro | ampere-centimeter.
amperio-conductor | ampere-wire.
amperio-hora | ampere-hour.
amperiohorímetro | ampere hour meter.
amperios vueltas de excitación | field ampere-turns.
amperios vueltas del campo inductor | field ampere-turns.
amperios-vuelta desmagnetizantes del inducido | armature-demagnetizing ampere-turns.
amperios-vueltas de conmutación | commutating ampere-turns.
amperios-vueltas del entrehierro | air gap ampere-turns.
amperios-vueltas del inducido | armature ampere turns.
amperios-vueltas imanantes | magnetizing ampere-turns.
amperios-vueltas polares | pole ampere-turns.
amperios-vueltas transversales | cross ampere-turns.
amperio-vuelta | ampere-turn.
amperio-vuelta antagonista | back ampere-turn.
amperio-vueltas | ampere-turns.
amplectivo (botánica) | embracing.
amplexicaule (botánica) | embracing.
amplia mayoría | comfortable majority.
ampliable | openended.
ampliación | prolongation | enlarging | enlargement | widening | extension | expansion.
ampliación (de plazo) | continuation.
ampliación (de talleres) | expansion.
ampliación (de una imagen) | close-up.
ampliación (fotografía) | blow up.
ampliación a escala | scale-up.
ampliación aereofotográfica en cierta escala | ratioed aerial photographic enlargement.
ampliación autotípica (fotomecánica) | blow up halftone.
ampliación de capital aumentando la producción | widening of capital.
ampliación de estudios | majoring.
ampliación de la base | base stretching.
ampliación de la duración del impulso | pulse stretching.
ampliación de la factoría | factory expansion.
ampliación de mercado | market development.
ampliación de micropelícula sobre papel | microfilm print.
ampliación de tensión resonante | resonant voltage step-up.
ampliación del trabajo | job enlargement.
ampliación fotográfica | blowup | enlargement.
ampliación futura | future expansion.
ampliación longitudinal | longitudinal magnification.
ampliación menor de 10 diámetros | macrograph.
ampliación-reducción óptica variable | zoom.
ampliado | enlarged | expanded.
ampliado por macrofotografía 15 veces | macrophotographically enlarged 15 times.
ampliador de anchura del impulso | pulse lengthener.
ampliador óptico para comparación | comparator.
ampliador óptico para verificación | inspection enlarger.
ampliadora de enfoque automático | autofocus enlarger.
ampliamente | largely | fully.
ampliamente dimensionado | generously dimensioned | amply-proportioned | amply-dimensioned.
ampliamente documentado | liberally documented.
ampliamente equipado | comprehensively equipped.
ampliamente proporcionado | liberally proportioned | amply-proportioned.
ampliando estudios en matemáticas | majoring in mathematics.
ampliar | enlarge (to) | expand (to).
ampliar (comercio) | branch out (to).
ampliar (fotografía) | blow up (to).
ampliar (microfilmos) | blow-back (to).
ampliar el capital | increase capital (to).
ampliar el pago de una letra | prolong the time of payment of a bill.
ampliar el riesgo | spread the risk (to).
ampliar estudios | major (to).
ampliar las explotaciónes existentes agrícolas | enlarge existing farms (to).
ampliar por proyección (fotografía) | blowup (to).
amplias facultades | full power.
amplicador separador (radio) | buffer amplifier.
amplidina | amplidyne.
amplidino (amplificador magnético rotativo) | amplidyne.
amplifcación reflejada (radio) | reflex amplification.
amplificable | magnifiable.
amplificación | power ratio | enlargement | development | buffering | magnification.
amplificación a contrafase | push-pull amplification.
amplificación automática | automatic gain.
amplificación cincuenta veces mayor | fiftyfold amplification.
amplificación con rejilla puesta a tierra | grounded-grid amplification.
amplificación de alta frecuencia de varias fases | multistage high frequency amplification.
amplificación de audiofrecuencia | audio-gain.
amplificación de conversión | conversion gain.
amplificación de corriente compuesta | composite-current gain.
amplificación de corriente de resonancia | resonance current step-up.
amplificación de la luz por emisión estimulada de radiación | light amplification by stimulated emission of radiation (laser).
amplificación de la luz por estímulo en la emisión de radiaciones | light amplification by stimulated emission of radiation (L.A.S.E.R.).
amplificación de la portadora | carrier amplification.
amplificación de la potencia | power magnification.
amplificación de las bajas frecuencias | bass boost.
amplificación de potencia | energy amplification | power gain.
amplificación de potencia disponible | available power gain.
amplificación de reacción | regenerative amplification.
amplificación de retroacción de mallas múltiples | multiloop feedback amplifier.
amplificación de voltaje | voltage gain.
amplificación del amplificador | amplifier gain.
amplificación del circuito del tacómetro | tachometer-loop gain.
amplificación del repetidor | repeater gain.
amplificación electrónica | electronic magnification.
amplificación en baja frecuencia | low-frequency gain.
amplificación en cascada | cascade amplification.
amplificación en circuito cerrado | closed-loop gain.
amplificación en función de la frecuencia | gain versus frequency.
amplificación en la banda central | mid-band amplification.
amplificación en lazo cerrado | closed-loop gain.
amplificación en modo común | common-mode gain.
amplificación etápica (electrónica | stage gain.
amplificación gaseosa | gas amplification.
amplificación inversa | inverted amplification.
amplificación invertida | grounded-grid amplification.
amplificación máxima (de un circuito) | singing point.
amplificación óptica | optical magnification.
amplificación paramétrica | parametric amplification.
amplificación por polarización inicial de rejilla | initial bias gain.
amplificación reactiva | regenerative amplification.
amplificación selectiva | accentuation.
amplificación sin distorsión | distortionless gain | distortionless amplification | distortion-free amplification.
amplificación sonora | audio-gain.
amplificación total | overall gain.
amplificado | magnified.
amplificador | swell | slicer | magnifier | enhancer | amplificative | amplifier | intensifier.
amplificador (radar) | slicer.
amplificador (telefonía, telegrafía) | repeater.
amplificador a diodo tunel | tunnel diode amplifier.
amplificador a dos hilos | two-wire amplifier.
amplificador a transistores en cascada | cascaded transistor amplifier.
amplificador accionado en cascada | cascade operated amplifier.
amplificador acoplado por transformador | transformer-coupled amplifier.
amplificador audio | audio amplifier.
amplificador audio de clase A | class A audio amplifier.
amplificador audio de contrarreacción múltiple | multiple-feedback audio amplifier.
amplificador audio de pequeño ruido | low-noise audio amplifier.
amplificador bietápico de circuito impreso | two-stage printed-circuit amplifier.
amplificador calculador analógico | analog computing amplifier.
amplificador catódico | cathode follower.

amplificador catódico de salida | output cathode follower.
amplificador cerámico | ceramplifier.
amplificador colectivo de antena | antenna distributing amplifier.
amplificador compensado | balanced amplifier | weighted amplifier.
amplificador compensador (radio) | buffer amplifier.
amplificador con acoplamiento catódico | cathode-coupled amplifier.
amplificador con acoplamiento por resistencia | resistance coupled amplifier.
amplificador con alimentación en paralelo | shunt-feed amplifier.
amplificador con ánodo a tierra | cathode coupled circuit | grounded-plate amplifier.
amplificador con ánodo colector a masa | grounded-collector amplifier.
amplificador con ánodo puesto a tierra | grounded anode amplifier.
amplificador con base común | common-base amplifier.
amplificador con carga baja | low-loading amplifier.
amplificador con cátodo puesto a tierra | grounded cathode amplifier | anode follower | seesaw circuit.
amplificador con colector a tierra | grounded-collector amplifier.
amplificador con colector común | emitter-follower.
amplificador con compensación inductiva en paralelo | shunt-peaked amplifier.
amplificador con dos haces | double-stream amplifier.
amplificador con dos lámparas en que los voltajes de rejilla están en oposición de fase | pushpull amplifier.
amplificador con emisión común | common-emitter amplifier.
amplificador con emisor a masa | grounded-emitter amplifier.
amplificador con enganche | lock-on amplifier.
amplificador con estadio en contrafase | pushpull amplifier.
amplificador con frecuencia de salida triple de la de entrada | frequency tripler.
amplificador con realimentación de voltaje en derivación | shunt voltage feedback amplifier.
amplificador con realimentación inestable | unstable feedback amplifier.
amplificador con rejilla común | common-grid amplifier.
amplificador con sintonía doble | double-tuned amplifier.
amplificador con transistor de ganancia estabilizada | gain-stabilized transistor amplifier.
amplificador con transistor de unión | junction transistor amplifier.
amplificador con transistor estabilizado al cambio de temperatura | temperature-stabilized transistor amplifier.
amplificador con transistores en contrafase | push-pull transistor amplifier.
amplificador controlado | constrained amplifier.
amplificador corrector (TV) | clamp amplifier.
amplificador de acoplo directo | straight amplifier.
amplificador de alta frecuencia | H. F. amplifier.
amplificador de alta frecuencia (ondas centimétricas) | octopus.
amplificador de alta ganancia | high-gain amplifier.
amplificador de altavoz | loudspeaker amplifier.
amplificador de alto nivel tetródico | tetrode high-level amplifier.
amplificador de amplia banda | wideband amplifier.
amplificador de antena | antenna booster.
amplificador de aplanamiento máximo | maximal flatness amplifier.
amplificador de audio con acoplamiento por transformador | transformer-coupled audio amplifier.
amplificador de audiofrecuencia | A. F. amplifier | speech amplifier.
amplificador de audiofrecuencias | audiofrequency amplifier | audiofrequency magnifier.
amplificador de baja frecuencia | audio amplifier | audiofrequency amplifier | L. F. amplifier.
amplificador de bajos | bass boost.
amplificador de balanceo | roll amplifier.
amplificador de banda | band amplifier.
amplificador de banda ancha | broadband amplifier.
amplificador de banda ancha linear con rejilla puesta a tierra | earthed-grid linear wide-band amplifier.
amplificador de banda anchísima | all-pass amplifier.
amplificador de banda pasante | bandpass amplifier.
amplificador de bobina de impedancia | choke-coupled amplifier.
amplificador de capas metálicas intercaladas | metal-interface amplifier.
amplificador de cápsula | bullet amplifier.
amplificador de carga | charge pulse amplifier.
amplificador de carga catódica | cathode follower amplifier | cathode-loaded amplifier.
amplificador de célula de selenio | selenium amplifier.
amplificador de célula fotoeléctrica | P. E. C. amplifier | photoelectric cell amplifier.
amplificador de clase C modulado en placa | plate-modulated class C amplifier.
amplificador de clavijas | plug-in amplifier.
amplificador de contrarreacción | negative feedback amplifier | bootstrap.
amplificador de control | bridging amplifier.
amplificador de corrección de la linealidad | linearity-correction amplifier.
amplificador de corriente alterna para estabilización de la deriva | drift stabilizing A. C. amplifier.
amplificador de corriente continua | D. C. amplifier.
amplificador de corriente multietápico | cascaded current amplifier.
amplificador de cristal de cuarzo | crystal amplifier.
amplificador de cuadripolo con bombeo de corriente continua | direct-current pumped quadrupole amplifier.
amplificador de décadas transistorizado | transistorized decade amplifier.
amplificador de desbloqueo periódico | gated amplifier.
amplificador de desconexión periódico | gated amplifier.
amplificador de desviación | deflection amplifier.
amplificador de doble acoplamiento | twin-coupled amplifier.
amplificador de dos tubos de vacío que trabajan en fases opuestas entre sí | pushpull amplifier.
amplificador de elevada respuesta | high response amplifier.
amplificador de eliminación | trap amplifier.
amplificador de enchufe | plug-in amplifier.
amplificador de entrada | input amplifier.
amplificador de escucha | monitoring amplifier.
amplificador de estabilización (TV) | line clamp amplifier.
amplificador de estado sólido | solid-state amplifier.
amplificador de fase contrario a la señal de entrada (telefonía) | opposing amplifier.
amplificador de ferrita semiestático | semistatic ferrite amplifier.
amplificador de filtro de banda de baja frecuencia | low-frequency band filter amplifier.
amplificador de flujo | donut.
amplificador de flujo (reactor) | doughnut.
amplificador de frecuencia intermedia | intermediate-frequency amplifier | I. F. amplifier.
amplificador de galvanómetro con fotocélula | galvanometer-photocell amplifier.
amplificador de gran amplificación | high-gain amplifier.
amplificador de gran respuesta | broadband amplifier.
amplificador de imagen | video amplifier | frame amplifier.
amplificador de imagen (televisión) | head amplifier.
amplificador de impresión | print amplifier.
amplificador de impulsiones de transistor | transistor pulse amplifier.
amplificador de impulsos | pulse amplifier.
amplificador de impulsos distribuidos | pulsed-distributed amplifier.
amplificador de impulsos lineales | linear pulse amplifier.
amplificador de interrupción periódica | chopper amplifier.
amplificador de la nota | note magnifier | note amplifier.
amplificador de lámparas | valve amplifier.
amplificador de lámparas electrónicas | vacuum-tube amplifier.
amplificador de línea | line amplifier.
amplificador de los amortiguadores de vibraciones | vibration damper magnifier.
amplificador de microondas por emisiones estimuladas de radiación | microwave amplification by stimulated emission of radiation (M.A.S.E.R.) | microwave amplification by stimulated emission of radiation.
amplificador de modulación | speech input amplifier | speech amplifier.
amplificador de monocanal | single-channel amplifier.
amplificador de montaje simétrico | pushpull amplifier.
amplificador de nivel bajo de ruidos | low-noise amplifier.
amplificador de nivel constante | unilevel amplifier.
amplificador de onda centimétrica | centimeter-wave amplifier.
amplificador de onda directa | forward-wave amplifier.
amplificador de onda progresiva de N haces | n-beam travelling-wave amplifier.
amplificador de onda regresiva en cascada | cascade backward-wave amplifier.
amplificador de ondas ultracortas por emisión estimulada de radiación | raser.
amplificador de par (radio) | torque amplifier.
amplificador de par de torsión | torque amplifier.
amplificador de paso de banda de doble sintonización | double-tuned band-pass amplifier.
amplificador de paso de banda de saturación cromática | chroma bandpass amplifier.
amplificador de plasma de cesio | cesium plasma amplifier.
amplificador de potencia | power amplier (PA) | power amplifier | booster amplifier | pack amplifier.
amplificador de potencia (radio) | power unit.
amplificador de potencia de haces dirigidos | beam-power amplifier.
amplificador de potencia de klistrón | klystron power amplifier.
amplificador de potencia de transistor en contrafase | push-pull transistor power amplifier.
amplificador de premodulación | premodulation amplifier.
amplificador de programa (radio) | program

amplifier.
amplificador de pulsiones | pulse amplifier.
amplificador de pulsos con dispositivo generalizado | generalized-device pulse amplifier.
amplificador de puntería en dirección (cañón) | train amplifier.
amplificador de radiofrecuencia sintonizada | tuned radio-frequency amplifier | tuned radio frequency amplifier.
amplificador de reacción de circuitos múltiples | multiloop feedback amplifier.
amplificador de realimentación inversa | inverse-feedback amplifier.
amplificador de realimentación negativa | negative-feedback amplifier.
amplificador de realimentación negativa (radio) | degenerative amplifier.
amplificador de refuerzos | booster amplifier.
amplificador de rejilla puesta a masa | grounded-grid amplifier.
amplificador de relajamiento de impulsos | pulse relaxation amplifier.
amplificador de resonancia | resonance amplifier | tuned amplifier.
amplificador de retroacción | feedback amplifier.
amplificador de rubí en helio líquido | liquid helium ruby amplifier.
amplificador de salida constante | constant-output amplifier.
amplificador de sección rítmicamente variable | rippled stream amplifier.
amplificador de seguridad | shutdown amplifier.
amplificador de señales | bus driver.
amplificador de señales fuertes | large-signal amplifier.
amplificador de sintonía única | single-tuned amplifier.
amplificador de sintonía única con acoplamiento RC | single-tuned RC-coupled amplifier | RC-coupled single-tuned amplifier.
amplificador de subdivisión de tiempo | time-shared amplifier.
amplificador de supervisión | monitoring amplifier.
amplificador de tiristor | thyristor amplifier.
amplificador de transistor con elementos de compensación en paralelo | shunt-peaked transistor amplifier.
amplificador de transistor con emisor común | common-emitter-transistor amplifier.
amplificador de transistor con emisor común y estabilización de emisor | emitter-stabilized common-emitter transistor amplifier.
amplificador de transistor con emisor conectado a tierra | grounded-emitter transistor amplifier.
amplificador de transistor para calculadora analógica | transistor analog computing amplifier.
amplificador de triodo con cátodo a masa | grounded-cathode triode amplifier.
amplificador de tubo de ondas progresivas | travelling wave tube amplifier.
amplificador de varios escalones | multistage amplifier.
amplificador de videofrecuencia | video frequency amplifier | V. F. amplifier.
amplificador de videofrecuencia de modulación | premodulation videofrequency amplifier.
amplificador de videomodulación | vision modulation amplifier.
amplificador de vigilancia | monitoring amplifier.
amplificador de voltage multietápico | cascaded voltage amplifier.
amplificador de voltaje de pentodo | pentode voltage amplifier.
amplificador defasador (TV) | paraphase amplifier.
amplificador del explorador | scanner amplifier.
amplificador del medidor de banda | expander-amplifier.
amplificador del momento torsor mecánico | mechanical torque amplifier.
amplificador del sonido | note amplifier.
amplificador del transductor estático | static transductor amplifier.
amplificador dieléctrico resonante | resonant dielectric amplifier.
amplificador diferencial con terminación única | single-ended differential amplifier.
amplificador diferencial de un solo paso | single-stage difference amplifier.
amplificador dinámico | dynamic magnifier.
amplificador dinámico de la hélice | propeller dynamic magnifier.
amplificador electromecánico de corriente continua | electromechanical D. C. amplifier.
amplificador electrónico | electronic amplifier.
amplificador electrónico con un semi-conductor | transistor.
amplificador electrónico de triodo de vacío | vacuum-triode amplifier.
amplificador electrostático cuadripolar | electrostatic quadrupole amplifier.
amplificador empacable (portátil) | package goods amplifier.
amplificador en cascada | cascade amplifier.
amplificador en contrafase equilibrado | quiescent push-pull.
amplificador en derivación | bridging amplifier.
amplificador en puente | bridging amplifier.
amplificador en serie | cascade amplifier.
amplificador equilibrado | balanced amplifier | push-pull amplifier.
amplificador estallante | burst amplifier.
amplificador estéreo | stereo amplifier.
amplificador ferroeléctrico | ferroelectric dielectric | ferroelectric amplifier.
amplificador ferromagnético de onda progresiva | ferromagnetic travelling wave amplifier.
amplificador fonográfico | pickup amplifier | phonographic amplifier.
amplificador formado solamente con triodos | all-triode amplifier.
amplificador fotométrico | photometric amplifier.
amplificador heterodino | heterodyne amplifier.
amplificador inductrónico de corriente continua | inductronic d. c. amplifier.
amplificador inmediatamente después del micrófono | A-amplifier.
amplificador integrado de banda ancha | wideband integrated amplifier.
amplificador intermedio (radio) | buffer amplifier.
amplificador limitador | limiting amplifier.
amplificador limitador de pequeña distorsión | low distortion limiting amplifier.
amplificador lineal | hard-limiting amplifier.
amplificador lineal con retardo | linear delay amplifier.
amplificador lineal de corriente continua | linear DC amplifier.
amplificador logarítmico | logarithmic amplifier.
amplificador magnético | magamp | transductor amplifier | amplistat.
amplificador magnético autosaturante | self-saturating magnetic amplifier.
amplificador magnético controlado por la corriente transitoria | transient-controlled magnetic amplifier.
amplificador magnético controlado por tensión | voltage-controlled magnetic amplifier.
amplificador magnético de gran rapidez de respuesta con predisposición del flujo | flux preset high speed magnetic amplifier.
amplificador magnético de puente | bridge magnetic amplifier.
amplificador magnético de tensión controlada | voltage controlled magnetic amplifier.
amplificador magnético de tipo en contrafase | push-pull magnetic amplifier.
amplificador magnético gobernado por transistor | transistor-controlled magnetic amplifier.
amplificador magnético multigradual | multistage magnetic amplifier.
amplificador magnético para medida de voltaje | voltage-metering magnetic amplifier.
amplificador magnético regulado por la derivación de la señal de entrada | derivative-controlled magnetic amplifier.
amplificador magnético unipolar | single-core magnetic amplifier.
amplificador megafónico | public address amplifier.
amplificador microfónico | speech amplifier | speech input amplifier | microphone amplifier.
amplificador modulado | modulated amplifier.
amplificador monoaural | monaural amplificator.
amplificador monofónico | monophonic amplifier.
amplificador multicanálico | multichannel amplifier.
amplificador neutralizado | neutralized amplifier.
amplificador operacional (computadoras) | operational amplifier.
amplificador operacional compensado | compensated operational amplifier.
amplificador operativo (informática) | operational amplifier.
amplificador óptico | optical lever.
amplificador para sistema rural de corrientes portadoras | rural carrier amplifier.
amplificador paramétrico | mavar | paramp.
amplificador paramétrico de doble bombeo | double-pumped parametric amplifier.
amplificador paramétrico no degenerado | nondegenerate parametric amplifier.
amplificador patrón | clock driver.
amplificador penúltimo | penultimate amplifier.
amplificador pluricanálico | multiple channel amplifier.
amplificador polivalvular | multivalve amplifier.
amplificador por servo-mando | power boosting.
amplificador por válvulas termoiónicas | valve amplifier.
amplificador previo | gain amplifier.
amplificador receptor-transmisor | receiver-transmitter amplifier.
amplificador reposicionador del flujo | flux-resetting amplifier.
amplificador rotativo de corriente alterna de varios campos electromagnéticos | polyfield A.C. rotating amplifier.
amplificador selectivo | accentuator.
amplificador separador | isolation amplifier.
amplificador servologarítimico | servologarithmic amplifier.
amplificador silencioso | hushed amplifier.
amplificador simétrico | balanced amplifier.
amplificador simétrico de baja frecuencia | push-pull low frequency amplifier.
amplificador sin transformador de salida | single-ended amplifier | output transformerless amplifier.
amplificador síncrono | lock-in amplifier.
amplificador sintonizable en la banda L de diodo-túnel | tunable L-band tunnel-diode amplifier.
amplificador sintonizado | bandpass amplifier | tuned amplifier.
amplificador sintonizado de transistores | tuned transistor amplifier.
amplificador subalimentado | starved amplifier.
amplificador subalimentado (electricidad) | starved amplifier.

amplificador superheterodínico | superheterodyne amplifier.
amplificador termiónico | thermionic magnifier | valve amplifier.
amplificador termoiónico | thermionic amplifier.
amplificador tetrapolar | quadripolar amplifier.
amplificador tiratrónico | thyratron amplifier.
amplificador transistorizado | transistorized amplifier.
amplificador TWT | TWT amplifier.
amplificador unidireccional | one-way amplifier.
amplificador utilizando reactancia variable | modulating amplifier using variable reactance.
amplificador video de partición de fase | phase splitter video amplifier.
amplificador-demodulador magnético | magnetic demodulator-amplifier.
amplificador-desmodulador | demodulator-amplifier.
amplificadores con cátodo común | common-cathode amplifiers.
amplificadores conectados en serie | cascaded amplifiers.
amplificadores de imagen de alta definición | high-resolution image intensifiers.
amplificar | boost (to) | swell (to) | magnify (to) | amplify (to) | enlarge (to) | extend (to).
amplificativo | amplificative.
amplio | extensive | comprehensive | full.
amplio (vestidos) | loose fitting.
amplio coeficiente de seguridad | generous factor of safety.
amplio espectro | wide spectrum.
amplio margen de seguridad | liberal factor of safety.
amplios detalles | full particulars.
amplios poderes | full authority | large powers | broad powers.
amplirregistrador | amplicorder.
amplitrón | amplitron.
amplitud | amplitude | extent | spaciousness | range | spread | span | roominess.
amplitud (del movimiento) | excursion.
amplitud (oscilaciones) | swing.
amplitud (vestidos) | fullness.
amplitud angular | angular width.
amplitud centílica | centile range.
amplitud creciente | increasing amplitude.
amplitud de atenuación | attenuation range.
amplitud de clase | class-breadth.
amplitud de imagen | picture amplitude.
amplitud de impulso | pulse amplitude.
amplitud de la cobertura | extent to cover.
amplitud de la corriente | current amplitude.
amplitud de la deformación | amplitude of deflection.
amplitud de la escala (instrumentos) | scale range.
amplitud de la exploración | scan size.
amplitud de la función | amplitude of function.
amplitud de la marea | tidal range | tidal amplitude | range of tide | amplitude of the tide.
amplitud de la modulación | depth of modulation.
amplitud de la ola | wave amplitude.
amplitud de la oscilación | oscillation amplitude.
amplitud de la tensión de rejilla | grid swing.
amplitud de la tensión de von Mises | von Mises stress amplitude.
amplitud de la vibración | vibratory amplitude.
amplitud de las mareas de apogeo | apogean range.
amplitud de las oscilaciones | amplitude of swings.
amplitud de las técnicas de maquinización en uso | range of machining techniques in use.
amplitud de recubrimiento | breadth of coverage.
amplitud de sensibilidad | lock-in range.
amplitud de valor eficaz | mean square amplitude.
amplitud decreciente | decreasing amplitude.
amplitud del balance | rolling amplitude.
amplitud del desplazamiento | amount of displacement.
amplitud del impulso | pulse height.
amplitud del impulso de salida | output pulse amplitude.
amplitud del interior (coches) | interior roominess.
amplitud del intervalo de confianza | length of the confidence interval.
amplitud del movimiento | amplitude of motion.
amplitud del movimiento vertical (buque en la mar) | scend.
amplitud diurna | diurnal range.
amplitud infinitesimal | infinitesimal amplitude.
amplitud intercuartílica | interquartile range.
amplitud interdecílica | interdecile range.
amplitud lateral (máquinas) | elbow room.
amplitud máxima | maximum amplitude.
amplitud máxima (detectores) | signal handling capability.
amplitud máxima de la portadora | carrier maximum amplitude.
amplitud media (mareas) | mean range.
amplitud media cuadrática del campo eléctrico | root-mean-square electric-field amplitude.
amplitud media de impulso | average pulse amplitude.
amplitud mínima | minimum amplitude.
amplitud modal | modal amplitude.
amplitud modal relativa en la hélice | relative modal amplitude at the propeller.
amplitud ocaso (astronomía) | western amplitude.
amplitud occidua (astronomía) | western amplitude.
amplitud ortiva (astronomía) | eastern amplitude.
amplitud real de la señal video | picture-signal amplitude.
amplitud resonante | resonant amplitude.
amplitud total | double amplitude.
amplitud vibracional | vibrational amplitude.
amplitudes variables | varying amplitudes.
amplosoma | amplosome.
ampolla | bleb | blain | popout | ampul | blister | blister.
ampolla (aceros) | peppery blister | pepper.
ampolla (anatomía) | bladder.
ampolla (farmacia) | ampoule.
ampolla (fundición) | blowhole.
ampolla (lámpara radio) | envelope.
ampolla (pavimento asfalto) | blow.
ampolla (piezas laminadas | swell.
ampolla (tubo electrónico) | envelope.
ampolla de congelación (ampolla producida por la helada - carreteras) | frost boil.
ampolla de cuarzo | quartz bulb.
ampolla de difusión | diffusion blister.
ampolla de explosión (química) | explosion bulb.
ampolla de vidrio | glass tube | glass bulb.
ampolla de vidrio de un nivel de burbuja de aire | vial.
ampolla de vidrio para el cuerno (minas submarinas) | horn glass tube.
ampolla en la superficie de un enlucido reciente | blub.
ampolla fina (defecto aceros) | pinhead blister.
ampolla latente | latent blister.
ampolla metalizada | metal coated bulb.
ampollado de la pintura | paint blistering.
ampollarse | blister (to).
ampollarse (enlucidos) | swell out (to).
ampollas | air bells.
ampollas rellenas de hidrógeno que hacen separarse la antifricción del cojinete | babbit blisters.
ampolleta | ampoule | sand glass.
ampolloso (metalurgia) | shelly.
ampuesa | chuck | chock.
ampuesa (cilindro laminadores) | rider.
ampuesa (laminador) | carrier.
ampuliforme | flask-shaped | ampulliform.
amputación | cutting off | amputation.
amputación (de orejas de un perro o de cresta de aves) | cropping.
amputación a colgajo (cirugía) | flap amputation.
amputado (persona) | amputee.
amputado de brazo | arm amputee.
amputado de la pierna | one-legged.
amputar | amputate (to) | take off (to) | cut off (to) | truncate (to) | sever (to).
amu = 93 | amu.
amueblar | furnish (to) | fit up (to).
amueblar (casas) | equip (to).
amugronar | provine (to).
amugronar (Chile) | layer (to).
amura | luff | tack.
amura (buques) | loof.
amura abierta (buques) | flare-out bow.
amura de babor | port tack.
amurada | bulwark | topside.
amurada (buques) | bulwark.
amurada de chapa (buques) | plate bulwark.
amurada de madera con claras alternas para permitir la salida del agua embarcada (buques) | pigsty bulwark.
amurada de proa concavo-convexa (buques) | tulip type bow flare.
amurada del castillo (buques) | forecastle bulwark.
amuradas sobre la cubierta del castillo cerca de la roda (buques) | buffalo.
amurallado | fenced.
amurallar | inwall (to) | wall (to).
anabático | anabatic.
anabiosis | anabiosis.
anabolismo | anabolism.
anacamptico | anacamptic.
anacararse (cielo) | pearl (to).
anacardo (botánica) | cashew.
anacidez | anacidity.
anacinético | anakinetic.
anaclasis | anaclasis.
anaclástica | anaclastics.
anaclástico | anaclastic.
anaclinal | anaclinal.
anaclinotropismo | anaclinotropism.
anaclítico | anaclitic.
anacoresis | anacoresis.
anacoste | anacosta.
anacromático | anachromatic.
anacronía | anachrony.
anacrónico | anachronistic.
anacronismo | anachronism.
anacronístico | anachronistic.
anacultivo (bacterias) | anaculture.
anacústico | anacoustic.
ánade | duck.
anadón (Iberoamérica) | sinker.
anádromo | andromos.
anaeróbico | anaerobic.
anaerobio | anaerobe.
anaerobios | anaerobes.
anaerobiosis | anaerobiosis.
anafe | portable furnace.
anaforesis | anaphoresis.
anagénesis | anagenesis.
anaglifia | anaglyphy.
anaglífico | anaglyphic.
anáglifo | anaglyph.
anaglifoscopio | anaglyphoscope.
anaglíptico | anaglyptic.
anagliptografía | anaglyptograph.
anagliptógrafo | anaglyptograph.
anaglitografía | anaglyptography.
anagnórisis | anagnorisis.
anagogía | anagogy.
anagógico | anagogic.
anagrafía | anagraphy.

anágrafo | anagraph.
anagrama | anagram.
anagramatizar | anagrammatize (to).
analagmático | anallagmatic.
analar | analar.
analático | anallatic.
analatismo | anallatism.
analcima | cubizite.
analcimización | analcimization.
analcita | analcime | analcite.
analcítico | analcitic.
analcitización | analcitization.
analcohólico | nonalcoholic.
analectas | analecta.
analema | analemma.
anales | records.
analisando (persona sometida a un análisis sicológico) | analysand.
análisis | analysis | assaying | breakdown | rationale | review | resolution | bill of particulars | estimation | examination.
análisis (calculadora) | parsing.
análisis (óptica) | resolution.
análisis (química) | assay.
análisis abreviado | abbreviated analysis.
análisis absorciométrico | absorptiometric analysis.
análisis al soplete | blowpipe assaying.
análisis aproximado | rough analysis.
análisis armónico (matemáticas) | harmonic analysis.
análisis automático de cenizas secas y molidas (carbones) | automatic ash analysis.
análisis bacteriano | bacterial examination.
análisis cinemático | kinematic analysis.
análisis circuital | mesh-type analysis.
análisis colorimétrico | colorimetric method | colorimetric analysis.
análisis combinatorio | combinatory analysis.
análisis con rayos X | X-ray analysis.
análisis continuo | stream analysis.
análisis cromatográfico | chromatographic analysis.
análisis cronaximétrico | chronaximetric analysis.
análisis cualitativo | qualitative analysis.
análisis cuantitativo | ultimate analysis | quantitative analysis.
análisis cuantitativo de combustión | quantitative combustion analysis.
análisis cuantitativo de minerales | ore assay.
análisis cuantitativo indestructivo | nondestructive quantitative analysis.
análisis cuantitativo por difracción de rayos X | quantitative X-ray diffraction analysis.
análisis de adsorción interferométrico | interferometric adsorption analysis.
análisis de agua de calderas | boiler water analysis.
análisis de altura de lluvia-superficie-duración (borrascas) | depth-area-duration analysis.
análisis de balance | statement analysis.
análisis de colada | cast analysis.
análisis de comprobación | check analysis.
análisis de confluencia | confluence analysis.
análisis de contenidos | analysis of communication content.
análisis de correlación curvilínea | nonlinear correlation analysis.
análisis de correlación lineal | linear correlation analysis.
análisis de covarianza | analysis of covariance | covariance analysis.
análisis de daños producidos durante el trabajo | job hazard analysis.
análisis de datos computerizados | computer based data analysis.
análisis de ecos | pipology.
análisis de esfuerzos por laca quebradiza | brittle-lacquer stress analysis.
análisis de estabilidad elástica | elastic stability analysis.
análisis de finos | roller analysis.
análisis de frecuencia de avenidas (ríos) | flood-frequency analysis.
análisis de fuerzas | force analysis.
análisis de hábitos de información | critical-incident study.
análisis de inventarios | stock analysis.
análisis de inversiones | capital budgeting.
análisis de la antigüedad de las cuentas | aging of accounts.
análisis de la fosa (aceros) | pit analysis.
analisis de la respuesta del sistema | system response analysis.
análisis de la rotación (antena giratoria) | tell-back facilities.
análisis de la situación financiera entre balances | funds statement.
análisis de las amplitudes de impulsión | pulse-height analysis.
análisis de las comunicaciones interceptadas | traffic analysis.
análisis de las cuentas por su antigüedad | age analysis of accounts.
análisis de las decisiones de política extranjera | anatomy of foreign policy decisions.
análisis de las inversiones de capital | analysis of Capital Investments.
análisis de las muestras lunares | analysis of the lunar specimens.
análisis de los compuestos orgánicos de Marte | analysis of the organic compounds of Mars.
análisis de los impresos | forms design.
análisis de los sistemas | system analysis.
análisis de mancha (química) | spot analysis.
análisis de mercados | marketing | market analysis.
análisis de movimientos | motion analysis.
análisis de nudos (circuito electrónico) | nodal analysis.
análisis de partición | partition analysis.
análisis de partículas por fotosedimentación | photosedimentation particle analysis.
análisis de predicados | predicative analysis.
análisis de procedimiento | procedure analysis.
análisis de prognosis | prognostic analysis.
análisis de programa | trace.
análisis de regresión | regresion analysis.
análisis de regresión múltiple | multiple regression analysis.
análisis de regresión múltiple lineal | multiple linear regression analysis.
análisis de sangre | blood check.
análisis de sensitividad | sensitivity analysis.
análisis de series cronologicas | time series decomposition.
análisis de tamices | sieve analysis.
análisis de tareas | job analysis.
análisis de tiempos por partes | flyback timing.
análisis de trazas (química) | trace analysis.
análisis de un movimiento revolucionario | anatomy of a revolutionary movement.
análisis de utilización | use analysis.
análisis de varianza | analysis of variance.
análisis de varianza por rangos (estadística) | analysis of variance by ranks.
análisis de vencimientos de cuentas | aged analysis.
análisis de ventas | sales analyses.
análisis declarado por los fabricantes en % | makers' declared analysis (%).
análisis del caldo | melt-out analysis.
análisis del camino crítico | critical path analysis.
análisis del equilibrio | break-even analysis.
análisis del hidrograma | hydrograph separation.
análisis del mercado | marketing area analysis.
análisis del mercado maderero | timber market analysis.
análisis del producto triturado | screen analysis.
análisis del punto crítico | break-even analysis.
análisis del riesgo | risk analysis.
análisis del tiempo | weather analysis.
análisis del tráfico | traffic analysis.
análisis del valor | value engineering | value analysis.
análisis densimétrico | densimetric analysis.
análisis dimensional | dimensional analysis.
análisis dinámico unificado | unified dynamic analysis.
análisis dinámico-elastoplástico | dynamic-elastic-plastic analysis.
análisis discriminante | discriminant analysis.
análisis electrolítico | electroanalysis.
análisis electrométrico | potentiometric analysis.
análisis elemental (para deducir composición química - carbones) | ultimate analysis.
análisis en la cuchara (aceros) | ladle analysis.
análisis energético de la masa de control | control-mass energy analysis.
análisis espaciotemporal | time-domain analysis.
análisis espectral | spectral essay.
análisis espectral metalúrgico | metallurgical spectrum analysis.
análisis espectral sobre áreas micrométricas por roentgenografía | micro-X-ray spectral analysis.
análisis espectrofotométrico óptico | optical spectrophotometric analysis.
análisis espectroquímico | spectrochemical analysis.
análisis espectroquímico cuantitativo | quantitative spectrochemical analysis.
análisis espectroscópico | spectroscopic analysis | spectrum analysis | spectro-analysis.
análisis estadístico cuántico | quantum-statistical analysis.
análisis estadístico de la distribución del tamaño | statistical analysis of the size distribution.
análisis estadístico multidimensional | multidimensional statistical analysis.
análisis estadístico multivariado | multivariate statistical analysis.
análisis estereoóptico | stereoptic analysis.
análisis eudiométrico | eudiometric analysis.
análisis experimental de esfuerzos | experimental stress analysis.
análisis factorial | factorial analysis.
análisis financiero por funciones | functional finance.
análisis fráctil | fractile analysis.
análisis gasométrico | gasometric analysis.
análisis gástrico (medicina) | gastric analysis.
análisis gástrico sin cateterismo (medicina) | tubeless gastric analysis.
análisis geotécnico | geotechnical analysis.
análisis gráfico | graphical analysis.
análisis granulométrico | particle-size analysis | mesh analysis | sieve testing | size analysis | grain size analysis | granulometric analysis | screen analysis | sieve analysis.
análisis granulométrico mecánico | mechanical analysis.
análisis gravimétrico | gravimetric analysis.
análisis gravimetrico térmico | thermal gravimetric analysis.
análisis higrofotográfico | hygrophotographic analysis.
análisis horizontal | horizontal analysis.
análisis industrial | industrial analysis.
análisis infinitesimal | infinitesimal analysis.
análisis inmediato (análisis cuantitativo en que se determinan los porcentajes de los compuestos de un cuerpo) | proximate analysis.
análisis interpretativo | interpretive analysis.
análisis intuitivo | intuitive analysis.
análisis isotópico | isotopic analysis.
análisis lexicológico | lexicological analysis.
análisis lineal por tramos rectilíneos | piecewise linear analysis.
análisis macroscópico | macroscopic analysis.
análisis marginal | marginal analysis.
análisis matricial | matrix analysis.

análisis matricial de puentes suspendidos | suspension bridge matrix analysis.
análisis microcolorimétrico | microcolorimetric analysis.
análisis microesclerométrico | microsclerometric analysis.
análisis microestructural cuantitativo | quantitative microstructural analysis.
análisis micromecánico | micromechanical analysis.
análisis micrométrico | micrometric analysis.
análisis modal (geología) | modal analysis.
análisis morfológico | morphological analysis.
análisis morfométrico | morphometric analysis.
análisis nefelométrico | nephanalysis.
análisis nefoscópico | nephanalysis.
análisis numérico | numerical analysis.
análisis numérico de circuitos | digital network analysis.
análisis ocupacional | job analysis.
análisis operacional | operations analysis.
análisis óptico de esfuerzos | optical stress analysis.
análisis organoléptico de alimentos | organoleptic food analysis.
análisis periodogramático | periodogram analysis.
análisis petrofábrico (rocas) | petrofabric analysis.
análisis pirognóstico | pyrognostical analysis.
análisis polarográfico | polarographic analysis | polarographic estimation.
análisis ponderal | ponderal analysis.
análisis por activación | activation analysis.
análisis por activación neutrónica | neutron activation analysis.
análisis por antigüedad | age analysis.
análisis por calcinación (química) | calcination assay.
análisis por casos | item analysis.
análisis por destilación fraccionada | analysis by boiling.
análisis por dilución isotópica | isotopic dilution analysis.
análisis por distribución espectral de la energía | power-spectral analysis.
análisis por impronta | spot sampling | dab sampling.
análisis por impronta (química) | spot analysis.
análisis por lotes | batch analysis.
análisis por medio de aerofotografías de los daños sufridos por una instalación bombardeada | recuperative analysis.
análisis por microcombustión | microcombustion analysis.
análisis por productos | analysis by commodities.
análisis por valoración | titrimetry.
análisis por vía húmeda | analysis by wet process | humid assay | wet-way analysis | wet assay.
análisis por vía húmeda (químico) | wet method analysis.
análisis por vía seca | analysis by dry process.
análisis por vía seca (química) | dry assay | dry test.
análisis potenciodinámico | potentiodynamic analysis.
análisis preliminar | blank assay.
análisis previo | preanalysis.
análisis previsto | projected analysis.
análisis radiométrico | radiometric analysis.
análisis radiométrico de menas de plomo | lead-ore radiometric assaying.
análisis radionucléidico | radionuclidic analysis.
análisis radioquímico | radiochemical analysis.
análisis ramificado | ramified analysis.
análisis rápido de los suelos | soil testing.
análisis reductivo | reductive analysis.
análisis reflectométrico | reflectometric analysis.
análisis regional | regional analysis.
análisis regresivo | regression analysis.
análisis secuencial | sequential analysis.
análisis sedimentométrico | sedimentometric analysis.
análisis selectivo | selective dump.
análisis sensorial | sensorial analysis.
análisis sensorial de la cerveza | beer sensorial analysis.
análisis serial | sequential analysis.
análisis sociodemográfico | sociodemographic analysis.
análisis sucesional | sequential analysis | sequential analysis.
análisis tensorial | tensor analysis | tensorial analysis.
análisis térmico diferencial | differential thermal analysis.
análisis termogravimétrico | thermogravimetric analysis.
análisis topológico | analysis situ | analysis situs.
análisis último | ultimate analysis.
análisis vectorial | vector analysis.
análisis volumétrico | volumetric analysis.
análisis volumétrico (química) | titration.
análisis volumétrico de gases | gas volumetric analysis.
análisis y registro de errores de máquina | machine check analysis and recording.
analista | analyst.
analista (documentación) | abstractor.
analista de Bolsa | chartist.
analista de inversiones industriales | security analyst.
analista de métodos de fabricación | manufacturing method analyst.
analista de rocas | rock analyst.
analista de sistemas (informática) | system analyst.
analista de tiempos de fabricación | chronoanalist.
analista de valoración del trabajo | job analyst.
analista profesional de la opinión pública | pollster.
analítica | analytics.
analítica en todos los puntos (funciones) | analytic everywhere.
analíticamente idéntico | analytically identical.
analíticamente puro | analytically pure.
analiticidad | analyticity.
analiticidad del núcleo (matemáticas) | kernel analyticity.
analítico | analytical | analytic.
analizabilidad | analyzability.
analizabilidad (química) | assayability.
analizable | analyzable | assayable.
analizado en el laboratorio | laboratory analyzed.
analizado radiométricamente | radiometrically analyzed.
analizador | analizer (USA) | analyser | analyzer | analysing assembly | content meter | prompter | signal tracer | scanner.
analizador (electrónica) | scanner.
analizador (imagen) | dissector.
analizador aritmético diferencial | digital differential analyzer.
analizador automático | automatic analyzer.
analizador cuantitativo | content meter.
analizador de aleación | metal ratio analyzer.
analizador de altura de impulso monocanálico | single-channel pulse height analyzer.
analizador de alturas de impulsos de varios canales | multichannel pulse-height analyzer.
analizador de amplitud | amplitude analyzer | kick-sorter.
analizador de amplitud de impulsos | kicksorter | kicksorter | pulse-amplitude analyzer.
analizador de armónicas | harmonic analyzer.
analizador de armónicas de tipo dinamómetro | dynamometer-type harmonic analyzer.
analizador de armónicos | harmonics analizer.
analizador de armónicos eléctricos | electric harmonic analyzer.
analizador de armónicos heterodino | heterodyne harmonic analyzer.
analizador de atmósferas de hornos | furnace atmosphere analyzer.
analizador de cinta | belt scanner.
analizador de coincidencia-anticoincidencia | coincidence-anticoincidence analyzer.
analizador de colores | color analyzer.
analizador de corriente de fluidos | stream analyzer.
analizador de datos telemétricos | telemetric data analyzer.
analizador de energía utilizando un campo retardante | retarding field energy analyzer.
analizador de enlaces de microondas | microwave link analyzer.
analizador de espectro | spectrum analyzer.
analizador de espectro empleando un máser de amoníaco | ammonia-maser-spectrum analyzer.
analizador de espectro radioeléctrico | radio spectrum analyzer.
analizador de gases | gas analyzer.
analizador de gases de la combustión | flue-gas tester.
analizador de gases de la chimenea | stack gas analyzer.
analizador de gases del tragante (alto horno) | top-gas analyzer.
analizador de gases por luz infrarroja | infrared gas analyzer.
analizador de impulsos de error percentual constante | constant-percent-error pulse analyzer.
analizador de impulsos en amplitud | pulse height analyzer.
analizador de infrarrojos | infrared scanner.
analizador de intermodulación | intermodulation analyzer.
analizador de irradiaciones | radiation analyser.
analizador de la composición química de la sangre | blood analyzer.
analizador de la distribución de amplitud | amplitude distribution analyzer.
analizador de la forma de la onda | waveform analyzer.
analizador de la radiactividad corporal | whole-body radiation meter with amplitude analyser.
analizador de la señal | signal analyzer.
analizador de los gases de escape | exhaust gas analyzer.
analizador de los gases de exhaustación | fuel analyzer.
analizador de mallas (computadora) | net work analyzer.
analizador de masas | mass analyzer.
analizador de mineral | ore content meter.
analizador de montaje en puente | chain gated analyzer.
analizador de onda estadística de filtro magnetostrictivo | magnetostrictive-filter random wave analyzer.
analizador de ondas fotomecánico | photomechanical wave analyzer.
analizador de oxígeno | oxygen analyzer.
analizador de permeabilidad magnética | permeability analyzer.
analizador de plutonio | plutonium content meter.
analizador de reacción magnética | magnetic reaction analyzer.
analizador de red de impedancia conjunta | conjugate-impedance network analyzer.
analizador de red hidráulica | fluid network analyzer.
analizador de red térmica | thermal network analyzer.
analizador de redes de corriente alterna | AC calculating board.
analizador de redes eléctricas | network analyzer | calculating board.
analizador de redes por impedancia | impe-

dance network analyzer.
analizador de ruido de bandas de una octava | octave band noise analyser.
analizador de ruidos | noise analyzer.
analizador de sistema | network analyser.
analizador de sonidos del corazón (electrónica médica) | heart sound analyzer.
analizador de tamaño del polvo | powder analyzer.
analizador de tiempos de vuelo | time-of-flight analyzer.
analizador de torio | thorium content meter.
analizador de transistores | transistor analyzer.
analizador de uranio | uranium content meter.
analizador de vibraciones del motor | engine analyzer.
analizador del aire de salida | exit air analyzer.
analizador del combustible | fuel analyzer.
analizador del espectro de energía | power-spectrum analyzer.
analizador del estado del motor en vuelo | in-flight engine condition analyzer.
analizador del sonido | sound analyzer.
analizador diferencial | differential analyzer.
analizador diferencial electrónico | electronic differential analyzer.
analizador diferencial numérico decimal | decimal digital differential analyzer.
analizador diferencial repetitivo | repetitive differential analyzer.
analizador digital de estado | state timing analyzer.
analizador digital de temperatura de aire | air temperature digitizer-range.
analizador dinámico para fenómenos transitorios hiperveloces | ultraspeed transient dynamic analyzer.
analizador electromagnético de variación de dureza (superficies) | electromagnetic hardness analyzer.
analizador electromecánico | electromechanical analizer.
analizador electrónico de la sangre | electronic blood analyzer.
analizador en tiempo real | real time analyzer.
analizador espectrográfico de lectura directa (acerías) | quantometer.
analizador fotométrico de tamaños de partículas | photometric particle size analyzer.
analizador hipersónico | hypersonic analyzer.
analizador indirecto de punto móvil (televisión) | ight-spot scanner.
analizador lógico | logic analyzer.
analizador magnético de oxígeno | magnetic oxygen analyzer.
analizador matemático (e) integrador numérico y calculador | mathematical analyser (and) numerical integrator and computer.
analizador multicanálico de alturas de impulsos | kicksorter.
analizador numérico diferencial | digital differential analyzer.
analizador paramagnético de oxígeno | paramagnetic oxygen analyzer.
analizador polarográfico | polarographic analyzer.
analizador policanálico de impulsos | multichannel pulse analyzer.
analizador por fluorescencia | fluorescence content meter.
analizador químico | chemical analyzer.
analizador sintáctico | parser.
analizador trocoidal de masas | trochoidal mass analyzer.
analizador visual | visual scanner.
analizadora fotográfica | film scanner.
analizadores de gas | gas analyzers.
analizar | examine (to) | scan (to) | analyze (to) | breakdown (to) | break down (to).
analizar (química) | assay (to) | test (to).
analogía | analogy.
analogía acústica | acoustical analogy.
analogía con la línea de transmisión | transmission-line analogy.
analogía eléctrica | electrical analogy.
analogía electromecánica | electromechanical analog.
analogía óptica | optical analog.
analogía reoeléctrica | rheoelectric analog.
analogicidad | analogicalness.
analógico | analog | analogical | analogic.
analógico-numérico | analog-digital.
analogista | analogist.
analogizar | analogize (to).
análogo | analogous | analog | analogue.
análogo a | like.
análogos agroclimáticos | agroclimatic analogues.
análsisis de cartera de valores (bolsa) | portfolio analysis.
anamigmatismo | anamigmatism.
anamórfico | anamorphic.
anamorfoscopio | anamorphoscope.
anamorfosis | anamorphism.
anamorfótico | anamorphote.
ananlizador de bandas piezoeléctrico | piezo band-analyzer.
anapistografía (imprenta) | anapistography.
anaquel | bookshelf | ledge | board rack | shelf.
anaquel moldurado | ledgement.
anaquelería | shelving.
anaquístico | anachistic.
anaranjado de cromo | chrome orange.
anarmonicidad | anharmonicity.
anarmónico | anharmonic.
anárquico | lawless.
anasimétrico | anasymmetrical.
anasismo | anaseism.
anasquítico | anaschistic.
anastasis | anastasis.
anastático | anastatic.
anastato | anastate.
anastigmático | anastigmatic.
anastomizarse | anastomose (to).
anastomosarse | anastomose (to).
anastomosis | anastomosis.
anastomosis en cañón de escopeta (cirujía) | double-barreled anastomosis.
anastomosis término-lateral | end-to-side anastomosis.
anastomosis término-terminal | end-to-end anastomosis.
anatasa | anatase.
anataxis | selective fusion.
anatéctico | anatectic.
anatéxico (geología) | palingenetic.
anatexis | anatexis.
anatexis diferencial | differential anatexis.
anatidas (geología) | anatidae.
anatocismo | anatocism.
anatomía (del acero, del horno, etc.) | anatomy.
anatomía de la automatización | anatomy of automation.
anatomía de la explosión | anatomy of the explosion.
anatomía de la industria marítima internacional | anatomy of shipping.
anatomía de la madera | anatomy of wood | wood anatomy.
anatomía de la máquina | engine anatomy.
anatomía de las aves | bird anatomy.
anatomía de las cortezas de madera para pasta papelera | pulpwood barks anatomy.
anatomía de los metales | metal anatomy.
anatomía de un movimiento revolucionario | anatomy of a revolutionary movement.
anatomía del aluminio | aluminum anatomy.
anatomía del ancla | anatomy of the anchor.
anatomía del costo | cost anatomy.
anatomía del sol | anatomy of the sun.
anatomía del torno | lathe anatomy.
anatomía del vehículo cósmico | spacecraft anatomy.
anatomía funcional | functional anatomy.
anatomía macroscópica | gross anatomy.
anatomía microscópica | minute anatomy.
anatomía microscópica de acero | steel microscopic anatomy.
anatómico | anatomical.
anatomopatólogo | anatomopathologist.
anca | haunch.
anca (caballos) | croup.
ancas | haunches.
ancas (animales) | quarters.
ancilita (mineralogía) | ancylite.
anciroide | ancyroid | anchor shaped.
ancla | anchor.
ancla colocada en el aparejo de gata | catted anchor.
ancla con aletas estabilizadoras | stabilizing fin anchor.
ancla de acero moldeado | cast steel anchor.
ancla de babor | port anchor.
ancla de barlovento (buque anclado) | weather anchor.
ancla de capa | sea anchor | driving anchor | drag-anchor.
ancla de cazoleta | mushroom sinker.
ancla de cazoleta (para fondos arenosos) | mushroom anchor.
ancla de cazolete (buques) | mushroom-sinker.
ancla de cepo | stocked anchor.
ancla de cepo (buques) | old-fashioned anchor.
ancla de espía | stream anchor.
ancla de galga | back anchor.
ancla de leva (buques) | bower anchor.
ancla de leva ordinaria | common bower.
ancla de leva sin cepo | self-stowing bower.
ancla de muerto (boyas de amarre) | mooring anchor.
ancla de muerto de un sola uña | single-fluke mooring anchor.
ancla de popa | stream anchor.
ancla de respeto (buques) | sheet anchor | best bower anchor.
ancla de sujeción (muros) | cramp iron.
ancla de viga | beam anchor.
ancla en forma de paracaídas | parachute drogue.
ancla encepada | foul anchor.
ancla enredada con su cadena | foul anchor.
ancla flotante | sea anchor | drogue | drift-anchor.
ancla pequeña | kedge | killick.
ancla que aguanta (buque anclado con dos anclas) | riding anchor.
ancla que sujeta (buque anclado con dos anclas) | riding anchor.
ancla sin cepo | housing anchor | stockless anchor | swinging-fluke anchor.
anclado | anchored.
anclado (buques) | laying | at anchor.
anclado (minas) | moored.
anclado al muro de cimentación | tied to the foundation wall.
anclado en el pasado | anchored in the past.
anclado frente a la costa (buques) | offshore-moored.
anclaje | fang | fastening | fixing | brace | bracing | anchorage | anchor | anchoring.
anclaje (pozo petrolero) | top hanger.
anclaje de muros | wall tie.
anclaje del arco | arch grappling.
anclaje del cable de suspensión | suspension cable anchor.
anclaje del pilote | pile strutting.
anclaje en forma de cajón | box-type anchorage.
anclaje para bomba insertada (pozo petróleo) | hold-down anchor.
anclaje para boya embebido en el fondo por explosivo (para buques) | explosive-embedment mooring anchor.
anclaje para grandes vientos (grúas sobre carriles) | storm anchor.
anclaje para viento | guy anchor.
anclaje para vientos | stay block.
anclaje por proa y popa (para no bornear) | fore-and-aft moorings | head and stern mooring

| bow and stern moorings.
anclaje posterior | back anchorage.
anclaje regulable de la rangua superior de la puerta (esclusas) | dockgate anchorage.
anclaje transversal | cross anchor.
anclajes (limadora) | hold-downs.
anclar | moor (to) | come to anchor (to) | cast anchor (to) | drop anchor (to).
anclote | grappling-iron | grapnel | kedge | kedge anchor.
ancón (cueros) | crup butt.
áncora (relojes) | anchor | pallet fork | pallet.
áncora (zoología) | anchor.
ancorado | ancoral.
ancoreforme | anchoraeform | anchored.
anchamente | largely.
ancho | breadth | splay.
ancho (de tela) | breadth.
ancho (red de pesca) | over.
ancho (tipo de imprenta) | expanded.
ancho de banda | bandwidth.
ancho de banda autorizado (radio) | standard channel.
ancho de banda de correlación | correlation bandwidth.
ancho de banda de facsímil | facsimile band width.
ancho de banda de transmisión | transmission bandwidth.
ancho de banda del receptor | receiver bandwidth.
ancho de banda RF (radiofrecuencias) | RF bandwidth.
ancho de la cara | face width.
ancho de la cruz filar de 2 | width of cross hair of 2.5 seconds.
ancho de línea (TV) | strip width | spot diameter.
ancho de malla (vigas de celosía) | width of bay.
ancho de manga (buques) | beamy.
ancho de un pie | foot breadth.
ancho de vía | gauge.
ancho de vía (cinta magnética) | track.
ancho de vía (ferrocarril) | gauge (G.B.) | gage (EE.UU.).
ancho del ala (vigas) | flange width.
ancho del corte de la fresa | mill face.
ancho del cubrejunta | butt strap width.
ancho en el peine (urdimbres) | reed width.
ancho en muñones (cuna de cañón) | width across trunnions.
ancho sin legüeta (tabla machihembrada) | face width.
ancho útil de la calzada | clear roadway.
anchoveta | anchovy.
anchura | width | gauge | latitude | breadth.
anchura (cuadernas) | siding.
anchura (lona para velas) | weft.
anchura (poleas) | face.
anchura abertural | apertural width.
anchura angular de la parte efectiva central (haz radárico) | beamwidth.
anchura cuadrática media de la Gaussiana | root-mean-square width of the Gaussian.
anchura de banda de colector de transistor | transistor collector bandwidth.
anchura de banda de imagen | vision bandwidth.
anchura de banda de mitad de potencia | half-power bandwidth.
anchura de banda de modulación | modulation band-width.
anchura de banda de recepción | receiving bandwidth.
anchura de banda de sonido | sound bandwidth.
anchura de banda de video | vision bandwidth.
anchura de banda del impulso | pulse bandwidth.
anchura de banda en lazo abierto | open-loop bandwidth.
anchura de banda ocupada (comunicaciones) | occupied bandwidth.
anchura de banda por unidad | per unit bandwidth.
anchura de banda video | video bandwidth.
anchura de corte | cutting width.
anchura de corte (motoniveladoras) | swath.
anchura de fase | phase-belt | phase-spread.
anchura de fase (EE.UU.) | phasebelt.
anchura de fase (G.B.) | phase spread.
anchura de impulso | pulse width.
anchura de impulso (radio) | pulsewidth.
anchura de la banda de frecuencia | frequency band width.
anchura de la cabeza (carriles) | head breadth.
anchura de la caja | body width.
anchura de la capa de vaciado | depletion-layer width.
anchura de la carrocería | body width.
anchura de la huella (escalón) | going.
anchura de la junta | joint width.
anchura de la lumbrera | port width.
anchura de la llanta | rim width.
anchura de la zapata (carriles) | foot breadth.
anchura de paso | clearance width.
anchura de pista | track width.
anchura de una línea (facsímil) | width of a line.
anchura de vía | railway gage | distance between rails.
anchura del ala (perfiles laminados) | depth.
anchura del arcén (carreteras) | shoulder width.
anchura del haz | beamwidth | beam width.
anchura del impulso | pulse duration.
anchura del nivel de energía | energy level width.
anchura desusada | out-of-proportion width.
anchura eficaz | actual airgap width.
anchura en la coronación (presas) | crest width.
anchura en la entrada | width at entrance.
anchura entre impulsos | pulse width.
anchura interior | inner width.
anchura isotópica | isotopic breadth.
anchura libre de la puerta | clear door opening.
anchura máxima de la copa (árboles) | maximum width of the crown.
anchura máxima del papel que puede fabricarse (máquinas) | trim.
anchura máxima que puede fabricarse con una máquina (papel) | fill.
anchura media | mean width.
anchura práctica | practical width.
anchura real | actual airgap width.
anchura reducida | reduced width.
anchura resultante (por agregación de piezas) | built-up width.
anchura total | extreme breadth.
anchura útil | controlling width.
anchura útil de la esclusa | lock working width.
anchurómetro | widthmeter.
anchurón (cámara - minas) | chamber.
anchurón (minas) | stall | room.
anchurón de enganche (minas) | pit-landing | platt | onsetting plat | shaft-station.
andado de combinaciones | puzzle-lock.
andalusita | crucite.
andamiada para barrenar los arbotantes (buques en grada) | mechanist's boring stand.
andamiador | scaffold builder | scaffolder.
andamiaje | falsework | scaffolding | staging.
andamiaje colgado | suspension falsework.
andamiaje de tubos | tubular scaffolding.
andamiaje interior | inside staging.
andamiaje móvil | portable dock.
andamiaje móvil para poder trabajar en la parte delantera (aviones) | nose dock.
andamiaje resistente para soportar grandes pesos | builder's staging.
andamiaje tubular | tubular scaffold.
andamiar | scaffold (to).
andamiero | scaffold builder | scaffolder | stagebuilder.
andamio | stage | staging | scaffold | shutter.
andamio acartelado | bracket scaffold.
andamio colgado | flying scaffold | suspended scaffold.
andamio colgado (construcción) | outrigger scaffold.
andamio corredizo | jumbo.
andamio de chimenea | funnel stage.
andamio de escalas | ladder scaffold.
andamio de mechinales | bricklayer scaffold.
andamio de montaje | erecting frame | erecting scaffold.
andamio de protección (minas) | stull.
andamio en voladizo | needle scaffold.
andamio móvil | movable scaffolding | traveler | traveling scaffold.
andamio para inspección o reparación (aviones) | dock.
andamio para proteger a los peatones de objetos que pueden caerse (construcción edificios) | rigger.
andamio pequeño colocado sobre el costado (buques) | flake.
andamio portátil para la recorrida o inspección periódica (aviones) | periodic dock.
andamio suspendido oscilante | swinging suspended stage.
andamio transportable | portable scaffolding.
andamio tubular | tubular scaffolding.
andamio tubular de acero | tubular-steel scaffolding.
andamio tubular de aluminio | tubular-aluminum scaffolding.
andamio voladizo | flying scaffold.
andamio volante | flying scaffold | cradle rocker | cradle | hanging scaffold | hanging stage | suspended scaffold.
andamio volante (para pintar edificios) | cripple.
andana (cría gusanos seda) | hurdle.
andana (marina) | tier.
andana de madera para secar ladrillos | hake.
andanada | broadside firing.
andanada (artillería) | round.
andanada (buques de guerra) | pour.
andancia | walking.
andando | underway.
andar | tread (to).
andar (buques) | steam (to).
andar buscando | prospect (to).
andar con pies de plomo | take in a reef (to).
andar del buque | shipway.
andar en el asunto | be in the picture (to).
andar por el borde del precipicio | brinkmanship.
andar precipitadamente | tear (to).
andar sobre el ala (acrobacias) | walk a wing (to).
andar sobre el terreno debajo de la punta del ala para que no choque el avión contra otro objeto (aparcamiento en el aeropuerto) | walk a wing (to).
andar tantos nudos | log (to).
andar tras de | follow (to).
andarivel | ferry cable | aerial railway | aerial conveyor | girt-line | ropeway | trail bridge | tramway.
andarivel (paso de ríos) | cant line.
andarivel (pontón flotante sobre cable - paso de ríos) | cable ferry.
andarivel de verga | lifeline.
andarivel del pescador | fish back.
andarivel para pesos | triatic stay.
andarivel tendido entre buques navegando a rumbos paralelos | high-line.
andarivl | pass-rope.
andarse con requilorios | beat about the bush (to).
andarse por las ramas | beat about the bush (to).
andas | stretcher.
andén | footway | walkway.
andén (carreteras) | berm | roadside.
andén (estaciones) | railway-platform | platform.
andén central | middle platform.

andén cubierto | covered platform.
andén de cabeza | end platform.
andén de carga | loading apron | loading edge.
andén de carretera | pavement.
andén de descarga | loading edge.
andén de entrevía (estación ferrocarril) | island platform.
andén de llegada (ferrocarril) | arrival platform.
andén de salida | departure platform.
andén lateral (carreteras) | shoulder.
andendiorita | andendiorite.
andenes laterales de la carretera | road verges.
andiroba (Carapa guianensis - Aubl) | crabwood | andiroba.
andrajo | rag.
androdioecia | androdioecy.
androestéril | male-sterile.
androesterilidad | male-sterility.
andrógenos | androgens.
androidal | man-like.
androide | robot | android.
androide técnico | technical robot.
androide teledirigido | teleguided robot.
andrología | andrology.
andrólogo | andrologist.
androsoma (genética) | androsome.
anecoico | anechoic | nonechoic | echo-free | echoless.
anédrico | anhedral.
anegabilidad | floodability.
anegable | floodable.
anegación | inundation | flooding.
anegadizo | nonfloating.
anegado | submerged | flooded.
anegado (buques) | waterlogged.
anegado (turbinas, bombas) | drowned.
anegado en agua | waterlogged.
anegar | drown (to) | inundate (to) | flood (to).
anegar en hormigón | bury in concrete (to).
anejo | extension | enclosure.
anelación | annelation.
anelasticidad | nonelasticity | anelasticity | inelasticity.
anelástico | nonelastic | anelastic | springless | inelastic | unelastic.
aneléctrico | anelectric | nonelectric.
anelectrónico | anelectronic.
anelectrostático | nonelectrostatic.
anelectrotono | anelectrotonus.
anélido | annelid | segmented worm.
anélido tubifaciente | tube-building annelid.
anélidos | annelida.
anemia de los mineros | ankylostomiasis.
anemia infecciosa (animales) | swamp fever.
anemobarómetro | anemobarometer.
anemobiagrafo | anemobiagraph.
anemocinemógrafo | anemocinemograph.
anemoclástico | anemoclastic.
anemoclinógrafo | anemoclinograph.
anemodetector | wind sensor.
anemoelectricidad | anemoelectricity.
anemografía | anemography.
anemógrafo | anemograph | recording wind gage.
anemógrama | anemogram.
anemohigrografía | anemohygrography.
anemohígrografo | anemohygrograph.
anemología | anemology.
anemometría | anemometry.
anemometría acústica | acoustic anemometry.
anemométrico | anemometric.
anemómetro | air flow meter | air speed indicator | airspeed indicator | anemometer | wind meter | wind indicator | wind gage | wind gauge.
anemómetro con indicador para velocidades supersónicas | airspeed and mach number indicator.
anemómetro de hilo caliente de respuesta linealizada | linearized-response hot-wire anemometer.
anemómetro de hilo electrocalentado | hot-wire anemometer.
anemómetro de humos (secaderos de madera) | smoke machine.
anemómetro de ionización | recording anemometer | ionized gas anemometer | ionization anemometer.
anemómetro de molinete | revolving vane anemometer | wind mill anemometer.
anemómetro de tubo a presión | pressure-tube anemometer.
anemómetro diferencial | differential anemometer.
anemómetro termistorizado | thermistor anemometer.
ánemometrógrafo | anemometrograph.
anemómetro-termómetro sónico | sonic anemometer-thermometer.
anemómetro-veleta | anemovane.
anémona | anemone.
anemoscopía | anemoscopy.
anemoscopio | wind direction indicator | anemoscope.
anemoscopio (meteorología) | cup anemometer.
anemosensible | wind-sensitive.
anemostato | anemostat.
anenergía | anenergy.
anergético | nonenergetic.
aneroide | capsule stack | aneroid.
anespecular | nonspecular.
anestesia | anesthesia.
anestesia pediátrica (EE.UU.) | pediatric anesthesia.
anestesia pediátrica (G.B.) | paediatric anaesthesia.
anestesiar | anesthetize (to) | dope (to).
anestésico | dope.
anestesista | anaesthetist.
anetadura (arganeo del ancla) | puddening.
aneuploide | aneuploid.
aneuploidía | aneuploidy.
anexo | enclosure | attached.
anexo (a un documento) | rider.
anexo (dependencia - de un edificio) | dependency.
anexo (material) | ancillary.
anexo de un edificio | outbuilding.
anexos a los estados financieros | attachments to the accounts.
anfibio | amphibious | amphibian.
anfibio (botánica) | emersed.
anfibol | amphibole.
anfibol alcalino | alkali-amphibole.
anfibol glaucofánico | glaucophanic amphibole.
anfibol monoclínico | clinoamphibole.
anfibol sódico | soda amphibole.
anfibolia | amphibolia.
anfibólico | amphibolous | amphibolite | amphibole.
anfibolita | amphibolite.
anfibolítico | amphibolitic.
anfibolitizar | amphibolitize (to).
anfibolización | amphibolization.
anfibología | amphibology.
anficíclico | amphicyclic.
anfiction | amphictyon.
anfictionado | amphictyonate.
anfictionia | amphictyony.
anfictiónico | amphictyonic.
anfidiploide | amphidiploid.
anfidrómico | amphidromic.
anfidromo (embarcaciones) | double-ended.
anfigenicidad | amphigenicity.
anfimórfico | amphimorphic.
anfipático | amphipathic.
anfiplastia neutral | neutral amphiplasty.
anfiploide (genética) | amphiploid.
anfípodo | amphipod | amphipodan.
anfípodos | amphipoda.
anfiprostilo | amphiprostyle.
anfíscios | amphiscians.
anfiteatral | amphitheatrical.
anfiteatro | amphitheater | mezzanine.
anfiteatro (teatro) | balcony.
anfiteatro morrénico | moraine lodge.
anfitipo | amphitype.
anfitrita (embarcación) | amphitrite.
anfólito | ampholyte.
ánfora | amphora.
anfoterismo | amphoterism.
anfoterito | amphoterite.
anfótero | amphoteric.
anfractuosidad | anfractuosness | anfractuosity | unevenness.
anfractuosidades | roughness.
anfractuoso | anfractuous.
anfractuoso (terrenos) | uneven.
angaria (ley) | angary.
angarillas | hand-trolley | hand barrow.
angelica (Dicorynia paraensis - Benth) | teck de la Guyane.
angelim pedra (Andira inermis) | kuraru.
angelin (Andira inermis) | red cabbage tree | yaba | uchyrana.
angelin (Andira inermis - Sw) | angelin.
angelino (Nectandra concinna) | angelino.
angelino (Ocotea caracasana - Mez) | cedro colorado.
angelofanía | angelophany.
angelogonía | angelogony.
angico (Piptadenia cebil) | curupay.
angico rajado (Pithecolobium incuriale) | angico rajado.
angiocardiograma | angioicardiogram.
angiografía | angiography.
angiología | angiology.
angiólogo | angiologist.
anglesita (mineralogía) | lead vitriol.
anglicano | anglican.
anglicismo | briticism | Britishism | anglicism.
anglicismo ortográfico | orthographical anglicism.
anglicista | anglicist.
anglicización | anglicizing.
anglicizado | anglicized.
anglicizar | anglicize (to) | English (to).
anglita | anglite.
angloamérica | anglo-america.
angloamericano | British American | anglo-american.
anglocanadiense | British-Canadian.
anglo-escocés | anglo-scottish.
anglo-español | anglo-spanish.
anglofilia | anglophilia | anglophilism.
anglófilo | pro-English.
anglofobia | anglophobia.
anglófobo | anglophobe.
anglofonía | anglophony.
anglofonismo | anglophonism.
anglófono | English-speaking.
anglohablante | English-speaking.
anglo-irlandés | anglo-irish.
anglo-italiano | British-Italian.
angloleyente | English-reading.
anglomanía | anglomania.
anglomaniático | anglomaniac.
anglómano | anglomaniac.
anglo-mexicano | British-Mexican.
angloparlante | English-speaking.
anglo-sajonismo | anglo-saxonism.
angosto | narrow.
angóstomo (zoología) | narrow-mouthed.
angostura | throat.
angrelado | ingrailed.
angrelado (heráldica) | serrate.
angrelar | ingrail (to) | inglail (to).
angstrom = 10^{-4} micrómetros | angstrom.
angu (Cynometra alexandrii) | muhinbi.
anguiforme | snake-shaped.
anguila fija (imada-botadura buques) | fixed way.
anguilas (botadura buques) | bilge ways.
anguilas cultivadas | cultivated eels.
anguilas fijas (imadas - botadura de buques) | ground ways.
anguilas fijas (lanzamiento sobre la quilla) | launching ways.
anguilas fijas de grada (astilleros) | ways.

anguiliforme | eel-shaped.
anguineo | snakelike.
angulación | angulation | kink.
angulación aguda | acute angulation.
angulado | angulate.
angular | angle bar | angle iron | L iron.
angular aceleración en grados eléctricos por segundo al cuadrado | angular acceleration in electrical degrees per second squared.
angular con esquina no redondeada | square toe angle.
angular con vértice vivo | square toe angle.
angular de amurada | bulwark angle bar.
angular de asiento | shelf angle.
angular de bao | beam angle bar.
angular de bao de bodega | hold beam angle bar.
angular de bao de cubierta | deck beam angle bar.
angular de brazola | coaming angle bar.
angular de brazola (escotillas buques) | foundation bar.
angular de brazola de escotilla | hatchway coaming angle bar.
angular de brazos desiguales | unequal angle.
angular de bulbo | angle bulb | bulb angle bar.
angular de ceñidura (buques) | boundary connection.
angular de compensación (buques) | compensation bar.
angular de contorno (mamparos) | bounding bar | boundary angle bar.
angular de contorno de mamparo | bulkhead boundary bar.
angular de cuaderna | frame angle bar | frame angle.
angular de cubrejunta | backing angle.
angular de mamparo | bulk head angle bar.
angular de pie de la caseta | deckhouse deck bar.
angular de quilla de balance | bilge keel angle bar.
angular de raíz redondeada | round-back angle.
angular de rincón no redondeado | square root angle.
angular de trancanil | stringer angle bar.
angular de trancanil de la cubierta principal (buques) | main deck stringer angle bar.
angular de unión | butt angle | connecting angle | attachment angle.
angular de unión de la base de mamparo | bulkhead shoe.
angular de unión de la quilla a la roda | bearding angle.
angular del bao de escotilla | hatchway beam angle bar.
angular del polín de caldera | boiler bearer angle bar.
angular del polín de la máquina | engine-seating angle bar.
angular del soporte de caldera | boiler bearer angle bar.
angular del trancanil | deck stringer angle bar | gunwale angle bar.
angular del trancanil de la cubierta de superestructuras | awning deck stringer angle bar.
angular del trancanil de la cubierta del puente | bridge deck stringer angle bar.
angular equilátero | equal-sided angle | equal-legged angle | equal angle bar.
angular equilátero con la raíz redondeada | round rooted equal leg angle.
angular equilátero de bulbo | equal bulb angle.
angular equilátero de rincón vivo | square rooted equal leg angle.
angular forjado a mano (no laminado) | smithed angle bar.
angular inequilátero | unequal angle.
angular inequilátero de bulbo | unequal bulb angle.
angular interior del guardaaguas (buques) | gutter angle bar.
angulares adosados | double angle bar.
angulares de esquinas vivas | square-root-and-edge angles.
angulares de pequeño espesor | light-gage angles.
angularidad | angularness | angularity.
angularidad del eje | shaft angularity.
angularmente | arris-wise.
ángulo | quoin | salient | angle.
ángulo (muro) | break.
ángulo adyacente | adjoining angle.
ángulo agudo | oblique angle.
ángulo agudo entre la horizontal y el eje longitudinal al empezar el vuelo libre (misiles) | free-flight angle.
ángulo al que se anula algún valor | vanishing angle.
ángulo apical | apical angle.
ángulo apical (prismas) | roof angle | retracting angle.
ángulo apsidal | apsidal angle.
ángulo ascensional | climbing angle.
ángulo axial | axial angle.
ángulo azimutal | azimuth angle.
ángulo base | basic angle.
ángulo calculado (triangulación topográfica) | concluded angle.
ángulo casi rasante | near-grazing angle.
ángulo compensado (topografía) | adjusted angle.
ángulo complementario | complement | complementary angle.
ángulo comprendido entre los lados | included angle.
ángulo concavo | reflex angle.
ángulo corregido | adjusted angle.
ángulo crítico | critical angle | angle of total reflection | limiting angle.
ángulo crítico de ataque (aerodinos) | burble angle.
ángulo curvilíneo | curvilinear angle.
ángulo cuyo seno es | antisine.
ángulo cuyo seno es Z | arcsin Z.
ángulo de aberración | angle of aberration.
ángulo de abertura | aperture angle | angle of aperture | corner angle.
ángulo de abertura del haz (radar) | apex angle.
ángulo de abrazamiento (de la correa sobre la polea) | contact angle.
ángulo de addendum (engranaje cónico) | addendum angle.
ángulo de afilado | sharpening angle.
ángulo de álabe (turbina) | blade angle.
ángulo de alcance (bombardeo aéreo) | range angle.
ángulo de alejamiento | angle of recess.
ángulo de alerón (aeronáutica) | aileron angle.
ángulo de aleteo | flapping angle.
ángulo de alza (tabla de tiro) | firing elevation.
ángulo de amplitud | angle of displacement.
ángulo de antibalance (Asdic) | cross roll value.
ángulo de apertura | flare angle.
ángulo de aproximación | angle of approach.
ángulo de arranque anterior (herramientas) | front clearance.
ángulo de arranque superior (herramientas) | front-top rake.
ángulo de arrastre (ángulo del pivote con la vertical en sentido longitudinal - rueda delantera autos) | caster angle.
ángulo de arribada | angle of arrival.
ángulo de arribada (balística) | angle of incidence.
ángulo de asiento (hidroavión de canoa) | trim angle.
ángulo de asiento del casco (buque) | trim angle.
ángulo de asiento del casco (buques) | hull trim angle.
ángulo de ataque | angle of attack | working angle | leading angle.
ángulo de ataque (ángulo de desprendimiento - herramientas) | breast angle.
ángulo de ataque (ángulo de incidencia - herramientas) | clearance angle.
ángulo de ataque (escariador) | rake angle.
ángulo de ataque (herramientas) | rake angle | angle of cutting.
ángulo de ataque (torpedos) | firing angle.
ángulo de ataque absoluto | absolute angle of attack.
ángulo de ataque crítico | critical angle of attack.
ángulo de ataque del rotor (helicópteros) | rotor angle of attack.
ángulo de ataque ecuatorial (satélite artificial) | pitch angle.
ángulo de ataque efectivo | effective angle of attack.
ángulo de ataque efectivo (brocas) | effective rake angle.
ángulo de ataque frontal (herramienta de torno) | back-rake angle | front rake | back rake.
ángulo de ataque inducido | induced angle of attack.
ángulo de ataque lateral (herramienta) | side rake.
ángulo de ataque lateral (herramienta de torno) | side rake angle.
ángulo de ataque nulo | zero angle of attack.
ángulo de aterrizaje | landing angle.
ángulo de aterrizaje (avión) | ground angle.
ángulo de avance | lead angle.
ángulo de avance (electricidad) | angle of lead.
ángulo de avance (máquinas vapor) | angular advance.
ángulo de avance (roscas) | helix angle.
ángulo de avance a la admisión (máquinas de vapor) | angle of lead.
ángulo de avance al escape (máquinas vapor) | angle of prerelease.
ángulo de avance de histeresis | angle of histeretic advance.
ángulo de avance de la chispa (distribución motor) | spark advance angle.
ángulo de avance de la escobilla | brush lead angle.
ángulo de avance hacia adelante del pivote (autos) | caster.
ángulo de balance | angle of roll | roll angle.
ángulo de balance (barcos) | angle of bank.
ángulo de balanceo (satélites) | roll angle.
ángulo de balonamiento (tejeduría) | ballooning angle.
ángulo de batimiento | flapping angle.
ángulo de bisel | angle of bevel.
ángulo de braceo (automóviles) | locking angle.
ángulo de cabeceo (buques) | angle of pitch.
ángulo de caída | angle of descent.
ángulo de caída (herramientas) | back rake.
ángulo de caída (proyectiles) | slope of descent.
ángulo de calaje | angle of lead.
ángulo de calaje (excéntricas) | angle of keying.
ángulo de calaje de la deriva | angle of fin setting.
ángulo de calaje de las escobillas | angle of lead of brushes.
ángulo de calaje de las manivelas (cigüeñales) | vee angle.
ángulo de campo (óptico) | angle of view.
ángulo de colaje de los planos | rigging angle of incidence.
ángulo de conicidad (rotor helicóptero) | coning angle.
ángulo de conicidad de las palas durante su giro (helicópteros) | rotor coning angle.
ángulo de conmutación de lóbulo | squint.
ángulo de contacto | angle of contact | striking angle | bearing angle.
ángulo de contacto (entre polea y correa) | angle of wrap.
ángulo de contacto (laminación) | angle of bite.
ángulo de contacto (laminación de chapas) | angle of nip.
ángulo de contacto (laminadores) | entering angle.
ángulo de contingencia | angle of contingency.

ángulo de convergencia | parallactic angle.
ángulo de corte | cutting angle.
ángulo de corte (brocas) | lip angle.
ángulo de corte (máquina herramienta) | tool angle.
ángulo de corte anterior (máquina herramienta) | dig-in angle.
ángulo de corte de la cuchilla (tijeras) | angle of backing.
ángulo de corte posterior (máquina herramienta) | drag angle.
ángulo de corte superior | top cutting angle.
ángulo de crucero (ángulo de clivaje - minerales) | cleavage angle.
ángulo de cruzamiento | angle of crossing | frog angle.
ángulo de cruzamiento (vías férreas) | divergence angle.
ángulo de cuchilla | knife pitch.
ángulo de curvatura | camber angle.
ángulo de choque | striking angle.
ángulo de decalaje | setting angle.
ángulo de decalaje (electricidad) | angle of lag.
ángulo de defasaje | phase angle.
ángulo de defasamiento | phase angle.
ángulo de definición (TV) | wedge.
ángulo de deflexión | angle of deflection | downwash angle.
ángulo de demora (buques) | bearing angle.
ángulo de depresión | angle of dip | angle of depression | depression angle.
ángulo de deriva | off-course angle | drift angle | deflection angle | crab angle.
ángulo de deriva (aerofotogrametría) | angle of crab.
ángulo de deriva (avión) | wind-drift angle.
ángulo de derrape | crab angle.
ángulo de derrape (aviones) | angle of yawing | angle of yaw | yaw angle.
ángulo de derrota (de ruta) | track angle.
ángulo de derrota (marina) | angle of position.
ángulo de desahogo frontal (herramienta) | end clearance angle.
ángulo de desahogo lateral (herramientas) | side clearance angle.
ángulo de desahogo posterior del diente (sierra) | tooth-back clearance angle.
ángulo de descentramiento | offset angle.
ángulo de deslizamiento | gliding angle | angle of lag.
ángulo de desplazamiento | shift angle | angle of lag.
ángulo de despojo (fresas) | back slope.
ángulo de despojo anterior (ángulo de salida de corte - herramientas) | clearance angle.
ángulo de despojo superior (herramienta de torno) | back slope.
ángulo de despojo superior (herramientas) | top rake.
ángulo de desprendimiento (herramientas) | rake angle.
ángulo de desprendimiento lateral (herramientas) | side-rake angle.
ángulo de destalonado (herramientas) | relief angle.
ángulo de destalonado frontal | front relief angle.
ángulo de desviación | angle of deviation | deviation angle | deflection angle.
ángulo de desviación (grúas, cable de extracción) | fleet angle.
ángulo de desviación mínima | angle of minimum deviation.
ángulo de dirección (de la central de tiro) | angle of train.
ángulo de directividad | angle of directivity.
ángulo de discordancia (geología) | angle of unconformity.
ángulo de disparo | firing angle.
ángulo de elevación | angle of elevation | elevation angle.
ángulo de elevación (artillería) | elevation.
ángulo de elevación (cañón terrestre) | quadrant elevation | qudrantal elevation.
ángulo de elevación de apantallado | screening elevation.
ángulo de elevación del sol sobre el horizonte | solar angle.
ángulo de elevación para el alcance máximo (cañones) | maximum range elevation.
ángulo de elevación por vuelta del volante (cañón) | elevating angle per revolution of handwheel.
ángulo de emergencia | emergence angle.
ángulo de encendido del tiratrón | thyratron firing angle.
ángulo de entalladura | gashing angle.
ángulo de entrada | angle of entry | inlet angle.
ángulo de entrada (laminadores) | entering angle.
ángulo de equilibrado | trim angle.
ángulo de escora | heeling angle.
ángulo de escora (buques, hidros) | angle of heel.
ángulo de escora menor de 74º | heeling angle less of 74º.
ángulo de espiral igual a cero | zero-degree spiral angle.
ángulo de estibado (cañón de torre) | housing angle.
ángulo de estratificación | bedding angle.
ángulo de estría (escariador) | angle of chamfer.
ángulo de esviaje | angle of skew.
ángulo de esviaje (grúas, cable de extracción) | fleet angle.
ángulo de excentricidad | offset angle.
ángulo de extinción | extinction angle.
ángulo de fase de la impedancia característica | characteristic impedance phase angle.
ángulo de fase en retraso de la corriente (electricidad) | lagging phase angle.
ángulo de filo lateral (herramienta de torno) | side cutting-edge angle.
ángulo de flujo | operating angle.
ángulo de fresado | milling angle.
ángulo de fricción | angle of friction.
ángulo de funcionamiento | operating angle.
ángulo de giro de las ruedas delanteras (autos) | lock.
ángulo de giro de un extremo (vigas) | slope.
ángulo de giro del juego delantero de ruedas (carruajes) | locking angle.
ángulo de grabación | cutting angle.
ángulo de guiñada (buques) | angle of yaw | yaw angle.
ángulo de impacto (balística) | impact angle.
ángulo de impacto (torpedos) | track angle.
ángulo de incidencia | angle of incidence | rake incidence | glancing angle.
ángulo de incidencia (ángulo de despojo - herramientas) | clearance.
ángulo de incidencia (aviones) | angle of attack.
ángulo de incidencia (fresas, etc.) | relief angle.
ángulo de incidencia (herramienta) | relief.
ángulo de incidencia (herramientas) | end relied | rake angle.
ángulo de incidencia (máquina-herramienta) | angle of clearance.
ángulo de incidencia (máquinas herramientas) | bottom rake | angle of relief.
ángulo de incidencia crítica (aeronaves) | angle of stall.
ángulo de incidencia crítica (aviación) | stalling angle.
ángulo de incidencia crítica (aviones) | stalling angle of attack.
ángulo de incidencia de montaje (aviones) | rigging angle of incidence.
ángulo de incidencia del ala | angle of wing setting.
ángulo de incidencia grande | high-rake angle.
ángulo de incidencia límite | limiting angle of incidence.
ángulo de incidencia límite (óptica) | critical angle | angle of total reflection.
ángulo de incidencia oblicuo | glancing angle of incidence.
ángulo de inclinación | angle of gradient | angle of inclination | angle of rake | rake angle | angle of slope.
ángulo de inclinación de la hélice (geometría) | angle of spiral | angle of helix.
ángulo de inclinación del diente | tooth angle.
ángulo de inclinación del eje de muñones (cañones) | angle of heel.
ángulo de inclinación lateral | side-rake angle.
ángulo de inclinación lateral (forja) | draft angle.
ángulo de inclinación lateral (rueda autos) | camber angle.
ángulo de inclinación lateral de los ejes de la mangueta (autos) | kingpin side inclination angle.
ángulo de inclinación longitudinal (aviones) | angle of pitch.
ángulo de inclinación longitudinal (del eje del vehículo, aviones, etc.) | pitch attitude.
ángulo de indeterminación (telecomunicación) | blurring angle.
ángulo de inercia | angle of inertia.
ángulo de inflexión | angle of inflexion.
ángulo de interceptación | intercept angle.
ángulo de intersección | angle of intersection | intersection angle.
ángulo de la aguja de cambio (vía férrea) | switch angle.
ángulo de la aleta de compensación (aviones) | trim angle.
ángulo de la cara de trabajo de un punzón con relación a la pieza a trabajar | shear.
ángulo de la entalla | notch acuity.
ángulo de la escobilla | brush angle.
ángulo de la hélice | helix angle.
ángulo de la hélice (brocas salomónicas) | rake angle.
ángulo de la pala del rotor | rotor-blade angle.
ángulo de la punta de la broca | drill point angle.
ángulo de la ranura | groove angle.
ángulo de la trayectoria de vuelo | angle of flight path.
ángulo de la vía transversal (haz de vías de clasificación paralelas) | ladder angle.
ángulo de las cuchillas (tijeras para lingotes) | rake.
ángulo de las paredes del surco (disco gramófono) | groove angle.
ángulo de los dientes (sierras) | pitch.
ángulo de los ejes ópticos (cristales biaxiales) | optic axis angle.
ángulo de los ejes que se cruzan | crossed-axis angle.
ángulo de los etalajes (alto horno) | bosh angle.
ángulo de Mach | Mach angle.
ángulo de mira (topografía) | elevation angle.
ángulo de mordedura (laminadores) | pinch angle.
ángulo de nivel mínimo (artillería) | angle of clearance.
ángulo de oblicuidad | angle of skew | angle of obliquity.
ángulo de oblicuidad (del eje del proyectil en movimiento) | yaw.
ángulo de observación | observing angle.
ángulo de oscilación | angle of oscillation.
ángulo de pala (hélices) | blade angle.
ángulo de pasaje del hilo (urdidor) | yarn angular path.
ángulo de paso óptimo | optimum pitch.
ángulo de pendiente | slope angle.
ángulo de pérdida (aeronaves) | angle of stall.
ángulo de pérdida de velocidad (aviación) | stalling angle.
ángulo de pérdida dieléctrica | dielectric phase angle.
ángulo de pérdidas (dieléctricos) | loss angle.
ángulo de planeo | angle of glide | gliding angle.
ángulo de plegado | angle of bend | bending angle.

ángulo de polarización | angle of polarization.
ángulo de posición | position angle.
ángulo de precesión | precession angle.
ángulo de predicción (cañón) | lead angle.
ángulo de predicción de espoleta | fuze prediction angle.
ángulo de presión (engranajes) | angle of obliquity.
ángulo de presión axial | axial pressure angle.
ángulo de presión de los dientes (engranajes) | pressure angle of teeth.
ángulo de presión del cono posterior | back cone pressure angle.
ángulo de presión medio (engranaje cónico espiral) | mean pressure angle.
ángulo de proyección (balística) | angle of departure.
ángulo de puntería | director angle.
ángulo de puntería (bombardeo aéreo) | dropping angle.
ángulo de puntería en azimut | training angle.
ángulo de puntería en dirección | training angle | traverse in azimuth | traversing.
ángulo de radiación | wave angle.
ángulo de radiación (antena direccional) | beam width.
ángulo de radiación (antenas) | beam angle.
ángulo de rasancia incidente (microscopía) | incident grazing angle.
ángulo de rastreo | trail angle.
ángulo de rebaje (herramientas) | rake.
ángulo de rebaje axial (herramientas) | axial rake.
ángulo de rebaje frontal (ángulo de rebaje radial - herramienta de torno) | front rake.
ángulo de rebaje lateral (herramientas) | side rake | radial rake.
ángulo de rebaje negativo (herramienta) | negative rake.
ángulo de rebaje positivo (herramientas) | positive rake.
ángulo de rebaje real (herramientas) | true rake.
ángulo de rebaje superior (herramientas) | top rake.
ángulo de rebajo (máquinas herramientas) | angle of relief.
ángulo de rebote | angle of rebound.
ángulo de recubrimiento | overlap.
ángulo de recubrimiento (distribuidor vapor) | angle of lap.
ángulo de rechazo (geología) | angle of hade.
ángulo de reelevación (balística) | angle of jump | vertical jump.
ángulo de reelevación (cañón al disparar) | jump.
ángulo de reelevación lateral (cañones) | lateral jump.
ángulo de reflexión | glancing angle.
ángulo de reflexión oblicuo | glancing angle of reflection.
ángulo de reflexión total | angle of total reflection.
ángulo de refracción | angle of refraction.
ángulo de refuerzo | reinforcing angle.
ángulo de reposo | angle of rest.
ángulo de reposo (terrenos) | critical slope.
ángulo de reposo (tierras) | angle of repose.
ángulo de resistencia nula (ala aviones) | angle of zero lift.
ángulo de retardo | delay angle.
ángulo de retardo de fase
ángulo de retiro (forjas) | leave | draw | draft | draught.
ángulo de retraso | angle of lag.
ángulo de retraso (bombardeo aéreo) | trail angle.
ángulo de retroceso | slip angle.
ángulo de retroceso de la escobilla | brush lag angle.
ángulo de rotación | angle of rotation.
ángulo de rozamiento | friction angle | angle of friction | resistance angle.
ángulo de rozamiento entre el cilindro y el fragmento del mineral (cilindro triturador) | angle of nip.
ángulo de rozamiento rodando | angle of rolling friction.
ángulo de rumbo | angle of strike.
ángulo de rumbo (aviación) | heading angle.
ángulo de salida | angle of departure | angle of emergence | exit-angle.
ángulo de salida (Argentina) | hang | overhang.
ángulo de salida (engranaje cilíndrico) | angle of recess.
ángulo de salida (herramientas) | slope | rake.
ángulo de salida axial (herramientas) | axial rake.
ángulo de salida inicial (cañón al disparar) | jump.
ángulo de salida lateral (herramientas) | side rake | side-rake angle.
ángulo de salida superior | top slope.
ángulo de salida superior (herramientas) | back rake.
ángulo de salto (geología) | angle of slip.
ángulo de saturación | firing angle.
ángulo de seguridad (navegación costera) | danger angle.
ángulo de sesgo | angle of skew.
ángulo de situación (artillería) | angle of position.
ángulo de situación (balística) | angle of site | angle of sight.
ángulo de situación (turbina de gases, compresor axial) | stagger angle.
ángulo de superposición | overlap angle.
ángulo de sustentación nula | zero-lift angle.
ángulo de talud natural muy grande | flat angle of repose.
ángulo de tiro | firing angle | projection angle.
ángulo de tope (relojería) | locking angle | angle of lock.
ángulo de tope (relojes) | angle of top.
ángulo de torsión | angle of twist.
ángulo de trabajo | working angle.
ángulo de trabajo del brazo (grúas) | jib working angle.
ángulo de tracción | angle of traction | angle of draft.
ángulo de tránsito | transit angle.
ángulo de tránsito electrónico | electron transit angle.
ángulo de transporte de tiro (artillería) | angle of shift.
ángulo de turbulencia (aviación) | angle of burble.
ángulo de un diente (sierras) | angle of throat.
ángulo de un plano de falla con la vertical (geología) | underlay.
ángulo de unión | boundary angle.
ángulo de visión | optic angle | viewing angle.
ángulo de vista (aerofotogrametría) | angle of coverage.
ángulo de vuelco | tilting angle.
ángulo de vuelo | angle of flight | flying angle.
ángulo de 180 grados | straight angle.
ángulo del campo (fotografía) | angle of view.
ángulo del campo visual | cut-off angle.
ángulo del cono complementario - noventa grados menos el ángulo de paso - engranaje cónico | back cone angle.
ángulo del cono de pie (engranajes) | dedendum cone angle.
ángulo del cono primitivo | pitch cone angle.
ángulo del cono primitivo (engranaje cónico) | pitch angle.
ángulo del corazón (ferrocarril) | frog angle.
ángulo del costado menos inclinado de la ranura (rejilla de difracción) | blaze angle.
ángulo del eje longitudinal con una línea elegida | body angle.
ángulo del flanco | flank-angle.
ángulo del fondo del diente (engranaje cónico) | root angle.
ángulo del objetivo (fotografía) | angle of lens.
ángulo del paletaje con relación al eje (turbina de gases, compresor axial) | stagger angle.
ángulo del paso (hélices) | pitch angle.
ángulo del paso de la hélice | helix angle.
ángulo del plano de la rueda con la dirección del movimiento (autos) | slip angle.
ángulo del saliente | addendum angle.
ángulo del talud natural (tierras) | angle of repose.
ángulo del vértice | top angle.
ángulo del vértice (tolvas) | valley angle.
ángulo desviador | deviating angle.
ángulo dextrógiro | angle to the right.
ángulo diedro | dihedral.
ángulo diedro (aerodinámica) | corner.
ángulo diedro (cristalografía) | interfacial angle.
ángulo diedro negativo | cathedral angle.
ángulo dispersado | scattering angle.
ángulo eléctrico | electrical angle.
ángulo en el centro | angle at the centre.
ángulo en el centro (geometría) | center angle.
ángulo en el vértice | apical angle.
ángulo en el vértice (conos, etc.). | apex angle.
ángulo en la base (dentadura de engranajes) | dedendum angle.
ángulo en la punta | point angle.
ángulo en la punta (brocas) | lip angle.
ángulo entrante | entrant angle.
ángulo entrante (topografía) | reentrant.
ángulo entre dos alineaciones que se cortan (topografía) | deflection angle.
ángulo entre ejes (engranaje cónico recto) | axis angle.
ángulo entre el eje del buque propio y la trayectoria final del torpedo (lanzamiento torpedos) | gyro angle.
ángulo entre el eje longitudinal y la horizontal (misil cohético) | launching angle.
ángulo entre el norte magnético y el norte arbitrario del cuadriculado (mapas militares) | grid variation.
ángulo entre el norte verdadero y el norte de la brújula | compass error.
ángulo entre el norte verdadero y el norte del cuadriculado (declinación reticular - cartas navegación aérea) | grivation.
ángulo entre el norte verdadero y el norte del cuadriculado (mapas) | grid declination.
ángulo entre el radio del rodillo en el punto de contacto inicial y la normal a la chapa en este punto (laminación de chapas) | angle of nip.
ángulo entre el viento relativo y el plano de rotación (hélices) | wind angle.
ángulo entre la cadena del ancla y la quilla (buque anclado) | trend.
ángulo entre la cuerda del ala y la horizontal (aeroplano en tierra) | ground angle.
ángulo entre la cuerda del plano principal y la cuerda del plano horizontal de cola | tail-setting angle.
ángulo entre la línea de vuelo de un blanco aéreo y la línea de mira del cañón del avión atacante | angle off.
ángulo entre la línea de vuelo de un blanco aéreo y la línea de vuelo del avión atacante | angle off.
ángulo entre la tangente al meridiano y la tangente a la línea geodésica en un mismo punto | back azimuth.
ángulo entre las caras de fusión (soldadura) | included angle.
ángulo entre las caras de las mordazas y la partícula (quebrantadora) | angle of nip.
ángulo entre los lados de la entalla | flank-angle.
ángulo entrecaras (cristalografía) | silhouette angle.
ángulo equilátero | even-sided angle.
ángulo exterior | exterior angle.
ángulo exterior (curvas de madera - buques) | breech.

ángulo externo | external angle | exterior angle | outward angle | arris.
ángulo formado por la recta que une el centro de la polea con el extremo del tambor del cable y una recta normal al tambor en su punto medio (grúas, cable de extracción) | fleet angle.
ángulo futuro de mira | future-angle of sight.
ángulo futuro de puntería en dirección | future bearing-angle.
ángulo helicoidal (rosca de tornillo) | helix angle.
ángulo helicoidal del filete de rosca (tornillos) | helix angle of thread.
ángulo horario | horary angle | hour angle.
ángulo horario de Aries | hour angle of Aries.
ángulo horario de Greenwich | Greenwich hour angle.
ángulo horario de un cuerpo celeste cuando pasa por el meridiano astronómico | meridian distance.
ángulo horario del equinoccio de primavera | hour angle of the veral equinox.
ángulo horario en los equinoccios | equinoctial colure.
ángulo horario local | local hour angle.
ángulo horario sidéreo | sidereal hour angle.
ángulo horizontal menor de 90° entre una alineación y el meridiano magnético | quadrantal bearing.
ángulo inscrito | inscribed angle.
ángulo interfacial (cristalografía) | interfacial angle.
ángulo interior redondeado (perfiles laminados) | fillet.
ángulo interno | internal angle | interior angle.
ángulo límite | limiting angle.
ángulo lineal | line angle.
ángulo llano | straight angle.
ángulo máximo de giro de la ruedas delanteras (autos) | steering lock.
ángulo máximo de incidencia (balística) | biting angle.
ángulo menor de 90° entre una alineación y el meridiano magnético | reduced bearing.
ángulo mínimo de impacto que permite la perforación (balística) | biting angle.
ángulo mixtilíneo | mixtilinear angle.
ángulo muerto | clearance angle | loss angle | dead angle.
ángulo muerto (tiro) | blind angle.
ángulo o arco (astronomía) | argument.
ángulo oblicuo | bevel angle.
ángulo obtuso | oblique angle.
ángulo óptico | optic angle.
ángulo óptimo de planeo | angle of best glide | best gliding angle.
ángulo opuesto | opposite angle.
ángulo opuesto a la base (topografía) | distance angle.
ángulo para el que se anula el par de estabilidad (buques) | range of stability.
ángulo paraláctico | parallactic angle.
ángulo pequeño con relación a la horizontal | shallow angle.
ángulo perteneciente al segundo cuadrante (trigonometría) | second-quadrant angle.
ángulo plano | plane angle.
ángulo poliedro | solid angle.
ángulo predeterminado | predesigned angle.
ángulo presente de dirección (puntería) | present bearing-angle.
ángulo presente de mira | present-angle of sight.
ángulo que forma el plano de asiento del montaje con el plano base del buque (artillería naval) | tilt.
ángulo que forman las dos chapas biseladas que se sueldan a tope | vee angle.
ángulo rasante | grazing angle.
ángulo recorrido sobre el limbo (topografía) | angle traversed on the circle.
ángulo rectilíneo | plane angle.
ángulo redondeado | filleted angle.
ángulo refractado | refracted angle.
ángulo saliente | salient angle.
ángulo saliente en la intersección de dos superficies | bull's nose.
ángulo sólido | solid angle | point angle.
ángulo sólido del haz | beam area.
ángulo subtendido por el diámetro en su foco (reflectores) | angle of embrace.
ángulo sujetador | clip angle.
ángulo superior de inclinación (herramientas) | back-rake angle.
ángulo transversal | banking angle.
ángulo triédrico | trihedral angle.
ángulo vertical (topografía) | site angle.
ángulo visual | looking angle | sight lines.
angulodentado | angular-toothed.
ángulos adyacentes | adjacent angles.
ángulos alternos | alternate angles.
ángulos alternos externos | exterior alternate angles.
ángulos alternos internos | interior alternate angles.
ángulos cenogonales (cristalografía) | cenogonal angles.
ángulos congruentes | congruent angles.
ángulos correspondientes | corresponding angles.
ángulos de encendido de los cilindros del motor | engine cylinder firing angles.
ángulos de observación (satélites artificiales) | look-angles.
ángulos de visión (satélites artificiales) | look-angles.
ángulos eulerianos | eulerian angles.
ángulos explementarios | explementary angles.
ángulos opuestos por el vértice | vertically opposite angles | vertical angles.
angulosidad | angularity.
angulosidad de los granos | angularity of the grains.
anguloso | angled | angulous.
anguloso (arenas, etc.) | sharp.
angustia | stress | throe.
anhedral | anhedral.
anhedrón | anhedron.
anhídrico | acid forming oxide.
anhídrido | anhydride | acidic oxide.
anhídrido acídico | acidic oxide.
anhídrido aromático | aromatic anhydride.
anhídrido arsenioso impuro (paredes de cámaras de obtención) | arsenic meal.
anhídrido carbónico | carbon dioxide | carbonic acid.
anhídrido carbónico sólido | carbon ice | dry ice.
anhídrido de ácido | acid anhydride.
anhídrido vanádico | vanadium pentoxide.
anhidrita | cube spar.
anhidro | anhydric | anhydrous | free from water | dried | water-free | water free.
anhidroácido | anhydro-acid.
anhidrogénico | anhydrogenous | hydrogen free.
anhisterésico | anhysteretic.
anhisteresis | anhysteresis.
anhisto | structureless.
anhomomórfico | nonhomomorphic.
anidable (uno dentro de otro) | stackable.
anila (química) | anil.
anilina | aniline.
anilinófilo | anilinophilous.
anilo de álabes difusores | diffuser vane ring.
anilla | ring | loop | eye | hoop.
anilla (de llave o reloj) | bow.
anilla (del portafusil) | swivel.
anilla de amarre | anchoring ring | anchor ring | tie-down fitting.
anilla de coral | coral.
anilla de latón (cinta métrica) | brass tag.
anilla de suspensión (cable suspendido de catenaria) | feeder ear.
anilla de trinca | tie-down fitting.
anilla de unión (globo cometa) | hollow ring.
anilla del cejadero | breast strap slide.
anilla para sujetar la carga | cargo lashing ring.
anilla para trincar la carga al piso | cargo-tie-down ring.
anilla soldada a cubierta o a un mamparo (buques) | pad eye.
anilla sujeción | anchoring ring.
anillación | ringing.
anillación (química) | ringing.
anillado | annulated | ringed.
anillado (botánica) | annular.
anillado de aves | bird ringing.
anillador de ramas (larvas que perforan por debajo de la corteza y anillan las ramas) | twig girdler.
anillamiento | ringing.
anillamiento de árboles | frill girdling.
anillar | nuzzle (to).
anillar (forestal) | deaden (to).
anillar (pájaros) | ring (to).
anillar con incisiones perimétricas el tronco de un árbol para producir su muerte | girdle (to).
anillar por el pie | corner (to).
anillas (gimnasia) | flying rings.
anillas para trincar | lashing-rings.
anillo | loop | ring | collar | hoop.
anillo (botánica y anatomía) | annulus.
anillo (buques) | hank.
anillo (química) | ring.
anillo abarrilado | barrel-type ring.
anillo abrazadera | clamp ring.
anillo acanalado | grooved ring.
anillo acanalado de neopreno | fluted neoprene ring.
anillo adaptador | adapter ring.
anillo aislador | insulating ring.
anillo algebraico | algebraic ring.
anillo amileno-oxídico | amylene-oxide ring.
anillo antibalónico (tejeduría) | antiballooning ring.
anillo anual (árbol) | age ring.
anillo anual (arboles) | reed | grain | annual ring.
anillo anual formado por dos o mas falsos anillos anuales (árboles) | multiple annual ring.
anillo anual fraccionado (árboles) | false ring.
anillo calibrador | gaging ring.
anillo calibrador (para calibrar máquinas de pruebas de materiales) | proving ring.
anillo calibrador de la carga | load gage ring.
anillo calibrador geofísico | geophysical calibrating ring.
anillo calibrador para máquina de pruebas de compresión | compression proving ring.
anillo calibrador para máquinas de pruebas a la tracción | tension proving ring.
anillo Cardan | gimbal ring.
anillo cementado a presión (túneles) | pressure-grouted ring.
anillo cerámico | ceramic bead.
anillo circular | circular annulus.
anillo circular (geometría) | ring-shaped annulus.
anillo cociente (matemáticas) | quotient ring.
anillo colector | collector ring | collecting ring | slip ring.
anillo colector (motor eléctrico) | slipring.
anillo colector de aceite | oil catch ring.
anillo colector de exhaustación (motor radial) | exhaust collector ring.
anillo colector del campo inductor | field slip ring.
anillo compensador | equalizing ring | compensation ring.
anillo compresor | compressor ring.
anillo con paletas que tienen el huelgo mínimo (su frotamiento en una señal audible de alarma - prensaestopas de turbinas de vapor) | squealer ring.
anillo con piedras preciosas engastadas | stone-set ring.
anillo condensado (química) | fused ring | condensed ring.

anillo conmutativo (matemáticas) | commutative ring.
anillo cortante | cutting ring.
anillo cortante (profundización de pozos por hundimiento) | bottom ring.
anillo cortante (profundización pozos) | sinking drum.
anillo cortante (sondeos) | shoe.
anillo cubrejunta interno (soldadura de tubos) | backing-ring.
anillo de accionamiento de dentadura interior | inner-toothed driving ring.
anillo de acero forjado por laminación | roll forging steel ring.
anillo de ajuste | adjusting ring.
anillo de almacenamiento de protones (ciclotrón) | storage ring of protons.
anillo de apoyo del inyector | nozzle support ring.
anillo de apriete | necking.
anillo de arrastre | drive ring | drag ring.
anillo de asiento de válvula | valve insert.
anillo de balancín (mecánica) | gimbal ring.
anillo de Bandl (anatomía) | contraction ring.
anillo de blindaje del pozo | pit ring.
anillo de bolas | ball ring.
anillo de borde curvado | beaded ferrule.
anillo de caldera | boiler shell ring.
anillo de caucho | rubber's ring.
anillo de centrado | locating ring.
anillo de centrar (tubos) | bead.
anillo de cierre | sealing ring | safety ring | clip ring | lock ring | set ring.
anillo de cierre (por tracción) | pull-ring.
anillo de cierre hidráulico (prensaestopas de bombas) | lantern ring.
anillo de compensación | balancing ring.
anillo de conexión | bull-ring.
anillo de conexión (electricidad) | bull ring.
anillo de contacto | contact ring.
anillo de contracción | contraction ring.
anillo de crecimiento anual (árboles) | growth ring.
anillo de cuarzo suspendido de un hilo de seda | silk-suspended quartz ring.
anillo de cuerda | grommet.
anillo de cuero | leather ring.
anillo de cuero embutido | leather packing collar.
anillo de culata | breech ring.
anillo de culata desmontable | removable breech ring.
anillo de desgaste de la traviesa superior del pivote | bolster wear ring.
anillo de desgate | clearance ring.
anillo de deslizamiento | slipring.
anillo de detención | head clip.
anillo de empaquetadura (máquinas) | junk ring.
anillo de empaquetadura del pistón de media presión | intermediate pressure piston packing ring.
anillo de engrase (electrotecnia) | oil-thrower.
anillo de engrase de cojinetes | bearing oil ring.
anillo de entubado (pozo minas) | crib.
anillo de equilibrado | equilibrium ring.
anillo de estancamiento | seal ring.
anillo de estanqueidad | sealing ring | mechanical seal | obturing ring.
anillo de estanqueidad (bombas, turbinas) | seal.
anillo de extensión | extension ring.
anillo de fijación | seating collar | clamping ring | grip ring | locking ring.
anillo de fijación de la válvula | valve circlip.
anillo de fondo (grano anular - ranguas) | collar step.
anillo de fondo (prensaestopas) | bush.
anillo de fortificación (entibación minas) | pigsty.
anillo de fortificación (minas) | drum-curb | ring.
anillo de forzamiento (proyectiles) | driving-belt | banding | constraining ring.
anillo de fricción | drag ring.
anillo de fundición centrifugada horizontalmente | pot.
anillo de garganta (maquinaria) | neck-ring.
anillo de goteo | drip ring.
anillo de guarda | keep ring | guard ring.
anillo de guarda (aisladores de rosario) | arcing ring.
anillo de guía | guide ring.
anillo de heladura (árboles) | frost ring.
anillo de horquilla | clevis ring.
anillo de impermeabilización | watertight ring | staunching ring | water seal.
anillo de junta | joint ring.
anillo de la boca (cañón) | muzzle ring.
anillo de la envolvente (alto horno) | lintel plate.
anillo de linterna (prensaestopas de bombas) | lantern ring.
anillo de lubricación | oiling ring | oil-ring | oil throw ring.
anillo de luz | ring of light.
anillo de maniobra (sondeos) | ring and wedges | spider and slips.
anillo de marfil para aislar un mango (cafetera, etc.) | collet.
anillo de paletas directrices fijas (turbina hidráulica) | speed ring.
anillo de partición | partition ring.
anillo de prensaestopas | packing washer.
anillo de presión (válvulas) | bull ring.
anillo de puente (química) | bridged ring.
anillo de radical | radical ring.
anillo de recámara del cañón | gun breech ring.
anillo de refuerzo | reinforcing ring | collapse ring.
anillo de refuerzo (rueda dentada) | shroud.
anillo de refuerzo del frente de la caja de humos | smokebox front ring.
anillo de regulación del aceite | oil-control ring.
anillo de relés electrónicos (máquinas calculadoras electrónicas) | flip-flop.
anillo de remate | cap ring.
anillo de resguardo | guard ring.
anillo de resorte | snap ring.
anillo de respaldo | backing-ring.
anillo de retención | retaining ring | retainer ring | locking ring | keeper ring | snap ring.
anillo de retención de aceite (ejes) | oil pad.
anillo de retención del rodamiento de bolas | ball-bearing retainer ring.
anillo de retenida | guard ring | check ring.
anillo de retenidas | guy ring.
anillo de retorcer | doubling ring.
anillo de revestimiento | lagging ring.
anillo de rodadura | raceway.
anillo de rodadura (cojinete de bolas) | ball-race | race.
anillo de rodadura exterior (rodamientos de bolas) | outer race.
anillo de rotación (trituradoras) | muller plate.
anillo de rozamiento | friction ring.
anillo de salida | discharge ring.
anillo de sección triangular | reveled ring | beveled ring.
anillo de seguridad | safety ring | safety ring | set-collar | check ring | guard ring.
anillo de seguridad del pistón | piston guard ring.
anillo de seis carbonos | six-member ring.
anillo de sello | signet ring.
anillo de separación de las bolas (cojinetes) | ball distance ring.
anillo de sequía (árboles) | drought ring.
anillo de sostén | bail.
anillo de sostenimiento (minas) | ring.
anillo de sostenimiento de la camisa (alto horno) | mantle supporting ring.
anillo de sostenimiento de la camisa exterior (alto horno) | mantle carrier ring.
anillo de sujección | retaining ring.
anillo de sujeción | clamping ring.
anillo de sujeción del colector | commutator retaining ring.
anillo de suspensión | casing spider bowl | load ring | hanger ring.
anillo de suspensión (barquilla de globo) | hoop.
anillo de suspensión (de varios cables que trabajan en conjunto) | concentration ring.
anillo de tela relleno de semilla de linaza (sondeos) | seed bag.
anillo de titanato de bario | barium titanate ring.
anillo de tolerancias | limit external gage.
anillo de unión de varios alambres o vientos que trabajan en conjunto | bull ring.
anillo de unión del fondo del horno a la envolvente (calderas) | ogee ring.
anillo de valuación (matemáticas) | valuation ring.
anillo de valuación discreta | discrete valuation ring.
anillo de varias piezas | multiple-piece ring.
anillo de zumbido | hum slug.
anillo del colector | collector ring.
anillo del conducto de aire de la cazoleta del bastidor del bogie | truck frame center plate air duct ring.
anillo del cuerpo | body ring.
anillo del linternón (cúpula) | spider.
anillo del linternón (cúpulas) | lantern-ring.
anillo del retículo | reticle ring.
anillo del tapón | bung ring.
anillo dentado | ring gear.
anillo deslizante | slip ring.
anillo desplazable (regulador centrífugo) | collar lever.
anillo desviador | shifting ring.
anillo difusor | diffuser ring | diffusion ring.
anillo distanciador | spacer ring.
anillo distribuidor | distributing ring.
anillo distribuidor (turbina hidráulica) | stay-ring | speed ring.
anillo divisor | index-ring.
anillo elástico | spring ring | snap ring | spring pad.
anillo en forma de la letra D | D-ring.
anillo en la parte alta y baja del fuste (para separarlo del capitel y de la base - columnas) | cincture.
anillo ensanchador | expanding ring.
anillo enterizo continuo periferalmente | peripherally continuous one-piece ring.
anillo equipotencial (electricidad) | balancing ring | equalizing ring.
anillo escurridor | drip ring.
anillo espaciador | distance ring.
anillo espaldar hendido (soldadura de tubos) | split backing ring.
anillo espectrométrico de difracción de rayos X | X-ray diffraction spectrometer ring.
anillo estanco | antileak ring.
anillo estrangulador del aire | air restrictor ring.
anillo exatómico (química) | hexa-ring.
anillo exterior | outer ring | cup.
anillo ferrorresonante | ferroresonant ring.
anillo fiador | locking ring.
anillo forjado | forged eye.
anillo forjado en el martinete | hammer-forged ring.
anillo freno | retainer flange.
anillo graduado móvil (espoletas de tiempos) | time ring.
anillo graduador | calibration ring.
anillo graduador (graduador espoletas) | setting ring.
anillo graduaespoletas | time-setting ring.
anillo grasiento para proteger de insectos (árboles) | grease band.
anillo guardapolvo | dust ring.
anillo guía | ball race.
anillo guía de cojinete | bearing track.
anillo helicoidal | coiled ring.
anillo hembra | female ring.

anillo hembra (embutición en frío) | ring.
anillo híbrido | hybrid ring.
anillo hilador | spinning ring.
anillo hololito | hololith ring.
anillo incompleto (árboles) | false ring.
anillo inferior | apron ring.
anillo interior (cojinetes) | cone.
anillo intermedio | middle ring.
anillo laminado de paredes gruesas | mould (Inglaterra).
anillo laminado sin soldadura | rolled ring.
anillo limpiador de la tubería al ser extraída (pozo petróleo) | tubing oil saver.
anillo lubricador | oil thrower | lubricating ring.
anillo lubricante | oil-ring.
anillo llave | locking ring.
anillo llenador | filling ring.
anillo macho | male ring.
anillo metálico | metallic ring.
anillo metálico (collar - mecánica) | collet.
anillo metálico colocado en una bomba para disminuir su velocidad de caída (aviación) | kopfring.
anillo micrométrico | micrometer collar.
anillo motor | drive ring | driving ring.
anillo movible | sliding keeper.
anillo móvil | floating ring | runner.
anillo normado (topología) | normed ring.
anillo obturador | obturing ring | obturating ring | lock ring | ring obturator | sealing ring | set ring.
anillo obturador (bombas, turbinas) | seal.
anillo obturador de caucho sintético | synthetic rubber sealing ring.
anillo obturador de gases | gas-check pad | gas-check ring.
anillo obturador de gases de plástico lamelar (cañones) | laminated plastic gas check ring.
anillo obturador de la cámara de combustión | combustion chamber sealing ring.
anillo obturador del lubricante (ejes) | oil pad.
anillo obturador lapeado con partículas de diamante | diamond lapped sealing ring.
anillo obturante | sealing ring.
anillo occipital (zoología) | neck-ring.
anillo ocular | eye ring.
anillo ordenado en red (matemáticas) | lattice-ordered ring.
anillo para el roce | chafing ring.
anillo para extraer tubería | pipe pulling ring.
anillo para juntas relleno a presión | pressure-filled joint ring.
anillo para soporte de la pieza | blank holder ring.
anillo paragotas | slinger.
anillo partido | split ring.
anillo pentagonal (química) | five-membered ring.
anillo pequeño | annulet.
anillo portador | carrying ring.
anillo portaescobillas (electromotor) | rocker ring.
anillo portante | case ring.
anillo portante (cuba alto horno) | mantle ring.
anillo portante (cuba de alto horno) | mantle.
anillo portaobjetivo | lens adapter.
anillo portapaletas (anillo portaálabes - turbinas) | guide-vane ring.
anillo portaplatinas | sinker ring.
anillo portarriendas | bit-ring.
anillo portarrodillos | roller gage.
anillo prensaestopa (sombrerete - de prensaestopa) | follower.
anillo protector | guard ring.
anillo protector de autorización para grabar (ficheros informáticos) | write enable ring.
anillo protector del aislador | insulator ring guard.
anillo que remata el fuste de una columna y sobre el cual descansa el capitel | annulet.
anillo quelato | chelate ring.
anillo rascador de aceite (pistón de motor) | oil-arresting ring.
anillo recogedor del aceite | oil pickup ring.
anillo recogelubricante (ejes máquinas) | slinger.
anillo reductor del zumbido (altavoces) | shading ring.
anillo reforzante compresivo | compressive reinforcing ring.
anillo refractario flotante desde cuyo interior se recoge el vidrio licuado (horno para vidrio) | ring.
anillo regulador (turbinas) | shifting ring.
anillo regulador de los álabes (turbinas) | gate-shifting ring | gate ring.
anillo retenedor de grasa | grease ring.
anillo retenedor de la empaquetadura (prensaestopas) | packing-retaining ring.
anillo retenedor del lubricante (ejes) | seal.
anillo rozante | slip ring.
anillo rozante subminiatura | subminiature slip ring.
anillo salpicador | splash ring.
anillo seguidor | follower ring.
anillo semihereditario (matemáticas) | semihereditary ring.
anillo separador | spacer | distance ring.
anillo sombrerete | keep ring.
anillo soportador de la hilera de estirar | die backing-ring.
anillo soporte (cuba alto horno) | mantle ring.
anillo soporte posterior | rear support ring.
anillo sujetador | keeper ring | locating ring | shell chuck | binder ring | snap ring.
anillo sujetador de las cabezas de las paletas (turbinas) | blade shroud.
anillo sujetador de las juntas del paletaje (turbinas vapor) | shrouding.
anillo sujetador de las paletas (turbinas) | shroud band.
anillo sujetatapa (horno eléctrico) | bezel ring.
anillo talismánico | talismanic ring.
anillo tope | retainer flange.
anillo traumático (árboles) | traumatic ring.
anillo traumático por rayo (árboles) | lightning ring.
anillo tubular alrededor del núcleo para expulsar la solución anticongelante (hélices aviones) | slinger ring.
anillo-guía | pot-eye.
anillo-guía (cojinete de bolas) | race.
anillo-guía del cojinete | bearing race.
anillos (para envergar una vela) | hanks.
anillos agatinos | agate like rings.
anillos booleanos (matemáticas) | boolean rings.
anillos cilíndricos circulares | circular cylindrical annuli.
anillos colectores | slip rings.
anillos de hadas (botánica) | fairy rings.
anillos de la vela (para envergar) | sail hanks.
anillos de Liesengang (química) | Liesegang rings.
anillos de Newton (óptica) | Newton fringes | Newton rings.
anillos de Nobili | electric rings.
anillos de relés electrónicos | flip-flop circuit.
anillos fijadores de la cámara de combustión | combustion chamber fixing rings.
anillos finales del alternador | alternator end rings.
anillos obturadores de cerámica de alúmina para el eje rotatorio | alumina ceramic rotary shaft seal rings.
anillos primitivos de matrices | primitive matrix rings.
anillos prismáticamente coloreados (halos) | prismatically colored rings.
anillos rozantes cortocircuitados | short-circuited slip-rings.
anillos sectoriales del estator | segmented stator rings.
ánima (cañones) | bore.
ánima (hilos) | core.
ánima (sicoanálisis) | anima.
ánima (taladro) | web.
ánima (tubos) | bore.
ánima clara (cañón) | bore clear.
ánima cromada (cañón) | chromium plated bore.
ánima cromada dura (cilindros) | hard chromium-plated bore.
anima curva (tubos) | curved bore.
ánima de diámetro constante (tubos) | constant diameter bore.
ánima de la hélice (buques) | propeller bore.
ánima de pequeño diámetro (cilindros, tubos) | small-diameter bore.
ánima del cañón | gunbore.
ánima del tubo | tube interior.
ánima elíptica | elliptical bore.
ánima lisa | noncorded bore.
ánima lisa (cañones) | smooth bore.
ánima rayada | rifled bore.
animación (cine) | animation.
animado (mercado) | excited.
animador | life-giving.
animador y controlador de programa (radio) | emcee (M.C).
animal alimentado con maíz | corn-fed animal.
animal alimentado con trigo | corn-fed animal.
animal atacado de locoísmo | loco.
animal criado para carne | stocker.
animal de carga | pack animal.
animal de organización inferior | lowly-organized animal.
animal de pelo | furred animal | fur-bearer.
animal estabulado | penned animal.
animal fosilizado | fossilized animal.
animal fucívoro | fucivorous animal.
animal fungívoro | fungivorous animal.
animal luminífero | light-emitting animal.
animal luminoso | light-giving animal.
animal marino | marine animal.
animal mirmecófago | ant-eating animal.
animal montaraz | wild animal.
animal necrófago | scavenger.
animal o pájaro de bosque | forester.
animal o planta que neutraliza la acción de los depredadores (caza) | buffer.
animal para carne | stocker.
animal para ensayos biológicos | laboratory animal.
animal parásito (zoología) | guest.
animales de carga | pack stock.
animales en estabulación | stall fed animals.
animales laníferos | lanigerous animals.
animales nectónicos (oceanografía) | nektonic animals.
animales reproductores | breeding stock.
animales societarios (zoología) | sociable animals.
animales vivos | livestock.
animales xerofílicos | xerophilic animals.
animascopio (cañones, interior de tubos o cilindros) | borescope.
anime blanco (Protium guianense) | anime blanca.
animikita | animikite.
anión | anion.
anión electrómero | electromeric anion.
anión plurivalente | multivalent anion.
anión polivalente | polyanion.
aniónico | anionic.
aniónígeno | acid forming.
anionotropía | anionotropy.
aniquilación de un antinucleón por un nucleón | annihilation of an antinucleon by a nucleon.
aniquilación del positrón | positron annihilation.
aniquilación en masa | mass annihilation.
aniquilación materia-antimateria | matter-antimatter annihilation.
aniquilación protón-antiprotón | proton-antiproton annihilation.
aniquilador | annihilator.
aniquilamiento de núcleos aislados de resistencia | mopping up.

aniquilamiento laguna-intersticial (cristalografía) | vacancy-interstitial annihilation.
aniquilamiento relativista | relativistic annihilation.
aniquilar | wipe out (to).
aniquilar (un ejército) | rout (to).
aniquilar a un adversario | extinguish an adversary (to).
aniquilar los núcleos aislados de resistencia | mop up (to).
anirradiado | unirradiated.
aniseicónico | aniseikonic.
anisentrópico | nonisentropic.
anisocromático | anisochromatic.
anisodíametrico | aniosodiametric.
anisodimensional | anisodimensional.
anisoelástico | anisoelastic.
anisogamia | anisogamy.
anisogenia | anisogeny.
anisometría | anisometry.
anisotermia | anisothermy.
anisotérmico | nonisothemal.
anisótono | anisotonic.
anisotropía | anisotropy | anisotropism.
anisotropía de la madera | wood's anisotropy.
anisotropía de la microdureza | microhardness anisotropy.
anisotropía de tamaño de bloques de mosaico | mosaic-block-size anisotropy.
anisotropía del retículo | lattice anisotropy.
anisotropía elástica | elastic anisotropy.
anisotropía friccional de los diamantes | frictional anisotropy of diamonds.
anisotropía magnetocristalina | magnetocrystalline anisotropy.
anisotropía óptica | optical anisotropy.
anisotropia rotatoria | rotatable anisotropy.
anisotrópico | aelotropic.
anisotropismo | anisotropism.
anisótropo | anisotrope | anisotropic | nonisotropic | anisotropous.
anisótropo según los tres ejes | triaxially anisotropic.
aniversario | holiday.
ankaratrita | ankaratrite.
ankerita | brown spar.
annabergita | nickel bloom.
ano | vent.
anodado | annodated.
anodal | anodal.
anódicamente | anodically.
anódico | anodal | anodic.
anodización | anodization | anodizing.
anodización por ácido fosfórico | phosphoric acid anodizing.
anodizado | anodizing.
anodizado brillante | bright-anodized.
anodizado con ácido crómico | chromic acid anadizing.
anodizado con ácido oxálico | oxalic acid anodizing.
anodizado con ácido sulfúrico | sulfuric acid anodizing.
anodizado continuo de bandas de aluminio | aluminum strip continuous anodizing.
anodizado duro | hard anodizing.
anodizado en color | color anodizing | dye-anodized.
anodizado en color de bronce | bronze-anodized.
anodizado en color dorado | gold anodized.
anodizado en oro | gold anodised.
anodizado galvánico | galvanic anodizing.
anodizado negro (revestimiento con capa de óxido cúprico negro) | black anodizing.
anodizador | anodizer | anodizer (USA).
anodizamiento en color | dye anodizing.
anodizar | anodize (to) | plate (to).
anodizar en color | dye anodice (to) | dye-anodize (to) | color-anodize (to).
ánodo | anelectrode | positive electrode | positive plate.
ánodo (diodos, tubo electrónico) | plate.
ánodo (electricidad) | anode.
ánodo (lámpara termiónica) | plate.
ánodo (termiónica) | anode.
ánodo acelerador | accelerating anode.
ánodo acelerador del haz | beam accelerating anode.
ánodo activado | energized anode.
ánodo auxiliar (radio) | keep-alive anode.
ánodo auxiliar de descarga | relieving anode.
ánodo contra la corrosión | anticorrosion anode.
ánodo de aluminio | aluminum anode.
ánodo de anillo | ring anode.
ánodo de capucha | hooded anode.
ánodo de carbón | carbon anode.
ánodo de cebado | exciting anode | ignition anode.
ánodo de cobalto | cobalt anode.
ánodo de chatarra | scrap anode.
ánodo de derivación | by-pass anode.
ánodo de disco | disc anode.
ánodo de enfoque | focusing anode.
ánodo de excitación (rectificadores) | excitation anode.
ánodo de grafito | graphite anode.
ánodo de ignición | starting anode.
ánodo de ionización | holding anode.
ánodo de lámpara | valve plate.
ánodo de magnesio consumible | expendable magnesium anode.
ánodo de magnesio del tanque de lastre (corrosiones) | ballast tank magnesium anode.
ánodo de magnesio para protección galvánica | magnesium galvanic anode.
ánodo de modulación | modulating anode.
ánodo de níquel por fusión | cast nickel anode.
ánodo de titanio platinado | platinized titanium anode.
ánodo del diodo | diode plate.
ánodo el diodo | diode anode.
anodo electrolítico | electrolytic anode.
ánodo en saquete | bagged anode.
ánodo enfundado | bagged anode.
ánodo ennegrecido | carbonized anode.
ánodo excitador | exciting anode.
ánodo hendido | split anode.
ánodo hueco | hollow anode.
ánodo intensificador | postaccelerating anode.
ánodo interdigital | interdigital anode.
ánodo mantenedor | holding anode.
ánodo metálico revestido de negro de humo | carbonized anode.
ánodo parcialmente destruido (electrólisis)
ánodo partido | split anode.
ánodo precocido | prebaked anode.
ánodo principal | main anode.
ánodo protector fungible (protección catódica) | sacrificial anode.
ánodo rotatorio | rotating anode.
ánodo subsidiario | subsidiary anode.
ánodo terminal | ultor.
ánodo unilateralmente polarizante | unilaterally polarising anode.
anodoluminiscencia | anodoluminescence.
anodoluminiscente | anodoluminescent.
anodomecánico | anodomechanical.
anógeno | anogene.
anolito (electroquímica) | anolyte.
anomalía | anomaly | fault | bug | abnormality.
anomalía biogeoquímica | biogeochemical anomaly.
anomalía botánica | botanical anomaly.
anomalía de funcionamiento | trouble.
anomalía de la altura geodinámica | dynamic height anomaly.
anomalía de la diferencia de geopotencial (oceanografía) | dynamic height anomaly.
anomalía de la diferencia geopotencial | anomaly of dynamic height.
anomalía excéntrica | eccentric anomaly.
anomalía gravimétrica de 0 | gravity anomaly of 0.5 milligal.
anomalía gravimetríca en un area de 40 a 70 kilómetros de radio | anomaly-level anomaly.
anomalía isostática | isostatic anomaly.
anomalía magnética negativa | magnetic low.
anomalía magnética positiva | magnetic high.
anomalías del desarrollo | developmental abnormalities.
anomalías magnéticas regionales | regional magnetic anomalies.
anomalías refractivas | refractive anomalies.
anomalístico (astronomía) | anomalistic.
anomaloscopio | anomaloscope.
anomérico | anomeric.
anomía | anomy.
anómico | anomic.
anonadarse | come to nothing (to).
anónimo | authorless.
anopistografía | anopisthography.
anopistográfico | anopisthographic.
anopistógrafo | anopisthograph.
anóptico | anoptic.
anormal | out of the ordinary | unnatural | irregular.
anormalidad | abnormality.
anórtico | anorthite | anorthic.
anortita | anorthite | anorthic feldspar | lime feldspar.
anortografía | anorthography.
anortoscopio | anorthoscope.
anortositización | anorthositization.
anotación | entry | record | notation | note.
anotación (contabilidad) | entry.
anotación (de mercancías) | tally.
anotación cronológica (telecomunicación) | logging.
anotación cronológica de hechos en un diario | logging.
anotación de asientos (estructuras) | settlement records.
anotación de contabilidad | tally.
anotación de datos | logging of data.
anotación de errores | logging.
anotación de las inspecciones | record of surveys.
anotación de un pedido | incoming orders.
anotación marginal | marginal note.
anotaciones del cuaderno de bitácora (buques) | log records.
anotado | entered.
anotador | recording | recorder.
anotador de tiempos de ejecución (talleres) | timekeeper.
anotadora (cine) | script-girl.
anotar | file (to) | record (to) | log up (to) | log (to) | note (to) | minute (to) | enter (to) | set down (to) | paper (to) | mark (to) | mark down (to) | tally (to) | post (to).
anotar (nombres) | list (to).
anotar al margen | margin (to).
anotar el rumbo y velocidad de un convoy (marina) | track a convoy (to).
anotar en el diario de navegación (buques, aviones) | log (to).
anotar en el libro mayor (contabilidad) | enter in the ledger (to).
anotar en el registro | record (to).
anotar fecha de vencimiento | due-date (to).
anotar la hora de llegada | book in (to).
anotar la hora de salida | book out (to).
anotar la producción | schedule production (to).
anotar mercancías | tally (to).
anotar resultados en un registro | log (to).
anotar un pedido | enter an order (to) | book an order (to).
anotrón | anotron.
anoxemia | anoxaemia.
anoxía | anoxia.
anoxia histotóxica (medicina aviatoria) | histotoxic anoxia.
anoxia por circulación sanguínea inadecuada | stagnant anoxia.
anquieutéctico | anchieutectic.
anquilostomiasis | ankylostomiasis | miner's anemia | miners' disease.
anquimonomineral | anchimonomineralic.

ansación | ansation.
ansiosamente esperado | impatiently awaited.
anta | anta.
anta (zoología) | elk.
antagónico | conflicting.
antagonismo | clash | confliction.
antagonismo (de intereses) | contrariety.
antagonista | opposed.
Antártica | Antarctica.
antártico | antarctic.
ante (piel de gamo) | doeskin.
ante el tribunal | ad barram.
ante notario | in black and white.
antecámara | anteroom | lobby | antichamber.
antecámara (cajón neumático) | lock.
antecedente | former.
antecedentes | background.
antecedentes criminales | criminal record.
antecedentes de un solicitante | record of an applicant.
antecedentes de una persona | record.
antecedentes familiares | family record.
antecedentes penales | police record | penal record | criminal record | criminal background.
anteco | antecian | antoecian.
antecrisol (cubilote) | breast pan.
antecrisol (cubilotes) | receiver.
antecrisol (horno de solera) | casting shoe.
antecrisol (hornos) | iron receiver.
antecrisol (hornos Siemens) | forehearth.
antecrisol de autodescoriado (cubilotes) | autoslagging forehearth.
antecuerpo (telares) | pressure harness.
antedársena | outer dock.
antedatar | foredate (to).
antedistribuidor (turbina hidráulica) | stay-ring.
anteduna | foredune.
antefechar | foredate (to).
antefirma | undersigned.
antefirma indicando la autoridad que delega (por ejemplo - por orden del coronel) | command line.
antegrada (grada de construcción) | ways-end.
antelación | priority.
antelia (óptica) | glory.
antelio | anthelion | antisun.
antelios | anthelia.
antelucano | antelucan.
antemedano | foredune.
antemion | anthemion.
antemiones | anthemia.
antena | aerials.
antena (EE.UU.-radio) | antenna.
antena (G.B. - radio) | aerial.
antena (radar) | radiator.
antena (radio) | aerial wire.
antena (zoología) | feeler | scape.
antena activa | driven antenna.
antena activa (antena direccional) | exciter.
antena aérea | aerial antenna.
antena amplificadora | antennafier.
antena antiparasitaria | antistatic antenna.
antena aperiódica | untuned aerial | all-wave antenna.
antena artificial | dummy antenna | quiescent antenna | mute antenna.
antena asintonizada | untuned aerial.
antena auxiliar para completar la cobertura (radar) | gap filler.
antena auxiliar para determinar la dirección verdadera | sense antenna.
antena bicónica | biconical antenna | biconical horns.
antena bicónica de aberturas múltiples | multiport biconical antenna.
antena bicónica de jaula | biconical cage antenna.
antena cargada (con una inductancia en serie) | loaded antenna.
antena cargada en la base | base-loaded antenna.
antena cerrada | loop antenna.
antena cilíndrica hendida | split-can antenna.
antena circular hendida axialmente | axially slitted circular antenna.
antena circular plana | wheel antenna.
antena colectiva | community antenna | combined aerial | master antenna | block antenna.
antena colectiva de televisión | master television antenna.
antena colgante (aviones) | trailing aerial | drag antenna.
antena colgante con muy poca resistencia al aire | low-drag antenna.
antena colineal de dipolos | lazy H antenna.
antena colinear con dos dipolos | lazy H.
antena colocada en la extremidad de la cola (aviones) | tail-cap antenna.
antena colocada en la extremidad del ala (aviones) | wing-cap antenna.
antena compensadora | balancing antenna | counterpoise antenna.
antena compleja orientable | multiple-unit steerable antenna.
antena con acoplamiento de horquilla | hairpin antenna.
antena con adaptador en delta | delta-matched impedance antenna | Y-antenna.
antena con alimentación central | center fed antenna | center-driven antenna.
antena con alimentación directa | driven antenna.
antena con capacitor en la extremidad | top-capacitor antenna.
antena con conductos dispersores | leaky-pipe antenna.
antena con conexión a tierra | grounded antenna.
antena con conmutador emisión-recepción | duplexer.
antena con dipolo parcialmente cubierto | sleeve-dipole antenna.
antena con el hilo superior horizontal | flat roof-antenna.
antena con irradiación vertical proporcional a la cosecante del ángulo de depresión | cosecant antenna.
antena con los hilos superiores horizontales | flattop antenna.
antena con polarización horizontal | ground plane antenna.
antena con reflector angular | angled reflector antenna.
antena con reflector de cuerno | horn reflector antenna.
antena con sintonía múltiple | multiple-tuned antenna.
antena con supresión de los lóbulos laterales de irradiación | sidelobe-suppression antenna | suppressed sidelobe antenna.
antena con tierra artificial | ground plane antenna.
antena con unipolo semicubierto | sleeve antenna.
antena concentradora de ondas | leaky-wave antenna.
antena constituida por un cilindro elíptico con ranura | slotted-elliptic cylinder antenna.
antena corta | stub antenna.
antena cruzada | turnstile antenna.
antena cuadrada con excitación en los ángulos | corner-driven square loop antenna.
antena cuadrantal | quadrantal antenna.
antena de alimentador coaxial | coaxial antenna.
antena de ángulo cóncavo | corner antenna.
antena de avión | aircraft antenna.
antena de banda ancha | broadband antenna.
antena de bocina (radar) | horn antenna.
antena de bocina bicónica | biconical horn antenna.
antena de campo giratorio | turnstile antenna.
antena de capacitancia | capacitor antenna.
antena de carga capacitiva | capacity loaded antenna.
antena de carga terminal | top-loaded antenna.
antena de carretel | reel antenna.
antena de cavidad | cavity antenna.
antena de cilindro ranurado | slotted-cylinder antenna.
antena de cola (aviones) | fin antenna.
antena de compensación | aerial screen.
antena de contrarrotación | despin antenna.
antena de contrarrotación electrónica | electronic despun antenna.
antena de cuadro | loop antenna | frame antenna | radio loop | coil antenna | loop aerial.
antena de cuadro circular | circular loop antenna.
antena de cuadro equilibrada | balanced loop antenna.
antena de cuadro giratorio | rotating loop.
antena de cuadros ortogonales | crossed-loop antenna.
antena de cuarto de onda | quartet-wave antenna.
antena de diedro reflectante | corner reflector antenna.
antena de dipolo | doublet antenna.
antena de dipolo horizontal | zepp antenna.
antena de dipolos superpuestos | staked dipoles.
antena de disco paraboloidal (televisión) | paraboloidal dish antenna.
antena de disco y cono | discone antenna.
antena de doble dipolo | lazy-H antenna.
antena de elementos múltiples defasados | phased array.
antena de elementos superpuestos | tiered antenna.
antena de elementos superpuestos (radio) | stack.
antena de embudo | horn flare.
antena de esferoide alargado | prolate spheroidal antenna.
antena de estilete (autos) | whip aerial.
antena de faro | headlight antenna.
antena de fase progresiva | end-fire antenna.
antena de fuga de onda | leaky-wave antenna.
antena de ganancia unidad | unity gain antenna.
antena de grandísima apertura (radar) | giant aperture antenna.
antena de haz | beam antenna.
antena de haz de abanico | fanned-beam antenna.
antena de haz en abanico | beavertail aerial.
antena de haz giratorio | rotary beam antenna.
antena de haz orientable | steerable beam antenna.
antena de haz selectivo | selecto-beam antenna.
antena de hélice cónica | conical helix antenna.
antena de hendidura recubierta de plasma | plasma-clad slot antenna.
antena de hendidura terminada en una guía de onda | terminated-waveguide slot antenna.
antena de látigo | whip antenna.
antena de línea de transmisión con placas paralelas | pillbox antenna.
antena de mariposa | superturnstile antenna.
antena de mástil | mast antenna.
antena de microondas | microwave antenna.
antena de molinete | turnstile antenna.
antena de muesca | notch antenna.
antena de núcleo de ferrita | ferrite rod antenna.
antena de núcleo magnético | magnet-core antenna.
antena de núcleo magnético elipsoidal | ellipsoidal core antenna.
antena de onda completa | full-wave antenna | wave antenna.
antena de onda de superficie esférica | spherical surface-wave antenna.
antena de onda progresiva | travelling wave aerial.
antena de peine | comb antenna.
antena de período logarítimico | log-periodic antenna.
antena de pirámide invertida | funnel antenna.

antena de plástico | plastic aerial.
antena de prueba | phantom aerial | dummy antenna | dumb antenna.
antena de radar colocada sobre el montaje (cañones) | on-mount radar antenna.
antena de radar para reunión espacial | rendezvous radar aerial.
antena de radiación horizontal mínima | folded top antenna.
antena de radiación longitudinal | end-on directional antenna.
antena de radiación vertical en abanico | fan-marker antenna.
antena de radiofaro | marker antenna.
antena de radiotelescopio (astronomía) | meridian radiotelescope antenna.
antena de radiotelescopio utilizada como instrumento de pasos (radioastronomía) | meridian-transit radiotelescope antenna.
antena de ranura | slot antenna | notch antenna.
antena de rastreo | tracking antenna.
antena de recepción de telemandos | command receive antenna.
antena de red | mains aerial.
antena de reflector | mirror aerial.
antena de reflector parabólico | parabolic reflector aerial.
antena de reflector plano | plane reflector antenna.
antena de reflector triedro | trigonal reflector antenna.
antena de reflexión | antenna reflector.
antena de relé retransmitiente (radar) | duplexer.
antena de secciones múltiples | multiple bay antenna.
antena de seguimiento | tracking antenna.
antena de semionda | half-wave antenna.
antena de sentido | sensing antenna.
antena de techo plano | flattop antenna.
antena de telaraña (radio) | bat-wing antenna.
antena de telemando y telemedida | command and telemetry antenna.
antena de telemetría de haz toroidal | toroidal beam telemetry antenna.
antena de telemetría direccional | directional telemetry antenna.
antena de telemetría para misiles | missile telemetering antenna.
antena de televisión | television antenna.
antena de televisión colectiva | community televisión antenna.
antena de tiro | fire director antenna.
antena de transmisión vertical | antifading antenna.
antena de varilla | flagpole antenna.
antena de varilla extensible (autos) | whip aerial.
antena de varillas múltiples | polyrod antenna.
antena de varios elementos cruzados superpuestos | turnstiled stacked antenna.
antena de vigilancia (radar) | search-tracking antenna.
antena del buscador radárico | radar scanner aerial.
antena del sonido | sound aerial.
antena dentro del ala | wing antenna.
antena desenrollable | unfurlable antenna.
antena desmontable | dismountable antenna.
antena desplegable | unfurlable antenna.
antena detectora | search antenna.
antena dieléctrica de poliestireno | polyrod antenna.
antena dieléctrica de varillas | polyrod antenna.
antena dipolo (antena de media onda) | dipole antenna.
antena dipolo con tetón adaptador de 1/4 de onda | stub-matched antenna.
antena dipolo en T equilibrada | T-matched antenna.
antena dipolo magnético de cuatro bucles | cloverleaf antenna.
antena dípolo magnético de trébol | clover-leaf antenna.
antena dipolo multifilar | multiple wire dipole antenna.
antena dipolo plegada | folded dipole antenna.
antena dipolo prolongada | extended double-zepp antenna.
antena direccional | array | beam antenna.
antena direccional de hilos escalonados | echelon antenna.
antena direccional de longitud mayor que la de la señal | wave antenna.
antena direccional de reflector plano | beds-pring | billboard | mattress.
antena direccional en abanico (con los lóbulos principales de sección elíptica) | harp antenna | spider web aerial | fan antenna.
antena direccional en espina de pescado | fishbone antenna | Christmas tree antenna.
antena direccional giratoria (radar) | scanner.
antena direccional múltiple con radiación máxima en la dirección del conjunto de antenas | end-fire array.
antena direccional plana | saxophone antenna.
antena direccionalizada | directionalized antenna.
antena directriz (delante de la antena activa) | antenna director.
antena dirigida | directional aerial.
antena dirigida hacia los lados | divided broadside aerial.
antena duplex | antenna duplexer.
antena electrostática | open antenna.
antena electrostática (antena de capacitancia) | condenser antenna.
antena emisora | radiator | radiating antenna.
antena en abanico | fan-shaped antena | fanned antenna.
antena en cono invertido | horn-type antenna.
antena en espiral de Arquímedes de dos hilos | Archimedean two-wire spiral antenna.
antena en espiral logarítmica | log-spiral antenna.
antena en forma de J | J antenna.
antena en hélice sintonizada entre amplios límites de frecuencia | wide frequency range tuned helical antenna.
antena en hélice sintonizada para grandes bandas de frecuencia | wide-frequency range tuned helical antenna.
antena en L | L aerial.
antena en L invertida | inverted L antenna.
antena en pirámide invertida | funnel-shaped aerial.
antena en T | T aerial.
antena en V | folded-wire antenna.
antena en V invertida | inverted-V antenna.
antena enchufable a la red | lightline antenna | mains antenna.
antena enterrada | earth antenna | ground antenna.
antena espiral | spiral aerial.
antena exploradora (radar) | scan antenna.
antena exploradora (TV) | scanner.
antena exterior | open antenna | outdoor antenna.
antena fantasma | phantom aerial.
antena ficticia | dummy antenna.
antena formada por capas horizontales de antenas de media onda | turnstile antenna.
antena giratoria | rotating antenna | rotating radiator.
antena helicoidal | corkscrew antenna.
antena helicoidal de alimentación lateral | side-firing helical antenna.
antena helicoidal montada en cavidad | cavity-mounted helical antenna.
antena horizontal con dipolos próximos en contrafase | flattop antenna | plane aerial | sheet antenna.
antena horizontal omnidireccional de banda ancha | omnidirectional wide-band horizontal aerial.
antena imaginaria situada debajo de la superficie y directamente debajo de una antena real | image antenna.
antena inactivada | unloaded antenna.
antena incorporada (antena dentro de la caja - de la radio) | built-in antenna.
antena indicadora de dirección | direction finder.
antena interior | indoor antenna.
antena interior para T.V | indoor television antenna.
antena isótropa | isotropic antenna.
antena isotrópica | unipole | isotropic antenna.
antena laminada para onda ultracorta | laminated antenna.
antena larvaria (zoología) | larval antenna.
antena monofilar | wire antenna.
antena monopolar | monopole antenna.
antena monopolo con capacidad en la extremidad | top-loaded antenna.
antena multifilar | cage antenna | multiwire antenna.
antena multifilar de hilos paralelos | multiple wire antenna.
antena multifilar triangular | multiwire-triatic antenna.
antena múltiple | multiple antenna.
antena múltiple en cruz | batwing antenna.
antena no cargada | unloaded antenna.
antena no direccional | equiradial antenna.
antena no resonante | dumb antenna.
antena omnidireccional | nondirective antenna | omnidirective antenna | omniaerial | omnidirectional antenna.
antena omnidireccional de gran ganancia | omnidirectional high-gain antenna.
antena omnionda | multiband antenna | wide-band antenna.
antena omnionda omnicanálica | all-channel all-wave antenna.
antena orientable | rotator | mobile antenna.
antena orientable de varios elementos | multiunit steerable antenna.
antena orientada | directional aerial.
antena para completar la cobertura (radar) | gapfiller.
antena para comunicación orientable sin inercia | inertialess steerable communication antenna.
antena para comunicaciones troposféricas | tropo antenna.
antena para dos canales | dual-band antenna.
antena para hiperfrecuencias | UHF antenna.
antena para levantamiento topográfico del terreno | ground-mapping antenna.
antena para microondas de alta ganancia | high-gain microwave antenna.
antena para microondas verticalmente polarizada | vertically polarized microwave antenna.
antena para onda superficial de disco dieléctrico | surface-wave dielectric-disc antenna.
antena para ondas centimétricas | centimetric-wave antenna.
antena para ondas decimétricas | UHF antenna.
antena para reflector parabólico | parabolic reflector aerial.
antena para satélite artificial | satellite antenna.
antena para todas ondas | broadband antenna.
antena para vehículos | vehicular antenna.
antena para visión | vision aerial.
antena parabólica | dish antenna | parabolic antenna.
antena parabólica de rejilla abierta | open grid parabolic antenna.
antena paraboloidal | paraboloidal aerial | dish antenna.
antena pasiva | indirectly fed antenna.
antena pelicular | skin antenna.
antena plana con hendidura en anillo | annular slot planar antenna.
antena polarizada circularmente independiente de la frecuencia | circularly-polarized frequency-independent antenna.

antena prismática | prismatic antenna.
antena radárica | radiolocator aerial.
antena radárica reforzada con estructura faviforme | honeycomb-reinforced radar scanner.
antena receptora de longitud de cuarto de onda | quarter-wave receiving antenna.
antena receptora de toda onda | all-wave antenna.
antena receptora del satélite | satellite receive antenna.
antena receptora para determinar la dirección de la señal | sensing antenna.
antena replegada | bowtie antenna.
antena resonante | resonant aerial.
antena retractible | retractible antenna.
antena retrodirectiva | retrodirective antenna.
antena rómbica | diamond antenna | rhombic antenna.
antena rómbica múltiple | multiple rhombic antenna | multiple-unit steerable antenna | musa antenna.
antena rotativa | rotating aerial.
antena rotativa exploradora (radar) | spinner.
antena sintonizada | modulated antenna | resonant antenna | periodic antenna.
antena sintonizada de gran impedancia | Q-antenna.
antena superdirectiva | supergain antenna.
antena telescópica | trailing aerial.
antena telescopizante | telescoping antenna.
antena torniquete | bay turnstile antenna.
antena toroidal | doughnut antenna.
antena transmisora de torre | tower radiator.
antena vertical aislada en uno o más puntos de su longitud | sectionalized vertical antenna.
antena vertical alimentada en serie | end-fed vertical aerial | series-fed vertical antenna.
antena vertical alimentada por un extremo | end-fed vertical antenna.
antena vertical con alimentación en derivación | shunt-fed vertical antenna.
antena virtual | image antenna.
antena Yagi | end-on directional antenna | end-fire array | staggered antenna.
ántena Yagi polarizada verticalmente | vertical polarized Yagi array.
antenas rómbicas superpuestas | stacked rhombic antennas.
antenas sensoriales del radiogoniómetro (aviones) | radiocompass sense-antennae.
antenista (radio, TV) | antenna installator.
antenna Beverage | wave antenna.
anteojera | eyeflap.
anteojera (animales) | eyeguard.
anteojo | telescope.
anteojo acodado | elbow telescope.
anteojo altimétrico con transmision automática de datos (artillería) | elevation tracking telescope.
anteojo analático | anallatic telescope.
anteojo autocolimador | autocollimating telescope.
anteojo buscador | telescopic finder.
anteojo buscador (telescopio) | finder.
anteojo catadióptrico | catadioptric telescope.
anteojo catóptrico | catoptric telescope.
anteojo con el eje óptico principal fuera del tubo del anteojo | off-axis telescope.
anteojo de alza (cañones) | sighting-telescope.
anteojo de ánima (cañón) | bore sighting.
anteojo de antenas | scissors telescope.
anteojo de antenas de batería | battery scissors telescope.
anteojo de buque | ship's telescope.
anteojo de enfoque externo | external-focusing telescope.
anteojo de enfoque interno | internal-focusing telescope | internal focusing telescope.
anteojo de la regla de puntería | aiming rule telescope.
anteojo de lecturas | reading telescope.
anteojo de objetivo desplazable | traveling telescope.
anteojo de puntería | optical sight.
anteojo de puntería (cañones) | sighting-telescope.
anteojo de puntería del cañón | gunsight telescope.
anteojo de puntería para tiro directo | direct-fire sights.
anteojo de referencia | auxiliary telescope.
anteojo del cañón | gun telescope.
anteojo del nivel | level telescope.
anteojo del sextante | sextant telescope.
anteojo dióptrico | dioptric telescope.
anteojo enderezador de foco fijo | fixed-focus erecting telescope.
anteojo estadimétrico | telescope equipped for stadia.
anteojo fotocenital | photo-zenith tube.
anteojo goniométrico | goniometer glass.
anteojo meridiano | meridian instrument.
anteojo meridiano (astronomía) | transit circle.
anteojo panorámico | panoramic telescope.
anteojo para comprobar la alineación de bancadas y guías de máquinas largas | surface aligment telescope.
anteojo para puntería de noche (armas) | night sighting telescope.
anteojo periscópico | elbow telescope.
anteojo reflector | reflector.
anteojo refractor | dioptric telescope.
anteojo seguidor | tracker.
anteojo seguidor del misil | missile-tracking telescope.
anteojo taquimétrico | distant-measuring telescope.
anteojo telemétrico | distant-measuring telescope.
anteojos de protección | goggles.
antepañol de municiones (buques) | ammunition handing room.
antepañol de pólvoras (buques guerra) | handing room.
antepañol de proyectiles (buques guerra) | shell handling room.
antepatio | forecourt.
antepecho | parapet | panel wall | railing.
antepecho (arquitectura) | pane wall.
antepecho (minas) | bench.
antepecho (telar) | forebeam.
antepecho (textil) | breast beam.
antepecho (ventana) | breast.
antepecho (ventanas) | breast wall | back | apron wall.
antepecho de ventana | window sill.
antepedio | antepedium.
anteplaya | foreshore.
anteportada | bastard title.
anteportada (imprenta) | fly title.
antepozo (petróleo) | cellar.
antepozo (sondeo) | foreshaft.
anteproyecto | preliminary design | preliminary scheme | survey | tentative design | preliminary project | rough drawing | draught | draft project | draft.
anteproyecto de montaje | mounting design.
anteproyecto de presupuesto | preliminary draft budget.
antepuerto | outer harbor.
anteras (botánica) | thrum.
anteridio esférico (Caraceas) | globule.
anterior | forward | former | leading.
anteriormente en este documento | hereinabove.
antes citado | above-cited.
antes de adjudicar el contrato | before the contract will be awarded.
antes de aterrizar | prelanding.
antes de conformar | prior to shaping.
antes de despegar | pretakeoff.
antes de impuestos | before tax.
antes de la fecha de apertura | prior to the opening date.
antes de la fecha de publicación (libros) | advance copy.
antes de la fecha de vencimiento del plazo | prior to the due date.
antes de la prueba | prior to testing.
antes de la salida del sol | pre-sunrise.
antes de las 12 horas del día | ante-meridian.
antes de poner en servicio (máquina) | pre-commissioning.
antes de preparar (datos) | nonedited.
antes de su instalación | prior to be installed.
antes del punto muerto superior | before top dead center.
antes del vuelo | preflight.
antes que nada | first and foremost.
antesala | anteroom | antichamber.
antesolera (hornos) | upstream hearth.
anteumbral | upstream sill.
anti factor Rh | anti Rh.
antiácido | acid resisting | acid resistant | acidproof | antacid | antiacid.
antiacústico | antiacoustic | sound-absorbing.
antiadherente | nonadherent.
antiadhesividad | antiadhesiveness.
antiaéreo | antiaircraft | flak.
antiálcali | alkaliproof.
antialcalino | alkali-resisting | antalkaline.
antiantropomorfismo | antianthropomorphism.
antiapex | antiapex | antapex.
antiápex solar | solar antiapex.
antiasfixiante | antiasphyxiating.
antiatascos | anti-blocking.
antibalance | antirolling.
antibalón (continua hilar de anillos) | separator.
antibarión | antibaryon.
antibasilicano | antibasilican.
antibiosis | antibiosis.
antibiótico | antibiotic.
antibiótico de amplio espectro | wide-spectrum antibiotic.
antibiótico de amplio espectro de acción | broad spectrum antibiotic.
antibióticos irradiados con tritio | tritium-labeled antibiotics.
antibióticos marinos | marine antibiotics.
antiblástico | antiblastic.
antibrómico | antibromic.
anticanceroso | anticancerous.
anticapacitivo | anticapacity.
anticarrista | tank hunter.
anticarrista de granada de fusil | antitank rifle grenadier.
anticarro | antitank.
anticarro (armas) | antimechanized.
anticatalizador | anticatalyzer.
anticátodo | anticathode | target.
anticausótico | anticausotic.
anticáustico | anticaustic.
anticementante (metalurgia) | anticement.
anticiclogénesis | anticyclogenesis.
anticiclón | anticyclone.
anticiclón de la Antártida | Antarctic anticylone | Antarctic high.
anticiclón glacial | glacial anticyclone.
anticiclón polar | Arctic anticyclone | Arctic high.
anticiclónico | anticyclonic | cum sole.
anticiclotrón | anticyclotron.
anticientífico | antiscientific | antiscientifical.
anticipación | forestalling.
anticipación (música) | anticipation.
anticipación de retenido (circuito) | carry look-ahead.
anticipado | advanced.
anticipar | back date (to) | accelerate (to).
anticipar (dinero) | advance (to).
anticipar contra una letra documentaria | make an advance against documentary draft (to).
anticipar una noticia (periódicos) | break (to).
anticipo | advance payment | advance | loan | earnest money | retaining fee | retainer.
anticipo a contratistas | cash advance to contractors.

anticipo a cuenta | retainer | retaining fee | payment on account.
anticipo de clientes sobre ingresos comerciales | advances of customers on sales tax.
anticipo en descubierto | advance in blank.
anticipo que hace el Estado a un proveedor | imprest.
anticipo sobre exportaciones | advance on exports.
anticipos (dinero) | advances.
anticipos a proveedores | advance payments to suppliers.
anticipos reembolsables | returnable advances | reimbursable advances.
anticipos sobre conocimientos de embarque | advances against bill of lading.
anticipos sobre mercancías | advances on merchandise.
anticipos varios | advances sundry.
anticlástico | anticlastic.
anticlinal | saddle | anticlinal | anticlinal fold.
anticlinal (geología) | arch.
anticlinal acostado | recumbent anticline.
anticlinal aéreo (geología) | aerial arch.
anticlinal al aire (geología) | air saddle.
anticlinal aquillado | carinate anticline.
anticlinal asimétrico | asymmetric anticline | inclined anticline.
anticlinal buzante | plunging anticline.
anticlinal calvo | bald-headed anticline.
anticlinal compuesto | composite anticline.
anticlinal con la cresta erosionada | aerial arch.
anticlinal de silla | air saddle.
anticlinal desmantelado | breached anticline.
anticlinal en forma de silla de montar | saddle reef | saddle-reef.
anticlinal fracturado | break anticline.
anticlinal inclinado | inclined anticline.
anticlinal interrumpido | arrested anticlinal.
anticlinal isoclino | isoclinal anticline.
anticlinal parado | erect anticline.
anticlinal tumbado | overturned anticline.
anticlinario | geanticline.
anticlino | anticline.
anticlinorio | anticlinorium.
anticlisa (geología) | anticlise.
anticloro | antichlor.
anticoincidencia | anticoincidence.
anticomercial | unbusinesslike.
anticondensación | anticondensation.
anticongelador | antiicer.
anticongelador (alas de aviones) | anticer.
anticongelador para la hélice | propeller antiicer.
anticongelante | antifreeze | antifreezing | freeze-proof.
anticongelante para automóviles | automotive antifreeze.
anticonmutador | anticommutator.
anticonmutar | anticommute (to).
anticonstitucional | unconstitutional.
anticorrosión | anticorrosion.
anticorrosividad | anticorrosivity.
anticorrosivo | anticorrosive | corrosion-proofing | corrosion-resisting | corrosion-inhibiting | antirust.
anticortocircuito (electricidad) | antishort.
anticrepúsculo | countertwilight.
anticresis | antichresis.
anticresista | creditor in antichresis.
anticrético | antichretic.
anticríptico | anticryptic.
anticuado | out-dated | not up to date | obsolete.
anticuar | antiquate (to).
anticuario | antique dealer.
anticuario (adjetivo) | antiquarian.
anticuarse | obsolete (to) | fossilize (to).
anticuerpo | antisubstance | antibody.
anticuerpo fluorescente (medicina) | fluorescent antibody.
antichispeante | spark resistant.
antideflagrante | flameproof | fireproof.
antideflagrante (calidad de) | flameproofness.
antiderivación | antiderivation.
antidesajustable | shakeproof.
antidesintegrante | antidisintegrant.
antideslizante | antiskid | slip-preventing | slipproof | nonslipping | nonslip | nonskid.
antideslizante (esterilla para cámara tomavista) | keyhole.
antideslumbrante | antidazzling | antiglare | antidazzle.
antidesperdiciador | antiwaste.
antidesvanecedor | antifading.
antidetonación | antidetonation.
antidetonador | antidetonator.
antidetonante | antidetonating | antidetonant | antiknock | knock suppressor.
antidetonante (carburantes) | knock-free.
antidetonante (motores explosión) | dope.
antidetonante para combustible (motores) | detonation suppressant.
antidetonante para combustible líquido | fuel dope.
antidetonante químico | chemical antidetonant.
antidiferenciación | antidifferentiation.
antidifusión | antidiffusing.
antidistorsión | antidistortion.
antidogmatismo | antidogmatism.
antídoto | antidote | antipoison.
antiduna | antidune.
antieconómico | wasteful | unprofitable | deterrent to economy | uneconomic.
antielectrón | antielectron.
antiempañante | antifogging | antidim.
antiempolvable | antidustable.
antiendurecedor | nonhardening.
antienlace orbital | antibonding orbital.
antienlazante | antibonding.
antienvejecedor (caucho) | age resister.
antienvejecedor (fabricación caucho) | antiager.
antiepicentro | anticenter | antiepicentre.
antiespuma | antifoam | antifrothing.
antiespumante | nonfoaming | antifoaming | defoamant.
antiespumante para aguas de calderas | boiler water antifoam.
antiespumante para reveladores (fotografía) | sequestering agent.
antiespumoso de silicona | silicone antifoam.
antiestabilizante | antistabilizing.
antiestática (tipografía) | tinsel unit.
antiestático | antistatic.
antiexplosivo | explosionproof.
antifase | antiphase.
antifermento | antizymotic.
antiferroelectricidad | antiferroelectricity.
antiferroeléctrico | antiferroelectric.
antiferromagnético | antiferromagnetic.
antiferromagnetismo | antiferromagnetism.
antiferromagnetismo no colineal | noncollinear antiferromagnetism.
antifluctuación (electricidad) | antihunt.
antifogonazos | flashproof.
antifónico | antiphonic.
antifraudes | antifraud.
antifricción | friction proof | antifriction.
antifricción a base de plomo | lead-base babbit.
antifriccionado por metalización (cojinetes) | spray babbitted.
antifriccionar (cojinetes) | line (to) | white-metal (to).
antifundente | antiflux.
antifúngico | antifungal | fungus-resistant | fungi-proof.
antigenicidad | antigenicity.
antígeno | antigen.
antigeno H | H-antigen.
antigiratorio | nonrotating.
antigiratorio (cables de grúas, etc.) | nonspinning.
antigorita | lamellar serpentine.
antigramatical | ungrammatical.
antigubernamentalismo | antigovernmentalism.
antigüedad | bumping | seniority.
antigüedad (en el empleo) | longevity.
antigüedad con arreglo al tiempo de servicio prestado | strike seniority.
antigüedad en el ascenso | seniority in promotion.
antigüedad en el empleo | station.
antigüedad en el servicio | length of service.
antigüedad en que además del tiempo de servicio prestado se tienen en cuenta otros factores como capacidad | qualified seniority.
antiguo | former.
antiguo (comercio) | of long standing.
antiguo convicto | ex-convict.
antiguo empleado | former employee.
antihegemónico | antihegemonic.
antihelio | countersun.
antiherrumbroso | antirust | rust-resisting | rust-preventive | rust deterrent | rust inhibitive.
antihielo (alas de aviones) | anticer.
antihigiénico | antihygienic | unsanitary | unweholesome.
antihiperón | antihyperon.
antiincrustante | antifouling | scale preventer.
antiincrustante para calderas | antiscale boiler fluid.
antiinducción | antiinduction.
antiinductivo | antiinductive | noninductive.
antilogaritmo | antilogarithm.
antilogía | antilogy.
antilogo | antilogous | self-contradictory.
antílope | antelope.
antiluminiscente | antiluminescent.
Antillas inglesas | Bristish West Indies.
Antillas Mayores | Greater Antilles.
antimaculado | antioffset.
antimaculador electrónico | electronic non-offset.
antimagnético | antimagnetic | nonmagnetic.
antimarcial | antimartial.
antímero | antimere.
antímero (zoología) | antimere.
antimicrobiano | antimicrobial.
antimicrofónico | antimicrophonic | antisinging.
antimilitarismo | antimilitarism.
antimilitarista | antimilitarist.
antímoda (estadística) | antimode.
antimoho | mold-inhibiting | moldproof.
antimoniado | antimonical.
antimonial | antimonial.
antimonífero | antimoniferous.
antimonio | antimony | antimonious | stibium.
antimonio amorfo | amorphous antimony.
antimonio arsenical | allemontite.
antimonio beta | beta antimony.
antimonio blanco | white antimony.
antimonio explosivo | explosive antimony | amorphous antimony.
antimonio refinado | regulus.
antimonio rojo | red antimony.
antimonio sulfurado | antimony glance.
antimonio 124 | antimony 124.
antimonita (mineralogía) | antimonite.
antimónito (química) | antimonite.
antimoniuro | antimonide.
antimoniuro de aluminio | aluminium antimonide.
antimoniuro de galio | gallium antimonide.
antimoniuro de indio | indium antimonide.
antimoniuro de plata | animikite.
antimoniuro de plata natural | dyscrasite.
antimonocre | antimony ochre.
antimonopolio | anti-hog | antimonopoly.
antimuonio | antimuonium.
antinatural | unnatural.
antineutrino | antineutrino.
antineutrón | antineutron.
antinodal | antinodal.
antinodo | antinode.
antinodo (onda estacionaria) | loop.
antinodo (ondas estacionarias) | point of maximum vibration.
antinodo (oscilaciones) | loop.

antinodo barométrico | pressure antinode.
antinodo de desplazamiento | displacement antinode.
antinodo de la corriente | current loop.
antinodo de tensión (ondas estacionarias) | voltage loop.
antinómero (zoología) | antimere.
antinomia | self-contradiction.
antinómico | self-contradictory.
antinomista | antinomist.
antinormal | antinormal.
antinucleón | antinucleon.
antioxidación | antioxidation.
antioxidante | antioxidant | rust preventative | rust-preventive | rustproof | rust-inhibiting | rust inhibitive | oxidation-resistant | antirust.
antioxidante (grasas) | slushing.
antioxidante de secado rápido | quick-drying rust preventor.
antioxidante fenólico | phenolic antioxidant.
antioxidante persistente | carry through antioxidant.
antioxidante sinergético | synergist antioxidant.
antipalúdico | antimalarial.
antiparalaje | antiparallax.
antiparalela (geometría) | antiparallel.
antiparalelo (física nuclear) | antiparallel.
antiparalelógramo | antiparallelogram.
antiparásita | antijam.
antiparasitario | antistatic | noise killer.
antiparásito | antiparasitic | anti jam.
antiparásitos (radio) | antinoise.
antipartícula | antiparticle.
antipástico | antipastic.
antipatinador | antiskid.
antipatinante | antiskidding.
antipertita | antiperthite.
antipirótico | antipyrotic.
antiplanático | antiplanatic.
antiplástico (arcillas) | shortening.
antipleión | antipleion.
antípoda | antipodean | antipodal | antipode.
antipodismo | antipodism.
antípodo (zoología) | scud.
antipolar | antipolar.
antipolo | antipole.
antiproteccionista | free trade.
antiprotón | antiproton | negative proton.
antipúdico | antipudic.
antipútrido | antirot | antiputrid | rot-resistant | preservative.
antiquímico | antichemical.
antirotacional | antirotational.
antirradar | antiradar.
antirradar en aeronave | carpet.
antirreactividad | negative reactivity.
antirrebufo | antiblast.
antirrechinante | antisqueak.
antirrechupe (metalurgia) | antipiping.
antirredeposición | antiredeposition.
antirreflectante (óptica) | reflection preventing.
antirreglamentario | contrary to the regulations | against the regulations.
antirrepinte | antioffset | antisetoff.
antirresbaladizo | nonskid | nonslipping | antislip.
antirresonancia | antiresonance.
antirresonancia de desplazamiento | displacement anti-resonance.
antirresonante | antiresonant.
antirrino (botánica) | snapdragon.
antiruido | noise proof.
antisedimentante | antisettling.
antiseno | antisine.
antiséptico | preservative | antiseptic.
antiséptico bucal | breath fresh.
antiseptizar | antisepticize (to).
antisifonaje | antisiphon.
antisimetría | antisymmetry.
antisimétrico | antisymmetrical | skew-symmetric.
antisimetrización | antisymmetrization.
antisimetrizar | antisymmetrize (to).
antisísmico | antiseismic | earthquake-proof | earthquake resistant.
antisísmico (edificios) | aseismatic.
antisol | antisun.
antisonoro | acoustical.
antisubmarino | antisubmarine.
antitermes | ant-proof.
antitérmico | antithermic.
antitermita | ant-proof.
antitipia | antitypy.
antitixotropía | antithixotropy.
antitorpedo | antitorpedo.
antitóxico | antitoxic.
antitritio | antitritium.
antitropo | antitrope.
antivegetativo | antifouling.
antivelo | antifoggant.
antiveneno | antivenom.
antivibrador (acústica) | cushioning.
antivibrador de péndulo giratorio (ejes) | rotating pendulum vibration absorber.
antivibrante | shock-isolating.
antivibratorio | antichatter | shakeproof | shockproof | vibration-absorbant | vibration proof.
antivox | antivox.
antizímico | antizymic.
antizodiacal | antizodiacal.
antizumbido | antihum.
antofilita (mineralogía) | antholite.
antofilita férrica | iron anthophyllite.
antóforo (botánica) | flower-bearing.
antolita (mineralogía) | antholite.
antolito (botánica) | antholite.
antología | anthology | antology.
antología (documentación) | omnibus volume.
antologizar | anthologize (to).
antólogo | antologist | anthologist.
antomanía | anthomania.
antonimia | antonymic relation | antonymy.
antónimo | antonym.
antorcha | flambeau | brand | link | torch | torchlight.
antorcha (gases quemados) | flare.
Antozoo | Anthozoan.
antraceno | anthracene.
antracita | anthracite | hard coal | coal-stone | glance coal.
antracita cribada de grano entre 3 y 12 mm. | bird's eye.
antracita cribada de tamaño entre 3 y 12 mm | barley.
antracita de mala calidad | lambskin.
antracita de tamaño mayor de 228 milímetros | lump.
antracita en granos muy finos | flax seal coal.
antracita que pasa por la criba de 3 milímetros | culm.
antracita y otros carbones que arden sin llama | blind coal.
antracítico | anthracitic | anthracitic.
antracitífero | anthracitiferous.
antracitización | anthracitization.
antracitoso | anthracitous.
antracografía | anthracography.
antracolítico | anthracolithic.
antracología | anthracology.
antracómetro | anthracometer.
antraconita | urinestone | stinkstone.
antracosilicosis | miner's phthisis | anthracosilicosis.
antracosis | miners' phthisis | miners' lung | miners' asthma | blacklung | collier's lung | coal miner's lung.
antracótero | anthracothere.
antracotípia | anthrakotype.
ántrax | charbon.
antráxilon | anthraxilon | anthraxylon.
antricida | antrycide.
antro | den.
antrópico | anthropic.
antropocéntrico | anthropocentric.
antropocentrismo | anthropocentrism.
antropófagos | anthropophagi.
antropófilo | anthropophilic.
antropogammámetro | anthropogammameter.
antropogénesis | anthropogeny.
antropogenético | anthropogenetical.
antropogeografía | anthropogeography.
antropografía | anthropography.
antropolito | anthropolite.
antropología | anthropology.
antropología astronáutica | astronautic anthropology.
antropología cultural | cultural anthropology.
antropología de las ciudades | anthropology of cities.
antropología física | physical anthropology.
antropología lingüística | linguistical anthropology.
antropológico | anthropological.
antropólogo | anthropologist.
antropometría | anthropometry.
antropometría cinética | kinetic anthropometry.
antropomista | anthropomist.
antropomorfismo | anthropomorphism.
antropomorfizar | anthropomorphize (to).
antropomorfo | anthropomorphous.
antroponimia | anthroponymy.
antroponomía | anthroponomy.
antroposofía | anthroposophy.
antroposófico | anthroposophical.
antropotomía | anthropotomy.
antropozoico | anthropozoic.
antropozoogena | anthropozoogenous.
antrorso | antrorse | turning upward and forward.
anualidad | annual instalment.
anualidad a plazo | annuity certain.
anualidad acortada | curtate annuity.
anualidad al último viviente | last-survivor annuity.
anualidad anticipada | annuity due.
anualidad aplazada | deferred annuity.
anualidad colectiva | group annuity.
anualidad con participación | participating annuity.
anualidad con vencimiento no fijo | contingency annuity.
anualidad condicional | contigent annuity.
anualidad conjunta | joint annuity.
anualidad de pago inicial rápido | annuity due.
anualidad de reintegro en efectivo | cash refund annuity.
anualidad de suscripción | year of acceptance.
anualidad diferida | annuity deferred.
anualidad diferida de supervivencia | deferred survivorship annuity.
anualidad inmediata | immediate annuity.
anualidad liberada de prima | year free of premium.
anualidad mancomunada y de supervivencia | joint-and-survivor annuity.
anualidad pagada por años vencidos | curtate annuity.
anualidad pagadera al cónyuge que vive | survivorship annuity.
anualidad perpetua | perpetual annuity | perpetuity.
anualidad que en caso de óbito no se paga | nonapportionable annuity.
anualidad revertible | reversionary annuity.
anualidad temporal | terminable annuity.
anualidad vitalicia | life annuity.
anualidad vitalicia (economía) | single-life annuity.
anualidad vitalicia con reembolso | refund life annuity.
anualidad vitalicia con reembolso en efectivo | cash refund life annuity.
anualidad vitalicia con rentas ciertas | life annuity with installments certain.
anualidades con reembolso en cuotas | installment refund life annuity.
anualidades fijas | terminable annuities.
anualidades inmediatas | immediate annuities.
anualidades pagadas a plazos | annuities paid in instalment.

anuario | dir ectory | directory | yearbook.
anuario (de colegios) | catalogue (Inglaterra).
Anuario de la Marina | Navy Register.
Anuario del Ejército | army list.
anuario industrial | industrial directory.
anuario mercantil | commercial register.
anubarrado | cloudy | clouded.
anubarrado (encapotado - tiempo) | dark.
anublar | overlay (to) | overcast (to).
anublarse | shadow (to).
anucleado | anuclear.
anucleado (substantivo) | anucleate.
anuclear | anuclear.
anudado | knit | knotted.
anudado (de hilos) | tying-in.
anudado a mano | hand-knotted.
anudado de hilos rotos (tejeduría) | piecing.
anudado de urdimbres por retorsión | twisting-in.
anudador | knotter.
anudador (obrero) | piecener.
anudador (operario tejeduría) | piecer.
anudador (tejeduría) | big piecer.
anudador automático | automatic knotter.
anudador y mudador | piecer and doffer.
anudadora (tejeduría) | knotter.
anudadora y mudadora (tejeduría) | piecer and doffer.
anudamiento | knotting.
anudar | knot (to).
anudar (hilos rotos) | piece on (to).
anudar (tejeduría) | piece (to).
anudar los hilos de urdimbre | knot the warp ends (to).
anulabilidad | defeasibility.
anulable | rescindable | voidable.
anulable (sentencias) | reversible.
anulación | voidance | nullification | repeal | annulment | disannuling | revocation | backout | cancelation | cancellation | calling off | cancelling.
anulación (de un fallo) | reversal.
anulación (matemáticas) | vanishing.
anulación anticipada | midterm cancellation.
anulación de contratos | cancellation of contracts.
anulación de un asiento (contabilidad) | contra-ing | reversal.
anulación de un contrato | avoidance of an agreement.
anulación de un legado | ademption.
anulación de un pedido | cancellation of an order.
anulación de una póliza | cancellation of a policy.
anulación del juicio (jurisprudencia) | mistrial.
anulación del vacío interior (recipientes) | vacuum relief.
anulación por causa de error | error cause removal.
anulado | void.
anulado por completo | canceled in toto.
anulador (acústica) | cancel.
anulador del tabulador | tabular release key.
anular | adeem (to) | frustrate (to) | reverse (to) | revoke (to) | set aside (to) | cancel (to) | cancel (to) | void (to) | clear (to) | invalidate (to) | quash (to) | override (to) | write off (to) | circumduct (to) | abolish (to) | override (to) | wipe off (to) | ring-shaped | repudiate (to) | rescind (to).
anular (compras) | call off (to).
anular (decretos) | recall (to).
anular (jurisprudencia) | dock (to).
anular (sentencias) | disaffirm (to).
anular (un asiento contable) | reverse (to).
anular (un juicio) | recall (to).
anular la póliza | defeat the policy (to).
anular un contrato de compraventa | cancel a contract of sale (to).
anular un crédito | cancel a credit (to).
anular un mandamiento | abate a writ (to).
anular un pedido | cancel an order (to).
anular un testamento | nullify a testament (to).
anular una inscripción | cancel one's registration.
anular una licencia de importación | cancel an import licence (to).
anularse | cancel out (to).
anularse (matemáticas) | vanish (to).
anularse entre si los términos de una serie (álgebra) | telescope (to).
anulativo | voiding.
anulatoria (cláusula) | irritant.
anulismo | annulism.
anuloso | annulated.
anunciador (cuadro telefónico y timbres) | indicator.
anunciador automático del estado de ocupación de los circuitos urbanos (telefonía) | congestion and delay announcer.
anunciador de cinta magnética del cambio del número solicitado | changeable-number announcer.
anunciador de lámpara | lamp-type annunciator.
anunciante | advertiser.
anunciante que paga un programa (radio o televisión) | sponsor.
anunciar (con repique de campanas) | ring (to).
anunciar el pago de un dividendo del 8 por 100 | declare a dividend of 8 per cent (to).
anunciar la licitación | advertise for bids (to).
anunciar la subasta | invite tenders (to).
anunciar por carteles | bill (to).
anunciar por circulares | circularize (to).
anunciar un concurso | invite tenders (to) | advertise for bids (to).
anuncio | advertisement | display | ad | poster.
anuncio breve | spot.
anuncio clasificado | classified advertisement.
anuncio colectivo | composite advertisement.
anuncio comercial (TV) | spot.
anuncio comercial inmediatamente después del programa (televisión) | hitch-hiker.
anuncio de listones separados entre sí | slat sign.
anuncio de relleno (publicidad) | stop gap.
anuncio distribuido a mano | dodgers.
anuncio insistente | plug.
anuncio judicial | judicial notice.
anuncio legal | legal announcement.
anuncio luminoso | electric sign.
anuncio o frase que llama la atención | attention getter.
anuncio pequeño engomado | advertisement sticker.
anuncio por palabras (periódicos) | want ad.
anuncio que contiene exageraciones | puffing.
anuncio que ocupa las dos páginas abiertas | center spread.
anuncios diversos (periódicos) | miscellaneous column.
anuncios económicos | classified advertisements.
anuncios luminosos | advertising lights.
anuncios para carteleras | billboard posters.
anuncios sin clasificar (periódicos) | miscellaneous column.
anuro | tailless.
anverso | obverse.
anverso de la letra | face of the bill.
anverso de la soldadura | face of the weld | weld face.
anverso de la tapa | face of the cover.
anzolar | fishhook (to).
anzolero | fishhook maker.
anzuelo | hook | fishhook.
anzuelo cargado de plomo | jig.
anzuelo con cebo | baited hook.
anzuelo con lengüeta | barbed hook.
anzuelo de cebo artificial | spoon.
anzuelo de pescar | angle hook.
añadas (ganado) | year class.
añádase agua destilada hasta completar un litro | make up to one liter.
añádase con precaución 3 mililitros de ácido nítrico | cautiously add 3 ml of nitric acid.
añádase hasta completar 10 libras | balance to 10 lbs.
añadido | allonge.
añadido como suplemento (comercio) | given in.
añadidura | adjection | addendum | affix.
añadir | adject (to) | back (to) | make up (to) | tail (to).
añadir (un líquido) | run in (to).
añadir arena (al azúcar, etcétera) | sand (to).
añadir con precaución | add cautiously (to).
añadir efectos de sonido | add sound effects (to).
añadir gota a gota | drop in (to)
añadir un aditivo (lubricantes, etc.) | dope (to).
añadir una cantidad pequeña (de alguna cosa) | dash (to).
añadir una pieza (sastrería) | let in (to).
añal (piscifactoría) | yearling.
añejarse | grow stale (to).
añejo | stale.
añejo (vinos) | aged.
añil | indigo | anil.
añil en pasta para lavar | bluing.
añil flor | best quality indigo.
añilado (de la ropa) | blueing.
añilería | indigo factory.
año administrativo | business year.
año anomalístico | anomalistic year.
año astronómico | astronomical year.
año civil | legal year | calendar year.
año climático | climatic year.
año con poca cantidad de líquido en relación con lo que se va a tratar | short bath.
año con poca formación de hielos | light-ice year.
año contable | accounting year.
año continuo (Méjico) | calendar year.
año de buena repoblación (bosques) | seedling year.
año de fructificación (bosques) | seedling year.
año de luz (astronomía) | light year.
año de permiso cada siete años a un profesor universitario (EE.UU.) | sabbatical year.
año de sequía | dry year.
año de superproducción de semilla (árboles) | seed year.
año del calendario gregoriano | calendar year | civil year.
año económico | fiscal year | financial year | business year.
año embolismal (de trece lunaciones) | embolismic year.
año entrante | ensuing year.
año estéril | off-year.
año ficticio (astronomía) | Besselian year.
año fiscal | competitive year | fiscal year | tax year.
año geofísico internacional | international geophysical year.
año hasta la fecha (contabilidad) | year to date.
año hidrológico | water year.
año medio | average year.
año natural | calendar year.
año normal | average year.
año pluvial | rainfall year.
año pobre | lean year.
año sabático | sabbatical year.
año seco (meteorología) | dry year.
año solar | anomalistic year.
añojal (cultivos) | break.
añojo corto | short yearling.
añojo de menos de un año de edad (animales) | short yearling.
años de preadolescencia | preteens.
añublar | blight (to).
añublar (atizonar los granos) | blast (to).
añublarse (cereales) | mildew (to).
añublo | black rust | firing | rust | mildew.
añublo apestoso (plantas) | bunt.
añublo de los cereales | cereal rust.
aósmico | aosmic | free from odor.
aovar (ictiología) | lay eggs (to).

apacentamiento comunal | community use.
apacentamiento libre | trailing.
apacentar | grass (to).
apacentar (Colombia) | bedding-out.
apaciguamiento | softening.
apaciguar | make up (to).
apaciguarse | lull (to).
apagable | extinguishable.
apagachispas | arc extinguisher | spark blowout | spark extinguisher | spark killer.
apagachispas (electricidad) | sparker.
apagachispas magnético | magnetic spark blowout.
apagada (luz) | muddied.
apagada (voz) | cushioned.
apagada al aire (cal) | air-slaked.
apagado | shutdown | off.
apagado (alto horno) | quenched | out of blast.
apagado (color) | pale.
apagado (colores) | faint | soft.
apagado (incendio, volcán) | extinct.
apagado (luz) | dull.
apagado (ruido) | obtuse.
apagado (ruidos) | dull.
apagado (sonido, lumbre) | dead.
apagado (volcán) | burnout.
apagado de luces | lights out.
apagado del cok | quenching.
apagado del motor de impulsión (aeronáutica) | booster engine cut-off.
apagado en montón | bulk-quenched.
apagado en un líquido | liquid-quenched.
apagador | extinguisher | suppressor.
apagador de cal | lime slaker.
apagador del arco | arc suppressor | arc quencher.
apagafogonazos (ametralladoras, cañones) | flash eliminator.
apagafogonazos (cañones) | flash-concealer | flash hider.
apagallamas | flame-trap.
apagamiento | extinction | extinguishment.
apagamiento (del color) | flattening.
apagamiento de ciudades en tiempos bélicos | brownout.
apagando el sonido (música) | in an undertone.
apagar | extinguish (to) | turn out (to) | slake (to) | turn off (to) | kill (to).
apagar (colores) | flatten (to) | soften (to) | sadden (to).
apagar (el coque, fuego, llamas) | quench (to).
apagar (incendios) | fight (to) | seal off (to).
apagar (la cal) | slacken (to) | slake (to) | slack (to).
apagar (luces) | douse (to) | obscure (to).
apagar (ruidos) | dull (to) | drown (to).
apagar (sonidos) | dumb (to) | cushion (to).
apagar (sonidos, brillo) | deaden (to).
apagar (un fuego) | smother (to).
apagar el brillo | dull (to).
apagar el fuego | fire quench (to).
apagar el fuego de (la artillería enemiga) | silence (to).
apagar el horno (parando el viento) | blowdown the furnace (to).
apagar el horno (quitando el viento) | blowout the furnace (to).
apagar la cal | kill lime (to).
apagar la luz (teatros) | blackout (to).
apagar las calderas | lit off boilers (to).
apagar los fuegos | put out the fires (to).
apagar los fuegos (hogares) | draw the fires (to).
apagar progresivamente la luz | fade-out (to).
apagarse | give out (to) | flame out (to).
apagarse (colores) | fade (to).
apagarse (la voz) | die away (to).
apagarse (ruidos) | deaden (to).
apagarse (sonidos) | dull (to).
apagogia | apagoge.
apagón (en el servicio eléctrico) | blackout.
apainelar | mullion (to).
apaisado | lying | oblong.
apalabrado | paroled | engaged.
apalabrar | secure (to) | engage (to).
apalancar | prise (to) | prize (to) | lever against (to) | lever (to) | lever up (to) | pry (to).
apalear la lana | batten (to).
apanalado | honeycombed.
apanalado (maderas) | hollow-horning.
apanelar | panel (to).
apanojado (botánica) | spiky.
apantallado | protective screen.
apantallado (radio) | shielded | screen-protected | screened.
apantallado contra meteoritos (vehículos cósmicos) | meteoroid shielding.
apantallado electrostático | electrostatic shielding | electrostatic screening.
apantallamiento (electrónica) | screening.
apantallamiento con dos gases | dual-gas shielding.
apantallamiento del punto de remanso | stagnation-point shielding.
apantallar (radio) | screen (to) | shield (to).
apantalldo electrostáticamente | electrostatically shielded.
aparado (cubiertas madera buques) | dubbing.
aparador | dresser.
aparamenta | switchgear.
aparamenta blindada (electricidad) | metal-clad apparatus.
aparamenta de baja tensión | low tension switchgear.
aparamenta eléctrica | electric switchgear.
aparar (marina) | dub (to).
aparatería (instrumentación - electricidad) | gear.
aparatería eléctrica | electricals.
aparatina (goma textil) | aparatine.
aparatista | instrument maker.
aparato | device | equipment | contrivance | set | unit | mechanism | gadget | apparatus | gear | gearing.
aparato accionado por la barbilla | chin-operated apparatus.
aparato alimentador | feeder.
aparato alimentador de vibración | vibrapack.
aparato analizador-codificador de las palabras | vocoder.
aparato analógico | analog device.
aparato antiinterferencias (radio) | antijammer.
aparato anudador (devanadora) | piecer.
aparato aprobado por un organismo competente | approved apparatus.
aparato audiovisual | audiovisual aid.
aparato automático de alarma | automatic alarm apparatus.
aparato automático de cambio de husada | automatic cop changer.
aparato automático de cambio de marcha | automatic reversion gear.
aparato automático de expender limonadas | drink dispenser.
aparato automático para cerrar las puertas (ascensores) | gate closer.
aparato automático para conectar en derivación | automatic paralleling device.
aparato automático para mantener el rumbo (buques) | auto-helmsman.
aparato automático para talla de diamantes y gemas | automatic lapidarian processing apparatus.
aparato automático trazador de la curva de la función y=f (x) | function plotter.
aparato auxiliar | auxiliary set.
aparato auxiliar de aire comprimido | pneumatic aid.
aparato auxiliar para gobernar (buques) | auxiliary steering gear.
aparato auxiliar para la navegación | aid to navigation.
aparato avisador | warner | alarm.
aparato avisador (nucleónica) | monitron.
aparato avisador de la presión del aceite | oil pressure alarm | oil-pressure warning unit.
aparato calibrador | prover.
aparato cargador | loader.
aparato cargador de tornillo sinfín | worm feeder.
aparato cinematográfico | kinematographic apparatus.
aparato clasificador | sorter.
aparato climatizador (para enfriar, humidificar y calentar el aire) | air conditioner.
aparato colocaminas terrestre | mine planter.
aparato combinado de tracción y choque (vagones) | combined draw and buffer-gear.
aparato comprobador | tryer.
aparato comprobador óptico | optical checking device.
aparato computador de distancias | computer.
aparato con pago por contador (teléfono) | pay-on-answer coin-box.
aparato de abonado (telefonía) | subset.
aparato de absorción | absorption apparatus.
aparato de acción progresiva | gradual-acting apparatus.
aparato de adiestramiento | simulator.
aparato de aerofotografía nocturna | aerial night-camera.
aparato de aire acondicionado | air conditioning equipment.
aparato de aireación | aerator.
aparato de alarma | monitron.
aparato de alimentación | feed apparatus.
aparato de alimentación automático | auto-feed.
aparato de alimentación de carda | card feeding apparatus.
aparato de alumbrado intenso para efectos especiales (TV) | spotlight.
aparato de alumbrado policromático (teatros) | multicolor lighting apparatus.
aparato de antena para dar fuego | antenna firing apparatus.
aparato de arranque con reóstato cilíndrico | drum starter.
aparato de arranque eléctrico | electric starter | electrical engine starter.
aparato de arranque en el volante | barring gear.
aparato de aspiración | downdraft apparatus.
aparato de aspiración descendente de trabajo continuo | continuous down-draft apparatus.
aparato de caldeo de locales | space heater.
aparato de calefacción | heating apparatus | radiator.
aparato de captación | collector.
aparato de climatizar (de aire) | conditioner.
aparato de conexión | coupler.
aparato de conexión (electricidad) | switchgear.
aparato de consultar microfichas | document viewer.
aparato de contactos | contact maker.
aparato de contrapeso | rise-and-fall pendant.
aparato de control de ruptura de hilo | wire breakage lock.
aparato de conversión de alturas | height conversion gear.
aparato de correspondencia eléctrica (señales ferroviarias) | annunciator.
aparato de choque (vagones) | buffer gear.
aparato de demostración | demonstrator.
aparato de descarga automática | automatic flushing apparatus.
aparato de diamantes para repasar muelas de esmeril | block diamond.
aparato de dobladillar | hemmer.
aparato de encendido (lámpara arco) | striker.
aparato de enganche | gripping device | coupler.
aparato de enganche (ferrocarril) | draft gear.
aparato de ensayo | test kit.
aparato de ensayos | prover.
aparato de escucha | listening device.
aparato de escucha para sordos (cine) | seat-phone equipment.

aparato de esmerilar | gag.
aparato de esquistificar (minas) | dusting machine.
aparato de extensión (telefonía) | extension set.
aparato de extracción | hoisting gear.
aparato de fortuna | rig-up.
aparato de gas | gas fixture.
aparato de gimnasia neuromuscular | muscular exerciser.
aparato de gobierno con máquina de vapor accionando directamente el sector (buques) | steam tiller.
aparato de gobierno de cadenas y guardines | chain barrel steering gear.
aparato de gobierno de cadenas y guardines (buques) | rod and chain steering gear.
aparato de gobierno de mando directo | direct-connected steering gear.
aparato de gobierno de pistón hidráulico | hydraulic-ram type steering gear.
aparato de gobierno eléctrico de cuadrante (buques) | quadrant type electric steering gear.
aparato de gobierno electrohidráulico (buques) | electric-hydraulic steering gear.
aparato de gobierno electrohidráulico de cuatro cilindros | four-ram electrohydraulic steering gear.
aparato de gobierno vapohidráulico | steam-hydraulic steering gear.
aparato de hacer briquetas para pruebas de cementos | cement gager.
aparato de hiperpresión de tipo de cilindro con pistón caldeado interiormente | internally-heated piston-cylinder type high-pressure device.
aparato de inyección de aire | air blast gear.
aparato de izar | hoisting gear.
aparato de laboratorio | lab apparatus.
aparato de lavado (minas) | sluice.
aparato de levantamiento | lifting appliances.
aparato de licuefacción | liquefier.
aparato de limpieza | cleaner.
aparato de luces para la carga de noche (palos buques) | cargo cluster.
aparato de mando | driving gear.
aparato de maniobra | switching apparatus.
aparato de maniobra de la aguja | point lock.
aparato de medida | test-meter | instrument meter (EE.UU.) | metre (G.B.).
aparato de medida de lámina de hierro móvil | iron-vane meter.
aparato de medida de proyección óptica | measuring projector.
aparato de medida registrador | graphic instrument.
aparato de medida universal | multiple purpose tester.
aparato de microproyección | microprojection apparatus.
aparato de observación del medio espacial | space environmental monitor.
aparato de operadora | operator's headset.
aparato de pago preliminar | prepayment coin-box | penny-in-the-slot machine.
aparato de parada y arranque automático | automatic stopping-and-starting gear.
aparato de pequeñas dimensiones | midget.
aparato de picada (telares) | equipment for picking up thread.
aparato de policopiar | manifold writer.
aparato de propaganda | propaganda apparatus.
aparato de propulsión | propelling gear.
aparato de proyecciones | picture-projector | projection apparatus | projecting lantern.
aparato de prueba indestructiva | nondestructive tester.
aparato de pruebas | testing gear.
aparato de pruebas (electricidad) | tester.
aparato de pruebas por eco de los impulsos | pulse-echo tester.
aparato de pruebas sistemáticas | routiner.
aparato de puesta a cero | resetting device.
aparato de puntería | sight | aiming device.
aparato de puntería a distancia | following pointer.
aparato de puntería de rayos infrarrojos | snooperscope.
aparato de puntería telemandado | pointer.
aparato de radiación total | radiamatic instrument.
aparato de radioguía de ondas moduladas (pista aeropuertos) | tone localizer.
aparato de radioguía para aterrizar | localizer.
aparato de radioscopia | roentgenoscope.
aparato de rayos roentgen | X-ray unit.
aparato de rayos X | X-ray machine.
aparato de recepción de la jaula (pozos minas) | landing apparatus.
aparato de restitución (fotogrametría) | plotting machine.
aparato de retenida | catch arrangement.
aparato de rodadura | running gear.
aparato de salvamento (marina) | life-preserver.
aparato de seguridad | safety device.
aparato de señales automáticas para el tráfico | signaler.
aparato de sobremesa (telefonía) | table set.
aparato de sonar sumergido (remolcado por helicóptero o avión) | dunked sonar.
aparato de sonar sumergido remolcado por un helicóptero o avión | dipping sonar.
aparato de sondeo a mano | hand drill.
aparato de sondeo para grandes profundidades | deep-sea sounding gear.
aparato de sondeo por ultrasonido | echo sounder.
aparato de telecomposición | teletypesetter.
aparato de telemando | follow-up gear.
aparato de televisión | television cabinet.
aparato de toma de corriente | collector gear.
aparato de tracción | draft gear.
aparato de tracción de resorte | spring draw gear.
aparato de tracción por rozamiento | friction draft gear.
aparato de usos múltiples | multiple-uses apparatus.
aparato delicado | delicate apparatus.
aparato desborrador de chapones | flat stripping apparatus.
aparato descargador | unloader.
aparato desengrasador | grease extracting apparatus.
aparato desterronador | clod crusher.
aparato destilador | distiller.
aparato desviador | deflector.
aparato determinador del punto de inflamabilidad | automatic flash point apparatus.
aparato digestivo (zoología) | gut.
aparato disgregador de suelos | ripper.
aparato distribuidor (de gasolina, lubricantes) | dispenser.
aparato distribuidor de la carga (alto horno) | stock distributor.
aparato divisor (para fresar entre puntos) | index-centers.
aparato divisor formado por el cabezal divisor y el contracabezal (fresadoras) | index centers.
aparato doble avión-helicóptero | compound rotorcraft.
aparato dosificador de cloro | chlorine-dosing apparatus.
aparato economizador | saveall.
aparato eléctrico intrínsecamente seguro | intrinsically safe electrical apparatus.
aparato electrodoméstico | appliance.
aparato electroforético | electrophoretic apparatus.
aparato electromédico | electro-medical apparatus.
aparato electrónico de dimensiones modulares para meter en casilleros | electronic brick.
aparato electrónico de medida | electronic testmeter.
aparato electroquímico para trepanar | electrochemical trepanning apparatus.
aparato emisor (radio) | broadcaster.
aparato emisor de imágenes | image-sending apparatus.
aparato empujavagones automático (jaula minas) | automatic cager.
aparato enrollador | roller.
aparato ensimador (lana) | oiling willow.
aparato esmerilador de chapones | flat grinding apparatus.
aparato espolvoreador | powder applicator | duster.
aparato explorador | explorer.
aparato extendedor (de espuma, etc.) | pourer.
aparato extintor de incendios | fire apparatus.
aparato fonógeno | noise maker | noisemaker.
aparato fonolocalizador | acoustic detecting apparatus.
aparato fotográfico aéreo | aerial camera.
aparato fotográfico de bolsillo | baby camera.
aparato fotográfico muy pequeño | microcamera.
aparato fotográfico registrador de oscilogramas | oscillograph-trace recorder.
aparato frigorífico | ice-chamber | freezing apparatus.
aparato fumígeno | smoke generator.
aparato fumígeno mecánico | mechanical smoke generator.
aparato fumívoro | smoke-annihilator.
aparato fusibleado (electricidad) | fused apparatus.
aparato generador de olas experimental | laboratory wave generating apparatus.
aparato graduado en valores absolutos | absolute apparatus.
aparato Gray (punto de inflamación) | Gray apparatus.
aparato guiador | guider.
aparato hidráulico para variar el paso (hélices) | hydraulic pitch varying apparatus.
aparato igualador de inductancias | inductance-matching apparatus.
aparato impresor en página | page printer.
aparato indicador de alarma | indicating alarm.
aparato interferométrico de palanca palpadora | interferometric feeling lever apparatus.
aparato inversor | reversal timer.
aparato lanzabombas | bomb-releasing apparatus.
aparato lanzacabos de cohete (salvamento buques) | rocket line-throwing apparatus.
aparato lavarrodillos | roller washup device.
aparato listador (tejido de punto) | striper.
aparato localizador de averías | troubleshooter.
aparato lubricador | oiling machine.
aparato magnético para levantar una chapa de un paquete (por repulsión magnética) | magnetic floater.
aparato manipulador | keyset.
aparato mantenedor del nivel (líquidos) | leveler.
aparato manual para cifrar y descifrar (criptógrafo) | cipher device.
aparato marcador | plotter.
aparato mecánico | power unit.
aparato mecánico para extraer o coger algo | power takeoff apparatus.
aparato mecánico para meter las vagonetas en la jaula (minas) | cager.
aparato medidor de errores | error-measuring apparatus.
aparato medidor de estacionamiento (coches) | parking meter.
aparato medidor de la diferencia de presión producida por una corriente de aire (minas) | water gage.
aparato medidor de las condiciones atmosféricas | weatherometer.
aparato medidor de varias sensibilidades | multirange meter.
aparato medidor del diámetro interior | internal diameter measuring machine.
aparato mezclador | stirrer.

aparato mezclador (química) | blendor.
aparato Morse registrador | Morse inker.
aparato multifuncional | multifunctional apparatus.
aparato mural (teléfono) | wall set.
aparato muy especializado | highly-specialized apparatus.
aparato nucleónico para usos pacíficos | nucleonic apparatus for peaceful uses.
aparato óptico biforme | biform optical apparatus.
aparato óptico de medida de opacidad | smokescope.
aparato óptico de proyecciones | projector.
aparato óptico holofótico | holophotal optical apparatus.
aparato para abrir y cerrar puertas | door operator.
aparato para ajustar al infinito (telémetro de coincidencia) | lath adjuster.
aparato para alumbrar los tubos de nivel (calderas) | gage illuminator.
aparato para apilar (sacos, etc.) | piler.
aparato para arenas de moldeo | slinger.
aparato para averiguar el tiempo de fraguado del cemento | cement needle apparatus.
aparato para azufrar (vinos) | muting apparatus.
aparato para batir la malta | malt oar.
aparato para bombear asfalto | bitumen-pumping apparatus.
aparato para calentar agua | hot-water apparatus.
aparato para calentar el viento | blast-heating apparatus.
aparato para calentar las llantas de ruedas de locomotoras (para colocarlas sobre el cuerpo de la rueda) | locomotive tire heater.
aparato para cambiar el movimiento (máquina herramienta) | reciprocator.
aparato para cepillar superficies curvas | curve planing apparatus.
aparato para cobresoldar sierras de cinta | bandsaw brazing apparatus.
aparato para comprobar la resistencia abrasiva de un cerámico | dorry machine.
aparato para comprobar pistones | piston-gaging device.
aparato para contestación automática a la llamada telefónica | telephone answering set.
aparato para cortar hojas de vidrio | glass sheet-cutting apparatus.
aparato para coser con grapas y remacharlas | stapler.
aparato para dar señales en la cabina (locomotora) | cab-signal apparatus.
aparato para demostrar analogías eléctricas | electrical-analog apparatus.
aparato para desactivar minas | mine sterilizer.
aparato para desalar las semillas | dewinger.
aparato para desarenar los carriles (locomotoras) | desanding apparatus.
aparato para desarrollar la cinta (telegrafía) | puller.
aparato para desatornillar barrenas (sondeos) | breakout device.
aparato para desmontar | puller.
aparato para detectar fragmentos de vidrio (en botellas) | glass fragment-detecting device.
aparato para determinar direcciones | direction-determination apparatus.
aparato para determinar el contenido de carbono de aceros muy bajos en carbono o de muestras muy pequeñas de acero | vacuum carbon train.
aparato para determinar el paso (hélices) | pitchometer.
aparato para determinar el peso por litro de los cementos | cement hopper.
aparato para determinar el punto de cedencia de suspensiones de arcilla | eykometer.
aparato para determinar el tamaño de las partículas | particle sizer.
aparato para determinar la dureza por choque | auto-punch.
aparato para determinar la fuerza vertical entre los cilindros de un laminador en trabajo | roll-force meter.
aparato para determinar la proporción de materia fina en la parte inerte (asfaltos) | flourometer.
aparato para determinar la temperatura de fusión | melting-point apparatus.
aparato para diseñar un mapa de curvas | mapper.
aparato para distribuir agua | water dispenser.
aparato para doblar tubos (electricidad) | hickey.
aparato para electrograbado | electrograving apparatus.
aparato para elevar | lifting apparatus.
aparato para elevar líquidos | liquid-lifting apparatus.
aparato para encender a intervalos los anuncios luminosos | flasher.
aparato para enderezar ejes | axle adjuster.
aparato para enfriar el vapor recalentado | decaloriser.
aparato para enfriar el vapor recalentado (calderas) | attemperator.
aparato para enseñanza | teacher | trainer.
aparato para estibar cargamentos a granel (buques) | trimmer.
aparato para estirar | rack.
aparato para evitar la entrada de materias extrañas (admisión de vapor en turbinas) | steam strainer.
aparato para extraer el lubricante arrastrado (vapor condensado, aire comprimido, etcétera) | deoiler.
aparato para fabricar bebidas refrescantes no alcohólicas | syruper.
aparato para filtrar y limpiar lubricantes usados | oil conditioner.
aparato para fotografiar las paredes del agujero (sondeos) | borehole camera.
aparato para fracturar | cribbing device.
aparato para generar gran presión y alta temperatura | high-pressure/high-temperature apparatus.
aparato para gobernar (buques) | steering gear.
aparato para gobernar a mano | hand steering gear.
aparato para igualar las hojas (tipografía) | jogger-up.
aparato para impedir la formación de hielo (aviones) | deicing apparatus.
aparato para indicar el recuento recibido durante un período de tiempo especificado (nucleónica) | scaling unit | scaler.
aparato para indicar la velocidad de enrollado o desenrollado del cable de un globo cometa | kite balloon winch-indicator.
aparato para inspeccionar botellas vacías | empty bottle inspecting device.
aparato para irradiaciones rápidas (reactor nuclear) | rabbit.
aparato para la determinación del porcentaje de carbono en el acero | carbon-in-steel determination apparatus.
aparato para la determinación y registro del polvo atmosférico | dustograph.
aparato para la generación de forma de onda arbitraria | photoformer.
aparato para la lectura de microfichas | microcard-reading apparatus.
aparato para la respiración artificial | resuscitating apparatus.
aparato para lavar coches a presión | car washer.
aparato para lavar el ánima del cañón | gun wash-out gear.
aparato para lectura óptica | character regognition device.
aparato para limpieza de alcantarillas por descarga de agua | flusher.
aparato para madejas (máquina devanadora) | runner attachment.
aparato para maniobrar la claraboya | transom operator.
aparato para mantener constante la temperatura | constant-temperature apparatus.
aparato para mantener en su sitio dientes cuya posición defectuosa se ha corregido (medicina) | retainer.
aparato para medida de bases | base-measuring apparatus.
aparato para medida de bases (geología) | base apparatus.
aparato para medida de bases de barra rodeada de hielo (geodesia) | iced-bar apparatus.
aparato para medir altos vacíos | microvacuum gage.
aparato para medir ángulos | bevel protractor.
aparato para medir el aislamiento | insulation testing set.
aparato para medir el entarquinamiento | siltometer.
aparato para medir el número de Mach | Machmeter.
aparato para medir el resbalamiento (electricidad) | slip counter.
aparato para medir el resplandor (acabados del papel) | glarimeter.
aparato para medir el volumen de un sólido por desplazamiento de un gas | gas-volume measuring apparatus.
aparato para medir gradientes de gravedad | gravity gradiometer.
aparato para medir la carga aplicada a los rodillos de laminar | loadmeter.
aparato para medir la concentración de disoluciones | dilutometer.
aparato para medir la continuidad de circuitos | continuity tester.
aparato para medir la dureza por indentación | penetrator.
aparato para medir la velocidad de gases en tuberías | velometer.
aparato para medir los rizos (lanas) | crimp gage.
aparato para medir tierras (electricidad) | earth tester.
aparato para medir voltios-amperios reactivos | idle current wattmeter.
aparato para medir y registrar la energía eléctrica producida | printometer.
aparato para mover las hojas de ventanas | sash operator.
aparato para planchar trajes | garment presser.
aparato para precipitar polvos en suspensión | precipitator.
aparato para probar la estanqueidad de una tubería | pipe prover.
aparato para probar lámparas | lamp-testing device.
aparato para probar líneas eléctricas | line tester.
aparato para probar muelles a la carga máxima | scragger.
aparato para probar petróleos | petroleum tester.
aparato para probar tubos hidrostáticamente | pipe tester.
aparato para producir clima artificial (temperatura, humedad y claridad de luz, y se emplea en pruebas aceleradas de pinturas y otros productos) | weatherometer.
aparato para producir espuma | foam-marker.
aparato para producir una corriente turbulenta | turbulator.
aparato para prótesis auditiva | hearing aid.
aparato para prueba de cajas de velocidades | gearbox testing apparatus.
aparato para prueba dinámica de engranajes | dynamic gear tester.
aparato para pruebas corrientes | routiner.

aparato para pruebas de hormigones | concrete-testing apparatus.
aparato para pruebas de maquinabilidad | machinability testing apparatus.
aparato para pruebas de materiales | prover.
aparato para pulverizar en caliente líquidos | decomposer.
aparato para que no patinen las ruedas en los carriles | antirail creeper.
aparato para quitar dureza al agua | softener.
aparato para quitar el polvo | deduster.
aparato para quitar los fangos | deslimer.
aparato para ranurar firmes de carreteras | road grooving apparatus.
aparato para reavivar muelas de esmeril | emery wheel dresser.
aparato para recoger la sal cristalizada que cae en un evaporador (fabricación sal marina) | salt leg.
aparato para reconectar (circuitos eléctricos) | recloser.
aparato para rectificar muelas | grindstone dresser.
aparato para rectificar muelas de esmeril | emery wheel truer.
aparato para recuperar (aceites lubricantes, etc.) | reclaimer.
aparato para recuperar aceites sucios de lubricación | oil reclaimer.
aparato para reducir a pulpa la carne | hogger.
aparato para reducir el nivel del sonido o de la imagen (televisión) | pad.
aparato para registro directo sobre cinta magnética | keyboard-to-tape device.
aparato para regulación del oscurecimiento | dimming control unit.
aparato para reimanar imanes permanentes | magnetizer.
aparato para reproducción de clisés | platemaker.
aparato para resolver algo (ecuaciones, precios medios, etc.) | solver.
aparato para sacar de la caja | uncaser.
aparato para sacar diagramas (cilindros) | indicator.
aparato para sacar el pistón (cartuchos de fusil) | decapping instrument.
aparato para sacar muestras de agua de mar a profundidades | sea sampler.
aparato para separar el aceite del vapor (tubería de vapor) | oil interceptor.
aparato para servicio de larga duración | long-service apparatus.
aparato para sintonizar un circuito resonante | trimmer.
aparato para sordos (amplificador acústico) | deaf aid.
aparato para suprimir las señales sobre una cinta magnética arrollada sobre una bobina | tape degausser.
aparato para telemanejo de fuentes de rayos gamma | telegamma unit.
aparato para telemanipulación de sustancias peligrosas | mechanical hands.
aparato para terapia de oxígeno (hospitales) | oxygen therapy unit.
aparato para traducir dibujos corrientes a perspectiva isométrica | perspector.
aparato para tranmitir información angular convirtiendo el movimiento mecánico en información eléctrica (fabricado con diversos nombres comerciales como asynn, autosyn, magslip, selsyn, telesyn, teletorque) | synchro.
aparato para transmitir información angular convirtiendo el movimiento mecánico en información eléctrica (sistema de transmisión de la General Electric) | selsyn.
aparato para transmitir información angular de un eje convirtiendo el movimiento mecánico en información eléctrica | telesyn | teletorque.
aparato para trepar a los árboles | tree bicycle.
aparato para vaciar bombonas | carboy emptier.
aparato para verificar alineaciones | alignment tester.
aparato parafinador | waxer.
aparato patrón | reference instrument | calibrator.
aparato percutor (torpedos) | pistol.
aparato periférico | device.
aparato plegador | coiler.
aparato portátil para medir resistencias por el puente de Wheatstone | bridge-megger.
aparato presurizador | pressurizing apparatus.
aparato presurizador de pistones múltiples | multiple-piston pressurizing apparatus.
aparato productor de luz | light-producer.
aparato protector | preventer | preventer | safety guard | safety apparatus | safety device.
aparato protector automático | automatic guard.
aparato protector para los dedos (prensas) | finger guard.
aparato protector para sierras | saw guard.
aparato protésico | prosthetic appliance.
aparato puesto en derivación (de un circuito que puede ser o no eléctrico) | shunt apparatus.
aparato pulverizador | atomizing apparatus.
aparato que da el producto de las revoluciones del eje por el par torsor | shaft horsepower meter.
aparato que da la velocidad en kilómetros/hora o millas/hora (automóviles) | speedometer.
aparato que facilita un funcionamiento | facility.
aparato que percibe las sensaciones de otro dispositivo y las convierte en señales | sensor.
aparato que recibe señales de un canal y lo transmite en otro canal sin producir señales audio o video (radiocomunicación) | translator.
aparato que sirve para mejorar algo (transmisiones, etcétera) | improver.
aparato reabsorbedor (refrigeración) | resorber.
aparato reanimador | resuscitator.
aparato recalibrador de vainas metálicas | cartridge case sizing apparatus.
aparato receptor de mando único | one knob receiving set.
aparato receptor que radia señales | blooper.
aparato refrigerante | cooling gear.
aparato regenerador | regenerating device.
aparato registrador | recorder | recording instrument | plotter | diagramming apparatus.
aparato registrador autográfico | autographic recording apparatus.
aparato registrador automático | automatic recording apparatus.
aparato registrador de estilete | pen recorder.
aparato registrador de gasto máximo y mínimo | meter master.
aparato registrador de la combustión | combustion recorder.
aparato registrador de lecturas de un conjunto de instrumentos | automatic observer.
aparato registrador de profundidades del fondo (mar) | recording fathometer.
aparato registrador de respuesta rápida quick response recorder.
aparato registrador del caudal máximo y mínimo | meter master.
aparato registrador del flujo gaseoso | gas flow recorder.
aparato registrador del oxígeno disuelto (agua de calderas) | dissolved oxygen recorder.
aparato registrador del pH | pH recorder.
aparato registrador del rumbo | direction recorder.
aparato registrador del sonido | recorder.
aparato registrador del tiro (chimeneas) | draft recorder.
aparato registrador directamente sobre disco | key-to-disc.
aparato regulador | adjuster.
aparato reproductor (de planos, etc.) | reproducer.
aparato respirador de oxígeno (minero) | Draeger breathing apparatus.
aparato restituidor | restitution machine.
aparato robusto | ruggedized apparatus.
aparato rudimentario | crude apparatus.
aparato sacatestigos (sondeos) | core taking apparatus.
aparato seguidor del blanco | tracker.
aparato sin posición de reposo (telefonía - EE.UU.) | stay-put switch.
aparato sometido a lluvia artificial intensa (pruebas) | deluged apparatus.
aparato sondador | sounding apparatus.
aparato sonógeno | noise-making apparatus.
aparato submarino para extracción de muestras del fondo del mar | underwater core drill apparatus.
aparato submarino para extraer testigos del suelo | submarine coring apparatus.
aparato supletorio (abonado telefónico) | extension station.
aparato teledirigido | remote handling device.
aparato telefónico | telephone set.
aparato telefónico automático | automatic telephone set.
aparato telefónico de batería central | common battery telephone set.
aparato telefónico de batería local | local battery telephone set.
aparato telefónico de llamada magnética | magnet telephone set.
aparato telefónico de magneto | magnet telephone set.
aparato telefónico de pago previo | coin box set.
aparato telegráfico señalizador selectivo | gill selector.
aparato tensor | tension gear.
aparato toma muestras del fondo del mar | bottom-sampler.
aparato tomavistas | camera pod.
aparato torrefactor | roaster.
aparato totalizador de impulsión (contadores) | jump counter.
aparato trazador | plotter | mapper.
aparato trazador de curvas | plotter.
aparato triturador | comminuting apparatus.
aparato turbovisor (carros de asalto) | turbovisory apparatus.
aparato vendedor automático | merchandizer.
aparato visor interferométrico | interferometric viewing apparatus.
aparato vocal | vocal tract.
aparatos | apparatus | aparatuses.
aparatos de distribución de gas | gas fittings.
aparatos de fondeo (buques) | anchoring-gear.
aparatos de fondeo (equipo de fondeo - buques) | ground-tackle.
aparatos de gobierno del motor | engine controls.
aparatos de medida | control instruments.
aparatos de tracción | haulage appliance.
aparatos eléctricos | electric appliances.
aparatos electrodomésticos | domestic appliances | domestic electrical appliances.
aparatos oftálmicos | ophthalmic goods.
aparatos ortopédicos | orthopedic apparatuses.
aparcamiento | parking.
aparcamiento en carretera | layby.
aparcamiento mecanizado (garajes) | mechanical parking.
aparcar | park (to).
aparcería | metayage | share farming | share cropping | farming on crop share | sharecropping | partnership.
aparcería (agricultura) | farming on a fifty-fifty basis.
aparcero | farm tenant | produce-sharing farmer | partner | métayer | share farmer | sharecropper | tenant | share cropper.
aparcero (Uruguay) | forest squatter.
apareado | paired | conjugate | strapping.

apareamiento | matching | mating | strapping.
apareamiento (genética) | pairing.
apareamiento de toque y separación (genética) | touch and go pairing.
apareamiento disasociativo | disassortive mating.
apareamiento erróneo (biología) | mispairing.
apareamiento no homólogo (genética) | nonhomologous pairing.
aparear | match (to).
aparear las fases | phase-out (to).
aparearse | conjugate (to).
aparece desde los orígenes de las civilizaciones | it dates from the earliest civilizations.
aparecer | emerge into notice (to).
aparecerá en breve | be published shortly (to).
aparecerse | emerge into notice (to).
aparejado con botavara (embarcación) | gaff-rigged.
aparejado con velas al tercio (buque de vela) | lug-rigged.
aparejado de balandra | yawl-rigged.
aparejado de balandro | sloop-rigged.
aparejado de barca | barque-rigged.
aparejado de bergantín | brig-rigged | barquentine-rigged.
aparejado de fragata | full-rigged.
aparejado de lugre (buque de vela) | lugger-rigged.
aparejado de queche (buque de vela) | ketch-rigged.
aparejador | layer-out | master builder | foreman.
aparejador de paracaídas (el que los prepara, dobla y deja listos para su empleo) | parachute rigger.
aparejador del teleférico forestal (saca de madera) | rigger.
aparejamiento (genética) | twinning.
aparejar | prepare (to) | rig up (to) | get way (to) | furnish (to) | snug (to).
aparejar (buques) | put to sea (to) | sail (to) | rig (to).
aparejar (caballos) | gear (to).
aparejar (muros) | lay out (to) | bond (to).
aparejar (pintura) | size (to) | fill (to).
aparejar (un cable) | rig (to).
aparejar un camino | skid (to).
aparejería | tackle.
aparejería (buques) | tackling.
aparejería para la maquinilla de las plumas del postelero (buques) | king post boom-winch type gear.
aparejo | tackle | tackle | cradle | purchase | block and whip.
aparejo (buques) | furniture | rig.
aparejo (caballos) | gear.
aparejo (cables) | rigging.
aparejo (de poleas) | rigging.
aparejo (de un buque) | nautical gear.
aparejo (marina) | swig.
aparejo (muros) | bonding | bond.
aparejo (pintura) | surfacer.
aparejo (pinturas) | undercoat | sizing.
aparejo (polipasto) | pulley block.
aparejo a tizón (albañilería) | header work.
aparejo americano (cinco o seis hiladas de sogas y una de tizones) | American bond.
aparejo anclado en el suelo | yaw-block.
aparejo colocado en la parte alta | head block.
aparejo colocado en la parte baja | heel block.
aparejo compensador | tension tackle.
aparejo con hiladas alternadas de sogas y tizones (muros) | English bond.
aparejo con hiladas de igual altura (muros) | regular course.
aparejo con un cuadernal fijo y otro móvil | gun tackle.
aparejo cruzado (muro de ladrillos) | crossed bond.
aparejo cruzado (muros) | cross bond.
aparejo cuádruple | four-part tackle.
aparejo de balance (vergas de buques de vela) | rolling tackle.
aparejo de barca | barque rig.
aparejo de bergantín | brig rig.
aparejo de bolinear | luff tackle.
aparejo de cadena | chain tackle.
aparejo de candeletón | stay tackle | Spanish burton.
aparejo de carga | garnet.
aparejo de combés | luff tackle.
aparejo de destronque (explotación forestal) | land clearing tackle.
aparejo de dos cuadernales de cuatro roldanas | fourfold purchase | quadruple-sheave purchase block.
aparejo de dos motones | double whip.
aparejo de dos poleas sencillas | double purchase.
aparejo de dos ruedas perpendiculares | duplex purchase.
aparejo de dos sogas y un tizón alternados en cada hilada | flying bond.
aparejo de driza | halliard purchase.
aparejo de elevar | lifting tackle.
aparejo de encendido | ignition harness.
aparejo de esquina | quoin bonding.
aparejo de esquina (esquinas de sillería) | out-and-in bond.
aparejo de estrinque | whip upon whip | Spanish burton.
aparejo de estrinque (aparejo de candeletón - buques) | garnet.
aparejo de gancho | hook tackle.
aparejo de gobierno electrohidráulico regulado por telemotor | telemotor controlled electrohydraulic steering gear.
aparejo de goleta | schooner rig.
aparejo de halar | hauling tackle.
aparejo de izar | falls | lifting tackle.
aparejo de izar de tornillo sin fin | screw hoist.
aparejo de las velas de proa | head-gear.
aparejo de maniobras (sondeos) | drawworks.
aparejo de palanquín | burton.
aparejo de pesca | fishing tackle | rig.
aparejo de polacra (buque) | polacre rig.
aparejo de poleas | block and tackle.
aparejo de rabiza | jigger.
aparejo de retenida | retaining tackle | preventer tackle | relieving tackle | guy tackle.
aparejo de rolín (vergas de buques de vela) | rolling tackle.
aparejo de soga y tirón alternados (esquinas de sillería) | out-and-in bond.
aparejo de sogas biseladas (muros) | clipped bond.
aparejo de sogas y tizones alternados (muros) | Dutch bond.
aparejo de sogas y tizones alternados (muros ladrillo) | flemish bond.
aparejo de sujeción de la caña del timón | relieving tackle.
aparejo de telar | loom harness.
aparejo de tizones | heading bond.
aparejo de tizones diagonales (muros ladrillos de gran espesor) | raking bond.
aparejo de trinca | relieving tackle.
aparejo de velas áuricas | fore-and-aft rig.
aparejo de velas de cuchillo | fore-and-aft rig.
aparejo de velas triangulares (buques) | jib-headed rig.
aparejo de 3 ramales | three-part line.
aparejo del amante | span tackle.
aparejo del arco | arch bond.
aparejo del bote | boat gear.
aparejo del gancho (grúas) | traveler block.
aparejo del pescador | fish-tackle pendant.
aparejo del timón | rudder tackle.
aparejo diagonal (muros ladrillos de gran espesor) | raking bond.
aparejo diferencial | differential purchase | differential tackle | differential hoist | fiddle block | planetary hoist.
aparejo diferencial de cadena | differential chain-hoist | chain block | chain hoist.
aparejo diferencial de tornillo sinfín | worm block.
aparejo doble | double tackle | double purchase.
aparejo en espina (muros) | herringbone work.
aparejo en que cada hilada consiste en dos tizones y una soga | monk bond.
aparejo escocés (tres hiladas a soga y una hilada a tizón) | scotch bond.
aparejo espigado (muros) | herringbone bond.
aparejo flamenco (muros ladrillo) | flemish bond.
aparejo guairo | gunter rig.
aparejo inglés cruzado (muros) | block-and-cross bond.
aparejo izador | hoisting tackle.
aparejo montado sobre carrillo móvil | trolley-mounted hoist.
aparejo para abozar el timón | relieving tackle.
aparejo para barrenas | bit pulley.
aparejo para botes | boat tackle.
aparejo para dar pendol | masthead tackle | careening tackle.
aparejo para la carga | cargo block.
aparejo para levar el ancla | messenger.
aparejo para reducir la carga sobre una parte determinada | relieving tackle.
aparejo para soportar los golpes de mar sobre el timón (buques) | kicking tackle.
aparejo pequeño (marina) | jigger.
aparejo piramidal multirroldanas | telegraph block.
aparejo quíntuple | five-part line.
aparejo real (buques) | main tackle.
aparejo reticulado (muros) | reticulated work.
aparejo sobre aparejo | gun tackle | luff upon luff.
aparejo sujeto a la parte alta de un palo para anular la escora del buque (varada en dique seco) | careening tackle.
aparejo sujeto a la parte alta de un palo para evitar la escora (entrada en dique seco) | masthead tackle.
aparejo tensor | heel tackle.
aparejos (de un buque) | gearing.
aparejos (palos de buques) | cranse.
aparejos de obenques (palos de buques) | crance iron.
aparellaje blindado (aparamento) | metalclad switchgear.
aparentar | pretend (to).
aparente | superficial | formal.
aparente (física) | virtual.
aparentemente no ligado | seemingly unrelated.
aparentemente paradójica | apparently paradoxical.
apareón | apareon.
aparición (geología) | occurrence.
aparición de manchas negras en superficies broceadas | spotting out.
aparición en la superficie de alguno o todos de los constituyentes de punto de fusión bajo (comprimidos pulvimetalúrgicos) | sweating.
aparición en la superficie en forma de glóbulos de algún constituyente de punto de fusión bajo (aleaciones) | sweating out.
aparición gradual (cine, televisión) | fade-in.
aparición gradual de imagen | fade in.
aparición o desaparición gradual de una imagen (cine) | fade.
apariencia del horizonte que indica tierra (marina) | land blink.
apariencia externa | outer seeming.
apartadero | spur track | turnaround | shunting siding | shunting-line | sidesway | railway siding | passing siding | by-station | sidings.
apartadero (caminos estrechos) | turnout.
apartadero (carreteras) | layby.
apartadero (de vía) | passing.
apartadero (ferrocarril) | pass-bye | pass-by | lie | siding | sidetrack.
apartadero (vías) | shunt line.
apartadero de carga | loading siding.
apartadero de la fábrica | firm's sidings.

apartadero en un camino | turn-out.
apartadero industrial | factory railway.
apartadero muerto (ferrocarril) | dead-end siding.
apartadero particular (ferrocarril) | private siding.
apartadero sin acceso | blind siding.
apartadero solapado (ferrocarril) | siding lap.
apartado a mano | hand picking.
apartado de correos | P.O.B. (post office box) | post-office box.
apartado del correo aéreo | airmail box.
apartador | ore-picker.
apartador (obrero) | ore sorter.
apartamento | apartment | flat.
apartamento (buques) | suite.
apartamento para el armador (buques) | owner's suite.
apartamiento del meridiano (topografía) | departure.
apartar | layby (to) | switch (to) | swerve (to) | sway (to) | isolate (to).
apartar (trenes) | sidetrack (to | switch off (to).
apartar a mano (minerales) | hand-pick (to).
aparte | separately | separate.
apasionado (música) | passionated.
apastro | apastron.
apatía política | political apathy.
apatita amarillo-verdosa | asparagus stone.
apátrida | stateless.
apea | stemple | mine prop.
apea (minas) | cog | tree | support | prop | punch | pitprop | pit-post | stull.
apea (minería) | prop stay.
apea de acero (minas) | steel prop | steel support.
apea de refuerzo (minas) | stiff leg.
apea flexible (minas) | breaking prop | expanding prop.
apea hidráulica (minería) | hydraulic pit prop.
apea metálica (minas) | metal prop | steel support.
apeadero | landing | mount.
apeadero (ferrocarril - EE.UU.) | minor station stop.
apeadero (ferrocarril-G.B.) | halt.
apeadero de la uña de ancla (buques) | billboard.
apeado en verano (árboles) | summer-cut.
apear | stay (to) | underpin (to) | brace (to).
apear (muros) | shore (to).
apear y extraer la madera | log (to).
apearse de un camión | detruck (to).
apeas (minas) | props.
apeas de acero (minas) | steel pit props.
apedernalado | flinty.
apedreado | stoned.
apedrear | stone (to) | pelt (to).
apelación | call in | appellation | advocation.
apelación denegada | dismissed appeal.
apelación en segunda instancia | appeal on second.
apelación rechazada | dismissed appeal.
apelado | respondent.
apelambrado | dewooling.
apelambrado (cueros laneros) | fellmongering.
apelambrado (de cueros lanares) | pulling | wool pulling.
apelambramiento con cal | liming.
apelambrar | pull (to) | sweat (to) | dewool (to).
apelambrar (pieles) | unhair (to).
apelambrar pieles (tenerías) | lime (to).
apelar | ask for redress (to) | appellate (to).
apelmazado | matted | hard-packed | lumpy.
apelmazamiento por el apilado (sacos cemento) | warehouse set.
apelotonado | balled up | lumped.
apelotonamiento | lumping.
apelotonamiento (separación de polvos) | nib.
apelotonarse | lump (to) | bunch (to).
apelusado | fluffy | fluey | fuzzy.
apelusar | fuzz (to).
apellar el cuero | dress leather (to).
apellido | family name.
apenas mecanizado | hardly mechanized.
apenas recordado | dimly remembered.
apendante | appendant.
apéndice | tailpiece | tail | appendage | tab.
apéndice (dirigibles) | petticoat.
apéndice (globo esférico) | neck.
apéndice piloso de un fruto o semilla (botánica) | plume.
apéndice táctil de los anélidos | cirrus.
apéndice vermiforme (anatomía) | appendix.
apéndices (buques) | appendages.
apéndices del eje | shaft appendages.
apendicularios | appendicularian.
apeo | shoring | staying | stay | strutting | bearing up | timbering.
apeo (de árboles) | felling.
apeo auxiliar (edificios) | ancillary shoring.
apeo con figura en (| figure 4 shoring.
apeo de árboles | felling of trees.
apeo de mina | headgear.
apeo dirigido (agricultura) | throwing.
apeo inclinado | inclined shoring.
apeo por el raigal | grub felling.
apeo simultáneo de un grupo de árboles | timber driving.
aperador (minas) | storekeeper.
apercibimiento | summons | admonition.
apergaminado (papel) | greaseproof.
apergaminar | parchmentize (to).
aperiódicamente amortiguado | aperiodically damped.
aperiodicidad | aperiodicity.
aperiódico | not cyclic | deadbeat | nonoscillatory | noncyclic | highly-damping | aperiodic | without a period | nontunable | nonperiodic.
aperiódico (amortiguado - aparatos) | deadbeat.
apero | tool | implement.
aperos de jardinería | gardening tools.
aperos de labranza | agricultural implements | farming implements.
aperos para distribuir fertilizantes | fertilizer-distributing implements.
apersianado | louvre-wise | louvered.
apersonación | appersonation.
apertómetro | apertometer.
apertura (bolsa) | opening.
apertura (de circuitos) | disconnecting.
apertura (paracaídas) | development.
apertura automática de la puerta | automatic door opening.
apertura de crédito comercial | issue of commercial letters.
apertura de cuentas | opening of accounts.
apertura de desperdicios en máquina garnett | garnetting.
apertura de galerías con perforadoras neumáticas (minas) | drilling.
apertura de la subasta | bidding opening | auction opening.
apertura de las ofertas | opening bids.
apertura de objetivo | aperture lens | lens aperture.
apertura de ofertas | opening of bids.
apertura de pasos por materiales fundidos | air lancing.
apertura de propuestas (economía) | opening of bids.
apertura de un barreno con el pistolete | jumping.
apertura de un barril | broaching.
apertura de un circuito (electricidad) | switching off.
apertura de una faja (bosques) | strip cutting.
apertura de una galería (minas) | driving.
apertura de zanjas | ditching.
apertura del cierre | breech opening.
apertura del proceso de quiebra | opening of bankruptcy proceedings.
apertura límite | limiting aperture.
apertura retardada | delayed opening | retarded opening.
apertura retrasada | slowdown opening.
apesantez | weightlessness.
apesantez (vuelos cósmicos) | zero-g.
apetibilidad | palatability.
apetible | appetible.
apex | apex.
apex solar | apex of the sun's motion.
apiario | apiary.
apical | apical | apexial.
ápice | spire.
ápice (botánica) | apex | tip | vertex.
ápice (tipografía) | apex.
ápice acuminado | drip-tip.
ápice acuminado (hojas) | draining-point.
ápice de la cóclea (anatomía) | cupola.
ápice destilatorio (botánica) | dropping point | drip-tip.
apicial | apical.
apiciforme | needle-like.
apícola | apiarian | apicultural.
apicultor | apiculturist | apiarist.
apicultura | apiculture | bee-breeding | bee-keeping.
ápidos (apidae) | honey-bees.
apigmentación | nonpigmentation.
apilable | stackable.
apilado | piled.
apilado (laminación chapas) | matching.
apilado a lo ancho (México) | cross stacking.
apilado a traves | cross stacking.
apilado al aire libre | open-piled.
apilado alrededor de un catión sin oprimirse (cristalografía) | packed around a cation without squeezing.
apilado canto contra canto | bulk stacking | solid stacking.
apilado con altura total de 6 contenedores | stacked 6 high.
apilado con arreglo a un modelo preestablecido | pattern-stacking.
apilado con circulación de aire entre las piezas (tablones, etc.) | open-stacking.
apilado con circulación de aire entre tongadas (maderas) | spacing-piled.
apilado con claras entre tongadas | spacing-piled.
apilado con las tongadas en cruz (maderas) | stacked crosswise.
apilado de canto | edge stacking.
apilado de canto (maderas) | vertical stacking.
apilado de pie | end stacking.
apilado de punta (Iberoamérica) | end racking.
apilado de punta (maderas) | end stacking.
apilado en caballete | end racking.
apilado en caja | box | box piling.
apilado en carga cruzada (Iberoamérica) | cross stacking.
apilado en castillete triangular hueco (maderas) | crib stacking.
apilado en debida forma y de manera segura | neatly and safely piled.
apilado en largos diversos (maderas) | random-length stacking.
apilado en parada | end racking.
apilado en testa | end racking.
apilado en triángulo | crib stacking.
apilado en un núcleo romboédrico | rhombohedrally packed.
apilado hasta el techo | stacked to capacity.
apilado macizo | solid stacking | bulk stacking.
apilado rectificante | rectifier stack.
apilado según despiece | flitch.
apilado sin claras entre tongadas (maderas) | solid piled.
apilado sin rastreles | dead piled | solid stacking.
apilado sin rastreles intermedios | solid piled.
apilado sobre el terreno | field-piled.
apilador (de troncos) | decker.
apilador (sacos, etc.) | piler.
apilador de sacos | sack piler | stacker.
apilador en arcones (apresto) | bin piler.
apiladora | stacker | stacking crane | piler.
apiladora de carbón | trimmer.
apiladora de chapas selectas (hojalata) | prime

piler.
apiladora de sacos | bag piler.
apiladora de tres departamentos en sentido vertical | three-tiered stacker.
apiladora electrohidráulica | electrohydraulic stacker.
apiladora mecánica | stacking machine.
apiladora rotativa | swivel-piler.
apiladora-contadora (imprenta) | counter-stacker.
apiladoras | stackers.
apilamiento | vertical stacking | pileup | piling-up | piling | staking | stack | stacking.
apilamiento (de troncos) | decking.
apilamiento demasiado alto | top-heavy piling.
apilamiento dentro del almacén | in-store stacking.
apilar | stack (to) | heap (to) | pile-up (to) | pile up (to) | pile (to).
apilar (troncos) | deck (to).
apilar a mano | hand-stack (to).
apilar con carretilla elevadora | truck-stack (to).
apilar con fajillas (maderas - Méjico) | stick (to).
apilar con listones (maderas - Iberoamérica) | stick (to).
apilar con rastreles | stick (to).
apilar con varetas (maderas - Puerto Rico) | stick (to).
apilar leña para medirla en estéreos | cord up (to) | rank up (to).
apilar rollizos | bunch (to).
apilar tablones de madera interponiendo listones entre ellos | pile in stick (to).
apilar 6 en altura (contenedores, etc.) | stack 6 high (to).
apilastrado | pilastered.
apiñamiento del espectro | spectrum crowding.
apiñarse | press (to).
apiología | apiology.
apirador | exhauster.
apire | miner's assistant.
apirofórico | nonpyrophoric.
apirogénico | apyrogenic.
apirógeno | nonpyrogenic | pyrogen-free.
apiroso | apyrous.
apisonable | rammable.
apisonado | stamped | compacted | packing | ramming.
apisonado (hormigón, tierra) | punned.
apisonado a mano | hand-rammed | hand-tamped.
apisonado con el pie (funderías) | treading.
apisonado con la apisonadora | rolled.
apisonado con varilla | rodded.
apisonado con varillas (hormigón) | rodding.
apisonado en caliente | hot-rolled.
apisonado en seco | dry-rodded.
apisonado para ser impermeable (arcillas) | proof-rolled.
apisonado por caída del molde (moldería) | jolt ramming.
apisonado por máquina lanzaarena (moldería) | sandslinger ramming.
apisonado vibratorio | vibratory compacting.
apisonador | compactor | compactor | tamper.
apisonador de tierra | land packer.
apisonador de vapor | steam roller.
apisonador del relleno | backfill tamper.
apisonador neumovibrado | pneumatically-vibrated tamper.
apisonadora | tamping roller | paving roller | roller | road roller.
apisonadora de arena por vibración (caja moldeo) | bumper.
apisonadora de ruedas de neumáticos | pneumatic-tired roller.
apisonadora de rulos lisos | smooth-wheel roller.
apisonadora de rulos lisos vibrantes | vibrating smooth-wheeled roller.
apisonadora de tambor liso | smooth roller.
apisonadora estática | static roller.
apisonadora motorizada | motorized roller.
apisonadora para carreteras de motor diesel | diesel-engined road roller.
apisonadora vibratoria | vibratory roller.
apisonamiento | tamping | ramming.
apisonar | tamp (to) | stamp (to) | ram (to) | pound (to) | compact (to).
apisonar (carreteras) | roll (to).
apisonar (tierra) | ram down (to).
apisonar (tierra, hormigón) | pun (to).
apisonar a mano | hand-ram (to).
apisonar arcilla detrás del revestimiento de un pozo (minas) | coffer (to).
apisonar con pisón plano | twack (to).
apisonar con redondos (hormigón) | rod (to).
apisonar con varilla (hormigón) | rod (to).
apisonar en caliente (carreteras) | hot-roll (to).
apisonar en seco | dry-ram (to).
apitong (Dipterocarpus grandiflorus) | apitong.
apívoro | apivorous.
aplacerado (playas, fondos) | shelving.
aplanado | flattened.
aplanado (de chapas de plomo) | dressing.
aplanado a menos de dos bandas de luz | flattened to better than two light bands.
aplanado de chapas | mangling.
aplanado por estirado (metalurgia) | stretching flattening.
aplanador | leveler | leveller | planisher | planer | flatter.
aplanador (electrónica) | smearer.
aplanador (mazo) | planishing mallet.
aplanador (obrero) | planisher.
aplanador (tipografía) | planer.
aplanador de cara redonda | round-faced flatter.
aplanador de fragua | blacksmith's flatter.
aplanador para vidrio | glass-surfacing tool.
aplanadora | flattening machine | flattener | leveler | dresser | grader | beetle | straightening machine | planishing machine | planer.
aplanadora (construcción) | roller.
aplanadora (laminadores) | leader.
aplanadora (máquina para enderezar chapas) | leveller.
aplanadora de bandas | strip leveler.
aplanadora de caminos | road scraper.
aplanadora de chapas | mangle | plate straightener | plate-flattening machine | plate mangle.
aplanadora de chapas de cilindros horizontales | horizontal plate bender.
aplanadora de chapas en caliente | hot plate leveler.
aplanadora de recortes de chapas | scrap flattener.
aplanadora de rodillos (para chapa) | roller leveler.
aplanadora de rodillos de gran potencia | heavy roller straightener.
aplanadora de tiras | strip leveler.
aplanadora mecánica | bull float.
aplanadora mecánica (carretera hormigón) | power float.
aplanadora para chapa gruesa | heavy plate leveler.
aplanadora para dos hombres | bull float.
aplanadora plurirrodillos | multiroll leveler.
aplanadora por estirado (chapas) | stretcher-leveler.
aplanamiento | flattening | smoothing | making even | planishing | surfacing.
aplanamiento de potencia | power flattening.
aplanamiento del flujo | flux flattening.
aplanamiento por estirado (chapas) | patent flattening.
aplanar | plane (to) | plane down (to) | level away (to) | level (to) | face (to) | float (to) | smooth (to) | dress (to) | flatten down (to) | flatten (to) | flatten out (to).
aplanar (chapas) | mangle (to).
aplanar (chapas de plomo) | dress (to).
aplanar (metales) | enlarge (to) | planish (to).
aplanar a martillo las hojas mal prensadas (libro) | beat (to).
aplanar juntas | face joints (to).
aplanaridad | nonplanarity.
aplanastigmático | aplanastigmat.
aplanático | aplanatic.
aplanatismo | aplanatism.
aplanético | aplanetic.
aplantillado | gaged | molded.
aplantillar | mold (to) | mould (to) | template (to) | adjust (to) | adjust by pattern (to).
aplastabilidad | crushability.
aplastable | crushable.
aplastada (curvas) | square-topped.
aplastado | crushed | collapsed.
aplastado (picos aves) | depressed.
aplastado en la prensa de forjar | squabbed.
aplastado en los polos | oblate.
aplastamiento | collapse | flatness | flattening | flatting | jumping | implosion | crumpling | kurtosis | mashing | squeezeout.
aplastamiento (del proyectil al dar en el blanco) | mushrooming.
aplastamiento (hormigones) | slump.
aplastamiento de la tubería de revestimiento (sondeos) | casing crushing.
aplastamiento de los cantos de la chapa (junta remachada) | crushing of the plate.
aplastamiento de los pilares (minas) | sit.
aplastamiento de pilares (minas) | thrust.
aplastamiento del empaque | chafage.
aplastamiento del tubo en una cierta longitud con una estampa semicircular para que se toquen las superficies interiores del tubo (curvado de tubos) | dimpling.
aplastamiento en los polos (cuerpos celestes) | oblateness.
aplastamiento local del ala (hierro U) | local flange buckling.
aplastamiento o roce de cables de acero | chafage.
aplastante (mayoría) | sweeping.
aplastar | squash (to) | mash (to) | flat (to) | flatten out (to) | flatten (to) | flatten down (to).
aplastar (por colisión, golpe de mar, etc.) | stave (to).
aplastar con palmadas | pat down (to).
aplastar la rosca de un tornillo | burr up a screw (to).
aplastar martilleando | beat flat (to).
aplastar un trozo de tocho en la prensa de forjar para formar un disco grueso | squab (to).
aplastar una insurrección | crush a rebellion (to).
aplastarse | collapse (to) | go flat (to).
aplastarse (neumáticos) | bottom (to).
aplastarse (proyectiles) | mushroom (to).
aplástica (arcillas) | lean.
aplástico | nonplastic.
aplaudir | clap (to) | applaud (to).
aplausos | clap.
aplazable | suspendable | extendible.
aplazamiento | imparlance | prolongation | adjournment | adjourning | delay | deferring | deferral | deferment | postponement.
aplazamiento (jurisprudencia) | continuance.
aplazamiento de cobro | deferment of collection.
aplazamiento de cuentas pendientes de pago | stretching of accounts payable.
aplazamiento de la entrada | postponement of delivery.
aplazamiento de pago | respite for payment.
aplazamiento del pago tributario | tax deferral.
aplazar | defer (to) | delay (to) | defer (to) | contango (to).
aplazar (asuntos) | put off (to).
aplazar (pagos) | standoff (to).
aplazar (sesiones) | adjourn (to).
aplazar (un proceso) | continue (to).
aplazar el asunto | leave the matter open (to).

aplazar el pago | postpone payment (to).
aplazar la sesión | adjourn the meeting (to).
aplicabilidad | relevancy | appropriateness.
aplicabilidad de las innovaciones tecnológicas | applicability of technological innovations.
aplicabilidad del método | applicability of the method.
aplicable | adaptable.
aplicable al | relevant to.
aplicación | appropriation | disposition | assiduity.
aplicación (de un enlucido) | laying-on.
aplicación (ejecución de una ley) | enforcement.
aplicación (teoría de conjunto) | mapping.
aplicación (topología) | mapping.
aplicación (vestidos) | appliqué-lace.
aplicación a un filme mudo de una pista sonora | scoring.
aplicación abierta (topología) | open map.
aplicación al extremo de una junta de una capa de un metal compatible con el material de la otra parte de la junta (soldadura) | buttering.
aplicación biunívoca | one-to-one mapping.
aplicación de A en B (teoría de conjuntos) | mapping of A into B.
aplicación de calor para conseguir una oxidación catalítica (cura del tabaco) | sweat.
aplicación de la energía nuclear | atomization.
aplicación de la tarifa | rating of rates.
aplicación de pintura o barniz con brocha grande | flowing-on.
aplicación de placas a huesos fracturados | plating.
aplicación de procedimientos (abogacía) | application of procedures.
aplicación de reserva | standby application.
aplicación de una banda de color al canto de un plato o copa | banding.
aplicación de una capa delgada de criolita u otro material de bajo índice de refracción para disminuir la dispersión de luz (superficies ópticas) | blooming.
aplicación de una capa delgada de metal (por soldadura) | close plating.
aplicación de una carga que produce esfuerzos iguales o mayores que los que ha de tener en servicio (estructuras, cadenas, etcétera) | proof loading.
aplicación de una escala móvil | application of a sliding scale.
aplicación de una segunda clase de anilina después del primer teñido (teñido del papel) | topping.
aplicación de ventosas (medicina) | cupping.
aplicación errónea | faulty application.
aplicación excesiva de una fuerza | overapplication.
aplicación ineconómica | uneconomic application.
aplicación meromórfica (matemáticas) | meromorphic mapping.
aplicación que conserva las distancias (conjuntos) | distance-preserving mapping.
aplicación uno a uno de A sobre B (teoría de conjuntos) | one-to-one mapping of A onto B.
aplicaciones (encuadernaciones) | appliquéd ornament.
aplicaciones armónicas (matemáticas) | harmonic mappings.
aplicaciones biunívocas (topología) | one-one maps.
aplicaciones criogénicas | low-temperature applications.
aplicaciones de conjuntos (matemáticas) | set-mappings.
aplicaciones entre conjuntos de puntos (topología) | mappings between set of points.
aplicaciones especiales | dedicated uses.
aplicaciones generales | general purpose (G.P.).
aplicaciones geométricas de la integración | geometric applications of integration.
aplicaciones industriales de los rayos X | industrial applications of X-rays.
aplicaciones meromórficas (matemáticas) | meromorphic mappings.
aplicaciones múltiples | widespread applications.
aplicaciones prácticas de técnicas profesionales de ventas | practical applications of professional selling skills.
aplicaciones radiantes (matemáticas) | starlike mappings.
aplicada (mecánica, química) | practical.
aplicado (cargas, etc.) | impressed.
aplicado antes de la colocación en obra | yard-applied.
aplicado de menos (gastos generales, etc.) | underabsorbed.
aplicado en estado líquido | liquid applied.
aplicador beta | beta applicator.
aplicador de presión | pressure applicator.
aplicar | assign (to) | implement (to).
aplicar (leyes) | administrate (to).
aplicar A sobre B (teoría de conjunto) | map A onto B (to).
aplicar con brocha | brush-apply (to).
aplicar el mordiente | stain (to).
aplicar en caliente | hot-apply (to).
aplicar en frío | cold-apply (to).
aplicar por pulverización | hose (to).
aplicar soldadura | wipe (to).
aplicar un acuerdo | enforce an agreement (to).
aplicar un enlucido | lay on (to).
aplicar un impuesto | burden (to).
aplicar una capa fina de vidrio de diversos colores | flash (to).
aplicar una capa provisional de cera (modelo fundición) | thickness (to).
aplicar ventosas (medicina) | cup (to).
aplique | fixture | wall fitting | bracket lamp.
aplique (brazo de luz) | sconce.
aplique para lámpara | lamp-bracket.
aplita | aplite | haplite.
aplítico | aplitic.
aploma | aplome | haplome.
aplomar | true up (to).
aplomar (muros) | plumb (to).
apneico | apnoeic.
apneumático | without air | apneumatic.
apoápside | apoapsis.
apoastro | apoastron.
apobsidiana | apobsidian.
apocatastasis | apocatastasis.
apocentricidad | apocentricity.
apocéntrico | apocentric.
apocentro | apocenter.
apocintio (luna) | apocynthion.
apocintio de
apocopar | apocopate (to).
apocrifalista | apochryphalist.
apócrifo | apocryphal | of doubtful origin.
apocromático | apochromatic.
apocromatismo | apochromatism.
apoderado | attorney-in-fact | attorney | private attorney | actor | assignee | holder of procuration | attorney in fact | proxy | proxy holder.
apoderado (persona) | managing-clerk.
apoderado general | universal attorney | universal agent.
apoderamiento | power of attorney | procuration.
apoderamiento ilícito de aeronaves | aircraft extorsion.
apoderamiento por la fuerza | force seizing.
apoderar | commission (to) | empower (to).
apoderarse de | seize (to) | encroach (to) | occupy (to).
apoenzima | apoenzyme.
apofántica | apophantic.
apófige | apophyge.
apófige (columnas) | conge | congee.
apofilita | fish eye.
apófisis | process.
apófisis (de filones) | spur.
apófisis (de un filón) | offshoot | skew.
apófisis (geología) | offset of a bed.
apófisis de granito (geología) | granite apophysis.
apófisis de un dique | dikelet.
apófisis de un filón | spray.
apófisis de un filón de inyección | dikelet.
apófisis del saco branquial (ascidios) | languette.
apófisis eruptiva | outgrowth.
apófisis larga (anatomía) | long process.
apófisis pequeña derivada de la banda hipofaríngea | languette.
apofoco | apofocus.
apofonía | gradation | grading.
apoforómetro | apophorometer.
apogeico | apogean | apogaeic.
apogeo | full | pinnacle.
apogeo (astronomía) | apogee.
apogeo de la luna | moon's apogee.
apogmagmático | apogmagmatic.
apografía | apograph.
apógrafo | apographal.
apolar | apolar | nonpolar | nonpolar.
apolaridad | apolarity.
apoláustico | apolaustic.
apolillado (libros) | wormholed.
apoliticidad | apoliticity.
apolítico | nonpolitic.
apologética | apologetics.
apolunio (luna) | apocynthion.
apomagmático | apomagmatic.
apomazado | rubbed finish | hone-finished | pumicing | pumice-stoning.
apomazado (pintura) | rubbed down | flatting down.
apomazado a mano | hand-scrubbing with pumice.
apomazado en húmedo (pintura autos) | wet sanding.
apomazar | pounce (to) | pumice (to) | pumicing | glaze (to).
apomazar (afelpar - pieles) | fluff (to).
apomazar (con piedra pómez) | hone (to).
apomazar (pintura) | rub down (to).
apomazar la pintura | flat down the paint (to).
apomecómetro | apomecometer.
apomixis | apomixis.
aponeurosis | fascia.
apopado (buques) | down by the stern.
aporcador | middlebuster | hiller | ridger.
aporcador (agricultura) | hiller.
aporcadura (de plantas) | earthing.
aporcamiento | molding.
aporcamiento de plantas | ridging.
aporcar | mold (to).
aporcar (cubrir con mantillo) | mould (to).
aporcar (plantas) | ridge (to).
aporcar (una planta) | hill (to).
aporcelanado | porcellaneous.
aporcelanar | porcelainize (to) | porcelain (to).
aporía | aporia.
aporoso | pore-free | aporose | aporic | nonporous | poreless.
aporrear | knock (to) | pound (to).
aportación | contribution.
aportación (cuenca) | annual runoff.
aportación a un órgano | intake into an organ.
aportación de calor de 105 kJ/centímetro (soldadura de aceros) | thermal flow of 105 kJ/centimeter.
aportación de capital | contribution of capital | furnishing capital.
aportación de capital social | issuance of capital stock.
aportación de pruebas | induction of facts.
aportación dineraria | cash contribution.
aportaciones | assets brought in.
aportaciones a partidos políticos | political contributions.
aportado al suelo (abonos, etc.) | soil-applied.
aportador | contributor.
aportar | contribute (to).
aportar efectivo | put up cash (to).

aportar pruebas | bring forward (to).
aporte | makeup.
aporte al canal | channel inflow.
aposento | room.
aposiopesis | aposiopesis.
aposiopestico | aposiopestic.
apósito (medicina) | dressing.
apósito beta | beta applicator.
aposporia | apospory.
apostadero | naval district | naval station | station.
apostar | station (to) | gage (to) | gauge (to).
apostar (un espía) | post (to).
apostasía | falling off | defection.
apostilbio (luminancia) | apostilb.
apostilla | apostil | footnote.
apostillar | margin (to) | gloss (to).
apóstol (buque de madera) | knight head.
apotecio (botánica) | cup.
apotelesma | apotelesm.
apotelesmático | apotelesmatic.
apotema | apothem.
apoyabrazos colgante (coches) | arm strap.
apoyacabeza | headrest.
apoyacabeza (asientos) | head roll.
apoyada libremente por su circunferencia | freely supported at its circumference.
apoyada sobre las aletas hidrodinámicas (embarcaciones) | foilborne.
apoyado (carpintería) | planted.
apoyado (no empotrado - vigas) | free.
apoyado directamente sobre el terreno | soil-supported.
apoyado en candelas (metalurgia) | toggle-supported.
apoyado en cinco puntos | five-points-supported.
apoyado en soportes | fulcrumed in bearings.
apoyado lateralmente | laterally supported.
apoyado por el sindicato | union-backed.
apoyamano (torno) | turning rest.
apoyamano para tornear al aire | pillar hand rest.
apoyamanos | palmrest.
apoyapiés | footrest.
apoyar | prop (to) | support (to) | buttress (to) | ground (to) | hit (to) | backup (to) | back up (to) | back (to) | lean (to) | haul (to).
apoyar (una proposición) | second (to).
apoyar de nuevo (botón) | press again (to).
apoyar el argumento geométrico | bolster the geometric argument (to).
apoyar el pabellón (buques de guerra) | fire a shot under one's true colors (to).
apoyar sobre | press down (to).
apoyarse | abut (to).
apoyarse en | rest (to).
apoyarse sobre | lean (to).
apoyatura (música) | grace note | appoggiatura.
apoyatura breve (música) | short appoggiatura.
apoyatura corta (música) | acciaccatura.
apoyo | stay | abutment | shoulder | setting | prop | supporter | support | purchase | rest | upright.
apoyo aéreo | air support.
apoyo aéreo (milicia) | aerial support.
apoyo aéreo cercano | close air support.
apoyo aéreo próximo | close-in air support.
apoyo de ala de viga | boom sheet.
apoyo de artillería naval | naval gunfire support.
apoyo de cazas para bombarderos | target support.
apoyo de conjunto | general support.
apoyo de extracción (minas) | hauling track.
apoyo de fuegos (artillería) | fire support.
apoyo de la artillería | artillery support.
apoyo de la línea aérea | overhead-line support.
apoyo de la traviesa del pivote (locomotora) | bolster bearing.
apoyo de oscilación | rocker bearing.
apoyo de rótula | tilting bearing.
apoyo de ventana | bay stall.
apoyo del bao más cercano a crujía (buques) | inboard support of beam.
apoyo del bao más separado de la borda | inboard support of beam.
apoyo del cilindro | cylinder seat.
apoyo deslizante | slide bearing.
apoyo desplazable | floating support.
apoyo elástico | elastic bearing | elastic support | resilient support.
apoyo empotrado | wall bracket.
apoyo en V para trazado | V block.
apoyo financiero | financial support | financial backing.
apoyo graduable | adjustable bearing.
apoyo horizontal | steady bearing.
apoyo indirecto | indirect support.
apoyo inferior | lower bearing.
apoyo inferior del resorte | lower spring seat.
apoyo inmediato | close support.
apoyo logístico | logistics support | logistic support | logistical support.
apoyo logístico integrado | integrated logistic support.
apoyo logístico sobre la playa | over-the-beach logistic support.
apoyo operacional | operational support.
apoyo para el gato | jacking pad.
apoyo para la pieza a trabajar | work rest.
apoyo para recibir el piso (columnas) | shear-head.
apoyo para sujetar el modelo en miniatura (túnel aerodinámico) | sting support.
apoyo para taladrar | drilling rest.
apoyo plano | pad.
apoyo principal | mainstay.
apoyo recíproco a las divisas respectivas | swap.
apoyo sujetador de succión de caucho | rubber-suction grip tread.
apoyo táctico | tactical support.
apoyo tubular vertical del asiento | seat riser.
apoyos antivibratorios | vibration-attenuating supports.
apoyos móviles | walking supports.
apreciable | sizable | sizeable.
apreciación | judgment | estimating | estimate | rating | appraisal.
apreciación (nonio, etc.) | least reading.
apreciación (pendientes, ángulos) | measuring.
apreciación cuantitativa de la calidad de la transmisión (telefonía) | transmission performance rating.
apreciación de distancias | distance judging.
apreciación de distancias (a simple vista) | range estimation.
apreciación de méritos | merit rating.
apreciación del aroma | flavor evaluation.
apreciación del sentido de los desvíos (artillería) | sensing.
apreciación errónea | faulty judgment.
apreciación práctica | workable estimate.
apreciación tecnológica | engineering appreciation.
apreciaciones del juez | judge's comment.
apreciador | estimator.
apreciador de madera en pie (bosques) | landlooker | cruiser.
apreciador del índice de octano del plomo tetraetilo | lead appreciator.
apreciar | estimate (to) | prize (to).
apreciar (distancias) | determinate (to).
apreciar con la vista (distancias, etc.) | judge by the eye (to).
apreciar hasta (instrumentos de medida) | read to (to).
aprehender | take into custody (to).
aprehensión | apprehension | attachment.
aprehensión (de bienes o de personas) | seizure.
aprehensión de buques de pesca | fishing ships's apprehension.
apremiable | compellable.
apremiador | compeller.
apremiar | compel (to).
apremiar (a un deudor) | dun (to).
apremiar el pago | compel payment (to).
apremiar para el pago | press for payment (to).
apremio | constraint | court order.
aprender de memoria | memorize (to).
aprender nuevas actividades | learn new skills (to).
aprender por experiencia | experience (to).
aprendiz | apprentice | prentice | trainee | tyro.
aprendiz de imprenta | printer's devil.
aprendiz de mecánico (talleres) | apprentice machinist.
aprendiz que no percibe sueldo | nonsalaried employee.
aprendiz tipógrafo | apprentice-compositor.
aprendizaje | learning | apprenticeship | training | prenticeship.
aprendizaje automático de la máquina | machine learning.
aprendizaje de la retroacción biológica | bio-feedback training.
aprendizaje industrial | industrial apprenticeship.
aprendizaje programado | programmed learning.
aprendizaje sin percibir sueldo | probationership.
aprensar | stow (to).
apresamiento | takings | seizing | capture.
apresar | capture (to).
aprestado (cargado-telas) | filled.
aprestado (de telas) | dressing.
aprestado (tejeduría) | weighting.
aprestado (telas) | finishing | dressed | sized.
aprestado (textiles) | weighted.
aprestado con resina (textiles) | resin-treated.
aprestado por impregnación | slop starching.
aprestador | sizer | preparer | primer.
aprestador (de telas) | finisher.
aprestadora | sizing machine.
aprestadora de tejidos | cloth finishing machine.
aprestadora del envés (máquina) | back filling mangle.
aprestadora del envés (telas) | backfilling machine.
aprestar | make ready (to).
aprestar (cuero, telas) | prepare (to).
aprestar (papel, telas) | size (to).
aprestar (telas) | finish (to) | starch (to) | dress (to).
aprestar (textiles) | weight (to) | process (to).
aprestar la tela | dress cloth (to).
aprestar la urdimbre | dress the warp (to).
aprestarse | get ready (to) | make ready (to).
apresto | sizing | preparing | starching.
apresto (de telas) | filling.
apresto (del papel) | mill-finishing.
apresto (papel) | size.
apresto (papel, telas) | size.
apresto (pinturas) | extender.
apresto (telas) | get-up | dressing | sizing | filler | filling material | hard finish | preparative | preparation.
apresto (textiles de fibra de vidrio) | finish.
apresto áspero (tela) | rough finish.
apresto de hilos de lino | linen yarn finishing.
apresto del envés | backfilling.
apresto del envés (acabado de telas) | back starching.
apresto duro (telas) | stiff finish.
apresto engomado (telas) | stiff finish.
apresto fluoroquímico (tejidos) | fluorochemical finish.
apresto fuerte (telas) | heavy finish.
apresto inarrugable | wrinkle-resistant finish.
apresto mural (pintura) | plaster priming.
apresto para moldes | mold dressing.
apresto para sombreros | stiff.
apresto resínico | resin finish.
apresto suave (telas) | soft finish.
apresurando (música) | hasting the time.
apresurar | forward (to) | dispatch (to).
apresurarse | push (to) | accelerate (to) | press on (to).

apretada (composición tipográfica) | cramped.
apretada (tuercas) | hardened up.
apretado | dense | tight | drawn up tightly | close | narrow | pressed.
apretado a fondo (tuercas) | jam-tight.
apretado con los dedos (tapón roscado) | finger-tight.
apretado con llave de tuercas motorizada | power-tight.
apretado con palanca | lever-locked.
apretador | press | tightener.
apretar | squeeze (to) | press down (to) | press (to) | narrow (to) | depress (to) | set taut (to) | clamp (to) | constrict (to) | grip (to).
apretar (aros de barril) | drive on (to).
apretar (atornillando) | screw in (to).
apretar (cápsula con bala) | crimp (to).
apretar (frenos) | set (to).
apretar (las filas) | close up (to).
apretar (nudos, etc.) | gripe (to).
apretar (tanques) | top up (to).
apretar (tornillos) | drive in (to).
apretar (tuercas) | drive (to).
apretar (un vagón contra otro) | cushion (to).
apretar a fondo | clamp tight (to) | force home (to).
apretar a fondo (tornillos) | draw up tight (to).
apretar a fondo los frenos | jam on the brakes (to).
apretar con el martillo neumático (remaches) | gun drive (to).
apretar con pinzas | pinch (to).
apretar con un muelle | springback (to).
apretar el enganche (vagones) | set the coupling (to).
apretar el gatillo | squeeze the trigger.
apretar el puño o los dientes | clench (to).
apretar en frío (remaches) | cold-drive (to).
apretar la majada | close herding (to).
apretar la tuerca | draw up the nut (to).
apretar los ejes de rumbo (aeronáutica) | squeeze (to).
apretar los hilos de estopa en la junta (calafateo de cubiertas de madera) | horse up (to).
apretar los tornillos | screwdown (to).
apretar mecánicamente | power-clamp (to).
apretar pernos | tighten bolts (to).
apretar un rebaño | close herding (to).
apretar un remache ya colocado | spin a rivet (to).
apretar un tornillo a fondo | drive a screw home (to).
apretar una tuerca | draw close a screw nut (to).
aprete (frenos) | putting on.
aprietatubos (tubería) | hosecock.
aprietatuercas de aire comprimido | air powered impact wrench.
aprietatuercas mecánico | nutter | nut runner | nut setter.
aprietatuercas mecánico de par limitador | nut torquing machine.
aprietatuercas neumático | bolt gun | percussion wrench | air driven nut runner.
aprietatuercas neumático de percusión | impact wrench.
aprietatuercas para trabajos submarinos | submersible bolt gun.
apriete | grip | gripping | interference | keying | screwdown | holding | clamping | tightening | tightness | press.
apriete (de tornillos) | driving.
apriete (eje mayor que el agujero) | interference fit.
apriete (frenos) | brakes off on.
apriete a fondo (frenos) | brake full on.
apriete con los dedos (tapón roscado) | finger-tightening.
apriete de tuercas | nut-running.
apriete de 0 | interference fit of 0.001 inch per inch of diameter.
apriete en frío | cold shrink fitting.
apriete enérgico | strong grip.
apriete excesivo de los pernos | tight bolting.
apriete lo más enérgico posible | death grip.
apriete máximo (ajustes) | maximum interference.
apriete mínimo (ajustes) | minimum interference.
apriete por resorte | spring load.
apriete rápido | quick-grip.
aprieto (zunchado) | shrinkage.
aprieto (zunchado de cañones, ajuste en caliente) | shrinkage allowance.
aprisco | sheepfold.
aprisionado (minas) | hung up.
aprisionado por los hielos (buques) | icebound.
aprisionamiento (sondeos) | sticking | freezing.
aprisionamiento molecular | molecular trapping.
aprisionar entre | grip between (to).
aprisionar entre los hielos (buques) | ice up (to).
aproado (buques) | down by the bows | down by the head.
aproado a la marea (buque anclado) | tide rode.
aproado al viento | head to wind.
aproado al viento (buque fondeado) | wind-rode.
aproar | trend (to).
aproar a un viento de costado por medio del timón para disminuir la deriva (aviones) | crab (to).
aproar al viento (buques, aviones) | bear up (to).
aproarse a la marea (buque fondado) | ride head to the tide (to).
aproarse al viento | lie to (to).
aproarse al viento (buque anclado) | ride to the wind (to).
aproarse al viento (buques) | weathervane (to) | weathercock (to) | turn into the wind (to).
aproarse contra la marea (buque anclado) | ride to the tide (to).
aprobación | acceptation | passing | consent.
aprobación (de un documento) | certifying.
aprobación (de una propuesta) | okay.
aprobación de cuentas anuales | approval of the annual financial statements.
aprobación del acta de la reunión | approval of the minutes of the meeting.
aprobación del parlamento | parliamentary approval.
aprobado (en un examen) | pass.
aprobado (inspección) | passed.
aprobado oficialmente | established.
aprobado oficialmente por las autoridades | officially approved by the authorities.
aprobado por el inspector del Lloyd | passed by Lloyd's surveyor.
aprobado por el laboratorio de aseguradores | UL-approved.
aprobado por el Lloyd | Lloyd's approved.
aprobado por el Lloyd's Register of Shipping | approved by Lloyd's Register of Shipping.
aprobado por el Ministerio de Comunicaciones | G. P. O.-approved.
aprobado por la asociación de aseguradores | underwriters' approved.
aprobado por votos a favor | voted up.
aprobar | subscribe (to) | okay (to) | endorse (to) | indorse (to) | applaud (to).
aprobar (un proyecto) | pass (to).
aprobar el presupuesto | pass the budget (to).
aprobar la moción (jurídico) | carry a motion (to).
aprobar un acuerdo | subscribe to an agreement (to).
aprobar un contrato | ratify a contract (to).
aprobar una propuesta | carry a motion (to) | pass a motion (to).
aprobar una resolución | adopt a resolution (to).
aproche | approach.
apropiabilidad | suitability | fittingness.
apropiabilidad de la carga | suitability of loading.
apropiabilidad para el empleo en operaciones militares | operational suitability.
apropiable | appropriable.
apropiación ilícita | wrongful conversion.
apropiación ilícita (jurídico) | conversion.
apropiación ilícita de bienes | conversion.
apropiación indebida | embezzlement.
apropiado | congruent | suitable.
apropiado para | right for.
apropiado para el combate | combat-worthy.
apropiado para el servicio militar sin grandes modificaciones (productos comerciales o aviones comerciales) | off the shelf.
apropiado para el trabajo | job-adjusted.
apropiado para el vuelo (condiciones atmosféricas) | flyable.
apropiado para esterilizaciones repetidas (hospital) | suitable for repeated sterilizations.
apropiado para una amplia variedad de aplicaciones | suitable for a wide variety of applications.
apropiarse | appropriate (to) | assume (to).
apropiarse ilícitamente de bienes | convert (to).
apropiarse por derecho de prioridad (compra de terrenos públicos) | preempt (to).
apropiarse un terreno por derecho de prioridad | preempt land (to).
aproporcionado (instalaciones) | sizeable.
aprótico | aprotic.
aprovechamiento | exploitation.
aprovechamiento de la energia (ríos, etc.) | power harnessing.
aprovechamiento de la energía industrial del río | development of the river.
aprovechamiento de los desechos | waste recovery.
aprovechamiento de productos forestales | forest products exploitation.
aprovechamiento de tierras | reclamation.
aprovechamiento hidraúlico de un río | rise development.
aprovechamiento hidráulico del río | river development.
aprovechamiento hidroeléctrico del río | harnessing of the river.
aprovechamiento industrial (de ríos, calor geotérmico, etc.) | harnessing.
aprovechamiento industrial (de un río) | development.
aprovechamiento óptimo del | making the most of.
aprovechamiento ordenado de lomas | hill-culture.
aprovechamiento químico de substancias de desecho y transformación en productos útiles | chemurgy.
aprovechar desechos | recycle (to).
aprovechar industrialmente (un río) | develop (to).
aprovisionado de combustible | fuelled (G.B.) | fueled (EE.UU.).
aprovisionador | purveyor | tender.
aprovisionamiento | supply | buying in | stocking | replenishment | provisioning | provision.
aprovisionamiento (de un servicio) | procurement.
aprovisionamiento aéreo | aerial drop.
aprovisionamiento de carbón | coaling.
aprovisionamiento de combustible | fuelling.
aprovisionamiento de fueloil | fuel-oil bunkering.
aprovisionamiento de madera | wood procurement.
aprovisionamiento de petróleo | oil bunkering.
aprovisionamiento del comedor de oficiales | messing.
aprovisionamiento en vuelo | air refuelling.
aprovisionamiento para una fuerza de aviación | air supplies.
aprovisionamientos | stores | store.
aprovisionar | supply (to) | procure (to).
aprovisionar (de combustible) | fuel (to).

aprovisionar de carbón | coal (to).
aprovisionar de combustible | stoke (to).
aprovisionar hidros | service seaplanes (to).
aprovisionar un ejército | furnish an army (to).
aprovisionarse de combustible | fuel up (to).
aproximación | flare-out | coming up | oncoming.
aproximación (cálculo) | approach.
aproximación a crítico | approach to criticality.
aproximación al fin de la cinta | low tape condition.
aproximación con el motor parado (aterrizaje) | power-off approach.
aproximación con motor en marcha (aterrizajes) | power approach.
aproximación con regulación Ward-Leonard (cilindro laminador) | Ward-Leonard-controlled screwdown.
aproximación con un error menor que α | α-aproximation.
aproximación cuantitativa | quantitative approach.
aproximación direccional | directional homing.
aproximación directa | straight-in approach.
aproximación dirigida (aeropuertos) | homing action.
aproximación frustrada (aterrizajes) | missed approach.
aproximación gradual para canal | gradual-channel approximation.
aproximación inicial | initial approach.
aproximación intermedia | intermediate approach.
aproximación lineal por segmentos rectilíneos | piecewise linear approximation.
aproximación más cercana (de dos cuerpos celestes) | closest approach.
aproximación odorífera | odoriferous homing.
aproximación para aterrizaje en que el avión describe una trayectoria de aproximación parcialmente sobre la pista | overhead approach.
aproximación para el aterrizaje | landing approach.
aproximación pasiva | passive homing.
aproximación peligrosa de dos líneas de transporte de energía | structure conflict.
aproximación polinomial ponderada | weighted polynomial approximation.
aproximación por instrumentos (aviación) | instrument approach.
aproximación por interferómetro | interferometer homing.
aproximación por radio | homing.
aproximación rápida | rapid approach | quick traverse.
aproximación sin visibilidad | blind approach.
aproximación sincronizada | timed approach.
aproximación sucesiva | successive aproximation.
aproximación visual | visual approach.
aproximación y aterrizaje automáticos | automatic approach and landing.
aproximadamente | roughly | in the rough.
aproximadamente constante | roughly constant.
aproximadamente lineal | roughly linear.
aproximado | rough | near.
aproximado (números) | rough-and-ready.
aproximando (matemáticas) | approximand.
aproximarse | draw forward (to).
aproximarse a | make up (to) | come up to (to).
aproximarse a tierra sondeando sin cesar (buques) | keep the lead going (to).
apselofesía | apselophesia.
apsidal | apsidal.
ápside abovedado | domed apse.
ápsides de la luna | moon's apsides.
apterigial | apterygial.
apterix (zoología) | kiwi.
áptero | wingless.
aptitud | capacity | capability | appropriateness | fitness | ability.
aptitud a la detonación | detonating aptitude.
aptitud al choque | knock rating.
aptitud combinatoria | combining ability.
aptitud de los soldadores | qualification of welders.
aptitud de rodamiento | rollability.
aptitud de un casco soportado por hidroplaneadores para mantener un vuelo horizontal sobre las crestas de las olas | platforming.
aptitud del acero (para satisfacer unas pruebas) | suitability of the steel.
aptitud del diamante para maquinizar cerámicas | diamond's ability to machine ceramics.
aptitud del polietileno para la impresión tipográfica | printability of polyethylene.
aptitud del suelo para el tráfico | soil trafficability.
aptitud médica | medical fitness.
aptitud para conformación en caliente | hot-formability.
aptitud para conservar altura con un motor parado (aviones) | stay-up ability.
aptitud para despegar con un motor parado | takeoff ability.
aptitud para el barnizado | varnishability.
aptitud para el corte | cutting ability.
aptitud para el recalcado en frío | cold headability.
aptitud para el trefilado (fabricación de alambres) | drawability.
aptitud para el vuelo | flying fitness.
aptitud para endurecerse (aceros) | timbre | body.
aptitud para estañosoldar | solderability.
aptitud para funcionar | runability.
aptitud para girar | swingability.
aptitud para la conformación (aceros) | formability.
aptitud para la embutición | drawability.
aptitud para la impresión tipográfica (papel) | printery quality | printability.
aptitud para oficinas | clerical aptitude.
aptitud para ser conformado (materiales) | forming property.
aptitud para ser trabajado (metales) | fabricability.
aptitud para soportar los procesos de fabricación | processibility.
aptitud peliculígena (para formar película-pinturas) | film-forming capacity.
aptitud productiva del suelo | land use capability.
aptitud profesional | professional fitness.
aptitud sicológica | psychological aptitude.
aptitud técnica | engineering aptitude.
aptitudes físicas | physique.
apto | sortable | competent | skilled | able | qualified | fitted.
apto para | right for.
apto para el ejercicio de su profesión | admitted to practice.
apto para el servicio | fit for duty.
apto para el trabajo | able bodied.
apto para la corta (árboles) | loggable.
apto para ser cortado (árbol) | fellable.
apto para trabajar | able to work.
apto para transportar una carga determinada | cargo-worthy.
apto para volar (aviones) | flyable.
apuesta | stake | wager.
apuesta doble | double.
apuesta uniforme | straight betting.
apulgarado | spotted.
apulso (astronomía) | appulse.
apuntación | memo.
apuntado (curvas) | peaky.
apuntado a proa (artillería buques) | trained ahead.
apuntado al blanco | on target.
apuntado automáticamente en alcance (cañones) | automatically pointed in elevation.
apuntado en azimut (cañón) | trained.
apuntado en dirección (cañón) | trained.
apuntador (artillería) | aimer | gun layer.
apuntador (cañones) | cannoneer.
apuntador (de cañón) | gunner.
apuntador (teatros) | recorder.
apuntador anticarro | antitank gunner.
apuntador automático radárico para cañón | radar gun-layer.
apuntador de elevación (cañones) | layer.
apuntador de primera (artillería) | expert gunner.
apuntador de radar | radar gun-layer.
apuntador del cañón | gun pointer.
apuntador en azimut (artillería) | trainer.
apuntador en dirección (artillería) | trainer | azimuth setter.
apuntalado | strutted.
apuntalado auxiliar (edificios) | ancillary shoring.
apuntalado de la excavación | excavation bracing.
apuntalado del casco (buques) | hull shoring.
apuntalamiento | shoring | bracing | falsework | staying | propping | strutting.
apuntalamiento de cimientos | underpinning.
apuntalamiento de las cuadernas | harpings.
apuntalamiento para abrir un hueco en una fachada o para recalzar (edificios) | ancillary shoring.
apuntalar | crutch (to) | prop up (to) | prop (to) | strut (to) | drop (to) | shore (to) | underpin (to) | underprop (to) | brace (to) | stay (to) | truss (to).
apuntalar (minas) | sprag (to).
apuntalar con almohadas y escoras (buques) | hang (to).
apuntalar edificios | brace buildings (to).
apuntamiento | peaking | kurtosis.
apuntamiento (de curvas) | peakedness.
apuntamiento antes de soldar (chapas, etc.) | pretacking.
apuntamiento en serie | series peaking.
apuntando al blanco | held on the target.
apuntando al sol | pointing to sun.
apuntando hacia arriba | upwardly pointing.
apuntar | point (to) | aim (to) | note (to) | minute (to) | sight (to).
apuntar (armas) | point (to) | sight (to).
apuntar (con un telescopio) | range (to).
apuntar automáticamente | aim automatically (to).
apuntar con cuidado seleccionando el blanco | pick off (to).
apuntar con laser | aim with laser (to).
apuntar con puntería directa | take direct aim (to).
apuntar con soldadura | tackweld (to) | tack (to).
apuntar el cañón | track the gun (to).
apuntar el cañón en altura | elevate the gun (to).
apuntar el cañón en azimut | aim the gun in azimuth (to).
apuntar en altura (cañón) | point in elevation (to).
apuntar en azimut | traverse (to).
apuntar en azimut (cañones) | lay in azimuth (to).
apuntar en azimut (artillería) | slew (to).
apuntar en azimut (cañón) | point in azimuth (to) | train (to).
apuntar en depresión (artillería) | depress (to).
apuntar en dirección | point in direction (to) | azimuth-point (to) | traverse (to).
apuntar en dirección (artillería) | slew (to).
apuntar en dirección (cañón) | train (to).
apuntar en elevación (cañón) | point in elevation (to).
apuntar en elevación (cañones) | elevate (to) | lay (to).
apuntar la troza | nose (to).
apuntar la troza (corta de árboles) | snipe (to).
apuntarse un éxito | score a success (to).
apunte | note | memorandum | minute.

apuntes de datos de errores | tally of error data.
apuñalar | knife (to) | stab (to).
apuro financiero | financial pressure.
aquebradización | embrittlement.
aquebradizar | embrittle (to).
aquende | on this side.
aquilatar (minería) | assay (to).
aquilino | eagle-like.
aquillado | carinate | keel-shaped.
aquillado (botánica) | keeled.
aquitaniense (geología) | aquitanian.
arabana (polisacáridos) | araban.
arabescos | arabesques.
arabidad | arabity.
arábigo | Arabic.
arabismo | Arabism.
arabista | Arabist.
arabizado | Arabicized.
arabizar | arabize (to).
arabofonía | arabophony.
aración | aration | ploughing.
aracnidismo | arachnidism.
arácnidos | arachnida.
aracnofagia | arachnophagy.
aracnófago | arachnophagous.
aracnología | arachnology.
aracnólogo | aracnologist.
arado | plough | plow | trail spade.
arado (pieza de artillería) | spade.
arado abrezanjas | ditching machine | ditching plough.
arado alomador | ridger.
arado aporcador | middle breaquer | covering plough.
arado aporcador (agricultura) | middle breaker.
arado binador | trench plow.
arado bisurco | two botton plough.
arado brabante doble | turn-wrest plough | reversible plough | one-way plough.
arado brabanzón | Belgian plow.
arado con asiento | riding plow.
arado con grupo de rejas | gang plow.
arado de arrastre | draw plough.
arado de bastidor | spade.
arado de contera (cañones) | trail spade.
arado de descarga doble | center plow.
arado de descuajar | digger plough.
arado de descuaje | grub hook.
arado de desfonde | heavy plough | deep-digging plough | grub breaker plough.
arado de disco | disc plough.
arado de discos | disk tiller | disk plow | disc plow.
arado de doble vertedera | furrow plow.
arado de escardillo (agricultura) | single shovel plow.
arado de manceras | walking plough.
arado de plantación | planting plow.
arado de rastrojo | stubble cleaner | till-plough.
arado de reja | shareplough.
arado de reja reversible | swing-plow.
arado de rejas multiples con manceras | walking gang plow.
arado de seis vetederas | six-furrow plough.
arado de subsuelo | subsoiler.
arado de tracción animal | horse plough.
arado de un escardillo (agricultura) | single hovel plow.
arado de una reja | single furrow plough.
arado de varias rejas | multiple plough | multiple-bottom plow.
arado de vertedera | one-way balance plough | mouldboard plow.
arado de vertedera (agricultura) | botton plow.
arado de vertedera doble | bull ditcher.
arado de vivero | nursery-bed shaper.
arado del mástil (cañones) | trail spade.
arado desarraigador | grub hook | rooter plow.
arado fijo | conventional plough.
arado ligero de vertedera reversible | turn-wrest plough.
arado monosurco | one bottom plough.
arado para abrir surcos de plantaciones | planting plow.
arado para abrir un surco enterrado de forma circular | mole plow.
arado para caballones | ridge-plough.
arado para carbón (rafadoras) | coal plough.
arado para drenaje | draining plough.
arado para hacer camellones | strip-ridging plough.
arado para labor amelgando | one-way plow.
arado para labor plana | one-way plough | once way disk.
arado para laderas | hillside plow.
arado para tractor | tractor plough | sulky.
arado pequeño para binazones | horse hoe.
arado plantador | planting plow.
arado polirreja | multifurrow plough.
arado polisurco | gang plough.
arado polisurco con conductor | riding gang plough.
arado por curvas de nivel (agronomía) | contour plowing.
arado quitanieves | snowplow.
arado rastra | harrow plow.
arado roturador | breaker plow.
arado sembrador | lister | drill plough | drill-plow.
arado subsolador | subsoiler.
arado topo | mole plough.
arado universal | general purpose plough.
arado viñero | vineyard plough | vineyard plow.
arado zanjador (agricultura) | ditching plow.
arador (Panamá) | mite.
arados de huertos | orchard plow.
arado-sembrador | lister drill.
arado-tractor limpia nieve | snowplow.
araforóstico | araphorostic.
aragonito depositado en fuentes termales | flos ferri.
aralo-caspiano | Aralo-Caspian.
aramiento | furrowing.
arancel | schedule of duties | tariff schedule | tariff | duty.
arancel aduanero | customs tariff | customs.
arancel aduanero común | common customs tariff.
arancel antidumping | retaliatory duty.
arancel compensatorio | compensating tariff | countervailing tariff.
arancel compuesto | compound tariff.
arancel de aduanas | customs duty tables | customs regime | customs tariffs.
arancel de exportación | export duties.
arancel de honorarios | scale of fees.
arancel de importación (economía) | import tariff.
arancel especial | special tariff.
arancel estacional | seasonal duty.
arancel fijo | single schedule tariff.
arancel financiero | revenue tariff.
arancel fiscal | revenue tariff.
arancel máximo | maximum duty | maximum tariff.
arancel mínimo | minimum duty | minimum tariff.
arancel notarial | notarial rates.
arancel proteccionista | protective tariff | protective duty.
arancel sobre el valor | ad valorem duty.
aranceles | fees.
aranceles de protección | protective tariffs.
arandela | washer | ring.
arandela abierta | slip washer | slotted washer | pronged washer.
arandela acopada (arandela Belleville) | dished washer.
arandela achaflanada | bevel washer.
arandela aislante (radio) | grommet.
arandela amortiguadora | shakeproof washer.
arandela autoadhesiva | self-adhesive washer.
arandela Belleville | domed washer.
arandela campaniforme | saucer washer.
arandela con muescas | notched washer.
arandela con pestaña | flange ring.
arandela con saliente | tab washer.
arandela concava | domed washer | socket washer | cupped washer.
arandela cónica de cobre | copper rove.
arandela convexa para clavos (embarcaciones de madera) | roove.
arandela cortaaceite | oil return baffle.
arandela cortada (con el punzón) | cut washer.
arandela de ajuste | adjusting washer.
arandela de bloqueo | lockwasher.
arandela de bolas de doble empuje | double-thrust ball-washer.
arandela de caras no paralelas | bevel washer.
arandela de caucho | lute | grummet | rubber washer.
arandela de caucho (bombas) | rubber.
arandela de centrado | alignement washer.
arandela de cierre | sealing washer.
arandela de cimacio | ogee washer.
arandela de clavo de techar | roofing tin.
arandela de corcho | cork washer.
arandela de cuero | leather ring | leather washer.
arandela de cuero para pistones | flat plunger leather.
arandela de empaquetadura | packing washer.
arandela de empuje de bolas | ball-thrust washer.
arandela de estanqueidad | sealing washer.
arandela de fieltro | felt ring | felt drag.
arandela de frenado (tuercas) | locking washer.
arandela de gancho | drag washer.
arandela de gola | ogee washer.
arandela de goma para cerrar tarros herméticamente | lute.
arandela de grifo | bib washer.
arandela de hojalata | roofing cap.
arandela de horquilla | pronged washer.
arandela de junta | joint washer.
arandela de la base | base washer.
arandela de lengüeta (frenado de tuercas) | tabwasher.
arandela de neopreno | neoprene washer.
arandela de neopreno rellena con negro de carbón | carbon-black-filled neoprene washer.
arandela de obstrucción | packing washer.
arandela de plomo | leaden washer | lead washer.
arandela de presión | pressure washer | lock washer.
arandela de protección | cover washer.
arandela de remache | rove.
arandela de retén de grasa | oil retaining washer.
arandela de rodamiento de empuje axial | ball thrust washer.
arandela de seguridad | lock washer.
arandela de seguridad (tuercas) | locking washer.
arandela de separación | shim washer.
arandela de sujeción | clamping washer.
arandela de taza | bend-up washer.
arandela del cojinete | bearing washer.
arandela del ensanchamiento del eje (carruajes) | body washer.
arandela del muelle | spring washer.
arandela del resorte | spring washer.
arandela delgada | narrow washer.
arandela dentada | serrated washer.
arandela elástica | spring washer | cushion washer | disk spring.
arandela elástica de bronce fosforoso | phosphor-bronze spring washer.
arandela elástica de doble espiral | double coil spring washer.
arandela elástica ondulada | wave spring washer.
arandela en cuña | taper washer.
arandela en herradura | slotted washer | slip washer.
arandela espaciadora | space washer.
arandela fijadora | check washer.
arandela gruesa | heavy washer.

arandela obturadora | blind washer | blank washer | sealing washer.
arandela para clavo de techar | roofing cap.
arandela para ejes | axle washer.
arandela para impedir el paso del lubricante a lo largo del eje | oil slinger.
arandela para remachar la punta (clavos) | clink ring.
arandela para sujetar la muela abrasiva | blotter.
arandela partida | split washer.
arandela plana | flat washer.
arandela plana redonda | cycle washer.
arandela soluble (mina fondeada) | soluble washer.
arandela sujetadora | retaining washer.
arandela-muelle | spring dish washer | disk spring.
arandelas de papel | paper disk.
arandelas dentadas estampadas | stamped toothed washers.
arandelas encorvadas | curved-in washers.
araneideforme | araneideform.
araneido | araneidan.
araneoso | araneous.
araña | spider.
araña (motor eléctrico) | endshield.
araña de centrado | spider.
araña de cristal | lustre (Inglaterra) | luster (EE.UU.).
araña de gas | gasolier.
araña de jardín | spinner.
araña de lámparas eléctricas | electrolier.
araña de suspensión | lifting spider.
araña de tubería de revestimiento | tubing spider.
araña del rotor (alternador) | rotor-frame.
araña garrapata | spider mite.
araña orbitelar | retiary.
araña para tubería de revestimiento | casing spider.
araña tejedora | retiary weaver.
arañado (cilindros) | scored.
arañado (de cojinetes, de cilindros) | scoring.
arañador | scratcher.
arañar | scrape (to) | scratch (to) | claw (to) | tear (to).
arañar (cojinetes, etc.) | score (to).
arañazo | scratch | scrape | scoring.
arañazos | scratching.
arañazos (defectos superficiales con cantos romos - al pulir superficies ópticas) | sleek.
arañazos de embutición | drawn-in scratches.
arañazos que se laminan en pasadas sucesivas | rolled-in scratches.
arañazos superficiales producidos por la herramienta en la carrera de retorno (cepilladora) | marring.
arañero | guide bar.
arañero (peine guiamechas - condensador de cintas) | guide fork.
arañero de vaivén | traversing thread guide.
arañero de vaivén (continua de hilar) | roving guide.
arañita roja (Iberoamérica) | spider mite.
arañuela (Chile, Méjico, Uruguay) | mite.
arañuela roja (Iberoamérica) | spider mite.
arar | plow (to) | plough (to) | break ground (to).
arar (labrar la tierra) | furrow (to).
araracanga (Aspidosperma desmanthum) | araracanga.
arariba (Centrolobium ochroxylon - Rose) | arariba.
araucaria | Chile pine.
arbitrable | arbitrable.
arbitraje | arbitrage | umpirage | straddle | arbitration judgment.
arbitraje amigable | friendly arbitration.
arbitraje comercial | commercial arbitration.
arbitraje comercial internacional | international commercial arbitration.
arbitraje de cambio (economía) | arbitrage of exchange.
arbitraje de divisas | currency arbitrage.
arbitraje de litigio | arbitration.
arbitraje de quejas | grievance arbitration.
arbitraje industrial | industrial arbitration.
arbitraje internacional | international arbitration.
arbitraje obligatorio (jurídico) | compulsory arbitration.
arbitraje pontificio | papal arbitrage.
arbitraje simple | simple arbitrage.
arbitraje voluntario (jurídico) | voluntary arbitration.
arbitrajista | arbitragist.
arbitral | arbitral.
arbitramiento | arbitrament | reference.
arbitrar de acuerdo con las reglas de equidad | decide according to the rules of equity (to).
arbitrar fondos | raise money (to).
arbitrariamente escogido | arbitrarily chosen.
arbitrariamente orientado | arbitrarily oriented.
arbitrio (impuesto) | excise duty.
arbitrio estatal sobre bebidas alcohólicas | state liquor excise tax.
arbitrio judicial | legal discretion.
arbitrio municipal | local tax.
arbitrio rentístico | revenue measure.
arbitrios | excise taxes | internal revenue taxes | excise revenue | excise | duty.
árbitro | arbitrage dealer | arbiter | umpire | overman | moderator.
árbitro de apelación | appeal judge | appeal arbitrator.
árbitro de disputas | arbitrator of disputes.
árbitro de maniobras aéreas | air umpire.
árbitro de maniobras terrestres | ground umpire.
árbitro de seguros | insurance referee.
árbitro elegido de común acuerdo | mutually agreeable umpire.
árbitro elegido por ambas partes | mutually-agreed arbitrator.
árbitro en disputas laborales | impartial chairman.
árbitro experto | referee.
árbitro extrajudicial | amicable compounder.
árbitro internacional | international arbiter.
árbitro laboral | labor arbitrator.
árbitro para conflictos mineros | overman.
árbol | tree | arbor.
árbol (grúas) | post.
árbol (mecánica) | shaft.
árbol (relojería) | arbor.
árbol (tipo de imprenta) | body | shank.
árbol (topología) | tree.
árbol abombado (Venezuela) | swell-butted tree | bottle-butted tree.
árbol aclimatado | naturalized tree.
árbol acostillado | swell-butted tree.
árbol acostollado | bottle-butted tree.
árbol achaparrado | dwarfed tree.
árbol apeado para recoger insectos | decoy tree | trap tree.
árbol apolillado (Argentina) | brood tree.
árbol atacado por coleopteros | bug-tree.
árbol auxiliar con engranajes | lay shaft.
árbol carcomido | pumped tree.
árbol cargado de fruta | fruited tree.
árbol cebo | trap tree.
árbol cerrado | round tree | virgin tree.
árbol combinador (transistores) | combiner tree.
árbol con costillas basales reforzadas | churn-butted tree.
árbol con el duramen descompuesto | pumped tree.
árbol con esporóforos de hongos de pudrición | conky tree.
árbol con la copa por debajo del nivel general del bosque | overtopped tree.
árbol con la copa seca | top-kill | deadhead.
árbol con madera defectuosa en parte | cull tree.
árbol cornijal | witness tree.
árbol cortado enredado al caer en otros (corta forestal) | lodged tree.
árbol cortado para recoger coleopteros de su corteza | trap tree.
árbol cuya corta sólo está permitida en ciertas condiciones | reserved tree.
árbol chamoso | pumped tree.
árbol de anclaje (corta de árboles) | head tree | head spar.
árbol de anillos anuales delgados | fine-ringed tree.
árbol de anillos anuales gruesos | broad-ringed tree.
árbol de azafrán (Chrysophyllum canito) | saffron tree.
árbol de base ancha | swell-butted tree.
árbol de cambio de marcha | reverse shaft.
árbol de centro | center arbor.
árbol de conexiones (pozo petróleo) | Christmas tree.
árbol de contramarcha | jackshaft.
árbol de crecimiento tardío | laggard | lagger.
árbol de espaldera | espaliered tree.
árbol de fase ancha | bottle-butted tree.
árbol de fijación | clamping arbor.
árbol de juegos (estadística) | game tree.
árbol de la vida (Thuja plicata) | western arborvitae | western red cedar.
árbol de la vida del cerebelo (anatomía) | arborvitae.
árbol de las pelucas | smoke-tree.
árbol de levas | cog-shaft.
árbol de levas colocado en la culata (motores) | overhead camshaft.
árbol de límite | boundary tree.
árbol de linde | border tree | edge tree.
árbol de manivelas | main shaft.
árbol de mantequilla (Bassia latifolia) | butter tree.
árbol de Navidad | Christmas tree.
árbol de poco o ningun valor comercial | weed tree.
árbol de rápido crecimiento | fast-growing tree.
árbol de referencia | witness tree.
árbol de referencia (topografía) | bearing tree.
árbol de sujeción | lock up shaft.
árbol de transmisión | power shaft.
árbol de transmisión horizontal | lying shaft.
árbol de tronco alto | long stem tree.
árbol de tronco arqueado | sabre-like tree.
árbol de un grafo | tree of a graph.
árbol decadente | decadent tree.
árbol decrépito (Argentina) | cull tree.
árbol del barrilete (relojes) | barrel arbor.
arbol del café | coffee tree.
árbol del cambio de velocidades | layshaft.
árbol del cilíndro peinador | comb cylinder shaft.
árbol del pan (bótanica) | jack.
árbol del plegador | beam shaft.
árbol del volante (relojes) | balance arbor | balance verge.
árbol dentado | notched beam.
árbol desechado por defectos | cull tree.
árbol desmochado | flattopped tree | pollard.
árbol dominado por las copas vecinas (bosques) | suppressed tree.
árbol emergente (Perú) | hold-over.
árbol engarbado | hung | hang-up tree | lodged tree.
árbol escamondado | lopped tree.
árbol esquinero | witness tree.
árbol excepcional para la repoblación forestal | plus tree.
árbol fofo (Argentina) | pumped tree.
árbol fomado por una rama lateral después de un despunte de la copa | turn-up tree.
árbol frutal | fruit-bearing tree | fruit bearer.
árbol frutal enano | dwarf fruit tree.
árbol genealógico | pedigree | family tree.
árbol genéticamente extraordinario | superior tree.

árbol gomero | rubber tree.
árbol grúa (corta de árboles) | head tree.
árbol heliófilo | intolerant tree.
árbol hendido por la helada | frost-cleft tree.
árbol joven | sapling.
árbol lindero (Iberoamérica) | boundary tree.
árbol macetudo (Argentina) | bottle-butted tree | swell-butted tree.
árbol maderable | forest-tree | forester | timber tree | lumber-tree.
árbol madre (Argentina, Honduras) | reserved tree.
árbol maleza (Argentina) | weed tree.
árbol monoico | monoecious tree.
árbol motor (molino viento) | sail-axle.
árbol motor de la bobina | bobbin driving shaft.
árbol muy infestado | brood tree.
árbol negro | round tree | virgin tree.
árbol o planta que adquiere un contenido anormal de metal cuando crece en suelo metalífero | accumulator plant.
árbol padre | plus tree | seed tree.
árbol padre (México) | reserved tree.
árbol padre de reserva | fire-insurance tree.
árbol pequeño para adorno | grove.
árbol pináceo | pinaceous tree.
árbol plagado (Iberoamérica) | brood tree.
árbol podado | lopped tree | pollarded tree.
árbol podado en forma de huso | cordon tree.
árbol portasemilla | mother tree.
árbol predominante | hold-over.
árbol predominante (bosque) | predominant tree.
árbol predominante (bosques) | upstart | wolf tree.
árbol principal | bearing spindle.
árbol protector (Iberoamérica) | trainer.
árbol protector de otros más jóvenes (bosques) | nurse tree.
árbol que está en la línea determinada por una alineación (topografía) | sight tree | fore-and-aft tree.
árbol que está en una alineación (topografía) | line tree.
árbol que necesita mucha luz para crecer | intolerant tree.
árbol que no ha sido nunca sangrado (resinación) | round tree.
árbol que nunca ha sido sangrado (resinación) | virgin tree.
árbol que produce semilla | seeder | seed tree.
árbol que representa el promedio de un grupo (bosques) | mean sample tree.
árbol recién cortado | freshly-felled wood.
árbol representativo de un conjunto (que se deja de pie en una corta - bosques) | sample tree.
árbol resinoso conífero | coniferous resinous tree.
árbol rotulado | tagged tree.
árbol seco | snag.
árbol selecto reservado para un fin determinado | reserved tree.
árbol sin duramen | sapwood tree.
árbol sobresaliente (bosques) | hold-over.
árbol sumergido y peligroso para la navegación (ríos) | sawyer.
árbol tipo | sample tree.
árbol tipo (dejado de pie en una corta) | sampler.
árbol trampa (Iberoamérica) | trap tree.
árbol tronchado | broken ship.
árbol tutor | trainer.
árbol virgen | round tree | virgin tree.
arbolado | timbered.
arbolado (buques) | alongside.
arbolado de las cuadernas (buques) | plumbing | squaring.
arboladura (buques) | masting | spars.
árbol-albergue (Panamá) | den tree.
arbolar | hoist (to).
arbolar (buques) | mast (to).
arbolar (remos) | toss (to).
arbolar (un mástil) | erect (to).
arbolar la bandera | fly the flag (to).
arbolar la insignia | hoist the flag (to).
arbolar las cuadernas (construcción del buque | plumb (to).
árbol-cueva (Honduras) | den tree.
arboleda | grove.
árboles cítricos | citrus trees.
árboles de copa abierta | open-grown trees.
árboles de sombra | shady trees.
árboles derribados por el viento | down timber | windthrown trees.
árboles para pasta papelera | pulpwood trees.
árboles resinosos | resinous trees.
árboles sin duramen | sapwood trees.
árbol-guarida de un mamífero | den tree.
árbol-hito | boundary tree.
arbolillo expontáneo | self-sown plant.
arbolillo silvestre | self-sown plant.
arbolista | nurseryman.
arbolito | sapling.
árbol-mojón | boundary tree.
arborescencias | trees.
arborescencias y nódulos (electroquímica) | trees and nodules.
arborescente | dendroid | arborescent.
arboreto | arboretum.
arboretos | arboreta.
arborical | arborical.
arboricolino | arboricoline.
arboricultor | tree-breeder | nursery man | forester.
arboricultura | arboriculture | tree-cultivation | tree care.
arboricultura urbana | city forestry.
arborización | dendritic marking | arborescent growth.
arborizaciones | dendritic markings.
arborizar | arborise (to).
arboroide | arboroid.
arboroso | arborous.
arbotante | flying buttress | arched buttress | strongback | arch buttress.
arbotante (buques) | spur | A bracket.
arbotante (hélices buques) | outrigger.
arbotante de acero fundido de una pieza de tipo de gafas (buques) | one-piece spectacle type cast steel shaft bracket.
arbotante de acero moldeado (buques) | cast steel shaft bracket.
arbotante de acero moldeado de tipo de gafas | cast steel spectacle frame.
arbotante de hélice de un solo brazo | single-strut propeller bracket.
arbotante de la hélice (buques) | propeller bracket.
arbotante de pie de amigo de amurada | bulwark stay spur.
arbotante de una sola pata (buques) | single-leg propeller strut.
arbotante del eje (buques) | shaft bracket | shaft strut.
arbotante del eje propulsor (buques de varias hélices) | propeller strut.
arbotante soldado (buques) | welded shaft bracket.
arbotantes de serviola (buques de vela) | whiskers.
arbuscular | arbuscular.
arbúsculo | arbuscula.
arbusto | shrub | bush.
arbustos frutales | fruit-bearing shrubs.
arca | safe | ark | box | coffer.
arca (corta forestal) | wanigan.
arca de popa (buques) | tuck.
arcabucero | harquebusier.
arcabúz | arquebus.
arcada | arcade.
arcada (jacquard) | harness twine | twine.
arcada (telar) | harness.
arcada abierta (tejeduría) | open harness.
arcada cruzada (telares) | crossed harness.
arcada en pendiente | raking arcade.
arcada jacquard | jacquard harness cord.
arcadas | arching.
arcadas (de calles) | row.
arcado | arcate.
arcaico (geología) | archaean.
arcaístico | archaistic.
arcanos | arcana.
arcas del tesoro | national treasury.
arcatura | arcature | blind arcade.
arce blanco (Acer saccharinum) | soft maple | silver maple | white maple.
arce inglés (Fraxinus excelsior) | English ash.
arce japonés (Acer palmatum) | Japanese maple.
arce negro (Acer nigrum) | black maple.
arce negro (Acer saccharum) | hard maple.
arce negro americano (Acer saccharum) | rock maple.
arce noruego (Acer platanoides) | Norway maple.
arce rojo (Acer rubrum) | red maple.
arcén (carreteras) | shoulder | driftway | shoulder | wayside | roadside | verge.
arcenes | road verges.
arciforme | arciform | arc-shaped | arch-shaped.
arcilla | clay.
arcilla (cerámica) | argil.
arcilla (en capa de carbón) | bat.
arcilla abigarrada | motley clay.
arcilla activada | activated clay.
arcilla acumulada en el delta de un río | delta clay.
arcilla aglutinante | bonding clay.
arcilla agria | short clay.
arcilla aluvial | alluvial clay | flood plain clay.
arcilla aluvial concrecionada | fairy-stone | imatra-stone.
arcilla amasada | pug.
arcilla aplástica | lean clay | short clay.
arcilla arenácea | sandy clay.
arcilla arenosa algo caliza | adobe.
arcilla bandeada | banded clay.
arcilla batida | puddling | puddled clay | pug | puddling.
arcilla bauxítica | bauxitic clay.
arcilla bentonítica | bentonitic clay.
arcilla bentonítica coloidal (sondeos petrolíferos) | alta mud.
arcilla blanca exenta de arena | paper clay.
arcilla blanca o rojiza de Islandia | hverlera.
arcilla calcárea | marl.
arcilla calcareoferruginosa | bole.
arcilla calcinada (G.B.) | grog.
arcilla calcinada con vesículas de gas | ceramic sponge.
arcilla caolínica | kaolin clay.
arcilla carbonifera | post stone.
arcilla coloidal | colloidal clay | canamin clay.
arcilla compacta | mudstone.
arcilla compacta (geología) | bass.
arcilla común | adamic earth.
arcilla con pedernal | flint clay.
arcilla consistente | stiff clay.
arcilla contraída por exposición al fuego | drawn clay.
arcilla de alfareros | potter's clay.
arcilla de atascar | botting.
arcilla de cochura | buff-burning clay.
arcilla de cochura crema | cream-burning clay.
arcilla de cochura roja | red-firing clay.
arcilla de cohesión | bond clay.
arcilla de descomposición | flint clay.
arcilla de liga | bond clay.
arcilla de modelar | modeling clay.
arcilla de poca plasticidad | stiff clay.
arcilla de sílex | flint clay.
arcilla de tipo caolínico sedimentaria | sedimentary kaolinic-type clay.
arcilla debajo del carbón | coal seat.
arcilla depositada en capas finísimas | book clay | leaf clay.
arcilla descolorante | decolorizing clay.
arcilla desengrasada (cerámica) | opened clay.

arcilla diaspórica | diaspore clay | diasporic clay.
arcilla disminuida en su volumen por la cochura | drawn clay.
arcilla dura | flint clay.
arcilla en bloques | boulder clay.
arcilla en el piso de la capa de carbón (minas) | coal warrant.
arcilla en el techo o piso (capa de carbón) | muckle.
arcilla en el techo o piso (capas de carbón) | mickle.
arcilla en polvo | clay dust.
arcilla en solifluxión | boulder-clay loam.
arcilla endurecida | batt | indurated clay.
arcilla endurecida entre capas de carbón | bind.
arcilla esméctica | fuller's earth | smectite.
arcilla esquistosa | shale clay.
arcilla esquistosa (esquisto arcilloso blanco) | blacks.
arcilla esquistosa ferrosa | paint rock.
arcilla estratificada | laminated clay.
arcilla estuarina | estuarine clay.
arcilla expandida | expanded clay.
arcilla expansiva | expansive clay.
arcilla ferruginosa | iron clay.
arcilla ferruginosa (tintorería) | flaxseed ore.
arcilla ferruginosa encima de una capa de carbón | gluing rock.
arcilla ferruginosa para tintes | dye stone.
arcilla figulina | pottery clay | figuline | pot-earth | potter's earth | pot-clay.
arcilla fínamente dividida | finely-divided clay.
arcilla fluvioglaciárica | glacioaqueous clay.
arcilla fosfático-coloidal (fertilizante) | agrifos.
arcilla glaciar | boulder clay.
arcilla glaciarica | till.
arcilla gosanífera | gossaniferous clay.
arcilla granujienta | gritty clay.
arcilla hinchable | effervescing clay.
arcilla impermeable poco plástica | puddle.
arcilla impersistente | impersistent clay.
arcilla indurada | bend.
arcilla indurada (geología) | bass.
arcilla indurada con conchas | croyl.
arcilla lacustre | lake clay.
arcilla lacustre con restos glaciares | berg till.
arcilla lacustre estratificada de origen glaciar | varved clay.
arcilla laminada | clay shale.
arcilla lignitífera | lignitiferous clay.
arcilla limosa | silty clay.
arcilla magra | lean clay | green clay.
arcilla margosa | marly clay.
arcilla metamorfoseada | converted clay.
arcilla mezclada con paja para construcciones | cat and clay.
arcilla micronizada | micronized clay.
arcilla montmorillonítica | montmorillonitic clay.
arcilla moviente | quick-clay.
arcilla muy cocida | hard-burned clay.
arcilla muy fusible | slip clay.
arcilla muy plástica | fat clay.
arcilla muy plástica (que se añade al caolin para darle plasticidad) | ball clay.
arcilla muy plástica de color oscuro | gumbo.
arcilla natural refinada para fabricar ceramica | blackbird black burning clay.
arcilla natural tratada con ácido empleada como decolorante o coagulante o catalizador | acid clay.
arcilla o pizarra dura (minas) | clod.
arcilla ocrosa untuosa | ochran.
arcilla para blanquear | bleaching clay.
arcilla para fabricar cemento | cement earth.
arcilla para juntas | lute.
arcilla para ladrillos | brick clay.
arcilla para moldes | luting loam.
arcilla para piquera (alto horno) | taphole clay.
arcilla para revestir moldes (fundición) | ball clay.
arcilla pegosa | sticky clay.
arcilla peptizada | peptized clay.
arcilla pizarrosa | rock clay.
arcilla plástica | plastic clay | potter's clay | pipe-clay | loam | modeling clay.
arcilla plástica (cimentaciones) | foul clay.
arcilla plástica aluminosa | aluminous plastic clay.
arcilla plástica de Kentucky de gran pureza | ball clay.
arcilla plástica para hacer pipas para tabaco | cutty clay.
arcilla porosa | porous clay.
arcilla pulverizada empleada en la preparación de polvos insecticidas | dusting clay.
arcilla que contiene materia orgánica (esmaltes vitreos) | bubbly clay.
arcilla que desprende iones de hidrógeno en una suspensión de agua | hydrogen clay | acid clay.
arcilla que imparte rigidez a la barbotina para esmaltes | hi-set clay.
arcilla que se funde a baja temperatura | slip clay.
arcilla refractaria | chamot | fire clay | apyrous clay | bottom stone.
arcilla refractaria (para revestimiento de hornos) | ganister.
arcilla refractaria de buena clase | high-grade fireclay.
arcilla refractaria molida y pasada por una criba | dry-milled fireclay.
arcilla refractaria silícea | flint fire clay.
arcilla roja (U.K.) | adamic earth.
arcilla roja de las regiones mas profundas (oceanografía) | red clay of the deepest regions.
arcilla seca y sin aire incluido | aeroclay.
arcilla silícea | gritty clay | siliceous clay.
arcilla sopropélica | sappropel clay.
arcilla superficial | cat clay.
arcilla tegulina | gault.
arcilla tixotrópica | thixotropic clay.
arcilla vermiculada | vermiculated clay.
arcilla vitrificada | vitrified clay.
arcillas del Lias Inferior | blue marl.
arcillas laminadas | varved clays.
arcillas micronizadas por corrientes de aire | air-float clays.
arcillas para crisoles que soportan grandes temperaturas | crucible clays.
arcillas textiles | textile clays.
arcillas varvadas | varved clays.
arcíllico | argillic.
arcillícola | argillicolous.
arcillífero | argilliferous | clay-bearing.
arcillo ferruginoso | argilloferruginous.
arcilloalcalino | argilloalkaline.
arcilloarenáceo | arcilloarenaceous.
arcilloarenoso | argilloarenaceous | argillous-arenaceous.
arcillocalcáreo | arcillocalcareous | argillocalcareous.
arcillofeldespático | argillofeldspathic.
arcilloide | argilloid.
arcillosilíceo | argillosiliceous.
arcilloso | bolary | argillaceous | argilloid | clay-bearing | clayish | clayey.
arcilloso (terrenos, grava, arena) | loamy.
arco | imbowment | arch | sparkover | rib.
arco (berbiquí) | bow.
arco (construcción) | bow.
arco (de contrabajo) | stick.
arco (de pistón) | ring.
arco (geometría) | arc.
arco (tamices) | rim.
arco a sardinel | axed arch.
arco abocinado | fluing arch | segmental arch | trumpet arch | splaying arch.
arco adintelado | straight arc | straight arch | jack arch.
arco adintelado (arco de descarga-dinteles) | flat arch.
arco angrelado | foiled arch.
arco antifunicular | antifunicular arch.
arco apainelado | three-center arch.
arco aparejado | gaged arch.
arco apuntado | ogive | binding arch | drop-arch | peak arch.
arco articulado | hinged arch | articulated arch.
arco atirantado | tied arch.
arco atirantado de dos articulaciones | two-hinged tied arch.
arco atirantado de tablas encoladas | glued-laminated tied arch.
arco atirantado empotrado | encastré tied arch.
arco autorregulado (soldadura) | self-adjusting arc.
arco auxiliar debajo de la superficie interna del techo (hornos) | drop-arch.
arco biarticulado | two-pinned arch.
arco cantante | speaking arc | hissing arc.
arco capialzado (arquitectura) | splayed arch.
arco carpanel de tres centros | basket-handle arch.
arco circular biarticulado | circular two-pinned arch.
arco circular de gran radio | large-radius circular arc.
arco circular de pequeño radio | small-radius circular arc.
arco circular rebajado | scheme arch | skene arch | segmental arch.
arco con alambre-electrodo consumible | consumable metal arc.
arco con pies derechos convergentes hacia el pie (entibación de minas) | splay-legged arch.
arco con tierra (por defecto aislamiento) | arcing ground.
arco conoidal | splaying arch | fluing arch | trumpet arch.
arco conopial | ogee arch | ogeval arch | keel arch | four-centered arch | Tudor arch.
arco continuo | continuous arc.
arco coseno | arc cosine.
arco cotangente | arc cotangent.
arco crepuscular (geofísica) | twilight arch.
arco cuadrilobular | four-cusped arch.
arco cuya cosecante es | csc-1.
arco cuyo seno es x | $\sin^{-1} x$.
arco de acceso (engranajes) | arc of approach.
arco de aligeramiento | relieving arch.
arco de alojamiento | arc of recess.
arco de apriete (frenos) | grip-hold arc.
arco de arcadas de celosía | braced-rib arch.
arco de bóveda | arch-vault.
arco de carda | bend.
arco de celosía | trussed arch | braced arch.
arco de cierre (electricidad) | arc on closing.
arco de círculo | circular arc.
arco de círculo descrito por una hélice rotante | propeller arc.
arco de contactos (uniselectores) | level.
arco de contorneamiento del aislador | insulator arcover.
arco de cuatro centros | Tudor arch.
arco de descarga | arch of discharge | back arch | safety arch | discharging arch | relieving arch.
arco de descarga para avenidas (pilas puentes) | draining-arch.
arco de descarga para las crecidas (puentes sobre ríos) | flood arch.
arco de devanado | winding arc.
arco de encuentro (bóvedas) | groined arch.
arco de engrane (engranaje) | pitch-arc.
arco de entretenimiento | keep-alive arc.
arco de evolvente de círculo | involute arc.
arco de flecha | flight bow.
arco de guardamonte (armas) | guard trigger.
arco de herradura | Moorish arch.
arco de herradura (arquitectura) | horseshoe arch.
arco de hiladas concéntricas | concentric arch.
arco de hormigón (en masa o armado) | concrete arch.
arco de hormigón en masa | plain concrete arch.
arco de hormigón prefabricado y pretensado | precast prestressed concrete arch.

arco de la orilla (puentes) | land-arch.
arco de ladrillo | brick arch.
arco de ladrillo con ladrillos corrientes (las juntas son cuneiformes) | rough arch.
arco de ladrillo que sostiene un brochal | brick trimmer.
arco de ladrillos adovelados | gaged arch | axed arch.
arco de ladrillos de cuña | axed arch.
arco de lectura (radiogoniómetro) | swing.
arco de los guardianes del timón de bote | boat rudder yoke.
arco de madera lamelada | laminated wooden arch.
arco de madereros (corta forestal) | arch.
arco de madereros con cabrestante (corta forestal) | fail lead arch.
arco de media luna | crescent arch.
arco de medio punto | entire arch | full-center arch | semicircular arch | full center arch | roundhead arch | round arch | roman arch.
arco de ménsula | cantilever arch.
arco de oscilación | arc of swing.
arco de oscilación (relojes) | arc balance.
arco de polaridad invertida | reverse polarity arc.
arco de puerta | doorway arch.
arco de radio invariable | constant-radius arch.
arco de receso (engranajes) | arc of recess.
arco de refuerzo | reinforcing arch.
arco de remolque (remolcador) | tow rail.
arco de reposición (telefonía) | homing-arc.
arco de retorno | arc-back | flash-back.
arco de riñones macizos | solid-spandrel arch.
arco de roce de la escobilla (dínamo) | brush arc.
arco de rodadura | rolling arc.
arco de ruptura (electricidad) | interruption arc | arc on opening | break arc.
arco de sillería | ashlar arch.
arco de suspensión | bow hanger.
arco de tímpano abierto | open-spandrel arch.
arco de tímpano de celosía | open-spandrel arch.
arco de tímpano macizo con relleno | spandrel-filled arch.
arco de tímpanos macizos | solid-rib arch.
arco de trasdos horizontal | camber arch.
arco de tungsteno | tungsten arc.
arco de varias roscas de rasillas | timbrel arch.
arco de viga de alma llena | plate girder arch.
arco de violín | bow.
arco del grueso de un ladrillo | jack arch.
arco del marco de la hélice | sternframe arch piece.
arco del marco del timón (buques) | propeller arch.
arco del volante (relojería) | balance arc.
arco dentado | segemental rack.
arco dentado de elevación (cañón) | elevating arc.
arco diagonal en una esquina | scoinson arch.
arco eléctrico | arc | electric arc.
arco eléctrico disgregador | eroding electric arc.
arco eléctrico en que el cátodo es incandescente | cold-cathode arc.
arco eléctrico erosionador | eroding electric arc.
arco eléctrico intenso | red hot poker.
arco elíptico | elliptical arch.
arco empotrado | built-in arch | hingeless arch | rigid arch | encastré arch.
arco en cada ángulo de una planta cuadrada para soportar una cúpula octogonal | squinch.
arco en catenaria | catenary arch | catenarian arch.
arco en el colector (entre portaescobillas de polaridad opuesta) | flash-over.
arco en esviaje | skew arch.
arco en retirada | rear-arch.
arco encerrado | enclosed arc.
arco entre electrodos de hierro | iron arc.
arco entre electroos de amalgama metálica | amalgam arc.
arco escarzano | scheme arch | skene arch | stilted arch | segmental arch.
arco fajón (bóvedas) | arch rib | transverse rib.
arco falso | blind arch.
arco festoneado (arquitectura gótica) | friller arch.
arco flamígero | ogeval arch | ogee arch | keel arch.
arco florentino | Florentine arch.
arco fluctuante | oscillating arc.
arco forestal | arch.
arco forestal con cabrestante | fail lead arch.
arco formero | scoinson arch.
arco formero (arquitectura) | formeret.
arco formero (bóveda caída) | longitudinal arch.
arco frontal | face arch.
arco galgado | gaged arch.
arco geostático | geostatic arch.
arco gótico | gothic arch.
arco gótico obtuso | segmental gothic arch.
arco hidrostático | hydrostatic arch.
arco impostado | voussoir arch.
arco inestable (soldadura) | erratic arc.
arco interior | rear-arch.
arco inverso | arcback.
arco invertido | reversed arch | inflected arch.
arco invertido (arquitectura) | inverted arch.
arco iris | rainbow.
arco iris de hielo | frostbow.
arco iris que se forma en niebla espesa (meteorología) | fogbow.
arco lamelado (formado por tablas de madera unidas entre sí) | laminated arch.
arco lanceolado | keel arch | lanceolated arch.
arco lobulado | foiled arch.
arco longitudinal | longitudinal arch.
arco maestro | chief arch | center arch.
arco metálico (estructura) | metal arch.
arco metálico protegido en atmósfera de gas inerte (soldadura) | sigma.
arco modulado | modulated arc.
arco musical | singing arc.
arco nervado | ribbed arch.
arco oblicuo | skew arch | oblique arch.
arco ojival | equilateral arch.
arco ojival apuntado | ogee arch.
arco ojival de lanceta | lancet-arch.
arco ojival puntiagudo | lancet-arch.
arco ojival rebajado | drop-arch.
arco parabólico de extremos empotrados | fixed parabolic arch.
arco parlante | speaking arc.
arco pentalobulado | five-foiled arch.
arco peraltado | stilted arch | camber arch.
arco pivotante | revolving bow.
arco polar (máquinas) | pole arc.
arco policéntrico | mixed arch.
arco poligonal | polygonal arch.
arco por tranquil | descending arch | rampant arch | rising arch.
arco protegido con gas inerte | gas-shielded arc.
arco provisional | jack arch.
arco pulsador (lanzadera) | feeler bow.
arco que salta entre dos partes de una máquina eléctrica o entre la máquina y tierra | flash-over.
arco rampante | rising arch.
arco realzado | high-pitched arch | stilted arch.
arco rebajado | flattened arch | obtuse arch | imperfect arch | diminished arch | segment-arch | segmental arch.
arco rectificable (geometría) | smooth arc.
arco rústico | rough arch.
arco semicircular empotrado | hingeless semicircular arch.
arco seno x | $\sin^{-1} x$ | arcsin X.
arco silbante | frying arc.
arco simétrico empotrado | fixed symmetrical arch.
arco sin articulaciones | nonhinged arch.
arco sobre pilares | pier arch.
arco sobre una portada | portal.
arco tangente X | arctan X.
arco tercelete (bóveda de crucería) | intermediate rib.
arco tetracéntrico | four-centered arch.
arco toral (bovedas) | reinforcing rib | reinforcing arch | transverse arch | transverse rib.
arco toral (cúpulas) | subarch.
arco trasdosado | extradosed arch.
arco triarticulado | three-pinned arch.
arco triarticulado de hormigón precomprimido | three-pinned prestressed-concrete arch.
arco Tudor | Tudor arch.
arco voltaico | arc lamp | electric arc.
arcógrafo | arcograph.
arcolítico | archolithic.
arcología | archology.
arcolláceo | argillic.
arcollocalcita | argillocalcite.
arcón (México-corta forestal) | wanigan.
arcón (química) | archon.
arcón-puerta (dique seco) | dock caisson.
arcos metálicos para entibar minas de carbón | colliery arches.
arcosaurios | archosaurians.
arcosoldado | arc welded.
arctógeo | arctogeal.
arctoide | arctoid.
arculita | arculite.
archimago | archimage.
archipelágico | archipelagic.
archipiélago | archipelago.
archipiélago de las Bahamas | Bahamian Archipelago.
archivado en la oficina | filed in the office.
archivado en poder del secretario | filed with the secretary.
archivador (mueble) | filing cabinet.
archivador de cartas | letter-file.
archivador tipo mostrador | counter-height filing cabinet.
archivar | file (to) | file away (to) | pigeonhole (to) | record (to).
archivar el caso | quash the case (to).
archivero | filing clerk | archivist | registrar | keeper of the records | deed recorder | file clerk | recordkeeper | recorder.
archivero paleógrafo | paleographist archivist.
archivística | archivistics.
archivo | records | record | record | filing | file | file office | data set | archives | register | registry | muniment room.
archivo (acción de archivar) | filing.
archivo alfabético de una sentencia judicial | docketing a judgement.
archivo central | master file.
Archivo Central de Contribuyentes | Taxpayer Master File.
archivo circulante | perusal file.
archivo con informes | report file.
archivo con sólo una unidad de soporte | monovolume file.
archivo con varias unidades de soporte | multivolume file.
archivo cronológico (documentación) | chronological filing system.
archivo de acceso aleatorio | random file.
archivo de antecedentes | experience tables.
archivo de antecedentes penales | police file | precedent file.
archivo de antecedentes sobre créditos | credit file.
archivo de cartas | letter file.
archivo de contabilidad | accounting file.
archivo de disco | disk file.
archivo de facturas | bill file.
archivo de fichas contable | ledger storage.
archivo de fotos y material de redacción (periódicos) | morgue.
archivo de información | source file.
archivo de mensajes | message file.
archivo de movimientos (informática) | transaction file.
archivo de normas en vigor | policy file.

archivo de planos | plan file.
archivo de pólizas | tickler file.
archivo de reserva | holding file.
archivo de tarjetas perforadas | punch card file.
archivo de trámite | suspense file.
archivo de un centro oficial | records office.
archivo de vencimiento | tickler file.
archivo desordenado | merged file.
archivo electrónico de datos (informática) | memory.
archivo fotográfico | photographic archives.
archivo invertido | inverted file.
archivo maestro | master file.
Archivo Nacional | Public Records.
archivo no secuencial | nonsequential disk file.
archivo numérico | numerical filing.
archivo permanente | permanent file.
archivo por materias | subject filing.
archivo principal | master file.
archivología | archivistics.
archivolta de arcos en retirada | recessed arch.
archivos | records | stack.
archivos (oficina) | files.
archivos fotográficos | photograph library.
archivos múltiples | multifile.
archivos rotatorios | rotary files.
archivos universitarios | university records.
arde con llama luminosa | it burns with luminous flame.
arde espontáneamente en contacto con el aire | it burns spontaneously on exposure to air.
arde sin explotar | it burns without exploding.
ardentía del mar | sea blink.
arder | burn (to) | burn away (to) | flame (to) | catch fire (to) | kindle (to).
arder con poca llama
arder lentamente | smoulder (to).
arder sin llama | smoulder (to).
ardid | artifice | trick.
ardid de guerra | stratagem.
ardiendo | afire.
ardiendo (en llamas) | flaming.
ardiente | hot.
ardiente (buques vela) | weatherly.
ardiente (orzero - buques) | griping.
ardilla volante | flying phalanger.
ardómetro | ardometer.
ardor | hotness.
área | area.
área (medida) | are.
área acromática | achromatic locus.
área afectada | involved area.
área afirmada de estacionamiento | hardstand.
área al nivel del agua de las columnas y otros miembros estructurales tubulares (plataforma de perforación submarina) | waterlane area.
área anticiclónica | high area | high-pressure belt.
área atravesada por numerosos filones (minería) | field of veins.
área barrida (por un aparato al girar) | sweep radius.
área basal | basal área.
área basimétrica (bosques) | basal área.
área cercada | fenced-in area.
área ciega (Chile, Colombia, Uruguay) | blind area.
área colectora | drainage area.
área comprobada | proven territory.
área común | common area.
área con nombre | name area.
área de acumulación de un glaciar | firn basin.
área de alimentación | intyke area.
área de almacenamiento de contenedores refrigerados | refrigerated container storage area.
área de amaraje | alighting area.
área de aproximación | approach area.
área de bajas presiones | low area.
área de búsqueda y salvamento | search-and-rescue area | search and rescue area.
área de calentamiento de motores (aviación) | run-up area.
área de captación | watershed | catchment area.
área de caudal (hidráulica) | discharge area.
área de comunicación del sistema | system communication area.
área de comunicaciones | communications area.
área de contacto | touchdown zone.
área de contacto (caras de un molde) | land area.
área de contacto de la mordaza | clamp contact area.
área de contacto hertziano | Hertzian contact area.
área de control | span of control | control area.
área de desarrollo marítimo industrial | maritime industrial development area.
área de deslumbramiento | flare spot.
área de difusión (nucleónica) | scattering area.
área de diseminación (silvicultura) | seedbed.
área de dispersión | dissipation area.
área de distribución (especie vegetal o animal) | range.
área de drenaje | drainage area.
área de equiseñales | bi-signal zone.
área de escurrimiento | drainage area.
área de espera (aviación) | holding area.
área de expansión | development area.
área de exploración | clear area.
área de gran perturbación (radio) | mush area.
área de influencia de un pozo en la superficie piezométrica | area of influence of a well.
área de la escena (estudios de TV) | playing area.
área de la garganta (toberas) | throat area.
área de la memoria del usuario para resguardar parte del registro | saved register stack.
área de la sección | sectional area.
área de la sección recta | cross-sectional area.
área de la sección transversal | cross-sectional area.
área de la sección transversal de las alas (vigas) | face area.
área de la sección transversal del alma (vigas) | face plate area.
área de la superficie de la esfera | surface-area of the sphere.
área de la superficie expuesta al aire (condensadores) | air-side surface area.
área de la tobera geométrica | geometric nozzle area.
área de las especies | range.
área de las partículas de diamante en contacto con el ligante | area of the diamond grits in contact with the bond.
área de lectura | read in area.
área de los orificios de entrada (turbina hidráulica) | draught.
área de mercado | market area.
área de moderación | slowing down area.
área de módulos alojada en memoria virtual | pageable link pack area.
área de módulos del trabajo | region job pack area.
área de módulos que están en la memoria (ordenador) | link pack area.
área de momentos | moment-area.
área de pastoreo prohibido (Uruguay, Venezuela) | closed area.
área de presión del neumático | footprint.
área de presiones elevadas | high area.
área de primer ataque (incendio forestal) | ignition area.
área de protección contra riadas | design flood.
área de recepción (ríos) | drainage basin.
área de recepción primaria | primary service area.
área de regeneración | regeneration area.
área de renovación urbana | urban renewal area.
área de sensación auditiva | auditory sensation area.
área de señales | signal range.
área de servicios local | local service area.
área de silencio (radio) | dead area.
área de subsidencia | area of settlement.
área de terreno | tract of land.
área de trabajo | working area.
area de trabajo del canal | channel work area.
área de transición | transition type.
área de un cuadrante | quarter-circular area.
área de un cuarto de círculo | quarter-circular area.
área de un cuarto de elipse | quarter-elliptical area.
área de un semicircular | semicircular area.
área de una borrasca | depth-area curve for a storm.
área de una semielipse | semielliptical area.
área de una semiparábola | semiparabolic area.
área de una superficie | surface area.
área de una superficie de control que está a proa del eje de giro (aviones) | balance area.
área de una zona que tiene un grado de latitud y un grado de longitud | degree square.
área de utilidad en operaciones | area of operating profit.
área de viaje (aeropuerto) | turning area.
área de viraje (aeropuertos) | turn-around.
área del casquete continental | continental shelf area.
área del círculo engrendrado por el radio de la hélice | propeller disk.
área del disco (hélices) | disc area.
área del dólar | dollar area.
área del punto de equilibrio | area of break-even point.
área desarrollada | developed area.
área desbordada de capacidad | overflow area.
área descrita por las palas de un rotor | rotor disc.
área despoblada | unpopulated area.
área efectiva | actual area | effective area.
área efectiva de eco de un blanco | effective echoing area of target.
área efectiva de la sonda | probe effective area.
área eficaz del blanco | effective target area.
área elemental | elemental area.
area elemental (áreas) | ribbon.
área elemental analizada | cell area.
área en acres | acreage.
área entre caras de salida | output interface area.
área entre pavimentos | interpavement area.
área epicentral | epicentral area.
área escasamente poblada | scarcely-populated area.
área estática | nondynamic area.
área exploradora (televisión) | frame.
área facial | facial area.
área focal térmica | thermal focal area.
área frontal equivalente | equivalent flat-plate area.
área generatriz | generating area.
área implicada | implicated area.
área inicial de ignición | ignition area.
área invisible | blind area.
área lateral | lateral area.
área libre | clear area.
área marítima cubierta totalmente de hielo compacto | consolidate pack.
área natural de un organismo | natural range.
área neta | clear area.
área nominal de la sección transversal | nominal cross-section area.
área o volumen (textiles) | shrinkage.
área oculta (Argentina) | blind area.
área orientada (integración) | signed area.
área para sobrerrecorrido de aterrizaje (aeropuerto) | runover area.
área populosa | populous area.
área positiva | positive area.
área propuesta de recepción | intended area of reception.
área rayada | shaded area.
área real de contacto | real area of contact.
área reflejante | echoing area.
área resistente al movimiento del aire (venti-

lación minas) | rubbing surface.
área segura de funcionamiento | safe operating area.
área sombreada | dash zone.
área sumergida de la aleta hidrodinámica | submerged foil area.
área superficial brillante en el agua causada por la luna | light slick.
área superficial de un gramo de polvo (pulvimetalurgia) | specific surface.
área superficial de 300 metros²/gramo de peso (microgránulos) | surface area of 300 meters² per gram.
área superpoblada | concentration area.
área terminal | pad.
área total con agujeros (chapas remachadas) | gross area.
área transformada (geología) | disturbed area.
areaje | areage.
áreas casi horizontales (oceanografía) | nearly level areas.
áreas cultivadas | areas under cultivation.
áreas de las cuadernas | frame areas.
áreas lejanas y adversas | adverse and remote areas.
áreas posibles | candidate areas.
arefacción | arefaction.
arena | sand | grit | grit.
arena (circo) | arena.
arena abrasiva | abrasive sand.
arena acondicionada (funderías) | mulled sand.
arena adecuada para varios usos (funderías) | foolproof sand.
arena agotada (yacimiento de petróleo) | depleted sand.
arena angulosa | sharp sand.
arena arcillosa | fat sand | arena | loamy sand | loam sand | clayey sand.
arena arrancada por el choque de la lluvia | sandsplash.
arena artificial | stone sand.
arena aurífera | gravel | gold sand.
arena bituminosa | bituminous sand.
arena calcárea | calcareous sand.
arena coloreada para machos | colored core sand.
arena compacta | densely-packed sand.
arena con pocos huecos | closed sand.
arena cuarzosa | quartz sand.
arena de aristas vivas | sharp sand.
arena de buena porosidad (moldeo) | open sand.
arena de cantera | pit sand.
arena de cuarzo | quartz sand.
arena de duna (arena volandera) | blow sand.
arena de escape (sondeos) | thief sand.
arena de escorias | artificial sand.
arena de espolvorear (fundería) | parting dust.
arena de fundición | molding sand.
arena de grano grueso | sharp sand.
arena de grano grueso (de unos 9,5 milímetros) | torpedo sand.
arena de grano redondo | round-grained sand | smooth sand.
arena de grano uniforme para embalar cristalería | potter's sand.
arena de granos angulosos | sharp sand.
arena de granos entre 0 | coarse sand.
arena de granos redondos | buckshot sand.
arena de granulometría media | medium sand.
arena de granulometría variable | blended sand.
arena de machaqueo | manufactured sand | stone sand.
arena de mina | pit sand.
arena de moldear | fire sand | molding earth | moulding loam.
arena de moldeo | facing | molding sand.
arena de moldeo con ligante natural | natural-bonded molding sand.
arena de moldeo ligada con cemento | cement-bonded molding sand.
arena de moldeo para fundición | foundry molding sand.
arena de moldeo sintética de olivino | olivine synthetic molding sand.
arena de piedra natural machacada | crushed natural stone sand.
arena de playa | beach sand.
arena de playa o río que se emplea para la formación de machos mezclándola con arena de moldeo | sharp sand.
arena de poca cohesión | loosely-packed sand.
arena de revestimiento | facing sand.
arena de río aurífera | auriferous river-sand.
arena de separación | parting sand.
arena del molde que se adhiere a la pieza fundida | burnt-on.
arena depositada en el delta | delta-deposited sand.
arena depositada por la crecida | flood-deposited sand.
arena desterronada (funderías) | mulled sand.
arena empastada con aceite (moldería) | oil-bonded sand.
arena en montón (funderías) | heap sand.
arena eólica | blown sand.
arena eólica de granulometría media | aeolian medium sand.
arena estufada | dry sand.
arena feldespática | felspathic sand.
arena ferruginosa | iron sand.
arena fina | fine sand.
arena fina compacta | close sand.
arena fina de playa o río (moldeo) | parting sand.
arena fluente (de la playa) | quicksand.
arena fluviatil | fluviatile sand.
arena fosilífera | fossiliferous sand.
arena gasífera (geología) | gas sand.
arena glauconítica | greensand.
arena granítica | granite sand.
arena granugienta | coarse sand.
arena gris (fundición) | burned sand.
arena gruesa | coarse sand | gravelly sand.
arena húmeda | green sand.
arena impregnada de brea | tar sand.
arena improductiva (petróleo) | dry sand.
arena incohesiva | noncohesive sand.
arena laminada | laminated sand.
arena ligada con arcilla | clay-bonded sand.
arena ligada con arcilla refractaria | fire clay-bonded sand.
arena ligada con harina de cereales (moldería) | cereal bonded sand.
arena ligada con óxido férrico | ferric-oxide-bonded sand.
arena ligada con silicato de sodio | sodium silicate-bonded sand.
arena ligada con silicato de sosa y endurecida con gas carbónico | gassed Co_2-sodium-silicate-bonded sand.
arena limpia gruesa cuyas partículas pasan todas por el cedazo de 3/8 de pulgada | torpedo sand.
arena magra | weak sand.
arena mezclada con alquitrán | tar sands.
arena molida | rolled sand.
arena monazítica | monazite sand.
arena movediza | running sand.
arena movediza (de la playa) | quicksand.
arena mullida | fluffed-out sand.
arena negra | black sand | slick.
arena negra ferruginosa | black iron sand.
arena normal (morteros) | standard sand.
arena nueva (fundición) | fresh sand.
arena o tierra impregnada de petróleo | brea.
arena para espolvorear moldes | parting sand.
arena para los areneros (locomotoras o tranvías) | engine sand.
arena para machos | core sand.
arena para moldes de fundición | sand for foundry moulds.
arena para pulir vidrio | glass-grinding sand.
arena para revocar | plastering sand.
arena para vidrio | glass sand.
arena pedregosa | gravelly sand.
arena pelítica | muddy sand.
arena penetrada (por un líquido, por acero fundido, etc.) | penetrated sand.
arena penetrada por el metal licuado | metal-penetrated sand.
arena petrolífera | pay sand | oil sand.
arena petrolífera situada a una profundidad de unos 1.350 metros | deep sand.
arena productiva | pay sand.
arena que está en contacto con el metal (moldes) | facing sand.
arena quemada (fundería) | dead sand.
arena radiológica | radiological sand.
arena recuperada por vía seca | dry reclaimed sand.
arena refractaria | fire sand.
arena rejuvenecida (moldeo) | rejuvenated sand.
arena removida (funderías) | mulled sand.
arena rodada | buckshot sand.
arena seca | dry sand.
arena secada al aire | drained sand.
arena secada en la estufa | baked sand.
arena silícea | silver sand.
arena silícea empastada con aceite de linaza | linseed-oil-bonded silica sand.
arena silícea exenta de arcilla | clay-free silica sand.
arena silícea exenta de hierro | iron-free silica sand.
arena silícea ligada con bentonita | bentonite bonded silica sand.
arena sin secar (fundición) | greensand.
arena sin secar de baja permeabilidad (funderías) | green low-permeability sand.
arena sintética para fundición | synthetic foundry sand.
arena suelta | float sand | loose sand | loosely-packed sand.
arena tipo (morteros) | standard sand.
arena transportada hidráulicamente | dredged sand.
arena usada (moldeo) | black sand.
arena verde | greensand.
arena verde (moldeo) | dry sand.
arena vieja (funderías) | heap sand | floor sand.
arena volandera | shifting sand | blown sand.
arena volandera de grano esférico | millet-seed sand.
arena y arcilla | gravel-sand-clay mixture.
arena y grava (hormigón) | aggregate.
arenáceo | arenaceous | sandy.
arenación | arenation.
arenal | bar | playa | sand pit.
arenas (sólidos minerales arrastrados en el agua de alcantarillas) | grit.
arenas (yacimientos petrolíferos) | sands.
arenas asfálticas | tar sands.
arenas cinabríferas | cinnabar-bearing sands.
arenas de aluvión | alluvial sands.
arenas eólicas | eolian sands.
arenas flotantes (minas) | quicksands.
arenas gemíferas | gem sands.
arenas litorales | beach sands.
arenas movedizas | drift sand.
arenas y gravas de rocas locales intemperizadas in situ | eluvials.
arendatario | lessee.
arenero (locomotora) | sander.
arenero (locomotoras) | sanding gear | sandbox.
arenero de aire comprimido (locomotoras) | pneumatic sander.
arenero de vapor (locomotora) | steam sand blower.
arenero neumático | air sand blower.
arengar a la multitud | harangue the crowd (to).
arenícola | arenicolous.
arenífero | areniferous | sandy.
areniforme | arenaceous.
arenilítico | arenilitic.
arenilla | fine sand.
arenillas (medicina) | gravel.

arenisca | arenyte | arenite | close sand.
arenisca acuífera permeable | aquifer pervious sandstone.
arenisca arcillosa | dawk | dauk.
arenisca arcillosa friable | gaize.
arenisca atigrada | tiger sandstone.
arenisca azul | blue sandstone.
arenisca baritífera | barytic sandstone.
arenisca bituminosa | bituminous sandstone | asphaltic sandstone.
arenisca carbonífera | coal grit.
arenisca compacta grisácea | greys.
arenisca cuarzosa | silicarenite.
arenisca de grano fino | packsand | post stone.
arenisca de grano grueso | gritstone | coarse-grain sandstone.
arenisca de grano grueso con una matriz caliza | ragstone.
arenisca dura sin grietas | blaes.
arenisca esquistosa | lea stone.
arenisca esquistosa compacta | hazle.
arenisca feldespática | feldspathic grit.
arenisca ferruginosa | brownstone.
arenisca ferruginosa acintada | tiger sandstone.
arenisca ferruginosa o fosfática con restos fósiles | box-stone.
arenisca fina blanca | crust.
arenisca fina para afilar herramientas | scotch hone.
arenisca grauwakitica | graywacke sandstone.
arenisca hendible a lo largo del grano | flaikes.
arenisca impura con capas de carbón o pizarra | bastard rock.
arenisca lajosa | sand flag.
arenisca molásica | molasse sandstone.
arenisca opalífera | opal-bearing sandstone.
arenisca pizarrosa | shaly sandstone.
arenisca pizarrosa
arenisca profunda explotable | farewell sand.
arenisca que contiene agua | bleeding rock.
arenisca samítica | psammitic sandstone.
arenisca silícea (griota - geología) | grit.
arenisca tobácea | tuffaceous sandstone.
arenoide | arenoid.
arenosidad | arenosity | sandiness.
arenoso | sandy | arenose | gritty | sabulose.
arenque | herring.
arenque sin desovar | full herring.
arenques muy curados para la exportación (G.B.) | hard herring.
areocéntrico (Marte) | areocentric.
areografía | areography.
areógrafo | areograph | areographer.
areola | areola.
areola (del pezón) | halo.
areolación | areolation.
areolar | areolar.
areología | areology.
areólogo | areologist.
areometría | areometry.
areómetro | areometer | hydrometer.
areómetro de bolas | bead areometer.
areómetro de varilla | spindle.
areopicnómetro | areopyknometer.
areosistilo | areosystyle.
areostilo | areostyle.
areotectónica | areotectonics.
arestín (veterinaria) | frush.
arete | pendent.
arfada | pitching.
arfada (botadura buques) | tip | tipping.
arfada (movimientos angulares alrededor de un eje horizontal transversal - buques, aviones) | pitch.
arfar (buque, avión) | pitch (to).
argala | argeelah.
argali (carnero salvaje de Asia) | argali.
argallera | crozer | croze.
argallera (carpintería) | reed plane.
argallera convexa | compass plane.
argallera redonda | compass smoothing plane.
argamasa | mortar | plaster | concrete | cement | puddle.
argamasa (albañilería) | mortar.
argamasa aridizada | aridized plaster.
argamasa basta | daub.
argamasa tratada en caliente con una sal delicuescente | aridized plaster.
arganeo | mooring ring.
argáneo (ancla) | anchor ring.
arganeo (anclas) | ring.
arganeo (del ancla) | Jew's-harp.
argén (heráldica) | argent.
argentación | argentation.
argentado | silvery.
argentado (botánica) | argentate.
argental | argental.
argentato (química) | argentate.
argentato amónico | fulminating silver.
argenteo | silvery.
argéntico | argentic.
argentífero | argentiferous | silver-bearing.
argentimetría | argentimetry.
argentímetro | argentimeter | argentometer.
argentina | argentine.
argentita | argentite | argyrose.
argentómetro | argentometer.
argentoso | argentous.
argilita | argillite | rock clay.
argilización | argillization.
argirita | argyrose.
argiritrosa | argyrythrose.
argiroceratita | argyroceratite.
argirosa | argyrose | argentite | silver glance.
argolla | hoop | eye | ring | staple.
argolla con espiga | staple ring.
argolla de adherencia (zoología) | annulus.
argolla de amarre | mooring ring | mooring eye.
argolla de izada | lifting eye.
argolla giratoria | loose ring.
argolla para trincar (aviones) | lashing point.
argollas de amura (buques) | lashing-rings.
argollón de contera (cañones) | trail eye | lunette.
argollón de contera para remolque (cañones) | towing lunette.
argollón del mástil (cañones) | trail eye.
argón (A) | argon.
argón extraído | extracted argon.
argüir | plead (to).
argüitivo | arguing.
argumentaciones | pleadings.
argumentador | argumentator.
argumentar | argufy (to).
argumentar en contra | argue in opposition (to).
argumentativo | elenctic.
argumentista | argumentator.
argumento | plot | plea | case.
argumento (comedias, etc.) | outline.
argumento (publicidad) | approach.
argumento (teatro) | action.
argumento de la función | argument of the function.
argumento de la latitud | argument of latitude.
argumento decisivo | sockdolager | ace in the hole.
argumento del perigeo (astronomía) | argument of perigee.
argumento disyuntivo | disjunctive plea.
argumento incontestable | clinch.
argumento racional | rational argument.
argumento tópico | argument to the point.
argumentos aducidos oralmente | oral arguments.
argumentos aducidos por escrito | written arguments.
aria (música) | aria.
aridez (clima) | aridity.
aridez (del suelo) | dryness.
árido | dried | desert 00 | dry | dusty.
árido (hormigón) | aggregate.
árido (mezclas, cal, suelo) | meagre.
árido (suelos, mezclas) | meager.
árido graduado (hormigones) | graded aggregate.
áridos de granulometría discontinua | gap-graded aggregates.
áridos finos | fine aggregate.
ariete | ram | battering ram.
ariete de madera de unos 3 (botadura de buques) | cribbing ram.
ariete electrónico | electronic ram.
ariete hidráulico | water ram | hydraulic impulse ram | hydraulic ram | ram-pump | ram.
ariete manejado por ocho o diez hombres para apretar las cuñas (para el acuñado de la botadura) | wedge ram.
ariete para apretar las cuñas (botadura buques) | driving-wedge ram.
arietinoso | arietinous.
arista | ridge | quoin | piend | cant edge | angle | angle edge.
arista (botánica) | awn.
arista (botánica, zoología) | arista.
arista (cuerpos geométricos) | edge.
arista (de moldura) | nosing.
arista (de una piedra) | corner.
arista (de una pirámide) | rib.
arista (exceso de material que sale de un molde al cerrarse-pieza estampada) | flash.
arista (maderas) | arris.
arista (vértice de montaña) | arête.
arista achaflanada | beveled cant.
arista anterior de la escobilla | leading brush edge.
arista canteada (Bolivia) | eased edge.
arista cortante | cutting edge.
arista cortante del fuste (escariadores) | body-cutting edge.
arista cortante del hacha | axe-face.
arista de arco carpanel | ogive.
arista de corte (brocas, escariadores, etc.) | lip.
arista de encuentro | arris | groin.
arista de encuentro de dos caras (prismas) | retracting edge.
arista de escape (distribuidor máquinas de vapor) | admission edge.
arista de la celdilla unitaria (cristalografía) | unit-cell edge.
arista de retroceso (curvas) | edge of egression | cusp | cuspidal edge.
arista de retroceso (geometría) | line of striction.
arista de trabajo (distribuidor de vapor) | leading edge.
arista de un cristal (cristalografía) | line.
arista de un cubo unitario | edge of a unit cube.
arista de un sólido | edge of a solid.
arista de unión del flanco en la cresta (diente engranaje) | tip.
arista de vuelco | overthrow arris.
arista del flotador (hidroavión) | chine.
arista del prisma | prism edge.
arista delantera | foreedge.
arista exterior | chine.
arista exterior (distribuidor de vapor) | steam edge.
arista interior | inner edge.
arista interior (distribuidor máquina vapor alternativa) | exhaust edge.
arista lateral | lateral edge.
arista lateral de un cristal | lateral edge of a crystal.
arista matada | eased edge | edge shot.
arista metálica de defensa (de esquinas) | edge protector.
arista o barba (botánica) | beard.
arista ranfoide (curvas matemáticas) | rhamphoid cusp.
arista redondeada | rounded edge | half-round nosing.
arista roma (México) | eased edge.
arista superior de la pared del surco | bank.
arista truncada (Colombia, Uruguay, Costa Rica) | eased edge.
arista truncada (cristalografía) | truncated edge.
arista viva | draught edge | square edge | sharp

edge | sharp cant | arris.
arista viva (construcción) | knuckle.
arista viva (sillares)
aristado (botánica) | bearded | aristate.
aristarquía | aristarchy.
aristas de la pirámide | pyramid ribs.
aristas de objetos | edges of objects.
aristato (química) | aristate.
arista-tope | thrust end.
aristología | aristology.
aristológico | aristological.
aristólogo | aristologist.
aristón | arris | angle rib.
aristón (arcos) | cross-springer.
aristón (bóvedas) | diagonal rib.
aristón (bóvedas en rincón de claustro) | groin rib.
aristón (nervio - de bóveda) | groin.
aristotipia (fotografía) | aristotype.
aristulado | aristulate.
aritenoideo | pitcher-shaped.
aritmancia | arithmancy.
aritmética (ciencia) | arithmetics.
aritmética de base octal | octal radix arithmetic.
aritmética de coma flotante | floating-point arithmetic.
aritmética de las cortaduras | arithmetic of cuts.
aritmética recursiva | recursive arithmetic.
aritmético | arithmetic.
aritmético (persona) | arithmetician.
aritmografía | arithmography.
aritmógrafo | arithmograph.
aritmograma | arithmogram.
aritmómetro | arithmometer.
arkósico | arkosis.
arkosita | arkose quartzite.
arma | weapon.
arma aérea naval | fleet air arm.
arma antiaérea | antiaircraft weapon.
arma antiaérea de calibre entre 75 y 120 milímetros | medium weapon.
arma antiaérea de corto alcance | short-range antiaircraft weapon.
arma antiaérea naval | naval aircraft weapon.
arma anticarro de tiro directo | direct-fire antitank weapon.
arma anticarro remolcada | towed antitank weapon.
arma anticarro sin retroceso | recoilless antitank weapon.
arma antisubmarinos | antisubmarine weapon.
arma antisubmarinos que dispara en sentido de la marcha (buques) | mousetrap.
arma apuntada automáticamente | automatically pointed weapon.
arma arrojadiza | thrusting weapon | missile | hurling weapon | projectile weapon.
arma autocargadora | self-loader.
arma autoguiada | automatically-guided weapon.
arma automática con depósito | magazine weapon.
arma balística | ballistic weapon.
arma biológica | biological weapon.
arma blanca | steel | arme blanche.
arma con cabeza nuclear | massive weapon.
arma con cabeza nuclear de potencia de megatoneladas | megaton warhead weapon.
arma contra blocaos de hormigón | antipillbox weapon.
arma de avancarga | muzzle-loaded weapon | muzzle-loader.
arma de calibre medio | medium caliber weapon | medium weapon.
arma de cañones múltiples | multibarreled weapon.
arma de carga manual | hand-loaded weapon.
arma de corto alcance | close-range weapon.
arma de fuego portátil | firearm.
arma de gran ángulo de tiro | high-angle-of-fire weapon.
arma de gran calibre | major-caliber weapon.
arma de guerra | military weapon.
arma de manejo colectivo | crew-operated weapon.
arma de mano | hand weapon.
arma de precisión | precision arm.
arma de puntería directa | direct-aim weapon.
arma de repetición | repeating weapon.
arma de tiro indirecto | indirect-fire weapon.
arma de trayectoria submarina | submarine trajectory weapon.
arma desenfilada | defiladed weapon.
arma disparada apoyándola sobre el hombro | shoulder-operated weapon.
arma disparada eléctricamente | electrically-discharged weapon.
arma lanzallamas | fire-producing weapon.
arma mortífera | murderous weapon | death-dealing weapon.
arma multicañón | multibarreled weapon.
arma nuclear con potencia de varias megatoneladas de trinituoleno | multimegaton weapon.
arma nuclear de implosión | implosion weapon.
arma para el combate cercano | close-range weapon.
arma que dispara cartucho por cartucho | single-shot weapon.
arma que todo lo puede | all-can-do weapon.
arma reglamentaria | service weapon.
arma semimóvil | semimobile weapon.
arma sincronizada | syncronized weapon.
arma termonuclear | thermonuclear weapon.
arma unificada | unified arm.
arma usada por un avión | aircraft weapon.
arma visada por el ánima | boresighted weapon.
armada | fleet | Navy.
armada en dos direcciones (losa hormigón) | two-way.
armadía | raft | lumber raft.
armadía (maderada-jangada) | float.
armadía para transporte marítimo de troncos (a remolque) | ocean raft.
armadillo (animal) | tatou.
armado | trussed | metal coated | metalclad | armored.
armado (buques) | manned.
armado (cables) | shielded.
armado (cables eléctricos) | iron-coated.
armado (cañones) | mounted.
armado (proyectiles) | fuzed.
armado arriba y abajo | reinforced at the top and bottom.
armado con alambre o cinta metálica (cables) | shielding.
armado con cañones | gun-armed.
armado con espiral de alambre (mangueras) | wire-armored.
armado con fibra de vidrio | glass-reinforced.
armado con gran proporción de acero (hormigón) | heavily reinforced.
armado con muelles | sprung.
armado con trenza de alambre (cables eléctricos) | wire-armored.
armado con vitrofibra (plásticos) | glass-fiber reinforced.
armado de misiles | missile-armed.
armado de púas | spiky.
armado de remos (botes) | oared.
armado defensivamente | defensively armed.
armado en dos direcciones (hormigón) | two-direction-reinforced.
armado en espiral con fleje de acero (cables eléctricos) | steel-tape armored.
armado en una sola dirección (hormigón) | one-way.
armado exteriormente (mangueras) | externally armored.
armador | shipping operator | ship's freighter | shipowner.
armador (buque) | owner.
armador (de un buque) | outfitter.
armador (de una expedición-buques) | fitter-out.
armador de buque ballenero | whaler.
armador de buque de pesca | shoresman.
armador de buques transatlánticos | liner owner.
armador de petroleros | tanker owner.
armador de puentes | bridgeman.
armador gerente | ship's husband.
armadores | shipping managers.
armadura | setting | assembly | strap | yoke | skeleton | frame | framework | framing | armour | armory | bracing | mounting | fitting.
armadura (botella de Leyden) | coating.
armadura (de cables) | armoring.
armadura (de macho de fundición) | grid.
armadura (electroimán) | lifter | keeper.
armadura (funderías) | spider.
armadura (hormigón) | reinforcing steel.
armadura (hormigón armado) | reinforcing bars | reinforcement | reinforcing.
armadura (imán permanente) | armature.
armadura (imanes) | arming.
armadura (macho de fundición) | stalk | grate.
armadura (macho fundición) | tie rod.
armadura (música) | key-signature.
armadura cerrada | locked armor.
armadura con enrejado | lattice truss.
armadura con recubrimiento (cables, G.B.) | closed armouring.
armadura con recubrimiento (cada vuelta recubre parte de la anterior-cables eléctricos - EE.UU.) | lapped armoring.
armadura curva (hormigón armado) | bent reinforcement.
armadura de alambre | wire armoring.
armadura de aletas | vane armature.
armadura de compresión (hormigón armado) | compression reinforcement.
armadura de debilitamiento (telegrafía) | weakening armature.
armadura de empotramiento (hormigón armado) | fixing reinforcement.
armadura de gancho (molde de fundición) | hook gaggers.
armadura de hierro (hormigón) | iron reinforcement.
armadura de la bomba | pump-gear.
armadura de la montera de cristales (edificios) | monitor frame.
armadura de la zapata | footing reinforcement.
armadura de laminado de vitrofibra embebida en resina sintética (para combatientes) | resin-glass laminated armor.
armadura de mallado (hormigón) | mesh reinforcement | mat reinforcement.
armadura de placas (arqueología) | plate-armor.
armadura de plástico | plastic armor.
armadura de refuerzo (hormigón armado) | additional reinforcement.
armadura de soporte del eje (sierra circular grande) | husk.
armadura de tensión (hormigón armado) | tension reinforcement.
armadura del condensador | condenser coating.
armadura del imán | magnet-keeper.
armadura del lucernario (edificios) | monitor frame.
armadura del macho | core iron | core frame | core grid.
armadura del pilote (hormigón armado) | pile reinforcement.
armadura del radiador | radiator shell.
armadura del relé | relay tongue | tongue of relay.
armadura del tragante (alto horno) | throat armor.
armadura dérmica | dermal armor.
armadura diagonal (hormigón armado) | diagonal reinforcement.
armadura en espiral (hormigón armado) | spiral reinforcement.
armadura en k | k truss.
armadura en N | N-truss.
armadura equilibrada | balanced armature.
armadura exterior (cables) | armor | armour.

armadura flexible | flexible armoring.
armadura fuerte | heavy armor.
armadura geodésica | geodesic truss.
armadura inferior (hormigón armado) | lower reinforcement.
armadura interior (cornisas) | bracketing.
armadura longitudinal (hormigón armado) | longitudinal reinforcement.
armadura longitudinal de tracción (hormigón armado) | longitudinal tensile reinforcement.
armadura magnética | relay armature.
armadura magnética (electroimanes) | armature keeper.
armadura magnética (para unir los polos de un imán permanente) | keeper.
armadura metálica | metal framework | iron mountings.
armadura móvil | clapper.
armadura oscilante | rocking armature.
armadura para el moldeo al barro | loam-plates.
armadura para el personal | personnel armor.
armadura para la retracción (hormigón) | reinforcement for shrinkage.
armadura para luz eléctrica | bowl
armadura para resistir la tracción de los momentos flectores positivos (hormigón armado) | positive reinforcement.
armadura pretensada (hormigón armado) | prestressed reinforcement.
armadura rebajada | pony truss.
armadura reticulada (cables) | basket-weave armor.
armadura sin rigidez (edificios) | balloon framing.
armadura transparente para vehículos militares acorazados | transparent armor for military vehicles.
armadura trapecial (arquitectura) | queen-post truss.
armadura tridimensional | space frame.
armamental | armamental.
armamentario | armamentarium.
armamentista | armamentist.
armamento | arming | armament | weaponry.
armamento (buques) | equipping | equipment | fitting out.
armamento (de un buque) | commission | outfitting | outfit.
armamento antiaéreo | air defence armament | antiaircraft armament.
armamento antitorpedero | antidestroyer armament.
armamento de aviones interceptadores | interceptor armament.
armamento de tiro rápido | rapid-fire armament.
armamento naval | marine armament.
armamento nuclear | nuclear weaponry.
armamento ofensivo debajo de las alas | underwing offensive armament.
armamento preatómico | preatom armament.
armamento secundario diverso | multifarious secondary armament.
armamento y sus municiones (material de guerra - armas, municiones, carros, vehículos de combate y de transporte, localización de blancos) | ordnance.
armar | set up (to) | fit out (to) | armor (to).
armar (ensamblar) | frame (to).
armar (hormigón) | reinforce (to).
armar (timón, remos, palos) | ship (to).
armar (un bote) | man (to).
armar (un imán) | cap (to).
armar (vigas) | truss (to) | brace (to).
armar con enrejado (estructuras) | lace (to).
armar con palos | pole (to).
armar con pies derechos (carpintería) | stud (to).
armar con remos (botes) | oar (to).
armar con resortes | spring (to).
armar el escandallo | arm the lead (to).
armar el lizo | draft the warp (to) | draw warp (to).
armar en corso | privateering.
armar los remos (botes) | out (to) | man the oars (to).
armar un bote (marina) | man a boat (to).
armar un buque | fit out a ship (to).
armar un cable | armor a cable (to).
armar un corso | arm a merchantman (to).
armar un cuadernal | raise a purchase (to).
armar un molde con clavos (moldería) | sprig (to).
armario | press | enclosure | closet | cabinet.
armario acristalado | glass-cupboard.
armario de banderas (buques) | signal chest.
armario de cartas marinas (buques) | chart case.
armario de conmutación | switchgear cubicle.
armario de chapa soldada | fabricated-steel cabinet.
armario de desecación | drying closet.
armario de distribución (electricidad) | switch cupboard.
armario de herramientas | crib.
armario de montaje presionizado | pressurized assembly cabinct.
armario de sonar | stack.
armario empotrado en el muro (edificios) | built-in wardrobe.
armario frigorífico | cold store | refrigerator | freezing cabinet | ice-chest.
armario guardarropa | hanging press.
armario guardarropas | commode.
armario humectador | humidity cabinet.
armario metálico | rack.
armario para guardar libros (mueble) | bookcase.
armario para guardar planos | plan chest.
armario para instrumentos | instrument cabinet.
armario para la radio | console.
armario para las banderas (buques) | flag locker.
armario para oreo | airing cupboard.
armario para pruebas climatológicas | climatic test cabinet.
armario para pruebas de humedad | humidity cabinet.
armario para ventilar y secar ropas | clothes dryer and airing cabinet.
armario ropero | locker.
armario ropero pequeño caldeado | heated locker.
armario secador | drying cabinet.
armario secador de películas | drying cupboard.
armas antisubmarinas llevadas por buques | shipborne antisubmarine weapons.
armas arrojadizas | missile weapons.
armas artilleras | artillery weapons.
armas atómicas | atomic arms.
armas biológicas | biological weapons.
armas clásicas | conventional arms.
armas con gran cadencia de fuego | high-cycle-rate weapons.
armas de acompañamiento | accompanyinq weapons.
armas de acompañamiento de infantería | infantry-accompanying weapons.
armas de apoyo | supporting weapons.
armas de asalto | assault weapons.
armas de infantería | infantry weapons.
armas de infantería (infantería) | crew-served weapons.
armas de trayectoria curva | curved trajectory weapons.
armas de trayectoria rasante | low trajectory weapons.
armas del último modelo | late model weapons.
armas mecánicas (cañones, ametralladoras, aviones, automóviles, carros etc.) | mechanical weapons.
armas navales | naval weapons.
armas prohibidas | forbidden weapons.
armas submarinas | underwater ordnance.
armas termonucleares | thermonuclear arms.
armas terrestres | ground weapons.
armas y equipos | arms and accoutrements.
armazón | ossature | truss | framework | framing | frame | shell | skeleton | chassis | carcase | structure | timber | trestle | carcass | bed.
armazón (electricidad) | spider.
armazón (mueble de madera) | carcassing.
armazón abierta | open framework.
armazón de balsa | cradle.
armazón de cureña | carriage body.
armazón de hierro | iron framework.
armazón de la caja | body skeleton | body frame.
armazón de la carrocería | body skeleton.
armazón de la dínamo | dynamo frame.
armazón de la lámpara | lamp cage.
armazón de selectores | selector rack.
armazón de sustentación | crib.
armazón de sustentación (minas) | cribwork.
armazón de toma de agua (toma de agua en ríos o lagos) | intake crib.
armazón de tubos de acero | tubular steel frame.
armazón de un revestimiento | grounds.
armazón de una caseta de cubierta de madera (buques) | studding.
armazón del arco (toma de corriente) | bow frame.
armazón del colector | commutator spider.
armazón del edificio | building frame.
armazón longitudinal para soportar la cola cuando no existe fuselaje (aviones) | tail booms.
armazón metálica | metal framework.
armazón nuclear | nuclear network.
armazón para sostener una taladradora (buques) | grab stand.
armazón para transporte | jacket.
armazón polar (corona de los polos-motores eléctricos) | field frame.
armazón polar (motores eléctricos) | field spider.
armazón provisional | balloon framing.
armazonado | framing.
armella | screw ring | ringbolt | staple | ring hook.
armella (cerrojos) | box-staple.
armella con espiga roscada | eye screw.
armella de cerrojo | bolt clasp.
armella mural de empotramiento | wall eye.
armella roscada | screw eye.
armellas en el casco a popa para sacar las hélices (buques) | lifting pad.
armería | gunsmith's shop | armory.
armería (de un cazador) | gun-room.
armería (profesión de armero) | armorer's trade.
armero | gunsmith | gunmaker.
armero (mueble) | locker.
armero (persona) | armorer.
armero para armas | arm-rack.
armero para baldes (buques) | bucket rack.
armífero | armiferous.
armila (botánica) | armilla.
armillado | armillate.
armísono | armisonous.
armisticio | armistice | cease-fire.
armón (artillería) | ammunition carrier.
armón (artillería hipomóvil) | limber.
armón (pieza artillería) | wagon.
armón de limonera (artillería hipomóvil) | galloper carriage.
armón de municiones | ammunition wagon.
armón para obús | howitzer carriage.
armonía | concordance.
armonía (entre colores) | matching.
armonía de cierre (entre la estampa superior y la inferior) | occlusal harmony.
armonía oclusal (entre la estampa superior y la inferior) | occlusal harmony.
armónica | harmonic.
armónica (instrumento musical de viento) | harmonica.
armónica (música) | harmonicon.
armónica de frecuencia radioeléctrica | RF

harmonic.
armónica de orden superior (corriente ondulatoria) | ripple.
armónica en orden impar | odd harmonic.
armónica fundamental | first harmonic.
armónica impar | odd harmonic.
armónica par | even harmonic.
armónica química | sounding flame.
armónica superior (acústica) | overtone.
armónicas (electricidad) | harmonics.
armónicas de orden impar | odd-order harmonics.
armónicas pares | even-order hamonics.
armonicidad | harmonicity.
armónico | harmonic.
armónico (música) | overtone.
armónico auditivo | aural harmonic.
armónico de orden n | Nth harmonic.
armónico espacial | space harmonic.
armónico fundamental | fundamental harmonic.
armónicos | harmonics.
armónicos de orden más elevado | higher-order harmonics.
armónicos de orden superior | high-order harmonics.
armónicos de tiempo | time harmonics.
armónicos impares | odd harmonics.
armónicos pares | even harmonics.
armónicos teserales | tesseral harmonics.
armonioso | consonant.
armonioso (música) | concordant.
armonioso (sonidos) | liquid.
armonización | harmonization | matching.
armonización (acústica) | voicing.
armonización (entre partes) | mating.
armonizar | tune (to) | attune (to).
armonizar (acústica) | voice (to).
armonizar (colores, etc) | match (to).
armonizar colores | color tune (to).
armonógrafo | harmonograph.
armonómetro | harmonometer.
armura (tela) | armure.
armure (tela) | armure.
arnés | armour | armor.
arnés de caballo | horse's harness.
arnés de collera | collar-harness.
arnés de pretal | breast harness.
arnés del paracaídas | parachute harness.
arnés fijo | fixed harness.
arneses | horse clothing | horse trappings.
arnillo protector del arco (aisladores de rosario) | arcing ring.
aro | staple | ring | hoop | collar.
aro (de pistón) | packing-retaining ring.
aro alto (pistones) | top ring.
aro compensador de agujero de hombre | manhole ring.
aro compresor superior (cilindros) | top compression ring.
aro con cara inclinada (pistones) | taper-faced ring.
aro con estrías interiores | internally-slotted ring.
aro con junta de recubrimiento (pistones) | lap-joint ring.
aro con junta en bisel (pistones) | diagonal-joint ring.
aro con ranuras rellenas de estaño (pistones) | tin-filled ring.
aro cortado | split ring.
aro cortado en bisel | angle-cut ring.
aro cortado en bisel (pistones) | miter-cut ring.
aro cortado en escalón (pistones) | step-cut ring.
aro cromado (pistones) | chrome-plated ring.
aro de cierre | locking ring.
aro de cierre (colector) | commutator cap.
aro de cierre del soporte del mecanismo de retroceso | recoil mechanism bracket locking ring.
aro de compresión (pistones) | compression ring | compressing ring.
aro de compresión de sección cuneiforme (pistón) | wedge-section compression ring.
aro de doble ranura | double-slot ring.
aro de embono sobre la cubierta (cañón naval) | foundation ring.
aro de empaquetadura (pistones) | split ring.
aro de expansión (motores) | expander ring.
aro de fijación | fastening ring.
aro de fuego (formación del arco entre portaescobillas-máquinas eléctricas) | flash.
aro de fuego (pistones) | top ring.
aro de fuego cromado (motor explosión) | chromium-plated top ring.
aro de fundición para hinca de pozos (construyendo la fábrica encima y excavando su pie) | curb.
aro de grafito para pistones | carbon piston ring.
aro de hierro | iron hoop.
aro de junta de recubrimiento | step-cut joint.
aro de junta en bisel (pistones) | oblique-slotted ring.
aro de latón | brass hoop.
aro de pistón de cierre frontal | end-locking piston ring.
aro de pistón de hierro fundido | cast-iron piston ring.
aro de pistón de junta en bisel | oblique cut piston ring.
aro de pistón roto | broken piston ring.
aro de pistón trapezoidal | taper-sided piston ring.
aro de recubrimiento | cover ring.
aro de refuerzo (bidones cilíndricos) | swedge.
aro de reunión de cables (de varios cables que trabajan en conjunto) | concentration ring.
aro de tope | retainer.
aro de ventilación | ventilated piston ring.
aro del pistón | piston packing ring.
aro del pistón tubular | plunger ring.
aro descansaplatinas (telar circular tejidos punto) | sinkr rest ring.
aro elástico (pistones) | spring ring.
aro hendido (pistones) | cut ring.
aro horizontal del avantrén (carruajes) | fifth wheel.
aro interior (de una gorra de plato) | grommet.
aro para estanqueidad con el cilindro (pistones) | gas-ring.
aro rascador (motores) | scraper ring.
aro rascador (pistones) | wiper ring.
aro rascador de escalón (pistones) | step-type scraper ring.
aro rascador del aceite (pistones) | oil-control ring.
aro rascador del pistón | piston scraper-ring.
aro recogedor de aceite (pistón) | oil cutter-ring.
aro soporte | rider ring.
aro superior (aro de fuego-pistones) | fire ring.
aro superior (barriles) | chim hoop.
aro trapezoidal (pistones) | taper ring.
arocloros (decoración del vidrio) | arochlors.
aroma | odor (EE.UU.).
aroma (café, té) | flavour (G.B.) | flavor (EE.UU.).
aroma (vinos) | blume | bouquet | aroma.
aroma intangible | intangible flavor.
aromaticidad | aromatic quality | aromaticity.
aromaticidad del carbón | aromaticity of coal.
aromático (química) | aromatic.
aromatita | aromatite.
aromatización | aromatization.
aromatizador | aromatizer.
aromatizar | aromatize (to) | flavor (to).
aros (para envergar una vela) | hanks.
aros de pistón de fundición gris inoculada | inoculated grey iron piston rings.
aros del pistón | piston packing.
aros estañados (pistones) | tinned ring.
arpa (música) | harp.
arpegiando | arpeggiando.
arpegio (música) | broken chord | broad chord.
arpella | marsh harrier.
arpeo | mud-anchor | grapnel | grapple | sinker | sinker.
arpeo de abordaje | grappling-iron.
arpeo de rastrear (marina) | creeper.
arpergiación | arperggiation.
arpillador | packer.
arpillera | baline | crocus cloth | pack cloth | cow haircloth | hessian | packing cloth | wrapper | sackcloth | sacking.
arpillera (para mimetizar) | garland.
arpillera (tela de yute ordinaria) | burlap.
arpillera clara | gunny bag.
arpillera de orillos patentados | patent-selvage hessian.
arpón | harpoon | spear | gaff.
arpón con cabeza desmontable | lily iron.
arpón de cabeza móvil (pesca) | lily-iron.
arpón de disparo (pescaherramientas de sondeo) | trip spear.
arpón de tres dientes | grains.
arpón desprendedor (sondeos) | releasing spear.
arpón disparado con fusil | gun-harpoon.
arpón escariador (sondeos) | spur.
arpón múltiple para cable (sondeos) | grab.
arpón pescacables (sondeos) | rope spear.
arpón pescaherramientas (sondeos) | spear.
arpón pescapercutor (sondeos) | jar down spear.
arpón pescatubos (sondeos) | bulldog.
arpón pescatubos hueco (sondeos) | hollow casing spear.
arpón pescaválvulas (sondeos) | valve spear.
arpón roscado (sondeos) | screw bailer.
arponeamiento explosivo de ballenas | explosive harpooning.
arponear | harpoon (to).
arponear (ballenas) | dart (to).
arponero | harpooner.
arponero (buque ballenero) | gunner.
arponero (el que dispara el cañón lanzaarpón) | whale gunner.
arqueado | curved | barrelled | archwise | arched | arc-shaped | arch-like.
arqueado (Méjico) | sweep.
arqueador | gager | measurer.
arqueamiento | bowing | arching affect.
arquear | bend (to) | hump (to) | measure (to).
arquear (buques) | gage (to) | gauge (to).
arquear la caja | verify cash (to).
arquear un buque | measure a ship (to).
arquearse | camber (to) | become bent (to).
arquecéntrico | archecentric.
arqueo | gauge (G.B.) | measure | measurement | gaging (EE.UU.) | gage (EE.UU.) | tonnage.
arqueo (buques) | gauge.
arqueo (marina) | measuring.
arqueo de buques | admeasurement of vessels.
arqueo de caja (bancos) | proving the cash.
arqueo de caja (contabilidad) | verification of cash.
arqueo de caudales | verification of cash.
arqueo de registro (buques) | registered tonnage | tons register.
arqueo de yates | yacht rating.
arqueo del combustible | fuel bowing.
arqueo neto | net tonnage.
arqueo según las reglas del Tamesis (yates) | T.M..
arqueo total | gross tonnage.
arqueolatría | archaeolatry.
arqueolítico | archaeolithic | archeolithic.
arqueología | archaelogy (G.B.) | archeology.
arqueología árabe | Arabic archeology.
arqueología bíblica | biblical arqueology.
arqueología subacuática | subaquatic archeology.
arqueológico | archeological | antiquarian.
arqueologismo | archeologism.
arqueólogo | antiquary | archeologist | archaelogist.
arqueólogo histórico | historical archeologist.
arqueos por sorpresa | surprise counts.
arqueozoico | archean | archaeozoic | archeozoic.

arquero | archer | bowman.
arqueta colectora (suministro de agua) | collection box.
arqueta de acometida | collection box.
arqueta decantadora | catchpit.
arquetipal | archecentric.
arquetípico | archetypal.
arquetipo | archetype.
arquibéntico | archibenthic.
arquillo | small bow.
arquitecto | architect.
arquitecto de jardines | garden designer | landscape-gardener.
arquitecto naval | naval architect.
arquitecto paisajista | landscape architect | landscape-gardener.
arquitectónica | architectonics.
arquitectónico | architectural | architectonic.
arquitectura | architecture.
arquitectura anglosajona | anglo-saxon architecture.
arquitectura árabe | Arabian architecture.
arquitectura barroca | baroque architecture.
arquitectura de ciudades | civic design.
arquitectura de la matemática | mathematics architecture.
arquitectura de redes del sistema (teleproceso) | system network architecture.
arquitectura del microcomputador | microcomputer architecture.
arquitectura interna del ordenador electrónico | internal architecture of the electronic computer .
arquitectura mahometana | Muhammadan architecture.
arquitectura molecular | molecular architecture.
arquitectura monástica | monastic architecture.
arquitectura morisca | mauresque architecture.
arquitectura naval | naval craft.
arquitectura paisajista | landscape architecture.
arquitectura siquiátrica | psychiatrical architecture.
arquitecturas nacional | domestic architecture.
arquitrabado | trabeated.
arquitrabe partido | interrupted architrave.
arquitravado | architraved.
arquitrave | architrave | breastplate | epistyle.
arquitrave (arquitectura) | lintel.
arquitrave adintelado | smooth architrave.
arquitraves y otros adornos alrededor del hueco (de puerta o ventana) | trim.
arquivolta | archivolt.
arquizoico | archizoic.
arrabales (de una población) | outskirts.
arrabio | iron pig | pig iron | crude iron.
arrabio (fundición bruta) | cast-iron.
arrabio acerado | pig steel.
arrabio al aire caliente | warm-air pig.
arrabio al carbón vegetal | charcoal pig.
arrabio al coque | coke pig.
arrabio al viento caliente | hot-blast pig.
arrabio alto en azufre y bajo en silicio | low-silicon high-sulfur iron.
arrabio alto en manganeso y bajo en silicio | low-silicon high-manganese iron.
arrabio bajo en fósforo | low-phosphorus pig.
arrabio bajo en silicio | low-silicon iron.
arrabio bessemer básico rico en fósforo | high-phosphorus basic-bessemer pig iron.
arrabio blanco | white pig.
arrabio colado en arena | sand-cast pig.
arrabio colado en coquilla | chill-cast pig.
arrabio colado individualmente | motherless pig.
arrabio comercial (no especial) | merchant pig.
arrabio con gran proporción de fósforo | high-phosphorus pig.
arrabio con gran proporción de sílice | silica-rich pig iron.
arrabio con pequeño porcentaje de fósforo | low-phosphorus pig iron.
arrabio de composición distinta a la especificada | off iron.
arrabio de cubilote | cupola-melted cast iron.
arrabio de electrohorno | electro pig iron.
arrabio de grano apretado | close-grained pig iron.
arrabio de grano fino | close pig | fine-grained pig iron.
arrabio de grano grueso | open-grain iron | coarse-grained pig iron | open iron.
arrabio de grano medio | medium-grained pig iron.
arrabio de grano plateado | silvery grain iron.
arrabio de textura compacta | compact-grained pig iron.
arrabio de viento frío | cold blast iron.
arrabio defectuoso | offgrade pig iron.
arrabio descarburado | bessemerized pig iron.
arrabio electrofundido | electrically-smelted iron.
arrabio en lingotes | pig cast iron.
arrabio fácil de fundir | foundable cast iron.
arrabio fosforoso | P-containing pig iron | phosphoric pig | phosphorus-bearing pig iron.
arrabio fundido con carbón | raw coal iron.
arrabio fundido con carbón vegetal | charcoal iron.
arrabio fundido con solera de carbón vegetal | charcoal hearth cast iron.
arrabio fundido en alto horno | blast-furnace-melted cast-iron.
arrabio grafitoide | graphitoidal pig iron.
arrabio grafitoso | graphitic pig.
arrabio no fosforoso | nonphosphoric pig.
arrabio para horno Siemens-Martin básico | open-hearth basic pig.
arrabio para mejorar el caldo | improver pig.
arrabio para moldería | foundry pig iron | foundry iron | raw pig iron.
arrabio refinado (desprovisto de gran parte de silicio y fósforo por procedimiento patentado) | washed metal.
arrabio rico en silicio | high-silicon iron.
arrabio rico en silicio y pobre en azufre | hot iron.
arrabio silicioso | siliceous cast iron.
arrabio vidrioso quemado | burnt glazed pig.
arracimado | botryoid | bunched.
arracimarse | bunch (to) | cluster (to).
arraclán | black alder | alder buckthorn.
arrachado (viento) | flawy.
arraigada | eyeplate.
arraigada (aparejo) | standing line.
arraigada (buques) | futtock.
arraigada de la cadena del ancla (pozo de cadenas) | bitter end.
arraigada del cabo | rope-fixed end.
arraigado profundamente | deep seated.
arraigar | strike (to).
arraigar (las plantas) | take (to).
arraigar (plantas) | strike roots (to).
arrancaapeas | post puller | prop puller.
arrancaapeas (minero o máquina - minas) | prop drawer.
arrancabilidad (motores) | startability.
arrancaclavos | nail drawer | nail extractor | nail puller.
arrancada | pull.
arrancada (autos) | getting away | getaway.
arrancada (buques) | way.
arrancada (de un buque) | headway.
arrancada avante (buques) | going ahead way.
arrancada avante residual (buques) | residual going ahead way.
arrancado | avulsed.
arrancado en seco | dry-stripped.
arrancado estatórico de reostato | resistance starter.
arrancado mecánicamente (carbón) | machine-cut.
arrancado por explosivos (minerales) | blasted.
arrancador | ripper | puller | extractor | drawer | starter.
arrancador accionado por solenoide preconectado | preengaged solenoid operated starter.
arrancador automático | self-starter.
arrancador automático estrella-triángulo | automatic star-delta starter.
arrancador coincidente (autos) | coincidental starter.
arrancador con pleno voltaje | full-voltage starter.
arrancador de aceleración lenta | inching starter.
arrancador de aire comprimido | air pressure starter.
arrancador de árboles | tree dozer.
arrancador de cartucho explosivo (motores) | combustion starter.
arrancador de conmutación directa | direct-switching starter.
arrancador de contactores | contactor starter.
arrancador de contactores para el estator y rotor | stator-rotor contactor starter.
arrancador de contactos colocados en una superficie plana | faceplate starter.
arrancador de corriente límite | current-limit starter.
arrancador de inercia | inertia starter.
arrancador de la motobomba del servomotor del timón (buques) | starter of pumping engine of steering gear.
arrancador de motor en estrella-triángulo en baño de aceite | oil-break star-delta motor starter.
arrancador de pedal (motos) | foot-starter.
arrancador de pulsador | push-on starter.
arrancador de volante | inertia starter.
arrancador de voltaje reducido para motor síncrono | reduced voltage synchronous motor starter.
arrancador del motor | engine starter.
arrancador en estrella-triángulo en baño de aceite | oil-immersed star-delta starter.
arrancador estatórico | reduced voltage starter.
arrancador estrella-triángulo de ruptura por aire comprimido | airbreak star-delta starter.
arrancador estrellatriángulo de ruptura por contactor | contactor break star-delta starter.
arrancador fluorescente sin parpadeo | no-blink fluorescent starter.
arrancador neumático | air pressure starter.
arrancador para marcha directa y recíproca | forward-and-reverse starter.
arrancador para motor de corriente alterna de bajo voltaje | low-voltage A-C motor starter.
arrancador para motores de ventiladores | fan motor starter.
arrancador para servicio de varios motores eléctricos | plural starter.
arrancador para servicio frecuente | jogging duty starter.
arrancador reostático | rheostatic starter.
arrancador secuencial | sequential starter.
arrancadora | lifter | digger | puller.
arrancadora de cadena sinfín | potato lifter.
arrancadora de lino | flax puller.
arrancadora de matas | haulm plucker.
arrancadora de mazorcas | corn-harvester | corn-picker.
arrancadora de patatas | potato digger.
arrancadora de raíces | grubbing-plough.
arrancadora de remolacha | beet puller.
arrancadora-descoronadora | topper-harvester.
arrancaescarpias | spike bar | spike puller.
arrancaestemples | post puller | prop puller.
arrancaestemples (entibación minas) | dog-and-chain.
arrancaestemples (minero o máquina - minas) | prop drawer.
arrancamiento | plucking | picking.
arrancamiento (nuclear) | stripping.
arrancapatatas | potato-lifter.
arrancapilotes | pile extractor | pile drawer | pile puller.
arrancar | draw out (to) | remove (to) | root out

(to) | stub (to) | set-in (to) | pull (to) | pull up (to) | pull out (to) | pull away (to) | pull off (to).
arrancar (autos) | drive away (to).
arrancar (clavos) | draw (to).
arrancar (máquinas) | start (to).
arrancar (mineral) | break-off (to).
arrancar (motores) | move off (to).
arrancar (pelos, plumas) | pluck (to).
arrancar (trenes) | pull out (to).
arrancar (un clavo, dientes, etc.) sacar | get out (to).
arrancar carbón (minas) | scallop (to).
arrancar con explosivos (minas) | flash (to).
arrancar con un golpe seco | hoick (to).
arrancar directamente sobre la línea (motor eléctrico) | direct-on-line start (to).
arrancar el aislamiento | strip insulation (to).
arrancar el mineral | stope (to).
arrancar el motor | release the motor (to).
arrancar el motor (aviones) | kick the engine over (to).
arrancar el motor haciendo girar la hélice a mano (aviones) | prop (to).
arrancar en vacío | start light (to).
arrancar las plantitas (semilleros) | lift (to).
arrancar los filetes de un tornillo | strip (to).
arrancar metal | reduce stock (to).
arrancar o parar | start-stop (to).
arrancar por fuerza | force out (to).
arrancar por la fuerza | compel (to).
arrancar un motor de chorro | light (to).
arrancar virutas | remove chips (to).
arrancarraíces | root ripper | rooter.
arrancasonda (sondeos) | drill-rod grab.
arrancasondas | drill extractor.
arrancasondas (enganchador de sondas - sondeos) | grab tool.
arrancasondas (sondeos) | bore catch.
arrancatablas | plank puller.
arrancatubos | pipe puller | pipe drawer | tube extractor.
arrancatubos (sondeos) | dog.
arranchar (velas) | haul close aft (to).
arranque | pulling out | pull-out | start-up.
arranque (arcos) | spring | spring line.
arranque (bóvedas) | springing.
arranque (de carbón) | getting.
arranque (de cosechas) | lifting.
arranque (de mineral) | cutting out | breakage | breaking down.
arranque (de una máquina) | start.
arranque (del mineral) | drawing.
arranque (del tren) | pulling out.
arranque (extracción - clavos, muelas, etc.) | getting out.
arranque (máquinas) | starting | runup.
arranque (minas) | digging | winning | hewing | felling | extraction | getting | holing | bringing down | broken working | stripping.
arranque (minería) | stoping.
arranque (motor chorro) | light up.
arranque (motores) | kickoff | speeding up.
arranque (pozo petrolero) | kickoff.
arranque a mano (minas) | hand stoping | hand mining.
arranque a mano con manivela (motores) | hand-cranking.
arranque automático | self-starting.
arranque con cuña (minas) | wedging.
arranque con fuego (minas) | fire setting.
arranque con reóstato | rheostat starting.
arranque de carbón | coal-getting | coal hewing | coal winning.
arranque de carbón (minas) | ragging-off.
arranque de estemples (minas) | prop-drawing.
arranque de la matriz de cobalto | pullout of the cobalt matrix.
arranque de la unidad generatriz (electricidad) | unit start-up.
arranque de las raíces | aberruncation.
arranque de mineral | drawing back.
arranque de mineral (minas) | breaking.
arranque de mineral en masa | stockwork.
arranque de pequeñas partículas de metal de las caras de los dientes (engranajes) | scuffing.
arranque de pie (motocicletas) | kick-starter.
arranque de trazado (minas) | development stoping.
arranque de un arco (muro vertical) | skewback.
arranque del ala | wing arch.
arranque del carbón | coal-drawing | coal-cutting | breaking down coal.
arranque del codaste | club-foot.
arranque del estéril desprendido (minas) | slab down.
arranque del linguete | pawl pull-off.
arranque del mineral | ore stoping | ore breaking.
arranque del motor en vuelo (aviones) | airstart.
arranque directamente de la línea (sin resistencia de arranque) | across-the-line starting.
arranque eléctrico desde una fuente exterior (motor aeroplano) | hard start.
arranque en caliente | warm start.
arranque en caliente de grupos turboalternadores | hot starting of turboalternator sets.
arranque en carga (motores) | load-starting.
arranque en realce (minería) | raise-stoping.
arranque en tiempo frío (motores) | cold weather starting.
arranque en vacío | loadless starting.
arranque en vuelo (motor chorro) | relight.
arranque extrarrápido | instant starting.
arranque fallido (motores) | hanging start.
arranque hecho en vuelo (motor chorro de avión) | air start.
arranque hidráulico (minas) | piping.
arranque lateral (minas) | side stoping.
arranque mecánico (minas) | mechanized winning.
arranque mecánico del carbón | machine coal-mining.
arranque neumático | pneumatic starting.
arranque para reactor | jet ignitor.
arranque por devanado estatórico subdividido | part-winding starting.
arranque por explosivos sin rozadura preliminar (minas) | shooting off the solid.
arranque por realce (minas) | overhand stoping | overhead stoping.
arranque por realce sobre saca (minas) | shrinkage stoping.
arranque que origina un exceso en la temperatura normal de funcionamiento (motor de chorro) | hot start.
arranque rápido | quick start.
arranque regulado | controlled starting.
arranque-parada | start-stop.
arras | earnest money | earnest | retainer.
arras (jurisprudencia) | consideration.
arrasamiento | razing.
arrasar | raze (to).
arrasar por bombardeo aéreo | blitz (to).
arrasar un blanco por bombas clásicas o por armas atómicas | atomize (to).
arrastra (molino para triturar minerales) | arrastra.
arrastradera grande (yates de regatas) | spinnaker.
arrastradero | skid.
arrastradero con palos | corduroy road.
arrastradero empalado | corduroy road.
arrastradero para trozas (bosques) | kid road.
arrastrado | drawn.
arrastrado (motor de un auto arrastrado por el movimiento del coche) | on the overrun.
arrastrado (motor de un auto por el coche) | overrun.
arrastrado (ruedas, ejes, poleas) | driven.
arrastrado a brazo | hand draught.
arrastrado por caballos | horse-drawn.
arrastrado por las aguas | waterborne.
arrastrado por locomotora | locomotive-hauled.
arrastrado por máquina de vapor | steam-hauled.
arrastrado por un líquido | liquid-entrained.
arrastrador (corta forestal) | run.
arrastrador de troncos | skidder | ground skidder.
arrastradora de troncos | log skidder.
arrastrando aire | air entraining.
arrastrar | tug (to) | lug (to) | tole (to) | haul (to) | drift (to) | link (to) | sweep (to) | trawl (to) | draw (to) | pull (to) | carry (to) | trail (to) | carry away (to).
arrastrar (por fluidos) | entrain (to).
arrastrar (troncos) | snake (to) | twitch (to).
arrastrar agua con el vapor (en calderas) | prime (to).
arrastrar agua con el vapor (máquinas vapor) | prime (to).
arrastrar al motor (autos) | overrun (to).
arrastrar hacia arriba | drag up (to).
arrastrar mecánicamente (química) | carry with (to).
arrastrar por cable y tambor | drum (to).
arrastrar por destilación (química) | carry over (to).
arrastrar por el suelo | drag (to).
arrastrar por precipitación (química) | carry down by precipitation (to).
arrastrar por vía Decauville (minas) | tram (to).
arrastrarse | creep (to).
arrastrarse (una planta) | trail (to).
arrastre | fly-off | decay | deck | pulling | haul | dragging | draw | hauling | haulage | drive.
arrastre (de capas de terreno) | creep.
arrastre (electrónica) | drift.
arrastre (erosión de suelo) | creep.
arrastre (fallas) | flaw fault.
arrastre (hidráulica) | entrainment.
arrastre (hidrografía) | wash load.
arrastre (motores eléctricos acoplados) | drag.
arrastre (radio) | tracking.
arrastre (ríos) | silt load.
arrastre aerodinámico | aerodynamic drag | aerodynamic drag.
arrastre al vapor (química) | steam distillation | steam-distillation.
arrastre animal | animal hauling.
arrastre capilar | capillary entrainment.
arrastre circular | end around carry.
arrastre con chorros de agua | sluicing.
arrastre de agua (calderas) | overflow of water.
arrastre de agua con el vapor (calderas) | priming | gush.
arrastre de agua en el vapor (máquinas vapor) | primage.
arrastre de aire (aspiración bombas) | airbinding.
arrastre de arena del molde (funderías) | wash.
arrastre de arena del molde (fundición) | wash-up.
arrastre de carga (telecomunicaciones) | load pull.
arrastre de dientes (impresora) | tractor feed.
arrastre de frecuencia | frequency pulling.
arrastre de frecuencia de un oscilador | pulling.
arrastre de frecuencias del oscilador | pulling.
arrastre de gotas de líquido por el aire (torre de enfriamiento) | drift.
arrastre de impresos por rodillo | pin feed.
arrastre de la aguja | stylus drag.
arrastre de la imagen (defecto pantalla televisión) | image drift.
arrastre de la pasta al ser cortada por el alambre (fabricación mecánica de ladrillos) | dragging.
arrastre de portadora | carrier tracking.
arrastre de troncos | log hauling | skidding.
arrastre de troncos (bosques) | skidding.
arrastre de trozas | skidding.
arrastre de unidades | carry.
arrastre de unidades en cascada | cascade carry.

arrastre de vapor para separar la gasolina (gas natural) | stripping.
arrastre del ancla por el fondo (buques) | dredging.
arrastre del éter (cosmología) | ether drift.
arrastre del magnetrón | magnetron pulling.
arrastre electrónico | electron drift.
arrastre en el exterior (minas) | overhaulage.
arrastre en horizontal | level haulage.
arrastre en línea (Iberoamérica-saca forestal) | trailing.
arrastre en reata (saca forestal) | trailing.
arrastre en trineos sobre terreno descubierto (saca forestal) | dry-sloop.
arrastre frenado (arrastre de rollos de modo que choquen contra tocones y árboles- saca forestal) | siwash.
arrastre inducido | induced drag.
arrastre inferior | lower sprocket.
arrastre magnético | viscous hysteresis | lag of magnetization | magnetic creeping | magnetic drive.
arrastre mecánico | mechanical haulage.
arrastre por cable | rope haulage.
arrastre por correa | rim drive.
arrastre por cruz de Malta | Geneva movement.
arrastre por fila de troncos ligados de uno en uno | trailing.
arrastre por locomotora | locomotive haulage.
arrastre por rodillo | rim drive.
arrastre por ruedas dentadas | sprocket.
arrastre por tractor | tractor drawn.
arrastre total | complete carry.
arrastre vertical (oceanografía) | vertical haul.
arrastrero | trawler | seiner.
arrastrero (buque) | drifter trawler.
arrastrero bacaladero | cod-fishing trawler.
arrastrero con caldera de fuel-oil y máquina de vapor | steam oil-fired trawler.
arrastrero con instalación para congelar pescado | freezing trawler.
arrastrero con máquina de vapor | steam trawler.
arrastrero con rampa de laboreo por la popa (buque) | stern trawler.
arrastrero congelador (pesca) | freezer trawler.
arrastrero de altura | deep-sea trawler | distant-water trawler.
arrastrero de motor | motor trawler.
arrastrero pequeño de bajura de menos de 100 pies de eslora en la flotación | dragger.
arrastrero que laborea por la popa | stern operating trawler.
arrastres de impurezas con el vapor (calderas) | carryover.
arrastres en suspensión (ríos, cnales) | suspended load.
arrastres litorales | littoral drift.
arrayan (mirtus communis) | myrtle.
arreador (Honduras) | stock route.
arrear un rebaño (Iberoamérica) | trail herding (to).
arrebatado por el mar (mercancías estibadas en cubierta - buques) | washed overboard.
arrebatar | bereave (to) | abduct (to).
arrebatar (la vida) | carry away (to).
arrecife | porereef | ridge | reef.
arrecife a flor de agua | lurking reef.
arrecife algáceo | algal reef.
arrecife algal | algal reef.
arrecife atolónico | atoll reef.
arrecife atolónico con lagunas con profundidad variable desde 3 metros a 30 metros | faro.
arrecife aurífero | black reef.
arrecife barrera | barrier reef.
arrecife coralino sin laguna | table reef.
arrecife costero | fringing reef | fringingreef | coastal reef.
arrecife de caldera | boiler.
arrecife de coral | coral reef | kay | key.
arrecife franjeante | fringing reef.
arrecife orgánico circular | ring-shaped organic reef.
arrecife que vela (en el mar) | reef awash.
arrecife submarino (oceanografía) | submerged reef.
arrecifígeno | reef-building.
arredrar | cause fear (to).
arreglado (en orden - habitaciones) | neat.
arreglador | marshaller.
arreglador de averías | retriever.
arreglar | lay out (to) | dress (to) | regulate (to) | compromise (to) | compose (to) | compound (to).
arreglar (cronómetros) | rate (to).
arreglar (cuentas) | settle (to).
arreglar (diferencias) | make up (to).
arreglar (herramienta, un reloj, etc.) | set out (to).
arreglar (muebles, ropas) | furbish (to).
arreglar (poner en orden) | fix (to).
arreglar (vía férrea) | line (to).
arreglar averías | make good damage (to).
arreglar el escenario antes de televisar | dress (to).
arreglar extrajudicialmente | settle out of court (to).
arreglar la máquina | fix the machine (to).
arreglo | agreement | adjustment | compromise | compromising | composition | compromise | get-up | arrangement | arrangement | arranging.
arreglo (de una diferencia) | making-up.
arreglo (de una disputa) | accord and satisfaction.
arreglo (edificios, carreteras, etc.) | keeping.
arreglo amistoso de las disputas | amicable settlement of disputes.
arreglo de defectos superficiales | dressing.
arreglo de desperfectos superficiales depositando hollín de alquitrán (lingoteras) | reeking.
arreglo de herramientas | tool reconditioning.
arreglo de herramientas inútiles | tool salvage.
arreglo de la avería | fault clearance.
arreglo de la superficie antes de colar (moldes) | dressing.
arreglo de pavimento | floor resurfacing.
arreglo de piezas fundidas defectuosas | casting reclamation.
arreglo definitivo de un asunto pendiente | showdown.
arreglo duradero | lasting settlement.
arreglo entre fallidos y acreedores | composition in bankruptcy.
arreglo financiero | financial settlement.
arreglo para evitar el despido disminuyendo la jornada laboral | work sharing.
arreglo previo del fotograbado | bump-up process.
arreglo previo del fotograbado por mordido y manipulación de la plancha (grabado) | back-etch process.
arreglos de franquicias y regalías | licenses and royalty agreements.
arreglos preliminares (con el auditor) | preliminary arrangements.
arreico (hidrología) | arheic.
arrejacar | plow up (to).
arremetida | swoop | push.
arremolinar | swirl (to).
arremolinarse (hidráulica) | swirl (to).
arrendable | leasable | tenementary | rentable.
arrendable (tierras) | demisable.
arrendador | landlord | bond tenant | hirer | renter | lessor.
arrendamento del almacén | rent of yard.
arrendamiento | rental | lease | farm tenancy | demise | rent | tenancy.
arrendamiento bruto | gross rent.
arrendamiento con opción a compra | hire purcharse.
arrendamiento de un dominio útil | fee-farming.
arrendamiento financiero | hire purcharse | financing lease.
arrendamiento financiero con derecho a compra | leasing.
arrendamientos | hire charges.
arrendante | rentee.
arrendar | lease (to) | rent (to) | charter (to) | let (to) | let on lease (to) | let out (to).
arrendar (tierras) | lease out (to) | demise (to).
arrendar de nuevo | re-lease (to).
arrendatario | leaseholder | lessor | tenant | renter | hirer | holder.
arrendatario de concesión forestal | limit holder.
arrendatario de los impuestos | farmer of revenues.
arrendatario limitado | tenant in tail.
arreo (Iberoamérica) | drive.
arreo del ganado | trailing.
arrequives | adornments.
arrestado | confined.
arrestar | confine (to) | pull in (to).
arrestar (a alguien) | pull away (to).
arrestar de nuevo a una persona que estaba en libertad bajo fianza | recommit (to).
arresto | bust | detention | confinement.
arresto domiciliario | house arrest.
arresto en el cuartel | confinement to barracks | arrest in quarters.
arresto provisional | detention on remand.
arresto reglamentario | mandatory punishment.
arresto verbal | parol arrest.
arrestos en masa | roundup.
arriamiento en banda (amarras, etc.) | surging.
arriar | send down (to) | pay out (to) | slack away (to) | haul down (to).
arriar (cabos, cadenas) | ease (to) away.
arriar (cadena, cables, etc) | veer (to).
arriar (marina) | ease off (to) | take down (to) | slack (to) | strike (to) | lower (to) | haul off (to) | pay off (to) | pay (to) | pay out (to).
arriar (velas) | douse (to).
arriar a voluntad (marina) | slack away (to).
arriar el pabellón | strike upon (to).
arriar en banda | douse (to) | slip (to).
arriar en banda (cabos, amarras, etc.) | surge (to).
arriar en banda (marina) | cast loose (to) | let fly (to) | let go amain (to) | let go (to).
arriar la bandera | haul down the flag (to) | haul down the colors (to) | furl the flag (to).
arriar las velas | lower the sails (to).
arriar rápidamente (una vela) | dowse (to).
arriar sobre vuelta (marina) | surge (to) | slack handsomely (to).
arriar un bote al agua (buques) | lower a boat (to).
arriar un cabo (marina) | slack (to).
arriate | edging | hedging.
arriate (jardín) | platband | border.
arriba | top.
arriba de | above.
arribada | homing.
arribada (marina) | arrival.
arribada (puertos, aeropuertos) | approach.
arribada con control desde tierra (aproximación dirigida desde tierra - aeropuertos) | ground-controlled approach.
arribada dirigida (aeropuertos) | homing action.
arribada forzosa a un puerto | enforced sojourn in a port.
arribada instrumental (aviación) | instrument approach.
arribar | arrive (to) | enter harbor (to).
arribar (un puerto) | put in (to).
arribar a puerto | enter port (to).
arribar a un puerto | fetch up at a port (to).
arribista | climber.
arribo | arrival.
arribos | arrivals.
arribos mensuales | monthly arrivals.
arriendo | tenancy | rental | rent | real agreement | leasing | lease.
arriendo con la condición de hacer mejoras |

improvement lease.
arriendo con las cargas de la propiedad | gross lease.
arriendo de la caza | shooting lease.
arriendo de un activo al vendedor | leaseback.
arriendo del terreno sin compromiso para edificar | building-lease.
arriendo efectuado por un subarrendatario | sandwich lease.
arriendo enfitéutico | building-lease.
arriendo minero | mining lease.
arriendo renovable | renewable lease.
arriero | muleteer.
arriesgar | expose (to) | stake (to).
arriesgar grandes sumas (bolsa) | plunge (to).
arrimadero (para transbordadores) | slip.
arrimar | put by (to).
arrime con bestias (saca forestal) | animal hauling.
arrimo (arquitectura) | party wall.
arriñonado | reniform.
arriñonado (geología) | nodular.
arriostrada en una sola dirección | braced one way.
arriostrado | stayed.
arriostrado con alambre | wire braced.
arriostrado con vientos | guyed.
arriostrado del cielo (hogares) | roof staying.
arriostrado del cielo del hogar | crown staying.
arriostrado diagonalmente | diagonally-braced.
arriostrado horizontal inferior (puentes) | lower laterals | lower wind bracing.
arriostrado horizontal superior (puentes) | upper laterals | upper wind bracing.
arriostrado longitudinalmente | longitudinally braced.
arriostrado por montantes | strut-braced.
arriostramiento | bracing | staying | counterbracing.
arriostramiento (con vientos) | guying.
arriostramiento (vigas pisos) | bridging.
arriostramiento con cables | rope bracing.
arriostramiento de celosía | lattice bracing.
arriostramiento de los cordones superiores entre sí (vigas de puente) | overhead bracing.
arriostramiento del tablero (puentes) | floor bracing.
arriostramiento diagonal (vigas de puentes) | diagonal bracing.
arriostramiento en cruz de San Andrés | cruciform bracing.
arriostramiento en K | K-bracing.
arriostramiento entre cerchas (cubiertas) | bay bracing.
arriostramiento entre planos | interplane bracing.
arriostramiento entre vigas principales (puentes) | cross-bridging.
arriostramiento horizontal | horizontal bracing.
arriostramiento lateral | lateral bracing.
arriostramiento longitudinal entre cubierta y muro | longitudinal roof and wall bracing.
arriostramiento longitudinal entre marcos de entibación que van de cabeza a cabeza de los pies derechos (minas) | collar-brace.
arriostramiento longitudinal entre pies derechos de marcos de entibación (minas) | sillbrace.
arriostramiento poligonal (estructuras) | polygonal bracing.
arriostramiento radial | radial bracing.
arriostramiento transversal (pilotajes) | sway bracing.
arriostrar | brace (to).
arriostrar (vigas) | counterbrace (to).
arriostrar con vientos (atirantar con vientos - chimeneas, postes, etc.) | guy (to).
arriostrar transversalmente | cross brace (to).
arrítmico | start-stop | arrhythmic.
arrítmico (transmisión) | start-stop.
arrizar (el ancla) | stow (to).
arrodrigonar (plantas) | stake (to).
arrogarse | assume (to).
arrojable | jettisonable | droppable | shakeable.
arrojadiza (armas) | throwing.
arrojado con paracaídas | jettisoned by parachute.
arrojado en vuelo | jettisoned in flight.
arrojado por la fuerza centrífuga | flung by centrifugal action.
arrojador | thrower.
arrojados por el mar a la costa | wreckage.
arrojar | throw (to) | expel (to) | pitch (to) | eject (to) | shake (to) | spit (to) | launch (to) | cast (to) | turn out (to).
arrojar (al enemigo) | drive away (to).
arrojar (un líquido) | spout (to).
arrojar al suelo | fling down (to).
arrojar alguna cosa | pelt (to).
arrojar bombas o minas desde un avión | lay (to).
arrojar bombas o suministros (aviación) | dump (to).
arrojar lateralmente | side-cast (to).
arrojar luz | shed light (to).
arrojar o salir a chorro | spurt (to).
arrojar por la borda (buques) | ditch (to).
arrojar por la borda (embarcaciones) | give the deep six (to).
arrojar simultáneamente las bombas o misiles cohéticos (aviación) | salvo (to).
arrojar un cabo | pass a line (to).
arrojarse | break in (to).
arrojarse en paracaídas | parachute down (to).
arrojarse en paracaídas desde un avión | bail out (to).
arrollado | coiled.
arrollado compacto | hard winding.
arrollado de plano | flat-wound.
arrollado en capas | layer-wound.
arrollado en capas superpuestas | layerwise | layerwise wound.
arrollado en espiral | spirally wrapped | helically wound.
arrollado en espiral (resortes) | spiral-coiled.
arrollado toroidalmente | toroidally wound.
arrollador (telar rectilíneo tejido punto) | drawoff reel.
arrollador (telar tejido punto) | takeup reel.
arrollador directo continuo (telares) | continuous take-up motion.
arrollador directo intermitente (telares) | intermittent take-up motion.
arrolladora (de telas) | winder.
arrolladora para telas | lapper.
arrollameinto | wrap.
arrollamiento | gullying | coil | coil.
arrollamiento a mano | hand winding.
arrollamiento bajo tensión sobre un cilindro (tejidos para evitar arrugas) | crabbing.
arrollamiento bifilar | noninductive winding | bifilar winding.
arrollamiento compensador | compensating winding.
arrollamiento concéntrico | concentric winding.
arrollamiento cruzado | cross-winding.
arrollamiento de alta tensión | high-voltage winding.
arrollamiento de alto voltaje | high-tension winding.
arrollamiento de arranque | starting winding.
arrollamiento de bajo voltaje | low-tension winding.
arrollamiento de bloqueo | holding winding.
arrollamiento de disparo | trigger winding.
arrollamiento de equilibrio | regulating winding | paralleling reactor.
arrollamiento de flectores de órbita | orbit-shift coil.
arrollamiento de galleta | pie winding.
arrollamiento de potencia | power winding.
arrollamiento de reactancia | reactance winding | choking winding.
arrollamiento diferencial | differential winding.
arrollamiento distribuido | distributed at random winding.
arrollamiento embutido | drop-in winding.
arrollamiento en anillo | ring-winding.
arrollamiento en capas superpuestas | layer winding.
arrollamiento en cortocircuito | damping winding.
arrollamiento en espiral | spring winding.
arrollamiento en sentido opuesto | opposing winding.
arrollamiento en serie | series winding.
arrollamiento en una capa | one-layer winding.
arrollamiento en varias capas superpuestas | banked winding.
arrollamiento espiral | spiral winding.
arrollamiento estabilizador | tertiary winding.
arrollamiento estatórico | stator winding.
arrollamiento exterior | outer winding.
arrollamiento inductor | field winding.
arrollamiento lateral | lateral winding.
arrollamiento no inductivo | noninductive winding.
arrollamiento oblicuo | oblique winding.
arrollamiento primario (electricidad) | primary winding.
arrollamiento primario (transformadores) | primary coil.
arrollamiento principal | main winding.
arrollamiento secundario | secondary winding.
arrollamiento secundario (transformadores) | secondary.
arrollamiento terciario | tertiary winding.
arrollamiento terciario conectado en triángulo (transformadores) | delta tertiary.
arrollamiento terciario en triángulo abierto | open-delta tertiary winding.
arrollamientos amortiguadores en cortocircuito | amortisseur damping windings.
arrollamientos de tipo estratificado (transformadores) | layertype windings.
arrollamientos en cortocircuito independientes entre sí | open amortisseur windings.
arrollamientos en oposición | opposed windings.
arrollamientos en serie | series turns.
arrollamientos intercalados (transformadores) | interleaved windings.
arrollamientos superpuestos | heaped windings.
arrollar | curl up (to) | twist (to) | coil (to).
arrollar (cable en un tambor) | take up (to).
arrollar sobre un rodillo después de pasar por el baño de teñir (telas) | batch (to).
arrollar un chicote (marina) | expend (to).
arrollarse | roll (to).
arropar | muffle (to).
arrosariado | beaded.
arrosión | arrosion.
arrosivo | arrosive.
arrostar (dificultades) | encounter (to).
arrostrar | front (to).
arroyo | arroyo | draw | runnel | watercourse | brook | stream.
arroyo (corriente de petróleo en una refinería) | stream.
arroyo seco | dry wash.
arroyuelo | brooklet.
arroz | paddy.
arroz blanco | milled rice.
arroz con cáscara | paddy.
arroz descortezado | polished rice.
arroz glacé | polished rice.
arroz sin desgranar | paddy.
arrozal | riceland | ricefield.
arrufo (buques) | camber | sagging | sheer.
arrufo a popa | sheer aft.
arrufo a proa (buques) | sheer forward.
arruga | ridge | wrinkle | shrink | corrugation | crease | crimple | crinkle.
arruga (de la cara) | furrow.
arruga (en el papel) | cockle.
arruga (papel) | wrinkle.
arruga del papel | paper crease.
arruga en frío (solape de la costra - acero

fundido) | cold lap.
arruga hecha en la calandria (papel) | dry wrinkle.
arruga hecha en la prensa (papel) | wet wrinkle.
arruga longitudinal de laminación (defecto) | overfill.
arrugable | shrinkable.
arrugada (cara) | furrowed.
arrugada (seda) | fuzzy.
arrugado | corrugated | corrugate | crumpled | crumbly.
arrugado (México-chapa de madera) | pleat.
arrugado de la hoja (plantas) | rasp-leaf.
arrugamiento | turning up | orange peel | wrinkling | shrinkage.
arrugamiento (al curvar un tubo) | rippling.
arrugamiento (de superficies barnizadas o pintadas) | curtaining.
arrugamiento (de superficies pintadas) | crawling.
arrugamiento de la pared en el lado interior (tubo al curvarlo) | cockling.
arrugamiento del forro exterior del doble fondo | outer bottom plating corrugation.
arrugamiento del reborde (copas embutidas) | flange wrinkling.
arrugamiento sin deformación permanente (fibras textiles) | nonflow shrink.
arrugar | corrugate (to) | crinkle (to) | crease (to) | shrink (to).
arrugar (la frente) | furrow (to).
arrugar (telas) | gather (to).
arrugarse | crinkle (to).
arrugarse (hojas) | crisp (to).
arrugarse (seda, etc.) | fuzz (to).
arrugarse (telas) | crease (to).
arrugas superficiales (de los meteoritos) | piezoglyps.
arruinado | all up | broken down | lost | out of commission.
arruinar | decay (to).
arruinarse | break (to).
arrumaje (aviación) | stowage.
arrumaje del ancla | anchor stowage.
arrumar | trim (to).
arrumar (buques) | stow (to).
arrumar a granel | stow in bulk (to).
arrumazón | overcast horizon | cloudage.
arrumazón (buques) | stowing.
arrumbamiento (geología) | strike | direction of strike.
arrumbamiento (minería) | strike.
arrumbar (marina) | proceed (to).
arrumbar a (buques) | alter course (to).
arrurruz | arrowroot.
arsenal | armory | arsenal | navy yard | naval shipyard | naval docks | naval station.
arsenal (marina) | dockyard.
arsenal de armas nucleares | nuclear weaponry | nuclear arsenal | nuclear arms arsenal.
arsenal del Gobierno | government arsenal.
arsenal estratégico nuclear | nuclear strategical arsenal.
arsenal marítimo | naval dockyard.
arsenal terapéutico | therapeutic storehouse.
arseniado | arsenated.
arseniato (química) | arsenate.
arsenical | arsenical.
arsénico | arsenic.
arsénico amarillo | α-arsenic.
arsénico antimonial | antimonial arsenic.
arsénico negro | β-arsenic.
arsénico piritoso | arsenical pyrite.
arsenífero | arsenated | arseniferous.
arsenillo | atacamite.
arsenismo | arsenism.
arsenita | arsenic bloom.
arsenita (mineralogía) | arsenite.
arsenito (química) | arsenite.
arseniurar | arseninize (to).
arseniuro | arsenide.
arseniuro de galio | gallium arsenide.
arseniuro de galio de tipo N | N-type gallium arsenide.
arseniuro de indio (In As) | indium arsenide.
arsenolita (mineralogía) | arsenite.
arsenopirita | arsenopyrite | arsenical pyrite.
arsenopirita (mineralogía) | mispickel.
arsenopolibasita | arsenopolybasite.
arsinoterio | arsinotherium.
artante (buques) | painter.
arte | craft.
arte (de hacer una cosa) | know-how.
arte (de pesca) | gear.
arte balletístico (danza) | balletistic art.
arte consumado | craftsmanship.
arte culinario (arte) | cuisine.
arte de embalsamar | morticians' art.
arte de escribir | craft of writing.
arte de gobernar | statecraft.
arte de hacer nudos | knotting.
arte de la encuadernación | bookbinding craft.
arte de la rotulación | art of lettering.
arte de navegar | sea craft.
arte de pesca | craft | fishing gear | fishing tackle.
arte de tallar la madera | xylography.
arte de vender | salesmanship.
arte del escultor | sculptor's art.
arte del ingeniero | engineering.
arte del libro | bookmaking.
arte grabatorio | glyptics.
arte inmergida (buque pesquero) | outlying tackle.
arte islámico | Islamic art.
arte lapidario | lapidary art.
arte narrativo | narrative art.
arte paleocristiano | paleochristian art.
arte piscatorio | fishing art.
arte suntuario | sumptuary art.
arte tipográfico | book-printing craft.
arte verbal | verbal art.
artefacto | device | gear | artefact | craft | fixture | engine | contrivance | artifact.
artefacto astronáutico | astronautical craft.
artefacto de iluminación | electrolier.
artefacto espacial | spacecraft.
artefacto flotante | floating craft | floating device.
artefactos antropológicos | anthropological artifacts.
artefactos eléctricos | electric fixtures.
artefactos formados por un cajón muy compartimentado empleados para hacer explosionar las minas de presión | egg-crates.
artefactos para puertos | harbor craft.
artefactos utilizados por los actores al ejecutar su papel (televisión) | hand props.
artefecto flotante rígido (torre de perforación) | jacket.
artejo (zoología) | joint.
artejo basilar de una antena (entomología) | scape.
artejo distal del pedipalpo (arañas) | digital.
artemisa | artemis.
arteria | artery | trunk.
arteria (electricidad, telefonía, telegrafía) | route.
arteria esplénica | splenic artery.
arteria radial | radial.
arterial | arterial.
arterial (sangre) | excurrent.
arterializar | arterialize (to).
arteriografía | arteriography.
arteriología | arteriology.
arteriotomía | arteriotomy.
artes caseras | domestic arts.
artes del espectáculo | performing arts.
artes gráficas | graphic arts.
artes industriales | mechanical arts.
artes mecánicas | mechanical arts.
artes y oficios | arts and crafts.
artesa | tray | trough | launder | vat | hog trough | pan.
artesa (para amasar yeso) | hod.
artesa aprestadora | size box | size beck.
artesa con agua | boat.
artesa de agua calentada a vapor | cooking vat.
artesa de amasar | kneading-trough.
artesa de amasar pan | baker's hutch.
artesa de colada (lingotes) | tun dish.
artesa de colar (colada del acero) | colander funnel.
artesa de colar (metalurgia) | pouring ring.
artesa de foulard | pad box.
artesa de la tinta | ink trough.
artesa de ladrillero | pugmill.
artesa de lavadero | buddling dish.
artesa de lavado | buddling-trough.
artesa de lavar (lana) | scouring bowl.
artesa de lavar (minerales) | buddle table.
artesa de minero | standing buddle.
artesa de rebose (azúcar) | catchall.
artesa de rebose (fabricación azúcar) | saveall.
artesa de revelar (fotografía) | developing sink.
artesa de sacudidas | shaking-tray.
artesa del transportador de tornillo sinfín | screw-conveyor trough.
artesa encoladora | size box.
artesa encoladora (telas) | dressing trough.
artesa humectadora | damping trough.
artesa oscilante (metalurgia) | cradle.
artesa para amasar mortero | mortar trough.
artesa para lavado (minerales) | hutch.
artesa refractaria con buzas en el fondo interpuesta entre la cuchara y la lingotera (fundería) | tundish.
artesanado | handicraft | craftsmanship.
artesanía | arts and crafts | craft | artisanship | craftsmanship.
artesanía artística | art-craftmanship.
artesanía de la talla sobre botellas de vidrio | craft of crystal glass cutting.
artesanía publicitaria | adcraft.
artesanizar | artisanize (to).
artesano | craftsman | handicraftsman.
artesano en encuadernación | designer bookbinder.
artesianismo | artesianism.
artesiano | artesian.
artesón | lacunaria | abac.
artesón (arquitectura) | panel.
artesón (construcción) | coffer.
artesón (Puerto Rico) | panel plot | hurdle plot.
artesón (techos) | lacunar.
artesonado | lacunar | panelling.
artesonar | wainscot (to) | coffer (to).
artiada | artiad.
articización | arcticization.
articizar | arcticize (to).
ártico | arctic.
articulación | knuckle | hinge | hinged joint | hinge | connection | connector | connecter | juncture | joint | linking up | linking | link | drag link | linkage.
articulación (botánica) | node.
articulación (vigas de celosía) | eye-joint.
articulación artificial de cadera ósteo-artrítica hecha de cromo-cobalto | chrome-cobalt osteorarthritic hip joint.
articulación de charnela | hinge-joint.
articulación de encastre | socket joint.
articulación de hormigón armado (arcos) | concrete hinge.
articulación de hormigón armado (arcos-puentes) | reinforced-concrete hinge.
articulación de horquilla | yoke joint | fork head.
articulación de la clave | crown hinge.
articulación de la rodilla | knee-joint.
articulación de palabras (telefonía) | word articulation.
articulación de piedra (arcos) | stone hinge.
articulación de resistencia aerodinámica | drag hinge.
articulación de rodillera | toggle joint.
articulación de rótula | knuckle-joint.
articulación de rótula (máquinas) | knuckle.
articulación de rótula (medicina) | ball joint.

articulación de rótula aerohidráulica | aerohydraulic swivel joint.
articulación de velocidad constante | constant velocity joint.
articulación del arranque (arcos) | abutment hinge.
articulación del brazo de una grúa | jib hinge.
articulación del codo | elbow joint.
articulación diagonal | diagonal hinge line.
articulación elástica | elastic hinge.
articulación en el vértice | crown joint.
articulación en paralelogramo | parallel links.
articulación esférica | ball-and-socket joint.
articulación movible | movable articulation.
articulación para logatomos | logatom articulation.
articulación para sílabas | logatom articulation.
articulación totalmente libre | full swiveling.
articulado | jointered | jointed | linked | articulated | kneed | link coupled | hinged.
articulado (estructuras) | pin-connected.
articulado a doble rótula | double ball jointed.
articulado en el pie | pin-supported.
articulamento | articulamentum.
articular | articular | articulate (to) | link (to) | knee (to).
articular con pasadores (nudos estructurales) | pin-joint (to).
articular con pernos | pin joint (to).
articular distintamente | enunciate clearly (to).
articulista | article-writer.
artículo | article | item | commodity.
artículo (catálogos, diccionarios) | entry.
artículo (fabricación) | product.
artículo (fichero) | record.
artículo (tratados) | provision.
artículo a precio reducido | bargain.
artículo abrasivo compuesto reforzado con filamentos o fibras | filament-reinforced composite abrasive article.
artículo anodizado | anodized article.
artículo carente de salida | shelf warmer.
artículo científico | paper.
artículo científico presentado en una conferencia | invited paper.
artículo con precio marcado | price-marked article.
artículo de actualidad (periódicos) | feature.
artículo de comercio | item.
artículo de fondo (periódicos) | leading article | editorial article | editorial.
artículo de importación | import article.
artículo de pantente | patented article.
artículo de reclamo (que se vende con pérdida para dar la impresión de que los demás precios son también muy bajos) | loss leader.
artículo de término individual | individual term entry.
artículo de venta forzada (comercio) | push item.
artículo de vestir | clothing item.
artículo electrochapado | electroplate.
artículo escrito para un periódico | contribution.
artículo firmado con el nombre del autor o de la fuente original (periódicos) | bylined story.
artículo muy vendido | wrap up.
artículo o párrafo tachado por la censura (periódicos) | caviar.
artículo obsoleto | obsolete item.
artículo patentado | proprietary article.
artículo publicitario | advertising article.
artículo que no es de stock (comercio) | nonstock item.
artículo satírico | squib.
artículo sin venta | sleeper | shelf warmer.
artículos | supplies.
artículos abrasivos | abrasive articles.
artículos abrasivos flexibles de gran rendimiento | heavy-duty flexible abrasive articles.
artículos abrasivos moldeados | moulded abrasive articles.
artículos acumulados que esperan embarque | backlog.
artículos alimentarios | articles of food.
artículos caseros | domestics.
artículos cerámicos huecos | hollow ceramic articles.
artículos comerciales | commercial commodities.
artículos cromados duros | hard-chromium-plated articles.
artículos de alambre | wire products.
artículos de buena venta | good selling articles.
artículos de cartón | paper products.
artículos de celulosa transparentes | transparent cellulose articles.
artículos de comercio | goods.
artículos de consumo | comsumption goods | consumer goods.
artículos de consumo de adquisión frecuente | convenience goods.
artículos de cristal | glassware.
artículos de cuerno | hornwork.
artículos de estaño | tinware.
artículos de fabricación inglesa | British made goods.
artículos de fantasía en metal | metal fancy goods.
artículos de ferretería | ironware.
artículos de fundición esmaltada | cast-iron enameled articles.
artículos de hojalata | tinware.
artículos de lujo | luxuries.
artículos de marca | proprietaries.
artículos de moda | fashion goods.
artículos de oficina | office supplies | office accessories | stationery supplies.
artículos de ornamentación | ornamenting articles.
artículos de papelería | stationery.
artículos de primera calidad | upmarket.
artículos de primera necesidad | bare necessaries | indispensable articles | primary wants.
artículos de saldo | oddments.
artículos de segunda mano | secondhand goods.
artículos de talabartería | saddlery goods.
artículos de venta | items of expenditure.
artículos de vidrio | glass work | glasswork.
artículos de vidrio hueco | hollow glassware.
artículos del contrato | items of the contract.
artículos del convenio | articles of agreement.
artículos devueltos | returned goods.
artículos elaborados | finished goods.
artículos estampados | stamped fittings.
artículos fabricados | wares.
artículos fungibles | expendable supplies.
artículos imperfectos (telas) | seconds.
artículos importados | imports.
artículos labrados al torno | wood turning.
artículos metálicos ferrosos aluminiados | aluminized ferrous metal articles.
artículos nacionales | home-made goods.
artículos navales | marine stores.
artículos necesarios a la existencia | staple commodities.
artículos no necesarios | impulse goods.
artículos para deportes | sporting goods.
artículos para fumadores | smokers' articles.
artículos para imprenta | printery necessaries.
artículos para laboratorio | laboratory supplies.
artículos para oficina | office appliances.
artículos para pronta entrega | goods coming round.
artículos para recogidas de aguas (edificios) | rainwater goods.
artículos para señoras y niños | ladies' and children's wear.
artículos pequeños producidos en cantidad | small-mass-produced articles.
artículos perecederos | perishable goods.
artículos principales de comercio | staple commodities.
artículos principales de consumo | staples.
artículos que un sindicato sirve a la prensa asociada (periódicos) | canned editorial.
artículos rechazados | refuse articles.
artículos reserva (coloreados por una combinación de teñido y estampación) | dyed style goods.
artículos rizados | goffered material.
artículos sin inspeccionar ni clasificar (telas, hilos) | run-of-the-mill.
artículos superiores | high-class goods.
artículos tasados por volumen | measurement goods.
artículos usados | secondhand goods.
artículos variados | plural articles.
artículos varios | sundries.
artículos voluminosos | bulky goods.
artífice | workman | craftsman.
artificial | manufactured | man-made | unnatural | artificial.
artificial (piedra) | spurious.
artificiero | fireworks-maker | pyrotechnist | missilier.
artificiero (artillería) | artificer.
artificiero de armamento | armament artificer.
artificio | artifice | device | contrivance | artificiality | expedient.
artificio de programación | programming device.
artificio engañoso | web.
artificio fumígeno | smoke device.
artificios de guerra | military fireworks.
artificios y engaños | false pretenses.
artificioso | artificial.
artilugio | implement.
artilugio acientífico | nonscientific contraption.
artilugio parlamentario | parliamentary contraption.
artilugio político | political artiluge.
artillería | ordnance | gunnery | artillery.
artillería a lomo | pack artillery.
artillería antiaérea | flak | antiaircraft artillery | antiaircraft gunnery | ack-ack.
artillería antiaérea de pequeño calibre | light antiaircraft.
artillería antiaérea móvil | mobile antiaircraft artillery.
artillería anticarros | antitank artillery.
artillería atómica | atomic artillery.
artillería cohética | rocket-launching weapon | rocket artillery.
artillería de apoyo | support artillery.
artillería de apoyo directo | close-support artillery | direct-support artillery.
artillería de calibre medio | medium ordnance.
artillería de campaña | field artillery.
artillería de cuerpo de ejército | corps artillery.
artillería de grueso calibre | heavy artillery | heavy armament.
artillería de la reserva general | general reserve artillery.
artillería de marina | marine artillery.
artillería de montaña | mountain artillery.
artillería de pequeño calibre | light ordnance.
artillería del enemigo | enemy's artillery.
artillería divisionaria | divisional artillery.
artillería electrónica | electronic ordnance.
artillería electronizada | electronized artillery.
artillería fija | immobile artillery.
artillería gruesa | heavy ordnance.
artillería ligera anticarros servida por personal | crew-served antitank light artillery.
artillería motorizada | motorized artillery | self-propelled artillery.
artillería naval | marine artillery | naval gunnery.
artillería pesada | heavy ordnance | heavy metal | heavy artillery.
artillería pesada de campaña | position-artillery.
artillería remolcada por camiones | truck drawn artillery.
artillero | gunner | artilleryman.
artillero (adjetivo) | artillery | artilleristic.
artillero (minas) | hole man.
artillero (minas, túneles) | powder monkey.

artillero (persona) | artillerist.
artillero de la armada | gunnery rating.
artillero que recoge y tira las vainas después del disparo (cañones) | hot caseman | hot shellman.
artista de primera fila | front-ranker.
artista publicitario | commercial artist.
artola | mule-litter.
artolas | mule chair.
artolas (transporte heridos en mulo) | cacolet.
artotipo (fotomecánica) | artype.
artrodia (medicina) | gliding joint.
artrografía | arthrography.
artrología | arthrology.
artrológico | arthrologic.
artrópodo | arthropod | arthropodan.
artrópodo de cola (Bolivia, Ecuador) | spring-tail.
artroscopia | arthroscopy.
aruja | muddy sand.
arundineo | reedy.
arvicolino | arvicoline.
arvicultivo | arviculture.
arzón (silla montar) | bow.
arzón delantero (silla montar) | pommel.
as de guía (nudo) | bowline-hitch.
asa | handle | ear | holder | lug.
asa (anatomía) | loop.
asa (candado) | bow.
asa (cazo fundición) | bow.
asa de olla | pot-ear.
asa de transporte | carrying handle.
asa del achicador (sondeos) | elevator bail.
asa para suspender | lifting bow.
asa plegable | folding handle.
asado con rayos infrarrojos (pollos, etc.) | infrared-braised.
asador | spit.
asador giratorio | spinner cooker.
asalariado | wage-earner | breadwinner.
asaltado a punta de pistola | held up at pistol point.
asaltar | break in (to) | assault (to).
asalto | encounter | onset.
asalto a primera línea | front-line assault.
asalto aéreo | air assault.
asalto anfibio | amphibious assault.
asalto anfibio efectuado por embarcaciones desde puertos amigos | shore-to-shore assault.
asalto anfibio utilizando pequeñas embarcaciones entre los buques y la playa | ship-to-shore assault.
asalto con felonía | felonious assault.
asalto de armas | match.
asalto por infantería aerotransportada | airborne-infantry assault.
asalto por tropas aerotransportadas | airborne assault.
asalto por tropas transportadas en helicópteros | helicopter assault.
asamblea | meeting | convention | assize | assembly | gathering.
asamblea anual | annual meeting.
asamblea constituyente | organization meeting | constitutive meeting | constituent assembly.
asamblea de socios | partners' meeting.
asamblea general | general assembly | general meeting.
Asamblea General de las Naciones Unidas | United Nations General Assembly.
asamblea inicial (de accionistas) | initial meeting.
asamblea nacional constituyente | constituent national assembly.
asamblea ordinaria | regular meeting.
asamblea plenaria | plenary meeting | plenum | full meeting.
asambleismo | assembleism.
asambleista | assemblyman.
asargado (tejidos) | twilled.
asargado (telas) | twilling.
asbéstico | asbestic.
asbestiforme | asbestiform.
asbestina | asbestine.
asbestinizar | asbestinize (to).
asbestino | asbestic.
asbesto | asbestos | asbesto | amianthinite.
asbesto de fibra corta / anfibolita (mineral) | amphibole.
asbesto leñoso | ligniform asbestos.
asbestocemento | asbestos cement.
asbestocemento en planchas | asbestos board.
asbestoide | asbestoidal | asbestoid.
asbestos con fibras de diversas longitudes | cone structure.
asbestos crocidolíticos | cape blue.
asbestosis | asbestosis.
asbolana | cobalt ocher | slaggy cobalt | earthy cobalt.
asbolita | earth cobalt | earthy cobalt.
asca joven doblada en forma de gancho (botánica) | crozier.
ascaricida | ascaricide.
ascárido | ascarid.
ascendencia | pedigree.
ascendencia (meteorología) | lift.
ascendencia de nubes | cloud lift.
ascendencia orográfica | hill lift.
ascendencia térmica | thermal lift.
ascendente | ascending | ascendent | mountant | upward | uphill.
ascendente (música) | upwards.
ascendente orográfica | slope lift.
ascendente y descendente | up-and-down.
ascender | climb (to) | rise (to) | go up (to) | ascend (to) | raise (to).
ascender (cuentas) | mount (to).
ascender (de grado) | fleet up (to).
ascender (química) | reflux (to).
ascender a | number (to).
ascender a (cuentas) | aggregate (to).
ascender a alguien | promote someone (to).
ascender a un grado superior | promote (to).
ascender en el empleo | upgrade (to).
ascender en grado | upgrade (to).
ascensión | ascension | ascent | mounting | coming up | rise.
ascensión (astros) | rising.
ascensión capilar | capillary rise | capillary ascent | creepage.
ascensión capilar (de sales) | creeping.
ascensión casi vertical | near-vertical climb.
ascensión en globo | balloon ascent.
ascensión recta de la luna | moon's right ascension.
ascensión recta del sol medio | mean sun's right ascension.
ascensional | ascensional.
ascenso | ascent | promotion.
ascenso (en el escalafón) | upgrading.
ascenso (escalafón) | rise.
ascenso a un grado provisional | temporary promotion.
ascenso de la aeronave | aircraft ascent.
ascenso por antigüedad | advance in seniority | linear promotion.
ascenso provisional después de un combate (oficiales) | spot promotion.
ascensor | lift | elevator | hoist.
ascensor (tejido de gasa de vuelta) | jumper.
ascensor de aire comprimido | pneumatic lift | pneumatic elevator.
ascensor de arrastre (torres de cañones) | dredger hoist.
ascensor de cadena sin fin | endless chain hoist.
ascensor de cangilones | paternoster.
ascensor de correa | belt elevator.
ascensor de municiones | ammunition hoist | ammunition cage.
ascensor de parada automática | signal-control elevator.
ascensor de pistón hidráulico | piston-elevator.
ascensor de pólvoras (buques) | powder hoist.
ascensor de proyectiles | projectile hoist.
ascensor de tijera | scissors-lift.
ascensor eléctrico | electric passenger lift | electric elevator | electric lift.
ascensor gobernando reostáticamente | rheostatically-controlled lift.
ascensor hidráulico | hydraulic elevator | hydraulic passenger lift | hydraulic lift | plunger-elevator.
ascensor hidroneumático | hydropneumatic lift.
ascensor inclinado | inclined elevator.
ascensor mecánico para proyectiles | power-operated shell hoist.
ascensor motorizado | powered lift.
ascensor para aviones situado al costado de la cubierta (portaaviones) | deck-edge aircraft lift.
ascensor para buques moviéndose en un plano inclinado (ríos navegables) | shiplift.
ascensor para cargas del cañón | gun loading-hoist.
ascensor para maquinistas (buques) | engineers' elevator.
ascensor para pasajeros (buques) | passenger lift.
ascensor sin paradas intermedias | express elevator.
ascensorista | operator | elevator operator | lift-man | lift operator | lift-attendant.
ascidia (botánica) | pitcher.
ascidio | ascidian.
ascidioide | ascidioid.
ascio | ascian.
ascios | ascians | ascii.
ascospora | ascospore.
ascua | embers.
asdic (EE.UU.) | asdic.
asdic (G.B.) | sonar.
asdic (radar ultrasonoro) | asdic.
ásdico | asdic.
asdicopizar | asdic-detect (to).
aseado | clean.
asear | clean (to).
asecuencia | asequence.
asedar (lino) | heckle (to).
asediar | besiege (to).
asedio | siege.
asegurabilidad | insurability.
asegurable | warrantable | assurable.
aseguración | insurance.
asegurado | policyholder | insured | steady | underwritten.
asegurado (comercio) | assured.
asegurado (persona) | assurer.
asegurado con un pivote en un extremo | pivotably secured at one end.
asegurado contra todo riesgo | insured against all risks.
asegurado de forma ajustable | adjustably secured.
asegurado por más valor | insured over the value.
asegurado que hunde su buque | scuttler.
asegurador | underwriter | fastener | assurer.
asegurador (persona) | assuror.
asegurador aéreo | aero underwriter.
asegurador contra incendios | fire underwriter.
asegurador de aviación | aviation broker.
asegurador del cargamento | cargo underwriter.
asegurador que opera con riesgo múltiple | multiple-line underwriter.
aseguradores contra incendios | fire underwriters.
aseguradores contra riesgos marítimos | marine underwriters.
aseguradores de crédito | credit underwriters.
aseguramiento | security.
asegurar | pin down (to) | cover (to) | plant (to) | aver (to) | warrant (to).
asegurar (comercio) | insure (to).
asegurar (funcionamiento) | ensure (to).
asegurar (seguros) | underwrite (to).
asegurar con armellas | staple (to).
asegurar con bridas | secure with clamps (to).
asegurar con presillas | loop (to).
asegurar con resortes | spring (to).

asegurar con tirantes | grapple (to).
asegurar contra algún riesgo | assure (to).
asegurar contra el robo | insure against theft (to).
asegurar contra incendio | insure against fire (to).
asegurar contra riesgos marítimos | insure against sea risks (to).
asegurar contra todo riesgo | insure against all risks (to).
asegurar el derecho de prioridad (compra de terrenos públicos) | preempt (to).
asegurar el mantenimiento | maintain (to).
asegurar en sitio seguro (anclas, toldos, etc.) | house (to).
asegurar firmemente | draw up tight (to).
asegurar la bandera (por un cañonazo — buques de guerra) | enforce the colors (to).
asegurar por viaje redondo | insure out and home (to).
asegurar que | certify (to).
asegurar un avión en una zona al aire libre | picket (to).
asegurar un riesgo | underwrite a risk (to).
asegurar una renta | endow (to).
asegurarse por sí mismo (inspecciones) | satisfy (to).
asegúrese antes de firmar | be sure before you sign.
aseidad | self-existence.
aseismático | aseismatic.
asenal de marina | naval arsenal.
asenso | consensus.
asentado | commission house | forest squatter | post.
asentado (buques, hidroaviones, aeróstatos) | trimmed.
asentado (de ladrillos, etc.) | setting.
asentado (terrenos) | settled.
asentado con piedra (filos) | stoned.
asentado de canto (ladrillos) | face-bedded.
asentado de filos en la piedra (herramientas) | stoning.
asentado de popa | by the stern | settling down by the stern | trimmed by stern.
asentado de popa (buques) | down by the stern.
asentado de proa | by the head.
asentado de proa (buques) | down by the head | down by the bows.
asentado en hueco (sillares) | hollow-bedded.
asentador (comercio) | wholesale merchant.
asentador de chavetas | key-seating chisel.
asentador de navajas | strop.
asentador de vía | platelayer.
asentamiento (de una pieza de artillería) | emplacement.
asentamiento (del terreno, de un apoyo) | settlement.
asentamiento (geología) | subsidence | downwarping | downwarding.
asentamiento (hormigones) | slump.
asentamiento (techo de minas) | bent.
asentamiento anódico | bottoming.
asentamiento con vibración (hormigón) | vibratory slump.
asentamiento de batería | battery position.
asentamiento de popa (buques rápidos) | squatting.
asentamiento de popa debido a la velocidad (embarcaciones) | squat.
asentamiento debido a la consolidación | consolidation settlement.
asentamiento del cabezal de tubería | casing head setting.
asentamiento del cañón | gun emplacement.
asentamiento del techo | roof subsidence.
asentamiento del techo (minas) | sit | swag | give.
asentamiento inicial | initial set.
asentamiento protegido | hardened site.
asentar | press down (to) | set (to) | seat (to) | found (to) | file (to).
asentar (aros del pistón) | bed (to).
asentar (buques, hidroaviones, aeróstatos) | trim (to).
asentar (el polvo) | lay (to).
asentar (en el libro diario) | enter (to).
asentar (filo de herramientas) | hone (to).
asentar (ladrillo, bloques, etc.) | bed in (to).
asentar (ladrillos) | set (to).
asentar (mampostería) | engage (to).
asentar a hueso (albañilería) | lay up dry (to).
asentar cojinetes | wear in bearing (to) | work-in bearings (to).
asentar con mortero (albañilería) | mortar (to).
asentar de canto | set on edge (to).
asentar de nuevo (contabilidad) | reenter (to).
asentar de proa | trim by the stem (to).
asentar el filo en la correa (hojas afeitar) | strap (to).
asentar en cuenta (bancos) | book (to).
asentar en el haber de | credit with (to).
asentar las partidas en el libro mayor | post the ledger (to).
asentar por sacudidas | jolt (to).
asentar un motor | season an engine (to).
asentar una partida make an entry (to).
asentarse (muros) | bed down (to).
asentarse (terraplenes) | sag (to).
asentarse (terrenos, cimientos) | settle (to) | sink (to).
asentarse el terreno (minas) | squeeze (to).
asentimiento | consent.
asentir | consent (to) | give in (to).
asepsia | asepsis.
aseptado (botánica) | aseptate.
aseptato (química) | aseptate.
aséptico | aseptic | sterile.
aseptizar | aseptify (to).
asequible | reachable.
aserción | position.
aserrable | sawable.
aserrada tangencial | back-sawn.
aserradero | lumber mill | saw yard | sawmill.
aserradero con solo una sierra sin fin | standard band mill.
aserradero de carro grande | timber mill.
aserradero de huincha sencilla (Chile) | standard band mill.
aserradero de litoral | cargo saw mill | tidewater mill.
aserradero de ribera (Argentina) | tidewater mill | cargo saw mill.
aserradero de sierra sin fin | band mill.
aserradero de sierra sin fin (Uruguay) | standard band mill.
aserradero de sierra-banda (Méjico) | standard band mill.
aserradero múltiple | gang mill.
aserradero para madera de grandes dimensiones | timber mill.
aserradero para troncos | timber mill.
aserradero que envía por buques su producción | tidewater mill | cargo saw mill.
aserradero simple | standard band mill.
aserrado | sawing.
aserrado (botánica) | sawtoothed | serrated.
aserrado a lo largo en cruz (rollizos) | quartered.
aserrado al hilo (maderas) | felt-grain.
aserrado al largoaserrado paralelo a un canto (maderas) | ripping.
aserrado con alambre adiamantado | sawing with diamond wire.
aserrado con sierra adiamantada | diamond blade sawing.
aserrado con sierra impregnada con microdiamantes | diamond-sawn.
aserrado contorneando | contour sawing.
aserrado de la madera paralelo a un canto | ripsawing | flatting.
aserrado de la madera paralelo a una cara | deep-cutting | deeping.
aserrado de piedra con muela abrasiva | coping.
aserrado de piedras | stone sawing | stonecutting.
aserrado de rollizos por cortes paralelos a la dirección de la fibra | through-and-through.
aserrado de un tablón para sacar tablas | deep-cutting.
aserrado en cachones (forestal) | saw through and through.
aserrado en cuartones (rollizos) | quartered.
aserrado en cuatro partes iguales (rollizos) | quarter-cleft.
aserrado en dirección tangencial a los anillos anuales | flat sawing.
aserrado en inglete | mitering.
aserrado en losas o tableros (marmol, etc) | slabbing.
aserrado en paquete (tablas delgadas) | stack sawing.
aserrado en que los dientes muerden de abajo hacia arriba (sierra circular) | up sawing.
aserrado en que los dientes muerden de arriba hacia abajo (sierra circular) | down-sawing.
aserrado en sentido longitudinal para sacar tableros (troncos árboles) | bastard sawing.
aserrado en sierra alternativa de hojas múltiples | frame sawing.
aserrado en una sóla pasada | sawn in one pass.
aserrado intermedio | bastard-sawn.
aserrado mecánico | power sawing.
aserrado oblicuo (Iberoamérica) | bastard-sawn.
aserrado para juntas de contracción | contraction joint sawing.
aserrado paralelo a un canto (tablones) | flat-cutting.
aserrado por cuartones (troncos) | vertical grain.
aserrado por cuartos | quarter sawing.
aserrado por cuartos (troncos) | edge-grain.
aserrado por electroerosión | spark sawing.
aserrado por frotamiento | abrasive sawing.
aserrado por rueda de fricción delgada | light-friction sawing.
aserrado radialmente (rollizos) | rift-sawed.
aserrado según contrato | custom sawing.
aserrado según especificación | custom sawing.
aserrado simple (rollizos) | plain sawing | plain-sawing.
aserrado tangencialmente | flat grain | flat-sawn.
aserrador | sawer | sawyer.
aserrador a lo largo | pit sawyer.
aserrador de fosa | pitman | bottom sawyer.
aserradura | saw notch.
aserraduras | scobs.
aserrando con la sierra para metales | hack-sawing.
aserrar | saw (to) | saw out (to).
aserrar (madera) | convert (to).
aserrar (rollizos) | buck (to).
aserrar a lo largo | ripsaw (to).
aserrar a lo largo (maderas) | rip (to).
aserrar a medidas | saw to size (to).
aserrar al hilo | saw lengthwise (to) | ripsaw (to).
aserrar al plano (Hispanoamérica) | saw alive (to).
aserrar al plano (rollizos) | saw through and through (to).
aserrar en bisel | bevel saw (to).
aserrar en cachones | saw alive (to).
aserrar en cuartones | quatersaro (to).
aserrar en cuartones (rollizos) | quartersaw (to).
aserrar en frío | saw cold (to) | cold saw (to).
aserrar en la dirección de la fibra (maderas) | rip (to).
asErrar la madera contra el hilo | crosscut wood (to).
aserrar paralelo (Hispanoamérica) | saw alive (to).
aserrar por cachones | saw through and through (to).
aserrar por cortes paralelos a la dirección de

las fibras | saw alive (to) | saw through and through (to).
aserrar por cuartones | rift-saw (to).
aserrar por debajo (árboles) | undercut (to).
aserrio (de la madera) | conversion.
asertorio (juramentos) | declaratory.
asesor | consultant | staff.
asesor (de un tribunal militar) | judge advocate.
asesor administrativo | management consultant.
asesor comercial | commercial counselor.
asesor de averías | settling agent | insurance adjuster.
asesor de carreras | vocational counselor.
asesor de elección de carreras | guidance counselor.
asesor de empresas | management consultant.
asesor de inversiones | investment adviser.
asesor de pérdidas por incendios | fire loss assessor.
asesor de publicidad | advertising consultant | advertising counsel.
asesor de reclamaciones | claims adviser.
asesor de riegos | irrigation advisor.
asesor de seguros | insurance consultant.
asesor en asuntos de personal | personnel manager.
asesor en inversiones | investment counselor.
asesor financiero | financial adviser.
asesor fiscal | tax consultant | tax practitioner | tax adviser.
asesor industrial | engineering adviser | industrial consultant.
asesor jurídico | legal adviser | legal counsel | law-adviser.
asesor legal | legal adviser.
asesor lingüístico | linguistic adviser.
asesor marítimo | marine appraiser.
asesor militar | military adviser | military counselor.
asesor náutico | nautical assessor.
asesor naviero | marine consultant.
asesor privado | aide.
asesor sanitario | sanitation consultant.
asesor sobre herramientas de corte | cutting tool consultant.
asesor sobre la vivienda | housing consultant.
asesor técnico | technical adviser.
asesoramiento para dedicarse a un oficio determinado | vocational counseling.
asesoramiento para elegir carrera u oficio | vocational counseling.
asesoramientos | guidance.
asesorar | advice (to) | advise (to).
asesorarse | consult (to).
asesores | staff people.
asesores de prensa e imagen de un político (EE.UU.) | media adviser.
asesoría | advisory board.
asesoría comercial | trade advice.
asesoría jurídica | legal counsel.
asesoría técnica | staff.
asestar (dar - un golpe) | deal (to).
aseveración | averment.
aseverar | warrant (to).
asfaltado | bitumed | asphalt-coated | asphalting.
asfaltador | asphalt worker | asphalt paver | paver.
asfaltadura | asphalt covering.
asfaltar | asphalt (to).
asfalteno | asphaltene.
asfaltenos | asphaltenes.
asfaltenos de petróleo | petroleum asphaltenes.
asfaltero | asphalt-carrying tanker.
asfaltero (buque) | asphalt tanker.
asfaltero (buque tanque para transporte de asfalto) | bitumen carrier.
asfáltico | asphaltic.
asfaltidad | asphaltness.
asfaltígeno | asphalt-forming.
asfaltista | asphalt worker.
asfalto | bitumen | asphalt | asphaltum.
asfalto a base de mezcla de petróleos | mixed-base asphalt.
asfalto apisonado en caliente | hot-rolled asphalt | hot-processed rolled asphalt.
asfalto artificial | artificial asphalt | oil asphalt.
asfalto bruto | crude asphalt.
asfalto cargado con materia inerte | filled asphalt.
asfalto colado | poured asphalt.
asfalto comprimido | compressed asphalt.
asfalto con base de alquitrán mineral | coal tar-based bitumen.
asfalto craqueado | cracked asphalt.
asfalto crudo | crude pitch.
asfalto de escorias | clinker asphalt.
asfalto de gran densidad | high density asphalt.
asfalto de gran penetración | high-penetration asphalt.
asfalto de mala calidad | land asphalt.
asfalto de petróleo | petroleum asphalt.
asfalto de Trinidad | bitusol.
asfalto derretido | fluxed asphalt.
asfalto diluido | cutback.
asfalto emulsionado | emulsified asphalt.
asfalto en losas | sheet asphalt.
asfalto en roca | rock asphalt.
asfalto en su estado natural | crude asphalt.
asfalto fluidificado | cutback asphalt.
asfalto fundido | poured asphalt.
asfalto insuflado | blown asphalt.
asfalto licuado con destilados de petróleo | cutback asphalt.
asfalto líquido | liquid asphalt.
asfalto mezclado con agregado en polvo | filled asphalt.
asfalto mezclado con keroseno | medium-curing cutback.
asfalto mezclado con material terreo | asphaltic earth.
asfalto mezclado con un agregado en polvo | mineral-filled asphalt.
asfalto mezclado con un destilado de petróleo | cutback.
asfalto natural | native asphalt.
asfalto o gilsonita disueltos en un disolvente de petróleo | battery paint.
asfalto oxidado | blown asphalt.
asfalto oxidado catalíticamente | catalytically-blown asphalt.
asfalto para briquetas | briquetting asphalt.
asfalto para pavimentos | paving asphalt.
asfalto para relleno de juntas | joint fillers.
asfalto para techar | roofing asphalt.
asfalto pirógeno | pyrogenous asphalt.
asfalto preparado para pavimentos bituminosos | asphalt cement.
asfalto rebajado | cutback | flux asphalt.
asfalto rebajado de curación rápida | rapid-curing cutback.
asfalto refinado al aire | air blown asphalt.
asfalto refinado al vapor | steam-blown asphalt.
asfalto rociado in situ | sprayed-in-place asphalt.
asfalto sintético en polvo | synthetic asphaltum in powder.
asfalto soplado | blown asphalt.
asfalto vanadífero | rafaelite.
asfaltoso | asphaltous.
asfanita | cornean.
asfericidad | asphericity.
asférico | nonspherical | aspherical | aspheric.
asferizar | aspherize (to).
asfictico | asphyctic.
asfir | asfir.
asfixia | asphyxiation | asphyxia.
asfixia por aspiración de alimentos | food asphyxiation | food-choking.
asfixia por gas | gassing.
asfixia por obstrucción | choking.
asfixiante | asphyxiant.
asfixiar | asphyxiate (to).
asfixiar (capullos de seda) | bake (to).
así como se dice arriba | where above mentioned.
asibilación | assibilation.
asiderito | asiderite.
asidero | grip | hold | holder | gripe | griping | ear | handgrip | handle | clench.
asidero (para agarrarse y subir) | grab iron.
asidero de hierro redondo (escalas) | hand iron.
asidero del mango de la guadaña | thole.
asiderosis | asiderosis.
asiduidad | frequent attendance | regular attendance.
asiduo | regular.
asiento | saddle | record | pad | chair | laying | recess | set | foundation | booking | seating | posting | registration.
asiento (aeroplanos) | place.
asiento (buques, aeróstatos, hidroaviones) | trim.
asiento (cimentaciones) | subsidence.
asiento (contabilidad) | item | entry.
asiento (de los aros del pistón sobre el cilindro) | bedding.
asiento (de suspensión) | lug.
asiento (de tierras, etc.) | pressing down.
asiento (de un buque flotando, de un avión volando) | attitude.
asiento (de válvula) | seating.
asiento (del pie) | lodgment | lodgement.
asiento (del terreno, de un apoyo) | settlement | settling.
asiento (documentación). | entry.
asiento (en el libro mayor) | posting.
asiento (hormigones) | slump.
asiento (muros, terrenos) | abasement.
asiento (muros, terrenos, cimentación) | sinkage.
asiento (obras de tierra) | shrinkage.
asiento (sillas) | bottom.
asiento (terraplenes) | sag.
asiento abatible | lift-up seat.
asiento atornillado | screwed-in seat.
asiento blindado | armored seat.
asiento complementario | complementing entry.
asiento con relación al terreno (aviones) | attitude relative to ground.
asiento cónico | conical seat | conoidal seat.
asiento contable complementario | per contra item.
asiento contable en el libro mayor | ledger-work.
asiento contable equivocado | wrong entry.
asiento contable retrocedido | reversal entry.
asiento curvo | sagging seat.
asiento de apertura (contabilidad) | opening entry.
asiento de bomba (minas) | form.
asiento de caja | cash item.
asiento de caldera | boiler bearer | boiler seating.
asiento de conformidad (contabilidad) | corresponding entry.
asiento de constitución (contabilidad) | opening entry.
asiento de charnela | folding seat.
asiento de chavetero | key seat.
asiento de deslizamiento | sliding bearing.
asiento de deudores y acreedores | combined entry.
asiento de eyección hacia abajo | downward-ejection seat.
asiento de fin de página | summarizing entry.
asiento de inmersión (submarinos) | diving trim.
asiento de la cimentación | foundation settling.
asiento de la cimentación (construcción) | foundation settlement.
asiento de la máquina | engine bearer | engine seating.
asiento de la quilla (buques) | keel settlement.
asiento de la válvula | valve seat.
asiento de listones | batten seat.
asiento de nilón para válvula | nylon valve seat.
asiento de parrilla | bar bearing.
asiento de pie | foothold.
asiento de plástico celular | foam-plastic seat.
asiento de proyecto en la flotación en carga

(buques) | drag.
asiento de quita y pon | loose seat.
asiento de regulación (contabilidad) | adjustment entry.
asiento de reversión (contabilidad) | reversal entry.
asiento de términos | term entry.
asiento de tipo sofá (autos) | settee-type seat.
asiento de títulos | title entry.
asiento de un carril | lower flange.
asiento de un muro | abasement of a wall.
asiento de válvula cónica | needle seat.
asiento de válvula de exhaustación cambiable | replaceable exhaust-valve seat.
asiento de válvula del pistón | bucket valve seat.
asiento de válvula esférica | ball-valve seat.
asiento de válvula insertado | inserted valve seat.
asiento de válvula quemado | burnt valve seat.
asiento de válvula renovable | renewable valve seat.
asiento de ventas | open-book account.
asiento defectuoso (válvulas, etc.) | poor seating.
asiento del aguilón | boom-seat casting.
asiento del apoyo (vigas) | yielding of support.
asiento del buque | trim of the ship.
asiento del casco (buques) | hull trim | trim of the hull.
asiento del cochero (carruajes) | driving box.
asiento del conductor | driver's seat.
asiento del diario (contabilidad) | journal entry.
asiento del engranaje (después de rodar) | gear bedding.
asiento del extractor | extractor seat.
asiento del motor | engine-bed.
asiento del piloto (aviones) | pilot's cockpit.
asiento del techo (minas) | squeeze.
asiento del terreno | soil settling | earth-fall.
asiento del terreno (minas) | squeezing.
asiento desigual (estructuras) | uneven settlement.
asiento desmontable | detachable seat.
asiento diseñado para contener el paracaídas de asiento (piloto avión) | bucket seat.
asiento doble (contabilidad) | dual posting.
asiento doble por autor (documentación) | duplicate entry.
asiento embutido | embossed seating.
asiento en caso de avería (buques) | damage trim (ships).
asiento en el baquet (autos) | bucket seat.
asiento en el debe | debit entry.
asiento en el libro diario | journal entry.
asiento en serie | series entry.
asiento expulsable (aviones) | ejection seat.
asiento eyectable | ejectable seat.
asiento eyectable (aviones) | ejection seat | hot seat.
asiento eyectable accionado por cohete (aviones) | rocket-powered ejection seat.
asiento eyectable catapultado por un explosivo | explosive catapult seat.
asiento eyectable del piloto (avión caza) | shoot seat.
asiento eyectable del piloto (avión de chorro) | panic rack.
asiento eyector (aviones) | ejector seat.
asiento giratorio | swiveling base.
asiento global | lump-entry.
asiento gradual de la arcilla sometida a carga | consolidation settlement.
asiento hecho para compensar otro en los balances de situación (teneduría de libros) | per contra.
asiento inferior del muelle | spring seat.
asiento insertado (válvulas) | inserted seat.
asiento junto a la ventanilla | by-the-window seat.
asiento lanzable (aviación) | jump seat.
asiento lanzable del piloto | pilot ejection seat.
asiento longitudinal (buques) | fore-and-aft trim.
asiento longitudinal nulo (buques) | zero-fore-and-aft trim.
asiento mirando en sentido contrario a la marcha (aviones) | rearward-facing seat.
asiento mirando hacia adelante | forward-facing seat.
asiento mirando hacia atrás (en dirección contraria al movimiento) | aft facing seat.
asiento múltiple | multiple entry.
asiento ocupado | engaged seat.
asiento para tres personas lado a lado | three-a-side seating.
asiento pivotable | pivotable seat.
asiento plegable | folding seat | flap-seat.
asiento por autor | author entry.
asiento por materias (documentación) | subject entry.
asiento posterior (contabilidad) | post-entry.
asiento posterior (motocicletas) | pillion.
asiento postizo de válvula | valve insert.
asiento recambiable | renewable seat.
asiento reclinable | reclinable seat.
asiento recrecido duro con soldadura (válvulas) | hardfaced seat.
asiento rectificador (contabilidad) | correcting entry.
asiento repetido (contabilidad) | reentrance.
asiento revestido de cuero | leather-faced seat.
asiento revestido de felpa | plush upholstered seat.
asiento secundario | added entry.
asiento superior del muelle | spring cap.
asiento tapizado | upholstered seat.
asiento todo de muelles | fully sprung seat.
asiento unívoco | item entry.
asiento vibrante (válvulas) | loose seat.
asiento-milla | seat-mile.
asientos contables | book entries | entries.
asientos de ajuste | adjusting entries.
asientos de apertura | opening entries.
asientos de constitución | opening entries.
asientos de rectificación | correcting entries.
asientos de traspaso | transfer entries.
asientos del cigüeñal | crankshaft bearings.
asientos juntos | side-by-side seatings.
asientos lado a lado | side-to-side seats.
asientos mirando en sentido contrario al avance | backward-facing seats.
asientos registables | recording acts.
asifonado | asiphonate.
asignabilidad | assignability.
asignable | allocable | allocatable | assignable.
asignación | alloting | assignation | assigning | assignment.
asignación (de fondos) | earmarking.
asignación de almacenamiento | storage allocation.
asignación de altitudes (aviación) | altitude assignment.
asignación de canales (radio) | channel sharing.
asignación de código de llamada selectiva | selective-calling code allocation.
asignación de direcciones | addressing.
asignación de fondos | funding | obligation.
asignación de frecuencias | assignment of frequencies.
asignación de gastos | allocatur.
asignación de la frecuencia radio | radiofrequency allocation.
asignación de la línea de carga (buques) | assignment of load line.
asignación de memoria | storage allocation.
asignación de número de registro | assignment of registry numbers.
asignación de paridad del espín | spin-parity assignment.
asignación de personal a una unidad | activation.
asignación de prioridad | priority rating.
asignación de recursos | resource allocation.
asignación de ruta alternativa | alternate routing.
asignación de valores | value allocation.
asignación del servicio | duty assignment.
asignación dinámica de memoria (informática) | dynamic core allocation.
asignación durante el litigio | allowance pendente lite.
asignación inadecuada | misallocation.
asignación inicial | original allotment.
asignación múltiple (radio) | sharing.
asignación óptima de recursos | optimal resource allocation.
asignación para entretenimiento del material | maintenance allotment.
asignación para sostenimiento (jurisprudencia) | aliment.
asignación por demanda (radiofrecuencias) | demand assignment.
asignación por kilometraje | mileage allowance.
asignación proporcional | proportional allocation.
asignación significativa | significant allocation.
asignado (motores) | rated.
asignado (persona a la que se asigna un cupo) | allocatee.
asignado oficialmente | officially assigned.
asignado para uso especial (fondos monetarios) | earmarked.
asignado por sorteo | determined by lot.
asignante | assignor.
asignar | assign (to) | lot (to) | attach (to) | ascribe (to).
asignar (fondos) | earmark (to).
asignar (fondos, dinero) | appropriate (to).
asignar (para un servicio) | detail (to).
asignar almacenamientos | allocate storage (to).
asignar fondos (fondos disponibles) | obligate (to).
asignar más personal que el necesario | overman (to).
asignar memoria | allocate storage (to).
asignar personal para que sea operativa (unidades) | activate (to).
asignar por mandato | mandate (to).
asignar un sitio a un buque | berth (to).
asignatura obligatoria | compulsory study.
asignatura optativa | optative study.
asilado | political refugee.
asilarse | seek asylum (to).
asilo | hospital | harbour (G.B.) | harbor (EE.UU.).
asilo de ancianos | pensioner's home.
asilo móvil | moving haven.
asilo para ancianos e inválidos | home for aged and disabled.
asilo territorial | territorial asylum.
asimetría | lopsidedness | dissymmetry | unsymmetry | asymmetry | skewness | dissymetry.
asimetría azimutal | azimuthal asymmetry.
asimetría izquierda-derecha | left right asymmetry.
asimetría negativa | negative skewness.
asimetría relativa | relative skewness.
asimétrico | out of balance | nonsymmetrical | dissymmetrical | unsymmetrical | asymmetrical.
asimétrico (estampas) | lopsided.
asimilabilidad de los elementos nutritivos (suelos) | nutrient availability.
asimilación (milicia) | relative rank.
asimilación magmática | abyssal assimilation | magmatic assimilation | magmatic digestion.
asimilación magmática (geología) | syntexis.
asimilar los datos | digest data (to).
asimilista | assimilationist.
asimmorfo | nonsymmorphic.
asináptico | asynaptic.
asinclitismo | asynclitism.
asincronismo | asynchronism | phase swinging.
asincronizado | unsynchronized.
asincronizar | asynchronize (to).
asíncrono | asynchronous.
asindético | asyndetic.
asíndeton | asyndeton.
asingamia (genética) | asyngamy.

asintáctico | asyntactic.
asintonía (ajuste de un circuito para que su frecuencia de resonancia no coincida con la fuerza electromotriz aplicada) | detuning.
asintonizable | nontunable.
asintonizado | nontuned.
asintonizar | untune (to).
asíntota | asymptote.
asíntotas de la hipérbola | asymptotes of hyperbola.
asintótico | asymptotic | asymtotical.
asir | tackle (to) | gripe (to) | grasp (to).
asiriología | assyriology.
asiriológico | assyriological.
asiro-babilónico | Assyro-Babylonian.
asirse | snap up (to).
asirse (a una cuerda) | clap on (to).
asismicidad | aseismicity.
asísmico | aseismic | aseismatic.
asismidad | aseismity.
asistemático | nonsystematic | asystematic.
asistencia | aid | relief.
asistencia a la navegación | navigational aids.
asistencia a los ancianos | old age assistance.
asistencia a los necesitados | assistance to thc needy.
asistencia federal en caso de desastre | federal disaster assistance (EE.UU.).
asistencia jurídica | legal aid | juridical assistance.
asistencia letrada | legal aid.
asistencia médica domiciliaria | public assistance.
asistencia pública | public relief.
asistencia radárica | radar aid.
asistencia social | welfare | welfare work.
asistencia técnica | technical assistance (T.A.).
asistenta de enfermera | nurse's aide.
asistenta social | welfare worker.
asistente | orderly | attendant.
asistente (milicia) | orderly.
asistente al curso | enrollee.
asistente social | social worker.
asistir | tend (to) | turn out (to).
asistir (a una reunión) | attend (to).
asistir a conferencias | hear lectures (to).
asistir a una conferencia | attend a lecture (to).
asistir al juicio | attend the trial (to).
asistir enfermos | nurse (to).
asistolismo | asystolism.
asitia | asitia.
asmanita | asmanite.
asociación | union | community | consociation | partnership.
asociación (geología) | assemblage.
asociación biótica | biotic association.
Asociación Británica de Normas de Ingeniería | British Engineering Standards Association.
asociación cooperativa | corporate association.
asociación cualificada | qualified partnership.
asociación de armadores | ship-owners society | shipowner's association | owners' association.
asociación de beneficencia | friendly society.
asociación de capitales | joint venture.
asociación de cerámica y metales | cermet.
asociación de compañías industriales | trust.
asociación de corredores aéreos | airbrokers' association.
asociación de derramas | assessment association.
asociación de empresa de transporte marítimo | shipping conference.
asociación de ingenieros | institute of engineers.
asociación de lenguas modernas | Modern Language Association.
Asociación de Liquidadores de Averías | Association of Average Adjusters.
asociación de padres y maestros | parent-teacher association.
asociación de profesores y padres de familia | parent-teacher association.
asociación de propietarios | owners' association.
asociación de socorros mutuos | benevolent association.
asociación de suelos | soil association.
Asociación de Universidades de la Commonwealth | Association of Commonwealth Universities.
Asociación de Universidades Norteamericanas | Association of American Universities (A.A.U.) .
asociación en agrupación temporal | joint venture.
asociación estelar | cluster.
Asociación Europea de Libre Comercio (EFTA) | European Free Trade Association.
asociación ilícita | illicit association.
asociación internacional de compensación | clearing union.
Asociación Latinoamericana de Libre Comercio | Latin American Free Trade Association (L.A.F.T.A.).
asociación nacional de protección contra incendios | national fire protection association.
asociación no lucrativa | nonprofitmaking corporation.
Asociación Norteamericana de Bibliotecas | American Library Association.
asociación operativa | operative association.
asociación para conceder préstamos | credit union.
asociación patronal | employers' association.
asociación profesional | craft guild | professional association.
asociación sin fin de lucro | nonprofit association.
asociación sin fines lucrativos | nonprofitmaking association.
asociación sin plazo fijo de duración | partnership at will.
asociación volcánica cratogénica | kratogenic volcanic association.
asociación voluntaria | common-law trust.
asociaciones agrícolas | farmers' associations.
asociacionismo | associateness.
asociado | conjunct | partner | membership | linked | consociate.
asociado (de una sociedad) | member.
asociado con | in conjunction with.
asociado por simbiosis (biología) | partner.
asociar | consociate (to).
asociarse | consociate (to) | conjoin (to) | unite (to) | team up (to) | associate (to).
asociatividad | associativity.
asoción cooperativa de empleados | employees' cooperative association.
asolado por la inundación | flood-ravaged.
asolar | ravage (to).
asolar (crecidas) | plague (to).
asoleamiento | solarization.
asolear | solarize (to) | insolate (to) | sun (to).
asoleo | solarization | insolation.
asoleo de la pólvora | solarization of powder.
asomatofita (botánica) | asomatophyte.
asomatoso | asomatous.
asomo (geología) | outlayer | inlier.
asomo granítico (geología) | granitic outlier.
asonancia | assonance.
asonante | assonant.
asonar | assonate (to).
asonía | asonia.
ásono | soundless.
aspa | cross | reel.
aspa (de molino) | sweep.
aspa (molino) | arm.
aspa (molino de viento) | sail | wing.
aspa (molinos) | vane.
aspa articulada | hinged vane.
aspa contadora | counting reel.
aspa plegable | collapsible reel.
aspadera | reel.
aspadera de combas (barca de teñir) | hump reel.
aspadera de combas en espiga (barca de teñir) | herringbone hump reel.
aspadera de mecha | roving reel.
aspadera excéntrica | eccentric reel.
aspado de hilos | reeling of yarns.
aspador (operario tejeduría) | reeler.
aspadora (de devanadera) | flight.
aspálato | aspalathus.
aspar | reel (to) | skein (to).
asparagolita | asparagolite.
asparragina | asparagine.
aspas | X-bracing.
aspe | reel.
aspe de brazos plegables | collapsible racer | drop motion swift.
aspe de corredera | collapsible reel.
aspeador (obrero) | winder.
aspeador de madejas (obrero) | hank winder.
aspecto | countenance | outlook | appearance.
aspecto astronómico | astronomical seeing.
aspecto brillante | glossiness.
aspecto celular | cellular appearance.
aspecto comerciable atrayente | merchandizing appeal.
aspecto como acabado de instalar | as-installed appearance.
aspecto confuso (imágenes) | bleary apperance.
aspecto cristalino del revestimiento galvanizado en caliente | spangle.
aspecto cristalino grueso (cementación) | pig face.
aspecto cruciforme (minerales) | cruciform habit.
aspecto de coque | cokery appearance.
aspecto de la corrosión | corrosion pattern.
aspecto de la imagen (tubo rayos catódicos) | presentation.
aspecto de la madera aserrada cuando no presenta una superficie limpia | fluffy.
aspecto de la rotura | appearance of fracture.
aspecto del diseño (carrocerías, máquinas, etc.) | styling.
aspecto escamoso | scaly appearance.
aspecto estacional | aspect.
aspecto estratificado | laminated appearance.
aspecto general de una página impresa (tipografía) | layout.
aspecto grisáceo incoloro (televisión) | black-and-white.
aspecto interior | internal aspect.
aspecto lajoso | flaggy appearance.
aspecto microfractográfico | microfractographic appearance.
aspecto nuboso | cloudiness.
aspecto nuboso (plásticos) | fog.
aspecto nuboso en el interior (plásticos transparentes) | internal haze.
aspecto nuboso producido por presión excesiva (papel) | crushing.
aspecto nuboso superficial (plásticos transparentes) | surface haze.
aspecto prismático (mineralogía) | prismatic habit.
aspecto relumbrón (alhaja de oro falso) | brassiness.
aspecto sin brillo (papel) | chalky appearance.
aspecto superficial cristalino (plásticos) | frosting.
aspecto tabular (minerales) | tabular habit.
aspectos (astronomía) | aspects.
aspectos legales de la tecnología del «software» | legal aspects of software engineering.
aspereza | unevenness | rugose rugosity | inequality.
aspereza (de la superficie) | roughness.
aspereza (frío) | keenness.
aspereza de la fibra | fiber roughness.
aspereza del casco (fondos sucios-buques) | hull roughening.
aspereza superficial | surface roughness | surface rugosity | surface texture.
asperezas de acabados industriales | roughness of industrial finishes.
asperezas del cilindro (tren desbastador) | roll ragging.

asperezas en contacto | contacting asperities.
asperezas superficiales | surface asperities.
asperezas superficiales (cilindros laminador de desbaste) | ragging.
aspergiliforme | aspergiliform.
asperímetro | roughmeter.
asperímetro táctil | tactile profilometer.
asperjar | spray (to) | asperse (to) | sprinkle (to).
asperjar con zinc fundido | zinc-spray (to).
aspermático | aspermatic.
aspermatismo | aspermatism.
áspero | grained | coarse | unpolished | uneven | hard.
áspero (al tacto) | rough | harsh.
áspero (botánica) | rough.
áspero (vino) | rough.
áspero al tacto | roughish to the touch.
asperón | scouring sand | coarse sandstone.
asperón (geología) | flag.
aspersar | sprinkle (to).
aspersión | spraying | sprinkling | aspersion.
aspersión contra helada | blanketing.
aspersión del núcleo a alta presión | high pressure core spray.
aspersión del nucleo a presión baja | low pressure core spray.
aspersividad | aspersivity.
aspersor | sprinkler | aspersor.
aspersor giratorio (riego por aspersión) | sprayer.
aspersor para riego | irrigation aspersor.
aspersor rotativo para césped | lawn sprinkler.
aspersorio | sprinkler.
asperuloso | asperulous.
aspidado | shield-shaped | aspidate.
aspillear | crenelate (to).
aspillera | loop | loophole | embrasure | crenel.
aspillera (carros de combate) | port.
aspillera de blocao | pillbox embrasure.
aspillerado | embattlemented | embrasured.
aspilleramiento | crenelation.
aspillerar | loophole (to).
aspiración | aspiring | aspiration | draft | indraft | intake | sucking | suction | draught.
aspiración (de aire de un recipiente) | exhausting.
aspiración (de aire, etc.) | inspiration.
aspiración (de aire, humos) | extraction.
aspiración (de un sonido) | breathing.
aspiración (máquinas) | admission.
aspiración a presión | pressure induction.
aspiración a presión (motores) | forced induction.
aspiración adicional (pozos) | drawdown.
aspiración cerca del pantoque (buques) | low suction.
aspiración cerca del pantoque de la bomba de circulación (buques) | low-level circulating pump suction.
aspiración de aire | air suction.
aspiración de aire (de un recipiente) | exhaustation.
aspiración de la bomba de circulación situada un poco por debajo de la flotación (bomba de circulación de buques) | high-level circulating pump suction.
aspiración de la descarga | discharge suction.
aspiración de sentina | bilge suction.
aspiración del condensador (toma del condensador - buques) | condenser head.
aspiración del impulsor de la primera etapa (bombas) | first stage impeller suction.
aspiración del polvo | powder suction | vacuuming.
aspiración por succión | induction.
aspiración secundaria de sentina (buques) | branch bilge suction.
aspiración situada un poco por debajo de la flotación (bomba de circulación de buques) | high-sea inlet.
aspiración situada un poco por debajo de la flotación (bombas de buques) | high suction.
aspiraciones de la tubería principal de sentinas (buques) | main bilge line suctions.
aspirador | exhaustor | exhaust fan | gas exhauster.
aspirador (aparato) | exhaust.
aspirador (de un gas) | exhaustion.
aspirador a vacío | vacuum aspirator.
aspirador al vacío | vacuum cleaner.
aspirador de fangos | mud exhauster.
aspirador de flujo radial de entrada axial | axial-inlet radial flow exhauster.
aspirador de gas | hood.
aspirador de polvo | duster | cleaner.
aspirador de polvo para pliegos y bobinas (imprenta) | sheet and web cleaner.
aspirador de polvos | dust aspirator | dust exhauster.
aspirador de polvos radiactivos | radioactive dust vacuum cleaner.
aspirador de serrín | sawdust collector.
aspirador de vapor | steam exhauster.
aspirador hidráulico | water blast.
aspirador rotativo | rotary exhauster.
aspiradora de residuos metálicos y lubricante de corte depositados en las bandejas de máquinas herramientas | machine-tool sump drainer.
aspiradora-enceradora (para pisos) | polisher-scrubber.
aspirante al título | challenger.
aspirapolvos | vacuum cleaner.
aspirar | exhaust (to) | aspirate (to) | suck in (to) | suck (to) | breathe (to).
aspirar (agua) | draw up (to).
aspirar (aire) | inspire (to).
aspirar (aire, humos) | extract (to).
aspirar (bombas) | draw (to).
aspirar (motores) | draw in (to).
aspirativo | aspirative.
asportación | asportation.
aspro (moneda) | asper.
asquístico | aschistic.
asta (ciervos) | antler.
asta (de lanza, bandera, etc.) | staff.
asta (de toro, etc.) | horn.
asta de bandera | flagstaff | flagpole.
asta de bandera de bauprés (buques) | jack-staff.
asta de bandera de popa (buques) | ensign staff.
asta de bandera de proa (buques) | jack-staff.
asta de popa (bandera) | poop staff.
asta de suspensores (teleférico) | carrier horn.
asta del torrotito de proa (buques) | jack-staff.
astacicultor | crawfish breeder.
astacicultura | crawfish breeding.
astacidos | astacidae.
ástaco | crawfish.
astas de ciervo | attire.
astática | astatics.
astáticamente arrollado | astatically wound.
astaticidad | astaticity.
astático | astatical.
astático (física) | astatic.
astatino (elemento núm. 85) | astatine.
astatización | astatization.
astatizar | astatize (to) | asticize (to).
astato | astatine.
astato (nº atómico = 85) | astatum.
asteismo | asteism.
astenobiosis | asthenobiosis.
astenosfera | asthenosphere.
asteria (citología) | nuclear star.
asteria (gema) | asteria.
asteria (mineralogía) | star-stone.
asteria (ópalo) | asteriated opal.
asteriado | asteriated | starlike.
asteriscado | asterisked.
asteriscar | asterisk (to).
asterisco | star | asterisk.
asterismal | asterismal.
asterismo (metalurgia y mineralogía) | asterism.
asteroide | asteroid | minor planet.
asteroide artificial | artificial asteroid.
asteroideo | star-shaped.
asteroides en la órbita de Júpiter | Trojan asteroides.
astigmación | astigmation.
astigmador | astigmator.
astigmático | astigmatic.
astigmatismo | astigmatism.
astigmatismo inverso | inverse astigmatism.
astigmatismo por descentramiento (telescopios) | off-axis astigmatism.
astigmatismo zonal | zonal astigmatism.
astigmatizador (telémetros) | astigmatizer.
astigmatoscopio | astigmatoscope.
astigmometría | astigmometry.
astigmómetro | astigmometer.
astil | shank.
astil (balanza) | balance-bar.
astil (de balanza) | weighbeam.
ástil (de pluma) | scape.
astil (mango - herramientas) | haft.
astil (pico, hacha) | helve.
astil de balanza | scale beam.
astíl de hacha de doble curvatura | cowfoot axe handle.
astil de pico | pick handle.
astila | astylar.
astilado | helved.
astilar | astylar.
astilar en frio | drive on cold (to).
astilla | sliver | spall | splinter | splint | spill | chip | flinder | shatter.
astilla (de madera) | rent.
astilla (Paraguay) | spaul | sloven.
astilla (porción astillada del tocón) | sloven.
astilla de vidrio | glass chip.
astilla muerta (buques) | dead rising | deadrise | rise of bottom | rise of floor.
astillabilidad | splinterability | shatterability.
astillable | splinterable | shatterable | spallable.
astilladora (fabricación pasta de madera) | chipper.
astillar | spall (to) | splinter (to) | chip (to).
astillar la cabeza del pilote de madera | broom the butt of the wooden pile (to).
astillar la cabeza por exceso de golpes (pilotes) | overdrive (to).
astillarse (pilote de madera) | shatter (to).
astillas (pastas papeleras) | shives.
astillas para encender fuego | kindling-wood.
astillas para obtención de pasta de madera | pulpchip.
astillas y desperdicios de aserradero | hardboard.
astillazo | splinter.
astillero | dockyard | shipyard | shipbuilding yard | yard.
astillero base | home yard.
astillero de la torre (piso alto donde se colocan los tubos de perforación-torre de sondeos) | finger board.
astillero de tamaño medio | medium-sized shipyard.
astillero del Estado | naval yard.
astillero del país | home yard.
astillero importante | major yard.
astillero organizado para la prefabricación | prefabricating shipyard.
astillero para buques de guerra propiedad del Estado | government-owned Navy yard.
astillero propiedad del armador | shipowner-owned shipyard.
astillero que prepara los planos y construye el primer buque de una serie | lead yard.
astillón | stub-chuck | spaul.
astillosa (fracturas) | slaty.
astilloso (de superficie áspera con puntas agudas - minerales) | hackly.
astilloso (madera, fracturas) | splintery.
astilloso (metales) | spilly.
astomia | astomia.
astracán (tela) | astrakhan.
astracanado (géneros de pelo) | chinchilla

finish.
astrágalo | fusarole.
astrágalo (arquitectura) | astragal.
astrágalo (de escalón) | nosing.
astrágalo (zoología) | talus.
astrágalo embutido | recessed bead | hollow bead | flush bead.
astragalomancia | astragalomancy.
astral | astral.
astrapofobia | astrapophobia.
astrígrafo | photographic telescope.
astrilla (Paraguay) | stub-chuck.
astringencia | astringency.
astringente | astringent | binding agent.
astringente tonificante (perfumería) | toning astringent.
astriónica | astrionics.
astro ficticio | astre fictif.
astrobalística | astroballistics.
astrobalístico | astroballistic.
astrobiología | astrobiology | space biology.
astrobrújula | astrocompass.
astrocompás (aparato óptico para resolver el triángulo astronómico - aviación) | astrocompass.
astrodinámica | astrodynamics | space dynamics.
astródomo | navigation dome.
astródomo (abertura de observación en la parte alta del fuselaje) | astrodome.
astródomo (aviones) | astro-hatch.
astroelectrónica | astrionics.
astrófilo | astrophil.
astrofísica (ciencia) | astrophysics.
astrofísico | astrophysical.
astrofísico (persona) | astrophysicist.
astrofotografía | astronomical photography | astrophotography.
astrofotográfico | astrophotographic.
astrofotometría | astronomical photometry | astrophotometry.
astrofotómetro | astrophotometer.
astrogación | astrogation.
astrogeodésico | astrogeodetic.
astrogeología | astrogeology.
astrogeólogo | astrogeologist.
astrognosia | astrognosy.
astrogonía | astrogony.
astrografía | astrography.
astrográfica | astrographics.
astrográfico | astrographic.
astrógrafo | astrograph.
astroide | astroid | four-cusped hypocycloid.
astro-inercial | astro-inertial.
astrolábico | astrolabical.
astrolabio | astrolabe | equiangulator.
astrolabio de péndulo | pendulum astrolabe.
astrolabio de prisma | prismatic astrolabe.
astrolabio planisférico | planispheric astrolabe.
astrolatra | star-worshipper.
astrolatría | astrolatry | worship of stars.
astrolito | astrolite.
astrolitología | astrolithology | study of meteorites.
astrologaster | astrologaster.
astrología | astrology.
astrólogo | astrologer | astrologist.
astrólogo fraudulento | astrologaster.
astrometeorología | astrometeorology.
astrometría | astrometry.
astrometría fotográfica | photographic astrometry.
astrometría meridiana | meridian astrometry.
astrómetro | astrometer.
astronauta | astronavigator | astronaut | spaceman.
astronauta con traje para vuelos cósmicos | space-suited astronaut.
astronáutica | astronautics.
astronáutico | astronautical | astronautic.
astronave | spacecraft | space vehicle | spaceship | space craft.
astronave de lanzadera | shuttle.
astronave de seguimiento | tracking spacecraft.
astronavegación | astrographics | astrogation | astronavigation | celestial navigation.
astronomía | astronomy.
astronomía aplicada a la ingeniería | engineering astronomy.
astronomía cósmica | space astronomy.
astronomía electrónica | electronic astronomy.
astronomía esférica | positional astronomy.
astronomía espacial | space astronomy.
astronomía morfológica | morphological astronomy.
astronomía neutrítica | neutrino astronomy.
astronomía óptica | optical astronomy.
astronomía planetaria | planetary astronomy.
astronomía radárica | radar astronomy.
astronomía radial | radio astronomy.
astronómico | celestial | astronomical.
astropuerto | astroport.
astroquímica | astrochemistry.
astros a 90 grados | quartile.
astroseguidor | star tracker | astrotraker | astrotracker.
asumir el cargo | take office (to).
asumir el riesgo de crédito | undertake the del credere (to).
asumir la pérdida (economía) | absorb the loss (to).
asumir la presidencia | assume the chairmanship (to).
asumir una responsabilidad | bear (to).
asunción del riesgo | assumption of risk | risk assumption.
asunto | concern | department | business | question | affair.
asunto (de un discurso) | matter.
asunto accesorio | side issue.
asunto candente | live question.
asunto complejo | compound subject.
asunto contencioso | litigious affair.
asunto de actualidad | live question.
asunto de interes | end-item.
asunto del empleo de productos químicos en los alimentos | chemicals-in-food question.
asunto discutible | open question.
asunto engorroso | troublesome matter.
asunto finiquitado | closed matter.
asunto interesante | end-item.
asunto lucrativo | paying proposition.
asunto muy trillado | much-hashed-over matter.
asunto polifacético | many-faceted question.
asunto principal | main issue.
asunto principal de estudio | major.
asunto que consume tiempo y dinero | time-and-money-consuming affair.
asunto secundario | off issue.
asunto terminado | end-item.
asuntos afines | allied subjects.
asuntos catalogados | cataloged items.
asuntos de bienes inmuebles | real estate matters.
asuntos de herencia | probate affairs.
asuntos de interés militar | military end-items.
asuntos de interpretación | questions of interpretation.
asuntos de segundo término en convenios laborales | fringe issues.
asuntos financieros | finances.
asuntos legales | legal matters.
asuntos marítimos | naval affairs.
asuntos principales | major items.
asuntos que se pueden hacer además de los que se saben (clasificación del personal) | practical factors.
asurcado | furrowed.
asurcado (botánica, zoología) | grooved.
asurcamientos superficiales (estampación) | stretcher strains.
asurcar | rut (to) | furrow (to) | groove (to).
asurgencia | assurgency.
asurgente (botánica) | assurgent.
atabacado | tobacco-colored.
atabal | moorish drum.
atacabilidad | attackability.
atacable | attackable.
atacada térmicamente (metalografía) | thermically etched.
atacadera | beater.
atacadera (de barrenos) | ramming bar.
atacadera (minería) | rammer.
atacadera de barro (barrenos) | bull.
atacadera de lodar | claying bar.
atacadera de madera o cobre (barrenos) | stemmer.
atacadera para juntas | jointing-iron.
atacadero de lodar (barrenos) | bulling bar.
atacado (de enfermedad) | affected.
atacado (superficies metalográficas) | etched.
atacado anódicamente | etched anodically.
atacado automático | auto-ramming.
atacado con ácido oxálico | oxalic acid etched.
atacado con pasta | paste-etched.
atacado de la munición (cañón) | ammunition ramming.
atacado electrolíticamente en ácido oxálico al 12% | electrolytically etched in 12% oxalic acid.
atacado mecánico (cañones) | power ramming.
atacado por el teredo | borer attacked.
atacado por gorgojo | weeviled.
atacado por los ácidos | acted on by acids.
atacado por mildio | blighted.
atacado químico | chemical etching.
atacador | tamping bar | tamper.
atacador (cañones) | ramrod | ram.
atacador (de cañón) | rammer.
atacador (de horno) | bat.
atacador (tipografía) | shooting stick.
atacador a mano (cañones) | hand rammer.
atacador cónico (moldería) | pegging rammer.
atacador de cadena (cañones) | chain rammer.
atacador de carga (cañón) | loading rammer.
atacador eléctrico | electric rammer.
atacador eléctrico (cañones) | electrically-operated rammer.
atacador eléctrico automático (cañones) | automatic electric rammer.
atacador mecánico (cañones) | mechanical rammer | power rammer.
atacador mecánico graduador de espoleta (cañones) | fuze setter-power rammer.
atacamita | atacamite.
atacante | attacker.
atacar | assault (to) | charge (to) | attack (to).
atacar (ácidos) | pit (to).
atacar (cañones) | ram (to).
atacar (cartucho caza) | wad (to).
atacar (enfermedades) | attaint (to).
atacar (un problema) | tackle (to).
atacar a brazo (cañones) | hand-ram (to).
atacar a fondo el proyectil (cañones) | ram home the projectile (to).
atacar con fuego de morteros | mortar (to).
atacar con gases (gasear - milicia) | gas (to).
atacar con submarinos | submarine (to).
atacar con un ácido (metalografía) | etch (to).
atacar de frente | attack abreast (to).
atacar de improviso a un avión enemigo desde una altitud mayor | bounce (to).
atacar desde el aire | sweep (to).
atacar el problema | approach the problem (to).
atacar el proyectil hasta su sitio (cañones) | ram home the projectile (to).
atacar por detrás (aviación) | sit on a perso's tail (to).
atacar por el disolvente | solvent-attack (to).
atacar repentinamente | blitz (to).
atacar un blanco con tales cantidades de proyectiles que todo quede destruido | saturate (to).
atacarse (obstruirse) | foul (to).
atado | bundle | bundle | bound | knit | tied.
atado con cables (buques) | cabled.
atado con mimbre | withed.
atado de la urdimbre | assembling warp.
atado de los embalajes con alambre | case wiring.

atado de tablas a medida para cajerío | shook.
atado dispuesto para embarque | bundle shipping.
atador | tying mechanism | binder.
atador de troncos | load binder.
atadora-empaquetadora | tying and packaging machine.
atadura | fastening | tie | stop | leash.
atadura con cordones | lacing.
atadura de listones | lath binder.
ataduras y precintos | fastenings and closures.
ataguía | sheet piling | pile-planking | cofferdam.
ataguía alrededor de una superficie donde hay que trabajar | box dam.
ataguía anegada | flooded cofferdam.
ataguía celular | cellular cofferdam | cellular bulkhead.
ataguía de aguas abajo | downstream stop log.
ataguía de cajón | box cofferdam.
ataguía de doble recinto | double-wall cofferdan.
ataguía de encofrado | crib cofferdam.
ataguía de encofrado y relleno de arcilla | puddle-wall cofferdam.
ataguía de tablestacado doble | double-wall cofferdam.
ataguía de tablestacas | sheet-pile cofferdam.
ataguía de tablestacas de acero | steel sheet-pile cofferdam.
ataguía de un solo recinto | single-wall cofferdam.
ataguía de un solo recinto con un solo arriostramiento | single-braced single-wall cofferdam.
ataguía de un solo recinto con varios arriostramientos | multibraced single-wall cofferdam.
ataguía de un solo recinto en voladizo | cantilevered single-wall cofferdam.
ataguía en voladizo | cantilevered cofferdam.
ataguía flotante | floating cofferdam.
ataguía para vertedero de fondo | bottom outlet bulkhead.
ataguiamiento | cofferdamming.
ataguiar | cofferdam (to).
ataharre | ridge band.
atajafuego | backfire.
atajafuego rebasado (Argentina) | breakover (EE.UU.).
atajar | obstruct (to) | stop (to).
atajar un incendio | attack a fire (to).
atajavientos | wind mantle.
atajo | by-road | shortcut | cut | crosscut | crosspath.
atalaje | draw-gear | draught | connector | connecter.
atalaje a la alemana (carruajes) | pole draught.
atalaje de ignición | ignition harness.
atalaje de tiro | draught-harness.
atalaje rígido | rigid drawgear.
atalaya | lookout | observatory | outlook | watch.
atalayar | overlook (to).
ataludado | battered.
ataludadora | backsloper.
ataludamiento | battering.
ataludar | escarp (to).
ataluzado | sloping.
ataluzar | slope (to).
ataque | raid | attack | attack | offensive | swoop | charge | onset.
ataque (convulsión-enfermedad) | fit.
ataque (enfermedades) | seizure.
ataque (medicina) | access.
ataque a corta distancia | close-range attack.
ataque a fondo | main attack | home-pushed attack.
ataque a pequeña altura | low-altitude attack.
ataque aéreo | air attack | air raid.
ataque aéreo con bombas incendiarias | fire attack.
ataque aéreo sobre un blanco para mantenerlo siempre averiado | dusting-off attack.
ataque aéreo sobre un blanco terrestre | ground attack | strike.
ataque aéreo volando muy bajo | deck-level attack.
ataque aeroquímico | spray attack.
ataque al ácido | etching.
ataque anfibio | amphibious attack.
ataque antes de la declaración de guerra | sneak attack.
ataque catódico (metalografía) | cathodic etching.
ataque con agentes TBQ | toxic-chemical-biological or radiological attack.
ataque con armas nucleares | nuclear attack.
ataque con bombas incendiarias (aviación) | incendiary attack.
ataque con cargas de profundidad | depth charge attack.
ataque con el sol de cara | upsun attack.
ataque con el sol de espaldas (aviación) | downsun attack.
ataque con el viento de cara | upwind attack.
ataque con fuerzas acorazadas | armored attack.
ataque con granadas de mano | bombing.
ataque con misiles teleguiados | guided missile attack.
ataque con paracaidistas | parachute attack.
ataque con trayectoria de tipo colisión | collision-course attack.
ataque concentrado | massed attack.
ataque coordinado | coordinated attack.
ataque corrosivo preferente | preferential corrosive attack.
ataque corrosivo progresivo | progressive corrosive attack.
ataque corrosivo vaporoso | vaporous corrosive attack.
ataque de avión a avión | plane-to-plane attack.
ataque de contención | containing attack.
ataque de costado (avión en vuelo) | beam attack.
ataque de diversión | diversionary attack.
ataque de flanco | flank attack.
ataque de fortalezas | attack of fortresses.
ataque de la munción (cañones) | ramming.
ataque de pulido | polishing etch.
ataque de un blanco de superficie por aviones | air strike.
ataque del óxido por temperatura controlada | temperature-controlled oxide etch.
ataque desbordante | outflanking attack.
ataque dilatorio | holding attack.
ataque divergente | diverging attack.
ataque electrolítico | electrolytic etching | galvanic attack.
ataque electrolítico intergranular | electrolytic intergranular attack.
ataque en caliente (metalografía) | hot etching.
ataque en filo de cuchillo (corrosión) | knife-line attack.
ataque en formación (aviación) | formation attack.
ataque en frío | cold etching.
ataque en inmersión (submarinos) | diving attack.
ataque en masa | push.
ataque en picado | dive attack.
ataque en picado (aviones) | diving attack.
ataque en terreno descubierto | attack in the open.
ataque en vuelo bajo (aviones) | strafe.
ataque en vuelo rasante | low-flying attack.
ataque fulminante | stroke.
ataque incoordinado | piecemeal attack.
ataque infructuoso | fruitless attack.
ataque inminente | impeding attack.
ataque intempestivo | ill-timed attack.
ataque interdendrítico | interdendritic attack.
ataque interdictorio | interdictory attack.
ataque macroscópico | macroscopic etching.
ataque microbiológico | microbiological attack.
ataque micrográfico | etching.
ataque nocturno | night attack.
ataque oxidativo | oxidative attack.
ataque por agua de mar (metales) | salt attack.
ataque por bombardeo catódico en vacío (metalurgia) | cathodic vacuum etching.
ataque por bombardeo iónico | ionic bombardment etching.
ataque por bombardo por rebote (aviación)
ataque por calentamiento en el vacío (metalurgia) | vacuum etching.
ataque por calor (metalografía) | heat relief.
ataque por cavitación | impingement attack.
ataque por corrosión y erosión | impingement attack.
ataque por choque | impingement attack.
ataque por disolución submicrométrica de forma larga y estrecha (aleaciones) | tunnelling.
ataque por el muro (minas) | stripping.
ataque por ferricianuro | ferricyanide etch.
ataque por fluoruro | fluoride etch.
ataque por fuerzas aerotransportadas | airdrop.
ataque por fuerzas terrestres sobre un blanco terrestre | ground attack.
ataque por olas de gases | gas-wave attack.
ataque por óxido | oxide etch.
ataque por pulimento (metalurgia) | polish etching.
ataque por rociado (semiconductores) | dash etch.
ataque por sorpresa | surprise attack.
ataque por sulfuración | sulfidation attack.
ataque por trabajar alternativamente en atmósferas oxidantes y reductoras | green-rot attack.
ataque profundo con reactivos | deep etching.
ataque químico | etching.
ataque químico (metalurgia) | chemical attack.
ataque químico para descubrir las líneas de fluencia (metalografía) | strain etching.
ataque radiológico | radiological attack.
ataque radiológico contaminante | contaminating radiological attack.
ataque rápido | drive.
ataque reductivo | reductive attack.
ataque retrógrado (minas) | homewards attack.
ataque submarino | subsurface attack.
ataque suicida | suicide attack.
ataque sulfídico | sulfidic attack.
ataque superficial radiocontaminante | contaminating surface attack.
ataque térmico (metalografía) | thermal etching.
ataque tóxico | toxic attack.
ataque violento | outbreak.
ataque zonal | zonal attack.
ataques de hostigamiento | harassing attacks.
atar | secure (to) | lash (to) | tie up (to) | tie (to).
atar (con cuerda) | rope (to).
atar al tangón (botes) | haul out (to).
atar con alambre | wire (to).
atar con bramante | string (to).
atar con correas | strap (to).
atar con cuerda | cord (to).
atar con cuerdas (escaladas de picos) | rope climbers (to).
atar juntas las cuatro patas (animales) | hog-tie (to).
atar las muñecas a los tobillos (prisioneros) | hog-tie (to).
atar los caballos a un piquete | picket (to).
atar maderas | bunch (to).
atar o liar con hilo metálico | wire (to).
ataraxia | ataraxia.
atarazana | arsenal.
atarjea (carreteras) | gutter-bridge.
atarjea (electricidad) | troughing.
atarjea de carretera | highway culvert.
atarjea interior a lo largo de un muelle | delph.
atarquinamiento | siltation | silting-up.
atarquinarse (presas) | silt (to).
atascado | clogged | foul.
atascado (atorado - tuberías, bombas) | fouled.
atascado en el fango | mired in the mud.
atascado por aire | airbound.

atascado por aire (tubería hidráulica) | air bound.
atascamiento | clogging | obstruction | chocking up | blinding | engorgement.
atascamiento (alto horno) | bunging up.
atascamiento (atragantado - alto horno) | gobbing up.
atascamiento (minas) | gag.
atascamiento (telares) | slamming-off | bang off.
atascamiento de fichas | card jam.
atascamiento de las válvulas | sticking of valves.
atascamiento de tarjetas (informática) | jam.
atascamiento de un horno | engorgement.
atascar | stop (to) | choke up (to) | stop up (to).
atascar (la circulación) | jam (to).
atascarse | seize (to).
atascarse (ametralladoras) | stall (to).
atasco | stoppage | engorgement | bottleneck.
atasco (de la circulación) | jam.
atasco (tarjetas) | wreck.
atasco de la mezcla (peines del gill) | faller lap.
atasco de maderas flotadas | lock jam.
atasco de rollizos (transporte por río) | log-jam.
atasco de tarjetas | card wreck.
atasco en el tráfico a la hora de máxima circulación | peak-hour street congestion.
ataúd | coffin | casket.
ataud antropoide | anthropoid coffin.
ataudado | coffin-shaped.
ataujiado | damascened.
ataurique | ataurique.
ataviado | trim.
ataviar | dress (to) | attire (to).
atávico | atavistic.
atavío | dress | attire.
atavista | atavist.
ataxítico | ataxitic.
ataxito | ataxite.
atécnico | nontechnical.
atectónico | atectonic | nontectonic.
atejuelar | book-label (to).
ateknia | ateknia.
atelaje | team.
atelectasia | apneumatosis.
atemperación | tempering.
atemperador | desuperheater.
atemperante | tempering.
atemperar | desuperheat (to).
atención (de las clases) | attendance.
atención (llamada) | notice.
atención a proa | look out afore.
atención al viento | weather-eye.
atención infrecuente | infrequent attention.
atención prestada (a un asunto) | nursing.
atenciones farmacéuticas | pharmaceutical care.
atenciones ornamentales | fringe issues.
atendedor que lee en voz alta las pruebas al corrector | copyholder.
atender | cover (to) | manage (to) | tend (to) | stretch (to).
atender (efectos comerciales) | honor (to).
atender (reclamaciones) | satisfy (to).
atender a un horno de crisoles | work the holes (to).
atender los fuegos (calderas) | look after the fires (to).
atender un efecto | honor a bill (to).
atender un giro | honor a draft (to).
atenerse a este dictamen (jurídico) | comply with this opinion (to).
atenerse a las condiciones de la póliza | comply with the terms of the policy (to).
atenerse a los hechos | confine to the facts (to) | stick to facts (to).
atentado con bomba | bomb outrage.
atenuación | dimming | diminishing | damping | relaxation | postemphasis | lowering | restraint | decrement | minimization.
atenuación (colores, voz, carácter) | mellowing.
atenuación (debilitamiento - TV) | deemphasis.
atenuación (electricidad) | loss.
atenuación (fotografía) | fading.
atenuación (radio) | attenuation.
atenuación (telefonía) | post equalization.
atenuación activa de equilibrado (circuito electrónico) | active balance return loss.
atenuación aparente | apparent attenuation.
atenuación de adaptación | return loss.
atenuación de banda de paso alto de 3 decibelios | high-pass band attenuation of 3 decibels.
atenuación de bloqueo | suppression loss.
atenuación de bloqueo (radio) | blocking attenuation.
atenuación de distorsión armónica total | total harmonic distortion ratio.
atenuación de equilibrado (circuitos eléctricos) | balance return loss.
atenuación de equilibrado (telecomunicación) | hybrid balance.
atenuación de equilibrio (telefonía - EE.UU) | return loss.
atenuación de esfuerzos residuales (soldadura) | stress relief.
atenuación de inserción (telecomunicación) | insertion loss.
atenuación de interacción | interaction loss.
atenuación de la amplitud de imagen | frame amplitude attenuation.
atenuación de la audición | deadness.
atenuación de la corriente | current attenuation.
atenuación de la escasez | relief of shortages.
atenuación de la luminiscencia | luminescence quenching.
atenuación de la radiación de microondas por las nubes | cloud attenuation.
atenuación de la sentencia | mitigation of sentence.
atenuación de la trayectoria (antenas) | path attenuation.
atenuación de las corrientes de eco (EE.UU.) | active return loss.
atenuación de las señales radio | radio blackout.
atenuación de las tensiones residuales | stress relieving.
atenuación de pérdidas por reflexión | regularity return loss.
atenuación de propagación | shadow attenuation.
atenuación de regularidad (EE.UU.) | structural return loss.
atenuación de regularidad (G.B.) | regulatory attenuation.
atenuación de ruidos | noise reducing.
atenuación de tensiones | stress relief.
atenuación de umbral | threshold loss.
atenuación del amortiguador | attenuator attenuation.
atenuación del canal adyacente | adjacent-channel attenuation.
atenuación del filtro | filter attenuation.
atenuación del haz de radiación | radiation beam attenuation.
atenuación del nivel de ruido | attenuation of noise level.
atenuación del ruido | noise abatement.
atenuación del ruido de los aviones de chorro | alleviation of jet aircraft noise.
atenuación del sistema | system loss.
atenuación del sonido | sound deadening.
atenuación diafónica | crosstalk attenuation | cross talk damping.
atenuación diurna | daytime attenuation.
atenuación efectiva | operative attenuation.
atenuación en la escasez de petróleo | alleviation of the oil shortage.
atenuación equivalente de nitidez (EE.UU.) | equivalent articulation loss.
atenuación equivalente de nitidez (Inglaterra) | articulation equivalent reference.
atenuación exponencial | exponential attenuation.
atenuación fonón-fonón | phonon-phonon attenuation.
atenuación iterativa | iterative attenuation.
atenuación magnética | magnetoattenuation.
atenuación neutrónica | neutron attenuation.
atenuación paradiafónica | near-end crosstalk attenuation.
atenuación pasiva de equilibrado (circuito eléctrico) | passive balance return loss.
atenuación por desvanecimiento (radio) | fading loss.
atenuación por gases de escape | flame attenuation.
atenuación por lluvia (radio) | rain attenuation.
atenuación por redondez de la tierra | spherical-earth attenuation.
atenuación por reflexiones en el suelo | ground reflection loss.
atenuación progresiva | rolloff.
atenuación progresiva (acústica) | rollof.
atenuación progresiva de las bajas frecuencias | low-frequency rolloff.
atenuación radárica | radar fading.
atenuación sónica de 60 decibelios | sound attenuation of 60 dB.
atenuación telediafónica | far-end crosstalk attenuation.
atenuación total | overall attenuation.
atenuación transductiva | transducer loss.
atenuado | dimmed | dilute | attenuate.
atenuador | losser | minimizer | minimizer | absorber | reducer | deaccentuator.
atenuador (acústico o visual) | fader.
atenuador (de radar) | sensitivity time control.
atenuador (radio) | attenuator.
atenuador automático | variolosser.
atenuador controlado por termistor | thermistor-controlled pad.
atenuador de aleta | flap attenuator.
atenuador de arena (guía de ondas) | sand load.
atenuador de armónicas | harmonic absorber.
atenuador de aspa | vane attenuator.
atenuador de conmutación | switching pad.
atenuador de corte | cutoff attenuator.
atenuador de cuarto de onda (guía de ondas) | quarter wave termination.
atenuador de la amplitud de la línea | line amplitude attenuator.
atenuador de la potencia | output attenuator.
atenuador de la potencia de una señal (radio) | wavetrap.
atenuador de la potencia recibida | input attenuator.
atenuador de la voz | voice-attenuating device.
atenuador de línea | line pad.
atenuador de mezcla de arena y grafito (guíaondas) | dry load.
atenuador de microondas | microwave absorber.
atenuador de nutación | nutation damper.
atenuador de película transversal | transverse-film attenuator.
atenuador de ráfagas | gust alleviator.
atenuador de reacción | span pad.
atenuador de resistencia | resistance attenuator | resistance pad.
atenuador de salida | output attenuator.
atenuador de voltaje | potential attenuator.
atenuador del pistón | piston attenuator.
atenuador del receptor de control | monitor attenuator.
atenuador direccional | isolator.
atenuador discriminador de no frecuencias | nonfrequency discriminating attenuator.
atenuador disipativo | dissipative attenuator.
atenuador en escala | ladder attenuator.
atenuador en H | H-pad | H pad.
atenuador en L | L pad | L-pad.
atenuador en T | T pad.
atenuador escalonado | ladder attenuator.
atenuador fijo (guía de ondas) | pad.
atenuador logarítimico con regulación de voltaje | voltage-controlled logarithmic attenuator.

atenuador regulable | variolosser | varioslosser.
atenuador resistivo | resistance pad | resistive attenuator.
atenuador resistivo de adaptación | resistance matching pad.
atenuador selectivo | differential gain control | gain time control.
atenuador sin reflexión | nonreflecting attenuator.
atenuador variable | variolosser.
atenuador variable (electricidad) | fader.
atenuancia | attenuance.
atenuancia del haz | beam attenuance.
atenuante | attenuant | attenuating.
atenuante (sustancia espesadora) | attenuant.
atenuar | attenuate (to) | dilute (to) | weaken (to) | diminish (to) | minimalize (to) | minimize (to) | extenuate (to).
atenuar (intensidad de una luz) | dim (to).
atenuarse (colores) | mellow (to).
aterciopelado (alfombras) | piled.
aterciopelado artificial (papel de tapizar, artículos textiles y de encuadernar) | flocking.
aterciopelado electrostático | flocking.
atermancia | athermancy.
atermaneidad | athermancy.
atérmano | athermous | athermanous.
atermia | athermy.
atérmico | athermal | athermanous | athermic | nonthermal.
ateroma | atheroma.
aterrajado | tapped | tapping | threaded | screwed.
aterrajado (moldería) | sweeping | striking.
aterrajado a máquina de agujeros ciegos | blind-hole machine tapping.
aterrajadora | tapping machine | screwcutting machine.
aterrajamiento | screwing.
aterrajar | thread (to) | tap (to).
aterrajar (moldería) | sweep (to) | strickle (to) | strike (to).
aterrajar (tornos) | screwcut (to).
aterramiento | accretion | silting up.
aterramiento (de puertos marítimos) | siltation.
aterramiento (embalses) | silting.
aterramiento (puertos) | siltage.
aterramiento de embalses | reservoir siltation.
aterramiento del puerto | harbor silting.
aterramiento del vaso del embalse | reservoir siltation | reservoir basin siltation.
aterrarse (puertos marítimos) | silt (to).
aterrizador | undercarriage.
aterrizador (aeronaves) | landing undercarriage.
aterrizador (aeroplanos) | landing chassis.
aterrizador (aviones) | undercart | landing gear.
aterrizador compuesto de cuatro ruedas separadas | quadricycle landing gear.
aterrizador con bogies tetrarruedas | dual-tandem wheels undercarriage.
aterrizador con forro exterior carenado (aviones) | trousered undercarriage.
aterrizador con pantalones (aviones) | trousered undercarriage.
aterrizador con rueda y esquí que pueden emplearse aisladamente (aviones) | wheel-ski.
aterrizador con ruedas orientables | crosswind landing gear.
aterrizador con ruedas que giran sobre un eje perpendicular y vertical al eje de la rueda (aviones) | castor landing gear.
aterrizador de bogie de plurirruedas semiarticulado | semiarticulated multiwheel bogie undercarriage .
aterrizador de bogies (aviones) | bogie undercarriage.
aterrizador de oruga (aviones) | caterpillar landing gear.
aterrizador de orugas (aviones) | track-tread undercarriage | tracked gear.
aterrizador de retracción hidráulica (aviones) | hydraulically retracted undercarriage.
aterrizador de rueda de cola | tailwheel landing gear.
aterrizador de rueda de cola no orientable | fixed tailwheel-type undercarriage.
aterrizador de ruedas en bogie | bogey wheel undercarriage.
aterrizador de ruedas en tándem | tandem landing gear | tandem-wheeled undercarriage.
aterrizador de ruedas gemelas en cada pata | dual-wheeled landing gear.
aterrizador de ruedas orientables | castor wheeled undercarriage.
aterrizador de ruedas orientables (aviones) | castoring undercarriage.
aterrizador de ruedas retráctiles | retractable wheeled undercarriage.
aterrizador de triciclo | tricycle landing gear.
aterrizador de triciclo (aviones) | tricycle undercarriage.
aterrizador de triciclo retráctil | retracting-tricycle undercarriage | retractable tricycle undercarriage.
aterrizador del morro desplazado del plano diametral del fuselaje (aviones) | offset nosewheel.
aterrizador eclipsable | retractable landing gear.
aterrizador en triciclo de bogies | bogie-type tricycle undercarriage.
aterrizador formado por ruedas dobles unas tras otras situadas debajo del eje longitudinal del fuselaje (las alas tienen un pequeño aterrizador) | double-wheel bicycle landing gear.
aterrizador multirruedas | multiwheel undercarriage.
aterrizador no retractable | fixed undercarriage.
aterrizador no retractable (aviones) | nonretractable undercarriage.
aterrizador orientable del morro | steerable nose undercarriage.
aterrizador para viento de costado | drift landing gear | drift undercarriage.
aterrizador probado dejándolo caer desde cierta altura | drop-tested landing gear.
aterrizador provisto a la vez con ruedas y esquís (aviones) | ski-wheel landing gear.
aterrizador retractable de triciclo de ruedas gemelas | twin wheel retractable tricycle undercarriage .
aterrizador retráctil | retractile undercarriage.
aterrizador retráctil (aviones) | retractable undercarriage.
aterrizador retráctil hacia dentro del fuselaje | inward retracting undercarriage.
aterrizador triciclo con rueda en el morro | nosewheel tricycle undercarriage.
aterrizaje | alighting | landing | flying-on.
aterrizaje a ciegas | blind landing.
aterrizaje a favor del viento | Chinese landing.
aterrizaje asimétrico | asymmetrical landing.
aterrizaje automático (aeronáutica) | autoland.
aterrizaje bien hecho | silky landing.
aterrizaje brusco casi vertical (aviones) | pancake.
aterrizaje cercano a la pista | undershooting.
aterrizaje con daños | crash-landing.
aterrizaje con deriva | lateral drift landing.
aterrizaje con despegue inmediato | touch-and-go landing.
aterrizaje con el morro levantado | tail-down landing.
aterrizaje con frenos actuando | braked landing.
aterrizaje con fuego a bordo (aviones) | fire-on-board landing.
aterrizaje con la cola baja | tail-down landing.
aterrizaje con la cola en alto en que la rueda de cola no toca la pista | tail-high landing.
aterrizaje con la hélice calada (aviones) | dead landing.
aterrizaje con las ruedas dentro del fuselaje | wheels-up landing.
aterrizaje con las ruedas retraídas (aviones) | wheel-up landing.
aterrizaje con mala visibilidad | landing in bad visibility.
aterrizaje con mala visibilidad (aviación) | low visibility landing.
aterrizaje con motor | power landing.
aterrizaje con motor parado | dead-stick landing.
aterrizaje con niebla | fog landing.
aterrizaje con poca velocidad y con un ángulo grande (aviación) | pancaking.
aterrizaje con un ala baja | Chinese landing.
aterrizaje con velocidad crítica de desplome | stall landing.
aterrizaje con viento atravesado | crosswind landing.
aterrizaje con visibilidad nula | nil visibility landing.
aterrizaje con visibilidad nula en el aire y en el suelo | zero-zero landing.
aterrizaje corto | undershoot | undershooting.
aterrizaje de asalto | assault landing.
aterrizaje de emergencia | emergency landing.
aterrizaje de panza | belly-landing.
aterrizaje de precisión | spot landing.
aterrizaje de tocar y despegar en seguida | touch-and-go landing.
aterrizaje del satélite | satellite landing.
aterrizaje en dirección del viento | downwind landing.
aterrizaje en forma parecida a la de un avión ordinario (helicópteros) | running landing.
aterrizaje en línea de vuelo | level landing.
aterrizaje en que la rueda de cola toca primero la pista | tail-low landing.
aterrizaje en que la rueda de cola y las delanteras se posan simultáneamente sobre la pista | three-point landing.
aterrizaje forzado | forced descent | forced landing.
aterrizaje forzoso (aviones) | crash.
aterrizaje frustrado | balked landing.
aterrizaje guiado | homing.
aterrizaje guiado por espejo (portaaviones) | mirror landing.
aterrizaje instrumental | instrument let down | blind-landing.
aterrizaje largo | overshoot | overshoot.
aterrizaje lunar tripulado | manned lunar landing.
aterrizaje planeado (aeronáutica) | glide landing.
aterrizaje planetario (vuelo cósmico) | planetary landing.
aterrizaje por indicaciones radiotelefónicas | man-to-man talk-down.
aterrizaje por instrumentos | instrument landing.
aterrizaje por medios ópticos | optical landing system.
aterrizaje por radio | radiolanding.
aterrizaje por radio-goniómetro automático | ADF let-down.
aterrizaje precautorio | precautionary landing.
aterrizaje radioguiado | glide path landing.
aterrizaje rodando sobre las dos ruedas principales y manteniendo la cola levantada | French landing.
aterrizaje seguro | safe landing.
aterrizaje sin visibilidad | blind approach | blind landing | landing blind.
aterrizaje sobre cubierta (avión) | deck landing.
aterrizaje sobre una rueda | one-wheel landing | lopsided landing.
aterrizaje suave | silky landing | soft landing.
aterrizaje vertical | vertical landing.
aterrizaje violento (aeronáutica) | rough landing.
aterrizaje violento (aviones) | crash.
aterrizar | bring (to) | sit down (to) | alight (to) | touch down (to) | land (to).

aterrizar (aviones) | set down (to).
aterrizar bruscamente | crash (to).
aterrizar bruscamente (aviación) | bump (to).
aterrizar con daños | crash-land (to).
aterrizar con el tren de aterrizaje dentro (aterrizar de panza - avión con avería en el tren) | bellyland (to).
aterrizar con niebla | land in fog (to).
aterrizar con un recorrido corto (planeadores) | dig (to).
aterrizar corto | undershoot (to).
aterrizar de panza | belly in (to).
aterrizar demasiado corto | shoot under (to).
aterrizar en la cubierta (portaaviones) | deck-land (to).
aterronado | lumpy.
aterronamiento | lumping.
aterronarse | cake (to) | lump (to) | clod (to).
aterrorizar | cause fear (to).
atesado | tight.
atesador | takeup | tightener | stretcher | stay.
atesador (telégrafos, etc.) | line-tightener.
atesar | stretch (to) | tighten (to).
atesoramiento | accumulation of money.
atesorar | layby (to).
atestación | record | affidavit | attestation.
atestación por notario público | notarization.
atestado | filled to capacity | certificate.
atestante | attestant.
atestar | acknowledge (to) | validate | testify (to).
atestar falta de pago (comercio) | note (to).
atestiguable | evincible | testable.
atestiguación | affidavit | deposition.
atestiguar | test (to) | vouch (to) | evince (to) | certify (to) | depone (to) | bear witness (to) | attest (to) | witness (to).
atestiguar por el notario | notarize (to).
atetesis | athetesis.
ático | attic.
atierre (minas) | slide.
atiesar | stiffen (to).
atímia | athymy.
atinar | hit (to).
atingencia | connexion.
atingente | attingent.
atípico | atypical | nontypical.
atirantada (calderas) | stayed.
atirantado | tied | stayed | trussed | guyed.
atirantado (de postes telefónicos) | push bracing.
atirantado y acuñado de los tirantes del encofrado (hormigón armado) | wedge-clamp of form ties.
atirantamiento (con vientos) | guying.
atirantar | brace (to) | truss (to).
atirantar (una cuerda) | haul taut (to).
atirantar (vigas) | truss (to).
atirantar en una dirección (acción de una cadena, etc.) | grow (to).
atirantar los costados | brace the sides (to).
atirantar una cuerda ejerciendo en el centro una tracción normal a su dirección | swig (to).
atisbo | peep.
atisuado | gold tissue-like.
atisuado (telas) | silver tissue-like.
atizador | slice bar | poker | stoker | paddle.
atizador (hornos) | fire fork.
atizador (picafuegos - hogares) | grate hook.
atizador de la guerra | warmonger.
atizador pequeño (hogar calderas) | curate.
atizar | rake (to) | stoke (to).
atizar el fuego | stoke (to).
atizar el fuego (hogares) | poke (to).
atizonamiento (de muros) | inbond.
atizonar | blight (to).
atizonar (albañilería) | bond (to).
atizonarse (cereales) | mildew (to).
atlante | atlas.
atlas | atlas.
atlas cromático | color atlas.
atlas de aerofotografías | airphoto atlas.
atlas de colores | color atlas.
atlas geográfico | geographical atlas.
atlas lingüístico | linguistic atlas | dialect atlas.
atlas monográfico | monographic atlas.
atmiátria | atmiatry.
atmidómetro | atmidometer.
atmocausia | atmocausis.
atmocauterio | atmocautery.
atmoclástico | atmoclastic.
atmoclasto | atmoclastic rock | atmoclast.
atmófilo | atmophile | atmophylic.
atmogénico | atmogenic.
atmogeno | atmogenic.
atmógrafo | atmograph.
atmolisis | atmolysis.
atmolito | atmolith.
atmolizador | atmolyzer.
atmolizar | atmolyze (to).
atmología | atmology.
atmológico | atmological.
atmólogo | atmologist.
atmometría | atmometry.
atmómetro | atmometer.
atmósfera | atmosphere | air.
atmósfera adiabática | convective atmosphere | homogeneous atmosphere.
atmósfera adiabática seca | dry adiabatic atmosphere.
atmósfera agresiva rica en SO_2 | aggresive SO_2 -rich atmosphere.
atmósfera anhidra | dehydrated atmosphere.
atmósfera anhidra inerte | inert anhydrous atmosphere.
atmósfera apestosa | stuffy atmosphere.
atmósfera artificial | prepared atmosphere.
atmósfera artificial (tratamientos) | synthetic atmosphere.
atmósfera artificial controlada | sealed-in atmosphere.
atmósfera barotrópica | barotropic atmosphere.
atmósfera carbocementante | carbon containing atmosphere.
atmósfera cargada | faint atmosphere.
atmósfera cargada de borras (fábrica textil) | lint-laden atmosphere.
atmósfera cargada de humo | fume-laden air.
atmósfera coronal | coronal atmosphere.
atmósfera corrosiva | aggressive atmosphere.
atmósfera de amoniaco pirolizado | cracked-ammonia atmosphere.
atmósfera de composición regulada (atmósfera artificial) | controlled composition atmosphere.
atmósfera de la cabina de la cosmonave | space-cabin atmosphere.
atmósfera de Venus | Venus atmosphere.
atmósfera del interior de la fábrica | in-plant atmosphere.
atmósfera descarburante | decarburizing atmosphere.
atmósfera deshumectada | dehumidified atmosphere.
atmósfera desoxidante | reducing atmosphere.
atmósfera destructora de la pintura | paint-destroying atmosphere.
atmósfera en expansión en estado de régimen permanente | steady-state extended atmosphere.
atmósfera estelar no gris (astronomía) | nongrey stellar atmosphere.
atmósfera explosiva | explosive atmosphere.
atmósfera extinctiva | extinctive atmosphere.
atmósfera húmeda cargada de sales | moist salt-laden atmosphere.
atmósfera indescarburante | nondecarburizing atmosphere.
atmósfera industrial | industrial atmosphere.
atmósfera industrial acídica | acid containing industrial atmosphere.
atmósfera industrial corrosiva de la ciudad | city's corrosive industrial atmosphere.
atmósfera inhomogénea | inhomogeneous atmosphere.
atmósfera inoxidante | nonscaling atmosphere.
atmósfera ionizada parcialmente rarificada | rarefied partially ionized atmosphere.
atmósfera irrespirable | stifling atmosphere.
atmósfera ligeramente corrosiva | mildly corrosive atmosphere.
atmósfera marcadamente industrial | heavily industrial atmosphere.
atmósfera oxidante | oxidizing atmosphere.
atmósfera oxidante con bajo contenido de humedad | low-moisture-content oxidizing atmosphere.
atmósfera pesada | faint atmosphere.
atmósfera planetaria | planetary atmosphere.
atmósfera pulverulenta muy abrasiva | highly abrasive pulverulent atmosphere.
atmósfera que envuelve a una persona | aura.
atmósfera químicamente contaminada | chemically contaminated atmosphere.
atmósfera reductora | reducing atmosphere.
atmósfera regulada | prepared atmosphere.
atmósfera remanente | residual atmosphere.
atmósfera respirable | respirable atmosphere.
atmósfera salina | sea air | salt-laden atmosphere.
atmósfera sensible | sensible atmosphere.
atmósfera sinterizante | sintering atmosphere.
atmósfera subionosférica | subionospheric atmosphere.
atmósfera sulfurosa oxidante | oxidizing sulfurous atmosphere.
atmósfera superior | upper air.
atmósfera termocontrolada | thermic controlled atmosphere.
atmósferas peligrosas | hazardous atmospheres.
atmosférico | atmospheric | atmospherical.
atmosférico sibilante (ionosfera) | whistler.
atmosféricos (radio) | statics.
atmosféricos silbantes | whistling atmospherics.
atmosferización | atmospherization.
atmosferología | atmospherology.
atmoterapia | atmotherapy.
atoaje | tow | warping.
atoaje (buques) | kedging.
atochal | feather grass field.
atojinar | lug (to).
atolón | atoll.
atolonoide | atoll like | atoll-like.
atolladero | impasse.
atolladero de contradicción | marass of contradictions.
atomecánica | atomechanics.
atómicamente plana | atomically-flat.
atómicamente plano | atomically flat.
atomicidad | atomic value.
atomicidad (física) | atomicity.
atómico | atomic | atom | nuclear.
atómico y biológico y químico | atomic and biological and chemical (A.B.C.).
atomicrón (reloj atómico) | atomichron.
atomidad | atomity.
atomismo | atomism | atomistics.
atomista | atomist.
atomística | atomistics.
atomístico | atomistic.
atomización del metal por onda de choque | shock-atomizing the metal.
atomización por onda de choque | shock-atomizing.
atomizador | aerosol generator | atomizer.
atomizador electrónico | ultrasonic nozzle.
atomizar | atomize (to).
átomo | atom.
átomo bombardeado | struck atom | primary knock-on.
átomo caliente | hot atom.
átomo con dos valencias | doubly bonded atom.
átomo con núcleo radioactivo | hot atom.
átomo de cesio que ha perdido algunos electrones | cesium ion.
átomo de helio cargado positivamente | positively-charged helium atom.
átomo de oxígeno de enlace hidrogénico | hydrogen-bonded oxygen atom.
átomo de polvo | mote.
átomo de retroceso | hot atom.

átomo de triple enlace | triply-bonded atom.
átomo de un trazador isotópico | tagged atom.
átomo desprendido por bombardeo iónico | sputtered atom.
átomo desprovisto de electrones | stripped atom.
átomo divalente | doubly bonded atom.
átomo excitado | excited atom.
átomo expoliado de electrones | stripped atom.
átomo expulsado | primary knock-on | struck atom.
átomo fácilmente identificable | fagged atom.
átomo gramo | atom gram.
átomo impurificador sin neutralizar | unneutralized impurity atom.
átomo intersticial | interstitial atom.
átomo ionizado | ionized atom.
átomo marcado | labeled atom | labelled atom | tagged atom.
átomo marcado radiactivamente (irradiado con un isótopo) | radioactively-marked atom.
átomo mesónico | mesic atom.
átomo miligramo | milligram atom.
átomo muónico | mu mesonic atom.
átomo neutro | unionized atom | neutral atom.
átomo o grupos de átomos que constituyen la red espacial | units of lattice.
átomo padre (que contiene el núcleo original) | parent atom.
átomo percutado | knocked-on atom.
átomo percutido | knocked-on atom.
átomo piónico | pionium atom.
átomo plurielectrónico | many-electron atom.
átomo polielectrónico | polyelectronic atom.
átomo que proporciona electrones con enlace semipolar | donor.
átomo que tiene una energía cinética o un estado de energía excitado mayor que el nivel térmico de sus alrededores | hot atom.
átomo radioactivo | hot atom.
átomo reactivo | reactive atom.
átomo receptor | acceptor atom.
átomo rechazado | recoiled atom.
átomo reventado | knocked-on atom.
átomo sencillo | prime.
atomoeléctrico | atomoelectrical.
atomografía | atmograph.
átomo-gramo | gram atom.
átomo-gramo (química) | gram-atom.
atomología | atomology.
átomos contiguos | neighboring atoms.
átomos de la impureza de nitrógeno (diamantes) | nitrogen impurity atoms.
átomos desplazados (metalografía) | interstitials.
átomos desprendidos por bombardeo iónico | sputtered atoms.
átomos eyectados por bombardeo iónico | sputtered atoms.
átomos iguales | like atoms.
átomos intersticiales (metalografía) | interstitials.
átomos no hidrogenoides | nonhydrogenic atoms.
átomos radiactivos | radioactive atoms.
átomos substitucionales | substitutional atoms.
atonal | atonal.
atonalidad | atonality.
atonalismo (música) | atonalism.
atonarse | flat (to).
atonía | atony.
atonía bursatil | bursatil atony.
atonía de la coyuntura económica | atony of the economical juncture.
atonía general | general slackness.
atonicidad | atonicity.
atónico | atonic.
atónico (sonido) | unpitched.
atonidad | atonity.
átono | atonic.
atopia | atopy.
atópico | atopic.
atorada (bombas minas) | starved.
atorado | clogged.
atoramiento | jam | choking.
atoramiento de la chimenea (minas) | choking of chute.
atoramiento del agujero | hole choking.
atorarse | get plugged up (to) | jam (to).
atormentarse (buques) | labor (to).
atornillable | screwable.
atornillado | screwed | screw driving | bolted.
atornillado (con tornillos - tapas, etc.) | screwdown.
atornillador (persona) | screwer-up.
atornillador de férulas | ferrule driver.
atornillador mecánico | screwstick.
atornillador motorizado | power screwdriver.
atornillador neumático | air screwdriver.
atornillador por percusión | impact screwdriver.
atornilladora de tuercas | bolt screwing machine.
atornillamiento | screwing | screwdown.
atornillar | screw in (to) | screwdown (to) | screw (to).
atornillar a fondo | screw home (to).
atornillatuercas de par de apriete prefijado | torque-controlled screwdriver.
atortoramiento (cuerdas) | frapping.
atortorar | swift (to) | frap (to).
atóxico | nontoxic.
atracadero (de buque transbordador) | transfer slip.
atracadero (ríos) | layby.
atracado (buques) | accosted | alongside.
atracado al muelle | alongside the quay.
atracado con agua (barrenos) | water table.
atracar | come alongside (to).
atracar (barrenos, galería de voladuras) | tamp (to).
atracar (buques) | accost (to).
atracar (cargas explosivas) | ram (to).
atracar (hornillo de mina) | damp (to).
atracar (marina) | bear in (to).
atracar a lo largo del muelle | berth (to).
atracar al costado (de un buque) | be alongside (to).
atracar al muelle (buques) | dock (to) | fetch to the quay (to).
atracar la carga explosiva (voladuras) | ram the charge home (to).
atracar por medio de estachas a proa y popa | haul alongside (to).
atracar una carga (explosivos) | stem (to).
atracción | attraction | show.
atracción (electricidad) | adhesion.
atracción capilar | capillary attraction.
atracción de cohesión | cohesive attraction.
atracción del mar | appeal fo the sea | lure of the sea.
atracción eléctrica | electrical attraction.
atracción electrodinámica | electrodinamic attraction.
atracción electrostática | electrostatic attraction.
atracción entre iones de cargas eléctricas opuestas | Coulomb attraction.
atracción interiónica | interionic attraction.
atracción local (brújula) | local attraction.
atracción magnética | magnetic pull | magnetic pulling.
atracción para el consumidor | user appeal | consumer appeal.
atracción terrestre | earth's attraction.
atraco | hijacking.
atraco a mano armada | hold up.
atractante (producto químico que atrae) | atractant.
atractibilidad | attractability.
atractiva (fuerza, etc.) | attractible.
atractivo | attractive.
atrae a la clientela | it pulls customs.
atraer | attract (to).
atraer (imanes) | draw (to).
atraíble | attractable.
atrán | atran.
atrancado (entre los cilindros de laminar) | gagged.
atrancamiento (telares) | slamming-off | banging-off | bang off.
atrapado | trapping.
atrapador de mandíbulas | alligator grab.
atrapador no giratorio de muestras (sondeos) | nonrotating core catcher.
atrapadora de arena (sondeos) | sand trap.
atrapar | get (to) | entrap (to) | catch (to).
atrapatubos (sondeos) | tubing catcher.
atraque | docking.
atraque (barrenos) | tamping | stemming.
atraque (de un barreno) | bulling.
atraque (del proyectil en la recámara) | berthing.
atraque a un muelle a favor de la corriente | Chinese landing.
atraque al muelle (buques) | berthing.
atraque con agua (barrenos) | water stemming.
atraque de seguridad (barrenos) | safety-tamping.
atraque dejando delante de la carga explosiva un montón de paja (barrenos) | expansion tamping.
atraque espacial | space docking.
atrás | aback.
atrás (máquinas marinas) | back her.
atrás toda (máquina buques) | back all astern.
atrasado | past due | overdue | out of date.
atrasado (comercio) | in arrear.
atrasado (el reloj) | slow.
atrasado (en el pago) | delinquent.
atrasado (pagos) | outstanding.
atrasar la fecha de | date back (to).
atrasarse en los pagos | fall into arrears (to) | get into arrears (to).
atrasarse en sus pagos (hipotecas) | default on his mortgage (to).
atraso | retard | lagging.
atraso (relojes) | losing.
atraso cultural | cultural lag.
atraso de imanación | magnetic retardation.
atrasos | arrears.
atrasos (pagas por cobrar) | back payment.
atrasos del alquiler | arrears of rent.
atrasos en el fondo de amortización | sinking fund arrears.
atrasos en la catalogación (bibliotecas) | arrearages.
atraumática (cirugía) | tapercut.
atraumático | atraumatic.
atravesable | traversable.
atravesada (en el sentido de la manga-estiba buques) | aburton.
atravesado | traverse | cross.
atravesado sobre la proa de otro buque | athwart-hawse.
atravesando a las olas (buques) | broadside-on to the waves.
atravesar | clear (to) | crossover (to) | pierce (to) | penetrate (to) | traverse (to) | pass through (to) | pass over (to).
atravesar el casco de un buque (por un proyectil) | hull (to).
atravesar las defensas aéreas | pierce the air defenses (to).
atravesar una nube (aviación) | break cloud (to).
atravesarse | cross (to).
atrayente | attractant | attractive.
atrayente (matemáticas) | attractor.
atrepsia | atrepsy.
atrépsico | atreptic.
atresnalar | stack (to) | stook (to).
atrezería (cine) | prop room.
atrezo (cine, treatro) | props.
atribución | ascription | allocation.
atribución de un estado | state assignment.
atribuciones | powers.
atribuciones (de un funcionario) | competency.
atribuciones (de un tribunal) | order of reference.

atribuciones del comité | scope of the committee.
atribuibilidad | attributability.
atribuible | allocatable | ascribable | attributable.
atribuible a precipitaciones de martensita | attributable to precipitations of martensite.
atribuible a riesgos de guerra | attributable to war risks.
atribuir | allot (to) | lay (to) | bind (to) | ascribe (to).
atribuirse | assume (to).
atributo de cuenta | count attribute.
atributo del sistema | attribute of the system.
atributos de soberanía | attributes of sovereignty.
atril | rack | reading desk | book-prop | book-rack.
atrincheramiento | earthwork | entrenchment | intrenchment.
atrincheramientos del enemigo | enemy's works.
atrincheramientos rápidos | hasty works.
atrincherar | entrench (to).
atrincherarse | trench (to) | dug-in | mound (to) | intrench (to).
atrio | portico | atrium | narthex.
atrio (arquitectura) | porchway.
atrio (geología) | atrio.
atrofia | atrophy.
atrofia (fibras de lana) | stunting.
atrofiado por desuso | disuse-atrophied.
atromarginado | black-borderer | black edged.
atruchado | freckled.
atruchado (fundición) | mottled.
atuendo | dress.
atún | tunny.
atún (EE.UU.) | tuna.
aturdimiento (acústica) | annoyance.
audar | audar.
audibilidad | audibility.
audible | audible.
audición | listening | audience | readability | audition | listening.
audición cromática | chromatic audition.
audición magnética | magnetic audition.
audiencia | audience | court of appeals | court | courthouse | hearing.
audiencia (del Rey) | levee.
audiencia (tribunales) | sitting.
audiencia a puertas cerradas | closed hearing.
audiencia en edad de votar | voting-age audience.
audiencia privada | closed hearing.
audiencia provincial (justicia) | country court.
audiencia pública (tribunales) | public hearing.
audiencias delante del subcomité | hearings held before the subcommittee.
audífono | hearing-aid | ear cup.
audífono de inserción | insert earphone.
audímetro | audibility meter.
audio | audio.
audio-amplificación | audio amplification.
audioamplificador de péntodo | pentode audio amplifier.
audiocasete | audiocasette.
audiocomunicación | audiocommunication.
audiodeénfasis | audio deemphasis.
audioespectrógrafo | audiospectrograph.
audiofonología | audiophonology.
audiofonólogo | audiophonologist.
audiofrecuencia | audio frequency | audiofrequency | acoustic frequency | speech frequency | musical pitch | sound frequency | musical frequency.
audiofrecuencias elevadas | treble.
audiofrecuente | audiofrequent.
audiógeno | audiogenic | sound-producing.
audiograma | audiogram.
audiograma de enmascaramiento | masking audiogram.
audiograma de ruido | noise audiogram.
audiograma de un ruido | masking audiogram.
audio-indicador de prospección | prospecting audio-indicator.
audiología | audiology.
audiólogo | audiologist.
audiometría | audiometry.
audiómetro | audimeter | acuity meter | audiometer.
audión (triodo) | audion.
audiooscilación | audio oscillation.
audiooscilador | audio oscillator.
audioprotesista | audioprothesist.
audioseñal | audio-signal.
audiotransformador | audiotransformer.
audiotrón | audiotron.
audiovariación | audio-variation.
audiovisual | audio-video | audiovisual.
audiovisuales | audiovisuals.
auditar | audit (to).
auditivo | auditive.
auditor | law member | auditor.
auditor de guerra | judge advocate.
auditor del Tribunal de Cuentas | commissioner of audit.
Auditor General del Ejército | Judge Advocate General.
auditoría | auditorship | auditor's office | auditing | examination.
auditoría administrativa | management audit.
auditoria anual | annual audit.
auditoría contable | audit.
auditoría de cuentas (economía) | statutory audit.
auditoría de cuentas obligatoria | statutory audit.
auditoría de nóminas | payroll audit.
auditoría detallada | detailed audit.
auditoría externa | external audit | field audit.
Auditoría General del Ejército | Judge Advocate General's Department.
auditoría inesperada | surprise auditing.
auditoría informática | informatic audit.
auditoría interina | interim audit.
auditoría interna | office audit | internal auditing | internal audit.
auditoría médica | medical audit.
auditoría minuciosa | detailed audit.
auditorial | auditorial.
auditorio | large studio | audience.
auditorio al aire libre | bowl.
auga de alimentación de caldera contaminada con azúcar (calderas de azucareras) | sugar contaminated boiler feed water.
auge | upswing | boom.
auge de la construcción | building boom.
auge en el sector de bienes de consumo | consumer boom.
augetrón (electrónica) | augetron.
augita | augite.
augita titanífera púrpura | purple titaniferous augite.
augua libre de cal | lime-free water.
aula | lecture room | schoolroom | classroom.
aula de conferencias | lecture theatre.
aulaga (Ulex europaeus) | furze.
aulario | aularian.
aullido (acústica) | wolf-note | warble | howlback | warble tone.
aullido (audiofrecuencia) | howl.
aullido de borde (receptor radio) | fringe howl.
aumenta la difusión de los conocimientos | the spread of knowledge is increasing.
aumenta la producción | it ups production.
aumentable | magnifiable.
aumentado | extended | magnified | enlarged.
aumentado por incrementos de 20° C | increased in increments of 20° C.
aumentador | ameliorator.
aumentador de la circulación (agua de calderas) | circulation augmentor.
aumentador de presión | booster.
aumentador del vacío | vacuum augmenter.
aumentador monoetápico de voltaje | single-step voltage booster.
aumentar | enlarge (to) | raise (to) | up (to) | augment (to) | build up (to) | boost (to) | magnify (to) | grow (to) | expand (to) | increase (to) | eke (to).
aumentar (caudal de un flúido) | turn up (to).
aumentar (precios) | improve (to).
aumentar (voltaje, presión) | stepup (to).
aumentar contablemente en los libros | write up (to).
aumentar de fuerza (viento) | rise (to).
aumentar de valor nutritivo por adición de vitaminas y cuerpos minerales (alimentos) | enrich (to).
aumentar de volumen | rise (to) | increase in volume (to).
aumentar el alcance (artillería) | lift (to).
aumentar el capital | boost the capital (to).
aumentar el espesor de la matriz con alzas de cinta engomada en el respaldo (estereotipia) | block off (to).
aumentar el índice de vida | raise the living standard (to).
aumentar el interés de la escena con diversos expedientes (estudios cine) | plant a gag (to).
aumentar el producto nacional | enlarge the national product (to).
aumentar el radio de una curva | flatten a curve (to).
aumentar el resguardo (Bolsa) | remargin (to).
aumentar el trabajo sin compensación | stretch out (to).
aumentar el valor | appreciate (to).
aumentar el valor de | enhance (to).
aumentar el valor nominal | write up (to).
aumentar el voltaje de servicio de un cable | boost a cable (to).
aumentar gradualmente de intensidad (radio, TV) | fade in (to).
aumentar la altura | heighten (to).
aumentar la carga | build load (to).
aumentar la concentración (química) | strengthen (to).
aumentar la cuota | overallot (to).
aumentar la dispersión (solución) | peptize (to).
aumentar la inductancia | stiffen (to).
aumentar la intensidad (vientos) | pipe up (to).
aumentar la intensidad de la señal recibida | build (to).
aumentar la mar | get up (to).
aumentar la potencia aumentando la compresión (motores) | soup up (to).
aumentar la producción | raise production (to) | boost output (to) | up output (to).
aumentar la reverberación (acústica) | liven (to).
aumentar la velocidad | pick up speed (to).
aumentar la velocidad (aviones) | soup up (to).
aumentar la velocidad (por engranajes) | gear up (to).
aumentar las revoluciones (máquinas marinas) | bend (to).
aumentar o disminuir el volumen de la emisión (estudios radio) | ride gain (to).
aumentar por adición | accrete (to).
aumentar veinte revoluciones a la máquina (buques) | bend on twenty turns (to).
aumento | extending | growth | accrument | increase | increasing | augmentation | build-up | development | step-up | enlargement | upswing.
aumento (de nuevos coches a un tren) | putting on.
aumento (de potencia, en la producción) | spurt.
aumento (de precio) | mark-on | putting on.
aumento (de precios) | improvement.
aumento (de salarios) | raising.
aumento (de temperatura o de voltaje) | coasting.
aumento (gramática) | augment.
aumento (óptica) | amplification | power | magnifying power | magnification.
aumento (presión) | rise.
aumento acumulativo de la corriente de colector | collector-current runaway.
aumento adicional que no revela ningún nuevo

detalle (microscopios) | empty magnification.
aumento angular | angular magnification.
aumento aparente del semidiámetro lunar en la proximidad del cenit | augmentation.
aumento arbitrario del valor nominal del activo | write-up.
aumento axial | axial magnification.
aumento axial (óptica) | depth magnification.
aumento brusco (de presión, de corriente) | upward kick.
aumento brusco (de presión, de la corriente, etc.) | rush.
aumento brusco (de presión, temperatura) | build-up.
aumento brusco de la cargas | load surge.
aumento brusco de la corriente | current rush.
aumento brusco de la corriente al arrancar (motores eléctricos) | starting kick.
aumento brusco de la intensidad luminosa (televisión) | hotspot.
aumento brusco de la intensidad luminosa (TV) | flarespot | womp.
aumento brusco de la presión | pressure-surge | pressure surge.
aumento brusco de la temperatura | pulsed temperature | temperature flash.
aumento brusco de la velocidad | speed surge.
aumento brusco del calor | heat flash.
aumento brusco del nivel de la señal (radio) | burst.
aumento brusco del nivel de potencia de un reactor nuclear | excursion.
aumento continuo | continued increase.
aumento de | magnification of × 200.
aumento de capital | capital increase.
aumento de carga | load allowance.
aumento de conductividad por formación de sal (valoración química) | salt line.
aumento de densidad cuando se mezclan aguas de diferente temperatura y salinidad | caballing.
aumento de diámetro | upsizing.
aumento de diámetro en el centro (cilindro de laminador) | camber.
aumento de ductilidad | aging.
aumento de inclinación de la pendiente | grade steepening.
aumento de intensidad | deepening.
aumento de la deformación | strain strengthening.
aumento de la demanda | pick-up in demand.
aumento de la densidad al liberarse la plata metálica (fotografía) | build-up.
aumento de la duración del impulso | pulse stretching.
aumento de la escala vertical (mapas en relieve) | vertical exaggeration.
aumento de la potencia de régimen | uprating.
aumento de la presión | build-up of pressure.
aumento de la presión del aire debido a la presión dinámica (motor de chorro o de pistón) | ram effect.
aumento de la presión del aire debido a la presión dinámica (motores avión) | ramming.
aumento de la prima opcional | exercise of an option.
aumento de la producción | production upping | increase of output.
aumento de la productividad | growth of productivity | increase in productivity.
aumento de la reacción (en un amplificador) | peaking.
aumento de la renta | augmentation in the revenue.
aumento de la sección transversal (forjas) | gathering stock.
aumento de la sección transversal original (forjas) | gathering.
aumento de la solubilidad en el agua (por adición de una sustancia especial) | salting-in.
aumento de los recursos humanos | growth of human resources.
aumento de mercancía en almacén | inventory investment.
aumento de número de acciones sin aumentar el capital | stock splitup.
aumento de peso (textiles) | gain.
aumento de potencia en decibelios (electricidad) | reflection gain.
aumento de precio | appreciation | markup | increase in price.
aumento de presión en la aspiración sobre la presión atmosférica normal al nivel del mar (motor aviación) | boost pressure.
aumento de presión máximo | maximum pressure rise.
aumento de producción | improvement in output | increased production.
aumento de producción por hora o por día | speed up.
aumento de protección | protection plus.
aumento de resistencia a tensiones contrarias | forming.
aumento de resistencia por deformación plástica a temperatura menor que la de recristalización (metalurgia) | strain hardening.
aumento de salarios diferido | deferred wage increase.
aumento de tamaño al pasar del estado seco al cocido (refractarios) | firing expansion.
aumento de tarifas | rate hike.
aumento de temperatura máxima admisible | maximum permissible temperature rise.
aumento de temperatura originado | attendant temperature rise.
aumento de temperatura perceptible | measurable temperature rise.
aumento de valor | appreciation.
aumento de velocidad | gathering of speed.
aumento de volumen | increase in volume | swelling | swell.
aumento de volumen debido a la humedad | moisture expansion.
aumento de volumen en el autoclave (cementos) | autoclave expansion.
aumento del amperaje (electrolisis) | striking.
aumento del ancho (laminación) | spread.
aumento del ángulo de incidencia hacia la extremidad del ala (aviones) | washin.
aumento del ángulo de plegado después de terminar la acción de la prensa (embuticiones) | springback.
aumento del anteojo | telescope power.
aumento del costo | increased cost.
aumento del descuento | advance of discount rate.
aumento del diámetro interior para recibir el mandril para el estirado (forjas huecas) | becking.
aumento del nivel de la pleamar por viento u otras causas | surge.
aumento del número de acciones sin aumentar el capital | stock split-up.
aumento del número de acciones sin aumentar la cuenta de capital | split-up.
aumento del poder político | growth of political power.
aumento del precio | price increase.
aumento del sueldo a consecuencia de una promoción profesional | promotional salary increase.
aumento del vacío por adsorción del gas residual (tubo electrónico) | cleanup.
aumento del valor contable del activo | writing up.
aumento del valor nominal del activo sin justificación | write-up.
aumento del valor nutritivo de los alimentos por adición de vitaminas y productos minerales | food fortification.
aumento eficaz (microscopio) | useful magnification.
aumento en caudal (hidrología) | channel flow accretion.
aumento en diámetro por el encintado con fibra de vidrio (cables eléctricos) | build-up.
aumento en la velocidad de perforación (sondeos) | break.
aumento en los salarios | increase in wages rates.
aumento enorme en la demanda | rocketing rise in demand.
aumento estacional | seasonal advance.
aumento excesivo en el diámetro por desgaste anormal de la hilera (trefilado de alambre) | running out.
aumento general en salarios | all-round increase in pay.
aumento impositivo | increased taxation.
aumento instrumental | instrumental magnification.
aumento isoentrópico de entalpía | isentropic increase in enthalpy.
aumento lineal (óptica) | linear magnification.
aumento longitudinal | longitudinal magnification.
aumento mayor que la media | larger-than-average increase.
aumento natural por reproducción (rebaños) | natural increase.
aumento pasajero del empuje (turbina de gases) | thrust-boosting.
aumento pasajero del empuje quemando combustible adicional en el oxígeno que contiene los gases de escape (turborreactor) | reheat.
aumento por antigüedad | seniority increment.
aumento por regulación | regulation up.
aumento previsible | foreseeable increase.
aumento repentino del índice de corrosión (reactor nuclear) | breakaway.
aumento salarial | raise in wages.
aumento salarial retroactivo | back pay.
aumento sensible del precio | marked advance in price.
aumento súbito en los precios | price flare-up.
aumento superficial de una explotación | upgrading of farm.
aumento uniforme | flat-rate advance | horizontal increase.
aumento útil | available magnification.
aumentos de inmovilizados | additions to fixed assets.
aumentos de sueldo por categorías | within-grade pay increases.
aumentos en activo fijo | increase in fixed assets.
aumentos iguales para todas las categorías (jornales) | across-the-board increases.
aun | even.
aun cuando | even.
aunar | unite (to).
aunar criterios | unite criterions (to).
aura (medicina) | aura.
aura eléctrica | aura electrica.
aurado (que tiene orejas) | aurate.
aural | auric | aural.
aurato (química) | aurate.
aureación | aureation.
aureidad | aureity.
áureo | aureus | golden.
aureola | aureola | gloria | halo | nimbus | solar corona.
aureola (bellas artes) | gloria.
aureola (de la luna) | ring.
aureola (ensayos de minerales al soplete) | coating.
aureola (lámpara minas) | show | cap | cap flame | blue cap | gas cap.
aureola (lámparas minas) | nonluminous flame.
aureola (meteorología) | aureole.
aureola de contacto (geología) | chilled margin.
aureola de punteadura | pit border.
aureola kelifítica | kelyphitic rim.
aureola metamórfica | metamorphic aureole.
aureola metamórfica (geología) | aureole.
aureola quilifítica (geología) | reaction rim.
aureolar | aureolar | halo (to).
auriargentífero | auri-argentiferous.
auribromuro sódico | sodium auribromide.
áurico | auric.

auricomo (con cabello dorado) | auricomous.
aurícula | atrium.
auriculado | ear-like.
auricular | ear cup | receiver | auricular | headphone | phone.
auricular (teléfonos) | earphone | earpiece.
auricular con guía de ondas acústicas (telefonía) | acoustic earset.
aurífero | auriferous | aurigerous | aureous.
auriferosidad | auriferosity.
aurificación (de un diente) | aurification.
aurificar | aurify (to).
auriforme | auriform.
aurifrigia | auriphrygia.
aurifrigiado | auriphrygiate.
aurigación | aurigation.
Aurignaciense (geología) | Aurignacian.
auriscopia | auriscopy.
aurista | aurist.
auroargentífero | auroargentiferous.
auroferrífero | auroferriferous.
aurora (meteorología) | aurora.
aurora austral | southern lights | aurora australis.
aurora boreal | aurora borealis | aurora polaris
aurora boreal (meteorología) | aurora.
aurora boreal que parece emanar de la ionosfera | airglow aurora.
aurora de baja altitud (meteorología) | overhead aurora.
aurora no polar | nonpolar aurora.
aurora polar | aurora polaris | polar aurora.
aurora polar llameante | flaming aurora.
auroral | aurorean.
auróreo | aurorean.
auroso | aurous.
aurotelurita | white tellurium | yellow tellurium.
aurulento | aurulent.
auscultación | auscultation.
auscultación de hormigones | concrete auscultation.
auscultación de la opinión pública | polls.
auscultación de la soldadura | weld auscultation.
auscultación de puentes de acero | steel bridge auscultation.
auscultación dinámica | dynamic auscultation.
auscultación geodésica | geodetic auscultation.
auscultación geomecánica (suelos) | geomechanical auscultation.
auscultación industrial | industrial auscultation.
auscultación magnética | magnetic auscultation.
auscultación por vibración (estructuras) | vibration auscultation.
auscultación vibratoria | vibratory auscultation.
auscultación vibratoria del hormigón | concrete vibratory auscultation.
auscultador (persona) | auscultator.
auscultar | auscultate (to) | sound (to).
auscultatorio | auscultatory.
ausencia | leave | vacancy.
ausencia de color | colorlessness.
ausencia de contacto simultáneo | nonbridging.
ausencia de daño o perjuicio | safety.
ausencia de distorsión (campo magnético) | flatness.
ausencia de imágenes transmitidas (televisión) | black clamping.
ausencia de impresión | print holidays.
ausencia de momento | momentlessness.
ausencia de propagación | fade-out.
ausencia de relieve | absence of relief.
ausencia de ruidos en las oficinas | office quieting.
ausencia ilegal | leave-breaking.
ausencia injustificada | absence without leave.
ausencia total de brillo | dull.
ausentarse | absent (to).
ausente | absent.
ausente con permiso | absent with leave.
austemplado | austempered.
austemplar | austemper (to).
austemple (temple en baño de temperatura constante con tiempo suficiente para que la austenita se transforme isotérmicamente en bainita) | austempering.
austenita | austenite.
austenita metaestable | metastable austenite.
austenita proeutéctica | proeutectic austenite.
austenita residual | residual austenite | retained austenite.
austenita retenida | trapped austenite.
austenita retenida a la temperatura ambiente | austenite retained at room temperature.
austeníticamente estable | stably austenitic.
austenítico | austenitic.
austenitígeno | austenite-forming.
austenitización | austenitization | austenitizing.
austenitización en hidrógeno | austenitization in hydrogen.
austenitización gradual | stepped austenitizing.
austenitizado a 790-830 °C y enfriado en la fase bainítica | austenitized at 790-830 °C and cooled in the bainitic range.
austenitizado a 840 °C y enfriado rápidamente en aceite | austenitized at 840 °C and oil quenched.
austenitizado y endurecido en el vacío | austenitized and tempered in vacuo.
austenitizante | austenitizing.
austenitizar | austenitize (to).
austenización | austenisation (G.B.).
austenoide | austenoid.
austenomartensítico | austenito-martensitic.
austeridad | stringency.
austeridad financiera | financial restraint.
austeridad monetaria | monetary stringency.
austral | austral | southern.
austucidad | austucity.
autálico | authalic.
autarquía | self-sufficiency | autarchy.
autárquico | self-sufficient.
autenticación | authentication.
autenticar | authenticate (to).
autenticidad | authenticity | legitimacy | genuineness.
autenticidad de los pagarés | genuineness of notes.
autenticidad de una firma | genuineness of signature.
auténtico | authentic | on record.
autentificación | authentication.
autigénesis | in situ formation of minerals.
autigénico | authigenesis.
autígeno | authigenous | authigenic.
autillo | hoot owl | brown owl.
autillo (ave) | tawny owl.
autismo | autism.
auto | warrant.
auto (fallo de un tribunal) | rule.
auto (judicial) | decision.
auto alternativo (jurídico) | alternative writ.
auto con carrocería de plástico | plastic-bodied car.
auto con motor delantero | front-engined car.
auto contra el detentador | detinue.
auto de adjudicación | writ of award.
auto de avocación | certiorari.
auto de ayuda | writ of assistance.
auto de bancarrota (abogacía) | warrant in bankruptcy.
auto de desacato | contempt writ.
auto de desembargo | replevin | replevy.
auto de embargo | distress-warrant.
auto de embargo (abogacía) | distress warrant.
auto de embargo de bienes muebles del arrendatario (abogacía) | landlord's warrant.
auto de embargo y retención de bienes enwarrant.
garantía | writ of distress.
auto de excarcelación | writ of privilege.
auto de expropiación | writ of expropriation.
auto de oficio | ex officio decision.
auto de posesión | writ of seisin.
auto de prisión | committal | commitment | bench warrant.
auto de prisión (derecho) | body execution.
auto de prisión (detenidos) | mittimus.
auto de procesamiento | bill of indictment | indictment.
auto de registro | search-warrant | search warrant.
auto de reivindicación | writ of replevin.
auto de revisión | writ of review.
auto de revocación | certiorari.
auto de sobreseimiento | supersedeas | nonsuit.
auto de sobreseimiento (jurídico) | writ of supersedeas.
auto de suspensión (jurídico) | writ of supersedeas.
auto de suspensión del juicio | supersedeas.
auto declaratorio | explanatory writ.
auto del juez para detener a una persona | bench warrant.
auto ejecutivo (derecho) | writ of execution.
auto judicial | justice's warrant.
auto por incumplimiento de pacto (jurídico) | writ of covenant.
auto que se acerca | oncoming car.
auto resolutorio | definitive decree.
auto reubicable (rutina) | self-relocating.
auto suplementario (jurídico) | alias writ.
autoabrible | self-opening.
autoabridor | self-opening.
autoabsorción (nucleónica) | self-shadowing.
autoaccionado | autooperated.
autoacoplar | autocouple (to).
autoactivación | autoactivation.
autoactivador | self-acting.
autoactivar | autoactivate (to).
autoadaptable | self-adapting | self-adaptive.
auto-adaptación | self-adapting.
autoadaptación de la máquina | machine learning.
autoadaptativo | self-adaptive.
autoadhesivo | self-adhesive | self bonding.
autoadjunto | self-adjoint.
autoadrizable | self-righting.
autoadrizamiento | self-righting.
autoafilador | self-sharpening.
autoafiladura | self-sharpening.
autoafilamiento | self-sharpening.
autoaglomerado | self-bonded.
autoaglutinación | autoagglutination.
autoaglutinar | autoagglutinate (to).
auto-ajustable | self-adjusting.
autoalargador | self-lengthening.
autoalarma de señal de peligro | automatic distress warning apparatus.
autoalimentado | self-powered.
autoalimentador | self-feeder | self-feeding.
autoalineable | self aligning.
autoalineación | autoaligning | self aligning.
autoalineador | self aligning.
autoalineamiento | self-alignment.
autoambulancia | autoambulance.
autoamortizable | self-liquidating.
autoapertura | self-opening.
autoapretante | self-tightening.
autoarrancador | autostarter.
autoarrastrado | truck-drawn.
autoasegurador | self-insurer.
autoavalúo | self-assessment.
autoavanzante | self-advancing.
autobanco | drive-in bank.
autobarcaza petrolera | oil flat.
autobasculación | automatic tipping.
autobasculante | self-dumping.
autobiografía | autobiography.
autoblindaje | self-screening.
autobloqueante | self-locking.
autobloqueo | self-locking.
autobloqueo (radio) | squeegging | squeegeeing.
autobote | powerboat.
autobrechiación (lavas) | autobrecciation.
autobús | bus | motorbus.
autobús con cabina encima del motor | cabover-engine bus.
autobús de dos pisos | two-decker | double-dec-

ker | double-deck bus.
autobús de entrada por detrás y salida por delante | rear-entrance and front-exit bus.
autobús de imperial | double-deck bus.
autobús de pasajeros | passenger bus.
autobús de poco peso | wagonette.
autobús interurbano | motor omnibus.
autobús que funciona con un solo empleado (conduce y cobra) | one-man operated bus.
autobuses de dos pisos | double-decker buses.
autocalafateador | self-caulking.
autocalentable | self-heating.
autocalibración | self-calibrating.
autocalibrado | autosizing.
autocalibrador | self-measuring | autosizing.
autocamión | lorry | motor van | motor truck.
autocapacidad | autocapacity | self-capacity.
autocapacitación | self-training.
autocapacitancia | self-capacitance | self capacitance.
autocaptación | self-trapping.
autocapturado | self-trapped.
autocarbonización | autocarbonization.
autocarga | bootstrap.
autocargador | self-loading.
autocarrocería de plástico | plastic autobody.
autocartógrafo | autocartograph.
autocatalítico | autocatalytic | autocatalitic.
autocebable | self-quenching.
autocebador | self-quenching | self-priming.
autocebadura | self-priming.
autocebante | self-priming.
autocentrable | autocentering.
autocentración | autocentering.
autocentrado | autocentration | self-centring | self-centering | self-centered.
autocentrador | self-centric | self-centring.
autocentrador y cuadrador (tipografía) | automatic centering and quadding device.
autocentraje | autocentration.
autocentrante | self-centering | self-centring.
autocerrable | self-closing | self-locking.
autocicatrizante | self-healing.
autocíclico | autocyclic.
autocinesis | autokinesis.
autocinético | autokinetic.
autocisterna | tank lorry.
autoclasis | autoclasis.
autoclástico | autoclastic.
autoclave | pressure cooker | crazing pot | retort.
autoclave (digestor) | digester.
autoclave (laboratorio) | autoclave.
autoclave a presión | pressurized autoclave.
autoclave con camisa exterior de vapor (fabricación aluminio) | kier.
autoclave de blanquear (tejeduría) | kier.
autoclave para teñir | pressure dye kettle | dyeing autoclave.
autoclaveado | autoclaved.
autocobresoldeo por resistencia eléctrica | resistance autobrazing.
autococción | self-baking.
autocochura | self-baking.
autocodificación | autoencode.
autocodificador | autocoder.
autocódigo | autocode.
autocolimación | autocollimation.
autocolimador | autocollimator | autocollimating.
autocolimador micrométrico | micrometric autocollimator.
autocolocación | autoplacing.
autocombustión | autocombustion.
autocompensación | autocompensation | self-compensating | self-equalizing.
autocompensado | self-balancing | self-compensated.
autocompensador | self-equalizing.
autocomprobación | self-checking.
autocondensación | autocondensation.
autoconducción | autoconduction.
autoconectar | autoconnect (to).
autocongelación | autofreezing.
autoconstricción | self-constriction.
autoconsumo | self-consumption.
autocontador electrónico | autocounter.
autocontinuo | autocontinuous.
autocontracción acimutal | theta-pinch.
autocontracción ortogonal | theta pinch.
autoconvertidor | autoconverter.
autocopiar | mimeograph (to) | hectograph (to).
autocopiar (a la gelatina) | graph (to).
autocopiativo | self-copying.
autocopista | mimeograph | hectograph | collograph.
autocopista (a la gelatina) | graph.
autocopista a la gelatina | jellygraph.
autocorrección | autocorrection | self-correcting.
autocorrelación | autocorrelation.
autocorrosión | autocorrosion.
autocracia | autocracy.
autocromía | direct color print.
autocromo | autochrome.
autocronizador | self-synchronizing.
autocronología | autochronology.
autocton | autochthon.
autoctonia | autochthony.
autóctono | autochthonous | autochthonal.
autocuba | tank lorry | tank truck.
autocheque (economía) | drive-in bank.
autodefensa | self-defense.
autodeformado | self-strained.
autodepuración | self-filtering | self-purification.
autodesalación | self-desalting.
autodescarga | self-unloading.
autodescargador | self-unloading.
autodescendible | self-lowering.
autodescenso | self-lowering.
autodesconectable | self-releasing | self-triggering.
autodesconexión | self-triggering | self-releasing.
autodesembragable | self-releasing | self-disengaging.
autodesembrague | self-releasing.
autodesoxidante | self-descaling.
autodesprendible | self-detaching | self-releasing.
autodestrucción | autodestruction | self-destruction.
autodestruirse (sistemas) | suicide (to).
autodidacta | self-cultured | self-educated | self-instructed | self-taught.
autodidacto | self cultured | autodidact.
autodidaxia | self-education | self-culture | self education | self culture.
autodifusión | autodiffusion | self-diffusion.
autodifusión del uranio | uranium self-diffusion.
autodinámico | autodynamic.
autodino | autodyne | endodyne.
autodirección (misiles) | homing.
autodirección por rayos infrarrojos | infrared-homing.
autodirigido | self-guided.
autodisolución | self-disolution.
autoditacta | self-made.
autodosificación | self-proportioning.
autodosificador | self-proportioning.
autodosificante | self-proportioning.
autodrenaje | autodrainage.
autodrenante | self-draining.
autódromo | autodrome | motordrome.
autodual | self-dual.
autoecología | autoecology.
autoeducación | autoeducation.
autoelectrolisis | autoelectrolysis.
autoelectrónico | autoelectronic.
autoelevación | bootstrapping.
autoelevador | self-elevating | self-raising.
autoemisión | autoemission.
autoemisor | automatic sender.
autoencendido | self-ignition | run on.
autoencendido (motor gasolina) | dieseling.
autoencendido (motores) | ping | pinging | knock.
autoencendido (por exceso de avance de la chispa - motores) | spark ping | spark knock | rumble.
autoencendido. autoignición | autoignition.
autoencendido en la compresión (motores) | running-on.
autoenclavador | self-locking.
autoendurecedor | self-hardening.
autoendurecibilidad | air hardenability.
autoendurecible | self-hardening | air hardenable.
autoendurecimiento | self-hardening | air hardening.
autoenergizante | self-energizing.
autoenfocador | self-focusing.
autoenfriado | self-cooled.
autoenlucido (hornos y crisoles) | self-brasquing.
autoenterramiento (desechos radiactivos) | self-burial.
autoentretenido | self-maintaining.
autoentretenimiento | self-maintaining.
autoequilibrador | self-balancing.
autoequilibrante | self-balancing.
autoequilibrar | autobalance (to).
autoequilibrio | self-balancing.
autoerotismo | sexual self-love.
autoespecífico | autospecific.
autoestabilidad | autostability | inherent stability.
autoestabilización | autostabilization | self-stabilizing.
autoestabilizado | self-balancing.
autoestabilizador | autostabilizer | self-stabilizing | automatic stabilizer.
autoestable | self-supported | self-supporting | inherently stable | freestanding.
autoestable (electrotecnia) | self-supporting.
autoestado | eigenstate.
autoestanco | self-staunching.
autoestereoscopia | autostereoscopy.
autoestereoscópico | autostereoscopic.
autoestéril (genética) | self-sterile.
autoesterilidad | self-sterility.
autoestibante | self-stowing.
autoestibante (buques) | self-trimming.
autoestrada | autobahn.
autoevaporación | self-evaporation.
autoexcitable | self-exciter.
autoexcitación | autoexcitation | self-excitation.
autoexcitador | self-exciter | self-exciting | autoexciter.
autoexcitar | self-excite (to).
autoexcitatorio | self-exciting.
autoexcitatriz | self-exciting | self-exciter | autoexciter.
autoexpansible | self-expanding.
autoextinción | self-extinction | self-quenching.
autoextinguible | self-extinguishing.
autoeyección | self-ejecting.
autofagia | autophagia | autophagy.
autófago | autophagous.
autófagos | autophagi.
autofecundación (genética) | self-fertilisation | selfing.
autofertilidad (árboles frutales) | self-fruitfulness.
autofertilizante | breeder.
autofijador | self-fixing.
autofiltración | self-filtering.
autofinanciación | self-financing | ploughing back | internal borrowing.
autofinanciado | self-financed.
autofita | autophyte.
autofobia | fear of solitude.
autofonía | autophony.
autófono | autophone.
autofonometría | autophonometry.
autoformación | self-development.
autofraguable | self-setting.
autofraguado | self-setting.
autofuncionamiento | auto-operation.

autofundente | self-fluxed | self-fluxing.
autofundente (mineral) | self-fusible.
autogamia | automixis | autogamy.
autogéneo | autogeneal.
autogénesis | autogenesis.
autogenético | autogenetic.
autogenia | autogeny | self-generation.
autogenizador | autogenizer.
autogenizador de la pasta | paste autogenizer.
autógeno | autogenous.
autogeosinclinal | autogeosyncline.
autogirar | autorotate (to).
autogiro | autogiro.
autogiro que despega verticalmente | jump-off autogiro.
autognosis | self-knowledge | autognosis.
autognóstico | autognostic.
autogobernado por radar | radar self-guided.
autogonal | autogonal.
autografía | autography.
autografiar | autograph (to).
autográfico | autographic.
autografismo | autographism.
autógrafo | autograph.
autograma | autogram.
autograma (gráficos) | auto-chart.
autogravitante | self-gravitating.
autogrúa con motor diesel | diesel mobile crane.
autoguiado | self-guided | automatically-steered | driveless.
autoguiado (misiles) | homing.
autoguiamiento (misiles) | homing.
autoguiar | home (to).
autoheterodino | autoheterodyne | endodyne.
autohidratación (rocas ígneas) | autohydration.
autoignición | autoigniting | self-ignition.
autoignitante | autoigniting.
autoignitir | autoignite (to).
autoigualador | self-equalizing.
autoincriminación | self-incrimination.
autoindicador de vía | self-routing indicator.
autoindización | autoindexing.
autoindizante | self-indexing.
autoinducción | self-inductance | self-induction | autoinduction.
autoinducción aparente | apparent self-induction.
autoinducción distribuida | distributed inductance.
autoinducción sin resistencia | imaginary self-induction.
autoinductancia | self-inductance.
autoinductivo | autoinductive.
autoinductor | self-inductor.
autoinflamable | self-inflammable.
autoinmunización | autoimmunization.
autointerferencia de imagen de radar | spoking.
autointerrumpido | self-pulsing.
autointerruptor | self-interrupter.
autointoxicación | autointoxication.
autointrusión | autointrusion.
autoinversión de la cinta | automatic ribbon reverse.
autoionización | autoionization.
autoirradiador | self-radiator.
autoirradiante | self-radiating.
autolanzamiento | self-launching.
autolatría | autolatry | self-worship.
autolavador | self-scrubbing.
autolesión | self-inflicted injury.
autolevantable | self-raising.
autoligador | self-bonding.
autolimpiable | self-wiping.
autolimpiador | self-cleaning | self-wiping.
autolimpiante | self-cleaning.
autoliquidable | self-liquidating.
autoliquidación | self-liquidating | self-assessment.
autolisado de levadura | yeast autolysate.
autolisis | autolysis.
autolito | autolith | cognate xenolith.
autolito (petrología) | cognate inclusion.
autolizar | autolyze (to).
autolubricable | self-oiling.
autolubricación | self-lubricating | self-oiling.
autolubricador | self-oiling.
autolubricante | self-oiling | self-lubricating.
autoluminoso | self-luminous.
autollamada | automatic ringing.
automación | robotization.
automaduración | self-aging.
automantenido | self-sustaining.
automantenimiento | self-sustaining.
autómata | robot | automaton.
autómata (EE.UU.) | zombie.
autómata cibernético | cybernetic automaton.
autómata industrial | industrial robot.
autómata limitado | finite automaton.
autómata que da las horas (relojes) | jack.
autómatas | automata.
autómatas de doble entrada | two-way automata.
autómatas que se corrigen a sí mismos | self-repairing automata.
automática (ciencia) | robotry.
automática industrial | industrial automation.
automáticamente cerrado | automatically locked.
automáticamente compensado | automatically compensated.
automáticamente levantado | lifted automatically.
automáticamente libre | automatically freed.
automáticamente limpio | automatically-cleaned.
automáticamente retraído | automatically retracted.
automaticidad | automaticity | automatic power | automatic quality | automatic working.
automaticidad de la medida | measuring automation.
automaticidad del montaje | mounting automaticity.
automático | self-running | automatic | self-governing | self-moving | operated without manual attention | auto | self-acting.
automático (aparatos) | unmanned.
automático (electricidad) | circuit breaker.
automático (máquinas) | nonattended.
automático con fusible de caída (electricidad) | dropout fuse cutout.
automático de fusible | safety cutout.
automático de fusible restablecedor | reclosing fuse cutout.
automático de máxima | single-pole overload circuit-breaker.
automático de sobreamperaje | overload preventer | overload cutout.
automático de sobrecarga (electrotecnia) | overload preventer.
automático de sobreintensidad | overload circuit-breaker.
automático de sobreintensidad máxima | maximum cutout.
automático del bastidor del carro | carriage receder | offset.
automático interurbano | toll dialling.
automatismo | automatism | robotism.
automatizable | computerizable.
automatización | automatization | automating | automation | robotization.
automatización completa de un proceso de fabricación con empleo mínimo de mano de obra no especializada (industria química) | robotization.
automatización computerizada | computer-based automation.
automatización de bibliotecas | library automation.
automatización de datos informativos | source data automation.
automatización de diseño | design automation.
automatización de estaciones de clasificación (ferrocarril - EE.UU.) | yard automation.
automatización de la fabricación | manufacturing automation.
automatización de las revistas (bibliotecas) | mechanized processing of periodicals.
automatización de los catálogos de bibliotecas | computerization of library catalogues.
automatización de los trabajos en una factoría naval | automation of shypyard operation.
automatización de oficinas | office automation.
automatización de pausas | segmented automation.
automatización de procesos de fabricación | process automation.
automatización del avance | feed automatization.
automatización del buque | ship automation.
automatización del lenguaje | computational linguistics.
automatización del programa televisivo | television program automation.
automatización del vuelo | flight automation.
automatización documentaria | documentary automation.
automatización neumática | pneumatical automation.
automatizado | automated.
automatizado por calculadora | computer-automated.
automatizador | automator.
automatizar | robotize (to) | automate (to) | automatize (to).
automatógrafo | automatograph.
automecanismo de cambio de lanzaderas | automatic shuttle change motion.
automecanismo eléctrico | auto electrical gear.
automedidor | self-measuring.
automensura | automatic metering.
autometamorfismo | autometamorphism.
autometamorfositado | automorphosed.
autometasomatismo (minerales) | autometasomatism.
autometria | autometry | automatic metering.
automoción | automotive | automotion.
automoderante | self-limiting.
automoderatriz | self-limiting.
automolita | automolite.
automontable | self-erecting.
automontaje | self-erecting.
automórfico | automorphic.
automorfismo | automorphism.
automorfo | automorphic | euhedral.
automotor | automotive | self-moving | motor barge | self-propelling | self-propelled.
automotor (ferrocarriles) | railcar.
automotor con caja de estructura tubular integral tubular railcar.
automotor de acumuladores | battery railcar.
automotor diesel | diesel-engined railcar.
automotor diesel-eléctrico | diesel-electric railcar.
automotor diesel-eléctrico (ferrocarril) | diesel-electric railbus.
automotor para líneas secundarias | secondary line railcar.
automotor para servicios de cercanías (ferrocarrl) | suburban railcar.
automotriz | automotive.
automóvil | automobile | self-propelled | self-propelling | car | machine | auto | motor vehicle | motorcar.
automóvil alcanzado (calzadas) | overtaken car.
automóvil anfibio | seep.
automóvil armado con piezas de distintos fabricantes | assembled automobile.
automóvil barato | flivver.
automóvil blindado | armored automobile.
automóvil con motor atrás | rear-engined coach.
automóvil con motor eléctrico alimentado por acumuladores | battery-electric motor car.
automóvil con motor posterior | rear-engined car.
automóvil con suspensión independiente en las ruedas | independently-suspended car.
automóvil con turbina de gases | turbine car.

automóvil conducido por uno mismo | self-drive car.
automóvil de artesanía | hand-crafted automobile.
automóvil de gran aceleración | speeding automobile.
autómovil de juguete a escala reducida | toy car.
automóvil de precio medio | medium-priced car.
automóvil de turbina de combustión | gas-turbine car.
automóvil descapotable | convertible.
automóvil eléctrico | electric motorcar.
automóvil montado en un depósito franco | assembled automobile.
automóvil para distribuir libros | bookmobile.
automóvil pequeño | runabout | minicar.
automóvil policial con radioteléfono | prowl car | cruiser.
automóvil portamangueras | automobile hose tender.
automóvil propulsado por turbina de combustión | gas-turbine-powered motor car.
automóvil propulsado por turbina de gases | turbocar.
automóvil que guía a un avión que ha aterrizado para conducirlo a su sitio de aparcamiento (aeropuertos) | follow-me vehicle.
automóvil que no necesita lubricación | greaseless car.
automóvil sin chófer | self-drive car.
automovilear | auto (to).
automovileo sin cambiar de velocidad | shift-free motoring.
automóviles por habitante | cars per head of pupulation.
automovilismo | motoring.
automovilista | automobilist.
automultiplicador | self-energized | self-multiplying.
autoneomórfico | autoneomorphic.
autoneumatólisis | autopneumatolysis.
autónimo | writer's own name | autonym.
autonita | calcouranite | autonite.
autonivelante (aparatos) | self-leveling.
autonomía | autonomy.
autonomía (aviación) | operating range.
autonomía (avión) | operational endurance.
autonomía (aviones) | cruising radius.
autonomía (buques) | steaming radius.
autonomía (buques, aviones) | operating radius | range.
autonomía (tiempo que puede volar un avión sin repostar combustible) | endurance.
autonomía a toda potencia | full power operating radius.
autonomía administrativa de una región (G.B.) | devolution.
autonomía de vuelo | flight endurance.
autonomía de vuelo sin repostar combustible (aeroplanos) | fuel distance.
autonomía interinsular | interinsular autonomy.
autonomía pequeña | low range.
autonomía periodística | journalistic autonomy.
autonomía regional | regional autonomy.
autonómico | autonomic.
autonomista | autonomist.
autónomo | autonomous | unitary | self-governing | independant.
autonucleación (química) | self-nucleation.
autooptimizante | self-optimizing.
autoordenación | autoordenation.
autooscilación | self-oscilating | self oscillation.
autooscilador | self-oscilating | self-oscilator.
autooscilante | self-oscilating.
autooxidabilidad | autooxidizability.
autooxidable | self-corroding | autoxidizable | autooxidizable.
autooxidación | autooxidation | autoxidation.
autooxidador | autoxidator.
autoparable | self-stopping | self stopping.
autopatía | autopathy.
autopático | autopathic.
autopelágico | autopelagic.
autopercepción (acústica) | sidetone.
autopesadora registradora | weigher.
autopiloto para helicóptero | helicopter autopilot.
autopiloto para misiles | missile autopilot.
autopiloto para navegación | navigational autopilot.
autopiratería (corrientes de agua) | autopiracy.
autopista | motor-road | express highway | expressway | throughway | highway | motorway.
autopista de peaje | turnpike.
autopista dividida en varias vías de tráfico | multilane divided freeway.
autoplastia | autograft.
autoplasticidad | autoplasticity.
autoplástico | autoplastic.
autoploide | autoploid.
autopolarización (electrónica) | self-bias.
autopolarización (radio) | auto bias.
autopolarización de rejilla | auto-bias.
autopolarización por voltaje de colector constante | constant-collector-voltage self-bias.
autopolinación | inbreeding.
autoportante | self-supporting.
autoposicionador | self-positioning.
autoposicionar | autoposition (to).
autopositiva | autopositive.
autopotencial | self-potential.
autoprecipitación | autoprecipitation.
autoprensor | self-gripping.
autopropagación | self-propagation.
autopropagante | self-multiplying | self-supporting.
autopropulsado | self-propelled.
autopropulsión | self-propulsion.
autoprotección | self-protection.
autoprotección a las energías de resonancia (neutrónica) | resonance shielding.
autoprotector | autoprotective.
autópsico | autopsic.
autopurgador | self-purging.
autopurgador de agua | automatic water trap.
autopurgador de vacío | automatic vacuum trap.
autopurificación | autopurification | self-purification.
autopurificación bacterial | bacterial autopurification.
autor | composer | originator | promoter | author.
autor (de aparatos) | deviser.
autor (de una ley) | enactor.
autor (edición crítica) | editor.
autor de artículos para periódicos | hack writer.
autor de un informe | reporter.
autor de un pleito por falsificación | caveator.
autor de una consolidación (de deuda, etc) | consolidator.
autor de una moción | mover.
autor del delito de falso testimonio | perjurer.
autor del hecho | perpetrator of the deed.
autora | authoress.
autor-editor | author-publisher.
autoregenerable | self-healing.
autoreproducible | self-reproducible.
autoría | authorship.
autorial | auctorial.
autoridad | power | command | governance | control | authority | authorship.
autoridad asignadora | convening authority | appointing authority.
autoridad civil | civil power.
autoridad competente para otorgar licencias | competent licencing authority.
autoridad de control | supervisory authority.
autoridad delegante | delegating authority.
autoridad dirigente | directional authority.
autoridad eminente | leading authority.
autoridad expedidora | issuing authority.
autoridad fiscal | taxing authority | taxing power.
autoridad imponedera de impuesto | due charging authority.
autoridad legal | legal authority.
autoridad lineal | line authority.
autoridad militar | military power.
autoridad reconocida | standard authority | accepted authority.
autoridad revisora | approving authority | reviewing authority.
autoridad sobre casas habitación | housing authority.
autoridad transferente | assigning authority.
autoridades | authority.
autoridades competentes | public authorities.
autoridades constituidas | established authorities.
autoridades expedidoras de certificados | certificate issuing authorities.
autoridades fiscales | revenue autorities.
autoridades marítimas del puerto | Harbor Board.
autoridades más eminentes del mundo | world's leading authorities.
autoridades médicas del puerto | port medical authorities.
autoridades monetarias | monetary authorities.
autoridades municipales | civil authorities.
autoridades partidarias del cañón | gun-minded authorities.
autoridades reguladoras de precios | price-fixing authorities.
autoridades sanitarias | health authorities.
autoritarismo | authoritativeness.
autorizable | licensable.
autorización | authorization | clearance | warranty | permit | licence (Inglaterra) | licence (Inglaterra) | approval levels | license (EE.UU.) | license (EE.UU.) | licensing.
autorización (para vender o comprar) | authority.
autorización de aproximación (aeropuertos) | approach clearance.
autorización de compra | procurement authorization | authority to purchase.
autorización de constitución para sociedad anónima | corporation charter.
autorización de descarga (aduana) | freight release.
autorización de inspección | inspecting order.
autorización de órdenes a crédito | passing orders for credit.
autorización de pago | authority to pay.
autorización de seguridad | security clearance.
autorización de tráfico aéreo | air-traffic clearance.
autorización de vuelo a una aeronave (aerodromos) | aircraft clearance.
autorización global | overall authorization.
autorización limitada | restricted permit.
autorización ministerial | ministerial authorization.
autorización para pagos | authority for expenditures.
autorización para poner en marcha una aeronave | start up clearance.
autorización para provisión de fondos | procurement authorization.
autorización para publicar (en un períodico) | release.
autorización para rápida amortización | certificate of necessity.
autorización para reparaciones | authority for repairs.
autorización para retirar fondos | withdrawal warrant.
autorización provisional | conditional grant.
autorización real | actual authority.
autorización sindicada de contratación | permit card.
autorizado | licensed | authorized | chartered | permissible | commissioned.
autorizado para | entitled.
autorizado para conocimiento del público (documento) | nonclassified.
autorizado para representar la organización | authorized to commit the organization.

autorizante (de una patente) | licenser.
autorizar | entitle (to) | commission (to) | license (to) | accredit (to) | empower (to) | warrant (to) | authorize (to) | authenticate (to) | authorise (to) | legalize (to).
autorizar (transmisión de mensajes) | release (to).
autorracemización (química) | autoracemization.
autorradiador | self-radiator.
autorradiante | self-radiating.
autorradiografía | autoradiograph | autoradiography | radioautography.
autorradiografía efectuada con tritio | tritium autoradiograph.
autorradiografía electrónica | electron autoradiography.
autorradiografía por rayos beta | beta-ray autoradiograph.
autorradiograma | autoradiogram.
autorradiólisis | autoradiolysis.
autorreactor | athodyd | ramjet.
autorrecíproco | self-reciprocal.
autorrecocido | self-annealing.
autorreconexión | auto-reclosing.
autorrectificable | self-dressing.
autorrectificador | self-rectifying.
autorreducción | autoreduction.
autorreductor | self-reducing | automatic reducer.
autorreductor de presión del vapor | automatic steam pressure reducer.
autorregenerable (catalizador) | self-saving.
autorregenerador nuclear | nuclear breeder.
autorregistrador | autographic | self-recording | autorecorder.
autorregistro | self-recording.
autorregresión (econometría) | autoregression.
autorregresivo | autoregressive.
autorregulable | self-adjustable.
autorregulación | automatic regulation | autocontrol | self-control | self-regulating | autoregulation | inherent regulation.
autorregulación de la tensión del hilo | yarn tension automatic regulation.
autorregulación del programa de temperaturas (hornos metalúrgicos) | automatic temperature program control.
autorregulado | autocontrolled | self-controlled.
autorregulador | self-acting regulator | automatic regulator | autoregulator | self-regulating.
autorregulador de frecuencia | automatic frequency regulator.
autorregulador de la corriente | automatic current regulator.
autorregulador de la temperatura de saturación | saturation point automatic regulator.
autorregulador de temperatura | automatic temperature regulator.
autorregulador de velocidad variable | automatic variable-speed governor.
autorregulador de voltaje | automatic voltage regulator.
autorregulador de volumen | automatic volume control.
autorreguladora | self-regulating.
autorrellenable | self-filling.
autorrelleno | self-filling.
autorrenovable | self-renewing.
autorreparador | self-repairing.
autorrepleción de poros | self-clogging.
autorreposición | auto-reclosing.
autorreposición extrarrápida | instantaneous autoreclosing.
autorresistente | inherently resistant.
autorretransmisión | automatic retransmission.
autorrevenido (temple del acero) | taking the snap out.
autorrotación | autorotation | windmilling.
autorrotación de las palas del rotor después de desembragar el motor (helicópteros) | freewheeling.
autorrotar | autorotate (to).
autorrotativo | self-rotating | autorotative.
autos | records | proceedings | judgment roll.
autos (jurisprudencia) | process.
autosangre | autoblood.
autosaturable | self-saturing.
autoscopio | autoscope.
autoseguimiento (del blanco) | self-tracking.
autoseguro | self insurance.
autoseleccionador | self-selecting.
autoselectivo | self-selecting.
autoservicio | self-service.
autosevocom | autosevocom.
autosifonaje | self-siphoning.
autosilbidos (TV) | self-whistles.
autosinartético | autosinartetic.
autosincrónico | selsyn | autosyn.
autosincronismo | selfsyn.
autosincronización | autosynchronization | self-synchronizing.
autosincronizador | automatic timer | automatic synchronizer.
autosincrono | autosynchronous.
autosintonización | automatic tuning.
autosita | autosite.
autosoldabilidad (mercurio) | booking.
autosoldable | self-sealing.
autosoma | autosome.
autosónico | autosonic.
autosotérico | autosoteric.
autosotismo | autosotism.
autospec | autospec.
autosuficiencia | autosufficiency | self-sufficiency.
autosuficiente | self-sufficient | autosufficient.
autosugestión | autosuggestion.
autosujeción | self-gripping.
autosujetador | self-securing | self-fixing | self-locking.
autotalonadora (medias menguadas) | autoheeler.
autotaponante | self-plugging.
autotaumaturgista | autothaumaturgist.
autoteismo | deification of oneself.
autotélico | autotelic.
autotemno | autotemnous.
autotemplabilidad | air hardenability.
autotemplable | air hardenable | self-quenching | self-hardening.
autotemplar | air-quench (to).
autotemple | self-quench | air hardening | air quenching.
autotensado | automatic tensioning | self-stressed.
autotensador | automatic tensioning device.
autotensante | self-tensioning | self-tightening.
autotérmico | autothermic.
autotipia | autotype process.
autotipia de trama gruesa (grabado) | coarse screen halftone.
autotipia para impresión multicolor (grabado) | color process plate.
autotipia siluetada | cutout | blockout.
autotipia silueteada (fotomecánica) | cutout halftone.
autotipografía | autotypography.
autotopismo | autotopism.
autotrabador | self-locking.
autotransductor | autotransductor.
autotransferencia | autotransfer.
autotransformador | autotransformer | single-circuit transformer.
autotransformador (compensatriz - electricidad) | compensator.
autotransformador (electricidad) | balancing coil.
autotransformador con regulación en carga | on load tap changing autotransformer.
autotransformador de relación regulable | variac.
autotransformador variable de arranque con carga limite | limit-start variable autotransformer.
autotransmisor | autotransmitter | automatic transmitter.
autotrazador | auto-tracking.
autotrincador | self-locking.
autotrófico | autotrophic.
autótrofo | autotroph.
autotrópico | autotropic.
autotropismo | autotropism.
autovaciable | self-emptying | self-dumping.
autovaciamiento | self-emptying.
autovalor | eigenvalue.
autovalorador | autotitrator.
autovalorador (soluciones) | automatic titrator.
autovalores de una matriz tridiagonal | tridiagonal matrix eigenvalues.
autovector | autovector.
autoventilado | self-ventilated.
autoverificación | self test.
autoverificador | self-verifying.
autovía | rail car | rail-car.
autovirante (papel fotográfico) | self-toning.
autovolcable | self-dumping.
autovolcador de vagones | automatic tipper.
autovon | autovon.
autovulcanizante (caucho) | self-curing.
autozunchado | autofrettaged.
autozunchado (cañón) | radially expanded.
autozunchado (cañones) | autofrettage | radial expansion.
autozunchado (tubos) | autofretted | self hooped.
autozunchar | autofrettage (to).
autrómetro | autrometer.
autunita | autunite.
autunita (fosfato hidratado doble de uranio y cal) | lime uranite.
auxanografía | auxanography.
auxanología | auxanology.
auxanometría | auxanometry.
auxanómetro | auxanometer.
auxesis | auxesis.
auxiliador | helper.
auxiliar | minor | aid (to) | ancillary | helper | standby | auxiliary | apprentice.
auxiliar (circuitos, etc.) | subsidiary.
auxiliar (persona) | subworker.
auxiliar (sala de telares) | secondhand.
auxiliar administrativo | office apprentice.
auxiliar de conferencias | lecture assistant.
auxiliar de cubierta (EE.UU.) | deck cadet.
auxiliar de laboratorio | laboratory-assistant.
auxiliar de máquinas (buque EE.UU.) | engineer cadet.
auxiliar de máquinas (buques) | engine maintenance.
auxiliar de oficinas (marina EE.UU.) | yeoman.
auxiliar de vuelo | flight attendant.
auxiliar del jefe de trabajos (astilleros) | assistant manager.
auxiliar del libro mayor | subsidiary ledger.
auxiliares de la cámara de máquinas | engine room auxiliaries.
auxiliares del casco | hull auxiliaries.
auxiliares vitales (buques) | vital auxiliaries.
auxiliaría | assistantship.
auxilio | help.
auxilio propio | self-help.
auxina (botánica) | auxin.
auxocromo | auxochrome.
auxógrafo | auxograph.
auxología | auxology.
auxómetro | auxiometer | auxometer.
auxotónico | auxotonic.
avadura | key.
avahar | breathe (to).
aval | aval | security | indorsement | guarantee | special guarantee | guaranteed by endorsement | backing a bill | back.
aval (efectos comerciales) | accommodation indorsement.
aval accesorio | collateral security.
aval limitado | limited accommodation.
avalancha de cenizas volcánicas | ash flow.

avalancha de la oferta (bolsa) | offer's landslide.
avalancha electrónica | avalanche.
avalar | endorse (to) | endorse for accommodation (to) | guarantee (to) | back up (to) | back (to) | vouch (to) | vouch (to) | warrant (to) | stand security (to).
avalar la colocación de una emisión | guarantee the placement of an issueto.
avalente | avalent.
avalista | guarantor | surety | endorser | referee.
avalista (efectos) | acceptor for honor.
avaluar | appraise (to).
avalúo | evaluation | assessment | appraisal | appraisal.
avalúo catastral | tax valuation.
avalúo inferior al verdadero | underevaluation.
avalvo | valveless.
avalvulado | valveless.
avambrazo (armadura antigua) | armlet.
avanbrazo (armadura medieval) | vambrace.
avance | moving forward | movement | pushing-on | way | forward movement | getting on | advance | pacing | process | progression.
avance (cucharón de palas mecánicas) | crowd.
avance (de fase, de excéntrica, del distribuidor, del encendido) | lead 11.
avance (de la herramienta) | traverse feed.
avance (de un filme) | preview.
avance (en túnel, sondeos, etc.) | footage.
avance (filme) | trailer.
avance (galería de mina) | driving.
avance (máquina herramienta) | feeding.
avance (máquinas herramientas) | feed | travel.
avance (minas) | depth of round | back end | break | pull.
avance (minería) | outstope.
avance (negocios, etc.) | forwarding.
avance (péndulos) | gain.
avance (sondeos) | headway.
avance a la admisión | preadmission | admission lead | early admission.
avance a la admisión (máquinas) | lead admission.
avance a la evacuación (distribuidor de concha) | inside lead.
avance a la introducción (distribuidor en D) | inside lead.
avance a la introducción (máquinas) | lead admission.
avance a mano | manual advance.
avance a mano (magnetos) | hand timing.
avance a mano (máquinas herramientas) | hand feed.
avance al encendido | advance ignition | advance sparking.
avance al encendido (motores) | timing range | exhaust lead | spark advance.
avance al escape | early release.
avance al escape (máquina vapor) | exhaust lead.
avance al escape (máquinas alternativas vapor) | prerelease.
avance angular (distribuidor máquinas vapor) | angle of advance.
avance angular (máquinas vapor) | angular advance.
avance angular a la admisión (máquinas de vapor) | angle of lead.
avance angular al escape (máquinas vapor) | angle of prerelease | angular prerelease.
avance automático (magneto) | automatic timing.
avance automático (máquina herramienta) | self act | power feed.
avance automático (máquina-herramienta) | automatic travel.
avance automático (máquinas) | auto-feed.
avance automático (máquinas herramientas) | automatic feed | self-acting feed.
avance automático (motores) | automatic lead.
avance automático (tornos) | power traverse.
avance automático de la regulación | automatic timing advance.
avance automático del encendido | automatic ignition advance.
avance automático del encendido (motores) | timer.
avance automático por rodillos | automatic roller feed.
avance automático reversible | reversible automatic feed.
avance axial | axial pitch.
avance bajo el fuego (tropas) | advancing under fire.
avance cinético (tiro contra blanco móvil) | kinetic lead.
avance con agujas | spiling.
avance con agujas (minas) | piling | spilling.
avance con agujas (minas, túneles) | poling.
avance con entibación divergente (túneles) | spilling.
avance con escudo (minas) | fore-poling with breast boards.
avance con frente entero (túneles) | full-face tunneling.
avance con palanca | lever feed.
avance con tablestacas | spiling.
avance con tablestacas (minas) | sheet piling | fore-poling | spilling | booming.
avance continuo | continuous feed | regular feed.
avance de encendido electrónico | electronic ignition advance.
avance de fase | leading | phase lead.
avance de filme | prevue.
avance de la cabeza rectificadora | grinding head travel.
avance de la cinta | ribbon feed.
avance de la escuadra (carro de sierra) | set works.
avance de la excéntrica | lead of the eccentric.
avance de la exhaustación | exhaust clearance.
avance de la fresa | milling cutter feed | cutter feed.
avance de la fresa matriz | hob feed.
avance de la mesa | plateen-feed | table travel.
avance de la mesa (máquina herramienta) | platen-feed.
avance de la mordaza | nipper forward movement.
avance de penetración de 20 milímetros por pasada (sierra circular) | downfeed of 20 mm per pass.
avance de rectificación | grinding feed.
avance de un buque de vela al parecer sin que haya viento | ghosting.
avance de un hilo de la rosca (tornillos) | lead.
avance de 0 | infeed of 0.0005 in per pass.
avance del cabezal | headstock feed | head feed.
avance del carro (tornos) | sliding feed.
avance del carro por cremallera | rack carriage feed.
avance del encendido | early timing.
avance del taladrado | boring feed.
avance del trabajo | practical lead.
avance diagonal (de un avión) | crabbing.
avance diario | daily progress.
avance diario (galerías, túneles) | daily heading.
avance diurno (cronómetros) | gaining rate.
avance electrónico (máquinas herramientas) | electronic feed-drive.
avance en dirección horizontal | true heading.
avance en profundidad (máquina herramienta) | infeed.
avance en sentido normal al rumbo primitivo (buques virando) | transfer.
avance escalonado | echeloned advance.
avance estimado (túneles) | hoped-for progress.
avance frontal (máquinas herramienta) | end-feed.
avance fuerte (máquina herramienta) | coarse feed.
avance hidráulico (máquina herramienta) | hydraulic traverse.
avance hidráulico diferencial | differential hydraulic feed.
avance hidráulico progresivo | infinitely-variable hydraulic feed.
avance hidromecánico (máquinas) | hydromechanical feed.
avance hidroneumático | hydropneumatic feed.
avance incremental | incremental advance.
avance incremental (máquina herramienta) | in-feeding.
avance incremental (máquinas herramientas) | incremental feed.
avance irregular (máquinas) | irregular feed.
avance lateral (máquinas herramientas) | lateral feed.
avance lento | drag | inching speed | inching.
avance lineal a la admisión | linear lead.
avance lineal a la admisión (distribuidor) | outside lead.
avance lineal a la admisión (máquinas vapor) | linear admission lead.
avance lineal a la exhaustación (máquinas vapor) | linear exhaust lead.
avance longitudinal | sliding feed.
avance longitudinal (máquina herramienta) | longitudinal feed.
avance longitudinal (máquinas herramientas) | longitudinal traverse | length feed.
avance longitudinal (tornos) | traverse feed | traversing.
avance longitudinal automático | automatic longitudinal traverse.
avance longitudinal del fresado | longitudinal milling feed.
avance longitudinal reversible | reversible longitudinal feed.
avance mandado (máquinas) | positive feed.
avance manual lento (maquinaria) | fine hand feed.
avance manual por volante (máquina herramienta) | hand feed by hand wheel.
avance mecánico | power feed.
avance mecánico (máquinas herramientas) | mechanical feed.
avance mecánico (tornos) | power traverse.
avance mecánico lateral rápido a velocidad constante | constant-speed rapid power traverse.
avance motorizado rápido de la mesa | quick power traverse to table.
avance motorizado rápido del movimiento longitudinal | quick power traverse to longitudinal motion.
avance normal (máquinas herramientas) | infeed.
avance para fresado transversal | transverse milling traverse.
avance para refrentar (máquina-herramienta) | facing feed.
avance poco a poco | jogging.
avance por ciclo de trabajo | depth of round.
avance por el agua (buques) | seaway.
avance por fricción | friction feed.
avance por husillo | screw feed.
avance por línea (facsímil) | linear advance.
avance por línea (facsímile) | line advance.
avance por pasada | infeed per pass.
avance por pega de barrenos (minería) | advance per round.
avance por presión | pressure feed.
avance por rodillos | roller feed.
avance por saltos alternos | leapfrogging.
avance por saltos sucesivos | leapfrogging.
avance por tajos largos | longwall advancing.
avance por tornillo sin fin | screw feed.
avance por trinquete | ratchet feed.
avance por turno de trabajo | footage per round.
avance por vuelta | feed per revolution.
avance preseleccionado mientras se taladra | preselected feed while drilling.
avance principal | major step.
avance progresivo (máquinas herramientas) | incremental feed.
avance radial (máquinas herramientas) | in-

feed.
avance rápido (máquina herramienta) | coarse feed.
avance rápido (máquina-herramienta) | quick traverse.
avance rápido (máquinas) | fast feed.
avance rápido de la mesa | table rapid traverse.
avance rápido informativo (periodismo) | flash.
avance regulable | adjustable lead.
avance regulado por selector | selector controlled feed.
avance tangencial | tangential feeding.
avance transversal | traversing.
avance transversal (máquina herramienta) | cross-feed.
avance transversal automático | automatic cross feed.
avance transversal micrométrico (máquinas herramientas) | micrometer cross feed.
avance transversal rápido automático | power rapid traverse.
avance vertical hacia abajo (máquina herramienta) | downfeed.
avance vertical mecánico | power vertical traverse.
avante | ahead.
avante a toda fuerza (buques) | at full ahead.
avante poco a poco (buques) | dead ahead.
avante todo (buques) | full-away.
avantrén | forecarriage | limbered wagon | fore wheels.
avantrén (artillería hipomóvil) | limber.
avantren (carda para lana) | breast works | burr breast.
avantrén (carruajes) | front carriage.
avantrén de cureña | carriage limber.
avantrén de lanza (carruajes) | pole limber.
avantrén de limonera (artillería) | shaft limber.
avantrén giratorio | pivoted bogie.
avanza 1/60 de vuelta por segundo | it goes 1/60 of a revolution per second.
avanzadilla | outguard.
avanzadilla (milicia) | outpost.
avanzado | advanced | forward.
avanzado (estudios, libros) | senior.
avanzador (variador - bobinadoras) | gainer.
avanzando | making way.
avanzar | march (to) | shoot ahead (to) | push forward (to) | advance (to) | move (to) | press on (to) | go forward (to).
avanzar (buques) | fetch headway (to).
avanzar (edificios) | runout (to).
avanzar (galerías, túneles) | drive (to).
avanzar (minas) | head (to) | encroach (to).
avanzar (muelles) | push out (to).
avanzar (tornillos) | travel (to).
avanzar (túneles) | drift (to).
avanzar a toda velocidad | rip (to).
avanzar con dificultad | push (to).
avanzar con un galope triunfal | galumph (to).
avanzar diagonalmente (aviones) | crab (to).
avanzar hacia | come up to (to) | make up (to).
avanzar hacia abajo | downfeed (to).
avanzar lentamente | drag (to).
avanzar o retroceder poco a poco | inch (to).
avanzar poco a poco | jolt along (to).
avanzar por mediciones cortas escalonadas (topografía) | break tape (to).
avanzar por sacudidas | jolt along (to) | joggle along (to).
avanzar por saltos | jerk along (to).
avanzar transversalmente (herramienta en máquina herramienta) | cross-feed (to).
avasita | avasite.
ave | bird.
ave acuática | waterfowl | aquatic bird.
ave buceadora | ducker.
ave canora (Iberoamérica) | songbird.
ave cantora | songbird.
ave cebada | meaty bird.
ave cernida | hovering bird.
ave con carnes | meaty bird.
ave de presa | predator.
ave de rapiña | predator.
ave frugívora | fruit-eating bird.
ave insectívora | insectivorous bird.
ave marina piscívora | fish-eating sea bird.
ave que va a anidar | roosting bird.
ave sedentaria | nonmigratory bird.
ave zancuda | wading bird.
avefría | lapwing.
avejigamientos (superficies pintadas o barnizadas) | cissing.
avejigarse | blister (to).
avellana (fruto del avellano) | filbert.
avellanado | countersinking | countersunk.
avellanado (de agujeros) | reaming.
avellanado (extremo de tubos) | oliving.
avellanado del agujero (extremo de tubos) | hole oliving.
avellanado y cincelado | countersunk and chipped.
avellanador | rosebit | rose countersinker | reamer | countersinking reamer | countersink cutter | fraise.
avellanador cónico | rose bit | cone countersink.
avellanador de cuchilla | snail countersink.
avellanador de dientes helicoidales | spiral-cut counterborer.
avellanadora | bottoming drill.
avellanar | countersink (to).
avellanar (agujeros) | ream (to).
avellanar un agujero | fraise (to).
avellano (corylus avellana L.) | filbert tree.
avellano (Guevina avellana) | avellana.
avena | oat | oat grass.
avena (Irlanda, Escocia) | corn.
avena de primavera | spring oats.
avena doméstica (avena sativa) | tame oats.
avena loca | rye-grass.
avena loca (avena fatua) | wild oats.
avena molida | bruised oats.
avena mondada | groats.
avena para entregas futuras | oat futures.
avena sin cáscara | groats.
avenáceo | avenaceous.
avenamiento | draining.
avenamiento (de terrenos) | drain.
avenamiento del subsuelo | subsoil drainage | subdrainage.
avenamiento subterráneo (suelos) | underdrain.
avenar | ditch (to).
avenar (terrenos) | drain (to).
avenencia | composition | compromising | consent settlement | compromise.
avenencia sujeta a aprobación del tribunal | consent decree.
avenida | alluvion | fresh | overflow.
avenida (de agua) | inflow.
avenida (riada - ríos) | freshet.
avenida (ríos) | shoot | flood.
avenida con soportales | porticoed avenue.
avenida de agua | flashing.
avenida de cálculo del aliviadero (presas) | spillway design flood.
avenida de cálculo del proyecto (embalses) | project design flood.
avenida máxima estimada | maximum computed flood.
avenida repentina | flash flood.
avenida repentina (ríos) | flash.
aveniforme | aveniform.
avenirse | compound (to) | accord (to) | consent (to).
avenoso | avenous.
aventador | fan | grain cleaner | pitchfork.
aventadora | scourer | winnower.
aventadora de granos | grain fan.
aventadora de piensos | forage blower.
aventadora para trigo | corn fan.
aventamiento (del trigo) | fanning.
aventar | winnow (to) | fan (to).
aventura desesperada | forlorn hope.
aventurescencia | aventurescence.
aventurina | aventurine.
aventurina (fabricación vidrio) | gold flux.
aventurina con partículas de cobre | gold aventurine.
aventurina sintética (vidrio) | goldstone.
aventurismo (mineralogía) | aventurism.
avería | trouble | disablement | broken down | damage | break down | breakdown | fault.
avería (calderas) | outage.
avería (del material) | injury.
avería (máquinas) | failure.
avería (seguros marítimos) | average.
avería activa | active failure.
avería común | common average | general average.
avería de fase a fase | phase-to-phase fault.
avería de fase a tierra | phase-to-earth fault.
avería de la bomba de circulación | failure of the circulating pump.
avería debida a los hielos | ice damage.
avería deducible | deductible average.
avería del encendido | ignition failure.
avería del motor | engine failure.
avería difícil de detectar | hard-to-detect breakdown.
avería difícil de localizar (radio) | bug.
avería durante el transporte terrestre antes de llegar al puerto de embarque (seguros marítimos) | country damage.
avería durante la descarga (mercancías transportadas en buques) | hook and sling damage.
avería en el costado | side damage.
avería en el costado o fondo (buques) | bilging.
avería en el motor | engine trouble.
avería en el tubo | tube failure.
avería en funcionamiento | service failure.
avería en la carretera (autos) | roadside breakdown.
avería en la lámpara electrónica (radio) | tube failure.
avería en la línea de montaje | production trouble.
avería en la lubricación | lubrication failure.
avería en los fondos de proa al cabecear el buque | slamming damage.
avería en máquina | bug.
avería en servicio | service failure.
avería en tránsito | damage in transit.
avería en tránsito (algodón, etc.) | country damage.
avería franca | permanent fault.
avería general | gross average.
avería gruesa | general average | gross average.
avería importante | major fault | heavy fault.
avería incipiente | incipient failure.
avería marítima | sea damage | damage by sea.
avería mortal | lethal damage.
avería muy probable | all-too-likely failure.
avería normal | petty average.
avería ordinaria | petty average.
avería particular (buques) | particular average.
avería pasiva | passive failure.
avería por abordaje | collision damage.
avería por causa común | common mode failure.
avería por colisión | collision damage.
avería por condensación (transporte marítimo) | sweat damage.
avería por choque con micrometeroides (vehículos cósmicos) | micrometeoroid damage.
avería por objetos extraños | foreign-object damage.
avería por vibraciones del paletaje de la turbina | turbine-blade-vibration failure.
avería producida en canales a un buque por otro que pasa a velocidad excesiva | wash damage.
avería producida por el paso de embarcaciones rápidas en aguas estrechas | swell damage.
avería producida por minas (buques) | mine casualty.
avería prognosticable | predictable failure.
avería según costumbre | average accustomed.
avería simple | simple average.

avería simple (buques) | particular average | common average.
avería transitoria | transient fault.
avería unimodal | common mode failure.
averiable | damageable.
averiado | damaged | hung up.
averiado (buques) | not under command.
averiado (máquinas) | out-of-order | broken up.
averiado durante el transporte marítimo | sea-damaged.
averiado durante el transporte por tierra (mercancías) | country-damaged.
averiado en la mar | disabled at sea.
averiado por bombas | bomb-damaged.
averiado por el agua de sentina (mercancías) | bilge water-damaged.
averiado por el agua del mar | sea-damaged.
averiado por exposición al aire | harmed by exposure to air.
averiado por la lluvia (cereales) | rain-blighted.
averiar | damage (to).
averiar (máquinas) | derange (to).
averiar (mercancías) | injure (to).
averiarse | break down (to) | lay up (to) | get out of order (to).
averiarse (máquinas) | fail (to) | disadjust (to).
averías del casco (buques) | hull damages.
averías en el equipo | hardware failures.
averías en el motor | engine ailments.
averías en la cámara de máquinas | engineroom damages.
averías en las máquinas | mechanical troubles.
averías en ruta | deterioration in transit.
averías por el combate (buques) | action damage.
averiguación | research | lookup | enquiry | hunt | quest | searching.
averiguación de distancias golpeando una roca con un mazo (minería) | chapping.
averiguar | detect (to) | explore (to) | sense (to) | inquire (to) | find out (to) | find (to).
averiguar el carácter de la serie (matemáticas) | test the series (to).
averiguar el paradero de | trace (to).
averiguar la desalineación | detect misalignment (to).
averiguar la magnitud de la aceleración | sense the magnitude of the acceleration (to).
aves | poultry.
aves de caza | feathered game | winged game | game birds.
aves de corral | fowls | poultry.
aves en general | fowl.
aves evisceradas | eviscerated poultry.
aves ictiófagas | fish-eating birds | ichthyophagous birds.
aves insectívoras | insect eaters.
aves piscívoras | fish-eating birds.
aves que no se pueden cazar (migraciones) | nongame birds.
aves que se alimentan de carroña | carrion feeders.
avestrucería | ostrich farm.
aviación | air forces | aviation.
aviación civil | civil aviation.
aviación civil de transporte | civil transport aircraft.
aviación comercial | commercial aviation.
aviación con base en tierra | land-based aircraft.
aviación con bases en la costa | shore-based aircraft.
aviación de bombardeo | bomber aircraft | bombardment aviation.
aviación de bombardeo de peso medio | medium bombardment aviation.
aviación de bombardeo equipada con grandes bombarderos | very heavy bombardment.
aviación de bombardeo pesado de vuelo a gran altitud | highflying heavy bombardment aviation.
aviación de combate | combat aircraft.
aviación de despegue vertical | jet-lift aircraft.
aviación de infantería de marina (EE.UU.) | marine corps aviation.
aviación de interceptación | interceptor aircraft.
aviación de reconocimiento | observation aviation.
aviación de transporte | transport aviation.
aviación de transporte civil | civil air transport.
aviación de transporte de tropas | troop-carrier aviation.
aviación de transporte para cargas de poco peso | light transport aircraft.
aviación embarcada | carrier forces | seaborne air arm | ship-based aviation.
aviación enemiga | hostile aircraft.
aviación naval | naval aviation | naval aircraft.
aviación orgánica | organic aviation.
aviación para apoyo aéreo | support aircraft.
aviación que mantiene transporte aéreo esencial para la flota | fleet logistics air wing.
aviación táctica | tactical aviation.
aviación táctica de misión especial | air task force.
aviación terrestre | land-base force.
aviación transportada en portaaviones | carrier-based aircraft.
aviador | flyer | pilot | aviator | airman.
aviador derribado | downed aviator.
aviador en la cola de la formación en rombo | diamond man.
aviador naval | naval airman.
aviador que aterriza bien | good lander.
aviador que aterriza defectuosamente | bad lancer.
aviador que aterriza mal | bad lander.
aviador que vuela muy cerca del suelo | hedgehopper.
aviador que vuela temerariamente muy bajo sin necesidad (argot) | flathatter.
aviadora | aviatrix | airwoman.
aviadores navales | marine flyers.
aviadores que no sean miembros de la tripulación de vuelo | airmen other than flight crew-members.
avian | avian.
aviario | fowl | ornithon.
avicida | avicide.
avición privada | private aviation.
avícula (ostra perlífera) | avicula.
avicular | avicular.
avicúlidos | aviculidae.
avicultor | aviculturist | fowl raiser | poultry producer | poultryman.
avicultura | aviculture | fowl raising | poultry farming | poultry-raising | poultry management | poultry.
ávido de agua | absorbent of water.
avifauna | featherdom | avifauna | ornis.
avigación | avigation.
avinagrar | sour (to).
avinagrarse (el vino) | turn (to).
avino | avine.
aviñetar | vignette (to).
avión | craft | flying machine | aircraft | airplane | aeroplane | machine | plane.
avión abastecedor con echazón paracaidizada | supply dropper.
avión acelerado por cohete | rocket-boosted aircraft.
avión acrobático | aerobatic aircraft.
avión ambulancia | hospital plane.
avión antiaéreo | ack-ack.
avión antirradar | antiradar aircraft.
avión antisubmarinos | antisubmarine aircraft.
avión asignado a una misión determinada | mission aircraft.
avión atacante | approaching aircraft.
avión autorizado para vuelos | certificated aircraft.
avión averiado | washout.
avión bimotor | twin-motor aircraft | twin-engine plane.
avión bimotor de alas en delta | twin-engined delta-winged aircraft.
avión birreactor | twin jet plane.
avión birreactor de ala baja cuadriplaza | two-jet four-seat low-wing aircraft.
avión bisimétrico | bisymmetric aircraft.
avión bisónico | mach two aircraft.
avión biturbopropulsor | biturbopropulsor aircraft.
avión biturborreactor | twin-engined turbojet aircraft.
avión blanco radiodirigido | plover.
avión capaz de aterrizar o despegar de cualquier superficie | pantosurface aircraft.
avión capaz de operar sobre cualquier superficie (como hielo, nieve, arena, barro, agua o un pavimento) | pantobase aircraft.
avión capaz de transportar diez toneladas | medium transport aircraft.
avión carguero | freight aircraft | transport aircraft | all-cargo airliner | airfreighter | cargo-carrying aircraft | freight plane.
avión carguero de tres toneladas de carga | three tonner.
avión carguero para cargas muy voluminosas con fuselaje corto y panzudo | flying boxcar.
avión carguero reactor | jet-freighter | jet freighter.
avión cazasubmarinos | submarine-hunter aircraft.
avión cisterna para combatir incendios forestales | air tanker.
avión cisterna para repostar en vuelo | tanker aircraft | tanker aircarft.
avión civil | commercial A/C | civil plane.
avión civil sin horario fijo | nonscheduled civil aircraft.
avión climatizado y presionizado | pressurized and air conditioned aircraft.
avión comercial | commercial plane | commercial A/C.
avión completo (con excepción de los motores) | airframe.
avión con alas en delta regulables | adjustable wing aircraft.
avión con armas múltiples (bombas, torpedos y cohetes) | multiweapon aircraft.
avión con aterrizador de oruga | tracked aircraft.
avión con averías en vuelo | crippled plane.
avión con cabina presionizada | pressurized aircraft.
avión con compartimiento principal de carga reemplazable | packplane.
avión con depósito de combustible en las alas | wing-full aircraft.
avión con dos o más alas en tanden | tandem airplane.
avión con equipo electrónico | electronic-equipment aircraft.
avión con equipo lanzacohetes | rocket-equipped plane.
avión con esquís | skiplane.
avión con los asientos de control en tanden | tandem airplane.
avión con los instrumentos colocados | instrumented aircraft.
avión con misión abortada | abortive.
avión con misión especial cerca del enemigo | intruder.
avión con morro de plexiglás | plexiglass-nosed aircraft.
avión con motor alternativo | reciprocating job.
avión con motor de chorro | jet airplane.
avión con motores de chorro colocados en la cola | rear-jet aircraft.
avión con motores de émbolo | piston aircraft.
avión con motores montados en la cola | aft-mounted engine airliner.
avión con pequeña carga alar | low-wing loading aircraft.
avión con piloto | piloted aircraft.
avión con propulsión cohética | rocket-powered aircraft.
avión con su piloto dispuesto a despegar cuando se le ordene | standing aircraft.

avión con turbina de gases | turbine-engined aircraft.
avión considrado como blanco | target plane.
avión convertible | convertible aircraft.
avión correo | mail plane | airliner.
avión cuba de chorro | jet tanker.
avión cuya misión es colocar marcas adicionales a un blanco ya marcado | backer-up.
avión de adiestramiento | trainer aircraft.
avión de ala alta de despegue vertical | high-wing vertical take-off airplane.
avión de ala delgada en delta | slim-delta wing aircraft.
avión de alas en flecha | sweptback airplane.
avión de alas en flecha modificable en vuelo | variable sweep aircraft.
avión de alas en V variable con inclinación modificable en vuelo | variable sweep wing aircraft.
avión de alas fijas | fixed wing aircraft.
avión de alas giratorias | rotating-wing aircraft.
avión de alas plegables | folding-wing aircraft.
avión de alquiler | taxiplane.
avión de apoyo terrestre | ground support aircraft.
avión de asalto supersónico de despeque y aterrizaje verticales | supersonic VTOL strike aircraft.
avión de ataque | fighter aircraft.
avión de ataque (con bombas, torpedos y cohetes) | attack plane.
avión de ataque terrestre a baja altitud | low-level ground attack aircraft.
avión de aterrizaje en cubierta | deck landing aircraft.
avión de bombardeo | bomb-carrier.
avión de búsqueda y salvamento | scout.
avión de carga | air carrier | freighter | freight aircraft | air freighter | all-cargo airliner.
avión de carga con entrada por el morro (que se abre como una puerta) | nose-loading airliner.
avión de categoria media | medium-category aircraft.
avión de caza | pursuit airplane | chaser.
avión de caza (cazador) | fighter.
avión de caza de despegue vertical y aterrizaje corto | V/STOL fighter.
avión de caza de despegue y aterrizaje vertical de vuelo bajo | low-level VTOL strike fighter.
avión de combate | battle plane | warplane.
avión de cuatro toneladas de carga | four-tonner.
avión de chorro con motores en la cola | tail-engined jet airliner.
avión de chorro de rumbo trashumante | charter jet.
avión de chorro radioguiado | pilotless jet drone.
avión de chorro sin empenaje con alas en flecha | tailless swept-back jet aeroplane.
avión de chorro supersónico | supersonic jet-propelled aircraft.
avión de descubierta lejana | early-warning aircraft.
avión de despegue vertical | vertical takeoff machine.
avión de despegue vertical de tipo de apoyo en tierra sobre la cola | tail-sitter-type vertical takeoff airplane.
avión de despegue vertical y aterrizaje corto | vertical short takeoff and landing aircraft (V/STOL) | V/STOL aircraft.
avión de doble cola | twin-tailed aircraft.
avión de doble mando | duocontrol aircraft | dual control plane.
avión de dos pisos | double-decked aircraft | double-decker.
avión de empleo táctico | tactical aircraft.
avión de energía fotoeléctrica | solar airplane.
avión de energía solar | solar airplane.
avión de enlace (entre una ciudad pequeña y un aeropuerto grande) | feeder liner.
avión de enseñanza elemental | training plane | training aircraft.
avión de escolta que vuela en zigzag sobre o debajo del avión escoltado | weaver.
avión de Estado | state A/C.
avión de gran capacidad con distribución interior modificable | high-capacity adaptable layout aircraft.
avión de gran radio de acción | wide-ranging aircraft | long range plane | long-winded aircraft.
avión de gran radio de vuelo | long-range aircraft.
avión de gran tonelaje | heavy aircraft.
avión de gran velocidad subsónica | high subsonic aircraft.
avión de hélice | propeller-driven aircraft.
avión de hélice monoplaza | single-seater propeller aircraft.
avión de hélice o hélices propulsoras | pusher airplane.
avión de identidad dudosa (defensa antiaérea) | questionable aircraft.
avión de línea | liner | airliner.
avión de morro alargado | long-nosed aircraft.
avión de motor de pistón | piston-driven aircraft.
avión de motor de reacción | jet.
avión de pasaje de pequeño radio de acción | short haul passenger aircraft.
avión de pasaje de uso general de pequeña autonomía | short route general-purpose airliner.
avión de pasaje para línea secundaria | branch-line liner.
avión de pasajeros | liner | passenger plane.
avión de pasajeros con propulsión por chorro | jet-engined airliner | jet airliner.
avión de pasajeros con propulsión por chorro de gases | jet-engined passenger aircraft.
avión de pasajeros de turbohelice | propeller-turbine airliner.
avión de pasajeros para trayectos cortos | short-stage airliner.
avión de pequeña a media autonomía | short-to-medium range aircraft.
avión de poca potencia | flivver.
avión de propulsión cohética | rocket airplane | rocket-propelled aircraft | rocket ship.
avión de reacción de ala triangular | jet-powered delta-wing airplane.
avión de reconocimiento | reconnaissance aircraft | reconnoitering aircraft | scouting plane.
avión de reconocimiento fotográfico | photo-reconnaissance aircraft.
avión de reconocimiento lejano | long-distance reconnaissance plane.
avión de reconocimiento meteorológico | meteorological reconnaissance aircraft.
avión de reconocimiento naval | maritime reconnaissance aircraft.
avión de reconocimientos volando próximo a la superficie del mar | overwater reconnaissance aircraft.
avión de retropropulsión | rocket-driven plane.
avión de retropropulsión por chorro | jet plane | jet-rocket plane.
avión de serie | production-line machine.
avión de servicio entre poblaciones pequeñas y los grandes aeropuertos | feeder-line aircraft.
avión de servicio interurbano | intercity liner.
avión de transporte | commercial plane | commercial aircraft.
avión de transporte con velocidad de 3 machios | Mach-3 transport airplane.
avión de transporte de asalto | assault transport aircraft.
avión de transporte de cargas pesadas | heavy freight-carrying aircraft.
avión de transporte de mercancías | goods carrier.
avión de transporte de tropas | troop-carrier airplane | troop-transport aircraft.
avión de transporte de tropas y carga | troop-and-cargo transport aircraft.
avión de transporte para cargas muy pesadas | very heavy cargo aircraft.
avión de transporte táctico | tactical transport plane.
avión de turbohélice de ala triangular | delta-winged jet-propeller aircraft.
avión de turismo | pleasure A/C.
avión de uso general | utility aircraft.
avión de viajeros con asientos muy próximos | high-density seating aircraft.
avión de vigilancia | patrol aircrft.
avión de vigilancia teledirigido | surveillance drone.
avión de vuelo alto | highflying aircraft.
avión de vuelo vertical en cola | tail sitter.
avión derribado | certain.
avión derribado seguro | confirmed.
avión derribado seguro (por un aviador) | victory.
avión destruido (en combate) | bag.
avión director | director plane.
avión diseñado de acuerdo con la investigación aplicada | research aircraft.
avión diseñado para operar desde portaaviones | carrier plane.
avión diseñado para ser convertido para rodar como un automóvil | roadable airplane.
avión empleado para la investigación | research aircraft.
avión empleado para penetrar en territorio enemigo | penetrator.
avión en el suelo | aircraft on ground.
avión en pruebas | test aircraft.
avión en vuelo que ayuda a los cazadores a cumplir su misión | fighter direction aircraft.
avión encapullado | cocooned aircraft.
avión entrenador de chorro | training jet aeroplane.
avión envuelo circular a una altura prefijada en espera de permiso para aterrizar (aeródromos) | stacked aircraft.
avión equipado con altavoces | loudspeaker-equipped airplane.
avión equipado para detectar y analizar radiaciones electromagnéticas | ferret.
avión equipado para poder soportar los fríos polares | winterized plane.
avión escuela | training plane | primary trainer.
avión escuela de pilotaje | pilot school plane.
avión escuela monoplaza para acrobacia y perfeccionamiento | single-seat acrobatic and advanced trainer.
avión especialmente adaptado para ser empleado en portaaviones | shipplane.
avión espolvoreador de pesticidas | spray-plane.
avión estacionado | parked aircraft.
avión estafeta | mail plane.
avión explorador | spotter | shadow aircraft.
avión fletado | charter aircraft | chart aircraft.
avión flotando en el aire | airborne aircraft.
avión fotográfico | photographic plane.
avión fumigador contra insectos | insecticide-spraying plane.
avión grande con un cuadro de instrumentos para el mecánico de a bordo | panel aircraft.
avión guía | lead-ship.
avión hospital | hospital aircraft.
avión incursor | raider.
avión indicador de blancos | target-spotting aircraft.
avión interceptador | interceptor.
avión interceptador de cazadores | fighter-interceptor aircraft.
avión irruptor nocturno de vuelo bajo | low-level night intruder aeroplane.
avión lanzacohetes | rocket-firing aircraft | rocket airplane | firing aircraft.
avión lanzado como un proyectil por medio de cohetes | booster glider.
avión lanzado sobre una rampa | zero-launched aircraft.
avión lanzaminas submarinas | minelaying

aircraft.
avión manejable | maneuverable aircraft.
avión maniobrable | maneuverable aircraft.
avión maniobrero | agile aircraft.
avión militar | warplane.
avión minador | minelaying aircraft.
avión monoplaza | one-seater | singleseater.
avión multiplaza | multiseater.
avión muy dócil | highly maneuvrable aircraft.
avión navegando a la altura de las mangas de aire | jet-stream-altitude operating aircraft.
avión no identificado | bogey.
avión nocturno lanzabengalas | pathfinder plane.
avión nodriza | parent aircraft | aircraft tender | mother aircraft.
avión nodriza para abastecer en vuelo | flight-refuelling aircraft.
avión nodriza para repostar en vuelo | flight-refueller.
avión o vehículo de dos asientos para desplazas | two-seater.
avión para ataques nocturnos | night raider.
avión para combatir carros de combate | tank-buster.
avión para corrección de tiro de la escuadra | fleet-spotter.
avión para corregir el tiro | spotting aircraft.
avión para dirigir el tiro de la artillería | grasshopper.
avión para el apoyo aéreo | air support aircraft.
avión para espolvorear los cultivos | dusting aircraft.
avión para estudio de tornados | tornado-research aircraft.
avión para investigaciones de vuelo | flight-research aircraft.
avión para largos recorridos sin escala | longhaul aircraft.
avión para líneas secundarias | feeder-line aircraft.
avión para pasaje y carga | passenger-cum-freighter plane.
avión para puesta en punto de la serie | preproduction aircraft.
avión para referencia de artillería | gun-spotter.
avión para repostar en vuelo | refueller.
avión para transporte de heridos en camillas | litter aircraft.
avión para transporte de tropas | troop-carrier | trooper.
avión para transporte de viajeros | passenger-carrying aircraft.
avión para uso del personal director de una empresa | executive aircraft.
avión para viajes interinsulares | interislander.
avión pequeño de enlace o de observación | cub tractor.
avión perdido | missing aircraft.
avión petrolero propulsado por reactores | jet tanker.
avión pilotado a distancia | remotely piloted vehicle.
avión pirateado | hijacked plane.
avión plataforma para pruebas de vuelo de otro avión que lleva suspendido | flying test bed.
avión plurirreactor | multijet aircraft.
avión polimotor | multiengine airplane | polymotor aircraft.
avión polimotor de chorro | multijet aircraft.
avión polimotórico | multiengine plane | multiengined aircraft | multimotor plane.
avión portador de misiles teledirigidos | guided-weapon carrier.
avión portador de otro avión | carrier aircraft.
avión postal | mail aeroplane | mail plane.
avión precursor | pathfinder.
avión propulsado por cohete | rocket propelled plane | rocket-driven plane | rocket craft.
avión prospector | prospecting aircraft.
avión prototipo | prototype aircraft.
avión que despega como helicóptero y vuela como aeroplano | convertiplane.
avión que despega o aterriza en la cubierta de un buque | shipboard aircraft.
avión que lanza el proyectil (ataque aéreo) | parent aircraft.
avión que no necesita campo de aterrizaje | no-airfield A/C.
avión que opera desde un portaaviones | carrier aircraft.
avión que protege a otro que vuela en su formación | wingman.
avión que recibe el combustible (repostaje en vuelo) | receiver aircraft.
avión que remolca un blanco | target tug.
avión que retransmite automáticamente radiomensajes | auto cat.
avión que siempre sirve para el uso a que está destinado | nonexpendable aircraft.
avión que tiene su plano fijo horizontal y los timones delante del ala | canard.
avión que vuela bajo | low-flyer.
avión que vuela bajo y ametralla las tropas enemigas | strafer.
avión que vuela con una formación y sustituye a otro que se retira antes de alcanzar el territorio enemigo | spare aircraft.
avión que vuela en todo tiempo | overweather aircraft.
avión que vuela normalmente a gran altitud | stratoliner.
avión radariscopizado | radar-detected aircraft.
avión radiodirigido | radio controlled plane.
avión radiogobernado que ha de ser destruido (por misiles radioguiados) | radio-controlled victim aircraft.
avión radioguiado | drone | radio controlled aircraft.
avión radioguiado que transporta bombas | pilotless bomber.
avión reactor | jet plane.
avión reactor de pasaje | jetliner.
avión reactor para pasajeros de gran potencia | long-rate jet airline.
avión remolcablancos | target-towing aircraft.
avión remolcador | towing aircraft.
avión remolcador de planeadores | tug aircraft.
avión rezagado en una formación | straggler.
avión robot | drone airplane.
avión sanitario | ambulance aircraft.
avión señalizador | pathfinder plane.
avión sin aterrizador | undercarriageless aeroplane.
avión sin piloto | robot aircraft | pilotless aircraft | crewless plane | pilotless plane | drone.
avión sin piloto gobernado por radio | queen-bee.
avión sin piloto radiogobernado | radio-controlled pilotless aircraft.
avión stol | stol aircraft.
avión supersónico de transporte | supersonic transport aircraft.
avión supersónico en vuelo horizontal | level speed supersonic aircraft.
avión supersónico propulsado por cohetes | rocket-powered supersonic aircraft.
avión táctico de despegue y aterrizaje verticales | VTOL tactical aircraft.
avión tanque (para repostar en vuelo) | air tanker.
avión teledirigido | drone.
avión telemandado | drone.
avión terrestre | landplane.
avión tetrachorro | four-jet plane.
avión tetrarreactor | four-jet plane.
avión torpedero | torpedoplane | torpedo carrier | torpedo bomber | torpedo aircraft.
avión transatlántico | ocean-going liner.
avión transatlántico de gran capacidad y radio de acción | long-range large-capacity liner.
avión transbordador | air-ferry.
avión transbordador de automóviles | air car-ferry.
avión transónico | transonic aircraft.
avión transporte militar de asalto | assault military carrier.
avión trifibio (puede despegar y aterrizar sobre tierra, agua, nieve o hielo) | triphibian.
avión trimotor | three engined plane.
avión visto de frente | coming flight.
avión volando que proporciona protección a las fuerzas propias | roof.
avión zángano | drone.
avionear | wing (to).
aviones militares transónicos y supersónicos | supersonic and transonic military aircrafts.
aviones o buques estacionados para salvar personal aviador que ha caído al mar | lifeguard.
avioneta | light plane | hedgehopper.
avioneta de enlace | flying jeep.
avioneta para observación | grasshopper.
aviónica | avionics.
avión-milla | plane mile.
avíos de pescar | fishing tackle.
«avisa a» (buques de guerra) | away.
avisador | alarm | telltale | sentinel.
avisador (de incendios) | detector.
avisador acústico | hooter | warning horn.
avisador de acción preliminar | preaction alarm.
avisador de apagado de la llama (quemador caldera) | flame-failure alarm.
avisador de densidad del humo | smoke density alarm.
avisador de depósito lleno | tank full alarm.
avisador de desprendimiento de gases | gas alarm.
avisador de flotador | flow alarm.
avisador de fuera de tolerancias | out-of-bounds alarm.
avisador de gases combustibles | combustible gas alarm.
avisador de incendios | fire alarm.
avisador de la temperatura del cojinete | bearing-temperature alarm.
avisador de nivel mínimo del agua (calderas) | low-water alarm.
avisador de que se va a hacer una mala maniobra | wrong way alarm.
avisador de robos de rayos infrarrojos | invisible ray burglar alarm.
avisador de señal de auxilio | distress warning apparatus.
avisador de silbato para el nivel mínimo del agua (calderas) | low-water whistle alarm.
avisador del nivel bajo del agua (calderas) | alarm gage.
avisador del nivel del agua | water level alarm.
avisador del nivel del líquido | liquid level alarm.
avisador del nivel mínimo del aceite | low-oil alarm.
avisador del nivel mínimo del agua (calderas) | low-level water alarm.
avisador electroacústico | electric hooter.
avisador sin flotador del nivel de agua | floatless water level alarm.
avisador sónico | signaler.
avisador termostático | thermostatic alarm.
avisador trifásico para demanda máxima | three-phase maximum demand alarm.
avisar | advise (to) | tip-off (to) | warn (to).
avisero (Argentina) | adman.
aviso | notice | message | signal | tip-off | ad | warning.
aviso (buque) | aviso.
aviso a los aviadores | notice to airmen | notice to airmen (NOTAM) | NOTAM.
aviso a los navegantes | notice to mariners | warning to shipping.
aviso a tripulaciones de vuelo | notice to airmen.
aviso anticipado de noticias | advance.
aviso con pequeño margen de seguridad | low-margin warning.
aviso de alarma | red alert.

aviso de aprobación | advice of approval.
aviso de avería | fault reporting.
aviso de cambio de domicilio | notice of address change.
aviso de cargo | debit advice | debit advice.
aviso de cierre (telecomunicación) | notice of closing of service.
aviso de cobro | advice of collection.
aviso de daños y perjuicios | loss advice | damage notice.
aviso de depósitos (bancos) | notice deposits.
aviso de despido | walking papers.
aviso de despido por falta de trabajo | redundancy notice.
aviso de embarque | shipping advice | shipping notice | shipment advice | loading advice | advice of dispatch.
aviso de embarque (comercio) | advice of shipment.
aviso de entrega | report of delivery.
aviso de expedición | despatch advice | forwarder's advice.
aviso de expedición (comercio) | advice of dispatch.
aviso de explosión nuclear | purple.
aviso de falso cobro | notice of dishonor.
aviso de fallas | fault reporting.
aviso de ferrocarril (comercio) | railway advice.
aviso de fin de subscripción | expiry notice.
aviso de flameo de pérdida de velocidad (aviones) | prestall buffet warning.
aviso de giro | advice of draft.
aviso de huracán | hurricane warning.
aviso de intento (aduanas) | intent notice | letter of intent.
aviso de investigación | tracer.
aviso de llegada | freight notice | advice of arrival.
aviso de mora | notice of arrears.
aviso de olas de maremotos | seismic sea-wave warning.
aviso de pago | notice to pay.
aviso de protesto (economía) | notice of protest.
aviso de protesto (letra) | notice of protest.
aviso de que no se ha aceptado un efecto | notice of dishonor.
aviso de recepción | acknowledgement | acknowledgment.
aviso de rescisión (seguros) | letter of cancellation.
aviso de reunión | note of meeting.
aviso de salida | sailing advice.
aviso de salida (buques) | sailing notice.
aviso de siniestro | notice of claim | notice of loss.
aviso de subasta | bidding notice.
aviso de temporal | gale warning.
aviso de tiro | salvos.
aviso de tormenta (meteorología) | storm-warning.
aviso de vencimiento | reminder of due date.
aviso debido | due notice.
aviso en contra | notification to the contrary.
aviso general | general call.
aviso judicial | judicial notice.
aviso meteorológico | meteorological warning.
aviso oficial | legal notice.
aviso olorizable | smellable warning.
aviso previo por microondas | microwave early warning.
aviso previo requerido | prior notice required.
aviso público | public notice.
aviso radárico | radar warning.
aviso radárico de que el avión propio va a ser atacado por la cola | tail warning.
aviso telegráfico a las minas de carbón cuando hay un descenso brusco del barómetro | colliery warning.
avisos de tormentas | storm warnings.
avispa maderera (sirícidos) | horntail.
avispa portasierra | wood wasp.
avispa predácea | hunting wasp.
avispilla parásita | parasitic wasp.
avistamiento | sighting.
avistar | sight (to).
avistar (marina) | sight (to).
avistar la tierra (navegación) | sight the land (to).
avistar tierra | make land (to).
avitelado (papel) | vellum-like.
avituallamiento | victualling | ordnance and supplies.
avituallamiento (marina) | completing.
avituallamiento de un satélite artificial | satellite ferry operation.
avituallar | victual (to).
avivado periférico (muela abrasiva) | peripheral truing.
avivador (de colores) | brightener.
avivaje (tratamiento de hilos de rayón) | avivage.
avivamiento (colores) | brightening | heightening.
avivar | brisk (to).
avivar (colores) | brighten (to) | heighten (to).
avivar (juntas) | recut (to).
avivar los fuegos (calderas) | brisk up the fires (to).
avocación (jurisprudencia) | evocation.
avocar (jurisprudencia) | evoke (to).
avoceta | scooper.
avoceta (recurvirostra avosetta -£) | avocet.
avodiré (Turraeanthus africana) | avodire.
avodiré (Turraeanthus africana - Pell | wansenwa.
avodiré (Turraeanthus africanus) | African satinwood.
avodiré (Turraeanthus africanus - Pell) | songo.
avolicional | avolitional.
avulsión | accretion | avulsion.
avuncular | avuncular.
awari (Pterogota macrocarpa) | awari | waré.
axantopsia | yellow blindness.
áxeno (biología) | axenic.
axfixia por monóxido de carbono (minería) | carbon monoxide axphysia.
axiación (embriología) | axiation.
axial | axial.
axialidad | axiality.
axialmente cargado | axially-loaded.
axialmente móvil | axially movable.
axialmente móvil por medio de un tornillo | axially movable by means of a screw.
axialsimétrico | axialsymmetric.
axiatrón | axiatron.
axicón (dispositivo óptico que produce una zona oscura en el centro de un haz luminoso que pasa por él) | axicon.
axífero | axiferous.
axiforme | axiform.
axífugo | axifugal | axofugal.
axila | axilla.
axila (botánica, anatomía) | axil.
axiniforme | axiniform.
axinita | axinite.
axinitización | axinitizacion | axinitization.
axiología | axiology.
axiologismo | axiologism.
axiólogo | axiologist.
axioma | assertion | principle.
axioma de elección | axiom of choice.
axiomas de probabilidad | axioms of probability.
axiomática | axiomatics.
axiomático | axiomatic.
axiomatizar | axiomatize (to).
axiómetro | axiometer | telltale.
axiómetro (timón) | telltale.
axiomizar | axiomatize (to).
axípeto | axipetal | axopetal.
axis | axis.
axisimetría | axysymmetry.
axisimétrico | axisymmetric | axially symmetric.
axofita | axophyte.
axómetro | axometer.
axonometría | axonometry.
axonométrico | axonometric.
axonómetro | axonometer.
axopétalo (botánica) | axipetal.
axótomo (cristalografía) | axotomous.
axpatrón | axpatron.
ayap (Mimusops djave - Engl) | African pearwood.
ayesamiento | chalking.
ayuda | support | lift.
ayuda (aparato para un fin determinado) | aid.
ayuda a la exportación | exportation aid | export aids.
ayuda acústica | hearing aid.
ayuda al aterrizaje | landing aid.
ayuda audiovisual | audio visual aid | audio-visual aid.
ayuda auditiva | auditive aid.
ayuda colectiva | joint support.
ayuda contra colisiones | anticollision aid.
ayuda crediticia | credit aid.
ayuda criptográfica | crypto aid.
ayuda de alimentos | food aid.
ayuda de asistencia técnica | know-how help.
ayuda de crédito de exportador | exporter credit line.
ayuda de pago suplementario del alquiler | rent supplement help.
ayuda de radio a la navegación | radio navigation aid.
ayuda de última hora | last-minute aid.
ayuda del crédito hipotecario | mortgage-credit asistance.
ayuda del Estado a la industria (USA) | pump-priming.
ayuda electrónica para combate | electronic combat aid.
ayuda estatal | state aid.
ayuda global | flat-rate aid.
ayuda mutua | mutual assistance.
ayuda mutua (telecomunicación) | entraide.
ayuda no selectiva | nondiscriminatory assistance.
ayuda no visual | nonvisual aid.
ayuda para aterrizaje en cubierta de espejo giroestabilizado (portaaviones) | gyrostabilized mirror deck landing aid.
ayuda para distancias omnidireccionales | omnibearing distance facility.
ayuda para el aterrizaje | aid to landing.
ayuda para la aproximación | approach aid.
ayuda para la aproximación final | final approach aid.
ayuda para la intercepción de los antimisiles balísticos | ballistic anti-missile boost intercept.
ayuda para la navegación aérea usada para determinar la posición (aeroplanos) | fixing aid.
ayuda para la recalada | approach aid.
ayuda por motores cohéticos (aviones) | rocket assist.
ayuda preferente | discriminatory assistance.
ayuda punible | punishable assistance.
ayuda radárica | radar aid.
ayuda radárica para la navegación | radar aid.
ayuda técnica | engineering help.
ayuda terrestre | ground aid.
ayuda visual terrestre | ground visual aid.
ayudado por cohete | rocket-aided.
ayudado por infrarrojos | infrared assisted.
ayudado por medios mecánicos | power-assisted.
ayudado por servomando | power-assisted.
ayudante | orderly | helper | adjutant | journeyman | attendant | aide.
ayudante (camión) | swamper.
ayudante de anudador (tejeduría) | little piecer.
ayudante de buzo | lift-line man | diver tender | bellman.
ayudante de campo | aide-de-camp.
ayudante de carpintero | carpenter helper.

ayudante de cocina | mess attendant.
ayudante de chapista (astilleros) | platers' helper.
ayudante de empalmador (cables telefónicos) | mate.
ayudante de fundidor | assistant melter.
ayudante de ingeniero electricista | electrical technician.
ayudante de laboratorio | laboratory-assistant | tester.
ayudante de laminador | rougher.
ayudante de máquinas | assistant engineer.
ayudante de máquinas (buques) | junior engineer | wiper | mechanist's mate | engine room artificer.
ayudante de mecánico (talleres) | machinist's helper.
ayudante de minas | bounder.
ayudante de montes | head forester | chief ranger.
ayudante de perforación (pozos petrolíferos) | roughneck.
ayudante de profesor | professorial lecturer.
ayudante de soldador eléctrico (EE.UU.) | tacker.
ayudante de urdidor | creeler.
ayudante del corrector (tipografía) | copyholder.
ayudante del obrero remetador de urdimbres (urdidor) | reacher.
ayudante del perforador (sondeos) | tool dresser.
ayudante del prensista | flyboy | pressman's assistant.
ayudante del registro (cine) | codirector.
ayudante del verdugo | executioner's servant.
ayudante docente | teaching assistant.
ayudante en la redacción | editorial assistant.
ayudante fónico (cine) | assistant recordist.
ayudante mayor suplente del jefe de la unidad | executive officer.
ayudante técnico | engineering assistant.
ayudantía | adjutancy | assistantship.
ayudantía para la investigación | research assistantship.
ayudar | succor (to) | support (to).
ayudar a subir empujando | push up (to).
ayudar con el peso del cuerpo al izar | sway (to).
ayudas | aid | help.
ayudas a la enseñanza | training aids.
ayudas a la inversión en el sector privado | investment grants to private business.
ayudas de aproximación para vuelo instrumental | blind-flying approach-aids.
ayudas de prevención | warning aids.
ayudas marítimas a la navegación | marine aids to navigation.
ayudas ópticas para fotointérpretes | photointerpreter's optical aids.
ayudas para aterrizaje por radiotelegrafía | radio landing aids.
ayudas para el curso | curricular aids.
ayuno | fast.
ayuntamiento | corporation | guildhall.
ayustado | spliced.
ayustador | splicer.
ayustadora | cable-splicing rig.
ayustar | splice (to).
ayustar (entre los torones) | tuck (to).
ayustar (marina) | marry (to).
ayustar cabos (marina) | marry ropes (to).
ayustar cuerdas | piece ropes (to).
ayuste | splicing.
ayuste (de cables, estachas) | mariner's splice.
ayuste (de dos cuerdas) | piecing together.
ayuste (marina) | marriage.
ayuste corto | tuck splice.
ayuste de anillo | ring-splice.
ayuste de gaza | eye splice.
ayuste de gaza alargada | cut splice.
ayuste de maderero | log splice.
ayuste de ojal | loop splice | eye splice.
ayuste del timón | rudder coupling.
ayuste largo (cables) | long splice.
ayuste largo (cables metálicos, cuerdas) | endless splice.
ayuste para unir un cabo a una cadena | chain splice.
ayuste recto | straight joint.
ayustes | sailorizing.
azabache | jet | black amber.
azabache artificial | jet-glass.
azabache de Colorado y Utah | american jet.
azada | grub-hoe | spade | hoe.
azada con pala larga ancha | crown hoe.
azada de caballo | sluffer.
azada de gubia | rounding-adz.
azada de jardinero | garden spade.
azada de Kaffir (escardas) | crown hoe.
azada de mango largo con borde cortante con dientes largos | Stevenson hoe.
azada de ojo | eye hoe.
azada finlandesa | finn hoe.
azada para ahoyar de hoja acorazonada (trabajos forestales) | finn hoe.
azada para desterronar | clod-beetle.
azada para hacer la mezcla (albañilería) | larry.
azada para hoyos | post spade.
azada para zanjas | ditch spade.
azada para zanjas cortafuegos (bosques) | hazel hoe.
azada plantadora | planting hoe.
azada rotativa | rotary plough | rotary hoe.
azadilla | hoe | grubbing-mattock.
azadón | hoe | mattock | spade.
azadón de peto | mattoch | mattock.
azadón de plantar | planting mattock.
azadonar | spade (to).
azafata | hostess.
azafata (aviones) | stewardess.
azafrán | crocus.
azafrán del timón | rudder body.
azagaya | assegai.
azarbe | open-channel drainage | drainage ditch | irrigation trench.
azarbe (riegos) | return ditch.
azarja | cocoon reel | silk reel.
azeotropía | azeotropy.
azeotrópico | azeotropic.
azeotropismo | azeotropism.
azeotropo homogéneo | homogeneous azeotrope.
azida | azide.
azida plumbosa | lead azide.
azidíco | azide.
azidina | azidine.
azigo (anatomía) | impar.
azimía | azymia.
azímico | azimic.
azimita | azymite.
ázimo | azymic | azymous.
azimut | azimuth.
azimut antecedente | backward bearing.
azimut aparente | apparent azimuth.
azimut astronómico | true bearing.
azimut astronómico (topografía) | astronomic azimuth.
azimut de arco grande | long path bearing.
azimut de frente (en una línea geodésica que va de A a B, el ángulo entre la tangente en A al meridiano y la tangente a la línea geodésica en el mismo punto) | forward azimuth.
azimut de la señal | signal bearing.
azimut de lanzamiento | launching azimuth.
azimut de vuelo de 45 grados | flight azimuth of 45-degrees.
azimut del blanco (artillería) | target azimuth.
azimut del cuadriculado | grid azimuth.
azimut del epicentro | epicenter bearing.
azimut fijado por la altura del sol | solar-altitude azimuth.
azimut inverso | back azimuth.
azimut magnético | magnetic bearing | magnetic bearing | magnetic azimut.
azimut nomónico | gnomonic azimuth.
azimut prognosticado | predicted azimuth.
azimut terrestre | ground azimuth.
azimutal | azimuthal.
azina | azine.
azinas | azines.
azoación | azotization.
azoar | azotate (to) | azotize (to).
azobacterias | azobaster.
azobé (Lophira alata) | African oak | red ironwood.
azobe (Lophira alata var. procera - B. Davy) | ekki.
azobé (madera industrial) | azobe.
azobórico | azoboronic.
azocar (marina) | stretch (to) | pull away (to).
azocerita en masas hojosas | ader wax.
azocolorante | azo-coloring.
azoe | azote.
azófar (aleación de 88% de cobre y 12% de plomo) | potin.
azoficador | azofier.
azoficar | azofy (to).
azogado (espejos) | foliated | foil.
azogamiento | foliature | foliation.
azogamiento (espejos) | silvering.
azogar (espejos) | foliate (to) | plate (to).
azogue | mercury | quicksilver.
azoguería (minería) | amalgamating works.
azoico | azoic.
azoladora (máquina para cajear traviesas) | adzing machine.
azolar | adze (to).
azolvar | silt-up (to).
azón | azon.
azonal | azonal.
azoología | azoology.
azoospermia | azoospermia.
azor | goshawk.
azotado por el viento | wind whipped | air-beaten.
azotado por la malaria | malaria-ridden.
azotado por la sequía | drought-stricken.
azotado por la tempestad | storm-swept | weather-beaten.
azotado por las olas | billow-beaten.
azotea | flat roof | terrace | terrace.
azotea (edificios) | mirador.
azotea sin petril | deck roof.
azotorrea | azotorroea.
azúcar bastarda | bastard sugar.
azúcar cande | candy.
azúcar centrifugada | centrifugal sugar.
azúcar concreto | concrete sugar.
azúcar cristalizada | granulated sugar.
azúcar de fruta | d-fructose.
azúcar de gran polarización | high-test sugar.
azúcar de la nueva zafra | new crop sugar.
azúcar de leche | milk sugar.
azúcar de madera | wood sugar.
azúcar de miel de abejas | honey sugar.
azúcar de remolacha | beet root sugar.
azúcar de ultramar | offshore sugar.
azúcar de uva | d-glucose.
azúcar en cuadradillos | cut sugar.
azúcar en polvo | pounded sugar.
azúcar en terrones | cut sugar.
azúcar florete | refined sugar.
azúcar granulada | granulated sugar.
azúcar líquida | liquid sugar.
azúcar mascabado | muscovado | coarse sugar.
azúcar molida | pounded sugar | crushed sugar.
azúcar morena | brown sugar | moist sugar.
azúcar radioactivada para señalar la posición | position-labeled radioactive sugar.
azúcar refinada | refined sugar.
azúcar refinado | claircé.
azúcar terciado | muscovado.
azucarera | sugar mill.
azuchar (pilotes) | shoe (to).
azuche | iron shoe | pile shoe.
azuche (construcción) | pile point.
azuche (de pilote) | sabot.

azuche (pilotes) | shoe | pile point.
azuche de fundición (pilotes) | cast-iron shoe.
azuche de pilote | pile-shoe.
azuche de pilotes | sabot.
azud (curso de agua) | diversion dam.
azud de encofrado | crib dam.
azud de marcos | frame weir.
azud para peces | fish weir.
azud sumergido | drowned weir.
azuela | blocker | howel | chip axe | addice | dubbing-tool | adz.
azuela (tonelería) | butt howel.
azuela con boca de martillo | notching adz.
azuela con filo oblicuo | side hatchet.
azuela curva | spout adz | crooked adze | hollow adze.
azuela de carpintero | hammer adze | carpenter's adze.
azuela de cotillo completo | full-head adz.
azuela de desbastar | blocking axe | block axe.
azuela de descortezar | barking axe.
azuela de dos cortes | mortising ax.
azuela de listonero | lath-hammer | lathing hatchet.
azuela de mano | adze.
azuela de ribera | hollow adze.
azuela de tonelero | cooper's adze.
azuela para desbastar pizarras | saixe | sax.
azuela plana | flat adze.
azuela rebesa | hollow adze.
azufrado (de barriles) | matching.
azufrado (vinos) | muting | mutage.
azufradora | sulphur sprayer.
azuframiento | sulfuring.
azufrar (barriles) | match (to).
azufrar (barriles, etc.) | sulfur (to).
azufrar (capullos seda) | fume (to).
azufrar (vino) | mute (to).
azufre | sulphur (Ingletarra) | sulfur (EE.UU.).
azufre (EE.UU.) | sulfur.
azufre (G.B.) | sulphur.
azufre amorfo | amorphous sulfur.
azufre blando | plastic sulfur.
azufre bruto exento de impurezas y de color amarillo brillante | bright sulfur.
azufre bruto oscuro que contiene 1% de petróleo o material carbonoso | dark sulfur.
azufre combinado | bound sulfur.
azufre con pureza del 99 a 99 (exento de arsénico, selenio y telurio) | crude sulfur.
azufre con pureza del 99% | brimstone.
azufre de evolución | evolution sulfur.
azufre de mina | native sulfur.
azufre de piritas | pyritic sulfur.
azufre desoxidable | reducible sulfur.
azufre en barras | roll brimstone.
azufre en canelones | brimstone.
azufre en polvo | flour sulfur.
azufre en su condición elemental original | elemental sulfur.
azufre granulado | drop-sulfur.
azufre granulado obtenido vertiendo azufre fundido en agua | drop sulfur.
azufre nativo | brimstone.
azufre nativo monoclínico (volcán Daiton - Formosa) | Daiton sulphur.
azufre pirítico | pyritic sulfur.
azufre plástico | plastic sulfur.
azufre presente en una sustancia como un sulfito | evolution sulfur.
azufre refinado | processed sulfur | refined sulphur.
azufre selenífero | selen-sulfur.
azufre sublimado | flowers of sulphur.
azufre virgen | virgin sulfur | native sulfur.
azufre vivo | virgin sulfur | brimstone.
azul | blue.
azul a la cal (pigmento azul para pintura al temple) | lime blue.
azul brillante (telas) | electric blue.
azul cárdeno | dusky-blue.
azul celeste | azure.
azul claro | baby blue.
azul de anilina | spirit blue.
azul de cielo | blueness of the sky.
azul de cobalto | bice | English blue | china blue.
azul de cobalto (mezcla de fosfato de cobalto fundido) | cobalt blue.
azul de cobalto (mineral) | ash blue.
azul de cobalto (silicato de cobalto y potasio) | king's blue.
azul de metileno polícromo | polychrome methylene blue.
azul de montaña | mineral blue.
azul de Prusia | Prussian blue.
azul de Thenardi | cobaltous aluminate.
azul de Thenards (aluminato cobaltoso) | Thenards blue.
azul índigo | indigo blue.
azul marino | navy blue.
azul mineral | mineral blue.
azul negro (negro vegetal) | blue-black.
azul verdoso | greenish blue | cyan blue.
azul violáceo | violetish blue.
azul violeta | hyacinth.
azulado | blueing | blued.
azulado de la albura (maderas) | blueing.
azulamiento (pinturas blancas) | blueing.
azular | bluc (to).
azulcalcedonia | azurlite.
azulejar | tile (to).
azulejería | tileworks.
azulejero | tiler | tile setter.
azulejo | tile | glazed wall tile.
azulejo de revestimiento | facing tile.
azulejo de vidriado mate | dull-glazed tile.
azulejo de vidrio | glass tile.
azuleno | azulene.
azur | azure.
azurado | azure blue.
azurita | azure stone | blue carbonate of copper | cheesy copper | copper lapiz.
azurita (carbonato de cobre azul) | azurite.
azurita (cobre carbonatado azul) | chessylite.
azurlita | azurlite.
azurmalaquita | azure malachite.

B

babaza | slime.
babaza (del agua) | slime.
babaza biológica | biological slime.
babina cruzada cilíndrica (tejeduría) | cylindrical cheese.
babirusa | Indian hog.
babor | port.
babor (buques) | port.
babor y estribor de guardia alternando (buques) | watch and watch.
babosa (zoología) | slug.
babun (Virola bicuhyba) | bicuiba.
babun (Virola Koschnyi - Warb) | cajuco.
babun (Virola Koschnyi Warb | banak.
babun (Virola sebifera) | Saint Jean rouge | ucuhuba.
babún (Virola surinamensis - Warb) | dallí | baboen.
baca (diligencias) | outside.
bacaje (ríos) | ferriage.
bacaladero | cod-fishing ship.
bacalao | cod-fish | cod.
bacalao ligeramente curado con sal | light-salted cod.
bacantes | maenades.
baccífero | berry-producing.
bacilar | bacillary.
baciliforme | rod-shape.
bacilo ácidorresistente | acid-fast bacillus.
bacilos gasógenos | gas-forming bacilli.
bacilos gasógenos (medicina) | gas-producing bacilli.
bacín | commode.
bacinete | basinet.
bacomixa (Eugenia brasiliensis) | grumixava.
bacteria celulolítica | cellulolytic bacterium.
bacteria del grupo coliforme | coliform-group bacteria.
bacteriano | bacterial.
bacterias | bacteria.
bacterias acetificadoras | acetic acid bacteria.
bacterias de fermentación | ferment bacteria.
bacterias luminiscentes | luminescent bacteria.
bacterias metalogénicas | metallogenical bacteries.
bacterias mixógenas | slime-forming bacteria.
bacterias nitrificadoras | nitrogen-fixing bacteria.
bacterias nitrificantes | nitrifying bacteria.
bacterias reductoras de sulfatos | sulfate-reducing bacteria.
bacterias termófilas | thermophilic bacteria.
bacterias tigmotácticas | thigmotactic bacteria.
bactericida | germicide | bactericidal.
bactericida antimoho (industria papelera) | slimicide.
bactérico | bacterical.
bacteriocida | bacterocide.
bacteriólisis | bacteriolysis.
bacteriología agrícola | agricultural bacteriology.
bacteriología anaeróbica | anaerobic bacteriology.
bacteriología de las aguas cloacales | sewage bacteriology.
bacteriológico | bacteriological.
bacteriólogo | bacteriologist.
bacterioterapia | bacteriotherapy.
bacteristático | bacteristatic.
baculífero | baculiferous.
baculiforme | baculiform.
báculo | staff | crook | verge | crozier.
bache | pothole.
bache (aviación) | air pocket | air bump | air lock | air hole | hole in the air | dip | pocket.
bache (carretera) | chuckhole.
bache (carreteras) | pothole.
bache (en el aire) | hole.
bache atmosférico (meneo - aviación) | bump.
bache de aire | air bends.
bacheado en frío (carreteras) | cold patch.
bachear (carreteras) | mend (to) | patch (to).
bacheo | patch | patching up.
bacheo (carretera) | patching.
bacheo (carreteras) | dribbling.
bacheo en caliente (carreteras) | hot patch.
bacheo superficial | skin patch.
bachiller | bachelor.
bachillerato | baccalaureate.
badajo | bell clapper | clapper.
badajo (campana) | tongue.
badam (Terminalia procera - Roxb) | badam | white bombway.
badana | dressed sheep-skin | sheep's leather | basan.
badana (encuadernación) | sheep | basil.
badana barata (encuadernación) | bock.
badana de color | aluta.
badana muy delgada | batwing skiver.
badaza de boneta (velas buques) | lasket.
baddeleyita | brazilite.
baddeleyta (variedad) | brazilite.
badén | paved ford.
badernas | nippers.
badil | rake.
badila (brasero) | fire shovel.
bafertisita (Mongolia interior) | bafertisite.
bafetas (tela basta de algodón) | bafts.
bafle | bass reflex.
bafle infinito | infinite baffle.
bafle reflexivo | reflex baffle.
bagacillo (fabricación azúcar) | trash.
bagaje | baggage | luggage.
bagaje histórico | historical knowledge.
bagasse (Bagassa guinensis) | bagasse | tatajuba.
bagazo | megasse | bagazo | cane trash.
bagazo (azúcar) | bagasse.
bagazo (fabricación azúcar) | trash.
bagazos (cerveza) | culms.
bagazosis | bagassosis.
baguio | baguio.
bahamita | bahamite.
baharí (halcón) | hobby.
bahía abrigada por un rompeolas | bay sheltered by breakwater.
bahía cerrada | closed bay.
bahías hemicirculares | hemicircular bays.
baikalita | baikalite.
baikelita | baikerite.
bailar sobre el agua (objeto flotante) | popple (to).
bailar sobre las olas (buques) | lollop (to).
baileyita | bayleyite.
bailoteo de las ruedas delanteras (autos) | wheel wobble.
bailoteo del haz (TV) | spot wobble.
bailoteo del líquido (depósitos parcialmente llenos) | sloshing.
bainita | bainite.
bainita isotérmica | isothermal bainite.
bainita no acicular | nonacicular bainite.
bainita proeutectoide | proeutectoid bainite.
bainítico | bainitic.
baivel | miter rule.
baja | vacancy | down | falling | slump.
baja (comercio) | drop.
baja (de precios) | slashing | fall | coming down | depression.
baja (de valores en Bolsa) | sagging.
baja (en bolsa) | reaction.
baja (en el mercado) | break.
baja (milicia) | casualty | release.
baja (por abonado) | drop.
baja (precios) | decline | dropping.
baja (temperatura, etc.) | going down.
baja (valores en Bolsa) | sag.
baja altitud | low level.
baja atmósfera | lower atmosphere.
baja de la ocupación | decreasing employment.
baja de los precios | fall of prices.
baja de los tipos de interés | slide in rates.
baja de precios | slide in prices | price slashing | rollback of price.
baja definición (televisión) | low definition.
baja del mercado | drop of prices.
baja en combate | combat casualty.
baja en cotizaciones | crumbling of prices.
baja en las cotizaciones | decline in prices.
baja frecuencia | low frequency.
baja fuerte en el precio | big drop in the price.
baja general (precios) | all-round falling-off.
baja gradual | gradual fall.
baja no atribuible al enemigo | nonbattle casualty.
baja por acción de mina (heridos) | mine casualty.
baja por gas (milicia) | gas casualty.
baja por puntos (bolsa) | marking down by points.
baja presión | low pressure.
baja repentina (precios) | slump.
baja repentina en los precios | price slump.
baja sensible (bolsa) | marked fall.
baja tensión | low tension | low tension.
baja tensión (electricidad) | low pressure.
bajada | descending grade | descent | falling gradient | fall | drop.
bajada (América Central) | bajada.
bajada (sondeos) | running-in.
bajada blindada (de antena) | screen down lead.
bajada de antena | lead-in | down-lead | antenna downlead | aerial lead-in.
bajada de antena doble | parallel feeders.
bajada de tono | fall.
bajado (tren de aterrizaje) | lowered.
bajamar | low-tide | low water | outgoing tide.
bajamar con dos máximos separados por una pequeña depresión (costa Sur G.B.) | gulder.
bajamar con dos mínimos separados por una pequeña elevación | agger | double tide.
bajamar más baja | lower low water.
bajamar media | mean low tide.
bajamar media (durante 18,6 años) | mean low water.
bajamar media más baja | mean lower low tide.
bajamar mínima | extreme low water.
bajante (construcción) | roof leader.
bajante (edificios) | fall pipe.
bajante de aguas | conductor.
bajante de aguas (edificios) | fall-pipe | downcomer | downpipe | leader | rain pipe | gutter pipe.
bajante de aguas (tejados) | stack pipe.
bajante de aguas de cemento amiantado | asbestos-cement rain-water pipe.
bajante de aguas de retretes (edificios) | soil-stack.
bajante de aguas del tejado | leader.
bajante de aguas sucias | soil pipe.
bajante de aguas sucias (edificios) | soil riser | waste-stack.
bajante de retrete | soil pipe.
bajante de tejado | roof leader.
bajantes de aguas negras (edificios) | soil stack.
bajantes de aguas sucias (edificios) | plumbing stack.
bajar | fall (to) | lower (to) | droop (to).
bajar (acciones) | slip (to).
bajar (acciones en bolsa) | mark down (to).
bajar (aguas) | subside (to).
bajar (bolsa) | break (to).
bajar (disminuir la altura de) | depress (to).
bajar (la marea) | go out (to) | runout (to).
bajar (los ojos) | cast down (to).
bajar (los precios) | fall (to).
bajar (precios) | look down (to) | reduce (to) | give way (to).
bajar (una perpendicular) | drop (to).
bajar (valores) | ease off (to) | ease (to).
bajar de grado (empleos) | demote (to).
bajar de precio | depreciate (to) | rundown (to).

bajar de tono (música) | flat (to).
bajar de un avión | deplane (to).
bajar del tren | detrain (to).
bajar el compás (música) | down-beat (to) | down-accented (to).
bajar el precio | depress (to).
bajar el tono (sonidos) | flat (to).
bajar el tren de aterrizaje | drop wheels (to).
bajar el tren de aterrizaje (aviones) | lower (to).
bajar la fachada | redress (to).
bajar la palanca | press the lever (to).
bajar los precios | drag (to).
bajar mineral por chimeneas (minas) | buck (to).
bajar rápidamente | dip (to).
bajar un ala como señal de reconocimiento (piloto de aeroplano) | dip one's wings (to).
bajas (milicia) | casualties.
bajas aéreas | air casualties.
bajas en combate | battle casualties.
bajío | bank | shoal | shelf.
bajista. | bear.
bajista (bolsa) | short.
bajo | low built | low-level.
bajo (acústica) | base.
bajo (cartas marinas) | vigia.
bajo (costas marítimas) | spit.
bajo (en el mar) | ridge.
bajo (estatura) | short.
bajo (música) | bass.
bajo (oceanografía) | shallow.
bajo (órgano) | pedal.
bajo balizado | buoyed shoal.
bajo bandera neutral (buque) | in neutral bottoms.
bajo cero (temperatura) | subzero.
bajo cero (temperaturas) | minus.
bajo continuo | figurated-bass.
bajo continuo (música) | thorough bass | figured-bass.
bajo contrato | under contract.
bajo control aduanero | customs bond.
bajo control ajeno | alieni juris.
bajo cubierta | under deck.
bajo de ley (minerales) | base.
bajo de metal (música) | saxhorn bass | euphonium.
bajo de techo | low-roofed.
bajo de tono (música) | flat.
bajo el nivel del mar | subsea.
bajo en aguas navegables | middle ground.
bajo en silicio y alto en carbono | high-carbon low-silicon low-manganese base iron.
bajo escolta armada | under armed guard.
bajo este pliego adjunto | enclosed herewith.
bajo fianza | on bail | under bond.
bajo fondo (marina) | shoal.
bajo fondo alcalífero (oceanografía) | alkali-flat.
bajo horno | finery.
bajo juramento | under oath.
bajo la corteza | under bark.
bajo la par | at a discount.
bajo licencia | under licence.
bajo mareal | tidal flat.
bajo precinto aduanero | in bond.
bajo presión | pressure locked.
bajo presión (cabina) | pressurized.
bajo protesto | under protest.
bajo puntal | under derrick.
bajo relieve | low relief.
bajo reserva de lo que se indica más adelante | subject as herein provided.
bajo su propio nombre | under his own name.
bajo tierra | underground.
bajo voltaje | low tension.
bajo voltaje (electricidad) | low pressure.
bajo y de gran diámetro | squat.
bajodobladillo (medias) | afterwelt | shadow welt.
bajoncillo (instrumento musical) | small bassoon.
bajorrelieve (bellas artes) | bas-relief.
bajos formados por restos de plantas marinas | mattes.
bakelita | bakelite.
bakelita grafitada | graphited bakelite.
bakelizar | bakelize (to).
bala | slug | bale | ball | pellet | bullet.
bala (de algodón, etc.) | truss | bale.
bala (diamante industrial - Brasil) | bala.
bala atada con alambre | wired bale.
bala de algodón | cotton bale.
bala de expansión | expansive bullet.
bala de imprimir | printer's ball.
bala de papel | bale of paper.
bala de papel (diez resmas) | bale.
bala de pistola | pistol shot.
bala de punta hueca | hollow-point bullet.
bala de punta plana | flatnose bullet.
bala de punta redondeada | round nose bullet.
bala de trapos (peso de 340 a 600 kilos) | rag bale.
bala de yute | jute bale.
bala desechada (de algodón) | condemned bale.
bala explosiva | fléchette.
bala frangible | frangible bullet.
bala fría | slump shot.
bala incendiaria | igniter bullet.
bala para transporte por tierra (de algodón, etc.) | country bale.
bala pintada (tiro al blanco) | painted bullet.
bala prensada | pressed bale.
bala rehusada | condemned bale.
bala trazadora | tracer bullet.
balacín tiracable (tren sondeo) | spudding beam.
balance | libration | balance | seesaw | statement.
balance (aviones, buques) | roll.
balance (buques) | seeling.
balance (buques, aviones) | rolling.
balance a cuenta nueva | balance brought down.
balance abreviado del grupo | abridged group balance sheet.
balance amañado | faked balance sheet.
balance analítico (contabilidad) | anaylitcal balance sheet.
balance anual | annual balance.
balance calorífico (metalurgia) | heat balance.
balance comercial favorable | favorable trade balance.
balance comparativo | comparative balance sheet.
balance condensado | condensed balance sheet.
balance conjunto | consolidated balance.
balance de apertura | opening balance sheet.
balance de banda a banda (buques) | out-to-out rolling | out-to-out roll.
balance de comprobación | trial balance.
balance de comprobación antes de cierre | preclosing trial balance.
balance de comprobación de saldos | trial balance.
balance de comprobación después del cierre | post closing trial balance.
balance de comprobación final | final trial balance.
balance de cuentas | account form.
balance de energía | energy budget.
balance de fin de año | year-end balance sheet.
balance de fondos y flujos pecuniarios | statement of funds and cash flow.
balance de inventario | second trial balance.
balance de la energía utilizable | available-energy accounting.
balance de liquidación | statement of affairs.
balance de materia | material balance.
balance de pagos | payment balance.
balance de pagos deficitario | deficient payment balance.
balance de reactividad | reactivity balance.
balance de resultados | income statement | profit and loss statement.
balance de saldos ajustados | adjusted trial balance.
balance de saldos con cuentas regularizadas | adjusted trial balance.
balance de sales | salt balance.
balance de situación | post closing trial balance | statement of assets and liabilities | balance sheet | general balance sheet.
balance de situación certificado | certified balance sheet.
balance de situación combinado | combined balance sheet.
balance de situación comparativo | comparative statement.
balance de situación consolidado | consolidated statement.
balance del banco | bank statement.
balance detallado (química) | detailed balance.
balance en aguas tranquilas (buques) | still-water rolling | calm-water rolling | rolling on smooth water.
balance energético | energy balance.
balance falseado | faked balance sheet.
balance favorable (de pagos) | export balance.
balance final de saldos | postclosing trial balance.
balance financiero | statement of assets and liabilities | financial balance sheet.
balance general | financial statement | general balance sheet | consolidated balance | balance sheet.
balance general anticipado | projected balance sheet.
balance general consolidado | consolidated balance sheet | consolidated balance sheet.
balance general previsto | projected balance sheet.
balance general resumido | condensed balance sheet.
balance hídrico | water-budget.
balance hídrico (zona hidrológica) | water balance.
balance lento | slow roll.
balance mensual | monthly returns.
balance neutrónico | neutron balance.
balance previo de comprobación (economia) | first trial balance.
balance provisional | tentative balance sheet.
balance rápido (aviones) | flick roll.
balance rápido (buques) | snappy roll | quick-rolling.
balance resumido | summarized balance sheet.
balance sinóptico | working sheet.
balance suave (buques) | easy rolling.
balance térmico | thermal balance sheet | thermal turnover.
balance térmico (metalurgia) | heat sheet | heat balance | heat balance-sheet.
balance térmico en el evaporador | heat balance about the evaporator.
balance violento (buques) | lurching | lurch.
balanceado (electricidad) | push-pull.
balancear | sway (to) | wabble (to) | swing (to) | seesaw (to) | offset (to).
balancear por medios artificiales (no por la acción de las olas-buques) | force-roll (to).
balancearse | roll (to).
balancearse (aviones) | roll (to).
balancearse (buques) | seel (to).
balancearse de banda a banda (buque anclado o remolcado) | slew (to).
balancearse estando encallado (buques) | sugg (to).
balancearse sobre sus anclas (buques) | ride at anchor (to).
balanceo | swinging | swing | sway | roll | rocking | rolling | wing drop | teeter | wabble.
balanceo (acústica) | swinger.
balanceo anclado (buques) | yawing.
balanceo de régimen permanente (buques) | steady-state rolling.
balanceo del avión en señal de victoria (aviación) | victory roll.
balanceo del viento (alto horno) | jump.
balanceo giroscópico | gyroscopic wobbling.

balanceo producido por el movimiento de banda a banda de la tripulación (buques) | sallying.
balanceo y cabeceo de un buque | labour (G.B.) | labor (EE.UU.).
balancero | cranky.
balancero inestable (buques) | crank.
balancín | lever | vibrating arm | side lever | rocker | fly | pendulum | balance lever | balance | link | rocking beam | working beam | valve lever | seesaw | rockshaft | rock-level | tippler.
balancín (atalaje de coches) | swingle-bar.
balancín (bogie de locomotora) | swing bolster.
balancín (carruajes) | singletree | swingletree | splinter bar | bar | whippletree.
balancín (coche) | swingbar.
balancín (de bomba) | bob.
balancín (de carruaje) | shaft bar.
balancín (de un prao) | outrigger.
balancín (equipo de sondeo) | walking beam.
balancín (funderías) | sling-beam | lifting beam.
balancín (hilatura) | ring rail | ring rail.
balancín (mando de aviones) | horn.
balancín (máquinas) | weighbeam | logging head.
balancín (mecánica) | walking beam.
balancín (minas) | fend off.
balancín (motores) | tappet.
balancín (para llevar pesos) | yoke.
balancín (portaescobillas) | rocker-arm.
balancín (puerta de exclusa) | balance-bar.
balancín (relojes) | swing wheel.
balancín (telegrafía) | rocker arm.
balancín (tren de sondeo) | spring-pole.
balancín (válvulas motores) | tappet lever.
balancín acorazonado | heart-shaped rocker.
balancín ahorquillado | forked rocking arm.
balancín angular | angle bob.
balancín colocado a barlovento para evitar zozobre un bote de vela | outrigger.
balancín compensador | balance beam | compensating beam | equal beam.
balancín compensador (de pesos) | equalizer.
balancín compensador del bogie | truck equalizer.
balancín de accionamiento de la bomba | pump actuating lever.
balancín de dos brazos | double-armed rocking lever.
balancín de escuadra | angle bob | V bob.
balancín de escuadra (bombas de mina) | quadrant.
balancín de freno | brake rocker arm | brake shaft lever.
balancín de la bomba | pump balance | pump lever.
balancín de la bomba de aire | air pump rocking lever.
balancín de la máquina | engine beam.
balancín de la válvula | valve rocker.
balancín de perforación (tren sondeo) | spudding beam.
balancín de perforación (tren sondeos) | walking beam.
balancín de repartición (de pesos) | equalizer.
balancín de repartición de carga (grúas) | rock-level.
balancín de repartición de cargas | equalizing lever | equalizer beam.
balancín de repartición de cargas (grúas) | equalizing bar.
balancín de suspensión | equalizer.
balancín de suspensión (grúas) | equalizing bar | rock-level.
balancín de suspensión de cargas (grúas) | rocking lever.
balancín de tornillo | fly press.
balancín de válvula de culata (motores) | overhead-valve rocker.
balancín del freno | brake beam.
balancín del timón de altura | elevator lever.
balancín del timón de altura (aeroplanos) | elevator horn.
balancín del timón de altura (aviones) | elevator level.
balancín empujaválvulas (motores) | rocker-arm.
balancín para accionar válvulas del motor | rocker arm for driving poppet valves.
balancín portazapata | block holder lever.
balancín tiracable (sondeos) | spudder arm.
balancín transversal | cross beam.
balancines del compás (marina) | gimbals.
balandra | yawl | cutter.
balandra con aparejo tipo Marconi | jib-headed rig cutter.
balandro | sloop.
balandro con orza de deriva | centerboarder.
balanza | steelyard | balance | scale | weighing machine.
balanza (laboratorio) | scale.
balanza actínica | actinic balance.
balanza adversa (de pagos) | one-sided balance.
balanza adversa de pago | adverse balance of payments.
balanza aerodinámica | aerodynamic balance | aerodynamic scales.
balanza aerostática | aerostatic balance.
balanza amperimétrica | ampere balance.
balanza areométrica | specific gravity balance.
balanza automática | automatic balance | automatic scale.
balanza automática para finos de carbón (mina carbón) | billy playfair.
balanza calculadora | counting scale.
balanza comercial | trade balance | balance of trade.
balanza comercial desfavorable | unfavorable balance of trade | unfavourable balance of trade | passive trade balance.
balanza comercial favorable | active trade balance.
balanza comprobadora de pesos | checkweigher.
balanza con célula fotoeléctrica | eye scale.
balanza de astil largo | long-beam balance.
balanza de brazos | beam balance.
balanza de brazos iguales | even-balance scale | symmetrical balance.
balanza de capitales | capital balance.
balanza de cocina | kitchen scale.
balanza de columna | column balance | pillar balance.
balanza de comercio visible | visible balance.
balanza de contrapeso (para lodo) | beam balance.
balanza de cuchillo de brazos iguales | equal-arm knife-adge balance.
balanza de divisas | balance of foreign exchange.
balanza de ensayos | assay scales.
balanza de ensayos (química) | button balance.
balanza de inducción | induction bridge | induction balance.
balanza de inductancia | inductance balance.
balanza de Kelvin | ampere balance.
balanza de la deficiencia de humedad | moisture-deficiency accounting.
balanza de laboratorio | chemical balance.
balanza de metálico | bullion balance.
balanza de microtorsión de hilo de cuarzo | quartz microtorsion balance.
balanza de mostrador | counter scale.
balanza de muelle espiral | spiral spring balance.
balanza de pagos | balance of payments.
balanza de pagos del exterior | external balance of payments.
balanza de pagos generalmente deficitaria | generally deficient payment balance.
balanza de pagos internacional | international balance of payments.
balanza de pagos internacionales | balance of international payments.
balanza de pagos multilateral | multilateral balance of payment.
balanza de pagos por cuenta corriente | current account.
balanza de palanca acodada | bent lever balance.
balanza de pesada directa | direct-weighing balance.
balanza de pesas | physical balance.
balanza de platillos | pan scales.
balanza de precisión | fine balance | precision balance.
balanza de precisión (farmacias) | dispensing scales.
balanza de precisión para determinación de la densidad (gases) | buoyancy balance.
balanza de prueba | trial balance.
balanza de Roberval | grocer's scale.
balanza de sedimentación (para determinar el tamaño de las partículas) | sedimentation balance.
balanza de servicios y transferencias | invisible balance.
balanza de suspensión magnética | magnetic suspension balance.
balanza de torsión | torsion balance.
balanza de torsión magnética | magnetic torsion balance.
balanza de túnel aerodinámico | wind tunnel balance.
balanza de un plato | singlepan balance.
balanza decimal | decimal balance.
balanza eléctrica | electric balance.
balanza electrodinámica | electrodynamic balance | current balance | ampere balance.
balanza electromagnética | electromagnetic balance.
balanza electrónica | electronic scale.
balanza exterior (economía) | foreign balance.
balanza falsa | inaccurate balance.
balanza galvanoplástica | plating balance.
balanza hidráulica | hydraulic balance.
balanza hidrométrica | hydrometric balance.
balanza hidrostática | hydrostatical balance | hydrostatic weighing unit | hydrostatic balance | balance engine | specific gravity balance.
balanza higrométrica | hygrometric balance.
balanza internacional de pagos | international payments balance.
balanza justa | just scale.
balanza magnética | magnetic balance.
balanza manométrica | manometric balance.
balanza metalométrica | metallometric balance.
balanza micrométrica para hilos | micrometric yarn balance.
balanza microquímica | microchemical balance.
balanza monoplato | singlepan balance.
balanza para determinar densidades relativas | specific gravity balance.
balanza para determinar la densidad de gases | gas balance.
balanza para hilos | yarn quadrant.
balanza para laboratorio | analytical balance.
balanza para medir presiones | pressure balance.
balanza para pesar moneda | money scales.
balanza para pesar perlas de ensayo (docimacía) | button balance.
balanza que marca más de lo exacto | fast balance.
balanza química | chemical balance.
balanza sin amortiguación | undamped balance.
balanza vatimétrica | watt-balance.
balanza visible de comercio | visible balance of trade.
balanza volumétrica | volumeter.
balanzón (bombas minas) | balance bob.
balas empacadas en la prensa | press-packed bales.
balas sintético (diamante) | synthetic ballas.
balastación | ballasting.
balastado | ballasted.
balastado con grava (ferrocarril) | metaled | rock-ballasted.
balastado con piedra partida (ferrocarril) | rock-ballasted.

balastado de traviesas | boxing up.
balastaje | ballasting.
balastaje (vía férrea) | ballasting.
balastar (vía férrea) | ballast (to) | stone (to).
balasto | ballast bed | ballast | roadstone.
balasto (ferrocarril) | bottoming.
balasto (vía férrea) | ballast-bed | bottom.
balasto colocado en una caja abierta en la infraestructura | boxed-in ballast.
balasto de asiento | boxing.
balasto de grava | broken stone ballast.
balasto de grava (ferrocarriles) | gravel ballast.
balasto sucio de la vía | spent ballast.
balastro de desechos de serrería | dunnage.
balata (Mimusops balata) | bulletwood.
balau (Isoptera borneensis) | balau.
balaustrada | parapet | rail | railing | balustrade.
balaustre | baluster | banister | railing post | rail post.
balazo | shot.
balcón | gallery | balcony.
balcón expuesto al sol | ante solarium.
baldado | crippled.
baldaquín (tela) | baldachin | baldaquin.
baldaquino | baldachin.
baldaquino (dosel de altar) | ciborium.
baldas para secar ladrillos | hack.
balde | scuttle | piggin | bucket.
balde basculable | tipover bucket.
balde basculante (caldero de volteo - para carbón, piedra) | contractor's bucket.
balde de cuero | leather bucket.
baldeadora | flusher.
baldear | wash (to).
baldear (buques) | scour (to).
baldeo | washing | flushing.
baldeo (cubiertas de buques) | washdown.
baldés (cuero) | tawing.
baldes de madera que se colocan en el puente de navegación | deck buckets.
baldío | unimproved.
baldío (terrenos) | unappropriated.
baldosa | flag | paving-tile | tile.
baldosa antiácida | acidproof flag | antiacid flag.
baldosa con espesor mayor de 1
baldosa de arcilla | clay tile.
baldosa de corcho | cork tile.
baldosa de vidriado mate | matt-glazed tile.
baldosa vidriada | glazed tile.
baldosas para revestimientos | facing bricks.
baldosín | floor tile.
baldosín (para pisos) | tile.
balduque | bolduc.
balero (México) | bearing.
balín | ball.
balista | ballista | missile thrower | missile launcher.
balística | gunnery | ballistics.
balística de efectos | terminal ballistics | ballistic of penetration.
balística de las heridas | wound ballistics.
balística de penetración del proyectil en el blanco | penetration ballistics.
balística del electrón | electron ballistics.
balística electrónica | electron ballistics.
balística exterior | exterior ballistics.
balística interior | interior ballistics | internal ballistics.
balística interior de cohetes | rocket internal ballistics.
balística relacionada con las bombas lanzadas desde aviones | bomb ballistics.
balística submarina | underwater ballistics.
balístico | ballistic.
balístico (persona) | ballistician.
balistita (pólvora sin humo) | ballistite.
balistocardiografía (medicina) | ballistocardiography.
balistocardiograma | ballistocardiogram.
balistofobia | ballistophobia.
baliza | beacon | sea light | buoy | marker | marking | sign-mark.
baliza (aeropuertos) | ground-light.
baliza de acercamiento | approach beacon.
baliza de aeronavegación | air beacon.
baliza de aproximación | outer marker | middle marker | approach beacon.
baliza de aterrizaje | landing light.
baliza de bandera | flag-buoy.
baliza de barril | barrel-buoy.
baliza de destellos | flashing beacon | rotating beacon.
baliza de extremidad (aeropuertos) | boundary-marker.
baliza de identificación de pista | runway designation marker.
baliza de ocultaciones | flashing beacon | flashlight | occulting beacon.
baliza de ocultaciones codificadas | code beacon | code light.
baliza de paso a nivel | crossing sign.
baliza de pista (aeródromos) | course light.
baliza de pista (aeropuertos) | landing direction light.
baliza de radar | radar beacon | racon | transponder | picket.
baliza de radar aerotransportada | rosebud.
baliza de radar estacionada en una zona periférica | picket.
baliza de rayos infrarrojos | infrared beacon.
baliza de varios alcances | omnirange beacon.
baliza delimitadora (aeropuertos) | boundary-marker.
baliza fija | fixed beacon.
baliza fija radárica | radar range marker | range marker.
baliza flotante | floating beacon.
baliza geográfica | landing beacon.
baliza iluminada | light beacon.
baliza limítrofe (aeropuertos) | boundary-marker.
baliza localizadora de pista | runway localizing beacon.
baliza luminosa (aeropuertos) | marker light.
baliza navegacional | navigational beacon.
baliza principal | main beacon.
baliza radárica | racon | transponder.
baliza radárica con tiempo de recuperación muy rápido | chain radar beacon.
baliza respondedora (de un transpondedor) | transponder beacon.
baliza respondedora de radar (aeródromos) | radar responder beacon.
balizado | beaconed.
balizaje diurno | day marking | day marking.
balizamiento | beaconing | buoying | buoyage.
balizamiento (aeropuertos) | ground-lighting.
balizar | beacon (to) | buoy (to).
balizar (aviación) | mark (to).
balneología | balneology.
balneólogo | balneologist.
balneoterapia | dip-treatment.
balón | flask.
balón (del hilo) | balloon.
balón constante (hilatura) | constant balloon.
balón de destilación | fractionating flask.
balón de tres bocas (química) | three-neck flask.
balón para gas | gas-bag.
balonet | ballonet.
balonet (dirigible) | gas-cell.
balonet (dirigibles) | cell | gas-bag.
balotaje | balloting.
baloteo | rapping.
balsa | pond | pool | reservoir | raft | raft | flat | float.
balsa (ochroma bicolor) | balsa.
balsa clasificadora (Ecuador - madera flotada) | sorting jack.
balsa con cabrestante (Iberoamérica) | catamaran | gunboat.
balsa con cabria (madera flotada) | catamaran.
balsa con cordón para rasgar la envuelta (alimentos) | tear string pouch.
balsa de agua de casca (curtición) | leach.
balsa de apoyo de infantería | infantry support raft.
balsa de cierre (maderas flotadas) | shearwater.
balsa de clasificación (madera flotada) | sorting gap.
balsa de cristalización | crystallizing pond.
balsa de decantación | clear pond.
balsa de enriar | rettery.
balsa de lodos | slush pit.
balsa de madera | lumber raft.
balsa de maderas | raft.
balsa de pontones | ponton raft.
balsa de troncos | crib | log raft.
balsa inflable | inflatable raft.
balsa neumática | pneumatic raft.
balsa neumática llevada en un avión | dinghy.
balsa para apagar la cal | lime slaker.
balsa para apelambrar pieles | lime.
balsa para cría de peces | fish-rearing pond.
balsa rectangular formada por la reunión de varios flotadores convenientemente trincados y con un motor desmontable a popa | sea mule type of vessel.
balsa salada | salt chuck.
balsa salvavidas | liferaft.
balsa salvavidas arrojada con paracaídas | pararaft.
balsa salvavidas de caucho inflable | inflatable rubber lifesaving raft.
balsa salvavidas inflable | inflatable life raft.
balsaje | rafting.
balsámico | balsam like.
bálsamo | balsam.
bálsamo cicatrizal (para árboles) | vulnerary balsam.
bálsamo del Canadá | Canada turpentine.
balsas de hielos flotantes | floe-ice.
balsas de marea | tidal pools.
balsear | raft (to).
balsero | raftsman | rafter.
balso | running bowline.
balso (nudo) | boatswain's chair.
balteo | balteus.
baltimorita | baltimorite.
baluarte | bastion | bulwark.
baluarte atenazado (fortificación antigua) | bastionary tenail.
baluarte naval | naval bastion.
balum | balum.
balun (dispositivo de acoplamiento equilibrador o dispositivo para adaptar un circuito desequilibrado a uno equilibrado) | balun.
ballena | whale.
ballena (corsé) | bone.
ballena (de corsé) | stay.
ballena azul (Sibaldus musculus) | bluehead whale.
ballena blanca | balugy.
ballena cantarina | humpback whale.
ballena de giba | humpback whale.
ballena detectada por asdic | asdic-detected whale.
ballena franca | bow head | right whale.
ballena recién nacida | sucker.
ballenato | calf whale.
ballenera de motor (bote) | motor whaleboat.
ballenero (bote) | whaler.
ballenero (persona) | whaler.
ballesta | plate-spring | spring | bow | laminated spring.
ballesta antirrechinante | antirattle spring.
ballesta auxiliar (ballestas de autos) | helper spring.
ballesta con curvatura hacia arriba (autos) | reverse-camber spring.
ballesta con pivote central | center-pivoted spring.
ballesta de gran deformación | high-deflection leaf spring.
ballesta de hojas | carriage spring | leaf spring | multiple-leaf spring.
ballesta de la rueda motriz (locomotoras) | driving-spring.
ballesta de ménsula | cantilever leaf spring.
ballesta de vagón | car spring.

ballesta de varias hojas | multileaf spring.
ballesta del eje portador delantero (locomotora) | leading spring.
ballesta delantera | front spring.
ballesta doble | double laminated spring | double plate spring.
ballesta en forma de C (carruajes) | cee-spring.
ballesta para ferrocarril | railway laminated spring.
ballesta semielíptica | semielliptic spring.
ballesta semielíptica (autos) | grasshopper spring.
ballesta transversal delantera | front transversal spring.
ballestaje | springing.
ballestas de las ruedas motrices (locomotoras) | driver springs.
ballestas transversales paralelas | parallel transversal springs.
ballesteo (autos) | bumping.
ballestero | archer | arbalister.
ballestilla | backstaff.
ballestilla (náutica) | cross-staff.
ballestín (autos) | auxiliary spring.
ballestrinque y un cote | fisherman bend.
ballonet (dirigibles) | bag.
ballonet (globos) | airbag.
bambalina (teatros) | fly.
bambalinas (teatro, cine) | prop.
bambalinas móviles (estudios de cine) | float.
bambolear | swing (to) | wabble (to).
bambolearse | roll (to).
bamboleo | roll | wabble.
bambú | bamboo.
bámbula | bambula.
banalización (ferrocarril) | pooling system.
banana | banana.
banasta | crate.
banca de hielo | ice-bank | ice-pack | iceberg.
banca de hielo compuesta de fragmentos planos de hielo de mar | cake ice.
banca de hielo flotante - hielo de mar | floe.
banca de inversiones | investment banking.
banca mixta | mixed-type bank.
bancable | bankable.
bancada | soleplate | framing | bed plate | bedplate.
bancada (de bote) | thwart.
bancada (de máquina marina) | sole.
bancada (máquina marina) | soleplate.
bancada (máquinas) | bed.
bancada (motor aviones) | cradle.
bancada de base plana | flat-base bedplate.
bancada de cepilladora | planer bed.
bancada de chapa soldada (motores) | fabricated-steel baseplate.
bancada de escote (máquinas) | gap bed.
bancada de hierro fundido para torno | cast-iron lathe bed.
bancada de máquina | machine bed | engine-bed.
bancada de motor | engine mount.
bancada de motor de chapas de acero soldadas | fabricated-steel motor baseplate.
bancada de pruebas (motores) | testbed.
bancada de telar | loom side.
bancada del motor | engine bedplate | engine-bed | engine mounting.
bancada del palo (botes) | mast thwart.
bancada del telar | loom framing.
bancada del torno | lathe frame | lathe bed.
bancada en una pieza (motores) | monobloc bedframe.
bancada para pruebas de motores | motor test bed.
bancada recta (máquinas) | plain bed.
bancada recta (tornos) | straight bed.
bancada soldada (motores) | welded bedplate.
bancal | terrace | terrace | bed.
bancal a nivel | level terrace.
bancal de desviación | diversion terrace.
bancal en curva de nivel | contour terrace.
bancal inclinado | graded terrace.
bancal lateral | lateral bund.
bancal según la pendiente | side bund.
bancales escalonados | bench terrace.
bancarrota | crash | bankrupt | breaking.
bancarrota (comercio) | failure.
bancarrota fraudulenta | fraudulent bankrupt.
bancarrota voluntaria | voluntary bankruptcy.
banco | seat | settle.
banco (bajo fondo-escollo) | flat.
banco (casa de banca) | bank.
banco (de arrecifes, rocas, etc.) | ridge.
banco (de cantero) | banker.
banco (de peces, salmones) | run.
banco (geología) | sheet.
banco (laboreo minas) | stope.
banco (marina) | shoal.
banco (montón de fibras distintas en capas horizontales que se mezclan en la abridora - tejeduría) | sandwich.
banco (pesca) | shoal.
banco administrado por obreros agremiados | labor bank.
banco agente | merchant bank.
banco agrícola | bank for cooperatives.
banco asegurador de depósito | insured bank.
banco asociado | associated bank.
banco avisador | notifying bank.
banco comercial | merchant bank | trade bank.
banco con una sola sierra circular y con rodillos (aserraderos) | breast bench.
banco confirmante | confirming bank.
banco de ajustador | bench | filing-table.
banco de ajustador (talleres) | workbench.
banco de ajuste | fitter's bench.
banco de arena | shelf | spit | sand.
banco de arena (dejado por la marea) | full.
banco de arena (marina) | shallows.
banco de arena (ríos) | mud-bank.
banco de arrecifes | ledge.
banco de aserrar | saw table.
banco de bacalaos | cod-bank.
banco de ballenas | school of whales.
banco de barrenar | boring bench.
banco de bobinas | bobbin frame.
banco de boga | rower's seat.
banco de brocas en fino (tejidos) | finishing fly frame.
banco de brocas para gruesos (tejeduría) | slubbing frame.
banco de brochar | broaching press.
banco de cardar | carding bench.
banco de carga de acumuladores (lampistería) | charging rack.
banco de carpintero | planing bench | bench.
banco de cerdar | tumming stock.
banco de cobros | collective banker.
banco de comercio exterior | foreign trade bank.
banco de compensación | clearing bank.
banco de conchas | shell bed | coquina.
banco de contactos (telegrafía) | translation field.
banco de coral | coral reef.
banco de cortar | cutting bench.
banco de crédito agrario | farm loan bank.
banco de crédito documentario | issuing bank.
banco de crédito para la exportación | export credit bank.
banco de datos (ordenador) | data bank.
banco de depósito | joint stock bank.
banco de depósitos | deposit bank.
banco de descuento de efectos extranjeros | acceptance house.
banco de desgargolar | rippling bench.
banco de dividir | tracing bench.
banco de doblar hierros de armaduras (hormigón armado) | fabricating table.
banco de doblar y torcer | doubling and twisting frame.
banco de ebanista | joiner's bench.
banco de enderezar | dressing-bench.
banco de enjullo (telar) | beaming frame.
banco de ensayos | test bench.
banco de equilibrado | balancing stand.
banco de escariar | reamer stand.
banco de estirado | drawing bench | wiredrawing machine.
banco de estirado (textiles) | drafter.
banco de estiraje | drawing frame.
banco de estirar | drag bench.
banco de estirar (tejeduría) | draw-loom.
banco de estirar alambre | wiredrawer.
banco de estirar continuo (alambre) | continuous wire-drawing machine.
banco de estirar de multihileras (fabricación alambre) | multidie drawing machine.
banco de estirar reactivo | reactive wiredrawing machine.
banco de extender | spread board | spreader.
banco de hielo | ice-field | ice pack.
banco de hielo flotante | ice-floe | big ice flue.
banco de información | data bank.
banco de inspección | inspection bench.
banco de ionización | ledge.
banco de laboratorio | laboratory setup | chemical bench.
banco de lámparas | lamp bank.
banco de lapidario accionado por pedal | treadle-operated lapidary's bench.
banco de mechas (tejeduría) | rover.
banco de memoria | memory bank.
banco de moldeo | molding bench.
banco de negocios | merchant bank.
banco de niebla | fog bank.
banco de niebla costero | coastal fog bank.
banco de niebla orográfico | orographic fog bank.
banco de nubes | cloud bank.
banco de óptica | optical bench.
banco de óptica electrónica | electron optical bench.
banco de ostras | oyster bed.
banco de par | torque stand.
banco de peces | shoal.
banco de pescado | fish shoal.
banco de préstamos | loan bank.
banco de prueba | testboard.
banco de pruebas | proving bench | testing bench | testbed | simulator.
banco de pruebas (armas fuego) | proof house.
banco de pruebas (ingeniería) | proving stand.
banco de pruebas al freno | brake carrier.
banco de pruebas de hélices | propeller-test bed.
banco de pruebas de lentes | lens-testing bench.
banco de rastrillar | hackle stock.
banco de reposo | lazy bench.
Banco de Reserva Federal | Federal Reserve Bank.
banco de roca natural | wall.
banco de sedimentos (playas) | built platform.
banco de semillas | seed bank.
banco de soldar | welding slab.
banco de taller (talleres) | workbench.
banco de tarado | calibrating table.
banco de tonelero | chopping bench.
banco de trabajo original | original work bench.
banco de trefilado | drawing frame.
banco de trefilar | wiredrawer | drawing-bench | draw-bench.
banco de trefilar hidráulico | hydraulic draw bench.
banco del jurado | jury-box.
banco desbastador (trefilería) | rumpling mill.
banco emisor | opening bank | issuing bank.
banco en casa (informática) | home banking.
banco encargado para el cobro | collection banker.
banco filial | branch bank.
banco fotométrico | photometer bench.
banco fuera del Sistema Federal deReserva (EE.UU.) | nonmember bank.
banco guiaondas | waveguide bench stand.
banco hipotecario | land and mortgage bank | mortgage bank | land bank.
banco incorporado | incorporated bank.
banco inestable | wildcat bank.
banco internacional de reconstrucción y de-

sarrollo | international bank for reconstruction and development.
banco legal para papel del Estado | government depository.
banco librado | paying bank.
banco mercantil | merchant bank.
banco mundial | world bank.
banco mundial de información sobre la enseñanza | world studies data bank.
banco mutualista de ahorro | mutual savings bank.
banco nacional | government bank.
banco ordenante | advising bank.
banco otorgante de crédito documentario | opening bank.
banco pagador | paying bank.
banco para enrollar el alambre después del proceso de galvanizado en caliente | takeup frame.
banco para espadar a mano | hand scutching frame.
banco para estirado (tubos sin costura) | push bench.
banco para estirado de tubos | push bench.
banco para estirar tubos sin madril | sinking mill.
banco para pruebas de paralelismo | parallelism testing bench.
banco paraestatal | semi-private bank.
banco participante | participating bank.
banco por acciones | joint bank | joint stock bank.
banco privilegiado | chartered bank.
banco recto (minas) | underhand stope.
banco remitente | remitting bank | constituent bank.
banco tipográfico | imposing surface.
banco tipográfico (tipografía) | imposing stone.
banco transversal | cross bench.
banco-cama | settle bed.
bancos de inversión | investment banking.
bancos de referencia | reference banks.
bancos vinculados | entailed banks.
banda | strap | strip | stripe | bed | tenia | band | ribbon | riband | sash | scarf.
banda (arquitectura) | facia.
banda (buques) | side | shipside.
banda (chapa estrecha) | band.
banda (de mineral) | streak.
banda (mesa de billar) | bank.
banda ancha | wide-band | broadband.
banda ancha de nubes | cloud band.
banda autorizada de radiodifusión | standard broadcast band.
banda blanca de los pedúnculos cerebelosos superiores (anatomía) | fillet.
banda clasificadora | sorting belt.
banda común | frequency overlap.
banda con cantos más largos que la longitud central (metalurgia) | twisted strip.
banda cortada en círculos | coiled sheet circles.
banda cortadora al bies | bias band.
banda cruzada | crossband.
banda cruzada de transpondor | crossbanding.
banda curvada primero en una dirección y después en la opuesta (al desenrollarla) | dogleg.
banda chapada | cladded band.
banda de absorción | absorption band.
banda de acero | steel strip.
banda de acero al silicio de grano orientado | oriented silicon steel strip.
banda de acero bajo en carbono chapada en aluminio | aluminum-clad low carbon steel strip.
banda de acero brillante laminada en frío | bright-cold-rolled steel strip.
banda de acero cobreada electrolíticamente | electrolytically copper coated steel band.
banda de acero de calidad para embutición profunda | deep-drawing quality steel strip.
banda de acero para hojas de afeitar | razor blade steel strip.
banda de acero plana (no en rollo) | flat steel band.
banda de aluminio | aluminum foil.
banda de aluminio laminada directamente de gránulos calientes de aluminio (no de lingote) | pellet-rolled aluminum sheet.
banda de amarre | tie band | mooring band.
banda de arrastre | drag band.
banda de atenuación | attenuation band.
banda de atenuación de un filtro | filter attenuation band.
banda de atenuación del filtro | filter-stop band.
banda de cebado | starting stripe.
banda de centrar (proyectiles) | centering band.
banda de cobre | copper strip.
banda de comunicación (radio) | communication band.
banda de conducción | conduction band | conducting band.
banda de conducción de un proyectil | bourrelet.
banda de confianza (estadística) | confidence belt.
banda de conmutación | operational bandwidth.
banda de control | punched tape loop.
banda de desgarre (aviación) | rip panel.
banda de desgarre (globo libre) | rip panel.
banda de desgarre (globos) | rip strip.
banda de deslizamiento (cristalografía) | slipband.
banda de detención | stop band.
banda de detención de frecuencia | filter stop band.
banda de dispersión | scatterband | scatterband.
banda de dural | duralumin strip.
banda de energía | energy band.
banda de energía de resonancia | resonance energy band.
banda de energía permitida | allowed energy band.
banda de energía prohibida | forbidden energy band.
banda de fango (glaciar) | dirt line | dirt band.
banda de fases | phase-belt.
banda de ferrita libre | ferrite ghost.
banda de fluctuación | fluctuation margins.
banda de forzamiento (proyectiles) | driving-band | rifling-band | rotating band | bourrelet.
banda de forzamiento de hierro sinterizado (proyectiles) | sintered-iron driving band.
banda de frecuencia asignada | assigned frequency band.
banda de frecuencia de socorro | distress-frequency band.
banda de frecuencia intermedia modulada en frecuencia | frequency-modulated intermediate-frequency band.
banda de frecuencias | range of frequencies | frequency range | frequency band | radio channel | band of frequencies | waveband.
banda de frecuencias asignadas a la televisión | television channels.
banda de frecuencias de sintonización | frequency tuning range.
banda de frecuencias de transmisión sin atenuación por filtrado | filter transmission band.
banda de frecuencias televisiva | television frequency band.
banda de imagen | picture track.
banda de interferencia | interference band.
banda de lectura de caracteres | character sensing strip.
banda de longitudes de ondas transmitidas por una pareja de filtros | filter overlap.
banda de metal | metal strip.
banda de metal en movimiento | moving metal strip.
banda de modulación (radio) | sideband.
banda de ondas | waveband.
banda de oruga | crawler belt.
banda de paso | passband.
banda de paso (radio) | pass band.
banda de paso de sonido | sound pass band.
banda de paso de video | picture pass band | video pass band.
banda de película sonora | sound filmstrip.
banda de protección | nosing.
banda de radar | radar band.
banda de radio reservada a los radioaficionados | citizen's band (CB).
banda de radiocomunicación ciudadana | citizens-radio band.
banda de radiofrecuencia | radio frequency band.
banda de recubrimiento | junction plate.
banda de rechazo (radio) | rejection band.
banda de refuerzo sobre la superficie exterior de la envuelta (globo cometa) | trajectory band.
banda de registro de tiempos | clock track.
banda de rodadura (neumáticos) | treadwear.
banda de rodamiento (tractor oruga) | track.
banda de rodamiento (tractores) | crawler tread | crawler track.
banda de segregación (banda con contenido de carbono menor que en la capa adyacente - metalografía) | ghost line.
banda de segregación rica en fósforo y baja en carbono (metalurgia) | phosphide streak.
banda de seguridad (espacio libre entre dos canales - radio) | guard band.
banda de seguridad (teleproceso) | guard band.
banda de sincronización (televisión) | retaining zone | retention range | hold range.
banda de sincronizado | retained zone.
banda de sotavento | lee-side.
banda de suspensión | web.
banda de tránsito viario | lane.
banda de transmisión libre (radio) | pass band.
banda de valencia | valence band.
banda de videofrecuencia | videofrequency band | video frequency band.
banda de vidrio | glass ribbon.
banda de vidrio con tela metálica embebida | wired glass ribbon.
banda de vidrio continua | continuous glass band.
banda del canal radioeléctrico | radio frequency channel index.
banda del emisor (semiconductor) | emitter stripe.
banda desocupada | unoccupied band.
banda difusora de televisión | television broadcast band.
banda en rollo | coiled strip.
banda en rollo (chapa delgada estrecha) | coiled sheet.
banda enrollada semiacabada para laminar después | coiled sheet stock.
banda especial para radioaficionados | citizens band radio.
banda exploradora | clear band.
banda extensimétrica | extensometric band.
banda extensométrica acústica | acoustical strain gauge.
banda fluctuadora de cambio entre divisas de acuerdo al patrón oro | import specie point.
banda fónica | speech band | speech-band.
banda fotoeléctrica | photoelectric range.
banda inactiva | deadband.
banda lateral | sideband.
banda lateral de canal directo | erect channel sideband.
banda lateral doble (telecomunicación) | double side-band.
banda lateral inferior | lower sideband.
banda lateral residual | vestigial sideband.
banda lateral única | SSB.
banda lateral única (radio) | single side-band.
banda lateral única compatible | compatible single sideband.
banda libre | wild track.
banda libre entre dos ondas portadoras | intercarrier band | intercarrier.
banda magnética de registro sonoro | audio tape.
banda magnética de sonido | magnetic sound

track.
banda magnética elaborada | processed computer tape.
banda metaálica | strip.
banda negra (con la cascarilla de laminación) | black strip.
banda ocupada (semiconductores) | filled band.
banda oscilante del tipo de cambio de dos divisas en el patrón oro | specie points.
banda P (de 225 a 390 Mhz) | P band.
banda para aviación (radio) | aviation channel.
banda para fabricar tubos | tube strip.
banda para formación de chapas corrugadas para techos | coiled roofing sheet.
banda parcialmente vacía (electrónica) | partially occupied band.
banda pasante (radio) | pass band.
banda pasante del filtro | filter transmission band.
banda pasante del filtro (radio) | filter pass band.
banda pasante rectangular | flat band-pass.
banda permitida | allowed band.
banda piloto | control loop | carriage tape.
banda plaqueada | cladded band.
banda portadora | carrier band.
banda portadora de un fichero permanente | master file tape.
banda prohibida | band gap.
banda prohibida del nitruro de aluminio | aluminium-nitride band gap.
banda prohibida del silicio (semiconductores) | silicon band gap.
banda protectora | carcass padding | protecting band.
banda receptora (informática) | receiving track.
banda reducida en frío | cold-reduced strip.
banda residual (telecomunicaciones) | vestigial band.
banda saturada | empty band.
banda saturada (electrónica) | filled band.
banda semiacabada para laminarla a menos espesor | foil stock.
banda semiinfinita | semiinfinite strip.
banda semiperforada | chadless tape.
banda separadora | medial strip.
banda sonora | sound stripe | sound track.
banda sonora montada | master sound track.
banda soporte de relé | relay mounting plate.
banda torcida en hélice | twisted tape.
banda transportadora | travelling band.
banda única | single band.
banda unilateral (televisión) | one-side-band.
banda útil de frecuencias | band pass.
banda útil de frecuencias (radio) | pass band.
banda vacía | empty band.
banda vídeo | video band.
banda X | X-band.
bandada | flock.
bandada de ballenas | gam.
bandaje (ruedas) | bandage.
bandaje (ruedas locomotora) | tire (EE.UU.).
bandaje (ruedas locomotoras) | tyre (G.B.).
bandaje de caucho macizo | solid rubber tire.
bandaje de las ruedas acopladas (locomotora) | coupled-wheel tire.
bandaje de rueda | wheel tire.
bandaje de rueda dentada | gear wheel rim.
bandaje puesto en caliente (ruedas locomotoras) | shrunk-on tire.
bandaje sin talón | blind tire.
bandas (libros) | strips.
bandas brillantes (bandas luminosas - espectroscopia) | bright bands.
bandas de absorción para el ozono entre 4.500 y 6.500 angstroms | Chappius bands.
bandas de deformación | deformation bands.
bandas de deformación (metalurgia) | kink bands.
bandas de emisión auroral | auroral emission bands.
bandas de estrías paralelas a la superficie (vidrio plano) | ream.
bandas de frecuencia (televisión) | frequencies.
bandas de ondas para uso marítimo | maritime wave-bands.
bandas de ondas para usos náuticos | maritime wave-bands.
bandas de protección de interferencia | interference guard bands.
bandas de separación entre dos canales | interference guard bands.
bandas de templabilidad | hardenability bands.
bandas de una autopista de varias bandas de tráfico | lanes of a multilane hightway.
bandas del horno | oven racks.
bandas intercristalinas formadas por choque o deformación y reveladas por ataque químico | etch bands.
bandas laterales de color | color sidebands.
bandas laterales de frecuencia mayor y menor que la empleada (bandas de guarda - radio) | guard bands.
bandas plateadas | silver streaks.
bandazo (buques) | lee-lurch | seeling | lurch.
bandeador | tap key.
bandeador (para roscar) | tap wrench.
bandeja | tray | tray.
bandeja (de cartón) | pan.
bandeja acumuladora (género en pieza) | scray.
bandeja alimentadora del papel | feedboard.
bandeja alveolar | alveolar tray.
bandeja circular para cocer galletas | griddle.
bandeja con compartimientos | compartmentized tray.
bandeja cubierta de tela metálica | gauze-covered tray.
bandeja de aceite | drip-pan.
bandeja de alimentos congelados | meal pack.
bandeja de burbujeo | bubble tray.
bandeja de carga (compuesta de un piso sobre el que reposa la carga y las aberturas necesarias para el paso de los brazos de la horquilla de la carretilla elevadora) | pallet.
bandeja de cartón con tubos de cartón en los extremos para meter las horquillas de la carretilla elevadora | paper pallet.
bandeja de compartimientos para tipos de imprenta | barge.
bandeja de contacto de vapor con líquido | vapor-liquid contacting tray.
bandeja de dos accesos (la horquilla elevadora puede cogerla de dos maneras) | two-way pallet.
bandeja de goteo | drip-receiver.
bandeja de goteo del entintador | inker drip pan.
bandeja de goteo del petróleo | oil drip tray.
bandeja de madera con eslingas para la descarga (buques) | platform sling.
bandeja de montaje | gathering pallet.
bandeja de retorno | chaffer board.
bandeja de tela metálica | wire-mesh pallet.
bandeja del enfriador | cooler tray.
bandeja desmontable para instrumento | detachable instrument tray.
bandeja distribuidora | distributing tray | dispenser tray.
bandeja metálica | metal pan.
bandeja para cubos del hielo de la nevera | refrigerator ice cube tray.
bandeja para la solución reveladora | developing tray.
bandeja para piezas (talleres) | tote box.
bandeja pequeña para recoger el latex (árbol de balata) | dabrey.
bandeja receptora | receiving tray.
bandeja recogedora | collecting tray.
bandeja recogedora de goteos | drip tray | dripping cup.
bandeja redonda | roundel.
bandeja soporte | pallet.
bandejas del enfriador | cooler trays.
bandera | standard | banner | tag bit | sentinel | ensign | pavilion | flag | flag.
bandera de advertencia | warning flag.
bandera de artículo | record separator.
bandera de bauprés (buques) | jack.
bandera de captura de una ballena | flag drogue.
bandera de combate | action pendant.
bandera de combate (marina) | great ensign.
bandera de explosivos (transportes) | powder flag.
bandera de invitados (yates) | guest flag.
bandera de la casa naviera (buques) | house-flag.
bandera de la marina mercante (Inglaterra) | red ensign.
bandera de la organización | organizational flag.
bandera de pedir práctico | pilot flag.
bandera de peligro | marking flag.
bandera de piloto | pilot jack.
bandera de popa (buques) | ensign.
bandera de proa (buques) | jack | staff jack.
bandera de reclamación (regatas) | protest flag.
bandera de señales | semaphore flag.
bandera de señales izada en el buque almirante indicando que un buque ha hecho una maniobra incorreta | what-the-hell flag.
bandera del armador (buques) | house-flag.
bandera del buque guía (convoy) | guide flag.
bandera desplegada (buques) | broken flag.
bandera flameando al viento | streamer.
bandera izada a tope de la driza | two-blocked flag | close-up flag.
bandera mercante | merchant flag.
bandera nacional | colors | national flag.
bandera repetidora (código de señales) | substitute flag.
bandera roja con disco blanco en el centro (petroleros con gasolina) | spirit flag.
banderilla (tipografía) | paper slip.
banderín | distinguishing flag.
banderín colocado sobre la ballena por el buque que la ha pescado | weft.
banderín de señales | control flag | waft | signal flag.
banderín rojo indicador de peligro | danger flag.
banderola | lance-pennon | pennant | field colors.
banderola (arquitectura) | bannerol.
banderola (arquitectura, heráldica) | banderole.
banderola (ferrocarril) | target.
banderola de estado (microordenador) | status flag.
banderola del cambio (cambio de vía) | switch target.
bandilita (Chile) | bandylite.
bando | proclamation | edict.
bando de desgranar | rippling bench.
bando de peces | school.
bandola (marina) | jury-mast.
bandolera | cross belt.
bandolera (correaje) | bandoleer.
banglang (Lagerstroemia calyculata) | pui dang | tabec | tabec yai | leza-byu.
banglang (Lagerstroemia lanceolata) | benteak.
banglang (Lagerstroemia speciosa - Pers) | banglang.
banjo | banjo.
banksia (Banksia marginata) | banksia.
banqueo (minas) | benching.
banquero usurero | moneylender.
banqueta | setoff | seat | seat board.
banqueta (balasto vía) | ballast border.
banqueta (fortificación) | banquette.
banqueta (fortificaciones) | foot bank.
banqueta (tierras) | bank.
banqueta (urdidor) | heck box.
banqueta de fuego | firing step.
banqueta de piano | duet-stool.
banqueta de tiro | firing step.

banqueta de tiro (fortificación) | fire step.
banquillo (para cortar ladrillos) | banker.
banquillo de los testigos | witness stand.
banquillo sobre el que los albañiles cortan los ladrillos | siege.
bantrote (minas) | stringing-piece.
bañado | dipped | dopped.
bañado con óxido | oxide-coated.
bañado de asfalto | asphalt-dipped.
bañado en aceite | oil-bathed.
bañado en azúcar | glacé.
bañado en caliente | hot-dipped.
bañado en lejía | lye-dipped.
bañado en mezcla de estaño y plomo | lead-tin dipped.
bañar | water (to) | irrigate (to) | bath (to).
bañar (pintura) | dip (to).
bañar en caliente | hot-dip (to).
bañar en una solución química (filmes) | dunk (to).
bañera | bathtub.
bañera de acero | steel bath.
bañera de fundición esmaltada | porcelain-enamelled cast iron bath.
bañera para estar estirado | full-length bath.
bañero que vigila la playa | lifeguard.
baño | bath.
baño ácido (fotografía) | acid bath.
baño ácido de coagulación (textiles) | spin-bath acid.
baño ácido de mordentado | acid etching bath.
baño ácido para desoxidar | pickling.
baño acidulado | acidulated bath.
baño agotado (procedimiento Martín-Siemens) | off the boil.
baño agotado (teñido) | clear bath.
baño al aire | air bath.
baño al temple | hardening bath.
baño bituminoso para tubos | pipe dip.
baño carbonizador | carbonizing bath.
baño cementante | carbonizing bath.
baño clarificador | clearing-bath.
baño con gran volumen de líquido en relación a la cantidad de telas a teñir | long bath.
baño con mordiente (fotomecánica) | acid bath.
baño de aceración | steel bath.
baño de ácido desoxidante | pickle.
baño de ácido para desoxidar | pickle.
baño de agarre para el niquelado bajo en Ph | low-Ph nickel strike.
baño de amalgamación | amalgam solution.
baño de arena | sand bath | arenation.
baño de blanqueo | bleaching-liquor.
baño de blanqueo (fotografía) | bleaching bath | bleaching bath.
baño de bruñido | burnishing bath.
baño de cal | lime bath.
baño de carbonización | carbonizing bath.
baño de casca para curtir | pickle.
baño de cenizas | ash bath.
baño de cianuro cálcico | calcium cyanide bath.
baño de cincado | galvanizing bath.
baño de circulación para hospitales | hospital circulation bath.
baño de cloruro mercúrico (para amalgamar) | blue dip.
baño de coagulación | coagulation bath.
baño de coagulación (rayón) | spinning bath.
baño de cobre para agarre (revestimientos electrolíticos) | copper strike bath.
baño de cobreado | coppering bath | copper bath.
baño de cocción | boiling-off bath.
baño de cochinilla (tinte) | cochineal bath.
baño de decapado | pickling bath | pickling.
baño de decapado de sulfato férrico mezclado con ácido fluorhídrico | hydrofluoric acid-ferric sulfate pickling bath.
baño de decapar | dip.
baño de depósito metálico | metal coating bath.
baño de desarrollo (teñido telas) | developing bath.
baño de descascarillar de cáustico licuado | molten-caustic descaling bath.
baño de desengrasado electrolítico | electrolytic degreasing bath.
baño de desestañado | tin-stripping bath | detinning bath.
baño de desgalvanoplastiar | deplating bath.
baño de desoxidar (compuestos no ferrosos) | dipping.
baño de electroformación | electroforming bath.
baño de electropulido compuesto de ácido perclórico y anhídrido acético | perchloric-acetic electropolishing bath.
baño de enfriamiento | quenching bath.
baño de enjuague | rinsing bath.
baño de esmalte (cerámica) | slip.
baño de fijación con alumbre (fotografía) | hardening-fixing bath.
baño de formación | forming bath.
baño de fusión | molten pool | pool.
baño de fusión de la soldadura | weld pool | weld puddle.
baño de galvanización | galvanizing bath.
baño de goma para jaspear (libros) | bed.
baño de grabado electrolítico | electrolytic etching bath.
baño de hidróxido sódico | caustic dip.
baño de hidruro sódico | hydride bath.
baño de hielo fundente | ice-water bath.
baño de hierro | iron bath.
baño de impregnación | impregnation bath.
baño de inmersión | immersion bath.
baño de maceración (cueros) | bate.
baño de María (laboratorio) | water bath.
baño de metal | metal bath.
baño de metal fundido (soldadura) | puddle.
baño de mezcla de ácidos nítrico y sulfúrico (decapado) | mixed acid dip.
baño de niquelado brillante (con abrillantador orgánico) | bright-nickel bath.
baño de niquelado que contiene el níquel en forma de sulfato y cloruro en la relación de 3 a 1 | Watts-type bath.
baño de niquelado que contiene más del 50% de níquel en forma de cloruro | high-chloride bath.
baño de niquelado rápido contaminado con hierro | nickel-flashing bath contaminated with iron.
baño de plata | silvering.
baño de plomo líquido | lead bath.
baño de pulir de glicerina con ácido fosfórico | phosphoric acid-glycerine polishing bath.
baño de recocido | annealing bath.
baño de revelado | development bath.
baño de revelado (fotografía) | developing bath.
baño de revenido | tempering bath.
baño de sal | salt bath.
baño de sales (metalurgia) | salt bath.
baño de sales de electrodos sumergidos | submerged-electrode salt bath.
baño de sales licuadas | molten salt bath.
baño de sales para revenir caldeado con gas | gas-fired tempering salt bath.
baño de solución espumante | frothy solution bath.
baño de temperatura constante | constant-temperature bath.
baño de temple | quenching bath.
baño de tinte | dye bath.
baño de vapor | vapour bath.
baño de virado (fotografía) | bleaching bath.
baño de zincado por inmersión | zinc immersion plating bath.
baño desengrasante | degreasing bath.
baño desgomante | degumming bath.
baño desoxidante | pickling solution.
baño electrocaldeado | electrically-heated bath.
baño electrocaldeado para estañado por inmersión | electrically-heated tin dipping bath.
baño electrocaldeado para galvanización en caliente | electrically-heated hot-galvanizing bath.
baño electrolítico | electrobath | electroplater | plating solution.
baño electrolítico de autorregulación | self-steering bath.
baño electrólito de niquelado brillante | bright nickel-plating bath.
baño electrotérmico | electrothermic bath.
baño escaso | short bath.
baño exento de partículas dispersas (electrodeposición) | bath free from dispersed particles.
baño ferruginoso | iron bath.
baño fijador (fotografía) | fixer | fixing bath.
baño fijador ácido (fotografía) | acid fixer.
baño fijador endurecedor | fixing hardening bath.
baño fijador-endurecedor ácido | acid hardening-fixing bath.
baño fijo (teñido de telas) | standing bath.
baño fundente | fluxing bath.
baño galvánico | depositing bath.
baño galvánico de plateado | galvanic silvering bath.
baño galvanoplástico | electroplating bath.
baño galvanoplástico largo y poco profundo | long shallow plating bath.
baño limpiador | clearing bath.
baño María | water bath | bain Mary.
baño María de temperatura constante | constant temperature water-bath.
baño metálico de protección | plating.
baño monopolar | monopolar bath.
baño mordentador | etching bath.
baño muerto (procedimiento Martín-Siemens) | off the boil.
baño muy ácido para desoxidar (metalurgia) | black boil.
baño para abrillantar | bright dipping.
baño para descascarillar | scaling dip.
baño para desoxidar | dip.
baño para dorar | gold bath.
baño para fosfatar (metalurgia) | phosphating bath.
baño para galvanoplastiar brillante | bright-plating bath.
baño para producir una superficie mate | matte dip.
baño para promover la adherencia (galvanoplastia) | strike bath.
baño para pulido electrolítico | electrobrightening bath | electrolytic polishing bath.
baño parasiticida | dip.
baño parcialmente utilizado | part-used bath.
baño químico (limpiar) | dip.
baño recién depurado | freshly purified bath.
baño reforzador | booster bath.
baño reforzador (fotografía) | hardener | hardening bath.
baño retardador (fotografía) | restraining bath.
baño vertical profundo para galvanoplastia | deep vertical plating bath.
baño virador fijador (fotografía) | combined bath.
bañón (jacquard) | cylinder peg.
bañón (pezón de madera para ajustar el cartón - jacquard) | register peg.
baños electroquímicos | electrolytic treatments.
bao | beam.
bao a través de una escotilla | bridle beam.
bao apuntalado (buques) | pillared beam.
bao de angular (buques) | angle beam.
bao de angular de bulbo | bulb angle beam.
bao de bulbo | bulb beam.
bao de cubierta (buques) | deck beam.
bao de escotilla | hatchway beam | hatch beam.
bao de frontón (buques) | breast beam.
bao de la cubierta de alojamientos (buques) | accommodation deck beam.
bao de la cubierta de botes | boat deck beam.
bao de la cubierta de seguridad (dique flotante) | safety deck beam.
bao de la cubierta de superestructuras | awning deck beam.
bao de la cubierta del puente | bridge deck beam.
bao de la cubierta inferior | lower deck beam.

bao de la cubierta principal | main deck beam.
bao de la cubierta superior (dique flotante) | top deck beam.
bao de los raseles | panting beam.
bao de refuerzo | deck girder.
bao de sujeción (buques) | jambing beam.
bao de tambores (buques de ruedas) | paddle beam.
bao del sollado | lower deck beam.
bao enfaldillado | flanged beam.
bao extremo de escotilla | hatch end beam.
bao intermedio (buques) | intermediate beam.
bao maestro | midship beam.
bao maestro (buques) | main beam.
bao más cerca a la maestra (cubierta del castillo o ciudadela) | breast beam.
bao móvil (buques) | shifting beam.
bao popero | aftermost beam.
bao radial (canastilla popa buques) | cant beam.
bao reforzado (bularcama de cubierta - petroleros) | deck transverse.
bao reforzado de extremo de escotilla | strong hatch end beam.
bao tubular (buques) | box beam.
baos sobre cubierta para la estiba de botes (buques) | skid.
baos-bularcamas de la cubierta del castillo | forecastle deck transverses.
baquelita de friso | picture rail.
baqueta (fusil) | cleaning rod.
baqueta de fusil | ramrod | gun stick | rammer.
baqueta de limpieza (fusiles) | push-through.
baqueta tiratacos (telar) | picking stick | picking stick.
baquetas | gauntlet.
baquetilla para cristales (ventanas) | glazing bar.
baquetilla para soportar cristales (edificios) | glazing-supporting glazing bar.
baquetillas para cristaleras | glazing rails.
baquetón | reed.
baquetón de arista | staff bead.
baquetones | reeding.
baraja (de naipe) | pack.
barajar la costa | skirt (to) | coast (to) | hug the shore (to).
barajar la costa (marina) | hug (to).
barajar la costa (navegación marítima) | hug the coast (to).
baranda | parapet | rail | railing.
baranda (escaleras) | banister.
barandal | railing.
barandas (Uruguay, Venezuela) | dray | rack.
barandilla | guardrail | guard-rods | handrail | handrailing | rail.
barandilla (escalera) | railing.
barandilla de cuerda | grab rope.
barandilla de escalera | stair railing.
barandilla de hierro | iron rail | iron railing.
barandilla de la cubierta de superestructuras | awning deck rails and stanchions.
barandilla de la plataforma | platform railing.
barandilla de tubos | pipe railing.
barandilla desmontable | portable rails.
barandilla lateral | side rail.
barandilla protectora | protection rail.
barandilla protectora del ventilador | fan guard.
barandillado | open railing.
barandillado de cierre | enclosure railing.
barandillado de la escalera | stairway railing.
barandillar | rail (to).
baratero | barrater.
barato | low cost | low | low-priced | inexpensively priced | inexpensive | bargain.
baratura (precios) | lowness.
barba (botánica) | barb.
barba (de ballena) | fin.
barba (de pluma) | vane.
barba (espigas del trigo) | awn.
barba (papeles) | featheredge.
barba (tejidos) | spinning beard.
barba de ballena | bone.
barba de gallo | wattle.
barba de pez | wattle.
barba de pluma | web.
barba de pluma (avestruz) | harl.
barbacana | barbican | barbacan.
barbacana (muro de contención) | weephole.
barbacana (muros) | weeper.
barbacana (muros contención, puentes) | draining-channel.
barbacana (muros de contención) | drain hole | flashing.
barbacoa | barbecue.
barbada del foque (buques) | martingale.
barbado | bearded.
barbas (desperdicios hilatura estambre) | laps.
barbas de ballena | whalebone | baleen.
barbechar | fallow (to).
barbechera | lea.
barbecho | naked land | lea | lea.
barbecho (agricultura) | fallow.
barbecho de primavera | green fallow.
barbecho incompleto | bastard fallow.
barbeta | barbette.
barbeta cruzada | cross-seizing.
barbeta lateral saliente (buques de guerra) | sponson.
barbilla | rabbet | chin.
barbilla (carpintería) | tenon | bird-mouth.
barbilla (ensambladuras) | feather.
barbiquejo de bauprés (buques) | bobstay.
barbitúricos | barbiturates.
barbo (cuero defectuoso) | warble.
barboquejo | chin strap.
barbotaje | bubbling.
barbotar | sputter (to).
barboten | gypsy.
barbotén (buques) | cable wheel | chain pulley.
barboten (molinete) | wildcat.
barbotén (molinete buques) | cable holder.
barbotén (molinete de buque) | chain crab.
barbotén (molinetes) | chain grab.
barbotén de cinco resaltos (molinete anclas buques) | five-snug cable-lifter.
barbotina (cerámica) | slip | barbotine.
barbotina de moldeo para piezas sanitarias | sanitary casting slip.
barca | boat.
barca (buque) | barque.
barca de fondo d plano para transporte de hombres y alimentos (flotación de maderas) | pointer.
barca de fondo plano (movida con pértiga) | punt.
barca de fondo plano con un torno para arrastrar troncos | pullboat.
barca de fondo plano para pescar de seis remos y una vela | coble.
barca de pesca | fisherman | fishing-boat.
barca de remos | rowing barge.
barca de río | billyboy.
barca de teñir | dye kettle.
barca de tres palos | bark.
barca eslinguera | sling punt.
barca para conducir maderadas y que se puede transportar por tierra (Iberoamérica) | alligator.
barca para pasar caballos (ríos) | horse-ferry.
barca para teñir (tintorería) | dye beck.
barca transbordadora | ferrying-bridge.
barcada | bargeload | boatload.
barcaje | boatage.
barcana (duna de arena aislada falciforme) | barkhan.
barcana (duna falciforme) | barchan.
barcaza | barcazza | barge | lighter | scow | flat | flatboat.
barcaza algibe | tank barge.
barcaza autobasculadora | dump barge | self-dumping barge.
barcaza autodescargadora | self-unloading barge.
barcaza autoelevable | jack-up barge.
barcaza basculadora que zozobra por completo convirtiéndose el fondo en cubierta y viceversa | self-inverting barge.
barcaza con plataforma de vías para transporte de vagones | trainway.
barcaza con proa y popa lanzadas | swim-ended barge.
barcaza con rampa en la proa | ramp-ended lighter.
barcaza contraincendios (ríos, canales) | fire float.
barcaza de acero soldado constituida por secciones | sectional-built welded steel barge.
barcaza de aluminio | aluminum barge.
barcaza de anclaje | anchor barge.
barcaza de arrastre | pullboat.
barcaza de desembarco | landing barge.
barcaza de desembarco con rampa abatible | ramped lighter.
barcaza de extremos inclinados hacia el fondo | swim-ended barge.
barcaza de fondo plano | ponton boat | ponton.
barcaza de gran capacidad (transporte de petroleo con remolcador de empuje a popa) | super barge.
barcaza de inmersión | diving barge.
barcaza de recogida de basuras (puertos) | honey barge.
barcaza de tendido submarino | bury barge.
barcaza de transporte | tow barge.
barcaza grúa | crane barge.
barcaza no propulsada | dumb scow | nonpropelled barge | dumb barge.
barcaza para canales | canalboat.
barcaza para carga sobre cubiertas | deck cargo barge.
barcaza para colocación de oleoductos submarinos | lay barge.
barcaza para inmersión de tuberías en el mar | pipe lay barge.
barcaza para la limpieza de tanques de petroleros | tank cleaning barge.
barcaza para mercancías | goods flat.
barcaza para navegación de altura | ocean-going barge.
barcaza para perforación de pozos de petróleo en el fondo del mar | oil-drilling barge.
barcaza para perforación de pozos de petróleo submarinos | oil well-drilling barge.
barcaza para perforaciones petrolíferas submarinas | offshore oil drilling barge.
barcaza para recuperar diamantes de los sedimentos del fondo del mar | diamond mining barge.
barcaza para sondeos petroleros submarinos alejados de la costa | offshore oil well drilling barge.
barcaza para tender tuberías submarinas | pipelay barge.
barcaza para transportar petróleo | oil barge.
barcaza para transportar troncos | log carrier.
barcaza para transporte de ácido superfosfórico | barge for superphosphoric acid.
barcaza para transporte de cemento a granel | bulk cement carrying barge.
barcaza para transporte de objetos muy pesados en puerto | hoy.
barcaza para transporte de vagones | railcar barge.
barcaza perforadora | drilling barge.
barcaza petrolera no propulsada | nonpropelled oil barge.
barcaza remolcada por una caballería (camino de sirga) | horse-barge.
barcaza taller para reparaciones | repair shop barge.
barcaza transbordadora de vagones | car float.
barcazas empujadas por un remolcador | pushed barges.
barcazas para transportes de ácidos | acid carrying barges.
barco | bottom | man | craft | ship | vessel.
barco bomba | fire boat.

barco cisterna | tanker.
barco de carga seca | dry cargo vessel.
barco de pasajeros (paises iberoamericanos) | passenger ship.
barco de personal (transporte) | crew boat.
barco de pesca con vivero | well boat.
barco de tiro (exploraciones de sísmica marina) | shooting boat.
barco discrecional | tramper.
barco fondeador de boyas temporales | dam buoy layer.
barco ganadero | cattleship.
barco mercante | trading vessel.
barco para pesca del bacalao | cod-fishing ship.
barco rastreador | trawler.
barco taller | work boat.
barco viejo | hulk.
barco-puerta (dique seco) | sliding caisson.
barco-puerta (diques) | ship caisson | caisson.
barda | reed | horse armor.
bardal | mud-wall.
barelatógrafo | barelattograph.
baremo | schedule | ready-reckoner | calculator.
baremo de calibrado | loading table.
baremos de cubicación | log rules.
barera de báscula (paso a nivel) | lifting gate.
barés (tela lana) | barege.
baria (física) | barye.
baria (meteorología) | barye.
baria (óxido de bario) | baria.
baria (unidad de presión) | barye.
baria (unidad presión) | bar.
baricéntrico | barycentric.
baricentro | center of mass of a system of masses | barycenter.
baricentro (centro común de gravedad) | barycentre (G.B.).
baricentro de compresión | centroid of compression.
baricentro de consumo | consumption barycenter.
baricentro de neutrones epitérmicos | epithermic neutron baricenter.
baricentro del consumo de productos petroleros | oil products consumption barycenter.
baricentro del sistema tierra - luna | barycenter of the earth-moon system.
baricentro del triángulo | center of gravity of the triangle.
barilla (cobre nativo) | copper barilla.
barilla para relaminar | bull wire.
barimetría | barimetry.
bario | barium.
bario para adsorber gases y aumentar el vacío (tubos electrónicos) | gettered barium.
barión | baryon.
bariónico | baryon.
bariouranita | uranocircite.
barísfera | barysphere.
barisfera (geología) | centrosphere.
barista | barman.
barita | baryta | barium hydrate | Bolognian spar.
barita (química) | barytes | barite.
barita de calidad inferior | bastard cauk.
barita de plomo | lead-barytes.
barita finamente cristalizada | croylstone.
barita impura | dowk.
barita micronizada | micronized baryte.
baritado (papel) | baryta coated.
barítico | baric.
barítico (mineralogía) | barytic.
baritífero | barytiferous.
baritífero (geología) | barytic.
baritina | baryte | heavy barytes | heavy earth | heavy spar.
baritina (espato pesado) | barytine.
baritina (espato pesado - mineralogía) | barytes.
baritouranita | uranocircite.
baritrón | barytron.
barloa | preventer rope.
barloventear | beat about (to).
barloventear (buques) | work to windward (to).
barloventear (marina) | ply (to).
barlovento | windward | weather gauge.
barnacla (ave) | barnacle.
barnices aislantes | insulating varnishes.
barnices correctores | correction fluids.
barnices de silicona | silicone enamels.
barnices para la coloración de metales ligeros | varnishes for light metal colouring.
barnices para metales ligeros | light metal varnish.
barnio (física) | barn.
barnio (medida = 10^{-10} micron^2) | barn.
barnio (nucleónica) | barn.
barniz | polish | varnish | gloss.
barniz (cerámica) | soft glaze.
barniz (litográfico) | stand oil.
barniz (vidriado - cerámica) | glaze.
barniz aislador (electricidad) | electric varnish.
barniz aislante | insulating lacquer | insulating varnish.
barniz aislante (electricidad) | electric varnish.
barniz aislante flexible | flexible insulating varnish.
barniz al aceite de pigmento mate | matt-pigmented oil varnish.
barniz al aceite pigmentado | pigmented oil varnish.
barniz al alcohol | alcoholic varnish.
barniz antiácido | acidproof varnish.
barniz bituminoso | bituminous varnish.
barniz celulósico | cellulose varnish | cellulose lacquer.
barniz cementante (aceros) | carburizing varnish.
barniz con exceso de aceite (tarda mucho en secarse) | long-oil varnish.
barniz con poco aceite (de secado rápido) | short-oil varnish.
barniz cubriente (para retocar negativos) | opaque.
barniz cubriente para retocar negativos (fotografía) | retouching dye.
barniz de aceite | oil-varnish.
barniz de aceite de linaza | linseed oil varnish.
barniz de aceite de linaza cocido mezclado con aceite de tung | China wood-linseed cooked varnish.
barniz de acetato butirato | acetate butyrate dope.
barniz de acetato de celulosa (para telas de avión) | acetate dope.
barniz de agarre | gripping varnish.
barniz de alcohol | French polish.
barniz de aparejo | sizing.
barniz de asfalto | asphaltum varnish.
barniz de asfalto (imprenta) | etching ground.
barniz de bañar | dipping varnish.
barniz de base de resina silicónica | silicone-resin-based varnish.
barniz de broncear (pintura) | bronzing medium.
barniz de cobertura | coating varnish.
barniz de copal al aceite | copal oil varnish.
barniz de China | lacquer.
barniz de estufa de buena calidad | high-grade baked varnish.
barniz de fondo | wash primer.
barniz de frotar | rubbing varnish.
barniz de goma laca | shellac varnish.
barniz de grabadores | etching varnish | etching ground.
barniz de impregnación | impregnating varnish.
barniz de inmersión | dipping varnish.
barniz de laca | lac varnish | lacquer varnish.
barniz de laca fisurable para recibir la galga medidora (determinación de esfuerzos) | stresscoat.
barniz de muñeca | French polish | cabinet varnish.
barniz de petróleo | gloss oil.
barniz de plomo | lead glaze.
barniz de plomo (cerámica) | lead-glaze.
barniz de poliuretano | polyurethane varnish.
barniz de resina fenólica oleosoluble | oil-soluble phenolic resin varnish.
barniz de resina sintética mezclado con un aceite | oil-modified synthetic resin varnish.
barniz de siliconas | silicone varnish.
barniz del Japón | japan.
barniz elástico | elastic varnish.
barniz emulsivo | emulsive varnish.
barniz endurecedor | stiffening varnish.
barniz fotoelástico (medición de esfuerzos) | crack varnish.
barniz gelificado | gel varnish.
barniz graso | oil-varnish.
barniz impermeabilizador | dampproofing varnish.
barniz impermeabilizante (tela alas de aviones) | dope.
barniz impermeabilizante para avión | airplane dope.
barniz incombustible | flame resistant dope.
barniz laca | lacquer.
barniz litográfico | lithographic varnish.
barniz mate | flatting varnish.
barniz negro de alquitrán | black varnish.
barniz nitrocelulósico | nitro dope | nitrocellulose-dope.
barniz oleorresinoso | oleoresinous varnish.
barniz opaco | japan | flat varnish.
barniz para aislamientos eléctricos | electrically-insulating varnish.
barniz para coches | carriage varnish | coach varnish.
barniz para chorrear con pistola | spraying varnish.
barniz para dorar | goldsize.
barniz para inducidos | armature varnish.
barniz para la intemperie | spar varnish.
barniz para metales | metal varnish.
barniz para modelos (funderías) | pattern blacking | pattern varnish.
barniz para secado al horno | baking varnish.
barniz para tela de globos | balloon varnish.
barniz para tesar tela (aviones) | stiffening dope.
barniz para usos marinos | spar varnish.
barniz pigmentado para telas (aviones) | pigmented dope.
barniz polimerizante | polymerizing varnish.
barniz secante al aire | air drying varnish.
barniz secativo | quick-drying varnish.
barniz semitransparente de secado rápido | Japan black.
barniz sin brillo | flatting.
barniz tensor de tela (aviones) | dope.
barnizabilidad | varnishability.
barnizado | varnished.
barnizado (cuero) | glazed.
barnizado (filmes) | lacquering.
barnizado con laca | japanning.
barnizado con muequilla (maderas) | bodying up.
barnizado con muñequilla | fadding.
barnizado de laca | lacquering.
barnizado electrostático | electrostatic spraying.
barnizado en frío | cold-lacquered.
barnizado en negro | japanned black.
barnizador | lacquerer.
barnizador de muñequilla | French polisher.
barnizadora (imprenta) | coating machine.
barnizamiento | varnishing.
barnizamiento con goma laca | shellacking.
barnizar | lacker (to) | lacquer (to) | varnish (to) | glaze (to) | enamel (to).
barnizar con barniz opaco generalmente negro | japan (to).
barnizar con goma laca | shellac (to).
barnizar con muñequilla | fad (to) | French polish (to).
baroanemógrafo | baroanemograph.
barociclonómetro | barocyclonometer.
baroclínico | barocline | baroclinic.
baroclinidad | barocliny | baroclinity | baroclinicity.

barodinámica | barodynamics.
barodontalgia | barodontalgia.
baroforesis | barophoresis.
barogenia | barogenics.
barogiroscopio | barogyroscope.
barógrafo | recording altimeter.
barógrafo aneroide | aneroid barograph.
barógrama | barogram | barograph.
baroid (lodo extrapesado) | baroid.
barología | barology.
baroluminiscencia | baroluminescence.
baroluminiscente | baroluminescent.
baromalli (Catostemma commune) | baromalli.
baromalli (Catostemma fragrans) | cou-yami.
barometría | barometry.
barometría metrológica | metrological barometry.
barométrico | baric | barometric.
barómetro | barometer.
barómetro - conmutador | baroswitch.
barómetro altimétrico | mountain barometer | hypsobarometer | orometer | altitude barometer.
barómetro aneroide | aneroid barometer | holosteric barometer.
barómetro aneroide registrador | aneroidograph.
barómetro anticiclonal | barocyclonometer.
barómetro bursátil | barometer stock.
barómetro de cuadrante | wheel barometer.
barómetro de cubeta | dish barometer | mercurial barometer.
barómetro de depósito abierto | open cistern barometer.
barómetro de mercurio | mercury barometer.
barómetro de tubo inclinado | diagonal barometer.
barómetro descendente | falling barometer.
barómetro magistral | standard barometer.
barómetro para minas | miners' barometer.
barómetro patrón | standard barometer.
barómetro registrador | barograph | recording barometer.
barómetro testigo | auxiliary barometer.
barometrógrafo | barometrograph.
baromil = 1 milibar | baromil.
barorreceptor | baroreceptor.
barorresistor | baroresistor.
baroscopio | baroscope.
barósfera | barosphere.
barosinusitis | barosinusitis.
barostático | barostatic.
baróstato | barostat.
barotalgia | barotalgia.
barotermógrafo | barothermograph.
barotermohigrógrafo | barothermohygrograph.
barotermómetro | barothermometer.
barotitis media | aviator's ear.
barotrauma | barotrauma.
barotraumático | barotraumatical.
barotraumatismo | barotraumatism.
barotropía | barotropy.
barotrópico | barotropic.
barquero | waterman | boatman.
barquero que conduce con la pértiga | puntist | punter.
barquichuelo | cockle.
barquilla (de motores-aviones) | nacelle.
barquilla (globo) | car.
barquilla (globo o dirigible) | gondola.
barquilla (globos) | basket.
barquilla (globos, dirigibles) | nacelle.
barquilla aérea | air car | aerial car.
barquilla currentilínea portamotor colgada del ala (avión) | pod.
barquilla de canoa (dirigibles) | boat car.
barquilla de globo | balloon basket.
barquilla de la corredera (buques) | log ship.
barquilla de la corredera (navegación) | log chip.
barquilla de motor parcialmente embebida en el ala (aviones) | partially buried nacelle.
barquilla del ala (aviones) | wing nacelle.
barquilla del motor (aviones) | engine nacelle.
barquilla del motor de chorro | jet engine nacelle.
barquilla del radar | radar nacelle.
barquilla estructural de un motor de chorro (aviones) | integral nacelle.
barquilla motriz | power car.
barquilla navicular | boat-shaped car.
barquilla no estructural de un motor de chorro colgada del ala (aviones) | pod nacelle.
barquilla pequeña formada por los ejes y engranes de hélices coaxiales de paso variable (alas aviones) | stalk.
barquilla portamotor currentilínea colgada debajo del ala | wing pod.
barquilla suspendida del eje longitudinal (dirigibles) | sidecar | wing car.
barquinero | bellows maker.
barra | slug | slash | rod | rail.
barra (banco de arena) | bar.
barra (cabestrante) | poppet.
barra (cabrestante) | arm.
barra (concurso hípico) | pole.
barra (de lacre, tinta china, etc.) | stick.
barra (defecto telas) | streak.
barra (del huso) | blade.
barra (del timón) | yoke.
barra (estructuras metálicas) | member.
barra (gravas auríferas) | bank.
barra (heráldica) | bend.
barra (máquina herramienta) | shaft.
barra (oro o plata) | ingot.
barra (perfil laminado) | bar.
barra (redonda, exagonal u octogonal - cobre | rod.
barra (televisión) | flagpole.
barra (TV) | spike.
barra absorbente (nuclear) | absorbing rod.
barra accionaplatinas (tejido punto) | catchbar.
barra alisadora (tejeduría) | scrim bar.
barra antibalance de torsión (autos) | torsional antiroll.
barra arqueada | bow bar.
barra ascendente (jacquard para adamascados) | twilling bar.
barra atirantadora | sag rod.
barra cementada | converted bar.
barra cementada con carbón vegetal | blister bar.
barra cementada que se desconcha | flushed bar.
barra colectora | collecting bar | bus.
barra colectora (electricidad) | omnibus bar | busbar.
barra colectora compensadora | equalizer bus.
barra colectora con aislamiento entre fases (electricidad) | isolated-phase bus.
barra colectora con corriente de gran amperaje | heavy-duty busbar.
barra colectora de anillo (electricidad) | ring bus.
barra colectora de distribución | distributing busbar.
barra colectora de fase aislada | insulated-phase bus.
barra colectora hueca (electricidad) | bus duct.
barra colectora hueca de sección cuadrada | square tubular bus bar.
barra colectora para alumbrado | lighting busbar.
barra colectora para fuerza | power busbar.
barra colectora positiva | positive busbar.
barra combustible filiforme | pencil.
barra comercial de hierro pudelado | crown bar.
barra compensadora (telar gasa de vuelta) | easer bar.
barra comprimida | compressional bar.
barra con agujero de ventilación | vented rod.
barra con argolla | loop rod.
barra con entalla de ángulo muy agudo | sharply notched bar.
barra con entalladura | notched-bar.
barra con escamas | flaked bar.
barra con nervios | ribbed bar.
barra con ojo | eye bar.
barra conductora | busbar.
barra corrediza | slide bar.
barra corta | dowel | jimmy bar.
barra corta suficiente para hacer una pieza pequeña forjada | slug.
barra cuadrada | square bar | square stock | kelly.
barra cuadrada de esquinas redondeadas | round-cornered square bar.
barra cuadrada giratoria (varilla de arrastre - sondeos) | grief stem.
barra cuadrada retorcida | square twisted bar.
barra cuadrada retorcida en frío | cold-twisted square bar.
barra de acero (cementación) | plated bar.
barra de acero de cementación | blister bar.
barra de acero torsada | twisted steel.
barra de acoplamiento (corta forestal) | rooster.
barra de acoplamiento (dirección de autos) | cross rod.
barra de acoplamiento (explotación forestal) | gooseneck.
barra de acoplamiento (ruedas delanteras autos) | track rod.
barra de acoplamiento de la dirección (autos) | drag link | steering cross tube.
barra de acoplamiento de las ruedas (dirección de autos) | tie rod.
barra de acoplamiento de las ruedas delanteras (autos) | crossbar.
barra de afino | finer's bar.
barra de agujas | needle bar.
barra de agujas a tope (tricotosa) | butted needle bar.
barra de alineación | alignment bar.
barra de alza | lifter rod.
barra de amortiguación (cañones) | buffer bar.
barra de anclaje | tie bar.
barra de apoyo | rest | rail.
barra de arena (ríos) | sandbank.
barra de arena normal a la playa | spit.
barra de arena submarina en aguas muy poco profundas | bore.
barra de avance | feed bar.
barra de baloteo | rapping bar.
barra de barrera | barrier bar.
barra de batear | tamping bar.
barra de bulbo | bulb bar.
barra de cambio de marcha (distribuidor máquina vapor) | reversing-rod.
barra de caras paralelas | parallel.
barra de cenicero (hurgón) | clinker bar.
barra de cierre de la piquera (crisoles) | bott stick.
barra de cobre electrolítico para alambres | electrolytic wire bar.
barra de compensación | shim rod.
barra de compensación (reactor nuclear) | shim rod.
barra de compensación magnética (campo magnético) | shimming rod.
barra de compensación y seguridad (nuclear) | shim-safety rod.
barra de conexión | link bar | connection bar | connector-bar | connecting-rod.
barra de contrapeso (de la herramienta de sondeos) | sinker.
barra de contratensión | counterdiagonal.
barra de contratensión (vigas celosía) | counterbrace.
barra de control | control rod.
barra de control de potencia | power control rod.
barra de control parcialmente absorbente (reactor nuclear) | gray control rod.
barra de corte | cutter bar | sickle bar.
barra de corte intermedia | medium finger spacing cutter bar.
barra de cortina | rod | curtain rod.

barra de cortocircuitar | shorting bar.
barra de costa | barrier bar.
barra de choque | bumping bar.
barra de defensa | chafe rod.
barra de desconexión.
barra de desdoblamiento (telefonía) | doubling bar.
barra de desmoldeo | draw nail.
barra de dibujo suplementario (telar tejido punto) | chopping bar.
barra de disparo (telar) | rolling rod.
barra de distribución (barra colectora - electricidad) | bus.
barra de distribución (electricidad) | connector-bar.
barra de distribución en paquete para grandes amperajes | high-power bundled busbar.
barra de distribución para cuba (fabricación aluminio) | potline bus.
barra de distribución rectangular de gran capacidad de corriente | high-capacity rectangular bus.
barra de distribución tubular de cobre (electricidad) | tubular copper busbar.
barra de emparrillado | grate bar.
barra de empuje | push bar | pushrod.
barra de encruzamiento | lease rod.
barra de enfrenamiento (minas) | sprag.
barra de enganche | drawbar | dragbar | coupling bar.
barra de enganche para tractor suplementario | snatch bar.
barra de enlace entre filas (telecomunicación) | intersuite tie bar.
barra de escotilla | hatch batten | hatchway bar.
barra de estancamiento (compuertas) | seal bar.
barra de expulsión (prensas) | knockout bar.
barra de extensión | reach.
barra de frenado (galga) | braking club.
barra de freno (urdidor, telar) | drag roll.
barra de fundición | muck bar.
barra de guía | slide bar | guide bar.
barra de guía (tornos) | pilot bar.
barra de guía al aire (torno revólver) | overhead pilot bar.
barra de guía alta (torno revólver) | overhead pilot bar.
barra de hielo de mar de gran longitud y anchura | belt.
barra de hielo de mar de gran longitud y con anchura variable desde pocos kilómetros a más de 100 kilómetros | sea bar.
barra de hierro cementada (acero al crisol) | blister bar.
barra de hierro para cargar a mano (hornos) | peel bar.
barra de hierro pudelado | boiled bar | puddle bar.
barra de hierro pudelado de chatarra | scrap bar | busheled bar.
barra de hinca (sondeo por percusión) | sinker-bar.
barra de impresión | writing edge.
barra de la celosía (vigas) | lattice bar.
barra de la dirección | steering rod.
barra de la dirección (autos) | steering bar.
barra de lados cóncavos | fluted bar.
barra de línea (electricidad) | omnibus bar.
barra de mando de la dirección | steering drag link.
barra de mandrinar | boring bar.
barra de maniobra | tommy bar.
barra de media caña | half-round bar.
barra de mina | miner's crow | moil | miners' bar | percussion borer | jumping drill | jumping bar | jumper bar | percussion drill.
barra de oro o plata de ley | bullion bar.
barra de parachoques (cañones) | buffer bar.
barra de parada | shutdown rod.
barra de parada rápida | scram rod.
barra de perforación (sondeos) | jar.
barra de perforar (sondeos) | drill stem.
barra de plomo con alma de cobre | copper-cored lead bar.
barra de plomo para unir cristales (vitrales) | came.
barra de porta (buques) | port-bar.
barra de presión | pressure bar.
barra de presión (desenrolladora de troncos) | nose bar.
barra de primera laminación | muck bar.
barra de punta recalcada | bulge-point bar.
barra de quilla (buques) | keel bar.
barra de reacción (puente posterior de autos) | torque arm.
barra de reacción del puente trasero | rear-axle radius rod.
barra de rectificado con el abrasivo mezclado con corcho granular | cork honing stick.
barra de refuerzo | girth rail.
barra de reglaje | setting rod.
barra de regulación (reactor) | regulating rod.
barra de regulación (reactor nuclear) | control rod.
barra de remolque | tow-bar | drawbar.
barra de resistencia (hormigón armado) | carrying rod.
barra de respaldo | backing bar.
barra de retención del clisé | plate retaining bar.
barra de retenida transversal | cross anchor.
barra de rozadora (minas) | cutter bar.
barra de salto | skip bar.
barra de sangrar | tapping rod.
barra de seguridad | scram rod.
barra de seguridad (barra de enclavamiento - cambio de vía) | detector bar.
barra de seguridad (reactor nuclear) | safety rod | shutoff rod.
barra de senos | sine-bar | sine bar.
barra de sonda | stem.
barra de sondeo | drilling stem | sinker bar.
barra de sondeo con rosca cuadrada | drilling shaft.
barra de sostén | fid.
barra de sostén en los lizos (telares) | ridge bar.
barra de sujeción del encerado de escotilla (buques) | hatch batten.
barra de suspensión | rod hanger.
barra de suspensión (jaula de mina) | king's hook.
barra de talón (alzas) | tripping bar.
barra de tensión (plegadora de urdimbre) | crossbar.
barra de tipos | typebar.
barra de tiro | drawbar.
barra de tope | bumper bar.
barra de tope (alzas) | tripping bar.
barra de trabazón | bond bar.
barra de tracción | drag link | drawbar | dragbar.
barra de tracción (vagones) | drawlink | draught iron.
barra de tracción continua (trenes) | continuous drawbar.
barra de tracción orientable (tractores) | swinging drawbar.
barra de transmisión | string rod.
barra de triangulación (vigas de celosía) | lacing bar.
barra de tundir | cropping flock.
barra de una viga de celosía | lacing bar.
barra de unión | bond bar.
barra de unión (electrotecnia) | connecting busbar.
barra de uranio | rod.
barra del distribuidor | slide-rod.
barra del distribuidor máquina vapor) | valve stem.
barra del emparrillado | grid bar.
barra del guiahilos (telar) | traverse rail.
barra del percutor | firing shaft.
barra del pistón | piston rod.
barra del pistón del amortiguador | damper's piston rod.
barra del puerto | port-bar.
barra del sillín (bicicleta) | saddle bar.
barra del tapón de arcilla para la piquera (crisoles) | bott stick.
barra dentada de la que se cortan los piñones a la longitud deseada | pinion rod.
barra deslizante selectora (cambio de marcha) | gear selector rod.
barra desmotadora | mote knife.
barra directriz | guide rod | guide bar.
barra distribuidora | distributing bar | bus | boom.
barra distruidora pintada en color (electricidad) | colored busbar.
barra donde se unen varias placas (acumuladores) | connector-bar.
barra dorsal | backbar.
barra en forma de Z para soportar un taladro (construcción naval) | old man.
barra en la entrada de una bahía | baymouth bar.
barra en rotación | whirling bar.
barra enfriada de pie | end-queched bar.
barra espaldar de cobre (soldaduras) | copper backing bar.
barra estriada | fluted bar.
barra exagonal | hexagonal bar.
barra eyectora (prensas) | knockout bar.
barra falciforme (costas) | cuspate bar.
barra forjada torneada en basto | rough-turned forged bar.
barra formada por remolinos (oceanografía) | eddy-built bar.
barra frontal articulada de señal (ferrocarril) | hinged front rod.
barra guía de la suspensión del motor | motor suspension guide bar.
barra guíahilos (telares) | yarn rest.
barra hueca | hollow bar | cored bar.
barra hueca de acero de sección cuadrada o exagonal (sondeo petróleo) | kelly.
barra hueca inflada por presión interior de los gases (pulvimetalurgia) | puffed bar.
barra imanada | magnetic bar | bar magnet.
barra impulsadora de los carros (telar cortinas de encaje) | catchbar.
barra impulsora | pushrod.
barra lisa | plain bar.
barra litoral | ball.
barra litoral (costas) | longshore bar.
barra longitudinal | longitudinal bar.
barra maestra (sondeo por percusión) | sinker-bar.
barra metálica para colgar cuadros | picture rail.
barra muy carburada obtenida por doble cementación | glazed bar.
barra o varilla de suspensión | hanger.
barra obtenida por doble cementación | doubly-converted bar.
barra ojalada | loop rod.
barra ómnibus (electricidad) | busbar.
barra ómnibus de bucle común (telefonía) | common-loop bus bar.
barra ómnibus de datos | data bus.
barra ómnibus positiva (electrotecnia) | positive busbar.
barra para abrir hendiduras en el suelo (repoblación forestal) | planting bar.
barra para abrir la tobera de escoria | pricking bar.
barra para ajuste aproximado de la reactividad (reactor nuclear) | shim rod.
barra para barrenar (mandrinadora) | quill.
barra para cerrar escotillas | hatch bar.
barra para cristaleras de acero forrado de plomo | lead-clothed steel glazing bar.
barra para despegar del molde (funderías) | loosening bar.
barra para fabricar barrenas | drill rod.
barra para golpear | rapping-bar.
barra para hacer hoyos cilíndricos para plantitas | planting rod.

barra para hacer plantaciones | spud.
barra para la piquera | tap bar.
barra para ripar (carriles) | lining bar.
barra para ripar (colocación de carriles) | lifting bar.
barra para ripar (ferrocarril) | slewing-bar.
barra para ripar (vía férrea) | straightening bar.
barra para romper el tapón de la piquera | runner-pin.
barra para romper la piquera (hornos) | runner stick.
barra para sujetar las hojas (ventanas) | munting.
barra perforadora | sinker bar.
barra perforadora (sondeo por percusión) | sinker-bar.
barra picafuegos | slice bar.
barra pisapapel (máquina escribir) | paper bail.
barra plana bruñida | ground flat.
barra plana con cantos de fl' e | band-edge flat.
barra portacuchillas | cutter arm.
barra portadora | carrier bar | porter | stress bar.
barra portahilos (telar) | backrest.
barra portahilos (telar - Inglaterra) | back rest.
barra portaplatinas | sinker-bar.
barra prensa (tejido punto) | press bar.
barra principal de distribución | control bus.
barra prismática (estructuras) | prismatic bar.
barra prismática recta | straight prismatic bar.
barra protectora | protector rod.
barra puntiaguda (minas) | gad.
barra recubierta con un enlucido antioxidante | headed bar.
barra redonda | round bar.
barra redonda aplanada | flattened round bar.
barra redonda apoyada en los extremos que constituye la herramienta inferior para ensanchar el hueco (forjas huecas) | becking bar.
barra redonda cónica | round tapered bar.
barra repartidora | distributing bar.
barra retienemallas del dobladillo (tejido punto) | weltbar.
barra rompedora | breaker bar.
barra selectora | selecting bar.
barra semilunar (oceanografía) | lunate bar | crescentic bar.
barra separadora de las dos agujas (cambio vía) | tie bar.
barra sin estar sometida a torsión | zero bar.
barra sumadora | add bar.
barra superabundante (viga celosía triangulada) | internal redundant member.
barra superflua (estructura) | redundant member.
barra taladradora | boring bar.
barra terminal de aluminio plateado | silver plated aluminum busbar.
barra terminal no protegida (electricidad) | open bus.
barra testigo | proof bar | test bar | tap bar.
barra torsada plásticamente | plastically twisted bar.
barra totalizadora | total bar.
barra tractora (plato de torno) | drawbar.
barra transversal (telecomunicación) | cross-bar.
barra trapezoidal para delgas | commutator segment bar.
barra unida al cable (sondeo por percusión) | sinker-bar.
barra vertical para soportar la cabeza en casos del mal de Pott | jury-mast.
barraca | shed.
barraca (de fería) | booth.
barracón | shack | shanty | hut.
barrado | barred.
barrado (defecto de teñido telas) | cloudy.
barrado (telas) | streaky.
barragán (tela pelo camello) | barracan.
barraganete | futtock.
barraganete de amurada | bulwark stay.
barranca | gully | bluff.
barranco | barranco | draw | gap | bluff | ravine | arroyo.
barranco (garganta - geología) | chine.
barranco (geología) | canyon.
barranco profundo (topografía) | coulee.
barrancón (topografía) | coulee.
barras (tipografía) | parallels.
barras abrazaderas (máquinas calculadoras) | bail rods.
barras aireadas (cementación) | aired-bars.
barras bimetálicas compensadas de 10 pies de longitud constante (trabajos geodésicos) | Colby's bars.
barras cementadas (metalurgia) | cement bars.
barras cerámicas indicadoras de temperaturas que colocadas horizontalmente se curvan a temperaturas determinadas | holdcroft thermoscope bars.
barras colectoras de distribución | distribution busbars.
barras colectoras de fases no separadas | nonphase separated busbars.
barras colectoras principales (electricidad) | main busbars.
barras combustibles enriquecidas con uranio-235 | uranium-235 enriched rods.
barras corrugadas de acero para hormigón | concrete corrugated steel bars.
barras cruzadas (TV) | cross-bar.
barras de armadura (hormigón armado) | reinforcing bars.
barras de color (TV) | color bar.
barras de contratensión (vigas celosía) | counterbracing.
barras de control de reserva (reactor) | cocked control rods.
barras de distribución de fases separadas | phase-separated busbars.
barras de encristalar de metal extruido | extruded metal glazing bars.
barras de la batería de acumuladores | battery busbar.
barras de las platinas de recogida (tejido de punto) | slur bars.
barras de óxido de uranio de vaina metálica | metal-clad uranium oxide rods.
barras de refuerzo | reinforcing bars.
barras de regulación (reactor nuclear) | control-rods.
barras de rejilla ajustables | adjustable grid bars.
barras de sacudidas | giggle bars.
barras distribuidoras para caso de emergencia | hospital busbar.
barras embebidas (hormigón) | enmesh bars.
barras especiales de interconexión | specializing bars.
barras flinders recocidas (ajuste del compás marino) | annealed flinders bars.
barras forjadas estiradas en frío | bolting material.
barras macizas de óxido de uranio | solid uranium dioxide rods.
barras oxidadas en la superficie (cementación) | aired-bars.
barras para desprender el hielo (rejillas de toma de hidroturbinas) | ice chisels.
barras paralelas de hierro para clasificar roca partida | grizzly.
barras que se van cortando | parted stock.
barras terminales de tubo cuadrado perforado (electricidad) | ventilated square tube buses.
barras torsadas en frío | cold-twisted bars.
barras transversales (defecto de trama) | bar marks.
barras transversales (defecto tramas) | barré.
barrascar (árboles resinados) | scrape (to).
barreamiento (de un puerto) | barring.
barrear | obstruct (to).
barrear una galería (minas) | fence off a road (to).
barredera | sweeper.
barredera automóvil | motor street brush.
barredera con imanes para recogida de desperdicios metálicos | floor sweeper.
barredera de calles | crossing sweeper.
barredera de caucho | squeegee.
barredera magnética | magnetic sweeper.
barredera mecánica | carpet-sweeper | mechanical sweeper.
barredora con aspiración del polvo | dustless sweeper.
barredora mecánica | power sweeper.
barredora mecánica para alfombras | carpet sweeper.
barredora patrulladora | patrol sweeper.
barredura | sweep.
barreduras | sweepings | sweeps.
barreduras que contienen metales preciosos | sweeps.
barrena | auger | perforator | drill | borer | boring rod | boring tool | bit.
barrena (aviación) | spin | roll-off.
barrena (minas) | bore-bit.
barrena (para perforar) | steel.
barrena afilada a mano | handset bit.
barrena afilada a máquina | machine-dressed bit.
barrena ajustable | expansive bit | expansion bit.
barrena anormal | abnormal spin.
barrena anular | annular auger.
barrena con cabezal lavador (sondeos) | flushing head drill.
barrena con dos hélices en el extremo de salida | double-wing auger.
barrena con inyección de agua | waterfed bit drill.
barrena con motor en marcha (avión) | power spin.
barrena con punta en estrella | star drill.
barrena cóncava | hollow auger.
barrena controlada (aviones) | normal spin.
barrena de arrastre (sondeos) | drag bit.
barrena de avellanar | countersink auger.
barrena de boca doble | double arc bit.
barrena de cable | churn drill.
barrena de canaleta recta | pod auger.
barrena de carretero | large auger.
barrena de cateo | earth-boring auger | earth borer.
barrena de cesto (sondeos) | basket bit.
barrena de cincel (trépano cortante - sondeos) | chisel bit.
barrena de cola | tailspin.
barrena de cruz (sondeos) | star bit.
barrena de cuchara | nose bit | swiss bit | spoon bit | shell gimlet | shell auger | shell bit.
barrena de disco | disk bit.
barrena de discos (sondeos) | rotary disc bit | disc bit.
barrena de dos aletas cortantes | two-way bit.
barrena de electricista | electrician's bit.
barrena de ensanchar | rounder.
barrena de ensanchar (sondeos) | reamer bit | reamer.
barrena de escoplo para empezar el sondeo (sondeos) | spudding bit.
barrena de estaca | bolt auger.
barrena de extensión | extension bit.
barrena de filo cruciforme | cross bit | star drill.
barrena de fricción (sondeos) | drag bit.
barrena de fuste hueco | hollow stem auger.
barrena de gusano | wimble.
barrena de media caña | gouge bit | shell bit | spoon bit | pod auger.
barrena de minero | mining drill.
barrena de ojo | ring auger.
barrena de pecho | breast auger.
barrena de pico de pato | duck nose bit.
barrena de punta | common bit.
barrena de punta piramidal de sección cuadrada y dos cortes | flute bit.

barrena de seguridad | keep off.
barrena de tierra | boring bar.
barrena de tubo para roca | tubular rock drill.
barrena de uña | duck's bill bit.
barrena espiral | grooved bit.
barrena excéntrica | eccentric bit.
barrena helicoidal | half twist bit | screw auger.
barrena helicoidal (minas) | coal auger.
barrena horizontal para perforaciones en el terreno | earth-boring horizontal auger.
barrena hoyadera | planting borer.
barrena hueca | pipe drill.
barrena incontrolada (aviación) | tailspin.
barrena ingobernable (aviones) | uncontrolled spin.
barrena iniciadora (para abrir un barreno) | starter.
barrena iniciadora (sondeos) | spudder | spudding bit.
barrena inicial (sondeos) | spud.
barrena intencional (aviación) | intentional spin.
barrena invertida (aviación) | inverted spin.
barrena mandada (avión) | controlled spin.
barrena muy aguzada | sharp drill.
barrena para abrir agujeros para postes | earth auger.
barrena para abrir el agujero de colada | git cutter.
barrena para avellanar el forro (botes de madera) | guller.
barrena para berbiquí | brace pit.
barrena para carbón | coal boring bit.
barrena para clavijas | dowel bit.
barrena para entapinar (cubiertas de madera de buques) | dowel bit.
barrena para grava (minas) | miser.
barrena para grava (sondeos) | gravel auger.
barrena para hoyos de postes de madera | posthole digger.
barrena para llantas | jaunt auger.
barrena para martillo perforador0048- | rock drill bit.
barrena para medir los crecimientos y edad del árbol | increment borer.
barrena para roca (sondeos) | rock bit.
barrena para tierra | earth drill.
barrena pequeña (carpintería) | gimlet.
barrena plana (aviación) | flat spin.
barrena primera (para abrir un barreno) | starter.
barrena regulable | expansion bit.
barrena rotativa | rotodrill.
barrena sacamuestras | core drill.
barrena sacamuestras de un tronco de árbol | increment borer.
barrena salomónica | screw auger.
barrena sin filo | dull drill.
barrena terrera | ground auger.
barrena tubular | core bit | calyx drill.
barrena universal de tres puntas | expanding center bit.
barrena viva | sharp drill.
barrena voluntaria en que después de la recuperación el avión queda en posición adecuada y con un rumbo previsto | precision spin.
barrenado | drilling | boring.
barrenado con superficie interior lisa | borizing.
barrenado con trompa (soporte rígido de acero fundido que lleva la cuchilla) | snout boring.
barrenado de cañones | gun-drilling | gunboring.
barrenado de precisión con superficie interior lisa | precision borizing.
barrenado en el torno | lathe boring.
barrenado geométrico | geometric twist.
barrenado por chorro de fueloil con oxígeno (minas) | jet piercing.
barrenado por chorro giratorio | rotary blasthole drilling.
barrenado por soplete | flame boring.
barrenado térmico | thermic drilling.
barrenador | driller.
barrenador cabeciblanco (Iberoamérica) | flathead borer.
barrenador de ambrosía (Iberoamérica) | ambrosia beetle.
barrenador de cabeza chata | flathead borer.
barrenador de los conos | cone beetle.
barrenadora | driller.
barrenadora de cilindros de multihusillos | multiple-spindle cylinder boring machine.
barrenadora de precisión | precision boring machine.
barrenadora para tubos | tube boring machine.
barrenar | pierce (to) | drill (to) | gimlet (to) | bore (to) | scuttle | broach (to).
barrenar a medida aproximada | rough-bore (to).
barrenar con barrón | snout-bore (to).
barrenar con presión y con superficie interior lisa | borize (to).
barrenar con trompa | snout-bore (to).
barrenar en desbaste | rough-bore (to).
barrenar en una roca una fila de barrenos muy próximos y después - con un cincel - cortar la roca que hay entre los barrenos (canteras) | broaching.
barrendero | sweep | sweeper.
barrenero | drill runner.
barrenero (minas) | driller | shotman | shot lighter | shot-firer.
barrenero (persona) | borer.
barrenero de pozo | sinker.
barrenillo de caña | cane borer.
barrenillo de las mieses | turpentine borer.
barrenista | drill runner.
barreno | picker | borehole | bore.
barreno (agujero) | auger hole.
barreno (minas) | drillhole | shot | blasthole | blast.
barreno a chulano (minería) | upward hole.
barreno a estaca | downward-hole.
barreno a techo | header | drillhole in the roof.
barreno aislado (minas) | single shot.
barreno ascendente | upper.
barreno ascendente (minería) | upward hole.
barreno auxiliar | reliever | relief hole.
barreno auxiliar (minas) | slab hole.
barreno cargado con rosario de cartuchos | column-loaded hole.
barreno con cámara de expansión (con hueco entre la carga y el taco) | cushion shot.
barreno con el fondo ensanchado | chambered hole.
barreno corto | short hole.
barreno de agua | downward-hole.
barreno de alivio | reliever | relief hole.
barreno de alivio (minas) | blockhole.
barreno de ayuda | easer.
barreno de cable | cable-tool drilling.
barreno de destrozo | enlarging shot.
barreno de enlechado | grout hole.
barreno de franqueo | key cut hole | snubber | sump hole | bursting shot | breaking shot.
barreno de pecho | horizontal hole.
barreno de pecho (minería) | horizontal drillhole.
barreno de pie (al pie del frente de trabajo) | lifter.
barreno de reconocimiento | advance borehole.
barreno de roca | stone drill.
barreno de taqueo | snakehole.
barreno de techo | stoper | top hole.
barreno de techo (minas) | back hole | roof hole.
barreno descendente | downward-hole.
barreno ensanchado en el fondo por explosión de una carga preliminar | sprung bore hole.
barreno ensanchado sin fragmentación de roca | gun.
barreno hacia abajo | water hole.
barreno hacia arriba | upper.
barreno horizontal | horizontal hole.
barreno horizontal (minas) | canch hole | flat hole.
barreno horizontal (minería) | horizontal drillhole.
barreno horizontal al pie del frente de arranque | toe hole.
barreno horizontal al pie del frente de arranque (canteras) | snakehole.
barreno húmedo | water hole.
barreno inclinado (sobre el frente de trabajo) | grip shot.
barreno para desprender trozos secundarios de la cara de trabajo (túneles) | lifter hole.
barreno para inyecciones de mortero de cemento a baja presión | low-pressure grouting hole.
barreno pequeño | plug shot.
barreno pequeño (minas) | short borer.
barreno periférico | rim hole.
barreno poco profundo | blockhole.
barreno preliminar (minas) | blockhole.
barreno puesto cerca de otro que dio mechazo | bullet shot.
barreno que da bocazo | blow.
barreno que da mechazo | miss-fire shot.
barreno que fragmenta la suficiente para dejar escapar los gases de la explosión con un ruido silbante | squealer.
barreno que ha dado bocazo | blown-out shot.
barreno que ha dado mechazo | missed hole.
barreno que no explota inmediatamente después de la detonación del cebo (voladuras) | hung shot.
barreno seco | upper.
barreno seco (minería) | upward hole.
barreno sin utilizar agua para mitigar el polvo (minas) | dry hole.
barreno tendido | bottom hole | foot hole | drillhole in the floor.
barreno tendido (minas) | bottom shot.
barrenos centrales de franqueo | center shots.
barrenos centrales e inclinados con objeto de separar una parte en forma de cuña (apertura de pozos) | sumping holes.
barrenos de cara | breast holes.
barrenos de cuele | cut shots.
barrenos de cuele (túneles) | cut holes.
barrenos de cuele convergente | V cut holes.
barrenos de cuña (túneles) | cut holes.
barrenos de cuña poco profundos | buster holes.
barrenos de destrozo | breaking-down holes | breakers.
barrenos de franqueo (túneles) | cut holes.
barrenos en abanico | fanned holes.
barrenos hacia abajo | down holes.
barrenos horizontales | breast holes.
barrenos limitadores (minas) | line holes.
barrenos para enlechar a presión (inyecciones pie de presa) | grouting holes.
barrenos que se unen en el eje del túnel y que al darle fuego remueven una pirámide de la casa de trabajo (túneles) | pyramid cut holes.
barreño | trough.
barrer | scan (to) | sweep (to).
barrer (artillería) | sweep (to).
barrer (gases quemados de motores) | scavenge (to).
barrer áreas iguales en tiempos iguales (leyes de Kepler) | sweep out equal areas in equal times (to).
barrer con escoba de arrastre | broom-drag (to).
barrer el espectro | sweep the spectrum (to).
barrer en seco | dry-mopping (to).
barrer las olas (la playa, la cubierta de un buque) | wash (to).
barrera | bar | railing | fence.
barrera (de paso a nivel) | gate.
barrera (paso a nivel) | guardrail.
barrera (válvula termiónica) | catcher.
barrera a la inflación | hedge against inflation.

barrera a prueba de vapores húmedos | moisture vapor proof barrier.
barrera aduanera | customs barrier.
barrera antiaérea | air barrage.
barrera antiaérea prevista | predicted barrage.
barrera anticontaminación | contamination barrier.
barrera antidifusión | fuel rod coating.
barrera antisubmarinos | antisubmarine barrier.
barrera arancelaria | tariff barrier.
barrera colectora (explotación forestal) | sack boom | bag boom.
barrera comercial | trade barrier.
barrera contra los aludes | anti-avalanche defense work.
barrera corrediza | sliding barrier.
barrera corrediza (pasos a nivel) | sliding gate.
barrera de árboles contra el viento (cortavientos) | wind belt.
barrera de bombas explosivas arrojadas desde aviones | air barrage.
barrera de brazo corto (pasos a nivel) | half gate.
barrera de burbujas de aire (hidrodinámica) | pneumatic barrier.
barrera de cables que cuelgan de un cable tendido entre dos globos | balloon apron.
barrera de cables suspendida de globos cautivos | balloon-barrage cables.
barrera de clasificación (maderadas) | sorting boom.
barrera de cohetes | rocket barrage.
barrera de Coulomb | Coulomb barrier.
barrera de cruce (pasos a nivel) | crossing gate.
barrera de difusión | porous barrier | diffusion barrier.
barrera de energía | energy barrier.
barrera de fisión | fission barrier.
barrera de fuegos de mortero | mortar fire barrage.
barrera de globos cautivos | balloon barrage | balloon curtain.
barrera de guía | glancing boom.
barrera de guía (corta de árboles) | sheer boom.
barrera de hielo | ice-barrier.
barrera de hielo suspendida (ríos) | ice jam.
barrera de hielo suspendida (ríos helados) | hanging ice dam.
barrera de humos | fume-barrier.
barrera de jaula de extracción | cage-gate.
barrera de paso a nivel | crossing barrier.
barrera de peaje | tollgate | pike.
barrera de polvo | dust barrier.
barrera de polvo de roca (explosiones en minas) | dust trap.
barrera de portazgo | turnpike.
barrera de potencial | potential barrier.
barrera de potencial (electrónica) | barrier layer.
barrera de potencial de altura de 10 electrovoltios | potential barrier of height 10 ev.
barrera de potencial de contacto | contact-potential barrier.
barrera de potencial metal-aislante-metal | metal insulator-metal potential barrier.
barrera de presión del refrigerante | reactor coolant pressure boundary.
barrera de radares | radar fence.
barrera de seguridad | safety barrier | kep off.
barrera de seguridad con polvos de roca (explosiones en minas) | rock-dust barrier.
barrera de troncos anclada a un pontón | barge boom.
barrera del pozo (minas) | shaft gate.
barrera eventual (artillería) | contigent barrage | emergency barrage.
barrera fija (artillería) | standing barrage.
barrera flotante (Iberoamérica) | boom chain.
barrera flotante flexible | floating flexible barrier.
barrera infranqueable | insourmountable barrier.
barrera interceptora (flotación de troncos) | catch boom.
barrera levadiza (ferrocarriles) | bascule barrier.
barrera levadiza para paso a nivel | level crossing lifting barrier.
barrera levadiza para pasos a nivel | level crossing gate.
barrera mortífera | murderous barrage.
barrera movible (paso nivel) | draw barrier.
barrera móvil (artillería) | rolling barrage | creeping barrage.
barrera porosa | porous barrier.
barrera primaria de acero inoxidable corrugado (LNG buques) | corrugated stainless steel primary barrier.
barrera protectora | protective barrier.
barrera radárica | radar fence.
barrera sónica | sonic barrier.
barrera suspendida de hielo (ríos) | hanging dam.
barrera térmica | thermal barrier.
barrera térmica del aislamiento (electricidad) | insulation thermal barrier.
barrera termodinámica | thermodynamic barrier.
barrera transónica | sonic barrier.
barrera transónica (número Mach = 1) | sound barrier.
barreras fiscales | tax barriers.
barreras para entrar en un mercado | barriers to entry.
barreta | rail | specimen.
barreta (aceros) | test piece.
barreta (Argentina) | planting rod.
barreta (cilindro vapor) | bar.
barreta (distribuidor máquina vapor) | sliding plate | sliding face.
barreta (distribuidor máquinas de vapor) | port-bar.
barreta (distribuidor plano de vapor) | face flange.
barreta abrasiva | hone stone | honing stick.
barreta de agujas (gill-box) | faller.
barreta de agujas (peinadora de estambre) | pin bar.
barreta de conexión | connecting strap.
barreta de distribuidor (máquinas de vapor) | port bridge.
barreta de punta | bullpoint.
barretas de conexión (central telefónica) | fanning strips.
barriada | precinct | city distrit.
barrible | sweepable.
barrica | hogshead | cask | barrel | butt.
barrica para salazones (buques) | harness-cask.
barricas para áridos | slack cooperage.
barricas para sólidos (Iberoamérica) | slack cooperage.
barrido | scan | sweeping | swept.
barrido (de gases quemados de motores) | scavenging.
barrido (desimanación de buques) | wiping.
barrido (electrotécnica) | cleanup.
barrido (espectrometría) | scanning.
barrido (gases del cilindro) | scavenge.
barrido (televisión) | sweep.
barrido (terminales) | line polling.
barrido azimutal | azimuth sweep.
barrido circular | circular sweep.
barrido con aceite (disyuntores) | oil blast.
barrido controlado por la lumbrera | port-controlled scavenge.
barrido controlado por puertas | gated sweep.
barrido de elevación (radar) | elevation sweep.
barrido de frecuencia | frequency sweep.
barrido de izquierda a derecha (imagen de televisión) | horizontal sweep.
barrido de las estaciones | polling.
barrido de líneas (informática) | row scanning.
barrido después de la admisión (motores) | postcharging scavenging.
barrido directo | forward sweep.
barrido electrónico | sweep.
barrido en bucle | loop scavenge.
barrido en diente de sierra (TV) | sawtooth sweep.
barrido en U invertida | loop scavenge.
barrido ensanchado | expanded sweep.
barrido espectral | spectral scanning.
barrido fraccional | fractional scanning.
barrido lineal | linear sweep.
barrido mandado (radar) | gated sweep.
barrido por el fuego | fire-swept.
barrido por el viento | gust-swept.
barrido por la corriente | current-swept.
barrido por líneas (TV) | line scanning.
barrido por lumbrera (motores) | port scavenge.
barrido por lumbrera accionada por válvula | valve-controlled port scavenge.
barrido por lumbrera mandada (motor diesel) | controlled port scavenging.
barrido por pulsaciones de exhaustación | exhaust-pulse scavenging.
barrido por válvulas en la culata del cilindro | cylinder-cover valve scavenging.
barrido retardado (tubo de rayos catódicos) | delayed sweep.
barrido satélite | slave sweep.
barrido sincronizado | synchronized sweep.
barrido unidireccional | uniflow scavenging.
barrido uniflujo | uniflow scavenging.
barrido vertical (cámara televisiva) | tilting.
barrido vertical (televisión) | tilting sweep.
barrido vertical (TV) | vertical sweep.
barridos | peddler's wool | sweepings.
barriga (cubo de rueda) | breast.
barriga (parte central - barril) | bilge.
barrigudo (caballos) | barrelled.
barril | puncheon | tub | barrel.
barril de acero inoxidable para cerveza | beer stainless steel barrel.
barril de amalgamación | amalgamating barrel.
barril de brea | pitch barrel.
barril de cloruración | chlorination barrel.
barril de frotación (funderías) | rumbler.
barril de madera para áridos | slack barrel.
barril de monte | dip barrel.
barril de petróleo | barrel of petroleum.
barril de testigos (sondeos) | core barrel.
barril grande | butt.
barril metálico | metal barrel.
barril negro | dip barrel.
barril para agua potable (botes salvavidas) | barricoe.
barril para desalar carne (buques) | harness-cask.
barril para productos secos | slack barrel.
barril pequeño | breaker.
barrilaje (conjunto de barriles) | barrelage.
barriles para transporte y bodegas | transport and storage barrels.
barrilete | firkin | clamp | clamp dog | spring drum.
barrilete (carpintería) | dog | holdfast.
barrilete (de un calabrote) | mouse.
barrilete (objetivo de anteojo) | body tube.
barrilete (relojería) | barrel.
barrilete (selfactina) | winding-on drum | quadrant drum.
barrilete (tabla de madera con travesaños en ambos extremos y en lados opuestos - carpintería) | bench-hook.
barrilete de leva | cam clamp.
barrilete de piña doble | double diamond knot.
barrilete del caracol (relojes) | fusee barrel.
barrilete del núcleo (reactor nuclear) | core barrel.
barrilete del objetivo (fotografía) | barrel.
barrilete móvil (relojes) | going barrel.
barrio (de una ciudad) | district.
barrita para rectificar | honing stick.
barritas de hierro que se introducen en el compás para compensarlo (buques) | flinders

bars.
barrizal | clay pit.
barro | clay | loam | mud | ooze | slush.
barro (de barreno) | sludge.
barro (sondeos) | slush.
barro abrasivo | abrasive slurry.
barro cocido | baked clay.
barro de alfareros | potter's clay.
barro de amolado | swarf.
barro de barreno | drill sludge.
barro de diatomeas | diatomaceous ooze | diatom ooze.
barro de finos (minerales) | slime pulp.
barro de fundición | loam.
barro de lavado (gases altos hornos) | pond sludge.
barro de moldeo | roughing loam.
barro de muela | wheel swarf.
barro mezclado con paja | adobe clay.
barro para las raices de las plantículas | puddle.
barro pegajoso (gumbo) | gumbo.
barro refractario | ganister mud.
barro trabajado | puddling | puddled clay.
barrón (laminador) | cramp bar.
barrón (mandrinadora) | quill.
barrón (máquina herramienta) | shaft.
barrón de barrenar con guía | piloted boring bar.
barrón de cuchillas | cutter shaft.
barrón de mandrinadora | boring bar.
barrón de trepanar | trepan boring bar.
barrón manipulador (de un paquete o de una forja) | porter.
barrón para equilibrar el tocho cuando se trabaja (de un paquete o de una forja) | porter.
barrón para rayar (ánimas cañones) | rifling bar.
barrón portaherramienta (barrenadora) | cutter mandrel.
barros | sludge.
barros azules | blue mud.
barros de lixiviación | leached pulp.
barros del rectificado | grinding sludge.
barros líquidos | slurry.
barros obtenidos durante el beneficio del oro | tailings.
barroso | muddy.
barrote | staff | bar | rung | rail.
barrote (escalera de mano) | step.
barrote (ventanas) | sash bar.
barrote de apoyo (de parrillas) | bearer.
barrote de barandilla | rail stanchion.
barrote de panel (encofrado) | anel cleat.
barrote de parrilla | firebar | grid bar | rail.
barrote de puerta | door-bar.
barrote del emparrillado | grate bar.
barrote redondo (escalas) | round.
barrotes de barandilla | rail post.
barrotes para polvo (abridora) | dust bars.
barrotín (buques) | half beam | intermediate beam.
barrra de retención | holding bar.
barrueca (perlas) | irregular.
barrujo superficial (bosques) | surface litter.
bártulos | graith | household goods.
basa | bottom | pedestal | basis.
basa (columna) | base.
basa (columnas) | dado.
basa (de columna) | spira.
basa compuesta (columnas) | composite base.
basa de columna | column base.
basa jónica (columna) | Ionic base.
basada | stand.
basada de cajón (motores) | box-bed.
basado en | founded.
basado en la experiencia | experiential.
basado en la experiencia personal | on the strength of personal experience.
basado en la física | physics-based.
basado en presupuestos | on a bid basis.
basal | basal.
basáltico | basaltic.
basaltiforme | basaltiform.
basalto | bluestone.
basalto (minería) | basalt.
basalto amigdalino | amygdaloidal basalt.
basalto analcítico | analcime-basalt.
basalto anortítico | anorthite-basalt.
basalto de plagioclasa | malpais.
basalto elipsoidal | ellipsoidal basalt.
basalto epidotizado | epidotized basalt.
basalto fundido (empleado como aislador eléctrico) | angarite.
basalto hiperesténico | hypersthene-basalt.
basalto intersertal | intersertal basalt.
basalto vítreo | vitrobasalt | bottleite.
basamento | area | base | basement | base unit.
basamento (de pilar) | footstall.
basamento (motor aviones) | seating.
basamento del motor (aviones) | engine seating.
basamento subvolcánico | subvolcanic basement.
basándose en una carga equivalente | on the basis of an equivalent load.
basanita | touchstone.
basanita (pedernal negro) | basanite.
basar | ground (to).
báscula | bascule | scale | swap | weighgear | weighing machine.
báscula (basculador monoestable diferido-electrónica) | flip-flop.
báscula (de una campana) | crank.
báscula automática | automatic weighing machine.
báscula biestable | flip-flop.
báscula con tolva en vez de la plataforma | dormant-hopper scales.
báscula de balancín | beam scale.
báscula de plancha | charging scale.
báscula de pozo | pit scale.
báscula de resorte | spring weigher.
báscula de romana | platform scale | suspended weighing machine | suspension scales.
báscula de transistor | transistor flip-flop.
báscula de tríodos (electrónica) | triode flip-flop.
báscula de vía (ferrocarril) | track scale.
báscula de vía de ferrocarril | railway track-scale.
báscula electrónica (ferrocarril) | electronic scale.
báscula enclavable | dormant scales.
báscula fotoeléctrica | photoelectric weigher.
báscula para pesar el metal en fusión | hot-scale.
báscula para vagones | truck balance | car scales.
báscula para vagonetas de minas de carbón | colliery tub weigher.
báscula puente | weighbridge.
báscula registradora | weightometer.
báscula transistorizada | transistorized flip-flop.
basculabilidad | rockability | swingability | tiltability.
basculable | tippable | tiltable | dumpable | rockable.
basculable en dirección axial | rockable in the axial direction.
basculación | basculation | rocking.
basculación (faros de autos) | dipping.
basculación del equilibrio de fuerzas | tilting of the counterbalance of forces.
basculación hacia adelante | forward tilt.
basculado mecánicamente | power-tilted.
basculador | rocking device | toggle | tilter | tipper | tumbler | tripper | tippler | tripping device.
basculador (circuito electrónico) | flip-flop trigger.
basculador (de vagones) | dump.
basculador (electrónica) | trigger pair.
basculador circular | rotary tipper.
basculador cronometrado | clocked flip-flop.
basculador de faros (autos) | dipper.
basculador de la caja (caminones) | body rocker.
basculador de lingotes | ingot tumbler.
basculador de vagones | tippler | tipple | car tilter.
basculador longitudinal | fore-and-aft tipper.
basculador magnético | magnetic flip-flop.
basculador para vagones de carbón | coal-tip.
basculador por gravedad | gravity tipple.
basculador rotativo | revolving tippler.
basculadorista | tipper | tippleman | tipman.
basculamiento | tipping | dumpiness | dumping | tilting.
basculamiento manual | hand tilting.
basculante | hinged | rolling | rocking | swing | swivel-mounted.
báscula-puente colocada en la carretera | road weighbridge.
bascular | tilt (to) | tick over (to) | tip (to) | toggle (to) | flip (to) | cant (to) | trip (to) | swivel | swing (to).
bascular (faros autos) | dip (to).
bascular (vagones) | dump (to).
bascular continuamente (giroscopio) | topple (to).
basculero | weighman | weighmaster.
base | seating | sole | toe | foot | groundwork | base | basis | bottom | area | foundation | bed.
base (bobina, canilla) | butt.
base (de lingotera) | stool.
base (explosivos) | dope.
base (marina guerra) | outlying station.
base (milicia) | depot.
base (pruebas velocidad buques) | measured mile.
base (sistema de numeración, logaritmos) | radix.
base (topografía) | base | base line.
base - pedestal (de columna) | footstall.
base activa | active dope.
base acumulativa (a base de acumulados) | accrual basis.
base adhesiva de un mosaico aerofotográfico | mosaic mountant.
base aérea | air base.
base aérea de tránsito a su destino | enroute base.
base aérea naval | naval air base.
base aérea principal | main air base.
base amónica | ammonio-base.
base anfibia naval | naval amphibious base.
base ática | attic base.
base auxiliar | satellite base.
base avanzada | forward base.
base avanzada para proteger contra un ataque por sorpresa | outpost.
base canónica (función de varias variables) | standard basis.
base cíclica de funcionamiento discontinuo | cyclic on/off basis.
base colorante | color base.
base comercialmente económica | commercially economic basis.
base con fijación | loktal base.
base cónica convexa | convex conical base.
base contributiva | tax basis.
base de abastecimiento | supply base.
base de acuerdo | common ground.
base de acuerdo internacional | internationally-agreed basis.
base de apoyo | footing.
base de aprovisionamiento | supply base | base line.
base de aviación | air base | aircraft base.
base de coma flotante | floating point base.
base de competencia de precios | price-competition basis.
base de comprobación | base of verification | check base.
base de coste más comisión | cost-plus-commission basis.
base de cristal comprimido | pressed-glass base.
base de cuádrupe | quadruped base.
base de cuatro brazos (aparatos topográficos)

| quadribrach.
base de cuota máxima | maximum-fee basis.
base de datos | database.
base de datos (informática) | data base.
base de desembolsos acumulados | accrued-expenditures basis.
base de dilución completa | fully diluted basis.
base de entrenamiento de paracaidistas | paratroopers' training base.
base de grava ligada con asfalto (carreteras) | black base.
base de hormigón | concrete footing.
base de igualdad de pesos | weight-for-weight basis.
base de imposición (fiscal) | basis of tax assessment.
base de infantería de marina | marine base.
base de la capa (árboles) | crown base (trees).
base de la llanta | rim base.
base de la nube (altitud de la parte baja de la nube) | cloud-base.
base de la tasa | rate base.
base de la trayectoria | base of trajectory.
base de la válvula | valve base.
base de lanzamiento | hard.
base de lanzamiento orbital | orbital launch facility.
base de misiles con protección antinuclear | hard missile base.
base de notación | notational base.
base de numeración | base notation | base number.
base de operaciones | operating base.
base de porcelana | porcelain base.
base de reaprovisionamiento | refuelling base.
base de ruedas | wheelbase.
base de servir por orden de solicitud | first-come, first-served basis.
base de tal como está y en donde está (contratos) | as is, where is basis.
base de tiempo | time-base.
base de tiempo (tubo de rayos catódicos) | sweep unit.
base de tiempo de imagen | video time base | picture output | image output.
base de tiempo lineal | linear time base.
base de tiempos | time base.
base de tiempos (oscilógrafo) | base.
base de tiempos de desconexión aleatoria | triggered timebase.
base de tiempos de imagen | field time base.
base de tiempos de trinquete | ratchet time base.
base de tres brazos (aparatos topográficos) | tribrach.
base de tres tornillos nivelantes (teodolitos) | tribrach.
base de tributación | tax basis.
base del abdomen | bythus.
base del cortafuego (incendio forestal) | anchor point.
base del coste más beneficio | cost-plus-profit basis.
base del diente (engranaje) | tooth root.
base del interés participante en contabilidad | equity basis of accounting.
base del proyector | projection stand.
base del puntal (buques) | pillar footing.
base del taco (telar) | picker tongue.
base del tubo electrónico | valve base.
base empapada con riego asfáltico | asphalt penetrated base.
base estereoscópica | stereo base.
base graduada | graduated base.
base imponible | taxable base | tax base.
base impositiva | basis of assessment.
base inerte | inert dope.
base logística | basis of supply.
base matriz | parent base.
base monoácida | mono-acidic base.
base muy ionizada (química) | strong base.
base natural | standard basis.
base naval | naval base | naval station.
base numérica | numerical base | radix.
base para cazadores | fighter station.
base para las estampas | die seat.
base para mantenimiento de la flota | fleet-maintenance base.
base para un ala de combate | combat-wing-base.
base permanente situada fuera de los límites continentales (EE.UU.) | outlying base.
base pivotante | pivoting base.
base por día | per diem basis.
base principal | parent base.
base que cede elásticamente | resiliently yielding base.
base sobre el agujero (tolerancias) | hole basis.
base sobre el eje (tolerancias de ajuste) | shaft basis.
base sobre pilotes | piled base.
base sólida | hardpan.
base subordinada a otra | subbase.
base tarifaria | rate basis.
base terrestre | ground base.
bases de la licitación | bidding conditions.
bases del concurso | information for bidders | bidding conditions.
bases técnicas | technical bases.
basicidad | basicity.
básico | primary | basal.
basidio | basidium.
basidiomicetos | basidiomycetes.
basidiospora | basidiospore.
basífilo | basiphile.
basífugo | basifuge.
basófilo | basophilous.
basoide | basoid.
basralocus (Dicorynia paraensis - Benth) | basralocus.
basta | pickover.
basta (hilo flotante - telas) | flush.
basta - hilo flotante (defecto urdimbre) | float.
basta de trama | weft float | filling float.
basta de urdimbre | warp float.
bastante (jurisprudencia) | relevant.
bastante grande | fairly large.
bastante inferior al óptimo | far below the optimum.
bastanteado | declared valid | declared admissible.
bastantear un poder | certify the validity of a power of attorney (to).
bastanteo | recognition of a power of attorney.
bastar | do (to).
bastardo | hybrid.
bastas de trama | race.
baste | saddle | cradle | packsaddle | aparejo.
bastear | stitch (to).
bastear (costura) | run (to) | baste (to).
bastero | packsaddle maker.
bastidor | chassis | cradle | undercarriage | rack | carcase | trestle | housing | frame | mainframe | plate.
bastidor (caja - vagones) | carbody.
bastidor (de sierra) | body.
bastidor (hilatura) | samson post.
bastidor (laminador) | housing.
bastidor (laminadores) | stand.
bastidor (locomotora o vagones) | underframe.
bastidor (marco - sierras) | gate.
bastidor (teatro) | wing.
bastidor acodado | joggled frame.
bastidor ajustable para pilares (encofrados) | adjustable column clamp.
bastidor auxiliar (autos, etc.) | subframe.
bastidor curvado | bent frame.
bastidor de acero estampado | pressed-steel frame.
bastidor de aterrizaje | landing chassis.
bastidor de bisel | pony-truck frame.
bastidor de bobinas de repetición | repeating coil rack.
bastidor de bogie de acero moldeado fundido en una pieza | one-piece cast steel bogie frame.
bastidor de bogie de locomotora | engine truck frame.
bastidor de bogie delantero | leading bogie frame.
bastidor de bordar | embroidery-frame | tabo-ret.
bastidor de cajón | box-form frame | box frame.
bastidor de carda | card frame.
bastidor de carga artificial (electricidad) | dummy-load cubicle.
bastidor de cepilladora | planer upright | planer stand.
bastidor de conductores | lead frame.
bastidor de cruzamiento | frog plate.
bastidor de curvar provisto de torno de tracción | winch-rigged bending frame.
bastidor de chapa | plate frame.
bastidor de chapa gruesa de acero oxicortado | flame-cut steel slab frame.
bastidor de choque | buffer frame.
bastidor de desmotar (paños) | burling frame.
bastidor de entrada | entrance frame.
bastidor de envigado | binding beam.
bastidor de hierros de ángulo | angle iron frame.
bastidor de hierros en U | channel iron frame.
bastidor de interconexión progresiva | graded rack.
bastidor de la cabina | cab underframe.
bastidor de la caja | body framework.
bastidor de la carrocería | body frame.
bastidor de la oruga | truck.
bastidor de largueros acodados (autos) | inswept frame.
bastidor de locomotora | engine frame.
bastidor de locomotora de acero moldeado | cast steel locomotive frame.
bastidor de lona para formar las paredes (estudios de cine) | flat.
bastidor de martillo pilón | hammer frame.
bastidor de montaje | assembly jig.
bastidor de motor | motor frame.
bastidor de motor diesel | diesel engine frame.
bastidor de partes soldadas | fabricated frame.
bastidor de prueba de repetidor | repeater test rack.
bastidor de puerta | doorframing.
bastidor de relés | relay rack.
bastidor de seguridad | catch frame.
bastidor de selectores (telefonía) | selector bay.
bastidor de sierra | bow frame | saw frame.
bastidor de sierra de mano | saw bow.
bastidor de terraja | stock.
bastidor de traslación (telefonía) | translating bay.
bastidor de tren desbastador | blooming mill stand.
bastidor de tren laminador | roll housing.
bastidor de tubo central | central tube frame.
bastidor de vagón | carriage bearer | car underframe.
bastidor de vaivén vertical | vertically-reciprocating frame.
bastidor de ventana | window frame.
bastidor del asiento | seat frame.
bastidor del bogie | truck frame.
bastidor del bogie motor | motor truck frame.
bastidor del carretón | bogie-frame.
bastidor del carretón de acero fundido | cast steel bogie frame.
bastidor del coche | coach underframe.
bastidor del coche motor | power coach underframe.
bastidor del equipo de relevo | relay rack.
bastidor del piso | floor frame.
bastidor del rotor | rotor-frame.
bastidor del techo | roof frame.
bastidor elástico | spring frame.
bastidor electroestañado | electrotinned frame.
bastidor en C | gap-frame.
bastidor estrechado hacia adelante | inswept frame.
bastidor inferior | underframe.
bastidor intermediario de distribución de líneas (telefonía) | line intermediate distribution

frame.
bastidor metálico | metal framework.
bastidor mixto | composite underframe.
bastidor movible | movable frame.
bastidor móvil | jumbo.
bastidor nervado | ribbed frame.
bastidor normalizado | relay rack.
bastidor oscilante | rocking frame | shaking frame.
bastidor para aumentar el contenido de una vagoneta | garland.
bastidor para bobinas | coil rack.
bastidor para era de siembra | seedbed frame.
bastidor para escurrir | draining-rack.
bastidor para forzar plantas | garden-frame.
bastidor para rodillos | roll housing.
bastidor portabobinas (textil) | bobbin stand.
bastidor portacanillas | quill board.
bastidor portarrueda | wheel-carrier frame.
bastidor posterior de la tolva | hopper rear frame.
bastidor que soporta dos o más cañones antiaéreos juntos para formar una sola arma | rack.
bastidor rígido | rigid frame | rigid body | stiff frame.
bastidor soldado | welded frame | fabricated underframe.
bastidor soldado de bogie | fabricated bogie frame.
bastidor soldado de vagón | fabricated wagon frame.
bastidor soportado en 3 puntos por tacos de caucho | three-point rubber-supported frame.
bastidor soporte | rack mounting.
bastidor triangular | jib frame.
bastidor tubular | tubular frame.
bastidores del encofrado de la columna | column clamps.
bastilla (costura) | hem.
bastimento | miner's luncheon.
bastimentos | stores.
bastita | bastite.
basto (telas) | rough.
bastón | stick.
bastón (azufre, cera) | cane.
bastón (de madera) | club.
bastón (de seda) | cane.
bastón (erizo antisubmarinos) | spigot.
bastón (heráldica) | vertical bar.
bastón (jacquard) | twilling bar.
bastón de mando | rod.
bastón piloto (ferrocarriles) | train staff.
bastón piloto (trenes) | staff.
bastoncillo (anatomía) | rod.
bastoncillo del esmalte | enamel column.
bastoncito (anatomía) | rod.
bastoncito de plagioclasa | plagioclase lath.
bastones (luminotecnia) | rods.
basura | dross | litter | refuse | muck | dirt.
basura (memorias) | garbage.
basura de la calle | road scraping.
basura de plomo | lead-dross.
basuras | rubbish | drift | garbage.
basuras (hidráulica) | trash.
basuras domésticas | domestic wastes.
basuras municipales | municipal refuse.
basuras urbanas | towns' waste.
basurero | garbage dump | refuse dump.
bata | wrap.
batalla | fight | combat | engagement.
batalla (carruajes) | gauge (G.B.) | gage (EE.UU.).
batalla (coche ferrocarril) | wheelbase.
batalla (de carruajes) | track.
batalla aérea | air battle.
batalla aŕea vista desde tierra | sky battle.
batalla con armas atómicas | nuclear battle.
batalla de desgaste | attrition battle.
batalla de encuentro | encounter battle.
batalla de ruptura | breakthrough battle.
batalla definitiva | all-out battle.
batalla del aterrizador | landing chassis gage.
batalla del tren de aterrizaje | landing-gear track.
batalla indecisa | drawn battle.
batallador | combative | combatant.
batallar | engage (to) | combat (to).
batallón antiaéreo contra proyectiles teledirigidos | missile antiaircraft battalion.
batallón anticarros de la división | division antitank battalion.
batallón blindado de infantería | armored infantry batallion.
batallón de armas automáticas | automatic weapon battalion.
batallón de carros ligeros | light tank battalion.
batallón de carros pesados | heavy tank battalion.
batallón de construcción | engineer construction battalion.
batallón de depósito (milicia) | depot battalion.
batallón de fusileros motorizado | motorized rifle battalion.
batallón de infantería de marina | marine infantry battalion.
batallón de morteros | mortar battalion.
batallón de obuses lanzacohetes | rocket howitzer battalion.
batallón de paracaidistas | paratroop battallion.
batallón de trabajadores | labor battalion.
batallón de transmisiones | signal batalion.
batallón disciplinario | penal batallion.
batallón en pie de guerra | battalion at full strength.
batallón lanzacohetes | rocket launcher battalion.
batán | picker | mill | mill machine | fuller | fullery | truck mill | beating mill | scutching machine.
batán (de telar) | lathe.
batán (del telar) | sley | slay.
batán (G.B.) | scutcher.
batán (máquina de abatanar) | batting machine.
batán (tejeduría) | beetling machine.
batán (telar) | going-part.
batán (telares) | batten | lay.
batán abridor | breaker picker | breaker scutcher.
batán acabador | finisher scutcher | finisher picker.
batán atelador | lap machine.
batán continuo | single process picker.
batán de caída libre | free-falling sley.
batán de proceso continuo | one-process picker.
batán de proceso único | single process picker.
batán de telar | loom sley.
batán del cilindro (maquinita) | cylinder plate | cylinder batten.
batán doble | double scutcher.
batán enfurtidor | fulling mill.
batán enfurtidor de mazos | pusher mill | hammer fulling mill.
batán intermedio | intermediate picker.
batán mezclador (lana) | teazer | mixing picker.
batán múltiple | multiple process picker.
batán napador | lap machine.
batán para algodón | cotton picker.
batán para lana | picker | wool picker.
batán polilanzaderas | drop-box slay.
batán repasador | intermediate picker.
batanado | felting.
batanado ácido (telas lana) | acid fulling.
batanado doble | double beating up.
batanadora | fulling mill | fulling machine.
batanadora de mazos | pusher mill.
batanadora en seco | dry mill.
batanadura | milling.
batanar | felt (to).
batanear | thresh (to) | thrash (to).
batanero | fuller | mill man.
batata | sweetpotato.
batayola (buques) | bulwark | fender rail | rail | handrail.
batayolas | breadth lines.
bate | beating-pick.
bate (ferrocarril) | packer.
bate (ferrocarriles) | tamping pick.
bate (vías férreas) | beater pick.
bate de moldeador | rammer.
batea | tray | trough | launder | punt | pan.
batea (embarcación) | back.
batea (minas) | dish | strake.
batea compartimentada | pigeonholed tray.
batea de carga (alto horno) | pan.
batea de cateador | prospector's pan.
batea de compartimientos | compartmented tray.
batea de curaciones | pallet.
batea de tres tongadas | three tier tray.
batea estañada perforada | perforated tinned tray.
batea para carenar | repairing raft.
batea para el distribuidor | dispenser tray.
batea para las virutas | chip pan.
batea para limpieza de fondos (dique seco) | harbor punt.
batea para limpieza de fondos (diques secos) | dockyard punt.
batea transportadora de contenedores | spreader.
bateada (vía férrea) | packed.
bateado (vía férrea) | tamping.
bateadora (ferrocarril) | tamper | packing machine.
bateadora de balasto (ferrocarril) | ballast tamper.
bateadora de traviesas | sleeper tamper | tie tamper.
bateadora de traviesas (ferrocarril) | ballast-tamping machine.
bateadora vibratoria | vibratory tamper.
bateaguas (ventanas) | water bar.
batear (beisbol) | bat (to).
batear (traviesas) | pack (to).
batear traviesas | tamp (to).
batelero | riverman.
bateo (traviesas) | packing.
batería | battery.
batería (de calderas) | set.
batería (de calderas , de torres purificadoras) | train.
batería (de calderas, de lámparas, etc.) | bank.
batería (de pilas) | cluster.
batería alcalina | alkaline battery.
batería antiaérea | antiaircraft battery.
batería antiaérea gobernada por radar$ | radar-controlled antiaircraft battery.
batería central | station battery.
batería compensadora | balancing battery.
batería compensadora (acumuladores) | buffer battery.
batería compensadora (batería tampón-de acumuladores) | floating battery.
batería de acumuladores | storage battery | secondary battery | accumulator battery.
batería de acumuladores alcalinos | alkaline storage battery.
batería de acumuladores de níquel-cadmio | nickel cadmium battery.
batería de alta tensión | B-battery.
batería de ánodo | plate battery.
batería de ánodo (radio) | plate supply | B-battery.
batería de autoclaves | battery of autoclaves.
batería de bocartes | stamp battery.
batería de caldeo | heating battery.
batería de caldeo del cátodo (radio) | A battery.
batería de cañones acasamatados | casemate gun battery.
batería de capacitores | capacitor bank.
batería de capacitores en estrella con neutro aislado | floating neutral wye-connected capacity banks .
batería de carga seca | dry-charged battery.
batería de cinc-aire | air-zinc cell.
batería de cocina | galley gear | kitchen utensils | kitchen-ware | holloware.
batería de cohetes | rocket battery.

batería de compensación (electricidad) | equalizing battery.
batería de condensadores | capacitor bank.
batería de contactores | contactor bank.
batería de difusión | diffusion batery.
batería de equilibrio | equalizing battery.
batería de filamentos (radio) | A battery.
batería de grúas de cubierta (buques) | battery of deck cranes.
batería de heliopilas | solar battery.
batería de hornos | oven battery | A battery.
batería de hornos de coque | coke oven battery.
batería de lámparas (resistencias) | bank of lamps.
batería de lámparas incandescentes o fluorescentes | broad.
batería de luces | battery of lights | broad.
batería de luces para alumbrado | broads.
batería de pega (para dar fuego) | blasting battery.
batería de perforadoras | fleet of drilling machines.
batería de pilas | multiple battery.
batería de pilas (electricidad) | primary battery.
batería de pilas en derivación | parallel battery.
batería de pilas en series paralelas | multiple-series battery.
batería de placa (radio) | B-battery.
batería de polarización (batería de rejilla - radio) | grid battery.
batería de polarización (radio) | trigger battery.
batería de polarización de rejilla | grid bias battery.
batería de polarización de rejilla (radio) | C-battery.
batería de prensas | press battery.
batería de quemadores | cluster of burners.
batería de refuerzo (acumuladores) | boosting battery.
batería de refuerzo (para puntas de carga) | booster battery.
batería de regulación (de acumuladores) | end cells.
batería de retortas de carbonización (hornos de cok) | bench.
batería de transformadores | bank of transformers.
batería del ánodo | anode battery.
batería descargada (acumuladores) | dead battery.
batería eléctrica (de pilas o acumuladores) | electric battery.
batería entintadora (offset) | ink unit.
batería equilibradora (batería tampón-de acumuladores) | floating battery.
batería local (comunicaciones) | station battery.
batería mojadora (offset) | water unit.
batería níquel-cadmio | nicad battery.
batería nuclear | nuclear battery.
batería oculta | masked battery.
batería permanente | fixed battery.
batería solar | sun battery | solar battery | solar battery.
batería solar de arseniuro de galio | gallium-arsenide solar cell | gallium arsenide solar cell.
batería solar de heterounión | heterojunction solar battery.
batería solar de silicio | silicon solar battery.
baterías de acumuladores con vaso de plástico | plastic-cell storage batteries.
bati | bathy.
batial | bathyal.
batibial | bathybial.
batibial (oceanografía) | bathybic.
batíbico | bathybic.
baticlinógrafo | bathyclinograph.
baticola | dock-piece | dock | breech-band | crupper loop.
baticonductógrafo | bathyconductograph.
batículo (velas) | lug mizzen.
batida | beating.
batida (de la policía) | raid.
batidera | dresser | beater | batting arm.
batidera (albañilería) | mortar hoe | braker | larry | rab.
batidera para amasar el mortero | mortar larry.
batidero (buques) | baffle board.
batidero (playas) | plunge-point.
batidero (velas) | slab.
batidero de vela (buques) | foot tabling.
batido | foliated | mixing.
batido (de la manteca) | churning.
batido (hojas metálicas) | beating.
batido (hornos) | batted.
batido (informática) | float.
batido (por el tiro) | dangerous.
batido (radio) | beating.
batido a mano (arcillas) | hand-pugging.
batido cero | zeo beat.
batido de diapasón | fork beat.
batido de portadora | carrier beat.
batido de trapos (lana regenerada) | dusting.
batido en frío | cold-hammered | cold beaten | hammer-hard.
batido magnético | magnetic stirring.
batido por el viento | wind-swept | air-beaten.
batido por la marejada (costas) | surf-beaten.
batidor | main frame | shaker | flapper | beater.
batidor Buckley | porcupine beater.
batidor cardador | fearnought | carding willow.
batidor cardante | carding beater.
batidor cónico | cone beater.
batidor de algodón | cotton shaker.
batidor de borras (obrero) | deviller.
batidor de borras de algodón | cotton waste shaker.
batidor de cuero | leather beater.
batidor de paja (agricultura) | straw beater.
batidor de paletas | blade beater.
batidor de reglas | rigid beater.
batidor mezclador (lana) | teazer | mixing picker.
batidor para yute | jute willow.
batidora (fabricación papel) | Hollander.
batidora de paletas | paddle-shaped beater | paddle mixer.
batidora de pulpa | pulping machine.
batidora mecánica | thresher.
batidora-abridora (tejeduría) | beater opener.
batidores (para la caza) | beaters.
batidos | beats.
batidos acoplados | coupled flutter.
batidura | beating.
batiduras (laminado) | fin.
batiduras de cobre | copper ashes.
batiduras de forja | forge scale | batteture | cinders | scale | anvil cinders | anvil dross.
batiduras de forjas | hammer scales.
batiduras de hierro | iron scales | iron crust.
batiduras de laminado | roll scale | rolling mill scale | millscale.
batiduras de laminadores | mill cinder.
batiduras de martillado | hammer scales.
batiente | clapper | batten.
batiente (bocartes) | battery frame.
batiente (esclusas, diques secos) | miter-sill.
batiente (máquinas) | frame.
batiente (puerta) | jamb.
batiente (puerta o ventana) | shutting-post.
batiente (puertas) | leaf.
batiente (puertas y ventanas) | rabbet ledge.
batiente cerrado formando cárter (máquinas) | box pattern engine bed.
batiente de dique | apron.
batiente de máquina | engine frame.
batiente de puerta (de esclusa o de dique seco) | miter post.
batiente de ventana | window sill.
batiente en forma de cajón | box-form frame | box-section frame.
batiente en pirámide (máquinas) | A frame.
batientes (puertas esclusas) | rubbing faces.
batigraduador | depth adjuster.
batigrafía | bathygraphy.
batigrama (fondo submarino) | fathogram.
batigrama (oceanografía) | bathygram.
batihoja | beater.
batilimnético | bathylimnetic.
batimetría | ocean depth measuring | bathymetry.
batimétrico | bathymetric | bathymetrical.
batímetro | bathymeter | bathometer | depth ranger.
batímetro (buques) | sounder.
batímetro sonárico | sonar depth ranger.
batimiento (helicópteros) | flapping.
batimiento de las palas del rotor del helicóptero | helicopter rotor blade-flapping.
batimiento de palas (helicópteros) | blade flapping.
batipelágico | bathypelagic.
batipitótmetro | bathypitotmeter.
batiporte (buques) | sill.
batir | stir (to) | thrash (to) | thresh (to) | fan (to) | pound (to) | hammer (to).
batir (el oro) | draw out (to).
batir (hilatura) | beat (to).
batir (la leche) | whip (to).
batir (las alas) | clap (to).
batir (olas) | lash (to).
batir (oro o la plata) | beat (to).
batir a mano la tinta en losa antes de aplicarla al plato de la minerva | bray (to).
batir de enfilada | enfilade (to).
batir el aire (como con alas) | winnow (to).
batir el compás (música) | beat time (to).
batir el monte | explore the mountains (to).
batir el oro | beat gold (to).
batir en brecha (un muro) | breach (to).
batir en frío (metales) | cool hammer (to).
batir hoja (de oro) | foliate (to).
batir la arcilla | pug (to).
batir la espuma (hélices de buques en lastre) | churn up the foam (to).
batir la leche para hacer mantequilla | churn (to).
batir la manteca | cream (to).
batir la playa (olas) | lash the shore (to).
batir otra vez la pasta papelera | repulp (to).
batir palmas | clap (to).
batir rápidamente las alas (aves) | churr (to).
batirregulador (cargas antisubmarinas) | depth gear.
batirse | encounter (to) | fight (to).
batirse en retirada | retire (to).
batirse en retirada (marina) | keep up a running fight (to).
batiscafista | bathyscaphist.
batiscafo | bathyscaphe | bathyvessel.
batiscafo especial norteamericano en forma de globo | automatic instrument diving assembly.
batisfera | bathysphere.
batisismo | bathyseism.
batisistema | bathysystem.
batismal | bathysmal.
batisófico | bathysophic.
batisófico (oceanografía) | bathysophical.
batista | linen cambric | bishop's linen | cambric.
batista (tela) | batiste.
batista de algodón | cotton cambric.
batista de Cantón | grass cloth.
batista de lino | cambric | lawn.
batista fina | lawn.
batitermografía | bathythermography.
batitermógrafo | bathythermograph.
batitermógrafo electrónico | electronic bathythermograph.
batitermograma | bathythermogram.
batitermómetro | bathythermometer.
batitermosfera | bathythermosphere.
batocrómico | bathocromic.
batocromismo | bathochromism.
batocromo | bathochrome.
batofluor | bathofluor.
batolítico | batholithic.
batolito | batholith | bathylite | mountain intrusive.
batolito concordante | concordant batholith.
batolito discordante | discordant batholith.

batolito eruptivo | eruptive batholith.
batolito pequeño (geología) | stock.
batolito pequeño circular (intrusión ígnea cilíndrica de menos de 4 metros^2 de superficie) | boss.
batología | battology | bathology.
batólogo | bathologist | battologist.
batosfera | bathosphere.
batroclasa (diaclasa horizontal) | bathroclase.
batroclasa (geología) | horizontal joint.
batroclasas | sheet joints.
batuar ensimador (lana) | oiling willow.
batuta | stick.
batuta (música) | baton.
batuta de director de orquesta | conductor's baton.
baudío (unidad velocidad de transmisión telegráfica) | baud.
bauhinia (Bauhinia retusa) | bauhinia.
baúl (Bolivia-corta forestal) | wanigan.
bauprés (buques) | bowsprit.
bauprés de zallar adentro (buques de vela) | running-bowsprit.
bauprés móvil | reefing bowsprit.
bautismo de sangre (milicia) | first blood.
bautismo del aire | first flight.
bauxita | bauxite.
bauxita calidad química | chemical quality bauxite.
bauxita gibbsítica | gibbsite bauxite.
bauxita molida y tamizada y calcinada | filter bauxite.
bauxita muy silícea | high-silica bauxite.
bauxita pisolítica | pisolitic bauxite.
bauxita rica en hierro | high-iron bauxite.
bauxita silícea | siliceous bauxite.
bauxítico | bauxitic.
bauxitización | bauxitization.
baya | bacca.
baya (botánica) | berry.
baya de mirto | myrtle berry.
bayeta | baize.
bayeta (imprenta) | blanket.
bayeta de pellón | long-napped baize.
bayeta fajuela | Lancashire baize.
bayetilla | light baize.
bayetón | coarse baize.
bayo (color) | bay.
bayo oscuro (caballos) | dun.
bayoneta | bayonet.
bayoneta calada | fixed bayonet.
bayonetamiento | bayoneting.
bayonetazo | bayonet thrust.
bazar | department store | general store.
bazofia | swill.
bazuca | shoulder 75 | bazooka.
beatriz (tela de algodón o trama de algodón y urdimbre de rayón) | beatriz.
bebederaje | risering.
bebedero | trough.
bebedero (de plancha de estereotipia) | tail.
bebedero (de un molde) | sprue | running gate.
bebedero (en un molde) | feeder.
bebedero (funderías) | snag | runner head | runner | guit.
bebedero (fundición) | ingate.
bebedero (molde fundición) | jet.
bebedero (moldería) | rising gate.
bebedero (moldes) | riser.
bebedero (pieza fundida por inyección) | stalk.
bebedero alimentador | pouring hole.
bebedero alimentador (funderías) | inset sprue | tedge.
bebedero alimentador (moldes) | pouring-gate.
bebedero central (para alimentar varios moldes) | feeding trumpet.
bebedero central (reina - funderías) | git.
bebedero de colada (en un molde) | feeder head.
bebedero de despumar (funderías) | skimming gate | skim gate.
bebedero de mazarota | feeding gate.
bebedero lateral (funderías) | side riser.
bebedero lateral (fundición) | heel riser.
bebedero rebajado (funderías) | necked-down riser.
beber | mop up (to).
beber agua (buques) | roll gunwale under (to).
beber mucho | guzzle (to).
bebible | drinkable.
bebida alcohólica | liquor.
bebida alcohólica aromatizada | liqueur.
bebidas alcohólicas | alcoholic beverages.
bebidas carbónicas | soft drinks.
beca | scholarship | exhibition | fellowship.
beca con períodos alternos de 6 meses entre la industria y la universidad | thin sandwich.
beca para investigación | research grant | research studentship | research fellowship.
becado | scholarship holder.
becafigo | fig-pecker.
becario | exhibitioner | holder of the fellowship | collegian | colleger.
becarita | beccarite.
becerrillo (piel de becerro) | calfskin.
becerro | calf.
becerro (cuero) | calf leather.
becerro blanco (encuadernación) | law calf.
becquerelita | becquerelite.
becuadro (música) | quadrate.
bedano | crosscut chisel.
bedano (escoplo de tornero) | broad.
bedano herramienta de trocear | parting tool.
bedaru (Urandu platea) | bedaru.
bed-rock (glaciar) | bedrock.
bega (prefijo igual a 10^9) | bega.
begaciclo | gigacycle.
begaelectrón-voltios | bev.
beisbol | baseball.
belemnita (fósil) | fingerstone.
belemnites | elf-arrow | elf-bolt.
belfos | flews.
belicoso | combative.
belinga (Sarcocephalus diderrichii) | abiache.
belio | bel.
belios de ganancia de potencia | bels of power gain.
belonita con un ensanche globular en cada extremo | clavalite.
belopolítica | war politics.
belteropórico (cristales) | belteroporic.
belugita (Alaska) | belugite.
belvedere | gazebo.
bello ejemplar | fine specimen.
bellota | acorn.
bemol (música) | flat.
bemolizar | flatten (to).
bencenmonosulfónico | benzene monosulphonic acid.
benceno | benzol.
benceno (química) | benzene.
bencina | benzine.
bencina mineral | white spirit.
bendecir (pan, bandera, etc.) | consecrate (to).
bendición (de una bandera) | consecration.
beneficencia | public welfare.
beneficencia pública | relief | welfare.
beneficiación (minerales) | beneficiation.
beneficiar (minas) | work (to).
beneficiar (minería) | beneficiate (to) | upgrade (to).
beneficiario | payee.
beneficiario (de un cheque) | recipient.
beneficiario (de una letra) | payee.
beneficiario (pagarés) | maker.
beneficiario condicional | contingent beneficiary.
beneficiario de póliza de seguros | beneficiary of an insurance policy.
beneficiario de traspaso de dominio | alienee.
beneficiario de una póliza que había cotizado | creditor beneficiary.
beneficiario de una transferencia.
beneficiario vitalicio | life beneficiary.
beneficiarios indivisos | joint beneficiaries.
beneficio | margin | gain | return | return | increment | avails | proceeds | profit.
beneficio (minerales) | extraction | ore dressing.
beneficio (minería) | beneficiation.
beneficio a cuenta nueva | profit carried forward.
beneficio ajeno a las operaciones | nonoperating profit.
beneficio antes de impuestos | pre-tax profit.
beneficio bruto | gross margin.
beneficio bruto de explotación | gross trading profit.
beneficio comercial bruto | gross trading profit.
beneficio consolidado del grupo | consolidated profit ot the group.
beneficio contable (ganancia según los libros contables) | book profit.
beneficio de consolidación | consolidation profit.
beneficio de explotación | operating income | operating profit.
beneficio de explotación líquido | net operating income.
beneficio de inventario | benefit of inventory.
beneficio de menas | ore reduction.
beneficio de metales | ore-dressing.
beneficio de minerales | ore-dressing | ore dressing.
beneficio de operación | revenue profit.
beneficio de pensión | annuity benefit.
beneficio de rescate de una obligación | redemption yield.
beneficio de venta | markup.
beneficio empresarial | managerial profit.
beneficio ficticio | paper profits.
beneficio fiscal | tax benefit.
beneficio imponible (fiscal) | assessable profit.
beneficio impositivo | tax benefit.
beneficio inesperado | windfall.
beneficio íntegro | gross profit.
beneficio íntegro por tonelada | gross profit per ton.
beneficio líquido | clearance | clear profit | clear benefit | clean profit.
beneficio líquido (economía) | net profit.
beneficio marginal | marginal benefit.
beneficio neto | net profit | clear profit.
beneficio neto antes de impuestos | net trading surplus.
beneficio neto de explotación | net trading profit | net operating profit.
beneficio neto del ejercicio (economía) | net income for the period | profit after tax.
beneficio neto del tráfico de mercancías | freight net income.
beneficio neto mas amortizaciones | cash-flow.
beneficio no distribuido | retained profit.
beneficio normal | normal profit.
beneficio por acción | earnings per share.
beneficio por amalgamación | amalgamation process.
beneficio por cementación | cementation process.
beneficio por cianuración (metalurgia) | cyanide process.
beneficio por cloruración (minerales) | chlorination process.
beneficio por mortalidad (seguros) | mortality profit.
beneficio que otorgan los títulos | yield.
beneficio realizado | realized profit.
beneficio repartido | distributed profit.
beneficio sobre inversiones | return on investment.
beneficio sobre la póliza de seguros | underwriting profit.
beneficio social | corporate income.
beneficio técnico | technical profit.
beneficio total | aggregate benefit.
beneficio tributario | taxable gain.
beneficios | gains | earnings | profitability | profits | returns.
beneficios (obras benéficas) | proceeds.
beneficios a largo plazo | long-term benefits.
beneficios acumulados | earned surplus.

beneficios adicionales al sueldo | fringe benefits.
beneficios conseguidos por medios de posesión ilegal | mesne profits.
beneficios de explotación | operating income.
beneficios de explotación (ferrocarriles, autobuses, etc.) | operating profits.
beneficios de jubilación | superannuation benefits.
beneficios de la Seguridad Social | Social Security Benefits.
beneficios económicos | economical profits.
beneficios en especie | benefits in kind.
beneficios externos | spillover benefits.
beneficios extraordinarios | excess profit.
beneficios indirectos | spillover benefits | nonoperating income.
beneficios intermedios ilícitos | mesne profits.
beneficios invertidos en el negocio | income retained in the bussiness.
beneficios marginales | fringe benefits.
beneficios mínimos | perks.
beneficios no distribuidos | retained earnings | undistributed profits.
beneficios obtenidos | profit performance.
beneficios por antigüedad | length-of-service benefits.
beneficios por cambio de valor en las existencias | inventory profit.
beneficios por jubilaciones | retirement benefits.
beneficios sacados de bienes durante un período de ocupación ilegítimo | mesne profits.
beneficios saldados | paid-up benefits.
beneficios sobre valores y operaciones de bolsa (bancos) | profit from securities and stock exchange transactions.
beneficios sociales imponibles | taxable company profits.
benficio del mineral | ore beneficiation.
bengala | baton.
bengala (bastón de mando-milicia) | truncheon.
bengala azul (marina) | blue light.
bengala con paracaídas | parachute flare.
bengala de aterrizaje | landing flare.
bengala de aviación | aircraft flare.
bengala de magnesio | magnesium flare.
bengala de mano para la localización | location hand-flare.
bengala de paracaídas | parachute-supported candle.
bengala de señales | signal flare.
bengala para bombardeo nocturno | night bombing flare.
bengala trazadora | tracer fuse.
bengalina (tejido lana) | bengaline.
bengalina de baja calidad (tela) | eolienne.
benignización | benignization.
benigno (invierno) | mild.
benjuí | benjamin gum.
benjuí (botánica) | benzoin.
béntico | benthonic | benthic.
bentonico (ecología) | benthic.
bentonita | bentonite.
bentos | benthos.
bentoscopio | benthoscope.
benuang (Octomeles sumatrana) | binuang.
benzoato | benzoate.
benzoína (química) | benzoin.
benzol | benzol | coal-naphtha.
benzolar | benzolize (to).
benzólico | benzolic.
beque de proa (buques) | roundhouse.
bequerelio | becquerel.
berbiquí | wheel brace | wimble | screw chuck | bit brace | bob drill | auger | brace.
berbiquí (carpintería) | bit-stock.
berbiquí acodado | angular bitstock.
berbiquí con sus barrenas | braces.
berbiquí de barrena | stock.
berbiquí de carpintero | carpenter's breast bit.
berbiquí de clavija | plug center bit.
berbiquí de engranaje | angle brace. *t.*
berbiquí de engranajes | geared ratchet brace.
berbiquí de manigüeta | crank brace.
berbiquí de mano | hand brace.
berbiquí de pecho | fiddle drill | belly brace | breast-drill.
berbiquí de rincón | angle brace.
berbiquí de trinquete | ratchet brace.
berbiquí de violín | bow drill.
berbiquí para tuercas | nut brace.
bergancha | slat.
bergantín | hermaphrodite brig | brigantine.
bergantín de seis palos | six-masted barquentine.
bergantín goleta | barkentine.
bergatín | brig.
berginización | berginization.
bergschrund | bergschrund.
berguenita | bergenite.
berilia | beryllium oxide | beryllia.
berilio | glucinium.
berilio (Be) | beryllium.
berilio sinterizado sin presión | pressureless sintered beryllium.
beriliosis | berylliosis.
berilo | beryl.
berilo amarillo-verdoso | aquamarine chrysolite | Canary beryl | davidosoine.
berilo azul de Madagascar | Madagascar aquamarine.
berilo crisolítico | chrysolite aquamarine.
berilo que en secciones delgadas exhibe diasterismo | asteriated beryl.
berilo verde-amarillento | chrysolitus.
berilo verde-amarillento de Bahía (Brasil) | Bahia emerald.
berilo violeta o rojizo pálido | amethyst basaltine.
berilómetro | berylometer.
beriluro | beryllide.
berlingado | poling.
berlingado (metalurgia) | poling.
berlingado del cobre | tough poling.
berlingar (cobre) | pole (to).
Berlinia heudelotiana - Baill) | abem.
berma | ledge | bench | setoff.
berma (construcción) | berm.
berma (faja de seguridad - pista aeropuertos) | shoulder.
berma de la playa | beach berm.
bermejo | rose-red.
bermellón | cinnabar | rose-red.
bermellón de antimonio | antimony vermilion.
bermellón de molibdato de plomo | American vermilion.
berquelio (Bk) | berkelium.
berro | cress.
berro de prados (botánica) | lady's smock.
berzelianita (seleniuro de cobre con color blanco plateado cuando se extrae) | berzelianite.
besar (el agua a las rocas) | lip (to).
besar (hacer aproximarse los cuadernales - aparejos) | round in (to).
bessemerización | bessemerization | bessemerizing.
bessemerizar (descarburar la fundición en convertidores) | bessemerize (to).
bestiario | bestiary.
bestias de carga | pack stock.
beta (ganancia en transistor) | beta.
beta de aparejo | purchase fall.
beta de aparejo de amantillo | lift purchase fall.
beta de aparejo del pescador | fish tackle fall.
betafita | betafite.
betasincrotón | betatron-started electron synchrotron | betasynchrotron.
betatópico | betatopic.
betatrón | betatron | rheotron | induction accelerator.
betatrón de doble campo acelerador | double-field betatron.
betatrón estereografico | stereographic betatron.
beté (Mansonia altissima - A. Chev) | beté.
betún aplicado en caliente | hot-applied bitumen.
betún asfáltico cauchotado (carreteras) | rubberized bitumen.
betún de consistencia líquida y compuesta de hidrocarburos con trozos de azufre | crude oil.
betún de Judea | mineral pitch | Jew's pitch | bitumen of Judea | asphaltus.
betún de viscosidad reducida por adición de un diluente volátil | cutback bitumen.
betún fluidificado | cutback.
betún natural | pitch.
betún soplado | blown bitumen.
betún viscoso | pittasphalt.
bev (unidad de energía) | bev.
bevatrón | bevatron.
bezudo | thick-lipped.
biabsorción | biabsorption.
biácido (química) | dihydrogen.
biarca | biarch.
biarquía | biarchy.
biarticulado | two-pivoted | two-jointed | two-hinged.
biastigmatismo | biastigmatism.
biatómico | diatomic.
biauricular | biauricular.
biaxial | biaxial | two-axis.
biaxialidad | biaxiality.
biáxico | two-axled.
bibásico | bibasic.
biberonia (hospitales) | sucking-bottle laboratory.
bibitorio | bibitory.
bibliobús | bibliobus.
bibliocasta | biblioclast.
biblioclepta | biblioklept.
bibliocleptómano | bibliokleptomaniac.
bibliofagia | bibliophagy.
bibliofagista | bibliophagist.
bibliófago | bibliophage.
bibliófago (insectos) | book-eating.
bibliofilia | bibliophily.
bibliofilismo | bibliophilism.
bibliófilo | bibliophile.
bibliofobia | bibliophobia.
bibliófobo | bibliophobe | bibliophobous.
bibliogénesis | bibliogenesis.
bibliognosto | bibliognost.
bibliogonía | bibliogony.
bibliografía | bibliography | literature.
bibliografía analítica | annotated bibliography.
bibliografía bibliotecológica | bibliotecological bibliography.
bibliografía especializada analítica | special annotated bibliography.
bibliografía indizada | indexed bibliography.
bibliografía legal | legal bibliography.
bibliografía retrospectiva | retrospective bibliography.
bibliografía selectiva | selected bibliography.
bibliografía temática (documentación) | subject bibliography.
bibliográfico | literature | bibliographical.
bibliógrafo | bibliographer | bibliographist.
bibliógrafo ibero-americano | Ibero-American bibliographer.
bibliolatría | bilbiolatry.
bibliolita | bibliolyte.
bibliolita (roca esquistosa laminada) | bibliolite.
bibliología | bibliology.
bibliólogo | bibliologist.
bibliomancia | bibliomancy.
bibliomanía | bibliomania.
bibliómano | bibliomaniac.
bibliometría | bibliometry.
bibliopegia | bibliopegy.
bibliopesia | bibliopoesy.
bibliopolia | bibliopoly.
bibliopolismo | bibliopolism.
bibliopolista | bibliopolist.
bibliopolo | bibliopoly.

bibliopolo (librero de libros raros) | bibliopole.
bibliosicología | bibliopsychology.
bibliósofo | bibliosoph.
bibliotafio | bibliotaph.
bibliotafo | bibliotaph.
biblioteca | library.
biblioteca biomédica | biomedical library.
biblioteca circulante | package library | circulating library.
biblioteca de alquiler de libros | rental library.
biblioteca de buque | ship library.
biblioteca de cintas | tape library.
biblioteca de cintas magnetofónicas prerregistradas | library of prerecorded tapes.
biblioteca de datos (informática) | library of data.
biblioteca de depósito | depository library.
biblioteca de depósito legal | legal deposit library.
biblioteca de enlace | link library.
biblioteca de hospital | hospital library.
biblioteca de investigación | research library.
biblioteca de mandatos (calculadora) | command library.
biblioteca de obras jurídicas | law library.
biblioteca de préstamo | lending library.
biblioteca de programa (informática) | program library.
biblioteca de programa fuente | source library.
biblioteca de programas (informática) | routine library.
biblioteca de programas aplicables (informática) | application library.
biblioteca de rutinas (informática) | routine library.
biblioteca de sistema objeto | object library.
biblioteca de trabajos | job library.
biblioteca de tren | train library.
biblioteca del usuario (discos) | user library.
biblioteca escolar | school library.
biblioteca industrial | industrial library.
biblioteca móvil (informática) | relocatable library.
biblioteca municipal | city library.
biblioteca musical | music library.
biblioteca pública | free library | public library.
biblioteca regional | district library.
bibliotecario | librarian.
bibliotecario de biblioteca pública | public librarian.
bibliotecario de librerías científicas | science librarian.
bibliotecario jefe | chief librarian.
bibliotecarios profesionales | professional librarians.
bibliotecas científicas | learned libraries.
bibliotécnico (adjetivo) | bibliotechnical.
bibliotecología | library science | bibliothecology.
bibliotecológico | bibliothecological.
bibliotecólogo | bibliothecologist.
biblioteconomía | biblioteconomy | library management | library economy.
biblioterapia | bibliotherapy.
bibliotético | bibliothetic.
bibliótica | bibliotics.
bibliotista | bibliotist.
biblopegista | bibliopegist.
bicable | bicable.
bicapsular | bicapsular.
bicarbonato de potasa | acid carbonate of potash.
bicarbonato de sodio ($NaHCO_3$) | sodium bicarbonate.
bicarbonato de sosa | acid carbonate of sosa.
bicarbonato potásico | baking potash.
bicarbonato sódico | acid sodium carbonate.
bicarbonato sódico o potásico | baking soda.
bicelular | bicellular.
bicentral | bicentral.
bicicleta | bicycle | machine.
bicicleta con motor | motor bicycle | autocycle.
bicicleta de motor | motorized bicycle.
bicíclico | bicyclic.
bicilíndrico | bicylindric | double-cylindered.
bicilindrocónico | bicylindroconical.
biclavija | bipin.
bicolor | two-color.
bicolor (tipografía) | duotone.
bicoloro | bichromatic.
bicóncavo | double-concave | biconcave | concavo-concave.
bicónico | double-tapered | biconic.
biconjugado | biconjugate.
biconvexo | biconvex | convex-convex | convexo-convex | double-convex | lens-shaped.
bicordio | double-ended cord-circuit.
bicornio | fore and after.
bicotar (sistema de medida de trayectorias vehiculares espaciales) | bicotar.
bicristal | bicrystal.
bicristal (metalurgia) | by crystal.
bicristal orientado | orientated bicrystal.
bicromático | bichromatic | two-color.
bicromato | dichromate.
bicromato de potasio | acid chromate of potash.
bicromato de sosa | sodium bichromate.
bicromía | bichrome | two-color printing | two-color print.
bicuadrado | biquadratic.
bicuadrático | biquadratic.
bicuarzo | biquartz.
bichero | gaff | boat hook.
bichero (botes) | pole-hook.
bichero con gancho de uña | peavey.
bichero corto | cant dog.
bichero de anillo | cant hook.
bichero de aro (Argentina) | cant hook.
bidentado | bidentate.
bidígito | dibit.
bidígito de control | check bit.
bidígito de marcha | start bit.
bidígito de orden superior | high order bit.
bidígito extremo izquierdo | leftmost bit.
bidimensional | two dimensional.
bidimensionalidad | bidimensionality | two-dimensionality.
bidireccional | two-throw | two-way | bidirectional | double throw | both-way.
bidireccional simultáneo | duplex.
bidiurno | bidiurnal.
bidón | tin | drum | can.
bidón cilíndrico de pequeña capacidad | pail.
bidón de aceite | oil-holder | oilcan | oil drum.
bidón de carburo de calcio | carbide bin.
bidón de chapa de acero | steel barrel.
bidón de petróleo | oil drum | oilcan.
bidón revestido interiormente de politeno | polythene-lined drum.
bidops (sistema radioeléctrico-basado en el efecto Doppler) | bidops.
bieberita | cobaltous sulfate heptahydrate | cobalt melanterite | cobalt vitriol.
bieje | two shaft.
biela | draw-rod | conn rod | connecting-rod | axletree | rod | operating link | piston rod.
biela (armadura Polonceau) | strut.
biela (de bomba) | lever link.
biela (mecanismo) | action arm.
biela (soporte para la dilatación de viga de puente) | rocker-bar.
biela ahorquillada de excéntrica | eccentric fork.
biela articulada | knuckle-jointed connecting rod | guide rod | articulated connecting rod.
biela articulada (motor radial) | link rod.
biela con cabeza de caja | strap-head connecting rod.
biela con cabeza de caja cerrada | box end connecting rod | connecting-rod with box end.
biela con cabeza en horquilla | connecting-rod with fork end.
biela con cojinete de bolas | ball bearing pitman.
biela de accionamiento | actuator.
biela de accionamiento de la camisa (motor sin válvulas) | sleeve-actuator | sleeve-operating shaft.
biela de acero de sección doble T | steel H-section connecting rod.
biela de acoplamiento | drag link.
biela de acoplamiento (locomotoras) | parallel rod | side rod.
biela de acoplamiento (ruedas delanteras de auto) | link.
biela de avance | feed link.
biela de cabeza ahorquillada | fork-end connecting rod.
biela de cabeza cerrada de sección doble T | I-section solid-end type connecting rod.
biela de caja abierta | gab lever.
biela de conexión de la palanca de freno | brake lever coupling bar.
biela de criba de vaivén | screen shaker.
biela de dirección (autos) | drag rod | drag link | fore-and-aft rod.
biela de empuje | pushing rod | radius arm.
biela de estribo (enganche vagones) | shackle link.
biela de excéntrica | follower | eccentric rod.
biela de extremo palmeado | palm-ended type connecting-rod.
biela de la excéntrica | cam follower.
biela de mando | actuator | actuating rod | feed rod | driving link.
biela de mando (ferrocarril) | operating-rod.
biela de mando (máquinas herramientas) | field rod.
biela de mando de la dirección (dirección de autos) | pitman arm.
biela de mando de la distribución (máquinas alternativas de vapor) | shifting-rod.
biela de metal liviano | light-metal conrod.
biela de pistón | piston rod.
biela de reacción | radius-rod.
biela de sección bicóncava | fluted section connecting rod.
biela de sombrerete | marine-type connecting rod.
biela de suspensión | suspension hanger | bearing rod | suspension rod.
biela de suspensión de la carrocería | body suspension link.
biela de suspensión de la corredera | link support.
biela de suspensión de la corredera (locomotoras vapor) | link hanger.
biela de suspensión del freno | brake hanger.
biela del cilindro de alta presión (máquina alternativa vapor) | high-pressure connecting rod.
biela del cilindro de media presión | intermediate pressure connecting rod.
biela del distribuidor | slide-rod.
biela del distribuidor (distribución Walschaerts) | radius bar.
biela del paralelógramo (máquina vapor) | main link.
biela del paralelogramo articulado | motion side-rod.
biela del paralelogramo de Watt | parallel rod.
biela descentrada | offset connecting-rod.
biela estabilizadora del puente trasero (autos) | rear-axle stabilizer.
biela forjada | forged connecting rod.
biela maestra | mother rod | master connecting-rod | master connecting rod | master-rod.
biela motriz | driving link | main rod.
biela motriz (locomotoras) | driving-rod.
biela oscilante de suspensión | swing link.
biela principal (motores) | main link.
biela redonda hueca | hollow-bored round-section connecting-rod.
biela taladrada por el interior | rifle-drilled rod | rifle-bored connecting-rod.
bielas enlazadas de las locomotoras | link motions.
bieldo | grain fork | fork | pitchfork | pike | fan.
bielectrólisis | bielectrolysis.
bieleta | articulated rod.

bien | chattel | right.
bien acabado | workmanlike.
bien acondicionado | trim | in sound condition.
bien ajustado | tight-fitting.
bien alineada (hélice en movimiento) | in track.
bien alineado | true to line.
bien apretada con la llave inglesa (tuercas) | spanner-tight.
bien apretado | tight.
bien arreglado | in shipshape order.
bien cerrado | close-shut | fast closed.
bien colocado (dinero) | safely invested.
bien conformado (geometría) | well-behaved.
bien cristalizado | well-crystallized.
bien de consumo | consumption product.
bien de dentro o de fuera | either from within or without.
bien definido | clear-cut.
bien dotado de personal | staffed.
bien encallado (buques) | hard-and-fast.
bien fundado (sospechas, etc.) | reasonable.
bien fungible | replaceable good.
bien hecho | clean.
bien ordenado | well-kept.
bien poblado de árboles | fully stocked.
bien prensado | hard-packed.
bien retribuido | high-salaried.
bien sea la causa mecánica o eléctrica | whether the cause is mechanical or electrical.
bien separado de | well clear of.
bien situado (terreno) | good-lying.
bien teñida (telas) | fadeless.
bien terminadocon alto grado de acabado | highly-finished.
bien total o parcialmente | either wholly or in part.
bienes | effects | assets | property.
bienes abandonados | vacant estate.
bienes adventicios | adventitious property.
bienes culturales | cultural property.
bienes de adquisición centralizada | centralized adquisition goods.
bienes de capital | capital goods | capital | capital assets.
bienes de capital empleados para la producción | capital equipment.
bienes de capital fijo | fixed capital goods.
bienes de capital para determinados fines | specialized capital goods.
bienes de consumo | consumer goods | consumers capital | consumption goods.
bienes de consumo duraderos | hard goods | durable consumer goods.
bienes de consumo perecederos | soft goods.
bienes de dominio público | crown lands.
bienes de equipo | equipment goods | business equipment | capital resources.
bienes de exportación | export goods.
bienes de importación | import goods.
bienes de inversión | equipment goods.
bienes de producción | capital goods | artificial capital | producer's goods | production goods | producer goods | intermediate goods.
bienes de propios | common land.
bienes disponibles | disposable property | assets in hand.
bienes dotales | dower.
bienes duraderos | durable goods | durables.
bienes embargados en garantía | distress.
bienes en fideicomiso | trust estate.
bienes fijos | fixed assets.
bienes forales | leasehold estate | leasehold state.
bienes fungibles | fungible goods.
bienes gananciales | joint state | estate brought in | community property | marital partnership rights.
bienes gananciales (de una viuda) | dower.
bienes grabados de una reversión | estate in reversion.
bienes heredados | patrimony.
bienes hipotecados | mortgaged property | burdened state.
bienes inmobiliarios | real estate.
bienes inmuebles | fixed property | immovables | things real | landed estate | real property | real estate | real property movables | real assets.
bienes inmuebles revalorizados | improved real estate.
bienes intangibles | intangible property.
bienes libres de hipoteca | clear states.
bienes materiales | tangible personal property.
bienes menores | giffen goods.
bienes mobiliarios | personal assets | personalty | personal estate | personal property.
bienes mobiliarios corporales | tangible personal property.
bienes mostrencos | waif | escheated goods | lands in abeyance.
bienes muebles | movable property | movables | chattels | personal assets | personal estate | personal property | personalty | chose transitory | things personal.
bienes muebles heredados | heirloom.
bienes no monetarios | nonmonetary goods.
bienes no necesarios | nonessential goods.
bienes parafernales | jointure | paraphernal property.
bienes perecederos | nondurable goods | perishable goods.
bienes personales | personal estate | effects.
bienes preferentes | merit goods.
bienes profecticios | profecticious property.
bienes propiedad de extranjeros | foreign-owned property.
bienes propios del Banco | bank's own property.
bienes públicos | collective goods | public property | public domain | public goods.
bienes raíces | real estate | real property | immovables | heritables | landed estate | real assets | fast state.
bienes raíces comunales | estate in common.
bienes reales | real chattels | chattel real.
bienes rescatados | repossessed goods.
bienes residuales | residuary estate.
bienes semovientes | cattle.
bienes sin dueño | derelict.
bienes sin dueño conocido | lands in abeyance.
bienes sin valor | dead security.
bienes sociales | partnership goods | corporate property.
bienes substitutivos | entail.
bienes sucesorios a un tribunal de equidad | equitable asset.
bienes sucesorios para liquidar deudas | legal asset.
bienes tangibles | tangible property.
bienes tributarios | taxable income.
bienes troncales | property by succession per stirpes.
bienes vinculados | entail | fee-tail | entailed estate | entailed state.
bienes vitalicios | life estate.
bienestar | welfare.
bienestar económico | economic well-being.
bienestar humano | human welfare.
bienestar público | public welfare.
bienestar social | social welfare.
bies | bias.
bies (telas) | cross.
biescalonado | two-stage.
biesfenoide tetragonal | tetragonal bisphenoid.
biesférico | bispheric.
biesferoide | bispheroid.
biestable | bistable.
biestable maestro | master bistable.
biestable subordinado | slave bistable.
biestratificado | bistratal.
bietáptico | two-stage.
bifásico | biphase | quarter-phase | diphase.
bífido | bifid | double-columned.
bifilar | bifilar | double-wound | two-wire | two-conductor.
bifilar (cables) | twin-core.
bifocal | bifocal.
biform | biform.
bifronte | double-faced.
bifuncional | bifunctional.
bifurcable | tappable.
bifurcación | bifurcation | embranchment | program skip | control transfer | furcation | V branch | forking | fork | parting | branch | branching | branching-off.
bifurcación (alcantarillas) | slant.
bifurcación (de un filón) | flooking.
bifurcación (de un río) | prong.
bifurcación (ferrocarril) | branch-off | junction line.
bifurcación (minas) | breaking out.
bifurcación (tubería general de agua) | tap.
bifurcación (tuberías) | crotch | branch pipe.
bifurcación condicionada | conditional branch.
bifurcación de canalizo (explotación forestal) | frog.
bifurcación de la grieta | crack branching.
bifurcación de las aguas | partition process.
bifurcación de tubería forzada (saltos de agua) | wye.
bifurcación doble | double Y branch.
bifurcación giratoria | swiveling branch pipe.
bifurcación provisional | flying junction.
bifurcado | furcate | branched | divided | bifurcate | tapped | forked | forky.
bifurcador | divider | bifurcator.
bifurcador (minero que engancha vagonetas en una bifurcación) | shackler.
bifurcar | bifurcate (to) | furcate (to) | branch (to | teee off (to) | tap (to) | divide (to).
bifurcarse | fork (to) | branch-off (to).
bifurcarse (a una secuencia) | branch to (to).
bifurcarse hacia un subprograma (ordenador) | jump into a subroutine (to).
bigorneta | hand anvil | nail stake | stake anvil.
bigorneta (aviones) | beak-iron.
bigorneta de acanalar | creasing stake.
bigorneta de arista viva (en el yunque) | hatchet strake.
bigorneta de dos picos | rising anvil.
bigorneta de plisar | creasing iron.
bigorneta de ranurar | grooving stake.
bigornia | rail anvil | single arm anvil | double-peak anvil | stake | horn | anvil horn | anvil beak | warping block.
bigornia de media caña | chasing anvil.
bigornia de yunque | filing block | filing board.
bigote (dibujo topográfico) | dash rule.
bigote (imprenta) | swell dash | diamond dash.
bigote (tipografía) | sweel dash.
bigotera | slag eye.
bigotera (alto horno) | slag outlet | slag-notch.
bigotera (compás) | bow.
bigotera (compás de muelle con tiralíneas) | bow pen.
bigotera (hornos pudelar) | floss hole.
bigotera (orificio para desescoriar - alto horno) | flushing hole.
bigotes (defecto superficial de metales) | whiskers.
bigotes (roda de un buque en marcha) | spray feather.
bigradual | two-stage.
bigudí | curler.
bila del distribuidor (distribución Walschaerst) | radius-rod.
bilateral | synallagmatic | both-way | bilateral | two-way | two-sided.
bilateralidad | bilaterality.
bilateralismo | bilateralism.
bilinga (Sarcocephalus diderrichii) | abiache | bilinga | ubula | opepe.
bilingualismo | diglottism.
bilingüe (persona que usa dos lenguas) | bilingual.
bilingüismo | bilingualism.
bilingüista | bilinguist | diglottist.
bilito (arqueología) | bilithon.
bilvalvo | bivalve.
billar eléctrico | pin-ball.
billas (arquitectura) | billet.
billete | fare.

billete (de tren) | ticket.
billete colectivo (ferrocarril) | party ticket.
billete de abono (ferrocarril) | commutation ticket.
billete de banco | bank note.
billete de entrada | entrance ticket.
billete de expedición | way-bill.
billete de favor | pass.
billete de ida | single fare | one-way ticket.
billete de ida (billete de ida y vuelta) | outward half.
billete de ida y vuelta | return.
billete de ida y vuelta valedero por un día | day ticket.
billete de precio reducido | reduced fare ticket.
billete de transbordo | transfer.
billete de tránsito | transit bill.
billete del tesoro | government note.
billete falso | flash note.
billete para circular un día determinado en cualquier tren dentro de una zona especificada (ferrocarriles) | rail-rover ticket.
billete para el viaje | trip ticket.
billetero | billfold.
billetes | notes
billetes contra reserva de oro (EE.UU.) | gold certificates.
billetes de andén (ferrocarril) | platform tickets.
billetes de banco (EE.UU.) | bank-bill.
billetes de precio reducido | cut-rate fares.
billetes de reserva federal | federal reserve notes.
billetes de una rifa | raffle tickets.
billetes emitidos | notes issued.
billian (Eusideroxylon malagangai-Sym) | billian.
billietita | billietite.
billón de voltios electrónicos | billion electron volt.
billonésimo (en Inglaterra y demás países) | billionth.
bimaceral | bimaceral.
bimagmático | bimagmatic.
bimanual | bimanual.
bimanufiabilidad | bimanufiability.
bimbada (calcetería) | lace course.
bimestre | bimester.
bimetálico | bimetallic.
bimetalismo | bimetallism | double standard.
bimetalista | bimetallist.
bimilenio | bimillennium.
bimineralico | bimineralic.
bimodal | bimodal.
bimorfismo | bimorphism | optical twinning.
bimorfo | bimorph.
bimotor | double-engined | two-engined | twin-engined | two-motor | twin-engine | twin-motored.
binador | drill-plow.
binadora | hoe | hoeing machine.
binadora de tractor | tractor-drawn hoe.
binadora dirigida | steerage hoe.
binar | tractor-drawn hoe.
binaria eclipsante (estrella) | eclipsing binary.
binario | binary | dual.
binario (cristalografía) | twofold.
binario chino | chinese binary.
binario espectroscópico (astronomía) | spesctroscopic binary.
binario espectroscópico enano | dwarf spectroscopic binary.
binario no resuelto (astronomía) | unresolved binary.
binarios subenanos | subdwarf binaries.
binaural | two-eared | binaural.
binga (Mitragyna diversiflora) | binga.
binistor (semiconductor) | binistor.
binocular | binocular | two-eyed.
binocular montado en el buque | ship-mounted binocular.
binocular periscópico | periscopic binoculars.
binóculo | binocle.
binodal (curvas cuárticas) | binodal.
binodal (de dos nudos - botánica) | binodal.
binodo | double-diode.
binodo (doble diodo) | binode.
binografía (fotografía) | binograph.
binógrafo | binograph.
binomial | binomial.
binomialismo | binomialism.
binominal | binominal.
binormal | binormal.
binoscopio | binoscope.
bintangor (Calophyllum species) | bintangor.
binubo | twice-married.
binuclear | binuclear.
binuclearidad | binuclearity.
binza | onion-skin.
bioactivación | bioactivation.
bioaireación | bioaeration.
bioanálisis | bioanalysis.
bioanalista | bioanalyst.
bioastronáutica | bioastronautics.
biobibliografía | biobibliography.
biocatalizador (enzima) | biocatalyst.
biocenosis | biocoenosis | community | biocenosis.
biocenosis forestal | forest living community.
biocibernética | biocybernetics.
biociencia | bioscience.
biociencia del cosmos | space bioscience.
biociencia del espacio exterior | space bioscience.
biociencias cósmicas | space biosciences.
biocientífico | bioscientific.
biocinética | biokinetics.
bioclástico | bioclastic.
bioclima | bioclimate.
bioclimatología | bioclimatology.
biocombustible | biofuel.
biocomputador | biocomputer.
bioconversión | bioconversion.
biocristal | biocrystal.
biocristalografía | biocrystallography.
biocromía | biochromy.
biodegradabilidad | biodegradability.
biodegradabilidad anaeróbica | anaerobic biodegradability.
biodegradable | biodegradable.
biodegradación | biodegradation.
biodeterioración | biodeterioration.
biodinámica | biodynamics.
biodino | biodyne.
biodiscografía | biodiscography.
bioecología | bioecology.
bioecología forestal | silvics.
bioeconomía | bioeconomics.
bioelectricidad | bioelectricity.
bioeléctrico | bioelectrical.
bioelectrónica | bioelectronics.
bioenergética | bioenergetics.
bioensayo | bioassay.
bioensayo de toxicidad | toxicity bioassay.
bioespeleología | biospeleology.
bioestadística | biostatistics.
bioestadístico | biostatistical.
bioestatigráfico | biostratigraphic.
bioestratigrafía | biostratigraphy.
bioética | bioethics.
bioético | bioethical.
biófilo (organismos vivientes) | biophile.
biofiltración | biological filtration | biofiltration.
biofiltro | biofilter.
biofísica | biophysics.
biofísica matemática | mathematical biophysics.
biofísico | biophysical.
biofísico (persona) | biophysicist.
biofisicoquímico | biophysicochemical.
biofisiografía | biophysiography.
biofisiográfico | biophysiographical.
biofisiología | biophysiology.
biofloculación | bioflocculation.
biofotómetro | biophotometer.
biogénesis (ecología) | biogenesis.
biogenético | biogenetic.
biogenia | biogeny.
biogénico | biogenic.
biógeno | biogenous.
biogeografía | biogeography | chorology.
biogeográfico | biogeographical.
biogeoquímica (ciencia) | biogeochemistry.
bioglifo | bioglyph | hieroglyph of biologic origin.
biografía | biography.
biógrafo (persona) | biographer.
bioincrustaciones | fouling.
bioindustria | bioindustry.
bioingeniería | bioengineering.
bioingeniero | bioengineer.
bioinscrustación | biofouling.
bioinstrumentación | bioinstrumentation.
biólisis | biolysis.
biolítico | biolytic.
biolitita | biolithite.
biolito | biolith.
biología celular | cellular biology.
biología cósmica | cosmic biology.
biología cosmonáutica | cosmonautical biology.
biología de árboles forestales | silvics of forest trees.
biología de irradiaciones | radiation biology.
biología de las irradiaciones | radiation biology.
biología de los insectos forestales | forest insects biology.
biología del árbol | tree biology.
biología del lenguaje | language biology.
biología espacial | space biology.
biología forestal | silvics.
biología marina | marine biology.
biología molecular | molecular biology.
biología vegetal | vegetal biology | plant biology.
biológicamente contaminado | biologically polluted.
biológicamente mineralizado (minería) | biologically mineralized.
biológico | biologic | biological.
biologismo | biologism.
biólogo | biologist.
biólogo molecular | molecular biologist.
bioluminiscencia | bioluminescence | bioluminiscence.
bioluminiscencia del mar | burning of the sea.
bioluminiscencia extracelular | extracellular bioluminescence.
bioluminiscente | bioluminescent.
bioma (ecología) | biome.
biomacromolécula | biomacromolecule.
biomagnetismo | biomagnetics.
biomasa | biomass.
biomasa (oceanografía) | standing stock | live-weight.
biomasa de la comunidad | community biomass.
biomasa planctónica | planktonic biomass.
biomasas (oceanografía) | standing crop.
biomatemáticas | biomathematics.
biomaterial | biomaterial.
biombo | screen | draught-screen | folding screen.
biomecánica | biomechanics.
biomedicina | biomedicine.
biomedicina marina | maritime biomedicine.
biomédico (adjetivo) | biomedical.
biometeorología | biometeorology.
biometereólogo | biometereologist.
biometría | biometrics | biometry.
biométrico | biometric.
biómetro | biometer.
biomicrita | biomicrite.
biomicroscopia | biomicroscopy.
biomimetismo | biomimesis.
biomineralurgia | biomineralogy.
bionomía | bionomics.
bionte (biología) | biont.
biooxidación | biooxydation.
biooxidación de los residuos petroleoquímicos | petrochemical waste biooxidation.
biopolimero | biopolymer.
bioprecipitación | bioprecipitation.
biopsia de la piel (anatomía) | skin biopsy.

bioquímica | biochemistry.
bioquímica cerebral | cerebral biochemistry.
bioquímica cósmica | cosmic biochemistry.
bioquímica genética | genetical biochemics.
bioquímico | biochemical.
bioquímico (persona) | biochemist.
biorreducción | bioreduction.
biorregenerativo | bioregenerative.
biorreología | biorheology.
biorretroacción | biofeedback.
biorritmograma | biorhythmogram.
biortogonal | biorthogonal.
biosa | biose | disaccharide.
biosatélite | biosatellite.
bioscopia | bioscopy.
biosensor | biosensor.
biosfera | biosphere.
biosfera terrestre | terrestrial biosphere.
biosíntesis | biosynthesis.
biosis | biosis.
biosocial | biosocial.
biosociología | biosociology.
biosofía | biosophy.
biósofo | biosopher.
biostática | biostatics.
biostromo | biostrome.
biota (ecología) | biota.
biotécnica | bioengineering.
biotécnico | biotechnical.
biotecnología | bioengineering | biotechnology.
biotecnólogo | biotechnologist | bioengineer.
biotelemetría | biotelemetry.
biótica (ciencia) | biotics.
biótico | biotic.
biotio | biot.
biotipo | biotype.
biotita (mica negra) | biotite.
biotita barítica | barybiotite.
biotita cloritizada | chloritized biotite.
biotita hornabléndica | hornblende-biotite.
biotítico | biotite.
biotopa (oceanografía) | biotope.
biotopo artificial | artificial biotope.
biotrón (electricidad) | biotron.
biovegetaciones (obra viva del buque) | fouling.
biovegetaciones y bioincrustaciones (obra viva de buques) | marine fouling.
bióxido | bioxide | dioxide.
bióxido de azufre | sulphur dioxide.
bióxido de carbono sólido | drikold.
bióxido de hidrógeno | hydrogen peroxide.
bióxido de manganeso | glass soap.
bióxido de manganeso (jabón de vidrieros) | glassmakers' soap.
bióxido de plomo | blacklead or plumbago | blacklead.
bióxido de titanio | rutile.
bióxido de uranio aglomerado por gas a presión | gas-pressure-bonded uranium dioxide.
bióxido de zirconio | zirconia.
biozona | biozone.
bipartible | bipartible.
bipartición | bipartition.
bipartidario | bipartisan.
bipartidismo | bipartisanship.
bipartismo | bipartism.
bipedalidad | bipedality.
bipiramidal | bipyramidal.
bipirámide | bipyramid | double-ended pyramid.
bipirámide (cristalografía) | dipyramid.
bipirámide fundamental (cristalografía) | unit bipyramid.
bipirámide rómbica | orthorhombic unit bipyramid.
bipirámide trigonal de segundo orden | trigonal bipyramid of the second order.
biplanar | biplanar.
biplano | biplane.
bípode | bipod.
bipolar | bipolar | dipolar | two-terminal.
bipolaridad | bipolarity.
bipolarización | bipolarization.
bipolarización política | political bipolarization.
biprisma | double-image prism.
biprisma (prisma doble) | biprism.
bipropulsor | bipropellant.
biquinario | biquinary.
birimbao | Jew's-harp.
birracionalmente equivalente | birationally equivalent.
birreactor | twin jet aircraft | two-jet.
birreactor (avión) | twin jet.
birrectángulo | birectangular.
birrefinado | double-refined.
birrefracción | double-refraction.
birrefracción magnética | magnetic double-refraction.
birrefringencia | birefringence | double refraction.
birrefringencia de flujo | flow birefringence.
birrefringencia por deformación | strain birefringence.
birrefringencia producida por esfuerzo cortante (suspensiones coloidales) | streaming birefringence.
birrefringente | doubly refractive | double refracting | doubly-refracting | birefringent.
birrete | cap.
birrotórico | twin-rotor.
bisagra | joint | hinge | pin hinge | crapaudine | hinge strap.
bisagra (puertas | butt.
bisagra acodada | offset hinge.
bisagra con levante | rising hinge | skew hinge.
bisagra de doble acción | double-acting hinge.
bisagra de mampara | helical hinge.
bisagra de muelle | spring hinge.
bisagra de paleta | joint hinge.
bisagra de pasador fijo | fast-pin butt.
bisagra de pasador suelto | loose-pin butt.
bisagra de puerta | door hinge.
bisagra de T | cross-tailed hinge | butt-and-strap hinge.
bisagra de tela (encuadernación) | cloth joint.
bisagra de tope | butt hinge.
bisagra embutida | surface hinge | flap hinge.
bisagra medio embutida | half-surface hinge | half-mortise hinge.
bisagra no embutida | full-surface hinge.
bisagra para puerta que se abre hacia dentro y hacia afuera | helical hinge.
bisagra para soportar las puertas (esclusas o dique de carena) | anchor and collar.
bisagra plana | butt hinge.
bisagras a cola de milano | dovetail hinges.
bise (meteorología) | bise.
bisección | halving | bisection.
biseccionar | bisect (to).
bisectar (ángulos) | bisect (to).
bisector | bisecting.
bisectriz | bisector | bisecting line.
bisectriz aguda | acute bisectrix.
bisectriz del ángulo agudo de los ejes ópticos (mineral biaxial) | acute bisectrix.
bisectriz exterior | external bisector.
bisectriz falsa | false bisector.
bisectriz media del cuadrante | average bisector of quadrant.
bisectriz obtusa | obtuse bisectrix.
bisectriz verdadera | true bisector.
bisecular | bisecular.
bisegmentación | bisection.
bisel | featheredge | bearding | sharp edge | tapering | bevel edge | splay | chamfer.
bisel (carpintería) | wane.
bisel (cristalografía) | bevelment.
bisel (guía de ondas) | skirt.
bisel (locomotoras) | pony truck.
bisel de corte (apeo de árboles - Uruguay, Méjico) | scarf.
bisel de impresión (teletipo) | chopper bar.
bisel del filo (dientes de sierra) | fleam.
bisel desviador (sondeos) | whipstock.
bisel para soldadura | welding scarf.
biselación | mitring operation.
biselado | scarfing | scarfed | mitring operation | mitered | featheredged | bevelled | bevel-edged | chamfering off | chamfered.
biselado (encuadernación) | mitring | mitering.
biselado (vidrio) | bezelled.
biselado de los brazos del cigüeñal | crankshaft chamfering.
biselado del filo (herramientas) | snipping of cutting edge.
biselado doble | double bevelling.
biselado interior de la punta | inside bevel of the point.
biselador | beveler.
biseladora | edger | angle planer.
biseladora de oxicorte con cabezal multisopletes | multiple-torch head beveller.
biselar | chamfer (to) | edge (to) | splay (to) | bezel (to) | skive (to) | bevel (to).
biselar (bordes de chapa) | scarf (to).
biselar (cantos chapas) | vee out (to).
biselar (encuadernación) | miter (to).
biselar (esquinas) | cant off (to).
biselar hacia adentro las llagas (muro ladrillos) | strike joints (to).
bisemanal | semiweekly.
biserial | biserial.
bisfenoide | bisphenoid.
bisilicato | bisilicate.
bisilicato de plomo | lead frit.
bisimétrica | bisymmetry.
bisimétrico | bisymmetric.
bisinosis | mill fever | byssinosis.
bismalito | plutonic plug | bysmalith.
bismita (ocre de bismuto) | bismite | bismuth ochre.
bismútido de plata | silver bismuthid.
bismutífero | bismuthiferous.
bismutinita | bismuth glance.
bismutita (carbonato básico de bismuto - mineralogía) | bismuthite.
bismutito (química) | bismuthite.
bismuto | actinium C.a.
bismuto (Bi) | bismuth.
bismuto acicular | acicular bismuth | needle ore.
bismuto con 99 | bismuth purissimun.
biso (pelecípodos) | byssus.
bisónico | Mach 2 | bisonic.
bisonte | buffalo.
bisoño | raw.
bistre (pigmento de hollín de madera molido en aceite) | bistre.
bisturí | knife | lancet | lance.
bisturí eléctrico | electric bistoury.
bisturi electrónico | diathermic knife.
bisulfato | bisulphate | acid sulfate.
bisulfato (sulfato ácido) | bisulfate.
bisulfato de sodio | sodium bisulphate.
bisulfito | acid sulphite | bisulphite.
bisulfito de sodio | sodium bisulphite.
bisulfuro | bisulphide.
bisulfuro de carbono | bisulphide of carbon | carbon bisulfide.
bisustituido | doubly-substituted.
bisutería | imitation jewelry | bijouterie | costume jewelry | false jewellery.
bisutería nielada | tula jewellery | nielloed jewelery.
bit | bit (binary-digit).
bit de cambio | change bit.
bit de comienzo | start bit.
bit de control | folded checsum.
bit de imparidad | odd parity bit.
bit de información | intelligence bit.
bit de llevada | carry bit.
bit de paridad | parity bit.
bit de protección | guard bit.
bit de redundancia | redundant bit.
bit de referencia (informática) | reference bit.
bit de relleno | filler bit.
bit de salida | start bit.
bit de verificación | check bit.
bit extremo derecho | rightmost bit.
bit fuera de texto | zone bit.

bit indicador | flag bit.
bit informativo | data bit.
bit más significativo | most significant bit.
bit menos significativo | least significant bit.
bit util | data bit.
bita (buques) | bitt | bollard | range.
bita de acero fundido | cast steel bollard.
bita de fondeo | riding bitt.
bita de madera | kevel head.
bitácora | binnacle | compass stand | box.
bitácora de navegación | log book.
bitadura (de cables) | bit.
bitadura (marina) faja de mineral | range.
bitálico | bithallic.
bitar (marina) | bitt (to).
bitartrato | bitartrate.
bitartrato potásico | cream of tartar.
bitas de remolque (remolcadores) | nigger-heads.
bitas del cabrestante | range-heads.
bitio | bit (binary-digit).
bitio (unidad de cantidad de información) | bit.
bitio de condición | status bit.
bitio de enganche de trama | framing bit.
bitio de guarda | guard bit.
bitio de información binaria | bit of binary information.
bitio de orden inferior | low order bit.
bitio de parada | stop bit.
bitio de puesta en fase (informática) | phase bit.
bitio de sincronismo (encuadre) | framing bit.
bitio de verificación | bit check.
bitio de zona | zone bit.
bitio siguiente transmitido | next transmitted bit.
bitio válido | valid bit.
bitios de cabecera | overhead bits.
bitios de servicio | service bits.
bitios en paralelo | parallel by bit.
bitios iniciales | overhead bits.
bitios suplementarios (informática) | extra bits.
bitios/segundo | bits/second.
bitoque | stopple | bung.
bitoque (cerraduras) | drill pin.
bits por pulgada (densidad de grabación) | bits per inch.
bitumen (pizarra carbonífera) | bitumen.
bituminación | bitumination.
bituminado | bituminized.
bituminar | bituminize (to) | bituminate (to).
bituminífero | bituminiferous.
bituminizar | bituminize (to).
bituminosis | bituminosis.
bituminoso | bitumistic | tarry | asphaltic | bituminous.
biturbina | twin-turbine.
biunívoco | one-to-one.
bivalencia | bivalence.
bivalente | bivalent | two-condition.
bivaluado | bivalued.
bivaluar | bivalue (to).
bivariado (estadística) | bivariate.
bivariante | bivariant.
bivariante (estadística) | bivariate.
bivector | bivector.
bivectorial | bivectorial.
biventral (medicina) | biventer.
bivinilo | bivinyl.
bizcocho | biscuit.
bizcocho de porcelana | porcelain bisque.
bizcocho de porcelana (cerámica) | bisque | biscuit.
bizcocho de porcelana de color de caña | bamboo.
black bean (Castanospermum australe) | blackbean.
blanca (música) | minim.
blancarte | halvan ore | halvings | halvans.
blancarte (minas) | attle.
blanco | target | butt | hoar | white.
blanco (cano - cabello) | frosted.
blanco (punto) | object.
blanco (tipografía) | white line | blank | leading 00.
blanco (tiro) | aim.
blanco (tiro al blanco) | mark.
blanco a que se tira | target.
blanco aéreo | aerial target | tow glider.
blanco aéreo remolcado para artillería antiaérea | aerial gunnery tow target.
blanco aislado | point target.
blanco al primer disparo | first-round hit.
blanco antiaéreo sin piloto | plover.
blanco auxiliar (artillería) | trial-shot point.
blanco auxiliar para reglaje del tiro (artillería) | registration target.
blanco compuesto (radar) | compound target.
blanco cuya destrucción influye notablemente en la capacidad combatiente de una nación (aviación) | common-denominator target.
blanco de ballena | spermaceti.
blanco de barita | baryta white.
blanco de bismuto | Spanish white.
blanco de carga (pinturas) | filler.
blanco de carga de un color (pinturas) | extender.
blanco de china | Chinese white.
blanco de eclipse | disappearing target.
blanco de España | hearthstone | whiting | blanco | precipitated chalk.
blanco de España (carbonato cálcico) | Spanish white.
blanco de gran extensión | area target.
blanco de importancia esencial (aviación) | critical target.
blanco de las uñas | lunule.
blanco de manga remolcado por un avión | towing sleeve.
blanco de mezcla | mixing white.
blanco de nieve | pearl-white.
blanco de oportunidad | opportunity target.
blanco de oportunidad (aviación) | target of opportunity.
blanco de orden más elevado | white of the higher order.
blanco de orientación de radar | radar bore-sight.
blanco de París | Paris white.
blanco de perla | pearl-white.
blanco de plomo | white lead | lead white | ceruse.
blanco de radar que da indicaciones erróneas | inconsistent radar target.
blanco de referencia | auxiliary target.
blanco de silueta | figure target.
blanco de siluetas móviles | pop-up target.
blanco de superficie (marina) | surface target.
blanco de titanio | titanium oxide.
blanco de zinc | zinc oxide.
blanco del que se ha cancelado su plan de ataque | scrub target.
blanco del tubo de rayos X | X ray tube target.
blanco designado para ser atacado en el caso de que no pueda serlo otro de mayor prioridad (aviación) | last-resort target.
blanco eclipsable | vanishing target.
blanco en forma de bandera | banner-type target.
blanco estratégico | strategic objective.
blanco fácil de atacar y destruir (aviación) | fat target.
blanco fijo | artificial heavy spar.
blanco fijo (ciudad o factoría o tropas cercadas-aviación) | fixed target.
blanco fuera de zona (tiro al blanco) | outer.
blanco giratorio de eclipse | bobbing target.
blanco hecho por una sola bomba (raid aéreo) | incident.
blanco ideal (televisión) | equal-energy white.
blanco importante | hot target.
blanco ligeramente oscurecido | off-white.
blanco marfil (color del hierro a 1.926 °C) | white 3500.
blanco mate | off-white.
blanco medio (televisión) | equal-signal white.
blanco minúsculo | pinpoint target.
blanco móvil | flying target | moving target | maneuvering target.
blanco móvil lateralmente | crossing target.
blanco muy bien definido | pinpoint target.
blanco neutro | dead white.
blanco nuclear | nuclear target.
blanco oculto | concealed target.
blanco panorámico | landscape target.
blanco para apuntar | cock-shot.
blanco para misil propulsado por estatorreactor | ramjet target.
blanco para prácticas de tiro | gunnery-practice target.
blanco para rectificar el tiro | testing target.
blanco paracaídas | parachute target.
blanco pequeño | pinpoint target.
blanco propulsado por cohete | rocket-powered target.
blanco que al ser destruido disminuye la capacidad económica del enemigo | economic target.
blanco que no amarillea | nonyellowing white.
blanco que refleja los ondas radáricas | reflecting target.
blanco que requiere un inmediato ataque (aviación) | hot target.
blanco que se acerca en picado (artillería antiaérea) | direct-diving target.
blanco que se aleja subiendo (artillería antiaérea) | direct-climbing target.
blanco que tiene la máxima prioridad para ser atacado | primary target.
blanco que tiene prioridad | priority target.
blanco que tiene segunda prioridad si el blanco primario no ha podido ser atacado | secondary target.
blanco rápido | fast-moving target.
blanco reglamentario | bull's eye target.
blanco remolcado | sled | towed target.
blanco remolcado de tejido de polietileno (aviación) | polyethylene tow target.
blanco remolcado para sonar | triplane target.
blanco remolcado por un avión | tow target.
blanco remolcado por un avión y de forma larga y estrecha | flag target.
blanco repetidor de ecos | echo-repeater target.
blanco satén | satin white.
blanco sonárico | sonar target.
blanco sucio | off-white.
blanco terrestre | ground target.
blanco terrestre de importancia esencial (aviación) | panacea target.
blanco transitorio | transitory target.
blanco triangular (imprenta) | angular quad.
blanco vital | vital target.
blanco volante | flying target.
blanco vulnerable | vulnerable target.
blanco y negro (TV) | monochrome.
blancómetro | blancometer.
blancos (entre líneas de un libro) | white spaces.
blancos (imagen fotográfica) | highlights.
blancos (tipografía) | spacing material.
blancos animados | living targets.
blancos para componer renglones curvos (tipografía) | circular quads.
blancura | whiteness.
blancura deslumbradora | glistening whiteness.
blancuzco | off-white | hoary.
blanda (agua) | soft.
blandear | yield (to).
blandir | wield (to).
blandir (armas) | swing (to).
blandir el fusil por el cañón | club the rifle (to).
blando | fluffy | tender.
blando (minerales) | incompetent.
blando (rayos X, etc.) | soft.
blandón | taper.
blandura | softness.
blandura (suelos) | yieldingness.
blandura de la carne | meat tenderness.

blanqueado con cal (paredes) | lime coated.
blanqueado con vapor | steam-blanched.
blanqueado por rayos infrarrojos | infrared-blanched.
blanqueado sobre el prado | grass-bleached.
blanqueador | bleach | bleaching agent.
blanqueador (fotografía) | bleacher.
blanqueador de petróleo | petroleum bleacher.
blanqueador fluorescente (papel) | fluorescent brightener.
blanqueamiento | whiting.
blanquear | bleach (to) | decolorize (to) | decolor (to) | etiolate (to) | silver (to).
blanquear (el cabello) | frost (to).
blanquear (fabricación papel) | poach (to).
blanquear (pasta papelera, fotografía) | bleach (to).
blanquear (petróleos) | debloom (to).
blanquear el azúcar con arcilla | clay (to).
blanquear en el autoclave (tejeduría) | kier (to).
blanquear en el prado (lino) | grass (to).
blanquear la ropa tendiéndola sobre hierba | grass (to).
blanquearse | etiolate (to).
blanquecino | off-white | canescent | hoary.
blanqueo | bleaching | whiting | whitening.
blanqueo (fotografía) | bleach-out.
blanqueo (telas algodón) | chemicking.
blanqueo a la cal | lime whiting.
blanqueo al césped | grass bleaching.
blanqueo al cloro | chloring.
blanqueo al sol (tela lino) | crofting.
blanqueo con anhídrido sulfuroso (lana, seda) | stoving.
blanqueo con arcilla (azúcar) | claying.
blanqueo con cal | lime-washing.
blanqueo de algodón | cotton bleaching.
blanqueo de pastas papeleras | pulp bleaching.
blanqueo el azufre (lana, seda) | stoving.
blanqueo electrolítico | electrolytic bleaching.
blanqueo en autoclave | pressure-kier bleaching.
blanqueo en frío | cold-bleaching.
blanqueo químico | chemical bleaching.
blanqueo tendiendo y secando sobre la hierba (blanqueo al césped - ropas) | grassing.
blanquería | bleaching croft | bleaching-house.
blanquiveteado | white-stripped.
blanquizal | pipe-clay.
blasón | armorial shield.
blastesis | blastesis.
blastetriz | blastetrix.
blástico (recristalizado - petrología) | blastic.
blasto (medicina) | blast.
blastocola (botánica) | varnish.
blastofítico | blastophitic.
blastogranítico | blastogranitic.
blastospora (botánica) | blastospore.
blefaroplasto (biología) | blepharoplast.
bleischweif (cola de plomo - mineral) | bleischweif.
blenda | blende | blinde | false galena | rosinjack | mock ore | mock lead.
blenda amorfa | amorphous blende.
blenda concrecionada | botryoidal blende.
blenda ferrífera | ferriferous blende.
blenda oscura | black jack.
blenda parda | brown blende.
blenda testácea (mineral) | schalenblende.
blendoso | blendy.
blepsopatía | eyestrain.
blindado | totally enclosed | ironclad | armor-plated | armored | armor-clad | metal-lined | metalclad | metal enclosed.
blindado (aparatos eléctricos) | etal-clad.
blindado (buques) | plated.
blindado (cabina cine) | screened.
blindado (electricidad) | enclosed.
blindado (electroimán, motor, etc.) | ironclad.
blindado (galvanómetro, transformadores) | shielded.
blindado (motor) | sealed.
blindado (radio) | screened.
blindado (transformador, etcétera) | shell-type.
blindado de hierro | iron clad.
blindaje | armour | armor | armoring | armor plating | plate-armor | screen | screening | plating | encasing | liner.
blindaje (electricidad) | shield.
blindaje (galerías) | sheeting.
blindaje (minas) | steel-timbering | tubage.
blindaje (pozo circular de mina) | tubbing.
blindaje (pozos) | poling.
blindaje antiparasitario de la bujía de encendido | ignition plug screened terminal.
blindaje biológico | main shield | biological shield.
blindaje cerrado (motores) | interlocking armor.
blindaje contra choques térmicos | thermal shock shielding.
blindaje contra explosiones | blast shield.
blindaje contra impactos | missile shield.
blindaje contra radiaciones | radiation shielding.
blindaje de acero | steel jacket.
blindaje de alto horno | blast-furnace jacket.
blindaje de hormigón contra proyectiles (capa de explosión - abrigos) | burster course.
blindaje de la solera | hearth casing.
blindaje de los cantos de las palas (hélice madera) | metal edging.
blindaje de madera (pozos) | crib tubbing.
blindaje de mumetal | mumetal shield.
blindaje de núcleo | slug.
blindaje de protección biológica (reactor nuclear) | shielding.
blindaje de superficie dura | hardfaced armor.
blindaje del casco | hull armoring.
blindaje del crisol (alto horno) | hearth jacket.
blindaje del horno | furnace mantle | furnace jacket | furnace shell.
blindaje del morro (carros de asalto) | nose armor.
blindaje del núcleo | nucleus screening effect.
blindaje del parabrisas | windshield armor plate.
blindaje eléctrico | electric or electrostatic shield.
blindaje electrostático | electrostatic shield.
blindaje en galería | tunnel lining.
blindaje grueso | heavy armor.
blindaje magnético | magnetic shielding.
blindaje metálico espiral | tinsel.
blindaje neutrónico | neutron shield.
blindaje principal | main shield.
blindaje radiográfico (masilla) | radiographic putty.
blindaje temporal insonoro de la cámara tomavista (coraza-cine) | blimp.
blindaje térmico | thermal shield | heat-shield.
blindar | sheet (to) | plate (to) | armor (to) | armor-plate (to).
blindar (galería de mina) | steel-timber (to).
blindar (minas) | tub (to).
blindar (parte de una máquina) | encase (to).
blindar (pozo minas) | line (to).
blindar (radio) | shield (to) | screen (to).
blindar (un motor eléctrico) | enclose (to).
blindar (zanjar, pozos de mina) | pole (to).
bloc de notas | notepad | scratch pad | scribbling pad.
blocaje | blockage.
blocaje de apertura del tren (aviación) | down lock.
blocaje de la lanzadera (tejeduría) | shuttle braking.
blocaje de mandos | control lock.
blocaje de tubería | make-up torque.
blocaje por ráfagas | gust lock.
blocao | blockhouse.
blocao de hormigón | concrete blockhouse | bunker.
blocao pequeño de cemento para ametralladoras | pillbox.
block-system absoluto | absolute block-signal system.
blocs para facturas (con calcos) | copying blocks.
blonda | lace-work.
blondín | cableway crane.
blondín (cable transbordador sin fin) | endless wire traveling rope.
blondín (grúa teleférica) | blondin.
bloque | frame | unit | physical record | box | black box | stack | memory stack | data tablet.
bloque (conjunto que se manipula como unidad) | block.
bloque (construcción) | block.
bloque (Chile, Colombia) | bolt.
bloque (de té, jabón, etc.) | brick.
bloque (Ecuador) | baulk.
bloque abrasivo | abrasive brick.
bloque accidental (volcanes) | noncognate block.
bloque aislado de cimentación | isolated foundation block.
bloque aleatorio | randomized block.
bloque altamente reactivo de una estructura multiplicadora de electrones (reactor nuclear) | spike.
bloque amortiguador | bumper block | dead block | cushion block.
bloque apantallado | screened block.
bloque apareante (genética) | pairing block.
bloque calibrador | gage block.
bloque calibrador de referencia | block gage.
bloque celular (muros) | block.
bloque componente | building block.
bloque común | common block.
bloque común nominado | labeled common.
bloque con repartición al azar | randomized block.
bloque constitutivo (informática) | building block.
bloque controlador de conjunto de datos | data set control block.
bloque cúbico | cubical block.
bloque de abrasivo | brick.
bloque de alimentación | power pack.
bloque de alimentación (electricidad) | power supply unit.
bloque de alta densidad | high-density assembly.
bloque de amarre | deadhead.
bloque de anclaje | stay block.
bloque de arcilla refractaria con una ranura vertical (fabricación vidrio en hojas) | debiteuse.
bloque de bornas | tag block.
bloque de cilindros | cylinder block.
bloque de cilindros (motores) | block.
bloque de cilindros de una pieza de hierro fundido aleado | one-piece alloy iron cast cylinder block.
bloque de cimentación aislado del terreno por una capa elástica (para que no se transmitan las vibraciones) | floating foundation.
bloque de comienzo | begin block | heading block.
bloque de comienzo de línea | start-of-line block.
bloque de conexión | interface unit.
bloque de construcción de imagenes | picture cell.
bloque de control datal | data control block.
bloque de control de sucesos | event control block.
bloque de control de tareas | task control block.
bloque de cristales pequeños (metalografía) | cell.
bloque de cuartillas | pad.
bloque de culata (cañones) | breechblock.
bloque de decisión | decision box.
bloque de desbastar planchas estereotípicas | chipping block.
bloque de doblar | bending block.

bloque de dominios | block of domains.
bloque de falla | faulted block.
bloque de fallas | fault block.
bloque de fijación | packing block.
bloque de frecuencia intermedia | intermediate-frequency strip.
bloque de fundición del mortero (bocarte) | mortar block.
bloque de fusibles | fuse cutout.
bloque de hielo de aristas vivas (glaciología) | serac.
bloque de hormigón | cast stone | concrete block.
bloque de hormigón de escoria | cinder block.
bloque de hormigón vidriado | glazed concrete-block.
bloque de impresión | print yoke.
bloque de impresión (sondeos) | impression block.
bloque de inercia | inertia block.
bloque de información | chunk.
bloque de inicio | header block.
bloque de la carga iniciadora (proyectiles) | pellet.
bloque de la esterlina | sterling bloc.
bloque de lijar | sanding pad.
bloque de madera para tejamaniles | shingle bolt.
bloque de mampostería del quemador | burner tile work.
bloque de mampostería del quemador (calderas) | burner block.
bloque de mástique para trabajos en repujado | pitch-block.
bloque de material fibroso | batt.
bloque de memoria | memory bank.
bloque de memorias rápidas | local store.
bloque de mineral | boulder.
bloque de muelles | spring nest.
bloque de papel de cartas | letter-pad.
bloque de patas (cambio de vía) | heel block.
bloque de perforación | punch block.
bloque de piedra | gobbet.
bloque de pisos viviendas | block of flats.
bloque de precisión Johansson | jo-blocks.
bloque de quilla (pruebas de aceros moldeados) | keel block.
bloque de recalcar | swage block.
bloque de registros (informática) | record block.
bloque de relleno | filler block | glut.
bloque de reposición | withdrawing block.
bloque de reserva | standby block.
bloque de retenida | anchor or stay block.
bloque de salida | outlet block.
bloque de salida (memoria) | output block.
bloque de salida (ordenador) | output block.
bloque de selectores (telefonía) | selector unit.
bloque de terminales | distributing block | terminal strip | tag block.
bloque de terminales de audio | audio terminal block.
bloque de unidad física | physical unit block (P.U.B).
bloque de vidrio | glass block.
bloque de vidrio fotodifusor | light diffusing glass block.
bloque del cárter con el cilindro | crankcase-cum-cylinder block.
bloque del motor | engine block.
bloque del percutor (armas) | needle block.
bloque desabollador | dolly block.
bloque distanciador | spacing block.
bloque errático | perched block.
bloque errático (geología) | boulder.
bloque errático de arenisca silicea | sarcen stone | greyweather.
bloque escalonado de fijación | step block.
bloque estático de conmutación | static-switching block.
bloque estirador (a través de una hilera) | bull block.
bloque formador | forming block.
bloque guía | guide block.
bloque hueco | tile.
bloque hueco de arcilla cocida | building block.
bloque hueco de hormigón | concrete block | building block | hollow concrete block.
bloque hueco para construcción de muros | hollow building block.
bloque inicial | heading block.
bloque medidor de cristal de cuarzo | quartz glass gage block.
bloque metálico con ranura en V | V block.
bloque metálico con ranura en V en la superficie (para apoyar ejes) | vee block.
bloque motor (motor y caja de velocidades en un bloque) | power unit.
bloque ornamental que soporta el alero (edificios) | cartouche.
bloque para colocar la barra comprobadora de alineación en elevación (cañones) | elevation tram block.
bloque para edificar de hormigón celular | foamed-concrete building block.
bloque para estampas | die block.
bloque para pulir mármol | float.
bloque para triscar | setting block.
bloque prefrabricado | building block.
bloque provisional de relleno (recalzo de muros) | jacking dice.
bloque regulador (colchador de cables) | follower.
bloque terminal | terminal block.
bloque transparente | crystal-clear block.
bloqueable | lockable.
bloqueado | locked | blocked.
bloqueado mecánicamente | physically locked.
bloqueado por el hielo (buques) | beset.
bloqueado por los hielos (buques) | icebound.
bloqueado sobre un bucle | stalled in a loop.
bloquear | freeze (to) | lock (to) | interlock (to) | block (to) | turn off (to).
bloquear (costas, etc.) | blockade (to).
bloquear (una línea) | put out of service (to).
bloquear la sección (ferrocarril) | close the section (to).
bloquear la válvula de escape | hold the exhaust valve (to).
bloquear un circuito | hold a circuit (to).
bloquear un cheque | stop a check (to).
bloquear una línea (telefonía) | hold a circuit (to).
bloquear una tuerca | lock a nut (to).
bloquearse | stop dead (to).
bloqueo | stuck | lockout | locking | lock | blockade | rollover | cut-off | trapping.
bloqueo (radio) | blanketing | wipeout.
bloqueo (radio, ferrocarril, medicina) | blocking.
bloqueo (telecomunicación) | congestion.
bloqueo absoluto | absolute blocking.
bloqueo aéreo | air blockade.
bloqueo automático | automatic locking.
bloqueo automático de circuitos de vía | automatic block with track circuits.
bloqueo cardíaco | heart-block.
bloqueo de conexión (telegrafía) | freeze-out.
bloqueo de contador | counter latch-up.
bloqueo de interferencias (radio) | wavetrap.
bloqueo de la transmisión por radio y telemetría entre estaciones terrestres y una cosmonave al reentrar en la atmósfera terrestre | blackout.
bloqueo de los ecos del fondo del mar (ecosondador) | seabed lock.
bloqueo de nivel (radar) | clamping.
bloqueo de una arteria pulmonar por una burbuja de aire | traumatic air embolism.
bloqueo del carro (máquinas) | slide clamping.
bloqueo del circuito del receptor (radar) | paralysis.
bloqueo del haz | ray locking.
bloqueo del supervisor | supervisor lock.
bloqueo del teclado | keyboard lockout.
bloqueo diferencial | differential locking device.
bloqueo efectivo | effective blockade.
bloqueo eléctrico | electrical lock.
bloqueo electromagnético | magnetic locking.
bloqueo facultativo (ferrocarril) | permissive blocking.
bloqueo hacia atrás | backward busying.
bloqueo mecánico | mechanical locking.
bloqueo momentáneo | freezeout.
bloqueo naval | naval blockade.
bloqueo por adición de ferrosilicio (para que no baje el contenido de carbono del caldo) | ferrosilicon block.
bloqueo por el agua de los pozos gasíferos | gaswell water block.
bloqueo sin bastón piloto (vías férreas) | tokenless block working.
bloqueo total | hang-up.
bloqueo total imperativo | absolute block.
bloques aleatorizados | randomized blocks.
bloques de acarreo (fragmentos de roca extraña-geología) | floating reefs.
bloques de amortiguamiento (pie de presa) | baffle blocks.
bloques de construcción de imágenes (pantalla del ordenador) | pixels.
bloques de escorias (construcción de edificios) | cinder blocks.
bloques de hormigón curados con vapor a altas temperaturas | high-pressure steam-cured concrete blocks.
bloques de madera maciza para pavimentos | solid wood paving blocks.
bloques de precisión | size blocks.
bloques de prueba (formando parte integral de las piezas fundidas) | test blocks.
bloques de tierra estabilizada | stabilized-earth blocks.
bloques del paralelizador (telar) | parallel blocks.
bloques erráticos | drift-boulders.
bloques erráticos (glaciares) | erratic blocks | erratica.
bloques huecos de respaldo | backer tiles.
bloques huecos embutidos entre si sin mortero en las juntas (muros) | interlocking wall bricks.
bloques impermeables | impermeable blocks.
bloques lógicos (electrónica) | logic blocks.
bloques medidores de precisión | gage blocks.
bloques metálicos pequeños que soportan las hojas de vidrio cuando están en el baño de grabado al ácido (trabajos en vidrio) | angels.
bloques para sacar probetas (formando parte integral de las piezas fundidas) | test blocks.
bloques patrón (metrología) | gage blocks.
bloquete | blockette.
blume (curtidos) | bloom.
blusón | windcheater.
bobina | wire coil | coil | cob | roll | bass | spool.
bobina (minería) | pirn.
bobina (papel, seda, algodón) | reel.
bobina (radio) | reed.
bobina (tejeduría) | rail.
bobina abotellada | bottle bobbin.
bobina activa | leading bobbin.
bobina activadora | energizing coil.
bobina actuadora | actuating coil.
bobina amperométrica (contador eléctrico) | current coil.
bobina antirresonante | antiresonant coil.
bobina apagachispas | blowout coil.
bobina apagadora del arco | arc suppression coil.
bobina aplastada (papel continuo) | flat roll.
bobina arrolladora | leading bobbin.
bobina arrolladora (solidaria con el huso) | active bobbin.
bobina audio | voice coil.
bobina aumentadora de inductancia | loading coil.
bobina autoinductiva | retardation coil.
bobina auxiliar de arranque (motores) | shading coil.
bobina basicónica | king spool.
bobina bifilar | bifilar coil | double-wound coil

| noninductive wound coil.
bobina bordadora | figuring spool.
bobina buscadora | search coil.
bobina captadora | pickup coil.
bobina cilíndrica | cylindrical bobbin | parallel-wound bobbin | headless package.
bobina combada (tejeduría) | barrel-shaped double flanged bobbin.
bobina compensadora | equalizing coil.
bobina compensadora (radio) | bucking coil.
bobina compensadora de tierra | ground equalizer coil.
bobina con devanado de cinta metálica | foil coil.
bobina con el rollo colocado (filmes) | feed spool.
bobina con espiras espaciadas | air-spaced coil.
bobina con tomas | split coil.
bobina con una sola guarda | single-ended bobbin.
bobina cónica | conical bobin.
bobina correctora (televisión) | peaking coil.
bobina cruzada | cross-wound bobbin.
bobina cruzada (tejeduría) | quick traverse bobbin.
bobina cruzada cilíndrica | parallel cheese.
bobina cruzada cónica | conical cheese.
bobina cruzada plana | flat conical cheese.
bobina de acoplamiento | coupling coil | mutual inductor.
bobina de acoplamiento de ánodo | current divider.
bobina de activación del relé | relay operating coil.
bobina de actuación | hold-on coil.
bobina de afino | trim coil.
bobina de alimentación | file reel | feed file reel.
bobina de alimentación (máquina de ovillar) | creel bobbin.
bobina de alineación | alignment coil.
bobina de amortiguamiento | damping coil | quenching choke.
bobina de antena | input coil.
bobina de antirreacción | antireaction coil.
bobina de arrollamiento sencillo coaxial | coaxial single-layer coil.
bobina de autoinducción | inductance | retardation coil | kicking coil.
bobina de bajo Q | low-Q coil.
bobina de bloqueo (radio) | choke coil.
bobina de campo magnético antagónico (radio) | bucking coil.
bobina de campos cruzadas | cross coil.
bobina de captación | pickup coil.
bobina de captación (televisión) | peaking coil.
bobina de captación en serie | series peaking coil.
bobina de carga | loading coil.
bobina de carga de antena | aerial loading coil | antenna loading coil.
bobina de carga de circuito fantasma (telefonía) | phantom circuit loading coil.
bobina de carga en circuito físico (telefonía) | side-circuit loading coil.
bobina de casquillo | cap spool.
bobina de centrado de imagen (TV) | framing coil.
bobina de cinta de cobre | copper strip coil.
bobina de cinta de papel sin perforar | virgin coil.
bobina de clavija | plug-in coil.
bobina de coge (telar) | clutch bobbin.
bobina de compensación | peaking inductor.
bobina de compensación (amplificador de video) | peaking coil.
bobina de compensación en derivación | shunt peaking coil.
bobina de composición de monotipia | monotype composition drum.
bobina de comprobación | monitoring coil.
bobina de concentración | focusing coil.
bobina de conmutación | commutating coil.
bobina de cordones (fabricación de cuerdas) | creel bobbin.
bobina de cursor | slide coil.
bobina de choque | thumper | choke coil.
bobina de choque (electricidad) | radio choke coil.
bobina de deflexión vertical | vertical deflection coil.
bobina de desconexión | release coil.
bobina de desconexión automática | no volt coil.
bobina de desconexión en derivación | shunt trip coil.
bobina de desconexión preferente | preferential trip coil.
bobina de desconexión preferente (interruptores) | preferential trip coil.
bobina de desplazamiento de la órbita (aceleradores cíclicos) | orbit-shift coil.
bobina de desviación (televisión) | yoke.
bobina de desviación (TV) | saddle coil.
bobina de desviación electromagnética | deflector coil | deflection coil.
bobina de desviación horizontal (rayos catódicos) | horizontal deflection coil.
bobina de devanado abierto | open-wound coil.
bobina de devanado apilado (electricidad) | bank-wound coil.
bobina de devanado cerrado | close-wound bobbin.
bobina de devanado conformado | form-wound coil.
bobina de dieléctrico de aire | air dielectric coil.
bobina de disco | wafer coil.
bobina de disparo (relé) | trip coil.
bobina de doble arrollamiento | double-wound coil | noninductive wound coil.
bobina de electroimán | magnet coil.
bobina de encendido | lighting coil | ignition coil.
bobina de encuadre de la imagen | picture control coil.
bobina de enfoque | focus coil | focusing coil.
bobina de enfoque magnético | magnetic focusing coil.
bobina de escucha | hearing coil | monitoring coil.
bobina de excitación | exciting coil | field coil.
bobina de excitación (relé) | trip coil.
bobina de excitación montada coaxialmente | coaxially mounted excitation coil.
bobina de exploración | exploring coil.
bobina de extinción | blowout coil | quenching coil.
bobina de fasaje | phasing coil.
bobina de filtro | filter coil.
bobina de filtro antizumbidos (radio) | humbucking coil.
bobina de focalización | concentration coil | concentrating coil.
bobina de fondo de cesta | basket coil.
bobina de funcionamiento del relé | relay operating coil.
bobina de galvanómetro | galvanometer coil.
bobina de hilatura | spinning bobbin | spinner's bobbin.
bobina de hilo | package.
bobina de igualación de carga (antena) | ground equalizer conductor | earth equalizer conductor.
bobina de impedancia | kicking coil | impedance bond | self | retardation coil.
bobina de impedancia de baja frecuencia | low-frequency choke.
bobina de impedancia de filtrado | smoothing choke.
bobina de impedancia de rejilla | grid choke.
bobina de impedancia protectora (radio) | choking coil | choke coil.
bobina de impedancia reguladora | regulating choke coil.
bobina de inducción | loading coil | radio choke coil | induction coil | sparking coil | spark coil | jump-spark coil.
bobina de inducción alimentada por acumulador | battery energized induction coil.
bobina de inducción cebada con acumulador para el arranque (motor aviación) | booster coil.
bobina de inducción del ánodo | anode induction coil.
bobina de inductancia | retardation coil | inductance | inductor | inductance coil.
bobina de inductancia (alumbrado fluorescente) | ballast.
bobina de inductancia con devanado | pancake coil.
bobina de inductancia de antena | aerial inductance coil.
bobina de inductancia protectora | protective reactance coil.
bobina de intensidad | current coil.
bobina de mantenimiento | holding coil.
bobina de máxima | overcurrent coil.
bobina de máxima (electricidad) | overload release coil.
bobina de mechera | roving bobbin.
bobina de núcleo de aire | air coil.
bobina de núcleo desplazable | sucking coil.
bobina de panal | lattice coil | lattice-wound coil.
bobina de papel continuo (tipografía) | web.
bobina de papel continuo aplastada | crushed roll.
bobina de papel continuo de forma cónica | pencil-point.
bobina de papel de imprimir continuo | web paper.
bobina de parada (electrotecnia) | holding coil.
bobina de paso completa | full-pitch coil.
bobina de película | film spool.
bobina de plegado abierto (tejeduría) | open-wound bobbin.
bobina de plegado paralelo | parallel-wound bobbin.
bobina de polarización | bias coil.
bobina de polarización de relé (electricidad) | relay bias coil.
bobina de preparación (bobina de mecha - tejeduría) | condenser bobbin.
bobina de protección contra hiperfrecuencias | radiofrequency choke.
bobina de prueba | search coil | sampling coil | magnetic explorer.
bobina de pruebas | probe coil | exploring coil.
bobina de reacción | retardation coil | kicking coil.
bobina de reacción (radio) | feedback coil | tickler coil | tikkler.
bobina de reactancia | reactive coil | impedance coil | inductor | reactance coil | choking coil | choker | protecting choke | reaction coil.
bobina de reactancia (electricidad) | screening protector.
bobina de reactancia (lámpara de arco) | economy-coil.
bobina de reactancia (radio) | choke coil.
bobina de reactancia amortiguadora | quenching choke.
bobina de reactancia blindada | ironclad reactance coil.
bobina de reactancia con entrehierro ajustable | swing choke.
bobina de reactancia de absorción | smoothing choke.
bobina de reactancia de alta frecuencia | high-frequency choke | H. F. choke coil.
bobina de reactancia de corriente alterna | A. C. choke.
bobina de reactancia de excitación | excitation choke coil.
bobina de reactancia de hierro saturado | swinging choke.
bobina de reactancia de núcleo ferromagnético | iron-cored choke | iron core reactance coil.
bobina de reactancia de rejilla faradizada

screen-grid choke.
bobina de reactancia del ánodo | anode choke coil.
bobina de reactancia del modulador | modulator choke coil.
bobina de reactancia estabilizadora | stabilizing choke.
bobina de reactancia limitadora | limiting choke.
bobina de reactancia limitadora de corriente | current-limiting reactor.
bobina de reactancia saturable | saturable choke.
bobina de reactancia sin núcleo magnético | air core reactance coil | air gapped choke.
bobina de realimentación | tickler coil.
bobina de regeneración (radio) | feedback coil.
bobina de reglaje | trim coil.
bobina de regulación | control coil.
bobina de retardo de la alimentación | feed-retardation coil.
bobina de retención | retaining coil | holding coil.
bobina de sintonía | tuning coil | tuning inductor.
bobina de sintonización | syntonizing coil.
bobina de sintonización de núcleo ferromagnético | iron core tuning coil.
bobina de soplado | blowout coil | blow coil.
bobina de soplado magnético | magnetic blowout coil.
bobina de tanque | tank coil.
bobina de tierra | earth coil.
bobina de trabajo | operating coil.
bobina de trabajo (telecomunicación) | work coil.
bobina de trenzar | braiding bobbin.
bobina de un solo arrollamiento | single-layer coil.
bobina de una capa | single-layer coil.
bobina de urdimbre | warp bobbin.
bobina de varias capas de devanado | multilayer coil.
bobina de varilla o alambre de peso tal como resulta | catchweight coil.
bobina de voltaje (aparatos medidas eléctricas) | voltage coil.
bobina de voltaje (electricidad) | pressure coil.
bobina de voltaje del vatímetro | potential coil of the wattmeter.
bobina deflectora (aceleradores cíclicos) | orbit-shift coil.
bobina del campo inductor | exciting coil | field coil.
bobina del campo inductor en derivación | shunt field coil.
bobina del condensador | condenser coil.
bobina del inducido | armature coil.
bobina del inducido en circuito abierto | open-circuited armature coil.
bobina del oscilador del mezclador | mixer oscillator coil.
bobina del polo de conmutación | commutating-pole coil.
bobina del purgador (bobina limpiadora) | clearer bobbin.
bobina del soplador de chispas | spark blowing coil.
bobina descargadora | coil discharger.
bobina desenrolladora | takeoff spool | takeoff reel.
bobina desimanante | demagnetizer bobbin.
bobina desviadora | sweeping coil.
bobina desviadora (televisión) | deflecting yoke.
bobina desviadora de órbita | orbit-shift coil.
bobina devanada astáticamente | astatically wound coil.
bobina devanada hemitrópicamente | hemitropically wound coil.
bobina diferencial | differential coil.
bobina duolateral | duolateral coil.
bobina electromagnética | selenoid coil.
bobina elemental (inducido) | single spool.
bobina elevadora de voltaje | booster coil.
bobina emisora | payout reel.
bobina en blanco | blank coil.
bobina en cortocircuito | dead coil.
bobina en derivación | bridging coil | shunt coil.
bobina en derivación (aparatos) | potential coil.
bobina en derivación (aparatos medidas eléctricas) | voltage coil.
bobina en derivación (electricidad) | pressure coil.
bobina en lazo cuadropolar | quadrupolar lace coil.
bobina en oposición (radio) | bucking coil.
bobina en paralelo | shunt coil.
bobina en pilas | pile-wound coil.
bobina en que las vueltas al desenrollarse salen rectas (alambres en bobinas) | straight cast coil.
bobina en que las vueltas al desenrrollar no tienen la forma deseada (alambre en bobinas) | bad cast coil.
bobina en que las vueltas están en circuitos de igual diámetro (alambre en bobinas) | dead cast coil.
bobina en que las vueltas tienden a salir en espiral (alambre en bobinas) | helical cast coil | spiral cast coil.
bobina en serie | current coil.
bobina en serige | series coil.
bobina encapsulada | encapsulated coil.
bobina enrolladora | takeup reel.
bobina esférica | ball bobbin.
bobina espiral plana | flat spiral coil.
bobina estatórica enfriada interiormente | inner-cooled stator coil.
bobina estatórica enfriada por hidrógeno a presión | gas-cooled stator coil.
bobina excitadora | horn feed | tickler.
bobina excitatriz | operating coil.
bobina excitatriz (radio) | tickler coil.
bobina exploradora | search coil | exploring coil | pickup coil | probe coil | test coil.
bobina exploradora (electrotecnia) | flip coil.
bobina extraplana | slab coil.
bobina filtro para impedir el paso de corrientes de alta frecuencia (radio) | choke coil.
bobina giratoria | rotor coil | rotating coil.
bobina humectante (tejeduría) | conditioning bobbin.
bobina inductora | field magnet coil | inductor coil.
bobina inductora quemada | burned-out field bobbin.
bobina intercambiable | plug-in coil | unit-coil.
bobina loca (telar) | passive bobbin.
bobina llena (tejeduría) | full bobbin.
bobina magnética | magnetic coil.
bobina montada en la fileta | creeled bobbin.
bobina móvil | movable coil | moving coil.
bobina móvil (altavoz) | voice coil.
bobina móvil de altavoz | voice coil.
bobina mudada (tejeduría) | doffed bobbin.
bobina multiplicadora | multiplying coil.
bobina osciladora | oscillating coil.
bobina para caldeo por inducción | induction heating coil.
bobina para enrollar cable eléctrico | cable drum.
bobina para máquina de trenzar | braider bobbin.
bobina para timbres | ringing choke.
bobina pasiva (telar) | passive bobbin.
bobina plana | disk coil | pancake coil | disc coil | cheese.
bobina plana (electricidad) | flat coil.
bobina probada con sobrevoltaje | surge-tested coil.
bobina protectora (electricidad) | air choke.
bobina protectora contra altas frecuencias | radiofrequency choke.
bobina Pupin | loading coil.
bobina Pupin (telefonía) | Pupin coil.
bobina quemada | burnout coil.
bobina receptora | takeup reel.
bobina recta | cylindrical bobbin.
bobina redonda | circular coil.
bobina reductora | choke coil.
bobina reemplazable | plug-in coil.
bobina regenerativa (radio) | feedback coil.
bobina reguladora de la exploración (televisión) | yoke.
bobina reguladora de la imagen (TV) | frame coil.
bobina repetidora de circuito lateral | side circuit repeating coil.
bobina repetidora fantasma (telecomunicación) | phantom repeating coil.
bobina retorcedora | doubling bobbin.
bobina sin núcleo magnético | air coil | coreless coil.
bobina supresora de armónicas | harmonic restraint coil.
bobina supresora de las semiondas | half-wave suppressor coil.
bobina térmica | heat coil.
bobina termodetectora | temperature-detector coil.
bobina tipo panal | honeycomb coil.
bobina toroidal | doughnut coil | ring coil | toroidal coil | toroid.
bobina trasladora del circuito fantasma | phantom repeating coil.
bobina universal | universal spool.
bobina voltimétrica (vatímetros) | potential coil.
bobina zonal | areal coil.
bobinado | reeling | wound | winder.
bobinado (hilos) | winding.
bobinado a mano | hand winding | hand-winding.
bobinado a máquina | machine-wound.
bobinado cerrado | reentrant winding.
bobinado cilíndrico | cylindrical winding.
bobinado cruzado | cross-winding.
bobinado cruzado abierto | spaced cross winding.
bobinado de compuerta (electricidad) | gate winding.
bobinado de excitación | gate winding.
bobinado discontinuo | space winding.
bobinado en disco aplanado (radio) | pie winding.
bobinado en forma anti-inductiva | hum-balanced wound.
bobinado en panal | lattice wound.
bobinado mecánico | machine-winding.
bobinado sencillo | single winding.
bobinado y armaduras de las bobinas inductoras | winding and frames of field coils.
bobinador | winding frame | coiler | reel-boy.
bobinador (obrero) | spooler.
bobinador a mano (tejeduría) | hand spooler.
bobinador de cinta magnética | magnetic tape deck.
bobinador de film magnético | magnetic film handler.
bobinador de urdimbre | warp spooler.
bobinadora | winding frame | winder | coil winder | spooler | spooling machine | reeling-aparatus | reeling machine | coiler.
bobinadora (para papel) | reeler.
bobinadora cruzada | cross winder.
bobinadora de cinta de papel | paper tape spooler.
bobinadora de tambor | drum winder.
bobinadora de urdimbre | warp winder.
bobinadora monohuso | single-spindle winding frame.
bobinadora para devanar canillas | cap winding frame.
bobinadora para hilo de urdimbre de husos horizontales | horizontal spindle warp winding frame.
bobinadora para husadas | cop winding machine | cop winder.
bobinadora para trama | weft winder.
bobinadora para urdimbre (tejeduría) | bob-

bin winding frame.
bobinadora plurihusillos | multiple-spindle winding frame.
bobinar | coil (to) | wind (to) 00 | warp winder.
bobinar (bandas metálicas) | reel (to).
bobinar (tejeduría) | reel (to).
bobinar algodón | quill (to).
bobinar en cruz | crosswind (to).
bobinar sobre cono | cone (to).
bobinas correctoras de zumbido (telecomunicación) | hum bucking coils.
bobinas de papel para periódicos | newsprint webs.
bobinas deflectoras | deflection coils.
bobinuar | winding frame.
bobo | nincompoop.
bobsleig (deporte) | bobsleigh.
boca | nozzle | throat | mouth | undercut.
boca (arma de fuego) | muzzle.
boca (barrena de mina) | lip.
boca (barriles) | bunghole.
boca (batán enfurtidor) | throat.
boca (cafetera, jarro, etc.) | nose.
boca (cañón de órgano) | flue.
boca (corazón del cambio) | toe.
boca (crustáceos) | nipper.
boca (de pozo) | wellhole.
boca (de ríos) | embouchure.
boca (de tenaza) | nose | bit.
boca (de túnel) | entrance.
boca (de un saco) | opening.
boca (del barreno) | collar.
boca (del destornillador) | blade.
boca (del león, del lucio) | maw.
boca (frascos) | neck.
boca (hidráulica) | ajutage | adjutage.
boca (hornos) | mouth.
boca (instrumento de medir) | anvil.
boca (martillo) | peen | pane.
boca (martillos) | face.
boca (medias, calcetines) | leg-hole.
boca (pozos) | top hole | eye.
boca (puertos) | neck.
boca (ríos, desfiladeros) | entry.
boca (zoología) | pincers.
boca abajo | face down.
boca acampanada de admisión (bombas) | inlet bellmouth.
boca aspiradora (máquinas acabadoras de telas) | vacuum slot.
boca con pico de salida hacia abajo | downspout.
boca curva (grifos) | bib nozzle.
boca de admisión | catch-basin inlet.
boca de aire para ventilación (buques) | louver.
boca de alcantarilla | street gully | sewer inlet | gully-hole.
boca de alimentación | feed opening.
boca de apeo (forestal) | back cut.
boca de aspiración | intake mouth.
boca de barrena | nose of drill.
boca de bola (martillos) | bail pane.
boca de botavara | boom jaw.
boca de caída (alcantarilla) | drop inlet.
boca de cangrejo (buque de vela) | jaw.
boca de carbonera | bunker opening.
boca de carbonera (buques) | coal-chute.
boca de carga | charging hole.
boca de carga (horno de colmena) | trunnel head.
boca de colada en forma de remolino | whirlgate.
boca de conexión | hub.
boca de contraincendios (buques) | fire hydrant.
boca de cuatro cortes | four-winged drill.
boca de chimenea (boca de alcancía - minas) | chute mouth.
boca de descarga | discharge socket | spout | dumping slot | discharge branch.
boca de entrada | inlet.
boca de filo cruciforme (barrenas) | cruciform bit.
boca de fuego | piece of ordnance.
boca de fuego (cañón) | gun.
boca de galería (minas) | ingate.
boca de horno de vidrio | bottoming hole.
boca de incendios | water post | fireplug | fire hydrant | hydrant.
boca de inspección | manhole.
boca de la chimenea | shaft top.
boca de la machacadora | breaker mouth.
boca de la trituradora | crushing mouth.
boca de levante (puertos) | eastern entrance.
boca de lobo (cofa en un palo de buques) | lubber's hole.
boca de llave | jaw of wrench.
boca de llenado | filler neck.
boca de micrómetro | micrometer anvil.
boca de pequeñísimo diámetro | mini-drill.
boca de poniente (puertos) | western entrance.
boca de pozo (minas) | bank | pit-top.
boca de pozo (sondeos) | wellhead.
boca de punteadura (maderas) | pit orifice | pit aperture.
boca de riego | water hydrant | hydrant.
boca de salida | outlet.
boca de ventilación | louvre.
boca del cepillo (carpintería) | plane hole.
boca del convertidor | converter nose.
boca del hogar (boca del horno - calderas) | furnace mouth.
boca del hogar (hornos) | fire-hole.
boca del molde (bebedero - moldes) | geat.
boca del pozo | pithead | pit-brow | shaft top.
boca del pozo (minas) | pit-eye.
boca del pozo (pozo minas) | pit-mouth.
boca del quebrantador | breaker mouth.
boca del socavón (minas) | bank head.
boca en cruz (barrena mina) | rose bit.
boca hacia la derecha | muzzle right.
boca hacia la izquierda (cañones) | muzzle left.
boca para eclisar rieles | bonding drill.
boca para manómetros | gage hatch.
boca plana (martillo) | poll.
boca plana (martillos) | poll.
boca redonda (martillos) | round face.
boca saliente para ensacar | bagging spout.
bocabarra (cabrestante) | socket.
bocabarras | bar-holes.
bocabarras (cabestrante) | poppet-holes.
bocací delgado | bocasine.
bocado (caballos) | brom.
bocado (del freno) | bit.
bocado de brida | bridle bit.
bocado de cuello de pichón (arneses caballos) | oval bit.
bocado de filete | bridoon bit.
bocado de fuerza (caballos) | gag bit.
bocado del freno (caballos) | canon bit.
bocallave (cerradura) | key plate | keyway.
bocallave (de cerradura) | keyhole.
bocamina | adit opening | entry | pit-top | pithead | mine entrance | bank | adit.
bocana | entrance.
bocana (puertos) | neck | chops.
bocana del puerto | harbor mouth.
bocanada | puff.
bocarte | drag mill | rock crusher | stamp mill | pounding mill | mill machine | crushing machine | mill | ore mill | ore stamp | stamping engine | stamp | stamper | stamping mill.
bocarte chino | Chinese stamp.
bocarte de aire comprimido | pneumatic stamp.
bocarte de caída libre | gravity stamp mill.
bocarte de mineral | ore crusher.
bocarte en seco | dry crusher | dry mill.
bocarte para mineral de estaño | craze mill.
bocarteado | stamped | milled | crushed.
bocarteado en seco | dry milling.
bocarteado húmedo | wet stamping.
bocarteador | batteryman | mill man.
bocartear | mill (to) | crush (to) | stamp (to) | squeeze (to).
bocartear en seco | dry stamp (to).
bocartear mineral | mill ore (to).
bocarteo | milling | crushing | stamping | stamp milling.
bocarteo con agua | wet stamping.
bocas del delta (ríos) | delta mouths.
bocazo (barrenos) | spent shot | blowout | pop shot.
bocel corrido | beadflush.
bocetación (dibujo) | layout.
bocetista (publicidad) | layout man.
boceto | sketch | rough | rough-cast.
boceto (dibujo) | layout.
boceto a pluma | pen-and-ink sketch.
boceto publicitario | advertising layout | ad layout.
bocín de tobera (alto horno) | tuyere nozzle.
bocina | horn.
bocina (buques) | sterntube.
bocina bicónica | biconical horn.
bocina de aire comprimido | pneumatic horn.
bocina de guía de ondas | hoghorn.
bocina de la limera del timón | rudder trunk.
bocina de niebla | foghorn.
bocina de pera | bulb horn.
bocina del codaste (buques) | boss.
bocina del codaste proel | propeller post shaft hole.
bocina del eje de cola | screwshaft pipe.
bocina del escobén | hawsepipe.
bocina eléctrica | horn.
bocina exponencial (bocina cuya sección recta aumenta exponencialmente con la distancia axial) | exponential horn.
bocina mecánica de niebla | mechanical fog horn.
bocina multicelular | multicellular horn.
bocina neumática (buques) | air horn.
bocina revestida de caucho (buques) | rubber-lined sterntube.
bocoy | hogshead | cask.
boda | match.
bodega | cave | storeroom.
bodega (buques) | bulk | orlop | hold.
bodega (de vinos) | bodega.
bodega de buque | orlop.
bodega de carga | cargo hold | cargo space.
bodega de carga refrigerada | refrigerated cargo-hold.
bodega de popa | after hold.
bodega de proa | forehold | forward hold.
bodega electroventilada con | electrically ventilated hold with 20 air-changes per hour.
bodega en forma de tolva (buque carbonero) | hoppered hold.
bodega para carga seca (petroleros) | dry-cargo hold.
bodega para el pescado | fishhold.
bodega para la pesca (buque pesquero) | fishroom.
bodega para pescado enfriado con hielo | iced-fish hold.
bodega principal (buques) | main hold.
bodega sin carga | clear hold.
bodega sin puntales | pillarless hold.
bodeguero (marinero encargado de una bodega del buque) | holder.
bodoque | pellet.
boehmita fibrilar (polvo de alúmina) | fibrillar boehmite.
boga | pulling.
boga con intervalo grande entre paladas | dago stroke.
bogada | rowing stroke.
bogada corta | short stroke.
bogada corta (bote remos) | cutter stroke.
bogadura | rowing.
bogar | pull oars (to) | have a pull (to) | pull (to) | oar (to).
bogar (marina) | stroke (to).
bogar a una | keep stroke (to).
bogar con descanso (botes de remo) | row a long stroke (to).
bogar con espadilla | sculling.
bogar con más fuerza | lay out (to).

bogar en pareja | double-scull (to).
bogar fuerte al principio (regatas) | catch the stroke (to).
bogavante | stroke oar.
bogie (carretón - ferrocarril) | bogie.
bogie (EE.UU.) | truck.
bogie (ferrocarril) | bogey | bogy.
bogíe (vagoneta pequeña - minas) | buggy.
bogie compensado de traviesa oscilante (locomotoras) | swing-bolster compensated bogie.
bogie con barra de torsión | torsion bar bogie.
bogie con motores y transmisión (locomotora eléctrica) | power board.
bogie con orugas (vehículo carretera) | tracked bogie.
bogie con travesaño oscilante lateralmente | swing-motion truck.
bogie de balancín | swing-bolster type bogie.
bogie de cuatro ruedas dobles | four-dual-wheel bogie.
bogie de despeque (aviones) | takeoff bogie.
bogie de doble carril de rodadura | double-track bogie.
bogie de dos ejes | four-wheel bogie | four-wheel truck.
bogie de locomotora | engine truck | locomotive truck.
bogie de motores (locomotoras eléctricas) | motor bogie.
bogie de seis ruedas | six-wheeled bogie.
bogie de suspensión por biela oscilante | swing-motion truck.
bogie de tres ejes | six-wheeled bogie.
bogie de un eje | single axle bogie.
bogie de un eje (locomotoras) | radial truck | pony | pony truck.
bogie de varios ejes | multiple-wheel bogie.
bogie del ténder | tender bogie.
bogie delantero | front bogie.
bogie delantero (locomotoras) | leading truck | pilot truck.
bogie delantero de dos ejes | four-wheeled leading truck.
bogie delantero de un eje (locomotora) | leading pony truck.
bogie equipado con electromotores (locomotoras eléctricas) | motor bogie.
bogie giratorio | pivoted bogie.
bogie motor | motor truck.
bogie pivotado de dos ejes | pivoted four-wheel bogie.
bogie pivotante | swiveling bogie.
bogie posterior | trailing bogie.
bois incienso (Trattnikia demererea) | tingie monnie.
boj (Buxus sempervirens) | box | european box.
boj de Africa (Buxus macowani) | East London boxwood.
boj de Santo Domingo (Phyllostylon brasiliensis - Cap) | Santo Domingo boxwood.
bol (encuadernación) | bole.
bol (medida=200 litros) | bole.
bol arménico (encuadernación) | bole.
bola | ball | pellet.
bola (bastón, balaustrada) | knob.
bola (de martillo) | ball-peen.
bola (termómetro) | bulb.
bola (termómetros) | boss.
bola algácea | algal ball | algal biscuit | marl ball.
bola caliente electrocaldeada (motor semidiesel) | electrically-heated glow plug.
bola de acero templado | hardened steel ball.
bola de añil | ball blue.
bola de carburo de tungsteno de gran precisión (cojinetes de bolas) | precision tungsten carbide ball.
bola de entintar | inking ball.
bola de fuego (explosión nuclear) | fireball | ball of fire.
bola de hierro fundido colocada en el extremo de la caña del ancla para que ésta quede acostada sobre el fondo (fondeo de buques) | nut.
bola de mareas (puertos) | tide-ball.
bola de naftalina | mothball.
bola de piedra (arquitectura) | pommel.
bola de plomo con mango para quitar abolladuras (de tubos de plomo) | dummy.
bola de retención | latch ball.
bola de roca | rock sphere.
bola de sauco | elder pith ball.
bola de sujeción | locking ball.
bola de zurcir | darner.
bola del cojinete | truck.
bola esférica rematando un pilar (arquitectura) | balloon.
bola indentadora (durómetro) | indenting ball.
bola rebotante | rebounding ball.
bola rompechatarra | casting breaker.
bolardo con cabeza de hongo | bean-type bollard.
bolardo cruciforme | cruciform bollard.
bolardo de acero moldeado | cast steel bollard.
bolardo de amarre (muelles) | mooring bollard.
bolardo de dos cuerpos | double-headed bollard.
bolardo de parada (entrada diques secos) | checking bollard.
bolardo pequeño para embarcaciones pequeñas (muelles) | dollie.
bolas (billar) | ivories.
bolas (regulador de Watt) | flyballs.
bolas algales (geología) | marl ball.
bolas de acero forjado para molienda | forged steel grinding balls.
bolas de escape | release balls.
bolas de material refractario para remendar revestimientos (hornos) | ball stuffs.
bolas de naftalina | moth balls.
bolas de obturación | ball sealers.
bolas de porcelana | porcelain balls.
bolas de vidrio microscópicas | glass microballoons.
bolas forjadas de acero cromado | forged chromium-steel balls.
bolas metálicas de libre rotación (mesas para manejo de chapas pesadas) | antifricción balls.
bolas para rodamientos | bearing balls.
bolas que caen en cascada | cascading balls.
bolea (lanza de carruaje) | crab end.
bolea de la lanza (carruajes) | swingletree.
bolea de lanza (carruajes) | pole crab.
bolera | bowling lane.
boleta de alojamiento | billet.
boleta de cotejo | comparison slip.
boletín | bulletin.
boletín bibliográfico | bibliographical bulletin.
boletín bursatil | exchange gazette.
boletín comercial | commercial report | trade report.
boletín de expediciones | despatch note.
boletín de extractos técnicos | abstract bulletin.
boletín de información | report.
boletín de informaciones | intelligence summary.
boletín de inscripción | application's bulletin | entrance ticket.
boletín de la bolsa | exchange report | exchange gazette.
boletín de noticias | newcast.
boletín de petición | application form.
boletín de resúmenes | abstract bulletin.
boletín de suscripción | order form.
boletín de suscripción (para acciones industriales) | application form.
boletín del mercado | market report.
boletín financiero | market report | exchange report.
boletín financiero (periódicos) | money article.
boletín informativo | newsletter.
boletín mensual | monthly record.
boletín meteorológico | meteorological report.
boleto | ticket.
boleto de compraventa (Argentina) | bill of sale.
boleto de comprobación (bolsa) | exchange ticket.
boleto de entrega | bill of delivery.
boleto de expedición | way-bill | dispatch note.
boletos de tiempo de producción | job-time tickets.
bólido | meteorite.
boligrafía | ball-point pen writing.
bolígrafo | ball-point pen.
bolígrafo con acción giratoria del cabezal | twist-action ball pen.
bolina | bowline.
bolinas de coy | hammock clews.
bolinear | luff (to) | ply to windward (to).
bolinero (buques vela) | weatherly.
bolita | pellet.
bolo | centre | bowl.
bolo (arma blanca) | bolo.
bolo (cilindro de madera que queda de un rollizo después de trabajarse en la desenrolladora) | core.
bolo (Uruguay) | pellet.
bolograma | bologram.
boloide (bolado - aglomerado de carbón) | boloid fuel.
bolometría | bolometry.
bolométrico | bolometric.
bolómetro | actinic balance.
bolómetro (microondas) | bolometer.
bolómetro coaxial | coaxial bolometer.
bolómetro con elemento sensible en oro evaporado | evaporated gold bolometer.
boloretina (resina de madera fósil) | boloretin.
boloscopio | boloscope.
bolsa | bag | market | purse | organized exchange | boss | bourse | money market | pocket | stock exchange | sac | pouch.
bolsa (con plato, cuchara, tenedor, etc. - usada para comer en campaña) | mess kit.
bolsa (edificio) | exchange.
bolsa (geología) | boss | belly.
bolsa con cabrestante | monitor.
bolsa con fondo reforzado | crash botton bag.
bolsa de agua (tubería de vapor) | water slug.
bolsa de aire | air pocket | air trap | air lock.
bolsa de aire (tuberías) | air lock.
bolsa de aire (tuberías de agua) | airbinding.
bolsa de aire frío (meteorología) | pool of cold air | cold air pool.
bolsa de cereales | grain exchange | corn exchange.
Bolsa de Comercio | Commercial Exchange.
bolsa de conservación | maintenance grant.
bolsa de contratación | commodity market.
bolsa de drenaje (hospitales) | drainage bag.
bolsa de entretenimiento | maintenance grant.
bolsa de erosión (geología) | sand pipe.
bolsa de estudios | scholarship.
bolsa de estudios accesible a todos | open scholarship.
bolsa de fletes | shipping exchange.
bolsa de fletes aéreos | airfreight exchange.
bolsa de flotabilidad | flotation bag.
bolsa de flotación atmosférica | atmospheric flotation bag.
bolsa de futuros de lana | wooltops.
bolsa de gas | gas bag | gas pocket.
bolsa de herramientas | kit-bag | tool kit | tool roll.
bolsa de herramientas para reparaciones | instrument repair kit.
bolsa de herramientas para reparaciones urgentes | emergency repair kit.
bolsa de malla | mesh bag.
bolsa de mercancías | commodities exchange.
bolsa de mineral (minas) | bunny.
bolsa de papel | paper sack | paper bag.
bolsa de papel de celofán | cellophane bag.
bolsa de papel para tiendas de comestibles | grocer's paper bag.
bolsa de reparaciones | repair outfit.
bolsa de resina | gum check.
bolsa de resina (maderas de coníferas) | pitch pocket.

Bolsa de Trabajo | labor-exchange | labor-bureau | employment exchange.
bolsa de trabajo de ingenieros | engineers' appointment bureau.
bolsa de valores | stock exchange | curb exchange.
bolsa de vapor | steam pocket | blanketing.
bolsa de vapor (bomba aspirante) | vapor lock.
Bolsa del algodón | Cotton Exchange.
bolsa del timón (globo cometa) | rudder bag.
bolsa en la corteza | bark pocket.
bolsa en la corteza con resina (árboles) | black streak | black check.
bolsa exterior | curb market.
bolsa extraoficial | free dealings.
bolsa gomosa | gum check.
bolsa oficial | national security exchange.
bolsa para espolvorear (moldería) | facing bag.
bolsa regional | regional stock exchange.
bolsa resinífera (maderas) | pitch pocket.
bolsada | pocket.
bolsada (de mineral) | pocket.
bolsada de mineral | patch of ore | ore bunch.
bolsadas (geología) | stocks.
bolsas (geología) | dodgers.
bolsas para muestras | sample bags.
bolsas transparentes | transparent pockets.
bolsillo | pocket.
bolsín | over-the-counter market | curb stone market.
bolsín (bolsa) | kerb-marker | open market.
bolsista | boursier.
bolso (velas) | hollow.
bolsón | pocket.
bolsón (de mineral) | pocket.
bolsón (geología) | bolson | bolsom.
bolsón de agua | perched ground water.
bolsón de agua (minas) | water feeder.
bolsón de grisú | firedamp feeder.
bolsón de mineral | pipe | patch of ore | ore bunker | ore pocket | bonny | chamber | chamber of ore.
bolsón de mineral (minas) | bunch.
bolsonero (filones) | pockety.
bolus | bolus.
bollo | dint.
bollo de crema | cream-puff.
bollos (planchas abolladas, etcétera, de buques) | reefs.
bolly Gum (Litsea reticulata) | bollygum.
bomanga (Macrolobium coeruleoides) | bomanga.
bomba | pump.
bomba (instrumento musical) | slide.
bomba (proyectil) | bomb.
bomba accionada por aire comprimido para el trasvase de ácidos | acid egg.
bomba accionada por balancín | lever-driven pump.
bomba accionada por correa | belt pump.
bomba accionada por el motor principal | attached pump.
bomba accionada por excéntrica | eccentric-driven pump.
bomba accionada por turbina de vapor | steam turbine-driven pump.
bomba aceleradora para instalación de calefacción por agua caliente | hot-water accelerator pump.
bomba aérea | air bomb.
bomba aérea con envuelta muy delgada y carga que varía del 70 al 80% del peso total | light-case bomb.
bomba aérea descargada para ejercicios del personal de tierra | drill bomb.
bomba aérea sin estallar | dud aerial bomb.
bomba alternativa bicilíndrica horizontal | horizontal duplex reciprocating pump.
bomba alternativa de barrido accionada por el motor | engine-driven reciprocating scavenging pump.
bomba antisubmarinos lanzada por avión o dirigible | depth bomb.
bomba asfixiante | gas bomb.
bomba aspiradora para apresurar el proceso de filtración | filter pump.
bomba aspirante | aspiring pump | exhaust pump | sucking pump.
bomba aspirante e impelente | reciprocating pump | force and lifting pump.
bomba aspirante-impelente | sucking and forcing pump | lift-and-force pump | lifting-and-forcing pump.
bomba aspirante-impelente con válvulas en el pistón | bucket pump.
bomba aspirante-impelente de doble efecto | double-acting suction and force pump.
bomba aspirante-impelente montada en carretilla de dos ruedas | barrow pump.
bomba atascada | foul pump.
bomba atómica | atom bomb | nuclear deterrent | A-bomb.
bomba atómica con energía de 20 kilotoneladas | nominal atomic bomb.
bomba atómica de explosión en el aire | air burst atomic bomb.
bomba atómica que explosiona antes de llegar al suelo | airburst atomic bomb.
bomba autocebable | self-priming pump.
bomba automática | auto-pump.
bomba automática para lubricar el cabezal (tornos) | headstock automatic oil pump.
bomba automotriz (no accionada por el eje o el motor propulsor-buques) | independent pump.
bomba auxiliar | gathering pump.
bomba bicilíndrica | duplex pump.
bomba buscadora del blanco por radar propio | radar-homing bomb.
bomba calorífica | heat pump.
bomba calorimétrica | calorimetric bomb | bomb calorimeter | explosion bomb.
bomba captadora | pickup pump.
bomba cargada de gasolina gelatinizada | gel-filled bomb.
bomba cebada | primed pump.
bomba cebadora (motor aviación) | booster pump.
bomba centrífuga | centrifugal pump.
bomba centrífuga accionada por motor | motor-driven centrifugal pump.
bomba centrífuga autocebante para agua | centrifugal self-priming water pump.
bomba centrífuga con difusor | turbine pump.
bomba centrífuga con difusor de caracol | volute pump.
bomba centrífuga con motor diesel de arranque en frío | cold starting diesel engined centrifugal pump.
bomba centrífuga de aspiración única | single-entry centrifugal pump.
bomba centrífuga de doble oído | double-suction centrifugal pump.
bomba centrífuga de doble oído con envuelta en dos piezas | double-eye split casing centrifugal pump.
bomba centrífuga de eje horizontal | horizontal spindle centrifugal pump.
bomba centrífuga de gran altura de impulsión | highlift centrifugal pump.
bomba centrífuga de pequeña carga hidrostática | low-head centrifugal pump.
bomba centrífuga de poca altura de impulsión | low-lift centrifugal pump.
bomba centrífuga de sentina de emergencia | centrifugal emergency bilge pump.
bomba centrífuga equilibrada axialmente | axial-balanced centrifugal pump.
bomba centrífuga horizontal de caja partida | horizontal centrifugal split-case pump.
bomba centrífuga monoetápica de alimentación de caldera | single-stage centrifugal boiler feed pump.
bomba centrífuga monoetápica de dos oídos | double-suction single-stage centrifugal pump.
bomba centrífuga monoetápica de un oído | single-stage single-suction centrifugal pump.
bomba centrífuga monogradual | one-step centrifugal pump.
bomba centrífuga multigradual | multistage centrifugal pump.
bomba centrífuga multigradual de alta presión | multistage high pressure centrifugal pump.
bomba centrífuga para arena | sand sucker.
bomba centrífuga para arenas y fangos | sludger.
bomba centrífuga sin prensaestopa | glandless centrifugal pump.
bomba centrífuga vertical autocebadora | vertical self-priming centrifugal pump.
bomba cohete | rocket.
bomba colgante (pozos) | sinking pump.
bomba colocada en el fondo (pozos mina) | bottom lift.
bomba completa | pump assembly.
bomba compresora de aire | air pump.
bomba con aletas sustentadoras lanzada en dirección a un blanco por un aeroplano | glide bomb.
bomba con camisa interior de caucho | rubber-lined pump.
bomba con carga química (fósforo, gasolina, etc.) | chemical bomb.
bomba con control electrónico | radio bomb.
bomba con dispositivo electrónico | radio bomb.
bomba con dos aletas plegables que giran y arman la espoleta mientras desciende | butterfly bomb.
bomba con electromotor refrigerado por agua | wet-motor pump.
bomba con empaquetadura central exterior | outside-center-packed pump.
bomba con empaquetadura exterior | outside-end-packed pump.
bomba con espoleta de acción retardada | sleeper.
bomba con espoleta de tiempo | time-bomb.
bomba con espoleta electrónica activada por radar | radio bomb.
bomba con espoleta extrarrápida | instantaneous bomb.
bomba con gran carga explosiva (relación de la carga al peso mayor del 70%) | high capacity bomb.
bomba con motor de gasolina | gasoline pump.
bomba con paletaje de turbina | turbine-vane type pump.
bomba con paracaídas | parachute bomb.
bomba con pérdida controlada | controlled leakage pump.
bomba con pico de salida | spout pump.
bomba con prensaestopas interiores | inside-packed pump.
bomba con propaganda lanzada desde un avión | leaflet bomb.
bomba con rotor helicoidal y estator de doble hélice | progressing-cavity rotary pump.
bomba con superficies móviles de control en la cola ajustadas por radioseñales para gobernar en alcance y azimut | razon.
bomba con una cámara que aumenta y disminuye de volumen. | positive displacement pump.
bomba contra blancos ligeramente blindados | semiarmor-piercing bomb.
bomba criógena | cryogenic pump | cryopump.
bomba criostática | cryo pump.
bomba de abastecimiento de aguas de poca altura de impulsión | low-lift waterworks pump.
bomba de absorción | sorption pump.
bomba de absorción iónica | ion-sorption pump.
bomba de aceite | oil pump.
bomba de aceite del regulador | governor oil pump.
bomba de aceleración (autos) | acceleration pump.
bomba de acumulación | storage pump.
bomba de achique | dewatering pump.

bomba de achique del dique de carenas | dry dock dewatering pump.
bomba de achique final (petroleros) | stripper pump.
bomba de achique final de tanques (petroleros) | sullage pump.
bomba de aeromotor | wind pump.
bomba de agotamiento | pumping engine | clearing pump | mine pump | draining pump | discharge pump.
bomba de agotamiento (minas) | drainage pump | draining engine | bucket set | bucket lift | exhaust pump.
bomba de agotamiento (pozos) | sinking pump.
bomba de agotamiento final de la carga (que achica todo lo que queda en los tanques) | stripping pump.
bomba de agotamiento secundaria (minas) | gathering pump.
bomba de agua dulce | fresh-water pump.
bomba de aire centrípeta | centripetal airpump.
bomba de aire comprimido | air pump.
bomba de aire de barrido accionada por balancín | side-lever-driven scavenging air pump | lever-driven scavenging airpump.
bomba de aire de dos etapas | double stage air pump.
bomba de aire de la máquina (de vapor) | engine air pump.
bomba de aire monocilíndrica | single-barrel air pump.
bomba de aletas | wing pump.
bomba de aletas móviles en la cola regulables por señales de radio para gobernar solamente en azimut (aviación) | azon bomb.
bomba de alimentación (buques) | donkey engine.
bomba de alimentación de combustible | fuel pump.
bomba de alimentación de la caldera | boiler feed pump.
bomba de alimentación de la caldera accionada por el grupo turboalternador | turbine-generator-driven boiler feed pump.
bomba de alimentación del evaporador de agua dulce | fresh-water evaporator feed pump.
bomba de alimentación del fueloil | fuel-oil supply pump.
bomba de alimentación movida por la máquina propulsora | main-engine driven feed pump.
bomba de alimentación para calderas lubricada con agua | water-lubricated boiler feed pump.
bomba de alimentación por presión | pressure-feed pump.
bomba de alimentación regulada por flotador | float-controlled feed pump.
bomba de alto vacío automática | automatic high vacuum pump.
bomba de arena | sludger | sand-wheel.
bomba de arena (sondeos) | sludger | sludge-pump | sand pump | shell-pump.
bomba de arrastre molecular | molecular-drag pump.
bomba de aspiración axial | end-suction pump.
bomba de aviación | aerobomb.
bomba de aviación superpotente | block-buster.
bomba de baja presión de gran caudal | large-delivery low pressure pump.
bomba de balancín | pendulum pump.
bomba de balancín accionado por la máquina | engine-driven lever pump.
bomba de barrido | scavenger pump.
bomba de barrido (diesel) | scavenger.
bomba de barrido (motores) | scavenge pump.
bomba de barrido accionada por balancín (motores) | link-driven scavenge pump.
bomba de barrido accionada por el cigüeñal | crank-driven scavenging pump.
bomba de barrido de pistón movida por la cruceta | crosshead-driven piston scavenging pump.
bomba de buzo | diving-pump.
bomba de cadena sin fin | paternoster pump.
bomba de caja de válvulas separadas | pot-valve pump.
bomba de caja partida horizontalmente | horizontally-split pump.
bomba de calor | heat pump.
bomba de calor con aire como fuente caliente | air-source heat pump.
bomba de camisa hueca giratoria con pluripistones rotatorios y cigüeñal inmóvil | rotary piston pump.
bomba de cangilones | chain pump.
bomba de carbón activado | sorption pump.
bomba de carga | booster pump | charging pump.
bomba de carga de petróleo | cargo oil pump.
bomba de carrera invariable | constant-stroke pump.
bomba de carrera regulable | variable-stroke pump.
bomba de caudal constante | fixed-displacement pump | fixed-capacity pump.
bomba de caudal regulable | variable output pump | variable-volume pump | variable-discharge pump.
bomba de caudal regulado | controlled volume pump.
bomba de caudal y presión variables | double-duty pump.
bomba de cebado del combustible | fuel-priming pump.
bomba de cebado del motor | primer pump | priming pump.
bomba de cigüeña | crank-action pump.
bomba de circulación | circulating pump | circulator.
bomba de circulación de salmuera | brine-circulating pump.
bomba de circulación del agua de refrigeración | cooling water circulating pump.
bomba de circulación del agua salada | salt-water circulating pump | seawater circulating pump.
bomba de circulación del amoníaco | ammonia circulation pump.
bomba de circulación del condensador | condenser circulating pump.
bomba de circulación del condensador del refrigerador | refrigerator condenser circulating pump.
bomba de circulación del enfriador de aceite | oil-cooler circulating pump.
bomba de circulación del refrigerador | refrigerator circulating pump.
bomba de circulación sin empaquetadura | glandless circulating pump.
bomba de cobalto | C bomb.
bomba de cobalto (radioterapia) | cobalt bomb.
bomba de combustible accionada por la presión de compresión de los cilindros del motor | compression-operated fuel pump.
bomba de combustible accionada por la presión de los cilindros del motor | cylinder-compression-pressure-actuated fuel pump.
bomba de combustible accionada por la presión del cilindro (motor diesel) | cylinder-pressure-operated fuel pump.
bomba de combustible de aire comprimido | pneumatic fuel pump.
bomba de compresión | compression pump.
bomba de condensación de hidrógeno | hydrogen condensation pump.
bomba de condensación por difusión | diffusion-condensation pump.
bomba de contraincendio y sanitaria (buques) | sanitary and fire pump.
bomba de contraincendios | fire-extinguishing pump | fire engine.
bomba de contraincendios (buques) | fire pump.
bomba de contraincendios accionada por motor diesel | diesel-driven fire pump.
bomba de corriente axial | axial-flow pump.
bomba de cuádruple efecto | quadruple-acting pump.
bomba de chorro | jet pump.
bomba de chorro para el refrigerante | gusher coolant pump.
bomba de demolición con gran carga explosiva hasta 11 toneladas (aviación) | blockbuster.
bomba de desagüe | mine pump | draining pump.
bomba de desagüe (minas) | drainage pump | draining engine.
bomba de desagüe colocada en el fondo del pozo (minas) | shaft-bottom pump.
bomba de desplazamiento | displacement pump.
bomba de desplazamiento axial por dos husillos paralelos engranados de pasos contrarios | screw displacement pump.
bomba de desplazamiento por rotores lobulados engranados | rotary displacement pump.
bomba de desplazamiento por rotores lobulados engranados y accionada por engranaje reductor | rotary gear displacement pump.
bomba de diafragma sin empaquetadura | glandless diaphragm pump.
bomba de diafragma y pistón | piston diaphragm pump.
bomba de difusión | diffusion pump.
bomba de difusión de aceite | oil-diffusion pump.
bomba de difusión de mercurio de varias fases | multistep mercury diffusion pump.
bomba de difusión osmótica | osmotic diffusion pump.
bomba de dirección radioguiada (aviación) | azon bomb.
bomba de dispersión de efectos | scatter bomb.
bomba de doble rodete | double-runner pump.
bomba de dragado | hydraulic dredge | dredger pump | dredging pump.
bomba de efecto retardado | time bomb.
bomba de émbolo buzo | plunger pump.
bomba de émbolo tubular con empaquetadura final al exterior | outside-end-packed plunger pump.
bomba de émbolo tubular de alta presión | high-pressure plunger pump.
bomba de emergencia | emergency pump.
bomba de emergencia de sentina | emergency bilge pump.
bomba de emergencia de sentina y contraincendios | emergency fire and bilge pump.
bomba de enfriamiento de los inyectores (motores) | fuel-valve cooling pump.
bomba de enfriamiento del agua destilada de la válvula de inyección | fuel-valve D. W. cooling pump.
bomba de enfriamiento del agua dulce | fresh-water cooling pump.
bomba de enfriamiento del inyector (motor diesel) | injector cooling pump.
bomba de enfriamiento del pistón y de la envuelta del cilindro | jacket and piston cooling pump.
bomba de enfriamiento del propulsor | impeller coolant pump.
bomba de engranaje tetracilíndrica | four-throw geared-pump.
bomba de engranajes | gear pump | gear wheel pump.
bomba de engranajes de caudal constante | constant-delivery gear pump.
bomba de enjuague del lavadero | laundry rinsing pump.
bomba de envuelta delgada | blast bomb.
bomba de escafandra | diving-pump.
bomba de excéntrica | eccentric pump.
bomba de explosión retardada | delayed-action bomb.
bomba de expulsión de gases quemados | scavenger pump.
bomba de extracción | extration pump | extractor.
bomba de extracción de la salmuera | brine

pump.
bomba de extracción del condensado | condensate extraction pump.
bomba de extracción del desaireador | deaereator extraction pump.
bomba de extracción del lubricante del sumidero (motor aviación) | scavenge pump.
bomba de fluidos criógenos | cryogenic pump.
bomba de flujo axial de paletas regulables | adjustable blade axial flow pump.
bomba de flujo axial multigradual | multistage axial-flow pump.
bomba de flujo continuo | pulsation-free pump.
bomba de flujo mixto | mixed-flow pump.
bomba de flujo reversible | reversible flow pump.
bomba de fragmentación | fragmentation bomb | frag bomb | fragmentary bomb.
bomba de fragmentación adaptada para ser lanzada con paracaídas | parachute fragmentation bomb.
bomba de fragmentación contra personal | daisy-cutter.
bomba de fragmentación contra tropas | antipersonnel fragmentation bomb.
bomba de fragmentación lanzada con paracaídas | parafrag.
bomba de gas | gas bomb.
bomba de gasolina (autos) | fuel pump | petro pump.
bomba de gran carga explosiva (aviación) | cookie.
bomba de gran velocidad específica | high-specific-speed pump.
bomba de hélice | axial-flow pump.
bomba de hidrógeno | H-bomb.
bomba de iluminación | target identification bomb.
bomba de iluminación (aerofotografía nocturna) | flash-bomb | photo beam.
bomba de iluminación para fotografía nocturna (aviación) | photoflash bomb.
bomba de impulsor abierto | open-impeller pump.
bomba de impulsor cerrado | closed-impeller pump.
bomba de incendio | fire truck.
bomba de incendios | fire appliance | fire pump | machine | water engine.
bomba de incendios automóvil | motor fire engine.
bomba de inducción electromagnética | electromagnetic induction pump.
bomba de inducción para metales licuados | liquid-metal induction pump.
bomba de inflación | inflation pump.
bomba de inyección (motores diesel) | jet pump.
bomba de inyección de lodos | mud hog.
bomba de inyección del combustible (motores) | injection pump.
bomba de inyección del combustible de caudal variable y carrera constante | constant-stroke variable delivery fuel injection pump.
bomba de inyección del combustible dentro de la corriente de aire de la tubuladura de admisión (motores) | bulk-injection pump.
bomba de lastre | ballast pump.
bomba de lastre (buques) | ballast donkey.
bomba de lastre y contraincendios | ballast and fire pump.
bomba de lastre y servicios generales | general service and ballast pump.
bomba de lava (erupción explosiva) | bomb.
bomba de los tanques de asiento (buque rompehielos) | trimming pump.
bomba de lubricación | oil pump.
bomba de lubricación de pistón | piston oil pump.
bomba de lubricación formando parte del motor | integral lubricating oil pump.
bomba de lubricación montada en el extremo del eje | shaft-end-mounted oil pump.
bomba de mano | hand pump | manual pump.
bomba de mano de aire | inflator.
bomba de mano para combustible (motores) | wobble pump.
bomba de mano para inflar | inflator | inflater.
bomba de mano pequeña | forger.
bomba de membrana | diaphragm pump.
bomba de mercurio electromagnética | electromagnetic mercury pump.
bomba de mina de gran altura de impulsión | high-head mine pump.
bomba de mochila | back-pack | knap-sack pump.
bomba de napalm | fire bomb.
bomba de napalm (aviación) | oil bomb.
bomba de neutrones (mata a los seres vivos y no daña el medio físico) | neutronic bomb.
bomba de paletas | vane pump.
bomba de pedal | foot pump.
bomba de pedal para levantar el pantógrafo (electrolocomotora) | pantograph foot pump.
bomba de penetración profunda (antes de explosionar) | deep-penetration bomb.
bomba de pequeña altura de elevación de gran caudal | large volume low-lift pump.
bomba de perfusión | perfusion bomb.
bomba de pistón | piston pump.
bomba de pistón oscilante | wing pump.
bomba de pistón tubular | plunging lift | plunger pump.
bomba de pistón tubular controlada por lumbrera | port-controlled plunger pump.
bomba de planeo | glide bomb.
bomba de plástico para prácticas de tiro | plastic practice bomb.
bomba de pozo | shaft pump.
bomba de presión | pressure pump.
bomba de primer vacío | rough vacuum pump.
bomba de profundización | sinker.
bomba de profundización (pozos) | sinking pump.
bomba de pulverización de iones | sputter-ion pump.
bomba de pulverización iónica | cold cathode getter-ion-pump.
bomba de purga | primer.
bomba de purín | manure pump.
bomba de radiodirigida | radioguided bomb.
bomba de reachique (petroleros) | strip pump.
bomba de refrigeración | refrigeration pump.
bomba de refrigeración del reactor nuclear | nuclear reactor refrigerator pump.
bomba de reserva | reserve pump.
bomba de reserva de sentina | reserve bilge pump.
bomba de retardo | time-bomb.
bomba de retorno del lubricante (motor aviación) | scavenger pump.
bomba de riego | irrigation pump.
bomba de rodete abierto y aspiración única | open-runner single suction pump.
bomba de rodete cerrado y doble aspiración | double-suction closed-impeller pump.
bomba de rosario
bomba de rotor blindado | canned motor pump.
bomba de rotor hermético | canned rotor pump.
bomba de rotores lobulados engranados y accionada por engranaje reductor | rotary gear-type pump.
bomba de sabotaje | sabotage bomb.
bomba de sabotaje no oculta | open bomb.
bomba de sentina | bilge pump.
bomba de sentina de la cámara de calderas | boiler-room bilge pump.
bomba de sentina de reserva | standby bilge pump.
bomba de sentina y contraincendios | bilge and fire pump.
bomba de servicio del tanque de alimentación | feed-tank service pump.
bomba de servicio diario del petróleo combustible (buques) | fuel-oil daily-service pump.
bomba de socorro | emergency pump.
bomba de sondeos | borehole pump.
bomba de trasegar | bare pump.
bomba de trasiego | transfer pump.
bomba de trasiego del combustible | fuel transfer pump.
bomba de trasiego del fueloil | fuel-oil trimming pump.
bomba de trasiego del fueloil (buques) | fuel-oil transfer pump.
bomba de trasvase del aceite de lubricación | lubricating oil transfer pump.
bomba de turbina | turbine pump.
bomba de turbina para pozos profundos | deep-well turbine pump.
bomba de turbina regeneradora | regenerative turbine pump.
bomba de vacío | vacuum pump.
bomba de vacío de adsorción iónica | getter ion pump.
bomba de vacío de chorro de agua | water-jet pump.
bomba de vacío de mercurio | mercury vacuum pump | mercury pump.
bomba de vacío del freno | brake exhauster.
bomba de vapor de acción simple (minas) | bull pump.
bomba de vapor para el achique final de tanques (petroleros) | steam-driven stripping pump.
bomba de vapor para incendios | steamer.
bomba de vapor para trasvase del combustible líquido | oil-fuel transfer steam pump.
bomba de ventilación | air pump.
bomba de voluta de rodete abierto | open-runner volute pump | open-impeller volute pump.
bomba del agua de enfriamiento de la envuelta | jacket water pump.
bomba del agua de enfriamiento de la tobera del combustible | fuel nozzle-cooling water pump.
bomba del agua fría | chilled water pump.
bomba del aparato de gobierno (buques) | steering pump.
bomba del combustible | fuel pump.
bomba del combustible accionada por los gases de exhaustación (motores) | gas-operated fuel pump.
bomba del extrusor | extruder pump.
bomba del filtro | filter pump.
bomba del freno neumático | air brake pump.
bomba del líquido refrigerador | coolant pump.
bomba del lodo (sondeos) | slush pump | mud pump.
bomba del tanque de sedimentación del fueloil (buques) | fuel-oil settling tank pump.
bomba desaguadora de sótanos | cellar drainer.
bomba desarmada | disarmed bomb.
bomba distribuidora (de gasolina, etc.) | dispensing pump.
bomba dosificadora | metering pump.
bomba dosificadora de productos químicos | chemical pump.
bomba duplex vertical para el achique final (petroleros) | vertical duplex stripping pump.
bomba electromagnética | magnetic pump.
bomba electromagnética para metales licuados | liquid-metal electromagnetic pump.
bomba elevadora de presión | booster.
bomba emisora de isótopos de rayos gamma | gamma-rays bomb.
bomba enteramente de bronce | all bronze pump.
bomba espiral centrífuga | centrifugal screw pump.
bomba estomacal | stomach pump.
bomba eyectora | ejector pump.
bomba filtrante | filter pump.
bomba fumígena | smoke-bomb.
bomba guiada por rayos laser | laser-guided bomb.
bomba hermética | canned pump.
bomba hidráulica | hydraulic pump.
bomba hidráulica de alta presión de caudal

invariable | constant displacement high pressure hydraulic pump.
bomba hidráulica de engranajes | hydraulic gear pump.
bomba hidráulica de motor eléctrico (para accionamiento de mandos de aeronaves) | power pack.
bomba hidráulica para el movimiento de la torre (buques guerra) | gun turret hydraulic pump.
bomba homóloga | homologous pump.
bomba impelente | blast-pump | force pump | pressing pump | plunger pump | positive-lift pump | ram-pump | positive pump | lift pump.
bomba impelente con plataforma | jigger pump.
bomba impelente de cámara de combustión (bomba Humphrey) | gas-displacement pump.
bomba impelente de caudal variable | multidelivery plunger pump.
bomba impelente de doble efecto | double-acting force pump.
bomba impelente de engranajes de baja presión | low-pressure gear-type booster pump.
bomba impelente de presión | forge pump.
bomba inatascable | clogless pump.
bomba incendiaria | flame bomb | fire bomb.
bomba incendiaria con composición fosfórica | phosphorous bomb.
bomba incendiaria de magnesio | electron bomb | magnesium bomb | magnesium incendiary bomb.
bomba incendiaria de termita | thermit incendiary bomb.
bomba incendiaria de unos 500 kilos empleada contra edificios industriales | antiindustrial bomb.
bomba inobstruible | unchokeable pump.
bomba insertada | insert pump.
bomba insertada (pozo petróleo) | casing pump.
bomba intermedia | booster pump.
bomba inyectora | injecting pump.
bomba inyectora del lodo de circulación (sondeos) | slush pump.
bomba iónica (para vacío) | ionic bomb.
bomba lubricada con agua (no tiene empaquetaduras ni cojinetes lubricados con lubricantes - alimentación calderas) | water-lubricated pump.
bomba magnética de combustible | magnetic fuel pump.
bomba manual | hand pump.
bomba marcadora (del espacio a bombardear) | marker bomb.
bomba mecánica | power pump | pumping engine.
bomba medidora | dispenser pump | metering pump.
bomba molecular de difusión por vacío | molecular vacuum-diffusion pump.
bomba monocilíndrica | single-plunger pump.
bomba motorizada | mechanically driven pump | power pump.
bomba movida por motor eólico | gin.
bomba multicelular | multicellular pump.
bomba neumática de hermeticidad por aceite | oil-sealed vacuum pump.
bomba neumorregulada | pneumatically governed pump.
bomba neutrónica | bomb-N.
bomba neutrónica de alcance táctico | tactical range neutronic bomb.
bomba no atómica | traditional bomb.
bomba no autocebante | nonself-priming pump.
bomba no estrangulada | nonthrottled pump.
bomba nuclear | fission bomb.
bomba nuclear (atómica o termonuclear) | nuclear bomb.
bomba nuclear cargada | live atomic bomb.
bomba nuclear con pequeña lluvia radiactiva | clean bomb.
bomba nuclear con potencia equivalente a mil toneladas de trinitrotolueno (aproximadamente 10^{12} calorías) | kiloton bomb.
bomba nuclear con potencia explosiva equivalente a un millón de toneladas de trinitrotolueno (aproximadamente $10^{1}5$ calorías) | megaton bomb.
bomba nuclear diseñada para producir escasa radioactividad | nuclear clean bomb.
bomba nuclear que no ha detonado | dud atomic bomb.
bomba nuclear que produce bastante radioactividad | nuclear dirty bomb.
bomba obstruida | foul pump.
bomba para ácidos | acid pump.
bomba para achicar lo que queda en el fondo de los tranques (petroleros) | stripper pump.
bomba para aguas con gran porcentaje de sólidos | mud pump.
bomba para aguas sucias | dirty water pump.
bomba para amoníaco | ammonia pump.
bomba para aumentar la presión | booster pump.
bomba para baldeo de cubiertas | deck wash pump.
bomba para bitumen con camisa de vapor | steam-jacketed bitumen pump.
bomba para cambio de paso de las palas de la hélice | propeller-feathering pump.
bomba para cebar (bombas centrífugas) | self-primer.
bomba para cebar el motor | primer.
bomba para circular propulsantes criogénicos | cryogenic fluid pump.
bomba para comprimir hidrógeno | hydrogen bomb.
bomba para chorro de agua | jetting pump.
bomba para descarga total del gas (pozo petróleo) | stripping pump.
bomba para descargar pescado (de buques pesqueros) | fish pump.
bomba para distribuir gasolina | gasoline dispensing pump | petrol pump.
bomba para el agua de recuperación (fabricación de papel) | backwater pump.
bomba para el servicio sanitario (buques) | sanitary pump.
bomba para extraer vapor de agua a pequeñas presiones | degasser.
bomba para fangos | slush pump | mud pump.
bomba para fangos del depurador | purified sludge pump.
bomba para farmacias | dispensing pump.
bomba para impeler hormigón | concrete pump.
bomba para inyectar mortero de cemento | grout pump.
bomba para la circulación del aceite de lubricación | lubricating-oil circulating pump.
bomba para la lechada de cal | lime-pump.
bomba para la puesta en bandolera (hélice avión) | feathering pump.
bomba para líquidos | liquid pump.
bomba para líquidos con sólidos en suspensión | solids pump.
bomba para líquidos densos | slush pump.
bomba para los tanques de escorar (buque rompehielos) | lurching pump.
bomba para mantener el vacío | holding pump.
bomba para neumáticos | air pump.
bomba para obtener rápidamente un primer vacío | roughing pump.
bomba para pasta de papel | paper stock pump.
bomba para pozos petrolíferos | oil well pump.
bomba para pozos profundos | deep-well pump.
bomba para probar inyectores | injector test pump.
bomba para probar inyectores (motores diesel) | nozzle test pump.
bomba para probar toberas de inyección (motor diesel) | injection nozzle testing pump.
bomba para productos alimentarios | foodstuffs pump.
bomba para pruebas de calderas | boiler prover.
bomba para pruebas de manómetros | pressure-gage test pump.
bomba para pruebas de presión hidráulica | hydraulic pressure test pump.
bomba para purgar agua (cañerías de gas) | drip-pump.
bomba para refinería de petróleo | oil refinery pump.
bomba para represar agua | impounding pump.
bomba para servicios distintos | double-duty pump.
bomba para sodio licuado | liquid sodium pump.
bomba para surtidores de gasolina | petrol dispensing pump.
bomba para trasiego del combustible | fuel-handling pump.
bomba para trasvase de agua de un tanque de balance al otro (buques rompehielos) | heeling pump.
bomba para trasvase de líquidos | liquid handling pump.
bomba para vaciar bombonas de ácido | carboy discharger.
bomba pequeña de alimentación | donkey pump.
bomba peristáltica (cirugía) | peristaltic pump.
bomba planeadora | gliding bomb | glider bomb.
bomba pluricilíndrica de placa oscilante y carrera regulable | variable-stroke multi-plunger swashplate pump .
bomba policilíndrica | multiplunger pump | multipiston pump.
bomba policilíndrica de caudal variable | multiple-piston variable-displacement pump.
bomba polietápica | multistage pump.
bomba primaria | primary pump.
bomba principal | main pump.
bomba principal de alimentación | main feed pump.
bomba principal de circulación del agua salada (buques) | main salt-water circulating pump.
bomba propulsada por cohete | rocket bomb.
bomba pulsatoria | jerk pump.
bomba que detona en el impacto | trigger bomb.
bomba que explota cerca del blanco | near miss.
bomba que explota en el aire | airburst.
bomba que puede funcionar anegada | submerged pump.
bomba radariguiada | bat.
bomba radial de pistones | radial plunger pump.
bomba radiodirigida | radio guided bomb.
bomba radioguiada | azon bomb.
bomba radioguiada desde el exterior | radio-guided bomb.
bomba real (buques) | main pump.
bomba recogedora | pickup pump.
bomba refrigerante | cooling pump.
bomba retenida accidentalmente al soltarla (aviones) | hung bomb.
bomba rotativa | rotary pump | drum-pump | rotoplunge pump.
bomba rotativa de aceite | rotary oil pump.
bomba rotativa de alto vacío | vacuum fore-pump.
bomba rotativa de engranaje interior | internal gear pump.
bomba rotativa de paletas | rotary vane-type pump | vane pump.
bomba rotativa de pistón excéntrico | eccentric-piston rotary pump.
bomba rotativa de tipo de cavidad helicoidal continua | progressing-cavity rotary pump.
bomba rotativa de volumen constante | constant-volume rotary pump.
bomba rotativa mecánica de alto vacío | fore-pump.
bomba rotativa mecánica para vacío prelimi-

nar (técnica del alto vacío) | backing pump.
bomba rotativa para inyección del combustible (motor diesel) | distributor pump.
bomba rotatoria de desplazamiento positivo | rotary positive-displacement pump.
bomba rotodinámica | rotodynamic pump.
bomba sanitaria y de servicios generales | general service and sanitary pump.
bomba semiperforante | semiarmor-piercing bomb.
bomba sin aletas (aviación) | vertical bomb.
bomba sin camisa exterior | nonjacketed pump.
bomba sin impulsión (bomba aspirante) | free delivery pump.
bomba sin impulsión (de émbolo aspirante) | free fall pump.
bomba sucia | salted bomb | dirty bomb.
bomba sumergible con electromotor refrigerado por agua | wet motor submersible pump.
bomba sumergible que trabaja en pozos inclinados (minas) | incline submergible pump.
bomba superior (pozo de mina) | hogger pump.
bomba tangencial | periphery pump.
bomba teledirigida | buzz-bomb.
bomba térmica en que el agua calienta el evaporador y el aire enfría el condensador | water-to-air heat pump.
bomba térmica en que el aire exterior calienta el evaporador y el aire enfría el condensador | air-to-air heat pump.
bomba térmica en que la tierra calienta directamente el evaporador y el aire enfria el condensador | earth-to-air heat pump.
bomba termonuclear de hidrógeno | hydrogen bomb.
bomba trabajando cebada | on-snore pump.
bomba tricilíndrica | three-throw pump | triplex pump.
bomba tricilíndrica accionada eléctricamente | electric-driven treble ram pump.
bomba volante | flying bomb | rocket.
bomba volante con motores de chorro | jet bomb.
bomba volcánica | bomb.
bomba volcánica (geología) | lava ball.
bomba volcánica con corteza dura y el interior esponjoso-vesicular | bread-crust bomb.
bomba volcánica con un núcleo xenolítico revestido con una capa de lava congelada | cored bomb.
bomba volumétrica | displacement pump | positive displacement pump.
bombarda (órgano) | bombardon.
bombarda (registro de órgano) | bombardoon.
bombardeable (blancos) | bombable.
bombardeado (edificios) | shell-struck.
bombardeado con bomba atómica | atom-bombed.
bombardeado con deuterones de 1 | bombarded with 1,8 mev deuterons.
bombardeado con protones | proton-bombarded.
bombardeado con un haz de electrones | electron beam-bombarded.
bombardear | bombard (to) | bomb (to) | shell (to).
bombardear al enemigo con arma nuclear (EE.UU.) | nuke.
bombardear con ayuda de instrumentos (aviación) | blind-bomb (to).
bombardear con bomba atómica | atom-bomb (to).
bombardear con partículas alfa de 400 megaelectrón-voltios | bombard with 400 mev alphas (to).
bombardear con precisión | pinpoint (to).
bombardear con un rosario de bombas (aviación) | carpet-bomb (to).
bombardear corto (aviación) | undershoot (to).
bombardear en picado | dive-bomb (to).
bombardear en planeo | glide-bomb (to).
bombardear sin cesar al enemigo | bang away at the enemy (to).
bombardear un blanco muy pequeño (aviación) | pinpoint (to).
bombardeo | shelling | bombing | radiation aid | bombardment.
bombardeo (nucleónica) | bombardment.
bombardeo a baja altitud | low-level bombing.
bombardeo a baja altitud (aviación) | low-altitude bombing.
bombardeo a baja altitud por rebote de la bomba sobre el agua o terreno (aviación) | skip bombing.
bombardeo a escasa altura contra buques | masthead bombing.
bombardeo a gran altitud | high-level bombing.
bombardeo a través de nubes | bombing through overcast.
bombardeo aéreo | air bombing.
bombardeo aéreo con agua contenida en un recipiente (incendio forestal) | water bombing.
bombardeo aéreo en rosario | train bombing.
bombardeo aéreo sobre aviones en vuelo | air-to-air bombing.
bombardeo apuntando al blanco (aviación) | direct bombing.
bombardeo ciclotrónico | cyclotronic bombardment.
bombardeo con agua arrojada por aviones sobre un incendio forestal | water-bombing by aircraft of forest fire.
bombardeo con alas en media luna | crescent wing bomber.
bombardeo con bombas de poco peso | light bombardment.
bombardeo con bombas lanzadas sucesivamente | stick bombing.
bombardeo con bombas muy grandes | very heavy bombardment.
bombardeo con chorro de perdigones | shotpeening.
bombardeo con el concurso de muchos aviones | mass bombing.
bombardeo con gran cantidad de bombas | mass bombing.
bombardeo con instrumentos ópticos | optical bombing.
bombardeo con iones de argón en una cámara de ionización de vació parcial (superficies metálicas) | cathodic vacuum etching.
bombardeo con neutrones | bombardment with neutrons, charged particles or other nuclear radiation.
bombardeo con pequeño ángulo de picado | low-angle bombing.
bombardeo con puntería indirecta o con blanco auxiliar | offset bombing.
bombardeo de advertencia | token bombing.
bombardeo de apoyo directo | direct-support bombing.
bombardeo de artillería | shelling.
bombardeo de asalto | bombing attack.
bombardeo de blancos muy pequeños | picklebarrel bombing.
bombardeo de blancos vitales especialmente seleccionados (aviación) | functional bombing.
bombardeo de gran precisión | picklebarrel bombing.
bombardeo de interdicción | interdiction bombing.
bombardeo de la artillería | artillery shelling.
bombardeo de precisión | accuracy bombing.
bombardeo de precisión (aviación) | pinpoint bombing.
bombardeo de preinvasión | preinvasion bombing.
bombardeo de rebote volando a baja altitud | ricochet bombing.
bombardeo de saturación | saturation bombing.
bombardeo defensivo | defensive bombing.
bombardeo desde la mínima altitud | minimum-altitude bombing.
bombardeo electrónico | electronic bombardment.
bombardeo empleando el radar | instrument bombing.
bombardeo empleando un alza radárica (aviones) | radar drop.
bombardeo en formación | pattern bombing | formation bombing.
bombardeo en lanzadera (aviación) | shuttle.
bombardeo en picado (ángulo de 60 a 70 grados) | dive bombing.
bombardeo en picado con ángulo entre 30 y 60 grados | medium dive bombing.
bombardeo en picado con ángulo entre 60 y 90 grados | steep dive bombing.
bombardeo en picado con ángulo menor de 30 grados sobre la horizontal | shallow dive bombing.
bombardeo en ristra | stick bombing.
bombardeo en vuelo bajo | low-flying bombing.
bombardeo en vuelo de vuelta | shuttle bombing.
bombardeo en vuelo horizontal | level bombing | level-flight bombardment | horizontal bombing.
bombardeo encabritando el avión | zoom bombing.
bombardeo intenso | heavy bombardment.
bombardeo lanzando las bombas al cambiar de dirección el avión | toss bombing.
bombardeo múltiple (nuclear) | cross-bombardment.
bombardeo neutrónico | neutron bombardment.
bombardeo nuclear | nuclear bombardment.
bombardeo nuclear artificial | man-generated nuclear bombardment.
bombardeo por encima de las nubes | overcast bombing.
bombardeo por encima de las nubes (que cubren al blanco terrestre) | undercast bombing.
bombardeo por haz electrónico | beam bombardment.
bombardeo por ondas ultrasonoras | ultrasonic wave bombardment.
bombardeo por un avión en planeo (ángulo de 30 a 35 grados) | glide-bombing.
bombardeo radárico | radar bombing.
bombardeo radioguiado a corta distancia | close-control bombing.
bombardeo shoránico | shora bombing.
bombardeo sin referencia visual del terreno | instrument bombing.
bombardeo sin visibilidad | blind bombing.
bombardeo síncrono por radar | synchronous radar bombing.
bombardeo síncrono radárico (aviación) | radar synchronous bombing.
bombardeo sistemático | pattern bombing.
bombardeo sobre objetivos en el agua | overwater bombing.
bombardeo sobre todas las partes de una zona (aviación) | area bombing.
bombardeo superfluo (de una fábrica que ya está afectada por la destrucción de otra de la que depende) | redundant bombing.
bombardeo vertical a cara o cruz (aviación) | toss bombing.
bombardeo visual (aviación) | day bombing.
bombardero (persona) | bombardier.
bombardero (personal de aviación) | bomber-gunner.
bombardero birreactor | twin-jet bomber.
bombardero con motores alternativos | piston-engined bomber.
bombardero con un peso total incluida la carga de bombas menor de 50 toneladas | light bomber.
bombardero de ala alta | high-wing bomber.
bombardero de ala baja | low-wing bomber.
bombardero de ala media | midwing bomber.
bombardero de ala triangular | delta-wing bomber.
bombardero de alcance medio | medium-range bomber | medium bomber.
bombardero de asalto monoplaza | singleseater strike bomber.

bombardero de bomba atómica | atom-bomb carrier.
bombardero de chorro | jet bomber.
bombardero de chorro de gran potencia | heavy jet bomber.
bombardero de chorro de vuelo alto de pequeña autonomía | low-range high-level jet bomber.
bombardero de gran carga | heavy bomber.
bombardero de gran carga de bombas y de gran radio de acción | very heavy bomber.
bombardero de gran radio de acción | long-range bomber.
bombardero de patrulla | patrol bomber.
bombardero de peso medio | medium bomber.
bombardero de peso medio (peso con carga de bombas entre 45 y 110 toneladas) | medium.
bombardero de proa cónica aguda | needle-nose bomber.
bombardero de vuelo a gran altitud | high-flying bomber.
bombardero diurno | day bomber.
bombardero escoltado | escorted bomber.
bombardero especializado en bombardeo radárico | radar bombardier.
bombardero intercontinental | intercontinental bomber.
bombardero lanzacohetes | rocket bomber.
bombardero nocturno | night bomber.
bombardero pesado cuatrimotor | four-engined heavy bomber.
bombardero propulsado por reactores | jet-powered bomber.
bombardero que encabeza la formación | lead bomber.
bombardero que vuelo desde su base a cualquier sitio de la tierra y retorna sin aterrizar | global bomber.
bombardero rápido | high-speed bomber.
bombardero sin piloto destruible (prácticas de tiro) | expendable pilotless bomber.
bombardero supersónico | supersonic-speed bomber.
bombardero trichorro | trijet bomber.
bombardero trirreactor | trijet bomber.
bombardero-navegante | bombardier-navigator.
bombardero-patrullero de alas en parasol | parasol-wing patrol-bomber.
bombarderos nocturnos que hostilizan durante la noche | hecklers.
bombardino | bombardoon.
bombardino bajo | euphonium.
bombardón | bombardoon | saxhorn bass.
bombardón (música) | bombardon.
bombas (es decir enfrente unos de otros - motores marinos) | mirror-handed engines.
bombas arrojadas simultáneamente (aviación) | salvoed bombs.
bombas de aire de barrido en fase con la secuencia de explosiones de los cilindros (motores diesel) | phased scavenging air pumps.
bombas geométricamente semejantes | geometrically similar pumps.
bombasi | bombasine | bombazine | bombaset | fustian.
bombax (Bombax bounopozense) | pomponia.
bombeabilidad | pumpability.
bombeable | pumpable.
bombeada (poleas) | rounding.
bombeado | sprung | barrelled | pumped | domed.
bombeado a mano | hand-pumped.
bombeado con bomba de pistón | piston pumped.
bombeado ópticamente (patrón de frecuencia) | optically pumped.
bombeado por succión | suction-pumped.
bombear | pump (to) | pump out (to) | pump up (to).
bombear a mano | hand-pump (to).
bombear agua (minas) | fork (to).
bombear contra una presión de descarga de 140 libras/pulgada^2 | pump against a discharge pressure of 140 psi (to).
bombearse | spring (to).
bombeo | pumping.
bombeo (carreteras) | crown | camber.
bombeo (chasis auto) | kick-up.
bombeo (de la cara de trabajo de la polea) | crown.
bombeo (de un muro) | belly.
bombeo (poleas) | swell.
bombeo combinado (pozo petróleo) | back crank pumping.
bombeo con balancín (petróleo) | on the beam pumping.
bombeo cóncavo | concave camber.
bombeo criogénico | cryopumping.
bombeo de la cara de la polea | pulley crown.
bombeo de pozos profundos de petróleo | deep oil well pumping.
bombeo del gas natural | natural gas pumping.
bombeo del oleoducto | pipeline pumping.
bombeo electromagnético | electromagnetic pumping.
bombeo iónico | ion-pumping | ion pumping.
bombeo magnético | magnetic pumping.
bombeo neumático | plunger lift.
bombeo óptico (patrón de frecuencia) | optical pumping.
bombeo por pulverización iónica | sputter-ion pumping.
bombeo por solidificación de un gas | gas solidification pumping.
bombeo por sorbción | sorption pumping.
bombero | pumpman | pipeman | fireman.
bombero (aviación) | fireguard.
bombero (buques tanques) | tankerman.
bombero forestal | smoke chaser.
bombilla (lámpara) | bulb.
bombilla eléctrica | lamp.
bombilla en forma de llama de vela | candle lamp.
bombilla esmerilada por el interior | pearl lamp.
bombilla incandescente pequeña | baby.
bombilla para faros delanteros de automóvil | car headlamp bulb.
bombinador (reptil) | bombardier.
bombista | pump operator.
bombita (mineral) | bombite.
bombo de tela negra para reducir la luz (cine) | scrim.
bomboleo | swing.
bombona de vidrio | glass carboy.
bombona para ácidos | carboy | demijohn | acid carboy.
bonancible | calm.
bonancible (vientos, etc.) | fair.
bonanza (bolsón rico en mineral) | bonanza.
bonanza (geología) | shoot of variation | ore shoot.
bonanza (minas) | shoot.
bonanza (minería) | rich strike of ore.
bondad de ajuste (mecánica) | goodness of fit.
bondad del ajuste (estadística) | goodness of fit.
bondad óptica de una gema | optical goodness of a gem.
bonderizar | bonder (to).
bonderizar (tratar con solución de ácido fosfórico con un catalizador) | bonderize (to).
bondón | cask plug.
bonete | cap.
bonete (fortificación) | bonnet.
bonificación | rebate | abatement | bounty | drawback | discount | allowance | refund.
bonificación (aceros) | hardening and tempering.
bonificación (economía) | quantity discount.
bonificación (empréstitos) | bonus.
bonificación fiscal | tax rebate.
bonificación por consumo | quantity discount.
bonificación por cuotas | quota bonus.
bonificación por siniestralidad | no-claims bonus.
bonificación sobre fletes | freight allowance.
bonificación sobre las acciones | bonus on shares.
bonificaciones adicionales | additional premium.
bonificaciones de empleados | employees' bonus.
bonificaciones familiares | family allowance.
bonificado | quenched and tempered.
bonificado (aceros) | toughening | hardened and tempered.
bonificado al aire (aceros) | air toughening.
bonificar | refund (to).
bonificar (aceros) | quench and temper (to).
bonificar en agua | water toughen (to).
bono | warrant | certificate of participation.
bono (obligación) | bond.
bono a corto plazo | short-term-bond.
bono a corto plazo por ingresos anticipados | revenue bond.
bono a interés fijo | active bond.
bono a plazo fijo | dated bond.
bono al portador (bancos) | bearer bond.
bono amortizable | debenture bond.
bono avalado por el material móvil (ferrocarril - EE.UU.) | equipment trust certificate.
bono con garantía anulada | rescission bond.
bono con vencimiento aplazado | continued bond.
bono corriente | currency bond.
bono de caja | short-term bond.
bono de consolidación (economía) | funding bond.
bono de garantía colateral | collateral-trust bond.
bono de interés diferido | deferred bond.
bono de la Tesorería | Treasury note.
bono de primera hipoteca | first mortgage bond.
bono de producción | bonus allowable.
bono de propiedad | property bond.
bono de rendimiento bajo | low-yield bond.
bono de tesorería | short-term bond | treasury bond | short-term-bond.
bono de valor estabilizado por índice | stabilized bond.
bono del Tesoro | public bond | Treasury bond.
bono depreciado (bolsa) | baby bond.
bono estampillado | stamped bond.
bono estatal a corto plazo | certificate of indebtness.
bono garantizado | secured bond.
bono garantizado solidariamente (economía) | joint and several bond.
bono hipotecario | secured bond | real-estate bond | real estate bond.
bono no garantizado | bond indenture.
bono nominativo | register bond | registered bond.
bono pagadero en moneda nacional | currency bond.
bono para el desarrollo del país | national development bond.
bono para liquidación de obligaciones | refunding bond.
bono perpetuo | annuity bond.
bono privilegiado | priority bond.
bono redimible antes de su vencimiento | callable bond.
bono reembolsable anticipádamente | callable bond.
bono renovado | extended bond.
bono secundario | adjustment bond.
bono sin garantía hipotecaria | debenture bond.
bono sin interés | passive bond.
bono sin vencimiento | perpetual bond | annuity bond.
bono sobre ganancias | adjustment bond | income bond.
bono sorteado | drawn bond.
bonos | fixed debt | obligations.
bonos aceptados | assumed bonds.
bonos al portador | nonregistered bonds.
bonos amortizables anticipadamente | callable

bonds.
bonos cancelados | invalidated bonds.
bonos con garantía prendaria | collateral trust bonds.
bonos consolidados | consolidated bonds.
bonos convertibles | convertible bonds.
bonos de aceptación cambiaria | assented bonds.
bonos de conversión | refunding bonds.
bonos de fondo de amortización | sinking fund bonds.
bonos de garantía colateral | collateral trust bonds.
bonos de primera hipoteca | first-mortgage bonds.
bonos de reintegración | refunding bonds.
bonos de tesorería | savings bonds.
bonos de tesorería (G.B.) | exchequer bonds.
bonos del ahorro postal | postal savings bonds.
bonos del Tesoro (G.B.) | exchequer bonds | treasury stock.
bonos del Tesoro que vencen en fecha determinada | go-off.
bonos en cartera | bondholdings.
bonos en que las compañías de seguros pueden legalmente invertir sus fondos | insurance bonds.
bonos hipotecarios | mortgage bonds.
bonos innegociables | nonmarketable bonds.
bonos no garantizados | unsecured bonds.
bonos no vendibles | nonmarketable bonds.
bonos pagaderos en dólares | dollar bonds.
bonos pagaderos en serie | serial bonds.
bonos secundarios | junior bonds.
bonos sobre equipo en fideicomiso | equipment trust bonds.
boñiga | dung.
boñiga seca para combustible | casings.
booleano (lógica formal) | boolean.
boom sónico | sonic boom.
bopobibliografía | bopobibliography.
boquerel | nozzle.
boquerel (manguera) | snout.
boquerel de manguera | nose-piece.
boquerón | bit.
boquerón (montañas) | pass.
boquete | gap.
boquiancho | wide-mouthed.
boquiduro (caballos) | hard-mouthed.
boquihendido | flewed.
boquilla | thimble | bushing | manifold | nose | nozzle end.
boquilla (bóvedas, túneles) | ring course.
boquilla (de manguera) | jet.
boquilla (del proyectil) | fuze hole.
boquilla (electricidad) | shell.
boquilla (extrusión) | die.
boquilla (instrumento de viento) | mouthpiece.
boquilla (música) | mouthpiece.
boquilla (soplete oxiacetilénico) | nozzle | tip.
boquilla (torno) | wire chuck.
boquilla (túneles) | portal.
boquilla - pinza portapieza (manguito hendido cónico para introducirlo en el plato - torneado de piezas pequeñas en un plato grande) | collet.
boquilla ahusada | spring collet.
boquilla ahusada (tornos) | draw-in collet.
boquilla alimentadora por succión del papel | suction feeder.
boquilla aspersora | spraying nozzle.
boquilla aspiradora | aspirating nozzle.
boquilla aspiradora alimentadora de las hojas de papel (tipografía) | feed sucker.
boquilla de aguja | needle nozzle.
boquilla de aspersión (de agua) | drencher head.
boquilla de Borda | Borda mouthpiece.
boquilla de borna (transformador) | terminal bushing.
boquilla de cabeza giratoria para soldar con arco en atmósfera de argón | swivel head argon-gas torch.
boquilla de contratuerca | lock-nut bushing.
boquilla de corte (soplete) | cutting tip.
boquilla de corte (soplete oxiacetilénico) | cutting head.
boquilla de corte flotante | floating cutter.
boquilla de descarga de gran caudal | high-rate discharge head.
boquilla de fibra | fiber bushing.
boquilla de gotas regulable | drip-nozzle.
boquilla de inundación | flooding nozzole.
boquilla de inyección | mud gun.
boquilla de la tobera | nozzle tip.
boquilla de la tobera (alto horno) | tuyere stock.
boquilla de limpieza del óxido de laminación por llama oxipropánica | oxypropane flame cleaning nozzle.
boquilla de manguera | hose mouthpiece.
boquilla de mordazas convergentes (máquina herramienta) | collet chuck.
boquilla de reborde macho | inside head bushing.
boquilla de regadera | rosehead | spray nozzle.
boquilla de salida (túneles) | exit portal.
boquilla de salida del tunel | exit portal of the tunnel.
boquilla de soplete roscada interiormente | internally-threaded nozzle head.
boquilla de sujeción | clamp bushing.
boquilla deflectora | deflector nozzle.
boquilla del aspersor | sprayer manifold.
boquilla del forro | liner bushing.
boquilla hembra | outside head bushing.
boquilla nebulizadora | spraying nozzle.
boquilla para brocas | drill socket | drill sleeve.
boquilla para cortar remaches (soplete) | rivet-cutting nozzle.
boquilla para chorro de agua o nebulización (lanza de manguera) | jet/fog nozzle.
boquilla para ducha | rosehead.
boquilla para macho roscador (tornos) | tapping chuck.
boquilla para nebulizar agua (contraincendios) | waterfog nozzle.
boquilla para soldar | welding nozzle.
boquilla para ventilación | air nozzle.
boquilla rociadora | spray head | spray nozzle.
boquilla roscada | nipple.
boquilla roscada totalmente interior y exteriormente | face bushing.
boquilla separadora de la suciedad | dirt-excluding nipple.
boquilla sin cabeza | headless bushing.
boquilla sujetamachos | tap chuck.
boquinete | hare-lipped.
boquirrasgado | wide-mouthed.
boquiseco | dry-mouthed.
borado | boron-containing.
boral (sandwich de cristales de carburo de boro recubierto con aluminio puro) | boral.
boratera | borax deposit.
boratera (América) | borax-mine.
boratero | borax worker.
borato | borate.
borato de aluminio | boroaluminate.
borato sódico | sodium borate.
borax | borax.
borax deshidratado | anhydrous borax.
bórax molido sucio (por exposición al aire) | air-slaked borax.
borax octaédrico | jeweller's borax.
boraxal | boraxal.
borazono (semiconductor) | borazone.
borbollar | boil up (to).
borbolleo resonante | chugging.
borborigmo | rumble.
borbotar | boil up (to) | spout (to).
borbotear | bubble (to).
borboteo | simmering.
borboteo (química) | bubbling.
borceguí | laced shoe.
borda | bulwark.
borda (buque) | board.
borda (buques) | side | gunnel | bulwark.
borda con borda (buques) | side-by-side.
bordada (buque de vela) | leg.
bordada (buque vaela) | stretch.
bordada (buques de vela) | tack.
bordada (marina) | reach.
bordada (navegación) | beat.
bordada (voltejeo - marina) | beating.
bordado | work | embroidering | embroidery.
bordado (tejido punto) | wrap.
bordado a la inglesa | English embroidery.
bordado al pasado | flat embroidery.
bordado de realce | satin stitch.
bordado diamanté | diamanté.
bordado en color | colored embroidery.
bordado en oro | auriphrygia.
bordado por urdimbre | whip figuring | warp figuring.
bordado químico | chemical embroidery.
bordador | embroiderer.
bordadora | embroiderer.
bordados | embroidery.
bordados de fibras sintéticas | synthetic fibre embroideries.
bordadura | embroidery.
bordar | embroider (to) | work (to).
bordar al realce | raise (to).
bordar con cordoncillo | braid (to).
bordar en realce | fret (to).
bordar ramos o flores | sprig (to).
borde | rim | acies | brim | verge | edge | skirt | edging | ledge | land | margin | border.
borde (de campana) | paunch.
borde (de cráter) | rim.
borde (de precipicio) | brow.
borde (de un recipiente) | lip.
borde (extremidad anterior) | nose.
borde (matemáticas, astronomía, botánica) | limb.
borde (páginas) | edge.
borde (soldeo en ángulo recto) | toe.
borde (vasos) | rim.
borde achaflanado en su totalidad | single-bevel edge.
borde achaflanado parcialmente y con una parte recta (chapas) | single bevel and nose edge.
borde agrietado | split end.
borde anterior | leading edge | anterior margin.
borde áspero tal como sale de máquina (fabricación papel) | mill edge.
borde bajo de la faluchera (buques) | lower edge of freeing port.
borde biselado | beveled edge.
borde biselado (ruedas) | offset.
borde cepillado | milled edge.
borde con escotaduras | scalloped edge.
borde conformado con rodillos (chapas en el laminador) | rolled edge.
borde cortado | sheared edge.
borde cortado en bisel | gib.
borde cortante plano | flat cutting edge.
borde craso | fat edge.
borde curvilíneo | curved edge.
borde de absorción | absorption discontinuity.
borde de ataque | entering edge.
borde de ataque (aeroplano) | advancing edge.
borde de ataque (alas aviones) | front edge.
borde de ataque (aviones, hélices) | leading edge.
borde de ataque (superficie aerodinámica) | nose.
borde de ataque abatible (ala aviación) | drooping leading edge.
borde de ataque curvo (aviones) | curved leading edge.
borde de ataque de arista viva | sharp leading edge.
borde de ataque de la pala (hélice marina) | blade leading edge.
borde de ataque de los planos de cola | tail-surface leading edge.
borde de cartón (alrededor de un grabado, etc.) | mat.
borde de cartón (para un grabado) | matting.
borde de cobertura | edge of coverage.

borde de corte angulado con precisión (brocas) | precisely-angled cutting edge.
borde de chapa con ranura en J | J-plate edge.
borde de chapa visible desde el interior del buque (juntas longitudinales solapadas) | landing edge.
borde de defensa | chafing lip.
borde de deviación (riegos) | border check.
borde de diente de rata (calcetería) | picot edge.
borde de entrada (escobillas eléctricas) | leading edge.
borde de entrada de la toma de aire | air intake leading edge.
borde de escariador | reamer land.
borde de falla | fault ridge.
borde de la admisión | admission edge.
borde de la base del terraplén | edge of fill base.
borde de la lente | lens edging.
borde de la llanta | rim flange.
borde de la mesa | table edge.
borde de la página | edge of a page.
borde de la placaborde de la plancha | plate edge.
borde de laminación | mill edge.
borde de obturación | masking edge.
borde de salida | trailing edge.
borde de salida (escobilla de máquina eléctrica) | back.
borde de salida (escobilla eléctrica) | leaving edge.
borde de salida (hélices, alas avión) | following edge.
borde de salida de la ficha | card tailing edge.
borde de salida de la parte plana entre acanaladuras (brocas) | trailing-edge of the land of the drill.
borde de salida del polo | pole trailing tip.
borde de salida en flecha invertida | swept forward trailing edge.
borde de salida levantado (hélice marina) | trailing-edge washback.
borde de salida sin flecha | unswept trailing edge.
borde de salida subsónico | subsonic traillling edg.
borde de unión | junction edge.
borde del álabe | blade tip.
borde del cangilón | lip of the bucket.
borde del cangilón (draga) | bucket lip.
borde del cráter | crater lip.
borde del cucharón | bucket lip.
borde del dibujo (mapas) | neatline.
borde del emisor | emitter edge.
borde del fuego | fire edge.
borde del haz | beam edge.
borde del orificio interior | inner hole edge.
borde del solape longitudinal (chapas) | landing edge.
borde delantero | leading edge.
borde dentado | scalloped edge | ratchet edge.
borde exterior | outside rim.
borde festoneado | scalloped edge.
borde frontal | leading edge.
borde fulcral (zoología) | fulcral ridge.
borde interior | inner edge | inner end.
borde interior de la cabeza del carril | gage of rail.
borde interno | inner margin.
borde irregular de una hoja de papel (barbas) | deckle edge.
borde kelifítico | kelyphitic rim.
borde laminado | rolled edge.
borde mellado | rag | ragged edge.
borde mordiente | gripping edge.
borde ondulado (chapa laminada) | flute.
borde ondulado (pieza embutida) | ear.
borde plisado | crimped border.
borde posterior | rear edge.
borde posterior (alas aviones) | trailing edge.
borde quemado | burned edge.
borde recanteado | milled edge.
borde recto | straightedge.
borde redondeado (chapas) | radiused corner.
borde reforzado | bead.
borde roto (telas) | cut edge.
borde roto recto y limpio | clean straight broken edge.
borde serpenteado (hojalata) | snake edge.
borde sin rebabas | chip-free edge.
borde superior del zócalo | wainscoting cap.
bordeado de islas | island-bordered.
bordeador (para tubos, etc.) | beading tool.
bordeadora (riegos) | ridger.
bordeadora de discos (riegos) | disk ridger.
bordeadoras de discos | disc ridgers.
bordeamiento de color | color fringing.
borderó (seguro marítimo) | bordereau.
borderó (seguros) | acceptance slip.
bordes | edges.
bordes cerrados | circuit edges.
bordes cortados con cuchillas rotatorias (chapas) | slit edges.
bordes cortantes de broca | auger bit lips.
bordes de entrada de los polos | leading pole tips.
bordes de un plano | neatlines.
bordes desiguales (piezas embutidas) | ears.
bordes elásticamente empotrados | edges elastically restrained.
bordes en las curvas de nivel | contour checks.
bordes escalonados (hojalatería) | stepped flashing.
bordes fracturados de primordios de lentes | cribbed edges.
bordes oblicuos (hojalatería) | skew flashing.
bordillo | curbstone.
bordillo (aceras) | curb | border stone | border.
bordillo (de acera) | kerb.
bordillo al ras con el pavimento (aceras) | flush curb.
bordillo de acera | kerbstone.
bordillo deprimido (de menor altura) | dropped curb.
bordillo reflector (aceras) | reflecting curb.
bordo | board.
bordo libre | freeboard.
bordón | bourdon.
bordón (en telas) | rib.
bordón (instrumento musical) | drone-bass.
bordón (moldura) | edge roll.
bordón (moldura convexa pequeña) | bead.
bordón (tipografía) | out.
bordón del dibujo (telares) | pattern rib.
bordón rizado (telas) | pile border.
bordonado | bourdonné.
bordoncillo (ebanistería) | cocked bead.
bordoncillo (listoncillo saliente) | cock-beard.
bordoncillo (nuez - ebanistería) | cock bead.
bordoneo | bourdonnement | droning.
bordoneo (avión) | buzz.
borduras cruzadas (tejeduría) | crossbred work.
bore | eagre.
borífero | boron-containing | boriferous.
borla | thrum | tassel.
borla de polvos | puff.
borna | clamp | clamping screw | connector | binding clamp.
borna (electricidad) | terminal.
borna aislada con nilón | nylon insulated terminal.
borna de acumulador | cell terminal.
borna de antena | aerial terminal.
borna de conexión | connecting terminal.
borna de derivación | derivating post.
borna de derivación (electricidad) | branch terminal.
borna de entrada de corriente (electricidad) | input terminal.
borna de férula | ferrule terminal.
borna de orejeta | terminal-lug | lug terminal.
borna de paso hermético | hermetic sealing terminal.
borna de pila | cell terminal.
borna de placa de acumulador | accumulator plate lug.
borna de pruebas | testing terminal.
borna de puesta a tierra | earth terminal | earth clamp.
borna de puesta a tierra (EE.UU.) | ground terminal.
borna de salida | output terminal.
borna de separación | distance terminal.
borna de tornillo | post.
borna final | output terminal.
borna positiva | positive terminal.
bornas del detonador | detonator terminals.
bornas del inducido | rotor terminals.
bornas del motor | motor terminals.
borne | hub | connector.
borne (de lanza) | morne.
borne de acumulador | post.
borne de presión | binding post.
borne positivo | F+.
borneadizo (fácil de combar - maderas) | bendable.
bornear | turn (to) | edge (to).
bornear (buques) | swing (to).
bornear de buen lado (buque anclado) | swing the right way (to).
bornear de buen lado (buque de vela) | swing the right way (to).
borneo (buques) | swinging | tail.
borneo por la marea (buques) | tide rode.
bornita | purple copper ore | horseflesh ore | bornite | erubescite.
bornita (cobre penachado) | peacock copper | peacock ore.
boro | boron.
boroaluminato | boroaluminate.
borocarburo | borocarbide.
borra | lees | wad | lint | dross | flue | flock.
borra (minerales) | vein matter.
borra de algodón | waste | cotton linters | cotton waste | linters | batt.
borra de carda | card fly.
borra de cilindros (tejeduría) | roller fly.
borra de chapones | flat waste.
borra de hilatura | spinner's sweepings | spinning waste.
borra de lana | flock wool | woollen waste | wool shoddy.
borra de peinadora | comber strippings | comber waste | comber fly.
borra de rayón | rayon shoddy.
borra de repeinado (lana) | double-combed noil.
borra de seda | waste silk | refuse silk.
borra de seda peinada | silk top | combed waste silk.
borra de tundidora | shear flock.
borra de vaporizado (seda) | steaming waste.
borra de yute | jute waste.
borra del limpiador | clearer waste.
borra del peinado | comber waste.
borra del tambor | cylinder waste.
borra del telar | loom waste.
borrabilidad (cintas, memorias) | erasability.
borrable | erasable | resettable | ressetable.
borrado | blanking | clearing | deletion.
borrado (registro sísmico) | muting.
borrado de la lista | deleted from list.
borrado de la señal de error | error reset.
borrado de retorno | retrace blanking.
borrado horizontal | horizontal blanking.
borrado manual | hand-reset.
borrado vertical | vertical blanking.
borrador | eraser | draft | draft | waste-book | draught | rough copy.
borrador (contratos, etc.) | minute.
borrador (de carta, etc.) | rough draft.
borrador (libro) | waste book.
borrador de cinta magnetofónica | bulk eraser.
borrador de contrato | draft agreement.
borrador de especificación | draft specification.
borrador de especificaciones | outline specifications.
borrador del diario (contabilidad) | blotter.

borrador volumétrico | bulk eraser.
borradores | working papers.
borrajo semidescompuesto | duff.
borrar | wipe off (to) | wipe out (to) | erase (to) | efface (to) | strike out (to) | sponge (to) | restore (to) | reset (to) | expunge (to) | delete (to) | clear (to).
borrar (informática) | blank (to).
borrar (pantalla) | clear (to).
borrar a blanco | black-out.
borrar del registro | deregister (to).
borrar después (memoria) | blank after (to).
borrar e iniciar | reset and start (to).
borrar registro | clear register (to).
borrarse | withdraw (to).
borrarse de la memoria | fade from memory (to) | slip (to).
borras | sediment | waste.
borras de algodón | orts | cotton waste.
borras de carda | card strips | card waste.
borras de chapones | flat strips.
borras de estirado (tejeduría) | drawing waste.
borras de hilatura | spinner's waste.
borras de peinado | combing sweepings.
borras de peinadora | noil.
borras de tejeduría | loom fly.
borrasca | storm | gale.
borrasca de gran duración | long storm.
borrasca en altura | pools of cold air.
borrascoso | gusty.
borrego | tup.
borren (silla de montar) | bolster.
borrén posterior (silla de montar) | cantle.
borrilla (pelusa - mantas) | fuzz.
borrilla (seda) | fluff.
borrilla de batidora | scutcher fly.
borrilla de carda | card fly.
borrilla de la seda eschappe | silk noils.
borrilla de seda natural (seda basta) | bourrette.
borrilla externa | floss.
borriquete | dutchman.
borriquete de aserrar | sawhorse.
borriquete para aserrar | sawing trestle.
borrón | smudge | spot | blur | stain.
borrosa (filmo) | breezing.
borrosidad (TV) | smear | smearing.
borrosidad ambiental | ambient fuzz.
borroso | dimmed | faint.
borroso (documentos) | faded.
borroso (fotografía) | fuzzy.
borroso (no nítido) | blurred.
borroso (silueta, etc.) | looming.
bort | bort.
bort (mineral) | boortz.
bort en granalla | shot bort.
borujo (masa no digestible de pelos y huesos) | pellet.
boruro | boride.
boruro cobáltico | cobalt monoboride.
boruro de metal duro | hard metal boride.
boruro de metal duro refractario | refractory hard metal boride.
boruros (cementados) | hardmetal.
bosón | boson.
bosón neutro | neutral boson.
bosón vectorial | vector boson.
bosón vectorial cargado | X-meson.
bosones vectoriales | vector bosons.
bosónico | boson.
bosque | wood | holt | forest.
bosque a media ladera | hanger.
bosque boreal | boreal forest.
bosque clareado | broken forest.
bosque comunal | collective forest | forest common.
bosque con granjas | tree-farm.
bosque con pastoreo de ganado | grazed forest.
bosque cuyo crecimiento esta sujeto a influencias estacionales | tidal forest.
bosque de árboles de alto fuste | open forest.
bosque de árboles de edades muy diversas | irregular forest.
bosque de comuneros | forest common.
bosque de chacra (Argentina) | woodlot.
bosque de galería (Iberoamérica) | riparian forest.
bosque de granja | woodlot.
bosque de maderas preciosas | creamed-over forest.
bosque de pastos | woodland pasture | forest pasture.
bosque de producción | production forest.
bosque de propiedad pública | publicly-owned forest.
bosque de reciente creación | young-growth forest.
bosque de regeneración natural | self-sown forest.
bosque de reparo (Argentina) | woodlot.
bosque de ribera | riparian forest.
bosque de segunda formación | second growth forest | secondary forest.
bosque de sesteo (Honduras) | woodlot.
bosque de sombra (Bolivia) | woodlot.
bosque del Estado | government timber.
bosque esclerófilo | sclerophillous forest.
bosque estacional | tidal forest.
bosque estepario | prairie forest.
bosque explotable | exploitable wood.
bosque formado por manchones arbolados dispersos | irregular forest.
bosque hidrofítico | rain forest.
bosque inflamable | pyrogenous forest.
bosque maderable | open forest | timber forest.
bosque mixto típico | mixed-wood type.
bosque monzónico | monsoon forest.
bosque pantanoso | fen forest.
bosque perenne | evergreen forest.
bosque pluvial | rain forest.
bosque reservado a fines recreativos | recreational forest.
bosque ribereño | riparian forest | riverain forest.
bosque ripícola | riverain forest.
bosque sobreexplotado | logged-over forest.
bosque subalpino | subalpine forest.
bosque tallar | coppiced forest.
bosque virgen | jungle | primitive forest.
bosque xerófilo | xerophilous woodland.
bosque xerofítico | dry forest.
bosquecillo | hurst.
bosquejado | rough drawn.
bosquejar | line in (to) | rough-cast (to) | rough-shape (to) | rough out (to) | layout (to) | draft (to) | outline (to) | delineate (to) | draught (to).
bosquejar de prisa | dash off (to).
bosquejo | rough-cast | rough drawing | rough draught | pattern | scheme | outlining | outline | sketch.
bosquejo (de carta, etc.) | rough draft.
bosquejo de contrato | contract draft | agreement draft.
bosquejo de especificación | outline specification.
bosques de la Corona | crown timber.
bosques del interior (EE.UU.) | backwoods.
bosquete | thicket | spinney | bluff.
bosquete de granja | farm forest.
bosquete de sombra | woodlot.
bossé (Guarea thompsonii) | teminini.
bossé (Guarea thompsonii - Sprangue & Hutch) | guarea.
bossé blanco (Guarea cedrata) | scented guarea.
bossé blanco (Guarea cedrata - Pellegrin) | white guarea | bosse.
bossé obscuro (Guarea thompsonii - Sprague & Hutch) | black guarea.
bota | boot | shoe.
bota (barril grande) | tun.
bota (de vino) | pipe.
bota de cuero (para vino, aceite, etc.) | leather bottle.
bota de vino | wineskin.
botaaguas (ventanas) | leader boot.
botachavetas | key-drift.
botada | rick.
botado de costado (buques) | side-launched.
botador | backing-out punch | starting punch | pin driver | knockout punch | drive pin punch.
botador (carpintería) | nail punch.
botador (herramienta) | punch.
botador de mango | drift.
botador de pernos | driftbolt | drift.
botadura (buques) | launching | floating.
botadura de costado | side launching | broadside launch.
botadura de popa | stern-first launching.
botadura de proa | bow-first launching.
botadura sobre zapata central única | single way launching.
botafuego | linstocks.
botaganado (locomotoras) | cowcatcher.
botalón | boom.
botalón (buques) | outrigger.
botalón (maderas flotadas) | shearwater.
botalón (Méjico) | boom.
botalón de foque (buque de vela) | jib boom.
botalón de vuelo | flying boom.
botánica | botany.
botapasador | pin drift | pin punch.
botapasadores | pin extractor.
botapernos | bolt driver.
botar | pitch (to).
botar (buques) | float out (to).
botar (pernos, remaches) | drive out (to).
botar (remaches) | back out (to) | knock out (to).
botar (un pasador, etc.) | push out (to).
botar (una embarcación) | push out (to).
botar al agua (buques) | launch (to).
botar con un botador (clavos, etc.) | start (to).
botar de costado (buques) | side-launch (to).
botar un pasador | punch out (to).
botarel | arched buttress | flying buttress | abutment.
botarremaches | backing-out punch.
botas claveteadas | nailed boots.
botas cosidas a máquina | machine-sewn boots.
botas de agua | gums.
botas de caucho | gums.
botas de uniforme | dress boots.
botas para vuelo | flying boots.
botavara | boom | bid hook.
botavara (buques) | gaff.
botavara (maderas flotadas) | shearwater.
botavara plana (buques de vela) | park avenue boom.
bote | can.
bote anclado para marcar la dirección (regatas) | stake boat.
bote automóvil | autoboat.
bote centinela | picket boat.
bote colgado de un pescante colocado en la aleta de un buque | quarter boat.
bote colgando sobre el costado y listo para arriarlo (buques) | accident boat | emergency boat.
bote con tanques de gasolina para repostar a los hidros | bowse boat.
bote de achique automático | self-baling boat.
bote de aluminio | aluminum can.
bote de aluminio para la tripulación | aluminum crewboat.
bote de barro cocido (forjado de pisos) | clay bottle.
bote de conserva gaseado (relleno con un gas para desplazar el oxígeno) | gassed can.
bote de conservas | tin | can.
bote de cubierta | decked boat.
bote de chapa no estañada | tinless can.
bote de doble forro | double-skin boat.
bote de dos forros colocados diagonalmente | diagonally laid double skin boat.
bote de dos remeros cada uno con un remo | pair-oar boat.
bote de espadilla | sculler.
bote de estirado (tejeduría) | drawing can.

bote de fondo plano | ark.
bote de fondo plano y extremos puntiagudos | dory.
bote de forro diagonal | diagonally planked boat.
bote de hojalata | tinplate can | tin can | sealed tin.
bote de humo | smoke pot.
bote de lata | can.
bote de leche líquida | fluid milk can.
bote de los francos (marina de guerra) | liberty-boat.
bote de metralla (artillería) | canister.
bote de motor | mechanized boat | motorboat.
bote de plástico reforzado con fibra de vidrio | fiberglass plastic boat.
bote de regatas | best boat.
bote de remos | rowing boat.
bote de remos con asiento a popa y tres bancadas | randan.
bote de servicio a remo (buques) | working boat.
bote del plegador | coiler can.
bote hecho de pieles de animales | skin boat.
bote hecho de plástico | plastic boat.
bote lacrimógeno | tear gas pot.
bote para aprovisionar (hidros) | rearming boat.
bote para cazar patos | float.
bote para la compra (buques) | market boat.
bote patrullero | guard-boat.
bote plegable | collapsible boat.
bote plegable de tela cauchotada | faltboat.
bote plegable de tela cauchutada | fold boat.
bote propulsado por balancín movido a brazo (bote salvavidas) | hand-bar propelled boat.
bote que no pertenece al buque | shore boat.
bote que puede moverse sobre el terreno | alligator.
bote químico (guerra química) | candle.
bote salvavidas | lifeboat.
bote salvavidas aerotransportado | airborne lifeboat.
bote salvavidas autoadrizante | self-righting boat.
bote salvavidas de acero con equipo radiotelegráfico | radioequipped steel motor lifeboat.
bote salvavidas de aluminio | aluminum lifeboat.
bote salvavidas de aluminio de balancín propulsado a brazo | hand-propelled aluminium lifeboat.
bote salvavidas de aluminio soldado | welded aluminum lifeboat.
bote salvavidas de metales livianos | light metal lifeboat.
bote salvavidas de plástico | plastic lifeboat.
bote salvavidas de plástico armado con fibra de vidrio | glass-fiber lifeboat.
bote salvavidas de remos | oar-propelled lifeboat.
bote salvavidas insumergible | self-righting boat.
bote salvavidas motorizado | motor-driven steel lifeboat | motor lifeboat.
bote salvavidas propulsado a mano por balancín | lever-propelled lifeboat.
botella | bottle.
botella (de oxígeno, acetileno) | container.
botella (recipiente - de gases a presión) | cylinder.
botella calientapiés | domestic calorifier cylinder.
botella con gollete de boca rebordeada | beaded edged neck bottle.
botella con tapón esmerilado | stoppered bottle.
botella con tapón sujeto con abrazadera de presión | clamp-top bottle.
botella de acetileno | acetylene cylinder.
botella de boca ancha (química) | wide-necked bottle.
botella de cartón parafinado llena de leche | carton of milk.
botella de cristal | glass bottle.
botella de gas | gas cylinder.
botella de gas a presión | gas bottle.
botella de gas de anhídrido carbónico | dioxide capsule.
botella de insuflación | spray air bottle.
botella de lavado de gas (química) | vessel for bubbling.
botella de Leyden | electric jar | Leyden jar.
botella de nivel | level bottle.
botella de nylon moldeada por soplado | blow-molded nylon bottle.
botella de vidrio | glass bottle.
botella flotante lanzada al mar para el estudio de las corrientes superficiales (con una tarjeta interior para devolver al punto de origen - oceanografía) | bottle paper.
botella magnética | magnetic bottle.
botella metálica con oxígeno para ser usada por los que se arrojan con paracaídas desde gran altitud | bailout oxigen bottle.
botella metálica que contiene oxígeno empleada por un miembro de la tripulación (aviones) | carry-around oxygen bottle.
botella no capsulada | uncrowned bottle.
botella o jeringa para administrar un brebaje a un animal por la boca | drencher.
botella para ácidos (química) | etch tube.
botella pequeña de aire comprimido | bantam air cylinder.
botella portátil de oxígeno (paracaidistas) | bailout bottle.
botella toma muestras | water-bottle.
botellas de vidrio tal como llegan de la fábrica de botellas a la fábrica de conservas | one-trip glass bottles.
botellas vacías | empties.
botellín de cartón para leche | dairy carton.
botellón | carboy.
botellón de aire (arranque motores) | air receiver.
botellón de aire comprimido de arranque (motores) | starting-air bottle.
botellón de gas embutido y soldado | welded deep-drawn gas cylinder.
botellón de oxígeno | oxygen cylinder.
botero | waterman | boatman.
botero que lleva los cabos desde el buque al muelle (faena de atraque) | waterman.
botero que lleva los cabos desde el buque al muelle en las faenas de atraque | line runner.
botica | chemist's shop (Inglaterra).
boticario | chemist.
botín | capture.
botín (de guerra) | plunder.
botiquín | medicine chest | dressing-case.
botiquín (talleres) | first-aid facilities.
botiquín casero para primeros auxilios | household first aid kit.
botiquín de urgencia | emergency kit | first-aid kit.
botón | button.
botón (análisis minerales) | globule.
botón (botánica) | eye.
botón (de cola de violón) | tail-pin.
botón (de puesta en marcha) | knob.
botón (decoración en forma de bola con flores - arquitectura) | ball flower.
botón (defecto del hilo) | slub.
botón (en el hilo) | nop.
botón (hilados) | knot.
botón (hilos) | nep.
botón (máquina) | key.
botón (nudos) | round seizing.
botón (telas) | nap.
botón accionado con la palma de la mano | palm-operated button.
botón accionado por el dedo | finger-operated knob.
botón artificial (en hilos) | knop.
botón automático (vestidos) | snap fastener.
botón con índice | pointer knob.
botón corrector | adjusting knob.
botón corrector de la bisección | halving adjusting head | halving adjustment head.
botón de accionamiento | acting button.
botón de ajuste | adjustment knob | adjusting knob.
botón de alturas | elevation knob.
botón de arranque y parada | start/stop push.
botón de cambio de marchas del avance transversal | cross-feed gear-shifting knob.
botón de camisa | stud.
botón de cierre | clinch-button.
botón de cobre (análisis minerales) | copper globule.
botón de conexión | on button.
botón de contacto | push button.
botón de control | control button.
botón de desvíos (artillería) | spotting knob.
botón de elevación | elevation knob.
botón de ensayo (copelación) | test | test button.
botón de ensayo (mineralogía) | prill.
botón de funcionamiento | working head.
botón de herramentista | toolmakers' button.
botón de mando | control push.
botón de manivela del eje motor (locomotoras vapor) | main pin.
botón de nácar | pearl button | shell button.
botón de nivelación | leveling head.
botón de oro (docimasia) | gold bullion.
botón de parada | off button.
botón de plomo (análisis minerales) | lead globule.
botón de plomo (docimasía) | lead button.
botón de presión | press button | push button.
botón de presión (trajes) | press-stud.
botón de presión (vestidos) | snap fastener.
botón de puesta en marcha | on button.
botón de reglaje | adjustment knob | adjustable knob.
botón de regulación | setting knob.
botón de reposición | resetting knob.
botón de reposición de sobrecarga | overload reset button.
botón de soldadura (soldadura por puntos) | nugget.
botón de sujeción | holding-down head.
botón de tela (trajes) | self button.
botón de timbre | push button.
botón de tope | button stop.
botón del cerrojo (cerraduras) | bolt handle.
botón del manipulador (telegrafía) | key knob.
botón del reostato | rheostat knob.
botón del tornillo sin fin del ángulo de situación | angle of site worm knob.
botón diparador | trigger button.
botón disparador | trigger push.
botón eléctrico | pushbutton.
botón enchapado | plated buttom | plated button.
botón folioso | gemma.
botón giratorio del soporte | bracket rotating knob.
botón interruptor de contacto doble | double-point push button.
botón oro-plata (docimasia) | gold-silver button.
botón para disparar el cañón | gun button.
botón para enclavamiento del itinerario (señalización ferroviaria) | route-setting button.
botón para la cancelación a mano | manual cancellation button.
botón para llevar en la solapa (condecoración) | lapel button.
botón pulsador | pushbutton | push button.
boton pulsador de pruebas (electricidad) | push-to-test button.
botón pulsador para levantar el trinquete | lifting latch pushbutton.
botón selector de velocidades de la mesa (máquinas) | table-speed-selector knob.
botón transparente (análisis de minerales) | transparent globule.
botonera (linotipia) | pushbutton station.
botones | gemmae.
botones (lanas) | buttoning.

botones (oficinas) | messenger.
botones de fuego (medicina) | ignipuncture.
botonoso (hilos) | nepped | neppy.
botriógeno (mineral) | botryogen.
botrioide | botryoid.
botrioideo (medicina) | botryoid.
botriolita | botryolite.
botuliforme | botuliform.
botulismo (medicina) | botulism.
bou | dragger | trawler.
boucherizar (inyectar con sulfato de cobre - maderas) | boucherize (to).
bournonita | cogwheel ore.
bóveda | imbowment | arch | vault | cope | roof arch.
bóveda (caldera vertical) | crown.
bóveda (de horno) | glut | dome.
bóveda (de túnel, de horno) | roof.
bóveda (geología) | cupola | arch | anticlinal axis.
boveda (hidroavión) | cove.
bóveda (hornos) | fire arch.
bóveda (hueco en la carga interior de un alto horno) | chimney.
bóveda (metalurgia) | roof.
bóveda acústica | acoustic vault.
bóveda celeste | blue sky.
bóveda cilíndrica | ringed roof.
bóveda cilíndrica de medio punto | round-arched barrel vault.
bóveda cilíndrica laminar | thin-shell barrel roof.
bóveda con casetones | lierne vaulting.
bóveda cónica | conical vault.
bóveda conoidal | conoidical vault.
bóveda convexa | convex crown.
bóveda de abanico | palm vaulting | fan-vaulting.
bóveda de ábside | conch.
bóveda de aristones | groined arch.
bóveda de cañón | annular vault | wagon vault | barrel arch | barrel vault | round arch | circular barrel vault | tunnel vault.
bóveda de cañón helicoidal | helical barrel vault.
bóveda de cañón inclinado | inclined barrel vault.
bóveda de cañón oblicuo | splaying arch.
bóveda de cañón recto | straight barrel vault.
bóveda de caracol | helical vault.
bóveda de cáscara | membrane.
bóveda de cáscara delgada | thin shell.
bóveda de crucería | crossing vault | feathered arch | fan vault | rib and panel | groined vaulting | groin vault.
bóveda de crucero | intersecting vault.
bóveda de descarga | arch rear.
bóveda de escalera | flush soffit.
bóveda de estrella (arquitectura gótica) | lierne vault.
bóveda de hogar | baffle plate.
bóveda de hormigón | concrete vault.
bóveda de horno | furnace arch | furnace roof.
bóveda de horno Martin-Siemens | open-hearth roof.
bóveda de ladrillo | brick arch | brick vault.
bóveda de lunetos | underpitch vault | Welsh vault | groined vault.
bóveda de medio punto | entire arch | barrel vault | round arch.
bóveda de medio punto artesonada | coffered semicircular vault.
bóveda de medio punto con nervios de piedra | stone-ribbed barrel vault.
bóveda de membrana | thin shell.
bóveda de membrana (hormigón armado) | thin vault.
bóveda de nervios | feathered arch.
bóveda de nervios radiantes | fan vault.
bóveda de nervios sexpartida (arquitectura gótica) | sexpartite ribbed vault.
bóveda de ramas (bosques) | canopy.
bóveda de sillería | ashlar vault.
bóveda de sillería artesonada | coffered stone vault.
bóveda de tracería | traceried vault.
bóveda de transformadores | transformer vault.
bóveda del altar (buques) | curtain arch.
bóveda del hogar (calderas) | brick arch.
boveda delgada | shell.
bóveda delgada (hormigón armado) | shell.
bóveda delgada anticlástica | anticlastic shell.
bóveda delgada cilíndrica en diente de sierra | northlight barrel shell.
bóveda delgada de revolución (hormigón armado) | rotational shell.
bóveda elíptica | elliptical arch.
bóveda en cebra (hileras alternadas de ladrillos silíceos básicos-hornos Martin-Siemens) | zebra roof.
bóveda en forma de ábside | concha.
bóveda en forma de media cúpula | conch.
bóveda en forma de media naranja | concha.
bóveda en ricón de claustro | trough vaulting.
bóveda en rincón de claustro | cloister vault | four-part vault | coved vault.
bóveda en trompa (arquitectura anglosajona) | pendant vault.
bóveda esférica | domical vault.
bóveda estrellada de nervios (arquitectura anglo-sajona) | lierne stellar vault.
bóveda formada por anillos sucesivamente salientes | corbeled vault.
bóveda invertida | countervault.
bóveda laminar | thin shell | membrane.
bóveda laminar (hormigón armado) | shell.
bóveda laminar cilíndrica sin refuerzos | ribless cylindrical shell.
bóveda laminar de forma de paraboloide hiperbólico | saddle-shaped shell.
bóveda laminar de gran radio | shallow spherical shell.
bóveda laminar oblicua | skew shell.
bóveda laminar sinclástica (hormigón armado) | synclastic shell.
bóveda laminar toroidal | toroidal shell.
bóveda maestra | center arch.
bóveda membrana | shell roof.
bóveda nervada | ribbed vaulting | ribbed dome.
bóveda oblicua | skew arch | oblique arch.
bóveda ojival | ogive vault | Gothic vault.
bóveda palmeada | palm vaulting.
bóveda peraltada | stilted arch.
bóveda plana | flat arch | platband.
bóveda por arista | groined vault | cross vault | groin vault | groined arch.
bóveda rampante | rampant arch.
bóveda rebajada | scheme arch | diminished arch | segmental arch | imperfect arch | flat arch.
bóveda reticular | reticular vault.
bóveda trasdosada | extradosed arch.
bóveda vaída | truncated dome.
bóveda-membrana (hormigón armado) | shell | shell.
bovedilla | fantail | cap vault.
bovedilla (buques) | lower stern.
bovedilla (de techo) | cove.
bovedilla de dos codillos (buques) | double knuckle counter stern.
bovedilla de ladrillos (pisos) | brick jack arch.
bovedilla de piso (construcción) | jack arch.
bovedilla de piso (edificios) | floor arch.
bovedilla de popa (buque) | overhang.
bovedilla de popa (buque de madera) | transom.
bovedón (yacimiento en forma de cámaras - minas) | chamber-deposit.
bovino | cattle breed.
bovinos | horned cattle.
bovinotecnia | bovinotechny.
box (cuadras) | loose box.
boxcalf (piel de becerro curtida al cromo y sometida en estado húmedo al proceso de formarle los pequeños cuadrados que la distinguen) | box calf.
boxcalf graneado | box-grain.
boya | float | buoy.
boya amarilla indicando donde debe fondear un buque para la visita de sanidad (puerto) | quarantine buoy.
boya anular con giroscopio y acelerómetro y una brújula (oceanografía) | pitch-roll buoy.
boya arrojada por aviones y que por un hidrófono capta ruidos submarinos y los transmite automáticamente al avión | sonobuoy.
boya baliza | beacon buoy.
boya cilíndrica por encima del agua y cónica por debajo del agua | can buoy.
boya con la parte superior en forma característica para diferenciarla | topmark buoy.
boya con luz de gas | gas-buoy.
boya con un asta de bandera o con una luz sobre aquella | dan buoy.
boya de amaraje (hidros) | fairway buoy.
boya de amarre | dolphin.
boya de amarre (boya grande) | mooring-buoy.
boya de ancla | anchor buoy.
boya de babor | port hand-buoy | port hand buoy.
boya de baliza | leading buoy.
boya de barrilete | nun buoy.
boya de campana | bell-buoy | bell buoy.
boya de castillete | pillar buoy.
boya de cuarentena | quarantine buoy.
boya de desatraque de muelle | watch buoy.
boya de destellos | flashing bouy.
boya de destellos de acumuladores | electrically-operated flashing buoy.
boya de día (puertos) | day beacon.
boya de espía | warping buoy.
boya de final de cable submarino | telegraph buoy.
boya de la barra (ríos) | bar buoy.
boya de marcación | mark buoy.
boya de niebla | towing spar.
boya de peligro | danger buoy.
boya de pértiga | spar buoy.
boya de pilar | pillar buoy.
boya de red antisubmarinos | boom-defence buoy.
boya de referencia | marking buoy.
boya de salvamento (submarinos) | escape buoy.
boya de señales | signal buoy.
boya de silbato | whistle buoy.
boya de un canal navegable (puertos) | fairway buoy.
boya del canal de paso | fairway buoy.
boya del canal de paso (ríos, puertos) | mid-channel buoy.
boya dolioforme | cask buoy.
boya emisora de señales radio y sonoras de duración limitada | expendable radio sonobuoy.
boya en forma de doble cono | nun buoy.
boya exterior (canal balizado) | sea buoy.
boya formada por un madero vertical anclado por un extremo | spar buoy.
boya identificadora de submarino hundido | submarine marker buoy.
boya indicadora de zona minada | control buoy.
boya luminosa | seadrome light | luminous buoy | light buoy | lighted buoy.
boya luminosa automática | automatic light-buoy.
boya más cerca del mar (canal balizado) | sea buoy.
boya más cerca del mar (canal balizado entrada al puerto) | farewell buoy.
boya oceanográfica o meteorológica con aparatos de medida y registro de magnitudes | data buoy.
boya para bornear (compensación de agujas) | swinging buoy.
boya pequeña de lona embreada empleada para marcar el sitio del calamento (pesca) | pellet.
boya provisional con banderín (rastreo de minas) | dan buoy.
boya salvavidas | life buoy.
boya señalizadora de naufragio | wreck-buoy.

boya sonora | sounding bouy.
boya submarina | underwater beacon.
boya transmisora de radioseñales para salvamento de submarinos | submarine-rescue radio transmitting buoy.
boyantez | archimedean buoyant force.
boyantez en el aire | air buoyancy.
boyanza neutra (submarinos) | neutral buoyancy.
boyarín | nun buoy.
boyarín de ancla | cable buoy.
boyarín de aviso | danger buoy | mark buoy.
boyarín de cuñete (artes de pesca) | keg buoy.
boyarín de madera o de chapas de corcho con un banderín | dan.
boyarín de referencia de las anclas (dragas cuando trabajan) | marker buoy.
boyarín del ancla | anchor buoy.
boyarín marcador de las anclas (dragas) | watch buoy.
boyarín para marcar la ballena cazada | whale markig buoy.
boyas clasificadoras (Méjico - maderas flotadas) | sorting jack.
boyeriza | boose.
Boyero (astronomía) | Bootes.
boza | keeper | guesswarp | stopper.
boza (botadura buques) | check stopper.
boza (botes) | painter.
boza (de cadena del ancla) | claw stopper.
boza (vergas) | sling.
boza de mal tiempo (marina) | jumper.
braceador | mixer.
braceador (cerveza) | mashman.
braceaje | mixing | brassage.
braceaje (cerveza) | mashing.
braceaje (marina) | fathoming | sounding.
braceaje (vergas) | bracing.
bracear (cerveza) | mash (to).
bracear (hierro pudelado) | stir (to).
bracear (vergas) | brace (to).
bracear a ceñir | brace sharp up (to).
bracear a ceñir (buques de vela) | brace aback (to).
bracear en contra (buque vela) | counterbrace (to).
bracear en cruz (marina) | square (to).
bracear en cruz (vergas) | brace round (to).
bracear en facha (buques de vela) | brace aback (to).
bracear las vergas a la cuadra (buque de vela) | square the yards (to).
bracear las vergas por barlovento | brace the yards to the wind (to).
bracear para sotavento (buque de vela) | brace-up (to).
bracear rápidamente el volante (autos) | jerk the wheel (to).
bracear todo lo que se pueda (vergas) | brace sharp up (to).
bracearel metal | beat (to).
bracero | labourer (Inglaterra) | laborer.
bracteado | bracteated.
bradidifusión | slow diffusion.
bradigénesis | bradygenesis.
bradihemarrea | bradyhemarrhea.
bradisísmico | bradyseismal.
bradisismo | bradyseism.
braga | sling | choker | lashing-rope.
braga (de cuerda o cable) | rope sling.
braga (retenida - de cañón) | breeching.
braga de cadena (marina) | runner.
braga de ganchos | can hooks.
braguero | brace | truss.
brama (de los animales) | rut.
bramante | binder twine | packing twine | packthread | string | twine.
bramante con una tira de trapo (limpieza armas portátiles) | pull-through.
bramante florete | white brabants.
bramante para redes de pesca | cotton twine.
bramantes | twine (and) packing cords and strings.
bramido (olas, viento) | rut.
brancal (lanza - carruajes) | futchel.
brancales | slides.
brandales | ladder ropes.
branerita | brannerite.
braquiado | crossarmed.
braquianticlinal | brachyanticline.
braquianticlinal (teología) | dome.
braquidomo | brachydome.
braquidomo (geología) | side dome.
braquieje (cristalografía) | brachyaxis.
braquióforo | brachiophore.
braquiolaria (estrella de mar) | brachiolaria.
braquiópodo | brachiopod.
braquipinacoidal | brachypinacoidal.
braquipinacoide | brachypinacoid | side pinacoid.
braquipirámide | brachypyramid | brachypiramid.
braquiprisma | brachyprism.
braquisinclinal (cubeta - geología) | centroclinal fold.
braquisinclinal (geología) | basin.
braquistocrona | brachistochrone | shortest time curve.
braquistocrono | brachistochronous.
braquiterapia | brachytherapy.
braquitiposo (comparativamente corto - cristalografía) | brachytypous.
brasa | embers.
brasa de carbón vegetal | charcoal brasque.
brasca | brasque.
brasca (fundición) | fix.
brasca (metalurgia) | steep | lute.
brasca (para crisoles) | lorica.
brasca de coque | coke brasque.
brasca del horno | first batch.
brascado | brasquing.
brascar | brasque (to).
brascar (crisoles, etc.) | lute (to).
brascar (hornos) | fettle (to).
brasero | devil | fire basket | coal pan | charcoal pan | chafing dish | dog grate | stove | salamander.
brasero de carbón de madera | brazier.
brasiletto (Caesalpina echinata - Lam) | Brazil wood.
brasiletto (Caesalpinia echinata) | brazilleto.
brasilita | brazilite.
brásmico | tidal.
brasmogeno | tide-producing.
brasmología | brasmology | tidology.
brava (costa) | surgy.
bravura heroica | gallantry.
braza | span.
braza (longitud de seis pies) | fathom.
brazal | brassard | armlet | arm-guard | arm-badge.
brazal (armadura) | bracer.
brazal de luto | mourning badge.
brazalete | arm-ring | armlet | bracelet | bangle.
brazalete de plata de ley | sterling silver bangle.
brazalete de plata maciza | solid silver bangle.
brazas (buques) | braces.
brazas de barlovento (buque de vela) | weather braces.
brazas de proa | head braces.
brazo | lever.
brazo (aguilón - de grúa) | gib.
brazo (báscula o romana) | beam.
brazo (bobina para cable plano de extracción) | horn.
brazo (candelero) | branch.
brazo (de manivela) | web.
brazo (de palanca) | leverage.
brazo (de una cruz) | limb.
brazo (grúas) | jib.
brazo (máquina para prueba de materiales) | beam.
brazo (par de fuerzas) | leverage.
brazo (río) | branch.
brazo (sillón) | arm rest.
brazo (soldadora por resistencia) | horn.
brazo (soporte de eje) | palm.
brazo accionador del mecanismo de profundidad | depth gear arm.
brazo acodado (aguilón en cuello de cisne - grúas) | gooseneck boom | gooseneck jib.
brazo acodado (grúas) | cranked jib | curved jib | angle jib.
brazo actuador | actuating arm.
brazo acuñante | wedging arm.
brazo adrizante | righting lever.
brazo agitador | agitating arm.
brazo agitador (horno tostación) | rabble arm.
brazo agitador accionado por excéntrica | eccentric-actuated shaker arm.
brazo alargable | extendable arm.
brazo anterior derecho de la teja de carga (cañones) | right front tray arm.
brazo batidor | beater arm.
brazo bioeléctrico | bioelectric arm.
brazo cansado por exceso de ejercicio | glass arm.
brazo cargador de hornos (metalurgia) | furnace charging arm.
brazo con escala grabada | scale arm.
brazo con extremo de martillo (grúas) | hammer-head jib.
brazo con garras para sujetar el tronco del árbol (carro de sierra) | knee.
brazo corrector | correction arm.
brazo cromosómico | chromosome arm.
brazo de acceso | access arm.
brazo de acero fundido (cigüeñal) | cast steel crankweb.
brazo de acoplamiento de las ruedas delanteras (autos) | track arm.
brazo de aleta (husos) | flyer leg.
brazo de alimentación (máquina) | picker arm.
brazo de balanza | balance verge | scale beam.
brazo de carga | charge chute | chute.
brazo de carga (máquina cargar hornos) | peel bar.
brazo de celosía (grúas) | lattice jib.
brazo de cierre | locking arm | cutoff beam.
brazo de cigüeñal compuesto (motores) | dogleg.
brazo de cigüeñal forjado | forged-on crank web.
brazo de dirección (dirección de autos) | pitman arm.
brazo de fileta | creel wing.
brazo de fonocaptor | pickup arm.
brazo de gitano (dulce) | swissroll.
brazo de grúa | crane beam | crane jib | crane boom | crane arm.
brazo de izado | boom.
brazo de la cartela | bracket-arm.
brazo de la consola | bracket-arm.
brazo de la cremallera | jack arm.
brazo de la dirección (autos) | steering drop arm.
brazo de la excavadora | excavator boom.
brazo de la galga sensora | sensing gauge arm.
brazo de la grúa | crane mast.
brazo de la palanca de freno | brake lever arm.
brazo de la palanca de seguro (cañones) | safe lever arm.
brazo de la resultante | arm of the resultant.
brazo de lámpara | fixture.
brazo de lectura | actuator.
brazo de mando (dirección de autos) | pitman arm.
brazo de mando de la cinta (teleimpresoras) | ribbon drive arm.
brazo de mando de la mangueta | stub axle steering.
brazo de maniobra | actuating arm.
brazo de manivela | crank cheek | crank arm.
brazo de mar | sea loch | backwater | sound | lough.
brazo de mar paralelo a la costa | backwater.
brazo de movimiento | pivot arm.
brazo de pala de cable de arrastre | dragline boom.
brazo de pala mecánica | shovel boom.

brazo de palanca | lever arm.
brazo de palanca adrizante (buques) | righting arm.
brazo de palanca constante | fixed leverage.
brazo de palanca de la carga | leverage of load.
brazo de palanca de una fuerza | arm of a force.
brazo de palanca del muñón de la manivela | crank radius.
brazo de palanca regulable | variable leverage.
brazo de pared | wall bracket.
brazo de peine | comb arm.
brazo de perfiles tubulares (grúas) | tubular jib.
brazo de pivote | pivot arm.
brazo de poligonación (línea de contacto de ferrocarril eléctrico) | steady brace of polygon.
brazo de posicionamiento | access arm.
brazo de proporción | ratio arm.
brazo de reactancia | nondissipative stub.
brazo de reactancia coaxial | coaxial stub.
brazo de reactancia de adaptación | matching stub.
brazo de refuerzo | strain arm.
brazo de registro (acústica) | registration arm.
brazo de retención | gripping arm.
brazo de río que se pierde | billabong.
brazo de soporte | carrier arm | crane.
brazo de succión (dragas) | drag-arm.
brazo de viga de celosía de tubos de acero (grúas) | tubular steel jib.
brazo del ancla | anchor arm.
brazo del atacador | rammer arm.
brazo del batán | slay sword.
brazo del calibrador sensor | sensing gauge arm.
brazo del cigüeñal | crankweb | crankshaft throw | crankshaft wed | crank lever.
brazo del compensador | equilibrator arm.
brazo del crucero (iglesias) | transept.
brazo del cucharón | dipper stick | dipper arm.
brazo del electroimán | magnet limb.
brazo del imán | magnet limb.
brazo del inducido | armature arm.
brazo del mecanismo de la picada (telar) | picking arm.
brazo del muñón de la dirección (dirección autos) | steering-knuckle arm.
brazo del par | arm of the couple.
brazo del par adrizante (buques) | G. Z.
brazo del sector | quadrant arm.
brazo del semáfaro (ferrocarril) | semaphore blade.
brazo derecho | right-hand.
brazo divisor | dividing arm.
brazo elevador de alza | sight elevating arm.
brazo empaquetador | squeezer.
brazo en forma de cuello de cisne (grúas) | swanneck jib.
brazo en serie (telecomunicación) | series arm.
brazo en voladizo | cantilever arm.
brazo giratorio | swingable arm | whirling arm.
brazo giratorio (grúas) | swing jib.
brazo guiador | guiding arm.
brazo impresor | print arm.
brazo inferior | bottom arm.
brazo inscriptor | recording arm.
brazo medio de palanca del pasajero (estabilidad en vuelo de aviones pasaje) | mean passenger arm.
brazo montador | erector arm.
brazo móvil | plunger.
brazo móvil (grúas) | movable jib.
brazo móvil para recoger materiales del fondo del mar (sumergibles) | bathyscaph arm.
brazo muerto (de un río) | cutoff meander.
brazo muerto (ríos) | cutoff | oxbow | ox-bow lake.
brazo nivelador | leveler arm.
brazo oscilando verticalmente | vertically-swinging arm.
brazo oscilante | rocker-arm | swingable arm | swing arm.
brazo oscilante (suspensión autos) | wishbone.
brazo oscilante (telares) | rocking rod.
brazo palpador | tracer arm.
brazo pantanoso (ríos) | bayou.
brazo para levantar el techo de la cabina del piloto (aviones) | grasshopper arm.
brazo plegable | collapsible arm.
brazo plegador | folder arm.
brazo polar (planímetro) | pole arm.
brazo portante | supporting arm.
brazo posterior de la teja de carga (cañón) | rear tray arm.
brazo posterior izquierdo | left rear arm.
brazo protector | guard arm.
brazo radial | radial arm.
brazo rastrillador | raking arm.
brazo receptor | receiving arm.
brazo rectáctil | collapsible arm.
brazo registrador | recording arm.
brazo regulador | adjusting arm.
brazo soldado (grúas) | fabricated jib.
brazo soporte para el pulido de gemas | tang.
brazo sujetador | holding arm.
brazo telescópico | telescopic arm.
brazo telescópico (grúa) | telescopic jib.
brazo tonal (gramófonos) | pickup arm.
brazo trazador | tracer arm | plotting arm.
brazo tubular | tubular bracket.
brazola (buques) | coaming.
brazola de escotilla | hatchway coaming | hatch coaming.
brazola de escotilla (buques) | combing.
brazola de escotilla de popa | after hatchway coaming.
brazola de la ducha (buques) | shower coaming.
brazola de la puerta (buques) | door sill.
brazola de lumbrera (buques) | skylight coaming.
brazola de proa y popa (escotillas) | headledge | headledge.
brazola lateral de escotilla (buques) | hatch side coaming.
brazola longitudinal (buques) | side coaming.
brazola transversal (escotillas) | headledge | end coaming.
brazos adyacentes del puente de Wheatstone | ratio arms.
brazos del áncora (relojes) | crutch.
brazos del extractor (armas) | extractor arms.
brazos del puente (electricidad) | bridge branches.
brazos del rotor (electricidad) | spider.
brazos empujadores (Iberoamérica) | cant flipper.
brazos espirales (galaxias) | spiral arms.
brazos superiores (fresadoras) | overarms.
brazos volcadores | cant flipper.
brazos volteadores | cant flipper.
brazo-soporte | overarm.
brazo-yugo (máquina circular tejido punto) | yoke arm.
brea | tar.
brea (minería) | pitch.
brea con poca proporción de cenizas | low-ash pitch.
brea de alquitrán mineral | coaltar pitch | coal tar pitch | carbon J.
brea de calafatear | navy pitch.
brea de huesos | bone pitch.
brea de pinos | Stockholm tar.
brea grasa | moist pitch.
brea mineral | earth pitch | pit asphalt.
break (coche) | break.
brebaje (medicina) | draught.
brecha | breach | opening | gape | gap | crab rock | hiatus.
brecha (mineral) | breccia.
brecha (geología) | breccia | brockram.
brecha (México) | dry road | ride.
brecha (petrología) | clastogene.
brecha alnoítica | alnöitic breccia.
brecha andesítica | andesitic breccia.
brecha arcillosa | clayey breccia.
brecha basáltica | basalt-breccia.
brecha cataclástica | crush breccia.
brecha cavernosa con cavidades entre los fragmentos | bubbly rock.
brecha compuesta de fragmentos de rocas volcánicas | agglomerate.
brecha cuyos fragmentos están partidos por planos de fisión | crackle breccia.
brecha de arrastre (México) | skid road.
brecha de dislocación | shatter breccia | dislocation breccia | crush breccia.
brecha de dislocación (geología) | friction breccia.
brecha de explosión (geología) | explosion breccia.
brecha de falla | ruttless | ruttles | crush breccia.
brecha de falla (geología) | rock rubble.
brecha de falla (minería) | fault stuff.
brecha de fragmentación mecánica | crush breccia.
brecha de fragmentos desprendidos de las paredes y techos de cavernas | cave breccia.
brecha de fricción | crush breccia | fault-breccia.
brecha de fricción (geología) | friction breccia | rock rubble.
brecha de huesos | osseous breccia | bone bed | bone breccia.
brecha de hundimiento | crush breccia.
brecha de trituración | crush breccia.
brecha diabásica | diabase breccia.
brecha diamantífera del Cabo | blue earth | blue.
brecha endolítica | endolithic breccia.
brecha eruptiva (geología) | flow breccia.
brecha formada por el colapso del techo de una caverna | collapse breccia.
brecha glaciar | drift breccia.
brecha intrusiva (geología) | intrusive breccia.
brecha kimberlítica | kimberlite-breccia.
brecha marmórea | marble breccia.
brecha mineralizada | drag ore.
brecha osíferas | bone bed.
brecha pumítica | pumiceous breccia.
brecha volcánica | eruptive breccia.
brecha volcánica (geología) | volcanic breccia.
brechado | brecciated.
brechiforme | brecciform.
bremógrafo | bremograph.
bremsstrahlung (del alemán Brensen-romper) | bremsstrahlung.
bremsstrahlung fotónico | photonic bremsstrahlung.
brenca | sluice port.
breñal | brush | moorland.
Bretaña | Brittany.
bretel (haz de vías paralelas) | scissors crossing.
breve | short.
breve (música) | brevis.
breve período próspero | boomlet.
breve resumen | brief resume.
brevedad | shortness.
brevemente irradiado | shortly-irradiated.
brevio (uranio X_2) | brevium.
brezal | heath.
brezo | heather.
briaga | bass weed rope.
bricolaje electrónico | electronic do-it-yourself.
bricho | spangle.
bricho (hilo) | tinsel.
bricho de oro | flat gold wire.
bricho gaufré | goffered tinsel.
brida | yoke | pipe flange.
brida (ballesta) | band.
brida (carriles) | splice bar.
brida (del caballo) | bridle.
brida (eclisa-carriles) | fishplate.
brida (máquina de taladrar) | bridge.
brida (mecánica) | stirrup.
brida (pozos) | spool.
brida (resortes) | bridle.
brida (telar de picada por encima) | checkstrap.
brida (telecomunicación) | connector.
brida (tubos) | flange.

brida acampanada (tuberías) | hubbed flange.
brida anular | annular flange.
brida atornillada | screwed-on flange.
brida ciega | blank flange | blind flange.
brida ciega de tipo giratorio (tuberías) | spectacle type blank flange.
brida cilíndrica | cylindrical flange.
brida con anteojeras | blind bridle.
brida con cara con un resalto | raised face flange.
brida con ranuras circulares | grooved flange.
brida curva | saddle flange.
brida de acoplamiento | companion flange | coupling flange.
brida de acoplamiento de la caja de velocidades al embrague | gearbox flange.
brida de amarre | mooring bridle.
brida de angular | angle iron flange.
brida de angular (carriles) | angle fish plate.
brida de aprieta | clamp bracket.
brida de apriete | grip | clip.
brida de carril | rail splice | joint fastening | rail-bond.
brida de cierre | packing flange | cover band.
brida de collar | collar flange | neck flange.
brida de copa (tuberías) | hat flange.
brida de choque | choke flange.
brida de empalme (ferrocarriles) | splicing ear.
brida de enchufe | socket flange.
brida de fibra de carbón | carbon fiber composite yoke.
brida de fijación | supporting flange.
brida de fijación de la ballesta | spring clamp.
brida de guiaondas | waveguide flange.
brida de hierro en ángulo | angle flange.
brida de la ballesta | spring band.
brida de la cola | tail flange.
brida de la pala de la hélice | propeller-blade flange.
brida de madera | wood scab | scab.
brida de piso | waste nut.
brida de plato | plate type flange.
brida de protección | guarding flange.
brida de reborde | lipped flange.
brida de resalto central (para centrado) | spigoted flange.
brida de sección en escuadra para unir carriles de distinta altura (vía férrea) | skirted fishplate.
brida de sostén del cable (catenaria) | push-off flange.
brida de sostén del cable (catenarias) | push-off.
brida de sujección | attaching flange.
brida de sujeción de la pieza | strap.
brida de suspensión de la ballesta | U bolt.
brida de tetón | finger clamp.
brida de toma de tierra | ground clamp.
brida de tubo | pipe flange.
brida de unión | connecting flange | coupling flange.
brida del cordón inferior (vigas armadas) | binding stay.
brida del lado de impulsión (bombas) | discharge flange.
brida del lizo (telar) | stirrup.
brida del muelle | spring buckle | spring band.
brida del paralelogramo de Watt | parallel motion radius bar.
brida del resorte | spring buckle | spring band.
brida del separador | outrigger clamp.
brida del tubo de exhaustación | exhaust flange.
brida desmontable | demountable flange.
brida empernada desmontable | bolted-on demountable flange.
brida formando parte del tubo | solid flange.
brida fundida en una pieza con el tubo | cast-on flange.
brida hembra | faucet flange.
brida loca | slip-on flage.
brida macho | spigot flange.
brida oscilante de la caja de grasas | axlebox yoke.
brida para martillar | peening flange.
brida plana | flat splice-bar | plate type flange.
brida postiza | attached flange | loose flange | slip-on flage.
brida rebordeada | seamed flange.
brida reforzada con cartabones | gusseted flange.
brida roscada (sobre el tubo) | screw flange.
bridas para guías de ondas | wave guide flanges.
bridas para sostener la tubería en la boca del pozo | casing landing flanges.
bridas que casan (sus agujeros) | mating flanges.
bridón | bridoon.
brigada | squad | brigade | party.
brigada (EE.UU.) | master sergeant.
brigada (obreros) | gang.
brigada aérea (unos 100 aviones) | wing.
brigada de artillería | artillery brigade.
brigada de nivelación | leveling party.
brigada de obreros | team.
brigada de obuses de pequeño calibre | light howitzer brigade.
brigada de reparaciones | repair gang.
brigada de rescate (minería) | rescue brigade.
brigada de salvamento | rescue brigade.
brigada de salvamento de minas (minería) | mine-rescue brigade.
brigada de salvamento de una playa | beach-guard.
brigada de sección (conservación de la vía) | section gang.
brigada paracaidista transportada en helicóptero (buques) | helitack crew.
brigadier | brigadier.
brigalow (Acacia harpophylla) | brigalow.
brillancímetro | glossimeter | glossmeter.
brillanté | single damask | lucid | polished | brilliant.
brillante (barras de acero) | ground.
brillante (colores) | high.
brillante (diamante) | brilliant-cut diamond | brilliant.
brillante (fracturas) | fiery.
brillante (personas) | top.
brillante con 58 facetas | full-cut brilliant.
brillante de forma almohadillada | cushion-shaped brilliant.
brillantez | brilliance | brightness | flare.
brillantina (forros de sombreros) | brilliantine.
brillantino (lágrima - joyería) | briolette.
brillar | flame (to) | shine (to) | flare (to) | glisten (to) | glitter (to) | beam (to).
brillar con luz vacilante | glimmer (to).
brillar por su ausencia | be conspicuous by his absence (to).
brillo | glancing | glare | glossiness | relative luminance | brightening | brilliance | polish | luster (EE.UU.) | luster | lustre (Inglaterra).
brillo (de un color) | chroma.
brillo (luminiscencia - televisión) | glow.
brillo (unidad de brillo aparente) | brill.
brillo absoluto | absolute brightness.
brillo aparente | apparent brightness.
brillo bolométrico | bolometric brightness.
brillo catódico | cathode glow.
brillo craso (mineralogía) | greasy luster.
brillo de claridad de imagen | distinctness-of-image gloss.
brillo de fulguración | fulguration blick.
brillo de la imagen | image brilliance | picture brightness.
brillo de la plata | coruscation.
brillo de papel | paper gloss.
brillo del corte | brilliance of the cut.
brillo del diamante | diamond brilliance.
brillo diamantino | adamantine luster.
brillo espacial | skyshine.
brillo espacial (nuclear) | skyshine.
brillo fotométrico | photometric brightness.
brillo intenso | high luster.
brillo intrínseco | intrinsic brilliance | brilliance | brightness | brilliancy.
brillo mate | dull luster.
brillo máximo | highlight brightness.
brillo máximo (televisión) | highlight.
brillo medio | compatibility.
brillo metálico | metallic luster.
brillo metaloide (G.B.) | metalloid lustre.
brillo mínimo perceptible | threshold.
brillo mínimo visible en la obscuridad | absolute threshold.
brillo nacarado | pearly luster.
brillo resinoso | pitch glance.
brillo sedoso (cabellos) | glossiness.
brin (tejido de poco peso) | sailcloth.
brin (tela de estopa de lino) | spray.
brincador (animales) | salient.
brincar | leap (to) | tumble (to) | spring (to).
brinco | leap | bang.
brinelación (indentación por presión) | brinelling.
brinelar (dar un bolazo - determinar la dureza por el método Brinell) | Brinell (to).
brinzal | sapling.
briol | buntline.
briozoario | bryozoan | moss animal.
briozoo erguido | erect bryozoan | stolonate bryozoan.
briozoo estolonado | stolonate bryozoan | erect bryozoan.
briozoo incrustante | coral patch.
briozoo incrustante (oceanografía) | encrusting bryozoan.
briqueta | boulet | briquette | brick.
briqueta (pulvimetalurgia) | compact.
briqueta combustible | fuel briquet.
briqueta de carbón | brick fuel | cubical coal | coal-briquette | coalette.
briqueta de mineral | ore briquet.
briqueta de mineral de cobre tostado | blue billy.
briqueta de polvo de carbón | coal-dust briquette.
briqueta de turba | peat briquette.
briqueta para siembra | sowing brick.
briqueta sinterizada | sintered briquette.
briquetación de virutas metálicas | swarf briquetting.
briquetadora | briquetter.
briquetas de ferrosilicio | silicon briquettes.
briquetas de lignito con alquitrán vegetal | lignite-charcoal-tar briquettes | lignite-charcoal-tar brickets.
briquetas de mineral de hierro | pig iron in ingots.
briquetas sin ligante | binderless briquettes.
briqueteable | briquetable.
briqueteación de la mezcla | mixture briquetting.
briqueteación de minerales | ore briquetting.
briqueteado de la mezcla | mixture briquetting.
briqueteadora | briquetting machine.
briquetear | briquette (to).
brisa | breath | breeze.
brisa (número 1 de la escala de Beaufort) | light air.
brisa de montaña | air drainage | mountain breeze.
brisa de tierra | land-wind.
brisa de valle | valley breeze.
brisa descendente (Iberoamérica) | air drainage.
brisa glacial | glacier breeze.
brisa ligera (nº 3 de escala de Beaufort) | gentle breeze.
brisa manejable | commanding breeze.
brisa suave | zephyr.
brisadas | abatement.
briscado (hilo de oro o de plata) | bullion.
briscado (hilo oro o plata) | purl.
brisura (heráldica) | brisure | mark of cadency.
brixio (medida de concentración - zumos frutas) | brix.
brizarda de la roda (buques) | stem breasthook.
brizna | chip.

briznas (pastas papeleras) | shives.
broca | bit | drill | boring tool | borer | bore-bit.
broca (para hacer coincidir agujeros de chapas) | driftpin.
broca a izquierdas | left-hand drill.
broca agarrotada | run-out drill.
broca ajustable | extension bit.
broca batidora (abridora de desperdicios) | beating rod.
broca buriladora | router bit.
broca con canal de lubricación | oil-hole drill.
broca con canal helicoidal | screw auger.
broca con canal lubricador | oil-tube drill.
broca con cuchillas fungibles | throwaway-tipped drill.
broca con espiga | shank drill.
broca con guía | pin drill | pilot drill.
broca con la punta hendida | split-point drill.
broca con paso grande de las estrías | fast-spiral drill.
broca con tope limitador de profundidad | stop drill.
broca corriente | jobber's drill.
broca de acero rápido | high-speed steel drill.
broca de avellanar | rose bit | countersink bit | countersinking drill.
broca de berbiquí | auger bit.
broca de centrar | center bit.
broca de cuatro cortes | four-lip drill.
broca de cuchara | pod bit | shell bit.
broca de diámetro un poco mayor que el tonillo a que corresponde | clearance drill.
broca de diámetros crecientes | step drill.
broca de doble corte | dual-cut drill.
broca de dos cortes | double-chamfered drill.
broca de espiga cilíndrica | straight-shank drill.
broca de espiga cónica | taper-shank drill.
broca de espiga cuadrada | square shank drill.
broca de espiga piramidal | taper square shank drill.
broca de estrías rectas | straight-fluted drill | farmer's drill.
broca de guía | center bit.
broca de labios rectos | straight-fluted drill.
broca de lanzadera | cop spindle.
broca de manguito | shell drill.
broca de media caña | auger long.
broca de punta | V-drill.
broca de punta chata afilada | hognose drill.
broca de puntear | spotting drill.
broca de ranuras rectas | straightway drill | fluted drill.
broca de serie corta | jobber's series twist drill.
broca de serie normal corta | short standard drill.
broca de taladradora | bore bit.
broca de tetón cilíndrico | pin-bit | pin drill.
broca de tres puntas | scriber | center bit.
broca de un corte | single cutting drill.
broca escalonada | step drill.
broca escariadora | reamer drill.
broca esmaltada para canillas (tejeduría) | enameled cop skewer.
broca espiral | twist drill.
broca espiral con paso pequeño | slow spiral drill.
broca espiral de paso largo | quick spiral twist drill.
broca extensible | extension bit.
broca extralarga | extra long drill.
broca extralarga de espiga cilíndrica | straight-shank extra long drill.
broca extralarga de espiga cónica | taper-shank extra long drill.
broca helicoidal | worm bit | twist drill | spiral drill | half twist bit.
broca helicoidal de cola cilíndrica | parallel-shank twist drill.
broca hueca | shell drill | core drill.
broca hueca adiamantada | tubular diamond-impregnated drill.
broca hueca cilíndrica con borde cortante | hole saw.
broca larga de espiga cilíndrica | long length drill.
broca para agujeros de pasadores cónicos | taper-pin drill.
broca para agujeros profundos en madera | bobbin bit.
broca para avellanar | gimlet-bit.
broca para canillas | cop skewer.
broca para centrar | center drill.
broca para chicharra | ratchet drill.
broca para dobladora (tejeduría) | doubling skewer.
broca para eclisas de vía | bonding drill.
broca para extraer machos rotos | tap drill.
broca para muescas | slotting auger.
broca para taladro de chicharra | ratchet drill.
broca para taladros de gran diámetro | spade drill.
broca para taladros de gran longitud | rifle drill.
broca para torno | chuck drill.
broca para un sólo uso | one-use bit.
broca postiza (barrena de mina) | detachable bit.
broca postiza para perforadoras | jackbit.
broca recambiable (barrena de mina) | detachable bit.
broca salomónica | twist drill.
broca salomónica (carpintería) | cylinder bit.
broca salomónica con espiga de cono Morse | Morse-taper shank twist drill.
broca salomónica de paso grande | high-helix drill.
broca salomónica de paso largo | high-spiral drill.
broca salomónica de paso pequeño | low-helix drill.
broca salomónica fabricada por fresado | milled twist drill.
broca salomónica fabricada por laminación en caliente | hot-rolled twist drill.
broca sin brazos | drill without arms.
broca trepanadora | trepanning drill.
broca triangular de acero aleado fundido para taladrar aceros muy duros (separa el material rasqueteando la parte recocida por el calentamiento) | hard steel drill.
broca tubular | tube drill.
broca y avellanadora combinadas | drill and countersink combined.
brocado | figured fabric.
brocado (tejidos) | brocading.
brocado de oro | gold brocade.
brocado de terciopelo | velvet brocade.
brocado en oro | brocaded in gold.
brocado escarchado de lentejuelas | samite.
brocado por trama | weft-figured fabric | filling-figured fabric.
brocado por trama de doble cara | double-sided weft brocade.
broca-fresa de acabado | finishing broach.
broca-fresa de calibrar | sizing broach.
brocal | lip | kerbstone.
brocal (de pozo) | kerb | border stone.
brocal (pozo minas) | collar | day frame.
brocal (pozos) | curb | brink.
brocal de tablas horizontales (excavación) | pit boards.
brocas de tamaño poco empleado | odd-sized drills.
brocatel | furniture damask.
brocatel (mármol almendrado) | brocatelle.
brocatel (tejido) | brocatelle.
brocatela | clouded marble.
brocha | brush | paint-brush.
brocha ancha para amortiguar los colores | softener.
brocha atada a un mango largo de madera (pintura) | manhelper.
brocha cónica | taper broach.
brocha de acanalar | spline broach.
brocha de blanquear | lime brush.
brocha de bruñir | burnishing broach.
brocha de calibrado | sizing broach.
brocha de carburo cementado aglomerado | cemented-carbide broach.
brocha de dientes insertados | inserted-tooth broach.
brocha de estriar | serration broach.
brocha de perfil desenvolvente | evolvent broach.
brocha de picar (pintura) | stippler.
brocha de pintura | paint scrubber.
brocha de ranurar | slot broach.
brocha de rociar (moldería) | dabbing brush | dabber.
brocha de tracción (herramienta) | pull broach.
brocha distribuidora | distributing brush.
brocha gorda | dauber.
brocha helicoidal | spiral broach.
brocha para cortar chaveteros | keyway cutting broach.
brocha para chaveteros | keyway broach.
brocha para dejar a medidas definitivas | sizing broach.
brocha para fundición | casting brush.
brocha para imitar madera (pintura) | grainer.
brocha para imitar vetas (de madera o mármol) | graining brush.
brocha para interiores (herramienta) | internal broach.
brocha plana | flat brush.
brocha plana para pintar | flat paint brush.
brocha rectangular | rectangular broach.
brocha redonda | finger brush.
brocha semirredonda (herramienta) | half-round broach.
brochado | broaching.
brochado (tejidos) | inwrought.
brochado antes de templar | soft broaching.
brochado con precisión | precision-broached.
brochado de agujeros curvilíneos | curvilinear hole broaching.
brochado de chaveteros | keyway broaching.
brochado de desbaste | rough broaching.
brochado de empuje | pull-down broaching.
brochado de recámaras de cañones | gun breeches broaching.
brochado externo | surface broaching.
brochado helicoidal | helical broaching.
brochado interior | internal broaching.
brochado lateral | straddle broaching.
brochado para bruñir | burnish broaching.
brochado por empuje | push broaching.
brochado por tracción | pull broaching.
brochado por tracción hacia arriba | pull-up broaching.
brochadora | broaching machine.
brochadora de cremallera | rack-operated broaching machine.
brochadora de mando hidráulico | hydraulically-operated broaching machine.
brochadora electrohidráulica | electrohydraulic broaching machine.
brochadora hidráulica | hydraulic broaching machine.
brochadora horizontal | horizontal broacher.
brochadora horizontal de correderas múltiples | multiple-ram horizontal broaching machine.
brochadora rotativa | rotary broaching machine.
brochadora vertical de tracción descendente | pull-down vertical broaching machine.
brochadora vertical para interiores | internal vertical broaching machine.
brochal | header beam | header | jack timber | trimmed joist | trimmer.
brochar (fresar con cremallera) | broach (to).
brochar con precisión | finish-broach (to).
brochar en seco | broach dry (to).
brochar en una máquina de transferencia | transfer broach (to).
broche | clasp.
broche (de álbum, etcétera) | hasp.
broche de presión (vestidos) | snap fastener.

broche para tapas de libros | hasp.
broche y corchete | hook and eye.
broches | hooks and eyes.
broches para correa | belt hooks.
brocheta (de cocina) | skewer.
brocheta (minas) | skewer.
brochón | coarse brush.
broma | worm.
broma (molusco horadador) | wood borer.
broma o frase gastada | chestnut.
bromar | brominate (to).
bromargirita (plomo verde) | bromyrite.
bromato (química) | bromate.
bromato de sodio | sodium bromate.
bromatología | food technology | food science.
bromatólogo | food technologist.
brómico | bromic.
bromirita | bromyrite.
bromita (mineralogía) | bromite.
bromito (química) | bromite.
bromo | bromine.
bromobencil cianida (química) | bromo-benzyl cyanide.
bromobenzóilico | bromobenzoylic.
bromóleo | bromoil.
bromóleo (fotografía) | oil-pigment.
bromoleotipia | bromoil.
bromoleotipia (fotografía) | bromoil process.
bromólisis | brominolysis.
bromometría (química) | bromometry.
bromuro | bromide.
bromuro de cinc calidad óptica | optical grade zinc bromide.
bromuro de etilo | ethyl bromide.
bromuro de litio | lithium bromide.
bromuro de metilo | methil bromide | methyl bromide.
bromuro de plata | silver bromide.
bromuro de platino | platino-bromide.
bromuro de plomo | lead bromide.
bromuro de sodio (NaBr) | sodium bromide.
bronce | red brass | bronze | brass.
bronce α **binario** | binary α bronze.
bronce al cromo | chromium bronze.
bronce aleado con níquel | nickel-alloyed bronze.
bronce antiácido (15%) | antiacid bronze.
bronce antiguo | antique bronze.
bronce arquitectónico | architectural bronze.
bronce artístico | artistic bronze.
bronce bajo en estaño | low-tin bronze.
bronce blanco (mineralogía) | mispickel.
bronce blanco antifricción | antifriction white bronze.
bronce con color parecido al del oro | bronze gold.
bronce con gran proporción de plomo | heavily leaded bronze | high lead bronze.
bronce con 75% de cobre | high-lead bronze.
bronce de aleación de níquel y aluminio | nickel-aluminum bronze.
bronce de aluminio | aluminum bronze.
bronce de aluminio eutectoide | eutectoid aluminum bronze.
bronce de aluminio poroso | spongy aluminium bronze.
bronce de berilio | beryllium bronze.
bronce de campanas | bell bronze.
bronce de campanas (bronce con 12 a 24% de estaño) | bell-metal.
bronce de cañón | G bronce | ordnance bronze | ordnance metal.
bronce de cañón (9 cobre, 1 estaño) | gunmetal.
bronce de cañón con cobre 85% y estaño 5% y cinc 5% y plomo 5% | eighty-five/three fives.
bronce de cañón con gran proporción de estaño y zinc | high tin-plus-zinc gunmetal.
bronce de cañón niqueloso | nickel-containing gunmetal | nickel-containing gun metal.
bronce de cañón plomoso | leaded gunmetal.
bronce de cañones | cannon-metal.
bronce de cromo niqueloso | nickel-containing chromium bronze.
bronce de gran resistencia | high-duty bronze.
bronce de gran resistencia a la tracción | high-tensile bronze | high-tension bronze.
bronce de monedas | coinage bronze.
bronce de níquel y aluminio | nickel-aluminium bronze.
bronce de níquel-aluminio-manganeso | nickel-aluminum-manganese bronze.
bronce dorado | ormolu.
bronce emplomado | leaded bronze.
bronce emplomado lubricado con lubricante emplomado | lead-lubricated leaded bronze.
bronce en lingotes | raw bronze in ingots.
bronce exento de fósforo | phosphorus-free bronze.
bronce fabricado por inyección en máquina | pressure bronze.
bronce flamenco | flemish bronze.
bronce fosforoso sinterizado impregnado de lubricante | oil-impregnated sintered phosphor bronze.
bronce fundido | cast bronze.
bronce fundido en coquilla | chill-cast bronze.
bronce galvánico | electrobronze.
bronce imitación | mock bronze.
bronce inatacable por los ácidos | acid resisting bronze.
bronce industrial | gunmetal.
bronce mecánico | gunmetal.
bronce morado | bornite.
bronce para engranajes | gearing bronze.
bronce para grifería | cock brass.
bronce para usos hidráulicos | hydraulic bronze.
bronce plástico (bronce de cobre, estaño y plomo) | plastic bronze.
bronce plomoso | leaded bronze.
bronce poroso grafitado (absorbe por capilaridad el lubricante) | graphited bronze.
bronce rico en cinc | high zinc bronce.
bronce silicioso | silicon bronze | spring bronze.
bronce sobredorado | gilded bronze.
bronceado | bronzed.
bronceado (fotógrafo) | bronzing.
bronceadora | bronzing machine.
broncear | bronze (to).
broncear (un cañón) | blue (to).
broncería | bronze work.
bronces (piritas en el carbón - minas) | brasses.
broncesolar | braze (to).
broncesoldabilidad (facilidad para soldarse con bronce - hierro fundido) | bronzeability.
broncesoldado | bronzewelded.
broncesoldadura | bronzewelding | brazing.
broncesoldadura del acero inoxidable | stainless steel brazing.
broncesoldadura por inducción de corrientes de hiperfrecuencia | radiofrequency induction brazing.
broncesoldeo con el soplete | torch-brazing.
broncesoldeo de juntas con bordes separados (hasta 1,5 milímetros) | wide-gap brazing.
broncesoldeo del grafito | graphite brazing.
broncesoldeo eutéctico | eutectic brazing.
broncesoldeo por inmersión en baño de fundente | flux bath dip brazing.
broncista | brassworker | bronze worker.
broncita | bronzite.
broncita con efecto tornasolado | bronzite cat's-eye.
broncólogo | bronchologist.
brongoniardita (sulfuantimoniuro de plata y plomo) | brongniardite.
bronquiolo | bronchiole.
bronquitis parasitaria (veterinaria) | husk.
brontesis | brontesis.
brontidos | brontides.
brontografía | brontography.
brontometría | brontometry.
brontómetro | brontometer.
bronzitita | bronzitite.
broquel (zoología, presas hidráulicas) | shield.
broquidódromo | brochidodromus.
brotación (cultivos) | sprouting.
brotación de las yemas (árboles) | plucking out.
brotadura de la raíz (plantas) | sprouting.
brotar | break-out (to) | spout (to) | sprout (to) | put out (to) | leap (to) | outbreak (to) | well up (to) | stream (to).
brotar (agua freática) | break out (to).
brotar (líquidos) | spring (to).
brotar (llamas) | leap up (to).
brotar (plantas, ríos) | rise (to).
brotar las hojas | put forth (to).
brotazón de veta | apex of vein.
brotazón del árbol | tree sprouting.
brote | shoot | sprout | budding | bud | offshoot.
brote adventicio (Argentina - árboles) | stool shoot.
brote de brinzal | seedling sprout.
brote de callo | stool shoot.
brote de filtración | seepage outcrop.
brote de follaje | flushing.
brote de la cepa del árbol | coppice shoot.
brote de la raíz (árboles) | sprout.
brote de regeneración (árboles) | recovery shoot.
brote de una raíz cortada | ratoon.
brote falso (Chile - árboles) | stool shoot.
brote florífero | flowering shoot.
brote lateral hamiforme (botánica) | hooked lateral shoot.
brote repentino de una plaga forestal | insect outbreak.
broza | chaff.
broza (lana) | burr.
broza (minas) | dirtied rock | muck pile | boose.
broza (minerales) | vein matter.
broza carbonizada (lana) | carbonized bur.
broza de la corta forestal | logging slash.
brucita | brucite.
brucítico | brucite-bearing.
brujido | diamond powder.
brujido (polvo de diamante) | diamond dust.
brujidor | edge tool | glass parer | glazier's nippers | crumbling iron.
brújula | compass | needle | magnetic compass.
brújula aperiódica | deadbeat compass | aperiodic compass.
brújula azimutal | azimuth compass.
brújula celeste | sky-compass.
brújula compensada | compensated compass.
brújula con anteojo solar (topografía) | solar compass.
brújula con giroscopio sincronizado con una fuerza magnética | slaved gyro magnetic compass.
brújula con lente amplificadora | lensatic compass.
brújula de agrimensor (grafómetro) | circumferentor.
brújula de aguja fija | needle compass.
brújula de aviación | aviation compass.
brújula de avión | plane's compass | aircraft compass.
brújula de azimut | amplitude compass.
brújula de eclímetro | leveling-compass.
brújula de geólogo | geologist's compass.
brújula de gobernar | steering compass.
brújula de inclinación | dip compass | dipping needle | dip needle | inclinometer | inclination compass.
brújula de inducción terrestre | earth-induction compass.
brújula de inducción terrestre (aviones) | induction compass.
brújula de limbo fijo | card compass.
brújula de líquido | spirit compass | liquid compass.
brújula de mina | dial plate | mining dial | miner's dial | mine dial.
brújula de minero | miners' compass | miner's dial | mine dial | dip compass | circumferentor.
brújula de pínulas | sight compass.
brújula de prisma (topografía) | prismatic compass.

brújula de reflexión (topografía) | prismatic compass.
brújula de secantes (electricidad) | secant galvanometer.
brújula de silvicultor | forester's compass.
brújula de tangentes | tangent galvanometer.
brújula de trípode (minas) | dial.
brújula declinadora | declinator.
brújula declinatoria | trough compass | long compass.
brújula del piloto | pilot's compass.
brújula electromagnética | earth-induction compass.
brújula electrónica (brújula de inducción terrestre) | fluxgate compass.
brújula giromagnética (aviones) | gyromagnetic compass.
brújula giroscópica | directional gyro | gyroscopic compass | gyrostatic compass | gyrocompass.
brújula inestable | whirling needle.
brújula invertida | telltale.
brújula Magnesyn | Magnesyn compass.
brújula magnética | magnetic needle.
brújula magnética con graduación vertical (aviones) | card compass.
brújula magnética giroestabilizada | gyrostabilized magnetic compass.
brújula marina | mariner's compass.
brújula nivelante | leveling-compass.
brújula para levantamiento de planos mineros | mine-surveying dial.
brújula polar (navegación transpolar) | polar compass.
brújula solar | sum compass.
brújula solar (navegación) | sun compass.
brújula suspendida (buques) | hanging compass.
brújula topográfica | surveying compass | surveyor's compass.
brulote | fire ship | fireboat.
brulote radiodirigido | drone ship.
brulote telemandado | drone ship.
bruma | vapour (Inglaterra) | vapor (EE.UU.) | brume | fogging | fog | mistiness | mist | haze.
bruma de mar | sea fog.
bruma del mar | sea smoke.
bruma humosa | smoke haze.
bruma marítima | sea smoke.
bruma seca | haze.
brumal (de invierno) | brumous.
brumosidad | misting | fogginess.
brumoso | foggy | hazy | brumous | thick.
bruñido | polish | bright | polishing | polished.
bruñido (electroquímica) | burnishing.
bruñido (encuadernación) | burnishing.
bruñido a fuego | black burnt.
bruñido al ágata | agate-burnished.
bruñido con bolas metálicas en un bombo giratorio | ball burnishing.
bruñido con taco abrasivo con precisión | precision-honed.
bruñido del cono de asiento de la válvula (motores) | valve cone honing.
bruñido después de maquinado | burnished after machining.
bruñido en seco | dry brushing.
bruñido en tambor | tumble-burnished.
bruñido en tambor giratorio | barrel burnishing.
bruñido interior de un agujero introduciendo a presión un punzón cilíndrico ligeramente mayor | hole burnishing.
bruñido interior por lapidado con barretas abrasivas (interior de cilindros) | honing.
bruñido ligero | glossing.
bruñido ligero para obtener mayor brillo | coloring.
bruñido químico | chemical coloring.
bruñidor | hone | polishing tool | polisher | lap | glosser | planisher.
bruñidor (de zapatero) | burnishing-iron.
bruñidor (encuadernación) | burnisher.
bruñidor de ágata | agate burnisher.
bruñidor de heliotropo | bloodstone burnisher.
bruñidor de marfil | ivory polisher.
bruñidor para fotografía | photograph burnisher.
bruñidora | burnishing machine | lapper.
bruñidora de cuchillería | cutlery burnisher.
bruñidora para engranajes | gear burnishing machine | gear burnisher.
bruñidora para microacabados planos | microflat honing machine.
bruñidura al ágata | agate burnishing.
bruñidura con diamante | diamond burnishing.
bruñidura interior introduciendo una bala de diámetro ligeramente superior a través de un agujero de diámetro ligeramente inferior al definitivo | ballizing.
bruñidura vibratoria | vibratory burnishing.
bruñir | furbish (to) | hone (to) | polish (to) | grind (to) | buff (to) | brighten (to).
bruñir (imprenta) | burnish (to).
bruñir el cuero pasándolo por rodillos calientes | brand (to).
brusca (baos) | round.
brusca (de baos, cubiertas, etcétera) | roundup.
brusca (de baos, etc.) | rounding.
brusca cóncava (buques) | inverse camber.
brusca de bao (buques) | camber.
brusca del bao | beam round-up | round of beam.
brusco (francote) | plump.
brutalidad | bullying.
bruto (petróleo) | raw.
bruto de fundición | rough-cast.
bruto de laminado | rough-rolled.
bruto por neto | gross for net.
bruza | coarse brush | beating brush | printer's brush | scrubber.
bruza (para caballerías, para moldes de imprenta) | brush.
bruzador (imprenta) | brusher.
bruzar (imprenta) | brush (to).
bubinga (Copaifera tessmannii - Harms) | bubinga.
bucal | oral.
bucaramangita (resina parecida al ambar pero insoluble en alcohol) | bucaramangite.
bucarán | art canvas.
bucarán (bocaci - tela de yute o algodón muy engomada) | buckram.
búcaro | pitcher.
bucear | dive (to).
bucear (ballenas) | sound (to).
buceo | dive | diving.
buceo a saturación submarino | undersea saturation dive.
buceo autónomo | self-contained diving.
buceo con aire suministrado desde el exterior (buzos) | surface-supplied diving.
buceo conteniendo la respiración | breath-holding diving.
buceo empleando mezcla de oxígeno y helio (en vez de aire para respirar) | oxy-helium diving.
buceo en aguas profundas | deep-sea diving operation | deepsea diving.
buceta (bote para provisiones) | bumboat.
bucle | looping | bussback | eye | frizzle | frizz.
bucle (cuerdas) | loop.
bucle (tejido de punto) | loop.
bucle abierto | open loop.
bucle activo | active loop.
bucle cerrado | loop | closed loop.
bucle de abonado | subscriber's loop.
bucle de control de obstrucciones | plugging loop.
bucle de enganche de fase | phase locked loop.
bucle de enganche de fase (telecomunicación) | phase-locked loop.
bucle de histéresis | hysteresis cycle | hysteresis loop.
bucle de histéresis magnética | magnetic hysteresis loop | B/H loop.
bucle de histéresis rectangular | rectangular hysteresis loop.
bucle de histéresis residual | recoil loop.
bucle de histéresis secundario | minor hysteresis loop.
bucle de iteración controlado por contador | count controlled loop.
bucle de medida | test loop | measuring loop.
bucle de pelo (telas) | pile loop.
bucle de realimentación | feedback loop.
bucle de servocontrol | control loop.
bucle de transmisión (telecomunicación) | transmitting loop.
bucle del programa de exploración (telefonia) | program scanning loop.
bucle magnético | magnetic loop.
bucles de cable submarino | submarine cable coils.
bucles de programas incluidos en otros | nesting loops.
buche (arte de pesca) | pot.
buche (arte de pesca del atún) | pound.
buche (aves) | ingluvies | maw.
buche (de ave) | crop | craw.
buchón (casquillo que forma la rangua de un pivote - relojería) | bouchon.
budismo | buddhism.
buen cliente | regular.
buen conductor de calor | good heat conductor.
buen contacto | good seal.
buen contacto con tierra (electricidad) | good earth | solid earth.
buen entintado (buena distribución de la tinta - tipografía) | good color.
buen estado interior | internal soundness.
buen estado para hacerse a la mar (buques) | seaworthiness.
buen funcionamiento | smooth working.
buen funcionamiento seguro en ruta | foolproof en route serviceability.
buen obrero | able workman.
buen parroquiano | regular.
buen peso | good weight.
buen tiempo | fine.
buen tiempo (barómetro) | fair.
buen volador | airworthy.
buena acogida (efectos) | acceptance.
buena acogida (letras) | protection.
buena aproximación | fair approximation.
buena copia | sound print.
buena cosecha | good harvest.
buena deposición del cordón (soldadura) | well-bead deposition.
buena disposición | willingness.
buena fe | fair dealing | on the level.
buena fuente | reliable source.
buena marcha | fast-sailing.
buena paga | good pay.
buena presa (marina) | lawful prize.
buena puntería | marksmanship.
buena reputación | good reputation.
buena voluntad | willingness.
bueno ordinario (calidad) | good ordinary.
buenos antecedentes | good character.
buey de la jungla | gayal.
bufada (de cólera, de humo) | gust.
bufada (de viento) | flaw.
bufada (ráfaga - de viento) | fluke.
bufada de viento | cat's paw | blast of wind.
búfalo | buffalo.
búfalo de Asia | Indian buffalo.
bufamiento (piso galería de mina) | heave.
bufamiento (piso galería minas) | heaving.
bufanda | muffler | scarf.
bufarse (enlucidos) | swell out (to).
bufarse (piso galería mina) | heave (to).
bufarse (revestimientos) | sweel (to).
bufete | desk.
bufete de abogado | lawyer's office.
bufete de abogados | law office.
bugle | saxhorn.
bugle (música) | bugle-horn.
buhardilla | dormer window | garret floor | garret.

buhardilla (cámara secadora en estampado telas) | dryer.
buhardilla (estampado telas) | back dryer.
buho | morepork.
buhonero | vender.
bujarda | crandall | granulating hammer | bushhammer.
buje | axlebox | skein | hub | bushing | bush.
buje (hélices) | boss.
buje (ruedas) | nave box.
buje carenado (aviones) | spinner.
buje de la hélice | propeller hub.
buje de muñón de la cuna | cradle trunnion bushing.
buje de punta de eje | skein.
buje de reducción para grapa de anillos (pozo petróleo) | casing bushing.
buje de rueda posterior | rear wheel hub.
buje de transmisión (sondeos) | drive bushing.
buje del anillo de arrastre | drive ring bushing.
buje del bloque de cierre | breechblock bushing.
buje del eje | axletree box.
buje del percutor | firing pin bushing.
buje del vástago | kelly bushing.
buje flotante (helicópteros) | floating hub.
buje inferior de la clavija del gancho pinzote | pintle pin lower bushing.
buje maestro | master bushing.
buje posterior del árbol de un torno | eccentric shaft bushing.
buje principal de la masa giratoria (sondeos) | master bushing.
bujerías de vidrio | glass trinkets.
bujía | candle.
bujía aceitada (motores explosión) | oiled plug.
bujía de comparación | candle-fitting.
bujía de encendido (motores) | sparking plug | plug | sparkplug.
bujía de encendido de alto voltaje | high-energy spark-ignition plug.
bujía de encendido de puntas platinadas | platinum-pointed sparking plug.
bujía decimal | decimal candle.
bujía filiforme sobre la que se pasa una sonda hueca (medicina) | guide.
bujía para motores de aviación | aviation spark plug.
bujía-metro (iluminación) | metre-candle.
bujía-pie | candle-foot.
bujía-pie (física) | foot-candle.
bujia-pie (iluminación) | foot-candle.
bularcama | rider | web frame.
bularcama (buque madera) | knee rider.
bulárcama (buques) | side transverse.
bularcama (petroleros) | transverse web frame.
bulárcama de bao de bodega | hold beam knee rider.
bulárcama de tanque vertical | deep tank web frame.
bularcama del fondo (buques) | bottom transverse.
bulbífero | bulb-bearing.
bulbiforme | bulb shaped | bulbiform.
bulbo | vacuum tube.
bulbo (anatomía) | bulb.
bulbo (botánica) | corm.
bulbo (en viguetas laminadas, bombilla eléctrica) | bulb.
bulbo (pelos) | root.
bulbo de presión | bulb of pressure.
bulbo de propulsión | propulsion bulb.
bulbo del termómetro | thermometer well.
bulbo joven de tulipán (botánica) | dropper.
bulbo que florece en verano | summer flowering bulb.
bulbo saliente | protruding bulb.
bulboso | bulbous.
bulevar | parkway.
bulevar cuadriviario | four-lane boulevard.
bulevar de cuatro calzadas | four-lane boulevard.
bulge (buques) | bulge.
bulge (casco de buques) | antitorpedo blister.
bulto | parcel | lump | bulk | swelling | knob | package.
bulto (bobinados) | swelling.
bulto de equipaje | article of luggage.
bulto pesado que tiene un sobreflete por su manejo (comercio marítimo) | heavy lift.
bultos pequeños para rellenar vacíos en la estiba | broken stowage.
bulldozer de ruedas | tournadozer.
bullidor (cocinas) | back boiler.
bullir (líquido acumuladores) | milk (to).
bullón (trajes) | puff.
bullones (encuadernación) | bosses.
bunas (caucho sintético) | bunas rubber.
bupréstido perforador | flathead borer.
buqe cablero rompehielos | icebreaker cable ship.
buque | hull | vessel | sail | craft | man | bottom | container ship and their terminal | steamer | boat | ship.
buqué (vinos) | flavour (G.B.) | flavor (EE.UU.).
buque a fletes tarifados | ship on fixed charter.
buque a la deriva | helpless ship | runaway ship.
buque a la trinca | trim-looking vessel.
buque a la vista | sail in sight.
buque abanderado | documented vessel.
buque abanderado en el extranjero | foreign-flag vessel.
buque abandonado | ahull.
buque abastecedor | satellite ship | depot ship.
buque abierto de bocas | flaring-side ship.
buque administrado por el Estado | government-managed vessel.
buque adrizado | no-list ship.
buque al garete | straggler.
buque alcanzado (por otro) | overtaken vessel.
buque alcanzador (que alcanza a otro) | overtaking vessel.
buque alcanzante (que alcanza a otro) | overtaking vessel.
buque alejado al que sólo se le ven los palos y chimenea | hull down.
buque aligerado de pesos (salvamentos) | cork-light trim.
buque almacén refrigerado | refrigerated store ship.
buque almirante | admiral ship | flagship.
buque almirante (del almirante del puerto) | guardship.
buque alteroso | high-topped ship.
buque amagnético | nonmagnetic ship.
buque anclado para defensa (de un río, puerto, etc.) | guardship.
buque antiaéreo | flak ship.
buque antiaéreo de escolta | antiaircraft escort vessel.
buque anticuado | obsolescent ship.
buque antisubmarinos | hunting ship.
buque aparejado de fragata | square rigger.
buque apoyo de tiro de artillería | gunfire support ship.
buque apto para navegar en hielos | ice-worthy vessel.
buque apto para recibir y transportar carga | stanch ship | staunch ship.
buque ardiente | weatherly ship | griping ship.
buque armado disfrazado de mercante | pile-driver.
buque armado para defensa costera | armed coastal defence vessel.
buque artísticamente empavesado | gaily-decked vessel.
buque asfaltero | asphalt-carrying ship.
buque atunero | tunner | tuna fishing boat.
buque atunero (pesca) | tuna boat.
buque autodescargador | self-unloader.
buque automatizado | automated ship.
buque auxiliar | tender.
buque averiado | damaged vessel.
buque averiado por mina | mine-damaged vessel.
buque azucarero (no envasada) | sugar carrier.
buque azufrero | sulfur carrier.
buque balancero | crank-sided ship | rolling ship | roller | bruisewater.
buque ballenero | whalecatcher | whaler.
buque ballenero abastecedor de la factoría flotante ballenera | whaling satellite ship.
buque bauxitero | bauxite carrier.
buque bihélice | two-shafted ship.
buque bolinero | weatherly ship | griping ship | plyer.
buque cabeza de columna | stem most ship.
buque cabeza de columna (convoyes marítimos) | stemmost ship.
buque cabeza de línea (convoyes) | lead-ship.
buque cablero | telegraph ship.
buque cablero rompehielos | icebreaker cable repair ship.
buque carbonero | collier | coaler | coal-ship | coaling-vessel.
buque carbonero pequeño de cabotaje | flatiron.
buque carguero | cargo-carrier.
buque carguero de ataque | attack cargo ship.
buque carguero para transporte de azúcar a granel | bulk sugar carrier.
buque celoso | crank-sided ship | crank boat | tender vessel.
buque cisterna | tanker.
buque clasificado en dos sociedades de clasificación | dual classed ship.
buque cola de columna (convoyes marítimos) | sternmost ship.
buque colisionador culpable | blameworthy colliding ship.
buque comercial | lighter.
buque con alcázar | quarterdecker.
buque con altura metacéntrica muy pequeña | tender vessel.
buque con arfada | pitchin ship.
buque con arrufo | ship in the sagging condition | sagging-condition ship.
buque con bodegas no refrigeradas | noninsulated ship.
buque con calderas apagadas | cold ship.
buque con calderas caldeadas con fueloil | oil-burning ship.
buque con calderas que queman carbón | coal-fired steamer.
buque con casco de madera o de aleaciones ligeras o de vitrofibra | nonmagnetic ship.
buque con casco soldado liso | flush-welded ship.
buque con castillo | three-islander.
buque con cubierta de abrigo abierta | open shelter -decker.
buque con cubierta de abrigo con las aberturas de tonelaje abiertas | open shelterdecker.
buque con cubierta de intemperie completa de ligeros escantillones y con aberturas de arqueo | shelterdecker.
buque con cubierta de intemperie continua (EE. UU.) | shelterdecker.
buque con cubierta de pozo | well-decked ship.
buque con cubierta de saltillo | raised quarter-decker.
buque con cubierta de torre | turret-decker.
buque con derecho de paso (abordajes) | carrying ship | stand-on vessel.
buque con doble clasificación | dual classed ship.
buque con doble codaste | twin-skeg ship.
buque con el rumbo más confortable y seguro contra la mar existente | hove-to ship.
buque con escotillas que se extienden de banda a banda | all-hatch ship.
buque con espolón | ram.
buque con exceso de tripulación | overmanned ship.
buque con fondos limpios | unfouled ship.
buque con formas Maier | Maier-formed ship.
buque con gran escora | heavily listing ship.
buque con gran estabilidad inicial | stiff ship.
buque con gran radio de acción | long-legged

ship.
buque con la mar rompiendo sobre la popa | pooped vessel.
buque con la quilla al aire | ship bottom up.
buque con las cuadernas arboladas | ship in frames.
buque con máquina alternativa de vapor y turbina de baja presión accionada por el vapor de exhaustación | exhaust-turbined vessel.
buque con máquina alternativa y calderas de fueloil | oil-fired reciprocating engined steamer.
buque con máquina de vapor de ciclo recalentado | reheat-engined ship.
buque con maquinaria a popa | engine-aft ship.
buque con máquinas alternativas | reciprocating-engined vessel.
buque con máquinas alternativas de vapor y calderas de fueloil | oil-fired reciprocating engine steamer.
buque con más de una escotilla a lo ancho de la manga | open ship.
buque con misiles guiados para la marina de guerra | navy guided missile carrier.
buque con motor de pistones libres | free-piston-engined ship.
buque con motor diesel engranado | geared-diesel ship.
buque con motores diesel engranados | geared diesel-engine ship.
buque con motores engranados | geared engine ship.
buque con propulsión eólica por rotores | rotor ship.
buque con propulsión nuclear | nuclear-propelled ship | nuclear-powered ship | nuclear ship.
buque con propulsión por chorro de agua | jet-propelled ship.
buque con propulsión por turbina de gases | gas-turbine-engined vessel.
buque con puntal de carga de gran potencia (100 ó más toneladas - transporte de locomotoras, etc.) | heavy-lift ship.
buque con quebranto | ship in the hogging condition | hogging-condition ship.
buque con roda cóncava | clipper-stemmed steamer.
buque con rueda a popa (navegación en lagos) | quarter-wheeler.
buque con rueda a popa de poco calado | shallow-draught stern-vehicle.
buque con saltillo de popa | quarterdecker.
buque con superficie auxiliar de hidroplaneo | hydrofoil ship.
buque con un solo radio telegrafiesta | single-operator ship.
buque congelador de pesca | freezing vessel.
buque construido en el extranjero | foreign-built ship.
buque construido en los asenales del Estado | dockyard-built ship.
buque correo | packet | mail boat.
buque corsario | commerce raider | privateer | raider.
buque costero | short sea trader | hoy.
buque costero de cubierta rasa | flush-deck coaster.
buque costero de motor | coasting motorship | motor-coaster.
buque culpable (abordajes) | blameworthy ship.
buque cuya radio está a la escucha | guardship.
buque de acero | steel vessel.
buque de altura | sea-going ship.
buque de apoyo logístico | supply vessel.
buque de aprovisionamiento de combustible (escuadras) | fuelling ship.
buque de aspecto inofensivo (guerra marítima) | innocent-appearing ship.
buque de avituallamiento | victualling ship.
buque de balance rápido | quick-rolling ship.
buque de cabotaje | coaster.
buque de carga | cargo steamer | trader | freight vessel | freighter | tender.
buque de carga a granel cargado con mineral en bodegas alternas | ore-in-alternate-hold type bulk carrier.
buque de carga de estructura transversal | transversely framed cargo ship.
buque de carga de gran velocidad y de construcción esmerada | high-class high-speed cargo liner.
buque de carga general y refrigerado | general cargo and reefer vessel.
buque de carga para el transporte simultáneo de mineral y cereales | ore-grain carrier.
buque de carga para varios usos | multi-purpose carrier.
buque de carga y descarga mecanizada para transporte de mercancías en recipientes | mechanized container ship.
buque de carga y pasaje | passenger-freight steamer.
buque de casco liso | smooth-hulled ship.
buque de cinco palos | five-master.
buque de comandos de marina | navy commando carrier.
buque de construcción esmerada | high-class ship.
buque de cuatro ejes | four-shafted ship.
buque de cubierta corrida | full-decker | flush-deck ship.
buque de cubierta corrida (sin superestructuras) | flush decker.
buque de cubierta rasa (sin superestructuras) | flush decker.
buque de doble fondo | double-bottomed vessel.
buque de dos cubiertas | double-decker | two-decker.
buque de dos hélices | twin-screw steamer.
buque de dos palos | two-master.
buque de dos palos aparejado de goleta (buque de vela) | two-masted schooner-rigged vessel.
buque de enlace | linking ship | linking-ship.
buque de entretenimiento de aviones (aviación naval) | aircraft maintenance ship.
buque de escantillones normales | full scantling ship.
buque de escolta | convoy-ship | convoyer.
buque de escolta lanzamisiles | guided-missile escort.
buque de escolta naval para reparaciones | naval escort maintenance vessel.
buque de estación oceánica | ocean station vessel.
buque de estibado automático (carga a granel) | self-trimmer.
buque de estructura longitudinal | longitudinally framed ship.
buque de extremos llenos | bluff-ended ship.
buque de formas finas | thin ship.
buque de formas llenas | full-form ship.
buque de gran andar | high-speed steamer.
buque de gran calado | deep-draught ship | heavy draught ship | long-legged ship.
buque de guerra | warship.
buque de guerra con turbina de vapor y turbina de gases | steam-and-gas turbine warship.
buque de guerra de gran tonelaje | major warship.
buque de guerra en comisión | man-of-war.
buque de líneas finas | fine-lined ship | clean-lined ship | clean ship.
buque de líneas llenas | full-lined ship.
buque de madera con la obra viva forrada de chapas de cobre | copper-sheathed vessel.
buque de motor de carga y pasaje | passenger and cargo motorship.
buque de motor de pasaje | passenger motorship.
buque de motor de pasaje y carga general y refrigerada | refrigerated and general-cargo and passenger-carrying motorship.
buque de motor de pasaje y carga refrigerada | motor-driven refrigerated cargo liner.
buque de motor para transporte de ganado | cattle-cargo motorship.
buque de mucho puntal | deep vessel.
buque de nación neutral | free ship.
buque de navegación de altura | rated ship | foreign-going ship.
buque de obra viva limpia | unfouled ship.
buque de pasaje | passenger-carrying ship | passenger vessel | liner.
buque de pasaje de clase única | one-class passenger vessel.
buque de pasaje electropropulsado | electrically-propelled passenger liner.
buque de pasajeros | coasting passenger ship.
buque de pesca | fishing-boat.
buque de pesca para la red de cerco | seiner.
buque de pesca por arrastre | seine netter | seiner.
buque de poca velocidad | slow sailer.
buque de poco calado para cargas muy pesadas | heavy load shallow-draught ship.
buque de popa llena | full-sterned vessel | full-buttocked ship.
buque de primera clase en el Lloyd | A. 1..
buque de proa llena | full-bowed ship.
buque de propulsión diesel-eléctrica | diesel-electric ship | oil-engined electrically-driven ship.
buque de propulsión nuclear | atomic-powered ship | N/S.
buque de propulsión por vapor quemando fueloil | oil-burning steam-propelled vessel.
buque de reparaciones | maintenance vessel.
buque de rotores eólicos | rotocraft.
buque de rueda a popa | stern-wheeler.
buque de ruedas | paddler | wheeler.
buque de ruedas de poco calado | shallow-draught paddler.
buque de ruedas laterales | side-wheeler.
buque de ruta variable | tramp steamer.
buque de salvamento | wrecker | rescue ship.
buque de servicio irregular | tramp ship.
buque de servicio regular | scheduled ship.
buque de suministros a plataformas marinas de prospección petrolífera | oil rigs supply vessel.
buque de superestructura continua | complete-superstructure vessel.
buque de superestructura corrida | shelterdecker.
buque de superficie | surface ship.
buque de toldilla elevada | raised quarter deck ship.
buque de tonelaje medio | medium-sized vessel.
buque de transporte de graneles sólidos | bulk-carrier.
buque de transporte de tropas | troopship.
buque de transporte ocasional | tramper.
buque de travesía interinsular | interislander.
buque de tres cubiertas | three-decker.
buque de turbina de vapor para carga general y refrigerada | turbine-driven general and refrigerated-cargo steamship.
buque de turbina mixto de pasaje y carga | turbine-driven combined passenger and cargo ship.
buque de vapor | steamship | steamer | steamboat.
buque de vapor de carga general y refrigerada | general and refrigerated-cargo steamship.
buque de vapor monohélice de gran potencia propulsora | high-powered single-screw steamship.
buque de vapor quemando fueloil en calderas | oil burner steamer.
buque de varias cubiertas | multideck ship.
buque de vela | windjammer | sail.
buque de vela aparejado de fragata | square-rigger.
buque de vela aparejado de pailebot | fore-and-aft schooner-rigged vessel.
buque de vela con aparejo de cruz | square rigger.
buque de vela con casco de acero | iron-built sailing ship.

buque de vela con casco de hierro | iron built sailing ship.
buque de vela con todo el aparejo largo | booming ship.
buque de vela de cuatro palos | four-master.
buque de viajes regulares entre puertos o países determinados | trader.
buque de vigilancia del contrabando | revenue cutter.
buque de vuelta encontrada | meeting ship.
buque de vuelta encontrada (navegación) | meeting vessel.
buque dedicado al cabotaje y al comercio de los Grandes Lagos (EE.UU.) | enrolled vessel.
buque dedicado al comercio exterior (EE.UU.) | registered vessel.
buque deformado transversalmente | racked ship.
buque del Estado | public vessel.
buque dentro de mar helado | frozen-in ship.
buque desarbolado | dismasted ship.
buque desarmado | laid-up.
buque designado para saludar al cañón | saluting ship.
buque desimanado | degaussed ship.
buque destinado a sacar testigos del fondo del mar (prospección) | coring vessel.
buque destinado al extranjero | foreign-bound vessel.
buque destrozado por las bombas de aviación | bomb-scarred ship.
buque detectaminas | mine hunter.
buque detector de minas magnéticas | mine-detecting vessel.
buque difícil de mantener a rumbo | wild ship.
buque diseñado para transporte de vagones | railcar carrying ship.
buque diseñado sin palos | mastless vessel.
buque distribuidor de contenedores situados en muelle | feeder.
buque donde va el patrón (pesca por parejas) | purse boat.
buque dragaminas | minesweeper | minesweeping vessel.
buque electropropulsado | electrical-propelled ship.
buque empopado | pooped vessel.
buque en conserva | companying vessel.
buque en la mar | ship at sea.
buque en lastre | ballaster | lightship.
buque en mar gruesa | ship in rough seas.
buque en ruta | passing vessel.
buque en situación de reserva | dormant vessel.
buque equipado con loran | loran-equipped vessel.
buque escuela | drill-ship | training ship.
buque escuela de tiro | gunnery training ship.
buque escuela de vela | sail-training vessel.
buque estabilizado con aletas | fin-stabilized ship.
buque explorador | look-out ship.
buque factoría para arrastreros de congelación rápida del pescado | quick-freeze trawler factory ship.
buque factoría para pesca de ballenas | whaling factory ship.
buque faro | lightship | light vessel.
buque faro pequeño sin tripulación | beacon-boat | gas boat.
buque faro sin tripulación | crewless light ship.
buque fino | clean ship.
buque fletado en el extranjero | foreign-chartered ship.
buque fletado por el Gobierno | government-chartered ship.
buque foquero | sealing vessel.
buque forzador del bloqueo | blockade runner.
buque frigorífico | refrigerator ship.
buque frigorífico (pesca) | reefer ship.
buque frutero refrigerado | fruit-carrying refrigerated ship | refrigerated fruit carrier.
buque fuera de rumbo (por el viento) | sagging ship.
buque generado por el programa de optimación | ship generated by the program of optimization .
buque gobernable con mar gruesa y que no es sucio (que no embarca agua) | seakindly ship.
buque guardapesca | fishery protection vessel.
buque hidrográfico | hydrographic vessel | surveying ship | survey ship.
buque hipotecario | mortgaged vessel.
buque holandés | Dutchman.
buque hospital | hospital carrier | hospital ship.
buque hospital para la Armada | naval hospital ship.
buque hundido para bloquear una entrada (puertos) | blockship.
buque impedido por la marea (buque) | tide-bound ship.
buque infortunado | ill-starred ship.
buque insignia | flagship.
buque insignia de la escuadra | fleet flagship.
buque intacto | undamaged ship.
buque intérlope (comercio) | interloper.
buque jefe de fila | leading ship.
buque lanzacohetes | rocket ship | rocket-firing ship.
buque lanzamisiles | missile ship.
buque lanzamisiles teleguiados | guided missile ship.
buque listo para carga | ship ready to load.
buque logístico para el ejército | army logistics ship.
buque llegado a puerto y listo para cargar | spot ship.
buque lleno de proa | bluff-headed ship.
buque maderero | lumber carrier | timber carrier.
buque malo o carraca | hooker.
buque manejable | handy ship.
buque marinero | sea boat | good sailer | wholesome ship.
buque más maniobrero (convoy) | guardship.
buque mercante | freight ship | merchant vessel | merchantman.
buque mercante de dos hélices | twin-screw merchant ship.
buque mercante de gran desplazamiento | argosy.
buque mercante transhumante sin derrotero fijo | tramp ship.
buque metanero | methane carrier.
buque metanero con tanques esféricos | spherical tank LNG carrier.
buque meteorológico | weather ship.
buque meteorológico y para investigación oceanográfica | oceanographic research and weather ship.
buque militar | military ship.
buque minador | minelayer | mining ship | mine planter | minelaying ship.
buque mineralero y para servicios múltiples | ore carrier and multi-purpose ship.
buque mineralero-petrolero | ore/oil carrier.
buque mixto de carga y pasaje | combined cargo and passenger ship | cargo-passenger liner | dual passenger-and-cargo vessel.
buque mixto de carga y pasaje con 12 pasajeros como máximo | cargo liner.
buque modificado | altered ship.
buque monohélice | single-screw ship.
buque monohélice con polimotores engranados a un eje | multiengined vessel.
buque muy balancero | quick-rolling ship | lurcher.
buque naufragado | wreck.
buque navegando | vessel under way | ship moving at speed.
buque navegando entre la niebla | befogged vessel.
buque neutralizado para las minas magnéticas | degaussed ship.
buque no balancero (buque de vela) | stiff vessel.
buque no clasificado | unclassed vessel.
buque no estanco | leaky ship.
buque no fletado (EE.UU.) | general ship.
buque nodriza | parent ship | depot ship | mother ship.
buque nodriza de submarinos | submarine mother ship.
buque nodriza para aviación | aircraft tender.
buque nodriza para buzos (salvamento de buques hundidos) | diving tender.
buque nodriza para el servicio de balizamiento | buoy layer.
buque nodriza para hidroaviones | seaplane tender.
buque nodriza para reabastecer en la mar a la flota (marina de guerra) | replenishment-at-sea ship.
buque nodriza para servicios de faros | lighthouse tender.
buque nodriza para submarinos | submarine tender.
buque nuclear | nuclear ship.
buque o avión de pasajeros | passenger liner.
buque o avión de servicio irregular (sin itinerario fijo) | tramp.
buque o avión equipado con radar de largo alcance que opera en la periferia de una zona | radar picket.
buque o avión estacionado en un sitio determinado | picket.
buque o avión para transporte de emigrantes | emigrant carrier.
buque o estación responsable de recibir radiomensajes de otro | radio guard.
buque oceanográfico | ocean exploration vessel.
buque OO | ore-oil ship.
buque oscilante y en marcha avante (navegación) | oscillating ship at forward speed.
buque para abastecer helicópteros en la mar | helicopter support ship.
buque para canje de prisioneros | cartel ship.
buque para carga a granel | bulk-cargo vessel | bulk carrier | bulk-freighter | bulk-carrier.
buque para carga seca parcialmente refrigerado | part-refrigerated dry cargo ship.
buque para cargas muy pesadas | heavy load ship.
buque para colocación de cables submarinos | cable-laying ship.
buque para colocar tuberías de oleoductos submarinos | pipe layer.
buque para comercio de cereales | grain boat.
buque para cortos trayectos | short sea trader.
buque para el transporte combinado de mineral y petróleo | oil/ore carrier.
buque para el transporte de grandes pesos (como locomotoras, motores, etc.) | crane ship.
buque para emigrantes | migrant ship.
buque para entretenimiento y levantada de las boyas (puertos) | buoy lifting and despatch vessel.
buque para investigaciones pesqueras | fishery research vessel.
buque para la pesca de focas | sealer.
buque para navegación fluvial | rivership.
buque para navegación polar | polar ship.
buque para navegar en aguas estuariales | estuarial ship.
buque para perforaciones del fondo oceánico | drill ship.
buque para perforaciones petroleras submarinas | drilling ship.
buque para pesca del arenque | buss.
buque para pesca del bacalao | banker.
buque para recogida de aguas sucias de buques que están en puerto | sewage steamer.
buque para servicios de la Armada | naval craft.
buque para tráfico por canales | canaller.
buque para transporte a granel de mineral o petróleo en las bodegas | bulk/oil/ore carrier.
buque para transporte combinado de mineral y petróleo | ore/oil carrier.
buque para transporte combinado de mine-

ral-petróleo | ore-oil ship | OO ship.
buque para transporte de amoníaco líquido | ammonia carrier.
buque para transporte de armamentos y municiones de la Armada | naval armament vessel.
buque para transporte de asfalto licuado | asphalt-carrying ship.
buque para transporte de automóviles | autocarrier.
buque para transporte de autos y trenes formados | drive-on-drive-off ship.
buque para transporte de azúcar a granel (no envasada) | sugar carrier.
buque para transporte de azufre licuado en tanques con serpentines calientes | liquid sulfur ship.
buque para transporte de barcazas cargadas con contenedores | lighter abroad ship.
buque para transporte de camiones cargados con contenedores | roll-on-roll-off carcarrying container ship.
buque para transporte de camiones cargados con su remolque o bien sólo remolques cargados | trailer-ship.
buque para transporte de carbón y mineral | coal-ore carrier.
buque para transporte de cargas rodadas | Ro-Ro ship.
buque para transporte de carne refrigerada | meat carrier.
buque para transporte de cemento a granel | bulk cement carrier.
buque para transporte de cereales | grain ship | grain-carrier.
buque para transporte de contenedores | feeder-ship.
buque para transporte de contenedores automóviles y pasajeros | passenger car-container ship.
buque para transporte de contenedores propulsado por turbina de gases | gas turbine container ship.
buque para transporte de explosivos | explosives ship.
buque para transporte de ganado | cattle carrier | cattleship | livestock-carrying steamer.
buque para transporte de gas de petróleo licuado | liquid petroleum gas tanker.
buque para transporte de gas licuado | liquid gas-carrying ship | liquid gas carrier.
buque para transporte de gas licuado de petróleoL | LPG ship.
buque para transporte de gas natural licuado | LNG carrier | liquefied natural gas carrier.
buque para transporte de gases | gas-carrying ship.
buque para transporte de gases licuados | gas tanker.
buque para transporte de gasolina en bidones | case oil carrier.
buque para transporte de granos | grain-carrying ship.
buque para transporte de líquidos no envasados | bulk liquid carrier.
buque para transporte de locomotoras | locomotive-carrying steamer.
buque para transporte de mercancías en contenedores cerrados | container ship.
buque para transporte de mercancías envasadas | package freighter.
buque para transporte de metano licuado | methane tanker | methane-carrying ship.
buque para transporte de minerales | ore-carrier | ore-carrying steamer.
buque para transporte de municiones | munition ship.
buque para transporte de pescado congelado | fish carrier.
buque para transporte de petróleo | oil-carrying vessel.
buque para transporte de petróleo a granel | bulk oil-carrying vessel.
buque para transporte de productos químicos líquidos | chemical carrier.
buque para transporte de productos químicos líquidos en recipientes de acero inoxidable | chemical tanker.
buque para transporte de remolques carreteros completamente cargados | roll-on-roll-off trailer ship.
buque para transporte de trenes completos de mercancías | trainship.
buque para transporte de trenes completos de mercancías sin locomotora | roll-on-roll-off train ship.
buque para transporte de tropas | trooper | troop-carrier.
buque para transporte de tubos | pipe carrier.
buque para transporte de vagones | railcar carrying ship.
buque para transporte de vehículos carreteros cargados y de vagones cargados | roll-on-roll-off ship.
buque para transporte Ro-Ro | Ro-Ro ship.
buque para transporte simultáneo de petróleo crudo y graneles secos | combined carrier.
buque para transportes de mercancías en contenedores | lift -on-lift-off ship.
buque para travesías cortas | short sea ship | short-sea ship.
buque para viajes turísticos | cruising ship.
buque parado | ship's dead in water.
buque paramilitar | paramilitary ship.
buque parcialmente refrigerado | partly refrigerated vessel.
buque parcialmente soldado | part-welded ship.
buque particular | right-of-way vessel.
buque particular (EE.UU.) | stand-on vessel.
buque patrullero | patrol craft.
buque pequeño de vela | sailing-craft.
buque pequeño dedicado a cazar ballenas y llevarlas al buque nodriza | catcher.
buque perdido | wreck.
buque perforador posicionado dinámicamente | dynamically positioned drillship.
buque pesquero | fishing vessel.
buque pesquero de rastreo | trawler.
buque pesquero palangrero | long liner ship.
buque pesquero que pesca con liñas y no con redes (pesca bacalao, etc.) | hooker.
buque pesquero que pesca con sedales o liñas | hand-liner.
buque petrolero | tanker | petroleum tanker | oiler | oil tanker | oil-carrying vessel | oil ship.
buque petrolero con gran capacidad de descarga de bombas | good pumper.
buque petrolero de escuadra | fleet oiler.
buque planero | oceanographic survey ship | hydrographic survey vessel.
buque planero para pesquerías | fishery survey vessel.
buque platanero | banana carrier.
buque plurihélices | multiengined vessel | multiple-propeller ship | multiscrew vessel | multipropeller vessel.
buque poco marinero | bad sea boat.
buque polivalente | multipurpose ship.
buque portaaviones | flattop | aircraft carrier.
buque portabarcazas | barge carrier.
buque portacontenedores | container ship.
buque portagabarras cargadas que el mismo buque deposita o recoge en la mar | lash ship.
buque portahelicópteros | helicopter carrier.
buque posaredes antisubmarinos | boom-defence vessel.
buque posarredes de puerto | net layer.
buque prefabricado | prefabricated ship.
buque prisión | hulks.
buque propiedad de una empresa para transporte | industrial carrier.
buque propulsado por máquina de vapor | steam-propelled ship.
buque propulsado por motor diesel | oil-propelled ship | diesel-engined ship | diesel-propelled ship.
buque propulsado por motores diesel engranados | geared diesel-driven motorship.
buque propulsado por turbina de combustión | gas-turbine ship | gas turbopropelled ship | gas-turbine-powered ship.
buque propulsado por turbina de gases | gas-turbine-propelled ship.
buque propulsado por turbina de vapor | steam turbined vessel.
buque propulsado por turbina engranada | geared-turbine ship.
buque prospector | prospecting vessel.
buque protegido contra la oxidación en sus partes vitales por chorreo de plástico sobre entramado ligero | mothballed ship.
buque que aborda | boarder.
buque que cabecea | pitchin ship.
buque que carga camiones llenos para luego depositarlos al llegar a puerto de destino | drive-on drive-off ship.
buque que debe gobernar para evitar un abordaje | burdened vessel.
buque que embarca muchos rociones | wet ship.
buque que embarca poca agua en mal tiempo | dry ship.
buque que está casi disponible para la carga | prompt ship.
buque que está incluido en el Registro de Buques | documented vessel.
buque que fuerza el bloqueo | runner.
buque que gobierna mal | wild vessel.
buque que ha llegado al puerto de destino | arrived ship.
buque que ha se ser clasificado | ship intended for classification.
buque que hace agua | leaky ship.
buque que marca un punto de control (operaciones anfibias) | marker vessel.
buque que navega en ríos o lagos | fresh-water vessel.
buque que no debe gobernar (según el reglamento de abordaje) | privileged ship.
buque que no flota adrizado en lastre por defectos constructivos | lopsided vessel.
buque que no tiene derecho de paso (abordajes) | noncarrying ship.
buque que produce el abordaje | colliding vessel.
buque que puede flotar con un compartimiento inundado | one-compartment ship.
buque que quema carbón | coal-burning vessel.
buque que quema fueloil en calderas | oil burner.
buque que se comporta mal en la mar | bad sea boat.
buque que se desplaza parcialmente sumergido | displacement ship.
buque que se ha retrasado en la fecha de carga | backward ship.
buque que tiene preferencia de paso y mantiene su rumbo y velocidad (navegación) | privileged vessel.
buque radiogobernado | radio-governed ship.
buque rápido | grayhound | greyhound | sailer | high-speed steamer | fast sailer.
buque rápido portagabarras cargadas que el mismo buque deposita o recoge en la mar | seabee ship.
buque rápido que acompaña a un portaaviones para recoger el personal que ha caído al agua | plane guard.
buque recién botado | born ship.
buque reconstruido | reconstructed ship.
buque refinería para aceite de ballena | floating whale-oil-refinery.
buque reformado por entero | fully-reconditioned vessel.
buque reforzado para navegación entre hielos | ice-strengthened ship | antiice reinforced ship.
buque regulador (buque guía - de un convoy, etcétera) | guide.
buque remachado en parte | part-riveted ship.

buque remolcador | towing vessel.
buque repetidor (de señales) | repeating ship.
buque repostador | refueller.
buque rompehielos | icebreaker ship | icebreaker.
buque roncero | leeward ship | lee ship.
buque ro-ro que puede transportar contenedores | container ro-ro vessel.
buque salinero | salt-carrying ship | salt carrier.
buque salvable | salvageable ship.
buque salvado | salvaged ship.
buque siembraminas | mine planter.
buque sin averías | undamaged ship.
buque sin gobierno | ship out of control.
buque sin luces al exterior | darkened ship.
buque sin personal a bordo | dead vessel.
buque sin personal cargado de explosivos y dirigido por radio | drone ship.
buque sin propulsión propia | nonpropelled vessel.
buque soldado | welded ship.
buque sometido a reconocimiento continuo | ship operating on a continous survey basis.
buque taller | floating workshop | tender.
buque taller para reparaciones a flote | floating repair ship.
buque tanque (Iberoamérica) | tanker.
buque tanque de cabotaje | coasting tanker.
buque tanque de ultramar | seagoing tanker.
buque tanque fluvial (países iberoamericanos) | river tanker.
buque tanque para asfalto | bitumen tanker.
buque tanque para transportar productos varios | products tanker.
buque tanque para transporte de ácido sulfúrico | sulfuric acid tanker.
buque tanque para transporte de ácidos | acid tanker.
buque tanque para transporte de asfalto | asphalt-carrying tanker.
buque tanque para transporte de gases licuados | liquid gas tanker.
buque tanque para transporte de productos químicos líquidos | liquid chemical tanker.
buque tanque para transporte de productos químicos peligrosos o combustible de las clases B o C | products tanker.
buque tanque para transporte de vino a granel | bulk wine tanker.
buque terminado para su clasificación | ship completed to class.
buque totalmente soldado | all-welded ship | completely-welded ship.
buque trampa | Q ship | mystery ship.
buque transatlántico | liner.
buque transbordador | seatrain | ferryboat | ferry-craft | ferry.
buque transbordador de trenes | railway ferry.
buque transbordador para automóviles y pasajeros | auto-passenger ferry.
buque transportador mixto | oil/bulk/ore (OBO).
buque transportavagones | railcar carrying ship.
buque trihélice | three-shafted ship.
buque varado con avería en los fondos | bilged ship.
buque varado en dique | docked vessel.
buque viejo | lame duck.
buque-almacén | depot ship.
buque-blanco radiogobernado | wireless controlled target ship.
buque-estación oceánico | ocean station vessel.
buque-factoría | factory-ship.
buque-factoría ballenero | floating whale oil factory.
buque-puerta soldado | welded floating caisson.
buque-remolque (sondeos) | tender.
buques amarrados | moored ships.
buques colocaminas y dragaminas | mine vessels.
buques con banderas de conveniencia | flags of convenience.
buques de espionaje electrónico | electronic intelligence ships.
buques de los que no se tienen noticias | missing vessels.
buques de superficie | surface craft.
buques despachados (puertos) | vessels cleared.
buques en abordaje | colliding ships.
buques entrados (puertos) | vessels entered.
buques extranjeros | foreign bottoms.
buques inactivos | moored ships.
buques mercantes armados | armed mechantmen.
buques retirados temporalmente del servicio por reparaciones | laid-up shipping.
buquet (vinos) | bloom.
buque-taller | repair ship.
buque-taller para reparaciones de la flota | fleet repair ship.
buque-trampa (mercante armado) | Q-boat.
buramhem (Pradosia lactescens) | buranhem.
buratillo (tela) | buratee.
buratina (tela) | buratin.
burato | Canton crepe.
burato (paño de seda y lana) | burat | crap.
burbuja | blister | blob | bubble.
burbuja (de líquidos) | bead.
burbuja (vidrio) | cat's eye.
burbuja alargada conteniendo una pieza de materia extraña | cat eye.
burbuja alargada en tubos de vidrio | air line.
burbuja alargada en un tubo de vidrio | hair line.
burbuja de aire | air bubble.
burbuja de aire (metales fundidos sobre vidrio) | air pit.
burbuja de aire capturada | captured air bubble.
burbuja de aire que obtura el paso del líquido (tuberías) | air lock.
burbuja de cavitación | cavitation bubble.
burbuja de compresibilidad (aerodinámica) | compressibility bubble.
burbuja de desprendimiento | separation bubble.
burbuja de explosión submarina | underwater explosion bubble.
burbuja de gas en una cavidad casi llena de líquido (minerales) | bulle.
burbuja de separación del borde de ataque | leading-edge separation bubble.
burbuja del nivel | level vial bubble.
burbuja magnética (informática) | magnetic bubble.
burbuja ocluida | pinhole.
burbujas (acústica) | boil.
burbujas (defecto superficie del papel) | air bells.
burbujas (en el vidrio) | air bells.
burbujas de aire (defecto papel) | bee's stings.
burbujas de separación laminar | laminar separation bubbles.
burbujas deformadas | distorted bubbles.
burbujas grandes al final del proceso de afinado (fusión del vidrio) | boil.
burbujas pequeñas de aire que se adhieren a la emulsión (placa fotográfica) | air bells.
burbujas que impiden la acción del revelador (negativos fotográficos) | air bubbles.
burbujear | bubble (to) | burble (to).
burbujeo | air-bubling | sparging | burble | stripping | blistering.
burbujeo (desprendimiento de gases al final de la carga - acumuladores) | gassing.
burbujeo (química) | air bubbling.
burbujeo de gas | gas-bubbling.
burbujeo de gas radiolítico | radiolytic-gas bubbling.
burbujeo del caldo (acero al crisol) | cat's eyes.
burda (buque madera) | backstay.
burda de galope (buque de vela) | royal backstay.
burda de mastelero de sobrejuanete (buque de vela) | royal backstay.
burel | marlinespike.
burel (cuña de mastelero-buques) | fid.
burel largo (pasador largo - para hacer empalmes en cables) | commander.
bureta | burette | dropping glass.
bureta de bomba | oil squirt.
bureta de pesada | weight-burette.
bureta de pesadas | weight burette.
burgués | commoner.
burguesía | yeomanry.
buriel | kersey.
buriel (paño) | drugget.
buriel (tela) | bure.
buril | drawing point | drypoint | draw-point | style | burin | burr | cold chisel | pointer | pricker | graver | graving-tool | crosscut chisel | crosscutting chisel | sculper | scooper.
buril (de estereotipador) | scorper.
buril (de grabador) | engraver.
buril (de grabador, etc.) | quarrel.
buril angular para grabado de fondos (grabado) | angle tint tool.
buril con punta en forma de rombo | diamond-point chisel.
buril de aguafortista | etching needle.
buril de grabador (retoque de clisés) | burring tool.
buril de grabar | pointer borer.
buril de punta arqueada | beaked graver.
buril de punta redondeada | round-nose chisel.
buril fileteado para clisés (grabado) | chaser.
buril para grabar en tiza | chalk graver.
buril para labrar a torno | chequering tool.
buril para torno | lathe cutter bit.
buril plano | flat cold chisel.
buril plano (prehistoria) | flat-faced graver.
buril prismático (prehistoria) | double-polyhedric graver.
buril puntiagudo | cape chisel.
buril romo | round graver.
buril triangular | cant chisel.
burilación | chiseling.
burilado | scraping.
burilador | chiseler.
buriladora | router.
burilar | score (to) | chisel (to) | chip (to).
burilar una línea | scoop out a line (to).
buril-rastrillo (clisé de fotograbado) | halftone comb.
burlete | sandbag | seal | swell | weather strip | weather joint | joint runner.
burlete (de puerta, etc.) | pipe jointer.
burlete (para ventanas) | list.
burlete (ventanas) | windcord.
burlete de caucho inflable | inflatable rubber seal.
burlete inflable para cabina (aviones) | inflatable cabin seal.
burlete para el pie de la puerta | door strip.
burlete para la parte inferior (puertas) | draught-excluder | draught-tube | draught-preventer.
burmita | burmite.
burnetizar (inyectar con cloruro de cinc - maderas) | burnettize (to).
burocracia | red tape | bureaucracy.
burocracia federal (EE.UU.) | federal bureaucracy.
burocracia industrial | industrial bureaucracy.
burro (Argentina) | dutchman.
burro de aserrar | trestle.
bursiforme | bursiform.
bursitis aguda del codo | beat elbow.
bursitis del olecranon en los mineros | miner's elbow.
bus | bus.
bus de mando (ordenador) | control bus.
busa | nose-piece | nose.
busa (fuelles) | bellows head.
busa (tubo colector del viento de soplado - alto horno) | bustle pipe.
busardo (zoología) | buzzard.
busca | hunt.

busca (espoleta de aproximación) | homing.
busca activa | active homing.
busca automática (telefonía) | hunting.
busca automática de línea auxiliar (telefonía) | trunk hunting.
busca automática de una línea (selectores) | action finding.
busca automática de una línea (telefonía) | action finding.
busca basada en emanaciones radáricas | radar homing.
busca de averías | fault tracing.
busca de enlaces (telefonía) | trunk hunting.
busca de la línea (selector accionado por impulsos) | action impulse.
busca de línea (telefonía) | impulse action.
busca de línea libre | trunk hunting.
busca de línea libre (telefonía) | hunting.
busca de minerales | prospecting.
busca de pepitas de oro | nuggeting.
busca del blanco (radar) | target acquisition.
busca del objetivo (radar) | target acquisition.
busca en tabla (informática) | table look-up.
buscador | prospector | testing spike | hunter | catwhisker | view finder.
buscador (óptica) | searcher.
buscador (telefonía) | seeker | finder.
buscador (teléfonos) | trunk-offering selector.
buscador apoyado en el mástil | mast-supporting scanner.
buscador de averías (persona) | fault tracer.
buscador de calor | heat seeker.
buscador de cero | null sequence.
buscador de conectador de grupo (telefonía) | outlet group selector.
buscador de datos (persona) | gold-digger.
buscador de dirección | direction finder.
buscador de dirección por radio | radio direction finder.
buscador de enlaces (telefonía) | junction finder | trunk finder.
buscador de línea (telefonía - Inglaterra) | line finder.
buscador de línea (telefonía automática) | line selector.
buscador de llamada (telefonía) | call finder.
buscador de objetivo | target seeker.
buscador de oro | prospector | gold-finder | gold-digger | gold digger.
buscador de parásitos | noise meter.
buscador de piedras preciosas | gemmer.
buscador de posición en depresión | depression position finder.
buscador de prueba | testing finder.
buscador de rayos infrarrojos | infrared homer.
buscador de registrador | register finder.
buscador de trabajos | job seeker.
buscador del eje (lentes cilíndricas) | axis finder.
buscador del servosincronizador | magslip hunter.
buscador distribuidor | distributing finder.
buscador en elevación (artillería) | heightfinder.
buscador fotoeléctrico | photoelectric scanner.
buscador infrarrojo del misil | infrared missile-seeker.
buscador manual de dirección | manual direction finder.
buscador preferente (telefonía) | directly connected finder.
buscador preselector | line finder.
buscador radárico de la cabeza buscablancos (misiles guiados) | homing-head radar scanner.
buscador registrador (telefonía) | register chooser | register finder.
buscador secundario | second line finder.
buscador secundario (telefonía) | secondary finder.
buscador y reparador de averías | troubleshooter.
buscafugas | fault detector | escape detector leakage searcher | leak detector | leak hunter | faultfinder | leak tester | leak-testing instrument.
buscafugas (circuitos) | leakage detector.
buscafugas (gas) | detector.
buscapérdidas de corriente (electricidad) | leakage detector.
buscapersonas de bolsillo (aparato) | teletracer.
buscapiés (cohete) | squib.
buscapies (pirotecnia) | serpent.
buscapolos | pole detector | polarity finder.
buscapolos (electricidad) | polary tester | polarity tester.
buscar | shop (to) | check for (to) | search (to).
buscar (telefonía automática) | hunt (to).
buscar clientela | drum up (to).
buscar flete | be in want of tonnage (to).
buscar informaciones | seek information (to).
buscar trabajo | job hunt (to).
busco | lock-sill.
busco (dique seco) | sill.
busco (esclusas) | sill | pointing sill.
busco (esclusas, diques secos) | miter-sill.
busco (umbral - dique seco) | cill.
busco de aguas abajo | tail mitre sill.
busco de aguas arriba (esclusa) | head mitre-sill.
busco de la dársena | dock cill.
busco del dique | dock cill.
buscón (minería) | fossicker | buscon.
búsqueda | tracking | search | searching.
búsqueda (navegación) | finding.
busqueda al azar | random hunting.
busqueda automática de canal disponible | automatic idle-channel search.
búsqueda binaria | binary search.
búsqueda de criaderos minerales | localization of mineral fields.
búsqueda de información | information retrieval.
busqueda de perforaciones en la tarjeta | peek-a-boo.
búsqueda de razones | pursuit of reasons.
búsqueda de una avería | trouble hunting.
búsqueda de una línea libre (telefonía automática) | euting.
búsqueda de una línea que llama (telefonía automática) | finding.
búsqueda del equilibrio (servocontrol) | hunting.
búsqueda dicotómica | binary search | dichotomizing search.
búsqueda en cadena | chaining search.
búsqueda en tablas | table look-up.
búsqueda física (ficheros) | seek.
búsqueda minuciosa | through search.
búsqueda secuencial | sequential hunting | sequential search.
búsqueda selectiva (documentación) | retrieval.
búsqueda selectiva (información) | retrieving.
búsqueda sistemática de literatura | literature search.
búsqueda y carga | fetch.
busqueda y carga de programas (ordenador) | program fetch.
búsqueda y salvamento | search and rescue.
bustro'fedona | boustrophedon.
butaca | armchair.
butacalitera (aviones) | sleeperette.
butadieno | bivinyl | butadiene.
butanero | PG tanker.
butanero (buque para transporte de butano líquido) | butane carrier.
butanizar | butanize (to).
butano (G.B.) | butane.
butano comprimido en botellas | butagas.
butano desodorizado | deodorized butane.
butanólisis de los aceites | oil butanolysis.
buterola | button set | rivet set | rivet die | snaphead die | snap | snaphead | rivet-snap | rivet snap | riveting-set | riveting die.
buterola (remachado) | snap die.
buterola esférica | roundhead die.
butílico | butylic.
butilo | butyl.
butiráceo | butyraceus.
butírico | butyric.
butirómetro | butyrometer.
butirorrefractómetro | butyrorefractometer.
butiroscopio | butyroscope.
butiroso | butyrous | butter-like.
buza (cuchara de acerías) | stopper.
buza (horno metalúrgico) | nozzle.
buza (hornos) | muzzle.
buza de la cuchara (acerías) | ladle nozzle.
buza que pierde | running nozzle.
buzamiento | slip | underlay | hading.
buzamiento (de un filón) | pitching.
buzamiento (filones) | dip | underlie.
buzamiento (geología) | run | inclination | rise | slope | dipping.
buzamiento (minas) | pitch.
buzamiento (pendiente - de un filón) | hade.
buzamiento aparente (filones) | apparent dip.
buzamiento ascendente | updip.
buzamiento centroclinal | centroclinal dip.
buzamiento de la falla | fault strike | fault dip.
buzamiento débil | flat dip.
buzamiento del eje (geología) | plunge.
buzamiento del filón | lode bearing.
buzamiento del plano de falla | dip of fault plane.
buzamiento del pliegue (geología) | plunge of the fold.
buzamiento en cúpula (geología) | quaquaversal dip.
buzamiento hacia abajo | down dip.
buzamiento inicial (minas) | initial dip.
buzamiento invertido | overturned dip.
buzamiento local (geología) | local dip.
buzamiento medio (geología) | average dip.
buzamiento opuesto | reverse dip.
buzamiento periclinal | centroclinal dip.
buzamiento primario | primary dip.
buzando hacia | dipping.
buzar | underlay (to).
buzar (geología) | dip (to) | hade (to).
buzarda (buques) | horizontal web | breasthook.
buzarda (buques de madera) | hook.
buzarda de popa (buques) | crutch.
buzarda de proa | bow pointer.
buzarda final de refuerzo de unión del puente a la roda | deck hook.
buzarda sobre el agujero del escobén (forro del buque) | hawse hook.
buzardo de los pantanos | moor-buzzard.
buzo | plunger | diver.
buzo con aparato de oxicorte submarino | diver-burner.
buzo con respirador portátil | aqualungist.
buzo con traje de rana (apéndices en los pies y llevando consigo el aparato respiratorio) | frogman diver.
buzo para trabajos de salvamento | salvage diver.
buzo soldador | welder-diver.
buzo sometido a la cámara de descompresión (aeroembolismo) | recompressed diver.
buzón | postbox.
buzón (bajante de aguas) | head.
buzón (bajantes agua) | hopper head.
buzón (bajantes de agua) | cesspool.
buzón (de mineral) | storage bunker.
buzón (EE.UU.) | mailbox.
buzón callejero | drop-box | mail box.
buzón de alcance (correos) | late-collection postbox.
buzón de alcantarilla | sewer inlet | gully-trap.
buzón de bajante de aguas (edificios) | leader head | rainwater head.
buzón de chimenea (buzón de alcancía - minas) | chute door.
buzón tubular | mail-chute.
byte | binary tem.
byte (unidad básica de información) | byte.
byte con ocho bits (informática) | octet.

C

cabal | full-bloom | complete.
cabalgamiento (geología) | overthrust fault.
cabalgamiento (radar) | garbling.
cabalgamiento horizontal | apparent heave.
cabalgar | horse (to).
caballerangos (minas) | horse-keepers.
caballería | horse.
caballería (milicia) | cavalry.
caballería de descubierta | advance cavalry.
caballería motorizada | mechanized cavalry | armor-cavalry.
caballerías | stock.
caballeriza | stable.
caballero (balanzas) | rider.
caballero (construcción carreteras) | side piling.
caballero (de una orden) | companion.
caballero (obras de tierra) | stockpile.
caballero (telar) | detector.
caballero (telar automático) | open-end drop wire.
caballero (telares) | detector wire.
caballero (urdidor) | drop pin | dropper.
caballete | rack | ridgepole | standard | stand horse | horsehead | crutch | trestle | bearer | pedestal | pipe rack.
caballete (armaduras tejados) | ridge beam.
caballete (Bolivia, Chile, Ecuador) | rack | dray.
caballete (carpintería) | horse jack | angle ridge.
caballete (cubierta de edificio) | crest | crest line.
caballete (cubiertas) | hip.
caballete (de perforadora) | cradle.
caballete (de tejado) | ridging.
caballete (muros) | coping | cope stone' | coping stone.
caballete (tejado) | ridge.
caballete armado | framed bent.
caballete de alimentación | feed stand.
caballete de aserrador | saw bench.
caballete de aserrar | jack | buck | sawbuck | sawhorse | sawing trestle.
caballete de blanquear | stillage.
caballete de bobinas (urdidor) | bobbin creel.
caballete de bombeo | pump jack.
caballete de cartones | card frame.
caballete de cumbrera | ridge-capping.
caballete de descarnar (pieles) | scraping block.
caballete de estirado (tenerías) | perch.
caballete de extracción | winder tower.
caballete de extracción de celosía (minas) | lattice head gear.
caballete de máquina tomavistas (cine) | high hat.
caballete de montaje | fitting stand | gin pole.
caballete de montaje (talleres) | wooden horse.
caballete de motocicleta | prop stand.
caballete de puntería | rifle-rest | aiming rest | aiming stand.
caballete de rodillos | bracket.
caballete de sondeo | bore frame | drilling frame.
caballete de sondeo (pozo de petróleo) | carpenter's rig.
caballete de sondeo para pozos de petróleo | oil well derrick.
caballete de soporte | cradle.
caballete del peine (urdido) | lease stand.
caballete del plegador | beam stand.
caballete del tejado | ridge.
caballete del volcador | tipping jetty.
caballete desplazable | flying trestle.
caballete giratorio | rotating gantry.
caballete inclinable (para recorrida de motores) | tilting stand.
caballete oscilante | rocker bent.
caballete para aserrar a lo largo | pit sawhorse.
caballete para barril | gauntry.
caballete para curvar | bending horse. a**caballete para descortezar** | barking horse.
caballete para el tiro al blanco | rifle-rest.
caballete para plegar (telar) | beaming frame.
caballete para pruebas | test-rig.
caballete para remeter los hilos de urdimbre | drawing-in frame.
caballete para remeter urdimbres | looming frame.
caballete para reparación de inducidos | armature repair stand.
caballete portapoleas | derrick irons.
caballete portapoleas (corona de roldanas - sondeos) | crown block.
caballito (aviones) | swing | swinging.
caballito (capoteo - al despegar o aterrizar) | ground loop.
caballito (giro violento mientras se despega o aterriza - aviones) | ground looping.
caballito en el agua (hidros) | water loop.
caballo | horse.
caballo (buques) | donkey engine.
caballo (filones) | rider.
caballo (minas) | parting.
caballo bayo | bay.
caballo casquimuleño | mule-hoofed horse.
caballo de alimentación (máquinas marinas) | feed donkey.
caballo de alquiler | hack.
caballo de andadura | side-wheeler.
caballo de armón | limber-horse.
caballo de baste | pack horse | bat-horse.
caballo de carga | pack horse | baggage horse.
caballo de frisa | cheval-de-frise.
caballo de frisa (obstáculo portátil) | hedgehog.
caballo de fuera | off horse.
caballo de fuerza al freno (caballo efectivo) | BHP.
caballo de fuerza eléctrica (746 vatios) | electric horsepower.
caballo de labor | plough-horse | farm horse.
caballo de madera | wooden horse.
caballo de madera (juguetes) | cock-horse.
caballo de mano | off horse.
caballo de mar (pez) | sea horse.
caballo de oficial | trooper | officer's charger.
caballo de oficial (milicia) | charger.
caballo de posta | poster.
caballo de refuerzo | chain horse | cock-horse.
caballo de silla (troncos de caballos) | on horse.
caballo de tiro | cart horse | heavy harness horse | carriage horse.
caballo de tronco | pole-horse | offhand horse | wheel horse.
caballo de varas | pole-horse | offhand horse | wheel horse.
caballo inglés=1 | horsepower.
caballo métrico | cheval-de-vapeur.
caballo muerto | dead horse.
caballo mulero | riggish horse.
caballo no clasificado (carreras caballos) | outsider.
caballo no completamente domado | green horse.
caballo semental | horse.
caballo-hora efectivo | effective horsepower hour | actual horsepower-hour.
caballón | rib.
caballón (agricultura) | rest-balk | windrow.
caballón desviador (riegos) | water bar.
caballones (agricultura) | middles.
caballos de tropa | army remounts.
caballos fiscales | taxable horse power.
caballos-hora en el eje | shaft hp-hr.
cabaña | cattle population | shed.
cabeceando violentamente (buque anclado con dos anclas) | hawse-full.
cabecear (buque, avión) | pitch (to).
cabecear (buques) | send (to) | plunge (to).
cabecear durante la corrida de despegue (hidroaviones) | porpoise (to).
cabeceo | slap | pan | roll | overhang | pitch | hang.
cabeceo (aviones) | pitching.
cabeceo (buques) | plunging | pitching.
cabeceo (buques, aviones) | pitching motion.
cabeceo (movimientos angulares alrededor de un eje horizontal transversal - buques, aviones) | pitch.
cabeceo (satélites) | pitch.
cabeceo (TV) | pan down.
cabeceo de encabritamiento (aviones) | nose-up pitching.
cabeceo de un hidroavión | porpoise.
cabeceo del pistón | piston slip.
cabeceo en aguas tranquilas (buques) | still-water pitching.
cabeceo violento (buque en la mar) | oilcanning.
cabecera | headpiece.
cabecera (de río) | fountain head.
cabecera (ríos) | head.
cabecera de batán (telares) | lay end.
cabecera de canal | gutter end.
cabecera de guía | leader | leader.
cabecera de la manifestación | beginning of the manifestation.
cabecera de la mesa de operaciones (cirujía) | head end of the table.
cabecera de pista | start of runway.
cabecera de tubería de suspensión de cuña (sondeos) | slip suspension casing head.
cabecera del río | head of the river | river head.
cabecero | header beam | headpiece | crosshead.
cabecero (de cubierta entablonada de buques) | athwartship plank.
cabecero (de puerta) | lintel.
cabecero (marco puerta, pórticos) | head.
cabecero (puerta, ventana) | header.
cabecero (puertas) | head block.
cabecero (ventana) | yoke.
cabeceros de unión de pilotes | wallings.
cabecilla | leader | fugleman.
cabellera (astronomía) | coma.
cabellera del cometa | comet tail.
cabellera magnética de la tierra | earth magnetic-tail.
cabello | hair.
cabello crespo | frizz.
cabello rizado | frizzle | frizz.
cabellos | locks.
cabellos de Venus (mineral) | hairstone.
caber | fit (to).
cabestrillo | sling.
cabestro | longing rein.
cabete | aiglet.
cabeza | head | ascender.
cabeza (ala-de vigas) | flange.
cabeza (de biela) | big end | stub end | butt end | end big.
cabeza (de página, de libro) | top.
cabeza (de pieza de tela) | head-end.
cabeza (de pilote) | butt.
cabeza (de pilote, de tablestaca) | cap.
cabeza (de torpedo) | nose-piece.
cabeza (del fonocaptor) | cartridge.
cabeza (diente de rueda) | face.
cabeza (dientes de sierra) | top.
cabeza (lingotes) | top.
cabeza (rotor de helicóptero) | hub.
cabeza (tope - chapa, tablón) | butt.
cabeza (tope de chapa - forro buques) | butt.
cabeza abierta (biela) | marine end.
cabeza ahuecada | recessed head.
cabeza astillada (hinca pilotes) | broomed head.
cabeza bombeada (remaches) | snap point.
cabeza borradora de corriente alterna | AC erasing head.
cabeza borradora de imán permanente | PM erasing head | permanent-magnet erasing head.
cabeza buscadora (torpedos) | homing head.
cabeza caliente (metalurgia) | sinkhead.
cabeza caliente de elementos envainados en un material aislante (motor semidiesel) | sheathed-element plug.

cabeza calva | baldhead.
cabeza cerrada (bielas) | solid end.
cabeza cilíndrica ranurada (tornillos) | fillister head.
cabeza combinada lectura/grabación | combined read/write head.
cabeza con cabeza | end-to-end.
cabeza con espiga cuadrada (remaches) | stud head.
cabeza con prensaestopa (cabeza de tubería - pozo petróleo) | bradenhead.
cabeza cónica | conehead.
cabeza cónica (clavos) | rosehead.
cabeza cónica (remaches) | steeple head | hammer point head | bat head.
cabeza cónica de remache | pointed rivet head.
cabeza de alfiler | pinhead.
cabeza de biela | connecting-rod crank end | rod end | crank head.
cabeza de biela de caja cerrada | box connecting rod end.
cabeza de biela de la manivela de retorno (locomotoras vapor) | return-crank rod big-end.
cabeza de bieleta | wrist-pin end.
cabeza de borrado | erase head | head.
cabeza de cable (electricidad) | pothead.
cabeza de caja (biela) | strap.
cabeza de carril | railhead.
cabeza de cierre | closing head.
cabeza de cierre (remaches) | raised head | bat.
cabeza de cobre (herramienta de soldar) | bit.
cabeza de colisión (torpedo) | collision head.
cabeza de combate (torpedos, proyectiles nucleares) | warhead.
cabeza de combate conteniendo una bomba de hidrógeno | H-warhead.
cabeza de combate nuclear (torpedos) | nuclear warhead.
cabeza de cuaderna | frame top.
cabeza de ejercicios (torpedos) | dummy head.
cabeza de émbolo | piston crown.
cabeza de esclusa | pier head | lock head | lock bay.
cabeza de estiraje | drawing head.
cabeza de fábrica (remache) | manufactured head.
cabeza de fabricación (remaches) | swage head | raised head | diehead.
cabeza de familia | head of the household.
cabeza de fricción (micrómetros) | ratchet-stop.
cabeza de gota de cera (remaches) | bullhead.
cabeza de grabación | head | write head | recording head.
cabeza de grupo comercial | holding company.
cabeza de hincado (pozo entubado) | drive-head.
cabeza de horquilla | fork crown.
cabeza de horquilla (cabeza ahorquillada - bielas) | fork head.
cabeza de inyector | injector nipple.
cabeza de la barra de enganche | drawhead.
cabeza de la chapa (lado menor de la chapa) | plate butt.
cabeza de la grada (astilleros) | head of berth.
cabeza de la mecha que se une al sector del aparato de gobierno | rudder head.
cabeza de la pila (puentes) | pier top.
cabeza de la torre de perforación (sondeos) | masthead.
cabeza de la vaina (municiones) | shell bottom.
cabeza de lectura | head | read head.
cabeza de lectura de cinta perforada | type reading head.
cabeza de lectura previa | pre-read head.
cabeza de lectura-grabación | read-write head.
cabeza de levas | cam head.
cabeza de línea | railhead.
cabeza de línea (ferrocarril) | roadhead.
cabeza de martillo | hammer-head.
cabeza de muletilla | tee head.
cabeza de muñón (máquina) | stub end.
cabeza de negro (caucho bruto) | sernamby.
cabeza de página (diccionarios) | shoulder.
cabeza de página (libros) | page shoulder.
cabeza de perforación | drilling head.
cabeza de pilón | stamp head.
cabeza de pilón (bocartes) | stamp boss.
cabeza de pilote | pile head.
cabeza de pistón | crown.
cabeza de playa | beachhead.
cabeza de playa del batallón | battalion beach-head.
cabeza de pozo (petróleo) | wellhead.
cabeza de puente (milicia) | bridgehead.
cabeza de puente aéreo (en territorio enemigo) | airhead.
cabeza de puente pequeña (paso de ríos) | foothold.
cabeza de remache ahuecada (remache de aluminio) | recessed rivet head.
cabeza de remache plana | flush rivet head.
cabeza de sonda | swivel.
cabeza de sonda (sondeos) | brace head | swivel rod | top rod | temper screw.
cabeza de soplado (torpedos) | blowing head.
cabeza de testera (cañones) | forward head.
cabeza de tobera | nozzle head.
cabeza de tornillo | screwhead.
cabeza de transmisión automática | keying head.
cabeza de trenzado | braiding head.
cabeza de trípode con tres patas cortas fundidas en una pieza | trivet.
cabeza de tubería (sondeos) | cap.
cabeza de tubería con prensaestopa (pozo petróleo) | casing bradenhead.
cabeza de tubería con prensaestopas (sondeos) | stuffing box casing head.
cabeza de tubería de revestimiento (pozo petróleo) | tubing head.
cabeza de turco | scapegoat.
cabeza de turco (banco estirar alambre) | turk head.
cabeza de visor | gunsight head.
cabeza del carril | rail end.
cabeza del clavo | nail-head.
cabeza del cohete | rocket head.
cabeza del electrodo excitador | keep-alive cap.
cabeza del expulsor | ejector head.
cabeza del filtro | filterhead.
cabeza del husillo | spindle nose.
cabeza del huso | spindlehead.
cabeza del lingote | top of the ingot | ingot top.
cabeza del mástil (buques) | mast head.
cabeza del palo | mast head.
cabeza del pilote | butt of the pile.
cabeza del pistón | pistonhead.
cabeza del puntal (buques) | pillar head.
cabeza del remache | rivethead.
cabeza del rotor (helicóptero) | rotor head.
cabeza del rotor (helicópteros) | rotor hub.
cabeza del taco (telar) | picker head.
cabeza del timón | rudderhead.
cabeza doble lectura escritura (informática) | combined read write head.
cabeza electrónica de guiado | electronic homing head.
cabeza embutida (tornillos) | countersink head.
cabeza en horquilla (bielas) | solid end.
cabeza en T (herramientas) | tee head.
cabeza encajadora (pozo entubado) | drive-head.
cabeza estampada (remaches) | formed head.
cabeza exagonal | hexagonal head.
cabeza explosiva del arpón (pesca) | bomb.
cabeza fuera de la cuerda (saliente contado desde la cuerda - diente engranaje) | chordal addendum.
cabeza fungiforme | mushroomed head.
cabeza golpeadora (pozo entubado) | drive-head.
cabeza golpeadora de hinca | drive head.
cabeza grabadora (grabación discos gramófono) | cutting head.
cabeza grabadora-lectora | recording-playback head.
cabeza lectora | playback head.
cabeza lectora (calculadora) | reading head.
cabeza magnética | magnetic head.
cabeza magnética borradora | magnetic erasing head.
cabeza magnética de doble pieza polar | double pole-piece magnetic head.
cabeza magnética de grabación | magnetic recording head.
cabeza magnética de lectura-grabación | magnetic read-write head.
cabeza magnética lectora | magnetic reproducing head.
cabeza magnética reproductora | magnetic reproducing head.
cabeza magnética unipolar | single-pole piece magnetic head.
cabeza manométrica desnuda | nude gauge head.
cabeza martillada | driven head.
cabeza metida (de un perno, etc.) | recessed head.
cabeza moleteada | milled head.
cabeza moleteada (micrómetros) | ratchet-stop.
cabeza móvil (plegadora de urdimbre) | tail block.
cabeza móvil (trépano sondeos) | saddle.
cabeza nuclear (proyectiles) | atomic ogive.
cabeza para hincar (sondeos) | driving cap.
cabeza piramidal (clavos) | rosehead.
cabeza porosa (techos) | cauliflower top.
cabeza redonda | roundhead.
cabeza redonda (pernos) | fillister head.
cabeza redonda (remaches) | snaphead.
cabeza redonda (remaches, etc) | bullet head.
cabeza redonda (remaches, pernos) | mushroom head.
cabeza redonda (tornillos, remaches) | cheesehead.
cabeza redondeada (remaches) | splashed head | flattened head.
cabeza refractaria de la retorta (hornos de cok) | collar.
cabeza remachada | driven head.
cabeza reproductora del sonido (gramófonos) | sound box.
cabeza rómbica | diamond head.
cabeza semiesférica | cuphead.
cabeza semiesférica (remaches) | snap point | snaphead.
cabeza semiesférica (remaches, tornillos) | buttonhead.
cabeza tejedora (máquina circular de tejido de punto) | knitting head.
cabeza terminal de la cardencha (botánica) | teasel.
cabeza trasera (barrenos) | back-head.
cabeza troncocónica (remaches) | panhead.
cabeza vibradora (hormigón) | spud.
cabezada (buques) | sending.
cabezada (movimientos angulares alrededor de un eje horizontal transversal - buques, aviones) | pitch.
cabezada de encabritado (avión) | nose-up pitch.
cabezadas (pozo de petróleo) | by heads.
cabezal | sill | end-sill | headstock.
cabezal (carruajes) | axletree bolster | axle bench.
cabezal (hinca de pilotes) | helmet.
cabezal (libros) | title page.
cabezal (maderas de minas) | split.
cabezal (máquina herramienta) | headstock.
cabezal (máquinas herramientas) | head.
cabezal (marco de mina) | crown-piece.
cabezal (marco entibar) | head tree.
cabezal (minas) | crown tree | crown | drift cap.
cabezal (puertas) | head block.
cabezal (tornos) | stock.
cabezal afeitador (afeitadoras eléctricas) | shaving head.
cabezal afilador | grinding head.
cabezal alzador | lifting head.

cabezal aspersor de chorro filiforme | slimline spray-head.
cabezal automático de roscar | diehead.
cabezal autoposicionador | self-positioned workhead.
cabezal autosoldador | automatic welding head.
cabezal auxiliar para diversas aplicaciones | utility head.
cabezal barrenador | boring head.
cabezal basculable | rockable head.
cabezal blindado | ironclad headstock.
cabezal blindado (tornos) | totally enclosed headstock.
cabezal calentador plurimecheros | multiflame heating head.
cabezal calibrador | gaging head.
cabezal centrador | centring head.
cabezal con cambio por palanca accionada a mano | manually-operated lever-change headstock.
cabezal consultor de información almacenada (calculadora electrónica) | reading head.
cabezal contador | counting head.
cabezal copiador | tracerhead.
cabezal copiador electrónico | electronic tracing head.
cabezal copiador magnético | magnetic tracer head.
cabezal copiador motorizado | motor-driven tracing head.
cabezal cortador | cutter | cutting head.
cabezal cortador (draga succión) | cutterhead.
cabezal cortador (dragas) | cutter.
cabezal cortador con cojinete de fluido | air bearing cutter head.
cabezal cortador con microscopio incorporado | microscope-aided cutting head.
cabezal cortador giratorio | rotatable cutting head.
cabezal de barrenado con retracción de la herramienta | retraction boring head.
cabezal de cajón | box header.
cabezal de circulación | circulating head.
cabezal de control (pozo petróleo) | control head.
cabezal de control del tubo de revestimiento | casing control head.
cabezal de corte giratorio | rotating cutter-head.
cabezal de eje hueco | hollow-spindled headstock.
cabezal de engranajes monopolea | single pulley all-geared headstock.
cabezal de espacio de agua (caldera) | header for water wall.
cabezal de estirar | drawing block.
cabezal de exploración | scanning head.
cabezal de fresadora | miller cutterhead.
cabezal de grabación (acústica) | recording head.
cabezal de inyección (sondeos) | water swivel.
cabezal de la cepilladora | planer head.
cabezal de la muela de rectificar | grinding wheelhead.
cabezal de la prensa | press cross beam.
cabezal de lectura (registrador magnético de cinta) | tape-head.
cabezal de lectura y registro | read-write head.
cabezal de lectura-escritura | read-write head.
cabezal de monopolea (tornos) | all-geared headstock.
cabezal de mortajar | slotting ram.
cabezal de nivelación | leveling head.
cabezal de oxicorte poliflotante | multifloat oxygen cutting head.
cabezal de portaobjetivos | turret.
cabezal de prensa | press head.
cabezal de puerta | door header.
cabezal de roscar con almohadillas | diehead.
cabezal de roscar de peine de trinquete | ratchet-type chaser screwing stock.
cabezal de roscar de retroceso | receding die head.
cabezal de seguridad (pozo petróleo) | safety head.
cabezal de sondeo | drilling head.
cabezal de surgencia (cabeza de descarga - pozos artesianos o de petróleo) | flow head.
cabezal de taladrar | drilling head | boring head.
cabezal de torno | lathe head.
cabezal de trabajo del balancín (bombas de extracción de petróleo) | mulehead.
cabezal de tracción | pulling head.
cabezal de tracción (banco trefilar) | drawhead.
cabezal de tracción (brochadoras) | pullhead.
cabezal de tubería de revestimiento (pozo petróleo) | casing head.
cabezal de tubos (caldera acuotubular) | header.
cabezal de tubos (calderas) | tube header.
cabezal del acelerómetro | accelerometer head.
cabezal del balancín | beam head.
cabezal del balancín (sondeos) | horsehead.
cabezal del extrusor | extruder head.
cabezal del manipulador | manipulator head.
cabezal del manipulador del laminador | mill manipulator head.
cabezal del serpentín (climatización) | coil header.
cabezal del sonido | soundhead.
cabezal delantero (carruajes) | fore bolster.
cabezal detector | probe unit.
cabezal distribuidor | distribution head.
cabezal distribuidor flotante | floating distributor head.
cabezal divisor | indexing head | dividing headstock | divider.
cabezal divisor (máquina herramienta) | index head.
cabezal divisor (máquinas) | index.
cabezal divisor (máquinas herramientas) | dividing head.
cabezal divisor con lectura directa | direct reading dividing head.
cabezal divisor helicoidal | spiral-head.
cabezal divisor horizontal | plain dividing head.
cabezal divisor mecánico | mechanical dividing head.
cabezal divisor óptico | optical dividing head.
cabezal divisor óptico patrón | master optical dividing head.
cabezal divisor universal de precisión | precision universal dividing head.
cabezal electrocopiador | electric tracer head.
cabezal electronocopiador | electronic tracing head.
cabezal electrorreproductor | electrical reproducing head.
cabezal eliminador de la calculadora electrónica | erasing head of computer.
cabezal esparcidor | spreader head.
cabezal estampador para roscas | thread-rolling diehead.
cabezal estirador | jacking head.
cabezal estirador (banco de estirar) | dog.
cabezal estirador (máquina pruebas de tracción) | straining head.
cabezal estirador (trefilado) | drawing head.
cabezal explorador | exploring head | scanning head.
cabezal explorador fotoelectrónico | photoelectronic scanning head.
cabezal fijo | fixed turret | fast head.
cabezal forjado enterizo de sección rectangular (calderas) | rectangular solid forged header.
cabezal fresador | milling head.
cabezal fresador de accionamiento independiente | independently-driven milling head.
cabezal frotador | rubbing head.
cabezal giratorio | swiveling head | swivel head | rotating head | rotatable head.
cabezal giratorio (tornos) | revolving head stock.
cabezal inclinable | tilting head | inclinable head.
cabezal lapidador | lapping head.
cabezal lector | reading head | reader.
cabezal llenador | filling head.
cabezal magnetostrictivo | magnetostrictive head.
cabezal maquinizante | machining head.
cabezal medidor | probe.
cabezal mezclador | mixing head.
cabezal motor (cilindro de laminadores) | wobbler.
cabezal móvil | traveling head | capstan | puppet sliding.
cabezal movíl (torno) | tail headstock.
cabezal móvil (tornos) | tailstock.
cabezal múltiple para roscar | multitapping head.
cabezal obturador | packing head.
cabezal obturador de control (pozo petróleo) | control head packer.
cabezal orientable | swivel head | swiveling head.
cabezal orientable (máquina herramienta) | fiddle head.
cabezal palpador | feeling head.
cabezal para cementar (sondeos) | cementing head.
cabezal para fresadura helicoidal | spiral milling head.
cabezal para roscar | diehead.
cabezal para roscar (tornos) | screwing chuck.
cabezal pivotante | swiveling head.
cabezal pluritaladrador | multiple drilling head.
cabezal policuchillas | multiple cutter head.
cabezal policuchillas para tornear | multiple turning head.
cabezal portabroca | drill head.
cabezal portacuchilla | cutterhead | cutter cylinder.
cabezal portacuchillas | cutter block.
cabezal portadados | diehead.
cabezal portafresa | cutterhead.
cabezal portaherramienta | toolhead.
cabezal portaherramienta de mortajadora | slotter ram.
cabezal portaherramienta del carnero (limadora) | ram head.
cabezal portamuela (rectificadores) | wheel stand.
cabezal portamuela con lubricación por aire | air bearing wheelhead.
cabezal portamuelas (rectificadoras) | wheelhead.
cabezal portapieza (máquina herramienta) | workhead.
cabezal preselectivo | preoptive headstock.
cabezal preselectivo (tornos) | preoperative headstock.
cabezal preselector | preselector head.
cabezal protegido (tornos) | enclosed headstock.
cabezal pulidor | polishing-head.
cabezal pulidor (pulidora) | rubbing head.
cabezal que permite el cambio de velocidad sin parar la máquina (tornos) | preoptive head.
cabezal ranurador | recessing head.
cabezal ranurador con soplete | flame-gouging head.
cabezal rasurador | shaving head.
cabezal recogetestigos (sondeos) | core-catching head.
cabezal rectificador | grinding head.
cabezal rectificador con barretas abrasivas | honing head.
cabezal registrador | recording head.
cabezal regulado electrónicamente | electronically-controlled workhead.
cabezal retráctil para barrenar | retracting boring head.
cabezal revólver (tornos) | capstan | capstan head.
cabezal roscador | threading head.
cabezal roscador con peines de retroceso | receding land die head.
cabezal roscador de autoabertura | self-opening die head.

cabezal roscador de carraca | ratchet screw stock.
cabezal rotativo suelto (máquina herramienta) | unit head.
cabezal seguidor | follower head.
cabezal selectivo | selective head.
cabezal sensor | sensing head.
cabezal soldador | welding head.
cabezal soldante automático regulado por tiratrón | thyratron-tube-controlled automatic welding head.
cabezal sujetador | griping head.
cabezal sujetador de la cadena (máquina prueba de cadenas) | fiddle.
cabezal tensor | tensioning head.
cabezal trasero (carruajes) | hind bolster.
cabezal trepanador | trepanning head.
cabezales pulimentadores accionados individualmente | individually-powered polishing heads.
cabezales transferentes | transfer blocks.
cabezas (destilación alcoholes) | runnings.
cabezas acoladas | jugate heads (coins).
cabezas de los tablones del forro alefrizados en la roda (buque madera) | fore hoods.
cabezas desplazadas | offset heads.
cabezas solapadas (monedas) | jugate heads (coins).
cabezuela (botánica) | head | capitulum.
cabida | capacity | admeasurement | space | room | size.
cabida (coches) | carrying capacity.
cabida total de personas en los botes (buques) | boatage.
cabildo | town council | city hall | chapter.
cabildo municipal | board of aldermen | municipal council | corporation.
cabilla | trunnel | driftbolt | pin | round iron | dowel.
cabilla (buques) | peg.
cabilla (de madera) | treenail.
cabilla (rueda del timón) | spoke.
cabilla de madera | nog.
cabilla de retenida (botadura de buques) | dagger.
cabilla recalcada y roscada | stub end.
cabilleros (buques) | pin rails.
cabillo | stalk.
cabina | cab | booth | cockpit | blimp | cubicle.
cabina (aviones) | cabin.
cabina (cine) | lamp-house.
cabina (grúa) | house.
cabina (grúas) | house.
cabina (locomotora, autocamión) | cab.
cabina a presión | pressurized cabin.
cabina a presión climatizada | air-conditioned pressurized cabin.
cabina acristalada | glassed cabin.
cabina aislada contra los fríos polares | winterized cab.
cabina antisonora | blimp | soundproof booth.
cabina cerrada transparente (avión de caza) | canopy.
cabina cinematográfica | doghouse.
cabina climatizada hermética a los gases | gasproof air-conditioned cab.
cabina cósmica | space suit.
cabina cósmica tripulada | manned space cabin.
cabina de ascensor | passenger car.
cabina de concha de almeja (avión de caza) | clamshell- type canopy.
cabina de control del sonido (estudio de cine) | monitor room.
cabina de dos asientos acolados | two-seat side-by-side cockpit.
cabina de escucha para la contrastación acústica (estudio de cine) | monitor room.
cabina de estudio (cine, televisión) | booth.
cabina de grúa | crane hut.
cabina de grúa con visión completa | full-vision crane cab.
cabina de la tripulación (aviones) | crew nacelle.
cabina de lavado | wash booth.
cabina de mando (grúas, etc.) | operator's car.
cabina de mandos | control cabin.
cabina de mezcla (estudio de grabación) | mixing booth.
cabina de observación para el patrocinador de un programa (televisión) | fish bowl.
cabina de pórtico | straddle hoist.
cabina de presión regulada (aviones) | pressure-controlled cabin.
cabina de proyección | projecting box.
cabina de proyección (cine) | operating room.
cabina de registro (cine) | tank.
cabina de sonido | monitoring booth.
cabina de vehículo cósmico protegida térmicamente | thermically protected space vehicle cabin.
cabina del conductor | operator cab | driver's cab.
cabina del piloto | pilot's compartment.
cabina del piloto (aeronaves) | flight deck.
cabina del piloto (aviones) | cockpit.
cabina del piloto del avión | aircraft cockpit.
cabina del piloto moldeada en una sola pieza (aviones) | bubble canopy.
cabina elevada | cabin top.
cabina estanca | pressure cabin.
cabina eyectable | ejectable cabin.
cabina insonora | tank | silence cabinet.
cabina insonorizada | sound booth | soundproofed cabin.
cabina móvil (pala de vapor) | car.
cabina para pintar a pistola con cortina de chorros de agua | water-washed paint-spraying booth.
cabina para pintar con pistola | paint booth.
cabina presionizada | pressurized cabin.
cabina telefónica | call box | booth.
cabina telefónica pública | public call office.
cabina telefónica pública (Estados Unidos) | pay station.
cabina unipersonal | one-man cabin | solo cabin.
cabio (cerchas) | roof stick | spar.
cabio (cerchas de edificios) | rafter.
cabio acodado | knee rafter.
cabio bajo (puertas) | bottom rail.
cabio cojo | jack timber.
cabio corto | jack timber.
cabio corto que va de uno de limatesa a la carrera (cerchas) | jack rafter.
cabio de celosía de madera toda clavada | all-nailed trussed rafter.
cabio de limatesa | piend rafter | hip rafter.
cabío de quiebra (cubiertas) | sprocket.
cabio maestro | binding rafter.
cabio para formar la limatesa (tejados) | angle rafter.
cabio que va de la cumbrera a un cabio de limahoya | valley jack rafter.
cabirón (de chigre) | drum.
cabirón para espiar | gipsy head.
cabirón para espiar (chigres) | whipping warp end.
cabirón para espiar (molinete) | whipping drum.
cabirón para espiar (molinete de buque) | gipsy | niggerhead.
cable | rope.
cable (electricidad) | lead 11.
cable (marina) | hawser.
cable accionador | control cable.
cable aéreo | wireway | wire tramway | landline | cableway skidder | overhead cable | aerial cable | flying machine.
cable aéreo de transporte | ropeway | rope railway.
cable aéreo transportador | wire ropeway.
cable agitador (sondeos) | jerk line.
cable aislado con caucho silicónico | silicone rubber insulated cable.
cable aislado con caucho vulcanizado | vulcanized rubber-insulated cable.
cable aislado con cloruro de polivinilo | PVC-insulated cable.
cable aislado con nitrógeno a presión | compressed-gas insulated cable.
cable aislado con papel armado y forrado | served armored paper-insulated cable.
cable aislado con papel con cubierta de plomo y armado con alambre | paper insulated lead-covered wire-armored cable.
cable aislado con papel forrado de aluminio y enyutado | paper-insulated aluminum sheathed and served cable.
cable aislado con papel forrado de plomo y armado con fleje de acero | paper-insulated lead-sheathed steel-tape armored cable.
cable aislado con papel impregnado | impregnated paper-insulated cable.
cable aislado con papel y con vaina de plomo | paper insulated lead-sheathed cable.
cable aislado con papel y envainado de plomo | paper insulated lead-covered cable.
cable aislado con papel y envainado en plomo | lead/paper cable.
cable aislado con papel y relleno de nitrógeno a presión | gas cable.
cable aislado con policloropreno | polychloropene-insulated cable.
cable aislado con polietileno | polyethylene-insulated cable.
cable aislado con tubo de caucho duro | cab-tire cable.
cable aislado con una capa de amianto afieltrado más varias capas de cinta de algodón barnizado más una capa de amianto impregnado | asbestos varnished cambric insulated cable.
cable alimentador | feeding cable | feeder cable | feeder main.
cable alimentador (de red eléctrica de distribución) | feeder.
cable alimentador de enlace entre dos estaciones | tie feeder.
cable alimentador primario | primary feeder.
cable alimentador radial | radial feeder.
cable alimentador radial (red eléctrica) | independent feeder.
cable alimentador secundario | subfeeder.
cable amantillador (grúas) | peaking line.
cable antigiratorio | turn-free cable | nonrotating cable.
cable antigiratorio (cable con colchado especial que no gira al izar la carga) | nonspinning rope.
cable antiinducción | antiinduction cable.
cable apantallado | screened cable.
cable armado | armored cable.
cable armado con alambre de aluminio | aluminum-armored cable.
cable armado con alambre y forrado de plomo | lead-covered wire-armored cable.
cable armado con dos capas de alambre | double-wire-armored cable.
cable armado con fleje de acero (electricidad) | parkway cable.
cable armado de entrada de acometida | armored service-entrance cable.
cable armado en espiral con alambre de acero | steel-wire armored cable.
cable arriable | slacking skyline.
cable arterial | trunk cable.
cable artificial | artificial cable.
cable auxiliar | pilot cable.
cable aviónico forrado de nilón | nylon-covered aircraft cable.
cable bajo tubo a presión | pipe-type cable.
cable bifilar | two-conductor cable | two-core cable | two-wire cable | bifilar cable.
cable bifilar plano | twin-lead cable.
cable cargado | loaded cable.
cable cargado con bobinas | coil cable.
cable cerrado (cable de alambres especiales para que la superficie externa sea lisa) | locked-coil cable.
cable cerrador (cucharón excavadoras) | clo-

sing line.
cable coaxial | coaxial lead | coaxial cable | coaxial line | pipeline | hollow pipe | air dielectric cable.
cable coaxial (electricidad) | concentric cable.
cable coaxial (telefonía) | concentric line.
cable coaxial (TV) | pipe.
cable coaxial en circuito abierto | open-circuited coaxial cable.
cable coaxial para televisión en colores | color-television coaxial cable.
cable coaxial rígido miniaturizado (electrónica) | miniaturized rigid coaxial cable.
cable coaxial sin parásitos | noise-free coaxial cable.
cable coaxial trenzado | braided coaxial cable.
cable colocador | spotting line.
cable compacto | solid cable.
cable compacto (telefonía - Estados Unidos) | tight-core cable.
cable compacto (telefonía - G.B.) | solid cable.
cable compuesto de conjuntos de cuatro conductores aislados | quadded cable.
cable con | brothers.
cable con aislamiento de caucho | rubber-insulated cable | rubber cable.
cable con aislamiento de gas a presión | gas-cushion cable.
cable con aislamiento de papel | air core cable.
cable con aislamiento de papel envainado en plomo y armado | paper-insulated lead-covered armored cable.
cable con alma de papel | p. c. cable.
cable con amplificadores (cable submarino) | repeatered cable.
cable con armadura de fleje | tape-armored cable.
cable con armadura helicoidal de alambre | wire armored cable.
cable con carga continua | continuously-loaded cable.
cable con carga discontinua | coil-loaded cable.
cable con circulación de aire (EE.UU.) | dry-core cable.
cable con circulación de aire (Inglaterra) | air space cable.
cable con colchado de gran paso | loosely twisted rope.
cable con colchado de poco paso | hard-twisted rope.
cable con colchado especial para que no gire al subir la carga | nonrotating cable.
cable con colchado flojo | loosely twisted rope.
cable con colchado levógiro | water-laid rope | cable-laid rope = water-laid rope.
cable con colchados sucesivos en dirección opuesta a la anterior (ejemplo: S-Z-S o bien Z-S-Z) | cable twist.
cable con conductores de aluminio | aluminum conductor cable.
cable con cuatro conductores aislados | quad.
cable con cubierta de caucho | rubber-jacketed cable.
cable con cubierta de nilón | nylon sheathed cable.
cable con dieléctrico de aceite fluído a gran presión | pipe-type cable.
cable con dieléctrico de nitrógeno a presión (electricidad) | compression cable.
cable con dieléctrico de papel impregnado de aceite | straight type cable.
cable con dieléctrico de papel impregnado en aceite | solid-type cable | solid dielectric cable.
cable con dos almas conductoras concéntricas | twin-concentric cable.
cable con envuelta de composición aislante | compound-covered cable.
cable con envuelta de papel | paper cable.
cable con envuelta de plomo asfaltado | asphalted lead-covered cable.
cable con envuelta de plomo sin armar | bare lead-covered cable.
cable con nitrógeno a presión impregnado con asfalto | impregnated pressure cable.
cable con núcleo de aire | air core cable.
cable con revestimiento de asfalto | bitumen cable.
cable con revestimiento no metálico | nonmetallic-sheathed cable.
cable con suspensión continua | lashed cable.
cable con tubo protector | pipe-type cable.
cable con vaina mal puesta a tierra (electricidad) | imperfectly grounded cable.
cable conductor (trenes eléctricos) | trolley wire.
cable conectador (electricidad) | jumping cable.
cable conector | connector cable.
cable conexión | stub cable.
cable contravientos | guy lines.
cable cuadrete (telefonía) | quand.
cable cuádruple de parejas | quad cable.
cable de acero | steel wire rope | steel rope.
cable de acero (hormigón pretensado) | tendon.
cable de acero (sondeos) | wire line.
cable de acero antigiratorio (grúas) | steel nonrotating cable.
cable de acero con torones forrados con espiral de fleje | steel-clad rope.
cable de acero de 6 torones de 7 alambres cada uno | laid rope.
cable de acero fundido extraflexible galvanizado | galvanized extra-pliable cast-steel rope.
cable de acero galvanizado | patented rope.
cable de acero para espía (buques) | stream steel wire.
cable de acero para pretensar (hormigón) | prestressing tendon.
cable de acero que une las cabezas de dos posteleros de carga (buques) | spanner stay.
cable de acometida | service cable | service-entrance cable.
cable de acoplamiento | jumper cable.
cable de achique (pozo entubado) | swabbing line.
cable de alabeo | warping wire.
cable de alambre con alma de fibra textil | fiber core wire rope.
cable de alambre de bronce fosforoso | bronze rope.
cable de alambre de pequeño diámetro | light-gage wire cable.
cable de alambre de 6 torones de 37 alambres | crane rope.
cable de alambre extraflexible | running rope.
cable de alambre preformado sin esfuerzos internos | balanced preformed wire rope.
cable de alambres | cable.
cable de alambres ajustados entre sí | locked-wire cable.
cable de alambres de acero | steel wire rope.
cable de alejamiento (teleféricos) | outhaul.
cable de alejamiento (transporte de troncos) | haulback.
cable de alimentación | feeder cable.
cable de alimentación aéreo | open wire feeder.
cable de alimentación de electromotores | motor lead cable.
cable de alma de algodón | cotton-center cable.
cable de alta frecuencia | radioguide.
cable de alta tensión aislado con papel | high-voltage paper-insulated cable.
cable de alto voltaje | high-tension cable.
cable de alto voltaje con dieléctrico a presión | high-voltage pressure cable.
cable de aluminio | aluminum cable.
cable de aluminio aislado | insulated aluminum cable.
cable de aluminio con alma de acero | aluminum steel cable.
cable de aluminio pluritorónico | multistrand aluminum cable.
cable de amarre | anchoring rope | anchor wire.
cable de anclaje | anchoring cable | anchor-stay | anchor rope | backstay.
cable de apertura manual (paracaídas) | rip cord.
cable de arrastre | drag line | haulage rope.
cable de arrastre (saca a motor) | ground hog.
cable de arriostramiento | jackstay.
cable de aterrizaje | landing wire.
cable de avance | main line.
cable de bajada (pararrayos) | down inductor.
cable de barras con ojal (puente colgante) | eyebar cable.
cable de cabeza (tracción en minas) | main rope.
cable de cambio de vía o arrastradero (saca forestal) | grass line.
cable de cambio de vía o de arrastradero (saca forestal con cabrestante) | straw line.
cable de cáñamo | cracker.
cable de cáñamo de alta calidad | boltrope.
cable de carga continua | continuously-charged cable.
cable de cierre (electricidad) | jumper.
cable de cierre del cucharón (excavadoras) | digging line.
cable de circuitos de cuatro parejas | quad-pair cable.
cable de cola | tag line | tail rope.
cable de colchado largo | long-lay rope.
cable de compensación (pozos de minas) | balance rope.
cable de comunicación con tierra por frecuencia portadora | carrier-frequency land communication cable.
cable de conductores múltiples | bunched cable.
cable de conductores múltiples con diámetro invariable en todas las direcciones | isodiametric multiconductor cable.
cable de conductores pareados | paired cable.
cable de conductores planos | flat conductor cable.
cable de conductores trenzados (electricidad) | rope-lay cable.
cable de conexión | patch-cord | joining cable | connecting cable.
cable de conexión a masa con camisa aisladora transparente | transparent grounding cable.
cable de contactos del bloque de cierre | breechblock contact cable.
cable de contención | restraining cable.
cable de contrapeso (minas) | load rope.
cable de contrapeso (pozo extracción) | tail rope.
cable de control (dirigibles) | control-line.
cable de corriente alterna | alternating-current cable.
cable de corriente continua | continuous current cable.
cable de corriente trifásica | three-phase cable.
cable de cuadrante | dial cable.
cable de cuadrete | quadded cable.
cable de cuadrete (telefonía) | quad cable.
cable de cuatro cordones pareados aislados con papel | paper-insulated quad.
cable de cuatro pares | quadruple-pair cable.
cable de cuatro pares de cable | quad cable.
cable de cuchara (sondeos) | sand-line.
cable de dar fuego (voladuras) | igniting wire.
cable de descarga (cucharón de pala mecánica) | dumping line.
cable de descarga del cucharón (excavadores) | trip line.
cable de distribución (electricidad) | supply main | distributing main.
cable de distribución eléctrica | electric supply main.
cable de dos conductores | twin wire.
cable de dos conductores aislados retorcidos entre sí | twin cable.
cable de dos conductores cableados | twin-twisted cable.
cable de dos conductores trenzados entre sí | duplex cable.
cable de dos pares arrollado en espiral | spiraled-quad cable.
cable de elevación | fall-line | load line | load fall.

cable de empuje (de cuchara excavadora) | crowd line.
cable de empuje de la hélice (dirigibles) | airscrew thrust wire.
cable de encendido (bujías motores) | igniting wire.
cable de enmendada (dragas) | swing line.
cable de entubación | casing line.
cable de equilibrio (pozos de minas) | balance rope.
cable de extracción | pit rope.
cable de extracción (minas) | hoisting rope | fall | haulage rope | hauling rope | shaft cable.
cable de fibra óptica | optical fiber cable.
cable de fibras | cable.
cable de funicular | funicular cable.
cable de herramientas de perforación (sondeos) | bull rod.
cable de hiperfrecuencia | radioguide.
cable de interconexión | bus.
cable de izar | load fall | hoist cable | fall-line.
cable de izar (aparejos) | fall.
cable de la bomba de arena (sondeos) | sand-line.
cable de la cuchara (sondeos) | bailing line.
cable de la tubería de entubación | casing-line.
cable de la tubería de perforación (sondeos) | drilling line.
cable de ladeo | bull line.
cable de lados planos | flat-sided cable.
cable de larga distancia | toll cable.
cable de limpieza (sondeos) | sand-line.
cable de llegada (electricidad) | pigtail.
cable de mando | control cable | operating cable.
cable de maniobra | control rope.
cable de maniobra (dragas) | swing line.
cable de maniobra (sondeos) | spudding cable.
cable de masa (autos) | ground cable.
cable de masa (motores) | earth cable.
cable de nudos (telefonía) | button line.
cable de orilla a orilla para amarrar los pontones (puente de pontones) | breast-line.
cable de parejas múltiples | m. t. cable.
cable de pares | paired cable.
cable de pares (electricidad) | nonquadded cable.
cable de pares combinables | multiple twin cable.
cable de pares en estrella | spiral-eight cable.
cable de pares en número par (telefonía) | even-count cable.
cable de pares telefónicos (telefonía) | multipair cable.
cable de pequeña capacidad | small-capacity cable.
cable de perforación (sondeos) | drilling line | wire line.
cable de perforadora rotatoria | rotary line.
cable de pescar (sondeos) | fishing string.
cable de pluritorones aplastados | multiflattened-strand rope.
cable de potencia | power cord.
cable de puesta a tierra | earth continuity conductor | ground cable.
cable de radiofrecuencia con membrana helicoidal que soporta un conductor central | helical membrane radiofrequency cable.
cable de radioguía | leader cable.
cable de rastra | wire sweep.
cable de rastreo | wire sweep.
cable de rastreo de minas | bogie wire.
cable de referencia | standard cable.
cable de remolque | towline | towrope | trailing cable | drag-cable | dragrope.
cable de remolque de diámetro continuamente decreciente (remolque de blancos aéreos) | continuously-tapered tow cable.
cable de remolque del paraván | paravane towing wire.
cable de remolque del planeador | glider tow cable.
cable de retenida | stay rope | holding line | check rope | guy cable | guy strand.
cable de retenida (globo cautivo) | flying cable.
cable de retenida del globo cautivo | balloon flying cable.
cable de retorno (transporte) | messenger.
cable de retorno (transporte de troncos) | haul-back.
cable de retroceso | backhaul rope | receding line.
cable de saca (bosques) | skidder.
cable de señalización | bell line rope.
cable de sirga | towrope.
cable de sondeo | drill-rope.
cable de sostén | back-up line.
cable de sujeción | holding rope.
cable de suspensión | lift wire.
cable de suspensión (catenaria) | pull-off cable.
cable de suspensión (de un cable aéreo) | messenger wire.
cable de suspensión (de una catenaria) | messenger | pull-off.
cable de suspensión (globos, dirigibles) | suspension line.
cable de suspensión (grúas) | holding rope.
cable de suspensión (línea eléctrica) | steady span.
cable de suspensión de la maza (martinetes) | hammer line.
cable de sustentación | lift wire.
cable de tierra | earth cable.
cable de toma (trenes eléctricos) | trolley wire.
cable de toma de tierra | landing wire.
cable de torones metálicos revestidos de fibra y trenzados sobre un alma de fibra | fiber clad rope.
cable de torones ovalados | flattened-strand rope.
cable de torones planos | flat-stranded rope.
cable de trabajo | operating cable.
cable de tracción | pulling-rope | pull rope | hauling cable | hauling rope.
cable de tracción (desde la barquilla del motor a la envuelta - dirigibles) | thrust wire.
cable de tracción (globo cautivo) | drag wire.
cable de tracción de retorno (teleféricos) | inhaul.
cable de tracción superior | overhead hauling rope.
cable de translación | conveying line.
cable de transmisión | transmission rope | driving-rope | power cable.
cable de transmisión aéreo | overhead transmission cable.
cable de tres conductores | three conductor cable.
cable de tres conductores trenzados | twisted treble cable.
cable de tres conductores trenzados entre sí | triplex cable.
cable de unión de dos centrales generadoras (electricidad) | trunk feeder.
cable de varios conductores cableados alrededor de un alma central | rope-lay cable.
cable de varios conductores no concéntricos | multicore cable.
cable de varios pares (telefonía) | twin wire | twin cable.
cable de varios pares combinables | multiple-twin cable.
cable de vuelta (teleféricos) | fall-rope.
cable de 3 conductores | three-core cable.
cable del aparejo de carga | cargo fall.
cable del aparejo de cargo | cargo runner.
cable del cabrestante (sondeos) | catline.
cable del cabrestante que pasa a la guiadera | drag line.
cable del circuito de dar fuego | firing circuit cable.
cable del circuito de encendido (motor gasolina) | firing circuit cable.
cable del malacate de herramientas | bull rope.
cable del malacate de herramientas (sondeos) | bullhead rope.
cable del malacate de tuberías (sondeos) | calf rope.
cable del mando del alerón | aileron operating cable.
cable del martinete | hammer fall.
cable derivado (telecomunicación) | branch cable.
cable deshilachado | broomed out cable.
cable detenedor colocado en cubierta (portaaviones) | arresting wire.
cable detenedor en la cubierta (portaaviones) | cross-deck pendant.
cable director | leader cable.
cable distribuidor | distributor.
cable eléctrico | electric cable.
cable eléctrico con armadura cerrada | interlocked-armor cable.
cable eléctrico con armadura de hierro | iron-armored cable.
cable eléctrico con dieléctrico gaseoso a presión | pressure cable.
cable eléctrico con un conducto central para circulación de aceite mineral | oil-filled cable.
cable eléctrico con vaina extruida | extruded sheath cable.
cable eléctrico de altísima tensión | supertension cable.
cable eléctrico de combustión continua | flame-extending cable.
cable eléctrico de conductores no circulares | shaped-conductor cable.
cable eléctrico de cuatro conductores aislados cableados en espiral alrededor de un alma | spiral-four cable.
cable eléctrico de medio voltaje para grandes amperajes | medium-voltage heavy duty cable.
cable eléctrico de tres conductores aislados colocados uno al lado de otro y con impregnación de aceite | flat pressure cable.
cable eléctrico de varios conductores no concéntricos | multicoil cable.
cable eléctrico del percutor | firing pin lead.
cable eléctrico encintado con yute | hessian taped cable.
cable eléctrico envainado en aluminio | aluminum sheathed electric cable.
cable eléctrico forrado de aluminio | aluminum-covered electric cable.
cable eléctrico forrado de aluminio y con circulación de aceite | oil-filled aluminum sheathed cable.
cable eléctrico miniatura con 50 conductores | miniature electric cable with 50 conductors.
cable eléctrico para buques | ship wiring cable.
cable eléctrico para disparar el cohete (aviones) | rocket cable.
cable eléctrico para servicio de un equipo | umbilical cable.
cable eléctrico para transporte de energía aislado con plástico | plastic-insulated power cable.
cable eléctrico que corre a lo largo del coche y termina en enchufes en cada extremo (trenes eléctricos) | train-line.
cable eléctrico relleno de fluido a presión (nitrógeno, etc.) | fluid-filled electric cable.
cable elevador (minas) | hoisting line.
cable en estrella | quad-pair cable.
cable en estrella (telecomunicación) | spiral-four cable.
cable en que cada conductor está formado por dos hilos ligeramente aislados entre sí y unidos en los extremos | split-conductor cable.
cable encintado (electricidad) | belted cable.
cable encintado con tela barnizada | varnished-taped cable.
cable enredado | foul rope.
cable enroscatubos (sondeos) | spinning line.
cable enterrado dentro de un tubo | buried pipe cable.
cable entubado | pipe-type cable.
cable envainado con caucho natural (no vulcanizado) | tough rubber-sheathed cable.
cable envainado de aluminio y enyutado |

served aluminium-sheathed cable.
cable envainado en aluminio | aluminium-sheathed cable.
cable envainado en plomo | leaded cable.
cable extraflexible de acero | hand rope.
cable flexible aislado con fluorocarburo | fluorocarbon-insulated hookup wire.
cable flexible aislado para teléfonos de campaña | field wire.
cable flexible armado con alambre | pliable wire-armored cable.
cable flexible de conductores planos | flat-conductor flexible cable.
cable flexible de conexión | pigtail.
cable flexible de un aparato portátil | trailing cable.
cable flojo | loose rope.
cable flotante sin fin (minas) | endless-rope above wagons.
cable forrado (de yute, etc.) | served cable.
cable forrado con aleación de plomo | lead-alloy-sheathed cable.
cable forrado con metal | metal-sheathed cable.
cable forrado con yute | jute protected cable.
cable forrado de aluminio ondulado | corrugated aluminium sheathed cable.
cable forrado de aluminio sin costura | seamless aluminium sheathed cable.
cable forrado de cobre y aislado con sustancia mineral | mineral-insulated copper-sheathed cable.
cable forrado de fibra | fiber-covered cable.
cable forrado de plomo armado con alambre | lead-sheathed wire-amored cable.
cable forrado de plomo de dos conductores aislados entre sí y trenzados | loop cable.
cable forrado de un compuesto policloroprénico | polychloropene-compound-sheathed cable.
cable galvanizado revestido de plástico | plastic-coated galvanized cable.
cable guía | leader cable.
cable guiador | leader cable.
cable guiador magnético submarino | magnetic leader submarine cable.
cable guiador magnético submarino (entrada en puertos) | magnetic leader cable.
cable hueco | hollow strand.
cable ignífugo | flame-resistant cable.
cable incombustible aislado con dieléctrico mineral | noncombustible mineral insulated cable.
cable inmovilizador de la palanca de mando (aviones) | bungee.
cable interurbano | toll cable.
cable interurbano pupinizado (telefonía) | loaded trunk cable.
cable izador | hoisting line | hoisting rope | hoisting cable.
cable ligero para grandes profundidades | lightweight deep-sea cable.
cable longitudinal (dirigibles) | axial wire.
cable metálico | rope | wire rope | covered wires.
cable metálico cerrado | close-laid wire rope | locked-wire cable.
cable metálico cerrado (cable sin torones formado por capas concéntricas de alambres de sección especial y con colchados alternativamente opuestos sobre alma de cáñamo) | locked-coil wire rope.
cable metálico con alambres rotos salientes | hedgehogged rope.
cable metálico con alma de cáñamo | hemp center cable | hemp core wire rope.
cable metálico con torones preformados | tru-lay rope.
cable metálico de gran diámetro | heavy-gage wire cable.
cable metálico de pequeño diámetro | wire line.
cable metálico de superficie exterior lisa | locked-wire cable.
cable metálico de torones achatados | flattened-strand wire rope.
cable metálico estañado | tinned rope.
cable metálico flexible | flexible wire rope | docile wire rope.
cable metálico forrado de cáñamo | hemp-clad cable.
cable metálico no galvanizado | bright rope.
cable metálico para trabajos oceanográficos | oceanographic wire.
cable metálico plano | flat wire rope.
cable metálico preestirado (antes de colocarlo) | preformed cable.
cable metálico semicerrado | semilocked cable.
cable mixto | composite cable.
cable monoconductor | single-core cable | one wire cable | single-conductor cable.
cable monoconductor aislado con papel impregnado | single-core inpregnated-paper cable.
cable monoconductor aislado con papel y con vaina de plomo | single-core paper-insulated lead-covered cable .
cable monoconductor con trenzado de amianto | single-core asbestos braided cable.
cable monoconductor con vaina de aleación de plomo | single-core lead-alloy sheathed cable.
cable monoconductor con vaina de composición de policloropreno | single-core polychloroprene-compound-sheathed cable.
cable monoconductor relleno de aceite a presión | single-core oil-filled cable.
cable monofilar | single-conductor cable | single cable.
cable móvil (que sube o baja con el ascensor) | trailing cable.
cable muerto (petróleo) | deadline.
cable multiconductor con aislamiento de papel impregnado | multicore impregnated-paper-insulated cable.
cable multiconductor con alma-cuna de caucho para apoyar cada conductor | cradle center multicore cable.
cable multicuadrete de frecuencia portadora aislado con politeno | polythene-insulated carrier frequency multiquad cable.
cable multifilar | multicore cable.
cable multifilar aislado con caucho | multicore rubber-insulated cable.
cable multitorónico | multistranded rope.
cable no cargado uniformemente (electricidad) | intermittently loaded cable.
cable o cabo inferior del barandillado (buques) | footline.
cable oceánico | ocean cable.
cable para accionar la válvula de escape (globos) | valve line.
cable para aeroplanos | aeroplane cable.
cable para ascensores | elevator wire rope.
cable para colocar las vagonetas vacías debajo del dispositivo de carga | spotting line.
cable para el circuito de contraincendios | extinguishing circuit cable.
cable para escobillas (electricidad) | brush leads.
cable para instalación de la tubería de revestimiento (sondeos petroleros) | wire tubing line.
cable para instalaciones eléctricas en buques | ships' wiring cable.
cable para izar el brazo | boom hoist rope.
cable para izar pilotes | pile fall.
cable para la unión eléctrica de los carriles en las juntas (ferrocarril eléctrico) | rail-bond.
cable para las varillas de bombeo | sucker-rod line.
cable para minas submarinas | mine cable.
cable para mover un cabrestante portátil | move line.
cable para planos inclinados | gravity cable.
cable para sujetar en tierra (aviones) | landing wire.
cable para transmisiones | signal cable.
cable para transporte de energía (electricidad) | power cable.
cable para vientos | guy cable.
cable perlado | pearl conductor.
cable pirorresistente aislado con policloropreno | fire-resisting polychloroprene insulated cable.
cable plano | flat rope | flat cable.
cable plano bifilar | flat twin cable.
cable plano bifilar con hilo de tierra | flat twin and earth cable.
cable plano con relleno de aceite a presión | flat-type oil-filled cable.
cable plano de dos conductores | twinflat.
cable plano múltiple | carpet cable.
cable pluriconductor | multiple core cable.
cable policonductor | multiconductor cable | multiple-conductor cable.
cable portador | carrying cable | carrier rope | supporting rope | messenger line.
cable portador (de un cable aéreo - EE.UU.) | support strand.
cable portador (de un cable aéreo - G.B.) | suspending cable.
cable portante | track cable | suspension cable | running cable.
cable portante (de un cable eléctrico aéreo) | messenger cable.
cable portante (globos, dirigibles) | suspension line.
cable portante (saca forestal) | sky line.
cable principal | main rope.
cable provisional (para una avería) | interruption cable.
cable puenteador | jumping cable.
cable pupinizado | coil-loaded cable | coil cable | continuously-loaded cable.
cable pupinizado (telefonía) | loaded cable.
cable que da vueltas mientras se iza la carga (grúas) | nonuntwisting cable.
cable que no gira al arrollarse mientras se eleva la carga | dead rope.
cable que no gira al izar la carga | turn-free cable.
cable que une la fuente de energía con el portaelectrodo | electrode lead.
cable que va y viene | hauling line.
cable rastreador | sweeper.
cable rastrero sin fin (minas) | endless-rope below wagons.
cable recubierto con trenza de vitrofibra | glass-braided cable.
cable relleno de aceite (electricidad) | O. F. cable.
cable relleno de aceite sin canales y con conductores ovalados | ductless shaped-conductor oil-filled cable.
cable retenedor | guy.
cable revestido de plomo | leaded cable.
cable rosario (teleféricos) | button line.
cable sacatestigos (pozos) | wire line coring.
cable sin carga | empty rope.
cable sin fin | endless rope | endless line | deadline.
cable sin fin para aserrar (mármol, etc.) | endless sawing cable.
cable sobre polines (saca forestal) | slacking skyline.
cable soportado por catenaria | catenary-supported cable.
cable soportante (de un cable aéreo) | messenger wire.
cable soportante (de una catenaria) | messenger.
cable submarino con carga uniforme en el centro y que disminuye hacia los extremos | taper-loaded cable.
cable submarino intercontinental | intercontinental undersea cable.
cable submarino para fuerza de alto voltaje aislado con caucho | high-voltage rubber-insulated submarine power cable.
cable subterráneo | underground cable | grounded conductor.
cable subterráneo de conductores cuádruples cableados | multiquad underground cable.
cable subterráneo para hipervoltajes | extra high voltage underground cable.

cable sujeto con abrazaderas | cleated cable.
cable suspendido a todo lo largo de él | lashed cable.
cable sustentador | carrying rope | supporting wire | lifting line | load cable | bearer cable.
cable teledinámico | teledynamic cable.
cable teledinámico (andarivel) | fly rope.
cable telefónico colocado a lo largo de una vía férrea | railway side-line telephone cable.
cable telefónico con vaina de nilón | nylon sheathed cable.
cable telefónico con vaina de plástico | plastic-sheath telephone cable.
cable telefónico de pares múltiples | multipair telephone cable.
cable telefónico multifilar | multicore telephone cable.
cable telefónico policircuital | multicircuit telephone cable.
cable telefónico submarino | submarine telephone cable.
cable telefónico transpacífico | transpacific telephone cable.
cable telegráfico submarino no armado | nonarmored submarine telegram cable.
cable tetrafilar para corriente trifásica | three-phase four-core cable.
cable tetratorónico | four-stranded rope.
cable tetratorónico con alma central colchado a derechas | shroud-laid rope.
cable tractor | snake | main line | hauling rope | load cable.
cable tractor (teleféricos) | endless line.
cable tractor (transportador aéreo) | operating cable.
cable tractor sin fin | hauling line.
cable transportador doble | double conveyor rope.
cable transversal del que cuelga el hilo de trabajo (tranvías eléctricos) | tie.
cable trenzado | stranded wire | braided cable.
cable trenzado incombustible | fireproof braided cable.
cable triconductor con revestimiento individual | individual-sheathed three-core cable.
cable trifilar | three-core cable.
cable trifilar con aceite a presión y envainado en aluminio | three-core aluminum-sheathed pressure cable .
cable trifilar para corriente trifásica | three-phase three-core cable.
cable tripolar con funda de plomo individual | separated-leaded cable.
cable tubular (electricidad) | pipe cable.
cable vaciador (cucharón de pala mecánica) | dumping line.
cable y gancho para manejo de troncos | dog warp.
cable y jaula de extracción (minas) | bont.
cableado | stranding | wrapping | wiring system | wiring.
cableado (cables) | lay.
cableado (cables, cordones) | laid.
cableado combinado | compound lay | compound stranding.
cableado con hilos desnudos | piano strapping.
cableado de los paneles de una calculadora | computer panel wiring.
cableado de rejilla | grid wires.
cableado impreso flexible (circuitos impresos) | flexible printed wiring.
cableado impreso plano | printed wiring.
cableado interconectador | interconnecting cabling.
cableado oculto | concealed wiring.
cableado paralelo (cables metálicos) | Lang lay.
cableado plano | printed circuitry.
cableado preformado | wiring harness.
cableado previo | loom.
cableadora | stranding machine.
cableaje | wiring.
cablear | strand (to).
cablear (cables) | lay (to).
cablear (para formar un cable) | cable (to).
cablear (tender cables eléctricos en aparatos, instalaciones, etc.) | wire (to).
cable-carril (Argentina) | flying machine | cableway skidder.
cable-cinta | flat wire rope | flat rope.
cablegrafiado | cabled.
cablegrafiar | cable (to).
cablegrama | cablegram | cable.
cable-grúa con autoelevador (saca forestal) | sky hook.
cable-grúa sobre poleas | slacking skyline.
cable-guía | guide rope.
cablería | wiring.
cablería de arrastre (para troncos) | cableway skidder.
cablería de buques | ships' wiring.
cablería eléctrica | electric wiring.
cablería estampada | etched wiring.
cables axiales | axial leads.
cables coaxiales de televisión | television coaxial cables.
cables conductores | leads.
cables de acero (hormigón pretensado) | steel tendons.
cables de acero para postensar (hormigón armado) | tendons of steel.
cables de catenaria (dirigibles) | catenary wires.
cables de cizalla (dirigibles) | shear wires.
cables de unión | linking cables.
cables del mamparo (cuaderna maestra dirigibles) | bulkhead wiring.
cables del motor (electricidad) | motor leads.
cables envolventes (dirigibles) | circumferential wires.
cables envolventes de los sacos de gas (dirigibles) | circumferential gas bag wires.
cables laterales de proa (desde la proa hacia el suelo - dirigibles) | yaw-guy wires.
cables para aviación | aircraft cables.
cables para desimanación (buques) | degaussing cables.
cables para extracción minera | winding ropes.
cables puestos en haz | bunched cables | bundled cables.
cables que unen los gigantones de ambas bandas | poppet strap.
cables que unen los gigantones de ambas bandas (lanzamiento de buques) | packing lashing | poppet lashing.
cables que unen los gigantones de ambas bandas (lazamiento de buques) | poppet sling.
cable-vía | track cable | flying machine | cableway skidder.
cablevía de arrastre | aerial skidder.
cablevia radial | radial cableway.
cabo | headland | butt end | line | rope | stub | cord | tail | lanyard.
cabo (de vela) | stump.
cabo (geografía) | hook | cape.
cabo (geología) | cape.
cabo (hidrografía) | head.
cabo - promontorio | foreland.
cabo a lo largo del bauprés (buque de vela) | ridgerope.
cabo adujado a proa (bote ballenero) | box warp | box line.
cabo adujado en un bote y llevado desde el buque al muelle | running line.
cabo agotado (hilatura) | runout end.
cabo atado a las esquinas inferiores de un pallete de colisión | hogging line | keel hauling line.
cabo colchado a la izquierda | Spanish fox.
cabo colocado por el costado para que se amarren los botes (buques) | guessrope.
cabo con las fibras mojadas en agua antes de colcharlo | water-laid rope.
cabo con los dos chicotes firmes y soportando el esfuerzo en el medio | bridle.
cabo con marcaciones para mantener la distancia (repostaje de buques en la mar) | distance line.
cabo de algodón para calafatear (botes) | cotton wicking.
cabo de amura | bow rope.
cabo de cáñamo en rollos de 200 brazas (marina) | coil.
cabo de cañón (marina) | gun captain.
cabo de cordelero | cable yarn | rope yarn.
cabo de distancia (petrolear en la mar) | pilot line.
cabo de empalme | skinner.
cabo de espía (buques) | chest rope.
cabo de fondeo (botes) | rode.
cabo de fondo | ground warp.
cabo de mar (marina) | quartermaster.
cabo de popa (buques) | after rope.
cabo de proa | head-line | headrope.
cabo de proyectil lanzacabo | gun line.
cabo de rancho (buque de guerra) | mess treasurer.
cabo de remolque | warp.
cabo de retenida de proa | headfast.
cabo de salvamento (marina) | lifeline.
cabo de urdimbre no unido con la trama | misdraw.
cabo de varas | martinet.
cabo de vela | candle end.
cabo de vela esteárica | candle stump.
cabo del arpón (balleneros) | foregoer | foreganger.
cabo echado por el costado para que se amarren los botes (buques) | guest-rope | guesswarp.
cabo escarpado | cliffed headland.
cabo furriel | company clerk.
cabo guía (petrolear en la mar) | pilot line.
cabo intermedio del barandillado (buques) | housing line.
cabo o aparejo inmovilizador (del puntal de carga - buques) | lazy guy.
cabo para amarre de botes (tangón) | guesswarp | geswarp.
cabo para arrastrar la carga de los extremos o costados a la vertical de la escotilla (bodegas) | bull rod.
cabo para dar estachas (buques) | heaving line.
cabo para evitar el choque o roce de un objeto con otro | bull rod.
cabo para la cumbre del toldo (toldos buques) | ridgerope.
cabo para lascar (buques) | check rope.
cabo para sostener una cosa | in haul.
cabo pasado bajo la quilla y sujeto a ambos costados) | hogging line.
cabo pasado por seno (marina) | slip rope.
cabo que se remolca a popa (pesca del salmón) | pig line.
cabo que une las cabezas de las barras de un cabestrante vertical accionado a brazo | swifter.
cabo roto | broken end.
cabo roto (tisaje) | end down.
cabo salvavidas (marina) | lifeline.
cabo sin aparejo alguno (marina) | dead rope.
cabo superior del barandillado de cubierta (buques) | lifeline.
cabo trincador para evitar el desplazamiento vertical (de una pluma de carga, verga, etc.) | jumper.
cabo unido a las esquinas superiores de un pallete de colisión (buques) | distance line.
cabochón redondo | round cabochon.
cabos alquitranados | tarred cordage.
cabos cortos para hacer palletes (marina) | thrum.
cabos de amarre (buques) | working lines.
cabos de empavesada (buques) | dressing lines.
cabos de enlace (saca forestal) | butt rigging.
cabos del barandillado (buques) | lifelines.
cabos entre candeleros de cubierta (buques) | lifelines.
cabos que sujetan fuertemente los elementos de la cama a cubierta para que aquélla no se deshaga durante la botadura y se puedan

recuperar (buques) | tricing line.
cabos rotos (defecto telas) | ends-out.
cabos unidos | laid warp.
cabotaje | home trade | coasting | coastal trade | coast trade | coasting trade | coastal navigation.
cabotaje (marina, aviación comercial) | cabotage.
cabotaje aéreo | air cabotage.
cabotaje de altura | grand cabotage.
cabra | kid | goat.
cabra lechera | dairy goat.
cabrerita | cabrerite.
cabrestante | cathead | donkey engine | whim | capstan | winch | windlass.
cabrestante automático (sondeos) | automatic cathead.
cabrestante de antena | aerial winch | aerial winding drum.
cabrestante de arrastre (minas) | rope haulage hoist.
cabrestante de arrastre (saca de árboles) | skidding winch.
cabrestante de atoar | warping capstan.
cabrestante de camión | truck winch.
cabrestante de doble capirón | double-headed capstan.
cabrestante de espía | warping capstan.
cabrestante de espiar (buques) | gypsy capstan.
cabrestante de grúa | crane crab.
cabrestante de izada del carro del varadero | slipway haulage winch.
cabrestante de maniobra (para vagones) | shunting drum.
cabrestante de maniobra de la puerta | gate operating capstan.
cabrestante de perforación de pozos | well borer's winch.
cabrestante de popa | after capstan.
cabrestante de remolque de dos tambores | yarder.
cabrestante de sondeo | drilling winch.
cabrestante de vapor | steam capstan | donkey winch.
cabrestante eléctrico | electric capstan.
cabrestante electrohidráulico | electrohydraulic capstan.
cabrestante múltiple | compound capstan.
cabrestante para clasificación de vagones | shunting capstan.
cabrestante para tuberías (sondeos) | calf wheel.
cabrestante para uso general | utility hoist.
cabrestante pequeño | cathead.
cabrestante portátil (minas) | slusher.
cabrestante portátil (saca forestal) | donkey.
cabrestrante de cuchara de arrastre | scraper loader hoist.
cabria | shear-legs | shear | gin | gin | windlass | hoist | gyn | block | rig | sheer legs | sheers | barrow | shears | gin pole | derrick | derrick pole.
cabria colocapostes | pole derrick.
cabria de aire comprimido | air legs.
cabria de caballo | horsepower.
cabria de campaña | field gin.
cabria de herramientas (sondeos) | tool crane.
cabria de manivela | crank windlass.
cabria de mano | hand-power.
cabria de pozo de mina | staple shaft hoist.
cabria de tijera | shear-legs.
cabria de tres pies | shear-legs.
cabria de trípode | gin pole.
cabria de vientos | guy derrick.
cabría en A | A frame | shear legs.
cabria flotante | floating sheerlegs.
cabria para sondeos de petróleo | oil well rig.
cabrial (minas) | charter.
cabrillas (ondulaciones en la superficie del mar) | lipper.
cabrilleo de la luna | angel's pathway.
cabrilleo de la mar | rip.
cabriola | gambado.
cabriolé | gig.
cabrión | lumber.
cabritas (cuñas de fijación de la hoja-sierras) | tiller.
cabritilla | kid-skin | kid | kid leather.
cabrito | kid.
cabujón | cabochon.
cabujón con depresión cóncava en su superficie inferior | hollowed cabochon.
cabuyera (hamaca, coy) | clew.
cabuyería | roping.
cacao (Brya ebenus) | cocoa-wood.
cacaotero | cocoa.
cacelora de hierro esmaltado | enameled saucepan.
cacerola | saucepan | pan.
cacerola de aluminio de base plana maquinada | machined-base aluminium pan.
caciolo de ramillas (Puerto Rico) | twig beetle.
caciquismo | bossism.
cacoclora | kakochlore.
cacofonía | cacophony.
cacofónico | cacophonous.
cacografía | cacography.
cacóxeno | kakoxen.
cacucho | rubber.
cacha (mango de cuchillo, empuñadura de pistola) | handle plate.
cacha (traviesa larga - ferrocarril) | long sleeper.
cacha de la corredera (máquinas vapor) | link plate.
cachacera (fábrica azúcar) | blowup.
cachar | saw alive (to).
cachaza (azúcar) | mud.
cachaza (fabricación de azúcar) | foam.
cachaza (fangos de filtración de guarapo - fabricación azúcar de caña) | cachaza.
cachaza de la defecadora (azúcar) | defecator mud.
cachemira (tejidos) | cashmere.
cachemira cruzada | cashmere twill.
cachola (palo de buques) | bibb.
cacholas (palo buques) | hound.
cacholonga (mineralogía) | kasholong.
cacholongo | pearl opal.
cachón | baulk.
cachón (forestal) | bolt.
cachón para duelas (maderas) | stave bolt.
cachú | pegu cutch | cutch.
cachú (papelería, fotografía) | catechu.
cada hora | omni hora.
cada mañana | omni mane.
cada palabra fue sopesada cuidadosamente | every word was weighed with much care.
cada partida del activo (comercio) | asset.
cada vez mayor | ever-increasing.
cada vez menor | markedly decreasing.
cadacristal | cadacryst.
cadarzo | floss | silk floss | cocoon husk | waste silk.
cadarzo (borra de seda) | cappadine.
cadarzo (sericultura) | flurt.
cadáver | carcass.
cadáveres (de animales) | relicta.
cadejo | skein | ley.
cadena | string | chain.
cadena (de electroaisladores) | stack.
cadena (de hechos) | catena.
cadena (de tubos acoplados, de herramientas de trabajo-sondeos) | string.
cadena (fabricación en serie) | flow line.
cadena (hilada de ladrillos en muro de mampostería) | lacing course.
cadena (hilada de repartición de carga en muros de mampostería) | chain course.
cadena (hilada muros) | clamping.
cadena (programación) | string.
cadena abrazacarga | binding chain.
cadena aceticoceptora | aceticoceptor chain.
cadena alimenticia | food chain.
cadena amagnética para el ancla | nonmagnetic anchor chain.
cadena antiderrapante | antiskid chain.
cadena antideslizante | snow chain.
cadena antiferromagnética | antiferromagnetic chain.
cadena apiladora (de troncos) | loading chain.
cadena articulada | sprocket chain | pintle chain | pitch chain | block chain.
cadena bancaria | banking chain.
cadena barbada (de reloj) | curb chain.
cadena binaria | binary chain | bit string.
cadena calibrada | precision chain | calibrated chain.
cadena calibrada de rodillos | precision roller chain.
cadena carbonada (cadena de carbono - química) | carbon chain.
cadena cerrada (química) | ring | closed chain.
cadena cinemática | kinematic chain.
cadena cinemática bloqueada | locked kinematic chain.
cadena cinemática de cuatro barras | four-bar chain.
cadena cinemática desmodrómica | constrained kinematic chain.
cadena cinemática libre | unconstrained kinematic chain.
cadena cinemática plana | plane kinematic chain.
cadena colateral | collateral series.
cadena con anillo y gancho para tensar las cadenas de atar | toggle chain.
cadena con eslabón de soldadura en el extremo | end-lap chain.
cadena con eslabones de contrete | stud link chain.
cadena con exceso de resistencia | overcapacity load chain.
cadena con raederas | scraper chain.
cadena con rastras | scraper chain.
cadena con vueltas (anclas) | foul cable.
cadena contrarrobos (bicicleta, etc.) | chain lock.
cadena de acero al manganeso | manganese steel chain.
cadena de acero electrosoldada | electrically-welded steel chain.
cadena de acero soldada a tope por presión y calentamiento eléctrico | flash-butt-welded steel chain cable.
cadena de acoplamiento (para transporte de troncos) | coupling grab.
cadena de acoplamiento (troncos) | butt chain | chain grapple.
cadena de adobos | boom chain.
cadena de agrimensor | chain | land-chain | land chain | land-measuring chain | surveyor's chain | surveying chain | measuring chain.
cadena de agrimensor (EE.UU.) | Gunter's chain.
cadena de aisladores | chain insulator | string.
cadena de aisladores (líneas eléctricas) | insulator chain | insulator string.
cadena de aisladores (líneas eléctricas aéreas) | isolators string.
cadena de aisladores (postes de líneas eléctricas) | insulator stack.
cadena de ajuste (transporte troncos) | bunk chain.
cadena de amarre | backstay.
cadena de amplificadores en cascada con realimentación | chain of cascaded feedback amplifiers.
cadena de ancla (buques) | chain cable | cable.
cadena de ancla extendida para su reconocimiento (buques) | ranged chain cable.
cadena de apriete (carga de troncos) | toggle chain.
cadena de arrastre | drag chain.
cadena de arrastre (Chile) | binding chain.
cadena de articulaciones | flat chain.
cadena de atar | binding chain.
cadena de audiofrecuencia | audiofrequency chain.
cadena de avance (máquinas) | feed chain.
cadena de bancos | chain banking.

cadena de cálculo | computational chain.
cadena de cangilones (draga de rosario) | bucket line.
cadena de caracol (relojes) | fusee-chain.
cadena de caracteres | pathname.
cadena de cardas (tejeduría) | card chain.
cadena de carga | loading chain.
cadena de carga (aparejos) | lifting chain.
cadena de cartones (jacquard) | card chain.
cadena de cejadero (carruajes) | pole-chain.
cadena de cierre de la cuchara de valvas | grab-closing chain.
cadena de concrete | stud chain.
cadena de contrapeso | balance chain.
cadena de contretes | stud link chain.
cadena de contretes de hierro forjado soldada por forja | fire-welded wrought-iron stud link cable.
cadena de control de una radiación | radiation channel.
cadena de corral (Iberoamérica) | boom chain.
cadena de costillas (maquinita) | chain of lags | harness chain.
cadena de cuadripolos | cascade of four-terminal networks.
cadena de decapado | pickling line.
cadena de descarga | emptying chain.
cadena de desintegración (nucleónica) | decay chain.
cadena de dientes invertidos | inverted-tooth chain.
cadena de dirección | steering chain.
cadena de empuje (palas mecánicas) | crowding chain.
cadena de enganche | attachment chain.
cadena de enganche (vagones) | drag-chain | draw-chain | coupling chain.
cadena de enrayar | skid.
cadena de enrayar (coches) | lock chain.
cadena de esclusas | chain of locks.
cadena de eslabón corto | close-link chain.
cadena de eslabones abiertos | open link chain.
cadena de eslabones articulados | flat link-chain.
cadena de eslabones cortos | short-link chain.
cadena de eslabones largos | long link chain.
cadena de eslabones macizos | block chain.
cadena de eslabones redondos | round-link chain.
cadena de eslabones sin contrete | unstudded chain.
cadena de eslabones soldados | welded chain.
cadena de estaciones de radar para detección de aviones de vuelo bajo | chain home low.
cadena de estaciones litorales de radar | chain home beamed.
cadena de estaciones radiotelefónicas | radio link.
cadena de fabricación (fabricación en serie) | line.
cadena de fisión | fission chain.
cadena de ganchos | hook link chain.
cadena de gorrones | pintle chain.
cadena de guardín (buques) | wheel chain.
cadena de los chapones (cardas) | flat chain.
cadena de los imbornales | limber clearer.
cadena de maderos para cerrar el puerto | port-bar.
cadena de mallas estrechas | short linked chain.
cadena de mando | channel for orders.
cadena de maniobra (aparejos) | hand chain.
cadena de Markov de tiempo continuo | time-continous Markov chain.
cadena de Markov de tiempo discreto | time-discrete Markov chain.
cadena de medir con 100 eslabones de 1 pie cada uno | engineers' chain.
cadena de mensajes (radio) | string.
cadena de montaje | assembly line | production line.
cadena de montaje (fabricación en serie) | line.
cadena de montaje accionada hidráulicamente (talleres) | hydrostatic assembly line.
cadena de montaje accionada hidrostáticamente (montaje en serie) | hydrostatically-operated assembly flow-line.
cadena de montaje de contactores (electricidad) | contactor assembly line.
cadena de montañas | mountain chain | mountain range | range.
cadena de mordazas | clip chain.
cadena de multiplicación nuclear | nuclear multiplication chain.
cadena de pasadores | pintle chain | pin chain.
cadena de peines (tejeduría) | gill chain.
cadena de pinzas | clip chain.
cadena de plomero | plumber's chain.
cadena de polímero (química) | polymer chain.
cadena de polímeros ligados | linked polymer chain.
cadena de producción | production line.
cadena de producción (fabricación en serie) | line.
cadena de producción en serie (fabricación en serie) | production line.
cadena de rafadora para carbón | coal cutter chain.
cadena de resonadores de cavidad | cavity chain.
cadena de retenida | keep chain | check chain | backstay.
cadena de rodillos | block chain.
cadena de rodillos con tacos de caucho | rubber-shod roller chain.
cadena de rodillos de un solo ramal | single strand roller chain.
cadena de rolas (Iberoamérica) | boom.
cadena de rollos | boom.
cadena de rosario (mecánica) | bead chain.
cadena de seguridad | guard chain.
cadena de seguridad (jaula minas) | bridle-chain.
cadena de sujetar la carga | lashing chain.
cadena de suspensión | sling-chain | sling.
cadena de tiendas | chain store.
cadena de tiro | drag-chain.
cadena de tiro (carruajes) | draw-chain.
cadena de tracción | drag-chain | pull chain | haulage chain.
cadena de transferencia de electrones | electron transfer chain.
cadena de transmisión | pull chain | driving chain | power chain.
cadena de troncos | log boom.
cadena de zapatas de caucho | rubber-shod chain.
cadena del ancla | anchor chain.
cadena del atacador (cañón) | ramming chain.
cadena del elevador | elevator chain.
cadena del mecanismo de cambio de cajas | box motion chain.
cadena dentada | chain cutter.
cadena doble (de reloj) | dress Albert.
cadena doble barbada | French curb chain | double curb chain.
cadena eléctrica | electrical chain.
cadena electrosoldada | electrically-welded chain.
cadena elevadora | elevating chain.
cadena enchapada | gold-filled chain.
cadena engrilletada | shackled chain.
cadena enroscatubos (sondeos) | spinning chain.
cadena esqueleto (procesos estocásticos) | skeleton chain.
cadena estampada en caliente | drop-forged chain cable.
cadena evolutiva | evolutive chain.
cadena fabricada a mano | hand-wrought chain.
cadena flotante (parte de la cadena de fondeo que no toca en el fondo) | riding cable.
cadena Galle | sprocket chain | pintle chain | chain sprocket | pitch chain | plate chain.
cadena Galle de husos | stud chain.
cadena genérica | generic chain.
cadena hidrocarbonada | hydrocarbon chain.
cadena horizontal (muros) | bande.
cadena impulsora | driving chain.
cadena lateral (química) | side chain.
cadena lineal desordenada | disordered linear chain.
cadena lubricada herméticamente (tractores) | sealed-lubricated track.
cadena lubricadora | oiling chain.
cadena mortajadora | mortise gear.
cadena o amarra que pasa por los escobenes para unirse a un muerto (anclaje buques) | mooring bridle.
cadena o cable para sujetar la carga | tie-down.
cadena ordinaria de eslabones | link chain.
cadena para apilar troncos | decking chain.
cadena para barreras | barrier chain.
cadena para circular en la nieve (autos) | tire chains.
cadena para contrapeso (ventana guillotina) | sash chain.
cadena para el dibujo (telares) | pattern chain.
cadena para elevar pesos | lifting chain.
cadena para empleo sobre nieve (tractores) | winter track.
cadena para enrayar (ruedas) | wheel chain.
cadena para enrayar (ruedas carros) | drag-chain.
cadena para freno (narria) | runner chain.
cadena para gobernar | steering chain.
cadena para grúa | crane chain.
cadena para guardines (buques) | steering chain.
cadena para la jarcia de labor (buques) | pudding chain.
cadena para montaje del chasis | chassis assembly line.
cadena para nieve (ruedas de autos) | skid chain.
cadena para telégrafos de buques | ships' telegraph chain.
cadena para troncos | bull chain.
cadena polipeptídica | polypeptide chain.
cadena portacuchillas (rafadoras) | cutter chain.
cadena principal de la distribución (válvulas motores) | main timing chain.
cadena propia | chain home.
cadena propulsora | propelling chain.
cadena protón-protón | proton-proton chain.
cadena pulimentada | bright chain.
cadena que aguanta (buque anclado) | riding cable.
cadena que se arrastra por el fondo para facilitar la navegación (barcazas remolcadas) | skag.
cadena que trabaja (buque anclado) | riding cable.
cadena radiactiva | radioactive chain.
cadena radioactiva (nucleónica) | decay chain.
cadena ramificada (química) | branched chain.
cadena regional (estaciones radio) | leg.
cadena rota (cristalografía) | flight chain.
cadena sin fin | creeper chain | endless chain.
cadena sin fin (para transmitir el movimiento) | gypsy chain.
cadena sin fin de patines (tractores) | pedrail chain.
cadena televisiva | television chain.
cadena transmisora de potencia | power transmitting chain.
cadena transportadora | link chain | jack chain | creeper chain.
cadena transportadora (de troncos) | jacker chain.
cadena transportadora para aserraderos | mill chain.
cadena vacía | null string.
cadena Vaucanson | ladder-chain | band chain.
cadenacia | rate.
cadenada (topografía) | chaining | chain | chainage.
cadena-hélice | chain helix.
cadenas claras (buque fondeado) | open hawse.

cadenas claras (buque fondeado con dos anclas) | clear hawse.
cadenas con vueltas (anclas buques) | foul hawse.
cadenas de amarre con anillos (México, Paraguay) | four paws.
cadenas de Markov | Markov chains.
cadenas de Markov denumerables | denumerable Markow chains.
cadenas de Markov recurrentes | recurrent Markov chains.
cadenas de retenida (botadura buques) | launching drags.
cadenas de retenida (botadura de buques) | drag chains.
cadenas laterales para el transporte de rollizos sobre narrias | corner binds.
cadencia | run | clock rate | clock frequency | recurrence frequency | repetition frequency | rhythm | cycle rate | number | measure | rate | pulse | timing.
cadencia (final de melodía - música) | close.
cadencia (música) | cadence.
cadencia (TV) | timing.
cadencia de aterrizaje de 20 aviones por hora (aeropuertos) | landing rate of 20 aircraft per hour.
cadencia de construcción | costruction rate.
cadencia de impulsos | pulse recurrence frequency | pulse repetition rate | pulse rate.
cadencia de impulsos de hasta 5 impulsos/segundo (laser) | pulse rate up to 5 pulses/sec.
cadencia de muestreo | sampling rate.
cadencia de penetración | penetration rate.
cadencia de producción | rate of output.
cadencia de puesta de huevos (gallinas) | laying pattern.
cadencia de régimen de fuego de 12 disparos por minuto | nominal rate of fire of 12 rounds per minute.
cadencia de tiro | firing rate.
cadencia de tiro (artillería) | rate of fire.
cadencia de toma de fotografías | frame rate.
cadencia de toma de vistas | taking rate.
cadencia de trabajo | operation tempo | working rate.
cadencia de transmisión | bit rate.
cadencia de 170 disparos por minuto | cyclic rate of 170 rounds por minute.
cadencia de 3 o más microsismos por segundo | rate of 3 or more microseism a second.
cadencia del tiro | timing | fire rate.
cadencia horaria | hourly rate.
cadencia máxima sostenida de 1 | sustained maximun output of 12 R. P. M. per gun.
cadencia normal de tiro | usable rate of fire.
cadencia teórica (artillería) | cyclic rate.
cadenear (topografía) | chain (to).
cadeneo (ingeniería) | chaining.
cadenero (portacadenas - topografía) | chainman.
cadenero (topografía) | chainer.
cadenero de atrás (segundo operador - medición con la cadena) | follower.
cadenero que sujeta al principio de la cadena o cinta de medir (topografía) | leader.
cadeneta | stud chain.
cadeneta de pelo (telas) | pile-warp.
cadenilla | chainlet.
cadenilla de barbada | bridle curb.
cadenilla de barbada (caballos) | curb chain.
cadenilla de eslabones de alambres | jack chain.
cadenillo con uña | dog | grab.
cadenillos | four paws.
cadenote (buques) | chain plate.
cadera | haunch | hip | hip.
cadete (de ejército, marina, aviación) | cadet.
cadete de aviación | flying cadet.
cadete de aviación que estudia para piloto | pilot cadet.
cadete de marina | naval cadet.
cadetes de aviación | aviation midshipmen.
cadillo (lana) | shives | burr.
cadillos (telares) | warp thrums.
cadillos (telas) | fag-end.
cadmiado | cadmium plating.
cadmiado reforzado | fortified cadmium plating.
cadmiar | cadmium-plate (to).
cadmífero | cadmiferous.
cadmio | cadmium.
cadmio sulfurado | cadmium-blende.
cadotecnia agrícola | agricultural marketing.
caducable | lapsable.
caducado | outlawed | null | out of date.
caducado (cheque, descuento) | lapsed.
caducado (cheques) | stale.
caducar | lapse (to) | cancel (to).
caducar (comercio) | lie over (to).
caducar (patentes) | forfeit (to).
caducar (plazos) | fall in (to).
caducar (plazos, letras, etc.) | expire (to).
caducidad | lapsation | voidance | obsolescence | transitoriness | fugacity | caducity.
caducidad (de un derecho) | lapse.
caducidad (de un plazo) | running out.
caducidad (derechos) | devolution.
caducidad (legados) | lapsing.
caducidad (seguros) | forfeiture.
caducidad de la fianza | forfeiture of a bond.
caducidad de la instancia | nonsuit.
caducidad del contrato | contract expiration | forfeiture of contract.
caducidad del seguro | lapse of the insurance.
caduco (jurisprudencia) | lapsed.
cae fuera de los límites del papel (dibujo) | it falls off the paper.
caedizo (botánica) | pendulous.
caedura del telar | loom waste.
caer | go down (to) | drop (to) | fall (to) | tumble (to).
caer (el viento) | die away (to) | abate (to).
caer (la mar o el viento) | lull (to).
caer (morir - el día) | decline (to).
caer (semillas) | shell (to).
caer a barlovento | drop to leeward (to).
caer a cero (aparato medida) | drop to zero (to).
caer a sotavento (buques) | sag (to) | fall off (to).
caer a tierra (globos) | ground (to).
caer bajo el peso de la ley | come under the law (to).
caer dando vueltas | tumble (to).
caer de cabeza | pitch (to).
caer dentro | fall in (to).
caer el viento | kill the wind (to) | becalm (to).
caer en algún defecto o error | lapse (to).
caer en alud | avalanche (to).
caer en barrena (aviación) | spin (to).
caer en cascada | cascade (to).
caer en copos | flake (to).
caer en desuso | antiquate (to) | lapse (to).
caer en la decadencia | decline (to).
caer en una emboscada | be ambushed (to).
caer gota a gota | distil (to).
caer lacio | lop (to).
caer para atrás (buques) | drop astern (to).
caer por banda (marina) | fall by the board (to).
caer por la popa (buques) | drop astern (to).
caer sobre babor (buques) | port (to).
caer tres cuartas a una banda (buques) | break-off three points (to).
caerilla (atizador de fragua) | adjoint piece.
caerse | fall (to).
caerse (del caballo o bicicleta) | come to grief (to).
caerse (las hojas, el enlucido, etc.) | shed (to).
caerse a la cuneta (autos) | ditch (to).
caerse a pedazos | come to pieces (to).
caerse al mar | go by the board (to).
caerse de un lado (puertas) | sag (to).
caerse estrepitosamente | crash (to).
caesar | caesar.
café | coffee.
café (argot marina) | Joe.
cafe de paredes acristaladas (buques) | veranda-café.
café en polvo soluble | soluble coffee.
café instantáneo | soluble coffee.
cafetera eléctrica | electric percolator.
cafetería automática | coin-operated cafeteria.
cafetería de la tripulación | crew's cafeteria.
cafetería del buque | ship cafeteria.
cafetería en la cubierta de deportes | sun deck verandah cafe.
cafetería en terraza (buques) | terrace café.
cafeto | coffee tree.
cafre | kafir.
cagafierro | clinker.
cagarruta de roedores | rodent pellet.
caída | roll-off | slump | falling off | fall | decline | fall-down | falling | drop away | drop | withdrawal | breakdown.
caída (de la tela) | drapability.
caída (de presión o voltaje) | drop.
caída (de telas) | drape.
caída (de una puerta) | sagging.
caída (de una vela) | drop.
caída (del viento, de la mar) | lulling.
caída (descenso - temperatura) | descent.
caída (objetos) | dropping.
caída (palos buques) | rake.
caída (velas) | hoist.
caída anódica | anode fall.
caída bruta (hidráulica) | bulk head.
caída catódica anómala | anomalous cathodic fall.
caída catódica de voltaje | cathode drop.
caída de actividad | activity dip.
caída de agua | waterfall.
caída de arco | arc drop.
caída de cátodo | cathode drop.
caída de la bomba o bombas | bombfall.
caída de la jaula de extracción (minas) | run.
caída de la jaula en el pozo (minas) | run of cage in the shaft.
caída de la libra | collapse of the pound.
caída de la roca de las paredes (minas) | spalling.
caída de las inversiones | drop in investments.
caída de los párpados | droop.
caída de lluvia | rainfall.
caída de materia activa (acumuladores) | scaling.
caída de nieve | snowfall.
caída de pesos (prospección geofísica) | thumping.
caída de potencial entre el ánodo y el cátodo (cuba para electroplastia) | tank voltage.
caída de precios | drop of prices | break in prices | slump in prices | collapse of prices.
caída de presión | pressure drop | pressure declination | drop of pressure.
caída de presión lenta | nonsurge pressure drop.
caída de prueba | test drop.
caída de ramas por el viento (árboles) | windfall.
caída de temperatura | temperature drop.
caída de temperatura variable | varying temperature drop.
caída de tensión | power fail.
caída de tensión (circuito eléctrico) | voltage dip.
caída de tensión admisible | permissible voltage drop.
caída de tensión anódica | anode voltage drop.
caída de tensión catódica | cathode potential fall.
caída de tensión de cátodo | cathode drop.
caída de tensión de ignitor | ignitor voltage drop.
caída de tensión de línea | line drop.
caída de tensión directa | forward-voltage drop.
caída de tensión en la línea (electricidad) | line dropping.
caída de tensión en una línea | drop line.
caída de tensión máxima admisible | maximum

permissible voltage drop.
caída de un eje (alineación de ejes de máquinas) | alignment.
caída de una moneda | collapse of a currency.
caída de una obstrucción (alto horno) | slip.
caída de voltaje | drooping | drop of pressure | loss of pressure | potential drop | IR drop.
caída de voltaje (electricidad) | pressure loss | pressure drop.
caída de voltaje admisible | permissible voltage drop.
caída de voltaje de impedancia | impedance drop.
caída de voltaje de la reactancia | quadrature component.
caída de voltaje en el ánodo | anode drop.
caída de voltaje en el electrodo | electrode drop.
caída de voltaje en la lámpara (radio) | valve drop.
caída de voltaje en la línea | line drop.
caída de voltaje en la línea (ferrocarril eléctrico) | rail drop.
caída de voltaje inductiva en el inducido | armature inductive drop.
caída de voltaje normal | rated voltage drop.
caída de voltaje por resistencias | resistance drop.
caída del cigüeñal (desgaste desigual de chumaceras) | alignment of the crankshaft.
caída del eje (motores) | drop of the journal.
caída del extremo de la pala (hélice marina) | rake at blade tip.
caída del hielo | ice fall.
caída del rendimiento | efficiency fall.
caída del rotor | rotor alignment.
caída dirigida | gun.
caída disponible | available head.
caída efectiva | effective head.
caída inductiva del voltaje | inductive drop | inductive voltage drop.
caída íntegra (saltos agua) | total head.
caída isentrópica en la entalpía | isentropic drop in enthalpy.
caída libre | free fall.
caída libre antes de abrirse (paracaídas) | free fall.
caída máxima de potencia | maximum fall of e. m. f..
caída neta (turbina hidráulica) | net head.
caída óhmica | ohmic drop.
caída óhmica de la escobilla | ohmic brush drop.
caída óhmica en el inducido | armature ohmic drop.
caída orientada (Argentina) | gun.
caída popel (velas) | after leech.
caída por arrastre (apeo de árboles) | timber driving.
caída por filas (Bolivia-apeo de árboles) | timber driving.
caída por impedancia de dispersión | leakage-impedance drop.
caída por reactancia de dispersión | leakage-reactance drop.
caída por resistencia por unidad | per unit resistance drop.
caída rápida | sharp drop.
caída térmica | heat-drop.
caída térmica adiabática | adiabatic heat drop.
caída térmica isentrópica | isentropic heat drop.
caída total (saltos agua) | total head | gross head.
caída útil | working head | effective head.
caída útil (hidráulica) | operating head.
caída útil (saltos agua) | productive head.
caída variable | variable head.
caída vertical | vertical drop.
caída vertical de precios (Bolsa) | run.
caída vertical de un objeto desde una altura que no produce avería al objeto | safe vertical drop.
caída vertical debida a la gravedad | gravity drop.
caída violenta | heavy fall.
caídas (velas) | leech.
caído de cola (dirigibles) | tail droop.
caído en desuso | lapsed.
caimán | alligator.
caimbé (curatella americana L.) | aderno.
cainita | kainite.
cairel (bote de madera) | wearing.
cairel (botes) | rising.
cairel (buques) | rail.
cairel de amurada (buques) | main rail.
cairel de antepecho del puente (buques) | bridge rail.
cairel de bovedilla (buques) | knuckle.
cairel de frontón (buques) | breast rail | front rail.
cairel de hierro (buque) | iron rail.
cairel de regala | rough tree rail.
cairel de regala (buques) | main rail.
caja | bay | housing | bevel shoulder | cash | box | vault.
caja (ascensor) | shaft.
caja (bastidor - coche ferrocarril) | frame.
caja (bocartes) | shoe.
caja (carpintería) | sinkage.
caja (carreteras) | ballast-bed.
caja (carruajes y vagones) | body.
caja (cementación, recocido) | pot.
caja (comercio) | cash.
caja (de agua, etc.) | tank.
caja (de carretilla) | tray.
caja (de cuadernal) | arse.
caja (de escalera) | well.
caja (de fusil, de cepillo carpintería) | stock.
caja (de un aparato) | enclosure.
caja (dimensión de página sin contar los márgenes) | appearing.
caja (embalaje de madera) | crate.
caja (empalmes) | let-in.
caja (espera - carpintería) | gain.
caja (instrumento de música) | belly.
caja (laminador) | bearer.
caja (laminadores) | stand.
caja (motores) | housing.
caja (poleas) | shell.
caja (sitio donde se paga) | pay-desk | pay-box.
caja (tiendas) | counter.
caja (tipografía, relojes) | case.
caja acabadora (laminadores) | finishing stand.
caja acabadora reversible (laminador) | reversing finishing stand.
caja acodada de empalmes | bend connector.
caja acústica | sound box.
caja alta (fundición) | top box.
caja alta (tipografía) | upper case.
caja archivadora | dossier.
caja armónica (piano) | soundboard.
caja ascendente (telar) | drop-box.
caja baja (tipografía) | lower case.
caja basculante (camiones) | dumping-body | dump body.
caja bifurcada | Y-box.
caja bifurcada (canalización) | Y box.
caja blindada | cask.
caja ciega (imprenta) | blank case.
caja compresora (batán enfurtidor) | trap.
caja compresora (batanadora) | crimping box.
caja con | fox box.
caja con arena (para incendios) | sandbox.
caja con cajetines (imprenta) | blank case.
caja con cerradura | lock case | lock casing.
caja con fusibles | fused box.
caja con la tapa de cuatro faldillas abatibles | four-flap case.
caja con llave | lock box.
caja con mercancía embalada en tongadas | tray-packed box.
caja con mirilla | look box.
caja con paredes de persiana | louvred-box.
caja con tapa de vidrio | glass-fronted case.
caja chica | imprest cash.
caja de acceso | pull box.
caja de acumulador | battery tray.
caja de acumuladores (ferrocarril) | battery chute.
caja de ahorros | savings bank | trustee savings bank | stock savings bank.
caja de aire (bote salvavidas) | air tank.
caja de aire (botes) | boat tank | buoyancy tank.
caja de aire (botes salvavidas) | aircase.
caja de alimentación | feedbox.
caja de arena con resina sintética (moldería) | dump box.
caja de armón | ammunition box.
caja de ascensor | hoistway | lift-well.
caja de atenuación | attenuation box.
caja de avances (máquinas herramientas) | feedbox.
caja de banjo (eje trasero de autos) | banjo housing.
caja de báscula | scale box.
caja de bengalas | flare kit.
caja de bifurcación (electricidad) | branch box.
caja de bolas (cojinetes) | retainer.
caja de bornas | terminal box.
caja de bornas (electricidad) | terminal chamber.
caja de cabeza (compuertas) | head box.
caja de cables (electricidad) | terminal box.
caja de cadenas (buques) | chain locker | cable locker | cable tier.
caja de calandria | calender box.
caja de cambio automática (autos) | automatic gearbox.
caja de cambio de cuatro velocidades | four-speed gearbox.
caja de cambio de cuatro velocidades de engranajes preselectivos | four-speed preselective epicyclic gearbox.
caja de cambios (autos) | transmission casing.
caja de cambios de mando hidráulico de toma constante | constant-mesh hydraulically controlled gearbox .
caja de cambios neumocíclica (camiones) | pneumocyclic gearbox.
caja de caras paralelas | box parallel.
caja de carga | elevator boot.
caja de carruaje | buck.
caja de cartón | cardboard carton | paperboard box | carton.
caja de cartón con exceso de peso | overweight carton.
caja de cartón con parte transparente | window-type carton.
caja de cartón desmontable | knock-down carton.
caja de cartón no desmontable | setup box.
caja de cartón plegable | folding carton.
caja de cartón rellena por cinta transportadora | conveyor-fed carton.
caja de cartón semirrígida | collapsible set-up box.
caja de cartuchos | cartridge container.
caja de caudales | safe | money safe.
caja de cebos | cap box.
caja de cementación | sagger | cementing trough | cementing chest | cementation box.
caja de cementación (aceros) | annealing box.
caja de cementación (horno de cementación) | converting pot.
caja de cementación (metalurgia) | saggar.
caja de cementar | casehardening pot.
caja de cerillas | matchbox.
caja de cierre (colector calderas) | header cap.
caja de cimentación para puentes | bridge foundation cylinders.
caja de coche | carriage body.
caja de cola de milano | female dovetail.
caja de compensación | equalization fund.
caja de concentrados (metalurgia) | concentrates-box.
caja de conexión (electricidad) | jack box.
caja de conexiones | junction-box | junction unit.
caja de conexiones (electricidad) | bifurcating box.
caja de conexiones entre cajetín y controlador | connection-switch box to trunking.

caja de contactos del retroceso | recoiling box.
caja de control del teletipo | stunt box.
caja de crédito minero | mining loan bank.
caja de criba hidráulica (minería) | jig tank.
caja de cribado | screening box.
caja de cuero | leather case.
caja de charnela (moldeo) | snap flask.
caja de décadas (electricidad) | decade box.
caja de décadas de resistencias (electricidad) | decade resistance box.
caja de derivación | tap box | derivation box | transfer box | junction-box | conduit box | distributing box | diverting box | dividing box.
caja de derivación (cables) | flush box.
caja de derivación (electricidad) | pull box | tapping box.
caja de derivación de salida simple (electricidad) | one-gang outlet box.
caja de derivación de tres salidas | three-gang outlet box.
caja de derivación en T | tee-conduit box.
caja de derivación fusibleada (caja empalme cables) | fused tee-box.
caja de derrame | overflow box.
caja de descarga | delivery box.
caja de desecación | drying box.
caja de diferencial (autos) | differential gear box.
caja de dilatación | expansion box.
caja de dinero | money-box.
caja de dirección | gun bracket.
caja de distribución | valve box | splitter box | splitter switch | conduit box | distribution box.
caja de distribución (caja de empalmes - cables) | connecting box.
caja de distribución (electricidad).
caja de distribución de sentina | bilge distribution box.
caja de distribución de válvulas de sentina | bilge valve distribution chest.
caja de distribución del cable alimentador | feeder box.
caja de doble salida (telefonía) | two gang outlet box.
caja de ecos | echo box.
caja de eje | chair.
caja de embalaje | packer.
caja de embalar | packing box | packing case.
caja de embrague | clutch casing.
caja de empalme | conduit box.
caja de empalme (electricidad) | terminal chamber.
caja de empalme (electrotecnia) | joint box | cable box.
caja de empalme de cables (electricidad) | cable box.
caja de empalme de entrada | input junction box.
caja de empalme mural | wall socket.
caja de empalme para cable trifásico | trifurcating box.
caja de empalmes | junction unit | junction-box.
caja de empalmes (cables) | splec box.
caja de empalmes del registrador | recorder junction box.
caja de empalmes para cables | cable junction box.
caja de encima (fundición) | top box.
caja de enchufe tripolar | three-pole socket.
caja de engranaje | wheelcase.
caja de engranaje de reducción de tornillo sin fin | spiral reduction gearbox.
caja de engranaje de reducción inversa de relación 2:1 | reverse reduction gear box of 2:1 ratio.
caja de engranaje preselector | preselector gearbox.
caja de engranajes | gear case | gearbox.
caja de engranajes de avance (máquinas herramientas) | feedbox.
caja de engranajes de cambio rápido (tornos) | quick-change gearbox.
caja de engranajes de cambios múltiples | multichange gearbox.
caja de engranajes de distribución | camshaft casing.
caja de engranajes del servomotor | servomotor gearbox.
caja de engrane de accionamiento del mezclador | receiver drive gear box.
caja de engranes de avances | feed gearbox.
caja de engranes reductora-inversora | reduction-and-reverse gearbox.
caja de engranjes | gear box.
caja de engrase (ejes) | oil box | oil axle.
caja de engrase en dos partes | split axle box | divided axle box.
caja de engrase interior (vagones) | inside journal box | inside axle box.
caja de equilibrio | balance box.
caja de escalera | stairway | stair well | staircase.
caja de escalera de salvamento (edificios) | fire tower.
caja de escalera de varios tramos rectos | straight multiflight staircase.
caja de estiraje | draw box.
caja de expansión | expansion tank.
caja de fangos | mud bucket | sand trap | dirt box.
caja de fangos (calderas) | mud-box.
caja de fangos (contadores de agua) | fish-trap.
caja de fuegos | fire chest.
caja de fuegos (calderas) | combustion chamber.
caja de fuegos (locomotoras) | firebox | outer fire box.
caja de fuegos con la parte alta redondeada (calderas) | round-top firebox.
caja de fuegos de cobre (calderas) | copper firebox.
caja de fusibles | fuse box.
caja de fusibles desmontables | detachable fused box.
caja de fusil | gunstock.
caja de grasa (ejes) | oil axle.
caja de grasa (locomotora) | pedestal box.
caja de grasa del eje motor | driving-axle box.
caja de grasa recalentada (vagones) | hotbox.
caja de grasas | grease box.
caja de grasas (eje vagones) | journal box.
caja de grasas (ejes) | oil box.
caja de grasas (vagones) | axlebox | housing box.
caja de herramientas | toolbox.
caja de hojala estañosoldada | soldered tinplate case.
caja de humos (calderas) | smokebox.
caja de humos (locomotora) | front end.
caja de humos (locomotoras) | smoke arch | arch.
caja de impurezas | dirt box | dirt shell.
caja de ingletes | miter block.
caja de inspección | inspection box.
caja de interruptur | cutout box.
caja de jubilación | superannuity fund.
caja de jubilaciones | retirement fund | pension fund.
caja de la bomba | pump-case.
caja de la cremallera | rack housing.
caja de la mazarota (lingoteras) | hot top.
caja de la válvula | valve chest | valve box.
caja de la válvula de admisión | admission-valve box.
caja de la válvula de aire | air valve box.
caja de la válvula de inyección | injection valve box.
caja de la válvula de inyección de sentina | bilge injection valve box.
caja de laminador | roll stand.
caja de lanzadera (telar) | shuttle box.
caja de lanzamiento cohete | rocket motor jettison.
caja de lastre | pallet.
caja de linguetes | pawl box.
caja de listones | lattice box.
caja de los piñones | pinion-housing.
caja de llamada radiotelefónica | radio call box.
caja de machos (fundición) | core box.
caja de machos de dos partes (moldería) | split core-box.
caja de madera clavada | nailed wooden box.
caja de madera con flejes de hierro | iron-strapped wooden box.
caja de madera para almacenar testigos (sondeos) | wooden coure box.
caja de madera para transporte de explosivos y cebos eléctricos | carton.
caja de mando del carro (tornos) | apron.
caja de maniobra de las agujas (ferrocarril) | switchbox.
caja de maniobra de las agujas (ferrocarriles) | lever box.
caja de manipulación con guantes | glove-box.
caja de mayúsculas y minúsculas | capital and lower case.
caja de medicamentos | medicine chest.
caja de moldear | flask.
caja de moldeo | molding box | mold flask | bottle | moulding flask | casting box | box mold.
caja de moldeo (funderías) | foundry flask.
caja de montura | draw box.
caja de muestras | core box.
caja de municiones | ammunition chest.
caja de pagos (tiendas) | desk.
caja de paredes de cristal (para cubrir plantas jóvenes) | cold frame.
caja de paredes embisagradas (moldeo) | snap flask.
caja de paso (electricidad) | pull box.
caja de percusión | firing case.
caja de píldoras | pillbox.
caja de polvo | dust trunk.
caja de prensaestopas con collarín | flanged stuffing box.
caja de préstamos | loan bank.
caja de previsión | provided fund.
caja de protección | protection box.
caja de pulsadores | push-button box.
caja de puros con un humidificador | humidor.
caja de recluta | recruiting depot.
caja de reclutamiento | reception center.
caja de recocido | annealing box.
caja de recocido (fundición maleable) | jagger.
caja de regulación | equalization fund.
caja de reloj con cristal sólo en la mitad de la tapa | demi-hunter.
caja de reostatos | rheostat box.
caja de reposo | steep box.
caja de resguardo | screening box.
caja de resistencia en forma de puente de Wheastone (electricidad) | box bridge.
caja de resistencias (electricidad) | box of coils | resistance box.
caja de resistencias con cursor | slide box.
caja de resistencias de compensación | compensating resistance box.
caja de resistencias de gran disipación de calor | high dissipation resistance box.
caja de resistencias en derivación | shunt box.
caja de resonancia | resonance box | sound box.
caja de rótula | ball socket housing.
caja de salida | delivery box | outlet box.
caja de satélites | spider.
caja de secado de machos | sagger.
caja de secado de machos (moldería) | saggar.
caja de seccionamiento | sectionalizing box.
caja de seguridad (banco) | safe deposit box.
caja de seguridad (Bancos) | safe.
caja de seguridad (laminador) | breaking piece.
caja de seguridad (laminadores) | breaker.
caja de sonda (sondeos) | pole-box.
caja de soplado del arco | arc chute.
caja de subsidio familiar | family allowance fund.
caja de tendido de cables dentro de tubos | draw-in box.
caja de terminales (electricidad) | terminal chamber.
caja de tipos (imprenta) | case.
caja de tipos (tipografía) | letter-case.

caja de tipos inservibles (imprenta) | hellbox.
caja de toberas (turbinas) | nozzle box.
caja de toma (para depósito enterrado) | fill box.
caja de transmisión trasera | tail rotor gearbox | rear transmission box.
caja de trituración | pounding trough.
caja de turbina | turbine casing.
caja de unión | joint box.
caja de urgencia (cañón naval) | ready service locker.
caja de urgencia para cartuchos (artillería naval) | cartridge ready use locker.
caja de urgencia para proyectiles (buques de guerra) | projectile ready-use locker.
caja de válvula | curb box.
caja de válvula de gran potencia | envelope.
caja de válvulas | clack box | valve chest | valve box.
caja de válvulas (buques) | distribution box | manifold.
caja de velocidades | gearbox.
caja de velocidades epicicloidal preselectiva | preselective epicyclic gearbox.
caja de ventilación (minas) | air box.
caja de viento | blast tank.
caja de viento (hornos) | air box.
caja de viento (máquina soplante) | blast box.
caja de visita | inspection box.
caja del ascensor | lift frame.
caja del cambio (auto) | gearbox.
caja del camino | roadbed.
caja del cepillo (carpintería) | plane stock.
caja del cilindro (laminadores) | roll-housing.
caja del combinador (electricidad) | controller case.
caja del criadero (filones) | country rock.
caja del diferencial (autos) | differential housing.
caja del difusor | diffuser casing.
caja del dispositivo de regulación del avance de la inyección | injection timing housing.
caja del distribuidor | slide box | valve liner.
caja del distribuidor (máquina vapor) | valve casing.
caja del distribuidor cilíndrico | piston valve chest.
caja del eje | axle bearing | axle housing.
caja del eje motor (locomotoras) | driving box.
caja del engranaje | gear housing | gearcase.
caja del firme (carreteras) | roadbed.
caja del instrumento | instrument case.
caja del interruptor (electricidad) | switchbox.
caja del mecanismo de puntería en elevación | elevating mechanism housing.
caja del molde | mold box.
caja del muelle (asiento inferior) | spring socket.
caja del prensaestopas del cilindro | cylinder stuffing box.
caja del puente trasero (autos) | axle housing.
caja del receptor | receiver shell.
caja del refrigerador doméstico sin la puerta | wrapper.
caja del regulador (locomotora vapor) | throttle chamber.
caja del templazo | temple cap.
caja del transformador | transformer case.
caja del ventilador | fan housing | fan casing.
caja del viento (alto horno) | windbox.
caja del volante | flywheel housing.
caja derivadora | delivery box.
caja desbastadora (laminador) | roughing stand.
caja desbastadora (tren de laminación) | bolting down rolls.
caja desbastadora reversible dúo | two-high reversing roughing stand.
caja desmontable | built-up box | loose box.
caja distribuidora | cradle.
caja donde se crían las plantitas (viveros) | plant box.
caja egipcia (filtro) | communications box.
caja enflejada | iron-hooped case.
caja ensamblada | madeup box.
caja espiral (turbina hidráulica) | scroll case.
caja estanca al agua (relojes) | water-resistant cage.
caja estanca al polvo | dust-tight.
caja estanca de clinómetro | clinometer shell.
caja foto-eléctrica | photocell box.
caja fuerte | strong box | iron safe | safe.
caja fuerte (bancos) | bank vault.
caja fuerte a prueba de soplete | fire-resisting safe.
caja fuerte para guardar dinero | money chest.
caja guiada (minas) | skep | skip.
caja hermética flotable | floatable air-tight case.
caja hermética que no pierde | pressure-tight weather-proof case.
caja individual (laminadores) | single mill.
caja inferior (caja de moldeo) | nowel.
caja inferior (moldes) | foundation plate.
caja inferior de descarga (compuerta) | drop-box.
caja inferior de moldeo | lower box.
caja intermedia | middle box.
caja intermedia (laminadores) | strand rolls.
caja menor | petty cash.
caja móvil | drop-box.
caja mutua de ahorros | mutual savings bank.
caja negra | black box.
caja nocturna (banco) | night depositary.
caja para asiento del carril (traviesas) | rail seat.
caja para bobina Pupin (cables) | loading-coil pot.
caja para botellas | bottle case.
caja para carga de chatarra (hornos) | scrap charging box.
caja para cementar | carburizing container.
caja para el tendido de cables dentro de tubos | draw box.
caja para embalar huevos | egg-crate box.
caja para filetes de latón | brass rule case.
caja para fundir | mold flask.
caja para impurezas | dust box.
caja para impurezas (abridoras) | drop-box.
caja para isótopos de rayos gamma | G. R. isotope container.
caja para las piedras (bomba de draga de succión) | stone box.
caja para letras mayúsculas (tipografía) | upper case.
caja para letras minúsculas (tipografía) | lower case.
caja para llevar la escopeta | gun-case.
caja para mapas | map holder.
caja para pagos menores | petty cash.
caja para tubos (fundería) | pipe-box.
caja patronal de fondos de huelga | layoff fund.
caja plegable | foldable box.
caja plegable de cartón | carton.
caja portabobinas | bobbin box.
caja portacuchilla | box tool.
caja portaherramientas | tote pan.
caja postal de ahorros | post-office savings bank | post-office savings-bank.
caja prensaestopas (tendidos cables eléctricos en buques) | sealing box.
caja principal | main box.
caja protectora de paredes gruesas de plomo (transporte de material radiactivo) | casket.
caja protectora de plomo para transporte de material radiactivo | coffin.
caja radial (locomotoras) | radial truck.
caja recaudadora (aparatos) | coin-box.
caja reforzada con flejes de hierro | iron-hooped case.
caja refrigerante (toberas) | jumbo.
caja registradora (de pagos) | cash register.
caja registradora de cobros | cash till machine.
caja retornable (envases) | returnable box.
caja rural | country bank | bank for cooperatives | farmers' loan bank | land bank.
caja sacatestigos (sondeos) | core box.
caja saltante (cambio de trama) | skip box.
caja selectora de engranajes (autos) | gear selector box.
caja separadora | drop-box.
caja soldada del estátor (alternador) | fabricated stator shell.
caja sólida de madera | solid wooden case.
caja sometida a presión interna | internally pressurized box.
caja sonora | sound box.
caja y tornillo para varillas de sondeo | pole pin and box.
caja-chasis del montaje | box frame of mounting.
caja-dique (encajonado) | cofferdam.
caja-estuche (de libro) | slipcase.
caja-guía de tope cerrada | closed buffer casing.
caja-guía del tope | buffer shell.
caja-molde (estereotipia) | casting box.
cajas de aire de latón (bote salvavidas) | yellow-metal buoyancy tanks.
cajas de cartón con exceso o defecto de peso | under or overweight cartons.
cajas de cartón ondulado | corrugated cardboard boxes.
cajas de distribución del alumbrado | lighting distribution boxes.
cajas de humo (calderas) | breeching.
cajas de humo (cámara de calderas de buques) | breaching.
cajas metálicas enfriadas con agua insertadas en el revestimiento (alto horno) | cooling boxes.
cajas vacías | empties.
cajeado de traviesas (para recibir el carril) | rail shoe-forming.
cajeadora | mortising machine | slot drilling machine.
cajeadora (carpintería) | mortiser.
cajeadora de traviesas | tie cutter.
cajear | slot (to) | gain (to).
cajear (carpintería) | slot-drill (to) | mortice (to).
cajear (cerraduras, cerrojos) | mortise (to).
cajear (minas) | hew (to).
cajear (traviesas) | jag (to).
cajear las traviesas de madera (ferrocarril) | adze the sleepers (to).
cajear traviesas | adze (to).
cajeo | dapping | jagging.
cajeo (traviesas) | jagging-out.
cajeo de traviesas | adzing.
cajera | groove | recess.
cajera (de motón) | box.
cajera (polea) | sheave hole.
cajera de cuña | key seat.
cajera de motón | pulley box.
cajera del batiente (limadora) | clapper box.
cajera del muelle | spring box | spring pocket.
cajero | teller | cashier | money-taker.
cajero (muro) | training wall.
cajero adjunto | assistant cashier.
cajero de pagos y cobros | unit teller.
cajero jefe | chief cashier.
cajero pagador | first teller | payroll clerk.
cajero recibidor | receiving teller.
cajeta | sennet | rope's-end | sennit.
cajeta (marina) | caburn.
cajeta de empuñidura | head earing.
cajeta de filástica | common sennit.
cajeta de iluminación | light box.
cajeta para empaquetar | gasket stuff.
cajetín (imprentas) | box.
cajetín (para hilos eléctricos) | casing.
cajetín de madera (instalación eléctrica) | molding.
cajetín de madera (instalaciones eléctricas) | wooden raceway.
cajetín del fusible | fuse box | fuse container.
cajetín para rechazos | reject pocket.
cajillo | trunking.
cajillo metálico | duct.
cajillo para tuberías (buques) | pipe casing.
cajinete sinterizado poroso | porous sintered

bearing.
cajista (imprenta) | compositor.
cajista (tipografía) | typesetter | typo.
cajita | cassette.
cajón | locker | chest | tray | drawer.
cajón (de órgano) | soundboard.
cajón (excavación) | skip.
cajón (Iberoamérica-corta forestal) | wanigan.
cajón abierto | open caisson.
cajón abierto (cimentaciones) | drop caisson.
cajón alemán (metalurgia) | German chest.
cajón cargador | loading skip.
cajón celular | cellular shell.
cajón cerrado para transportar mercancías | container.
cajón cimentado | founded caisson.
cajón clasificador | filing drawer.
cajón de aire comprimido (cimentaciones) | caisson | pneumatic caisson.
cajón de borde cortante (cimentaciones) | open caisson.
cajón de cimentación para puentes | bridge foundation cylinder.
cajón de costados desmontables | folding-stacking box.
cajón de fuegos (locomotoras) | firebox.
cajón de lanzadera (telar) | shuttle box.
cajón de madera (excavaciones) | scalepan | scale box.
cajón de madera para arrastre del mineral (minas) | bowke.
cajón de mecanismos (fusil) | receiver.
cajón de tipos de repuesto | barge.
cajón de torsión del ala | wing torsion box.
cajón de torsión multicelular | multicellular torsion box.
cajón de ventilación (minas) | air box.
cajón del ala | wing box.
cajón enterrado en su sitio definitivo (cimentaciones) | founded caisson.
cajón flotante para rellenar (de arena, de hormigón) | ship caisson.
cajón grande de descarga por debajo (excavadora) | battleship.
cajón medidor (de arena, de grava) | gage box.
cajón metálico (encofrado de losas) | steeldome.
cajón móvil | drop-box.
cajón neumático | floating dam.
cajón neumático (cimentaciones) | float case.
cajón neumático volcado (cimentaciones) | overturned caisson.
cajón no neumático (cimentaciones) | open caisson.
cajón para carbón | hod.
cajón para la chatarra | scrap bin.
cajón para medir arena | sand gage.
cajón para medir la arena (mezclas) | sand measure box.
cajón refractario donde se cuece la loza dentro del horno | seggar.
cajón sin fondo (cimentaciones) | open caisson.
cajón sin fondo ni tapa para medir arena y grava | measuring frame.
cajón sin techo ni fondo | open caisson.
cajonada de cemento (reparación buques) | cement box.
cajonadas (buques) | bins.
cajonería | boxing.
cajonero (fabricante de cajas) | boxmaker.
cajonero (obrero que atiende en el fondo del pozo la jaula de extracción) | onsetter.
cajones flotantes de hormigón que se hunden en el sitio conveniente (desembarcos en playas) | phoenises-hollow.
cajones giratorios (telar) | revolving boxes.
cajones para la exportación | export cases.
cajú (Anacardium excelsum - Skeels) | wild cashew | espavel.
cal activa | active lime.
cal agrícola | agricultural lime.
cal apagada | dead lime | slaked lime.
cal apagada al aire | air-slaked lime.
cal apagada en fábrica | mill-hydrated lime.
cal apagada en pasta | lime putty | lime paste.
cal apagada en polvo | lime powder.
cal árida | meagre lime.
cal caústica | caustic lime.
cal clorinada | bleaching powder.
cal de defecación (para el azúcar) | temper.
cal de fraguado rápido | quick-hardening lime.
cal de gas | gas lime | green lime.
cal débilmente hidráulica | feebly hydraulic lime.
cal dolomítica hiperhidratada | highly hydrated dolomitic lime.
cal dolomítica muy hidratada a presión en autoclave | autoclaved lime.
cal eminentemente hidráulica | eminently hydraulic lime.
cal en terrones sin apagar | lump lime.
cal fenicada | carbolated lime.
cal grasa | high-calcium lime | fat lime.
cal hidráulica | lean lime | hydraulic lime.
cal hidráulica fabricada | artificial hydraulic lime.
cal magra | lean lime | meagre lime | quiet lime | brown lime.
cal medianamente hidráulica (con 12 a 22% de arcilla) | moderately hydraulic lime.
cal muerta | dead-burned lime | overburned lime.
cal nitrogenada | lime nitrogen | crude calcium cyanamide.
cal no hidráulica | nonhydraulic lime.
cal recién apagada | freshly-slaked lime.
cal viva | core | quicklime.
cal viva en bolas | pelleted quicklime.
cal y almidón (sondeos) | lime-base drilling mud.
cala | prospecting pit | sound.
cala (litoral marino) | nip.
cala (túneles) | holing-through.
cala de prueba (sondeos) | boring core.
cala del sedimento | sediment core.
calabaza (botánica) | cucurbit.
calabozo | slasher | cell | brush hook.
calabrote | warp | rope | hawser | cable.
calabrote de espía | towline | towrope.
calabrote de nilón | nylon hawser.
calabrote de remolque | warping line | towrope | towline.
calada (ave de rapiña) | swoop.
calada (de la red de pescar) | sinking.
calada (de pesca) | catch.
calada (de un túnel) | breakthrough.
calada (pesca) | fish catch.
calada (tejeduría) | shed.
calada abierta (tejeduría) | open shed.
calada cerrada (tejeduría) | closed shed.
calada de alza sencilla (calada de baja - telar) | bottom shed.
calada de alza y baja (tejeduría) | center shed.
calada de baja (telar) | lower shed.
calada de doble alza y baja (tejeduría) | open shed.
calada de red de pesca | sinking of the fishing net.
calada desigual (tejeduría) | irregular shed.
calada doble (tejeduría) | double shed.
calada estacionaria (tejeduría) | open shed.
calada formada (tejeduría) | formed shed.
calada forrada (tejeduría) | croned shed.
calada forzada | gauze treadle.
calada forzada (gasa de vuelta) | gauze shed.
calada forzada (tejido de gasa de vuelta) | cross shed.
calada forzada (tejido gasa de vuelta) | leno treadle.
calada inferior (telar) | lower shed.
calada oblicua | V shed.
calada oblícua (calada regular - tejeduría) | clear shed.
calada positiva (lizos) | positive control shedding motion.
calada regular | V shed.
calada semiabierta | compound shed.
calada suave (gasa de vuelta) | open shed.
caladero | fishing place | fishing ground | fishing-pool.
calado | setting | openworked | draught | fret.
calado (buques) | gauge (G.B.) | draft | draught | gage (EE.UU.).
calado (costura) | cutwork.
calado (de palo buques) | housing.
calado (de un buque) | drawing.
calado (labor sobre tela) | drawnwork.
calado (labores, costura) | openwork.
calado (madera) | fretwork.
calado (tela) | lace-fabric.
calado (telas) | pinked | pinking | pinking out.
calado a plena carga | fully loaded draught.
calado a popa (buques) | draught aft.
calado a proa | draught forward.
calado con el francobordo de verano | summer-freeboard draught.
calado de la hélice (buques) | propeller immersion | propeller draught.
calado de perforación | drilling draft.
calado del ala | wing setting.
calado del paso (hélice) | pitch setting.
calado del puerto | harbor depth.
calado en carga (buques) | load draught.
calado en carga permitido | permissible load draft.
calado en el que se pierde la estabilidad inicial (buque en dique seco) | critical docking draft.
calado en la flotación de verano | draught to summer load line.
calado en las marcas de verano | draught on summer freeboard.
calado en lastre (buques) | light draught | light water-draught.
calado hasta la marca de verano (buques) | draft to summer load line.
calado máximo | extreme draft.
calado máximo (buques) | extreme draught.
calado medio (buques) | mean depth.
calado sobre el dintel (diques secos) | cill depth.
calado sobre el dintel (9 metros en pleamar - dique seco) | depth of water on sill 9 meters H. W.
calado sobre el eje | pressed on the spindle.
calado sobre la barra en marea baja | bar draft.
calado verificado (cartas marinas) | controlled depth.
calador | corer.
calador para árboles | increment borer.
calador para árboles (silvicultura) | accretion borer.
calafate | caulker.
calafate probador de tanques (astilleros) | tank tester.
calafateador de cubiertas (buques) | dumb iron.
calafateador de tuberías | yarner.
calafatear | caulk (to) | stuff (to).
calafatear (chapas) | fuller (to).
calafatear (hierro) | jag (to).
calafatear con dos hombres | horse (to).
calafatear ligeramente (botes) | chinse (to) | chintze (to).
calafateo | horsing | caulking.
calafateo (de hierro) | jagging.
calafateo (de junta metálica) | fullering.
calafateo a mano | hand caulking.
calafateo de junta solapada | lap calking.
calafateo de las juntas transversales (forro buques) | butt calking.
calaje (de una pieza sobre otra) | blocking.
calaje (electricidad) | set.
calaje de las escobillas | brush setting.
calaje de las escobillas (dínamos) | adjustment.
calaje de las manivelas | crank displacement.
calaje del paso (hélices) | pitch setting.
calamaco (tejido lana) | calamanco.
calamar | squid.
calamar (arma antisubmarinos) | squid.
calamar disparando hacia popa (arma anti-

submarina) | aft-fitted squid.
calamar disparando hacia proa (buque de guerra) | forward-fitted squid.
calambre de los forjadores | hammermen's cramp.
calambre de los mineros | miners' cramp.
calambre profesional | professional spasm | occupation spasm.
calamento (de redes) | shooting.
calamento de pesca | fishing gear.
calamidad meteorológica | meteorological calamity.
calamina | calamine | brass ore.
calaminado | kalameined.
calamo (plumas) | quill.
calancas | kalankar.
calandra | rolling press.
calandra (para telas) | hot-press.
calandra (tejeduría) | calander.
calandra de lustrar | glazing calender.
calandrado | calendering | hot-pressing.
calandrado (tejidos) | calendered.
calandrado de la napa (tejeduría) | lap calendering.
calandrado en caliente | hot-rolled.
calandrado en cinta (papel) | web-calendered.
calandrado en húmedo (papel) | water-finished.
calandrado por chorro de vapor (papel) | steam finish.
calandrado preparatorio (tela algodón) | swissing.
calandrador | mangler.
calandraje | pressing | pressing.
calandraje (telas) | mangling.
calandraje de tejidos para neumáticos | tire fabric calendering.
calandrar | mangle (to).
calandrar (tejidos) | calender (to).
calandrar (telas) | press (to) | hot-press (to).
calandria | mangler | mangle | mangling machine | glazing machine | calender | calendering machine | roller calender.
calandria (azúcar) | calandria.
calandria (máquina) | wringing machine | beating mill.
calandria (papel) | roller.
calandria (tanque de aluminio que contiene los tubos de combustible nuclear - reactor nuclear) | calandria.
calandria almidonadora a fricción | friction starch mangle.
calandria aprestadora del envés (telas) | tommy dodd.
calandria bicilíndrica | double roller calender.
calandria de batán | scutch mangle.
calandria de fricción | friction calender.
calandria de relieve | embossing calender.
calandria engofradora | embossing calender.
calandria enrolladora | rolling calender.
calandria grabadora | embossing calender.
calandria maceadora | beetling machine.
calandria para el caucho | rubber calender.
calandria para linolizar (papel) | linenizing calender.
calandria para plásticos | plastics calender.
calantas (Toona calantus) | calantas.
cálao (picocorneo - zoología) | hornbill.
calar | drench (to) | soak (to).
calar (aparatos topográficos) | clamp (to).
calar (buques) | draw (to).
calar (escobillas) | adjust (to).
calar (la madera) | fret-saw (to).
calar (masteleros) | strike (to).
calar (palo de buque) | house (to).
calar (telas, cuero, etc.) | pink out (to).
calar (telas, cueros, etc.) | pink (to).
calar (túneles) | hole through (to).
calar (un túnel) | breakthrough (to).
calar a 90 grados (maquinaria) | quarter (to).
calar bayonetas | charge bayonets (to).
calar el periscopio | periscope down (to).
calar la red (pesca) | sink the net (to).
calar las escobillas | adjust the brushes (to) | advance the brushes (to).
calar más (buques) | settle (to).
calar un palo (buques) | house a mast (to).
calar una red de pesca | shoot (to).
calarse (el motor) | conk out (to).
calarse (motores) | pack up (to) | stall (to) | seize up (to).
calas de prueba | borings.
calavera | skull.
calaverita (metal amarillo) | calaverite.
calca (telar) | treadle.
calca francesa (telar) | French treadle.
calcador (delineante) | tracer.
calcador (herramienta) | tracing point.
calcador para estarcido | rubber.
calcar | retrace (to).
calcar (dibujos) | trace (to).
calcarenita | calcarenite.
calcáreo | calcareous | limy.
calcáreoarenoso | arenaceocalcareous.
calcarone (horno de azufre - Sicilia) | calcarone.
calce | setting up piece | wedging.
calce (aserraderos) | dutchman.
calce (saca forestal) | cheese block.
calce de separación entre cilindros (laminadores) | liner.
calce del tronzador | undercutter.
calce tronzador (Iberoamérica) | undercutter.
calcedonia | calcedony.
calcedonia azulada | blue moonstone.
calcedonia coloreada de verde | emeraldine.
calcedonia con franjas alternas de color blanco o gris | chalcedony onyx.
calcedonia con manchas de color | clouded agate.
calcedonia enhidra | enhydrous chalcedony.
calcedonia rojo clara | carnelian.
calcedonia translúcida coloreada por crisocola | chrysocolla quartz.
calcedónica | chalcedony onyx.
calcés (palo de buques) | tenon.
calcetería | hosiery.
calcetería reforzada | reinforced-hoslery.
calcetería tubular sin costura | seamless hosiery.
calcia (óxido de calcio) | pebble lime | calcia.
calciclasa | lime feldspar.
cálcico | calcic | limy.
calcicola | calcicole.
calcífero | calciferous | lime-bearing.
calcificación de suelos | soil liming.
calcificar | calcify (to).
calcífico | calcific.
calcífilo | calciphile | lime loving.
calcígeno (metales) | calcigenous.
calcilutita | calcilutite.
calcímetro | calcimeter.
calcín de solera giratoria | rotating-hearth calciner.
calcinable | calcinable.
calcinación | calcination | calcining | ashing | roasting | burning | ignition.
calcinación (de sales) | decrepitation.
calcinación de menas de hierro | iron ore roasting.
calcinación de minerales | ore burning.
calcinación en lecho fluidizado | fluidized bed calcination.
calcinación en montón | roasting in bulk.
calcinación en montones (metalurgia) | heap roasting.
calcinación hasta que la arcilla se vitrifique | dead burnt.
calcinación ligera | glowing.
calcinación oxidante | oxidizing calcination.
calcinación para eliminar el azufre | dead roasting.
calcinado | calcined | burnt.
calcinado al aire a peso constante (química) | ignited in air to constant weight.
calcinador | roaster.
calcinador de lecho fluidizado | fluidized calciner.
calcinar | burn (to) | ash (to) | kill (to) | bake (to) | calcine (to).
calcinar (metalurgia) | oxidize (to).
calcinar (minerales) | roast (to).
calcinar (sales) | decrepitate (to).
calcinar a fondo | dead-burn (to).
calcinar completamente | dead-burn (to) | dead-roast (to).
calcinar el mineral | roast ore (to).
calcio (Ca) | calcium.
calcio contenido en el pan | bread calcium.
calcio metálico de cuba electrolítica | carrot.
calcio radioactivo (radiación beta) | calcium 45.
calciocelestita | calciocelestite.
calciosilicio | calcium-silicon.
calciotermia | calciothermy.
calcirudita | calcirudite.
calcisiltita | calcisiltite.
calcita (espato calizo - espejuelo) | calcite.
calcita alterada adyacente a fallas o diques | dun lime.
calcita arcillosa | clayey calcite.
calcita estalagmítica | stalagmitic calcite.
calcita fibrosa | satin spar.
calcita óptica | optical calcite.
calcitrante | calcitrant.
calclitita | calclithite.
calco | blowline | re-tracing.
calco (de dibujo) | tracing.
calco (geología) | cast.
calco a lápiz | pen tracing | pencil racing.
calco azul de dibujo | blueprint.
calco litográfico | lithotracing.
calco magnético | print-through.
calcofilita | copper mica.
calcófilo | chalcophylic.
calcografía | engraving on copper.
calcografía (arte) | chalcography.
calcografiar | engrave on copper (to).
calcografista (en cobre) | engraver.
calcógrafo | copperplate engraver | chalcographer.
calcomalaquita | calcomalachite.
calcomanía | transfer | decal | decalcomania.
calcopirita | copper pyrites | yellow ore | yellow copper.
calcopirita (cobre piritoso) | chalcopyrite.
calcosina | chalcosine | chalcocite.
calcotita | copper glance.
calcotriquita | plush-copper ore.
calculable | computable.
calculado | figured | calculated | rated | computed.
calculador | computer.
calculador a distancia | remote calculator.
calculador a la estima | dead reckoning computer.
calculador analógico | analogy computer.
calculador analógico de tiro | analog fire computer.
calculador analógico para muestreo | sampling analog computer.
calculador aritmético en serie | serial digital computer.
calculador contable | accounting computer.
calculador criogénico | cryogenic computer.
calculador de abordo | airborne computer.
calculador de alcances | range setter.
calculador de distancias | range board.
calculador de distancias (artillería) | range correction board.
calculador de ejecución | target computer.
calculador de iluminación | lighting calculator.
calculador de la deriva | drift computer.
calculador de la dirección de tiro antiaéreo | antiaircraft fire-control computer.
calculador de la línea de rumbo | offset-course computer | course-line computer.
calculador de redes | network calculator.
calculador de rumbo y distancia | course and

speed computer.
calculador de rumbo y distancia (avión) | course and distance computer.
calculador de rutas | flight-path computer.
calculador de temperatura de vaina | clad temperature computer.
calculador de tino | predictor.
calculador de tiro (artillería) | rangekeeper.
calculador de tiro futuro | predictor.
calculador de trayectoria | course line computer.
calculador de vuelo | flight computer.
calculador del espacio de un original (imprenta) | copyfitter.
calculador delineante | draughtsman estimator.
calculador númerico transistorizado llevado en avión | transistorized airborne digital computer.
calculadora (máquina) | calculator.
calculadora analógica | analog computer.
calculadora analógica con partición de tiempo | time-shared analog computer.
calculadora analógica directa | direct analog computer.
calculadora analógica electrónica | electronic analog computer.
calculadora analógica lineal | linear analog computer.
calculadora analógica neumática | pneumatic analog computer.
calculadora analógica repetitiva | repetitive analog computer.
calculadora aritmética | digital computer.
calculadora aritmética correctora del error total | overall error-correcting digital computer.
calculadora autoprogramante | autoprogrammic calculator.
calculadora balística | gunnery computer.
calculadora con memorización magnética | magnetic-memory computer.
calculadora con números de numeración decimal | digital computer.
calculadora de bloques funcionales para análisis dinámico | modularized dynamic analysis computer.
calculadora de cifra intercalada | interleaved-digit computer.
calculadora de cinta magnética | magnetic-tape computer.
calculadora de circuitos moleculares | molecular computer.
calculadora de control de procesos en tiempo real | real time process control computer.
calculadora de datos de la atmósfera tomados durante el vuelo (aviones) | air data computer.
calculadora de datos de tiro | gun data computer.
calculadora de elementos de ferrita | ferrite computer.
calculadora de la velocidad del viento | wind computer.
calculadora de lógica almacenada | stored logic computer.
calculadora de longitud de palabra variable | variable-word-length computer.
calculadora de navegación | navigation computer.
calculadora de probabilidades condicionales | conditional probability computer.
calculadora de respuesta media de tambor magnético | magnetic drum average response computer.
calculadora de tarjetas perforadas | punch card calculator.
calculadora de tiro de superficie | surface fire computer.
calculadora del tiro de superficie (artillería) | S. U. computer.
calculadora electromecánica | electromechanical computer.
calculadora electrónica | ENIAC | computer | electronic calculator | electronic brain.
calculadora electrónica con capacidad de memoria de 4 K | computer with 4 K store capacity.
calculadora electrónica con programación por tarjetas perforadas | card-programmed electronic calculator.
calculadora electrónica de fichas perforadas | punched card electronic computer.
calculadora electrónica de la estabilidad del buque (para diversos casos de carga) | ship-stability computer.
calculadora electrónica de sumas de cuadrados | sum-of-squares electronic calculator.
calculadora electrónica impresora | electronic printing calculator.
calculadora electrónica para distribución de la carga (redes eléctricas) | dispatch computer.
calculadora electrónica para oficinas | office computer.
calculadora electrónica toda de transistores | all-transistor calculator.
calculadora en tiempo real | real time computer.
calculadora impresora | printery calculator.
calculadora logística | logistics computer.
calculadora mecánica | machanical computer.
calculadora meteorológica del plan de vuelo | weather flight plan computer.
calculadora navegacional | navigational computer.
calculadora numérica automática | digital computer.
calculadora numérica con transistores | transistor digital computer.
calculadora numérica de circuitos paralelos | parallel digital computer.
calculadora numérica de estructura variable | variable structure digital computer.
calculadora numérica de fluido | fluid digital computer.
calculadora numérica electrónica | electronic digital computer.
calculadora numérica para submarinos | submarine borne digital computer.
calculadora numérico-analógica | digital-analog computer.
calculadora óptica electrónica | optical computer.
calculadora para el control de un proceso continuo | on-line computer.
calculadora para el guiamiento (cohetes) | guidance computer.
calculadora para la guiancia espacial | space guidance computer.
calculadora para la nómina de pagos del personal | payroll computer.
calculadora para problemas cósmicos | space computer.
calculadora para un programa determinado | target computer.
calculadora personal | personal calculator.
calculadora rápida | high-speed computer.
calculadora sin dirección | zero address computer.
calcular | estimate (to) | evaluate (to) | rate (to) | design (to) | reckon (to) | figure (to) | compute (to) | adjust (to) | calculate (to).
calcular (EE.UU.) | figure out (to) | figure up (to).
calcular diferencias | difference (to).
calcular el espacio que ocupará un original | cast off (to).
calcular el espacio que ocupará un original (imprenta) | count off (to).
calcular erróneamente | miscalculate (to).
calcular los datos de tiro | compute firing data (to).
calcular los intereses | work out the interest (to).
calcular por calculadora electrónica | computerize (to).
calcular por defecto | undercompute (to).
calcular por exceso | overcompute (to).
calculiforme | calculiform | pebble-shaped.
calculista | estimator | computer | estimating clerk.
calculista de esfuerzos (de una estructura) | stressman.
calculista memorístico | rote computer.
cálculo | adjusting | computation | estimate | figuring out | calculation | calculus | assessment | reckoning | ciphering | number crunching.
cálculo a ojo | estimation at random | ocular estimate.
cálculo a posteriori | ex-postcalculation.
cálculo actuarial | actuarial calculation.
cálculo analógico | analog computation.
cálculo analógico numeral en tiempo real | real-time analog-digital computation.
cálculo aproximado | ballpark | approximate calculation | crude calculation.
cálculo aritmetizado | arithmetized calculation.
cálculo biliar (medicina) | gallstone.
cálculo científico | scientific computing.
cálculo con coma fija | fixed point calculation.
cálculo con partición del tiempo | time-sharing computation.
cálculo de áreas | squaring-up.
cálculo de balance de materia | aterial-balance calculation.
cálculo de conjunto | aggregate estimate.
calculo de costes | costing.
cálculo de direcciones | address computation.
cálculo de distancias por aparato óptico (artillería) | visual ranging.
cálculo de distancias por medios ópticos | visual ranging.
cálculo de esfuerzos en las estructuras | strength of materials.
cálculo de impedancia en paralelo | parallel-Z calculation.
cálculo de la perturbación | perturbation calculation.
cálculo de la producción maderera | yield determination.
cálculo de la resistencia longitudinal | longitudinal-strength calculation.
cálculo de la transformada numérica | numerical transform calculus.
cálculo de los esfuerzos | calculation of stresses.
cálculo de los esfuerzos (estructuras) | stressing.
cálculo de los lizos (tejeduría) | heald calculation.
cálculo de magnitudes geométricas | mensuration.
cálculo de probabilidades | theory of probabilities.
cálculo de rumbo (buques) | route calculation.
cálculo de tiempo | timing.
cálculo de una variable | one-variable calculus.
cálculo de vida probable | life expectation.
cálculo defectuoso de la potencia (motores) | misrating.
cálculo del alcance | range estimation.
cálculo del costo | estimate of costs.
cálculo del estiraje (hilatura) | draft calculation.
cálculo del trayecto | path budget.
cálculo deóntico | deontic calcul.
cálculo diferencial | differential calculus.
cálculo diferencial exterior | exterior differential calculus.
cálculo distribuido | distributed computing.
cálculo electrónico | electrical computing.
cálculo en tiempo compartido | comparted-time calculation.
cálculo en tiempo real | real time computing.
cálculo erróneo | miscalculation.
cálculo fenomenológico | phenomenological calculation.
cálculo gráfico | graphical calculation | graphical computation.
cálculo graficoanalítico | graphic-analytical calculation.
cálculo infinitesimal | infinitesimal calculus | calculus.
cálculo integral | integral calculus.
cálculo lógico | logical operations.
cálculo matricial | matrix calculus.

cálculo matricial (matemáticas) | matrix calculation.
cálculo neutricial | neutrix calculus.
cálculo numérico | digital computation.
cálculo operacional | operational calculus.
cálculo por aproximaciones sucesivas | trial calculation.
cálculo por incrementos | stepwise calculation.
cálculo predicado | predicate calculus.
cálculo preexperimental | preexperimental calculation.
cálculo previo | precalculation.
cálculo proposicional | propositional calculus.
cálculo proposicional intuicionista | intuitionist propositional calculus.
cálculo radárico de distancia (artillería) | radar ranging.
cálculo simbólico | operational calculus.
cálculo sin errores | errorless computation.
cálculo superior | advanced calculus.
cálculo tensorial | tensor calculus.
cálculo vectorial | vector calculus.
cálculos | estimates.
cálculos adicionales | supplementary estimates.
cálculos aproximados | approximative calculations.
cálculos de inundación (buques) | flooding calculations.
cálculos de la implicación | implicational calculi.
cálculos dinámicos | dynamic calculations.
cálculos hidrostáticos | hydrostatic calculations.
cálculos iniciales de la energía molecular | ab initio calculations of molecular energy.
cálculos intestinales (medicina) | gut-stones.
cálculos para liquidación de los residuos (estructuras estáticamente indeterminadas) | residual-liquidation computations.
cálculos proporcionales | sentential calculi.
calcuradora electrónica para órdenes de aterrizaje a los aviones (aeropuertos) | datac-antac.
calda | heat | heating.
calda al blanco | wash heat.
calda al blanco naciente (1.330 grados C) | incipient white heat.
calda al rojo cereza (temperatura del rojo cereza - 850 ºC) | cherry red heat.
calda al rojo claro (unos 500º C) | faint red heat.
calda al rojo naciente | incipient red heat.
calda al rojo pálido (950 ºC) | pale red heat.
calda al rojo sombra | blood-red heat | dull red heat.
calda al rojo sombra (700º C) | dark red heat.
calda al rojo vivo | full red heat.
calda brillante (1.500 grados C) | full white heat.
calda con aire oxigenado (metalurgia) | oxygen-enriched heat.
calda de afino (metalurgia) | refining heat.
calda de cohesión (lingotes) | saddening heat.
calda de deshidrogenación (pieza forjada) | baking.
calda de exudación | wash heat.
calda de exudación (metalurgia) | cinder heat.
calda de homogenización (lingotes) | homogenization reheat.
calda de laminación | mill heat.
calda de lavado de la solera (horno Siemens ácido) | washout heat.
calda de vacuolicuación por inducción | vacuum-induction-melted heat.
calda del horno de reverbero cargado con caldo del cubilote (acerías) | duplexed heat.
calda efervescente (acero) | wild heat.
calda exudante (forja) | white flame | welding glow.
calda grasa | melting heat.
calda para estirado (trefilado) | drawing heat.
calda parcial | short heat.
calda que origina una masa compacta difícil de trabajar (hierro pudelado) | gobbed heat.
calda que puede originar la fase sigma (aleaciones) | sigma-prone heat.
calda roja | red heat.
calda rojo cereza brillante | scaling heat.
calda rojo oscuro | black-red heat.
calda rojo-cereza | bright-red heat.
calda sudante | welding heat.
caldas hasta el primer parcheo (hornos metalúrgicos) | heats to 1st patch.
caldeada con menudos de carbón bituminoso | brown-coal-dust-fired.
caldeado a altas temperaturas | high-fired.
caldeado con butano | butane-fired.
caldeado con carbón de baja calidad (calderas) | low-grade-coal-fired.
caldeado con carbón pulverizado (calderas) | pulverized-coal fired.
caldeado con combustible sólido pulverizado | solid fuel-fired.
caldeado con fueloil | oil-fired | oil-fueled.
caldeado con gas | gas-fired.
caldeado con gas de alto horno | blast-furnace gas-fired.
caldeado con gas de horno de coque | coke-oven-gas-fired.
caldeado con gasoil | oil-fired.
caldeado con quemador de ciclón (calderas) | cyclone-fired.
caldeado con quemador de turbulencia (calderas) | cyclone-fired.
caldeado con serpentines interiores de vapor | internal-steam-coil heated.
caldeado con turba (hornos) | peat-fired.
caldeado exteriormente | externally fired.
caldeado interiormente | internally fired.
caldeado por bombardeo electrónico | electron-bombardment-heated.
caldeado por bombardeo iónico | ionic-heated.
caldeado por camisa de vapor | steam-jacket heated.
caldeado por camisa exterior de aceite | oil-jacket-heated.
caldeado por corriente de alta frecuencia | r f heated.
caldeado por corrientes de inducción | inductively heated.
caldeado por gases de exhaustación | fired by exhaust gases.
caldeado por la parte inferior | underfired.
caldeado por la parte superior (hornos) | over-fired.
caldeado por ondas de choque | shock-heated.
caldeado por vapor | steam-heated.
caldear | fire (to) | heat (to) | stoke (to).
caldear (una caldera) | tend (to).
caldear con cok | coke-fire (to).
caldear por inducción | induction-heat (to).
caldear superficialmente | surface heat (to).
caldeo | heating | stoking.
caldeo (hornos) | firing.
caldeo con carbón | coal-firing.
caldeo con carbón pulverizado | pulverized coal firing.
caldeo con combustible pulverizado | pulverized firing.
caldeo con dos quemadores que producen rotación de la masa de llamas (hornos) | corner-firing.
caldeo con fueloil | oil-firing | oil heating.
caldeo con petróleo oxigenado | oxygenated-oil firing.
caldeo con tiro forzado | pressure firing.
caldeo concurrente | concurrent heating.
caldeo de la turbina de combustión | gas-turbine firing.
caldeo dieléctrico | dielectric heating | electronic heating.
caldeo directo | direct heating.
caldeo eléctrico | electro-heat.
caldeo electroinductivo | electroinductive heating.
caldeo en el vacío | vacuum-firing.
caldeo en exceso | overfiring.
caldeo nuclear | nuclear heating.
caldeo por convección de circulación de aire a gran velocidad | high-speed air-circulation convection heating.
caldeo por corrientes inducidas de hiperfrecuencia | radiofrequency heating.
caldeo por corrientes parásitas | eddy-current heating.
caldeo por gas | gas firing.
caldeo por inducción | induction heating.
caldeo por inducción de corrientes de hiperfrecuencia | radiofrequency induction heating.
caldeo por inducción de flujo transversal | transverse flux induction heating.
caldeo por lámparas infrarrojas | infrared lamp heating.
caldeo por los gases de escape | exhaust-gas firing.
caldeo por llama directa | direct flame heating.
caldeo por todo o poco | high-low firing.
caldeo por zonas | zoning.
caldeo selectivo | differential heating.
caldeo semiautómico | semiautomatic firing.
caldeo sin horno | furnaceless heating.
caldera | boiler | generator | steam generator | cauldron.
caldera (geología) | chaldera | caldera.
caldera (reactor nuclear) | heat exchanger.
caldera (recogida de agua en las minas) | standage.
caldera a presión | pressure kier.
caldera acuatubular de vaporización rápida | flash watertube boiler.
caldera acuomonotubular | mono-tube type boiler.
caldera acuomonotubular de circulación forzada | forced circulation mono-tube boiler.
caldera acuotubular | tubulous boiler | water tube boiler.
caldera acuotubular caldeada con carbón | coal-fired water-tube boiler.
caldera acuotubular caldeada con fueloil | oil-burning watertube boiler.
caldera acuotubular de alta presión de gran temperatura del vapor | high-pressure high-temperature water tube boiler.
caldera acuotubular de circulación natural (no forzada) | natural-circulation water-tube boiler.
caldera acuotubular de gran presión con caldeo por fueloil | oil-fired high-pressure water-tube boiler.
caldera acuotubular de tubos completamente verticales | vertical straight water-tube boiler.
caldera acuotubular de tubos curvados cerca de los calderines | vertical bent water-tube boiler.
caldera apta para quemar diversos combustibles | multifuel burning boiler | multiple fuel firing boiler.
caldera auxiliar (buques) | donkey boiler.
caldera Benson de 80 toneladas de vapor-hora caldeada por carbón pulverizado | pulverized-coal-fired 80-ton/hour Benson boiler .
caldera caldeada con antracita | anthracite-fired boiler.
caldera caldeada con carbón de mala calidad | poor-quality-coal-fired boiler.
caldera caldeada con carbón en polvo | powdered coal-fired boiler.
caldera caldeada con carbón pulverizado | pulverized-fuel-fired boiler | pulverized-coal-fired boiler.
caldera caldeada con emparrillado sin fin | spreader fired boiler.
caldera caldeada con gas | gas-fired boiler.
caldera caldeada con lignito | lignite-fired boiler.
caldera caldeada con mazut | mazout-fired boiler.
caldera caldeada con metano | methane-fired boiler.
caldera caldeada por gases de exhaustación

(motores) | exhaust-fired boiler.
caldera caldeada por gases de exhaustación (motores diesel) | waste heat boiler.
caldera caldeada por los gases de exhaustación | exhaust-gas-fired boiler.
caldera calentada por vapor de exhaustación | exhaust heat boiler.
caldera calorifugada | lagged boiler.
caldera cilíndrica | cylindrical boiler | shell boiler | barrel boiler.
caldera cilíndrica con cámara de agua en el espaldar | wet-back boiler.
caldera completa premontada sobre largueros y lista para instalarla y empezar a funcionar | packaged boiler.
caldera con agua debajo del cenicero | wet-base boiler.
caldera con caja de fuegos no peraltada | straight top boiler.
caldera con caldeo a presión | pressure-fired boiler.
caldera con caldeo a voluntad por gases del escape o por la electricidad | silencer-electric boiler.
caldera con caldeo por dos procedimientos distintos | alternate-fired boiler.
caldera con caldeo por gases de escape | silencer boiler.
caldera con caldeo por gases de exhaustación del motor o por quemadores de petróleo | composite boiler.
caldera con camisa calefactora | jacketed kettle.
caldera con circulación contraria de los gases y del agua | countercurrent boiler.
caldera con circulación de gases y agua en el mismo sentido | concurrent boiler.
caldera con colector de vapor transversal | cross-drum boiler.
caldera con doble revestimiento calorífugo | double-cased boiler.
caldera con generadores a distintas presiones | multipressure boiler.
caldera con hogar (buques) | fired boiler.
caldera con hogar caldeado con quemador de ciclón | cyclone-fired-furnace boiler.
caldera con hogar de cenizas fusibles | wet-bottom boiler.
caldera con hogar de turbulencia | cyclone boiler.
caldera con hogar presionizado | pressurized-furnace boiler.
caldera con horno integrante | integral furnace boiler.
caldera con regulación y funcionamiento totalmente automático | fully automatically-operated-and-controlled boiler.
caldera con su quemador | boiler burner unit.
caldera con timbre rebajado | derated boiler.
caldera con tiro forzado | pressurized boiler.
caldera con un solo tubo de agua de gran longitud | mono-tube type boiler.
caldera criptovolcánica | cryptovolcanic caldera.
caldera de agua caliente | hot-water boiler.
caldera de agua caliente caldeada por los gases de escape (motores) | hot-water silencer boiler.
caldera de aire caliente (turbina de combustión de ciclo cerrado) | air boiler.
caldera de alimentación automática | automatically feeding boiler.
caldera de alta presión | high-pressure boiler.
caldera de alta presión de gran producción horaria de vapor | highly-rated high-pressure boiler.
caldera de amalgamación | amalgamating pan.
caldera de asfaltador | tar-boiler.
caldera de asfalto | devil.
caldera de caja de fuegos soldada | welded firebox boiler.
caldera de caldeo tangencial | tangential-fired boiler.
caldera de calderín transversal | cross-drum boiler.
caldera de calefacción por agua caliente | hot-water heating boiler.
caldera de calor radiante con caldeo por turbulencia | cyclone-fired radiant heat boiler.
caldera de calor radiante con recalentador | superheater radiant type boiler.
caldera de calor residual | waste-heat boiler.
caldera de calor residual caldeada por gases de exhaustación | waste-heat boiler fired by exhaust gases.
caldera de circulación forzada | forced-circulation boiler | forced-flow boiler.
caldera de circulación forzada de alta presión | high-pressure forced-circulation boiler.
caldera de circulación regulada | controlled circulation boiler.
caldera de clarificar | clarifier.
caldera de cocción a presión | boiling kier.
caldera de colapso (geología) | collapse caldera.
caldera de combustible nuclear | nuclear-heated boiler.
caldera de combustión activada | forced combustion boiler.
caldera de combustion con tiro forzado | pressure-combustion boiler.
caldera de defecación (defecadora - azúcar) | defecator.
caldera de doble evaporación | double evaporation boiler.
caldera de dos frentes | double-ended boiler.
caldera de dos hervidores | bidrum boiler.
caldera de dos hornos | double-flued boiler.
caldera de dos hornos cilíndricos interiores | Lancashire boiler.
caldera de electrodos | electrode boiler.
caldera de emparrillado móvil articulado | chain grate type boiler.
caldera de erosión (geología) | erosion caldera.
caldera de evaporación indirecta | indirect evaporation boiler.
caldera de explosión (geología) | explosion caldera.
caldera de explosión (vulcanología) | explosion caldera.
caldera de fusión | melting pot | melter.
caldera de gases de exhaustación de circulación forzada | forced-circulation exhaust gas boiler.
caldera de gigantes (geología) | giant-kettle.
caldera de gran capacidad de vaporización | heavy-duty boiler.
caldera de gran producción de vapor | large-steaming-capacity boiler | high-output boiler.
caldera de gran producción horaria de vapor | highly-rated boiler.
caldera de gran volumen de agua | large water space boiler.
caldera de hervidores | elephant boiler | French boiler.
caldera de hervidores múltiples | battery boiler.
caldera de hogar dividido | divided-furnace boiler.
caldera de hogar interior | shell boiler | Cornish boiler | inside fired boiler.
caldera de hogar interior cilíndrico | flue boiler.
caldera de horno | flue boiler.
caldera de humectación | humidifying boiler.
caldera de impregnación (madera, postes, traviesas) | impregnating pan.
caldera de licuación | liquation pan.
caldera de locomotora | firebox boiler | locomotive boiler.
caldera de los gigantes | kettle-hole.
caldera de llama de retorno | drop-flue boiler.
caldera de llama directa | locomotive boiler | direct flame boiler | direct draught boiler.
caldera de máquina de vapor | kettle.
caldera de mercurio | mercury boiler.
caldera de plurihervidores | multiple deck boiler.
caldera de pluriquemadores con hogar de parrilla móvil | multifired stoker-fired boiler.
caldera de presión | kier.
caldera de recalentamiento controlado caldeada con fueloil | oil-fired controlled superheater boiler.
caldera de recalentamiento regulado de dos fases | two-stage controlled-superheat boiler.
caldera de recalentamiento regulado del vapor | controlled-superheat boiler.
caldera de recuperación | waste-heat boiler.
caldera de recuperación (motores diesel) | waste heat boiler.
caldera de recuperación de calor | reheat boiler.
caldera de recuperación del calor | reheat unit.
caldera de refinar | refining pan.
caldera de retorno de llama | return flame boiler.
caldera de tintorero | dyeing copper.
caldera de tiro forzado | pressurized-furnace boiler.
caldera de tratamientos (agricultura) | retort.
caldera de tres calderines | tridum boiler.
caldera de tres calderines de tubos curvados | three-drum bent-tube-type boiler.
caldera de tres colectores | tridum boiler.
caldera de tubos acodados | bent-tube boiler.
caldera de tubos de humo | smoketube boiler | fire-tube boiler.
caldera de tubos de humos | tubular boiler | multitubular boiler.
caldera de tubos de humos de caldeo directo | directly fired multitubular boiler.
caldera de tubos rectos con calderín longitudinal | longitudinal drum straight tube boiler.
caldera de tubos sumergidos | submerged-tube boiler.
caldera de un conducto de humos | single-flue boiler.
caldera de un horno de circulación natural | single-furnace natural-circulation boiler.
caldera de vapor | steamer | power boiler.
caldera de vapor con vaporización forzada | supercharged steam boiler.
caldera de vapor de alta presión | high-tension steam generator.
caldera de vapor de media presión | medium pressure steam boiler.
caldera de vaporización muy rápida | flash boiler.
caldera de vaporización rápida | flasher.
caldera especial (metalurgia de la plata) | pan.
caldera funcionando a su régimen de vaporización | boiler in steam.
caldera fundidora (sobre remolque) | kettle.
caldera horizontal acuotubular | horizontal water-tube boiler.
caldera horizontal con espaldar con espacio de agua | horizontal wet-back boiler.
caldera horizontal igneotubular | horizontal multitubular boiler.
caldera horizontal igneotubular de llama de retorno | horizontal return tubular boiler.
caldera igneotubular | smoketube boiler.
caldera ignitubular | fire-tube boiler.
caldera ignitubular caldeada por gases de escape | fire-tube waste-heat boiler.
caldera inexplosible | inexplosive boiler.
caldera instalada al exterior con el frente de trabajo bajo techo | semioutdoor boiler.
caldera Lancashire | Lancashire boiler.
caldera locomóvil | locomotive boiler | portable boiler.
caldera marina con recalentamiento seleccionable | selectable superheat marine boiler.
caldera marina de tres hornos | three furnace marine boiler.
caldera monobloque | packaged boiler.
caldera monotubular | monotube boiler.
caldera monotubular de circulación forzada | flash boiler | single-tube boiler.
caldera multitubular | multiflue boiler | multitubular boiler.
caldera multitubular caldeada por gases de

exhaustación del motor | multitubular waste heat boiler.
caldera multitubular cilíndrica marina | marine cylindrical multitubular boiler.
caldera multituburlar de tubos de humo | loco-type multitubular boiler.
caldera nuclear | nuclear boiler | nuclear steam supply system (NSSS).
caldera para calefacción de los coches (ferrocarril) | carriage-warming boiler.
caldera para calentar alquitrán | tar-boiler.
caldera para campo petrolero | oil-country boiler.
caldera para centrales electrotérmicas | utility power boiler.
caldera para cocer huesos | bone boiler.
caldera para fundir grasas | melter.
caldera para grandes presiones | high-head boiler.
caldera para inyectar (madera, postes, traviesas) | impregnating pan.
caldera para jabonar | soap boiler.
caldera para la grasa de la ballena | blubber boiler.
caldera para producción de energía | power boiler.
caldera para producir vapor | steam raiser.
caldera para quemar desperdicios o basuras | destructor station.
caldera parcialmente a la intemperie | semioutdoor boiler.
caldera piramidal acuotubular de circulación forzada de tubos verticales paralelos | one-through boiler | once-through boiler.
caldera pirotubular | tubular boiler | shell boiler | fire-tube boiler.
caldera pirotubular sin retorno de llama | through tube boiler.
caldera pluritubular | multitubular boiler.
caldera portátil | portable boiler.
caldera que puede funcionar con distintos combustibles | multifuel fired boiler.
caldera reentubada | retubed boiler.
caldera remachada | riveted boiler.
caldera revestida con ladrillos encamisados en acero | steel-cased brick-lined boiler.
caldera sin agua bajo el cenicero | dry bottom boiler.
caldera sin agua en el cenicero | dry-bottomed boiler.
caldera sin cámara de agua en el espaldar | dry-back boiler.
caldera solar | solar steam boiler.
caldera soldada | welded boiler.
caldera terrestre | land boiler.
caldera timbrada a 5 | boiler badged at 52 Kgs..
caldera trabajando a su potencia de régimen | nominal-rated boiler.
caldera tubular con retorno de llamas | return tubular boiler.
caldera vertical | vertical boiler.
caldera vertical cilíndrica de tubos-dedales | vertical cylindrical thimble-tube boiler.
caldera vertical con el hogar atravesado por tubos de agua | cross-tube boiler.
caldera vertical con tubos de agua | cross tube boiler.
caldera vertical de dedales caldeada con fueloil | oil-fired vertical thimble-tube boiler.
caldera vertical de tubos transversales | vertical cross tube boiler.
caldera vertical igneotubular | vertical multitubular boiler.
calderería | boiler forge | plate shop.
calderería de cobre | coppersmithy.
calderero (el que maneja y repara calderas - marina guerra) | boilerman.
calderero de cobre | brasier.
calderero en cobre | brazier | coppersmith.
caldereta | kettle.
caldereta (buques) | donkey boiler.
caldereta de tubos dedales | thimble-tube auxiliary boiler.
caldería de cobre | braziery.
calderilla | brass money.
calderín | steam chest | still.
calderín (calderas) | header | drum.
calderín (unidad de rectificación) | reboiler.
calderín de salida (calderas) | outlet header.
calderín de una pieza (calderas) | one-piece boiler drum.
calderín de vapor (calderín superior calderas | dry drum.
calderín de vapor fusiosoldado (calderas) | fusion-welded steam drum.
calderín de vapor y agua (calderas) | wet drum.
calderín del recalentador (calderas) | superheater drum.
calderín enterizo (calderas) | seamless drum.
calderín forjado enterizo | forged seamless drum.
calderín forjado sin costura | forged seamless drum.
calderín forjado sin costura (calderas) | seamless forged drum.
calderín inferior (calderas acuotubulares) | water drum.
calderín sin costura (calderas) | seamless drum.
caldero | salt pan | saltpan | chock | boiler | boiling kettle | pan | hoppet | caldron.
caldero (de carbón) | bucket.
caldero (minas) | kibble.
caldero basculando de costado | side dump bucket.
caldero basculante (descargar carbón, etc.) | dump bucket.
caldero de brea | pitch kettle.
caldero de cobre
caldero de colada con basculación por engranes | geared ladle.
caldero de colada con caldeo por el fondo | bottom-fired melting kettle.
caldero de fondo abrible | set-down bucket.
caldero de fondo móvil (descarga carbón, hormigón, etc.) | drop-bottom bucket.
caldero de fusión | melting vessel.
caldero de mineral o carbón | tub.
caldero para calentar asfalto | asphalt cauldron.
caldero para descarga de materiales | discharging bucket.
caldero para disolver grasas | fat-rendering cooker.
caldero para hervir azúcar | flambeau.
caldero para mineral | ore bucket.
caldero para verter hormigón en obra | concrete bucket.
caldero volcable para descargar carbón | coal bucket.
calderón (música) | pause.
caldo | bouillon | molten metal.
caldo (acerías) | hot metal.
caldo (bacteria) | broth.
caldo (de cultivos) | medium.
caldo (para tratar vegetales) | spray.
caldo antiparasitario | pest-control spray.
caldo bordolés (viticultura) | Bordeaux mixture.
caldo irradiado (cultivos) | irradiated broth.
caldo lactosado (bacteriología) | lactose broth.
caldo medio (buque) | mean draught.
caldo peptonado (bacteriología) | peptone broth.
caldo que no da la composición requerida (aceros) | off-analysis heat.
caldo que no tiene la composición química deseada (metalurgia) | off heat.
caldo sin carbono pero con temperatura baja para la colada (acero Siemens) | sticker.
caldo soplado (acero Bessemer) | blown metal.
caldo sulfocálcico | sulphurated lime.
caldo tetrationato | tetrathionate broth.
caldo tratado con calcio (metalurgia) | calcium-treated melt.
caledoniano | Caledonian.
caledonita | caledonite.
caledonoide | caledonoid.
calefacción | heating.
calefacción central | central heating.
calefacción centralizada de barrios o ciudades (por tubería de vapor enterrada y tomas parciales para los edificios) | district heating.
calefacción con aire caliente | warm-air heating.
calefacción de talleres | space heating.
calefacción de techo con capa de caucho electroconductor | hot rubber ceiling heating.
calefacción directa | direct heating.
calefacción eléctrica | electric heating.
calefacción eléctrica con panel radiante | electric panel heating.
calefacción eléctrica empotrada en el piso | electric floor warming.
calefacción eléctrica en las horas de poco consumo | off-peak heating.
calefacción por agua caliente a gran presión | high-pressure hot water heating.
calefacción por agua caliente acelerada a baja presión | accelerated low pressure hot water heating.
calefacción por aire | airheating.
calefacción por aire aspirado | draw through heating.
calefacción por aire caliente | hot air heating | hot-air heating.
calefacción por aire caliente soplado | blow-through heating.
calefacción por aire seco y caliente | dry heating.
calefacción por calentamiento del pavimento (que tiene embebido un conductor eléctrico) | floorwarming.
calefacción por calentamiento del piso | floor-heating.
calefacción por calentamiento del piso que tiene embebido un conductor eléctrico | solid-floor heating.
calefacción por calor radiante | radiant heating.
calefacción por convección | indirect heating.
calefacción por gas | gas heating.
calefacción por paneles | panel heating.
calefacción por paneles radiantes | radiant-panel heating.
calefacción por paneles radiantes de agua caliente | hot-water radiant panel heating.
calefacción por radiación | direct heating.
calefacción por radiación del techo | ceiling radiation heating.
calefacción por radiación indirecta | indirect radiation heating.
calefacción por tubería embebida (edificios) | concealed heating.
calefacción por vapor | steam heating.
calefacción por vapor de agua a alta presión | high-pressure steam heating.
calefacción por vapor de baja presión | low-pressure steam heating.
calefacción por vapor de escape | exhaust-steam heating.
calefacción radiante por rayos infrarrojos | infrared radiant heat.
calefaccionista | heating contractor.
calefactivo | calefactive.
calefactor | calefactor.
calefactor (obrero) | heater.
calefactor de calor radiante | radiant heater.
calefactor de tubo de cuarzo | quartz heater.
calefactor electrónico | electronic heater.
calefactorio | calefactory.
caleidófono | kaleidophone.
caleidoscopio | kaleidoscope.
calendario | calendar.
calendario (de reuniones) | timing.
calendario de pared de hojas diarias arrancables | daily tear-off wall calendar.
calendario de trabajo | schedule.
calendario de transferencias | transfer calendar.
calendario del tiempo (meteorología) | weather report.
calendario electoral | electoral calendar.
calendario lunar | lunar calendar.

calendario lunisolar | lunisolar calendar.
calendario solar | solar calendar.
calentabilidad | heatability.
calentable | heatable.
calentado a fuego directo | heated by direct fire.
calentado a gran temperatura | highly heated.
calentado a razón de 1 grado/segundo | heated at the rate of 1 deg/sec.
calentado a sequedad total (química) | heated to bone dryness.
calentado al azul | blue-hot.
calentado al baño María | heated on the water-bath.
calentado al rojo | red-hot.
calentado con gas | gas-fired.
calentado en alta temperatura (cerámica) | high-fired.
calentado pasivamente | passively heated.
calentado per se | heated per se.
calentado por el exterior | externally-heated.
calentado por vapor | steam-heated.
calentador | hot-plate | heater.
calentador (de materias bituminosas) | booster.
calentador bimetálico | bimetal heater.
calentador con circuitos separados para los fluidos | closed heater.
calentador con filtro | heater cum filter.
calentador con limpiaparabrisas interiores del vaho (autos) | heater-demister.
calentador contra escarcha (agricultura) | orchard heater.
calentador de agua alimentado por aceite | oil hot-water heater.
calentador de agua bruta del evaporador | evaporator raw-water heater.
calentador de agua caliente de mezcla directa | direct-mixing hot water heater.
calentador de agua de acumulación | storage water heater.
calentador de agua de alimentación | feed heater.
calentador de agua de alimentación de contacto directo | direct-contact feed-water heater.
calentador de agua de alimentación de corrientes múltiples | multiflow feed heater.
calentador de agua para el fregadero (cocinas) | sink water heater.
calentador de agua por energía solar | solar-hot-water heater.
calentador de agua por gas | gas circulator.
calentador de agua por los gases de escape | exhaust-gas water heater.
calentador de agua rápido | flow heater.
calentador de agujas (cambios vía) | switch heater.
calentador de aire | airheater.
calentador de aire caliente de flujo tangencial | tangential flow air heater.
calentador de aire de caldeo directo | direct-fired air heater.
calentador de aire de placas | plate air-heater.
calentador de aire recuperativo | recuperative air-heater.
calentador de aire regenerador | regenerative air-heater.
calentador de capa de cantos rodados | pebble-bed heater.
calentador de condensación | condenser heater.
calentador de escape directo | thoroughfare heater.
calentador de fueloil | fuel-oil heater.
calentador de fuel-oil de tubos de aletas y de cuatro pasos (calderas) | quadruple-pass finned-tube-type fuel oil heater .
calentador de inducción con núcleo | coreless type induction heater.
calentador de inducción de alta frecuencia | bombarder.
calentador de inducción de autorregulación | autoregulation induction heater.
calentador de inducción por corrientes de hiperfrecuencia | high-frequency induction heater.
calentador de inmersión | immerser.
calentador de los extremos de la varilla (para formar el perno) | bolt-blank heater.
calentador de mezcla de fluidos | direct-contact heater.
calentador de mezcla del agua de alimentación | direct-contact feed-water heater.
calentador de mezclas de fluidos | open heater.
calentador de pernos | bolt heater.
calentador de pies | footwarmer.
calentador de rayos infrarrojos empleando combustible gaseoso | gas-fired infrared heater.
calentador de remaches (cuadrilla de remachado) | rivet heater.
calentador de resistencia | resistance heater.
calentador de serpentín para el agua de alimentación | coil-type feed-water heater.
calentador de tochos por inducción | induction billet heater.
calentador de tubos radiantes | radiant-tube heater.
calentador del agua de alimentación (calderas) | economizer.
calentador del agua de alimentación por el vapor de escape | exhaust-steam feedwater heater.
calentador del agua de alimentación por sangría de vapor | extraction feed water heater.
calentador del agua por sangría de vapor | extraction heater.
calentador del agua salada | brine heater.
calentador del aire | hot exchanger.
calentador del aire ambiente | space heater.
calentador del aire de admisión | intake air heater.
calentador del aire del carburador | carburetor-air heater.
calentador del combustible | fuel heater.
calentador del fueloil | oil-fuel heater.
calentador desaireador del agua de alimentación | deaereating feed-water heater.
calentador eléctrico anular (para cocinas) | boiling ring.
calentador eléctrico de almacenamiento en las horas de menor consumo | off-peak electric storage heater.
calentador eléctrico de inmersión | electric immersion heater.
calentador eléctrico por convección | electric convector heater.
calentador para almacenamiento térmico | storage heater.
calentador para colmenas | hive heater.
calentador para espacios grandes | space heater.
calentador para quemar petróleo | fuel-burning heater.
calentador por contacto directo de los fluidos | open heater.
calentador por corrientes de inducción | induction heater.
calentador por corrientes parásitas de hiperfrecuencia | high-frequency eddy current heater.
calentador por inducción eléctrica | electric-inductance heater.
calentador por vapor de escape | exhaust-fed heater.
calentador radiante de rayos extremos del infrarrojo | far-infrared radiant heater.
calentador rápido | flush heater.
calentador tubular | pipe still.
calentador tubular del aire | air boiler.
calentamiento | heating | temperature rise | running hot | warmup.
calentamiento (correas, etc.) | chafing.
calentamiento a calda soldante de una mezcla de hierro y chatarra en pedazos pequeños (hierro pudelando) | busheling.
calentamiento a temperatura mayor que la de servicio normal | overheating.
calentamiento a una temperatura menor que la crítica seguido de un enfriamiento (acero templado) | drawback tempering.
calentamiento a 1.050 °C (termotratamiento de aceros) | lead patenting.
calentamiento a 1.050° C y enfriamiento al aire (termotratamiento aceros) | air patenting.
calentamiento a 45 ó 60° C durante 7 a 10 días (vinificación) | baking.
calentamiento a 650 °C (seguido por enfriamiento al aire - aceros) | sensitization treatment.
calentamiento aerodinámico | aerodynamic heating | kinetic heating.
calentamiento al rojo | glowing.
calentamiento antes de la reacción | prereaction heating.
calentamiento atmosférico | stratwarm.
calentamiento ciclotrónico | cyclotron resonance heating.
calentamiento cinemático | kinematic heating.
calentamiento cinético | kinetic heating.
calentamiento con poca densidad de corriente | low-density heating.
calentamiento coronal | coronal heating.
calentamiento de acumulación (calentamiento eléctrico del agua durante las horas de carga reducida en la red) | storage heating.
calentamiento de la mazarota | hot topping.
calentamiento de la zona soldada | postheating.
calentamiento de onda | wave heating.
calentamiento de retorno | back heating.
calentamiento de un tocho inmediatamente antes o durante la laminación | swealing.
calentamiento del agua de alimentación (calderas) | feed-heating.
calentamiento del agua de alimentación por vapor de sangría | bled-steam feed water heating.
calentamiento del aire | airheating.
calentamiento del fondo | bottom heating.
calentamiento del inducido | armature heating.
calentamiento del pavimento de la carretera | road heating.
calentamiento del vapor o gas entre las expansiones (turbinas) | reheating.
calentamiento dieléctrico | dielectric heating | capacity current heating.
calentamiento diferencial (temple) | flash heating.
calentamiento dinámico | dynamic heating.
calentamiento diurno | diurnal heating.
calentamiento electromagnético | electromagnetic heating.
calentamiento electrónico | electronic heating.
calentamiento en atmósfera inerte | inert atmosphere heating.
calentamiento en el vacío | vacuum baking | vacuum-heating.
calentamiento en la línea de encolado | glueline heating.
calentamiento en la línea de encolado (maderas) | parallel bonding heating.
calentamiento excesivo (cojinetes) | firing.
calentamiento gamma | gamma heating.
calentamiento intermedio del vapor entre dos expansiones (máquinas alternativas, turbinas) | reheat.
calentamiento óhmico | ohmic heating.
calentamiento para restaurar la estructura normal después de laminado en frío | normalizing.
calentamiento por bombardeo electrónico | back heating.
calentamiento por bombardeo iónico | ionic heating.
calentamiento por corrientes de inducción de baja frecuencia | low-frequency induction heating.
calentamiento por corrientes parásitas | eddy current heating.
calentamiento por corrientes parásitas de hiperfrecuencia | radiofrequency eddy current heating.
calentamiento por haz electrónico | electron beam heating.

calentamiento por histéresis dieléctrica | electronic heating.
calentamiento por inducción | induction heating | radiant heating.
calentamiento por onda de choque | shock heating.
calentamiento por onda electromagnética | wave heating.
calentamiento por rayos infrarrojos | infrared heating.
calentamiento por resonancia | resonance heating.
calentamiento por turbulencia | turbulent heating.
calentamiento preliminar de los electrodos (rectificador de mercurio) | bake-out.
calentamiento preliminar en vapor o agua caliente antes de deshidratar para conservar el aroma (legumbres) | blanching process.
calentamiento previo | first run.
calentamiento progresivo | gradual heating | progressive heating.
calentamiento rápido a elevada temperatura | high-temperature high-speed heating.
calentamiento selectivo | selective heating.
calentamiento superficial (tochos) | wash heat.
calentamiento suplementario | concurrent heating.
calentamiento y enfriamiento alterno para desmontar o desincrutar | socking.
calentar | heat (to) | warm (to) | get hot (to) | stoke (to).
calentar (motores) | warm through (to).
calentar a la temperatura de régimen haciendo funcionar el motor | warm up (to).
calentar al blanco | heat white-hot (to).
calentar al rojo | heat red-hot (to).
calentar con cok | coke-fire (to).
calentar con el soplete | flame (to).
calentar con el soplete oxiacetilénico | torch-heat (to).
calentar de nuevo (metalurgia) | reheat (to).
calentar el motor (funcionar sin embragar) | engine-warm (to).
calentar gradualmente | warm up (to).
calentar hasta la ebullición | heat to boiling (to).
calentar hasta por debajo del punto de ebullición | scald (to).
calentar hasta que empiezan a quemarse algunos constituyentes gaseosos con llama sobre el caldo (por ejemplo, el latón hasta que empiezan a arder los gases de cinc) | flare (to).
calentar hasta que toda la masa esté a la misma temperatura | soak (to).
calentar la capa de esmalte de la plancha para que se forme una reserva contra el mordiente (tipografía) | burn in (to).
calentar por corrientes de alta frecuencia | induction-heat (to).
calentar por resistencia eléctrica | resistance-heat (to).
calentar sin agua dentro | boil dry (to).
calentar una caldera | serve a boiler (to).
calentarse | run hot (to).
calentarse (cojinetes) | get hot (to).
calentarse (por razonamiento) | chafe (to).
calentón (de un cojinete, etc.) | running hot.
calera | lime pit | limekiln.
calero | lime-burner.
calesa | gig.
calescencia | calescence.
calescente | calescent.
caleta | creek | cove.
caleta (geografía) | inlet.
caleta (geología-EE.UU.) | coulee.
calibración | rating | sizing | gaging (EE.UU.) | alignment | standardization | metering | calibration.
calibración (instrumentos) | setting.
calibración angular | angular calibration.
calibración automática de la pieza que se está trabajando incorporada a la máquina herramienta | built-in gaging.
calibración de capas delgadas | thin-film gaging.
calibración de contadores | meter testing.
calibración de la brújula | compass calibration.
calibración de la fuente en kilocurios | kilocurie source calibration.
calibración de la longitud de onda | wavelength calibration.
calibración de la potencia transmitida | power-level calibration.
calibración de la tolerancia de recalcado (soldeo a topo por percusión) | setting of upsetting allowance.
calibración de micropartículas de diamante | diamond powders grading.
calibración de micropartículas finas de diamante | grading of fine diamond powders.
calibración de tanques | tank calibration.
calibración del contador | meter calibration.
calibración del equipo metrológico | calibration of the metrology equipment.
calibración del instrumento | instrument calibration.
calibración del potenciómetro | potentiometer setting.
calibración dinámica | dynamic gaging.
calibración durante el proceso de fabricación | in-process gauging.
calibración en campo libre (micrófonos) | free-field calibration.
calibración estática | static calibration.
calibración estática de los acelerómetros | static calibration of accelerometers.
calibración interior | internal calibration.
calibración óptica | optical gaging.
calibración por deformación | strain gaging.
calibración por lotes | batch calibration.
calibración radiográfica del espesor (chapas) | radiographic thickness gaging.
calibración radiológica del espesor | radiological thickness gaging.
calibración volumétrica | volumetric calibration.
calibrado | dodging | true to gage | gaged | calibrated | measurement | measuring | rating | pitched | sized.
calibrado a mano | hand-calibrated.
calibrado automático | automatic sizing | automatic gaging.
calibrado conjugador | matching gage.
calibrado continuo (durante el trabajo) | continuous gaging.
calibrado continuo del espesor | continuous thickness-gaging.
calibrado continuo por rayos gamma (espesores) | continuous γ ray gaging.
calibrado de agujeros | hole sizing.
calibrado de husillos | feed screw calibration.
calibrado del dispositivo calibrador | proving device calibration.
calibrado en fábrica | factory set.
calibrado en fracciones de micrómetros | calibrated in fractions of microns.
calibrado estroboscópico | stroboscopic calibration.
calibrado ópticamente | optically calibrated.
calibrado para tapas (encuadernación) | case gauge.
calibrado por porcentajes | percentage-calibrated.
calibrado por retrodispersión | backscatter thickness meter.
calibrador | calliper | calibrator | sizer | gauge (G.B.) | gage | gage (EE.UU.) | prover.
calibrador al tacto | feeler.
calibrador angular | angle gage.
calibrador beta | beta gage | beta thickness gauge.
calibrador de aberturas | thickness gage.
calibrador de absorción gamma | gamma absorption gage.
calibrador de alambre | wire gauge.
calibrador de alambres | wire gage.
calibrador de alcances | range calibrator.
calibrador de alineación | alignment gage.
calibrador de barrenas | bit gage.
calibrador de biseles | bevel protractor.
calibrador de brocas | bit gage.
calibrador de cincel | chisel caliper.
calibrador de clisés (tipografía) | plate gauge.
calibrador de conificación | taper gage.
calibrador de copa | socket gage.
calibrador de cristal de cuarzo | quartz crystal calibrator.
calibrador de cursor | slide-gage | slide-calipers | sliding caliper.
calibrador de desgaste de ánima (cañón) | bore erosion gage.
calibrador de diamantes | diamond gage.
calibrador de distancia entre cuernos (pararrayos) | horn-gap gage.
calibrador de dosis de radio | radium dosage calliper.
calibrador de espesor (sierras) | taper set.
calibrador de espesor de rayos gamma | gamma-ray thickness gage.
calibrador de espesores | thickness gage | slip gage.
calibrador de espesores por rayos X | X-ray thickness gage.
calibrador de fase modulada | phase-modulated calibrator.
calibrador de herramientas | tool gager.
calibrador de huesos | bone calibrator.
calibrador de la bomba del inyector | injector pump calibrator.
calibrador de la prensa (imprenta, litografía) | caliper.
calibrador de manómetros | pressure-gage testing machine | pressure-gage calibrator.
calibrador de máxima | high gage.
calibrador de muescas | groove gage.
calibrador de nivel de sonido | sound-level calibrator.
calibrador de precisión | precision calibrator.
calibrador de radios | radius gauge.
calibrador de roscas | screw gage | screw pitch gage.
calibrador de separaciones | feeler gage.
calibrador de taladrado | bit gage.
calibrador de tapón (para diámetro de agujeros) | plug gage.
calibrador de telemedida en vuelo | telemetering-in-flight calibrator.
calibrador de tiempos | time calibrator.
calibrador de tubos | tube gage.
calibrador de verificación de piezas | feeler gage.
calibrador del ánima (cañones) | bore gage.
calibrador del grueso de la corteza | bark gauge.
calibrador diferencial | differential gage.
calibrador en vuelo | in-flight calibrator.
calibrador fijo con tolerancias (una punta con la tolerancia alta y la otra punta con la tolerancia baja) | go-or-no-go gage.
calibrador fino | fine gage.
calibrador magnético de presión | pressductor.
calibrador magnético de torsión | torductor.
calibrador milimétrico para alambres | millimeter wire gage.
calibrador mínimo | no-go gage.
calibrador neumático | air gage.
calibrador neumático en movimiento líneal | linear-movement air gage.
calibrador normal de alambres | standard wire gage.
calibrador para agujeros (para diámetro de agujeros) | plug gage.
calibrador para bocallave | keyhole caliper.
calibrador para bomba de inyección del combustible | fuel-injection pump calibrator.
calibrador para máquina de pruebas | testing machine prover.
calibrador para tornillos americanos | ameri-

can screw gauge.
calibrador por fluorescencia | fluorescence thickness meter.
calibrador ultrasónico de espesores | ultrasonic thickness gage.
calibradora | sizing machine | separator.
calibradora para cilindros | roller tester.
calibraje | gaging (EE.UU.).
calibrar | meter (to) | calibrate (to) | caliper (to) | size (to) | measure (to).
calibrar (armas de fuego) | fine bore (to).
calibrar (cañón de fusil) | star-gage (to).
calibrar (tarar - aparatos) | gage (to).
calibrar (tarar - instrumentos) | gauge (to).
calibrar la composición | count off (to).
calibrar la composición (imprenta) | cast (to).
calibrar neumáticamente | air gage (to).
calibre | reference master gage | mould (Inglaterra) | size | mold (Estados Unidos) | templet | template | gauge (G.B.).
calibre (agujeros cilíndricos) | bore.
calibre (artillería) | caliper.
calibre (cañones, tubos, etc.) | calibre.
calibre (de tornear, etc.) | profile.
calibre (diámetro interior - tubos, cañones) | caliber (EE.UU.).
calibre (ladrillos) | lime pop.
calibre Brown and Sharpe (EE.UU.) | Brown and Sharpe gage.
calibre cilíndrico (para diámetro de agujeros) | plug gage.
calibre comprobador | setting gage.
calibre cónico de tapón (comprobación de piezas huecas) | taper-plug gage.
calibre cónico para exteriores | taper-ring gage.
calibre de alineamiento | registration gauge.
calibre de alturas | end gage.
calibre de anillo | ring gage | ring.
calibre de anillo para roscas exteriores | ring-type thread gage.
calibre de articulación ajustable | lock-joint calipers.
calibre de articulación fija | firm-joint calipers.
calibre de centro (roscado) | center gage.
calibre de circunferencia | circumference gage.
calibre de comparación | master gage.
calibre de comprobación | reference gage | check gage.
calibre de diámetros | stretch gauge.
calibre de espesores | outside caliper | parallel | parallels.
calibre de estirar | drawplate.
calibre de fabricación | working gage.
calibre de herradura | snap gage.
calibre de horquilla | snap gage.
calibre de huelgo máximo | not go gage.
calibre de huelgo mínimo (sin tolerancias) | go gage.
calibre de intercambiabilidad | interchangeability gage.
calibre de interiores | internal gage.
calibre de la hoja (sierra) | gauge.
calibre de manguito cónico | taper-ring gage.
calibre de máxima | plus-gage.
calibre de medidas finales | sizing jig.
calibre de mínima | low-gage.
calibre de mordaza | snap gage.
calibre de no entra | not go gage.
calibre de nonio | vernier calipers.
calibre de profundidad | depth gage.
calibre de recepción | purchasing inspection gage | acceptance gage.
calibre de referencia | master gage.
calibre de resorte | snap gage.
calibre de rodillos ajustables para roscas exteriores | roller-type thread gage.
calibre de separación de volumen (telefonía) | volume gauge spacing.
calibre de tapón | internal cylindrical gage.
calibre de tapón (para diámetro de agujeros) | plug gage.
calibre de tapón para roscas interiores | plug-type thread gage.
calibre de tolerancia | limit gauge | limit gage.
calibre de tolerancia de rodillos ajustables para roscas exteriores | roll thread snap gage.
calibre de triscado | spider | set gage.
calibre de triscado (sierras) | tooth-set gage.
calibre de varilla | spherical end measuring rod.
calibre de verificación | factory acceptance gage.
calibre decimal | decimal gage.
calibre del alambre | gage of wire.
calibre del ánima (cilindros, tubos, cañones) | diameter of the bore.
calibre del cilindro | cylinder bore.
calibre dimensional neumático | pneumatic dimensional gage.
calibre encuadrador | document gage.
calibre exterior | snap gage.
calibre hembra | female caliper gage.
calibre hembra que recibe en su interior la pieza terminada (piezas de forma muy compleja) | receiver gage.
calibre hembra receptor (su superficie interna tiene la forma de la pieza de sección irregular que va a medir) | receiving gage.
calibre hermafrodita (para interiores y exteriores) | hermaphrodite calipers.
calibre indicador | indicator calipers | indicating gage.
calibre interior | male gage.
calibre labial | lip gauge.
calibre macho | internal caliper | male gage.
calibre macho (para diámetro de agujeros) | plug gage.
calibre macho de anillo | annular plug gage.
calibre macho de extremos esféricos | spherical-ended plug gauge.
calibre macho de no pasa para roscas | not go screw plug gage.
calibre macho de pasa o no pasa | go-no-go plug.
calibre macho esférico | sphered plug gage | spheric plug gage.
calibre macho y hembra (EE.UU.) | Morphy caliper.
calibre maestro | master gage.
calibre máximo | maximum gage.
calibre máximo-mínimo | on-off gage.
calibre micrométrico | microcaliper.
calibre mínimo de tolerancias | not go on.
calibre modal | modal gauge.
calibre multidimensional | multidimensional gage.
calibre neumaticoelectrónico | pneumaticoelectronic gage.
calibre óptico | optical gage.
calibre para agujeros | hole gage.
calibre para anillos | ring gage.
calibre para ánima del cañón | gunbore gage.
calibre para ejes | external gage.
calibre para el ánima (cañón de fusil) | star gage.
calibre para elementos perfilados | contour gage.
calibre para esferas | ball caliper.
calibre para la formación de la husada de trama | copping place.
calibre para la separación entre ejes de carriles (vía férrea) | track gage.
calibre para medición continua (mintras se trabaja la pieza) | continuous measurement gage.
calibre para plegador | faller gage.
calibre para ranuras | groove gage.
calibre para rectificar el ángulo de los puntos (tornos) | center gage.
calibre para verificar la conicidad | taper gage.
calibre patrón | master gage | reference gage | standard gage.
calibre plano | test plate | caliper gage.
calibre reducido | subcaliber.
calibre reproductor | former.
calibre trazador | marking caliper.
calibres B y S | B and S gage.
calicata | prospecting pit | prospecting | trial pit.
calicatà (minas) | burrow.
calicatas | costeaning.
caliciforme | cup-shaped.
caliche | nitrate | saltpeter | saltpetre | crude nitrate | soda niter.
caliche (nitrato sódico) | caliche.
caliche (terreno arcilloso blancuzco) | caliche.
caliches (ladrillos) | pebbly particles.
calidad | brand | kind | sort | grade | grade | merit.
calidad (ajustes) | grade of fit.
calidad acústica | sound quality.
calidad admisible | fair quality.
calidad antidetonante | antiknocking quality.
calidad buena corriente | good fair.
calidad comercial | marketable quality.
calidad como la muestra | quality as per sample.
calidad común | average quality.
calidad con gran resistencia a la tracción y desgarramiento (papel) | fanfold.
calidad corriente | fair quality.
calidad corriente (algodón) | basic grade.
calidad de absoluto | absoluteness.
calidad de acotado (topología) | boundedness.
calidad de cuadrado | squareness.
calidad de fundibilidad | running quality.
calidad de ignición (petróleos) | ignition quality.
calidad de la imagen de TV | snap.
calidad de la vigueta | grade of the joist.
calidad de madera | grade of wood.
calidad de madera de hilo de resinosas equivalente a las clases A y B combinadas | B and better (EE.UU.).
calidad de miembro | membership.
calidad de pendiente o de colgante | pendency.
calidad de reproducción de un sonido | quality.
calidad de resultados en función de la entrada | garbage in garbage out (gigo).
calidad de salida del vapor | exit quality.
calidad de seguro (aviones) | airworthy.
calidad de transmisión | transmission performance.
calidad de vida | quality of life.
calidad del ajuste | goodness of fit.
calidad del contracto | contract grade.
calidad del contrato | basis grade.
calidad del diamante | diamond quality.
calidad del enlace radiofónico | voice link quality.
calidad del producto final | quality of the final product.
calidad del vapor | quality.
calidad excelente | A-1 quality | high-grade.
calidad extra | top-quality | extra quality.
calidad extrafina | extrafine quality.
calidad igual a la muestra | sampled quality.
calidad inferior | second quality | minor quality | poor quality.
calidad marginal | marginal quality.
calidad media | medium quality.
calidad media buena | fair average quality.
calidad media razonable | fair average quality.
calidad mediana | medium quality.
calidad mediocre | mediocre quality.
calidad normal | standard quality.
calidad ordinaria | fair quality.
calidad para calderas | boiler-grade.
calidad para estirado en frío | drawing quality.
calidad para joyería | jewellery quality.
calidad para larga distancia (telefonía) | toll quality.
calidad para trabajos muy duros | superduty quality.
calidad primera | best middling.
calidad promedia | average quality.
calidad que se vende con un aumento de precio sobre el normal | premium grade.
calidad regular | moderate quality.
calidad segunda (algodón) | second middling.
calidad sin defectos (hilo seda cruda) | neatness.
calidad soldable | weldable grade.

calidad superior | top quality.
calidad tercera (fibras) | common middling.
calidad uniforme | even-running quality.
calidades apropiadas para todas las necesidades | grades to suit all requirements.
calidades de arcillas refractarias | fire clay grades.
calientacomidas | ration heater.
calientaherramientas | tool heater.
calientaplatos | chafing dish.
calientaplatos (comedor de talleres) | plate warmer.
calientaplatos eléctrico | dish-warmer.
calientarremaches (obrero) | heater.
caliente | warm | hot.
calificación | grade.
calificación del desempeño del trabajo | performance rating.
calificación del trabajo | job evaluation.
calificación escolar de apto o no apto | pass-fail.
calificación por aptitudes | skilled rating.
calificación por el mérito | merit rating.
calificación preferencial | priority.
calificado | qualified.
calificado para hacer | competent to do.
calificado para volar en avión de dos motores de chorro (piloto) | twin-jet.
calificador | qualifier.
calificar | qualify (to).
Californio (elemento núm. 98) | Californium.
californio (elemento transuránico no natural) | californium.
caliginosidad | mistiness.
caligrafía | handwriting.
calígrafo | expert penman | calligrapher.
calima | heat haze | haze | fogginess.
calima de arena | sand haze.
calima industrial | industrial haze.
calima por el polvo | dry fog.
calimoso | hazy.
calípedes (perezoso de la Guayana-zoología) | two-toed sloth.
calipedes (zoología) | sloth.
calisténica | calisthenics.
calita (aleación resistente al calor de aluminio, níquel y hierro) | calite.
cáliz (botánica, zoología) | calyx.
cáliz (iglesias, botánica) | cup.
cáliz de la espoleta | fuze cup.
caliza | chalk.
caliza acarrilada | lapies.
caliza acrecionaria | accretionary limestone.
caliza algácea | algal limestone.
caliza arcillosa | argillaceous limestone.
caliza arenosa | arenaceous limestone.
caliza arkósica | arkosic limestone.
caliza arrecifal aptense | aptian reef limestone.
caliza aserrada en losas | sawed limestone.
caliza asfáltica | asphaltic limestone.
caliza biostromal | biostromal limestone.
caliza bituminosa | bituminous limestone.
caliza botrioide | botryoidal limestone.
caliza brucítica | brucitic limestone.
caliza carbonífera dolomitizada | dunstone.
caliza cavernosa | cavernous limestone | cavern limestone.
caliza cistídea | cystidean limestone.
caliza conchífera | shell limestone.
caliza coquinoide | biostromal limestone.
caliza coralina | coralline limestone.
caliza de crinoides | crinoidal limestone.
caliza de dureza media | medium-hard limestone.
caliza de grano fino | close-grained limestone.
caliza de grano muy fino | china stone | chinastone.
caliza de troquites | crinoidal limestone | entrochal limestone.
caliza detrítica | detrital limestone.
caliza dolomítica cristalina | crystalline dolomitic limestone.
caliza encrinítica | crinoidal limestone.
caliza espumosa | argentine.
caliza fétida | swinestone | fetid limestone | stinkstone.
caliza finamente molida | agricultural stone.
caliza fosilífera | fossiliferous limestone.
caliza friable porosa | porous friable limestone.
caliza granuda | granular limestone.
caliza hidráulica | hydraulic limestone.
caliza litográfica | lithographic stone.
caliza margosa sabulosa | sabulose marly chalk.
caliza metamorfoseada | metamorphosed limestone.
caliza meteorizada | weathered limestone.
caliza negra fosilífera | fossiliferous black limestone.
caliza no consolidada impregnada con asfalto | asphalte.
caliza no oolítica (piedra porosa) | beer stone.
caliza o arenisca que se puede labrar bien en cualquier dirección | freestone.
cáliza oolítica | oolitic limestone | ragstone | rag.
caliza orgánica | organic limestone.
caliza para pulir | rottenstone.
caliza pelitomorfa | pelitomorphic limestone.
caliza siliceoarcillosa | siliceous-argilaceous limestone.
caliza silicificada | silicified limestone.
calizo | limestone-bearing.
calizo (terrenos) | limy.
calma | calm.
calma chicha | doldrums | calm-glassy.
calma chicha sin gota de aire (náutica) | dead calm.
calma en los negocios | dullness of business.
calma profunda | dead calm.
calma rizada | calm-rippled.
calmado (aceros) | killed.
calmado con aluminio (aceros) | aluminum killed.
calmado con silicio (aceros) | silicon-killed.
calmado por completo (aceros) | dead-killed.
calmar | compose (to).
calmar (caldo metálico) | deadmelt (to).
calmar (desoxidar - aceros) | kill (to).
calmarse | lull (to).
calmarse (tempestad) | moderate (to).
calmarse (una reacción) | abate (to).
calmarse (viento) | fall calm (to).
calmas de Cáncer | horse latitudes.
calmas ecuatoriales | equatorial calms | equatorial doldrums | doldrums.
calomelanos (cloruro mercurioso) | calomel.
calomelanos (mineralogía) | calomel.
calor | hotness | heat.
calor acumulado | accumulated heat.
calor agotador | searing heat.
calor atómico | atomic heat.
calor cedido en el ciclo (termodinámica) | heat rejected from the cycle.
calor concomitante | concurrent heating.
calor convectivo | convective heat.
calor chamuscante | searing heat.
calor chamuscante en la reentrada en la atmósfera (cosmonaves) | searing heat of reentry.
calor de combinación | heat of formation.
calor de combustión total (combustibles) | higher heating value.
calor de convección | convected heat.
calor de desprendimiento | heat of liberation.
calor de disolución | heat of solution.
calor de distorsión de las virutas | heat of chip distortion.
calor de ebullición | boiling heat.
calor de escape | exit heat.
calor de formación | heat of formation.
calor de fraguado (hormigón) | heat of setting.
calor de fusión | fusion heat | melting heat.
calor de hidratación | heat of hydratation.
calor de humedecimiento | heat of wetting.
calor de la llama | flame's heat.
calor de radiación | radiation heat.
calor de radioactividad | radiogenic heat.
calor de reacción | heat of reaction.
calor de remojo (aeroacondicionamiento) | heat of wetting.
calor de temple producido por rectificado (acero inoxidable) | scorch.
calor de transformación | conversion heat.
calor del chorro durante el despegue | jet takeoff heat.
calor del líquido | liquid heat.
calor del soldeo | welding heat.
calor desarrollado | heat developed.
calor en radiactividad | radioactive heat.
calor específico | specific heat | calorific capacity.
calor específico de intervalo | interval-specific heat.
calor específico electrónico | electronic specific heat.
calor específico molal a volumen constante | molal specific heat at constant volume.
calor específico molar | molar specific heat.
calor específico por mol | specific heat per mole.
calor específico volumétrico (calor específico x densidad) | volumetric specific heat.
calor excesivo | overheat.
calor generado por fricción | frictional heat.
calor generado por frotamiento | frictional heat.
calor latente | afterheat.
calor latente de evaporación | latent heat of evaporation | latent heat of vaporization.
calor latente de fusión | latent heat of fusion.
calor latente de sublimación | latent heat of sublimation | enthalpy of sublimation.
calor latente de vaporización | enthalpy of evaporation.
calor líquido | liquid heat.
calor luminoso | luminous heat.
calor másico del agua | specific heat of water.
calor molar | molar heat.
calor molar de combustión | molar heat of combustion.
calor molar de formación | molar heat of formation.
calor oscuro | obscure heat.
calor para proceso industrial | industrial process heat.
calor producido por la desintegración de nuclidos radiactivos | decay heat.
calor producido por la fisión | fission-produced heat.
calor producido por la iluminación | lighting heat load.
calor proviniente del sol | solar-derived heat.
calor radiante | radiant heat | irradiated heat.
calor radiogénico | radiogenic heat.
calor radiógeno | radioactive heat | radiogenic heat.
calor residual | after heat | afterheat.
calor resultante de actividad residual | after heat.
calor rojo | red heat.
calor sensible | sensible heat.
calor sobrante y cambio climático | waste heat and climatic change.
calor terrestre radiógeno | radiogenic terrestrial heat.
calor total | enthalpy.
calor transmitido por unidad de tiempo | rate of heat transfer.
calor útil | heat output.
calor utilizable | availability of heat.
calor volumétrico | molal specific heat.
calorescencia | calorescence.
calorescente | calorescent.
caloría | calorie.
caloría internacional | I. T. calorie.
caloría-gramo | gram-calorie.
calorías por ración | calories per serving.
caloricidad | caloricity.
calórico | caloric.
calorífero | heating apparatus | heat carrying | heater | radiator.
calorífero de agua caliente | hot-water heater.

calorificación | calorification.
calorifugacia | heat resistance | heat-repellence.
calorifugado | heat-insulated | heat-isolated.
calorifugado con mantas de fibra de vidrio | lagged with fiberglass mattresses.
calorifugar | lag (to).
calorifugar la caldera | lag the boiler (to).
calorífugo | heat resistant | heat-repellent | heat-resisting | nonconductor | nonconducting | nonconductive.
calorígeno | calorigenic.
calorígrafo | calorigraph.
calorimetría | heat measurement | calorimetry | heat-measuring.
calorimetría criógena | cryogenic calorimetry.
calorimetría de exploración diferencial | differential scanning calorimetry.
calorimetría de reacción | reaction calorimetry.
calorimetría por combustión | combustion calorimetry.
calorimétrico | calorimetric.
calorímetro | heat indicator | calorimeter.
calorímetro a presión constante | flow calorimeter.
calorímetro a volumen constante | bomb calorimeter.
calorímetro adiabático | adiabatic calorimeter.
calorímetro adiabático de calor específico | adiabatic specific heat calorimeter.
calorímetro aneroide | aneroid calorimeter.
calorímetro constituido por una maraña de hilo de cable esmaltado fino | rat's net calorimeter.
calorímetro de bomba | bomb calorimeter.
calorímetro de calidad del vapor | steam-quality calorimeter.
calorímetro de circulación en laberinto | labyrinth flow calorimeter.
calorímetro de combustión | bomb calorimeter.
calorímetro de estrangulación | choking calorimeter.
calorimetro de expansión | throttling calorimeter.
calorímetro de flujo continuo | flow calorimeter.
calorimetro de Peabody | throttling calorimeter.
calorímetro de vapor | steam calorimeter.
calorímetro de volumen constante | constant-volume calorimeter.
caloriscopio | caloriscope.
caloristato | calorstat.
calorización | calorization.
calorización (impregnación con aluminio de una superficie metálica) | calorizing.
calorizar (alear superficialmente con aluminio por termotratamiento) | calorize (to).
calota | gauze heddle.
calota (tejido de gasa de vuelta) | doup.
calota (tejido gasa de vuelta) | leno heddle.
calota de acero | doup needle.
calqueado (dibujo para lizos) | pegging plan.
calqueado (dibujo que indica el movimiento de los lizos) | chain draft | chain plan.
calqueado (para lizos) | lifting plan.
caltiforme | cup-shaped.
caltropo (espícula de cuatro puntas - geología) | caltrop.
calumnia | smear.
calva (bosques) | open.
calvero | blank.
calvero (bosque) | bare place.
calvero (bosques) | fail patch | fail spot.
calvero en un rodal (bosques) | blank in a stand.
calvo | bald.
calza (minas) | block.
calzada | causeway.
calzada (carreteras) | roadway.
calzada (de calle) | road.
calzada (herramientas) | tipped.
calzada con sobreancho (curva de carretera) | widened pavement.
calzada de pantoque | bilge cribbing.
calzada de pantoque desmontable | collapsible bilge cribbing.
calzada de 6 carriles de circulación | carriageway of six lanes.
calzada doble de tres vías de circulación cada una | dual three-lane carriageways.
calzada empedrada | causeway.
calzada para ciclistas (carreteras) | cycleway.
calzada para coches | drive.
calzadas gemelas | dual roadways.
calzado | boot | footwear | shoe.
calzado (aves) | feather-legged.
calzado con metal duro (herramientas) | tipped.
calzado de color | brown shoes.
calzado de reglamento | ammunition boots.
calzado de seguridad con punteras interiores de acero | industrial shoes with internal steel toe caps.
calzado para caballeros | gent's footwear.
calzamiento | back-packing.
calzar | key (to) | block (to) | pack up (to).
calzar (con calzos) | chock (to).
calzar (herramientas) | tip (to).
calzar (imprenta) | overlay (to).
calzar (ruedas) | cog (to) | wedge (to).
calzar (ruedas de carruajes) | sprag (to).
calzar (tipografía) | lay (to) | underlay (to).
calzar de nuevo | remount (to).
calzar de nuevo (ruedas autos) | retire (to).
calzar de nuevo (ruedas vagones) | retire (to).
calzar la matriz | pack (to) | back (to).
calzar la matriz (estereotipia) | back up (to).
calzar las ruedas | block (to).
calzas | skids.
calzo | wedge | packing | packing piece | packing block | shoe | setting up piece | skid | chock | chuck.
calzo (botes) | crutch.
calzo (de maza martillo pilón) | tup.
calzo (de rueda) | skid shoe | skid.
calzo (imprenta) | overlay.
calzo (para sujetar troncos) | cheese block.
calzo (ruedas) | sprag.
calzo (tipografía) | bearer | underlay.
calzo abatible (para botes) | shifting chock.
calzo antivibratorio (para montar máquinas) | vibration pad.
calzo de bote | boat-chock | boat cradle.
calzo de enjullos (telar) | beam wedge.
calzo de la estampa (martillo pilón) | false block.
calzo de la palanca (apoyo de palanca - para apalancar) | fulcrum.
calzo de madera | bolster.
calzo de nivelación | leveling block.
calzo de puntal de carga (buques) | boom chock.
calzo de retenido | slip.
calzo para ajuste | shim.
calzo para detención | scotch block.
calzo para ruedas (aviones) | block.
calzo paralelo (telar) | parallel shoe.
calzón (bifurcación de tubería) | wye branch.
calzón (papada - de vela) | goosewing.
calzón de bifurcación del tubo de toma del vapor (locomotoras) | T head.
calzones (globo cometa) | trousers.
calzos (de botes) | stowage.
calzos de montaje (máquinas) | installation pads.
calzos del ancla | anchor chocks.
calzos para el balance (máquinas y calderas de buques) | rolling chocks.
calle (piscinas) | lane.
calle arterial urbana | urban arterial street.
calle compuesta de casas de alquiler | residential street.
calle con dirección única de tráfico | one-way street.
calle de circunvalación | ring-road.
calle de desviación | by-pass taxiway.
calle de torbellinos | vortex street.
calle de torbellinos Karman | Karman vortex street.
calleja | lane.
callejear saltar (animales) | lop (to).
callejero | index to streets | street guide.
callejón | slip | passageway | passage | lane.
callejón (buques) | passageway | corridor | gallery.
callejón (Costa Rica) | stock route | driveway.
callejón de combate (buques de guerra) | wing passage.
callejón de los alojamientos de oficiales (buques) | officers' alleyway.
callejón para tuberías (buques) | pipe alley.
callejón sin salida | cul-de-sac | dead end | blind way.
callejuela | lane.
callo (dureza en el pie) | corn.
callo de herradura | horseshoe quarter.
callosa (manos) | horny.
callosidad en la piel | horn.
cama (de arado) | beam | landside.
cama (del bocado) | branch.
cama (molde para chapas de reviro - astilleros) | bed.
cama abatible verticalmente encajada en la pared | recess bed.
cama de construcción (buques) | keel track and bilge cribbing.
cama de la estampa (martinete de forja) | sow block.
cama de paja para el ganado | mulch.
cama de roldanas (conjunto de tubos verticales próximos provistos en su cabeza de una roldana orientable - por encima se mueven las chapas grandes sin gran esfuerzo) | caster bed.
cama de tubos | pipe berth.
cama del ganado mezclada con rastrojo (mezcla de paja-estiércol-rastrojo) | stubble mulch.
cama empotrada | box-bed.
cama individual que se levanta durante el día (ferrocarril - EE.UU.) | roomette.
cama inferior de la carga (Iberoamérica) | bunk load.
cama para la caída de árboles (forestal) | cradle.
cama plegable | fold-away dinette.
cama Pullman | Pullman bed.
cama que se repliega en un armario | press-bed.
camacita | balk iron.
camada | birth.
cámada de salida | efflux chamber.
cama-diván | divan bed.
camafeo | cameo.
camafeos formados de dos o más porciones cementadas entre sí | assembled cameos.
cámara | chamber | quarter | room.
cámara (bombas centrífugas) | clearance space.
cámara (buques) | saloon | mess room | mess.
cámara (buques o dirigibles) | cabin.
cámara (cuerpo legislativo) | house.
cámara (de exclusa) | coffer.
cámara (de válvula) | pocket.
cámara (de ventilador) | stage.
cámara (horno crisol) | fire-hole.
cámara (minas) | bord | breast | stall | room.
cámara (sincrotón) | gap.
cámara (tajo grande de explotación - minas) | board.
cámara abovedada pequeña donde hay un mechero metálico (horno Siemens) | doghouse.
cámara acorazada | bank vault | strong room.
cámara acumuladora de presión (válvulas) | huddling chamber.
cámara aérea | aerial camera.
cámara aerodinámica para estudio de remolinos | eddy-chamber.
cámara aerofotográfica | aeronautical camera.
cámara aerofotogramétrica | aerocamera.
cámara agrícola | chamber of agriculture.
cámara aislada (mina carbón) | panel.
cámara aislada para sistema de transformadores | transformer vault.

cámara algodonera | cotton board.
cámara alta | Upper House | senate.
cámara amortiguadora de las pulsaciones | pulsation smoothing chamber.
cámara anecoica | anechoic chamber | dead room.
cámara arbitral | arbitration board.
cámara autónoma de televisión | electronic news gathering.
Cámara Baja | Lower House.
cámara blindada | strong room.
cámara blindada (Bancos) | safety vault.
cámara capaz de cierre hermético para comunicar dos sitios de presión diferente | air lock.
cámara cernedora | screen chamber.
cámara cinematográfica | motion-picture camera | cinematograph camera | ciné-camera.
cámara climática | climatic chamber.
cámara climatizada | environmental chamber.
cámara compensada para radiaciones gamma | chamber compensated for γ radiations.
cámara con orticonoscopio de imagen | image orthicon camera.
cámara con presión subatmosférica | vacuum chamber.
cámara con variación a voluntad de temperatura y humedad | environmental chamber.
cámara cribadora | screen chamber.
cámara de aceleración | accelerating chamber.
cámara de aceleración (del betatrón) | doughnut.
cámara de acondicionamiento | conditioning chamber.
cámara de agua (calderas) | water space | water bow.
cámara de agua (turbina hidráulica) | flume.
cámara de agua (turbinas) | forebay.
cámara de agua abierta (hidroturbinas) | open flume.
cámara de agua abierta (turbinas) | open turbine chamber.
cámara de agua de la caldera | boiler water space.
cámara de ahumar | smoking chamber.
cámara de aire | air space | air chamber.
cámara de aire (neumáticos) | air tube | inner tube | tube.
cámara de aire (pelota) | bladder.
cámara de aire (torpedos) | air flask.
cámara de aire alrededor de las cajas de humo y chimenea (buques) | fidley hatch.
cámara de aire de impulsión (bombas) | discharge air chamber.
cámara de aire del techo (ventilación) | ceiling plenum.
cámara de aire desinflada | pinched inner tube.
cámara de aire para neumático de automóvil | motorcar tube.
cámara de alimentación | feed space.
cámara de almacenar alimentos | food-storage chamber.
cámara de altitud | air box.
cámara de anclaje (pila puente colgante) | anchorage chamber.
cámara de aviación | aircraft camera.
cámara de baja presión | altitude chamber.
cámara de bajada | downtake chamber.
cámara de banda continua | continous-strip camera.
cámara de batido | beating chamber.
cámara de bifurcación | junction chamber.
cámara de bombardeo (radioactividad) | target chamber.
cámara de bombas | pumproom.
cámara de bombas de carga (petroleros) | cargo-pump room.
cámara de burbujas | bubble chamber.
cámara de burbujas de helio líquido | liquid helium bubble chamber.
cámara de burbujas de líquido de débil índice | light-liquid bubble chamber.
cámara de caldeo (calderas) | fire room.
cámara de calderas (buques) | stokehold | boiler-room.
cámara de calderas con aire a presión atmosférica (buques de guerra) | open boiler room.
cámara de calefacción | heating muff | heating chamber.
cámara de calefacción (de la admisión) | hotspot chamber.
cámara de calentamiento previo | hotspot heater.
cámara de captación | pickup camera.
cámara de caracol (hidráulica) | spiral casing.
cámara de carburación (carburador) | mixing chamber.
cámara de carga (hidráulica) | surge chamber.
cámara de carga (voladuras) | powder chamber.
cámara de cavidad Bragg-Gray | Bragg-Gray cavity ionization chamber.
cámara de centelleo (nuclear) | scintillation camera.
cámara de clasificación de polvos | dust-settling chamber.
cámara de cocción | burning chamber.
cámara de colisión (hidroaviones) | shock chamber.
cámara de combate | fighting chamber.
cámara de combustión | blast chamber | burner | combustion room.
cámara de combustión (calderas) | combustion chamber.
cámara de combustión (hogar-calderas) | firebox.
cámara de combustión (motor de cohete) | firing chamber.
cámara de combustión (turbina de gas) | boiler.
cámara de combustión (turbina de gases) | combustion chamber.
cámara de combustión (turborreactor, turbina de gas) | can.
cámara de combustión anular | annular combustion chamber.
cámara de combustión bidimensional | slice combustion chamber.
cámara de combustión con gran desprendimiento de calor | high-heat-release combustion chamber.
cámara de combustión con paredes apersianadas | louvred-wall combustion chamber.
cámara de combustión con presión regulada | pressurized combustion chamber.
cámara de combustión con varios tubos de llamas dentro de una envuelta de aire anular (turbina de gases) | cannular chamber.
cámara de combustión crateriforme | bowl-shaped combustion chamber.
cámara de combustión de cavidad iniciadora (motores) | precell type combustion chamber.
cámara de combustión de cielo plano | flat-roofed combustion chamber.
cámara de combustión de cohetes de combustible líquido enfriada por regeneración | regenerative cooled liquid rocket chamber.
cámara de combustión de flujo indirecto (motor de chorro) | return-flow combustion chamber.
cámara de combustión de flujo invertido | reverse-flow combustion chamber.
cámara de combustión de gran intensidad calorífica (turbina de gases) | high-intensity combustor.
cámara de combustión de la turbina de gas | gas-turbine combustor.
cámara de combustión de la turbina de gases | turbine combustor.
cámara de combustión de turbulencia | swirl-type combustion chamber.
cámara de combustión del cohete | rocket combustor.
cámara de combustión del estatorreactor | ramjet combustion chamber.
cámara de combustión del propulsor de cohete | rocket-motor combustion chamber.
cámara de combustión descentrada de forma de bañera (motores) | offset bath-tub combustion chamber.
cámara de combustión en forma de bañera (motores) | bathtub combustion chamber.
cámara de combustión enfriada por película | film-cooled combustor.
cámara de combustión exterior y unida a un horno | Dutch oven.
cámara de combustión hemisférica | hemispherical combustion chamber.
cámara de combustión interetápica (turbina de gases) | interheater.
cámara de combustión lateral (caldera de varios hornos) | wing combustion chamber.
cámara de combustión plana | biscuit-shaped combustion chamber.
cámara de combustión poliesférica (motores) | polyspherical combustion chamber.
cámara de combustión revestida de cerámica (turbina de gases) | ceramic-lined combustor.
cámara de combustión revestida interiormente de refractarios y con camisa exterior de agua | water-jacketed refractory-lined combustor.
cámara de combustión toroidal | toroidal combustion chamber.
cámara de combustión turbulenta (motores) | swirl combustion chamber.
cámara de combustión y turbina | turbojet.
cámara de comercio | chamber of commerce.
Cámara de Comercio Norteamericana | American Chamber of Commerce.
cámara de compensación | clearing house | clearinghouse.
cámara de compensación (conductos forzados de centrales hidroeléctricas) | surge tank.
cámara de compensación (hidráulica) | surge chamber.
cámara de compensación de productos | commodity clearing house.
cámara de compensación local | local clearing-house.
cámara de compensación óptica (fotografía) | smear camera.
cámara de compresión | pistonphone.
cámara de comprobación | pistonphone.
cámara de condensación (hornos) | rain-chamber.
cámara de condensador | capacitor ionization chamber.
cámara de confluencia | junction chamber.
cámara de contacto | contact chamber.
cámara de crecimiento de los cristales | crystal-growth chamber.
cámara de chispas | spark chamber.
cámara de chispas impulsadas | pulsed spark chamber.
cámara de decantación | antechamber.
cámara de decantación (toma de agua de turbinas) | desilting chamber.
cámara de decantación (toma de agua para turbinas) | desilter.
cámara de decantación de detritos | detritus chamber.
cámara de depresión | low-pressure chamber | scramble bin.
cámara de depuración (funderías) | skim gate.
cámara de depuración (fundición) | whirling runner.
cámara de descarga | exhaust space | exhaust chamber.
cámara de descarga de agua | flushing chamber.
cámara de descargas impulsadas | pulsed spark chamber.
cámara de descompresión | decompression chamber.
cámara de descongelación (buques) | chill box.
cámara de desecación | stoved room.
cámara de desescoriado (calderas) | slag-tap chamber.
cámara de despresurización | depressurising

chamber.
cámara de difracción de electrones | electron diffraction camara.
cámara de difracción de polvo | powder difraction camera.
cámara de difracción electrónica | electronic diffraction camera | electron diffraction camera.
cámara de difracción por rayos X | X-ray diffraction camera.
cámara de digestión | digestion chamber.
cámara de dínamos (buques) | dynamo room.
cámara de disipación de la energía de la ola | wave energy dissipation chamber.
cámara de distribución | distributing chest.
cámara de distribución (distribuidor) | steam-chest | steam chamber.
cámara de distribución (distribuidor de vapor) | steam box.
cámara de distribución (distribuidor máquina de vapor) | steam case.
cámara de distribución del vapor | valve chest.
cámara de dosificación | range chamber | dosing chamber.
cámara de empacado | bale chamber.
cámara de empalmes (cables submarinos) | jointing chamber.
cámara de empuje | plenum.
cámara de empuje del cohete | rocket thrust chamber.
cámara de enfriamiento | cooling space.
cámara de enganche (minas) | shaft-station | station.
cámara de enganche (pozo de mina) | lodge.
cámara de enganche de vagonetas (minas) | plat.
cámara de ensayos biológicos (nuclear) | biological hole.
cámara de entrada | inlet chamber.
cámara de equilibrio | equilibrium chamber | balancing space.
cámara de equilibrio (conductos forzados de centrales hidroeléctricas) | surge tank.
cámara de equilibrio (hidráulica) | surge chamber.
cámara de equilibrio (torpedos) | water regulator.
cámara de equilibrio de orificio | orifice surge tank.
cámara de equilibrio diferencial | differential surge tank.
cámara de equilibrio vertedora | overflow-type surge tank.
cámara de escape | exhaust chamber.
cámara de escoria | dirt pocket.
cámara de escoria (horno Martín Siemens) | cinder-pocket.
cámara de evacuación | delivery space.
cámara de evaporación | flash chamber.
cámara de examen en cuarentena de los astronautas que regresan a la tierra | trailer.
cámara de expansión | expansion chamber.
cámara de explosión | explosion chamber.
cámara de explosión (motores) | combustion chamber.
cámara de extinción del arco | arc-extinction chamber.
cámara de fermentación | fermentation room.
cámara de filtros de bolsas (hornos) | baghouse.
cámara de flotabildidad | buoyancy chamber.
cámara de flotación del carburador | carburetter float chamber.
cámara de foco fijo | fixed-focus camera.
cámara de fusión (horno pudelar) | iron chamber.
cámara de fusión (hornos) | hearth.
cámara de gas | gas dome | gas chamber.
cámara de gas (globo libre y otros aerostatos) | bag.
cámara de humidificación | conditioning chamber.
cámara de iconoscopio | iconoscope camera.
cámara de imagen continua | sweep camera.
cámara de impulsión | force chamber | pressure chamber.
cámara de impulsos | pulse ionization chamber.
cámara de incidencia oblicua | glancing-incidence camera.
cámara de incubación | hatching chamber.
cámara de inyección | injection chamber.
cámara de ionización | ionization chamber | ion chamber | expansion chamber | cloud chamber | fog chamber.
cámara de ionización al descubierto | open-air ionization chamber.
cámara de ionización capacitiva | capacitor ionization chamber.
cámara de ionización con compensación de la radiación gamma | gamma compensated ion chamber.
cámara de ionización con equivalente de aire | air equivalent ionization chamber.
cámara de ionización con fuente interna gaseosa | ionization chamber with internal gas source.
cámara de ionización de aire libre | free-air ionization chamber.
cámara de ionización de anillo de guarda | guarded-field thimble ionization chamber.
cámara de ionización de control | monitor ionisation chamber.
cámara de ionización de extrapolación | extrapolation ionization chamber.
cámara de ionización de fisión | fission ionization chamber.
cámara de ionización de impulsos | pulse-type ionization chamber | pulse ionization chamber | pulse ionisation chamber.
cámara de ionización de pared líquida | liquid wall ionization chamber.
cámara de ionización de paredes faradizadas | screen-walled ionization chamber.
cámara de ionización de paredes huecas | air-wall ionization chamber.
cámara de ionización de protones de retroceso | recoil proton ionization chamber.
cámara de ionización de rejilla | gridded-ionization chamber.
cámara de ionización de rejillas | grid ionisation chamber.
cámara de ionización de tabique de aire | air wall ionization chamber.
cámara de ionización de vacío | evacuable ionization chamber.
cámara de ionización del revestimiento | lining ionization chamber.
cámara de ionización estandar | standard ionization chamber.
cámara de ionización rellena de hidrógeno | hydrogen chamber.
cámara de ionización revestida de boro | boron-lined ionization chamber.
cámara de la asamblea | house of the legislature.
cámara de la tubería de impulsión (bombas) | delivery air chamber.
cámara de lente múltiple | multiple-lens camera.
cámara de los Comunes | Lower House | House of Commons.
Cámara de los Lores | House of Lords | Upper House.
cámara de maniobra | working chamber.
cámara de máquinas (buques) | engine room.
cámara de máquinas sin personal (buques) | unmanned engine room.
cámara de mezcla | mixing section | mixing chamber.
cámara de mina | shothole.
cámara de monocristal | single-crystal camera.
cámara de navegación | chamber of shipping | navigating compartment.
cámara de nebulización | fog chamber.
cámara de neumático | tire tube | tyre tube.
cámara de niebla | cloud chamber.
cámara de niebla de alta presión | high-pressure cloud chamber.
cámara de niebla de difusión continua | downward-diffusion cloud chamber.
cámara de niebla regulada con contador | counter-controlled cloud chamber.
cámara de observación | observation chamber.
cámara de oficiales | mess plate | officers' room.
cámara de oficiales (buque de guerra) | mess-place.
cámara de oficiales (buques) | officers' mess-room.
cámara de película en rollo para radiografías únicas y múltiples | roll film camera for single and serial exposures .
cámara de pirólisis | pyrolysis chamber.
cámara de plomo | lead chamber.
cámara de polvos | dusting chamber.
cámara de polvos (abridora de lanas) | settling chamber.
cámara de positrones | positron camera.
cámara de precombustión | precombustion chamber.
cámara de precombustión (motor) | air cell combustion system.
cámara de presecación | pre-drier.
cámara de presión | pressure chamber | dry well.
cámara de prisma giratorio | rotating-prism camera.
cámara de pruebas | experiment chamber.
cámara de pruebas (motores) | torture chamber.
cámara de pruebas para el comportamiento a grandes altitudes | high-altitude test chamber.
cámara de puertas (esclusas) | gate chamber.
cámara de pulverización | spraying chamber.
cámara de rayos X para registrar fotográficamente los halos de difracción de polvos | powder camera.
cámara de reacción (petróleo) | soaking chamber.
cámara de reacondicionado | reconditioner.
cámara de reacondicionamiento (desecación maderas) | reconditioner.
cámara de recuperación | recuperation chamber | egenerating chamber.
cámara de recuperación del calor (hornos metalúrgicos) | regenerator.
cámara de regeneración del calor (horno Martín Siemens) | checker chamber.
cámara de regulación de la inmersión (torpedos) | balance chamber.
cámara de relajación | suppression chamber.
cámara de relleno (minas) | lade hole.
cámara de repartición (partidor - riegos) | division box.
cámara de Representantes | Lower House.
Cámara de Representantes (EE.UU.) | House of Representatives.
cámara de reserva y mezcla (batanes) | blending reserve.
cámara de reverberación | echo chamber | reverberation chamber.
cámara de sacos para filtrar gases y recuperar óxidos metálicos en suspensión (hornos) | baghouse.
cámara de salida (turbina hidráulica) | afterbay.
cámara de salvamento unipersonal (submarinos) | one-man escape chamber.
cámara de secado | drying-room | drying house | hothouse.
cámara de sedimentación | silt basin.
cámara de simulación de viaje cósmico | space simulator.
cámara de sobrepresión | plenum.
cámara de televisión | television camera | telecamera.
cámara de televisión portátil | walkie-lookie.
cámara de toma | intake chamber.
cámara de tostación (metalurgia) | stall.
cámara de trabajo (cajón neumático) | working chamber.
cámara de trabajo (cimentaciones) | working

shaft.
cámara de trabajo con aire comprimido | compressed-air working chamber.
cámara de transferencia | tranfer chamber.
cámara de trayectorias | track chamber.
cámara de trazas | track chamber.
cámara de trazos | spark chamber.
cámara de trituración | grinding chamber.
cámara de turbina | wheel pit.
cámara de turbinas (hidráulica) | turbine pit.
cámara de TV en blanco y negro | black-and-white TV camera.
cámara de vacío | flash chamber.
cámara de vacío del ciclotrón | cyclotron vacuum chamber.
cámara de vacío parcial | vacuum chamber.
cámara de vacío toroidal (sincrotrón) | donut.
cámara de vacío toroidal donde se produce la aceleración del electrón (sincrotón) | doughnut.
cámara de vapor | steam chamber.
cámara de vapor (calderas) | steam holder.
cámara de vapor de la caldera | boiler steam space.
cámara de vaporización | vaporizing chamber.
cámara de vaporizado (estampado) | aging chamber.
cámara de vaporizar | steaming cottage.
cámara de viento | air belt.
cámara de viento (hornos) | air chamber.
cámara de visita | inspection chamber.
cámara de volumen variable | volume-defined chamber.
cámara de Wilson (radiología) | expansion chamber.
cámara del almirante (buque guerra) | admiral's saloon.
cámara del batidor | beater chamber.
cámara del comandante (buque guerra) | captain's room.
cámara del flotador | float chamber.
cámara del rebosadero | overflow space.
cámara del recuperador (hornos) | regenerator chamber.
cámara del viento (cubilote) | wind belt.
cámara desodorizada con ozono | ozone-deodorized chamber.
cámara desviadora | diversion-chamber.
cámara electrónica | electron camera.
cámara electrónica muy sensible a la luz de gran longitud de onda | red-conscious camera.
cámara emitrón | emitron camera.
cámara en la que se puede introducir gas para la instrucción de colocarse las caretas contra gases | gas chamber.
cámara en que puede reducirse la presión del aire | low-pressure chamber.
cámara espectroscópica | spectroscopic camera.
cámara espiral (hidráulica) | spiral casing.
cámara estereofotogramétrica | stereocamera.
cámara estereoscópica | stereocamara.
cámara fotocartográfica | mapping camera.
cámara fotográfica | camera.
cámara fotográfica astronómica | astronomical camera.
cámara fotográfica balística (registro de trayectoria de cohetes) | ballistic camera.
cámara fotográfica con avance de la película por saltos | jumping film camera.
cámara fotográfica con campo angular de 120 grados | ultrawide-angle camera.
cámara fotográfica de alta velocidad | imacon.
cámara fotográfica de disección de imágenes | image dissecting camera.
cámara fotográfica de fototeodolito | phototransit camera.
cámara fotográfica miniatura | minicamera.
cámara fotográfica montada en el eje óptico de un radar de rastreo | boresight camera.
cámara fotográfica para fotografiar periferias de cilindros y objetos irregulares | periphery camera.
cámara fotográfica seguidora | tracking camera.
cámara fotográfica trimetrogónica | horizon-to-horizon camera.
cámara fotogramétrica | photogrammetric camera.
cámara fotorradioscópica | photo-roentgen camera.
cámara frigorífcica | cold-storage chamber.
cámara frigorífica | cold room | refrigerator | refrigerating chamber.
cámara frigorífica (buques) | ice-room | cold-provision chamber.
cámara grabadora | recording camera.
cámara hermética | hermetic chamber.
cámara hidrostática (torpedos) | balance chamber.
cámara impelente | plenum chamber.
cámara integradora | integration ionization chamber.
cámara intensificadora | electronic camera.
cámara ionizante de pozo | well type ionization chamber.
cámara ionizante equivalente al tejido | tissue equivalent ionization chamber.
cámara lasérica | laser camera.
cámara lenta (cine) | ralenti.
cámara mezcladora | mixing chamber.
cámara microtermal | microthermal camera.
cámara muda | dead room.
cámara multiimágenes | framing camera.
cámara multiplacas (fotografía) | multiplate camera.
cámara osciloscópica | oscilloscope camera.
cámara para aerofotografía | air camera.
cámara para artes gráficas | graphic arts camera.
cámara para contener un cristal piezoeléctrico | crystal oven.
cámara para el polvo | dust box.
cámara para extraer el metal fundido con la cuchara (electrohornos de inducción) | ladling chamber.
cámara para fotocromía | one-shot camera | color camera.
cámara para microfilmar | microfilm camera.
cámara para polvo | dirt chamber.
cámara para polvos | dust chamber.
cámara para reproducción (fotografía) | copying camera.
cámara para tratar con vapores de amoníaco (fotografía) | fuming box.
cámara pequeña de combustión para promover la turbulencia (motores) | air cell.
cámara pra reproducción fotomecánica (tipografía) | process camera.
cámara preliminar de sedimentación (tratamiento aguas negras) | grit chamber.
cámara que toma fotografías de todo el cielo visible | all-sky camera.
cámara rectificadora | rectifying camera.
cámara registradora | recording camera.
cámara rellena de desechos (minas) | goaf.
cámara repetidora | step and repeat camera.
cámara resonante (radar) | ringing chamber.
cámara resonante (radio) | echo chamber.
cámara reverberante (acústica) | reverberation room.
cámara revestida de boro | boron ionization chamber.
cámara separadora | buffer chamber.
cámara simuladora de altitudes | altitude chamber.
cámara sin pared | wall-less chamber | wall-less ionization chamber.
cámara televisiva en circuito cerrado para visualizar las paredes del agujero (sondeos) | borehole television camera.
cámara televisora | television camera | telecamera.
cámara termostática para cristal | crystal oven.
cámara tomavista televisiva | television projector.
cámara tomavistas | photographic camera.
cámara tomavistas (cine, televisión) | camera gun.
cámara tomavistas con corriente (TV) | hot camera.
cámara tomavistas con luz verde indicando a los actores que la cámara está radiando (TV) | preview light camera.
cámara tomavistas de exterior | outside broadcast camera.
cámara tricolor | tricolor camera.
cámara tricroma | beam splitter camera.
cámara vacuodeshidratadora | vacuumized chamber.
camaradería | companionship.
camaranchón | garret.
cámaras de enfriamiento | cooling pans.
cámaras del Parlamento (G.B.) | Houses of Parliament.
cámaras solapadas | split cameras.
cámaras y pilares (minas) | bord-and-pillar.
camarera (buques) | stewardess.
camarero | steward.
camarero de maquinistas | engineers' messman.
camarero de oficiales | officers' messman.
camarero de oficiales (buques mercantes) | messman.
camareta (buques) | mess room | mess.
camareta (buques guerra) | wardroom.
camareta de aspirantes (buques guerra) | gun-room.
camareta de guardiamarinas | midshipmen's berth.
camarín | car.
camarín (ascensor) | cage.
camarín (de ascensor) | car.
camarín del ascensor | elevator car.
camarógrafo | cameraman.
camarón | crab.
camarón congelado | iced shrimp.
camarote | berth.
camarote (buques) | cabin.
camarote con cama (buques) | bed-sitting room.
camarote con diván-cama (buques) | Pullman cabin.
camarote con luz por portilla (buques) | porthole cabin.
camarote con techo forrado | ceiled cabin.
camarote de día del capitán (buques) | master's day room.
camarote de fogoneros (buques) | gloryhole.
camarote de los cocineros (buques) | cook's cabin.
camarote de lujo (buques) | cabin-de-luxe.
camarote de oficial | officer's berth.
camarote de oficial (buques) | stateroom.
camarote de primera clase | first-class cabin.
camarote de primera clase con dos camas | first-class double cabin.
camarote del armador (buques) | owner's cabin | owner's bedroom.
camarote del capitán | captain's berth | captain's room.
camarote del comandante | commander's room.
camarote del maquinista | engineer's room.
camarote del mayordomo (buques) | gloryhole.
camarote en el puente | deck cabin.
camarote en forma de L | L-shaped cabin.
camarote exterior | outboard cabin | outside cabin.
camarote interior (buques) | inboard cabin.
camarote más cerca de popa | after cabin.
camarote revestido de tableros contrachapados | panelled cabin.
camarote tipo dormitorio | dormitory-type cabin.
cambiabilidad | changeability.
cambiable | exchangeable | renewable | removable | changeable.
cambiadiscos (gramófono) | record changer.
cambiadiscos de gramófono | gramophone record changer.
cambiador (aparato de cambio) | changer.

cambiador automático de discos | automatic record changer.
cambiador automático de la husada | cop changer.
cambiador de alimentación (cargador de cañón) | shipper.
cambiador de alimentación (cargador del cañón) | feed shipper.
cambiador de avances (taladradora, máquinas herramientas) | feed variator.
cambiador de banda (electrónica) | wave-band switch.
cambiador de calor | heat-exchanger.
cambiador de calor de aire a agua | air-to-water heat exchanger.
cambiador de calor de aire a aire | air-to-air exchange.
cambiador de calor de vaina | pod-boiler.
cambiador de canal | channel shifter.
cambiador de fases | phase shifter.
cambiador de frecuencia | converter.
cambiador de frecuencias | frequency shifter.
cambiador de frecuencias electrónico | electronic frequency changer.
cambiador de la relación de transformación (transformadores) | tap-changer.
cambiador de modo | mode changer.
cambiador de temperatura por aerotermia | air-heat exchanger.
cambiador de una clase de combustible a otra (motores, calderas, etc.) | fuel changeover.
cambiador de velocidad de relación regulable | variable-ratio speed changer.
cambiador refrigerado por aire | aircooled exchanger.
cambial | bill of exchange.
cambial (botánica, comercio) | cambial.
cambial domiciliada (bolsa) | domiciled bill of exchange.
cambiante | changing.
cambiaplacas a plena luz (fotografía) | changing bag.
cambiar | vary (to) | replace (to) | change (to) | exchange (to) | translate (to) | interchange (to) | commute (to) | turn into (to) | barter (to).
cambiar a letras minúsculas (tipografía) | lower case (to).
cambiar a una velocidad inferior (autos) | change down (to).
cambiar automática y constantemente la incidencia de la pala del rotor en movimiento (vuelo horizontal helicópteros) | feather (to).
cambiar de dirección | veer (to) | change one's course (to) | alter one's route (to).
cambiar de domicilioextirpar | remove (to).
cambiar de dueño | change hands (to) | change ownership (to).
cambiar de emplazamiento (artillería) | shift position (to).
cambiar de escala | scale (to).
cambiar de fin | reroute (to).
cambiar de mano | change hands (to).
cambiar de objetivo (artillería) | switch fire (to).
cambiar de orientación | reroute (to).
cambiar de rumbo | alter one's route (to).
cambiar de rumbo (buques) | change one's course (to) | veer again (to).
cambiar de sitio | relocate (to) | displace (to).
cambiar de tono (música) | break (to).
cambiar de ubicación | re-site (to).
cambiar de velocidad | change gear (to).
cambiar de vía | shunt (to).
cambiar el ángulo de incidencia de la pala (hélice, rotor de helicóptero) | feather (to).
cambiar el ángulo de la pala de su posición de banderola (hélices, rotores) | unfeather (to).
cambiar el consignatario | reroute (to).
cambiar el entibado (galerías minas) | retimber (to).
cambiar el motor | re-motor (to).
cambiar el objetivo de ataque (avión en vuelo) | divert (to).
cambiar el reglaje | reset (to).
cambiar el rumbo | haul (to) | alter the course (to).
cambiar el rumbo (navegación) | shift (to).
cambiar el rumbo bruscamente (aviación) | break (to).
cambiar el sentido de la frase | re-phrase (to).
cambiar el tiempo (meterología) | breakup (to).
cambiar el tono por medio de un agujero o un traste (música) | stop (to).
cambiar el tubo (cañones) | regun (to).
cambiar el viento con frecuencia | fly about (to).
cambiar en moneda corriente | realize (to).
cambiar gradualmente | graduate (to).
cambiar gradualmente de color | shadow (to).
cambiar l aguja (ferrocarril) | shift the points (to).
cambiar la decoración (teatros) | shift (to).
cambiar la dirección | put about (to).
cambiar la fraseología sin cambiar su significado (mensajes) | paraphrase (to).
cambiar la instalación propulsora (buques) | repower (to).
cambiar la jarcia firme (buques) | strip (to).
cambiar las calderas | reboiler (to).
cambiar los bujes | rebush (to).
cambiar los nombres | relabel (to).
cambiar sin modificar la velocidad (autos) | gear level (to).
cambiar un billete (por dinero) | clear a bill (to).
cambiar un billete de banco | cash (to).
cambiar una bombilla | relamp (to).
cambiar velocidades (autos) | shift (to).
cambiar violentamente la dirección | reef it in (to).
cambiavía (Chile, Méjico) | switchman.
cambiavía tumbadora (ferrocarril) | ground throw.
cambio | shift | exchange | switching | changeover | changeover | swap | rotation | trade-in | change.
cambio (de la moneda) | exchange.
cambio (del tiempo) | breakup | let-up.
cambio a alfabético | alphabetic shift.
cambio a cifras (comunicaciones) | figure shift.
cambio a corto plazo | short exchange.
cambio a la izquierda (ferrocarriles) | left-hand switch.
cambio a la par de moneda | mint par of exchange.
cambio a la vista | check exchange.
cambio a letras | letter shift.
cambio a numérico | numeric shift.
cambio a números (teleimpresor) | figures shift.
cambio a saltos | skip change.
cambio adiabático | adiabatic change.
cambio adifusional (cambio en que la red cristalina no está afectada por los procesos de difusión - aleaciones) | nondiffusional change.
cambio aéreo | overhead frog.
cambio aéreo de dos vías | two-way frog.
cambio al contado | spot rate.
cambio alto | high rate of exchange.
cambio aniónico | anion exchange.
cambio automático | self-reversal.
cambio automático (vías) | spring switch.
cambio automático constante de incidencia de la pala (rotor girando - helicópteros) | feathering.
cambio automático de línea | automatic line-feed.
cambio automático del sentido del movimiento (máquinas herramientas) | self-reversing motion.
cambio brusco | abrupt change.
cambio brusco (de tempertura, etc.) | shock.
cambio brusco (meteorología) | sudden change.
cambio brusco de inclinación | sharp bent.
cambio brusco de la presión atmosférica a través de una zona estrecha (meteorología) | pressure jump.
cambio brusco de rumbo (aviones) | breakaway.
cambio brusco de sección | abrupt change of section.
cambio brusco de temperatura | thermal shock.
cambio catiónico | base exchange.
cambio con cruzamiento | switch and crossing.
cambio con cruzamiento (ferrocarril) | points and crossing.
cambio de abanderamiento (buques) | flag transfer.
cambio de acciones por las de una filial | split-off.
cambio de actitud que tiende a encabritar (aviones) | nose-up trim-change.
cambio de actitud que tiende a hacer picar (aviones) | nose-down trim-change.
cambio de activos fijos | trade-in of fixed assets.
cambio de aguas | water exchange.
cambio de aguja de tope (ferrocarril) | stub switch.
cambio de agujas (ferrocarril) | point-switch | split switch.
cambio de agujas de arrastre (ferrocarril) | trailing-point switch.
cambio de ángulo por unidad de tiempo | angular velocity.
cambio de ángulo por unidad de tiempo (mecánica celeste) | angular speed.
cambio de apertura (bolsa) | opening rate.
cambio de bandera | change of colors.
cambio de blanco (tiro artillero) | transfer.
cambio de canilla | shuttling.
cambio de canillas | bobbin changing.
cambio de carriles móviles (ferrocarril) | stub switch.
cambio de carriles móviles (via férrea) | blunt switch.
cambio de cierre | closing rate of exchange.
cambio de cloruros | clhoride shift.
cambio de color | discoloration (EE.UU.) | discolouration.
cambio de color por el calor (piedras preciosas) | burning.
cambio de colores | change of colors.
cambio de conexiones para acelerar o descelerar (electrolocomotora) | transition.
cambio de correa | belt shifting.
cambio de cruzamiento (ferrocarril) | slip points | slip road | slip-switch.
cambio de derrota (buques) | deviation.
cambio de despliegue | redeployment.
cambio de destinatario de una mercancía | reconsignment.
cambio de día | exchange rate of the day.
cambio de dimensiones al salir del molde (compacto no metálico) | recovery factor.
cambio de dimensiones de un compuesto metálico al salir del molde | spring factor.
cambio de dirección | inflexion | change of direction | break.
cambio de dirección de la corriente | flow turning.
cambio de dirección del eje (giroscopio) | wander.
cambio de dirección del movimiento de una partícula por colisión con otra partícula (nucleónica) | scattering.
cambio de dirección por unidad de tiempo (radar) | angular speed.
cambio de domicilio | moving.
cambio de dos agujas fijas (ferrocarril) | dumb-switch.
cambio de engranaje automático preseleccionado | preselected automatic gear change.
cambio de esquina | corner rafter.
cambio de estado autóctono | autochthonal change of state.
cambio de estado en función de la temperatura | temperature-based change of state.
cambio de estiba (buques) | rummmage.
cambio de estiva (buque) | rummage.

cambio de fase | phase shift.
cambio de fase abrupto | abrupt phase change.
cambio de fecha | dating.
cambio de forma de la sección de alambres cuadrados o rectangulares en sección trapezoidal (resortes) | keystone effect.
cambio de forma por ablación | shape change by ablation.
cambio de formación de combate (marina) | deploy.
cambio de fractura frágil a fractura correosa (temperatura crítica) | tough-to-brittle fracture.
cambio de frecuencia | frequency shift keying.
cambio de frecuencia en un oscilador durante el calentamiento (radar) | drift.
cambio de frente (milicia) | facing.
cambio de herramienta según la altura de resinación (pinos) | turn.
cambio de la dirección del viento hacia la proa | haul.
cambio de la morfología | morphology change.
cambio de lanzaderas (telares) | reshuttling.
cambio de limahoya | valley rafter.
cambio de línea (máquina escribir) | line feed.
cambio de marcha | reversal | linking up | reversing | reversing motion.
cambio de marcha (locomotoras vapor) | notching-up.
cambio de marcha de husillo | screw reversing gear.
cambio de marcha del avance | feed reversing gear.
cambio de marcha electromagnético | electro-reversing gear.
cambio de marcha forzado | positive reverse.
cambio de marcha mandado | positive reverse.
cambio de marcha por correa | belt reverse.
cambio de marcha por palanca | lever reversing gear.
cambio de marcha por tornillo sin fin | screw reversing gear.
cambio de mentalidad | metanoia.
cambio de obligación | transfer.
cambio de obreros de un frente a otro (minas) | cope.
cambio de operador de radar | radar handoff.
cambio de opinión | change of mind.
cambio de órbita | orbit transition.
cambio de ordenes en vuelo | divert.
cambio de orientación del espín | spin flip.
cambio de pendiente | grade break | change of slope | break | break of slope.
cambio de polaridad (acumuladores) | reversal.
cambio de política | tack.
cambio de rasante | grade break | change of slope.
cambio de rasante (ferrocarril, carreteras) | break in grade.
cambio de regimen (canalizaciones) | transition.
cambio de renglón | line feet.
cambio de rescate | buying in price.
cambio de residencia | change of address.
cambio de rumbo | change of direction.
cambio de rumbo del buque | change on the ship course.
cambio de salida (ferrocarril) | runway points.
cambio de sección (canales, tuberías) | transition.
cambio de sectores (autos) | gate-change gear.
cambio de situación | displacement.
cambio de talón (ferrocarril) | trailing-point switch.
cambio de talón (tren) | trailing point.
cambio de tendencia | change in tendency.
cambio de tiempo | break in the weather.
cambio de traviesas (vías férreas) | resleepering.
cambio de trazado | relocation.
cambio de tres vías | three-throw switch.
cambio de variantes | change of variates.
cambio de velocidad (automóviles) | change speed gear.
cambio de velocidad (autos) | gear-shift.
cambio de velocidad (de máquina de taladrar) | drill speeder.
cambio de velocidad con satélites | planetary gearing.
cambio de velocidades | change gear | gearbox.
cambio de velocidades (autos) | speed gear.
cambio de velocidades automático (autos) | automatic shift.
cambio de velocidades con tren desplazable | sliding gear.
cambio de vía | siding | turnoff | points | switch.
cambio de vía (ferrocarril) | points.
cambio de vía automática | automatic points.
cambio de vía completo (ferrocarril) | turnout.
cambio de vía con aguja (ferrocarril) | point-switch.
cambio de vía con agujas (cambio en que las agujas son un carril de la vía principal y un carril de la vía desviada) | split-switch.
cambio de vía con curva de transición entre la parte curva del cambio y la recta entre el cruzamiento (vía férrea) | transitioned turnout.
cambio de vía de plano inclinado | inclined plane switch.
cambio de vía de salida | runaway points | safety points.
cambio de vía móvil | flying switch.
cambio de vía triple | three-throw switch.
cambio del día (bolsa) | rate of the day.
cambio del entibado (minas) | retimbering.
cambio del plano de la órbita del satélite | satellite orbit plane change.
cambio del producto a bombear (oleoducto para diversas clases de petróleos y derivados) | tender head.
cambio del sentido de la marea | turn of the tide | change of tide.
cambio del tubo (cañones) | regunning.
cambio desfavorable | adverse change.
cambio dextrógiro | veering.
cambio doble (ferrocarril) | Y-switch.
cambio doble (vía férrea) | double switch | double points.
cambio doble con agujas intercaladas (ferrocarril) | lap switch turnout.
cambio elevado | high rate of exchange.
cambio en curva (ferrocarril) | double-curved switch | double-curved points.
cambio en el aspecto de la pieza fundida (defecto fundición) | sag.
cambio en el aspecto primitivo de la pasta (fabricación papel) | fading.
cambio en el riesgo | change in the risk.
cambio en especie | exchange in kind.
cambio en la carga demandada | demand-load change.
cambio en la dirección del eje (giroscopio) | drift.
cambio en la dirección del eje del giroscopio | gyro wander.
cambio en la energía | chenergy.
cambio en polarización | change in bias.
cambio en suspenso | exchange in suspense.
cambio energético | energy change.
cambio entre sí de partes homólogas | crossing-over.
cambio eustático | eustacy.
cambio extranjero | foreign exchange.
cambio fijo | fixed rate | direct exchange.
cambio físico de las existencias | physical change in stocks.
cambio físico discreto | discrete physical change.
cambio flexible | flexible rate.
cambio fluctuante (paridad con el oro) | flexible rate.
cambio gradual del color (papel) | fading.
cambio importante | marked change.
cambio inducido voluntariamente en la dirección de un sondeo | deflection.
cambio ionotrópico | ionotropic change.
cambio isobárico | pressure change.
cambio lento del sondido reproducido (por alteración de la velocidad del disco gramofónico) | wow.
cambio lógico | logic swing.
cambio marítimo (Méjico - Argentina) | bottomry.
cambio mecanoquímico | mechanochemical change.
cambio medio (bolsa) | middle price.
cambio microestructural | microstructural change.
cambio normal (ferrocarril) | standard points.
cambio oficial (bolsa) | official quotation.
cambio oficial (economía) | official rate.
cambio rápido de un curso de agua | avulsion.
cambio regular en la función fisiológica en ciclos de unas 24 horas | circadian rhythm.
cambio sencillo a la derecha (ferrocarril) | simple right-hand points.
cambio sencillo a la izquierda (ferrocarriles) | left-hand turnoff.
cambio simétrico | equilateral turnout.
cambio simple con cruzamiento (ferrocarril) | two-way symmetrical switch and crossing.
cambio sincronizado (autos) | synchromesh.
cambio súbito | abrupt wave.
cambio un día sí y otro no | every-other-day changing.
cambio voluntario de empresa por los obreros | labor turnover.
cambios climáticos | climatal changes.
cambios cuantitativos | quantitative changes.
cambios de cotización después de la sesión oficial | price after official hours.
cambios de signo | changes of sign.
cambios deteriorativos | deteriorative changes.
cambios efectuados en el transcurso del tiempo | changes brought in the process of time.
cambios en el personal laboral | labor turnover.
cambios en la carga | load changes.
cambios en la vida enconómica por factores económicos | endogenous changes.
cambios faunales o florales | faunal or floral changes.
cambios fijos | pegging exchanges rates.
cambios inminentes | impending changes.
cambios organolépticos | organoleptic changes.
cambios recientes | fresh changes.
cambios seculares | secular changes.
cambios seculares a largo plazo | long-term secular changes.
cambios según la pendiente ascendente | updip changes.
cambista | money changer | money broker | dealer | cambist.
cambista de moneda | money dealer | money-changer.
cámbium estratificado (árboles) | storied cambium.
cambra (pila de troncos antes de su transporte) | log deck.
cambra (pila de trozas almacenadas en la corta) | cold deck.
cambra provisional | hot deck.
cambrai | cambric.
cambrai (tela) | chambray.
cambray (tela algodón) | cambric | scrim.
Cambriano inferior | Comleyan.
Cambrico (geología) | Cambrian.
camelia (tela lana) | camelia.
camelote (tejido lana) | camlet.
camelote de seda | camelotine.
camello | camel.
camellón | ridge.
camellón (agricultura) | windrow.
camellón (entre surcos) | balk.
camellón (riegos) | border.
camellón distribuidor | spreader ridge.
camellones (riegos) | ridging.
camerino (teatros) | dressing room.
camilla | pallet | stretcher.
camilla (para heridos) | litter.
camilla de ruedas | litter carrier.

camillero | litter bearer | ambulance man.
caminante | pedestrian.
caminar | march (to) | tread (to).
camino | track | road | path | gang | way | route.
camino a media ladera | hanging road.
camino aleatorio | random walk.
camino aleatorio en dos dimensiones | random walk in two dimensions.
camino alumbrado | lighted road.
camino apartado | by-way.
camino arcilloso | heavy road.
camino auxiliar | by-road.
camino carretero | wagon road.
camino con bombeo | crowned road.
camino con roderas para las maderas | strip road.
camino con varejones (Uruguay - bosques) | skipper road.
camino cortado en un sitio | cul-de-sac.
camino cortafuego (bosques) | fire stop.
camino cubierto | covered way | covert way.
camino de acarreo | portage route.
camino de acceso | wayleave | access road | fairway.
camino de acceso a una finca no entretenido por el propietario de ésta | occupation road.
camino de acceso al lugar del incendio (bosques) | fire trail.
camino de acceso ilimitado | local-service road.
camino de acceso limitado | parkway.
camino de aproximación | approach route.
camino de arrastre (bosques) | tote road | kid road.
camino de arrastre con correderas (para troncos) | skipper road.
camino de arrastre con fuertes rollizos atravesados y parcialmente hundidos en el suelo | skid road.
camino de arrastre con rollizos colocados longitudinalmente | fore-and-aft road | plank road.
camino de arrastre con varaderas transversales | skipper road.
camino de cantera | by-pit.
camino de carriles (Argentina, Bolivia) | strip road.
camino de datos | dataway.
camino de desviamiento | bypass.
camino de entrada limitada | parkway.
camino de fajas (Chile) | strip road.
camino de funcionamiento | operating path.
camino de grava apisonada | gravel-surface road.
camino de grava petroleada | oil-mat road.
camino de herradura | bridle track | bridle way | horse trail | horse-road | horse-way | ride | trail | drove | lope way.
camino de herradura (camino para peatones y bestias) | bridle-road.
camino de infiltración (presas) | piping.
camino de integración | path of integration.
camino de la señal | signal path.
camino de nieve compactada | compacted snow road.
camino de paso del tocho (laminador) | strand.
camino de peaje | pike | toll road.
camino de resbalamiento | guide-path.
camino de retención de enlace | trunk-hold path.
camino de rodada (Méjico) | strip road.
camino de rodadura | roller path | runway | runaway.
camino de rodadura (cojinete de bolas) | ball race.
camino de rodadura cilíndrico | cylindrical race.
camino de rodadura circular | racer | circular roller path.
camino de rodadura de la pestaña de la rueda (corazón de cambio de vía) | flangeway.
camino de rodadura interior (cojinete bolas) | inner outer race.
camino de rollizos | logway.
camino de saca (bosques) | dray-road | extraction road | clearing road | kid road | logging road.
camino de saque (Iberoamérica-bosques) | tote road.
camino de servicio | attendant path.
camino de servicios | accommodation road.
camino de servidumbre | field way.
camino de sirga | horse path | towpath.
camino de tablones (sobre fango) | plank road.
camino de tablones para carretillas | runaway.
camino de tierra | dirt path.
camino de tierra petroleada | oiled earth road.
camino de travesía | field way.
camino de troncos | logway | corduroy road.
camino de troncos (Argentina, Venezuela) | corduroy road.
camino desenfilado | approach under cover | covered route | covert way | covered way | masked road | defiladed road.
camino desviado | loop-way.
camino desviado (carrera) | avoiding road.
camino directo | forward path.
camino directo total | through path.
camino elástico | flexible road.
camino en ladera | benched road.
camino en línea recta | straight line path.
camino en mal estado | heavy road.
camino en terraplén | embankment road.
camino estrecho a través de un monte | dry road | ride.
camino forestal | forest route | log road.
camino forestal (bosques) | dray-road.
camino ganadero | driveway.
camino ganadero (pastizales) | stock route.
camino hacia el interior desde la playa | beach exit.
camino holgado | slack path.
camino incatalizado | uncatalyzed path.
camino intransitable | impracticable road.
camino libre | open road.
camino lleno de rodadas | rutted road.
camino maderero (Iberoamérica) | dry road.
camino más corto | nearest way.
camino mas largo (topografía) | strongest route.
camino medio libre (física atómica) | mean-free-path.
camino militar | army road.
camino muletero | bridle track | bridle way.
camino múltiple | multipath.
camino óptico | optical train.
camino para grúas | craneway.
camino paralelo al frente (milicia) | lateral road.
camino perpendicular al frente (milicia) | axial road.
camino principal | main road.
camino principal para transmitir las señales (informática) | bus.
camino provisional | emergency road.
camino provisional de transporte | haul road.
camino recorrido (mecánica) | path.
camino recorrido durante el arranque | starting course.
camino recorrido en tierra después de aterrizar | ground roll.
camino recorrido por el muñón de la manivela | crank path.
camino ribereño | embankment road.
camino sin afirmar | dirt road.
camino sin firme | farm-road.
camino sin salida | blind path.
camino sobre enfaginado | fascine mattress road.
camino sobre suelo estabilizado | stabilized-soil road.
camino suave | easy running road.
camino subsidiario | byroad.
camino tangencial de una onda | tangential wave path.
camino terrizo | farm-road | dirt road.
camino tortuoso | meander.
camino transitable en tiempo seco | dry-weather road.
camino transitable en todo tiempo | all-weather road.
camino troncal | arterial highway.
camino vecinal | lane | by-road | community highway | parish road | local road.
caminos con hermosos paisajes | scenic roads.
caminos de acceso al bosque | forest access roads.
caminos de saca (bosques) | extraction routes.
camión | motor truck | truck | lorry.
camión agitador (transporte hormigón) | truck agitator.
camión andamio (reparación líneas de tranvías) | tower truck.
camión automóvil | wheeler | motor lorry | motor van.
camión automóvil (EE.UU.) | truck.
camión basculador de cola | end-tipper.
camión basculante | dumper | tipper.
camión basculante de caja de aluminio soldado | welded aluminum body tipper.
camión basculante hacia atrás | rear dumper | end-dump lorry.
camión batidor | truck mixer.
camión blindado para transporte de morteros | armored mortar carrier.
camión cerrado | covered truck.
camión cisterna | road tanker | fuel tanker | tank truck | refuelling tanker.
camión con adrales altos de tela metálica | rack truck.
camión con basculamiento lateral | side dump truck.
camión con cabina abatible hacia adelante (el motor debajo del asiento) | tilting-cab truck.
camión con cabina por delante del motor | cab-ahead-of-engine truck.
camión con compresor de aire | compressor lorry.
camión con doble dirección | twin-steering lorry.
camión con hormigonera | transit mixer.
camión con hormigonera giratoria | agitating truck.
camión con motor diesel | diesel-motored lorry.
camión con plataforma electroaislada elevable (reparación líneas tranvías o trolebuses) | tower wagon.
camión con remolque | trailer truck.
camión con ruedas de neumáticos | pneumatic tired lorry.
camión contraincendios productor de espuma | foam tender.
camión cuba | road tanker | tank truck.
camión cuba de combustible | fuel tanker.
camión cuba para transporte de leche | milk tanker lorry.
camión de bastidor rígido | rigid lorry.
camión de cabeza regulador de la marcha (convoyes de camiones) | control car.
camión de caja con teleros | stake-body truck.
camión de carga | load carrier.
camión de carga anfibio | amphibious cargo carrier.
camión de carga con cuatro ruedas motrices | four-wheel drive load carrier.
camión de cuatro ruedas | four-wheeler.
camión de cuatro toneladas de carga | four-tonner.
camión de chasis de pórtico alto (para transporte de troncos, tubos, etc. entre las ruedas) | straddle carrier.
camión de disparo (prospección sismológica) | shooting truck.
camión de dos ejes | four-wheel truck.
camión de empresa de transportes rápidos | express truck.
camión de plataforma | flat truck.
camión de plataforma baja y cargable por los costados y cola | sie-and-end-low-loader.
camión de plataforma con teleros | stake truck.
camión de remolque | tow truck.
camión de reparaciones | breakdown lorry.

camión de reparto | fast delivery van | express truck.
camión de reparto de harina a granel | bulk-flour delivery wagon.
camión de reportajes | outside-broadcast van.
camión de riego | sprinkler.
camión de seis ruedas | six-wheeler.
camión de seis ruedas con accionamiento a todas | six-by-six.
camión de seis ruedas con cuatro motrices | six-by-four.
camión de seis ruedas para cargas pesadas | six-wheel load carrier.
camión de transporte | goods carrier.
camión de transporte de hormigón en cuba agitadora durante la marcha | agitator truck.
camión de tres ejes | six-wheeler.
camión de tres toneladas de carga | three tonner.
camión de trinquinal | straddle carrier | straddle truck.
camión frigorífico | refrigerator lorry | insulated road van.
camión grúa | truck crane.
camión mezclador para el transporte de hormigón | motormixer.
camión mezclador para hormigón | motomixer.
camión oruga | full-track lorry.
camión para agricultores | farmer's lorry.
camión para el transporte de caballos | horse-car.
camión para grabaciones (sonoras) | recording van.
camión para personal con accionamiento en las cuatro ruedas | four-wheel drive personnel carrier.
camión para recogida de basuras | refuse collector.
camión para repostar | fueller | bowser.
camión para servicios de socorro (aviación) | crash tender.
camión para todo terreno | go-anywhere car.
camión para transporte de bultos voluminosos | bulky item carrier.
camión para transporte de caballos | horse-box.
camión para transporte de cemento a granel | bulk cement carrier.
camión para transporte de muebles | pantechnicon.
camión para transporte de municiones | ammunition-hauling truck.
camión para transporte de tropas | personnel carrier.
camión pesado | heavy lorry.
camión plataforma | flat bed truck | platform truck.
camión plataforma de ocho ruedas | eight-wheeled platform-type lorry.
camión publicitario | sound truck.
camión que desciende con paracaídas | parachute-lowered truck.
camión recogebasuras | garbage truck.
camión refrigerador | refrigerator car.
camión remolque | lorry trailer.
camión repostador | refueller.
camión retrobasculante | rear-dump lorry | rear-end dump truck.
camión taller | repair truck.
camión tanque para repostar | refueling unit.
camión tanque para repostar aviones (aeropuertos) | fuel tanker.
camión tractor | tractor truck.
camión transportador especial para maquinaria pesada | machinery transporter.
camión vacuoextractor de cenizas | pneumatic ash-removal wagon.
camión volquete | dump truck | dump car.
camionada | carfull.
camionaje | truckage | haulage.
camionaje ferroviario | railway cartage.
camión-cisterna | road tank vehicule.
camionero | motortruck driver | trucker | lorry driver.
camionero (EE.UU.) | teamster.
camioneta | van | pickup | light truck.
camioneta con equipo de televisión de exteriores | shooting brake.
camioneta de reparto | pickup truck.
camión-grúa | crane truck.
camión-grúa de socorro | wrecking car.
camión-grúa para recoger o auxiliar autos averiados en carretera | wrecker.
camión-hormigonera | trunk agitator.
camionista | truck driver | trucker.
camión-taller | maintenance vehicle.
camisa | chemise | quill | sheathing.
camisa (cilindro vapor) | casing.
camisa (de bala) | envelope.
camisa (máquinas) | case | sleeve.
camisa (mecheros) | mantle.
camisa (motor sin válvulas) | sleeve valve.
camisa aisladora de la caldera | boiler lagging.
camisa calefactora | jacket.
camisa centrifugada del eje de cola | centrifugally cast tail shaft liner.
camisa cerámica | ceramic liner.
camisa con cromado poroso (motores) | porous chrome-plated liner.
camisa con lumbreras (cilindros) | ported sleeve.
camisa cromada (cilindros) | chrome hardened liner | chromium-plated liner.
camisa cromada con depresiones de unos 3 milímetros de diámetro separadas unos 6 milímetros y que sirven de depósitos de lubricante (motores) | lattice-etched liner.
camisa cromada dura (motores) | plated liner.
camisa de acero nitrurado desmontable | detachable nitrited steel liner.
camisa de aire | air casing.
camisa de aluminio alrededor del núcleo de acero del proyectil (munición perforante) | sabot.
camisa de bala | bullet jacket.
camisa de bala de acero chapado | clad-steel bullet jacket.
camisa de bronce (cilindros, ejes) | bronze liner.
camisa de bronce con collarín | flanged brass lining.
camisa de caldera | boiler clothing.
camisa de cartón (libros) | envelope-file.
camisa de cartón (para dibujos) | portfolio.
camisa de cilindro | liner.
camisa de cilindro cambiable en el sitio | on-the-job-replaceable cylinder liner.
camisa de cilindro desmontable | removable cylinder liner.
camisa de cilindro preacabada recambiable | replaceable prefinished cylinder liner.
camisa de cilindros moledores | grinding-barrel liner.
camisa de circulación de aire | air jacket.
camisa de cuna de cañón | slide liner.
camisa de chimenea | aircase.
camisa de forzamiento (tubo de cañón) | hoop.
camisa de grafito | graphite sleeve.
camisa de la cámara de combustión (turbina de gases) | flame tube.
camisa de la cuba (alto horno) | shaft wall.
camisa de la válvula del pistón | piston valve liner.
camisa de libro | book-jacket.
camisa de recámara (cañones) | chamber liner.
camisa de refrigeración | water jacket.
camisa de troquelar | cutting jacket.
camisa de vapor | steam jacket.
camisa del distribuidor cilíndrico | piston valve liner.
camisa del eje | shaft liner.
camisa del eje de cola | tailshaft liner.
camisa del eje de cola (buques) | propeller-shaft liner.
camisa desmontable de cilindro | detachable cylinder liner.
camisa exterior (alto horno) | mantle | outer stack.
camisa exterior (cilindros) | jacket.
camisa exterior (ejes) | liner.
camisa exterior de agua | water jacket.
camisa exterior de chimenea | funnel air casing.
camisa exterior de la cámara de combustión (motor de turborreactor) | outer liner.
camisa exterior de vapor | steam jacket.
camisa exterior del cilindro | cylinder jacket.
camisa flotante postiza (motores) | free-floating liner.
camisa húmeda (cilindros de motores) | wet liner.
camisa húmeda centrifugada (cilindro de motor) | centrifugally cast wet-type liner.
camisa húmeda de cilindro | wet-type cylinder liner.
camisa húmeda de cilindro fácilmente reemplazable | easily replaced wet cylinder liner.
camisa húmeda desmontable (cilindros) | detachable wet liner.
camisa húmeda renovable (cilindros) | renewable wet liner.
camisa incandescente | incandescent mantle.
camisa interior (motor de chorro) | burner basket.
camisa interior (cilindros) | liner.
camisa interior (máquinas) | lining.
camisa interior (motor de chorro) | flame tube.
camisa interior con acabado lapidado (cilindros) | lap-finished liner.
camisa interior de la bomba | pump liner.
camisa interior de la cámara de combustión (motor de chorro) | inner liner.
camisa interior del cilindro | cylinder liner.
camisa interior del cilindro de alta presión | high-pressure cylinder liner.
camisa interior del distribuidor cilíndrico (locomotora de vapor) | locomotive piston-valve liner.
camisa interior desmontable (cilindros) | loose liner.
camisa no cromada | nonchromed liner.
camisa recalentada (cilindros motor) | heated liner.
camisa refractaria | refractory lining.
camisa refrigerada con agua dulce (motores) | fresh-water-cooled liner.
camisa refrigerante | cooling jacket.
camisa renovable (cilindros) | replaceable liner | renewable liner.
camisa seca (cilindro de motor) | dry liner.
camisa seca puesta a presión (motores) | dry-type press-fit liner.
camisa seca renovable (cilindros) | renewable dry liner.
camisa suelta (cañones) | loose barrel.
camocán | camak | camoca.
camón | arched rafter | curb rafter.
camón (encofrado) | templet ring.
campamento | mooring | camp lot | camp.
campamento cerca de un incendio forestal | line camp.
campamento de aserrado | setting.
campamento de barracones | hutted camp.
campamento de descanso (tropas) | rest camp.
campamento de leñadores | lumber camp.
campamento de trabajo (obras) | work camp.
campamento de turismo | camping.
campamento excavado bajo el hielo | underice camp.
campamento general para combatir un incendio forestal | fire camp.
campamento militar de reclutas | boot camp.
campamento obrero | settlement.
campamento secundario | side camp.
campamento volante | flying camp.
campana | hub | hood | bell.
campana (aislador) | shell.
campana (aisladores) | shed.
campana (de aislador) | petticoat.

campana (de hogar, de fragua, de aislador) | hood.
campana (de reloj) | gong.
campana (extremo de tubo) | hub.
campana (laboratorios, máquina neumática) | receiver.
campana (sondeos) | biche | die coupling.
campana acanalada (sondeos) | corrugated socket.
campana burbujeadora | bubble cap.
campana cascada | dissonance bell.
campana de aire | air chamber.
campana de buzo | diving bell | diver's bell.
campana de carga | fuel-feeding bell.
campana de cristal para plantas | garden-glass.
campana de chimenea | chimney hood.
campana de goteo (aisladores) | drip petticoat.
campana de humos | fume-chamber.
campana de laboratorio | hood.
campana de pesca (enchufe de pesca-sondeos) | fishing socket.
campana de pesca (pozos) | die collar.
campana de pescar (sondeos) | horn socket.
campana de recuperación de herramientas rotas (sondeos) | female tap.
campana de salvamento (sondeos) | female tap.
campana de techo (minas) | overhead-cavity.
campana de tuerca (sondeos) | screw-bell.
campana de vacío | vacuum bell jar | vacuum augmenter.
campana de vacío (química) | vacuum desiccator.
campana de válvula (sondeos) | ball-valve sludger.
campana de ventilación | fume hood.
campana de vidrio | glass bell.
campana de vidrio (horticultura) | cloche.
campana de vidrio (química) | bell jar.
campana del tomador | licker-in bonnet.
campana doble (aisladores) | double shed.
campana eléctrica | electric bell.
campana en el techo (minas) | back saddle.
campana extractora de humos | fume removal hood.
campana extractora de humos industriales tóxicos (laboratorios) | fume cupboard.
campana matafuego (sondeo pozos petrolíferos) | snuffer.
campana neumática | caisson.
campana para fabricar tubos de plomo | core die.
campana pendular (erizos - arma antisubmarinos) | tumbler.
campana roscada (sondeos) | screw-bell.
campana roscada arrancasondas (sondeos) | screw grab.
campanario | steeple | bell cage.
campanero | bell-ringer.
campaniforme | bell-shaped.
campanilla | bell.
campanillas (música) | small bells.
campanillear | play the bell (to).
campanilleo | ringing.
campanulado | campanulate.
campaña | campaign | field.
campaña (alto horno) | life | campaign.
campaña (de alto horno, de bocarte) | run.
campaña (de materiales que tienen una corta vida de trabajo) | run.
campaña (de un horno) | working season.
campaña (de una fábrica, de un bocarte) | mill-run.
campaña antimosquitos | antimosquito campaign.
campaña contra el despilfarro | antiwaste campaign | war on waste.
campaña contra el despilfarro de comida | antiwaste food campaign.
campaña contra la pobreza | war on poverty.
campaña contra las moscas | antifly campaign.
campaña de anuncios | ad campaign.
campaña de descrédito | smear campaign.
campaña de fabricación | run.
campaña de promoción de ventas | promotion campaign.
campaña de propaganda electoral | electoral propaganda campaign.
campaña de publicidad | ad-program | advertising campaign.
campaña del alto horno | blast-furnace campaign.
campaña electoral | electoral campaing.
campaña naval | sea campaign.
campaña ofensiva | aggressive campaign.
campaña prolongada | extensive campaign | long-drawn-out campaign.
campaña publicitaria | drive.
campaña publicitaria para lanzar un producto al mercado (EE.UU.) | build-up.
campaña raticida | antirat campaign.
campaña recordatoria de los defectos de vehículos de motor | motor vehicle safety defect recall campaign.
campaña terrestre | land campaign.
campeado (esmalte formado con polvos vítreos incrustados en canales abiertas en la base metálica) | champlevé.
campeón mundial | world champion.
campesino | farmer | countryman.
campilita | kampylite.
campiña | landscape.
campo | range | field.
campo (de una actividad) | arena.
campo (fotografía) | background.
campo (unidad de información) | field.
campo (zoología) | area.
campo acústico | acoustical field | sound field.
campo acústico libre | free sound field.
campo alineado | aligned field.
campo alrededor de una corriente | field around a current.
campo alternativo (electricidad) | alternating field.
campo aparente de visión | apparent field of view.
campo atrincherado | fortified area | intrenched camp.
campo aurífero | alluvial.
campo aurífero (minería) | gold field.
campo autocoherente | self-consistent field.
campo autónomo | self-consistent field.
campo auxiliar de aterrizaje | staging field.
campo bosónico cuantificado | quantized boson field.
campo cada vez más amplio | ever-widening field.
campo clarificador | sweeping field.
campo coercitivo | coercive force.
campo conservativo | conservative field.
campo constante | stationary field.
campo contiguo a los edificios (granjas) | infield.
campo corrector | corrective field.
campo corregido (óptica) | flat field.
campo cosechado | harvested cropland.
campo coulombiano repulsivo | repulsive Coulomb field.
campo creado por las ondas del espacio | sky wave field.
campo crítico del magnetrón | magnetron critical field.
campo cuadrático | quadratic field.
campo de acción | area.
campo de alcance (grúa giratoria) | slewing area.
campo de almacenaje intermedio (astilleros) | buffer storage.
campo de amplificación | coverage.
campo de antenas | antenna field.
campo de aplicación | field of use | range of application | span of application | coverage | scope | scope of application.
campo de aplicación (de un fenómeno, de medidas, etc.) | range.
campo de aplicación de los reconocimientos | scope of surveys.
campo de atenuación | attenuation range.
campo de aterrizaje | aircraft landing field | landing field | landing ground.
campo de aterrizaje simulado | dummy field.
campo de atracción | range of attraction.
campo de aviación | airfield | flying ground | land airfield | aviation field.
campo de aviación en la selva | bush airfield.
campo de aviación sobre hielo | ice airfield.
campo de aviación táctico | tactical airfield.
campo de batalla | ground | field | battlefield | battle area.
campo de búsqueda (radar) | field of search.
campo de claridad | focal field.
campo de clave | key field.
campo de cola trivial (matemáticas) | trivial tail field.
campo de congelación | freezing range.
campo de conjuntos (matemáticas) | field of sets.
campo de contactos (de selector) | bank.
campo de corriente | flow field.
campo de corriente armónica | harmonic flow field.
campo de corriente transónica | transonic flow field.
campo de decalaje | buffer offset.
campo de deformación de la coherencia | coherency strain field.
campo de deportes | sports arena.
campo de Dirac sin masa | massless Dirac field.
campo de dispersión | stray field.
campo de dispersión de la culata | yoke leakage field.
campo de dispersión del inducido | armature leakage field.
campo de dispersión magnética | stray field.
campo de empleo | scope.
campo de enfoque | focusing field.
campo de entrada de almacenamiento de chapas y perfiles (fábricas) | raw material storage.
campo de esfuerzos plásticos | plastic field of stress.
campo de expansión de onda de choque | shock-expansion field.
campo de experiencias | test site.
campo de exploración | scanning field.
campo de explotación (minas) | winning.
campo de filones (minas) | linked veins.
campo de fracturas concoidal | conchoidal fracture field.
campo de fuegos (artillería) | field of fire.
campo de fuerza central | central field of force | central force field.
campo de fuerza centrífuga | centrifugal force field.
campo de fuerza conservativo | conservative force field | conservative field of force.
campo de fuerza coulombiano | Coulomb field of force.
campo de fuerza magnetostático | magnetostatic field.
campo de fuerzas | force field.
campo de golf | golf course.
campo de guía | guiding field.
campo de hielo | ice-field.
campo de hielo de más de 10 kilómetros de ancho | broad ice field.
campo de hielo de pequeña extensión | sheet ice.
campo de imagen | image field.
campo de imagen nítida (lentes, objetivos) | coverage.
campo de imagen proyectada | projected image area.
campo de integración | range of integration.
campo de jacks | jack field.
campo de la función | range of the function.
campo de la práctica | arena of practice.
campo de lava | lava-field.
campo de lectura | scanning area.
campo de lectura (filme sonoro) | scanning

area.
campo de ligandos | ligand field.
campo de maniobras | drill ground.
campo de medida (aparatos eléctricos) | range.
campo de medida (instrumentos) | measuring range.
campo de minas | minefield.
campo de minas contra desembarcos aéreos | antiairborne minefield.
campo de minas defensivo | defensive minefield.
campo de minas fondeadas | buoyant minefield.
campo de minas localizado | located minefield.
campo de minas simulado | decoy mine field.
campo de minas terrestres | mine plantation.
campo de nutación | nutation field.
campo de pastos | range.
campo de perforación de zona | zone punching area.
campo de periodicidad espacial | space-periodic field.
campo de periodicidad temporal | time-periodic field.
campo de petróleo | oil field.
campo de petróleo con presión de gas | gas field | gas drive field.
campo de propiedades | property field.
campo de radiación exterior | external-radiation field.
campo de radiación protónica | proton radiation field.
campo de ráfagas | gust field.
campo de rastrojo | stubblefield.
campo de reacción (electricidad) | reacting field.
campo de reactancia | choking field.
campo de retardo (electrotecnia) | brake field.
campo de selección (telefonía) | translation field.
campo de tiro | rifle-range | shooting grounds | range.
campo de tiro (cañón naval) | lateral arc of fire.
campo de tiro de pistola | pistol range.
campo de tiro en que no se puede disparar | fouled range.
campo de tiro en que se puede disparar | clear range.
campo de tiro lateral | angle of traverse.
campo de tiro vertical | elevation field.
campo de toma de vistas de la cámara | camera coverage.
campo de trabajo de la grúa | area served by crane.
campo de trigo encamado | layer.
campo de unión interno | internal junction field.
campo de utilización (de un fenómeno, de medidas, etc.) | range.
campo de validez de la fórmula | domain of validity of the formula.
campo de variabilidad (conjuntos) | range.
campo de variabilidad de una función 1-1 | range of a 1-1 function.
campo de variación azimutal | azimuthally varying field.
campo de variación temporal | time varying field.
campo de velocidades inducidas por la hélice (buques) | propeller-induced velocity field.
campo de velocidades tridimensionalmente variable | three-dimensional variable velocity field.
campo de visión angular | angular field of view.
campo de visión cercana | near-viewing field.
campo de visión efectivo | real field of view.
campo de visión lejana | distance-viewing field.
campo del flujo | flow field.
campo del ocular | ocular field.
campo desimanador | demagnetization field | demagnetizer field.
campo desimanante | demagnetizing field.
campo desprotegido (visualización) | unprotected field.
campo desviador | deviating field.
campo desviante electrostático | electrostatic deviating field.
campo diamantífero | diamond field.
campo diamantífero aluvial | alluvial diamond field.
campo difuso | scattered field.
campo dipolar | dipole field.
campo director | directing field.
campo dispersivo de la culata | yoke stray field.
campo distante | far field.
campo eléctrico | electric field.
campo eléctrico de gradiente pulsado | pulsed gradient electric field.
campo eléctrico oscilatorio | oscillating electric field.
campo eléctrico radial ortogonal | right-angled radial electric field.
campo electromagnético cuantizado | quantized electromagnetic field.
campo electrostático protegido | guarded electrostatic field.
campo en cuadratura | quadrature field.
campo en derivación aditivo | cumulative shunt field.
campo en el entrehierro (electricidad) | air field.
campo escalar | scalar field | real number field.
campo escalar de potencial | scalar potential field.
campo escalar de simetría esférica | spherically symmetric scalar field.
campo estatórico giratorio | rotating stator field.
campo fijo (no variable) | constant field.
campo focalizador transversal | transverse focusing field.
campo formado electrostáticamente | built-in electric field.
campo fótico | photic field.
campo frenante | retarding field.
campo giratorio | revolving field | Ferraris field | rotating field.
campo giratorio anular | annular rotating field.
campo giratorio circular | circular rotating field.
campo giratorio del alternador | alternator rotating field.
campo giratorio elíptico | elliptical rotating field.
campo gravitacional de simetría axial | axisymmetric gravitational field.
campo hipercomplejo (sistema algebraico) | skew field.
campo hiperfino | hyperfine field.
campo identificador de la secuencia del programa | identification sequence field.
campo ilimitado | limitless field.
campo imanador | field magnetization.
campo inductor | exciting field.
campo inductor (electricidad) | field.
campo inductor de corriente continua de excitación independiente | separately excited D. C. field | separately excited D.C. field.
campo inductor del alternador | alternator field.
campo inductor motórico (electromotor) | motor field.
campo infinito | free field.
campo intantáneo de visión | instantaneous field of view.
campo irrotacional | irrotational field.
campo isalobárico | isallobaric field.
campo lejano | far field.
campo leptónico | lepton field.
campo leptónico cuantizado | quantized lepton field.
campo libre | range.
campo libre (campo en que los efectos de los límites son despreciables sobre la región de interés) | free field.
campo limitante | confining field.
campo longitudinal | longitudinal field.
campo magnético | M field.
campo magnético (electricidad) | field.
campo magnético alternativo | alternating magnetic field.
campo magnético atómico | atomic magnetic field.
campo magnético confinando un plasma | plasma-confining magnetic field.
campo magnético constante | fixed magnetic field | constant magnetic field.
campo magnético constrictor | pinch field.
campo magnético de cúspide | magnetic cusp field.
campo magnético de la resonancia nuclear | nuclear-resonance magnetic field.
campo magnético de la tierra | earth's magnetic field.
campo magnético de simetría axial | axially symmetric magnetic field.
campo magnético de 100 kilogausios | magnetic field of 100 kG.
campo magnético director | guiding magnetic field.
campo magnético en anillo cerrado | closed-ring magnetic field.
campo magnético fijo de foco rasante alterno | fixed magnetic field with alternating gradient focusing.
campo magnético galáctico | galactic magnetic field.
campo magnético giratorio | rotating magnetic field | rotary field.
campo magnético intermolecular | intermolecular magnetic field.
campo magnético longitudinal | longitudinal magnetic field.
campo magnético móvil | movable magnetic field.
campo magnético progresivamente variable | tapered magnetic field.
campo magnético pulsante | pulsating magnetic field.
campo magnético pulsátil | pulsed magnetic field.
campo magnético residual | anomalous field.
campo magnético sectorial | sectorial magnetic field.
campo magnético terrestre | terrestrial magnetic field.
campo magnético transitorio | transient magnetic field.
campo magnetotelúrico | magnetotelluric field.
campo marginal | fringing field.
campo mayor (petróleo) | staff camp.
campo mesónico | meson field.
campo numérico | number field.
campo ondulatorio | wave field.
campo óptico | sight field.
campo oscuro | dark field.
campo para datos escritos | writing field.
campo para tiro reducido | miniature range.
campo periódico | cyclical field.
campo perturbacional | perturbation field.
campo perturbador | noise field.
campo perturbante | disturbing field.
campo petrolífero | petroleum field.
campo plano | flat field.
campo protegido (visualización) | protected field.
campo que se difunde y desvanece | leaking field.
campo rebajado (escariador) | relieved land.
campo receptor (biología) | receptive field.
campo retardador | retarding field.
campo retardador (válvulas termiónicas) | brake field.
campo rotacional | coil field | rotational field | circuital vector field | curl field.
campo rotativo | rotating field | rotational field.
campo séxtuple | sextupole field.
campo solenoidal | tubular vector field | solenoidal field | divergence free field.
campo sonoro | sound field.
campo suicida (amplidinos) | suicidal field.

campo supresor del magnetismo remanente | killer field.
campo telúrico | telluric field.
campo temático | subject field.
campo tensorial antisimétrico | antisymmetric tensor field.
campo umbral (magnetismo) | threshold field.
campo únicamente magnético | purely magnetic field.
campo uniforme de la imagen (TV) | flat field.
campo variable | nonuniform field | variable field.
campo variable (electricidad) | moving field.
campo vectorial | vector field.
campo vectorial aperiódico | noncircuital field | noncyclical field | irrotational field | lamellar field.
campo vectorial de velocidades | velocity vector field.
campo verificador de marcas | check field.
campo visual | visual field.
campo visual (cristal de gafas) | vista.
campos afines | borderline fields.
campos conexos | related fields.
campos contrarrotativos | counterrotating fields.
campos cristalinos | crystal fields.
campos de batalla en el mundo | war arenas over the globe.
campos de fracturas | fracture fields.
campos de Galois (matemáticas) | Galois fields.
campos de la cooperación | cooperation areas.
campos de mineros | mining camp.
campos extraquímicos | extra-chemical fields.
campos sécticos | sextic fields.
campos sécticos de ciclo real | real cycle sextic fields.
campos troposféricos dispersos | tropospheric scattered fields.
campus | campus.
camuflado | camouflaged.
camuflaje (milicia) | camouflage.
camuflaje contra la aviación | aviation camouflage.
camuflar (milicia) | camouflage (to).
camulco (paño de lana) | bearskin.
camwood (Baphia nitida - Lodd) | camwood.
can | offset | modillion.
can (constelación) | dog.
canabiosis | cannabiosis.
canal | cutter | culvert | watercourse | canal | way | sluiceway | sluice | hollow chamfer | gat | tube | riffle | gut | trough | ditch | passage | duct | gut | chamfer | channel.
canal (cilindro laminador) | pass.
canal (cinta) | track.
canal (de máquina de composición-tipografía) | chanel.
canal (hidráulica) | gullet | carrier.
canal (horno de vidrio) | goulotte.
canal (laminadores) | groove.
canal (oceanografía) | gully.
canal a cielo abierto | open culvert.
canal a dos hilos (telecomunicación) | two-wire channel.
canal a media ladera | bench flume.
canal a nivel | ditch-canal.
canal a nivel del mar | sea-level canal.
canal abierta (laminador) | open pass.
canal abierto (hidroturbinas) | open flume.
canal abierto para agua | flume.
canal acabador (laminador) | last pass.
canal acabador (laminadores) | finishing groove.
canal acabadora (laminador) | finishing pass.
canal activa (laminador) | live pass.
canal activa (laminadores) | active pass.
canal acústico | voice channel.
canal aerífero (botánica) | air passage.
canal aleatorio | random channel.
canal alimentador | feeder canal | head canal.
canal aliviadero (presas) | spillway.
canal aliviadero en trinchera | gorge.
canal analógico | analog channel.
canal anterior (a una esclusa) | head-bay.
canal arrendado (telecomunicación) | leased channel.
canal artificial | fleam.
canal aspirante | aspirating channel.
canal atmosférico | atmospheric duct.
canal bombeada (laminador) | bellied pass.
canal central (fibras) | lumen.
canal cerrada (canal embutida - cilindro laminador) | closed pass.
canal ciega (laminador) | false pass | blind pass.
canal ciego | thimble.
canal colector (bomba centrífuga) | whirlpool chamber | volute chamber.
canal colector de humos (hogares) | collecting flue.
canal compartido | shared channel.
canal común de señalización | common signalization channel | signaling common channel.
canal con esclusas | locked canal.
canal con hierba en el cajero | grass-lined channel.
canal con plantaciones | vegetated ditch.
canal continuo en el tiempo (comunicaciones) | time-continuous channel.
canal convexa (laminador) | convex pass.
canal cortante (relaminación) | slitting pass.
canal cuadrada con ángulos redondeados (laminador) | Gothic pass.
canal cuadrado de diagonal vertical (laminadores) | diamond pass.
canal cubierto | box drain.
canal de acceso | approach channel.
canal de acceso (parte navegable de ríos o puertos) | fairway.
canal de acceso al puerto | harbor's fairwair | port approach.
canal de aceite | oil trough.
canal de aducción | head canal.
canal de aforo | measuring duct.
canal de agua (Ecuador) | holding ground.
canal de agua subterránea | katabothron.
canal de aguas arriba | penstock | headwater canal.
canal de aire | air flue.
canal de aire (hornos) | air channel.
canal de aireación | ventilating duct.
canal de alcantarillado | drainage canal.
canal de alero (tejados) | eaves lead.
canal de alimentación (de rueda hidráulica) | pentrough.
canal de aplanar (laminador) | flatting pass.
canal de aproximación | approach channel.
canal de arrastre | sprocket channel | flume.
canal de audio | audio channel.
canal de avenamiento (terrenos) | drying canal.
canal de bolas (cojinete de bolas) | ball race.
canal de bolas del anillo interno (cojinete de bolas) | inner ring ball race.
canal de cabeza (riegos) | head flume.
canal de caldeo | heating channel.
canal de cancelación | erasure channel.
canal de canto (laminador) | upset pass.
canal de carga (de rueda hidráulica) | pentrough.
canal de carga (hidráulica) | headrace.
canal de carga (reactor nuclear) | fuel channel.
canal de cerdo | hog carcass.
canal de colada | sprue | spout | gate-channel | runner pipe | geat | tapping spout | gutter | casting gutter | deadhead | metal drain.
canal de colada (alto horno) | iron runner.
canal de colada (cubilote) | tapping shoot.
canal de colada (funderías) | pouring head | runner | main gate | main runner | pouring spout | flown-off gate.
canal de colada (reina - funderías) | git.
canal de colada de las escorias | slag launder.
canal de colada en caída directa | direct pouring gate | drop-runner.
canal de colada en caída directa (funderías) | plump-gate.
canal de colada en caída directa (fundición) | pop-gate.
canal de colada en fuente | horn gate | fountain runner.
canal de colada en talón | side-gate | side-runner | spinner-gate.
canal de compensación | equalization passage.
canal de comunicación (telecomunicación) | voiceway.
canal de comunicación directo | hot line.
canal de comunicación entre galerías adyacentes (minas) | breakthrough.
canal de conducción | raceway.
canal de conducción de las bolas | ball spunt.
canal de conversación | speech path | voice channel.
canal de conversación (telefonía) | voice-grade channel.
canal de corriente portadora | carrier channel.
canal de cruzamiento | frog channel.
canal de chapa | shell plate.
canal de chimenea | chimney flue.
canal de dar forma (laminadores) | shaping pass.
canal de datos de telegrafía | telegraphy data channel.
canal de derivación | avoiding canal | lead 11 | leat | diversion channel | diversion-canal.
canal de desagüe | overflow channel | delivery canal | drain | draining canal | drainage canal | drain-canal | lade.
canal de desagüe (turbina hidráulica) | tailrace.
canal de desagüe de crecida | flood channel.
canal de desahogo de la rebaba (forja) | flash gutter.
canal de desbaste (laminadores) | roughing-pass.
canal de descarga | tail water course | drain | flume | flume | delivery canal | emissarium | wasteway | by-lead.
canal de descarga (fundición) | flow-off gate.
canal de descarga (turbina hidráulica) | tailrace.
canal de descarga (turbinas) | tailwater course.
canal de descarga sin compuertas (embalses) | ungated sluiceway.
canal de deslice (aviación) | taxi-channel.
canal de deslizamiento (hidros) | taxi-channel.
canal de desviación | diversion channel.
canal de dilatación | expansion slit.
canal de distribución | feeder channel.
canal de dos direcciones | two way channel.
canal de dos vías (telecomunicaciones) | two-way channel.
canal de drenaje | drainage canal | drainage channel.
canal de emisión (telecomunicación) | forward channel.
canal de engrase principal | main oil duct.
canal de enlace directo del ordenador | direct data channel.
canal de entrada | inlet channel | inflow channel.
canal de esclusas y lago interior | lock-and-inland-lake canal.
canal de escucha | audio channel.
canal de escurrimiento (avenamientos) | flow channel.
canal de estirar (laminadores) | drawing pass.
canal de evacuación | drain-canal | evacuation channel.
canal de evacuación (máquina vapor) | exhibition-steam passage.
canal de evacuación de crecidas (ríos) | floo-way.
canal de exhaustación (máquinas vapor) | exhaust passage.
canal de experiencias | model basin.
canal de experiencias hidrodinámicas | experimental towing tank.
canal de experimentación hidrodinámica cuya superficie puede ser congelada (pruebas de modelos de buques) | ice tank.
canal de fisión | fission channel.

canal de flotación de maderadas | logway.
canal de fondo abierto | open-bottom raceway.
canal de frecuencia de radio | radio channel.
canal de frecuencia más alta | top channel.
canal de frecuencias | frequency channel | passband channel.
canal de frecuencias para uso de particulares | citizens band radio.
canal de gotera (cubiertas de buques) | gutterway.
canal de gotera (guardaaguas - buques) | gutter.
canal de grado subvocal | subvoice-grade channel.
canal de gran velocidad | selector channel.
canal de guía espiral | spiral guide channel.
canal de humos (canal de llamas - hornos) | flue.
canal de ida (comunicaciones) | forward channel.
canal de iluminación | luminance channel.
canal de inflamación (canal de fuego-cartuchos) | flash-hole.
canal de inflamación (cartuchos) | venthole.
canal de inflamación (de cartucho) | vent.
canal de información | information channel.
canal de información de niveles múltiples | multilevel information channel.
canal de información en un solo sentido | one-way channel.
canal de irradiación | experimental hole.
canal de irradiación (reactor nuclear) | beam hole.
canal de irradiación biológica (reactor nuclear) | biological hole.
canal de irrigación | catch feeder.
canal de lectura-escritura | read-write channel.
canal de limahoya | watershed.
canal de limpia | desilting canal.
canal de luminancia | luminance channel.
canal de llamas (hogares) | main flue.
canal de llegada | penstock | channel of approach | leat.
canal de llegada (hidráulica) | headrace.
canal de marea | tideway | go-out.
canal de navegación | ship channel.
canal de nivel | dead canal.
canal de ondas | wave guide.
canal de órdenes | channel for orders.
canal de paso (cables) | tracking.
canal de paso (parte navegable de ríos o puertos) | fairway.
canal de paso (ríos, puertos) | ship channel.
canal de paso a través del núcleo (reactor nuclear) | channel.
canal de paso de banda | channel passband.
canal de paso de banda (radio) | passband channel.
canal de presión | pressure passage.
canal de procesamiento de cifras | processing figure channel.
canal de prueba | pilot channel.
canal de pruebas hidrodinámicas | testing tank.
canal de radiocomunicación | airway.
canal de radiodifusión | broadcast channel.
canal de radiodifusión común | standard broadcast channel.
canal de recalcar (laminador) | upset pass.
canal de recogida de aguas (edificios) | eaves gutter.
canal de recogida de la lluvia (puertas de autos) | drip molding.
canal de reflujo | ebb channel.
canal de refrigeración | coolant channel.
canal de registro | recording channel.
canal de retorno | reverse channel.
canal de retorno (telecomunicación) | backward channel.
canal de riego | irrigation canal | irrigation ditch.
canal de riegos | irrigation ditch.
canal de salida | outlet channel | output channel.
canal de sangría de la escoria | pee-pee.
canal de servicio (telefonía) | service channel.
canal de soldar | welding pass.
canal de sonido | sound channel.
canal de sonido de microondas | microwave sound channel.
canal de sonidos modulado en amplitud | amplitude-modulated sound channel.
canal de telemedida | telemetering channel.
canal de tierra para riego | earthen irrigation channel.
canal de toma | leat | penstock | lead 11.
canal de toma (hidráulica) | headrace | feeder.
canal de toma (toma de agua - turbinas) | canal regulator.
canal de toma a cielo abierto | open-cut intake canal.
canal de trabajo (hidráulica) | headrace | raceway.
canal de trabajo (turbina hidráulica) | race.
canal de transferencia (nuclear) | transfer canal.
canal de transporte sólido | sediment bearing canal.
canal de una via | one-way channel.
canal de unión | junction canal.
canal de ventilación | air hole.
canal de ventilación (minas) | air pipe.
canal de vierteaguas | check throat.
canal de vigilancia | radiation channel.
canal de vuelo por instrumentos | instrument channel.
canal deformado (telefonía) | burst channel.
canal del cilindro (laminadores) | roll pass.
canal del flujo | flow duct.
canal derivado | branch canal.
canal desbastador (laminador) | shaping groove.
canal descubierto (hidráulica) | open channel.
canal descubierto en pendiente | inclined open channel.
canal despejado | clear channel.
canal desplazado (telecomunicación) | offset channel.
canal detector de impulsos | pulse-detecting channel.
canal discreto de memoria finita | discrete finite-memory channel.
canal discreto sin memoria | discrete memoryless channel.
canal discreto sin ruido | discrete noiseless channel.
canal distribuidor | distributary | distributing-canal | delivery race.
canal doble | duplexer.
canal doble de colada | breeches runner.
canal dosificador | dosing flume.
canal dragado con marcaciones por boya | swept buoyed channel.
canal embaldosado | dale.
canal en pendiente (hidráulica) | sloping channel.
canal en régimen (hidráulica) | régime canal.
canal en terreno pantanoso para flotar troncos desde el bosque hasta el aserradero | driving road.
canal erosionable | erodible channel.
canal esquizógeno (anatomía de la madera) | schizogenous canal.
canal estéreo de la derecha | right stereo channel.
canal estéreo de la izquierda | left stereo channel.
canal estrecha pra recibir una chapa de plomo (muro ladrillos) | raglet.
canal evacuador | wasteway.
canal evacuador (riegos) | return ditch.
canal evacuador de crecidas | flood-oulet canal.
canal exhalante (zoología) | exhalent canal.
canal filoniano (geología) | lode channel.
canal flotable | drift-canal.
canal gausiano continuo en el tiempo | time-continuous Gaussian channel.
canal gumífero (botánica) | gum duct.
canal hembra (laminador) | box pass.
canal hidrodinámico | tunnel | seaplane tank | testing tank | test tank | towing basin | towing tank | hydrodynamic tank | tank.
canal hidrodinámico de luz polarizada | polarized light flume | polarized channel.
canal hidrodinámico para probar modelos de buques | ship-model testing tank.
canal hidrodinámico para pruebas | model basin.
canal indicador (radio) | pilot channel.
canal industrial | industrial waterway.
canal interceptador | intercepting channel.
canal interferido (radio) | burst channel.
canal interior (hogar) | internal flue.
canal interior de recogida de aguas (tejados) | eaves lead.
canal macho (cilindro laminador) | tongue.
canal marítimo | seaway.
canal marítimo sin esclusas | sea-level canal.
canal múltiple | multichannel.
canal múltiple de colada | spray-gate.
canal multiplex | multiplex channel.
canal multiplexor | multiplexor channel.
canal navegable | ship channel | shipping canal | ship canal.
canal navegable (regiones polares) | lead 11.
canal navegable (ríos) | approach.
canal normalizado | standard performance channel.
canal ojival (laminadores) | splayed circular pass.
canal ovalado (laminador) | oval pass.
canal para avenidas (presas) | escape channel.
canal para conducir a la tolva | shoe.
canal para conductores (electricidad) | wiring gutter.
canal para el tránsito aéreo | traffic channel.
canal para introducir lechada de cemento (junta de sillería) | groutnick.
canal para laminar perfiles deformados (laminadores) | deforming groove.
canal para pruebas de modelos de buques | ship-testing laboratory.
canal para recoger el hierro fundido y formar el lingote | pig.
canal pequeño de riego | drove.
canal perdida (laminadores) | lost pass.
canal perfilado (laminadores) | shaping pass.
canal perturbado (telefonía múltiple) | burst channel.
canal piloto | pilot channel.
canal piloto (TV) | cueing channel.
canal principal | main canal.
canal probabilístico | random channel.
canal radio de microondas | microwave radio route.
canal radio reservado al mando | command channel.
canal radioeléctrico | radio channel.
canal radiofónico (TV) | programme channel.
canal radiotelefónico | speech channel.
canal rastreado de minas (marina) | swept route | swept channel.
canal rectangular convergente | contracted rectangular channel.
canal rectangular divergente | expanded rectangular channel.
canal relevador | relay channel.
canal resinífero (maderas) | resin duct.
canal revestido | lined canal.
canal revestido de piedra | stone-pitched channel.
canal selectivo | selector channel.
canal selector de alta velocidad | high speed selector channel.
canal semicontinuo sin memoria magnética | semicontinuous memoryless-channel.
canal sin memeria discreto en el tiempo y continuo en amplitud | time-discrete amplitude-continuous memoryless channel.
canal sin memoria | memoryless channel.
canal sin obstáculo | clear channel.
canal sin pendiente | dead canal.

canal superficial | surface duct.
canal telefónico | speech channel | telephone channel.
canal telegráfico | telegraph channel.
canal telemedidor | telemetering channel.
canal televisivo | television channel.
canal transportadora | conveying trough.
canal transversal (electricidad) | header.
canal trapezoidal | trapezoidal channel.
canal troposférico | tropospheric duct.
canal unidireccional | one-way channel.
canal vertedor | trough spillway | chute spillway.
canal vertical abierto en un muro para colocar un tubo | chase.
canal video | video carrier.
canal visual | video carrier.
canalé | limbrics.
canalé (acanalado - tejido) | celtic.
canalé (calcetería) | rib fabric.
canales centrales (textiles) | lumina (plural de lumen).
canales comerciales | trading channels.
canales de audio en multiplex | multiplexed speech circuits.
canales de circulación para las llamas (horno de ladrillos) | bags.
canales de comercialización | trading channels.
canales de corderos | lamb carcasses.
canales de distribución | distributive channels.
canales de distribución (comercio del libro) | outlets.
canales de enlace | liaison channels.
canales de investigación (reactor nuclear) | research openings.
canales de la cadena de mando | chain-of-command channels.
canales de tarado | rating flume.
canales de venta | selling channels.
canales de ventilación del inducido | armature ducts.
canales equipartidos | equal ratio channels.
canales internacionales para televisión | international television channels.
canales porcinas | pork carcasses.
canales sin memorias de tiempos discretos | time-discrete memoryless channels.
canales telefónicos múltiplex | telephone channel multiplexed.
canaleta | dale | raceway | canch.
canaleta (herramientas) | pod.
canaleta (minas) | chute | hose trough.
canaleta (para hormigón) | spout.
canaleta alimentadora | feed snout | feed trough.
canaleta cribadora | screen chute.
canaleta de carga | loading chute.
canaleta de descarga | dumping chute.
canaleta de distribución | distributing chute.
canaleta de distribución del hormigón | flume.
canaleta de escogido | picking chute.
canaleta de evacuación | discharging spout.
canaleta de madera | flume.
canaleta de recogida de aguas | eaves trough.
canaleta de repartición | head flume.
canaleta de sacudidas | shaker chute.
canaleta de techo | roof gutter.
canaleta distribuidora de hormigón | concrete chute | concrete spreader.
canaleta muy inclinada | shoot.
canaleta oscilante | shaking launder.
canaleta para carbón | coal-shoot.
canaleta para la escoria | slag launder.
canaleta para salida de escombros (edificación) | rubbish chute.
canaleta plegadiza | jackknife chute.
canaleta portatubo (iluminación) | troffer.
canaleta venturi de aforos | venturi flume.
canalete (Cordia gerascanthus) | canalete.
canalete (remo) | paddle.
canaliculado (botánica) | channeled.
canalillo mezclador | mixing flume.
canalización | line | line | pipe work | pipage | distributor duct | streaming | ductway | ducting | system of pipes | raceway | duct work | conduit | piping | pipeline | troughing.
canalización (del vapor, de un río, etcétera) | canalization.
canalización (sondeos y refinos) | channeling.
canalización activa (reactor nuclear) | hot drain.
canalización bajo tubos | conduit tubes.
canalización circular | ring main.
canalización cubierta | fairlead.
canalización de aceite | oil line.
canalización de aire comprimido | air main | compressed-air line | compressed-air mains.
canalización de fuerza | power mains.
canalización de gas | gas pipeline | gas main.
canalización de la exhaustación (motores) | exhaust trunking.
canalización de luz | lighting mains.
canalización de recuperación | salvage drain.
canalización del aceite | oil-duct.
canalización del aire | air pipe line.
canalización del emisor | emitter channeling.
canalización del transistor | transistor channelling.
canalización doble | duplex channelling.
canalización eléctrica | electric mains | electric wiring | electrical conduit.
canalización eléctrica de circunvalación doble | double run-around wiring.
canalización eléctrica del buque | ship's mains.
canalización no activa (reactor nuclear) | cold drain.
canalización oculta (canalización empotrada - electricidad) | concealed work.
canalización para aceite | oil passage.
canalización plurirramal | multiple duct conduit.
canalización principal | main line | main line | main | mains.
canalización sanitaria de una fábrica | drains of a factory.
canalización sin corriente | dead main.
canalización subterránea | subsurface piping.
canalización subterránea (electricidad) | duct bank | underground mains.
canalización terrestre | ground pipe.
canalización urbana (electricidad) | town mains.
canalizaciones | trunking | pipage.
canalizado | trapping.
canalizado aforador | meter-flume.
canalizador del flujo aerodinámico (alas aviones) | fence.
canalizamiento | ducting.
canalizar | pipe (to) | lay pipes (to) | canalize (to) | canal (to) | funnel (to) | channelize (to) | pipeline (to).
canalizar el gas | pipe gas (to).
canalizo | launder | flume.
canalizo (marina) | swash.
canalizo aforador | measuring flume.
canalizo de alimentación | feed launder.
canalizo de colada | lander.
canalizo de colada del metal (metalurgia) | tapping launder.
canalizo de control | control flume.
canalizo de descarga | discharge launder.
canalón | spout | waterway | conductor | pantile | chute.
canalón colgado (edificios) | hanging gutter.
canalón de alero | eaves trough.
canalón de arista | arris gutter.
canalón de bajada | leader.
canalón de caja | box gutter.
canalón de cubierta | eaves gutter.
canalón de pretil (edificios) | parapet gutter.
canalón de recogida de aguas | gutter-lead.
canalón de recogida de aguas (edificios) | gutter.
canalón de tejado | eaves trough | rain gutter.
canalón de trancanil (buques) | waterway.
canalón del tejado | roof gutter.
canalón del tejado (edificios) | eaves gutter.
canalón empotrado de recogida de aguas | parallel gutter.
canalón en forma de V | arris gutter.
canalón forrado de plomo entre faldones contiguos de dos cubiertas | metal valley.
canalón oculto (tejados) | secret gutter.
canalón por debajo del alero (edificios) | parapet gutter.
canalón rectangular | box gutter.
canalones de recogida de aguas (de un edificio) | guttering.
canana | cartridge belt | bandolier.
canana metálica | metallic link belt.
cananeo | canaanite.
canapé | lounge.
canario | canary.
canarium (Canarium schweinfurthil) | sanu kazo.
canarium (Canarium schweinfurthil - Engl) | abeul | abel.
canarium índico (Canarium euphyllum) | vateria.
canarium índico (Canarium euphyllum - Kurz) | white dhup | Indian canarium.
canasta (tuberías de aspiración) | rose box.
canastilla de popa (buques) | fantail.
canastilla de rescate | toggle rope.
canasto | crate | sieve.
canasto hecho de láminas de madera | swill.
canasto para colar el guarapo (azúcar) | scum basket.
cáncamo | eared screw | pad eye.
cáncamo de agua (ola que rompe sobre la cubierta) | green sea.
cáncamo de argolla | ringbolt.
cáncamo de los varones del timón | preventer-tiller.
cáncamo de mar | billow | swell.
cáncamo de ojo | jack ring | eyebolt | eye headed bolt.
cáncamo de ojo abierto | open-eye eyebolt.
cáncamo de resalto | shoulder eyebolt.
cáncamo de retención del timón (buques) | rudder eye.
cáncamo de suspensión | lifting eye.
cáncamo giratorio | swivel eye.
cáncamo para izar | lifting eye | lifting eye bolt.
cáncamo para pasar el cabo de amarre (buques) | mooring ring.
cáncamo para suspender con eslingas (motores, etc.) | slinging eyebolt.
cáncamo roscado | screw eye.
cancela | grated door | lattice gate.
cancela (de puerta) | grille.
cancela soldada | fabricated gate.
cancelable | voidable.
cancelable (memoria magnética) | erasable.
cancelación | voidance | reversal entry | annulment | payment | write off | redemption | cancelation | cancellation | cancellation | cancelling.
cancelación (cinta magnética) | erasing.
cancelación (cinta o alambre magnético registrado) | wiping.
cancelación (de cuenta) | settlement.
cancelación de hipoteca | discharge of mortgage | release from mortgage | mortgage discharge.
cancelación de la hipoteca | mortgage cancellation.
cancelación de la inscripción de un activo | write-off.
cancelación de una operación o misión | scrub.
cancelación del cero | zero cancellation.
cancelación del contrato | discharge of contract.
cancelación del haz (televisión) | blackout.
cancelación del registro (cinta o alambre magnético) | washout.
cancelaciones | write-offs.
cancelado | paid in full.
cancelado (botánica) | cancelate | latticed.
cancelar | override (to) | cancel (to) | wipe off (to) | wipe out (to) | expunge (to) | expunge (to)

| void (to) | discharge (to) | annul (to) | satisfy (to) | write off (to) | write off (to).
cancelar (cinta magnética registrada) | wipe (to).
cancelar (cuentas) | settle (to).
cancelar (decretos) | recall (to).
cancelar (deudas) | discharge (to) | pay off (to) | satisfy (to).
cancelar (un plan, misión u operación) | scrub out (to).
cancelar en efectivo | cancel for cash (to).
cancelar hipotecas | retire mortgages (to).
cancelar transmisión | cantram (to).
cancelar transmisión (telecomunicación) | cancel transmission (C.A.N.T.R.A.N.) (to).
cancelar un saldo debido | wipe off a debit balance (to).
cancelar una deuda | retire a debt (to) | discharge a debt (to).
cancelar una factura | settle a bill (to).
cancelar una hipoteca | retire a mortgage (to) | redeem a mortgage (to) | satisfy a mortgage (to).
cancelarse mutuamente | cancel each other (to).
cáncer (zodíaco) | crab.
cáncer cutáneo laboral | industrial skin cancer.
cáncer del hierro | iron cancer.
cancericida | cancerocidal.
cancerígeno | cancer-causing | cancerogenic.
cancerígeno (medicina) | carcinogenic.
canciller | chancellor | foreign minister.
canciller de la legación | legation secretary.
cancilleral | chancelloral.
cancillería | chancelery | chancery | chancellorship | chancelorship.
canción (música) | song.
canción popular (música) | popular song.
cancro (árboles) | canker.
cancro (escarzo - maderas) | canker.
cancro de heridas (forestal) | target canker.
cancro en forma de disco | target canker.
cancro vivaz (árboles) | perennial canker.
cancroso | cankered.
cancha (de juego) | grounds.
cancha de mineral | ore dump.
canchal | bouldery ground.
canchalera | lateral moraine.
cancharana (Cabralea cangerana) | zollernia | santo wood.
cancharana (Cabralea cangerana - Sald) | cangerana.
candado | lock | padlock.
candado de anillas | ring padlock | ring padlock.
candado de barrilete | jack lock.
candado de letras | dial lock.
candado o cerradura de combinaciones | letter-lock.
candaliza de la boca del cangrejo (velas) | throat-brail.
candela | candle.
candela (bastidor oscilante metalurgia) | toggle.
candela (patrón internacional de intensidad luminosa) | candela.
candela (unidad luminosa) | candela.
candelabro | chandelier | flambeau.
candelabro de piano | piano sconce.
candelabro fijo a un sitio | sconce.
candelabro para velas | cluster-candlestick.
candelería | candle works.
candelero | candle bracket | chandelier.
candelero (buques) | stanchion.
candelero de batayola | bulwark stanchion.
candelero de escotilla | hatch stanchion.
candelero de horquilla (buques) | crutch | crotch.
candelero de pasamano (buques) | rail stanchion.
candelero de toldilla | poop stanchion.
candelero de toldo | awning stanchion.
candelero de toldo (buques) | rail stanchion.
candelero del puente (buques) | bridge stanchion.
candelero desmontable (buques) | movable stanchion.
candencia | recurrence rate.
candencia de catapultaje | launching rate.
candente | red-hot | incandescent.
candescencia | candescence.
candescente | candescent.
candidato | candidate | examinee.
candidato (para un cargo) | nominee.
candidato a alcalde | mayoralty candidate.
candidato adecuado | right candidate.
candidato del partido | party candidate.
candidato electo | elected candidate.
candidato elegido | successful candidate.
candidato propuesto | nominee.
candidato republicano a la presidencia | republican presidential candidate.
candidatura | slate.
candidatura (votaciones) | ticket.
candidatura alcaldicia | mayoral candidacy.
candilejas (las tablas - teatro) | footlights.
candoluminiscencia | candoluminescence.
candoluminiscente | candoluminescent.
candomblé | candomblé.
canecillo | shoulder | bracket | cantilever.
caneco | pitcher.
canela (Nectandra spp) | canella.
canela (Ocotea guianensis) | louro branco | wana.
canelo (Drimys winteri) | winter's bark tree.
canelo (Drimys winterii) | canelo.
canelon (Rapanea laetevirens) | canelon.
canelón de hielo | icicle.
canera | racetrack.
canescente (botánica, zoología) | hoary.
canesú | guimpe.
canga (brecha ferruginosa) | canga.
cangalla | mine refuse.
cange de obligaciones | conversion of loan stock.
cangilón | bucket | scoop.
cangilón (dragas) | dipper.
cangilón de arrastre | dragline bucket.
cangilón de draga | dredger-bucket | dredge-bucket.
cangilón de draga todo soldado | all-welded dredge bucket.
cangilón de noria | noria scoop.
cangilón de transporte | conveyer bucket.
cangilón del elevador | elevator bucket | elevator cup.
cangilón enterizo de acero moldeado (dragas) | one-piece steel casting bucket.
cangreja de mesana (barca de 4 ó 5 palos) | jigger.
cangreja de popa | mizzen.
cangrejo | bummer | crab | bogie.
cangrejo de las Molucas | horseshoe.
cangrejo de mar | lobster.
cangrejo de río | crawfish.
cangrejo para las varillas de bombeo | sucker-rod spear.
cangrejo para tubos (arrancatubos - entubación pozos) | casing-spear.
cangrejo para tubos (sondeos) | pipe crab.
canibalizar | cannibalize.
cánido | canid.
canilla | heading pirn | spool | spigot | faucet | tap | pirn | filling bobbin | spout.
canilla (de la pierna) | shank.
canilla (tejeduría) | bobbin | quill.
canilla de bebedero (fundición) | gate stick.
canilla de cartón | paper bobbin.
canilla de extremos cónicos | pin-cop.
canilla de extremos cónicos (tejeduría) | cop.
canilla de tonel | stopcock.
canilla de trama | filling cop | weft bobbin.
canilla de vaciado con ventosa de aire | air-vent pouring-spout.
canilla llena | full pirn.
canilla para telar automático | automatic loom pirn.
canilla para telar de anillos | ring weft pirn.
canilla vacía | spent shuttle.
canillera | jambe | twiner cop | pirn winder | armor | armour.
canillera (armadura) | greave.
canillera de conos de guía | guide cone cop winder.
canillera de embudo | cup winding machine.
canillera de embudo con guiahilos giratorio | revolving thread guide cup pirn winding machine.
canillera de embudo de husos horizontales | horizontal spindle cup pirn winding machine.
canillera de plegado cruzado | crossing motion pirn winder.
canillera mecánica | cop winding machine.
canillera para trama | spool winder | pirn winding machine.
canillero | slubber | magazine.
canillero (operario) | weft winder | quiller.
canje | trade-in | transfer | swap.
canje (bolsa) | switch.
canje (de mercadería) | switch.
canje (de prisioneros, de notas) | exchange.
canje de energía | energy transfer.
canje de prisioneros de guerra | exchange of war prisoners.
canje de publicaciones | exchange of publications.
canjeable | exchangeable | changeable | switchable.
canjeador | exchanger.
canjeador de iones reductor de alcalinidad | alkalinity-reducing ion exchanger.
canjear | exchange (to).
canjear (mercaderías) | switch (to).
cano | hoar.
cano (pelo) | hoary.
canoa | canoe.
canoa ahuecada de un tronco | dugout.
canoa automóvil | motorboat | launch.
canoa con un flotador en cada canoa | double-outrigger canoe.
canoa de cuero (Islandia) | currach | curragh.
canoa de hormigón armado | ferro-cement canoe.
canoa de pesca (Java) | pelele.
canoa de remo construída de tablas | plank-built rowing canoe.
canoa de remos | rowing boat.
canoa de servicio (buque de guerra) | cutter.
canoa de tingladillo | gig.
canoa hecha de corteza de árbol | bark canoe.
canoa pequeña de motor | runabout.
canoa rápida para recuperar torpedos | torpedo retriever.
canódromo | dog track.
canoero | canoeman.
canólogo | canologist.
canon | canon | royalty | rate | toll.
canon (música) | round.
canon a pagar al Estado | government royalty.
canon convenido | agreed royalty.
canon de arrendamiento | rental rate | lease rental.
canon de licencia | licensing fee.
canon de minería | mining royalty.
canon de producción (México) | royalty.
canon de riego | irrigation rate | water rate.
canon de saca | severance tax.
canon del propietario | fee royalty.
canon especial | overriding royalty.
canon exento de cargos | nonparticipating royalty.
canon facturado | invoiced royalty.
canon minero | galeage.
canon no vencido | unaccrued royalty.
canon particular (que se paga a terceros además de al Gobierno) | overriding royalty.
canón por árbol cortado | stumpage.
canon por uso de patente | patent royalty.
canon que se paga por el uso de una vía férrea | haulage.
canon sin gastos | free ride.
canon sobre la producción de gas | gas royalty.

cánones a pagar | royalties due | royalties payable.
cánones devengados | royalties due.
canónigo | canon.
canonjía | sinecure.
canoso | grizzly.
canoso (pelo) | hoary.
cansado | tired | fagged.
cansancio | strain.
cantable (música) | in a singing style.
cantar del vigía | sing out (to).
cantar la sonda (marina) | calling the sounding.
cántara | hooper.
cántara (draga y gánguil) | hopper.
cántaro | pitcher | jar.
canteada (tablas) | edge shot.
canteado (madera) | full-edged.
canteador convexo | out-curve edger.
canteador en bisel | bevel edger.
canteadora | edge planer | edger.
canteadora cóncava | in-curve edger.
canteadora múltiple | gang edger.
cantear | quarry (to).
cantear (carpintería) | list (to).
cantear (madera) | edge (to).
cantear (tablas) | shoot the edge (to).
cantear mampuestos | knob (to).
cantera | quarry | open cut | pit.
cantera a cielo abierto | open quarry.
cantera de amianto | asbestos quarry.
cantera de arcilla | clayworks | clay pit.
cantera de arena | sand pit.
cantera de balasto | ballast pit.
cantera de grava o arena | bank.
cantera de piedra | stone pit.
cantera de piedra de cal | limestone quarry | lime quarry | lime pit.
cantera de piedra de labra | cut-stone quarry.
cantera de piedra natural | stone quarry.
cantera de pizarra | slate quarry | slate works.
cantera de préstamo (excavaciones) | borrow pit.
cantera en que la roca sólo tiene juntas horizontales | sheet quarry.
cantera en que la roca tiene juntas irregulares | boulder quarry.
cantera en que la roca tiene juntas verticales y en ángulo recto | block quarry.
canteras de piedra de hoy día | today's stone quarries.
canteras y trabajo de la piedra | quarries and stone working.
cantería | stoneworking | stonecutting | masonry | quarrying.
cantería (obra hecha) | ashlar masonry | ashlar work.
cantería lisa | plane ashlaring.
cantero | quarryman | quarrier | mason | stone dresser | stonemason | cutter | scabbler | hewer.
cantero de piedra natural | processor of natural stone.
cantidad | quantity | parcel.
cantidad adicional | boot.
cantidad adimensional | pure numeric.
cantidad anual de evaporación | annual amount of evaporation.
cantidad calentada en un cierto tiempo | rate of heating.
cantidad conocida | known quantity.
cantidad de aceite de linaza que un pigmento puede absorber para obtener una consistencia determinada | oil absorption.
cantidad de agua absorbida | amount of water absorbed.
cantidad de agua caída | rainfall.
cantidad de agua necesaria para refrigeración (central térmica) | withdrawal demand.
cantidad de agua purgada | blowdown.
cantidad de agua sacada por bombeo | pumpage.
cantidad de aire suministrada por hora | quantity of air supplied per hour.
cantidad de alambre en bobinas o mazos | parcel.
cantidad de asfalto contenida en el petróleo | asphaltness.
cantidad de cadena sobre cubierta (buques) | drift.
cantidad de calor cedida en el condensador por unidad de tiempo | condenser heat-rejection rate.
cantidad de calor extraído | heat-extraction rate.
cantidad de calor que puede ser liberado por un quemador | burner loading.
cantidad de carbón que se compromete a extraer un equipo por un precio alzado | darg.
cantidad de cerveza fermentada de una vez | tun.
cantidad de combustible quemado por hora | quantity of fuel burnt per hour.
cantidad de combustible suministrado | rate of refuelling.
cantidad de cualquier ion o sustancia por unidad de peso de la clorinidad (agua de mar) | Cl-ratio.
cantidad de cualquier producto obtenida de 1 acre | acre-yield.
cantidad de chapas | sheetage.
cantidad de energía radiante | radiant energy quantity.
cantidad de energía radiante (Qe) | quantity of radiant energy.
cantidad de flúido en circulación (en un circuito) | throughout.
cantidad de gas que pasa por una sección determinada en la unidad de tiempo | throughput.
cantidad de inclusiones no metálicas que se observan con microscopio (aceros) | microcleanliness.
cantidad de información no disponible | entropy.
cantidad de lana esquilada | clip.
cantidad de líquido dejado en un recipiente | innage.
cantidad de lluvia que se evapora | fly-off.
cantidad de mano de obra requerida por unidad de producción | amount of labor required per unit of output.
cantidad de más sobre hojas normales (resmas) | overplus.
cantidad de material producido o trabajado en una operación | batch.
cantidad de material quitado por unidad de tiempo (muela abrasiva) | cutting rate.
cantidad de menos sobre lo pedido | underrun.
cantidad de mineral extraído | winning.
cantidad de movimiento | quantity of action.
cantidad de movimiento angular | angular momentum | moment of momentum.
cantidad de movimiento angular orbital | orbital angular momentum.
cantidad de movimiento de la masa unitaria de materia | momentum of a unit mass of matter.
cantidad de movimiento de la partícula | momentum of the particle.
cantidad de movimiento del centro de masas | center-of-mass momentum.
cantidad de movimiento ganada | momentum gained.
cantidad de movimiento inicial | original momentum.
cantidad de movimiento lineal = masa × velocidad | linear momentum.
cantidad de movimiento lineal=masa×velocidad | momentum.
cantidad de movimiento máxima | maximum momentum.
cantidad de movimiento mecánico | mechanical momentum.
cantidad de movimiento perdida | momentum lost.
cantidad de movimiento por unidad de tiempo | momentum per unit time.
cantidad de orden económico | economic order quantity.
cantidad de precipitación (hidroagronomía) | rainfall.
cantidad de radiación | quantity of radiation.
cantidad de rollizos que pueden pasar por una esclusa al mismo tiempo (maderadas) | lockage.
cantidad de sedimento transportado sobre el fondo (lecho del río) | bead load.
cantidad de solución adherida al cátodo al meterlo en el baño (baño galvánico) | drag-in.
cantidad de solución adherida al cátodo cuando se retira del baño (baño galvánico) | dragout.
cantidad de un bien comprado en un mercado equilibrado | equilibrium quantity.
cantidad detectable de isótopos estables que acompañan a un radioisótopo | carrier-free.
cantidad en onzas por tonelada de mineral | amount in ounces per ton of ore.
cantidad en riesgo | amount at risk.
cantidad entregada con el pedido de acciones | application money.
cantidad escalar | scalar quantity.
cantidad especificada | size.
cantidad especificada de cargamento que hay que transportar | lift.
cantidad fija | lump sum.
cantidad gastada superior a la presupuestada | overrun.
cantidad imaginaria | imaginary.
cantidad inmensamente grande | intolerably large amount.
cantidad invariable con el tiempo | time-invariant quantity.
cantidad irracional | surd.
cantidad llevada al año siguiente | carryover.
cantidad máxima de azufre | maximum sulfur.
cantidad máxima de volátiles (carbones, etc.) | maximum volatile.
cantidad mínima de trabajo que hay que realizar en una pertenencia minera denunciada para no perder el derecho de posesión | assessment work.
cantidad molar parcial (química) | partial molar quantity.
cantidad negativa | minus.
cantidad pagada juntamente con los gastos producidos por el accidente para cubrir posibles reclamaciones futuras (seguros) | loss conversion factor.
cantidad pagada por un salvoconducto | guidage.
cantidad pesada de una vez | amount weighed out at one time.
cantidad positiva | plus.
cantidad producida | output.
cantidad programada acumulada (petroleras) | aggregate programmed quantity.
cantidad proporcional | rate.
cantidad pulsatoria | pulsating quantity.
cantidad que hay que pagar por adelantado | downpayment.
cantidad que se aumenta a cada cadenada cuando se mide una pendiente con objeto de que la proyección horizontal sea una cadena (topografía) | hypotenusal allowance | hypothenusal allowance.
cantidad total | target.
cantidad total a exportar | export target.
cantidad total de agua que entra o sale por la marea (puertos) | tidal prism.
cantidad total de átomos de U 235 fisionados | burnup.
cantidad total de calor liberado por unidad de masa del combustible o material fisil (combustible nuclear) | burnup.
cantidad total de cobre empleado en el devanado del campo inductor | field copper.
cantidad total de materia detrítica arrastrada por unidad de volumen del aire a una velocidad determinada | capacity of the wind.
cantidad total de municiones necesarias para

cumplir una misión | mission of fire.
cantidad total del capital | aggregate principal amount.
cantidad variable en una variación | variate.
cantidad vectorial | vector quantity | directed quantity.
cantidades arbitrarias (ecuaciones) | arbitraries | arbitrary constants.
cantidades consignadas en firme para compras | procurement obligations.
cantidades cuantitativas | extensive quantitics.
cantidades de la misma especie | quantities of the same kind.
cantidades de movimiento iniciales | original momenta.
cantidades de movimiento
cantidades de préstamo (carreteras) | borrow-pit quantities.
cantidades extensivas | extensive quantitics.
cantidades globales | aggregates.
cantidades iguales (matemáticas) | equals.
cantidades importantes | significant quantities.
cantidades intensivas | intensive quantities.
cantidades isocalóricas | isocaloric quantities.
cantidades para pagar | assets.
cantil | cliff | edge.
cantimplora | canteen.
cantina | post exchange | canteen | mess room.
cantina (militar) | exchange.
cantina ferroviaria | railway refreshment room.
cantina militar | sales store.
canto | angle edge | rim | edge.
canto (de piedra) | gallet.
canto (de vigas) | height.
canto (libros) | foreedge.
canto (páginas) | edge.
canto (telas) | corner.
canto a escuadra | square edge.
canto a tope en doble V | double-V butt edge.
canto achaflanado | beveled cant.
canto achaflanado en V horizontal (chapas) | double bevel edge.
canto alto de la brazola | hatch coaming top.
canto anguloso con tres aristas formado por acción eólica de la arena | windworn pebble.
canto anguloso con tres aristas formado por acción eólica de la arena en clima seco | wind-carved pebble.
canto áspero en la línea que queda después del desbarbado (forjas) | fraze.
canto biselado en doble V | double-V bevel edge.
canto con acanaladuras curvas (chapa gruesa cortada por oxicorte) | dragged-over edge.
canto con reborde | lipped edge.
canto coral | choral singing.
canto cortado | sheared edge.
canto cortado con la autógena (chapas) | burned edge.
canto curvado por debajo para reforzar el borde (chapas finas) | wiring job.
canto de cabeza (chapas) | butt edge.
canto de calafateo | calking edge | caulking edge.
canto de chapa en U | U-plate edge.
canto de chapa estajado | joggled plate edge.
canto de chapa visible desde el exterior del buque (juntas solapadas) | sight edge.
canto de la chapa | plate-edge.
canto de la lente | lens edging.
canto de la losa | slab thickness.
canto de la página | edge of a page.
canto de la pala del helicóptero | helicopter blade edge.
canto de la viga | depth of girder.
canto de los extremos (bidones cilíndricos de chapa) | chime.
canto de popa (chapas forro buques) | after edge.
canto de popa del timón (buques) | bow piece | bow.
canto del bordillo | edge of the kerb.
canto doblado (libros) | bolt.
canto doblemente achaflanado con parte central recta (chapas) | double bevel and nose edge.
canto en bisel | featheredge.
canto en V | veed edge.
canto en V horizontal truncada (chapas) | double bevel and nose edge.
canto espatillado (chapas) | chamfered edge.
canto gregoriano (música) | plain-song.
canto inferior | lower end.
canto interior | inner edge.
canto interior de la cuaderna (buques) | inboard side of the frame.
canto jaspeado (libros) | jasped edge.
canto laminado (chapas en el laminador) | rolled edge.
canto liso (limas) | safe edge.
canto llano | plain-song.
canto más cercano a crujía de la cuaderna | inboard side of the frame.
canto mellado | ragged edge.
canto mellado (chapas) | dented edge.
canto muerto (tabla de madera) | nosing.
canto no chorreado (con arena o perdigones) | unblasted edge.
canto oxicortado (chapas) | burned edge.
canto ranurado con soplete | flame-gouged edge.
canto recto | straightedge.
canto redondeado | nosing | dull edge | rounded edge.
canto redondeado del tronco primitivo que aparece en un tablón aserrado | wane.
canto redondo | round corner.
canto rodado | round stone | freestone | pebblestone | boulder | rock rubble | rubble | rubble stone | cobble | pebble.
canto rodado (geología) | psephite.
canto rodado al que se une una planta marina | anchorage stone.
canto romo | nosing.
canto teñido o jaspeado o dorado del libro después de bruñirlo | burnished edge.
canto vivo | sharp corner | sharp edge | square edge.
cantón | Cantoon.
cantonera | flange angle | clip | chape | angle-bead | angle-staff.
cantonera (libros) | corner.
cantonera (presa de pantalla) | anchor block.
cantonera de cuero | leather corner.
cantonera de defensa | curb bar.
cantonera de esquina | corner bead.
cantos arcillosos | ball clay.
cantos aserrados | sawed edges.
cantos coloreados (libros) | stained edges | sprinkled edges.
cantos con grietas transversales (productos laminados) | broken corners | checked edges | cracked edges.
cantos de chapa maquinado con precisión | accurately machined plate edges.
cantos de proa o popa de las tracas (botes madera) | hood-ends.
cantos deformados durante la laminación | burst edges.
cantos dorados (libros) | gilt edges.
cantos erráticos (glaciares) | erratic blocks.
cantos gofrados (libros) | gauffered edges | goffered edges.
cantos impresionados (geología) | impressed pebbles.
cantos ligeramente oxidados durante el termotratamiento | blued edges.
cantos oxidados durante el termotratamiento | black edges.
cantos rectos colocados a tope (chapas para soldar) | close-butting square edges.
cantos rodados | drift-boulders | stream gravel | shingle.
cánula (jeringa) | nozzle.
canulación (medicina) | cannulation.
canutillo | cord.
canutillo (hilo de oro o de plata) | bullion.
canuto de plantación | planting tube.
canuto para enviar papeles por correo | postal tube.
canuto-tubo | pipe.
caña | pipe | reed | culm | stalk | stem | cane.
caña (ancla, remo, remache) | shank.
caña (botas) | leg | front.
caña (de un hueso) | shaft.
caña (del timón) | bar.
caña (destornillador) | shank.
caña (pirómetro) | bulb.
caña (pirómetros, llaves) | stem.
caña (plantas) | haulm.
caña (pozo de mina) | shaft.
caña (termómetros) | cane.
caña (tubo - cañones) | chase.
caña (tubo de hierro de pequeño diámetro) | tube.
caña a barlovento (timón buques) | up with the helm.
caña de azúcar | sugarcane | sugar cane.
caña de bambú (pesca) | bamboo stick.
caña de la platina | sinker body.
caña de la platina (tejido de punto) | body.
caña de pescar | rod | fishing rod | angle | angle rod.
caña de pescar de fibra de vidrio impregnada con resina sintética | resin-impregnated fiberglass fishing rod.
caña de pescar de vitrofibra | fibre glass fishing rod.
caña de vidriero | blowpipe.
caña del ancla | anchor shank.
caña del cañón | gun chase.
caña del husillo (hilatura) | shank of skewer.
caña del remache | rivet shank.
caña del remo | oar web.
caña del timón | tiller | rudder tiller | helm.
caña del timón de bote | boat rudder tiller.
caña microbruñida (cañones) | microhoned barrel.
caña para juntas (ferrocarril) | grasshopper shim.
caña protectora del pirómetro | pyrometer protection tube.
cañada | hollow | dingle | ravine | draw | bottom | gulch | flume.
cañada para paso de ganado | stock route | driveway.
cañadón | canyon.
cañahuatal (Hispanoamérica) | lignum-vitae plantation.
cañamar | hemp plantation | hemp close.
cañamazo | canvas | needlepoint cloth | hemp canvas.
cañamazo de bordar | Java canvas.
cañamazo de encuadernador | binding crash.
cañamazo para bordar | aida canvas.
cañamero | hemp dresser.
cañamiza | chaff | bun.
cañamiza (materia leñosa - botánica) | boon.
cañamo | hemp | hemp.
cáñamo agramado | dressed hemp | broken hemp.
cáñamo agramado y espadado | broken and scutched hemp.
cáñamo agramado y rastrillado | braked and hackled hemp.
cáñamo batido | beetled hemp.
cáñamo blanco | clean hemp.
cáñamo de Bengala | jute | Concanee hemp.
cáñamo de Calcuta | jute.
cáñamo de Manila | abaca.
cáñamo de primera calidad | fine quality hemp.
cáñamo de segunda calidad | seconds.
cáñamo enriado | retted hemp.
cáñamo escuadrado | nipped hemp.
cáñamo hembra | fimble hemp.
cáñamo macho | fimble.
cáñamo peinado | dressed hemp.
cáñamo peinado para cordelerías | hackled hemp for rope-making.
cañavera | reed grass.
cañavera (botánica) | ditch reed.

cañaveral | reedling.
cañería | tubing | water pipe | pipeline | pipage | pipe | conduit.
cañería (Chile) | piping.
cañería ciega | dead end.
cañería de abastecimiento | supply pipe.
cañería del aire | air pipe.
cañería del freno (ferrocarril) | brake pipe.
cañería del gas | gas tubing.
cañería distribuidora | distributing main.
cañería general del freno (trenes) | train pipe.
cañería principal de gas | gas main.
cañería principal del agua | water main.
cañerías | pipage.
cañilavado (caballo) | thin-shanked.
cañir el viento (buques vela) | round to (to).
cañizo | reed.
cañizo de cielorraso | hurdle.
cañizo para secar | drying hurdle.
caño | pipe | jet | spout.
caño (Iberoamérica) | pipe.
caño (Uruguay) | tube.
caño de drenaje | draintile.
caño de plomo (Uruguay) | lead tube.
cañocoro | canna.
cañón | cannon | piece of ordnance.
cañón (chimenea) | flue.
cañón (de órgano) | flue-pipe.
cañón (de pluma) | stem.
cañón (de visillo) | quill.
cañón (del bocado) | catch.
cañón (escopeta, fusil, cerradura, pluma) | barrel.
cañón (fuelle) | snout.
cañón (geografía) | gorge.
cañón (llave, cerradura) | tube.
cañón (llaves, órgano, etc.) | pipe.
cañón (pluma) | scape.
cañón (pluma de ave) | pin.
cañón (ropa planchada) | flute.
cañón (topografía) | coulee.
cañón (tubo - sin ajustes ni mecanismo) | gun body.
cañón aéreo | air gun | aircraft cannon.
cañón aerorrefrigerado | aircooled gun.
cañón al descubierto | gun in the open.
cañón antiaéreo | A. A. gun | antiaircraft gun.
cañón antiaéreo automático | automatic antiaircraft gun.
cañón antiaéreo contra globos | balloon gun.
cañón antiaéreo de tubos múltiples (buques de guerra) | pom-pom.
cañón antiaéreo de 120 mm o más | heavy weapon.
cañón antiaéreo multitubo | multiple antiaircraft weapon.
cañón anticarro | antitank gun | tank-buster | tank wrecker.
cañón anticarros de gran perforación | hard-hitting anti tank gun.
cañón apuntado a brazo en elevación | hand-elevated gun.
cañón apuntado en altura por palanca omnidireccional | joystick-elevated gun.
cañón apuntado en azimut | trained gun.
cañón apuntado en dirección | trained gun | azimuth-pointed gun.
cañón apuntado por radar | radar-aimed gun.
cañón apuntado por telemando | remote control pointed gun.
cañón apuntando en elevación | layed gun.
cañón apuntando mecánicamente en altura | power-elevated gun.
cañón automático | automatic gun | automatic cannon | pom-pom.
cañón automóvil anticarro | tank destroyer.
cañón autopropulsado acorazado | armored self-propelled gun.
cañón basculante (escopetas) | drop barrel.
cañón colocado en el ala (aviones) | wing.
cañón con el ángulo máximo de elevación | fully elevated gun.
cañón con puntería manual | hand-worked gun.
cañón con rayado múltiple | polygroover barrel.
cañón con tobera convergente entre la recámara y el ánima | high-low pressure gun.
cañón contra granizo | cloud-cannon.
cañón contra lanchas torpederas | antimotor-torpedo boat gun.
cañón de aeroplano | aircraft gun | air cannon.
cañón de alimentación por depósito accionado por el retroceso | recoil-operated magazine-fed gun.
cañón de asalto | assault gun.
cañón de barbeta | barbette gun.
cañón de caza (buques) | bow chaser.
cañón de cola (argot - avión) | stinger.
cañón de costa | coast-defence gun.
cañón de chimenea | chimney flue.
cañón de desembarco | disembarking gun.
cañón de electrones | electron gun.
cañón de fusil | gun barrel.
cañón de gran ángulo de tiro | H. A. gun.
cañón de grueso calibre | high-calibered gun | large caliber gun.
cañón de grueso calibre que dispara siempre en caza (buque de guerra) | chaser.
cañón de hipervelocidad del proyectil | hypervelocity gun.
cañón de largo alcance | long-range gun.
cañón de lectura | reading gun.
cañón de mediano calibre de gran alcance | long-range medium gun.
cañón de ocho pulgadas de tiro rápido | rapid-fire eight-inch gun.
cañón de pequeño calibre | light gun.
cañón de pipa de fumar | pipe stem.
cañón de pluma | quill | shaft.
cañón de proa (aviones) | nose cannon.
cañón de propulsante prequemado | preburned propellant gun.
cañón de retrocarga | breech-loader.
cañón de tapar la sangría (alto horno) | mud gun.
cañón de tiro curvo | curved-fire gun.
cañón de tiro rápido | quick-firer | Q F.gun.
cañón de trayectoria rasante de gran velocidad inicial | high-velocity flat-trajectory gun.
cañón de X pulgadas de calibre | X-incher.
cañón de 75 milímetros de calibre | seventy-five.
cañón de 90 mm de gran velocidad de fuego | high-velocity 90-mm gun.
cañón del bocado (caballos) | cannon-bit.
cañón del costado | side gun.
cañón del fusil | rifle barrel.
cañón disparado con el director | director fired gun.
cañón disparado eléctricamente | electrically-fired gun.
cañón electromecánico de arcilla (para tapar la piquera) | electromechanical clay gun.
cañón electrónico | electron gun | ion gun.
cañón electrónico (betatrón) | gun.
cañón electrónico de tipo captador de iones | ion trap-type electron gun.
cañón electrónico de tubo de rayos catódicos para televisión | TV picture tube cannon.
cañón en batería | emplaced gun.
cañón en bruto | barrel blank.
cañón en el ala (aviones) | wing gun.
cañón en zigzag | box canyon.
cañón eyector | ejection gun.
cañón eyector del paracaídas (asientos eyectables de aviones) | drogue gun.
cañón fijo disparando hacia adelante (aviones) | forward-firing fixed gun.
cañón izquierdo (torres) | L. H. gun.
cañón lanzaarpones | harpoon gun.
cañón lanzacabos | line-throwing gun.
cañón lanzacal (abonado de tierras) | lime gun.
cañón lanzacal en polvo o lanzasuperfosfatos (abono de terrenos) | phosphate howitzer.
cañón lanzacohetes | rocket gun.
cañón lanzallamas | flame-throwing gun.
cañón lanzamisiles | gun launcher.
cañón montado a través del cubo de la hélice (aviones) | hub cannon.
cañón montado en torre estabilizado | stabilized turret-mounted gun.
cañón montado en una torreta (aviones) | turret gun.
cañón montado rígidamente y apuntando moviéndose el avión | fixed gun.
cañón motorizado | motorized gun.
cañón móvil sobre su afuste (aviones) | free gun.
cañón naval | naval gun.
cañón no rayado (fusil) | plain barrel.
cañón no taladrado | barrel blank.
cañón no zunchado | nonautofrettaged gun.
cañón para tapar la sangría (alto horno) | notch gun.
cañón perforador | perforating gun.
cañón picado en el ánima | pitted gun.
cañón principal | primary gun.
cañón principal (de un subcalibre inferior) | parent cannon.
cañón protónico | proton gun.
cañón rayado (fusil) | rifled barrel.
cañón rayado de avancarga (artillería) | rifled muzzle loader.
cañón recamarado | rechambered gun | linered gun | chambered gun.
cañón remolcado | towed gun.
cañón semiautomático de tiro rápido | quick-firing semiautomatic gun.
cañón servido por personal
cañón sin retroceso | recoiless gun.
cañón sin retroceso con montaje sobre trípode o bípode | recoilless rifle.
cañón sin retroceso disparado estando colocado sobre el hombro | shoulder-fire recoilless rifle.
cañón sobre vía férrea | railway gun.
cañón subcalibre (artillería) | subcaliber gun.
cañón subcalibre montado interiormente | interior mounted subcaliber gun.
cañón submarino accionado por cartucho | cartridge operated submarine gun.
cañón suelto | loose barrel.
cañón telegobernado | remote-controlled gun.
cañón telemandado | remote-control cannon.
cañón zunchado | built-up gun | coiled gun.
cañón zunchado con alambre | wire gun | wirewound gun.
cañonazo | cannon-shot | gunshot | gunfire.
cañonazo de auxilio | distress-gun.
cañonazo de aviso | signal-gunshot.
cañonazo de señal | signal-shot | signal-gunshot.
cañonazo para afirmar el pabellón (buques guerra) | informing gun.
cañonazo para indicar que toda la tripulación está a bordo | manned and ready.
cañonazo para que se pare un buque mercante (derecho de visita) | informing gun.
cañonazos de saludos con intervalo de un minuto | minute guns.
cañonear | fire on (to) | fire (to) | shell (to) | cannonade (to).
cañoneo | shellfire.
cañoneo intenso | battering.
cañonera | embrasure.
cañonera fluvial | river gun boat.
cañonería (conjunto de cañones-órganos) | flue-work.
cañonero | gunboat.
cañones de un avión de caza | fixed gunnery.
cañones del órgano | organ pipes.
cañones y obuses de calibre entre 105 y 155 milímetros | medium artillery.
cañón-reductor | adapter.
cañuela | reed.
cañutillo (carrete-lanzadera de telar de cintería) | ribbon loom shuttle.
cañutillo (hilo oro o plata) | purl.
cañutillo para bordar | purl.
caoba (Khaya ivorensis - A. Chev) | African mahogany.

caoba (Khaya nyasica Stapf) | mahogany.
caoba africana (Bridelia retusa) | khaja.
caoba africana (Khaya anthotheca) | acajou | undianuno.
caoba africana (Khaya grandifolia) | big-leaf mahogany.
caoba africana (Khaya nyasica) | Uganda mahogany | umbaua.
caoba africana (Khaya senegalensis) | senegal mahogany.
caoba africana (Khaya senegalensis - A. Juss) | tit | tiro.
caoba africana samanguila (Kaya ivorensis - A. Chev) | grand Bassam mahogany.
caoba americana (Sivietenia macrophylla - King) | Central American mahogany.
caoba americana (Swietenia mahagoni - Jacq) | Santo Domingo mahogany.
caoba americana (Swietenia mahogani - Jacq) | Porto Rico mahogany | West Indian mahogany.
caoba bastarda de Santo Domingo | abey.
caoba brasileña (Swietenia marophylla - King) | Brazilian mahogany.
caoba chilena (Nothofagus dombeyi) | South american beech.
caoba de caracolillo | plum pattern mahogany | mottled acajou.
caoba de Ceilán (Melia composita) | Ceylon mahogany.
caoba de Cuba (Swietenia mahagoni - Jacq) | Spanish mahogany.
caoba de Cuba (Swietenia manogani Jacq) | Cuban mahogany.
caoba de Guinea (entandrophagma cylindricum Sprague) | aboudikro.
caoba de Guinea (Entandrophragma cylindricum - Sprague) | sapele mahogany | sapele wood.
caoba de Venezuela (Swietenia macrophylla - Pitt) | Venezuelan mahogany.
caoba mejicana (Swietenia cirrhata) | Mexican mahogany.
caoba moteada | mottled mahogany.
caolín | argilla | porcelain-clay | white bole | China clay | kaolin.
caolín alcalinosilíceo | alkaline silicious china clay.
caolín apropiado para revestir papel | coating clay.
caolín cocido | fired kaolin.
caolín ferruginoso | ferruginous china clay.
caolín puro de feldespato y granito | bone clay.
caolínico | kaolinic.
caolinita | kaolinite.
caolinita mal cristalizada | fire clay mineral.
caolinizar | kaolinize (to).
caolinosis | kaolinosis.
caoticamente orientado | randomly oriented.
caótico (orientación) | random.
capa | tier | lay | layer | ledge | bed | blanket vein | cloak | band | case.
capa (agua o petróleo) | body.
capa (cartones, papel) | ply.
capa (de barro seco) | caking.
capa (de combustible) | body.
capa (de metal) | overlaying.
capa (de tela, etc.) | ply.
capa (geología) | blanket deposit | measure | flat sheet | sheet.
capa (mano - de pintura) | coat.
capa (marina) | primage.
capa (marina mercante) | hat-money.
capa (matemáticas) | nappe.
capa (minas) | drift cap | branch.
capa acelular | noncellular layer.
capa activa de peróxido | active peroxide layer.
capa activa e un permagélido (suelos) | mollisol.
capa acuiclusa | aquiclude.
capa acuífera no artesiana | nonartesian aquifer.
capa acuífera subterránea | ground water.
capa acuosa sobre la que sobrenada el aceite de ballena (extracción del aceite en digestores-buque factoría ballenera) | glue-water.
capa adherente (hidráulica) | adhering nappe.
capa agotada | depletion region | depletion layer.
capa aislante | loom.
capa aislante (cable eléctrico) | lap.
capa aislante de asfalto | insulating asphalt layer.
capa ambigua | ambiguous layer.
capa anegada (hidráulica) | drowned nappe.
capa anódica | anode sheath.
capa antiagarrotadora para la rosca | antiseize thread coating.
capa antiempañable | antidim coating.
capa antihalo (placa fotográfica) | backing.
capa antivibratoria (cimentaciones) | isolation pad.
capa aporosa (galvanoplastia) | pore-free deposit.
capa arcillosa compacta | claypan.
capa artesiana colgada | perched ground water.
capa astillada (Argentina) | sloven | stub-chuck.
capa atómica (del núcleo) | atomic shell.
capa atravesada (sondeos) | penetrated bed.
capa barrera (radio) | blocking layer.
capa base (galvanoplastia) | underlay.
capa base (pintura) | couch.
capa bituminosa | blacktop | bituminous coating.
capa bituminosa (carreteras) | blanket.
capa bituminosa debajo del piso de madera | underlayment.
capa bituminosa sobre tela de yute | hessian-based bituminous sheet.
capa blanca (Petitia spp) | capa.
capa carbonífera | carboniferous bed.
capa cartesiana acuífera | perched ground water.
capa catalizadora | catalyst bed.
capa cementada (metalurgia) | case.
capa central (cartones) | middle.
capa cerrada (buques) | ahull.
capa con poco buzamiento | fat dipping bed.
capa conductora | conducting layer.
capa conductora en el aislante (cables eléctricos) | intersheath.
capa de acabado | finishing coat.
capa de acabado (enlucidos) | skim coat.
capa de acabado (muros) | floater course.
capa de acabado (pisos) | topping.
capa de acarreo | portage bed.
capa de acumulación superficial | surface enhancement layer.
capa de adhesivo para sujetar la lente al pulidor | mallet.
capa de adhesivo que efectúa la unión entre dos superficies | glue line.
capa de afirmado (carreteras) | surface.
capa de agarre (para pintura, galvanostegia, etc.) | anchoring coating.
capa de agarre (para pisos hormigón) | primer.
capa de agua (hidráulica) | nappe.
capa de agua superficial en calma (mares, lagos) | slick.
capa de aguas freáticas | water table.
capa de aire entre lingote y lingotera | air gap.
capa de aire superior más caliente que la capa baja | inversion.
capa de aislamiento (cable eléctrico) | lapping.
capa de alambre de acero con trenzado apretado | closely-braided steel wire ply.
capa de alquitrán sobre partes deterioradas (velas de buques) | collier's patch.
capa de arcilla | pan | clay seam.
capa de arcilla compacta | clay pan.
capa de arcilla con concreciones nodulares debajo de un filón de carbón (bosques del período carbonífero) | bally seating.
capa de arcilla en la pared de un filón | salvage.
capa de arcilla o roca inmediatamente debajo de una capa de carbón (geología) | seat earth.
capa de arena | sand-bed | sand spit | sand blanket.
capa de asiento | cushion course | base course | setting bed.
capa de asiento (carretera, vía férrea) | subgrade.
capa de bióxido de manganeso que colorea las rocas (regiones áridas) | desert varnish.
capa de bloqueo | blocking layer.
capa de cal | lime coat.
capa de carbón | coal-bed.
capa de carbón (minas) | seam.
capa de carbón con intercalación de esquistos | ribbed coal seam.
capa de carbón de inferior calidad | buzzard.
capa de carbón de mala calidad | dilsh.
capa de carbón fundido no coquificado (solera hornos de colmena) | black butt.
capa de carbón irregular y de poca potencia (minas) | coal pipe.
capa de caucho | rubber lap.
capa de cebada (fabricación cerveza) | couch.
capa de cementación de carburos de titanio y vanadio (aceros inoxidables austeníticos) | carbidized layer.
capa de cemento | flatting.
capa de cera que se coloca sobre el filme como lubricación durante su proyección (cine) | waxing.
capa de cirroestratos | cirro-nebula.
capa de cobalto | cobalt-plating.
capa de cola (maderas) | glue film.
capa de comparación | marker.
capa de confinación | confining bed.
capa de coque fundido (hornos de colmena) | black top.
capa de cubierta (carreteras) | cover stone.
capa de desgaste (carreteras) | topping.
capa de desgaste (pavimentos) | floor topping.
capa de detención | barrier layer.
capa de difusión | diffusion layer.
capa de electrones | electron sheath.
capa de electrones (átomo) | electron shell.
capa de emisión electrónica | electron-emissive coating.
capa de empedrado | metalling.
capa de enfoscado con yeso negro | brown coat.
capa de enlace | binder.
capa de enlucido | render.
capa de enrase | equalizing bed.
capa de enrase (hormigonado) | leveling course.
capa de escorias | cinder bed.
capa de esmalte rociada y algo seca | dust coat.
capa de espesor desigual (defecto superficies pintadas) | piling.
capa de espuma | foam blanket.
capa de estiércol | ridge | hotbed.
capa de estructura hiperfina y muy dura (rectificado de aceros al carbono templados) | white layer.
capa de explosión (abrigos contra proyectiles) | bursting layer.
capa de fondo | bottom layer.
capa de fotobloqueo | photoblocking layer.
capa de fricción | friction layer.
capa de fundación | bottoming.
capa de fundente | flux blanket.
capa de germinación | germinating-bed.
capa de granalla | ragging.
capa de grasa del vientre del cerdo | leaf-fat.
capa de grasa muy elástica y de pequeño espesor (botaduras de buques) | slipcote.
capa de grasa poco elástica y de mayor espesor (botadura buques) | basecote.
capa de grava | channel bed.
capa de grava petroleada (carreteras) | oil-gravel mat.
capa de hielo | ice-sheet | sheet | glare | ice cover.
capa de hielo que no reposa sobre el agua cuando baja el nivel de esta | cat ice.
capa de hielo que no reposa sobre el agua cuando desciende el nivel de esta (ríos) | shell ice.
capa de hormigón | bed of concrete | concrete

layer | concrete bed.
capa de hormigón con granalla de fundición (pavimentos) | metal-seeded surface.
capa de hulla | coal-bed.
capa de humus | duff | litter.
capa de imprimación | prime coat | primer coat | grounding | ground coat.
capa de imprimación (pintura) | couch | priming coat.
capa de imprimación de lechada de cal con cola | clear cole | clerecole.
capa de lava | extrusive sheet.
capa de ligazón | binder course.
capa de ligazón (carreteras) | tack coat.
capa de materia fundida intrusiva entre los planos de estratificación (rocas sedimentarias metamórficas) | sill.
capa de material estéril entre filones (minas) | parting.
capa de metal blando debajo del recrecimiento con soldadura | underlay.
capa de metal duro | hardmetal layer.
capa de mineral | ore bed | bed of mineral.
capa de minio | coat of red lead.
capa de mortero | mortar layer.
capa de mortero entre dos hiladas | layer.
capa de nieve arremolinada sobre el suelo | snow pack.
capa de níquel brillante | lustrous nickel deposit.
capa de nubes de cirros | cirro-velum.
capa de nubes debajo de un avión en vuelo | undercast.
capa de nubes encima de un avión en vuelo | overcast.
capa de organismos marinos que interfiere con el equipo de sonar | phantom bottom.
capa de organismos marinos que interfiere con el equipo de sonar (oceanografía) | deep scattering layer | false bottom.
capa de óxido | scale.
capa de óxido anodizado | anodized oxide film.
capa de óxido producida por electrólisis | electrolytically developed oxide film.
capa de paja (secado de ladrillos) | lew.
capa de parada | blocking layer.
capa de piedra partida bien apisonada que forma el firme (carreteras) | pitching.
capa de pintura antioxidante | antirust coating.
capa de pintura final | topcoat.
capa de pizarra que separa dos capas de carbón | dividing state.
capa de recauchutado (neumáticos) | cap.
capa de recrecimiento con soldadura | hardmetal layer.
capa de recuperación de energía (reactor nuclear) | energy extraction blanket.
capa de referencia | key bed.
capa de relleno (minas) | skimp.
capa de roca dura (sondeos) | shell.
capa de roca encima de un filón | rider.
capa de roca horizontal | rock blanket.
capa de roce | scratch coat.
capa de rozamiento (pistas de aeropuertos) | friction layer.
capa de secado de machos (moldería) | seggar.
capa de sellado | seal coat | seal course.
capa de sellado (carreteras) | flush seal.
capa de semiatenuación (capa de semiabsorción - nucleónica) | half-value layer.
capa de separación | abscission layer.
capa de terreno glaciar | drift sheet.
capa de terreno no congelado o en deshielo | talik.
capa de tierra sobre una bóveda | cover.
capa de tierras | earth fill.
capa de transición | transition layer.
capa de tránsito (transistores) | depletion layer.
capa de uranio natural | blanket of natural uranium.
capa de vaciado superficial | surface depletion layer.
capa de valencia (electrónica) | valence shell.
capa de vapor (meteorología) | vapor blanket.
capa de velo (hilatura) | layer of web.
capa de yeso | pargetry.
capa de yute impregnado de betún colocada debajo de la armadura de alambre (cables eléctricos) | bedding.
capa del espacio de velocidades | shell in velocity space.
capa del fondo de una carga de rollizos | bunk load.
capa del subsuelo polar siempre helada | permafrost.
capa delgada | shallow layer.
capa delgada (de carbón o de mineral de hierro) | delft.
capa delgada (de pintura, etc.) lecho | layer.
capa delgada de arenisca (geología) | girdle | girdle.
capa delgada de carbón de mala calidad que se encuentra entre la capa de carbón y el techo | rashing.
capa delgada de carbón mezclada con piritas o caliza (minas) | brat.
capa delgada de compresión (lubricación cojinetes) | squeeze film.
capa delgada de hielo (lagos) | black ice.
capa delgada de hielo sobre la roca | verglas.
capa delgada de metal ferroso descarburado debajo de la cascarilla de laminación | bark.
capa delgada de osamentas fosilizadas (geología) | bone bed.
capa delgada de partículas flotantes | floating mat.
capa delgada de roca | rock slice.
capa delgada del carbón que se deja en el piso para contener el agua (minas) | cropper coal.
capa delgada seca de resina sintética | film glue.
capa deprimida (hidráulica) | depressed nappe.
capa descarburada debajo de las escamas por calentar en atmósfera oxidante (aceros) | bark.
capa desgastada | worn layer.
capa desierta (transistores) | depletion layer.
capa deslizante (aerodinámica) | shear layer.
capa difusa | diffuse layer.
capa dipolo | dipole layer.
capa dominante (bosques) | dominant crown.
capa dura debajo de arenas o gravas producida por precipitación de sales de hierro (minas) | iron pan.
capa dura debajo del terreno blando | hardpan.
capa dura impermeable debajo del suelo (que afecta a las plantas que crecen encima) | calcareous pan.
capa dura impermeable en las raíces de las plantas | pan.
capa E (radio) | E-layer.
capa electroendosmótica | electroendosmotic layer.
capa electrónica (átomos) | shell.
capa electrónica exterior | outer-shell electron.
capa electrónica interna | inner shell.
capa electrónica saturada (átomo) | closed shell.
capa en la que alcanza el equilibrio (submarino en inmersión) | balancing layer.
capa endurecida (cementación) | hard case.
capa epidérmica de células mucilaginosas (semillas paleozoicas) | blowoff layer.
capa epitaxial | epitaxial layer.
capa epitaxial impurificada | doped epitaxial layer.
capa eruptiva (geología) | igneous rock sheet.
capa espumosa (fabricación jabón) | fob.
capa estañada en caliente | hot-tinned coating.
capa exfoliable | peelable coating.
capa exterior | skin.
capa exterior de grandes piedras (rompeolas) | armor layer.
capa exterior del grano de café | chaff.
capa F (ionosfera) | F-layer.
capa fangosa | dirt band.
capa fangosa del fondo de aguas estancadas y contaminadas | pollution carpet.
capa fijadora de otra (para pintar, niquelar, etc.) | strike.
capa fina | skin.
capa fina de arena | sand seal.
capa final | topping.
capa final (carreteras) | seal coat.
capa final (enlucidos) | skin | set | setting coat.
capa final (firmes carreteras) | carpet coat.
capa final de asfalto muy fluido (carreteras) | fog seal.
capa final de enlucido (pisos) | topping.
capa final de enrase (carreteras) | flush seal.
capa final de rodadura (carreteras) | drag seal.
capa final de rodadura (superficie de una carretera) | wearing course.
capa fluidizada suspendida | suspended fluidized layer.
capa freática | ground water surface | ground water table | water-bearing stratum | phreatic surface.
capa freática (aguas subterráneas) | water table.
capa fronteriza | boundary layer.
capa fundente | melting layer.
capa galvanoplástica | electroplated coating.
capa galvanoplástica de mezcla de dos o más metales | alloy plate.
capa gasífera (pozo petróleo) | gas cap.
capa gel | gel layer.
capa H de la cubierta de humus (suelos) | H-layer.
capa hidrófuga | damp coursing.
capa horizontal | flatbed.
capa horizontal (minas) | fletz.
capa horizontal de roca saliente | shelf.
capa impermeable | impermeable layer.
capa impermeable (encima de una roca petrolífera) | cap rock.
capa impermeable (mampostería) | seal coat.
capa impermeable al aire | air impermeable coat.
capa imprimadora | priming coat.
capa inclinada (geología) | inclined seam | pitching seam.
capa inclinada de roca porosa entre dos capas impermeables | aquifer.
capa indurada (geología) | hard ground.
capa inferior de agua desoxigenada en pantanos o lagos | hypolimnion.
capa inferior de la carga | bunk load.
capa inferior de la cimentación (carreteras) | bottoming.
capa inferior de la troposfera | friction layer.
capa intercalada (geología) | intercalated bed.
capa interior de veta atravesada (contrachapados) | crossband.
capa intermedia | intermediate layer.
capa intermedia (pisos) | interliner.
capa intermedia de unos 600 Ångstrom de platino | intermediate layer of about 600Å of platinum.
capa intertrapeana (geología) | intertrappean bed.
capa intrusiva (rocas sedimentarias metamórficas) | sill.
capa ionizada | ionized layer.
capa ionosférica reflectora entre 35 a 70 kilómetros de altura (radio) | C-layer.
capa isotérmica | isothermal layer.
capa K | K shell.
capa Kennelly - Heaviside (radio) | E-layer.
capa L (nucleónica) | L-shell.
capa lanzada a mano por brochón (enlucidos) | dash coat.
capa ligadora | key aggregate.
capa ligante (carreteras) | tack coat.
capa lignificada | lignified layer.
capa límite | interface | boundary layer.
capa límite (aerodinámica) | friction layer.
capa límite (aleaciones) | shore layer.
capa límite de baja velocidad | low-speed boundary layer.

capa límite de convección libre | free-convection boundary layer.
capa límite de difusión laminar | laminar diffusion boundary layer.
capa límite de difusión térmica | thermal-diffusion boundary layer.
capa límite de la entrada | inlet boundary layer.
capa límite desprendida | separated boundary layer.
capa límite inducida por onda de choque | shock-induced boundary layer.
capa límite laminar | laminar boundary layer.
capa límite laminar compresible | laminar compressible boundary layer.
capa límite laminar incompresible tridimensional | three-dimensional incompressible laminar boundary layer.
capa límite turbulenta | turbulent boundary layer.
capa límite turbulenta supersónica | supersonic turbulent boundary layer.
capa metálica de revestimiento | metal cladding layer.
capa metálica evaporada a presión subatmosférica | vacuum-evaporated metal layer.
capa metálica evaporada en vacío parcial | vacuum-evaporated metal layer.
capa monomolecular | monolayer.
capa mucilaginosa | slime layer.
capa O (órbita) | O shell.
capa oblicua (minas) | cross bed.
capa obtenida por evaporación en el vacío | evaporated film.
capa oxidada | scale.
capa para agarre de la pintura | paint anchoring.
capa para facilitar el afeitado (hojas de afeitar) | shaving facilitating layer.
capa pasivante | passivating layer.
capa periférica | peripheral layer.
capa permeable | permeable layer.
capa petrolífera | oil-sheet.
capa pirolítica | pyrolytic layer.
capa plegada (geología) | folded bed.
capa pluvial | pluvial | cope.
capa poco inclinada | flatbed.
capa preliminar | precoat.
capa profunda de dispersión del sonido | phantom bottom | deep scattering layer | false bottom.
capa protectora | resist | resit | coating | antispray film.
capa protectora de oxígeno quimioabsorbido | protective chemisorbed oxygen layer.
capa pulida mate | matte-polished layer.
capa que proporciona adherencia (para pintar, niquelar, etc.) | strike.
capa que se descuelga (de pintura o barniz) | creeping.
capa que sujeta la clavazón | nail-holding.
capa reflectora | reflecting layer | bowl.
capa reflectora (sísmica) | reflecting bed.
capa removida electrolíticamente electrolytically removed layer.
capa secada en la estufa (pintura) | baked film.
capa secundaria superficial (lingotes) | curtaining.
capa secundaria superficial del fondo (lingote) | bottom splash.
capa sensible (placa fotográfica) | film.
capa separadora en contacto con los conductores (electricidad) | serve.
capa seudoconcordante (geología) | disconformable bed.
capa sin frotamiento con cizalladura | inviscid shear layer.
capa soporte (galvanoplastia) | underlay.
capa subterranea de hielo | permafrost.
capa superficial (revestimientos, pavimentos) | flush coat.
capa superficial adsorbida | adsorbed surface layer.
capa superficial carbocementada (metalurgia) | case.
capa superficial de desgaste (carreteras) | crust | veneer.
capa superficial de unos 10.000 Ångström de oro | surface layer of about 10,000 Å of gold.
capa superficial del suelo | topsoil.
capa superficial protectora (de metales) | finish.
capa superior | topping.
capa superior de roca blanda (minería) | rind.
capa superpuesta | overlay.
capa superyacente | overlaying bed.
capa tapaporos (pintura) | sealing coat | sealer.
capa volcánica (geología) | igneous rock sheet.
capa vorticial | vortex sheet.
capacete | head | cap | basinet | cask | end cap.
capacete de la espoleta | fuze cap.
capacete del muelle | spring cap.
capaciad amortiguadora | elastic hysteresis.
capacidad | ableness | capacity | reach | power output | status | cubic contents | performance | output.
capacidad (electricidad) | capacity.
capacidad (instrumentos) | range.
capacidad (legal) | capability.
capacidad (máquinas) | rating.
capacidad (para ser enseñado) | teachability.
capacidad adsortiva | adsorptive capacity.
capacidad al nivel (volúmenes) | struck measure.
capacidad al ras | struck measure.
capacidad ambiental | environmental capacity.
capacidad antiaérea | antiaircraft capacity.
capacidad antisubmarina (marina de guerra) | antisubmarine capacity.
capacidad anual estimada | estimated annual capacity.
capacidad ascensional (diques flotantes) | lifting capacity.
capacidad asignada | rated capacity.
capacidad autorizada | licensed capacity.
capacidad calefactora de una bomba de calor | heating capacity of a heat pump.
capacidad calorífica | heat capacity | calorific capacity.
capacidad calorífica (gases) | heat content.
capacidad calorífica a volumen constante | constant-volume heat capacity.
capacidad calorífica húmeda
capacidad cognoscitiva | cognoscitive capacity.
capacidad compensadora | balancing capacity.
capacidad competitiva | power to compete.
capacidad comprobada de pago | demonstrated ability to pay.
capacidad con miliamperios-hora | milli-amp-hr capacity.
capacidad concentrada | concentrated capacity.
capacidad concentrada (electricidad) | lumped capacity.
capacidad cúbica | cube contents | cubic capacity.
capacidad cúbica interior | interior cubic capacity.
capacidad cúbica para balas (buques) | bale cubic capacity.
capacidad cúbica para cereales (buques) | grain cubic.
capacidad cubriente | coverage.
capacidad cubriente (pinturas) | covering power.
capacidad cubriente (pinturas, barnices) | covering capacity.
capacidad de absorber energía | energy-absorbing capacity.
capacidad de absorber energía deformándose plásticamente (metales) | toughness.
capacidad de absorber la deformación | strain-absorption capacity.
capacidad de absorción | absorbing capacity | absorptive capacity | power of absorption.
capacidad de acción del jurado tributario | doomage power.
capacidad de acero sangrado (alto horno) | tapped-steel capacity.
capacidad de aliviadero | spillway capacity.
capacidad de almacenamiento de energía | energy-storage capacity.
capacidad de amortiguamiento de las vibraciones | damping capacity.
capacidad de apelación (derecho) | appellancy.
capacidad de arrastre | hauling capacity | load carrying capacity.
capacidad de arrastre en el gancho (locomotoras) | haulage capacity at draw bar.
capacidad de aserrado | cut.
capacidad de cálculo (calculadora electrónica) | power.
capacidad de cálculo de la calculadora electrónica | computer power.
capacidad de cambio aniónico | anion exchange capacity.
capacidad de cántaras (draga, gánguil) | hopper capacity.
capacidad de carboneras | bunker capacity.
capacidad de carboneras (buques) | bunkerage.
capacidad de carga | loading room | loading capacity | carrying capacity.
capacidad de carga (aviación) | carrying power.
capacidad de carga (buques) | deadweight.
capacidad de carga admisible | presumptive bearing value.
capacidad de carga de una correa transportadora | bell capacity.
capacidad de carga refrigerada (buques) | insulated-cargo capacity.
capacidad de cauce | channel storage.
capacidad de cierre (circuito eléctrico) | making capacity.
capacidad de circuito (telecomunicación) | circuit grade.
capacidad de combinarse con las bases | base-combining capacity.
capacidad de combustible | bunker capacity.
capacidad de conducción (hidráulica) | flow capacity.
capacidad de conexión (circuito eléctrico) | making capacity.
capacidad de conexíon de 1.500 megavoltios-amperios | making capacity of 1,500 MVA.
capacidad de contracción | initial set.
capacidad de corriente | current capacity.
capacidad de corriente conducida (capacidad en amperios) | current-carrying capacity.
capacidad de corte (disyuntores) | interrupting rate.
capacidad de corte (interruptores) | interrupting rating.
capacidad de descarga | rate of discharge | flowing capacity | discharge capacity.
capacidad de descarga de la válvula de seguridad | relieving capacity of the safety valve.
capacidad de descarga del puerto en toneladas por día | port capacity.
capacidad de descarga sobre una zona de playa en toneladas por día | beach capacity.
capacidad de desconexión | cutoff-capacity.
capacidad de desconexión (electricidad) | cutoff capacity.
capacidad de desconexión (interruptores) | interrupting ability | interrupting rating.
capacidad de desconexión de 10 veces la corriente máxima del motor | interrupting capacity of 10 times motor full load current.
capacidad de desconexión del disyuntor | circuit-breaker interrupting capacity.
capacidad de desconexión máxima admisible del circuito | maximum possible circuit-breaking capacity.
capacidad de dispersión de salida | output stray capacity.
capacidad de elaboración | processing capacity.
capacidad de embalse (presas) | pondage.
capacidad de embalse a largo plazo | long-term storage capacity.
capacidad de embutición | drawing capacity.
capacidad de encrespado | cockling power.

capacidad de endeudamiento (economía) | borrowing powers.
capacidad de equilibrado | balancing capacity.
capacidad de fabricación | yield capacity.
capacidad de funcionamiento | operability | rating.
capacidad de grúas | craneage capacity.
capacidad de hacer la guerra | war-making capacity.
capacidad de infiltración final | final infiltration capacity.
capacidad de interrupción de grandes amperajes | high-current-interrupting capability.
capacidad de izada de la grúa | crane lifting capacity.
capacidad de la bomba | bomb capacity.
capacidad de la central eléctrica | plant capacity.
capacidad de la mampostería de almacenar calor | capacity insulation.
capacidad de la memoria | core size.
capacidad de la memoria interna | internal storage capacity.
capacidad de la pinza portapieza (tornos) | collet capacity.
capacidad de la prensa (en toneladas) | press rating.
capacidad de la solución electrolítica para obtener una capa depositada muy delgada | plating solution levelling capacity.
capacidad de la tolva | hopper capacity.
capacidad de laminación (laminadores) | rolling capacity.
capacidad de los sótanos | cellarage.
capacidad de llevar pintura (brochas) | paint-carrying capacity.
capacidad de machaqueo | crushing capacity.
capacidad de maniobra | interrupting capacity.
capacidad de maniobra (interruptor) | rupturing capacity.
capacidad de maniobra (interruptores) | interrupting rating.
capacidad de marcha sin restricción | free-moving capacity.
capacidad de memoria | memory capacity.
capacidad de memorización de 1.024 números | memory capacity of 1,024 numbers.
capacidad de pago | ability to pay.
capacidad de parada | stopping ability.
capacidad de parada (buque en marcha avante) | reverse stopping ability.
capacidad de pasajeros completa (aviones) | full passenger complement.
capacidad de pastoreo | grazing capacity.
capacidad de pesada (básculas) | range.
capacidad de peso muerto | dead weight capacity.
capacidad de plastificación | plasticizing capacity.
capacidad de proceso (fotografía) | useful capacity.
capacidad de producción | through-put | rating | yield capacity | production capability.
capacidad de producción (centrales) | installed capacity.
capacidad de producción (fábricas) | plant capacity.
capacidad de programación | programming capability.
capacidad de reactancia | choke capacity.
capacidad de régimen (motores) | rated capacity.
capacidad de registro | register capacity.
capacidad de rejilla-placa | grid-anode capacity.
capacidad de remoción de material | material-removing capacity.
capacidad de remoción de metal (máquinas herramientas) | metal removal capacity.
capacidad de remoción de metal de hasta 4 pulgadas^3/minuto | metal-removal rate of up to 4 in^3/minute.
capacidad de reserva conectada y lista para su empleo (central eléctrica) | spinning reserve.
capacidad de reserva disponible fuera de funcionamiento | cold reserve.
capacidad de reserva fuera de servicio (electricidad) | hot reserve.
capacidad de reserva preparada para su utilización (centrales eléctricas) | spinning reserve.
capacidad de respuesta | responsiveness.
capacidad de retención de la humedad (suelos) | field capacity | field moisture capacity.
capacidad de retención de partículas de diamante | diamond grit retention capacity.
capacidad de retener la humedad | moisture-retention capacity.
capacidad de retenida de agua | water-yielding capacity.
capacidad de ruptura | interrupting capacity.
capacidad de ruptura (interruptor) | rupturing capacity.
capacidad de ruptura (interruptores) | interrupting ability | interrupting rating.
capacidad de ruptura de régimen de 1.500 MVA a 110 kV | rated breaking capacity of 1500 MVA at 110 kV .
capacidad de ruptura especificada | rated breaking capacity.
capacidad de sedimentación | throwing power.
capacidad de separación (óptica) | resolving capacity.
capacidad de ser desalado por lavado (petróleo) | washability.
capacidad de sobrecarga | overload capacity.
capacidad de sobrecarga de breve duración | short-time overload capacity.
capacidad de soportar carga | load capacity.
capacidad de taladrado (máquinas) | drilling capacity.
capacidad de temple | hardening capacity | hardenability.
capacidad de tráfico | traffic capacity.
capacidad de tráfico de un aeropuerto | terminal clearance capacity.
capacidad de tránsito de la carretera (vehículos por hora a una velocidad aceptable) | road capacity.
capacidad de transmisión | line capacity.
capacidad de transporte (aviones) | lift capacity.
capacidad de transporte de peso muerto | dead weight-carrying capacity.
capacidad de transporte en un viaje (avión o grupo de aviones) | lift.
capacidad de tratamiento | throughput.
capacidad de trituración | crushing capacity.
capacidad de un alternador | rating of alternator.
capacidad de un tanque | tankage.
capacidad de vaporización | evaporative capacity.
capacidad de vaporización (calderas) | steam relieving capacity.
capacidad de vaporización de la caldera a toda potencia (kilos x hora a la presión y temperatura específica) | boiler full-power capacity.
capacidad de venta | saleability | saleability.
capacidad del avión | aircraft capacity.
capacidad del cargador (armas) | magazine capacity.
capacidad del cuerpo | body capacitance.
capacidad del dique | dock capacity.
capacidad del evacuación por el vertedero (presas) | spillway provision.
capacidad del hormigón o mortero sin fraguar de resistir la deformación | consistence.
capacidad del pastizal | stocking.
capacidad del pavimento para soportar carga | pavement load capacity.
capacidad del potrero (Iberoamérica) | stocking.
capacidad del puerto | port's capacity.
capacidad del vertedero | spillway capacity.
capacidad del viento para transportar tierras | capacity of the wind.
capacidad diaria del acampamiento | camper days.
capacidad dieléctrica | dielectric capacity.
capacidad disolvente | dissolving capacity.
capacidad económica | pecuniary standing.
capacidad electrostática | electrostatic capacity.
capacidad electrostática (electricidad) | distributed capacity.
capacidad en amperios (cables, fusibles) | rating.
capacidad en amperios hora | ampere-hour capacity.
capacidad en cable arrollado (buque cablero) | coiling capacity.
capacidad en diques (puertos) | dock capacity.
capacidad en fabricar lingotes para moldería | foundry ingot-making capacity.
capacidad en faradios (acumuladores) | faradaic capacity.
capacidad en galones | gallonage.
capacidad en logonios | logon capacity.
capacidad en metronios | metron capacity.
capacidad en servicio | service capacity.
capacidad en volumen | measurement capacity.
capacidad enrasado (medidas sin colmo) | flush capacity.
capacidad entre arrollamientos | interwinding capacity.
capacidad estipulada | rated capacity.
capacidad fabril | plant capacity.
capacidad financiera | financial standing.
capacidad garantizada (motores) | listed capacity.
capacidad generada instalada | installed generating capacity.
capacidad horaria normal | rated hourly capacity.
capacidad indicada (motores) | rated capacity.
capacidad inductiva | inductive capacity | dielectric capacity.
capacidad inductiva eléctrica | electric inductive capacity.
capacidad inductiva específica | specific inductive capacity.
capacidad inherente de sobrecarga de 25% | built-in overload capacity of 25%.
capacidad inicial de movimientos | initial set.
capacidad interelectródica de la lámpara | tube interelectrode capacitor.
capacidad interruptora | breaking capacity.
capacidad intrínseca de sobrecarga | built-in overload capacity.
capacidad jurídica | legal capacity.
capacidad legal | legal status | legal capacity.
capacidad limitada | finite capacity.
capacidad localizada | lumped capacity.
capacidad lucrativa | profit-earning capacity.
capacidad máxima (interruptor) | rupturing capacity.
capacidad máxima admisible | rated capacity.
capacidad máxima circunstancial de carga (puentes militares) | risk capacity.
capacidad máxima de detalle (objetivos) | covering power.
capacidad máxima para roscar | maximum threading capacity.
capacidad neutrodina | balancing capacity.
capacidad nominal (motores) | rated capacity.
capacidad nominal de carga | nominal load capacity.
capacidad nominal máxima continua | maximum continuous design capacity.
capacidad normal | rating | standard range.
capacidad normal a plena carga | full-load rating.
capacidad normal de conexión | rated making capacity.
capacidad normal de desconexión | rated breaking capacity.
capacidad normal de evaporación | normal evaporative capacity.
capacidad normal de ruptura | rated rupturing

capacity.
capacidad normal del caudal de gases (turbina gases) | swallowing capacity.
capacidad normal del transformador | transformer rating.
capacidad normal en cortocircuito de 750 MVA | rated short-circuit capacity of 750 MVA.
capacidad nuclear táctica | tactical nuclear capacity.
capacidad o carga (buques) | bulk.
capacidad para cortar chapa (máquinas) | plate shearing capacity.
capacidad para equipajes (aviones) | locker capacity.
capacidad para escariar en metales | metal-reaming capacity.
capacidad para grandes diámetros (tornos) | large swing.
capacidad para roscar pernos de 1 a 3 pulgadas | range for screwing bolts, 1 in. to 3 in.
capacidad para soportar el tránsito | traffic-carrying capability.
capacidad para soportar esfuerzo cortante | shear carrying capacity.
capacidad para soportar esfuerzos | stress-carrying capacity.
capacidad para transportar bombas (aeroplanos) | bomb capacity.
capacidad para transportar energía | power-carrying capacity.
capacidad parásita | strays.
capacidad por almacenamiento en la base (seminconductor) | base storage capacitance.
capacidad por colada (metalurgia) | capacity per heat.
capacidad potencial de resolución (lentes) | potential resolving ability.
capacidad productiva | productive capacity | earning power.
capacidad productiva (de una instalación) | load.
capacidad productiva del suelo (Iberoamérica) | land use capability.
capacidad productora | producing capacity.
capacidad profesional | efficiency.
capacidad rasa (medidas sin colmo) | flush capacity.
capacidad real | actual capacity.
capacidad reflectora | mirror capacity.
capacidad residual | minimum capacitance.
capacidad restringida | limited capacity.
capacidad resultante | resulting capacity.
capacidad según su clasificación | rated capacity.
capacidad segura de carga | safe bearing capacity.
capacidad térmica | heat capacity.
capacidad térmica específica isocora | isochoric specific heat capacity.
capacidad térmica isobárica | isobaric heat capacity.
capacidad terminal | end capacity.
capacidad total disponible para el transporte (buques) | freightage.
capacidad tributaria | taxpaying ability | tax paying capacity.
capacidad útil | service capacity.
capacidad útil de embalse | available storage capacity.
capacidad útil en toneladas de 40 pies^3 (buques) | freight tonnage.
capacidad variable | variable capacity.
capacidad ventilatoria pulmonar | pulmonary ventilation capacity.
capacidades de bodegas | hold capacities.
capacímetro | C-meter.
capacitación del cuerpo docente | teacher training.
capacitación electrónica | electronic training.
capacitación industrial | industrial training.
capacitación profesional | training.
capacitador de energía | power capacitor.
capacitancia (electricidad) | capacitance | permittance.
capacitancia de ánodo a placa de 3 picofaradios | plate-to-cathode capacitance of 3 pF.
capacitancia de compensación | balancing capacitance.
capacitancia de descarga | discharge capacitance.
capacitancia de la barrera del emisor | emitter depletion capacitance.
capacitancia de la realimentación del colector | collector feedback capacitance.
capacitancia de neutralización (radio) | balancing capacitance.
capacitancia de salida | output capacitance.
capacitancia de un capacitor | capacitor capacitance.
capacitancia de variación lineal | straight-line capacitance.
capacitancia electrostática | electrostatic capacitance.
capacitancia en derivación | shunt capacitance.
capacitancia entre conductores (línea trifásica) | line-to-line capacitance.
capacitancia entre un conductor y el neutro (línea trifásica) | line-to-neutral capacitance.
capacitancia inductiva específica | permittivity.
capacitancia interelectródica | interelectrode capacitance | interelectrade capacitance.
capacitancia parásita | stray capacitance.
capacitancia propia | self capacitance.
capacitancia puesta a tierra | grounded capacitance.
capacitancia rejilla-cátodo | grid-cathode capacitance.
capacitancia repartida | self capacitance.
capacitancia residual | initial capacitance | zero capacitance.
capacitancia respecto a masa | capacitance to ground.
capacitancia respecto a tierra | capacitance to ground.
capacitancia respecto al neutro | capacitance to neutral.
capacitancia vibradora | vibrating capacitor.
capacitar | empower (to) | enable (to).
capacitar a un demandado (derecho) | enable a defendant (to).
capacitímetro | capacitance meter.
capacitivo | capacitive | condensive.
capacitor | capacitor.
capacitor (electricidad, G.B.) | condenser.
capacitor amortiguante | buffer capacitor.
capacitor antiparasitario | spark condenser | spark killer | spark capacitor.
capacitor cargado por | condenser energized by.
capacitor cerámico plateado | silvered ceramic capacitor.
capacitor compensador | buffer capacitor.
capacitor compensador de ajuste (radio) | trimmer.
capacitor compensador en serie | padder capacitor.
capacitor con dieléctrico de papel | paper capacitor | paper-dielectric capacitor.
capacitor con electrolito de tantalio | tantalyc capacitor.
capacitor de acoplamiento | coupling capacitor.
capacitor de acoplamiento de entrada | input coupling capacitor.
capacitor de alimentación | feed-through capacitor.
capacitor de bloqueo | blocking capacitor.
capacitor de bloqueo (radio) | stopping capacitor.
capacitor de bloqueo de salida | output-blocking capacitor.
capacitor de carga volumétrica | volume-charge capacitor.
capacitor de cilindros concéntricos | concentric cylindrical capacitor.
capacitor de compensación en serie | padder.
capacitor de contracorriente | reflux-type capacitor.
capacitor de corrección | trimmer capacitor.
capacitor de desconexión | decoupling capacitor.
capacitor de dieléctrico cerámico | ceramic capacitor.
capacitor de dieléctrico de aire | air capacitator.
capacitor de dieléctrico de mica | mica-dielectric capacitor.
capacitor de dieléctrico de papel impregnado | impregnated paper capacitor.
capacitor de dieléctrico de plástico | plastic film capacitor.
capacitor de dieléctrico gaseoso | gas-dielectric capacitor.
capacitor de dieléctrico pelicular | lacquer film capacitor.
capacitor de dos placas planas paralelas | parallel-plane capacitor.
capacitor de electrólito pastoso | dry electrolytic capacitor.
capacitor de electrolito sólido | solid electrolite capacitor.
capacitor de equilibrado | trimmer capacitor.
capacitor de equilibrio en serie | padding capacitor.
capacitor de extinción de chispas | quench capacitor.
capacitor de hojas intercaladas de papel metalizado | interleaved paper capacitor.
capacitor de papel metalizado | metalized paper capacitor.
capacitor de parileno | parylene capacitor.
capacitor de paso | bypass capacitor.
capacitor de placas paralelas | parallel-plate capacitor.
capacitor de rejilla | grid capacitor.
capacitor de tantalio sólido | solid tantalum capacitor.
capacitor de tomas múltiples | multiple unit capacitor.
capacitor electrolítico | electrolytic capacitor.
capacitor electrolítico con una hoja de tantalio en el dieléctrico | tantalytic capacitor.
capacitor electrolítico humedo | wet electrolytic capacitor | wet electrolyte capacitor.
capacitor en derivación | buffer capacitor | shunt capacitor.
capacitor en serie | shortening capacitor.
capacitor en serie con la antena | antenna shortening capacitor.
capacitor encapsulado en caucho silicónico | silicone rubber encapsulated capacitor.
capacitor filtrador (radio) | smoothing capacitor.
capacitor incorporado | inbuilt capacitor.
capacitor logarítmico | mid-line capacitor.
capacitor moldeado | molded capacitor.
capacitor multigradual | multistep capacitor.
capacitor múltiple | subdivided capacitor.
capacitor múltiple (radio) | gang capacitor.
capacitor neutralizante | neutralizing capacitor.
capacitor no inductivo | noninductive capacitor.
capacitor no regulable | fixed capacitor.
capacitor para la corrección del factor de potencia | power factor correction capacitor.
capacitor para mejorar el factor de potencia (electricidad) | power-factor capacitor.
capacitor soplachispas | quench capacitor.
capacitor toroidal coaxial | coaxial-torus capacitor.
capacitor tubular | tubular capacitor.
capacitor variable de dos armaduras pivotantes (radio) | book capacitor.
capacitor variable de estator fraccionado | split-stator variable capacitor.
capacitores de sintonización unidos mecánicamente entre sí | gang-tuning capacitors.
capacitores en derivación | parallel-connected capacitors.
capacitrón | capacitron.
capacho | hamper.
capacho de albañil | bricklayer hood.

capachos | shopping baskets.
capadura de cerdos | hog castration.
caparazón | housing | caparison.
caparrosa | copperose.
caparrosa (química) | copperas.
caparrosa (vitriolo verde - sulfato ferroso) | green vitriol.
caparrosa azul | blue vitriol | copper vitriol.
caparrosa blanca | white copperas.
caparrosa clorada | chlorinated copperas.
caparrosa impura | black vitriol.
capas (en la lana) | cotts.
capas (geología) | flots.
capas acuíferas de los depósitos fluvioglaciares | valley-train aquifers.
capas altas del baño de fusión de matas de cuproníquel mezcladas con carbón y sulfato sódico | tops.
capas alternadas | alternating layers.
capas alternadas de carbón y pizarra muy quebradiza (minas carbón) | rashings.
capas arenosas intermezcladas con carbonato cálcico | calcareous grit.
capas asociadas (geología) | associated sheets.
capas bituminosas de arenisca | blaes.
capas bituminosas de areniscas | blaze.
capas competentes | competents beds.
capas competentes (geología) | competent beds.
capas conjugadas | conjugate layers.
capas de carbón con buzamiento mayor de 30 grados | edge coals.
capas de esquistosidad | foliation-layers.
capas de material no homogéneo paralelas a la superficie (plásticos transparentes) | ream.
capas de metano en la proximidad del techo (minas) | methane roof layers.
capas de mineral de hierro arcilloso | flamper.
capas de recuperación del reactor nuclear | reactor blankets.
capas de tapadera (deltas de ríos) | topset beds.
capas de transición | beds of passage.
capas desarrolladas entre el himenio y el micelio verdadero (hongos) | context.
capas duras (geología) | rough sheets.
capas electrónicas internas | core | kern | rumpf.
capas empinadas de carbón | edge coals.
capas en que la más pesada está situada en la parte alta | top-heavy layers.
capas exteriores de un cartón revestido de papel | liners.
capas favorables (minas) | kind strata | kindly strata.
capas horizontales alternas | alternate horizontal layers.
capas incompetentes | incompetent beds.
capas intensamente plegadas (geología) | closely folded beds.
capas intercaladas (geología) | interlayer.
capas múltiples de aislamiento | multiple layers of insulation.
capas petrolíferas | oil strata.
capas plegadas (geología) | crumpled strata.
capas primarias (deltas de ríos) | foreset beds.
capas productivas | productive series.
capas que contienen grandes nódulos arcillosos de hierro nodular | ball ironstone.
capas separables | separable layers.
capas solapadas | lapped layers.
capas superficiales poco adherentes | loosely-adherent surface layers.
capas supersónicas de gran variación de entropía | strong supersonic entropy layers.
capas terminales (deltas de ríos) | bottomset beds.
capas transformadas (geología) | disturbed beds.
capas traslapadas (geología) | overcast strata.
capas últimamente formadas | last-formed layers.
capas vorticiales | vortex layers.
capas vorticiales cuantizadas | quantized vortex layers.
capa-soporte de poliester | base layer of polyester.
capataz | quarterman | foreman | ganger | gangsman | supervisor | quaterman | overseer | labor foreman | leading hand | master workman | gaffer | master | gang foreman.
capataz (de mina) | captain.
capataz (minas) | overman.
capataz agrícola | operator.
capataz aserrador | head sawyer | chipper-and-notcher.
capataz ayudante | subforeman.
capataz de apeo | feller-foreman.
capataz de barreneros | powderman.
capataz de cargadores | master porter.
capataz de corta forestal | logging boss.
capataz de desembosque | skidder.
capataz de desencofrado | stripping foreman.
capataz de empaquetado | packing foreman.
capataz de estiba | shipworker.
capataz de estibadores | master stevedore.
capataz de la cuadrilla de carga (árboles) | hook-tender.
capataz de la cuadrilla de carga (corta de árboles) | hooker.
capataz de la instalación de concentración | captain dresser.
capataz de madereo (Iberoamérica) | skidder.
capataz de mina | ovenman | mine captain | mine master.
capataz de pegas (minas) | fireman.
capataz de picada (Bolivia) | skidder.
capataz de seguridad (minas) | safety boss.
capataz de sondeo | tool pusher.
capataz de sondeos | boring master.
capataz de subconjuntos (talleres) | subassembly foreman.
capataz de tramo | section foreman.
capataz de transporte (minas) | driver boss.
capataz de turno | shift boss.
capataz de turno (minas) | shifter.
capataz de una cuadrilla de obreros que construye un camino de arrastre | skidder.
capataz de voladuras | blaster.
capataz del exterior (minas) | heap keeper.
capataz del fondo (minas) | pit-bottom foreman | bottom captain.
capataz del taller de modelos | pattern shop foreman.
capataz encargado de la carga o descarga (buques) | ship foreman.
capataz estibador | boss stevedore.
capataz general | walking boss.
capataz que examina las lámparas de seguridad y las galerías para detectar el grisú (minas) | fire boss.
capataz que selecciona los bloques de piedras (canteras) | blocker-general.
capataz repasador (minas) | back-overman.
capataz segundo | subforeman.
capataz soldador | foreman welder.
capaz | able | qualified | competent.
capaz de funcionar | operable.
capaz de mantener una reacción progresiva sin ayuda de neutrones retardados (inmediatamente crítico - nucleónica) | prompt critical.
capaz de recibir una forma | shapeable.
capaz de ser borrado por programa | program resettable.
capaz de ser legado | testable.
capaz de ser testigo | testable.
capaz de transformarse en sustancia fisionable (nucleónica) | fertile.
capaz para el combate | combat-capable.
capazo (minas) | jutty.
capear (buques) | try (to).
capear (buques de vela) | lie to (to).
capellán | padre.
capellán castrense | chaplain.
capellanía | chaplaincy.
capellanía del Ejército (EE.UU.) | chaplaincy.
caperuza | saddle | top cap | dome | mantle | cap.
caperuza (chimeneas) | cowl | cape.
caperuza (horno de vidrio) | potette.
caperuza de chimenea | chimney hood | chimney top.
caperuza de exhaustación | exhaust hood.
caperuza de tela metálica sobre una chimenea o tubo de ventilación | bonnet.
caperuza o sombrerete de chimenea | miter (EE.UU.) | mitre (Inglaterra).
caperuza para hinca de tablestacas | sheeting cap.
caperuza para la hinca (pilotes) | drive cap.
caperuza para la lluvia | rain cap.
caperuza plástica que cubre el puesto del piloto. (aviones) | greenhouse.
caperuza protectora | protecting cap.
caperuzas (geología - EE.UU.) | hoodoos.
capialzado | back arch | arch bow of a window.
capialzado (arcos) | splayed.
capialzo (de un arco) | splay.
capicúa | palindromic number.
capilar | micrangium.
capilaridad | capillarity.
capilaridímetro | capillometer.
capilarímetro | capillarimeter.
capilaroscopia | capillaroscopy.
capiliforme | hair-like.
capilla | chapel.
capilla (imprenta) | advance sheet | author's proof sheet.
capillas (libros) | advance sheets.
capirón (chigre) | warping end.
capirón (maquinilla) | gypsy.
capirón del chigre | winch barrel.
capitación | head tax | head tax | capitation.
capitación de la deuda | capitation of debt.
capital | capital | stocks | leading 11.
capital (comercio) | active.
capital (de una deuda) | principal.
capital (regla interés) | principal.
capital a colocar en préstamos | loanable capital.
capital a repartir a los accionistas después de pagar a los obligacionistas | equity capital.
capital accionario | shareholder's equity.
capital activo | ready capital.
capital aportado | contributed capital.
capital autorizado | authorized capital | nominal capital.
capital bruto circulante | gross working capital.
capital circulante | floating capital | working capital | ready capital | quick capital | rolling capital | trading capital.
capital circulante monetario | monetary working capital.
capital circulante neto | net working capital.
capital comercial | stock.
capital completamente desembolsado | capital fully paid up.
capital contable | stockholder's equity | proprietorship | net worth | owner's equity.
capital contable de las sociedades anónimas | corporate net órth.
capital cuya fecha de pago ha vencido | matured capital.
capital de aportación | contributed capital.
capital de establecimiento | capital invested | fixed capital.
capital de explotación | rolling capital | floating capital | operating capital | working capital.
capital de explotación neto | net working capital.
capital de instalación | invested capital.
capital de los accionistas | shareholder's equity.
capital de primer establecimiento | investment fund | stock capital | original capital | initial capital | first stock.
capital de reserva | uncalled capital.
capital de riesgo | venture capital.
capital de rodamiento | rolling capital.
capital de trabajo | working capital.
capital de trabajo neto | net working capital.
capital declarado | stated capital.
capital declarado de acciones sin valor nomi-

nal | stated capital.
capital del propietario | owner's equity.
capital desembolsado | called-up capital | paid-in capital | paid-up capital.
capital desembolsado completamente | fully paid-up capital.
capital desvalorizado | watered capital.
capital disponible | ready capital | spare capital.
capital e intereses | principal and interest.
capital efectivo | paid-up capital.
capital emitido | issued capital.
capital emitido por la compañía | company's issued capital.
capital empresarial | venture capital.
capital en acciones | share capital | stock.
capital en acciones ordinarias | equity capital | ordinary share capital.
capital en caja | assets.
capital en caso de muerte | sum payable at death.
capital en fincas | natural capital.
capital en obligaciones | debenture capital.
capital en uso | capital employed.
capital errante | refugee capital.
capital escriturado | declared capital.
capital exigible | due capital.
capital exigido | called-up capital.
capital existente | assets.
capital fijo | fixed capital.
capital fiscal | net worth.
capital flotante | quick assets | current assets.
capital formado por terrenos | natural capital.
capital formado por valores mobiliarios | property capital.
capital inflado | watered stock.
capital inicial | original capital.
capital inmovilizado | tied-up capital | lockup capital | lockup | fixed capital.
capital inmovilizado (en almacenes, etcétera) | dead capital.
capital instrumental | instrumental capital | producer's capital.
capital insuficiente | inadequate capital.
capital integrado | paid-up capital.
capital invertido | moneyed capital | capital invested | invested capital | original investment.
capital invertido que debe reintegrarse antes de distribuir beneficios | turnover.
capital libre de cargas | unimpaired capital.
capital líquido | money capital.
capital mobiliario | invested capital.
capital mobiliario mecánico | deadstock.
capital mobiliario vivo | livestock.
capital mobiliario vivo en producción y capital mobiliario mecánico | working assets.
capital monopolista extranjero | foreign monopolist capital.
capital movible | personal property.
capital neto | liquid capital | capital net worth.
capital neto de funcionamiento | net working capital.
capital no desembolsado | uncalled capital | unpaid capital.
capital no emitido | unissued capital.
capital nominal | nominal capital | registered capital.
capital nominal desembolsado | nominal issued capital.
capital nominal en acciones | capital stock.
capital pagado | principal of payment | paid-in capital.
capital para iniciar un negocio | venture capital.
capital para la construcción | building funds.
capital permanente | fixed capital.
capital por invertir | moneyed capital.
capital preferente | preference share capital.
capital prestado | borrowed capital | creditor capital.
capital primitivo | original capital.
capital real | real capital.
capital sin respaldo de activo | impaired capital.
capital social | registered capital | partnership capital | firm's capital | joint stock | capital stock | capital of partnership | company's capital | corporate stock | corporate capital | stock capital | share capital.
capital social más utilidad no distribuida | stockholder's equity.
capital sujeto a mínimo riesgo | security capital.
capital suscrito | obligated capital | outstanding capital | subscribed capital.
capital suscrito no desembolsado | subscribed capital unpaid.
capital territorial | soil capital | fixed assets.
capital total empleado | total capital employed.
capital totalmente desembolsado | fully-subscribed capital.
capital votante | voting capital.
capitalismo de Estado | State capitalism.
capitalización | capitalization.
capitalización de intereses | capitalisation of interest.
capitalización de la contribución territorial rústica | capitalization of land taxes.
capitalización de la renta | capitalization of income.
capitalización de las reservas | capitalization of reserves | reserves capitalization.
capitalización monetaria | money wealth formation.
capitalizar | capitalize (to) **capitán** | captain.
capitán (buque mercante) | owner.
capitán (marina mercante) | master.
capitán (yates) | sailing master.
capitán al mando de un convoy marítimo (es el más antiguo de todos los capitanes) | convoy commodore.
capitán aviador | flight-lieutenant.
capitán de altura (navegación) | foreign-going master.
capitán de armamento | ship's husband.
capitán de armamento (buques en construcción) | marine superintendent.
capitán de armamento (marina) | overlooker.
capitán de buque | shipmaster.
capitán de corbeta | lieutenant commander | corvette captain | spun yarn major.
capitán de dique seco | dockmaster.
capitán de fragata | captain.
capitán de fragata (marina de guerra) | commander.
capitán de ingenieros de la armada (G.B.) | constructor captain.
capitán de la marina mercante | master mariner.
capitán de navío (marina) | post-captain.
capitán de presa (marina) | prize master.
capitán del puerto | harbor master | port warden.
capitán del puerto (G.B.) | harbour master.
capitán inspector (buques en construcción) | marine superintendent.
capitán inspector (marina) | overlooker.
capitán más antiguo (de una compañía naviera) | commodore.
capitán más antiguo de un convoy de buques mercantes | commodore.
capitán más moderno | junior captain.
capitán mercante | shipmaster.
capitán preboste | provost marshal.
capitanear un equipo | captain a team (to).
capitanes y tenientes (milicia) | company-grade officers.
capitanía | captaincy | captainship.
capitanía del puerto | harbor master's office | port authority.
capitel | capital | chapiter | colomn head.
capitel (columnas) | head.
capitel acampanado | flaring column head.
capitel ático | attic capital.
capitel campaniforme | bell-shaped capital.
capitel corintio | Corinthian capital.
capitel de anta | anta cap.
capitel de columna | column capital.
capitel de esquina | corner capital | angle capital.
capitel de flor de loto | lotus-bud capital.
capitel de imposta (arco gótico) | chaptrel.
capitel de pilastra | pilaster capital.
capitel en la parte alta de la pilastra | anta cap.
capitel jónico (columnas) | Ionic capital.
capitel jónico en ángulo (arquitectura) | angular ionic capital.
capitis diminutio | curtailment of status.
capitoné | van | furniture van.
capitulaciones matrimoniales | mariage contract.
capitular | surrender (to).
capitular (libros) | chapter heading.
capítulo | chapter.
capítulo (de un presupuesto) | vote.
capítulo de reparaciones (presupuestos) | repair bill.
capnoextractor | fume extractor.
capnófugo | smokeless | smoke-preventing.
capnógeno | smoke-producing.
capnorreducción | smoke redution.
capnoscopio | smoke gage | capnoscope.
capnoscopio (para determinar densidad de humos) | smokescope.
capnosensible | smoke-sensitive.
capnóvoro | smoke consuming.
capó (autos, locomotora eléctrica) | hood.
capó del motor | engine hood.
capoc | kapok | silk cotton.
capomo (Brosimum alicastrum) | ogechi.
capona | scale | shoulder scale.
capoquero (Ceiba pentandra) | silk cotton tree.
capota | hood | dodger.
capota (automóviles) | body head.
capota (autos) | top.
capota (autos Inglaterra) | bonnet.
capota (autos, locomotora eléctrica) | hood.
capota (torre acorazada) | look-out hood.
capota abatible (autos) | collapsible hood.
capota de lona | canvas dodger.
capota fija (autos) | cowl.
capota hermética al aire exterior (motor aviones) | nonpressure cowling.
capotaje (aviones) | nose over.
capotaje (coche, avión) | overturning.
capotaje (del motor) | cowling.
capotaje anular (motor de aviación) | cowling ring.
capotaje anular (motor radial) | ring cowl.
capotar (aviación) | turn over (to) | turn turtle (to) | nose over (to).
capotar (aviones) | capsize (to) | somersault (to).
capote (de infantería) | great-coat.
capote con capucha | hooded overcoat.
capotes (Méjico - rollo de madera) | slabs.
capotes (México) | sidings.
capricultura | goatkeeping.
capricho de la naturaleza (biología) | freak.
cápsula | pod | boat | exploder | can.
cápsula (de algodón, etcétera) | pod.
cápsula (de algodón o lino) | boll.
cápsula (fonocaptora) | cartridge.
cápsula (micrófono) | button.
cápsula (para botellas) | crown.
cápsula (química) | basin.
cápsula aterrizante (cápsula separable que debe aterrizar de un vehículo cósmico) | landing capsule.
cápsula cerámica | ceramic cartridge.
cápsula convexa de un conjunto | convex hull of a set.
cápsula cósmica | space capsule.
cápsula de amianto | asbestos dish.
cápsula de carbón | carbon button.
cápsula de combustión (química) | combustion boat.
cápsula de encendido | fusee.
cápsula de ensayo | assay plate.
cápsula de evaporación (química) | evaporator | evaporating capsule | evaporating basin.
cápsula de eyección del puesto de pilotaje (aviones) | breakaway cockpit unit.
cápsula de fulminato de cartucho | cartridge cap.

cápsula de gelatina | gelatine capsule.
cápsula de hierro (química) | iron basin.
cápsula de incineración (química) | dish | incineration dish.
cápsula de palanca (botellas) | lever-type cap.
cápsula de platino (química) | platinum basin.
cápsula de plomo (química) | lead basin.
cápsula de radio | radium cell.
cápsula de radón | radon seed.
cápsula de reemplazo | replacement cartridge.
cápsula de reentrada pasiva (vuelos cósmicos) | passive-entry capsule.
cápsula de resina sintética | resin capsule.
cápsula de silicio con circuitos integrados | chip.
cápsula del algodón | cotton boll.
cápsula detonadora | detonator cap.
cápsula detonante | fuse cap.
cápsula espacial | space capsule.
capsula expulsable | pod.
cápsula fonocaptadora | pickup cartridge.
cápsula fonocaptora de cerámica | ceramic phonograph cartridge.
cápsula fonográfica | phono cartridge.
cápsula fulminante | primer | fulminating cap | percussion cap.
cápsula hermética | vacuum-tight capsule.
cápsula lanzable | ejection capsule.
cápsula lisa para introducir una droga de sabor desagradable | cachet.
cápsula metálica con opérculo de corcho (para botellas) | crown cork.
cápsula microfónica | microphone button.
cápsula microscópica de gelatina | microscopic gelatine capsule.
cápsula plástica de componentes electrónicos | dual in-line package.
cápsula presurizada | pressurized capsule.
cápsula recuperable | recoverable capsule.
cápsula simulada | simulated capsule.
cápsula soldada por proyección | projection welded cap.
cápsula soporte del cátodo | cathode support shell.
cápsula telefónica | telephone transmitter.
cápsula tripulada | manned capsule.
capsulado | bolled.
capsulado (botellas) | capped.
cápsulas para controlar el flujo de aire sobre la porción posterior del ala y suprimir la onda de choque (ala de avión) | speed capsules.
capsuliforme | capsuliform.
captación | catchment | seizing.
captación (de corriente, etc.) | collection.
captación (de ondas, corriente, etc.) | pickup.
captación (de ríos) | beheading | behead.
captación (de un despacho) | milking.
captación de agua | water collecting.
captación de corriente | current collection.
captación de energía solar | solar energy collection.
captación de hidrógeno | hydrogen uptake | hydrogen pickup.
captación de imagen | video pickup.
captación de la energía heliotérmica | solar-thermal collection.
captación de la energía térmica solar | solar-thermal collection.
captación de la señal más fuerte | stronger-signal capture.
captación de mensajes telefónicos | wiretapping.
captación de ondas electromagnéticas o acústicas dentro de un estrato | ducting.
captación de polvos | dust collection | dust-catching.
captación de radicales libres (química) | radical trapping.
captación del objetivo (radar) | acquisition.
captación del polvo | dust-trapping.
captación en abanico | arc shooting.
captaciones secundarias | background count.
captado | picked-up | trapped.
captador | pick-up | sensing device | captator | catcher | sensor.
captador acústico | acoustic pickup.
captador acústico (gramófonos) | sound box.
captador de bobina móvil | mobile coil pickup.
captador de dirección de corriente de aire | air flow-direction pickup.
captador de energía solar | solar collector.
captador de haz de partículas | beam catcher.
captador de iones | ion trap | ion trapping.
captador de muestras | sample thief.
captador de polvo | dust collector.
captador de polvos | dust separator | dust trap | dust-collector.
captador de vibraciones | vibration pickup.
captador de Wolf (sonda espacial) | Wolf trap.
captador electrodinámico | dynamic pickup.
captador fotoeléctrico | photoelectric pickup device.
captador heliotérmico | heliothermal captor.
captador magnético | magnetic pickup.
captador piezoeléctico de vibraciones | piezoelectric vibration pickup.
captador piezoeléctrico | piezoelectric pickup.
captador primario | primary sensing element.
captalizar | chaptalize (to).
captar | trap (to) | collect (to).
captar (corriente, ondas, etc.) | pick up (to).
captar (manantial) | shutoff (to).
captar (mensajes) | intercept (to).
captar (telegrafía) | milk (to).
captar el blanco (por medios ópticos o por radar) | acquire the target (to).
captar el blanco (radar) | pick up the target (to).
captar el significado | get the meaning (to).
captar ríos | behead (to).
captar señales | sense (to).
captar un electrón | gain an electron (to).
captar un mensaje | milk the wire (to).
captar una conversación (teléfono, telégrafo) | listen in (to).
captar una estación (radio) | receive a station (to).
captor | transducer | pickup | detecting element | captor | scavenger.
captor de capacitancia | capacitance pickup.
captor de datos fisiológicos | physiological data pickup.
captor de neutrones | neutron capturer.
captor fonográfico | phonograph cartridge.
captor térmico | temperature pickup.
captura | trapping | catch | taking | capture | apprehension | seizing | seizure.
captura (geografía física) | piracy.
captura de cursos de agua (geografía física) | stream piracy.
captura de iones positivos | positive-ion trapping.
captura de iones positivos (electrónica) | positive ion trapping.
captura de neutrones | neutron capturing.
captura de neutrones (moderador de reactor nuclear) | poisoning.
captura de rayos gamma | capture gamma rays.
captura de sibilancias | trapping of whistlers.
captura de un electrón de la órbita K | K-electron capture.
captura de un electrón planetario de la órbita K | K-capture.
captura de un espacio vacío | hole capture.
captura de un espacio vacío por un fonón | phonon-assisted hole capture.
captura electrónica | electronic capture (EC).
captura electrónica orbital | orbital electron capture.
captura en la mar | takings at sea.
captura estéril (nuclear) | nonfission capture.
captura impureza intersticial | impurity-interstitial trapping.
captura neutrónica múltiple (nuclear) | multiple neutron capture.
captura neutrónica radiactiva | neutron radiactive capture.
captura neutrónica radiativa | radiative neutronic capture.
captura neutrónica sin proceso de fisión | nonfission capture.
captura orbital | orbital capture | electron capture.
captura parásita | parasitic capture.
captura por resonancia (nucleónica) | resonance capture.
captura radiactiva | radioactive capture | radiactive capture.
captura radiativa | radiative capture.
captura radiativa de piones | radiative pion capture.
captura útil | useful capture.
captura y aprehensión | capture and seizure.
captura y coerción | capture and restraint.
capturar | capture (to) | seizure (to) | trap (to) | catch (to).
capucha | hood | cowl.
capucha (imprenta) | circumflex.
capuchón | cap nut | cap | hood | bonnet | driving cap.
capuchón cónico | conical cap.
capuchón de aire (fabricación de papel) | air cap.
capullo (botánica) | bud.
capullo (gusano seda) | pod.
capullo agujereado | pierced cocoon.
capullo asfixiado | baked cocoon.
capullo azufrado | fumed cocoon.
capullo de gusano de seda | cocoon.
capullo doble (sericultura) | dupion.
capur (Drybanalops lanceolata) | swamp kapor.
capur (Dryobanalops aromatica) | teng mang.
cápusula de orejeta (botellas) | lug cap.
caquexia acuosa (ovejas) | core.
caquexia de los mineros | miners' cachexia.
cara | face | facing.
cara (anatomía, zoología) | surface.
cara (ángulo poliedro) | face angle.
cara (cuñas, monedas, cristales) | face.
cara (chapas) | side.
cara (de papel) | wrong side.
cara (de pie derecho) | reveal.
cara (de un sólido) | side.
cara (lingote acero) | flute.
cara (pan de azúcar de forma cónica) | base.
cara (sillar) | panel.
cara (telas) | right side.
cara (tipo de imprenta) | face.
cara (zoología) | aspect.
cara a cara | vis-à-vis.
cara abierta | loose face.
cara activa (hélices) | driving face.
cara activa (palas de hélices) | front.
cara activa de la cuna (cañones) | cradle beating face.
cara achaflanada | angled face.
cara alta | top surface.
cara anterior | front end.
cara anterior (hélice marina) | drag surface.
cara anterior (pala de hélice) | back.
cara anterior de la pierna debajo de la rodilla | shin.
cara biselada | chamfered face.
cara comprimida | tight side.
cara con un resalte | raised face.
cara cortante | cutting face.
cara de agrupamiento (cristalografía) | composition face.
cara de asiento del plato (tornos) | chucking plane.
cara de buril | cannel.
cara de caída (árboles) | front.
cara de calafateo del mamparo de proa | caulking face of forward bulkhead.
cara de cierre | meeting face.
cara de clasificación (madera labrada) | face side.
cara de crucero (mineralogía) | face of cleavage

| cleavage face.
cara de deslizamiento (cristalografía) | slip-face.
cara de deslizamiento (metalurgia) | gliding face.
cara de embutición | drawing face.
cara de empuje (hélice marina) | face.
cara de encuentro | meeting face.
cara de guía | guide face.
cara de la ficha | card face.
cara de la pala (hélices) | blade face.
cara de la raíz (soldadura) | root face | shoulder.
cara de la tuerca | nut flat.
cara de los refuerzos (mamparos de buques - EE.UU.) | rough side.
cara de los refuerzos (mamparos, etc.) | stiffening side.
cara de resinación muy separada del suelo (pinos) | pulling face.
cara de separación | clearance face.
cara de sujeción | gripping face.
cara de tope (relojería) | locking face.
cara de trabajo (superficie activa-levas) | flank.
cara de trabajo (túneles, minas) | face.
cara de una pala (hélices) | thrust face.
cara de unión de los platos de acoplamiento (línea de ejes) | face of coupling flanges.
cara de vértice principal | major apex face.
cara del cierre donde se asienta el culote del cartucho (recámara cañones) | breech face.
cara del grano (cara del pelo - correas) | grain side.
cara del mamparo | bulkhead side.
cara desbastada (sillar) | pitch face.
cara deslizante (dunas) | slip face.
cara donde se asienta el culote del cartucho (recámara cañones) | action-face.
cara dorsal | back.
cara dorsal de una articulación de la falange (anatomía) | knuckle.
cara entecada | dry face.
cara estrecha (de chimenea rectangular) | hench.
cara expuesta al fuego (calderas) | fireside.
cara exterior | exterior face.
cara exterior de una chapa desenrollada de un rollizo | tight side.
cara firme (mortaja de carpintería) | cheek.
cara frontal | frontal face | faceplate.
cara frontal esférica | spherical face plate.
cara fuera del círculo primitivo (engranajes) | face.
cara inferior | underface | underside.
cara inferior (chapa cortada de un rollizo) | loose side.
cara interior | inner side.
cara interior (dibujos, estructuras) | nearside.
cara interior colocada hacia arriba | inside facing upward.
cara interior de una chapa cortada de un tronco (fabricación tableros) | slack side.
cara interior del cubo (ruedas) | boss cheek.
cara interior del forro del fondo (buques) | inside of the shell plating.
cara interna (anatomía) | internal aspect.
cara interna (tronco) | loose face.
cara labrada | faced surface.
cara laminada | rolled side.
cara lateral (tuercas) | pane.
cara libre (herramienta de torno) | nose.
cara limpia | clear face.
cara llena | round face.
cara mala | worse face.
cara maquinada | faced surface.
cara mayor (tabla o tablón) | face-side.
cara muerta | dry face.
cara o plano que une las partes de un cristal maclado | composition face.
cara opuesta al blanco (tipografía) | reiteration.
cara polar (electricidad) | pole-pieze face.
cara posterior | back end.
cara posterior (dibujos) | far side.
cara posterior (hélice marina) | face.
cara posterior de la caja de contrapesos (ventana de guillotina) | backlining.
cara que contiene más defectos (maderas) | worse face.
cara redonda | round face.
cara saliente | raised face.
cara seca | dry face.
cara simple | single face.
cara sin defectos (tabla de madera) | clear face.
cara sometida a tracción de la probeta plegada | tension side of the test piece.
cara triturante | crushing face.
carabela | carvel.
carabina de salón | gallery rifle.
caracol (cámara de sección decreciente - turbina hidráulica) | scroll.
caracol (curva algebraica) | limaçon.
caracol (equitación) | caracole.
caracol (husillo - relojes) | fusee.
caracol (turbina hidráulica) | scroll case.
caracol (zoología) | snail.
caracol de chapa de acero (turbina hidráulica) | plate-steel scroll.
caracol de tierra | helix.
caracola (herramienta para extraer varillas de sonda - sondeos) | crow's foot.
caracola (herramienta para sacar varillas de sonda) | crowfoot.
caracola (sondeos) | pole-hook.
caracoleado | serpentine.
caracolear | galumph (to).
caracoleo (equitación) | caracole.
carácter | figure | status | character.
carácter (cosas) | nature.
carácter (tipo - imprenta) | character.
carácter acronímico | acronymic character.
carácter alfabético | letter.
caracter borrador | delete character.
carácter cambiador a letras | shift-in character.
caracter codificado en binario | binary-coded character.
carácter controlador de grabación en soportes magnéticos | control recognition character.
carácter cualitativo | qualitative character.
carácter de anulación | cancel character.
carácter de anulación de bloque | block ignore character.
carácter de borrado | erase character | rub-out character.
carácter de cancelación de grupos | block cancel character.
carácter de código | code character.
carácter de código normal | shift-in character.
carácter de comienzo de encabezamiento | start of heading character.
carácter de consulta | enquiry character.
carácter de control | check character.
carácter de control de la comunicación | communication control character.
carácter de diseño | layout character.
carácter de eliminación de caracteres | character-deletion character.
carácter de enlace | break character.
carácter de escape | escape character.
carácter de fin de transmisión | end of transmission character.
carácter de imprenta (tipografía) | character.
carácter de imprenta con dos o más letras fundidas en una pieza (ff, ae, oe) | ligature.
carácter de inserción de modelo | insertion picture character.
carácter de interlínea | newline character.
carácter de la imagen (fotografía, cine, televisión) | key.
carácter de llamada | bell character.
carácter de mantenimiento | locking shift character.
carácter de orden | control character.
carácter de parada | terminator.
carácter de posicionamiento | layout character.
carácter de protección de cheques | check protection character.
carácter de relación | relation character.
carácter de relleno | padding character | pad character | filling character.
carácter de relleno (teleproceso) | idle character.
carácter de respuesta afirmativa | acknowledge character.
carácter de salto de papel | paper throw character.
carácter de señalamiento | code-directing character.
carácter de separación | separating blank character.
carácter de supresión | ignore character.
carácter digitado | keyed character.
caracter dominante | dominant character.
carácter esencial (de una teoría, etc.) | fabric.
carácter final de soporte de datos (informática) | end of medium character.
carácter fuera de código | shift-out character.
carácter gótico (tipografía) | black-letter.
carácter indicador | cue.
carácter insigne (de una acción) | conspicuity.
carácter local (costumbres) | locality.
carácter mendeliano | mendelian character.
carácter mineralógico distinto | distinctive mineralogical character.
carácter no identificativo | idler character.
carácter par-impar | even-odd character.
carácter pétreo (minerales) | petrical character.
carácter pirognóstico (análisis) | blowpipe character.
caracter plástico de la arcilla | plastic character of the clay.
carácter prioritario | priority character.
carácter probatorio (de una prueba) | conclusiveness.
carácter separador | separator character.
caracter separador de registros | record mark.
carácter sin mantenimiento | nonlocking shift character.
carácter síncrono de relleno | synchronous idle character.
carácter teocrático del estado | theocratic character of the state.
carácter uniforme | sphenogram.
carácter unitario | unit character.
caracteres cirílicos | Cyrillic characters.
caracteres cirílicos eslavos | slavic cyrillic characters.
caracteres chinos de trazos | stroke-order chinese characters.
caracteres de comienzo y fin | tape mark.
caracteres de fantasía (tipografía) | job types | fancy-type | ornamented type.
caracteres de imprenta | printery types.
caracteres de llamada | call letters.
caracteres de relleno | bell idles.
caracteres flotantes | drifting characters.
caracteres genocidas | genocide characters.
caracteres góticos | church-test.
caracteres impresos | printed characters.
caracteres jeroglíficos ideográficos | ideographic hieroglyphic characters.
caracteres litológicos (geología) | rock characters.
caracteres más pequeños que los del texto empleados para notas | extract type.
caracteres pirognósticos | pyrognostic characters.
característica | feature.
característica (logaritmo) | characteristic.
característica (logaritmos) | index.
característica anódica | plate characteristic.
característica autoestabilizadora de caída de voltaje | self-stabilizing drooping characteristic.
característica compuesta | lumped characteristic.
característica de ciertos materiales para permitir el paso de la corriente eléctrica en un solo sentido | valve effect.
característica de control directo | direct control feature.

característica de corriente del ánodo | anode current characteristic.
característica de entidad | attribute.
característica de factor de potencia cero | zero-power-factor characteristic.
característica de lectura | playback characteristic.
característica de potencia | horsepower rating.
característica de tiempo de vuelo-distancia (balística) | time of flight-range characteristic.
característica de transferencia de voltaje | voltage transfer characteristic.
característica del determinante | rank of the determinant.
característica del suceso | rank of the event.
característica dominante | dominating characteristic.
característica en que el voltaje varía inversamente con la carga | drooping characteristic.
característica espectral de un transductor | pickup spectral characteristic.
característica individual de un elemento | feature.
característica interelectródica | mutual characteristic.
característica lineal de respuesta (estructuras marinas) | response amplitude operator.
característica magnética del buque (buques) | signature.
característica militar | military characteristic.
característica ohmios por voltios (voltímetros) | ohms-per-volt rating.
característica persistente | tailed characteristic.
característica polar (antenas) | pattern.
característica principal | distinctive feature.
característica rejilla-ánodo | transfer characteristic.
característica voltios-amperios de salida | output volt-ampere characteristic.
características | traits.
características (electricidad) | features.
características (máquinas) | featuring.
características altura-caudal | head-flow characteristics.
características balísticas de los aparatos de medida de cuadro móvil (electricidad) | meter ballistics.
características biotópicas | biotopical characteristics.
características casi ideales | near-ideal characteristics.
características de almacenamiento (descarga - presas) | storage-outflow characteristics.
características de atenuación | attenuation characteristics.
características de coherencia de la luz | coherence characteristics of light.
características de colabilidad (aceros) | feeding characteristics.
características de ejecución | performance.
características de empleo (de una máquina) | duty.
características de fase (motor síncrono) | V curves.
características de frecuencia máximamente plana | maximally flat frequency characteristics.
características de funcionamiento | operating features | performance | performance figures.
características de identificación | identifying characteristics.
características de inscripción en curvas | tracking characteristics.
características de la vía | tracking characteristics.
características de lectura (acústica) | reproducing characteristics.
características de lubricidad (aceite) | lubricity characteristics.
características de luminosidad (fotografía, cine, televisión) | key.
características de plastodeformación | creep characteristics.
características de radiación | beam pattern.
características de radiación de materiales opacos | radiation characteristics of opaque materials.
características de radiación parásitas (aparatos electrónicos) | spectrum signatures.
características de reducción-oxidación | redox characteristics.
características de régimen | ratings.
características de rejilla-placa | grid-anode characteristics.
características de relación de la duración con la temperatura | life-to-temperature characteristics.
características de relación entre la carga útil transportada y la longitud de la etapa (aviación) | range-payload characteristics.
características de resolución (lentes) | resolution characteristics.
características de respuesta a la presión | pressure response characteristics.
características de salida con base común | common-base output characteristics.
características de seguridad en relación con la velocidad | safety-with-speed characteristics.
características de sensación (sobre el sistema de mando de aviones) | feel characteristics.
características de sustentación | lift characteristics.
características de teñido de la fibra | fiber dyeing characteristics.
características de trabajo | operating characteristics | rating.
características de vacuoactivación | vacuum response characteristics.
características de vibración y amortiguación del clavo | signature of the nail.
características de vibraciones torsionales | torsional vibration characteristics.
características de vuelo | performance.
características del faro | light characteristics.
características deseables de funcionamiento | desirable operating characteristics.
características ecoicas (radar) | echoing characteristics.
características eléctricas de las rocas | electrical characteristics of rocks.
características en el arranque (motores eléctricos) | starting characteristics.
características físicas | physical characteristics.
características funcionales | operating characteristics | functional characteristics | performance characteristics | performance.
características más noticiables | most noticeable characteristics.
características mecánicas (materiales) | engineering properties.
características modales | modal characteristics.
características nominales | ratings.
características salientes | highlights.
características técnicas | engineering features.
características termodinámicas de los tornados | tornadoes's thermodynamical characteristics .
características torsionales | vibration characteristics.
característico | distinctive.
caracterizabilidad | characterizability.
caracterización (química) | characterization.
caracterización de materiales | characterization of materials.
caracterizado | distinct.
carallia (Carallia integerrima) | carallia.
carámbano | icicle.
carámbano montañoso | bergy bit.
carámbanos | frost columns of ice | floe-ice | penknife ice | candle ice.
carambícido de cabeza pache (Panamá) | roundhead borer.
carambícido de cabeza redonda (Puerto Rico, Venzuela, Honduras) | roundhead borer.
carambícido perforador | roundhead borer.
carambola | cannon.
carambola de reunión | nursery cannon.
carambolo (botánica) | carambola-tree.
caramelo (química) | sugar-dye.
caramelo para bebidas alcohólicas | spirit caramel.
caramillo | reed | shepherd's flute.
caramillo (música) | quill.
carapa índica (Carapa moluccensis) | pussur wood.
carapacho | carapace.
carapacho (buques de guerra) | armored hood.
carapacho (crustáceos) | crust.
caras coincidentes | mating faces.
caras cortadas (láser) | cleaved faces.
caras de crucero correspondientes | matched cleavage faces.
caras en contacto | meeting faces.
caras hipertetraédricas | hypertetrahedral faces.
caras medidoras revestidas de metal duro (calibres) | hardmetal-tipped measuring faces.
caras originales de laminación (chapas) | original rolled surfaces (plates).
caras vicinales (cristalografía) | vicinal faces.
carátula (libros) | cover | title page.
caravana | caravan.
carazón (de telar) | camshaft.
carbámico | carbamic.
carbanión | carbanium.
carbeno | carbene.
carbín | carbin.
carbino (forma alotrópica del carbono) | carbin.
carboalotrópico | carboallotropic.
carbocementación | carburization.
carbocementación (aceros) | case-carburizing | case-hardening.
carbocementación (metalurgia) | carburizing | carburising.
carbocementación de gas (metalurgia) | gas carburizing.
carbocementado (aceros) | case-carburized.
carbógenos | carbogens.
carbografía (fotografía) | carbograph.
carbohidrato | carbohydrate.
carbohidrato (bioquímica) | carbohydrate.
carbohidrato dinamóforo | energy-given carbohydrate.
carbohidrato energético | energy-given carbohydrate.
carbolineo | anthracene oil.
carbón (arco eléctrico) | crayon.
carbón (electricidad) | carbon.
carbón activado | activated charcoal | activated carbon.
carbón activado de gran adsorción | highly adsorptive activated carbon.
carbón adsorbente | adsorbing charcoal.
carbón aglutinante | matting coal | sintering coal | caking coal.
carbón algal | boghead coal.
carbón alóctono | drift coal | allochthonous coal.
carbón alterado por el calor de un dique de trap | blind coal.
carbón alterado por una intrusión ígnea | coal altered by an igneous intrusion | deaf coal.
carbón animal | bone charcoal | char | animal charcoal.
carbón animal ya usado en la descoloración que ha sido lavado y remolido para emplear como pigmento (fabricación azúcar) | drop black.
carbón antracitoso | hard coal | blind coal.
carbón antraxiloso | anthraxylous coal.
carbón ardiente | live coal.
carbón arrancado (minas) | broken coal.
carbón arrancado mecanicamente | machine-cut coal.
carbón autóctono | in situ coal.
carbón bajo en volátiles | meagre coal.
carbón bituminoso | brown coal | smoking coal | soft coal | bituminous coal.
carbón bituminoso blando | run coal.
carbón bituminoso conteniendo más de 5 |

perbituminous coal.
carbón bituminoso de gran calidad | high-rank bituminous coal.
carbón bituminoso duro | splint-coal.
carbón blando fuliginoso | dant.
carbón brillante (petrografía) | bright coal.
carbón candeloide sapropélico que contiene esporas | cannel coal | gayet.
carbón cargado en barcazas en canales y ríos | boat coal.
carbón como sale de la mina | all ups | altogether coal | angle coal.
carbón con aspecto leñoso o fibroso | board coal.
carbón con camisa metálica | plated carbon.
carbón con cenizas en los planos de crucero |)—T DE CENIZAS .
carbón con estructura columnar | columnar coal.
carbón con fractura conchoidal | curly coal.
carbón con gran cantidad de cenizas | dirty coal.
carbón con gran proporción de cloro | high-chlorine coal.
carbón con más de | bony coal.
carbón con pirita de hierro (G.B.) | drossy coal.
carbón con piritas | cat coal.
carbón con poca proporción de materias volátiles | low-volatile coal.
carbón con poco hidrógeno | dry coal.
carbón con proporción media de volátiles | medium-volatile coal.
carbón coquificable | close-burning coal.
carbón cribado | riddled coal.
carbón de abedul | birch charcoal.
carbón de antracita del tamaño de manzanas | anthracite coal apples.
carbón de baja calidad | low-grade coal.
carbón de bujía gayet | rattler.
carbón de calidad inferior | bastard cannel | low-rank coal | dross.
carbón de fragua | blacksmith's coal | smithing coal.
carbón de gas | bottle coal | jet coal | lean coal | gas coal.
carbón de gas interestratificado con pizarra | jack.
carbón de gran proporción de cenizas | high-ash content coal.
carbón de huesos | bone charcoal | char.
carbón de la parte inferior de una capa (minas) | ground coal.
carbón de leña | char.
carbón de llama | flaming coal.
carbón de llama corta | short flaming coal.
carbón de llama larga | open-burning coal | parrot coal | candle coal | jet coal.
carbón de madera en polvo | powdered-charcoal.
carbón de mala calidad | branch coal.
carbón de mala clase | fault coal.
carbón de mala coquificación | poorly-coking coal.
carbón de mecha | cored carbon.
carbón de pedazos | round coal.
carbón de piedra | coal | pit coal.
carbón de retorta | gas-carbon | retort carbon.
carbón de sangre | blood-black.
carbón de segunda clase | seconds.
carbón de turba | peat charcoal.
carbón débilmente aglutinante | feebly-caking coal.
carbón del que sale gas con ruido (minas) | singing coal.
carbón deleznable | short coal.
carbón duro | bastard coal.
carbón electrografítico | electrographitic carbon.
carbón en el exterior dispuesto para la carga (minas) | gotten.
carbón en galleta | cobbles.
carbón en masas esferoidales | ball coal.
carbón en pedazos | block coal.
carbón en pedazos pequeños | cobbles.
carbón en pilares | pillar coal.
carbón en polvo | coal-dust | dust coal.
carbón en roca | best coal.
carbón en trozos | clod coal.
carbón enfriado en aire líquido para que absorba aire y luego calentado para que lo expela | outgassed charcoal.
carbón escogido a mano | hand-dressed coal.
carbón escogido que vale más de la tasa | premium coal.
carbón esquistoso | bone | banded coal | foliated coal | bass | slate-coal.
carbón excluyendo su materia mineral y humedad | coal substance.
carbón exento de impurezas por medios mecánicos sin emplear medios líquidos | dry cleaned coal.
carbón extraído | mineral gotten.
carbón extraído abriendo una roza por la parte inferior de la capa | holed coal.
carbón extraído de galerías | drift-mined coal.
carbón fabricado de coke de turba por calcinación | elemental carbon.
carbón fino (menudos) | burgy | box bottoms.
carbón fluidificado | fluid carbon.
carbón fluidizado (carbón pulverizado en corriente de aire) | fluidized coal.
carbón fósil | fibrous coal.
carbón friable | short coal.
carbón galleta | cobbling.
carbón grafitado | graphitized carbon.
carbón grafítico | graphitic carbon.
carbón granza | pea coal.
carbón graso | fat coal.
carbón grueso | lump coal | round coal.
carbón grueso cribado en mina | colliery-screened large coal.
carbón grueso doble cribado | double-screened large coal.
carbón hinchable | expanding coal.
carbón húmico | humic coal.
carbón impregnado (electricidad) | impregnated carbon | mineralized carbon.
carbón impregnado con metal antifricción | babbit impregnated carbon.
carbón impregnado con resinas | Karbate.
carbón impregnado con un metal | carbolube | metal impregnated carbon.
carbón impuro con material arcilloso | coal rash.
carbón inaglutinable con gran proporción de volátiles | noncaking high-volatile coal.
carbón incoquizable | noncoking coal.
carbón iridescente | peacock coal.
carbón lavado mecánicamente | mechanically cleaned coal.
carbón lignítico | lignitic coal.
carbón lignitoso | lignitous coal.
carbón limpiado a mano | wale.
carbón lustroso negro | black lustrous coal.
carbón magro | lean coal.
carbón malo | smut | fault | poor coal.
carbón mate | opaque attritus | dull coal | dead coal.
carbón menudo | pea coal | small | slack | fine coal | smalls | nut coal | druss | buckwheat coal.
carbón menudo y de mala calidad | colliery slurry.
carbón metalizado | metallic carbon | metal impregnated carbon | metal carbon.
carbón mezclado | coal blending.
carbón mineralizado (electricidad) | mineralized carbon | impregnated carbon.
carbón molido | ground coal.
carbón muestreado | sampled coal.
carbón no aglutinante | free-burning coal.
carbón no lavado | raw coal.
carbón no quemado que cae al cenicero | ashpit refuse.
carbón obtenido calcinando pulpa papelera | cellulose coal.
carbón pancromático (cine) | effect carbon.
carbón para consumo de buques | bunker coal.
carbón para escobillas | brush carbon.
carbón para hornos de recalentar (metalurgia) | manufacturing coal.
carbón para hornos metalúrgicos | furnace coal.
carbón para lámpara de arco | lamp carbon.
carbón para pilas | battery carbon.
carbón para usos eléctricos | electrical carbon.
carbón pardo parecido a la madera | bituminous wood.
carbón partido | danty.
carbón perbituminoso | perbituminous coal.
carbón piritoso | brassy | coal brasses | cat dirt | pyritic coal.
carbón pizarroso | bone.
carbón pobre en volátiles | nongaseous coal.
carbón poco coquificante con gran proporción volátiles | high volatile weakly-caking coal.
carbón pulverizado | pulverized coal.
carbón que contiene pirita (G.B.) | metal coal.
carbón que crepita al arder | parrot coal.
carbón que está muy unido al techo (minas) | claggy coal.
carbón que estalla por gases ocluidos | bumpy coal.
carbón que no pasa por la criba de grandes mallas | cinley coal.
carbón que pasa por el tamiz de 12 | beans.
carbón que pasa por la criba de 48 mallas | minus 48-mesh coal.
carbón que se añade a la fragua | green coal.
carbón que se parte con facilidad en cubos | dice coal.
carbón que se rompe en trozos cúbicos | block coal.
carbón que se transporta por mar | sea coal.
carbón quemado por pie de superficie de parrilla | coal burnt per sq. ft. of grate area.
carbón rafado | hanging coal.
carbón rico en bases alcalinas | high-alkali coal.
carbón rico en cenizas | ash coal.
carbón rico en materias volátiles | high volatile coal.
carbón rico en piritas | brazilly coal.
carbón rozado | hanging coal.
carbón sapropélico | sapropelic coal.
carbón sapropélico que contiene algas | boghead coal.
carbón semibrillante | semibright coal.
carbón semimate | semidull carbon.
carbón sin cribar | through coal.
carbón terroso | dander coal | brat | bone coal | earthy coal | coal smut.
carbón terroso malo | mucks.
carbón todo uno | crude fuel | unsorted coal | altogether coal | through coal.
carbón todo uno triturado | crushed run-of-mine coal.
carbón triturado | shelly.
carbón triturado deshidratado y sin partículas grandes (inyección de carbón en un alto horno) | I coal.
carbón usado de lámpara de arco eléctrico | worn arc lamp carbon.
carbón vegetal | charcoal.
carbón vegetal activado | activated charcoal.
carbón vegetal pulverizado | aigremore.
carbón virgen (minas) | coal in solid.
carbón vítreo | glassy coal.
carbonación (saturación de un líquido con bióxido de carbono) | carbonation.
carbonado | carbon | carbonado.
carbonado (diamante negro) | carbonado.
carbonado (química) | carbonaceous.
carbonatación | carbonating | carbonatation.
carbonatador (recipiente para carbonatación) | carbonator.
carbonatar | carbonate (to).
carbonato (química) | carbonate.
carbonato amónico | baker's salt.
carbonato cálcico | whiting.

carbonato cálcico descompuesto | deadlime.
carbonato de cal precipitado | precipitated chalk.
carbonato de calcio | calcite.
carbonato de calcio cristalino | calcareous spar.
carbonato de ciclohexilamina (química) | cyclohexylamine carbonate.
carbonato de cobre | azure copper | artificial malachite.
carbonato de estroncio | strontium carbonate.
carbonato de etilo | ethyl carbonate.
carbonato de manganeso | manganese carbonate.
carbonato de plomo | lead carbonate | ceruse | white lead | white lead.
carbonato de sodio (Na_2CO_3) | sodium carbonate.
carbonato de sodio anhidro | soda ash.
carbonato de sodio impuro | black salt.
carbonato magnésico | magnesium carbonate.
carbonato potásico comercial en cristales | pearl ash.
carbonato sódico | crystal carbonate | soda ash.
carbonato sódico calcinado | alkali.
carbonato sódico impuro | barilla.
carbonato sódico o potásico sólido | soluble glass.
carboncillo (dibujo) | drawing charcoal | crayon | charcoal crayon.
carboncillo de dibujo | charcoal.
carboncillo para dibujo | fusain.
carbonear | coal (to) | take bunkers (to).
carboneo | bunkering | coaling | charring.
carbonera | coalbin.
carbonera (buques) | bunker | coal-bunker.
carbonera (depósito) | coal-hole.
carbonera alimenticia (cámara calderas de buques) | pocket bunker.
carbonera de la casa de calderas | boilerhouse bunker.
carbonera de sección triangular (buques) | rake bunker.
carbonera de servicio diario | day bunker.
carbonera pequeña (cámara calderas de buques) | pocket bunker.
carbonero (Piptadenia pittieri) | carbonero.
carbones de pulir (grabado) | charcoal sticks.
carbónico | carbonic.
carbonífero | carboniferous | coal.
carboniferosidad | carboniferosity.
carbonificación | coalification | anthracolitization | anthragenesis.
carbonilación | carbonylation.
carbonilar | carbonylate (to).
carbonilo | carbonyl.
carbonilo metálico | metallic carbonyl.
carbonilos metálicos | metal carbonyls.
carbonilla | carbon deposit | cinders.
carbonilla para caleras | lime coal.
carbonio | carbonium.
carbonita (coque nativo) | carbonite.
carbonita (explosivo) | carbonite.
carbonitruración | dry cyaniding | gas cyaniding | carbonitriding.
carbonitruración (metalurgia) | ni-carbing.
carbonitruración brillante | bright carbonitriding.
carbonitruración gaseosa | gas carbonitriding.
carbonitrurar | carbonitride (to).
carbonitruro de hierro | iron carbonitride.
carbonización | carbonizing | carbonization | charring.
carbonización (depósito carbonoso) | coking.
carbonización (material vegetal) | coalification.
carbonización de la lumbrera (motores) | coking up of the port.
carbonización del inyector (ensuciamiento) | nozzle carbonization.
carbonización en montones | heap charring.
carbonización superficial del aislante (descargas en aislantes orgánicos de cables) | tracking.
carbonizado | carbonized | charred.
carbonizado en piezas (géneros de lana) | piece carbonizing.
carbonizador (horno) | carbonizer.
carbonizar | carbonize (to) | coal (to) | char (to).
carbonizarse | char (to) | carbonize (to).
carbono (química) | carbon.
carbono adiamantado | diamondized carbon.
carbono agrafítico | agraphitic carbon.
carbono anomérico | anomeric carbon.
carbono biológico | biological carbon.
carbono combinado | fixed carbon | combined carbon.
carbono contemporario | contemporary carbon.
carbono de cementación | carburizing carbon | annealing carbon | combined carbon | cementing carbon | cement carbon | carbide carbon.
carbono de grafitización | graphitizing carbon.
carbono de recocido | annealing carbon.
carbono de revenido | temper carbon.
carbono de segunda formación | temper carbon.
carbono de temple | hardening carbon.
carbono de temple rodeado de ferrita (hierro maleable) | bull's eye.
carbono determinado colorimétricamente | color carbon.
carbono determinado por combustión | combustion carbon.
carbono disuelto | dissolved carbon.
carbono fijo | fixed carbon.
carbono grafítico | graphitic carbon.
carbono irradiado con haz lasérico | laser-irradiated carbon.
carbono libre (fundición) | graphite.
carbono libre (química) | uncombined carbon.
carbono no combinado | uncombined carbon.
carbono no parecido al del diamante | nondiamond carbon.
carbono orgánico total | total organic carbon (T.O.C.).
carbono pirolítico | pyrolytic carbon.
carbono que se separa en placas durante la solidificación (hierro fundido rico en carbono) | kish.
carbono radiactivo | radioactive carbon.
carbono radioactivado | labeled carbon.
carbono retenido (temple) | retained carbon.
carbono superficial no absorbido (cementación acero por gas) | sooting.
carbono total | total carbon (TC).
carbonoide | carbonoid.
carbonometría | carbonometry.
carbonómetro | carbometer | carbonimeter | carbonometer.
carbonoso | carbonous | carbonaceous | coaly.
carbopetroceno | carbopetrocene.
carboquímica | coal chemistry.
carborreactor (combustible para motores a reacción) | jet fuel.
carborundo (carburo de silicio) | carborundum.
carbostirilo | carbostyril.
carbotermal | carbothermal.
carbotérmico | carbothermal | carbothermic.
carbotina para esmaltes | enamel slip.
carboxílico | carboxylic.
carboxilo (química) | carboxyl.
carbunclo (gema) | anthrax.
carbunclo (mineralogía) | carbuncle.
carbunco | carbuncle | charbon.
carburación | carburetting | carburation.
carburación (motor gasolina) | carburetion.
carburado | carburetted | carburized.
carburador (motores) | carburetor | carburetter.
carburador bisurtidor | bijet carburetter.
carburador de aspiración ascendente | updraft carburettor.
carburador de aspiración descendente de dos difusores | twin choke downdraught carburettor.
carburador de flotador | constant-level carburetor.
carburador de nivel constante | constant-level carburetor | float feed carburetor.
carburador equilibrado de aspiración ascendente | updraught balanced carburettor.
carburano | carburan.
carburante para automotores | automotive fuel.
carburantes alcoholizados | alcohol fuels.
carburar | carburet (to) | carburize (to) | carburise (to).
carburo (química) | carbide.
carburo cálcico tratado con glucosa | acetylite.
carburo cementado | cemented carbide.
carburo cementítico | cementitic carbide.
carburo de boro | boron carbide.
carburo de cal | carbide.
carburo de calcio en terrones | lump carbide.
carburo de cromo trigonal | trigonal chromium carbide.
carburo de hafnio | hafnium carbide.
carburo de monotungsteno | monotungsten carbide.
carburo de niobio | columbium carbide | niobium carbide.
carburo de plutonio y uranio | uranium-plutonium carbide.
carburo de silicio | silicon carbide | silicocarbide | carborundum | crystolon.
carburo de silicio aluminocálcico | carbotite.
carburo de silicio beta | beta silicon carbide.
carburo de silicio de crecimiento pirolítico | pyrolitically growing silicon carbide.
carburo de silicio ligado con nitruro de silicio | silicon nitride bonded silicon carbide.
carburo de silicio tipo N | N-type silicon carbide.
carburo de silicio tipo P | P-type silicon carbide.
carburo de temple | hardening carbide.
carburo de titanio | titanium carbide.
carburo de titanio no sinterizado | teeg titanium carbide.
carburo de tungsteno | carbide | tunsgten carbide.
carburo de tungsteno anisodimensional | anisodimensional tungsten carbide.
carburo de tungsteno cementado con cobalto | cobalt-cemented tungsten carbide.
carburo de tungsteno no sinterizado | green carbide.
carburo de uranio | uranium carbide.
carburo de volframio sinterizado | sintered carbide.
carburo de wolframio | tungsten carbide.
carburo emulsionado | emulsified carbide.
carburo epsilon | epsilon carbide.
carburo esferoidizado | spheroidized carbide.
carburo hipersaturado | highly-saturated carbide.
carburo metálico | carbide.
carburo metálico aglomerado | cemented metal carbide.
carburo precipitado intergranularmente | intergranularly precipitated carbide.
carburo properlítico | propearlitic carbide.
carburo sinterizado | cemented carbide | sintered carbide.
carburo sinterizado con polvo de diamante | diamond-impregnated sintered carbide.
carburómetro | carburometer.
carburos (cementados) | hardmetal.
carburos sinterizados para corte de metales | metal-cutting sintered carbides.
cárcamo | skip pit.
carcasa | carcass | housing | barrel casing | carcase.
carcasa congelada (canal congelada - de cerdo, de reses) | frozen carcass.
carcasa del motor | motor frame.
cárcava | gully.
carcel | penitentiary | prison.
cárcel (carpintería) | wringbolt | clamp screw.
cárcel (del telar) | sley | slay.
cárcel (tonelería) | cooper's adze dog.
carcel (unidad de luminosidad) | carcel.
cárcel para taladradora | drill vise.
carcelero | keeper | guard.
carcinófago | carcinophagous.
carcinogénesis | carcinogenesis.

carcinógeno | carcinogenic.
carcinología (zoología) | carcinology.
carcinólogo | carcinologist.
carcinomorfo | crustacean-like | crab-like | carcinomorphic.
carcinotrón (oscilador de onda) | carcinotron.
cárcola (telar) | treadle | foot treadle.
carcoma | timber sow | worm | wood borer.
carcoma (hojas) | pinholes.
carcoma (madera) | pin holes.
carcoma de las casas | house longhorn borer.
carcoma de los muebles (anóbidos) | furniture beetle.
carcomer | gnaw (to).
carcomido | rotten | rotten.
carda | card | comb.
carda (botánica) | teasel.
carda abridora | scribbler | breaking card | breaker card | carding willow.
carda acabadora | condenser card | finisher card.
carda acabadora para estopa de lino | flax tow finisher card.
carda con superficie de trabajo en la parte inferior | down-striker card.
carda con transmisión a la derecha | right-hand card.
carda con transmisión a la izquierda | left-hand card.
carda condensadora | condenser card.
carda de alambre de acero | steel scratch brush.
carda de borrillas | bourrette card.
carda de bucles | cross-strip card.
carda de cilindros | roller card.
carda de chapones | flat card.
carda de dos cilindros peinadores | double doffer card.
carda de estopa de cáñamo | hemp tow card.
carda de romper | breaker.
carda de tiras transversales | cross-strip card.
carda emborradora | breaker card | scribbler.
carda en fino | finisher card | condenser card.
carda en grueso | scribbler.
carda final | finisher.
carda gruesa | large card.
carda hiladora | spinning card.
carda intermedia | intermediate card.
carda limpiadora (limpiador - tejeduría) | clearer.
carda limpialimas | file brush | file cleaner.
carda mechera | finisher card | condenser card.
carda metálica | wire brush.
carda metálica (tejeduría) | scratch brush.
carda o peine para desgranar | ripple.
carda para algodón | cotton card.
carda para amianto | asbestos card.
carda para estambre | worsted card.
carda para lana | wool card.
carda para lana de peine | worsted card.
carda repasadora | intermediate card.
carda rompedora | fearnought | scribbler.
carda rompedora para amianto | asbestos breaker card.
cardado | combing.
cardado (textiles) | combed.
cardado de lana pura | woollen.
cardado y rastrillado (textil) | teasling.
cardador (obrero) | comber.
cardador de lana | scribbler.
cardador de paños (pelaire - obrero) | napper.
cardador de yute | jute carder.
cardadora | scribbler | carding engine.
cardadora mecánica | gig-hill | gig | gigging machine.
cardados mixtos | blended woollens.
cardadura | carding | noil.
cardaduras | cardings.
cardan | cardan | Hooke's joint.
cardan doble | double universal joint.
cardan para velocidad constante | constant-velocity universal joint.
cardan servoaccionado | servodriven gimbal.
cardanear | gimbal (to).
cardanizado | cardan-mounted.
cardar | comb (to) | card (to).
cardar (lana) | raise (to) | scribble (to) | scrabble (to) | rove (to).
cardar (paños) | tease (to) | teazer (to).
cardar (telas) | raise (to) | nap (to).
cardar con cardas de cardencha | gig (to).
cardenal | cardinal.
cardencha | fuller's teasel.
cardenillo | acetate of copper | verdigris.
cardería | card room.
cardería de lana | wool-carding plant.
cardero | card minder.
cardíaco | cardiac.
cardillo (botánica) | golden thistle.
cardinales inaccesibles (matemáticas) | inaccessible cardinals.
cardinalidad | cardinality.
cardinífero (molusco) | hinge-jointed.
cardiógrafo | cardiograph.
cardiógrafo balístico | ballistocardiograph | ballistic cardiograph.
cardiograma | cardiogram.
cardioide | cardioid | figure-of-eight.
cardiología | cardiology.
cardioplastia | cardioplasty.
cardiotacómetro | cardiotachometer.
cardiotaquímetro (medicina) | cardiotachometer.
cardiotaquímetro electrónico | cardiotachometer.
cardiovascular | cardiovascular.
cardol | cashew nut oil.
cardón | teaseling.
cardón (tejidos de lana) | raising.
cardumen | school | fish shoal.
cardumen (de peces, salmones) | run.
cardumen (pesca) | shoal.
cardumen de arenques | herring shoal.
cardúmenes | schools of fish.
carduzado (tejidos) | napping.
carduzadora (tejidos) | napping machine.
carduzar (telas) | nap (to).
careada con el texto | confronted with the text.
carear (testigos) | confront (to).
carear con | front with (to).
carecer de | miss (to) | be short of (to).
carecer de autoridad | lack authority (to).
carecer de empleo | be jobless (to).
carecer de personalidad política | lack of political personality (to).
carecer de vicio de origen | lack of original vice (to).
careciendo de dueño conocido | lying in franchise.
carel (horno metalúrgico) | brim | margin.
carena | ship's botton.
carena (buques) | graving.
carena (obra viva - buques) | bottom.
carena de ruedas | wheel spat.
carena del bulbo de proa (buques) | bulb surface.
carena del dirigible | airship hull.
carenado (aviación) | faired.
carenado (aviones) | fairing.
carenado (de partes de aviones) | cowling.
carenado colocado alrededor del arranque de las palas (hélices) | propeller cuff.
carenado de la boca del tubo lanzatorpedos submarino | torpedo tube shutters.
carenado de las ruedas (aviones) | pants.
carenado del morro de plástico transparente (aviones) | transparent-plastic nose fairing.
carenado del motor | engine cowling.
carenado del motor (aviones) | engine fairing.
carenado posterior del fuselaje | fuselage rear fairing.
carenador (despalmador - buques) | graver.
carenados alrededor de las ruedas (aterrizador no eclipsable) | wheel pants.
carenaje | careening.
carenaje (aviones) | fairing.
carenaje (del motor) | cowling.
carenaje de la cabina (aviones) | cockpit cowling.
carenaje de los tubos de escape (motores) | exhaust shroud.
carenaje del motor (aviones) | engine cowl.
carenaje frontal de un avión | nose cowl.
carenar | careen (to) | repair (to).
carenar (buques) | refit (to) | keel (to).
carenar las líneas del fuselaje | fair the lines of the fuselage (to).
carencia | default | insufficiency | lack.
carencia (medicina) | deficiency.
carencia de defectos | freedom from defects.
carencia de dólares | dollar-gap.
carencia de elementos metálicos (suelos) | metal deficiency.
carencia de olor | absence of odor.
carencia de página en código no inhibido | enabled page fault.
carencia de porosidad | freeness from porosity.
carencia de vibraciones | freedom from vibrations.
careno (química) | carene.
carente | destitute.
careo | confrontation.
careo (Iberoamérica) | drive.
carestía del acero | expensiveness of steel.
careta (para pintor, etc.) | respirator.
careta antigás | gas respirator.
careta de protección | faceshield.
careta respiratoria | inhaler.
careto | bald-faced.
carey | amber shell.
carey (tortugas) | hawkbill.
carga | cargo | duty | charterage | shipment | imposition | freightage | stress | lien | encumbrance | weight | freight | freighting | tax | charge | loading | load.
carga (buques) | lading.
carga (de horno) | backing.
carga (de instrucción) | extraction.
carga (de red eléctrica) | power load.
carga (de telas, de jabón, etc.) | loading.
carga (de un horno) | batch.
carga (de un líquido) | total head.
carga (hidráulica) | pressure | elevation head.
carga (horno metalúrgico) | stock.
carga (hornos metalúrgicos) | heat.
carga (jabones, textiles, plásticos, aprestos, carreteras, industria del caucho) | filler.
carga (materia inerte para dar consistencia) | filling substance.
carga (para papel) | clay-loading.
carga (pinturas) | extender.
carga (producto de relleno) | filling material.
carga (proyectil, bomba, mina) | fill.
carga (radiactividad) | burden.
carga (radio) | sink.
carga (sustancia que se añade para dar cuerpo o para adulterar) | inert filler.
carga (tejeduría) | weighting.
carga (textiles) | back-sizing.
carga a flete reducido (para poder llenar el buque) | distress cargo.
carga a granel | loose cargo.
carga a la rotura por flexión | breaking stress under bending.
carga a lo largo de la envergadura | spanwise loading.
carga a mano (hogares) | hand-firing.
carga a máquina | machine load.
carga a tarifa reducida para completar el cargamento | berth cargo.
carga acelerada (acumuladores) | boost-charging.
carga activa | activity loading.
carga activa (corriente alterna) | wattfull load.
carga activa (proyectil químico) | filling.
carga actuando hacia abajo | downward load.
carga adicional | boosting charge | increment | additional charge.
carga adicional de pólvora | increment powder.
carga admisible | working load | bearing capacity | safe load.

carga admisible de régimen | nominal permissible stress.
carga admisible por eje | admissible weight per axle.
carga aerodinámica | airload | air load | aerodynamic load.
carga agrupada (circuito) | lumped loading.
carga al despegue por libra de empuje | takeoff thrust loading.
carga alar | wing loading.
carga alar (aeroplanos) | span loading.
carga alar disimétrica (aviones) | unsymmetrical loading.
carga alar subsónica | subsonic wing loading.
carga alimentada por rectificador | rectified-fed load.
carga almacenada en la base | stored base charge.
carga alterna de tracción y compresión | push-pull loading.
carga alternativa | alternating load | changing load.
carga aniónica | anionic charge.
carga antiinductiva | antiinductive load.
carga antisubmarinos | depth charge.
carga aplicada | imposed load.
carga aplicada al trépano durante su funcionamiento | bit weight.
carga aplicada dividida por la penetración del cono (resistencia terrenos) | cone value.
carga aplicada localmente | locally-applied load.
carga artificial | artificial load.
carga asimétrica | out-of-balance load.
carga automática | automatic charging.
carga automática (hogares) | automatic stocking.
carga automática con peine de 7 disparos | automatic 7-round clip loading.
carga automática del programa al poner en marcha el microordenador | booting.
carga autorizable de transporte (aeroplanos) | allowable cabin load.
carga autorizada | safe load.
carga axial de tracción y compresión | axial push-pull loading.
carga bajo cubierta | underdeck cargo.
carga básica | basic load | basic loading.
carga biaxial | biaxial stressing.
carga breve | short-term loading.
carga bruta remolcada | gross load hauled.
carga calefactora | heating load.
carga calefactora máxima | peak heating load.
carga capacitativa | capacitance loading.
carga capacitiva | condenser load.
carga capacitiva (electricidad) | leading load.
carga centrada | centrally-applied load.
carga cíclica | pulsating load.
carga cíclica de fatiga | fluctuating fatigue loading.
carga cíclica de tracción-compresión | repeated tension-compression load.
carga cíclica regulable | variable repeated load.
carga cíclica y transitoria | cyclic and transient loading.
carga cinegética (pastizal) | carrying capacity.
carga circulante | circulating load.
carga clasificada | commodity loading.
carga colocada sobre patín que puede moverse longitudinalmente (se evita el movimiento lateral acuñando tacos de madera sobre el piso del vagón) | floating load.
carga comercial máxima (aviones) | maximum payload.
carga compensadora | equalizing charge.
carga completa | full cargo | full charge.
carga completa de mineral (alto horno) | round.
carga con arreglo a un modelo preestablecido | pattern-loading.
carga con bióxido de carbono (cerveza) | carbonating.
carga con corriente muy pequeña durante mucho tiempo (acumuladores) | trickle charge.
carga con cubetas | bucket charging.
carga con cucharón de arrastre | scraper loading.
carga con factor de potencia cero (prueba de alternadores) | wattless load.
carga con gran proporción de mineral con relación al coque (alto horno) | heavy burden.
carga con gran proporción de mineral sinterizado (alto horno) | high-sinter burden.
carga con pala a mano de chatarra (horno Siemens) | peel charging.
carga con pequeña relación de mineral respecto al coque (alto horno) | light burden.
carga con pequeño factor de potencia | low-power-factor load.
carga con plomo | lead loading.
carga con sales de plomo | lead salts weighting.
carga con voltaje constante | floating.
carga concentrada | point load.
carga conectada (electricidad) | connected load.
carga constante | holding load | dead load.
carga constante (vigas) | parallel loading.
carga continua | continuous loading.
carga continua (cable submarino) | krarup loading.
carga continua y lenta | tricide charge.
carga continua y lenta (acumuladores) | trickle charge.
carga contrastada | monitored load.
carga corporal | body burden.
carga crítica | critical stress.
carga crítica de aplastamiento | critical collapsing pressure.
carga crítica de compresión (columnas) | collapsing load.
carga cruzada (ligamentos) | interlocking twill.
carga de absorción de resistencia constante | constant-resistance absorber-load.
carga de agua | head | static head.
carga de agua (hidráulica) | head of water | pressure head.
carga de alargamiento permanente | permanent elongation load.
carga de alelos mutantes (genética) | load of mutant alleles.
carga de altura (hidrología) | potential head.
carga de amplitud | random-amplitude loading.
carga de antena | antenna loading.
carga de aplastamiento | crippling load | crushing weight.
carga de aplastamiento (columnas) | collapsing pressure.
carga de arena | dry load | sand load.
carga de arrabio | pig-iron charge.
carga de arranque | pull-up.
carga de arranque del motor | motor-starting load.
carga de arranque en frío (calefacción) | pickup load.
carga de aspiración neta positiva | net positive suction head.
carga de aterrizaje dinámica máxima | maximum dynamic landing load.
carga de bombas que se lanzan una a una (avión) | open stick.
carga de buque completo | shipload.
carga de calor sensible de 37.000 kilocalorías/hora | sensible-heat load of 37,000 Kcal/hr.
carga de cebado | priming charge.
carga de cero a la tensión de trabajo | zero-to-tension loading.
carga de cok (alto horno) | coke burden.
carga de colapso | collapse load.
carga de colapso (columnas) | failing load.
carga de colapso a la compresión | compressive failing load.
carga de colapso plástico | plastic collapse load.
carga de combate (cañones) | service charge.
carga de combate (carga reglamentaria - torpedos, cañones, etc.) | full charge.
carga de combustible menos un cierto porcentaje para reserva (aviones) | net fuel.
carga de compresión | crushing stress.
carga de compresión y de tracción | push pull loading.
carga de conservación (acumuladores) | equalizing charge.
carga de corriente (electricidad) | current loading.
carga de corriente continua inductiva | inductive d. c. load.
carga de crecimiento rápido | rapidly-growing load.
carga de crudo sobre residuos de limpieza de tanques (petroleros) | load on top.
carga de choque hidrodinámica | hydrodynamic impact load.
carga de deformación | yield load.
carga de deformación remanente (aceros) | yield stress.
carga de demolición | demolition charge.
carga de dinamita cebada | primed dynamite charge.
carga de empuje | thrust loading | tooth load.
carga de encendido (alto horno) | bed fuel.
carga de encendido (carga de sólo coque - alto horno) | bed charge.
carga de entrada | input loading.
carga de entretenimiento (acumuladores) | freshening charge | trickle charge.
carga de estallido en points x pound (papel) | burst ratio.
carga de explosión | blast loading.
carga de explosión por contacto | contact fired charge.
carga de explotación (ferrocarriles) | traffic load.
carga de extracción | conveying load.
carga de extracción (minas) | hoisting duty.
carga de financiación | financing burden.
carga de flexión | bending load | transverse stress.
carga de fluencia | creep stress.
carga de fuego (calorías × unidad de superficie) | fire load.
carga de funcionamiento (hidráulica) | operating head.
carga de ganado | range count.
carga de guerra | normal charge.
carga de guerra (carga reglamentaria - torpedos, cañones, etc.) | full charge.
carga de hielo en vagones frigoríficos | refrigerator car icing.
carga de horno de reverbero con caldo del cubilote (fabricación hierro maleable) | duplexing.
carga de impacto lateral | lateral-impact load.
carga de impregnación (madera) | load.
carga de indentación | indentation load.
carga de inercia | inertia loading.
carga de inflamación | booster charge.
carga de inflamación (dentro del proyectil) | igniter.
carga de instrucción | staticizing.
carga de intervalo de ángulo de tránsito primario | primary transit-angle gap loading.
carga de intervalo de electrones secundarios | secondary electron gap loading.
carga de KVA nominales | rated KVA load.
carga de la bandeja con cinco tongadas | pallet load of five layers.
carga de la impedancia de sobrevoltaje | surge-impedance loading.
carga de la máquina | machine load.
carga de la pala según la cuerda (hélices) | chordwise blade loading.
carga de la válvula de seguridad de la caldera | boiler safety valve load.
carga de línea | line load.
carga de memoria (informática) | storage fill.
carga de mezcla de aleación virgen con chatarra (hornos) | mixed scrap-virgin alloy charge.
carga de mina | blasting charge.
carga de mineral y fundente (carga de fusión - hornos metalúrgicos) | burden.

carga de ocupación (aeroclimatizador) | occupancy load.
carga de pago (aviones, etc.) | payload.
carga de pandeo | buckling load.
carga de pandeo (carga de colapso - columnas) | collapsible load.
carga de pandeo (columnas) | buckling stress | collapsing load | crinkling | crippling load.
carga de pico del laminador (electricidad) | mill peak load.
carga de polución | pollution load.
carga de pólvora en una sola pieza (hasta 1 metro de longitud-cohetería) | grain.
carga de profundidad | depth charge.
carga de profundidad (buque de guerra) | ash can.
carga de profundidad de ejecicios (marina) | dummy depth charge.
carga de profundidad lastrada | heavy depth charge.
carga de profundidad propulsada por cohete (marina) | rocket-propelled depth charge.
carga de programa inicializado | initial program load.
carga de programas | program load.
carga de propulsión (cohetes) | propulsive charge.
carga de proyección | impulse charge | propellant charge.
carga de proyección (artillería) | propulsive charge | firing charge.
carga de proyección (cañones) | propelling charge | igniter.
carga de proyección en varios saquetes (cañones) | multisection charge.
carga de proyección para cohetes | solid propellant grain for rockets.
carga de proyección seccionada (artillería) | equal section charge.
carga de proyecto máximo admisible | maximum allowable design stress.
carga de prueba | trial charge | proof load | proof stress.
carga de prueba (cadenas) | proof-test.
carga de prueba (carga unitaria que produce un alargamiento remanente igual a un porcentaje prefijado de la longitud entre puntos de la probeta) | yield strength.
carga de pruebas | dummy load.
carga de puesta en marcha | pull-up.
carga de punta (central eléctrica) | peak load.
carga de refrigeración | refrigerating load | refrigeration load.
carga de refuerzo | boost charge.
carga de régimen | rated load.
carga de rotura | tearing stress | ultimate load | rupture stress | stress rupture | failure load | breaking stress.
carga de rotura a la tracción | initial cohesive strength.
carga de rotura a la tracción (probeta entallada) | technical cohesive strength.
carga de rotura en 100.000 horas (aceros austeníticos a altas temperaturas) | stress to rupture in 100,000 hours.
carga de rotura estática | static ultimate strength.
carga de rotura hasta la destrucción (cables de alambre) | actual breaking strength.
carga de rotura por torsión | ultimate torsional strength.
carga de rotura por tracción | breaking strength.
carga de rotura por tracción (puede no ser la de rotura) | ultimate tensile strength.
carga de rotura subsuperficial (dientes engranages) | sub-surface tensile strength.
carga de rotura traccional | tensile breaking stress.
carga de rumas (Chile) | bunch (to).
carga de ruptura | breaking load.
carga de salvas | blank charge | saluting charge.
carga de seguridad | safe load | allowable load | nondamaging load.
carga de seguridad de la viga | beam safe load.
carga de separación | withdrawal load.
carga de servicio | usage load.
carga de tamaños mezclados (hornos) | mixed-size burden.
carga de torsión móvil | live torsional load.
carga de trabajo | design stress | operating stress | working load.
carga de trabajo (informática) | work-load.
carga de trabajo a la compresión con una deformación prefijada | yield compressive strength.
carga de trabajo admisible | safe working stress.
carga de trabajo anticipada | projected work-load.
carga de trabajo autorizada | safe working load.
carga de trabajo autorizada (puntales de buques) | S.W.L..
carga de trabajo constante | constant working stress.
carga de trabajo prevista | projected workload.
carga de tracción constante | constant tensile stress.
carga de una máquina fuera de la hora de puntas (electricidad) | off-peak load.
carga de una sola hilera de troncos | bunkload.
carga de vacío (hidráulica) | vacuum head.
carga de vagones en la jaula (minas) | onsetting.
carga de variación rápida | rapidly-fluctuating load.
carga de varias toneladas | multiton load.
carga debida a la aceleración de la gravedad | G-loading.
carga debida a la energía (hidráulica) | energy head.
carga debida al efecto dinámico (estructuras) | impact load.
carga debida al flujo gaseoso | gas-flow load.
carga debida al peso de la roca superincumbente | cover load.
carga debida al peso propio | deadweight load | dead weight load.
carga debida al viento (cubiertas, puentes) | wind load.
carga débil de larga duración (acumuladores) | soaking charge.
carga decreciente | diminishing load.
carga del agua | water pressure.
carga del avión | plane load.
carga del contenido del horno de una vez (metalurgia) | unit charging.
carga del contenido del horno en dos o tres veces | level charging.
carga del crisol a través de un tubo de acero (horno crisoles) | steeling.
carga del cucharón | dipperful.
carga del disco | disc loading.
carga del eje | axle load.
carga del haz | beam loading.
carga del hogar | stocking.
carga del hogar (calderas) | firing.
carga del horno | furnace burden.
carga del horno de reverbero con una mezcla de caldos de cubilote y acero Bessemer (fabricación hierro maleable) | triplexing.
carga del metal fundido en una cuchara de colada y descarga en el horno eléctrico (metalurgia) | reladling.
carga del mineral arrancado (minas) | mucking.
carga del molde con metal fundido (moldes) | teeming.
carga del programa inicial | initial program loading.
carga descargada con menos peso que el debido (buques) | short-landed cargo.
carga descentrada | eccentric load.
carga desde fuera hacia dentro (reactor nuclear) | outside-in loading.
carga desequilibrada | unbalanced loading.
carga detonada | detonated charge.
carga detonadora (proyectiles) | exploder.
carga dinámica | impulsive load | dynamic load | live load.
carga dinámica (hidráulica) | dynamic head.
carga dinámica del avión | aircraft dynamic loading.
carga dinámica sobre el piso | live floor load.
carga disimétrica | unsymmetrical loading.
carga dispersa | scatter loading.
carga distribuida arbitrariamente | random loading.
carga durante la demanda máxima (electricidad) | peak charge.
carga eficaz | RMS load.
carga eléctrica | Coulomb charge.
carga eléctrica ocasionada por los servicios de fonda (transatlánticos) | hotel load.
carga en avance | leading load.
carga en bloque | block loading.
carga en bodega llena soportada por el mamparo (buque) | load in full hold carried by bulkhead.
carga en cortocircuito | shorted load.
carga en cubierta | shipment on deck.
carga en el disco del rotor | rotor-disc loading.
carga en el nudo (estructuras) | joint load.
carga en estado líquido (explosivos) | melt-loading.
carga en estrella (sistema trifásico) | Y load.
carga en horas de máximo consumo | peak charge.
carga en horas puntas | peak charge.
carga en la entrada (hidráulica) | entrance head.
carga en los dientes de los engranajes cónicos | bevel-gear tooth load.
carga en los ejes de las ruedas acopladas | coupled-wheel axle load.
carga en plataforma | palletized unit load.
carga en retardo con factor de potencia cero | zero-power-factor lagging load.
carga en servicio (máquina) | safe load.
carga en vuelo | flight load.
carga energética | energy load.
carga energética de tracción | tensile energy load.
carga enfriada (carga llevada a temperatura suficiente para afinar el grano) | quenching charge.
carga equilibrada | balanced load.
carga equilibrada conectada en Y (electricidad) | balanced Y-connected load.
carga equivalente uniformemente repartida | equivalent uniformly distributed load.
carga espacial | space charge.
carga específica del electrón | electron-charge mass ratio.
carga especificada | rated load.
carga estática | gravity head | dead weight | dead load | static charge | inertial load.
carga estática de gran duración | long-term static loading.
carga estática de tracción | static tensile loading.
carga estática más carga debida al viento (estructuras) | dead load plus wind load.
carga estructural de edificios | building structural loading.
carga excéntrica | off-center loading.
carga excesiva | overcharge.
carga explosiva | blasting charge | explosive charge | bursting charge | burster | blowing charge.
carga explosiva (de un proyectil) | payload.
carga explosiva (proyectiles) | booster.
carga explosiva con envuelta adhesiva | sticky charge.
carga explosiva dentro de un recipiente de paredes delgadas usada para echazón en vuelo (aviación) | squib.
carga explosiva hueca (carga explosiva inte-

rior del proyectil) | shaped charge.
carga explosiva para hundir un buque | scuttling charge.
carga factorial | factor loading.
carga ficticia | dummy load.
carga fija | dead weight | overhead | steady load.
carga fija equivalente | equivalent dead load.
carga fiscal | fiscal burden.
carga fiscalizada | monitored load.
carga flectora estática | static bending load.
carga fluctuante de tracción | fluctuating tensile load.
carga fracturante | fracturing load.
carga fuera de gálibo (ferrocarril) | out-of-gage load.
carga fundamental (electricidad) | base load.
carga fundida (hornos) | cast.
carga fundida del horno (proceso Bessemer) | blow.
carga gradualmente aplicada | gradually applied load.
carga hidráulica | hydraulic charging | hydraulic head.
carga hidrostática | hydrostatic load | head | water head.
carga hidrostática de alimentación | feedhead.
carga hidrostática de dar fuego | hydrostatic firing head.
carga hidrostática debida a la fricción | friction head.
carga hidrostática debida a la presión | pressure head.
carga hidrostática debida a la velocidad | velocity head.
carga hidrostática desarrollada (bomba centrífuga) | developed head.
carga hidrostática desarrollada por una bomba centrífuga | head developed by a centrifugal pump.
carga hidrostática máxima de 840 kilonewtonios/metro^2 | maximum hydrostatic head of 840 kN/m^2.
carga hidrostática potencial | potential head.
carga horizontal uniforme | uniform horizontal load.
carga hueca (explosivos) | beehive-shape charge.
carga hueca para demolición | demolition shaped-charge.
carga igualadora | equalizing charge.
carga impulsiva | impulsive load | impulsive loading | impact loading.
carga impulsiva repartida | distributed impulsive load.
carga impulsora | impulse charge.
carga incompleta | less-carload.
carga indentadora | indenting load.
carga indirecta | indirect load | transmitted load.
carga indivisible | indivisible load.
carga inductiva | lagging load | inductive charge | inductance load | inductive load.
carga inductiva (telefonía) | loading.
carga inhabitual | unusual load.
carga iniciadora | primer charge | priming charge | primer tube | primer.
carga iniciadora (cohetes) | squib.
carga iniciadora (dentro del proyectil) | igniter.
carga iniciadora (explosivos) | initiator.
carga iniciadora (motor cohético) | fusee.
carga iniciadora (proyectiles) | lighter | detonator | burster | booster.
carga iniciadora de la carga de proyección (cañones) | propellant igniter.
carga iniciadora de la fluencia (aceros) | yield stress.
carga iniciadora de la fluencia a la tracción | tensile yield stress.
carga iniciadora desfogando hacia adelante (cañones) | forward-venting primer.
carga inicial (cañones) | flash charge.
carga instantánea por explosión | blast loading.
carga íntegra | gross load.
carga integrada | integrated load.
carga intensa de corta duración | short duration intense load.
carga interior (proyectiles) | filler.
carga intermitente (motores eléctricos) | intermittent rating.
carga inversa | negative loading.
carga invertida | reversed charge.
carga latente | bound charge.
carga lateral con cable | crosshauling.
carga lenta | trickle charge.
carga lenta (de acumuladores) | float load.
carga lenta y continua (carga de entretenimiento-acumuladores) | floating charge.
carga límite | limit load | maximum load | allowable load | ultimate load.
carga límite de aplastamiento | ultimate compressive strength | ultimate crushing strength.
carga límite de cedencia | yield point.
carga límite de termofluencia | limiting creep stress.
carga límite por unidad de longitud (línea de transmisión aérea) | basic loading.
carga logística | logistical burden.
carga magnética | magnetic stress.
carga mal aplicada | mismatched load.
carga manejable | manageable load.
carga manual (hogares) | hand-firing | hand stoking.
carga máxima | maximum load.
carga máxima (central eléctrica) | peak load.
carga máxima (motores) | rated input.
carga máxima admisible | rated load | ultimate allowable stress.
carga máxima admisible (vagones) | marked capacity.
carga máxima de rotura a la tracción (leída directamente en el aparato de pruebas) | breaking-load.
carga máxima de tracción sin deformación apreciable | creep strength | creep limit.
carga máxima en el eje | maximum axle load.
carga máxima unitaria a la tracción (puede no ser la de rotura) | ultimate tensile strength.
carga máxima unitaria de tracción a la rotura | true tensile strength.
carga mecánica (hogares) | mechanical stoking.
carga media | average load.
carga media durante un tiempo especificado (electricidad) | integrated peak.
carga metalúrgica (hornos) | metallurgical load.
carga militar (aviones) | military load.
carga mínima de rotura a la tracción | minimum tensile strength.
carga mínima de rotura especificada | specified minimum tensile strength.
carga mínima tarifada por vagones completos | carload minimum weight.
carga mínima unitaria especificada de rotura a la tracción | specified minimum tensile stress.
carga minoritaria de huecos (germanio N) | minority hole charge.
carga mixta | mixed weighting.
carga monotónica | monotonic loading.
carga motriz (hidráulica) | motive head | operating head.
carga móvil | live load | moving load | rolling load.
carga multiaxial explosiva | explosive multiaxial loading.
carga multiplicadora | booster charge.
carga necesaria para separar dos componentes | push-off load.
carga negativa en el espacio interelectródico (válvula termiónica) | space charge.
carga no inductiva (electricidad) | noninductive burden.
carga no liquidada | unliquidated encumbrance.
carga no permanente | unsteady loading.
carga no permanente sobre la hélice (hidrodinámica) | propeller unsteady loading.
carga no reactiva | nonreactive load | noninductive load.
carga no reactiva (electricidad) | noninductive burden.
carga nominal | nominal load.
carga nominal en servicio continuo | continuous-duty rating.
carga nominal en servicio intermitente | intermittent-duty rating.
carga normal | rated load | operating duty | operating-duty load | normal charge.
carga normal (electricidad) | off-peak load.
carga normal de ganado | proper stocking.
carga nuclear | payload.
carga orgánica | organ burden.
carga para completar | filler load.
carga para pruebas de flexión | load for deflection.
carga para tiro al blanco (cañones) | practice charge.
carga paralela (vigas) | parallel loading.
carga parcialmente repartida | partially distributed load.
carga pasajera a régimen elevado | boost charge.
carga pequeña de algo | jag.
carga pequeña de pólvora negra para indicar la situación del impacto (prácticas de tiro) | spotting charge.
carga periódica | intermittent load | periodic rating.
carga permanente | permanent load.
carga permanente (estructuras) | dead load.
carga permanente mas sobrecarga más viento (estructuras) | dead load plus live load plus wind.
carga pigmentaria (pinturas) | pigment-extender.
carga polucional | pollutional load.
carga por alumbrado (electricidad) | lighting load.
carga por barcazas (buques) | overside loading.
carga por bobinas | coil loading.
carga por bufada de viento (estructuras) | gust load.
carga por caballo | power loading.
carga por calefacción (potencia consumida sea por vapor o eléctrica) | heating load.
carga por carril de tránsito (puentes) | lane loading.
carga por cocinar eléctricamente (redes eléctricas) | cooking load.
carga por correa transportadora | belt charging.
carga por choque al aterrizar | landing-impact load.
carga por densidad linear unitaria (textiles) | tensile stress.
carga por depreciación | depreciation charge | write-off.
carga por eje | load per axle.
carga por fatiga inversa | reverse fatigue loading.
carga por impacto explosivo | explosive shock loading.
carga por la boca | muzzle loading.
carga por la culata (armas) | breech-loading.
carga por lotes | package freight.
carga por muelles | spring loading.
carga por onda soplada por escalones (tubos de onda de choque) | step-blast load.
carga por rebufo atómico (edificios) | atomic blast load.
carga por resorte | spring load.
carga por sales metálicas (tejeduría) | metallic salts weighting.
carga por unidad de longitud | load per unit of length.
carga por unidad de potencia | power loading.
carga por unidad de superficie | unit loading.
carga por unidad de volumen | charge per unit volume.
carga por uso | use charge.
carga positiva (electricidad) | resinous charge.

carga positiva libre (semiconductor tipo P) | hole.
carga práctica de seguridad | safe working stress.
carga prerreducida (alto horno) | prereduced burden.
carga prevista | rated load | design load | assumed loading.
carga propia | dead load.
carga propia (vigas) | self-imposed load.
carga propulsora | propellant charge.
carga propulsora (cañones) | propelling charge.
carga pulsátil | pulsating load.
carga puntual | point charge.
carga que a una temperatura dada producirá una deformación de 1 ó 2% en diez años | creep limit.
carga que circula por una trayectoria cerrada | circulating charge.
carga que da un alargamiento remanente de X% | X percent proof stress.
carga que no corresponde a la hoja de ruta | over-and-short items.
carga que paga por volumen (y no por peso) | measurement cargo.
carga que varía cíclicamente | cyclically varying load.
carga radial simétrica | symetrical radial loading.
carga reactiva | wattless load.
carga real | applied load.
carga reducida | off-peak load.
carga reglamentaria (artillería) | fully-factored load.
carga reglamentaria (cañones) | service charge.
carga remanente (electricidad) | electric residue.
carga rentable (aviones, etc.) | payload.
carga repartida | distributed load.
carga residual | residual charge.
carga residual (electricidad) | electric residue | electrical residue.
carga resistiva | resistive load.
carga resistiva (electricidad) | dummy load.
carga rompedora de la envuelta que sirve para dispersar el contenido (bomba química) | buster.
carga seca coaxial | coaxial dry load.
carga según la envergadura (aeroplanos) | span loading.
carga seleccionada (trenes) | rostered load.
carga simulada | dummy load.
carga sobre el aparato de choque (vagones) | buffing gear load.
carga sobre el argollón de contera | lunette load.
carga sobre el imperial (autobuses, vagones) | deck load.
carga sobre el piso | floor load.
carga sobre el tablero (puentes) | deck load | roadway load.
carga sobre el tejado | roof load.
carga sobre la acera (puentes) | footway load.
carga sobre la estructura de la esquina | corner structure load.
carga sobre la rueda | wheel loading.
carga sobre la superficie de la pista | runway surface loading.
carga sobre la tapa | roof load.
carga sobre la viga | beam load.
carga sobrepuesta | superimposed load.
carga soportada por el arco | load borne by the arch.
carga sostenida | steady stress.
carga subsónica según la envergadura (aviones) | subsonic span load.
carga supuesta | assumed load.
carga suspendida | suspended load.
carga suspendida de una eslinga | slung load.
carga temporal | transient load | temporary load.
carga térmica | work | thermal head.
carga térmica transitoria | transient thermal strain.
carga territorial | land charge.
carga torsional | torsional load.
carga total (de un transformador) | burden.
carga total (electricidad) | burden.
carga total de rotura a la tracción en la fractura | true tensile stress.
carga total en el mar (dínamos, calderas) | full seagoing load.
carga transmitida desde el mamparo al forro exterior | force from bulkhead transmitted to side shell.
carga triaxial | triaxial loading.
carga triboeléctrica | triboelectric charging.
carga tributaria | tax burden.
carga trifásica en estrella | Y-connected three-phase load.
carga trifásica en triángulo | three-phase delta load.
carga uniformemente repartida | evenly distributed load.
carga unitaria | unit loading.
carga unitaria a la tracción | tensile stress.
carga unitaria de incendio (peso de los materiales combustibles multiplicado por su poder calorífico y dividido por la superficie del piso) | fire load.
carga unitaria de rotura | ultimate stress.
carga unitaria de rotura a la compresión a los 28 días (hormigón) | ultimate 28-day compressive unit stress.
carga unitaria de rotura a la flexión | modulus of rupture.
carga unitaria de rotura a la tracción | tensile strength.
carga unitaria de rotura a la tracción referida a la sección primitiva | ultimate strength.
carga unitaria de rotura a la tracción referida a la sección reducida en el punto de fractura (probetas) | real breaking stress.
carga unitaria determinada trazando en el diagrama cargas-alargamientos una recta paralela a la parte recta del diagrama y a una distancia del origen de 0 (la carga así obtenida se llama proof stress 0,01 per cent offset**)** | proof stress.
carga unitaria que produce un alargamiento remanente prefijado (generalmente 0,2% de la distancia entre puntos de la probeta) | yield stress.
carga unitaria sobre el disco (hélices) | disk loading.
carga útil | commercial load | useful load | live weight | carrying capacity.
carga útil (aviones) | disposable load.
carga útil (aviones, etc.) | payload.
carga útil científica (espacial) | scientific payload.
carga útil más peso de agua (buques) | dead weight.
carga útil orbital | orbital payload.
carga variable | variable head | varying load.
carga vibratoria por flexiones opuestas | reversed bending vibratory loading.
carga y descarga (jaula de minas) | decking.
carga y descarga de buques (puertos marítimos) | wharfinging.
carga y ejecución consecutiva (informática) | load-and-go.
carga y ejecución de inmediato | load and go.
carga y lanzamiento | load and go.
cargabarriles | barrel loader.
cargabilidad de la salida | fan out.
cargable | chargeable.
cargacanillas (obrero) | battery hand.
carga-cebo | priming charge.
cargadera (buques) | downhaul.
cargadera (buques de vela) | inhauler | inhaul.
cargadera (velas) | brail | foot brail.
cargadero | throat.
cargadero (forestal) | brow.
cargadero de alto horno | blast-furnace top | blast-furnace throat.
cargadero de carga inmediata (corta forestal) | hot skidway.
cargadero de mineral | tip.
cargadero de mineral para buques | shiploader.
cargado | heavy | laden | loaded.
cargado (proyectiles) | live.
cargado (telas, papel, jabón) | loaded.
cargado (textiles) | weighted.
cargado a cuenta | charged to account.
cargado a granel | laden in bulk.
cargado a mano | hand-loaded | hand-charged.
cargado a mano (calderas) | hand-fired.
cargado a máquina | machine-charged | mechanically charged.
cargado con aire comprimido | air loaded.
cargado con calados iguales a popa y proa (buques) | laden on even keel.
cargado con carga general | loaded with general cargo.
cargado con carretilla de horquilla elevadora | fork-trucked.
cargado con fundente | flux-loaded.
cargado con más altura que el gálibo (vagones ferrocarril) | high-loaded.
cargado con metal | metal loaded.
cargado con parafina (papel) | wax-sized.
cargado con tractor empujador | pusher-loaded.
cargado con una resistencia elevada | leak-loaded.
cargado continuamente | continuously loaded.
cargado de ácido | acid laden.
cargado de arena | sand loaded.
cargado de limo | silt laden.
cargado de niebla | fogged.
cargado de proa | laden by the head.
cargado dinámicamente | dynamically loaded.
cargado en cuenta | debited.
cargado en dos puntos (vigas) | two-point-loaded.
cargado en factura número | charged on invoice number.
cargado en frío | cold-charged.
cargado en montón | stack loaded.
cargado en vagones | car-loaded.
cargado hasta la rotura | loaded to the point of destruction.
cargado lateralmente | edge-loaded.
cargado para (buques) | bound.
cargado por capas de distinta composición | sandwich-loaded.
cargado por completo | fully loaded.
cargado por completo y en sus colados (buques) | full and down.
cargado sin diferencia de calados (buques) | laden on even keel.
cargado supercríticamente | supercritically loaded.
cargado transversalmente | transversely loaded.
cargador | feeder | shipper | filler | freighter | leader | consignor | forwarding agent shipper.
cargador (ametralladora y fusil) | magazine.
cargador (cañón) | loader.
cargador (comercio marítimo) | consigner.
cargador (de fusil) | charger.
cargador (de muelle) | lumper.
cargador (fusil) | cartridge clip | loading-clip.
cargador (minas) | putter | bandsman.
cargador (peine - cargador de fusil) | cartridge rack.
cargador (persona) | loader | heaver | charger.
cargador (programa) | loader.
cargador (telares) | magazine.
cargador autoalimentador | force-feed loader.
cargador automático | automatic feeder | automatic charger.
cargador automático de canillas | automatic cop changer.
cargador automático de sacos | autobagger.
cargador binario | binary loader.
cargador de alto horno | blast-furnace filler.
cargador de batería eólica | wind-driven battery

charger.
cargador de caballete (Iberoamérica - transporte de troncos) | straddle carrier.
cargador de caballete (Iberoamérica-transporte de rollizos) | straddle truck.
cargador de calderos (minero) | kibble filler.
cargador de canaleta telescópica (cañón) | telescopic chute loader.
cargador de canilla (canillera-telares) | filling battery.
cargador de canillas (telar automático) | battery.
cargador de carbón | coal heaver.
cargador de carbón (minas) | coaler | coal-filler.
cargador de cartuchos | clip.
cargador de cinta (ametralladoras) | loading belt.
cargador de cinta magnética | tape cartridge.
cargador de cinta metálica (ametralladora) | link belt.
cargador de cinta móvil | carpet loader.
cargador de cinta sin fin | endless belt magazine.
cargador de cuatro disparos | four-round clip.
cargador de discos | disk pack.
cargador de emparrillado móvil articulado | chain travelling-grate stoker.
cargador de imanes | magnet charger.
cargador de lingotes verticales | vertical ingot charger.
cargador de muelle | docker | heaver | teemer | porter.
cargador de muelle (EE.UU.) | longshoreman.
cargador de parrilla articulada | link-grate stoker.
cargador de película | film loader.
cargador de programa reubicable | relocatable program loader.
cargador de programas | program loader.
cargador de refuerzo | booster set.
cargador de vagonetas (minas) | trimmer.
cargador de varios voltajes | multi-voltage charger.
cargador del cañón | gun loader.
cargador del muelle | dockyard chargeman | docksman.
cargador elevador | elevating charger.
cargador impulsor | pusher charger.
cargador lateral | sideloader.
cargador lento | trickle charger.
cargador mecánico de parrilla | stoker.
cargador neumático para insertar cartuchos en barrenos (minas) | robot loader.
cargador portátil de cangilones | bucket loader.
cargador transportable | portable loader.
cargadora | picker.
cargadora (de material suelto, grava, escombros, etc.) | mucker.
cargadora automática | automatic feeder | auto-feed.
cargadora de banda transportadora | carpet loader.
cargadora de hileras | windrow loader.
cargadora de hornos | furnace charger.
cargadora de hornos de fabricar acero | steel-furnace charger.
cargadora de legumbres verdes | green crop loader.
cargadora de pacas | bale loader.
cargadora de pala | shovel loader.
cargadora de rastras | scraper loader.
cargadora de troncos | logger.
cargadora en bandejas | pallet loader.
cargadora en el suelo para hornos | floor-type furnace charger.
cargadora mecánica | power loader | loader.
cargadora mecánica de mineral arrancado (frente trabajo) | mucker.
cargadora mecánica de vagonetas (pozo de mina) | pit-car loader.
cargadora mecánica del mineral arrancado | mucking machine.
cargadora mezcladora | blending feeder.
cargadora neumática | grain shoveller.
cargadora para plazas de hornos Martin-Siemens | open-hearth floor charger.
cargadores que trabajan dentro del buque | shipmen.
cargamento | loading | load | cargo | freight.
cargamento (buques) | lastage | lading.
cargamento apropiado por su tamaño y forma para rellenar los pequeños espacios de la bodega (buques) | beam filling.
cargamento averiado | damaged cargo.
cargamento completo | full cargo.
cargamento conjunto de varias clases de carga de forma que una clase puede descargarse sin alterar las otras | commodity load.
cargamento de aceites blancos (parafina, gasolina de aviación y productos ligeros del petróleo) | white cargo.
cargamento de aceites negros (fuel-oil, lubricantes, etc.) | black cargo.
cargamento de cajas | boxed cargo.
cargamento de crudo | black oil cargo.
cargamento de frutas refrigeradas | chilled-fruit cargo.
cargamento de gran densidad | heavy-density cargo.
cargamento de ida | outward cargo | cargo outward.
cargamento de ida y vuelta | cargo out and home.
cargamento de objetos iguales | unitizable cargo.
cargamento de pago | pay cargo.
cargamento de petróleo bruto | black oil cargo.
cargamento de un buque | shipload.
cargamento de vuelta | cargo homeward.
cargamento embalado | packaged cargo.
cargamento embandejado | palletized cargo.
cargamento embargado con flete mayor que el normal | distress cargo.
cargamento en barriles | barrel cargo.
cargamento en cubierta | deck cargo.
cargamento en el techo | deck cargo.
cargamento en sacos | bagged cargo.
cargamento frágil | fragile cargo | labeled cargo.
cargamento incorruptible | imperishable cargo.
cargamento inflamable | inflammable cargo.
cargamento ligero de gran valor | high-value light-weight cargo.
cargamento limpio (petrolero) | white cargo.
cargamento líquido a granel (no envasado) | bulk fluid cargo.
cargamento marítimo | floating cargo.
cargamento mixto | general cargo.
cargamento no termoaislado (buques) | uninsulated cargo.
cargamento parcialmente refrigerado | part-refrigerated cargo.
cargamento peligroso | labeled cargo.
cargamento pesado (mercancías pesadas con coeficiente de estiba de 40 pies cúbicos o menos por tonelada) | dead weight cargo.
cargamento por cuenta propia | self-loading.
cargamento que hay que manejar con cuidado (explosivos, etc.) | labeled cargo.
cargamento que no ha podido embarcarse total o en parte en el buque indicado | shutout cargo.
cargamento que paga flete | freight-paying cargo.
cargamento que requiere por su naturaleza mayor jornal para los estibadores | penalty cargo.
cargamento que requiere precaución al embalarlo y manejarlo | restricted cargo.
cargamento que se va descargando en sucesivas paradas | stop-off load.
cargamento que tiene prioridad sobre otros | priority cargo.
cargamento refrigerado | reefer cargo | chilled cargo.
cargamento sin declarar | found shipment.
cargamento sobre cubierta | deckload.
cargamento suelto | loose cargo.
cargamento transportado en contenedores (buques) | containerized cargo.
cargamento variado | miscellaneous cargo.
cargamentoenvío | shipment.
cargamentos de bultos muy pesados (buques) | heavy-lift cargoes.
cargamentos de cereales a granel | bulk grain cargoes.
cargamentos flotantes | futures.
cargamentos frágiles | fragile cargoes.
cargamentos líquidos a granel | bulk liquid cargoes.
cargamiento unificado (buques) | unitized cargo.
cargar | charge (to) | charge (to).
cargar (buques) | cargo (to) | freight (to).
cargar (cañones) | load (to).
cargar (el estómago) | clog (to).
cargar (hornos) | stoke (to) | charge (to).
cargar (la cámara tomavista o el proyector de cine) | thread (to).
cargar (programa) | load (to).
cargar (telas, papel, jabón) | load (to).
cargar (textiles) | weight (to).
cargar (un arma) | charge (to).
cargar (un buque) | lade (to).
cargar (una acémila) | pack (to).
cargar (velas) | haul up (to) | brail up (to).
cargar (velas que se cargan sin tocar las vergas) | clew up (to).
cargar (viento) | rise (to).
cargar (vientos) | pipe up (to).
cargar a granel | load in bulk (to).
cargar al enemigo | break in (to).
cargar combustible en un tiempo dado (marina de guerra) | stem (to).
cargar con | bear (to).
cargar con ácido (petróleo) | acidize (to).
cargar con bombas (aviones) | bomb-up.
cargar con exceso al facturar | overcharge in an invoice (to).
cargar con hielo (vagones frigoríficos, etc.) | ice (to).
cargar con horcate | fork (to).
cargar con perdigones | shot (to).
cargar de menos | undercharge (to).
cargar de nuevo | reload (to).
cargar de nuevo (acumulador, horno) | recharge (to).
cargar el viento (marina) | overblow (to).
cargar en cubierta (buques) | load on deck (to).
cargar en cuenta | enter (to) | debt (to) | debit (to).
cargar en cuenta (contabilidad) | expense (to).
cargar en la imperial (autobuses) | load on deck (to).
cargar en un avión | airload (to).
cargar hasta el disco (buques) | load to her marks (to).
cargar indebidamente en cuenta | mischarge (to).
cargar intereses | charge interest (to).
cargar lentamente (acumuladores) | soak (to) | float (to).
cargar los asientos correspondientes | post the appropiate charges (to).
cargar objetos en una plataforma y llevarlos con una autocarretilla al sitio de almacenaje o carga | pallet (to).
cargar por barcazas (buques) | load overside (to).
cargar por empuje | push load (to).
cargar por turno | load in turn (to).
cargar sin envasar | load in bulk (to).
cargar sobre | rest (to).
cargar troncos con tiravira | crosshaul (to).
cargar un vagón | fill a truck (to).
cargar una entrada | prime (to).
cargar y transladar (informática) | load and go.
cargáreme | voucher.
cargas acopladas por intermedio de un trans-

formador (electricidad) | transformer-coupled loads.
cargas aisladas en movimiento | isolated moving charges.
cargas concentradas equiespaciadas | evenly spaced concentrated loads.
cargas de rosario (contra submarinos) | pattern charges.
cargas de superficie (dieléctricos) | fictive layers.
cargas del capital | capital charges.
cargas en vuelo debidas al viento | wind-induced flight loads.
cargas fiscales | income taxes.
cargas hasta de 2.000 kilos (hornos metalúrgicos) | heats up to 2,000 kilograms.
cargas hidrodinámicas de los catamaranes (buques) | hydrodynamic loads of catamarans.
cargas impositivas | tax charges.
cargas múltiples | multiple warheads.
cargas proporcionales | operating cost.
cargas repetidas variables | varying repeated charges.
cargas sociales | social burden | welfare charges | fringe benefits.
cargas torsionales alternadas | alternating torsional stresses.
cargo | charge | charge | employment | debit | burden | available cargo | debit entry.
cargo (abogacía) | count.
cargo compensativo | offsetting debit.
cargo corriente | carrying charge.
cargo de archivero | recordership.
cargo de coordinador | office of coordinator.
cargo de director gerente | managing directorship.
cargo de gastos a la cuenta de capital | capitalization of expenses.
cargo de redactor | editorship.
cargo de segmento espacial | space segment charge.
cargo del contramaestre (buques) | deck stores | boatswain's stores.
cargo diferido | debit deferred.
cargo directivo | senior post.
cargo en la cuenta del activo inmovilizado | capital charge.
cargo excesivo | overcharge.
cargo mensual por saldo bajo | carry charge.
cargo mensual por saldo mínimo | carrying charge.
cargo por alquiler de vagón | car-rental charge.
cargo por cobro | collection charge.
cargo por custodia (Bancos) | service charge.
cargo por servicios | service charge.
cargo reglamentario | service charge.
cargo y contra | contra-debit.
cargos | charges.
cargos (marina) | outfit.
cargos bancarios | bank charges.
cargos diferidos amortizados | deferred expenses charged off.
cargos directos | direct charges.
cargos externos por servicios | outside service charges.
cargos permanentes | standing charges.
cargos por cobro | collection charges.
carguero | trader | freighter | freight vessel.
carguero aéreo | air freighter.
carguero bihélice de motor | twin-screw cargo motorship.
carguero costero | coasting cargo ship.
carguero de gran radio de acción | long-haul cargo ship.
carguero de motor | cargo motor-ship.
carguero de motor (buques) | motor-freighter.
carguero de ultramar (países hispanohablantes) | seagoing cargo ship.
carguero monohélice | single-screw cargo-carrier.
carguero monohélice de gran potencia de máquinas | high-powered single-screw cargo liner.
carguero para aplicaciones varias | multi-purpose carrier.
carguero propulsado por turbina de combustión | gas-turbine cargo ship.
carguero rápido | fast cargo ship.
carguero rápido (buque o avión) | high-speed freighter.
carguero rompehielos (buque) | ice-breaking cargo ship.
cariada (maderas) | rotten.
cariado | carious.
cariado (corrosión metales) | pitted.
cariarse | rot (to).
cariarse (dientes) | decay (to).
caricatura | cartoon.
caricatura publicitaria | advertising cartoon.
caricografía | caricography.
caricoide | fig-shaped.
caricología | caricology.
caricoso | fig-shaped.
caridotónico | cardiant.
caries | caries | timber rot.
caries (madera) | rottenness.
caries (maderas) | rot.
caries húmeda (madera) | wet rot.
carilla (escritos) | page.
carillón | bell-ringing.
carillón (música) | carillon.
carillón (relojes) | music box.
carillón de martillos | chime.
carillón electroneumático | electropneumatic carillon.
carillón electrónico | electronic carillon.
carillonista | carilloneur.
carimforme | keel-shaped.
carina (botánica) | carene | keel.
carinación | carination.
carinado | boat-shaped.
carinado (botánica) | keeled.
cariogamia (biología) | karyogamy.
cariología | karyology.
cariológico | karyologic.
cariotipo | karyotype.
cariseto | kersey.
carísimo | highly-priced.
carla (tela algodón estampado) | carla.
carlinga | carling | keelson | mast step | cockpit.
carlinga (aviones) | pulpit.
carlinga central (buque madera) | sister keelson.
carmenadura | teasing.
carmenadura (lana) | sorting.
carmenar (lana) | sort (to).
carmenar (telas) | nap (to).
carmesí (color) | purple.
carmín (tinte rojo | glow.
carnada | fishing bait.
carnal | german.
carnaza (de una piel) | flesh-side.
carne | flesh | card | meat.
carne (de la ballena) | lean.
carne (de un diamante) | thickness.
carne congelada | frozen meat.
carne cruda | green meat.
carne de cerdo salada | corned pork.
carné de escucha (radio) | logbook.
carné de identificación | identification card.
carné de tiro | scoring book.
carne de vaca salada | corned beef | corn beef.
carne deshidratada | dehydrated beef.
carne dura | tough meat.
carne en conserva | bully beef | potted meat | canned meat.
carne en lata | potted meat.
carne en mal estado | diseased meat.
carne en polvo | meatmeal.
carne fósil (mineralogía) | mountain flesh.
carne magra | lean meat.
carne para el ejército | army meat.
carne picada | ground meat.
carne refrigerada | refrigerated meat | cold-store meat | chilled meat.
carne revendida al menudeo | retailing meat.
carne salada con exceso | over-salty meat.
carne salada en tiras (no es tasajo) | dried beef.
carné sindical | union card.
carne vacuna en conserva | canned corned beef.
carnegalcí | macramé.
carnero | sheep.
carnero (cepilladoras) | toolbox.
carnero (laminadores, cepilladoras) | ram.
carnero de las Montañas Rocosas | mountain sheep.
carnero de limadora | shaper ram.
carnero de mortajadora | slotter ram.
carnero de mortajar | slotting ram.
carnero merino | merino.
carnero padre | ram | breeding ram | tup.
carnero portaherramienta | tool slide.
carnero portaherramienta (cepilladora) | tool ram.
carnero salvaje | wild sheep.
carnes (cuadros) | flesh-parts | flesh-tints.
carnet de la seguridad social | national insurance card.
carnívoro | flesh-digesting | carnivore.
carnización | carnization.
carnotita (química) | carnotite.
caro | uneconomical | expensive.
caro (precio) | stiff.
caroba (Jacaranda copaia - D. Don) | caroba do Matto.
caroteno | carotene.
carotenoide (bioquímica) | carotenoid.
carotenoide de astacino (crustáceos) | astacin carotenoid.
carpe (Carpinus betulus) | hornbeam.
carpeta | folder | wrapper | file.
carpeta clasificadora | filing-case | filing jacket | file-case | dossier.
carpeta de antecedentes | case history.
carpeta de argollas (para documentos) | ring binder.
carpeta de asuntos pendientes | hold file.
carpeta para archivar | file folder.
carpeta para documentos | portfolio.
carpetazo (a un asunto) | shelving.
carpintería | carpentry | carpentering.
carpintería de blanco | millwork.
carpintería de botes de madera | boat carpentry.
carpintería de hierro (edificios) | ironwork.
carpintería de taller | joiner's work | fixtures.
carpintería de un edificio | carpentry.
carpintería mecánica | millwork.
carpintería metálica | steel lumber | steelwork.
carpintería metálica (edificios) | ironwork | metal lumber | structural steelwork.
carpintero | carpenter | woodworker.
carpintero armador | framer.
carpintero de a bordo | ship carpenter.
carpintero de ribera | shpwright | ship carpenter.
carpintero de ribera especializado en construcción e instalación de palos (buques) | sparmaker.
carpintero de ribera que abre las costuras antes de calafatear (cubiertas de madera) | reemer | reamer.
carpintero de ribera que coloca el forro y cubiertas (buques madera) | planker.
carpintero de ribera que trabaja con la azuela (astilleros) | squarer.
carpintero encofrador | form carpenter.
carpintero modelista | patternmaker.
carpintero para trabajos de minas | mine carpenter.
carpintero para trabajos de puentes | bridge carpenter.
carpitrón | carpitron.
carpófago | fruit-eating.
carpóforo | fruit bearer.
carpogonio | carpogonium.
carpospora | carpospore.
carquesa | arch.
carquesa (horno de recocer - metalurgia) |

calcar.
carquesa (horno para vidrio) | glass furnace.
carra | bummer.
carra (traslado de troncos) | self-loading skidder.
carraca | ratchet-lever | lame duck | ratched brace | ratch.
carraca (buque en muy mal estado para navegar) | floating coffin.
carraca de mecánico | engineers' ratchet brace.
carraca de palanca | ratchet drill.
carraca estiradora del alambrado | fence ratchet.
carraca tensaalambre | wire straining ratchet | wire stretcher.
carragen (musgo de Islandia) | carrageen.
carragenina | carrageenin.
carrajería | metalwork.
carrera | range | career | pretravel | running | travel | purling | course | stringpiece | strongback | stringer | rail | running | run | wale.
carrera (carpintería) | ledger | head-rail | ribbon.
carrera (carro de selfactina) | stretch.
carrera (de un resorte) | compressed length.
carrera (del movimiento) | excursion.
carrera (del pistón) | play.
carrera (del pistón, etc.) | stroke.
carrera (encofrado) | waler | waling.
carrera (encofrado deslizante) | ranger.
carrera (encofrados) | form liner.
carrera (lanzadera) | race.
carrera (máquina herramienta) | traverse.
carrera (máquinas) | runout | throw | travel.
carrera (mecánica) | path | excursion.
carrera (pieza de máquina) | sweep.
carrera (sobre un muro) | wall plate.
carrera (válvulas) | lift.
carrera (viga) | joining balk.
carrera a toda velocidad | scorch.
carrera administrativa | career path.
carrera ascendente | upstroke.
carrera astática (regulador de máquinas) | astatic lift.
carrera baja (encofrado de pisos) | ledger.
carrera basada en la física | physics-based career.
carrera completa | round trip.
carrera corta | scuttle.
carrera de admisión (motores) | inlet stroke | admission stroke.
carrera de apertura (válvulas) | opening travel.
carrera de armamentos | armaments race.
carrera de aspiración (motores) | admission stroke | induction stroke.
carrera de aterrizaje con un aterrizador de ruedas o de oruga (aviones) | landing roll.
carrera de compresión | compression stroke.
carrera de compresión del aire | air compression stroke.
carrera de despegue | ground run.
carrera de entrada | inward run.
carrera de escape | exhaust stroke.
carrera de evacuación | exhaust stroke.
carrera de exhaustación | exhaust stroke.
carrera de expansión | expansion stroke.
carrera de expansión (motores) | firing stroke.
carrera de explosión (motores) | ignition stroke | explosion stroke.
carrera de extensión | extension stroke.
carrera de gancho a gancho de los cuadernales (aparejos) | hook to hook lift.
carrera de ida | forward stroke.
carrera de ida (del pistón) | outstroke.
carrera de impulsión | push-stroke.
carrera de impulsión (bombas) | discharge stroke.
carrera de impulsión (motores) | pressure stroke.
carrera de índice | pointer travel.
carrera de la excéntrica | cam lift | cam throw.
carrera de la leva | lift of cam.
carrera de la válvula | valve travel | lift of the valve | valve lift.
carrera de marea (pleamar-bajamar) | tidal range.
carrera de obstáculos | obstacle course.
carrera de presadura (prensas) | pressing stroke.
carrera de reglaje | takeup.
carrera de regularidad (automóviles) | rally.
carrera de repulsión | buffer stroke.
carrera de retorno (pistón, muelles) | recovery.
carrera de retroceso (cañones) | working recoil.
carrera de retroceso (pistones) | counterstroke.
carrera de subida (motor extracción minas) | wind 11.
carrera de trabajo | power stroke | operational stroke | operative stroke.
carrera de trabajo de la mesa | table working stroke.
carrera de trabajo del pistón (prensas) | ram working stroke.
carrera de trabajo máxima (soldadora) | machine stroke.
carrera de tracción (brochadoras) | pull stroke.
carrera de vacío (máquinas herramienta) | idle stroke.
carrera de vuelta | return stroke.
carrera de vuelta (cilindros) | back stroke.
carrera de vuelta (pistón) | instroke.
carrera de vuelta de la mesa (máquinas herramientas) | table idle stroke.
carrera del cabezal | head stroke.
carrera del carnero | ram stroke.
carrera del carro (máquinas) | carriage travel.
carrera del carro del cabezal portamuela | wheelhead slide traverse.
carrera del carro portaherramientas | saddle travel.
carrera del cigüeñal | crank throw.
carrera del distribuidor | valve travel.
carrera del gancho (grúas) | hook rise.
carrera del pistón | piston travel | piston-stroke | piston throw | length of stroke.
carrera del pistón (prensas) | ram stroke.
carrera del resorte | spring range.
carrera del seguidor | follower travel.
carrera del vaivén (husadas) | traverse.
carrera del vástago (levas) | follower travel.
carrera descendente | downstroke | downward-travel.
carrera en circuito | circuit racing.
carrera grande | large swing.
carrera igual al diámetro (motores) | square practice.
carrera inactiva (cepilladoras) | noncutting stroke.
carrera inferior (cerchas) | pole-plate.
carrera inferior (durmiente) | ground plate.
carrera longitudinal de la mesa (máquina herramienta) | longitudinal table travel.
carrera máxima | throw.
carrera motriz | working stroke.
carrera muerta (máquinas herramienta) | idle stroke.
carrera para apoyar viguetas (entramado de madera) | ribbon strip.
carrera para la supremacía tecnológica | race for technological supremacy.
carrera pedestre | foot race.
carrera profesional | professional career.
carrera rápida de rodaje sobre la pista (el avión puede ascender 30 ó 40 centimetros sobre la pista) | taxi run.
carrera sin obstáculos | flat race.
carrera sin retroceso | dead stroke.
carrera sobre pista (deportes) | track racing.
carrera total | full stroke.
carrera transversal | cross range.
carrera transversal (máquina herramienta) | transverse traverse.
carrera transversal de la mesa | cross-table travel.
carrera útil | working stroke.
carrera útil (carrera de trabajo - cepilladoras, etc.) | cutting stroke.
carrera variable | adjustable stroke.
carreras por minuto (motores, prensas, etc.) | strokes per minute.
carrerilla (medias) | drop-stitch | ladder | run.
carrero | trucker.
carreta | car | drag cart | cart.
carreta (traslado de troncos - Uruguay) | self-loading skidder.
carretada | draught.
carretaje | drayage.
carrete | roll | bobbin | coil | reel | flanged bobbin.
carrete (de hilo de coser) | pirn.
carrete (de máquina de escribir) | spool.
carrete (tejeduría) | disc spool.
carrete (torno) | cathead.
carrete (válvula seguridad de caldera) | neck.
carrete alimentador | supply reel.
carrete cargado (cámara) | pay-off spool.
carrete de alambre | wire coil.
carrete de alambre montado en una barra y transportado por dos personas (tendido telefónico) | hand reel unit.
carrete de mechera | roving bobbin.
carrete de película | film pack.
carrete de Ruhmkorff | spark coil.
carrete de trama | weft bobbin.
carrete grande (tejeduría) | jackspool.
carrete mecánico | hose tender.
carrete para bobinar | drum wheel.
carrete para estirar alambre grueso o varilla (a través de una hilera) | bull block.
carrete portacinta (máquina escribir) | ribbon spool.
carrete receptor | take-up reel.
carrete virgen | virgin coil.
carretel | winder | spool | reel | bobbin.
carretel (máquina para tejidos punto) | warp beam.
carretel (marina) | drum.
carretel (tejeduría) | jackspool.
carretel (tejido punto por urdimbre) | warp spool.
carretel de acero devolutorio | returnable steel reel.
carretel de antena | aerial reel.
carretel de cabrestante (sondeos) | catline sheave.
carretel de carpintero | carpenter's marking line.
carretel de fondeo del sumergidor | sinker mooring drum.
carretel de la corredera (buques) | log reel.
carretel de mangueras | hose reel.
carretel de trinquete (caña pescar) | click reel.
carretel del cable del achicador | bailing reel.
carretel del cable del achicador (sondeos) | sand reel.
carretel del hidrostato | hydrostat drum.
carretel del sedal (pesca) | fishing reel.
carretel desenrollador | pay-off reel.
carretel para conexión de tubos (sondeos) | spinning cathead.
carretel para manguera de extintor químico | chemical hose reel.
carretel para mecha (lana) | roping spool.
carretel para mechas | roving spool.
carretera | road | highway | route | high road.
carretera a cargo del Estado o Diputación | adopted road.
carretera bivial | two-lane highway.
carretera biviaria | two-lane highway.
carretera bombeada | barrel board.
carretera con capa de hielo | icy road.
carretera con capa de rodadura hecha con mezcla de asfalto y caucho natural en polvo | rubber road.
carretera con circulación de lejanías | long-range highway.
carretera con faja central de separación | dual roadways.
carretera con firme asfáltico mezclado con

partículas de caucho natural | rubberized highway.
carretera con gran densidad de tránsito | heavily traveled.
carretera con hielo superficial | icy road.
carretera con múltiples cambios de rasantes | hog's back.
carretera con ranuras transversales en el firme | grooved highway.
carretera con riego de alquitrán | tar-surfaced highway.
carretera controlada | supervised route.
carretera costera | coastroad.
carretera de acceso | gateway.
carretera de acceso limitado | limited-access highway | arterial highway.
carretera de acceso limitado (autopista) | freeway.
carretera de accesos controlados | controlled-access highway.
carretera de accesos limitados | express highway | controlled-access highway.
carretera de cincunvalación | ring highway.
carretera de circunvalación | circumferential highway | ring road | ring-road.
carretera de cuatro carriles | four-lane highway.
carretera de cuatro vías de tránsito | four-lane highway.
carretera de desvío | bypass route.
carretera de doble calzada | dual highway.
carretera de dos vías de tránsito | two-lane highway.
carretera de enlace | through road.
carretera de hormigón desgastada por el uso | worn concrete road.
carretera de libre tránsito | open route.
carretera de peaje | tollroad.
carretera de peaje de gran tránsito | major toll road.
carretera de tránsito libre | free-flowing highway.
carretera de vías separadas | divided-lane highway.
carretera desfondada | worndown road.
carretera directa con preferencia de paso | through road.
carretera dividida | divided highway.
carretera elevada (cruce de carreteras) | elevated road.
carretera en reparación | road up.
carretera iluminada | lit road.
carretera interamericana (América del Sur) | interamerican highway.
carretera kilometrada | measured highway.
carretera llana | even road.
carretera llena de baches | ill-surfaced road.
carretera o al mar | frontager.
carretera para grandes velocidades | expressway.
carretera periférica | ring highway.
carretera principal | trunk road.
carretera reservada (milicia) | reserved road.
carretera secundaria | feeder road | side road | branch road.
carretera secundaria de dos vías de tránsito | two-lane secondary highway.
carretera sin bombeo y con firme un poco inclinado lateralmente | hanging road.
carretera situada en el interior de un parque | parkway.
carretera sobre un dique o malecón | causeway.
carretera terraplén | dike.
carretera transitable | transitable road.
carretera transitable todo el año | all-weather road.
carretera transversal | through road | side road.
carretera vecinal | vicinal road.
carreteras a cargo de las autoridades de un distrito | district roads.
carretilla | wheelbarrow | trolley | barrowful | barrow | drag | skidder | hand truck.
carretilla (Iberoamérica) | bummer | bogie.
carretilla (taller de aserrar madera) | bogie.
carretilla almacenadora | warehouser.
carretilla con ruedas de caucho | rubber-tired trolley.
carretilla de | sack truck.
carretilla de continua | copping place.
carretilla de eje acodado hacia abajo y plataforma baja | float.
carretilla de horquilla elevadora | lifting truck | elevating truck | fork lift truck.
carretilla de horquilla elevadora accionada por el peatón | pedestrian-controlled fork-lift truck.
carretilla de horquilla elevadora de accionamiento hidráulico | hydraulic truck.
carretilla de horquilla elevadora de motor diesel | diesel-powered fork-lift truck.
carretilla de horquilla elevadora para grandes alturas | high-stacking fork-lift truck.
carretilla de horquilla elevadora para grandes cargas | high-loading elevating truck.
carretilla de horquilla lateral | side-lorry.
carretilla de mano | truck.
carretilla de mano con caja de caucho | rubber-body wheelbarrow.
carretilla de mano para almacén | warehouse truck.
carretilla de mano sin costados | jib barrow.
carretilla de manutención | handling trolley.
carretilla de pista (aeropuertos) | handling trolley.
carretilla de transporte | buggy.
carretilla de transporte de bandejas movida por acumuladores | battery-operated pallet truck.
carretilla de una rueda | wheel-barrow.
carretilla eléctrica de plataforma elevadora | stacker | electrical elevating platform truck.
carretilla electrohidráulica de horquilla elevadora | electrohydraulic fork-lift truck.
carretilla electrohidráulica de horquilla telescópica | electric-hydraulic telescopic fork truck.
carretilla elevadora de paletas | pallet lift-truck.
carretilla elevadora eléctrica | electric fork lift truck.
carretilla elevadora para apilar mercancías | tiering truck.
carretilla elevadora para bandejas | pallet lift-truck.
carretilla elevadora para pesos pequeños | low-loading elevating truck.
carretilla elevadora telescópica de gran altura de elevación | highlift telescopic truck.
carretilla motorizada | motor trolley.
carretilla motorizada para transporte y vertido de hormigón | motor-driven concrete buggy.
carretilla para colocar tablas en tongadas | tiering truck.
carretilla para el transporte de rodillos | roll-transfer bogie.
carretilla para retirar aviones averiados (cubierta de vuelos de portaaviones) | crash dolly.
carretilla para sacos | sack truck.
carretilla para transporte de carriles | rail barrows.
carretilla para transporte de equipajes | baggage truck.
carretilla portaformas (imprenta) | form truck.
carretilla portatubos (pozo petróleo) | casing wagon.
carretilla retráctil | reach truck.
carretilla transportadora de cuerno | poker truck.
carretillas de acero de dos ruedas | buggies.
carretillas elevadoras todo terreno | fork lift truck for all surfaces.
carretillero | barrow-man.
carretillista (de carretilla elevadora) | truck operator.
carreto de arco para transporte de rollizos | break down.
carreto para transporte de troncos (latinoamérica) | slip-tongue cart.
carretón | hand-cart | buggy | drag cart.
carretón (ferrocarril) | bogy | bogey.
carretón (Iberoamérica) | bummer | bogie.
carretón (locomotoras) | bogie-frame.
carretón (minas) | lurry.
carretón (traslado de troncos - Uruguay) | self-loading skidder.
carretón de horquilla elevadora | fork truck.
carretón de locomotora | locomotive truck | engine truck.
carretón de motores (locomotoras eléctricas) | motor bogie.
carretón para soportar el modelo | model cart.
carretón perforador de dos pisos (túneles) | two-platform jumbo.
carretón pivotante | swiveling bogie.
carretón portalingotes | ingot buggy | ingot chariot.
carretón portátil con varias perforadoras que taladran el frente total de ataque (túneles) | full-face drilling jumbo.
carretón portátil para llevar atrás varias perforadoras (túneles, minas) | drilling jumbo.
carretón sin traviesa superior del pivote (locomotoras) | bolsterless swing-link bogie.
carril | rail | track | lane | ride | dry road.
carril (de vía) | plate.
carril acanalado | street railway rail | streetcar rail.
carril blando que se recalca en servicio (ferrocarriles) | pewter rail.
carril Brunnel | bridge rail.
carril central | middle rail | center-rail.
carril compensador | makeup rail.
carril con corriente | live rail.
carril con desgaste ondulatorio | corrugated rail.
carril con desgaste ondulatorio de paso grande (vía férrea) | saddle.
carril con desgaste ondulatorio de paso pequeño | roaring rail.
carril con garrotes | kinked rail.
carril con la cabeza a nivel del pavimento (factorías) | flush-mounted rail.
carril conductor | conductor rail | trolley rail | live rail | contact rail.
carril contraaguja (cambios de vía) | main rail.
carril contraaguja (vía férrea) | stock rail.
carril contraaguja de la vía directa (ferrocarril) | through rail.
carril corto | short rail | compensator rail.
carril corto para curvas | makeup rail.
carril corto para poder terminar un tramo | makeup rail.
carril corto para poder terminar un tramo (vía férrea) | closing rail.
carril de aguja | sliding rail.
carril de aguja (ferrocarril) | switch rail.
carril de apoyo | bearing rail.
carril de boca (corazón del cambio) | toe rail.
carril de cambio | fly-rail.
carril de cambio (ferrocarril) | switch rail.
carril de colgar (mataderos) | hanging rail.
carril de contacto (tren eléctrico) | power rail.
carril de contraguja (vía férrea) | stock rail.
carril de curva de transición (vía férrea) | easing rail.
carril de desangrar (mataderos) | bleeding rail.
carril de doble cabeza | H rail | double-ended rail | I rail | double rail.
carril de doble seta | double rail | reversible rail | bullheaded rail | bullhead rail.
carril de doble T para tranvías | girder rail.
carril de fuera (curva vía férrea) | outer rail.
carril de garganta | slot rail | groove rail | streetcar rail.
carril de gran longitud formado por soladura entre sí de varios carriles normales | long-welded rail.
carril de guía | guide rail.
carril de guía (corazón de cambio de vía) |

guardrail.
carril de hierro | iron rail.
carril de la vía | running rail.
carril de ranura | groove rail | slot rail.
carril de toma de corriente | conductor rail.
carril de traslación (puente grúa) | running rail.
carril de unión | junction-rail.
carril de unión (cambios de vía) | closure rail.
carril de zapata | footrail | tee rail | foot rail | F. B. rail.
carril de zapata (carril Vignole) | flat-bottom rail.
carril del carro (máquina escribir) | way rod.
carril del rodillo de puerta | door roller rail.
carril electrosoldado | electrically-welded rail.
carril en U | bridge rail.
carril encarrilador | guide rail.
carril estampado en caliente | hot-stamped rail.
carril exterior (curva vía férrea) | outer rail.
carril exterior de la curva (carreteras) | outside lane of the curve.
carril fijo (cambios de vía) | main rail.
carril guía de lanzamiento | launcher rail.
carril interior (curvas) | inner rail.
carril interior de la curva (carreteras) | inside lane of the curve.
carril lanzacohetes | rocket rail.
carril ligero | light rail.
carril móvil | point-rail | pointer rail | moveable rail.
carril móvil (agujas) | tongue rail.
carril móvil (vía ferrea) | point-rail.
carril para la puerta (puerta corrediza) | door track.
carril para muelles | dock rail.
carril para pesar canales de reses (mataderos) | weighrail.
carril parcialmente usado | partly used rail.
carril simétrico | reversible rail.
carril soldado | ribbon rail.
carril soldado a presión | pressure-welded rail.
carril soldado de gran longitud (vía férrea) | ribbon-rail.
carril sorbítico | sorbitic rail.
carril unido con bridas | fishplated rail.
carril usado que se coloca de nuevo | relayer.
carril Vignole | bulb rail | tee rail.
carril Vignole (carril de seta) | flanged T-headed rail.
carril Vignole (carril de zapata) | flat rail.
carrilada | shoving | treadway | wheel track.
carrilada (carreteras) | rut.
carriladas de losas para los carros | wheelers.
carrilera | roller path.
carrilera (tractor oruga) | track.
carriles | railing.
carriles (vía férrea) | metals.
carriles auxiliares (carreteras) | auxiliary lanes.
carriles de arranque | lead rails.
carriles de madera (minas) | tracking.
carriles del minador | minelayer rails.
carriles para mina | pit rails.
carriles para pasar el transbordador de vía sin cargarlo (ferrocarril) | dead rails.
carriles tensores (motores) | slide-rails.
carril-viga | girder rail.
carrillada | chap.
carrillera | chin strap.
carrillo | drag cart | trolley | cheek | bummer.
carrillo arrastraavión (catapultas) | shuttle.
carrillo de arrastre (para hidros) | beach trolley.
carrillo de cola (hidros) | tail trolley.
carrillo de la catapulta | catapult trolley.
carrillo de mano | rickshaw | hand truck | hand-cart | pushcart.
carrillo de popa (hidroavión) | mule.
carrillo de secadero | kiln truck | kiln bunk.
carrillo especial para cargar la madera que ha de destilarse en las retortas | buggy.
carrillo orientable para el torneado de ángulos | compound rest.
carrillo para botadura (hidros) | beaching chassis.
carrillo para poner en tierra un hidroavión | beaching gear.
carrillo portacámara (estudio de cine) | cabiria.
carrillo portacámara (estudios cine) | doll buggy.
carrillo portacomida | dinner waggon.
carrillo portaimanes para recogida de efectos metálicos que están sobre la carretera | nail snail.
carrillo portatroncos | logging arch.
carrillo sobre viga doble T (polipastos eléctricos en talleres) | I-beam trolley.
carrillo tensor (cable sin fin) | balance car.
carrillo transportador de torpedos | torpedo loading bogey.
carriola | jingle.
carrista | tank-man.
carrito | drag cart | buggy.
carrito (Iberoamérica) | bogie.
carrito atacador (cargador de cañón) | shell carriage.
carrito corredizo de puerta (puerta corrediza) | door hanger.
carrito del atacador (cargador de cañón) | shell carriage.
carrizo (botánica) | ditch reed | reed grass.
carro | truck | wagon | car | cart.
carro (de puente-grúa) | crab.
carro (de torno) | shifting pedestal.
carro (ferrocarriles) | traversing table.
carro (impresión) | carriage.
carro (máquina herramienta) | carriage | slide.
carro (máquina móvil de formar cordones en cuerdas) | traveler.
carro (máquinas) | carrier.
carro (puente grúa) | traveling crab | jenny.
carro (puente-grúa) | traveler | traveller.
carro (torno) | sliding rest.
carro anfibio | amphibious tank.
carro anfibio (milicia) | alligator.
carro anticarro | tank killer.
carro armado con cañón | male tank.
carro automático | automatic carriage.
carro calichero | nitrate wagon.
carro cargador | charging carriage.
carro con arpeo de arrastre de troncos | timber trolley.
carro con cabezal revólver (tornos) | capstanhead slide | turret-head slide.
carro con movimiento transversal y longitudinal | compound slide.
carro con rastrillo guíahilos (cordelería) | rake carriage.
carro de acompañamiento | close-support tank | support tank.
carro de aparejo de viga (talleres) | hoist trolley.
carro de arrastre del flotador (hidros) | float handling gear.
carro de asalto con caparazón de tortuga | turtle-backed tank.
carro de asalto con flagelos giratorios de cadena para hacer explosionar minas enterradas | flail tank.
carro de asalto con lanzallamas | flame-throwing tank.
carro de asalto ligero | whippet.
carro de asalto ligero para reconocimientos | light reconnaissance tank.
carro de asalto sin torreta | turretless tank.
carro de cepilladora | planing tool carriage | planer tool-head saddle.
carro de combate | tank.
carro de combate acorazado | armored fighting vehicle.
carro de combate medio | medium tank.
carro de contrapeso (minas) | balance truck.
carro de contrapunto | tailstock slide.
carro de cordelero | tackle board.
carro de cuatro ruedas | four-wheeled wagon | farm cart.
carro de cuatro ruedas de plataforma | dray.
carro de cuchillas (cepilladoras) | cutter slide.
carro de dilatación | expansion saddle.
carro de dilatación (apoyo vigas de puentes) | roller bearing.
carro de eje acodado hacia arriba y fondo colgante muy bajo (transporte de tubos, rollizos) | float.
carro de equipajes (milicia) | baggage wagon.
carro de estufa (Iberoamérica) | kiln truck.
carro de estufa (Iberoamérica - maderas) | kiln bunk.
carro de estufa de machos | core carriage.
carro de herramientas | tool wagon.
carro de la basura | dung-cart.
carro de la escala | ladder carriage.
carro de la torreta (tornos) | turret slide.
carro de labranza | farm wagon.
carro de lanzamiento | launching cradle.
carro de limadora | shaper ram.
carro de maniobra (aviones) | docking trolley.
carro de marcha automática (tornos) | self acting slide rest.
carro de movimiento horizontal (máquina herramienta) | horizontally moved saddle.
carro de municiones (retrotrén - artillería) | caisson.
carro de perfilar | forming rest.
carro de perforadoras | drill carriage | gadder.
carro de perforadoras (túneles) | drill jumbo.
carro de perforadoras múltiples (túneles, minas) | jumbo.
carro de pértiga graduable | pole wagon.
carro de plataforma | flat car.
carro de plataforma de cuatro ruedas | lorry.
carro de polipasto sobre viga (talleres) | hoist trolley.
carro de puente-grúa | crane trolley | crane crab.
carro de remolque | towing carriage.
carro de rodadura (puente grúa) | monkey-carriage | runner | jinny | jinny-road | trolley | truck.
carro de rodadura (puente transbordador) | block carriage.
carro de rodadura (puente-grúa) | traveling carriage | traveling trolley.
carro de rodillos (sondeos) | dolly.
carro de selfactina | spindle carriage.
carro de servicio para perforadoras (minas) | drill tender.
carro de suspensión (transportador aéreo) | carrying block.
carro de taladrar | drill spindle carriage.
carro de torno | lathe saddle.
carro de transporte | escort wagon.
carro de traslación | end truck | transfer car.
carro de volteo lateral | side-dumper.
carro del contrapeso (plano inclinado) | counterbalance carriage.
carro del excéntrico de platinas | slurcam box.
carro del teleférico | telpherage trolley.
carro del torno | lathe slide.
carro desmontable | take apart trolley.
carro elevador | lift truck.
carro estirador (banco de estirar) | dog carriage.
carro explorador | scanning carriage.
carro falcado (carro de guerra antiguo) | scythed carriot.
carro frontal con un solo portaherramienta | single-rest front saddle.
carro inferior (torno) | bottom slide.
carro longitudinal | traversing slide.
carro longitudinal (máquinas herramientas) | longitudinal slide.
carro longitudinal (tornos) | main slide.
carro mandado por cadena (puente grúa) | chain crab.
carro mandrinador de movimiento transversal autónomo | independently traversed boring carriage.
carro medidor de cargas | batch car.
carro observatorio (artillería) | observatory

wagon.
carro para tender puentes | bridging tank.
carro portabobina | bobbin carriage.
carro portabobinas | bolster rail | bobbin rail.
carro portacámara | camera dolly.
carro portacanillas | bobbin rail.
carro portaclichés | negative holder.
carro portaenjullos | beam truck.
carro portafresa | milling carriage.
carro portaherramienta | rest | ram | compound rest | tool slide | tool standard.
carro portaherramienta (máquinas) | rest.
carro portaherramienta (máquinas herramientas) | saddle.
carro portaherramienta de cepilladora | planer head.
carro porta-herramienta transversal (tornos) | bed slide.
carro portaherramientas | toolbox | tool saddle.
carro portaherramientas (limadoras) | toolslide.
carro portahusillo | spindle slide.
carro portalingotes | ingot carriage.
carro portamuela | wheel carriage | grinding slide.
carro portamuela (rectificadora) | wheel slide.
carro portapieza | work slide.
carro portaplegadores | beam truck.
carro portasierra | saw carriage.
carro portatorreta | turret slide.
carro preselector (máquinas herramientas) | preselector saddle.
carro que hace explosionar campos de minas | mine exploder.
carro sobre neumáticos portador de seis perforadoras (perforación de túneles) | rubber-tired six drill jumbo.
carro superior | top rest.
carro superior (tornos) | cross-slide.
carro terminal portarruedas (puente-grúa) | end carriage.
carro tiendepuentes (ejército) | bridge laying tank.
carro transbordador interviario (ferrocarril) | slide rail.
carro transportador | transfer car | travelling platform | traveling platform | manipulator.
carro transportador (vías de ferrocarril) | traverser.
carro transportador de napas | lap carriage.
carro transversal (máquina herramienta) | cross-slide | cross traverse.
carro transversal (máquinas herramientas) | transverse slide.
carro transversal automático | automatic cross traverse.
carrocería | body work.
carrocería (automóvil) | body.
carrocería (camiones) | carbody.
carrocería aerodinámica | low-drag body.
carrocería cerrada | enclosed body.
carrocería con techo enterizo | canopy-top body.
carrocería construida integralmente | integrally-built body.
carrocería construida sobre plantilla | jig-built body.
carrocería de acero estampado | pressed-steel body.
carrocería de auto de plástico reforzado con fibra de vidrio | glass-fiber car body.
carrocería de automóvil | autobody.
carrocería de batea | pickup body.
carrocería de bordes altos (camiones) | stake body.
carrocería de costados abatibles | drop-side body.
carrocería de doble entrada (autobuses) | double-entrance body.
carrocería de dos asientos | two-seater body.
carrocería de encargo | custom body.
carrocería de frente lleno (autobuses) | full-fronted body.
carrocería de pequeña resistencia a la marcha | low-drag body.
carrocería de vertimiento hacia atrás | rear-ward-dumping body.
carrocería del vagón | wagon body.
carrocería fosfatada (autos) | phosphate-coated body.
carrocería para autobús | bus body.
carrocería portante (autos) | monobuilt body | integral body.
carrocería rígida | rigid body.
carrocería transformable | convertible body.
carrocero | carriage-builder | bodybuilder.
carrocero (fabricante de carrocerías) | coachbuilder.
carro.de asalto | assault tank.
carromato | truck.
carroña | carrion.
carroza | coach.
carroza automóvil fúnebre | motor hearse.
carroza de escotilla | hatch house | hatchway companion.
carroza de escotilla (buques) | companion.
carrozado | bodybuilding.
carrozado (autos) | bodied.
carrozar (autos) | body (to).
carrozas (minas) | harriers.
carruaje | coach | vehicle.
carruaje de acero | steel carriage.
carruaje de cuatro ruedas | four-wheeler.
carruaje de lujo | turnout.
carruaje para todo terreno | all-ground carriage.
carruaje sobre patines | hob-slide carriage.
carta | letter | bill.
carta abierta (comunicada a la prensa) | open letter.
carta aérea | air freight.
carta aeronáutica | aeronautical chart | aeronautical map | navigation chart.
carta aeronáutica de itinerario | aeronautical planning station.
carta aeronáutica mundial | world aeronautical chart.
carta autoradar | autoradar plot.
carta auxiliar de vuelo con indicación de estaciones de radio | radio facility chart.
carta barográfica | barographic chart.
carta batimétrica | bathymetric chart.
carta blanca | large powers.
carta blanca (amplias facultades) | carte blanche.
carta blanca (plenos poderes) | blank cheque.
carta celeste | star-map.
carta certificada | registered letter.
carta circular | form letter.
carta circular (circular) | form-letter.
carta circular de información sobre valores | market letter.
carta cobrásmica (mareas) | cotidal chart.
carta compuesta de pronóstico | composite forecast chart.
carta con dirección equivocada | blind letter.
carta con membrete de la Sociedad | business letterhead.
carta con valor declarado | letter value declared.
carta confirmatoria de otra enviada anteriormente | covering letter.
carta constitucional | charter | articles of incorporation.
carta constitutiva | corporation charter.
carta corta | note.
carta cotidal | cotidal chart.
carta credencial | letter of credence.
carta cromática | color chart.
carta de acreditación | accreditation charter.
carta de adjudicación de capital | allotment letter.
carta de advertencia | letter of reminder | dunning reminder | expostulatory letter.
carta de aeronavegación astronómica | long range air navigation chart.
carta de agradecimiento | letter of appreciation.
carta de aguas subterráneas | ground water map.
carta de ajuste | test pattern.
carta de ajuste de barras (TV) | bar pattern.
carta de ajuste en tablero de ajedrez | checkerboard pattern.
carta de alrededores del aerodromo | aerodrome environment chart.
carta de altura (meteorología) | upper air chart.
carta de apremio (de deudas) | dunning letter.
carta de aproximación | approach chart.
carta de aproximación por instrumentos (aviación) | instrument approach chart.
carta de aterrizaje | landing chart.
carta de autorización | letter of authority.
carta de aviso | letter of advice.
carta de aviso (marina) | stem note | notice of readiness.
carta de ayudas a la navegación | radio facility chart.
carta de circuito impreso | printed-circuit board.
carta de ciudadanía | letter of citizenship | naturalization papers.
carta de cobertura | covering note.
carta de cobranza | dunning letter.
carta de cobro | collection letter.
carta de compromiso | letter of commitment | letter of undertaking | donation letter.
carta de compromiso sobre un asunto | letter of intent.
carta de confirmación | letter of confirmation | confirming letter.
carta de contornos (radio) | contour chart.
carta de corrientes de mareas | current chart.
carta de crédito | bill of credit | letter of credit.
carta de crédito a la vista | sight letter of credit.
carta de crédito a plazo | time letter of credit.
carta de crédito abierta | open letter of credit.
carta de crédito abierto | clean letter of credit.
carta de crédito auxiliar | ancillary letter of credit.
carta de crédito circular | circular note | circular letter of credit.
carta de crédito comercial | commercial letter of credit.
carta de crédito complementaria | ancillary letter of credit.
carta de crédito confirmada | confirmed letter of credit.
carta de crédito confirmada irrevocable | irrevocable confirmed letter of credit.
carta de crédito confirmado irrevocable | straight letter of credit.
carta de crédito de viajero | traveler's letter of credit.
carta de crédito documentaria | documentary letter of credit.
carta de crédito garantizado | guaranteed letter of credit.
carta de crédito general | circular letter of credit | circular commercial credit.
carta de crédito irreversible | irreversible letter of credit.
carta de crédito irrevocable | irrevocable letter of credit.
carta de crédito irrevocable contra presentación de los documentos de embarque | irrevocable letter of credit upon presentation of shipping documents.
carta de crédito irrevocable en un banco de Londres liberable contra documentos de embarque | irrevocable letter of credit at a London bank to be releasable against shipping documents.
carta de crédito no confirmada | unconfirmed letter of credit.
carta de crédito pendiente | letter of credit outstanding.
carta de crédito realizable por aceptación | acceptance letter of credit.
carta de crédito renovable | revolving letter of credit.

carta de crédito revocable | revocable letter of credit.
carta de crédito simple | clean letter of credit.
carta de derrota (navegación) | pilot chart.
carta de derrotas (navegación) | pilot chart | track chart.
carta de envío | transmitted letter | letter of transmittal.
carta de envío de documentos | covering letter.
carta de exención de derechos de aduanas | bill of sufferance.
carta de firmas autorizadas (bancos) | mandate form.
carta de fletamento | charter-party.
carta de fletamiento | charter party.
carta de garantía | letter of guaranty | letter of guarantee | letter of commitment.
carta de indemnización | letter of indemnity.
carta de intención (de pedido) | letter of intent.
carta de intenciones (comercio) | letter of intent.
carta de isobaras | pressure chart | pressure change chart.
carta de las costas | coast chart.
carta de los suelos | soil map.
carta de los vientos | wind chart.
carta de mar (Argentina) | passport.
carta de moratoria | moratory permit.
carta de nacionalidad | citizen papers.
carta de naturaleza | naturalization papers.
carta de navegación (marina) | navigation chart.
carta de navegación aérea | air navigation chart.
carta de navegación ortodrómica | great circle sailing chart.
carta de navegación para ser empleada con radar | radar chart.
carta de nubes | cloud chart.
carta de objetivos (aviación) | target chart.
carta de pago | discharge | discharge in full | quietus | acquittance | apocha.
carta de pedido | order letter.
carta de pista | runway chart.
carta de poder sobre acciones | stock power.
carta de porte | trucking bill of lading | freight bill | way-bill | bill of lading (B/L) | B/L (bill of lading) | bill of lading | bill of freight | carriage ticket.
carta de porte aéreo | airway bill of lading | airway bill | air consignment note.
carta de porte al portador | order bill of lading.
carta de porte ferroviario | railroad bill of lading.
carta de porte nominativa | straight bill of lading.
carta de porte nominativa uniforme | uniform straight bill of lading.
carta de posición | plotting chart.
carta de privilegio | charter | concession.
carta de prognosis | prognostic chart.
carta de pronóstico de altitud | forecast upper level chart.
carta de radar | radar chart.
carta de reclamación | complaint letter | letter of complaint.
carta de reclamo | claim letter.
carta de recomendación | letter of commendation | commendatory letter.
carta de rectificación | letter of amendment.
carta de reiteración | follow-up letter.
carta de requerimiento de cobro | dunning letter.
carta de ruta | route chart.
carta de ruta aeronáutica | aeronautical route chart.
carta de ruta para larga distancia | long-range route chart.
carta de seguridad | safeguard.
carta de solicitud de informes | letter of inquiry.
carta de superficie isobárica (meteorología) | contour chart.
carta de valores declarados | registered letter.
carta de vecindad | certificate of residence.
carta de venta | bill of sale.
carta del blanco en perspectiva desde cierta altitud (aviación) | oblique approach chart.
carta demisoria | demissory letter.
carta devuelta (que no ha podido ser distribuida) | dead letter.
carta diurna (telégrafo) | day letter.
carta en forma de banda (aviación) | strip map.
carta en sobre abierto | open letter.
carta facsímile (meteorología)
carta franqueada | franked letter.
carta general | form letter.
carta geográfica | geographical map | map.
carta geográfica aérea | aerocartograph.
carta hidrográfica | hydrographical map | hydrograph | nautical chart | chart.
carta indicadora | indicator card.
carta indicando la distancia en metros entre superficies de presión constante (meteorología) | thickness chart.
carta ionosférica TU | UT chart.
carta isobárica | isobaric chart.
carta isobárica de pronóstico | forecast contour chart.
carta isobróntica | isobrontic chart.
carta isodósica | isodose chart.
carta isogónica | isogonic chart.
carta isoiónica | isoionic map.
carta llevada por un buque no clasificado para llevar correo | ship letter.
carta marina | chart.
carta marina con profundidades referidas a un plano de referencia | datumed chart.
carta marina pequeña | chartlet.
carta marítima | sea brief.
carta metalogénica | metallogenic map.
carta meteorológica | meteorological chart.
carta misiva | letter missive.
carta monitoria | letter of reminder.
carta municipal | municipal charter.
carta naútica | navigation chart.
carta náutica (navegación) | pilot chart.
carta neotectónica (geología) | neotectonic chart.
carta no oficial | informal letter.
carta nomónica | great circle chart.
carta nomónica polar | polar gnomonic chart.
carta o paquete cerrado (correos) | first-class matter.
carta oficial | formal letter.
carta ortodrómica | great circle chart.
carta ortomórfica | conformal chart.
carta para aterrizaje y arribada instrumental | instrument approach and landing chart.
carta para averiguar la causa de la no entrega de algo | tracer.
carta para el interior de la población | drop-letter.
carta para navegación con loran | loran chart.
carta para navegación radárica | radar navigation chart.
carta para planear vuelos | planning chart.
carta para vuelos con instrumentos | instrument flight chart.
carta para vuelos nocturnos | night-flying chart.
carta pedológica | soil map.
carta perdida | miscarried letter.
carta piezométrica | pressure plot.
carta pignorativa (exportación) | letter of hipothecation.
carta plana (náutica) | plane-chart.
carta planimétrica | planimetric map.
carta poder | power of attorney | letter-proxy | proxy.
carta policónica | polyconic chart.
carta por poder | letter of attorney.
carta recordatoria | follow-up.
carta rehusada por el destinatario | letter refused by addressee.
carta remesa | transmittal letter.
carta requisitorial | letter requisitorial.
carta seudoisocromática | pseudoisochromatic chart.
carta sicrométrica por debajo de cero grados K | subfreezing psychrometric chart.
carta sinóptica | synoptic chart.
carta sobre convenio | letter of agreement.
carta verde (seguro) | green card.
cartabón | bracket | triangle | square.
cartabón abierto (construcción naval) | open bevel.
cartabón abierto (cuaderna en ángulo obtuso) | standing bevel.
cartabón con hipotenusa curva (nudos estructurales) | hollowed bracket.
cartabón con transportador (dibujo) | protractor triangle.
cartabón contra el pandeo del alma (vigas con alma de gran altura) | tripping bracket.
cartabón de ángulo agudo | in-square knee.
cartabón de bao | bracket knee | beam knee.
cartabón de contrafuerte (vigas con alma de gran altura) | tripping bracket.
cartabón de chapa enfaldillada | flanged plate bracket.
cartabón de dibujo | set square.
cartabón de extremo del refuerzo vertical | vertical stiffener end bracket.
cartabón de inglete | miter square.
cartabón de la chapa marginal del doble fondo (buques) | wing bracket.
cartabón de la tapa del doble fondo | tank side knee.
cartabón de mamparo | bulkhead bracket.
cartabón de pie | toe bracket.
cartabón de pie de cuaderna | frame-foot bracket | bilge bracket.
cartabón de pie de cuaderna (buques) | tank side bracket | wing bracket.
cartabón de plástico (dibujo) | plastic triangle.
cartabón de rigidez del alma (vigas con alma de gran altura) | tripping bracket.
cartabón de rotulación (dibujo) | lettering angle.
cartabón de trancanil | stringer bracket.
cartabón de unión | tie bracket.
cartabón de unión (chapa de nudo - estructuras) | gusset plate.
cartabón en voladizo de gran altura | deep cantilever bracket.
cartabón enfaldillado | flanged bracket | flanged knee.
cartabón obtuso (cuaderna en ángulo obtuso) | standing bevel.
cartabón pasante (mamparos de buques) | through bracket.
cartabón pasante (que atraviesa una estructura) | trough bracket.
cartabones para varadas en dique (buques) | docking brackets.
carta-pedido | letter-order.
cartas avocatorias | letters avocatory.
cartas colocadas con el sobre puesto por el lado de la dirección (máquina de sellar cartas-correos) | faced letters.
cartas credenciales | credentials.
cartas deprecatorias | letters of protest.
cartas patentes | patent | patent-rolls.
cartas reproducidas | processed letters.
cartel | combine | cartel | cartel | bill.
cartel (de empresas) | ring.
cartel de precios | price cartel.
cartel de prueba (TV) | test pattern.
cartel de venta | marketing cartel.
cartel en colores | color poster.
cártel explotador de patentes | patent pooling.
cartel indicando una zona grisuosa (minas) | fire board.
cartel mural | wall poster | poster.
cartel para explotación de patentes | patent pool.
cartel publicitario | singnboard.
cartela | tag | bracket | side plate | haunch | haunch | corbel.
cartela (bibliotecología) | shelf label.

cartela (cartabón de unión - nudos estructurales) | gusset.
cartela angular | angle clip.
cartela de bao | beam bracket.
cartela de bao enfaldillado | flanged beam knee.
cartela de bita | bitt bracket.
cartela de la ménsula (buques) | cantilever bracket.
cartela de pie | toe bracket.
cartela de pie de cuaderna | tank side bracket.
cartela de unión de la cuaderna a la tapa del doble fondo (buques) | tank side bracket.
cartela enfaldillada | flanged gusset.
cartela pasante (mamparos de buques) | through bracket.
cartelas de remolque por empuje colocadas en la proa (remolcador de río) | towing knees.
cartelas de sensor solar (satélites) | solar sensor brackets.
cartelera | billboard.
cartelero | poster.
carteles para prevención de accidentes (talleres) | accident prevention posters.
cartelización | cartelization.
carteo del papel | rattle of paper | rattle.
cárter | shell | guard | housing.
cárter (autos) | pan.
cárter (bicicletas) | gearcase.
cárter (engranajes) | box.
cárter (motores) | crankcase.
cárter central del puente trasero | central rear axle housing.
cárter con nervaduras interiores | internally ribbed crankcase.
cárter con nervios | ribbed housing.
cárter de engranaje | wheelcase.
cárter de engranajes | wheel-guard.
cárter de la cadena | chain case.
cárter de la dirección (autos) | steering box.
cárter de la distribución (motores) | timing case.
cárter de la junta de transmisión | drive joint housing.
cárter de petróleo | oil-ring.
cárter del aceite (automóvil) | oil-pan.
cárter del cambio hecho de aluminio en una pieza | one-piece aluminum gear box casing.
cárter del conjunto del eje del tornillo sin fin de la transmisión a las ruedas | final-drive wormshaft assembly casing.
cárter del diferencial | differential casing.
cárter del diferencial (automóviles) | banjo.
cárter del diferencial (autos) | differential gear box.
cárter del eje trasero tipo de olla invertida | inverted-pot type back axle casing.
cárter del embrague | clutch housing.
cárter del engranaje | gear housing.
cárter del engranaje del reductor-inversor | reverse-reductor gearbox.
cárter del husillo | spindle case.
cárter del lubricante (motores) | oil sump.
cárter del motor | engine casing.
cárter del puente trasero (autos) | differential housing.
cárter del volante | flywheel housing.
cárter inferior | pan.
cárter soldado para engranaje | fabricated gearcase.
cartera | portfolio.
cartera (trajes) | flap.
cartera abarrotada de pedidos | full order book.
cartera aceptada | portfolio assumed.
cartera cedida (seguros) | portfolio ceded.
cartera de acciones (economía) | share portfolio.
cartera de curaciones | first-aid outfit.
cartera de herramientas | pricker-pad.
cartera de inversiones | investment portfolio.
cartera de letras (economía) | bill holdings.
cartera de letras de cambio | bill portfolio.
cartera de pedidos | backlog of business (EE.UU.).
cartera de pedidos (economía) | order position | order book.
cartera de pedidos (EE.UU.) | backlog of business.
cartera de títulos | securities.
cartera de valores | portfolio of shares.
cartera de valores (economía) | portfolio.
cartera de valores industriales | portfolio of industrial shares.
cartera o bolsa con utensilios particulares | equipage.
cartera para pruebas del agua de alimentación (calderas) | feedwater test kit.
cartería | post office | separated post-office.
cartería rural | rural separated post-office.
cartero (EE.UU.) | mailman.
cartilla de ahorros | pass book.
cartilla de racionamiento | food card.
cartilla de trazado (construcción naval) | offsets.
cartivana | guard.
cartivanas | guards.
cartobibliografía | cartobibliography | map bibliography.
cartografía | planography | chartography | cartography | mappery | mapping.
cartografía aeronáutica | aeronautical cartography.
cartografía batimétrica | bathymetric survey.
cartografía conforme | conformal mapping.
cartografía de biofacies | biofacies mapping.
cartografía de la actividad sísmica | seismic activity mapping.
cartografía de precisión | precision mapping.
cartografía detallada | detail mapping.
cartografía estereoscópica | stereomapping | stereoscopic mapping.
cartografía fisiográfica | physiographical mapping.
cartografía fotogramétrica | photogrammetric mapping.
cartografía geobotánica | geobotanic mapping.
cartografía geológica | geological cartography | geological mapping | geologic mapping.
cartografía geomagnética | geomagnetic cartography.
cartografía geomorfológica | geomorphologic mapping.
cartografía geotécnica | geotechnical mapping.
cartografía hemisférica | hemisphere mapping.
cartografía lunar | lunar cartography | lunar mapping | moon mapping.
cartografía magnética | magnetic cartography | magnetic charting.
cartografía magnetométrica | magnetometric mapping.
cartografía marina | nautical charting.
cartografía náutica | nautical charting.
cartografía pedológica | pedological mapping | soil mapping.
cartografía por rayos infrarrojos | infrared mapping.
cartografía submarina | underwater mapping.
cartografía topográfica | topographic mapping.
cartografiado aeromagnéticamente | aeromagnetically mapped.
cartografiar | cartography (to) | map (to).
cartográfico | cartographic.
cartógrafo | cartographer | mapper | mapper | chartographer | map maker.
cartograma | cartogram | map diagram | statistical map.
cartograma de curvas de nivel | level map.
cartograma de puntos | dot map.
cartología | cartology.
cartólogo | cartologist.
cartomántico | cartomancer.
cartómetro | chartometer.
cartón | board | card | cardboard | pasteboard.
cartón (de papel) | paperboard.
cartón (dibujo o pintura) | cartoon.
cartón (tejeduría) | point paper.
cartón (telar) | card.
cartón achaflanado para tapas (encuadernación) | beveled board.
cartón aislante fibroso fabricado de pasta de paja de lino | flax board.
cartón alquitranado | roofing felt.
cartón asfaltado | asphalted cardboard.
cartón asfaltado para techos | asphaltic roofing felt.
cartón como sustituto del cuero | leather board.
cartón comprimido | soft board | press boards.
cartón con alma de distinto material que las caras | filled board.
cartón con las caras de pasta de madera y el alma de pasta de papeles viejos | filled pulpboard.
cartón con más de 85% de pasta química de madera | full chemical pulpboard.
cartón con papel pegado en sus caras | lined board.
cartón corrugado | corrugated board.
cartón cortado a troquel y prensado en forma de plancha | pie-plate board.
cartón cortado a troquel y prensado en forma de planchas | picnic-plate board.
cartón de amianto | asbestos board | asbestos millboard.
cartón de cambio (telar) | charge card.
cartón de dibujo (telares) | pattern card.
cartón de encuadernar | millboard.
cartón de enlomar (encuadernación) | backing board.
cartón de fibra para construcción | building board.
cartón de fibra vulcanizada | fibre | fiber hebra.
cartón de fondo (jacquard) | ground weave card.
cartón de fundir | casting board.
cartón de gran brillo | multicoated high gloss board.
cartón de maquinita | dobby card.
cartón de motivo (telares) | pattern card.
cartón de papelote | paper stockboard.
cartón de pasta de madera | pulpboard.
cartón de pasta de madera o de papeles viejos | fiberboard.
cartón de pasta de paja | strawboard.
cartón de respaldo | casting box back.
cartón de rodillos (tejeduría) | roller card.
cartón de una hoja | single-ply cardboard | single-ply board | singe-ply board.
cartón de varias hojas | multiply board.
cartón de yeso | gypsum wallboard | wall board.
cartón de yute | jute board.
cartón decorado | decorated board.
cartón del que se cortan círculos | pulp circles.
cartón duro (EE.UU.) | fiberboard.
cartón duro (G.B.) | fibreboard.
cartón empleado como sustitutivo de cuero | leatherboard.
cartón en bruto | raw cardboard.
cartón en hojas | sheet board.
cartón encolado para pintar | academy-board.
cartón estampado en relieve | embossed board.
cartón estucado | coated paperboard.
cartón fabricado con pasta de papel usado | chipboard.
cartón fabricado en una máquina de cilindros | cylinder board.
cartón fabricado solamente con pasta de madera | solid pulpboard.
cartón fieltro | felt papers.
cartón formado de varios unidos por un adhesivo | combined board.
cartón gris | chipboard.
cartón gris ordinario | chip board.
cartón grueso | millboard | stout board.
cartón homogéneo de pasta de papel usado | solid chipboard.
cartón impregnado con resina sintética | plastic board.
cartón impregnado de aceite | oil-soaked pressboard.

cartón jaspeado | marble board.
cartón kraft | sulfate board | kraft board.
cartón ondulado | corrugated cardboard | corrugated brown | corrugated board.
cartón ondulado en rollos y en pliegos | corrugated cardboard in rolls and sheets.
cartón ondulado en una cara | single-faced corrugated board.
cartón ondulado para empacar envíos por correo | mailing board.
cartón ondulado para envases | pads.
cartón ondulado para protección de objetos envasados | pads.
cartón ondulado parafinado | waxed corrugated board.
cartón ordinario | chipboard | millboard.
cartón para acuarelas | pasteless board.
cartón para automóviles | backing.
cartón para botes de conservas | can board.
cartón para caja en reposo (telar) | blank card.
cartón para cajas | boxboard.
cartón para cajas plegables | folding box cardboard.
cartón para cartelería | poster board.
cartón para empaquetar | inlay cardboard.
cartón para envolver piezas de tela | cloth-winding board.
cartón para estampar | punch pasteboard.
cartón para fabricar botellines para leche | milk-bottle stock.
cartón para fuentes | dishboard.
cartón para hacer bobinas | ribbon blocks.
cartón para juntas | packing sheet | jointing.
cartón para matrices de estereotipia | matrix cardboard.
cartón para montaje de anuncios | advertisement board.
cartón para pastas (libros) | binder's board.
cartón para pegar anuncios | advertisement board.
cartón para pirotecnia | candle paper.
cartón para plantillas | pattern board.
cartón para recortar figuras de escaparates | formboard.
cartón para respaldos (espejos, cuadros, etc.) | backing board.
cartón para revestidos | linerboard.
cartón para telares
cartón para tubos de envíos por correo | tube paper.
cartón para zapatería | model board.
cartón parafinado | paraffin board.
cartón piedra | papier-mâché | hard cardboard.
cartón piedra (mezcla de yeso y fibra) | staff.
cartón prensado | press boards | pressboard | fuller board.
cartón que dobla bien | good bender board.
cartón que no se moja con líquidos | liquid-tight carton.
cartón que se pone entre la matriz y la tapa de la caja-molde (estereotipia) | casting board.
cartón que se rompe al doblarse | nonbender board.
cartón revestido | lined board.
cartón revestido de tela | cloth-lined board.
cartón sulfurado | sulfurized board.
cartonaje | wrappers.
cartonaje (egiptología) | cartonnage.
cartonajes | cardboard articles.
cartoncillo | card.
cartoncillo (papelería) | cardboard | board.
cartoncillo de yute | jute bristol.
cartoncillos | blanks.
cartoné (encuadernación) | board cover.
cartones (para prensado de telas) | press papers.
cartones achaflanados (encuadernación) | beveled boards.
cartones de satinar | pressing boards | gloss boards.
cartones enlazados (tejeduría) | laced cards.
cartones ondulados | corrugated caps.
cartón-yeso (lámina de yeso entre dos de cartón) | plaster-board.
cartuchera | cartridge box | ammunition-pouch | magazine pocket.
cartucho (armas) | cartridge.
cartucho (armas de pequeño calibre) | charge.
cartucho (arquitectura, egiptología) | cartouche.
cartucho (de dinamita) | cartridge.
cartucho (explosivos) | case.
cartucho (proyectil con su vaina) | fixed-ammunition.
cartucho cargado | live cartridge.
cartucho cebador (voladuras) | auget.
cartucho cerámico | ceramic cartridge.
cartucho con aletas helicoidales (reactor nuclear) | helical finned can.
cartucho con aletas para combustible nuclear (reactor nuclear) | finned can.
cartucho con bala | round | ball cartridge | live cartridge.
cartucho con reborde | rim cartridge.
cartucho de arranque (para motores en temperaturas muy bajas) | heat cartridge.
cartucho de cal viva | lime cartridge.
cartucho de calibración | gage cartridge.
cartucho de capacitancia variable | variable capacitance cartridge.
cartucho de carbón activado | activated carbon canister.
cartucho de carga iniciadora | primer case.
cartucho de casquillo corto | short-case cartridge.
cartucho de caza | shell.
cartucho de cinta de impresión | ribbon cartridge.
cartucho de combustible | slug.
cartucho de combustible nuclear colapsible de pared delgada | thin-walled collapsible nuclear fuel can.
cartucho de combustible nuclear fisurado | burst fuel cartridge.
cartucho de datos | data cartridge.
cartucho de dinamita | stick.
cartucho de dinamita cubierto con un pegote de barro (minería) | adobe shot.
cartucho de engrase | lubrication cartridge.
cartucho de escopeta con taco de papel | loaded paper shot shell.
cartucho de extracción | extraction thimble.
cartucho de filtro | filter cartridge.
cartucho de fogueo | blank cartridge | dummy cartridge.
cartucho de fonocaptor | pickup cartridge.
cartucho de fuego anular (escopeta de caza) | rimfire cartridge.
cartucho de fuego central | central fire cartridge.
cartucho de fusible | fuse cartridge.
cartucho de ignición | ignition cartridge.
cartucho de instrucción | drill cartridge | dummy cartridge.
cartucho de la carga | charge case.
cartucho de la carga de la mina | mine charge case.
cartucho de material inerte para atracar un barreno | bag.
cartucho de mina | blasting cartridge.
cartucho de pólvora lenta para arranque de motores | powder cartridge.
cartucho de proyección | impulse cartridge.
cartucho de pruebas con exceso de carga (pruebas armas de fuego) | high-pressure test cartridge.
cartucho de señales | sgnal cartridge.
cartucho de uranio (reactor nuclear) | uranium canning.
cartucho de uranio metálico (reactor nuclear) | slug.
cartucho de uranio natural | unenriched-uranium slug.
cartucho de uranio natural (para cargar el reactor nuclear) | natural-uranium slug.
cartucho de uranio natural para reactor | natural uranium slug.
cartucho de vaina agolletada sin reborde | rimless bottlenecked cartridge.
cartucho de vaina recta sin reborde | rimless straight-case cartridge.
cartucho disparado | fired cartridge.
cartucho especial sin bala para disparar una granada de fusil | rifle-grenade cartridge.
cartucho estereofónico | stereo cartridge.
cartucho filtrador | filtering cartridge.
cartucho filtrante de careta antigas | acid vapor canister.
cartucho fisurado de combustible nuclear (reactor nuclear) | failed fuel.
cartucho fonográfico de volteo | turnover cartridge.
cartucho fusible de alto voltaje | high-tension cartridge fuse.
cartucho fusible de gran discriminación | high-discrimination cartridge fuse.
cartucho incendiario perforante | armor-piercing incendiary cartridge.
cartucho inflamador (torpedos) | heater primer.
cartucho irradiado | hot cartridge.
cartucho magnético | magnetic cartridge.
cartucho para escopeta de caza | shotgun shell.
cartucho para uranio | uranium cartridge.
cartucho pirotécnico electroinflamado | electrically-ignited pyrotechnic cartridge.
cartucho real (egiptología) | royal cartouche.
cartucho sin explosivo (voladuras) | dummy.
cartucho-cebo | primer cartridge | primer.
cartuchos de fogueo | dummy rounds.
cartuja | charterhouse.
cartulario | chartulary.
cartulina | cardboard | card | card paper | card | board | Bristol board.
cartulina (de papel) | paperboard.
cartulina abrillantada | enameled board.
cartulina acabada en seco | dry-finish paperboard.
cartulina estucada para dibujo | clayboard.
cartulina fabricada con desperdicios de inferior calidad | bogus bristol.
cartulina glaseada | glazed board.
cartulina laminada con papel metalizado | foil-laminated paperboard.
cartulina neutra de prueba | neutral test card.
cartulina para cajas de huevos | egg-case board.
cartulina para cajas desmontables | clothing board | filled newsboard.
cartulina para cartones de jacquard | jacquard middles.
cartulina para empaquetar flores | florist boxboard.
cartulina para envolver ostras | oyster-pail board.
cartulina para fichas | index bristol.
cartulina para fotomontaje | photomount stock.
cartulina para litografía offset | offset blank.
cartulina para marbetes | tag board.
cartulina para matrices de estereotipia | flong.
cartulina para menús | menu bristol.
cartulina para montar fotografías | photomount board.
cartulina para montar retratos | picture mount.
cartulina para pirotecnia | fireworks board.
cartulina para tarjetas | papeterie paper.
cartulina para tripa de asas de maletas | handle board.
cartulina parafinada para empaquetar helados | ice-cream board.
cartulina satinada | glazed board.
cartulinas gruesas | blanks.
carúnculas (del pavo) | lappet.
casa | home | household.
casa (comercio) | firm.
casa (industrias) | establishment.
casa afiliada a la bolsa que trabaja para casas no afiliadas | commission house.
casa ampliable | expansible house.
casa armadora | shipper.

casa atalaya sobre una torre de observación | lookout house.
casa calentada por el sol | solar heated house.
casa central | main branch | home office | parent house.
casa comercial | concern.
casa con el piso a dos niveles distintos | split-level house.
casa con sucursales (comercio) | multiple store.
casa con todos los servicios electrificados | all-electric house.
casa consistorial | city hall | guildhall.
casa contratista de puentes | bridge-contracting firm.
casa de apartamentos | block of flats.
casa de ayuntamiento | city hall.
casa de bombas | pump house.
casa de bombas del agua de circulación (condensadores vapor calderas) | circulating-water pump-house.
casa de calderas | boilerhouse.
casa de cambio | money exchange office | exchange office.
casa de comercio | house | business establishment.
casa de comisiones | commission house.
casa de compuertas | valve house | gatehouse.
casa de compuertas (presas) | intake building.
casa de compuertas de vaciamiento | blowoff gate house.
casa de empeño | pawnshop.
casa de giros aceptados | acceptance house.
casa de gradación (obtención de la sal) | rick.
casa de inversiones | bond house.
casa de la máquina de extracción (minas) | gig house.
casa de la moneda | mint | National Mint.
casa de labor | farmstead | farmhouse.
casa de labranza | farmhouse.
casa de los molinos (azúcar de caña) | mill-house.
casa de los tachos (fabricación azúcar) | boiling house.
casa de los trapiches (azúcar de caña) | millhouse.
casa de máquinas | workhouse | engine house.
casa de maternidad | lying-in hospital.
casa de pisos | flats.
casa de válvulas | valve house.
casa de ventiladores | blower house.
casa desmontable | frame-house.
casa editora | book-concern | publishing house.
casa en quiebra (comercio) | failed firm.
casa expedidora | forwarding house | forwarder.
casa exportadora | export house.
casa filial | branch house | affiliated firm.
casa hecha de troncos de árboles escuadrados | blockhouse.
casa importadora | import house | importing firm.
casa matriz | head office | headquarters | parent company | parent house | main branch.
casa prefabricada (en talleres) | manufactured home.
casa prefabricada de madera | prefabricated timber house.
casa prefabricada de metal ligero | prefabricated light metal house.
casa productora de filmes | producer.
casa propiedad de la familia | family-owned house.
casa que expide directamente a la clientela | mail-order business.
casa solariega con granja | grange.
casa solarizada | solar heated house.
casa unifamiliar | single-family house | one-family dwelling | one-family house.
casabe (Pisonia spp) | casabe.
casable (sentencias) | reversible.
casaca | coat.
casación | leaving off.
casación (abogacía) | repeal.
casación (de un fallo) | reversal.
casación (sentencias) | abrogation.
casado de 1 | broad twelve.
casado por poder | proxy-wedded.
casamata | hot cave | gunhouse | casemate.
casamiento | match.
casamiento de colores | color matching.
casar | reverse (to) | match (to) | marry (to).
casar (colores, etc) | match (to).
casar (sentencias) | abrogate (to).
casar colores (mezclar) | blend (to).
casar las cuñas (poner una encima de otra) | marry wedges (to).
casar los colores | shade (to).
casas multifamiliares | multifamily dwellings.
casas prefabricadas | factory manufactured houses.
casas prefabricadas en una factoría | factory-manufactured houses.
casas solares | solar buildings.
casca | tan.
casca (forestal) | rind.
casca (para curtir) | bark.
casca para curtir | tan bark.
casca tánica de baja calidad | roll bark.
casca tanina de raigal | butt cut.
cascabel (alto horno) | bleeder.
cascabel (música) | hawk's bell.
cascabel (zoología) | rattle.
cascabeleo | jingle.
cascabillo | chaff.
cascabillo (bellotas) | acorn-cup.
cascada | tandem | falls | fall | waterfall.
cascada (aerodinámica) | cascade.
cascada (aguas) | cascade.
cascada (de glaciar) | ice fall.
cascada (gotas que se desprendan del chorro del pulverizador) | feathering down.
cascada anular | annular cascade.
cascada bidimensional | two-dimensional cascade.
cascada de anillos | ring cascade.
cascada de extracción | stripping cascade.
cascada de glaciar | ice cascade | glacier fall.
cascada de superficie de sustentación (aerodinámica) | lifting-surface cascade.
cascada de superficies aerodinámicas | airfoil cascade.
cascada de turbinas | turbine cascade.
cascada electrónica | electronic cascade.
cascada escalonada | staggered cascade.
cascada infinita de alas de envergadura finita (aerodinámica) | infinite cascade of wings of finite span.
cascada lineal | straight cascade.
cascada nuclear | nuclear cascade.
cascada nucleónica | nucleonic cascade.
cascada nucleón-pión | nucleon-pion cascade.
cascadas de desintegración nuclear | nuclear desintegration cascades.
cascado (sonidos) | cracked.
cascajal | gravel pit | gravelly land.
cascajo | gravel.
cascajo (mezcla de gravilla y arcilla para pavimentar senderos) | hoggin.
cáscara | shuck | peel | rind | husk | hull | skin.
cáscara (de huevo, de nuez, etc.) | shell.
cáscara (frutas) | jacket.
cáscara (hormigón armado) | rotational shell.
cáscara de cobre (cobre impuro precipitado en soluciones cupríferas) | cement copper.
cáscara de naranja (metalurgia) | pebbling.
cáscara de nuez (embarcación pequeña) | cockleshell.
cáscara sinclástica (hormigón armado) | synclastic shell.
cáscaras de nueces molidas | crushed nutshells.
cascarilla | scale.
cascarilla (de avena) | flight.
cascarilla de laminación | millscale | roll scale | rolling scale.
cascarilla de laminación (chapas, tochos) | rolling skin.
cascarilla de óxido (costra de fusión - piezas fundidas) | casting skin.
cascarilla de óxido de hierro (laminación) | scale.
cascarilla desconchada | spalled-off scale.
cascarilla dura superficial (pieza fundida en arena) | sand burning.
cascarilla incorporada (alambre trefilado) | draw-in scale.
cascarilla incorporada (laminación chapas) | rolled-in scale.
cascarilla infusible formada durante el recalentamiento (acero al cromo) | alligator scale.
cascarilla inscrustada por el trefilado en frío (alambre) | drawn-in scale.
cascarilla removida catódicamente | cathodically removed scale.
cascarillas de laminación embebidas en la superficie (laminación chapas) | rolled-in scale.
cascarón (hormigón armado) | shell.
cascarón anticlástico | anticlastic shell.
cascarria (lana) | dags.
cascarrias (lana) | dung bits.
cascarrias (mechones de lana) | tags.
cascarudeo (Argentina) | ambrosia beetle.
casco | helmet | hoof | army headgear | cask | casque | galea.
casco (buques, aviones, carros asalto) | hulk.
casco (buques, aviones y carros asalto) | hull.
casco (cilindro de estiraje) | boss.
casco (de bomba, proyectil) | pellet.
casco (de flor, de insecto) | hood.
casco (de granada o bomba) | fragment.
casco (de proyectil) | splinter.
casco (embarcación) | carcase.
casco amagnético (dragaminas) | nonmagnetic hull.
casco aplastado (por colisión, golpe de mar, etc.) | stove hull.
casco balleniforme (submarino nuclear) | whale-shaped hull.
casco con alma alveolar (embarcación pequeña) | honeycomb-cored hull.
casco con auriculares | headset.
casco con lámpara eléctrica (minería) | bug light.
casco con pintura luminosa | pigmented hat.
casco con saliente (embarcación regatas) | chine-built hull.
casco contra ruidos | antinoise helmet.
casco de acero | tin hat.
casco de alíscafo (buques) | hydrofoil hull.
casco de bomba | bomb splinter.
casco de buzo para trabajos de poca profundidad | diving hood.
casco de doble forro de madera (embarcaciones) | double-planked hull.
casco de embarcación sobre aletas hidrodinámicas | hydrofoil hull.
casco de fibra de vidrio (embarcaciones) | fibreglass hull.
casco de fibra de vidrio impregnada con una resina | glass hat.
casco de granada | grenade splinter.
casco de madera laminada encolada | glued timber hull.
casco de nilón lamelar | laminated nylon helmet.
casco de plástico reforzado con vitrofibra (embarcaciones) | glass-fibre reinforced plastic hull.
casco de seguridad de plástico | plastic safety helmet.
casco de un hidroavión de canoa | seaplane hull.
casco de un yate con quilla delgada | fin keel yacht's hull.
casco del buque | ship's body.
casco del carro de asalto | tank hull.
casco del dirigible | airship hull.
casco desaparecido bajo el horizonte (buque en la mar) | hull down.
casco desoxidado con soplete | flame cleaned hull.
casco en catamarán (embarcaciones) | catama-

ran-hulled.
casco en forma de lágrima (submarinos) | teardrop shaped hull.
casco enteramente soldado | all-welded hull.
casco forrado con dos capas de tablas de caoba | double mahogany planked shell.
casco forrado de plástico (yates) | plastic-sheathed hull.
casco para eliminar ruidos exteriores | noise excluding helmet.
casco para soldar con admisión de aire puro | supplied-air welding helmet.
casco protector (paracaidistas, motociclistas, etc.) | crash helmet.
casco protector (talleres) | hard hat.
casco protector metálico | tin hat.
casco reforzado contra hielos | antiice-strengthened hull.
casco resistente (submarinos) | pressure hull.
casco resistente de sumergible | submersible pressure hull.
casco resistente del submarino | submarine pressure hull.
casco respiratorio | breathing helmet.
casco sin apéndices (buques) | naked hull.
casco telefónico | headphones | headphone | headset.
casco telefónico piezoeléctrico | piezoelectric headphones.
casco trazado en la sala de gálibos | molded hull.
cascodo (amplificador) | cascode.
cascos de cuero para motoristas | leather hoods for motorcyclists.
cascote | rubble.
cascotes | rubbish.
cascotes de ladrillos | infilling.
caseiforme | cheesy.
caseína | casein.
caseoso | cheesy.
caserío | hamlet.
casero rural | rural homeowner.
caseta (de libros, flores, máquinas, etc.) | stand.
caseta (sondeos) | dog house.
caseta a popa (buques de vela) | roundhouse.
caseta alta para vigilar (talleres) | topper.
caseta central | midship deckhouse.
caseta de acero (buques) | steel house.
caseta de bocamina (minas) | head house.
caseta de cubierta (buques) | deckhouse.
caseta de cubierta de dos pisos (buques) | two-tier deckhouse.
caseta de cubierta donde están los aparatos eléctricos que controlan la maquinaria de cubierta (buques) | resistor house.
caseta de derrota de aleación de aluminio (buques) | aluminum alloy wheelhouse.
caseta de gobierno (buques) | wheelhouse | steering shelter.
caseta de herramientas | doghouse.
caseta de instrumentos | instrument shelter.
caseta de la toldilla de popa | poop-deck house.
caseta de mando | operating house.
caseta de maniobra | control house.
caseta de maniobras | operating house.
caseta de navegación (buques) | pilot-house | navigating house.
caseta de prácticos (en el muelle) | pilot-office.
caseta de prácticos (muelles) | pilot station.
caseta de salvamento en la costa | station house.
caseta de señales | signalbox.
caseta de sintonía | doghouse.
caseta de sintonización en la base de la antena | doghouse.
caseta de transformación | transformer box | transformer pillar.
caseta de válvulas | valve house.
caseta del filtro (conducción de aguas) | head house.
caseta del sondeador (castillete sondeos) | doghouse.
caseta del timón (buques) | wheelhouse.
caseta elevada de vigía (talleres) | pulpit.
caseta guardacalor de maquinaria (buques) | machinery casing.
caseta más elevada (buques) | uppermost house.
caseta modulada (exposiciones, ferias) | stand.
caseta para cargar vagones | carloading house.
caseta para el buscador (radar) | radome.
caseta para libros | bookstand.
caseta remolcada
casetas en la parte central y a popa | deckhouses amidship and aft.
casete de disco magnético | magnetic disk cassette.
casete original | master.
casetón | lacunaria.
casetón (arquitectura) | panel.
casetón (construcción) | coffer.
casetón para llevar las cuentas y pago de jornales (corta forestal) | wanigan.
«cash-flow | discounted cash flow.
casi | quasi | about.
casi a punto | near to completion.
casi actual | near-real.
casi allegro (música) | some fast.
casi amorfo | quasi-amorphous.
casi cerrado | substantially closed.
casi convexo | close-to-convex.
casi en todas partes | almost everywhere.
casi hirviendo | near-boiling.
casi igual | nearly-equal.
casi impar (funciones matemáticas) | nearly-odd.
casi nuevo | hardly used.
casi nunca | nearly ever.
casi plena carga | near full load.
casi real | near actual.
casi sin variación | with hardly a change.
casideo | helmet-shaped | helmet-like.
casilla | pigeonhole.
casilla (Bolivia-Chile) | post-office box.
casilla (estadística) | cell.
casilla (tablero de damas, etc.) | square.
casilla de entrada (factorías) | gatehouse.
casilla de herramientas | tool house.
casilla del guarda (parques públicos) | gatehouse.
casillero | sorting rack | box compartment | pigeonhole rack.
casillero (mueble) | pigeonhole.
casillero de rechazos | reject pocket.
casillero para almacenar redondos | bar storage rack.
casillero para fichas | ticket rack.
casillero receptor | stacker.
casimir | worsted fabric.
casimir (tela) | kerseymere.
casimires | worsteds.
casiterita | grain tin.
casiterita en granos mezclada con arena y gravas (placeres) | stream tin.
casiterita fibrosa | wood tin.
caso | instance | case.
caso acusativo | objective.
caso de apuro | emergency.
caso de incumplimiento (contratos) | event of default.
caso de necesidad | emergency.
caso excepcional | extreme case.
caso fortuito | act of God | contingency.
caso indeterminado | border-line case.
caso límite | marginal case | maginal case | limit case | border-line case.
caso más desfavorable | worst case.
caso que se trata | case in hand.
caso que sirve de precedente | precedent-making case.
caso testigo | control case.
caso visto y resuelto (abogacía) | case heard and concluded.
casolita | kasolite.
casos de despido | discharge cases.
casos especiales | freak cases.
caspa | scurf.
casquete | top cap.
casquete (geometría) | cap.
casquete (hinca de pilotes) | helmet.
casquete (paracaídas) | canopy.
casquete antiparásitos | plug suppressor.
casquete cónico | conical cap.
casquete de adobo | boom cap.
casquete de burbujeo (pozo petróleo) | bubble cap.
casquete de especie S en un espacio de Galois de dimensión R | cap of kind S in a Galois R-dimensional space .
casquete de hielo polar del Artico | polar pack | arctic pack.
casquete de las platinas (tejido punto) | sinker cap.
casquete del cabezal | headstock cap.
casquete esférico | spherical shell | one-base spherical segment | calotte.
casquete glacial | ice cap.
casquete glaciar | ice-cap | ice-sheet | calotte.
casquete polar | polar cap.
casquilla (apicultura) | queen-cell capping.
casquillete para rellenar de arena los tubos (curvado de tubos) | filling tower.
casquillo | collar | lug piece | stub end | shell | tip | thimble | ferrule | ferrule tip | bushing.
casquillo (aparejos) | coak.
casquillo (construcción buques) | lug.
casquillo (del prensaestopas) | follower bush.
casquillo (lámpara eléctrica) | lampholder | base.
casquillo (lámpara incandescencia) | cap.
casquillo (prensaestopas) | gland.
casquillo (sombrerete - de prensaestopa) | follower.
casquillo adaptador | socket | socket.
casquillo antivibratorio | antivibration cap.
casquillo ciego | blind bushing.
casquillo con cierre cónico | taper-lock bush.
casquillo con cuerpo de acero | steeel-back bushing.
casquillo con extremo cónico | taper-nosed bush.
casquillo con índice | index sleeve.
casquillo con ocho pitones (válvulas radio) | octal base.
casquillo con pestaña | shoulder bushing.
casquillo conectador (de aparátos eléctricos) | hickey.
casquillo cónico enchavetado | keyed tapered bushing.
casquillo de acero | steel bushing.
casquillo de acero embutido | pressed-steel bush.
casquillo de angular | angle lug.
casquillo de bayoneta | bayonet cap.
casquillo de boca cuadrada | square-drive socket.
casquillo de bronce | bronze bush.
casquillo de bronce chapado con indio | indium-coated bronze shell.
casquillo de bronce fosforoso grafitado | graphited phosphor bronze bushing.
casquillo de bronce metido a presión | pressed-in bronze bushing.
casquillo de calafateo | calking ferrule.
casquillo de caucho | rubber bush.
casquillo de caucho y nilón | nylon-rubber bush.
casquillo de cojinete | bearing sleeve | bearing shell.
casquillo de contacto | contact bush.
casquillo de contacto central | center-contact cap.
casquillo de cubo | nave box.
casquillo de deslizamiento | sliding sleeve.
casquillo de dos clavijas | bipin cap.
casquillo de ebonita | ebonite bushing.
casquillo de graduación (espoletas) | setting sleeve.
casquillo de guía | guide bush.
casquillo de huso | spindle sheath.
casquillo de la bocina | sterntube bush.

casquillo de la lumbrera del distribuidor cilíndrico | piston valve port bush.
casquillo de lámpara | bulb socket.
casquillo de lámpara de proyector | prefocus lamp base.
casquillo de latón | brass bush.
casquillo de papel bakelizado | bakelized paper bushing.
casquillo de pie de biela (Estados Unidos) | piston pin bushing.
casquillo de pie de biela (G.B.) | small-end bushing.
casquillo de plato | chuck bushing.
casquillo de prensaestopas | neck bush.
casquillo de proyectil | sabot.
casquillo de reborde | shoulder bushing.
casquillo de reborde macho | inside head bushing.
casquillo de regulación | adjusting sleeve.
casquillo de rosca (lámpara eléctrica) | screw-cap.
casquillo de rosca (lámparas) | Edison base.
casquillo de unión a la varenga | floor clip | floor lug.
casquillo de 14 clavijas | diheptal base.
casquillo del agujero del pitón | dowel bush.
casquillo del codaste revestido de guayacán | lignum vitae lined stern bush.
casquillo del contrapunto (torno) | back center socket.
casquillo del eje transversal del volante de puntería en elevación | elevating handwheel cross-shaft bushing.
casquillo del fogón (cartuchos) | firing hole bush.
casquillo del muñón del pistón | gudgeon pin bush.
casquillo del portapercutor | firing pin holder sleeve.
casquillo del prensaestopas | stuffing box gland.
casquillo del timón de bronce fosforoso (buques) | phosphor-bronze rudder bush.
casquillo deslizante | slip bushing.
casquillo enterizo de pie de biela | solid-type little-end bush.
casquillo extremo | end lug.
casquillo graduable | adjustable bush.
casquillo guía (plantillas de taladrado) | jig bushing.
casquillo loco | loose boss.
casquillo metido a presión | press-fit bush.
casquillo octal (válvulas radio) | octal base.
casquillo para brocas | drill socket | drill socket.
casquillo para cabilla | dowel socket.
casquillo para el tiro con proyectiles subcalibre (se desprende al salir el proyectil) | sabot.
casquillo portabrocas | drill-press socket.
casquillo portahusillo | spindle sleeve.
casquillo portaproyectil (cañón hipersónico) | sabot.
casquillo prensaestopa de latón | brass stuffing box gland.
casquillo reductor | reducing bushing.
casquillo retenedor | retaining bush.
casquillo retráctil | retractable bushing.
casquillo revestido de bronce plomoso | lead-bronze-lined bush.
casquillo separador | distance bushing.
casquillo sin reborde | face bushing.
casquillo suelto | loose boss.
casquillo sujetacable | rope socket.
casquillo terminal de cable | rope socket.
casquillo-guía para taladrar con plantilla | drill bushing.
casquillos del eje del timón | rudder-shaft bushes.
casquillos del muñón del pistón de bronce fosforoso | phosphor-bronze gudgeon-pin bushes.
casquillos flotantes de la biela de acoplamiento (locomotoras) | coupling-rod floating bushes.
casquillos moleculares | molecular glands.
cassette (contenedor de cinta magnética) | cassette.
casta | caste.
castanea dentata | chestnut.
Castanea sativa | chestnut.
castaña | chestnut.
castañetear | clatter (to) | cry (to).
castañeteo | crying.
castaño | chestnut | brown.
castaño (Castanea sativa) | Spanish chestnut | sweet chestnut.
castaño americano (Castanea dentata) | American chestnut.
castaño japonés (Aesculus turbinata) | tochi.
castaño regoldano (botánica) | wild chestnut-tree.
castañuela | stone bolt.
castañuela (buques) | cleat.
castañuela de cantera loba en tres piezas (para levantar sillares) | lewisson.
castañuela de proa (buque | bow chock.
castañuela del eje trasero (carruajes) | hind axle tree clout.
castañuelas (música) | castagnets.
castañuelas de cantera (para levantar sillares) | lewis.
castellanía | castellany.
castellanismo | castilianism.
castellanizado | castilianized.
castigar | amerce (to).
castigo | penalty | write off.
castillete | tower.
castillete (laminador) | housing.
castillete (pozo extracción) | shaft tower.
castillete (tren de laminación) | holster.
castillete cerrado (pozo extracción) | shaft-house.
castillete de acero | steel tower.
castillete de extracción (minas) | pithead frame | pulley-frame | shaft-tackle | pit frame | head-work | headstock | head-gear | headframe | poppet | poppethead | puppet | gallows frame.
castillete de extracción (pozo minas) | shaft-head frame.
castillete de madera | wood tower.
castillete de perforación | boring tower.
castillete de perforación (sondeos) | derrick.
castillete de popa de la escala (draga rosario) | ladder gallows.
castillete de popa de la escala (dragas rosario) | ladder gantry.
castillete de pozo de mina | pit head frame.
castillete de profundización (pozo minas) | sinking tipple.
castillete de teleférico | cableway tower.
castillete del blondín | blondin pylon.
castillete del cilindro (laminadores) | roll-housing.
castillete para las poleas del cable de extracción (pozos minas) | gridaw.
castillita (variedad impura de birnita con zinc y plomo y sulfuros de plata) | castillite.
castillo | castle.
castillo (buques) | fo'c's'le.
castillo con cubierta curva (pesqueros) | whaleback.
castillo corto (buques) | monkey forecastle.
castillo de plomo | lead castle.
castillo de plomo (materias radiactivas) | caskflask.
castillo de proa | forecastle.
castillo sólido (Iberoamérica) | solid stacking | bulk stacking.
castillos (pilas de madera con rastreles entre las tongadas) | stuck.
castina | stone | flux | hearthstone.
castina (alto horno) | limestone flux.
castina para productos cerámicos | ceramic fluxing stone.
casto | continent.
castor (petalita - mineralogía) | castor.
castor (tela de lana) | beaver cloth.
castoreo | castor.
castorina (paño lana) | castorine.
castorina (tela) | beaver | castorette.
castorita | castorite.
castración de cerdos | hog castration.
castrametación | encamping | castrametation.
casual | facultative | contingent | incidental | incident.
casualidad | haphazardness | contingency coincidence.
casuarino (Casuarina suberoso) | black she-oak.
cata | sampling.
catabático | katabatic.
catabolismo | catabolism.
catabotrón | katabothron.
catabotrones | katabothra.
catacáustica (cáustica por reflexión) | catacaustic.
catacinético | katakinetic.
cataclasis | cataclasis.
cataclasma | cataclasm.
cataclástico | kataclastic | cataclastic.
cataclinal | cataclinal.
cataclísmico | cataclysmal.
cataclismo | cataclysm | upthrow.
catadióptrica | catadioptrics.
catadióptrico | catadioptric.
catador | taster | taster.
catador autorizado | licensed taster.
catadores de alimentos | food-testing panel.
catafalco | catafalque.
cataforesis | cataphoresis.
catagénesis | katagenesis.
catalasa (bioquímica) | catalase.
catalectrotono | kathelectrotonus | katalectrotonus | catalectrotonus.
catalejo | telescope.
catalina de retorno (buques) | gooseneck gin.
catalinita | catalina sardonyx.
catalisatrón (electroquímica) | catalysatron.
catálisis | catalysis.
catálisis heterogénea | heterogeneous catalysis.
catálisis por contacto | contact catalysis.
catálisis por radiación | radiation catalysis.
catalísmico | cataclysmic.
catalíticamente pirodesintegrado | catalytically cracked.
catalítico | catalytic | katalytic.
catalizado por ácido | acid-catalyzed | acid catalyzed.
catalizado por ácidos | acid catalysed.
catalizado por álcali | alkali-catalyzed.
catalizado por bases (química) | base-catalyzed.
catalizado por enzimas | enzyme-catalysed.
catalizador | katalyzator | carrier | initiator | catalyzer.
catalizador (química) | catalyst.
catalizador ácido | acid catalyst.
catalizador alcalino | alkaline catalyst.
catalizador biológico | biological catalyst.
catalizador bioquímico | biochemical catalyst.
catalizador de descomposición | decomposition catalyst.
catalizador de deshidratación | dehydration catalyst.
catalizador de deshidrogenación | dehydrogenation catalyst.
catalizador de hidroformación | hydroforming catalyst.
catalizador de lecho fijo | fixed-bed catalyst.
catalizador de níquel deuterizado | deuterized nickel catalyst.
catalizador de oxidación | oxidation catalyst.
catalizador fluidizado | fluidized catalyst.
catalizador fluidizado (finamente molido en suspensión en un fluido) | fluid catalyst.
catalizador foraminado | foraminate catalyst.
catalizador homogéneo | homogeneous catalyst.
catalizador impurificado | doped catalyst.
catalizador metabólico | metabolic catalyst.
catalizador negativo | anticatalyst | depressor.
catalizador para hidrogenación | hydrogena-

tion catalyst.
catalizador pulverizado | atomized catalyst.
catalizador sin promotor | unpromoted catalysis.
catalizar | catalyse (to) | catalyze (to).
catalogable | filable.
catalogación | filing | cataloguing | cataloging | listing.
catalogación descriptiva | descriptive cataloging.
catalogación por fichas | card-indexing.
catalogación selectiva | selective cataloguing.
catalogado | listed.
catalogador | cataloger.
catalogar | schedule (to) | list (to) | identify (to) | table (to) | catalog (to) | catalogue (to).
catalogar por fichas | card-index (to).
catálogo | catalogue (Inglaterra) | anagraph.
catálogo (EE. UU.) | catalog.
catálogo alfabético de autores y títulos de las obras | dictionary catalog.
catálogo clasificado | catalogue raisonné.
catálogo con precios | price catalog.
catálogo cronológico | cronological catalog.
catálogo de adquisiciones | accessions register.
catálogo de artículos | catalogue of goods.
catálogo de cuentas | list of accounts.
catálogo de hojas intercambiables | loose-leaf catalog.
catálogo de hojas sueltas | sheaf catalog.
catálogo de mercancías | catalogue of goods.
catálogo de minas abandonadas | catalog of abandoned mines.
catálogo de piezas que se pueden fabricar según planos del cliente | customized catalog.
catálogo de suministros | supply catalogue.
catálogo de tarjetas perforadas | punched-card catalog.
catálogo del usuario (informática) | user catalog.
catálogo dividido | split catalogue.
catálogo general | master catalog.
catálogo general de libros | union catalog of books.
catálogo iconográfico | iconographical catalog.
catálogo impreso | bookform catalog.
catálogo plegado en acordeón- | accordion folded catalog.
catálogo por autores | author catalogue.
catálogo por papeletas | card-catalog.
catálogo razonado | descriptive catalog.
catálogo sistemático (documentación) | classed catalogue.
catálogo topográfico (bibliotecas) | shelflist | location catalog | topographical catalog.
catálogo trienal | triennial catalog.
catálogo unificado | consolidated catalogue.
catalogonomía | cataloguing.
catálogos automátizados en forma de libro | computerized catalogs in book form.
catalogoteca industrial | industrial catalogotheca.
catalpa (Catalpa speciosa) | catalpa.
catamarán | catamaran.
catamarán con casco de resina reforzada con vitrofibra (buque) | resin-glass catamaran.
catamarán para perforaciones submarinas (petróleo) | drilling catamaran.
catamorfismo | katamorphism.
catanorma | katanorm.
catanorma (cálculo teórico de minerales en rocas) | catanorm.
cataplasma | cataplasm | poultice.
catapulta | catapult.
catapulta accionada por cohete | rocket-driven catapult.
catapulta de babor (portaaviones) | port catapult.
catapulta de eyección del personal ayudada por cohete | rocket-assisted personnel ejection catapult.
catapulta de lanzamiento (aviación) | starting catapult.
catapulta de lanzamiento (cohetes) | booster.
catapulta de vapor | steam operated catapult.
catapulta de vapor de agua | steam-type catapult.
catapulta de vapor de cilindro ranurado (aviones) | slotted cylinder steam catapult.
catapulta de vástago | stem catapult.
catapulta dispositivo o aparato para lanzar una cosa | launcher.
catapulta eléctrica | electropult.
catapulta lanzaaviones | aircraft catapult.
catapulta lanzacohetes | rocket booster.
catapultable | catapultable.
catapultación | catapulting.
catapultado | catapult-launched.
catapultar | catapult (to).
catapultar (torpedos, aviones) | launch (to).
catapultero | catapult operator.
catapúltico | catapult-like.
catarata | falls | waterfall | fall.
catarata (ojos) | cataract.
catarata de aire (meteorología) | air cataract.
catarata helada | ice fall.
catarata por absorción de radiaciones infrarrojas | puddler's cataract | heat-ray cataract | glass blower's cataract | ray cataract.
catarata por absorción de radiaciones infrarrojas (soldadura) | radiation cataract.
catarinita (aleación nativa de hierro y niquel) | catarinite.
catario (medicina) | purring.
catarobio | katarobic.
catarómetro | catharometer.
catarómetro (mezclas gaseosas) | katharometer.
catastral | cadastral.
catastro | land register | survey ordnance.
catastro forestal | forest cadastral register.
catástrofe | catastrophe | crash.
catástrofe minera | mining catastrophe.
catastrófico | catastrophic.
catastrofista | catastrophist.
catastrofista (geología) | cataclysmist.
catatermal | katathermal.
catatermómetro | catathermometer | katathermometer.
catatipia (fotografía) | catatype.
cataviento | weathercock | vane | dog vane.
cataviento (buques) | dog-vane.
catavinos | sampling tube.
catazona (geología) | katazone | catazone.
cateador | prospector | prospector | trier | scout.
cateador de oro | gold digger | gold prospector | gold-digger.
catear | burrow (to) | costean (to).
catear (minas) | exploit (to).
catear (minería) | prospect (to).
catecú | cutch | pegu cutch.
catecu (papelería, fotografía) | catechu | cashoo.
catecú claro | pale cutch.
cátedra | chair | lectureship | professorate | professor's chair.
catedral | cathedral.
catedrático | professor | lecturer.
catedrático (EE.UU.) | full professor.
categoría | category | status | rating | rank.
categoría básica | basic class.
categoría de gasto | category of expenditure.
categoría del blanco | target category.
categorías de ingresos específicos | specific income categories.
categorías profesionales | occupational categories.
categoricidad | categoricity.
categorización | categorization.
categorizar | categorize (to) (EE.UU.) | categorise (to).
catelectrotono | catelectrotonus.
catena (secuencia de suelos topográficamente determinados - geología) | catena.
catenación | catenation.
catenaria (curva) | sag.
catenaria (ferrocarril electrificado) | overhead distribution.
catenaria (líneas eléctricas) | string.
catenaria (matemáticas) | catenary.
catenaria compuesta | compound catenary.
catenaria hidrostática | elastica.
catenaria parabólica | parabolic catenary.
catenarias | catenary wires.
catenario | catenarian.
catenativo | catenative.
cateniforme | chain-shaped.
catenoide | catenoid | chain-like.
catenulado | catenate.
catenular | catenate.
cateo | wildcat | sampling | prospecting | prospect | searching | digging | prospection | costeaning.
cateo de oro nativo | nuggeting.
cateo por trincheras | randing.
catergol | monopropellant with catalyst.
cateter | catheter.
catéter de muestreo de sangre | sampling of blood catheter.
cateter de succión acodado | angled suction catheter.
catéter desechable después de su uso | disposable catheter.
cateto | cathetus.
cateto (cordón de soldadura en ángulo recto) | leg.
cateto (geometría) | leg.
cateto del cartabón | bracket heel.
cateto del cordón de soldadura de rincón | leg of fillet weld.
catetómetro | reading telescope | cathetometer | reading microscope.
catetrón | cathetron.
catgut (medicina) | catgut.
catimarón | gunboat.
catimarrón | monitor.
catión | cathion | cation | kation.
catión básico | basic cation.
catión de helio | helium cation.
cationes de base cambiable | base-exchangeable cations.
cationes intercambiables | exchangeable cations.
catiónico | cationic.
cationotropia | cationotropy.
catisalobara | katisallobar.
cativo (Prioria copaifera) | tabasaro.
cato | catechu | pegu cutch | cutch.
catódico | cathodal | cathodic | kathodic.
catodino | cathodyne.
catodización | cathodizing.
catodizar | cathodize (to).
cátodo | cathode | kathode | emitter.
cátodo a calefacción directa | directly heated cathode.
cátodo autorregenerado | dispenser cathode.
cátodo calentado iónicamente | ionic-heated cathode.
cátodo caliente | hot cathode.
cátodo compensador | dispenser cathode.
cátodo comprimido | pressed cathode.
cátodo de caldeo directo por acumulador | directly-heated battery operated cathode.
cátodo de caldeo indirecto | heated cathode | equipotential cathode | unipotential cathode | indirectly heated cathode.
cátodo de célula fotoeléctrica | photocathode.
cátodo de cesio sobre plata oxidada | caesium-on-oxidized-silver cathode.
cátodo de filamento caldeado visible | bright emitting cathode.
cátodo de filamento oscuro | dark heater cathode.
cátodo de martiz de níquel impregnado con óxido | oxide-impregnated nickel-matrix cathode.
cátodo de platino ventilado | aerated platinum cathode.
cátodo de puntas | rake cathode.
cátodo de rectificador de mercurio | mercury rectifier cathode.

cátodo de rociado | flooding cathode.
cátodo electrolítico | electrolytic cathode.
cátodo emisor | dispenser cathode.
cátodo emisor en estado oscuro (con baja temperatura) | dull-emitter cathode.
cátodo equipotencial | equipotential cathode | independently-heated cathode | indirectly-heated cathode.
cátodo fotoeléctrico | photoelectric cathode.
cátodo frío | cold cathode.
catodo hueco de cesio | cesium hollow cathode.
cátodo hueco termiónico | thermionic hollow cathode.
cátodo incandescente | incandescent cathode | hot cathode.
cátodo inicial (calculadora electrónica) | zero cathode.
cátodo líquido (electrotecnia) | pool cathode.
cátodo para maquinización electrolítica | electrolytic machining cathode.
cátodo recubierto | coated cathode.
cátodo revestido | coated cathode.
cátodo revestido con óxido | oxide-coated cathode.
cátodo revestido de óxido de base pasiva | passive-based oxide-coated cathode.
cátodo secundario | dynode | electron mirror.
cátodo sinterizado | sintered cathode.
cátodo termiónico | thermionic cathode.
cátodo termiónico con recubrimiento de óxido | oxide-coated thermionic cathode.
cátodo termiónico revestido de óxido | thermionic oxide-coated cathode.
cátodo unipotencial | equipotential cathode.
cátodo virtual | virtual cathode.
catodófono | cathodophone | kathodophone.
catodofosforescencia | cathodophosphorescence.
catodoluminiscencia | cathodoluminescence.
cátodoluminiscente | cathodoluminescent.
catógeno (geología) | catogene.
católito | catholyte.
caton (Sandoricum indicum - Cav) | sentul.
catonina (tela) | coutil.
catóptrica (ciencia) | catoptrics.
catóptrico | catoptric | katoptrical.
catoscopio | cathoscope.
catraca | ratchet brace.
catraca para barrenar | old man.
catre de tijera | folding cot.
cattlerita (bisulfuro de cobalto) | cattlerite.
catucaem (Roupala brasiliensis) | ropala | roupala.
cauce | channel | runway.
cauce (ríos) | channel | bed | alveus.
cauce antiguo de río relleno de aluvión aurífero | deep lead.
cauce de ríos enterrados bajo depósitos glaciales | buried rivers.
cauce del río | riverbed.
cauce fluvial | river channel.
cauce móvil | unstable channel.
cauce rellenado | buried channel.
cauces de la historia | corridors of history.
caución | bailment | guaranty | guarantee | letter of indemnity | bail bond | bail | surety | pawn | pledge money | security | indemnity bond | caution money.
caución de aduana | bond surety.
caución en especies | guarantee in cash.
caución judicial | legal security | security for cost.
caución juratoria | parole | guarantee given on oath.
caución para comparecencia | binding over.
caución para costas (economía) | security for cost.
caucionado | bonded.
caucionar | bail (to) | bond (to).
caucionario | cautionary.
caucho (offset) | blanket.
caucho a base de organosiloxano | organosiloxane-based rubber.
caucho alveolar | foam rubber.
caucho artificial | artificial rubber | processed rubber.
caucho celular | cellular rubber | foam rubber.
caucho celular de espuma de latex | cored latex foam rubber.
caucho celular de látex (las células son abiertas y se interconectan entre sí) | latex foam rubber.
caucho ciclizado | cyclized rubber.
caucho clorado | chlorinated rubber.
caucho coagulado | coagulated rubber.
caucho con gran proporción de plomo | lead rubber.
caucho con una pequeña cantidad de negro de humo (no es aislante) | conductive rubber.
caucho de etileno-propileno vulcanizable por azufre | sulfur curable EPR.
caucho de grano redondo | gritless rubber.
caucho de nitrilo | nitrile rubber.
caucho de polibutadieno | polybutadiene rubber.
caucho de recuperación | reclaimed rubber.
caucho de silicona | silicone elastomer | silicone rubber.
caucho de silicona ignífugo | flame-resistant silicone rubber.
caucho de silicona vulcanizado | vulcanized silicone rubber.
caucho en hojas | sheet rubber.
caucho en planchas | sheet rubber.
caucho en polvo | rubber powder.
caucho endurecido | hard rubber | toughened rubber.
caucho estirado | extruded rubber.
caucho líquido | liquid rubber.
caucho mezclado con partículas metálicas orientadas | magnetized rubber.
caucho microcelular de células cerradas | expanded rubber.
caucho natural | natural rubber.
caucho natural de árboles de bosque | wild rubber.
caucho natural de plantaciones (Ceilán y Estados Malayos) | plantation rubber.
caucho natural despolimerizado líquido | liquid depolymerized natural rubber.
caucho natural ozonolizado | ozonolyzed natural rubber.
caucho nitrosado vulcanizado | vulcanized nitrous rubber.
caucho nuevo | virgin rubber.
caucho petroleorresistente | oil-resisting rubber.
caucho reforzado con loneta de algodón | duck-inserted rubber.
caucho regenerado | reclaimed rubber | remanufactured rubber | regenerated rubber.
caucho sintético de petróleo o gas natural | liberty rubber.
caucho sintético producido a baja temperatura | cold rubber.
caucho sintético resistente al calor y al aceite | oil-and-heat-resisting synthetic rubber.
caucho sometido a un proceso de calentamiento y estiramiento para aumentar su longitud permanente | racked rubber.
caucho termovulcanizable | heat-vulcanizable rubber.
caucho vulcanizable por azufre | sulfur-curable rubber.
caucho vulcanizado | vulcanized rubber.
caucho vulcanizado con humos de cloruro de azufre | vapor-cured rubber.
caucho vulcanizado en frío | cold-curing rubber.
caucho vulcanizado por irradiación | radiation-vulcanized rubber.
cauchón para cortar | cutting rubbers.
cauchos diseñados para absorber energía de choque | compression rubbers.
cauchos regenerados | reclaims.
cauchotado | rubberized.
cauchotar | rubberize (to).
caudado | cometal.
caudado (heráldica) | caudate.
caudal | quantity of water | effects | fund.
caudal (agua, gas, etc.) | outflow.
caudal (bombas) | output | displacement | delivery.
caudal (bombas, ventiladores) | capacity.
caudal (de agua, de aire, etc.) | feed.
caudal (de agua, gas) | outflowing.
caudal (de un río) | stream flow.
caudal (fluido) | discharge.
caudal (gasto - cantidad por unidad de tiempo) | discharge.
caudal (hidráulica) | flow | effluxion | efflux | flowage | through-put.
caudal (ríos) | volume.
caudal a toda potencia (bombas) | full-rated output.
caudal afluente | inflow | outflow.
caudal anual de materiales | annual throughput.
caudal constante | steady discharge.
caudal crítico | critical flow.
caudal de | output of 25 tons per hour against a head of 80 ft.
caudal de aceite medido con orificio | orifice metered oil flow.
caudal de aguas de lluvia (alcantarillados) | storm weather flow.
caudal de aire | rate of air flow.
caudal de avenida | flood flow.
caudal de avenidas | flood discharge.
caudal de crecida máxima | extreme flood discharge.
caudal de crecidas | flood flow.
caudal de escorrentía | runoff rate.
caudal de escorrentía directa | direct-runoff discharge.
caudal de estación seca (ríos) | dry-weather flow.
caudal de estiaje | low water flow.
caudal de experiencia | fund of experience.
caudal de lodo de perforación de 6 litros segundo (sondeos) | mud flow rate of 6 litres second.
caudal de punta | peak discharge.
caudal de sedimentos en suspensión en toneladas/día (ríos) | suspended sediment discharge in tons per day .
caudal de viento de 92.000 pies^3/minuto (alto horno) | wind rate of 92000 cfm.
caudal de 500 metros^3/segundo | flow of 500 cumecs.
caudal del flujo del líquido enfriador de 3 litros/minuto | coolant flow rate of 3 liters/min.
caudal del líquido | liquid rate.
caudal del refrigerante | refrigerant flow.
caudal del refrigerante del reactor nuclear | nuclear reactor refrigerant delivery.
caudal del vapor | vapor rate.
caudal del viento | wind rate.
caudal en caja | assets.
caudal en canales de paredes porosas | porous-walled channel flow.
caudal en estiaje (ríos) | flow at low water.
caudal en galones (bombas) | gallonage.
caudal en volumen por tonelada métrica | volume flow per tonne.
caudal escorrentiador | runoff rate.
caudal existente | assets.
caudal fluvial | river flow.
caudal hereditario | estate of inheritance | inheritance | assets of an estate.
caudal hereditario (herencias) | heritable mass | estate corpus.
caudal horario | hourly discharge.
caudal instantáneo | momentary flow.
caudal intrínseco (aguas freáticas) | base flow.
caudal intrínseco (ríos) | base-flow.
caudal másico | mass rate of flow.
caudal máximo | maximum flow | peak flow.
caudal máximo de una avenida | flood peak.
caudal máximo de una crecida | peak of a flood.
caudal máximo de una riada (ríos) | flood peak.
caudal máximo instantáneo | peak discharge |

instantaneous peak flow.
caudal máximo neto | net peak flow.
caudal máximo probable (ríos) | probable peak flow.
caudal mediano | median stream flow.
caudal medio (hidráulica) | rate of flow.
caudal medio (ríos) | average discharge.
caudal medio de vapor de agua | average rate of flow of steam.
caudal medio diario | mean daily flow.
caudal normal | design rate.
caudal nulo (bombas) | zero discharge.
caudal por embolada (bombas) | capacity per stroke.
caudal posible (pozo petróleo) | deliverability.
caudal propio sin agua pluvial (sistema de todo a la alcantarilla) | dry-weather flow.
caudal real (bombas) | actual delivery.
caudal regulable | variable capacity | variable delivery.
caudal regulable (bombas) | variable duty | variabe duty.
caudal regularizado | regulated flow.
caudal social | partnership assets.
caudal sólido (aguas corrientes) | solid discharge.
caudal subálveo | subflow.
caudal subcrítico | streaming flow.
caudal sucesorio (herencias) | hotchpot.
caudal supercrítico (ríos) | shooting flow.
caudal unitario. | flow rate.
caudal variable | pulsating flow.
caudal volumetrico basado en la densidad de entrada | volume-flow rate based on inlet density.
caudales hasta 1.000 galones por minuto (bombas) | duties up to 1000 gpm.
caudalímetro | flow meter | flowmeter.
caudalímetro utilizando la activación de neutrones | neutron-activation flowmeter.
caudillo | leader.
caulículo (capitel columna) | honeysuckle.
caulículo (capitel corintio) | cauliculus.
causa | motive | cause.
causa (de un contrato) | inducement.
causa (jurisprudencia) | process.
causa adecuada | adequate consideration.
causa concomitante | contributing cause.
causa contributoria | contributing cause.
causa contribuyente | contributory cause | concurrent cause.
causa de inflamación más probable | more probable inflamation cause.
causa de nulidad | defeasance clause.
causa del temporal (buques, aviones) | by stress of weather.
causa desestimada (abogacía) | case dismissed.
causa determinante | determinant.
causa ficticia (jurisprudencia) | faint pleading.
causa ganada | cause won.
causa interpuesta (abogacía) | intervening cause.
causa potencial | potential cause.
causa que establece un precedente (jurisprudencia) | leading case.
causación | causation.
causado por el fuego | caused by fire.
causado por el sol | solar caused.
causado por la polución | pollution-caused.
causado por mala estiba | caused by bad stowing.
causahabiente | successor in interest | transferee | assignee | entitled person.
causante | causer | assignor | principal | promoter | transferer.
causante de impuestos | taxpayer.
causar | cause (to) | produce (to).
causar (algún efecto) | work (to).
causar grande estrago | cause great havoc (to).
causar una punzada (dolor punzante) | prick up (to).
causar vértigo | stagger (to).
causas aplazadas (jurídico) | adjourned causes.
causas asignables | assignable causes.
causas de disparidad | causes of disparity.
causas de la avería | causes of failure.
causas del fallo | causes of failure.
cáustica (curva) | caustic.
cáustica por reflexión (catacáustica - óptica) | caustic by reflection.
cáustica por refracción (diacáustica) | caustic by refraction.
causticidad por el vapor (calderas) | steam causticity.
cáustico | caustic.
cáustico dorado | caustic of recamier.
caustobiolito | caustobiolith | caustobiolithe.
caustobiolitos (substancias fósiles combustibles) | caustobiolites.
cautela | guard.
cautela originada por la recesión | recession-bred caution.
cauterio eléctrico | galvanic cautery.
cauterizante | amyctic.
cauterizar | burn (to) | sear (to).
cautín (herramienta) | soldering iron.
cautiverio | confinement.
cava | cellar.
cava (a las tierras) | dressing.
cavado | sunk.
cavador | scooper | groundsman.
cavadora cargadora | elevating grader.
cavadura | dig.
cavar | dig (to) | excavate (to) | delve (to) | scoop (to).
cavar con el pico | mattock (to).
cavar con la azada | hoe (to).
cavar la tierra | hoe (to).
cavar una sepultura | grave (to).
caverna | cave | cavern.
caverna (medicina) | cavity.
caverna con hielo subterráneo permanente | glacière.
caverna de osamentas | bone cave.
caverna en el hielo | ice-cave.
caverna kárstica (geología) | spouting horn.
caverna osífera | ossiferous cave | bone cave.
cavernas subterráneas | subterranean cavities.
cavernosa (fundición) | blowy.
cavernoso | cavernous | honeycombed.
cavernoso (acústica) | tubby.
cavernoso (metales) | blown-hollow.
caveto | cavetto.
caveto (carpintería) | quirk.
caveto invertido | hollow chamfer.
caveto invertido (arquitectura) | reverse cavetto.
caveto recto | rising cavetto.
caviar | caviar.
cavidad | cavity | cell | sac | alveolus | hole | hollow | scoop | recess | pocket | camera | sink.
cavidad (árboles) | box.
cavidad (de un filón) | vug.
cavidad (piezas fundidas) | vug.
cavidad (radio) | cavity.
cavidad (semiconductores) | valley.
cavidad biológica | biological hole.
cavidad captadora | catcher cavity.
cavidad cónica central revestida de chapa fina de acero (carga explosiva interior del proyectil) | shaped charge.
cavidad de contracción (metalurgia) | piping.
cavidad de desahogo de la rebaba (forjas) | flash-hole.
cavidad de efecto acumulativo | folded cavity.
cavidad de forma triangular | trigon.
cavidad de la cabeza donde se aloja el esperma (ballenas) | case.
cavidad de lados rectos | straight-sided cavity.
cavidad de paredes opacas | opaque-walled cavity.
cavidad drúsica | drusy cavity.
cavidad en un molde para recoger el exceso de material que se escapa durante el moldeo | spew way | spew groove.
cavidad en V al extremo de la pieza (defecto laminación) | fishtail.
cavidad esférica para retener el aceite | spherical oiler.
cavidad interior (de estampa de forja) | impression.
cavidad llena de agua o gas (minas) | bag.
cavidad natural en superficies rocosas con una pequeña cantidad de agua de condensación del rocío | kiss tank.
cavidad para lubricación | oil pocket.
cavidad para retener el aceite (rangua de relojes) | oiler.
cavidad pequeña (anatomía) | recess.
cavidad por contracción | pipe | shrinkage cavity.
cavidad profunda de lados rectos | deep staight-sided cavity.
cavidad punzonada (cavidad hecha introduciendo a presión un punzón de la misma forma que la cavidad) | hobbed cavity.
cavidad rellena de agua o gas (minas) | pocket.
cavidad replegada | folded cavity.
cavidad resonante | space hat | cavity resonator | resonating cavity.
cavidad resonante de ecos artificiales | echo box.
cavidad resonante obtenida en un cable coaxial por inserción de un diafragma | septate coaxial cavity.
cavidad resonante sintonizada con ferrita | ferrite-tuned resonant cavity.
cavidad revestida de cristales | bug hole.
cavidad sintonizable | tunable cavity.
cavidad subterránea | underground opening.
cavidad tierra-ionosfera | earth-ionosphere cavity.
cavidad T.R | T.R. cavity.
cavidad TR (radar) | TR cavity.
cavidad tubular (defecto soldaduras) | pipe.
cavidad tubular o alargada debida a gases aprisionados (defecto soldadura) | piping.
cavidad tubular o alargada debida a gases aprisionados (defecto soldaduras) | wormhole.
cavidades de contracción | contraction cavities.
cavidades delgadas de gran superficie paralelas a la chapa (defecto laminado aceros) | lamination.
cavidades en filones mineralizados | drusy cavities.
cavidades incisas | etch pits.
cavidades para microondas sintonizable con ferrita | ferrite-tunable microwave cavities.
cavidades que se dejan en un molde para poder sacar probetas del material | runner.
cavitación | streaming | streaming | cavitation | boundary layer separation.
cavitación burbujeante | bubble-cavitation | burbling cavitation.
cavitación burbujeante (hélice marina) | bubble cavitation.
cavitación en la cara activa de la hélice | face cavitation.
cavitación en la cara de presión de la pala de la hélice | face cavitation.
cavitación en torbellinos de extremo de pala | tip vortex cavitation.
cavitación incipiente (hélices) | incipient cavitation.
cavitación intergranular | intergranular cavitation.
cavitación laminar | laminar cavitation.
cavitación laminar (hélice marina) | sheet cavitation.
cavitación naciente | incipient cavitation.
cavitación producida por radiación ultrasónica | cavitation produced by ultrasonic radiation.
cavitación tipo nube (hélice marina) | cloud cavitation.
cavitación vorticial de extremo de pala (hélice marina) | tip vortex cavitation.
cavitación vorticial generada por la interacción hélice-codaste | propeller-hull vortex cavitation.

cavitacional | cavitational.
cavitar | cavitate (to).
cavok | cavok.
cayado | staff | crook.
cayado (detención aviones sobre cubierta de portaaviones) | hook.
cayado de la aorta | arc of the aorta.
cayailla (atizador de fragua) | adjoint piece.
cayo | key | key | coral reef | islet | kay | shoal.
cayo (arrecife de coral) | cay.
caz | raceway | race | leat | channel | lade.
caz (canal) | mill trough.
caz (de un canal) | level.
caz (molinos) | mill course | mill-leat | millrace | mill-lade | mill-run | mill tail.
caz (turbina hidráulica) | flume.
caza | chase | chasing | pursuit | hunting | fighter aircraft.
caza (de aves) | fowling.
caza (misil antisubmarinos) | trailing.
caza bombardero supersónico | supersonic interceptor bomber.
caza con escopeta | shooting.
caza con trampa | ginning.
caza de animales vivos en trampas | live-trapping.
caza de contrabandistas | smuggler chasing.
caza de ratones | mousing.
caza del pato silvestre | mallard shooting.
caza deportiva de grandes aves | upland birds.
caza furtiva | poaching | game trespass.
caza mayor | big game.
caza menor | small game.
caza menor deportiva | upland game.
caza rural | farm game.
caza-bombardero | gunner bomber.
cazadero | chase.
cazador | chaser.
cazador biplaza birreactor | twin-jet two-seat fighter.
cazador biplaza con equipo electrónico | two-seater electronically-equipped fighter.
cazador birreactor | twin-engined jet fighter.
cazador con base en hidroaeropuerto | water-based fighter.
cazador con motor de pistón | piston fighter.
cazador con propulsión adicional de cohetes | piloted rocket fighter.
cazador de alas en flechas | sweptwing fighter.
cazador de asalto | strike fighter.
cazador de ataque | strike fighter.
cazador de ataque rasante | ground fighter.
cazador de chorro | jet-propelled fighter.
cazador de escolta (avión) | escort fighter.
cazador de escolta de gran autonomía | long-range escort fighter.
cazador de gran altitud de vuelo | high-altitude fighter.
cazador de reacción por chorro | jet-fighter.
cazador de turborreactor | turbojet fighter.
cazador interceptador | interceptor-fighter.
cazador interceptador diurno | day interceptor fighter.
cazador interceptor supersónico | supersonic interceptor fighter.
cazador modificado para ser catapultado (aviación) | catafighter.
cazador monoplaza | single-seat fighter.
cazador monoplaza monomotor de hélice tractora | tractor single-engine single-seater fighter.
cazador multicañón | multigun fighter.
cazador nocturno | night-fighter.
cazador nocturno biplaza | two-seat night-fighter.
cazador nocturno birreactor | twin-jet night fighter.
cazador nocturno de propulsión por chorro | jet-propelled night-fighter.
cazador propulsado por estatorreactor | ramjet fighter.
cazador que lleva torpedos o bombas o cohetes | strike fighter.
cazador reactor biplaza para todo tiempo | two-seat all-weather jet fighter.
cazador supersónico de alas en delta | supersonic delta-wing fighter.
cazador supersónico monomotor | single-engine supersonic fighter.
cazador táctico supersónico (aviones) | supersonic tactical fighter aircraft.
cazador transportado por un bombardeo | parasite fighter.
cazador triplano | triplane fighter.
cazador-bombardero | fighter-bomber.
cazador-bombardero de ataque | attack fighter-bomber.
cazador-bombardero de ataque sobre blancos terrestres | ground attack fighter-bomber.
cazar | chase (to).
cazar (marina) | haul (to) | haul aft (to).
cazar en bote (patos) | float (to).
cazar focas | seal (to).
cazar las escotas | haul aft the sheets (to).
cazar mucho (en un cazadero) | overshoot (to).
cazar o pescar sin permiso | poach (to).
cazar ratones | mouse (to).
cazar siguiendo el rastro | trail (to).
cazar submarinos | hunt submarines (to).
cazar zorros | fox (to).
cazasubmarinos | submarine chaser | chaser.
cazatorpedero (destructor) | destroyer.
cazcorvo (Colombia, Venezuela) | bowlegged.
cazo | ladle | kettle.
cazo con dos brazos largos para transporte a mano (funderías) | bull ladle.
cazo de colada | pouring cap | foundry ladle.
cazo de colada sobre vagoneta | trolley ladle.
cazo de fundir | casting pan.
cazo de hierro | iron pot.
cazo de mano de doble mango (fundición) | double-handled hand shank.
cazo de plomero | lead pot | lead ladle | melting pot.
cazo eléctrico | hotcup.
cazo para asfalto | asphalt dipper.
cazo para brea | pitch ladle.
cazo para cola | glue pot.
cazo para verter la brea (calafateo cubiertas) | paying ladle.
cazo pequeño para verter lechada de cemento | gage pot.
cazo portátil de colada con mango bifurcado en la extremidad para poderlo volcar (funderías) | hand shank.
cazoleta (arma de fuego) | pan.
cazoleta de broquel | umbo.
cazoleta de pipa de fumar | pipe bowl.
cazoleta del pivote (rangua) | center plate.
cazoleta engrasadora | oil cellar.
cazoleta para lubricar (cabeza de biela) | oil-catcher.
cazón (pez) | sea dog.
cazonete (cuerdas) | toggle.
cazonete de bolina | bowline toggle.
cazuela | pan | boiling pan.
ceba (animales) | fattening | fatting.
cebada | barley.
cebada (fabricación cerveza) | pitching.
cebada cervecera | six-row barley.
cebada de dos carreras | two-row barley.
cebada de 6 carreras | six-row barley.
cebada fermentada | malt.
cebada híbrida | hybrid barley.
cebada mondada | pot barley.
cebada o avena (comercio marítimo) | light grain.
cebada y trigo (cultivos) | maize-barley-wheat rotation.
cebado | bootstrap.
cebado (animales) | in prime of grease.
cebado (bombas) | priming.
cebado (de una dínamo) | building up.
cebado (electricidad) | bake-out.
cebado (Iberoamérica) | stocker.
cebado (inyectores) | starting.
cebado a baja tensión y alta frecuencia | low tension and high frequency.
cebado acústico | microphonics.
cebado anódico | anode firing.
cebado de baja frecuencia (radio) | motor-boating.
cebado de impulsos | pulse priming.
cebado de un arco | striking of an arc.
cebado del barreno | shot priming.
cebado magnético (magnetismo) | energization.
cebador | boot.
cebador (alumbrado fluorescente) | starter.
cebador (bombas) | water charger.
cebador (del carburador) | tickler.
cebador (para bombas) | primer.
cebador atómico | atomic trigger.
cebador automático (para bombas) | automatic primer.
cebador con capacitor (luz fluorescente) | starter with capacitor.
cebadura | baiting.
cebadura (bombas) | priming.
cebamiento | fatting | fattening.
cebar | flesh (to).
cebar (arma de fuego, una bomba, etc.) | prime (to).
cebar (bombas) | fang (to).
cebar (bombas, sifones, arco eléctrico) | start (to).
cebar (gasógenos) | draw up (to).
cebar (tiratrón) | strike (to).
cebar (un campo magnético) | build up (to).
cebar con bellotas | mast (to).
cebar con exceso (motor de combustión) | overprime (to).
cebar el arco (electricidad) | arc (to).
cebar gasolina en cilindros (motores) | prime (to).
cebar una carga (explosivos) | fuse (to).
cebarse (dínamos) | pick up (to) | build up (to).
cebarse (inyectores, bombas) | catch on (to).
cebarse (tiratrón) | fire (to).
cebasifón | siphon primer.
cebo | baiting | cap | trap | fuse | fuze | cap | blasting cap | fishing bait | exploder.
cebo (cápsula) | detonator.
cebo (cápsula fulminante - cartuchos) | detonating primer.
cebo (carga explosiva) | primer.
cebo (explosivos) | priming.
cebo artificial | squid.
cebo caído (del culote del cartucho) | blown primer.
cebo de cantidad | low-tension fuse.
cebo de chispa | spark-fuse.
cebo de fricción | friction-tube.
cebo de fulminato de mercurio | fulminate of mercury blasting cap.
cebo de gelatina explosiva | gelatine primer.
cebo de retardo | delay action detonator.
cebo de tensión | spark-fuse | machine fuse.
cebo echado al fondo por el pescador | ground-bait.
cebo echado por la borda para atraer la pesca (buques pesqueros) | ground-bait.
cebo eléctrico | electric detonator fuse | electric blasting cap | electric squib | electric detonator | electric fuse | electric cap | e.b. (electric blasting) cap | E.B. cap | E. B. cap.
cebo eléctrico con retardo de milisegundo | millisecond delay blasting cap.
cebo eléctrico de cantidad | battery fuse | glow fuse.
cebo eléctrico de chispa | high-tension fuse | tension fuse.
cebo eléctrico de incandescencia | low-tension fuse | quantity-fuse.
cebo eléctrico de retardo | electric delay fuse.
cebo eléctrico de voltaje | machine fuse.
cebo eléctrico instantáneo | zero-delay electric blasting cap.
cebo envenenado | poisoned bait.
cebo para pescar | fish lure.

cebo para pólvora con envuelta de papel | squib.
cebo periférico (cartuchos) | rimfire primer.
cebo venenoso | bait.
cebolla (bulbo - botánica) | bulb.
cebón | stocker.
cebón (animales) | plump.
cebos contra los caracoles | slug baits.
cebos defasados en milisegundos (voladuras) | millisecond detonators.
cebú de la India | Indian ox.
cecidiforme | gall-like.
cecidógeno | gall-making.
cecina | jerked beef | corned beef | corn beef.
cecinador (preparador de cecinas) | curer.
cecograma | cecogram.
ceda el paso | give way.
cedazo | cribble | riddle | screen | temse | sifter | sieve | bolting-reel | strainer.
cedazo de agujeros redondos | round-hole screen.
cedazo de alambre | bronze gauze.
cedazo de arrastre | drag screen.
cedazo de banda | band screen.
cedazo de escobillas | dressing machine.
cedazo de mallas de alambre tejido | woven wire mesh sieve.
cedazo de microaberturas electroformadas | electroformed micromesh sieve.
cedazo de micromallas | micromesh sieve.
cedazo de pelo para mineral de estaño | dilluer.
cedazo electroformado | electroformed sieve.
cedazo mecánico | bolting mill.
cedazo metálico de malla estrecha | fine-mesh metal sieve.
cedazo molecular | molecular sieve.
cedazo oscilante | brake sieve.
cedazo para grava | gravel riddle.
cedazo redondo | circular sieve.
cedazo sacudidor | shaking-screen | shaking screen.
cedencia elástica | creep.
cedente | grantor | releasor | transferer | transferor | assigner | licensor | vender | vendor.
cedente (de un efecto) | endorser.
cedente (de una patente) | licenser.
cedente (derechos, patentes) | assignor.
ceder | setover (to) | transmit (to) | surrender (to) | yield (to) | transfer (to) | cede (to) | assign (to) | relinquish (to) | make over (to).
ceder (la propiedad) | vest (to).
ceder (precios) | decline (to).
ceder (terrenos, cimientos) | settle (to).
ceder (una tierra) | release (to).
ceder a la presión | yield under pressure (to).
ceder como garantía | assign for security (to).
ceder con todos los derechos de goce y posesión | grant in fee-simple (to).
ceder el riesgo | surrender the risk (to).
ceder la cimentación | give the foundations (to).
ceder la propiedad | vest the title (to).
ceder su derecho | yield one's right (to).
cedido por entrega de escritura | lying in grant.
cedimiento debido a la consolidación | consolidation settlement.
cedimiento del apoyo (vigas) | support yielding.
cedimiento del terreno | soil settling.
cedrela americana (Cedrela brasiliensis | South american cedar.
cedreleón | cedar oil | oil of cedar.
cedro | cedar.
cedro (Cedrela mexicana - Roem) | cedro.
cedro amarillo | yellow cedar | alaska cedar (England) | Alaska yellow cedar (USA).
cedro asiatico (Cedrus deodara) | deodar.
cedro atlántico (Cedrus atlantica) | Atlas cedar.
cedro australiano (Cedrela toona) | poma.
cedro blanco (Libocedrus decurrens - Torr) | bastard cedar.
cedro calantas (Cedrela calantas - Burkill) | kalantas.
cedro colorado (Cedrela mexicana - Roem) | Central American cedar.
cedro de América Central (Cedrela mexicana) | tobasco | Honduras cedar | Tabasco cedar.
cedro de la India | deodar cedar (GB).
cedro de Nueva Zelandia (Libocedrus bidwilii) | New Zealand cedar.
cedro de Virginia | red cedar.
cedro de Virginia (Jumperus virginiana) | Virginian pencil cedar.
cedro del Himalaya | deodar cedar (GB).
cedro del Líbano (Cedrus libani) | Lebanon cedar.
cedro del Líbano (Cedrus libani - Loud) | cedar of Lebanun.
cedro índico (Cedrela toona) | thitkado | toona tree.
cedro índico (Cedrela toona - Roxb) | yonhom | soeren | toon.
cedro Port Orford (Chamaecyparis lawsoniana - Parl) | Port Orford cedar.
cedro rojo (Thuja plicata) | red cedar.
cedro rojo antillano (Cedrela mexicana - Roem) | Spanish cedar.
cedro salteño (Cedrela mexicana - Roem) | cigar box cedar.
cedrus atlántica | cedar.
cédula | scrip | license (EE.UU.) | licence (Inglaterra) | charter.
cédula (estadística) | schedule.
cédula a un año del tesoro (economía) | treasure certificate.
cédula de aduana | permit | customhouse permit.
cédula de citación | notification.
cédula de dividendos (G.B.) | dividend warrant.
cédula de hipoteca mobiliaria | chattel mortgage bond.
cédula de identidad | personal cedula.
cédula de identificación | identity card.
cédula de investigación (transportes) | tracer.
cédula fiscal contra futuros ingresos | anticipation warrant.
cédula hipotecaria | mortgage bonds | mortgage bond | mortgage debenture.
cedular | schedular.
cédulas de interés flotante | floating rate notes.
cédulas emitidas | warrants issued.
cédulas hipotecarias consolidadas | consolidated mortgage bonds.
cefálea en racimos (medicina) | cluster headache.
cefalograma | cephalogram.
cefalograma (medicina) | head's outline.
cefalópodo | cephalopod.
cefalópodo fósil extinto | extinct fossil cephalopod.
cefeida variable (astronomía) | cepheid variable.
céfiro | aura.
céfiro (tejido) | zephyr.
cegamiento | blinding.
cegar | cloud (to).
cegar (vía de agua) | smother (to).
ceguera | sightlessness.
ceguera (animales) | glass eye.
ceguera funcional por explosiones violentas | concussion blindness.
ceguera momentánea (aviadores) | blacking out.
ceguera nocturna | nightblindness | night blindness.
ceguera pasajera por explosión nuclear | flash blindness.
ceguera por mirar al sol sin cristales apropiados | eclipse blindness.
ceguera producida por el resplandor de la nieve | ice-blindness.
ceiba (Ceiba pentandra-Gaertn) | ceiba.
ceiba blanca (Hura crepitans) | sandbox | possentrie.
ceiba blanca (Hura crepitans - L) | possumwood.
ceibo (Ceiba pentandra) | kapokier.
ceilanita | pleonaste.
ceja | eyebrow | brow.
ceja (del arco de violín) | nut.
cejador | tug chain.
cejar | draw back (to).
celada | ambush.
celada (armadura antigua) | salade.
celadonita | celandine green | celadon green | green earth.
celador | overseer | overlooker | guard.
celador (líneas telefónicas) | lineman.
celador (telégrafos) | linesman.
celador auxiliar de incendios (bosque) | prevention guard.
celador de incendios (bosques) | patrol man.
celaje | cloud.
celar | superintend (to).
celda | cage | bucket | cubicle.
celda (de prisión) | cell.
celda (unidad elemental de almacenamiento-informática) | cell.
celda binaria | binary cell | bit location.
celda de almacenamiento | storage cell.
celda de bitio | bit location.
celda de datos | data cell.
celda de memoria | cell array.
celda de memoria (informática) | data store cell.
celda de resistencia | resistor bucket.
celda de selenio | selenium cell.
celda humeda | wet cell.
celda para manipulación | handling cell.
celda sensible a la luz | light sensitive cell.
celdilla | alveolus.
celdilla (zoología) | cell.
celdilla solar | solar cell.
celdilla unitaria (cristalografía) | unit cell.
celebrar | sound (to).
celebrar (con repique de campanas) | ring (to).
celebrar (sesión, reunión) | hold (to).
celebrar elecciones | hold an election (to).
celebrar un contrato | make a contract (to).
celebrar un convenio | make an agreement (to).
celebrar un convenio con | enter into an agreement with (to).
celebrar una asamblea | hold a meeting (to).
celebrar una audiencia | hold a hearing (to).
celebrar una entrevista | hold an interview (to).
celebrar una exposición | hold an exhibition (to).
celebrar una feria | hold an exhibition (to).
celentéreo | coelenterate.
celeridad | acceleration.
celeridad (acústica) | velocity.
celeridad de la deflagración | deflagration celerity.
celeridad de la ola | wave celerity.
celeridad de la onda | wave celerity.
celeridad de la onda monoclinal | monoclinal wave celerity.
celeridad del tiro | fire rate.
celeste | celestial.
celestial | celestial.
celestina (mineral) | celestite.
celestita conteniendo calcio | calciocelestite.
celidografía | celidography.
celidógrafo | celidographer.
celio (velocidad por segundo que una dina imprime a 1 gramo) | cel.
celita (constituyente del clinker del cemento portland) | celite.
celo (de los animales) | rut.
celo = 1 pie × segundo | celo.
celo profesional | care.
celofán | cellophane.
celofanado | cellophaned.
celofanadora | cellophane wrapper.
celofanar | cellophane (to).
celografía (litografía) | cellograph.
celosía | window blind | open framework | framework | lacing | lattice | lattice window | latticing | lattice work.
celosía (construcción metálica) | bay work.
celosía (portilla de luz) | louvre.
celosía (portilla de luz - buques) | louver.

celosía anular | spill ring.
celosía anular (luminotecnia) | ring louver.
celosía complementada | complemented lattice.
celosía de ladrillo u hormigón para amortiguar el resol exterior (edificios en climas cálidos) | brise-soleil.
celosía de resistencia | drag truss.
celosía de ventilación de acero estampado | pressed-steel ventilating louver.
celosía doble (vigas) | double latticework.
celosía rómbica | rhombic lattice.
celosía sensilla | simple latticework.
celosías | louvres.
celoso (buques) | crank.
celotex | celotex.
celsiana (silicato de aluminio y bario) | celsian.
celubiosa | cellobiose.
célula | cell | airframe.
célula (aviación) | wing unit | cell.
célula (avión) | cellule.
célula acabadora (flotación minerales) | cleaner cell.
célula accesoria | accessory cell.
célula adhesiva (zoología) | glue cell.
célula aérea (anatomía) | air cell.
célula aerífera (botánica) | air passage | air cell | air chamber.
célula albumina (biología) | albuminous cell.
célula apuradora (preparación minerales) | scavenger.
célula auxiliar (biología) | help cell.
célula basal (botánica) | basal cell.
célula binaria | binary device | binary cell.
célula cambial (botánica) | cambial cell.
célula cilíndrica | cylindrical cell.
célula cribosa (botánica) | sieve cell.
célula cúpula (biología) | dome cell.
célula de fotooxidación | photooxidation cell.
célula de hoja de trébol | cloverleaf cell.
célula de la matriz | matric cell.
célula de memoria | data cell.
célula de reserva (botánica) | storage cell.
célula de segmentación | cleavage cell.
célula de selenio | selenium cell.
célula de sulfuro de plomo | lead sulfide cell.
célula de telururo de plomo | lead telleride cell.
célula electrolítica | pot | electrolytic cell.
célula en grano de avena (medicina) | oat cell.
célula en la base del ala rodeada por nervaciones (alas lepidónteros) | discal.
célula en reposo | resting cell.
célula energética | fuel cell.
célula energética (pila electroquímica en que la energía libre de la combustión de oxígeno e hidrógeno se convierte directamente en energía eléctrica) | fuel cell.
célula envolvente (anatomía de la madera) | sheath cell.
célula fotoconductiva | photoconductive cell.
célula fotoconductora | photoconducting cell | conductive cell | photoresistive cell.
célula fotoconductora de seleniuro de cadmio | cadmium selenide photoconductive cell.
célula fotoconductora de sulfuro de plomo | lead sulfide photoconductive cell.
célula fotoeléctrica | light cell | photocell | photocell (photoelectric cell) | electric eye | P. E. cell | exposure meter | eye | photo-eye | phototube | photoelectric cell.
célula fotoeléctrica (cine) | pec.
célula fotoeléctrica con el cátodo en la parte superior | head-on phototube.
célula fotoeléctrica con unión obtenida por difusión de impureza | diffused-junction photocell.
célula fotoeléctrica de cadmio | cadmium cell.
célula fotoeléctrica de cesio | caesium cell.
célula fotoeléctrica de unión de aleación | alloy junction photocell.
célula fotoeléctrica multiplicadora | photomultiplier | multiplier phototube.
célula fotoelectrónica | photoelectronic cell.
célula fotoemisiva | photoemissive cell | emission cell.
célula fotoemisora | photoemittent cell.
célula fotoquímica | photoelectrolytic cell.
célula fotorreactiva | light-reactive cell.
célula fotorresistente | light-resistant cell | photoresistant cell | conductive cell.
célula fotovoltaica | photovoltaic cell | self-generating cell.
célula fotovoltaica con barrera anterior | front wall photovoltaic cell.
célula fotovoltaica de carrera posterior | back-wall photovoltaic cell.
célula fotovoltaica solar | solar cell.
célula fotrónica | photronic cell.
célula gémica | budding cell.
célula germen | initial cell.
célula germinal | germ cell.
célula helioeléctrica | helioelectric cell.
célula hija | daughter cell.
célula inicial (botánica) | initial cell.
célula lazo (biología) | lasso cell.
célula macroelectroforética | macroelectrophoretic cell.
célula madre | mother-cell.
célula magnética | magnetic cell.
célula movible | kinetocyte.
célula muerta | dead cell.
célula para generación de energía solar | power-generating solar cell.
célula pequeña | cellule.
célula petrea (botánica) | stone cell.
célula plana | plate cell.
célula pululante (biología) | swarm cell.
célula rectificadora | rectifier cell.
célula rectificadora de selenio | selenium rectifier cell.
célula rectificadora metálica | metallic rectifier cell.
célula reticular | lattice cell.
célula sensible al infrarrojo | infrared-sensitive cell.
célula sexual | gamete.
célula solar | solar battery | solar cell | solar battery.
célula solar de sílice amorfa | amorphous silica solar cell.
célula solar de silicio (energía solar) | silicon solar cell.
célula solar de unión positiva-negativa | p-n junction solar cell.
célula solar ergógena | power-generating solar cell.
célula somática (biología) | somatic cell.
célula tablestacada (puertos) | sheet-pile cell.
célula tapa (biología) | lid cell.
célula unitaria (cristales cúbicos) | unit cube.
célula urticante (zoología) | stinging cell.
célula-huevo | egg-cell.
celular | cellular.
celular (caucho, etc.) | foamed.
células cebada (biología) | mast cell.
células cesta (biología) | basket cells.
células de cría | brood cells.
células de fibra contráctil | contractile fibre cells.
células del esmalte | enamel cells.
células emigrantes | scavenger-cells | wandering cells.
células en empalizada | palisade cells.
células errantes (biología) | wandering cells.
células guardianes (botánica) | guard cells.
células hijas (biología) | daughter cells.
células nerviosas multipolares (medicina) | multipolar nervecells.
células plasmáticas | plasma cells.
células que rodean los tentáculos y que se adhieren a cuerpos extraños | lasso-cells.
células sanguíneas | blood cells.
células solares para la generación fotovoltaica de electricidad | solar cells for photovoltaic generation of electricity.
células voltaicas solares | solar voltaic cells.
celulitis subcutánea | beat disease.
celulitis subcutánea de la mano | beat hand.
celuloide | celluloid.
celuloide no inflamable imitación de ambar | cellon.
celulosa | cellulose.
celulosa (bioquímica) | cellulase.
celulosa al bisulfito | sulfite cellulose.
celulosa al bisulfito cruda y semidecolorada | unbleached and semi-bleached sulphite pulp.
celulosa al sulfato | kraft.
celulosa al sulfato cruda (papelera) | unbleached sulphate pulp.
celulosa alfa | alpha cellulose.
celulosa animal | animal cellulose.
celulosa bacteriana | bacterial cellulose.
celulosa de esparto | esparto cellulose.
celulosa de nudos de madera | knot pulp.
celulosa forrajera (agricultura) | fodder cellulose.
celulosa gelatinizada | gelatinized cellulose.
celulosa kraft | kraft pulp.
celulosa mercerizada | mercerized cellulose.
celulosa mesomorfa | mesomorphous cellulose.
celulosa sin lignina pero con algunas pentosanas | cross and Bevan cellulose.
celulósico | cellulosic.
celulótico | cellulolytic.
cellisca | blizzard | sleet.
cementabilidad | cementability.
cementabilidad (aceros) | casehardenability.
cementable | hardenable.
cementación | hardening | hardfacing | set casing.
cementación (aceros) | carbonizing.
cementación (geología) | cementation.
cementación (metalurgia) | carburising.
cementación (metalurgia, sondeos) | cementing.
cementación (proceso para obtener un metal de una solución desplazándolo por un elemento más electropositivo) | cementation.
cementación a presión (sondeos) | squeeze cementing.
cementación adecuada para maquinaria agrícola (aceros termotratados) | country heat.
cementación carburante | carburization.
cementación con ferrocianuro potásico (metalurgia) | potash hardening.
cementación con mercurio | mercury cementation.
cementación con polvos de cromo (aceros) | chromizing.
cementación de detritos radiactivos | cementation of radiactive waste.
cementación de detritos radiactivos de niveles bajos y medios | cementation of low and medium level radioactive wastes.
cementación de grietas acuíferas | grouting.
cementación de la tubería (sondeos) | casing cementing.
cementación de piezas en cajas de arena mezclada con polvos de cinc (de su inventor Sherard Owper-Coles) | sherardizing.
cementación de pozo petrolífero | oil well cementing.
cementación del acero | steel carburization.
cementación del pozo | well cementing.
cementación del terreno | grouting.
cementación en baño de cianuro | cyanide bath hardening.
cementación en baño de sales | salt bath carburizing.
cementación en baño de sales (metalurgia) | liquid carburizing.
cementación en caja (acero) | case carburizing.
cementación en caja (aceros) | casehardening.
cementación en cajas | box hardening.
cementación en paquete (metalurgia) | pack carburizing | pack hardening.
cementación gaseosa | gaseous cementation.
cementación gaseosa con alimentación gota a gota de un líquido pirolizable en el horno | drip-feed gas carburizing.

cementación no oxidante | nonscale carburizing.
cementación oxiacetilénica | oxyacetylene surface hardening.
cementación por cianuro | cyanide hardening.
cementación por gas (metalurgia) | gas carburizing.
cementación selectiva | selective carburizing.
cementación superficial (metalurgia) | burning-in.
cementación total (en toda la masa - aceros) | through carburizing.
cementada en tosco | blank-carburized.
cementado | cemented | hardened | hardfaced | glaze | carbonized.
cementado (aceros) | carburized.
cementado (metalurgia) | cemented | casehardened.
cementado con carbonato cálcico | calcarinate.
cementado con cobalto | cobalt-cemented.
cementado de costra (pozo petróleo) | scab cementing.
cementado de pozos profundos | deep-well cementing.
cementado superficialmente | surface carburized.
cementador | cementer.
cementador de gas | gas carburizer.
cementar | cement (to) | hardface (to).
cementar (acero) | carbonize (to).
cementar (aceros) | harden (to) | carburise (to) | carburize (to).
cementar (metalurgia) | face-harden (to) | caseharden (to) | convert (to).
cementar con gas (metalurgia) | gas carburize (to).
cementar el residuo atómico | cement the atomic waste (to).
cementar en baño de sales | liquid-carburize (to).
cementar en caja | case carburize (to).
cementar la tubería (pozos) | cement the tubing (to).
cementar una tubería (pozos) | cement a string (to).
cementerio | graveyard.
cementerio radiactivo | radioactive cemetery | radioactive burial ground | radioactive repository.
cementero | cement maker.
cementífero | cementiferous.
cementista | cement finisher | cement worker | concrete laborer | concretor.
cementista (albañil) | finisher.
cementista (obrero) | cement layer.
cementita | iron carbide | cement carbon | cementite.
cementita cristalizada | crystallized cementite.
cementita en exceso | massive cementite.
cementita en láminas delgadas | thin-plate cementite.
cementita esferoidal | globular cementite | spheroidized cementite | divorced cementite.
cementita intergranular (aceros) | boundary cementite.
cementita libre | excess cementite | noneutectic cementite.
cementita manganesífera | manganiferous cementite.
cementita no combinada | free cementite.
cementítico | cementitic.
cementitoausteníticо | cementito-austenitic.
cemento | cement.
cemento (pasta - geología) | cementing material.
cemento a base de azufre plastificado | plasticized sulfur base cement.
cemento a granel (no envasado) | bulk cement | loose cement.
cemento adhesivo | bonding cement.
cemento aluminoso | aluminous cement.
cemento amiantado | asbestos cement.
cemento apelmazado | lumpy cement.
cemento artificial | artificial cement.
cemento asfáltico | asphalt cement.
cemento bitumástico | bitumastic cement.
cemento celular | aeriferous cement.
cemento con base portland | portland-base cement.
cemento con gran resistencia inicial | H.E.S. cement.
cemento con pequeño calor de hidratación | low-heat-of-hydratation cement.
cemento de alta resistencia inicial | early strength cement.
cemento de asfalto con polvo de pizarra | slate cement.
cemento de calor moderado de fraguado | moderate-heat-of hardening cement.
cemento de débil calor de fraguado | low-heat cement.
cemento de débil pérdida de agua (inyecciones) | low-water-loss cement.
cemento de engastar | chasing cement.
cemento de escoria de alto horno | blast-furnace slag cement.
cemento de escorias de alto horno | portland-blastfurnace cement.
cemento de gran resistencia de fraguado rápido | quick-setting high-strength cement.
cemento de gran resistencia inicial | high-early-strength cement.
cemento de limaduras de hierro y sal amoníaco | iron-rust cement.
cemento de obturación | capping cement.
cemento de oxicloruro de magnesio | magnesia cement.
cemento de pequeño calor de hidratación | low-heat cement.
cemento de resina epoxídica cargada con partículas metálicas | metal powder-loaded epoxy resin cement.
cemento de resina sintética de fraguado en frío | cold-setting synthetic resin cement.
cemento de resistencia inicial rápida | early-strength cement.
cemento de volumen variable | unsound cement.
cemento dental de fosfato de zinc | dental zinc phosphate cement.
cemento envasado | packed cement.
cemento expansivo | expansive cement | expanding cement.
cemento extraadherente | extra-adhesive cement.
cemento hidráulico | water cement | hydraulic cement.
cemento hidrófugo | damp-resisting cement.
cemento hidrófugo anticorrosivo | anticorrosion waterproof cement.
cemento hiperaluminoso | high-alumina cement.
cemento ignífugo | fire cement.
cemento instantáneo (cementación) | violent cement.
cemento intergranular (metalografía) | hard-phase material | interblock material.
cemento intersticial | interstitial cement.
cemento inyectado a presión | squeezed cement.
cemento mal cocido | samel.
cemento mezcla de Portland y cemento puzolánico | Portland-pozzolan cement.
cemento muy aluminoso | ciment fondu.
cemento para empaquetadura | gasket cement.
cemento para solapar (juntas) | lap-cement.
cemento para sondeos profundos | deep drilling cement.
cemento para tapar juntas | pointing.
cemento para unir las lámparas a sus casquillos (electricidad) | lamp capping cement.
cemento para vidrio | glass cement.
cemento plastificado | plasticized cement.
cemento pobre en cal | lime-poor cement.
cemento Portland de escorias | Portland-slag cement.
cemento Portland de escorias de alto horno | Portland-blast furnace cement.
cemento puzolánico | pozzuolanic cement.
cemento puzolánico férrico | ferric-puzzolan cement.
cemento refractario | fire cement | fire-resisting cement | high-temperature cement.
cemento refractario en polvo | powdered refractory cement.
cemento refractario hidráulico | hydraulic refractory cement.
cemento refractario plástico | plastic fire cement.
cemento refractario que se endurece con el calor | heat-setting mortar.
cemento siderúrgico | siderurgical cement.
cemento supersulfatado | supersulfated cement.
cemento tapafugas | leak-stopping cement.
cemento termoplástico | plastic cement.
cemento tratado al vacío | vacuumized concrete.
cemento ultraaluminoso | high-alumina cement.
cemento viejo (cementación aceros) | spent bone.
cemento vitrificado constituido principalmente por arcilla (muela abrasiva) | vitrified bond.
cemento vulcanizable | vulcanizable cement.
cementos refractarios | fireproof cements.
cementos refractarios moldeables | moldables.
cementoso | cement-like | cementitious.
cenador | bower.
cenador (de jardín) | pavilion.
cenagal | mire | quag | mud bottom.
cenagoso | slimy | sloppy | sludgy | oozy | moorish | marshy.
cenceñada | rime.
cencido | hurdle plot | panel plot.
cendal (tela de seda) | sandal.
cendal (tela seda) | cendal.
cendrada | cupel ashes.
cenefa | frieze | list.
cenefa (de barandillado - buques) | skirt.
cenefa (pisos losetas) | border.
cenefa de mal tiempo (buques) | weather cloth.
cenefa de mal tiempo (puente buques) | dodger.
cenefa de toldo (buques) | curtain.
cenicero | cinder fall | ash dish | ash bin | ash chest | ashpit | ash pan | ash hole | ash-tub | ash tray.
cenicero (calderas) | spit kit.
cenicero (horno de crisol) | cave.
cenicero con enfriamiento por tubos (calderas) | water-cooled basket bottom.
cenicero de cenizas en estado líquido (calderas) | slag-tap bottom | slagging bottom.
cenicero de cenizas pulverulentas (de escoria no líquida—calderas) | dry-ash bottom.
cenicero de cierre hidráulico (calderas) | water-sealed ash-pit.
ceniciento | ash-colored | ashy.
cénit | zenith.
cénit astronómico | astronomical zenith.
ceniza | ash | cinder.
ceniza amorfa | amorphous ash.
ceniza azul nativa (mineral) | ash blue | blue ashes.
ceniza calcinada | dander.
ceniza de combustible pulverizado | pulverized-fuel ash.
ceniza de coque | coke ash.
ceniza de huesos | bone-earth.
ceniza de la fibra | fiber ash.
ceniza de maderas | wood ash.
ceniza de orfebre | goldsmith's ash.
ceniza de sosa | soda ash.
ceniza inherente | inherent ash.
ceniza negra | black ash.
ceniza nuclear | nuclear ash.
ceniza sintética | synthetic ash.
ceniza solubilizada | solubilized ash.
ceniza sulfatada | sulphated ash.
ceniza sulfatada en la pasta papelera | pulp sulphated ash.
ceniza vanadífera | vanadium-bearing ash.
ceniza verde | green verditer.
ceniza volcánica indurada (Japón) | ashstone.
cenizal | ashpit.

cenizas | ashes | fallbut.
cenizas ardientes | embers.
cenizas calientes | breeze.
cenizas cribadas | riddled ashes.
cenizas de algas marinas | kelp.
cenizas de barrilla (salsola Kali y S. soda) | barilla.
cenizas de estaño | putty of tin | jeweler's putty.
cenizas de estaño (pulimento del vidrio) | putty-powder.
cenizas de hornos | breeze.
cenizas de hueso | bone-ash.
cenizas de la caja de humos (locomotora) | front-end cinders.
cenizas de lejía | lye ash | leach.
cenizas fundidas | fused ash.
cenizas lavadas | buck ashes.
cenizas no coherentes | loose ashes.
cenizas radiactivas | weapon debris | bomb debris.
cenizas radiactivas (explosiones nucleares) | radioactive fallout.
cenizas rojas (de combustión de desperdicios de minas de carbón) | red dog.
cenizas volanderas | fly ash.
cenizas volantes | fly ash.
cenizas voltantes parcial o totalmente fundidas | clinker.
cenogénesis | cenogenesis.
cenogonal | cenogonal.
cenología | cenology.
Cenomaniense (geología) | Senonian.
cenosfera | cenosphere.
cenozoico | kainozoic.
cenozona | assemblage zone.
censatario | heritor.
censatorio | lessee.
censero | lessor.
censo | perpetual lien | leasehold | census | perpetual encumbrance | recording.
censo agropecuario | census of agriculture.
censo carcelario | jail census.
censo comercial | business census.
censo consignativo | consignative ground-rent.
censo de cereales | grain rent.
censo de distribución | distribution census.
censo de ganado | cattle census.
censo de importadores | importers' census.
censo de población | population census | return of population.
censo de prueba | trial census.
censo de viviendas | census of housing.
censo decenal | decennary census.
censo experimental | trial census.
censo frumentario | grain rent.
censo industrial | census of production.
censo laboral | labor census.
censo muestral | sample census.
censo pagado anualmente | annually paid annuity.
censo pecuario | livestock census.
censor (de filmes, etc.) | licenser.
censor de cuentas | accountant.
censor de cuentas interior | internal auditor.
censor jurado de cuentas | chartered accountant | certified public accountant | auditor.
censor jurado de cuentas (G.B.) | chartered accountant.
censoría | censorship.
censos | ground-rents.
censualista | lessor.
censura | audit | control.
censura de cuentas | auditing.
censura de cuentas en la misma empresa | site audit.
censura de la prensa | press censorship.
censura detallada de cuentas | detailed audit.
censura diplomática | diplomatic reproof.
censura en televisión o radio diferida (EE.UU.) | blip.
censura nacional | national censorship.
censura postal | postal censorship.
censura principal | primary censorphip.
censurar a | cast reflections on (to).
centava | cent.
centavo | cent.
centelleador de líquido | liquid scintillator.
centelleante | scintillating | scintillant.
centellear | scintillate (to) | glitter (to) | sparkle (to).
centelleo | scintillating | scintillation | gleam | sparkle | flashing.
centelleo (estrellas) | twinkling.
centelleo (luz eléctrica) | blink.
centelleo de colores | color flicker.
centelleo de luminancia | luminance flicker.
centelleo del fósforo | phosphor scintillations.
centelleo solar (física) | solar flare.
centellograma | scintiphoto.
centellómetro | scintillation counter.
centenario | centenary | centennial | centuries-old.
centeno | rye.
centésima de radián = 0 | centraradian.
centésima parte de grado angular | centigrade.
centésima parte del quilate = 2 miligramos (diamantes) | point.
centibaria | centibar.
centibelio (cB) | centibel.
centígrado | centigrad | centigrade.
centigramo | centigram.
centil (estadística) | centile.
centila (estadística) | percentile.
centilitro | centiliter.
centimétrico | centimetric.
centímetro | centimeter.
centinela | sentinel | watch.
centinela (marca o símbolo) | sentinel.
centinela a caballo (army) | vedette.
centinormal | centinormal.
centisegundo | centisecond.
centistoke (submúltiplo de viscosidad cinemática) | centistoke.
centogenario | centogenerian.
centrable | centrable.
centración automática | automatic centering.
centrada (estadística) | unbiasedness.
centrado | center-truing | centered | location | unbiased.
centrado (aviones) | trim.
centrado (de estampas) | match.
centrado (de las estampas superior e inferior) | matching.
centrado (del avión) | trimming.
centrado (operación de centrado - tornos) | centrig.
centrado (rotores) | true.
centrado con broca | spot drill operation.
centrado de dirección (aeronáutica) | rudder trim.
centrado de las estampas (estampación) | die match.
centrado defectuoso | defective centering.
centrado del papel (tipografía) | squaring.
centrado eléctrico (televisión) | electrical centering.
centrado en cabeceo | pitch trim.
centrado en la base | base-centered.
centrado en la cara | face-centered.
centrado horizontal | horizontal centering.
centrado por corriente continua | D. C. centering.
centrado sobre el plato (tornos) | chucked true.
centrador | centerer | centralizer | spider.
centrador de boca (cañones) | muzzle bore sight.
centrador de la pieza | work locator.
centrador de muela | wheel locator.
centrador de rosca | thread locator.
centrador del embrague (autos) | clutch pilot.
centrador divisor para cepilladora | plane centers.
centraje | centrig | centering | location.
centraje automático con efecto zoom | automatic centering with zoom effect.
central | centric | median.
central atómica | atomic power station.
central autoconmutable (telefonía) | auto-switching centre.
central automática de intercomunicación | dial exchange.
central automática zonal | community automatic exchange.
central auxiliar para atender la hora de máxima carga (electricidad) | peak-lopping station.
central azucarera | sugar cane mill.
central cartográfica de radar | radar mapping central.
central con personal (electricidad) | attended station.
central con reducción de potencia | derated powerplant.
central controlada por director (telefonía) | director exchange.
central de bateria local (teléfonos) | L. B. exchange.
central de caldeo geotérmico | geothermal-powered plant.
central de comunicaciones | central office exchange.
central de conmutación (telecomunicación) | switching central.
central de control arterial (telefonía) | trunk control centre.
central de control remoto | remote control exchange.
central de depósito (documentación) | repository.
central de electricidad | electric power station | electric light station.
central de emergencia | standby plant.
central de emergencia para la hora de máximo consumo o de punta (electricidad) | peaking station.
central de enlace | trunk exchange.
central de enlace readioeléctrico | radio relay exchange.
central de expansión | expansion central plant.
central de fuerza electronuclear | electronuclear powerhouse.
central de fuerza hidráulica | hydraulic power station.
central de fuerza motriz | power station.
central de radar seguidora de misiles | radar missile-tracking central.
central de radio (buques) | radio one | radio central | main radio.
central de radiodistribución | radio relay exchange.
central de registro (cine sonoro) | recording-room.
central de servicio medido (telefonía) | metered service exchange.
central de soplantes (alto horno) | blowing house.
central de teléfonos | central.
central de telex | telex center.
central de tiro | fire direction center.
central de tránsito | subzone centre.
central de turbinas de gas para horas de máxima carga | peaking gas turbine plant.
central diesel-eléctrica | diesel-electric power plant | diesel generating station.
central eléctrica | generating station | electricity works | station | power station | powerhouse | powerhouse.
central eléctrica de agua fluyente | run-of-river power station | river-run plant.
central eléctrica de varios generadores | multimachine power system.
central electrógena eólica | wind electric plant.
central electrogeneradora de turbina de vapor | steam-turbine electricity generating plant.
central electrohidráulica con acumulación por bombeo | pumped-storage plant.
central electronuclear | nuclear powerplant | nuclear power plant.
central electronuclear con circuito de enfria-

miento por sodio líquido | sodium-cooled power station.
central energética | power-generating house.
central energética de combustible nuclear | nuclear-fuel power plant | nuclear-fuel-fired station.
central energética de turbina de combustión sobre vagón | railborne gas turbine power plant.
central energética eólica | wind power plant.
central energética eólica (anemomotriz) | wind power station.
central energética nuclear | nuclear plant.
central energética vapoeléctrica | steam-electric plant.
central eólica | wind-driven plant.
central ergógena | powerplant.
central gasoeléctrica | gas-electric power plant.
central geoeléctrica | geoelectric power plant.
central geotérmica | geothermal power station.
central helioeléctrica | solar power station.
central heliotérmica | solar power station.
central hidráulica de regulación del río | river-controlled power plant.
central hidroeléctrica | hydroelectric powerhouse | hydro station | hydropower plant | hydroplant | water-power station | H-E station.
central hidroeléctrica con embalse de agua bombeada | pumped-storage plant.
central hidroeléctrica de agua fluyente | run-of-the-river plant.
central hidroeléctrica de embalse por bombeo | pumping power-station.
central hidroeléctrica de pequeña potencia | microhydroelectric power plant.
central hidroeléctrica de salto pequeño | low-head hydroelectric station.
central hidroeléctrica de turbina-bomba reversible | pump-generating station.
central hidroeléctrica en caverna | underground hydro plant | underground hydroelectric power plant.
central hidroeléctrica subterránea | underground hydroelectric power station.
central hidroeléctrica telegobernada | remote-controlled hydroelectric plant.
central hidroeléctrica telerregulada sin personal | unattended remotely controlled hydro plant.
central interurbana | toll exchange.
central interurbana (telefonía) | trunk exchange | toll office.
central interurbana manual | manual trunk exchange.
central manual (teléfonos) | manual exchange.
central manual privada | private manual exchange (P.M.X.).
central maremotriz | tidal plant | tidal power station | tidal power plant.
central meteorológica | weather central.
central multiplex por división en el tiempo | time-division-multiplex exchange.
central nuclear | nuclear power station | nuclear power plant.
central nuclear de doble finalidad | two-purpose nuclear station.
central nuclear marina | off shore nuclear power.
central nucleoeléctrica | nuclear power station | nuclear-electric power plant.
central nucleoeléctrica y de desalación | desalting and nucleoeletric station.
central nucleoenergética | nuclear-power installation | nuclear power plant.
central nucleoergógena | nuclear power station.
central nucleotermoeléctrica | nuclear power station | nuclear power plant.
central piroeléctrica | fuel-fired power plant.
central principal (telefonía) | main exchange.
central privada manual conectada a la red telefónica pública | private branch exchange (PBX).
central repetidora | relay center.
central satélite | satellite exchange.
central satélite rural | country satellite exchange.
central solar | solar power plant.
central subzona | subzone centre.
central telefónica | exchange | telephone exchange | call-office.
central telefónica automática | auto-exchange | dial central office | automatic telephone exchange | automatic exchange.
central telefónica automática electrónica | electronic automatic telephone exchange.
central telefónica automática no directora | nondirector automatic telephone exchange.
central telefónica auxiliar | dependent exchange | minor exchange | satellite exchange.
central telefónica de línea selectiva | party-line exchange.
central telefónica electrónica | electronic telephone exchange.
central telefónica experimental | trial office.
central telefónica intermedia | tandem exchange.
central telefónica local | local central office.
central telefónica manual | sleeve-control exchange.
central telefónica mixta manual y automática | auto-manual telephone exchange.
central telefónica por modulación de impulsos en código | pulse code modulation exchange.
central telefónica que de ordinario recibe llamadas de otra cntral | parent exchange.
central telefónica que recibe llamadas de otra central | parent exchange.
central telefónica secundaria no directora | nondirector satellite telephone exchange.
central telegráfica | telegraph exchanges.
central térmica | thermal power station | thermal power plant.
central térmica de turbinas de vapor | turboelectric power station.
central terminal | terminal exchange.
central terminal (telefonía) | end office.
central terminal urbana (telecomunicaciones) | end office.
central termoeléctrica | heat-electric station | powerplant | thermal generating station | steam electric plant | thermoelectric plant.
central termoeléctrica cobijada en parte | semioutdoor power station.
central termoeléctrica de presión supercrítica | supercritical pressure power plant.
central terrestre nucleoeléctrica | land-based atomic power plant.
central turboeléctrica | turboelectric power station.
central urbana | urban exchange.
central urbana (telefonía) | local exchange.
central urbana (teléfonos) | local main exchange.
central vapoeléctrica | steam-electric plant.
centrales electroenergéticas | electricity utilities.
centralidad | centricity.
centralidad de las brocas | centrality of twist drills.
centralita automática particular | private automatic branch exchange.
centralita automática privada | private automatic exchange (P.A.X.).
centralita manual privada | private manual exchange.
centralita privada (teléfonos) | PBX.
centralita privada conectada a la red pública telefónica | branch exchange.
centralita telefónica | attendant's set.
centralización | centralizing | centralization.
centralización de datos | data gathering.
centralización de las compras | bulk purchasing.
centralizador | centralizer.
centralizador de tubería | casing centralizer.
centralizador del arco (soldadoras) | arc blow compensator.
centralizador del arco (soldadura) | arc damper.
centralizador nilpotente | nilpotent centralizer.
centralizar | centralize (to).
centramiento | centering.
centrar | center-true (to) | center (to) | true (to) | true up (to) | match (to) | middle (to).
centrar (el tiro) | adjust (to).
centrar la imagen | center-up (to).
centrar la imagen (televisión) | center up (to).
centricidad | centricity.
céntrico | centric.
centrífuga | hidroextractor | hydroextractor | centrifuge.
centrífuga astronáutica | astronautic centrifuge.
centrífuga clarificadora | clarifying centrifuge.
centrífuga con cesta sin perforar | solid-bowl centrifuge.
centrífuga de cesta | basket centrifuge.
centrífuga de cestas | wringer.
centrífuga de contracorriente | countercurrent centrifuge.
centrífuga discontinua con accionamiento inferior | batch underdriven centrifuge.
centrífuga evaporativa | evaporative centrifuge.
centrífuga para extraer miel de panales | honey-extractor.
centrífuga semicontinua | semicontinuous centrifuge.
centrifugacia | centrifugacy.
centrifugación | centrifugalization | centrifuging | centrifugation | whizzing.
centrifugación (de crudos) | grind out.
centrifugación de flujo paralelo | concurrent centrifugation.
centrifugación de metales | metal spinning.
centrifugación en contracorriente | counter-current centrifugation.
centrifugación zonal | zonal centrifugation.
centrifugado (fundición) | centricast.
centrifugado (hormigón) | spun.
centrifugado (tubos) | hollow spun.
centrifugado en molde de arena | sand spun.
centrifugador | spinner.
centrifugadora | centrifugal machine | whizzer.
centrifugadora (fotografía) | whirler.
centrifugadora de corriente paralela | concurrent centrifuge.
centrifugadora de placas (fotografía) | plate whirler.
centrifugar | whizz (to) | hydroextract (to) | centrifugalize (to) | centrifuge (to) | spin (to).
centrifugar (fundición) | spin (to).
centrífugo | centrifugal | axifugal.
centriolo | centriole.
centrípeta | centripetal.
centripetencia | centripetency.
centro | centrum | core | center (EE.UU.) | centre (Inglaterra).
centro (de rueda de radios) | spider.
centro aceptor | acceptor center.
centro acústico efectivo | effective acoustic center.
centro aerodinámico | aerodynamic center.
centro aerodinámico del ala | aerodynamic wing center.
centro automático conmutador de mensajes | automatic message-switching center.
centro automovilista | motoring center.
centro comercial | shopping center.
centro comercial de una ciudad | downtown.
centro común de gravedad (sistema de masas) | barycenter.
centro contraproductivo | contraproductive center.
centro de acción | center of action.
centro de actividad de un trabajo reporteril | beat.
centro de adiestramiento | training center.
centro de adiestramiento técnico | engineering training center.
centro de análisis de la información | information analysis centre | information analysis center.
Centro de Armamento de las Fuerzas Aéreas

| Air Force Armament Center.
centro de asesoramiento de consumidores | consumer's advice bureau.
centro de aviación agrícola | agricultural aviation centre.
centro de avituallamiento | loading center.
centro de cálculo | computer center.
centro de campo de pruebas aéreas | air proving ground center.
centro de captura (semiconductores) | trapping center.
centro de captura energética | trapping center.
centro de color provocado por bombardeo neutrónico | neutron-induced color center.
centro de comunicaciones | message center.
centro de comunicaciones (aviación) | communications centre.
centro de comunicaciones de área (telefonía) | area communication centre.
centro de conmutación | switching station | switching center.
centro de conmutación automática | automatic switching center.
centro de conmutación automático | automatic electronic data switching center.
centro de conmutación de mensajes | relay center.
centro de conmutación en el satélite | satellite switching center.
centro de conmutación semiautomática | semiautomatic switching center.
centro de conmutación semiautomático | semi-automatic switchig center.
centro de control aéreo | air control center.
centro de control arterial (telefonía) | trunk control center.
centro de control de área | area control center.
centro de control de área (aviación) | area control center (ACC).
Centro de Control de la Defensa Aérea (A.D.C.C.) | Air Defense Control Center.
centro de control de lanzamiento (astronáutica) | launch control center.
centro de control de los cazadores (aviación) | fighter control center.
centro de control de tránsito de rutas aéreas | air route traffic control center.
centro de control de vuelos espaciales | space flight operation facility.
centro de control técnico de satélites | spacecraft technical control center.
centro de coordinación | coordination center.
centro de coordinación de salvamento | rescue coordination center.
centro de coordinación técnica y de operaciones | techical and operational coordination center.
centro de cortadura (punto en la sección transversal por donde pasa la resultante de los esfuerzos cortantes y en que una carga aplicada sólo produce esfuerzo de flexión sin torsión-vigas en U) | flexural center.
centro de chapa (México) | core.
centro de datos | data centre.
Centro de datos de maquinabilidad de las Fuerzas Aéreas | Air Force Machinability Data Centre.
centro de desarrollo de misiles | missile development center.
Centro de Desarrollo de Misiles de las Fuerzas Aéreas | Air Force Missile Development Center.
centro de discriminación | filter center.
centro de distorsión | center of distortion.
centro de distribución | switching center | distributing center.
centro de distribución de cereales (comercio) | primary point.
centro de documentación | documentation center.
centro de donación de alimentos | food donation center.
centro de empuje (buques) | center of immersion.
centro de empuje (centro de carena - buques) | center of buoyancy | center of displacement.
centro de empuje (perfil de ala) | aerodynamic center.
centro de energía | energy centre.
centro de enlace de telecomunicaciones | communication relay center | communications relay center.
centro de enlace interurbano (comunicaciones) | toll center.
centro de equilibrio | center of balance.
centro de esfuerzo | working point.
centro de esfuerzos cortantes (viga en U) | shear center.
centro de estudios (TV) | studio center.
centro de estudios fuera del campus universitario | off-campus study center.
centro de estudios rurales | settlement study centre.
Centro de Evaluación de Ensayos | Test Evaluation Center.
centro de explosión | burst center.
centro de explotación de TV | television operating center.
centro de fase de un sistema | phase center of an array.
centro de filtrado (información) | filter center.
centro de flexión | flexural center.
centro de formación | training center.
centro de fuentes de información | referral centre.
centro de giro | pivot | pivotal center | live center.
centro de gravedad | center of mass.
centro de gravedad (baricentro) | center of gravity | centroid.
centro de gravedad de la armadura de tracción (hormigón armado) | center of gravity of tensile steel.
centro de gravedad de un área | centroid of an area.
centro de gravedad de un volumen | centroid of a volume.
centro de impacto | center of impact.
centro de impactos (artillería) | mean point of impact.
centro de impactos (erizos, cargas de profundidad) | pattern center.
centro de inercia | center of gyration | center of inertia.
centro de información | information bureau.
centro de información avanzado (milicia) | advanced center of information.
centro de información de combate (buques de guerra) | combat information center.
centro de información de la defensa nacional | national intelligence agency.
centro de información de vuelos (aeronáutica) | flight information center.
centro de información topográfica | survey information center.
centro de instrucción | training center.
centro de investigación | research center | research department.
centro de la amplitud | midrange.
centro de la ciudad | midtown.
centro de la salva (erizos, cargas de profundidad) | pattern center.
centro de la tormenta | eye of the storm.
centro de masa | center of inertia.
centro de masa instantáneo | instantaneous mass-center.
centro de masas | mass center | center of mass | centroid.
centro de mensajes clasificados | classified message center.
centro de momentos | moment center.
centro de movilización | mobilization center.
centro de observación nuclear-biológica y química | nuclear-biological-chemical collection center.
centro de operaciones | headquarters.
centro de operaciones tácticas | tactical operations center.
centro de oportunidades para la juventud | youth opportunity center.
centro de organización | organizer.
centro de percusión | center of percussion.
centro de perforación (informática) | keypunch center.
centro de perspectiva | perspective center.
centro de posición | center of location.
centro de presión de una sección plana | load point.
centro de previsiones (meteorología) | forecast centre.
centro de proceso de datos | data center.
centro de pronósticos | forecast centre.
centro de recombinación | deathnium center.
centro de referencia | referral centre | clearing house.
centro de referencias para la ciencia y tecnología (bibliotecas) | referral center for science and technology.
centro de rehabilitación | rehabilitation center.
centro de reserva de programas (tecnología espacial) | programme booking centre.
centro de retransmisión por transferencia manual de mensaje efectuado | torn-tape switching center.
centro de rotación (mecánica) | centro.
centro de rotación de un cuerpo relativamente a otro (cinemática) | centro.
centro de rueda | wheel web.
centro de satélites con dotación humana | manned spacecraft center.
centro de semejanza | direct center.
centro de simetría | center of symmetry.
centro de sustentación (aviones) | center of lift.
centro de tarificación | rate center.
centro de teleproceso | telecenter.
centro de teletipos | teleprinter center.
centro de tormenta (meteorología) | thunderhead.
centro de traducciones | translation pool.
centro de tránsito | transit office.
centro de tránsito (telefonía - EE.UU.) | via center | switching point.
centro de tránsito (telefonía - Inglaterra) | zone centre.
centro de tránsito internacional | international transit center.
centro de transmisiones | concenter.
centro de transmisiones (telecomunicación) | message center.
centro de transmisiones avanzado (milicia) | advanced message center.
centro de transmisiones de la división | division message center.
centro de tratamiento de la información electrónica | electronic data processing centre.
centro de ubicación | center of location.
centro de un alza óptica circular | bead.
centro de un cuerpo | dead center.
centro de una zona de alta o baja presión | pressure center.
centro de vigilancia | alerting center.
centro del ciclón | eye of the storm.
centro del círculo inscrito | in-center.
centro del escudo (heráldica) | fess-point.
centro del punto reticular (litrografía, grabado) | core.
centro del recorrido | midrange.
centro del tramo | mid-span.
centro demográfico | center of population.
centro director | controlling exchange.
centro distribuidor | entrepôt | distributing center.
centro doctrinal | doctrinal center.
centro donador | donor center.
centro emisor (telegráfico) | forwarding center.
centro equipado con una calculadora electrónica para el control de materias venenosas ingeridas por personas | computerized poison-control centre.
centro esencial | pivotal center.
Centro Europeo de Investigación Nuclear |

European Nuclear Research Centre (E. N. R. C.).
Centro Europeo de Investigación y de Tecnología Espaciales | European Space Research and Technology Centre.
centro exterior (macho roscador) | male center.
centro fabril | manufacturing center.
centro geométrico | geometric center.
centro geométrico de impactos (artillería) | mean point of impact.
centro geométrico de la copa (árboles) | form point.
centro geométrico de la formación | formation center.
centro geriátrico | aging center.
centro industrial | manufacturing center.
centro industrial para fijar precios tipos | basing point.
centro informador | reporting center.
centro instantáneo de rotación | instantaneous center | instantaneous center of rotation | rolling point.
centro instantáneo de rotación (cinemática) | centro.
centro interior (macho roscador) | female center.
centro interurbano (telecomunicaciones) | toll center.
centro investigador de dinámica de grupo | research center for group dynamics.
centro luminiscente donador-aceptador | donor-acceptor luminescent center.
centro magnético | magnetic centre.
centro mercantil | trade center.
centro meteorológico nacional | national meteorological centre.
centro metodológico | methodological center.
Centro Misilístico de Pruebas del Ejército | Army Missile Test Center.
centro móvil para proceso de datos (informática) | van-mounted computer center.
centro nacional de exposiciones | national exhibition center.
centro operacional aerotáctico | tactical air operations center.
centro operacional espacial | space operational center.
centro óptico | optical center.
centro óptico (aerofotografía) | principal point | center point.
centro para cifrar y descifrar mensajes | cryptocenter.
centro para mesa | center-piece.
centro para trazar el arco | point of radius.
centro permanente de exposición de productos comerciales | trade center.
centro principal | headquarters.
centro público de tratamiento de información | computer utility.
centro radioquímico | radiochemical center.
centro regulador de la patata (G.B.) | potato board.
centro retransmisor por cinta | tape relay centre.
centro rural (telefonía) | rural centre exchange.
centro rural automático (telefonía) | unit automatic exchange.
centro rural principal | rural main exchange.
centro táctico bajo el mando del almirante | flag plot.
centro telefónico | area exchange.
centro telefónico único | single-office exchange.
centro terminal internacional (telefonía) | international terminal exchange.
centro torsional | center of twist.
centro vélico | center of effort of the sails.
centro vital | vital centre.
centrobárico | centrobaric.
centroclinal (cubeta - geología) | centroclinal.
centrodo del cuerpo | body centrode.
centrodo espacial | space centrode.
centroidal | centroidal.
centroide | centroid | center of mass | center of gravity.
centroide de un arco | centroid of an arc.
centroide de un área | center of gravity of an area.
centroide de una superficie | centroid of an area.
centroide del sistema | centroid of the system.
centroide del volumen desplazado | centroid of displaced volume.
centros de análisis de información apoyados con fondos federales | federally-supported information analysis centers.
centros de análisis de la información del Departamento de Defensa | department of defense information analysis centers.
centros de captura | trapping centers.
centros de gravedad de áreas asimétricas | centroids of unsymmetrical areas.
centros para ancianos | senior centers.
centros sensibilizadores | sensitizing center.
centrosfera | centrum.
centrosfera (citología) | attraction sphere.
centrosfera (geología) | centrosphere | barysphere.
centrosfera (parte central de la tierra a una profundidad de 2.900 kilómetros) | core of the earth.
centrosimétrico (cristalografía) | centrosymmetrical.
centrosoma | centriole | centrosome | centrum.
centuria | century.
cenurosis | gid.
ceñido (trajes) | overtight.
ceñidor | girdle | cincture.
ceñidor (de uniforme) | sash.
ceñidura (forro de buques) | sheering of shell landings.
ceñidura (línea formada por los cantos de un traca - buques) | sheet line.
ceñir | embrace (to) | girth (to) | girdle (to) | bound (to) | clasp (to).
ceñir (estudios cine) | cinch (to).
ceñir el viento | luff (to) | haul the wind (to) | reach (to).
ceñir el viento (buque de vela) | hug the wind (to).
ceñir el viento (buque vela) | lie close (to).
ceñir el viento (velas) | sheet home (to) | hug (to).
ceñirse a las especificaciones | meet specifications (to).
ceñirse al asunto | come to the point (to).
ceolita | zeolite.
cepa | stub | stump | stock | grape-wine.
cepa (biología) | stock | strain.
cepa (viñedos) | cépage.
cepa astillada (Argentina) | spaul.
cepa brotada | stool.
cepa brotada (agricultura) | stool.
cepa con retoños (Puerto Rico) | stool.
cepa de la cola (animales) | tail's root.
cepa del cuerno | horn's root.
cepellón | ball.
cepellón (de árbol) | clue of shoots.
cepellón (plantas) | root-ball.
cepillada por una cara y un canto (maderas) | surfaced on one side and one face.
cepillado | planing | dressed | milled.
cepillado (de madera) | dressing.
cepillado con cepillo metálico | scratch-brushing.
cepillado con cepillo mojado (pieles) | setting.
cepillado con la grata | scratch-brushing.
cepillado con la juntera | jointing.
cepillado de las partes salientes aisladas de un conjunto en una pasada (máquinas herramientas) | air cutting.
cepillado en basto | rough-planed.
cepillado oblicuo | angle planing.
cepillado por las cuatro caras (tablas) | dressed four sides.
cepillado por un canto (tablas) | dressed one edge.
cepillado por una cara (tablas) | dressed one side.
cepillado sin alabeo (maderas) | planing out of wind.
cepillador de lizos | heald cleaner | brusher.
cepillador de lizos (obrero) | harness brusher.
cepilladora | planing machine | planer | shaper.
cepilladora (madera o metales) | surfacer.
cepilladora cerrada | closed planer.
cepilladora circular | circular shaping machine.
cepilladora con accionamiento por piñón conicohelicoidal | spiral drive planing machine.
cepilladora con un costado abierto | open side planer.
cepilladora de bordes de chapa | machine planer.
cepilladora de bordes de chapas | plate edge planer.
cepilladora de cabezal móvil | moving-head planing machine.
cepilladora de carrera variable | adjustable stroke shaper.
cepilladora de columna única | single column planing machine.
cepilladora de chaveteros | keyway planing machine.
cepilladora de doble cabezal | double-head planer.
cepilladora de dos montantes | double-housing planer.
cepilladora de engranajes cónicos | bevel-gear planer.
cepilladora de engranajes rectos | spur-geared planer.
cepilladora de escote | side planer.
cepilladora de irregularidades de carreteras de hormigón y pistas de aeropuertos | concrete planer.
cepilladora de lingotes | ingot planing machine.
cepilladora de manivela | crank planer.
cepilladora de mesa móvil | table planing machine.
cepilladora de pisos de madera | floor-dresser.
cepilladora de puente | double upright planer | double column planer | double housing planer.
cepilladora de superficies curvas | radius planer.
cepilladora de un montante | openside planer.
cepilladora monomontante | single column planing machine | open side planer | openside planing machine.
cepilladora para chapas | plate planer.
cepilladora para engranajes de dentadura recta | gear planer.
cepilladora para madera sin curar | green planer.
cepilladora para madera verde | green planer.
cepilladora para manivelas | crank planer.
cepilladora para mortajar y cortar chaveteros | keyway cutter and slotting machine.
cepilladora por arriba (madera) | over planer.
cepilladora que trabaja en los dos sentidos de la marcha | double-cutting planing machine.
cepilladora radial | radius planer | radial planing machine.
cepilladora rápida | high-speed planing machine.
cepilladora regruesadora (carpintería) | sizer.
cepilladora rotatoria de eje vertical | button set.
cepilladora rotatoria de eje vertical (para madera) | buzz planer.
cepilladora rotatoria para madera | buzz-planer.
cepilladora segmentadora | timber planer.
cepilladora vertical | wall planer | vertical planer.
cepilladora-limadora | shaping planer.
cepilladorista | planer hand.
cepillar | brush (to) | shave (to) | wipe (to) | face (to) | plane (to).
cepillar (carpintería) | try (to) | plane down (to).

cepillar (madera) | surface (to) | trim (to) | dress (to).
cepillar a contrahilo | plane across (to).
cepillar a medidas finales | plane true (to).
cepillar de través | traverse (to).
cepillar exactamente | plane true (to).
cepillar la madera | plane off timber (to).
cepillar los bordes (tablas) | shoot the edge (to).
cepillar mecánicamente | machine plane (to).
cepillar verticalmente | slot (to).
cepillería | brush-ware.
cepillo | brush | jack plane.
cepillo (máquina herramienta) | planer.
cepillo (para estereotipia) | beating brush.
cepillo (tejeduría) | truvat.
cepillo acabador (carpintería) | smooth plane.
cepillo acanalador | plow-plane | fay | plough plane | chamfer plane | fluting plane.
cepillo agitador | agitating brush.
cepillo alisador | comber.
cepillo avivador | rabbet plane.
cepillo batidor | agitating brush.
cepillo blando | soft brush.
cepillo bocel | molding plane | fluting plane | round plane.
cepillo bocel (carpintería) | strikeblock.
cepillo bruñidor | burnishing brush.
cepillo bucal (zoología) | mouth brush.
cepillo cilíndrico | bristle roll | cylinder brush.
cepillo circular | circular brush | brush roller.
cepillo circular de alambre | wire wheel.
cepillo con cerdas de fibra | fibre bristle brush.
cepillo con cerdas de nilón | nylon brush | nylon-tufted brush | nylon-tuffed brush.
cepillo con cerdas de nilon rellenas de abrasivo | abrasive filled nylon bristles brush.
cepillo con cerdas muy rígidas | stiff-bristled brush.
cepillo con fibras de agave | Tampico brush.
cepillo con hierro dentado (carpintería) | toothing plane.
cepillo cóncavo | hollow plane.
cepillo convexo | round plane.
cepillo corto con cuchilla al frente | bullnose plane.
cepillo curvo | circular plane.
cepillo de acanalar | match-plane.
cepillo de achaflanar | bevel plane.
cepillo de ahondar (carpintería)
cepillo de alambre | wire brush | rougher | scratch brush.
cepillo de alambre de forma de copa | cup wire brush.
cepillo de alambre de rodillo | roller-shaped wire brush.
cepillo de alambre rizado | crimped wire brush.
cepillo de alisar | smoothing plane.
cepillo de alisar (carpintería) | smooth plane.
cepillo de astrágalos | astragal plane.
cepillo de banco | bench plane.
cepillo de bocel | astragal plane.
cepillo de canal | capping plane.
cepillo de cantear | border plane.
cepillo de cantear (chapas) | edge plane.
cepillo de cantear (gralopa) | shooting plane.
cepillo de cantear chapas | edger.
cepillo de carpintero | plane | carpenter's plane.
cepillo de cavetos | quirking plane.
cepillo de cavetos (carpintería) | quirk router.
cepillo de cepillar cantos (chapas) | edge plane.
cepillo de cerdas largas | long-haired brush.
cepillo de contrafibra | block plane.
cepillo de costado | side plane.
cepillo de descantear | Cornish plane.
cepillo de dos manos para superficies cóncavas | spokeshave.
cepillo de emparejar pisos de madera | scraper plane.
cepillo de galera (garlopa grande) | long plane.
cepillo de granelar | graining brush.
cepillo de hierro doble | double-iron plane.
cepillo de igualar | border plane.
cepillo de juntas | jointing-plane | jointer | joiner's plane.
cepillo de lectura | brush assembly.
cepillo de machihembrar | matching plane | match-plane | bead plane.
cepillo de mediacaña (carpintería) | reed plane.
cepillo de mesa móvil | traveling table planer.
cepillo de moldurar | fancy plane.
cepillo de molduras | beading plane | molding plane | cornice plane.
cepillo de nuez (ebanistería) | cock bead plane.
cepillo de picolete | snipe plane.
cepillo de púas de acero | scratch brush.
cepillo de puente (máquina herramienta) | housing planer.
cepillo de pulir | polishing brush.
cepillo de quitar polvo | duster.
cepillo de ranurar | banding plane | carpenter's plow | grooving plane | dado plane | plough plane.
cepillo de ranurar (carpintería) | plough.
cepillo de ranuras | housing plane.
cepillo de rebajar | hollowing plane.
cepillo de repasar | finishing plane.
cepillo de vuelta | compass plane.
cepillo desbastador | surface planer.
cepillo descargador del cilindro de felpa | plush roller brush.
cepillo fijo | fixed brush.
cepillo fuerte | strigil.
cepillo giratorio | brush wheel.
cepillo giratorio de alambre | rotary steel wire scratch brush.
cepillo hundidor (peinadora) | dabbing brush | dabber.
cepillo inferior (continua de hilar) | scavenger roll.
cepillo juntero | chamfer plane.
cepillo levantador (tundidoras) | raising brush.
cepillo mecánico para limpiar cubiertas (buques) | deck scrubber.
cepillo metálico | scaling-brush.
cepillo metálico para limpiar fondos (buques) | hog.
cepillo o máquina de moldurar | router.
cepillo para baquetones (carpintería) | reed plane.
cepillo para boceles | quarter-hollow plane | ovolo plane.
cepillo para cantos de chapas | edge planer.
cepillo para el casco (caballos, etc.) | picker.
cepillo para el suelo | floor brush.
cepillo para frotar arena (moldería) | swab.
cepillo para ingletes | miter plane.
cepillo para limpiar agujas (ferrocarril) | points brush.
cepillo para limpiar lámparas | lamp-brush.
cepillo para los dientes | toothbrush.
cepillo para mampirlanes (escalones) | nosing plane.
cepillo para matear | matting brush.
cepillo para molduras | ogee plane.
cepillo para molduras semicilíndricas | gutter plane.
cepillo para redondear pasamanos de escalera | capping plane.
cepillo para servicios duros | hard-service brush.
cepillo para superficies curvas | compass plane.
cepillo para trabajar superficies cóncavas | concave plane.
cepillo plano | flat brush.
cepillo pulidor | dolly.
cepillo pulidor cilíndrico | circular polishing brush.
cepillo ranurador | plow-plane | plow | router plane | routing plane.
cepillo raspador | scraper plane.
cepillo rebajador | sash plane.
cepillo redondo | compass plane.
cepillo regruesador (para madera) | thicknesser.
cepillo tajabucles (tejeduría) | trevette.
cepillo tajabucles (trama de géneros de pelo) | trivet.
cepillo universal | combination plane.
cepillo-cizalla (para chapas) | planoshear.
cepillos para artes gráficas | graphic arts brushes.
cepo | waler.
cepo (construcción) | wale.
cepo (para unir cabezas de pilotes) | ribbon.
cepo (pilotajes) | binding beam.
cepo (que une cabezas de pilotes) | stringpiece.
cepo (yunque) | block | barrel.
cepo (yunque, ancla) | stock.
cepo con grillos | bilboes.
cepo de ancla | anchor stock.
cepo de barrena | auger holder.
cepo de carpintero | carpenter's clamp | joiner's cramp | joining press.
cepo de castigo | bilboes.
cepo de tornillo | screw grip.
cepo de un yunque | block of an anvil.
cepo de yunque | anvil block.
cepo del yunque | anvil stand | anvil stock | anvil bed.
cepo lateral (pilotaje) | side cap.
cepo-riostra (pilotajes) | waling.
cepos (para unir cabezas pilotes) | side-wales.
cepos (para unir pilotes) | wallings.
cera | wax | polish (to).
cera aleda | bee-glue.
cera bituminosa extraída del lignito | montan wax.
cera blanda (esquís) | klister.
cera carnauba | brazil wax.
cera carnauba de hojas verdes viejas | palha wax.
cera carnauba de la mejor calidad | flora wax.
cera carnauba mezclada con otras ceras (industria del calzado) | burnishing wax.
cera de abejas | beeswax.
cera de abejas en escamas | scale wax.
cera de dorador | gold wax.
cera de dorar | goldsize.
cera de galvanoplastia | electrotyper's wax.
cera de lignito | lignite wax.
cera de lino | flax wax.
cera de mírica (mirto de los pantanos) | myrtle wax.
cera de moldear | modeling wax | molding wax.
cera de parafina poco refinada | paraffin scale.
cera de skis | fart.
cera del algodón | cotton wax.
cera del churre | yolk wax.
cera fósil | mineral wax | fossil wax.
cera microcristalina | amorphous wax | microcrystalline wax.
cera mineral | mineral wax.
cera para brillo | polishing wax.
cera para correas | belt wax.
cera para fines industriales | industrial waxes.
cera para pisos | beeswax.
cera parafínica | slack wax.
cera parafínica mineral | mineral paraffin wax.
cera vegetal | plant-wax.
cerabitumen | kerabitumen.
ceradura recercada | case lock.
ceramal a base de molibdeno | moly based metal ceramic.
ceramales | metamics.
ceramental a base de carburo de titanio | titanium-carbide-base cermet.
ceramet | metal-ceramic | ceramet.
cerametal | metal-ceramic.
cerametal (material metalocerámico) | cermet.
cerametal (mezcla de metal y cerámico) | ceramet.
cerametal (mezcla metalocerámica sinterizada) | ceramel | ceramic metallic mixture.
cerametal (mezcla sinterizada de polvo fino de arcilla y de un metal) | ceramal.
cerametal a base de boruros | boride base cermet.
cerametal con óxido infiltrado | infiltrated oxide cermet.

cerametal de aluminiuro de níquel | nickel aluminide cermet.
cerametal de hierro | iron ceramal.
cerametal de matriz de acero inoxidable con una dispersión de 51% de UO_2 | coined 51% UO_2 stainless-steel cermet.
cerametal de níquel y magnesia | nickel-magnesia cermet.
cerametales | ceramic metals.
cerametología | cermetology.
cerámica | pottery.
cerámica a base de óxido de niobio | columbium oxide-basis ceramics.
cerámica arcillosa y no decorada | buff ware.
cerámica celular | foamed ceramic.
cerámica con gran proporción de alúmina | aluminum oxide base ceramic.
cerámica con pérdidas dieléctricas escasas | low-loss ceramics.
cerámica de alta tecnología | fine ceramics.
cerámica de alumina sinterizada | sintered alumina ceramic.
cerámica de alúmina translúcida | translucent alumina ceramic.
cerámica de cordierita | cordierite ceramics.
cerámica de gran resistencia a la carga térmica | high thermal shock ceramic.
cerámica de óxido de berilio | beryllium oxide ceramics.
cerámica de reflejos metálicos | lustre-ware.
cerámica electromecánica | electromechanical ceramics.
cerámica esteatítica | steatitic ceramics.
cerámica estequiométrica | stoichiometric ceramic.
cerámica ferroeléctrica | ferroelectric ceramics.
cerámica hiperaluminosa | high alumina ceramic.
cerámica impregnada de siliconas | silicone impregnated ceramic.
cerámica magnética | magnetic ceramics.
cerámica melanográfica | melanographical ceramics.
cerámica piezoeléctrica | piezoelectric ceramics.
cerámica porosa | ceramic sponge.
cerámica preparada para cristalización controlada de vidrios especiales | glass-ceramics.
cerámica resistente al desgaste | wear-resistant ceramics.
cerámica semiconductora | semiconducting ceramics.
cerámica técnica translúcida | translucent engineering ceramics.
cerámicas blancas | white ceramics.
cerámicas negras | black ceramics.
cerámicas negras semiconductoras | black semiconducting ceramics.
cerámicas radiotécnicas | radiotechnical ceramics.
ceramicista | ceramicist.
ceramicite (roca compuesta de plagioclasa básica y cordierita) | ceramicite.
cerámico | ceramic.
cerámico cocido en el horno | fired ceramic.
ceramicología | ceramicology.
ceramicólogo | ceramicologist.
cerámicos (productos cerámicos - material no metálico de alta temperatura de fusión) | ceramics.
cerámicos antiferroeléctricos | antiferroelectric ceramics.
cerámicos con gran proporción de alumina | high alumina ceramics.
cerámicos de óxido de uranio fundidos en barbotina | slip-cast urania ceramics.
cerámicos de plutonio | plutonium ceramics.
cerámicos de titanato y zirconato de plomo | lead zirconate-titanate ceramics.
cerámicos industriales | industrial ceramics.
cerámicos maquinizables | machinable ceramics.
cerámicos no óxidos | nonoxide ceramics.
cerámicos para aplicaciones nucleares | nuclear ceramics.
cerámicos para electrónica | electronics ceramics.
cerámicos reforzados con fibras metálicas | metal fiber reinforced ceramics.
cerámicos reforzados con fibras metálicas incorporadas | fiber-reinforced ceramics.
cerámicos técnicos moldeados por inyección | injection molding technical ceramics.
ceramista | ceramist.
ceramista de arte | artist-ceramist.
ceramografía | ceramography.
ceramología | ceramology.
ceramólogo | ceramologist.
ceramoplástico | ceramoplastic.
cerar una portilla (buques) | dowse (to).
cerargirita | cerargyrite | argyroceratite | horn silver | keratite | kerargyrite.
ceras (substancias víscidas de fácil moldeo) | waxes.
ceras hidrocarbúricas | hydrocarbon waxes.
ceras que son ésteres de alcoholes monohídricos superiores | animal waxes.
ceraunito (meteorito) | ceraunite.
ceraunografía | ceraunography.
ceraunometría | ceraunometry.
ceraunómetro | ceraunometer.
ceraunoprotegido | lightning-proof.
ceraunorresistente | lightning-proof.
ceraunoscopia | ceraunoscopy | keraunoscopia | keraunoscopy.
cerbatana | blowpipe.
cerca | fence | fencing | enclosure | inclosure | hedge | screen.
cerca de la capacidad máxima | on the edge.
cerca de la costa (marina, aviación) | off the coast.
cerca de metal foraminado | expanded-metal enclosure.
cerca de tela metálica contra conejos | rabbit netting.
cerca del alcance del operador | within easy reach of operator.
cerca del aparato y listos para emprender el vuelo (pilotos de avión) | at cockpit readiness.
cerca del fuselaje | inboard.
cerca del suelo | low.
cerca eléctrica | electric fencer.
cerca en zigzag | worm fence | snake fence.
cerca medianera | party fence.
cercado | enclosure | yard | inclosure.
cercado de un dominio acotado (topología) | closure of a bounded domain.
cercado eslabonado | chain link fencing.
cercado para prisioneros | stockade.
cercanías del puerto | waterside.
cercano | approaching | bordering | near.
cercano al blanco (disparo) | short of the target.
cercar | girdle (to) | environ (to) | inclose (to) | encompass (to) | circle (to) | invest (to) | close in (to) | compass (to) | fence (to) | cincture (to) | hedge (to) | enclose (to) | encircle (to).
cercar (enemigos) | hem in (to).
cercar con estacas | picket (to).
cercar con seto | hedge (to).
cercar con una valla de madera | picket (to).
cercar un coto | park (to).
cercar un fuego (Iberoamérica) | contain a fire (to).
cercenador | clipper.
cercenar | take off (to) | cut off (to) | cut down (to) | cut away (to) | clip (to) | curtail (to).
cercenar (medios, recursos) | cripple (to).
cercenar los recursos | cripple resources (to).
cerco | encircling | encompassment | investment | border | rim.
cerco (alrededor de los ojos) | ring.
cerco (bastidor - puertas y ventanas) | frame.
cerco (de una plaza) | investing.
cerco (del enemigo) | enclosing.
cerco de barril | barrel hoop.
cerco de hierro | iron hoop.
cerco de la luna | nimbus.
cerco de la montura alrededor de los cristales (gafas) | eyerim.
cerco de poca altura formado por algas calcáreas en el lado lagunal de un arrecife de sotavento | algal rim.
cerco de puerta | doorcasing | doorframe.
cerco de sujección | retaining ring.
cerco de ventana | window frame.
cerco del enemigo por medio de tropas aerotransportadas | vertical envelopment.
cerco guiador (compuertas) | frame.
cerco-guía de compuerta | gate frame.
cercha | frame | arched beam | truss | principal.
cercha (cubiertas) | roof principal | roof frame | roof truss.
cercha articulada | pin-connected roof truss.
cercha belga | Belgian roof truss.
cercha con dos pendolones | queen-post truss.
cercha curva (cubiertas) | bow truss.
cercha de cordones formados por cables de acero con diagonales | rigid cable roof truss.
cercha de cordones formados por cables metálicos | cable truss.
cercha de dos pares y tirante inferior | couple-close.
cercha de dos péndolas | queen-post truss.
cercha de falso tirante | collar truss | collar beam truss.
cercha de lucernario | lantern-light truss.
cercha de parhilera | joggle-truss.
cercha de pendolón | post truss | joggle-truss | king post truss.
cercha de tablas clavadas | nailed roof truss.
cercha de tirante | close-couple truss.
cercha de tirante y pendolón | king-truss.
cercha de tubos de acero | tubular steel roof-truss.
cercha en abanico | fan truss.
cercha en arco de madera laminada | arched laminated-timber truss.
cercha inglesa | English roof truss.
cercha ligera | rap-rig.
cercha para cubierta a dos aguas | ridged-roof truss.
cercha principal (cubiertas de madera) | main couple.
cercha trapecial | queen-post truss.
cercha trapecial de tirante y dos péndolas | queen truss.
cercha triangular | triangular roof truss.
cerchaje (minas) | roof-timbering.
cerchón | arch centering.
cerda | hair.
cerda (pelo de cerdo) | bristle.
cerda de cerdo | hog's bristle.
cerda ganchuda (zoología) | crotchet.
cerdas de la cuartilla (caballos) | fetlock.
cerdo (zoología) | swine.
cerdo cebado | meat-type hog.
cerdo marino (Phocaena communis) | porpoise.
cerdo para cebar | feeder pig.
cerdo para matanza | slaughter swine.
cerdo semisalvaje (EE.UU.) | razorback.
cereal | corn | cereal.
cereales | grain | corn.
cereales con un peso máximo de 650 kilos por metro cúbico | light grain.
cereales panificables | bread-stuffs | bread crops | bread grains.
cereales secundarios | coarse grains.
cerebro del pescado | melon.
ceremonia de arriar la bandera a la puesta del sol (cuarteles) | retreat.
ceremonia de bautizar el buque (buque construido en dique seco en que por lo tanto no hay verdadera botadura) | naming ceremony.
ceremonia de colocación de la primera piedra (edificación) | groundbreaking ceremony.
ceremonia de dar nombre al buque (buque construido en dique seco en que por lo tanto no hay verdadera botadura) | naming ceremony.

ceremonia de entrega | handover ceremony.
ceremonia de llevar la bandera con escolta y banda de música para situarla al frente de las tropas que ya están formadas en una fila (Inglaterra) | Trooping the Colours.
ceremonia de transmisión de poderes | ceremony of transmision of powers.
ceremonioso | formal.
cerería | wax chandlery.
ceresina | fossil wax | mineral wax | earth wax.
cerevisina | beer leaven.
cereza | cherry.
cerezas deshuesadas | pitted cherries.
cerezo (Prunus avium) | cherry.
cerezo americano (Prunus serotina) | American black cherry.
cerezo silvestre (Prunus avium) | wild cherry.
ceria (óxido de cerio) | ceria.
cérico | ceric.
cérido | cerium metal.
cerilla | match | light.
cerilla azufrada | brimstone match.
cerilla de cartón | fuzee.
cerilla química | lucifer.
cerillas químicas con azufre | sulphur matches.
cerimetría | cerimetry.
cerio (Ce) | cerium.
cerio (química) | cerium.
cermet | cermet.
cernada | lye ash.
cerne descentrado (Iberoamérica-árboles) | wandering heart.
cerne helado (Iberoamérica) | frostheart.
cernedero | bolting-house | bolting mill.
cernedor | sifter | bolting machine | screener | screen tender.
cernedor centrífugo | centrifugal sifting machine.
cernedor vibrante | vibrating sifter.
cerner | screen (to) | sift (to) | sieve (to) | winnow (to) | cribble (to).
cerner (aves) | soar (to).
cerner a mano | spall (to).
cernerse (aves) | hover (to).
cernerse sobre | float (to).
cernido | sieving.
cerniduras | screenings | screening.
cernir | sieve (to) | debug (to).
cero | cypher | cipher | zilch | null | naught | zero.
cero (nonios) | arrow.
cero (notación binaria) | no bit.
cero absoluto | absolute zero.
cero absoluto (—459,65 grados Fahrenheit=273,13 Celsius) | absolute zero.
cero auditivo | aural null.
cero de la carta | chart datum.
cero de la escalada | zero gage.
cero de las cartas marinas | datum | low-water standard | low water standard.
cero de las mareas (astronomía) | tidal datum.
cero eléctrico | electrical zero.
cero real (matemáticas) | real zero.
ceroésimo (de orden cero) | zeroth.
cerografía | cerography | encaustic paint.
ceropa (Cercopidae) | froghopper.
ceroplástica | ceroplastics.
ceros a la izquierda | leading zeros.
ceros de los polinomios de Legendre del orden 1-16 | zeros of the Legendre polynomials of order 1-16 .
ceros del polinomio de Legendre | zeros of the Legendre polynomial.
ceroso (que contiene cerio en estado trivalente) | cerous.
cerote | cobler's wax.
cerotipia | cerotype.
cerovalente | zerovalent.
cerquillo | rim.
cerquillo de cabello sobre la frente | bang.
cerrable | sealable.
cerrada (cartas) | sealed.
cerrada (curvas) | sharp.
cerrada (Uruguay) | sanctuary.
cerradera (moldería) | stopple.
cerradero de cerrojo | bolt eye.
cerrado | stopped | tight | shut | locked | close | closed | enclosed.
cerrado (al tráfico) | out of bounds.
cerrado (circuitos eléctricos) | on.
cerrado (electricidad) | on position | enclosed.
cerrado (llaves, grifos, etc.) | off.
cerrado (portas, escotillas de buques) | dog down.
cerrado (tiempo) | thick.
cerrado (vagones) | covered.
cerrado (virajes) | tight.
cerrado a mano | hand-closed.
cerrado con cápsula de bordes fruncidos (botellas) | crimp-sealed.
cerrado con cristaleras | glass-enclosed.
cerrado con llave | key-locked.
cerrado con pestillo | bolted.
cerrado herméticamente | tightly-sealed.
cerrado por completo | hard-closed.
cerrado por huelga | struck.
cerrado por la niebla (aeropuertos) | fogbound.
cerrado por leva | cam-sealed.
cerrado por los hielos (puertos) | icebound.
cerrado por palanca | lever sealed.
cerrado y apretado (válvulas) | hard-closed.
cerradora | sealer.
cerradura | lock | shutter.
cerradura bastarda | back-spring lock.
cerradura con picaporte | bolt lock.
cerradura de abecedario | dial lock.
cerradura de bombillo | Bramah lock.
cerradura de caja | box lock | rim lock.
cerradura de cierre a la izquierda | left-hand lock.
cerradura de cierre automático | clasp lock.
cerradura de cilindro | cylinder lock.
cerradura de combinación | dial lock.
cerradura de combinaciones | combination lock | puzzle-lock.
cerradura de contactos (electrotecnia) | key switch.
cerradura de Cremona | basquill lock.
cerradura de dos vueltas | double-throw lock.
cerradura de espiga | bay lock | pin lock.
cerradura de espiga horadada | piped-key lock.
cerradura de estrella | star lock.
cerradura de golpe | German lock | spring lock.
cerradura de latón | brass lock.
cerradura de llave | key lock.
cerradura de media vuelta | half lock.
cerradura de palastro | case lock | cash box lock.
cerradura de pestillo | dead-lock.
cerradura de resorte | night lock.
cerradura de seguridad | safety lock | check lock.
cerradura embutida | dummy lock | cellar lock | enchased lock.
cerradura movida por perilla | knob lock.
cerradura que se puede abrir con ganzúa | pickable lock.
cerradura que sólo abre por un lado de la puerta | doctor lock.
cerradura recercada | rim lock.
cerrajería | locksmithery | lock-work | locksmithing.
cerrajería artística | bent iron work | ornamental ironwork | art metal work.
cerrajero | locksmith | lock-fitter | fitter | metalsmith | metalworker | ironworker.
cerrajero de coches | coachsmith.
cerrajero mecánico | artificer.
cerrajero que hace llaves | key filer.
cerramiento | enclosure | sealability.
cerramiento (minas) | mine dam | dam.
cerramiento del conjunto de | closure of the set of.
cerramiento uniforme (topología) | uniform closure.
cerrar | lock (to) | occlude (to) | turn out (to) | pull in (to) | shut (to) | close up (to) | close (to) | shutdown (to) | block (to).
cerrar (abanico, paraguas, etc.) | shut (to).
cerrar (carreteras) | close up (to).
cerrar (cartas) | fold (to).
cerrar (electricidad) | switch on (to).
cerrar (grifos, llaves, etc.) | turn off (to).
cerrar (un motor eléctrico) | enclose (to).
cerrar (una fábrica) | close down (to).
cerrar a besar (aparejos) | roundup (to).
cerrar con (bolsa) | close with a 4 points gain (to) | close with a 4 points loss (to).
cerrar con (el adversario) | close with (to).
cerrar con aldaba | latch (to).
cerrar con baja de (bolsa) | close down 4 points (to).
cerrar con cerrojo | bolt in (to).
cerrar con el enemigo | break in (to).
cerrar con llave | lock (to).
cerrar con ruido seco | clap (to).
cerrar de golpe | clap (to).
cerrar demasiado la entrada del aire (carburadores) | overchoke (to).
cerrar el circuito (electricidad) | put on the current (to) | make the circuit (to).
cerrar el control principal | stop squawk (to).
cerrar el paso | block the way (to).
cerrar el regulador | close the throttle (to).
cerrar en caliente | hot-close (to).
cerrar herméticamente | seal up (to) | seal off (to) | seal (to).
cerrar la emisión (TV, radio) | sign off (to).
cerrar la entrada de vapor (o agua) a la turbina | shutoff the turbine (to).
cerrar la majada (Iberoamérica) | close herding (to).
cerrar la marcha | closeup the rear (to) | bring up the rear (to).
cerrar la puerta | lock out (to).
cerrar los gases (motores) | cut the gun (to).
cerrar los puntos (labores de punto) | cast off (to).
cerrar los talleres | lock out (to).
cerrar por calor | heatseal (to).
cerrar por falta de medios | fold (to).
cerrar por fusión (extremo de tubos) | seal off (to).
cerrar un portillo de luz (buques) | douse (to).
cerrar un puerto con cadenas | chain (to).
cerrar una cuenta | close an account (to).
cerrarse (el tiempo) | clamp down (to).
cerrarse bruscamente | clap (to).
cerrazón (meteorología) | mist.
cerrión | icicle | icicling.
cerro | hillock | ridge | butte | mote | hill.
cerro glaciárico | kame.
cerro serpenteado (geología) | winding ridge.
cerrojo | bolt | set bar | latch | sliding bolt | fastener | lock | locking bolt.
cerrojo (armas de fuego) | slipper.
cerrojo (cañones) | gate.
cerrojo (cerraduras) | lock bolt.
cerrojo (de candado) | hasp.
cerrojo (fusiles) | breech bolt.
cerrojo acodado | neck bolt.
cerrojo corredizo de enclavamiento | sliding locking bolt.
cerrojo de acoplamiento | coupling-lock.
cerrojo de arrastre (tornos) | catch bolt.
cerrojo de ascensor de cargas (torre de cañones) | loading case locking bolt.
cerrojo de bloqueo (cambio de vía) | switch-lock.
cerrojo de botón | thumb bolt.
cerrojo de cabeza achaflanada | garnish bolt.
cerrojo de caja | case bolt.
cerrojo de cierre | locking bolt.
cerrojo de contera (cargador de cañón) | rear gate.
cerrojo de cuna (cañones) | cradle lock.
cerrojo de desembrague | disengaging catch.
cerrojo de embrague | clutch-lock.
cerrojo de enclavamiento | interlocking bar.

cerrojo de la palanca del embrague | clutch lever latch.
cerrojo de leva | cam-lock.
cerrojo de marcha del mástil (cañones) | trail traveling lock.
cerrojo de marcha del montante | strut traveling latch.
cerrojo de pie (falleba de pie-puertas) | floor bolt.
cerrojo de piso (puertas) | bottom bolt.
cerrojo de puente móvil | drawbridge lock.
cerrojo de puerta | door bolt.
cerrojo de seguridad | safety catch | safety latch.
cerrojo de talón | heel lock.
cerrojo deslizable de testera (cargador de cañón) | front gates.
cerrojo embutido | mortise bolt.
cerrojo hembra | lock strike.
cerrojo para evitar la retracción del aterrizador (aviones) | retraction lock.
cerrojo para mantener un mecanismo en la posición alta o baja | up-and-down lock.
cerrojo para retención de proyectiles del cargador (cañón) | loader's ammunition holding gate.
cerrojo pasador | barrel bolt.
cerrojo portapercutor (cañones) | firing lock.
cerros en zigzag (geología) | zigzag ridges.
certamen | match.
certeza | confidence | surety | confirmedness.
certeza del X por ciento | X per cent assurance.
certeza estadística | statistical certainty.
certificación | oath | certification | acknowledgment | affidavit | certificate | attestation.
certificación (de cartas) | registry | registration.
certificación a buena cuenta (pagos de obras) | progress certificate.
certificación con acuse de recibo | registration with receipt requested.
certificación de la línea de carga | certification of load line.
certificación de obras | split inventory appraisal.
certificación de valor | asterisk protect.
certificación en exceso del saldo (bancos) | overcertification.
certificación mensual | monthly estimate.
certificación parcial (pagos de obras) | progress certificate.
certificación y aviso de recepción | registration with receipt requested.
certificado | certified | register | certificate.
certificado (de constructor, etc.). | rating.
certificado (de una persona) | credentials.
certificado adicional | additional rating.
certificado autorizando a trabajar | permit-to-work certification.
certificado civil de matrimonio | marriage record.
certificado combinado de origen y valor | combined certificate of value and origin.
certificado comprobante | voucher.
certificado con garantía hipotecaria | guaranteed mortgage certificate.
certificado consular | consular certificate.
certificado consular de origen | consular certificate of origin.
certificado de abanderamiento del buque | ship's certificate of registry.
certificado de acción | scrip certificate.
certificado de acciones | stock certificate.
certificado de acciones con endoso en blanco | street certificate.
certificado de acondicionamiento (algodón, etc.) | conditioning certificate.
certificado de adeudo | certificate of indebtedness.
certificado de aduana | custom house certificate.
certificado de aduanas para autorizar la salida | clearance label.
certificado de aduanas para autorizar la salida (buques) | clearance certificate.
certificado de aeronavegabilidad | airworthiness certificate.
certificado de aeroverificación | airworthiness certificate.
certificado de almacén | warehouse receipt.
certificado de análisis | analytical certificate | analysis certificate.
certificado de aprobación de correspondencia | mailcert.
certificado de aprobación de tipo | type approval certificate.
certificado de aprobación del prototipo | type-approval certificate.
certificado de aptitud | qualifying certificate | certificate of fitness | rating.
certificado de aptitud física | certificate of medical fitness.
certificado de área | area rating.
certificado de arqueo | certificate of measurement | certificate of tonnage | bill of measurement.
certificado de arqueo (buques) | measure brief | measurement bill.
certificado de arqueo (derecho) | measurement bill.
certificado de autorización de partida del buque | clearance papers.
certificado de avería | certificate of average.
certificado de averías | survey report | statement of loss | damage certificate | certificate of damage.
certificado de buena conducta | good character | good behavior certificate | character certificate.
certificado de buena estiba del cargamento a granel | grain cargo certificate.
certificado de calidad | quality certificate | certificate of quality.
certificado de capacidad | certificate of qualification.
certificado de carencia de deudas fiscales | clearance certificate.
certificado de carga | loading certificate.
certificado de carga (buques) | certificate of receipt.
certificado de categoría | category rating.
certificado de clase | class rating.
certificado de clasificación | classification certificate.
certificado de compensación corregida | adjusted compensation certificate.
certificado de competencia | certificate of competency.
certificado de compra de bienes raíces por impuestos atrasados | tax certificate.
certificado de concesión de tierras | land warrant.
certificado de conducción | driver's licence.
certificado de copropiedad | participation certificate | certificate of participation.
certificado de daños | certificate of damage.
certificado de declaración de entrada | jerque note.
certificado de depósito | certificate of deposit (C.D.) | floorplanning | warrant | warrant receipt | warehouse warrant.
certificado de depósito (aduanas) | bond note | dock warrant.
certificado de depósito (economía) | floor planning.
certificado de depósito (G.B.) | bond note.
certificado de depósito bancario | certificate of indebtness.
certificado de depósito en la caja postal de ahorro | postal saving certificate.
certificado de derechos mínimos para bienes importados con destino a la exportación | debenture certificate.
certificado de descarga | landing certificate | discharge certificate.
certificado de desembarco (tripulación buques) | discharge ticket.
certificado de desembarque | landing certificate.
certificado de desgasificación (petroleros) | gas certificate.
certificado de despacho | clearance.
certificado de despacho de llegada | certificate of clearing inwards.
certificado de despacho de salida | certificate of clearing outwards.
certificado de desratización | deratization certificate.
certificado de dividendo diferido | scrip certificate.
certificado de embarque (para exportación) | shipping bill.
certificado de empleo final (exportación mercancías) | end-use statement.
certificado de ensayo | assayer's certificate.
certificado de entrada en el almacén | warehousing entry.
certificado de expedición | certificate of clearance.
certificado de fábrica | mill certificate.
certificado de fabricación | certificate of manufacture.
certificado de fideicomiso de bienes | land trust certificate.
certificado de francobordo (buques) | load-line certificate.
certificado de garantía | right | warranty.
certificado de hipoteca | mortgage certificate.
certificado de incorporación | charter.
certificado de inscripción hipotecaria | certificate of registration of mortgage.
certificado de inscripción o constitución (sociedades) | certificate of incorporation.
certificado de inspección del fabricante | manufacture's certificate of inspection.
certificado de inspector de tránsito aéreo | air traffic controller rating.
certificado de interés público | certificate of public convenience and necessity .
certificado de la sociedad de clasificación | classification-society certificate.
certificado de licenciamiento (milicia) | certificate of discharge.
certificado de maquinaria | machinery certificate.
certificado de matrícula | certificate of registry.
certificado de matriculación | registration certificate.
certificado de matrimonio | marriage lines.
certificado de mercancías que quedan después de descargar el buque (aduanas) | clearance note | clearance inward.
certificado de nacimiento | birth certification.
certificado de navegación | ship's passport.
certificado de navegación en guerra | navicert.
certificado de obra | building certificate.
certificado de obra hecha | progress certificate.
certificado de obras efectuadas | progress certificate.
certificado de opción (de compra) | option warrant.
certificado de origen | certificate of origin.
certificado de origen (cría de animales) | pedigree.
certificado de pago de derechos de aduana | clearance paper.
certificado de pasivo | liability certificate.
certificado de peso | bill of weight | certificate of weight.
certificado de potencia (motores) | certificate of rating.
certificado de previo pago de impuestos | tab.
certificado de propiedad | certificate of ownership.
certificado de prueba | proof certificate.
certificado de prueba al freno | brake test certificate.
certificado de que el buque está en regla y puede salir (aduanas) | clearance outward.
certificado de que los precios de exportación son los normales del país (comercio marítimo) | nondumping certificate.
certificado de recepción | approved type certificate | certificate of receipt.
certificado de recepción de mercancías |

certificate merchandise receipt (C.M.R.).
certificado de recibo de transitario | forwarding agent certificate of receipt.
certificado de reconocimiento | certificate of survey | certificate of acknowledgment.
certificado de registro (marina) | certificate of registry.
certificado de repeso | reweighing certificate.
certificado de residencia | certificate of residence.
certificado de sanidad | bill of health.
certificado de sanidad (buques) | pratique.
certificado de seguros | insurance certificate.
certificado de solvencia | clearance certificate.
certificado de trabajo | certificate of employment.
certificado de último destino | final destination certificate.
certificado de último destino (exportación) | last-destination certificate.
certificado de utilidad pública | certificate of convenience and necessity | certificate of public convenience.
certificado de validez (tránsito aéreo) | clearance limit.
certificado de voto delegado | voting-trust certificate.
certificado de vuelo por instrumentos | instrument rating.
certificado del agente de cambios | broker's contract notes.
certificado del constructor | builder's certificate.
certificado del fabricante | manufacturer's certificate.
certificado del Gobierno de previo pago de impuestos | tax anticipation bond (TAB).
certificado del inspector | inspector's certificate.
certificado del instructor de vuelos | flight instructor rating.
certificado del jefe de almacén | warehouse keeper's.
certificado del notario | jurat.
certificado del saldo de una cuenta | certificate of balance.
certificado duplicado de acciones | duplicate certificate of stock.
certificado en el laboratorio | laboratory certified.
certificado expedido por el Lloyd's Register of Shipping | certificate issued by Lloyd's Register of Shipping.
certificado impositivo | tax certificate.
certificado internacional de vacunación | international vaccination certificate.
certificado internacional del disco de carga (buques) | international load-line certificate.
certificado médico | doctor's certificate | health certificate | medical certificate.
certificado para compra de acciones | warrant.
certificado para compra de acciones a precio definido | option warrant.
certificado para el reintegro de los derechos aduaneros pagados | custom debenture.
certificado para el reintregro de derechos pagados (aduanas) | debenture.
certificado para la construcción segura de buques de carga | cargo ship safety construction certificate.
certificado para reintegro | drawback debenture.
certificado para vuelos con instrumentos (pilotos) | instrument card.
certificado presidencial de reconocimiento a los caídos en combate (EE.UU.) | accolade.
certificado provisional | interim bond | interim certificate | scrip.
certificado registral | registered certificate.
certificado sanitario | sanitary certificate.
certificador | certifier | attestor.
certificados | obligations.
certificados de depósito de la tesorería | Treasury deposit receipts.
certificados perpetuos que reportan intereses | perpetual interest-bearing certificates.
certificao de estudios del bachillerato | leaving certificate.
certificar | vouch (to) | warrant (to) | certificate (to) | certify (to) | attest (to) | acknowledge (to).
certificar (cartas) | register (to).
certificar al reverso | back (to).
certificar una carta | register a letter (to).
certificar una prueba | take proof (to).
certísimo | dead sure.
cerusa | white lead | ceruse | lead flake.
cerusita | lead white | cerussite.
cerusita (mineral) | lead carbonate.
cervantita | antimony ochre.
cervecero | brewer.
cerveza antes de madurar en los tanques | stout.
cerveza de barril | draught beer.
cerveza no fermentada | wort.
cesación | ending | stop.
cesación (del trabajo, etc.) | going out.
cesación del trabajo | breathing time | downing of tools.
cesación temporal (procedimiento judicial) | stay.
cesado por caducidad | ceased by lapsation.
cesante | unemployed.
cesantía | dismissal | severance.
cesar | hold up (to) | cease (to) | lay off (to) | come to a stop (to) | end (to).
cesar (el trabajo) | shutdown (to).
cesar (lluvia) | clear off (to) | lift (to).
cesar (sentencias) | disaffirm (to).
cesar (trabajos) | intermit (to).
cesar de arder | flame out (to).
cesar de bogar | lay on (to).
cesar de emplear | disuse (to).
cesar de oscilar | damp (to).
cesar de publicarse | discontinue publication (to).
cesar de servir | disuse (to).
cesar de servirse de | disuse (to).
cesar de trabajar | discontinue working (to) | lay off (to).
cesar el combate | break-off the action (to).
cesar el trabajo | knock off (to) | knock off work (to).
cesar en el cargo | cease to serve (to) | retire from office (to).
cesar en el destino | cease to serve (to).
cesar en la oposición | come to heel (to).
cesar la publicación de | fold (to).
cesar por grados | die away (to).
cese de comunicación | log off.
cese de empleo | labor layoff.
cese de la propagación (radio) | propagation blackout.
cese del estado de emergencia en las comunicaciones por radio | radio all clear.
cese repentino | cutback.
cesiado | cesiated.
cesio (Cs) | caesium | cesium.
cesio 13 (| caesium 134.
cesión | transfer | quitclaim | disposal | demise | grant | assignation | concession | cession | dedition | abandoning | stripping | remittal | delivery.
cesión (de bienes) | surrender.
cesión (de calor) | delivery.
cesión (de derechos) | assignment.
cesión (de tierras) | release.
cesión (de un derecho) | release.
cesión (reaseguros) | cession.
cesión de acciones | transmission of shares.
cesión de acciones con derecho a voto para obtener beneficios | voting trust.
cesión de bienes | cession | surrender of property.
cesión de calor isotérmica | isothermal rejection of heat.
cesión de cartera (seguros) | transfer of portfolio.
cesión de intereses | farm out.
cesión de un derecho | release.
cesión de un terreno | patent.
cesión del riesgo | transfer of the risk.
cesión libre | absolute conveyance.
cesión por el gobierno a un particular de la cobranza tributaria | tax farming.
cesionario | assignee | releasee | vendee | transferee | cessionary.
cesionario registrado | assignee of record.
cesionista | grantor | releasor | transferer | transferor | assigner | crantor | abandoner.
cesióntransmisión (de poderes) | handing over.
césped | sod | grass | glebe | turf | lawn.
cespistoso (botánica) | cushioned.
cesta | hamper.
cesta de madera colapsable | collapsible wooden crate.
cesta metálica para decapar | pickling basket.
cesta para papeles | wastepaper bin.
cesta para pescar | pot | panfish.
cesta pescaherramientas (sondeos) | junk basket.
cesta rígida de madera | rigid wooden crate.
cesta rodante (para bobinas tejeduría) | skip.
cestito redondo (envase) | punnet.
cesto | crate.
cesto de bobinas | bobbin skip.
cesto de cementación | cementing basket.
cesto de cohetes | rocket holder.
cesto de la barrena | bit basket.
cesto de misiles | rocket pod.
cesto de vaporizar | steaming skip.
cesto metálico | basket.
cesto para basuras | litter bin.
cesto para carbón (minas) | hutch.
cesto para galvanoplastia | plating basket.
cestón | hurdle.
cestón relleno de piedra | rockfilled gabion.
cetáceo | cetacean.
cetal | ketal.
cetanaje | cetane rating.
cetano | cetane.
cetolito | cetolith.
cetona | ketone.
cetona dipropílica | dipropylketone.
cetonas cíclicas | cyclic ketones.
cetoxima | ketoxime.
cetrería | falconry.
cetrero | falconer.
cía (buques) | sternway.
Cía (compañía) | Co (company).
ciaboga | astern running.
ciaboga (bote de remos) | bucket.
ciaboga (buques de dos hélices) | pinwheeling.
cianacetato de etilo | ethyl cyanacetate.
cianamida cálcica | nitrolime | lime nitrogen.
cianamida de plomo | lead cyanamide.
cianato | cyanate.
cianhídrico | hydrocyanic.
cianhidrina | cyanohydrin.
cianhidrizador | cyanide fumigator.
cianícida | cyanide killer | cyanicide.
cianita | kyanite | blue talc.
cianita (mineralogía) | kyanite.
cianización | kyanizing.
cianógeno | cyanogen.
cianógrafo | blueprinter.
cianometría | cyanometry | sky-blueness study.
cianómetro | cyanometer.
cianopsia | blue vision.
cianotipia | cyanotype | blue printing.
cianotipia (fotografía) | blueprint.
cianotipo (fotografía) | cyanotype.
cianuración | cyanidation.
cianuración (metalurgia) | cyaniding.
cianuración del oro | gold cyaniding.
cianurar | cyanide (to).
cianurar concentrados | cyanide concentrates (to).
cianuro | cyanide.
cianuro de hidrógeno | hydrogen cyanide.
cianuro de sodio | sodium cyanide.
cianuro potásico | potassium cyanide.

ciar | fall astern (to) | sternway (to) | fetch sternway (to) | hold water (to) | back astern (to).
ciar (marina) | back (to) | back water (to) | go astern (to).
cibación | cibation.
cibelina | sable.
cibellina (tejido) | zibeline.
cibernación | cybernation.
cibernética | cybernetics | cibernetic.
cibernética aeronáutica | aeronautical cybernetics.
cibernética industrial | engineering cybernetics.
ciberneticista | cybernetician | cyberneticist.
cibernético | cybernetic.
cibernetista | cybernetician.
cibernetizar | cybernetize (to).
cibertrón | cybertron.
ciborio | ciborium.
cibororganismo | cyborganism.
cibotaxia | cybotaxy.
cicadofitas | cycadophytes.
cicatrícula (del huevo) | tread.
cicatriz | scar.
cicatriz de quemadura (árboles) | fire scar.
cicatriz en el tronco (árboles) | catface.
cicatrización | healing | closing.
cicatrizado | healed.
cicatrizar | skin (to) | heal (to).
cicatrizarse (heridas) | close up (to).
cícero | pica.
cícero = (,ºú | cicero.
ciciode | roulette.
ciclación | cycling.
ciclación al ritmo de 5 ciclos por minuto | cycling at 5 cycles per minute.
ciclado (reactor nuclear) | cycling.
ciclado térmico | thermal cycling.
ciclamato de sodio | sodium cyclamate.
ciclar | cycle (to).
cíclicamente repetido | cyclically repeated.
cíclico | cyclical | fluctuating | repeated | regular | timed | cyclic | periodic | recurring.
cíclico (de cadena cerrada - química) | close-chained.
ciclisarse (química) | form a rig (to).
ciclismo | bicycling.
ciclización | cyclization | ring closure.
ciclizar (química) | cyclize (to).
ciclo | cycle | loop.
ciclo a ciclo | single-cycle (to).
ciclo alternativo | nod cycle | up-and-down cycle.
ciclo amplio | long-wave.
ciclo arginina-urea | arginine-urea cycle.
ciclo automático | autocycle | automatic cycle.
ciclo binario de vapor | binary vapor cycle.
ciclo calibrador | calibration cycle.
ciclo cerrado | closed cycle | closed loop.
ciclo circadian | circadian cycle.
ciclo completo | full cycle.
ciclo completo de entrada-tratamiento-salida de un programa (informática) | pass.
ciclo con intercambio de calor | thermal transfer cycle.
ciclo con recalentamiento intermedio del vapor (turbinas de vapor) | reheat cycle.
ciclo de aclareo (agricultura) | thinning cycle.
ciclo de aclareo (bosques) | thining cycle.
ciclo de alineación en el forjado (herramientas para taladrar madera) | round.
ciclo de alza y de depresión | boom-and-slump cycle.
ciclo de avance automático | auto-feed cycle.
ciclo de avance de aproximación | infeed cycle.
ciclo de avance de separación | out feed cycle.
ciclo de búsqueda (informática) | fetch cycle.
ciclo de carga (reactor) | reactor cycle.
ciclo de carga intermitente | intermittent-load cycle.
ciclo de carga-descarga | load-unload cycle.
ciclo de combustible nuclear | nuclear fuel cycle.
ciclo de compresión del vapor | vapor-compression cycle.
ciclo de conferencias | lecture session.
ciclo de congelación y deshielo | freeze-thaw cycle | freezing and thawing cycle.
ciclo de contrapresión | topping.
ciclo de cortas (árboles) | cutting sequence.
ciclo de cortas (bosques) | felling rotation.
ciclo de cuatro tiempos | four-stroke cycle.
ciclo de curación (abrasivos) | curing cycle.
ciclo de decodificación | decode cycle.
ciclo de deformación invertida | reversed-strain cycling.
ciclo de denudación | cycle of denudation.
ciclo de desecho (reactor de uranio natural) | throwaway cycle.
ciclo de elaboración | processing cycle.
ciclo de elución | elution cycle.
ciclo de esfuerzo alternado | cycle of fluctuating stress.
ciclo de esfuerzos cero a la tensión de trabajo | zero-to-tension stress cycle.
ciclo de extracción | extraction cycle.
ciclo de flexión | flexing cycle.
ciclo de forjado (de herramientas para taladrar madera como barrenas, etc.) | mood.
ciclo de funcionamiento | cycle of action.
ciclo de funcionamiento automático | automatic working cycle.
ciclo de galvanoplastia | plating cycle.
ciclo de histéresis | hysteresis cycle | hysteresis loop.
ciclo de histéresis rectangular | rectangular hysteresis-loop.
ciclo de lapidado regulado automáticamente | automatically-controlled lapping cycle.
ciclo de lectura-escritura (memoria magnética) | read-write cycle.
ciclo de limpieza antes de la golvanostegia | preplating cleaning cycle.
ciclo de máquina | machine cycle.
ciclo de memoria (informática) | storage cycle.
ciclo de moldeo (moldeo por inyección) | shot.
ciclo de nutrición | food cycle.
ciclo de ocupación (de vagones, de buques, etc.) | turnout.
ciclo de operación | control cycle.
ciclo de operaciones | cycle of operations.
ciclo de operaciones (máquinas) | round.
ciclo de operaciones efectuado por un equipo | gang cycle.
ciclo de oxidorreducción | oxidation-reduction cycle.
ciclo de perforación (minas, túneles) | drilling-blasting-mucking cycle.
ciclo de petición (telefonía) | rq-cycle.
ciclo de prepulimentación | prepolishing cycle.
ciclo de presión constante (ciclo diesel) | constant-pressure cycle.
ciclo de puesta en servicio | off-on cycle.
ciclo de recalentamiento de subsaturación | subsaturation reheat cycle.
ciclo de recalentamiento sucesivo del vapor entre las fases de expansión de la turbina | steam-turbine reheat cycle.
ciclo de recocido-enfriamiento-decapado | anneal quench-pickle cycle.
ciclo de refrigeración por absorción | absorption refrigeration cycle.
ciclo de refrigeración por compresión | compression refrigeration cycle.
ciclo de regeneración | regeneration cycle.
ciclo de regeneración térmica entre expansiones | reheat cycle.
ciclo de reproducción | breeding cycle.
ciclo de restablecimiento | recovery cycle.
ciclo de servicio | duty cycle.
ciclo de sujeción y desenganche | clamp-to-unclamp cycle.
ciclo de tensiones repetidas | repeated-tension cycling.
ciclo de termotratamiento | heat-treatment cycle.
ciclo de termotratamiento de corta duración | very short time heat-treating cycle.
ciclo de torio-uranio | thorium-uranium cycle.
ciclo de trabajo | run | operating cycle | duty cycle | action cycle.
ciclo de trabajo (termodinámico) | power cycle.
ciclo de trabajo de régimen | nominal duty cycle.
ciclo de trabajo que utiliza gas | gas power cycle.
ciclo de un punto | dot cycle.
ciclo de una hora en carga y una hora descargado | cycle of one hour load-on, one hour load-off.
ciclo de utilización | duty cycle.
ciclo de utilización (de mercancías, de vagones, etc.) | turnover.
ciclo de utilización (vagones, buques, etc.) | turnround.
ciclo de vapor de agua combinado con una turbina de gas | steam cycle topped by a gas turbine.
ciclo de verificación | checking loop.
ciclo de volumen constante | Otto cycle.
ciclo de volumen constante (ciclo Otto) | constant-volume cycle.
ciclo del agotamiento | once through cycle.
ciclo del ataque (cañones) | ramming cycle.
ciclo del peinado | combing cycle.
ciclo del uranio-plutonio | uranium-plutonium cycle.
ciclo económico | trade cycle | business cycle.
ciclo económico clásico | typical business cycle.
ciclo expiratorio | expiration cycle.
ciclo freático | phreatic cycle.
ciclo frigorígeno | refrigerating cycle.
ciclo geomórfico | geomorphic cycle.
ciclo geomórfico árido | desert geomorphic cycle.
ciclo hidrológico | hydrologic cycle.
ciclo ígneo | igneous cycle.
ciclo industrial | reference cycle.
ciclo isotérmico doble | double-isotherm cycle.
ciclo mitótico | mitosis cycle.
ciclo neutrónico | neutron cycle.
ciclo operativo | operating cycle.
ciclo Otto | Otto cycle.
ciclo principal | major cycle.
ciclo recuperativo | recuperative cycle.
ciclo refrigerante | freezing cycle.
ciclo regenerativo (máquina vapor) | bleeding cycle.
ciclo relativo a un día | circadian cycle.
ciclo rigurosamente regulado | rigidly controlled cycle.
ciclo sencillo | plain cycle.
ciclo solar | heliacal cycle.
ciclo superior | topping cycle.
ciclo teórico (máquinas) | ideal cycle.
ciclo térmico | heat cycle.
ciclo térmico de cementado aplicado a una probeta sin el medio cementante | blank carburizing.
ciclo térmico de nitruración aplicado a una probeta sin el medio nitrurante | blank nitriding.
ciclo térmico possoldadura | postweld thermal cycle.
ciclo vital | life cycle.
ciclofón (rayos catódicos) | cyclophon.
ciclogénesis (génesis del ciclón) | cyclogenesis.
ciclogenético | cyclogenetic.
ciclogiro | paddle-plane | cyclogiro.
ciclógrafo | arcograph | cycle recorder | cyclograph.
ciclógrafo de Du Mont (medición magnética en aceros) | Du Mont cyclograph.
ciclograma | cyclogram.
ciclohexano | cyclohexane.
cicloidal | cycloidal.
cicloide | isochronal line | quickest descent curve.
cicloide (curva) | cycloid.
cicloide alargada | prolate cycloid.
cicloideo | cycloidal.

cicloideo (zoología) | cycloid.
cicloidografía | cycloidograph.
cicloidotrón | cycloidotron.
cicloinversor | cycloinverter.
ciclón | cyclone | twister | revolving storm.
ciclón (meteorología) | hurricane.
ciclón desenlodador | desliming cyclone.
ciclón encerrado | occluded cyclone.
ciclón extratropical | extratropical storm | extratropical cyclon | extra tropical cyclone | extratropical low.
ciclón hidráulico (aparato) | hydraulic cyclone.
ciclón marítimo | ocean cyclone.
ciclón ondular | wave cyclon.
ciclón secundario | little brother.
ciclón tropical | tropical cyclone.
ciclona (química) | cyclone.
ciclonado (minas) | cycloned.
ciclonal | cyclonic | cyclonal.
ciclonar (minas) | cyclone (to).
ciclónico | cyclonic | contra solem.
ciclonita (explosivos) | RDX.
ciclonizador (dispositivo para dar movimiento de torbellino al aire) | swirler.
ciclonología | cyclonology.
ciclonólogo | cyclonologist.
cicloolefinas | cycloolefins.
ciclopía | cyclopean eye.
ciclopita | porcelanite.
ciclopropano | cyclopropane.
ciclos de deformación alternados | alternating strain cycles.
ciclos económicos | business cycles.
ciclos tecnológicos | technological cycles.
cicloscopio | cycloscope.
ciclostil | duplicator.
ciclóstilo | cyclostyle.
ciclostilográfica | cyclostyle.
ciclostrófico | cyclostrophic.
ciclotema (geología) | cyclotheme.
cicloterapia | moving-beam theraphy | rotation therapy.
ciclotómico | cyclotomic.
ciclotómo | cyclotron.
ciclotrón de aristas espirales | spiral ridge cyclotron.
ciclotrón de aristas radiales | radial-ridge cyclotron.
ciclotrón de electrones | microtron | electron cyclotron.
ciclotrón de enfoque por sectores (nuclear) | sector focused cyclotron.
ciclotrón de frecuencia constante | fixed-frequency cyclotron.
ciclotrón de inyector | injector cyclotron.
ciclotrón de modulación de frecuencia | frequency-modulated cyclotron.
ciclotrón de órbitas separadas | separated orbit cyclotron.
ciclotrón de sector espiral | spiral ridge cyclotron.
ciclotrón en hoja de trébol | cloverleaf cyclotron.
ciclotrón escisionador de átomos | atom splitting cyclotron.
ciclotrón fisionador atómico | atom splitting cyclotron.
ciclotrón isócrono | isochronous cyclotron.
ciclotrón isócrono focalizado por sectores | sector-focused isochronous cyclotron.
ciclotrón isócrono relativista | relativistic isochronous cyclotron.
ciclotrónico | cyclotronic.
ciconino | ciconine.
cidra (botánica) | citron.
cidral | citron plantation.
cidral (citrus medica - L) | citron tree.
cidrero (citrus medica - L) | citron tree.
cidro (citrus medica - L) | citron tree.
cidronela | citronella.
cielo (de hogar) | roof.
cielo (hornos) | fire crown.
cielo (minas) | burden.
cielo aborregado | mackerel-sky.
cielo acostillado (hogares) | ribbed crown.
cielo amenazador (meteorología) | threatening sky.
cielo con cirrocúmulos aislados | curdled sky.
cielo cubierto | heavy sky | overcast.
cielo cubierto de cirrocúmulus | mackerel-sky.
cielo de caja de fuegos | firebox roof | firebox crown.
cielo de la caja de fuegos | firebox top.
cielo de la cúpula (locomotora) | dome crown.
cielo de tormenta | angry sky.
cielo del hogar | furnace crown | firebox crown | firebox top.
cielo del hogar (calderas) | furnace top.
cielo del hogar (hornos) | fire crown.
cielo del horno | furnace crown.
cielo encapotado | overcast | cloudy sky.
cielo moteado con altocúmulus | mackerel-sky.
cielo nublado con claras | broken sky.
cielo radioeléctrico | radio sky.
cielo raso | soffit.
cielo sombrío | angry sky.
cielorraso | ceiling | flat ceiling.
cielorraso con esquinas inclinadas | camp ceiling.
cielorraso de cañizo | cane mesh ceiling.
cielorraso de chapa ondulada vinílica cubriendo alumbrado fluorescente | lumenated corrugated ceiling.
cielorraso decorado | plafond.
cielorraso enlistonado | lathed ceiling.
cielorraso unido a las paredes por una cornisa cóncava | coved ceiling.
cielorrasos cerámicos y de hormigón armado pretensado | steel prestressed concrete and ceramic ceilings .
cien por cien | hundred-per-cent | cent per cent.
ciénaga | marsh | boggy soil | mire | swamp | swampland | moor | morass | moorland | glade.
ciénaga (suelo pantanoso) | muskeg.
ciencia | science | learning.
ciencia abstracta | pure science.
ciencia de gobernar | archology.
ciencia de la computación | computer science.
ciencia de la ingeniería | engineering science.
ciencia de las clasificaciones | taxonomy.
ciencia de las gemas | gemmary.
ciencia de las mareas | tidology.
ciencia de las propiedades de los sistemas compuestos | synnoetics.
ciencia de las radiaciones | radiatics.
ciencia del carbón | anthracology.
ciencia del desarrollo regional | regional science.
ciencia del gelisuelo | cryopedology.
ciencia del ingeniero | engineering.
ciencia del medio ambiente | environmental science.
ciencia geológica | geoscience.
ciencia mortuoria | mortuary science.
ciencia naútica | nautical science.
ciencia pura | pure science.
Ciencia y Cultura de las Naciones Unidas | UNESCO.
ciencia-ficción | fiction-science.
ciencias afines | related sciences.
ciencias biológicas | life sciences.
ciencias cibernéticas | cybernetical sciences.
ciencias de lo impalpable | soft sciences.
ciencias económicas | business sciences | business science.
ciencias empíricas | nonformal sciences.
ciencias exactas | exact sciences.
ciencias que tratan de la reacción al medio circundante | behavioural sciences.
ciencias sociales | social sciences.
ciencuéntiplo | fiftyfold.
cienmilésima | millinile.
cieno | mud | mire | slime | sludge | silt | ooze.
cieno acuático orgánico | sapropel.
cieno cloacal | sludge | sewage sludge.
cieno con menos de 10% de humedad | commercially dry sludge.
cieno del acumulador | battery mud.
cieno del cárter | engine sludge.
cieno elutriado | elutriated sludge.
cieno en formación por putrefacción de las algas (oceanografía) | slikke.
cieno húmico | humus sludge.
cienos abultados | bulking sludge.
cienos activos rápidos | high-rate activated sludge.
cienos drenables | drainable sludge.
cienos químicos | chemical sludge.
cienos sin tratar | raw sludge.
cientificidad | scientificity.
científico (persona) | scientist.
científico afamado | top scientist.
científico eminente | top scientist.
científico investigador | research scientist | boffin.
científico investigador con gran práctica | senior scientist.
científicos investigadores | research scientists.
cientista | scientist.
cierracircuito (conmutador conjuntor) | circuit closer.
cierrapuertas automático | door spring.
cierre | locking | closure | close | closedown | fastening | blocking-up | sealing | sealing-in | shutting off | shutoff | shutdown | shut.
cierre (acción de cerrar) | closing.
cierre (acción de levantar la sesión) | rising.
cierre (armas) | breech | bolt.
cierre (circuito eléctrico) | making.
cierre (de álbum, etcétera) | hasp.
cierre (de libro) | clasp.
cierre (económico) | down.
cierre (libros contabilidad) | making-up.
cierre (pozo)
cierre (pozo petróleo) | packoff.
cierre (topografía) | circuit closure.
cierre abierto (cañón) | breechblock-down.
cierre accionado por el retroceso | recoil-operated breech.
cierre anterior (bolsa) | previous close.
cierre autoclave | pressure seal.
cierre automático | self-locking | automatic shutoff.
cierre bancario temporal | bank holiday.
cierre con llave | locking up.
cierre de apertura rápida | quick-opening closure.
cierre de avance | feed lock.
cierre de báscula (escopetas) | breakdown action.
cierre de bayoneta | bayonet lock.
cierre de bolsa | closing of the stock exchange.
cierre de botón de presión | press button lock.
cierre de cerrojo (fusiles) | rifle-bolt.
cierre de cremallera | slinding fastener | lightning fastener | zipper | zip fastener.
cierre de cuentas (economía) | closing of accounts.
cierre de cuña (cañones) | side closing | wedge breech mechanism.
cierre de cuña horizontal | horizontal sliding wedge breechblock.
cierre de cuña horizontal (cañones) | horizontal sliding block type breech mechanism | horizontal wedge breech mechanism.
cierre de cuña vertical (cañón) | vertical sliding wedge breechblock.
cierre de cuña vertical (cañones) | falling block-breech mechanism.
cierre de emergencia (pozo petróleo) | blowout preventer.
cierre de empresas | shutdown of plants.
cierre de estanqueidad de la cabina (aviones) | cabin pressure seal.
cierre de funcionamiento automático (armas) | automatically-operated breechblock.
cierre de guiaondas | waveguide seal.
cierre de horizonte (topografía) | horizon closure.

cierre de juntas | sealing.
cierre de la admisión | cutoff.
cierre de la unión | junction seal.
cierre de leva | cam handle.
cierre de líquido. | liquid seal.
cierre de los colegios electorales | close of polling stations.
cierre de los libros (contabilidad) | balancing of the books.
cierre de posición | position closure.
cierre de presión | dome fastener.
cierre de puerta automático | door-closer.
cierre de resorte | snap.
cierre de talleres (huelgas) | lockout.
cierre de tornillo (cañón) | breech screw.
cierre de tornillo (cañones) | screw breech mechanism.
cierre de tornillo con sectores interrumpidos (cañones) | interrupted screw breechblock.
cierre de tornillo de rosca interrumpida (cañón) | interrupted-thread screw-type breechblock.
cierre de tornillo de sectores escalonados (cañones) | stepped screw.
cierre de un circuito (electricidad) | switching on.
cierre de un conjunto | closure of a set.
cierre de vacío para eje giratorio | rotary vacuum seal.
cierre definitivo | decomissioning.
cierre definitivo (taponamiento - presas) | closure.
cierre del anticlinal | anticlinal closure.
cierre del aro del pistón | piston ring lock.
cierre del circuito | circuit closing.
cierre del diafragma (fotografía) | stopping down.
cierre del ejercicio | year-end.
cierre del flujo (pozo petróleo) | line blind.
cierre del mercado | market sealing.
cierre del negocio | close of business.
cierre del tragante (alto horno) | throat stopper.
cierre del trazado (topografía) | closure.
cierre del triángulo (cartografía) | triangle closure.
cierre diferido | delayed reclosure.
cierre doble | double-stopper.
cierre eléctrico | lockout.
cierre empresarial | lockout.
cierre estanco | seal | leak-tight shutoff.
cierre estanco a la presión | pressure seal.
cierre estratigráfico (petróleo) | stratigraphic trap.
cierre extensible lateralmente (puertas) | sliding lattice gate.
cierre flexible | flexible seal.
cierre flotante (Iberoamérica) | boom chain.
cierre gradual del diafragma (óptica) | irising-out.
cierre hermético | leak proof seal | sealing | airtight closing | airtight stopping | tight closing | hermetic seal.
cierre hermético de metal sobre vidrio | glassmetal hermetic seal.
cierre hermético de válvula electrónica | air-tight seal.
cierre hermético para puertas | door seal.
cierre hermético polióptico | polyoptic sealing.
cierre hidráulico | sealed trap | water seal | liquid packing.
cierre metálico | rolling steel door.
cierre metálico de rollo (para puertas) | revolving shutter.
cierre metálico enrollable | roller-shutter door.
cierre metálico enrollable (para puertas) | rolling door.
cierre o unión (por medio de cemento, plomo, mastique) | sealing.
cierre para cabina presionizada (aviones) | pressure-cabin seal.
cierre por calor de plásticos | heatsealing of plastics.
cierre por enfriamiento (lingotes) | cold shut.
cierre por palanca | lever locking.
cierre previo | previous closing.
cierre rapido | quick closing.
cierre rectificado (con la muela) | ground seal.
cierre remallado (calcetería) | looping round.
cierre retardado | retarded closing.
cierre sin fugas | leak-tight shutoff.
cierre temporal (pozo petróleo) | shut-in.
cierre vidrio-metal regulado por óxido | oxide-buffered glass-metal seal.
cierre y desaparación de grietas (hormigón en estado húmedo) | autogenous healing.
cierres rápidos sucesivos (circuitos) | inching jogging.
cierres sucesivos rápidos (de un circuito) | inching | jogging.
cierto | certain | right | true | safe.
cierva | roe.
ciervo de manchas blancas (India) | axis.
ciervo del Ganges (India) | axis.
cierzo (meteorología) | norther.
CIF puesto en tierra | C.I.F. landed.
cifax | cifax.
cifra | figure | number | digit | cipher | code | cypher.
cifra binaria | bigit (binary digit) | binary digit (bit) | binary digit.
cifra contable | book amount.
cifra de clave | test number | code figure.
cifra de comportamiento del radar | radar performance figure.
cifra de control | sum check digit.
cifra de paridad | parity digit.
cifra de ruido | noise digit.
cifra de ventas | sales figures | sales volume.
cifra dudosa | blind figure.
cifra en octal | octal digit.
cifra hablada | spoken digit.
cifra provisional | provisional figure.
cifra redondeada | ballpark.
cifra significativa | significant figure.
cifra significativa final | final significant digit.
cifrabilidad | cipherability.
cifrado | ciphering | coding.
cifrado (mensajes) | in code.
cifrado (música) | figurated-bass.
cifrado con código | encoded cipher.
cifrado de una operación | operation code.
cifrado en anchura | width coding.
cifrado en clave | encoding.
cifrado por transposición | transposition cipher.
cifrador | encipherer | encoder | coder.
cifrador-descifrador | coder-decoder.
ciframiento | enciphering.
cifrar | encode (to) | write in code (to) | code (to) | cipher (to) | put code (to) | cryptograph (to).
cifrar (poner números en vez de letras) | encipher (to).
cifrar con clave | cipher (to).
cifras | figures.
cifras (música) | figures.
cifras astronómicas (números muy grandes) | astronomical figures.
cifras clave | key figures.
cifras comparativas | comparative figures.
cifras obtenidas en la explotación | operating figures.
cifras previstas | forecast figures.
cigarra | grasshopper.
cigarrillo | cigarette.
cigarrillo continuo que se va cortando a la medida deseada (máquina automática de hacer cigarrillos) | cigarette rod.
cigarrillo emboquillado | tipped cigarette.
cigarro puro | cigar.
cigarrón (Puerto Rico) | carpenter bee.
cigomático | zygomatic.
cigosis (organismos unicelulares) | zygosis.
cigotena | zygotene.
cigoténico | zygotenic.
cigótico | zygotic.
cigoto (genética) | zygote.
cigüeña (brazo de manivela) | crank.
cigüeña (de cigüeñal) | throw.
cigüeña (manivela sencilla) | single crank.
cigüeña (máquinas) | sweep.
cigüeña de dos brazos | double-webbed crank.
cigüeña de un brazo | single-webbed crank.
cigüeñal | cranked shaft | crankshaft.
cigüeñal armado | built crankshaft.
cigüeñal completamente equilibrado | fully counterbalanced crankshaft.
cigüeñal compuesto con brazos ajustados en caliente | shrink-fit crankshaft.
cigüeñal compuesto de partes fabricadas separadamente | fully-built crankshaft.
cigüeñal compuestode varias piezas | built crankshaft.
cigüeñal con brazos de disco | disc-webbed crankshaft.
cigüeñal de acero de aleación nitrurado | nitrided alloy-steel crankshaft.
cigüeñal de acero moldeado | cast steel crankshaft.
cigüeñal de acero moldeado alto en carbono | high-carbon cast steel crankshaft.
cigüeñal de compresor de aire | air compressor crankshaft.
cigüeñal de cuatro muñequillas | four-throw crankshaft.
cigüeñal de dos muñequillas | two-throw crankshaft.
cigüeñal de función dúctil | cast-iron crankshaft.
cigüeñal de fundición grafítica | cast-iron crankshaft.
cigüeñal de fundición maleable perlítica | pearlitic malleable iron crankshaft.
cigüeñal de media presión | intermediate pressure crankshaft.
cigüeñal de motor con cilindros en V | V-engine crankshaft.
cigüeñal de motor de aviación | aerocrank.
cigüeñal de motor diesel rápido | high-speed diesel engine crankshaft.
cigüeñal de seis muñequillas con siete cojinetes | six-throw seven-bearing shaft.
cigüeñal de tres muñequillas | three-throw crankshaft.
cigüeñal de una pieza | solid crankshaft.
cigüeñal de varias cigüeñas | multithrow crankshaft.
cigüeñal de varios brazos | multicrankshaft.
cigüeñal ensamblado | fully-built crankshaft.
cigüeñal enterizo | solid-forged crankshaft | solid crankshaft.
cigüeñal equilibrado dinámicamente | dynamically balanced crankshaft.
cigüeñal estampado en caliente | drop-forged crankshaft.
cigüeñal forjado en la prensa | press-forged crankshaft.
cigüeñal forjado en una pieza | solid-forged crankshaft.
cigüeñal forjado por estampación | drop-stamping crankshaft.
cigüeñal forjado por flujo continuo del grano | continuous grain flow crankshaft.
cigüeñal fundido | cast crankshaft.
cigüeñal fundido en molde de cáscara | shell-molded cast crankshaft.
cigüeñal maquinado a medidas finales | finished-machined crankshaft.
cigüeñal maquinado a sus medidas finales | finish-machined crankshaft.
cigüeñal metalizado | metal-sprayed crankshaft.
cigüeñal nitrurado | nitride-hardened crankshaft.
cigüeñal que no sufre vibraciones resonantes | dead crankshaft.
cigüeñal semienterizo con muñequillas y brazos en una sola pieza | semibuilt crankshaft.
cigüeñal troquelado de acero nitrurado | die-forged nitrided steel crankshaft.
cigüeñas compuestas de piezas ensambladas (cigüeñales) | fully-built throws.

cigüeñas con muñequillas y brazos en una sola pieza (cigüeñales) | semibuilt throws.
cigüeñas enterizas | semibuilt throws.
ciliado | ciliate.
cilindrada | swept volume.
cilindrada (cilindros) | displacement.
cilindrada (motores) | charge | cubic capacity | volume | cylinder capacity | cylinder charge | capacity.
cilindrada efectiva (motores) | actual volume of charge.
cilindrado | rolled.
cilindrado (en el torno) | surfacing.
cilindrado en caliente | hot-rolling.
cilindrador (persona) | roller.
cilindraje (tornos) | straight turning.
cilindrar | cylinder (to).
cilindrar (carreteras) | roll (to).
cilindrar en caliente | hot-roll (to).
cilindrar en el torno | turn along (to) | turn off (to).
cilindrería (hilatura) | roll shop.
cilindrero (obrero tejeduría) | roll coverer.
cilindricidad | cylindricality.
cilíndrico | cylindrical.
cilindriforme | cylindriform.
cilindrita | cylindrite.
cilindrita (mineralogía) | kylindrite.
cilindro | roll | roller | drum | platen | cylinder.
cilindro (biología) | cast.
cilindro (cerraduras) | plug.
cilindro (turbina, bombas) | barrel.
cilindro (turbina vapor) | shaft.
cilindro abridor | opening cylinder.
cilindro acabador | finishing roll.
cilindro acabador (laminador) | merchant roll.
cilindro acanalado | serrated roller | grooved roll | grooved roller | fluted roller.
cilindro accionado por un fluido | fluid-actuated cylinder.
cilindro achatado | shallow cylinder.
cilindro agramador | breaking roller.
cilindro ajustable (de laminador) | laminating roller.
cilindro alimentador | feed-roll | slicking-in roller | delivery roller | feed cylinder | feed roller | receiving roller.
cilindro amortiguador | retardation cylinder.
cilindro amortiguador del pistón del motor de pistones libres y donde se comprime el aire (turbina de gases de pistones libres) | cushion cylinder.
cilindro anterior | breast roll.
cilindro apisonador | paving roller.
cilindro aplicador | applicator roll.
cilindro aprietazapatas (frenos) | wheel cylinder.
cilindro arrancador | drawing-off roller | detached roller.
cilindro arrastrado (laminadores) | drag roll.
cilindro arrollador de la tela (telares) | cloth roll.
cilindro atacador (cañones) | ramming cylinder.
cilindro batidor | breast roller | beater roller | beating roller.
cilindro batidor (abridoras y batanes) | stripping roll.
cilindro batidor (batanes) | pin apron stripper.
cilindro calandrador | calender roll.
cilindro cardador | worker.
cilindro cargado electrostáticamente | electrostatically loaded roller.
cilindro cepillador | brush roller.
cilindro circular infinito | infinite circular cylinder.
cilindro circular recto | right circular cylinder.
cilindro cogedor | pinch roll.
cilindro colado en coquilla (laminador) | chill roll.
cilindro colado parcialmente en coquilla (laminadores) | part-chill roll.
cilindro compensador (encoladora tejidos) | tension roll.
cilindro compresor | roller | press roller.
cilindro con agujas | studded cylinder.
cilindro con aletas profundas | deeply-finned cylinder.
cilindro con arena tratada químicamente y que se emplea para atracar un barreno (minería) | core plug.
cilindro con aros | ringed cylinder.
cilindro con camisa exterior | jacketed cylinder.
cilindro con extremo esférico | spherical-end cylinder.
cilindro con extremos de mayor espesor | thick-end cylinder.
cilindro con guanición de dientes de sierra (desbrozado lana) | porcupine roll.
cilindro con lumbreras | ported cylinder.
cilindro con superficie rugosa (laminadores) | dull roll.
cilindro con válvulas en la culata | overhead-valve cylinder | I-head cylinder.
cilindro condensador | condensing roller.
cilindro corto del testigo | core stub.
cilindro corto y grueso (laminadores) | stubby roll.
cilindro cuyo eje no pasa por el eje de la manivela (motores) | offset cylinder.
cilindro de accionamiento de la tijera | shear-operating cylinder.
cilindro de acero cementado | hardened steel roller.
cilindro de acero endurecido | hardened steel roller.
cilindro de acero forjado cementado | hardened forged steel roll.
cilindro de acero rectificado con barreta abrasiva | honed-steel cylinder.
cilindro de afiligranar (papel) | dandy roller.
cilindro de aire (compresores) | air cylinder.
cilindro de aletas | finned cylinder.
cilindro de aletas de motor aerorrefrigerado | aircooled engine finned cylinder.
cilindro de alta (máquina vapor) | high-pressure cylinder.
cilindro de alta presión (máquina vapor) | high-pressure cylinder | h. p. cylinder.
cilindro de aluminio | aluminum cylinder.
cilindro de aluminio cromado interiormente | chromium-plated aluminum cylinder.
cilindro de amalgamación | amalgam drum.
cilindro de aplanar | leveling cylinder.
cilindro de apoyo (laminador) | top roll.
cilindro de arrastre | taking-in roller.
cilindro de baja presión | l-p cylinder.
cilindro de baja presión (máquinas vapor) | low-pressure cylinder.
cilindro de barógrafo | barograph drum.
cilindro de boca (cañón) | muzzle cylinder.
cilindro de brida | flanged roll.
cilindro de cantear (tren de bandajes) | edging roll.
cilindro de carbón formado por una barrena para carbón | doughnut.
cilindro de carda | card roller.
cilindro de cartón | paper roller.
cilindro de contacto | feeler roller.
cilindro de CO_2 descargado por el calor del incendio | fire-tripped CO_2 cylinder.
cilindro de cuchillas | knife roller | blade roller.
cilindro de curvar | bending roll.
cilindro de chapa | plate-roll.
cilindro de desbaste (laminador) | roughing.
cilindro de descarga | discharge roll | delivery roll.
cilindro de elevación | elevating cylinder | lifting cylinder.
cilindro de empuje | pushing cylinder.
cilindro de entrada (manuares, mecheras) | back roll.
cilindro de entrega | delivery roll | delivery roller.
cilindro de estampar | goffering roll.
cilindro de estirado (fibras textiles) | drafting roller.
cilindro de estirado de la mechera | fly-frame drawing roller.
cilindro de estiraje | draft roll.
cilindro de extrusión (prensa de extrusión) | piercing cylinder.
cilindro de freno de dos pistones | double piston brake cylinder.
cilindro de fricción | friction roll | friction drum.
cilindro de fundición con aletas | finned cast iron cylinder.
cilindro de fundición fundido en concha | chill-cast iron roll.
cilindro de gargantas (para hilos de papel) | grooved roll.
cilindro de gas a presión | gas cylinder | gas tube.
cilindro de granular | granulating roll.
cilindro de hojalata | tin roller.
cilindro de impresión | barrel.
cilindro de impresión (telegrafía) | printing roller.
cilindro de impresión en huecograbado | intaglio cylinder.
cilindro de inmersión | immersing roller.
cilindro de introducción | taking-in roller | receiving roller.
cilindro de inyección del metal | metal injection cylinder.
cilindro de la prensa | press cylinder.
cilindro de laminador | rolling mill roll.
cilindro de laminador desgastado por el uso | worn mill roll.
cilindro de latón | brass drum.
cilindro de los cartones (jacquard) | card cylinder.
cilindro de madera que queda de un rollizo | centre.
cilindro de mando de aire comprimido | compressed-air control cylinder.
cilindro de mando de la bobina | bobbin driving drum.
cilindro de mantilla (offset) | blanket cylinder.
cilindro de materiales celulares con un núcleo de celosía | truss-core sandwich cylinder.
cilindro de media presión | intermediate cylinder.
cilindro de movimiento alternativo | reversing roll.
cilindro de óxido nitroso | nitrous oxide cylinder.
cilindro de papel | paper roller.
cilindro de pared delgada | shallow shell.
cilindro de pie | dedendum cylinder.
cilindro de poca altura | shallow cylinder.
cilindro de presión | press cylinder | press roller | pressure roller | pressure roll.
cilindro de presión (desarrollador de telares) | pressure beam.
cilindro de púas (erizo) | needle roller.
cilindro de puntas | spike roll.
cilindro de puntas (abridoras) | pin cylinder.
cilindro de ratinar | friezing cylinder.
cilindro de reloj | watch barrel.
cilindro de reposición | restoring roller.
cilindro de respaldo (laminador de bandajes) | back roll.
cilindro de respaldo (tren laminación) | backup roll.
cilindro de retroceso | recoil cylinder | pullback cylinder.
cilindro de revolución | cylinder of revolution | round cylinder.
cilindro de rotograbado | rotogravure cylinder.
cilindro de salida | delivery roller.
cilindro de salida (manuar, continuas de hilar) | front roller.
cilindro de satinar (papel) | beating roller.
cilindro de superficie ondulada | corrugated cylinder.
cilindro de toma | taking-in roller.
cilindro de trabajo | power cylinder.
cilindro de tracción | pulling cylinder.
cilindro de triturar | beating engine.

cilindro de viento (máquina soplante) | air cylinder.
cilindro de volteo | bending roll.
cilindro decatizador | boiling roller.
cilindro del acumulador | accumulator cylinder.
cilindro del aparato de puntería en elevación | elevating cylinder.
cilindro del clisé (offset) | plate cylinder.
cilindro del combinador | controller drum.
cilindro del escape (relojes) | escapement spindle.
cilindro del freno | brake cylinder.
cilindro del freno (cañones, etc) | recoil cylinder.
cilindro del inyector | injector barrel.
cilindro del laminador | laminated rollers.
cilindro del pie | root cylinder.
cilindro del recuperador (cañón) | runout cylinder.
cilindro del servofreno de depresión | brake vacuum booster cylinder.
cilindro del tren desbastador | blooming-roll.
cilindro del tren desbastador (laminador) | bloom roll.
cilindro delantero | front roller.
cilindro dentado (caja de música) | roller.
cilindro desarrollador | let-off roll.
cilindro desarrollanapas (cardas de batán) | lap roll.
cilindro desbastador | billeting roll | roughing down roll | roughing-roll | coarse-crushing roll.
cilindro desbastador (laminador) | rough-down roll | puddle roll | soft roll.
cilindro desbastador (laminador de chapa) | breaking-down roll.
cilindro desborrador (tejeduría) | stripper.
cilindro desbrozador (carda para lanas) | breast cylinder.
cilindro descargador | discharging roller | doffer beater | doffer roll.
cilindro descargador (abridoras y batanes) | stripping roll.
cilindro descargador (batanes) | pin apron stripper.
cilindro descargador (cardas) | doffer cylinder.
cilindro descargador (tejeduría) | stripper | clearer roller.
cilindro descargador de estopa | tow doffer.
cilindro desconectado | cutout cylinder.
cilindro desecador | desiccating cylinder.
cilindro desgranador | drum.
cilindro desintegrador | pulling roller.
cilindro desmenuzador | pulling roller.
cilindro desmenuzador de púas | metal brush.
cilindro desmotador | burring cylinder.
cilindro desprendedor | drawing-off roller | detached roller | doffer roll.
cilindro desprendedor (batanes) | pin apron stripper.
cilindro desprendedor (tejeduría) | stripper.
cilindro dilatado por el calor (laminadores) | puffed roll.
cilindro director | master cylinder.
cilindro disipador | dissipating cylinder.
cilindro distribuidor | distributor roller.
cilindro divisor | dividing roll.
cilindro doblador | doubling roller.
cilindro dolioforme | barrel roller | barrelled roller.
cilindro elíptico | elliptical cylinder.
cilindro embutido por corte | shear-spun cylinder.
cilindro empujador | pushing cylinder.
cilindro en posición de guiñada (aerodinámica) | yawed cylinder.
cilindro en que se produce la inflamación (motores) | firing cylinder.
cilindro encamisado (motores) | lined cylinder.
cilindro engofrador | embossing cylinder.
cilindro enmanguitado (laminadores) | sleeved roll.
cilindro enmanguitado en caliente | compound cylinder | duplex cylinder.
cilindro escalonado | stepped roll.
cilindro escurridor | dandy roll.
cilindro esmerilador | emery roll | grinding roller.
cilindro esparcidor de púas | shredding cylinder.
cilindro estampador de cobre | copper printing roll.
cilindro estampafondos (telas) | blotch roll.
cilindro estirador (tejeduría) | drawing roller | boss roller.
cilindro estirador del tejido (telar) | takeup roll | sand roll.
cilindro estirador posterior | nip roll.
cilindro estriado | fluted roller | corrugated roll | fluted cylinder.
cilindro estriado de fundición de coquilla | chilled fluted roller.
cilindro exprimidor | squeeze roll.
cilindro eyector | ejector cylinder.
cilindro forrado de cuero | leather covered roller.
cilindro frotador | rubbing roller.
cilindro fundido en una pieza | cylinder cast in one piece.
cilindro giratorio | rotating roller | turnbarrel.
cilindro grabador | embossing cylinder.
cilindro graduado | graduated cylinder.
cilindro guía | feed-roll.
cilindro guía (laminadores) | pinch roll.
cilindro hembra (laminadores) | lower roll.
cilindro hinchado (laminadores) | puffed roll.
cilindro hiperbólico | hyperbolic cylinder.
cilindro hueco | shell roll.
cilindro hueco con agujeros en espiral | apertured drum.
cilindro hueco de arcilla refractaria (crisoles) | dozzler.
cilindro humectador | damping roll.
cilindro igualador | evener roll.
cilindro igualador (abridoras) | combing roll | stripper comb | spike roll | pin cylinder.
cilindro impresor | impression cylinder.
cilindro impresor giratorio para fotograbado | photogravure rotary printing cylinder.
cilindro inferior (laminador) | bottom roll.
cilindro inferior arrancador | bottom detaching roller.
cilindro intermedio de poca presión (tren estiraje telas) | slip roll.
cilindro inyector | injection cylinder.
cilindro lavador (fabricación papel) | drum washer.
cilindro libre que transmite la presión (prensa de estruir) | dummy block.
cilindro limpiador | roller clearer | clearer roller.
cilindro limpiador (cardado de lana) | burring roller.
cilindro liso | plain roll.
cilindro liso (laminador) | flat roll.
cilindro liso con generatriz curva | smooth roll with curved generator.
cilindro macho (laminador) | top roll | upper roll.
cilindro maestro del freno | brake master cylinder.
cilindro manchado (laminador) | patched roll.
cilindro mecánico | power cylinder.
cilindro medidor | measuring cylinder.
cilindro metálico circular hueco | hollow circular metal cylinder.
cilindro moldeado en arena ligada con aceite | oil sand molded cylinder.
cilindro montado sobre muñones | trunnion-mounted cylinder.
cilindro motriz (tundidora) | draft roll.
cilindro octagonal | octagonal cylinder.
cilindro oscilante (imprenta) | vibrator.
cilindro ovalizado | out-of-round cylinder.
cilindro ovalizado en el ánima | distorted cylinder.
cilindro palpador | feeler roller.
cilindro para creosotar | creosoting cylinder.
cilindro para el dibujo (telar) | pattern cylinder.
cilindro para el dibujo (telares) | figuring cylinder.
cilindro para enderezar chapa | plate-mangling roll.
cilindro para la pilada (yute) | batch roller.
cilindro para pulverizar metales | flatting mill.
cilindro para rotograbado | gravure cylinder.
cilindro para vulcanizar con aire caliente a presión | pan.
cilindro parabólico | parabolic cylinder.
cilindro parado por averías (laminadores) | dead roller.
cilindro partidor (cardas) | divider roll.
cilindro peinador | comb circle | combing cylinder | comber cylinder.
cilindro peinador (cilindro descargador - carda) | doffer.
cilindro peinador con dientes | claw combing roller.
cilindro peinador con guarnición anular (cardas) | ring doffer.
cilindro portamantilla (offset) | blanket cylinder.
cilindro portapapel del indicador | indicator cylinder.
cilindro posterior | back roll.
cilindro prensador | squeeze roll | pressure roll | press roller.
cilindro prensador (máquina estampar telas) | pressure bowl.
cilindro preparador | preparating roll.
cilindro primitivo (engranaje recto) | pitch cylinder.
cilindro provisor (rodillo tintador - máquina estampar telas) | furnishings roll.
cilindro pulidor | polishing drum | planishing roll.
cilindro pulverizador | cracker.
cilindro que transmite el esfuerzo del carnero al tocho (prensa de estruir) | dummy block.
cilindro quebrantador | crusher roller.
cilindro recogedor | gleaning cylinder | pinch roll | collecting roller.
cilindro recrecido con acero inoxidable | stainless-steel-faced roller.
cilindro recuperador | recuperator cylinder.
cilindro rompedor de motas | bur crushing roller.
cilindro satinador | glazing roll.
cilindro secador | drying cylinder.
cilindro secador del papel | paper-drum dryer | paper-dryer cylinder.
cilindro secador pequeño (papel) | baby drier.
cilindro semiduro (laminadores) | sand roll.
cilindro semiduro (para laminadores) | iron roll.
cilindro suavizador | softening roller.
cilindro sumergidor | immersion roll.
cilindro superior | top roll.
cilindro superior (estiraje telas) | pressure roll.
cilindro superior equilibrado | balanced top roll.
cilindro tensor | tension roll.
cilindro tomador (carda) | taker-in.
cilindro tomador (hilatura algodón) | licker-in.
cilindro transportador | carrier roller.
cilindro transportador (carda de lana) | tumbler.
cilindro triturador | crusher roll | cracker.
cilindro tundidor | revolver.
cilindro tundidor (tundidora) | cylinder | spiral revolver.
cilindrocónico | cylindroconical.
cilindroide | cylindroid.
cilindroide rectangular | rectangular slab.
cilindros acabadores | sizing rolls.
cilindros cingladores | shingling rolls.
cilindros coaxiales circulares | circular coaxial cylinders.
cilindros colocados yuxtapuestos | side-by-side cylinders.
cilindros curados en la obra (hormigones) |

job-cured cylinders.
cilindros de enderezar chapa | mangle | mangle rolls.
cilindros de entrada (estiradora) | back draft rollers.
cilindros de forjar | forging rolls.
cilindros de planear | planishing-rolls.
cilindros de rodadura | rolling cylinders.
cilindros estiradores | delivery rollers | stretching rolls.
cilindros estiradores traseros (estiradora) | back draft rollers.
cilindros extractores de las borras | noil rollers.
cilindros para curvar hierros en ángulo | angle-bar bending rolls.
cilindros para quitar las barbas o el añublo del trigo | oat clipper.
cilindros rayados | scored cylinders.
cilindros secadores para papeleras | paper mill dryer rolls.
cilindros tres cuartos duro (cilindro colado en arena - laminadores) | grain roll.
cilindros trituradores | crushing rolls.
cilindros troqueladores de roscar | roller dies.
cilio | cilium.
cilios (biología) | cilia.
cilios (botánica) | fringe.
cilla (iglesia) | tithe.
cillerero (monasterios) | butler.
cillería (monasterios) | butlership.
cima | spire | summit | crest | head | head | peak | vertex | top | apex.
cima (botánica) | cyme.
cima (colinas) | hilltop.
cima (de una loma) | knoll.
cima pelada (montañas) | scalp.
cima reversa | reversed ogee | ogee-moulding.
cimacio | quirk ogee | quirk ovolo | doucine | plate-rail | ogee-moulding | cymatium.
cimacio (arquitectura) | cyma | keel moulding.
cimacio (gola - moldura) | cyma.
cimacio (moldura) | ogee.
cimacio invertido (talón) | cyma reversa | cyma inversa.
cimacio recto | cyma recta.
cimacio vertedor | rollway.
cimarrón | wild.
cimática (física) | cymatics.
cimbaliforme | cymbaliform.
címbalo (música) | cymbal.
cimbiforme | cymbiform | boat-shaped.
cimborrio | cimborrio.
cimborrio (cupulas) | lantern light.
cimborrio de arcadas | arcaded lantern.
cimbra | arch centering | arch | arched falsework | centre (Inglaterra) | centrig | falsework | center (EE.UU.) | curve.
cimbra (arcos) | centering.
cimbra (arcos, bóvedas) | cradling.
cimbra de cajón (arcos) | lagged center.
cimbra de celosía de madera | framed-timber falsework.
cimbra de cubierta laminar | thin-shell roof centering.
cimbra de puente | bridge-center.
cimbra desplazable | traveling shutter.
cimbra flotante | floating falsework.
cimbra formada por un montón de tierra apilada y compactada (cúpula hormigón) | earth mold.
cimbra metálica | steel arch.
cimbra móvil | traveling shutter.
cimbra para un arco por tranquil | rampant center.
cimbra recogida | cocked center.
cimbra sin apoyos intermedios | cocked center.
cimbrado (arcos) | centering.
cimbrar | center (to).
cimentación | foundation.
cimentación (fundación) | bedding.
cimentación antivibratoria | antivibration foundation.
cimentación con cajón neumático | pneumatic base.
cimentación con cajones de aire comprimido | compressed air caisson foundation.
cimentación con cajones flotantes | buoyant box foundation.
cimentación con retallos | stepped foundation.
cimentación de hormigón | concrete foundation.
cimentación de la caldera | boiler foundation.
cimentación de la máquina | engine foundation.
cimentación de la presa | dam foundation.
cimentación de zapata | footing foundation.
cimentación del yunque (martillo pilón) | stock.
cimentación elástica | resilient foundation.
cimentación en agua | wet foundation.
cimentación en cuña | wedge-shaped foundation.
cimentación en emparrillado | grillage.
cimentación en escalones | stepping | benched foundation | stepped foundation.
cimentación escasa | skimpy foundation.
cimentación flotante | buoyant foundation.
cimentación para grandes cargas | heavy foundation.
cimentación permeable | permeable foundation | pervious foundation.
cimentación por cajón de aire comprimido | compressed-air caisson foundation.
cimentación por cajones neumáticos | pneumatic caisson foundation.
cimentación por pozos | well foundation.
cimentación sobre arcilla | clay foundation.
cimentación sobre arena | sand foundation.
cimentación sobre losa de hormigón | concrete-raft foundation.
cimentación sobre losa de hormigón armado | raft foundation.
cimentación sobre pilotaje inclinado | batter-pile foundation.
cimentación sobre pilotes | pile foundation.
cimentación sobre pilotes de hormigón de base ensanchada | underreamed pier foundation.
cimentación sobre pilotes redondos de hormigón en que la caja ha sido hecha con perforadora | bored pier foundation.
cimentación vibrorresistente | vibration-resistant foundation.
cimentado sobre pilotes | piled.
cimentado sobre relleno | founded upon fill.
cimentado sobre roca | founded on rock.
cimentado sobre terraplén | embankment-founded.
cimentar (edificios) | found (to).
cimentar sobre pilotes | pile (to).
cimera (de casco) | crest.
cimicida | cimicide.
cimiento | fundament | base.
cimiento con retallo | spread footing.
cimiento inseguro | insecure foundation.
ciminita | ciminite.
cimo | zyme.
cimofana | oriental cat's eye | chrysoberyl cat's eye.
cimógeno (mezcla de hidrocarburos muy ligeros) | cymogene.
cimógrafo | cymograph.
cimol | cymol.
cimómetro | wave meter | cymometer.
cimoscopio | cymoscope.
cimosis | zymosis.
cimótico | zymotic.
cimrita (silicato de aluminio y bario) | cymrite.
cimurgia (fermentaciones) | zymurgy.
cinabarino | cinnabarine | cinnabric.
cinabrífero | cinnabarine | cinnabric.
cinabrino (de color escarlata) | cinnabarine.
cinabrio | minium | quicksilver ore | mercury ore.
cinabrio (sulfuro mercúrico) | cinnabar.
cinabrio con bitumen | liver ore.
cinámico | cinnamic.
cinc | base metal.
cinc bruto en galápagos (cinc comercial, peltre) | spelter.
cinc electrocobreado | copperplated zinc.
cinc en escamas | flaked zinc.
cinc en galápagos | slab zinc.
cinc espectroscópicamente puro | spectroscopically pure zinc.
cinc inincrustante (pilas eléctricas) | nonencrusting zinc.
cinc laminado | sheet zinc.
cinc metálico desintegrado | mossy cinc.
cinc metálico desintegrado de grano muy fino | feathered zinc.
cinc obtenido de fusión del mineral | primary zinc.
cinc purificado por destilaciones selectivas | redistilled zinc.
cinc redestilado | redistilled zinc.
cincado | galvanizing | galvanization.
cincado brillante | bright zinc plating.
cincado después de la fabricación | galvanized after fabrication.
cincado electrolíticamente | electrolytically galvanized.
cincado electrolítico | electrolytic galvanizing.
cincado en baño caliente | hot-dip galvanized.
cincado en caliente | hot-dipped cinc coating.
cincar | galvanize (to).
cincar por sublimación | sherardize (to).
cincel | graver | burin | rove | sculper | chisel.
cincel ancho (cantería) | drove chisel.
cincel ancho de cantero | drove.
cincel arrancador | floor chisel | box chisel.
cincel circular (perforación) | circular chisel.
cincel de acero templado | cold chisel.
cincel de afolar (remachado) | beading tool.
cincel de calafate | making iron.
cincel de calafatear | caulking iron | butt tool.
cincel de calafatear (chapas) | fullering tool.
cincel de cantero con boca de una pulgada de ancho | inch-tool.
cincel de corte con punta en forma de V | diamond chisel.
cincel de desbarbar | chipping chisel.
cincel de desbastar | roughing tool | chipping chisel | boasting chisel | carving chisel.
cincel de desbastar (cantería) | charring chisel.
cincel de doble bisel | crosscutting chisel.
cincel de empalmar | hammer-headed chisel.
cincel de engastar | chasing chisel | chasing graver.
cincel de lengua de carpa | cutting chisel | bott chisel.
cincel de mano | drawing-knife.
cincel de minero | cross mouthed chisel.
cincel de pico redondo | roundnose chisel.
cincel de punta (cantería) | dog's tooth.
cincel de punta rómbica | diamond chipping chisel | diamond-nose chisel | diamond point chisel.
cincel de repicar (remachado) | beading tool.
cincel de uña | broach chisel.
cincel dentado | indented chisel.
cincel dentado (cantería) | bumper.
cincel dental | dental chisel.
cincel desbastador (cantería) | drove chisel.
cincel desbastedor | drove.
cincel desincrustador | scaling chisel.
cincel en bisel | firmer.
cincel neumático | pneumatic chisel.
cincel para acanalar | cope chisel.
cincel para calafatear | fuller.
cincel para desbastar (labra de sillares) | pitching tool.
cincel para ensanchar costuras de madera antes de calafatearlas | deck iron.
cincel para perforar rocas | bore bit.
cincel para ranuras triangulares | V tool.
cincel ranurador | cape chisel.
cincelado | engraved | chased.
cincelado (encuadernación) | tooled.
cincelador | chiseler | chaser.
cincelador de metales | metal chaser.
cinceladura | chasing.

cincelar | grave (to) | carve (to) | chisel (to) | chase (to) | engrave (to).
cincita (mineral) | red oxide of zinc.
cinclis (zoología) | porthole.
cinconismo | cinchonism.
cincha | webbing | girth | cinch | cingle.
cincha de bote | boat gripe.
cincha de bote (buques) | belt gripe.
cincha de bote (cuando está colgado del pescante) | gripe.
cincha de proa (botadura buques) | sling plate | swing plate.
cincha de proa (botadura de buques) | cradle plate | banjo.
cincha del atalaje | belly-band.
cinchadora | strapper.
cinchar | cinch (to) | girdle (to).
cinchar (botes en sus pescantes) | gripe in (to).
cinchar (caballos) | girth (to).
cinchas de botes (buques) | frapping lines.
cinchas de hilo de hierro y de metal | wire and metal belts.
cinchas de proa (botadura buques) | saddle straps.
cinchería | webbing.
cincho | girdle | hoop.
cincho (tejeduría) | belt.
cincho de plomo | lead shield.
cinchón galvanizado para sujetar el calorífugo (calderas) | galvanized dressed strap.
cinchos del inducido | armature bands.
cine | motion picture | movies.
cine (cinema - edificio) | cinema.
cine sonoro en color | sound-color motion picture.
cine testimonial | testimonial cine.
cinefluorografía | cinefluorography.
cinefotografía | cinephotography | camera photography.
cinefotografiar | cinephotograph (to).
cinefotograma | cinephotograph.
cinefotomicrografía | cinephotomicrography.
cinegética | cynegetics.
cinegético | cynegetic.
cinegrafía | cinegraphy.
cinemascopio | cinemascope | telerecording.
cinemateca | filmbox | film library.
cinemateca (EE.UU.) | stock shot.
cinemática | cinematics.
cinemática (física) | kinematics.
cinemática de dirección | guidance kinematics.
cinemática de los mecanismos | kinematics of mechanisms.
cinemática en el plano | plane kinematics.
cinemática relativista | relativity kinematics.
cinemáticamente equivalente | kinematically equivalent.
cinematización | kinematization.
cinematización (cineplastia - cirujía) | cinematization.
cinematografía | kinematography | cinematography.
cinematografía electrónica | electronic cinematography.
cinematografía en colores | color cinematography.
cinematografía submarina | underwater cinematography.
cinematografiar | cinematograph (to).
cinematografista (tomador de vistas cinematográficas) | cinematographer.
cinematógrafo | cinematograph.
cinematoradiografía | cinematoradiography.
cinemicrofotografía | cinemicrophotography.
cinemicrografía | cinemicrography.
cinemicrográfico | cinemicrographic.
cinemógrafo | cinemograph | kinematographer.
cinemómetro | kinemometer.
cineradiografía | cineradiography.
cinerario | cinerarium.
cinerario (adjetivo) | cinerary.
cinerial | cinerial.
cinerita (material sedimentario formado por cenizas volcánicas) | cinerite.
cinerita (toba volcánica) | cinerite.
cinerítico | cinerous.
cinescopio | kinescope | picture tube | television tube | television picture tube | television-picture tube.
cinescopio (televisión) | picture tube.
cinescopio de haz reflejado | reflected-beam kinescope.
cinescopio en color con haz indicativo | beam-indexing color picture tube.
cinescopio en colores | color kinescope.
cinescopio para televisión en colores | color picture tube.
cinescopio tricolor (TV) | tricolor picture tube.
cineteodolito | cinetheodolite | cine-theodolite.
cinética (ciencia) | kinetics.
cinética de la corrosión | corrosion kinetics.
cinética de la grafitización | graphitization kinetics.
cinética de la oxidación isotérmica | isothermal oxidation kinetics.
cinética de la recristalización | recrystallization kinetics.
cinética de los trazadores radioactivos | tracer kinetics.
cinética del crecimiento | growth kinetics.
cinética del envejecimiento | ageing kinetics.
cinética del reactor nuclear | reactor kinetics.
cinética del teñido | dyeing kinetics.
cinética sigmoidal | sigmoidal knetics.
cinético | kinetic | motional | motory.
cinetocito | kinetocyte.
cinetócoro localizado | localized kinetochore.
cinetogénesis | kinetogenesis.
cinetógeno | kinetogenic.
cinetón | kineton.
cinetones | kineta.
cinetones (fotografía) | kineta.
cinglado | nobbling | metal purifying | squeezed.
cinglado (metalurgia) | knobbling.
cinglado (pudelado) | nobbing.
cinglado (pudelaje) | shingling.
cinglador de cocodrilo | alligator squeezer.
cinglador de excéntrica (cilindro compresor - pudelado hierro) | cam squeezer.
cinglador de palanca | ball squeezer.
cinglador de quijadas | alligator squeezer | crocodile squeezer.
cinglador giratorio | shingling roller.
cinglador rotativo | rotary squeezer.
cinglador rotativo (pudelado) | squeezer.
cingladora | shingler.
cinglar (hierro pudelado) | squeeze (to).
cinglar (pudelaje) | shingle (to).
cinglar el hierro | knobble (to).
cingulado | cingulate.
cingular | cingular.
cíngulo | sash | girdle.
cinología | cinology.
cinómetro | cynometer.
cinorrodio (botánica) | hip.
cinquillo (música) | quintolet.
cinta | tenia | lace | ribband | ribbon | riband | stripe | pay-streak | fillet | strip | string.
cinta (buques) | wale.
cinta (decorativa) | riband.
cinta (hilatura) | sliver.
cinta (máquina de escribir) | inking ribbon.
cinta (transportadores) | belt.
cinta a ficha perforada | tape to card.
cinta abrasiva | grinding band | abrasive belt.
cinta adherente de protección | friction tape.
cinta adhesiva | adhesive tape.
cinta adhesiva aislante | isolation adhesive tape.
cinta adhesiva antihigroscópica | nonhygroscopic adhesive tape.
cinta adhesiva para tapar zonas que no se han de chorrear | blasting tape.
cinta adhesiva piezosensible | pressure sensitive tape.
cinta adhesiva rehumedecible en agua | water-remoistenable tape.
cinta agotándose | low tape.
cinta agujereada (fabricación moneda) | cissel.
cinta aisladora | binding tape.
cinta aisladora (cinta de empalme - electricidad) | friction tape.
cinta aisladora para cables | serving.
cinta aislante | insulating tape.
cinta aislante (electricidad) | adhesive tape.
cinta aislante adhesiva | friction tape.
cinta aislante con goma guayule | scotch tape.
cinta aislante para usos eléctricos | electrical tape.
cinta aislante plástica | plastic electrical tape.
cinta al carbón de un sólo empleo | one time carbon ribbon.
cinta anódica | anode strap.
cinta autoadhesible | pressure sensitive tape.
cinta autoadhesiva aislante eléctrica | electrical tape.
cinta banda | strake.
cinta bastidor de conductores
cinta calada | openwork trimming.
cinta calefactora | heating tape.
cinta calefactora electrotérmica | electrothermal heating tape.
cinta cauchotada | rubber tape.
cinta con cola hortícola | grease-band.
cinta con segmentos de solapamientos | overlay tape.
cinta con soporte de vinilo | vinyl-backed tape.
cinta continua | tape loop.
cinta continua de papel (máquina hacer papel) | wed.
cinta continua para limar | file band.
cinta de acero | steel tape.
cinta de acero revestida de bronce plomoso | lead-bronze-faced steel strip.
cinta de acetato | acetate tape.
cinta de aerofotografías | photographic strip.
cinta de agrimensor | measuring reel.
cinta de alambre | flattened wire.
cinta de algodón | cotton tape | cotton binding.
cinta de algodón aceitada | oiled cotton tape.
cinta de algodón barnizado | varnished-calico tape.
cinta de algodón impregnada (telecomunicación) | prepared linen tape.
cinta de algodón impregnada con un compuesto aislante | compound-filled tape.
cinta de aluminio | aluminum foil.
cinta de ametralladora | cartridge belt.
cinta de amianto | asbestos tape.
cinta de apriete | clamping strap.
cinta de arrastre | leader.
cinta de astracán | astrakhan ribbon.
cinta de batista | packthread.
cinta de borrilla de seda | bourrette sliver.
cinta de cangilones | belt elevator.
cinta de carda | card fillet | card sliver.
cinta de cartuchos | belt.
cinta de cartuchos (ametralladora) | ammunition belt.
cinta de cordones (topografía) | corded tape.
cinta de crespón | crepe ribbon.
cinta de cruzamiento (urdimbre) | lease band.
cinta de cuero | leather tape.
cinta de dirección | guidance tape.
cinta de dos pistas (magnetófono) | half-track tape.
cinta de empalme | splicing compound.
cinta de enmiendas | amendment tape.
cinta de entrada | in tape.
cinta de entrada en binario | input stack tape.
cinta de escogido (minerales) | picking belt.
cinta de esmeril | emery fillet.
cinta de estopa de lino | flax tow sliver.
cinta de estrío | sorting-belt.
cinta de fibra | fiber lap.
cinta de fibra de vidrio | glass tape.
cinta de fibra de vidrio impregnada de plástico | glass band.
cinta de fotografía aérea | photographic strip.
cinta de freno | brake hoop | brake band.

cinta de fricción (frenos) | friction band.
cinta de guarnición de carda | card clothing fillet | card wire band | fillet.
cinta de guarnición para el volante (cardas) | fancy fillet.
cinta de hilos encolados | bast-ribbon.
cinta de impresión | ribbon.
cinta de interclasificación | collation tape.
cinta de lana peinada | wool top.
cinta de maniobra | work tape.
cinta de manuar | draw frame sliver | drawing frame sliver.
cinta de medir | measuring reel | tape.
cinta de medir con graduaciones muy espaciadas | chain tape.
cinta de metal | foil ribbon.
cinta de mica ligada con silicona | silicone bonded mica tape.
cinta de Möbius | Möbius strip.
cinta de Mylar | Mylar tape.
cinta de paja (moldería) | hay band.
cinta de papel | paper tape | paper band.
cinta de papel continuo | web.
cinta de papel para aparatos receptores telegráficos | ticker paper.
cinta de papel perforada | punched paper tape | perforated paper tape.
cinta de papel terminándose | low tape.
cinta de peinadora | comber sliver.
cinta de peluche | plush ribbon.
cinta de perforación completa | chad tape.
cinta de perforación incompleta | chadless tape.
cinta de plástico para electricidad | electrical plastic tape.
cinta de plástico que se utiliza sólo una vez (máquina escribir) | one-time ribbon.
cinta de plomo | lead strip.
cinta de plomo blando para calafatear juntas de tubería | ribbonite.
cinta de plomo o cinc para juntas | flashing.
cinta de programa (informática) | routine tape.
cinta de programas | software tape.
cinta de recepción (telegrafía) | slip record.
cinta de recubrimiento | finishing tape.
cinta de referencia | standard tape.
cinta de registro | strip chart.
cinta de reps | corder silk ribbon.
cinta de resaltos (cinta transportadora corrugada) | cog belt.
cinta de reserva | back up tape.
cinta de resorte | spring band.
cinta de seda aceitada | oiled-silk tape.
cinta de silvicultor | forester's tape | circumference tape.
cinta de sucesos (telefonía) | event tape.
cinta de sustentación (alas de avión) | flying wire.
cinta de sustentación (aviones) | lift wire.
cinta de tela aceitada | cambric tape.
cinta de vídeo | videotape.
cinta de vitrofibra impregnada de poliéster | polyester-glass tape.
cinta de yute impregnada con asfalto | bitumen-impregnated hessian tape.
cinta de yute mezclado con fibra de vidrio | glass-staple hessian tape.
cinta del freno | brake-lock.
cinta del indicador eléctrico de cotizaciones (bolsa) | ticker tape.
cinta del programa | program tape.
cinta dendrométrica (Argentina) | diameter tape.
cinta deslizante | slip.
cinta diario (informática) | ledger tape.
cinta divisora (cardas) | divider tape.
cinta divisora (correín - cardas) | condenser tape.
cinta elástica | elastic webbing | elastic band.
cinta eléctrica oleorresistente | oil-resistant electrical tape.
cinta electroaislante | electric tape.
cinta electrosensible | electrosensitive tape.
cinta emisora | originating tape.
cinta engomada (EE. UU.) | Scotch tape.
cinta enrollada con paso largo (las diversas vueltas se solapan muy poco o nada - cables) | long lay tape.
cinta entintada | carbon ribbon | ink ribbon.
cinta esmerilada | emery tape.
cinta estampada | goffered ribbon | printed ribbon.
cinta estereofónica de pistas coincidentes | stacked stereophonic tape.
cinta estereofónica en línea | in-line stereophonic tape.
cinta estereofónica escalonada | staggered stereophonic tape.
cinta estirada (tejeduría) | drawn sliver.
cinta estroboscópica | stroboscopic tape.
cinta flexible de acero | steel measuring tape | flexible steel band.
cinta fonográfica original | master.
cinta garantizada sin errores | certified tape.
cinta grabada en estéreo | stereo recorded tape.
cinta grabadora | recording tape.
cinta graduada de acero con cursor graduado para la corrección de pendientes (topografía) | slope chain.
cinta graduada de acero para medir | band.
cinta hombrera | brace ribbon.
cinta impregnada de caucho | rubber-filled tape.
cinta impregnada de polvo magnético | magnetic powder-impregnated tape.
cinta irregular | cloudy silver.
cinta laminada fina | band iron.
cinta limpia (telegrafía) | blank tape.
cinta litográfica de offset | offset-litho ribbon.
cinta litográfica desgastada | exhausted ribbon.
cinta maestra | master tape.
cinta magnética | tape | magnetic tape.
cinta magnética borrable | erasable recording tape.
cinta magnética en cassette | magnetic cassette.
cinta magnética para el registro televisivo | television magnetic-tape.
cinta magnetofónica | tape | magnetic tape.
cinta magnetofónica cancelable | erasable recording wire.
cinta magnetofónica prerregistrada | prerecorded tape.
cinta medidora de acero | steel tape.
cinta metálica | metal band | strap.
cinta metálica de masa (motores) | earth strap.
cinta metálica para medidas en el campo (topografía) | field tape.
cinta métrica | tapeline | measure.
cinta métrica de acero con graduaciones muy espaciadas | band chain.
cinta métrica de cordoncillos (topografía) | corded tape.
cinta métrica de muelle | spring-winding tape.
cinta métrica enrrollada | spring rule.
cinta muaré | moiré ribbon.
cinta numérica | numerical tape.
cinta operculada | chadless tape.
cinta para atar | strapping tape.
cinta para desborrar a mano | hand stripping fillet.
cinta para enlomar (libros) | bookbind tape.
cinta para envolver tubos | pipe-wrap tape.
cinta para escribir y corregir (máquina de escribir) | typing/correcting ribbon.
cinta para medir diámetros (árboles) | diameter tape.
cinta para obturar | sealant tape.
cinta para obturar roscas de tubos | thread-sealant tape.
cinta para pantallas | ribbon for lamp-shades.
cinta para pasar cables (por tuberías) | snake.
cinta para pasar cables eléctricos por una tubería | fish tape.
cinta para persianas enrollables | ladder-tape.
cinta para remendar (plásticos) | mending tape.
cinta para sincronizar receptores HF | yakker.
cinta para sombreros | hatband.
cinta para sumadora | adding machine ribbon.
cinta para transporte de carbón | coal belt conveyor.
cinta patrón | standard tape.
cinta peinada (hilatura) | top.
cinta peinada (tejeduría) | combed sliver.
cinta peinada a mano (tejeduría) | hand-combed top.
cinta peinada a máquina | machine-combed top.
cinta peinada de ramio (tejeduría) | ramie top.
cinta perforada | punched tape | perforated tape | paper tape loop.
cinta perforada (comunicaciones) | chad tape.
cinta perforada (de papel) | punched paper tape.
cinta perforada (telefonía) | slip.
cinta perforada (teletipo) | tape.
cinta perforada de arrastre avanzado | advance feed tape.
cinta perforada de arrastre centrado | center-feed tape.
cinta perforada total | chadded tape.
cinta picada (alas enteladas) | serrated edge tape.
cinta piloto (ficheros) | pilot tape.
cinta plana (estambre) | open sliver.
cinta poco torcida (hilatura) | slubbing.
cinta portadora de un fichero permanente | main file tape.
cinta pregrabada | prerecorded tape.
cinta pulidora | burnishing fillet.
cinta que sirve de señal en un libro | tassel.
cinta que sostiene una condecoración | suspension ribbon.
cinta recubierta | coated tape.
cinta recubierta de polvo magnético | magnetic powder-coated tape.
cinta registrada monoaural | monaural recorded tape.
cinta registradora | record ribbon.
cinta reutilizable | scratch tape.
cinta sin fin | endless belt.
cinta sin fin de tela metálica (fabricación papel) | Fourdriner wire.
cinta sin grabar | blank tape.
cinta sinfín de tela metálica de bronce o latón (fabricación papel) | wire.
cinta sonora | sound tape.
cinta tapadora forrada de plomo (falvanostegia) | lead-backed masking tape.
cinta tejida | ribbon.
cinta telex | telex tape.
cinta termoplástica | thermoplastic tape.
cinta totalmente perforada | fully perforated tape.
cinta transportadora | traveling apron.
cinta transportadora (construcciones) | conveyor belt.
cinta transportadora anticombustible y a prueba de corrientes estáticas | antistatic fire resistant conveyor belting.
cinta transportadora autocargadora | conveyor-loader.
cinta transportadora con concavidad transversal grande | deep-troughed belt.
cinta transportadora con listones | slat conveyor.
cinta transportadora con paletas rascadoras | scraping belt.
cinta transportadora de equipajes | baggage conveyer.
cinta transportadora madre (minas) | mother conveyor.
cinta transportadora resistente a los ácidos | acidproof travelling band.
cinta transportadora terrestre | overland conveyor.
cinta tubular | hollow band.
cinta vídeo | video tape.
cinta visional | video-tape.
cintas adhesivas | masking tapes.
cintas antirradar | chaff.
cintas antirradar sintonizadas | tuned rope.
cintas antirradáricas de metal (lanzadas por

aviones) | rope.
cintas autoadhesivas a baja temperatura | freezer tape.
cintas autoadhesivas de doble cara | double coated tape.
cintas autoadhesivas de PVC | vinyl plastic tape.
cintas autoadhesivas para dibujar (para marcar) | self-adhesive marking tape.
cintas autoadhesivas permanentes | permanent mending tape.
cintas colocadas en espiral contrarias | counterspiralled tapes.
cintas de resistencia para usos eléctricos | resistance ribbons for electrotechnical uses.
cintas de seda para máquina de escribir | silk typewriter ribbons.
cintas de transmisión para la dirección de husos | spindle belts.
cintas elásticas | elastic tapes.
cintas en diagonal para la industria del cuero | diagonal ribbons for the leather industry.
cintas floreadas | figured ribbons.
cintas para ribetear | edgings.
cintas reflectoras antirradáricas | windows.
cintas sin fin | endless woven belts.
cintas tirantes | drawoff webs.
cintas transportadoras y elevadoras de tela metálica | conveying bands and elevator belts of wire netting.
cintas y rollos de papel engomado | paper adhesive tapes and rolls.
cintería | smallwares | narrow fabrics.
cintería elástica | elastics.
cintería gruesa | webbing.
cintero (topografía) | tapeman.
cintilla | tape.
cintilla al sesgo | bias tape.
cinto | cincture.
cinto con nudo grande | sash.
cintón (buques) | guardrail.
cintón de acero de media caña (buques) | rubbing bar.
cintón de madera | rubbing strip.
cintón de madera del costado de estribor (buques) | wood belting of starboard side.
cintones (buque) | false bellies.
cintoteca | library | tape library.
cintura acorazada (buques) | armor-belt.
cintura de carda | card bend.
cintura del rodete (turbina hidráulica) | runner band.
cinturas de radiación cautiva (alrededor de la tierra) | trapped radiation belts.
cinturón | girdle | belt.
cinturón (de uniforme) | sash.
cinturón abdominal (mujeres encinta) | binder.
cinturón blindado | belt armour.
cinturón de hielos a lo largo de las orillas depositado por los mares | ice foot.
cinturón de madera (buques) | wood belting.
cinturón de radiación | radiation belt.
cinturón de seguridad | safety belt | belly buster | life-belt.
cinturón de seguridad colocado en el asiento (automóviles) | seat belt.
cinturón de seguridad para asiento de automóvil | automobile seat belt.
cinturón de seguridad para celadores de línea (telefonía) | lineman's belt.
cinturón de Van Allen | Van Allen belt.
cinturón ecuatorial de lluvias | equatorial belt of rains.
cinturón externo de radiación | outer radiation belt.
cinturón salvavidas inflable (aviación) | Mae West.
cinturón volcánico | volcanic belt.
cipeita (uranilo) | zippeite.
cipo | cippus.
cipolino (mármol cipolino) | cipolin.
ciprés americano (Chamaecyparis nootkatensis) | Alaska yellow cedar | yellow cypress | yellow cedar.
ciprés americano (Taxodium distichum) | swamp cypress | Louisiana cypress.
ciprés calvo (taxodium distichum - Rich) | bald cypress.
ciprina | cyprine.
ciprología | cyprology.
ciprólogo | cyprologist.
circa (embarcación) | dogger-boat.
circar (minas) | resue (to).
circo | circus.
circo (geología) | circ.
circo acrobático | circus.
circo glacial (geología) | coomb.
circo glaciar | kettle-hole | corrie.
circo glaciar (geología) | cirque | comb | kettle.
circo glaciárico | glacial cirque.
circón | zircon.
circonia fibrosa | brazilite.
circonilo | zirconyl.
circonio | zirconium.
circuitación de la vía | track circuiting.
circuitación electrónica | electronic circuitry.
circuital | circuital.
circuitar | circuit (to).
circuitería | circuitry | circuitry.
circuitería de componentes formados de capas delgadas de óxido de tantalio | tantalum thin-film circuitry.
circuitería de estado sólido | solid-state circuitry.
circuitería de fibras ópticas | optical fibers circuitry.
circuitería de impulsos electrónicos | electronic pulse circuitry.
circuitería de regulación del reactor nuclear | reactor control circuitry.
circuitería electrónica | electronic circuitry.
circuitería estampada (electrónica) | processed circuitry.
circuitería formada por componentes de capas finas de óxido de tantalio | tantalum thin-film circuitry.
circuitería impresa (electrónica) | printed circuitry.
circuitería integrada | integrated circuitry.
circuitería neuronal del cerebro | brain neuronal circuitry.
circuitería operativa (cibernética) | operative circuitry.
circuitería transistorizada | transistorized circuitry.
circuito | circuit | line | path | system | loop.
circuito (carreras) | closed course.
circuito a presión | live circuit.
circuito a transistores en cascada | cascade transistor circuit.
circuito abierto | open wiring | open circuit | open loop.
circuito abierto (electricidad) | broken circuit | incomplete circuit.
circuito absorbente | absorbing circuit.
circuito absorbente (radio) | wavetrap.
circuito accesorio de televisión en color | adder.
circuito accionado | triggered circuit.
circuito accionado por impulsos | pulse-operated circuit.
circuito acentuador (radio) | accentuator.
circuito acentuador de bajos | bass boosting circuit.
circuito aceptador (televisión) | acceptor circuit.
circuito activado | triggered circuit.
circuito activador | trigger circuit | triggering circuit.
circuito activo | alive circuit.
circuito acústico | voice circuit.
circuito adicionador | summing circuit | adding circuit.
circuito adicionador lógico binario | logical binary adding network.
circuito aditivo | added circuit.
circuito aditivo (televisión) | adder.
circuito agudizador de una onda | trigger sharpener.
circuito alámbrico | hardline.
circuito alquilado | lease circuit | leased circuit | leased line.
circuito amortiguador | losser circuit | damping circuit.
circuito amplificador | magnifier circuit.
circuito amplificador controlado por reverberación | reverberation-controlled gain circuit.
circuito amplificador de emisor común | common-emitter amplifier circuit.
circuito amplificador de impulsos | pulse-amplifying circuit | slicer.
circuito amplificador de salida | amplifier output circuit.
circuito amplificador de tonos bajos (radio) | bass-boosting circuit.
circuito amplificador totalmente magnético (sin lámparas termiónicas) | all-magnetic amplifier circuit.
circuito analizador | scanning circuit.
circuito analógico | simulation.
circuito anódico (válvulas termiónicas) | plate circuit.
circuito anódico sintonizado | tuned plate circuit.
circuito ánodo-filamento | plate-to-filament circuit.
circuito antena-tierra | aerial-ground circuit.
circuito anticongelador de la hélice | propeller deicing circuit.
circuito antieco | antiecho circuit.
circuito antiemborramiento | anticlutter circuit.
circuito antifluctuación | antihunting circuit.
circuito antiperturbación | anticlutter circuit.
circuito antirresonante | antiresonating circuit | antiresonant circuit | rejector circuit | parallel resonant circuit.
circuito antirresonante (radio) | stopper circuit | tank circuit.
circuito apagachispascircuito amortiguador | quenching circuit.
circuito aperiódico | aperiodic circuit | nonoscillatory circuit | untuned circuit.
circuito artificial | synthetic circuit | artificial circuit.
circuito asimétrico | unbalanced circuit.
circuito asimilado al bifilar | two-wire type circuit.
circuito astable | astable circuit.
circuito atenuador | minimizer circuit.
circuito atenuador de interferencias | interference minimizer circuit.
circuito autodino | autodyne circuit.
circuito autoelevador (radar, televisión) | bootstrap circuit.
circuito autooscilador de hiperfrecuencia | radiofrequency self-oscillator circuit.
circuito auxiliar | ancillary circuit.
circuito auxiliar para cortocircuitar una carga inductiva a la corriente máxima (investigación termonuclear) | crowbar | clamping circuit.
circuito averiado | out-of-order circuit.
circuito avisador de apagamiento de la llama (hornos) | flame-warning circuit.
circuito avisador de incendios | fire-warning circuit.
circuito bajo tensión | live circuit.
circuito barredor | sweep circuit.
circuito basculador | trigger.
circuito basculador ferrorresonante | ferro-resonant flip-flop.
circuito basculante | flip-flop.
circuito basculante de dos tubos (electrónica) | two-tube toggle circuit.
circuito bidimensional (electrónica) | two-dimensional circuit.
circuito bidireccional alternativo | single-circuit.
circuito biestable | lock-over circuit | bistable circuit.
circuito biestable de diodo túnel | bistable tunnel diode circuit.

circuito bifilar | loop circuit | double-wire circuit.
circuito bifilar (telegrafía) | metallic circuit.
circuito bifilar de corriente continua | direct current two-wire circuit.
circuito bifilar doble | four-wire circuit.
circuito bifurcado | forked circuit.
circuito bioeléctrico | bioelectric circuit.
circuito booleano | boolean circuit.
circuito boxcar de radar (dispositivo que proporciona selección del tiempo y almacenamiento) | radar boxcar circuit.
circuito calculador | computing circuit.
circuito calibrador | gaging circuit.
circuito cazaimágenes (televisión) | picture-chasing circuit.
circuito cebador (TR) | keep-alive circuit.
circuito cerrado (autos) | seal circuit.
circuito cerrado (electricidad) | completed circuit | complete circuit | made circuit | loop.
circuito cerrado (televisión - radio) | closed circuit.
circuito coaxial con rejilla puesta a tierra | earthed-grid coaxial circuit.
circuito codificador | coder circuit.
circuito combinado | compound circuit.
circuito combinador | combining circuit.
circuito comparador | comparator circuit.
circuito compensado | balanced circuit.
circuito compensador | balancing circuit | weighting network.
circuito compensador (electricidad) | bucking circuit | flywheel.
circuito compensador (radio) | flywheel circuit.
circuito compensador de bajos | bass-boost circuit.
circuito complementario | idler circuit.
circuito completo | complete circuit.
circuito compuerta básico (electricidad) | basic gate circuit.
circuito compuesto | composite circuit | multiple circuit.
circuito común | joint circuit.
circuito con acoplamiento ajustable | loose-coupled circuit.
circuito con acoplamiento inductivo | loose-coupled circuit.
circuito con bajo nivel de señal (contador eléctrico) | dry-circuit.
circuito con base común (transistores) | common-base circuit.
circuito con batería no puesta a tierra | nonbattery loop.
circuito con características concentradas | lumped circuit.
circuito con corriente (electricidad) | hot circuit | load circuit.
circuito con corriente eléctrica | live circuit.
circuito con fusibles de mayor diámetro que el debido (y queda por lo tanto mal protegido) | overfused circuit.
circuito con hilo de ida y de vuelta | loop circuit.
circuito con hilo de vuelta | metallic circuit | double-wire circuit.
circuito con la rejilla puesta a tierra | earth-gridded circuit.
circuito con una fase conectada a masa | faulted circuit.
circuito con vuelta por conductor separado (ferrocarriles) | metallic return circuit.
circuito con vuelta por tierra | earth-return circuit | ground circuit | grounded circuit.
circuito conectado a masa | earthed circuit.
circuito conformador de impulsos | pulse-shaping circuit.
circuito conmutador biestable | bistable switching circuit.
circuito contador | counting circuit.
circuito contador por décadas | decade-scaling circuit.
circuito continuamente cargado | continuously rated circuit.
circuito continuamente cargado (electricidad) | continuous rated circuit.
circuito contra falsos ecos (radar) | anticlutter circuit.
circuito cortador de diodo polarizado | biased-diode clipping circuit.
circuito criógeno | cryogenic circuit.
circuito criptográfico | cryptochannel.
circuito cronizador de coincidencia | coincidence timing circuit.
circuito cuya continuidad está interrumpida | open circuit.
circuito cuyo coeficiente de acoplamiento es mayor de 0 (radio) | close-coupled circuit.
circuito de absorción (radio) | tank circuit.
circuito de acción residual | keep alive circuit | keep-alive circuit.
circuito de acoplamiento de la antena | antenna-matching network.
circuito de acoplo | follower.
circuito de activación (electricidad) | firing circuit.
circuito de actuación | actuation circuit.
circuito de admisión (radio) | acceptor circuit.
circuito de admisión (televisión) | acceptor circuit.
circuito de agua plurirramal | multipass water circuit.
circuito de alarma | alerting circuit.
circuito de alimentación | feed circuit | supply circuit.
circuito de alimentación (de red eléctrica de distribución) | feeder.
circuito de almacenamiento de datos | memory circuit.
circuito de alta | high-pressure circuit.
circuito de alta potencia | high-power circuit.
circuito de alta presión | high-pressure circuit.
circuito de alternativa | or circuit.
circuito de alto voltaje | high-pressure circuit.
circuito de alumbrado | lighting circuit.
circuito de alumbrado para el planeo de aterrizaje (aeropuertos) | glide path lighting circuit.
circuito de amortiguamiento | absorption trap.
circuito de anillo (corriente polifásica) | loop circuit.
circuito de ánodo | wing circuit.
circuito de ánodo sintonizado | tuned-anode circuit.
circuito de anticoincidencia | anticoincidence circuit.
circuito de antiinterferencia (radio) | wave-trap.
circuito de antirreacción | antireaction circuit.
circuito de apertura de las señales (ferrocarril) | clearing circuit.
circuito de apuntado | peaking circuit.
circuito de arranque instantáneo | instant-start circuit.
circuito de aterrizador (aeronáutica) | U/C system.
circuito de autorretención | stick circuit.
circuito de autoverificación | self-test circuit.
circuito de avance automático | self-drive circuit.
circuito de baja potencia | low-power circuit.
circuito de baja presión | low-pressure circuit.
circuito de bajo amortiguamiento | low-damped circuit.
circuito de bajo voltaje | low-pressure circuit.
circuito de barrido fantastrón | phantastron sweep circuit.
circuito de barrido lineal | line sweep circuit.
circuito de base a masa | grounded-base circuit.
circuito de base de tiempo (televisión) | time base circuit.
circuito de batería | battery circuit.
circuito de batería sin toma de tierra | nonbattery loop.
circuito de batería solar | solar-battery circuit.
circuito de bloqueo | blocker circuit | clamp circuit.
circuito de bloqueo de fase | phase-locked loop.
circuito de borrado (electrónica) | erase circuit.
circuito de bucle | loop circuit.
circuito de búsqueda aérea | aerial search pattern.
circuito de cable coaxil | coaxial-line circuit.
circuito de caldeo | firing circuit.
circuito de capacidad inductiva | inductance capacity circuit.
circuito de carga | load | charging circuit.
circuito de carga anódica | seesaw circuit | follower circuit | anode follower circuit.
circuito de colector a masa | grounded-collector circuit.
circuito de combinación | combiner circuit.
circuito de compensación | compensation circuit | duplex balance.
circuito de compensación (electroacústica) | equalizing network.
circuito de compensación de fase | phase-compensating network.
circuito de compensación de ganancia unidad | unity-gain compensation network.
circuito de comprobación | checking circuit | gaging circuit.
circuito de comprobación (telefonía) | monitoring circuit.
circuito de concentración constante | lumped-constant circuit.
circuito de conexión | link circuit.
circuito de conexión y desconexión (electricidad) | on-off circuit.
circuito de conformación | reshaping circuit.
circuito de conmutación | switching circuit.
circuito de conmutación de impulsos | pulse-switching circuit.
circuito de conmutación de salida múltiple | multiple-output switching circuit.
circuito de conmutación electrónica | electronic switching circuit.
circuito de conmutación estática | static-switching circuit.
circuito de conmutación por la voz | voice-switched circuit.
circuito de contestación y escucha (telefonía) | answering and listening circuit.
circuito de contorneo | bypass.
circuito de contraderivación | back-shunt circuit.
circuito de contraincendios para casos de aterrizajes violentos (portaaviones) | crash circuit.
circuito de contrarreacción de desfasamiento | phase-shift feedback circuit.
circuito de control | gating circuit.
circuito de control de reposición | reset control circuit.
circuito de control de vuelo de mando hidráulico | hydraulically-operated flying-control circuit.
circuito de control del color actuado automáticamente por la señal | signal-operated automatic color control circuit .
circuito de conversación | speech path circuit | speech circuit | speaking circuit.
circuito de corriente del ignitrón | ignitron firing-circuit.
circuito de corte de llamada | ringing trip circuit.
circuito de cruce | crossover path.
circuito de cuadratura de la onda | squaring circuit.
circuito de chispa con capacitor | condensed spark circuit.
circuito de dar fuego | firing circuit.
circuito de débil capacidad | low-C circuit.
circuito de defasaje de impulsos | pulse delay circuit.
circuito de descarga | discharge circuit.
circuito de desconexión periódica | doubler limiter.
circuito de desconexión periódica (radar, televisión) | gate.
circuito de desconexión periódica (radar, TV)

| window.
circuito de desenganche | trigger circuit.
circuito de desfase de impulsos | pulse delay circuit.
circuito de detención de llamada (telefonía) | ring-trip circuit.
circuito de discriminación de amplitud | amplitude-discrimination circuit.
circuito de discriminación en coincidencia | coincidence-discriminator circuit.
circuito de doble alimentación | two-supply-circuit.
circuito de doble amplificación | dual amplification circuit.
circuito de doble disparo | doublet trigger.
circuito de doble efecto | push-pull circuit.
circuito de dos hilos en paralelo | bunched circuit.
circuito de dos válvulas conectadas en tal forma que cuando la rejilla de una es positiva la de la otra es negativa y viceversa. (Se emplea para reduir la distorsión armónica) | push-pull circuit.
circuito de emergencia | emergency circuit.
circuito de emisor conectado a masa | grounded-emitter circuit.
circuito de encendido (motores) | firing circuit | ignition circuit.
circuito de enfriamiento (reactor nuclear) | coolant loop.
circuito de enfriamiento del motor | engine cooling-circuit.
circuito de engrase | oiling circuit.
circuito de enlace | trunk circuit | link circuit | junction circuit | junction trunk | junction trunk circuit.
circuito de enlace (telecomunicaciones) | outgoing circuit.
circuito de enlace con las líneas (telefonía) | trunk junction circuit.
circuito de enlace entre operadores (telefonía) | operator's speaker circuit | order-wire circuit.
circuito de enlace interno | internal junctor.
circuito de enlaces radioeléctricos | radio-link circuit.
circuito de entradas en abanico | fan-in circuit.
circuito de entrecierre | interlock circuit.
circuito de entretenimiento | keep-alive circuit.
circuito de escucha (telefonía) | listening circuit | monitoring circuit | observation circuit.
circuito de eslabón | link circuit.
circuito de espera | holding pattern | orbiting.
circuito de estado sólido | solid-state circuit.
circuito de excitación | driver circuit | trigger.
circuito de exclusión | rejector circuit.
circuito de expresión (acústica) | buffer circuit.
circuito de extensión (telegrafía) | tail circuit.
circuito de extinción | quenching circuit.
circuito de fase sincronizada | phase-locked loop.
circuito de fijación de amplitud (radio) | clamping circuit.
circuito de fijación del nivel | level-setting circuit.
circuito de filtrado (radio) | filter-circuit.
circuito de formación | shaper.
circuito de fuego (cañón) | firing units.
circuito de fuego del detonador | detonator firing circuit.
circuito de fuga | sneak circuit.
circuito de funcionamiento impulsivo | trigger.
circuito de gatillo | triggered circuit.
circuito de gran resistencia | resistive circuit.
circuito de guarda (receptor de señales) | guard circuit.
circuito de hilo desnudo | open circuit.
circuito de hilo desnudo (electricidad) | open wire circuit.
circuito de ida y vuelta | return | go-and-return circuit.
circuito de ida y vuelta (electricidad) | complete circuit.
circuito de imagen | picture circuit.
circuito de impulsiones inversas o de retorno | revertive pulsing circuit.
circuito de indicación de cresta (turbina vapor) | peak-reading circuit.
circuito de inflamación | ignition circuit.
circuito de información | information channel.
circuito de intercomunicación | talkback circuit.
circuito de interconexión de película espesa | multi-layer thick-film interconnection circuit.
circuito de intermodulación | cross talk circuit.
circuito de interrupción | trigger circuit | turnoff circuit.
circuito de irradiación | irradiation rig | irradiation loop.
circuito de izado | lifting circuit.
circuito de la instalación | plant channel.
circuito de la válvula de onda progresiva de pérdida no recíproca (telecomunicación) | nonreciprocal loss travelling wave-valve-circuit .
circuito de la válvula detectora receptora | receiving detector valve circuit.
circuito de la vía | track circuit.
circuito de lámpara de listo para hacer fuego (cañones) | gun-ready lamp circuit.
circuito de liberación | release circuit.
circuito de licuefacción | liquefaction circuit.
circuito de limitación | hot carrier circuit.
circuito de limitación de amplitud | amplitude limiting circuit | amplitude-limiting circuit.
circuito de línea de cinta | strip-line circuit.
circuito de línea de consulta | inquiry line circuit.
circuito de línea punto a punto de uso privado | private line circuit.
circuito de lodo | mud manifold.
circuito de lubricación | oiling circuit.
circuito de llamada (telefonía) | ringing circuit.
circuito de llamada selectiva | select call circuit.
circuito de llegada | incoming circuit.
circuito de mando | trigger | trigger circuit.
circuito de mando del conmutador | key operating circuit.
circuito de mando único (radio) | ganged circuit.
circuito de mantenimiento | speakers circuit.
circuito de mantenimiento (telefonía automática) | holding circuit.
circuito de medición (telefonía) | measuring circuit.
circuito de medida (electricidad) | measuring line.
circuito de medida de anchura de banda variable | variable-bandwidth measuring circuit.
circuito de medida ponderada | weighting network.
circuito de memoria permanente | permanent-storage circuit.
circuito de mezclado (telefonía) | scrambling circuit.
circuito de microwatt | microwatt circuit.
circuito de mínima potencia | dry-circuit.
circuito de muestreo | sampling circuit.
circuito de muestreo y retención (electrónica) | sample-and-hold circuit.
circuito de negación | negator.
circuito de ocupación (telefonía) | guarding circuit.
circuito de onda lenta | slow-wave circuit.
circuito de órdenes | engineers order wire | order wire.
circuito de oscurecimiento y cambio de color | color-changing and dimming circuit.
circuito de pares de válvulas electrónicas en que el potencial de placa de cada lámpara determina el potencial de rejilla de la otra (circuito de la báscula-electricidad) | flip-flop circuit.
circuito de partida | outgoing circuit.
circuito de paso de la corriente magnética | iron circuit.
circuito de película multicapa | multi-layer film circuit.
circuito de pequeña impedancia de salida | low-output impedance circuit.
circuito de permanencia | unblanking circuit.
circuito de petición de línea dividida (telefonía) | split-order-wire circuit.
circuito de placa (tubo electrónico) | heater circuit.
circuito de placa sintonizado | tuned plate circuit.
circuito de polarización colector-base | collector-base bias circuit.
circuito de polarización del emisor | emitter bias circuit.
circuito de preacentuación (TV) | preemphasis network.
circuito de preparación | set up circuit.
circuito de producción | production line.
circuito de producción (fabricación en serie) | production line.
circuito de producción (talleres) | workflow.
circuito de protección | snubbing circuit.
circuito de prueba | test circuit | test loop.
circuito de prueba por línea interurbana | intertoll trunk-testing circuit.
circuito de puente (carga de un petrolero) | deck cargo line.
circuito de purificación | clean-up circuit.
circuito de rango acústico | voice-grade circuit.
circuito de rango telegráfico | telegraph grade circuit.
circuito de reacción | reaction circuit | feedback | retroactive circuit | loop.
circuito de reacción del tacómetro | tachometer-feedback loop.
circuito de reacción intermitente | feedback gating circuit.
circuito de reactancia | rejective circuit | rejector circuit.
circuito de reactivación | reactivating circuit.
circuito de realimentación | feedback loop.
circuito de realimentación del nivel del negro | black-level feedback circuit.
circuito de realimentación intermitente | feedback gating circuit.
circuito de rectificación y filtraje | rectifying-filtering circuit.
circuito de recuento | counting circuit.
circuito de red (electricidad) | mesh circuit.
circuito de referencia | reference circuit.
circuito de registro de línea interurbana | trunk-record circuit.
circuito de regulación de rejilla | grid control circuit.
circuito de repartición | division circuit.
circuito de reposición | restoring circuit | reset circuit.
circuito de reposición forzada (electricidad) | forcible release circuit.
circuito de resincronización | retiming circuit.
circuito de retardo | time-delay circuit.
circuito de retardo (telecomunicación) | delay circuit.
circuito de retardo de magnetoestricción sónica | magnetostriction-sonic delay-line.
circuito de retardo para señales de vídeo | video delay-line.
circuito de retardo para TV | video delay-line.
circuito de retención | retention circuit | latch | keep-alive circuit | holding-current circuit.
circuito de retención (telecomunicación) | holding circuit.
circuito de retorno | back circuit.
circuito de retorno (electricidad) | return circuit.
circuito de retorno por la vía (ferrocarril eléctrico) | track return circuit.
circuito de retorno por los ejes (ferrocarril) | axle return circuit.
circuito de retroacción | feedback circuit.
circuito de retroceso | pressure line.
circuito de reutilización | reclycling circuit.
circuito de rodaje de aeródromo | aerodrome taxi circuit.

circuito de ruptura del campo inductor | field discharge circuit.
circuito de salida | output circuit | outgoing circuit.
circuito de salida audio | audio output circuit.
circuito de salida de doble sintonización | double-tuned output circuit.
circuito de salida del receptor | receiver output circuit.
circuito de salida del sonido | audio output circuit.
circuito de seguridad | guard circuit | safety circuit | snubbing circuit.
circuito de señal | line circuit.
circuito de señalización | cue circuit.
circuito de señalización (telecomunicación) | signal wiring.
circuito de señalización manual | ringdown circuit.
circuito de servicio | traffic circuit | engineering circuit.
circuito de servicio (telefonía) | speaker circuit.
circuito de servicio público | message circuit.
circuito de servicio público (telefonía) | message circuit.
circuito de simple polaridad (telecomunicación) | single-current circuit.
circuito de sincronización | phase lock loop.
circuito de síntesis de la frecuencia | frequency-synthesizing network.
circuito de sintonización fija | fixed-tuned circuit.
circuito de sonda | probe circuit.
circuito de supresión | rejector circuit | rejection circuit.
circuito de tarifa especial (telefonía) | toll circuit.
circuito de telecomunicación | telecommunication circuit.
circuito de telemedida | telemetering circuit.
circuito de temporización controlado por impulsos de reloj | clock-pulse controled timing circuit.
circuito de tiempo de recuperación | recovery-time circuit.
circuito de toma | supply circuit.
circuito de trabajo | operating circuit.
circuito de tráfico (telecomunicación) | traffic circuit.
circuito de transferencia | transfer circuit.
circuito de transferencia (informática) | transfer loop.
circuito de transferencia (telecomunicación) | order wire.
circuito de transistor biestable en fase | phase-bistable transistor circuit.
circuito de transistores complementarios | complementary transistor circuit.
circuito de tránsito | transit circuit.
circuito de tránsito (telecomunicación) | via circuit.
circuito de tránsito (telefonía - Estados Unidos) | via circuit.
circuito de tránsito (telefonía - Inglaterra) | through circuit.
circuito de unión | trunking.
circuito de unión entre dos centrales telefónicas (telefonía automática) | trunk.
circuito de uso conjunto | common-use circuit.
circuito de uso privado (telecomunicación) | private wire.
circuito de utilización | appliance circuit.
circuito de utilización continua | continuous-duty circuit.
circuito de utilización permanente | continuous duty circuit.
circuito de utilización vocal | speech-quality circuit.
circuito de variación proporcional con el tiempo | linear time-varying circuit.
circuito de varios niveles | multilevel circuit.
circuito de verificación (telefonía) | bridge-control cord circuit.
circuito de veto en coincidencia | coincidence-veto circuit.
circuito de vía libre | clearing circuit.
circuito de vía para el gobierno de las agujas (estación de clasificación) | rail circuit.
circuito de vía pulsatorio | pulsating track circuit.
circuito de vídeo | video circuit.
circuito de voladura (canteras, minas) | blasting circuit.
circuito de voltaje (electricidad) | pressure circuit.
circuito de voltaje de referencia | reference-voltage circuit.
circuito de voltaje medio | medium voltage circuit.
circuito de vuelta | return-circuit.
circuito de vuelta a la posición inicial | homing circuit.
circuito de vuelta por tierra | ground-return circuit | earth circuit.
circuito del aceite | oil circuit.
circuito del ánodo | anode circuit.
circuito del basculador | flip-flop circuit.
circuito del basculador (circuito de la báscula-electricidad) | flip-flop circuit.
circuito del basculador (electrónica) | two-tube toggle circuit.
circuito del campo del alternador | alternator field circuit.
circuito del campo inductor | exciter field circuit.
circuito del colector | collector circuit.
circuito del contactor suicida (relés) | suicide contactor circuit.
circuito del electroimán buscador de línea | line finder magnet circuit.
circuito del filamento de la rejilla | grid-filament circuit.
circuito del filamento del ánodo | anode-filament circuit.
circuito del fluido de trabajo (reactor nuclear) | secondary loop.
circuito del inducido | armature path | armature circuit.
circuito del metal licuado | liquid-metal circuit.
circuito del puente de medida | bridge circuit.
circuito del rayo | lightning channel.
circuito del servomecanismo | servo loop.
circuito del servomotor | follow-up channel.
circuito del sonido | sound circuit.
circuito del timón de altura (aviones) | elevator circuit.
circuito del tipo y que prepara inversión del impulso | not-and circuit.
circuito del tubo de onda progresiva de pérdida no recíproca | nonreciprocal-loss travelling-wave-tube circuit .
circuito dependiente | interlocking circuit.
circuito derivado | leg | teed circuit | voltage circuit | divided circuit | branch circuit | derived circuit | composite circuit | shunt circuit.
circuito derivado (electricidad) | pressure circuit.
circuito derivador | biasing circuit.
circuito desacentuador (radio) | deaccentuator.
circuito desacoplado | decoupling circuit.
circuito descompuesto | mixing circuit.
cirCUITO DESCONECTADOR | trigger circuit.
circuito desconectador (electrónica) | trip circuit.
circuito desconectador con transistor de unión | junction transistor trigger circuit.
circuito desconectador de ciclo simple | single-shot trigger circit.
circuito desconectador periódico | window.
circuito desconectador por impulsos | pulse trigger circuit.
circuito desequilibrado | unbalanced circuit.
circuito desmodulador de señales | radiodetector.
circuito desmultiplicador | scaling down circuit.
circuito desmultiplicador (electrónica) | scaler.
circuito desmultiplicador de impulsos (radioactividad) | scaling circuit.
circuito desmultiplicador por dos | scale-of-two circuit.
circuito despuntador | despiking circuit.
circuito destellante | flasher circuit.
circuito desviador | deflection circuit.
circuito detector | detector circuit.
circuito diferenciador | peaker circuit | peaking network | differentiating circuit | differential circuit.
circuito diferenciador (televisión) | differentiator.
circuito diferenciador de crestas | differentiating circuit | peaker.
circuito diferencial (Se emplea para reduir la distorsión armónica) | push-pull circuit.
circuito difusor de fase | phase splitting circuit.
circuito difusor troposférico | tropospheric scatter circuit.
circuito directo de abonado | individual line.
circuito discriminador | and-circuit | gate.
circuito disparador | trigger circuit.
circuito disparador con transistor | transistor trigger circuit.
circuito eléctrico | electric circuit.
circuito eléctrico (conductor de ida más el de vuelta) | loop.
circuito eléctrico lineal de elementos concentrados | linear lumped electrical circuit.
circuito eléctrico para dar fuego | electric firing circuit.
circuito eléctrico que sólo puede tener dos estados o activado o desactivado | flip-flop.
circuito eléctrico temporal | hookup.
circuito electrónico | electronic counting circuit.
circuito electrónico accionado por frecuencia acústica | voice-operated electronic circuit.
circuito electrónico cuya salida es excitada si una o más de sus entradas están excitadas | notch-gate.
circuito electrónico discreto | discrete electronic circuit.
circuito electrónico encapsulado en resina sintética | resin-capsuled electronic circuit.
circuito electrónico estampado | stamped electronic circuit.
circuito electrónico impreso | printed electronic circuit (P.E.C.).
circuito electrónico molecular | molectronic circuit.
circuito elevador de la base de tiempo (radar) | hiccough.
circuito eliminador | acknowledging circuit | trap circuit | roll-off circuit | separator circuit | trap | acknowledging rejector circuit | rejective circuit | rejector circuit | rejector | rejection circuit | roll-off.
circuito eliminador (radio) | wavetrap.
circuito eliminador de chispas | quench circuit.
circuito eliminador de efectos locales | antisidetone circuit.
circuito eliminador de interferencia | wavetrap.
circuito eliminador de la cola de un impulso | clipper.
circuito eliminador resonante (radio) | resonant rejector circuit.
circuito embebido en resina sintética | resin-encapsulated circuit.
circuito emisor (radio) | keying circuit.
circuito emisor (telefonía) | register circuit.
circuito emisor de parásitos | noise-making circuit.
circuito en avance de fase | phase advance circuit.
circuito en bucle | loop line | looped circuit.
circuito en buen estado | sound circuit.
circuito en cable blindado | screened-cable circuit.
circuito en carga | load circuit.
circuito en derivación (electricidad) | parallel

circuit | bridge circuit.
circuito en estrella polifásico desequilibrado | unbalanced polyphase star circuit.
circuito en oposición de fase (Se emplea para reduir la distorsión armónica) | push-pull circuit.
circuito en que la corriente fluye durante semiperíodos alternos | half-wave circuit.
circuito en que la señal de entrada se aplica entre la rejilla de control y tierra y la salida se toma desde el cátodo y tierra | cathode follower.
circuito en serie | series circuit.
circuito en serie-paralelo (electricidad) | series-parallel circuit.
circuito en triángulo | mesh circuit.
circuito encapsulado | packaged circuit.
circuito enfriador primario del reactor | reactor primary coolant circuit.
circuito equilibrado | balanced circuit.
circuito equilibrado de m fases | balanced m-phase circuit.
circuito equilibrado de un sistema multivibrador (circuito de la báscula-electricidad) | flip-flop circuit.
circuito equivalente (telefonía) | equivalent circuit.
circuito equivalente al transistor a alta frecuencia | transistor high-frequency equivalent circuit.
circuito equivalente de Thevening | Thevening equivalent circuit.
circuito equivalente de Thevening en el fallo | Thevening equivalent circuit at fault.
circuito equivalente estrella-malla | star-mesh equivalent circuit.
circuito equivalente híbrido-II | hybrid-II equivalent circuit.
circuito equivalente paralelo | parallel equivalent circuit.
circuito equivalente térmico | thermal equivalent circuit.
circuito escalonador | scaling circuit.
circuito esquematizado | diagrammed circuit.
circuito estabilizador | antihunt circuit | steadying circuit.
circuito estabilizador (electricidad) | smoothing circuit.
circuito estampado | printed wiring.
circuito estampado (electrónica) | printed circuit.
circuito estampado de plástico placado en cobre | copper-clad plastic etched circuit.
circuito estampado para misiles (electrónica) | missile printed circuit.
circuito estenodo | stenode circuit.
circuito eventual | dispensable circuit.
circuito excitado común | bus driver.
circuito excitador | driver | trigger circuit | exciter circuit.
circuito excitador (amplificador) | driving circuit.
circuito experimental | test loop.
circuito explorador | sweep circuit.
circuito exterior | outgoing circuit | external circuit.
circuito fantasma | phantom circuit.
circuito fantasma (cable telefónico) | side circuit.
circuito fantasma con vuelta por tierra | earth return phantom circuit.
circuito fantasma de vuelta por tierra | earth-phantom circuit.
circuito fantastrón (radar) | phantastron.
circuito filtrante | filtering circuit.
circuito filtro que sólo deja pasar los impulsos de igual característica de sintonización que los emitidos | strobe.
circuito físico | side circuit.
circuito físico (cable telefónico) | side circuit.
circuito formador | shaping circuit.
circuito formador del diente de sierra | sawtooth forming circuit.
circuito fotograbado | photoengraved circuit.
circuito grabado | etched circuit | etched printed circuit.
circuito híbrido | hybrid circuit.
circuito hidráulico | fluid circuit.
circuito hidráulico bifuncional | dual function hydraulic circuit.
circuito identificador para tasación | ticketing identifier circuit.
circuito impreso | printed wiring | printed circuitry | stamped printed circuit.
circuito impreso (electrónica) | printed circuit.
circuito impreso a presión | pressed power printed circuit.
circuito impreso de polvo comprimido | pressed-powder printed circuit.
circuito impreso del sistema sintonizador | tuner printed circuit.
circuito impreso electrónico | electronic printed-circuit | electronic printed circuit.
circuito impreso enchapado | plated circuit.
circuito impreso enrasado | flush-printed circuit.
circuito impreso estampado | stamped printed circuit.
circuito impreso metalizado | plated printed circuit.
circuito impreso pintado | painted printed circuit.
circuito impreso por ataque químico | etched printed circuit.
circuito impreso por deposición electrolítica | plated circuit.
circuito impreso por deposición química | chemically deposited printed circuit.
circuito impreso por rociado | sprayed printed circuit.
circuito impreso protegido por una capa aislante | sealed circuit.
circuito impreso sinterizado | pressed-powder printed circuit.
circuito impreso sobre lámina en relieve | embossed-foil printed circuit.
circuito impreso transferido | transferred printed circuit | transferred printed circuit.
circuito impulsógeno | pulse-forming circuit.
circuito impulsor biestable de transistores | bistable transistor pulse circuit.
circuito inactivo | quiescent circuit.
circuito incompleto | incomplete circuit.
circuito inducido | induced circuit.
circuito inducido (electricidad) | secondary circuit.
circuito inductivo | inductive circuit.
circuito inductor | inductive circuit.
circuito inmerso en una capa de resina sintética protectora (electrónica) | printed circuit.
circuito inspector | inspector circuit.
circuito integrado | integrated circuit | chip | integral circuit.
circuito integrado acoplado ópticamente | optically-coupled integrated circuit.
circuito integrado con terminales viga | beam-leaded integrated circuit.
circuito integrado de capa epitaxial múltiple | multiple-epitaxial-layer integrated circuit.
circuito integrado de microondas | microwave integrated circuit.
circuito integrado de pastilla múltiple | multichip integrated circuit.
circuito integrado de película fina | thin-film integrated-circuit.
circuito integrado de rodaja de patrón | master-slice integrated circuit.
circuito integrado digital | digital integrated circuit.
circuito integrado en gran escala | large-scale integrated circuit.
circuito integrado en silicio | silicon integrated circuit.
circuito integrado híbrido | hybrid integrated circuit.
circuito integrado híbrido compatible | compatible hybrid integrated circuit.
circuito integrado híbrido de película delgada | hybrid thin film integrated circuit | thin-film hybrid integrated circuit.
circuito integrado híbrido de película gruesa | hybrid thick film integrated circuit | thick-film hibrid integrated circuit.
circuito integrado lineal | linear integrated circuit.
circuito integrado magnético | magnetic integrated circuit.
circuito integrado mixto | hybrid circuit.
circuito integrado monolítico | monolithic integrated circuit.
circuito integrado según necesidades | custom integrated circuit.
circuito integrado semiconductor | semiconductor integrated circuit.
circuito integrado semiconductor-óxido-metal | mosic.
circuito integrador | integrating circuit.
circuito integrador eléctrico | electrical integrating circuit.
circuito integrador electrónico | electronic integrator circuit.
circuito interactivo de un tubo de onda progresiva | traveling wave tube interaction circuit.
circuito intermedio | intermediate circuit | buffer.
circuito intermedio (telefonía) | transfer circuit.
circuito intermitente | gating circuit.
circuito intermitentemente cargado (electricidad) | intermittently rated circuit.
circuito internacional directo | direct international circuit.
circuito interurbano | toll circuit | long-distance circuit | trunk circuit.
circuito interurbano de alarma | alarm trunk circuit.
circuito inversor de fases | phase-inversion circuit.
circuito isocronodesconectador (radar, TV) | window.
circuito limitador (electrónica) | limiter.
circuito limitador de amplitud | amplitude separation circuit.
circuito limitador de amplitud (radio, televisión) | amplitude lopper.
circuito limitador de la amplitud de una señal de salida | clipping circuit.
circuito limitador del pico de una señal | clipper.
circuito limitador serie | series clipping diode.
circuito lineal | differentiating circuit.
circuito lineal por tramos rectilíneos equivalente | piecewise linear equivalent circuit.
circuito local de órdenes (telegrafía) | local order wire.
circuito localizador | tracing circuit.
circuito lógico | and circuit | boolean circuit | logic circuit | logic.
circuito lógico complementario de transistor-diodo-resitor | complementary resistor-diode-transistor logic circuit.
circuito lógico completamente magnético | all-magnetic logic.
circuito lógico con diodo de tipo túnel | tunnel diode logic circuit.
circuito lógico de alto umbral | high-threshold logic.
circuito lógico de diodo túnel bombeado | pumped tunnel diode logic circuit.
circuito lógico de entrada positiva salida negativa | positive input-negative output (PINO).
circuito lógico de microondas | microwave logic circuit.
circuito lógico de pares de diodos túnel | tunnel-pair logic circuit.
circuito lógico de transistor | transistor logic circuit.
circuito lógico de transistor acoplado con resistor | resistor-coupled transistor logical

circuit.
circuito lógico de transistor diodo acoplado por resistor | resistor-diode-transistor logic circuit.
circuito lógico de transistor resistor | transistor-resistor logic circuit.
circuito lógico dinámico MOS (electrónica) | dynamic MOS logic circuit.
circuito lógico estático | static logic circuit.
circuito lógico formado por modo de corriente | current-mode logic circuit.
circuito lógico líquido | liquid logic circuit.
circuito lógico magnético | magnetic logic circuit.
circuito lógico modo-tensión | voltage-mode logic circuit.
circuito lógico saturado | saturated logic circuit.
circuito lógico transistorizado | transistor logic circuit.
circuito lógico transistorizado acoplado por resistor | resistor coupled transistor logic circuit.
circuito magnético | metallic circuit.
circuito magnético cerrado | closed magnetic circuit.
circuito magnético con entrehierro | iron-air magnetic circuit.
circuito magnético en el hierro | iron circuit.
circuito magnético férrico | ferric magnetic circuit.
circuito magnético insensible a explosiones de minas | countermine proof magnetic circuit.
circuito magnético lamelar | laminated magnetic circuit.
circuito mal protegido (electricidad) | overfused circuit.
circuito mariposa | butterfly circuit.
circuito Marx | cascade generator.
circuito medidor | gaging circuit.
circuito medidor-registrador | measuring-recording circuit.
circuito memorizador | memory circuit | memorizing circuit.
circuito metálico | loop circuit.
circuito metálico de ida y vuelta | physical circuit.
circuito metalizado | plated circuit.
circuito micrológico con diodo de poca potencia | low power diode micrologic circuit.
circuito miniaturizado | miniaturized circuit.
circuito mixto | composite circuit.
circuito modulador | strobing circuit.
circuito molecular integrado | built-in molecular circuit.
circuito monoestable | one shot circuit.
circuito monoestable (electrónica) | one-shot circuit.
circuito monofilar | single wire circuit.
circuito mordentado | etched circuit.
circuito mu | mu circuit.
circuito multicanal | multi-tone circuit.
circuito multicomparador | multicomparator circuit.
circuito multifrecuencia | multitone circuit.
circuito multipastilla | multichip circuit.
circuito múltiple | divided circuit | multiple circuit.
circuito múltiple de enlace entre operadores (telefonía) | split order-wire circuit.
circuito múltiple enlazador entre operadoras (telefonía) | split order-wire.
circuito multiterminal | multipoint circuit | multidrop circuit | multidrop line.
circuito multivibrador | multivibrator circuit.
circuito musical | music circuit.
circuito nanowatt | nanowatt circuit.
circuito neutral (telegrafía) | neutral circuit.
circuito nivelador (electricidad) | smoothing circuit.
circuito NO | NOT circuit.
circuito NO (circuito lógico) | negate circuit.
circuito no esencial | nonessential circuit.
circuito no repetidor (telefonía) | nonrepeater circuit.
circuito Nor | Nor-circuit.
circuito normalizado | preferred circuit.
circuito numérico adaptable | digital matcher.
circuito numérico funcional | functional digital circuit.
circuito numérico transistorizado modular | modular transistorized digital circuit.
circuito O | or circuit | buffer.
circuito ocupado (telefonía) | setting up.
circuito oscilador (en un amplificador u oscilador termiónico) | tank circuit.
circuito oscilador con cátodo puesto a tierra | earthed cathode oscillator circuit.
circuito oscilador emisor | keying-oscillator circuit.
circuito oscilante | swing circuit | oscillatory circuit.
circuito oscilante abierto | open oscillating circuit.
circuito oscilante de resonancia | resonance oscillatory circuit.
circuito oscilante del cristal | crystal-maintaining circuit.
circuito oscilante intermedio | intermediary oscillating circuit.
circuito oscilatorio | driver circuit.
circuito oscilatorio cerrado | close oscillatory circuit.
circuito para accionamiento de las agujas (vía férrea) | point-operating circuit.
circuito para aumentar la duración de un impulso | pulse stretcher.
circuito para convertir la información contenida en la señal de corriente alterna a la forma necesaria para su empleo en el amplificador de corriente continua | phase-conscious rectifier.
circuito para dar forma al impulso | pulse-shaping circuit.
circuito para formación de impulsos | pulse-forming circuit.
circuito para graduar el nivel | level-setting circuit.
circuito para ordenes (telefonía) | order-wire circuit.
circuito para prevención de frenaje automático (trenes) | acknowledging circuit.
circuito para radar de impulsos en malla cerrada | closed-loop pulsed radar circuit.
circuito para telefonía y telegrafía simultáneas | simplexed circuit.
circuito para telegrafía y telefonía simultáneas | bunched circuit.
circuito para telegramas telefoneados | phonogram circuit.
circuito para tráfico de salida | line for outgoing traffic.
circuito para transmisión y recepción | duplexing circuit.
circuito para transmisiones radiofónicas (telefonía - EE.UU.) | program circuit.
circuito para transmisiones radiofónicas (telefonía - Inglaterra) | music circuit.
circuito para transmitir y recibir | duplexer.
circuito pasivo lineal de microondas no recíproco | linear passive nonreciprocal microwave circuit.
circuito piloto | cockpit system.
circuito polarizado | polar circuit.
circuito por cable | cable circuit.
circuito por conjunción | and circuit | and-circuit.
circuito por cordones conductores | cord circuit.
circuito por impulsos con transistor de avalanchas | avalanche transistor pulse circuit.
circuito por impulsos insaturables | nonsaturating pulse circuit.
circuito por línea alámbrica | landline circuit.
circuito por satélite | satellite circuit.
circuito preamplificador de gran impedancia de entrada | high input impedance preamplifier circuit.
circuito preestablecido | tuned circuit.
circuito preimanador | premagnetizing circuit.
circuito premontado | pac.
circuito preselector (radio) | rejectostatic circuit.
circuito primario | primary circuit | primary.
circuito primario de refrigeración | primary coolant circuit.
circuito primitivo (engranajes) | primitive circle.
circuito primitivo de leva | cam-circle.
circuito principal | main circuit.
circuito principal (telecomunicación) | trunk circuit.
circuito principal (telefonía) | trunk line.
circuito privado | leased circuit.
circuito provisto de resistencia y reactancia | resistance-reactance circuit.
circuito puerta del tipo Y | not-and circuit.
circuito puesto a tierra | grounded circuit | dead circuit.
circuito que altera la curva por rotación | rotator.
circuito radiante abierto | open radiating circuit.
circuito radiofónico | program circuit.
circuito radiotelefónico | radiotelephone circuit.
circuito ramificado | tree circuit.
circuito rápido (información) | fast-carry circuit.
circuito reactivo | regenerative circuit.
circuito receptor | receiver circuit | receiving circuit.
circuito receptor de bajo amortiguamiento | low-damping input circuit.
circuito receptor de reacción (radio) | feedback receiving circuit.
circuito receptor heterodino | heterodyne receiving circuit.
circuito recíproco (televisión) | dual network.
circuito recortador | clipper circuit.
circuito rectangulador | squaring circuit.
circuito rectificador | rectifying circuit.
circuito rectificador de estado sólido | solid-state rectifier circuit.
circuito rectificador polifásico | multiphase rectifier circuit | polyphase rectifier circuit.
circuito rechazador | rejector circuit.
circuito reductor | rundown circuit.
circuito reductor de ruidos de fondo (radio) | squelch circuit.
circuito reductor de zumbidos | hum-reducing circuit.
circuito reflejo | reflex circuit.
circuito reformador | reshaping circuit.
circuito reforzador de notas bajas | bass boosting circuit.
circuito regenerador de subportadoras | subcarrier regenerator circuit.
circuito regional (telefonía) | toll circuit.
circuito registrador (telefonía) | record circuit.
circuito regulador de la amplificación (antenas) | gain-control circuit.
circuito regulador de polarización | bias regulating circuit.
circuito regulador del soldeo | welding control circuit.
circuito rematado | dead-ended circuit.
circuito repartidor de la carga eléctrica | load-sharing circuit.
circuito repartidor de la carga reactiva | reactive load division circuit.
circuito repetidor | trunk circuit.
circuito repositor | restoring circuit.
circuito repulsor | rejector.
circuito resistencia-almacenamiento | resistance-storage circuit.
circuito resistivo alineal | nonlinear resistive circuit.
circuito resistivo en serie-paralelo | series-parallel resistive circuit.
circuito resonante | tuned circuit | resonant circuit | rhumbatron.

circuito resonante cerrado | closed resonant circuit.
circuito resonante de resistencia de hiperfrecuencia | losser circuit.
circuito resonante derivado | branched resonant circuit.
circuito resonante en paralelo (radio) | antiresonant circuit.
circuito resonante en serie | series-resonant circuit.
circuito resonante en serie (televisión) | acceptor circuit.
circuito resonante paralelo (en un amplificador u oscilador termiónico) | tank circuit.
circuito resonante paralelo (radio) | wavetrap.
circuito restablecedor | restoring circuit.
circuito restaurador | restoration circuit.
circuito restaurador de nivel (electrónica) | clamper.
circuito retardador | time delay circuit.
circuito retardador de impulsos | pulse delay circuit.
circuito saturado | overloaded circuit.
circuito secuencial | sequential circuit.
circuito secundario | secondary | secondary circuit.
circuito secundario de refrigeración | secondary coolant loop.
circuito seleccionador de señal | strobing.
circuito selectivo | wavetrap.
circuito selectivo contra el paso de bajas frecuencias | low-pass selective circuit.
circuito selectivo de detección de ruido | selective noise-detection circuit.
circuito selectivo de frecuencias superiores | high-pass selective circuit.
circuito selector | switching circuit | selector circuit | selecting circuit.
circuito sellado | sealed circuit.
circuito semiconductor limitado | semiconductor clamping circuit.
circuito semiconductor mezclado | mixed semiconductor circuit.
circuito seminormalizado | semi-custom circuit.
circuito sensible a las variaciones de voltaje | voltage-sensing circuit.
circuito separador | buffer.
circuito separador de impulsos de sincronismo | intersync circuit.
circuito separador de señales de distinta amplitud (televisión) | clipper.
circuito separador-amplificador de un transmisor | buffer amplifier.
circuito shunt | voltage circuit.
circuito sigma | sigma circuit.
circuito silenciador | muting circuit | noise suppresor | silencing circuit | squelch circuit | squelch.
circuito silenciador de audiofrecuencia | audio squelch circuit.
circuito simétrico | push-pull circuit.
circuito simple | unbalanced circuit.
circuito simple en línea | single in line package.
circuito simultáneo de comunicación telefónica y telegráfica | simplexed circuit.
circuito sin conexión a tierra | undergrounded circuit.
circuito sin corriente | dead circuit | quiescent circuit.
circuito sin deformación | distortionless circuit.
circuito sin pérdida | zero-loss circuit.
circuito sin pérdidas (electricidad) | healthy circuit.
circuito sin puesta a masa para el enfermo | earth-free patient circuit.
circuito sin repetidores | nonrepeatered circuit.
circuito sintético | synthetic circuit.
circuito sintonizado de salida | output tuned circuit.
circuito sobrecargado | overloaded circuit.
circuito sujetador (electrónica) | clamper.
circuito superheterodino | superheterodyne circuit.
circuito superpuesto | superposed circuit.
circuito supresor (electrónica) | stopper circuit.
circuito supresor de chispas | quench circuit.
circuito tanque | tank circuit.
circuito telefónico | telephone circuit | voice-grade circuit.
circuito telefónico alquilado por un período | part-time private wire circuit.
circuito telefónico de conmutación | switched telephone network.
circuito telefónico de enlace entre dos centrales privadas | tie trunk.
circuito telefónico de larga distancia | long-distant telephonic circuit.
circuito telefónico de radiodifusión (telefonía - EE.UU.) | program circuit.
circuito telefónico entre el locutor y el equipo técnico | talk-back.
circuito telefónico internacional | international telephone circuit.
circuito telefotográfico | picture circuit.
circuito telegráfico | telegraph circuit.
circuito telegráfico de enlace | trunk telegraph circuit.
circuito televisivo anamórfico | anamorphic television circuit.
circuito temporizador | timing circuit.
circuito total (electricidad) | complete circuit.
circuito total (ida más vuelta) | full circuit.
circuito transformador de impulsos cuadrados en impulsos triangulares | peaker.
circuito transistorizado | solid-state circuit.
circuito tributario (telecomunicación) | tributary circuit.
circuito triplicador del voltaje | voltage-trebling circuit.
circuito unidireccional | simplex circuit.
circuito unifilar | earth-return circuit | single wire circuit.
circuito unilateral (comunicaciones) | one-way circuit.
circuito velociselector | speed-switching circuit.
circuito vibratorio | oscillatory circuit.
circuito video | vision circuit.
circuito virtual | phantom circuit.
circuito vuelto a formar | remade circuit.
circuito Y | and circuit.
circuitos acoplados | couplet circuits.
circuitos acoplados (radio) | ganged circuits.
circuitos alternos de voz/datos (comunicaciones) | alternate voice/data circuits.
circuitos de apoyo | support chips.
circuitos de coincidencia | coincidence circuits.
circuitos de conmutación progresiva | stepping switch circuits.
circuitos de conmutación secuencial | sequential switching circuits.
circuitos de conversación | speech circuits.
circuitos de dispersión troposférica multicanálicos | multichannel tropospheric scatter circuits.
circuitos de distribución en el exterior | distribution channels abroad.
circuitos de retardo de magnetoestricción | magnetostriction delay lines.
circuitos de reutilización | recycling circuits.
circuitos de seguridad del reactor nuclear | reactor safety circuits.
circuitos de sintonía única con acoplamiento por conductancia mutua | mutual-inductance-coupled single-tuned circuits.
circuitos de sintonización simultánea | ganged circuits.
circuitos del inducido conectados en derivación | parallel-connected armature circuits.
circuitos didácticos | didactic circuits.
circuitos impresos para misiles | missile printed circuits.
circuitos integrados | integrated circuits.
circuitos magnéticos | magnetics.
circuitos monitores enlazados a la cámara | camera chain.
circuitos monolíticos integrados | monolithic integrated circuits.
circuitos no esenciales de la cámara de máquinas (buques) | engine room nonessential circuits.
circuitos regenerativos | regeneration circuits.
circuitos sintonizados | adjusted circuits.
circuitos sintonizados en cascada | cascaded tuned circuits.
circuitos sintonizados magnéticamente | permeability-tuned circuits.
circuitos vía sátelite de múltiple acceso de asignación según solicitud | demand-assigned multiple-access satellite circuits.
circuitrón | circuitron.
circula todos los días (trenes, etc.) | it runs daily.
circulación | movement | circulating | circulation | flow | currentness | traffic.
circulación (de trenes) | working.
circulación (de una publicación) | covering.
circulación (electricidad) | circuitation.
circulación (meteorología) | circulation.
circulación (publicación) | coverage.
circulación a contravía (ferrocarril) | running on wrong line.
circulación acelerada | assisted circulation.
circulación alrededor de una glorieta (tráfico) | roundabout traffic system.
circulación ascensional del aire | ascensional travelling of the air.
circulación bidireccional | bidirectional flow.
circulación ciclónica | cyclonic circulation.
circulación de aire | air flush | air circulation.
circulación de aire a presión | forced air circulation.
circulación de aire controlada (minería) | dadding.
circulación de bienes | circulation of goods.
circulación de cheques en descubierto | kiting.
circulación de cheques sin fondos | kiting.
circulación de Knudsen | Knudsen flow.
circulación de la información | data flow.
circulación de los materiales (talleres) | routing.
circulación del agua a lo largo de la costa | nearshore water circulation.
circulación del agua de enfriamiento de los condensadores aprovechando la velocidad del buque y con toma apropiada (buques de gran velocidad) | scoop circulation.
circulación del calor | heat circulation.
circulación del lodo (sondeos) | mud circulation.
circulación del tráfico | traffic flow.
circulación efectiva (periódicos, revistas) | paid circulation.
circulación en doble vía | double-line working.
circulación en remolino (meteorología) | vortex type flow.
circulación en torbellino | vortex type flow.
circulación en vía cerrada | absolute block-signal system.
circulación en vía única | single-line working.
circulación fiduciaria | banknote circulation | note circulation.
circulación interior de aire | internal air circulation.
circulación inversa | counterflush.
circulación irrotacional | vortex-free circulation.
circulación monetaria | currency.
circulación monetaria de 6 clases de monedas | currency of six denominations.
circulación nula | null circulation.
circulación por carretera | roading.
circulación por gravedad | gravity circulation.
circulación por termosifón | thermosyphon circulation.
circulación sifónica | syphonic circulation.
circulación superfluida | superfluid circulation.
circulación superfluida estable | stable superfluid circulation.
circulación termohalina (corrientes marinas) | thermohaline circulation.

circulador | circulator.
circulador de aire | air circulator.
circulador del agua caliente | hot-water circulator.
circulador del refrigerante | coolant circulator.
circulador en estrella | Y circulator.
circulador en Y para guía de ondas | wave guide Y-circulator.
circulante | current.
circular | circular | circulate (to).
circular (fluidos, corriente eléctrica) | flow (to).
circular (trenes) | run (to).
circular en coche | motor (to).
circular las noticias | pass the word (to).
circulares | job-printing.
circularidad | circularity.
circularidad interior de la sección | internal circularity of section.
circularmente | circularly.
circulatorio | circulatory.
círculo | circle | compass | community.
círculo (dibujo telas) | ring.
círculo azimutal | azimuth circle.
círculo barrido por el viento de la hélice (aviones) | slipstream.
círculo batido (escopetas caza) | killing circle.
círculo brillante de luz | aureole.
círculo circunscrito | circumscribed circle | circumcircle.
círculo completo descrito por un buque de vela | chapeling.
círculo cromático | color circle.
círculo cuyo plano no pasa por el centro (esfera) | small circle.
círculo de aberración | aberration crown | crown of aberration.
círculo de alineación | transit.
círculo de altitud | altitude hole.
círculo de altura constante | circle of equal altitude.
círculo de cabeza (engranajes) | outside circle.
círculo de cabeza (rueda engranajes) | addendum circle.
círculo de confusión | blur circle.
círculo de contacto (engranajes) | pitch circle | primitive circle | rolling circle | pitch-line.
círculo de convergencia de la serie potencial | circle of convergence of the power series.
círculo de curvatura | circle of curvature.
círculo de declinación | hour circle | declination circle | parallel of declination.
círculo de difusión (óptica) | circle of confusión.
círculo de difusión mínima (fotografía) | circle of least confusion.
círculo de dislocación (aterrizaje en portaaviones) | breakup circuit.
círculo de distancia | range circle | distance circle.
círculo de engrane (engranajes) | pitch-line.
círculo de esfuerzos de Mohr | Mohr's stress circle.
círculo de evolución (buques) | turning circle.
círculo de garganta (hiperboloide de revolución de 1 hoja) | circle of the gorge.
círculo de igual altitud (navegación aérea) | circle of position | circle of equal altitude.
círculo de inercia | circle of inertia.
círculo de inercia (resistencia de materiales) | inertia circle.
círculo de la corona (círculo exterior - engranajes) | blank circle.
círculo de la corona (engranajes) | point circle.
círculo de la raíz (engranajes) | root circle.
círculo de latitud (esfera terrestre) | circle of latitude.
círculo de lectores | book club.
círculo de los agujeros de los pernos (bridas) | bolt circle.
círculo de mínima confusión | circle of least confusion.
círculo de multivibrador | flip-flop circuit.
circulo de pasos (astronomía) | transit circle.
círculo de pie (círculo de la raíz círculo inferior - dentadura de engranajes) | dedendum line.
círculo de placas alrededor del cáliz (Crinoideos) | patina.
círculo de plomeo eficaz (escopetas caza) | killing circle.
círculo de probabilidad igual | circle of equal probability.
círculo de puntería | aiming circle.
círculo de puntería de punto medio | midpoint circle.
círculo de radio unidad | unit circle.
círculo de reflexión | reflecting circle.
círculo de refrangibilidad (óptica) | newtonian aberration.
círculo de rodadura | tread circle | circular track.
círculo de rodadura (curvas geométricas) | generating circle.
círculo de rodadura (de la parte móvil de una grúa, etc.) | slipring.
círculo de rotación (grúas) | swinging circle.
círculo de rozamiento | friction circle.
círculo de trabajo (Puerto Rico) | circle.
círculo del pie (círculo de la raíz - engranajes) | dedendum circle.
círculo del pie (engranajes) | root circle.
círculo director | director circle.
círculo engendrado por la hélice (hélices) | disc area.
círculo estadimétrico | stadia circle.
círculo exinscrito (a un triángulo) | escribed circle.
círculo exterior (engranajes) | outside circle | point circle.
círculo galáctico | galactic circle.
círculo generador (curvas geométricas) | generating circle.
círculo generador (geometría) | rolling circle.
círculo graduado | divided circle | graduated circle.
círculo graduado de elevación | elevation circle.
círculo horario | circle of declination | horary circle.
círculo inscriptor | inscribing circle.
círculo inscrito | inscribed circle.
círculo interior | inner circle.
círculo interior (engranajes) | root circle.
círculo límite (engranajes) | clearance circle.
círculo máximo | orthodrome | great circle.
círculo máximo perpendicular a la eclíptica | circle of latitude.
círculo máximo primario | primary great circle.
círculo máximo proyectado de la superficie lunar | terminator.
círculo menor (esfera) | smaller-diameter circle.
círculo meridiano (astronomía) | transit circle | transit circle.
círculo meridiano (esfera terrestre) | circle of longitude.
círculo ortogonal | orthogonal circle.
círculo ortotómico | orthotomic circle.
círculo oscilante cerrado | closed oscillating circuit.
círculo osculador (curvas) | circle of curvature.
círculo paralelo a la eclíptica | circle of longitude.
círculo parhélico | parhelic circle.
circulo polar antártico | South polar circle | Antarctic Cicle | Antarctic Circle.
círculo polar ártico | Arctic Circle.
círculo primitivo (círculo de contacto - engranajes) | dividing-circle.
círculo primitivo (engranajes) | pitch circle | rolling circle | pitch-line | base circle.
círculo primitivo (rueda dentada) | addenda.
círculo vertical (astronomía) | circle of altitude.
círculo vertical (telescopio astronómico) | finder circle.
círculo vertical que pasa por el cénit y nadir de un observador | vertical circle.
círculo vicioso | circular reasoning.
círculos de los agujeros de los pernos (bridas) | pitch circle.
círculos en blanco | open circles.
círculos en negro | filled circles.
círculos intersecantes | intersecting circles.
circumambiencia | circumambiency.
circumambiente | circumambient.
circumambular | circumambulate (to).
circumaviador | circumaviator.
circumaviar | circumaviate (to).
circumbalador | circumbalator.
circumcrescente | circumcrescent.
circumdenudación | circumdenudation.
circumflexión | circumflexion.
circumfluencia | circumfluence.
circumfluente | circumfluent.
circumforáneo | circumforaneous.
circumfulgente | circumfulgent.
circumlocución | circumdiction.
circumnavegar | sail round (to).
circumnutación (botánica) | nutation.
circumpolar | circumpolar.
circumpolarización | circumpolarization.
circumvecino | circumjacent.
circumyacencia | circumjacency.
circumyacente | circumjacent.
circuncircular | circumcirculate (to).
circuncírculo | circumcircle.
circuncisión (medicina) | posthetomy.
circuncrescencia | circumcrescence.
circundación | encompassment | circling.
circundar | circle (to) | encompass (to) | encircle (to) | enclose (to) | girdle (to) | ring (to) | ring (to) | compass (to).
circundar la tierra | orbit the earth (to).
circunerosión | circumerosion.
circunestelar | circumstellar.
circunferencia | circle | circumference.
circunferencia (perímetro - de una cuerda) | grist.
circunferencia de base (engranajes) | root circle | dedendum circle.
circunferencia de cabeza (engranaje) | addendum circle.
circunferencia de garganta | gorge circle.
circunferencia de la corona (engranajes) | point circle.
circunferencia de la corona (rueda engranaje) | addendum line.
circunferencia de la corona (rueda engranajes) | addendum circle.
circunferencia exterior (rueda engranaje) | addendum line.
circunferencia exterior (rueda engranajes) | addendum circle.
circunferencia externa máxima (engranaje cónico) | crown.
circunferencia primitiva (engranaje recto) | pitch line.
circunferencia primitiva (engranajes) | pitch-circumference.
circunferencia primitiva (levas, engranajes rectos) | pitch circle.
circunferencia principal. (levas) | prime circle.
circunferencial | circumferential.
circunferencialmente simétrico | circumferentially symmetrical.
circunferente | circumscribing.
circunfundir | circumfuse (to).
circunfusión | circumfusion.
circuninfiltración | circuminfiltration.
circuninsular | circuminsular.
circunlitoral | circumlittoral.
circunlocución | circumlocution.
circunlocutorio | circumlocutory.
circunlunar | circumlunar.
circunmigrar | circummigrate (to).
circunnavegación | circumnavigation.
circunnavegación de la Luna | circumnavigation of the Moon.
circunnavegación lunar | lunar circumnavigation.
circunnavegante | circumnavigator.
circunnavegar | circumnavigate (to).

circunnavegatorio | circumnavigatory.
circunscribir | circumscribe (to).
circunscribir un incendio forestal | corral a fire (to).
circunscripción | circumscription | district | area.
circunscripción electoral | constituency.
circunscripción telefónica (EE.UU.) | multioffice exchange area.
circunscripción telefónica (Inglaterra) | multiexchange area.
circunscriptible | circumscribable.
circunscriptivo | circumscriptive.
circunscrito | circumscribed.
circunscrito sobre una esfera | circumscribed about a sphere.
circunsolar | circumsolar.
circunspecto | safe.
circunstancia | condition | setup | particular.
circunstancia atenuante | easy circumstance.
circunstancia crítica | emergency.
circunstancia del caso | attending circumstance.
circunstancialismo | circumstantialism.
circunstancias apremiantes | hardship circumstances.
circunstancias atenuantes | attenuating circumstances | extenuating circumstances.
circunstancias concomitantes | attendant circumstances.
circunstancias eximentes | extenuating circumstances.
circunstancias imprevistas | incidentals.
circunterrestre | circumterrestrial.
circunvalación | traffic lane.
circunvalar | bypass (to) | encircle (to) | enclose (to).
circunvenir | circumvent (to).
circunvolante | circumvolant.
circunvolar | fly round (to).
circunvolución | circumvolution | circumrotation.
circunvolución (anatomía) | convolution.
circunvolución del cerebro (anatomía) | gyre.
circunvolutorio | circumvolutory.
circunvolver | circumvolve (to).
circunyacencia | circumjacence.
ciré (telas) | shiny.
cirio | taper | candle.
cirotolita | cyrotolite.
cirriforme | cirriform.
cirrípedo | cirripede.
cirro | cirrus.
cirro (apéndice de las lapas) | cirrus.
cirro (nubes) | mare's-tail.
cirro en yunque | anvil cirrus.
cirro encima de un cumulonimbo | scarf cloud.
cirro sobre un cumulonimbo | false cirrus.
cirrocúmulo | cirrocumulus.
cirroestrato | cirrostratus.
cirros | cirri.
cirros (zoología) | fringe.
cirros de cola de caballo | mare's-tail.
cirtógrafo | cyrtograph.
cirtómetro | cyrtometer.
cirtostilo (arquitectura) | cyrtostyle.
ciruela | plum.
ciruela claudia | greengage.
ciruela verdal | greengage.
ciruelo | plum.
cirugía | surgery.
cirugía cerebral estereotáxica | stereotaxic brain surgery.
cirugía criógena | cryogenic surgery.
cirugía de buques (gran reparación) | ship surgery.
cirugía de primera línea | front-line surgery.
cirugía de urgencia | emergency surgery.
cirugía neurosónica | neurosonic surgery.
cirugía ortopédica | orthopaedic surgery.
cirugía plástica | plastic surgery | plastics.
cirugía sónica | sonic surgery.
cirugía televisada | televised surgery.
cirugía traumática | traumatic surgery.
cirujanato | surgeonship.
cirujano | surgeon.
cirujano aeronáutico | air surgeon.
cirujano contratado | contract surgeon.
cirujano dentista | dental surgeon.
cirujano militar | army surgeon.
cirujano ortopédico | orthopedic surgeon.
cirujano que hace una amputación | amputator.
cisalpino | cisalpine.
cisandino | cisandine.
cisártico | cisarctic.
cisatlántico | cisatlantic.
cisco | slack | druss | culm.
cisco de antracita | culm breeze.
cisco de cok que proviene de los ceniceros de los hornos que lo consumen | pan breeze.
cisco de coque | coke breeze | ballast | breeze.
cis-configuración (química) | cis-configuration.
ciselíseo | ciselysian.
cisgangético | cisgangetic.
cislunar (entre la Luna y la Tierra) | cislunar.
cisma | rent.
cismarciano | cismartian.
cismarino | cismarine.
cismontano | cismontane.
cisne | cob.
cisne hembra | pen.
cisoceánico | cisoceanic.
cisoide | cissoid.
cisoide de Diocles (curva) | cissoid of Diocles.
cisómetro | scissometer.
cispontino | cispontine.
cisrenano | cisrhenane.
cisterna | tank | tanktrailer | cistern | well | container.
cisterna (condensador de máquina de vapor) | hot well.
cisterna criogénica | cryogenic tank.
cisterna de descarga de agua | flushing cistern.
cisterna de expansión (buques petroleros) | summer tank.
cisterna de petróleo | oil-tank.
cisticercosis de la vaca por el cysticercus bovis | measles of beef.
cisticercosis del cerdo por el cysticercus cellulosae | measles of pork.
cístido | cystid.
cisto (agricultura) | cyst.
cisto (anatomía de la madera) | cyst.
cistografía | cystography.
cistografía retrógrada | retrograde cystography.
cistolito | cystolith.
cisura (anatomía) | fissure.
cisura longitudinal (anatomía) | longitudinal fissure.
cita (documentación) | citation.
cita de negocios | appointment.
cita en órbita terrestre (astronáutica) | earth orbit rendez-vous.
citación | summons | subpoena | quoting | writ | quotation.
citación (abogacía) | notice of meeting.
citación (de un párrafo) | excerption.
citación a concurso | call to bidders.
citación a licitadores | call for bids.
citación de la unidad | unit citation.
citación judicial | ducestecum | subpoena | judicial notice | writ of process.
citación judicial al demandado | summon.
citación mutilada | garbled quotation.
citación para junta de accionistas | notice of stockholders' meeting.
citado en apelación | respondent.
citar | summon (to) | quote (to).
citar (llamar a comparecencia) | call up (to).
citar (un ejemplo) | name (to).
citar a juicio | arraign.
citar ante el juez | convent (to).
citar en la orden del día (ejército) | mention in dispatches (to).
citar en rebeldía | cite for contempt (to).
citar judicialmente | subpoena (to).
cítara | brick wall 1 brick thick.
cítara (muro de medio pie) | half-brick wall.
cítara (música) | cithern.
citatoria | subpoena.
citatorio | citatory.
citiso (lluvia de oro - árbol) | laburnum.
citocroma (botánica) | cytochrome.
citofaringe (Protozoarios) | gullet.
citogén | cytogene.
citogenética humana | human cytogenetics.
citohiperoxia | cytohyperoxia.
citohipoxia | cytohypoxia.
citola | clapper.
cítola (de molino) | clacker.
cítola (molino) | shaking apparatus.
cítola (molinos) | mill clack | mill clapper.
citología | cytology.
citón (neurona) | cyton.
citoplasma (biología) | cytoplasm.
citoquímica | cytochemistry.
citoscopia | cytoscopy.
citoscopio | cytoscope.
citotecnólogo | cytotechnologist.
citotipo (genética) | citotype.
citrato | citrate.
citrato de plata | itrol.
citricultor | citriculturist.
citriforme | lemon-shaped.
citrina | Indian topaz | citrine | Madagascar topaz | Spanish topaz.
citrino | lemon-colored | false topaz.
citrografía | citrography.
citrometría | citrometry.
citrómetro | citrometer.
citrón | citrus.
citrooxalato | citrooxalate.
citroso | citreous.
ciudad | city.
ciudad aburguesada | burgeoning city.
ciudad con guarnición | garrison town.
ciudad factoría | company town.
ciudad industrial | manufacturing town.
ciudadanía | citizenship.
ciudadano de EE.UU | USA-citizen.
ciudadanos ancianos | senior citizens.
ciudadanos de edad avanzada | senior citizens.
ciudadanos de edad madura | senior citizens.
ciudadanos de la tercera edad | senior citizens.
ciudadela | citadel.
ciudadela (buques) | centercastle.
ciudadela y toldilla | three-islander.
civil | civilian.
civilización pre-Colombina | pre-Columbian civilization.
civismo | civism | civicism.
cizalla | card cutter | shear | wirecutter.
cizalla (para cortar papel) | cutting press.
cizalla con la hoja superior en forma de cimitarra (metalurgia) | rocking shear.
cizalla cónica | bevel shears.
cizalla de corte de vaivén vertical | up-and-down-cut shear.
cizalla de dentar (hoja de sierra) | gummer shear.
cizalla de escuadrar | squaring shear.
cizalla de guillotina | gate shears.
cizalla de mano | bench shears.
cizalla de palanca | alligator shears.
cizalla de pedal | foot shears.
cizalla de uña vibrante | nibbling machine.
cizalla giratoria para cantos de chapa | rotary side trimming shear.
cizalla mecánica | shearing machine.
cizalla multicuchillas para cortar bandas | gangslitter.
cizalla múltiple | gang shear.
cizalla pa ra cortar bebederos (funderías) | gate shears.
cizalla para alambre | wire shears.
cizalla para cortar a escuadra | squaring shear.
cizalla para cortar angulares | angle iron cutting machine.
cizalla para cortar en caliente lingotes | hot ingot shear.
cizalla para cortar en rollo (bandas) | scroll

shears.
cizalla para cortar perfiles laminados | cropping machine.
cizalla para chapa de hierro | plate shears.
cizalla para chapas | slitting shears | plate cutting machine | plate shears.
cizalla para metales calientes | hot metal sawing machine.
cizalla para perfiles laminados | cropper.
cizalla para tochos | bloom shears.
cizalla para viguetas | billet coping shear.
cizalla policuchillas para cortar tiras de bandas | gangslitting machine.
cizalla recortadora | cropping shears.
cizalla rotativa | slitter.
cizalla rotativa para cortar a escuadra los cantos de las chapas | edge slitter.
cizallador | shearman.
cizallador (obrero) | shearer.
cizalladora de varillas | bar-shearing machine.
cizalladora en zigzag (para telas) | scalloping cutter.
cizalladura | shear.
cizallamiento | slide | cutting action | shear | shearing.
cizallamiento transversal | crosscutting.
cizallamiento triaxial | triaxial shear.
cizallar | shear (to) | clip (to).
cizallar en frío | cold shear (to).
cizallar por torsión | torshear (to).
cizallas | shears.
cizallas articuladas | pin shears.
cizallas circulares múltiples para cortar chapa en tiras | slitting gang cutter.
cizallas de mano | bench shear | block shears | hand shears.
cizallas de pasador | pin shears.
cizallas hidráulicas para tochos calientes con corte hacia arriba y abajo | hydraulic down-and-upcut hot slab shear.
cizallas para cable (sondeos) | rope-knife.
cizallas para cortar matrices (imprenta) | mat shears.
cizallas para cortar tochos calientes | hot slab shear.
cizallas para chapa | iron cutters.
cizallas para desbastes | slab-shears.
cizallas para lingotes | ingot shear.
cizallas para tochos | billet shears.
cizallas para tochos de corte hacia arriba | up-cutting bloom shear.
cizallas para viguetas laminadas | joist shearing machine.
cladócero (zoología) | cladoceran.
clamidado | chlamydate.
clámide | chlamys.
clamídeo | chlamydeous.
clamidosauro | frilled lizard.
clamp (medicina) | clamp.
clan | sept.
clan (matemáticas) | clan.
clan de rocas | clan of rocks.
clandestino | clandestine.
claqueta (cine) | clappers.
clara (entre nubes) | rent.
clara (nubes) | opening.
clara (telas) | sleazy.
clara (tiempo nublado) | bright interval.
clara de cuadernas (buques) | spacing of the frames.
clara de cuadernas (separación de cuadernas - buques) | frame space.
clara de huevo con vinagre (encuadernación) | glair.
clara de la escotadura (prensas) | gap depth.
clara de varengas (separación de varengas-buques) | floor spacing.
clara entre nubes | cloud rift.
claraboya | clerestory | clear-story | light | fanlight | skylight | top light | bull's eye | transom | louver.
claraboya de sótano | cellar window.
claraboya horizontal (en un techo) | lay light.
claraboya sobre el piso | pavement light.
claraboya sobre la acera | pavement light.
claramente definido | sharply defined.
claramente numerado | clearly-numbered.
clareo por la baja (bosques) | underthinning.
clareo por lo bajo (bosques) | French thinning.
clarianas | reed marks.
clariaudiencia | clairaudience | clariaudience.
clariaudiente | clairaudient.
claridad | clarity | brightness.
claridad (de imagen) | sharpness.
claridad (óptica) | illumination | critical definitión.
claridad de la imagen | clarity of the image | sharpness of definition.
claridad de la nieve | snow blink.
claridad de los hielos | ice blink | iceblink | ice sky.
claridad de los hielos (oceanografía) | blind.
claridad del blanco (pantalla radar) | target clarity.
claridad en los bordes de la imagen (óptica) | marginal sharpness | marginal definition.
claridad óptica | optical clarity.
claridad terrestre | earthshine.
clarificación | clarification | clarify | clearing | decanting | purifying | purging.
clarificación (aceites) | rendering.
clarificación (de líquidos) | polishing.
clarificación (vinos) | fining.
clarificación centrífuga de lubricantes | centrifugal purification of oils.
clarificación con bentonita y gelatina | bentonite-gelatin clarification.
clarificación del fluido de rectificación | coolant clarification.
clarificación enzímica | enzymic clarification.
clarificada por floculación | flocculation clarified.
clarificado por reposo prolongado (aceites) | tanked.
clarificador | clarifier.
clarificador (vinos) | forcing.
clarificador centrífugo | centrifugal clarifer.
clarificador centrífugo del refrigerante | centrifugal coolant clarifier.
clarificador de multibateas | multitray clarifier.
clarificador del líquido refrigerante | coolant clarifier.
clarificador del líquido refrigerante de la máquina herramienta | machine tool coolant clarifier.
clarificadora | clarification pan | clarifier.
clarificadora (de azúcar) | first-boiler.
clarificadora (fábrica de azúcar) | battery.
clarificadora de cesto (fábrica de azúcar) | slaking basquet.
clarificante | clarificant.
clarificar | clarify (to) | decant (to) | clear (to) | fine (to) | fine down (to).
clarificar (aceites) | render (to).
clarificar (azúcar) | decolor (to) | decolorize (to).
clarificar (líquidos) | purge (to) | settle (to).
clarifloculador | clariflocculator.
clarín | bugle.
clarinado (heráldica) | bell-bearing.
clarinete exponencial | exponential horn.
clarión (dibujo) | drawing chalk.
clarioncillo | crayon pencil.
clarisentiente | clairsentient.
clarísimo | strikingly clear.
claro | liquid | high | fair | clear | distinct.
claro (agua) | lucid.
claro (bosques) | open.
claro (calvero - bosques) | glade.
claro (color) | light.
claro (separación) | chink.
claro (sonidos) | liquid.
claro a popa (amarras de buques) | all clear aft.
claro en un rodal (bosques) | blank in a stand | gap in a stand.
claro y fuerte (señal radio) | five-square.
clarolina | claroline.
claros (de un cuadro) | highlights.
claros del peine | reed spaces.
claros en el sentido de la urdimbre (tejeduría) | reed marks.
claros que por exceso de exposición han perdido los detalles | blocked up.
claroscurista (pintor) | chiaroscurist.
claroscuro (pintura) | chiaroscuro.
clarqueita | clarkeite.
clase | sort | class | kind | grade | lecture | rating | range.
clase (de ajustes, de roscas, etc.) | grade.
clase adecuada de acero | right kind of steel.
clase adjunta a la derecha de S (topología) | right coset of S.
clase alterna semanal | class meeting three times a week.
clase baja | rank and file.
clase bipiramidal diexagonal | dihexagonal bipyramidal class.
clase bipiramidal ditetragonal | ditetragonal bipyramidal class.
clase buena ordinaria | good middling quality.
clase contratada | contracted grade.
clase de acero de emergencia | noncritical grade of steel.
clase de ajuste | class of fit | kind of fit.
clase de cuadro latino (estadística) | species of latin square.
clase de fruta | description of fruit.
clase de primera calidad | prime grade.
clase de primeras letras | lower school.
clase de trabajo | job class.
clase del ajuste | fit grade.
clase escalenoédrica | scalenohedral class.
clase escalenoédrica ditrigonal | ditrigonal scalenohedral class.
clase escalenoédrica tetragonal | tetragonal scalenohedral class.
clase estipulada | contracted grade.
clase inferior de caolín | mica clay.
clase media | middle class.
clase militar | military range.
clase mórfica | form class.
clase ociosa | leisure class.
clase pedial (cristalografía) | pedial class.
clase preferente (trasatlánticos) | cabin class.
clase que está especializada en control de averías (buques de guerra) | damage controlman.
clase que lleva el alta y baja del petróleo (buques guerra) | oil king.
clase residual A | residue class A mod M.
clase según el color | grade according to color.
clase según tarifa | classification rating.
clase única (yates) | one-design class.
clases (marina) | petty officers.
clases contribuyentes que pagan según sus rentas | income-tax-paying classes.
clases de albura | saps.
clases de janes (Bolivia) | saps.
clases de marinería | deck ratings.
clases de seguros | forms of coverage.
clases de servicio | types of duty.
clases de tropa | noncommissioned officers.
clases pasivas (personas) | superannuitants.
clases según la copa (árboles) | crown class.
clases terratenientes | landowning classes.
clásico | conventional.
clásico (obras) | standard.
clasificable | filable | sortable | classifiable | classable | surveyable.
clasificable (documentos) | capable of being filed.
clasificación | taxonomy | marshalling | distribution | filing | breakdown | classification | assorting | assortment | pigeonholing | sizing.
clasificación (de minerales) | picking.
clasificación (de un buque mercante, de un alumno) | rate.
clasificación (de un estudiante) | rating.

clasificación (de vagones) | drilling.
clasificación (documentos) | docketing.
clasificación (grasa) | rendering.
clasificación (metalurgia) | sorting.
clasificación (organización del trabajo) | rating.
clasificación (por calidades, tamaños) | grading.
clasificación a doble entrada | two-way classification.
clasificación a mano | hand sampling.
clasificación a mano (minerales) | cobbing.
clasificación al martillo (minerales) | hammer sorting.
clasificación alfabética de los asuntos | alphabetical arrangement of subjects.
clasificación arancelaria | customs clasification.
clasificación bancaria del endeudamiento exterior de una nación | credit worthiness.
clasificación bibliográfica | library classification.
clasificación centrífuga | centrifugal grading.
clasificación crediticia | credit rating.
clasificación de acciones | class of shares.
clasificación de cristal por color | color sorting of glass.
clasificación de cuentas | accounting classification | accounts classification.
clasificación de cuentas por fechas de vencimiento | aging of accounts.
clasificación de direcciones y datos | tag along sort.
clasificación de fabricantes por escala de valores | cost ladder.
clasificación de instrucciones | instruction classification.
clasificación de la chatarra | scrap segregation.
clasificación de las aves | poultry grading.
clasificación de longitud variable (teoría de la información) | variable-length sorting.
clasificación de menas | ore marshalling.
clasificación de mercancías | not otherwise indexed by name (NOIBN) | not otherwise indexed by name | freight classification.
clasificación de méritos | merit rating.
clasificación de microdatos | microdata filing.
clasificación de pollos | poultry gradig.
clasificación de potencia | power rating.
clasificación de potencia del transistor a impulsos cortos | transistor short-pulse power rating.
clasificación de preferencia | priority rating.
clasificación de puestos | job classification.
clasificación de radionúclidos según su toxicidad | toxicity classification of radionuclides.
clasificación de riesgos | rating of risks.
clasificación de rollizos | log grades.
clasificación de sedimentos | sediment grading.
clasificación de suelos | classification of soils.
clasificación de trozas | log grades.
clasificación de vagones | wagon marshalling | wagon-marshalling.
clasificación de vagones (trenes) | shunting.
clasificación decimal | decimal classification.
clasificación decimal que sirve para indicar la ordenación de los libros | Dewey decimal classification.
clasificación del acero | steel grading.
clasificación del correo | mail sorting.
clasificación del gasto | classification of expenditures.
clasificación del tamaño de las partículas | particle-size classification.
clasificación electrostática | electrostatic classification.
clasificación en bloque | block sort.
clasificación en criba hidráulica (preparación minerales) | hotching.
clasificación en fábrica (componentes) | production sorting.
clasificación en orden decreciente | backward sort.
clasificación en seco | dry sorting.
clasificación espectral de las estrellas | spectral classification of stars.
clasificación expansiva | expansive classification.
clasificación granulométrica | size sorting classification | granulometric classification.
clasificación indicada en la placa de características | nameplate rating.
clasificación industrial | industrial classification.
clasificación interna | internal sort.
clasificación inversa | inverted filing.
clasificación jerárquica | ranking.
clasificación jerarquizada no equilibrada | unbalanced hierarchical classification.
clasificación laboral por especialidades | skilled rating.
clasificación lineal | enumerative classification.
clasificación no equilibrada jerárquica de 3 vías | unbalanced 3-way nested classification.
clasificación organoléptica | organoleptic classification.
clasificación pedológica | pedological classification | soil classification.
clasificación por antigüedad | leveling | aging.
clasificación por aptitudes | skills classification.
clasificación por calidad | quality grading.
clasificación por corriente de aire | air-sizing | air classification.
clasificación por cribado | grading by sifting.
clasificación por cribas hidráulicas (minería) | sskimping.
clasificación por criterio cumplido | property sort.
clasificación por dos puntos | colon classification.
clasificación por elutriación | elutriation grading.
clasificación por empleos | position classification.
clasificación por etiquetas | tag sort.
clasificación por forma | shape-sorting.
clasificación por gravedad | sorting by gravity | gravity sorting.
clasificación por gravedad de vagones (estación de clasificación) | gravity switching.
clasificación por grupos | rating for groups.
clasificación por intercalación | sequencing by merging | ordering by merging.
clasificación por la cara de mejores cualidades (maderas) | better-face grading.
clasificación por materias | subject classification.
clasificación por medio del lomo de asno (vagones) | hump shunting.
clasificación por múltiples entradas | manifold clasification.
clasificación por número de criba | sieve range.
clasificación por requisito satisfecho | property sort.
clasificación por tamaños | sizing.
clasificación por tasa de rendimiento | ranking by rate of return.
clasificación seca | dry processing.
clasificación según el tamaño | sorting according to size.
clasificación según resistencia | strength grading.
clasificación térmica | thermal rating.
clasificación tipológica | typological classification.
clasificación tributaria | classified tax.
clasificación universal | universal classification.
clasificación volumétrica | sizing.
clasificación y encuadernación | collating and binding.
clasificaciones | ratings.
clasificación-fusión | sort-merge.
clasificada alfabéticamente | alphabetically-classified.
clasificado | sorted | classified | listed.
clasificado centrífugamente | centrifugally graded.
clasificado electrónicamente | electronically sorted.
clasificado entre límites máximos y mínimos | close-ranged.
clasificador | file | marshaller | classer | card index | index-book.
clasificador (mueble) | pigeonhole.
clasificador cónico (metalurgia) | cone classifier.
clasificador de aire a presión | air elutriator.
clasificador de aire seco (para materiales pulverulentos) | cyclone.
clasificador de arenas | sand classifier.
clasificador de astillas (fabricación papel) | chip screen.
clasificador de asuntos | distributor.
clasificador de borras | waste sorter.
clasificador de capullos | cocoon sorter.
clasificador de cartas | letter-file.
clasificador de correa sin fin | drag classifier.
clasificador de desperdicios | waste sorter.
clasificador de desperdicios de algodón | cotton waste hand.
clasificador de doble cono | double-cone classifier.
clasificador de fichas | card-index file.
clasificador de finos | slimes-classifier.
clasificador de frutas | fruit grader.
clasificador de huevos al trasluz | candler.
clasificador de impulsos | kick-sorter.
clasificador de la descarga en el muelle (puertos) | sorter.
clasificador de la pesca recogida | culler.
clasificador de lámina de aire | air-slide classifier.
clasificador de lana | woolsorter.
clasificador de lanas (obrero) | stapler.
clasificador de loza defectuosa | dissector.
clasificador de llamadas (telefonía) | consecution controller.
clasificador de minerales (obrero) | ore sorter.
clasificador de paletas (minería) | drag classifier.
clasificador de productos menores que el tamaño normal | infrasizer.
clasificador de rasquetas | rake classifier.
clasificador de rastrillo | rake classifier.
clasificador de rastrillo de vaivén | reciprocating-rake classifier.
clasificador de rebose | overflow classifier.
clasificador de sedimentación libre | free-settling classifier.
clasificador de sedimentación retardada | hindered-settling classifier.
clasificador de tamaños | sizer.
clasificador de tarjetas perforadas | card-sorter.
clasificador de taza | bowl classifier.
clasificador de tejas | boardman.
clasificador de tochos (aluminio) | slug sorter.
clasificador de vasija | bowl classifier.
clasificador de venteo en seco | dry vanner.
clasificador electromagnético | electromagnetic sorter.
clasificador fotoeléctrico | photoelectric sorter.
clasificador helicoidal | spiral classifier.
clasificador hidráulico | hydrosizer | hydraulic classifier.
clasificador hidráulico de cono | cone hydraulic classifier.
clasificador hidráulico de doble cono | double-cone hydraulic classifier.
clasificador inclinable | raking classifier.
clasificador por gravedad | box classifier.
clasificador por largos (tablas) | drop sorter.
clasificador por sedimentación libre | box classifier.
clasificador vibratorio | vibratory classifier.
clasificadora | sorter | collator.
clasificadora automática de cartas (correos) | letter sorter.
clasificadora de maderas | edge sorter.
clasificadora de trapos | ragpicker.

clasificadora electrónica | electronic sorter.
clasificadora hidráulica | jigging machine | jig.
clasificadora-contadora | counting-sorter.
clasificados por orden de tamaño | graded in order of size.
clasificados por sus durezas relativas | rated as to their relative hardness.
clasificar | pigeonhole (to) | assort (to) | arrange in sequence (to) | sequence (to) | titrate (to) | sort (to) | categorize (to) | classify (to) | class (to) | rate (to) | range (to) | rank (to) | grade (to) | breakdown (to) | marshal (to).
clasificar (biología) | infile (to).
clasificar (chatarra, etc.) | segregate (to).
clasificar (documentos) | file (to).
clasificar (minerales) | pick down (to) | pick (to).
clasificar (por tamaño, calidad, etc.) | grade (to).
clasificar (vagones) | drill (to).
clasificar a mano | hand-sort (to).
clasificar a mano (minería) | cob (to).
clasificar a máquina | machine-sort (to).
clasificar como de primera clase | class A1 (to).
clasificar de nuevo | refile (to) | re-order (to).
clasificar en grupos | reduce to groups (to).
clasificar en orden alfabético | file in alphabetical order (to).
clasificar la seda | number silk (to).
clasificar las tareas | job classify (to).
clasificar madera | range timber (to).
clasificar mal | misplace (to).
clasificar mercancías | grade goods (to).
clasificar por calidades | cull.
clasificar según su longitud (fibras textiles) | staple (to).
clasolita | clasolite.
clástico | frustulent | detrital.
clástico (detrítico) | clastic.
clástico (geología) | fragmentary.
clastocristalino | clastocrystaline.
clastógeno | clastogene.
clastomórfico | clastomorphic.
clastomorfismo | clastomorphism.
clásula de cambio de derrota (comercio marítimo) | deviation clause.
clásula de interrupción | cutoff clause.
clásula de pago en moneda extranjera | currency clause.
clatrado | lattice-like | clathrate.
claustalita (seleniuro de plomo) | clausthalite.
claustración | enclosure.
claustro | cloister.
claustro (de un patio) | cloisters.
claustro de profesores | board of professors | academic staff.
cláusula | clause | provision | stipulation.
cláusula abrogatoria | rescinding clause | annulling clause.
claúsula adicional | rider.
cláusula anulativa | clause irritant.
cláusula automática de reintegración del capital | automatic reinstatement clause.
cláusula comisoria | forfeiture clause.
cláusula compromisaria | arbitration clause | compromissary article.
cláusula condicional | conditional clause.
cláusula contractual | agreement clause.
cláusula correctamente redactada | properly drafted clause.
cláusula de abandono | abandonment clause.
cláusula de abandono del mercado | market-out clause.
cláusula de abordaje | running down clause | collision clause.
cláusula de aceptación | acceptance clause.
cláusula de actualización de precio | tabular standard of value.
cláusula de acumulación | accumulation provision.
cláusula de ampliación | continuation clause.
cláusula de antigüedad | seniority provisions.
cláusula de anulación | canceling clause.
cláusula de arbitraje | arbitration clause.
cláusula de atestación | attestation clause | witness clause.
cláusula de avería general pagada según las leyes del puerto de descarga | foreign general average clause.
cláusula de aviso de cancelación | notice-of-cancellation clause.
cláusula de baja de precios | falling clause.
cláusula de boicot | boycott clause.
cláusula de cambio de propiedad (terrenos) | change of ownership clause.
cláusula de cesación del alquiler por avería (buques) | off-hire clause | breakdown clause.
cláusula de cobro automático de las primas | automatic premium loan clause.
cláusula de colisión (seguro marítimo) | running down clause.
cláusula de competencia de jurisdicción | domicilary clause.
cláusula de contacto con sustancias que no sean agua (seguro del casco de buques) | contact clause.
cláusula de continuación (seguros marítimos) | expiration clause.
cláusula de coseguro con el asegurado | average clause.
cláusula de daños por exudación (transportes) | skimmings clause.
cláusula de defecto latente | latent defect clause.
cláusula de entrega | delivery clause.
cláusula de escala (navegación) | calling clause.
cláusula de escala salarial móvil | permissive wage-adjustment clause.
cláusula de escalación (contratos) | escalator clause.
cláusula de escape | escape clause.
cláusula de estabilización | stabilisation clause.
cláusula de excepción | exceptional clause | saving clause.
cláusula de excepción en días de plancha (buques) | weather permitting clause.
cláusula de exclusividad (contratos) | competition clause.
cláusula de exención | waiver clause.
cláusula de exoneración | excepted perils clause | exceptional clause.
cláusula de franquicia de avería | average clause.
cláusula de frustración de viaje | frustration of voyage clause.
cláusula de fuerza mayor | force majeure clause.
cláusula de garantía | guaranty clause.
cláusula de huelga | strike clause.
claúsula de huelga y fuerza mayor | strike and force majeure clause.
cláusula de incontestabilidad | incontestable clause.
cláusula de limitación de pérdida por el seguro | partial limitation clause.
cláusula de multa | penalty clause.
cláusula de nación más favorecida | most favoured-nation clause.
cláusula de pago en oro | gold clause.
cláusula de penalidad | penalty clause.
cláusula de penalización | penalty clause.
cláusula de pérdida mínima | minimum loss clause.
cláusula de policía sanitaria (contrato de ventas de maderas) | sanitation clause.
cláusula de precio vigente en la fecha de entrega | price-ruling-at-date-of delivery clause.
cláusula de primas (por adelanto en la terminación) | bonus clause.
cláusula de procedimiento más beneficioso | more favorable terms clause.
cláusula de prolongación (contratos) | thereafter clause.
cláusula de prorrateo | apportionment clause.
cláusula de prórroga | prolongation clause.
cláusula de protección | hedge clause.
cláusula de punto crítico | peril point clause.
cláusula de que es imposible ser pagado en el extranjero | not valid for external account.
cláusula de reasegurador más favorecido | most favoured reinsurer clause.
cláusula de recuperación | recapture clause.
cláusula de reemplazo | replacement clause.
cláusula de renuncia | waiver clause | disclaimer clause.
cláusula de repartición (seguros) | distribution clause.
cláusula de resarcimiento | recapture clause.
cláusula de rescisión | rescinding clause.
cláusula de reserva (abogacía) | saving clause.
cláusula de responsabilidad mutua en el abordaje | both-to-blame collision clause.
cláusula de retroactividad | retroactivity clause.
cláusula de revisión de jornales (contratos) | wage escalator clause.
cláusula de revisión de precios (contratos) | price adjustment clause | sliding-scale clause.
cláusula de revisión de precios (por variación de jornales y precios de materiales) | escalator clause | escalation clause.
cláusula de revisión de precios del contrato por variación de jornales y materiales | contract escalation clause.
cláusula de revisión de precios por variación de jornales o materiales | fluctuation clause.
cláusula de revisión por variación de precios y jornales | rise-and-fall clause.
cláusula de riesgo compartido (seguros) | apportionment clause.
cláusula de riesgos asegurables (transportes marítimos) | parasite clause | insurance clause.
cláusula de riesgos de barcazas (seguros marítimos) | boats clause.
cláusula de salvaguardia | saving clause | clause of safeguard | protective clause.
cláusula de salvaguardia (contratos) | hedge-clause.
cláusula de seguro contra incendio de varios edificios según el valor nominal de cada edificio | pro rata distribution clause.
clausula de seguro marítimo que abarca riesgos fuera del mar | inchmaree.
cláusula de seguros contra incendios intencionados | arson clause.
cláusula de sobreestadías | demurrage clause.
cláusula de tasación | appraisal clause.
cláusula de tolerancia | toleration clause.
cláusula de tratamiento más favorecido | more favorable terms clause.
cláusula de un seguro de medidas preventivas | sue and labour clause.
cláusula de valor convenido | agreed value clause.
cláusula de variación de precios | variation clause.
cláusula de variación de precios (contratos) | price variation clause.
cláusula del seguro marítimo que amplia los riesgos cubiertos | protection and indemnity clause insurance.
cláusula derogatoria | derogatory clause | overriding clause | ovrriding clause.
cláusula dilatoria | delay clause.
cláusula dolosa | fraudulent clause.
cláusula en que la responsabilidad del transportista se determina por las leyes del país especificado (conocimiento de embarque) | flag clause.
cláusula esencial | operative part.
cláusula estimatoria en que los aseguradores actúan proporcionalmente según cada póliza (seguros) | contribution clause.
cláusula evasiva (contratos) | escape clause.
cláusula excepcional | exceptive clause | exceptional clause.
cláusula fundacional | constitutional clause | constitutional provision.
cláusula general | blanket clause.
cláusula interpretativa | interpretation clause.
cláusula inválida | invalid clause.
cláusula justificativa de la propiedad | tenen-

dum clause.
cláusula limitadora de responsabilidad por avería simple (seguro marítimo) | memorandum clause.
cláusula modificadora | modifying clause.
cláusula monetaria | exchange clause.
cláusula multidivisa | multicurrency clause.
cláusula negativa de pignoración | negative pledge clause.
claúsula negociadora de un contrato antes de su finalización | reopening clause.
cláusula para asignar la indemnización (en caso de muerte coincidente del asegurado y del beneficiario - seguros) | common disaster clause.
cláusula para caso de baja de precios | price fall clause.
cláusula para el pago del flete en el puerto de descarga y sobre el peso descargado (comercio de cereales) | deficiency clause.
cláusula para el vencimiento anticipado de una deuda | acceleration clause.
cláusula para jornales graduables | escalator clause.
cláusula penal (contratos) | penalty clause.
cláusula permisiva | permissive clause.
cláusula por daño sin responsabilidad de incendio en un sitio anormal (seguros) | friendly fire.
cláusula por la que el asegurador no es responsable de la pérdida por uso y desgaste durante el viaje (seguro marítimo) | metalling clause.
cláusula previsora | protective clause.
cláusula proteccionista de pérdidas al deudor hipotecario por acciones del acreedor (pólizas de seguros) | mortgage loss clause.
cláusula protectora de las pérdidas en el buque o mercancías transportadas | Jason clause.
cláusula protectora del acreedor hipotecario | mortgagee clause.
cláusula protectora del total de bienes (seguros) | constructive total loss clause.
cláusula que comprende todos los casos no previstos (contratos) | basket-clause.
cláusula que contiene una salvedad o reserva | saving clause.
cláusula que cubre todos los riesgos (seguros) | lost or not lost.
cláusula que determina que las pérdidas se repartan entre las pólizas que cubren la propiedad | other insurance clause.
cláusula que limita las tarifas | rate restriction clause.
cláusula que permite evadir un contrato | joker.
cláusula que prohibe el admitir regalos a los empleados del gobierno (EE.UU.) | gratuities clause.
cláusula rescisiva | canceling clause.
claúsula residual | residuary clause.
cláusula resolutiva | deciding clause | cancellation clause.
cláusula resolutoria | defeasance clause | decisive clause.
cláusula restrictiva | limitative clause | saving clause | restrictive clause.
cláusula secreta | secret clause.
cláusula siempre a flote (fletamentos) | floating clause.
cláusula sindical en un contrato de trabajo | union security clause.
cláusula sobre artículos no estipulados en otras listas | dragnet clause.
cláusula sobre el tipo graduable | escalator clause.
cláusula sobre escala móvil | escalator clause.
cláusula sobre huelgas (y) tumultos y disturbios civiles | strikes (and) riots and civil commotions clause .
cláusula sobre negligencia en avería gruesa | jason clause.
cláusula sobre reserva de la propiedad | retention of title clause.
cláusula sobre riesgo de lanchaje (comercio marítimo) | craft clause.
cláusula sobre robo (y) hurto y no entrega | theft (and) pilferage and nondelivery clause.
cláusula subordinada | subclause.
cláusula subsidiaria | subsidiary clause.
cláusula testificante | witnessing clause.
cláusula verde | green clause.
cláusulas contractuales | contract clauses.
cláusulas de escalonamiento (precios) | under escalator clause.
cláusulas de incorporación | articles of incorporation.
cláusulas del contrato de sociedad | provisions of the partnership agreement.
clausura | adjournment.
clausura del mercado | market sealing.
clava | truncheon.
clava (arma) | maul.
clavada (minas) | winze.
clavadera (ángulo de contorno de mamparo) | attachment angle.
clavadera (serreta - buques) | ground.
clavadera de mamparo | bulkhead boundary bar.
clavaderas del forro (camarotes) | furring.
clavado (suelas) | bradded.
clavado en dirección paralela a las fibras (maderas) | driven into the side grain.
clavado en dirección perpendicular a las fibras (madera) | driven into the end grain.
clavado en la cabeza | head-nailed.
clavador (que clava) | nailer.
clavadora automática | autonailer.
clavadora de tirafondos (vía férrea) | spike driving machine.
clavadura | spiking | nailing.
clavadura invisible | blind nailing.
clavalita | clavalite.
clavamiento | pinning.
clavar | pin (to) | stick (to) | drive into (to) | drive (to) | pitch (to) | hammer (to) | knock in (to) | nail up (to) | nail (to).
clavar (cañón de avancarga) | spike (to).
clavar (clavos) | drive (to) | drive in (to).
clavar (con clavos) | spike (to).
clavar (la tapa) | nail down (to).
clavar (pilotes) | ram down (to).
clavar a fondo (clavos) | knock home (to).
clavar a rechazo (pilotes) | drive to refusal (to) | knock home (to).
clavar al sesgo | skew nailing.
clavar con tachuela | tack (to).
clavar en la carne (armas) | flesh (to).
clavar en tierra | sink (to).
clavar hasta el rebote (pilotes) | drive to refusal (to).
clavar las tablas de piso sobre la viguería de madera | joist (to).
clavar oblicuamente | toe (to).
clavar tablestacas (minas) | spill (to).
clavaría (seta) | club-top mushroom.
clavazón | nailing.
clavazón (buques de madera) | fastening.
clavazón (vías férreas) | metal fastening.
clavazón cuadrada de cobre forjado para embarcaciones | copper wrought square wire boat nails.
clavazón de cabeza perdida | dumb fastening.
clavazón de cobre para embarcaciones | copper boat nails.
clavazón de hierro | iron fastening.
clavazón doble | double fastening.
clavazón metálica de punta perdida (que no atraviesa por completo) | dump fastening.
clavazón redonda de cobre para forros (embarcaciones) | copper round wire sheathing nails.
clavazón sencilla | single fastening.
clave | cypher | code | key | cipher key.
clave (arcos) | keystone | vertex.
clave (bóvedas) | headstone.
clave (bóvedas, arcos) | crown.
clave alfabética | alphabetical code.
clave analítica | identification key.
clave colgante (arcos) | hanging keystone.
clave comercial | commercial code.
clave de clasificación | sorting key.
clave de código | code key.
clave de colores | key to colors.
clave de cuentas | clasification of accounts.
clave de do (música) | C-clef.
clave de fa (música) | bass-clef.
clave de fecha (anuncios en periódicos) | blind date.
clave de identificación | identification key.
clave de la búsqueda | search key.
clave de las abreviaturas | key to abbreviations.
clave de llamada | ringing key.
clave de memoria (informática) | storage key.
clave de origen | source symbol.
clave de protección | protection key.
clave de trabazón | kick.
clave del código de cifra | code key.
clave genérica | generic key.
clave genética | genetical code.
clave para cifrar | additive.
clave para descifrar | cipher-key.
clave para los compendios | key to abstracts.
clave pendiente (arcos) | pendant.
clave que sobresale (arcos) | proud nail.
clave real | actual key.
clave registrada (ordenador) | recorded key.
clave telegráfica | cipher code | telegraphic key.
clavera | nail set.
clavera (molde) | nail stump | nail-heading tool.
clavero (persona) | key-bearer.
claves de identificación | identification codes.
claveteado | spiky.
claveteado de la suela (zapatos) | hobbing.
clavetear | nail up (to) | stud (to) | nail (to).
clavetear la obra viva (buques madera) | fill (to).
clavetear la suela (zapatos) | hob (to).
clavicordio | clavichord.
clavicordio (música) | harpsichord.
claviforme | clavate.
clavija | key | gudgeon | spile | spill | pin | plug-in | dowel pin | dowel | trunnel.
clavija (de madera) | treenail.
clavija (engranaje de rueda de linterna) | rundle.
clavija (música) | peg.
clavija (rueda de linterna) | rung.
clavija (telefonía) | plug.
clavija aislante | dummy plug.
clavija apantallada | shielded plug.
clavija auxiliar (telefonía manual) | ancillary jack.
clavija banana | banana plug.
clavija bipolar | two-pin plug | socket.
clavija con punta cónica | banana plug.
clavija de alineación | aligning plug.
clavija de apertura del circuito (caja de resistencias) | infinity plug.
clavija de arrastre | driving-pin.
clavija de buena coincidencia (enchufes de varias clavijas con la hembra) | locating pin.
clavija de carda | card peg.
clavija de cierre | locking pin.
clavija de coincidencia | locating dowel.
clavija de comprobación (telefonía) | monitoring jack.
clavija de conexión | attachment plug | connecting plug | plug key.
clavija de conexión (electricidad) | stud.
clavija de conmutación | throw-out plug.
clavija de conmutación (batería pilas secas con diversas tomas) | wander plug.
clavija de contacto | plug adaptor | coupler plug | contact pin.
clavija de corrección | adjusting pin.
clavija de corte (caja de resistencias) | infinity plug.
clavija de cuchillas paralelas | parallel-blade

plug.
clavija de derivación (electricidad) | socket-outlet adapter.
clavija de desconexión | disconnecting plug.
clavija de dos espigas | two-pin plug.
clavija de embrague | driving-pin | catch pin.
clavija de equilibrio | balance pin.
clavija de escucha (telefonía) | monitoring jack.
clavija de estizola | creel peg.
clavija de fijación | register pin | register stud | fastening pin | steady pin.
clavija de hierro | iron dowel.
clavija de infinidad (caja de resistencias) | infinity plug.
clavija de interrupción (telefonía) | break jack.
clavija de madera | trunnel | nog.
clavija de puesta a tierra | earth bolt.
clavija de referencia | locating dowel.
clavija de reposo (telegrafía) | break-signal.
clavija de retención | catch pin.
clavija de retenida | retaining pin.
clavija de selector | selector plug.
clavija de sujección | retaining pin.
clavija de tiratacos | picking band peg.
clavija de toma de corriente | power plug.
clavija de tope | buffer peg.
clavija de tres tetones | three-pin plug.
clavija del gancho pinzote | pintle pin.
clavija disyuntora | disconnecting plug.
clavija en U | U plug.
clavija hendida | cotter pin.
clavija inferior | foot peg.
clavija inferior (urdidor de tambor) | beamer's lease peg.
clavija inferior de contacto (manipulador) | anvil.
clavija macho que sobresale (de una manta eléctrica) | pigtail.
clavija maestra | bolster bolt | sole bolt | kingpin | kingbolt.
clavija maestra (carruajes) | main bolt.
clavija maestra (coches) | main pin.
clavija móvil | loose pin | roving plug.
clavija para formar la cruz (urdidor) | drawer's lease peg.
clavija para formar la cruz (urdidor de tambor) | lease peg.
clavija posicionadora (enchufes de varias clavijas con la hembra) | locating pin.
clavija superior | head peg.
clavija triple | triplug.
clavijas de alimentación | supply pins.
clavijas de madera | wooden dowels.
clavijas del áncora (relojes) | beat pins.
clavijero | plug shelf.
clavijero (de guitarra o violín) | neck.
clavijero (violín) | peg-box.
clavillo (de hebilla) | tongue.
clavo | pin | nail.
clavo (columna rica - minas) | chimney.
clavo (de especia) | clove.
clavo (geología) | ore shoot.
clavo (minas) | shoot.
clavo (muérdago) | sinker.
clavo (para botas de hielo) | calking | calk.
clavo (para sujetar huesos) | peg.
clavo (traumatología) | pin.
clavo arponado de techar | barbed roofing nail.
clavo barbado | barbed wire nail.
clavo con cabeza de plomo | lead-headed nail.
clavo con cabeza dorada | brass-headed nail.
clavo con el fuste aplastado y en cuña | cut nail.
clavo con fuste retorcido | twisted shank nail.
clavo con ranuras circulares en el fuste | ring shank nail.
clavo contra el hielo (herraduras) | rough.
clavo cortado de una chapa delgada | cut nail.
clavo cuadrado terminado en punta (buques de madera) | rose nail | deck nail.
clavo cuadrado terminado en punta (embarcaciones de madera) | square boat spike.
clavo de | eightpenny nail | eightypenny spike | eightypenny nail.
clavo de adorno | stud.
clavo de ala de mosca | lath nail.
clavo de cabeza ancha | scupper nail.
clavo de cabeza cóncava | cupped-head nail.
clavo de cabeza cónica para entarimados | flooring brad.
clavo de cabeza de diamante | brad nail.
clavo de cabeza descentrada | offset-head nail.
clavo de cabeza excéntrica | dog nail.
clavo de cabeza perdida | lost head nail | brad.
clavo de cabeza piramidal | rose nail.
clavo de cabeza plana | flat headed nail | flat nail.
clavo de cabeza rómbica | diamond nail.
clavo de chilla | lathing nail | lath nail.
clavo de fundidor | gagger.
clavo de hilas (cirugía) | dossil.
clavo de mineral | ore pipe.
clavo de moldeador | hanger | sprig | anchor bolt | gagger.
clavo de moldeador (moldería) | chaplet.
clavo de moldeador (molderías) | lifter.
clavo de pizarrero | slating nail.
clavo de punta excéntrica | side-point nail.
clavo de punta roma | blunt point nail.
clavo de tapicero | bullen-nail.
clavo de uña | dog spike.
clavo de 5 | fiftypenny nail.
clavo estampado | cut nail.
clavo fechado | dating nail.
clavo grueso | spike.
clavo marcador (minas) | spud.
clavo mineralizado de débil buzamiento (minería) | ore course.
clavo oblicuo | toenail.
clavo oxidado | rusted nail.
clavo para clavetear suelas (botas) | hobnail.
clavo para machos | core nail.
clavo para remachar | rivet.
clavo para suelas (zapatos) | hob.
clavo para tablas | batten nail.
clavo para tablas de forro | siding nail.
clavo pequeño | sprig.
clavo remachado | sprig | clincher | clinch nail.
clavo sin cabeza | sprig.
clavo trabal | clasp-nail.
clavos (encuadernación) | bosses.
clavos para techar de aleación de 60% cobre y 40% cinc | composition nails.
clavos surtidos | assorted nails.
claxon | horn | buzzer.
claxon (autos) | hoot.
claxon de sonidos múltiples | multitone horn.
clema (líneas eléctricas) | wire clamp.
clemencia en el cobro de pagos | forbearance.
cleveita | cleveite.
cliachita (bauxita) | cliachite.
clic | click.
cliché | cliché | stencil.
cliché de multicopista | stencil.
cliché duro (fotografía) | hard negative.
cliché sin contrastes | flat negative.
cliché térmico | thermal stencil.
clichería | engraving establishment.
clidonógrafo | klydonograph.
clidonograma | klydonogram.
cliente | customer | consumer | user | client.
cliente (publicidad) | account.
cliente en potencia | potential customer.
cliente eventual | prospect.
cliente fallido | bad debt.
cliente fijo | permanent customer.
clientela | practice | good will.
clientela (de médico) | practice.
clientela (valor de la clientela en un establecimiento que se fija en caso de traspaso) | goodwill.
clientela importante | extensive connections.
clientelismo | clientelism.
clientes | trade customers.
clientes de pago lento | slow pay customers.
clientes de pronto pago | prompt pay customers.
clima | climate.
clima artificial | man-made weather | manufactured weather.
clima de interiores | indoor climate.
clima de lluvia tropical | tropical rainy climate.
clima de opinión pública | climate of public opinion.
clima lluvioso | rainy climate.
clima mesotermal | mesothermal climate.
clima mesotérmico húmedo | humid mesothermal climate.
clima microtermal | microthermal climate.
clima microtérmico húmedo | humid microthermal climate.
clima poco cálido | microthermal climate.
climático | climatic.
climatización | climatization | pressurization | environmental control | air conditioning.
climatización (del aire) | conditioning.
climatización de locales | air conditioning.
climatización del aire en invierno | winter air conditioning.
climatización del aire para usos domésticos | residential air conditioning.
climatización del buque | ship air-conditioning.
climatización para gran altitud (aviones) | high-altitude acclimatization.
climatizado | air-conditioned.
climatizado (aire, telas) | conditioned.
climatizador | cooling unit.
climatizador (aparato para acondicionamiento de aire) | climatizer.
climatizador (de aire) | conditioner.
climatizador de aire para cabinas de grúas | crane air conditioner.
climatizador de la humedad | humidity conditioner.
climatizador para habitaciones | room conditioner.
climatizar (proporcionar la humedad y temperatura deseada al aire) | air-condition (to).
climatizar (telas, aire ambiente) | condition (to).
climatografía | climatography.
climatología | climatology.
climatología aeronáutica | aeronautical climatology.
climatología sinóptica | synoptic climatology.
climatológico | climatic.
climatólogo | climatologist.
climatoterapia | climatotherapy.
climatura | climature.
clímax | climax.
clímax biótico | biotic climax.
clímax climático | climatic climax.
clímax edáfico | edaphic climax.
climodiagrama | climodiagram.
climografía | climography.
climograma | climograph.
clínica (edificio) | clinic.
clínica siquiátrica para minusválidos | outpatient psychiatric clinic.
clínico | clinical.
clínico (persona) | clinic.
clinker (fabricación cemento) | clinker.
clinker de cemento hidráulico | cement clinker.
clinkerización | clinkering | clinkerization.
clinkerizar (cemento) | clinker (to).
clino (oceanografía) | clino.
clinoanemómetro | clinoanemometer.
clinoclasa | clinoclase.
clinoclasa (mineralogía) | klinoklas.
clinodiagonal | clinodiagonal.
clínodo | clinode.
clinódomo | clinodome.
clinoedria | clinohedry.
clinoédrico | clinohedric.
clinoeje | clinoaxis.
clinófono | clinophone.
clinoformo (oceanografía) | clinoform.
clinógrafo | clinograph | set square.
clinoide | clinoid.
clinométrico | clinometric.

clinómetro | clinometer | gradient indicator | gradient-indicator | gradometer | gradient meter | slope level | angle meter | inclinometer.
clinómetro con nivel de burbuja | bubble clinometer.
clinómetro de burbuja | clinometer head | bead clinometer.
clinómetro de péndulo | pendulum clinometer.
clinómetro de puntería | sight clinometer.
clinómetro giroscópico | gyro clinometer.
clinomicrobarógrafo | clinomicrobarograph.
clinomorfia | klinomorphy.
clinopinacoidal | clinopinacoidal.
clinopiroxeno | clinopyroxene.
clinoprisma | clinoprism.
clinorrómbico | clinorhombic.
clinoscopio | clinoscope.
clinóstato | clinostat | klinostat.
clinotema (oceanografía) | clinothem.
clinotropismo | klinotropism.
clip (presilla) | clip.
clíper (velero veloz) | clipper.
clisado (tipografía) | plating.
clisador (tipografía) | platemaker.
clisar | stereotype (to).
clisar (tipografía) | plate (to).
clisé | stereotype plate | picture block.
clisé (imprenta) | cliché.
clisé (offset) | master.
clisé (tipografía) | plate | stereotype | cut | block | relief plate | printing plate.
clisé a media tinta | half-tone plate.
clisé a sangre | bleed engraving.
clisé anastático (imprenta) | anastatic plate.
clisé combinado (fotograbado) | composite block.
clisé compuesto | combination line and tone.
clisé compuesto (fotograbado) | combination halftone | combination plate | halftone and line plate.
clisé con perforaciones ovales | oval punched plate.
clisé continuo plegado en zig-zag (artes gráficas) | fanfolded plate.
clisé de estereotipia (imprenta) | stereoplate.
clisé de línea | line-plate.
clisé de línea (artes gráficas) | line engraving.
clisé de linóleo (tipografía) | linoleum block.
clisé de papel continuo | continuous paper plate.
clisé de papel de imagen directa (imprenta) | direct image paper plate.
clisé de papel presensibilizado | presensitized paper plate.
clisé de plástico | plastic plate.
clisé de trama | halftone engraving.
clisé de zinc | zinco.
clisé en zinc | zinc block.
clisé fotograbado (G.B.) | block.
clisé fotomecánico a media tinta | process-plate | process-block.
clisé fototipográfico | phototype.
clisé fresado (tipografía) | routed plate.
clisé no perforado (tipografía) | straight edge plate.
clisé para huecograbado | intaglio printing plate.
clisé para tricomía | colortype.
clisé presensibilizado anodizado | anodized presensibilized clise.
clisé sin margen | bleed engraving.
clisería | engraving establishment.
clisés de caucho | rubber plates.
clisés de resina sintética | plastic plates.
clisés de zinc y cobre | zinc and copper plates.
clisés electrónicos | electronic plates.
clisés flexibles para impresión con rotativas | flexible rotary printing plates.
clisis (estadística) | clisy.
clistrón reflejo | reflex klystron.
clivaje | cleaving.
clivaje (crucero - minerales) | cleavability.
clivaje de fluxión (geología) | flow cleavage.
clivaje macroscópico | macroscopic cleavage.
cloaca | gutter | sewer 1.1 | common sewer.
cloaca de presión | depressed sewer.
cloaca derivada | branch sewer.
cloaca en sifón | depressed sewer.
cloaca principal | main sewer.
cloaquista | sewer builder.
cloisonné | cloisonné.
clon (biología) | clone.
clonación | clonation.
clones (botánica) | clones.
cloqué (tela) | cloqué.
clorable | chlorinatable.
cloración | chlorinating | chloridization | chloring.
cloración (con cloro) | chlorination.
cloración (química) | chlorination.
cloración con residuo combinado | combined residual chlorination.
cloración del efluente | effluent chlorination.
cloración electrolítica | electrolytic chlorination.
cloración fotoquímica | photochemical chlorination | photochlorination.
cloración hasta el punto de aumento rápido del cloro residual | break-point chlorination.
clorado | chlorized.
clorador (aparato de clorar) | chlorinator.
clorador de alimentación directa | direct-feed chlorinator.
cloramida | chloramide.
cloranílico | chloranilic.
clorar | chlore (to).
clorar (tratar con cloro) | chloridize (to).
clorar (tratar con cloro el agua) | chlorinate (to).
clorargirita | cerargyrite.
clorato | chlorate.
clorhidrato | cryosal | hydrochloride.
clorhidrato de anilina | aniline salt.
cloricidad | chlorinity.
cloridizar | chloridize (to).
clorimetría | chlorimetry.
clorinador | chlorinator.
clorinidad | chlorinity.
cloritización | chloritisation (G.B.).
cloritización (mineralogía) | chloritization.
cloritizar | chloritize (to) (EE.UU.).
cloritoesquisto | chlorite schist.
cloritoide | chloritoid.
cloritoso | chloritous.
clorizador | chlorifier.
cloro | chlorine.
cloro electrolítico | electrolytic chlorine.
cloroacetofenona | chloracetophenone.
clorobenceno | chlorobenzene.
clorocianico | chlorocyanic.
clorofana | cobra stone.
clorófano | chlorophane.
clorófila | chlorophyll.
clorometría | chlorometry.
cloromicetina | chloromycetin.
clorópalo (silicato de hierro hidratado) | chloropal.
cloroplasto | chloroplast.
cloropsia | green vision.
clorosidad | chlorosity.
clorosulfónico | chlorosulphonic.
clorotilo (arseniato de cobre hidratado) | chlorotile.
cloruración | chloridizing | chlorinating | chloridation | chloridization | chlorination.
cloruración atmosférica (minerales) | atmospheric chlorination.
cloruración del oro | gold chlorination.
clorurador | chlorinator | chlorinizer.
clorurante | chloridizing.
clorurar | chlorinize (to) | chloridate (to) | chlorinate (to).
clorurar (convertir en cloruro) | chloridize (to).
cloruro (química) | chloride.
cloruro áurico | auric chloride.
cloruro auroso | aurous chloride.
cloruro básico de bismuto | cosmetic bismuth.
cloruro ceroso | cerium chloride.
cloruro de ácido | acid chloride.
cloruro de aluminio | cracking salt.
cloruro de amonio | sal ammoniac.
cloruro de azufre | sulphuryl chloride.
cloruro de cal | bleaching powder.
cloruro de carbonilo | carbonyl chloride.
cloruro de estaño | tin chloride.
cloruro de etileno | ethylene cloride.
cloruro de hierro | ferric chloride.
cloruro de magnesio | magnesium chloride.
cloruro de mercurio | mercuric chloride.
cloruro de metales preciosos | precious metals chlorid.
cloruro de metilo | methyl cloride.
cloruro de polivinilo | polyvinyl chloride (P.V.C.) | polyvinyl chloride (PVC).
cloruro de polivinillo implastificado | unplasticized P.V.C..
cloruro de sodio (NaCl) | sodium chloride.
cloruro de sodio para farmacopea | sodium chloride for the pharmacopea.
cloruro de sodio químicamente puro para análisis | sodium chloride chemically pure for analyses.
cloruro de tiamina | thiamine chloride.
cloruro de vinilo | vinyl chloride.
cloruro de zinc | zinc chloride.
cloruro etílico | ethyl chloride.
cloruro mercuroamónico | black mercury | black precipitate.
cloruro polivinílico | poly | PVC.
cloruro y sulfato de cinc | alkaline red mordant.
cloruros alcalino-térreos | alkaline earth chlorides.
cloruros de amonio y cinc | battery salts.
clotoide | clothoid.
club | club.
club de aeromodelismo | model flying club.
club de inversiones | investment club.
club de los diez (económico) | group of ten.
clururo de polivinilo | polyvinyl chloride.
clusterita - botrioide (geología) | grape formation.
cnoidal | cnoidal.
coacción | constraint.
coacción elástica | elastic coaction.
coaccionar | constrain (to).
coacervación (química) | coacervation.
coacervado | coacervate.
coacreedor | cocreditor.
coactividad | coactivity.
coactivo | coactive.
coactuando | coacting.
coactuar | coact (to).
coacusación | concrimination.
coacusado | codefendant.
coachwood (Ceratopelatum apetalum) | coachwood.
coadministración | coadministration.
coadministrador | coadministrator.
coadministradora | coadministratrix.
coadquisición | joint purchase.
coadyuvante de coagulación | coagulant aid.
coagel (gel formado por coagulación) | coagel.
coagente | coagent.
coaglutinación | coagglutination.
coagregación | coaggregation.
coagulabilidad | coagulability.
coagulación | coagulation | curdling | clotting.
coagulación de la fase sigma | coagulation of the sigma phase.
coagulación del humo | coagulation of the smoke.
coagulación isoeléctrica | isoelectric coagulation.
coagulación química | chemical coagulation.
coagulación rápida | rapid gelation.
coagulación ultrasónica | ultrasonic coagulation.
coagulado | curdy.
coagulador | coagulator | coagulating.
coagulante | coagulant | coagulating | thickener.
coagulante inorgánico (grasas) | nonsoap thic-

kener.
coagular | curdle (to) | clump (to) | coagulate (to).
coagularse | clump (to) | clot (to) | coagulate (to) | gelate (to) | congeal (to) | set (to) | fix (to) | curdle (to).
coagularse (barnices) | liver (to).
coagularse (química) | allow (to).
coagulasa (bacteriología) | coagulase.
coágulo | coagulum | clot.
coágulo (de sangre) | grume.
coágulo interno (medicina) | bouchon.
coágulo reciente | fresh clot.
coagulómetro | coagulometer.
coalbacea | coexecutor.
coalescencia | coalescence | coalescing.
coalescencia electroquímica | electrostatic coalescing.
coalescente | coalescent.
coalescer | coalesce (to).
coalición de compradores | price-ring.
coalición momentánea entre productores para dominar el mercado | pool.
coalita | coalite | semicoke.
coaltitud (distancia cenital en grados) | coaltitude.
coannado (botánica) | connate.
coarmador (buques) | joint owner.
coarmador (marina) | part-owner.
coarrendador | colessor.
coarrendatario | colessee.
coarriendo | joint tenancy.
coartar | restrict (to).
coartar (hemorragias) | suppress (to).
coasegurador | coinsurer.
coaseguro | coinsurance | mutual assurance.
coasociación | joint partnership | copartnership.
coautor | comaker | joint author.
coautoría | coauthorship.
coaxial | coaxial.
coaxialmente colocado | coaxially disposed.
coaxialmente giratorio | rotatable coaxially with the shaft.
cobaltado | cobalt-plating.
cobaltaje | cobalt-coloring | cobalt-plating.
cobáltico | cobaltic.
cobaltífero | cobaltiferous.
cobaltina | cobaltite.
cobaltina (cobalto gris) | cobalt glance.
cobalto | cobalt.
cobalto arseniado | red cobalt.
cobalto arseniado (mineralogía) | erythrite.
cobalto arsenical | grey cobalt ore.
cobalto brillante | cobaltite.
cobalto gris | cobaltite.
cobalto gris (cobaltina) | glance cobalt.
cobalto oxidado negro | earthy cobalt | slaggy cobalt.
cobalto radiactivo de masa número 60 | cobalt 60.
cobalto terroso | black oxide of cobalt.
cobaltoocre | cobalt ocher.
cobaltoocre (arseniato de cobre nativo) | cobalt crust.
cobaltoterapia | cobalt-beam therapy | cobalt-therapy.
cobalto-60 emisor de rayos gamma | gamma-emitting cobalt-60.
cobano (Caníniana pyriformis) | Colombian mahogany.
cobano (Cariniana legalis) | albarco.
cobano (Cariniana pyriformis Miers) | albarco.
cobayo | guinea pig.
cobeligerante | cobelligerent.
cobertizo | shanty | penthouse | pentice | outhouse | lew | shed.
cobertizo (abrigo - minas) | coe.
cobertizo aduanero | customs shed.
cobertizo contra la lluvia (espera de autobuses) | rain shelter.
cobertizo de mercancías | open goods shed.
cobertizo de tránsito del muelle | pier transit shed.
cobertizo para botes | boathouse.
cobertizo para carros | car shed.
cobertizo para el morro del avión | nose dock.
cobertizo para esquillar | woolshed.
cobertizo para mercancías en tránsito (puertos) | cargo transit shed.
cobertizo para secar piñas | cone-curing shed.
cobertizo para soldeo | welding shed.
cobertizo sin paredes | Dutch barn.
cobertizo transportable | movable shed.
cobertura | covering | cover | coverage.
cobertura aérea sobre otros aeroplanos o sobre fuerzas de superficie | air umbrella.
cobertura con humo | cloud cover.
cobertura convertible | convertible coverage.
cobertura de área hiperbólica | hyperbolic area coverage.
cobertura de cambio (economía) | exchange cover.
cobertura de dividendo | dividend cover.
cobertura de incendios | fire coverages.
cobertura de intereses | interest cover.
cobertura de radar | floodlighting.
cobertura de seguro adicional | extended coverage.
cobertura deducible (seguros) | deductible coverage.
cobertura del seguro | insurance coverage | insurance cover | insurance protection.
cobertura efectiva que proporciona un radar | radar coverage.
cobertura en bolsa | exchange cover.
cobertura entre diversas compañías de seguros | dividend coverage.
cobertura excesiva | excess coverage.
cobertura gaseosa | gas cover.
cobertura general (seguros) | blanket coverage.
cobertura global | blanket coverage.
cobertura para riesgos diversos | omnibus risk.
cobertura radárica | radar coverage.
cobertura total | full coverage.
coberturas de seguros | insurance coverages.
cobijo de caza | game cover.
COBOL (computadora)
cobordante (matemáticas) | cobounding.
cobordismo (matemáticas) | cobordism.
cobrabilidad | collectibility.
cobrabilidad de las cuentas | account collectibility.
cobrable | collectible | collectable.
cobrables en un plazo de 30 días | collectible within 30 days.
cobrado | collected.
cobrador | collecting clerk | collector | money collector.
cobrador (de tranvías, de autobús) | conductor.
cobrador (oficinas de un banco) | receiving teller.
cobrador de alquileres | rent collector.
cobrador de deudas atrasadas | dunner.
cobradora (de tranvía, de autobús) | conductress.
cobranza | recovery | collection.
cobranza (de dinero) | getting back.
cobranza (impuestos) | getting in.
cobranzas de giro | collection draft.
cobranzas en el extranjero | foreign collections.
cobrar | encash (to) | receive (to) | dun (to) | cash (to) | collect (to).
cobrar (caza) | bag (to).
cobrar (sueldo) | draw (to).
cobrar al número llamado (cobro revertido - teléfonos) | reverse the charges (to).
cobrar daños y perjuicios | recover damages (to).
cobrar de menos | undercharge (to).
cobrar de un cabo | heave in (to).
cobrar demasiado | overcharge (to).
cobrar la deuda por determinación judicial | recover a debt at law (to).
cobrar peaje o portazgo | toll (to).
cobrar rápidamente un cabo (marina) | round in (to).
cobrar un crédito por letra | collect an account by means of draft.
cobrar un cheque | cash a cheque (to).
cobrar un dividendo | collect a dividend (to).
cobrásmico | cotidal.
cobre abigarrado | erubescite.
cobre agrio (proceso fusión cobre) | dry copper.
cobre aluminado | aluminated copper.
cobre amarillo | brass.
cobre amoniacal | ammoniated copper.
cobre ampolloso | blister copper | black copper.
cobre arsenical
cobre azul | blue copper ore.
cobre blister | blister copper.
cobre bruto | coarse-copper | blister copper.
cobre calorizado | calorized copper.
cobre carbonato azul (azurita) | blue copper carbonate.
cobre comercial ordinario | tough-pitch copper.
cobre con gran cantidad de hidrógeno disuelto y muy poca proporción de oxígeno (es poroso) | overpoled copper.
cobre con gran cantidad de oxígeno (es quebradizo) | underpoled copper.
cobre con óxido cuproso disuelto en el metal (proceso fusión cobre) | dry copper.
cobre con pequeña proporción de oxígeno | oxygen-bearing copper.
cobre con 6% de óxido cuproso (hornos de afino) | set copper.
cobre con 99 | marketable copper.
cobre crudo estirado | hard-drawn copper.
cobre de acarreo (geología) | drift copper.
cobre de alta conductividad | H. C. cooper | h.c. copper.
cobre de alta conductividad desoxigenado | oxygen-die high conductivity copper.
cobre de alta conductividad libre de oxígeno | oxygen-free high conductivity copper.
cobre de cadmio (cobre con 0,5% a 1% de cadmio) | cadmium-copper.
cobre de calidad para reactivos | reagent-grade copper.
cobre de cátodo | cathode copper.
cobre de cementación (cobre impuro precipitado en soluciones cupiríferas) | cement copper.
cobre de cementación (metalurgia) | precipitated copper.
cobre de desplatado | calamine copper.
cobre de gran conductividad | high-conductivity copper.
cobre del inducido | armature copper.
cobre desfosforado | phosphorus-deoxidized copper.
cobre desoxidado (con 99,94% de cobre y 0,02% de fósforo) | deoxidized copper.
cobre dúctil con 3 a 5% de zinc (cartuchería) | zinc-deoxidized copper.
cobre electrodepositado | electrolytically deposited copper.
cobre electrodepositado de una solución de cianuro y un alcali | cyanide copper.
cobre electrolítico | cathode copper | electrolytic copper.
cobre electrolítico con 99 | electrolytic tough-pitch copper.
cobre electrolítico de gran conductividad desoxidado | oxygen-free electrolytic high-conductivity copper.
cobre electrolítico laminado en frío | cold-rolled electrolytic copper.
cobre en cáscara (cobre impuro precipitado en soluciones cupiríferas) | cement copper.
cobre en chapas | copper in sheet.
cobre en estado de finas partículas en suspensión en el agua | float copper.
cobre en granalla | bean shot.
cobre en lingotes | copper bars.
cobre estañado | tinplated copper.
cobre estirado en frío | hard-drawn copper.
cobre estirado recocido | soft-drawn copper.
cobre fino de roseta | refined copper.
cobre fosforoso | phosphorized copper | phos-

copper.
cobre fosforoso (aleación de cobre con 15% de fósforo) | phosphor-copper.
cobre fritado impregnado de teflón | teflon impregnated sintered copper.
cobre granulado (obtenido vertiendo cobre fundido en agua) | mossy copper.
cobre granulado al verterlo en agua caliente | bean shot.
cobre granulado obtenido vertiendo cobre fundido en agua fría | feather shot.
cobre impuro con (55 a 66%) de cobre metálico mezclado con sulfuros de cobre y hierro | blue metal.
cobre impuro que precipita de soluciones cupríferas | copper precipitate.
cobre litiado | lithium-treated copper | lithium copper.
cobre maleable | tough copper.
cobre morado | horseflesh ore.
cobre nativo | native copper.
cobre nativo en pequeños fragmentos | barrel copper.
cobre nativo encontrado lejos de la roca de origen | float copper.
cobre negro | blister copper | black copper.
cobre negro desplatado | poor coarse copper.
cobre oxidado | oxygenated copper.
cobre oxidulado terroso | brick ore | tile ore.
cobre oxiduladocobre con pequeña proporción de oxígeno (de 0,025% a 0,08%) | tough-pitch copper.
cobre para copas | cap copper.
cobre para copas (cartuchería) | zinc-deoxidized copper.
cobre pasado de punto (proceso fusión cobre) | dry copper.
cobre pavonado | erubescite.
cobre penachado | purple copper ore | erubescite | horseflesh ore | bornite.
cobre perfilado | sectional copper.
cobre piritoso | yellow ore.
cobre platinado | platinum clad copper.
cobre plomado | lead-coated copper.
cobre poroso | copper sponge.
cobre pulimentado | burnished copper.
cobre que se precipita en el fondo de los hornos de fusión (es la parte menos pura de la masa y contiene estaño, plomo y antimonio) | bottoms copper.
cobre recocido | soft copper.
cobre refinado | tough copper.
cobre refinado a fuego | fire-refined copper.
cobre repujado | repoussé copper.
cobre rico en bismuto | high-bismuth copper.
cobre roseta | tile copper | rose-copper | rosette copper.
cobre roseta en lingotes | copper brick.
cobre salino | atacamite.
cobre seco (hornos de afino) | set copper.
cobre seco (proceso fusión cobre) | dry copper.
cobre sin óxido cuproso | deoxidized copper.
cobre sin refinar | blister copper | crude copper.
cobre sobrebatido (es poroso) | overpoled copper.
cobre sulfurado | chalcocite | chalcosine.
cobre sulfurado vidrioso | copper glance.
cobre transportado de su filón | float copper.
cobre tratado con litio | lithium-treated copper.
cobre viejo | scrap copper.
cobre virgen | native copper.
cobre vítreo | chalcocite | chalcosine.
cobre y cinc | bidry.
cobreado | coppering | coppered.
cobreado en tambor | barrel coppering.
cobreado galvánico | copperplating | copper electroplating.
cobreado parcial | parcel coppering.
cobrear | copperize (to) | copper (to).
cobrear aluminio puro comercialmente | copper plate commercially pure aluminum (to) .
cobres industriales | engineering coppers.
cóbrese o devuélvase | cash on delivery.
cobresoldabilidad | brazeability.
cobresoldabilidad de las aleaciones de aluminio | brazeability of aluminum alloys.
cobresoldable | brazeable.
cobresoldado (con soldadura fuerte) | brazed.
cobresoldado en horno en atmósfera sin fundente | furnace brazed in air without flux.
cobresoldadura | copper soldering | brazing | brazing solder | braze.
cobresoldadura (soldadura con cobre o con plata) | hard solder.
cobresoldadura a 1175° C | copper-brazing al 1175° C.
cobresoldadura al arco | arc brazing.
cobresoldadura con soplete | flame brazing.
cobresoldadura de la cuchilla de carburo de tungsteno (herramientas) | carbide tip brazing.
cobresoldadura de plaquitas para herramientas | tool-tip brazing.
cobresoldadura del aluminio | aluminum brazing.
cobresoldadura eléctrica | electric brazing.
cobresoldadura en atmósfera de hidrógeno anhidro | dry-hydrogen brazing.
cobresoldadura en horno eléctrico | furnace brazing.
cobresoldadura en horno protegido con gas inerte | gas-shielded furnace brazing.
cobresoldadura en vacío de gran resistencia | high-strength vacuum brazing.
cobresoldadura por corriente eléctrica | resistance brazing.
cobresoldadura por corriente inducida | induction brazing.
cobresoldadura por inmersión | dip brazing | pot brazing.
cobresoldadura por inmersión en baño metálico | metal-dip brazing.
cobresoldar | braze (to) | copper weld (to) | copper solder (to) | copper-braze (to).
cobresoldar (con suelda de latón o con plata) | hard-solder (to).
cobresoldar cobre a acero inoxidable | braze copper to stainless steel (to).
cobresoldar con soplete | torch-braze (to).
cobresoldar en el vacío | vacuum-braze (to).
cobresoldar en horno | furnace braze (to) | oven-braze (to).
cobresoldar grafito a grafito | braze graphite-to-graphite (to).
cobresoldar grafito a metal | braze graphite-to-metal (to).
cobresoldar por corrientes de inducción | induction braze (to).
cobresoldeo (soldeo con suelda de cobre o plata) | hard soldering.
cobresoldeo de grafito con grafito | graphite-to-graphite brazing.
cobresoldeo del grafito | graphite brazing.
cobresoldeo efectuado en el vacío | brazing performed in a vacuum.
cobresoldeo efectuado en una atmósfera inerte | brazing performed in an inert atmosphere.
cobresoldeo por inmersión en baño de fundente | flux dip brazing.
cobresoldeo por inmersión en baño de sales | salt bath brazing.
cobrizado | copper plating.
cobrizo | coppery | copperish | cupreous.
cobro | receipt | recovery.
cobro (de dinero) | cashing.
cobro al entregar | C.O.D. (cash on delivery).
cobro de clientes fallidos | bad debts recovered.
cobro de cheques y letras | collecting checks and bills.
cobro de deudas de otra empresa y anticipo sobre ellas | factoring.
cobro de deudas de otra persona | factoring.
cobro de primas (seguros) | incoming premium.
cobro directo | direct collection.
cobro en metálico | encashment.
cobro por vía ejecutiva | levy.
cobro posterior | subsequent collection.
cobro semanal de primas a domicilio | debit plan.
cobros | moneys paid in.
cobros (de dinero) | drawing.
cobros a reembolsar | collections repayable.
cobros diferidos | accrued income.
cobros por adelantado | advance collections.
coca (al desenrollar una bobina de banda o alambre) | coil break | cross break.
coca (cables) | dogleg.
coca (cables metálicos) | nipping.
coca (de cable) | nip.
coca (de galón) | curl.
coca (en cable mal adujado) | catch fake.
coca de un cable | kink.
cocaína | C | coke.
cocas (trabajo de talla) | nulling.
coccidiosis aviar | avian coccidiosis.
cocción | firing | coction | baking.
cocción (cerámica) | kilning.
cocción (ladrillos) | backing.
cocción al sulfito (pasta papelera) | sulfite cooking.
cocción de la pasta kraft (papel) | kraft cooking.
cocción de vidriado | glost firing.
cocción entre 1020 y 1150 °C (loza) | glost firing.
cocción prolongada del cok | overcoking.
cocedero | cooking vat.
cocedero de trozas | cooking vat.
cocedor | cooker | food steamer.
cocéntrico | cocentric.
cocer | boil (to) | boil away (to).
cocer (cal, yeso, ladrillos) | burn (to).
cocer (en cazuela) | pan (to).
cocer (en horno) | bake (to).
cocer (seda) | boil off (to).
cocer a fuego lento | boil gently (to).
cocer a fuego vivo | cook in fiercely heat (to).
cocer con rayos infrarrojos | infrared bake (to).
cocer el yeso | burn plaster (to).
cocer ladrillos | kiln (to).
cocido a alta temperatura | high-fired.
cocido a gran temperatura | double-burned.
cocido en horno | kiln-burnt | oven-baked.
cocido preliminar | prebake.
cociente aritmético | quotient.
cociente del peso neto por el peso íntegro (piezas forjadas) | yield.
cociente diamétrico | diameter quotient.
cociente proteínico | protein quotient.
cocimiento | baking.
cocina | kitchen.
cocina (arte) | cuisine.
cocina (artefacto) | range.
cocina (buques) | galley.
cocina (de buque) | galley range.
cocina central | central range.
cocina colocada en el centro de la habitación | island cooking range.
cocina de campaña | field range | field kitchen.
cocina de carbón | coal-fired range.
cocina de coche restaurante (ferrocarril) | restaurant car galley.
cocina de emigrantes (buques) | emigrants' galley.
cocina de fueloil | oil-fired range.
cocina de gas | gas range.
cocina de gasoil | oil-fired cooking range.
cocina de hoteles | heavy-duty cooking.
cocina de petróleo | oil-cooker.
cocina de rayos infrarrojos | infrared cooker.
cocina de rayos infrarrojos a través de placas de cuarzo | radiant-quartz cooker.
cocina económica | kitchen-range.
cocina eléctrica | electric cooker | electric range.
cocina metabólica | metabolic kitchen.
cocina para calor solar | solar cooker.
cocina portátil | portable range.
cocinerita | cocinerite.
cocinero (buque guerra) | messman.
cocinero de flota de pesca | fishing fleet cook.
cocinilla de gas | gas cooker.

cocleado | screw-like.
cocobolo (Dalbergia retusa - Hems) | cocobolo.
cocodrilo | crocodile.
cocodrilo (ferrocarril) | alarm contact.
cocodrilo de los pantanos
cocolita (mineralogía) | kokkolite.
cocolito (restos esqueletales de un cocolitóforo) | coccolith.
cocolito discoidal | discolith.
cocolitoforídeos | coccolithophoridae.
cocolitóforo | coccolithophore.
coconductor | codriver | assistant driver.
coconstructor | coconstructor.
cocontratante | contracting partner.
cóctel | cocktail.
coctoestable | coctostable.
coctolabil | coctolabile.
cocus (Caesalpinia granadillo) | brown ebony.
cocuswood (Brya ebenus) | cocus wood.
cocuyo | glow-worm.
coche | wagon | motorcar | vehicle.
coche (de ferrocarril) | car.
coche ambulancia | ambulance car.
coche automotor | locomotive car | rail-motor | motor-coach.
coche automotor (ferrocarril) | motorcar.
coche automotor (ferrocarriles) | railcar.
coche automotor de pasaje | passenger motor car.
coche blindado | armoured car | armored car.
coche blindado de ruedas para transporte de tropas | armored wheeled personnel carrier.
coche cama | sleeping car | sleeper.
coche celular | patrol wagon.
coche comedor (ferrocarril) | dining-saloon.
coche con cabinas unipersonales | roomette-car.
coche con domo (ferrocarril) | dome car.
coche con pasillo lateral (ferrocarril) | side-corridor coach.
coche con reserva de asientos | reserved seat coach.
coche con tracción delantera | front-drive car.
coche correo | mail-carriage | postal car.
coche correo (ferrocarriles) | mail coach.
coche de alquiler | hack | cab.
coche de bogies | bogie carriage.
coche de cabeza | leading car | front carriage.
coche de cuatro plazas | four-seater.
coche de cuatro ruedas | four-wheeled carriage.
coche de doble piso (ferrocarril) | hi-level coach.
coche de domo corrido (ferrocarril) | full-dome car.
coche de dos bogies (ferrocarril) | double-truck car.
coche de enseñanza | trainer.
coche de ferrocarril con plataforma posterior | observation car.
coche de ferrocarril con suspensión de almohadilla neumática | float-on-air car.
coche de ferrocarril de dos pisos | double-deck railway carriage.
coche de inspección | inspection wagon.
coche de pasillo (ferrocarril) | gangway car.
coche de remolque | trailer.
coche de serie | mass-production car.
coche de serie (autos) | production car.
coche de viajeros (ferrocarril - EE. UU.) | passenger car.
coche de viajeros (ferrocarril - G.B.) | coach | coaching vehicle.
coche de viajeros con fuelle de intercomunicación (ferrocarril) | gangwayed car.
coche de viajeros-millas por tren de pasajeros | passenger-train car-miles.
coche enteramente metálico (ferrocarril) | all-steel coach.
coche estafeta | postal car.
coche integral | integral coach.
coche lanzasal para derretir la nieve | salt truck.
coche ligero de dos ruedas | buggy.
coche mixto (de dos clases de pasajeros) | composite carriage.
coche motor | motor-coach.
coche para ferrocarril de cremallera | incline car.
coche para monocarril | gyrocar.
coche para paquetes postales | mail parcel van.
coche para viajeros y equipajes | combination car.
coche plataforma | flatcar.
coche que almacena en el volante de un motor la energía necesaria para su movimiento (tranvías, autobuses) | electrogyro.
coche que viene en sentido contrario | approaching car.
coche remolcador | trailing coach.
coche remolque sin cabina de conducción | nondriving motor car.
coche salón | parlour car.
coche salón (ferrocarril) | club car | saloon.
coche salón con piso superior (ferrocarril) | dome-lounge car.
coche salón con servicio de comidas frías (ferrocarril) | buffet-lounge car.
coche salón-restaurante (ferrocarril) | lounge-diner.
coche sin pasillo (ferrocarril) | nongangway car.
coche unificado todo de acero | all-steel standard coach.
coche-cama | compartment car.
coche-camas (ferrocarril) | bed-car.
cochecillo de niño | perambulator.
coche-cocina | kitchen-car.
coche-correo (ferrocarril) | mail van.
coche-kilómetro | carriage-kilometer.
cocheo (pastoreo) | drive.
cochera | coach shed.
cochera de vagones | car shed.
cochero | coachman | driver.
cochero de punto | flyman.
coches de viajeros | passenger carriages.
coches de viajeros (ferrocarriles - G.B.) | passenger coach.
coches de viajeros todo de acero | all-steel passenger stock.
coches del metro | tube stock.
coches tubulares (ferrocarril) | tubular coaches.
coche-taller | repair truck.
cochinilla | cochineal.
cochino | pig.
cochiquera para cerdas | farrowing house for sows.
cochura | burning | firing | baking.
cochura a temperatura de 1050 a 1150 °C (hornos de loza) | biscuit firing.
cochura con interrupción periódica del aire para obtener un color irregular (ladrillos) | flashing.
cochura de la cal | lime-burning.
cochura de la capa | firing of the coat.
cochura preliminar (cerámica) | smoking.
coda (música) | ending.
codal | spreader | spreader tie | propshore | prop | intertie | spur | strut | stay | shore | trench brace | stretcher.
codal de encofrado | form spreader.
codal de seguridad | lip block.
codan | codan.
codaste | astern post.
codaste (buques) | stern post | post.
codaste abierto (buques) | clearwater stern.
codaste compuesto de varias piezas | built sternframe.
codaste con abertura para la hélice (buques) | open sternframe | propeller frame.
codaste de acero forjado en una pieza | one-piece forged steel rudder frame.
codaste de acero moldeado | cast steel sternframe.
codaste de popa (buques) | rudderpost.
codaste de proa (buques) | propeller frame.
codaste enterizo | solid sternpost.
codaste macizo | solid sternpost.
codaste popel (buques) | rudderpost | heelpost.
codaste proel (buques) | propeller post | body post.
códec (codificador-decodificador) | codec.
codeclinación (complemento de la declinación - 30 grados menos la declinación) | codeclination.
codeclinación (navegación astronómica) | polar distance.
codefensor | joint defendant.
codemandado | codefendant.
codemandador | joint plaintiff.
codeposición | codeposition.
codeposición de dos o más elementos metálicos | alloy plating.
codepositado | codeposited.
codepositar | codeposit (to).
codera | stern fast.
codera (amarra de buques) | spring.
coderas cruzadas (buque amarrado a un muelle | cross springs.
codescubridor | codiscoverer.
codetentador (herencias) | joint holder.
codeudor | codebtor.
códices jeroglíficos | hieroglyphic codices.
codicilar | codiciliary.
codicilo | codicil.
codificación | coding | codification | enciphering.
codificación (telecomunicación) | encoding.
codificación absoluta (informática) | absolute coding.
codificación binaria de longitud variable | variable-length binary encoding.
codificación de circuitos integrados tipo Pro-electrón | Pro-electron type integrated-circuit coding.
codificación de colores | color coding.
codificación de coordenada diferencial | run-length coding.
codificación de cuentas | account coding.
codificación de datos experimentales | coding experimental data.
codificación de fase | phase encoding.
codificación de intervalos | gap coding.
codificación de lenguaje simbólico (informática) | symbolic coding.
codificación del dibit | dibit coding.
codificación estructural | skeletal coding.
codificación inversa | reverse coding.
codificación lineal | straight-line code | in-line coding.
codificación numérica | numeric coding.
codificación numérica (informática) | numerical coding.
codificación postal | postal codification.
codificación predictiva | predictive coding.
codificación propia | own coding.
codificación que conecta rutinas o segmentos de programas | linkage.
codificación relativa | relative coding.
codificación superpuesta | superimposed coding.
codificación y clasificación | coding and classifying.
codificación y descodificación numérica | digitally coded/decoded.
codificado | coded.
codificado en separación | space coded.
codificado mecánicamente | mechanically-coded.
codificado por cadena | chain encoded.
codificado por colores | color-coded.
codificador | coder | moder.
codificador (calculadora) | coder.
codificador automático | autocoder.
codificador con corrección de error | error-correcting coder.
codificador cuantificador | quantizing encoder.
codificador de datos | data encoder.
codificador de discos | disk encoder.
codificador de impulsos (telecomunicación) | pulse coder.

codificador de la posición angular del eje giratorio | shaft position encoder.
codificador de posición angular | angular position encoder.
codificador de posición angular del tipo seno-coseno | sine-cosine angular position encoder.
codificador de reacción con pendiente | slope-feedback coder.
codificador de señales | encoder.
codificador fibroóptico | fiber-optics scrambler.
codificador magnético para determinar la posición de un eje | magnetic shaft-position encoder.
codificador numérico de voltaje | digital voltage encoder.
codificador óptico de fotoconductor | photoconductor optical encoder.
codificador por duración de los impulsos (radionavegación) | pulse duration coder.
codificador vocal | voice coder | vocoder.
codificadora | encoder.
codificadora magnética | inscriber.
codificar | encipher (to) | encode (to) | code (to) | codify (to) | inscribe (to) | revise (to).
codificar de nuevo | recodify (to).
codificar en dígitos | digitize (to).
codificar la información (informática) | key (to).
codificar por impulsos | pulse-code (to).
codifusión | codiffusion.
código | code | coding scheme | codename.
código (calculadora electrónica) | program (EE.UU.).
código absoluto | absolute code | actual coding.
código acción | action code.
código aduanero | customs code.
código alfabético | alphabetic code.
código arrítmico | start-stop code.
código autocomprobante | self-checking code.
código autocontrolado (información) | error-detecting code.
código autoverificador | self-checking code.
código bidimensional de dos grupos | two-group two-dimensional code.
código binario | binary code.
código binario de cuenta fija | M out of N code.
código binario reflejado | reflected binary code.
código binario-decimal | binary-decimal code.
código bipolar de alta densidad | high density bipolar code.
código biquinario | biquinary code.
código bivalente para cable | two-condition cable code.
código cíclico (calculadoras) | reflected code | cyclic code.
código cifrado | cryptosystem | cipher code.
código cifrado de nombres geográficos | map code.
código civil | civil code | civil law.
código contable | account number.
código corrector de errores | error-correcting code.
código criptográfico | cryptic code.
código cuaternario para radar de impulsos | pulsed radar quaternary code.
código de abreviaturas | brevity code.
código de aduana | tariff law.
código de anillo (con bitios repartidos equidistantemente sobre una circunferencia) | ring code.
código de arranque del transmisor | transmitter start code.
código de autoespecificación | auto-spec code.
código de avance de línea | line-feed code.
código de barras (comercial) | bar code.
código de barras (computadora) | bar code.
código de bloques y enclavamientos | standard code.
código de cable de doble polaridad | double current cable code.
código de cambio | shift code.
código de caracteres | character code.
código de caracteres ilícitos | forbidden character code.
código de cifrado y descifrado | code book.
código de cinco niveles (telegrafía) | five-level code.
código de cinta perforada | punch tape code | punch-tape code.
código de clasificación de accidentes | accident-cause code.
código de colores | color code.
código de colores de resistores | resistor color code.
código de comercio | commercial code.
código de comienzo de transmisión | transmitter start code.
código de comienzo de transmisión (telecomunicación) | transmitter start code (T.S.C.).
código de condensación de mensajes | condensation code.
código de control de errores | error-checking code.
código de coordenadas (mapas) | coordinate code.
código de coordenadas geográficas | map-coordinate code.
código de corrección de errores acumulados | burst-error-correcting code.
código de dirección simple | single address code.
código de distancia mínima entre caracteres | inimal distance code.
código de dos de cada cinco | two out of five code.
código de dos en cinco | two-out-five code.
código de edición (informática) | edit code.
código de encadenamiento | routing code.
código de enlace aeroterrestre | air-surface code.
código de ética profesional | code of professional ethics.
código de fabricación | manufacturing code.
código de Gray | reflected binary code.
código de honor de la corporación | honor code of the corps.
código de identidad | identity keyer.
código de identificación | identification codes.
código de identificación de mensajes | message identification code.
código de identificación de un material | accounting symbol.
código de impulsos | pulse code.
código de indentificación de la red de datos | data network identification code.
código de instrucción | symbolic code.
código de instrucción para múltiples usos para principiantes | beginner's all porpose symbolic instruction code.
codigo de instrucciones | instruction code.
código de justicia militar | manual of military law | Articles of War | military law.
código de lectura y perforación (informática) | read-and-punch code.
código de liberalización | liberalization code.
código de máquina (lenguaje) | machine code.
código de materias de inteligencia de la OTAN | NATO intelligence subject code.
código de mínimo acceso (informática) | minimum access code.
código de momentos | equal length multiunit codes.
código de moralidad | code of ethics.
código de ocho bitios de entrada/salida adoptado como normalizado en Estados Unidos | American standard code for information interchange.
código de operación (informática) | operation code.
código de operación ampliado | augmented operation code.
código de operaciones | instruction code.
código de orden | order code.
código de paineles de señalización | panel code.
código de pedido | order code.
código de perforación | card code.
código de preguntas | interrogation coding.
código de redundancia mínima | minimum-redundancy code.
código de relación constante | constant-ratio code.
código de respuesta | answer-back code.
código de retardo mínimo | minimum delay code.
código de retorno | return code.
código de ruta (telecomunicación) | routing code.
código de salto | skip code.
código de seguridad para pescadores y buques pesqueros | code of safety for fishermen and fishing vessels .
código de señales | signal code.
código de señalización | signaling code.
código de si-no | yes-no coding.
código de teletipo | teletype code.
código de tiempo mínimo de espera | minimum latency code.
código de tipo de espacio | type-of-space code.
código de transferencia | sense code.
código de transmisión | transmission code | interblock code.
código de un sólo nivel (informática) | one-level code.
código de una sola dirección | single address code.
código de validez | validity code.
código decimal | decimal code.
código decimal de dos cifras | two-figure decimal code.
código del país (telefonía) | country code.
código desordenado y aleatorio | randomized code.
código eléctrico | electrical code.
código en columna binaria | column binary code.
código en línea | line code.
codigo encadenado | chain code.
código especial | shift out.
código estándar de los Estados Unidos de América para el intercambio de la Información | United States of America Standard code for information interchange.
código gaussiano | Gaussian code.
código genético | genetical code | genetic code.
código geográfico | geographic code.
código hexibinario | hexibinary code.
código impresor telegráfico | printer telegraph code.
código internacional | international code.
código internacional de señales | international code of signals.
código internacional de señales (marina) | code-book.
codigo intérprete | interpreter code.
código interurbano | trunk code.
código ISO de 8 bitios | eight-bit ISO code.
código judicial | judicial code.
código marino | maritime law.
código marítimo | navigation act | naval law.
código meteorológico | weather code.
código militar para datos | fieldata code.
código mnemotécnico | mnemonic code.
código monodimensional de grupos múltiples | multigroup one-dimensional code.
código nemónico | mnemonic code.
código normalizado en Estados Unidos para el intercambio de información | American standard code for information interchange.
código numérico | numeric code.
código objeto | object code.
código operación | order code.
código ortogonal | orthogonal code.
código para la guianza de misiles | missile guidance code.
código para mandato | command code.
código penal | criminal code.
código P-nario | P-nary code.
código ponderado | weighted code.
código por exceso de tres | excess three code.

código por exceso de 3 | excess 3 code.
código postal (mecanización de correos) | zip code.
código privado | private code.
código que se destruye después de haberlo usado la primera vez | one-time code.
código radiotelefónico | voice code.
código real | actual code.
código rectilíneo | straight-line code.
código redundante | redundant code.
código reflejado | reflected code.
código regreso a lo normal | shift in.
código relativo | relative code.
código separador de grupo | group separator.
código separador de las zonas informativas | unit separator.
código separador de registros (informática) | record separator.
código simbólico | symbolic code.
código sin coma invariante con relación al recorrido (información) | path-invariant comma-free code.
código suprimidor de impresión (informática) | nonprint code.
código telegráfico | sending code | telegraphic code | telegraph code | cable code.
código telegráfico trivalente | three-condition telegraph code.
código telex | teleprinter code.
código telex de destino | telex destination code.
código ternario | ternary code.
código tributario | tax code.
código unitario | unitary code.
código universal de producto | universal product code.
códigos convolucionales | convolutional codes.
códigos de cadena | chain codes.
códigos de servicio | nonreproducing codes.
codillo | elbow.
codillo (buques) | knuckle.
codillo (cascos de buques o de hidros) | knuckle line.
codillo (de chapa bombeada) | knuckle.
codillo (patas) | knuckle-joint.
codillo de la faldilla (chapa bombeada) | knuckle of the flange | flange knuckle.
codillo de la pata de liebre (cambio de vías) | knee.
codillo de transición | transition knuckle.
codillo del costado de la tolva (buques) | hopper side knuckle.
codillo superior del costado de estribor (buques) | upper knuckle line of starboard side.
codímero (olefinas) | codimer.
codirección | joint managing directorship | joint management | joint directorship.
codireccional | codirectional.
codirector | joint manager | joint director.
codirector general adjunto | joint assistant general manager.
codo | elbow | ell | angle | S bend | bending bend.
codo (bayoneta) | neck.
codo (de una curva) | flexion point.
codo (ríos) | hook.
codo (tuberías) | knee-pipe | knee | elbow ell.
codo (tubo) | bend pipe.
codo a 90 grados de radio medio | medium sweep elbow.
codo abierto | long elbow.
codo angular (tuberías) | miter elbow | miter bend.
codo arrugado (tubería chapas) | corrugated bend.
codo ascendente (curvas) | upward bend.
codo cerrado | short elbow.
codo cerrado (tuberías) | short sweep | short-radius bend.
codo compensador (tuberías) | expansion bend.
codo con aletas guiadoras interiores | guide-vane bend.
codo con derivación (tuberías) | side-outlet elbow.
codo con desplazamiento de una rama (tuberías) | single-offset bend.
codo con paletas enderezadoras de la corriente (túnel aerodinámico) | vaned elbow.
codo con salida lateral (tuberías) | side-outlet elbow.
codo corto de 90 grados | short bend.
codo de acoplamiento | coupling bend.
codo de ángulo agudo (no redondeado) | sharp-angled bend.
codo de apoyo (tubería desagüe) | best bend.
codo de campanas | bell-and-bell quarter bend.
codo de copa (tuberías) | bossed elbow.
codo de cruzamiento (tuberías) | crossover bend.
codo de descarga | elbow discharge.
codo de dilatación (tuberías) | expansion bend.
codo de entrada | intake elbow | inlet bend.
codo de fundición | cast-iron bend.
codo de gran curvatura | long sweep elbow.
codo de gran radio | long-radius elbow | long elbow | easy bend.
codo de gran radio (tuberías) | long-sweep bend | long sweep elbow | long radius bend.
codo de guía de onda | waveguide twist.
codo de guía de ondas | waveguide corner.
codo de guiaondas | waveguide elbow | waveguide bend.
codo de inglete (tuberías) | miter elbow | miter bend.
codo de inversión de dirección | reverse-direction elbow.
codo de la Biblia (medida = 553,5 milímetros) | Bible cubit.
codo de la curva de magnetización | knee of the magnetization curve.
codo de los mineros | miner's elbow.
codo de orejas (tuberías) | drop elbow.
codo de orejetas (tuberías) | drop elbow.
codo de plano E | E-plane bend.
codo de radio muy pequeño conservando la sección total de paso (tuberías) | fullbore extra-short radius bend.
codo de radio pequeño | close-radius bend.
codo de ramal doble | double-branch elbow.
codo de retorno | return bend.
codo de retorno (construcción) | return bend.
codo de rosca inclinada | pitch elbow.
codo de rosca macho y hembra | street ells.
codo de tubo con arrugas salientes en la superficie externa | wrinkled pipe bend.
codo de unión embridado | flanged union elbow.
codo de 1
codo de 135 grados (tuberías) | half-normal bend.
codo de 180 grados | return bend.
codo de 60 grados | sixth bend.
codo de 7 | fifth bend.
codo de 90 grados | square elbow.
codo de 90 grados (tuberías) | quarter bend.
codo de 90 grados con un brazo alargado (tuberías) | long quarter bend.
codo de 90 grados de pequeño radio | sharp-bend.
codo de 90 grados en ángulo recto | sharp elbow.
codo del eje | axle-crank.
codo del portaviento (alto horno) | leg pipe | tuyere stock.
codo del portaviento (tubería curva que une la busa con la tobera - alto horno) | gooseneck.
codo doble (tuberías) | bushing.
codo E (ondas) | E-bend.
codo en ángulo recto | right-angle bend.
codo en hoz (tuberías) | sickle bend.
codo en L con una rosca exterior y otra interior (tuberías) | service ell.
codo en la característica de transferencia | knee of transfer characteristic.
codo en U | return bend.
codo en U estrecha (tuberías) | close return bend.
codo fabricado con un solo trozo de tubo en la curva | one-gore mitered bend.
codo formado uniendo por soldadura varios trozos de tubo cortados bajo un ángulo determinado (tuberías) | mitered bend.
codo H | H-bend.
codo hecho con soldadura cortando un lado de tubo recto en forma de rosca de tornillo y doblando después el tubo hasta que los cantos cortados coincidan | cut-and-shut gusseted bend.
codo para conducto cilíndrico | cylindrical-pipe elbow.
codo para conexiones soldadas | welding elbow.
codo para tubo | pipe elbow.
codo poligonal (tuberías) | mitered bend.
codo poligonal de chapa soldada (tuberías) | miter bend.
codo poligonal formado por trozos de tubos soldados entre sí (tuberías) | lobster bend.
codo redondo (tuberías) | round bend.
codo reductor | reducing ell.
codo reductor (tuberías) | reducing elbow | taper elbow.
codo soldado hecho con trozos de tubo | gusseted bend.
codo soldado hecho con trozos segmentales de tubo | segmental gusseted bend.
codon (genética) | codon.
codonoide (acampanado) | codonoid.
coedición editorial | editorial coedition.
coeditar | copublish (to).
coeditor | coeditor.
coeficacia | coefficacy.
coeficiencia | coefficiency.
coeficiente | coefficient | factor | modulus | ratio | rate.
coeficiente absoluto de sustentación | absolute lift coefficient.
coeficiente aerodinámico absoluto | absolute aerodynamic coefficient.
coeficiente amortiguador de la cimentación (vibraciones) | foundation damping coefficient.
coeficiente balístico | factor of merit.
coeficiente bancario | reserve assets ratio.
coeficiente cavitario | void coefficient.
coeficiente cilíndrico (buques) | prismatic coefficient.
coeficiente confidencial (coeficiente de aceptación - estadística) | confidence coefficient.
coeficiente corrector de la pérdida de sustentación en la región extrema (aerodinos) | tip-loss factor.
coeficiente cuasipropulsivo | quasipropulsive coefficient.
coeficiente de absorción | absorption factor.
coeficiente de absorción acústica | acoustical absorptivity.
coeficiente de absorción generalizado | generalized absorption coeficient.
coeficiente de absorción másico | mass absorption coefficient.
coeficiente de absorción por reverberación | reverberation absorption factor.
coeficiente de acidez | acidity coefficient.
coeficiente de acoplamiento | coefficient of coupling.
coeficiente de acoplamiento electromecánico | electromechanical force factor.
coeficiente de actividad solar | Q.
coeficiente de adaptación (dipolos) | return current coefficient.
coeficiente de adaptación (telecomunicación) | return-current coefficient.
coeficiente de adherencia (ferrocarril) | traction coefficient.
coeficiente de adherencia (locomotoras) | adhesive factor.
coeficiente de afinamiento | coefficient of fineness.
coeficiente de afinamiento (buques) | block coefficient.

coeficiente de afinamiento de la flotación | coefficient of fineness of water plane.
coeficiente de afinamiento de la flotación (buques) | waterplane coefficient.
coeficiente de agostamiento | wilting coefficient.
coeficiente de alargamiento | modulus of elongation | elongation coefficient.
coeficiente de alienación (análisis de correlación) | coefficient of alienation.
coeficiente de almacenamiento electrónico | electron storance.
coeficiente de almacenamiento específico | storativity.
coeficiente de amortiguación | damping coefficient.
coeficiente de amortiguamiento | damping factor | decay coefficient.
coeficiente de amortiguamiento viscoso | coefficient of viscous damping.
coeficiente de amortización | amortization factor.
coeficiente de amplificación | amplification factor.
coeficiente de amplificación (electrodo) | voltage factor.
coeficiente de amplificación (tiratrón) | gas ratio.
coeficiente de amplificación (válvula termiónica) | mu | mu factor.
coeficiente de aprovechamiento (pastizal) | proper use factor.
coeficiente de aprovechamiento del arco (relación del tiempo real de soldadura al tiempo total de cebado del arco) | arcing time factor.
coeficiente de aproximación | approach factor.
coeficiente de arrastre del rotor | rotor drag coefficient.
coeficiente de asimetría | coefficient of skewness.
coeficiente de aspereza | roughness coefficient.
coeficiente de atenuación | attenuation coefficient.
coeficiente de atenuación adimensional | dimensionless attenuation coefficient.
coeficiente de atenuación de formación de pares | pair attenuation coefficient.
coeficiente de atenuación de la radiación visible | extinction coefficient.
coeficiente de atenuación entre imágenes | image attenuation coefficient.
coeficiente de autoinducción | self-inductance.
coeficiente de bloque de trazado (carena de buques) | moulded block coefficient.
coeficiente de caja (economía) | cash ratio.
coeficiente de calidad | figure of merit.
coeficiente de calidad del rotor | rotor figure of merit.
coeficiente de calor sensible | sensible-heat factor.
coeficiente de calor sensible de carga | load sensible heat factor.
coeficiente de cambio de desalineación | rate of change of misalignment.
coeficiente de captación | collecting coefficient.
coeficiente de carga | load factor | weighting coefficient.
coeficiente de carga de pasajeros (aviación) | passenger load factor.
coeficiente de carga de pasajeros de pago (aviones) | revenue passenger load factor.
coeficiente de carga del peso de pago | revenue weight load factor.
coeficiente de caudal (hidráulica) | coefficient of discharge.
coeficiente de cizalladura | shear modulus.
coeficiente de cohesión del núcleo (física nuclear) | packing fraction.
coeficiente de colchado (cuerdas) | twisting coefficient.
coeficiente de compactación | coefficient of consolidation.
coeficiente de compresibilidad | coefficient of compressibility.
coeficiente de condensación pelicular | condensing-film coefficient.
coeficiente de conductividad hidráulica | coefficient of hydraulic conductivity.
coeficiente de conductividad térmica por remolinos (flujo turbulento) | eddy conduction coefficient.
coeficiente de confiabilidad | coefficient of reliability.
coeficiente de consolidación | coefficient of consolidation.
coeficiente de consolidación (tierras) | shrinkage factor.
coeficiente de consumo de combustible | fuel coefficient.
coeficiente de contingencia | coefficient of contingency.
coeficiente de convección laminar | film coefficient.
coeficiente de correlación | correlation coefficient.
coeficiente de correlación por rangos (estadística) | rank correlation coefficient.
coeficiente de correlación simple | simple correlation coeficient.
coeficiente de corrientes reflejadas | return current coefficient.
coeficiente de choque | impact coefficient.
coeficiente de descarga | efflux coefficient.
coeficiente de descarga (hidráulica) | coefficient of discharge | coefficient of efflux.
coeficiente de deslizamiento | slip coefficient.
coeficiente de desordenamiento | coefficient of disarray.
coeficiente de devaneo (electricidad) | breadth coefficient.
coeficiente de difusión | diffusion coefficient.
coeficiente de difusión mutua | coefficient of mutual diffusion.
coeficiente de difusión térmica por remolinos | coefficient of eddy diffusion.
coeficiente de difusión térmica por remolinos (flujo turbulento) | eddy conductivity.
coeficiente de digestibilidad (pienso de animales) | digestion coefficient.
coeficiente de dilatación | expansion coefficient | ratio of expansion.
coeficiente de dilatación cúbica | volume expansivity.
coeficiente de dilatación lineal | linear expansivity.
coeficiente de dispersión | scatter coefficient | leakage factor | leakage coefficient | leakage factor.
coeficiente de dispersión másica | mass-scattering coefficient.
coeficiente de distribución | coefficient of distribution.
coeficiente de distribución (electricidad) | spread factor.
coeficiente de elasticidad | coefficient of elasticity | modulus of elasticity | elasticity coefficient | elastic modulus | Young's modulus | dynamic modulus | E modulus.
coeficiente de elasticidad a temperatura constante | isothermal Young's modulus.
coeficiente de emanación | emanating power.
coeficiente de empotramiento (columnas) | end-fixity coefficient.
coeficiente de empuje corregido (buques) | thrust deduction coefficient.
coeficiente de equivalencia | coefficient of equivalence.
coeficiente de errores | error rate.
coeficiente de escorrentía | runoff coefficient.
coeficiente de escorrentía (hidrología) | coefficient of run-off.
coeficiente de esparcimiento | scatter coefficient.
coeficiente de esperanza | coefficient of expectations.
coeficiente de espesor de pala (hélices) | blade thickness fraction.
coeficiente de esponjamiento (tierras) | swelling factor.
coeficiente de estabilidad a vela (buques) | sail-carrying power.
coeficiente de estiba (buques) | stowage rate.
coeficiente de estructura atómica (cristalografía) | atomic form factor.
coeficiente de evaporación del tanque testigo (embalses) | pan coefficient.
coeficiente de expansión (circuito magnético) | fringing coefficient.
coeficiente de explotación | exploitation coefficient.
coeficiente de explotación (ferrocarriles) | operating ratio.
coeficiente de extinción | extinction coefficient.
coeficiente de extracción | extraction coefficient.
coeficiente de extracción (semillas) | extraction factor.
coeficiente de fecundidad (estadística censal) | fertility rate.
coeficiente de finura | coefficient of fineness.
coeficiente de fluctuación de la velocidad | coefficient of speed fluctuation.
coeficiente de forjado (relación entre las áreas de las secciones transversales del lingote y de la pieza forjada) | forging factor.
coeficiente de forma | geometry factor | form factor.
coeficiente de frenado (aparatos eléctricos) | drag coefficient.
coeficiente de fricción entre la herramienta y la pieza que se trabaja | coefficient of friction between tool and workpiece.
coeficiente de frío del aire | windchill factor.
coeficiente de Froude (hidrodinámica) | circle coefficient.
coeficiente de fuga | leakage coefficient.
coeficiente de funcionamiento | performance.
coeficiente de gasto (hidráulica) | coefficient of efflux.
coeficiente de higroscopicidad | hygroscopic coefficient.
coeficiente de huecos | void coefficient.
coeficiente de imanación | magnetic susceptibility | magnetizability.
coeficiente de impacto | impact coefficient.
coeficiente de indeterminación | coefficient of nondetermination.
coeficiente de intercambio (flujo turbulento) | austausch coefficient.
coeficiente de liquidez | liquidity ratio.
coeficiente de liquidez (recíproca del coeficiente de viscosidad) | liquidity coefficient.
coeficiente de marchitamiento | wilting coefficient.
coeficiente de masa | mass coefficient.
coeficiente de masas en giro | rotational inertia coefficient.
coeficiente de modificación del saliente | addendum modification coefficient.
coeficiente de modulación | modulation index | modulation factor.
coeficiente de modulación (radio) | smoothing factor.
coeficiente de ocupación | filling factor | occupation efficiency.
coeficiente de ocupación de un circuito (Inglaterra) | percentage circuit occupation.
coeficiente de ocupación de un circuito (telefonía) | percentage occupied time | circuit usage.
coeficiente de partición | coefficient of partage.
coeficiente de película del líquido | liquid-film coefficient.
coeficiente de peligro | danger coefficient.
coeficiente de percusión (mecánica) | coefficient of restitution.
coeficiente de pérdida de carga | head loss coefficient.
coeficiente de pérdida del perfil aerodinámico | profile loss coefficient.

coeficiente de pérdida por histéresis | hysteresis loss factor.
coeficiente de pérdidas | loss ratio.
coeficiente de pérdidas por reflexión (circuito eléctrico) | mismatch factor.
coeficiente de permeabilidad | percolation coefficient.
coeficiente de perturbación | disturbance coefficient.
coeficiente de Poissón | Poisson's ratio.
coeficiente de ponderación | weight | weightage | weighting coefficient.
coeficiente de ponderación (radio) | weightage.
coeficiente de potencia | output coefficient.
coeficiente de presión | pressure coefficient.
coeficiente de producción | rate of output.
coeficiente de producción agrícola | crop index.
coeficiente de propagación | propagation factor.
coeficiente de protección eléctrica | shielding factor.
coeficiente de reactancia | reactive factor.
coeficiente de reactividad de potencia (reactor nuclear) | power coefficient.
coeficiente de recorrido cuartílico | coefficient of quartile deviation.
coeficiente de recuperación elástica | coefficient of elastic recovery.
coeficiente de rechazo (pilotes) | coefficient of restitution.
coeficiente de reducción | reduction coefficient.
coeficiente de reducción o de aumento de velocidad (engranajes) | speed ratio.
coeficiente de reflexión (iluminación) | reflection factor.
coeficiente de reflexión acústica | acoustical reflectivity.
coeficiente de relación de la potencia al peso | power-weight factor.
coeficiente de relleno | filling coefficient.
coeficiente de relleno (diagrama máquinas) | diagram factor.
coeficiente de relleno (hidráulica) | coefficient of fullness.
coeficiente de relleno de la cuaderna maestra (buques) | midship coefficient.
coeficiente de rendimiento | efficiency.
coeficiente de repartición | distribution ratio | partition coefficient.
coeficiente de reparto | partition coefficient | coefficient of distribution.
coeficiente de resistencia calculado dividiendo el resultado obtenido por el peso base y multiplicando por 100 (papel) | percent points.
coeficiente de resistencia de la junta | joint factor.
coeficiente de resistencia de la soldadura | weld joint factor.
coeficiente de resistencia inducida | induced-drag coefficient.
coeficiente de resistencia inducida (compresor axial) | annulus drag coefficient.
coeficiente de resistencia secundaria | secondary drag coefficient.
coeficiente de restitución | coefficient of restitution.
coeficiente de retardo | drag coefficient.
coeficiente de retención | sticking coefficient.
coeficiente de rigidez | transverse modulus | stiffness coefficient.
coeficiente de rigidez (vigas) | shear modulus.
coeficiente de rotura | ultimate factor | ultimate modulus.
coeficiente de rozamiento | friction factor | friction coefficient.
coeficiente de rozamiento cinético | kinetic coefficient of friction.
coeficiente de rozamiento de rodadura | coefficient of friction of rolling motion.
coeficiente de rozamiento en movimiento | kinetic friction coefficient.
coeficiente de rozamiento resbalando | coefficient of sliding friction.
coeficiente de rugosidad | coefficient of roughness | roughness coefficient | rugose coeficient.
coeficiente de ruidosidad | noise figure.
coeficiente de seficidad | psephicity coefficient.
coeficiente de seguridad | safety factor.
coeficiente de seguridad (aeronaves) | reserve factor.
coeficiente de seguridad contra el vuelco (autobuses) | factor of safety against overturning.
coeficiente de seguridad funcional | reliability factor.
coeficiente de separación (isotópica) | cut.
coeficiente de sequedad (riegos) | wilting coefficient.
coeficiente de solvencia | current ratio.
coeficiente de solvencia (econometría) | confidence coefficient.
coeficiente de subida | outstanding climb.
coeficiente de succión (buques) | thrust deduction.
coeficiente de sustención (aviación) | lift coefficient.
coeficiente de sustentación de la aleta hidrodinámica | foil lift coefficient.
coeficiente de torcimiento (estadística) | coefficient of skewness.
coeficiente de trabajo | work factor | work coefficient | stress.
coeficiente de trabajo unitario | working unit stress.
coeficiente de transferencia entre imágenes | image transfer coefficient.
coeficiente de transmisibilidad | transmissibility coefficient.
coeficiente de transmisión acústica | acoustical transmitivity.
coeficiente de transmisión del calor en la capa límite (condensadores) | water-side coefficient.
coeficiente de uniformidad | coefficient of uniformity.
coeficiente de utilización | occupation coefficient | demand factor | usability factor | occupation efficiency.
coeficiente de utilización (fenómeno periódico) | duty cycle.
coeficiente de utilización (telefonía) | call fill.
coeficiente de utilización de la central eléctrica | plant load factor | plant capacity factor.
coeficiente de utilización de una central eléctrica | plant factor.
coeficiente de utilización del calor | heat utilization coefficient.
coeficiente de utilización en tiempo | time utilization factor.
coeficiente de vacío del sodio | sodium void coefficient.
coeficiente de variación del hormigón | concrete precision index.
coeficiente de velocidad de entrada | velocity-of-approach factor.
coeficiente de viscosidad cinemática | kinematic viscosity coefficient.
coeficiente del combustible | fuel coefficient.
coeficiente del voltaje | pressure coefficient.
coeficiente diferencial | differential coefficient.
coeficiente disponible | availability ratio.
coeficiente económico | efficiency.
coeficiente empírico | empirical coefficient.
coeficiente geométrico de concentración de esfuerzos | geometric stress-concentration factor.
coeficiente giromagnético atómico | atomic gyromagnetic ratio.
coeficiente global | overall coefficient.
coeficiente iterativo de transferencia | iterative transfer coefficient.
coeficiente Kutter de rugosidad | Kutter roughness coefficient.
coeficiente longitudinal (buques) | prismatic coefficient.
coeficiente másico | mass coefficient.
coeficiente másico de la hélice | propeller mass coefficient.
coeficiente másico de reactividad | mass coefficient of reactivity.
coeficiente másico de transferencia energética | mass energy transfer coefficient.
coeficiente medio de dilatación cúbica | mean coefficient of cubical expansion.
coeficiente mórfico (árboles) | form factor.
coeficiente mórfico truncado (árboles) | frustum form factor.
coeficiente óptimo de remoción del material | optimum material removal rate.
coeficiente peculiar de termotransferencia | heat-transfer film coefficient.
coeficiente pelicular | film coefficient.
coeficiente pluviométrico | pluviometric coefficient.
coeficiente prismático (buques) | prismatic coefficient.
coeficiente prismático longitudinal (buques) | longitudinal prismatic coefficient.
coeficiente prismático vertical (buques) | vertical prismatic coefficient.
coeficiente propulsivo aparente | apparent propulsive coefficient.
coeficiente técnico | technical coefficient.
coeficiente térmico de seguridad | hot-spot factor.
coeficiente termoelástico a la tracción | tensile thermoelastic coefficient.
coeficiente tricromático | tristimulus value | trichromatic coefficient.
coeficientes fenomenológicos de Onsager | Onsager phenomenological coefficients.
coeficientes fibrados (homología) | bundles of coefficients.
coeficientes impares | odd coefficients.
coelectrodeposición | co-electrodeposition.
coenzima (bioquímica) | coenzyme.
coercer | coerce (to).
coercibilidad | coercibility.
coercible | coercible.
coercido | coerced.
coercímetro | coercimeter.
coerción | coertion.
coerción sicológica | psychological coertion.
coercitivo | coercitive | coercive | compulsory | enforced.
coercividad | coercivity | coercive force.
coercividad (imanes) | retentivity.
coercividad de 150 oerstedios | coercivity of 150 oersted.
coespectro (funciones de tiempo) | cospectrum.
coestrusión | coextruding.
coetaneidad | coetaneity.
coetáneo | contemporary | even-aged.
coexcitación | coexcitation.
coexistente | coexistent | concurrent.
cofa | top.
cofa de trinquete | foretop.
cofa para el vigía | crow's nest.
cofabricación | cofabrication.
cofabricante | comaker.
cofabricar | cofabricate (to).
cofactor | cofactor.
cofásico | cophasal.
coferdán (compartimiento estanco - buques) | cofferdam.
coferdán de proa (buques) | forward cofferdam.
coffea arábica | coffee tree.
cofia | end cap.
cofia (proyectiles, meteorología) | cap.
cofia (proyectiles y dirigibles) | nose-cap.
cofia frangible (proyectiles) | frangible nose.
cofia para el arrastre | cap.
cofiado (proyectiles) | capped.
cofiar (proyectiles) | cap (to).
cofiduciario | joint trustee.
cofinita (mineral importante de uranio - Arizona) | coffinite.
cofrade | guild-brother.
cofradía | guild.
cofre | box | coffer | bin.
cofre de plomo | cask.
cofre de tajo | gate end.

cofre fuerte | iron chest.
cofunción | cofunction.
cogarantía | coguarantee.
cogarantizador | coguarantor.
cogedero | grip.
cogeneración de electricidad y calor utilizable | cogeneration of electricity and useful heat.
cogeneración de vapor y potencia eléctrica | cogeneration of steam and electric power.
cogeneración industrial | industrial cogeneration.
coger | get (to) | pick up (to) | pick (to).
coger (flores) | gather (to).
coger (una banda de criminales) | roundup (to).
coger (una enfermedad) | take (to).
coger con anzuelo | hook (to).
coger con la boca | mouth (to).
coger con lazo de alambre | wire (to).
coger con red | mesh (to).
coger con tenazas | tong (to).
coger con trampa | entrap (to).
coger con trampa (caza) | gin (to).
coger el lúpulo | hop (to).
coger setas | mushroom (to).
coger una estación (radio) | get a station (to) | receive a station (to).
cogerencia | coadministration.
cogerente | joint manager.
cogido en una concentración de haces de proyectores (aviones) | coned.
cogido entre dos fuegos | exposed to cross-fire.
cogirador | codrawer.
cogirador (comercio) | comaker.
cognación | cognation.
cogolla (de un poste de madera) | top.
cogollo de lechuga | head of lettuce.
cogotera | neck-flap.
cogrediencia (matemáticas) | cogrediency.
cogrediente | cogredient.
cogulla | cowl.
cohechador | embracer | briber.
cohechar (jurisprudencia) | embrace (to).
cohechar a un tribunal | embrace a court (to).
cohecho | embracery.
coheredera | joint heiress.
coheredero | coparcener | coparcerner | fellow-heir | joint heir | parcener.
coherencia | consistency | coherence.
coherencia (TV) | intimacy.
coherencia dimensional | dimensional coherence.
coherencia dinámica | dynamic coherence.
coherencia holística | holistic coherence.
coherencia y correlación en colisiones atómicas | coherence and correlation in atomic collisions.
coherente | coherent | cohesive | consistent with | consistent.
coherente (sistema de unidades) | self-consistent.
cohesibilidad | cohesibility.
cohesible | cohesible.
cohesión | coherence | cohesive | cohesion | bond | bonding strength.
cohesión del plano de exfoliación | grain-boundary cohesion.
cohesión entre partículas | interparticle cohesion.
cohesión específica | specific cohesion.
cohesión interfibrilar | interfiber bonding.
cohesión interfibrilar del papel | paper interfiber bonding.
cohesión intergranular | intergranular cohesion.
cohesional | cohesional.
cohesionar | cohere (to).
cohesividad | cohesiveness.
cohesivo | tenacious.
cohesor | coherer.
cohete | rocket | missile.
cohete acelerador | acceleration rocket | boosting rocket.
cohete acelerador (aviones) | booster rocket.
cohete aéreo | sky rocket.
cohete aerotransportado | airborne rocket.
cohete antiaéreo | surface-to-air rocket | antiaircraft rocket.
cohete anticarro | antitank rocket.
cohete anticarro lanzado por aviones | ram.
cohete antigranizo | hail dispersal rocket.
cohete antirradárico | window rocket.
cohete autodirigido buscador del blanco | homing rocket.
cohete axial (satélites) | axial jet.
cohete balístico contra-orbital | controrbit missile.
cohete bélico | war rocket.
cohete cargado | live rocket.
cohete cargado con tiras antirradáricas | window-loaded rocket.
cohete circunlunar | circumlunar rocket.
cohete completo capaz de elevarse por sí solo o constituir con otros un cohete de varias fases (cohetería) | hardware.
cohete con aletas estabilizadoras | fin-stabilized rocket.
cohete con aletas fijas pero sin superficies de control | free rocket.
cohete con combustión de propulsantes gaseosos premezclados | premixed-gaseous-propellant-burning rocket.
cohete con propulsante gaseoso | gaseous propellant rocket.
cohete con propulsión sólida | solid rocket.
cohete con una o más unidades impulsoras cada una de las cuales actúa en las diferentes fases del vuelo | multistage rocket.
cohete cósmico | cosmic rocket.
cohete de alarma | alarm-fuse.
cohete de aletas plegables | folded-fin rocket.
cohete de arranque | booster rocket.
cohete de artillería de campaña | field artillery rocket.
cohete de artillería para lanzamiento de torpedos antisubmarinos | anti-submarine torpedo ordnance rocket.
cohete de ascensión | ascent rocket.
cohete de aterrizaje | landing flare.
cohete de avión a avión | air-to-air rocket.
cohete de avión a tierra | air-to-ground rocket.
cohete de bipropulsantes | bipropellant rocket.
cohete de combustible líquido | liquid-fueled rocket.
cohete de combustible líquido con presión interna de sus propulsantes | balloon-type rocket.
cohete de combustible sólido | dry-fuelled rocket.
cohete de control | control rocket.
cohete de demolición | demolition rocket.
cohete de despegue | takeoff rocket.
cohete de destellos | flash rocket.
cohete de dos combustibles | bifuel rocket.
cohete de dos fases | bumper missile.
cohete de ejercicios | practice rocket.
cohete de energía limitada | power-limited rocket.
cohete de estabilización | stabilization rocket.
cohete de fases escalonadas de impulsión | step rocket.
cohete de frenado (aterrizaje) | counterthrust rocket.
cohete de gran velocidad de rotación | high-spin rocket.
cohete de iluminación | reconnaissance flare | illuminating rocket | light rocket.
cohete de interceptación | interception rocket.
cohete de lanzamiento de cintas metálicas antirradáricas | snowfake.
cohete de propulsante líquido | liquid fuel rocket | liquid rocket.
cohete de propulsante sólido | solid propellant rocket.
cohete de propulsión de líquido | liquid fuel motor rocket.
cohete de propulsión escalonada | step rocket.
cohete de propulsión iónica | ionic rocket | ion thrust rocket | ion rocket.
cohete de propulsión nuclear | nuclear rocket.
cohete de rabiza | rocket and stick.
cohete de retroempuje | retrothrust rocket.
cohete de señal de auxilio | distress signal rocket.
cohete de señales | signal flare | signal rocket.
cohete de sondeo | sounding rocket.
cohete de sondeo meteorológico | meteorological sounding rocket.
cohete de una fase de impulsión | single-stage rocket.
cohete desacelerante | decelerating rocket.
cohete descelerante | braking rocket.
cohete dirigido lanzado desde un cazador | fighter aircraft-launched guided-rocket.
cohete dirigido por haz radárico desde tierra | beam-rider.
cohete disparado con tirafrictor (aviones) | lanyard-fired rocket.
cohete electronuclear | nuclear electric rocket.
cohete electrotérmico | electrothermal rocket.
cohete espacial no tripulado | unmanned rocket.
cohete estabilizado por rotación | rotated rocket.
cohete estabilizado por rotación sobre su eje longitudinal | spinner rocket.
cohete estratosférico | stratosphere rocket.
cohete explorador de la extraatmosfera | space-exploring rocket.
cohete frenante | braking rocket.
cohete giratorio | rotating rocket.
cohete granífugo | hail dispersal rocket.
cohete iluminador | Very's light.
cohete iluminador (sistema Very) | Very light.
cohete interplanetario | interplanetary rocket.
cohete lanzado desde tierra | ground-launched rocket.
cohete lanzado desde un avión | aircraft rocket.
cohete lanzador de satélites | satellite launching vehicle.
cohete luminoso | flare.
cohete lunar | lunar rocket.
cohete lunar de propulsión nuclear | nuclear-powered lunar rocket.
cohete llevando instrumentos de medida | instrumented rocket.
cohete meteorológico | rocketsonde.
cohete meteorológico de fases secuenciales | multistaged sounding rocket.
cohete meteorológico recuperable | recoverable sounding rocket.
cohete no dirigido | free-flight rocket.
cohete no tripulado | crewless rocket.
cohete nuclear | nuclear rocket.
cohete nucleopropulsado | nuclear rocket.
cohete orbitante | orbiting rocket.
cohete para despegue ayudado | assisted-takeoff rocket.
cohete para despegue ayudado de temperatura alta en la cámara de combustión (2.500 a 3.000 K.º) | hot-assisted take-off unit.
cohete para el despegue ayudado de peróxido de hidrógeno | peroxide assisted takeoff unit.
cohete para el despegue ayudado de temperatura baja en la cámara de combustion (750 ºK) | old assisted take-off unit.
cohete para sondeos meteorológicos | meteorological rocket.
cohete para un despegue ayudado | booster bottle.
cohete pirotécnico | pyrotechnical rocket.
cohete radioguiado | radioguided rocket.
cohete salvavidas | life rocket.
cohete sin aletas estabilizadoras | finless rocket.
cohete sin combustible | unfueled rocket.
cohete sin rotación | nonrotated rocket.
cohete sonda | sound rocket | sounding rocket.
cohete subcalibre | subcaliber rocket.
cohete suplementario | booster rocket.
cohete teledirigido | radio controlled rocket.
cohete termonuclear | nuclear thermal rocket.
cohete transoceánico | transoceanic rocket.

cohete transportado dentro de otro mayor y lanzado por su propio propulsante mientras están volando | second-stage rocket.
cohete transportador | carrier rocket.
cohete transportando instrumentos | instrument-carrying rocket.
cohetear (disparar cohetes) | rocket (to).
coheteo | rocketting.
cohetería | rocket ordnance.
cohetería (ciencia de los cohetes) | rocketry.
cohetería (Méjico) | pyrotechnical rocket works.
cohetería con cabeza nuclear | nuclear rocketry.
cohetería cósmica | space rocketry.
cohetería espacial | space rocketry.
cohetería nuclear | nuclear rocketry.
cohetero | rocketeer.
cohetes disparados por salvas | salvo-fired rockets.
cohete-sonda | rocketsonde.
cohetes-sonda | sounding rockets.
cohetipropulsado | rocket propelled.
cohetipropulsar | rocket-propel (to).
cohetiyectado | rocket ejected.
cohetizar (accionar por cohete) | rocket (to).
cohetizar (dotar de cohetes) | rocket (to).
cohobación (redestilación) | cohobation.
cohobar (alcohol, etc.) | redistil (to).
cohobar (redestilar) | cohobate (to).
cohomología | cohomology.
cohomología continua | continuous cohomology.
cohomología homotópica | homotopical cohomology.
coincidencia | coincidence | congruence.
coincidencia accidental | random coincidence.
coincidencia aleatoria | random coincidence.
coincidencia casual | chance coincidence.
coincidencia de diagramas | pattern-matching.
coincidencia de fases | phase-coincidence.
coincidencia exacta de dos partes | registering.
coincidencia retardada | delayed coincidence.
coincidencias (estadística) | ties.
coincidencias de impulsos | pulse coincidences.
coincidental | coincidental.
coincidente | coincident.
coincidiendo | in register.
coincidir (en el tiempo) | clash (to).
coincidir (referencias de montaje de máquinas) | line up (to).
coincidir los agujeros (cajas de fundición) | be in register (to).
coinculpado | fellow-delinquent.
coinquilino | joint tenant.
coinventor | coinventor.
coinvestigador | coinvestigator.
cojera | limp.
cojiente de rodillos cónicos | taper bearing.
cojín | cushion.
cojín (de grabador) | sandbag.
cojín amortiguador | pad.
cojín de ballesta (arma) | quarrel.
cojín de cuero | leather cushion.
cojín inflable para estibar ladrillos (en vagones, buques) | inflatable dunnage.
cojinete | pillow | gudgeon socket | bearing cushion | brass | armilla | block | journal box plummer block | journal.
cojinete (eje de transmisión) | pillow-block.
cojinete (para carril) | cradle.
cojinete (para carriles) | chair.
cojinete (término minero) | cod.
cojinete a rótula | ball joint bearing.
cojinete ablandado | run bearing.
cojinete agarrotado | frozen bearing.
cojinete aislado | outboard bearing.
cojinete ajustable | takeup.
cojinete antifricción hermético | sealed-for-life antifriction bearing.
cojinete anular de bolas | annular ball bearing.
cojinete articulado | hinged bearing.
cojinete autolubricante | oilless tipe bearing | oilless self-lubricating bearing.
cojinete autolubricante de pulvimetal | metal powder self-lubricating bearing.
cojinete axial de collarín | collar bearing.
cojinete bien lubricado | oil-catered bearing.
cojinete bronceado | bronze-backed bearing.
cojinete cerrado | bush bearing.
cojinete cilíndrico | bearing bushing.
cojinete con camisa de nilón | nylon-lined bearing.
cojinete con capa intermedia de bronce plomoso revestida de una capa delgada de antifricción | trimetal bearing.
cojinete con casquillo de bronce | bronze-bushed bearing.
cojinete con cavidades para retener el lubricante | oil-pocket bearing.
cojinete con entrada del fluido presurizado por ranuras (en vez de orificios circulares) | slot entry fluid bearing.
cojinete con la antifricción desprendida | flaked bearing.
cojinete con lubricación hidrodinámica | fluid pad bearing.
cojinete con lubricación por aire | air bearing.
cojinete con lubricación por aire a presión de 80 libras/pulgada^2 | air bearing pressurized to 80 lb/in^2.
cojinete con lubricación por aire exento de fricción | friction-free air bearing.
cojinete con lubricación por fluidos gaseosos | gas bearing.
cojinete con patas de araña | grooved bearing.
cojinete cónico | conical bearing.
cojinete de acero revestido interiormente de bronce plomoso | steel-backed lead-bronze bearing.
cojinete de agujas | needle bearing.
cojinete de aleación bimetálica | bimetallic bearing.
cojinete de alineamiento | alignment bearing.
cojinete de aluminio con estaño reticular | reticular-tin aluminium bearing.
cojinete de aluminio revestido de estaño | tin-aluminium bearing.
cojinete de aluminio y estaño | aluminum-tin bearing.
cojinete de anillo | collar-step bearing.
cojinete de anillo esférico | spherical-race bearing.
cojinete de apoyo radial | collar bearing.
cojinete de balancín de válvula lubricado a presión | pressure-lubricated valve-rocker bearing.
cojinete de bancada | base bearing.
cojinete de biela | pitman box | rod-bearing | connecting-rod bearing.
cojinete de bolas | ball-bearing | rolling bearing | antifriction bearing.
cojinete de bolas axial con anillos planos | ball bearing with flat washers.
cojinete de bolas cerámicas | ceramic rolling bearing.
cojinete de bolas con adaptador | adapter-type ball bearing.
cojinete de bolas con anillo de resorte | snap-ring ball bearing.
cojinete de bolas con cierre de laberinto | labyrinth-sealed ball bearing.
cojinete de bolas con pista de rodadura hecha de alambres de acero duro | wire race bearing.
cojinete de bolas de doble fila con camino profundo | deep-groove double-row ball bearing.
cojinete de bolas de doble pista de rodadura | double track ball bearing.
cojinete de bolas de empuje axial | ball thrust bearing.
cojinete de bolas de rótula | self-aligning ball bearing.
cojinete de bolas de una sola hilera | single-row bearing.
cojinete de bolas hermético al polvo y al lubricante | oil-tight dust-proof ball-bearing.
cojinete de bolas lubricado con grasa | grease-lubricated ball bearing.
cojinete de bolas oscilante | angle bearing.
cojinete de bolas para carga axial en una sola dirección | one-way ball thrust bearing.
cojinete de bolas para grandes cargas | heavy type ball bearings.
cojinete de bolas precargado | preloaded ball bearing.
cojinete de bolas prelubricado | prelubricated ball bearing.
cojinete de bolas radial y de empuje axial | combined radial and thrust ball bearing.
cojinete de bolas relleno de grasa | lubri-sealed ball bearing.
cojinete de bronce plomoso | lead-bronze bearing.
cojinete de bronce poroso reteniendo el lubricante | oil-retaining porous bronze bearing.
cojinete de bronce sinterizado | sintered-bronce bearing.
cojinete de brújula a la Cardan | gimballed compass bearing.
cojinete de cabeza de biela | connecting-rod big-end bearing.
cojinete de cabeza de biela (máquina alternativa) | top end bearing.
cojinete de cabeza de biela con coquilla de acero | steel-backed big-end bearing.
cojinete de cabeza de biela lubricado a presión | forced-lubrication big end bearing.
cojinete de casquillos recambiables | replaceable-shell bearing.
cojinete de casquillos renovables | renewable sleeve bearing.
cojinete de caucho | rubber bush | rubber bearing.
cojinete de caucho lubricado a presión | flood-lubricated rubber bearing.
cojinete de cobre plomoso con coquilla de acero | steel-backed copper-lead bearing.
cojinete de cobre plomoso indiado | indium-plated copper-lead bearing.
cojinete de cola | tail bearing.
cojinete de consola | bracket bearing.
cojinete de contacto angular | angular-contact bearing.
cojinete de contacto plano (no es de rodillos) | plain bearing.
cojinete de contactos rodantes | rolling-contact bearing.
cojinete de cruzamiento (vía férrea) | crossing chair.
cojinete de desembrague | release bearing.
cojinete de deslizamiento | slider bearing.
cojinete de diamante (hilera de estirar alambre) | diamond die.
cojinete de doble fila de bolas | double-row ball bearing.
cojinete de doble fila de rodillos | double-row plain roller bearing.
cojinete de empuje | thrustblock | thrust bearing.
cojinete de empuje autoorientable | stepped thrust bearing.
cojinete de empuje axial | end-thrust bearing.
cojinete de empuje de bolas | thrust ball bearing | ball thrust-bearing.
cojinete de empuje de enfriamiento por aire | aircooled thrust bearing.
cojinete de empuje de riñones | pad thrust bearing.
cojinete de empuje de riñones pivotantes | pivoted-pad thrust bearing.
cojinete de empuje de sector escalonado | stepped sector thrust bearing.
cojinete de empuje de superficies paralelas | parallel-surface thrust bearing.
cojinete de empuje de un collar | single-collar thrust bearing.
cojinete de empuje del husillo | lead screw thrust bearing.
cojinete de empuje del husillo (tornos) | spindle thrust bearing.
cojinete de empuje hidrodinámico | hydrody-

namic thrust bearing.
cojinete de fluidos (eje flotando en un líquido a presión) | fluid bearing.
cojinete de gas hidrodinámico | hydrodynamic gas bearing.
cojinete de guía | pilot bearing.
cojinete de guía (turbina de eje vertical) | guide bearing.
cojinete de junta (vía férrea) | joint chair.
cojinete de la biela de acoplamiento (locomotoras) | rod bush.
cojinete de la cabeza (bielas) | big end bearing.
cojinete de la caja de grasas | journal box bearing.
cojinete de la caja del eje motor | driving-box brass.
cojinete de la caja del eje motor (locomotoras) | crown brass.
cojinete de la excéntrica | eccentric bearing.
cojinete de lubricación automática por cadena | chain oiled bearing.
cojinete de lubricación hidrodinámica por medio de una sal fundida | molten-salt lubricated hydrodynamic bearing.
cojinete de manguito interior | sleeve bearing.
cojinete de manguito lubricado a presión | flow-lubricated sleeve bearing.
cojinete de manguito metálico interior revestido de nilón | nylon-clad sleeve bearing.
cojinete de manguito montado sobre soporte regulable | adjustable bracket mounted sleeve bearing.
cojinete de material impregnado con un lubricante | dry bearing.
cojinete de medida superior | oversize bearing.
cojinete de ménsula | bracket bearing.
cojinete de metal antifricción | antifriction bearing.
cojinete de motor diesel revestido de metal blanco | babbit-metal-faced diesel engine bearing.
cojinete de nilón revestido de metal | metal-backed nylon bearing.
cojinete de pedestal tapado | capped pedestal bearing.
cojinete de película gaseosa | gas film bearing.
cojinete de pie de biela | small-end bearing | connecting-rod bottom end bearing.
cojinete de pie de biela (máquina alternativa) | bottom end bearing.
cojinete de pie de biela de bronce fosforoso | phosphor-bronze small-end bearing.
cojinete de pie de biela encasquillado en bronce | bronze-bushed top-end bearing.
cojinete de plástico | plastic bearing.
cojinete de plástico estratificado | laminated fabric bearing.
cojinete de plástico reforzado | fabric bearing | reinforced plastic bearing.
cojinete de polea | bushing.
cojinete de presionización exterior | externally pressurized bearing.
cojinete de recuperación automática del huelgo | self-tightening bearing.
cojinete de resina sintética | synthetic-resin bearing.
cojinete de rodillos | roller bearing | rolling bearing.
cojinete de rodillos autoalineador hermético al polvo | dustproof self-aligning roller bearing.
cojinete de rodillos cilíndricos | parallel-roller bearing.
cojinete de rodillos con sus ejes colocados alternativamente en ángulo recto entre sí | crossed-roller bearing.
cojinete de rodillos cónicos | tapered roller bearing | taper roller bearing | double-cap bearing.
cojinete de rodillos cónicos precargado | preloaded taper bearing.
cojinete de rodillos en aguja | needle-roller bearing.
cojinete de rodillos en forma de barriletes | spherical roller-bearing.
cojinete de rodillos esféricos para carga axial | spherical-roller thrust bearing.
cojinete de rodillos helicoidales
cojinete de roscar | die | screwcutting die | threading die.
cojinete de roscar hecho a máquina | machine die.
cojinete de roscar intercambiable | interchangeable die.
cojinete de rótula | swivel bearing | socket block.
cojinete de rótulas | self-aligning bearing.
cojinete de superficie rociada con metal licuado | metal-sprayed bearing.
cojinete de suspensión de la corredera (distribución Stephenson) | link bearing.
cojinete de suspensión magnética | magnetically suspended bearing.
cojinete de telar | loom step.
cojinete de terraja de anillos | diestock die.
cojinete de transmisión | shaft bearing.
cojinete de varias chapas de metal o aleación | overlay bearing.
cojinete del cambio (ferrocarril) | switch chair.
cojinete del carril (carril simétrico) | rail chair.
cojinete del cigüeñal | crankshaft bearing | main bearing | main box.
cojinete del contravástago (máquina vapor horizontal) | tail bearing.
cojinete del cuello del cilindro (laminador) | roll-neck bearing.
cojinete del eje | shaft bearing.
cojinete del eje de rueda dentada | sprocket shaft bearing.
cojinete del husillo (tornos) | spindle bearing.
cojinete del husillo de avance | feed-screw bearing.
cojinete del huso | spindle bearing.
cojinete del motor | motor bearing.
cojinete del muñón con casquillo de caucho | rubber-bushed trunnion bearing.
cojinete del pie de biela | crankpin bearing.
cojinete del piñón de primera reducción | primary pinion bearing.
cojinete del soporte del cigüeñal | crankshaft main bearing shell.
cojinete del talón de aguja (ferrocarriles) | heel chair.
cojinete del tope de desembrague | clutch thrust bearing.
cojinete diseñado cinemáticamente | kinematically-designed bearing.
cojinete doble | double bearing.
cojinete elástico | shock-absorbing bearing.
cojinete emparrillado (con metal de bajo punto de fusión) | gridded bearing.
cojinete en ménsula | outboard bearing.
cojinete en reloj de arena | hourglass-shaped journal bearing.
cojinete engrasado a mano | hand-fed bearing.
cojinete entrante | inset bearing.
cojinete escariador | reaming-die.
cojinete esférico | ball socket | swivel bearing.
cojinete exterior | outer bearing | outboard bearing.
cojinete flotante (que puede tener un ligero desplazamiento) | floating bearing.
cojinete fundido | frozen bearing.
cojinete fundido (averiado por el calor) | burned-out bearing.
cojinete fundido (por falta de engrase) | runout bearing.
cojinete grafitado | oilless bearing.
cojinete guarnecido con aleación de cobre y plomo | copper-lead lined bearing.
cojinete guarnecido de metal blanco | white-metalled bearing.
cojinete hermético al polvo | dust-tight bearing.
cojinete hidrodinámico | hydrodynamic bearing.
cojinete hidrostático | hydrostatic bearing.
cojinete inferior | lower bearing.
cojinete intermedio | intermediate bearing.
cojinete lateral | side bearing.
cojinete liso | sleeve bearing | journal bearing.
cojinete liso (no de bolas) | friction bearing | solid bearing.
cojinete liso (no es de rodillos) | plain bearing.
cojinete lubricado a presión | forced lubricated bearing | pressure-fed-bearing.
cojinete lubricado con aire comprimido | air lubricated bearing.
cojinete lubricado con gas helio hasta 350.000 r.p.m | helium gas lubricated bearing at up 350,000 R.P.M..
cojinete lubricado con metal líquido | liquid metal bearing.
cojinete lubricado con vapor de agua | steam-lubricated bearig.
cojinete lubricado por agua | water bearing.
cojinete lubricado por aire cojinete neumático | air bearing.
cojinete lubricado por chorro de lubricante | oil-jet lubricated bearing.
cojinete metalocerámico poroso | porous metalloceramic bearing.
cojinete moldeado a presión | die-cast bearing.
cojinete montado sobre basada | pedestal sleeve bearing.
cojinete neumático | pneumatic bearing.
cojinete neumático del muñón | pneumatic trunnion bearing.
cojinete para altas temperaturas de funcionamiento | high-operating-temperature bearing.
cojinete para gran velocidad con grandes cargas | high-loaded high-speed bearing.
cojinete para grandes cargas unitarias | heavy-duty bearing.
cojinete para relojes | horological bearing.
cojinete plano de aire | flat air bearing.
cojinete prelubricado herméticamente cerrado | fully-sealed prelubricated bearing.
cojinete principal | main bearing.
cojinete protegido contra polvos | dust-sealed bearing.
cojinete que no se agarrota | nongalling bearing.
cojinete recalentado | hot bearing | hotbox | heated bearing.
cojinete reguarnecido | remetalled bearing.
cojinete regulable | adjustable bearing.
cojinete revestido de bronce de cañón | gun-metal-lined bearing.
cojinete revestido de caucho lubricado con agua | rubber-lined water lubricated bearing.
cojinete revestido de metal blanco | white-metal-lined bearing.
cojinete revestido de plástico | plastic-lined bearing.
cojinete revestido electrolíticamente con partículas de diamante | diamond electroplated bearing.
cojinete seccional | split bearing.
cojinete sin aportación de lubricante | dry bearing.
cojinete sin lubricación | oilless bearing.
cojinete sin lubricación con revestimiento interior de bronce impregnado con un lubricante | impregnated bronze dry bearing.
cojinete sinterizado impregnado con azufre | sulfur-impregnated sintered bearing.
cojinete sobre soporte de escudo (motores) | endshield bearing.
cojinete soporte | pad-typ bearing.
cojinete terminado a máquina | machine-fitted gearing.
cojinete trasero (cabezal tornos) | reciprocal bearing.
cojinetes | black shafting.
cojinetes cerámicos | ceramic bearings.
cojinetes con camisa interior de nilón | nylon bearings.
cojinetes de biela | connecting rod bearings.
cojinetes de bronce de cañón | gunmetal bearings.
cojinetes de bronce poroso | porous bronze

bearings.
cojinetes de plásticos fenólicos | phenolic bearings.
cojinetes de terraja | screw dies.
cojinetes del eje de levas | half-speed shaft bearing.
cojinetes del muñón del pistón | gudgeon-pin bearings.
cojinetes desalineados | misaligned bearings.
cojinetes no metálicos | nonmetallic bearings.
cojinetes para pivotes | bearings for pivots.
cojo | lame.
cojunto no vacío | nonempty set.
cok | coke.
cok con 0 | bentonite coke.
cok de alto horno | furnace coke.
cok de gas | gas coke | retort-coke.
cok de mala calidad | off-coke.
cok de partículas esféricas muy duras de unos 37 mm de diámetro y que puede transportarse neumáticamente en una tubería (calderas) | fluid coke.
cok de petróleo | oil coke.
cok de retortas | retort-coke.
cok en galletas | nut coke.
cok esponjoso | spongy coke.
cok metalúrgico | oven coke | metallurgical coke.
cok obtenido alrededor de las puertas del horno cuando se produce cok metalúrgico | jam coke.
cok siderúrgico | siderurgical coke.
cokaje (fabricación de cok de petróleo) | coking.
coke pulverizado sinterizado | sintering pulverized coke.
cokefacción | coke frabrication.
cokificación | cokefication.
cola | bottoms | sizing | end | glue | tailpiece | tail.
cola (albañilería) | tailing.
cola (altura - adoquines, etc.) | depth face.
cola (canales, esclusas) | tail bay.
cola (crustáceos) | flapper.
cola (de adoquín) | depth.
cola (de botones) | shank.
cola (de cometa) | tail.
cola (de pieza de tela) | tail end.
cola (de un sillar) | tail.
cola (de vestido, de cometa, etc.) | trail.
cola (de violín o guitarra) | tailpiece.
cola (estadística) | waiting line.
cola (filme cine) | runout.
cola (papel, telas) | size.
cola (personas esperando) | line.
cola (telas) | dressing.
cola (terremotos) | aftershock.
cola (torpedos) | afterbody.
cola (trenes) | back.
cola abierta (misiles) | flared tail.
cola acuorresistente | hydraulic glue.
cola aglutinante para machos (moldería) | core gum.
cola animal | gelatine glue | animal size | animal glue.
cola cilíndrica (brocas) | straight shank.
cola cilíndrica (herramienta) | parallel shank.
cola cilíndrica (herramientas) | plain shank.
cola cometaria | comet trail.
cola con destino | destination queue.
cola con exceso de burbujas | foamy glue.
cola conductora (acústica) | current carrying lug.
cola de agua fría | cold-water glue.
cola de albúmina | albumen glue.
cola de albúmina de sangre | blood albumin glue.
cola de ballena | flukes.
cola de boca | lip-glue.
cola de caballo | horsetail | mare's-tail.
cola de caballo (botánica) | horsetail.
cola de carnaza | hide glue.
cola de carpintero | joiner's glue | animal glue.
cola de caseína | casein cement | cold-water glue.
cola de celdas disponibles | available frame queue.
cola de cereales | cereal binder.
cola de desplazamiento descendente | push down queue.
cola de doble viga (aviones) | twin-boom tail.
cola de espera | queueing.
cola de espera con disciplina de prioridad dinámica | dynamic priority discipline queue.
cola de espera con interrupciones (telefonía) | queueing with breakdown.
cola de espera de prioridad adquirida (estadística) | preemptive priority queue.
cola de espera prioritaria | priority queuing.
cola de espuma | foam glue.
cola de fraguado en caliente | hot-setting glue.
cola de fraguado en frío | cold-setting glue.
cola de gelatina | gelatine glue.
cola de huesos | bone glue.
cola de impulso | tail.
cola de la brocha | broach shank.
cola de la matriz | apron.
cola de la matriz (estereotipia) | tail board | pouring shield | pouring sheet.
cola de la onda | wave tail.
cola de la placa (acumulador) | plate-lug.
cola de las nuevas entradas | new input queue.
cola de los trabajos en curso | work in process queue.
cola de llamadas (telefonía) | queue.
cola de mensajes | message queue.
cola de mensajes sin destino | dead letter queue.
cola de milano | dovetail | flared tenon.
cola de milano (carpintería) | fantail.
cola de milano a media madera | secret dovetail.
cola de milano oculta | secret dovetail | lap dovetail.
cola de olor ácido | sour size.
cola de orientación (molinos de viento, generador eólico) | rudder.
cola de oro | goldsize.
cola de páginas disponibles | active page queue.
cola de páginas retenidas | hold page queue.
cola de panel | slab tail.
cola de pato (cureñas) | trail.
cola de pescado | isinglass glue | isinglass | fish glue | ichthyocolla | mucilage.
cola de pestillo | bolt plate.
cola de piel | hide glue.
cola de pieles animales | animal hide glue.
cola de potencial negativo | negative after-potential.
cola de puerco (alambre espiral de un tensor) | wire guide.
cola de rata (chicote de un cabo) | point.
cola de rata (extremos de cabos) | pointed rope.
cola de resina con gran proporción de resina no combinada (fabricación papel) | acid size.
cola de resina sintética | synthetic resin glue.
cola de resorte (Méjico) | springtail.
cola de salida (informática) | output queue.
cola de trabajos de entrada (informática) | input job queue.
cola de un adoquín | depth of a paving block.
cola de una distribución (estadística) | tail of a distribution.
cola de unidades disponibles | available unit queue.
cola del canal | channel-waiting queue.
cola del cometa | comet tail.
cola del difusor | diffuser throat.
cola del incendio | rear of the fire.
cola del incendio (bosques) | fire rear.
cola del mechón (peinado fibras) | tail end.
cola del tren | end.
cola del vellón (lana) | cow-tail.
cola dentada (de herramienta) | notched shank.
cola dificerca (peces) | diphycercal tail.
cola en polvo | dry-mix glue.
cola en T (aviones) | T-tail.
cola en V (aeroplanos) | butterfly tail.
cola en V (aviones) | vee tail.
cola espumosa | foamy glue.
cola espumosa (pegamento) | foamer.
cola fuerte | glue | animal glue.
cola gaseada | foamer.
cola gaseosa (cometas) | gas tail.
cola gefirocerca (peces) | gephyrocercal tail.
cola hortícola | grease.
cola impermeable | waterproof glue.
cola magnética de la tierra | earth magnetic-tail.
cola negra | animal glue.
cola para contrachapados | plywood glue.
cola para empalmar filmes | film splicer.
cola para encuadernar | bookbinding glue.
cola para injertar | lute.
cola periférica | peripheral queue.
cola plegable (helicóptero) | folding tail.
cola secuencial | sequential queue.
cola triplano | triplane tail.
cola variable (telefonía) | variable queue.
colabilidad | casting fluidity.
colabilidad (aceros) | castability | feeding.
colabilidad (de metales fundidos) | pourability.
colabilidad (fundición) | flowability.
colable | pourable.
colaboración | contribution | collaboration.
colaboración interindustrial | interindustry collaboration.
colaborador | fellow investigator | contributor | free lance | joint author | collaborator | coworker.
colaborador (de un periódico) | magazinist.
colaborador (del redactor) | associate editor.
colaborador (universidades) | fellow.
colaborador accidental (periódicos) | free writer.
colaborador ocasional | casual writer.
colaborar | contribute (to) | act jointly (to) | collaborate (to).
colación de grados | commencement.
colacionar | collate (to).
colactánea | foster sister.
colada | casting | down-runner.
colada (alto horno) | blast-furnace tapping.
colada (de hormigón, metal fundido) | pour.
colada (de la ropa) | leach.
colada (de metal fundido) | running off.
colada (de metal licuado) | running-in.
colada (fundición) | running out.
colada (hornos metalúrgicos) | tap.
colada (metalurgia) | cast | tapping | melt.
colada (volcanes) | extrusion.
colada a chorro (lingoteras) | top pouring.
colada barrosa (Ecuador) | puddle.
colada centrífuga | rotational casting | spinning casting.
colada compuesta | composite casting.
colada de fundición | foundry run.
colada de lava | coulee.
colada de lavado (horno Siemens) | wash heat.
colada de lavado (horno Siemens ácido) | washout heat.
colada de llenado (moldes) | teeming.
colada de metal fundido | tapping.
colada de pie (lingoteras) | top pouring.
colada desde la cuchara a la lingotera | teeming.
colada en arcilla (funderías) | loam casting.
colada en arena seca | dry sand casting.
colada en arena sin secar | greensand casting.
colada en caída directa (funderías) | top casting.
colada en caída directa (lingoteras) | top pouring.
colada en fuente | bottom pouring.
colada en fuente (lingoteras) | uphill teeming.
colada en lingotera | pouring.
colada en lingotera encerrada en una cámara de vacío | vacuum ingot casting.
colada en molde | casting in mold.
colada en sifón | ascensional casting | rising casting | casting with the vent.
colada en talón | side casting.
colada en talón (funderías) | side pouring.

colada en tierra (funderías) | loam casting.
colada en una cámara de vacío | vacuum casting.
colada fría | stop-pour.
colada fría (caldero de colada) | chilled heat.
colada múltiple | multiple casting.
colada múltiple (fundición) | multiple teeming.
colada por arriba (funderías) | top casting.
colada por arriba (lingoteras) | direct teeming | top pouring.
colada por bebedero doble | double pouring.
colada por el fondo | bottom pouring | bottom-fed casting | bottom casting.
colada por el fondo (lingoteras) | uphill teeming.
colada por el fondo (metalurgia) | rising pouring.
colada sobre lingoteras puestas sobre vagón (acerías) | bogie casting.
colada sobre vagón (acerías) | bogey casting.
colada tangencial | tangential casting.
coladero (alto horno) | iron runner.
coladero (minas) | rise | raise | winze | inbye.
colado a presión del aluminio | aluminum pressure die-casting.
colado en arena | sand cast.
colado en coquilla | chill-cast.
colado en matriz | die-cast.
colado in situ | poured-in-situ.
colador | strainer | rosehead | drainer.
colador (tuberías de aspiración) | rose box.
colador de aspiración de sentina | bilge suction strum.
colador de cesta | basket-type strainer.
colador de dedal | finger strainer.
colador de tela metálica | screen strainer.
colador para tubos | pipe strainer.
coladura | seepage.
colágeno | collagene.
colágeno solubilizado | solubilized collagen.
colaína (maderas) | ring spliting | shake.
colaína de través (árboles) | through shake.
colaina en concha (maderas) | shell shake.
colaina parcial (maderas) | cup shake.
colaina total (árboles) | round shake.
colaje (de escobillas) | lead 11.
colaje (papel) | sizing.
colaminación (nuclear) | roll bonding.
colante | gluey.
colapez | isinglass glue | isinglass | fish glue | mucilage | ichthyocolla.
colapsado | collapsed.
colapsar (columnas) | collapse (to).
colapsibilidad | collapsibility.
colapsibilidad del molde | mold collapsibility.
colapsible | collapsable | collapsible.
colapsión | collapsing.
colapso | collapsing | crimps | breakdown.
colapso (estructuras) | failure.
colapso (medicina) | collapse.
colapso completo o parcial de las paredes del pozo de perforación | cave-in-heave.
colapso de la columna líquida | liquid column collapse.
colapso de la corriente | current collapse.
colapso de la huelga | strike cave-in.
colapso de las burbujas de cavitación | cavitation bubble collapse.
colapso del ala (vigas) | flange buckling.
colapso del encofrado | formwork collapse | formwork failure.
colapso del piso de hormigón | concrete floor failure.
colapso estructural | structural collapse.
colapso financiero | financial collapse.
colapso incipiente | incipient collapse.
colapso industrial | industrial collapse.
colapso masivo | massive collapse.
colapso plástico (estructuras) | plastic collapse.
colapso telescópico | telescopic collapse.
colapso volcanotectónico | volcanotectonic collapse.
colar (funderías) | teem (to).
colar (juntas de tuberías) | run (to).
colar (la lejía) | runoff (to).
colar (líquidos) | strain (to).
colar (metales) | runoff (to).
colar (metales licuados) | run (to).
colar acero por el fondo dentro de la lingotera | bottom-run steel into mold (to).
colar con lejía | latch (to).
colar de pie | top-pour (to).
colar el metal licuado | pour the metal (to).
colar en caída directa (metalurgia) | teem down-hill (to).
colar en lingotes | pig (to).
colar en molde | matrix (to).
colar la ropa | leach (to).
colar por el fondo | bottom-cast (to).
colar por fuerza centrífuga (fundición) | spin (to).
colas | tails | tailings.
colas (destilación) | last runnings.
colas (terremotos) | trailers.
colas de difusión | diffusion tails.
colas de enriquecimiento | enrichment tails.
colas de espera (calculadora) | queues.
colas de flotación (minería) | flotation tailings.
colas de la primera flotación (preparación minerales) | rougher tailings.
colas de milano ocultas | blind dovetailing.
colas de milano pasantes | ordinary dovetailing.
colas de resinas sintéticas de endurecimiento rápido | quick-setting synthetic resin glues.
colas para la industria cartonera y papelera | glue for the paper and cardboard industries.
colas por contacto | contact glues.
colateral | collateral.
colateralidad | collaterality.
colatitud | colatitude.
colaturo | colature.
colcótar | jeweler's rouge | jeweler's red.
colcha | bedspread.
colcha ignífuga para litera | bunk covers.
colchado (cables) | laying.
colchado (cables, cordones) | laid.
colchado (cables metálicos) | laying up.
colchado a derechas con alma central | shroud-laid.
colchado a izquierdas | S lay.
colchado a izquierdas (cables) | left-handed lay.
colchado a la derecha (cables) | right-handed lay.
colchado blando (cables) | long lay.
colchado corriente (cables metálicos) | ordinary lay.
colchado de cables | cable laying.
colchado de derecha a izquierda | back-laid.
colchado de los alambres en dirección contraria al de los torones (cables metálicos) | ordinary lay.
colchado de los alambres en la misma dirección de los torones (cables metálicos) | Lang lay.
colchado de menor paso que el normal (cables de fibras) | hard lay.
colchado de paso largo (cables) | long lay.
colchado dextrogiro | regular lay.
colchado dextrogiro (cuerdas) | Z-lay.
colchado duro (cables de fibras) | hard lay.
colchado en cuatro con alma central | shroud-laid.
colchado en guindaleza | hawser-laid.
colchado en que puesto vertical el cable las espirales alrededor del eje central siguen la dirección de la parte central de la Z | Z-twist.
colchado en que puesto vertical el hilo las espirales alrededor del eje central siguen la dirección de la parte central de la letra S | S twist.
colchado en redondo (cables) | round-braided.
colchado inverso (cables) | reverse lay.
colchado Lang (cables metálicos) | Lang lay.
colchado levogiro | S lay.
colchado para calabrote | hawser laying.
colchado para guindalaza | hawser laying.
colchado simple | simple lay.
colchado sinistrorso (cables metálicos) | left lay.
colchadora | rope layer.
colchadora (cuerdas y cables) | layer.
colchadora (para cables) | twisting frame.
colchar (cables) | lay (to).
colchón | mattress.
colchón de agua (presas) | water cushion.
colchón de aire | air mattress.
colchón de barro | clay blanket.
colchón de caucho alveolar | foam rubber mattress.
colchón de cienos | sludge blanket.
colchón de látex celular | latex foam matress.
colchón de rocalla | blanket of dumper rock.
colchón de vapor | cushion.
colchón filtrador | filter blanket.
colchón flexible de hormigón de persiana enrollable | rolled-type concrete mattress.
colchón orgánico (Iberoamérica) | mulch.
colchoncillo | pad.
colchón-defensa | mattress.
colchones calorífugos | heat insulation mattresses.
colchoneta | mattress.
colchoneta conformada al contorno del cuerpo humano | contour couch.
colchoneta conformada al contorno del cuerpo humano (cápsulas espaciales) | form-fit couch.
colchoneta del collerón (caballos) | collar pad.
colear | fishtail (to).
colección | collection | set | selection | repertory | suit.
colección completa de muestras | full set of samples.
colección de artículos o comentarios sobre un asunto | symposium.
colección de códices | codex collection.
colección de microfichas | microlibrary.
colección de programas | package | software package.
colección de programas (informática) | library.
colección ordenada de programas | program library.
coleccionable | collectable | collectible.
coleccionador de medallas | medallist.
coleccionador de minerales | collector.
coleccionar | collect (to).
coleccionismo | collectionism.
coleccionismo temático | tematical collectionism.
coleccionista | collector.
colecta | collection | levy | capture.
colecta de datos en origen | source data automation.
colectivamente | jointly.
colectividad | common ownership | community.
colectivismo | collectivism.
colectivista | collectivist.
colectivo | general.
colectivo (termodinámica) | ensemble.
colectivo de novelas | fiction collective.
colector | collector | sink | receiver | trap | manifold | header | prime conductor | main.
colector (calderas) | receiver | header.
colector (Chile) | dip barrel.
colector (de admisión o escape) | manifold.
colector (dínamos) | commutator.
colector (electricidad) | commentator.
colector (máquina eléctrica) | comb.
colector aniónico | positive ion collector.
colector anular | annular collector.
colector anular (motor radial) | ring manifold.
colector anular de la exhaustación | exhaust ring.
colector centrífugo de polvos | centrifugal dust catcher.
colector ciclónico de polvo | powder cyclonic collector.
colector cilíndrico | drum-type commutator.
colector cilíndrico de caldera | boiler drum.
colector circular de gases de exhaustación |

collector ring.
colector con emisor común | common-emitter collector.
colector de aceite | oil manifold | oil collector | oil-catcher | oil wiper | oil-dish | crankcase sump.
colector de admisión (motor en estrella) | blower rim.
colector de admisión (motores) | induction elbow | induction manifold | intake manifold.
colector de agua | water trap.
colector de agua (calderas) | water drum | header.
colector de agua (pozos minas) | sinkhole.
colector de agua (recogida de agua en las minas) | standage.
colector de agua condensada (tubería de vapor) | separator.
colector de aire | air scooping.
colector de aire de acero soldado por fusión | fusion-welded steel air receiver.
colector de alimentación | feeding collector.
colector de arenas (alcantarillado) | grit collector.
colector de barrido | scavenger housing.
colector de barrido (motores) | air box.
colector de cables (aviones) | harness.
colector de caldera | boiler header | boiler receiver.
colector de caldera de alta presión forjado en hueco | hollow-forged high-pressure boiler drum.
colector de caldera soldado por fusión | fusion-welded boiler drum.
colector de calor solar | solar-heat collector.
colector de cámaras de combustión (motor de chorro) | combustion chamber manifold.
colector de cenizas | cinder pocket | cinder-catcher.
colector de corriente (electricidad) | skate.
colector de chorro de mercurio | mercury-jet commutator.
colector de datos | data sink.
colector de delgas | commutator.
colector de depósito radiactivo | precipitation unit.
colector de desagüe | collective outlet.
colector de drenaje | drainage header | drainage pan.
colector de energía solar | solar-energy collector | solar energy collector.
colector de escape (motores) | exhaust manifold.
colector de escoria | dirt pocket.
colector de exhaustación (motores) | exhaust manifold.
colector de fangos | sludge collector | mud sump | mud pocket.
colector de fangos (calderas) | mud collector | mud drum | mud baffle | mud ring | mud-box | honey box.
colector de gas (pozo petróleo) | gas trap.
colector de gases | gas collector.
colector de grasas | grease trap.
colector de humedad | moisture trap.
colector de impurezas | dirt trap.
colector de lodos | sludge collector.
colector de los tubos de ventilación de tanques (petroleros) | vent header.
colector de lubricante (motores) | sump.
colector de lubricante dentro del cárter (motores) | wet sump.
colector de lubricante fuera del cárter (motores) | dry sump.
colector de mensajes | message sink.
colector de muestras | fraction collector.
colector de polvo | dust collector.
colector de polvos | dust-collector | dust chamber | dust box | dust trap | dust-arrester | dustcatcher.
colector de polvos de los gases del humero (chimeneas) | flue-gas dust collector.
colector de productos de fisión | fission-product trap.
colector de purga | drain manifold.
colector de radiación solar | solar radiation collector.
colector de salida (calderas) | outlet header.
colector de sedimentos | dirt trap.
colector de una pantalla de tubos (calderas acuotubulares) | waterwall header.
colector de vaciamiento final de tanques (petroleros) | stripper | stripping line.
colector de vapor (calderas) | drum | steam header | steam drum.
colector de vapor (locomotora) | manifold.
colector de vapor y agua (calderas) | wet drum.
colector del aire caliente | horseshoe main.
colector del aire de barrido | scavenge air manifold | scavenging air receiver.
colector del aire de barrido (motor diesel) | scavenge belt.
colector del condensado | drip accumulator.
colector del condensado (tuberías) | condensate trap.
colector del lodo (sondeo) | mud baffle.
colector del recalenador (calderas) | superheater drum.
colector del recalentador | superheater header.
colector del tipo de invernadero | glasshouse-type collector.
colector del vapor saturado (caldera) | saturated steam drum.
colector hueco sin costura de acero forjado | seamless hollow forged steel drum.
colector inferior (calderas acuotubulares) | water drum.
colector intermedio (calderas) | inter-header.
colector multicelular (de polvos, etcétera) | multicellular collector.
colector para aguas pluviales | storm drain.
colector para radiación solar | solar collector.
colector radial | radial commutator.
colector sin costura (calderas) | seamless drum.
colector sin costura de recalentador | seamless superheater drum.
colector solar | solar collector.
colector soldado (calderas) | welded drum.
colector torneado con herramienta de diamante | diamond turned commutator.
colectores de peine | comb collectors.
colecturía | tax office.
colega | counterpart.
colegatario | joint legatee | colegatee.
colegiación | chartering.
colegiado | chartered | sworn.
colegiar | form an association (to) | charter (to).
colegiarse | associate (to).
colegio con auditorio y gimnasio | school with auditorium gymnasium.
colegio con concesión de terreno | land-grant college.
Colegio de Abogados | Bar Association.
colegio de capacitación de instructores | instructor training college.
colegio de edificios múltiples | multiunit school.
colegio de heraldos | college of arms.
colegio de maestros | teachers' college.
colegio de segunda enseñanza | college | high school.
colegio desegregado | desegregated school.
colegio electoral | polling station.
colegio electoral (EE.UU.) | electoral college.
colegio en que predominan los negros (EE.UU.) | predominantly Negro college.
colegio mayor | school of higher education.
colegio monotécnico | monotechnical college.
colegio preparatorio militar | military preparatory school.
colegio privado sin lucro | nonprofit private school.
colemanita (borato cálcico hidratado - California) | colemanite.
colembolo | springtail.
coleo | lurch.
coleo (aviones) | fishtailing.
coleo en tierra (capoteo - al despegar o aterrizar) | ground loop.
coleóptero (aeronave) | flying tube.
coleóptero (avión) | flying barrel | coleopter.
coleóptero de ambrosía | ambrosia beetle.
coleoptero de las piñas | cone beetle.
coleóptero de las ramillas | twig beetle.
coleóptero defoliador | leaf beetle.
coleóptero grabador | engraver beetle.
cólera | cholera.
cólera porcina | hog cholera.
coleta | cue | queue.
colete (jacquard) | neck cord.
coleto de ante | buff-coat.
coleto de cuero o tela acolchada usado como defensa personal | gambeson.
colgada de un lado (puertas) | sagging.
colgada por el costado | side-hung.
colgadero | hanger | peg.
colgadero de acero chapado en plomo | lead-clad steel hanger.
colgadero de conductor | conduit hanger.
colgadero para carnes | meat rail.
colgado | suspended | hanging down.
colgado (alto horno) | hanging.
colgado del techo | roof-suspended.
colgador (imprenta) | peel.
colgador (obrero de teleférico) | hitcher.
colgador del cable (teleféricos) | fall-rope carrier.
colgador del revestidor (sondeos) | liner hanger.
colgador para cable portante | messenger hanger.
colgadura (alto horno) | hanging.
colgadura (de un tapiz) | hanging.
colgadura (del barniz) | icicling.
colgadura caliente (alto horno) | hot hanging.
colgadura del revestimiento por marcha muy caliente (alto horno) | hot scaffold.
colgadura fría (pegote frío - alto horno) | cold hanging.
colgaduras | drapery.
colgajo | appendage.
colgajo (anatomía) | flap.
colgajo (cirugía) | flap.
colgante | pending | pendulous | pendent | swinging | drooping.
colgante (autos) | underslung.
colgar | suspend (to) | hang up (to) | hang (to) | drape (to) | drop (to).
colgar los botes (buques) | hang up the boats (to).
cólico saturnino | lead colic.
colífago (bacteriología) | coliphage.
coligación | colligation.
coligativo | colligative.
colilla (de electrodo) | stub end.
colilla (de electrodo, etc.) | stump.
colilla (residuo de un electrodo) | stub.
colilla de puro | topper.
colimación (óptica) | collimation.
colimador | laying prism | pedestal sight | collimator.
colimador (alza goniométrica) | gonio sight.
colimador de focalización regulable | variable-depth collimator.
colimador de puntería | sighting collimator.
colimador focal | focal collimator.
colimador vertical | vertical collimator.
colimar | collimate (to).
colimar (aparato topográfico) | point (to).
colimar (rayos X) | define (to).
colimar (topografía) | center (to).
colina | hillock | hill | barrow | hummock | hummock | ridge.
colina (bioquímica) | choline.
colina (geología) | hill.
colina arenosa | hurst.
colina boscosa | holt.
colina cónica (mogote) | conical hill.
colina de erosión (geología) | butte.
colina potencial | potential hill.
colinas de techo plano con laderas rugosas y

áridas (geología) | badlands.
colindancia | contiguousness.
colindante | contiguous | surrounding | adjoining | adjacent.
colindar | adjoin (to).
colineación | collineation.
colineador | collineator.
colineal | collinear.
colinealidad | collinearity.
colinear | collineate (to).
coliquidador | coliquidator | coliquidator.
colirio | eyewash | eyewater.
colisión | clash | hurtle | encounter | impingement | impact | impinging | colliding | collision.
colisión atómica | atomic collision.
colisión con aves (aviones en vuelo) | bird strike.
colisión coulombiana | Coulomb collision.
colisión de dos partículas cargadas | Coulomb collision.
colisión de gran importancia | major collision.
colisión de nucleón con núcleos de rayos cósmicos | cosmic-ray nucleon-nuclei collision.
colisión de pequeña importancia | minor collision.
colisión de primera especie | collision of the first kind.
colisión de un electrón con un núcleo | electron-nucleon collision.
colisión de un fotón con un deuterón | photon-deuteron collision.
colisión de un nucleón con un núcleo | nucleon-nucleus collision.
colisión de un pión con un protón | pion-proton collision.
colisión elástica | billiard-ball collision.
colisión elástica de un neutrón contra un protón | elastic neutron-proton collision.
colisión electrónica | electron collision.
colisión en el aire (aviación) | mid-air collision.
colisión en pleno aire | mid-air collision.
colisión en vuelo | in-flight collision.
colisión entre buques y tierra firme y estructura fuera de costa | encounter between ships and terra firma and off-shore structure.
colisión entre dislocaciones (metalografía) | dislocation collision.
colisión entre mesón y nucleón | meson-nucleon collision.
colisión fotón-nucleón | photon-nucleon collision.
colisión frontal | head-on collision.
colisión inelástica | inelastic collision.
colisión inelástica radiante | radiative inelastic collision.
colisión inelástica térmica | thermal inelastic collision.
colisión iónica atómica | atomic-ion collision.
colisión iónica molecular | molecular-ion collision.
colisión ionizante | ionizing collision.
colisión lejana | distant collision.
colisión masiva | massive collision.
colisión nuclear hiperenergética | high-energy nuclear collision.
colisión periférica | peripheral collision.
colisión pión-protón | π -p collision.
colisión próxima | close collision.
colisión radiactiva | radioactive collision.
colisión rasante | glancing collision.
colisión tangencial | glancing collision.
colisiones de electrones monoenergéticos | monoenergetic electron collisions.
colisiones intranucleares | intranuclear collisions.
colisiones moleculares | molecular collisions.
colitigante | collitigant.
colmación | colmation.
colmar | make up (to) | heap (to) | fill up (to).
colmatado | clogged.
colmatar | silt-up (to) | clog (to).
colmena | beehive.
colmena de abejas silvestres | honey-pot.
colmena movilista | frame-hive.
colmenar | apiary | bee garden.
colmillo | tusk.
colmillo (animales) | fang.
colmo | zenith | full.
colobacilo (bacteriología) | colon bacillus.
colocación | engagement | placing | position | positioning | setting | assembling | planting | situation | laying | fitting | fixing | setup | employment.
colocación (de un enlucido) | laying-on.
colocación a voluntad en cualquier sitio | free-standing.
colocación automática | autoplacing.
colocación automática de las agujas (ferrocarril) | automatic switching.
colocación cercana de las partes a soldar | close joint.
colocación correcta | registration | correct positioning.
colocación de alambres | wiring.
colocación de cables | cable laying.
colocación de calzos (imprenta) | overlaying.
colocación de canto de la loza plana (hornos) | rearing.
colocación de carriles | rail-laying.
colocación de carteles | bill-sticking | billing.
colocación de clavos para que agarre el enlucido (maderas) | counterlathing.
colocación de conductores en cajetines | case wiring.
colocación de cristales (ventanas) | glazing.
colocación de escalones de hierros redondos | rodding.
colocación de estacas (topografía) | pegging.
colocación de estays en la caja de fuegos | combustion chamber staying.
colocación de formularios correctamente | registration of forms.
colocación de la cadenilla de barbada (caballos) | curbing.
colocación de la tubería | pipelining.
colocación de la tubería (pozos) | casing setting.
colocación de la vía | tracklaying | platelaying.
colocación de ladrillos en enrejado para que se sequen al aire libre | scintilling.
colocación de ladrillos en obras | bricklaying.
colocación de las palas en dirección de la marcha (hélices aviones) | feathering.
colocación de las partes entre sí | fitup.
colocación de las tablestacas de cabeza (minas) | spilling.
colocación de listones | battening.
colocación de los alabes | blading.
colocación de los aviones en cubierta para que el empuje de sus motores ayude a la evolución (portaaviones) | pinwheel operation.
colocación de los filmos en bloque (cine) | block-booking.
colocación de los sulfuros en cadenas interrumpiendo la continuidad del grano (aceros) | chain type sulfide.
colocación de los topes (torno automático) | dog setting.
colocación de machos (moldería) | coring.
colocación de minas | mining | minelaying.
colocación de mojones permanentes (geodesia) | monumentation.
colocación de mortero en los cantos de un ladrillo antes de asentarlo en la hilada | buttering.
colocación de nuevos aros (pistones) | reringing.
colocación de nuevos segmentos (pistones) | resegmenting.
colocación de parachoques | fendering.
colocación de pesos o carga hacia los costados (buques) | winging.
colocación de plaquetas exotérmicas (moldeo del acero) | padding.
colocación de sordina (a un violín) | muting.
colocación de tacones (zapatos) | heeling.
colocación de tarugos | plugging.
colocación de tejas cobijas | ridging.
colocación de torundas (cirugía) | swabbing.
colocación de traviesas | sleepering.
colocación de tubería | piping.
colocación de tuberías dentro de las paredes y debajo del suelo | roughing-in.
colocación de un anillo metálico ajustado alrededor del tallo debajo de la primera inflorescencia para aumentar la producción (plantas florales) | ringing.
colocación de un emplasto | plastering.
colocación de una capa o capas sucesivas | laying.
colocación de vagras para enmaestrar (buques en grada) | ribbanding.
colocación de valores (bolsa) | marketing.
colocación de varias herramientas al mismo tiempo (torno revólver) | unit tooling.
colocación del crisol en el horno | pot-setting.
colocación del chaleco salvavidas | donning the lifejacket.
colocación del mineral por tongadas (parque de minerales para sinterización) | bedding.
colocación del techo | roofing.
colocación en caliente | shrink-fitting.
colocación en grada (buques) | laying down.
colocación en obra (funderías) | floor bedding.
colocación en sitio seguro | securing.
colocación extremo con extremo (tablones o chapas del forro) | butting.
colocación un poco separada (no a tope - soldadura) | open joint.
colocación vacante | position vacant.
colocaciones (de dinero) | accommodations.
colocadetonador | detonator placing device.
colocado | lying | set | laid | fixed | fitted.
colocado a distancia | remotely located.
colocado a hueso (mampostería) | dry-laid.
colocado a mano | hand-applied | hand-placed | hand-located | hand inserted.
colocado a máquina | machine-laid.
colocado a popa | aft-fitted.
colocado a presión | press-fitted | press-fit.
colocado a propósito | appropriately-placed.
colocado al azar | random-laid.
colocado asimétricamente | asymmetrically positioned.
colocado con mortero de cemento (ladrillos) | laid in cement mortar.
colocado de babor a estribor (buques) | athwartship.
colocado de canto | placed on edge.
colocado de nuevo | re-sited.
colocado de pie | set on end.
colocado de plano | placed flatly | flat-laid | flat-lying.
colocado debajo del pavimento | underflooring.
colocado en caliente | hot-laid.
colocado en derivación (electricidad) | placed in shunt.
colocado en el espacio | space-borne.
colocado en el espesor del pavimento | underflooring.
colocado en forma desplazable dentro de un tubo | slidably arranged in a tube.
colocado en frío | cold-laid.
colocado en seco | laid-dry | dry-laid | dry-placed.
colocado en su sitio por medio de un chigre | winched into position.
colocado en zanja | set in trench.
colocado excéntricamente | eccentrically arranged.
colocado exteriormente | externally placed.
colocado flojamente | loosely-set.
colocado horizontalmente | horizontally disposed.
colocado individualmente | individually fitted.
colocado periferalmente | peripherally-arranged.
colocado por debajo (ejes) | underhung.
colocado radialmente | positioned radially.
colocado sin mortero en la junta (refractarios) | dry-laid.

colocado sobre gabarra | free in lighter.
colocado sobre muelle | F.O.B. ex piers.
colocado transversalmente | transversely fitted.
colocado uniformemente | uniformly positioned.
colocado uno a uno | individually fitted.
colocado verticalmente | vertically positioned.
colocador | setter | layer.
colocador de bobinas | bobbin setter | bobbin layer-on | bobbin boy.
colocador de bobinas (tejeduría) | rail filler | rail setter.
colocador de ladrillos | dropper.
colocador de los formularios (máquina contable) | form injector.
colocador de los formularios (máquinas contables) | form-spacer.
colocador de tablas de ripia | shingler.
colocador de vagones (estación clasificadora) | car spotter.
colocar | spot (to) | rank (to) | range (to) | set down (to) | set (to) | set (to) | tincture (to) | lodge (to) | install (to) | put (to) | place (to) | plant (to).
colocar (cables, tuberías) | lay down (to).
colocar (carteles) | post (to).
colocar (cinta) | load (to).
colocar (en un empleo, etc.) | put in (to).
colocar (ladrillos) | set (to).
colocar (máquinas) | seat (to).
colocar (piedras, etcétera) | set out (to).
colocar a ambos lados | straddle (to).
colocar anuncios | post (to).
colocar aros nuevos (pistones) | rering (to).
colocar bandajes nuevos (ruedas vagones) | retire (to).
colocar cabios (cubiertas) | rafter (to).
colocar cañizos (cielo raso) | hurdle (to).
colocar capitales (economía) | invest (to).
colocar carril | rail (to).
colocar carriles | lay steel (to) | fix (to).
colocar cojinetes (traviesas ferrocarril) | chair (to).
colocar de canto | place on edge (to).
colocar de guardia | picket (to).
colocar de nuevo | re-lay (to).
colocar de pie | place end up (to).
colocar de pie (grandes forjas o piezas fundidas) | upend (to).
colocar de plano | flatten (to).
colocar dentro | imbed (to).
colocar el armón | limber up (to).
colocar el balasto en montones en los arcenes de la vía férrea | windrow (to).
colocar el cable | run the cable (to).
colocar el control IFF en posición normal | squawk (to).
colocar el hilo (tejeduría) | piece the filament (to).
colocar el macho (funderías) | set the core (to).
colocar el punto decimal (números) | point off (to).
colocar el tablero (puentes) | deck (to).
colocar en alineación vertical | range (to).
colocar en el centro | middle (to).
colocar en forma saliente | set proud (to).
colocar en órbita | place in orbit (to) | insert into orbit (to).
colocar en orden | marshal (to).
colocar en su sitio (ficha) | restack (to).
colocar en su sitio (piezas de máquinas) | seat (to).
colocar en un sitio | position (to).
colocar en una fila la cadena del ancla para inspección | range (to).
colocar en una fila para su inspección (cadena del ancla) | range (to).
colocar entre dos capas | sandwich (to).
colocar espigones a través de la orilla (ríos) | groyne (to).
colocar la parhilera de un techo | ridge a roof (to).
colocar la vía | lay the line (to) | lay steel (to).
colocar la viguería (edificios) | joist (to).
colocar las cuerdas de las palas paralelas a la línea de vuelo (hélice de paso modificable en vuelo) | feather (to).
colocar las piezas en las perchas para anodizar | rack (to).
colocar las predicciones (elementos de tiro) | setoff leads (to).
colocar las tabulaciones | set tabs (to).
colocar los grabados en el texto (imprenta) | break in (to).
colocar los trinquetes (máquinas) | pawl (to).
colocar mampostería bruta detrás de la sillería | backup (to).
colocar minas | plant mines (to).
colocar nueva capa de rodadura (carreteras) | retread (to).
colocar pasadores de aletas | cotter pin (to).
colocar planchas | plate (to).
colocar por capas | layer (to).
colocar por tongadas | layer (to).
colocar progresivamente | phase in (to).
colocar rápidamente | snap-fit (to).
colocar señales permanentes de referencia (topografía) | monument (to).
colocar sifones interceptadores | trap (to).
colocar sillares (muros) | block up (to).
colocar sobre | put upon (to).
colocar sobre un saliente | ledge (to).
colocar termopares | run thermocouples (to).
colocar tubería (sondeos) | land (to).
colocar tubos | lay pipes (to).
colocar un biombo | screen (to).
colocar un contrapeso | counterweight (to).
colocar un flap (flapear-aviones) | flap (to).
colocar un pedido | give an order (to).
colocar un revestimiento reflector (señales, etc.) | reflectorize (to).
colocar un valor en una dirección concreta de la memoria (ordenador) | poke (to).
colocar una emisión | place an issue (to).
colocar vigas nuevas | re-girder (to).
colocar y enterrar la tubería | construct and lay and bury the pipeline (to).
colodión (fotografía) | collodion.
colodión para negativos (fotografía) | collodion base.
colodionar | collodionize (to).
colofonia | colophony | collophony | common resin | rosin | resin | fiddler's rosin.
colofonia de madera (EE.UU.) | wood rosin.
cologaritmo (matemáticas) | cologarithm.
cologaritmo de la actividad iónica de un metal en un electrolito | pm.
cológrafo | collograph.
coloidabilidad | colloidability.
coloidable | colloidable.
coloidal | colloidal.
coloidalidad | colloidality.
coloidalizar | colloidalize (to).
coloide (química) | colloid.
coloide anfótero | ampholytoid.
coloide del suelo | soil colloid.
coloide liófobo | lyophobic colloid.
coloide líquido (química) | sol.
coloide macromolecular | macromolecular colloid.
coloide micelar | micellar colloid | micelles.
coloide precipitable en frío | cold-precipitable colloid.
coloidización | colloidization.
cololito | chololith.
colombino | Columbian.
colombograma | pigeon message.
colon (anatomía) | colon.
colonia | colony | settlement.
colonia (biología) | colony.
colonia (plantas) | assembly.
colonia cuyos enérgidos tienen una división de trabajo y una jerarquía y son diferentes entre sí (plantas poliérgicas) | energid dominion.
colonia de mineros | mining camp.
colonia de monos | apery.
colonia lunar | lunar colony.
colonial | colonial.
colonias incrustantes (oceanografía) | encrusting colonies.
colonización | settlement | settling.
colonización (de un país) | plantation.
colonizar | colonize (to).
colonizar de nuevo | resettle (to).
colono | colonist | farmer | planter.
colono (de una tierra) | lessee.
colono de los bosques del interior (EE.UU.) | backwoodsman.
colono holandés (Africa del Sur) | Hollander.
colono usurpador (tierras) | squatter.
coloquio | symposium | colloquy.
colóquio (cambio de impresiones sobre asuntos técnicos) | colloquium.
color | color (EE.UU.) | pigment | dye.
color (Inglaterra) | colour.
color a la cola | glue color.
color a prueba de fuego | fireproof color.
color ácido | acid color.
color acromático | achromatic color.
color acromático (color neutro - óptica) | grey.
color adjetivo | adjective color.
color alcalirresistente | alkali fast color.
color amarillento o pajizo claro | Manila color.
color amarillo (señalización) | amber color.
color amarillo caki | sun tan.
color amarillo ligero | buff.
color amarillo verdoso | greeny-yellow color.
color amarillo vinoso | wine-yellow color.
color amarillo-canario | Canary-yellow color.
color anodizado | anodized color.
color ante | buff.
color anticríptico | anticryptic color.
color apagado | dead color | dead-color | dull color.
color atrayente | eye-catching color.
color azoico | azo-color.
color azulado | bluishness.
color básico | basic color.
color blanco incandescente | dazzling white color.
color Burdeos | claret.
color caliente (que tira a rojo o amarillo) | warm color.
color cian | cyan.
color claro y transparente | glaze.
color complementario | additive color | complementary color.
color complementario (de un color dado) | minus color.
color compuesto | secondary color.
color con adición de blanco | tint.
color crudo (seda, lino) | ecru color.
color de acabado | best color.
color de alhucema | lavender.
color de amatista | amethyst.
color de ámbar | amber.
color de apresto | spirit color | priming color | priming.
color de canario | canary.
color de carbón | coaly.
color de carne | carnation.
color de castaña | chestnut.
color de curado | curing color.
color de esmeralda | emerald.
color de fondo (cuadros) | groundwork.
color de fuego | flame color.
color de fuego de mufla (cerámica) | color for muffle fire.
color de gran fuego (cerámica) | color for hard fire.
color de hilo sin blanquear | ecru.
color de identificación primario | primary identification color.
color de imprenta | printery color.
color de imprimación | priming color.
color de la comida | food color.
color de la luz (señalización ferroviaria) | aspect.
color de ladrillo | brick color.
color de los hilos conductores | wire color.

color de melocotón | peach.
color de mufla (cerámica) | muffle color.
color de revenido | letting-down tint.
color de revenido (metalurgia) | temper color.
color de rosa | pink.
color de una solución patrón | color of a standard solution.
color débil | faint color.
color del acero recocido | annealing color.
color del dibujo | figure color.
color del polvo (mineralogía) | streak.
color del polvo fino de un mineral | streak.
color deleble | delible color.
color directo | direct color.
color dispuesto irregularmente en zonas | blotched.
color distanciado (joyería) | off-color.
color elemental (óptica) | primary color.
color epigámico | epigamic color.
color espectral (óptica) | primary color.
color estable | fast color.
color falso | loose color.
color fijo | fast color.
color fugaz | fugitive color | delible color | loose color.
color fundamental | primary color.
color fusible | enamel color.
color gamuza | chamois.
color gamuza claro | India tint.
color grasoso | fat color.
color gris | grizzle.
color gris azulado mate | dull bluish gray color.
color gris ceniza | ash-grey color.
color gris oscuro | dusky grey color.
color guinda | claret.
color ígneo | fire-flashed color.
color incidental | incidental color.
color inestable | fading color.
color intenso | deep color | vivid color.
color junto a color (tejido punto) | color-beside-color.
color leonado | fawn color.
color lila | lavender.
color madre (estampación de telas) | stock color paste | stock dye paste.
color maíz | maize.
color malva | mauve color.
color mate | flat color.
color matriz | primary color.
color mineral | mineral color.
color monocromático | pure color.
color negro | black.
color obtenido al moldear | molded-in color.
color oleosoluble | oil-soluble color.
color opaco | dull color.
color orgánico (sin ingredientes inorgánicos) | toner.
color pálido | faint color.
color para alimentos con certificado de garantía | certified food color.
color para carrocerías | body-color.
color para estampación (telas) | printery paste.
color para productos alimenticios | food color.
color para vidriados | glaze color.
color pardo | drab color.
color pardo amarillento terroso | earthy yellowish-brown color.
color primario (óptica) | primary color.
color producido químicamente | chemically induced color.
color pulga | puce.
color que descansa la vista | eye-rest color.
color que destaca | accent color.
color reflexivo | reflexive color.
color reposante | restfull color.
color resistente | ingrained color.
color roble viejo | dark oak color.
color rojo | red.
color rojo apagado | dull red color.
color rojo cereza | glowing red color.
color rojo cereza naciente | beginning cherry red heat.
color rojo visible (el menor) | black-red heat.
color rojo vivo | full red color.
color rutilante | flaming color.
color secundario | secondary color.
color sobre color (tejido punto) | color-in-color.
color sobrio | sober color | grave color | conservative color.
color sólido | fast color | lasting color.
color subido | deep color | high color.
color tierno | dead-color.
color tierno (cerámica) | muffle color.
color transparente | glazing color.
color uniforme | fair color.
color verde | green | greenness.
color verde (heráldica) | vert.
color verde brillante | bright green color.
color verde prado | leaf-green.
color verde-mar | celadon.
color vetrificable | enamel color.
color vinoso | claret.
color violáceo | magenta color.
color vivo | high color | accent color.
color volátil (cerámica) | flowing color.
coloración | staining | coloring | coloration.
coloración (textiles) | tinting.
coloración adaptiva | adaptive coloration.
coloración críptica | cryptic coloration.
coloración de diamantes por irradiaciones nucleares | diamond atomic coloring.
coloración de Gram | Gram stain.
coloración de la albura | sap stain.
coloración de la madera después del secado natural | yard stain.
coloración de listones (pilas de madera - Chile) | sticker stain.
coloración de recocido (metalurgia) | heat tint.
coloración del acero inoxidable | stainless steel coloration.
coloración en enfagillado (Méjico - pilas de madera) | sticker stain.
coloración en la zona de contacto con los rastreles (pilas de madera) | sticker stain.
coloración en pasta (papel) | pulp-coloring.
coloración galvánica (metalocromía) | color plating.
coloración Gram | Gram staining.
coloración indicadora | signal coloration.
coloración interior | inside coloring.
coloración metacromática | metachromatic staining.
coloración por contraste | contrast-staining.
coloración por impulsiones | pulse staining.
coloración por irradiación | radiation coloration.
coloración por medio de pigmentos (caucho) | pigmentation.
coloración provocada por rayos gamma | gamma-ray induced coloring.
colorado | red | rouge.
coloradoita (telururo de mercurio) | coloradoite.
colorador (estampación de telas) | print roll.
colorador (estampación telas) | printery roller.
colorante | dyestuff | colorant | colorific | color (EE.UU.) | pigmentary | pigment.
colorante (pinturas) | toner.
colorante ácido | acid dye | acidic stain | acidic dye | acid stain | acid color.
colorante acridínico | acridine dye.
colorante adjetivo | adjective dye.
colorante al agua (tinción de maderas) | water stain.
colorante al cromo | chrome dye.
colorante alimentario | food color | food dye.
colorante aminoazoico | aminoazo dye.
colorante azidínico | azidine dye.
colorante azínico | azine dyestuff.
colorante azoaminado | aminoazo dye.
colorante básico | basic dye | basic stain.
colorante básico de anilina | basic aniline dye.
colorante con mordiente | mordant dye.
colorante cromatable (de cromo) | chromable dye.
colorante de alizarina | alizarine dye | alizarin dye.
colorante de anilina | anyline dye | aniline dye.
colorante de anilina liposoluble | fat-soluble aniline dye.
colorante de batán | milling dye.
colorante de contraste | counterstain | contrast stain.
colorante de cuba | vat-dye.
colorante de desarrollo (colorante para teñir en rama) | developed dye.
colorante de dispersión | dispersed dye.
colorante de oxidación | oxidized dye.
colorante de tina | vat-dye.
colorante de tina soluble | soluble vat dye.
colorante de tinte isocromático | level-dyeing color.
colorante de xanteno | xanthene dye.
colorante derivado del alquitrán | coal tar color.
colorante directo | direct dyestuff | direct dye | substantive dye.
colorante fluorescente incoloro que proporciona un tono blanco azulado y mejora la blancura de la ropa lavada (detergentes sintéticos) | optical white.
colorante fototrópico | phototropic dye.
colorante glacial | ice dye.
colorante graso | fat dye.
colorante igualador | level-dyeing color.
colorante inhibidor | inhibitive dye.
colorante inmediato | immedial dye.
colorante monogenético | monogenetic dye.
colorante negro | black dye.
colorante nitrosado | nitroso-dye.
colorante orgánico | organic dye.
colorante oxiazoico | hydroxyazo-dye.
colorante para emulsiones fotográficas | acid violet.
colorante para mordentar | mordant dyestuff.
colorante pigmentario | pigment dye.
colorante por copulación (teñido telas) | coupled dye.
colorante premetalizado | premetallized dye.
colorante que reacciona químicamente | chemically-reacting dye.
colorante quinonaftalónico | quinonaphtholic dye.
colorante sensibilizador (fotografía) | sensitizing dye.
colorante sustantivo | direct dye.
colorante tina | vat-dye.
colorante tintóreo | dye.
colorante vegetal | vegetable dye.
colorantes al cromo (tintorería) | chrome colors.
colorantes azoicos | ice colors.
colorantes compuestos | union dyes.
colorantes fototrópicos para mimetización | phototropic camouflage colorants.
colorantes naftol | ice colors.
colorantes para trabajos microscópicos | microscopical stains.
colorar (dibujos) | tint (to).
coloreado | colored | chromatic.
coloreado al aire | air tinting.
coloreado artificialmente | artificially-colored.
coloreado de curvas de nivel | hypsometric tinting.
coloreado de unión de polarización inversa | reverse-bias junction staining.
coloreado de unión por ácido nítrico | nitric-acid junction staining.
coloreado del aluminio | aluminum dyeing.
coloreado electroquímico de unión | electrochemical junction staining.
coloreado en la superficie (papel) | calender-colored.
coloreado en pasta (papel) | pulp-colored.
coloreado fotoquímicamente | photochemically colored.
coloreado por adición | additively colored | additive colored.
coloreado por el calor | heat-tinted.

coloreado por hierro | ancillary.
coloreado por irradiación (diamantes, etc.) | irradiation-colored.
coloreado preferente | preferential staining.
coloreador | colorer.
coloreador de metales | metal colorer.
colorear | tint (to) | pigment (to) | tinge (to) | dye (to) | color (to).
colorearse | color (to).
colores accidentales | accidental colors.
colores al hielo | ice colors.
colores de anilina | aniline colors.
colores de contraste acentuado | strongly-contrasting colors.
colores de identificación | identification colors.
colores de interferencia (niquelado) | rainbows.
colores del mismo brillo pero de distinto tono | confusion colors.
colores elementales | fundamental colors.
colores espectrales componentes | component spectral colors.
colores extraespectrales | extraspectral colors.
colores fundamentales | prismatic colors.
colores invariables (que mantienen su tono) | invariable colors.
colores para pintar partes de máquinas | functional colors.
colores primarios sustractivos | subtractive primary colors.
colores primitivos (del espectro) | primitive colors.
colores prismáticos | prisms.
colores prismáticos producidos por dispersión de la luz | play of colors | color play.
colores que desentonan | incongruous colors | colors that jarr.
colores que no casan | colors that jarr.
colorido | coloration | coloring.
colorido a mano de las ilustraciones sobre estarcidos (libros) | stencil work | pochoir.
colorido brillante | brilliant coloring.
colorido electrolítico | electrolytic coloring.
colorífico | colorific.
colorígeno | colorigenic | color-producing | color-forming.
colorimetría | colorimetry.
colorimétrico | colorimetric.
colorímetro | colorimeter | colormeter | tintometer.
colorímetro fotoeléctrico | photoelectric colorimeter.
colorímetro para diamantes | diamond colorimeter.
colorímetro policromático | multichromatic colorimeter.
colorímetro tricromático | tristimulus colorimeter | trichromatic colorimeter.
coloriscopia | coloriscopy.
coloriscopio | coloriscope.
colorista | colorer | colorist.
colorización | colorization.
colorplexor | color plexer.
colosal | mountainous | dandy.
colotipia | collotype.
columbario | columbary | columbarium.
columbato de tierras raras | columbate of rare earths.
columela (arquelogía) | columel.
columna | plume | stanchion | standard | stand | pillar | tract | column.
columna (cinta perforada) | row.
columna (de coches) | line.
columna (de máquinas) | upright.
columna (de números) | row.
columna (de transformador) | limb | leg.
columna (grupo de bits) | frame.
columna (hilera longitudinal de mallas tejidas por la misma aguja) | wale.
columna (máquina herramienta) | housing.
columna (máquinas) | post.
columna (núcleos magnéticos) | limb.
columna (página) | footing.
columna adosada | imbedded column | embedded column.
columna adsorbente | adsorbent column.
columna articulada | gantry column.
columna ascendente | riser.
columna ascendente (horno de cok) | ascending pipe.
columna automóvil | auto column.
columna cargada excéntricamente | beam column | eccentrically loaded column.
columna central (grúas) | post.
columna cilíndrica hueca | hollow cylindrical column.
columna compuesta | compound pillar | built-up column.
columna con buques alternativamente a derecha e izquierda (marina guerra) | open order column.
columna con capitel de seta | mushroom topped column.
columna con cercos | banded column.
columna con doble perforación | punch column.
columna con estribos (hormigón armado) | tied column.
columna cruciforme formada por dos angulares | starred angles.
columna de acero protegida con hormigón | concrete-protected steel column.
columna de adsorción | adsorption column.
columna de agua | water leg.
columna de agua alimentadora | standpipe.
columna de agua alimentadora (tomas de agua-ferrocarril) | jackhead.
columna de agua levantada por una explosión submarina | plume.
columna de alimentación | feeder pillar.
columna de alumbrado | mast.
columna de alumbrado viario de tubo de acero | tubular-steel street lighting column.
columna de asalto | assaulting column.
columna de autocamiones (transporte de tropas) | bus column.
columna de basada (lanzamiento de buques) | poppet.
columna de borboteo | bubble column.
columna de cables | feeder pillar.
columna de camiones situados casi juntos | close column.
columna de celosía | latticed column.
columna de celosía con chapas de refuerzo | battened column.
columna de cuatro varillas (tiro cuádruple - sondeos) | fourble.
columna de cuentas de orden para caja | memorandum cash column.
columna de deflegmación (destilación) | rectifying column.
columna de destilación | topping tower | stripping column.
columna de destilación de placas perforadas | sieve tray distillation colum | perforated-plate distillation column.
columna de destilación de rejillas planas con aberturas paralelas | turbogrid distillation column.
columna de destilación extractiva | extractive distillation column.
columna de destilación fraccionada | French column.
columna de diferencias | difference column.
columna de difusión térmica | Clusius column.
columna de elutriación | elutriation leg.
columna de entubado (sondeos) | string of casing.
columna de escape (locomotora vapor) | nozzle stand.
columna de esquina | corner column.
columna de extracción de corriente pulsatoria | pulse column.
columna de extracción por solventes de platos perforados pulsados (química) | pulsed sieve-plate solvent extraction column.
columna de extremos articulados | hinged-ended column | pin-end column | rounded-end column.
columna de extremos empotrados | fixed-ended column.
columna de extremos planos | flat-end column | flat-ended column.
columna de fileta | creel pillar.
columna de fraccionación (refinería petrolera) | pipestill.
columna de fraccionamiento | partition column.
columna de fraccionar | distilling head | fractionating column.
columna de fraccionar (química) | still-head.
columna de fundición | cast-iron column.
columna de fuste en haz | clustered column.
columna de hormigón armado con varillas de hierro rodeadas con una espiral de alambre | spiralled column.
columna de hormigón armado con varillas de hierro unidas entre sí cada 25 o 30 centímetros | hooped column | rodded column.
columna de hormigón armado de forma de trípode invertido | tripod-shaped concrete column.
columna de impulsiones | pulsation column.
columna de la corona (alto horno) | mantle column.
columna de la dirección (autos) | steering pillar.
columna de la tubería (sarta de entubado - pozo petróleo) | casing string.
columna de las varillas de sondeo en cuyo final está el trépano | drilling column.
columna de levigación | elutriation leg.
columna de mineral | ore pipe | pipe of ore.
columna de mineral (geología) | ore-chute | pipe | pipe-vein | ore chimney | ore shoot.
columna de municiones | ammunition column.
columna de municiones divisionaria | divisional ammunition column.
columna de pequeña altura | stub-column.
columna de perforadora | drill column.
columna de placas | plate column.
columna de plasma | plasma column.
columna de reabsorción | reabsorber column.
columna de rectificación de campanas burbujeadoras | bubble-cap rectifying column.
columna de rectificación de platos agujereados | sieve-plate rectifying column.
columna de rectificar (destilación) | rectifying column.
columna de recuperación de ácidos | acid recovery tower.
columna de relleno | packed column.
columna de sección decreciente | tapered column.
columna de sondeo | drill-string.
columna de soporte del piñón | pinion support column.
columna de subida | riser.
columna de tubos (sondeos) | string of casing.
columna de vanguardia | leading column.
columna de vehículos motorizados con intervalos muy grandes | open column.
columna de viaje | column of route.
columna de viga doble T de sección decreciente | tapered beam-column.
columna de vigueta doble T | I-section stanchion.
columna de viguetas laminadas de acero | rolled-steel joist column.
columna de víveres | food column.
columna del debe | debtor side | debit side.
columna del libro de caja | cash column.
columna del motor | engine column.
columna del puente | bridge standard.
columna desplazable (máquinas) | traveling column.
columna embutida | imbedded column.
columna empacada | packed column.
columna empotrada | respond.
columna enbebida | embedded column.
columna enbebida que sobresale más de la mitad | engaged column.

columna entorchada (arquitectura) | wreathed column.
columna fasciculada | annulated column.
columna formada de angulares unidos a chapas horizontales | battened column.
columna frontal | front column.
columna fungiforme | fungiform column.
columna hidráulica | standpipe.
columna hueca | hollow pillar.
columna hueca (de sección cuadrada o rectangular) | box column.
columna hueca de fundición | hollow cast iron pillar.
columna inclinada | raking column.
columna Jantsen de separación de ácidos y bases | Jantsen column for acids and bases.
columna lateral | lateral standard.
columna luminosa (meteorología) | light pillar.
columna metálica compuesta en forma de H | H-shaped built-up column.
columna montante | stand pipe.
columna montante (electricidad) | rising main.
columna móvil | flying column.
columna para construcciones | column building.
columna para destilación fraccionada | distilling column.
columna para fraccionar con vapor | column steam still.
columna para tarjetas perforadas | card column.
columna pequeña (arquitectura) | colonnete.
columna poligonal | canted column.
columna principal (laminador) | main standard.
columna pulsada | pulsed column.
columna pulsada de extracción líquido-líquido | liquid-liquid extraction pulse column.
columna que divide un vano (puerta o ventana) | mullion.
columna rica (geología) | ore shoot.
columna rica (minas) | pay-chimney.
columna rica de mineral (minas) | shoot.
columna rostrada (arquitectura) | rostral column.
columna sin perforar | blank column.
columna soporte de perforadora (minas) | drill post.
columna térmica | thermal column.
columna vertebral | backbone.
columna volante (ejército) | flying column.
columna zunchada (hormigón armado) | tied column.
columnar | columnar.
columnaria (imprenta) | cut-off rule.
columnario | columnar.
columnas (laminadores) | standards.
columnas (transformador eléctrico) | legs.
columnas agrupadas | grouped columns.
columnas de folio | reference columns.
columnas de hielo | columnal ice.
columnas de la nave | nave columns.
columnas de llamas (incendios) | flaming columns.
columnas para la iluminación viaria | streetlighting columns.
columnas vorticiales atmosféricas (meteorología) | vortex columns.
columnata | colonnade | columniation.
columniforme | columniform.
columnización | columnization | columning.
columpiar | swing (to).
columpiarse | seesaw (to).
columpio | swing | flip-flop.
coluro (astronomía) | colure.
coluro de los equinoccios | equinoctial colure.
colusión | collusiveness | collusion.
colusión tácita | tacit collusion.
colusorio | collusive.
coluvial | colluvial.
coluvión | colluvion.
colza | rape | rapeseed | colza.
colla | collet | longshoremen's gang.
colla de descarga (buques) | deck crew.
colla de descarga (en un buque) | deck gang.
colla de manejo de los cabos (atraque buques a muelles) | line-handling crew.
collada de viento (náutica) | long-duration wind.
collado | hill | knob | saddle.
collado (montañas) | pass.
collado barométrico (meteorología) | col.
collar | brass | bush | collar | sleeve.
collar (de excéntrica) | clip.
collar (de excéntrica, etc.) | strap.
collar (ejes) | swell.
collar (palomas) | ring.
collar (parte de una forja con diámetro mayor que la parte adyacente - pero de longitud menor que su diámetro) | collar.
collar anticorona | anticorona collar.
collar de acoplamiento | coupling box.
collar de apriete | gripping strap | clamp collar | clamping ring.
collar de cangreja (marina) | saddle.
collar de cementar (sondeos) | cementing collar.
collar de ciertas aves | gorget.
collar de circulación del lodo (sondeos) | mud collar.
collar de defensa (marina) | puddening.
collar de enchufe | collar socket.
collar de excéntrica | eccentric strap | eccentric belt | eccentric stirrup.
collar de excéntrica de marcha avante | forward eccentric strap.
collar de fijación | bracket clip | bracket.
collar de fuego (máquinas eléctricas) | ring fire.
collar de guía | guide ring.
collar de hincar (pilotes) | drive sleeve.
collar de la cangreja (buque vela) | boom saddle.
collar de perforación (sondeos) | drill collar.
collar de perlas cultivadas | cultured pearl necklace.
collar de presión para junta de enchufe | bell-joint clamp.
collar de retención | collar strap.
collar de retenida (entubación pozos) | casing clamp.
collar de sujeción | clamp collar.
collar de tope | stop collar.
collar de tubo | pipe-collar.
collar del freno del plegador | beam drug head.
collar del pivote | pivot collar.
collar del tubo | pipe clamp.
collar inmovilizador | locking collar.
collar obturador | sealing collar.
collar para perro | dog-collar.
collar para tubo | clip.
collar partido | split ring.
collar portaescobillas | brush ring | brush yoke.
collar roscado | ring nut.
collar soldado | welded collar.
collar sujetador | gripping strap.
collarín | neck | hoop | fusarole | collar | flange.
collarín (capitel dórico) | neck.
collarín (huso de anillos) | bolster.
collarín (mecánica) | gland.
collarín de ajuste | adjusting collar.
collarín de angular | flanged ring.
collarín de borna | clamp terminal.
collarín de campana | bell collar.
collarín de excéntrica | eccentric strap.
collarín de la bocina del escobén | hawsepipe flange.
collarín de refuerzo (buques) | compensation ring.
collarín de taladro giratorio | rotary drill collar.
collarín del eje | axle collar.
collarín del huso | spindle collar.
collarín del muelle de desembrague | declutch spring collar.
collarín del presaestopas | stuffing box flange.
collarín pescatubos (sondeos) | die collar.
collarín tope | stop collar.
collarino | annulet.
collarino (arquitectura) | gorgerin.
collarino (capitel) | neck-mold.
collarino (columna dórica) | collarino.
collarino (columnas) | gorgering | astragal | fusarole | necking.
collera | neck strap | bow.
collera de caballo | horse-collar.
collera de yugo (animales) | oxbow.
collerón | horse-collar | breast collar | harness collar | hame.
coma | comma | point.
coma (medicina, óptica, acústica, tubo rayos catódicos) | coma.
coma (música y gramática) | comma.
coma anisótropo (televisión) | anisotrope coma.
coma binaria | binary point.
coma de la base | radix point.
coma de separación | delimiting comma.
coma decimal | decimal point.
coma decimal implícita | assumed decimal point.
coma entre la parte entera y la decimal | radix point.
coma fija (fotocomposición) | fixed point.
coma flotante (informática) | floating point.
coma variable (sistema de numeración) | variable point.
comagmático | comagmatic.
comandado por teclado | key-operated.
comandante | commander | major.
comandante (buque de guerra) | skipper.
comandante (buques guerra) | captain.
comandante (de una plaza) | commandant.
comandante de dirigible | airship commander.
comandante de guarnición | post commander.
comandante de la escolta | escort commander.
comandante de un avión | skipper.
comandante de zona de defensa antiaérea | controller.
comandante militar (de un pueblo) | officer in charge.
comandante militar de la estación cabeza de etapa | railhead officer.
comandantes y superiores (EE.UU.) | field-grade officers.
comandar | control (to).
comandatario | joint mandatory.
comanditado | active partner.
comanditario | sponsor.
comando | commando.
comando (EE.UU.) | ranger.
comando de entrada (calzador-informática) | bootstrap.
comando de marina | marine commando.
comarca | land | district.
comareal (mareas) | cotidal.
comba | bow | sag | bending | bend | buckling | sweep.
comba (chasis auto) | kick-up.
comba (telefonía) | bulge.
combado | curved.
combado (botánica) | inflexed.
combado (defecto) | sweep.
combadura | bulginess | spring | warping | camber.
combadura de plano | airfoil camber.
combadura del centro de la forma (imprenta) | belly.
combar | warp (to) | sag (to) | beetle (to) | spring (to) | bend (to).
combarse | spring (to) | jet out (to) | sag (to).
combate | action | encounter | combat | fight | engaging | engagement | match | fighting.
combate a muerte | mortal combat.
combate a pie | dismounted action.
combate aéreo | air fight | fight | aerial fighting | air-to-air combat.
combate con brazos extendidos (boxeo) | out-fighting.
combate cuerpo a cuerpo | hand-to-hand encounter.
combate de detención | containing action.

combate de encuentro | meeting engagement.
combate de flanco | lateral action.
combate de noche | night combat.
combate de retaguardia | rearguard action.
combate en caza o retirada (buques) | running fight.
combate en pozos de tirador | foxhole fighting.
combate en tierra | land fight.
combate entre cazadores (aviación) | dogfight.
combate entre un buque y la aviación enemiga | air-sea battle.
combate naval | naval engagement | naval action.
combate próximo | close action.
combate retardatorio | delaying action.
combate simulado | synthetic combat.
combates de vanguardia (marina) | out-fighting.
combatible | combatable.
combatiente | fighter | combatant.
combatimiento | combatting.
combatir | engage (to) | meet (to) | contend (to) | fight (to) | combat (to).
combatir con armas desiguales | fight against odds (to).
combatir el incendio | battle with fire (to).
combatir en líneas interiores | fight on interior lines (to).
combatir la inflacción | combat inflation (to).
combatir la silicosis | combat silicosis (to).
combatividad | combativity.
combativo | combative.
combinable | combinable.
combinación | combination | combining.
combinación (de colores) | grouping.
combinación (matemáticas) | combination.
combinación ala-fuselaje-empenaje | wing-body-tail combination.
combinación de alerón y timón de altura (aviones) | ailevator.
combinación de altavoz de graves y altavoz de agudos | woofer-tweeter combination.
combinación de alternativa de compra y venta | straddle.
combinación de átomos o de iones de diferentes elementos | compound.
combinación de colores | color sheme.
combinación de dos o más registros sonoros | dubbing.
combinación de dos remolques carreteros arrastrados por un solo tractor | double bottoms.
combinación de elementos múltiples | ganged combination.
combinación de frecuencias (radio) | beating.
combinación de jeringuilla y aguja desechable después de su uso | disposable syringe-needle combination.
combinación de los componentes | component combination.
combinación de metales ligados metalúrgicamente | metallurgically bonded metal combination.
combinación de ondas de choque que se forman sobre y debajo de un aerodino en vuelo transónico | lambda shock wave.
combinación de perforaciones | code pattern.
combinación de refuerzo unido al forro (aviones) | bonded stringer-to-skin combination.
combinación de señal y sincronismo | signaling and synchronization insertor.
combinación de varios dibujos o partes de ellos en uno solo (tipografía) | montage.
combinación de varios fondos económicos con fines de inversión | common trust fund.
combinación globo-cohete | rockoon.
combinación para especular en fondos públicos | pool.
combinación varilla-fundente | consumables.
combinacional | combinational.
combinaciones (matemáticas) | combinations.
combinado | combined.
combinado (química) | bound.
combinado industrial | pool.
combinador | combiner | combinator | multiple contact switch | sequence switch | adder.
combinador (coche eléctrico) | controller.
combinador (electricidad) | controleur.
combinador (electrolocomotora) | series-parallel switch.
combinador automático para mantener constante la presión media del motor diesel (dínamos) | field suicide controller.
combinador cilíndrico | drum controller | cylindrical controller.
combinador de contactores | contactor controller.
combinador de corriente alterna | alternating-current controller.
combinador de corriente continua | continuous current controller.
combinador de disco | faceplate controller.
combinador de interruptor múltiple | multiple switch controller.
combinador de resistencia líquida | liquid controller.
combinador de tambor | drum controller.
combinador del freno (electricidad) | brake controller.
combinador giratorio (electrotecnia) | rotary circuit controller.
combinador inversor de leva | cam-type reversing controller.
combinador maestro | master controller.
combinador para el frenado potenciométrico (grúas) | potentiometric-braking controller.
combinador principal (electrotecnia) | master controller.
combinar | compound (to) | combine (to) | merge (to) | blend (to).
combinar (empresas) | consolidate (to).
combinar recursos | pool (to).
combinarse | combine (to).
combinarse (química) | unite (to).
combinarse para un fin determinado (máquinas) | team (to).
combinarse por fusión (material termonuclear) | fuse (to).
combinatorio | combinatorial.
comburente | comburent.
comburente oxidante | oxidizer.
comburívoro | comburent.
combustibe irradiado | spent fuel.
combustibilidad | combustibility | flammability.
combustibilidad espontánea | spontaneous combustibility.
combustible | combustible | firing | propellant.
combustible (buques de guerra) | readiness for sea period.
combustible (para buques) | bunker.
combustible agotado | used fuel.
combustible antidetonante | antiknock fuel | antidetonating fuel | nonknock fuel.
combustible briqueteado | briquetted fuel.
combustible carbonizado | carbonized fuel.
combustible celulósico | cellulosic fuel.
combustible cerametálico | cermet fuel.
combustible compacto por vibración | vibrationlly compacted fuel.
combustible con gran porporción de cenizas | high-ash fuel.
combustible con gran proporción de azufre | high-sulfur fuel.
combustible con gran proporción de boro | boron-based fuel.
combustible con impurezas en suspensión | slurry fuel.
combustible con un aditivo | doped fuel.
combustible con viscosidad de 60 segundos Redwood a 100 grados F | fuel of 60 sec Red at 100 deg F.
combustible consumido | spent fuel.
combustible coquificante | coking fuel.
combustible de bajo octanaje | low-octane fuel.
combustible de barcos | bunker oils.
combustible de calidad inferior | lower grade fuel.
combustible de combustión lenta | slowly-ignited fuel.
combustible de desechos de laboreo (minas carbón) | free fuel.
combustible de gran poder calorífico | high-grade fuel.
combustible de índice de cetano bajo | low cetane fuel.
combustible de la serie aromática | aromatic fuel.
combustible de magnesio en polvo | magnesium fuel.
combustible de pequeño poder calorífico | low-grade fuel.
combustible del país | inland fuel.
combustible desnaturalizado | denaturated fuel.
combustible en briquetas | briquetted fuel.
combustible en forma de finos comprimidos y envueltos en papel | packaged fuels.
combustible en matriz de grafito | graphite-matrix fuel.
combustible encartuchado en berilio (reactor nuclear) | beryllium-canned fuel.
combustible envasado | packaged fuel.
combustible etílico | ethyl gasoline | ethyl fuel.
combustible eutéctico | eutectic fuel.
combustible exento de ignición accidental | safety fuel.
combustible formado por desperdicios de fabricación (serrerías, etc.) | hogged fuel.
combustible gaseoso | gaseous fuel.
combustible grafitocelulósico | graphite-cellulosic fuel.
combustible grafitoso | graphitic fuel.
combustible hidrocarbúrico licuado | liquid-hydrocarbon fuel.
combustible inyectado por bomba | pump-injected fuel.
combustible irradiado | irradiated fuel.
combustible irradiado en el reactor nuclear | reactor irradiated fuel.
combustible irradiado radiactivo | radioactive irradiated fuel.
combustible líquido | liquid propellant | oil | fuel.
combustible líquido (fueloil-calderas) | oil-fuel.
combustible líquido de petróleo | liquid petroleum fuel.
combustible líquido para calderas de gran viscosidad | high-viscosity boiler fuel.
combustible líquido pulverizado | atomized liquid fuel.
combustible mineral | mineral fuel.
combustible necesario para efectuar un vuelo determinado en un avión especificado con un peso predeterminado | flight plan gas load.
combustible no encartuchado (reactor nuclear) | unclad fuel.
combustible nuclear | nuclear fuel.
combustible nuclear agotado | spent fuel.
combustible nuclear cerámico | fissile ceramic fuel.
combustible nuclear de cerametal compuesto de dispersión de 50 por ciento en volumen de óxido físil en una matriz de acero inoxidable | fissile-oxide/stainless-steel cermet nuclear fuel.
combustible nuclear de dispersión | dispersion-type nuclear fuel.
combustible nuclear de partículas revestidas | coated-particle nuclear fuel.
combustible nuclear de uranio enriquecido con zirconio | zirconium-enriched uranium reactor fuel.
combustible nuclear empobrecido | depleted fuel.
combustible nuclear en solución acuosa homogénea | aqueous homogeneous reactor fuel.
combustible nuclear enriquecido | enriched fuel.
combustible nuclear envainado en camisa de

cerametal | cermet nuclear fuel.
combustible nuclear envainado en zirconio | zirconium-canned fuel.
combustible nuclear no irradiado | unirradiated reactor fuel.
combustible nuclear recubierto de cerámica | ceramic nuclear fuel.
combustible nuclear transportado por metal líquido | liquid-metal fuel.
combustible para cohetes | rocket fuel.
combustible para lanzallamas | flame-thrower fuel.
combustible para motores diesel con gran proporción de azufre | high-sulfur-content diesel oil.
combustible para turbinas aviatorias | aviation turbine fuel.
combustible para turbinas de combustión | jet fuel.
combustible primario quemado | primary fuel burnt.
combustible pulverizado | powdered fuel.
combustible pulverizado (carbón, fueloil) | pulverized fuel.
combustible que arde espontáneamente sin un oxidante (por ejemplo, nitrato de isopropilo) | monofuel.
combustible que no está en los tanques sino en la canalización | trapped fuel.
combustible quemado | burnout fuel.
combustible químico artificial | exotic fuel.
combustible recuperado | regenerated fuel.
combustible refinado en el país | home-refined fuel.
combustible rico en vanadio | high-vanadium fuel.
combustible sólido artificial | artificial solid fuel.
combustible y líquidos en circuitos (buques) | dead weight.
combustibles | fuelling.
combustibles flúidos de soluciones de sales licuadas (reactor nuclear) | molten-salt fuels.
combustibles fósiles (carbón, petróleo, gas natural y turba) | fossil fuels.
combustibles líquidos artificiales | artificial liquid fuels.
combustibles para motores de chorro | jet-engine fuels.
combustibles para reactores | jet-engine fuels.
combustímetro | combustimeter.
combustión | ambustion | combustion.
combustión (pinturas) | encaustic.
combustión a baja temperatura | frozen combustion.
combustión a presión | pressured combustion.
combustión a presión constante | constant-pressure combustion.
combustión a temperatura necesaria para que las cenizas sean líquidas | slagging combustion.
combustión a volumen constante | constant-volume combustion.
combustión acelerada | accelerated combustion.
combustión acelerada con oxígeno | oxygen-accelerated combustion.
combustión azul | blue-flame combustion.
combustión blanca | bright combustion.
combustión catalítica | catalytic combustion.
combustión completa | burnup | perfect combustion.
combustión con formación de escoria no líquida | dry combustion.
combustión con regulación de humos | smoke-controlled combustion.
combustión de combustible en el aire derivado para dar extrapotencia en el despegue (motor de chorro en el vuelo supersónico) | plenum chamber burning.
combustión de la hoja del tabaco | tobacco leaf-burn.
combustión del carbón con adición de toberas de vapor encima de la parrilla (calderas) | assisted combustion.
combustión del propulsante | propellant combustion.
combustión detonante | detonating combustion | detonative combustion | detonant combustion.
combustión difusiva | diffusive combustion.
combustión económica | economical combustion.
combustión en flujo supersónico | supersonic combustion.
combustión en régimen permanente | steady-state burning.
combustión espontánea | spontaneous ignition.
combustión espontánea (escorial de mina de carbón) | fire bank.
combustión estequiométrica | stoichiometric combustion.
combustión explosiva | explosive combustion.
combustión expontánea (minería) | breeding fire.
combustión incompleta | poor combustion.
combustión inestable | unstable combustion.
combustión irregular de ciertos combustibles después de haber cesado el empuje (motor cohético) | afterburning.
combustión irregular de los combustibles líquidos (motor cohético) | chugging.
combustión isotérmica | isothermic combustion.
combustión lenta | glow.
combustión másica nuclear | burnup.
combustión no uniforme de la carga de pólvora (motor cohético) | chuffing.
combustión por difusión | diffusion combustion.
combustión por tiro forzado | pressured combustion.
combustión pulsante | pulsating combustion.
combustión resonante del propulsante sólido | solid propellant resonant burning.
combustión retardada (motores) | retarded combustion | afterburning.
combustión retardada (municiones) | hangfire.
combustión simultánea de cortezas y gas o petróleo (calderas) | simultaneous burning of bark and gas or oil.
combustión sin detonación (motores) | shockless combustion.
combustión turbulenta | cyclonic cumbustion.
combustión vibratoria (cohete de propulsante sólido) | oscillatory burning.
combusto | exogas.
combustor (cámara de combustión a presión - turbina de gases) | combustor.
combustor de turborreactor | turbojet combustor.
combustor del cohete | rocket combustor.
combustor del estatorreactor | ramjet combustor.
comedero (animales) | feed rack.
comedero (de animales) | feeding place.
comedero (de aves) | feeding vessel.
comedero (para aves) | feeding trough.
comedero de pastos | food patch.
comedero en bosque (Ecuador) | food patch.
comedor (buques) | saloon.
comedor (cuarteles, factorías) | mess hall.
comedor (submarinos) | dinette.
comedor de carne cruda | omophagist.
comedor de clases (marina) | petty officers' mess.
comedor de engrasadores (buques) | greaser's mess.
comedor de la tripulación | general mess | crew's messroom.
comedor de maquinistas (buques) | engineers' messroom.
comedor de oficiales | officers' mess.
comedor de oficiales (buques) | officers' wardroom | mess room | mess.
comedor de oficiales (buques guerra) | wardroom.
comején | timber worm | termite.
comendador | commander.
comensalismo | commensalism.
comensurabilidad | commensurability.
comensurable | commensurate | commensurable.
comentador | commentator.
comentar | comment (to).
comentario | comment.
comentario (de una obra literaria) | exposition.
comentarista | glossist | columnist | commentator.
comenzar a ejercer sus funciones | enter upon one's office (to).
comenzar a regir | become operative (to).
comer | eat (to).
comer toda la hierba de un campo (rebaños) | eat off a field (to).
comerciable | merchantable.
comercial | commercial | mercantile | trading.
comercialidad | marketability.
comercialismo | commercialism.
comercialización | marketing | marketing.
comercialización agrícola | agricultural marketing.
comercialización de la energía solar | commercialization of solar energy.
comercialización de productos industriales | industrial marketing.
comercialización de una imagen | merchandising.
comercializar | market (to).
comercialmente posible | commercially feasible.
comerciante | trader | monger | dealer | merchant.
comerciante a comisión | commission merchant.
comerciante al por mayor | wholesale dealer.
comerciante al por mayor en divisas | exchange jobber.
comerciante al por menor | retailer | tradesman.
comerciante de efectos navales | chandler.
comerciante de hierros | iron merchant.
comerciante de importación | import merchant.
comerciante de lanas | stapler.
comerciante de maderas | woodmonger.
comerciante distribuidor | distributor.
comerciante en maderas | wood monger.
comerciante en paños | draper.
comerciante en pieles | fellmonger.
comerciante exportador | foreign trade merchant.
comerciante independiente de los consorcios | free trader.
comerciante minorista | retailer.
comerciar | sell (to) | deal (to) | traffic (to) | trade (to) | merchandize (to).
comerciar con | deal with (to).
comerciar con capital insuficiente | overtrade (to).
comerciar en | trade in (to) | handle (to).
comercieditorial | book publishing trade.
comercio | dealing | trading | traffic | commerce | home commerce | business | trade.
comercio al por mayor | wholesale trade | wholesale business | direct trade.
comercio al por menor | retail trade.
comercio al por menor de artículos de óptica | retail optical goods trade.
comercio bursátil | exchange trade.
comercio cerealista | grain trade.
Comercio con Ultramar | Overseas Trade.
comercio costero | coasting trade.
comercio de automóviles | motor trade.
comercio de aves vivas | live poultry trade.
comercio de comisión | commission line.
comercio de contrabando de alcohol | bootleg.
comercio de cueros | leather trade.
comercio de distribución de herramientas | distributive tool trade.
comercio de drogas | drug-traffic.
comercio de estado | state trading.
comercio de exportación | export trade.
comercio de exportación floreciente | healthy export trade.
comercio de futuro | futures trading.

comercio de importación | import trade.
comercio de intermediario | jobbing.
comercio de legumbres | greengrocery.
comercio de libros | book trade.
comercio de libros al por mayor | wholesalers of books.
comercio de maderas | lumbering.
comercio de mayorista | jobbing.
comercio de motores | motor trade.
comercio de navegación corta | short-sea trade.
comercio de país extranjero a país extranjero | cross-trade.
comercio de paños | drapery.
comercio de pieles | fur trade | furriery.
comercio de pinturas y barnices | drysaltery trade.
comercio de reexportación | entrepôt trade.
comercio de representación | agency trade.
comercio de telas | drapery.
comercio de tránsito | transit trade.
comercio de ultramarinos | produce trade.
comercio de vinos | vintnery.
comercio del libro | bookselling trade.
comercio editorial | publishing trade.
comercio exterior | outward trade | foreign trade | export trade.
comercio extraeuropeo | extra-European trading.
comercio individual | sole trader.
comercio interestatal | interstate commerce.
comercio intereuropeo | inter-european trade.
comercio interior | internal trade | home commerce | inland trade | domestic commerce.
comercio intermediario | middleman's business | carrying trade.
comercio internacional | international trade.
comercio intraeuropeo | intra-European trade.
comercio invisible | invisible trade.
comercio legal | legal commerce | fair trade.
comercio libre | free trade.
comercio local | local trade.
comercio maderero | lumber business.
comercio marítimo | seafaring | sea trade.
comercio minorista que vende artículos de segunda mano | thrift shop.
comercio multilateral | multilateral trade.
comercio por intermediarios | intermediate trade | intermediary trade.
comercio recíproco | intertrade.
comercio terrestre | land trade.
comercio triangular | triangular trade.
comestibilidad | comestibility | edibility.
comestibilidad (de los alimentos irradiados) | wholesomeness.
comestible | comestible | esculent | edible.
comestibles | consumables | provision | food | foodstuffs.
cometa | comet | kite.
cometa barbato (astronomía) | bearded comet.
cometa con cabellera | bearded comet.
cometa helicóptera | helicopter kite.
cometa para la antena de emergencia (estación de radio) | box kite.
cometa periódico (astronomía) | periodic comet.
cometario | cometic | cometarium | cometary.
cometer (crímenes) | commit (to).
cometer extorsión | extort (to).
cometer un error irremediable | miss the bus (to) | miss the boat (to).
cometido | commission.
cometografía | cometography.
cometología | cometography.
comible | edible.
comicio | comitium | election board.
comicios | comitia | election.
comicios generales | general election.
comicios municipales | municipal primaries.
comicios preliminares | primary.
comicios presidenciales | presidential elections.
comicios primarios | primary election.
cómico | actor.
comida | food | feed | fare.
comida congelada | frozen food meal.
comida escasa en carbohidratos | low-carbohydrate meal.
comida fuera de casa | away-from-home meal.
comida para animales y aves | feedstuff.
comida preparada para ser comida en vuelo | in-flight lunch.
comida y alojamiento | food and lodging.
comida y alojamiento del nombrado | appointee's board and lodging.
comida ya cocinada y congelada | precooked frozen meal.
comienzo | daw | commencement | start of text | threshold | inchoation | startup | inception | incipiency | initiation.
comienzo (conversación) | opening.
comienzo (hostilidades) | outbreak.
comienzo aleatorio | random start.
comienzo de ciclo (impulsos) | beginning cycle.
comienzo de la carrera | start of the race.
comienzo de la construcción de una vivienda | housing start.
comienzo de la ventilación | ventilation inception.
comienzo de palabra | start of word.
comienzo del mensaje | start of message.
comienzo del programa | program initiation.
comienzo del riesgo | commencement of risk.
comillas (tipografía) | inverted commas | quotes.
comillas dobles (tipografía) | double quotes.
comisar | sequestrate (to).
comisaría de policía | police station.
comisaría policial | precinct.
comisariado | commissariat.
comisario | commissioner | deputy.
comisario (hipódromo) | gaffer.
comisario de averías | average surveyor.
comisario de boxes (carreras) | pit marshal.
comisario de guerra | commissary.
comisario de hechos (carreras de autos) | fact marshal.
comisario de la quiebra | bankruptcy commissioner.
comisario de patentes | commissioner of patents.
comisario de revistas | muster-master.
comisario de ruta (carreras de autos) | signalizer.
comisario delegado | commissary.
comisario deportivo | sports marshal.
comisario general | commissioner general.
comisario marítimo (EE.UU.) | shipping commissioner.
comisario marítimo (Inglaterra) | shipping master.
comisario militar en un puerto | military landing officer.
comisario parlamentario | ombudsman.
comisario policial | sheriff.
comisario técnico (carreras) | technical marshall.
comisión | fee | retainer | brokerage | committee | commission.
comisión (comercio) | factoring.
comisión (de personas) | panel.
comisión al consignatario | husbandage.
comisión arbitral | board of referees.
comisión asesora | consulting board.
comisión bancaria | bank charge | service charge.
comisión comercial especial | contango.
comisión consultiva | advisory committee.
comisión de acción política | political action committee.
comisión de apertura | opening commission.
comisión de aranceles (EE.UU.) | tariff commission.
comisión de becas | grants commitee.
comisión de bienvenida | committee of welcome.
comisión de bolsa | exchange commission.
comisión de cobro (bancos) | exchange.
comisión de confirmación | confirmation commission.
comisión de conservación (ríos, bosques) | conservancy.
comisión de contabilidad | board of accountancy.
comisión de corretaje (comercio) | brokerage fee.
comisión de custodia | safe custody fee.
comisión de dirección | management fee.
Comisión de Energía Atómica | Atomic Energy Commission (A.E.C.).
comisión de ensayos | trial committee.
comisión de fletamento | charter commission.
comisión de garantía | del credere commission.
comisión de indagación | fact-finding board.
comisión de iniciativas | steering committee.
Comisión de la Marina Mercante (EE.UU.) | Maritime Commission.
comisión de límites | boundary commission.
comisión de notificación | notification commission.
comisión de obreros | shop committee.
comisión de operaciones (bolsa) | floor committee.
comisión de pago diferido | deferred payment commission.
comisión de prestamista | procuration fee.
comisión de pruebas | board of tests | board of test.
comisión de reaseguro | reinsurance commission.
comisión de regulación nuclear | nuclear regulatory commission.
comisión de retorno | return commission.
comisión de servicio público | public-service commission.
comisión de suplicatorios (Congreso - EE.UU.) | commission of letters rogatory.
comisión de trabajos | working party.
comisión de ventas | disposal board.
comisión del presupuesto | committee of ways and means.
comisión designada para esclarecer ciertos hechos | fact finding board.
comisión ejecutiva | executive committee | executive board.
comisión examinadora | examining commission.
comisión fiscal | tax commission.
comisión gestora | executive committee | committee managing.
comisión ilegal | kick-back | payoff.
comisión interparlamentaria | joint committee.
comisión investigadora | board of enquiry.
Comisión Investigadora de Actividades Antinorteamericanas | Un-American Activities Committee.
comisión mixta | joint commission | joint board.
comisión mixta de reclamaciones | mixed claims commission.
comisión pagada en el puerto de descarga a los consignatarios o aseguradores | address commission.
comisión pagada por la obtención de un préstamo | procuration.
comisión para concesión de becas | grants committee.
comisión paritaria | paritary commission.
comisión permanente | standing committee.
comisión por cobro | collection fee.
comisión por fletamento | freightage.
comisión por libra esterlina | poundage.
comisión receptora | accept commission.
comisión simple | straight commission.
comisión sobre proceder comercial | business-conduct committee.
comisión y gastos | fees and expenses.
comisionado | delegate | proxy | commissioned | deputy.
comisionar | empower (to) | commission (to).
comisiones bancarias | bank charges.
comisionista | commission merchant | commission agent | porter | jobber.

comisionista al por mayor | factor.
comisionista de garantía | del credere factor.
comisionista de tránsito | transit agent.
comisionista reexpedidor | forwarding merchant.
comiso | confiscation | confiscated goods.
comisura | commissure.
comité | committee.
comité asesor | advisory committee.
comité asesor internacional | international consultative body.
comité central | general board.
comité competente | ad hoc committee.
comité consultivo | advisory committee | consultative committee.
comité consultivo de expertos en investigaciones y recursos marinos | advisory committee of experts on marine resources and research.
Comité Consultivo Internacional Telefónico y Telegráfico | CCITT.
comité consultivo internacional telegráfico y telefónico | international telegraph and telephone consultative committee.
comité de admisión de socios | membership committee.
comité de alojamiento | lodging committee.
comité de arbitraje | arbitration committee.
comité de asignaciones presupuestarias | appropriation committee.
comité de auditoría | audit commitee.
comité de conciliación | conciliation board.
comité de coordinación del espacio aéreo europeo | committee for European airspace.
comité de deliberación | conference committee.
comité de dirección | managing committee.
comité de empresa | works committee | works council.
comité de empresarios y obreros | operator-union committee.
comité de enlace | liaison committee.
comité de enlace entre servicios | interservices committee.
comité de fiduciarios | board of trustees.
comité de fiscalización | watchdog committee.
comité de gerencia | management committee | managing committee.
comité de iniciativas | steering committee.
comité de inspección | committee of inspection.
comité de inspección sobre fusiones y concentraciones de empresas | take-over panel.
Comité de Investigación para la Detección Submarina | Submarine Detection Investigation Committee .
comité de investigación permanente | permanent investigating committee.
comité de la cruz roja internacional | international red cross committee.
comité de mediación | mediation board.
comité de mejora del entorno (poblaciones) | neighborhood improvement committee.
Comité de Nombramientos | Nominating Committee.
comité de normas | rules committee.
comité de normas para unidades y símbolos (EE.UU.) | units and symbols standard committee.
comité de procedimientos | ways and means committee.
comité de producción de patronos y obreros | joint production committee.
comité de pruebas de aislamiento de equipos caloríficos | heating unit insulation testing committee.
comité de quejas sindical | union grievance committee.
comité de recepción | attendance committee.
comité de redacción | drafting committee.
comité de vigilancia (de un quebrado) | committee of inspection.
comité de vigilancia (de una sociedad) | prudential committee.
Comité del Congreso (EE.UU.) | House Committee.
comité directivo | governing committee.
comité ejecutivo | executive committee.
comité gestor | steering committee.
comité ideológico del partido | ideological committee of the party.
comité interagencial | interagency committee.
comité internacional de pesas y medidas | international committee of weights and measures.
comité investigador de los hechos | fact-finding board.
Comité Judicial del Senado | senate judicial committee.
comité jurídico | legal committee.
comité ministerial | departmental committee.
comité mixto | joint committee.
comité nacional de normas de televisión (EE.UU.) | national television standard committee.
comité no partidista | nonpartisan committee.
comité para negociar contratos laborales | bargaining unit.
comitente | constituent.
comitiva de planetas | retinue of planets.
communicación por ultrasonidos | ultrasonic communication.
commutación por dispositivo de elementos sólidos | solid-state commutation.
commutador | switch.
como carga | by freight.
como comprobante | as evidence.
como de costumbre | just the same.
como de ordinario | just the same.
como ensayo | on trial.
cómo funciona (máquinas, etc.) | how it works.
como garantía de | as a security of.
como lagos | water leveling.
como nuevo (máquinas, motores) | all-overhauled.
como pago | in lieu of payment.
como remuneración de los servicios prestados | as remuneration for service rendered.
como resolver problemas y tomar decisiones | problem solving and decisión making.
como sale de cantera | quarry run.
como sale de fábrica | factory-run.
como sale del telar (telas) | run-of-the loom.
como se indica en la figura | as shown in illustration.
como válido y suficiente | as valid and sufficient.
como y donde está | tel quel | tale quale.
cómoda (muebles) | commode.
comodante | lender.
comodato | commodatum | commodate | gratuitous loan on property | loan.
comodato (jurídico) | accommodation.
comodidad | easement | commodity.
comodidad (de una herramienta) | handiness.
comodidades | accommodations.
comodidades (de una casa, etc.) | conveniences.
cómodo | comfortable | handy | convenient.
cómodo de manejar | comfortable to handle.
comodoro (capitán de navío) | commodore.
comodoro (presidente de un club de regatas) | commodore.
compacción | packing.
compacción explosiva (pulvimetalurgia) | explosive compaction.
compacción isostática | isostatic compaction.
compacidad | density | compactness.
compacidad (del terreno) | consistence.
compacidad (morteros) | closeness.
compacidad (terrenos) | consistency.
compacta (arena, suelos) | tight.
compactación | compacting | compaction.
compactación (del terreno) | stabilizing.
compactación continua | continuous compaction.
compactación datal | data compaction.
compactación de la nieve | snow compaction.
compactación de suelos cohesivos | cohesive soil compaction.
compactación de terraplenes | bank stabilization | fill compaction.
compactación de terrenos granulares | granular soil compaction.
compactación de textos | text reduction.
compactación del suelo | soil compacting.
compactación dinámica | dynamic compaction.
compactación hidrostática | hydrostatic compaction.
compactación isostática | isostatic compaction.
compactación isostática con gas presionizado | isostatic compaction with pressurized gas.
compactación magnética | magnetic compaction.
compactación por chorro de agua a presión | jet-compaction.
compactación por explosivos de materiales pulverulentos | explosive compaction of powdered materials.
compactación por laminador | roll compacting.
compactación por las gotas de lluvia | rain packing.
compactación por medio de explosivos | explosive compaction.
compactación por sacudidas | jolt-pack.
compactación vibratoria | vibratory compacting.
compactado | compacted.
compactado a mano (hormigón) | hand-consolidated.
compactado en caliente | hot-compacted.
compactado en seco | dry-rodded.
compactado por vibración | vibration-compacted.
compactador (vibrador - para tierras, hormigón) | compactor.
compactador para hormigón | concrete compactor.
compactadora | packer.
compactadora de suelos | soil compactor.
compactar | compact (to) | consolidate (to).
compactar (terraplenes) | lock (to).
compactar en frío | cold-compact (to).
compactar por presión | pressure compact (to).
compactibilidad | compactability | compactibility.
compactible | compactible | campactible.
compacticidad | compactness.
compactificación (matemáticas) | compactification.
compactivo | compactive.
compacto | compact | tight | close-coupled | close-packed | closed | dense | packaged | packed.
compacto (cok) | blocky.
compacto (denso) | close.
compacto (reactor nuclear) | package.
compacto (topología) | compactum.
compacto comprimido en caliente | hot-pressed compact.
compacto de partículas de diamante integradas | compact of integrated diamond crystals.
compacto de polvo compuesto | composite powder compact.
compacto de polvo friable | friable powder compact.
compacto formado a presión | pressure-formed compact.
compacto infiltrado | infiltrated compact.
compacto no sinterizado de gran densidad | high-density green compact.
compacto prensado y sin termotratamiento | as-pressed compact.
compacto relativo en x | compact relative to x.
compactor | compactor.
compaginación | page layout | editing.
compaginación (tipografía) | layout.
compaginación anterior | pre-edit.
compaginación y encuadernación | collating and binding.
compaginador (México) | adman.
compansor (telecomunicación) | compandor.
compañerismo | companionship.
compañero | companion | compeer | partner | match | counterpart.

compañero de armas | brother-in-arms.
compañía | company | companionship | company | enterprise | corporation | organization.
compañía afiliada | related company | affiliated company | associated company.
compañía anticarros regimental | regimental antitank company.
compañía armadora | shipping company.
compañía arrendadora | lessor | lessor company.
compañía arrendataria | lessee company | leasing company.
compañía asociada | associate company | sister company.
compañía autorizada (seguros) | admitted company.
compañía bien dirigida | ably-run company.
compañía con domicilio fiscal en el extranjero | domiciled foreign company.
compañía conjunta | joint venture.
compañía controladora | parent house.
compañía de aeronavegación | airline.
compañía de aviación entre pequeñas ciudades | third-level carrier.
compañía de bienes raíces | real estate firms.
compañía de cañones de infantería | infantry cannon company.
compañía de cotización oficial | listed company.
compañía de crédito comercial | finance company.
compañía de depósitos comerciales (puertos) | dock company.
compañía de electricidad | power company | electric supply company | utility.
compañía de evacuación de heridos | clearing company.
compañía de fideicomiso | trust company.
compañía de fusileros | rifle company.
compañía de navegación | shipping line | shipping company.
compañía de plana mayor y de servicios (milicia) | headquarters and service company.
compañía de préstamos personales | personal finance company.
compañía de puentes pesados (ejército) | engineer ponton bridge company.
compañía de recuperación (milicia) | recovery company.
compañía de reparaciones | maintenance company.
compañía de responsabilidad limitada | limited liability company.
compañía de seguridad | safe-deposit company | safety drive.
compañía de seguros | insurance company | assurance company.
compañía de seguros marítimos | marine insurance underwriters.
compañía de seguros mutuos | mutual company.
compañía de seguros privados | private insurance company.
compañía de seguros y reaseguros | insurance reinsurance company.
compañía de talleres (milicia) | engineer field maintenance company.
compañía de telecomunicaciones | communications common carrier.
compañía de tranvías y autobuses municipalizada | municipally owned trolley-bus and tramway company.
compañía electrónica de más importancia mundial | world's top electronic company.
compañía emisora | borrowing company.
compañía fiadora | bonding company.
compañía filial | subsidiary company | affiliated company.
compañía independiente | outsider.
compañía intervenida por otra que posee más acciones | subsidiary company.
compañía inversionista | investment company | investment trust.
compañía inversionista de capital limitado | closed-end investment company.
compañía inversionista de capital variable | open-end company.
compañía matriz | parent company | holding company | company holding.
compañía matriz principal | top holding company.
compañía multinacional | MNC.
compañía naviera | shipping firm | shipping company | shipowner.
compañía no autorizada | outlaw company.
compañía no autorizada (seguros) | nonadmitter carrier.
compañía no clasificada | unrated company.
compañía petrolera araboamericana | Arabian-American oil company.
compañía por acciones | stock company.
compañía principal | company holding | parent company.
compañía propietaria | close corporation.
compañía propietaria de las acciones | company holding.
compañía relacionada | related company.
compañía semiestatal | semistatal company.
compañía sin cotización oficial | unlisted company.
compañía subsidiaria | underlying company | subsidiary company.
compañía subsidiaria totalmente controlada | totally-held subsidiary.
compañía subvencionada por el Estado | company subsidized by the Government.
compañía tenedora | holding company.
compañía tenedora de acciones de otras | holding company.
compañía topográfica de cuerpo de ejército | corps topographic company.
compañías afiliadas | affiliated companies.
compañías afines | related companies.
compañías asociadas hace tiempo | long-associated companies.
compañías de capital ilimitado | open-end companies.
compañías de electricidad que piensan en la ampliación | expansion-minded power companies.
compañías de propiedad estatal | publicly owned companies.
compañías principales petroleras | major oil companies.
comparabilidad | comparability.
comparabilidad de los resultados de pruebas | comparability of test results.
comparabilidad en la presentación de datos | comparability in the presentation of data.
comparable | comparable.
comparación | collation | compare | comparison | matching.
comparación (de tipos de imprenta de cuerpos diferentes) | justification.
comparación con selección | match.
comparación de colores | color matching.
comparación de fases | phase comparison.
comparación dinámica de la longitud (bloque calibrador) | dynamic length comparison.
comparación instante por instante | instant-by-instant comparison.
comparación lado a lado | neck-and-neck comparison.
comparación neumática | pneumatic comparison.
comparación subjetiva | subjective comparison.
comparación táctil | tactile comparison.
comparaciones entre países | inter-country comparisons.
comparado | comparative.
comparado con | vis-à-vis.
comparador | comparison measurer | comparator.
comparador (máquina calculadora) | collator.
comparador analógico | analogue comparator.
comparador audible | audible comparator.
comparador cartográfico | chart comparison unit.
comparador de actividad | channel activity comparator.
comparador de aire comprimido | air comparator.
comparador de aire comprimido (verificación piezas) | pneumatic gage.
comparador de ángulos | angle comparator.
comparador de asperezas superficiales | surface finish comparator.
comparador de bloque | block comparator.
comparador de colores | color matcher | color comparator.
comparador de cuadrante | dial gage.
comparador de fase (televisión) | phase detector.
comparador de fases | phase difference indicator.
comparador de frecuencias | frequency comparator.
comparador de longitudes | length comparator.
comparador de microacabados | microfinish comparator.
comparador de niveles | level comparator.
comparador de planeidad | flatness comparator.
comparador de pruebas de puente magnético | magnetic-bridge testing comparator.
comparador de señales | signal comparator.
comparador de tres pies | three-point comparator.
comparador de vibraciones forzadas (para recepción de tubos) | tube checker.
comparador de viscosidad | viscosity comparator.
comparador del paso | pitch comparator.
comparador del tamaño del grano | grain size comparator.
comparador del valor de cresta de tensión alternativa y de tensión continua | peak AC to DC comparator.
comparador electroneumático | electropneumatic comparator.
comparador electrónico | electronic comparator.
comparador estereoscópico | stereoscopic comparator.
comparador geodésico | geodetic comparator.
comparador neumático | air gage | pneumatic comparator.
comparador neumático de columna de líquido | liquid-column air-operated comparator.
comparador neumático para exteriores | air external comparator.
comparador óptico de perfiles | shadow comparator.
comparador óptico de proyección | projector comparator | projection comparator.
comparador óptico de proyección directa | direct-projection comparator.
comparador óptico de proyección para verificar perfiles | profile projector.
comparador óptico electrónico | electron optical comparator.
comparador óptico para las puntas de brocas helicoidales | optical twist-drill comparator.
comparador revólver | turret comparator.
comparador sónico | sonic comparator.
comparar | parallel (to) | measure (to) | collate (to) | cf. | confront (to) | match (to) | compare (to) | contrast (to).
comparar (hechos) | put together (to).
comparar los pesos de dos objetos | counterweight (to).
comparar precios y proveedores | shop (to).
comparar y seleccionar tarjetas | match (to).
comparascopio (microscopio) | comparascope.
comparativo | match | comparative.
comparecencia de testigos | attendance of witnesses.
comparecencia para alegar incompetencia de jurisdicción | special appearance.
comparecencia por apoderado | appearance by

attorney.
comparecer | enter an appearance (to).
compareciente | appearer.
comparógrafo (impresiones dactilares) | comparograph.
comparoscopio (microscopio) | comparoscope.
comparsa (teatros) | super | extra.
compartido | sharing.
compartimentación | compartmentation | compartmentalization | pigeonholing.
compartimentación (buques) | subdivision.
compartimentación de los buques de pasaje | subdivision of passenger ships.
compartimentación del buque | ship compartmentation.
compartimentar | compart (to) | box off (to) | divide off (to).
compartimento | share.
compartimento (aviones) | bay.
compartimento de control del asdic | asdic control room.
compartimento de las escalas (pozos minas) | climbing way.
compartimento de los ventiladores y tuberías de salmuera (buque refrigerado) | cooler room.
compartimento para pasajeros | passenger compartment.
compartimentos de una salina solar | solar salt ponds.
compartimiento | compartment | partition | room | section.
compartimiento (buques) | space.
compartimiento (de criba de sacudidas) | hutch.
compartimiento (dirigibles) | curtain.
compartimiento (minas) | panel.
compartimiento cerrado | inclosed compartment.
compartimiento con averías | damaged compartment.
compartimiento contrarrotado (satélites) | despun compartment.
compartimiento de archivo | file deck.
compartimiento de bombas | pump compartment.
compartimiento de cubas | vatting compartment.
compartimiento de desagüe (minas) | pump compartment.
compartimiento de engrase | batching stall.
compartimiento de extracción (pozo minas) | winding compartment.
compartimiento de flotabilidad (diques flotantes) | buoyancy compartment.
compartimiento de fondeo (hidros) | mooring compartment.
compartimiento de popa | aft compartment.
compartimiento de un tanque de combustible | fuel cell.
compartimiento de ventilación (minas) | air trunk | air compartment.
compartimiento del combustible | fuel sharing.
compartimiento del engranaje de distribución (del encendido) | timing gear case.
compartimiento del grupo electrógeno de emergencia (buques) | emergency-generator room.
compartimiento del morro (aviones) | nose compartment.
compartimiento del prensa del eje de cola (buques) | gland compartment.
compartimiento del regulador de inmersión (torpedos) | buoyancy chamber.
compartimiento del terreno | compartment of terrain.
compartimiento del ventilador | air trunk.
compartimiento desmontable | detachable pod.
compartimiento desprendible de carga (avión) | pod.
compartimiento estanco | cofferdam.
compartimiento estanco para la maquinaria auxiliar | watertight auxiliary machinery compartment.
compartimiento individual para estudio (colegios, bibliotecas) | carrel.
compartimiento interior (torre de cañones) | gunbay.
compartimiento múltiple para cohetes (aviones) | pod.
compartimiento para almacenar a popa (buques) | lazarette.
compartimiento para el lanzamiento de paracaidistas (aviones) | parabay.
compartimiento para el personal de cifra | cryptocenter.
compartimiento para la carga (aeroplanos) | cargo bay.
compartimiento para las bombas (aviones) | bomb bay.
compartimiento pequeño vacío debajo de cubierta (buques) | void.
compartimiento refrigerado (buques) | reefer.
compartimiento separado en el interior del depósito del lubricante del motor para lubricar éste durante su calentamiento (aeroplanos) | hot well.
compartimiento separado en el interior del depósito del lubricante del motor para lubricar éste durante su calentamiento (aviones) | hopper.
compartimientos de comunicación | communicating compartments.
compartir | share (to).
compartir el puesto de trabajo y el jornal | job sharing.
compartir la información técnica | pool technical information (to).
compás | compass | time | measure.
compás (de dibujo) | compasses.
compás (música) | movement.
compás calibrador | caliper.
compás calibrador articulado | transfer calipers.
compás con arco | wind dividers.
compás con punta de bola | ball-point dividers.
compás con tiralíneas | tracing compasses.
compás con una punta en forma de bola | bullet compasses | cone compasses.
compás cuarto de círculo | quadrant compasses.
compás de amalgama (música) | amalgam time.
compás de amplitud | amplitude compass.
compás de arco | quadrant compass.
compás de bisección | bisecting dividers.
compás de brazos curvos | calipers.
compás de calibrar | inside calipers.
compás de calibres | calipers.
compás de cámara (buques) | hanging compass.
compás de carpintería | carpenter's line.
compás de compasillo | four crotchet time.
compás de cremallera | rack-compass.
compas de cuatro por cuatro (música) | four crotchet time.
compás de cuatro por ocho (música) | four quaver time.
compás de dibujo | drawing compasses.
compás de dividir | pair of dividers | dividers.
compás de división | spacing dividers.
compás de división con pata de extensión | extension-leg divider.
compás de división de resorte | hairspring divider.
compás de doce-cuatro (música) | twelve-four time.
compás de doce-ocho (música) | twelve-eight time.
compás de dos por cuatro (música) | two crotchet time.
compás de dos-cuatro (música) | two-four time.
compás de dos-ocho (música) | two-quaver time.
compás de espesores | bow compasses | bow calipers | outside calipers.
compás de espesores con arco | wing caliper.
compás de espesores con cuarto de círculo | outside calipers with wing.
compás de espesores para cañones de fusil | gun barrel gage.
compás de exteriores | outside calipers.
compás de gobernar (buques) | steering compass.
compás de graduación | index gage.
compás de gruesos | caliper compasses | calipers | outside calipers.
compás de gruesos para esferas | globe calipers.
compás de lápiz (dibujo) | lead compass.
compás de líquido (compás de rosa flotante) | floating compass.
compás de marcar | scribing compass.
compás de medir | dividers.
compás de muelle | spring bows.
compás de muelle con lápiz | bow pencil.
compás de muelle de precisión (bigotera) | bow compass.
compás de navegación | mariner's compass.
compás de navegación (buques) | steering compass.
compás de nivelar (relojería) | poising tool.
compás de nueve-cuatro (música) | nine-four time | nine crotchet time.
compás de nueve-dieciséis (música) | nine semiquaver time | nine-sixteen time.
compás de nueve-ocho (música) | nine quaver time | nine-eight time.
compás de ocho (relojería) | poising callipers.
compás de ocho ocho (música) | eight quaver time.
compás de precisión | hair compasses | hair divider.
compás de proporción | proportional dividers.
compás de proporción (dibujo) | proportional compasses.
compás de proporciones | sector | sector.
compás de punta de bola | club compasses.
compás de puntas de articulación firme (talleres) | firm-joint caliper.
compás de puntas de resorte | spring-joint caliper.
compás de puntas de resorte para interiores | inside spring-joint caliper.
compás de puntas móviles | draught-compasses.
compás de puntas para exteriores | outside caliper.
compás de puntas para medir diámetros | caliper.
compás de puntas secas | pair of dividers | dividers.
compás de reducción | proportional dividers | reduction-compasses.
compás de reducción (dibujo) | proportional compasses.
compás de referencia | compass bearing.
compás de relojero | clock maker's compasses.
compás de resorte para interiores | inside spring calipers.
compás de rosa flotante (compás de líquido) | floating-card compass.
compás de seis-cuatro (música) | six-four time.
compás de seis-dieciseis (música) | six-sixteen time.
compás de seis-dos (música) | six-two time.
compás de seis-ocho (música) | six-eight time.
compás de socorro | stand-by compass.
compás de tinta | pen point compass.
compás de tiralíneas | pen-compass.
compás de tres patas | triangular compasses.
compás de tres puntas (marina) | station pointer.
compás de tres-cuatro (música) | three crochet time | three-four time.
compás de tres-dos (música) | three-two time.
compás de tres-ocho (música) | three quaver time | three-eight time.
compás de tres-uno (música) | three semibreves time.
compás de varas | trammel | tram | beam-compasses.
compás de varas (dibujo) | radial bar.
compás de venticuatro-dieciseis (música) |

twenty four-sixteen time.
compás elíptico | oval compass.
compás forestal | slide-gage | die-stock | calliper-scale | diameter gage.
compás forestal para cubicar árboles en pie | cubing callipers.
compás giroscópico | gyroscopic compass | gyrostatic compass | directional gyro.
compás giroscópico (buques) | gyrocompass.
compás invertido (buques) | hanging compass.
compás magistral (buques) | standard compass | master compass.
compás magnético de rosa seca | dry compass | dry-card magnetic compass.
compás micrométrico de gruesos | micrometer calipers.
compás para curvas de gran radio (dibujo) | radial bar.
compás para elipses | elliptic compass.
compás para engranajes (relojes) | depth tool.
compás para interiores | inside calipers.
compás para medir espesores | crooked compasses.
compás para rollizos | log calipers.
compás para trazar | volute compass.
compás para trazar espirales | volute compass.
compás repetidor | repeater compass.
compás repetidor del rumbo | bearing repeater compass.
compás ternario (música) | compound triple time.
compases simples (música) | simple common time.
compases terciarios (música) | triple times.
compatibilidad | compatibility | consistency | consistence.
compatibilidad con una atmósfera salina | compatibility with a salt atmosphere.
compatibilidad de las grasas lubricantes | lubricating grease compatibility.
compatibilidad de los cementos con productos químicos | compatibility of cements with chemicals.
compatibilidad de los materiales | materials compatibility.
compatibilidad de productos químicos | compatibility of chemicals.
compatibilidad de roce de los obturadores | rubbing compatibility of seals.
compatibilidad de sistemas | system compatibility.
compatibilidad diametral | diametral compatibility.
compatibilidad dimensional | dimensional compatibility.
compatibilidad electromagnética | electromagnetic compatibility.
compatibilidad galvánica | galvanic compatibility.
compatibilidad histológica | histological compatibility.
compatibilidad interdisciplinaria | interdisciplinary compatibility.
compatibilidad metalúrgica | metallurgical compatibility.
compatibilidad tisular (cirugía) | tissue compatibility.
compatible | compatible | consistent.
compatible (matemáticas) | consistent.
compatible con | consistent with.
compatible con el gas | gas-compatible.
compatible con los tejidos (cirugía) | tissue-compatible.
compatible con todo tipo de ordenadores | compatible with all types of computers.
compeler | compel (to) | drive (to) | bind (to).
compendiador | abstractor | abbreviator | abstracter.
compendiar | shorten (to) | abstract (to) | abbreviate (to) | digest (to) | summarize (to) | abridge (to).
compendio | summary | short | abbreviation | abridgment | abbreviature | overview | précis | syllabus | epitome.
compendio de navegación | compendium of navigation.
compendioso | compact.
compenentes insinterizados | unsintered components.
compenetración (acústica) | contact.
compenetración (choque trenes) | telescoping.
compensa los gastos | it pays for itself.
compensabilidad (topografía) | adjustability.
compensable | adjustable.
compensable a menos de 0 (topografía) | adjustable within 0.5 minutes.
compensación | equalizing | shimming | tracking | relief | adjustment | takeup | making-up.
compensación (aviones) | trim.
compensación (bancaria) | clearance.
compensación (cheques) | clearing | clearance.
compensación (de la antena) | screening.
compensación (del avión) | trimming.
compensación (radio) | padding.
compensación (reactor nuclear) | shimming.
compensación automática | automatic compensation.
compensación automática de bajos (radio) | automatic bass compensation.
compensación bancaria | banking clearing | bank clearing.
compensación bancaria sin cargo por cobro | par collection.
compensación cíclica | sweep-balance.
compensación cuantitativa | quantitative compensation.
compensación de alta frecuencia (TV) | high boost.
compensación de anticipos del gobierno | offsetting of government advances.
compensación de baja frecuencia | low frequency compensation.
compensación de bajas frecuencias | bass compensation.
compensación de crédito líquido (deudas) | setoff.
compensación de curvas | curvature correction.
compensación de cheques | clearing checks.
compensación de desmontes y terraplenes (carreteras) | balancing cuts and fills | balancing of excavation and embakment.
compensación de deuda | recoupment.
compensación de errores (topografía) | balancing.
compensación de flete | freight equalization.
compensación de impurezas | doping compensation.
compensación de la abertura (estructuras) | opening compensation.
compensación de la aguja | adjustment of compass.
compensación de la amortiguación | attenuation compensation.
compensación de la brújula | compass swinging.
compensación de la caída de cuadratura | quadrature-droop compensation.
compensación de la caída de reactancia | reactance drop compensation.
compensación de la corriente de reposo | quiescent current compensation.
compensación de la distorsión de imagen (televisión) | frame bend.
compensación de la distorsión de la imagen (televisión) | field bend.
compensación de la distorsión geométrica de la imagen | field keystone waveform.
compensación de la luminancia | luminance compensation.
compensación de la pendiente | grade compensation.
compensación de la perturbación | disturbance compensation.
compensación de la red (topografía) | net adjustment.
compensación de la red de nivelación | level net adjustment.
compensación de las masas alternativas (máquinas) | reciprocating compensation.
compensación de línea (televisión) | line tilt | line bend.
compensación de riesgo inferior por clasificación de edad mayor (seguro de vida) | age rating.
compensación de sensistor | sensistor compensation.
compensación de sintonía | trimming adjustment.
compensación de tensión | voltage equalization.
compensación de tierra (radio) | counterpoise.
compensación de tonos altos | treble compensation.
compensación de una red de itinerarios (topografía) | traverse net adjustment.
compensación del cero del transductor (telecomunicación) | transducer zero offset.
compensación del compás | compass adjustment.
compensación del itinerario (topografía) | traverse adjustment.
compensación del tiempo de subida | rise-time compensation.
compensación del voltaje | voltage equalization.
compensación del xenón | xenon override.
compensación dinámica (aviación) | dynamic trim.
compensación económica | grant.
compensación estática | static trim.
compensación extra al vendedor | override.
compensación fiscal de pérdidas anteriores con los beneficios de un año | tax-loss carryback.
compensación geodésica | geodetic adjustment.
compensación inductiva en paralelo (amplificadores) | shunt peaking.
compensación judicial | offset.
compensación magnética (campo magnético) | shimming.
compensación para dilatación | expansion relief.
compensación por aberturas en el forro (buques) | openings compensation.
compensación por accidente de trabajo | workmen's compensation.
compensación por avería | compensation for damage.
compensación por averías | average.
compensación por choque | impact allowance.
compensación por defunción | death benefit.
compensación por desgaste y alargamiento (correas) | takeup.
compensación por interferencia | debunching.
compensación por mínimos cuadrados | least-squares adjustment.
compensación por terrenos expropiados | land damages.
compensación química | chemical shim.
compensaciones (bancos) | evening-up.
compensaciones bancarias | clearings | check clearings | bank clearings.
compensadesgastes | wear compensator.
compensado | balanced.
compensado a diversas temperaturas (aparatos) | temperature-compensated.
compensado al cambio de temperaturas (aparatos) | temperature-compensated.
compensado barométricamente | barometrically compensated.
compensado por las ventajas siguientes | offset by the following advantages.
compensado según la temperatura (aparatos) | temperature-compensated.
compensado térmicamente | thermally compensated.
compensador | trim tab | compensator | compensatory | flap shutter | equalizing | equalizer | equilibrator | equalization box | padder | balance | adjuster.
compensador (continua de hilar) | outrigger.
compensador (electricidad) | advancer | floating

| padder.
compensador (mecanismo equilibrador) | balance gear.
compensador (selfactina) | faller | faller finger.
compensador audio | audio taper.
compensador de agujas náuticas (persona) | compass adjuster.
compensador de arranque | starting compensator.
compensador de caída | line drop compensator.
compensador de carga | load equalizer.
compensador de dilatación | expansion compensator.
compensador de dilatación del petróleo | oil expansion compensator.
compensador de dilatación en la tubería | pipeline compensator.
compensador de fase | delay equalizer | phase equalizer | phase-modifier | phase compensator.
compensador de fases | phase-shifting device.
compensador de la distorsión | attenuation-frequency equalizer.
compensador de la distorsión trapezoidal de línea (televisión) | line keystone waveform.
compensador de línea | line balance.
compensador de mar de fondo (sondeos) | heave compensator.
compensador de tipo telescópico | lazy tong equalizer.
compensador de torsión | twist compensator.
compensador de transformación (radio) | transformer trimmer.
compensador de volumen | volume compensator.
compensador del alerón | aileron trim control.
compensador del freno | brake adjuster.
compensador del timón | rudder trim control.
compensador diferencial (turbinas) | balance gear | differential gear.
compensador dinámico (aviones) | trim tab.
compensador dinámico del timón de dirección (aviones) | rudder trim tab.
compensador electrónico | electron trimmer.
compensador fonográfico | phono equalizer.
compensador magnético | magnetic compensator.
compensador para grabación (sonora) | recording equalizer.
compensador para tensión de alambres | wire compensator.
compensador térmico | temperature compensator.
compensador voltimétrico | voltmeter compensator | line drop compensator.
compensador-elevador del voltaje | balancer-booster.
compensar | offset (to) | balance (to) | dope (to) | equalize (to) | compensate (to) | counterbalance | make good (to) | equal (to).
compensar (deudas) | setoff (to).
compensar (topografía) | adjust (to).
compensar el alargamiento | take up stretch (to).
compensar el juego inútil | take up backlash (to).
compensar el saldo en contra | offset the adverse balance (to).
compensar gastos | set off expenses.
compensar las pérdidas | offset the losses (to).
compensar los gastos | pay (to).
compensar un cheque | clear a cheque (to).
compensar un escalón (escaleras) | dance a step (to).
compensar una brújula | swing a compass (to).
compensatorio | countervailing | compensatory.
compensatriz | balancer.
competencia | competition | competency | jurisdiction.
competencia (abogacía) | venue.
competencia (de un tribunal) | order of reference.
competencia (jurisprudencia) | cognizance.
competencia abierta | open-competition.
competencia de eliminación | cutthroat competition.
competencia desleal | unfair competition | dumping.
competencia en juicio testamentario | probate.
competencia en todos los asuntos | omnicompetence.
competencia encarnizada | cutthroat competition.
competencia factible | workable competition.
competencia general | omnicompetence.
competencia internacional | international competition.
competencia internacional intensa | intense international competition.
competencia leal | fair competition.
competencia monopolista | monopolistic competition.
competencia ruinosa | destructive competition.
competente | trained | efficient | experienced | competent | able bodied | qualified.
competente en todo asunto | omnicompetent.
competición | challenge.
competición de pirotecnia | firework competitions.
competidor | emulator | opponent | match | contender | competitor.
competir | compete (to) | contest (to) | vye (to).
competir con | match (to) | rival (to).
competir en ventas | outsell (to).
competitividad | competitiveness.
competitividad en el coste inicial | first-cost competitiveness.
competitividad industrial | industrial competitiveness.
competitivo | competitive.
competividad | competivity.
compilación | compiling | collection | scissors-and-paste production | compilation.
compilación de datos | tally.
compilación de leyes clasificadas | compiled statutes.
compilador | processor | collector.
compilador (informática) | language processor.
compilador (ordenador) | compiler.
compilador acústico | acoustic compiler.
compilador de alocación de memoria | storage allocating compiler.
compilador de libros | bookmaker.
compilador de programa científico (informática) | scientific oriented language processor.
compilador para ensamblador básico | basic assembler compiler.
compilar | embody (to).
compilar (ordenador) | compile (to).
compitiendo | vyingly.
complacencia (personas) | yieldingness.
complaciente (personas) | conformable.
complejante | sequester.
complejar (química) | chelate.
complejidad | intricacy | complexity.
complejidad computacional | computational complexity.
complejo | unit | complex.
complejo (problemas) | many-sided.
complejo aniónico coordinado | coordinated anionic complex.
complejo comagmático | comagmatic assemblage.
complejo conjugado | complex conjugate.
complejo de blancos | target complex.
complejo de fallas | fault complex.
complejo de inyección | injection complex.
complejo de roca ígnea o metamórfica debajo de rocas sedimentarias o volcánicas | basement complex | basement rock.
complejo electrónico antiaéreo | missile master.
complejo fundamental | basal complex.
complejo nuclear | nuplex | nuclear park | nuclear complex.
complejo odontoyátrico | dental unit.
complejo para construir dragas | dredger building complex.
complejo productivo (industria) | production unit.
complejos (química) | complexes.
complejos arcillosos organometálicos | organometallic clay complexes.
complejos de cianometales | cyano-metal complexes.
complejos de tierras raras | rare-earth complexes.
complementación | complementing | complementation | conjunction.
complementariedad (física cuántica) | complementarity.
complementario | complementary | associated.
complemento | complement | addendum.
complemento (biología) | end-piece.
complemento (gramática) | object.
complemento a diez | tens complement.
complemento a nueve | nines complement.
complemento a 1 | elusive one.
complemento atenuado | diminished radix complement.
complemento de la base | radix complement.
complemento del ángulo de corte (herramientas) | true rake angle | top rake.
complemento del ángulo de la hélice (engranaje helicoidal) | lead angle.
complementor (calculadora electrónica) | complementor.
complementos nutritivos | nutritional adjuncts.
completa (flores) | perfect.
completación (pozos) | completion.
completado con arreglo al programa | completed to schedule.
completamente | down-to-the-ground | fully.
completamente a nivel | dead level.
completamente abierto | fully opened.
completamente aislado | all-insulated.
completamente automático | full automatic.
completamente cerrado | totally enclosed | fast shut.
completamente climatizado | fully air-conditioned.
completamente de acuerdo con la muestra | strictly up to sample.
completamente derecho | dead right.
completamente desarrollado (en todo su desarrollo - árboles) | full-grown.
completamente desembolsado | completely paid up | paid in full.
completamente distinto de cualquier libro ya publicado | entirely different from any book ever published before.
completamente equilibrado | fully-equalized.
completamente esmerilada | all-frosted.
completamente estabilizado (aceros) | fully-aged.
completamente estabilizado (completamente maduro - aleaciones, aceros, etc.) | fully aged.
completamente estanco | dead tight.
completamente informado | fully briefed.
completamente liberadas (acciones) | fully paid.
completamente lleno | full up.
completamente maquinado | fully machined.
completamente metálico | all metal.
completamente ordenado (metalografía) | fully ordered.
completamente paralelo | dead parallel.
completamente pertrechado | full-rigged.
completamente plano | dead flat | dead level.
completamente protegido | fully guarded.
completamente rectificado | ground all over.
completamente recto | dead-straight.
completamente revisado (máquinas, etc.) | completely overhauled.
completamente revisado (máquinas, motores) | all-overhauled.
completamente subterráneo | all buried.
completar | integrate (to) | fill out (to) | top off (to) | complete (to) | complement (to) | round out (to) | make up (to) | make out (to).

completar el pago | complete payment (to).
completitud algebraica | algebraic completeness.
completo | unqualified | double-dyed | perfect | entire | total | comprehensive | absolute | full | complete | full | exhaustive.
completo (máquinas) | self-contained.
completo con todos sus accesorios | complete with all accessories.
completo de personal | fully manned.
completo e independiente (máquinas) | packaged.
completo en parte | partially-completed.
completo para el servicio de combate | combat-serviceable.
complexante | complexing agent.
complexímetría
complexona | complexone.
complicación | complication | involvement | involution.
complicado | complicate | elaborate | sophisticated.
complicado (máquinas) | elaborate.
complicado (problemas) | many-sided.
complicar | involve (to).
cómplice | conniver | accessory after the fact.
cómplice en el delito | socius criminia.
cómplices de un crimen | fellows in crime.
complimiento del deber | discharge of duty.
componedor | referee | compositor.
componedor (tipografía) | composing stick.
componenda | compromise.
componenda (sin compensación) | accommodation.
componente | component | constituent | part.
componente a cuadratura en retraso de la corriente | lagging quadrature component.
componente activa | energy component | wattfull component | active component | real component.
componente activa (electricidad) | power component | inphase component.
componente activa del voltaje | active voltage.
componente aleatorio | random component.
componente alterna del campo inductor | field ripple.
componente anérgica (electricidad) | imaginary component.
componente armónica | harmonic component | harmonic constituent.
componente armónica de emésimo orden resultante | resultant Mth order harmonic component.
componente de aluminio forjado para misil | forged aluminum missile component.
componente de atenuación iterativa | iterative attenuation coefficient.
componente de circuito electrónico | electronic circuit component.
componente de corriente continua (radar) | zero-frequency component.
componente de cuadratura del circuito del puente | bridge circuit quadrature component.
componente de deriva | drift component.
componente de dirección perpendicular a la marcha (timón de buques) | drag.
componente de error semicircular | constant direction error.
componente de la corriente alterna | A. C. component.
componente de magnetización transversal | cross-magnetizing component.
componente de piezas soldadas | fabricated welded component.
componente de secuencia cero del voltaje | zero-sequence component of voltage.
componente de voltaje unidireccional | ripple voltage.
componente del instrumento | instrument component.
componente del precio de coste | item of cost.
componente del sonido (tono) | partial.
componente del timón en dirección paralela a la marcha (buques) | lift.
componente eléctrica | electric component.
componente electrónico | electronic part.
componente electrostática | electric component.
componente en cuadratura | quadrature component.
componente en fase | inphase component.
componente en fase (corriente polifásica) | positive-sequence component.
componente en fase (electricidad) | power component.
componente en fase de corriente | in-phase component of current.
componente en inversión de fase (corriente polifásica) | negative sequence component.
componente enchufable | plug-in component.
componente energética | energy component.
componente energética (electricidad) | inphase component.
componente entalla do mecánicamente | mechanically-notched component.
componente estabilizadora en cuadratura | quadrature stabilizing component.
componente estable | heavy constituent.
componente estructural principal | major structural component.
componente formado explosivamente | explosively-formed component.
componente fundido íntegramente | integrally cast component.
componente homopolar | zero phase-sequence component | zero-sequence component.
componente homopolar del voltaje | voltage unbalance.
componente horizontal de la precesión del eje (giroscopio) | drift.
componente inductiva del voltaje | inductive voltage component.
componente inercial | inertial component.
componente más galvánico (metalurgia) | more noble component.
componente menos galvánico (metalurgia) | less noble component.
componente menos resistente | least resistant component.
componente no recuperable de la termofluencia | secondary creep.
componente nula de secuencia | zero sequence component.
componente octantal del error (radar) | octantal component of error.
componente óhmica del voltaje | ohmic voltage component.
componente ondulada (corriente continua) | ripple quantity.
componente reactiva | wattless component | reactive component.
componente reactiva (electricidad) | quadrature component | imaginary component | lag | idle component.
componente reactiva del voltaje | reactive voltage.
componente recuperable de la termofluencia | primary creep.
componente resistiva | resistive component.
componente resistiva de la impedancia (electrodos) | slope resistance.
componente resistiva de la impedancia del electrodo | electrode differential resistance.
componente rotatorio | rotary component.
componente simétrica directa | positive sequence symmetrical component.
componente simétrica inversa | negative-sequence symmetrical component.
componente soldado | fabricated component.
componente soldado intrincado | intricate welded component.
componente transversal del viento | crosswind component.
componente vertical de la precisión del eje (giroscopio) | topple.
componentería del misil | missile componentry.
componentes análogos | similar components.
componentes autolubricados | self-lubricated components.
componentes autozunchados | autofrettaged components.
componentes cerámicos de berilia | beryllia ceramic components.
componentes comprados a terceros | bought-out components.
componentes constructivos | constructive components.
componentes de ebonita moldeada | ebonite molded components.
componentes de gran calidad (electrónica) | high-reliability components.
componentes de una serie cronológica | components of a time series.
componentes del agua de mar | constituents of sea water.
componentes estructurales de madera encolada a presión | pressure-glued structural components.
componentes estructurales integrantes | integral structural components.
componentes fabricados | manufactured components.
componentes hidráulicos del misil | missile's hydraulic components.
componentes individuales | individual components.
componentes inorgánicos | inorganic constituents.
componentes intercambiables normalizados | standardized interchangeable components.
componentes isalobáricos del viento | isallobaric wind components.
componentes ortogonales (descomposición de fuerzas) | rectangular components.
componentes preirradiados (con un isótopo) | predosed components.
componentes que soportan carga (estructuras) | stress-carrying components.
componentes sensibles | sensing components.
componentes volátiles | volatile components.
componer | patch (to) | format (to) | mend (to) | compose (to) | fit up (to) | fix (to).
componer (relojes) | repair (to).
componer (tipografía) | stick (to) | set type (to) | dress (to).
componer (trenes, un conjunto, etc.) | make up (to).
componer con mayúsculas o con inicial mayúscula (imprenta) | capitalize (to).
componer en un espacio determinado (tipografía) | fill (to).
componer fuerzas (mecánica) | combine forces (to).
componer sin sangrar (imprenta) | set flush (to).
componer sin sangría (tipografía) | begin even (to).
componer tipos (tipografía) | compose (to).
componer una falsa declaración de origen | mispresent the true origin (to).
componérselas para | manage (to).
componibilidad | composability.
comportamiento | performance | behaviour.
comportamiento (de una máquina) | ratings.
comportamiento a carga reducida | partial-load performance.
comportamiento a distintas alturas (aviones, motores) | performance at different altitudes.
comportamiento a la corrosión | corrosion behavior.
comportamiento a la potencia máxima | top-rate performance.
comportamiento adquirido | acquired behaviour.
comportamiento aeroelástico estático | static aeroelastic behavior.
comportamiento calefactor | heating behavior.
comportamiento carga-deflexión | load deflection behavior.
comportamiento colectivo | collective behavior.

comportamiento con mar de proa (buque) | behaviour in head seas.
comportamiento con un motor parado (aviones) | engine-out performance.
comportamiento congenito | inborn behaviour.
comportamiento de equilibrio | poising behavior.
comportamiento de la carga | load sharing.
comportamiento de la cimentación | performance of foundation.
comportamiento de la matriz | matrix performance.
comportamiento de los aceros inoxidables en ácido sulfúrico | behavior of stainless steels in sulfuric acid.
comportamiento de los incendios forestales | forest fire behaviour.
comportamiento de relajación | relaxation behavior.
comportamiento del consumidor | consumer behavior.
comportamiento del hidrógeno en el aluminio | bahavior of hydrogen in aluminum.
comportamiento del motor | motor performance.
comportamiento durante el funcionamiento (motores, hélices, etc.) | performance.
comportamiento elastoplástico | elastoplastic behavior.
comportamiento en cadena | chain behaviour.
comportamiento en la cópula (animales) | mating behavior.
comportamiento en la mar (buque) | seakeeping.
comportamiento en la subida (aviones) | climb performance.
comportamiento en servicio | service performance.
comportamiento en servicio simulado | simulated-service behavior.
comportamiento hidráulico de la bomba | hydraulic performance of pump.
comportamiento inelástico | inelastic behavior.
comportamiento invariable | nonfluctuating performance.
comportamiento marinero (buques) | seakeeping conditions.
comportamiento óptimo | optimum performance.
comportamiento plástico | plastic behavior
comportamiento plastoelástico | plastoelastic behavior.
comportamiento predecible de mantener el rumbo (buques) | predicted seakeeping performance.
comportamiento químico | chemical performance.
comportamiento social | social behavior | social usage.
comportamiento univalente (redes eléctricas) | schlicht behavior.
comportamiento vibratorio | vibrational behavior.
comportarse | conduct (to).
composición | format | consist | piece | type matter | framing | composition.
composición (aceites) | compouding.
composición (de algo) | makeup.
composición (de fuerzas) | combination.
composición (de tipos) | typesetting.
composición (de un producto industrial) | formulation.
composición (tipografía) | matter | setting.
composición a mano (tipografía) | hand composition.
composición a máquina | mechanical typesetting | machine composition.
composición a pedazos (tipografía) | flush left.
composición aislante | compound.
composición aislante para cables (electricidad) | cable compound.
composición amarga para adulterar la cerveza | bittern.
composición amasable | kneadable composition.
composición antibiovegetativa | antifouling composition.
composición anticorrosiva | anticorrosive composition.
composición antiincrustante | antifouling composition.
composición antivegetativa (fondos buques) | antifouling composition.
composición apretada (tipografía) | close matter | narrow composition.
composición aproximada | proximate composition.
composición automática | computerized typesetting | computer typesetting.
composición automática de textos | automatic typesetting.
composición calorífuga | nonconducting composition.
composición centesimal | percentage composition.
composición con plomo (imprenta) | hot metal composing.
composición con plomo (tipografía) | open matter.
composición confección (drogas) | compounding.
composición corrida | body matter.
composición corriente (sin fórmulas, tablas, etc. - tipografía) | straight matter.
composición corriente (tipografía) | plain matter.
composición de alquitrán de Noruega y estopa de algodón (solapes de tracas de botes de madera) | blair.
composición de ancho de columna (periódicos) | column matter.
composición de anuncios | ad assembly.
composición de examen | paper.
composición de fuerzas | combination of forces.
composición de la malla (cristalografía) | cell-composition.
composición de texto | body matter.
composición de 50% en peso atómico (aleaciones) | composition of 50 atomic per cent.
composición del accionariado | analysis of shareholders.
composición del ordenador en su explotación | object configuration.
composición del paquete de tarjetas | deck arrangement.
composición del sistema | hardware configuration.
composición del tren (ferrocarril - G.B.) | train set.
composición detonante por fricción | friction detonating composition.
composición emulsificable | emulsifiable composition.
composición en idiomas con caracteres especiales | composition in foreign languages with special printing-types.
composición equiatómica | equiatomic composition.
composición espaciada | spaced composition.
composición fotográfica (tipografía) | filmsetting.
composición fotográfica hecha con secciones o recortes de otras fotografías siguiendo las descripciones verbales de testigos | robot photography.
composición fotomecanotípica | photocomposition.
composición fulminante | priming composition.
composición granulométrica | granulometric composition.
composición impregnante | impregnating compound.
composición incendiaria | incendiary composition | carcass composition.
composición inútil (tipografía) | dead matter.
composición luminosa (balas trazadoras) | tracing composition.
composición manual (tipografía) | hand composition.
composición metálica dura conteniendo carburo de titanio | titanium carbide-containing hard metallic composition.
composición mineral (cubiertas) | composition.
composición mineralógica aproximada basada en el análisis químico | rational analysis.
composición no determinada | composition not determined.
composición no eutéctica | off-eutectic composition.
composición no utilizada todavía (tipografía) | live matter.
composición nominal | nominal composition.
composición o páginas suprimidas (imprenta) | canceled matter.
composición obturadora | sealing compound.
composición obturante | sealing compound.
composición para empalmar | splicing compound.
composición para evitar se agarren las tuercas a la rosca (5% de grafito y 85% de sebo) | antiseize compound.
composición para forrado de cubiertas (buques) | decking | deck composition.
composición para pavonar | bluer.
composición para relleno | filling compound.
composición plástica | composition plastic.
composición porcentual | percent breakdown | percentage composition.
composición porcentual de óxido | percentage-oxide composition.
composición porcentual en peso | percentage-by-weight composition.
composición protectora higrorresistente | moisture-resisting preservative compound.
composición que está guardada por si hay que utilizarla de nuevo (tipografía) | pickup.
composición que se conserva sin destruirla (tipografía) | standing matter.
composición que sirve y se guarda (tipografía) | live matter.
composición química de la superficie marciana | chemical composition of the Martian surface.
composición química nominal por ciento | nominal chemical composition per cent.
composición racial de los alumnos (colegios) | racial composition of pupils.
composición retardante | retarding composition.
composición sencilla (sin fórmulas, tablas, etc. - tipografía) | straight matter.
composición sin emplear tipos de imprenta | cold type.
composición sin interlineado (tipografía) | solid | solid matter.
composición tipográfica | typesetting | set type.
composición viva (pirotecnia) | quick-burning composition.
composición ya preparada para rellenar un espacio vacío (periódicos) | filler.
composiciones colorantes rojas | pink stains.
compositor | compositor.
compositor (de música) | composer.
compositor encargado de la corrección de la composición (tipografía) | ring man.
compostación | composting.
compostación en montones en hilera | windrowing.
compostaje (agricultura) | composting.
composte (fertilizante orgánico refinado) | compost.
composte de fangos cloacales | sludge compost.
compostura | fixing | piecing | piecing.
compota | compôte.
compra | procurement | purchase | purchasing.
compra a plazo | forward buying.
compra a plazos | installment buying | installment purchase.
compra a precios con escala | scale buying.
compra a precios escalonados | scale buying.

compra a precios escalonados ascendentes | upscale buying.
compra al descubierto | bull purchase.
compra bilateral | reciprocal buying.
compra con derecho a devolución | sale on return.
compra de acciones después de la emisión | impair investment.
compra de aviones | aircraft procurement.
compra de buena fé | innocent purchase.
compra de cobertura | short covering.
compra de energía eléctrica en grandes cantidades y venta al por menor a precios más caros | submetering.
compra de facturas de una empresa por otra para su cobro y riesgo | factoring.
compra de libros deducible de la contribución sobre la renta | tax deductible book purchase.
compra de máquinas anticuadas | trade-in.
compra de mercancías | marketing of goods.
compra de tiempo para una campaña de T.V | time-purchase for a campaign of T.V..
compra de títulos y a continuación su venta (bolsa) | in-and-out.
compra de un activo y posterior alquiler al vendedor | purchase and lease back.
compra directa | direct buy | offhand buying | open purchase.
compra en firme | outright purchase.
compra en liquidación | purchase for the settlement.
compra global | basket purchase.
compra hecha por una entidad a favor de otra | cross procurement.
compra hecha sin oferta por escrito | spot-negotiated sale.
compra imprevista | impulse buying.
compra mayoritaria de acciones de una empresa por otra | take-over merger.
compra no sujeta a trámites oficiales | open purchase.
compra nueva | incoming purchase.
compra o venta a precios escalonados | scaling.
compra o venta al contado (divisas) | spot.
compra o venta de acciones a precios escalonados (Bolsa) | scaling.
compra o venta en el mercado | marketing.
compra o venta no al contado | forward.
compra para cubrir ventas al descubierto | short covering.
compra para impedir la competencia | preclusive buying.
compra por entrega | purchase for delibery.
compra y venta por correspondencia | mail-order business.
compra y venta rápida para obtener pequeñas ganancias | scalping.
comprable | purchasable.
comprador | purchasor | purchaser | buyer.
comprador (comercio) | demander.
comprador (sociedad colectiva) | vendee.
comprador al contado | cash buyer.
comprador al por mayor | bulk purchaser.
comprador consciente de la calidad | quality-conscious buyer.
comprador de buena fe | bona fide purchaser.
comprador de efectos robados | fence.
comprador en perspectiva | intending purchaser.
comprador en reventa | subvendee.
comprador en venta judicial | adjudicatee.
comprador final | final buyer.
comprador marginal | marginal buyer.
comprador nacional | domestic buyer.
comprador o parroquiano probable | prospect.
comprador y vendedor de acciones para ganancias pequeñas | scalper.
comprador y vendedor en dos mercados | spreader.
compradores asociados | joint purchasers.
compradores posibles | potential buyers.
comprar | purchase (to) | buy (to).
comprar a bulto | buy by lump (to) | lump (to).
comprar a condición | buy on appro (to).
comprar a crédito | buy on installments (to) | buy on credit (to).
comprar a la baja | buy on a fall (to).
comprar a margen | buy on margin (to).
comprar a menor precio | underbuy (to).
comprar a plazos | buy on time (to) | buy on the installment system (to).
comprar a precios escalonados | buy on a scale (to).
comprar a término (Bolsa) | buy for the account (to).
comprar acciones baratas para rebajar el coste medio | averaging down.
comprar acciones de una empresa utilizando sólo las ganancias por alza o baja constante | pyramid (to).
comprar acciones que el vendedor ha dejado de entregar (Bolsa) | buy in (to).
comprar al contado | buying outright | buy for cash (to).
comprar al fiado | take up (to).
comprar al por mayor | buy wholesale (to).
comprar en deposito (aduanas) | buy in bond (to).
comprar en firme | buy firm (to).
comprar en globo | lump (to).
comprar en masa | buy up (to).
comprar la parte de (un socio) | buy out (to).
comprar la prima a entregar (bolsa) | give for the call (to).
comprar la prima a recibir (bolsa) | give for the put (to).
comprar muy caro | overbuy (to).
comprar por cuenta del dueño (subastas) | buy in (to).
comprar por subasta | buy at auction (to).
comprar según muestra | buy by sample (to) | buy according to sample (to).
comprar tirado | buy dirt cheap (to).
comprar títulos en espera del alza de sus cotizaciones | averaging up.
comprar un billete de temporada (ferrocarril) | commute (to).
comprar y vender acciones para ganancias pequeñas (bolsa) | scalp (to).
compras | procurement.
compras a la casa matriz | purchases from head office.
compras al contado | cash purchases.
compras alimentación | input.
compras de material de guerra | ordnance procurement.
compras de materias primas | purchases of raw materials.
compras del Gobierno | government purchases.
compras en el país | domestic purchases.
compras en gran cantidad | bulk buying.
compras en plaza | local purchases.
compras netas | net purchases.
compras para el futuro | forward buying.
compraventa | purchase and sale | buying and selling | sale and purchase | bargain and sale.
compraventa sin claúsula restrictiva | absolute sale.
comprender | seize (to).
comprendido (ángulos) | included.
comprendido entre 140 y 150 | cornered between 140 and 150.
comprendido todos los gastos | inclusive of all charges.
comprensión | cognizance.
compreñacita | compreignacite.
compresa | compress | electrically heated pad | pledget | stupe.
compresa (medicina) | pad.
compresibilidad | compressional elasticity | compressibility.
compresibilidad (mandos de dirección del automóvil) | sponge.
compresibilidad aerodinámica | aerodynamic compressibility.
compresibilidad cúbica | cubical compressibility.
compresibilidad isobárica | isobaric compressibility.
compresibilidad isotérmica | isothermal compressibility.
compresible | compressible.
compresímetro | compressometer | compression gage.
compresión | compression.
compresión (barras de estructuras de celosía) | thrust.
compresión a volumen constante | compression at constant volume.
compresión adiabática | adiabatic compression.
compresión adiabatica y reversible | reversible and adiabatic compression.
compresión biescalonada | two-stage compression.
compresión bietápica | two-stage compression.
compresión de deformación plana | plane-strain compression.
compresión de la corteza (geología) | crustal shortening.
compresión de la imagen (televisión) | packing | picture compression.
compresión de la modulación en amplitud | amplitude-modulation compression.
compresión del doblez con una regla de madera (plegado de pliegos para encuadernación) | creasing.
compresión del negro (TV) | black compression.
compresión del terreno | ground compression.
compresión del vapor (en el cilindro) | cushioning.
compresión del vapor en el cilindro | cushion.
compresión diametral | diametral compression.
compresión dinámica | dynamic compression.
compresión en caliente | hot-pressing.
compresión escalonada | compound compression.
compresión escasa (motores) | poor compression.
compresión estática uniaxial | uniaxial static compression.
compresión flúida | liquid compression.
compresión isoentrópica | isentropic compression | isoentropic compression.
compresión limitadora del autoencendido | knock-limited compression.
compresión paralela a la fibra | endwise compression.
compresión perpendicular a la fibra (maderas) | sidewise compression.
compresión politrópica | polytropic compression.
compresión por fases | compound compression.
compresión por onda de choque | shock-wave compression.
compresión preliminar antes de su empleo (muelles) | scragging.
compresión sobre el eje longitudinal (lingotes) | upsetting.
compresión tangencial | circumferential compression.
compresión triaxial | triaxial compression.
compresión volumétrica | compression ratio.
compresional | compressional.
compresión-expansión (comunicaciones) | companding.
compresión-expansión instantánea | instantaneous companding.
compresivo | compressive.
compresor | compandor | compressor | compressing engine.
compresor accionado eléctricamente directamente acoplado | direct-connected electric-driven compressor.
compresor accionado por motor síncrono | synchronous-motor-driven compressor.
compresor acoplado a turbina accionada por los gases de la exhaustación (motor diesel) | turbosupercharger.
compresor axial de pequeña presión | low-

pressure axial compressor.
compresor axial multigradual | multistage axial compressor.
compresor bicilíndrico | twin compressor.
compresor bicilíndrico monoetápico autoenfriado | single-stage two-crank air-cooled compressor.
compresor centrífugo | centrifugal-flow compressor | radial-flow compressor.
compresor centrífugo accionado por turbina de gases | gas-turbine centrifugal compressor.
compresor centrífugo de aire | centrifugal air compressor.
compresor centrífugo de flujo mixto | mixed flow centrifugal compressor.
compresor centrífugo de flujo radial | radial flow centrifugal compressor.
compresor centrífugo de paletas retroinclinadas | backward-bladed centrifugal compressor.
compresor centrífugo de rotor abierto | unshrouded centrifual compressor.
compresor centrífugo de varias etapas | multistage centrifugal compressor.
compresor centrífugo para refrigeración | centrifugal refrigerant compressor.
compresor con camisa de enfriamiento | dry-compressor.
compresor con cilindros en V | vee-bloc compressor.
compresor de aire | air compressor.
compresor de aire a mano | manual air compressor.
compresor de aire accionado por motor directamente acoplado | direct-coupled motor-driven air compressor.
compresor de aire biescalonado de enfriamiento natural | two-stage air-cooled air compressor.
compresor de aire de dos fases en tanden de una cigüeña | single-crank tamdem two-stage air compressor.
compresor de aire de simple efecto monoetápico | single-stage single-acting air compressor.
compresor de aire motorizado | motorized air compressor.
compresor de aire portátil de pistón libre | free-piston portable air compressor.
compresor de aire sin lubricación con pistones con aros de grafito | carbon-ring oilless air compressor.
compresor de alta presión | high-pressure compressor.
compresor de amoníaco | ammonia compressor.
compresor de anillo de agua | rotary liquid-piston compressor.
compresor de aspiración a la presión atmosférica | normally-aspirated compressor.
compresor de cabina (aviones) | pressurizer.
compresor de cilindros horizontales opuestos equilibrados | balanced-opposed compressor.
compresor de chorro de vapor de aguas | steam-jet compressor.
compresor de diafragma flexible de metal | diaphragmatic compressor.
compresor de disposición en discos (compresor axial) | disc-type compressor.
compresor de disposición en tambor (compresor axial) | drum-type compressor.
compresor de fases escalonadas | stage compressor | compound compressor.
compresor de flujo axial | axial-flow compressor.
compresor de flujo axial decaetápico | ten-stage axial-flow compressor.
compresor de flujo semiaxial | semiaxial flow compressor.
compresor de gas | gas compressor.
compresor de gas de alumbrado | coal-gas compressor.
compresor de impulsos de diodo túnel | tunnel-diode pulse compressor.
compresor de inyección de agua | spray-compressor.
compresor de la palabra | speech compressor.
compresor de paletas | sliding-vane compressor.
compresor de pequeña relación de compresión | blower.
compresor de pistón | reciprocating compressor.
compresor de pistón libre | free-piston compressor.
compresor de pistones libres con combustión a volumen constante | constant-volume-combustion free-piston compressor.
compresor de sobrealimentación (motores) | booster.
compresor de tornillos rotatorios engranantes sin contacto físico entre sí | rotary screw compressor.
compresor de varias velocidades | multi-speed supercharger.
compresor del aire de arranque (motores diesel) | manoeuvring air compressor.
compresor del aire de inyección | injection-air compressor.
compresor del gas refrigerante | refrigerant gas compressor.
compresor del rollo de napa (batanes) | lap rack.
compresor del tiempo (comunicaciones) | time-compressor.
compresor elevador | booster compressor.
compresor frigorígeno | refrigerating compressor.
compresor helicocentrífugo | helicocentrifugal compressor.
compresor helicoidal | helicoidal compressor.
compresor interno | internal supercharger.
compresor mixto | axial cum centrifugal compressor.
compresor monocilíndrico | single-cylinder compressor.
compresor monocilíndrico monoetápico | single-stage single crank compressor.
compresor para cargar locomotoras de aire comprimido (minas) | locomotive charger.
compresor para el aire de arranque | starting compressor.
compresor para el barrido | scavenging compressor.
compresor para la sobrealimentación (motores) | supercharger.
compresor portátil | portable compressor.
compresor preliminar | precompressor.
compresor que comprime aire desplazándolo mecánicamente | positive-displacement compressor.
compresor que comprime en un espacio que se cierra y se reduce en volumen por medios mecánicos | positive-displacement compressor.
compresor que facilita el aire de pérdidas | makeup compressor.
compresor radial$ | radial compressor.
compresor reforzador | inbye compressor.
compresor refrigerador de la carga | cargo refrigerating compressor.
compresor rotativo de paletas | rotary-vane compressor.
compresor rotatorio de tipo de álabes | vane-type rotary compressor.
compresor sin lubricación del pistón | dry-compressor.
compresor sin lubricación en el pistón | oil-free compressor.
compresor sobrealimentado por la presión del aire en marcha (aviones) | boosted compressor.
compresor sobrecargado | supercharged compressor.
compresor supersónico | supersonic compressor.
compresor tipo Roots | two-lobe compressor.
compresor volumétrico | positive displacement blower.
compresora de libros (imprenta) | building-in machine.
compresor-expansor (telefonía) | compander | compressor expander.
compresor-expansor minúsculo | miniature compandor.
compresorista | compressor man.
comprimente | compressing.
comprimible | compressible.
comprimido | pressurized | pressed | tablet | compressed.
comprimido (aplastado - botánica) | compressed.
comprimido (pulvimetalurgia) | compact.
comprimido con pistón | piston-compressed.
comprimido crudo (pastilla no sinterizada - pulvimetalurgia) | green compact.
comprimido de aluminio oxidado | oxidized aluminum compact.
comprimido de forma de barra y calentada por su propia resistencia eléctrica a una temperatura que funde el interior y la deja hueca (pulvimetalurgía) | cored bar.
comprimido de metal poroso | porous-metal compact.
comprimido de polvo fino (pulvimetalurgia) | fine-powered compact.
comprimido de polvo grueso (pulvimetalurgia) | coarse-powder compact.
comprimido de polvo metálico | briquette.
comprimido de pulvihierro | iron-powder compact.
comprimido de pulvimetal grafitado | graphite-metal powder compact.
comprimido dilatado por presión de los gases internos (pulvimetalurgia) | puffed compact.
comprimido en estado líquido | liquid squeezed.
comprimido ferroso sinterizado | sintered ferrous compact.
comprimido metálico | metal compact.
comprimido poroso de pulvihierro | iron-powder porous pressing.
comprimir | compact (to) | press (to) | block (to) | compress (to) | squeeze (to).
comprimir en el estado fluido | fluid-compress (to).
comprimir en seco | dry-press (to).
comprobable | testable.
comprobación | vouching | audit | trial | test | monitoring | checking | check | check | proof.
comprobación (aparatos topográficos) | setting up.
comprobación al instante | real time checking.
comprobación cíclica | repetitive checking.
comprobación cruzada | crosscheck.
comprobación de cabina (avión) | cockpit check.
comprobación de campo (topografía) | field check.
comprobación de cantidades (proyectos edificios) | quantity-surveying.
comprobación de colores (TV) | color monitoring.
comprobación de duplicidad | duplication check.
comprobación de encendido de señal | signal light proving.
comprobación de informes sobre una persona | reference check.
comprobación de la aptitud para vuelos con instrumentos (pilotos) | instrument check.
comprobación de la calidad durante el proceso de fabricación | in-process quality check.
comprobación de la concentración | control of concentration.
comprobación de la eficacia del anuncio | copy testing.
comprobación de la polaridad | polarity checking.
comprobación de la seguridad | security check.
comprobación de la sincronización del cargador (cañón) | loader synchronization check.
comprobación de la suficiencia en vuelo de la tripulación (aviación de transporte) | line check.

comprobación de las existencias de almacén | inventory management.
comprobación de las pruebas | trial performance.
comprobación de lentes | lens checking.
comprobación de medios de vida | means test.
comprobación de paridad de cada fila de tarjeta (calculadora) | row parity check.
comprobación de pesadas | checkweighing.
comprobación de pesos | checkweighing.
comprobación de portadora sintonizada | signal back of carrier tuned.
comprobación de roscas | thread testing.
comprobación de salida | checkout.
comprobación del estado de cuenta mensualmente | bank reconciliation.
comprobación del giro | rotation check.
comprobación del instrumento | instrument check.
comprobacion del signo menos (calculadora digital) | test for minus.
comprobación diaria de entradas y salidas | teller's proof.
comprobación electrónica (tuberías) | jeeping.
comprobación en el sitio de trabajo | spotcheck.
comprobación en el taller | bench check.
comprobación en tiempo real | real time checking.
comprobación final | final check.
comprobación funcional | functional checking.
comprobación general | over check | overcheck.
comprobación in situ | spotcheck.
comprobación interna | internal check.
comprobación marginal | marginal checking.
comprobación matemática | mathematical check.
comprobación múltiple | multiple gaging.
comprobación numérica | numerical check.
comprobación par-impar | odd-even check.
comprobación pluridimensional | multidimension checking.
comprobación por polígonos de precisión | precision polygon testing.
comprobación prevuelo | preflight checking.
comprobación programada | programmed checking.
comprobación selectiva | selection check.
comprobación selectiva incompleta | crippled leapfrog test.
comprobación topográfica de las superficies de la muela abrasiva | topographic testing of grinding wheel surfaces .
comprobación topográfica de superficies | topographic testing of surfaces.
comprobación transversal | transverse check.
comprobación visual | visual monitoring.
comprobación y preparación para su uso antes de iniciar el vuelo | preflight.
comprobaciones previas antes de funcionar (aparatos) | pre-use checks.
comprobado | confirmed | checked.
comprobado a precisión óptica con un aumento de 2000 veces | checked to optical accuracy with 2000 times magnification.
comprobado con plantilla | checked by template.
comprobado contra copia de factura | invoice copy examined.
comprobado dos veces | double-checked.
comprobado en el campo | field-checked.
comprobado en el laboratorio | lab-checked.
comprobado estadísticamente | checked statistically.
comprobado por gammagrafía | gammaradiography checked.
comprobador | tester | trier | telltale.
comprobador de ángulos | angle-tester.
comprobador de calibres (talleres) | gage tester.
comprobador de centros | center tester.
comprobador de centros (tornos) | wiggler.
comprobador de cintas magnéticas | magnetic tape tester.
comprobador de continuidad y electroaislamiento | insulation and continuity tester.
comprobador de cuchillas de aguja (electrónica) | proving of switch blades.
comprobador de dentaduras de evolvente de círculo (engranajes) | involute checker.
comprobador de desgaste de engranajes | gear-wear tester.
comprobador de engranamiento (engranajes) | mesh tester.
comprobador de error de código | code error checker.
comprobador de espiras (devanados) | turns checker.
comprobador de espoletas | shell-fuse testing gear.
comprobador de inducidos | armature tester.
comprobador de la corrosividad | corrisivity tester.
comprobador de la redondez | roundness tester.
comprobador de la respuesta armónica | harmonic response tester.
comprobador de la variación del paso de rosca | screwthread drunkenness tester.
comprobador de la visión estereoscópica de una persona | stereoscopic tester.
comprobador de lámparas termiónicas (radio) | tube tester.
comprobador de las agujas (ferrocarril) | switch controller.
comprobador de las conexiones de señalización | signal bond tester.
comprobador de manómetros | gage tester.
comprobador de materiales | material checker.
comprobador de napas (batanes) | lap tester.
comprobador de niveles | level tester.
comprobador de niveles (topografía) | level tryer.
comprobador de paridad | parity checker.
comprobador de patrones | meter tester.
comprobador de perpendicularidad | squareness tester.
comprobador de señal (ferrocarril) | signal indicator.
comprobador de tubos | tube tester.
comprobador de tubos electrónicos | tube tester.
comprobador de válvulas | tube tester.
comprobador del aislamiento | insulation detector.
comprobador del estado de carga (acumuladores) | state-of-charge tester.
comprobador del nivel | level monitor.
comprobador del sistema de dar fuego (cañones) | firing system tester.
comprobador rutinario (persona) | routiner.
comprobador rutinario (telefonía) | routiner.
comprobadora de engranajes | gear tester.
comprobadora de las divisiones del limbo | circle division tester.
comprobadora del paso (hélices) | lead checker.
comprobante | evidence | voucher | memorandum receipt | warrant | receipt.
comprobante de adeudo | evidence of debt.
comprobante de asientos contables | proof of posting.
comprobante de caja | pay voucher | cashbook voucher | cash voucher.
comprobante de caja chica | office fund voucher.
comprobante de desembolso | disbursement voucher.
comprobante de diario (contabilidad) | journal voucher.
comprobante de gastos | expense loading | expense voucher.
comprobante de haber pagado los derechos de muelle (buques) | dock pass.
comprobante de una deuda | evidence of indebtedness.
comprobante del libro diario | journal voucher.
comprobantes aprobados por pagar | vouchers approved for payment.
comprobantes de pagos efectuados | vouchers paid.
comprobantes originales | supporting records.
comprobar | try (to) | prove (to) | vouch (to) | verify (to) | check (to) | monitor (to) | control (to).
comprobar cuentas | audit (to).
comprobar el correcto funcionamiento de un programa secuencialmente (informática) | trace (to).
comprobar el peso | check-weigh (to).
comprobar el recuento en cantidad (inventarios) | test quantity counts (to).
comprobar el teodolito | trace (to).
comprobar en obra | spotcheck (to).
comprobar in situ | spotcheck (to).
comprobar la estabilidad del terreno | check ground stability (to).
comprobar la homogeneidad en toda la muestra | test the homogeneity throughout the sample (to).
comprobar la pureza | assay (to).
comprobar la temperatura crítica | monitor critical temperatures (to).
comprobar las bolas | ball-test (to).
comprobar las facturas | check invoices (to).
comprobar las instrucciones del codificador (calculadora electrónica) | burn in (to) | debug (to).
comprobar los derechos literarios y musicales | clear the rights (to).
comprobar nuevamente y en caso necesario repetir el ajuste | re-check and if necessary repeat adjustment.
comprobar por rayos X | X-ray (to).
comprobar ultrasónicamente | check ultrasonically (to).
comprobar y preparar para su uso antes de iniciar el vuelo | preflight (to).
comprometer | engage (to) | compromise (to).
comprometer (su vida) | gauge (to).
comprometer fondos para un fin dado (fondos disponibles) | obligate (to).
comprometerse | engage oneself (to) | compromise (to).
comprometerse a | enter into recognizances (to).
comprometerse a pagar | undertake to pay (to) | accept (to) | guarantee to pay (to).
comprometerse por escrito | enter in a bond (to).
comprometido | committed | engaged.
compromisario | compromissary | compromiser | referee | presidential elector.
compromiso | engagement | undertaking | compromising | compromise | committal | commitment | liability.
compromiso (de su palabra) | giving.
compromiso de arbitraje | arbitration agreement.
compromiso de arrendamiento | lease commitments.
compromiso de comparecencia en un día fijado (prisionero en libertad condicional) | mainprize.
compromiso de compra | purchase commitments.
compromiso de dosis | dose commitment.
compromiso de emisión | underwriting commitment.
compromiso de inversión | capital commitment.
compromiso de readquisición | buy-back undertaking.
compromiso financiero | financial engagement.
compromiso para comprar valores no vendidos | standby underwriting.
compromiso privado | private placement.
compromiso vencido (economía) | arrears.
compromisos imprevistos | contingent liabilities.
compruébense los conductores | let it check the leads.
compuerta | draw-gate | ram | gate | sluice |

overflow weir | valve blade | hatch | gate.
compuerta (embalse) | drainage-opening.
compuerta (esclusas) | shut | shutoff.
compuerta (hidráulica) | baffle | overflow sill.
compuerta (pantanos) | drainage-hole.
compuerta (perforaciones) | drill gate.
compuerta (presas) | overflow | shutter.
compuerta abatible | down-folding gate.
compuerta abatible (hidráulica) | descending gate.
compuerta aforadora | meter gate.
compuerta auxiliar (hidráulica) | filler gate.
compuerta basculante de doble tablero (dos hojas engoznadas maniobradas por presión de agua) | bear-trap gate.
compuerta cilíndrica | roller gate | cylinder gate | ring gage.
compuerta cilíndrica (presas) | rolling gate.
compuerta de abertura graduada | graded sluice.
compuerta de admisión (hormigonera) | strike off gate.
compuerta de aguas abajo (esclusas) | aft gate.
compuerta de aguas arriba (esclusa) | crown gate.
compuerta de aguja | needle-weir.
compuerta de agujas | needle dam | needle-gate.
compuerta de aliviadero | spillway gate.
compuerta de alzas | roof weir.
compuerta de alzas (dos hojas engoznadas maniobradas por presión de agua) | bear-trap gate.
compuerta de anillo obturador | ring-seal gate.
compuerta de anillo seguidor | ring-follower gate.
compuerta de arco superior (minas) | overhung arc gate.
compuerta de baja impedancia de entrada a diodo túnel | tunnel-diode-low-input-impedance gate.
compuerta de basuras (hidráulica) | skimming gate.
compuerta de bifurcación | bifurcating gate.
compuerta de cabecera | head-gate.
compuerta de cierre | shutoff gate.
compuerta de cierre (presas) | closure gate (dams).
compuerta de cierre de chimenea (minas) | check battery.
compuerta de cierre oscilante | flap gate.
compuerta de cierre total | ram gate.
compuerta de cola (esclusas) | tailgate.
compuerta de conumutación | transfer valve.
compuerta de coronación (presas) | crest gate.
compuerta de coronación de tipo basculante | bascule-type crest gate.
compuerta de corredera de guillotina | guillotine-type sluice-gate.
compuerta de charnela | flap gate.
compuerta de derrame (presas) | crest gate.
compuerta de desagüe | waste gate | sluice gate.
compuerta de desahogo | relief gate.
compuerta de descarga | sluice gate | outlet valve | floodgate.
compuerta de descarga (esclusas) | tailgate.
compuerta de descarga inferior | undershoot gate.
compuerta de dique | bay.
compuerta de emergencia | emergency gate.
compuerta de entrada | entrance sluice | inlet sluice.
compuerta de entrada (dársena de mareas) | flood-tide gate.
compuerta de esclusa | floodgate | sluice gate | hatch | penstock | reject gate.
compuerta de esclusa circular | circular sluice-gate.
compuerta de evacuación | sluice gate.
compuerta de guillotina | sliding gate | shear gate.
compuerta de inmersión | falling sluice.
compuerta de inundación (diques) | floodgate.
compuerta de limpia | sluice gate | scouring sluice.
compuerta de limpia (alcantarillado) | flush gate.
compuerta de marea | sea-gate | tide gate.
compuerta de marea (dársenas) | floodgate.
compuerta de mareas | ebb and flow gate.
compuerta de mariposa | wicket gate | butterfly gate.
compuerta de mariposa de accionamiento hidráulico | hydraulically-operated butterfly valve.
compuerta de mariposa neumoaccionada | pneumatically-operated butterfly valve.
compuerta de orugas (hidráulica) | caterpillar gate.
compuerta de paso | bypass gate | floodgate | shutoff gate.
compuerta de presa | dam weir.
compuerta de purga | reject gate | sluice gate.
compuerta de regulación del viento (alto horno) | blast gate.
compuerta de retención | backwater gate.
compuerta de rodillos | fixed-roller gate | fixed-wheel gate | roller gate | truck-type gate.
compuerta de rodillos (presas) | coaster gate.
compuerta de salida | exit sluice.
compuerta de sector (presas) | drum gate.
compuerta de sector circular acharnelada sobre eje horizontal (presas) | floating-type sector gate.
compuerta de sector reguladora | sector regulator sluice.
compuerta de sector rodante | rolling sector gate.
compuerta de seguridad | safety gate.
compuerta de servicio (canal de riegos) | delivery gate.
compuerta de sincronización cromática | burst gate.
compuerta de solapado | overlapping gate.
compuerta de tambor (presas) | drum gate.
compuerta de tolva | bin gate.
compuerta de toma | intake gate | head-gate.
compuerta de toma (hidráulica) | head gate.
compuerta de trabajo | head-gate.
compuerta de turbina | turbine gate.
compuerta de vaciamiento | blowoff gate.
compuerta de ventilación (minas) | air door.
compuerta de vertedero | crest gate | spillway sluice.
compuerta de vertedero (presas) | crest weir.
compuerta deflectora | deflecting damper.
compuerta del aire caliente | hot-blast valve.
compuerta del corredera | slide gate.
compuerta derivadora | turnout.
compuerta derivadora (canal de riegos) | delivery gate.
compuerta derivadora (riegos) | division gate.
compuerta deslizable (presas) | coaster gate.
compuerta desviadora | diverter gate | diversion gate.
compuerta dispersadora | disperser valve.
compuerta flotante | caisson.
compuerta hidráulica | hydraulic gate.
compuerta inferior (esclusas) | tailgate.
compuerta levadiza | rising gate.
compuerta levadiza de trenes de rodillos | paradox gate.
compuerta maestra | master gate.
compuerta medidora | meter gate.
compuerta NOR complementaria (transistor) | complementary NOR gate.
compuerta oscilante | shaker gate.
compuerta para represar agua de la marea | go-out.
compuerta partidora | bifurcation gate | splitter damper.
compuerta partidora (riegos) | division gate.
compuerta por conjunción | and-gate.
compuerta por disyunción | or-gate.
compuerta radial | segmental gate.
compuerta radial (minas) | arc gate.
compuerta radial (presas) | tainter gate.
compuerta radial para tolva | cutoff gate.
compuerta reguladora | regulating sluice | regulator-gate.
compuerta reguladora automática de sector | automatic sector regulator sluice.
compuerta reguladora de sector (presas) | tainter-type regulating gate.
compuerta reguladora del caudal | squeeze damper.
compuerta sectoral | radial gate.
compuerta sectorial | sector sluice | sector gate.
compuerta segmental (presas) | tainter gate.
compuerta sonora | sound gate.
compuerta trasera para cargar (vagones) | tailgate.
compuerta umbral | threshold gate.
compuerta Y | and-gate.
compuerta Y-O-NO (informática) | and-or-not gate.
compuertas de toma | head sluices.
compuertas empaquetadoras | ramp.
compuertas en paralelo | parallel gates.
compuertas para usos hidráulicos | hydraulic sluicing.
compuertas radiales del aliviadero | spillway radial gates.
compuesto | combined | complex | composite.
compuesto a mano (tipografía) | handset.
compuesto acíclico | acyclic compound.
compuesto adhesivo | antistripping compound.
compuesto adiamantado para lapidar | diamond lapping compound.
compuesto aditivo | addition compound.
compuesto aislador para colectores | commutator cement.
compuesto aislante de relleno (para cables eléctricos) | cable filler.
compuesto alifático | aliphatic compound.
compuesto alifático lineal | linear aliphatic compound.
compuesto amónico cuaternario | quaternary.
compuesto anisodésmico | anisodesmic compound.
compuesto anticementante | anticarburizing compound.
compuesto anticlinal múltiple | anticlinorium.
compuesto antidesconchante (lubricante para engranajes) | antigalling compound.
compuesto antiempañante | antidim compound.
compuesto antiextendedor (para lubricantes) | antispreading dope.
compuesto antiherrumbre | rust preventive compound.
compuesto antioxidante | slush | antioxidation dope.
compuesto antiprecipitante (calderas) | antiprecipitating compound.
compuesto antirrechupe de carbón vegetal granulado | granulated charcoal antipiping compound.
compuesto antirrechupes (lingotes) | antipiping compound.
compuesto aromático | aromatic compound | ring compound.
compuesto aromático irradiado | labeled aromatic compound.
compuesto arsenioso | arseno-compound.
compuesto atenuador del daño por irradiaciones | radiation damage-inhibiting compound.
compuesto azóico | azo-compound.
compuesto azoico de cadena larga | long-chain azo-compound.
compuesto binario | binary compound.
compuesto cebador para munición | ammunition priming mixture.
compuesto cíclico | ring compound.
compuesto con 10 moléculas de agua | decahydrate.
compuesto contra la formación de depósitos (calderas) | antiprecipitating compound.
compuesto covalente | covalent compound.
compuesto de absorción | absorption compound.

compuesto de anillo aromático heterocíclico (química) | heterocyclic aromatic ring compound.
compuesto de anillo exagonal | six-membered ring compound.
compuesto de anillo oxidado (química) | oxide-ring compound.
compuesto de cadena abierta | aliphatic compound | acyclic compound | open-chain compound.
compuesto de cadena cerrada | ring compound | aromatic compound.
compuesto de cadena cerrada (compuesto cíclico - química) | cyclic compound.
compuesto de cadena larga (química) | long chain compounds.
compuesto de caucho según especificación | code-grade rubber.
compuesto de cesio-137 estable e insoluble | stable insoluble cesium-137 compound.
compuesto de cierre | sealing compound.
compuesto de condensación (química) | condensation compound.
compuesto de coordinación (química) | coordination compound.
compuesto de chamota (fundición) | chamotte compo.
compuesto de diazo | diazo compound.
compuesto de dos componentes | two-component composite.
compuesto de fibra de carbón | carbon fibre composite.
compuesto de grafito y epoxia | graphite-epoxy composite.
compuesto de matriz de níquel reforzada con filamentos de tungsteno | tungsten-filament-reinforced nickel-matrix composite.
compuesto de neopreno para cubiertas (buques) | neoprene decking compound.
compuesto de partículas fragmentarias microscópicas | cryptoclastic.
compuesto de peróxido de hidrógeno o que lo produce | peroxygen compound.
compuesto de plomo | lead compound.
compuesto de puente (química) | bridged compound.
compuesto decapante acídico en polvo | powdered acidic pickling compound.
compuesto deficiente en electrones | electron deficient compoud.
compuesto del valor final | compouding.
compuesto desoxidante | derusting compound.
compuesto diazoico heterocíclico | heterocyclic diazo-compound.
compuesto dispersor del lubricante descompuesto | oil sludge dispersing compound.
compuesto disustituido | disubstituted compound.
compuesto doble | double compound.
compuesto elastomérico resinoso | resinous elastomeric compound.
compuesto equiatómico | equiatomic compound.
compuesto eutéctico | eutectic composite.
compuesto eutéctico reforzado con monocristales filiformes | whisker-reinforced eutectic composite.
compuesto formulado de cemento (y) arena y agua | formulated compound of cement (and) sand and water.
compuesto fragil de aluminio y oro que se produce a elevada temperatura (transistores) | purple plague.
compuesto heterocíclico bicíclico | bicyclic heterocyclic compound.
compuesto hidrazoico | hydrazo compound.
compuesto higrófugo de combustión lenta | flame-retardant moisture-resistant compound.
compuesto impermeabilizador | admixture.
compuesto impregnador para usos eléctricos | electric impregnating compound.
compuesto inhibidor | inhibiting compound.
compuesto inhibidor involátil | nonvolatile inhibiting compound.
compuesto inorgánico para averiguar la temperatura de los metales | thermocolor.
compuesto intermedio | intermediate.
compuesto intermetálico | intermediate constituent.
compuesto intermetálico (metaluro - compuesto binario de un metal con otro metal) | metallide.
compuesto irradiado con tritio | tritium-labeled compound.
compuesto lapidador | lapping compound.
compuesto lubricante | filler.
compuesto luminoso radiactivo | radioactive luminous compound.
compuesto membranógeno | membrane forming compound.
compuesto metalocerámico | metalloceramic compound.
compuesto metaloorgánico | metal-organic compound | metalloorganic compound.
compuesto mineral | mineral compound.
compuesto moldeador ureico | urea-molding compound.
compuesto monocíclico de anillo exagonal | monocyclic six-membered ring comopund.
compuesto multimolecular | multimolecular compound.
compuesto nitrado | nitro-compound.
compuesto nitroaromático | aromatic nitro compound.
compuesto no estequiométrico (química) | nonstoichiometric compound.
compuesto obtenido esterificando colofonía con un alcohol polihídrico | ester gum.
compuesto obturador | sealant.
compuesto obturador de juntas | joint-sealing compound.
compuesto ocluidor | sealing compound.
compuesto organico polar (química) | polar organic compound.
compuesto organofosfórico | organophosphoric compound.
compuesto organomercurial | organomercury compound.
compuesto organoplumbífero | organolead compound.
compuesto organosilícico | organosilicon compound.
compuesto para calafatear | caulking compound.
compuesto para impregnación de bobinas | coil impregnating compound.
compuesto para juntas | joint compound.
compuesto para juntas de tuberías | pipe joint compound.
compuesto para lapidar de carburo de boro | boron carbide lapping compound.
compuesto para moldear por inyección | injection molding compound.
compuesto para proteger la superficie (baños de galvanización) | blanket.
compuesto para roscas de tubos | pipe thread compound.
compuesto para unir vidrio al níquel | glass-to-nickel seal.
compuesto para verter en caliente | hot-pouring compound.
compuesto plástico de amianto | plastic asbestos compound.
compuesto plástico de caucho | plastic rubber compound.
compuesto polar (química) | polar compound.
compuesto polímero dipolar | dipolar polymeric compound.
compuesto premezclado para lapeacción | premixed lapping compound.
compuesto pulidor adiamantado | diamond polishing compound.
compuesto pulidor-gran calidad | premium polishing compound.
compuesto que hace más lenta la eliminación del agua de amasado (hormigones) | sealing compound.
compuesto que produce variaciones en la tensión interfacial o tensión superficial de dos cuerpos | surface-active agent | wetting agent.
compuesto químico estequiométrico | stoichiometric chemical compound.
compuesto químico para facilitar el desprendimiento del molde (resinas sintéticas) | parting compound.
compuesto refractario para moldear (hornos) | castable.
compuesto refractario para moldes a la cera perdida | investment compound.
compuesto refrigerador de silicona | silicone heat-sink compound.
compuesto regulador del crecimiento | growth-regulating compound.
compuesto termoendurecible para moldeo en caliente | hot-molding thermosetting compound.
compuestos cristalinos isómeros | isomeric crystalline compounds.
compuestos de diferente composición y de igual comportamiento químico | isoidioms.
compuestos intermetálicos | intermetallics.
compuestos líquidos para pulir | liquid buffing compositions.
compuestos minerales | inorganic compounds.
compuestos quelatos de ligandos | chelate compounds of ligands.
compuestos-padres (química) | parent-compounds.
compulsa | legalized copy.
compulsa (documentos) | engrossing.
compulsar | engross (to).
compulsión | forcing | constraint | restraint.
compulsivo | compelling.
compulsor | compeller.
compulsorio | compulsory.
compungir | feel compunction (to).
computación | account | adjusting.
computador (informática) | computer.
computador (navegación a la estima) | computer.
computador asíncrono | asynchronous computer.
computador automático de almacenamiento electrónico diferido | electronic delay storage automatic computer.
computador correctivo de puntería | aiming correction computer.
computador de corrección al objetivo | lead computer.
computador de datos para sonar | sonar data computer.
computador de finalidades generales | general purpose computer.
computador de gama de azimut | azimuth rate computer.
computador de navegación | navigation computer.
computador de programa almacenado | stored program computer.
computador de radiactividad | radiac computer.
computador de velocidad aérea | airspeed computer.
computador digital en paralelo | parallel digital computer.
computador digital en serie | serial digital computer.
computador electrónico | digital computer.
computador electrónico digital e integrado | electronic numerical integrator and computer.
computador índice de datos neutrónicos | computer index of neutron data.
computador logarítmico | logarithmic computer.
computador para investigación sobre artillería naval | naval ordnance research computer.
computador personalizado | personalized computer.
computador radiac | radiac computer.
computador síncrono | synchronous computer.

computadora (informática) | computer.
computadora de a bordo (aviones) | onboard computer.
computadora de alta velocidad | high-speed computer.
computadora de facturación | accounting computer.
computadora de mesa | desk computer.
computadora digital | digital computer.
computadora híbrida | hybrid computer.
computadora justificadora de cinta magnética | tape justifying computer.
computadora sismográfica | seismograph computer.
computar | adjust (to) | number (to) | figure (to) | compute (to) | estimate (to) | reckon (to) | account (to) | date (to).
computarizado | computer-based.
computarizar | computerize (to).
computista | actuary | computist.
cómputo | account | message charging | figuring out | tally | reckoning | metering | calculation | estimate | computing | computation.
cómputo automático central | automatic message recording.
computo automático de llamadas | automatic message accounting.
computo de distancia y tiempo | time and distance metering | time-and-distance metering.
cómputo de las llamadas | call metering.
cómputo de las tarjetas | card count.
cómputo de tarificación única | single-fee metering.
cómputo erroneo | miscomputation.
cómputo múltiple (telefonía) | multimetering.
cómputo por bateria positiva | positive battery metering.
cómputo por inversión de alimentación (electricidad) | reverse battery metering.
cómputo por tiempo y zona | time and zone metering.
cómputo por tiempo y zona (telefonía) | time-and-zone metering.
cómputo prematuro (telefonía) | premature metering.
computo sencillo (telefonía) | single-fee metering.
comraz | comraz.
comulofídico | cumulophyric.
comulovolcán | cumulovolcan.
común | common.
común acuerdo | joint consent.
común divisor | common divisor.
común múltiplo | common multiple.
comuna | commune.
comunal | communal.
comunalidad | commonality.
comunalismo | communalism.
comúnero | commoner | tenant in common.
comunicabilidad | communicability.
comunicable | communicable.
comunicación | communication | conveyance | paper | intercourse | conference paper | touch.
comunicación (de un documento) | profert.
comunicación (teléfonos) | line.
comunicación acústica | sound communications.
comunicación alámbrica | landline communication | wire communication.
comunicación alámbrica por portadora de alta frecuencia | wired radio.
comunicación bidireccional | two-way communication.
comunicación bilateral | simplex two-way | two way connection | connection duplex.
comunicación binaria síncrona | binary syncronous communications.
comunicación científica | paper.
comunicación con frecuencia portadora | carrier communication.
comunicación con rayos infrarrojos | infrared communication.
comunicación con tasa de duración (telefonía) | timed call.
comunicación de abonado (telefonía) | subscription call.
comunicación de accidente | report an accident.
comunicación de aire a tierra | air-ground communication.
comunicación de barco a costa | shore-to-ship communication.
comunicación de coherencia de fase | phase-coherence communcation.
comunicación de datos científicos | scientific communication.
comunicación de doble sentido | two-way communication.
comunicación de gran alcance a frecuencias extremadamente bajas | long range communications at extremely low frequency.
comunicación de masas | mass communication.
comunicación de oficio | compulsory communication.
comunicación de pago | advice of payment.
comunicación de recibo | advice of receipt.
comunicación de sistemas de marcha-parada | start-stop system communication.
comunicación de socorro | distress communication.
comunicación de tierra al avión | ground-to-air communication.
comunicación de tránsito (telecomunicación) | built-up connection.
comunicación de un solo sentido | one-way communication.
comunicación dentro del área (aeronáutica) | intra-area communication.
comunicación directa (radio) | direct relation.
comunicación duplex | duplexer.
comunicación en ambos sentidos | talkback communication.
comunicación en dúplex (telegrafía) | duplexing.
comunicación en el área (aviación) | intra-area communication.
comunicación en fonía | voice communication.
comunicación en los dos sentidos | two-way communication.
comunicación en torno a la tierra | global communication.
comunicación en tránsito | through call.
comunicación entre líneas centrales | exchange line call.
comunicación entre sistemas | intersystem communication.
comunicación espacial | space communication.
comunicación gráfica | graphic communication.
comunicación interaviónica | interaircraft communication | interplane communication.
comunicación interior en la memoria (informática) | core to-core communication.
comunicación internacional de trañsito (telefonía) | transit international call.
comunicación internacional de tránsito de dos conexiones | three link international call.
comunicación internacional de tránsito de una conexión | two link international call.
comunicación interurbana | toll call.
comunicación interurbana telex | telex trunk call.
comunicación intervehicular | intervehicle communication.
comunicación intrarregional | intra-area communication.
comunicación lateral | bypass.
comunicación mundial por medio de satélites artificiales | global satellite communication.
comunicación no oficial en la empresa | grapevine.
comunicación por altísima frecuencia de avión a avión | air-to-air VHF communication.
comunicación por conferencia | conference communication.
comunicación por conmutación | switched connection.
comunicación por dispersión orbital | orbital scatter communication.
comunicación por ionización meteórica | meteor burst communication.
comunicación por medio de estafeta | messenger communication.
comunicación por microonda e impulsos | time-division microwave communication.
comunicación por microondas en línea recta | line-of-sight microwave communication.
comunicación por ondas electromagnéticas a través del espacio | radio.
comunicación por ondas espaciales | sky wave communication.
comunicación por portadora sobre línea de transporte de energía | power-line carrier communication.
comunicación por señales | wigwag.
comunicación por teléfono | message.
comunicación privada ordinaria (telefonía) | ordinary private call.
comunicación rechazada | refused communication.
comunicación regional | toll call.
comunicación relacionada con la seguridad | safety communication.
comunicación retentiva | enquire call.
comunicación segura | safety communication.
comunicación sin tasa de duración | untimed call.
comunicación submarina | underwater communication.
comunicación submarina a larga distancia | long distance underwater communication.
comunicación subterránea | underground communication.
comunicación telefónica por circuito compartido | party-line voice communication.
comunicación télex de servicio | service telex call.
comunicación telex privada | private telex call.
comunicación tierra-aire | ground-to-air communication.
comunicación transhorizonte | beyond-the-horizon communication.
comunicación unilateral | one-way connection.
comunicación urgente de prensa | urgent press call.
comunicación verbal | face-to-face communication.
comunicación visual | visual communication.
comunicaciones de modulación de impulsos | PM communications.
comunicaciones de modulación de impulsos codificados | PCM communications.
comunicaciones entre aviones | interplane communication.
comunicaciones entre edificios de la factoría | intraplant communications.
comunicaciones impresas | printed communications.
comunicaciones interinsulares | inter-island communications.
comunicaciones marítimas | sea communications.
comunicaciones por cable hertziano | microwave communications.
comunicaciones por segundo | calls per second.
comunicaciones telefónicas para control del tráfico aéreo | air-traffic control voice communications.
comunicaciones teletipográficas | printed communications.
comunicaciones troposféricas | tropospheric communications.
comunicado radiofónico | spot.
comunicador (de movimiento) | communicator.
comunicador doble | duplexer.
comunicar | impart (to) | communicate (to) | convey (to).
comunicar al puente (buques) | report to bridge (to).
comunicar con un buque que está a la vista | speak (to).

comunicar información precisa | convey accurate information (to).
comunicar por señales | signal (to).
comunicarse por señales | wigwag (to).
comunicativo (personas) | approachable.
comunidad | pool | community | community.
comunidad (de bienes) | joint state.
comunidad aldeana establecida en una reserva forestal | forest village.
Comunidad Británica de Naciones | British Commonwealth of Nations.
comunidad de bienes | community property.
comunidad de intereses | pooling of interest.
comunidad de naciones libres | community of free nations.
comunidad de naciones unidas por lazos de cortesía | comity of nations | comity of nations.
comunidad de plantas (botánica) | plant community.
Comunidad Económica Europea (CEE) | European Economic Community.
comunidad étnica | ethnic community.
comunidad inter-americana | inter-American community.
comunidad latinoamericana de naciones | nations Latino-American community.
comunidad primitiva | folk society.
comunidades agrupadas para la defensa | defense-crowded communities.
comunidades de labriegos | peasant communities.
comunidades marinas litorales | littoral marine communities.
comunión (de ideas, sentimientos) | consonance.
comuníquese | keep in touch | know all men.
comunismo | communism.
con aberturas radiales | radially apertured.
con acabado de precisión | precision-finished.
con acabado especular (metalurgia) | mirror-finished.
con acabado mate | dull-finished.
con accionamiento propio | self-driven.
con acoplamiento capacitivo | capacitive tuned.
con acoplamiento de ventana (guía de ondas) | slot-coupled.
con acoplamiento inductivo | inductively coupled | induction-coupled.
con acoplamiento por transformador | transformer-coupled.
con acoplamieto RC | RC-coupled.
con adición de | modified.
con admisión de aire por el costado | side-blown.
con adornos decorativos | decoratively-figured.
con aglomerante de resina | resinoid bond.
con agrupamiento electrostático | electrostatically focused.
con agua de cantera (rocas) | sappy.
con agujero de gran diámetro | big-holed.
con aire ocluido | air-entrained.
con aire y agua (minerales) | aerohydrous.
con aislamiento de aceite | oil-insulated.
con aislamiento de papel | paper-insulated.
con aislamiento de poco espesor (cable eléctrico) | thin-walled.
con aislamiento para condiciones tropicales (electricidad) | tropically insulated.
con ajuste giratorio | rotatably adjustable.
con ajuste selectivo | selectively adjusted.
con alambre | wired.
con aletas (misiles) | winged.
con aletas (radiador, tubos, etc.) | gilled.
con aletas (tubos, cilindros) | ribbed.
con aletas en espiral | spirally finned.
con aletas helicoidales (tubos, etc.) | helical finned.
con aletas próximas | close-finned.
con aletas transversales | cross-ribbed.
con alféizar | embrasured.
con alimentación de alta tensión | high-voltage-powered.
con alimentación defectuosa | starved.
con alimentación estatórica | stator-fed.
con alma de acero (cables de aluminio) | steel-core.
con alma de caucho | rubber-cored.
con alma de madera (contrachapado) | lumber-core.
con almacenamiento intermedio | buffered.
con almohadilla de cuero | leather-cushioned.
con alojamiento cónico | taper-bored.
con alumbrado interior | internally lighted.
con amortiguación por muelles | spring-cushioned.
con amortiguador elástico (gancho de remolque) | spring-buffered.
con amortiguamiento interior | internally sprung.
con amortiguamiento por aire | air cushioned.
con amortización gradual | serial.
con amplios contrastes y rica en medias tintas (fotografías) | snappy.
con amplitud (música) | with largeness.
con anillo periférico (hélice marina) | shrouded.
con anillos anuales anchos (árboles) | wide-ringed | broad-ringed.
con animación (música) | with animation.
con anticipación | in good time.
con aparejo de barca | bark-rigged.
con aparejo improvisado (buques) | jury-rigged.
con apoyo giratorio por medio de bolas | rotatably supported by balls.
con apresto resinoso (papel) | rosin-sized.
con apriete por resorte | spring-loaded.
con aristas vivas (orificios) | square-edged.
con armadura continua (pavimento hormigón) | continuously reinforced.
con armamento nuclear | atomically-armed.
con armas y bagajes | with bag and baggage.
con armazón de madera | timber-framed.
con aro de refuerzo | ribbacked.
con aros embutidos de acero (pistón de aleación ligera) | steel-belted.
con arquitrave | trabeated | architraved.
con arranque a mano | hand-started.
con arreglo a | conformably with | in pursuance of.
con arreglo a la más moderna técnica | topnotch.
con arreglo al programa | on schedule.
con arrollamiento diferencial | differentially wound.
con articulación de rótula | ball-socket-jointed.
con artificios y engaños | under false pretenses.
con asiento de material alveolar | foam-cushioned.
con asiento de muelles | spring-seated.
con asiento de proa (buques) | bow-down trim.
con asiento fresado para las tuercas (bridas) | spotfaced.
con asiento resistente al desgaste (válvulas, etc.) | hardfaced.
con asientos en fila | tandem-seated.
con asientos en tándem | tandem-seated.
con aspecto de hierro galvanizado (superficies barnizadas o esmaltadas) | crystallized.
con asterisco | starred.
con atención | easy.
con avance incremental | incrementally fed.
con avance por escudo (galería de mina) | shield-driven.
con avantrén enganchado (artillería) | limbered.
con avería | stalled | faulted.
con avería (automóvil) | hung up.
con averías | crippled.
con averías (buques) | disabled.
con averías (en peligro - buques, aviones) | distressed.
con ayuda de | via.
con ayuda de calculadoras | computer-aided.
con ayuda de modelos | aided by models.
con ayuda de un nomograma | via nomogram.
con ayuda federal | federally-supported.
con baja temperatura de fusión | low-fusion-point.
con balasto | ballasted.
con bandaje de acero (ruedas) | steel-tired.
con banderas desplegadas | under flying colors | with flying colours.
con barandilla | railed.
con barandilla (puentes) | parapeted.
con barniz de plomo | lead-glazed.
con barrido a presión (motor diesel) | pressure-scavenged.
con barrido por soplante | blower-scavenged.
con barro (agua) | puddled.
con base en el agua | waterbased.
con base en la costa | shore-based.
con base en tierra (aviación) | ground-based.
con base en tierra (equipos electrónicos) | surface-based.
con base en tierra (que no dependen del portaaviones) | shore-based.
con base en una base avanzada | tender-based.
con base en una isla | island-based.
con bastante lentitud (música) | with some slowness.
con bebederos | gated.
con beneficio | at a profit.
con blindaje electrostático | electrostatically shielded.
con bloqueo por cono | cone-lock.
con bobinado no resistivo | hum balanced wound.
con bordes vivos | square-edged.
con bosque espeso | heavily wooded.
con bóveda de concha (nicho arquitectónico) | shell-headed.
con branquias | gilled.
con bridas cilíndricas | cylindrical-flanged.
con buena suspensión (coches) | smooth-riding.
con calados iguales a popa y proa (buques) | even keel.
con caldeo por el costado (calderas, hornos, etc.) | side-fired.
con calderas cilíndricas | cylindrical-boilered.
con calderas de alta presión | high-pressure boilered.
con calentamiento indirecto | indirectly heated.
con cámara (válvulas) | pocketed.
con camisa de acero | steelcased.
con camisa exterior | jacketed.
con camisa exterior de aceite | oil-jacketed.
con camisa exterior de vacío | vacuum-jacketed.
con camisa interior de acero | steel-linered.
con canales helicoidales | spiral-fluted.
con canales interiores | rifled.
con cantoneras metálicas | metal-edged.
con cantos en doble V (soldaduras) | double-veed.
con cantos en V (chapas) | V-edged.
con cantos preparados para soldadura | edge-prepared for welding.
con cañones de grueso calibre | big gunned | heavily-gunned.
con cañones de grueso calibre (buques) | big-gunned.
con capa asfáltica | asphalt-surfaced.
con capa de óxido (metales) | fogged.
con capacidad legal para obrar por si mismo | sui juris.
con capacidad para testar | of sound and disposing mind and memory.
con carácter devolutivo | subjet to return | subject to return.
con carácter oficioso | off the record.
con carbono adecuado para troqueles (aceros) | die temper.
con carbono en proporción adecuada para matrices (aceros) | die temper.
con carena en V (embarcaciones) | vee-bottomed.
con carga (jabones, etc.) | filled.
con carga de arcilla (papel o cartón) | clay-coated.

con carga en el borde | edge-loaded.
con carga normal (motores) | at rated load.
con carriladas (caminos) | rutty.
con casa matriz en Atlanta | headquartered in Atlanta.
con casco de caoba (embarcaciones) | mahogany-hulled.
con casco de hierro (buques) | iron-hulled.
con cerca | fenced.
con ciclo térmico | thermally cycled.
con cieno | silty.
con cierre de aceite | oil-sealed.
con cierre de cortina flexible | flexible curtain sealed.
con cierre hidráulico | water-packed | water-sealed.
con cierre que evita la entrada de suciedad | dirt-sealed.
con cinta negra | black-ribboned.
con circuito independiente | separately wired.
con circulación de aceite (disyuntores) | oil blast.
con claridad | in plain English.
con claridad meridiana | strikingly clear.
con cláusula penal | penal obligation.
con cláusulas de ajuste según precios | under escalator clause.
con cláusulas restrictivas (sucio - conocimientos embarque) | foul.
con clavazón de cobre (obra viva buques madera) | copper fastened.
con clavija en los extremos | plug-ended.
con clavos embutidos | blind-nailed.
con cochura a baja temperatura y durante poco tiempo | easy fired.
con codificación numérica | digitally coded.
con cojinete en el centro | journaled at the center.
con cojinetes a ambos lados | straddle-mounted.
con cojinetes de bolas | ball-bearinged.
con cojinetes de rodillos | roller-bearinged.
con cojinetes sobre una placa | journaled in a plate.
con cola animal (papel) | surface-sized.
con colchado de poco paso | hard-twisted.
con colchado de torsión fuerte | hard-twisted.
con colores para indicar la altimetría (planos) | layered.
con combustible de plutonio (reactor nuclear) | plutonium-fuelled.
con combustible transportado por metal líquido (reactor nuclear) | liquid-metal-fueled.
con compensación de la deriva | drift compensated.
con compensación de temperatura | temperature-compensated.
con compensación inductiva en paralelo (amplificadores) | shunt-peaked.
con comprobantes | vouchered.
con compuerta | gated.
con concavidad hacia afuera | outwardly concave.
con condición de reserva | under standby condition.
con conexiones ya hechas (electricidad) | prewired.
con conicidad hacia abajo | tapering downwardly.
con conicidad hacia arriba | tapering upwardly.
con contenido de carbono propio para cuchillería (aceros) | cutlery temper.
con contenido límite de plomo (pinturas) | lead restricted.
con contornos destacados | edgy.
con contornos duros | edgy.
con contrafuertes (muros) | counterforted.
con contramarcha | back-geared.
con contrapeso | counterweighted | weighted.
con contraste fuerte entre sombras y tonos vivos por falta de exposición (placa fotográfica) | contrasty.
con contrete (cadenas) | studded.
con control estatal | government-controlled.
con convexidad hacia arriba | upwardly convex.
con coraza metálica | metal-armored.
con cordón (monedas) | milled.
con cordón en el canto (tablas) | edge-beaded.
con cornisa o moldura superior | surbased.
con corona de hierro | iron-rimmed.
con corrección cuántica | quantum-corrected.
con correlación lineal | linearly related.
con corriente (electricidad) | live | alive.
con corriente de 1 milivatio (sistema de transmisión eléctrica) | zero level.
con corriente eléctrica | hot.
con corteza (árboles) | over bark.
con costra delgada (lingotes) | thin-skinned.
con cotas exactas | full-sized.
con crecida (ríos) | swollen.
con cresta | crested.
con cristales de plomo (ventanal) | lead-glazed.
con cristales emplomados (ventanas) | leaded-paned.
con cuadernas de madera (buques) | timber-framed.
con cualquier inclinación | all-angle.
con cuatro motores | four-engine | four-engined.
con cubierta con arrufo | sheer-decked.
con cubierta plana (buques) | level-decked.
con cubierta sin arrufo (buques) | level-decked.
con cubierta sin brusca (buques) | level-decked.
con cuidado | easy.
con cupón (títulos) | dividend on.
con chaqueta de aire | air lagged.
con débil excitación (motor eléctrico) | weak field.
con dedicación plena | full time.
con defectos cerca del orillo (tejidos) | listed.
con defectos superficiales (tochos) | rerolling quality.
con déficit (contabilidad) | in the red.
con dentadura exterior (engranajes) | externally toothed.
con derecho a un saludo | entitled to a salute.
con derechos de suscripción de acciones nuevas | cum new.
con desconfianza | distrustfully.
con desdén | askance.
con destino al extranjero | outward bound | for consignment abroad.
con destino al puerto de salida | homeward-bound.
con devanado bifilar | noninductively wound.
con devanado de cinta metálica | foil-wound.
con devanado hecho sobre la horma (electricidad) | form-wound.
con diamantes incrustados | diamond-studded.
con dibujos florales (telas) | floral-patterned.
con dientes de altura desigual (engranajes) | unequal-addendum.
con dimensión menor que la especificada | scant.
con dirección al oeste | west-setting.
con distancias normales (buques de escuadra) | in open order.
con doble enfriamiento | dual-cooled.
con doble enlace etilénico (química) | doubly-linked.
con doble envuelta de algodón (conductores) | double cotton-covered.
con doble mamparo | double-bulkheaded.
con doble revestimiento de seda | double silk covered.
con dolo | under false pretenses.
con dorso de papel | paperbacked.
con dos escalas (aparatos) | double-scale.
con dos máquinas | twin-engined.
con dotación insuficiente (buques) | light-handed.
con efectivos completos | fully-staffed.
con efecto retroactivo | nunc pro tunc | back-dated.
con efecto retroactivo a partir del 15 de agosto | antedated to August 15.
con el agua de cantera | fresh from the quarry.
con el agujero achaflanado (extremo de un tubo) | oliviered holed.
con el agujero avellanado (extremo de un tubo) | oliviered holed.
con el alma de fundente (electrodos) | flux-cored.
con el beneplácito de | by courtesy of.
con el borde roto | wire-edged.
con el canto ondulado (chapas) | snaky.
con el casco desenfilado de las vistas (carro de asalto) | hull down.
con el caudal máximo pero sin salirse de su cauce (ríos) | bankfull.
con el centro sin taladrar (poleas) | unbored.
con el conforme del cajero | initialled by the cashier.
con el correr de los tiempos | through the times.
con el cubo sin taladrar | unbored.
con el duramen agrietado (árboles) | heart-shaken.
con el eje | rotatable coaxially with the shaft.
con el extremo de más sección hacia abajo | big-end-down.
con el forro enchapado (buques en grada) | fully plated.
con el largo que sale del laminador | run-of-mill.
con el morro hacia abajo (aviones) | nose-down.
con el morro inclinado hacia abajo (vuelo en horizontal) | nose-low.
con el motor a popa (buques) | engine-aft.
con el motor en la parte posterior (autos) | engine-aft.
con el motor en marcha | power on.
con el motor parado | power off.
con el neutro aislado (red eléctrica) | ungrounded.
con el neutro no puesto a tierra (red eléctrica) | ungrounded.
con el norte verdadero en la parte alta de la pantalla (radar) | north-stabilized.
con el núcleo radioisotopizado | ring-labeled.
con el paramento desbastado en la cantera (sillares) | quarry-faced.
con el paso más pequeño posible (palas de hélices) | full-fine.
con el pelo suelto (carreteras) | loose-surfaced.
con el peso justo | up to weight.
con el sol dándole en los ojos (aviador en vuelo) | upsun.
con el sol de espaldas | downsun.
con el tiro todo abierto (hornos, calderas, etc.) | at full blast.
con el viento en popa (buques) | sailing by the wind.
con el viento por la proa (buques) | in stays.
con embalaje independiente | individually boxed.
con empaquetadura central (bombas) | center-packed.
con empaquetadura deficiente (máquinas) | poorly packed.
con empaquetadura en el extremo | end-packed.
con empaquetadura hermética al polvo | dusting-tight gasketed.
con empaquetadura metálica | metal gasketted.
con empuñadura de taza (espadas) | cup-hilted.
con encajes | laced.
con encendido por chispa (motores) | spark-ignited.
con energía suministrada por arco eléctrico | electric-arc powered.
con enfoque electrostático | electrostatically focused.
con enfriamiento controlado | controlled-cooled.
con enfriamiento natural | self-cooled | naturally cooled.
con enfriamiento por hidrógeno | hydrogen cooled.

con enfriamiento por líquido (no por agua) | liquid-cooled.
con enfriamiento regulado | control-cooled.
con engranaje epicicloidal | epicyclic geared.
con enlaces de hidrógeno | H-bonded.
con ensambladura de bordón | bead-jointed.
con entalla Charpy | Charpy-notched.
con entalla dura D.V.M. (probetas) | DVM notched.
con entalla en el borde | edge-notched.
con entalla en el canto | edge-notched.
con entalla en el centro | centrally-notched.
con entalla en U | keyhole-notched.
con entalla Izod | Izod-notched.
con entrehierro de aire | air-cored.
con envuelta | jacketed.
con envuelta de acero | steelcased.
con envuelta de algodón | cotton lapped.
con envuelta de fundición | iron-cased.
con envuelta de papel | paper-covered.
con envuelta de plomo | lead-jacketed.
con envuelta doble | double-wrapped.
con envuelta sencilla | single-covered.
con equipo de sonido | sound.
con escasa proporción de sílice | silica-poor.
con escasa tripulación (buques) | shorthanded.
con escorias (metales en fusión) | drossy.
con escotillas (embarcaciones) | hatched.
con espaciamiento aleatorio | randomly spaced.
con espejo | mirrored.
con espoleta (proyectiles) | fuzed.
con espoleta de contacto | contact-fuzed.
con espoleta de corto retardo | short-fuzed.
con espoleta de proximidad | proximity-fuzed.
con espoleta en el culote (proyectil) | base-fuzed.
con espoleta en la boquilla (proyectiles) | point-fuzed.
con espoleta radárica (misiles) | radar-fused.
con espuma (metales en fusión) | drossy.
con esta finalidad | further to this end.
con estampaciones en oro (libros) | gold embossed.
con estays (calderas) | stayed.
con estrechamiento piramidal | pyramidally tapered.
con estrépito | bang.
con estrías en espiral | spiral-fluted.
con estrías en respiral | spirally fluted.
con estrías gruesas | coarse-fluted.
con estrías helicoidales | helical-fluted.
con estrías interiores | internally slotted.
con estructura de aleación de aluminio | aluminum framed.
con estructura de aluminio | aluminum framed.
con estudios universitarios | university-trained.
con exactitud | accurately.
con excepción de | saving | except.
con exceso de dimensiones | over-designed.
con exceso de personal | heavily staffed.
con exceso de potencia (motores) | overengined.
con exceso de rebarbado (pieza forjada) | mistrimmed.
con excitación electrónica | electronically excited.
con excitación en los ángulos (antenas) | corner-driven.
con excitación en serie y derivación | compound-wound.
con excitación mixta | compound-wound.
con excitación mixta plana (con voltaje constante a cualquier carga-electromotor) | flat-compounded.
con excitación parásita (antenas) | excited parasitically.
con exclusión de cualquier impuesto de importación | excluding any import duty.
con exclusión de las márgenes (tipografía) | appearing.
con experiencia en el tipo de obra en ejecución | experienced in the type of work being done.
con extracción por inyección de agua (pozos petroleros) | water-driven.
con extracción por inyección de un gas (pozo petróleo) | gas driven.
con extremidad en trompa (guía de onda) | open-ended.
con extremo abierto | open-ended.
con extremo macho (maquinaria) | male-ended.
con extremos de mayor espesor (que el resto del tubo) | external upper ends.
con extremos hemisféricos | hemispherical-ended.
con facilidades de pago | by easy payments.
con fachada de piedra | fronted with stone.
con falta de espesor (chapas) | sleazy.
con fases aisladas entre sí | isolated-phase.
con fecha (cartas) | postmarked March 4.
con fecha de | under date of.
con fendas (palo madera) | sprung.
con fendas longitudinales por la helada (árboles) | frost cleft.
con fibra de vidrio dispersa en su interior (para reforzarlo) | glass-filled.
con figuras geométricas | patterned.
con filtro óptico (televisor) | black screen.
con finalidades lucrativas | profit-seeking.
con focalización interna | internally focusing.
con fondo de tolva | hopper-bottomed.
con fondos federales (EE.UU.) | federally-supported.
con formas aerodinámicas | cleanness.
con forro antisonoro | acoustically lined.
con forro metálico (alas viones) | skin-stressed.
con frecuencia se pierde mucho tiempo en | much time is often wasted in.
con freno a las cuatro ruedas | four-wheel braked.
con freno sobre el eje trasero (autos) | rear-braked.
con freno sobre las ruedas delanteras (autos) | front-braked.
con fuente energética incorporada (instrumentos de medida) | self-powered.
con fugas (tuberías) | leaky.
con fundente de colofonia (soldaduras) | rosin-fluxed.
con fundente de gran basicidad | high-basicity fluxed.
con fusible de menor diámetro que el debido | underfused.
con galones dorados | gold embroidered.
con garganta (poleas, etc.) | grooved.
con garras | clawed.
con gases cerrados (motores) | power off.
con gastos | with exchange.
con gemas engastadas (anillos, pulseras, etc.) | stone-set.
con giro por motor eléctrico | electrically rotated.
con goteras (techos) | leaky.
con gran práctica | highly-experienced.
con gran proporción de azufre (petróleo, gas natural) | sour.
con gran radioactividad | hot.
con gran sentimiento nuestro | much to our regret.
con gran vacío atmosférico | highly-evacuated.
con gran velocidad de exploración (radar) | high sweep-speed.
con grandes enmiendas | heavily amended.
con grietas capilares (aceros) | hairline-cracked.
con grietas después de extraídas del horno (loza) | fled.
con grietas por la helada | frost-cracked.
con grumos (hilos) | nepped.
con guarda | guarded.
con guarnición completa (fuertes, etc.) | fully manned.
con hélice exterior de alambre (cables) | wire-countered.
con herramental adiamantado | diamond tooled.
con hielos a la deriva (navegación marítima) | ice-infested.
con hoja de acero | steel-bladed.
con huélfago (caballos) | heavy.
con huelgo | loose fitting.
con impurezas de cobre | copper-doped.
con impurezas fosforosas | phosphorus-doped.
con inclinación hacia dentro | inwardly inclined.
con inclinación hacia fuera | outwardly sloping.
con inclinación progresiva | progressively tipped.
con incrustaciones (calderas) | furry.
con incrustaciones (tubos, calderas) | furred.
con independencia de | irrespectively of | irrespective of.
con independencia de los cambios de voltaje | irrespective of changes of voltage.
con indicación sonora | aurally indicated.
con índice en escalerilla (libros) | tab-indexed | thumb-indexed.
con infinidad de detalles | amazingly detailed.
con instalación eléctrica | wired.
con instrucción deficiente | educationally deficient.
con instrumentación electrónica | electronically instrumented.
con intereses | interest-bearing.
con interrupciones | off and on | on and off.
con intersticio | gapped.
con inversión | reversed.
con inyección de asfalto | asphalt-grouted.
con inyección de cemento | cement-grouted.
con inyección invertida (sondeos) | counter flush.
con junta cardánica | universally jointed.
con junta de vapor | steam sealed.
con la aproximación de un segundo (ángulos) | to the nearest second.
con la base colocada delante (cabina de vuelo espacial) | with the base leading.
con la base hacia arriba | base up.
con la cabeza hacia abajo | head down.
con la capa exterior de resina epoxídica (pavimentos) | epoxy-topped.
con la capa seca (árbol) | spike topped.
con la cara superior inclinada para escurrir el agua (moldura exteriores de maderas, llagas de muros) | weathered.
con la convexidad hacia arriba (tubos) | convex on top.
con la copa seca (árbol) | top dry.
con la copa seca (árboles) | dry topped | black-topped.
con la debida reserva | with all due reserve.
con la dotación completa (buques, aviones) | full-manned.
con la esperanza de | looking forward.
con la extremidad hacia arriba | upward-pointed.
con la firma de la casa editorial | imprinted.
con la hélice perdida (buques) | propeller gone.
con la mandíbula superior muy saliente (perros) | overshot.
con la mar por la popa (buques navegando) | before the sea.
con la mayor exactitud | to a hair.
con la misma frecuencia | on-frequency.
con la pasta cortada al ras del texto (libros) | cut flush.
con la popa cortada (buques) | transom-sterned.
con la proa del avión frente al edificio (terminal de carga de aeropuertos) | nose in.
con la regala a nivel del agua (balances buques) | gunwale to.
con la regala al nivel del agua (balances buques) | gunwale down.
con la regala debajo del agua (balances) | gunwale under.
con la tripulación completa | full-manned.
con la venia del tribunal (jurisprudencia) | may it please the court.
con las cuadernas arboladas (buque en grada) | unplated | in frames.

con las juntas rellenas de mortero (muros de ladrillo) | slushed-up.
con las líneas acortadas para intercalar una ilustración (columnas en páginas de libros) | runaround.
con las palas en posición de mínima resistencia al avance (con las palas en banderola - hélices aviones) | full-feathered.
con las ruedas de aterrizaje dentro del fuselaje o alas | wheels up.
con las ruedas de aterrizaje fuera del fuselaje o alas | wheels down.
con las tolerancias del dibujo | within drawing tolerances.
con las velas hinchadas y ciñendo el viento (buque de vela) | rap-full.
con lastre de agua (buques) | ballasted.
con lastre de agua salada (petroleros) | salt-water ballasted.
con letras mayúsculas (tipografía) | uppercased.
con letras minúsculas | lower-cased.
con ligante de acero | steel-bonded.
con ligante resínico (muela abrasiva) | resin bonded.
con ligante resinoide | resinoid bonded.
con línea independiente | separately wired.
con listones | lathed.
con los aparatos de maniobra en el frente (cuadros eléctricos de distribución) | live-front.
con los bordes arrollados hacia afuera (botánica) | evolute.
con los dispositivos de maniobra en el lado de atrás (cuadros eléctricos) | deadfront.
con los extremos invertidos | end for end.
con los tanques rellenos a tope (buques) | with tanks topped up.
con lubricación forzada por la tubería de aceite | positively lubricated from oil system.
con lubricación hidrodinámica | hydrodynamically lubricated.
con lubricante sólido (cojinetes) | oilless.
con lumbreras (cilindros) | ported.
con luz cenital | roof-lighted.
con luz norte (edificios) | northlighted.
con llama luminosa | luminous-flaming.
con llanta de acero | steel-tired.
con llantas de acero (EE.UU.) | steel-tired.
con llantas de acero (G.B.) | steel-tyred.
con mala suspensión (coches) | hard-riding.
con mallas | looped.
con manchas podridas (madera) | pecky.
con mando electrónico | electronic-monitored.
con mando por cremallera | rack-operated.
con mango | helved.
con mango de asta de ciervo | stag-handled.
con mango propio (herramientas) | self-handled.
con mango transparente (herramientas) | transparent-handled.
con máquina a popa (buques) | aft engined.
con máquina de vapor y calderas quemando fueloil (buques) | oil-fired steam-engined.
con maquinaria eléctrica | electrically equipped.
con máquinas en el centro (buques) | amidships-engined.
con máquinas nuevas | reengined.
con marca de fábrica (mercancías) | trademarked.
con marcas dispuestas en fila (zoología) | ordinate.
con marco | framed.
con margen amplio | large-margined.
con más potencia que la necesaria | overmotored.
con más potencia que la necesaria (motores) | oversized.
con mataduras (animales) | galled.
con mayor potencia artillera | upgunned.
con menos presión que la normal | underrun.
con menos voltaje que el normal | underrun.
con menoscabo | ad damnum.
con mentalidad inclinada a la mecanización | mechanization conscious.
con mi firma | under my hand.
con micrófono | sound.
con minuciosidad | to a hair.
con modulación de fase por impulsos | pulse-phase-modulated.
con montaje basculante | tiltably mounted.
con montaje íntegro | full-mounted.
con montura de oro (gafas) | gold-rimmed.
con motor | powered.
con motor de | two-stroke-engined.
con motor de aire comprimido | air-powered.
con motor de combustión interna | internal combustion-engined.
con motor de cuatro tiempos | four-stroke-engined.
con motor de gasolina | gasoline-powered.
con motor de gasolina (Inglaterra) | petrol-engined.
con motor de simple efecto | single-acting-engined.
con motor diesel | diesel-engined.
con motor diesel accionando una dínamo o alternador | oil-electric.
con motor diesel y transmisión mecánica | diesel-mechanical.
con motor parado (sin motor - aviones) | dead stick.
con motor propio | motorized.
con movimiento a mano (máquinas - herramientas) | hand-traversed.
con movimiento hidráulico | hydraulically actuated.
con movimiento horizontal de gancho (grúas) | level-luffing.
con mucha artillería | overgunned.
con mucha carga (jabones, elastómeros, etc.) | highly filled.
con mucha práctica | practised.
con muchas aletas | heavily ribbed.
con muchas aletas (piezas fundidas) | heavily-ribbed.
con muchas escamas | heavily scaled.
con muchas impurezas (silicio, etc.) | heavily doped.
con mucho alcohol (licores, vinos) | high-proof.
con multiplicación muy fuerte (velocidades) | overgeared.
con muros de entramado de madera relleno de otro material | half-timbered.
con muy escasa proporción de azufre (petróleos) | doctor sweet.
con nervios en la parte inferior (placas fundidas) | ribbed on the underside.
con nervios transversales | cross-ribbed.
con neumáticos (ruedas) | rubber-shod | rubber-tired.
con neumáticos gemelos | twin-tired.
con neumáticos grandes | big-tired.
con niquelado de gran espesor | heavily nickel-plated.
con nombramiento real (milicia) | commissioned.
con núcleo de caucho | rubber-cored.
con obenques | shrouded | stayed.
con ojetes | eyeletted.
con ollaos | eyeletted.
con orejas | aurated.
con orificio de inyección | gated.
con orificios | ported.
con ornamentos floreados (columnas) | floriated.
con osamentas fósiles (geología) | osseous.
con oscilación ultrasónica | ultrasonically oscillated.
con pala de acero | steel-bladed.
con paletas inclinadas hacia atrás | backward-bladed.
con paletas maquinadas en la misma pieza | integrally bladed.
con palos más gruesos que lo necesario (buques de madera) | oversparred.
con pantalla de chapa | iron-shielded.
con papada | double-chinned.
con paramento en bruto (sillares) | rock-faced.
con parapeto (puentes) | parapeted.
con pasador regulable | pin-indexed.
con pasadores de aletas | cotter-pinned.
con pedestal | standing.
con pelaje de (animales) | coated.
con pequeñas enmiendas | lightly amended.
con pérdida | at sacrifice.
con pérdida (contabilidad) | in the red.
con pérdida (negocios) | at a loss.
con pérdida (ventas) | sacrificial.
con pérdida de sustentación (alas aviones) | stalled.
con pérdidas | lossy.
con perforaciones marginales (tarjetas) | edge-notched.
con perforaciones ovales | oval punched.
con perforaciones para rueda dentada | sprocket punched.
con persianas regulables | controllable flapped.
con personal completo | fully-staffed | full-manned.
con personal suficiente | staffed.
con peso mayor o menor que el normal | off-weight.
con pie | standing.
con pínulas | sighted.
con piso de rejilla | grid floored.
con plaquita postiza (herramientas) | tipped.
con pliegues en acordeón (vestidos) | accordion pleated.
con plumas negras | black-plumed.
con poca arena (hormigón) | undersanded.
con poca potencia (vehículos | underpowered.
con poca tensión (hilatura) | soft.
con pocas irregularidades superficiales | smooth.
con poco contraste (fotografía) | soft.
con poco motor (vehículos | underpowered.
con poco personal | shadow.
con poco retardo | slow-retarded.
con pocos centros de deformación | strain-free.
con polarización negativa | negatively biased.
con popa de crucero | cruiser-sterned.
con porción posterior troncocónica | boattailed.
con porosidad en círculos concéntricos | ring-pored.
con posibilidades de interrogarse por programa | program testable.
con posicionamiento electrónico | electronically positioned.
con potencia aumentada | souped-up.
con potencia de 20 b.h.p. a 1.500 r.p.m | rated at 20 b.h.p. at 1500 rpm.
con potencia sobrante | amply-powered.
con práctica de taller | shop-trained.
con precio libre de venta | exempted from price control.
con predominio de las bajas frecuencias | bassy.
con premeditación | aforethought.
con prensaestopa exterior | outside-end-packed.
con prensaestopas exteriores (bombas) | outside packed.
con presión hidrostática | hydrostatically pressurized.
con presión interior | pressurized.
con presión por muelle | spring-loaded | spring-weighted | spring-pressed.
con prima | above par.
con profusión de grabados | heavily illustrated.
con profusión de grabados (libros) | liberally sprinkled with illustrations.
con profusión de ilustraciones | heavily illustrated.
con propiedades como el caucho | rubbery.
con propulsión adicional (aviones) | piloted.
con propulsión cohética | rocket propelled.
con propulsión mecánica | power-propelled.

con propulsión nuclear | atomic-propelled | nuclear-powered.
con propulsión por diesel | diesel-driven.
con pudrición seca (madera) | dry-rotten.
con puerta | gated.
con pulido mate | mat-polished.
con punta | sharp-edged.
con punta acodada | offset-tipped.
con punta de caucho | rubber-tipped.
con punta de iridio | iridium-tipped.
con punta excéntrica | offset-tipped.
con quilla (buques) | keeled.
con ranuras en T | tee-slotted.
con ranuras helicoidales | helical-grooved | helicoidally grooved.
con ranuras interiores en espiral | spiral-splined.
con ranuras interiores helicoidales | spirally-splined.
con raya por la parte superior (por ejemplo, 3,45$\overline{62}$) | overscored.
con rebabas | flash-trimmed.
con recuadro | boxed.
con reductor de velocidad | back-geared.
con refrigerante orgánico (reactor nuclear) | organic-cooled.
con refuerzo (espiga carpintería) | haunched.
con refuerzos de acero | steel-reinforced.
con refuerzos fundidos | cast ribbed.
con refuerzos longitudinales | long-stiffened | longitudinally framed.
con refuerzos rígidos | stiff-ribbed.
con registro selectivo | registrable selectively.
con regulación a mano | hand-regulated.
con regulación hidráulica | hydraulically governed.
con regulación totalmente automática | fully-automatically-controlled.
con reja | grilled.
con relación al tiempo | with respect to time.
con renuncia expresa de todo fuero | expressly waiving all jurisdiction.
con resistencia en derivación (aparato eléctrico) | shunted.
con respaldo curvado a la forma del cuerpo (muebles) | dished.
con respaldo de listones horizontales (sillas, etc.) | gate-backed.
con respecto al tiempo | as regards time.
con retallos (muros) | stepped.
con retraso (trenes, aviones) | past-due.
con retraso (trenes, aviones, etc.) | delayed.
con revestimiento ácido | acid lined.
con revestimiento básico (hornos, electrodos) | basic.
con revestimiento de mármol | marbled.
con revestimiento vinílico | vinyl-coated.
con riego asfáltico | asphalt primed.
con rigidizadores integrados | integrally-stiffened.
con rigidizadores múltiples | multistiffened.
con ritmo impuesto por la máquina | machine-paced.
con rodillos en la parte superior (mesas) | roller-topped.
con rolura (madera) | shelly.
con rosca agarrotada (por el óxido) | frozen-threaded.
con rosca de paso métrico | metric pitch threaded.
con rotación a mano | hand-rotated.
con rotación mecánica | power-rotated.
con rotación sobre dos ejes | biaxially rotated.
con rumbo al este (buques) | east-bound.
con rumbo al Oeste | westbound.
con sabor a humo de turba | peaty.
con sección en forma de dedal | top-hat sectioned.
con secrecimiento para el muñón de biela (faldilla de pistón) | pin boss-equipped.
con selección de frecuencia | frequency-selected.
con semilla pesada | heavy-seeded.
con sentimiento (música) | with sentiment.
con señalización viaria | sign-posted.
con separación en línea curva | arcuately spaced.
con signos de pudrición (madera) | pecky.
con simpatía | responsively.
con sintonía defasada | stagger-tuned.
con sintonía doble | double-tuned.
con sobrealimentación accionada por la exhaustación (motores) | exhaust supercharged.
con soja (defecto laminación) | spilly.
con sojas (metalurgia) | shelly.
con solera formada por refractarios básicos (horno Siemens) | basic.
con solidificación direccional (fundición) | directionally cast.
con soporte de papel liso | smooth paper backing.
con soportes que pueden ceder | yieldably supported.
con subfijos (números) | tagged.
con sueldo insuficiente | underpaid.
con superficie papilosa brillante (botánica) | iced.
con superficie plateada | surface-silvered | silver-surfaced.
con surcos concéntricos | concentrically furrowed.
con sustentación nula por ángulo de incidencia (hélice de palas orientables) | shock free entry.
con tableros lisos (puertas) | flush panelled.
con taladro central (ejes) | hollow-bored.
con talas | abatised.
con techo a la mansarda (edificios) | mansard-roofed.
con techo metálico | steel-roofed.
con temperatura regulada | temperature controlled.
con tendencia a averías (aparatos) | failure-prone.
con tendencia a bajar la cola en vuelo (aviones) | tailheavy.
con tendencia a la baja (bolsa) | falling.
con tendencia a la fase sigma (aleaciones) | sigma-prone.
con tendencia a la fractura del material | prone to breakaway of the material.
con tendencia al alza (mercados) | strong.
con terminación única | single-ended.
con termostato | thermostatted.
con toda equidad | squarely.
con toda la excitación (motor eléctrico) | full field.
con toda la potencia | flat-out | full-loaded.
con todas las cuadernas arboladas (buques) | fully framed.
con todas las páginas de un pliego impuestas sobre una sola forma (tipografía) | work-and-turn.
con todas las velas desplegadas (buques vela) | in full sail.
con todas las velas llenas (buques) | rap-full.
con todas sus insignias | in full regalia.
con todo el aparejo (buques) | full-rigged.
con todo el timón metido (a una bancada) | under full helm.
con todo el trapo | full-sailed.
con todo el trapo (buque vela) | cracking on.
con todo el trapo (buques vela) | in full sail.
con todo el velamen (buque vela) | cracking on.
con todo su aroma | full-flavored.
con todos los atributos del cargo | in full regalia.
con todos los gases (motores) | wide open.
con todos los rizos (velas) | close-reefed.
con tolerancias corrientes | commercial.
con tolerancias sólo en menos | toleranced in the minus direction.
con trampas explosivas | dirty.
con trayectoria en U de los gases de la combustión (hornos) | U-fired.
con trenza metálica (cables) | metal braided.
con tres capas de enlucido (paredes) | floated and set fair.
con tres departamentos en sentido vertical | three-tiered.
con tripulación (satélite artificial) | manned.
con tripulación completa | fully manned.
con tripulación escasa | undermanned.
con tripulación incompleta | undermanned.
con tripulación inglesa (buques) | English-manned.
con tripulación reducida (buque guerra) | in ordinary.
con triscado ligero (sierras) | bevelled dressed.
con triscado pronunciado (sierras) | square dressed.
con troneras | embrasured.
con tubos de acero | steel-tubed.
con turbina de baja presión accionada por el vapor de exhaustación | exhaust-turbined.
con un apoyo | single-legged.
con un error menor de 0 | with an error of 0.05 at most.
con un error menor de 1 segundo (ángulos) | to the nearest second.
con un extremo libre (vigas) | unsupported.
con un frontispicio de | frontispieced with.
con un solo arriostramiento | single-braced.
con un tren de herramientas | multitooled.
con una aproximación de 10^{-2} | accurate to 10^{-2}.
con una brecha (buques) | holed.
con una epizootia (ganado) | murrained.
con una fase conectada a tierra o a masa (electricidad) | faulted.
con una ligera pasada en frío (en el laminador) | nonflatting.
con una ligera pasada en frío (laminador) | nonkinking | pinch-passed.
con una mano de imprimación (pintura) | primer-sealed.
con una precisión de 0 | to the nearest 0.1 g.
con uniones por encima | overhung.
con vacío elevado (tubo electrónico) | hard.
con vaina (guisantes, etc) | husky.
con vaina de neopreno (cables eléctricos) | neoprene-jacketed.
con valores vectoriales | vector-valued.
con válvula de compuerta | gated.
con válvulas independientes | independently valved.
con variaciones del | in 2 per cent steps.
con varias tomas | multitapped.
con varicación estadística | statistically varying.
con varillas | rodded.
con vela Marconi (yates) | sloop-rigged.
con velas áuricas | fore-and-aft rigged.
con velas de cuchillo (buque) | fore-and-aft rigged.
con velocidad | on the double.
con velocidad angular uniforme | uniformly rotating.
con ventanas | windowed.
con ventilación forzada | blast cooled.
con verrugas (defecto piezas fundidas) | swollen.
con vetas blancas | white-stripped.
con vibración electromagnética | electromagnetically vibrated.
con vibraciones longitudinales | longitudinally vibrating.
con vidriado plumbífero | lead-glazed.
con viento a la cuadra (marina) | at large.
con vientos | stayed.
con vientos de retenida a diversas alturas (mástiles) | multilevel guyed.
con vierteaguas | flashed.
con vigas de acero | steel-beamed.
con visión disminuida | visually handicapped.
con visión disminuida (persona) | visually impaired.
con vivacidad (música) | with vivacity.
con voltaje de entrada modulado | input-voltage-modulated.
con zarpas | clawed.

con zuncho de hierro | ironbound.
conador de revoluciones | tachymeter.
conato de incendio | incipient fire.
concasación | concassation.
concatenable | interlinkable.
concatenación | concatenation | interlinking | interlinkage.
concatenación (de sucesos, etc.) | catenation.
concatenado | concatenate.
concatenar | concatenate (to) | interlink (to) | chain (to).
concatenar fases (electricidad) | intermesh (to).
concausa | joint cause.
concavidad | hollow | concavity | inward bend | reentering bend | belly.
concavidad agujereada | shot-hole cup.
concavidad cerca de una arista saliente (embarcaciones) | turnover.
concavidad de la raíz (soldaduras) | root concavity.
concavidad del centro del ojo (letras) | counter.
concavidad inferior (perfil alar) | lower camber.
cóncavo | concave | dished.
cóncavo hacia abajo | concave down.
cóncavo hacia arriba | concave up.
cóncavo-convexo | concavo-convex.
concavoesférico | concavospherical.
concebido para la telegestión | communications oriented.
concebir un proyecto en líneas generales | rough out (to).
conceder | give (to) | award (to) | accord (to) | grant (to).
conceder (premios) | adjudge (to).
conceder crédito | grant credit (to) | extend credit (to).
conceder exclusivo derecho de venta | grant sole selling rights (to).
conceder facilidades de pago | grant easy terms (to).
conceder la ciudadanía | endenizen (to).
conceder la palabra (por el presidente) | recognize (to).
conceder la palabra al Sr. X | call upon Mr X (to).
conceder licencia para fabricar según el procedimiento | license the process (to).
conceder plazos (comercio) | extend terms (to).
conceder un descuento | grant a cash discount (to) | allow a discount (to).
conceder un préstamo | make a loan (to).
conceder un préstamo con póliza garante | grant a loan on the security of a policy (to).
conceder una autorización | grant an authorisation (to).
conceder una licencia | grant a license (to).
conceder una moratoria | indulge (to).
conceder una pertenencia (minería) | grant a claim (to).
conceder una prórroga | grant an extension (to) | indulge (to) | agree to a delay (to).
conceder una representación a alguien | confer an agency on someone (to).
concedido (subsidio) | concessionary.
concedido por ley al patrono | vested by law in the employer.
concedido por un jurado | awarded by a jury.
concedido sin recurso | granted without bids.
concejal | alderman.
concejal (EE.UU.) | city commissioner.
concejal suplente | alternate councilman.
concejala | councilwoman.
concejalía | aldermanship | town councillorship.
concensiones financieras importantes | substantial financial concessions.
concentrabilidad | concentrability.
concentración | strength | concentration | compression | combination | titre | mounting | amalgamation | pooler.
concentración (de minerales) | upgrading.
concentración (de una solución determinada por análisis volumétrico) | titre | titer.
concentración (osciladores) | bunching.
concentración (química) | graduation.
concentración (soluciones) | level | strength.
concentración (tropas, etc.) | massing.
concentración axial | gabling.
concentración centrífuga de minerales | centrifugal ore concentration.
concentración de aceptores | acceptor concentration.
concentración de aceptores de 10^{20} cm^3 | aceptor concentration of 10^{20} cm^3.
concentración de átomos excitados | excited-atom density.
concentración de berilio-7 | beryllium-7 concentration.
concentración de blancos | target concentration.
concentración de calor | heat spot.
concentración de cationes | cations concentration.
concentración de corriente | emitter crowding.
concentración de electrones | electron cloud.
concentración de empresas | business combination | pool.
concentración de esfuerzos | stress concentration.
concentración de esfuerzos en los puntos de corrosión | concentration of stress at corrosion points.
concentración de fangos (minas) | ragging.
concentración de fangos (minería) | ragging.
concentración de grietas en la superficie del vidrio | bruise.
concentración de humo sobre una superficie amiga para dificultar la observación aérea enemiga | blanket.
concentración de humos (polución) | smoke concentration.
concentración de importancia para considerarla como blanco | targetable concentration.
concentración de la pasta papelera diluida | stock concentration.
concentración de la propiedad | concentration of ownership.
concentración de las colas | tails assay.
concentración de los desechos | waste concentration.
concentración de masa | mass abundance.
concentración de microgránulos de diamante | stone concentration.
concentración de minerales | mineral concentration.
concentración de neblina del lubricante y otros gases en el carter (motores diesel) | oil mist concentration.
concentración de partículas de diamante (concentración 100 = 4,4 quilates/cm^3) | diamond concentration.
concentración de partículas de diamantes de 10 quilates/$pulgada^3$ | diamond concentration of 10 carats/in^3.
concentración de pedidos facturados | recap of orders booked.
concentración de pesos en la parte alta (buques) | top-hamper.
concentración de planctón limnético en el centro (lagos) | uferflucht.
concentración de sedimento | sediment concentration.
concentración de sedimentos en suspensión | suspended-sediment concentration.
concentración de trazas (química) | trace concentration.
concentración de una substancia (química) | titer.
concentración de vapores en el interior (barnizado de vainas de proyectiles) | vapor wash.
concentración de 10^{20} atomos/cm^3 | concentration of 10^{20} atoms/cm^3.
concentración de 3 quilates/cm^3 | concentration of 3 ct/cm^3.
concentración del ácido | acid concentration.
concentración del baño (fotografía) | bath strength.
concentración del baño ácido | acid bath strength.
concentración del flujo | flux crowding.
concentración electrónica | concentration of electrons.
concentración electrónica de minerales | electronic concentration of ore.
concentración electrostática | electrostatic concentration.
concentración en canales (preparación minerales) | rocking.
concentración en el equilibrio (química) | equilibrium concentration.
concentración en grados Brix del zumo | juice-Brix.
concentración en la criba (minerales) | jig concentration.
concentración en los puertos de embarque (operaciones anfibias) | marshalling.
concentración en mesas | table concentration.
concentración en mesas (minerales) | tabling.
concentración en oxígeno disuelto | dissolved oxygen level.
concentración en seco | dry concentration.
concentración en un punto (de rayos luminosos) | corradiation.
concentración enorme de planctón (oceanografía) | plankton bloom.
concentración hidrogeniónica | hydrogen ion concentration | hydrogen-ion concentration.
concentración húmeda (metalurgia) | water concentration.
concentración iónica | ionic concentration.
concentración iónica (radio) | ionic focusing.
concentración irritante (de gases) | irritating concentration.
concentración isotópica | isotopic concentration.
concentración letal-50 por ciento | lethal concentration-50 percent.
concentración local de esfuerzos | local stress concentration.
concentración localizada | localized concentration.
concentración magnética | magnetic focusing.
concentración magnética en seco | dry magnetic concentration.
concentración máxima admisible | maximum permissible concentration (MPC).
concentración máxima de emisores no identificados | maximum permissible concentration unidentified.
concentración máxima de un componente para que no se produzca corrosión selectiva (aleaciones) | parting limit.
concentración máxima permisible | radiation concentration guide.
concentración mínima | threshold value.
concentración molal | molality.
concentración molal (química) | molal concentration.
concentración molar | molarity.
concentración molar (química) | molar concentration.
concentración nuclear | nuclear packing.
concentración numérica (demografía) | tilling technique.
concentración por corriente de aire | dry concentration.
concentración por corriente de aire (aluviones auríferos) | dry blowing.
concentración por defasaje | phase focusing.
concentración por flotación | flotation concentration.
concentración por gravedad | gravity concentration.
concentración por mesa de superficie engrasada | grease table concentration.
concentración por repulsión iónica (tubo de gas) | gas focusing.
concentración por vaporización | concentration by vaporization.
concentración química expresada en gramos

por 100 mililitros | chemical concentration.
concentración segura | safe concentration.
concentración sobre la mesa durmiente (metalurgia) | framing.
concentración sólo por flotación | all-flotation concentration.
concentración sostenida | undeviating concentration.
concentraciones ovoides ferruginosas en arenas o arcillas | doggers.
concentrado | focused | centered | heads | raffinate.
concentrado (cargas, electricidad) | lumped.
concentrado (de mineral) | hutch.
concentrado (minerales) | dressed.
concentrado (preparación minerales) | headings | heading.
concentrado (química) | strong.
concentrado (sustantivo) | concentrate.
concentrado a la batea | panned concentrate.
concentrado a punto de perla (azúcar) | pearled.
concentrado de aromas de frutas | fruit-flavor concentrate.
concentrado de estaño | tin concentrate.
concentrado de fruta con todo su aroma | full flavored fruit concentrate.
concentrado de mineral | ore concentrate.
concentrado de mineral de hierro | refined iron ore.
concentrado de proteínas de peces | fish protein concentrate.
concentrado de pulpa de albaricoque de 42 grados Brix | apricot concentrate of 42-Brix.
concentrado de torio | thorium concentrate.
concentrado de tratamiento mecánico (minería) | preparation concentrate.
concentrado de uranio | yellow cake | uranium ore concentrate (UOC).
concentrado de uranio (torta amarilla) | uranium concentrate.
concentrado diamantífero | diamond-bearing concentrate.
concentrado en bolas | pelletized concentrate.
concentrado isotópicamente | isotopically-concentrated.
concentrado magnéticamente (haz electrónico) | magnetically focused.
concentrado por venteo | dry concentration.
concentrado volátil de aromas de frutas | volatile fruit-flavor concentrate.
concentrador | graduator | concentrator.
concentrador de energía solar | solar concentrator.
concentrador de esfuerzos | stress-raiser | stress concentrator.
concentrador de gran densidad (minería) | heavy-density concentrator.
concentrador de minerales por gravedad en medio húmedo | wet gravity mineral concentrator.
concentrador de pasadas (telares) | holdup motion | cramming motion.
concentrador de rodelas (preparación minerales) | round buddle.
concentrador de superficie engrasada (recuperación de concentrados diamantíferos) | grease table.
concentrador de tensiones | stress-raiser.
concentrador del haz | beam former.
concentrador solar termiónico | thermionic solar concentrator.
concentrados de cinc pobres | low-grade zinc concentrates.
concentrados de proteina para pastos de animales | protein concentrates for animal feeding.
concentrados de tomate | tomato concentrates.
concentrados de zumos con todo su aroma | full-flavor juice concentrates.
concentrados por lavado (minerales) | enrichment concentrates.
concentrar | concentrate (to) | boil out (to).
concentrar (electricidad) | lump (to).
concentrar (electrónica) | focus (to).
concentrar (estilo) | compress (to).
concentrar (los rayos luminosos) | corradiate (to).
concentrar (minerales) | upgrade (to) | dress (to).
concentrar (química) | evaporate down (to) | graduate (to) | boil away (to) | boil down (to).
concentrar (tratamiento minerales) | frame (to).
concentrar (tropas, etc.) | mass (to).
concentrar (un producto) | condense (to).
concentrar el azúcar a punto de perla | pearl (to).
concentrar fangos (minería) | rag (to).
concentrar fuerzas | mass forces (to).
concentrar por lavado | concentrate by washing (to).
concentrar por tostación | roast reduce (to).
concentrarse | unite (to) | concentrate (to).
concentrarse sobre | center on (to).
concentricidad | concentricity.
concentricidad de la muela | wheel concentricity.
concentricidad de la rueda | wheel concentricity.
concentricidad del conmutador | commutator concentricity.
concéntrico | concentric | coaxial.
concepción (de ideas) | framing.
concepción antropocéntrica | anthropocentric conception.
concepción de la obra | conception of the work.
concepción tecnológica | engineering.
concepto | concept | explanation | object.
concepto afín | related idea.
concepto básico | key concept.
concepto equivocado | misconception.
concepto fecundo | fruitful concept.
concepto para hacer frente a las fases iniciales de un ataque enemigo | shield concept.
conceptos del diseño | design concepts.
conceptos fácilmente aprovechables en la producción | concepts easily translatable into production.
conceptos topológicos | topological ideas.
conceptuación de supervisores | supervisor rating.
conceptuado de muy bueno | rated very good.
conceptualización | conceptualization.
conceptuar a los supervisores | rate supervisors (to).
concerniente a | anent | relevant to.
concertable (impuestos) | compoundable.
concertado | concerted.
concertar | concert (to).
concertar un contrato | make a contract (to).
concertar un impuesto | compound a tax (to).
concertarse | concert (to).
concertina | concertina.
concesión | concession | awarding | granting | grant | licence (Inglaterra) | grant-in-aid | grant | license (EE.UU.).
concesión (compañía de interés público) | franchise.
concesión (de licencia) | licensing.
concesión (minas) | claim.
concesión anulada | annulled concession.
concesión aurífera (minería) | reef-claim.
concesión colindante | adjoining concession.
concesión comercial | franchise.
concesión de crédito | granting of credit | credit extensión.
concesión de crédito (economía) | extension of credit.
concesión de descubrimiento (minas) | reward-claim.
concesión de divisas para gastos de viaje | travel allowances in foreign currencies.
concesión de exploración | exploration concession.
concesión de licencias | granting of licenses.
concesión de préstamos | lending.
concesión de terrenos | land patent | land grant | grant.
concesión de terrenos de aluvión | alluvial claim.
concesión de tierras | land grant.
concesión de tierras por cabeza | headright.
concesión de un salto (ríos) | power rights.
concesión del lecho de un çurso de agua | bed claim.
concesión estatal | state charter.
concesión estatal de tierras | land grant.
concesión filoniana | lode claim.
concesión forestal | timber claim.
concesión maderera | timberland concession | timber concession.
concesión maderera (buques) | timber lease.
concesión mancomunada | pooled concession.
concesión minera | ore leave | allotment | concession | mining claim | mineral claim | mining licence | mining lease.
concesión oficial | formal concession.
concesión petrolera | oil grant | oil concession.
concesión renunciada | renounced concession.
concesión ribereña | bank claim.
concesionario | grantee | concessionary | concessionnaire | licensee.
concesionario (Argentina, Bolivia, Chile) | forest squatter.
concesionario (de una licencia) | holder.
concesionario (de una patente) | lessee.
concesionario de patentes | patent lessee.
concesionario de una patente | patentee.
concesionario de una pertenencia minera | holder of a claim.
concesionario exento de royalty | royalty-free licensing.
concesionario minero | claimholder.
concesionario único | sole licensee.
concesiones | compromise.
concesiones a plazo fijo | fixed-term franchises.
concesiones arancelarias | tariff concessions.
concesiones de suministro | supply licences.
concesiones en explotación (petróleo) | operated acreage.
concesiones mutuas | give-and-take | trade-off.
concesiones petroleras | oil acreage.
concesionista | granter.
concesionista (de una anualidad) | grantor.
concetración de mercancías embarcadas | recap of sales shipped.
concíclico | concyclic.
conciencia | conscience.
concierto | concert.
concierto benéfico | friendly lead.
conciliabilidad (estadística) | consistence.
conciliable (estadística) | consistent.
conciliable con | consistent with.
conciliación | compromise | conciliation.
conciliación de cuentas | reconciliation of accounts.
conciliación y arbitraje de desacuerdos industriales | conciliation and arbitration of industrial disputes.
conciliador | composer | conciliator.
conciliador de reclamaciones | claim agent.
conciliadores | mediators.
conciliar | make up (to).
conciliar diferencias | pool issues (to).
conciliciación de bancos | bank reconciliation.
concinidad | concinnity.
concisión | terseness | succinctness.
concisión de estilo | compactness.
conciso | short | compact.
conciudadano | fellow-countryman.
conclave | caucus.
conclinación | conclination.
concluido conforme lo ordenado | completed as ordered (CAO).
concluir | conclude (to) | make up (to) | end up | end (to) | perfect (to) | get over (to).
concluir (un trato) | shut (to).
concluir un contrato con | enter in a contract

with (to).
concluir un seguro | conclude an insurance (to).
concluir un trato | close with (to).
conclusión | closing | conclusion | ending | end | consecuent | close.
conclusión definitiva | payoff.
conclusión final | end-all.
conclusiones | summary | findings.
conclusiones de la defensa | plea.
conclusiones finales | summer up.
conclusiones principales | salient conclusions.
concluso | finished.
concluyente | conclusive | decisive.
concoidal | conchoidal.
concoide (curva) | conchoid.
concoidea (fractura) | flinty.
concoideo | conchoidal | conchiform.
concomitante | incident | accompanying | attendant | incidental | concurrent.
concordancia | concordance.
concordancia (geología) | conformity | conformability.
concordancia de capas (geología) | plane-parallel structure.
concordancia de fases | phase-coincidence.
concordancia entre el cálculo y los experimentos | agreement between calculation and experiments.
concordancia entre los resultados de pruebas del modelo y del buque | ship-model correlation.
concordancia vertical | vertical compliance.
concordante | concurrent | concordant.
concordante (geología) | conformable.
concordato | arrangement deed.
concordato (quiebra de banco) | bankrupt's certificate.
concordato de quiebra | agreement in bankruptcy | bankrupt's composition.
concordato preventivo (quiebras) | scheme of composition.
concrección (de una pasta) | caking.
concrecciones botrioidales del Cretáceo Inferior | bowel stones.
concreción | coagulation | sinter | sinter | concretion | concrescence.
concreción (del hielo o nieve) | regelation.
concreción (geología) | knot.
concreción dura (areniscas) | hardhead.
concreción perlada | pearl sinter.
concreción perlífera unida a la concha | blister pearl.
concreción piritosa | pyrite concretion.
concreción redondeada (mineralogía) | nablock.
concreción septariana (geología) | septarian concretion.
concrecionado | concretionary.
concrecionar | concrete (to).
concrecionarse | regelate (to) | cake (to).
concreciones botroidales del Cretáceo Inferior (G.B.) | doctor's bowels.
concrescencia | concrescence.
concrescencia de cristales | crystal growth.
concrescente (botánica) | coherent | connate.
concretar | concrete (to).
concreticidad | concreteness.
concretivo | concretive.
concreto (espeso - líquidos) | concrete.
concreto (hormigón) | concrete.
concreto (número, ejemplos, etcétera) | concrete.
concreto consolidado por apisonado enérgico (Iberoamérica) | dry-packed concrete.
concreto fabricado a pie de obra (Iberoamérica) | in situ concrete.
concreto fraguando (América) | green concrete.
concreto pretensado (Latinoamérica) | prestressed concrete.
conculcación | violation of a right.
conculcador | violator of a right.
conculcar | infringe (to).
concurrencia | concourse | competition.
concurrencia masiva | congestion.
concurrente | concurrent | opponent | converging.
concurriendo a ese efecto | to that end appearing | appearing for the purpose.
concurrir | compete (to).
concurrir a una licitación | participate in a bid (to).
concursante | competitor.
concursante vencedor | successful bidder.
concurso | match | concourse | cooperation | competitive bidding.
concurso (automóviles) | rally.
concurso (fisiología) | consensus.
concurso (oposición) | competition.
concurso de acreedores | meeting of creditors.
concurso de admisión | competitive entrance examination.
concurso de aeroplanos | aeroplane race.
concurso de circunstancias | combination of circumstances.
concurso de diseños mecánicos | mechanical design contest.
concurso de proyectos | design contest | design competition.
concurso de subasta | bidding.
concurso de ventas | sales contest.
concurso hípico | horse-show.
concurso internacional | international competition.
concurso internacional solicitado por | international bidding called by.
concurso libre | open-competition.
concurso público | official submission | public letting.
concurso voluntario | voluntary bankruptcy.
concusión | concussion | illegal exaction | extortion.
concusión (jurisprudencia) | extorsion.
concusión (medicina) | concussion.
concusionario | extorsioner | extortioner.
concha (bitas) | cheek.
concha (crustáceos) | crust.
concha (de marisco) | shuck.
concha (fundición) | chill-mold.
concha (litoral marino) | nip.
concha (pozo de mina) | pit-tip.
concha (zoología) | conch.
concha acústica | elliptical horn.
concha cilíndrica (zoología) | cylindrical shell.
concha de almeja | clamshell.
concha de bita | bitt cheek.
concha de marisco | cockleshell.
concha de pescado al gratén | escallop.
concha fusiforme | fusiform shell.
concha imperforada (zoología) | imperforate shell.
concha multilocular (zoología) | multilocular shell.
conchas | debris ice.
conchas de diatomeas | diatom tests.
conchífero | conchiferous | shelly.
conchiforme | conchiform | shell-shaped.
conchítico (rocas) | shell-composed.
conchoidal | shell-shaped.
conchoide de percusión (arqueología) | conchoid of percussion.
condecoración | plaque | decoration | medal.
condecoración colectiva | unit citation.
condecoración militar | military medal.
condecorar | decorate (to).
condena acumulativa (jurídico) | accumulative sentence.
condenable | condemnable.
condenación | condemnation.
condenado | condemned.
condenado en costas (abogacía) | cast for the costs.
condenar | condemn (to) | upbraid (to) | convict (to).
condenar (puertas) | board up (to).
condenar (una puerta clavándola) | nail up (to).
condenar al ostracismo | ostracize (to).
condenar en rebeldía (jurisprudencia) | default (to).
condenar una puerta clavándola | nail down (to).
condenatorio | denunciative.
condensabilidad | condensibility.
condensable | condensible | condensable.
condensación | inspissation | packing | condensation.
condensación (tuberías) | sweating.
condensación atmosférica | atmospheric condensation.
condensación coronal (sol) | coronal condensation.
condensación de datos | condensation of data.
condensación de datos (informática) | compression.
condensación de dígitos | digit compression.
condensación de humedad en el piso | floor sweating.
condensación de la humedad sobre superficies metálicas | sweat.
condensación de lagunas reticulares (cristalografía) | vacancy condensation.
condensación de vapores sobre superficies frías | fogging.
condensación deshidratante | dehydrating condensation.
condensación deshidrogenante | dehydrogenating condensation.
condensación en gotículas | dropwise condensation | droplet condensation.
condensación en película | film condensation.
condensación fraccionada continua | continuous fractional condensation.
condensación gutiforme | dropwise condensation.
condensación nuclear | nuclear freezing.
condensación por contacto | dry-condensation | external condensation.
condensación por contracorriente | counterflow condensation.
condensación por inyección | condensation by injection.
condensación por mezcla | condensation by mixing.
condensación retrógrada | retrograde condensation.
condensación y recuperación del agua de los gases de los motores (dirigibles) | water recovery.
condensado | condensed | telescoped down.
condensado (química) | fused.
condensado (tuberías vapor) | drip.
condensado contaminado (con lubricante) | contaminated condensate.
condensador | condenser | inspissator.
condensador (de microscopio) | condensor.
condensador (electricidad) | permittor.
condensador (electricidad, EE.UU.) | condenser.
condensador (fabricación azúcar) | concretor.
condensador (máquina frigorífica) | condenser.
condensador acromático | achromatic condenser.
condensador amortiguador de baja frecuencia | low-frequency padder.
condensador antichispas | antisparking condenser.
condensador apagachispas | quenching condenser.
condensador aplanático | aplanatic condenser.
condensador apocromático | apochromatic condenser.
condensador atenuador | padding condenser.
condensador auxiliar (para aumentar el vacío) | augmenter condenser.
condensador barométrico en contracorriente | countercurrent barometric condenser.
condensador cerámico | ceramic capacitor.
condensador cilíndrico que recoge iones del aire aspirado | aspiration condenser.

condensador colector de la luz | light-collecting condenser.
condensador con toma parcial de vapor de escape para calentar el condensado (condensadores de superficie) | regenerative type condenser.
condensador con tubos de cobre | copper-tubed condenser.
condensador con variación lineal de frecuencia | straight line frequency condenser.
condensador contra interferencias | antiinterference condenser.
condensador corrector (radio) | padder.
condensador corrector (telegrafía) | reading condenser.
condensador de acoplo de antena | antenna coupling condenser.
condensador de aire (electricidad) | air condenser.
condensador de ajuste (radio) | padder.
condensador de ajuste de antena | aerial trimmer.
condensador de ajuste de baja frecuencia (radio) | low-frequency padder.
condensador de ajuste de pequeño tamaño (radio) | padder.
condensador de alambique | distiller.
condensador de amortiguamiento | quenching condenser.
condensador de bloqueo (condensador de pequeña capacidad que impide el paso de una corriente continua) | blocking condenser.
condensador de bloqueo (radio) | block condenser.
condensador de bloqueo de antena | aerial blocking condenser.
condensador de bloqueo del ánodo | anode-stopping condenser.
condensador de capacidad fija | capacitor.
condensador de compensación | trimmer.
condensador de compensación del arrastre | shift compensating capacitor.
condensador de contacto húmedo en corrientes paralelas | parallel-current wet contact condenser.
condensador de contracorriente | counterflow condenser.
condensador de chorro | ejector condenser.
condensador de chorro de corrientes paralelas | parallel-flow jet condenser.
condensador de derivación de equilibrio (radio) | trimmer.
condensador de desacoplo | bypass capacitor | shortening condenser.
condensador de desacoplo de ánodo | anode byass capacitor.
condensador de desacoplo de placa (radio) | plate bypass capacitor.
condensador de doble flujo | two-pass condenser.
condensador de enfriamiento por aire (química) | air condenser.
condensador de envuelta y serpentín | shell-and-coil condenser.
condensador de envuelta y tubos | shell-and-tube condenser.
condensador de escape (radio) | bypass condenser.
condensador de eyector | ejector condenser.
condensador de eyector de aire | air ejector condenser.
condensador de goteo | evaporative condenser.
condensador de haz tubular | tube-cluster condenser.
condensador de hojas | plate condenser.
condensador de inyección | injection condenser.
condensador de inyección (máquina de vapor) | jet condenser.
condensador de la destiladora | distiller condenser.
condensador de laberinto | labyrinth condenser.
condensador de las exhaustaciones de los prensas (turbinas) | gland-evacuating condenser.
condensador de mezcla | mixing condenser.
condensador de mezcla (máquina de vapor) | jet condenser.
condensador de mezcla (para vapor) | direct-contact condenser.
condensador de mezcla de plurichorros | multijet ejector condenser.
condensador de paso (radio) | bypass capacitor.
condensador de placas | plate condenser.
condensador de plata-mica | silver-mica capacitor.
condensador de pulverización | spray-type condenser.
condensador de refrigeración | refrigeration condenser.
condensador de serpentín | worm condenser.
condensador de sintonía | tuning capacitor.
condensador de sintonización anódica | plate tuning condenser.
condensador de sintonización de antena | aerial tuning condenser.
condensador de sintonización del circuito de placa | anode circuit tuning condenser.
condensador de sintonización del transformador de núcleo de aire (radio) | jigger tuning condenser.
condensador de superficie de doble circulación | two-pass surface condenser.
condensador de tubos concéntricos | double-pipe condenser.
condensador de turbina de vapor | turbocondenser.
condensador de vacío elevado | high-vacuum condenser.
condensador de vapor acuoso | vapor condenser.
condensador de vapor de los grupos turbogeneradores (buques) | dynamo condenser.
condensador de vapor desaireador de simple efecto | single pass deaerating steam condenser.
condensador de variación cuadrática | square law condenser | square-law condenser.
condensador de variación lineal de la longitud de onda | square law condenser.
condensador del destilador | distillation receiver.
condensador del evaporador | evaporator condenser.
condensador del refrigerante | refrigerant condenser.
condensador del vapor de escape de los prensas (turbinas) | gland leak-off condenser.
condensador del vapor de los prensas (máquinas vapor) | gland steam condenser.
condensador derivador (radio) | bypass condenser.
condensador diferencial | differential capacitor.
condensador electrolítico con ánodo sólido de tantalio | tantalum-slug electrolytic capacitor.
condensador electrónico no polarizado | nonpolarized electrolytic capacitor.
condensador eliminador (radio) | rejector condenser.
condensador en serie | padder.
condensador en serie con la antena | antenna series condenser.
condensador evaporativo | evaporative condenser.
condensador homocéntrico (microscopio) | homocentric condenser.
condensador intercambiable | plug-in condenser.
condensador milar | mylar capacitor.
condensador montado en el costado (de la turbina) | side-mounted condenser.
condensador para eliminar el aire que tenga el vapor de exhaustación antes de entrar en el condensador principal | vent condenser.
condensador para evitar interferencias en la radio (motores) | radio suppression condenser.
condensador patrón | calibration condenser.
condensador pequeño conectado a los conductores (cables telefónicos) | balancing capacity.
condensador por eyección | ejector condenser.
condensador posterior | aftercondenser.
condensador rotativo para variar rápidamente la frecuencia de la portadora (radio) | warbler.
condensador rotatorio | rotary condenser.
condensador separador de las altas frecuencias de las bajas (radio) | bypass condenser.
condensador síncrono | rotatory condenser.
condensador sincrono enfriado con hidrógeno | hydrogen-cooled synchronous condenser.
condensador sintonizado en carga | load-tuning condenser.
condensador soplachispas | quenching condenser.
condensador tubular (máquina vapor) | contact condenser.
condensador variable | variable capacitor | adjustable condenser.
condensador variable de pocos microfaradios (radio) | billi-condenser.
condensador vernier | vernier capacitor.
condensador vibrante | vibrating capacitor.
condensadores acoplados mecánicamente (radio) | ganged condensers.
condensadores de gran capacidad colocados en serie en los extremos (cables submarinos) | blocking condenser.
condensadores divisores de tensión | voltage-sharing capacitors.
condensadores por frotación (hilatura) | rub condensers.
condensar | condense (to).
condensar en memoria | implode into memory (to).
condensarse | condense (to).
condensarse (agua de las nubes) | precipitate (to).
condensarse (química) | ball together (to).
condensoide | condensoid.
condescender | consent (to).
condestable | master gunner | constable.
condestable (artillería naval) | gunner | gunner's mate.
condición | being | state | condition | stipulation | proviso.
condición a potencia reducida | part-power condition.
condición antes de iniciar una rutina (informática) | preset.
condición balística | ballistic condition.
condición de arrufo (buques) | sagging condition.
condición de contorno límites | boundary condition.
condición de corte en seco | dry cutting condition.
condición de criticidad (reactor nuclear) | criticality condition.
condición de deformación plástica | plastic-strain condition.
condición de deformación plástica invertida | reversed plastic-strain condition.
condición de desequilibrio | unbalanced condition.
condición de empotramiento | condition of fixture.
condición de estabilidad al final del viaje (buques) | burned-out condition | spent condition.
condición de inestabilidad (electrónica) | triggering.
condición de no cavitación | noncavitating condition.
condición de no resonancia | nonresonant condition.
condición de pago | tenor.
condición de quebranto (buques) | hogging condition.
condición de régimen | régime condition.
condición de régimen permanente | steady-state condition.

condición de salida óptima | maximum satisfactory outlet condition.
condición de trabajo | rating.
condición de tránsito (telefonía) | via condition.
condición de un motor parado (aviones en vuelo) | one-engine-inoperative condition.
condición en la frontera | boundary condition.
condición esencial | sine qua non condition.
condición lineal (programación lineal) | linear constraint.
condición más desfavorable | worst condition.
condición más próxima a la realidad | true-to-life condition.
condición necesaria pero no suficiente | necessary but not sufficient condition.
condición necesaria y suficiente | necessary and sufficient condition.
condición negada | negation condition.
condición operativa | operative condition.
condición óptima | peak condition.
condición potestativa | facultative condition.
condición predisponente | predisposing condition.
condición que de ocurrir anula una escritura pública | defeasance.
condición requerida | requirement.
condición resolutiva | condition subsequent.
condición resolutoria | condition of avoidance | resolutory condition.
condición restrictiva | restraining condition.
condición suspensiva | condition precedent.
condición termohigrométrica de 20° al 50% de humedad relativa | thermohygrometric condition of 20 °C with 50% of relative humidity.
condicionado | tied | conditional | conditioned.
condicional | conditioned | conditional.
condicional (legados) | modal.
condicionalidad | conditionality.
condicionalmente convergente | conditionally convergent.
condicionamiento | friction.
condicionamiento de bits | bit setting.
condicionamiento para señal | signal conditioning.
condicionante | constraint.
condiciones | conditions | terms.
condiciones a convenir | conditions to be agreed upon.
condiciones a fijar | conditions to be determined.
condiciones aceptadas de común acuerdo | conditions agreed upon.
condiciones ácidas débilmente oxidantes | weakly oxidizing acidic conditions.
condiciones actuales | existing conditions.
condiciones ambientales | environmental conditions | environments.
condiciones ambientales reinantes | ambient conditions.
condiciones ambientales rigurosas | extreme environmental conditions.
condiciones atmosféricas | weather conditions.
condiciones atmosféricas ambientales | ambient atmospheric conditions.
condiciones atmosféricas locales | local atmospheric conditions.
condiciones atmosféricas simuladas | simulated atmospheric conditions.
condiciones climáticas | environmental conditions.
condiciones completas | f. t. (full term) | full term (F.T.).
condiciones contractuales | conditions as per contract.
condiciones correctas del arco (horno eléctrico) | correct arcing conditions.
condiciones corrosivas marítimas | marine corrosive conditions.
condiciones crediticias | credit terms.
condiciones crediticias para la exportación | export credit terms.
condiciones de aceptación | acceptance specifications.
condiciones de admisión | conditions of entry.
condiciones de almacenamiento | storage environment.
condiciones de ambiente | room conditions.
condiciones de atraque y muellaje | berth terms.
condiciones de cobro | conditions of collections.
condiciones de comercio | trading conditions.
condiciones de consignación | consignment terms.
condiciones de desequilibrio | nonequilibrium conditions.
condiciones de desequilibrio graves | severe imbalance conditions.
condiciones de embarque | shipping articles.
condiciones de enganche (milicia) | enrollment terms.
condiciones de entrega | terms of delivery | conditions of delivery | delivery terms.
condiciones de entrega (comercio) | conditions of supply.
condiciones de entrega en puerto de granos en general | rye terms.
condiciones de evaluación | rating conditions.
condiciones de excitación (transistor) | drive conditions.
condiciones de excitación máxima (transistores) | maximum drive conditions.
condiciones de explotación | operational environment.
condiciones de funcionamiento | operating conditions.
condiciones de gran humedad | high humidity conditions.
condiciones de habitabilidad | housing conditions.
condiciones de homologación (aviación) | rating.
condiciones de humedad y sequedad extremas | extreme wet and dry conditions.
condiciones de inestabilidad | hunting.
condiciones de inmersión con el esnorkel (submarinos) | snorkelling conditions.
condiciones de la expedición | shipping terms.
condiciones de navegación en rumbo franco | steady-steaming conditions.
condiciones de no resonancia fuera de la zona de velocidades críticas (motores) | nonresonant conditions away from critical speeds.
condiciones de pago | conditions of payment | terms.
condiciones de pago a plazos | deferred terms of payment.
condiciones de pruebas reales | field-test conditions.
condiciones de puente de navegación abierto (buques) | open-bridge conditions.
condiciones de recepción y suministro | supply and reception conditions.
condiciones de resonancia crítica (cigüeñales) | critical resonant conditions.
condiciones de seguro | insurance conditions.
condiciones de servicio | conditions of service.
condiciones de suscripción | terms of underwriting.
condiciones de trabajo rigurosas | extreme operating conditions.
condiciones de trabajo saludables | healthy working conditions.
condiciones de transporte | terms of conveyance.
condiciones de transporte en líneas regulares | liner terms.
condiciones de una licencia | terms of a licence.
condiciones de una subasta | terms of auction.
condiciones de uso simuladas | simulated use conditions.
condiciones de vaporización en régimen (calderas) | steady-steaming conditions.
condiciones de venta | selling terms | terms of sale | sales terms.
condiciones de vida | living conditions.
condiciones de vuelo simulado | simulated flight conditions.
condiciones decorosas de vida | decent conditions of life.
condiciones del material aeronáutico | aeronautical material specifications.
condiciones del pliego | specifications requirements.
condiciones en la superficie de la luna | surface conditions of the moon.
condiciones estringentes de calor húmedo | extra onerous conditions of humid heat.
condiciones externas de funcionamiento | service conditions.
condiciones generales de la póliza | standard policy conditions.
condiciones generales del contrato | general conditions of contract.
condiciones imprevistas | unanticipated conditions.
condiciones impuestas | compulsory requirements.
condiciones infrahumanas de desequilibrio social | infrahuman conditions of social inestability.
condiciones inhóspitas | inhospitable condition.
condiciones iniciales | starting conditions.
condiciones límites | boundary conditions.
condiciones marginales de lubricación | lubrication marginal conditions.
condiciones meteorológicas | weather.
condiciones meteorológicas de vuelo por instrumentos | instrument meteorological conditions (I.M.C.).
condiciones meteorológicas desfavorables | adverse weather.
condiciones meteorológicas presentes | present weather.
condiciones meteorológicas que exigen el vuelo con instrumentos | instrument conditions.
condiciones meteorológicas significativas | significant weather.
condiciones meteorológicas visuales | visual meteorological conditions.
condiciones mínimas | package.
condiciones necesarias y suficientes | necessary and sufficient conditions.
condiciones operatorias severas | severe operating conditions.
condiciones óptimas de funcionamiento | best operating conditions.
condiciones para pago adelantado | prepayment terms.
condiciones particulares de la póliza | special policy conditions.
condiciones peculiares de funcionamiento | peculiar operating conditions.
condiciones peligrosas | hazardous conditions.
condiciones por las que el vendedor asume los riesgos de envío | rye terms.
condiciones pulvígenas | dusty conditions.
condiciones reales | real terms.
condiciones severas (de funcionamiento) | exacting conditions.
condiciones simuladas de trabajo | simulated working conditions.
condiciones técnicas | environment.
cóndilo interno del húmero (anatomía) | funny bone.
condimentar | flavor (to).
condimentar con curri | curry (to).
condimento | dressing.
condominato | condominate.
condominio | condominium | joint owner | joint ownership | joint tenancy | tenancy in common | common ownership | co-ownership | joint ownership.
condómino | joint holder.
condonación | release.
condonación tácita | implied condonation | tacit remission.
condonador | condoner.
condonar | remit (to) | condone (to) | release (to) | abate (to).
cóndor real (ave) | king-vulture.

condrectomía (medicina) | chondrectomy.
condrificación | chondrification.
condriogén | chondriogene.
condrítico | chondritic.
condrito | chondrite.
condro | chondre.
cóndrulo | chondre | chondrule.
conducción | lead 11 | conducting | conduction | direction | piloting | drive | driving | carriage.
conducción (de tropas, etc.) | leading 11.
conducción (de un aparato o máquina) | management.
conducción a la izquierda (autos) | left drive.
conducción aérea | aerial conduction | air conduction.
conducción aerotimpánica | air conduction.
conducción calorífica por medio de remolinos | eddy heat conduction.
conducción con la pértiga (barcazas) | poling.
conducción con un conductor calificado y un ayudante que está también en la cabina (locomotoras eléctricas) | one-technician driver.
conducción de agua motriz | drive pipe.
conducción de corriente positiva por un conductor enterrado | drainage.
conducción de doble tubería | two-barreled line.
conducción de impulsos de disparo | trigger pulse steering.
conducción de los fuegos (calderas) | firing practice.
conducción de los materiales por las diversas fases de fabricación | routeing.
conducción de un solo conducto | single-duct conduit.
conducción del convoy | routeing of convoy.
conducción del tiro | conduct of fire.
conducción electrolítica (química) | electrolytic conduction.
conducción fonónica | phonon conduction.
conducción forzada | pressure water conduit.
conducción forzada (saltos de agua) | power conduit.
conducción ganadera | trailing.
conducción individual | individual drive.
conducción lateral | sprinkler lateral.
conducción marina (descarga de petroleros) | sea line.
conducción muy desmultiplicada (autos) | low-geared steering.
conducción por electrones excedentes | excess conduction.
conducción por huecos | hole conduction.
conducción por la pista por medio de sus motores (aviones) | power steering.
conducción por lagunas (semiconductores) | hole conduction.
conducción principal | main canal.
conducción principal (oleoductos) | main line.
conducción secundaria | sub-main.
conducción suplementaria | looping a line.
conducido (ruedas, ejes, poleas) | driven.
conducir | lead (to) 11 | manage (to) | guide (to) | convey (to) | operate (to) | pilot (to) | head (to) | conduct (to).
conducir (automóvil) | drive (to).
conducir (autos) | steer (to).
conducir (buques) | sail (to).
conducir (telares) | tend (to).
conducir a | lead in (to).
conducir a la posición deseada (aviones) | zero-in (to).
conducir el caudal por tuberías (obras en canales, etc.) | can (to).
conducir el material a través de las diversas fases de fabricación (talleres) | route the material (to).
conducir fuera | lead out (to) 00.
conducir manualmente el vuelo de la cápsula (satélites tripulados) | fly the capsule (to).
conducir un ataque | spearhead (to).
conducir un auto | motor (to).
conducir un rebaño | trail herding (to).
conducir una máquina | attend the engine (to).
conducirse | conduct (to).
conducta | proceedings | behaviour | management | performance.
conducta a adoptar | conduct to follow.
conducta a seguir | line to be taken.
conducta dolosa | misconduct.
conducta impropia | misconduct.
conducta imprudente | reckless conduct.
conducta indigna de un senador | conduct unbecoming a senator.
conducta privada | off-duty conduct.
conducta temeraria | reckless conduct.
conductancia | conductance.
conductancia anódica | plate conductance.
conductancia de conversión | conversion conductance.
conductancia de dispersión | leak conductance.
conductancia de dispersión (recíproco de la resistencia de aislamiento) | leakance | leakage conductance.
conductancia del ánodo | anode conductance.
conductancia dieléctrica | dielectric conductance.
conductancia diferencial de ánodo | differential anode conductance.
conductancia diferencial del ánodo | anode a-c conductance | anode slope conductance.
conductancia dinámica de placa | dynamic plate conductance.
conductancia eléctrica | electrical conductance.
conductancia electródica | electrode conductance.
conductancia electrónica | electron conductance.
conductancia incremental de ánodo | incremental plate conductance.
conductancia mutua | mutual conductance.
conductancia mutua (radio) | slope conductance.
conductancia mutua (válvula termiónica) | slope.
conductancia mutua de la lámpara | valve transconductance.
conductancia mutua entre rejilla-placa | grid-plate transconductance.
conductancia negativa | negative conductance.
conductancia transversal (recíproco de la resistencia de aislamiento) | leakage conductance.
conductibilidad | conductibility.
conductibilidad (del calor) | conductivity.
conductibilidad anisótropa | anisotrope conductivity.
conductibilidad calorífica | heat conduction.
conductibilidad térmica | heat-conducting power | heat conductivity.
conductible | conductible.
conductimétrico | conductometric.
conductímetro | conductometer.
conductividad (electricidad) | conductivity.
conductividad acústica | acoustical conductivity.
conductividad adquirida por irradiación | bombardment conductivity.
conductividad anisótropa | anisotropic conductivity.
conductividad del arco | arc conductivity.
conductividad eléctrica | electrical conductivity.
conductividad eléctrica del 70% del cobre patrón | electrical conductivity of 70 per cent standard copper.
conductividad electrónica | electronic conductivity.
conductividad hidráulica | hydraulic conductivity.
conductividad inducida por bombardeo electrónico | bombardment-induced conductivity.
conductividad posbombardeo (electrónica) | postbombardment conductivity.
conductividad térmica | coefficient of thermal conductivity | coefficient of heat conduction.
conductividad unilateral | unilateral conductivity.
conductivo | conductive.
conducto | conduit pipe | conduit | pipe | pipage | way | feeder | spout | channel | tubing | tube | pipeline | chute | line | duct | passage.
conducto (anatomía) | canal.
conducto (de ventilación, de descarga, etc.) | trunk.
conducto aislante | insulating trough.
conducto ascendente | rising main | upcast | uptake.
conducto atmosférico oceánico | ocean duct.
conducto aumentador | augmenter duct.
conducto cerrado | closed duct.
conducto circular del viento (alto horno) | circular blast main | horseshoe main.
conducto circular del viento caliente (alto horno) | hot-air main.
conducto común (caldeo) | seduct.
conducto con descarga total de la sección | conduit flowing full.
conducto convergente | contracting duct.
conducto de admisión | inlet duct.
conducto de aforo (hidráulica) | rating flume.
conducto de agua | waterway | water pipe.
conducto de aire | airconduit | air flue | air passage.
conducto de aire de ventilación (galería de minas) | fang.
conducto de aire forrado | lined air duct.
conducto de aireación | breather line | air passage.
conducto de alimentación | feeding conduit.
conducto de aspiración | intake conduit.
conducto de caldeo | heating flue.
conducto de calefacción | heating conduit.
conducto de cloruro de polivinilo reforzado con poliéster | PVC/polyester ducting.
conducto de derivación | bypass.
conducto de desagüe | scupper pipe.
conducto de descarga | delivery conduit.
conducto de diámetro variable | compound pipe.
conducto de distribución del viento a las toberas (hornos de fusión) | windbox.
conducto de enlace | split duct.
conducto de entrada de aire limpio | clean-air inlet duct.
conducto de escape (vapor) | exhaust passage.
conducto de escape de gases | air drain.
conducto de escoria (horno pudelar) | flue cinder.
conducto de evacuación | sluiceway | gas trunk.
conducto de exhaustación | exhaust-duct.
conducto de extracción | extract duct.
conducto de humo | chimney flue.
conducto de humos | uptake | hench | smoke-pipe.
conducto de humos (chimenea) | flue.
conducto de humos (desde la caldera a la chimenea) | breeching.
conducto de humos inferior (hogar) | bottom flue.
conducto de impulsión (bombas) | delivery conduit.
conducto de llegada | head pipe | gathering line.
conducto de pluma estilográfica | ink-feed.
conducto de purga | purge duct.
conducto de sección constante | constant-area duct.
conducto de tiro forzado | forced draft duct.
conducto de vapor | steam way.
conducto de ventilación | air duct | air course | air trunk | ventiduct | ventilating duct.
conducto de ventilación (minas) | monkey way | back entry | airway.
conducto de ventilación flexible (minería) | canvas tube.
conducto del horno a las lingoteras (funderías) | sow.
conducto del lubricante | oil lead.
conducto del viento (alto horno) | air pipe.
conducto descargador | discharge chute.

conducto dirigido hacia abajo | downtake.
conducto divergente difusor (escape cilindros) | megaphone.
conducto eléctrico | raceway.
conducto empotrado (en la pared) | recessed duct.
conducto en el rodapié (habitaciones) | skirting ducting.
conducto espiral | spiral chute.
conducto espiral de acero | steel spiral conduct.
conducto excretorio | emissary.
conducto fibroso flexible (electricidad) | loom.
conducto flexible | flexible duct.
conducto forzado | penstock.
conducto forzado (hidráulica) | full pipe.
conducto forzado abierto en roca | rock-embedded penstock.
conducto forzado de acero soldado | welded steel penstock.
conducto forzado en acero | steel penstock.
conducto forzado zunchado (hidráulica) | hooped penstock.
conducto horizontal para distribuir el gas a los conductos calefactores (hornos de cok) | gas gun.
conducto metálico corrugado | corrugated metal conduit.
conducto metálico flexible cubierto de plástico | plastics-covered flexible metal conduit.
conducto monotubular | single-barrel conduit.
conducto multitubular (cables telefónicos - EE.UU.) | multiple duct conduit.
conducto multitubular (cables telefónicos - G.B.) | duct route.
conducto obstruido | blocked passage.
conducto para barras colectoras | busway.
conducto para cable | cable duct.
conducto para cable eléctrico | cable cover.
conducto para el tendido interior de cables de transmisión de energía eléctrica | power cableway.
conducto para extracción de humos | fume-extracting ducting.
conducto para llevar aire refrigerante a la magneto (motor avión) | blast tube.
conducto para servicios | service conduit.
conducto para servicios (de agua, luz, etc.) | service duct.
conducto para transporte de sólidos vehiculados por un flúido | solids-handling pipeline.
conducto para transporte de sólidos vehiculados por un líquido | slurry pipeline.
conducto para tubería | raceway.
conducto para tuberías | pipe duct | tubing harness.
conducto para zócalo (electricidad) | baseboard raceway.
conducto portacable (electricidad) | duct.
conducto portacables | conduit.
conducto principal | main.
conducto principal (oleoductos) | trunkline.
conducto principal donde descargan los productos de destilación de las retortas (fábrica gas) | hydraulic main.
conducto protector | kickpipe.
conducto purgado | purged conduit.
conducto reglamentario | official channel | command chain.
conducto reglamentario (ejército, marina) | military channels.
conducto regular (milicia) | line of command.
conducto regular (vía jerárquica) | chain of command.
conducto rugoso | rough conduit.
conducto submarino (descarga de petroleros en bahía) | sea line.
conducto subterráneo | covered drain.
conducto subterráneo (electricidad) | culvert.
conducto termopropulsivo (ariete de retropulsión - aviones) | athodyd.
conducto termopropulsor de combustión continua | continuous-combustion athodyd.
conducto tubular para transportar algodón en rama | trunk line.
conducto vertical | uptake.
conducto visitable del ala (aviones) | wing passage.
conductometría | conductometry.
conductometría térmica | thermal conductometry.
conductor | conductor | leader.
conductor (adjetivo) | conducting.
conductor (de auto, etc.) | operator.
conductor (de tren eléctrico o tranvía - Estados Unidos) | motorman.
conductor (electricidad) | lead 11.
conductor (guía) | flugelman.
conductor adaptador (antena) | matching stub.
conductor aéreo | overground conductor | overhead-line.
conductor aislado con plástico | plastic-insulated conductor.
conductor alimentador | feeder cable.
conductor alimentador (de red eléctrica de distribución) | feeder.
conductor asimétrico | asymmetric conductor.
conductor auxiliar (electricidad) | pilot.
conductor axial | axial lead.
conductor bifilar por fase (línea trifásica) | twin-bundled conductor.
conductor cableado | rope stranded conductor.
conductor circular de viento caliente (alto horno) | hot-blast circular main.
conductor circular del viento | horseshoe main.
conductor circular para transmisión de la corriente (torre de cañones) | collector ring.
conductor coaxial | coaxial lead.
conductor compensador | equalizing conductor.
conductor común | highway.
conductor con corriente | live conductor | charged conductor.
conductor con revestimiento magnético | magnetic plated wire.
conductor con torones multifilares | multicore-stranded conductor.
conductor corto (electricidad) | tail.
conductor de alimentación | feeding conductor | leading-in wire.
conductor de alimentación (electricidad) | feed wire.
conductor de alto voltaje | high-tension lead.
conductor de aluminio con alma de acero | SCA conductor | steel-cored aluminum conductor.
conductor de aluminio de torones de colchado concéntrico | concentric-lay-stranded aluminum conductor.
conductor de aluminio para barras de distribución de gran amperaje | high-capacity aluminium bus conductor.
conductor de anillo (telefonía) | R-wire.
conductor de bagazo | bagasse carrier.
conductor de bajada | down-lead.
conductor de bajada de antena | aerial down-lead.
conductor de cable eléctrico (puede ser monofilar o multifilar) | core.
conductor de camión | lorry driver.
conductor de cobre | copper conductor.
conductor de cobre de una longitud de un pie y una sección de una circular-mil (electricidad) | circular-mil-foot.
conductor de compensación | equalizer | equalizing wire.
conductor de conexión | coupling lead.
conductor de derivación (electricidad) | pressure wire.
conductor de electricidad | power-conductor.
conductor de empalme | jumper.
conductor de entrada | lead-in.
conductor de flotilla de destructores | destroyer flotilla leader.
conductor de fuera (sistema trifásico) | outer conductor.
conductor de gran resistencia eléctrica | resistive conductor.
conductor de ida (electricidad) | lead conductor.
conductor de ida (hilo de ida - electricidad) | go lead.
conductor de ida y vuelta (electricidad) | lead and return.
conductor de información (telefonía) | P.B.X. power lead.
conductor de la señal de llamada | ring wire.
conductor de lingotes (laminador) | traveling table.
conductor de llamada (telefonía) | P.B.X. ringing lead.
conductor de puesta a tierra | earth lead.
conductor de resonancia | resonant conductor.
conductor de salida (radio) | leadout.
conductor de salida (semiconductor) | leadout.
conductor de tierra | ground wire.
conductor de tierra (cables) | earth core.
conductor de toma (electricidad) | collector conductor.
conductor de tren de mercancías | freight conductor.
conductor de unión del equipo receptor o transmisor a la antena (radio) | feeder.
conductor de vehículos de servicio público | public-service-vehicle operator.
conductor de vigueta en U de aluminio plateado | silver-plated alminum channel conductor.
conductor de vuelta (electricidad) | return lead.
conductor de zirconato-titanato | lead zirconate-titanate.
conductor del aire | air pipe.
conductor del circuito de control | cab cable.
conductor del colector | collector lead.
conductor del emisor | emitter lead.
conductor del sonido | sound conductor.
conductor desnudo | bare conductor.
conductor doble retorcido | twisted pair.
conductor eléctrico entre la fuente de energía y la pieza (soldeo por arco) | work lead 11.
conductor en buen estado | sound conductor.
conductor en haz (electricidad) | multiple conductor.
conductor en resonancia | equifrequent conductor.
conductor enterrado | earth conductor.
conductor estampado (aparato radio) | printed conductor.
conductor exterior (corriente trifásica) | outer.
conductor exterior (electricidad) | outer main.
conductor exterior (sistema trifásico) | outer.
conductor fantasma | ignored conductor.
conductor flexible | flexible wire.
conductor flexible (electricidad) | cord.
conductor flexible que une una escobilla al portaescobilla | pigtail.
conductor formado por tiras múltiples | laminated conductor.
conductor impreso (aparato radio) | printed conductor.
conductor influenciado | influenced conductor.
conductor influyente | influencing conductor.
conductor interior | inner conductor.
conductor interior (cable coaxial) | inner.
conductor interior del cable | inner conductor of the cable.
conductor interno aislado (cables eléctricos) | core.
conductor liso de haz de conductores | smooth bundled conductor.
conductor múltiple (líneas transporte energía) | bundle conductor.
conductor múltiple por fase | bundled conductor.
conductor neutro | neutral.
conductor neutro (electricidad) | third wire.
conductor neutro puesto a tierra | earthed neutral.
conductor para taladrar | jig.
conductor para taladrar (con plantilla) | drill guide.
conductor para taladrar (plantillas de tala-

drado) | jig bushing.
conductor principal (electricidad) | lead wire | electric main | main.
conductor puesto a tierra | earthed conductor.
conductor que no es el neutro (sistema trifásico) | outer.
conductor que no es neutro (sistema trifásico) | outer conductor.
conductor ramificado (electricidad) | branched lead.
conductor recorrido por una corriente | current-carrying conductor.
conductor recto de gran longitud | long straight conductor.
conductor resistivo | resistive conductor.
conductor segmental | segmental conductor.
conductor sin encintar (cables eléctricos) | untaped core.
conductor soporte (seminconductor) | beam lead.
conductor subterráneo | underground conduit.
conductor tomacorriente de acero cobreado (ferrocarril eléctrico) steel-copper trolley wire.
conductor unido a tierra | grounded conductor.
conductor unipolar | single wire.
conductor vertical (electricidad) | riser.
conductor vertical ascendente | vertical riser.
conductor vivo | current-carrying.
conductora | conductress.
conductores coaxiales | coaxial conductors.
conductores de compensación (electricidad) | compensatory leads equalizing mains.
conductores de entrada (circuitos) | fan-in.
conductores de fuerza (electricidad) | power mains.
conductores de luz (electricidad) | lighting mains.
conductores de pruebas (aparato de medidas) | test leads.
conductores de salida (circuitos) | fan out.
conductores en haz | bundle conductor.
conductores en múltiple | conductors in multiple.
conductores principales (electricidad) | main leads.
conductores tubulares concéntricos | concentric tubular conductors.
conductos | troughing.
conductos de paso del aire (pistón de instrumentos de viento) | cockades.
conductos de ventilación del generador | generator ventilation ducts.
conductos en el estator o rotor paralelos al eje (ventilación motores eléctricos) | axial ducts.
conductos para el agua | waterways.
conductos sonoatenuadores | noise-attenuating ducts.
condueño | part-owner.
conectabilidad | connectibility.
conectable | connectible | connectable.
conectable directamente | plug to plug compatible.
conectado | connected | electrically bonded | in (input).
conectado (circuitos eléctricos) | on.
conectado (electricidad) | on position | switched on.
conectado a masa a través de una reactancia | grounded through a reactance.
conectado a un transformador | transformer-coupled.
conectado automáticamente | autoconnected.
conectado de manera afín | affinely connected.
conectado directamente | direct coupled | direct-coupled | direct-connected.
conectado directamente a la línea | on line.
conectado eléctricamente al casco (buques) | earthed to the hull.
conectado en cascadaconectado en serie (electricidad) | cascade-connected.
conectado en derivación | parallel-connected | shunt-connected.
conectado en derivación (electricidad) | multiple-connected.
conectado en estrella (electricidad) | star-connected.
conectado en paralelo (electricidad) | paralleled | multiple-connected.
conectado en serie | series-connected.
conectado en triángulo | delta-connected | mesh-connected.
conectado en triángulo (electricidad) | D-connected.
conectado en V (transformadores) | V-connected.
conectado graduablemente a | adjustably connected to.
conectado operativamente | operatively connected.
conectado por detrás | back-connected.
conectado por embrague | releasably connected.
conectado-apagado | on-off.
conectado-desconectado (electricidad) on-off.
conectador | connecter | connector | interlinked piece | coupler | fitting | junction-piece | nipple | transfer switch | union.
conectador (electricidad) | outlet.
conectador (telefonía automática) | final selector.
conectador acoplador | link.
conectador angular | elbow connector.
conectador autoobturante (tuberías) | self-sealing coupling.
conectador cerrador | locking connector.
conectador con orejetas para apretar golpeando | hammer union.
conectador con tuerca exagonal | hexagon-center nipple.
conectador cónico (cable coaxial) | silver bullet.
conectador de acoplamiento | mating connector.
conectador de admisión | inlet nipple.
conectador de alimentación | power lead.
conectador de alta (electricidad) | H. T. connector.
conectador de colocación rápida | quick-fitting union.
conectador de conductos (electricidad) | connecting link.
conectador de guiaondas | wave guide shim.
conectador de intercomunicación | interlock connector.
conectador de la salida | output nipple.
conectador de manguera | hose connector | hose nipple.
conectador de placas de acumuladores | intercell connector.
conectador de presión | pressure-type connector.
conectador de reducción | reducing union | reducing nipple.
conectador de salida | outlet fitting.
conectador de tornillo | joint screw.
conectador de tuberías flexibles para fluidos | flexible fluid line connector.
conectador de tubo flexible | hose union.
conectador de tubos | pipe-union.
conectador de unión | union nipple.
conectador de unión (tuberías) | stud union.
conectador del grupo de red guiado (telefonía) | guided network group connector.
conectador del tubo inyector del combustible | fuel-injector pipe connector.
conectador macho | male connector.
conectador multicontactual | multicontact connector.
conectador múltiple (electricidad) | crab.
conectador orientable | banjo union.
conectador para cable de soldeo | welding cable connector.
conectador para engrasar a presión | grease nipple.
conectador para las luces del remolque (camiones) | trailer light connector.
conectador para tubería de revestimiento | casing nipple.
conectador paralelo | parallel connector.
conectador provisional para línea cargada (electrotecnia) | hotline jumper.
conectador reductor | swedged nipple | reducing coupling | reducing nipple | choke nipple.
conectador reductor (tuberías) | reducing pipe-fitting.
conectador reductor excéntrico | eccentric reducer.
conectador selectivo de frecuencia | frequency selecting connector.
conectador soldado | welded adaptor.
conectadores multiclavijas (telecomunicación) | multipin connector.
conectar | couple (to) | attach (to) | strap (to) | switch on (to) | tap (to) | plug in (to) | connect (to) | connect up (to).
conectar (electricidad) | patch (to) | hook-up (to) | wire (to).
conectar (poner en circuito) | cut in (to).
conectar a | tie into (to).
conectar a masa (autos, máquinas) | connect to frame (to).
conectar al sistema de ordenadores | operate computer on line (to).
conectar como compensador (electricidad) | float (to).
conectar con clavijas | plug-connect (to).
conectar eléctricamente | bond (to).
conectar en circuito (en un circuito) | loop in (to).
conectar en derivación | shunt (to) | bridge-connect (to).
conectar en derivación (electricidad) | bridge (to).
conectar en línea ocupada (telefonía) | overplugging.
conectar en paralelo | shunt (to).
conectar por correa | belt (to).
conectar por medio de una T | tee (to).
conectar provisionalmente (electricidad) | jump (to).
conectar y desconectar | make and break.
conectividad de la superficie de Fermi | connectivity of the Fermi surface.
conectivo | connective.
conector | computing | connecter | connector.
conector (hilo de conexión - electricidad) | connector.
conector a prueba de humedad | moisture-proof connector.
conector con varios terminales multipin connector.
conector de cordón | cord connector.
conector de guía de ondas | waveguide connector.
conector de relé | antiplugging relay.
conector de salida (organigrama) | outconnector.
conector de torones | strand connector.
conector eléctrico de un puente movil | drawbridge coupler.
conector lógico (informática) | logical connective.
conector múltiple | tie piece.
conector múltiple (organigramas) | multiple connector.
conector para maderas | timber connector.
conejar | rabbitry.
conejo | rabbit.
conejos (radar) | rabbits.
coneo (helicóptero) | coning.
conexibilidad | connectedness.
conexidad | relatedness.
conexidad (topología) | connectedness.
conexidades y anexidades | deeds and instruments.
conexión | connexion | connection | switching link | union | coupling | attachment | port hook-up | hooking | hook up | junction |

jackplugging | connecting | tie | switching on | joint | patch-in.
conexión (circuito eléctrico) | making.
conexión (electricidad) | joining | turn-on | lead 11.
conexión (química) | bridging.
conexión a masa (electricidad) | earthing.
conexión a masa de la vaina metálica (cable eléctrico) | earthing cable bond.
conexión a masa de una fase (corriente trifásica) | single fault.
conexión a masa de una fase de la distribución en triángulo (electricidad) | corner-of-the-delta grounding.
conexión a masa virtual (electricidad) | virtual ground.
conexión a tierra | bonding.
conexión a tierra (puesta a tierra - electricidad) | grounding.
conexíon a tierra de la envuelta metálica (cables) | earthing cable bond.
conexión a tierra virtual | virtual ground.
conexión apoyada sobre la columna (vigas) | seated connection.
conexión articulada | linkage | toggle linkage.
conexión bajo presión (tuberías) | wet connection.
conexión compensadora | equalizing connection.
conexión conductiva | conductive connection.
conexión de alambre del acumulador al chasis (autos) | ground strap.
conexión de bola | ball bond.
conexión de bucle (telecomunicación) | ring connection.
conexión de carril | rail-bond.
conexión de CC | DC connection.
conexión de central | exchange connection.
conexión de clavija (electricidad) | plug-connection.
conexión de delga (colector máquinas eléctricas) | riser.
conexión de derivación larga | long-shunt connection.
conexión de doble estrella en zigzag | double-star zigzag connetion.
conexión de entrada | inlet connection | input connection.
conexión de equilibrio | equalizing connection.
conexión de estrella (electricidad) | wye connection.
conexión de par torsor predeterminado | predetermined torque attachment.
conexión de prueba (entre el circuito y el aparato de medida) | test lead.
conexión de salida | leadout.
conexión de separación rápida | quickly detachable connection.
conexión de sonido y televisión | sound and TV programme connections.
conexión de tierra | earth lead.
conexión de toma (tuberías) | wet connection.
conexión de tubería flexible | hose connection.
conexión de tubos a la placa tubular (calderas) | tube-to-tube plate connection.
conexión de una parte del sistema a una parte anterior de éste | feedback.
conexión de una tarea | attachment of a task.
conexión derivada | loop through.
conexión directa | direct connection | direct switching | positive drive.
conexión dodecafásica en doble cuerda | twelve-phase double-chord connection.
conexión eléctrica | cable bond | electrical tie-in | electric connection | electric bond.
conexión eléctrica (de dos caRRILES) | bond.
conexión eléctrica a través de una junta | bonding.
conexión electrónica | electronic connection.
conexión en anillo | mesh connection.
conexión en cascada | concatenated connexion | cascade connection.
conexión en cascada (circuito) | interfacing.
conexión en cascada (motores) | tandem connection.
conexión en circuito | looping-in.
conexión en cuello de cisne | gooseneck.
conexión en cuña | wedge bonding.
conexión en derivación | shunt connection.
conexión en doble estrella | double-y connection.
conexión en estrella | star connection | Y-connection.
conexión en estrella interconectada | interconnected-star connection.
conexión en estrella interconectada (electricidad) | interconnected star connection.
conexión en malla | mesh connection.
conexión en oposición | back-connection.
conexión en paralelo (de una máquina eléctrica a las barras de distribución) | paralleling.
conexión en paralelo de los detonadores (voladuras) | hobo connection.
conexión en polígono | mesh connection.
conexión en polígono (electricidad) | ring connection.
conexión en puente (electricidad) | strapping.
conexión en serie (electricidad) | tandem connection.
conexión en series paralelas | multiple series connection.
conexión en T (electricidad) | branch joint.
conexión en triángulo | mesh grouping | delta connexion.
conexión en triángulo (electricidad) | mesh connection.
conexión en triángulo abierto | open-delta connection.
conexión en triángulo abierto (electricidad) | V connection.
conexión en triángulo y estrella | mesh-star connection.
conexión en V (electricidad) | V connection.
conexión enchufable | jack-in connection.
conexión entre el alimentador y el carril | cross bond.
conexión entre la manguera del combustible del avión nodriza y el avión receptor (repostaje en vuelo) | hookup.
conexión equipotencial | equipotential connection.
conexión espía | wiretap.
conexión estrella-estrella | Y-Y connection | star-star connection.
conexión estrella-triángulo | Y-delta connection | star delta connection.
conexión estrella-triángulo (electricidad) | wye-delta connection.
conexión estrella-zigzag | star-zigzag connection.
conexión exafásica en anillo | six-phase ring connection.
conexión exafásica en estrella | six-phase star connection.
conexión falsa de las fases (electrónica) | wrong phase connection.
conexión flexible | flexible coupling.
conexión flexible (para manguera de aire) | whip.
conexión floja | loose connection.
conexión frontal (bobina) | end winding.
conexión igualadora (electricidad) | equalizing connection.
conexión inductiva | impedance bond | inductive connection.
conexión intermedia | tapping.
conexión intermedia (devanados, transformadores, etc.) | tap.
conexión magnética | magnetic latching.
conexión múltiple | multiple connection.
conexión oscilante | toggle.
conexión para equilibrar la carga | load balancing connection.
conexión para programas (radiodifusión) | program switching.
conexión para prueba en poste | test pole connection.
conexión pasante | through connection.
conexión perfecta a masa | dead earth.
conexión perfecta a tierra (electricidad) | dead earth | dead ground.
conexión perpendicular | radial lead.
conexión poligonal-triángulo (circuito polifásico) | mesh-delta connection.
conexión por angulares en las alas de la viga (estructuras) | knuckle connection.
conexión por conmutación | switched connection.
conexión por elementos roscados | threaded connection.
conexión por termocompresión | thermocompression bonding.
conexión posterior a la varilla del timón | aft connection to rudder rod.
conexión provisional | patch.
conexión recíproca | back-to-back connection.
conexión rígida | positive connexion.
conexión soldada sin cartabones | welded bracketless connection.
conexión suelta | loose connection.
conexión suicida (electricidad) | suicide connection.
conexión telegráfica internacional de tránsito | transit international telegraph connection.
conexión temporánea a masa o a tierra (electricidad) | temporary grounding.
conexión terminal | dead-end tie.
conexión tetrafásica en anillo | four-phase ring connection.
conexión tetrafásica en estrella | four-phase star connection.
conexión total a masa o a tierra (electricidad) | total earth.
conexión triángulo-estrella | delta-star connection.
conexión triángulo-triángulo | delta-delta connection.
conexión triángulo-zigzag | delta-zigzag connection.
conexión trifásica en estrella | three-phase Y connection.
conexión trifásica en triángulo | three-phase delta connection.
conexión trifásica en triángulo abierto | three-phase open delta connection.
conexión visible | line wiring.
conexión volante | jumper.
conexionado | wiring.
conexionado auxiliar | small wiring.
conexionado del tablero | plug board wiring.
conexionado eléctrico | electric wiring.
conexionado en puente opcional (telefonía) | optional strapping.
conexionado impreso | printed wiring.
conexionar | put in gear (to).
conexiones a masa doble | dual-ground connections.
conexiones básicas | basic setup.
conexiones de tuberías (accesorios) | pipe fittings.
conexiones del filamento (radio) | filament leads.
conexiones en serie conectadas en múltiple | multiple-series connection.
conexiones finales | end connections.
conexiones finales del inducido | armature end connexions (G.B.).
conexionista | connectionist.
conexión-puente de magnetrón | magnetron strapping.
conexo | connected | closely-allied.
confección | confection | make.
confección (de ropas) | outfitting.
confección (de trajes, de periódicos) | making.
confección (trajes) | making-up.
confección (vestidos) | confection | makeup | manufacture.
confección automática de billetes | automatic

toll ticketing.
confección azucarada | conserve.
confección de cilindros para rotograbado | gravure cylinder making.
confección de clisés | platemaking.
confección de clisés de caucho (imprenta) | rubber platemaking.
confección de conservas | preserving.
confección de noticias | report preparation.
confección de planchas | platemaking.
confección de tapas | case work.
confección de tarifas | rate making.
confección presupuestaria | budgeting.
confeccionado | ready-made | fashioned.
confeccionador | outfitter.
confeccionadora de clisés | plate maker.
confeccionadora de placas offset | platemaker.
confeccionar | make (to).
confeccionar (trajes) | confection (to).
confeccionar (vestidos) | manufacture (to) | make up (to).
confeccionar el presupuesto | draft the budget (to).
confeccionar un censo | take a census (to).
confecciones | dress-materials.
confederación | federacy.
Confederación Británica de Patronos | British Employers' Confederation (B.E.C.).
confederación mundial del trabajo | world confederation of labour.
Confederación Nacional de Sindicatos Británicos (G.B.) | Trade Union.
conferencia | parley | meeting | conference.
conferencia a pagar por el demandado (teléfonos) | collect call.
conferencia al pie de la máquina | shop-floor conference.
conferencia con aviso previo (telefonía internacional) | préavis call.
conferencia con demostraciones | demonstration lecture.
conferencia con proyecciones | lantern lecture.
conferencia de cambio de ideas y discusiones muy limitadas | open conference.
conferencia de cobro revertido (telefonía) | collect call.
conferencia de orientación | orientation lecture.
conferencia de pago en destino | collect call.
conferencia de servicio | service call.
conferencia de socorro (telefonía) | distress call.
conferencia de socorro en el servicio internacional | distress call in the international service.
conferencia de tabla redonda | round-table conference.
conferencia de una hora de duración | one-hour lecture.
conferencia en pie de igualdad | round-table conference.
conferencia escrita como introducción a la subsiguiente discusión | lead-off paper.
conferencia fortuita a hora fija | occasional fixed time call.
conferencia inaugural | inaugural lecture.
conferencia inmediata (telefonía) | lightning call.
conferencia internacional de doble tránsito | two link international call.
conferencia interparlamentaria | interparliamentary conference.
conferencia interurbana | toll call | trunk call.
conferencia naval | naval meet.
conferencia oficial (servicio internacional telefónico) | government call.
conferencia pancomunista | pancomunist conference.
conferencia paneuropea | paneuropean conference.
conferencia particular | informal lecture.
conferencia preferente (servicio telegráfico internacional) | lighting call.
conferencia privada ordinaria | ordinary private call.
conferencia sobre | lecture.
conferencia técnica | engineering lecture.
conferencia telefónica de larga distancia | long-distance.
conferencia urbana | local call.
conferenciante | lecturer.
conferenciante invitado | visiting lecturer.
conferenciar en público | read (to).
conferencias | lecturing.
conferir | grant (to) | entrust with (to).
conferir plenos poderes | empower (to).
conferir título a | title (to).
conferir un grado honorífico | laureate (to).
conferir una medalla | medal (to).
confesarse culpable | plead guilty (to).
confesión | confession.
confesión (de un hecho) | admission.
confesión de culpabilidad (jurídico) | admission of guilt.
confesión judicial | deposition.
confiabilidad | reliability.
confiabilidad de datos muestrales | reliability of sample data.
confiabilidad estadística | statistical reliability.
confiable | dependable | sound.
confiado | easy.
confianza | confidence.
confianza en | dependence.
confianza que se inspira | dependability.
confiar | entrust with (to) | entrust (to) | rely on (to).
confiar en el motor | depend on the engine (to).
confidencia | privity.
confidencial | classified | off the record | confidential.
confidente | stool pigeon.
configuración | profile | mapping | environment | pattern | lay | outline | configuration | geometry | feature | frame.
configuración (del terreno, de un país) | lie.
configuración (proceso de datos) | configuration.
configuración (química) | conformation.
configuración abierta | open ended configuration.
configuración admitida de registros (informática) | allowable record configuration.
configuración aerodinámica | aerodynamic configuration.
configuración aerodinámica futurista | futuristic aerodynamic configuration.
configuración anodicomecánica | anodic-mechanical shaping.
configuración antiparalelas del espin | antiparallel spin configurations.
configuración cerrada | closed configuration.
configuración cóncava | concave configuration.
configuración cruciforme del ala | cruciform wing cofiguration.
configuración cuspidal | cusped configuration.
configuración de ala triangular de pequeño alargamiento | low-aspect-ratio delta wing configuration.
configuración de bits | bit pattern.
configuración de campos magnéticos que contienen un plasma | magnetic bottle.
configuración de esfuerzos | stress pattern.
configuración de flap amplificado por chorro | jet-augmented-flap configuration.
configuración de la cosmonave | space vehicle configuration.
configuración de la entalla | notch geometry.
configuración de la herramienta | tool geometry.
configuración de la indentación | geometry of indentation.
configuración de la muestra | sample configuration | configuration of sample | specimen geometry.
configuración de la probeta | specimen geometry.
configuración de la superficie | surface configuration.
configuración de la suspensión | suspension geometry.
configuración de las deformaciones | strain geometry.
configuración de levitación (plasmas) | levitation configuration.
configuración de los fragmentos de la explosión del proyectil | fragment pattern of shell burst.
configuración de onda | wave form.
configuración de perforaciones | hole pattern.
configuración de quitanieves (trépanos) | snowplow configuration.
configuración degenerada | degenerate configuration.
configuración del avión | aircraft configuration.
configuración del contacto | contact configuration.
configuración del detector | detector's geometry.
configuración del dominio | domain configuration.
configuración del espécimen | specimen configuration.
configuración del flujo | flow pattern | flow-pattern | flow geometry.
configuración del grano del propulsante | propellant grain geometry.
configuración del monoplano | monoplane configuration.
configuración del nudo (estructuras) | node configuration.
configuración del recipiente a presión | pressure vessel configuration.
configuración del satélite | satellite configuration.
configuración del terreno | lay of the land | configuration of ground.
configuración del terreno (aerofotografía) | texture.
configuración duplicada (informática) | paired configuration.
configuración eclipsada (química) | eclipsed conformation.
configuración electrónica | electronic configuration.
configuración electrónica del soluto | solute electron configuration.
configuración en duna de defectos (diamantes) | dune pattern.
configuración en el carbono α | configuration at the α-carbon.
configuración escalonada | stepwise configuration.
configuración escalonada (química) | staggered conformation.
configuración especular | mirror configuration.
configuración estable | stable configuration.
configuración estereoquímica | stereochemical configuration.
configuración geométrica | geometry | geometrical configuration.
configuración geométrica predeterminada | predetermined geometrical configuration.
configuración helicoidal de espín | helical spin configuration.
configuración híbrida | hybrid magnetic configuration.
configuración microestructural | microstructural configuration.
configuración microestructural de los constituyentes alineados en la dirección del trabajo (aleaciones) | stringer.
configuración nuclear | nuclear configuration.
configuración planetaria | configuration.
configuración polos-ceros | pole-zero pattern.
configuración por cortes | shape cutting.
configuración por curvas de nivel | contoured configuration.
configuración que contiene una información de una fuente (información) | signature.
configuración radial (equipo) | radial configuration.

configuración ramificada (redes eléctricas) | radial pattern.
configuración sustentadora | lifting configuration.
configuración topológica | topological configuration.
configuración triplemente excitada | triply-excited configuration.
configuración visual | pattern.
configuracional | configurational.
configuraciones del aeroplano | aeroplane configurations.
configurar | configure (to).
confín | limit | confine | term | border.
confinado | contained.
confinado espacialmente | spatially confined.
confinado por campo magnético | confined by magnetic field.
confinado por extricción | pinched.
confinamiento | confinement | containement.
confinamiento (de un loco) | restraint.
confinamiento (fusión nuclear) | containment.
confinamiento adiabático | adiabatic containment.
confinamiento del plasma | plasma containment.
confinamiento en el domicilio | house confinement.
confinamiento magnético | magnetic containment.
confinar | confine (to) | limit (to) | bound (to).
confinarribetear | border (to).
confirmable | confirmable | indorsable.
confirmación | confirmation | acknowledgement | attestation | establishment.
confirmación de pedido | order confirmation.
confirmación de sentencia | affirmance of judgment.
confirmación negativa de recepción | negative acknowledge.
confirmación por escrito de un pedido verbal | written confirmation of an oral order.
confirmado (persona) | confirmee.
confirmado por la Comisión de Energía Atómica | AEC-supported.
confirmado por la práctica | experience proven.
confirmador | confirmor.
confirmador (persona) | confirmer.
confirmante | consignatory.
confirmar | confirm (to) | adminiculate (to) | vouch (to) | support (to) | countersign (to) | ratify an agreement (to) | establish (to).
confirmar un crédito | confirm a credit (to).
confirmar un pedido | confirm an order (to).
confirmatorio | confirmatory.
confiscable | confiscable | confiscatable | escheatable.
confiscación | confiscation | condemnation | impounding | forfeiture | forfeit.
confiscación de bienes | escheat.
confiscación de bienes (por alta traición) | attainder.
confiscador | confiscator.
confiscar | forfeit (to) | expropriate (to) | condemn (to) | impress (to) | confiscate (to) | confiscate (to) | seize (to).
confiscar (mercancías) | impound (to).
confiscar (propiedades) | escheat (to).
confitado (cueros) | puering.
confitar (frutos) | confection (to).
confitura | confection.
conflación | conflation.
conflagración | conflagration.
conflictivo | conflicting.
conflicto | conflict | dispute | controversy | deadlock.
conflicto de trabajo | labor dispute.
conflicto entre la dirección y los obreros | labor-management dispute.
conflicto intergremial sobre responsabilidades | demarcation dispute.
conflicto intersindical | interunion dispute.
conflicto laboral | trade dispute | labor dispute | labor strife | labour dispute.
conflictos jurídicos solucionados por sujetarse a condiciones pactadas (EE.UU.) | no-fault.
conflictos laborales | labour troubles | industrial disputes.
confluencia | confluence | conflux | concourse | juncture | junction.
confluencia (ríos) | fork | meeting.
confluente | confluent.
confluir | meet (to).
confocal | confocal.
conformabilidad | formability.
conformable | formable.
conformable en caliente | hot-workable.
conformación | forming | figuring | shaping | conformation.
conformación (en el torno) | spinning.
conformación a forma semicircular (fondos de calderines) | closing.
conformación aproximada a la definitiva (forjas) | blocking.
conformación aproximada por forja antes de terminarla en el troquel | use making.
conformación bancaria por exceso | overcertification.
conformación catódica | cathodic shaping.
conformación con trolquel de caucho | rubber die forming.
conformación curvilínea | curvilinear forming.
conformación de impulsos | pulse shaping.
conformación de la muela abrasiva | truing.
conformación de la señal | signal reshaping.
conformación de las planchas de plomo sobre la superficie a cubrir | bossing.
conformación de metales por detonación de un explosivo sólido o líquido | explosive metal-forming.
conformación de ondas | waveform shaping.
conformación de piezas por cargas explosivas (por medio de explosivos o con mezclas explosivas) | explosive forming.
conformación de taludes | bank sloping.
conformación de tubos | tube-forming.
conformación del perfil | profile-truing.
conformación electrohidráulica (conformación de metales sin prensa) | electrohydraulic forming.
conformación electrolítica | electroshaping.
conformación en caliente | hot-formability | hot forming.
conformación en frío | cold-forming.
conformación explosiva (por medio de explosivos o con mezclas explosivas) | explosive forming.
conformación hidráulica | hydraulic forming.
conformación magnética | magnetic forming.
conformación no lineal de ondas | nonlinear waveform shaping.
conformación plástica por fluido (metalurgia) | fluid form.
conformación por almohadilla de caucho (prensas) | rubber pad forming.
conformación por chorreo con perdigones | shotpeen forming.
conformación por estirado | stretch forming.
conformación por estirado sobre hormas | stretch-forming.
conformación por granallado | shotpeen forming.
conformación por laminado en frío (piezas de forma) | cold rollforming.
conformación por mandril expansor | radial forming | expand forming.
conformación por medio de rodillos | rollforming.
conformación sin desprendimiento de viruta (metales) | chipless forming.
conformación sobre almohadilla de caucho | rubber forming.
conformación sobre almohadilla de caucho (prensas) | rubber bag molding.
conformación sobre horma y con estirado | stretch wrap forming.
conformado | formed.
conformado (plásticos) | forming.
conformado a la medida aproximada | rough formed.
conformado a presión | pressed to shape.
conformado con plantilla | profile-trued.
conformado con precisión | precision-shaped.
conformado con prensa | pressed to shape.
conformado en frío antes de soldar | cold-formed before welding.
conformado magnético | magneform.
conformado pero no cocido (ladrillos, loza, etc.) | green.
conformado por estirado (metalurgia) | stretch-formed.
conformado por estirado sobre plantilla | stretch wrap forming.
conformado por laminación en frío | cold-roll-formed.
conformado por vacío (plásticos) | vacuum forming.
conformador | former | barrel pin.
conformador (molde) | conformator.
conformador de impulsos | pulse shaper.
conformador de sombreros | blocker.
conformador para formas cónicas | funnel stake.
conformador rotativo | rotoformer.
conformadora | shaper.
conformadora de carreteras | road shaper.
conformadora de neumáticos | tire-shaping machine.
conformalidad | conformality.
conformar | shape (to) | conform (to) | size (to).
conformar (metales en el torno) | spin (to).
conformar (sombreros) | block (to).
conformar aproximadamente | rough-form (to).
conformar en caliente | hot-form (to).
conformar en frío | cold form (to).
conformar en la prensa | press-shape (to).
conformar por alargamiento | stretch form (to).
conformar por estiraje | stretch form (to).
conforme | suitable | responsive | concordant | in agreement | agreed | congruent.
conforme (matemáticas) | conformal.
conforme (telefonía) | ROGER.
conforme a | in pursuance of | agreeable | congruous.
conforme a derecho | according to law.
conforme a la muestra | as per sample | by sample.
conforme a la normativa fiscal | under tax law.
conforme a la tradición | according to precedent.
conforme a las leyes | according to law.
conforme a su dureza | according to its hardness.
conforme a su valor | ad val.
conforme a tarifa | conformably to tariff.
conforme al contrato | under contract.
conforme al programa | according to schedule.
conforme con | in compliance with.
conforme con los estatutos | in accordance with the regulations.
conforme se saca el tubo | as pipe is withdrawn.
conformidad | compliance | suitability | concordance | congruence | congruity | conformity.
conformidad (de ideas, sentimientos) | consonance.
conformidad (matemáticas) | conformability.
conformidad de la muestra o lote con las especificaciones | conformance.
conformidad del componente con los requisitos | conformity of the component with the requirements.
conformidad modelo-prototipo | model and prototype conformity.
conformismo | conformity.
confortabilidad de la marcha | riding qualities.
confortabilidad de la marcha de un vehículo | rideability.
confortabilidad en la mar | riding at sea.
confortable | comfortable.
confronta por teléfono | phone checking.

confrontación | confrontation | comparison | collation | showdown | fronting.
confrontación de fuerzas | showdown.
confrontación marginal | marginal checking.
confrontada con el texto | confronted with the text.
confrontar | compare (to) | collate (to) | check (to) | confront (to) | tally (to).
confrontar con | front with (to).
confucianismo | confucianism.
confundir | confuse (to).
confusión | confusion.
confusión (ecos múltiples entre superficies paralelas) | flutter echo.
confusión de bienes | confusion of goods.
confusión de derechos | confusion of rights.
confusión fonémica | phonemic confusion.
confusión mental | tailspin.
confuso (no nítido) | blurred.
confuso (ruidos) | indistinct.
confutación | desaffirmance.
conga | conga.
congelable | freezable | congealable.
congelación | congealing | congelation | congealment | freezing | freeze-up | freeze | icing.
congelación con gas carbónico | carbon freezing.
congelación de alimentos | food freezing.
congelación de dividendos | dividend limitation.
congelación de precios | price freeze.
congelación de sueldos | wage freeze.
congelación de un esquí a una superficie (aviones) | freeze-down.
congelación de un tejido | frostbite.
congelación del suelo | soil freezing.
congelación en salmuera | brine-freezing.
congelación in situ | freezing in situ.
congelación por secado | drying freezing.
congelación progresiva | step freezing.
congelación rápida | rapid gelation | quick freezing.
congelado | frozen | blocked | iced.
congelado - no disponible (créditos, etc.) | frozen.
congelado en alta mar (pesca) | sea quick frozen.
congelado permanentemente (terrenos) | everfrost.
congelado rápidamente a -30 °F en 1 hora | sharp frozen at -30 °F in 1 hour.
congelado rápidamente en corriente de aire a -60° F | flash-frozen in -60° F air blast.
congelado y después deshidratado en el vacío (liofilizado) | freeze-dried.
congelador | freezer.
congelador a baja temperatura | deep freezer.
congelador de alimentos | food freezer.
congelador de placas | plate freezer.
congeladora rápida | sharp freezer.
congelamiento | icing.
congelamiento de agua de mar (Venezuela) | seawater freezing.
congelar | freeze (to) | freeze (to) | congeal (to).
congelarse | fix (to) | congeal (to).
congelifracción (de terrenos) | congelifractilon.
congeliturbación (de terrenos) | congeliturbation.
congenital | inborn.
congénito | congenital | connate | inborn.
congestible | congestible.
congestión | congestion.
congestión (medicina) | engorgement.
congestión (tráfico) | bunching.
congestión crónica de los ligamentos de la rodilla (chóferes) | automobile knee.
congestión del grupo (telefonía) | group congestion.
congestionar | congest (to).
congestionarse | congest (to).
congestivo | congested.
conglobación | glomeration.
conglobado (zoología) | ball-shaped.
conglobar | conglobate (to).
conglobarse | conglobate (to).
conglomeración | conglomeration.
conglomerádico | conglomeratic.
conglomerado | conglomeratic.
conglomerado (anatomía) | glomerate.
conglomerado (botánica) | congested.
conglomerado (geología) | puddingstone.
conglomerado (pulvimetalurgia) | compact.
conglomerado aurífero | banket | auriferous banket.
conglomerado autoclástico | autoclastic conglomerate.
conglomerado basal | base conglomerate.
conglomerado brechiforme | breccio-conglomerate.
conglomerado calizo conchífero | coralrag.
conglomerado cementado | hardpan.
conglomerado de canto | edgewise conglomerate.
conglomerado de células solares | solar array.
conglomerado de fricción | crush conglomerate.
conglomerado de trituración | crush conglomerate.
conglomerado en abanico (geología) | fanglomerate.
conglomerado específico (estadística) | patch.
conglomerado flabeliforme (geología) | fanglomerate | fanfold.
conglomerado monógeno | monogenetic conglomerate.
conglomerado poligénico | polygenetic conglomerate.
conglomerado solar | solar array.
conglomerado último | ultimate cluster.
conglomerar | conglomerate (to) | glomerate (to).
conglomerarse | conglomerate (to).
conglutinación | conglutination.
conglutinador (substancia) | conglutinator.
conglutinante (substancia) | conglutinator.
conglutinar | conglutinate (to).
congo brillante (tintes) | brilliant congo.
congregado (botánica) | congregate.
congregar | consociate (to) | gather (to).
congregarse | consociate (to) | flock (to) | meet (to).
congresal | congressional.
congresista | congressee | congresswoman | congressman.
congreso | congress | convention.
congreso cuadrienal | quadrennial congress.
congreso de maquinaria mecánica | mechanical engineering congress.
congreso internacional de ingeniería mecánica | international mechanical engineering congress.
congreso internacional de navegación | international navigation congress.
congrio (conger vulgaris - Day) | conger-eel.
congruencia | congruity | congruence.
congruencia hermitiana | hermitian congruence.
congruencia lineal | line congruence.
congruente | congruent.
congruo | congruous.
cónica analítica | analytical conics.
cónica armónicamente circunscrita | harmonically-circumscribed conics.
cónica de reflexión | reflexion conics.
cónica imaginaria | imaginary conic.
conicalcita | konichalcite.
cónicas geométricas | geometrical conics.
conicidad | coning | conicity | reed taper | tapering | taper ratio | rate of taper | rise | taper.
conicidad (huso de hilar) | bevel.
conicidad (rueda de madera de carro) | dash.
conicidad base | basic taper.
conicidad de entrada | entering taper.
conicidad de la llanta (ruedas de coches de ferrocarril) | tyre conicity.
conicidad de las superficies verticales de un molde (para facilitar el desmoldeo) | draft.
conicidad de proyecto | design taper.
conicidad del bandaje (ruedas ferrocarril) | tire conicity.
conicidad del modelo (para poder desmoldear) | pattern draft.
conicidad del punto (tornos) | size of center.
conicidad máxima de 1 micrómetro en 75 milímetros | maximum conicity of 1 micron in 75 mm.
conicidad por metro | taper per meter.
cónico | conical | cone-shaped | conic | coned | tapering | taper | tapered.
conicocilíndrico | conicocylindrical.
cónicoescalonado | step-tapered.
conicohelicoidal | conicohelicoidal.
conicoide | conicoid.
conicoide de revolución cóncavo | concave conicoid of revolution.
conichalcita (arseniato de calcio y cobre de color verde-pistacho) | conichalcite.
conidio | conidium.
conífera | conifer | needle tree.
conífera (sustantivo) | conifer.
coniferina | coniferin.
conífero | coniferous.
conificación | conifying | tapering | swaging.
conificación de la extremidad (tubos o redondos) | tagging.
conificación de la punta | spear-pointing.
conificado | taperwise | coned.
conificado a un ángulo predeterminado | tapered to predesigned angle.
conificado en sus extremos | tapered at their ends.
conificante | conifying.
conificar | conify (to) | taper (to) | tape (to) | cone (to).
conificar el extremo (tubos) | tag (to).
coniforme | conically shaped | coniform.
conímetro | konometer.
conímetro (meteorología) | konimeter.
coniología | koniology.
coniosis vegetal | plant coniosis.
coniscopio | koniscope | coniscope.
coniscopio medidor de polvos en la atmósfera | dust-counter.
conización (medicina) | conization.
conización de tubos (industria) | conization.
conjetura | conjecture | guesswork.
conjeturar | guess (to).
conjugación | conjugation.
conjugado | conjugate | interconnected.
conjugado (botánica) | coupled.
conjugado de la suma | conjugate of the sum.
conjugados armónicos | harmonic conjugates.
conjugante | conjugant.
conjugar | conjugate (to).
conjugar las alzas (artillería) | combine sights (to).
conjunción | conjunction.
conjunción (astronomía) | conjunction.
conjunción (gramática) | conjunction.
conjunción de los planetas | conjunction of planets.
conjunción inferior (planetas) | inferior conjunction.
conjunción planetaria (astronaves) | planetary conjunction.
conjunción superior (planetas) | superior conjunction.
conjuntamente | conjointly | jointly.
conjuntar | assemble (to) | pool (to).
conjuntivitis epidémica aguda | blight.
conjuntivitis por exposición a radiaciones ultravioletas | actinic conjunctivitis.
conjuntivitis producida por rayos actínicos (soldadura) | eyeflash.
conjuntivo | conjunctive.
conjunto | conjoined | conjunct | conjugate | unit | set | collection | array.
conjunto (de algo) | makeup.
conjunto (deportes) | team.
conjunto (formado por varias piezas remachadas o soldadas) | assembly.
conjunto (matemáticas) | set.

conjunto (música, acústica, matemáticas) | ensemble.
conjunto (partes de un todo que se construyen completas para luego irlas uniendo) | preassembly.
conjunto (petrografía) | assemblage.
conjunto (planos) | general assembly.
conjunto abierto (topología) | open set.
conjunto abierto relativo en Y (topología) | set open relative to Y.
conjunto accionador del conglomerado solar | solar array drive assembly.
conjunto acotado (topología) | bounded set.
conjunto acotado inferiormente (topología) | set bounded below.
conjunto acotado superiormente (topología) | set bounded above.
conjunto acotado y cerrado (topología) | closed and bounded set.
conjunto acotado y cerrado no vacío | nonempty closed and bounded set.
conjunto cerrado (matemáticas) | closed set.
conjunto cerrado no vacío (topología) | nonempty closed set.
conjunto cerrado y acotado (topología) | bounded closed set.
conjunto cerrado y acotado en el espacio n-dimensional | closed and bounded set in n-space.
conjunto circunscrito | circumscribing set.
conjunto circunscrito (topología) | outer set.
conjunto coherente de movimientos | coherent set of motions.
conjunto compacto del plano (topología) | compact set in the plane.
conjunto con tolerancias muy pequeñas | closely-toleranced assembly.
conjunto conjugado | conjugate set.
conjunto constructible (matemáticas) | constructible set.
conjunto crítico (física nuclear) | critical assembly.
conjunto de abcisas en el origen | set of x-intercepts.
conjunto de aletas que propocionan estabilidad o guía direccional (bombas, misiles) | tail assembly.
conjunto de armónicos | harmonic content.
conjunto de bastidores | rack assembly.
conjunto de bebederos | risering.
conjunto de bombas introducidas en un recipiente que se lanza por los métodos corrientes de bombardeo (aviación) | aimable cluster.
conjunto de bombas lanzadas en sucesión (aviones) | stick.
conjunto de botes (buques) | boatage.
conjunto de botes disponibles (puerto o base) | boat pool.
conjunto de botes sobre pescantes (buques) | davit craft.
conjunto de brazos de torsión entre el rotor y otra parte (helicóptero) | rotational scissors.
conjunto de cables unidos preliminarmente para instalarlos (aviones) | loom.
conjunto de calutrones con campo magnético común | race track.
conjunto de caminos conductores (deterioro de dieléctricos) | treeing.
conjunto de cata radiactiva | bore-hole radiolog.
conjunto de cinco ballestas elípticas que actúan conjuntamente (coche ferrocarril) | quintuplet.
conjunto de circuito impreso | printed-circuit assembly.
conjunto de circuitos | circuitry.
conjunto de circunstancias | conjunction of circumstances | train of circumstances.
conjunto de cola (aviones) | tail unit.
conjunto de colectores de exhaustación (motores) | manifolding.
conjunto de componentes electrónicos y mecánicos de un sistema de ordenador | hardware.
conjunto de compresor y condensador y evaporador (refrigerador doméstico) | stack assembly.
conjunto de condiciones | set of conditions.
conjunto de conexionado impreso | printed-wiring assembly.
conjunto de cortaduras en un grupo conmutativo (topología) | set of cuts in a commutative group.
conjunto de corte | cut-set.
conjunto de cuatro ballestas elípticas que actúan conjuntamente | quartette.
conjunto de datos | data set.
conjunto de datos concatenados | concatenated data set.
conjunto de datos de entrada | input data set.
conjunto de datos ordenados en serie de entrada | entry sequenced data set.
conjunto de decisiones | lien of decisions.
conjunto de derivación | branch jack.
conjunto de dispositivos mecánicos | gadgetry.
conjunto de dos espejos planos inclinados a 45 grados (telémetros de gran base) | penta reflector.
conjunto de dos o más fallas paralelas (geología) | fault set.
conjunto de edificios para servicios municipales | civic center.
conjunto de edificios que constituyen una ciudad universitaria | campus.
conjunto de ejes de transmisión | shafting.
conjunto de elementos | set of elements.
conjunto de embarcaciones de desembarco | tractor.
conjunto de espoleta de proximidad | proximity fuze asembly.
conjunto de estímulos | train of stimulus.
conjunto de experimentos | experiments package.
conjunto de fases separadas o de elementos separadores (separación de isótopos) | cascade.
conjunto de funciones | ensemble of functions.
conjunto de fusible | fuse unit.
conjunto de generatrices | set of rulings.
conjunto de grietas | crackage.
conjunto de grúas de un establecimiento | granage.
conjunto de hélice y eje portahélice | propeller tailshaft assembly.
conjunto de herramientas para varias fases consecutivas de trabajo (prensas) | follow-on tool.
conjunto de hombres | team of men.
conjunto de impuestos | tax computation.
conjunto de indeterminación (matemáticas) | cluster set.
conjunto de instrucciones | instructions set.
conjunto de la antena y el amplificador (radiotransmisión) | antennafier.
conjunto de la antena y el convertidor (radiotransmisión) | antennaverter.
conjunto de la cola (aviones) | tail assembly.
conjunto de la estampa y contraestampa | form block.
conjunto de la exhaustación | exhaust assembly.
conjunto de lámparas incandescentes o fluorescentes | broads.
conjunto de las bovedillas (de un piso) | jack arching.
conjunto de lentes en bruto montadas en una herramienta para pulirlas | block.
conjunto de línea (tipografía) | lineage.
conjunto de líneas coaxiales y guías de ondas y accesorios para transmisión por radio y radar | plumbing.
conjunto de líneas que forman una superficie reglada (geometría) | regulus.
conjunto de listones clavados en paramentos interiores para recibir el enlucido | strapping.
conjunto de los acreedores | creditors state.
conjunto de los bebederos | gating.
conjunto de los componentes | componentry.
conjunto de los picaderos de quilla (grada construcción buques) | keel track.
conjunto de los puntos de la forma | set of points of the form.
conjunto de lumbreras de admisión y escape (motor de dos tiempos) | porting.
conjunto de madera en pie | stand of timber.
conjunto de mamparos (mamparaje) | bulkheading.
conjunto de maniobras en zig-zag (hidrodinámica) | set of zig-zag maneuver.
conjunto de maquinaria con un motor principal y otro de menor potencia para accionar el eje propulsor (averías en buques) | father and son engine arrangement.
conjunto de máquinas | machinery.
conjunto de máquinas herramientas (de una nación) | machine-tool population.
conjunto de medida de cuentas por unidad de tiempo | pulse counting ratemeter assembly.
conjunto de medidas para la mejoría del sistema económico | recovery package.
conjunto de módulos del supervisor | control subsystem.
conjunto de montaje (tubo rayos catódicos) | gun.
conjunto de muelles de suspensión (locomotora) | spring rigging.
conjunto de muros de un edificio | walling.
conjunto de nervios (nerviación - bóvedas) | groining.
conjunto de normas económicas | package deal.
conjunto de números racionales | set of rationals.
conjunto de ocho bidígitos (conjunto de ocho dígitos binarios) | octet.
conjunto de ordenadas en el origen | set of y-intercepts.
conjunto de paneles de regulación | suite.
conjunto de paracaidistas lanzados sucesivamente en una pasada | stick.
conjunto de partes soldadas | weldment.
conjunto de partículas | assembly of particles.
conjunto de pelusa del papel | fuzziness.
conjunto de personal docente y administrativo de una Universidad (EE.UU.) | faculty.
conjunto de piezas | unit.
conjunto de piezas contorneadas | jigsaw fashion assembly.
conjunto de piezas de latón que hay que mantener limpios (buques) | brightwork.
conjunto de piezas en proceso de fabricación (talleres) | interprocess stock.
conjunto de piezas estampadas de chapa del circuito magnético.
conjunto de piezas necesarias para construir una radio | kit.
conjunto de piezas unidas entre sí por remachado o soldadura | fabrication.
conjunto de pilotes | cluster of piles.
conjunto de pilotes sujetos por un zuncho de hierro | dolphin.
conjunto de piñones conducidos (cambio de velocidades) | intermediate gear assembly.
conjunto de planos del buque con sus dimensiones | booklet of general plans.
conjunto de planos verticales de cola (fijos y móviles) | vertical tail.
conjunto de poleas | fiddle block.
conjunto de productos | product mix.
conjunto de programas | job set | library.
conjunto de programas (computador) | software.
conjunto de puntos (matemáticas) | point set.
conjunto de puntos reales (matemáticas) | real point set.
conjunto de purga (calderas) | blowoff assembly.
conjunto de radio prospección | radioprospecting assembly.
conjunto de recambio | spare component.
conjunto de reemplazos | replacement set.
conjunto de referencias | reference set.

conjunto de relés | relay-set.
conjunto de remos de un bote | oarage.
conjunto de requisitos | set of requirements.
conjunto de rollizos de una corta (bosques) | cut.
conjunto de seguridad | safety assembly.
conjunto de seguridad de parada normal | normal shut-down safety assembly.
conjunto de seguridad programado | programmed action safety assembly.
conjunto de solución (topología) | solution set.
conjunto de soportes | bracketing.
conjunto de sucesos | set of outcomes.
conjunto de sucesos posibles | permissible set of outcomes.
conjunto de suelas | soling.
conjunto de tambor para tubería | casing drum assembly.
conjunto de todos los números enteros | set of all integers.
conjunto de todos los números reales | set of all real numbers.
conjunto de todos los subconjuntos posibles | set of all possible subsets.
conjunto de tornillo sinfín y rueda helicoidal | worm gear.
conjunto de transformador y rectificador | transformer-rectifier assembly.
conjunto de tubulares y nudos de unión | package of tubulars and nodes.
conjunto de un instrumento o equipo sin su caja protectora teniendo sus partes expuestas sobre una superficie plana con fines de demostración | breadboard model.
conjunto de un solo valor (topología) | single-valued set.
conjunto de validez (matemáticas) | truth set.
conjunto de valores | range.
conjunto de válvulas (pozo petróleo) | Christmas tree.
conjunto de varias bandas (cine) | monopack.
conjunto de varias mangueras adosadas | multistring hose.
conjunto de varias tuberías en contacto entre sí | cabled tube.
conjunto de verdad de una función proposicional (topología) | truth set of an open sentence.
conjunto de vigas y viguetas (tramo de edificio) | case bay.
conjunto de 1.0 | k.K.
conjunto de 4 ballestas elípticas que actúan conjuntamente (ferrocarril) | quadruplet.
conjunto del cabezal portamuelas (rectificadora) | wheel-stand assembly.
conjunto del cañón | gun assembly.
conjunto del eje con sus dos ruedas (ferrocarril) | wheel set.
conjunto del eje delantero | front-axle assembly.
conjunto del motor | engine assembly.
conjunto del paracaídas | parachute assembly.
conjunto del percutor (armas) | needle unit.
conjunto del rotor | rotor assembly.
conjunto del trineo de retroceso | recoil sleigh assembly.
conjunto delgado y plano | thin-slab assembly.
conjunto denso (topología) | dense set.
conjunto distribuidor | distributing assembly.
conjunto distribuidor del fundente | melt distributing assembly.
conjunto electrónico del control de rotación | despun control electronics.
conjunto electrónico embebido dentro de una resina sintética | potted assembly.
conjunto ensamblado de componentes estructurales | airframe.
conjunto enumerable (topografía) | enumerable set.
conjunto ergódico (topología) | ergodic ensemble.
conjunto ergódico estacionario | stationary ergodic ensemble.
conjunto estadístico (topología) | statistical ensemble.
conjunto estéril de jeringuilla y aguja de un solo uso (medicina) | sterile disposable syringe-needle combination.
conjunto estrellado (topología) | star-shaped set.
conjunto estructural remachado | fabrication.
conjunto estructural soldado | fabrication.
conjunto fértil | breeder assemebly | blanket assembly.
conjunto finito de puntos (topología) | finite point set.
conjunto fósil | fossil assemblage.
conjunto funcional | system.
conjunto generador | spanning set.
conjunto hecho soldando piezas de acero | steel fabrication.
conjunto impreso | printed board assembly.
conjunto industrial | industrial facility.
conjunto infinito acotado | bounded infinite set.
conjunto infinito no acotado (topología) | unbounded infinite set.
conjunto inscrito | inscribed set.
conjunto inscrito (topología) | inner set.
conjunto integrado remolcador-barcaza | integrated tug-barge unit.
conjunto intercambiable | interchangeable assembly.
conjunto macrocanónico | grand canonical ensemble.
conjunto microcanónico | microcanonical ensemble.
conjunto microcanónico (topología) | microcanonical ensemble.
conjunto monitor nupac | nupac monitoring set.
conjunto motor | driving assembly.
conjunto multiplicativo | multiplying assembly.
conjunto mutante | mutant set.
conjunto n-dimensional | n-dimensional set.
conjunto no acotado (topología) | unbounded set.
conjunto no conexo (topología) | disconnected set.
conjunto no numerable | uncountable set.
conjunto no numerable (topología) | denumerable set.
conjunto no vacío acotado superiormente | nonempty set bounded from above.
conjunto nulo (matemáticas) | void set.
conjunto nulo (topología) | null set.
conjunto numerable (topología) | countable set.
conjunto ordenado de puntos (matemáticas) | ordered point set.
conjunto ordenado en serie | serially ordered set.
conjunto para medir corrientes (oceanografía) | drogue.
conjunto perfecto (matemáticas) | perfet set.
conjunto perfecto (topología) | perfect set.
conjunto perfecto no vacío (topología) | nonempty perfect set.
conjunto pistón-biela | rod assembly.
conjunto plano (circuitos integrados) | flat-pack.
conjunto polar convexo (matemáticas) | polar convex set.
conjunto R de todos los números reales | set R of all real numbers.
conjunto remolcador-barcaza (navegación) | tug-barge combination.
conjunto remolcador-barcaza rigidamente conectado | rigid integrated tug-barge combination.
conjunto roscado que no se puede desarmar (por oxidación de los tornillos) | frozen-threaded assembly.
conjunto simpléctico | symplectic ensemble.
conjunto soldado | welded fabrication.
conjunto soldado con dilatación restringida de los componentes | restrained weldment.
conjunto soldado de calidad para aviones | aircraft-quality weldment.
conjunto soldado de piezas de acero | steel weldment.
conjunto soldado fabricado con | weldment fabricated from.
conjunto subcrítico | subcritical assembly.
conjunto superiormente acotado (topología) | bounded above set.
conjunto tensorial irreductible | irreducible tensorial set.
conjunto termonuclear de energía nula | zero energy thermonuclear assembly.
conjunto traslapado (topología) | overlapping set.
conjunto unitario (topología) | unitary ensemble.
conjunto universal (topología) | universal set.
conjunto vacío | empty set.
conjuntor (electricidad) | cut-in | contactor.
conjuntor (telefonía) | junctor.
conjuntor de enlace | outgoing jack.
conjuntor de línea | line jack.
conjuntor de prueba | test jack.
conjuntor de relés de cortes sucesivos rápidos | inching controller.
conjuntor general (telefonía) | branching jack.
conjuntor rotatorio | rotary switch.
conjuntor-disyuntor | make-and-break | line breaker.
conjuntos acíclicos (matemáticas) | acyclic sets.
conjuntos cerrados disjuntos (topología) | disjoint closed sets.
conjuntos cerrados no vacios disjuntos (topología) | disjoint nonempty closed sets.
conjuntos conexos (matemáticas) | connected sets.
conjuntos conexos (topología) | connected sets.
conjuntos de dislocaciones planas | planar arrays of dislocation.
conjuntos disjuntos (topología) | disjoint sets.
conjuntos disjuntos no vacíos | disjoint nonempty sets.
conjuntos encajados (topología) | nested sets.
conjuntos modulares | module assemblies.
conjuntos paralelizables (matemáticas) | parallelizable manifolds.
conjuntos soldados | welding fabrications.
conjuntos soldados de acero de gran resistencia | high-strength-steel weldments.
conjurar | conspire (to).
conmensurable | commensurable.
conmensurar | commensurate (to).
conminar | threaten judicially (to) | enjoin (to).
conminatorio | denunciative.
conminución | size reduction.
conmistión | commixture.
conmistura | commixture.
conmoción | concussion.
conmoción acústica | acoustic shock.
conmoción estructural (aviones) | buffeting.
conmocionar (el cerebro) | concuss (to).
conmutabilidad | commutability.
conmutable | commutable | switchable.
conmutación | commutating | change-over | changing over | changer-over | gating | switchover.
conmutación (electricidad) | switching | commutation.
conmutación a desconexión | commutation turn-off.
conmutación automática | automatic switching | automatic switch-over.
conmutación automática con retransmisión por cinta perforada | automatic reperforator switching.
conmutación automática de mensajes | automatic message switching.
conmutación capacitativa de lóbulos | capacitance beam switching.
conmutación con recubrimiento (circuito eléctrico) | overlap switching.
conmutación con retransmisión por cinta perforada | reperforator switching | tape retransmission automatic routing.
conmutación de circuitos | line switching.
conmutación de colores | color sampling.

conmutación de la pena | remission of punishment.
conmutación de líneas (circuitos) | circuit switching.
conmutación de lóbulo (radar) | lobe switching | beam switching.
conmutación de lóbulos | aerial switching.
conmutación de lóbulos (radar, TV) | lobing.
conmutación de lóbulos simultáneamente (radar) | simultaneous lobing.
conmutación de mensajes | message switching.
conmutación de Q por talocianina | phthalocyanine Q switching.
conmutación de redes de distribución de energía | switching of powr-system networks.
conmutación de sentencia | remission of sentence | commutation of sentence | vacation of sentence.
conmutación de unidades | input-output switching.
conmutación de vídeo | video switching.
conmutación del receptor | receiver gating.
conmutación electrónica | electronic switching.
conmutación instantánea (telecomunicación) | instantaneous changeover.
conmutación manual | manual switching.
conmutación mecánica | machine switching.
conmutación por barras cruzadas | cross-bar.
conmutación por chorro de mercurio | mercury jet commutation.
conmutación por medio de órganos estáticos | static switching.
conmutación por paquetes (ordenador) | packet switching.
conmutación secuencial especificada | specified sequential switching.
conmutación selectiva | selective switching.
conmutación semiautomática (telegrafía) | semiautomatic switching.
conmutación semiautomática con retransmisión por cinta perforada | pushbutton switching.
conmutación semiautomática de retransmisión con cinta perforada | semiautomatic reperforator switching.
conmutación sin chispas | sparkless commutation.
conmutación sin partes móviles | static switching.
conmutación telefónica | telephone switching.
conmutaciones de centrales telefónicas por modulación de impulsos de código | PCM telephone exchanges switches.
conmutado (electricidad) | changed over.
conmutado por la voz humana | voice-switched.
conmutador | commuter | switching apparatus | switchgear | sense switch | commutator | change-over switch | converter.
conmutador (telefonía) | selector.
conmutador a diodo bilateral | bilateral diode switch.
conmutador a dos canales | two channel switch.
conmutador accionado por la presión | pressure-actuated switch.
conmutador accionado por leva | cam operated switch.
conmutador accionado por palanca | dolly-operated switch.
conmutador accionado por una capacitancia | capacitance operated switch.
conmutador acorazado antideflagrante | flameproof ironclad switchgear.
conmutador acorazado para grandes amperajes | heavy-duty ironclad switch.
conmutador activado de haz electrónico | electron beam activated switch.
conmutador activado por una presión ambiente preestablecida | pressure switch.
conmutador actuador | actuator switch.
conmutador altavoz-micrófono | talk listening switch.
conmutador antena-tierra | ligtning switch.
conmutador anticapacitivo | anticapacity switch.
conmutador automático | self-acting switch.
conmutador automático (electricidad) | automatic switch.
conmutador automático para pasar de transmitir a recibir (antenas) | antitransmit/receive switch.
conmutador auxiliar | booster switch.
conmutador barométrico | barometric switch | baro switch.
conmutador bilateral de silicio | silicon bilateral switch.
conmutador bipolar | double-pole throwover switch.
conmutador bipolar acorazado en baño de aceite | oil-immersed ironclad two-pole switch.
conmutador bipolar bidireccional | double-pole double-throw switch.
conmutador bipolar de una dirección | single-throw double-pole switch.
conmutador buscador | finder switch.
conmutador buscador de enlace | trunk-hunting switch.
conmutador buscador de línea auxiliar | trunk-hunting switch.
conmutador cambiador de polos | pole-changer | pole-changing switch.
conmutador circuitador | short-circuiter.
conmutador con fusible | fuse-switch.
conmutador con la parte metálica puesta a tierra | earthed switch.
conmutador con punto muerto | make-after-break switch.
conmutador conectador-desconectador | on-off switch.
conmutador contra la explosión por influencia (minas flotantes) | anticountermining switch.
conmutador controlado de silicio de base difusa | ground-diffused silicon controlled switch.
conmutador controlador de arranque y parada | off-on control switch.
conmutador de acallamiento | muting switch.
conmutador de acceso a núcleos magnéticos | magnetic-core access switch.
conmutador de accionamiento neumático | air pressure switch.
conmutador de alteración | alteration switch.
conmutador de amperímetro | ammeter switch.
conmutador de antena | wire change-over switch | aerial change-over switch.
conmutador de arranque y parada | start-stop switch.
conmutador de asignación (electrotecnia) | allotter switch.
conmutador de bandas | band switch.
conmutador de barras cruzadas (telefonía) | crossbar switch.
conmutador de botón | push button.
conmutador de cambio de marcha | travel-reversing switch.
conmutador de cambio de onda | wave changer.
conmutador de capacidad mínima | anticapacity switch.
conmutador de carga | charging switch | regulating switch | reversing charging switch.
conmutador de cascada giratoria (telefonía) | rotary stepping switch.
conmutador de cavidad resonante de ecos artificiales | performeter | echo box actuator.
conmutador de cavidades resonantes (electrónica) | resonant chamber switch.
conmutador de clavija | plug commutator | pin switch.
conmutador de clavijas | plug switch | plug board.
conmutador de contactos aislados entre sí | nonshorting contact switch.
conmutador de corte | cutoff switch.
conmutador de cuatro direcciones | four-way switch.
conmutador de dirección | channeling switch | commutator switch.
conmutador de disparo de la ametralladora o cañón | gun firing switch.
conmutador de disparo de la palanca omnidireccional | joystick firing switch.
conmutador de dos direcciones | double-throw switch.
conmutador de dos movimientos | double motion switch.
conmutador de duración de los impulsos | pulse switch.
conmutador de enclavamiento de las clavijas | key-interlocking switch.
conmutador de escalonamiento | stepping switch.
conmutador de escobillas | brush commutator.
conmutador de excitación | field breakup switch.
conmutador de fuego de acción retardada (voladuras) | ripple firing switch.
conmutador de gamas | range switch.
conmutador de grupo | group switch.
conmutador de horquilla (electricidad) | jaw switch.
conmutador de inercia | inertia switch.
conmutador de inversión | rheotrope.
conmutador de inversión (electricidad) | rheotrope.
conmutador de inversión (electrotecnia) | direction switch.
conmutador de la coma (máquina de calcular) | decimal marker.
conmutador de la palanca de mandos | control stick switch.
conmutador de la palanca de mandos (aviones) | control-stick switch.
conmutador de láminas (electricidad) | reed switch.
conmutador de laminilla magnética | ferreed switch.
conmutador de línea | line switch | line switchboard.
conmutador de longitud de ondas | change-tune switch.
conmutador de llamada | call switch.
conmutador de mando | control switch.
conmutador de márgenes | band switch.
conmutador de matriz magnética | magnetic-matrix switch.
conmutador de mercurio de cierre retardado | delayed-make mercury switch.
conmutador de mercurio para interrumpir la corriente (lámpara vapor mercurio) | shifter.
conmutador de mínima | offload switch.
conmutador de mordazas.
conmutador de palanca | lever switch | lever throwover switch.
conmutador de palanca de contactos superpuestos | lever pileup switch.
conmutador de palanca de inversión brusca | quick-break double-throw knife switch.
conmutador de parada accionado por la jaula (minas) | cage-actuated stopping switch.
conmutador de parada instantánea (reactor nuclear) | scram switch.
conmutador de paro con contactos aislados entre sí | nonshorting contact switch.
conmutador de pedal | foot switch.
conmutador de pera suspendido de un cordón flexible | pendant push.
conmutador de polos | reversing-switch.
conmutador de presión | press switch.
conmutador de proximidad | proximity switch.
conmutador de puerta | gate turnoff.
conmutador de puesta a tierra | grounding switch | ground switch | earthing switch.
conmutador de puesta a tierra de antena | antenna earthing switch.
conmutador de puesta en cortocircuito | short-circuiter.
conmutador de pulsador | push switch.
conmutador de puntos de ruptura | breakpoint switch.

conmutador de purga | purge switch.
conmutador de ranura | recessed switch.
conmutador de redundancia de transistor | transistor redundancy switch.
conmutador de reposición | reset switch.
conmutador de reposición de reposo (telegrafía) | restore-to-normal switch.
conmutador de resorte (electricidad) | lock switch.
conmutador de retorno automático a la posición inicial | automatic preset switcher.
conmutador de salto de línea | trunk-hunting switch.
conmutador de seccionamiento de dos direcciones | double-throw disconnecting switch.
conmutador de seccionamiento de las barras colectoras | bus-section switch.
conmutador de sectores | wafer switch.
conmutador de secuencia | sequence switch.
conmutador de secuencia de la presión | pressure-sequence switch.
conmutador de seguridad | safety switch.
conmutador de sentido | sense switch.
conmutador de tambor | drum switch.
conmutador de telecomunicación | change-over switch.
conmutador de tiras (telegrafía) | swiss commutator.
conmutador de tomas | tap switch.
conmutador de tomas (electricidad) | tap changer.
conmutador de tomas (transformador) | bleeding-switch.
conmutador de tránsito | transfer board | through board.
conmutador de transmisión-recepción | TR switch.
conmutador de tres direcciones | three-point switch.
conmutador de tres pasos de amperaje (cocinas eléctricas, radiadores, etc.) | three-heat switch.
conmutador de una dirección | single-way switch.
conmutador de varias posiciones | stepping switch.
conmutador del acumulador | accumulator switch.
conmutador del campo inductor | field breakup switch.
conmutador detector de reposición | resetting detector switch.
conmutador disyuntor | break-circuit.
conmutador doble | double-throw switch.
conmutador eléctrico de palanca de dos direcciones | toggle switch.
conmutador electrónico | keyer | change-over switch | triac | diac | electronic switch.
conmutador electrónico automático | electronic automatic switch.
conmutador emisión-recepción | send-receive switch.
conmutador emisor-receptor | send-receive key.
conmutador empleado en las locomotoras eléctricas o controladas de tranvías | hospital switch.
conmutador en baño de aceite | oil switch.
conmutador enclavador de las clavijas | key-interlocking switch.
conmutador escucha-habla | talklisten switch.
conmutador estrella-triángulo | star-delta switch.
conmutador explorador (telemedidas) | scanning switch.
conmutador fotoeléctrico | photoswitch.
conmutador frangible para caso de aterrizajes violentos (aviones) | frangible crash switch.
conmutador giratorio | dial switch.
conmutador gradual | stepper switch.
conmutador hidrostático | hydrostatic switch.
conmutador imbrífugo | raintight switch.
conmutador indicador de la presión | pressure indicator switch.
conmutador iniciador auxiliar | pilot initiating switch.
conmutador integrador | integrator switch.
conmutador inverso | reversing switch.
conmutador inversor | throw-out switch | throw-over switch | reversing-switch | transfer switch.
conmutador inversor de la corriente | current reverser.
conmutador inversor de la polaridad | polarity reversal switch.
conmutador limitador automático | automatic limit switch.
conmutador limitador de carrera de la grúa | crane limit switch.
conmutador limitador giratorio | rotating limit switch.
conmutador magnético de corriente alterna | A. C. magnetic circuit-breaker.
conmutador manual | toggle switch.
conmutador manual dicordio | double-cord switchboard.
conmutador manual remoto | remote manual board.
conmutador manual supervisor por puente de transmisión | sleeve control switch board.
conmutador manual telegráfico | telegraph switchboard.
conmutador matricial de repartición de la carga | load-sharing matrix switch.
conmutador matricial sin ruido de partición de la carga | noiseless load-sharing matrix switch.
conmutador micrófono-altavoz | talklisten switch.
conmutador multidireccional | multiple way switch.
conmutador múltiple | gang switch.
conmutador multipolar | single-gang selector.
conmutador multipolar de acción simultánea | multipole linked switch.
conmutador oscilante | tumbler switch.
conmutador para anuncio luminoso de destellos | flasher switch.
conmutador para cambio de criterio (tiro antiaéreo por radar-cañón) | policy switch.
conmutador para disparar cohetes (aviones) | rocket-firing switch.
conmutador para el encendido (calderas) | kindling switch.
conmutador para movimiento sin parada | nonstop switch.
conmutador para pasar a otra línea de alimentación | hospital switch.
conmutador para pausas (radio) | standby switch.
conmutador para poner en derivación | paralleling switch.
conmutador para subida o bajada (ascensores) | direction switch.
conmutador para variar la relación de transformación (transformadores) | tapping switch.
conmutador pirométrico | pyrometric switch.
conmutador p-n-p-n al silicio de tipo planar epitáxico | planar epitaxial p-n-p-n switch.
conmutador policontactual accionado electromagnéticamente | multicontact electromagnetically operated switch.
conmutador polisegmental | multisegment commutator.
conmutador por cadena de chorros de mercurio | jet chain commutator.
conmutador por ondas de chorro de mercurio | jet-wave commutator.
conmutador principal | main throwover switch | master controller.
conmutador que corta la corriente en el momento de un choque con tierra (aviones) | crash switch.
conmutador que para accionarlo hay que quitar la caja que lo cubre | asylum switch.
conmutador rápido | quick-break throwover switch.
conmutador reductor | dimmer switch.
conmutador regulador de tipo de discrepancia | discrepancy-type control switch.
conmutador relé | relay switch.
conmutador repartidor de tiempos | time-sharing switch.
conmutador rotatorio multipolar de contactos de rodillo | multipole roller-contact rotary switch.
conmutador secuencial | sequence switch | commutator switch.
conmutador selector | selector switch.
conmutador selector de control | control selector switch.
conmutador selector de medida | metering selector switch.
conmutador selector de modo (telefonía) | mode-selected switch.
conmutador selector de tomas | multipoint selector switch.
conmutador selector multiposicional de acción por rodillos | multiposition roller-action selector switch.
conmutador sin punto muerto | make-before-break switch.
conmutador télex | telex switchboard.
conmutador térmico de enganche | latching thermal switch.
conmutador triodo (electrotecnia) | triode switch.
conmutador unilateral | unilateral switch.
conmutador unipolar | single-way switch.
conmutador unipolar bidireccional | two-way single-pole switch.
conmutador unipolar de dos vías | single-pole double-throw switch.
conmutador unipolar de una sola dirección | single-pole single-throw switch.
conmutador unipolar unidireccional | one-way single-pole switch.
conmutador unipolar unidireccional de acción rápida | rapid-action single-pole single-throw switch.
conmutador-conyuntor | closing switch.
conmutadores controlados por silicio | silicon controlled switches.
conmutadores selectores eléctricamente enclavados | electrically-interlocked selector switches.
conmutador-inversor | reverser.
conmutador-inversor de manipulación | keying change over switch.
conmutador-inversor de polaridad | polarity-reversing switch.
conmutador-mezclador de vídeo | video switcher.
conmutante (determinantes) | commutant.
conmutar | energize (to) | switch over (to) | change over (to) | commute (to).
conmutar (electricidad) | switch (to) | commutate (to).
conmutatividad | commutativity | commutativity.
conmutativo | commutative.
conmutatriz | transverter | transvertor | synchronous converter | commutating machine | rotary convertor | single-armature converter.
conmutatriz de corriente continua de alto voltaje | H. V. D. C. inverter.
conmutatriz de polos auxiliares | commutating-pole rotary converter.
conmutatriz estática | mutator.
conmutatriz síncrona (electricidad) | synchronous converter.
connación | connation.
connato (botánica) | connate.
connotación | connotative meaning.
connotación manipulante | manipulant connotation.
cono | taper | cone | conus.
cono alabeado (geometría) | warped cone.
cono aluvial | cone-delta | alluvial fan | wash | fan-talus | fan delta.

cono aluvial (geología) | apron.
cono aluvial compuesto | compound alluvial fan.
cono asintótico | asymptotic cone.
cono circular oblicuo | oblique circular cone.
cono circular recto | right circular cone | straight circular cone.
cono complementario | back cone.
cono con el vértice redondeado | radius-tipped cone.
cono con vértice obtusángulo | obtuse-angled cone.
cono cuya generatriz es perpendicular a la generatriz del cono de contacto (engranaje cónico) | back cone.
cono de ablación (glaciar) | ice pyramid | ice cone.
cono de acoplamiento | coupling cone.
cono de aire | wind sock.
cono de apriete (para cable metálico) | cone clamp.
cono de avance (pozos de mina) | wedge-shaped center-cut.
cono de avance (pozos de minas) | sink.
cono de cabeza (engranaje cónico) | addendum cone.
cono de carga (artillería) | warhead.
cono de carga (torpedos) | head.
cono de cierre (alto horno) | bell.
cono de cojinete inferior de cabeza de horquilla | fork crown bearing cone.
cono de consistencia (pruebas de hormigón) | slump cone.
cono de contacto (engranaje cónico) | pitch-cone.
cono de choque (torpedos) | nose.
cono de deflagración (por impacto de un asteroide) | shatter cone.
cono de desmoronamiento | scree.
cono de desviación | diverting cone.
cono de deyección | fan-talus | fan delta | debriscone | alluvial fan | outwash fan | mound.
cono de deyección (abanico de deyección) | debris cone.
cono de deyección (torrentes) | delta | cone-delta.
cono de dispersión | cone of dispersión.
cono de dispersión (explosión proyectil) | cone of fire.
cono de dispersión (proyectiles) | spread cone.
cono de entrada | entrance cone.
cono de entrada en el ánima (ánima de cañones) | lead 11.
cono de escape (exosfera) | cone of escape.
cono de escorias (volcanes) | cinder cone.
cono de forzamiento (recámara cañón) | band seat.
cono de fricción | friction bevel | friction socket.
cono de fricción para despuntado y retroceso (tejeduría) | backing-off and taking-in friction cone.
cono de hilo en forma de piña | pineapple cone.
cono de la cabeza del misil | missile nose cone.
cono de la cabeza del misil teleguiado | guided-missile nose cone.
cono de la entrada en el ánima (cañones) | forcing cone.
cono de la exhaustación | tail cone.
cono de la hélice (aviones) | spinner.
cono de la ojiva | nose cone.
cono de la ojiva del misil teleguiado | guided missile radome.
cono de la raíz (cono tangencial al fondo de los huecos de los dientes en engranajes cónicos) | root cone.
cono de la recámara (ánima de cañones) | lead 11.
cono de la recámara (cañones) | forcing cone.
cono de lava (volcanes) | lava cone.
cono de llamas desde la cola (aviones) | tail cone.
cono de Mach | Mach cone.
cono de obturación progresiva | progressive obturation cone.
cono de pie | dedendum cone.
cono de plomero | plumber's turnpin.
cono de poleas | cone-pulley.
cono de pulverización del combustible (inyectores) | fuel chicane.
cono de radiación nula | cone of nulls.
cono de referencia (engranaje cónico recto) | back cone.
cono de regulación | adjusting cone.
cono de revolución | generated cone.
cono de salida | exit cone.
cono de salida del chorro (turbina gases) | jet tailcone.
cono de silencio | cone of silence.
cono de tobera (avión de chorro) | tailcone.
cono de vidrio cerámico para cabezas de misiles teleguiados | glass-ceramic radome.
cono de 1 | cone of 120 deg. included angle.
cono decantador (metalurgia) | spitzkasten.
cono del alud | avalanche cone.
cono del eje (eje de cola - buques) | shaft cone.
cono del fondo (botellas) | kick.
cono del morro de reentrada | re-entry nose cone.
cono del morro del avión de caza de chorro | nose cone of the jet fighter.
cono del núcleo de la hélice | propeller-boss cone.
cono difusor | diffuser cone.
cono divergente | diverging cone.
cono embutido | ringed cone.
cono entrante (embragues) | entering cone.
cono entre cono (geología) | cone-in-cone.
cono envolvente | rolling cone.
cono expansible | expander cone | expanding cone.
cono hembra | female cone.
cono hidráulico | hydraucone.
cono macho | male cone.
cono metálico fijado al rollizo para que no tropiece durante su arrastre (saca forestal) | cap.
cono Morse (herramientas) | Morse taper.
cono parabólico | curvilinear cone.
cono parásito (volcanes) | adventive cone.
cono pirométrico | pyrometric cone | clay cone | sentinel pyrometer.
cono pirométrico (cono Seger) | cone.
cono pirométrico normalizado (EE.UU.) | Orton cone.
cono posterior (balancín relojes) | backslope.
cono primitivo | edge cone.
cono primitivo (engranaje cónico) | pitch-cone | pitch cone.
cono primitivo de piñón cónico | bevel-gear pitch.
cono que contiene las puntas de la dentadura (engranaje cónico) | tip cone.
cono reductor (tuberías) | increaser.
cono rocoso | rock fan.
cono Seger | sentinel pyrometer.
cono superior de la husada | cop top cone.
cono tangente a un cilindro | cone tangent to a cylinder.
cono termométrico fusible | fusible cone.
cono truncado | obtuse cone | frustum | blunt cone | truncate cone.
cono volcánico | composite cone.
cono volcánico compuesto de cenizas y escorias | cinder cone.
cono volcánico estratificado | bedded volcano.
cono y embudo (cierre alto horno) | cup and cone.
cono-ancla | cone-anchor | drag-anchor.
cono-ancla (hidros) | drogue.
conocedor | expert.
conocedor de | cognizant of.
conocencia | cognovit.
conocer a fondo | master (to).
conocer de (jurisprudencia) | deal with (to).
conocer una causa (jurídica) | try a case (to).
conocido | known.
conocimieno del griego y latín | scholarship.
conocimiento | cognizance.
conocimiento (de una cosa) | know.
conocimiento a la orden | ocean bill of lading | to-order B/L | order bill of lading | exchange bill of lading.
conocimiento a la orden (Estados Unidos) | port bill of lading.
conocimiento aéreo | air consignment note | air-bill | airway bill of lading | B/L (bill of lading).
conocimiento al portador | blank bill of lading.
conocimiento con límite de responsabilidad (transporte) | released bill of lading.
conocimiento de a bordo | shipped bill of lading.
conocimiento de almacén (G.B.) | deck warrant.
conocimiento de almacén de aduana | dock warrant.
conocimiento de carga | freight receipt | bill of lading.
conocimiento de embarque | bill of lading (B/L) | bill of lading | accommodation bill of lading | waybill | B/L (bill of lading).
conocimiento de embarque a la orden | bill of lading to order.
conocimiento de embarque aéreo | air bill of lading | air waybill.
conocimiento de embarque al portador | bill of lading to bearer.
conocimiento de embarque con certificación consular | certified bill of lading.
conocimiento de embarque con objecciones | dirty bill of lading.
conocimiento de embarque con reservas | foul bill of lading.
conocimiento de embarque con responsabilidad limitada del transportista | released bill of landing.
conocimiento de embarque con responsabilidad total del transportista | full bill of lading.
conocimiento de embarque consignado a persona determinada | straight b/l.
conocimiento de embarque corrido | straight bill of lading.
conocimiento de embarque declarando que la mercancía está en perfectas condiciones y embarcada | shipped bill of lading.
conocimiento de embarque defectuoso | unclean bill of lading.
conocimiento de embarque directo | through bill of lading.
conocimiento de embarque fluvial | inland waterway bill of lading.
conocimiento de embarque intraspasable | straight bill of lading.
conocimiento de embarque negociable | negotiable bill of lading.
conocimiento de embarque no endosable | straight B/L.
conocimiento de embarque no negociable | straight bill of lading.
conocimiento de embarque no traspasable | flat bill of lading.
conocimiento de embarque original | original bill of lading.
conocimiento de embarque por tierra | inland bill of lading.
conocimiento de embarque sin restricciones | clean bill of lading.
conocimiento de embarque tardío | stale b/l.
conocimiento de embarque vencido o fuera de plazo | stale bill of lading.
conocimiento de favor (comercio) | accommodation bill of lading.
conocimiento de mercancías recibidas a bordo | on board bill of lading.
conocimiento de transitario | forwarder's bill of lading.
conocimiento de transporte por carretera | truck bill of lading.
conocimiento de transportista | forwarder's bill of lading.

conocimiento defectuoso | foul bill of trading.
conocimiento difícilmente adquirido | hard-won knowledge.
conocimiento directo uniforme de carga para exportación | uniform through export bill of lading.
conocimiento endosado (comercio) | endorsed bill.
conocimiento experimental | experience.
conocimiento general | all-round knowledge.
conocimiento incompleto | foul bill of trading.
conocimiento inmediato | firsh-hand knowledge.
conocimiento innegociable | straight bill of lading.
conocimiento intransferible | bill to a named person.
conocimiento náuticos | seamanship.
conocimiento negociable | order bill of lading.
conocimiento nominativo | straight b/l | straight bill of lading.
conocimiento por mercancías entregadas spent bill of lading.
conocimiento real | actual knowledge.
conocimiento sin trasbordos | direct bill of lading.
conocimiento técnico-científico | know-how.
conocimientos | learning | acquirements.
conocimientos (sobre un asunto) | know-how.
conocimientos patrios | homeland science.
conocimientos técnicos | engineering know-how | expertness.
conoidal | conoid | conoidal.
conoide | conoid | cone-shaped | conoidal.
conoide de Sturm | conoid of Sturm.
conoide recto | right conoid.
conoideo | conoid.
conoídico | conoid.
conolito | chonolith.
conormal | conormal.
conos ajustantes | adjusting cones.
conos amarillos izados para indicar las revoluciones de la máquina (buques) | speed cones.
conos de obstrucción | obstruction cones.
conos elutriadores | elutriating cones.
conos embutidos | cone-in-cone.
conos fusibles | melting cones.
conos goteras (lava) | driblet cones.
conos porométricos | ceramic cones.
conos unidos por el vértice | cones apex to apex.
conos unidos por la base | cones base to base.
conoscópico | conoscopic.
conoscopio | conoscope.
conoscopista | sonoscopist.
conovolcánico | volcanic butte.
conquistar un mercado | conquer a market (to).
consagración | consecration.
consagración (al estudio) | devoting.
consagrar | devote (to) | give (to) | consecrate (to).
consagrar el tiempo a | expend time in (to).
consagrarse (al estudio, etc.). | devote (to).
consanguinedad (relación genética de rocas ígneas derivadas de un magma parental común) | consanguinity.
consanguíneo | consanguinous | inbred | sib | german.
consanguinidad | inbreeding.
consanguinidad de la suite (geología) | consanguinity of the suite.
consciente de | minded.
conscriptible | conscribable.
conscripto (milicia) | draftee.
consecución del equilibrio | attainment of equilibrium.
consecuencia | consecuent | effect | outcome | conclusion | concern.
consecuencias | implications | aftermath.
consecuente | consequent.
consecuente (matemáticas) | consecuent.
consecuente (personas) | consistent.
consecuente a | consequential.
consecutivamente | consecutively.
consecutivo | consecuent.
consecutivo a | consequential.
consecutivos (días, etc.) | running.
conseguir | compass (to) | carry (to) | get (to).
conseguir buque | procure tonnage (to).
conseguir el apoyo de | enlist the support of (to).
conseguir el dominio del aire | take the air (to).
conseguir fondos | raise funds (to).
conseguir la densificación | achieve densification (to).
conseguir la superioridad aérea | clear the air (to).
conseguir nuevo capital | raise fresh capital (to).
conseguir un préstamo | raise a loan (to) | secure a loan (to).
conseguir una clientela | build up connections.
consejería | counselorship.
consejería parlamentaria | parliamentary advisory board.
consejero (de sociedad anónima) | director.
consejero comercial | commercial adviser.
consejero de la Corona | crown minister.
consejero de la Junta de Gobierno | advisor to the board of management.
consejero de publicidad | advertising consultant.
consejero de rehabilitación | rehabilitation counselor.
consejero delegado | managing director.
consejero entrante | incoming councillor.
consejero escolar | school counselor.
consejero jurídico de la Corona (G.B.) | law-officer.
consejero oficioso | informal adviser.
consejero principal | senior advisor.
consejero superior | senior counsel.
consejeros | Directors of the Board.
consejo (junta) | board.
consejo asesor de ingeniería | engineering advisory council.
consejo consultivo | advisory board.
consejo de administración | board of managers | managing directors | management board | directory | Directors | dir ectory | directorate | Board of Directors.
Consejo de Administración (ONU) | Trusteeship Council.
consejo de administración cuyos miembros forman parte de otros consejos | interlocking directorates.
consejo de aseguradores | board of underwriters.
consejo de empresa | working council.
consejo de gerencia | board of management.
consejo de guerra | court-martial | court martial | trial by court martial.
consejo de guerra sumarísimo | general court-martial | drumhead court-martial.
consejo de guerra verbal | drum court martial.
Consejo de Investigación Científica | Science Research Council.
Consejo de la Armada | Navy Board.
consejo de ministros | cabinet council.
consejo de productividad | productivity council.
Consejo de Seguridad (Naciones Unidas) | Security Council.
Consejo de Seguridad de las Naciones Unidas | United Nations Security Council.
Consejo del Almirantazgo | Navy Board | Admiralty court.
consejo del reino | regency council.
consejo directivo | governing board.
consejo estatal encargado de revisar las penas capitales (EE.UU.) | state board of perdons.
consejo ferroviario | railway board.
consejo industrial mixto | joint industrial council.
consejo municipal | city council.
Consejo Nacional de Seguridad (EE.UU.) | National Security Council.
consejo rector | governing council | board of governors | board of managers.
consejo técnico | engineering counsel.
consejo vocacional | vocational counselling.
consejo y aprobación | advice and consent.
consejo y consentimiento | advice and consent.
consenso | consensus | assent | agreement of opinion.
consenso iterativo | iterated consensus.
consensual | consensual.
consensualista | consensualist.
consentaneidad | consentaneousness.
consentidor | conniver.
consentimiento | consent.
consentimiento expreso | express consent.
consentimiento implícito | constructive assent.
consentimiento mutuo | joint consent.
consentir | connive (to) | consent (to) | give way (to) | yield (to).
consentir la sentencia | acquiesce in the judgment (to).
conserje del edificio | building superintendent.
conserjería | janitor's office | front office | porter's desk.
consertal | consertal.
conserva | confection | conserve.
conserva (de carne, frutas, etc.) | preserve.
conserva (navegación) | consort.
conserva de legumbres | preserved vegetables.
conserva de pescado | canned fish.
conservabilidad del equipo | equipment maintainability.
conservación | conservancy | conservation | keeping | preserving | upkeep | storing | attendance | curing.
conservación (carreteras, etcétera) | maintenance.
conservación de carreteras | highway preservation.
conservación de la cantidad de movimiento angular | conservation of angular momentum.
conservación de la cantidad de movimiento lineal | conservation of momentum | momentum conservation.
conservación de la caza | game preserving.
conservación de la convergencia | convergence preserving.
conservación de la ecuación contable | maintenance of accounting ecuation.
conservación de la energía | conservation of energy.
conservación de la energia industrial | industrial energy conservation.
conservación de la forma | shape retention | shape-holding.
conservación de la herramienta | tool maintenance.
conservación de la masa | conservation of mass | indestructibility of matter.
conservación de la materia | indestructibility of matter.
conservación de la paridad (física) | parity conservation.
conservación de las juntas de carriles | rail joint maintenance.
conservación de las secciones planas | conservation of plane sections.
conservación de los archivos | record keeping.
conservación de los datos registrados en la memoria (calculadoras) | memory retention.
conservación de publicaciones periódicas (bibliotecas) | serial holdings.
conservación de recambios | keeping of spares.
conservación de repuestos | keeping of spares.
conservación del calor | heat retention.
conservación del calor en el lingote | ingot heat conservation.
conservación del espín isobárico | isospin conservation.
conservación del rumbo | direction maintenance.
conservación del suelo | land conservation.
conservación del suelo agrícola | soil conservation.
conservación en frigoríficos | cold storage.

conservación estéril | sterile storage.
conservación frigorífica | frigoconservation.
conservación por frío | cold storage.
conservación por rociado con plástico | plastic spray preservation.
conservación y uso del río | conservation and use of the river.
conservacionista de suelos (persona) | soil conservationist.
conservado a una temperatura predeterminada (metalurgia) | sensitized.
conservado en frío | cold stored.
conservador | conservator | conservatory.
conservador (de museos) | keeper.
conservador (de un museo) | custodian | conservator.
conservador (político) | conservative.
conservador de mapas (museos) | map-curator.
conservador del aceite (transformadores) | oil conservator.
conservador jefe (museos) | head curator.
conservaduría | custodianship.
conservar | preserve (to) | conserve (to) | mothball (to).
conservar (el calor) | retain (to).
conservar (máquinas, carreteras, etc.) | maintain (to).
conservar (registro) | save (to).
conservar al abrigo del aire | keep from contact with air (to).
conservar el calor | conserve the heat (to).
conservar el cuero | nourish leather (to).
conservar el puesto de trabajo (EE.UU.) | hold down (to).
conservar en botes (conservas) | can (to).
conservar en latas | can (to).
conservar hasta la mañana (alimentos) | keep overnight (to).
conservar la composición (tipografía) | keep the composition standing (to).
conservar los recursos naturales | conserve the natural resources (to).
conservar su puesto (buques de guerra en formación) | keep her station (to).
conservas | potted foods.
conservas alimenticias | preserved food | preserves | canned foods.
conservas animales | animal preserves.
conservas cárnicas | meat-canning | meat preserves.
conservas de alimentos condimentados a base de pescados | seasoned food preserves on a fish basis.
conservas de alimentos condimentados con inclusión de legumbres y hortalizas | seasoned food preserves containing vegetables and greens.
conservas de aves y caza | poultry and hunting preserves.
conservas de fruta en botellas | fruit bottling.
conservas de frutas | fruit canning.
conservas de pescado | fish preserves.
conservas de tomate | canned tomatoes.
conservas en frascos | bottled foods.
conservas en latas purgadas con gas (para desplazar el oxígeno) | gas-purging canned goods.
conservas vegetales | canned vegetables | vegetable preserves | tinned vegetables.
conservatismo | conservatism.
conservatorio (actas, embargos) | conservatory.
conservatorio (de música) | conservatory.
conservero (de frutas) | conserver.
conserveros de carne | meat packers.
consérvese en lugar seco | do not store in damp place.
consérvese en sitio seco | keep dry.
considerable | considerable | extensive | sizable.
considerablemente | largely.
considerablemente mayor que | considerably greater than.
consideración | consideration.
consideración de orden privado | by-consideration | bye consideration.
consideración secundaria | bye consideration.
considerado como garantía | deemed warranty.
considerado responsable | held liable.
considerandos (de un juicio) | grounds.
considerar | consider (to) | gaze (to).
considerar la votación para la declaración de huelga | consider balloting for strike action (to).
considerar matemáticamente | mathematize (to).
consigna | order | password.
consigna (estación ferrocarril) | luggage office.
consigna (milicia) | recognition signal.
consignable | consignable.
consignación | consignation | consignment | assignation.
consignación (de fondos) | allocation.
consignación (de la paga) | allotment.
consignación a domicilio | consignment at the address.
consignación global | lump-sum appropiation.
consignación no gastada | unexpended appropriation.
consignación para comprar | procurement obligation.
consignación por escrito | recording.
consignación recibida | consignment in.
consignación remitida | consignment out.
consignación sin cargas | unencumbered appropriation.
consignador | consignor | addresser.
consignar | consign (to) | address (to) | apportion (to) | assign (to) | prosecute (to).
consignar (comercio) | address (to).
consignar (dinero) | lodge (to).
consignar (fondos) | allocate (to).
consignar (testimonios) | enter (to).
consignar en firme una suma (para compras) | obligate a sum (to).
consignar firmemente una cantidad | obligate a sum (to).
consignar fondos presupuestarios | grant an appropiation (to).
consignar mercancías a alguien | consign goods to somebody (to).
consignar por escrito | record (to).
consignar un buque | address a ship (to).
consignas de un partido político (EE.UU.) | party line.
consignatario | consignee | receiver | addressee | factor | ship broker | broker | consignor.
consignatario de buques | ship's agent | shipping agent.
consignatario del buque | ship's husband.
consignatorio | consignatory.
consiguiente | consecuent.
consistencia | soundness | firmness | thickness.
consistencia (de espíritu, etc.) | consistency.
consistencia (del espíritu, etc.) | consistence.
consistencia (pinturas, aceites, barnices) | body.
consistencia (propiedad para resistir la deformación) | consistency.
consistencia butirosa | butyrous consistency.
consistencia cerosa | waxy consistency.
consistencia cremosa | creamy consistence.
consistencia de solidez o fluidez de materiales bituminosos | consistency.
consistencia de suspensiones minerales | consistency of mineral suspensions.
consistencia de tierra mojada | earth moist consistence.
consistencia de un triángulo (topografía) | strength of a triangle | triangle strength.
consistencia de una red de triangulación (topografía) | triangulation net strength.
consistencia del hormigón | consistency of concrete.
consistencia del terreno | ground consistency.
consistencia gelatinosa | gelatinous consistency.
consistencia merengosa | meringue-like consistency.
consistencia para ser aplicado con pincel | brushing consistency.
consistencia quebradiza | brittle consistency.
consistencia semipastosa | semipaste consistency.
consistencia sólida | firm consistency.
consistente | stiff | consistent | consistent | firm.
consistente (aceites) | slushing.
consistir | consist (to).
consistir en | consist in (to).
consistómetro | consistometer.
consistómetro (hormigón) | consistency meter.
consocies (ecología) | consocies.
consocietas (ecología) | consociation.
consocio | joint partner | copartner | associate | fellow partner.
consol (radionavegación) | consol.
consola | console | shoulder bracket | bracket shelf | bracket | rack | ancon | outrigger.
consola (mesa) | console-table.
consola abatible para soportar la hoja plegable (mesas) | fly-rail.
consola de andamiaje | builder's jack.
consola de bao | beam knee.
consola de bao formada volviendo el ala inferior del bao y uniéndola a la cuaderna (buques) | turned knee.
consola de control | control console.
consola de control de maquinaria en el puente de navegación | bridge control console.
consola de escuadra (máquinas, fresadoras) | knee.
consola de refuerzo | gusset plate.
consola de regulación | control console.
consola del radar | radar console.
consola en escuadra | angle bracket | knee bracket.
consola equilibrada | cantilever bracket.
consola mural | wall holder | wall bracket.
consola para el montaje | mounting bracket.
consola para poste | post hanger.
consola soldada al bao y remachada a la cuaderna (buques) | slabbed knee.
consola viscoelástica | viscoelastic cantilever.
consolador | comfortable.
consolar | cheer (to).
consolas portacarrocería (camión) | body-bearing outriggers.
consolas remachadas al forro del casco para apoyar el buque sobre los gigantones de proa | poppet shelf.
consolas remachadas al forro para apoyar el buque sobre los gigantones de proa (botadura de buques) | shelf.
consolidable (deuda) | fundable.
consolidable (economía) | fundable.
consolidación | compaction | bracing | consolidation | strengthening | solidification.
consolidación (deudas) | funding.
consolidación (minas) | propping.
consolidación (minerales) | clotting.
consolidación (obras de tierra) | shrinkage.
consolidación de la posición | consolidation of position.
consolidación de la trama papelera | paper web consolidation.
consolidación de polvos metálicos | consolidation of metal powders.
consolidación de rocas por medio de largos pernos que se clavan en su interior | rockbolting.
consolidación de tejas con mortero (sitios ventosos) | shouldering.
consolidación de terrenos sueltos | artificial cementing.
consolidación de una tarifa | consolidating of a tariff.
consolidación del balasto (vía férrea) | ballast consolidation.
consolidación del hormigón | concrete consolidation.
consolidación del terreno por inyecciones de mortero de cemento | grouting.
consolidación del usufructo con la nuda pro-

piedad | merger.
consolidación electroosmótica | electroosmotic consolidation.
consolidación en tres estratos | three-tiered consolidation.
consolidación química (de terrenos) | chemical consolidation.
consolidación química del terreno | chemical grouting.
consolidado | consolidated.
consolidado (deudas, capital) | funded.
consolidado con barra | rodded.
consolidante | consolidating | consolidant.
consolidar | consolidate (to) | compact (to) | strengthen (to) | brace (to).
consolidar (deuda pública) | fund (to).
consolidar (terrenos) | solidify (to).
consolidar (una deuda) | refund (to).
consolidar con la paleta (cemento) | spade (to).
consolidar su poder | consolidate his power (to).
consolidar terrenos | tamp (to).
consolidarse | consolidate (to).
consolidarse (obras de tierra) | shrink (to).
consolidativo | compactive.
consoluto (líquidos) | consolute.
consonancia | consonance.
consonancia (música) | jingle.
consonante | consonant | spirant.
consonante áfona fricativa | voiceless fricative consonant.
consonante doble | geminate.
consonante explosiva | stop consonant.
consonante medial | medial.
consonante oclusiva sonora | media.
consonante vibrante | thrilled consonant.
consorciado | pooled.
consorciar | pool (to) | integrate (to).
consorciar el riesgo | pool the risk (to).
consorcio | pool | combine | consortium | merger | partnership | horizontal combine.
consorcio bancario | bank syndicate | syndicate of bankers.
consorcio comercial | consortium.
consorcio de bancos | consortium of banks.
consorcio de compañías petroleras | consortium of oil companies.
consorcio de riegos | irrigation board.
consorcio del acero | steel pool.
consorcio estatal | state pool.
consorcio financiero | financial consortium.
consorcio industrial | industrial merger | industrial cartel.
consorcio internacional del acero | international steel cartel.
consorcio lechero | creamery.
consorcio marítimo | shipping pool.
consorcio monopolítico | trust.
consorcio que domina materia prima y fabricación y distribución | integrated trust.
consorcios (plural de consortium) | consortia.
consorcios financieros | financial consortia.
consorcios nucleares (entidades comerciales) | nuclear consortia.
consorte | partner | consort | companion.
conspicuo | conspicuous.
conspirar | conspire (to).
constancia | constancy | record.
constancia de entrega | handover statement.
constancia de la amplitud | amplitude constancy.
constancia de la calibración | calibration constancy.
constancia de la corriente | persistency | constancy of the current.
constancia de la velocidad | speed constancy.
constancia de los ángulos interfaciales | constancy of interfacial angles.
constancia de volumen (cementos) | soundness.
constancia del flujo luminoso | lumen maintenance.
constantan (aleación de níquel 40% y cobre 60%) | constantan.
constante | constant | consistent | regular | stationary | steady | steady | stable | straight | level | unchanging.
constante (aumentos) | flat.
constante aditiva | additive constant.
constante analítica | analytical constant.
constante areal | areal constant.
constante calorífica | heat constant.
constante capilar | specific cohesion.
constante concentrada | lumped constant.
constante de Abbé (óptica) | nu value | vee value.
constante de aberración (20,49 segundos de arco - estrellas) | constant of aberration.
constante de acoplamiento del cuadrípolo | quadrupole coupling constant.
constante de acoplamiento entre mesón y nucleón | meson-nucleon coupling constant.
constante de amortiguación | decay constant.
constante de amplificación | multiplying constant.
constante de apantallamiento (radio) | screening number.
constante de atenuación | attenuation factor.
constante de atenuación acústica | acoustical attenuation constant.
constante de atenuación de la imagen | image attenuation constant.
constante de Boltzmann | gas constant per molecule.
constante de cardado | carding constant.
constante de desintegración | disintegration constant.
constante de desintegración parcial | partial disintegration constant.
constante de desintegración radiactiva | radioactive decay constant.
constante de disipación (cables) | damping constant.
constante de elevación molal | molal elevation constant.
constante de fase | wavelength constant.
constante de fase (corriente alterna) | wavelength constant.
constante de fase acústica | acoustical phase constant.
constante de instrucción | instructional constant.
constante de integración | integration constant.
constante de la desintegración | decay constant.
constante de la rejilla | grating constant.
constante de la velocidad de combustión | burning rate constant.
constante de multiplicación | multiplying constant.
constante de multiplicación efectiva del reactor nuclear | reactor's effective multiplication constant.
constante de nutación (9,21 segundos - astronomía) | constant of nutation.
constante de propagación | propagation ratio.
constante de propagación acústica | acoustical propagation constant.
constante de red (cristalografía) | lattice constant.
constante de reproducción (reactor nuclear) | multiplication factor.
constante de retículo (cristalografía) | lattice constant.
constante de tiempo de la unión | junction time constant.
constante de tiempo de reactor | reactor time constant.
constante de tiempo del circuito de salida | output time-constant.
constante de tiempo del conjunto resistencia-capacidad | resistance-capacity time constant.
constante de tiempo del termistor | thermistor time constant.
constante de tiempo para sintonía térmica | thermal tuning time constant.
constante de transmisión | transfer constant.
constante de velocidad (química) | specific reaction rate.
constante del Almirantazgo (prueba buques) | Admiralty constant.
constante del aparato | apparatus constant.
constante del aparato medidor | testing constant.
constante del contador | register constant | register ratio.
constante del error de aceleración | acceleration error constant.
constante del muelle | spring scale.
constante dieléctrica | specific inductive capacity | dielectric constant | permittivity | inductive capacity.
constante elástica isótropa | isotropic elastic constant.
constante elastoóptica | elastooptical constant.
constante específica de radiación gamma | specific gamma ray constant.
constante lineica (telefonía) | line constant.
constante literal | literal number.
constante multiplicadora de la estadía | stadia multiplier.
constante parcial de desintegración | partial decay constant | parcial decay constant.
constante piezoóptica | piezooptical constant.
constante real | real constant.
constante reducida de Plank | H-bar.
constante seudocrítica | pseudocritical constant.
constante unificada de masa atómica | unified atomic mass constant.
constante uniformemente distribuida | distributed constant.
constantes astronómicas | astronomical constants.
constatación | establishing.
constatación (de hechos) | establishment.
constatación (hechos) | proving.
constatación de las averías | damage verification.
constatar (hechos) | prove (to).
constelación | cluster | constellation.
constitución | constitution | establishment.
constitución (de una sociedad) | establishing.
constitución de segundas hipotecas | rehypothecation.
constitución de sociedad anónima | incorporation.
constitución de stocks | stock building.
constitución física | physique.
constituida (S.A.) | Inc. (Incorporated).
constituir | establish (to) | constitute (to) | form (to) | institute (to) | appoint (to) | organize (to) | set up (to).
constituir (en sociedad comercial) | incorporate (to).
constituir (una sociedad) | charter (to).
constituir el jurado | empanel a jury (to).
constituir una hipoteca | create a mortgage (to).
constitutivo de delito | constituting a crime.
constituyente | constituent.
constituyente armónica | harmonic constituent.
constituyente armónico | component.
constituyente armónico (mareas) | constituent.
constituyente armónico de la marea | partial tide | tidal constituent.
constituyente armónico de largo periodo (mareas) | long-period constituent.
constituyente astronómico de la marea | astronomical tidal constituent.
constituyente de ferrita ordenada | ordered-ferrite constituent.
constituyente de la marea cuyo periodo es aproximadamente un día lunar | diurnal constituent.
constituyente intermedio | intermediate constituent.
constituyente mate del carbón | durain.
constituyente micropetrológico | maceral.
constituyente principal | major constituent | chief constituent.
constituyente químicamente homogéneo (aceros) | metaral.
constituyentes secundarios | minor consti-

tuents.
constreñimiento | constraint.
constreñir | constrain (to).
constricción | constriction | pinchoff | pinch.
constricción del plasma para que no toque las paredes del recipiente donde se produce | containment.
constricción elástica | elastic constraint.
constricción en un conducto líquido cuando se hace circular una corriente eléctrica grande | pinch effect.
constricción rectilínea | straight pinch.
constricción theta toroidal (plasma) | toroidal theta pinch.
constricción toroidal | toroidal pinch.
constrigencia (óptica) | aspersivity.
constringencia | V-value.
constringencia (óptica) | Abbe number.
construcción | construction | erecting | framing | build | building | fabrication.
construcción (de cuños) | sinking.
construcción (de edificios) | erection.
construcción (de máquinas) | design.
construcción (geométrica, del espíritu) | construct.
construcción a prueba de incendios | fire-resisting construction.
construcción a tope | end construction.
construcción al pie de la obra | on-site construction.
construcción celular emparedada | sandwich cellular construction.
construcción celular en figura de ocho | figure-eight honeycomb construction.
construcción cerrada con un cristal | sealed-in-glass construction.
construcción con encofrados deslizantes (hormigón) | sliding-form construction.
construcción con fuselaje monocasco (aviación) | stressed-skin construction.
construcción con gran número de piezas pequeñas | bits-and-pieces construction.
construcción con superficies desarrollables (buques) | hydroconic construction.
construcción chapada encolada | glued veneer construction.
construcción chapucera | skimped construction.
construcción de adobes (tapial) | cobwork.
construcción de alcantarillas (carreteras) | culverting.
construcción de ataguías | coffering.
construcción de calderas | boilermaking.
construcción de cañones | gunmaking.
construcción de carreteras | roading.
construcción de carrocerías | carriage-building.
construcción de casas | residential construction.
construcción de casas a lo largo de una calle o carretera | ribbon building.
construcción de casas baratas | low-cost housing.
construcción de casas con entramado de acero | steel housing construction.
construcción de centrales hidroeléctricas | hydro-erection.
construcción de chapas de madera encoladas | glued laminated construction.
construcción de diques para combatir los surcos de erosión (laderas de montes) | gully plugging.
construcción de edificios construyendo los pisos al nivel del suelo y elevándolos después sobre las propias columnas del edificio | lift-slab construction.
construcción de emparedado con alma celular de aluminio | aluminum honeycomb sandwich construction.
construcción de emparedado con alma de panal | honeycomb sandwich construction.
construcción de emparedado con núcleo faviforme | honeycomb core sandwich construction.
construcción de encofrados | forming.
construcción de entramado de madera revestido de paneles metálicos | wood-framed metal-panelled construction.
construcción de esclusa | lockage.
construcción de espigones | groyning.
construcción de fábricas | mill building.
construcción de fuselaje pretensado | prestressed fuselage construction.
construcción de la vía | trackwork.
construcción de maquetas | pattern manufacturers.
construcción de máquinas herramientas con cabezales sueltos que se montan según el trabajo a efectuar | unit construction.
construcción de muelles a lo largo de un río | dockization.
construcción de muros en seco | dry walling.
construcción de partes soldadas | compound construction.
construcción de pilares de madera (minas) | cribbing.
construcción de pisos en obra | in situ flooring.
construcción de plataformas para extracción de petróleo del fondo del mar | oil production platform building.
construcción de presas | dam building | dam-building.
construcción de tapa cerrada con cojinete (en la tapa) | bearing-in-endshield construction.
construcción de terraplenes con montones sucesivos de arcilla húmeda y rellenando los huecos una vez seca con fango suelto | flood flanking.
construcción de tuberías de gran diámetro por partes soldadas | pipe fabrication.
construcción de túneles | tunneling.
construcción de un arco | turning.
construcción de un artículo (periódicos - G.B.) | chaser.
construcción de un puente | bridging.
construcción de una escena (estudios de cine) | padding.
construcción de viviendas | home-building | house building.
construcción del cuño | sinking of the die.
construcción del dique seco | dry dock construction.
construcción del troquel | sinking of the die.
construcción elemental | primary construction.
construcción emparedada con alma de panal de papel enresinado | paper honeycomb sandwich construction.
construcción en el dique seco (de buques, cajones cimentación, etc.) | dry dock construction.
construcción en escalones (taludes)s | shelf construction.
construcción en la que se escatiman materiales | skimped construction.
construcción en paneles adosables | rack-and-panel construction.
construcción en que el forro y sus refuerzos están maquinados en una sola chapa (aviación) | integral construction.
construcción en varias piezas | built-up construction.
construcción enteramente metálica | all-metal construction.
construcción escénica (estudios de cine) | set.
construcción excepcionalmente robusta | exceptionally robust construction.
construcción extrafuerte | extra rugged construction.
construcción formada por una combinación de capas de materiales íntimamente unidas | structural sandwich | sandwich construction.
construcción horizontal de elementos prefabricados que luego se ponene en pie para su montaje en obra | tilt-up construction.
construcción integrada (el chasis y la carrocería trabajan conjuntamente) | chassisless construction.
construcción integral | integrated construction.
construcción maquinada integralmente | integral-machined construction.
construcción mecánica | constructional engineering.
construcción metálica | structural engineering.
construcción metálica de panal | honeycomb metal construction.
construcción modular | modular construction.
construcción naval | shipwork | ship construction.
construcción poco sólida | flimsy construction.
construcción por administración | departmental construction.
construcción por destajos parciales | force-acount construction.
construcción por gestión directa | departmental construction.
construcción por regla y compás | construction by ruler and compasses.
construcción por unión de piezas diversas | fabricated construction.
construcción que sobresale de la línea de edificación | encroachment.
construcción rápida | fast-track construction.
construcción remachada y soldada | riveted-and-welded construction.
construcción resistente a la bomba nuclear | nuclear-bomb-resistant construction.
construcción robusta | robust construction.
construcción sencilla | simple construction.
construcción soldada | weldment | fabricated construction.
construcción totalmente soldada | all-fabricated construction.
construcción y mantenimiento de carreteras | construction and maintenance of roads.
construccional | constructional.
construcciones anexas (edificios) | outbuildings.
construcciones desmontables | portable buildings.
constructible | constructible.
constructividad | constructiveness.
constructivismo | constructivism.
constructivo | constructional | constructive.
constructor | constructor | builder | fabricator.
constructor (de máquinas) | maker.
constructor de alcantarillas | sewer builder.
constructor de buques | shipbuilder.
constructor de carreteras | road maker | road builder.
constructor de casas | master builder.
constructor de edificios | erector.
constructor de laudes | lute-maker.
constructor de máquinas | engine builder | engine maker.
constructor de modelos | modelmaker.
constructor de molinos | millwright.
constructor de pilares de piedra en seco para entibar el techo (minas) | packbuilder.
constructor de puentes | bridgebuilder.
constructor de tejados | roofer.
constructor de telares | loom maker.
constructor de túneles | tunneler | tunnel builder.
constructor de vagones de ferrocarril | railway-wagon builder.
constructores de casas | housing producers.
constructores de viviendas | housing producers.
construido | erected | built.
construido a escape | jerry-built.
construido a jornal | built by day's work.
construido a la carrera | hurriedly built.
construido a tope (de forro liso - botes) | carvel built.
construido bajo licencia | built under licence.
construido con cojinetes de bolas | ball-bearing engineered.
construido con estibación | built by sheeting.
construido con precisión | precision-built.
construido con precisión con tolerancias especificadas | precision-built to limits.
construido de acuerdo con | constructed in accordance with.
construido de acuerdo con normas | code

engineered.
construido de artesanía | craftsman constructed.
construido de encargo | specially-constructed.
construido de ladrillos | brick built.
construido de largueros y cuadernas y mamparos (fuselajes) | semimonocoque.
construido de madera | timbered.
construido de prisa | jerry-built.
construido de tapial | mud-built.
construido durante la guerra | warbuilt.
construido en | made in.
construido en el extranjero | abroad-constructed | foreign-constructed.
construido en el país | home-produced | home-constructed.
construido en España y propiedad de armador español | Spanish-built Spanish-owned.
construido en España y propiedad de armador inglés | Spanish-built English-owned.
construido en obra | job-built.
construido en serie | flow-produced | series-built.
construido en series pequeñas | series-produced.
construido enteramente de madera | all-timber built.
construido enteramente de metal | constructed entirely of metal.
construido o empleado para transportar tropas (aviones) | troop-carrying.
construido para el trabajo deseado | job-engineered.
construido por contrato a base de una cantidad alzada | built by contract on a lump sum basis.
construido por el mismo modelo | built to one pattern.
construido por lotes | series-produced.
construido por máquinas | engined by.
construido por un aficionado | home-built.
construido por un astillero español | built by a spanish yard.
construido según modelo | constructed after model.
construido según plantilla | built to template.
construido sobre pilotes | built on piles.
construido todo de acero | built of steel throughout.
construido uno a uno | individually manufactured.
construir | build (to) | engineer (to) | raise (to) | raise (to) | fabricate (to) | erect (to) | construct (to) | construct and lay and bury the pipeline (to).
construir (carreteras) | lay out (to).
construir (máquinas) | put together (to).
construir a la ligera (edificios) | knock up (to).
construir albañales | gutter (to).
construir blocaos de hormigón | pillbox (to).
construir buques paramilitares de acuerdo con los requisitos del Lloyd Register | build paramilitary ships to L. R. requirements (to).
construir caballetes | trestle (to).
construir con tablas | batten (to).
construir de mampostería | mason (to).
construir deprisa | run up (to).
construir ferrocarriles | railroad (to).
construir inmuebles | erect premises (to).
construir muelles a lo largo de un río | dockize (to).
construir preliminarmente | preconstruct (to).
construir sólidamente | ruggedize (to).
construir un canalizo | flume (to).
construir un murete de protección alrededor de un emplazamiento (para protegerlo) | revet (to).
construir un puente de caballetes | trestle (to).
construir un techo con cubierta a cuatro aguas | hip (to).
construir un túnel a través de | tunnel (to).
construir una carretera a través de terreno pantanoso | causeway (to).
construir una carretera en cornisa | contour (to).
construir una presa | dam (to).
consuetudinario (derecho) | customary.
cónsul | consul.
cónsul general | consul general.
consular | consular.
consulta | consultation | enquiry | lookup | inquiry | conference.
consulta (verbal o por escrito) | query.
consulta a distancia | remote inquiry.
consulta a la opinión | opinion poller.
consulta de tablas (valores) | table look-up.
consulta dígita | digital inquiry.
consulta en tiempo real (informática) | real time inquiry.
consulta y actualización | read-write access.
consultación | accession.
consultancia naval | naval consultancy.
consultante (persona) | consulter.
consultante de relaciones públicas | public relation consultant.
consultante naval | naval consultant.
consultante técnico | technical consultant.
consultar | query (to) | consult (to).
consultar oficialmente | consult formally (to).
consultar privadamente | consult informally (to).
consultas | queries.
consultas de peritos | advice by experts.
consultas técnicas | technical queries.
consultivo | consultative.
consultor | consultant | counsellor.
consultor de personal | personnel consultant.
consultor responsable de la selección y formación del personal | training consultant.
consultor técnico de un editor que lee los manuscritos e informa sobre ellos | reader.
consultoría | counsellorship.
consultorio legal extrajudicial (G.B.) | legal advice.
consultorio médico | office.
consultorio para llevar el producto al comprador en potencia | workshop.
consumación | completion.
consumible | consumable | expendable.
consumibles | consumables.
consumido en el agua | waterworn.
consumidor | user | consumer.
consumidor de energía | power user.
consumidor de energía eléctrica | power consumer.
consumidor exigente | choosy customer.
consumidor final | end user.
consumidor primario | primary consumer.
consumir | consume (to) | use up (to).
consumir (municiones, recurso, etc.) | deplete (to).
consumir ardiendo | burnout (to).
consumir cociendo | boil away (to).
consumir combustible nuclear | burn nuclear fuel (to).
consumir con fuego | burn (to).
consumir potencia | expend power (to).
consumir una cosa quemándola | burn away (to).
consumirse | consume (to) | dwindle (to) | drop off (to).
consumo | consumption.
consumo (de municiones, de electrodos) | expenditure.
consumo a la velocidad de crucero | cruising consumption.
consumo bruto de estaño por caja tipo | tin yield.
consumo calorífico | heat input | heat rate.
consumo calorífico total | station heat rate.
consumo de agua | water rate.
consumo de aire | air consumption.
consumo de calor | heat input | heat consumption.
consumo de combustible a plena carga | full-load fuel consumption.
consumo de combustible en carretera | road fuel consumption.
consumo de combustible por caballo efectivo | fuel rate per S. H. P..
consumo de combustible por milla de una unidad motorizada | unit mile.
consumo de corriente | current intake | current drain.
consumo de diamante de 0 (muela abrasiva) | diamond consumption of 0.42 mg/g of carbide.
consumo de electricidad motriz | power load.
consumo de energía | energy consumption.
consumo de ladrillos refractarios (hornos) | refractories consumption.
consumo de luz | quantity of light.
consumo de municiones diario | unit of fire.
consumo de refractarios (hornos) | refractory consumption.
consumo de refractarios de () LIBRAS POR tonelada de acero | refractories consumption of 45 lb per ton of steel.
consumo de vapor a plena carga | full-load steam consumption.
consumo de vapor por caballo-hora indicado | consumption of steam per indicated horsepower-hour.
consumo de vapor real | actual steam consumption.
consumo de viento (alto horno) | consumption of blast | blast consumption.
consumo discrecional | optional consumption.
consumo en el interior del establecimiento | on-premises consumption.
consumo especificado de combustible | rated fuel consumption.
consumo específico de combustible | specific fuel consumption.
consumo específico de combustible a la velocidad de crucero | cruising specific fuel consumption.
consumo específico de combustible comprendiendo todos los servicios | all-purposes specific fuel consumption.
consumo específico de propulsante | specific propellant consumption.
consumo específico energético | specific energy consumption.
consumo específico indicado | indicated specific consumption.
consumo garantizado de combustible a plena carga | guaranteed full-load fuel consumption.
consumo industrial | power load.
consumo interior | home consumption.
consumo máximo (electricidad) | maximum demand.
consumo máximo de fuerza | power maximum demand.
consumo máximo de potencia (acumuladores) | peak power drain.
consumo medio anual por persona | average yearly consumption per head.
consumo medio por persona | average consumption per head.
consumo mínimo (electricidad) | minimum demand.
consumo nacional | home consumption.
consumo plausible | plausible consumption.
consumo por habitante | per capita consumption | consumption per head of population.
consumo por lo llamativo del producto y su óptimo precio | conspicuous consumption.
consumo por tonelada de acero en kilovatios-hora | consumption per ton of steel in kilowatt hours .
consumo previsto | predicted consumption.
consumo superior a la renta | dissaving.
consumotividad | consumptivity.
consunción | consumption.
consunción (medicina) | decline.
consuntivo | consumptive.
consuspensión por resortes (carrocerías, etc.) | spring-cushioned.
contabilidad | bookkeeping | accountancy.
contabilidad (topología) | countability.
contabilidad a base de gastos e ingresos

efectivos | cash basis.
contabilidad a coste de reposición | replacement cost accounting.
contabilidad a costes actuales | current cost accounting.
contabilidad administrativa | administrative accounting.
contabilidad analítica | cost accounting.
contabilidad bancaria | bank bookkeeping.
contabilidad de almacén | store-accounting.
contabilidad de beneficios | profitability accounting.
contabilidad de caja | cash basis accounting | cash-accounting.
contabilidad de costos | production cost accounting | cost finding | cost accounting.
contabilidad de costos por órdenes | job-cost accounting.
contabilidad de dirección | management accountancy.
contabilidad de gestión | management accounting.
contabilidad de herencias | accounting for estates.
contabilidad de sucursales | branch accounting.
contabilidad de tarjetas perforadas | punch-card accounting.
contabilidad del activo | asset accounting.
contabilidad electrónica | electronic bookkeeping.
contabilidad empresarial | company bookkeeping.
contabilidad fiscal | tax accounting.
contabilidad forestal | forest bookkeeping.
contabilidad industrial | industrial bookkeeping | industrial accountancy | cost accounting | factory accounting.
contabilidad manual | hand account keeping | manual bookkeeping.
contabilidad mecanizada | machine accountancy | mechanized accountancy | mechanical bookkeeping.
contabilidad mercantil | commercial bookkeeping.
contabilidad nacional | national accounting.
contabilidad por decalco | duplicating system.
contabilidad por partida doble | double entry bookkeeping | double entry | bookkeeping by double entry.
contabilidad por partida sencilla | single entry.
contabilidad por partida simple | single-entry bookeeping | bookkeeping by single entry.
contabilidad simplificada | slip system bookeeping.
contabilización | accounting | entering | posting.
contabilización de las llamadas (centrales telefónicas) | toll ticketing.
contabilización de las llamadas (telefonía) | toll-ticketing.
contabilización de plusvalía mercantil | recording of goodwill.
contabilización mecanizada | machine posting.
contabilizado de más | overstatement.
contabilizar | enter in the books of accounts (to) | post (to) | post (to) | record (to).
contabilizar (en el libro diario) | enter (to).
contable | accountant | bookkeeper.
contable colegiado | public accountant | chartered accountant.
contable especializado de los costes | cost accountant.
contable profesional | professional accountant.
contable público titulado | certified public accountant.
contactante (sustancia que actúa por contacto) | contactant.
contactar | contact (to).
contacto | touch | contact | abutment | abutting.
contacto (aterrizaje) | touchdown.
contacto (electricidad) | connexion | connection.
contacto (electroimán) | keeper.
contacto (reostato, etc.) | steep.
contacto a tierra | earthed.
contacto abierto normalmente | normally-open contact.
contacto acumulativo | accumulating contact.
contacto anterior | front contact.
contacto autolimpiador | rubbing contact.
contacto bipolar | double-break contact.
contacto cerrado normalmente | normally closed contact.
contacto coherente | cohering contact.
contacto con el terreno | ground contact.
contacto con tierra | earth fault.
contacto corredizo | sliding contact.
contacto chamuscado | flaring contact.
contacto de acompañamiento | trailing contact.
contacto de alarma | alarm contact.
contacto de aleación de metal precioso | precious metal alloy contact.
contacto de arco | arcing contact.
contacto de bloqueo | blocking contact.
contacto de cierre | make contact | make contac unit.
contacto de clavija | plug-in contact.
contacto de clavija (electricidad) | plug contact.
contacto de conmutación | change-over contact.
contacto de dos direcciones sin solapa | two-way break-before-make contact.
contacto de encendido (autos) | lighting-switch.
contacto de entrada (telefonía) | gate contact.
contacto de fin de carrera | limit contact.
contacto de freno eléctrico | brake step.
contacto de interruptor giratorio | rotary interrupter contact.
contacto de inversión (electrotecnia) | reverse contact.
contacto de la herramienta con la pieza | tool-to-work contact.
contacto de lámina | laminated contact.
contacto de lámina (de interruptor) | bridging contact.
contacto de lámina flexible | leaf contact.
contacto de láminas invertidas | inverted brush contact.
contacto de lectura de comprobación | read-back pin.
contacto de masa (autos) | body contact.
contacto de metal con metal | metal-against-metal contact.
contacto de planchuela | leaf contact.
contacto de presión | plunger.
contacto de puesta a tierra | grounding contact.
contacto de regulación | regulating contact.
contacto de reposición de cierre | reclosing contact.
contacto de reposo | resting contact | rest contact | home contact.
contacto de reposo (manipulador Morse) | back contact.
contacto de retroceso | recoiling contact.
contacto de ruptura | break-contact unit | arcing contact.
contacto de tierra | earth connection.
contacto de tierra intermitente | occasional earth connection.
contacto de tope (contacto de presión directa) | butt contact.
contacto de trabajo | make front contact | operative contact | operating contact.
contacto de trabajo (electricidad) | make contact.
contacto de trabajo (telefonía) | front contact.
contacto de trabajo (telegrafía) | mark contact.
contacto de transmisión del registrador | recorder transmitting contact.
contacto de tropas con aviación propia | troop-to-plane contact.
contacto defectuoso | poor contact.
contacto deficiente | poor contact.
contacto del arco de toma de corriente | bow contact.
contacto del distribuidor del encendido (motores) | spark distributor plug.
contacto del fondo del diente (engranajes) | heel bearing.
contacto del manipulador | key contact.
contacto deslizable | sliding contact.
contacto deslizante | wiper | wiper contact | sliding contact.
contacto destacado | detached contact.
contacto difuso | diffused junction.
contacto directo | direct contact | immediate contact.
contacto eficaz con la plantilla | positive templet contact.
contacto eléctrico de característica óhmica | ohmic contact.
contacto en la línea | contact on line.
contacto en reposo | inoperating contact.
contacto entre conductores (cruce - electricidad) | cross.
contacto entre un metal y un semiconductor | metal-semiconductor contact.
contacto estanco | leak-free contact.
contacto frontal | make front contact | front contact.
contacto hembra | female contact.
contacto impreso | printed contact.
contacto indicador | marking contact.
contacto inferior (electricidad) | bottom contact.
contacto integral | integral contact.
contacto intermetálico | intermetallic contact.
contacto intermitente | ticker.
contacto intermitente con tierra (electricidad) | swinging earth.
contacto inversor | change-over contact.
contacto momentáneo | momentary contact.
contacto móvil | wiper | movable contact | sliding contact.
contacto óhmico | ohmic contact.
contacto óptico | optical contact.
contacto oscilante | rocking contact.
contacto para la señal horaria | pip-contact.
contacto por humedad (electricidad) | weather contact.
contacto por radar | radar contact.
contacto por radio | radio contact.
contacto por relé encapsulado | dry reed contact.
contacto postdesplazamiento | contact overtravel.
contacto posterior | back contact.
contacto que forma arco (electricidad) | arcing contact.
contacto rectificador | rectifying contact.
contacto remoto | remote contact.
contacto reposo-trabajo | make-and-break contact.
contacto seguro | positive contact.
contacto sin identificar | confused.
contacto sucio | dirty contact.
contacto temporizado | timed contact.
contacto térmico | thermal contact.
contacto unipolar | single contact.
contacto visual con el terreno (aviación) | ground contact.
contactóforo | contactophore.
contactor | contactor | contact maker | contact unit.
contactor (radio) | taper.
contactor accionado por transductor | transductor-operated contactor.
contactor acelerador | accelerating contactor.
contactor acelerador de tiempo fijo | definite time accelerating-contactor.
contactor anunciador | acknowledging contactor.
contactor biológico | biological contactor.
contactor bipolar de dos posiciones | double-pole change-over contactor.
contactor bipolar del freno de aire | double-pole air-brake contactor.
contactor de alta tensión en aceite | high-voltage oil-immersed contactor.
contactor de alto voltaje con ruptura por aire comprimido | airbreak high voltage contactor.
contactor de alto voltaje con soplado de aire

| high-voltage air break contactor.
contactor de cambio de marcha | reversing contactor.
contactor de cortocircuito | short circuiting contactor.
contactor de debilitamiento del campo inductor | field weakening contactor.
contactor de ignitrón | ignitron contactor.
contactor de lámina de contacto de resorte | strap-key contactor.
contactor de leva | cam contactor.
contactor de programación | timer switch.
contactor de ruptura al aire accionado magnéticamente | magnetically operated airbreak contactor.
contactor de sobrecarga accionado por relé | overload relay-operated contactor.
contactor de tiempo regulable | vari-time contactor.
contactor de tiempos | timer.
contactor del campo | field contactor.
contactor disyuntor | relay.
contactor electroneumático | electropneumatic contactor.
contactor electrónico | electronic contactor.
contactor inversor | reversing contactor.
contactor magnético | magnetic contactor.
contactor magnético para línea | magnetic line contactor.
contactor para abrir o cerrar el circuito principal de corriente (autos) | line breaker.
contactor reposicionador | reset contactor.
contactor térmico | thermal flasher.
contactor ultrarrápido | high-velocity contactor.
contactores con enclavamiento mecánico | mechanically-latched contactors.
contactores de contacto para grandes amperajes | heavy-duty contactor contacts.
contactos (del ruptor) | beaker points.
contactos apilados | pileup.
contactos de aleación de plata que no se adhieren entre sí | nonwelding silver-alloy contacts.
contactos de carburos de silicio | silicon carbide junctions.
contactos de conmutación sin interrupción | make-before-break contacts.
contactos de cruce | cross-points.
contactos de entrada en batería (cañones) | runout contacts.
contactos de mezcla de volframio y plata sinterizados | sintered tungsten-silver contacts.
contactos escalonados | sequence contacts.
contactos escalonados en el orden reposo-trabajo | break-before-make contacts.
contactos escalonados en el orden trabajo-reposo | make-before-break contacts.
contactos para la velocidad lenta (combinador de grúas) | creeping notches.
contactos previos de ruptura | break-before-make contacts.
contactos renovables (interruptores eléctricos) | renewable arcing tips.
contado | spot cash.
contado dextrógiramente | reckoned clockwise.
contado en sentido de las agujas del reloj | reckoned clockwise.
contador | metre (G.B.) | purser | accumulator | auditor | comptroller | recorder.
contador (gas, agua, electricidad, etc.) | meter (EE.UU.).
contador (marina) | paymaster.
contador automático de cargas del horno | furnace filling counter.
contador auxiliar | submeter | junior accountant.
contador binario | scale-of-two circuit | binary counter.
contador binario de tiempo | binary timer.
contador binario en cascada | cascaded binary counter.
contador Cerenkov | Cerenkow counter.
contador colegiado | chartered accountant.
contador con aparato de relojería | clock meter.
contador con motor de colector | commutator motor meter.
contador con núcleo de varias aberturas | multiaperture-core counter.
contador con resorte de rechazo (telefonía) | kick off spring message register.
contador con un plató de 400 voltios de largo | counter with a plateau 400 v long.
contador con una canal para introducir la muestra | well-type counter.
contador contrastado | certified meter.
contador de abonado | subscriber meter.
contador de acontecimientos por unidad de tiempo | events-per-unit time meter.
contador de acumulación | storage counter.
contador de agua de pistón giratorio | rotating piston water meter.
contador de agua de rodete | impulse wheel water meter.
contador de aire | air meter.
contador de amasadas | batch meter.
contador de amperios-horas | ampere-hour meter.
contador de anticoincidencia de rayos cósmicos | anticoincidence cosmic-ray counter.
contador de aparcamiento | parking meter.
contador de cadencia de los impulsos | ratemeter.
contador de carga variable | variable-head meter.
contador de cargas | batch meter.
contador de caudal proporcional | flow-proportional counter.
contador de célula electrónica | eye counter.
contador de centelleo | radiation counter | scintillation counter.
contador de ciclos (radar) | cycle-rate counter.
contador de cifras | digital quantizer.
contador de coincidencia | coincidence counter.
contador de coincidencia-anticoincidencia | coincidence-anticoincidence counter.
contador de colonias bacterianas | bacterial colony counter.
contador de compensaciones | clearing teller.
contador de comunicaciones (telefonía) | director meter.
contador de comunicaciones (teléfonos) | message recorder.
contador de conducción sólida | solid conduction counter.
contador de consumo | house meter | service meter.
contador de consumo (electricidad) | supply meter.
contador de conversaciones (teléfonos) | message register.
contador de corriente (electricidad) | current meter.
contador de corriente alterna | alternating-current meter.
contador de corriente continua | direct current meter.
contador de cuadrante | dial counter.
contador de cuantos infrarrojos | infrared quantum counter.
contador de decadas | counter decade.
contador de demanda máxima | demand meter.
contador de desplazamiento | displacement meter | positive meter.
contador de direcciones del programa | location counter.
contador de disparos (cañones) | round counter.
contador de disparos efectuados (cañón) | rounds fired counter.
contador de distancia (torpedos) | counter.
contador de doble tarifa | two-rate meter | double-tariff meter | double-rate meter.
contador de dos lecturas | dual meter.
contador de electricidad | electric meter | electricity meter.
contador de electrones (radiactividad) | counting tube.
contador de energía aparente | apparent power meter | apparent energy meter.
contador de energía reactiva | var-meter | reactive voltampere-hour meter | sine meter.
contador de energía suministrada (electricidad) | supply meter.
contador de escintilación | scintillation counter.
contador de escintilación de cristal de yoduro sódico activado con talio | thallium-activated sodium-iodide scintillation counter.
contador de escintilación sensible a los rayos gamma | gamma-sensitive scintillation counter.
contador de escintilaciones de atmósfera gaseosa | gas scintillation counter.
contador de escintilaciones de fósforo líquido | liquid-phosphor scintillation meter.
contador de exceso de carga | excess charge meter.
contador de fisión | fission counter.
contador de fluidos | flowmeter.
contador de fotones de sodio | sodium photon counter.
contador de gas | gas meter.
contador de Geiger-Müller | GM (Geiger-Müller).
contador de hélice | propeller meter.
contador de hierro móvil | repulsion type meter.
contador de histogramas | histogramming counter.
contador de humedad atómico (carbones) | atomic moisture meter.
contador de impulsiones | contact counter.
contador de impulsos | scaling unit | impulse counter.
contador de impulsos (electrónica) | scaler.
contador de impulsos de cátodo frío | cold-cathode scaler.
contador de impulsos por décadas | decade pulse counter.
contador de inducción | induction meter.
contador de inducción trifásico con hilo neutro | four-wire three-phase induction meter.
contador de instrucciones (informática) | location counter.
contador de intervalos cortos de tiempo | short-time interval meter.
contador de iones por centímetro cúbico | ion counter.
contador de ionización de cátodo frío | cold-cathode ionization gage | cold-cathode gage.
contador de la duración de la mezcla | batch timer.
contador de la longitud (filmes) | footage indicator.
contador de la radiactividad corporal | whole-body counter.
contador de la radiactividad del cuerpo humano | whole body counter.
contador de letras de cambio (bancos) | exchange teller.
contador de línea | line counter.
contador de líquidos | liquid meter.
contador de llamadas | position meter.
contador de llamadas (telefonía) | position meter.
contador de llamadas (telefonía automática) | call-counting meter.
contador de llamadas al final del múltiple | late choice call meter.
contador de llamadas del abonado | subscriber's meter.
contador de madejas | hank indicator.
contador de masadas | batching counter | batch counter.
contador de mechas (tejeduría) | roving indicator.
contador de miliamperios-segundos | milliampere-seconds meter.
contador de milisegundos | millisecond meter.
contador de neutrones proporcional | proportional neutron counter.
contador de ocupación de grupo (telefonía) | group occcupancy meter.

contador de operaciones | item counter.
contador de orificio | orifice meter.
contador de orificio de área constante | fixed area orifice meter.
contador de pagarés | note teller.
contador de pago preliminar | penny-in-the-slot meter | prepayment meter | slot meter.
contador de paradas | dwell timer.
contador de partícula beta | beta counter.
contador de partículas alfa | α-particles counter.
contador de partículas alfa de ventana delgada | thin-window alpha counter.
contador de partículas beta con ventana en el extremo | end-window β-counter.
contador de pasadas (tejeduría) | filling counter.
contador de pasadas (telar) | pick counter | pick clock.
contador de pasos | step counter.
contador de períodos | period meter.
contador de períodos (radar) | cycle-rate counter.
contador de pistón | piston meter.
contador de pistón oscilatorio | oscillating-piston meter.
contador de polvo (aire) | konimeter.
contador de potencia reactiva | wattless power meter.
contador de pozo (radiación) | well counter.
contador de préstamos (bancos) | discount teller.
contador de previo pago con mínimo de consumo | minimum prepayment meter.
contador de programa | program counter.
contador de puesto (telefonía) | position meter.
contador de pulsaciones | key store counter.
contador de racks (tricotosas) | rack counter.
contador de radiación beta | beta-radiation measuring instrument.
contador de radiaciones iónicas Geiger | Geiger counter.
contador de radiaciones nucleares | nuclear scaler.
contador de radioactividad | counting tube | counter.
contador de rayos cósmicos | cosmic-ray meter.
contador de rayos gamma | gamma-ray counter.
contador de rayos gamma de sonda | probe-type gamma counter.
contador de reloj | clock meter.
contador de remaches colocados (obrero) | rivet counter.
contador de revoluciones | turbometer | speed counter | speed indicator | counter.
contador de revoluciones del tornillo del extrusor | extruder screw revolution counter.
contador de ruidos objetivo | objective noise-meter.
contador de sobrecarga | overflow meter.
contador de tarifa | ratemeter.
contador de tarifa única | single-rate meter.
contador de tarifas múltiples | multirate meter | multiple tariff meter.
contador de tiempo | timer.
contador de tiempo de estacionamiento | parking meter.
contador de tiempo perdido | lost-time meter.
contador de tiempos electrónico autónomo | independant electronic time counter.
contador de tráfico.
contador de tubo de gas policatódico | multi-cathode gas-tube counter.
contador de un número determinado de impulsos eléctricos (electrónica) | scaler.
contador de una máquina computadora | counter of a computing machine.
contador de unidades de información (informática) | item counter.
contador de vapor de la caldera | boiler meter.
contador de varias vías de contaje | multichannel counter.
contador de vatios-hora | energy meter | watthour meter.
contador de velocidad de contaje | count-rate meter.
contador de ventana | window counter.
contador de ventana de mica | mica window counter.
contador de verificación | testing meter.
contador de voltamperios y ángulo de defasaje | volt-ampere phase-angle meter.
contador de voltiamperios-hora reactivos | var hour meter.
contador de vueltas | speed indicator | revolution counter.
contador decca | decometer.
contador decimal (de 0 a 9) | decimal counting unit.
contador decreciente | down-counter.
contador del exceso de duración (telefonía) | excess meter.
contador del número de buques que pasan por encima (minas magnéticas) | ship counter.
contador del tamaño y número de inclusiones (metalurgia) | inclusion counter.
contador del tiempo de amasado | batch timer.
contador del tiempo transcurrido | elapsed-time indicator.
contador descontador | reversible counter.
contador dieléctrico (depósitos de agua) | eniscope.
contador diferencial de pago preliminar | load rate prepayment meter.
contador dinamométrico | dynamometric meter.
contador eléctrico | electric meter.
contador eléctrico antifraudes | antifraud electric meter.
contador electrodinámico | electrodynamic meter.
contador electrónico | electronic counter.
contador electrónico de basculador | flip-flop counter.
contador electrónico de lectura directa | direct reading electronic counter.
contador electrónico estabilizado por cristal piezoeléctrico | crystal-gated electronic counter.
contador electrónico por décadas | electronic decimal counter.
contador electrónico por décadas (de diez en diez) | electronic decade counter.
contador electrónico sumador | electronic summation metering.
contador en anillo (electrónica) | ring counter.
contador experto | expert accountant.
contador fotoeléctrico | photoelectric counter.
contador fotoeléctrico con fototransistor | phototransistorized photoelectric counter.
contador fotoeléctrico magnético | magnetic photoelectric counter.
contador Geiger | Geiger Mueller (G.M.).
contador Geiger detector de rayos cósmicos | cosmic ray detecting Geiger counter.
contador Geiger que no tiene amortiguamiento propio | nonself-quenching Geiger counter.
contador Geiger-Muller | G-M scaler | G. M. counter.
contador Geiger-Muller de autoextinción | self-quenching Geiger-Muller counter.
contador Geiger-Muller relleno con un halógeno | halogen-filled Geiger-Muller tester.
contador general | accountant general.
contador giroscópico | gyroscopic meter.
contador horario | hour meter.
contador impresor | printometer.
contador integrador | ratemeter | summation meter.
contador irreversible | up-counter.
contador kilométrico | distance indicator.
contador kilométrico (para bicicletas) | cyclometer.
contador magnético del gasto | magnetic flow meter.
contador manual de comunicaciones (telefonía) | peg-count meter.
contador multicanálico | multichannel counter.
contador multicombinacional | multicombination meter.
contador nuclear | nuclear counter.
contador numérico | digital quantizer.
contador numérico de lectura directa | direct-reading decimal scaler.
contador para carbón (calderas) | coal meter.
contador para contaje de partículas alfa | counter for α-counting.
contador para estacionamiento de coches | car parking meter.
contador periférico de exploración | peripheral scan counter.
contador polifásico de kilovatios-hora | polyphase kilowatt-hour meter.
contador polifásico tetrafilar | polyphase four-wire meter.
contador ponderado | formula counter.
contador por bloqueo de impulsos | pulse-blocking counter.
contador por centenas | scale-of-hundred counter.
contador por décadas | decimal scaler | scale-of-ten circuit | scale-often counting unit.
contador por decenas | decimal scaler | decade counter.
contador principal | master meter.
contador proporcional de flujo de gas | gas-flow proportional counter.
contador proporcional del flujo del metano | methane-flow proportional counter.
contador público | public accountant.
contador público reconocido | certified public accountant.
contador que empieza a funcionar al introducir una moneda | coin-wound meter.
contador que no depende de la temperatura | nontemperature dependent counter.
contador que no mide directamente el volumen del agua | inferential meter.
contador reactivo | reactive meter.
contador registrador | recording meter.
contador registrador del consumo de vapor | recording steam meter.
contador relleno de gas | gas counter.
contador reversible | reversible counter | up-down counter.
contador rotativo de desplazamiento | rotary displacement meter.
contador sin ventana | windowless counter.
contador térmico | thermo-switch.
contador tipo de disco | disk meter.
contador totalizador | integrating counter | integrating meter | summation meter | reset counter.
contador totalizador de escintillaciones | integrating scintillation counter.
contador totalizador de llamadas (telefonía) | integrated-demand meter.
contador vatihorario de inducción | induction watthour meter.
contador vendedor | penny-in-the-slot meter.
contadora de monedas | coin counter.
contador-cronógrafo | time-period counter.
contadores para medir la demanda máxima durante un mes | demand meters.
contador-vendedor | prepayment meter.
contaduría | pursership | accountantship | account department | accounting office.
contaduría de costos | cost accounting.
contaduría pública | public accounting.
contagiar | infect (to) | contaminate (to).
contagiarse (de una enfermedad) | catch (to).
contagiarse de una enfermedad | pick-up disease (to).
contagio | infection.
contagio (medicina) | vection.
contagioso (enfermedad) | communicable.
contaje | counting.
contaje bacteriano en la leche | milk colony count.
contaje causado por radiaciones provinientes

de fuentes distintas de las que se va a medir | background count.
contaje de alta velocidad | high-speed counting.
contaje de anticoincidencia | anticoincidence counting.
contaje de bacilos coliformes | coliform count.
contaje de inclusiones (aceros) | inclusion count.
contaje de la actividad (reactor nuclear) | activity counts.
contaje de partículas alfa de geometría baja | low-geometry α-counting.
contaje de polvos | dust counting.
contaje del tamaño de los granos (metalurgia) | grain-size count.
contaje por zonas (telefonía) | zone metering.
contaminación | contamination | pollution | polluting | pollution | infection.
contaminación ambiental | environmental pollution | ambiental contamination.
contaminación animal | animal pollution.
contaminación atmosférica | atmospheric pollution.
contaminación bacteriológica | bacteriological contamination.
contaminación con organismos vivos (tanque digestor aguas negras) | seeding.
contaminación costera por el petróleo | coastal oil pollution.
contaminación cutánea | skin contamination.
contaminación de ríos | river pollution.
contaminación del agua | water pollution.
contaminación del aire | air pollution.
contaminación del aire causada por vehículos automóviles | automotive air pollution.
contaminación del ambiente | inmission.
contaminación del germanio | doping of germanium.
contaminación del moderador | moderator contamination.
contaminación excepcional concertada | emergency exposure to external radiations.
contaminación ferrometálica | ferrometallic contamination.
contaminación masiva | massive contamination.
contaminación orgánica | organic pollution.
contaminación por cobre | copper contamination.
contaminación por el sudor | sweat contamination.
contaminación radiactiva | radioactive contamination.
contaminación radiactiva del terreno | radioactive ground contamination.
contaminación reflejada | skyshine contamination.
contaminación sónica | sonic contamination.
contaminado | deadened.
contaminado con agua del mar | sea water contaminated.
contaminado con una impureza | doped with an impurity.
contaminado con uranio | U-contaminated.
contaminado por rayos beta | beta-contaminated.
contaminador | poison.
contaminadores del aire | air pollutants.
contaminante | pollutant.
contaminante (sustancia con elementos contaminadores) | contaminant.
contaminante atmosférico | atmospheric contaminant.
contaminante de rayos gamma | gamma contaminant.
contaminante disuelto | dissolved contaminant.
contaminante industrial | industrial contaminant.
contaminante metálico | metallic contaminant.
contaminante químico del aire | chemical air pollutant.
contaminantes atmosféricos industriales | industrial atmospheric contaminants.
contaminar | pollute (to) | dope (to) | infect (to) | contaminate (to).
contaminar (baños electrolíticos, etc.) | poison (to).
contaminar la reacción | poison the reaction (to).
contar | number (to) | reckon (to) | account (to) | tally (to).
contar géneros por el número y no por el peso | tale (to).
contar mal | miscount (to).
contar o medir el tiempo de | time (to).
contemplar | contemplate (to) | behold (to).
contemporáneo | contemporaneous | contemporary | coeval.
contención | contention | containment.
contención de desechos (radiactividad) | waste containment.
contención de vapores radiactivos (nuclear) | vapor containment.
contención del mar | holding back the sea.
contención del reactor | reactor containment.
contención dinámica | dynamic containment.
contención múltiple | multiple containment.
contención por condensación con hielo | ice condenser containement system.
contención por relajación de presión | pressure suppression containment.
contención primaria | primary containment.
contención secundaria | secondary containment.
contencioso | contentious | in dispute.
contender | contest (to).
contendiente | contender.
contenedor | container | vessel | pig.
contenedor autónomo | self-contained container.
contenedor blindado para almacenar y transportar materias radioactivas | cask-flask.
contenedor cerrado | container.
contenedor de tipo de cuba seca | dry van type container.
contenedor flexible remolcable | flexible towable container.
contenedor metálico | metal container.
contenedor nuclear probado para no tener fugas | leak-tested nuclear container.
contenedor para llevar el paracaídas (cohete meteorológico) | chute boot.
contenedor para transporte | shipping container.
contenedor para transporte de carga | freight container.
contenedor portátil | carrying container.
contenedor sin aislamiento térmico | dry container.
contenedor zunchado con alambre | wirebound container.
contenedorización | containerization.
contener | comprise (to) | contain (to) | hold back (to) | receive (to).
contener (enemigo) | standoff (to).
contener el movimiento de un cabo (marina) | check (to).
contener la fermentación | check the fermentation (to).
contener la fermentación (vino) | mute (to).
contenerse | contain (to).
contenido | tenor | content | subject-matter.
contenido (de un escrito) | tenor.
contenido (de un libro, etc.) | contents.
contenido (ordenador) | contents.
contenido armónico relativo | relative harmonic content.
contenido de ácido libre (de una sustancia) | acid value.
contenido de aglomerante | binder content.
contenido de agua | amount of water | water content.
contenido de agua inevaporable | nonevaporable water content.
contenido de carbono | carbon ratio.
contenido de coágulo (látex) | coagulum content.
contenido de elementos residuales (aceros) | residual-element content.
contenido de humedad | moisture content.
contenido de humedad correspondiente a una consistencia determinada (terrenos) | liquid limit.
contenido de impurezas | impurity carryover.
contenido de información selectiva | selective information content.
contenido de la memoria | storage contents.
contenido de limos | silt content.
contenido de olefinas | olefinic content.
contenido de oxígeno (cobre) | pitch.
contenido de oxígeno 1
contenido de petróleo de rocas sedimentarias en barriles por kilómetro cúbico de sedimento | cubek.
contenido de petróleo de rocas sedimentarias en barriles por milla cúbica de sedimento | cubem.
contenido de sales | salt content.
contenido de sólidos disueltos | dissolved-solids content.
contenido de sólidos solubles | soluble-solid content.
contenido de un horno de cerámica | bung.
contenido de un informe | record.
contenido de un tesauro | thesaurus content.
contenido de un vaso | glass.
contenido del registro de la memoria (informática) | core dump.
contenido en mineral | ore contents.
contenido en pasta de trapos | rag content.
contenido informático | information content.
contenido medio de humedad | average amount of moisture.
contenido mínimo de materias volátiles | minimum volatile content.
contenido óptimo de hierro | optimum iron content.
contenido seco (pintura) | solid content.
contenido sólido de caucho | dry-rubber.
contenido total de agua (terrenos) | holard.
contenido total de aleación de 6% en peso | total alloy content of 6 wt. per cent.
contento | content.
conteo | counting | survey.
conteo de árboles en pie | tree count.
conteo de los votos | counting of the votes.
conteo de rayos gamma de lectura directa en porcentaje | gamma counting ratio reader.
conteo en coincidencia | coincidence counting.
conteo extraoficial | unofficial count.
conteo por escintilación de líquidos | liquid seintillation counting.
conteo y clasificación de árboles | enumeration (G.B.).
conteo y clasificación de árboles en pie | inventory.
contera | shoe | socket | butt | ferrule.
contera (cañones) | rear.
contera (de espada) | chape.
contera (pieza artillería) | trail.
contestable | traversable.
contestación | response | answering | response.
contestación a la demanda | defendant's plea | defensive allegation.
contestación a vuelta de correo | reply by return.
contestación equivocada de pitadas entre buques | cross signal.
contestador | transponder.
contestador automático (telefonía) | auto-answer.
contestador telefónico | telephone answerer.
contestar a las pitadas de otro buque | cross whistle (to).
contestar a todas las preguntas | floor (to).
contestar a un reto | answer a challenge (to).
contestar nuevamente | rejoin (to).
contestar por otro | go by a person's name (to).
contestar una carta | write back (to).
contestar verazmente las preguntas | answer questions truthfully (to).

contestario | dissenter.
contexto | context.
contexto político | political context.
contextos referencialmente opacos | referentially opaque contexts.
contextura | texture | fabric | contexture.
contextura arenosa | grittiness.
contextura del tejido | cloth structure.
contienda | contention | match | litigation.
contigüidad | contiguity | abutment | abuttal | adjacency.
contiguo | contiguous | conterminous | bordering | adjoining.
contiguo (cercano) | close.
continente | continent.
continente (geología) | continent.
continente antártico | antarctic continent.
continente emergente | emergent continent.
contingencia | contingency.
contingencia (geometría) | contingence.
contingencia media cuadrática | mean square contingency.
contingentación (economía) | quota restrictions.
contingentación global | overall quota.
contingente | facultative | allotment | quota | contingent.
contingente (cupo - milicia) | contingent.
contingente de divisas | foreign exchange quota.
contingente de exportación | export quota.
contingente de importación | import quota | import contingency.
contingente de mercancías | goods quota.
contingentes arancelarios (economía) | tariff quotas.
contingibilidad | contingency.
continua de aletas con husos movidos por la mecha | dead spindle flyer frame.
continua de anillos para hilar la trama | weft ring spinning frame.
continua de doblar y torcer | doubler-twister.
continua de hilar | continuous spinning machine | spinning frame | throstle.
continua de hilar de aletas | flyer spinning frame | flyer throstle.
continua de hilar de aletas para hilos de papel | paper yarn flyer spinning machine.
continua de hilar de aletas para yute | jute flyer spinning frame.
continua de hilar de anillo | ring frame.
continua de hilar de anillo para algodón | cotton ring-spinning frame.
continua de hilar de anillos | ring throstle | r. s. frame | frame.
continua de hilar de bobinas tubulares | can spinning frame.
continua de hilar de campanas | cap spinning frame.
continua de hilar de capacetes | cap spinning frame.
continua de hilar de capacetes rectos | parallel cap spinning frame.
continua de hilar de discos | plate spinning machine.
continua de hilar de mudada automática | auto-doffing spinning frame.
continua de hilar en seco | dry spinning frame.
continua de retorcer | twister.
continua de retorcer (Inglaterra) | doubler.
continua de retorcer (tejeduría) | twisting frame.
continua de retorcer de aletas | flyer doubler | flyer twister.
continua de retorcer de anillos | ring twister.
continua de retorcer de anillos (telares) | ring doubler.
continua de retorcer de capacetes | cap twister.
continua de retorcer para hilos de fantasía | novelty twister | fancy doubler.
continua de retorcer para yute | jute twisting frame.
continúa en la página siguiente | continues next page.
continúa en la tercera columna | continued in third column.
continua para hilar yute | jute spinning frame.
continuación | continuance | continuation | lengthening | protraction.
continuación de mensaje (telecomunicación) | message following.
continuación del soplado para eliminar el fósforo (proceso Bessemer) | afterblow.
continuador | continuer | continuator.
continuamente | on and on.
continuante (lingüística) | continuant.
continuar | continue (to) | proceed (to) | proceed with (to).
continuar en buen estado | last (to).
continuar en vigor | hold good (to).
continuar una noticia de una página a otra (periódicos) | break over (to).
continuar vigente | remain effective (to).
continuar volando sin aterrizar | go around (to).
continuarse | continue (to).
continuativo | continuative.
continuidad | continuity | steadiness | ceaselessness.
continuidad cristalina | crystalline continuity.
continuidad flexural | flexural continuity.
continuidad metálica | metal buildup.
continuo | regular | endless | continual | straight through | steady | constant | nonstop | continuous.
continuo (adornos, etc.) | running.
continuo (ataques aéreos) | persistent.
continuo (matemáticas) | continuum.
continuo (ruido persistente) | steady state.
continuo (sin saltos) | steplessly variable.
continuo a intervalos (topología) | sectionally continuous.
continuo cuántico | quantum continuum.
continuo de números reales | continuum of real numbers.
continuo en todos los puntos (topología) | everywhere continuous.
continuo encadenable (matemáticas) | chainable continuum.
continuo hipersónico | hypersonic continuum.
continuo radiante | radiant continuum.
continuo serpentino (topología) | snake-like continuum.
continuos de disociación | dissociation continua.
continuos deformables (topología) | deformable continua.
continuos serpentinos (topología) | snake like continua.
constituyentes no azucarados | nonsugar constituents.
contorneado de la soldadura alrededor de una esquina (angular sobre una chapa) | boxing.
contorneado de la soldadura sobre una esquina | returning.
contorneado térmico | thermal mapping.
contorneador | router.
contorneamiento (descarga eléctrica) | flashover.
contorneamiento de la plantilla | contour following.
contornear | round (to) | profile (to) | contour (to) | trace outline of (to) | rout (to) | jigsaw (to).
contornear (fortificaciones, pueblos, etc.) | bypass (to).
contornear (obstáculos) | go round (to).
contorneo | bypassing | bypass.
contorneo (del perfil de) | outlining.
contorno | girt | girth | profile | contour | bypassing | boundary | line | ambit | ambit | outline.
contorno (contorneado - botánica) | contorted.
contorno cerrado | closed contour.
contorno cerrado (construcción naval) | closed loop.
contorno cóncavo (muela de rectificar) | female contour.
contorno curvocónico | curved-tapered contour.
contorno de campo visual (cámara tomavistas) | sidelines.
contorno de carácter | character outline.
contorno de inundación (embalses) | flowage line | flow line.
contorno de la costa | coastline | coast outline | coast line.
contorno de la entalla | notch contour.
contorno de la señal | outline of signal.
contorno de la superficie del agua (presas) | shoreline.
contorno de leva | cam contour.
contorno de pago (excavaciones, túneles en roca) | payment line.
contorno de sonoridad (acústica) | loudness contour.
contorno del ala | wing outline.
contorno del ala (aviones) | wing contour.
contorno del canto (chapas) | edge contour.
contorno del grano (metalurgia) | grain boundary.
contorno del pecho | chest-measure.
contorno entre la cara de soldadura y el metal base (soldeo en ángulo recto) | toe.
contorno geoidal | geoidal profile.
contorno habitable | habitable environment.
contorno irregular de la abertura | irregular outline of the opening.
contorno isoclinal | isoclinal contour.
contorno isoparamétrico | isoparametric contour.
contorno meteoroide | meteoroid environment.
contorno negativo de la leva | cam negative contour.
contorno o dibujo (de un cuerpo) | lineament.
contorno poligonal | continuous line.
contorno redondeado de la raíz | rounded-root contour.
contorno serrulado | serrulated contour.
contornógrafo | contourograph.
contornograma | contourogram.
contornos | ground line.
contornos agradables de la máquina | pleasing outlines of the machine.
contornos cerrados múltiples | multiple closed loops.
contornos cerrados múltiples (topología) | multiple closed cells.
contornos circulares | circular boundaries.
contornos curvilíneos | curvilinear boundaries.
contornos de la superficie alar | wing surface contours.
contornos de sonoridad | loudness contours.
contornos de varengas (buques) | floor boundaries.
contornos del casco (buques) | lines of the hull.
contornos equipotenciales del campo | field strength contours.
contornos isoparamétricos | isoparameter contours.
contornos melódicos (acústica musical) | melodic contours.
contornos netos | clean outlines.
contornos producidos por esfuerzos (lacas para determinación de esfuerzos) | stress contours.
contorsión | twist.
contorsión (estratos de rocas) | contortion.
contorsión intercalada | intercalated contortion.
contorsionado | contorted.
contorsiones (geología) | minute folding | plication | puckering.
contorsiones (plegamientos - geología) | goffering.
contorto (botánica) | twisted.
contra | in the teeth of.
contra (adverbio) | con.
contra buques (bombas) | antishipping.
contra cama (Méjico) | back cut.
contra desactivación | antilift.
contra desembarcos | antiamphibious.
contra documentos de embarque | in exchange for shipping documents.
contra el cabeceo (buques) | antipitching.
contra el material u objetos físicos (bombas)

| antimateriel.
contra el orden público | against the peace.
contra el retroceso | antirecoil.
contra el viento | up-wind | in the wind's eye.
contra hormigón | anticoncrete.
contra interferencias | antijamming.
contra la artillería antiaérea | antiflak.
contra la condensación | antimist | antimoisture.
contra la dirección de la fibra | against the grain.
contra la empañadura (cristales) | mist-preventive.
contra la niebla | antimist.
contra los proyectiles teledirigidos | antirobot.
contra partida | offset.
contra reembolso | cash on delivery (C.O.D.) | collect on delivery.
contra reembolso del flete | freight forward.
contra su aceptación | against your acceptance.
contra toda previsión | contrary to all expectations.
contra todo riesgo | against all risks.
contra tropas | antipersonnel.
contraabertura | contra-aperture.
contraaguja (cruzamientos) | line rail.
contraaguja de vía muerta | follower.
contraalabe | countervane | contravane.
contraalcancía (minas) | counterchute.
contraalisio | countertrade.
contraalza (esclusas) | tailgate.
contraamperio-vuelta | back ampere-turn.
contraángulo | contra-angle.
contraantena (radio) | counterpoise.
contraapelación | cross-appeal.
contraapelar | cross-appeal (to).
contraasiento | balancing entry | reversing entry.
contraasiento (contabilidad) | contra entry | counterentry | correcting entry | reversal | reversal entry | reverse entry.
contraataque por fuerzas acorazadas | armored counterattack.
contrabajo | double bass.
contrabajo (música) | double-bass.
contrabajo en mi bemol | E-flat bass.
contrabalance (estadística) | balance.
contrabalancear | counterpoise (to).
contrabalancear (estadística) | balance (to).
contrabalanceo | counterpoise.
contrabalanceo (estadística) | balancing.
contrabalancín | balance bob.
contrabalancín (brazo de llamada - paralelogramo de Watt) | bridle rod.
contrabandear (armas, bebidas, etc.) | run (to).
contrabandista | runner.
contrabando | running | contraband | smuggle.
contrabando absoluto | absolute contraband.
contrabando militar | military contraband.
contrabatería | counterbattery.
contrabisagra de jamba | jamb leaf.
contrabisagra de puerta | door leaf.
contrabóveda | inverted vault.
contrabraceado (buques vela) | abox.
contrabracear | brace aback (to).
contrabracear (vergas) | brace by (to).
contrabracear (vergas buque de vela) | brace abox (to).
contrabracear a proa (buques vela) | box off (to).
contrabranque | apron of the stern | apron.
contrabranque (buques madera) | stemson.
contrabrazola (buques) | end coaming.
contrabrazola (escotillas) | headledge.
contrabrazola de escotilla | hatchway end coaming.
contrabrida | counterflange.
contrabrida (tubos) | follower.
contrabuterola | holder up.
contracabezal | footstock.
contracabezal de un cabezal divisor | tailstock.
contracable de equilibrio (pozo extracción minas) | counterbalancing rope.
contracaja (linotipia) | side-cage.
contracalibre | mating gage.
contracandela (Puerto Rico) | backburn.
contracapacidad eléctrica | electric balance.
contracara | back.
contracara (cristalografía) | counterface.
contracargo (contabilidad) | charge-back.
contracarril | safety rail | rail-guard | wing rail | edge rail | guard rail | side rail.
contracarril (curvas) | guide rail.
contracarril (vía férrea) | check rail | guardrail.
contracarril de resalte (vía férrea) | easer rail.
contracción | constriction | shrink | shrinking | shrinkage | shrinkage | narrowing | telescoping | stricture | retraction | contraction.
contracción (datos) | packaging.
contracción (de un filón) | pinch.
contracción (filones) | nip.
contracción (hilos o telas) | takeup.
contracción (sistema amplificador) | negative feedback.
contracción agrietadora | crack-producing contraction.
contracción al aire | air-shrinkage.
contracción al fuego | firing shrinkage.
contracción anodal de cierre | anodal closing contraction.
contracción anódica de cierre | anodal closure contraction.
contracción apreciable | noticeable contraction.
contracción autógena | autogenous shrinkage.
contracción circunferencial | circumferential shrinkage.
contracción constreñida | hindered contraction.
contracción cúbica | cubical shrinkage.
contracción de área | contraction of area.
contracción de chapas soldadas a tope | knuckling.
contracción de la madera (Argentina) | set.
contracción de la probeta en la base del cuello (pruebas tracción) | rim effect.
contracción de la vena (hidráulica) | contraction of the jet.
contracción de la vena líquida (hidráulica) | jet contraction.
contracción de moldeo | molding shrinkage | mold shrinkage | moulding shrinkage.
contracción de nervios | shrink.
contracción de tensores | contraction of tensors.
contracción de un filón (minas) | balk.
contracción durante la elaboración (tela de lana) | sinkage.
contracción económica | business slump.
contracción eliminada | suppressed contraction.
contracción en el fondo | bottom contraction.
contracción en frío (tuberías) | cold «pull up».
contracción en longitud | end shrink.
contracción fisurante | crack-producing contraction.
contracción interdendrítica | interdendritic shrinkage.
contracción lateral | lateral contraction.
contracción lateral (vertedero hidráulico) | end constriction.
contracción lineal | lineal shrinkage.
contracción magnetoestrictiva | magnetostrictive contraction.
contracción obstaculizada | hindered contraction.
contracción por cochura | firing shrinkage.
contracción por desecación | drying shrinkage.
contracción por enfriamiento (metales en estado líquido) | liquid contraction.
contracción por fraguado (hormigón) | setting shrinkage.
contracción por la cochura | firing contraction.
contracción por secado defectuoso (defecto del papel) | pucker.
contracción por solidificación (lingotes) | casting shrinkage.
contracción por torsión (hilos) | twist takeup.
contracción posterior (refractarios) | after contraction.
contracción radial | radial shrinkage.
contracción rápida | jerk.
contracción restringida | restrained shrinkage.
contracción solidificacional | solidification shrinkage.
contracción tangencial | tangential shrinkage.
contracción transversal | lateral contraction.
contracción volumétrica | volumetric contraction | volumetric shrinkage.
contraccional | contractional.
contracciones pulsatorias | pulsed contractions.
contracepción | contraception.
contraceptivo | contraceptive.
contraceptivo oral | oral contraceptive.
contracielo | raise.
contracielo (minas) | raise.
contracielo - tiro (minas) | boxhole.
contracielo de acceso (minas) | manway raise.
contracielo escalonado (minas) | stope raise.
contracielo ramal (minas) | branch raise | cutout raise.
contracielo ventilador (minas) | ventilation raise.
contracitación | cross-summons.
contracodaste (buques) | inner stern post | inner post | rudderpost.
contracono (transmisión máquinas) | overhead cone.
contracorazón (cruzamientos) | wing rail.
contracorriente | upstream | setback | contraflow | reverse current | eddy | counterflow | countercurrent | backwash | backwater | back current | back draft | back stream | backward flow.
contracorriente (electrónica) | backflow.
contracorriente de ruptura | recovery voltage.
contracorriente ecuatorial | equatorial countercurrent.
contracorriente submarina | underset | undertow.
contractibilidad | contractibility.
contractible | contractible.
contráctil | contractile | contractible.
contractilidad | contractility.
contractilidad intestinal | intestinal contractility.
contractímetro | contractometer.
contractivo | contractive.
contractual | contractual.
contractualmente obligado | contractually bound.
contracubierta del libro | back cover.
contracuenta | offset account.
contracuenta (contabilidad) | contra-account.
contracuenta de entradas (descuentos, devoluciones) | contra-revenue account.
contracuerda de retención (tejeduría) | guide band.
contracuneta | counterdrain.
contracuneta (parte alta de una trinchera) | intercepting ditch.
contracuño | counterdie | female die.
contracuño (imprenta) | counter.
contracurva | inflected curve.
contracurva (carretera, ferrocarril) | reverse curve.
contracurvadura para enderezar o para disminuir esfuerzos residuales | springing.
contrachapa de escurrimiento | counterflashing.
contrachapa para la raíz (soldadura a tope de chapas) | backing strip.
contrachapado calidad para interiores | internal grade plywood.
contrachapado comprimido a unos 35 Kg/cm^2 para aumentar la densidad de la madera | superpressed plywood | high density plywood.
contrachapado con alma metálica | plymetal.
contrachapado de calidad para intemperie | exterior-grade plywood.
contrachapado de chapas impregnadas con un preservativo | preserved plywood.
contrachapado de juntas cruzadas | cross-veneering.
contrachapado ignífugo | fireproof plywood.

contrachapado liso por ambas caras | plywood sanded on both sides.
contrachapado mellado | dented veneer | dented veneer.
contrachapado para el exterior (edificios) | waterproof plywood.
contrachapado para exteriores | exterior plywood.
contrachapado para interiores | interior plywood.
contrachapado sin madera en la cara anterior | nonwood faced veneer.
contrachapado sin madera en la cara posterior | nonwood backed veneer.
contrachapado tratado en fábrica | mill-treated plywood.
contrachapado triple | three ply.
contrachapados | all-veneer.
contrachaveta | nose-key | nose-wedge | fox wedge | gib | gib and cotter.
contradecir de plano | contradict flatly (to).
contradegüello (herramienta de fragua) | bottom fuller.
contrademanda | counterclaim.
contradenuncia | counterclaim.
contradenuncia (derecho) | setoff.
contradevanado en derivación | teaser.
contradiagonal | counterdiagonal.
contradiagonal (diagonal que trabaja a compresión - vigas de celosía de puentes) | counter.
contradiagonal (vigas celosía) | counterbrace.
contradiagonal auxiliar | counter.
contradiagonales (vigas celosía) | counterbracing.
contradicción | discrepancy.
contradicción manifiesta | self-contradiction.
contradictorio | conflicting.
contradique | counterdike | counter dam | spur dike.
contradireccional | contradirectional.
contraeje | jackshaft.
contraelectrodo | counterelectrode.
contraelectromotriz | counterelectromotive.
contraembalse | compensating reservoir.
contraempuje | counterthrust.
contraendosar | indorse back (to).
contraer | contract (to) | shrink (to) | narrow (to) | assume (to).
contraer (deudas) | incur (to).
contraer (hábitos) | develop (to).
contraer (una enfermedad) | take (to).
contraer un préstamo | contract a loan (to).
contraer una deuda | incur a debt (to).
contraerse | contract (to) | settle (to).
contraerse (filones) | nip (to) | pinch (to) | pinch out (to) | nip out (to).
contraescalón | riser.
contraescarpa | counterscarp.
contraescritura | pocket-agreement.
contraesmaltar | counterenamel (to).
contraesmalte | counterenamel.
contraespeculación | counterspeculation.
contraespionaje | counterespionage.
contraespiral (selfactina) | counter scroll | check scroll.
contraespiras | back turns.
contraestampa | top swage | top die | bucker | counterdie.
contraestampa (forja) | upper die.
contraevidente | contrary to the evidence.
contraexperimento | control experiment.
contrafagot (música) | double-bassoon.
contrafalleba | counterbit.
contrafase (electricidad) | push-pull.
contrafianza | counter-security | counterbond | indemnity bond | back bond.
contrafilo (armas) | back edge.
contrafilo (armas blancas) | false edge.
contrafilón | counterlode | countervein.
contraflujo | backflow | backflow | counterflow.
contrafuego | backburn | counterfire.
contrafuego (incendio bosques) | backfire.
contrafuerte | prop | buttress | abutment | allette | stiffener | land-tie.
contrafuerte (cincha) | girth-leather.
contrafuerte (montañas) | secondary ridge | limb | offset.
contrafuerte (muros) | counterfort.
contrafuerte (zapatos) | counter.
contrafuerte con retallos | buttress with offsets.
contrafuerte de la barra | clamp.
contrafuerte facetado | faceted spur.
contrafuertes de la raíz | spur.
contrafuertes de las raices (árboles) | flange.
contragalería (minas) | countergangway.
contragiro | counterrevolution.
contragolpe | back-kick | contra-coup.
contragradación | contragradation | dam gradation.
contragrediencia (matemáticas) | contragredience.
contragrediente (matemáticas) | contragredient.
contraguarda | board paper.
contraguarda (libros) | paste down.
contraguía | counterguide | fence.
contraguía (imprenta) | batter.
contrahélice (buques) | contra-propeller.
contrahierro (cepillo) | back iron.
contrahierro (cepillo de mano para madera) | frog.
contrahierro (cepillo para madera) | break iron.
contrahilo (maderas) | end grain.
contrahuella (construcción) | riser.
contrahuella (del escalón) | rise of step.
contrahuella (escalones) | rise.
contrahuella antes del descansillo (escaleras) | landing riser.
contrahuella de rigidez (escalón) | false riser.
contrahuella formada por un angular pequeño (escalas de buques) | toe guard.
contraíble | shrinkable.
contraído | contracted | shrunk | telescoped down | contorted.
contraído longitudinalmente | longitudinally shrunken.
contraimanación | back magnetization.
contraindagación | counterinquiry.
contraindicación | contraindication.
contrainsurgencia | counterinsurgency.
contraión | contraion.
contralecho (sillares) | breaking grain.
contralistonado | counterlathing.
contralomo (encuadernación) | liner | back lining.
contralor | controller.
contraloria | controllership.
contraluz | counterlight.
contraluz (cine) | back lighting.
contramaestra (encargada - de talleres) | forelady.
contramaestre | petty officer | supervisor | gang foreman.
contramaestre (buques) | boatswain.
contramaestre (industria) | overman.
contramaestre (taller mecánico) | foreman.
contramaestre (talleres) | overseer | overlooker | master workman.
contramaestre (tejeduría) | shed master.
contramaestre de cardas | carding master | card foreman.
contramaestre de fábrica de hilados | spinning master.
contramaestre de forja | forgemaster.
contramaestre de fundición | foundry foreman.
contramaestre de hilatura | master spinner.
contramaestre de taller | head workman.
contramaestre encargado de la administración de la tripulación (submarinos) | chief of the boat.
contramaestre encargado del entretenimiento de máquinas | maintenance chief.
contramaestre engrasador (tejeduría) | batching foreman.
contramaestre indígena que sirve de enlace entre la oficialidad y la marinería | serang.
contramaestre mayor | chief boatswain.
contramaniobra | countermaneuver.
contramanipulación (telegrafía) | compensating wave.
contramanivela | fly-crank.
contramarca | countermark.
contramarcar | countermark (to) | back-mark (to).
contramarcar (piezas para el montaje) | match-mark (to).
contramarco (puertas) | trim.
contramarcha | back-gearing | countershaft | reverse.
contramarcha (locomotoras vapor) | link reverse.
contramarcha (máquinas herramientas) | back gear.
contramarcha (milicia) | countermarch.
contramarcha colocada en el suelo (talleres) | underhand motion.
contramarcha de techo | overhead transmission gear.
contramarcha de techo (talleres) | overhead countershaft.
contramarcha intermedia | back gear.
contramarchas conectadas (tornos) | back gears in.
contramarchas desconectadas (máquina-herramienta) | back gears out.
contramarea | countertide.
contramatriz | counterdie | female die.
contramatriz (imprenta) | counter.
contramedida de comunicación | communication countermeasure.
contramedida de máxima seguridad | high-confidence countermeasure.
contramedida electrónica contra las ayudas navegacionales | navigational countermeasure.
contramedida electrónica contra las comunicaciones | communications countermeasure.
contramedidas | countermeasures.
contramedidas contra minas | mine-countermeasures.
contramedidas de pertubación | jamming countermeasures.
contramedidas de seguridad | security countermeasures.
contramedidas electrónicas | electronic countermeasures | passive electronic countermeasures.
contramedidas electrónicas activas | active electronic countermeasures.
contramedidas para perturbar la radio enemiga | radio countermeasures.
contramedidas radáricas | radar countermeasures.
contramolde | color form.
contramolde (electrotipia) | countermold.
contramuestra | countersample.
contramuñoneras | trunnion plates.
contramuro | outer wall.
contranegativo (fotografía) | apron.
contranudo | rear knot.
contraobra (fortificación) | counterwork.
contraofensiva | counteroffensive.
contraoferta | counteroffer.
contraorden | counterorder.
contrapar | countertorque.
contrapartida | balancing item | balancing entry | readjusting entry | correcting entry | contra account.
contrapartida (cambios) | hedging.
contrapartida (contabilidad) | contra entry | reversing entry | offsetting entry.
contrapartista (bolsa) | market-maker.
contrapartista oculto (bolsa) | market-rigger.
contrapeado | abutted.
contrapeado (tipografía) | butted.
contrapeado de las costuras transversales (buques) | shifts of butts.
contrapeado de los topes (buques) | shifts of butts.

contrapedal | back pedal.
contrapedalear | back-pedal (to).
contrapendiente | reverse slope | reverse grade | counterslope | countergrade.
contrapendiente (canal) | adverse slope.
contrapercutor (espoletas) | needle pellet.
contrapesar | counterweight (to) | poise (to) | balance (to) | counterpoise (to) | counterbalance (to) | offset (to).
contrapeso | offset | counterpoise | counterbalance | counterweight | poise weight | mass | setoff | equipoise | balance weight | tumbler.
contrapeso (cigüeñal) | crankthrow.
contrapeso (grúa de martillo) | balance box.
contrapeso (pozo extracción de minas) | dolly.
contrapeso (telefonía) | cord weight.
contrapeso (ventana de guillotina) | mouse.
contrapeso de antena (aviones) | aerial drogue.
contrapeso de arrastre | drag weight.
contrapeso de la hoja (ventana de guillotina) | sash weight.
contrapeso de la puerta | door counterweight.
contrapeso de la teja de carga (cañones) | loading-tray balance weight.
contrapeso de las tenazas (sondeos) | tong counterbalance.
contrapeso de plano inclinado | ground hog.
contrapeso de ventana de guillotina | flop damper.
contrapeso del carnero (cepilladora) | ram balance weight.
contrapeso del cigüeñal | crankshaft balance weight.
contrapeso del freno | brake weight.
contrapeso del lizo | lingo.
contrapeso del portaherramientas lateral | side toolbox balance weight.
contrapeso desplazable | jockey weight.
contrapeso eléctrico | electric balance.
contrapeso formado por chatarra | kentledge.
contrapeso móvil | rider.
contrapeso tensor | balanced tension block.
contrapesos de las ruedas (locomotora) | locomotive balance.
contraplaca | backstay | offset plate | backing plate.
contraplacada (madera) | laminated.
contraplacar (madera) | laminate (to).
contraplato (torno) | chuck back.
contra-plato (tornos) | back plate.
contraplegador (selfactina) | counterfaller.
contrapozo | upraise.
contrapozo (minas) | upset.
contrapresión | backpressure | counterpressure | backlash | back pressure.
contraprestación | consideration.
contraprobar (grabados) | counterprove (to).
contraprueba | counterevidence | countertest | rebutting evidence | repetition test | check test.
contrapruebas (fotografía) | print-trimmer.
contrapuerta | baffle plate.
contrapuerta (calderas) | liner.
contrapuerta (de hogar) | baffle.
contrapuerta de corredera | sash gate.
contrapuerta del hogar | firedoor shield | firedoor liner.
contrapuerta desarenadora | sand gate.
contrapunta (máquina rectificar) | tailstock.
contrapunta (plegadora de urdimbre) | tail block.
contrapuntista (música) | contrapuntist.
contrapunto | foot stock.
contrapunto (música) | counterpoint | round.
contrapunto (punto fijo - tornos) | dead center.
contrapunto (torno) | headstock | footstock | loose poppet head | back-head | back puppet | sliding poppet | tail block | back center.
contrapunto (tornos) | tailstock | tail slide poppethead | deadhead | puppet head center loose head | puppet head | sliding headstock | loose headstock.
contrapunto con cono | cone center.
contrapunto desplazable (tornos) | live tailstock center.
contrapunto florido (música) | figuration.
contrapunto libre (música) | free counterpoint.
contrapunto riguroso | strict counterpoint.
contrapunto severo (música) | strict counterpoint.
contrapunzar | counterpunch (to).
contrapunzón | counterpunch.
contrapunzón (fundición tipos imprenta) | counter punch.
contraquemar | backfire (to).
contraquerella | cross bill | cross-complaint.
contraquilla (buques madera) | rising wood.
contraquilla exterior (bote de madera) | rabbet plank.
contraquilla exterior (bote madera) | lay board | keel batten | hog stave.
contraquilla exterior (botes madera) | hog | hog-piece.
contrariamente a nuestros deseos | contrary to our expectation.
contrariar los proyectos de alguien | interfere with someone's plans (to).
contrario | contrary | opposed.
contrario a la costumbre comercial | contrary to custom.
contrario a los usos comerciales | contrary to custom.
contrario al interés público | contrary to public policy.
contrario al reglamento | contrary to the regulations.
contrarradiación | back radiation | counterradiation.
contrarrascador (máquina estampar telas) | lint doctor.
contrarreacción | feedback | negative reaction | reverse feedback | inverse coupling.
contrarreacción (radio) | degenerative feedback | reverse reaction.
contrarrecíproca (implicaciones) | contrapositive.
contrarreclamación | offset.
contrarreclamación (jurisprudencia) | setoff.
contrarrecurso | cross-appeal.
contrarréplica | rebutter.
contrarreplicar | surrebut (to).
contrarreplicar (jurisprudencia) | surrejoin (to).
contrarrestar | balance (to) | offset (to).
contrarrestar el desgaste | takeup wear (to).
contrarrestar la contracción | offset shrinkage (to).
contrarroda | apron.
contrarroda (buques madera) | stemson | stomach piece.
contrarrotación | counterrotation | contrarotation.
contrarrotante | contrarotating.
contrasabotage | countersabotage.
contrasaludo (marina) | answering salute.
contraseguro | counterinsurance | premium insurance.
contraselección | contraselection.
contrasentido (traducciones) | misinterpretation.
contraseña | registration | tick | password.
contraseña de llamada (telefonía) | word call sign.
contrasifonaje | backsiphonage.
contrastación | testing | monitoring.
contrastación de cintas de medir (topografía) | field tape standardizing.
contrastación de cintas metálicas de medir | standardization of tapes.
contrastación de la calidad | quality control.
contrastación de una hipótesis | testing a hypothesis.
contrastado | checked | certified.
contrastado por anillos de Newton | Newton-ring-checked.
contrastado por el fiel contraste (oro y plata) | hall-marked.
contrastador | monitor.
contrastar | monitor (to) | contrast (to) | countercheck (to).
contrastar estadísticamente | test statistically (to).
contraste | contrast.
contraste (de imagen de TV) | snap.
contraste (estadística) | test.
contraste (marca) | mark of assay.
contraste (minerales) | chatoyancy.
contraste (que hace resaltar algo) | offset.
contraste aparente | apparent contrast.
contraste bilateral (estadística) | two-sided test.
contraste de brillo | brightness-contrast.
contraste de brillos | brightness ratio.
contraste de colores | color-contrast.
contraste de hipótesis (estadística) | test of hypotheses.
contraste de imagen | picture contrast.
contraste de joyería | hallmark.
contraste de la amplificación | amplification contrast.
contraste de la hipótesis (estadística) | hypothesis testing.
contraste de la imagen | picture contrast.
contraste de la mediana | median test.
contraste de las piezas patrón | checking.
contraste de los signos (estadística) | sign test.
contraste de radiaciones | ray contrast.
contraste de umbral | contrast threshold.
contraste del umbral del observador | observer's threshold contrast.
contraste intensificado | expanded contrast.
contraste liminal | contrast threshold.
contraste máximo (TV) | contrast range.
contraste por interferencia | interference contrast.
contrasurco | back furrow.
contrata | undertaking | contract.
contratable | contractable.
contratación | undertaking.
contratación colectiva | collective bargaining.
contratación de mano de obra extranjera | contract labor.
contratación de nuevos empleados | hiring new employees.
contratación de obras y servicios públicos | public invitation to tender.
contratación de obreros eventuales | hirings.
contratación de personal | staffing.
contratación de tiempo publicitario en emisoras | time buying.
contratación de trabajadores | hiring of labor.
contratación de valores sin cotización oficial | over-the-counter market.
contratación laboral | recruitment of labor.
contratado | contracted | chartered.
contratajamar (pilas puentes) | downstream nosing.
contrataladrar | counterpierce (to).
contratalud | counterslope.
contratalla (grabado) | crosshatch.
contratante | contractor.
contratante comprador | bargainee.
contratante del seguro | placer of insurance.
contratante vendedor | bargainer | bargainor.
contratapa (anuncios) | fourth cover.
contratar | engage (to) | retain (to) | strike a bargain (to) | contract (to).
contratar (obreros) | hire (to).
contratar (servicios) | retain (to).
contratar con | enter into an agreement with (to).
contratar mano de obra | hire labour (to).
contratar y despedir obreros | hire and fire labor (to).
contratensión | backlash.
contratiempo | accident | setback.
contratipo negativo (fotografía) | negative duplicate.
contratirante | countertie.
contratiro | back draft.
contratista | contractor.

contratista de albañilería | masonry firm.
contratista de construcciones | construction contractor.
contratista de decoraciones | decoration contractor.
contratista de derribos | demolition contractor | knacker.
contratista de edificios | builder.
contratista de fontanería | plumbing contractor.
contratista de la cantina | commissary contractor.
contratista de obras | building contractor | master builder | entrepreneur.
contratista de obras civiles | civil-engineering contractor.
contratista de obras públicas | public works contractor.
contratista de pavimentos de asfaltos | asphalt contractor.
contratista de pilotajes | pile-driven operator.
contratista de pintura | painting contractor.
contratista de pompas fúnebres | mortician.
contratista de ranuración de pistas (aeropuertos) | groovers.
contratista de servicio de correos | mail-contractor.
contratista de trabajos | employer of labor.
contratista de transporte por gabarras | lighterage contractor.
contratista de transportes | freighter | hauling contractor | haulage contractor.
contratista de transportes pesados | heavy haulage contractor.
contratista de transportes y acarreos | carting contractor.
contratista de tuberías | piping contractor.
contratista del economato | commissary contractor.
contratista del ejército | army contractor.
contratista independiente | independent contractor.
contratista principal | main contractor | major contractor | prime contractor | prime contractor.
contratista principal de la marina de guerra | navy prime contractor.
contratista que contrata directamente con el gobierno | prime contractor.
contrato | articles of agreement | indenture | indenture | agreement | stipulation | contract | contract | engagement | deed | treaty.
contrato a coste más un porcentaje por beneficio | percentage contract.
contrato a destajo | agreement by the job.
contrato a futuro (economía) | future contract.
contrato a la gruesa | respondentia | bottomry bond.
contrato a precio fijo | fixed price contract | firm-price contract.
contrato a precio global | lump-sum contract.
contrato a tanto alzado | bargain-contract | lump-sum contract | fixed-fee contract | contract by the lump.
contrato a término | forward contract | time operation.
contrato a título gratuito | deed-poll | gratuitous contract.
contrato a título oneroso | onerous contract.
contrato a un solo contratista que es responsable del estudio y ejecución de la obra | turnkey contract.
contrato administrativo | administrative contract.
contrato al contado | spot contract.
contrato aleatorio | hazardous contract | speculative contract | aleatory contract.
contrato ampliado | broadened contract.
contrato anulable | void contract.
contrato base de seguro | master policy.
contrato bilateral | bilateral agreement | reciprocal contract | indenture.
contrato cancelado | contract canceled.
contrato colectivo | collective bargaining.
contrato colectivo de los obreros | labor-management contract.
contrato colectivo de trabajo | labor agreement | collective bargaining agreement.
contrato completo para | contract completed for.
contrato con canon de un cierto porcentaje sobre el precio de venta | royalt contract.
contrato con precios revisables | under price redetermination contract.
contrato con un contratista que se encarga de construir y entregar funcionando la factoría | packaged deal.
contrato con un contratista que se encarga de construir y entregar funcionando la factoría (EE.UU.) | turnkey job.
contrato condicional | dependent contract.
contrato consensual | consensual contract.
contrato de aceptación | acceptance agreement.
contrato de agencia | agency contract.
contrato de alquiler | hire contract.
contrato de alquiler de un circuito | private wire agreement | private-wire agreement.
contrato de aparcería | metayer contract.
contrato de aprendizaje | indentures | indenture.
contrato de arrendamiento | leasehold | leasehold contract | tenency contract | lease contract | agreement of lease.
contrato de asistencia técnica | know-how contract.
contrato de asociación | articles of partnership.
contrato de ayuda técnica | know-how contract.
contrato de cesión | transfer.
contrato de cobertura | hedging contract.
contrato de colaboración | collaboration contract.
contrato de compra | deed of purchase | purchase contract | buying agreement | purchase deed.
contrato de compras | purchasing contract | procurement contract.
contrato de compraventa | purchase contract | covenant to convey | sales agreement.
contrato de compraventa de moneda extranjera | foreign exchange contract.
contrato de conservación | maintenance agreement.
contrato de corretaje | broker's note.
contrato de cumplimiento fraccionable | severable contract.
contrato de destajo | contract by the job.
contrato de edición | publishing contract.
contrato de embarque | shipping articles | contract for shipment.
contrato de empleo (marineros) | shipping articles.
contrato de empleo del marinero | ship's articles.
contrato de enrolamiento | employment contract.
contrato de entretenimiento | maintenance contract.
contrato de entretenimiento por una cantidad alzada | rental maintenance contract.
contrato de exportación | export contract.
contrato de fideicomiso | trust indenture.
contrato de financiación de una emisión de bonos | trust deed of a bond issue.
contrato de fletamento | contract of affreightment | charter agreement | charter contract | charter | charter-party.
contrato de fletamento sin especificaciones de carga o destino | open charter.
contrato de fletamiento | charter party.
contrato de fletamiento de cereales | grain charter party.
contrato de fletamiento ilimitado | open charter.
contrato de flete | affreightment contract.
contrato de garantía | underwriting contract.
contrato de garantía (comercio) | fidejussion.
contrato de honor | honorary contract.
contrato de la tripulación | ship's articles.
contrato de larga duración | long-time contract | long-period contract.
contrato de «leasing | leasing contract.
contrato de licencia | licensing contract.
contrato de opción | privilege.
contrato de precio revisable | sliding-scale contract.
contrato de prenda | collateral contract | contract lien | pledge agreement.
contrato de préstamo | contract of pledge | loan contract | loan agreement.
contrato de préstamo y arriendo | lease-lend agreement.
contrato de prueba | pilot contract.
contrato de reaseguro | reinsurance treaty.
contrato de recogida | collection contract.
contrato de reembolso | botton hole contract.
contrato de refacción agrícola | crop lien contract.
contrato de referencia | reference contract.
contrato de registro público | contract of record.
contrato de relación en exclusiva | tying contract.
contrato de remolque a larga distancia | long-towage contract.
contrato de renta de retiro (seguros) | income bond.
contrato de repartición del coste | cost-sharing contract.
contrato de representación | agency agreement.
contrato de reservación de cabida para carga | booking permit.
contrato de retrovendo | reversion sale | reversion-sale contract.
contrato de retroventa | on sale or return | resale | sale on return.
contrato de salvamento | salvage bond | salvage agreement | salvage contract.
contrato de seguro marítimo | marine insurance contract.
contrato de servicio | contract of service.
contrato de sociedad | incorporation papers | partnership agreement.
contrato de subasta | competitive bid contract.
contrato de subfletamento | contract of recharter | freight contract of recharter.
contrato de subscripción de valores | underwriting contract.
contrato de suministro | supply contract.
contrato de suministro sin cantidad determinada | open-end contract.
contrato de trabajo | agreement of service | bargaining agreement | contract of employment | contract job | service agreement | employment contract.
contrato de transporte | contract of carriage.
contrato de venta | contract to sell | bill of sale | deed of sale | sale contract.
contrato de venta a plazos | hire-purchase agreement.
contrato de venta a plazos en que la financiera no corre con el riesgo de impagado | recourse basis.
contrato de venta aplazado | installment contract.
contrato de venta exclusivo para la propiedad inmobiliaria | exclusive righ to sell listing.
contrato de vinculación exclusiva | tie-in sale.
contrato del empréstito | bond indenture.
contrato dotal | endowment contract.
contrato ejecutado | executed contract.
contrato ejecutado de acuerdo con técnicas ya conocidas | state-of-the-art contract.
contrato ejecutorio después del fallecimiento de un tercero | post-obit.
contrato en ejecución | contract in hand.
contrato en exclusiva | exclusive contract.
contrato en que las estipulaciones no están todavía tomadas en firme | open contract.
contrato en regla | formal contract.
contrato enfitéutico | emphyteutic contract.
contrato escrito | written agreement | written contract.

contrato exclusivo durante cierto tiempo de un material determinado | open-end contract.
contrato formal | formal contract.
contrato formal escrito | indent.
contrato global | full requirements contract.
contrato hipotecario | mortgage-deed.
contrato implícito | implied contract.
contrato impreso | store lease.
contrato incumplido | forfeited contract | defaulted contract.
contrato individual | individual bargaining.
contrato judicialmente reformado para adaptarlo a las propuestas de las partes | reformation of a contract.
contrato laboral | labour agreement | labor agreement.
contrato laboral garantizado | guarenteed wage plan.
contrato legalmente obligatorio | legally enforceable contract.
contrato lejano | distant contract.
contrato lucrativo | lucrative contract.
contrato llave en mano | turnkey contract.
contrato marítimo | maritime contract.
contrato matrimonial | marriage articles.
contrato mercantil | mercantile contract.
contrato muy remunerativo | fat contract.
contrato no exclusivo exento de canon | nonexclusive royalty-free contract.
contrato no firmado todavía | contract not yet placed.
contrato no perfeccionado | unfulfilled contract | parol contract | simple contract.
contrato nulo | void contract | inept contract.
contrato obligatorio de compra | binding purchase contract.
contrato obligatorio de comprar a un productor determinado y mantener precios | tying contract.
contrato oneroso | burdensome contract.
contrato otorgado sin competencia | negotiated contract.
contrato para calefacción | contract for heating.
contrato para entrega CSF | arrival contract.
contrato para entrega franco sobre vagón | contract for delivery free on rails.
contrato para entrega futura | open contract.
contrato para entrega llave en mano | turnkey contract.
contrato para futuros de patata | potato-futures contract.
contrato para suministro de cantidad indefinida | open-end contract.
contrato para transporte aéreo de tropas | air trooping contract.
contrato perfeccionado | complete contract.
contrato pignorativo | pignorative contract.
contrato por administración delegada | cost-plus contract.
contrato por el coste más honorarios fijos | cost-plus-fixed-fee contract.
contrato por el coste más un porcentaje | cost-plus-percentage contract.
contrato previo | precontract.
contrato principal | master contract | prime contract.
contrato privado | speciality.
contrato probatorio | probatory contract.
contrato provisional | ad referendum contract.
contrato recíproco | reciprocal contract.
contrato reintegrable | reimbursable contract.
contrato renovable de un año | one-year renewable contract.
contrato secreto y fraudulento | covin.
contrato según diseño | design contract.
contrato sellado | contract under seal.
contrato signalagmático | deed indented.
contrato simple | parol contract.
contrato sin causa | bare contract.
contrato sin garantía | naked bond.
contrato sin precio | bare agreement | nude contract | nudum pactum | naked pact | naked contract.
contrato sinalagmático | indenture.
contrato sobreentendido | implied agreement.
contrato tácito | implied contract.
contrato terminado | completed contract.
contrato terminado totalmente y listo para firmar la entrega | turnkey contract.
contrato unilateral | deed-poll.
contrato válido | enforceable contract.
contrato verbal | simple contract | parol contract | parol contract | verbal contract.
contrato verbal de una embarcación de puerto | harbor charter.
contratorcimiento | counterdistortion.
contratorsión | countertwist | back twist.
contratos a base de iguala | retainer contracts.
contratos de arrendamiento | leaseholds.
contratos de entrega futura (comercio) | futures.
contratos de garantía y servicios | warranty and service contracts.
contratos de licencia | licensing agreements.
contratos de precio base | under target contracts.
contratos en curso de ejecución | contracts in hand | outstanding contracts.
contratos incumplidos | defaulted contracts.
contratos por objetivos | under target contracts.
contratos suscritos | contracts made.
contratuerca | back nut | jambnut | jam nut | pinch nut | check nut | keeper | counternut | safety nut | lock nut | palnut | pack nut | grip nut.
contravalor | exchange-value.
contravapor | back steam.
contravariancia | contravariance.
contravariante | contravariant.
contravarilla del pistón (cilindro vapor locomotoras) | extended piston rod.
contravástago (máquina vapor horizontal y locomotora vapor) | tail rod.
contravención | infringement.
contraveneno | antivenom | antidote | antivenin | antipoison.
contravenir (leyes) | contravene (to) | defy (to).
contravenir el reglamento | contravene the regulations (to).
contraventana | shutter.
contraventanas a prueba de incendio | fire shutters.
contraventeado | storm-guyed.
contraventeamiento | bracing against wing pressure | windbracing.
contraventeamiento del portal (puente) | portal bracing.
contraventeamiento en cruz de S. Andrés | cross bracing.
contraventeamiento en triángulo | arrow point bracing.
contraventeamiento transversal (estructuras) | sway bracing.
contraventear | brace (to).
contraventear (estructuras) | windbrace (to).
contraventear (puentes) | brace against wind pressure (to).
contraventor | infringer.
contraverificar | countercheck (to).
contraveta (geología) | dyke.
contraviento | back guy.
contraviento (hornos) | blast plate.
contravórtices | countervortices.
contrete | stay.
contrete (botadura buques) | trigger.
contrete (de cadena) | stay pin | stud.
contrete (grada de construcción) | dogshore.
contrete de apoyo | strut.
contrete de cadena | cable stud.
contrete de grada de construcción (buques) | dog-shore.
contrete de retenida electroaccionado (botadura de buques) | electrically-operated retaining trigger.
contribución | tallage | imposition | assessment | assesment | tax | contribution | impost | rate.
contribución inmobiliaria | real estate tax | real-estate tax.
contribución por acre | acre shot.
contribución sobre legados | legacy tax.
contribución territorial | territorial tax | acreage rent | real estate tax.
contribución territorial rústica | land tax | tax on landed property.
contribuciones | rates | property taxes.
contribuciones directas | inland revenue | direct taxation | assessed taxes.
contribuciones indirectas | indirect taxes | excise taxes | excise revenue | excise.
contribuciones locales | rates.
contribuciones municipales | rates.
contribuciones territoriales | rates.
contribuidor | contributor.
contribuir | contribute (to) | donate (to).
contribuir a los gastos comunes | club (to).
contributario | contributory.
contributivo | contributory.
contribuyente | taxpayer | contributor | ratepayer.
contribuyente exento | exempt entity.
contribuyente individual | individual taxpayer.
contribuyente moroso | delinquent taxpayer.
contribuyente que no realiza declaración | nonfiler.
contribuyente que paga por utilidades | income taxpayer.
contribuyentes relacionados | related taxpayers.
contrincante | match.
control | monitoring | testing | control.
control (punto de comprobación) | control point.
control a corto plazo | short-time control.
control a distancia | remote control | telecontrol.
control a distancia electromagnético | electromagnetic remote control.
control a distancia por radio | radiocontrol.
control a largo plazo | long-time control.
control a salvo de equivocaciones | mistake-proof control.
control administrativo | audit | managerial control.
control aerodinámicamente correcto | aerodynamically right control.
control aerotáctico | aerotactical control.
control analógico lineal | linear analogue control.
control anticipado de hornos | anticipatory control of furnaces.
control aproximado | coarse control.
control automático | automatic control | automatic check | built-in check.
control automático de brillo | automatic brightness control.
control automático de brillo (televisión) | automatic background control.
control automático de conmutación | automatic switching control.
control automático de contraste | automatic contrast control.
control automático de crominancia | automatic chrominance control.
control automático de fase en ciclo cerrado | closed-loop automatic phase control.
control automático de fondo | automatic background control.
control automático de frecuencia de selección del espectro | spectrum-selection automatic frequency control.
control automático de frecuencias | automatic frequency control.
control automático de ganancia (radio) | automatic gain control.
control automático de ganancia de desactivación lenta | slow-delay automatic gain control.
control automático de ganancia retardado | biased automatic gain control.
control automático de la nutación | automatic nutation control.
control automático de la selectividad | automatic selectivity control.

control automático de sensibilidad | automatic sensitivity control.
control automático de trenes por cuatro focos de luces de color | four-aspect automatic train control.
control automático de velocidad supersónica | mach hold.
control automático de volumen | automatic volume control (A.V. C.).
control automático de volumen (radio) | automatic gain control.
control automático de volumen callado | quiet automatic volume control.
control automático de vuelo estabilizado | stabilized automatic flight control.
control automático del encendido | automatic spark control.
control automático para vuelos supersónicos | mach trim compensator.
control automático polarizado de ganancia | biased automatic gain control.
control automecánico | self-checking.
control autoneumático | autopneumatic control.
control barométrico del combustible | barometric fuel control.
control biológico | biological control.
control cartesiano (misiles guiados) | cartesian control.
control central | central control.
control centralizado de un complejo de varias estaciones | multistation supervisory control.
control cibernético | cybernetic control.
control compensado | damping control | anticipatory control.
control con ajuste estocástico | stochastic adjustement control.
control con señales discontinuas | sampled-data control.
control continuo | continuous monitoring | stream monitoring.
control cruzado | cross check.
control cuasiestacionario alineal | quasistationary nonlinear control.
control de accidente y emergencias | disaster control.
control de acción no recíproca | noninteracting control.
control de acoplamiento de pequeña constante de tiempo | anticlutter gain control.
control de ajuste del cuadro | framing control.
control de almacenes | stock control.
control de altura de cuadro | vertical size control.
control de amplificación (sonido) | gain control.
control de anchura (TV) | horizontal size control | line amplitude control.
control de aproximación para aterrizaje (aviones) | ground controlled approach.
control de arenas (funderías) | sand control.
control de audiencia | circulation audit.
control de aviones en el suelo (aeropuertos) | aircraft ground control.
control de balanceo y cabeceo (aviones) | roll-and-pich control.
control de botón | fingertip control.
control de botón para el disparo | fingertip trigger control.
control de brillo (televisión) | brightness control.
control de brillo (TV) | background control.
control de caja | teller proof.
control de calidad | quality control (QC).
control de calidad en el soldeo por resistencia | resistance welding quality control.
control de calidad multivariado | multivariate quality control.
control de cambios | control of exchanges | exchange control.
control de cierre y apertura | on-off control.
control de cobro | credit control.
control de color | chroma control.
control de cómputo múltiple | multimetering control.
control de conexión y desconexión | on-off control.
control de contacto (electricidad) | touch control.
control de contaminación | contamination monitor.
control de crecidas | flood control.
control de cupos | allocation control.
control de datos a la entrada | input auditing.
control de desplazamiento | shift control.
control de disparo digital | fingertip trigger control.
control de distancia | range control.
control de divisas | foreign exchange control | exchange control.
control de ejecución de un programa | program control.
control de emisiones de capital | control of capital issues.
control de enfoque (televisión) | focus control.
control de equilibrio | balance control.
control de escucha (radio) | audio-monitoring.
control de excepción (desviaciones) | exception principle system.
control de existencias | stock control.
control de explotación | operational control.
control de explotación (TV) | pitch control.
control de explotación de circuitos interurbanos (EE.UU) | toll service observing.
control de explotación de circuitos interurbanos (G.B.) | trunk line observation.
control de fabricación rigurosa | rigid manufacturing control.
control de fase | phase monitoring.
control de flap infinitamente variable | infinitely-variable flap control.
control de frecuencia (televisión) | hold control.
control de frecuencia vertical (televisión) | vertical hold control.
control de fugas neutrónicas | neutron leakage control.
control de funcionamiento | monitoring.
control de ganancia | gain control.
control de ganancia de vídeo | video gain contol.
control de ganancia por voltaje del colector | collector-voltage gain control.
control de ganancia video | video-gain control.
control de gases (motores) | throttle control.
control de gestión | managerial control.
control de grabación por lectura y comparación subsiguiente | read after-write-check.
control de iluminación sobre la pantalla (televisión) | brilliance control.
control de imparidad | odd-even check | odd even check.
control de impedancia | choke control.
control de importaciones | import control.
control de importaciones libres | nontariff import control.
control de impresiones | print control.
control de inclinación (TV) | tilt control.
control de inventario | inventory control.
control de la actitud del satélite | satellite attitude control.
control de la altura de relleno (recipientes) | fill-height control.
control de la anchura de imagen | width control.
control de la calidad ambiental | environmental quality control.
control de la calidad de la imagen (TV) | picture quality control.
control de la circulación en los cruces | intersection traffic control.
control de la conversación | overhearing.
control de la corrosión-erosión | corrosion-erosion control.
control de la descarga debida al rayo | discharge-lightning control.
control de la dirección | steering control.
control de la dirección por la rueda de morro (aviones) | nosewheel steering.
control de la disponibilidad | readiness review.
control de la emisión | emission monitoring.
control de la energía | power auditing.
control de la envolvente de la forma del campo eléctrico (alternadores) | field-form envelope control.
control de la excitación del campo inductor | field excitation control.
control de la gama de tintas | tone control aperture.
control de la inundación accionado por la vía de agua (buques) | damage-activated flooding control.
control de la masa monetaria | monetary mass control.
control de la modulación (cinematografía) | input control.
control de la orientación con relación a tres ejes | attitude control.
control de la ortogonalidad del plano de rotación (engranajes) | wobble check.
control de la oscilación frontal (engranajes) | wobble check.
control de la perpendicularidad de las juntas verticales (muros de ladrillo) | keeping perpends.
control de la polución del aire | air pollution control.
control de la posición de la cápsula espacial | capsule's attitude-control.
control de la producción (pozo petróleo) | capping.
control de la programación | desk checking.
control de la radiación solar en la construcción de edificios | solar radiation control in buildings.
control de la reunión orbital | orbital rendezvous control.
control de la sensibilidad en el tiempo | sensitivy time control.
control de la velocidad accionado por motor auxiliar | pilot-motor-operated speed control.
control de la velocidad en un tiempo óptimo | time-optimal velocity control.
control de la verticalidad | control of verticality.
control de las divisas | rationing of foreign exchange.
control de las importaciones | control of imports.
control de las radiaciones electromagnéticas | control of electromagnetic radiation.
control de las tiradas (periódicos) | circulation control.
control de lectura | read check.
control de línea | line control.
control de linealidad | linearity control.
control de líneas de comunicación | binary syncronous communications.
control de los bajos (radio) | bass control.
control de los osciladores exploradores (televisión) | hold control.
control de los pedidos | follow-up of orders.
control de luminosidad (televisión) | brilliance control.
control de movimientos del buque | conn.
control de nivel | level control.
control de nivel (radio) | level monitoring.
control de par limitado | torque-limited control.
control de parada de diversas posiciones | multistop stopping control.
control de paridad | parity check.
control de paridad par | even parity check.
control de paridad por redundancia | redundancy parity check.
control de paridad verticalizadamente | longitudinal parity check.
control de pedidos | order control.
control de pérdida de velocidad a lo largo del ala | spanwise stall control.
control de peso | checking of weight.
control de plagas | pest control.
control de posición (satélite artificial) | station keeping.
control de posición de las agujas (ferrocarril)

| point control.
control de potencial de polarización variable | variable bias control.
control de precios | price control.
control de precisión | closely controlled.
control de procedencia | provenance control.
control de protección | protection survey.
control de protección (radiaciones) | protection survey.
control de pulsador para el arranque y parada | push-button stop-start control.
control de radiaciones | radiation survey.
control de redundancia cíclica | cyclic redundancy check.
control de redundancia cíclico | cycle redundancy check.
control de redundancia longitudinalmente | longitudinal redundancy check.
control de redundancia vertical | vertical redundancy check.
control de registro (imprenta) | register control.
control de rejilla del tubo de imagen | picture tube screen control.
control de roedores | rodent control.
control de rutas | routing control.
control de señal de ataque | drive control.
control de sincronismo horizontal | horizontal hold control.
control de sincronismo vertical | vertical hold control.
control de sincronización (teléfono) | holding control.
control de sincronización (televisión) | hold control.
control de sintonía de ensanche de banda | bandspread tuning control.
control de situación | attitude control.
control de sujeción vertical | vertical hold control.
control de tarea en utilización colectiva | time sharing control task.
control de termodesconexión rápida | thermosnap control.
control de tirada | circulation audit.
control de tiro | fire control.
control de tiro de avión | airborne fire control.
control de tiro por radar | radar fire control.
control de tiro sobre el montaje (cañones) | on-mount fire control.
control de todo o nada | bang-bang control | on-off control.
control de tonalidad | hue control | tone control.
control de trabajos | job control.
control de tráfico de superficie del aeropuerto | airfield surface traffic control.
control de tránsito computadorizado | computerized traffic control.
control de una configuración de bits | test bit configuration.
control de validez | absurdity check | validity check.
control de valoración | titration control.
control de varias empresas por otra adquirida recientemente | reverse take-over.
control de velocidad de giro | rate of turn control.
control de verosimilitud | reasonableness check | limit check | plausibility check.
control de volumen | fader.
control de volumen (radio) | ride gain.
control de volumen (sonido) | gain control.
control de vuelo movido a mano | manually-operated flying control.
control de vuelo servomandado | power-operated flying control.
control de vuelos | flying control.
control del alcance | range control.
control del ángulo de defasaje | phase angle control.
control del avance de la perforación | drilling control.
control del ciclo de tiempos | time cycle control.
control del crecimiento de maleza a lo largo del recorrido de líneas eléctricas aéreas | right-of-way brush control.
control del enlace común de entrada | input bus control.
control del extremo del ala | wingtip control.
control del flujo del trabajo | job flow control.
control del mando | command control.
control del medio ambiente | environmental assesment.
control del microprocesador | processor control.
control del nivel del embalse | pond level control.
control del reactor nuclear | nuclear-reactor control.
control del sobrealimentador (motores) | boost control.
control del tamaño del grano (metalurgia) | grain-size control.
control del tamaño por comprobación de la herramienta | tool-gaging size control.
control del tamaño por comprobación del agujero | bore-gaging size control.
control del tráfico | traffic control.
control del tráfico aéreo | traffic control | air traffic control.
control del tráfico aeroportuario | airport traffic control.
control del tráfico de la zona | area traffic control.
control del tráfico marítimo | shipping control.
control del vector de empuje (aviones) | thrust-vector control.
control derivado (electrónica) | rate control.
control desde tierra | ground control.
control diferencial de ganancia (radar) | swept gain | fast time gain control.
control dimensional | dimensional check.
control dimensional automático | automatic size control.
control dimensional de la producción | production gaging.
control dimensional por métodos analógicos y digitales | numerical control.
control dinámico de redes (telecomunicación) | network operation management system.
control dinámico en serie (ordenador) | dynamic sequential control.
control directamente del dibujo | direct-from-drawing control.
control directo por ordenador | direct computer control.
control discreto (control numérico de máquinas herramientas) | point-to-point control.
control efectivo | working control.
control eléctrico termonuclear | thermonuclear electrical control.
control electrohidráulico | electrohydraulic control.
control electrónico de dirección de tiro | electronic gunfire control.
control electrónico para maquinaría peligrosa | dangerous machinery electronic control.
control en la jubilación para determinar la pensión correspondiente | retirement test.
control en tiempo de la sensibilidad | sensitive time control (S.T.C.) | sensitivity-time control.
control erradicativo | eradicative control.
control escalonado | cascade control.
control estadístico de la calidad | statistical quality control.
control estadístico sobre la calidad | statistical quality control.
control exacto | critical control.
control final (telefonía) | final examination.
control fino | fine regulation.
control fotoeléctrico de corte | photoelectric cutoff register controller.
control fotoeléctrico de la hornada | photoelectric batching control.
control fotoeléctrico de posición lateral | photoelectric side-register control.
control gobernado por el combinador maestro | master-controller-operated control.
control gubernamental de la industria | government control of industry.
control hidráulico para posicionar | hydraulic positioning control.
control homeostático | homeostatic control.
control horizontal de paridad | lateral parity check.
control ilegal del mercado | rig.
control inercial | inertial control.
control inmediato | fingertip control.
control inmediato instantáneo | instant fingertip control.
control interno | internal control.
control lateral | lateral control.
control limitador de ecos parásitos | anticlutter gain control.
control local (telegrafía) | local record.
control lógico | logical control.
control maestro de calibración | master gage control.
control magnético de la actitud del satélite | satellite magnetic attitude control.
control magnetohidrodinámico | MHD control.
control manual | manual control.
control manual de elevación del carro portamesa (limadora) | rail-elevating manual control.
control manual de la actitud (cosmonaves) | manual attitude control.
control marginal | marginal checking.
control neumático simétrico | push-pull pneumatic control.
control neutrónico | neutron monitoring.
control numérico | numerical control.
control oficial de divisas | rationing of exchange.
control operacional | operational control.
control optimizante | optimizing control.
control óptimo con relación al tiempo | time-optimal control.
control para cambiar simultáneamente el paso de todas las palas del rotor (helicópteros) | collective pitch control.
control para el centrado | centering control.
control para operar fuera de la atmósfera (misiles) | nonatmospheric control.
control paritario | parity check.
control periférico | peripheral control.
control piezoeléctrico | crystal control.
control por absorción | absorption control.
control por adaptamiento | adaptive control.
control por ángulo de fase | phase-angle control.
control por área basimetría | basal área control.
control por bloques (comunicaciones) | block check.
control por comparación | loop checking.
control por chorro de vapor | vapor jet control.
control por diapasón | tuning-fork drive.
control por duplicación | copy check.
control por giroscopio y acelerómetro | gyro-accelerometer control.
control por grupo de barras | rod cluster control.
control por inpulsiones inversas | revertive control.
control por lógica cableada | wired-logic common control.
control por medio de una computadora | computerized control.
control por moderador (nuclear) | moderator control.
control por palanca universal (artillería) | joystick control.
control por polarización | bias control.
control por programa almacenado (informática) | stored program control.
control por pulsador | pushbutton control.
control por radar colocado en tierra | ground-based radar control.
control por radar situado en tierra | ground based radar control.
control por redundancia | redundancy check.
control por registradores (telefonía) | register

control.
control por sensación táctil | tactual sensory control.
control por sondeo | spot check.
control por tercer hilo (telefonía) | sleeve control.
control por totalización | nonsense total check.
control por veneno soluble | chemical shim.
control por voltaje del inducido | armature voltage control.
control por voltaje regulable | adjustable voltage control.
control posicional (máquina herramienta) | positioning | point-to-point positioning.
control preciso | fine control | close control.
control predictivo | predictive control.
control previo | pre-checking.
control previo de datos | data purification.
control principal | master control.
control principal (televisión) | rooms.
control principal de tiro | missile master.
control programado | program control.
control proporcional | proportional control.
control punto a punto | point-to-point control.
control punto por punto | flicker control.
control punto por punto (telecontrol) | bang-bang control.
control que actúa sobre varias cámaras tomavistas (TV) | mixer.
control que impide que un dispositivo sea interferido por otros | interlock.
control radárico | radar control.
control radiológico | radiological survey.
control reductor de ganancias | gain turndown control.
control remoto | remote control.
control residual | residue check.
control rígido (acústica) | stiffness control.
control sanitario | sanitary control.
control sanitario de semillas (agricultura) | seed health testing.
control según deseos del cliente | tailored control.
control servomotriz | powered control.
control severo | stringent control.
control sincrónico de transmisión de datos | synchronous data link control.
control síncrono (soldadoras) | weld-heat control.
control sonoscópico | sonoscopic control.
control suave | effortless control.
control supervisor | supervisor control.
control supervisor centralizado | centralized supervisory control.
control telemétrico de lógica magnética | magnetic-logic telemetric control.
control termal pasivo | barbecue.
control térmico pasivo | passive thermal control.
control unificado para calderas | unified boiler control.
control visual | visual monitoring | sight check.
control visual de volumen | ride gain.
control y retardo del eco | echo control and delay.
controlabilidad | controllability.
controlable | controllable.
controlada (moneda) | managed.
controlada por amplidino | amplidyne-controlled.
controlado | controlled | blocked | checked.
controlado a distancia | distant controlled | remote controlled | remotely controlled.
controlado con gran precisión | closely-controlled.
controlado por autopiloto | autopilot-controlled.
controlado por calculadora | computer-controlled.
controlado por cinta magnetofónica | tape-controlled.
controlado por deflectores aerodinámicos instalados en las alas (aeroplanos) | spoilers-on-the wing controlled.
controlado por deflexión del chorro | jet-deflexion controlled.
controlado por diodo túnel | tunnel-diode-controlled.
controlado por efecto del campo | field-effect controlled.
controlado por el conductor | driver-controlled.
controlado por el incremento | rate-controlled.
controlado por el operador | executive-controlled.
controlado por el piloto | pilot-controlled.
controlado por el pistón | piston-controlled.
controlado por fricción | frictionally controlled.
controlado por hilo auxiliar | pilot-wire-controlled.
controlado por pantógrafo | pantograph-controlled.
controlado por péndulo | pendulously controlled.
controlado por plantilla | template-controlled.
controlado por regulador | regulator-controlled.
controlado por televisión | TV-controlled.
controlado por un director | director-controlled.
controlado por una calculadora aritmética | digital-computer-controlled.
controlado radiactivamente | radioactivity-controlled.
controlador | controller | tester | timekeeper | comptroller | expediter.
controlador acústico electrónico | electronic acoustic controller.
controlador aduanero | comptroller of customs.
controlador aéreo | flight controller.
controlador aéreo avanzado | forward air controller.
controlador automático | automatic controller.
controlador automático de presión del gas | automatic gas pressure controller.
controlador automático de programas | automatic program controller.
controlador de aterrizaje desde tierra (aeropuerto) | talk-down controller.
controlador de avión sin piloto | beeper.
controlador de bus (microprocesador) | bus controller.
controlador de circulación aérea | air controlman.
controlador de estacionamiento (aeropuertos) | ground controller.
controlador de exploración | scan controller.
controlador de gran aceleración (trenes eléctricos) | high-acceleration controller.
controlador de herramientas de pesca (sondeos) | socket bowl.
controlador de incendios (bosques) | fire-controlman.
controlador de la velocidad de carga | loading-speed controller.
controlador de llamadas | call commander.
controlador de periféricos | device controller.
controlador de pista | runway controller.
controlador de procesos | process controller.
controlador de programa | program controller.
controlador de propulsión | propulsion controller.
controlador de radar | radar controller.
controlador de secuencia | watch dog | invigilator.
controlador de sólo dos posiciones abierto y cerrado | open-and-shut controller.
controlador de telerreposición neumática | remoset.
controlador de tránsito aéreo | air traffic controller.
controlador de velocidad | speed controller.
controlador de vigilancia | surveillance controller.
controlador del freno de descenso | lowering brake controller.
controlador del pH | pH controller.
controlador electrónico de temperaturas | electronic temperature controller.
controlador electrónico de todo o nada | on-off electronic controller.
controlador hidrostático del contenido del depósito | hydrostatic tank contents controller.
controlador indicador neumático | indicating air-operated controller.
controlador maestro automático | automatic master controller.
controlador monetario | comptroller of the currency.
controlador neumático para la presión del horno | air operated furnace pressure controller.
controlador pirométrico | pyrometer controller.
controlador registrador del nivel | recording level controller.
controlador registrador neumático | recording-air-operated controller.
controlador separador de interconexiones | interface buffer controller.
controlar | control (to) | check (to) | slave (to) | supervise (to) | verify (to).
controlar el crecimiento de los cristalitos | grain-control (to).
controlar el sonido (cine) | monitor (to).
controlar el tamaño del grano | control the grain size (to).
controlar la humdad | humidity-control (to).
controlar la producción y distribución | control output and distribution (to).
controlar la programación | code check (to).
controlar los cobros | follow up invoices (to).
controlar por diapasón | fork-control (to).
controlar por impresión | proof list (to).
controlar por plantilla | template-control (to).
controles | controls.
controles de fondo | background controls.
controles de huelgas | strike controls.
controles físicos | physical controls.
controloría | comptrollership.
controversia | contest | contestation | controversy | question.
contrucción de viviendas por el sector privado | privately financed house building.
contumacia | default | nonappearance.
contusión interna | windage.
conurbación | conurbation.
convalecencia | aftercare.
convalidación (de un certificado) | rendering.
convalidación de una licencia | rendering a licence valid.
convalidar | validate (to).
convección | convection.
convección celular | convection cell | cellular convection.
convección flotante | buoyant convection.
convección forzada | forced convection.
convección forzada turbulenta | turbulent forced-convection.
convección gravitacional | free convection.
convección inducida por fuerzas mecánicas | forced convection.
convección laminar forzada | laminar forced convection.
convección libre | free convection.
convección permanente de amplitud finita | steady finite amplitude convection.
convección por gravitación | gravitational convection.
convección térmica | thermal convection.
conveccional | convectional.
convectivo | convective.
convector (aparato de calefacción por convección, radiador por convección) | convector.
convector de aire caliente | hot-air convector.
convención | convention | assembly.
Convención de Ginebra | Geneva Convention.
Convención Internacional para la Seguridad de la Vida en el Mar | International Convention for the Safety of Life at Sea.
convención tarifaria | tariff agreement.
convencional | conventional | arbitrary.
convenido | agreed.

conveniencia | suitability | commodity | advisability | fittingness | conformity | convenience.
conveniente | decent | right | expedient | sortable | convenient.
convenientemente | duly.
convenientemente bien conformado (geometría diferencial) | suitably well-behaved.
convenientemente montado | conveniently mounted.
convenio | composition | compromise | concert | articles of agreement | contract | tie-in | covin | provision | provision | convention | dealings | deal.
convenio (música) | accord.
convenio aduanero | customs treaty.
convenio asegurador | insuring agreement.
convenio bilateral | bilateral agreement.
convenio colectivo | collective agreement | joint agreement.
convenio colectivo bueno para el empresario | sweetheart contract.
convenio colectivo en una industria | industry wide bargaining.
convenio colectivo entre sindicato y empresa | union contract.
convenio colectivo principal | master agreement.
convenio de abandono | agreement to vacate.
convenio de acreedores | composition of creditors.
convenio de aplicación | implementing convention.
convenio de arrendamiento neto | net lease arrangement.
convenio de avería gruesa | general average agreement.
convenio de comercio recíproco | reciprocal trade agreement.
convenio de compensación | clearing agreement.
convenio de compra de valores para entregar en siete días (bolsa) | delayed delivery.
convenio de compra de valores para entregar en 7 días (bolsa) | delayed deliver.
convenio de contabilidad | accounting convention.
convenio de derecho | covenant in law.
convenio de desalojo | agreement to vacate.
convenio de fideicomiso | trust agreement.
convenio de hecho (jurídico) | covenant in deed.
convenio de licencia | licence agreement | licensing agreement | license agreement.
convenio de reembolso | refund agreement.
convenio de restricción comercial | restrictive covenant.
convenio de suma (análisis tensorial) | summation convention.
convenio final | closing agreement.
convenio financiero | financial settlement.
convenio fraudulento | collusiveness.
convenio interino entre dos naciones | modus vivendi.
convenio internacional sobre el trigo | international wheat agreement.
convenio laboral | association agreement.
convenio laboral sobre la estructura | pattern bargaining.
convenio multilateral | multilateral agreement.
convenio plurilateral | multilateral agreement.
convenio recíproco entre Estados para asuntos legales | reciprocal laws.
convenio regional | area-wide bargaining.
convenio restrictivo | restrictive covenant.
convenio salarial | wage agreement.
convenio salarial conjunto | joint agreement.
convenio sin sellar | assumpsit.
convenio sobre cargos de estadía | average agreement.
convenio sobre doble imposición (economía) | double tax agreement.
convenio sobre pago | partial payment agreement.
convenio sobre promedio de demoras (ferrocarril) | average agreement.
convenio social | articles partnership.
convenio voluntario | voluntary agreement.
convenios internacionales sobre la pesca de la ballena | international whaling conventions.
convenios previos a la quiebra | scheme of composition.
convenios sobre adquisiciones | purchase notice agreements.
convenios sobre precios al detalle | resale price agreements.
convenios sobre salarios | wage bargains.
convenir | concert (to) | deal (to) | condition (to).
convenir un precio | agree on a price (to).
convenirse | unite (to).
convergencia | concentration | convergence | convergency.
convergencia (de caminos) | concourse.
convergencia (de los ojos) | adversion.
convergencia (ruedas delanteras) | toeing-in.
convergencia absoluta | absolute convergence.
convergencia acotada | bounded covergence.
convergencia adaptiva | adaptive convergence.
convergencia de entrada (electrotecnia) | fan-in.
convergencia de las ruedas delanteras (autos) | gather.
convergencia de las ruedas delanteras en proyección horizontal (autos) | inward setting | toe-in.
convergencia de las ruedas delanteras en proyección vertical (autos) | camber.
convergencia de los meridianos | convergence of meridians.
convergencia de meridianos | map convergence.
convergencia ecuatorial (oceanografía) | equatorial convergence.
convergencia focal | focusing.
convergente | converging | focused.
converger | converge (to).
converger en la media (sucesión de funciones) | converge in the mean (to).
converger hacia 1 | converge to 1 (to).
converger puntualmente | converge pointwise (to).
convergidor | converger.
conversación con aviso de llamada (Estados Unidos) | messenger call.
conversación invertida | inverted speech.
conversación sobre toda la red nacional (telefonía) | nationwide dialing.
conversación telefónica | telcon.
conversación telefónica (conferencia) | call.
conversación telegráfica | telegraph call.
conversaciones | talks.
conversaciones de corredor | corridor conversations.
conversar | talk (to).
conversión | translation | transformation | converting | conversion | changeover.
conversión (ejércitos) | wheeling.
conversión (isomerización de hidrocarburos) | reforming.
conversión (química, industria del gas) | reforming.
conversión alfanumérica | alphanumerical conversion.
conversión biológica de biomasa en metano | biological conversion of biomass to methane.
conversión de binario a decimal | binary-to-decimal conversion.
conversión de código | code conversion.
conversión de decimal a binario | decimal-binary conversion.
conversión de direcciones | address traslation.
conversión de disco cuadrado a disco redondo (fabricación piedras sintéticas para relojes) | rondeling.
conversión de divisas | currency conversión.
conversión de energía fotovoltaica | photovoltaic energy conversión.
conversión de energía solar a baja temperatura | low-temperature solar conversion.
conversión de frecuencia | frequency translation | frequency conversion.
conversión de la información | information conversion.
conversión de señal lógica | logic interfacing.
conversión de soportes | transcribe.
conversión de soportes de datos | data transcription.
conversión de un filme en señales eléctricas correspondientes (televisión) | film scanning.
conversión de un préstamo | refunding of a loan.
conversión de unidades | unit conversion.
conversión decimal a binario | decimal to binary conversion.
conversión del agua de mar para consumo humano | conversion of seawater for human consumption .
conversión del carbón en hidrocarburos | coal hydrogenation.
conversión del dólar en otras divisas | flight from the dollar.
conversión directa | direct conversion.
conversión fotovoltaica de la energía solar | photovoltaic solar energy conversion.
conversión interlingüe electrónica | electronic interlingual conversion.
conversión interna | internal conversion.
conversión magnetohidrodinámica | magnetohydrodynamic conversion.
conversión numérica a vocal | digital-to-voice conversion.
conversión numérica de datos | data digitizing.
conversión «per pass | conversion per pass.
conversión termoeléctrica | thermoelectric conversion.
converso (proposición) | converse.
conversor | converter.
conversor de banda lateral interior | lower sideband converter.
conversor de bobina (radio) | coil-drive.
conversor de energía | energy converter.
conversor de guía de onda | waveguide converter.
conversor de imagen por rayos infrarrojos | infrared image convertor.
conversor de impedancia negativa | negative impedance converter.
conversor de lenguajes (proceso de datos) | language converter.
conversor de onda corta | short wave converter.
conversor de pantalla | baffle-plate converter.
conversor pentarrejilla | pentagrid converter.
conversor superheterodino | superheterodyne converter.
convertibilidad | convertibility.
convertibilidad libre de las divisas | free convertibility of currencies.
convertibilidad limitada | limited convertibility.
convertibilidad monetaria | currency convertibility.
convertibles a dinero (valores comerciales) | near money.
convertidor amplitud-tiempo | pulse height-to-time converter.
convertidor analógico a digital | digitizer.
convertidor analógico-digital | digital-analogue converter.
convertidor analógico-numérico | digitizer | A/D converter.
convertidor analógico-numérico de desplazamiento angular | shaft-position analog-to-digital converter.
convertidor básico de matas | basic matte converter.
convertidor Bessemer | Bessemer converter | vessel.
convertidor Bessemer funcionando con caldo de cubilote | duplexing-operated Bessemer converter.
convertidor cinta perforada/tarjetas | paper

tape-to-card converter.
convertidor con soplado de oxígeno y vapor de agua (acerías) | oxygen steam-blown converter.
convertidor con soplado interior (acerías) | internally blown converter.
convertidor con soplado por la parte alta (aceros) | top-blown converter.
convertidor con transistor de conmutación | switching-transistor converter.
convertidor de afino (metalurgia) | converter.
convertidor de alimentación | powering converter.
convertidor de alturas (artillería) | altitude converter.
convertidor de amplitudes y de duración de los impulsos | pulsewidth-amplitude converter.
convertidor de anhidrido carbónico en líquido o gas | dry ice converter.
convertidor de antena incorporado | antennaverter.
convertidor de arco de mercurio | mercury-arc convertor.
convertidor de cinta magnética a cinta de papel perforado | magnetic tape-to-paper converter.
convertidor de código | code converter.
convertidor de corriente alterna en alterna de otra frecuencia | frequency changer.
convertidor de corriente continua | direct current converter.
convertidor de corriente continua a alterna y viceversa | transverter.
convertidor de corriente continua en alterna | D. C./A. C. converter | D. C. converter.
convertidor de chispa | quenched spark gap converter.
convertidor de chispa de mercurio-hidrógeno | mercury-hydrogen spark-gap converter.
convertidor de datos digitales | digital-pulse converter.
convertidor de energía termiónico a base de plasma metálico | plasma thermionic converter.
convertidor de equilibrio de línea | bazooka.
convertidor de excitación | exciting converter.
convertidor de fase | phase convertor.
convertidor de fases rotativo | phase changer.
convertidor de ficha a cinta | card-to-tape converter.
convertidor de frecuencia con colector | frequency convertor.
convertidor de frecuencia de alimentación estatórica | stator fed frequency converter.
convertidor de frecuencia de inducción | induction frequency converter.
convertidor de frecuencias | frequency changer | frequency converter.
convertidor de guía de ondas | waveguide converter.
convertidor de IF a RF | up converter.
convertidor de imágenes en números | picture digitizer.
convertidor de imágenes ultrasónico | ultrasonic image converter.
convertidor de impulsiones en ondas sinusoidales | pulse-sine wave converter.
convertidor de neutrones | neutron converter.
convertidor de normas entre televisiones de países diferentes | television standards converter.
convertidor de onda corta | short wave converter.
convertidor de ondas | wave converter.
convertidor de ondas triangulares en senoidales | triangle-sine converter.
convertidor de oxígeno líquido en oxígeno gaseoso | liquid-oxygen converter.
convertidor de pantalla guíaondas (radar) | baffle plate converter.
convertidor de par de dos etapas con toma directa | direct-drive two-stage torque converter.
convertidor de par de elevada relación de multiplicación | high-torque multiplication converter.
convertidor de par de motor diesel | diesel engine torque converter.
convertidor de par inversor | reversing torque converter.
convertidor de par mecánico | mechanical torque converter.
convertidor de par polifásico | polyphase torque converter.
convertidor de polos partidos en varias partes | split-pole converter.
convertidor de potencia estático | static power converter.
convertidor de radioteleimpresor | radioteletypewriter converter.
convertidor de rejilla polarizada | grid-modulated convertor.
convertidor de revestimiento básico soplado superficialmente | surface-blown basic-lined converter.
convertidor de RF a IF | down-converter.
convertidor de selector de impulsos | step-switch converter.
convertidor de señal integrado | integrated data set.
convertidor de señales eléctricas | electric signal convertor.
convertidor de silicio para energía solar | silicon solar energy converter.
convertidor de sistema analógico a sistema numérico | analog-to-digital converter.
convertidor de soplado lateral (acerías) | side-blown converter.
convertidor de tiempo | time converter.
convertidor de tiempo en amplitud de impulso | time-to-pulse-height converter.
convertidor de tiratrón | thyratron inverter.
convertidor de tobera larga | long-tuyere converter.
convertidor de transferencia de flujo | transfluxor.
convertidor de velocidad lineal a velocidad rotacional | linear-to-rotational velocity converter.
convertidor de vídeo | video converter.
convertidor del campo inductor | field convertor.
convertidor del par | torque-multiplication unit.
convertidor del par motor | torque converter.
convertidor del par motor de relación regulable | variable-ratio torque convertor.
convertidor del voltaje de la línea a 9 ó 15 voltios (para dispositivos accionados por acumulador) | battery superseder.
convertidor del voltaje en tiempo | voltage-to-time converter.
convertidor digital a salida analógica | digital to analog converter.
convertidor electroacústico | electroacoustic converter.
convertidor electrónico de corriente continua en alterna | electronic converter.
convertidor elevador de frecuencias | upconverter.
convertidor elevador sincrónico | synchronous booster converter.
convertidor en cascada | motor-convertor.
convertidor en serie | cascade converter.
convertidor equilibrado | balanced converter.
convertidor equilibrador | balun.
convertidor equilibrador de línea | line balance converter.
convertidor estático | static converter.
convertidor estático (de corriente alterna a continua) | rectifier.
convertidor exafásico | six-phase converter.
convertidor ferroeléctrico | ferroelectric converter.
convertidor fotovoltaico de energía solar | photovoltaic solar energy converter.
convertidor hidráulico del par motor | hydraulic torque converter.
convertidor hidrocinético del par motor | hydrokinetic torque converter.
convertidor impresor | printing digitizer.
convertidor insuflado con aire oxigenado (acerías) | oxygen-blown converter.
convertidor insuflado con oxígeno (acerías) | oxygen-blasted converter.
convertidor iónico | ionic converter.
convertidor magnetohidrodinámico | magnetohydrodynamic converter.
convertidor numérico de código a código | digital code-to-code converter.
convertidor numérico-analógico | digital to analog converter.
convertidor para afinar matas cobrizas | matte converter | copper matte converter.
convertidor para matas de cobre | selector.
convertidor para tostación forzada | blast-roasting pot.
convertidor paralelo en serie | dynamiciser.
convertidor pequeño para carga de acumuladores | milking booster.
convertidor polifásico | polyphase converter.
convertidor polifásico de arco en vapor de mercurio | polyphase mercury-arc converter | polyphase mercury-arc convertor.
convertidor por transistor de conmutación | switching transistor converter.
convertidor rápido | fast converter.
convertidor reductor | down-converter.
convertidor reticular | grating converter.
convertidor rotativo de corriente continua a alterna | inverted rotary convertor | inverted converter.
convertidor rotativo de corriente continua en alterna | continuous-alternating current converter.
convertidor rotativo de corriente continua en continua | continuous-continuous current converter.
convertidor rotativo de variación de fase | rotary-phase converter.
convertidor rotatorio de corriente alterna o continua | convertor.
convertidor rotatorio de corriente continua a alterna | inverter.
convertidor síncrono | synchronous converter | synchronous inverter.
convertidor síncrono (electricidad) | rotary converter.
convertidor síncrono de inducción de frecuencia | synchronous-induction frequency converter.
convertidor síncrono-síncrono de frecuencia | synchronous-synchronous frequency changer .
convertidor solar | solar converter.
convertidor soplado con aire oxigenado (metalurgia) | oxygen-blown converter.
convertidor soplado con lanza de oxígeno (acerías) | lance-blown convertor.
convertidor soplado con oxígeno por la parte alta (acerías) | top-oxygen-blown converter.
convertidor soplado por el fondo | bottom-blown converter.
convertidor temiónico nuclear | nuclear-thermionic converter.
convertidor térmico de tensión (electricidad) | thermal voltage converter.
convertidor termiónico | thermionic converter.
convertidor termiónico de célula de cesio | cesium cell thermionic converter.
convertidor termoeléctrico | thermoelectric converter.
convertidor tiempo-amplitud | time-to-amplitude converter.
convertidor trabajando con viento oxigenado | oxygen-enriched converter.
convertidor transformador | converting.
convertidor transistorizado de corriente continua del tipo de contrafase | transistor push-pull D. C. convertor.
convertidor ultrasónico de imagen | ultrasonic image converter.
convertiplano | convertiplane.
convertir | sell (to) | change (to) | convert (to).

convertir (divisas) | translate (to).
convertir a escala | scale (to).
convertir en dinero | convert into money (to).
convertir en dinero contante (comercio) | realize (to).
convertir en efectivo | turn into cash (to).
convertir en energía potencial | potentialize (to).
convertir en moneda | money (to).
convertir en numérico | digitize (to).
convertir en pontón flotante (un buque viejo) | hulk (to).
convertir en sulfato | vitriolate (to).
convertir un cheque en dinero | cash a check (to).
convertir una corriente alterna en corriente continua | rectify (to).
convertirse en | turn (to).
convertirse en polvo | moulder (to).
convexamente curvado | convexly curved.
convexidad | convexity | outward bend.
convexidad en el ancho (chapas) | transverse bow.
convexidad por el orden (matemáticas) | order-convexity.
convexo | convex | domed.
convexocóncavo | convexo-concave.
convicente (argumentos) | satisfying.
convicto | guilty.
convicto por confesión propia | self-convicted.
convirtiendo el movimiento mecánico en información eléctrica (sistema de transmisión síncrona de la casa Muirhead) | magslip.
convivencia internacional | international living.
convocación | calling.
convocación de acreedores | notice for creditors' meeting.
convocación de asamblea general | notice of general meeting.
convocación del jurado | jury process.
convocador | convocator.
convocar | summon (to) | call (to).
convocar a elecciones generales | call for general elections (to).
convocar a junta | call to a meeting (to).
convocar a licitación | call for bids (to).
convocar a los accionistas | call a meeting of stockholders (to).
convocar a los acreedores | call a meeting of creditors (to).
convocar a una audiencia | set a date for hearings (to).
convocar de nuevo | reconvent (to).
convocar licitadores | call for bids (to).
convocar por medio de una campana | ring (to).
convocar un concurso de oferta | invite bids (to).
convocar un concurso de ofertas | invite for bids (to) | call for bids (to).
convocar un plebiscito | call a plebiscite (to).
convocar un pleno | call a joint session (to).
convocar una reunión | summon a meeting (to).
convocar una sesión | call a meeting (to).
convocar una sesión extraordinaria | call a special session (to).
convocatoria | summon | call | notice of meeting | notice.
convocatoria de acreedores | creditor's meeting.
convocatoria de huelga | call for strike.
convocatoria de junta de accionistas | calling stockholders meeting.
convolución (botánica) | convolution.
convoluta (hélices) | convolute.
convoluta helicoidal | helical convolute.
convoy | convoy.
convoy aéreo | aerial convoy.
convoy de barcazas empujadas por remolcador | tow.
convoy de mulos | mule train.
convulsión telúrica | seism.
conyugado | jugate.
cónyuge | partner.
coobligación | joint obligation.
coobligado | joint obligor.
cooficialidad de lenguas | coofficiality of languages.
cooperación | cooperation | contribution.
cooperación aeroterrestre | air cooperation.
cooperación aire-tierra | air cooperation.
cooperación en el taller | cooperation at shop level.
cooperación en gran escala | cooperation on a grand scale.
cooperación entre el empresario y los obreros | union-management cooperation.
cooperación entre el hogar y la escuela | home-school cooperation.
cooperación entre el hombre y la calculadora electrónica | man-computer cooperation.
cooperación entre la universidad y la industria | industry-university cooperation.
cooperación entre patronos y obreros | employer-union cooperation | employee-employer cooperation.
cooperación industrial energética | energetical industrial cooperation.
cooperación industrial intraeuropea | intraeuropean industrial cooperation.
cooperación interbibliotecaria | interlibrary cooperation.
cooperación interdisciplinaria | interdisciplinar cooperation.
cooperación por necesidad | antagonistic cooperation.
cooperación transfronteriza | trans-frontier cooperation.
cooperador | coagent.
cooperante | coactive.
cooperar | contribute (to).
cooperativa | cooperative.
cooperativa agrícola | farmer cooperative | farmer's cooperative.
cooperativa de consumidores | consumer's cooperative.
cooperativa de consumo | cooperative retail society.
cooperativa de crédito | credit union.
cooperativa de granjeros | farmer cooperative.
cooperativa de producción | producer's cooperative.
cooperativa de viviendas | house-building association.
cooperativa federal de crédito | federal credit union.
cooperativa laboral | social workshop.
cooperativa militar | commissary.
cooperativa para construcción de viviendas | housing cooperative.
cooperativa rural | rural cooperative.
cooperativa vinícola | vinicultural cooperative.
cooperativismo | cooperative system.
cooperativizar | cooperativize (to).
cooperativo | cooperative.
cooptación | cooptation.
cooptar | coopt (to).
coordenada | coordinate.
coordenada angular | angular coordinate.
coordenada homopolar | zero sequence component.
coordenada respecto al eje horizontal | coordinate with respect to horizontal axis.
coordenadas astronómicas | astronomical coordinates.
coordenadas biesféricas | bispherical coordinates.
coordenadas canónicas | canonical coordinates.
coordenadas cartesianas | rectangular coordinates.
coordenadas celestes geocéntricas | geocentric celestial coordinates.
coordenadas cilíndricas | cylindrical polar coordinates | cylindrical coordinates.
coordenadas cónicas | conical coordinates.
coordenadas curvilíneas | curvilinear coordinates.
coordenadas curvilíneas ortogonales | orthogonal curvilinear coordinates.
coordenadas de cromaticidad | chromaticity coordinates.
coordenadas deccáricas | decca coordinates.
coordenadas elipticocilíndricas | elliptic-cylindrical coordinates.
coordenadas esféricas | spherical co-ordinates.
coordenadas gausianas | Gaussian coordinates.
coordenadas geodésicas | geodesic coordinates.
coordenadas geográficas | terrestrial coordinates | geographic coordinates | geographical coordinates.
coordenadas heliográficas | heliographic coordinates.
coordenadas rectangulares fijas | stationary rectangular coordinates.
coordenadas terrestres | geographical coordinates | terrestrial coordinates.
coordenador geofísico | geophysical coordinator.
coordinación | liaison.
coordinación (de hechos) | piecing together.
coordinación (química) | co-ordinate link.
coordinación administrativa | administrative coordination.
coordinación aeronáutica | aeronautical coordination.
coordinación del tiro | fire coordination.
coordinación dimensional | dimensional coordination.
coordinación entre el transporte aéreo y el transporte camionero | air-truck coordination.
coordinación entre la infantería y los carros de asalto | infantry-tank coordination.
coordinación interagencial | interagency coordination.
coordinación jurídica | juridical coordination.
coordinación modular | modular coordination.
coordinado | synergic.
coordinador de la construcción | construction coordinator.
coordinador de planes de estudios | curriculum coordinator.
coordinador-calculador | assembler computer.
coordinar | coordinate (to).
coordinatógrafo | coordinatograph.
coordinatómetro | coordinatometer.
coorientación | coorientation.
coorongita (sustancias bituminosas elásticas derivadas de las algas) | coorongite.
cooscilar | cooscillate (to).
copa | glass | cup.
copa (árboles) | crown.
copa (de árbol) | top.
copa (de cristal) | bowl.
copa (de sombrero) | crown.
copa (de un árbol) | canopy.
copa (embutición) | cup.
copa (pieza embutida) | shell.
copa de árbol | crest.
copa de cuero (para bombas) | leather crimp.
copa de cuero (para válvulas) | crimped leather.
copa de engrase | grease-cap | greaser.
copa de lubricación | oiler | oil-cup.
copa de lubricante | lubricating plug.
copa de pestañas anchas (embutición) | wide-flanged shell.
copa del bocado (caballos) | bit boss.
copa del muelle de la válvula | valve retainer.
copa dominada (bosques) | overtopped crown.
copa embutida en varias pasadas sucesivas (embutición) | multiple draw shell.
copa forjada en caliente | hot-forged cup.
copa para inmovilizar las roldanas de las patas (muebles) | caster cup.
copa pescasondas (sondeos) | slip socket.
copa rojiza (coníferas) | red top.
copa seca (árbol) | snag top.
copa unilateral (árboles) | one-sided crown.
copado | cut.
copador | creasing hammer | embossing iron |

bending hammer.
copador (de fragua) | creasing tool.
copador (herramienta) | emboss-hammer.
copador (herramienta de fragua) | creaser | round fuller.
copador (tajadera - fragua) | hammer chisel.
copaiba (Copaifera officinalis) | copaiba.
copal del Congo | Congo copal.
copal fósil | fossil gum | copalin.
copalina | copalin | fossil gum.
copar al enemigo | cut off the enemy (to).
coparticipación | privity.
coparticipación (herencias) | coparcenary.
coparticipación en los ingresos | revenue sharing.
copartícipe | sharer | copartner | joint owner.
copas aclaradas (árboles) | thinned canopies.
copas del bocado (caballos) | bridle stud.
copas no podadas (árboles) | unthinned canopies.
copatrocinado por | jointly sponsored by.
copatrocinador | cosponsor.
copatrocinio | joint sponsorship | copatronage | cosponsorship.
copela | cupel.
copelación | cup assay | cupellation.
copelación (análisis en seco-metalurgia) | fire assaying.
copelado | cupelled.
copelador | cupeller.
copelar | cupellate (to) | cupel (to) | assay (to).
copépodo (zoología) | copepod.
copero (de ruedas) | dishing.
copero (ruedas de madera) | dish.
copete | crest.
copia | imitation | tracing | copy | replica | replication | reproduction.
copia (con torno de copiar) | contouring.
copia (de filme) | release print.
copia (documentos) | engrossing.
copia anticipada de una publicación | advance copy.
copia auténtica | exemplified copy | authentic copy | certified copy | extract.
copia autentificada | certified copy.
copia autorizada de un juicio o proceso | office copy.
copia azulada | blueprint.
copia «cero | daily print.
copia certificada | attested copy | certified copy.
copia certificada (jurídico) | office copy.
copia certificada oficialmente | exemplification.
copia cianográfica | cyanotype.
copia cianográfica en papel sepia | brown print.
copia compulsada | certified copy.
copia conforme | exemplified copy.
copia confrontada | collated copy.
copia cotejada | collated copy.
copia de archivo | file-copy.
copia de contacto | contact copy.
copia de fianza para la parte opuesta | oyer.
copia de montaje (cine) | first-answer print.
copia de oficina | office copy.
copia de prueba | convenience copy.
copia de prueba cinematográfica | picture check print.
copia de seguridad | backup copy | security copy.
copia de un documento por teléfono | facsimile.
copia de un patrón primario de medida (laboratorios) | secondary standard.
copia defectuosa | poor copy.
copia del positivo (filmes) | print.
copia diazoica | diazo-copy.
copia dinámica de la memoria (informática) | snapshot.
copia duplicada (filmes) | duped print.
copia en fotocalco | photoprinted copy.
copia en lápiz tinta | pencil copy.
copia en limpio | fair copy.
copia en papel carbón | carbon copy | carbon.
copia en papel ferrogálico | black line process.
copia en papel ferroprusiato | blueprint.
copia en papel pigmento (fotografía) | carbon print.
copia en sepia | sepia print.
copia en tamaño ampliado | enlarged size copy.
copia exacta | transcript | close copy.
copia exacta del original | diplomatic copy.
copia fiel | true copy.
copia figurada (de testamentos) | facsimile.
copia fotográfica esmaltada | glossy print.
copia hecha en el copiacartas | press-copy.
copia heliográfica | blue print | blueprint.
copia impresa (computador) | hard copy.
copia impresa (teleimpresora) | hard copy.
copia intermedia (filmes) | lavender copy.
copia legalizada | attested copy | exemplification | exemplified copy.
copia legalizada (testamentos) | probate.
copia legible | legible copy.
copia maestra | master print.
copia matriz (filmes) | master copy.
copia nueva (cine) | green copy.
copia óptica | optical copy.
copia original (filme) | master print.
copia original (filmes) | master copy.
copia para información | information copy.
copia por reducción | reduction print.
copia por reflexión | reflex copy.
copia positiva en blanco y negro | black-and-white print.
copia preventiva | back-up copy.
copia que requiere menos tiempo que el normal para componer (tipografía) | fat matter.
copia recordatoria | follow-up copy.
copia reproducible (dibujo) | tracing.
copia reproducida | reproduced copy.
copia selectiva de ubicaciones | selective dump.
copia sepia (fotografía) | brownprint.
copia sonora (filmes) | sound print.
copia tipográfica | impress copy.
copiado a su tamaño natural | copy-trued to size.
copiador (rectificadoras) | tooth-rest.
copiador (tornos de copiar, máquina de cortar con plantilla) | tracer.
copiador de cartas | copying press.
copiador de cartas de los asuntos en trámite | live letter-book.
copiador electrónico | electronic copying.
copiador electrónico (máquinas herramientas) | electronic contour follower.
copiador electrónico (tornos, máquinas de cortar) | electronic tracer.
copiador hidráulico | hydraulic tracer.
copiador múltiple | manifold writer.
copiador neumohidráulico | pneumohydraulic copier.
copiador óptico (máquinas herramientas) | optical follower.
copiadora | copying machine | copyer | copier.
copiadora de repetición | step and repeat machine.
copiadora electrostática | electrostatic copier.
copiadora en color | color copying machine.
copiadora hidráulica | hydraulic copying machine | hydro-copier.
copiadora por medio de una plantilla | contour-following machine.
copiapita | misy | yellow copperas.
copiar | engross (to) | dub (to) | duplicate (to) | copy (to) | reproduce (to).
copiar (con torno) | contour (to).
copiar (libros, etc.) | hash (to).
copiar (tornos, etc.) | copy-true (to).
copiar con plantilla | profile (to).
copiar del positivo (fotografía, filmes) | print (to).
copiar el contenido de un almacenamiento trasladandolo a otro | dump (to).
copiar el contorno | copy the contour (to).
copiar exactamente como está en el manuscrito (tipografía) | follow copy (to).
copias en papel normal | plain paper copies.
copias en réplica | replica copies.
copias gratis enviadas a entidades | editorial copies.
copias nítidas | sharp copies.
copias nítidas de gran calidad | sharp high-quality copies.
copias para el depósito legal de libros | deposit copies.
copiatita con 5% de óxido de cobre (Chile) | cuprocopiapite.
copiloto (aviación) | second pilot.
copiloto (aviones) | copilot.
copiología | copiology | copyology.
copión (filmes) | rushes.
copioso | full.
copista | copyist.
copitrón | copytron.
coplanar | coplanar.
coplano básico | basal coplane.
copo | flock | fleck.
copo (arte de pesca del atún) | pound.
copo (pesca del atún) | bowl.
copo (telas) | nap.
copo de algodón | cotton tuft.
copo de nieve | flake | snowflake.
copolimerización | mixed polymerization | copolymerization.
copolímero | interpolymer | mixed polymer | copolymer.
copolimero (química) | copolymer.
copolímero de bloque | block copolymer.
copolímero de vinilo | vinyl copolymer.
copolímero elastomérico | elastomeric copolymer.
copolímeros en bloque | block copolymers.
copos | flakes | cobs.
copos (pigmentos) | leaf.
copos (precipitado - química) | flocks.
copos brillantes que aparecen en la superficie de rotura de probetas con contenido alto de hidrógeno (aceros) | fish-eyes.
copos de algodón | cotton flocks.
coposesión | joint possession | joint ownership.
coposesor | joint possessor.
coposo | flocculent | flaky.
copra | kopra.
coprecipitación | coprecipitation.
copresidente | joint chairman | cochairman.
coproducto | coproduct | joint product.
coprofito | coprophile.
coprolito | coprolite | fecal pellet.
coprolitos ovoides de tamaño de 1 milímetro o menor | castings.
copropiedad | coparcenary | co-ownership | tenancy in common | joint property | joint ownership | joint ownership.
copropietario | joint owner | joint propietor | joint proprietor | coparcerner | coowner | part-owner | associate.
cópula (animales) | mating.
copulación (teñido telas con colorantes naftol) | coupling.
copulación (zigosis - botánica) | conjugation.
copular (teñido telas) | couple (to).
copyright mundial | licensed world-wide.
coque | charred coal | coke.
coque con gran proporción de alcalis | high-alkali-content coke.
coque cristalizado en agujas | needle-coke.
coque de alto horno | b.-f. coke.
coque de calidad inferior | char.
coque de gas | gashouse coke.
coque de petróleo | petroleum coke.
coque descolorido y mal fabricado | black ends.
coque descolorido y mal fabricado (solera hornos de colmena) | black butt.
coque en pedazos | large coke.
coque enfriado con corriente de gas inerte | dry-cooled coke.
coque escarabilla | pea coke.
coque grueso | large coke.
coque machacado | crushed coke.
coque metalúrgico | blast-furnace coke | furnace

coke | foundry coke.
coque para cocinas | domestic coke.
coque para electrodos | electrode coke.
coque para fraguas | foundry coke.
coque para fundición | foundry coke.
coque pulverizado | coke breeze | coke dust.
coque tal como sale | run-of-retort coke.
coque triturado | crushed coke.
coque y castina (alto horno) | round.
coqueita (coque nativo) | cokeite.
coquería | coal-carbonizing plant | coke works | cokery | coke plant.
coquificación | coking.
coquificar | cokify (to).
coquilla | liner | permanent mold | iron mold.
coquilla (fundición) | chill-mold.
coquilla (molde metálico) | case.
coquilla (para fundición) | chilled mold.
coquilla de colada | chill mould.
coquilla de moldeo | casting die.
coquillaje | shellfish.
coquina | coquina.
coquina litificada | coquinoid.
coquinoide | coquinoid.
coquizabilidad | cokability.
coquizable | cokable.
coquización | cokification.
coquización de carbones no coquizables | noncoking coal coking.
coquizador | coker.
coquizar | cokify (to) | coke (to).
coracina | small cuirass.
coracora | coracle.
corail (Pterocarpus soyauxii - Taub) | African padauk | African coralwood.
coral | coral.
coral (moco del pavo) | wattle.
coral africano (Pterocarpus soyauxii - Taub) | African coralwood | African padauk.
coral agatizado | coral agate.
coral aporoso | aporose coral.
coral arrecifígeno | reef-building coral.
coral colonial | colonial coral.
coral fascicular (zoología) | fasciculate corallium.
coral formador de arrecifes | reef-building coral.
coral fósil | fossil coral.
coral litógeno | lithogenous coral.
coral madrepórico | madreporarian coral.
coral madreporoide | madreporoid coral.
coral negro | black coral.
coral negruzco del fondo del mar | burnt coral.
coral rojo intenso | blood coral.
coral solitario | cup coral.
coral tabulado | tabular coral.
corales arrecíferos | reef-building corals.
coralgal (sedimento de carbonato de corales y algas) | coralgal.
coralífero | coralliferous.
coraliforme | coralliform.
coralígeno | reef-derived.
coralina (botánica) | coralline.
coralina (química) | corallin.
coralíneo | coralloid.
coralino | coral | coralline.
coralita (coral fósil) | corallite.
coraloide | coralloid.
coralrag | coralrag.
coralwood (Adenanthera pavonina) | coralwood.
corambre | wineskin | winebag.
coránico | koranic.
coraza | armour | armor | shield.
coraza (buques) | armor plating.
coraza de dureza uniforme en todo su espesor | homogeneous armor.
coraza para acorazados (buques de guerra) | capital ship armor.
coraza vertical (buques) | side-armor.
corazón | heart.
corazón (cruzamiento de vías) | heel.
corazón (cruzamiento vías) | nose.
corazón (de cruzamiento) | frog point.
corazón (madera) | core.
corazón artificial miniaturizado | miniaturized artificial heart.
corazón con carril de muelle embisagrado | hinged spring-rail frog.
corazón con pata de liebre móvil (vía férrea) | spring-rail frog.
corazón de acero al manganeso (cambio de vía) | manganese steel frog.
corazón de acero fundido (vía férrea) | cast steel crossing.
corazón de arrastre (tornos) | lathe carrier.
corazón de carril fijo (cambio de vía) | fixed-rail frog.
corazón de chapa (cruzamiento vías) | plate frog.
corazón de inserciones de acero endurecido (vía férrea) | anvil-faced frog.
corazón de la aguja (ferrocarril) | frog.
corazón de una pieza (cambio de vía) | solid crossing.
corazón doble (cambío de vía) | double frog.
corazón ensamblado (cambio de vías) | built-up frog.
corazón medio (cruce vía férrea) | crotch frog.
corazón quebradizo (árboles) | soft heart | punky heart.
corbata (buques) | collar.
corbata (de bandera) | badge.
corbata (de una bandera del Ejército o Marina) | stream.
corbata (mamparo de buques) | shoe.
corbata de angular (buques) | staple angle | angle collar.
corbata de lazo | bow tie.
corbata de mamparo (buques) | tank shoe.
corbata del tornillo (sujeción del entablonado de cubiertas) | grommet.
corbata estanca (buques) | watertight collar.
corbata soldada (buques) | welded collar.
corbatas | notion store.
corbateado (construcción naval) | collared.
corbatear (buques) | collar (to).
corbeta (buque) | corvette.
corbina (Chile-corta de árboles) | undercutter.
corchea (música) | quaver.
corcheta | eye.
corchete | cramp | square bracket | clasp.
corchete (música) | accolade.
corchete (tipografía) | brace | crotchet.
corchete hembra | eye.
corchete macho | hook.
corchete para correa | claw-belt fastener.
corchete para sujetar clisés | clamp.
corchetes | braces.
corchetes (paréntesis angulares) | bracket.
corchetes de acero para coser correas | steel belt lacing.
corchetes de adorno (tipografía) | brackets.
corchetes que en los zócalos sujetan la plancha (imprenta) | catches.
corchetes y corchetas | hooks and eyes.
corcho | cork.
corcho (de caña de pescar) | float.
corcho aglomerado | slab cork.
corcho aglomerado (placas y mediascañas) | composition cork (slabs and shells).
corcho aislante para edificios | insulating cork mattings.
corcho en planchas | sheet cork.
corcho en polvo | powdered cork.
corcho en raza (corcho bruto) | coarse cork.
corcho granulado | granulated cork.
corcho ligado con neopreno | neoprene-bonded cork.
corcho obrado | processed cork.
corcho para tapones | bottle-cork.
corcho refugo | waste cork.
corcho virgen | male cork.
corcho y cebo (del anzuelo) | bob.
cordada (escaladas montañas) | party on the rope.
cordada (lava) | ropy.
cordada (minería, montañismo) | cording.
cordada de personal (minas) | personnel trip.
cordado (zoología) | chordate.
cordados (zoología) | chordata.
cordaje | banding | cordage.
cordaje (globos, paracaídas) | rigging lines.
cordaje (marina) | line.
cordaje de la barquilla (globos) | car rigging.
cordaje de suspensión (paracaídas) | shroud lines.
cordaje de suspensión de la barquilla (globos) | basket suspensions.
cordaje de vuelos (aeronáutica) | flying rigging.
cordaje del globo | balloon rigging.
cordaje marino | marine cordage.
cordaje o alambres de repartición de la carga (globos, paracaídas) | rigging.
cordaje que está unido al cable que conduce al cabrestante en el suelo (globo cometa) | winch suspension.
cordal (anatomía) | chordal.
cordal (instrumento musical) | tailpiece.
cordal (perteneciente a la cuerda - geometría) | chordal.
cordel | cord | twine | rope | line | string.
cordel blanqueado con tiza para marcar | chalk line.
cordel de agavillar | binder twine.
cordel de albañil | carpenter's line.
cordel de carpintero | carpenter's line.
cordel de empacar | baler twine.
cordel de la corredera (buques) | log line.
cordel de la sondaleza | lead line.
cordel de lizos | harness twine.
cordel de sonda (marina) | plumb line.
cordel de sujeción (lizos) | ridge band.
cordel del escandallo | lead line.
cordelería | rigging yard | rigging | cord manufacture | roping | rope yard | rope works | ropewalk | ropery | rope-house.
cordelero | roper | rope maker | twister.
cordellate | kersey.
cordera | ewe lamb.
cordero de un año | tup.
cordierita | cordierite.
cordierítico | cordierite.
cordiforme | cordate.
cordillera | range | razorback | mountain chain | mountain range | cordillera | ridge | hump.
cordinatógrafo | cordinatograph.
cordita (nitrato de celulosa mezclado con vaselina - explosivos) | cordite.
cordobán | Spanish leather.
cordón | cord | rounding | lacing.
cordón (ala de avión) | capstrips.
cordón (anatomía) | tract.
cordón (barra laminada que se enrosca en el cilindro laminador) | collaring.
cordón (cilindro de laminar) | former.
cordón (cilindro laminador) | collar.
cordón (corsé, zapato, etc.) | lace.
cordón (cuerdas, correas) | strand.
cordón (de soldadura) | run | bead.
cordón (de una orden) | ribbon.
cordón (de viga de celosía) | chord.
cordón (estaño acumulado en el borde inferior al estañar por inmersión) | list.
cordón (horno Martin) | bank.
cordón (monedas) | rim | edge-ring | milled edge.
cordón (tejido algodón) | welt.
cordón (viga de celosía) | flange.
cordón (vigas) | boom.
cordón (zoología) | string.
cordón aduanero | customs cordon.
cordón aluvial marítimo | maritime alluvial belt.
cordón amortiguador | shock cord.
cordón armado con cinta metálica | metal-taped cord.
cordón arrecifal costero | ledge.

cordón comprimido (vigas) | compression flange.
cordón con pasada pendular (soldadura) | weave bead.
cordón de algodón | cotton strip.
cordón de alimentación | line cord.
cordón de alza (jacquard) | neck cord.
cordón de alza (lizos) | lifting cord.
cordón de alza (telares) | harness cord.
cordón de amianto | asbestos string.
cordón de amianto o estopa para recibir el plomo líquido (juntas de enchufe y cordón) | joint runner.
cordón de ayudante (milicia) | aiguillete.
cordón de cáñamo | hemp strand.
cordón de cierre (soldadura) | sealing run.
cordón de cierre a mano (soldadura) | hand sealing run.
cordón de cierre de la raíz (soldadura a tope) | back sealing run.
cordón de cierre del respaldo (soldadura) | back sealing run.
cordón de clavija | plug cord.
cordón de conexión | cord-circuit.
cordón de conexión con clavija en cada extremo | double-ended cord-circuit.
cordón de conexión con clavija en un extremo | single-ended cord circuit.
cordón de conexión con tercer hilo | sleeve control cord circuit.
cordón de conexión con tercer hilo (telefonía) | sleeve control cord circuit.
cordón de costilla (alas aviones) | rib boom.
cordón de cuarzo | quartz stringer.
cordón de chapas superpuestas (vigas) | laminated boom.
cordón de dos conductores | double cord | parallel cord.
cordon de encruzamiento | lease band.
cordón de enlace | lacing twine.
cordón de estaño (defecto chapas estañadas) | wire.
cordón de huelguistas de vigilancia | picket line.
cordón de la raíz (soldadura) | root pass | root bead.
cordón de la viga de celosía | lattice girder flange.
cordón de larguero de chapas superpuestas (aviones) | laminated metal spar boom.
cordón de línea (electricidad) | line cord.
cordón de penetración | penetration bead.
cordón de raíz (soldadura) | sealing run | backing run.
cordón de retención (orillo telas) | catch cord.
cordón de sección triangular (soldadura ortogonal) | fillet.
cordón de seda para máquinas de coser | machine-twist.
cordón de soldadura | pass | weld bead.
cordón de soldadura martillado | peened run.
cordón de unión (urdimbre) | tie band.
cordón del huso | spindle band.
cordón desescoriado (soldadura) | descaled run.
cordón detonante | instantaneous fuse.
cordón en ángulo recto (soldadura ortogonal) | fillet.
cordón espaldar de estanqueidad | back sealing run.
cordón estratigráfico | shoestring sand.
cordón final (soldaduras) | capping bead.
cordón flexible electroaislado | insulated cord.
cordón guardapretil | barrier curb.
cordón hecho el último (soldaduras) | last-made run.
cordón inferior (vigas) | lower boom | lower chord | lower flange.
cordón inferior (vigas armadas) | bottom boom.
cordón inferior de la viga | girder bottom chord.
cordón inicial (soldadura) | initial run.
cordón litoral | offshore barrier | barrier beach.
cordón litoral (geología) | offshore bar.
cordón para tejer | cordonnet yarn.
cordón poco profundo (soldadura) | shallow melting run.
cordón poligonal (vigas de celosía) | polygonal chord.
cordón provisional | patching cord.
cordón que al tirar de él abre el saco del paracaídas | parachute rip cord.
cordón que sobresale en la raíz (soldadura) | excessive penetration bead.
cordón rectilíneo (soldadura) | string bead.
cordón reforzador (soldadura de tubos) | stringer bead.
cordón saliente (aparejo muros) | stringcourse.
cordón saliente de la raíz (soldadura) | penetration bead.
cordón sanitario | sanitary cordon.
cordón sujeto a la culata de la pistola y que se pasa por el cuello para que aquella no se pierda | lanyard.
cordón superior (vigas) | upper boom | upper chord | boom member.
cordón superior (vigas celosía) | top chord.
cordón superior (vigas de celosía) | top boom.
cordón superior curvo (viga de celosía) | curved upper boom.
cordón superior poligonal (vigas celosía) | polygonal top chord.
cordón triangular con catetos de 8 milímetros (soldadura) | fillet of leg length of 8 mm.
cordón triangular de soldeo (soldadura ortogonal) | welding fillet.
cordón umbilical | cord.
cordón umbilical (anatomía) | umbilical cord.
cordonado (arquitectura) | cordoned.
cordonadura (defecto piezas pintadas) | ropey finish.
cordoncillo | twist | plait | lacing | braid | cord.
cordoncillo (de una moneda) | milling.
cordoncillo de las cabezadas (libros) | bead.
cordoncillo de pelo de camello | mohair braid.
cordoncillo de seda | cordonnet.
cordonería | cord manufacture.
cordonero | lace-maker.
cordones | plait laces.
cordones a los que se cosen los pliegos (encuadernación) | bands.
cordones metálicos para embalajes | metal packing cords.
core en Z (barrenos, trépanos) | Z-bit.
corea (medicina) | saltation.
corelator | corapporteur.
coriáceo | leathery.
coriámbico | choriambic.
coriambo | choriamb.
corindolita (roca que contiene corindón y óxido de hierro) | corundolite.
corindón | corundum | adamantine spar.
corindón con reflexión de luz amarillenta o rojiza | corundum cat's eye.
corindón de color amarillo | Oriental topaz.
corindón de color verde | Oriental emerald.
corindón opaco mate de la India molido para su uso como agente pulidor | adamantine spar.
corindón pardo sedoso | adamantine spar.
coripétalo | choripetalous.
corisépalo | chorisepalous.
corisis | doubling.
corisis (botánica) | duplication.
corladura | silver gilt.
cormo | corm.
cornada | goring.
cornalina | cornelian.
cornamusa | cleat | belaying cleat.
córnea | cornea.
corneana | hornfelds.
cornear | gore (to).
corneja | crow.
córneo | horny | horned.
corneta para pruebas (forma de probeta para prueba de materiales) | cornette.
cornetín de pistones (música) | cornet.
cornetista | cornet player.
corniculado | horn-shaped.
corniculífero | horn-bearing.
corniforme | horn-shaped.
cornisa | cornice | ledge | corbel.
cornisa (de pedestal) | surbase.
cornisa (habitaciones) | line.
cornisa con ménsulas (edificios) | bracket cornice.
cornisa cóncava | cove.
cornisa de asiento (cúpulas) | ring.
cornisa de collarín | gorge cornice.
cornisa de frontón | brick-cord.
cornisa de la torre de perforación | derrick cornice.
cornisa de puerta | pediment.
cornisa de roca | ledge of rock.
cornisa decorando los lados inclinados de un frontón (edificios) | raking cornice.
cornisa denticulada | denticulated cornice.
cornisa en ménsula | overhanging cornice.
cornisa inclinada (edificios) | raking cornice.
cornisa soportada por ménsulas | corbel table.
cornisamento | corbel | canopy.
cornisamiento (prensas, motores, etc) | entablature.
corno inglés (música) | French horn.
cornudo | horned.
cornúpeta | cornupete.
cornus (Cornus florida) | cornel.
coro (música) | choir | orpheon.
coro absidal | apsidal choir.
corocoro | corocoro.
corografía | chorography.
corógrafo | chorographer.
coroisoterma | choroisotherm.
corola (botánica) | blossom.
corola asalvillada (botánica) | funnel-shaped corolla.
corola embudada | funnel-shaped corolla.
corología | chorology.
corometría | chorometry.
corona | sector.
corona (botánica, zoología) | corona.
corona (cabrestante) | drumhead.
corona (cuba de alto horno) | mantle.
corona (de rueda) | shroud.
corona (de rueda dentada) | crown gear.
corona (extremo de un cilindro de vidrio - fabricación vidrio) | cap.
corona (parte superior del velamen - paracaídas) | crown.
corona (perforadora diamantes) | boring crown | boring head.
corona (relojería) | button.
corona (rueda engranajes) | rim.
corona (sondeos) | crown.
corona (trépano sondeos) | blank bit.
corona (turbinas) | ring.
corona atornillada | bolted-on crown.
corona atornillada (de rueda dentada) | screwed-on gear wheel.
corona auroral | auroral corona | corona.
corona circular (geometría) | annulus.
corona conicohelicoidal (diferencial autos) | spiral-bevel crown-wheel.
corona cortante | cutting ring.
corona cortante (sondeos) | boring head.
corona de acero al carbono | carbon-steel rim.
corona de acero enfriada con aceite (pistones) | oil-cooled steel crown.
corona de acero forjado (engranajes) | forged steel rim.
corona de admisión | admission port ring.
corona de álabes | blade row.
corona de álabes (turbinas) | blade rim.
corona de apoyo | bearing ring.
corona de apriete | clamping ring.
corona de blocaje (mecánica) | locking ring.
corona de cohetes | cluster rocket.
corona de dentadura interior | inner-toothed crown wheel.
corona de diamantes (trépano de diamantes -

sondeos) | diamond bit.
corona de difracción | diffraction corona.
corona de émbolo | piston follower.
corona de excéntricos | cam ring.
corona de fundición (ruedas) | cast-iron rim.
corona de hidrógeno telúrico | telluric hydrogen corona.
corona de paletas (turbina vapor) | row.
corona de perforación de diamantes | diamond drill bit.
corona de perforación engastada con diamantes ovalizados (sondeos) | drill crown set with ovalized diamonds.
corona de puntas de diamante (sondeos) | diamond boring-crown.
corona de rayón | cake.
corona de refuerzo (moldeo en tierra) | building ring.
corona de retén | stop collar.
corona de rodillos | ring of rollers | roller race.
corona de rodillos de gran tamaño | live ring.
corona de rueda | wheel rim.
corona de sondeo | drill head.
corona de sondeo intercambiable | exchangeable boring crown.
corona de trépano adiamantado | diamond drill crown.
corona de trépano con diamantes incrustados | diamond-set drill crown.
corona del álabe | bucket ring.
corona del diferencial (autos) | crown wheel.
corona del foso (placa giratoria para locomotoras) | cribbing.
corona del freno | brake drum.
corona del pistón | piston cover | packing plate | piston crown.
corona del volante (gallo - relojes) | balance ring.
corona dentada | notched sector | geared rim | ring gear | circular rack | crown wheel.
corona dentada (perforadoras) | calyx.
corona dentada (sondeos) | sawtooth bit.
corona dentada cónica | ring bevel gear.
corona dentada giratoria | rotating gear.
corona dentada por la cara de contacto | gear ring.
corona directriz (distribuidor - turbinas) | guide ring.
corona electrostática | electrostatic corona.
corona fija | crown block.
corona fija (turbina hidráulica) | speed ring.
corona intermedia (turbina) | partition cap.
corona lisa | smooth rim.
corona lunar | lunar corona.
corona micrométrica | micrometer collar.
corona móvil (bomba centrífuga, hidroturbina) | impeller.
corona móvil (turbinas) | wheel.
corona para granalla de acero (sondeos) | drag shoe.
corona para rueda de engranajes | gear wheel rim.
corona perforadora desmontable (sondeos) | detachable drill crown.
corona quelifítica (petrología) | border rim.
corona radiada (zoología) | cumulus.
corona rostral | naval crown.
corona rotatoria de puntas de diamante | diamond point rotary bit.
corona solar | sun-glow | corona | solar corona.
coronación | coronation.
coronación (de un muro) | cope.
coronación (muros) | copse.
coronación (obras de fortificación) | crownwork.
coronación de bancales | terrace crown.
coronación de la presa | dam top.
coronación del muro | top of wall.
coronadita (manganato de plomo y manganeso de color negro) | coronadite.
coronado de nubes | cloud-capped.
coronágrafo (corona solar) | coronagraph.
coronamiento (de presa) | crest.
coronamiento (muros) | coping.
coronamiento (presas, muros) | top.
coronar | top (to) | head (to).
coronar (un muro) | crest (to).
coronar la brecha | mount the breach (to).
corondel (imprenta) | column rule.
corondel (papel) | wire mark | watermark.
corondel (tipografía) | rule | column rule | reglet.
corondel a presión (papel) | impressed watermark.
corondel en seco (papel) | impressed watermark.
corondel linotípico cuneiforme (tipografía) | beveled linotype column rule.
coronel | colonel.
coronel de aviación | group captain.
coronel más antiguo | senior colonel.
coronel recién ascendido | junior colonel.
coroniforme | crown-shaped | coroniform.
coronilla (cabeza) | vertex.
coronógrafo | coron.
coronoide | beak-shaped.
coronula (botánica) | coronet.
corporación | corporation | trade guild | company | guild | organization | civic body | craft union.
corporación ajena | outside body.
corporación autónoma | autonomous body.
corporación científica | learned body.
corporación conjunta privada-estatal | joint private-government corporation.
corporación consular | corps consular.
Corporación de fabricantes de productos sinterizados | Sintercast Corporation.
corporación de responsabilidad internacional | internationally responsible body.
corporación financiera | moneyed corporation.
corporación mercantil | business corporation.
corporación municipal | municipal borough.
corporación municipal (G. B.) | borough municipal.
corporación no comercial | nontrading body.
corporación semioficial | quasiofficial body.
corpus (de inscripciones, etc.) | corpus.
corpus bibliográfico | bibliographical corpus.
corpuscular | particle-like.
corpúsculo | corpuscule | particle.
corral | yard | enclosure | inclosure.
corral de agua (Colombia) | log pond.
corral de engorde | feeding lot.
corral de engorde (Iberoamérica) | feed lot.
corral de ganado | stockyard.
corral flotante (Iberoamérica) | boom cap.
corral para gallinas | fowl-run.
corral reservado | feed lot.
corrasión (geología) | corrasion.
corrasionar (geología) | corrade (to).
corrasivo | corrasive.
correa | leash | hide rope | strap | band | purling.
correa (cercha de cubiertas) | purlin.
correa (cerchas) | side-waver | side-timber.
correa (inversa de la fragilidad) | toughness.
correa abierta (no cruzada) | open belt.
correa amortiguadora | checkstrap.
correa armada inferiormente | braced purlin.
correa articulada | link belt | chain belt | hick belt.
correa clasificadora | sorting-belt.
correa continua | roll-on belt.
correa cosida | sewn belt.
correa cruzada | cross belt | crossed belt.
correa cruzada (transmisiones) | halved belt.
correa de algodón | cotton belt.
correa de algodón cauchotado | rubberized cotton belt.
correa de alimentación | feeding belt | feed belt.
correa de alza | jack strap.
correa de angular armada inferiormente | braced angle purlin.
correa de caucho con alma de rayón | rayon-grommeted rubber belt.
correa de celosía (cerchas) | trussed purling.
correa de celosía (cubiertas) | latticed purlin.
correa de cincha | girth strapping.
correa de cuero | leather belt.
correa de cuero de varias hojas | laminated leather belt.
correa de cuero hecha con la piel del lomo sin contar el cuello | short-lap belt.
correa de cuero plano de dos capas | double-ply flat leather belt.
correa de cuero verde | babiche.
correa de cumbrera (cercha) | dragging-beam.
correa de gran estiraje | long draft apron.
correa de inversión de marcha | back belt.
correa de las varas (carruajes) | lug.
correa de lona | canvas belt.
correa de lona sujeta con grapas metálicas | stitched canvas belting.
correa de los conos (mecheras) | cone belt.
correa de mando | driving-belt.
correa de nilón | nylon belt.
correa de nylon adiamantada | diamond-impregnated nylon belt.
correa de papel abrasivo | sand belt.
correa de pelo de camello | hair belt.
correa de plurirramales trapezoidales | multivee-belt.
correa de retroceso (picada de telar) | heelstrap.
correa de retroceso (telar) | parallel motion strap.
correa de talón | edged belt.
correa de tela impregnada con látex | latex-impregnated fabric belt.
correa de tela para unir el arnés a las cuerdas de suspensión (paracaídas) | lift web.
correa de transmisión | driving-belt | belt | drive belt.
correa de una hoja | single-thickness belt.
correa del freno | back band.
correa del látigo | lash.
correa del reunidor (máquina de componer - imprenta) | assembler belt.
correa dentada | gear-tooth belt.
correa dentada por la cara de contacto (para el mejor agarre) | geared belt.
correa distribuidora | delivery belt.
correa elástica adiamantada | diamond elastic belt.
correa fijaabrazadera (telares) | holdup.
correa flexible | pliant belt.
correa hidráulica (para extraer agua de pozos) | hydraulic belt pump.
correa inclinada | oblique belt.
correa motriz | driving-belt.
correa neoprenada | neoprene-covered belting.
correa para marcha atrás | return belt.
correa para sujetar la carga | lading band.
correa plana (de sección rectangular) | flat belt.
correa plana de caucho | flat rubber belt.
correa portaabrazadera | lug strap holder.
correa que no da saltos | slap-proof belt.
correa que se ha alargado por el uso | sloppy belt.
correa recta (no cruzada) | open belt.
correa redonda | round belt.
correa reforzada de nilón | nylon-reinforced belt.
correa regulafuerza (telares) | powerstrap.
correa salvatemplazo (telares) | temple strap.
correa seleccionadora | sorting-belt.
correa semicruzada | turn belt | quarter-turn belt | quarter-twist belt | quarter belt | quartered belt.
correa sin fin | leather apron | endless belt | continuous belt.
correa sin fin (para aprovisionar máquinas) | feed apron.
correa sin fin con agujeros dispuestos diagonalmente | belt scanner.
correa sin fin de algodón trenzado | endless woven cotton belt.
correa tejida | woven belt.
correa tiralizos | harness strap.
correa tiratacos | picking cord | picking strap.
correa tiratacos (telar) | picking band | fly cord.

correa transportadora | apron | traveling apron | conveyor belt.
correa transportadora cóncava | trough belt.
correa transportadora de caucho | rubber conveyor belt.
correa transportadora de plástico | plastic conveyor belt.
correa transportadora de superficie rugosa | rough top conveyor belting.
correa transportadora de tela metálica | woven-wire conveyor belt.
correa transportadora para orientar los huevos (envase mecanizado) | egg orienting belt.
correa transportadora pirorresistente | fire-resistant conveyor belting.
correa trapecial | V belt.
correa trapezoidal | vee-belt | trapezoidal belt.
correa trapezoidal acanalada | ribbed V-belt.
correa trapezoidal con eslabones | link V belt.
correa trapezoidal de lados cóncavos | concave-sided V-belt.
correa trapezoidal dentada | notched V-belt.
correa trapezoidal multicanálica | multilink V-belt.
correa trapezoidal múltiple | multiple-vee belt.
correa trapezoidal sin fin | endless Vee belt.
correa trapezoidal sin fin plurirramal | multiple endless vee belt.
correa-guía | guide belt.
correaje (soldados) | leather equipment.
correaje de cuero | leather belting.
correaje del paracaídas | parachute harness.
correaje termorresistente para transportadores de cinta | heat-resisting conveyor belting.
correas de cáñamo | hemp belts.
correas de celosía (cubiertas) | lattice-type purlins.
correas de cuero articulado | leather link belting | link belting.
correas de elevación y seguridad | handling and safety belts.
correas de pelo de camello | camel-hair belting.
correas de transmisión | belting.
correas de transmisión de materias plásticas | synthetic beltings.
correas para elevadores y cintas transportadoras | elevator and transport belts.
correas para selfactinas (telares) | mail belting.
correas prefabricadas y pretensadas (cubiertas edificios) | prestressed precast purlings.
correas trapezoidales múltiples | multivee ropes.
corrección | emendandum | patch | rectification | trueing | editing.
corrección (aparatos) | adjustment.
corrección (de medidas, etc.) | smoothing.
corrección a escala de una aerofotografía deformada | restitution.
corrección acústica | acoustic correction.
corrección acústica de la sala | acoustical adjustment of room.
corrección aerológica | metro correction.
corrección aerológica (artillería) | pointing correction | aerological correction.
corrección al muestreo de poblaciones finitas | finite sampling correction.
corrección angular lateral | lateral angular correction.
corrección angular lateral a la marcación del blanco (artillería naval y antiaérea) | deflection.
corrección automática del exceso de reactividad | setback.
corrección balística | ballistic correction.
corrección balística azimutal | azimuth ballistic correction.
corrección bilateral | two way correction.
corrección complementaria de situación (artillería) | superelevation.
corrección Coriolis | Coriolis correction.
corrección cromática | chromatic correction.
corrección cromática sobrecorregida | overcorrected chromatic correction.
corrección de agrupamiento | grouping correction.
corrección de alcance (artillería) | spot.
corrección de alturas | elevation correction.
corrección de anormalidades | troubleshooting.
corrección de base | base correction.
corrección de calibración | calibration correction.
corrección de capilaridad | capillarity correction.
corrección de cárcavas (torrenteras) | gully plugging.
corrección de convergencia | deflection correction | convergence correction.
corrección de convergencia en la puntería en dirección (cañón) | parallax correction in train.
corrección de curvatura | curvature correction.
corrección de deriva | wind correction | deflection correction.
corrección de directividad (transductor) | shading.
corrección de distancia por coincidencia (telémetros) | halving adjustment.
corrección de errores astronómicos | limation.
corrección de errores en su emplazamiento | correction of errors in situ.
corrección de escala | scale correction.
corrección de escalonamiento (tiro artillería) | bracketing correction.
corrección de escape por la superficie | surface-escape correction.
corrección de estilo (imprenta, periódicos) | copy editing.
corrección de frecuencia | line equalization.
corrección de fugas | leakage correction.
corrección de imagen (TV) | tilt correction.
corrección de la aberración cromática | color correction.
corrección de la deriva | drift correction.
corrección de la deriva (aviación) | off-course correction.
corrección de la distorsión de imagen (televisión) | field tilt.
corrección de la distorsión de la imagen | frame tilt.
corrección de la distribución de la luz en la imagen (TV) | shading.
corrección de la irregularidad del ánima (cilindros) | bore irregularity correction.
corrección de la relación de transformación | ratio correction.
corrección de los lados (poligonal) | side adjustment.
corrección de nivel | level correction.
corrección de nivel (barometría) | correction for level.
corrección de onda espacial | sky-wave correction.
corrección de paralaje | parallax correction.
corrección de perpendicularidad (relojes) | uprighting.
corrección de pruebas | proofreading.
corrección de puntería angular | aiming off allowance.
corrección de régimen (artillería) | calibration correction.
corrección de ruta | course made good.
corrección de salida (acústica) | end correction.
corrección de tiempo de resolución (radio) | resolving time correction.
corrección de tiempos registrados (sismología) | filter correction.
corrección de tonalidad | tone correction.
corrección de torrentes | gully-control | correction of torrents.
corrección de un resultado (informática) | validity.
corrección de verticalidad (topografía) | eye and-object correction.
corrección debida al aumento aparente del semidiámetro (sextantes) | augmentation correction.
corrección del alargamiento | aspect-ratio correction.
corrección del caldo (aceros) | finishings.
corrección del cero | index correction.
corrección del error instrumental | index correction.
corrección del factor de forma | form-factor correction.
corrección del factor de potencia | power-factor correction.
corrección del huelgo lateral | side-play control.
corrección del nivel | level correction.
corrección del paso (hélices) | pitch correction.
corrección del polígono (topografía) | figure adjustment.
corrección del río | river correction.
corrección del tiempo de propagación (tubo electrónico) | rise time correction.
corrección del tiempo de propagación del eco | echo weighting time.
corrección del tiempo de propagación del eco (EE.UU.) | delay weighting time.
corrección del tiempo de resolución | resolvng time correction.
corrección del tiro | fire correction.
corrección del tiro (aviones) | spotting correction.
corrección devaluatoria (finanzas) | devaluatory correction.
corrección disciplinaria | disciplinary punishment.
corrección en altura | aiming correction.
corrección en menos | minus correction.
corrección geostrófica | geostrophic correction.
corrección ligera después del desrebabado dando un ligero golpe (forja) | restriking.
corrección ligera después del desrebabado dando un ligero golpe (forjas) | tapping.
corrección marcada con círculo (imprenta) | encircled correction.
corrección marcada con un círculo (imprenta) | circled correction.
corrección nula por viento | zero windage.
corrección numérica | numerical correction.
corrección orientacional | orientational correction.
corrección ortopédica del zapato | orthopedic shoe correction.
corrección para el ángulo de nivel (artillería) | elevation difference.
corrección por altura (barometría) | correction for level.
corrección por densidad del aire | air density correction.
corrección por el estado atmosférico (temperatura, densidad, humedad, etcétera - balística) | tenuity correction.
corrección por el pandeo de la cinta métrica (topografía) | sag correction.
corrección por el terreno (aceleración gravífica) | geländereduktion.
corrección por el viento (balística) | windage.
corrección por gravedad | gravity correction.
corrección por inclinación (aerofotografía) | correction for tilt.
corrección por las señales del código | correction from signals.
corrección por tiempo muerto (artillería) | dead time correction.
corrección por variación de temperatura (balística) | elasticity correction.
corrección positiva | plus correction.
corrección prismoidal | prismoidal correction.
corrección relativista | relativistic correction.
corrección sobre alineamiento | deskew.
corrección total (artillería) | amount.
corrección total angular (artillería naval y antiaérea) | deflection.
corrección-blanco lateral (tiro antiaéreo) | lateral lead.
correcciones de ajuste | adjustment corrections.
correción cartográfica | cartographic correction.
correciones previas | preset corrections.
correctamente | right.

correctamente alineado | correctly aligned.
correctamente clasificado | correctly graded.
correctamente dimensionado | properly proportioned.
correctidad | correctness.
correctivo (a una fórmula) | rider.
correctivo (de un medicamento, etc.) | guard.
correctivo (substancia) | correctant.
correctivo para mejorar (gasolinas, lubricantes, etcétera) | dope.
correcto | fair | right | unfaulty.
correcto (expresión) | woof.
correcto numéricamente pero no teóricamente | numerically correct but not theoreticaly correct .
corrector | adjusting | equalizer | pin.
corrector (imprenta) | reader.
corrector acústico (fonolocalizador) | parallax offset mechanism.
corrector adaptado | matched corrector.
corrector automático | automatic corrector.
corrector cuadrantal (aguja magnética) | quadrantal corrector.
corrector de alcances | range corrector.
corrector de alta frecuencia (TV) | high peaker.
corrector de altitud | altitude corrector.
corrector de altitud (carburador motor aviación) | mixture regulation.
corrector de altitud (motor avión) | mixing control.
corrector de aspiración del aire | air bleed.
corrector de bornes | link.
corrector de cierre mínimo | minimum make corrector.
corrector de derivación | drift mechanism.
corrector de desvío por defecto giroscópico | drift mechanism.
corrector de distancias | range corrector.
corrector de distorsión de imagen | tilt mixer.
corrector de errores | error corrector.
corrector de estilo (periódicos) | copy editor | copy reader.
corrector de fase | delay equalizer.
corrector de fases | phase corrector.
corrector de formas de ondas video | video waveform corrector.
corrector de frecuencia | frequency corrector.
corrector de imagen | tilt corrector.
corrector de inclinación | tilt corrector.
corrector de la aleta de centrado (aviones) | trimming strip.
corrector de la desviación de la cinta (transportador cinta) | belt drift corrector.
corrector de latitud | latitude corrector.
corrector de leva | cam-corrector.
corrector de los bordes del impulso | pulse stretcher.
corrector de originales (imprenta) | copy corrector.
corrector de potencia nula | null corrector.
corrector de pruebas | printer's reader | reviser.
corrector de pruebas (tipografía) | proofreader | press corrector.
corrector de puntería | aim corrector | computing sight.
corrector de puntería en elevación del cañón | gun elevation corrector.
corrector de puntería futura (artillería artiaérea) | lead computer.
corrector de retardo de fase | phase lag corrector.
corrector de rumbo | course corrector.
corrector de tonalidad | sound corrector.
corrector de velocidad (compas) | speed corrector.
corrector de velocidad del aire | airspeed computer.
corrector del producto nacional bruto | gross national product deflator.
corrector del timbre (electroacústica) | attenuator.
corrector el error cuadrantal | quadrantal error corrector.
corrector electromagnético | electromagnetic corrector.
corrector punto por punto | point-by-point corrector.
correctores cuadrantales (aguja náutica-buques) | quadrantal spheres.
correctores de la aguja magnética | compass correctors.
corredactor | joint editor.
corredera | guide | apron | ship log | sled | carrier | slide | runner.
corredera (de mira topográfica) | target.
corredera (distribución Stephenson) | link.
corredera (máquinas) | slider.
corredera (navegación) | log.
corredera (sondeos) | jar | drilling jar.
corredera aérea | air log.
corredera colocada en el fondo (buques) | bottom log.
corredera de ajuste (torno) | gib.
corredera de barras abiertas | link motion with open rods.
corredera de barras cruzadas | link motion with crossed rods.
corredera de guía | sheer skid.
corredera de guía (cortas de árboles) | glancer.
corredera de la cruceta (máquinas) | crosshead block.
corredera de parrilla (distribuidor de expansión de rejilla - máquina vapor alternativa) | gridiron valve.
corredera de retroceso | recoil slide.
corredera de sector Stephenson | link block.
corredera de seguridad | safety slider.
corredera de sondeo | jars.
corredera de un montaje | jig slide.
corredera del alza (fusiles) | deflection leaf.
corredera del cambio de marcha (locomotora vapor) | reversing link.
corredera del potenciómetro | potentiometer slider.
corredera del reunidor (imprenta) | assembler slide.
corredera del sector Stephenson (distribución máquinas de vapor) | die.
corredera eléctrica (buques) | electric log.
corredera para perforación inicial | spudding shoe.
corredera portaherramienta | tool slide.
corredera registradora (buques) | logometer.
corredera Stephenson | Stephenson link.
correderas (lanzamiento sobre la quilla) | launching ways.
correderas prismáticas | prismatic slides.
corrediza y plegable | sliding-folding.
corredizo | sliding | traveling (Estados Unidos) | travelling.
corredor | passage | jobber | ship broker | lobby | gallery.
corredor (de bolsa)comisionista | broker.
corredor (dirigibles) | runway.
corredor (tecnología espacial) | corridor.
corredor aéreo | corridor.
corredor autorizado | licensed broker.
corredor central | central corridor.
corredor central (autobuses) | gangway.
corredor colegiado | licensed broker.
corredor de acciones por cuenta propia | trader.
corredor de anuncios | advertising solicitor | advertising salesman | advertising canvasser.
corredor de ataque (minas) | driving trough.
corredor de bienes raíces | realtor.
corredor de bolsa | dealer | stockbroker | stockjobber | agent of Exchange | operator | exchange broker.
corredor de bolsa de firmas bancarias con domicilio y organización particular (bolsa - EE.UU.) | floor broker.
corredor de Bolsa de títulos de renta fija | bond broker.
corredor de bolsa intruso | outside broker.
corredor de bolsa que opera por cuenta propia | floor trader.
corredor de buques | shipbroker.
corredor de cambios | money broker.
corredor de comercio | salesman | jobber.
corredor de comercio para entregas inmediatas | spot broker.
corredor de compras | buying broker.
corredor de entrada | entry corridor.
corredor de fincas | estate-agent | realtor.
corredor de fincas rústicas | land agent.
corredor de fletamentos aéreos | aircraft chartering broker.
corredor de fletes | freight broker.
corredor de inmuebles | land agent.
corredor de maderas | wood broker.
corredor de maquinistas (buques) | engineers' passageway.
corredor de mercancías | merchandize broker.
corredor de opciones | put-and-call broker | pull-and-call broker.
corredor de pagarés | note-broker.
corredor de préstamos | discount broker.
corredor de productos agrícolas | produce broker.
corredor de productos alimenticios | food broker.
corredor de reentrada | re-entry corridor.
corredor de remaches (cuadrilla de remachado) | rivet-catcher.
corredor de seguros | insurance agent | insurance broker.
corredor de títulos rentables | investment broker.
corredor de un agente de bolsa | intermediate broker.
corredor de unión | connecting corridor.
corredor de valores | stock broker.
corredor de vuelos | flight corridor.
corredor diplomado | certified broker.
corredor en muebles | furniture broker.
corredor libre (bolsa) | outside broker.
corredor libre de irradiaciones | radiation-safe corridor.
corredor marítimo | shipping broker | shipbroker.
corredor no oficial | outside broker.
corredor no reconocido en la bolsa | nonmember broker.
corredor oficial | inside broker.
corredor publicista | advertising solicitor.
corredor publicitario | advertising solicitor.
corredores en línea de salida | riders on the start.
correducción | co-reduction.
corregido | rectified | refined.
corregido acústicamente | acoustically corrected.
corregido de coma (óptica) | coma-corrected.
corregido de error | true.
corregido y aumentado | revised and enlarged.
corregir | make good (to) | edit (to) | cure (to) | patch (to).
corregir (instrumentos) | adjust (to).
corregir (ríos, torrentes) | regiment (to).
corregir con exceso | overcorrect (to).
corregir defectos con el bruñidor | burnish (to).
corregir defectos por galvanoplastia | plate defects (to).
corregir desperfectos con golpes de martillo por el respaldo (clisés) | beat (to).
corregir el factor de potencia | correct the power factor (to).
corregir el huelgo (máquinas) | reset (to).
corregir el huelgo de los cojinetes | tighten bearings (to).
corregir el tiro (artillería) | correct the range (to).
corregir el tiro sobre el blanco auxiliar (artillería) | register (to).
corregir la forma (imprenta) | correct in the metal (to).
corregir la segregación química por difusión (acero) | homogenize (to).

corregir las galeradas (tipografía) | proofread (to).
corregir las pruebas | correct the press (to).
corregir originales (imprenta, periódicos) | blue-pencil (to).
corregir un defecto | remove a defect (to).
corregir un programa | repatch (to).
corregir una prueba (imprenta) | read a proof (to).
corre-guía | deckle strap.
correhuela | leather tape.
correhuela (cardas) | divider tape.
correhuela (correín - cardas) | condenser tape.
correilla (para coser correas) | lace.
correín (cardas) | divider tape.
correlación | mapping | link | relationship.
correlación adimensional | dimensionless correlation.
correlación buque-modelo | ship-model correlation.
correlación cruzada | crosscorrelation.
correlación de apareamiento | pairing correlation.
correlación de grados | grade correlation.
correlación de rangos | correlation of ranks.
correlación desplazada (matemáticas) | lag correlation.
correlación discontinua | spot correlation.
correlación entre entrada y salida | input-output relationship.
correlación entre la deflexión del casco y la alineación del eje y engranaje propulsor (buques) | hull-deflection-shaft alignment link.
correlación entre la dispersión y la sensibilidad | relationship between scatter and sensitivity.
correlación intercanálica | interchannel correlation.
correlación interclásica | interclass correlation.
correlación intraclásica | intraclass correlations.
correlación lineal | linear correlation.
correlación micropaleontológica | micropaleontological correlation.
correlación modelo-buque | model-ship correlation.
correlación múltiple | multiplexing | multiple correlation.
correlación mutua | crosscorrelation.
correlación mutua (matemáticas) | cross-correlation.
correlación normal múltiple | multiple normal correlation.
correlación ordinal (matemáticas) | rank correlation.
correlación ortométrica | orthometric correction.
correlación policórica | polychoric correlation.
correlación por rangos | rank correlation.
correlación serial | serial correlation.
correlación serial desfasada (estadística) | serial lag correlation.
correlación tetracórica | tetrachoric correlation.
correlacionador | correlator.
correlacionador de transición | crosscorrelator.
correlacionador vídeo | video correlator.
correlacionar (transformar) | map (to).
correlaciones direccionales de polarización gamma-gamma | gamma-gamma polarization-directional correlations.
correlaciones predictivas | predictive correlations.
correlacionismo | correlationism.
correlador | correlator.
correlador de frecuencia electrónico | electronic frequency correlator.
correlador de ondas | wave correlator.
correlador de receptor direccional | directional receiver correlator.
correlador de retardos de tiempos | time delay correlator.
correlador numérico | digital correlator.
correlato (química) | correlate.
correlatógrafo | correlatograph.
correlograma | correlogram.
correo | post | mail | messenger | packet.
correo aéreo | aeromail | air mail | airmail.
correo aéreo certificado | registered airmail.
correo certificado | registered mail.
correo judicial | judicial mail.
correo marítimo | boat mail | mail boat.
correo recibido | incoming mail.
correo terrestre (en tren o en buque) | surface mail.
correo terrestre certificado | registered surface mail.
correo transportado por helicóptero | helimail.
correosidad (de la pintura) | stringiness.
correoso | tough.
correr | pour (to) | stream (to) | run (to) | run (to).
correr (agua de río, fuente, etc.) | flow (to).
correr (el tiempo) | wear (to).
correr (las aguas) | rundown (to).
correr (montaje de un puente) | throw (to).
correr a chorro | spout (to).
correr a un desastre | court disaster (to).
correr con | conduct (to).
correr con la mar en popa (buques) | scud (to).
correr con todos los costes y riesgos | bear all costs and risks (to).
correr dando vueltas | ring (to).
correr de prisa | race (to).
correr el carro (torno) | run the carriage (to).
correr el temporal | be in the gale (to).
correr niveles (nivelación) | run levels (to).
correr rápidamente (carruajes) | bowl along (to).
correr un temporal | run before the sea (to).
correr un temporal (buques) | weather (to) | scud (to).
correr un tiempo (buques) | weather (to).
correr una empopada (buques) | scud (to).
correrse (colores en telas al lavarlas, tinta de imprenta) | run (to).
correrse (líquidos) | runout (to).
correrse (pinturas) | sag (to).
correrse (tierras) | run (to) | slump (to).
correrse el color | bleed (to).
correrse el estaño en forma de hilos por la superficie (estañado) | dewet (to).
correrse la carga (buques) | shift (to).
correrse la estiba (buques) | shift (to).
correrse la tinta en la impresión (litografía, imprenta) | bleed (to).
correrse una cosa sobre otra | creep (to).
correspondencia | cross-reference | hit | communication | mail | matching.
correspondencia apócrifa | apocryphal correspondence.
correspondencia birracional biunívoca | one-to-one birational correspondence.
correspondencia biunívoca | one-to-one correspondence.
correspondencia certificada | certified letter.
correspondencia colineal | collinear correspondence.
correspondencia contada | metered mail.
correspondencia de entrega inmediata | special-delivery letter.
correspondencia entre fonemas y grafemas | phoneme-grapheme correspondence.
correspondencia microfilmada | V-mail | V mail.
correspondencia que entra y sale | ingoing and outgoing mail.
correspondencia rápida | special delivery.
correspondencia térmica | thermal tracking.
correspondencia urgente | special-delivery letter.
corresponder a | return (to) | reciprocate (to).
corresponder a la muestra | match the sample (to).
correspondiente | responsive.
corresponsabilidad | joint liability.
corresponsal bancario | correspondent bank.
corresponsal en el extranjero | foreign correspondent.
corresponsal eventual (periodismo) | stringer.
corresponsal extranjero | foreign correspondent.
corresponsal local | local reporter.
corresponsal para las lenguas extranjeras | foreign correspondent.
corresponsalía | staff of correspondents.
corretaje | job.
corretaje (comercio) | brokerage.
corretaje aéreo | airbroking.
corretaje de cambios | bill brokerage.
corretaje marítimo | shipbroking.
corrida | running.
corrida (bola de billar) | follow-through.
corrida (prueba velocidad buques) | run.
corrida de bucle (cine) | buckling.
corrida en contra de la marea o viento (pruebas de buques) | against weather run.
corrida en lastre (velocidad de buques) | light-load running.
corrida sobre la milla medida (buques) | measured-mile course.
corridas a velocidad progresiva (buques) | progressive speed runs.
corridas de aproximación a la base de milla medida (pruebas de buques) | approach runs.
corridas sobre la base (pruebas buques) | runs on the mile.
corriene nominal de plena carga | rated full-load current.
corriente | outer lead | flowing | flow | current | drift | flowing | normal | running | stream | common.
corriente (de mareas, ríos) | run.
corriente (tipos comerciales) | saleable.
corriente a favor del viento (marina) | lee current.
corriente a lo largo de la costa de Somalia | east Africa Coast current.
corriente a tierra | earth leakage current.
corriente absorbida | sink current.
corriente absorbida en el arranque (electromotor) | breakaway current.
corriente acelerada | accelerated flow.
corriente activa | phase current | active current.
corriente activa (corriente alterna) | working current | wattfull current | watt current.
corriente aérea ascendente | updraft.
corriente afluente | influent stream.
corriente alimentadora | infeed current.
corriente alrededor de un cuerpo | flow past a body.
corriente alta del sudoeste | southwesterly current aloft.
corriente alterna | AC | alternating current.
corriente alterna asimétrica | asymmetrical alternating current.
corriente alterna de hiperfrecuencia (frecuencia mayor de 1.000 hertzios) | radiofrequency current.
corriente alterna de onda cuadrada con anchura de impulso variable | variable-pulse-width square-wave alternating current.
corriente alterna que pasa por un rectificador sin ser rectificada | leakage current.
corriente alterna síncrona | symmetrical alternating current.
corriente anérgica | inactive current | idle current.
corriente aniónica | anionic current.
corriente anódica | plate current.
corriente anódica de cresta | anode peak | peak anode current.
corriente anódica de punta | peak plate current.
corriente anular | ring current.
corriente ascendente | ascending current | upcurrent | boil.
corriente ascendente de las aguas profundas frías hacia la superficie (oceanografía) | upwelling.
corriente ascensional | rising current.
corriente barotrópica | barotropic flow.
corriente bifásica | biphase current | diphase

current.
corriente casual débil | sneak current.
corriente centrífuga | centrifugal current.
corriente centrífuga (anatomía) | descending current.
corriente centrípeta | centripetal current.
corriente centrípeta (anatomía) | ascending current.
corriente circular | ring current.
corriente circumpolar | circumpolar current.
corriente circumpolar antártica | antarctic circumpolar current.
corriente compensadora | equalizing current | offset current.
corriente con dirección al oeste | west-setting current.
corriente con fluctuaciones | ripple current.
corriente con intensidad menor que lo normal (electricidad) | undercurrent.
corriente con ondulación mínima | low-ripple current.
corriente con rotor fijo | blocked-rotor current.
corriente con rotor frenado | locked rotor current.
corriente con rotor libre | free-rotor current.
corriente conductiva | conduction current.
corriente constante | constant current.
corriente continua | continuous current.
corriente continua (electricidad) | unidirectional current | direct current.
corriente continua intermitente | interrupted direct current.
corriente continua modulada | pulsating direct current.
corriente continua ondulada | ripple current.
corriente continua periódicamente interrumpida o con intensidad variable (electricidad) | pulsating direct current.
corriente convectiva ascendente | upwelling.
corriente corpuscular solar | solar stream.
corriente correctora | correcting current.
corriente costera | coastal flow.
corriente costera longitudinal | longshore current.
corriente creciente | building-up current | increasing current.
corriente crítica en la que los átomos neutros son destruidos tan rápidamente como entran (después de esta corriente crítica se forma el plasma - fusión termonuclear) | burnout.
corriente cruzada | cross-flow.
corriente de absorción | decaying conduction current | absorption current.
corriente de activación magnética | pull-in current.
corriente de actuación | pull-up current.
corriente de agua | stream | watercourse.
corriente de agua dulce en el mar | freshet.
corriente de agua efímera | ephemeral stream.
corriente de agua fría del Artico dentro de la corriente del Golfo | cold wall.
corriente de agua para arrastre de troncos | drivable stream.
corriente de Agulhas | Agulhas Stream.
corriente de aire | draught | blow | draft | air flow | air draught | air current | airstream | airflow.
corriente de aire a presión | forced draught.
corriente de aire arrojada hacia atrás por la hélice (aviones) | bite.
corriente de aire ascendente | ascending air current | upcast | rising air current.
corriente de aire caliente | hot blast.
corriente de aire caliente que sube del terreno recalentado por el sol | thermal.
corriente de aire de la hélice (aviones) | race.
corriente de aire descendente | downdraught.
corriente de aire descendente (minas) | downcast.
corriente de aire dirigida hacia abajo por el movimiento relativo de un avión | downwash.
corriente de aire entrante | ingoing air current.
corriente de aire entrante (minería) | first-of-the-air.
corriente de aire frío | cold air current.
corriente de aire horizontal | advection.
corriente de aire humidificado | humidified air current.
corriente de aire producida por la hélice (aviones) | backwash | prop wash.
corriente de aire producida por una descarga eléctrica | aura.
corriente de aire regulada | regulated air stream.
corriente de aire vertical (meteorología) | bump.
corriente de airecaja de viento | air blast.
corriente de Alaska (oceanografía) | Alaska current.
corriente de alimentación | feed current | feed.
corriente de alimentación de antena | antenna feed current.
corriente de alimentación del ánodo | anode feed supply.
corriente de alta frecuencia | high-frequency current | induction current.
corriente de alto amperaje y bajo voltaje | low-voltage high-amperage current.
corriente de alto voltaje | high-tension current.
corriente de arranque | starting current | preoscillation current.
corriente de arranque de poca intensidad | low starting current.
corriente de arrastre de los electrones | drift speed.
corriente de audiofrecuencia | a-f current.
corriente de bajo voltaje | low-tension current | low-voltage current.
corriente de bajo voltaje y de gran amperaje | high-amperage low-voltage current.
corriente de barro (geología) | mudflow.
corriente de batería | battery current.
corriente de caída (relé) | drop-away current.
corriente de caldeo del filamento | filament heating current.
corriente de calor | heat flow.
corriente de carga | charging current.
corriente de carga de la línea | charging current of the line.
corriente de carga del rotor | rotor load current.
corriente de cierre | pull-in current | sealing current.
corriente de circulación | circulating current.
corriente de conexión (relés) | pull-in current.
corriente de conmutación | commutation current.
corriente de consumo | consumption flow.
corriente de convección | convection current.
corriente de convección térmica | thermal density current.
corriente de corte de drenaje (electrónica) | drain cut-off current.
corriente de corto circuito en régimen permanente | steady-state short-circuit current.
corriente de cortocircuito | fault | short-circuit current.
corriente de cortocircuito (circuitos) | prospective current.
corriente de cortocircuito (redes trifásicas) | fault current.
corriente de cortocircuito del inducido | armature short-circuit current.
corriente de cortocircuito eficaz simétrica | RMS symmetrical short-circuit current.
corriente de cresta de diodo túnel | tunnel-diode peak current.
corriente de Davidson (oceanografía) | Davidson current.
corriente de demarcación | demarcation current.
corriente de descarga (iniciación del arco) | power-follow current.
corriente de descarga espontánea | leakage current.
corriente de desconexión | releasing current.
corriente de desconexión (relés) | trip current.
corriente de desenganche (relés) | trip current | dropout current.
corriente de desequilibrio | spill current.
corriente de desequilibrio de entrada | input offset current.
corriente de desexcitación (relés) | dropout current.
corriente de desplazamiento | drift current.
corriente de difusión polarográfica | polarographic diffusion current.
corriente de disparo (relés) | dropout current.
corriente de dispersión de hiperfrecuencia | stray H. F. current.
corriente de drenaje (telecomunicación) | drain current.
corriente de drenaje polarización cero | zero-bias drain current.
corriente de enfriamiento del enfriador | cooler cooling flow.
corriente de enganche (relés) | pull-in current.
corriente de entrada | input stream | inrush current | entering stream.
corriente de entrada (electricidad) | supply | input.
corriente de excitación | energizing current.
corriente de excitación magnética | pickup current.
corriente de extracción | drift current.
corriente de fango (volcanes) | mud flow.
corriente de fase | phase current.
corriente de fin de conversación (teléfono) | clearing current.
corriente de fondo | botton current | undertow.
corriente de fondo (hidrología) | bottom current.
corriente de Foucault | eddy current | parasitic current.
corriente de Foucault (electricidad) | local current.
corriente de frenado | braking current.
corriente de fuga | dielectric current | spike current.
corriente de fuga (electricidad) | stray current.
corriente de fuga (telefonía) | sneak current.
corriente de fuga a tierra | earth current.
corriente de fugas | leakage current.
corriente de fugas del colector | collector leakage current.
corriente de funcionamiento | operating current.
corriente de gas | gas current.
corriente de gases expelidos por un motor de chorro o motor cohético | jet stream.
corriente de gran amperaje | power current | high-amperage current.
corriente de gran amperaje (electricidad) | heavy current.
corriente de gran intensidad y baja tensión | low-voltage high-amperage current.
corriente de hipovoltaje de hiperfrecuencia | high-frequency low-voltage current.
corriente de Humboldt | Chile current.
corriente de inducción | induction current | lagging current.
corriente de intensidad creciente | rising current.
corriente de interrupción | turnoff current.
corriente de inversión cíclica | periodic-reverse current.
corriente de ionización (radio) | gas current | firing current.
corriente de la marea | ebb strength.
corriente de la marea vaciante | ebb tidal current.
corriente de la superficie (hidráulica) | overflow.
corriente de las Bahamas | Bahama current.
corriente de las cuentas por cobrar | accounts receivable flow.
corriente de lava solidificada | coulee.
corriente de lazo | loop current.
corriente de liberación | release current.
corriente de línea | line current.

corriente de llamada | ringing current.
corriente de llamada (telefonía) | signaling current.
corriente de llamada inmediata | immediate ringing.
corriente de llegada | incoming current | inflow current.
corriente de maniobra | controlling current.
corriente de marca | chuck.
corriente de marea | race | flood tide | run of sea.
corriente de marea de proa | head tide.
corriente de marea de través (navegación) | beam tide | cross tide.
corriente de marea de velocidad decreciente en la época de la marea apogeica | apogean tide current.
corriente de marea que aumenta la velocidad del buque | fair tide.
corriente de partida (telegrafía) | outgoing current.
corriente de pérdida | leakage current.
corriente de pérdida (de un conductor a tierra o a otro conductor) | fault current.
corriente de pérdida a tierra | ground-fault current.
corriente de placa | anode feed.
corriente de placa en función del voltaje de placa | plate current versus plate voltage.
corriente de plasma solar (velocidad de 300 Km/segundo y contiene 10 partículas/cm^3) | solar plasma stream.
corriente de recuperación | recovery current.
corriente de reflujo | ebb-tide current.
corriente de régimen | rated current | working current | normal current.
corriente de régimen a plena carga | full load rated current | normal rated full-load current.
corriente de reposo | quiescent current.
corriente de reposo (telegrafía) | spacing current.
corriente de resaca | rip current.
corriente de resaca (playas) | rip tide.
corriente de retención | holding current.
corriente de retorno | return current | after current.
corriente de retorno (interruptores) | restriking.
corriente de retorno por tierra (EE.UU.) | spike current.
corriente de rotor bloqueado | locked rotor current.
corriente de ruptura simétrica eficaz | root-mean-square symmetrical breaking current .
corriente de salida | output | output stream.
corriente de salida de señal | signal output current.
corriente de saturación | total emission.
corriente de sector (electricidad) | lead-on current | street current.
corriente de servicio (electricidad) | operating current.
corriente de sobrevoltaje | transient.
corriente de soldadura de aumento regulado | slope-controlled weld current.
corriente de trabajo | operating current | working current.
corriente de trabajo (telegrafía) | marking current.
corriente de trabajos de entrada | input job stream.
corriente de transferencia | transfer current.
corriente de tránsito (aeronáutica) | traffic flow.
corriente de tunelización | tunnelling current.
corriente de una fase de la estrella | Y-current | star current.
corriente de una fase del triángulo | delta current.
corriente de valle | valley current.
corriente de valle del diodo túnel | tunnel-diode valley current.
corriente de vidrio fundido extruído que alimenta la máquina (fabricación vidrios) | gob.
corriente de vuelta | after current.
corriente de vuelta por tierra | earth current.
corriente de yugo | yoke current.
corriente debida al viento | wind-driven current.
corriente defasada | phase-displaced current | out-of-phase current.
corriente defasada en avance sobre el voltaje | leading current.
corriente defasada en retardo sobre el voltaje | lgging current.
corriente del acelerador final | ultor current.
corriente del campo inductor | exciter field current | field current.
corriente del captador fonográfico | pickup current.
corriente del eje en cuadratura | quadrature-axis current.
corriente del filamento | heater current.
corriente del fondo (hidráulica) | underflow.
corriente del freno (electricidad) | brake current.
corriente del haz | beam current.
corriente del inducido | rotor current | armature current.
corriente del secundario referida al primario (transformador) | secondary current reduced to terms of the primary.
corriente del terreno | soil creep.
corriente derivada | shunt current | branch current | branched current | derived current | underflow | undercurrent.
corriente derivadora (corriente drenadora) | bleeder current.
corriente descendente | descending current | downdraft | downwelling current | downward-current.
corriente descendente (corriente marina) | sinking current.
corriente descendente (ventilación minas) | windfall.
corriente desviadora | deflecting current.
corriente detectable | detectable current.
corriente detectada | detected current.
corriente determinada por la diferencia entre el punto estimado y el punto de posición (navegación) | drift current.
corriente diatérmica | diathermic current.
corriente directa | direct current.
corriente directa máxima | maximum forward current.
corriente discontinua | transient current.
corriente diurna | diurnal current.
corriente efectiva | virtual current.
corriente eficaz | RMS current | effective alternating current.
corriente eficaz (corriente alterna) | RMS current.
corriente eficaz (electricidad) | effort current | effective current.
corriente eficaz del arco | root-mean-square arc current.
corriente eficaz simétrica | symmetrical RMS current.
corriente eléctrica | electric current | current.
corriente eléctrica portadora de señal | signal-carrying electric current.
corriente eléctrica que pasa por un tejido vivo cuando se aplica un estímulo mecánico | blaze.
corriente eléctrica que puede soportar sin peligro una persona normal y pudiendo desprenderse del conductor con el que está en contacto | let-go current.
corriente electrolizante | electrolyzing current.
corriente electrónica | electronic current | space current.
corriente electrónica media | average electrode current.
corriente emergente | upwelling current.
corriente en adelante | current leading.
corriente en cuña | wedge flow.
corriente en chorro (meteorología) | jet stream.
corriente en chorro circumpolar (meteorología) | jet airstream.
corriente en dirección hacia afuera (costas) | offset.
corriente en fase con la tensión | active current.
corriente en oposición (electricidad) | bucking current.
corriente en pérdida | stalled flow.
corriente en retraso | current lagging.
corriente en vacío (electricidad) | no-load current.
corriente enderezada | commuted current | commutated current.
corriente enderezada (corriente alterna a continua) | redress current.
corriente entrante | inward flow.
corriente equivalente | offset current.
corriente espacial | space current.
corriente especificada por el constructor que funde un fusible y origina el cierre del circuito (electricidad) | rated blowing-current.
corriente estabilizada electrónicamente | electronically stabilized current.
corriente establecida | peak making-current.
corriente estacional | seasonal current.
corriente estacionaria | steady current.
corriente estática | quiescent current.
corriente estatórica | stator current.
corriente estelar | star streaming.
corriente excitadora del campo inductor | field-excitation current.
corriente extraída (electricidad) | drawn current.
corriente faradaica | faradaic current.
corriente filtrada (de ondulaciones reducidas - electricidad) | smoothed current.
corriente filtrada (túnel aerodinámico) | shear flow.
corriente financiera | financial flow.
corriente fluida | flow stream | flow | moving stream.
corriente fluida estacionaria | steady flow.
corriente fluvioglacial | fluvioglacial stream.
corriente fotoeléctrica | photocurrent.
corriente fototermiónica | photothermionic current.
corriente fría descendente de agua | down welling.
corriente galvánica | battery current.
corriente hacia dentro | indraft.
corriente horizontal | advectional current.
corriente imanante | magnetizing current.
corriente impetuosa | swift current.
corriente inapreciable | inappreciable current.
corriente inducida (electricidad) | secondary current | induced current.
corriente inducida de desconexión | break induced current.
corriente inducida de desconexiónb | break-induced current.
corriente inducida en el eje (electromotores) | shaft current.
corriente inductora | inducing current | inductive current | primary current | field current.
corriente instantánea | momentary current.
corriente instantánea imanante | magnetizing pulse.
corriente instantánea máxima que puede soportar un aparato | instantaneous carrying-current.
corriente intensa (electricidad) | heavy current.
corriente intermitente | intermittent current | make-and-break current | discontinuous flow.
corriente interrumpida | interrupted current | chopped current.
corriente inversa (telefonía) | echo current | return current | sining current.
corriente inversa de electrodo | inverse electrode current.
corriente inversa de rejilla | backlash | reverse grid current | inverse grid current.
corriente inversa de rejilla (radio) | backlash.
corriente inversa de saturación | reverse satu-

ration current.
corriente inversa que circula por un rectificador cuando se interrumpe el aflujo de corriente alterna | leakage current.
corriente inversora de rejilla | reversed grid current.
corriente invertida | reverse current.
corriente inviscida | inviscid flow.
corriente iónica | ion current.
corriente libre | unrestricted flow.
corriente limitada de carga espacial | space-charge-limited current.
corriente limitada por la carga espacial | space-charge limited current.
corriente limitada por paredes | ducted stream.
corriente límite | limiting current.
corriente límite de fusión | limiting fusing current.
corriente limite de no fusión | limiting no-damage current.
corriente litoral | shore drit | coastal current | littoral current | longshore current.
corriente local | local current.
corriente luminosa | light current.
corriente magnetizante | magnetizing current.
corriente magnetizante en cuadratura | quadrature magnetizing current.
corriente mareal | tidal current.
corriente marina lenta de gran anchura producida por los vientos (oceanografía) | drift.
corriente mas densa que la del fluido circundante y que fluye a lo largo del fondo del mar | bottom flow.
corriente máxima cíclica de cresta | maximum repetitive peak current.
corriente máxima de ánodo | peak anode current.
corriente máxima de descarga (acumuladores) | maximum discharge current.
corriente máxima de electrodo | peak electrode current.
corriente máxima de placa | peak plate current.
corriente máxima momentánea | rated short-time current.
corriente máxima para no funcionar | nonoperating current.
corriente menor que la de régimen | undercurrent.
corriente mínima de fusión (electricidad) | minimum blowing current.
corriente mínima de fusión (fusibles) | minimum blowing current.
corriente mínima de mantenimiento | hold current.
corriente mínima para fundir un fusible expresada en porcentaje de la corriente de servicio | fusing-factor.
corriente modulada entre base | interbase modulated current.
corriente modulante | modulating current.
corriente momentánea | transient current | transient.
corriente motriz | actuating current.
corriente neural (biología) | nerve current.
corriente no estacionaria unidimensional | one-dimensional unsteady flow.
corriente no filtrada (electricidad) | unsmoothed current.
corriente no viscosa | inviscid flow.
corriente nominal de funcionamiento | rated working current.
corriente nominal del fusible | fuse current rating.
corriente normal | normal current.
corriente normal (circuito bifilar) | loop current.
corriente normal de régimen | normal operating current.
corriente oceánica fría de las costas de Chile y Perú | Chile current.
corriente oceánica hacia el sur a lo largo de la costa noroeste de Africa | Canary current.
corriente oceánica superficial causada por los vientos | ocean current.
corriente oceánica superficial causada por los vientos dominantes | drift current.
corriente ondulatoria | pulsating current.
corriente operatoria mínima | minimum operating current.
corriente originada por el viento | wind-driven current.
corriente oscilatoria | beating current | oscillatory current | oscillating current.
corriente parásita | parasitic current | eddy current.
corriente parásita (electricidad) | local current | stray current.
corriente parásita de la envuelta metálica (cable de corriente alterna) | sheath current.
corriente parásita de pequeña intensidad | sneak current.
corriente parcial (ventilación minas) | split.
corriente perceptible | appreciable current.
corriente permanente | steady current | closed-circuit current.
corriente permanente (electricidad) | rest current.
corriente permanente de placa (termiónica) | anode rest current.
corriente perturbadora | interference current | noise current | disturbing current.
corriente perturbadora equivalente de una línea de energía | power-line equivalent disturbing current.
corriente polarizante | polarizing current.
corriente polifásica | multiphase current | polyphase current.
corriente por efecto túnel (electrónica) | tunnel current.
corriente por fase | current per phase.
corriente por fase del generador | generator current per phase.
corriente portadora | superimposed current.
corriente portadora de teléfono | telephone carrier current.
corriente portadora sobre línea de transporte de energía | power-line carrier.
corriente potenciostática | potentiostatic current.
corriente primaria | primary current.
corriente progresiva | forward flow.
corriente pulsante | pulsating current.
corriente pulsante de multifrecuencias | multifrequency pulsing current.
corriente pulsátil | beating current.
corriente pulsatoria | pulsating current | pulsatory current.
corriente que es alternativamente fuerte y débil | swelling current.
corriente que lleva los icebergs | ice-bearing current.
corriente que oscurece | dark current.
corriente que pasa por conexión en triángulo | delta current.
corriente rápida de marea por angostura de paso | tide-gate.
corriente reactiva | idle current | ninety degrees current | blind current | magnetizing current | quadrature current | wattless current | inactive current.
corriente reactiva (corriente alterna) | wattlesss current.
corriente reactiva retrasada | lagging reactive current.
corriente recia | swift current.
corriente rectificada (corriente alterna a continua) | redress current.
corriente reflejada (telefonía) | echo current | echo current | return current | sining current.
corriente remanente | residual current.
corriente residual | follow current | limiting current.
corriente residual (corriente de reposo - célula fotoeléctrica) | dark current.
corriente residual de un tubo | transient-decay current.
corriente retrógrada | slipstream.
corriente rotacional supersónica estacionaria | steady supersonic rotational flow.
corriente rotórica | rotor current.
corriente sacada de un punto a lo largo de la altura (torre de destilación) | slipstream.
corriente sacada de un punto cualquiera de la altura (torre destilación) | side stream.
corriente secundaria | secondary current.
corriente sin turbulencia | streamline.
corriente sinusoidal | simple harmonic current | sinewave current | sine current.
corriente sinusoidal compleja | vector current.
corriente somera ascensional (oceanografía) | upwelling.
corriente subalfvénica (onda de Alfven) | sub-alfvenic flow.
corriente subálvea | underflow.
corriente subfluvial | underflow.
corriente submarina | undercurrent.
corriente subsiguiente | follow current.
corriente subsuperficial | subsurface current.
corriente subsuperfinal (correntías) | interflow.
corriente sumente | sinking current.
corriente sumergente | downwelling current.
corriente superaudible | superaudio current.
corriente superficial | overland flow.
corriente superficial de agua desde la playa hacia el mar | rip current.
corriente supersónica | supersonic flow.
corriente supersónica con un eje de simetría | axially symmetric supersonic flow.
corriente surgente (oceanografía) | upwelling current | upwelling.
corriente tangencial | shear flow.
corriente telúrica | earth current | ground current.
corriente telúrica (EE.UU.) | spike current.
corriente térmica | thermal | thermal current.
corriente termiónica | space current.
corriente termoeléctrica | thermocurrent.
corriente termotelúrica | thermotelluric current.
corriente total que va hacia el ánodo (tubo rayos catódicos) | gun current.
corriente transitoria | transient current.
corriente transitoria anormal | surge.
corriente transónica alrededor de superficies sustentadoras | transonic flow past aerofoils.
corriente transversal | shear flow.
corriente trifásica | three phase current | rotary current.
corriente turbulenta | eddy.
corriente turbulenta libre | free turbulent flow.
corriente unidireccional | unidirectional current.
corriente uniforme | steady flow.
corriente vadeable | fordable stream.
corriente vagabunda | vagabond current | sneak current.
corriente vagabunda (electricidad) | stray current.
corriente vibrada de frecuencia uniforme (teléfonos) | tone.
corriente viscosa hipersónica bidimensional | two-dimensional hypersonic viscous flow.
corriente viscosa pulsatoria | pulsating viscous flow.
corriente voltaica monódica | monodic voltaic current.
corriente y voltaje (motores síncronos) | hunting.
corrientemente empleado | commonly-used | commonly-employed.
corrientemente utilizado | widely used.
corrientes coaxiales | coaxial currents.
corrientes cofásicas | cophasal currents.
corrientes de aire (de una habitación) | draughtiness.
corrientes de aire cerca del suelo | air drainage.
corrientes de densidad (hundimiento de la capa fría más alta y descenso de la capa caliente más baja - lagos, etc.) | overturn.

corrientes de Foucault (electricidad) | eddy currents.
corrientes de llamas en sentido de la longitud (calderas) | flash flues.
corrientes de mareas ecuatoriales | equatorial tidal currents.
corrientes de secuencia negativa del generador | generator negative sequence currents.
corrientes defasadas | misphasing currents.
corrientes del mismo sentido | unidirected currents.
corrientes desprendidas (aerotermodinámica) | separated flows.
corrientes económicas | economic flows.
corrientes en contrafase | push-pull currents.
corrientes en chorro (meteorología) | jet streams.
corrientes opuestas | opposed currents.
corrientes parásitas | eddy currents | stray currents.
corrientes permanentes aperiódicas del océano | nontidal current.
corrientes producidas por diferencia de densidad entre capas frías y calientes (lagos, etc.) | overturn.
corrientes simétricas (línea trifásica) | balanced currents.
corrientes submarinas | undersea currents.
corrientes térmicas | thermals.
corrientes térmicas selénicas (de la Luna) | selenic thermal currents.
corrientes unídireccionales en un fluido debidas a la presencia de ondas sonoras | acoustic streaming.
corrientímetro | current meter.
corrimiento | creepage | creapage | bleed | shift | scrolling | running.
corrimiento (capa de pintura) | sagging.
corrimiento (de la vía férrea) | creep.
corrimiento (de terrenos) | slide.
corrimiento (de tierras) | slump.
corrimiento (del barniz) | icicling.
corrimiento (del terreno) | slipping.
corrimiento (deslizamiento - metalurgia) | glide.
corrimiento (geología) | thrusting | thrust | shift.
corrimiento de cizalla (geología) | shear thrust.
corrimiento de erosión (geología) | erosion thrust.
corrimiento de frecuencia | frequency shift | frequency departure.
corrimiento de la carga (buques) | shifting.
corrimiento de la respuesta | response drift.
corrimiento de las vigas (montaje de puentes) | rolling-out.
corrimiento de los carriles (en una pendiente) | creep of the rails.
corrimiento de los contenedores de cubierta (buques) | sliding.
corrimiento de potencia (nucleónica) | power drift.
corrimiento de Raman de 2233 centímetros^{-1} | Raman shift of 2233 cm^{-1}.
corrimiento de tierras | landfall | landslide | earthshake | earth creep | earth slide | run of ground.
corrimiento de tierras sobre la vía (ferrocarril) | dirt slide.
corrimiento del color (teñido) | bleeding.
corrimiento del lastre | ballast shifting.
corrimiento del talud | batter slip | talus disaster.
corrimiento del talud (terraplenes) | embankment slip.
corrimiento del terreno | soil creep.
corrimiento espectral | spectral shift.
corrimiento gradual de la frecuencia | slow frequency drift.
corrimiento horizontal de una masa de aire | advection.
corrimiento isotópico | isotope shift.
corroboración | confirmation.
corroborado | confirmed.
corroborar | confirm (to) | adminiculate (to).
corroer | eat (to) | gnaw (to) | eat away (to) | corrode (to) | fret (to) | decay (to) | pit (to) | etch (to) | erode (to).
corroer (un ácido) | bite (to).
corroerse | fray (to).
corroíble | corrodible.
corroído | fretted | corroded | rusty | rust eaten.
corroído (corrosión metales) | pitted.
corroído anódicamente | anodically etched.
corroído por petróleo | oil-rotted.
corromper | spoil (to) | taint (to).
corromperse | decompose (to) | rot (to).
corrompido | trading.
corrón (urdidor) | hake box | heck | heck box.
corrosibilidad | corrosibility.
corrosible | corrosible.
corrosífugo | corrosion-inhibiting.
corrosioinhibidor para aceros | steel pitting inhibitor.
corrosioinhibidor volátil | volatile corrosion inhibitor.
corrosión | fretting | corrosion | scouring.
corrosión (chapas) | biting.
corrosión (metales) | eating away.
corrosión a altas temperaturas cuando el combustible contiene azufre (turbina de gas) | black-plague.
corrosión a lo largo de una línea | knife-line corrosion.
corrosión acanaladora | channeling corrosion.
corrosión alveolar superficial | pitting.
corrosión anaeróbica | anaerobic corrosion.
corrosión anódica | anodic etching.
corrosión atmosférica | atmospheric corrosion.
corrosión bacteriana | bacterial corrosion.
corrosión bacteriológica | bacteriological corrosion.
corrosión bajo carga estática (metales trabajados en frío, etc.) | stress corrosion.
corrosión bimetálica | bimetallic corrosion.
corrosión biológica | biological corrosion | biofouling.
corrosión blanca (estampación de telas) | white discharge.
corrosión cavitacional | cavitation pitting.
corrosión celular | tubercular corrosion.
corrosión circunferencial de los tubos en la proximidad de la placa tubular (calderas) | necking.
corrosión con fatiga | fatigue corrosion.
corrosión crateriforme | pitting corrosion.
corrosión crateriforme guiada por gravedad | gravity-guided pitting attack.
corrosión de chapas de calderas | boiler plate corrosion.
corrosión de la cinta de cobre | copper strip corrosion.
corrosión de la obra viva | ship bottom corrosion.
corrosión de tubos de condensadores | condenser tube corrosion.
corrosión del ánodo | anode corrosion.
corrosión del casco | hull corrosion.
corrosión del plano de exfoliación | grain-boundary corrosion.
corrosión destructora de la pasividad | passivity-destroying corrosion.
corrosión durante el período de inactividad (calderas, etc.) | standby corrosion.
corrosión electrolítica | furrowing | galvanic corrosion.
corrosión electroquímica | electrochemical corrosion.
corrosión en el interior de las fisuras | crevice corrosion.
corrosión en hendiduras | crevice corrosion.
corrosión en la cara expuesta al fuego (recalentador de calderas de vapor recalentado) | fireside corrosion.
corrosión en las partes ensambladas | built-in corrosion.
corrosión en los fondos del buque | ship bottom corrosion.
corrosión en medios orgánicos | nonaqueous corrosion.
corrosión en seco cuando están expuestas a condiciones alternadas de oxidación y reducción en hornos industriales (aleaciones de cromoníquel y ferrocromoníquel) | green-rot.
corrosión erosiva | erosive pitting.
corrosión esponjosa (aceros) | spongy disease.
corrosión exfoliativa | exfoliation-type corrosion.
corrosión filiforme | knife-line corrosion | filiform corrosion | stringer corrosion | underfilm corrosion.
corrosión fisurante (cabeza válvulas motores) | wiredrawing | guttering.
corrosión fisurante (calderas) | brittle corrosion.
corrosión galopante | break away.
corrosión galopante (química) | breakaway.
corrosión galvánica | contact corrosion | couple corrosion.
corrosión grafítica | graphitization.
corrosión grafítica (hierro fundido) | graphitic corrosion.
corrosión húmeda | wet corrosion.
corrosión intensa | aggressive corrosion.
corrosión interangular | interangular corrosion.
corrosión intercristalina | intercrystalline corrosion.
corrosión intercristalina (acero inoxidable al cromoníquel austenítico) | weld decay.
corrosión intergranular | intergranular corrosion.
corrosión intergranular (latones) | season cracking.
corrosión intergranular de la soldadura (acero inoxidable al cromoníquel austenítico) | weld decay.
corrosión intergranular filiforme | knife-line intergranular corrosion.
corrosión interior | internal corrosion.
corrosión interna en forma de círculos de costra dura de óxido (tubos calderas) | scab pitting.
corrosión local | local corrosion.
corrosión localizada | localized corrosion.
corrosión localizada (metales) | pitting.
corrosión microbiológica | microbiological corrosion.
corrosión normal del polo negativo (pilas) | helf corrosion.
corrosión normal del polo negativo (pilas eléctricas) | service corrosion.
corrosión penetrante | penetrative corrosion.
corrosión piroquímica | pyrochemical corrosion.
corrosión por ataque localizado | crevice corrosion.
corrosión por atmósfera marina | salt-rusting.
corrosión por corrientes vagabundas | stray current corrosion.
corrosión por depósitos de escorias vanadosas de petróleo (calderas) | oil-ash corrosion.
corrosión por el azufre del combustible y por ingestión de sal marina (turbina de gases marina) | black-plague.
corrosión por el azufre del combustible y por ingestión de sal marina (turbina marina de gases) | sulphidation corrosion.
corrosión por el azufre del combustible y por inyección de sal marina (turbinas marinas de gases) | hot corrosion.
corrosión por escorias de combustión del fueloil (turbina de gases) | oil-ash corrosion.
corrosión por escorias de fueloil | fuel-ash corrosion.
corrosión por escorias de la combustión del fueloil | fuel-oil ash corrosion.
corrosión por estado latente de esfuerzos (metales trabajados en frío, etc.) | stress corrosion.
corrosión por exfoliación | exfoliation corrosion.

corrosión por frotamiento | fretting corrosion | fretting | friction corrosion.
corrosión por ingestión y deposición de sal | corrosion from ingestion and deposition of salt .
corrosión por picaduras (chapas) | pitting.
corrosión por residuos de petróleo | oil-ash corrosion.
corrosión por tensiones | stress corrosion.
corrosión possoldeo | postwelding corrosion.
corrosión previa | prior corrosion.
corrosión producida por humedad | moisture-induced corrosion.
corrosión producida por la escoria sobre el revestimiento (hornos) | scouring.
corrosión puntiforme socavadora | undermining pitting.
corrosión selectiva | selective corrosion.
corrosión selectiva de bronces de aluminio con menos de 4% de niquel | dealuminification.
corrosión selectiva de un componente (aleaciones) | parting.
corrosión selectiva del hierro fundido | graphitization.
corrosión selectiva en ciertas aleaciones 70/30 de cobre y níquel | denickelification.
corrosion sin tensiones internas | stressless corrosion.
corrosión subsuperficial | subsurface corrosion | undermining pitting.
corrosión telúrica | soil corrosion.
corrosión termogalvánica | thermogalvanic corrosion.
corrosión transcristalina | transcrystalline corrosion.
corrosiones (anillo colector de alternadores) | flats.
corrosionista | corrosionist.
corrosionista eminente | leading corrosionist.
corrosiorresistencia a altas temperaturas | high-temperature corrosion resistance.
corrosiva (escorias) | scouring.
corrosividad | corrosivity | corrodibility | aggressivity.
corrosividad atmosférica | atmospheric corrosivity.
corrosivo | corroding | corrosive | corrodent | aggressive | acrid | caustic | mordant.
corrosivo (estampación telas) | discharging agent.
corroyente drástico | drastic corrodent.
corrugación | wrinkling.
corrugación (cantería) | bat.
corrugación superficial | surface roughening | surface wrinkling.
corrugaciones (juntas de acordeón) | convolutions.
corrugado | grooving | crumpled | corrugated.
corrugado (botánica) | corrugate.
corrupción | pardner | spoiling | pollution.
corruptibilidad | perishability.
corruptible | perishable.
corsita | corsite.
corta | cropping.
corta (bosques) | coupe | clear-felling.
corta (cauce recto que reemplaza una curva - ríos) | cutoff.
corta (de árboles) | felling.
corta (de un árbol) | cutting down.
corta (en un bosque) | cutting.
corta (forestal) | fall.
corta a matarrasa (Chile, México, Uruguay) | clear cutting.
corta a tala rasa | clear cutting.
corta a tala rasa (bosques) | clean cutting | clear felled coupe.
corta abusiva (bosques) | overfelling.
corta aclaradora (bosques) | liberation felling.
corta anticipada (bosques) | advance felling.
corta anual (bosques) | annual cut.
corta arbitraria (bosques) | irregulated felling | unclassed felling.
corta clara (de árboles) | open felling.
corta complementaria de otra corta (bosques) | subsidiary felling.
corta con rendimiento sostenido (bosques) | sustained-yield cut.
corta de aclareo (bosques) | secondary felling.
corta de árboles | felling of trees.
corta de árboles en mal estado y sin valor (bosques) | sanitation felling.
corta de árboles predominantes | liberation cutting.
corta de entresaca | selective felling.
corta de entresaca (bosques) | selection cutting.
corta de los mejores árboles (bosques) | high-grading cutting.
corta de maderas | lumbering.
corta de mejora (bosques) | tending cutting.
corta de recuperación (árboles) | salvage cutting.
corta de regeneración (bosques) | regeneration cutting.
corta de saneamiento (bosques) | sanitation cutting.
corta de vástagos trepadores | climber cutting.
corta de verano (árboles) | sour felling.
corta exhaustiva (bosques) | integrated logging.
corta inicial (bosques) | prelogging.
corta para eliminar maderas malas (bosques) | improvement cutting.
corta parcial (bosques) | partial cutting.
corta por bosquetes de aclareo (bosques) | femel cutting system.
corta por fajas alternas (bosques) | alternate strip felling.
corta por selección entre grupos (bosques) | staggered cutting.
corta preparatoria (bosques) | prelogging.
corta reducida (árboles) | small fellin.
corta secundaria (bosques) | after felling.
corta selectiva (bosques) | selective felling.
corta total (Panamá, Puerto Rico, Venezuela) | clear cutting.
corta y saca (forestal) | log.
corta y transporte de troncos | logging.
corta-arandelas | washer cut.
cortabarras | rod cutter.
cortabebederos | sprue cutter.
cortabilidad (herramientas) | cuttability.
cortacables (sondeos) | rope-knife.
cortacadena | chain cutter.
cortacésped | edging-iron | edging tool | grass-mower.
cortacircuito | circuit breaker | cutoff | cutout.
cortacircuito calibrado | noninterchangeable fuse.
cortacircuito con fusible | fusible cutout | fuse cutout.
cortacircuito con fusible restablecedor | reclosing fuse cutout.
cortacircuito cuarto de onda | metallic insulator.
cortacircuito de disparo instantáneo | instantaneous-trip circuit breaker.
cortacircuito de fusible de expulsión | expulsion cut-out.
cortacircuito de fusible desconectador | disconnecting fuse cut-out.
cortacircuito de gran poder de ruptura | high rupturing capacity unit.
cortacircuito de puesta a tierra | earth arrester.
cortacircuito de tapón | plug cutout.
cortacircuito de tapón fusible | fusible plug circuit breaker.
cortacircuito en baño de aceite | oil-fuse cutout.
cortaclavos | nail clippers.
cortadillo (de azúcar) | cubelet.
cortado | incised | off | incise.
cortado (botánica) | excised.
cortado a la autógena | torch cut.
cortado a la longitud necesaria | sheared to lenght.
cortado a medida | cut-size.
cortado a medidas especificadas | cut to size.
cortado a medidas exactas | trimmed.
cortado a pico | steep-walled.
cortado a troquel | die-cut.
cortado al sesgo | cut bias | bias-cut.
cortado antes de poner las tapas (libros) | cut out of boards.
cortado con las tapas puestas (libros) | cut in boards.
cortado con laser | laser-cut.
cortado con precisión | precision-cut | accurately cut.
cortado defectuosamente | inaccurately cut.
cortado del papel a la forma y dimensiones deseadas en una guillotina | press trimming.
cortado diagonalmente | diagonally-cut.
cortado en caliente | hot-sheared.
cortado en dados | dicing.
cortado en porciones | portion-cut.
cortado en tiras (metales) | slitting.
cortado en verano | summer-cut.
cortado por movimiento circular | rotary-cut.
cortado preliminarmente | precut.
cortador | slitter.
cortador (cizalla) | clipper.
cortador (de prensa) | blanking die | piercing tool.
cortador (herramienta de cortar con prensa) | blanking tool.
cortador (herramienta de prensa) | cropping punch | blanking punch | cropping tool.
cortador (persona) | cutter.
cortador (punzón de prensa) | cropping die.
cortador (sastrería) | fitter.
cortador (serrerías) | slasher.
cortador de agujeros ciegos | knockout cutter.
cortador de baches (explotación forestal) | rutter.
cortador de guantes | glove cutter.
cortador de la napa | lap breaker.
cortador de madera | hewer.
cortador de maleza | bush-hook.
cortador de malezas | brush cutter.
cortador de pavimento asfáltico | asphalt cutter.
cortador de ramas | swamper | busher.
cortador de ramas (árboles) | limber.
cortador de tubos | pipe cutter.
cortador mecánico | cutting machine.
cortador minero que rompe a mano los trozos grandes de carbón (minería) | hagger.
cortador múltiple | gang cutter.
cortador para hormigón (pistas, etc) | concrete cutter.
cortador periódico | photochopper.
cortador rotativo | rotary cutter.
cortadora | slitting machine.
cortadora (prensa) | blanking machine | blanking press.
cortadora automática
cortadora con soplete de cantos de chapa | flame planer.
cortadora de bandas | strip slitter.
cortadora de carbón | shortwall machine.
cortadora de césped | grass-cutting tool | grass mower.
cortadora de chapa | clipper.
cortadora de esquinas | corner cutter.
cortadora de esquinas de cajas | box corner cutter.
cortadora de filetes de latón | brass rule cutter.
cortadora de filetes para matrices (imprenta) | rule die cutter.
cortadora de láminas delgadas | wafering machine.
cortadora de probetas de soldadura a tope | weld prober.
cortadora de ranuras | slot cutter.
cortadora de redondos y angulares | bar and angle shearing machine.
cortadora de tiras | strip slitter.
cortadora de tiras al hilo | slitting machine.
cortadora de tiras de chapa | plate ripper.
cortadora de tiras de chapas | sheet slitting machine.
cortadora de tubos | pipe cutter.

cortadora diagonal | angle cutter.
cortadora en tiras | slitter.
cortadora lateral de libros | book trimmer.
cortadora mecánica para fibras | snipper.
cortadora rotativa | bush pusher.
cortadora rotativa múltiple | rotary slitting shears | rotary gang slitter.
cortadora-ranuradora | creaser and slotter.
cortadura | shear | shear | gap | cut | cut.
cortadura (en una tela) | slash.
cortadura de un meandro | shortcut.
cortadura racional | rational cut.
cortaduras de Dedekind | Dedekind cuts.
cortafiletes (imprenta) | rule cutter.
cortafrío | set chisel | cutting iron.
cortafrío (herramienta) | flat chisel | flat cold chisel.
cortafrío con punta rómbica | diamond-nose chisel.
cortafrío de bisel único | side chisel.
cortafrío de herrero (fragua) | cold cutter.
cortafrío de lengua de carpa | bolt chisel.
cortafrío quitarrebabas | burr chisel.
cortafrío ranurador | grooving chisel.
cortafríos | cold chisel.
cortafríos de rebarbar (cincel de fundidor - funderías) | flogging chisel.
cortafuego con vegetación no inflamable (bosques) | living firebreak.
cortafuego en una ladera por debajo del incendio (bosques) | undercut line.
cortafuego manteniendo un servicio permanente | held line.
cortafuego rebasado por un incencio (G.B.) | breakaway.
cortafuego rebasado por un incendio | breakover (EE.UU.).
cortafuego sin árboles que aisla una zona forestal | cut-off.
cortafuegos | fire cutoff | fire chopper | firebreak.
cortafuegos (bosques) | fire belt.
cortafuegos (puertas o dispositivos para evitar la prolongación del incendio) | fire barriers.
corta-hierba (argot radar) | lawn mower.
cortaladrillos | brick chisel.
cortamatorrales | slasher.
cortamuescas (cajas de cartón) | bridger.
cortamuestras | sample cutter.
cortante | incisive | edged.
cortante del viento | wind shear.
cortanudos | knot preventer.
cortapalo (Argentina) | twig girdler.
cortapapel | paper cutter.
cortapatatas en rodajas | potato chip cutter.
cortapernos | bolt breaker.
cortapisas | impediments.
cortar | break-off (to) | hew (to) | cut off (to) | cut (to) | curtail (to) | pare (to) | turn out (to) | slice (to) | knife (to) | detach (to) | dissect (to) | incise (to) | intersect (to).
cortar (agua, vapor, etc.) | shutoff (to).
cortar (árboles) | fell (to).
cortar (el paso, la retirada) | intercept (to).
cortar (el pelo) | crop (to).
cortar (juego naipes) | cut (to).
cortar (la cola) | prick up (to).
cortar (madera) | breakdown (to).
cortar (trajes) | cut (to).
cortar (un traje) | cut out (to).
cortar a dimensiones | dress (to).
cortar a la autógena | torch cut (to).
cortar a lo largo | cut lengthways (to).
cortar a medida | clip (to) | dress to size (to).
cortar a medida exacta (chapas, papel, etc.) | trim (to).
cortar a raíz | clip (to).
cortar a tala rasa | log off (to).
cortar a tala rasa (bosques) | cut clear (to).
cortar al hilo (maderas) | rip (to).
cortar al mismo tiempo la cubierta y hojas interiores (libros) | cut flush (to).
cortar al sesgo | bevel (to) | slope (to).
cortar al través | crosscut (to).
cortar árboles | log (to).
cortar circunferencias (en chapas de buques para colocar después portillos) | knife out (to).
cortar con el cortador en la prensa (chapas) | blank (to).
cortar con el degüello (fraguas) | fuller (to).
cortar con el soplete | oxycut (to).
cortar con gran velocidad de corte y avance rápido de la herramienta (torno) | hog out (to).
cortar con sierra de cinta | bandsaw (to).
cortar con soplete | burn off (to) | flame cut (to).
cortar con un avance excesivo (en el torno) | hog (to).
cortar costeros (de rollizos) | flitch (to).
cortar de forma que sufra lo impreso (encuadernación) | bleed (to).
cortar de nuevo | recut (to).
cortar el borde (monedas) | nig (to).
cortar el cable | cut the cable (to).
cortar el clisé a ras de la montura (electrotipia, grabado, estereotipia) | block flush (to).
cortar el clisé sin chaflán a los lados (electrotipia, grabado, estereotipia) | block flush (to).
cortar el cuero | score (to).
cortar el papel continuo | slit (to).
cortar el rumbo (a otro buque) | cross the bows (to).
cortar el rumbo a otro buque | cross a ship's forefoot (to).
cortar el vapor | cutoff steam (to).
cortar en bisel | miter (to).
cortar en bisel el extremo (vigas, refuerzos) | snipe (to).
cortar en caliente | hot-shear (to).
cortar en capas | skive (to).
cortar en chaflan | skew (to) | bevel shear (to).
cortar en dos partes iguales | bisect (to).
cortar en exceso (forestal) | overcut.
cortar en la tijera (chapas) | guillotine (to).
cortar en macizos para el laboreo (minas) | blockout (to).
cortar en planchas | blanck (to).
cortar en rebanadas | slice (to).
cortar en tiras | dag (to) | slit (to) | strip (to).
cortar en V (cantos chapas) | vee (to).
cortar en zigzag | crankle (to).
cortar gases | chop the throttle (to).
cortar la cola | tail (to).
cortar la cola (a los caballos) | dock (to).
cortar la corriente | open the circuit (to) | dump (to) | switch off (to).
cortar la coz (troncos) | butt (to).
cortar la derrota (navegación marítima) | cross the track (to).
cortar la proa del submarino | pass across the bow of the submarine (to).
cortar la retirada | head back (to).
cortar la retirada al enemigo | cut off the enemy (to).
cortar las amarras (buques) | cut the painter (to).
cortar las orejas | crop (to).
cortar las puntas | crop the ends (to).
cortar los bebederos (piezas fundidas por inyección) | clip (to).
cortar los bordes (telas) | pink out (to).
cortar los cantos de una chapa | trim (to).
cortar los taludes | backslope (to).
cortar madera | lumber (to) | timber (to).
cortar menudo | chop up (to).
cortar muescas de guía | undercut (to).
cortar muy profundo (en el torno) | hog (to).
cortar para pruebas | test cut (to).
cortar por fricción (sierra de disco) | friction-cut (to).
cortar por penetración de la herramienta (tornos) | plunge-cut (to).
cortar ramas (explotación forestal) | swamp (to).
cortar rebanadas transversales | cross-slice (to).
cortar redondos para formar paquetes (metalurgia) | cable (to).
cortar según convenga al montaje | cut out to suit.
cortar según plantilla | cut according to template (to).
cortar sobre un patrón (costura) | cut out on a pattern (to).
cortar transversalmente | cross section (to).
cortar un arco (electricidad) | disrupt (to).
cortar un poco (cabellos, barba) | trim (to).
cortar y doblar hacia abajo | lop (to).
cortarraíces | root cutter.
cortarremaches | rivet buster.
cortarse | intersect (to) | break-off (to).
cortarse (la leche) | sour (to) | congeal (to).
cortarse (leche) | clot (to).
cortarse (vagones de tren en marcha) | runback (to).
cortarse en su punto medio | bisect each other (to).
cortas de abrigo en cuña (bosques) | wedge system.
cortas de entresaca (bosques) | selection system.
cortas de mejora del rodal | timber stand improvement.
cortas de protección contra el viento (bosques) | severance cutting.
cortas de regeneración por fajas estrechas de anchura no superior a la altura de los árboles adyacentes (bosques) | Wagner's blender-saumschlag.
cortas intermedias (Méjico-rodal de árboles) | thinning.
cortas para fajar (bosques) | strip felling.
cortas por aclareos sucesivos (bosques) | shelter-wood system.
cortas por bosquetes uniformemente repartidos (bosques) | group system.
cortas por fajas progresivas (bosques) | progressive clear-strip system.
cortas selectivas (bosques) | creaming | stripping.
cortatubos | pipe cutter | tube cutter.
cortatubos (entubación pozo) | casing cutter.
cortatubos (sondeos) | casing knife.
cortatubos de cadena | chain pipe wrench (pape cutter).
cortatubos de rueda cortante (plomería) | link pipe cutter.
cortaveta | crosscut.
cortaveta (minas) | cross | cross-adit.
cortavientos | wind mantle.
cortavientos (suelos) | windbreak or shelter belt-vent.
corte | notch | breakdown | failure | parting | cut | cutting off | cut-off | cutting out | cutoff | edge | incision | hack | scission | jagging | scoring | shearing | court | splitting.
corte (acústica) | clipping.
corte (con sierra, con soplete) | kerf.
corte (con tenazas) | nip-off.
corte (de cabello) | crop.
corte (de un árbol cortado) | kerf.
corte (dibujo) | section.
corte (en un escrito) | tuck.
corte (forma-trajes) | fit.
corte (herramienta afilada) | wire edge.
corte (herramientas) | keen edge.
corte a inglete | miter cut.
corte a la berenjena | arris-wise cut.
corte a longitud aproximada | cropping.
corte a medida de los bordes del producto final de un paquete (laminación) | mill shearing.
corte afilado | fine edge.
corte agudo (herramientas) | keen cutting edge.
corte al hilo en bisel (maderas) | bevel rip.
corte autógeno | autogenous cutting.
corte auxiliar (dibujo) | auxiliary view.
corte brusco (telefonía - radio) | sudden break-down.
corte cilíndrico al centro del frente de ataque

(**minería**) | burnt cut.
corte con arco con electrodo de carbón | carbon arc cutting.
corte con arco de electrodo de tungsteno en atmósfera artificial | constricted tungsten-arc cutting.
corte con el bisturí | lancing.
corte con electrodos (de chapas) | electrocutting.
corte con instrumento cortante | scission.
corte con lanza de oxígeno | oxygen-lance cutting.
corte con laser | laser cutting.
corte con llama de soplete | flame shaping.
corte con pequeño ángulo de inclinación (de la herramienta) | low-rake cutting.
corte con plantilla | profile cutting | shape cutting | template cut.
corte con plasma de arco eléctrico | plasma-arc cutting.
corte con rebabas (metales) | unclean cut.
corte con sierra de cinta | bandsawing.
corte con sierras múltiples montadas sobre el mismo eje | gang cutting.
corte con soplete oxídrico | oxyhydrogen cutting.
corte con troquel | die cutting.
corte de almirantazgo (jurídico) | court of admiralty.
corte de aluminio por arco eléctrico | aluminum electric arc cutting.
corte de caída (Iberoamérica-corta de árboles) | undercut.
corte de casación | court of cassation.
corte de corriente | outtage.
corte de crudos (petróleo) | crude cut.
corte de cuarzo | quartz cut.
corte de chapas en paquete | piled-plate cutting.
corte de desbaste | roughing cut.
corte de discos de una banda (en la prensa) | blanking.
corte de drenador | pinchoff.
corte de energía | energy quench | power shutdown.
corte de energía de la línea (línea eléctrica) | line outage.
corte de esquina (fichas) | corner cut.
corte de la corriente | current-chopping.
corte de las pieles en tiras | stripping.
corte de lima | file stroke.
corte de los bordes para obtener la anchura deseada | side shearing.
corte de los cantos para obtener la anchura deseada | edging.
corte de llamada (telefonía) | ringing trip.
corte de marquetería (calado - de la madera) | fret cutting.
corte de materiales en estado sólido | dicing of solid state materials.
corte de metales | metal cutting.
corte de palabras | splitting.
corte de picos negativos (diodo detector) | trough clipping.
corte de piezas gruesas | heavy-duty cutting.
corte de pluma (carpintería) | herringbone.
corte de roca | rock section.
corte de sierra | saw way | saw kerf | saw cut | saw notch | jerk.
corte de sierra ondulado (defecto) | snake.
corte de talud | bank cutting.
corte de traje | dress-length.
corte de tumba a cara opuesta (Iberoamérica) | back cut.
corte de una palabra | hyphenation.
corte de vagones | runaway-trucks.
corte de vagones (de un tren) | running back.
corte de vagones (de un tren en marcha) | runback.
corte de vestido | dress-length.
corte del negativo (cine) | cutting.
corte del suministro eléctrico | electricity cut.
corte diagonal | miter-cut.
corte en bisel | miter-cut | bevel cut.
corte en caliente | thermal cutting.
corte en círculos (chapas) | circling.
corte en cruz de la cabeza de un trépano | X-bit.
corte en cuña al pie del frente de arranque (minas) | drawcut.
corte en dirección paralela a la urdimbre (tejidos) | straight cut.
corte en frío con sierras abrasivas (de bebederos, etc.) | flogging.
corte en imagen de espejo (máquina de oxicorte) | mirror image cutting.
corte en la guillotina (papel) | guillotine trimming.
corte en la línea (líneas transportes eléctricas) | outage.
corte en láminas muy delgadas | wafering.
corte en macizos para laboreo (minas) | blocking-out.
corte en montón (de chapas) | stack cutting.
corte en paquete (de chapas) | stack cutting.
corte en perfil | side elevation section.
corte en pico de flauta | scarfing.
corte en rebanadas delgadas de la muestra | thin-sectioning of the sample.
corte en seco (sin refrigerante para la herramienta) | dry cutting.
corte en V (canto chapas) | vee-ing.
corte en V (túneles) | gusset.
corte en Y | Y-cut | center cutting.
Corte Estatal de Apelaciones | State Court of Appeals.
corte estratigráfico (geología) | stratigraphic section.
corte estrecho y profundo | deep narrow cut.
corte exento de rebabas | burr-free cut.
corte geológico | geological section.
corte guiado por plantilla | templet-guided cutting.
corte hecho con plantilla | profiled cut.
corte horizontal | horizontal section.
corte lateral | side cutting edge.
corte longitudinal | longitudinal section | lengthwise section.
corte longitudinal (buques) | inboard profile.
corte longitudinal curvo (chapas) | curved longitudinal cutting.
corte múltiple | gangslitting.
corte muy profundo | overcutting.
corte normal | X cut | normal cut.
corte o perforación de metales por medio de una lanza de oxígeno | oxygen lancing.
corte oblicuo | scarfing | oblique section | oblique cut.
corte oblícuo (herramientas) | side-cutting edge.
corte ortogonal de metales | orthogonal metal cutting.
corte oxiacetilénico inyectando en el oxígeno polvo de hierro dividido (aceros inoxidables) | powder-cutting.
corte oxicinético | oxy-kinetic cutting.
corte oxicinético (aceros inoxidables) | powder-cutting.
corte oxieléctrico | oxyarc cutting.
corte oxipropánico | oxypropane cutting.
corte parcial | part section.
corte parcial (dibujos) | part-sectional elevation.
corte perimetral | perimeter shear.
Corte Permanente de Justicia Internacional | Permanent Court of International Justice.
corte piramidal | pyramid cut.
corte poco profundo | undercutting.
corte por arco con electrodo metálico | metal-arc cutting.
corte por arco eléctrico | arc cutting.
corte por arco eléctrico y un chorro de oxígeno | oxygen-arc cutting.
corte por cuchilla rotatoria | rotary shearing.
corte por chorro supersónico de un líquido con o sin material abrasivo | liquid cutting.
corte por rozamiento con sierra circular | circular-saw friction cutting.
corte preciso | shadow-line shearing.
corte preliminar | pioneer cut.
corte profundo | heavy cut.
corte profundo (con la herramienta) | greedy cut.
corte profundo (tornos) | hogging.
corte recto | straight cut.
corte remoto | remote cutoff.
corte sesgado | undercut.
corte sin dejar acanaladuras en los cantos (oxicorte de chapa gruesa) | drop cut.
corte sin desviación horizontal entre el punto de entrada y el de salida del corte (oxicorte de chapas gruesas) | dragless cut.
corte sin rebabas | burr-free cutting.
corte suprema | supreme court.
corte transversal | cross-sectional elevation.
corte transversal (buques) | outboard profile.
corte transversal (sección de choque - reacciones nucleares) | cross section.
corte ultrasónico | ultrasonic cutting.
corte vertical | sectional elevation | vertical section.
corte vertical (de un edificio | sciograph.
corte vertical (del terreno) | profile.
corte vibracional de la madera | vibration cutting of wood.
corte X | X cut | normal cut.
corte y colocación de vidrios ópticos en monturas de gafas | glazing.
corte y desprendimiento | cut and strip.
corte y relleno | cut-and-fill.
corte Z (cristales) | Z cut.
cortear los bordes con la guillotina (chapa de madera) | trim (to).
cortedad | shortness.
cortejo electrónico | electron cloud | electron cortege.
cortes (libros) | edges.
cortes cincelados | chased edges.
cortes de energía | power cuts.
cortes en V o en W (pieles) | drop cuts.
cortes gofrados (encuadernación) | chased edges | coffered edges.
cortes jaspeados (libros) | marbled leaves.
cortes tangenciales con el soplete | flame machining.
córtese lo que convenga | cut off to suit.
cortesia | comity | comity.
cortesía (deferencia - derecho internacional) | comity.
cortesía (libros) | sinkage.
cortesía internacional | comity of nations | comity of nations | international comity.
corteza | hull | skin | rind | peel | cake | bark.
corteza (caña azúcar, etc.) | rind.
corteza (cerámica) | lining.
corteza (de pan, del terreno) | crust.
corteza atómica | atomic shell.
corteza curtiente | tanner's bark.
corteza del cerebro (anatomía) | mantle.
corteza del lingote | ingot shell.
corteza del quillaja saponaria | morillo bark.
corteza despegada (árboles) | bark slip | ping.
corteza exterior (árboles) | ross.
corteza interior blanca (naranja, limones) | rag.
corteza laticífera | latex-bearing cortex.
corteza para curtir | tan.
corteza primaria (anatomía de la madera) | cortex.
corteza que ha sido encerrada por el crecimiento del árbol | inbark.
corteza siálica (geología) | sialic crust.
corteza tánica | tanbark.
corteza terrestre | earth shell.
cortezas de especies madereras para pasta papelera | pulpwood barks.
corticación | cortication.
cortical | cortical.
corticífero | corticeferous | bark producing.
corticiforme | corticiform.

corticífugo | corticifugal.
corticípeto | corticipetal.
cortijo | grange | farm | farmhouse | farmstead.
cortina | hanging | curtain.
cortina (fortificación) | curtain wall.
cortina (ventanas) | blind.
cortina antigás | gas curtain.
cortina de aire | air curtain.
cortina de aire frío o caliente en la entrada del local (no hay puertas) | stores' air curtain.
cortina de burbuja de aire | air bubble curtain.
cortina de cadenas (boca de trabajo de hornos) | chain screen.
cortina de dipolos horizontales con reflectores (antena) | pine-tree array.
cortina de fondo (escenario de televisión) | backdrop.
cortina de fondo pintada (estudios cine y TV) | oleo.
cortina de humo | obscuring smoke | smoke screen.
cortina de humo sobre fuerzas propias | haze.
cortina de impermeabilización de la presa | dam cutoff curtain.
cortina de inyecciones (presas) | grout curtain.
cortina de luz (célula fotoeléctrica) | light curtain.
cortina de neutrones | neutron curtain.
cortina de radar | radar coverage.
cortina de tablestacas | sheet-pile cutoff | cutoff sheet piling.
cortina electrónica | electronic sewing.
cortina enrollable | rolling shutter.
cortina ligera | light curtain.
cortina pesada colgada dentro de la cabina para protegerse de la metralla del tiro antiaéreo (aeroplanos) | flak curtain.
cortina radiante | radiating curtain.
cortina reflectante | reflecting curtain.
cortinajes | draperies | drapery.
cortinería | curtaining.
cortinilla de resorte | roller blind.
corto | defective | short.
corto (disparo) | short of the target.
corto de cascos (ganado) | hoof-bound.
cortocircuitación | shorting | short-circuiting | bypassing.
cortocircuitado | shorted out | shorted | short-circuiting.
cortocircuitador | short-circuiter.
cortocircuitador automático | automatic cutout.
cortocircuitar (electricidad) | short-circuit (to) | short (to).
cortocircuitar la corriente de aire (minería) | short-circuit the air (to).
cortocircuitar la resistencia | short-circuit the resistance (to).
cortocircuito | short-circuit | electric leakage.
cortocircuito con desprendimiento de chispas | flash-over.
cortocircuito de doble acción | two-shot cutout.
cortocircuito de fase a fase | phase-to-phase short circuit.
cortocircuito de fusible | safety cutout.
cortocircuito de las cavidades de un magnetrón | strapping.
cortocircuito de régimen permanente | steady-state short circuit.
cortocircuito de una fase | sigle-phase short circuit.
cortocircuito deslizante | sliding short.
cortocircuito entre dos fases y tierra (corriente trifásica) | two-phase-to-ground short circuit.
cortocircuito momentáneo | transient short circuit.
cortocircuito perfecto | dead short circuit.
cortoircuitado | short circuited.
corundo amarillo asteriado | asteriated topaz.
corundofilita (mineral) | metachlorite.
coruscación (fluctuación de corto período-aurora boreal) | coruscation.
coruscación (medicina) | coruscation.
coruscaciones aurorales | auroral coruscations.
corva (región poplítea) | ham.
corvadura | flection | flexion.
corvadura (de troncos, postes) | sweep.
corvaza (tumor caballos) | curb.
corvejón | gambrel.
corveta (equitación) | gambado.
corvetear | leap (to).
corvetear (caballos) | bound (to).
corvusita (mineral de vanadio de gran calidad) | blue-black ore.
corzo | roe.
cosa | matter | article | object.
cosa cortada | cut.
cosa de nadie | A thing of no one.
cosa descartada | off cast.
cosa deshilachada | frazzle.
cosa en forma de Y | wye.
cosa incluida | subsumption.
cosa indispensable | must.
cosa invendible | drug in the market.
cosa o conjuntos de cosas que pueden ser envasadas y transportadas como una unidad | packup.
cosa o persona tenida como reserva para una emergencia | standby.
cosa pasada de moda | drug in the market.
cosa plana | flat.
cosa poseída | seizing.
cosa prefabricada transportable | quonset hut.
cosa preferida | preference.
cosa que cuelga | pendent.
cosa que sirve para hacer fracasar un proyecto | monkey wrench.
cosa que sirve para todo | maid-of-all-work.
cosa sin validez | null.
cosalita (sulfuro de plomo y bismuto con 42% de bismuto) | cosalite.
cosario | expressman.
cosas de marfil | ivories.
cosas inservibles | useless things.
coscinoide | sieve-like.
coscoja | ilex.
cosecante (matemáticas) | cosecant.
cosecante hiperbólica | cosech.
cosecante hiperbólica inversa de | cseh-1.
cosecha | emblements | growth | crop | harvesting | harvest | farm crop | farming | cropping | yield.
cosecha (de frutos) | picking.
cosecha abundante | heavy crop.
cosecha almacenada | stacked crop.
cosecha arremolinada | tangled straw.
cosecha cereal | cereal crop.
cosecha de cereales | corn crop | grain crop.
cosecha de ciclo corto | close-growing crop.
cosecha de crecimiento rápido | close-growing crop.
cosecha de forrajes verdes | green crop.
cosecha de setas | mushrooming.
cosecha de vegetales (agricultura) | vegetable crop.
cosecha de vegetales de raíces (remolacha, rábanos) | root crop.
cosecha de vegetales para obtener alcohol industrial | alcohol crop.
cosecha en pie | growing crop.
cosecha en trancos de siega (agricultura) | swath harvesting.
cosecha en verde introducida en el suelo para abonarlo | green manuring.
cosecha encamada | lodged grain.
cosecha escasa | light crop.
cosecha hortícola | horticultural crop.
cosecha para producción de semillas de siembra | seed crop.
cosecha que madura después de la terminación del arrendamiento | off-going crop.
cosecha que se vende al contado | cash crop.
cosecha recogida en una sola vez | once-over harvest.
cosecha temprana | early crop.
cosechador de lúpulo | hop-picker.
cosechadora | harvester.
cosechadora de algodón | cotton picker.
cosechadora de cereales | harvester-thresher.
cosechadora de cereales autopropulsada | self-propelled combine.
cosechadora de grano de maíz | corn-picker sheller.
cosechadora de patatas | potato harvester.
cosechadora de remolacha | beet harvester.
cosechadora de toma de fuerza | power take off combine.
cosechadora deshojadora de mazorcas | corn-picker husker.
cosechadora picadora de forraje | field ensilage harvester | forage harvester.
cosechar | harvest (to).
cosechar (frutos) | cull (to).
cosechas | crops.
cosechas agrícolas subtropicales | subtropical agricultural crops.
cosechas agrícolas tropicales | tropical agricultural crops.
cosechas alternadas | rotating crops.
cosechas intercalares (agricultura) | intercrops.
cosechas silvícolas tropicales | tropical silvicultural crops.
cosechero | grower | picker.
cosechero de aceite | olive grower | olive-grower.
cosechero de frutas | fruit grower.
cosechero de lúpulo | hop-grower.
cosechero de té | teaman.
cosedimentación | cosedimentation.
cosedor | stitcher.
cosedora | stitcher | inserter-stitcher | staple binder.
cosedora (imprenta) | stapling machine.
cosedora de cajas de cartón | box stitcher.
cosedora de grapas | stapler.
cosedora de libros | book sewing machine.
cosedora de pliegos (encuadernación) | book-sewer.
cosedora-refiladora (imprenta) | stitcher-trimmer.
coseno | cosine.
coseno de cero grados | cosine of zero degrees.
coseno director | direction cosine.
coseno hiperbólico | cosh.
cosenos directores | direction cosines.
cosenos directores ópticos | optical direction cosines.
cosenovenoso hiperbólico de | $cosh^{-1}$.
cosenoverso | coversed sine.
cosenoverso de | cos^{-1}.
cosenusoide | cosine curve.
coser | sew (to) | stitch (to).
coser (chapas) | rivet (to).
coser a punto de cruz | cross-stitch (to).
coser a punto por encima | overcast (to) | oversew (to).
coser a puntos perdidos (que no se vean las puntadas) | blind-stitch (to).
coser con alambre | wire-stitch (to).
coser con la máquina | machine (to).
coser con tiretas (correas) | lace (to).
cosida (correas) | laced.
cosido | stitching | sewed.
cosido a mano | hand-stitched.
cosido a máquina | machining | machine-stitched | machined.
cosido a máquina (calzado) | Blake-sewn | McKay-sewn.
cosido a punto seguido (encuadernación) | all-a-long.
cosido electrónico | electronic sewing.
cosido metálico | metal stitching.
cosido por dentro de la costura | inseam sewn.
cosido por el costado con hilos (libros) | Singer-sewing.
cosido por el lomo (encuadernación) | center stitching.
cosido sobre la cinta (encuadernación) | around the band.
cosignatario | cosignatory.
cosinusoide | cosinusoid.

cosmético | cosmetic.
cosmetología | cosmetology.
cosmetólogo | cosmetologist.
cósmico | cosmic.
cosmobiología | space biology.
cosmobiopatía | cosmobiopathy.
cosmocronología | cosmochronology.
cosmodromo | cosmodrome.
cosmofísica | cosmophysics.
cosmogenético | cosmogenetic.
cosmogenia | cosmogeny.
cosmogonía | cosmogony.
cosmogónico | cosmogonic.
cosmogonista | cosmogonist.
cosmografía | cosmography.
cosmógrafo | cosmographer.
cosmolabio | cosmolabe.
cosmología | cosmology | science of the Universe.
cosmólogo | cosmologist.
cosmomedicina | space medicine.
cosmonauta | spaceman | space navigator | cosmonaut | astronaut.
cosmonáutica | space navigation | cosmonautics.
cosmonave | spaceship | spacecraft | space vehicle | craft.
cosmonave automática | automatic spacecraft.
cosmonave lunar | lunar spacecraft.
cosmonave lunar no tripulada | unmanned lunar spacecraft.
cosmonave reutilizable | reusable space vehicle.
cosmonave satelizada | satellized spacecraft.
cosmonave tripulada orbitando | orbiting manned space station.
cosmonavegación | cosmonavigation.
cosmoquímica | cosmochemistry.
cosmoquímica orgánica | organic cosmochemics.
cosmoquímico | cosmochemical.
cosmos | cosmos.
cosmotrón | cosmotron.
cosmotrón de varios millones de voltios | multimillion-volt cosmotrom | multimillion-volt cosmotron.
cosolidaridad | joint and several obligation.
cospe | broking.
cospel | flan.
cospel (tejo para hacer monedas) | planchet.
costa | strand | waterfront | shore | coast.
costa (zapateros) | polishing stick.
costa a pico | bold shore.
costa abierta | clear coast.
costa acantilada | cliffed shore | ironbound coast.
costa accidentada | broken coast.
costa baja | low shore.
costa batida por la marejada | surf-beaten coast.
costa brava | surgy coast.
costa con subsidencia absoluta | depressed coast.
costa de acreción | accretion coast | shoreline of progradation.
costa de guijarros | shingle alluvial shore.
costa de pesca | corve.
costa de rías | ria shore line.
costa de sotavento | lee shore.
costa deltaica | deltaic coast.
costa erizada de escollos | ironbound coast.
costa longitudinal | conformable coast.
costa prominente | bold coast.
costa sucia (costa peligrosa) | foul coast.
costado | side | flank | side.
costado (aviones, buques) | broadside.
costado (buques) | side | shipside.
costado (carreteras) | quarter.
costado (de avión) | beam.
costado (de neumático) | side wall.
costado (de red) | selvage.
costado (de una formación de aviones) | wing.
costado (guardabarros) | skirt.
costado abrupto | precipitous side.
costado apersianado | louvred side.
costado basculante | hinged side.
costado de babor (buques, aviones) | port side.
costado de barlovento | weather side | luff.
costado de estribor | starboard side.
costado de la caja (carruajes) | bodyside.
costado de la caseta (buques) | deckhouse side.
costado de las cacholas (buques) | check plate.
costado de muela abrasiva reavivado | trued wheel flank.
costado de sotavento | lee-side.
costado de un impulso | pulse edge.
costado de un luneto (arquitectura) | ear of a groin.
costado de un luneto (bóvedas) | ear.
costado del luneto (arquitectura) | groin ear.
costado derecho | right-hand side.
costado donde no hay corredor (vagones) | noncorridor side.
costado donde va el volante (motor horizontal) | hand.
costado donde va el volante (motores horizontales) | hand of engine.
costado escarpado | precipitous side.
costado interior de la cuaderna | inboard side of the frame.
costado izquierdo (aviones) | port | left.
costado la derecha | right.
costado no empeñado en el combate (buques de guerra) | disengaged side.
costado precipitoso | precipitous side.
costado que mira el cielo | skyward side.
costados del buque | ship's sides.
costal | bag.
costanera (rollizos) | slab.
costaneras (hispanoamérica) | slabs.
costaneras (Iberoamérica) | sidings.
costaneras (Paraguay) | rack | dray.
costaneras (vigas madera) | siding.
costas | law costs | law charges.
costas (abogacía) | costs.
costas (gastos legales) | court fees.
costas (jurisprudencia) | costs | expenses of the prosecution | expense.
costas causídicas | law expenses.
costas de oficio | without cost.
costas del Atlántico | Atlantic seaboard.
costas judiciales | court costs | litis expensas.
costas procesales | law expenses | court costs.
coste | expense | cost, insurance and freight (CIF).
coste a nuestro cargo | cost to ourselves.
coste a su cargo | cost to yourselves.
coste adicional | additional cost.
coste anual por persona | annual cost per head.
coste atribuido | imputed cost.
coste capitalizado | capitalized cost.
coste comparativo | comparative cost.
coste compartido | shared cost.
coste de cesión de un préstamo | flotation cost of a loan.
coste de colocación | laying cost.
coste de entretenimiento anual | annual upkeep cost.
coste de entretenimiento por hora de vuelo del avión | maintenance cost per aircraft-flying hour.
coste de explotación | trading cost | operating cost.
coste de expropiación | right-of-way cost.
coste de extracción | lifting cost.
coste de fabricación | manufacturing cost | cost account.
coste de funcionamiento de la instalación | plant operating cost.
coste de funcionamiento directo | direct-operating cost.
coste de funcionamiento indirecto | indirect-operating cost.
coste de instalación | initial cost | layout cost.
coste de inversión de instalaciones | plant-investment cost.
coste de jornales directos | direct labor cost.
coste de la mano de obra | labour cost.
coste de la mano de obra indirecta | indirect labor cost.
coste de la voladura | blasting cost.
coste de manipulación | handling charge.
coste de manipulación por tonelada-hora | handling cost per ton-hour.
coste de mantenimiento | standby cost.
coste de materias primas | material cost.
coste de mercancía vendida | cost of merchandise sold.
coste de montaje | assembly cost.
coste de posesión del stock | carrying cost.
coste de producción | first cost | original cost | production cost | cost of producing | prime cost.
coste de producción por pieza | production cost per piece.
coste de producción reducido al mínimo | production cost cut to the bone.
coste de reposición | actual cash value.
coste de rescate | surrender charge.
coste de revestir la cuchara | ladle lining cost.
coste de vida | cost of living.
coste decreciente | decreasing cost.
coste del combustible consumido | fuel depletion cost.
coste del crédito bancario | bank's credit cost.
coste del herramental | cost of tooling.
coste del material | cost of material.
coste del material y mano de obra directa | flat cost.
coste del papel en un sistema informático | cost of paper in a informatic system.
coste del terreno ganado al mar | cost of reclamation.
coste del transporte del carbón desde el vagón a la caldera | rail-to-boiler coal handling cost.
coste del transporte interior | handling charge.
coste descargado (mercancía) | landed cost.
coste detallado | itemized cost.
coste diferencial | marginal cost.
coste en obra | in-place cost.
coste escalonado | stepped cost.
coste excesivo del maquinado | heavy machine cost.
coste fijo medio | average fixed cost.
coste horario de crucero (aviones) | hourly cruising cost.
coste horario de la mano de obra | labor rate per hour.
coste incremental de la conservación | incremental maintenance cost.
coste indirecto | burden.
coste inicial | historical cost.
coste límite | marging cost.
coste marginal | marginal cost | terminal cost.
coste marginal adquisitivo de un factor | marginal factor cost.
coste marginal multidimensional | multidimensional marginal cost.
coste medio | average cost.
coste neto | flat cost | prime cost.
coste neto (sin gastos generales) | direct cost.
coste operacional | operating cost.
coste oportuno | shadow price.
coste original | historical cost.
coste originario | aboriginal cost.
coste para el cliente | customer cost.
coste permisible | manageable cost.
coste ponderado | weighted cost.
coste por avión-milla | cost per aircraft-mile.
coste por caballo-año | cost per horsepower-year.
coste por día | cost per day.
coste por hora de vuelo | cost per flying hour.
coste por metro de sondeo | cost per meter drilled.
coste por paradas laborales | standstill cost.
coste por pie cúbico (edificios) | cube cost.
coste por pieza | piece-cost | piece cost.
coste por tonelada bruta | per-gross-ton cost.
coste por tonelada de peso muerto | cost per deadweight ton.
coste por tonelada neta-milla | cost per net ton-mile.

coste por tren cargado-milla | cost per loaded train-mile.
coste previsto | anticipated cost.
coste programado | schedule cost.
coste razonable | reasonable cost.
coste real | real cost.
coste siempre creciente | ever-mounting cost.
coste socioeconómico | socioeconomic cost.
coste tipo | standard cost.
coste todo comprendido | all-in cost.
coste total | all-in cost.
coste total (en almacén) | landed cost.
coste total comparado con la dureza del acero | total cost versus steel hardness.
coste unitario de sustitución | unit replacement cost.
coste unitario por pie cuadrado de área superficial por año | unit cost per square foot of surface area per annum.
coste variable | running cost.
coste y flete | cost and freight.
coste y flete y seguro | cost, freight and insurance.
coste y seguro y flete desembarcado | cif landed.
costear | skirt (to) | coast (to).
costear (gastos) | defray (to).
costear (navegación) | keep close to land (to).
costera (resmas de papel) | outside.
costeras (Iberoamérica) | sidings.
costero | coaster | shore-based.
costero (costanera-arerrado de rollizos) | flaw piece.
costero (de rollizo) | flitch.
costero (madera aserrada) | side cut.
costero (minas) | side.
costero (países iberoamericanos) | coasting passenger ship.
costero (rollizos) | slab.
costero de motor | motor-coaster.
costero de sujeción | backing board | dog board.
costero en que se clavan las garras del carro (sierra) | dog board.
costero en que se clavan las garras del carro (sierra de carro) | backing board.
costero portacontenedores | container coastal vessel.
costeros | sidings | slabs.
costeros (hispanoamérica) | slabs.
costeros de viga (encofrado) | beam sides.
costes corrientes | out-of-pocket costs.
costes de embalaje | packing cost.
costes de mantenimiento | maintenance costs.
costes de productividad en servicios públicos | output costs.
costes de recaudación | collection costs.
costes decrecientes | degressive costs.
costes del entretenimiento | maintenance costs.
costes desorbitados | wild costs.
costes directos | direct expenses.
costes en discusión | contested costs.
costes exagerados | wild costs.
costes no distribuidos | unallocated costs.
costes por elemento | object cost.
costes por órdenes de fabricación | job-order cost.
costes salariales | wage costs.
costilla | rib.
costilla (alas aviones) | rib.
costilla (botánica) | rib.
costilla (encofrados) | stud.
costilla (lizo de telar de maquinita) | lag.
costilla auxiliar (ala aviones) | nose rib.
costilla de alma llena (alas aviones) | solid rib | diaphragm-type rib.
costilla de ataque (alas aviones) | form rib.
costilla de bóveda | bolster.
costilla de compresión (alas aviones) | drag rib.
costilla de compresión (aviones) | compression rib.
costilla de madera (aviación) | wooden rib.
costilla del ala | wing rib.
costilla del borde de ataque (ala aviones) | nose rib.
costilla entre largueros (avión) | interspar rib.
costilla extrema del ala (junto al fuselaje) | butt rib.
costilla reforzada (ala aviones) | contour strut.
costilla reforzada (alas aviones) | drag rib.
costilla reforzada (aviones) | compression rib.
costilla rota | broken rib.
costillas (Panamá - rollo de madera) | sidings | slabs.
costo (y) comisión e intereses | cost (and) insurance (and) freight (and) commission and interest.
costo (y) flete y cambio | cost (and) insurance (and) freight and exchange .
costo actual | current cost.
costo adicional | after-cost.
costo administrativo | administrative cost.
costo de acarreo | cartage cost.
costo de adquisición | first cost.
costo de cobranza | collection cost.
costo de compra | actual cost.
costo de contrato | cost of contract.
costo de elaboración | manufacturing cost.
costo de emisión | flotation cost.
costo de entrega | laid-down cost.
costo de financiación | financing cost.
costo de la mano de obra | labor costs.
costo de los productos terminados | cost of jobs completed.
costo de mantenimiento | maintenance cost.
costo de oportunidad | opportunity cost.
costo de porte | cartage cost.
costo de producción efectivo | actual cost of manufacturing.
costo de reposición | reproduction cost | cost to replace | cost of replacement.
costo de reproducción | reproduction cost.
costo del tiempo extra | premium overtime cost.
costo del tiempo perdido | idle time labour cost.
costo derivado | imputed cost.
costo directo más gastos generales | conversion cost.
costo efectivo | actual cost.
costo en el sitio de recepción | laid-down cost.
costo estimado | estimated cost.
costo identificado | identified cost.
costo inicial | first cost.
costo intangible de explotación | intangible development cost.
costo marginal adquisitivo de un factor de producción más | marginal cost of acquisition.
costo más honorarios | cost-plus contract.
costo más porcentaje | force account.
costo medio de mano de obra | average labor cost.
costo primitivo | historical cost.
costo proyectado | scheduled cost.
costo real | actual cost.
costo real (Hispanoamérica) | real cost.
costo según factura | invoice cost.
costo total | gross cost.
costo unitario ajustado
costo unitario identificado | identified-unit cost.
costo y riesgo propios | own cost and risk.
costos administrativos | clerical costs.
costos crecientes | increasing cost.
costos de despacho | despatching costs.
costos de existencias agotadas (inventarios) | out-of-stock costs.
costos de investigación y desarrollo | research and development costs.
costos de manejo del inventario | inventory carrying costs.
costos de operación | operating cost.
costos de un sistema | system costs.
costos directos | direct costs.
costos fabriles en general | general factory overhead.
costos fijos de capacidad de larga duración | long-run capacity fixed costs.
costos fijos de operación | operating fixed cost.
costos generales | overhead cost.
costos imputados | imputed cost.
costos indirectos | indirect costs.
costos inventariables | inventoriable costs.
costos mancomunados | joint costs.
costos permanentes | standing costs.
costos por órdenes de trabajo | job costs.
costos que pertenecen al inventario | inventoriable costs.
costos relacionados con la mano de obra | labor related costs.
costos y costas (jurisprudencia) | all expenses.
costoso | expensive.
costoso de fabricar | expensive-to-make.
costra | scab | ion pan | crust | caking | skim | skin.
costra (incrustación sobre una superficie metálica) | scab.
costra (lingote fundido) | skin.
costra calcárea | hard pan | calcareous crust.
costra caliche | calcareous crust.
costra de arena | sand skin.
costra de coque (explosiones de polvo en minas de carbón) | coked coal-dust.
costra de cristales en una cavidad pequeña | druse.
costra de fundición | casting scab.
costra de hielo que no reposa sobre el agua (ríos) | cat's ice.
costra de laminado (chapas, tochos) | rolling skin.
costra de lodo | filter cake.
costra de óxido | scale.
costra dura de una concreción férrica | ferricrust.
costra endurecida del suelo (climas semiáridos) | duricrust.
costra exterior sólida de la tierra | earth's solid outer crust.
costra suboceánica (oceanografía) | suboceanic crust.
costras de coque (trozos dejados por explosiones de polvo en minas carbón) | caked-coal dust.
costrificación | crustification.
costroso | scaled | scabby.
costumbre | routine | custom.
costumbre de plaza | trade usage | custom of trade.
costumbre del puerto | custom of port.
costumbres | customs.
costumbres comerciales | trade customs.
costumbres del comercio maderero | timber trade customs.
costumbres del servicio | customs of the service.
costumbrismo | folklore.
costura | seam | edge fastening | work | sewing | seaming | stitching.
costura a punto por encima | overcast | overcast seam | dressmaking seam.
costura a solape | lapped seam.
costura a tope | butt joint.
costura alrededor del angular del trancanil (cubierta forrada de madera) | devil.
costura atrás (medias) | back seam.
costura broncesoldada | brazed seam.
costura caída (tubos) | falling seam.
costura circunferencial | girth seam.
costura circunferencial (recipientes cilíndricos) | circumferential seam.
costura circunferencial de doble remachado | double-riveted circumferential seam.
costura circunferencial de la envolvente cilíndrica | shell circumferential seam.
costura con alambre | wiring.
costura de alambre para metales | metal wire stitching.
costura de caldera | boiler seam.
costura de los tablones (buques madera) | rend.
costura de quilla plana | flat keel seam.
costura de unión (soldadura) | shut.
costura doble (tejeduría) | French seam.
costura electrónica | electronic sewing.
costura en la obra viva (buques de madera) |

devil.
costura enfaldillada | flanged seam.
costura engargolada | lock seam.
costura engatillada | lock seam.
costura engrapada | hook seam.
costura interior | inseam.
costura larga (cables) | long splice.
costura lateral del tubo | tube seam.
costura lateral engatillada (lata de conservas) | sideseam.
costura longitudinal | longitudinal seam.
costura longitudinal (forros de buques) | seam.
costura longitudinal de cubierta | deck seam.
costura longitudinal de chapa de quilla | keel-plating seam.
costura longitudinal de dos filas de remaches | double-riveted longitudinal seam.
costura longitudinal de la chapa de trancanil (buques) | stringer plate seam.
costura longitudinal de la envolvente cilíndrica | shell longitudinal joint.
costura longitudinal de la traca de cinta | sheerstrake seam.
costura longitudinal del forro | shell seam.
costura longitudinal del forro de cubierta | deck plating seam.
costura longitudinal remachada para impedir la propagación de grietas (buques soldados) | crack-arresting riveted seam.
costura longitudinal soldada | welded seam.
costura longitudinal soldada a solape | lap-welded seam.
costura longitudinal soldada a tope por forja (tubos) | forge butt welded longitudinal seam.
costura plana | flat seam.
costura rebatida (cosidos) | lap-seam.
costura ribeteada | bound seam.
costura sencilla | plain work.
costura simulada | mock seam.
costura sobreorillada (cosido) | overseam.
costura solapada (cosidos) | lap-seam.
costura solapada de dos telas cosida con dos filas de pespuntes | prick seam.
costura solapada de dos telas cosidas con dos filas de pespuntes | monk seam.
costura soldada | seam weld.
costura soldada radiografiada con iridio-192 | iridium-192-tested welded seam.
costura transversal (forro buques) | butt seam.
costura transversal del forro (buques) | shell butt.
costura transversal soldada a tope | butt-welded seam.
costura transversal soldada de quilla | keel welded butt.
costuras longitudinales estajadas | joggled seams.
costuras transversales de la traca de cinta | sheerstrake butts.
costurón | welt.
cota | contour height | contour elevation.
cota (conjunto de números reales) | bound.
cota (de un punto del terreno - mapas) | spot height.
cota (dibujos) | counter | mark.
cota (estadística) | bound.
cota (mapas) | elevation.
cota (medida - dibujos) | dimension figure.
cota cero | zero reading.
cota de base (topografía) | spot level.
cota de la rasante | grade elevation.
cota de malla | mail.
cota de profundidad | depth reading.
cota de referencia | bench mark.
cota de referencia (topografía) | bench-mark.
cota de retenida (presas) | storage level.
cota de seguridad | freeboard.
cota de un conjunto | bound of a set.
cota inferior | lower bound.
cota superior (matemáticas) | upper bound.
cotámetro | flowmeter.
cotangente (matemáticas) | cotangent.
cotangente del arco hiperbólico | arc hyperbolic cotangent.
cotangente hiperbólica inversa de | $coth^{-1}$.
cotar (seguimiento de vehículos espaciales) | cotar.
cotas (dibujos) | dimensional figures.
cotat (trayectoria de un proyectil) | cotat.
cote (nudo) | half hitch | hitch.
cotejador | collator.
cotejar | collate (to) | match (to) | poise (to) | parallel (to) | readback (to) | cf. | check-up (to) | check (to) | check up (to) | compare (to).
cotejo | comparison | check | collation | proofreading.
cotejo de las firmas | signatures comparison.
cotejo de letra | comparison of handwriting.
cotejo línea por línea | line-by-line comparison.
cotidal | cotidal.
cotidiano | diurnal.
cotiloideo | cup-shaped.
cotillo (martillo) | peen.
cotillo (martillo, hacha) | poll | poll.
cotillo (martillos) | face.
cotinuismo reformista | reformist continuism.
cotizable | quotable.
cotización | quotation | contribution | price list | rate.
cotización (bolsa) | marking.
cotización de bolsa | exchange quotation.
cotización de cierre | closing price | closing quotation.
cotización de la seguridad social por la empresa | employer's social security contributions.
cotización de las acciones | quotation of stocks.
cotización del día | current price.
cotización del dólar | dollar rate.
cotización fuera de la bolsa | street price.
cotización máxima (bolsa) | top out.
cotización no oficial | unofficial price.
cotización oficial | official list.
cotización oficial (bolsa) | official quotation.
cotización para entrega futura | forward quotation.
cotización sin interés | flat quotation.
cotizaciones | rates | stock exchange quotations.
cotizaciones de precios | listed stock price quotations.
cotizaciones hasta mediodía | first board.
cotizado (heráldica) | fretted.
cotizador (bolsa) | marking-clerk.
cotizar | quote (to).
cotizar con fuertes pérdidas (bolsa) | quote with gross losses (to).
coto de caza | game preserve | game reserve | moor.
coto de pesca | fishing-preserve.
coto de refugio para animales | game refuge.
coto forestal | woodlot.
coto minero | mining property | group of mines.
cotonada | calico.
cotonada (tela) | cottonade.
cotonía | pique dimity | pique voile | cottonee.
cotonia (tela) | sail duck.
cotonina | cotton canvas.
cotonización | cottonization | cottonizing.
cotterita (variedad de cuarzo con lustre nacarado metálico) | cotterite.
cotutela | joint guardianship.
cotutor | joint guardian.
coulombímetro | voltameter.
coulometría de corriente variable | controlled-potential coulometry.
coulsonita (mineral de hierro vanadífera - India) | coulsonite.
coupage (vinos) | racking.
courbaril (Hymenaea courbaril) | West Indian locust | simiri.
courbaril (Hymenaea courbaril - L) | courbaril.
cousufructo | joint use.
covalencia | covalency.
covalente | covalent.
covariación | covariation.
covariaciones interfluviales | interfluvial covariations.
covariancia | covariance.
covariante | covariant.
covarianza (estadística) | covariance.
covellina (cobre añilado) | indigo copper.
covendedor | joint seller.
covibración | covibration.
covibrante | covibrant.
covibrar | covibrate (to).
covolumen | incompressible volume.
covolumen atómico | atomic covolume.
covolumen molecular | molecular covolume.
covoyar | convoy (to).
coy | hammock.
coyote | coyote.
coyuntura | juncture | joint | friction | conjuncture.
coyuntura (comercial) | trade cycle.
coyuntura comercial | business prospects.
coyuntura económica | economic juncture | economical functure.
coyuntura en alza | upward trend.
coyuntura interna | internal economic trend.
coz | kick.
coz (de un rollizo) | butt.
coz (palos, roda, timón) | heel.
coz de la pluma de carga (buques) | derrick heel.
coz del palo (buques) | mast heel.
coz del timón (buques) | rudder keel.
cpacidad maniobrera | manoeuvring capacity.
cracking | cracking.
cracking aromatizante | aromatizing cracking.
cracking catalítico | catalytic cracking.
cracking catalítico en atmósfera de hidrógeno (petróleo) | hydrocracking.
cracking con catalizador de platino (supercarburantes de gran octanaje) | platforming.
cracking en presencia de hidrógeno | hydro cracking.
cracking hidrogenante (petróleo) | hydrocracking.
craignurita | craignurite.
crampón (para andar sobre el hielo) | crampon.
cramponado (heráldica) | cramponee.
cran (de letra) | kern.
cran (tipografía) | nick.
cráneo | skull.
crappo (Carapa guianensis) | crappo.
crappo (Carapa-procera - D. C) | African crabwood.
crappo africano (Carapa grandiflora) | crabnut.
crappo africano (Carapa procera) | Uganda crabwood.
craqueado (piezopirolizado - hidrocarburos) | cracked.
craquear (hidrocarburos) | crack (to).
craquelado (cerámica) | crackle.
craquelar | crackle (to).
craqueo catalítico | cat cracking.
crascitar | croak (to).
craso | greasy | lardaceous | oily.
crásula (madera de coníferas) | crassula.
cráter (depresión al final de un cordón de soldadura) | crater.
cráter (soldadura) | kerf.
cráter (volcán) | crater.
cráter adventicio | lateral crater | adventive crater.
cráter Alphonsus (Luna) | Alphonsus crater.
cráter aparente | apparent crater.
cráter de explosión (geología) | explosion pit.
cráter de hundimiento | pit crater.
cráter de impacto secundario (luna) | secondary-impact crater.
cráter de la soldadura | weld crater.
cráter de levantamiento | elevation crater.
cráter debido al impacto de proyectiles lanzados por el cráter principal (luna) | secondary-impact crater.
cráter del arco | arc crater.
cráter del carbón positivo (lámpara arco) | crater.

cráter en un sólido por impacto de partículas de gran velocidad | solid crater.
cráter final (soldadura) | end crater.
cráter formado por un meteoro al chocar con la tierra | meteor crater.
cráter fósil | fossil crater.
cráter lunar | lunar crater | crater.
cráter mellado (volcán) | breached cone.
cráter meteorítico fósil | fossil meteorite crater.
cráter producido por explosión de gas y emisión de fangos | air volcano.
cráter producido por explosión nuclear | nuclear crater.
crateral | crateral.
crateriforme | crateriform | crater-like | goblet-shaped | cup-shaped.
craterino | craterine.
craterización | cratering | crater formation.
crateroso | craterous.
cratícula de difracción | diffraction grating.
craticular | crater-like.
cratiforme | bowl-shaped.
cratogénico | cratogenic.
cratón | kraton.
cratón (geología) | craton.
cratónico | craton.
craurita | green iron ore.
crawl (natación) | crawl.
crcuito de series sintonizadas | series tuned circuit.
crea (tela) | dowlas.
creación | establishment | establishing.
creación (modas) | designing.
creación de depósitos | deposit creation.
creación de la idea | idea creation.
creación de monotonías | presorting.
creación de reservas | building up of reserves.
creación de una pareja (nucleónica) | pair creation.
creación de una pareja de muones | muon pair creation.
creación del Universo | origination of the Universe.
creado especialmente para servicio en el Artico | specially created for Arctic service.
creador | originator.
creador de estilos de medias | hosiery stylist.
crear | establish (to) | design (to).
crear (una diferencia de potencial-electricidad) | impress (to).
crear parques y espacios abiertos (ciudades) | create parks and open spaces (to).
crear un precedente | create a precedent (to).
creatividad | brainstorming.
creatividad de ideas | idea creation.
creatividad hídrica | hydric creativity.
creatividad lingüística | linguistical creativity.
crecer | grow (to) | build up (to) | increase (to).
crecer (la luna) | wax (to).
crecer (la mar) | roughen (to).
crecer (la marea) | flow (to) | make for (to).
crecer (ríos) | rise (to).
crecer como una ola | billow (to).
crecer en volumen | gather volume (to).
crecer irregularmente (sembrados) | grow raggedly (to).
crecer juntos en uno solo | anchylose (to).
crecer muy alto y delgado (plantas) | spindle (to).
crecer rápidamente (plantas) | grow rank (to) | run up (to).
creces laterales para el corte (laminación de chapas) | side shears.
creces para el afilado | sharpening allowance.
crecida | growth | fresh.
crecida (de las aguas) | increase.
crecida (riada - ríos) | freshet.
crecida (ríos) | gain | flood | rising | rise | high water.
crecida anual | annual flood.
crecida anual media | average annual flood.
crecida catastrófica (ríos) | catastrophic flood.
crecida de las aguas | gain of the waters.
crecida de proyecto | design flood.
crecida máxima | maximum high water.
crecida máxima (ríos) | high water flood.
crecida mensual (hidrología) | monthly flood.
crecida por fisión de la nieve | snow-melt flood.
crecida torrencial | flash flood.
crecido | full-grown.
creciendo en fuerza (música) | louder | gradually louder.
creciente | nascent | crescentic | towering.
creciente (de la luna) | crescent | increase.
creciente (oscilaciones) | unstable.
creciente (suma) | staggering.
creciente - flujo (mareas) | flood.
crecimiento | rise | growth | growing | increment.
crecimiento (de las plantas) | plant.
crecimiento (de los días) | lengthening.
crecimiento (nuclear) | growth.
crecimiento (piso galería de mina) | heave.
crecimiento (piso galería minas) | heaving.
crecimiento absoluto | overall growth.
crecimiento achaparrado (árboles) | stunted growth.
crecimiento algáceo | algal growth.
crecimiento anormal del grano (aceros) | abnormal grain growth.
crecimiento apical | apical growth.
crecimiento aterrazado | terraced growth.
crecimiento autoepitaxial | autoepitaxial growth.
crecimiento bacteriano posterior | bacteriological aftergrowth.
crecimiento coherente | coherent growth.
crecimiento colosal | mushrooming growth.
crecimiento columnar del grano | columnar grain growth.
crecimiento coralino de forma de seta | coral head.
crecimiento cristalino | crystalline overgrowth.
crecimiento cristalino filamentario | whisker.
crecimiento de cristal a alta presión | high-pressure crystal growing.
crecimiento de cristales | crystal growth.
crecimiento de hábito mixto | mixed-habit growth.
crecimiento de nucleación | nucleation growth.
crecimiento del área basal | basal área growth.
crecimiento del grano | grain growth.
crecimiento demográfico | population growth.
crecimiento dendrítico | dendritic growth.
crecimiento económico | increase in economic activity.
crecimiento en altura | height growth.
crecimiento en fase vapor | vapor phase growth.
crecimiento epitaxial de los cristales (metalurgia) | epitaxial growth of crystals.
crecimiento epitáxico | epitaxial growth | epitaxic growth.
crecimiento epitáxico de silicio | silicon epitaxial growth.
crecimiento espiral en polimorfos y politipos (cristalografía) | spiral growth on polymorphs and polytypes.
crecimiento instantáneo | burst.
crecimiento isotérmico del grano | isothermal grain growth.
crecimiento leñoso de la corteza (árboles) | burr.
crecimiento multicapa enmascarado mecánicamente | mechanically-masked multilayer growth.
crecimiento neto en volumen en pies cúbicos por acre por año (bosques) | net volume growth in cubic feet per acre per year.
crecimiento perceptible | difference limen.
crecimiento persistente | steady-state growth.
crecimiento por capas | layer-growth.
crecimiento por deslizamiento aparente | gliding growth.
crecimiento por deslizamiento aparente (maderas) | sliding growth.
crecimiento raudo | snowball growth.
crecimiento regional | regional growth.
crecimiento regulado por difusión | diffusion-controlled growth.
crecimiento subcrítico de la grieta | subcritical crack growth.
crecimiento uniforme | even growth.
crecimiento vegetal acuático | aquatic growth.
crecimiento vertical | upright growth.
crecimiento vigoroso | fast growing.
crecimiento vigoroso (plantas) | thriftness.
crecimientos filamentosos metálicos en forma de cristales sencillos o maclados que se desarrollan sobre las superficies metálicas | whiskers.
credibilidad | reliability.
crédito | standing | goodwill | accommodation | credit standing | credit.
crédito (finanzas) | claim.
crédito a cobrar | book debt.
crédito a colonos | credit to settlers.
crédito a corto plazo | short credit.
crédito a devolver en una sola vez | noninstallment credit.
crédito a la construcción | building loan.
crédito a la exportación | export credit.
crédito a la importación | import credit.
crédito a la reactivación | pump priming credit.
crédito a largo plazo | roll over credit | long credit | long-term credit.
crédito a medio plazo | intermediate credit.
crédito a 30 días | thirty days credit.
crédito abierto | open-book credit | open credit | revolving credit.
crédito activo | running credit.
crédito activo (haber según el libro mayor) | book-credit.
crédito agrícola | agricultural credit.
crédito agrícola0028- | landed credit.
crédito al consumidor | consumer credit | retail credit.
crédito artesanal | credit to handicrafts.
crédito automáticamente renovable | revolving credit.
crédito auxiliar | standby credit.
crédito bancario | bank credit | bank loan.
crédito barato | cheap credit.
crédito basado en efectos por cobrar | paper credit.
crédito cerrado (economía) | closed credit.
crédito con cláusula roja | red clause credit.
crédito con pagaré | debenture loan.
crédito con respaldo de otro crédito anterior | back-to-back credit.
crédito concedido por el proveedor | credit granted by supplier.
crédito confirmado | confirmed credit.
crédito congelado | frozen credit.
crédito contingente | standby credit.
crédito de aceptación | acceptance credit.
crédito de aceptación documentaria | documentary acceptance credit.
crédito de comercio exterior | foreign trade credit.
credito de consumo | check trading.
crédito de cuenta corriente | open account credit.
crédito de descuento | discount credit.
crédito de explotación | working credit | working-capital loan.
crédito de financiación de stocks | credit to finance business stock.
crédito de garantía | guaranteed credit.
crédito de negociación | credit available by negotiation.
crédito de reembolso | reimbursement credit.
crédito de urgencia | emergency loan.
crédito descubierto | uncovered credit | unsecured credit.
crédito destinado a presentar saldo activo del balance de caja (bancos) | window dressing.
crédito diferido | deferred credit.
crédito disponible en cualquier momento | stand-by credit.
crédito dispuesto | outstanding credit.

crédito documentario | letter of credit | advance against shipping documents | documentary credit.
crédito documentario comercial | commercial documentary credit.
credito documentario irrevocable | irrevocable documentary credit.
crédito documentario irrevocable no confirmado | unconfirmed irrevocable credit.
crédito documentario revocable | revocable documentary credit.
crédito en blanco | blank credit | open credit.
crédito en cuenta corriente | overdraft on current account.
crédito en descubierto | accommodation credit | open credit.
crédito en descubierto (economía) | overdraft privilege.
crédito en divisas | credit in foreign exchange | exchange credit.
crédito en efectivo | cash credit.
crédito en metálico | cash credit.
crédito entre bancos centrales a plazo muy corto | swap.
crédito exterior | foreign borrowing.
crédito extranjero | foreign loan | foreign credit.
crédito garantizado | secured credit.
crédito gubernamental capitalizado | capitalized government credit.
crédito hipotecario | loan on landed property | mortgage credit | mortgage-credit.
crédito ilimitado | unlimited credit.
crédito incobrable | bad debt.
crédito industrial | factoring.
crédito industrial (economía) | credit for industry.
crédito inmobiliario | loan on real property.
crédito irrevocable | straight credit | irrevocable credit.
crédito limitado | restricted credit.
crédito marítimo | maritime credit.
crédito mercantil | commercial or mercantile credit | commercial standing | reputation | good will.
crédito mercantil negativo | negative goodwill.
crédito mobiliario | chattel mortgage.
crédito naval | maritime credit.
crédito no confirmado | unconfirmed credit.
credito no denunciable | uncallable loan.
crédito no utilizado | unused credit.
crédito para gastos de capital | investment credit.
crédito personal | consumer credit | fiduciary loan.
crédito pignoraticio | secured credit.
crédito por experiencia (seguros) | experience credit.
crédito preferencial | preferential credit.
crédito prendario | credit on chattel mortgage.
crédito prescrito | overdue credit.
crédito prorrogado | extension credit | extended credit.
crédito provisional | bridge-over.
crédito recíproco al descubierto | swing credit.
crédito recurrente | revolving credit.
credito renovable | revolving credit.
crédito reponible | revolving credit.
crédito restringido | tight credit.
crédito revocable | revocable credit.
crédito rotativo | revolving credit.
crédito simple | clean credit.
crédito sin fianza | trust.
crédito sin garantía | fiduciary loan.
crédito sin plazo determinado | open-book credit.
crédito sobre garantías reales | warrant.
crédito sobre mercancía | clearance loan.
crédito subsidiario | back to back credit.
crédito suplementario | further credit.
crédito transferible | transferable credit.
crédito transitorio | transitional credit.
crédito vencido anteriormente | overdue account.
crédito vigente | credit outstanding.
crédito votado por el Congreso | appropriation.
créditos | outstanding debts.
créditos (ejército, marina, etc.) | estimates.
créditos (finanzas) | supply services.
créditos activos | assets.
créditos agrícolas | rural credits.
créditos anulados | surrendered appropriations.
créditos autorizados (economía) | appropriations.
créditos bancarios de tipos varios | floating rate bank loans.
créditos con intereses | interest credits.
créditos congelados | credits frozen.
créditos diferidos | deferred credits.
créditos estatales para obras públicas provinciales de origen político | pork barrel.
créditos hipotecarios | mortgage credits.
créditos industriales | loans to industry.
créditos para inversiones de capital | loans to finance capital projects.
créditos pendientes por devoluciones de clientes | credits pending for customers returns.
créditos pendientes recuperados | outstanding debts recovered.
créditos pignoraticios | pledgeable assets.
créditos subsistentes | live claims.
créditos valederos | live claims.
crema (de leche, de cal) | cream.
crema (licor) | crème.
crema antisolar | suntan cream.
crema contra las dermitis | barrier cream.
crema contra las dermitis industriales | anti-dermatitis cream.
crema de alúmina | alumina cream.
crema de cacahuetes | peanut butter.
crema de látex | latex cream.
crema para cueros | leather dressing.
crema para limpiar las manos (mecánicos) | hand cleaner.
cremación | tephrosis.
cremallera | toothed bar | rack bar | rack.
cremallera (ferrocarril de montaña) | center-rail.
cremallera abrochadora | zipper.
cremallera articulada | jointed rack.
cremallera base (engranajes) | basic rack.
cremallera cilíndrica | cylindrical rack.
cremallera circular de la puntería en dirección (cañón) | training circle.
cremallera circular de puntería azimutal | training rack.
cremallera circular para el movimiento de giro horizontal | slew rack.
cremallera de accionamiento de las palas de la hélice (hélice de paso modificable) | propeller-blade-operating rack.
cremallera de alimentación | feeding rack.
cremallera de avance | feed rack.
cremallera de dentadura cónica | conical-toothed rack.
cremallera de dientes rectos | spur rack.
cremallera de evolvente | involute rack.
cremallera de funicular | cograil.
cremallera de giro | swinging rack.
cremallera de puntería en dirección | traversing rack.
cremallera de referencia (engranajes) | basic rack.
cremallera de torno | lathe rack.
cremallera del brazo del cucharón (pala mecánica) | dipper arm rack.
cremallera del trinquete del freno | brake ratchet rack.
cremallera en escalera (marcos ventana) | ladder-rack.
cremallera motriz | operating rack.
cremallera para posicionar (soldadura) | manipulator rack.
cremallera reguladora | control rack.
cremallera tipo (engranajes) | basic rack.
cremallera vertical | lifting rack.
cremalleras de dientes coincidentes | counterpart racks.
cremar (fabricación caucho) | cream (to).
crematística | economics.
crematorio | crematory.
cremómetro | ceamometer.
crémor tártaro | cream of tartar.
cremoso | cream-colored | creamy.
crenado (botánica) | notched.
crenilabro (ictiología) | conner.
crenología | crenology.
crenólogo | crenologist.
crenulación | wrinkle.
crenulación (marca en forma de diente) | crenulation.
creosota | creosote | dead oil | wood-tar | pitch oil.
creosota de alquitrán de alto horno | blast-furnace tar creosote.
creosota de alquitrán de haya | beech tar creosote.
creosota de frondosas | hardwood creosote.
creosota de hornos de cok | coke oven creosote.
creosota del alquitrán de maderas de frondosas | hardwood creosote.
creosota mucocoloidal | mucocolloidal creosote.
creosotación | creosoting.
creosotar | creosote (to) | creosotize (to).
crep (tela) | crape.
crep (telas) | crepe.
crep de China | crepe de Chine.
crep marroquén | crepe Marocain.
crep satén | crepe back satin | satin-back.
crepé | crepêd | marocain.
crepé (telas) | crepe.
crepé de algodón | cotton crepe.
crepé de granito embrollado | sand crepe.
crepé de hilos doblados | plied yarn crepe.
crepé de látex (látex coagulado, lavado y secado al aire) | crepe rubber.
crepé de seda | crepe.
crepé georget | crepe georgette.
crepé liso (de seda o rayón) | flat crepe.
crepé liso de todo acetato | all-acetate flat crepe.
crepé mouse | sand crepe.
crepelina | crepeline.
crepitación | crepitation | crackling | crackle | crackling noise | frying effect.
crepitación (acústica) | scratching noise.
crepitación (de las escobillas) | chattering.
crepitación (electricidad) | jackling.
crepitación (líneas eléctricas) | motor-boating.
crepitación muy regular | purring.
crepitante | crepitant | crackling.
crepitar | crepitate (to) | crackle (to) | frizzle (to).
crepitar (escobillas) | chatter (to).
crepolina | crepoline.
crepotonado (efecto jaspeado en los calcetines) | crepetone.
crepusculo | sunset | twilight.
crepúsculo astronómico | astronomical twilight.
crepúsculo civil (el sol 6 grados bajo el horizonte) | civil twilight.
crepúsculo náutico (el sol 12 grados debajo del horizonte) | nautical twilight.
crepúsculo observacional (el sol 10 grados bajo el horizonte) | observational twilight.
cresa | maggot.
cresardia (agua contenida en el suelo que puede ser aprovechada por las plantas) | chresard.
cresilditiofosfato | aerofloat.
cresol | cresyl alcohol.
cresol (fenol) | cresol.
crespo (cabello) | crisp | woolly.
crespolina | crimps.
crespón (tejidos) | crimp.
crespón (tela) | crape.
crespón (telas) | crepe.
crespón de China | crepe de Chine.
crespón de la China | China-crape.
crespón georget | crepe georgette.
crespón georgette | georgette.
crespón inglés | English crepe.

crespón marocaín | marocain.
crespón meteor | crepe meteor.
crespón negro | crape.
crespón romano | crepe romain.
crespón rugoso | crepon | blister cloth.
crespón satén | crepe satin.
cresta | hump.
cresta (colinas) | crown.
cresta (de gallo, de reptil, de olas, de rosca de tornillo) | crest.
cresta (minería) | brow.
cresta (montañas) | chine.
cresta (olas, montañas, anatomía) | ridge.
cresta (radio) | pip.
cresta (rosca) | tip.
cresta a cresta | peak-to-peak.
cresta admisible de tensión transitoria | peak allowable transient voltage.
cresta ajustable | controlled crest.
cresta anticlinal (geología) | crown.
cresta anticlinal (pliegues) | upper apex.
cresta cubridora | covering ridge.
cresta curvada (de olas) | curl.
cresta de amplitud de corriente catódica | peak-cathode current surge.
cresta de anticlinal | crest of anticline.
cresta de domo (geología) | dome crest.
cresta de eco | blip.
cresta de fuegos (topografía) | fire crest.
cresta de la corriente | current loop.
cresta de potencia vocal | peak speech power.
cresta de presión | pressure ridge.
cresta de resonancia | resonance peak.
cresta de tensión | voltage loop.
cresta de tensión anódica directa | peak forward anode voltage.
cresta de tensión anódica inversa | peak inverse anode voltage.
cresta del anticlinal | anticlinal ridge.
cresta del blanco (televisión) | peak white | white peak.
cresta del domo (geología) | center of the dome.
cresta del negro | black peak.
cresta del negro (televisión) | peak black.
cresta divisoria (geología) | dividing ridge.
cresta isoclinal | hogback.
cresta militar (topografía) | military crest.
cresta monoclinal | hogback.
cresta movible | controlled crest.
cresta sinclinal | trough line.
cresta submarina en el océano | oceanic ridge.
cresta topográfica | topographical crest.
crestado (botánica) | crested.
crestador | peaker.
crestas oceánicas de la Tierra | terrestrial oceanic ridges.
crestería | cresting.
crestería ornamental | ornamental cresting.
crestería Tudor | brattishing.
crestomatía | chrestomathy.
crestomático | chrestomathic.
crestón (geología) | outcrop | outcrop.
crestón de mineral | ore outcrop.
creta lavada | floated chalk.
creta precipitada | precipitated chalk.
creta roja | red chalk.
cretáceo | chalky | cretaceous.
cretáceo superior | Danian.
cretificar | cretify (to).
cretona | cretonne.
cretona de Persia | chintz.
creyón pulverizado para retoques (fotografía) | crayon sauce.
cría | growing.
cría (de animales) | breeding | keeping.
cría (de ganado) | raising.
cría de animales de pelo | fur breeding | fur-farming.
cría de arenque | bit.
cría de avestruces | ostrich farming.
cría de ganado | animal breeding | animal husbandry | cattle breeding.
cría de ganado lanar | sheep breeding.
cría de ganado menor | keeping of small animals.
cría de la trucha | trout rising.
cría de mulas | mule-breeding.
cría de pájaros o perros de lujo | fancying.
cría de peces en estanques apropiados | fish farming.
cría de truchas | trout farming.
cría del conejo | rabbit raising.
criadero | deposit | ore deposit | nursery | mineral deposit | measures | hatchery | mineral occurrence.
criadero (ecología) | breeding ground.
criadero (filón)
criadero (mineralogía) | in-place deposit.
criadero aurífero | auriferous deposit.
criadero colgante | pendant deposit.
criadero de aves marinas | rookery.
criadero de contacto | contact deposit.
criadero de focas | rookery.
criadero de gusanos de seda | magnanerie.
criadero de gusanos de seda (mañanería) | cocoonery.
criadero de langostas | lobster-ground.
criadero de mena de hierro | iron ore deposit.
criadero de metamorfización regional | regionally metamorphosed deposit.
criadero de minerales | ore body.
criadero de ostras | oyster-park | oyster bed.
criadero de peces | fish hatchery.
criadero de petróleo | oil pool.
criadero de segregación magmática | magmatic segregation deposit.
criadero de uranio | uranium occurrence.
criadero en capas | stratified deposit.
criadero en masa | ore mass | orebody.
criadero endógeno | endogenetic ore deposit.
criadero epirótico | epeirotic deposit.
criadero epitermal | epithermal deposit.
criadero epitermal (geología) | epithermal ore-deposit.
criadero eruptivo | eruptive ore deposit.
criadero estratificado de débil buzamiento | flat-dipping bedded deposit.
criadero eutáxico | eutaxic deposit.
criadero filoniano | vein deposit.
criadero intrusivo | intrusive deposit.
criadero isomésico | isomesical deposit.
criadero lenticular | lenticular deposit.
criadero lenticular alargado | pod-shaped deposit.
criadero magmático gaseoso | gaseous magmatic deposit.
criadero mesotérmico | mesothermal deposit.
criadero metalífero | metalliferous deposit.
criadero metalífero epigénico | epigenic metalliferous deposit.
criadero metamórfico de contacto | contact metamorphic deposit.
criadero metamórfico de contacto metamorfizado | metamorphosed contact-metamorphic deposit.
criadero metasomático | metasomatic deposit.
criadero neumatolítico | pneumatolytic deposit.
criadero ortomagmático | intramagmatic deposit.
criadero piritoso | pyritic deposit.
criadero por disolución (geología) | solution deposit.
criadero que no aflora | blind ore-body.
criadero residual (geología) | residual deposit.
criadero sedimentario (mineralogía) | sedimentary deposit.
criadero-vivero para transplante | lining-out nursery.
criadero-vivero para trasplantes | transplant nursery.
criadillas | fries.
criado en el campo | land-bred.
criado en el país | home-reared.
criado en reclusión (gallinas, etc.) | confining-reared.
criador de aves de caza | game breeder.
criador de vinos | viniculturist.
criador de visonesabreviatura de Minesota (EE.UU.)
criadora | brooder.
criar | rear (to) | grow (to) | raise (to).
criar a mano (aves, etc.) | hand-rear (to).
criar con endogamia | inbreed (to).
criar gérmenes | harbor germs (to).
criar madre (vinos) | mother (to).
criar plantas en la estufa | stove (to).
criar simiente | seed (to).
criar verdín | mildew (to).
criar vinos | elaborate wines (to).
criba | sifter | sieve | strainer | screen | cribble | trommel | bolting machine | riddle | rider | temse | chaffer | dust sieve.
criba (minas) | griddle.
criba cilíndrica | sieve drum | drum screen.
criba clasificadora | grader | classifying screen | grading screen.
criba con agujeros cuadrados | sieve.
criba corrediza | traveling screen.
criba de agujeros cuadrados | square-hole screen.
criba de agujeros punzonados | clear-punched hole screen.
criba de aire comprimido | pneumatic jig.
criba de barrotes (parrillas - tamiz de mineral) | grizzly.
criba de cajón | brake sieve | hand-jig | cage screen.
criba de carbón | coal-screen.
criba de cesta | basket screen.
criba de correa | band screen.
criba de corriente (electricidad) | current hogging.
criba de crin | hair-sieve.
criba de cuba (metalurgia) | German hand-jigger.
criba de chapa perforada | plate screen | punched-plate screen.
criba de dos pisos | double-deck screen.
criba de estañar (hojalata) | white pot.
criba de hendijas embutidas | burred slot screen.
criba de hendijas punzonadas | clear-punched slot screen.
criba de mano | hand riddle | hand jigger | hand-jig.
criba de mano de tela metálica desmontable | movable sieve hand jib.
criba de parrilla móvil | movable-sieve jig.
criba de percusión | impact screen | percussion jig | percussion sieve.
criba de persiana | shutter screen.
criba de pistón | jig | piston jigger | piston jig.
criba de pistón para carbón | piston coal jig.
criba de rejilla fija | fixed-screen jig.
criba de rejilla móvil | pulsator jig | pulsator.
criba de resonancia (metalurgia) | resonance screen.
criba de rodillos | roller screen.
criba de sacudidas | percussion jig | shaking screen | shaker screen | shaker | shaking-screen | push-screen | swing sieve | bumping screen | riddle | shaking-grate | shaking sieve | jigging screen.
criba de sacudidas de movimiento vertical funcionando en el agua (minas) | jigger.
criba de sacudidas en seco | dry-jigger.
criba de sacudidas transversales | sideshaking screen.
criba de tambor | composition sieve | drum-sieve | drum screen | drum sieve.
criba de tela metálica | wire-screen | wire sieve.
criba de trepidación | swinging sieve | shaking-screen.
criba de un compartimiento | one-compartment jig.
criba de vaivén | shaking screen | shaking sieve | shaking-screen.
criba filtrante | plunger jig | jigging screen | filter screen.

criba fina | fine screen.
criba giratoria | rotary screen | riddle drum | gyrating screen.
criba giratoria (metalurgia) | trommel | revolving screen.
criba graduadora | gradation screen.
criba gruesa | coarse screen.
criba hidráulica | jib | brake sieve.
criba hidráulica (metalurgia) | hotching machine.
criba hidráulica (minas) | jigger.
criba hidráulica (minería) | jig | jigging machine.
criba hidráulica de pistón | plunger jig | fixed sieve jig.
criba hidráulica de sacudidas | jolting machine.
criba lavadora | rocker.
criba lavadora (para el oro) | riddle | cradle.
criba lavadora de gravilla | gravel washing and screeening plant.
criba lavadora de sacudidas de movimiento vertical (minería) | jigging machine.
criba múltiple para harina | plansifter.
criba neumática (metalurgia) | air jig.
criba oscilante | brake sieve | swinging sieve | shaker | shaker screen | shaking sieve | traveling screen.
criba para arena | sand riddler | sand sifter.
criba para cal | lime screen.
criba para carbón | coal jig.
criba para grava | gravel screen.
criba para gruesos | coarse trommel.
criba para remover la ganga (minerales) | scalping screen.
criba por acción molecular (masa porosa de cristales) | molecular sieve.
criba por sacudidas | push-screen.
criba pulsante | pulsator jig.
criba rotatoria | slug.
criba separadora de granos | grader.
criba vibradora | impact screen.
criba vibrante | oscillating screen | vibratory sieve.
criba vibrante (minería) | jig table.
criba vibrante de barrotes | vibrating bar grizzly.
criba vibratoria | shaking-screen | shaking screen.
criba vibratoria para quitar la humedad | dewaterizer.
cribado | jigged | screening | screened | griddling | sizing | sized | sieving.
cribado (carbón) | picked.
cribado (del carbón) | picking.
cribado con la batea de grava aurífera | screen-panning of sand-gravel.
cribado dos veces | double-screened.
cribado en seco | dry screening.
cribado hidráulico | jigger work.
cribado hidráulico (minería) | jigging.
cribado mecánico | mechanical sieving.
cribador | sifter | screen tender | screener riddler.
cribador (persona) | jigger.
cribador de coque | coke riddler.
cribador de minerales | ore-screener.
cribar | strain (to) | screen (to) | riddle (to) | sieve (to) | sift (to) | cribble (to).
cribar (minerales) | griddle (to) | jig (to).
cribar con la batea | screen-pan (to).
cribiforme | cribriform.
cribón (parrillas - tamiz de mineral) | grizzly.
cribón de vaivén (minas) | jigger.
cribón oscilante (minería) | jigging sieve.
cribón para carbón | coal grizzly.
cribonero | grizzlyman.
criboso | cribrose.
criboso (botánica) | latticed.
cric | jack screw.
crichtonita | ilmenite.
crimen y agravio | crime and tort.
criminal | malicious.
criminalidad | penalty.
criminalidad antiecológica | antiecological criminality.
criminalista | criminologist.
criminología | criminalistics.
criminólogo | criminologist.
crin animal | hair.
crin cauchotada | rubberized-hair.
crin de arco de violín | bow hair.
crin de caballo | horsehair.
crin de cola de caballo | horsetail hair.
crin de cuarzo | quartz stringer.
crin para muebles | horsehair seating.
crin vegetal | dwarf-palm fibre.
crinera (de caballo) | crest.
criniforme | hair-like.
crinoide | feather star.
crinoide (zoología) | crinoid.
crinoideo | crinoid.
crinoideos | crinoidea.
crinolina (buques cableros) | crinoline.
crinolina (tela) | crinoline.
crinolina (tela de urdimbre de algodón y trama de crin de caballo) | haircloth.
crioaislado | cryoinsulated | insulated.
crioaislamiento | insulation.
crioaislar | cryoinsulate (to).
criobiología | cryobiology.
criobombeo | cryopumping.
criobombeo con helio líquido | liquid helium cryopumping.
criocambiador | cold exchanger.
criocirugía | cryosurgery.
criocirugía con nitrógeno líquido | cryosurgery with liquid nitrogen.
criocirugía de la cefalea (cirugía) | cryosurgery of migraine.
crioclinómetro | cryoclinometer.
crioconformación | cryoforming.
crioconformado a -196 ºC | cryoformed at -196 ºC.
crioconformar a temperatura criogénica | cryoform at cryogenic temperature (to).
criodesecación | cryodrying.
criodeshidratación | cryodehydration.
criodeshidratador | cryodeshydrator | cryodryer.
crioelectrónica | cryoelectronics | cryotronics.
crioendosmosis | cryoendosmosis.
crioestable | frigostable.
criofílico (microbiología) | cryophilic.
criofísica | cryophysics.
crioflora | cryoflora.
crióforo | cryophorous | cryophore.
criogénesis | cryogenesis.
criogenia | cryogenics.
criogenista | cryogenist.
criogenización | cryogenization.
criógeno | cryogenic | cryogen | cold-producing | frigorigenous.
criógeno líquido | liquid cryogen.
criognosia | cryognosis.
criograma | cryogram.
criohidrático | cryohydric.
criohidrato | cryohydrate.
crioinactivación | cryoinactivation.
crioinhibidor | cryoinhibitory.
criointolerante | cryointolerant.
crioelectrónica | cryogenic electronics.
criólisis | cryolysis.
criolita | kryolite | ice-stone.
criolita (mineral) | cryolite.
criolita sintética | cryolite synthetic.
criología | cryology | glaciology.
criólogo | cryologist.
criomagnetismo | cryomagnetism.
criometría | cryometry.
criómetro | cryometer | criometer.
criopatía | cryopathy.
criopedología | cryopedology.
criopedólogo | cryopedologist.
crioplancton | cryoplankton.
crioquímica | cryochemistry.
criorresistencia | cryoresistance | cold resistance.
criorresistente | cold resistant.
criosar (semiconductor) | cryosar.
crioscopia | cryoscopy | kryoscopy.
crioscópico | cryoscopic.
crioscopio | cryoscope.
criosecador | cryodryer.
criósfera | cryosphere.
criosistor | cryosistor.
criostatizado | cryostatted.
criostatizar | cryostat (to).
criostato | cryostat.
criostato de desimanación | demagnetization cryostat.
criostato de desorbción | desorption cryostat.
criostato de helio | helium-cryostat.
criostato de nitrógeno líquido | liquid nitrogen cryostat.
criotecnia | frigotechnique.
crioterapia | cryotherapy.
criotolerante | cryotolerant.
criotón | cryoton.
criotratamiento | deepfreezing | cold treatment | cold-treatment.
criotratamiento (aceros rápidos) | stubzero treatment.
criotratar | cold treat (to).
criotrón | cryotron.
criotrón de película delgada | thin-film cryotron.
criotrónica | cryotronics.
crioturbación | cryoturbation.
cripta | vault.
cripta (edificios) | undercroft.
criptación | cryptation.
criptestesia | lucidity.
criptoanálisis | cryptanalysis.
criptoanalista | cryptanalist.
criptocelular | cryptocellular.
criptoclasa | cryptoclase.
criptoclástico | cryptoclastic.
criptocristalino | cryptocrystalline | invisibly crystalline.
criptodimorfismo | cryptodimorphism.
criptofloresceno | cryptoflorescene.
criptógama (botánica) | cryptogam.
criptógeno | cryptogenous.
criptografía | cryptography | privacy system.
criptografiar | encrypt (to).
criptografiar (poner números en vez de letras) | encipher (to).
criptográfico | cryptographic | criptographic.
criptógrafo | coding officer | converter | cipher device | cryptographist.
criptógrafo (aparato) | cryptograph.
criptógrafo (persona) | cryptographer.
criptógrama | cryptograph | codeword.
criptograma (botánica) | cryptogram.
criptogramicida | cryptogramicide.
criptohidratado | cryptohydrous.
criptolocuo (perona) | cryptoloquist.
criptólogo | cryptologist.
criptoloquia | cryptoloquism.
criptomeria japonesa (Criptomeria japonica) | sugi.
criptómero | cryptomere.
criptomeroso | cryptomere.
cripton | krypton.
criptón (Kr) | crypton.
criptónico | krypton.
criptopertita lamelar | cryptoperthite.
criptopirámide | cryptopyramid.
criptoscopia | criptoscopy.
criptoscopia (física) | cryptoscopy.
criptovolcánico | cryptovolcanic.
criptozoico | cryptozoic | criptozoic.
criselefantino | chryselephantine.
crisis crediticia | credit crisis.
crisis de ebullición | boiling crisis.
crisis de los combustibles | bunker crisis.
crisis de mano de obra | manpower crisis.
crisis del carbón | coal crisis.
crisis económica | recession.

crisis monetaria | slump.
crisis parcial | localized crisis.
crisis petrolera | oil crisis.
crismación | chrismation.
crisoberilo | chrysoberyl | oriental cat's eye.
crisocarpo | chrysocarpous | golden-fruited.
crisocloro | chrysochlorous.
crisocola | copper malachite | copper pitch ore | llanca.
crisocola (silicato de cobre hidratado) | chrysocolla.
crisócola fosforífera | phosphoriferous chrysocolla.
crisocro | chrysochrous.
crisofilista | chrysophilist.
crisofilita | chrysophilite.
crisografía | chrysography.
crisógrafo | chrysographer.
crisol | crevet | crucible | melter | melting pot | skillet.
crisol (alto horno) | hearth.
crisol (de alto horno) | well.
crisol (de horno) | smelting hearth.
crisol (para fundir vidrio) | monkey.
crisol (recipiente refractario para fundir vidrio) | pot.
crisol blanco | white pot.
crisol brascado | brasqued crucible.
crisol cerrado (alto horno) | closed front | closed hearth.
crisol con metal fundido | hot metal ladle.
crisol con tapa (fabricación vidrio) | cap pot.
crisol de alumina recristalizada | recrystallized-alumina crucible.
crisol de arcilla | clay crucible.
crisol de arcilla con polvo de coke | white pot.
crisol de barro | clay crucible.
crisol de berilia | beryllia crucible.
crisol de colmena (hornos de vidrio) | doghouse pot.
crisol de ensayo | assay crucible.
crisol de grafito | blue pot | graphite melting pot | graphite crucible.
crisol de grafito (química) | plumbago crucible.
crisol de grafito ligado con alquitrán | carbon-bonded graphite crucible.
crisol de grafito ligado con arcilla | clay-bonded graphite crucible.
crisol de horno de inducción | induction furnace crucible.
crisol de material que contiene fosfato tetracálcico | phosphate crucible.
crisol de orfebre | crevet.
crisol de orífice | cruset.
crisol de pequeña cabida | miniature crucible.
crisol de plombagina | blacklead crucible.
crisol de recocer | annealing crucible.
crisol de recocer (el vidrio) | baking pot.
crisol de refinación | fining pot.
crisol de refundición | remelting pot.
crisol de toria | thoria crucible.
crisol encamisado con carbón de madera | crucible lined with charcoal.
crisol para filtrar de vidrio poroso | fritted glass filtering crucible.
crisol para fundir metal antifricción | babbit melting furnace.
crisol para fundir vidrio | glass pot.
crisol para soldadura | soldering pot.
crisol para vidrio flint | monkeypot.
crisol que se coloca inclinado (hornos de vidrio) | skittle pot.
crisol revestido de alúmina | alumina-lined crucible.
crisol revestido de cal fundida | fused-lime-lined crucible.
crisol sobre ruedas | travelling crucible wagon.
crisología | chrysology.
crisólogo | chrysologist.
crisopoyética | chrysopoietics.
crisoprasa | chrysoprase.
crisótilo | Canadian asbestos.
crispado | contorted.
crisparse (manos) | clench (to).
cristación (botánica) | cristation.
cristal | crystal | cryst.
cristal (de gafas) | lens.
cristal (de ventana) | panel | pane.
cristal alotriomórfico | anhedral crystal.
cristal anédrico | anhedral crystal.
cristal anisótropo | anisotrope crystal.
cristal anórtico | anorthic crystal.
cristal antibalas | bulletproof glass.
cristal antideslumbrante | antidazzle glass.
cristal antiferroeléctrico | antiferroelectric crystal.
cristal antivaho | anti mist glass.
cristal automórfico (cristalografía) | euhedral crystal.
cristal centelleador | scintillating crystal.
cristal central (escafandra de buzo) | face glass.
cristal circular de ojo de buey | circular bull's eye glass.
cristal clinoédrico | clinohedric crystal.
cristal colgante de araña | luster (EE.UU.).
cristal coloreado por rayos X | X-ray-colored crystal.
cristal columnar exagonal de extremos ensanchados (nieve) | cuff-button.
cristal compuesto de otros tres (cristalografía) | trilling.
cristal con caras cúbicas y de dodecaedro | cubo-octahedron.
cristal con estructura molecular de tipo helicoidal (cristalografía) | colesteric liquid crystal.
cristal con germinación casual | random nucleation crystal.
cristal corroído | brotocrystal.
cristal cúbico | isometric crystal.
cristal cubierto con películas de oro | gold-film window panel.
cristal cultivado (cristalografía) | grown crystal.
cristal curvado | curved crystal.
cristal de agua | water glass.
cristal de amatista exagonal de una geoda amigdaloidal | amethyst point.
cristal de aumento | lens | magnifying glass.
cristal de color | shade.
cristal de cuarzo | Bristol diamond | quartz | crystal | quartz crystal.
cristal de cuarzo claro e incoloro (Cape May) | Cape May diamond.
cristal de cuarzo cristalino resonante | resonating crystalline quartz.
cristal de cuarzo de armónicos | overtone crystal.
cristal de cuarzo de forma prismática larga | candle quartz.
cristal de cuarzo maclado | macled quartz crystal.
cristal de cuarzo piezoeléctrico | piezo-quartz crystal.
cristal de cuarzo piramidal | bipyramidal quartz crystal.
cristal de cuarzo vibrante por flexión | flexural mode quartz crystal.
cristal de desorden unidimensional | one-dimensionally disordered crystal.
cristal de diamante | diamond crystal.
cristal de diamante creciendo a velocidad de 0 (diamante artificial) | diamond crystal grown at a speed of 0.5 mm/hour.
cristal de dihidrofosfato amónico | ammonium dihydrogen phosphate crystal.
cristal de distancias | ranging crystal.
cristal de espacio de aire a presión | pressure air-gap crystal unit.
cristal de ferrosilicio | silicon-iron crystal.
cristal de germanio de contacto soldado | welded-contact germanium crystal.
cristal de ojo de buey (portillos buques) | bull's eye.
cristal de portillo de luz (buques) | illuminator.
cristal de reloj | crystal.
cristal de roca | crystal | Brazilian diamond | Bristol diamond | Bohemian diamond | pebble | pebble-stone | mountain crystal.
cristal de roca (mineralogía) | berg crystal.
cristal de roca amarillo | false topaz.
cristal de sal común | hopper-crystal.
cristal de seguridad | wire-glassed window | safety glass.
cristal de talla AT | at-cut crystal.
cristal de una especie embebido en otro de distinta especie | endomorph.
cristal de unión por crecimiento (cristalografía) | grown-junction crystal.
cristal de ventana | windowpane | glass | square.
cristal de vista clara (buques) | clear view screen.
cristal de vitral | quarrel.
cristal deformado | malformed crystal.
cristal del corte cero | zero cut crystal.
cristal delgado de sulfato de yodocincodinina | herapathite.
cristal dendrítico (cristalografía) | pine-tree crystal.
cristal deslustrado | ground glass.
cristal dextrogiro | right-handed crystal.
cristal diclínico | diclinic crystal.
cristal diexagonal-piramidal | dihexagonal-pyramidal crystal.
cristal distorsionado | distorted crystal.
cristal domático | domatic crystal.
cristal electroneutro | electroneutral crystal.
cristal embebido | imbibed crystal.
cristal embrionario | immature crystal.
cristal embrionario (cristalografía) | seed crystal.
cristal embriónico microscópico | microscopic embryonic crystal.
cristal escintilador orgánico | organic scintillation crystal.
cristal esfenoidal | sphenoidal crystal.
cristal esmerilado | ground glass.
cristal estirado | pulled crystal.
cristal euédrico | euhedral crystal.
cristal exótico | exotic crystal.
cristal falso (mineralogía) | crystal pebble.
cristal fatigado (metalurgia) | fatigued crystal.
cristal fotocrómico | photochromic glass.
cristal frágil | fragile crystal.
cristal gemelo | twinned crystal.
cristal germen (metalografía) | matrix crystal.
cristal hemitropo | hemitrope crystal.
cristal holoaxial cúbico | cubic holoaxial crystal.
cristal holoaxial ortorrómbico | orthorhombic holoaxial crystal.
cristal hueco | well-crystal.
cristal idiomórfico | euhedral crystal.
cristal imperfecto (cristalografía) | strain-rich crystal.
cristal inactínico para soldar | welding glass.
cristal inastillable | splinterproof glass | safety glass.
cristal inempañable | nonmisting glass.
cristal inequiaxial | inequiaxed crystal.
cristal inhomogéneo | cored crystal.
cristal iniciador (para iniciar la cristalización de una solución sobresaturada) | seed crystal.
cristal inorgánico de escintillación | inorganic scintillation crystal.
cristal iónico | ionic crystal.
cristal jaspeado | clouded glass.
cristal kdp | kdp crystal.
cristal lenticular (rocas neisiacas) | eye.
cristal levógiro (óptica) | left-handed crystal.
cristal líquido (física) | liquid crystal.
cristal líquido colestérico | colesteric liquid crystal.
cristal líquido esméctico | smectic liquid crystal.
cristal líquido nemático | nematic liquid crystal.
cristal luminiscente | luminescent crystal.
cristal maclado | twin crystal | hemitrope crystal | compound crystal.
cristal madre | crystal seed.
cristal malformado | malformed crystal.
cristal matriz | seed crystal.

cristal metalizado | plated cryistal unit.
cristal mezclador | mixer crystal.
cristal microscópico de crecimiento filiforme (metalurgia) | whisker.
cristal microtomizado | microtomed crystal.
cristal mimético | mimetic crystal.
cristal mineral embebido en un material fosforescente plástico | phoswich.
cristal monoclínico | monoclinic crystal.
cristal monorrefringente | monorefringent crystal.
cristal no metálico (cristalografía) | nonmetallic crystal.
cristal opalescente | opal glass.
cristal ordenado magnéticamente | magnetically ordered crystal.
cristal oscilante | oscillatory crystal.
cristal perfecto (critalografía) | strain-free crystal.
cristal perturbado (cristalografía) | perturbed crystal.
cristal piezoeléctrico | crystal | piezoelectric crystal.
cristal piezoeléctrico (cristal de cuarzo) | crystal unit.
cristal piezoeléctrico de titanato de bario | barium-titanate piezoelectric crystal.
cristal piezoeléctrico modulado por frecuencia | f-m crystal.
cristal piezoeléctrico tallado a cero (radio) | zero-cut crystal.
cristal piezométrico transductivo | transducing piezoid.
cristal piezotorcedor | twister.
cristal plástico | plastic glass.
cristal poiquilítico | poikilitic crystal.
cristal polar | polar crystal.
cristal poligonizado | polygonized crystal.
cristal positivo (velocidad del rayo ordinario mayor que la del extraordinario) | positive crystal.
cristal preavejentado | preaged crystal.
cristal prismático idiomorfo | idiomorphic prismatic crystal.
cristal protector | cover glass.
cristal reabsorbido | reabsorber crystal.
cristal rebanado | sliced crystal.
cristal recto | right-handed crystal.
cristal recubierto con película de platino u oro o plata que refleja radiaciones ultrarrojas (gafas) | coated lens.
cristal reticulado | reticulated crystal.
cristal rómbico | prismatic crystal | trimetric crystal.
cristal seminal | seeder.
cristal seminal (para iniciar la cristalización de una solución sobresaturada) | seed crystal.
cristal simiente | seed crystal.
cristal simple | single crystal.
cristal simple (metalografía) | unit crystal.
cristal sin caras | faceless crystal.
cristal sintético cultivado (cristalografía) | synthetic grown crystal.
cristal sometido a impulsos lasérios | laser-pulsed crystal.
cristal subédrico (cristalografía) | subhedral crystal.
cristal subindividual (cristalografía) | subindividual.
cristal tabular (mineralogía) | tablet.
cristal tabular birrefringente | birefringent tabular crystal.
cristal tabular idiomorfo | idiomorphic tabular crystal.
cristal tetartoédrico hemimorfo | hemimorphic tetartohedral crystal.
cristal tetragonal | tetragonal crystal.
cristal triple (cristalografía) | trilling.
cristal xenomórfico (cristalografía) | anhedral crystal.
cristalera | glass partition | glazed door.
cristalera del patio | patio roof.
cristalera del piñón | gable-glazing.
cristalera del techo | glass-roofing.
cristalera fija semicircular sobre una puerta (arquitectura) | fanlight.
cristalería (arte) | glassmaking.
cristalería (copas, vasos, etc.) | glassware.
cristalería artística | artistical glass.
cristalería de copas (para beber) | stemmed glass.
cristalería de laboratorio | lab glassware.
cristalería de vidrio tallada a mano | hand-cut crystal glass ware.
cristalería graduada (química) | volumetric glassware.
cristalería graduada de precisión | precision graduated glassware.
cristalería para laboratorios | chemical glassware.
cristalería plana | sheet glass.
cristalería soplada | blown glassware.
cristalero | glassman.
cristales aciculares | acicular crystals.
cristales aciculares de rutilo (geología) | love arrows.
cristales amarillos de pitchblenda (Katanga-Congo) | becquerelite.
cristales arborescentes | arborescent crystals | tree-like crystals.
cristales basales | columnar crystals.
cristales columnares exagonales de extremos ensanchados (nieve) | capped hexagonal column crystals.
cristales corroídos | corroded crystals.
cristales corroídos (mineralogía) | embayed cristals.
cristales cuadráticos | quadratic crystals.
cristales de antraceno cubiertas con silicón | silicone-coated anthracene.
cristales de fergusonita monoclínica | monoclinic fergusonite crystals.
cristales de germanio crecidos epitáxicamente al vapor | epitaxially vapor-grown germanium crystals.
cristales de hielo | frazil.
cristales de las cámaras de plomo | leaden chambers crystals.
cristales de litargirio | feathers of litharge.
cristales de mica | book mica.
cristales de zircón incoloros (Ceilán) | Matura diamonds.
cristales de zumos deshidratados | dehydrated juice crystals.
cristales delicuescentes incoloros | colorless deliquescent crystals.
cristales dendríticos (metalurgia) | pine-shaped crystals.
cristales desorientados (metalografía) | disoriented crystals.
cristales ecuantes (cristalografía) | equant crystals.
cristales entrelazados | interlocking crystals.
cristales equiáxicos | equiaxed crystals.
cristales formados por enfriamiento rápido del metal fundido en contacto con las paredes frías de una lingotera | chill crystals.
cristales gemas | gem-crystals.
cristales inactínicos para soldadores | welders' glasses.
cristales intratelúricos | intratelluric crystals.
cristales isoestructurales | isostructural crystals.
cristales miniaturizados | minicrystals.
cristales monoclínicos fibrolamelares | fibrolamellar monoclinic crystals.
cristales para buques | ship glazing.
cristales tetragonales | quadratic crystals.
cristales triclínicos de color verde-azulado | bluish-green triclinic crystals.
cristales verdes del Brasil con el color del peridoto | Brazilian peridot.
cristálico | crystallic.
cristalífero | crystalliferous.
cristaliferosidad | crystalliferousity.
cristaliforme | crystalliform.
cristalígeno | crystal-bearing.
cristalinidad | crystallinity.
cristalinidad ósea (medicina) | bone crystallinity.
cristalino | crystalline | glassy.
cristalino (ojos) | lens.
cristalinogranudo | crystalline-granular.
cristalítico | crystallitic.
cristalito | crystallite.
cristalito filamentario (metalurgia) | whisker.
cristalitos aislados (metalurgia) | grains.
cristalitos metálicos cuando se sobrepasa el límite elástico (metales de grano grueso) | pebbles.
cristalizabilidad | crystallizability.
cristalizable | crystallizable.
cristalización | crystallization | crystallizing.
cristalización arborescente | dendrite.
cristalización columnar | columnar crystallization.
cristalización dendriforme de los cristales de cinc en la superficie (chapa galvanizada) | block spangle.
cristalización dendrítica | dendritic crystallization.
cristalización equiaxial | equiaxed crystallization.
cristalización equigranular | equigranular crystallization.
cristalización espontánea en la zona lábil (metalografía) | labile shower.
cristalización eutéctica | eutectic crystallization.
cristalización exagonorromboédrica | hexagonal-rhombohedral crystallization.
cristalización fina (azúcar) | grain.
cristalización fraccionada | fractional crystallization.
cristalización mimética | facsimile crystallization.
cristalización rítmica | rhythmic crystalization.
cristalización vermiforme | vermiform crystallization.
cristalizada (azúcar) | granulated.
cristalizado | crystallized.
cristalizado (esmalte, gelatina) | frosted.
cristalizado (química) | glacial.
cristalizado por fraccionación con una pureza de 99 | fractionally crystallized to a purity of 99,997 mole per cent.
cristalizador | crystalliser | crystallizer.
cristalizador (petróleo) | chiller.
cristalizador (química) | crystallizing dish | crystallizing pan.
cristalizador con agitación | agitated crystallizer.
cristalizador de refinería | refinery chiller.
cristalizador de tambor rotatorio | rotary drum crystallizer.
cristalizador del azúcar | sugar crystalizer.
cristalizador por vacío parcial | vacuum crystallizer.
cristalizante | crystallizing.
cristalizar | crystallize (to) | crystalize (to) | jell (to).
cristalizar (azúcar) | grain (to).
cristalizar en agujas | needle (to).
cristalizar en forma de plumas | feather (to).
cristalizarse | crystallize (to).
cristalizarse (azúcar) | candy (to).
cristaloblástesis | crystalloblastesis.
cristaloblástico | crystalloblastic.
cristaloblasto | crystalloblast.
cristalocerámico | crystalloceramic.
cristalofósforo | crystallophosphor.
cristalogénesis | crystallogeny | crystallogenesis.
cristalogenia | crystallogeny.
cristalogénico | crystallogenic | crystal-producing.
cristalógeno | crystal-forming.
cristalografía | crystallography.
cristalografía electrónica | electron crystallography.
cristalografía física | physical crystallography.
cristalografía geométrica | geometrical crysta-

llography | geometrical crystalography.
cristalografía mediante rayos X | X-ray crystallography.
cristalografía morfológica | geometrical crystallography | morphological crystallography.
cristalografía neutrónica | neutron crystallography.
cristalografía sintética | synthetic crystallography.
cristalográficamente | crystallographically.
cristalográfico | crystallographic.
cristalógrafo | crystallographer.
cristalografología | crystallographology.
cristalograma | crystal pattern | crystallogram.
cristalograma de polvos de cristal | powder pattern.
cristaloidal | crystalloidal.
cristaloide | crystalloid.
cristalología | crystallology.
cristaloluminiscencia | crystalloluminescence.
cristaloluminiscente | crystalloluminescent.
cristalomagnético | crystallomagnetic.
cristalometría | crystallometry.
cristalomorfología | crystallomorphology.
cristalonomía | crystallonomy.
cristaloplástico | crystalloplastic.
cristaloquímica | crystallochemistry | crystal chemistry.
cristalotecnia | crystalotechny.
cristalurgia | crystallurgy.
cristalúrgico | crystallurgical.
cristianismo | christianism.
crístico (geología) | crystic.
cristoclena (geología) | chrystocrene.
cristodino | crystodine.
cristografía | crystograph.
cristográfico | crystographic.
criterio | basis | principle | yardstick | canon | acceptance guide | judgment | judgement | criterion.
criterio de comparación de razones | ratio comparison test.
criterio de consolidación | basis of consolidation.
criterio de distribución nivel cero | nil distribution basis.
criterio de divergencia (series) | test for divergence.
criterio de estabilidad de Nyquist | Nyquist's test stability.
criterio de fallo sin riesgo | fail-safe criterion.
criterio de la igualdad de las áreas | equal-area criterion.
criterio de la integral (series infinitas) | integral test.
criterio de la integral de Cauchy | Cauchy's integral test.
criterio de la raíz (series infinitas) | root test.
criterio de la razón (series infinitas) | ratio test.
criterio de la razón de Cauchy | Cauchy's ratio test.
criterio de la serie alternada | alternating series test.
criterio de previsión de la rotura | failure criterion.
criterio de recepción (de materiales) | criterion of acceptability.
criterio de rechazo | reject rate.
criterio de resolubilidad | solvability criterion.
criterio de riesgo de daño | damage-risk criterion.
criterio de segunda especie (series infinitas) | ratio comparison test.
criterio del cociente (series) | ratio test.
criterio del coste-eficacia | cost-effectiveness guideline.
criterio del error medio cuadrático | RMS error criterion.
criterio del simplex (topología) | simplex criterion.
criterio directivo | governing criterion.
criterio límite de aceptabilidad | ultimate criterion of acceptability.
criterio mínimo de resistencia longitudinal | minimum longitudinal resistance criterium.
criterio negativo del simplex | negative simplex criterion.
criterio para la búsqueda | search key.
criterio para la determinación de la integral del error cuadrático | integral-of-error-squared criterion.
criterio para rechazar piezas defectuosas (inspecciones) | rejection criterion.
criterio por períodos | time apportionment.
criterio principal | main criterion.
criterios de aceptabilidad | acceptability criteria.
criterios de calidad del agua | water quality criteria.
criterios de conformidad con la especificación | conformance criteria.
criterios de daño | damage criteria.
criterios de maniobrabilidad (buques) | handling quality criteria.
criterios de proyección | design criteria.
criterios de respuesta preasignados | preassigned response criteria.
criterios de soldabilidad | criteria of weldability.
criterios ecogeográficos | ecogeographic criteria.
criterios para seleccionar tecnologías apropiadas | criteria for selecting appropiate technologies.
criterios sustentados por jurisprudencias | precedents upheld by court decisions.
criterios valederos | robust criteria.
crítica constructiva | constructive criticism.
crítica de hangar | hangar flying.
crítica de orden superior (vibraciones de ejes) | major critical.
crítica para los neutrones retardados | delayed critical.
crítica que produce resonancia (ejes, cigüeñales, etc.) | offending critical.
crítica vertical binodal (ejes) | two-node vertical critical.
críticamente amortiguado | critically-damped.
críticamente evaluada | critically evaluated.
críticamente rígida | just-rigid.
criticar a | cast reflections on (to).
críticas de vibración torsional (cigüeñales) | vibration criticals.
críticas de vibración torsional (ejes de motores) | torsional-vibration criticals.
criticidad | criticality.
criticidad conseguida sin un refrigerador (reactor nuclear) | dry criticality.
criticidad del reactor nuclear | reactor criticality.
criticidad del uranio | uranium criticality.
criticidad instantánea | prompt criticality.
crítico | fastidious.
crítico cinematográfico | film critic.
crítico con neutrones inmediatos (crítico rápido - nuclear) | prompt critical.
crítico literario | book reviewer | reviewer.
crocidolita | blue asbestos | blue ironstone | cape blue.
crocidolita silificada de color azul-índigo | azure quartz.
crocoísa (mineral) | lead chromate.
crocoita | red lead ore.
crocoita (plomo rojo, plomo cromado) | crocoisite.
croma (saturación aparente colores) | chroma.
cromacidad | chromacity.
cromado | chrome-coated | chromium-plated | chrome plating | chroming.
cromado brillante | bright chromizing.
cromado de superficies | hard plating.
cromado decorativo | decorative chromium plating.
cromado del ánima del cañón | gunbore chromium-plating.
cromado duro | hard crome plating.
cromado por inmersión en baño de sales con 5 a 30% en peso de cloruro crómico | salt-bath chromizing.
cromado poroso | porous-chrome plating.
cromalización | chromallization.
cromar | chrome (to) | chromium plate (to).
cromar (con cromo) | chrome plate (to) | chromatize (to).
cromar duro | hard-chrome (to).
cromascopio | chromascope.
cromatación | chromatation.
cromatado posterior | back chroming.
cromatado ulterior | after chroming.
cromatar ulteriormente | back chrome (to).
cromatar ulteriormente (teñido) | after chrome (to).
cromática (ciencia) | chromatics.
cromaticidad | chromaticity | chroma.
cromaticidad de subportadora cero | zero subcarrier chromaticity.
cromático | chromatic.
cromátida (genética) | chromatid.
cromatidad | chromatity.
cromatidio anular | ring chromatid.
cromatidio hijo | daughter chromatid.
cromatidio plumoso | lamp-brush chromatid.
cromatidios hermanos (genética) | sister chromatids.
cromatina | chromatin.
cromatismo | chromatism | chromatic aberration.
cromatizar | chromatize (to).
cromato | chromate.
cromato básico de plomo | Austrian cinnabar | American vermillion.
cromato básico de plomo (rojo de cromo) | basic lead chromate.
cromato cúprico | cupric chromate.
cromato cúprico básico | basic cupric chromate.
cromato de plomo | lead chromate.
cromato de plomo básico (color cerámico) | coral red.
cromato de plomo o de zinc molido en emulsión de resina vinílica y ácido fosfórico | wash primer.
cromato de potasio | potassium chromate.
cromatografía | chromatography | cromatography.
cromatografía de absorción | absorption chromatography.
cromatografía de adsorción | adsorption chromatography.
cromatografía de cambio de iones | ion exchange chromatography.
cromatografía de capa fina | film chromatography | thin-layer chromatography.
cromatografía de gases | gas chromatography.
cromatografía de gases con captura de electrones | electron capture gas chromatography.
cromatografía de partición | partition chromatography.
cromatografía de película delgada | thin layer chromatography.
cromatografía de reparto | partition chromatography.
cromatografía en fase gaseosa | gas chromatography.
cromatografía en lámina delgada | thin-layer chromatography.
cromatografía inorgánica | inorganic chromatography.
cromatografía isotérmica de gases | isothermal gas chromatography.
cromatografía metalúrgica | metallurgical chromatography.
cromatografía por elución | elution chromatography.
cromatografía sobre papel | paper chromatography.
cromatografiar | chromatograph (to).
cromatográfico | chromatographic.
cromatógrafo | chromatograph | cromatograph.
cromatograma | chromatogram.
cromatograma bidimensional | two-dimensio-

nal chromatograph.
cromatograma sobre papel | paper chromatogram.
cromatólisis | chromatolysis.
cromatología | chromatology.
cromatómetro | chromatometer.
cromatoptometría | chromatoptometry.
cromatoptómetro | chromatoptometer.
cromatoscopio | chromatoscope.
cromatrón | chromatron.
crómico | chromic.
crómico (con cromo) | chromatic.
cromífero | chromiferous.
crominancia | chrominance.
cromismo | chromism.
cromita | chromic iron | chrome ore.
cromita (mineral) | chromite.
cromita de calidad refractaria | refractory-grade chromite.
cromito (química) | chromite.
cromización (aceros) | chromizing.
cromizar | chromize (to).
cromo (química) | chromium | chrome.
cromo microfisurado | dual chromium | microcracked chromium.
cromo poroso | porous chromium.
cromocalcografía | chromochalcography.
cromocobre | chromium copper.
cromocodificar | color code (to).
cromófilo | chomophilous.
cromófobo | chromophobe.
cromóforo | chromophore.
cromóforo inorgánico | inorganic chromophore.
cromofotocincografía | chromophotozincography.
cromofotografía | chromophotography | color photography.
cromofotolitografía | chromophotolithography.
cromofotomicrografía | colored photomicrograph | color photomicrography.
cromofototipia | chromophototype.
cromofotoxilografía | chromophotoxylography.
cromofotozincotipia | chromophotozincotype.
cromogénico | chromogenic.
cromógeno | color-forming | color-producing | chromogen.
cromografía | chromography.
cromógrafo | chromograph.
cromograma (fotografía) | chromogram.
cromogravimetría | chromogravimetry.
cromohuecograbado | colorgravure | color photogravure.
cromohuecograbado rotativo | coloroto process.
cromoisomerismo | chromoisomerism.
cromolitografía | chromolitho | chromolithography | chromotype | color lithography | chromo printing | lithocromatics | lithochromatic print | oleography.
cromolitografía (cromo) | chromolithograph.
cromolitográfico | chromolithographic.
cromolitógrafo | chromolithographer.
cromómetro (aparato para determinar el color del petróleo y otros aceites) | chromometer.
cromopintar | color paint (to).
cromoplasto (biología) | chromoplast.
cromorrotograbado | coloroto process.
cromoscopia | chromoscopy.
cromoscopio | chromoscope.
cromoscopio (fotografía) | kromoskop.
cromosensible | color-sensitive.
cromosfera | chromosphere.
cromosoma | chromosome.
cromosoma anular (genética) | ring chromosome.
cromosoma no sexual | autosome.
cromosoma sexual | sex chromosome.
cromosoma X | X-chromosome.
cromosómico | chromosomal.
cromotecnología | color technology.
cromotelevisión | color television.
cromoterapia | beamtherapy.
cromotipia | chromotype | color printing.
cromotipografía | chromotypography | color-print | chromatic printing.
cromotografía | chromotography.
cromotograma | chromotogram.
cromotropía | cromotropy.
cromotropismo | chromotropism.
cromoxilografía | chromoxylography.
crompirómetro | chromopyrometer.
cronaxia (biología) | chronaxie.
cronaximetría | chronaximetry.
cronaximétrico | chronaximetric.
crónica | record | letter.
crónica (periodismo) | account.
crónica bursátil | market news.
cronicidad | chronicity.
crónico | chronic.
cronista | columnist.
cronista (periodismo) | columnist.
cronista deportivo | sport writer.
cronista parlamentario | parliamentary chronicler.
cronista policial | police reporter.
cronistor | chronistor.
cronitor | chronitor.
cronizador | timer.
cronizador de relé electromagnético | magnetic relay-type timer.
cronizador electrónico para soldadura | electronic weld timer.
cronoanalista | chronoanalist.
cronobibliografía | chronobibliography.
cronobiofísica | chronobiophysics.
cronobiología | chronobiology.
cronociclógrafo | chronocyclograph.
cronociclograma | chronocyclogram.
cronocinerología | chronokinerology.
cronocorrimiento | time shift.
cronodeformación por compresión | compression creep.
cronodependiente | time-dependent.
cronoeléctrico | chronoelectrical.
cronoendurecible (aleaciones, aceros) | age-hardenable.
cronoestratigrafía | time stratigraphy.
cronófero | chronopher.
cronofotografía | chronophotography.
cronofotograma | chronophotograph.
cronografía | time recording | chronography.
cronográfico | chronographic.
cronógrafo | chronograph | timer | time recorder | stop-watch.
cronógrafo balístico | gunnery chronograph.
cronógrafo con eje de tiempos circular | circular sweep chronograph.
cronógrafo contador | counter chronograph.
cronógrafo electromecánico | electromechanical timer.
cronógrafo electrónico | electronic timer.
cronógrafo fotográfico | photographic chronograph.
cronógrafo marino con oscilador de cuarzo | quartz marine chronograph.
cronógrafo para mediciones de la radiación solar | solar wind chronographer.
cronógrafo piezoóptico | piezooptic chronograph.
cronografoscopio | chronographoscope.
cronograma | chronogram | timing diagram.
cronograma de ejecución de las obras | work construction cronogram.
cronogramista | chronogrammatist.
cronoindependiente | time-independent.
cronoindicador de alcances (artillería naval) | range clock.
cronointerruptor | time switch.
cronoinvariable | time-invariant.
cronoisotermia | chronoisotherm.
cronolitológico | chronolithologic.
cronologar | chronologize (to).
cronología | chronology.
cronología geológica | geological chronology.
cronología geológica expresada en años | absolute chronology.
cronológico | time-ordered | cronological.
cronólogo | chronologist.
cronomedición | timing | time-measuring.
cronomedidor | time measurer | timer.
cronomedidor de intervalos | timer | interval timer.
cronomedidor eléctrico | electric timer.
cronometración | timing.
cronometración y telemetría | timing and telemetry.
cronometrado | timed.
cronometrado oficialmente | officially-timed.
cronometrador (de tiempos de ejecución - talleres) | timer.
cronometrador (de tiempos de maquinado) | time study man.
cronometrador (talleres) | timekeeper.
cronometraje | timekeeping | chronometering | count down | work count | time keeping | time metering.
cronometraje (talleres) | timing.
cronometraje continuo | cumulative timing.
cronometraje de tiempos de fabricación | process timing.
cronometrar | time (to) | clock (to).
cronometrar (carreras) | minute (to).
cronometría | timekeeping | chronometry.
cronometría dentaria | dental chronometry.
cronometría geológica | geological chronometry.
cronometría radárica | radar chronometry.
cronométrico | chronometric.
cronometrista | clerk time.
cronometrista (talleres) | timekeeper.
cronometrista de tiempos de fabricación (talleres) | ratefixer.
cronómetro | timekeeper | chronometer | clock | timer.
cronómetro (buques) | deck watch.
cronómetro astronómico | astronomical chronometer.
cronómetro contador de períodos de tiempo | cycle-counting interval timer.
cronómetro contador fotoeléctrico | photoelectric counter chronometer.
cronómetro de bolsillo | comparing watch | hack watch.
cronómetro de control de tiempos | phototimer.
cronómetro de cristal de cuarzo | crystal clock.
cronómetro de cristal de cuarzo transistorizado | transistorized crystal chronometer.
cronómetro de segundos | stop-watch.
cronómetro de vuelta a cero | snap back stopwatch.
cronómetro decimal | decimal timer.
cronómetro electroaccionado | electrically-actuated time recorder.
cronómetro electrónico | electronic chronometer | electronic timer.
cronómetro integrador de luz | light-integrating timer.
cronómetro marino | box chronometer | naval chronometer.
cronómetro radárico | radar chronometer.
cronómetro regulador | regulator.
cronómetro sísmico | seismic timer.
cronómetro totalizador | integrating timer.
cronopotenciometría | chronopotentiometry.
cronoregulador | chronoregulator.
cronorregulado | time-controlled | timed.
cronorregulador | time regulator | timer.
cronorregulador de exposición fotográfica | photographic exposure timer.
cronorregulador neumático | pneumatic timer.
cronorruptor | time-delayed switch | timer.
cronoscopia | chronoscopy.
cronoscopio | chronoscope | timer | stop-watch.
cronoscopio electrobalístico | electroballistic chronoscope.
cronoscopio electrónico | electronic timer.
cronoscopio fónico | phonic chronoscope.
cronostato | chronostat.

cronotaxímetro (telefonía) | chargeable time indicator.
cronotermómetro | chronothermometer.
cronototalizador | timer | time totalizer | time-totalizing device.
cronotrón | chronotron | chronotrom.
cronotrópico | chronotropic.
cronotropismo | chronotropism.
cronovariable | time-varying.
croqueta de pescado | fish-ball.
croquis | sketch | rough drawing | outline | eye sketch.
croquis acotado | contour sketch.
croquis animado | animated diagram.
croquis cartográfico | cartographical sketching.
croquis de aerodromo | aerodrome diagram.
croquis de ensamblaje | block diagram.
croquis de fuegos (artillería) | range card.
croquis de la posición | position sketch.
croquis de montaje | layout.
croquis de reconocimiento | reconnaissance mapping.
croquis de zona | area sketch.
croquis del levantamiento topográfico (trabajos de campo) | manuscript map.
croquis ejecutado a mano alzada | at-the-scene drawing.
croquis fotogramétrico | photogrammetric sketch.
croquis militar | military sketch | military sketching.
croquis panorámico | landscape sketch | panoramic sketching.
croquis topográfico | map substitute | outline map.
croquización panorámica | landscaping.
croquizar | outline (to).
croquizar a lápiz | draw a pencil sketch of (to).
croquizar rápidamente | dash in (to).
crotorar (cigüeñas) | clapper (to).
crotorar (la cigüeña) | clatter (to).
crotoreo (de la cigüeña) | clattering.
crotovina | crotovine.
crownglass | crown glass.
cruce | crossing.
cruce (Bolivia) | turn-out | lay-by.
cruce (de animales) | mating.
cruce (de calles) | cross.
cruce (de un auto con otro) | cutting-in.
cruce (galería de desviación) | crossing.
cruce (tejeduría, urdimbre) | lease.
cruce (vía férrea) | crossing frog.
cruce aparente | cross talk.
cruce controlado por señales de tráfico | signal-controlled intersection.
cruce de bandas (radio) | crossbanding.
cruce de calles | intersection.
cruce de calles señalizado | signalized street intersection.
cruce de caminos | intersection.
cruce de carreteras señalizado | signalized highway intersection.
cruce de conductores (electricidad) | crossover.
cruce de curvas en punto cero | zero-crossing.
cruce de la T (marina) | crossing T.
cruce de ventilación (minas) | air crossing.
cruce de vías urbanas de tránsito rápido | urban freeway interchange.
cruce decreciente | down-cross.
cruce del carril de la línea principal sin cortarlo | jump frog.
cruce doble (vía férrea) | double crossover.
cruce en ángulo recto (ferrocarril) | four-way crossing.
cruce ferroviario | railway crossing.
cruce para peatones | pedestrian crossing.
cruce sencillo a la derecha (ferrocarril) | single right-hand crossover.
cruce señalado con rayas de distintos colores (calles) | zebra crossing.
cruce superior | crossover.
cruce telegráfico | cross fire.
crucería (bóvedas) | fan-vaulting | fan-tracery.
crucería (nervios de aristón) | diagonal ribs.
crucero | cruising.
crucero (buque de guerra) | cruiser.
crucero (cristalografía) | rift.
crucero (de ventana) | monial.
crucero (geología) | slip.
crucero (iglesias) | crossing | transept | transept.
crucero (minas) | thirl.
crucero (mineralogía) | cleaving.
crucero antiaéreo | A. A. cruiser.
crucero artillado sólo con cañones | purely gun cruiser.
crucero basal imperfecto | imperfect basal cleavage.
crucero básico | basal cleavage.
crucero braquipinacoidal | brachypinacoidal cleavage.
crucero cilíndrico | cylindrical cleavage.
crucero clinopinacoidal | clinopinacoidal cleavage.
crucero cohetero | missile cruiser.
crucero cúbico | cubic cleavage.
crucero de cristalización | crystallization cleavage.
crucero de deformación por deslizamiento | strainslip.
crucero de fractura (crucero de disyunción - mineralogía) | fracture cleavage.
crucero de rama (imprenta) | chase bar.
crucero de ventana (ventanas) | munting.
crucero distinto (minerales) | easy cleavage.
crucero económico (con mezcla pobre - aeronaves) | weak mixture cruising.
crucero eruptivo (geología) | flow cleavage.
crucero escamoso (cristalografía) | platy cleavage.
crucero falso | false cleavage.
crucero incompleto (geología) | poor cleavage | indistinct cleavage.
crucero lineal (geología) | linear cleavage.
crucero macropinacoidal | macropinacoidal cleavage.
crucero minador | cruiser minelayer.
crucero misilero | missile cruiser.
crucero normal al crucero principal (geología) | grain.
crucero octaédrico (mineralogía) | octahedral cleavage.
crucero paraleo a la estratificación | bedding cleavage.
crucero perfecto | perfect cleavage.
crucero principal (canteras) | rift.
crucero principal (geología) | back.
crucero prismático (mineralogía) | prismatic cleavage.
crucero romboédrico | calcite cleavage.
crucero romboédrico (mineralogía) | rhombohedral cleavage.
crucero secundario normal al crucero principal (minas) | butt cleat.
cruces y condecoraciones | medals and decorations.
cruceta | cross-axle | crosshead | crossarm | spider.
cruceta (motores) | sliding block.
cruceta (timón buques) | crosshead.
cruceta atravesada (postes) | buck arm.
cruceta atravesada (telecomunicación) | reverse arm.
cruceta atravesada (telefonía) | reverse arm.
cruceta cerrada (bielas) | box-type crosshead.
cruceta de cuatro espigas | four-pin-crossarm.
cruceta de dos patines | double-bar crosshead.
cruceta de frenado | braking hook.
cruceta de la barra del pistón | piston rod crosshead.
cruceta de la bomba de aire | air pump crosshead.
cruceta de los satélites del diferencial | differential spider.
cruceta de vástago del pistón | crosshead.
cruceta del vástago del pistón | piston rod crosshead.
cruceta del vástago del pistón de media presión | intermediate pressure piston rod crosshead.
cruceta desequilibrada | sidearm.
cruceta excéntrica (poste telegráfico) | alley arm.
cruceta monopatín (motores) | single bar crosshead.
cruceta para invertir los hilos (postes telefónicos, etc.) | reverse arm.
crucetas | X-bracing.
crucetas de arriostramiento | bridging.
cruciferario | crozier.
cruciforme | cross-shaped.
cruciforme (en cruz) | cruciform.
cruciformismo | cruciformism.
crudo | green | base oil | black oil | unbleached | raw | crude.
crudo (color) | glaring.
crudo (color natural - telas) | grey.
crudo (colores) | crude.
crudo (refractarios) | unfired.
crudo (tejidos) | ecru.
crudo (telas) | undyed.
crudo (tiempo) | dry.
crudo asfáltico (petróleo) | asphaltic crude.
crudo con gran contenido de azufre (petróleo) | high-content sulphur crude.
crudo con gran proporción de azufre (petróleo) | sour crude.
crudo con poco azufre (petróleos) | sweet crude.
crudo de alto contenido en azufre (petróleo) | high-sulfur crude.
crudo de destilación primaria (petróleo bruto al que se le ha extraído por destilación algún constituyente más ligero) | topped crude.
crudo híbrido (petróleo) | hybrid base crude.
crudo reducido (destilación del petróleo) | reduced crude.
crudo rico en azufre | high-sulfur virgin petroleum.
crudo sulfuroso (petróleo) | sour crude.
crudos | petroleum | crude oil.
crudos parafínicos (petróleo) | paraffinic crudes.
crudos refinables | refinable crude oils.
crujía | centerline | centreline (G.B.).
crujia (eje longitudinal - buques) | middle-line.
crujía (plano diametral - buques) | center line | middle line.
crujido | creaking | crackle.
crujido (Argentina-corta forestal) | popping.
crujidos (cine) | bumps.
crujir | crackle (to) | crash (to).
crujir (la nieve al pisarla) | creak (to).
crupón | butt leather.
crupón (cueros) | butt.
cruponado (cueros) | pounding.
crupones (cuero grueso para suelas) | backs.
crustáceo | crustacean.
crustáceo entomostraco | entomostracan crustacean.
crustáceo isopodo (zoología) | sowbug.
crustáceo marino perforador | marine crustacean borer.
crustáceo perforador | crustacean borer.
crustáceo planctónico | planktonic crustacean.
crustaceología | crustaceology.
crustaceólogo | crustaceologist.
crustación | crustation.
crustal | crustal.
crustificación | crustification.
crustificar | crustify (to).
cruz | cross.
cruz (ancla sin cepo) | head.
cruz (signo tipográfico) | dagger.
cruz (tejeduría, urdimbre) | lease.
cruz (tipografía) | obelisk.
cruz (urdimbre) | leese | lese.
cruz anillada (heráldica) | cross moline.
cruz axial (ejes cristalográficos) | axial cross.
cruz de campanas (tuberías de plomo) | all-bell

cross.
cruz de la verga | sling.
cruz de limpieza (pozo petróleo) | blowoff cross.
cruz de Malta | intermittent sprocket.
cruz de Malta (engranajes) | Geneva wheel.
cruz de Malta (mecanismo) | cam and star.
cruz de quillas (torpedos) | tail.
cruz de San Andrés | diagonal struts.
cruz del ancla | anchor head | anchor cross | anchor crown.
cruz del ancla sin cepo | stockless anchor head.
cruz filar (aparato topográfico) | crosshair.
cruz filar (topografía) | cross hair.
cruz intercaladora (tuberías) | cutting in cross.
cruz para lavabo (tubería) | basin cross.
cruz roja | red cross.
Cruz Roja Nacional Norteamericana | American National Red Cross.
cruza de la verga | sling.
cruzada | crusade.
cruzado | cross.
cruzado (animales) | crossbred.
cruzado (tejidos) | twilled.
cruzado doble (tejeduría) | double-crossing.
cruzado inglés (tela lana) | devon | broken twill.
cruzado por rayas paralelas (botánica) | barred.
cruzamiento | intercrossing | transposition | meeting | crossing | crossover.
cruzamiento (de razas) | cross.
cruzamiento (genética) | cross.
cruzamiento (vía férrea) | crossing frog | frog.
cruzamiento aéreo | trolley frog.
cruzamiento agudo (ferrocarril) | common crossing | acute crossing.
cruzamiento con cambiavía (ferrocarril) | slip-switch.
cruzamiento con desviación a la derecha (vías férreas) | right-hand frog.
cruzamiento con desviación a la izquierda (ferrocarriles) | left hand frog.
cruzamiento de agujas | slip-switch.
cruzamiento de agujas móviles | movable-point frog.
cruzamiento de agujas móviles (ferrocarril) | movable point crossing.
cruzamiento de carril continuo (ferrocarril) | continuous-rail frog.
cruzamiento de carril engoznado | swing-rail frog.
cruzamiento de carriles | frog.
cruzamiento de conductos de ventilación (minas) | overcast.
cruzamiento de frecuencias | frequency frogging.
cruzamiento de la ventilación (minas) | bridge.
cruzamiento de patas de liebre móviles (ferrocarril) | movable wing frog.
cruzamiento de razas | crossbreeding.
cruzamiento de resorte | spring-rail frog.
cruzamiento de vías | track crossing.
cruzamiento de vías de ventilación (minas) | air bridge.
cruzamiento doble (haz de vías paralelas) | scissors crossing.
cruzamiento elástico | spring-rail frog.
cruzamiento en ángulo agudo (ferrocarril) | V crossing.
cruzamiento en curva (vía férrea) | curved frog.
cruzamiento móvil | spring-rail frog.
cruzamiento oblicuo (cruzamiento doble - ferrocarril) | diamond cross.
cruzamiento oblícuo (ferrocarril) | diamond point | diamond crossing.
cruzamiento obtuso | obtuse crossing.
cruzamiento para vía | rail crossing.
cruzamiento que no necesita contracarriles | flange frog.
cruzamiento que no necesita contracarriles (vía férrea) | self-guarded frog.
cruzamiento rígido (vía férrea) | rigid frog.
cruzamiento y cambio de vía combinados (ferrocarril) | slip-switch.
cruzando (buques guerra) | cruising.
cruzar | traverse (to) | pass over (to).
cruzar (buque de guerra) | cruise (to).
cruzar (la calle) | crossover (to).
cruzar (un coche a otro) | cut in (to).
cruzar (un cheque) | cross (to).
cruzar (vergas, etc.) | traverse (to).
cruzar los hilos de urdimbre (urdidor) | lease (to).
cruzar un tejido | twill (to).
cruzar y recruzar un haz de radiofaro para establecer el rumbo verdadero (avión en vuelo) | bracket (to).
cruzarse | cross (to) | meet (to) | intersect (to).
cruzarse una pata con otra (veterinaria) | interfere with (to).
ctenóforo | comb jelly.
cuacuaversal (en todos los sentidos) | quaquaversal.
cuaderna | cant floor.
cuaderna (aviación) | ring-frame.
cuaderna (buques) | frame | timber | rib | transverse frame.
cuaderna aboquillada (buques) | joggled frame.
cuaderna con escotaduras (buques) | scalloped frame.
cuaderna curvada (buques) | curved frame.
cuaderna de angular de bulbo | bulb angle frame.
cuaderna de bodega | hold frame.
cuaderna de henchimiento (buques) | boss frame.
cuaderna de la parte cilíndrica (buques) | balanced frame.
cuaderna de madera curvada al vapor | bent frame | steamed frame.
cuaderna de madera enteriza curvada | sawn frame.
cuaderna de mamparo | bulkhead frame.
cuaderna de proa (buque madera sin apóstoles) | bow frame.
cuaderna de rasel (buques) | peak frame.
cuaderna de trazado (plano de formas buques) | frame line.
cuaderna en V (buque) | V-shaped frame.
cuaderna enteriza | solid frame.
cuaderna estajada (buques) | joggled frame.
cuaderna maestra | main cross-section | midship.
cuaderna maestra (buques) | main frame | midship section | midship frame | midship bend.
cuaderna posterior de la cántara (gánguiles) | hopper rear frame.
cuaderna reforzada | deep frame.
cuaderna revirada (cuaderna sesgada - buques) | cant frame.
cuaderna soldada | welded frame.
cuaderna soportante (buques) | supporting frame.
cuadernaje | ribbing | framing.
cuadernaje (buques) | ribbing | framing.
cuadernaje de henchimiento (buques) | bossed framing.
cuadernal | tackle | hoisting tackle | pulley | pulley block | block | block | block pulley.
cuadernal colgado del seno de una braga | span block.
cuadernal con desplazamiento a mano | hand-traversing lifting block.
cuadernal con la roldana completamente encerrada en la cajera | secret block.
cuadernal con roldanas en ángulo recto | shoe block.
cuadernal de aparejo | purchase-block.
cuadernal de braza (vergas) | brace block.
cuadernal de cabina | gin block.
cuadernal de cabria | gin block.
cuadernal de cáncamo giratorio | swivel-eye block.
cuadernal de cuatro roldanas | four sheave block | four-sheave block | fourfold block.
cuadernal de dos ejes con poleas diferenciales | fiddle block.
cuadernal de dos ojos | two-sheave block | double block.
cuadernal de dos roldanas | two-sheave block.
cuadernal de gancho | hook block.
cuadernal de gancho giratorio | loose hook block.
cuadernal de gaza del hierro | iron-strapped block.
cuadernal de talón | shoulder block.
cuadernal de tres ojos | threefold block.
cuadernal de una roldana | single sheaved block.
cuadernal del gancho (cuadernal móvil - grúas) | fly block.
cuadernal del gancho (grúas) | hoisting block | fall block.
cuadernal desplazable (grúas) | load block.
cuadernal doble | double tackle.
cuadernal giratorio | monkey block.
cuadernal móvil (aparejos) | runner.
cuadernal móvil (grúas) | load block.
cuadernal móvil (grúas, sondeos) | hoisting block.
cuadernal móvil de un polipasto | runner of a tackle.
cuadernal multirroldanas | multiple-sheave block.
cuadernal para apilar rollizos | decking block.
cuadernal para grandes pesos | wrecking block.
cuadernal que no gira mientras se iza o desciende la carga (grúas) | nontoppling block.
cuadernas de la parte cilíndrica (buques) | square body frames.
cuadernas de popa | afterbody.
cuadernas de trazado (buques) | principal frames | frame stations.
cuadernas del costado (buques) | side framing.
cuadernas reviradas de proa (buque de madera) | fore cant timbers.
cuaderno | blankbook.
cuaderno de análisis | analytical notebook.
cuaderno de anotaciones | scratch pad.
cuaderno de bitácora | log book | logbook.
cuaderno de campo (topografía) | field book.
cuaderno de chapas (con sus dimensiones y marcas - astilleros) | strake book.
cuaderno de desechos de taller | scrap logbook.
cuaderno de dibujo | drawing-book.
cuaderno de faros | list of lights.
cuaderno de levantamiento con la brújula (plano de mina) | dialling book.
cuaderno de navegación | navigation log.
cuaderno de nivelación | leveling book.
cuaderno de pruebas del motor | engine-test log.
cuaderno de sondeo | boring journal | driller's log.
cuaderno de telecomunicaciones aeronáuticas | aeronautical telecommunication log.
cuaderno de trabajo (de una máquina) | logbook.
cuaderno de trabajo (máquinas) | log.
cuaderno de trazado (buques) | offset sheets | table of offsets.
cuaderno de vencimiento de letras | bill diary.
cuaderno de vuelo | flight log.
cuaderno meteorológico de a bordo (aviones) | meteorological log.
cuadra | stable.
cuadra (de casas, Argentina) | block.
cuadra de casas | block.
cuadra de ceba | feeding lot.
cuadrada (música) | brevis.
cuadradillo | square bar.
cuadradillo (hierro comercial) | slit iron.
cuadradillo de cobre para chaparlo con oro o plata antes de laminar | plater's bar.
cuadradillos | squares.
cuadrado | squared | square.
cuadrado (Méjico, Paraguay, Perú) | baulk.
cuadrado de contingencia | square contingency.

cuadrado de diagonal vertical | diamond.
cuadrado de la desviación media (matemáticas) | variance.
cuadrado de la energía media | average-energy square.
cuadrado grecolatino | greco-latin square | Graeco-Latin square.
cuadrado latino (matemáticas) | Latin square.
cuadrado medio dentro de los grupos | within-groups mean square.
cuadrador-centrador (tipografía) | centering and quadding device.
cuadrados achaflanados (tipografía) | beveled quads.
cuadrados encajados (topología) | nested squares.
cuadrados mágicos pandiagonales | pandiagonal magic squares.
cuadral | angle brace | angle tie.
cuadral (carpintería) | dragging tie.
cuadralidad | squareness.
cuadrangular | four-cornered | four-angled | four-square | four-sided | quadrangular | quadrilateral.
cuadrantal | quadrantal.
cuadrante | quadrant.
cuadrante (reloj o instrumento) | dial.
cuadrante armónico | harmonic dial.
cuadrante astronómico | astronomical quadrant.
cuadrante circular | circular dial.
cuadrante de aguja | needle dial.
cuadrante de alcances (artillería) | range-dial.
cuadrante de circunferencia | quarter-circular arc.
cuadrante de distancias (artillería) | range-dial.
cuadrante de elevación (cañones) | elevation quadrant.
cuadrante de escala circular | dial.
cuadrante de graduación de la profundidad (torpedos) | depth setting dial.
cuadrante de guía (acústica) | cueing scale.
cuadrante de jornales | payroll | pay-sheet | pay list.
cuadrante de lectura fácil | easily read dial.
cuadrante de los resultados (cálculo) | answer dial.
cuadrante de medidas | metering dial.
cuadrante de medir | measuring dial.
cuadrante de orientación | bearing dial.
cuadrante de predicciones laterales | lateral deflection dial.
cuadrante de puntería en elevación (artillería) | range-dial.
cuadrante de reducción de espesores en las pasadas (laminadores) | draft dial.
cuadrante de roscar (tornos) | thread dial.
cuadrante de selfactina | mule quadrant.
cuadrante de sintonización | tuning dial.
cuadrante desmultiplicado | slow motion dial.
cuadrante graduado | scale dial | dial plate | divided dial.
cuadrante graduado (máquina herramienta) | graduated index disc.
cuadrante graduado indicador de la carrera (máquina herramienta) | stroke-indicator dial.
cuadrante iluminado | illuminated dial.
cuadrante indicador | indicating dial.
cuadrante luminoso | luminous-dial.
cuadrante micrométrico | microdial | micrometer dial.
cuadrante móvil | loose quadrant.
cuadrante tricolor | tricolored dial.
cuadrante vernier | vernier dial.
cuadrántico (astrofísica) | quedrantid.
cuadrántido | quadrantid.
cuadranza (estadística) | squariance.
cuadrar | balance (to).
cuadrar (contabilidad) | reconcile (to).
cuadrar (cuentas) | tally (to).
cuadrar con | quadrate (to).
cuadrar una suma | tally (to).
cuadrático | square | quadrangular.
cuadrático (cristalografía) | quadratic.
cuadratín | mutton quad.
cuadratín (tipografía) | quadrat | quad | em-quad.
cuadratriz (curva) | quadratrix.
cuadratrón | quadratron.
cuadratura | quadrature | squareness | squaring.
cuadratura (maderas)$ | radial cracks.
cuadratura de fase | quadrature | phase quadrature | opposition.
cuadrete (cables telefónicos) | quand.
cuadrete (telegrafía) | quad.
cuadrete - conjunto de cuatro conductores aislados separadamente y cableados juntos (cables telefónicos) | quad.
cuadrete blindado | shielded quad.
cuadrete estrella (electricidad) | star-quad.
cuadrete por cableado entre sí de dos pares separados que a su vez van trenzados (telefonía) | multiple-twin quad.
cuádrica | quadric.
cuádrica invariante | invariant quadric.
cuádrica proyectiva | projective quadric.
cuádrica reglada (geometría) | ruled quadric.
cuadricorrelador | quadricorrelator.
cuadrícula | chequer | grid | grid square | graticule.
cuadrícula (cuadriculado - mapas, aerofotografía, etcétera) | grid.
cuadrícula (TV) | raster.
cuadrícula de azimut | azimuth grid.
cuadrícula de perspectiva | perspective grid.
cuadrícula de proyección | projection grid.
cuadrícula de puntería | gunsight graticule.
cuadrícula de trazar | plotting grid.
cuadriculación | squaring.
cuadriculado | quadrillé | quadrilled-ruled | tessellated | gridded | cross-ruled | ruled | graticulation.
cuadriculado (papel) | squared.
cuadriculado (telas) | quadrilled | chequering.
cuadriculado de los mapas militares | military grid.
cuadriculado de plano para la navegación | navigational grip.
cuadriculado de referencia | reference grid.
cuadriculado del plano director de tiro | fire control grid.
cuadriculado georef | georef grid.
cuadriculado modular | modular grid.
cuadricular | chess-board (to) | chequer (to) | square (to) | grid (to) | cross rule (to) | chart-rule (to).
cuadricular (dibujos) | graticulate (to).
cuadridimensionalidad | cuadridimensionality.
cuadrienal | quadrennial.
cuadrienal (cultivos) | four-course.
cuadrienio | quadrennium.
cuadrifonía | quadraphonics.
cuadriforme | quadriform.
cuadrigenario | quadrigenarious.
cuadril | haunch-bone.
cuadrilateral | quadrilateral | four-sided.
cuadrilátero | quadrilateral | quadrangle.
cuadrilátero (boxeo) | ring.
cuadrilátero (substantivo) | quadrilateral.
cuadrilátero articulado | link quadrilateral | linked quadrilateral | four-bar linkage.
cuadrilátero articulado de la dirección (autos) | steering axle trapeze.
cuadrilátero irregular | irregular quadrilateral.
cuadrilla | party | crew | squad.
cuadrilla (corta de árboles) | side.
cuadrilla (de bandidos) | pack.
cuadrilla (obreros) | gang.
cuadrilla de albañiles para parcheos en caliente (hornos) | hot repair gang of bricklayers.
cuadrilla de amarre | mooring gang.
cuadrilla de asentadores de vía | platelaying gang.
cuadrilla de construcción | construction gang.
cuadrilla de corta de árboles | logging chance.
cuadrilla de desembosque | side.
cuadrilla de desmonte (Argentina - bosques) | side.
cuadrilla de dos mineros | pare.
cuadrilla de entretenimiento | maintenance gang.
cuadrilla de explotación (Bolivia - bosques) | side.
cuadrilla de hombres | team of men | set of men.
cuadrilla de hombres que trabajan por contrato y reparten los beneficios entre ellos (minería) | butty gang.
cuadrilla de inspección de conexiones | connection gang.
cuadrilla de inspección de la vía (ferrocarril) | track patrolmen.
cuadrilla de montadores | gang of erectors.
cuadrilla de obreros | gang of workmen | labor gang.
cuadrilla de perforación | drilling crew.
cuadrilla de producción | production crew.
cuadrilla de remachadores | gang of riveters.
cuadrilla de reparaciones | repair team | repair gang.
cuadrilla de sondeo | drilling crew.
cuadrilla de taladristas | drilling crew.
cuadrilla de trabajadores | labor gang.
cuadrilla de trabajadores (fabricación botellas) | shop.
cuadrilla de tramo | section gang.
cuadrilla de vigilancia de una línea de comunicación sobre postes | line layout crew.
cuadrilla que coloca las cuadernas (EE.UU.) | frame squad.
cuadrilla que fabrica las cuadernas (marcado, curvado, punzonado, etc.) | frame squad.
cuadrilla volante | flying squad.
cuadripolar | quadripolar.
cuadrípolo | four-terminal network | four-pole | four-port network | four-terminal network | two-terminal-pair network | two-port network.
cuadripolo (circuitos) | two-port.
cuadrípolo (red eléctrica) | quadripole.
cuadrípolo activo | active quadripole.
cuadripolo con fuente interna de ruidos | noisy fourpoles.
cuadrípolo con tiempo de retardo constante | constant-time-delay network.
cuadrípolo corrector | corrective network.
cuadripolo corrector de distorsión de la línea | distortion-correcting quadripole.
cuadripolo corrector de distorsión de línea (telefonía) | distortion correcting quadripole.
cuadripolo de adaptación | matching quadripole | matching quadrupole.
cuadrípolo de escala de resistencia-capacidad | RC-ladder network.
cuadrípolo eléctrico | electric quadrupole.
cuadripolo en cascada | tandem network.
cuadripolo en paralelo | parallel two-terminal pair networks.
cuadrípolo equilibrado | balanced two-terminal-pair network.
cuadripolo interconectado | interconnected four-pole network.
cuadripolo linealizable | linearizable quadripole.
cuadripolo pasivo | passive-4 terminal network.
cuadrípolo pasivo transductivo | transducing passive quadripole.
cuadripolos conectados en cascada | tandem-connected four terminal networks.
cuadripolos conectados en serie | cascaded network.
cuadripolos en serie | cascaded networks.
cuadrípolos en serie (telecomunicación) | series two-terminal pair network.
cuadrisección | quadrisect.
cuadrivalente | quadrivalent.
cuadro | piece | setting | square | picture | table.
cuadro (cine) | spider.
cuadro (de bicicleta) | frame.

cuadro (de personas) | panel.
cuadro (electricidad) | board.
cuadro (perspectiva) | plane of delineation | principal plane | picture plane.
cuadro (telas) | check.
cuadro al óleo | oil-painting.
cuadro anunciador (timbres) | indicator board.
cuadro anunciador de elementos lógicos estáticos | static logic annunciator.
cuadro auxiliar (electricidad) | auxiliary switchboard.
cuadro clínico (medicina) | pattern.
cuadro comparativo | comparative table.
cuadro comparativo de propuestas | bidding schedule.
cuadro compensador (distribuidor) | equilibrium ring.
cuadro con interruptores | distribution switchboard.
cuadro conmutador (telégrafos) | switchboard.
cuadro conmutador de consola (telefonía) | upright type switchboard.
cuadro cromático (televisión) | color field.
cuadro de amortización | amortization schedule | sinking table.
cuadro de amortización (deudas, etc.) | redemption table.
cuadro de arreglo de averías | trouble chart.
cuadro de asiento (pozos) | crib bed.
cuadro de audífonos | phone-tip jacks.
cuadro de bicicleta | diamond frame | cycle frame.
cuadro de bornas | terminal board.
cuadro de bornas para fusibles | fuse block.
cuadro de cartabones | bevel board.
cuadro de causas y remedios para averías | trouble chart.
cuadro de causas y soluciones de averías | trouble chart.
cuadro de cifrado | cipher chart.
cuadro de cirujanos (de un hospital) | operating staff.
cuadro de clavijas | plug board.
cuadro de conexión manual (teléfonos) | switchboard.
cuadro de conexiones | pinboard | plugboard.
cuadro de conexiones móvil | removable plugboard.
cuadro de conmutación telefónica manual de clavijas | loop jack switchboard.
cuadro de consumo propio (centrales) | station-power switchboard.
cuadro de contactos (telefonía automática) | level.
cuadro de contactos enchufables | plug board.
cuadro de control | plug-board | patch board.
cuadro de control (avión de chorro) | console.
cuadro de control para estereofonía | stereo control box.
cuadro de correcciones planimétricas y de altitud (artillería) | difference chart.
cuadro de corriente alterna | A. C. panel.
cuadro de cubículos | cellular-type switchboard.
cuadro de datos | data panel.
cuadro de datos radar | radar board.
cuadro de descuentos (comercio) | discount schedule.
cuadro de distribución (electricidad) | distribution board | distributing switchboard | switchboard.
cuadro de distribución con fusibles en cada circuito | distribution fuse-board.
cuadro de distribución con un conmutador en cada circuito | distribution switchboard.
cuadro de distribución corredizo (electricidad) | draw-out-type switchboard.
cuadro de distribución de acumuladores | battery switchboard.
cuadro de distribución de alta tensión | high tension switchboard.
cuadro de distribución de alumbrado | lighting switchboard.
cuadro de distribución de carga | charging board.
cuadro de distribución de cubículos (electricidad) | cubicle-type swictchboard.
cuadro de distribución de cubículos de paneles múltiples | multipanel cubicle switchboard.
cuadro de distribución de doble cara de pasillo | duplex switchboard.
cuadro de distribución de enlace | trunk distribution frame.
cuadro de distribución de fases no segregadas (electricidad) | nonphase-segregated switchboard.
cuadro de distribución de fuerza motriz (electricidad) | power switchboard.
cuadro de distribución de la dínamo | dynamo switchboard.
cuadro de distribución de los alimentadores (electricidad) | feeder switchboard.
cuadro de distribución del motor | motor switchboard.
cuadro de distribución metálico con aislamiento de aire para altos voltajes | high-voltage air-insulated metalclad switchboard.
cuadro de distribución para escenarios (teatros) | stage switchboard.
cuadro de distribución principal | main switchboard.
cuadro de doble cara cerrado | dual switchboard.
cuadro de doble cara de pasillo | corridor switchboard.
cuadro de engrase | lubrication chart.
cuadro de entibación (minas) | drift frame.
cuadro de entibación de una galería (minas) | gallery frame.
cuadro de entibar (minas) | drift set.
cuadro de entibar provisional (minas, túneles) | false set.
cuadro de escantillones | bevel board.
cuadro de especialistas | panel of specialists.
cuadro de especialistas (médicos) | consulting staff.
cuadro de flores (pintura) | flower-piece.
cuadro de funcionamiento | running schedule.
cuadro de fusibles | fuse panel | fusegear | fuseboard.
cuadro de fusibles de distribución | distribution fuse-board.
cuadro de honor (colegios) | honors list.
cuadro de instructores | training cadre.
cuadro de instrumentos | instrument board.
cuadro de las tolerancias de frecuencia | table of frequency tolerances.
cuadro de latitudes y desviaciones (topografía) | traverse table.
cuadro de lizos | heddle frame.
cuadro de mandos | staffing.
cuadro de niveles de agua (sala de calderas) | gage panel.
cuadro de ocupación de la mano de obra (talleres) | labor-load schedule.
cuadro de oferta | supply schedule.
cuadro de operadora (telefonía) | telephone switchboard.
cuadro de orden de funcionamiento | sequence table.
cuadro de pagos | schedule of payments.
cuadro de pagos futuros de la deuda | schedule of future payments on the debt.
cuadro de paneles de mármol (electricidad) | marble-panel switchboard.
cuadro de pastoreo (Uruguay) | hurdle plot | panel plot.
cuadro de pozo (minas) | trestle | cribwork.
cuadro de precios (proyectos) | schedule of prices.
cuadro de preferencia del público (filmes, discos gramofónicos, etc.) | like chart.
cuadro de primas (talleres) | posting sheet.
cuadro de profesores | staffing | team of professors.
cuadro de pruebas | test board | test panel.
cuadro de pulsadores (ascensores) | press button board.
cuadro de pupitre (electricidad) | desk switchboard.
cuadro de recomendaciones | recommendation chart.
cuadro de registro de los elementos de tiro | data board.
cuadro de relés | relay rack.
cuadro de salarios | fee-schedule.
cuadro de servicio (trenes, buques, aviones) | schedule.
cuadro de servicios del personal | manning table.
cuadro de soplado (submarinos) | blowing panel.
cuadro de suma de los momentos torsores (ejes de motores) | torque summation table.
cuadro de tajo (minería) | gate end.
cuadro de un anuncio (periódicos) | advertisement border.
cuadro de una espira | simple-turn loop.
cuadro del generador (electricidad) | generator panel.
cuadro del hogar | firebox ring.
cuadro del hogar (locomotoras) | foundation ring.
cuadro del personal (fábrica) | manning table.
cuadro demostrativo de situación del material | status board.
cuadro desplazado (telefonía) | slipped bank.
cuadro directo (telefonía) | straight bank.
cuadro eléctrico de espaldar liso | flat-back switchboard.
cuadro eléctrico principal de la cámara de máquinas | engineroom main switchboard.
cuadro estadístico | statistical table.
cuadro general (de un asunto, negocio, etc.) | overall picture.
cuadro geológico | geological clock.
cuadro indicador | indicator board | index-board | annunciator-board.
cuadro indicador (timbres) | annunciator.
cuadro indicador (timbres, teléfono manual) | drop indicator board.
cuadro indicador de las luces de navegación | navigation light indicating panel.
cuadro indicador de las luces de navegación (buques) | navegational light indicator board.
cuadro interurbano | trunk switchboard.
cuadro interurbano (telefonía) | toll board | toll switchboard.
cuadro móvil (aparatos eléctricos) | moving coil.
cuadro múltiple manual (telefonía | multiple.
cuadro numérico | protocol.
cuadro oblicuo de instrumentos | toeboard.
cuadro óptico de comprobación | diagram panel.
cuadro partido (TV) | split frame.
cuadro pintado en caballete | easel-picture.
cuadro portador (pozo minas) | sinking-frame | curb.
cuadro previo (telefonía) | display panel.
cuadro principal de distribución | main distribution frame.
cuadro radiogoniométrico | directional loop | directional aerial.
cuadro repartidor (electricidad) | tag board.
cuadro repartidor (telefonía) | tag board.
cuadro sinóptico | flow diagram | synoptic diagram | conspectus.
cuadro vertical (conmutación) | vertical switchboard.
cuadrón (defecto de diamantes) | quadron.
cuadro-patrón de imágenes | definition chart.
cuadros (listados - dibujo de telas) | checks.
cuadros de oficiales | officer cadres.
cuadros intructores | training cadres.
cuadrual | quadrual.
cuádruple | quadruple.
cuádruple (telefonía) | quad.
cuádruple (telegrafía) | quad.
cuádruple densidad (discos) | quad density.

cuadruplete | quadding | quadruplet.

cuadruplexo | quadruplex.

cuadruplicación | quadruplication.

cuadruplicado | quadrupled.

cuadruplicador | quadrupler.

cuadruplicción | quadrupling.

cuádruplo | quadruple | fourfold.

cuadrúpolo correctivo por servomotor | servocorrective network.

cuajado (de lingotes de acero) | set.

cuajar | congeal (to) | curdle (to).

cuajar (cuarto estómago - rumiantes) | maw.

cuajar (leche) | set out (to).

cuajar (zoología) | reed.

cuajar el petróleo | curdle the oil (to).

cuajarón | gore.

cuajarón (de sangre) | grume.

cuajarse | congeal (to) | set (to).

cuajarse (leche) | clot (to).

cuajarse (pintura en la lata) | curdle (to).

cualesquiera que sean sus necesidades nosotros enviaremos la máquina apropiada para Vd | whatever you need we supply the right mahine for you.

cualidad acústica | bounce.

cualidad aglutinante | cementation quality.

cualidad antidetonante del combustible | fuel anti-knock quality.

cualidad apetitosa | mouth-watering quality.

cualidad de buen funcionamiento (máquinas) | reliability.

cualidad de buen rodaje sobre la carretera (autos) | roadholding quality.

cualidad de conservar la humedad | moisture-holding quality.

cualidad de extenderse bien con la llana | troweling quality.

cualidad de no rajarse al ser atornillada (maderas) | screw-splitting quality.

cualidad de rajarse al ser clavada (maderas) | nail splitting quality.

cualidad de repelencia a la tinta | ink repelling quality.

cualidad de secado (barnices, pinturas) | drying quality.

cualidad de tener pocos contrastes (fotografía) | softness.

cualidad de tierna (carnes) | tenderness.

cualidad duradera del corte | durable cutting quality.

cualidad encojedora | shrink forming quality.

cualidad excepcional | top grade of quality.

cualidad inferiorhúmedo (vapor de agua) | low quality.

cualidad lubricativa | lubricative quality.

cualidad sustentadora | load-carrying quality.

cualidades ascensionales en el aterrizaje frustrado | landing climb performance.

cualidades de conservación (del aroma, sabor, etc.) | keeping qualities.

cualidades de conservación del rumbo (buque) | course keeping qualities.

cualidades de fácil manejo (aviones) | docile handling qualities.

cualidades de rodadura sobre la vía (coches de ferrocarril) | rideability.

cualidades de rodadura sobre la vía (coches ferrocarril) | riding qualities.

cualidades del rendimiento (agricultura) | yield attributes.

cualidades direccionales del grano (metalurgia) | grain-directional qualities.

cualidades en vuelo | flying qualities.

cualidades evolutivas | steering qualities.

cualidades extendedoras del asfalto | bitumen spreading qualities.

cualidades marineras (buques) | seakeeping qualities.

cualidades náuticas (de un buque) | sailing points.

cualidades nutritivas de las plantas | nutritional quality of plants.

cualidades para mantener el rumbo (buques) | course-keeping qualities.

cualidades resistentes a la termofisuración | heat embrittlement-resisting qualities.

cualidades veleras | flying qualities.

cualidadtimbre (voz, sonido) | quality.

cualificación | job evaluation | qualification.

cualificación laboral | labour grade.

cualificación profesional | professional qualifications.

cualificado | qualified | skilled.

cualificado (obreros) | skilled.

cualitrómetro (grasas) | penetrometer.

cualquier prueba después de corregida la primera (tipografía) | revise.

cualquiera de las dos partes móviles que regulan la tobera de escape (motor de chorro) | eyelid.

cualquiera de los dos ángulos que forman dos alineaciones que concurren en un punto | included angle.

cualquiera que fuera la causa | no matter what the cause.

cualquiera que fuese la posición de | no matter what the position of.

cualquiera que sea el | irrespective of.

cualquiera que sea el espesor | irrespective of thickness.

cualquiera que sea el tamaño | irrespective of size.

cualquiera que sea el valor de N | no matter how large N may be.

cualquiera que sea quien los construya | regardless of who builds them.

cualquiera que sea su uso | whatever their use.

cualquiera que sea x con x > c (topología) | all x with x > c.

cuando haya oido lo que tengo que decir | when he shall have heard what I have to say.

cuando se filman fuera de los estudios en un medio natural (filmes) | on location.

cuando se presente la ocasión | when the occasion arises.

cuando una empresa comercializa más de lo que pueden sus posibilidades financieras | overtrading.

cuando Vd ahorra energía también ahorra dinero | when you save energy you save money.

cuanta (energía) | quanta.

cuantación | quantation.

cuantal | quantal.

cuantía | measure number.

cuantía de la póliza | size of the policy.

cuántico | quantic | quantal.

cuantificable | quantifiable.

cuantificación | quantizing | quantification | quantization.

cuantificador | quantifier | quantizer.

cuantificador de código decimal progresivo | progressive code digital quantizer.

cuantificar | quantize | quantize (to) | quantify (to).

cuantil | fractile.

cuantil (estadística) | quantile.

cuantila | quantile.

cuantila (estadística) | cuantil.

cuantilo | quantile.

cuantiosa fianza | heavy bail.

cuantioso | extensive | considerable.

cuantitativo | quantitative.

cuantización | quantizing.

cuantización sobre superficies curvas | quantization on curved surfaces.

cuantizado en amplitud | amplitude-quantized.

cuantizador logarítmico de voltaje | logarithmic voltage quantizer.

cuantizar | quantise (to).

cuanto (física) | quantum.

cuanto (físico) | quantum.

cuanto de información | bit.

cuanto virtual | virtual quantum.

cuantómetro (acerías) | quantometer.

cuantos | quanta.

cuantos de radiaciones Roentgen | X-ray quanta.

cuántulo | quantulum.

cuar | quaark.

cuarcífero | quarziferous.

cuarcígeno | quartz-forming.

cuarcita | quartz rock | quartzite.

cuarcita cementada | cemented quartzite.

cuarcita conglomerada | conglomeratic quartzite | conglomeratic quartzite.

cuarentena (medicina) | quarantine.

cuares | quark.

cuarfeloide | quarfeloid.

cuarta (marcaciones marinas) | by.

cuarta (medida igual 2° 48′ 45″ - compás marino) | quarter point.

cuarta de la brújula (marina) | coast.

cuarta faja de rizos (velas) | bag reef.

cuarta nota de la escala diatónica (música) | sub-dominant.

cuarta parte de espesor | quarter thickness.

cuarta parte de la anchura | quarter width.

cuarta parte de la circunferencia media (rollizos) | quarter girth.

cuarteada (en forma de panal - ruedas con grietas en la llanta) | comby.

cuarteado | cracked | split.

cuarteado (defecto de superficies pintadas caracterizado por la formación de grietas irregulares) | alligatoring.

cuarteado (materiales refractarios) | spalling.

cuarteado (pinturas) | alligator cracks.

cuarteadura | rift | crack | rent | rift crack | split.

cuarteamiento (superficies pintadas o barnizadas) | crocodiling.

cuarteamiento de la roca por explosiones de cargas cada vez mayores en el fondo de un barreno | springing.

cuarteamiento de rocas (canteras) | plugging.

cuarteamiento por tensiones de medio activo | environmental stress cracking.

cuartear | quarter (to).

cuartear (la aguja) | box (to).

cuartear con aguja infernal (canteras) | plug off (to).

cuartear con cuña (canteras) | plug off (to) | plug up (to) | plug (to).

cuartear el compás (buques) | box the compass (to).

cuartearse | split (to) | crack (to) | check (to).

cuartearse (la pintura al secarse se recubre de grumos y rayado irregular produciendo el aspecto de piel de cocodrilo) | alligator (to).

cuartearse (madera) | cranny (to).

cuartel | circle | barracks.

cuartel (corta forestal) | logging unit | compartment.

cuartel (heráldica) | quarter.

cuartel (máquinas) | quartering.

cuartel (minas) | flat | side of work.

cuartel de acero para escotilla | steel hatch cover.

cuartel de bomberos | fire station.

cuartel de corta (bosques) | block.

cuartel de mina | mine section.

cuartel de ordenación (bosques) | working circle.

cuartel de porta | port flap.

cuartel de transeúntes | transient barracks.

cuartel especial (montes) | periodic block.

cuartel forestal | forest beat.

Cuartel General | headquarters (H.Q.) | headquarters.

cuartel general de ejército | army headquarters.

cuartel general divisionario | division headquarters.

cuartel plegadizo de acero para escotilla | steel folding hatch cover.

cuartelada (escotillas) | panel.

cuartelar (heráldica) | quarter (to).

cuarteles (escotillas buques) | batten gratings.

cuarteles de invierno (tropas) | winter housing.

cuartelillo de policía | station house.

cuartelmaestre | quartermaster.

cuarteo | quartering.
cuarteo (de minerales) | quartation.
cuarteo (minerales) | quartering.
cuarteo (superficies pintadas o barnizadas) | crocodiling.
cuarterola | quarter-cask.
cuarterón | quadron.
cuarterón (carpintería) | quarter.
cuarterón (ventanas) | pane.
cuarterón de base (puertas) | bottom panel.
cuarterón de lima (carpintería) | dragon beam | dragging tie.
cuarterón en realce (puertas) | fielded panel.
cuartete (química) | quartet.
cuarteto (informática) | four bits byte.
cuarteto (4 bits) | nibble.
cuarteto de flauta | flute quartet.
cuarteto de música | nonet.
cuártico | quartic.
cuartil | quartil.
cuartil (estadística) | quartile.
cuartil inferior | lower quartile.
cuartil superior (estadística) | upper quartile.
cuartila | quartile.
cuartilla | pastern.
cuartilla inferior | lower quartile.
cuarto | room.
cuarto (de buey, etcétera) | quarter.
cuarto bocel | quarter-round | ovum | ovolo molding | ovolo.
cuarto bocel de unión de un eje al plato final | fillet.
cuarto con atmósfera tropical (laboratorios) | tropical room.
cuarto creciente (luna) | first quarter.
cuarto de armarios roperos (talleres) | locker room.
cuarto de aseo de avión | aircraft toilet.
cuarto de atmósfera artificial | controlled-atmosphere room.
cuarto de bandera | orderly room.
cuarto de banderas (cuarteles) | guardroom.
cuarto de batanes (tejeduría) | blowing room.
cuarto de canal | quarter channel.
cuarto de círculo | quadrant.
cuarto de círculo (moldura) | roman ovolo.
cuarto de circunferencia | quarter-circular arc.
cuarto de corrección | guardhouse.
cuarto de cuadrante | backstaff.
cuarto de derrota (buques) | chart house | chart room.
cuarto de enfriamiento | chillroom.
cuarto de estar (casas) | living.
cuarto de estar de la tripulación | crew's lounge.
cuarto de examen de los elementos componentes (de un motor, etc.) | component-viewing room.
cuarto de hora | quarter.
cuarto de información aérea (plana mayor de un mando aéreo) | air room.
cuarto de la radio (buques) | radio office.
cuarto de ladrillo | quarter bat.
cuarto de lavabos | ablutions.
cuarto de longitud de onda | quarter-wavelenght.
cuarto de los tachos (fábrica de azúcar) | pan room.
cuarto de luna | quarter.
cuarto de luna (fase) | crescent.
cuarto de máquinas periodicamente sin personal (buques) | periodically unmanned engine room.
cuarto de marcación en el puente (buques) | bridge plotting room.
cuarto de marcaciones | plotting room.
cuarto de mezcla (cine) | rerecording room.
cuarto de onda desplazado del mínimo | quarter-wave shift-of-minimum.
cuarto de profesores | common-room | combination-room.
cuarto de prueba | fitting room.
cuarto de taquillas para la ropa de calle (talleres) | clean-clothes locker room.
cuarto de velocidad | quarter speed.
cuarto de vuelta | quarter turn.
cuarto del motor de extracción (minas) | hoist room.
cuarto del tablero (corredor de acciones) | board room.
cuarto delantero (de un animal) | fore.
cuarto donde se guardan los materiales para la carga (aceros al crisol) | medicine room.
cuarto donde se toma las aguas (balnearios) | pumproom.
cuarto frío | cold room.
cuarto húmedo (laboratorios) | fog room.
cuarto menguante (luna) | last quarter.
cuarto oscuro (fotografía) | operating room.
cuarto para cambiarse de ropa (talleres) | changing room.
cuarto para la valija y numerario (buques) | mail and specie room.
cuarto para pruebas de durabilidad | durability test room.
cuarto posterior derecho (animales) | off hind.
cuarto sordo | nonreverberant room.
cuarto trasero (buey) | aitch-bone.
cuarto trasero (de buey) | edge bone.
cuarto trasero (de un animal) | hind.
cuarto-almacén | stockroom.
cuartón (Chile) | cant.
cuartón (Chile, Costa Rica) | baulk.
cuartos anteriores (animales) | anterior quarters.
cuartos traseros (animales) | haunches.
cuarzita | aposandstone.
cuarzítico | quartzitic.
cuarzo | quartz | pebble.
cuarzo amarillo | Bohemian topaz | scotch quartz.
cuarzo amatistino | amethystine quarz.
cuarzo asteriado | asteriated quartz.
cuarzo aventurinado | aventurine | flamboyant quartz.
cuarzo aventurino verde | chrysoquartz.
cuarzo azul (seudozafiro) | blue quartz.
cuarzo bastardo (cuarzo ahumado) | bull quartz.
cuarzo cariado | rotten quartz.
cuarzo citrino (topacio falso) | citrine quartz.
cuarzo con capas de arcilla | capped quartz.
cuarzo con inclusiones de rutilo o de actinolita | needle stone.
cuarzo con oro libre | free milling quartz.
cuarzo con vetas corrugadas de cuarzo aurífero | barrel quartz.
cuarzo corroido | rusty quartz.
cuarzo cristalino claro | Cornish diamond.
cuarzo cristalizado transparente | Bristol diamond.
cuarzo de Babilonia | Babel-quartz.
cuarzo de modo de cizallamiento en espesor | thickness-shear mode quartz.
cuarzo elutriado | air floated quartz.
cuarzo espongiforme | spongiform quartz.
cuarzo estrellado | star-quartz.
cuarzo ferrífero | iron quartz.
cuarzo fibroso | agalite.
cuarzo formado a temperaturas entre 573 y 870 grados | beta quartz.
cuarzo fundido | fused quartz.
cuarzo granular friable | sugary quartz | sugar spar.
cuarzo hialino amarillo | quartz topaz | Spanish topaz.
cuarzo hialino azul | blue hyaline quartz.
cuarzo incoloro transparente (óptica) | Brazilian pebble.
cuarzo lechoso | greasy quartz | milky quartz.
cuarzo luminiscente rojo | red-luminescing quartz.
cuarzo opalizado | opalized quartz | fake opal.
cuarzo piezoeléctrico | piezoquartz | piezoelectric quartz.
cuarzo platinado | platinized quartz.
cuarzo poroso | rusty quartz.
cuarzo radioeléctrico | radioelectric quartz.
cuarzo resinita | pitchstone.
cuarzo rosa | rose quartz.
cuarzo rosado | rose quartz.
cuarzo rosado cortado como gema | Bohemian ruby.
cuarzo rutilado | needle stone.
cuarzo sin mineral valuable | dead quartz.
cuarzo sintético | cultured quartz.
cuarzo sintético con inclusiones de sustancias extrañas | doped synthetic quartz.
cuarzo tallado | piezoid.
cuarzo translúcido azulado | chalcedony.
cuarzo transparente | crystal.
cuarzo transparente amarillo | scotch topaz.
cuarzo transparente amarillo coloreado artificialmente | burnt amethyst.
cuarzo turmalinado | tourmalinated quartz.
cuarzo zafirino | azure quartz.
cuarzo zonado ahumado | zoned smoky quartz.
cuarzoso | quartzy | quartzic.
cuásar (astronomía) | quasar.
cuásares | quasi-stellar object.
cuasi | quasi.
cuasibalístico | near-ballistic.
cuasibienes raíces | quasirealty.
cuasibinario | quasi-binary.
cuasibivalente | quasibivalent.
cuasicoloide | near-colloid.
cuasicontrato | implied agreement | implied contract.
cuasidelito | quasicrime.
cuasielasticidad | quasielasticity.
cuasiexacto | near-exact.
cuasiexperimental | quasiexperimental.
cuasigrupos | quasi-groups.
cuasiintrínseco | near-intrinsic.
cuasiligamiento | quasilinkage.
cuasióptica | quasi-optics.
cuasiortogonalidad | near-orthogonality.
cuasipartículas | quasi-particles.
cuasisótropo | quasisotropic.
cuaternario | quaternary.
cuaternario superior (geología) | late quaternary.
cuaternas ordinadas (topología) | ordered quadruples.
cuaternio | quaternion.
cuaternios | hypercomplex numbers.
cuaternos | quadruples.
cuatral | quadrual.
cuatricomía | four-color print.
cuatrifásico | quadriphase.
cuatrifolio (arquitectura) | quatrefoil.
cuatrilingüe | quadrilingual.
cuatrillo (música) | quartolet.
cuatrillón | quadrillion.
cuatrimotor | four-engined.
cuatriplano (avión) | quadruplane.
cuatrípode | quadrupod | quadripod.
cuatrivalente | quadrivalent.
cuatro ciclos metónicos = 76 años | callipic cycle.
cuatro velocidades y marcha atrás | four speeds and reverse.
cuba | trough | vat | bowl | tun | tub | tank | pan.
cuba (alto horno) | mantle | stack | fire room.
cuba (convertidor de vapor de mercurio) | pool tank.
cuba (de gasógeno) | body.
cuba (electrólisis) | cell.
cuba (hornos) | tunnel | casing.
cuba (minas) | kieve.
cuba (transformador eléctrico) | tank.
cuba (vasija - reactor nuclear) | container | containment vessel.
cuba blindada (alto horno) | iron-plated shaft.
cuba clarificadora | settler.
cuba combinada (hojalata) | combination pot.
cuba con estaño fundido (estañado) | washpot.
cuba de absorción (análisis espectral) | absorp-

tion cell.
cuba de agitación mecánica | agitation vat.
cuba de agitación para amalgamación (del oro) | dolly tub.
cuba de alto horno | blast-furnace body.
cuba de amalgamación | amalgamation pan | pan mill | pan | amalgamating pan | grinding pan.
cuba de blanqueo | bleaching boiler | bleaching vessel.
cuba de bracear la cerveza | mash tub.
cuba de cables (buque cablero) | cable-tank.
cuba de carbonatar (azúcar) | carbonating vat.
cuba de cementación (horno de cementación) | converting pot.
cuba de cianuración | cyaniding vat.
cuba de clarificación | clarifying vat | settling tank.
cuba de decantación | sintering tank | settling vat.
cuba de decantación (metalurgia) | dewaterer.
cuba de descomposición | decomposing vat.
cuba de desgotado (fabricación papel) | straining chest.
cuba de digestión | digester.
cuba de electrólisis | electrolysis pot.
cuba de elutriación | elutriation tank.
cuba de enfriamento | quenching trough.
cuba de enfriamiento | cooling tank.
cuba de enjuagar | rinsing vat.
cuba de envejecimiento | aging vat.
cuba de escaldar | scalder.
cuba de escaldar de chorro | spray scalder.
cuba de estañar caldeada con gas | gas-heated tinning pot.
cuba de extracción | hoisting bucket.
cuba de fermentación | fermenter | fermenting tub | gyle.
cuba de filtración | filter vat.
cuba de filtración (metalurgia) | leaching vat.
cuba de galvanizado | kettle.
cuba de gres vidriado | glazed stoneware vat.
cuba de índigo | indigo vat.
cuba de lagar | grape vat.
cuba de lavado | swilling tank | washing tub.
cuba de lavado (preparación mecánica de minerales) | settler.
cuba de madera forrada interiormente de plomo | lead-lined wood tank.
cuba de mosto (cerveza) | mash tun | mash vat | kieve.
cuba de nitración | nitrating pan.
cuba de nivel constante (carburador) | float chamber.
cuba de orilla para quitar el cordón de estaño (estañado) | list pot.
cuba de plomo | lead basin.
cuba de potasa (mezcla de índigo, rubia y potasa) | potash vat.
cuba de precipitación | precipitation tank | precipitator | precipitation vat.
cuba de presión reforzada con cable enrollado | cable-wrapped pressure vessel.
cuba de recuperación | replenisher.
cuba de remojar | steeping vat.
cuba de seguridad (minas) | parachute.
cuba de seguridad (reactor nuclear) | vessel.
cuba de sosa (mezcla de índigo, sosa y cal apagada) | German vat | soda vat.
cuba de transformador con enfriamiento por tubos | tubular transformer tank.
cuba de trituración | grinding pan.
cuba de trituración continua | continuous grinding pan.
cuba de vidrio | glass vat.
cuba de vitriolo (mezcla de caparrosa, índigo y cal apagada) | copperas vat.
cuba del enderezador de vapor de mercurio de rejillas mandadas | grid-pool tank.
cuba del gasógeno | producer shaft.
cuba del horno | furnace stack.
cuba del transformador | transformer case.
cuba electrolítica | potential flow tank | pot | electrolyzer | electrolytic cell | electrolytic tank.
cuba electrolítica (fabricación aluminio) | potline.
cuba electrolítica de recuperación (con ánodos insolubles para descomponer el electrolito y efectuar la recuperación de fangos de cátodo) | liberator tank.
cuba electrolítica final | commercial tank.
cuba electrolítica para desprender los revestimientos galvánicos | stripper tank.
cuba en que la fuerza electromotriz es debida a la diferencia de potencial entre un metal en estado activo y el mismo metal en estado pasivo | passive-active cell.
cuba esférica | spherical shell.
cuba fermentante | fermenting vat.
cuba fría (fabricación hojalata) | cold pot.
cuba grande empleada en algunas industrias | back.
cuba libre del salto de arco (transformador) | arcover free tank.
cuba mezcladora (cerveza) | masher.
cuba para anodizar | anodizing tank.
cuba para cianurar | cyanide pot.
cuba para enfriar en el temple | bosh.
cuba para enfriar las herramientas de pudelar a mano | bosh.
cuba para lixiviar | leaching vat.
cuba para transporte de ácidos | acid tanker.
cuba para tratamiento de residuos auríferos | cleanup pan.
cuba revestida interiormente de caucho | rubber-lined vat.
cubanita (sulfuro de cobre y mineral de hierro - Cuba) | cubanite.
cubas de fermentación | fermentation vats.
cubas de hacer cerveza | brewer's coppers.
cubatura | cubature | cubage.
cubertada (buques) | deck cargo | deck load.
cubertura aérea de aviones en vuelo | parasol.
cubeta | bowl | tub | reservoir | trough valley | trough | container | bucket | cuvette | tray | tank.
cubeta (bajante aguas) | conductor head.
cubeta (barómetro) | basin | cup | bulb | mercury cup.
cubeta (fotografía) | bath | dish.
cubeta (geología) | basin fold | downfold | synclinal axis | pan.
cubeta basculante | tipping hopper | tipping-bucket | balance trough.
cubeta de amalgamación | amalgamating pan.
cubeta de bitácora | compass bowl.
cubeta de colada (metalurgia) | pouring-basin.
cubeta de colorante (pastera - estampado de telas) | color box.
cubeta de colorante (pastera - máquina estampar telas) | color trough.
cubeta de colores (tintorería) | dye beck.
cubeta de cultivo (medicina) | dish.
cubeta de escurrir | drip dish.
cubeta de impregnación (textiles) | fulard.
cubeta de precisión de vidrio | precision glass cuvette.
cubeta de remojo | quench tank.
cubeta de revelado (filmes) | processing tank.
cubeta de vidrio | glass dish.
cubeta del acumulador | accumulator tray.
cubeta del cojinete inferior del tubo de la dirección | head tube bottom-bearing cup.
cubeta del depurador | purifier bowl.
cubeta del rectificador (electrotecnia) | rectifier pool.
cubeta electrolítica | electrolytic furnace.
cubeta entre colinas (geografía) | punch-bowl.
cubeta para el fulminante (cartuchos metálicos) | primer cup.
cubeta para lavar mineral | dolly tub.
cubeta perforada | sieve tray.
cubeta regulable | adjustable cup.
cubeta remojadora | quench box.
cubeta reográfica | electrolytic tank.
cubeta sacalodos (sondeos) | sludger.
cubeta sinclinal (geología) | basin.
cubeta-draga | grab.
cubetas de decantación | coagulation basins.
cúbica | cubic curve.
cúbica alabeada | twisted cubic.
cúbica factorizada (ecuación) | factored cubic.
cúbica irreductible | irreducible cubic.
cubicación | measurement | measuring | measure | cubature | cubic measurement | cubing.
cubicación (genética) | cubage.
cubicación (geometría) | cubage.
cubicación con forcípula | caliper measure.
cubicación de árboles cortados (bosques) | log scaling.
cubicación de madera en rollo | log-scaling.
cubicación de obra (proyectos) | bill of quantities.
cubicación de obra hecha (edificios) | taking-off.
cubicación de rollizos al cuarto | quarter girth measure.
cubicación del fuste (árboles) | stem volume.
cubicación del tronco | stem volume.
cubicación neta (después de deducir los defectos - troncos de árboles) | net scale.
cubicación pagada | pay-dirt.
cubicador de madera en rollo (bosques) | scaler.
cubicador de maderas en rollo | culler.
cubicaje del motor | engine displacement.
cubicar | measure (to) | gauge (to) | cube (to) | gage (to).
cubicar (madera) | measure up (to).
cubicar los árboles en pie | scale (to).
cubicar madera | measure wood (to).
cubicar rollizos | scale (to).
cúbicas invariantes | invariant cubics.
cúbico | cubiform | cubical | cubic.
cúbico (cristalografía) | tesseral.
cúbico (mineralogía) | isometric.
cúbicoholoédrico | cubic holohedral.
cúbicoholosimétrico | cubic holosymmetric.
cubicopiritoedro | cubic pyritohedral.
cubículo | cubicle.
cubículo (bibliotecas) | bay.
cubículo de conmutación | switchgear cubicle.
cubículo de contactores | contactor cubicle.
cubículo de enclavamiento | interlock cubicle.
cubículo de humedad y temperatura reguladas | temperature-regulated and humidity-controlled cubicle.
cubículo de pintado de aspiración descendente | downdraught spray booth.
cubículo de pintar con pistola con cortina de agua muy abundante | huge water curtain spray booth.
cubículo de rectificadores | rectified cubicle.
cubículo de regulación | control cubicle.
cubículo eléctrico | electrical cubicle.
cubículo para pintar con pistola | spray-painting booth.
cubículo para regulación electrónica | electronic control cubicle.
cubículo ventilado a presión para pintar con pistola | pressure-ventilated paint spray booth.
cubichete (aguja marina) | bowl.
cubichete de la aguja (marina) | compass-bowl.
cubierta | ply | roof | wrapper | canopy | investment | sheath | dust cover | boarded | coat | tire.
cubierta (autos) | rubber tire.
cubierta (buques) | decking | deck.
cubierta (de rueda automóvil) | tire (EE.UU.) | tyre (G.B.).
cubierta (de una máquina) | hood.
cubierta (documentación) | cover.
cubierta (filones) | hanging wall.
cubierta (neumáticos) | shoe.
cubierta (pasta de libro) | book cover.
cubierta a cuatro aguas | hip roof.
cubierta a cuatro aguas con dos faldones rectangulares y dos triangulares | hipped ridge-roof.
cubierta a dos aguas | peak roof | span-roof |

saddle roof | sadle roof | pitched roof | italian roof | ridge-roof.
cubierta a dos aguas con cerchas de falso tirante | collar-beam roof.
cubierta a dos aguas con tirante y pendolón de hierro | kingbolt roof.
cubierta a la intemperie (buques) | open deck.
cubierta a la mansarda | mansard roof.
cubierta a tres aguas | half hip roof.
cubierta a un agua | pent-roof.
cubierta a una agua | shed-roof | single-pitch roof | aisle roof | lean-to roof.
cubierta agrietada (buques) | cracked deck.
cubierta aislante | insulating lagging.
cubierta blindada (buques) | armored deck.
cubierta cilíndrica de acero inoxidable (edificios, silos horizontales, etc.) | stainless steel shell.
cubierta circular de poca flecha | tilt roof.
cubierta con aleros muy salientes | wide-eaved roof.
cubierta con buhardillas | dormered roof.
cubierta con cerchas de pares curvados | compass roof.
cubierta con cristalera | glazed roof.
cubierta con faldones quebrados | breakback.
cubierta con lucernario | monitor roof.
cubierta con ménsulas | knee-braced roof.
cubierta con nervios | straight side tyre.
cubierta cónica | conical roof.
cubierta conoide (edificios) | conoid roof.
cubierta continua más elevada (bosques) | uppermost continuous deck.
cubierta de alojamientos (buque) | accommodation deck.
cubierta de aluminio portátil para petroleros | mechano decking.
cubierta de arqueo | tonnage deck.
cubierta de aterrizaje (portaaviones) | landing-deck.
cubierta de botes | boat deck.
cubierta de botes salvavidas (buques) | embarkation deck.
cubierta de bóveda | arch lid.
cubierta de carga | cargo deck.
cubierta de cartulina | manila covers.
cubierta de compartimentación (buques) | bulkhead deck.
cubierta de cuatro aguas con dos faldones grandes rectangulares y dos triangulares | hip-and-ridge roof.
cubierta de chapa (buques) | plated deck.
cubierta de deportes (buques) | sun deck.
cubierta de descuartizar (cubierta de faenar-balleneros) | flensing deck.
cubierta de despegue | upper deck.
cubierta de diente de sierra | square-to roof.
cubierta de forma de paraboloide hiperbólica | hyperbolic paraboloid shell.
cubierta de francobordo | freeboard deck.
cubierta de hangar (buques portaaviones) | hangar deck.
cubierta de humus (agricultura) | leaf mould.
cubierta de intemperie (buques) | open deck.
cubierta de juegos (trasatlánticos) | game deck.
cubierta de la ciudadela (buques) | bridge deck.
cubierta de la lámpara | lamp housing.
cubierta de la toldilla (buques) | poop deck.
cubierta de madera con las tracas paralelas al diametral (buques) | straight deck.
cubierta de madera con listones cuneiformes en las costuras después que están calafateadas | splined deck.
cubierta de maniobra (destructores) | hurricane deck.
cubierta de nylón para toda clase de trabajo | all-nylon all-purpose tire.
cubierta de pabellón (edificios) | helm roof.
cubierta de pares apoyados (sin tirante) | coupled roof.
cubierta de paseo (buque transatlántico) | lido.
cubierta de paseo (buques) | promenade deck.
cubierta de paseo cerrada | covered-in promenade deck.
cubierta de pasturas (Iberoamérica) | range plant cover.
cubierta de pizarra | slating | slating.
cubierta de plástico en forma de cúpula (campos deportivos) | bubble.
cubierta de plástico opaco | opaque plastic cover.
cubierta de popa | after deck.
cubierta de portaaviones simulada en tierra | bounce field.
cubierta de protección | fender | apron.
cubierta de refugio (buques) | harbor deck.
cubierta de saltillo | raised quarterdeck.
cubierta de tablas con recubrimiento | wood-shingle roof.
cubierta de tablones (buques) | plank floor.
cubierta de teca (buques) | teak laid deck.
cubierta de tejas | tile roofing.
cubierta de torre | apire roof.
cubierta de tres faldones | half hip roof.
cubierta de troceo (cubierta de faenar-balleneros) | flensing deck.
cubierta de una vertiente | single-pitch roof.
cubierta de vías (buque transbordador de trenes) | track deck.
cubierta de vuelo (portaaviones) | flight deck.
cubierta de vuelo acorazada (portaaviones) | armored flight deck.
cubierta de vuelo con pista de aterrizaje inclinada (portaaviones) | canted deck.
cubierta de vuelo con pista de aterrizaje inclinada sobre el plano diametral (portaaviones) | angled flight deck.
cubierta de vuelo con pista de aterrizaje sesgada (unos 8 grados sobre la crujía del portaaviones) | angled deck.
cubierta de vuelos (portaaviones) | flying-off deck.
cubierta del alcázar (buques) | poop deck.
cubierta del aparato regulador | adjuster cover.
cubierta del barrilete (relojes) | barrel cap.
cubierta del castillo | fo'c's'le deck.
cubierta del castillo (buques) | anchor deck.
cubierta del flotador | float deck.
cubierta del motor (capó - aviones) | cowl.
cubierta del pastizal | range plant cover.
cubierta del puente (buques) | bridge deck.
cubierta del sollado (buques) | orlop deck.
cubierta del tejado | roofing.
cubierta embreada (buques) | payed deck.
cubierta en diente de sierra | shed-roof | sawtooth roof.
cubierta en forma de paraguas (un solo pie derecho debajo de la cumbrera de la cercha) | umbrella roof.
cubierta en que cada faldón tiene dos pendientes distintas | kirb roof.
cubierta en voladizo (marquesina) | cantilever roof.
cubierta flexible (portaaviones) | flexible deck.
cubierta forestal | forest cover.
cubierta formada por el follaje y ramas de las capas de todos los árboles | leaf canopy.
cubierta formada por el follaje y ramas de las copas de todos los árboles | crown cover.
cubierta gótica | hammerbeam roof.
cubierta inclinada recubierta con tejas | tile-clad pitched roof.
cubierta inferior (buques) | lower deck.
cubierta laminar | thin-shell roof | shell roof | thin-slab roof.
cubierta laminar anticlástica | anticlastic shell.
cubierta laminar colgada de cables | hanging shell.
cubierta laminar esférica viscoelástica delgada | shallow viscoelastic spherical shell.
cubierta laminar funicular de débil curvatura | shallow funicular shell.
cubierta ligera encima de la cubierta resistente | awning deck.
cubierta mansarda | knee roof.
cubierta más elevada (buques) | uppermost deck.
cubierta muerta | forest floor.
cubierta no vulcanizada | green tire.
cubierta obstruída que impide el aterrizaje (portaaviones) | foul deck.
cubierta orgánica | mulch.
cubierta parcial debajo de la de vuelo (portaaviones) | gallery deck.
cubierta parhilera (sin tirante) | coupled roof.
cubierta principal (batería - buques guerra) | gundeck.
cubierta protectora | shielding | protecting cap.
cubierta protectora de tubos catódicos | cover plate.
cubierta rasa (cubierta corrida sin superestructuras - buques) | flush deck.
cubierta sin arrufo | sheerless deck.
cubierta sin barandilla (buques) | railed-off deck.
cubierta sin talón (neumáticos) | plain tire.
cubierta superior (buques) | hurricane deck | weather deck | spardeck.
cubierta superior (buques, grandes aviones) | upper deck.
cubierta superior de trabajo (dique flotante) | top working deck.
cubierta timonera (Argentina) | navigating bridge.
cubierta transparente de la cabina (aviones) | cockpit cowling.
cubierta transparente de plástico (cabina piloto) | blister.
cubierta vegetal natural | vegetation cover.
cubierta-playa (buque transatlántico) | lido.
cubiertas de buques madereros | timber carrier decks.
cubiertas de fieltro | felt coverings.
cubiertas elásticas | elastic covers.
cubiertas para barcos | ships covers.
cubiertas para cuadernos | note-book covers.
cubiertas que se cortan | hip-and-valley roof.
cubierto | coated | shrouded.
cubierto (cielo) | overcast.
cubierto con cúpula | dome-covered.
cubierto con glaciares | glaciated.
cubierto con lapas (fondos buques) | foul.
cubierto con monte tallar | copsy.
cubierto con pelusa blanca (botánica, zoología) | hoary.
cubierto con sarro | furred.
cubierto con techo acristalado | glazed-roof-covered.
cubierto con tejas | tile-clad.
cubierto con vinilo | vinyl-covered.
cubierto de algas | tangly.
cubierto de cañas | reeded.
cubierto de esteras | matted.
cubierto de follaje (árboles) | in leaf.
cubierto de glaciares | glaciered.
cubierto de grava | gravel capped.
cubierto de hielo | overfrozen | icy.
cubierto de hierba | grass-surfaced.
cubierto de hierro | iron-coated.
cubierto de jungla | jungle-clad.
cubierto de liga | limy.
cubierto de listones | lathy.
cubierto de manchas | spotty.
cubierto de moho (vinos) | mothery.
cubierto de montículos | hummocky.
cubierto de nubes | clouded.
cubierto de plomo | leaded.
cubierto de polvo harinoso | farinose.
cubierto de tablas | planked.
cubierto de vello | fluffy.
cubierto por completo | close-covered.
cubierto por dentro | covered in the inside.
cubiertos (cuchara, tenedor, cuchillo) | mess gear.
cubiertos de mesa | cutlery.
cubiforme | cubiform.
cubil | den | lie.
cubilete | bowl | tumbler | beaker.
cubilete (alza de cañón) | tumbler.

cubilote | flowing furnace | smelting pot | cupola furnace | cupola.
cubilote (fundición) | foyer.
cubilote con descoriado por delante | front slagging cupula.
cubilote con desescoriado por la parte posterior | rear slagging cupola.
cubilote de aspiración | suction cupola | fan cupola.
cubilote de fundición | foundry cupola.
cubilote de reguera | rapid cupola.
cubilote de revestimiento ácido | acid cupola.
cubilote de revestimiento básico | basic cupola | basic-lined cupola.
cubilote de tragante cerrado de viento caliente | hot-blast sealed cupola.
cubilote de viento caliente | hot-blast cupola.
cubilote de viento caliente de escoria controlada | controlled-slag hot-blast cupola.
cubilote de viento caliente sin revestimiento | liningless hot-blast cupola.
cubilote ensanchado | expanding cupola.
cubilote pequeño | cupolette.
cubilotero | cupola tender | cupola keeper.
cubito | cubelet.
cubo | cube | cubic | scuttle | bucket.
cubo (de ruedas de madera) | nave.
cubo (geometría) | cubus.
cubo (rueda, cerradura, hélices, rotores) | hub.
cubo (ruedas) | box.
cubo amortiguador de las oscilaciones de la plomada | damping bucket.
cubo apiramidado | pyramid cube.
cubo centrado en el cuerpo (cristalografía) | body-centered cube.
cubo centrado en la cara (cristalografía) | face-centered cube.
cubo de baldeo | baling bucket.
cubo de basura (EE.UU.) | garbage can.
cubo de bayoneta | bayonet socket.
cubo de cenizas | ash bucket.
cubo de garras pescaherramientas (sondeos) | spider.
cubo de grúa | skip.
cubo de hélice de avión | airscrew hub.
cubo de la basura | dustbin.
cubo de la energía media | average-energy cube.
cubo de la hélice (hélice buque) | propeller cap.
cubo de la rueda | wheel stock.
cubo de mallas centradas | body-centered cube.
cubo de rueda | wheel boss.
cubo de rueda trasera | rear wheel hub.
cubo de vidrio cortado diagonalmente y semiplateado | block prism.
cubo de volteo (descargar carbón, etc.) | dump bucket.
cubo del rodete (hidroturbina) | runner cap.
cubo del rodete (turbina hidráulica) | runner hub | runner nose.
cubo del tambor | drum boss.
cubo diminuto | tiny cube.
cubo estampado | pressed-out boss.
cubo para carbón | scoop | coal-scuttle.
cubo para mineral | ore dump.
cubo para transportar | conveyer bucket.
cubo para transportar hormigón | concrete bucket.
cubo pequeño (geometría) | cubelet.
cubo perfilado (aviones) | spinner.
cubo que se mete a golpes (ruedas de autos) | knock-on hub.
cubo y espiga (unión de) | spigot and socket joint.
cuboidal | cuboid.
cuboide | cuboid.
cuboideo | cuboid.
cubonita (nitruro de boro cúbico) | cubonite.
cubooctaedro | cubo-octahedron.
cubooctaedros | cubooctahedra.
cubreballesta | spring cover.
cubreboca (cañones) | muzzle cover | muzzle plug.
cubrecaja de grasa (vagones) | wheel-guard.
cubrecanaleta (minas) | sollar.
cubrecierre (cañones) | cover breech.
cubreculata (cañones) | breech cover.
cubrejunta | coverplate | covered strap | cover wrapper | butt cover plate | butt-strap | butt-strip | strap | fish-piece | fish | junction plate | welt | fishplate | butt-plate.
cubrejunta (carpintería) | panel-strip | bridge-board.
cubrejunta adicional (juntas al tope) | back strap.
cubrejunta conductora | conductive gasket.
cubrejunta curvado | hammer strap.
cubrejunta de angular | splice bar | bosom plate | angle butt strap.
cubrejunta de dos filas de remaches | double-riveted butt-joint.
cubrejunta de madera | wood scab.
cubrejunta estanco (de plomo o cinc) | flashing.
cubrejunta interior | inside butt-strap.
cubrejunta interior (de un angular) | bosom bar.
cubrejunta interior de madera (topes de tablones forro de buques) | butt block.
cubrejunta longitudinal | longitudinal butt strap | edge strip.
cubrejunta remachado para detener roturas (buques soldados) | riveted arrester-strap.
cubrejuntas exterior | outside butt-strap.
cubremuelas | wheel-guard.
cubrenuca | neck-flap.
cubreobjeto | coverglass | lamella.
cubreobjetos (microscopio) | cover glass | cover slip.
cubrera (cerchas) | main rafter.
cubresol (telescopios) | sunshade.
cubretacos (batán) | picker shield.
cubretapa (libros) | wrapper.
cubretapas (libros) | book jacket.
cubrición (de la hembra por el macho) | leap.
cubrición con barniz opaco (fotoimpresión) | blocking-out.
cubrición con barniz para proteger ciertas partes (fotograbado) | staging.
cubrición con tejas | tiling.
cubrición con un enlucido antioxidante (metales) | heading.
cubrición de la hembra por el macho | mating.
cubrición de los fuegos (respaldamiento de los fuegos - calderas) | damping down.
cubridora de intervalos | gap-filler.
cubrimiento (seguro sobre precios) | hedging.
cubrimiento con rociado de plástico | plastic spray packaging.
cubrimiento de aeronaves | cocooning.
cubrir | coat (to) | drape (to).
cubrir (el gallo a la gallina) | tread (to).
cubrir (el macho a la hembra) | leap (to).
cubrir (un canal) | close in (to).
cubrir (vacantes) | fill (to).
cubrir aguas (construcción de edificios) | topping out.
cubrir aguas (edificios) | roof (to).
cubrir bajas | fill vacancies (to).
cubrir con cañizo | reed (to).
cubrir con carbón | bank (to).
cubrir con cesped | turf (to).
cubrir con enchapado de piedra (muros) | overlay (to).
cubrir con escamas | scale (to).
cubrir con fieltro | felt (to).
cubrir con gorra | cap (to).
cubrir con hierba | grass (to).
cubrir con mantillo | mold (to).
cubrir con papel | paper (to).
cubrir con pasta | impaste (to).
cubrir con piel | skin (to).
cubrir con plomo | lead (to).
cubrir con tablas de ripia | shingle (to).
cubrir con tejas | tile (to).
cubrir con tepes | sod (to).
cubrir con tierra | rake (to) | earth (to).
cubrir con un manto | cloak (to).
cubrir con una cúpula | dome (to).
cubrir con una lona | tilt (to).
cubrir con una película | film (to).
cubrir de tierra | earthcover (to).
cubrir de verde | green (to).
cubrir el caballo a la yegua | horse (to).
cubrir el déficit | fill the gap (to).
cubrir el déficit por las emisiones de emprestitos | cover the deficit with bond issues (to).
cubrir gastos | clear expenses (to) | meet expenses (to).
cubrir las necesidades de | provide for (to).
cubrir las vacantes ocasionales | fill casual vacancies (to).
cubrir los costos | cover the expenses (to).
cubrir los fuegos | bank up the fires (to).
cubrir los fuegos (calderas) | kill (to) | kill the fire (to).
cubrir los fuegos (hogar de caldera) | damp down (to).
cubrir los fuegos (hogares) | put out the fires (to).
cubrir los gastos | break even.
cubrir los gastos de | defray the cost of (to).
cubrir los puestos de combate (marina guerra) | man (to).
cubrir o modificar una parte saliente de un avión (paracaidismo) | mask (to).
cubrir pasamanos (marina de guerra) | man the rail (to).
cubrir superficialmente | skin (to).
cubrir un área con bombas (aviación) | carpet (to).
cubrir un descubierto | cover a short account (to).
cubrir un techo con chapas de zinc | zinc (to).
cubrir un tren (señalización) | protect a train (to).
cubrir una vacante | fill a vacancy (to).
cubrir vacantes | fill vacancies (to).
cubrirse (el cielo) | overcast (to).
cubrirse con una costra | crust (to).
cubrirse con una película | film over (to).
cubrirse contra riesgo | hedge (to).
cubrirse de costra | encrust (to).
cubrirse de crestas blancas (olas) | feather out (to).
cubrirse de espuma (cerveza) | cream (to).
cubrirse de incrustaciones | encrust (to).
cubrirse de maleza (terrenos) | become weedy (to).
cubrirse de nata (leche) | cream (to).
cubrirse de pelusa | cotton (to).
cubrirse de piel | skin (to).
cubrirse de vaho | mist (to).
cuculado | cucullate.
cuculado (botánica) | hooded.
cucular (botánica) | hooded.
cuculiforme | cowl-shaped | cuculliform.
cucurucho | cone.
cucuyo | fire-fly.
cuchara | spoon.
cuchara (mecanismo paro del manuar) | spoon.
cuchara (minas) | cleaner.
cuchara (perforaciones) | american pump.
cuchara (sondeos) | sludge-pump | sludger | scoop | sand pump | auger.
cuchara (tubo de fondo de válvula plana - sondeos) | bailer.
cuchara cerrada (sondeos) | closed scoop.
cuchara con buza (acerías) | stoppered ladle.
cuchara con revestimiento básico | basic-lined ladle.
cuchara de apertura por el fondo | bottom-opening ladle.
cuchara de arrastre (minas) | slusher | scraper.
cuchara de biela (para lubricar) | connecting-rod dipper.
cuchara de cantero | beche.
cuchara de carga | loading skip.
cuchara de colada | casting ladle.

cuchara de colada (acerías) | ladle.
cuchara de colada con descarga por el fondo | stopper ladle.
cuchara de cuerno | horn spoon.
cuchara de descarga anular de cadena sencilla (grúas) | single-chain ring-discharge grab.
cuchara de dientes (grúas) | polyp grab.
cuchara de dientes múltiples (dragas) | multiple-jaw grab.
cuchara de ensayo | assay probe.
cuchara de ensayos | assay spoon | eprouvette.
cuchara de forma de tetera (acerías) | teapot ladle.
cuchara de fundentes (metalografía) | eprouvette.
cuchara de horquilla (funderías) | shank-ladle.
cuchara de mano (funderías) | hand shank | shank-ladle.
cuchara de polvorero | blasting spoon.
cuchara de valvas mordientes | grab bucket.
cuchara de valvas mordientes (excavadoras, grúas) | grab.
cuchara de varias garras (grúas) | multiblade grab.
cuchara de vuelco por engranaje y tornillo sinfín | worm-geared ladle.
cuchara desabolladora (chapistería) | spoon.
cuchara estriadora (funderías) | flute.
cuchara excavadora | digging bucket | earth grab.
cuchara limpiapozos (sondeos) | clean-out bailer.
cuchara muestreadora | sample spoon.
cuchara para acero básico | basic steel ladle.
cuchara para colada en sifón (acerías) | siphon ladle.
cuchara para el caldo (acerías) | hot-metal ladle.
cuchara para fundentes | flux spoon.
cuchara para la escoria (metalurgia) | slag ladle.
cuchara para limpiar barrenos (minas) | fluke.
cuchara para metal fundido | molten-metal ladle.
cuchara para metal líquido (acerías) | hot-metal ladle.
cuchara perforadora (agujeros para pilotes) | hammer grab.
cuchara que vierte por el pico | lip-pour ladle.
cuchara revestida de refractario apisonado | rammed ladle.
cuchara sacabarro (minería) | scraper.
cuchara semicerrada | semiclosed ladle.
cuchara sin tapa | open-top ladle.
cuchara tapajuntas | pointing trowel.
cuchara tomamuestras del caldo (metalurgia) | say ladle.
cuchara vertedora | dump.
cuchara vertedora (sondeos) | dump bailer.
cuchara vertedora para cemento | cement dump bailer.
cucharero | ladler.
cucharero (metalurgia) | ladleman.
cucharilla (minas) | sludger.
cucharilla de deflagración | deflagrating spoon.
cucharilla de lubricación (bielas) | oil-pan.
cucharilla de lubricación (motores) | scoop.
cucharilla de minero | raker.
cucharilla para análisis (docimasía) | sample spoon.
cucharilla para lubricar (cabeza de biela) | oil dipper.
cucharilla para sacar tierra de los hoyos | digging spoon | earth shovel.
cucharón | ladle | dipper.
cucharón (de draga) | scoop.
cucharón (draga excavadora) | bucket.
cucharón (excavación) | skip.
cucharón bivalvo (excavadoras) | clamshell bucket.
cucharón cargador | charging skip.
cucharón de almeja | grab bucket.
cucharón de almeja (cuchara de valvas mordientes) | grapple bucket.
cucharón de almeja automático (excavadoras) | clamshell bucket.
cucharón de arrastre | dragline bucket | scraper bucket | scraper loader.
cucharón de descarga por el fondo | drop-bottom bucket | bottom-pour ladle.
cucharón de dientes (cucharón de valvas - excavadoras) | dipper.
cucharón de draga | dredging spoon.
cucharón de mordazas (excavadoras) | clamshell.
cucharón de pala | shovel dipper.
cucharón de quijadas (excavadoras) | clamshell.
cucharón de quijadas automáticas (excavadoras) | clamshell bucket.
cucharón de valvas de carga y descarga automática (grúas) | self-dumping crab.
cucharón de valvas de labios curvos | round-nose clamshell bucket.
cucharón de valvas mordientes de gajos de naranja (grúas) | orange-peel bucket.
cucharón excavador | digging bucket.
cucharón mordiente con mordazas múltiples en forma de gajos de naranja (grúas) | orange-peel grab.
cucharón para cajón de aire comprimido | caisson bucket.
cucharón rascador | scraper bucket.
cucharón sobre vagoneta (acerías) | car ladle.
cucharros (buques) | buttock.
cuchichiar | cry (to).
cuchichio | crying.
cuchilla | blade | knife | tool bit.
cuchilla (barrena de 3 puntas) | router.
cuchilla (conmutador, fresas, niveladora) | blade.
cuchilla (de segadora) | cutter bar.
cuchilla (del interruptor) | switch blade.
cuchilla (herramienta) | cutter.
cuchilla (herramientas) | iron.
cuchilla (jacquard) | griff knife | lifting knife.
cuchilla adiamantada anular hiperfina | ultrathin annular diamond blade.
cuchilla batidora | beater blade.
cuchilla biselada | chamfering iron.
cuchilla cerámica postiza (herramientas de corte) | ceramic tip.
cuchilla circular | rolling coulter | disk knife | dished cutter | disc coulter | knife disk.
cuchilla con guía | pilot cutter.
cuchilla cóncava | scoop knife.
cuchilla curva | bent knife.
cuchilla de barrenar | drilling cutter.
cuchilla de carburo cementado | cemented carbide cutter.
cuchilla de carburo de tungsteno | T.C. tip.
cuchilla de carburo sinterizado | sintered carbide tip.
cuchilla de cepilladora de plaquita de carburo | carbide-tipped planer blade.
cuchilla de cepillar | planing tool | planer knife.
cuchilla de cepillo | plane bit.
cuchilla de cerámica para herramientas | ceramic tool tip.
cuchilla de cizalla | shear knife.
cuchilla de curtidor | beam knife.
cuchilla de depilar (cuero) | grainer.
cuchilla de desbastar | roughing knife.
cuchilla de dos mangos | drawknife.
cuchilla de dos mangos para desbastar (madera) | drawing-knife.
cuchilla de empastar (pintura) | blade.
cuchilla de guillotina para papel | paper cutter knife.
cuchilla de moldurar | molding cutter.
cuchilla de picar carne | chopper | chopping knife.
cuchilla de punta redonda | round-tipped blade.
cuchilla de ranurar | grooving iron | notching knife.
cuchilla de recortar | edge tool.
cuchilla de rozar (arados) | skim coulter.
cuchilla de sujeción | picker knife.
cuchilla de tejedor | loom knife.
cuchilla de tijera | shear blade | shear knife.
cuchilla de trocear | parting-off blade.
cuchilla de trocear de filo escalonado (torno) | stepped parting tool.
cuchilla de vidriero | hacking-knife.
cuchilla de zapatero | paring knife.
cuchilla del arado (agricultura) | plow coulter.
cuchilla del descargador (cardas) | doffer knife.
cuchilla desbastadora | scutcher | drawknife.
cuchilla desbastadora de dos mangos | shave.
cuchilla descentrada | offset blade.
cuchilla descortezadora | barkometer.
cuchilla desmotadora | mote knife.
cuchilla equilibradora | knife leveler.
cuchilla excéntrica | offset blade.
cuchilla expansible | expansion cutter.
cuchilla fija | doctor knife.
cuchilla fija (tundidora) | ledger blade.
cuchilla hendedora | splitter.
cuchilla hendedora (sierras) | spreading-wheel.
cuchilla inferior (jacquard para adamascados) | twilling bar.
cuchilla inferior (tundidora) | ledger blade.
cuchilla inferior de la tijera | bottom shear blade.
cuchilla irradiada | irradiated bit.
cuchilla lisa | plain knife.
cuchilla microtómica | microtome knife.
cuchilla niveladora (agricultura) | knife leveler.
cuchilla oscilante | oscillating knife.
cuchilla para cortar alzas (imprenta) | cutting out knife | make-ready knife.
cuchilla para estirar (pieles) | setting slicker.
cuchilla para machihembrar | matching knife.
cuchilla para rayar enlucidos | wall scraper.
cuchilla para redondear | rounder knife.
cuchilla para redondear esquinas (moldura de madera) | dado cutter.
cuchilla perfilada para molduras | moulding iron.
cuchilla poliédrica | polyhedral tip.
cuchilla poliédrica de carburo cementado | polyhedral cemented-carbide tip.
cuchilla postiza de carburo de tungsteno o sinterizado (herramienta de corte) | carbide tip.
cuchilla postiza para herramientas de puntas de carburo | carbide-tipped tool bit.
cuchilla postiza que se cambia cuando sea necesario (herramientas) | throwaway tip.
cuchilla rajadora (sierra para madera) | slitter knife.
cuchilla rascadora (máquina estampar telas) | color doctor.
cuchilla rascadora (rasqueta) | doctor blade.
cuchilla recta | spur cutter.
cuchilla redonda | circular knife.
cuchilla separadora (sierras) | spreader.
cuchilla sin filo | blunt knife.
cuchilla suelta para barrenar (máquinas) | fly cutter.
cuchilla tundidora (tundidora) | ledger blade.
cuchillada | hack | slash.
cuchilladas (vestidos) | jag.
cuchilla-reja circular con filo recortado | notched rolling coulter.
cuchillas | knives.
cuchillas adiamantadas para ultramicrotomos | diamond ultramicrotome knives.
cuchillas carpidoras (agricultura) | knife weeders.
cuchillas circulares de acero | circular steel knives.
cuchillas de corte | cutting knives.
cuchillas en forma de hoz | sickle-shaped knives.
cuchillas giratorias | rotary knives.
cuchillas industriales | industrial knives.

cuchillas para cortatubos | casing cutter knives | pipe-cutter wheels.
cuchillas para preparar cantos de chapas (soldaduras) | trimmer knives.
cuchillas para tijeras rotativas | rotary shear knives.
cuchillas picadoras de la caña | cane knives.
cuchillas quirúrgicas | surgical blades.
cuchillas rotativas con corona de carburo | carbide rimmed rotary knives.
cuchillas rotatorias para cortadoras | slitter knives.
cuchillería | cutlery.
cuchillero | cutler.
cuchillo | knife.
cuchillo (balanza) | knife-edge.
cuchillo (cajón neumático para cimentar) | cutting edge.
cuchillo (de cocina o de caza) | hanger.
cuchillo (paravanes) | cutter.
cuchillo (sastrería) | slash.
cuchillo (ventilación minas) | split.
cuchillo (vestidos) | gore.
cuchillo central (balanzas) | middle knife edge.
cuchillo curvo de dos mangos empleado para extraer arcilla | drawknife.
cuchillo de adelgazar pieles | skiver.
cuchillo de ágata (balanza) | agate edge.
cuchillo de apelambrar | fur puller.
cuchillo de balanza | balance knife.
cuchillo de carnicero | cleaver.
cuchillo de caza | cutlass | folding knife.
cuchillo de descarnar pieles | fleshing knife.
cuchillo de herradura para ayustes de cuerdas | horseshoe rope knife.
cuchillo de pulir | smoothing knife.
cuchillo del gratil (velas) | head gore | foot gore.
cuchillo del pujamen (velas) | foot gore.
cuchillo desprendedor (batidor) | stripping rail.
cuchillo eléctrico de depilar (pieles) | electric dewooling knife.
cuchillo grande (Escocia) | gully.
cuchillo para cortar pasta | dough-knife.
cuchillo para estirar cueros | sleeker | sleaker.
cuchillo prismático (balanzas) | prismatic knife edge.
cuchillo raspador | scraping knife.
cuchillos | knives.
cuchillo-serrucho | saw knife.
cuele (túneles) | driving.
cuele canadiense (voladuras) | burn cut.
cuelgaballestas (locomotora o vagones) | spring hanger.
cuelgatubos | pipe hanger | pipe-strap.
cuello (anclas) | trend | throat.
cuello (camisa, trajes) | neck.
cuello (cilindro de laminador) | spindle.
cuello (cilindro de laminar) | journal.
cuello (cilindro laminador) | neck.
cuello (convertidor metalúrgico) | neck.
cuello (de una planta) | fundus.
cuello (palo de buques) | hound.
cuello (parte de una forja adyacente a un collar y de menor sección transversal) | neck.
cuello (retorta) | beak.
cuello (soldadura ortogonal) | throat.
cuello arqueado (caballos) | ewe-neck.
cuello cónico de botella | conical bottle-neck.
cuello de ciervo | ewe-neck.
cuello de cisne | swanneck.
cuello de cisne (máquina herramienta) | throat.
cuello de ganso (alto horno) | downcomer.
cuello de la soldadura | weld throat.
cuello de vasija | spout.
cuello del cilindro | roller stud.
cuello del cilindro (laminadores) | roller neck.
cuello del convertidor | converter belly.
cuello del matraz | flask neck.
cuello del pasador (mecánica) | pin shoulder.
cuello del tubo (catódico) | neck.
cuenca | catchment area.
cuenca (de río) | catchment.
cuenca (ríos) | drainage area | basin.
cuenca amazónica | Amazon Basin.
cuenca artesiana | artesian basin.
cuenca carbonífera | coal-basin | coal-field.
cuenca cerrada (hidrografía) | closed basin.
cuenca colectora (EE.UU.). | watershed.
cuenca de agua subterránea | groundwater basin.
cuenca de aguas freáticas | ground water basin.
cuenca de captación | catchment area | drainage area.
cuenca de captación (hidrología) | watershed.
cuenca de deflación (geología) | deflation basin.
cuenca de hundimiento (lagos) | slump basin.
cuenca de la falla | fault trough.
cuenca de montaña | mountain basin.
cuenca de recepción | water-collecting area.
cuenca de recepción (hidrología) | catch basin.
cuenca de recepción (ríos) | reception basin.
cuenca de un río | gathering ground.
cuenca del ojo (anatomía) | eyehole.
cuenca del río | river watershed.
cuenca eólica | aeolian basin | eolian basin.
cuenca experimental | experimental basin.
cuenca fluvial | river basin.
cuenca geológica | rock basin.
cuenca hidrogeológica | groundwater basin.
cuenca hidrográfica | catchment area | encatchment area | intake | watershed | hydrographical basin | drainage area | drainage basin.
cuenca hidrológica | hydrological basin.
cuenca hullera | coal field | coal-basin.
cuenca intermontañosa (hidrografía) | intermountain basin.
cuenca lacustre | lake basin.
cuenca minera | coalfield.
cuenca oceánica | ocean basin.
cuenca pluviométrica | catchment area.
cuenca sedimentaria | sedimentary basin.
cuenca submarina | alee basin.
cuenca sumergida (oceanografía) | sea bed.
cuenca vertiente | drainage basin.
cuenco | bowl | pan.
cuenco (de embalse) | impounding reservoir.
cuenco (esclusas) | chamber.
cuenco amortiguador (pie de presa) | stilling pool.
cuenco amortiguador con válvula de chorro hueco (pie de presa) | hollow-jet valve stilling basin.
cuenco de amortiguamiento (pie de presa) | stilling basin.
cuenco de amortiguamiento de zampeado inclinado (pie de presas) | sloping apron stilling basin.
cuenco de embalse | retention basin.
cuenco de retención | retention basin.
cuenco del embalse | reservoir basin.
cuenco del vertedero (pie de presa) | stilling basin.
cuenco del vertedero (presas) | spillway bucket.
cuenco para albañil | mortar pan.
cuenda (hilo atar madejas) | hank tie.
cuenta | statement | tally | computation | ledger | bill | numbering.
cuenta (de telas) | count.
cuenta (de un aislador) | bead.
cuenta (minas) | gurt.
cuenta (publicidad) | account.
cuenta (telefonía) | registering.
cuenta (transpondor) | count down.
cuenta a cargar | account to be charged.
cuenta a cobrar | bill receivable | receivable account.
cuenta a la inversa (lanzamiento de misiles y satélites) | countdown.
cuenta a pagar | account payable.
cuenta abierta | charge account | open account.
cuenta abierta (comercio) | current account.
cuenta abierta por asiento contable | book account.
cuenta abreviada de resultados económicos del total empresarial | abridged group profit and loss account.
cuenta acreedora | credit account | creditors' accounts | creditor account.
cuenta adjunta | attached account.
cuenta al descubierto (venta antes de comprar) | short account.
cuenta aprobada | approved account.
cuenta atrás | countdown.
cuenta atrasada | outstanding account.
cuenta auditada | audited account.
cuenta aumentada | inflated account.
cuenta auxiliar | adjunct account.
cuenta bancaria | bank account.
cuenta bloqueada | blocked account.
cuenta cancelada | closed bank.
cuenta cedida | assigned account.
cuenta censurada | audited account.
cuenta clara (de urdimbre) | clear set.
cuenta colectiva | partnership account | total account.
cuenta comercial | business account.
cuenta compensada | contra account.
cuenta con el exterior | foreign account.
cuenta con justificantes | account with vouchers attached.
cuenta conforme | account stated | stated account.
cuenta congelada | blocked account.
cuenta conjunta | account in common.
cuenta consolidada | consolidated account.
cuenta convenida | account stated.
cuenta corriente | open-book account | open account | running account | drawing account | A/C.
cuenta corriente (bancos) | current account.
cuenta corriente bancaria | checking account.
cuenta custodial | custodian account.
cuenta de activo | asset account.
cuenta de acumulaciones | accruals account.
cuenta de adelantos | drawing account.
cuenta de ahorro | special interest account | thrift account.
cuenta de anticipos | advances account | drawing account.
cuenta de beneficio | margin account.
cuenta de capital | capital account.
cuenta de celdas dispuestas | available frame count.
cuenta de cierre | closing account.
cuenta de cobro dudoso | doubtful account.
cuenta de compensación | contrabalance | offset account.
cuenta de compras (economía) | purchase account.
cuenta de compras a plazos | charge account.
cuenta de compraventa | unsettled account | trading account.
cuenta de conciliación | reconciliation account.
cuenta de consignación | consignment account.
cuenta de consignaciones | encumbrance account.
cuenta de crédito | charge account | goodwill account | credit account.
cuenta de crédito (economía) | credit note.
cuenta de cheque | cheque account.
cuenta de cheque postal | postal check account.
cuenta de cheques | checking account.
cuenta de depósito | deposit account.
cuenta de depósito a vencimiento determinado | fixed deposit account.
cuenta de depósito con aviso | deposit account at notice.
cuenta de depósitos | checking account.
cuenta de depósitos a la vista | call deposit account.
cuenta de depreciación | depreciation account.
cuenta de desviación | variance account.
cuenta de distribución de beneficios | appropriation account.
cuenta de dominio | controlling account.
cuenta de dotación | appropriation account.
cuenta de efectos recobrados | account of bills recovered.
cuenta de explotación | operating account |

operating statement | work account | working account | development account.
cuenta de explotación (economía) | trading account.
cuenta de fabricación | manufacturing account.
cuenta de fondo por unidad de tiempo | background counting rate.
cuenta de ganancias | income account.
cuenta de ganancias y pérdidas | profit and loss account.
cuenta de garantía | guarantee account.
cuenta de gastos | account of expenses | expense account | disbursement account.
cuenta de gastos de la construcción | account of building expenses.
cuenta de impuestos diferidos | deferred tax account.
cuenta de ingresos y superávit obtenido | income and earned surplus account.
cuenta de intereses | interest account.
cuenta de inventario | inventory account.
cuenta de inversiones y ahorros brutos | gross saving and investment account.
cuenta de la firma social | goodwill account.
cuenta de la tela | fabric count | cloth construction.
cuenta de la urdimbre | slaying.
cuenta de la urdimbre (hilados) | setting.
cuenta de liquidación | settlement account | realization account.
cuenta de liquidación de los impuestos | tax equalization account.
cuenta de los hilos (hilados) | setting.
cuenta de los intereses | interest burden.
cuenta de los rayos delta (fotográficos) | delta ray counting.
cuenta de mayor | controlling account.
cuenta de mercaderías | merchandize account.
cuenta de mercancías | merchandize account.
cuenta de negocios | business account.
cuenta de orden | memorandum account.
cuenta de pagos | disbursing account.
cuenta de pérdidas y ganancias | profit-and-loss account | revenue account.
cuenta de pérdidas y ganancias (EE.UU.) | income and earned surplus statement.
cuenta de préstamo | loan account.
cuenta de recordatorio | memoriter account.
cuenta de remesas | remittance account.
cuenta de renovación | replacement account.
cuenta de renovación de la flota | fleet replacement account.
cuenta de resaca | re-account | protest charges.
cuenta de resaca (economía) | re-exchange account.
cuenta de reserva | provision account | allowance account.
cuenta de reserva general | general reserve account.
cuenta de residente extranjero | foreign resident's account.
cuenta de resultado | operating account | nominal account.
cuenta de resultados | profit-and-loss account | economic account.
cuenta de resultados (economía) | income statement.
cuenta de resultados del grupo | consolidated profit and loss account.
cuenta de resumen y compensación | summary and clearing accounts.
cuenta de retorno | account of redraft | account of reexchange.
cuenta de seguro | insurance account.
cuenta de subscripciones pagaderas | call account.
cuenta de suspensión transitoria | suspense account.
cuenta de transferencias | clearance account.
cuenta de urdimbre (G.B.) | sett.
cuenta de urdimbre por pulgada (telas) | sley.
cuenta de «varios | sundries account.
cuenta de venta detallada | specific account sale.
cuenta de ventas | account sales.
cuenta de vidrio | glass bead.
cuenta declarada | account stated.
cuenta del administrador judicial | receiver's account.
cuenta del coste según órdenes de producción | job costing.
cuenta del flete | freight bill.
cuenta descendente | countdown.
cuenta detallada | itemized account.
cuenta deudora | debit account | debtor account.
cuenta embargada | sequestered account.
cuenta en aire | air count.
cuenta en contra (contabilidad) | contra-account.
cuenta en descubierto | overdue account.
cuenta en garantía | assigned account.
cuenta en moneda extranjera | foreign currency account.
cuenta en parte convertible (economía) | partly convertible account.
cuenta en participación | participation account | joint account.
cuenta en regla | clear account.
cuenta equivocada | miscalculation.
cuenta errónea | inaccurate account.
cuenta especial | special account.
cuenta espesa de urdimbre | close-set.
cuenta establecida | open account.
cuenta ficticia | impersonal account.
cuenta fiduciaria | account in trust.
cuenta fiduciaria (bancos) | trust account.
cuenta figurada | dead account.
cuenta girada | account rendered.
cuenta impersonal | impersonal account.
cuenta impugnada | disputed account.
cuenta inactiva | dead account.
cuenta incobrable | worthless account | bad debt.
cuenta inflada | padded bill.
cuenta intervenida | attached account.
cuenta justificada | certified account.
cuenta liquidada | account settled.
cuenta liquidadora para producción en proceso | in process clearing account | work in process clearing account.
cuenta mala | bad debt | doubtful account.
cuenta mancomunada | joint account.
cuenta media (telas) | average ends.
cuenta morosa | delinquent account.
cuenta muy detallada | minute account.
cuenta nominal | income-statement account | nominal accounts.
cuenta nueva | after-account | after account.
cuenta pagada | account settled.
cuenta parásita (electrónica) | spurious count.
cuenta pendiente | outstanding account.
cuenta personal | personal account.
cuenta personal (bancos) | drawing account.
cuenta por cobrar | a.r (account receivable) | account receivable | outstanding credit.
cuenta por cobrar descontada | receivable-discounted account.
cuenta por coincidencias | coincidence counting.
cuenta por unidad de tiempo | counting rate.
cuenta pormenorizada | itemized account.
cuenta que disminuye el activo | minus asset account.
cuenta redonda | even money.
cuenta rendida | account rendered.
cuenta resumen de los resultados del grupo | abridged group profit and loss account.
cuenta retrógrada | inverse account.
cuenta revisada | audited account.
cuenta saldada | account settled | account closed | closed.
cuenta secundaria | secondary account.
cuenta simulada | impersonal account.
cuenta sin comprobante | book account.
cuenta sin moviento de fondos | dormant account.
cuenta sin movimiento | inactive account.
cuenta subsidiaria | subaccount.
cuenta transitoria | clearing account.
cuenta tributaria única | single taxpayer account.
cuenta vencida | account past due | aged account.
cuenta vencida y no pagada | overdue account.
cuenta ya vencida | past due account.
cuentabloques | block count.
cuentacorrientista (bancos) | customer.
cuentaelectrones | counting tube.
cuentafotogramas (filmes) | frame counter.
cuentagotas | drop glass | dripping-tube | drop-counter | stactometer | drop meter | pipet | dropper.
cuentagotas (farmacia) | pipette.
cuentahabientes (bancos) | holders.
cuentahilos | thread counter | yarn tester | cloth prover | web glass | weaver's glass.
cuentahilos (tejeduría) | prover.
cuentakilómetros | distance recorder.
cuentakilómetros (autos) | tachometer.
cuentamillas | distance recorder.
cuentapasos | pedometer | passometer | paceometer.
cuenta-revoluciones | speed indicator.
cuentas a cobrar | bills receivable.
cuentas a pagar | creditors' accounts | accounts payable | payable accounts.
cuentas a plazo | installment accounts.
cuentas abiertas | open account.
cuentas adjuntas | annexed accounts.
cuentas con el exterior | external accounts.
cuentas consolidadas | consolidated accounts.
cuentas de activo y pasivo | account of liabilities and assets.
cuentas de clientes | customer's accounts.
cuentas de clientes por cobrar | trade accounts receivable.
cuentas de cheques postales | post-office cheque account.
cuentas de distribución y resumen | summary and clearing accounts.
cuentas de entrada y salida (economía) | input-output accounts.
cuentas de existencias | real accounts.
cuentas de explotación (economía) | operating accounts.
cuentas de gestión | management accounts.
cuentas de mercancías | property accounts.
cuentas de movimiento | real accounts.
cuentas de no residentes | nonresident accounts.
cuentas de operaciones en el extranjero | external accounts.
cuentas de registros (financieras) | other memorandum accounts.
cuentas de residentes | resident accounts.
cuentas de resultados | nominal accounts.
cuentas de situación real | proprietary accounts.
cuentas en participación | joint ventures.
cuentas en participación (economía) | joint venture.
cuentas entre compañías | inter-company accounts.
cuentas entre empresas agrupadas | inter-company accounts.
cuentas financieras | financial accounts.
cuentas garantizadas | secured accounts.
cuentas incobrables | uncollectible accounts | uncollectibles.
cuentas inversoras extranjeras netas | net foreign investment accounts.
cuentas mixtas | mixed account.
cuentas no pagadas | outstanding bills.
cuentas nominales | income statement accounts.
cuentas pendientes | outstanding bills.
cuentas pignoradas | pledged accounts.
cuentas por cobrar | uncollected credits | accounts receivable.
cuentas por cobrar no facturadas | unbilled receivables.
cuentas por pagar | counts payable | vouchers payable.
cuentas recobrables | recoverable accounts.
cuentas recuperables | recoverable accounts.

cuentas sectoriales | sector accounts.
cuentas sin valor | worthless accounts.
cuentas y documento por cobrar | notes and drafts.
cuentas y documentos por cobrar | receivables.
cuentavueltas | counter | tachometer.
cuento de hilos | count of threads.
cuerda | cord | lanyard | line | rope | string | chorda.
cuerda (de arco) | chord.
cuerda (de piano o arpa) | wire.
cuerda (defecto vidrio) | stria | string.
cuerda (geometría y anatomía) | chord.
cuerda (instrumentos musicales) | string.
cuerda (radar) | rope.
cuerda (unidad de volumen para madera apilada) | cord.
cuerda acalabrotada | plain-laid rope.
cuerda adujada | coiled rope.
cuerda aerodinámica media | mean aerodynamic chord.
cuerda colchada a izquierdas | left-handed rope.
cuerda con colchado de poco peso | hard-laid rope.
cuerda con colchado de tensión fuerte | hard-laid rope.
cuerda con colchado destrogiro | plain-laid rope.
cuerda con gancho | hook band.
cuerda con un torón roto | stranded rope.
cuerda de abacá | Manilla rope.
cuerda de abertura (paracaídas) | rip-cord.
cuerda de amianto | asbestos rope.
cuerda de baos de cubierta | deck beam tie plate.
cuerda de baos de la cubierta del puente | bridge deck beam tie plate.
cuerda de cáñamo | hemp rope.
cuerda de colchado corto | short lay rope.
cuerda de comunicación (buzos) | lifeline.
cuerda de chapa (cubiertas de buques) | tie plate.
cuerda de chapa diagonal (cubiertas de buques) | diagonal tie.
cuerda de desgarre (globo libre) | rip-cord.
cuerda de entrada del carro (selfactinas) | draw-in rope.
cuerda de fibra textil | fiber rope.
cuerda de fibra vegetal | fiber rope.
cuerda de guitarra (pesca) | gimp.
cuerda de hilos de plomo (retacado de juntas de tuberías) | lead wool.
cuerda de instrumento musical | cord.
cuerda de la banda de desgarre (globos) | ripping line.
cuerda de la raíz (hélices buques) | root chord.
cuerda de leña (medida) | short cord.
cuerda de leña = 3 | cord.
cuerda de madera para pasta papelera (medida) | long cord.
cuerda de maniobra | guy-rope | handling line.
cuerda de maniobra (aparejos) | hand rope.
cuerda de maniobra (globos) | handling guy.
cuerda de maniobra de proa (dirigibles) | bridle.
cuerda de marcar entizada | marking line.
cuerda de nilón | nylon rope.
cuerda de papel | paper twine.
cuerda de perlón | perlon rope.
cuerda de piano | piano wire.
cuerda de piano (cable metálico) | piano wire.
cuerda de plástico | plastic rope.
cuerda de rastra | dragrope.
cuerda de retenida | check-cord.
cuerda de salida del carro (selfactina) | drawing-out band.
cuerda de seguridad con la que un miembro de la tripulación se asegura a su avión | life line.
cuerda de tender ropa | linen cord.
cuerda de tienda de campaña | guy-rope.
cuerda de tripa | gut.
cuerda de tripa (violín) | catgut.
cuerda de yute | jute tie.
cuerda del ala (aviones) | chord thickness | chord.
cuerda del freno de arrastre (globos) | drag band.
cuerda del fusil lanzacabos | shot line.
cuerda del huso | spindle band.
cuerda del perfil | chord.
cuerda desde el punto de curvatura al punto de tangencia (lindes) | long chord.
cuerda detonante | primacord | cordeau | detonating fuse.
cuerda detonante reforzada con espiral de alambre de cobre | wire-countered primacord.
cuerda empleada como barandilla | manrope.
cuerda enredada | foul rope.
cuerda focal paralela a la directriz (curva cónica) | latus-rectum.
cuerda freno (globo libre) | trail rope.
cuerda freno (globos) | guide line | guide rope | dragrope | brake rope.
cuerda impulsahusos (continua de hilar) | spinning band | spindle band.
cuerda inextensible | inextensible cord.
cuerda larga | long chord.
cuerda media | midchord.
cuerda media (alas aviones) | mean length of chord.
cuerda media del ala | wing midchord.
cuerda para cerrar (sacos) | choke-string.
cuerda para piquetes de tienda de campaña | lariat.
cuerda para soltar despacio una cosa | easing-out line.
cuerda plana | band rope.
cuerda plana cosida | sewn band rope.
cuerda plana de fibra vegetal | flat vegetable fiber rope.
cuerda que ha perdido la torsión de los torones | long-jawed rope.
cuerda que pasa por un foco perpendicular al eje mayor (elipse) | latus rectum.
cuerda subtendida (geometría) | subtense.
cuerda tensa | stretched string.
cuerda tensa y ya sin elasticidad | dead rope.
cuerda tensora | check band.
cuerda trazada por el foco perpendicular al eje (parábola) | latus rectum.
cuerda trenzada | braided rope.
cuerda troceada | chopped cord.
cuerda tubular (tejidos) | piping.
cuerda vibrante (instrumentos musicales) | string.
cuerda vibrante (música) | vibrating string.
cuerda vocal | vocal cord.
cuerda-freno (globos) | drag cord.
cuerdaguía (descarga con grúa) | tag line.
cuerdas | roping.
cuerdas (esloras - cubiertas de buques) | binding strakes.
cuerdas de guitarra | guitar strings.
cuerdas para barandilla de barcos | ship fenders.
cuerdas para demarcaciones | demarcation ropes.
cuerdas trenzadas | plaited cordage.
cuerdas viejas | junk.
cuerdas y cordeles para embalaje | twine (and) packing cords and strings.
cuerdo | right.
cuerna nueva (ciervos) | first antler.
cuerno (de la luna) | cusp.
cuerno (de la luna, de mina submarina, de pararrayos) | horn.
cuerno (de toro, etc.) | horn.
cuerno (electricidad) | horn.
cuerno (minas submarinas) | plunger.
cuerno (zoología) | scape.
cuerno acústico de sección hiperbólica | hyper corn.
cuerno conmutador (minas submarinas) | switch horn.
cuerno cornudo | hornbill.
cuerno de apoyo del timón (buques) | rudder horn.
cuerno de carnero | ram's horn.
cuerno de caza | hunting horn | bugle | horn.
cuerno de la pieza polar | pole shoe tip.
Cuerno de Oro (geografía) | Golden Horn.
cuerno de vaca (curva geométrica) | cow's horn.
cuerno de vaca (paso oblicuo arquitectura) | ploughshare twist.
cuerno inglés (instrumento de música) | English horn.
cuerno polar | pole tip.
cuerno polar (generador eléctrico) | pole horn.
cuerno polar de entrada | leading pole tip.
cuerno polar de salida (electromotor) | trailing pole tip.
cuernos de los polos paralelográmicos | skewed pole tips.
cuernos de mina submarina | mine horns.
cuernos descargadores del arco (aisladores) | arcing horns.
cuernos gachos | down-curved horns.
cuero | skin | pelt | leather | cowhide | cuir.
cuero agrio | burnt leather.
cuero al pelo | rawhide | undressed skin.
cuero artificial | leatherette | leatheroid | artificial leather.
cuero artificial (tela algodón) | imitation cuir.
cuero barnizado | patent leather.
cuero cabelludo | scalp.
cuero cromado (curtidos) | chrome leather.
cuero crudo | undressed skin | rough leather | rawhide.
cuero crupón | bend leather.
cuero curtido | curried leather.
cuero curtido al cromo | chrome-tanned leather.
cuero curtido con alumbre | alum leather.
cuero curtido con corteza de roble | oak leather.
cuero curtido con minerales | mineral-tanned leather.
cuero curtido de ternera (encuadernación) | Russia leather | cowhide.
cuero curtido en blanco | nappa.
cuero curtido por dos o más procedimientos | combination tanned leather.
cuero curtido vegetalmente | bark-tanned leather.
cuero charolado | enameled hide | japanned leather.
cuero de buey | butt leather.
cuero de casca | ooze-calf | ooze-leather.
cuero de ganado vacuno | neat's hide.
cuero de imitación | leather cloth.
cuero de lagarto | lizard leather.
cuero de primera calidad | bend.
cuero de pulir | buff leather.
cuero de raspar | dressing leather.
cuero de ternero | steerhde.
cuero embutido | leather cup.
cuero embutido en caliente | hot-embossed leather.
cuero embutido en forma de U | cup leather.
cuero en bruto | green hide.
cuero especial para pulir | buff.
cuero estampado | stamped leather.
cuero frotador | rubbing leather.
cuero gofrado | goffered hide.
cuero granulado | grained leather.
cuero grueso | crop | crop-hide.
cuero habana | brown leather.
cuero hervido | jacked leather.
cuero hervido y prensado | cuir bouili.
cuero industrial | mechanical leather.
cuero inglés (tela) | moleskin.
cuero marroquinado | pebble-leather.
cuero nilonado | nylon-coated leather.
cuero para arneses | harness leather.
cuero para bridas | bridle butts.
cuero para cardas | card leather.
cuero para correas | band leather.
cuero para empaquetaduras | packing leather.

cuero para encuadernación | skiver.
cuero para forros | lining leather.
cuero para juntas | mechanical leather.
cuero para maquinarias | mechanical leather.
cuero para máquinas | industrial leather.
cuero para pastas (encuadernación) | skiver.
cuero para suelas | sole leather.
cuero para válvulas de bombas | pump leather.
cuero plástico | plastic leather.
cuero rajado con cuchilla | skiver.
cuero repujado | leather cup.
cuero salado | green salted hide.
cuero sin curtir | fresh green hide | undressed skin.
cuero sin teñir | fair leather.
cuero tafilete | morocco leather.
cuero verde | green hide | rough leather | rawhide.
cueros (de una carrocería) | leather work.
cueros para correas de transmisión | leather for transmission belts.
cueros para suelas | bend hides.
cueros para usos hidráulicos | hydraulic leathers.
cueros salados | salted hides | brined hides.
cuerpo | thickness | shape | body.
cuerpo (aguja de punto) | stem.
cuerpo (de bomba) | piston-chamber | cylinder.
cuerpo (de la tinta o papel) | bulk.
cuerpo (de tipo de imprenta) | type size.
cuerpo (de un aparato) | head.
cuerpo (de una parte de una máquina) | stock.
cuerpo (del proyectil) | case.
cuerpo (del vino) | strength.
cuerpo (matemáticas) | field.
cuerpo (poleas) | shell.
cuerpo (tipo de imprenta) | shank.
cuerpo (tornillos, pernos, remaches) | shank.
cuerpo (turbina vapor) | shaft.
cuerpo (yunque) | web.
cuerpo abrasivo estratificado | laminated abrasive body.
cuerpo absorbente de neutrones incidentes | black body.
cuerpo amiláceo | amylum-body.
cuerpo aplantillado | molded leather.
cuerpo astral | astral body.
cuerpo astronómico que emite radiaciones electromagnéticas | radiostar.
cuerpo atractivo aplastado piriforme | oblate pyriform attracting body.
cuerpo axialsimétrico no fuselado | bluff axially symmetric body.
cuerpo bomberos | fire brigade.
cuerpo celeste | celestial body | heavenly body.
cuerpo central | midbody.
cuerpo central de la vertedera | shin.
cuerpo cilíndrico (calderas) | shell | barrel.
cuerpo cilíndrico de caldera | boiler barrel.
cuerpo cilíndrico hueco con un extremo cerrado | closed-end hollow cylindrical body.
cuerpo colegiado | associated body.
cuerpo colegislador | joint legislative body.
cuerpo completamente ligado | completely constrained body.
cuerpo compuesto | compound | composite.
cuerpo con frente ancho aplastado | bluff body.
cuerpo con porción posterior troncocónica | boattailed body.
cuerpo con protuberancias | bumped body.
cuerpo con sección transversal decreciente hacia la parte posterior | boattailed body.
cuerpo constituido | body corporate.
cuerpo consular | corps consular.
cuerpo consultivo estatal | governmental consultative body.
cuerpo cuadrado | square body.
cuerpo de abogados colegiados | bar.
cuerpo de acero (válvulas) | steel trim.
cuerpo de arado | plough bottom | plough body.
cuerpo de arado para labores profundas | digger body.
cuerpo de arco | arch ring.
cuerpo de aviación | flying corps.
cuerpo de beneficio (metalurgia) | orebody.
cuerpo de biela | connecting-rod shank.
cuerpo de bienes del quebrado | bankrupt's estate.
cuerpo de bomberos | fire department.
cuerpo de caldera | boiler shell.
cuerpo de capellanes castrenses | chaplaincy.
cuerpo de delegados | delegacy.
cuerpo de desembarco (milicia) | landing body.
cuerpo de directores | management.
cuerpo de ejército | army corps.
cuerpo de ejército blindado | armored corps.
Cuerpo de Enfermeras | nurse Corp.
cuerpo de enfermeras del ejército | army nurse corps.
cuerpo de guardia | gatehouse | guardhouse.
cuerpo de guardia (cuarteles) | guardroom.
cuerpo de infantería de marina | royal marines.
Cuerpo de Ingenieros Militares | Engineer Corps.
cuerpo de ingenieros pontoneros | pontoon-corps.
cuerpo de Intendencia | army service corps | Quartermaster Corps.
cuerpo de la barra de tracción | drawbar body.
cuerpo de la cúpula | dome barrel | dome shell.
cuerpo de la espoleta | pistol body.
cuerpo de la falleba | bolt shaft.
cuerpo de la fresa | cutter body.
cuerpo de la herencia | estate corpus.
cuerpo de la obra | body copy.
cuerpo de la polea | pulley-drum | pulley-shell.
cuerpo de la rueda | wheel center.
cuerpo de la tobera | nozzle body.
cuerpo de la válvula (calderas) | valve chest.
cuerpo de la válvula de profundidad (cargas de profundidad) | adjustor body.
cuerpo de letra (tipografía) | body.
cuerpo de los números reales | real number field.
cuerpo de mallas (jacquard) | harness.
cuerpo de mallas jacquard | jacquard harness.
cuerpo de pistón | piston-barrel.
cuerpo de polea | block shell.
cuerpo de pontoneros | bridge-train.
cuerpo de popa | afterbody.
cuerpo de proa (buques) | fore body.
cuerpo de redactores | editorial staff.
cuerpo de revolución | body of revolution.
cuerpo de rueda de acero fundido | cast steel wheel centre.
cuerpo de rueda estampado | pressed wheel center.
cuerpo de rueda maciza | plate-wheel center.
cuerpo de rueda macizo | disc wheel center.
cuerpo de sanidad militar | medical service corps | Medical Department.
cuerpo de seguridad para los bañistas (playas) | lifeline.
cuerpo de tobera orientable | swivelling nozzle stock.
cuerpo de transmisiones | corps of signals.
Cuerpo de Transmisiones (ejército) | signal Corps.
Cuerpo de Tren (ejércitos) | Transportation Corps.
cuerpo de trépano | drill bit body.
cuerpo de troza | cant.
cuerpo deformable | deformable body.
cuerpo del áncora (relojes) | belly of pallets.
cuerpo del cerrojo | bolt shaft.
cuerpo del cilindro | cylinder barrel | barrel.
cuerpo del condensador | condenser shell.
cuerpo del eje | axle body | axle center.
cuerpo del estrangulador (torpedos) | restrictor body.
cuerpo del inducido (electromotor) | armature spider.
cuerpo del inyector | nozzle body.
cuerpo del percutor | pistol body.
cuerpo del pistón | pistonhead | pistonbody.
cuerpo del plegador | beam barrel.
cuerpo del puente trasero | rear-axle casing.
cuerpo del quemador | burner head.
cuerpo del reductor | reducer body.
cuerpo del remache | rivet shank.
cuerpo del tambor | drum-barrel.
cuerpo del terminal (cable eléctrico) | terminal barrel.
cuerpo del yunque | anvil pillar.
cuerpo diagmático | diamagnetic.
cuerpo diamagnético | diamagnet.
cuerpo disuelto | solute.
cuerpo elástico | elastic body.
cuerpo electrizado | electrified body.
cuerpo emisor | emitter.
cuerpo emisor de irradiaciones de larga duración | long-life rayer.
cuerpo en movimiento | body in motion | moving body.
cuerpo encargado del material militar | army ordnance corps.
cuerpo esbelto de morro redondeado | blunt-nosed slender body.
cuerpo extraño | foreign substance.
cuerpo femenino del ejército | women's army corps.
cuerpo fijo del eje delantero (autos) | axle beam.
cuerpo filtrante | filtrant.
cuerpo fosforescente | phosphorescing body.
cuerpo fotoemisor | light emitter.
cuerpo fructífero | fruit-body.
cuerpo fuselado | slender body.
cuerpo gaseoso | aereous body.
cuerpo gelatinoso de una medusa | bell.
cuerpo gelatinoso de una medusa (zoología) | umbrella.
cuerpo giroscópico | gyroscopic body.
cuerpo gris | nonselective radiator.
cuerpo hidrogenador | hydrogenizer.
cuerpo higroscópico | moisture-absorbing body.
cuerpo hueco cilíndrico con acanaladuras longitudinales | longitudinally-slitted cylindrical hollow body.
cuerpo igniscente | ignescent.
cuerpo impropiamente ligado | improperly constrained body.
cuerpo impulsor | stem body.
cuerpo indagador | investigating body.
cuerpo indicador | tracer.
cuerpo irradiador | rayer.
cuerpo irradiador (de rayos gamma, etc.) | doser.
cuerpo isómero | isomer.
cuerpo isómero (química) | isomere.
Cuerpo Jurídico Militar | Judge Advocate General's Department.
cuerpo legislativo | lawmaking body.
cuerpo libre | free body.
cuerpo licuado | liquid body.
cuerpo líquido | liquid boby.
cuerpo magnético | magnetic.
Cuerpo Médico del Ejército | Army Medical Corps.
cuerpo mesomorfo | mesomorph.
cuerpo moldeado | molded leather.
cuerpo negro | full radiator | blackbody | black body.
cuerpo no conductor (electricidad) | resistive.
cuerpo no sometido a fuerza alguna | force-free body.
cuerpo oblicuo (tipos de imprenta) | angle body.
cuerpo orbitante | orbiting body.
cuerpo organizado para un servicio público (bomberos, etc.) | brigade.
cuerpo oxidante | oxidizer.
cuerpo paramagnético | paramagnetic.
cuerpo parcialmente ligado | partially constrained body.
cuerpo perfilado | curved body.
cuerpo principal | main body.
cuerpo productor de luz | light-producer.
cuerpo que absorbe irradiaciones de radio |

absorber.
cuerpo que cae libremente | freely falling body.
cuerpo que cae sólo por la acción de su peso | freely falling body.
cuerpo que entra en una reacción (química) | reactant.
cuerpo que erosiona | ablating body.
cuerpo que retiene (el calor, la humedad, etc.) | retainer.
cuerpo reaccionante | reactant.
cuerpo resistente | resister.
cuerpo rígido | rigid body.
cuerpo simple (química) | elementary body | element.
cuerpo sublimándose | subliming body.
cuerpo tórico | donut.
cuerpo vertical crateriforme de kimberlita | pipe.
cuerpos achatados | bluff bodies.
cuerpos antiferromagnéticos | antiferromagnetics.
cuerpos cuasi-estelares | quasi-stellar object.
cuerpos de números algébricos | algebraic number fields.
cuerpos de poros capilares | capillary-porous bodies.
cuerpos de revolución giratorios | spinning bodies of revolution.
cuerpos extraños | impurities.
cuerpos extraños adherentes | adhering foreign bodies.
cuerpos extraños incluidos | inclosed bodies.
cuerpos graves | heavy bodies.
cuerpos paramagnéticos | paramagnetics.
cuervo | crow.
cuervo con el cuerpo gris y alas y cabeza negras | hooded crow.
cuesco (alto horno) | shadrach.
cuesco (botánica) | seed.
cuesco (frutas) | stone.
cuesco (metalurgia) | sow.
cuesta | ascent | upgrade | gradient.
cuesta (geología) | cuesta.
cuesta abajo | downgrade | grading downward.
cuesta arriba | uphill.
cuesta dura | steep gradient.
cuestación | collection.
cuestión | question | matter.
cuestión artificial | feigned issue.
cuestión de confianza | point of confidence.
cuestión de derecho | point of law | matter of law | issue of law.
cuestión de gabinete (política) | point of confidence.
cuestión de hecho | issue of fact | matter in pais.
cuestión de hecho (abogacía) | matter in deed.
cuestión de intención | issue of intent.
cuestión de procedimiento | point of order.
cuestión engorrosa | vexed question.
cuestión que no se ajusta a las reglas de procedimiento | informal issue.
cuestión secundaria | side issue.
cuestión suscitada | question at issue.
cuestión verdadera | real issue.
cuestionario | list of questions | inquiry-sheet | questionnaire.
cuestionario de autovaloración del trabajo | self-rating job quiz.
cuestionario de elección múltiple | multiple choice questionnaire.
cuestionario relativo a | questionnaire related to.
cuestionario vaivén (estadística) | shuttle schedule.
cuestiones diversas | several issues.
cuestiones inconexas | unconnected issues.
cuestor | quaestor.
cuestura | quaestorship.
cueva | cave.
cueva (minas) | zawn.
cueva marina | sea cave.
cuezo (para amasar yeso) | hod.
cuidadela (buques) | bridge.
cuidado | control | charge.
cuidado (a un asunto) | nursing.
cuidado (buques) | marlinespike seamanship.
cuidado con las hélices (buques) | keep clear of propellers.
cuidado del cargamento | cargo care.
cuidador | tender.
cuidados de la dentadura (engranajes) | dental nursing.
cuidados de la dentición | dental nursing.
cuidados de pacientes radioactivos | nursing of radioactive patients.
cuidados médicos | physician care | nursing | medical nursing.
cuidados para mejorar el desarrollo de un bosque | tending.
cuidados profesionalmente apropiados | professionally appropriate care.
cuidados siquiátricos | psychiatric nursing.
cuidadosamente enunciado | carefully worded.
cuidar (carreteras, etc.) | keep (to).
cuidar de la conservación de los archivos | keep the archives (to).
cuidar enfermos | nurse (to).
culata | breech | collette.
culata (cilindro de motor) | combustion head.
culata (cilindros) | head.
culata (de barreno) | socket.
culata (diamante tallado en brillante) | culasse.
culata (electricidad) | yoke piece.
culata (electroimán) | heel-piece.
culata (faceta posterior - diamante tallado en brillante) | collet | culet.
culata (fusil) | butt end | shoulder piece.
culata (imanes) | yoke.
culata (minas) | bootleg.
culata (relés - EE.UU.) | return pole-piece.
culata (relés - Inglaterra) | yoke.
culata abovedada (motores) | dome head.
culata anular (electroimán) | annular yoke.
culata cerrada | closed yoke.
culata con las válvulas de admisión y escape en un lado (cilindros) | L head.
culata con válvulas opuestas (motores) | T head.
culata de aluminio para cilindros | aluminum cylinder head.
culata de alza (presas) | wicket tail.
culata de cilindro enfriada con aceite | oil-cooled piston head.
culata de gran turbulencia (motores) | high-turbulent head.
culata de hierro dulce | soft-iron yoke.
culata de nilón (fusiles) | nylon stock.
culata del alza (presas) | shutter tail.
culata del cilindro | cylinder top | cylinder cover.
culata del cilindro (motores) | cylinder head.
culata del electroimán | magnet joke.
culata del relé | relay yoke.
culata desmontable (cilindros) | detachable head.
culata en L (cilindros) | L head.
culata laminar | laminated yoke.
culata magnética | magnetic yoke.
culata magnética (telecomunicación) | magnet yoke.
culatazo | butt stroke.
culebra | serpent | snake.
culebra (de vela de estay) | lacing.
culebra venenosa | poisonous snake.
culebreado del toldo (buques) | awning lacing.
culebrear | wind up (to).
culebrear (toldos de buques) | lace (to).
culebreo (avión de gran velocidad) | snaking.
culebreo del remolque | trailer snaking.
culicida | mosquito destroyer.
culicoides | punkies.
culm (sedimento terrígeno de conglomerado, pizarras arcillosas y areniscas) | culm.
culmífero | culmiferous.
culmífero (geología) | culm-producing.
culminación (astronomía) | transit.
culminación axial (geología) | axial culmination.
culminación del período electoral | termination of the electoral period.
culminación inferior (astronomía) | lower transit | lower culmination.
culminación lunar | lunar culmination.
culminación superior (astronomía) | upper transit.
culminación superior del sol | Sun's upper culmination.
culminar (astronomía) | transit (to).
culo (botellas) | bottom | kick.
culombímetro | coulometer.
culombímetro electrónico de baja impedancia | low-impedance electronic coulometer.
culombio | coulomb.
culón (de culo grande - de fondo ancho) | broad-bottomed.
culote (aviación) | cartridge.
culote (cartuchos, proyectiles, tubo de vacío) | base.
culote (de vaina de cartuchos) | bottom.
culote (lámparas) | bowl.
culote (proyectil) | rear.
culote (vaina de cartucho) | head.
culote de crisol | button.
culote del cartucho | cartridge rim | cartridge bottom.
culote del proyectil | base of shell | projectile base.
culote troncónico (proyectiles) | boat-tail base.
culpa | default.
culpabilidad | guilt.
culpable | misdemeanant | guilty.
culpable de maniobras fraudulentas | guilty of fraud.
culpable de obstrucción a la justicia | guilty of obstruction to justice.
culpable de robo | guilty of theft.
cultivabilidad | cultivability.
cultivable | cultivable | improvable | growable | arable.
cultivado en placa (bacteriología) | plated.
cultivador | husbandman | planter | raiser | tiller | grower.
cultivador (persona) | cultivator.
cultivador de brazos elásticos | vibrator tiller.
cultivador de lino | flax-grower.
cultivador de simientes | grain rearer.
cultivador de té | teaman.
cultivadora | cultivator.
cultivar | rear (to) | cultivate (to) | farm (to) | grow (to) | raise (to).
cultivar (amistades) | nurse (to).
cultivar (la tierra) | dress (to).
cultivar (legumbres) | raise (to).
cultivar algodón | grow cotton (to).
cultivar en rotación (cultivos) | rotate (to).
cultivar la seda | grow silk (to).
cultivo | growing | crop | cultivation | culture | farming.
cultivo (plantas) | raising.
cultivo acuático | water culture.
cultivo asiduo (de tierras) | nursing.
cultivo bacteriano | bacterial culture.
cultivo de bacterias en placas | plating.
cultivo de bosques | afforestation.
cultivo de la tierra | husbanding.
cultivo de la trufa | truffle-growing.
cultivo de mejillones | mussel culture.
cultivo de plantas | plant breeding.
cultivo de plantas de fantasía | fancying.
cultivo de plaquetas (medicina) | platiculture.
cultivo de secano | dry farming.
cultivo de semillas | seeds growing.
cultivo de simientes (gusano seda) | grain-raising.
cultivo de tejido (medicina) | tissue culture.
cultivo de terrenos alejados transportando en avión los tractores | aerial top-dressing.
cultivo del olivo | olive-growing.
cultivo en asociación de arroz con peces (sudoeste asiático) | paddy-cum-fish culture.

cultivo en fanales (huertos) | glass-culture.
cultivo en franjas según curvas de nivel | contour strip cropping.
cultivo en invernadero | greenhouse culture | glass-culture.
cultivo en línea | root crops.
cultivo en línea (medicina) | streak culture.
cultivo en maceta (plantas) | pot-culture.
cultivo en matraces oscilantes | shake culture.
cultivo en picado (bacteriología) | stab culture.
cultivo en placas | plating.
cultivo en regadío | water culture.
cultivo en tiesto (plantas) | pot-culture.
cultivo extensivo | extensive cultivation.
cultivo forrajero | forage crop | fodder crops | green crops.
cultivo forzado | forcing.
cultivo hidropónico | hydroponics | water culture | soilless culture.
cultivo hidropónico (agricultura) | hydroponic culture.
cultivo industrial | industrial raising.
cultivo intensivo | intensive cultivation.
cultivo intercalar | inter-cropping.
cultivo intermitente | batch culture.
cultivo madre (microbiología) | stock culture.
cultivo maicero | corn culture.
cultivo masivo | mass culture.
cultivo mezclado | mixed farming.
cultivo por goteo (agricultura) | drop culture.
cultivo protector | cover crop.
cultivo protegido | catch crop.
cultivo puro (microbiología) | pure culture.
cultivo retenedor | filter crop.
cultivo rotativo | catch crop.
cultivo silvoagrícola | forest farming.
cultivos | crops.
cultivos asociados | companion crops.
cultivos escardados | clean tilled crops.
cultivos extensivos | field crops.
cultivos forrajeros de invierno | winter forage crops.
cultivos forrajeros vivaces | perennial fodder crops.
culto taurobólico | taurobolic cult.
cultriforme | cultriform.
cultura | education.
cultura araboislámica | Arabic-Islamic culture.
cultura hímnica | hymnic culture.
cultura medioeval | medievalism.
cultura técnica | technical background.
culturas arcaicas | archaic cultures.
culturas protomediterráneas | protomediterranean cultures.
culturización sistemática | systematic culturization.
culturizar | culturize (to).
culturología (antropología) | culturology.
culytita | bismuth blende.
cumarina | coumarin.
cumarinas (química) | coumarins.
cumbre | vertex | summit | top | crest | zenith | peak.
cumbre (colinas) | hilltop.
cumbre (cubierta de edificio) | crest line.
cumbre (de toldo) | ridge.
cumbre de la cordillera | mountain ridge.
cumbre de toldo (buques) | awning ridge.
cumbre del lomo de asno (estación de clasificación por gravedad - ferrocarril) | hump crest.
cumbre del toldo (buques) | ridgepole.
cumbre en cuchillo (montaña) | razor-edge.
cumbrera | hip | capping plate | ridgepole | ridge cap | ridgepiece | ridgeplate | cap sill | ridge-tree | headpiece | transom.
cumbrera (armaduras tejados) | ridge beam.
cumbrera (cerchas) | summit.
cumbrera (cubiertas) | hip.
cumbrera (de una cubierta) | ridge bar.
cumbrera (marco de mina) | bonnet | crownpiece.
cumbrera (marco entibación minas) | roof timber.
cumbrera (marcos de mina) | collar.
cumbrera de plomo (edificios) | lead arris.
cumbrera de toldo (buques) | awning jackstay.
cumbrera doble abrazadora (caballetes) | split cap.
cumbrera provisional | false cap.
cumengeita | cumengeite.
cumeno | cumene.
cúmetro | Q-meter | Q meter.
cumolonimbo | cumulonimbus.
cumpla Ud. con su obligación | do your part.
cúmplase | let it be executed.
cumple con las condiciones | it fulfils the conditions.
cumple con los requisitos del Lloyd | it meets Lloyd's requirements.
cumplido | lapsed.
cumplido (plazos) | due.
cumplidor (jurisprudencia) | feasant | feasor.
cumplidos | compliments.
cumpliendo órdenes dadas | in accordance with previous orders.
cumplimentación | completion.
cumplimentación de las formalidades aduaneras | completion of customs formalities.
cumplimentar (un impreso) | complete (to).
cumplimiento | compliance | execution | expiration.
cumplimiento (de un contrato) | performance.
cumplimiento de las promesas | follow-through on promises.
cumplimiento del deber | line of duty.
cumplimiento fiscal | tax compliance.
cumplimiento obligado de lo pactado contractualmente | special performance.
cumplimiento obligatorio | enforcement.
cumplir | redeem (to) | perform (to) | execute (to).
cumplir (compromisos) | implement (to).
cumplir (órdenes) | comply (to).
cumplir (promesas) | keep (to).
cumplir (una promesa) | verify (to).
cumplir con la norma | pass the standard (to).
cumplir con las especificaciones | meet specifications (to).
cumplir con su obligación | do his duty (to).
cumplir con sus obligaciones con el mínimo de interrupción | carry out its duties with the minimum of interruption (to).
cumplir con tolerancias mínimas de paralelismo y rectitud | meet tight parallelism and straightness tolerances (to).
cumplir condena | serve time (to) | serve (to).
cumplir el contrato | execute a contract (to).
cumplir el plazo | fall due (to).
cumplir estrictamente con las especificaciones del Ministerio del Aire | meet strict Air-Force specifications (to).
cumplir la fecha de entrega | meet delivery date (to).
cumplir las formalidades aduaneras | attend to the customs formalities (to).
cumplir las reglas | mind the rules (to).
cumplir los compromisos | come to the scratch (to).
cumplir los requisitos | come to the scratch (to).
cumplir una condena | serve a sentence (to) | do time (to).
cumplir una formalidad (jurídica) | comply with a formality (to).
cumplir una misión (aviación) | lay on (to).
cumplir una promesa | make good (to).
cumplir una prueba | pass a test (to).
cumplir una sentencia (judicial) | serve a sentence (to).
cumplirse (un plazo) | mature (to).
cumplirse las condiciones para ejecutar (derecho) | vest (to).
cumulescente | cumulescent.
cumuliforme | cumuliform.
cumulito | cumulite.
cúmulo | thunderhead.
cúmulo (nube) | cumulus | woolpack.
cúmulo bajo que rodea el pico de una montaña | cumulus boa.
cúmulo bajo que rodea la cima de una montaña | boa cumulus.
cúmulo de evolución diurna | diurnal variation cumulus.
cúmulo galáctico | galactic cluster.
cúmulos | rack.
cumuloso (nubes) | cumulous.
cúmulo-volcán | plug dome.
cuna | block | rocker.
cuna (Bolivia) | dutchman.
cuna (cañones) | slide | cradle.
cuna (de cañón) | chassis.
cuna (de motores) | bearer-plates.
cuna (metalurgia) | cradle rocker.
cuna catapultante de aviones (portaaviones) | catapulting cradle.
cuna de botadura | cradle.
cuna de lanzamiento | launching cradle.
cuna de prueba (motores de chorro) | thrust cradle.
cuna pivotada sobre muñones posteriores | cradle pivoted on rear trunnions.
cuneiforme | cuneiform | wedgewise | wedge-shaped.
cuneo | rolling | rocking.
cúneo (arqueología) | cuneus.
cuneta | cunette | road bump | road bank | ditch.
cuneta (carreteras) | road-bank.
cuneta con sección trapecial | cradle-rocker ditch.
cuneta de coronación (desmontes) | catch-water drain.
cuneta de coronación (parte alta de una trinchera) | intercepting ditch.
cuneta de desagüe | drain.
cuneta de desagüe (minas) | teeming trough.
cuneta de descarga | runoff.
cuneta de escape (carreteras) | rundown.
cuneta de guardia | counterdrain.
cuneta de guardia (contracuneta - desmontes) | berm ditch.
cuneta de pie (talud o trinchera) | sough.
cuneta para las aguas de infiltración | counterdrain.
cuneta revestida | gutter.
cunetadora | drainage ditcher.
cunetaje | guttering.
cuneteadora | ditcher.
cunicultor | rabbit-raiser.
cunicultura | rabbit keeping | rabbit-keeping | rabbit raising | rabbit breeding.
cuña | quoin | adjusting key | chock | liner | scotch block | hold-down | elevating block | chuck | wedge | shim | key | fid.
cuña (Argentina) | riving knife.
cuña (cantería, carriles) | plug.
cuña (de partir madera) | froe.
cuña (entre pieza polar y el imán) | shim.
cuña (minas) | moyle.
cuña (Panamá) | dunnage.
cuña (publicidad) | wedge.
cuña (sondeos) | slip.
cuña a popa para disminuir el calado a popa cuando el buque planea (lancha patrullera) | flap.
cuña apretada a fondo | home-forced wedge.
cuña cilíndrica | cylindrical wedge | chip.
cuña con agujas | plug and feathers.
cuña con enfriamiento controlado y licuado en vacío | vacuum-melted controlled-cooled wedge.
cuña con guiaderas de media caña (canteras) | plug and feathers.
cuña con la cara con dos distintas inclinaciones | two-stepped wedge.
cuña de acero para partir madera | bursting wedge.
cuña de acoplamiento | coupling wedge.
cuña de aflojamiento rápido | quick-release wedge.
cuña de aislamiento | insulating wedge.

cuña de ajuste | making-up strip.
cuña de ajuste (carpintería) | dutchman.
cuña de alivio para barrenos de franqueo | buster cut.
cuña de apoyo | packing piece.
cuña de apriete | spreader | wedge key | keying wedge.
cuña de apriete de la caja de grasas | axlebox wedge.
cuña de apriete de la caja de grasas (vagones) | journal box wedge.
cuña de cabeza hueca | box wedge | socket wedge.
cuña de calafate (cubiertas de madera) | reaming-iron.
cuña de cantero | stone wedge | gad.
cuña de caras bronceadas | bronze-faced wedge.
cuña de centrado | centering wedge.
cuña de cierre (obturador - cañones) | breechplug.
cuña de cierre acuñada (cañones) | jammed breechblock.
cuña de cierre del troquel (prensa de extrusión) | die locking wedge.
cuña de color | color wedge.
cuña de compensación | compensating wedge.
cuña de cuarzo que se inserta en el microscopio | accessory plate.
cuña de desapriete | loosening wedge.
cuña de distancia | distance wedge.
cuña de entubación | casing dog.
cuña de fijación (encofrado) | wedge clamp.
cuña de fuego | firing wedge.
cuña de hierro | staple.
cuña de hierro para rajar madera | frow.
cuña de imposición (imprenta) | quoin.
cuña de lanzamiento (astilleros) | sliver.
cuña de llave (carpintería) | treenail.
cuña de madera | glut | nog | spill | spile.
cuña de madera (minas) | lid | brob.
cuña de madera para el cepillo | plane frog.
cuña de madera para separar rocas fracturadas por voladuras | jack.
cuña de metal que se adhiere al filo de la cuchilla (corte de metales dúctiles) | built-up edge.
cuña de minero | spalling wedge.
cuña de montaje | sprag.
cuña de nivelación | leveling wedge.
cuña de orejetas | heel wedge.
cuña de partir piedra | blowing wedge.
cuña de plegadores (telar) | beam wedge.
cuña de recalzo | packing piece | raising block.
cuña de retardo (microscopio) | delay wedge.
cuña de talla transversal (sondeos) | crosscut slip.
cuña de tierra (filmes) | horse.
cuña de tierra (filones) | horseback | horse.
cuña de tronzador | bucking wedge.
cuña de unión de la estampa al equipo de forjar | key.
cuña del cañón | gun slide.
cuña del cepillo de carpintero | plane wedge.
cuña del cojinete de la mangueta | journal bearing wedge.
cuña del obturador de polvos de la caja de grasas | journal box dust guard wedge.
cuña desviadora (sondeos) | whipstock.
cuña doble | double wedge.
cuña en forma de L invertida | joggled wedge.
cuña escalariforme | stepped packing block.
cuña escalonada | step wedge.
cuña esférica | spherical wedge.
cuña esférica (geometría) | spherical cone.
cuña fina de acero | fox wedge.
cuña fina de chapa (calafateo de juntas remachadas) | dutchman.
cuña fotométrica | photometric wedge.
cuña frustocónica | frustoconical wedge.
cuña hidráulica | hydraulic wedge.
cuña interior de relleno (buque con forro de tingladillo) | taper line.
cuña magnética | magnetic slot-wedge.
cuña metálica con casquillo hueco en la cabeza (donde se introduce un taco de madera - corta forestal) | box wedge.
cuña metálica con casquillo hueco en la cabeza donde se introduce un taco de madera | socket wedge.
cuña móvil | sliding wedge.
cuña múltiple | compound wedge | multiple wedge.
cuña neutra | neutral wedge.
cuña no magnética | nonmagnetic shim.
cuña óptica | distance wedge.
cuña para aflojar | releasing key.
cuña para apretar la forma (tipografía) | quoin.
cuña para calzar ruedas | scotch.
cuña para inmovilizar los rollizos (saca forestal) | cheese block.
cuña para juntas (ferrocarril) | spider shim.
cuña para la espiga (carpintería) | fox wedge.
cuña para la junta transversal | cross joint wedge.
cuña para sujetar el troquel en el martinete | key.
cuña para tierra helada | frost-wedge.
cuña para varillas (sondeos) | drive bushing.
cuña sacabroca | drift key.
cuña sensitométrica | sensitometric wedge.
cuña sujetacuchilla (carpintería) | apron.
cuña vertical (cierre de cañón) | sliding block.
cuña-guia para fijar la dirección de caída del árbol (apeo de árboles) | timber compass.
cuñas casadas | slack blocks.
cuñas de ajuste | adjusting wedges.
cuñas de apeo (minas) | tubbing wedges.
cuñas de apriete | folding wedges.
cuñas de descimbramiento | slack blocks.
cuñas de empalme | butt chocks.
cuñas de escotilla | hatch wedges.
cuñas de hierro casadas con ajuste por tornillo | adjustable parallels.
cuñas de las varillas de perforación | drill pipe slips.
cuñas de madera sobrepuestas con las puntas en dirección opuesta | slack blocks.
cuñas de retenidas (tren de sondeo) | power slips.
cuñas dentadas de suspensión (sondeos) | slips.
cuñas empleadas en parejas una encima de otra para levantar pesos | marrying wedges.
cuñas finas para ajuste | adjustment strips.
cuñas para colocar el buque sobre las imadas (botadura) | bed chocks.
cuñas para descimbrar | easing wedges.
cuñas para descimbrar (arcos) | lowering wedges.
cuñas para la botadura (buques) | adjusting wedges.
cuñas para tubos de revestimiento (sondeos) | rotary casing slips.
cuñete | firkin | small barrel.
cuñete (barril pequeño) | keg.
cuñista | diesinker.
cuño | die stamp | stamp | stamper | coin | punch.
cuño (troquel de acuñar) | coining die.
cuño (troquel de corte) | die.
cuño de estampar en hueco | sinking die.
cuño para estampar tapas de libros | binder's stamp.
cuño para fechar | dater die.
cuño para moneda | mint die.
cuño para moneda (acuñación de moneda) | minting die.
cuñón (de picadero de grada) | slice.
cuñones de picaderos (grada de astilleros) | marrying wedges.
cuodlibeto | nice point.
cuota | lot | installment | royalty | aliquot part | allotment | proportional allocation | quota | share | allocation | fee | rate | contribution | contingent.
cuota anual | dues.
cuota de abono | subscriber's rental.
cuota de ahorro | saving ratio.
cuota de avería | average contribution.
cuota de comprador | purchaser prorationing.
cuota de depreciación | depreciation rate.
cuota de entrada | entrance money | entrance fee.
cuota de exportación | export quota.
cuota de importación | import quota.
cuota de ingreso | fee | initiation fee.
cuota de inscripción | subscription quota | listing fee.
cuota de la Seguridad Social | Social Insurance contribution.
cuota de los trabajadores para seguridad social | employee's social insurance contribution.
cuota de seguro | insurance rate.
cuota imponible | taxable value.
cuota mensual | monthly fee.
cuota no obligatoria | nonmandatory fee.
cuota patronal | employer's contribution.
cuota patronal a la seguridad social | employer's social security contributions.
cuota sindical | union fee.
cuota social | membership dues.
cuota suplementaria (pozos petroleros) | discovery well allowable.
cuota viudal | dower right.
cuotas | dues.
cuotas de exportación | export quotas.
cuotas en las importaciones de petróleo | quotas on oil imports.
cuotas sindicales | syndicate dues.
cuotas sindicales de inscripción | union dues.
cuotas y suscripciones | dues and subscriptions.
cuotizar | fix a quota (to) | prorate (to).
cupé de dos puertas | two-door coupé.
cupé descapotable (autos) | drop-head coupe.
cupo | proportional allocation | allotment | quota.
cupo arancelario | tariff quota.
cupo crediticio | line of credit.
cupo de divisas | exchange allocation | currency allocation.
cupo de exportación | export quota.
cupo de importación | import quota.
cupo de materiales | allocation | allocation of materials.
cupo de moneda extranjera | currency allocation.
cupo de redescuento | rediscount quota.
cupo de ventas | sales quota.
cupo global | overall quota.
cupo internacional | international allocation.
cupo permanentemente abierto | permanent-open quota.
cupo proporcional | proportional allocation.
cupón (de títulos) | remnant.
cupón (saliente sobrante que se corta para hacer la probeta - tubos, piezas acero moldeado) | coupon.
cupón (títulos) | dividend warrant.
cupón con prima | trading stamp.
cupón de acciones | share warrant.
cupón de acero quimioplastiado con 3 milésimas de pulgada en baño de níquel | steel coupon plated with 3 mil of electroless nickel.
cupón de dividendo (banca) | dividend coupon.
cupón de interes | coupon interest.
cupón de intereses | interest warrant | interest coupon.
cupón de racionamiento | tag.
cupón de renta fija | bond coupon.
cupón de respuesta comercial | business reply card.
cupón de venta | sales warrant.
cupón no vencido | unmatured coupon.
cupón para pruebas (de tubos, etc.) | test coupon.
cupón pendiente de pago | outstanding coupon.
cupón prescrito | stature barred coupon.
cupón sin utilizar | unused coupon.
cupón vencido | due coupon.
cupones | obligations.
cupones de acción | fractional shares.

cupones de reducción de precio de la mercancía | self-liquidating premiums.
cupreno | cuprene.
cuprífero | cupriferous | copper-containing.
cupriferosidad | cupriferosity.
cuprita | red oxide of copper | red copper ore.
cuprita (cobre vítreo rojo) | cuprite | ruby-copper.
cuprita (mineralogía) | copper suboxide.
cuprita terrosa de color rojo ladrillo | tile ore.
cuproaururo | cuproauride.
cuprocianuro | cuprocyanide.
cuproníquel | cupronickel.
cuproníquel con adición de hierro | iron-modified cupronickel.
cuproníquel endurecido con cromo | chromium-hardened cupro-nickel.
cuproníquel ferroso | iron-bearing cupronickel.
cuproplumbita (mezcla de sulfuro de cobre y plomo) | cuproplumbite.
cuprosilicio | cuprosilicon.
cuprosklodowskita | uranochalcite.
cuproso | cuprous | cupreous | coppery.
cuprosolvencia | cuprosolvency.
cuprozinc | cuprozinc.
cuprozincita | cuprozincite.
cupruro de oro con 63% de oro y plata | cuproauride.
cúpula | cope | domical vault | radome | nudome.
cúpula (alambique) | cap.
cúpula (bóveda) | cupola | dome.
cúpula (geología) | quaquaversal structure.
cúpula (hornos cerámica) | hovel.
cúpula (locomotora de vapor) | dome.
cúpula acorazada | armored cupola.
cúpula bulbiforme | Moorish dome.
cúpula circular con intradós liso | smooth-shell circular dome.
cúpula con nervios de hormigón | concrete-ribbed dome.
cúpula cónica | conical dome.
cúpula conoidal | conoidal dome.
cúpula de bóveda delgada | thin-shelled dome.
cúpula de caldera | boiler drum.
cúpula de hormigón con intradós liso | smooth-shell concrete dome.
cúpula de horno | cockle.
cúpula de la antena giratoria (radar) | radome.
cúpula de pechinas | pendentive dome.
cúpula de radar | radome.
cúpula del tragante (alto horno) | furnace canopy.
cúpula elíptica | elliptical dome.
cúpula esférica | spherical dome.
cúpula estelar | astrodome.
cúpula geodésica | geodesic dome.
cúpula hemisférica | hemispherical dome.
cúpula ojival | pointed dome.
cúpula para referencias astronómicas (aviones) | astro-hatch.
cúpula para visión (carro asalto) | vision cupola.
cúpula pateriforme | saucer dome.
cúpula rebajada | diminished dome.
cúpula rebajada (arquitectura) | flat dome.
cúpula reticular | network dome.
cúpula volcánica | plug dome | volcanic dome.
cupulado | domical.
cupuliforme | domical | cupola-shaped | cup-shaped.
cura | padre.
cura (cementos, etc.) | aging.
cura (medicina) | dressing.
cura castrense | military chaplain.
cura de aguas (balnearios) | water-cure.
cura de reposo | rest cure.
cura provisional | field dressing.
curable | curable.
curación | healing | curing | cure.
curación (de una enfermedad) | getting over.
curación (medicina) | dressing.
curación con ambiente húmedo (laboratorios) | fog-curing.
curación con vapor de agua a alta presión (laboratorios) | autoclaving.
curación con vapor de agua a gran presión (hormigón) | high-pressure steam curing.
curación húmeda | moist curing.
curación por reposo | ageing.
curación sumergida en agua de mar (maderas) | water seasoning.
curada en la estufa (madera) | kiln-seasoned.
curado | age | healed.
curado (aceros) | seasoned.
curado (cueros, moldes) | cured.
curado (del papel) | seasoning.
curado (forestal) | ageing.
curado (pescado) | split.
curado (química) | curing.
curado (resinas sintéticas) | crosslinking.
curado (tabaco) | aged.
curado al aire | air-seasoned.
curado al humo | smoked | smoke-dried.
curado al sol (pescado) | hard-cured.
curado con membrana (hormigones) | membrane curing.
curado con vapor de agua a alta presión (productos de cementos) | autoclaved.
curado debajo del agua del mar (maderas) | water seasoning.
curado del caucho | rubber aging.
curado del cemento | aging of cement.
curado del hormigón | concrete curing.
curado del pescado | fish curing.
curado en atmósfera artificial (tabacos amarillos) | flue-cured.
curado en masa | mass curing.
curado en salmuera | brine-cured | brined.
curado por 10 días a la temperatura ambiente | aged for 10 days at room temperature.
curado ulterior | postcuring.
curador | administrator.
curandero | healer | bonesetter.
curandero que emplea hierbas | herbalist.
curar | heal (to) | cure (to).
curar (cemento, quesos, etc.) | age (to).
curar (heridas) | dress (to).
curar al aire | air-season (to).
curar al humo | smoke dry (to) | smoke (to).
curar con sal (carnes, etc.) | salt (to).
curar en aire seco | dry-air age (to).
curar en salmuera | brine (to).
curarse (cemento, aceros, etc.) | season (to).
curatela | trusteeship.
curbas transversales de estabilidad (buques) | cross-curves of stability.
curchatovio | kurchatovium.
cureña | carriage mount.
cureña (artillería) | mount.
cureña (cañones) | mounting | frame | carriage | lower carriage.
cureña con mástil biflecha (artillería) | split trail carriage.
cureña motorizada | gun motor carriage.
curetaje | curettage.
cúridos | Curium elements.
curie (unidad de radiactividad) | curie.
curiegrafía | curiegraphy.
curiegrama | curiegram.
curio (cantidad de cualquier núclido radioactivo en que el número de desintegraciones por segundo = 3,7 × 10[10]) | curie.
Curio (elemento químico de número atómico = 96) | Curium.
curio de uranio | special curie for natural uranium.
currentilineal | streamlined.
currentilineizar | fair (to).
currentilíneo | faired.
curri | curry.
curriculum | curriculum.
curriculum ocupacional | occupational curriculum.
curro | centre | core.
curruca (zoología) | dunnock.
cursar pedidos | order (to).
cursar solicitudes al banco | make applications to the bank (to).
curso | running | course | flow | way | drift | progression | track | class | process | trend | travel | lecturing | path | term.
curso (de conferencias) | readership.
curso (de los acontecimientos) | current.
curso (del cambio, negocios) | course.
curso (lanzadera) | race.
curso (mecánica) | excursion.
curso (número de hilos para producir el dibujo - tejeduría con lizos) | gait.
curso (trazado) | course.
curso abreviado | resumed course.
curso acelerado (enseñanzas) | crash course.
curso básico de enseñanza | basic training course.
curso complementario | continuation school.
curso de adultos | continuation school.
curso de agua | watercourse | stream.
curso de agua anastomizante | braided stream.
curso de agua anastomosante | anastomosing stream.
curso de agua antecedente | antecedent stream.
curso de agua anticonsecuente | anteconsecuent stream.
curso de agua con mareas | tidal watercourse.
curso de agua consecuente | consequent stream.
curso de agua de gran pendiente | steep stream.
curso de agua endoglacial | englacial stream.
curso de agua infraglaciar | infraglacial stream.
curso de agua perezoso | lazy stream.
curso de agua seco (Australia) | blind creek.
curso de agua tranquilo | easy stream.
curso de ampliación | extension course.
curso de capacitación | loop course.
curso de clasificación | qualification course.
curso de conferencias | lecture-course | syllabus.
curso de diseños de ingenieria | design engineering course.
curso de emisión | rate of issue.
curso de enseñanza programada | programmed instruction course.
curso de estudios especializados estudiado a fondo para obtener un grado universitario | honors course.
curso de formación | training course.
curso de instrucción | instructional course.
curso de mando | leadership course.
curso de perfeccionamiento | refresher course | postgraduate training.
curso de preaprendizaje | preapprentice course.
curso de prueba | pilot course.
curso de reglaje | takeup.
curso de repaso | refresher course.
curso de vacaciones | summer school.
curso de vacaciones en el extranjero | vacation study abroad.
curso del mercado | market rate.
curso elemental | nonmajor course.
curso especializado | high-powered course.
curso forzoso (monedas) | forced currency | compulsory currency.
curso medio (de un río) | middle track.
curso normal | regular course.
curso para enfermeras | hospital nursing.
curso para ingenieros de diseños | course for design engineers.
curso postescolar | continuation course.
curso rápido de conferencias | quick run through.
curso semestral | one-semester course.
curso superior (enseñanza) | major course.
curso superior (ríos) | headwaters.
curso trimestral | one-quarter course.
cursor | traveller | traveler | slider | collector-shoe gear | finger | pointer | sliding block | sliding contact | runner | movable contact.
cursor (aparatos) | slide.
cursor (cuba de amalgamación) | spider.
cursor (hilatura) | traveler.
cursor (índice móvil) | cursor.
cursor (regla cálculo) | indicator.

cursor anular | ring traveler.
cursor de rumbos | bearing cursor.
cursor del alza (cañón) | tangent slide.
cursor en ángulo | angular slide.
cursor transversal | cross-slide.
cursos de agua afluentes | affluent streams.
cursos de agua desmembrados (geología) | dismembered streams.
cursos durante solo parte del día | part-time day courses.
curtación | curtation.
curtición | tanning.
curtición al cromo | chrome-tanning.
curtición mineral | mineral tannage.
curtidería | curriery.
curtido | tanning.
curtido (cueros) | tannage | dressed.
curtido al aceite | oil tanage.
curtido al cromo | chrome-tanned.
curtido con alumbre | alum-tanned.
curtido con corteza de encina | tanning with oak bark in pits.
curtido con corteza de roble | oak-bark tanned.
curtido con quebracho (cueros) | quebracho-tanned.
curtido con tanino vegetal | vegetable-tanned.
curtido de pieles | leather dressing.
curtido en blanco (pieles) | tawing.
curtido químico | chemical tanning.
curtidor | currier.
curtidor de pieles | leather-dresser.
curtiduría | tannery | tan yard.
curtiente | tanning.
curtientes vegetales | vegetable tannins.
curtimiento | tanning.
curtimiento (cueros) | tannage.
curtimiento al aceite (cueros) | oil-tanning.
curtimiento de pieles pequeñas con agitación del baño | paddling.
curtimiento del cuero | leather tannage.
curtimiento mixto | compound tanning.
curtir (pieles) | tan (to) | curry (to) | dress (to).
curtir (quemar por el sol) | tan (to).
curtir con infusión de cortezas | bark (to).
curtir en blanco (pieles) | taw (to).
curtir en tambor de paletas (cueros) | paddle (to).
curtirse a la intemperie | weather (to).
curtosis | kurtosis.
curtosis (matemáticas) | kurtosis.
curva | curve | sweep | return.
curva (caminos, ríos) | crook.
curva (carreteras) | bend | bending.
curva (de nivel) | contour.
curva (tuberías) | knee.
curva abierta | long radius curve | easy curve | flat curve.
curva acumulativa de la distribución del tamaño | cumulative size distribution curve.
curva adiabática | adiabat.
curva adiabática seca | dry adiabat.
curva alabeada | nonplane curve | skew curve.
curva altura-duración | depth-duration curve.
curva analagmática | anallagmatic curve.
curva anamórfica | anamorphic curve.
curva anticáustica | anticaustics.
curva aplastada | flattopped curve.
curva aplastada (curva de gran radio) | flattened curve.
curva apuntada | peaked curve.
curva asimétrica | unsymmetrical curve.
curva asintótica | asymptotic curve.
curva batimétrica | depth line | depth contour.
curva B-H | B-H curve.
curva braquistocrona | brachistochronous curve.
curva capuchina (buque madera) | lace piece.
curva capuchina (buques) | knee of the head.
curva capuchina (buques madera) | standard | lacing.
curva característica (contador) | working curve.
curva característica de ánodo-rejilla | plate-grid characteristic curve.
curva característica de par-velocidad | torque-speed characteristics.
curva cáustica (óptica) | caustic curve.
curva cerrada | sharp curve | closed curve.
curva cerrada simple | Jordan curve | simple closed curve.
curva circular con transición en espiral (carreteras) | spiralled circular curve.
curva circular no desplazada | unshifted circular curve.
curva compensadora de dilatación (tuberías) | expansion bend.
curva compensadora en U (dilatación tuberías) | expansion U bend.
curva compuesta (curva policéntrica) | compounded curve.
curva compuesta con espirales de centros múltiples | multicentered spiraled compound curve.
curva compuesta con transiciones en espiral | spiralled compound curve.
curva compuesta de cuatro centros en cinco espirales | four-centered compound curve with five spirals .
curva compuesta de dos centros | two-centered compound curve.
curva compuesta de tres centros | three-centered compound curve.
curva compuesta multicéntrica | multicentered compound curve.
curva con dos puntos de inflexión | double-peaked curve.
curva con espiral | spiralled curve.
curva con inflexión rápida | sharp-nosed curve | sharp-kneed curve.
curva con pendiente | ramp and twist.
curva con peralte (carreteras) | banked curve.
curva con retroceso (geometría) | regression line.
curva con transición espiral (carreteras) | spiraled bend.
curva con visibilidad (carreteras) | open corner.
curva cóncava de unión entre dos superficies (eje con distintos diámetros) | fillet.
curva continua | jogless curve.
curva coral (buque madera) | keel knee.
curva coral (buques madera) | heel knee.
curva cotéctica | cotective curve.
curva cotéctica granítica | granitic cotectic curve.
curva cúbica alabeada | twisted cubic.
curva cúrtica | kurtic curve.
curva de aceleración cosenoidal | cosine acceleration curve.
curva de acuerdo (eje con distintos diámetros) | radius | fillet.
curva de acuerdo de radio grande (ejes) | large fillet.
curva de acuerdo formada por arcos de círculo de diferente diámetro | radius.
curva de acuerdo formado por dos arcos de círculo de diferente diámetro | fillet.
curva de admisión del vapor (diagrama máquinas vapor) | steam admission line.
curva de aforo | rating curve.
curva de aforos de una estación | station rating curve.
curva de agotamiento | depletion curve.
curva de agudeza de respuesta | crevasse curve.
curva de alargamiento plástico | plastic-extension curve.
curva de alargamientos en la rotura | elongation-at-fracture curve.
curva de alineación | curve of alignment.
curva de altura de lluvia | depth-area curve for a storm.
curva de altura de lluvia-área-duración | depth-area-duration curve.
curva de amortiguamiento | damping curve.
curva de ángulo obtuso | out square knee.
curva de aprendizaje | learning curve.
curva de áreas de cuadernas | curve of sectional areas.
curva de áreas de cuadernas (buques) | sectional area curve.
curva de áreas de la flotación | curve of water-plane areas.
curva de áreas de secciones transversales | curve of sectional areas.
curva de asiento en función del tiempo (suelos) | time-settlement curve.
curva de atenuación de frecuencia | attenuation-frequency curve.
curva de audibilidad | audibility curve.
curva de aumento de la carga | load-growth curve.
curva de brazos adrizantes (buques) | curve of statical stability.
curva de brazos adrizantes (estabilidad buques) | GZ curve.
curva de calentamiento | temperature-time curve.
curva de calibración | calibration curve | working curve | calibrated curve.
curva de capacidad | capacity curve.
curva de carga | rating chart | load curve.
curva de cargas | load line.
curva de cargas (vigas) | curve of loads.
curva de cargas y deformaciones | load-deformation curve.
curva de cargas y flechas | load-versus-deflection curve.
curva de carretera | highway bend.
curva de caudales (hidráulica) | discharge curve | flow curve.
curva de caudales (ríos) | stage-discharge relation.
curva de caudales clasificados | flow-duration curve.
curva de caudales en función del nivel (ríos) | rating curve.
curva de centros de carena | curve of buoyancy.
curva de centros de carena longitudinales | curve of longitudinal centers of buoyancy.
curva de centros de gravedad de las flotaciones | curve of centers of gravity of water planes.
curva de círculo completo (tubería) | circle bend.
curva de compacción | proctor curve.
curva de conexión | connecting curve.
curva de conicidad (tronco de árbol) | taper curve.
curva de consumo (electricidad) | load curve.
curva de corriente alterna | waveform of alternating current.
curva de crecidas (ríos) | flooding curves.
curva de crecimiento | growth curve.
curva de crecimiento (espectrocopia) | curve of growth.
curva de declinación | decline curve.
curva de decrecimiento | decay curve.
curva de deformaciones por presión | pressure-deformation curve.
curva de demanda de agua | water-demand curve.
curva de descarga | discharge curve.
curva de descenso | depletion curve.
curva de descenso de nivel | drawdown curve.
curva de descenso del caudal (hidrograma) | recession curve.
curva de descenso del caudal base | base-flow recession curve.
curva de desimanación | demagnetizing curve.
curva de desimanación (electrotecnia) | recoil curve.
curva de desintegración | decay curve.
curva de desplazamientos | displacement curve.
curva de desviaciones acumuladas | residual mass curve.
curva de dilatación | expansion loop.
curva de disociación del óxigeno | oxygen dissociation curve.
curva de dispersión de fonones | phonon dispersion curve.

curva de distribución de acumulación de tamaño | cumulative-size distribution curve.
curva de distribución de la intensidad luminosa | luminous intensity distribution curve.
curva de distribución de la potencia lumínica | candle-power distribution curve.
curva de distribución de la presión | pressure distribution curve.
curva de distribución de la sustentación | lift distribution curve.
curva de distribución del tamaño | size distribution curve.
curva de doble espiral | double-spiral curve.
curva de dos centros con transición en espiral | spiraled compound curve.
curva de dos focos (elipse, etcétera) | double-lipped curve.
curva de dos máximos | double-humped curve.
curva de duración | duration curve.
curva de emisión de fotones | photon emission curve.
curva de empuje | curve of buoyancy.
curva de enfriamiento | temperature-time curve.
curva de engrane | path of contact.
curva de enlace | transition radius | junction curve | easing.
curva de enlace (ferrocarril) | transition spiral.
curva de enlace (vía férrea) | easement curve.
curva de error | error curve.
curva de error en demora | bearing error curve.
curva de error normal | normal error curve.
curva de escorrentía en función de la lluvia media | mean rainfall vs runoff curve.
curva de esfuerzos y deformaciones | stress-strain curve.
curva de esloras inundables | flooding length curve | floodable length curve.
curva de espectro (óptica) | spectrum locus.
curva de estabilidad estática (buques) | curve of statical stability | curve of righting arms.
curva de estado (carta sicrométrica) | condition curves.
curva de estado del serpentín | coil condition curve.
curva de expansión | expansion loop.
curva de expansión (diagramas) | cutoff curve.
curva de expansión (diagramas máquinas) | expansion line.
curva de extinción de forma Becquerel (termoluminiscencia) | decay curve of the Becquerel form.
curva de extinción interestelar | interstellar extinction curve.
curva de Fanno | Fanno line.
curva de final de solidificación (lingotes) | end-of-freezing curve.
curva de frecuencia | frequency curve | frequency curve.
curva de frecuencia de la amplificación | gain-frequency curve.
curva de frecuencias acumuladas | summation curve.
curva de gastos | discharge curve.
curva de gastos (hidraúlica) | rating curve.
curva de gran radio | sweeping curve | long radius curve | easy curve | flat curve.
curva de histéresis de tracción (textiles) | tensile hysteresis curve.
curva de igual espesor | isopachous curve.
curva de igual humedad | isohydric.
curva de igual ingreso | isorevenue curve.
curva de igual salinidad (oceanografía) | isohaline.
curva de igual soleamiento | isohelical curve.
curva de imanación | magnetization curve | B-H curve.
curva de imantación normal | normal magnetization curve.
curva de inercia | retardation curve.
curva de intensidad de lluvia | rainfall-intensity curve.
curva de Jordán | Jordan curve | simple closed curve.
curva de la campana (matemáticas) | frequency curve.
curva de la demanda de inversión | invested demand schedule.
curva de la desviación entre la aguja y el corazón (vía ferrea) | lead curve.
curva de la frecuencia del error | curve of frequency of error.
curva de la oferta | supply curve.
curva de la potencia | power line.
curva de la potencia indicada | curve of I.H.P..
curva de la resistencia en función de la temperatura | resistance-versus-temperature curve.
curva de la solución sólida (diagramas de equilibrio metalúrgicos) | solidus.
curva de lavabilidad | whashability curve.
curva de ley parabólica | parabolic law curve.
curva de líquidus | liquidus curve.
curva de longitud unidad | curve of unit length.
curva de los ecos | echo record.
curva de los lugares geométricos | loci curve.
curva de luminosidad | light curve.
curva de luminosidad fotópica | photopic luminosity curve.
curva de luminosidad relativa | relative luminosity curve.
curva de llegada | arrival curve.
curva de magnetismo propio (buques) | signature.
curva de magnetización | magnetization curve.
curva de marea | marigram.
curva de metacentros transversales | curve of transverse metacenter.
curva de momento flector | curve of bending moment.
curva de mortalidad | mortality curve.
curva de nivel | isohyp | contour | contour line | level line | isoclinal contour.
curva de nivel cerrada | closed contour.
curva de nivel directriz (cartografía) | index contour.
curva de nivel superior del agua embalsada | impounded top water line.
curva de noveno grado | nonic.
curva de oferta | supply schedule.
curva de oferta del mercado | market supply curve.
curva de pandeo | sag curve.
curva de paso (tuberías) | crossover.
curva de paso con salida trasera (tuberías) | back-outlet crossover.
curva de pendiente rápida | rapidly declining curve.
curva de pequeño radio | sharp curve | short radius curve.
curva de peralto (buques madera) | hanging knee.
curva de persistencia | duration curve.
curva de pesos del buque | weight curve of the ship.
curva de potencia | power curve.
curva de potencias desarrolladas (motores) | power output curve.
curva de precio-compra | price-purchase curve.
curva de precisión (tiro antiaéreo) | lead curve | isolead curve.
curva de presiones (arcos) | pressured curve | linear arch.
curva de presiones (arcos, bóvedas) | pressure-curve.
curva de probabilidad | probability curve | curve of change | hairpin curve.
curva de producción mediana | average output curve.
curva de productividad | output curve.
curva de puntos y rayas | dot-dash curve.
curva de radiación | antenna pattern.
curva de radio constante | simple curve | single curve.
curva de radio mínimo | minimum-radius curve.
curva de radio unidad | curve of unit radius.
curva de reflectividad espectral | spectral-reflectivity curve.
curva de refuerzo (buques) | knee-piece.
curva de refuerzo (buques de madera) | knee | knee-piece.
curva de refuerzo del puente | knee of the deck.
curva de refuerzo horizontal | square knee.
curva de regresión | curve of regression | regression curve.
curva de remanso (presas) | backwater curve.
curva de rendimiento | output curve.
curva de rendimiento (electricidad) | efficiency curve.
curva de rendimiento de la fisión (nucleónica) | fission-yield curve.
curva de rendimiento económico | best economy curve.
curva de rendimiento en masa | mass-yield curve.
curva de repartición de la resistencia (electricidad) | taper curve.
curva de réplica | response curve.
curva de resistencia a la penetración | proctor penetration curve.
curva de resistencia en relación con el tiempo de fraguado (hormigón) | strength/age curve.
curva de resonancia asimétrica | asymmetric resonance curve.
curva de respuesta | response curve | response characteristic | performance curve | amplitude characteristic.
curva de respuesta a un escalón (telegrafía) | telegraph arrival curve.
curva de respuesta cuántica (estadística) | quantal response curve.
curva de respuesta espectral | spectral response curve.
curva de respuesta horizontal | flat-top response.
curva de respuesta rectangular | flat-top response.
curva de retorno | return bend.
curva de retroceso | recession curve.
curva de saturación | saturation curve.
curva de saturación magnética | B. H. curve.
curva de semicírculo | half-circle curve.
curva de solidificación (metalurgia) | freezing curve.
curva de solidus (aleaciones) | solidus curve.
curva de solubilidad (diagramas de equilibrio metalúrgicos) | solidus.
curva de solubilidad invertida | inverted solubility curve.
curva de supervivencia | survival curve.
curva de tensión transitoria de ruptura | transient recovery voltage rate.
curva de tercer grado | cubic curve.
curva de tiempos de propagación del grupo | group propagation time curve.
curva de tiempos y fisuración | time-to-cracking curve.
curva de toneladas por pulgada de inmersión | curve of tons per inch of immersion.
curva de transformación isotérmica (metalurgia) | T T T curve | S curve.
curva de transición | easing | ramp.
curva de transición (ferrocarril) | tapering curve.
curva de transición (vía férrea) | easement curve.
curva de trazo lleno | full line curve.
curva de trazo lleno (dibujos) | full curve.
curva de unión | transition neck | transition radius | junction curve.
curva de unión (eje con distintos diámetros) | radius.
curva de unión (ferrocarril) | tapering curve.
curva de unión cóncava | concave radius.
curva de unión de la muñequilla (cigüeñal) | pin fillet.
curva de unión del pie del diente (engranajes) | tooth fillet.
curva de valores acumulados | mass curve.
curva de valores residuales acumulados |

residual mass diagram.
curva de vaporización | flash curve.
curva de varios centros (curva policéntrica) | compound curve.
curva de velocidades senoidal | sine velocity curve.
curva de velocidades y esfuerzos de tracción (locomotoras) | tractive effort/speed curve.
curva de volumen constante | constant volume line.
curva de volúmenes acumulados (movimientos de tierras) | mass curve.
curva del agua (diagramas) | waterline.
curva del agua represada (presas) | banking up curve.
curva del codaste popel (buque de madera) | skeg.
curva del esfuerzo cortante | curve of shearing force.
curva del esfuerzo y número de ciclos (pruebas de fatiga) | S-N curve.
curva del pantoque (buques) | bilge radius.
curva del par de arrastre | drag-torque curve.
curva del par torsor | curve of torque.
curva del perro (matemáticas) | pursuit curve.
curva del porcentaje de pérdida en peso | rate-of weight-loss curve.
curva del proceso de regulación | regulation process curve.
curva del vapor (diagramas) | steam line.
curva del voltaje en relación con el amperaje | voltage-versus-current curve.
curva densimétrica | specific gravity curve.
curva descendente | downward-curve.
curva descendente (embalses) | drop-down curve.
curva descrita por una partícula en un espacio tetradimensional | world line.
curva diacáustica | diacaustic.
curva dicáustica | dicaustic.
curva diferenciable continuamente | continuously differentiable curve.
curva disimétrica | asymmetrical curve.
curva doble (topografía) | reverse curve.
curva doble (tubos) | dog's leg.
curva dosis-efecto | dose-effect curve.
curva elástica | elastica.
curva elástica (resistencia materiales) | elastic curve.
curva en la superficie del agua cuando hay un escalón (canales) | drop-down curve.
curva en S (carretera, ferrocarril) | reverse curve.
curva en S (metalurgia) | T T T curve.
curva en S (metalurgia - hidrograma) | S curve.
curva en sentido longitudinal (carreteras) | vertical curve.
curva en U (tuberías) | U bend.
curva en U con salida trasera (tuberías) | back-outlet bend.
curva envolvente | envelope curve.
curva envuelta | evolute.
curva espiral | snail curve.
curva estrellada | starlike curve.
curva evolvente (engranajes) | rolling curve.
curva exponencial (matemáticas) | exponential curve.
curva exponencial modificada | modified exponential curve.
curva exterior de una bóveda | exterior arc of an arch.
curva final de la ranura del chavetero | keyway fillet.
curva frecuencia-tiempo de reverberación | frequency-time of reberveration curve.
curva funicular | catenary curve | funicular curve.
curva gasto-pendiente (hidráulica) | slope-discharge curve.
curva generatriz | generating curve.
curva gradual | gentle curve.
curva hacia la izquierda (ferrocarril) | left-handed curve.
curva helicoidal | helical curve.
curva hipsográfica | hypsographic curve.
curva hipsométrica | contour line.
curva horizontal para bao (buque de madera) | bosom knee.
curva horizontal para bao (buque madera) | lodger knee | lap-knee.
curva inflexada | contraflected curve.
curva interior abocinada (tobera de cohete) | flare.
curva intrínseca de crucero | intrinsic cleavage curve.
curva inversa con transiciones en espiral (carreteras) | spiralled reverse curve.
curva involuta patrón | master involute curve.
curva isobara de alta presión | hyperbar.
curva isobática | depth line.
curva isocoste (economía) | iso-outlay curve.
curva isócrona | isochronal line | isochronic curve | isotime line.
curva isodinámica | isodynamic curve.
curva isófase | isophase curve.
curva isófona | isophonic curve.
curva isófota | equilux curve.
curva isogama | gravity contour.
curva isohélica | isohelical curve.
curva isópaca | isopachous curve.
curva isoquanta | isoproduct curve.
curva isoterma del líquidus | liquidus isothermal curve.
curva leptocúrtica | leptokurtic curve.
curva logarítmica | logarithmic curve.
curva logística (matemáticas) | logistic curve.
curva loxodrómica | loxodrome | loxodromic line.
curva llave (buques de madera) | knee.
curva llave doble (buques madera) | staple knee.
curva mesocúrtica | mesokurtic curve.
curva metacéntrica | metacentric curve.
curva mínima | minimal curve.
curva mínima de la vía | minimum track curve.
curva monótona | monotonic curve.
curva motriz de la leva | cam track.
curva no adaptada por una espiral (carreteras) | unspiraled curve.
curva no rectificable | nonrectifiable curve.
curva normal de probabilidad | normal law curve.
curva número-distancia | number distance curve.
curva o superficie de principio de solidificación (diagramas metalúrgicos) | liquidus.
curva ortóptica | orthoptic curve.
curva oscilométrica | oscillometric curve.
curva osculatriz (geometría) | osculatrix.
curva parabólica | para-curve.
curva parabólica vertical | vertical parabolic curve.
curva paracéntrica | paracentric curve.
curva paramétrica | parametric curve.
curva peraltada (carreteras) | banked corner.
curva piezométrica | pressure curve.
curva piezométrica (hidráulica) | pressure-curve.
curva plana algebraica | algebraic plane curve.
curva polinomial (matemáticas) | polynomial curve.
curva ponderal | weight curve.
curva potenciodinámica anódica | anodic potentiodynamic curve.
curva precalculada | precalculated curve.
curva precio-oferta | price-offer curve.
curva primitiva (engranajes) | pitch line.
curva pronunciada | sharp curve.
curva puntiaguda | peaked curve.
curva que indica el descenso de un proceso | decay curve.
curva que relaciona el tiempo de eliminación de tensiones internas con el límite elástico (aceros) | yield-strength/geing-time curve.
curva que relaciona el voltaje con el recuento por segundo (tubo Geiger) | voltage-counting rate curve.
curva que relaciona la deformación verdadera con el esfuerzo de tracción verdadera | true-tensile-stress/true-strain curve.
curva que relaciona la deformación y el esfuerzo en la tracción | tensile stress-strain curve.
curva que relaciona la densidad con el tiempo de sinterización | density sintering time curve.
curva que relaciona la densidad de corriente con el potencial del ánodo | anode-potential current-density curve.
curva que relaciona la dureza con el tiempo de recocido | hardness/tempering-time curve.
curva que relaciona la fatiga con la deformación | strain-endurance curve.
curva que relaciona la pérdida en peso con el tiempo | loss-in-weight/time curve.
curva que relaciona la resistencia con la duración en órbita (satélites artificiales) | drag-life curve.
curva que relaciona las deformaciones con los esfuerzos de compresión | compressive stress-strain curve.
curva que se toma con facilidad (carreteras, ferrocarril) | negotiable curve.
curva rebajada | flat curve.
curva rectificable | smooth curve | rectifiable curve.
curva rectificable de Jordan | smooth Jordan curve.
curva relación entre demanda y el precio | demand curve.
curva reográfica | rheographic curve.
curva repartición - masa (nucleónica) | yield-mass curve.
curva repartición-masa | yield mass curve.
curva reversa | reversed curve.
curva reversa (topografía) | reverse curve.
curva S (metalurgia) | S curve.
curva senoidal | sine curve.
curva sin cambios bruscos de dirección | smooth curve.
curva sin espiral (carreteras) | unspiraled curve.
curva sin inflexión | jogless curve.
curva sin puntos angulares | smooth curve.
curva sinérgica | sinergic curve.
curva suave | easy curve | smooth curve.
curva suavizada | smoothed curve.
curva superficial | surface curve.
curva superficial cerca del emisario | draw-down curve.
curva tangente a los lados de un polígono regular al girar éste sobre su centro | in-revolvable curve.
curva tensiones-deformaciones | stress-strain curve.
curva trazada por los vértices de un polígono regular al girar sobre su centro | circumrevolvable curve.
curva unidad | unit curve.
curva útil al proyectista | design level curve.
curva valona (buque de madera) | dogger knee.
curva valona (buque madera) | lodger knee.
curva valona (buques madera) | dag knee.
curva vertical de bao de bodega (buques madera) | hold beam hanging knee.
curva vertical de cresta (carreteras) | crest vertical curve.
curva vertical inversa | reverse vertical curve.
curva vertical parabólica asimétrica (carreteras) | unsymmetrical parabolic vertical curve.
curvable | deflectable.
curvada cóncavamente | concavely curved.
curvado | curved | curviform | inflexed.
curvado a plantilla | bent to template.
curvado a un radio igual al espesor de la chapa | bent to 1 t radius.
curvado al radio especificado en | bent to the radius specified in.
curvado bidimensionalmente | two-dimensionally curved.

curvado de tubos | tube bending.
curvado de tubos calentando con el soplete bandas circunferenciales situadas en la concavidad del codo y curvando después el tubo para que las bandas calentadas formen arrugas salientes | wrinkle bending.
curvado del silicio | silicon warpage.
curvado en caliente relleno de arena (tubos) | sand-filled hot bending.
curvado en hélice | helically curved.
curvado en la plegadora (chapas) | press-brake bending.
curvado gradual de un tronco (defecto) | sweep.
curvado hacia abajo | downwardly-curved.
curvado hacia adentro | bent inwards | curved inwards | introflexed.
curvado hacia afuera | curved forwards.
curvado hacia arriba | upcurved | upward-curved.
curvado hacia atrás | backward curved.
curvado hacia dentro | inward bend.
curvado hacia el interior | inwardly curving.
curvado hacia fuera | outbent | bent outwards.
curvado irregularmente | irregularly curved.
curvado longitudinalmente | longitudinally curved.
curvado por la gravedad | gravity-turn.
curvado por medio de productos químicos (madera) | chemical-bended.
curvado tolerable (clasificación de troncos de árboles) | normal crook.
curvador del haz | beam bender.
curvadora | curver.
curvadora de bandajes | tire bending machine.
curvadora de cuaderanas | ship frame bender.
curvadora de cuadernas (astilleros) | frame-bender.
curvadora de chapa de tres rodillos (dos abajo y uno arriba) | pyramid-type plate bender.
curvadora de chapas | plate bender | plate bending rolls.
curvadora de chapas de tres rodillos colocados en pirámide (dos abajo y uno arriba) | pyramid bending rolls.
curvadora de llantas | tire bending machine.
curvadora de perfiles laminados | section curving machine | section bender.
curvadora de raíl | rail bender.
curvadora de rodillos verticales | vertical roll bender | vertical bending roll.
curvadora de tubos | tube bender | pipe hickey | pipe-bending machine.
curvadora de tubos sin horma | nonmandrel tube bender.
curvadora sobre horma | mandrel bender.
curvadura | hooking.
curvar | hump (to) | bend (to) | bend down (to) | camber (to) | inflect (to) | curve (to) | deflect (to) | bow (to).
curvar (cuadernas de buques) | compass (to).
curvar (chapas) | radius (to).
curvar (tubos) | hog (to).
curvar (una hoja) | bend back (to).
curvar (vigas) | gag (to).
curvar al vapor (maderas) | warp with steam (to) | steam-bend (to).
curvar el borde | edge-curve (to).
curvar tubos dejando arrugas en la superficie externa del codo | wrinkle-bend (to).
curvarse | bow (to) | buckle (to) | become bent (to) | bend down (to) | curve (to).
curvas algebraicas | algebraic curves.
curvas características (motores, bombas, etc.) | performance curves.
curvas características de funcionamiento | performance.
curvas concéntricas interiores y exteriores | inner and outer concentric curves.
curvas de actuación (motores, bombas, etc.) | performance curves.
curvas de brazos adrizantes (buques) | curve of righting arms.
curvas de equiprobabilidad | equiprobability curves.
curvas de esloras inundables | floodable length curves.
curvas de explosibilidad | explosibility curves.
curvas de igual radio | even-radius curves.
curvas de igual sentido | curves of like hand.
curvas de inundación (buques) | flooding curves.
curvas de isocorrosión | isocorrosion contours.
curvas de isorruidosidad | equal-loudness curves.
curvas de las S (aceros) | T-T-T curves.
curvas de nivel equidistantes | equispaced contouring.
curvas de oscilación de un sistema de transmisión de energía eléctrica | power system swing curves.
curvas de polarización anódica | anodic-polarization curves.
curvas de polarización potenciocinéticas | potentiokinetic polarization curves.
curvas de potencia indicada y efectiva | input-output curves.
curvas de recocido isócronas | isochronal annealing curves.
curvas de redondeado (modelos de fundición) | hollows.
curvas de solubilidad de solidus (diagramas de equilibrio de aleaciones) | solvus.
curvas de templabilidad de Jominy | end-quench hardenability curves.
curvas de termofluencia | creep curves.
curvas de termofluencia a la compresión con esfuerzo constante | constant-stress compression creep curves.
curvas de termofluencia isotérmicas | isothermal creep curves.
curvas de valoración de pH | pH-titration curves.
curvas equivalentes lisamente | smoothly equivalent curves.
curvas equivalentes paramétricamente | parametrically equivalent curves.
curvas freáticas | ground-water contours.
curvas isodósicas | isodose curves.
curvas isoenergéticas | isoenergetic curves.
curvas isoestelas (hidrodinámica) | isowake curves.
curvas isoluminicas | isocandela curves.
curvas isomagnéticas (mapas) | magnetic contours.
curvas isopáquicas | isopachic curves.
curvas isoperimétricas | isoperimeter curves.
curvas isosumersión | equal submersion curves.
curvas lisas equivalentes lisamente | smoothly equivalent smooth curves.
curvas magnéticas | magnetic curves | magnetical curves.
curvas potenciocinéticas | potentiokinetic curves.
curvas promedios | averaged curves.
curvas S (termotratamientos) | T T T diagrams.
curvas unidas por una tangente corta | broken-back curves.
curvatubos | pipe bender.
curvatubos de cabezal giratorio | rotary-head pipe bender.
curvatura | flexure | bowing | curving | braking | bend | arching | arcuation | deflection | bending | camber | curvature.
curvatura (chasis auto) | kick-up.
curvatura (de un arco) | arcuature.
curvatura (hoja de papel) | curl.
curvatura a diámetro muy pequeño (chapas) | edge setting.
curvatura anticlástica | anticlastic curvature.
curvatura atmósferica | atmospheric bending.
curvatura brusca (guía de ondas) | corner.
curvatura brusca en ciertos puntos de una chapa al ser flexada (la curvatura no es un arco uniforme) | fluting.
curvatura con productos químicos | chemical bending.
curvatura de la cara inferior al formar un canal con un punzón (defecto de chapas) | peaking.
curvatura de la corriente anódica (termiónica) | anode bend.
curvatura de la parte superior (aerodinos) | upper camber.
curvatura de la sección transversal (ala avión) | camber.
curvatura de los hilos de malla y urdimbre en su cruce (telas metálicas) | crimp.
curvatura de una pieza de madera colocada de canto | spring.
curvatura de una tabla en su plano | spring.
curvatura del ala | wing camber | wing flexure.
curvatura del canto | edge-bowing.
curvatura del canto (chapa laminada) | bow.
curvatura del canto (chapas) | edgewise curvature.
curvatura del flujo | flow curvature.
curvatura del frente de onda de choque | shock front curvature.
curvatura del nodo de dislocaciones (aceros) | dislocation-node curvature.
curvatura del pantoque (buques) | turn of bilge.
curvatura diagonal (chapa de buque) | sny.
curvatura doble | S curve.
curvatura efectiva de ruta | on course curvature.
curvatura en dirección de la longitud (maderas) | bow.
curvatura en el borde producida por corte con guillotina (defecto chapas) | shear bow.
curvatura en el plano (chapa laminada) | camber.
curvatura en la sección transversal (tablas) | cup.
curvatura gaussiana | Gaussian curvature.
curvatura hacia dentro | insweep.
curvatura hacia fuera del forro a proa o popa (buque madera) | spile.
curvatura hacia fuera del forro a proa o popa (buques) | sny.
curvatura holomórfica | holomorphic curvature.
curvatura lateral | lateral curvature.
curvatura media | mean camber.
curvatura monótona | monotonous curvature.
curvatura por arrugas (tubos) | crease bending.
curvatura por pliegues (tubos) | crease bending.
curvatura según la cara ancha (guía de ondas rectangular) | flatwise bend.
curvatura tórica | toric curvature.
curvatura transversal (carriles, figas laminadas) diente de sierra | sweep.
curvatura troposférica | tropospheric bending.
curvatura uniformemente variable | uniformly changing curvature.
curvavarillas | rod bender.
curvígrafo | cyclograph | curve tracer | curvograph | patter tracer.
curvígrafo (plantilla para curvas - dibujo) | French curve.
curvilátero | cuvilinear | curve-sided.
curvilinealidad | curvilinearity.
curvilíneo | cuvilinear | curvilinear | curve-sided.
curvímetro | curvimeter | map-meter | map measurer | map meter | rotometer.
curvo | curved.
cúspide | cusp | summit | vertex | top | peak | spire | apex.
cúspide (arquitectura) | tip.
cuspidina (mineral) | cuspidine.
custodia | custody | safekeeping | guard.
custodia (economía) | custodianship.
custodia de valores | safekeeping of securities.
custodiado | guarded.
custodiar | guard (to).
custodio | keeper.
cutáneo | cutaneous.
cúter | cutter.

cutí | jean | bed ticking | tick.
cutí (tela) | drill.
cutí grueso | jeanette.
cutícula | cuticle | pellicle.
cutocelulosa | cutocellulose.
cuya longitud de onda es menor de 20 centímetros | hyperfrequency waves.
cylpebs (pequeños cilindros de acero de unos 11 mm de diámetro y 30 mm de longitud - molino para clinker) | cylpebs.
cylpebs de acero templado (para molinos de clínker) | quenched-steel cylpebs.
cytac (radionavegación) | cytac.

CH

chabacano | clumsy.

chabolismo | slumhood.

chabota (bloque sujetador de la estampa inferior - martinetes de forja) | bolster.

chabota (martillo pilón) | block | anvil block | anvil stock.

chacanear (Chile) | spur a horse (to).

chácara | small farm.

chacarero (Hispanoamérica) | farm laborer.

chacinería | pork butchery.

chaconada (tela algodón) | jaconet.

chacra | small farm.

chacra forestal (Argentina) | tree-farm.

chafaldete | clue line.

chafar | squash (to).

chaff puntual | spot chaff.

chaflán | taper | featheredge | fillet | bevel edge | splay | bearding | bay quoin | cant | chamfer.

chaflán (carpintería) | besel.

chaflán abierto | open bevel.

chaflán cerrado (menos de 90º) | closed bevel.

chaflán cónico del macho de roscar | tap taper lead.

chaflán del corte de apeo | scarf.

chaflán del extremo del diente | tooth end tapering.

chaflán del macho roscador | tap chamfer.

chaflán obtuso | open bevel.

chaflanar | chamfer (to).

chagrén (tela) | chagreen | shagreen.

chagrin (cuero granelado) | grain-leather.

chagrín (tela) | chagrin.

chagrinado (cueros) | shagreened.

chagrinar | shagreen (to).

chaira | steel | knife-sharpener.

chal | scarf.

chal de punto | knit scarf.

chala | husk.

chalana (agricultura) | pointer.

chalanear | fake (to).

chalaneo | horse trade.

chalanes para sedales de pesca | net string.

chalaza (del huevo) | tread.

chalaza (huevos) | treadle.

chalcosita (contiene un 79% de cobre) | glance.

chalcotriquita | capillary red oxide of copper. $ | chamfer.

chalé | chalet.

chaleco | vest.

chaleco antimetralla (aviadores) | flak vest | flak-jacket.

chaleco de protección contra las balas | bullet-proof jacket.

chaleco salvavidas | life-preserver vest | lifejacket | life jacket | cork jacket.

chaleco salvavidas autoenderezador (pone al usuario con la cara hacia arriba) | self-righting lifejacket.

chalina | scarf.

chalón (tela) | shalloon.

chalona (medicina) | chalone.

chalupa | cock boat | launch.

chalupa cañonera | gunboat.

chambrana | jamb lining | jamb-lining.

chambrana (de puerta) | frame-molding.

chambrana (puerta, ventana) | frame-lining.

chambrana (puertas) | trim | casing.

chambrana de puerta | doorcasing.

chamota | schamotte | seggar clay | grog.

chamota (arcilla cocida de crisoles viejos) | chamotte.

chamota cerámica | ceramic chamotte.

champ (Michelia champaca) | champ.

champac (Michelia champaca) | champac.

champak (Michelia champaca) | champak | sampigi.

champiñón | mushroom.

chamuscado | fire-scarred | charred | scorched.

chamuscado (de hilos) | singeing.

chamuscado (gaseado - de hilos estambre) | genapping.

chamuscado (gaseado - de hilos o telas) | gassing.

chamuscado (tejeduría) | gassed.

chamuscado con placas calientes | plate singeing.

chamuscador (obrero) | singer.

chamuscadora (máquina) | singer.

chamuscadora de cilindro | roller singer.

chamuscadora de placas | plate singer.

chamuscadora por gas | gas-singeing machine | gassing machine.

chamuscamiento | singeing.

chamuscar | scorch (to) | sear (to) | singe (to).

chamuscar (tejidos) | flare (to).

chamuscar la pintura de los fondos (buques)

chancador (minería) | spaller.

chanclo de caucho sin tacón | foothold.

chancro | canker.

chanchullo financiero | financial juggle.

chanfle de apeo (Argentina) | scarf.

chanfle de corte de volteo (apeo de árboles - Chile) | scarf.

chanfuta (Afzelia quanzensis) | chanfuta.

chantaje | shakedown.

chantajear | blackmail (to).

chantung (tela) | honan | shantung.

chantung de rayón | imitation shantung.

chapa | plate | flatiron.

chapa (de cinturón) | chape.

chapa (para sacar herramientas) | brass check.

chapa a la plana | sliced veneer.

chapa abollada | buckled plate.

chapa abollonada | patterned sheet.

chapa abombada | dished plate.

chapa acanalada | serrated plate.

chapa adaptadora | adaptor plate.

chapa agujereada de acero o aluminio (pistas provisionales de vuelo) | matting.

chapa al carbón vegetal | charcoal sheet.

chapa al corte (Venezuela) | sliced veneer.

chapa alabeada | snyed plate.

chapa alisada y oxidada | planished sheet.

chapa animada de un movimiento de ondulación | waving plate.

chapa anular | annular plate.

chapa apoyada a intervalos | intermittently supported plate.

chapa arrollada | rolled plate.

chapa arrollada en espiral | scrolled sheet.

chapa barnizada en negro | japanned sheet iron.

chapa bombeada | embossed plate.

chapa brillante sin oxidar | glanced sheet.

chapa calentada en el horno antes de trabajarla | furnaced plate.

chapa calidad para embutir o rebordear | flanging quality.

chapa caliente | hot-plate.

chapa canteada | edge-planed plate.

chapa central | center plate.

chapa cilíndrica de la caja de fuegos | firebox wrapper plate.

chapa cilíndrica del cielo del hogar (locomotoras) | roof sheet.

chapa circular | circular plate.

chapa circular empotrada por su contorno | built-in circular plate.

chapa circular sobre la que se cuecen las galletas | girdle.

chapa colocada cerca de la cerradura o pestillo para no manchar la pintura (puertas) | finger-plate.

chapa combada | buckle plate.

chapa comercial recocida | annealed commercial sheet.

chapa compuesta de varias formando figuras geométricas | matched veneer.

chapa con acabado de brillo con una sola cara | one-side bright mill finish.

chapa con acabado o forma especial | specialty sheet.

chapa con bulbo | bulb plate.

chapa con chapado unido intermitentemente por soldadura a la chapa base | applied liner.

chapa con dos escotaduras colineares | plate containing two collinear notches.

chapa con esquina doblada (durante la laminación) | crimped sheet.

chapa con faldilla | flange plate.

chapa con imprimación en el taller (buques) | shop-primer.

chapa con instrucciones técnicas (motores, etc.) | data plate.

chapa con nervios de quita y pon de mayor anchura que las orugas y que se colocan provisionalmente para disminuir la presión unitaria y aumentar la adherencia (carros de asalto) | grouser.

chapa con ondulaciones centrales (defecto laminación) | buckled plate.

chapa con ondulaciones profundas | deep-corrugated sheet.

chapa con perforaciones | pierced plate.

chapa con poca diferencia entre las caras de extensión y compresión y es poco flexible (troncos de árboles) | tight veneer.

chapa con reborde | flange plate | wedge plate.

chapa con recocido azul | blue-annealed sheet.

chapa con revestimiento en ambas caras | twin-clad plate.

chapa con revestimiento superficial | coated plate.

chapa con revestimientos de distinto espesor en ambas caras | differential-coated plate.

chapa con sección en U (para unir la roda o codaste a la quilla) | dished plate.

chapa con taladros | pierced plate.

chapa con tolerancias más rígidas que las normales | special tolerance sheet.

chapa concertada (Argentina) | matched veneer.

chapa contrabalances (tanques de petroleros) | washplate | swashplate.

chapa cortada de modo que su cara esta en un plano perpendicular a los anillos de crecimiento (árboles) | quartered veneer.

chapa cortada en círculos | flat sheet circles.

chapa cortada en cono | cone-cut veneer.

chapa cortada en lámina continua por rotación de un tronco contra una cuchilla | rotary-cut veneer.

chapa cortada en una desenrrolladora después de dividir el rollizo en cuartones | quarter rotary-cut veneer.

chapa cortada junto a la bifurcación de dos ramas | crotch venceer.

chapa cortada por aserrado | sawn veneer.

chapa cortada por sierra pendular durante el laminado | flying-sheared sheet.

chapa cortada según croquis (buques) | sketch.

chapa cuadrilátera isoparamétrica | isoparametric cuadrangular sheet.

chapa curvada | curved sheet.

chapa chapada por laminación | roll bonded sheet.

chapa chorreada con granalla cortante | gritblasted plate.

chapa chorreada con partículas de arena | grit-blasted plate.

chapa de acabado fino | full-finish sheet.

chapa de acero | steel plate | sheet-plate.

chapa de acero bajo en carbono para laminar | tin bar.

chapa de acero bajo en carbono para producir fundente (oxicorte por fundente) | waster plate.

chapa de acero calidad para esmaltar | enameling quality steel sheet.

chapa de acero con ondulaciones cuadradas | channeled steel sheet.

chapa de acero cubierta por ambas caras con una aleación de estaño 20% y plomo 80% | terne plate.

chapa de acero de aleación | alloy plate.

chapa de acero de calidad para embutición | steel sheet of drawing quality.
chapa de acero de calidad para recipientes a presión caldeados | firebox quality steel plate.
chapa de acero eléctrico | electrical sheet | electric steel sheet.
chapa de acero en tiras | strip steel.
chapa de acero esmaltada | enamel-lined steel plate.
chapa de acero laminada en forma de viguetas | steel lumber.
chapa de acero ondulado galvanizada | galvanized corrugated steel sheet.
chapa de acero para calderas | boiler steel plate.
chapa de acero para embutición profunda | deep-drawing steel sheet.
chapa de acero para usos eléctricos | electrotechnic steel sheet | electric steel sheet.
chapa de acero perforado para colocar cables (instalaciones) | perforated steel cable plate.
chapa de acero protectora de los artículos colocados (horno de recocer vidrio) | omnibus.
chapa de acero revestida explosivamente con una capa de cuproníquel | steel plate explosively clad with a coating of cupronickel.
chapa de acero suave | mild sheets.
chapa de acero suave enchapada con chapa de acero inoxidable | silver-ply.
chapa de aleación férrica | iron sheet.
chapa de aluminio | aluminum sheet.
chapa de aluminio abollonada | embossed aluminum sheet.
chapa de aluminio con ondulaciones de pequeño paso | rippled aluminum sheet.
chapa de aluminio chapada con aluminio de gran pureza para reflectores | reflector sheet.
chapa de aluminio estucada y estampada en relieve | stucco-embossed aluminum sheet.
chapa de aluminio foraminado | expanded aluminium sheet.
chapa de aluminio laminada con disminución longitudinal del espesor | taper rolled aluminum sheet.
chapa de aluminio laminada en caliente | hot-rolled aluminum sheet.
chapa de aluminio ondulado | troughed aluminium sheet | corrugated aluminium sheet.
chapa de aluminio plegada | formed aluminium sheet.
chapa de ancho prefijado cortada a medida (laminadores) | universal plate.
chapa de aparadura (buques) | garboard plate.
chapa de arranque (soldaduras cortas) | starting plate.
chapa de asfalto | sheet asphalt.
chapa de asiento del carril | ground plate.
chapa de balance (tanques de petroleros) | washplate.
chapa de basamento enlechada | grouted-up baseplate.
chapa de brazola | coaming plate.
chapa de cabeza (calderas) | crown sheet.
chapa de caja fuerte | safe plate.
chapa de cantos cepillados | edge-planed plate.
chapa de capacidad de funcionamiento (máquinas) | rating-plate.
chapa de característica | data plate.
chapa de características | rating plate.
chapa de caucho (cirugía) | dam.
chapa de cerradura | striking plate.
chapa de cierre | blanking plate.
chapa de cimentación | holdfast.
chapa de cinc de terraja para molduras (edificios) | running shoe.
chapa de cinc latonada | brassed zinc plate.
chapa de cinc ondulada | corrugated zinc sheet.
chapa de cobre | copperplate.
chapa de cobre de la envuelta interior (caldera locomotora) | inner copper wrapper plate.
chapa de cobre estañado | dairy copper.
chapa de cobre o plomo para reparar embarcaciones de madera | tingle.
chapa de cobre para desviar el agua (cimientos) | copper flashing.
chapa de compensación (buques) | doubling plate.
chapa de control (para sacar herramientas) | check.
chapa de corte plano | sliced veneer.
chapa de cuarteo desenrrollado | quarter rotary-cut veneer.
chapa de cubierta (buques) | deck plate.
chapa de cubierta atornillada (buques) | portable deck plate.
chapa de culata (cantonera - fusiles) | butt-plate.
chapa de choque | impingement plate.
chapa de desenrollo sobre un semitronco | half rotary-cut veneer.
chapa de desenrrollo | rotary-cut veneer.
chapa de desgaste (tuberías de sonda en buques) | striking plate.
chapa de desgaste de la traviesa superior del pivote | bolster wear plate.
chapa de dimensiones comerciales | utility sheet.
chapa de dimensiones normales | stock-size plate.
chapa de empalme | connection plate.
chapa de envuelta | clothing sheet | coverplate.
chapa de envuelta del revestimiento calorífugo (calderas) | clothing plate.
chapa de escurrimiento superior | counterflashing.
chapa de espesor medio (de 3 a 4,75 mm.) | medium plate.
chapa de expulsión (molderías) | stripping plate.
chapa de figura (buques) | sketch.
chapa de figura (no rectangular) | fashioned plate | shaped plate.
chapa de figura del forro (buques) | furnaced shell-plate.
chapa de fondo (calderas) | bottom plate.
chapa de fondo plana sin atirantar | unstayed flat end plate.
chapa de forro | skin plate | lining plate.
chapa de fuego (puertas hornos) | flame plate.
chapa de glacis (carro asalto) | glacis plate.
chapa de guía de bagazo | turnplate.
chapa de henchimiento (buque de dos hélices) | bossing.
chapa de henchimiento (buques) | boss plate.
chapa de hierro | iron plate.
chapa de hierro al silicio con monocristales orientados | oriented single-crystal silicon iron sheet.
chapa de hierro emplomada | leaded sheet iron.
chapa de hierro para hacer encima una amasada a mano (hormigón) | slick sheet.
chapa de hojalata fina | tagger.
chapa de hojalata litografiada | lithographed tinplate sheet.
chapa de hojalata para marbetes | taggers' tin.
chapa de hojalata perforada en el centro para dar paso a los cabos de amarre y evitar suban las ratas a bordo (buques) | rat-stopper.
chapa de hojalata selecta | prime.
chapa de horqueta (Iberoamérica) | crotch venceer.
chapa de identificación | identification tag | identification plate.
chapa de la bovedilla (buques) | counterplate.
chapa de la consola de la brazola de escotilla (buques) | hatch coaming shelf plate.
chapa de la limera del timón | rudderhead plate.
chapa de latón | brass sheet | brass plate.
chapa de latón colocada a la salida de un tubo de sonda (cubiertas buques) | deck plate.
chapa de latón para arquitectura | trim bronze.
chapa de limera (buques) | tuck | oxter plate.
chapa de limera del timón | rudder partner plate.
chapa de los cucharros de popa | buttock plate.
chapa de los fondos (buques) | bottom plate.
chapa de los fondos (recipiente cilíndrico) | head plate.
chapa de madera | wood veneer | veneer | veneer.
chapa de madera nudosa | burl.
chapa de madera o metal para repartir presiones (trabajos de prensa) | caul.
chapa de madera obtenida cortando sobre un cuchilla fija (gira el tronco) | sliced veneer.
chapa de madera obtenida en la sierra | sawed veneer.
chapa de mamparo | bulkhead plate.
chapa de matrícula (autos) | license plate.
chapa de metal o plástico que se coloca en el peinazo inferior (puertas) | kicking plate.
chapa de metal para absorber ciertas radiaciones | absorber.
chapa de montaje | support plate.
chapa de nogal nudoso | bur-walnut.
chapa de orificios | orifice plate.
chapa de orilla negra (hojalata) | black-edged plate.
chapa de oro | gold plate.
chapa de parada (soldaduras cortas) | stopping plate.
chapa de pared (instalación eléctrica) | faceplate.
chapa de piedra | veneer.
chapa de piso | floorplate.
chapa de plásticos lamelados | laminated sheet.
chapa de plomo | flat lead.
chapa de proa | bow plate.
chapa de protección | protecting sheet | sheeting | dust-pan | guard sheet.
chapa de que se puede estirar y moldear en caliente (plásticos) | postforming sheet.
chapa de quilla | keel plate.
chapa de quilla vertical | center keelson plate.
chapa de recubrimiento | junction plate | coverplate.
chapa de refuerzo | stay plate | doubler | doubler plate | tie plate | bracing plate | backing plate.
chapa de refuerzo (buques) | doubling plate.
chapa de refuerzo (columnas de celosía) | batten plate.
chapa de refuerzo de la base de un puntal (buques) | rider plate.
chapa de refuerzo del forro para choques con hielos flotantes (buques) | ice doubling.
chapa de regala redondeada para unirse a la traca de cinta (buques) | radiused gunwale.
chapa de relleno | filling plate | shim.
chapa de retenida (botadura buques) | solepiece.
chapa de retenida (postes) | guy shim.
chapa de revestimiento | facer | lining plate.
chapa de revestimiento de las viguetas | joist facer.
chapa de revestimiento de tolva de mineral | ore chute liner plate.
chapa de rompeolas (buques) | manger plate.
chapa de rotor con muescas | serrated rotor plate.
chapa de rozamiento | chafing plate.
chapa de seguridad | keeper.
chapa de sujeción | keeper plate.
chapa de suplemento | filler.
chapa de torno (Argentina) | rotary-cut veneer.
chapa de trancanil | gunwale plate | stringer plate.
chapa de trancanil de la cubierta resistente | strength deck stringer.
chapa de trinca | locking plate.
chapa de una aleación | alloy plate.
chapa de unión | tie plate | connection plate.
chapa de unión entre la quilla maciza y la traca de aparadura (buques de quilla maciza) | bent plate washer.
chapa de vagra | keelson plate.
chapa de vagra central | center keelson plate.
chapa de varenga | floor plate.
chapa de varenga (buques) | floorplate.
chapa de varias hojas (madera contrachapada) | multilaminated sheet.

chapa decapada | pickled sheet.
chapa deflectora (chapa de choque - hornos) | dashplate.
chapa del ala (ala de vigas) | face plate.
chapa del ala de la cartela | bracket face plate.
chapa del ala de la cartela de la ménsula (buques) | cantilever bracket face plate.
chapa del alma de la bularcama (buques) | transverse web plate.
chapa del cielo del hogar (calderas) | crown sheet.
chapa del costado que coge la quiebra de una superestructura (como toldilla, etc. - buques) | waist plate.
chapa del cuerpo cilíndrico (calderas) | barrel plate.
chapa del fondo | bottom sheet.
chapa del fondo de la cámara | back chamber plate.
chapa del forro (buques) | shell plate.
chapa del margen de la tapa del doble fondo (buques) | tank margin plate.
chapa del pantoque | bilge plate.
chapa del peto de popa (buques) | transom plate.
chapa del piso | floor plate.
chapa del rotor | rotor punching.
chapa del trancanil | deck stringer plate.
chapa delantera (caja de fuegos) | throat plate.
chapa delantera de caja de fuegos | firebox front sheet.
chapa delantera de la caja de fuego (calderas) | waist plate.
chapa delgada | thin gauge sheet.
chapa delgada de acero | steel sheet.
chapa delgada de metal puro empleada como cátodo inicial (refinado electrolítico) | starting sheet.
chapa delgada flexible | flimsy.
chapa delgada que se separa lateralmente del electroformo (electroformación) | master sheet.
chapa dentada | scalloped plate.
chapa desbobinada (Chile, Uruguay) | rotary-cut veneer.
chapa desechada (hojalata) | water waste.
chapa desviadora | deflecting plate.
chapa doblada (buques) | doubler.
chapa doblada cerca del escoben (buques) | bolster plate.
chapa eléctrica con 1% de silicio | electrical grade sheet.
chapa eléctrica de pequeñas pérdidas magnéticas | high-grade electrical sheet.
chapa electroestañada escurrida en caliente | hot-flowed electrotin-plate.
chapa embutida | embossed plate | dished plate.
chapa emplomada | terne plate | terne-coated sheet | long terne.
chapa emplomada para cubiertas | roofing tin.
chapa en rollo | strip sheet.
chapa enderezada | flat sheet.
chapa enderezada en la aplanadora | roller leveled sheet.
chapa enderezada en la estiradora | stretcher-flattened sheet.
chapa enfaldillada | angled sheet | flanged plate.
chapa entallada en caliente en el torno | hot-spinned plate.
chapa envolvente de la cámara de combustión | combustion chamber wrapper plate.
chapa envolvente intacta | solid shell plate.
chapa escasa de medidas | off-gage plate.
chapa esmaltada | enameled sheet.
chapa espaldar (soldadura a tope de chapas) | backing strip.
chapa espaldar de acero | steel backing strip.
chapa estampada | press-formed plate.
chapa estampada (del circuito magnético) | lamination.
chapa estampada con los bordes arrugados | wrinkled stamping.
chapa estampada en relieve | embossing plate.
chapa estañada sin plomo | bright tin plate.
chapa estañoemplomada con aleación de 15 a 20% de estaño y plomo | tin-terne-coated sheet.
chapa estirada en el martinete | hammered plate.
chapa estrechada a lo largo | longitudinally-tapered sheet.
chapa estriada | lozenge-embossed plate | chequered plate | ribbed plate | rifled plate | fluted plate | multigrip plate | channeled plate | diamond decking.
chapa extractora | knockout plate.
chapa extractora (chapa arrancadora de la pieza embutida que sale pegada al punzón de la prensa) | stripper plate.
chapa eyectora (chapa arrancadora de la pieza embutida que sale pegada al punzón de la prensa) | stripper plate.
chapa fácil de mancharse con grasa | grease-receptive sheet.
chapa festoneada | scalloped plate.
chapa figurada (Bolivia) | figured veneer.
chapa fina | thin plate | light-gage sheet.
chapa fina al coque | coke plate.
chapa fina con ondulaciones poco profundas | shallow-troughed corrugated sheeting.
chapa fina de acero | steel sheet | sheet-steel.
chapa fina de acero intercalación (geología) | sheet.
chapa fina de acero revestida de plástico | plastic-coated sheet steel.
chapa fina de cobre | copper sheet.
chapa fina de espesor medio | medium-gage sheet.
chapa fina de madera revestida con cartón por las dos caras | veneer board.
chapa fina doblada durante su laminación | lapper.
chapa fina laminada en caliente de menos de 0 (hojalata) | extra lattens.
chapa fina laminada en frío | cold-rolled sheet.
chapa fina negra recocida | hot-rolling annealed sheet.
chapa fina ondulada por acción de rodillos | roll-forming sheet metal.
chapa fina pegada a otra (laminación en paquete) | sticker.
chapa fina terminada en caliente | green sheet.
chapa fotograbada | photoetched sheet.
chapa frontal | face plate.
chapa fuerte | bloom plate.
chapa galvanizada | galvanized sheet | galvanized plate.
chapa granallada | shotblasted plate.
chapa gruesa | thick plate.
chapa gruesa (más de 4,76 mm) | heavy plate.
chapa gruesa de acero | steel slab.
chapa gruesa donde ejerce presión un gato | jacking plate.
chapa guardajunta | joint shield.
chapa guardaposte (línea sobre postes) | strain plate.
chapa guía de caja de grasa (locomotoras) | pedestal liner.
chapa hermanada (México) | matched veneer.
chapa imperforada | unpierced plate.
chapa impresa en fotograbado | photoengraved printing plate.
chapa intacta | solid plate.
chapa intercostal | intercostal plate.
chapa intercostal de pantoque | bilge intercostal plate.
chapa labrada con salientes esféricos | button plating.
chapa labrada en relieve | blind punched plate.
chapa laminada | rolled plate.
chapa laminada con espesor longitudinal decreciente | roll-tapered sheet.
chapa laminada con refuerzos a lo ancho | ribbed sheet.
chapa laminada de tira o banda | strip-rolled sheet.
chapa laminada en caliente (acero) | hot-rolled sheet.
chapa laminada en laminador universal (sale con los cuatro cantos laminados) | U. M. plate.
chapa laminada en una sola dirección | one-direction-rolled plate.
chapa laminada normalizada de gran espesor | heavy-section normalized rolled plate.
chapa lateral del doble fondo | double bottom margin plate.
chapa lisa | flat plate.
chapa lisa de bordes a escuadra | plain squared edged flat.
chapa magnética | stamping.
chapa magnética de cubos orientados | cube-oriented magnetic sheet.
chapa magnética de grano orientado | grain-oriented magnetic plate.
chapa mal cortada | ill-cut plate.
chapa maleable en caliente (plásticos) | post-forming sheet.
chapa marginal de la tapa del doble fondo (buques) | marginal plate | margin plate.
chapa marginal del doble fondo | double bottom margin plate.
chapa martillada | hammered sheet iron.
chapa mate | pickled sheet.
chapa media (de 3 a 4,75 mm.) | medium plate.
chapa metálica circular (muela abrasiva) | flange.
chapa metálica con cáncamo para izar (botes) | hoisting pad.
chapa metálica con numerosos agujeros para formar pistas provisionales (aeródromos) | pierced plank.
chapa metálica o lona colocada en la parte posterior de una escala (buques) | ladder screen.
chapa metálica protegida con alquitrán | bitumen-protected metal sheet.
chapa montada (laminación de chapas) | pinched sheet.
chapa muy delgada para marbetes | tagger.
chapa negra | blackplate | black sheet.
chapa negra (acero) | hot-rolled sheet.
chapa negra acabada | finished black plate.
chapa negra sin recocer | red-hard sheet | raw sheet.
chapa no perforada | solid plate.
chapa no rectangular (buques) | sketch.
chapa no resbaladiza o pallete unida a la parte alta de la cubierta | deck pad.
chapa normalizada para transformarla en chapa ondulada para techos | flat roofing sheet.
chapa o pieza fundida currentiforme (obra viva de buques) | fairwater.
chapa obturadora para impedir la entrada del agua | water bar.
chapa ondulada | troughed sheet | ripple-plate | corrugated sheet | corrugated iron.
chapa oscilante (helicóptero) | wobble plate.
chapa oxicortada | flame-cut plate.
chapa para bridas | flange plate.
chapa para calderas | boiler-plate | boiler sheet.
chapa para cubrir el espacio entre la chimenea verdadera y la exterior (buques) | cravat.
chapa para dínamos | electrical sheet.
chapa para el montaje | base plate.
chapa para embutir | dish plate.
chapa para fabricación de cuerpos de botes de hojalata | body stock.
chapa para recipientes a presión y cámaras de combustión en buques | marine quality plate.
chapa para reparar desgarrones (correas de transmisión)rreas de transmisión) | rip plate.
chapa para sacar herramientas (talleres) | tool check.
chapa para tableros contrachapados | structural veneer.
chapa para tubería | tube sheet.
chapa para usos generales | utility sheet.
chapa parcialmente laminada | breakdown.
chapa patrón (una vez marcada se hace un paquete con ella y otras para taladrarlas juntas) | master plate.

chapa perforada | perforated plate.
chapa plana rectangular larga | flat long rectangular plate.
chapa plana soportada por tirantes (calderas) | stated flat plate.
chapa posterior de la caja de fuegos | firebox door sheet.
chapa posterior de la caja de fuegos (espaldar de la caja de fuegos) | combustion chamber back-plate.
chapa posterior del hogar | firebox back sheet.
chapa protectora | guard plate | protection plate | protector plate | protecting sheet | apron.
chapa protectora contra explosiones (galería de minas) | fine.
chapa protectora del paquete (corte en paquete) | waster plate.
chapa protectora desplazable | swingable protecting plate.
chapa pulida | polished sheet.
chapa punzonada | punched plate.
chapa que arriostra longitudinalmente los gigantones de proa (botadura buques) | dagger plank.
chapa que forma los costados y cielo de la caja de fuegos (caldera locomotora) | wrapper plate.
chapa que rodea la limera del timón (buques) | horseshoe plate.
chapa que se une al modelo y sirve para extraer aquél por medio de una varilla roscada en la punta evitándose que se estropee el molde por el manejo | rapping plate.
chapa rayada | riffled plate.
chapa rebanada (Méjico) | sliced veneer.
chapa rebordeada | flanged plate.
chapa recocida y galvanizada | galvannealed sheet.
chapa recortada en la prensa en los cuatro bordes | resquared metal.
chapa redondeada de popa sobre la flotación | soft nose plate.
chapa reducida en frío | blackplate.
chapa reescuadrada | resquared plate.
chapa revestida | coated plate.
chapa rigidizada | rigidized sheet.
chapa rigidizada con depresiones estampadas de forma triangular o semicircular o rectangular | swedged plate.
chapa rigidizada de acero inoxidable | stainless steel rigidized plate.
chapa romboidal | diamond plate.
chapa sin perforaciones | unpierced plate.
chapa sobre la que laborea la cadena del ancla (proa buques) | flash plate.
chapa solapante | overlapping plate.
chapa subsolapada (de las dos de una junta solapada) | underlapping plate.
chapa superior | top plate.
chapa superior (minas carbón) | bench coal.
chapa taladrada para deducir espesores | drill-tested plate.
chapa taladrada sobre plantilla | jig-bored plate.
chapa trabajada en el martillo de chapista | hammered plate.
chapa transversal de refuerzo entre almas (viga tubular) | diaphragm plate.
chapa triangular de unión (esquinero) | gusset plate.
chapa triangular isósceles | isosceles-triangular plate.
chapa triangular ortotrópica | orthotropic triangular plate.
chapa tubular de la cámara de combustion | combustion chamber tube sheet.
chapa tubular del hogar | firebox tube sheet.
chapa unible | attachable plate.
chapa veteada | figured veneer.
chapa vuelta a recantear | resquared plate.
chapa zincada | galvanized plate.
chapado | clad | cladding.
chapado con aleación de estañosoldadura | soft-solder cladding.
chapado con aleación para cobresoldar | brazing metal cladding.
chapado con carburo de volframio | tungsten carbide plating.
chapado con metales raros | rare-metal cladding.
chapado con piedra | stone-faced.
chapado con una aleación | alloy-clad.
chapado de aluminio | aluminium coated.
chapado de estaño | tinclad.
chapado de mármol | marbled.
chapado de metales | metal cladding.
chapado de partes metálicas con metales en polvo fundidos | flame plating.
chapado de plomo ligado químicamente | chemically bonded lead cladding.
chapado de sillería | ashlaring | ashlar stone facing.
chapado en aleación de cobre | copper alloy cladding.
chapado en aluminio | aluminum-clad.
chapado en granito (paramentos) | faced with granite.
chapado en oro | gold-plated | gold-cased | gold filled.
chapado en oro (monturas de gafas) | gold-filled.
chapado en plata | silver-clad.
chapado en platino | platinum-clad.
chapado por laminación | rolling bonding.
chapaje | plating.
chapaleta (válvula de charnela) | flapper.
chapapote | mineral tar.
chapar (chapar con otro material) | clad (to).
chapar por laminación | roll-coat (to) | roll-bond (to).
chaparral (Iberoamérica) | scrub.
chaparrón | shower | cloudburst | shower.
chaparrón cósmico | cosmic-ray shower | cosmic ray shower.
chaparrón de Auger (nuclear) | Auger shower.
chaparrón de granizo | hail shower.
chaparrón en cascada | cascade shower.
chaparrón penetrante | penetrating shower.
chaparros | scrub.
chapas | plating.
chapas aplicadas | stacked sheets.
chapas apuntadas con soldadura | pretacked plates.
chapas calidad para recipientes a presión no caldeados | flange quality plates.
chapas con superficies abollonadas | embossed-surface sheeting.
chapas constituyentes | constituent sheets.
chapas contadas automáticamente | automatically counted plates.
chapas cortadas en forma circular | plate circles.
chapas cortadas en forma no circular o rectangular | odd-shaped plate blanks.
chapas de acero | plate steel.
chapas de acero bajo en carbono calmado con aluminio | aluminum-killed low carbon steel sheets.
chapas de acero endurecidas por laminación en frío | temper rolled steel sheets.
chapas de acero endurecidas por laminado de acritud | temper rolled steel sheets.
chapas de acero extrasuave | extra-mild plates.
chapas de acero suave para buques | mild-steel ship quality plates.
chapas de amurada | bulwark plating.
chapas de figura | odd-shaped plate blanks.
chapas de forma especial para empleo en los extremos de cubiertas o alrededor de chimeneas para hacer estanco el techo (cubrejunta metálico flexible-arquitectura) | flashing.
chapas de popa | poop planting.
chapas de prensado | caul.
chapas del bastidor de locomotora | locomotive frame plates.
chapas del estator | stator laminations | stator punchings.
chapas deshermanadas | mismatching.
chapas en paquete | stacked sheets.
chapas en paquete (polos magnéticos, etc.) | stacked laminations.
chapas en paquetes | cluster plates.
chapas laminadas aisladamete | singles.
chapas laminadas en caliente después de dobladas | doubles.
chapas laminadas en caliente por parejas | pairs.
chapas laterales | girth sheets.
chapas magnéticas para transformadores | transformer laminations.
chapas metálicas de gran longitud insertadas entre el revestimiento y el forro y enfriadas con agua (alto horno) | stave coolers.
chapas metálicas para distribuir uniformemente la presión (encolado de chapas) | caul.
chapas montadas (laminación de chapas) | pinchers.
chapas navales | ship plates.
chapas navales soldables | weldable shipbuilding quality plates.
chapas normalizadas para buques altas en manganeso y calmadas con aluminio | high-manganese aluminium killed normalized ship plates.
chapas para buques | ship plates.
chapas para dínamos | core sheets.
chapas para forro de paredes (estructuras metálicas) | siding.
chapas para tejado de aluminio ondulado | ribbed aluminum roofing.
chapas para traviesas de ferrocarril | G. E. O. plates.
chapas pulidas de zinc (papel) | zincs.
chapas que se laminan al principio para calentar los cilindros (laminadores) | fire-bed sheets.
chapas recocidas | annealed sheets.
chapas revestidas con mezcla de plomo y estaño | long ternes.
chapas soldadas ortogonalmente | fillet-welded plates.
chapé | schappe.
chapeado | veneering | plating | foliated.
chapear | veneer (to).
chapear con níquel | nickel clad (to).
chapería | sheet stock.
chapero (para colocar chapas) | iron stand.
chapero (para guardar chapas) | plate-rack.
chapero para colocar chapas (astilleros) | rack.
chapista | tinker | sheetmetal worker | plater.
chapista (obrero) | panel beater.
chapisteria | cabinetry | panel-beating | tinsmithing | sheetmetal work.
chapita (telares) | drop wire | dropper.
chapita auxiliar de salida del cordón (soldadura de tres chapas en T) | run-off plate.
chapitel | steeple.
chapitel (arquitectura) | broach.
chapón (de carda) | flat.
chapón de carda | card flat.
chapón desguarnecido (tejeduría) | uncoupled flat.
chapón giratorio | revolving flat.
chapón guarnecido | covered flat.
chapotear | paddle (to) | splash (to).
chapotear (olas) | lap (to).
chapoteo | splash | popple.
chapoteo (de las olas) | lap | lapping.
chapoteo del agua | splashing.
chapucear | patch (to) | cobble (to).
chapucería | patchwork.
chapucero | amateurish | gimcrack | clumsy.
chapurreado | broken.
chapuzas | odd jobs.
chaqueta | coat.
chaqueta (cilindros) | jacket.
chaqueta calorífuga | lagging.
chaqueta de punto sin solapas | cardigan.
chaqueta del cilindro | cylinder casing.
chaqueta del cilindro del compresor | com-

pressor cylinder jacket.
chaqueta larga con capucha para climas muy fríos | parka.
chaqueta refrigerante | cooling jacket.
chaquetón de cuero | buff-coat.
chaquetón de lona encerada | slicker.
chaquetón de mar | reefing-jacket | pilot-coat | pea jacket.
chaquetón de marinero | peacoat.
chaquetón de vuelo (aviadores) | flight jacket.
charactrón | charactron.
charanga (música) | wind band.
charca | pool.
charco | puddle | pool.
charco de la soldadura en fusión | molten weld pool.
charco de metal fundido (soldadura) | pool.
charco para el muro interior impermeable (presa de tierra) | core pool.
charcutería | pork house.
charmelina (tela) | charmelaine.
charmés (tejido fino de algodón egipcio empleado como forros - tela) | charmeuse.
charnela | joint | hinge | knuckle | knuckle pin.
charnela (bisagras) | pintle.
charnela (de hebilla) | chape.
charnela (geología) | bend.
charnela (plegamientos) | axis.
charnela (superficies de mando) | hinge axis.
charnela anticlinal | upper bend | anticlinal crest | saddle bend | arch bend.
charnela de alerón | wing flap hinge.
charnela de aleteo | flapping hinge.
charnela de aleteo (helicópteros) | delta hinge.
charnela de batimiento | flapping hinge.
charnela de batimiento (helicópteros) | delta hinge.
charnela de la resistencia (helicóptero) | drag hinge.
charnela de la resistencia (helicópteros) | lag hinge | alpha hinge.
charnela de un plegamiento (geología) | axis of a fold.
charnela portacebo (erizo antisubmarinos) | shutter.
charnela sinclinal | synclinal turn.
charnela sinclinal (geología) | lower bend.
charnela superior (plegamientos) | saddle.
charol | enameled leather | patent leather | varnish.
charola (estereotipia) | apron.
charolado (acabado telas) | ciré.
charolamiento (aplicación de barniz opaco generalmente negro y luego estufado en horno) | japanning.
charolar | varnish (to).
charolar (cuero) | enamel (to).
charpa (medicina) | sling.
charran (Sterna) | sea shallow.
charretera | scale | shoulder scale | epaulet.
charro (chillón-colores) | flash.
charteamiento | chartering.
chasca | slash.
chascar la lengua | click (to).
chasis | carriage.
chasis (almacén - fotografía) | magazine.
chasis (automóvil) | frame.
chasis (autos, vagones, etc.) | chassis.
chasis bajo | low-built chassis.
chasis cargapelícula | charger.
chasis cargapelículas | cassette.
chasis completamente soldado | all-welded chassis.
chasis con el conductor detrás del motor | driver-behind-engine chassis.
chasis con la parte posterior levantada (autos) | kick-up chassis.
chasis con mandos en la mitad anterior del morro (la otra mitad lateral ocupada por el motor) | semiforward control chassis.
chasis de almacén (fotografía) | plate magazine | plate-changing box.
chasis de automóvil | automobile chassis.
chasis de camión | lorry chassis.
chasis de frecuencia intermedia | I-F strip.
chasis de puesta en página (tipografía) | chase.
chasis de seis ruedas con tracción en cuatro | six-wheel four-wheel drive chassis.
chasis de triciclo | tricycle chassis.
chasis desenchufable | drawer.
chasis escalonado (autobuses) | swanneck chassis.
chasis extralargo | extra long chassis.
chasis galvanizado y pasivado | passivated zinc plated chassis.
chasis más estrecho por delante (autos) | cambered chassis.
chasis montado | assembled chassis.
chasis para placas (fotografía) | slide.
chasis portaplacas (fotografía) | plateholder | plate-holder.
chasis portaplacas para exposición sucesiva (fotografía) | changing box.
chasis prensado en frío | cold-pressed chassis.
chasis soldado (auto) | welded chassis.
chasis-almacén (fotografía) | drawer.
chasis-prensa (fotografía) | printery-frame.
chasquear | flip (to).
chasquear (látigo) | lash (to).
chasquido | snap | cracking | click | flick.
chasquido (radio) | hash.
chasquido (ruido producido en el interior del tronco que se está apeando-corta forestal) | popping.
chasquido de aguja (electroacústica) | needle scratch.
chasquido de la lengua | click.
chasquido de línea | line hit.
chasquido de manipulador | key click.
chasquido que se oye cuando el piso se levanta por la presión (minas carbón) | fissle.
chasquidos de manipulación | keying clicks.
chasquidos de manipulación (radio) | key clicks.
chata (bote de fondo plano) | accon.
chata (Chile) | sling punt.
chatarra | junk | muck scrap | scrap.
chatarra clasificada | prepared scrap.
chatarra de acerías | stel mill waste.
chatarra de acero | scrap steel | steel scrap.
chatarra de aceros aleados | alloy scrap.
chatarra de aleación de cobre de baja graduación | low-grade copper alloy scrap.
chatarra de aluminio | aluminum scrap.
chatarra de automóviles | automobiles scrap.
chatarra de bebederos y de mazarotaje y partes defectuosas (acerías) | sprue.
chatarra de cobre | scrap copper | shruff copper.
chatarra de elaboración propia (en las acerías es del 26 al 30%) | home scrap.
chatarra de fabricación | working scrap | production scrap | process scrap.
chatarra de fabricación propia | prompt industrial scrap.
chatarra de fundición | heavy scrap | cast-iron scrap | cast scrap.
chatarra de hierro | iron scrap | scrap iron.
chatarra de la fabricación propia (acerías) | back scrap.
chatarra de la fundición | foundry scrap.
chatarra de la fundición (bebederos, mazarotas, etc.) | foundry returns.
chatarra de metal | scrap-metal.
chatarra de plata (joyería) | lemel.
chatarra de producción propia (acerías) | dormant scrap.
chatarra de producción propia (acerías, fundérías) | return scrap.
chatarra de tubos | scrap tubing.
chatarra del país | home-produced scrap.
chatarra del pozo de escoria | pit scrap.
chatarra desestañada | detinned scrap.
chatarra empaquetada | baled scrap.
chatarra férrica | ferrous scrap.
chatarra inclasificada | unprepared scrap.
chatarra no férrica | nonferrous scrap.
chatarra recogida | collected scrap.
chatarra recuperable | recoverable scrap.
chatarras empaquetadas | compressed bundles.
chatarrería | junk shop.
chatarrero | junk dealer | junkman | scrap merchant | scrapman.
chatarrero de buques | shipbreaker.
chato | flat-nosed.
chaussé (rueda del minutero - relojes) | cannon pinion.
chavasca (árboles) | slash.
chaveta | peg | key | gib plate | gripe | pin | wedge | forelock | tongue.
chaveta (de eje) | linchpin.
chaveta (unión articulada) | knuckle pin.
chaveta con cabeza | gib-head key.
chaveta con sotrozo | fox key.
chaveta con talón | gib-head key.
chaveta cóncava | saddle key.
chaveta cónica | cone key | tapered cotter.
chaveta cónica del talón | gib-head taper key.
chaveta convergente | taper key.
chaveta corrediza | feather.
chaveta de acoplamiento | coupling key.
chaveta de ajuste | wedge bolt | adjusting cotter.
chaveta de apriete | wedge bolt | wedge key.
chaveta de biela de acoplamiento | side rod cotter.
chaveta de cepo de ancla | anchor stock forelock.
chaveta de corredera (chaveta no cónica fijada a una de las piezas y que puede deslizarse en la ranura) | feather key.
chaveta de extremo perdido | short pin.
chaveta de fricción | saddle key.
chaveta de guía | colter | cotter.
chaveta de la cabeza (biela locomotoras) | big-end cotter.
chaveta de media luna | woodruff key.
chaveta de nilón | nylon key.
chaveta de perno del grillete | shackle bolt pin.
chaveta de pezón | peg feather key.
chaveta de ranura | sunk key.
chaveta de reglaje | adjusting gib.
chaveta de retén | cotter.
chaveta de retenida | check pin.
chaveta de talón | headed key | gib.
chaveta de tuerca para perno del anillo motor | drive ring bolt nut cotter.
chaveta de válvula | valve cotter.
chaveta del carro (tornos) | saddle gib.
chaveta del cubilete (alza de cañón) | tumbler key.
chaveta del eje | axle pin | shaft-key.
chaveta del platillo de excéntrica | eccentric sheave feather.
chaveta deslizante | draw key.
chaveta doble | gib and cotter.
chaveta en cola de milano | dovetail key.
chaveta encastrada | sunk key | layed-in key.
chaveta estriada | splined key.
chaveta hendida | spring forelock | spring key.
chaveta hendida (para frenar tuercas) | locking pin.
chaveta hendida para contrachaveta | fox key.
chaveta hueca | saddle key.
chaveta móvil | draw key.
chaveta redonda | round key.
chaveta roscada de fijación | screw cotter.
chaveta seccionada | split lock.
chaveta semifija (chaveta no cónica fijada a una de las piezas y que puede deslizarse en la ranura) | feather key.
chaveta tangencial | tangential key.
chaveta trapecial | taper key.
chaveta trapezoidal | taper key.
chaveta y contrachaveta | cotter and gib | key and gib | gib and cotter | gib and key.
chavetaje | cottering.
chaveteadora | keyseater.
chavetear | cotter (to) | wedge (to) calzar.
chavetear una pieza sobre un eje | spline (to).
chavetero | cotter hole | keyway | cutter hole | key-groove | key seat | key-slot | slot | cotter

way.
chavetero (a lo largo de un eje) | spline.
chavetero ciego | blind keyway.
chavetero de la excéntrica | eccentric keyway.
chavetero de la hélice | propeller keyway.
chavetero del tipo de corredera-guía (ejes de cola-buques) | sled-runner type keyway.
chavetero forrado de latón | bronze-lined gibways.
checham (Metopium brownii) | black poison wood.
chelín | shilling.
chengal (Balanocarpus heimii) | penak chengal | chengal.
chenila de doble cara | reversible chenille.
chenilla con plumas | feather chenille.
chenilla cortada | cut chenille.
chenilla de fantasía | patterned chenille.
chenilla en U | singed chenille.
cheque | check | cheque | money order.
cheque a la orden | cheque to order | order cheque.
cheque a la vista | stock cheque.
cheque al cobro | check for collection.
cheque al portador | cheque payable to bearer | cheque to bearer | check to bearer.
cheque anulado | voided check.
cheque bancario | bank cheque.
cheque bloqueado | stopped check.
cheque caducado | matured cheque | stale check.
cheque cancelado | canceled check.
cheque certificado | certified check.
cheque como pago total | check in full settlement.
cheque compensado | check cleared | cleared cheque.
cheque con comprobante | voucher check.
cheque con fecha anterior | antedated check.
cheque con marca confidencial | marked cheque.
cheque confirmado | certified check.
cheque confirmado por el banco | marked check.
cheque conformado | certified check.
cheque contra documentos | cheque against documents.
cheque contra uno mismo | counter check.
cheque cruzado | crossed check | crossed cheque.
cheque cruzado especial | cheque crossed specially.
cheque de administración | cashier's check.
cheque de banco | official check.
cheque de caja | cashier's check.
cheque de gerencia (Venezuela) | cashier's check.
cheque de tarjeta perforada | card check.
cheque de ventanilla | registered check | cashier's check.
cheque de viajero | traveler's check.
cheque del cajero (Puerto Rico) | cashier's check.
cheque devuelto | returned check | returned cheque.
cheque domiciliario | address cheque.
cheque en blanco | blank cheque | blank check.
cheque en blanco (bancos) | counter check.
cheque en descubierto | dead cheque | uncovered check.
cheque en garantía de pago | memorandum check.
cheque endosado en favor de | cheque endorsed in favor of.
cheque enmendado | altered check.
cheque expedido | check drawn.
cheque extendido por el banco | banker's draft.
cheque falsificado | bum check | forged check.
cheque fraudulentamente aumentado | raised cheque.
cheque impagado | unpaid check.
cheque impagado (por falta de fondos) | dishonored cheque.
cheque inutilizado | spoiled check.
cheque libre | open cheque.
cheque negociable | negotiable check.
cheque no abonado a su presentación por inseguridad | hold-over.
cheque no cobrable a su presentación | nonpar item.
cheque no cruzado | open cheque.
cheque no pagado por carecer de fondos | bounce check.
cheque nominativo | pay self check.
cheque original | original cheque.
cheque pagadero de acciones compradas en el extranjero | reverse stock cheque.
cheque pagador de dividendos | dividend warrant.
cheque pendiente | outstanding check.
cheque pendiente de pago | check outstanding.
cheque perforado | punch card check.
cheque por finiquito de cuenta | cheque in settlement.
cheque postal | postal check | postal cheque.
cheque rehusado | dishonored check.
cheque sin cobrar | unpresented check.
cheque sin cruzar | uncrossed check.
cheque sin fondo | bad check | windmill.
cheque sin fondos | phony check | kite.
cheque sin fondos (EE.UU.) | rubber check.
cheque sin provisión de fondos | dud cheque | uncovered check.
cheque sin valor | worthless cheque.
cheque visado | certified check | certified check | marked check | marked cheque.
chequear | check (to).
cheques al cobro | checks for collection.
cheques bancarios | banker's cheques.
cheques compensados | checks cleared.
cheques descontados a clientes | customers notes discounted.
cheques entregados a través de la compensación bancaria | in-clearings.
cheques expedidos y no pagados | outstanding checks.
cheques girados | obligations.
cheques para el próximo mes | outstanding checks.
cheques pendientes de pago | checks outstanding.
cheques presentados para compensación | cheques presented for clearing.
cherif (California y Nuevo Méjico) | sheriff.
chessylita | azurite.
cheurón (blasones) | chevron.
cheviot | cheviot.
cheviot (tela) | cheviot cloth | tweed.
cheviot basto (tela) | hop-sack.
chibalete | frame.
chibalete (estante de cajas de tipos - tipografía) | cabinet.
chibalete (imprenta) | cabinet | case stand.
chibalete (tipografía) | composing stand.
chickrassy (Crukrasia tabularis) | yom hin.
chickrassy (Chukrasia tabularis - A. Jus) | yinma | chickrassy | Chittagong wood.
chicksan (canalización articulada) | chiksan.
chico | little.
chicote (cuerda) | end.
chicote (de cuerda) | rope fall.
chicote (marina) | free end | loose end.
chicote de la guía del remolque (buques) | end of the line of the towrope.
chicote de un cabo (marina) | rope's-end.
chicote del cable (marina) | cable end.
chicote descolchado | feazings.
chicote descolchado (marina) | fag.
chicote deshilachado (marina) | cow's trail.
chicote para dar azotes (marina) | colt.
chicote que queda en el buque (de un cabo o cadena) | bitter end.
chicha (Sterculia pruriens) | yahu.
chícharo | pea.
chicharra | ratchet drill | ratched brace | ratchet wrench | ratchetting end wrench | ratchet-spanner.
chicharrita espumosa (Uruguay) | spittle bug.
chichón | swelling.
chifla | moon-knife.
chiflar (el cuero) | pare (to).
chiflón (minas) | slope | inclined shaft | winze | dook | dip drift | dip entry | dip heading | headway.
chigre | winch.
chigre con capirón enchavetado sobre el eje (buques) | clutch winch.
chigre con electromotor de tres velocidades (buques) | three-speed squirrel-cage winch.
chigre de accionamiento de la escala (dragas) | ladder winch.
chigre de atoar | warping winch.
chigre de espiar (buques) | warping winch.
chigre de fondeo (buques) | mooring winch.
chigre de gran tamaño para anclar un buque oceanografico en aguas profundas | deep sea anchoring winch.
chigre de maniobra | manoeuvring winch.
chigre de remolque | towing winch.
chigre de remolque de tensión automática | automatic tensioning winch.
chigre de servicio (plataforma de perforación submarina) | umbilical winch.
chigre de tracción constante | constant-tension winch.
chigre de un capirón | single-barreled winch.
chigre de vapor | steam winch.
chigre eléctrico para el batitermógrafo | bathythermograph winch.
chigre para amantillar (buques) | topping-lift winch.
chigre para botes | boat-winch | boat hoist.
chigre para el fondo movible de la cántara (gánguil) | hopper winch.
chigre para izar la escala (dragas) | ladder hoisting winch.
chigre para maniobra de la osta y amantillado (buques) | vang and topping lift winch.
chigre pequeño | dandy winch.
chigrero | winch runner.
chigrero (buques) | winchman.
chilenita | bismuth silver.
chilenita (plata bismutal)pimiento | chilenite.
chillera (buques) | bin.
chillera (cañón naval) | magazine.
chillera (marina) | shot locker.
chillera de municiones (buques) | ammunition rack.
chillera para proyectiles | shell bin.
chillido (del buho) | hoot.
chillido (radio) | squealing.
chillón (colores, trajes) | flaring.
chimenea | smokestack | smoke-pipe | funnel | funnel | upraise | chimney stack | chimney.
chimenea (buques) | piper.
chimenea (cebos) | flame passage.
chimenea (columna rica - minas) | chimney.
chimenea (fusil percusión) | nipple.
chimenea (minas) | pug hole | headway | pass | rise | riser | shaft | shoot.
chimenea (pozo entre galerías de minas) | raise.
chimenea (tiro de alcancía - minas) | chute raise.
chimenea (volcán) | plug.
chimenea (volcanes, paracaídas) | vent.
chimenea abatible (buques) | hinged funnel.
chimenea arriostrada con vientos | guyed stack.
chimenea auxiliar de mineral (minas) | jocker chute.
chimenea con varias entradas de humo | multi-flue chimney.
chimenea cónica | conical funnel.
chimenea construida con bloques radiales perforados de cerámica | radial-brick chimney.
chimenea construida de chapa | stack.
chimenea de acero | steel chimney.
chimenea de acero autoportante | self-sustained steel chimney.
chimenea de aire (metal en fusión, capa carbón del hogar) | blowhole.

chimenea de ascenso (minas) | channel of ascent.
chimenea de caldera | boiler uptake.
chimenea de circulación (minas) | service raise.
chimenea de combustión | combustion shaft.
chimenea de equilibrio (conductos forzados de centrales hidroeléctricas) | surge tank.
chimenea de equilibrio (tuberías forzadas) | surge shaft.
chimenea de equilibrio de diafragma (hidráulica) | throttled surge tank.
chimenea de erupción (geología) | neck.
chimenea de evacuación de los productos (minas) | rill stope raise.
chimenea de extracción para mineral (minas) | drawhole.
chimenea de hormigón armado | concrete stack | reinforced-concrete chimney.
chimenea de horno de ladrillos | hovel.
chimenea de la cocina (buques) | charlie noble.
chimenea de ladrillos sectoriales | radial brick chimney.
chimenea de leña | fireplace | fireside.
chimenea de leña de frente arqueado | bow-fronted fireplace.
chimenea de mármol (habitaciones) | marble mantel.
chimenea de mineral | chute | pipe of ore.
chimenea de mineral (geología) | ore shoot | ore chimney | pipe-vein.
chimenea de mineral (minas) | fill raise | mill hole | milling pit | bing hole.
chimenea de pared | mantel.
chimenea de paso (minas) | manway raise | manway-up.
chimenea de relleno (minas) | rockshaft | rock chute.
chimenea de roca (geología) | rock chimney.
chimenea de tiro inducido | draft-inducing chimney.
chimenea de ventilación | flume | air stack.
chimenea de ventilación del nitrógeno gaseoso (tunel criodinámico) | gaseous nitrogen vent stack.
chimenea diamantífera | diamond pipe.
chimenea en forma de solideo (buques) | calotte-shaped funnel.
chimenea encastillada (minas) | cribbed chute.
chimenea estrecha (minas) | finger chute.
chimenea interior (horno de ladrillos) | bay.
chimenea interior de alimentación (minas) | feed chute.
chimenea para carbón (minas) | coal-chute.
chimenea para carbón o mineral (minas) | counterchute.
chimenea para combustión de gases sobrantes (antorcha-refinerías petroleras) | flare stack.
chimenea para escombros (minas) | mullock chute.
chimenea para mineral (minas) | stope ore pass | ore-chute | ore pass.
chimenea para minerales (minas) | ore slide.
chimenea para relleno (minas) | waste chute.
chimenea para ventilación | air-stack.
chimenea postiza | dummy funnel.
chimenea prefabricada de aluminio | prefabricated aluminum funnel.
chimenea rocosa (erosión por las olas) | sea stack | skerry.
chimenea volcánica | pipe | volcanic neck.
chimenea volcánica diamantífera | diamond-bearing volcanic pipe.
chimeneas (en la carga del alto horno) | channeling.
china | china.
China continental | mainland China.
chinche de dibujo (EE.UU.) | pushpin.
chinche de salivazo (Iberoamérica) | spittle bug.
chinche salivero (Iberoamérica) | spittle bug.
chincheta (dibujo) | thumbtack.
chincheta de dibujo | drawing pin.
chinchilla (zoología) | chinchilla.
chinchorro | jolly boat.
chinchorro (buques) | dinghy.
chinchorro pequeño | pram dinghy.
chiné (tela) | chiné.
chinesco (instrumento musical) | Chinese pavillon.
chinilla (Panamá) | leaf beetle.
chino (adjetivo) | Chinese.
chino (persona) | celestial.
chinook | foehn.
chinosa (rueda chinosa - máquina circular tejido punto) | furnishings wheel.
chintz | chintz.
chiolita (fluoruro de sodio y aluminio de color blanco-nieve) | chiolite.
chip | chip.
chiquero (arte de pesca) | spiller | flapper | pot.
chiquero (arte de pesca del atún) | pound.
chiquero (red de pesca) | trap.
chiquero (red de pesca de copo) | cod end.
chiquero (red pesca) | purse | fish bag.
chiquero insonorizado (para evitar ruidos motores) | acoustic pen.
chirimía | reed.
chirimía (música) | recorder.
chiripa (billar) | fluke.
chirlata (carpintería) | filler strip.
chirle (Argentina) | puddle.
chirpial | coppice shoot.
chirriar | chatter (to) | chirp (to) | clank (to) | clang (to) | jar (to) | grate (to) | squeak (to) | creak (to).
chirriar (ruedas) | grind (to).
chirrido | creaking | chattering | clank | chatter | squeak | grinding | grating | clang.
chirrido (de ruedas) | grind.
chirrido (heterodinaje) | birdie.
chirrido (radio) | birdie.
chirridos | keying chirp.
chisguete | back squirt.
chisme (cosa cuyo nombre no se sabe o recuerda) | hootnany.
chispa | spark | sparking.
chispa (de un fuego) | flake.
chispa (diamante pequeño) | spark.
chispa auxiliar | pilot spark.
chispa caliente (de alto voltaje) | fat spark.
chispa de alto voltaje | jump spark | high-tension spark.
chispa de apertura del circuito | spark break.
chispa de descarga | jump spark.
chispa de descarga disruptiva | disruptive spark.
chispa de desconexión | rupture spark.
chispa de disrupción | disruption spark.
chispa de encendido (motores) | ignition spark.
chispa de filamento | filamentary spark.
chispa de gran voltaje (encendido motores) | high-energy spark.
chispa de luz | chink of light.
chispa de ruptura | rupture spark | break spark | breaking spark | induction spark.
chispa disruptiva | jump spark.
chispa eléctrica | electric spark.
chispa piloto | pilot spark.
chispa potente (encendido motores) | high-energy spark.
chispa ramificada (electricidad) | branched spark.
chispas de diamante | seed diamonds.
chispas de diamantes | diamond sparks.
chispas de una cuchara llena de hierro líquido (funderías) | jumper.
chispear | sparkle (to) | spark (to).
chispeo | sparking.
chispeo eléctrico | electric sparking.
chispero | sparkgap.
chispero de aguja (electricidad) | needle gap.
chispero electrónico | electronic spark generator.
chispero giratorio | rotary gap.
chispómetro | sparkgap | measuring spark gap.
chisporreteador | spitter.
chisporrotear | sparkle (to) | crepitate (to) | spit (to).
chisporroteo | sparking | crepitation.
chisporroteo (escobillas) | flashing.
chisporroteo (plata o platino) | vegetation.
chisporroteo de las escobillas | brush-sparking.
chisporroteo eléctrico | electric sparking.
chisporroteo en el colector (máquinas eléctricas) | ring fire.
chitón (molusco - Anfineuros) | chiton.
chiton (túnica) | chiton.
chivatear | give the office (to).
chivo | kid.
chocar | knock (to) | rundown (to) | jar (to) | crash (to) | collide (to) | dash (to).
chocar con | hit (to) | clash (to) | meet (to) | strike upon (to) | impinge (to).
chocar con (marina) | fall foul of (to) | run foul of (to).
chocar contra | bump (to) | cannon (to) | knock up (to).
chocar repetidamente contra la boya (buques) | bull the buoy (to).
chocar una embarcación contra un obstáculo sumergido (ríos) | snag (to).
chocolate | chocolate.
chocolate líquido | liquid chocolate.
chocolatera (laminador) | coupling box.
choepita | schoepite.
chófer | driver.
choque | impingement | impinging | hitting | bump | bumping | colliding | collision | shock | clash | wreck | concussion | crash | blow | kick | encounter | jarring | hurtle | impact | clashing.
choque (de una rueda con el carril) | hammer blow.
choque (medicina) | shock.
choque a cada inversión del movimiento | backlash.
choque acústico | acoustic choke.
choque al amerizar (cosmonaves) | splash-down.
choque aplicado | applied shock.
choque balístico | ballistic shock.
choque central | head-on collision.
choque céntrico | centric impact.
choque compresivo | compressive impact.
choque de aterrizaje | landing impact.
choque de aterrizaje (aviones) | impact load.
choque de carga resonante | resonant charging choke.
choque de frente con la parte posterior de otro coche | front-rear collision.
choque de ionización | burst.
choque de la llama (con las paredes o tubos de la caldera) | flame impingement.
choque de retorno | back stroke | back shock | reverse power.
choque de retroceso | return shock.
choque de trenes | collision | butting collision.
choque en que un vehículo queda montado sobre el otro | concertina crash.
choque entre nucleones de igual polaridad | like-nucleon collision.
choque frontal | head-on collision.
choque hidráulico | hydraulic impact.
choque hidrodinámico | hydrodynamic shock.
choque inductivo (circuito de conmutación) | inductive kick.
choque inelástico | inelastic collision | inelastic impact.
choque inverso | inverse collision.
choque lateral de las pestañas de las ruedas contra la vía (vagones ferrocarril) | gage-concussion.
choque neutrónico | neutronic shock.
choque oblicuo | oblique impact.
choque oscilante | swinging choke.
choque radiactivo | radioactive collision.
choque reverso | reverse collision.
choque térmico | thermal shock.
choques rotativos | rotary impacts.
chorizo (teatros) | ad lib.

chorlo | schorl.
chorlo (mineral) | jetstone.
chorreable | sprayable.
chorreado (con arena o perdigones) | blasted.
chorreado a presión | pressure blasting.
chorreado con bolitas metálicas | metal-pellet blasting.
chorreado con granalla | shotblasted | shotpeened | shotting.
chorreado con granalla angulosa de fundición de coquilla | gritblasted with angular chilled iron grit.
chorreado con perdigones | shotpeened.
chorreado con vapor de alta presión que lleva en suspensión un polvo abrasivo | vapor blasting.
chorreado de arena | sandblasting.
chorreado húmedo de abrasivo por presión de aire | pressure-blast wet-blasting.
chorreado húmedo de abrasivos | wet blasting.
chorreador de arena | sand sprayer.
chorreadora (de arena, de perdigones) | blaster.
chorreadora de abrasivos con vacuoaspiración de polvos | vacu-blaster.
chorreadora de arena | sander | sandblaster.
chorreadora de arena de mesa giratoria | whirl blaster.
chorreadura | dripping.
chorrear | drip (to) | spout (to).
chorrear a presión (chorro de aire o de líquido con un abrasivo) | pressure-blast (to).
chorrear agua | water (to).
chorrear con aire que lleva en suspensión pedazos molidos de huesos de melocotón o ciruela (limpieza pistones motores aviación) | pip-blast (to).
chorrear con arena | sandblast (to).
chorrear con arena húmeda | wet-sand (to).
chorrear con granalla | shotblast (to) | shotpeen (to).
chorrear con granalla de aristas cortantes | gritblast (to).
chorrear con granalla mezclada con un inhibidor de corrosión | wet-peen (to).
chorrear en estado licuado (metales) | molten-spray (to).
chorreo | dripping | gushing.
chorreo abrasivo | abrasive blasting.
chorreo con abrasivo húmedo | wet abrasive blasting.
chorreo con bolas de vidrio (metalurgia) | glass-bead peening.
chorreo con granalla | peening | shotblasting.
chorreo con granalla cortante (superficies) | gritblasting.
chorreo con granalla de acero mientras la pieza está en estado de trabajo (resortes, etc.) | stress-peening.
chorreo con huesos triturados de ciruela o de melocotones (pulimento de metales) | prunus blasting.
chorreo con perdigones | shotpeening.
chorreo con perdigones sobre la soldadura | welding-peening.
chorretada | swash.
chorro | spurt | spout | jet.
chorro (de chispas, etc.) | shower 0.0.
chorro (de líquido, gas, luz, etc.) | stream.
chorro (motor de reacción) | exhaust.
chorro abrasivo líquido | liquid abrasive blasting.
chorro acelerador | accelerating jet.
chorro con movimiento vorticial | whirl jet.
chorro condensador | condensing jet.
chorro de agua | flow of water | hydro-jet.
chorro de agua a gran presión con arena o abrasivo en suspensión (limpieza de piezas fundidas) | hydroblast.
chorro de agua a presión | water blast.
chorro de agua con abrasivo | water blast.
chorro de aire | air jet.
chorro de aire con abrasivo en suspensión | abrasive jet.
chorro de arena | sandblast.
chorro de colada | header | jet.
chorro de corta duración del fluido del aerosol | shot of the aerosol fluid.
chorro de débil multiplicidad | low-multiplicity jet.
chorro de fluido | fluid jet.
chorro de fuego (pirotecnia) | fire sheaf.
chorro de gases | exhaust gas | gas jet.
chorro de gases calientes | thermojet.
chorro de gases de exhaustación de los motores sobre el pavimento (pistas de aeropuertos) | pavement blast.
chorro de granalla | shotblast.
chorro de llamas | ejection | ejecting.
chorro de metal fundido que sale de la cuchara (acerías) | pour.
chorro de metal líquido | git.
chorro de metal líquido sobre la costra superior del cobre en solidificación (indica gran proporción de azufre) | worm.
chorro de salida | discharge jet.
chorro de simetría axial sumergido | submerged axially symmetric jet.
chorro de soplete | nipple.
chorro de vapor | blast of steam.
chorro de vapor para activar el tiro | blast.
chorro de viento | blast.
chorro descendente | downjet.
chorro eléctrico | electrojet.
chorro en abanico | spreader-jet.
chorro estrangulado | choked jet | chocked jet.
chorro guiador | steering jet.
chorro para corregir o alterar la orientación (vehículo espacial) | attitude jet.
chorro para limpieza de la cántara (dragas) | hopper drenching jet.
chorro pequeño | stream.
chorro propulsor | propulsive jet.
chorro pulverizado | spray.
chorro que encuentra un obstáculo | impinging jet.
chorro sónico | sonic jet.
chorro supersónico plano | plane supersonic jet.
chorro turbulento sumergido | turbulent submerged jet.
chorros de aire sobre la capa de carbón (calderas) | overfire air jets.
chorros de corriente (meteorología) | stream jets.
chotacabras | morepork.
chowku (Casuarina equisetifolia) | tinyu.
chrismatita (hidrocarburo) | christmatite.
chubasco | flaw | shower 0.0 | squall.
chubasco a lo largo de un frente de inestabilidad (meteorología) | line squall.
chubasco arqueado | arched squall.
chubasco de ceja (meteorología) | line squall.
chubasco de inestabilidad | instability shower.
chubasco de nieve | snow squall.
chubasco de primavera | April shower.
chubasco fuerte (meteorología) | thick squall.
chubasco hecho (meteorología) | whole gale.
chubasco muy fuerte | fierce squall.
chubasco negro | black squall.
chubasco pequeño | flurry.
chubasco seco (meteorología) | white squall.
chubascoso | squall.
chubasquero (ropa impermeable) | oilskin.
chubesquí | cannon-stove.
chuglam (Terminalia bialata) | Indian silver greywood | verda.
chuglam blanco (Terminalia bilata - Steud) | white chuglam.
chuglam negro (Terminalia mannii) | black chuglam.
chuleta | chop.
chuleta (carpintería) | dutchman.
chuleta (chirlata-carpintería) | filling batten.
chuleta (listoncito de madera) | eke.
chuleta (tira de madera) | shim.
chumacera | cushion | bearing | bearer | journal box | journal | journal bearing.
chumacera central | center-bearing.
chumacera de apoyo | carrier bearing.
chumacera de apoyo (líneas ejes buques) | steady bearing.
chumacera de articulación | fulcrum bearing.
chumacera de bocina lubricada con aceite (buques) | oil-bath stern-tube bearing.
chumacera de empuje (buques) | thrust block | thrustblock | end-thrust bearing.
chumacera de empuje de riñón basculante | tilting-pad thrust bearing.
chumacera de empuje de rodillos | roller thrust bearing.
chumacera de guayacán | lignum vitae bearing.
chumacera de la cabeza del timón | rudderhead bearing.
chumacera de la mecha del timón | rudderstock bearing.
chumacera de línea de ejes (buques) | pillow-block.
chumacera de suspensión del timón | rudder carrier.
chumacera de suspensión del timón (buques) | rudder carrier bearing.
chumacera del eje | shaft bearing.
chumacera del túnel (buques) | plummer block | shaft stool.
chumacera exterior | outer bearing.
chumacera intermedia | intermediate bearing.
chumacera intermedia (línea ejes de buques) | plummer bearing.
chumacera más inferior de la mecha del timón (buques) | lowest rudder stock bearing.
chumaceras del túnel (buques) | shaft blocks.
chumprak (Amoora rohituka) | chumprak.
chumprak (Tarrietia javanica) | lumbayau.
chupador | sucker.
chupador (bombas) | strainer.
chupador (tubo de aspiración) | strum box.
chupador (ventosa aspiradora) | sucker.
chupador de alimentación | feed sucker.
chupador de caucho (máquina de imprimir) | rubber sucker.
chupadura | sucker.
chupar | suck (to) | exhaust (to) | absorb (to).
chupeta (buques) | after deck house.
chupeta de proa (buques) | monkey forecastle.
chupón | sprout.
chupón (bombas) | strainer.
chupón (brote de la raíz - árboles) | sucker.
churla (de canela) | seron.
churre | suint | degrass.
churre (lana) | yolk.
churre aceitoso | heavy yolk.
churre de lana | wool fat.
churrear (metalurgia) | extrude (to).
churrigueresco (arquitectura) | churrigueresque
chusca (yeso terroso) | chusca.
chutar (fútbol) | shoot (to).
chuzo | pike.

D

da buen resultado (telas, trajes) | it gives good wear.
da humos en contacto con el aire | it fumes in the air.
da mucha espuma (jabones) | it lathers well.
da testimonio | witnesseth that.
dabé (Erythoroxylum mannii - Oliv) | dabé.
dabema (Piptadenia africana - Hook) | dahoma | dabema | singa.
dación (jurídica) | delivery.
dación en pago | dation in payment.
dácita cuarcífera | quartz-bearing andesite.
dacitoide | dacitoid.
dactilar | dactylar.
dactílino | finger-like.
dactilítico | dactylitic.
dáctilo (verso) | dactyl.
dactilo aglomerado | cocksfoot grass | orchard grass.
dactilocodificar | produce punched tape (to).
dactilocomposición (artes gráficas) | dactylocomposition.
dactilocopista | dactylocopyst.
dactilogia | manual alphabet.
dactiloglifo | dactilioglyph.
dactilografía | dactylography | typewriting.
dactilografiar | type (to).
dactilograma | dactylogram.
dactilología | maniloquism.
dactiloscopia | dactyloscopy | finger-print identification.
dactiloscopia huellas dactilares (impresión digital) | fingerprint.
dactiloscopico | dactyloscopic.
dactiloscopista | fingerprint expert.
dactiloso | fingered | finger-shaped.
dachiardita (dimorfo de mordenita) | dachiardite.
dádivas | gifts.
dado | sole.
dado (de bocarte) | die.
dado (juego de dados) | die.
dado (pedestal de columna) | dado.
dado ajustable (roscado) | adjustable die.
dado de aterrajar de resorte | prong die.
dado de baja | number dropped.
dado de baja en libros | charged off.
dado de cimentación | footer | pedestal.
dado de empalme | dowel.
dado de madera dura | coak.
dado de roscar | threading die.
dado deslizante | sliding block.
dado falso | fulham.
dado hexagonal | hexagon die.
dado para aterrajar | die.
dado para roscar tubos | pipe die.
dado roscador para cañerías | pipe die.
dado roscador para pernos | bolt die.
dado roscador redondo ajustable | round split die.
dador | donor.
dados | ivories.
dados de amortiguamiento (pie de presa) | baffle blocks.
dados para roscar pernos | bolt dies.
daga | dagger.
dagame (Calycophillum candidissimun - D. C.) | degame.
dagame (Calycophyllum candidissimum) | lemonwood.
daguerreotipista | daguerreotypist.
dakama (Dimorphandra mora) | dakama.
dalbergia latifolia - Roxb | shisham.
daltoniano (medicina) | hypochromat.
dalyta (silicato de zirconio y potasio) | dalyte.
dama | dame.
dama (alto horno) | baffle stone | dam | dam stone.
dama (excavaciones) | old man.
dama (juego de damas) | man.
dama (testigo de tierra - excavaciones) | mound.
dama de hogar | hearth plate.
damajuana | carboy | demijohn.
damajuana de polietileno | polyethylene carboy.
damar (oleoresina) | damar.
damasco (tela) | damask.
damasco a la jacquard | jacquard pattern damask.
damasco amalgamado | compound damask.
damasco cafard | caphard damask.
damasco de seda | silk damask.
damasco ordinario | ordinary damask.
damasco sencillo | single damask.
damasina | damassin | ordinary damask.
damasquillo | damassin | single damask.
damasquillo (brillanté, cotonia) | dimity.
damasquinar | dasmascene (to).
damasquinar (aceros) | damask (to).
damasquinar (una espada, etc.) | inlay (to).
damasquinería | damascene work.
damasquino | damascene.
damnificación | damage.
damnificar | hurt (to).
dando a luz (mujeres) | confined.
dando vueltas | atwirl.
danta (Cistanthera papaverifera - A. Chev) | danta.
danza (redes) | round.
dañabilidad | damageability.
dañable | damageable.
dañado por el incendio | fire-seared.
dañado por la guerra | wartorn.
dañado por la helada | frost bitten.
dañar | spoil (to) | hurt (to) | mar (to) | damage (to).
dañar (mercancías) | injure (to).
dañino | harmful | ill | noxious.
daño | damage | loss | spoilage | detriment | wrong | injury.
daño a propiedad ajena | property damage.
daño civil | private wrong.
daño corporal | bodily injury.
daño doloso | malicious damage | dolose damage.
daño legal | tort.
daño material | material damage | property damage.
daño mortal | lethal damage.
daño nuclear | nuclear damage.
daño ocasionado | sustained damage.
daño por condensación de humedad (transporte marítimo) | sweat damage.
daño producido en acciones mercantiles | business tort.
daño producido por el hollín | smudge damage.
daño provocado por la alternancia hielo-deshielo | freeze-thaw damage.
daño subsuperficial | below-the-surface damage.
daño sufrido en el transporte | damage during transport.
daño superficial mínimo | minimal surface damage.
daños | prejudice.
daños causados por agua de mar | damage by sea water.
daños causados por la explosión | destruction caused by the explosion.
daños directos | general damages.
daños emergentes | consequential damages | indirect damages.
daños en las mercancías por el mal uso de los ganchos de los estibadores | hook damage.
daños exigibles | recoverable damages.
daños físicos producidos por el bombardeo aéreo | primary bomb damage.
daños limitados | limited damages.
daños liquidados | stipulated damages | liquidated damages.
daños materiales | damage to property.
daños no relevantes | nominal damages.
daños ocasionados por el incendio | damage resulting from fire.
daños originados por incendio | damages accrued from fire.
daños personales | bodily injured.
daños por accidente | accidental damage.
daños por fatiga acumulada | cumulative fatigue damage.
daños por incendio | damage by fire.
daños por incumplimiento de contrato | damages for breach of contract.
daños por intemperie | weathering.
daños por irradiación | radiation damage.
daños por la lluvia | rainwater damage.
daños producidos por agentes mecánicos | mechanical injury.
daños propio | bodily injured.
daños somáticos de las irradiaciones | radiation somatic hazards.
daños y perjuicios | damage and cost | damages and prejudices | legal damages.
daños y perjuicios (jurisprudencia) | damages.
dañoso | harmful.
dao (Dracontomelum dao) | dao.
dar | hand (to) | gift (to) | yield (to) | give (to).
dar (gracias, fallo, respuesta, golpes, etc.) | return (to).
dar (un fallo) | bring in (to).
dar (un paseo) | take (to).
dar (una cosa) | hand (to) | pass over (to).
dar a | overlook (to).
dar a (edificios, ventanas, etcétera) | open on (to).
dar a conocer | make known (to) | let know (to).
dar a la gruesa (jurídico) | lend on bottomry bond (to).
dar aguas (una tela) | water (to).
dar ánimo | encourage (to).
dar añil (ropa) | blue (to).
dar atrás (máquinas) | back (to).
dar balances (buques) | keel (to).
dar bandazos | roll (to).
dar bandazos (buques) | lurch (to).
dar barreno | scuttle.
dar beneficio | bring in a profit (to).
dar beneficios | return (to) | pay (to).
dar bocazo (barrenos) | blowout (to).
dar bombeo (carretera) | crown (to).
dar bombeo (carreteras) | barrel (to).
dar bordadas (navegación) | fetch (to) | beat (to).
dar brea (calafateo de cubiertas) | pay (to).
dar brillo (a objetos metálicos) | rub up (to).
dar buena acogida a (efectos comerciales) | protect (to).
dar buenas esperanzas (minería) | prospect well (to).
dar carpetazo | shelve (to).
dar carpetazo (a un asunto) | lay by (to).
dar carpetazo (asuntos) | layby (to).
dar caución | enter into recognizances (to).
dar caza (a un buque) | bear down (to).
dar cima a | finish (to).
dar clasificación mas baja | degrade (to).
dar cohesión (a la cinta) | lock-in (to).
dar cohesión a un lingote | sadden (to).
dar cola (injertos) | lute (to).
dar color de carne | incarnadine (to).
dar como cierto | hold as certain (to).
dar como término medio | average (to).
dar con la puerta en las narices | shut the door in someone's face (to).
dar concavidad (cilindros de laminación) | cross (to).
dar conferencias | lecture (to).
dar contramarcha | backup (to).
dar contravapor (locomotora vapor) | reverse (to).
dar contravapor (locomotoras) | reverse steam (to).

dar corriente | plug-in (to) | switch on (to).
dar corriente (electricidad) | deliver (to) | put on the current (to) | supply (to).
dar corriente (electricidad-EE.UU.) | energize (to).
dar credenciales | accredit (to).
dar cuchilladas | chop (to).
dar cuerda (relojes) | wind up (to).
dar cuerda a (un reloj) | wind (to).
dar cuerpo | give body (to).
dar cuerpo (aceites, pinturas) | body (to).
dar cumplida satisfacción | make amends (to).
dar cumplimiento a | execute (to).
dar curso | set in action (to).
dar curso (a un pedido) | attend (to).
dar curso (a una instancia) | route (to).
dar curso a | forward (to).
dar curso a (pedidos, etc.) | deal with (to).
dar chasquidos | crack (to).
dar de alta (hospitales) | discharge (to).
dar de baja | charge off (to).
dar de baja (en la lista) | muster out (to).
dar de baja (máquina) | scrap (to).
dar de mano | end the task (to).
dar de sí | yield (to) | give way (to).
dar de sí (ceder) | give (to).
dar derecho a | entitle (to).
dar detalles | give particulars (to) | elaborate (to).
dar efecto (billar, tenis, fútbol) | put a screw (to).
dar efecto a una bola (billar) | English (to).
dar ejemplo | set an example (to).
dar el aspecto de superficie helada (metales) | glaciate (to).
dar el ejemplo | set the pace (to).
dar el rodero (buques en grada) | fair up (to).
dar el soplo | give the office (to).
dar el tamaño debido a | size (to).
dar el «tírese» (imprenta) | pass the proof (to).
dar el título de | entitle (to).
dar el título o diploma de | graduate (to).
dar el toque de | sound (to).
dar el último toque a | finish off (to) | finish (to).
dar el visto bueno | okay (to).
dar empellones | push (to).
dar en alquiler | rent (to).
dar en aparcería | sharecrop (to).
dar en arriendo | lease (to).
dar en cambio | return (to).
dar en el blanco | hit (to) | go home (to).
dar en fideicomiso | trustee (to).
dar en garantía | give in gage (to) | lay to gage (to) | pledge (to).
dar en prenda | pledge (to) | gauge (to).
dar en tierra | tumble (to).
dar energía a | power (to).
dar exceso de exposición (fotografía) | overexpose (to).
dar explosiones (motores) | ping (to).
dar explosiones al carburador | kickback (to) | pop back (to).
dar explosiones fallidas (motores) | conk (to).
dar facilidades | let down bars (to).
dar fe | attest (to) | attest (to) | certify (to).
dar fe de | vouch for (to).
dar fianza | give bond (to) | pledge (to) | caution (to) | bail (to).
dar fin al período legislativo | adjourn the legislature (to).
dar fondo (anclas) | let go (to).
dar forma | shape (to).
dar forma (dar figura - chapas, perfiles laminados) | form (to).
dar forma (objetos de alfarería) | throw (to).
dar forma aerodinámica | streamline (to).
dar forma bombeada | dish (to).
dar forma convexa | crown (to).
dar forma de tubo a | tubulate (to).
dar forma de voluta | scroll (to).
dar fuego | give fire (to).
dar fuego (barrenos de mina) | spit (to).
dar fuego - pegar (barrenos) | blast (to).
dar fuego a | light (to) | fire (to).
dar fuego a los barrenos del frente de arranque (minería) | shot the heading (to).
dar fuerza | enforce (to).
dar garantía | furnish security (to).
dar gases | open the throttle (to).
dar gases (motores) | advance the throttle (to).
dar golpes (partes de máquinas) | lash (to).
dar grandes bordadas (buqes vela) | make long legs (to).
dar guiñadas | lurch (to).
dar guiñadas (buques) | darn the waters (to) | sheer (to).
dar guiñadas (buques, aviones proyectiles, misiles) | yaw (to).
dar hierro (curtido pieles) | scud (to).
dar huelgo | loosen (to).
dar huelgo (a una pieza) | ease (to).
dar impulso | start (to).
dar informes | give the office (to).
dar informes reservados | tip (to).
dar instrucciones | instruct (to) | brief (to) | prime (to).
dar jaque (ajedrez) | check (to).
dar la alarma | alarm (to).
dar la aprobación | clear (to).
dar la causa por concluso | rest (to).
dar la confidencia a la policía | tip-off the police (to).
dar la corriente (electricidad) | cut-in the current (to).
dar la dirección o el mando | setover (to).
dar la hora (relojes) | strike (to).
dar la orden de aterrizar (desde la torre de mando del aeropuerto) | talk down (to).
dar la palabra a | recognize (to).
dar la primera capa de enlucido a | prick up (to).
dar la primera capa de pintura | ground (to).
dar la primera mano de pintura | prime (to).
dar la razón a | declare to be right (to) | declare to be in the right (to).
dar la salida (trenes) | dispatch (to).
dar la última capa (enlucidos) | skim (to).
dar la última mano a | finish (to).
dar la voltereta (buques) | keel over (to).
dar la vuelta | come round (to).
dar la vuelta a | turn upside down (to) | turn (to).
dar la vuelta a un buque atracado al muelle | wind (to).
dar la vuelta de campana (anteojo de nivel) | plunge (to).
dar largas (asuntos) | put off (to).
dar latigazos | lash (to).
dar lectura a | read (to).
dar lenguetazos | lap (to).
dar libre acceso | unlock (to).
dar ligeramente con algo | flick (to).
dar lustre | polish (to).
dar máquina atrás | reverse (to).
dar máquina atrás (marina) | back water (to).
dar marcha atrás | reverse the engine (to) | reverse (to) | go into reverse (to).
dar marcha atrás (autos) | runback (to).
dar más voltaje a una lámpara | overrun (to).
dar más voltaje que el debido | overrun (to).
dar más vueltas al cable en la bita | double-bitt (to).
dar mastique | lute (to).
dar mayor fuerza a | accentuate (to).
dar mechazo (barrenos) | misfire (to).
dar mechazo (barrenos, minas terrestres) | miss fire (to).
dar media vuelta | about-turn (to) | about-face (to).
dar menor radio (curvas, etc.) | quicken (to).
dar negro de humo | lampblack (to).
dar noticias (programas) | cover (to).
dar nuevo impulso | give a new start (to).
dar o tomar en arrendamiento | rent (to).
dar ocupación o trabajo a | occupy (to).
dar orden de | order (to).
dar orden de alto el fuego (milicia) | hangfire (to).
dar orden de suspender el pago de un cheque | stop payment on a check (to) | stop a check (to).
dar parte del accidente | report an accident.
dar pátina | patinize (to).
dar pega (barrenos de mina) | spit (to).
dar pendol (buques) | keel over (to) | heave down (to) | heave over.
dar pendol hasta que la quilla quede fuera del agua | heave keel out (to).
dar pie para una acusación | lay open to a charge (to).
dar plombagina | blacklead (to).
dar poder a | constitute (to).
dar por bien empleado | consider well spent (to).
dar por concluso | rest (to).
dar por escrito preaviso de 10 días | give ten days' notice in writing (to).
dar por hecho | consider done (to).
dar por inútil (milicia) | dismiss from the service (to).
dar por perdido el dinero | pocket the loss (to).
dar por sentado | take for granted (to).
dar por terminada la vista | adjourn the hearing (to).
dar posesión (de un cargo) | vest (to).
dar posesión de un cargo | install (to).
dar preaviso | give notice (to).
dar preferencia | emphasize (to).
dar presión | apply pressure (to).
dar prestado | lend (to).
dar principio a | launch (to).
dar proa a la mar | face the sea (to).
dar progresivamente brillo a la imagen (cine, TV) | fade-up (to).
dar puntos (deportes) | back-mark (to).
dar recibo | receipt (to).
dar refugio a los fugitivos | harbor fugitives (to).
dar respuesta | declare options (to).
dar retorno de llamas | backfire (to).
dar rienda suelta a | let loose (to).
dar ruido de explosiones (motores) | chunk (to).
dar rumbo a | vector (to).
dar sacudidas | jolt (to).
dar sacudidas (carruajes) | lurch (to).
dar salida | lead out (to) | put out (to).
dar salida (al modelo) | taper (to).
dar saltos | tumble (to).
dar saltos (carruajes) | lurch (to).
dar socollazos | whip (to).
dar sombra | shadow (to) | shade (to).
dar su palabra | pledge (to).
dar su potencia normal | deliver normal power (to).
dar suelta | release (to).
dar testimonio | vouch for (to).
dar tinta | ink in (to).
dar toda la potencia (acelerar a fondo - motor aviación) | gun (to).
dar todos los gases (motores) | race an engine (to).
dar todos los gases al motor (motor aviación) | gun (to).
dar tortor | swift (to).
dar transparencia al color | megilp (to).
dar trato (bueno o malo) | treat (to).
dar tregua | grant a respite (to).
dar un baño de | wash (to).
dar un certificado de garantía | certify (to).
dar un curso | lecture (to).
dar un curso de soldadura | lecture on welding (to).
dar un chasquido | snap (to).
dar un fallo de —no procede— | ignore (to).
dar un golpe rápido | flip (to).
dar un nuevo mando | recommission (to).
dar un pago inicial | pay a sum on account (to).
dar un plazo corto | give short notice (to).

dar un recibo | give a receipt (to).
dar un rotundo mentís | give the lie (to).
dar un tirón | pull (to) | jerk (to) | pluck (to).
dar un título o un despacho | license (to).
dar un toque de llamada | sound (to).
dar un trabajo a tanto alzado | job (to).
dar un vistazo | glimpse (to).
dar una calda | stoke (to).
dar una capa de | spread (to).
dar una conferencia | read a paper (to) | deliver a lecture (to) | give a lecture (to).
dar una conferencia sobre | prelect (to).
dar una curvatura (herramientas) | offset (to).
dar una dosis excesiva | overdose (to).
dar una espía (buques) | runout a warp (to).
dar una estacha (marina) | run a warp (to).
dar una explicación satisfactoria | explain away (to).
dar una garantía | secure (to).
dar una limpia (alcantarillas) | scour (to).
dar una llama clara | burn clear (to).
dar una mano de color | wash (to).
dar una mano o capa (de pintura o barniz) | coat (to).
dar una media de | average (to).
dar una medicina a un animal por la boca | drench (to).
dar una muestra | sample (to).
dar una nueva redacción (a un párrafo) | rephrase (to).
dar una pasada (máquina herramienta) | traverse (to).
dar una pasada en frío en el laminador | kill (to).
dar una pitada (buques) | wind a call (to).
dar una pitada larga (buques) | blow a long whistle (to).
dar una sacudida eléctrica (máquinas al tocarlas) | bite (to).
dar una señal | signal (to).
dar una virada de más (buque vela) | overreach (to).
dar una vuelta de más en la bita (en previsión de mal tiempo) | weather-bitt (to).
dar vapor | turn on (to).
dar viento | blow (to).
dar voto | poll (to).
dar vueltas | revolve (to) | rotate (to) | swing (to) | turn over (to) | tumble (to) | twirl (to).
dar vueltas (motores) | rev (to).
dar vueltas a | turn (to) | wheel (to).
dar vueltas alrededor de su eje horizontal (anteojo de teodolitos) | transit (to).
daraf | daraf.
darafio (unidad de elastancia - inversa de la capacitancia) | daraf.
darcio (unidad de permeabilidad) | darcy.
dardo | dart | shaft.
dardo (de llama) | dart | spear.
dardo aéreo | flechette.
dardo de llama | flame tongue.
dardo oxiacetilénico impregnado de polvo de hierro | iron-powder-impregnated oxyacetylene jet.
darse a conocer | identify oneself (to).
darse a entender | make oneself understood (to).
darse a la huida | flee (to).
darse a la vela | sail (to).
darse cuenta de | seize (to) | realize (to).
darse de baja en la suscripción | discontinue subscription (to).
darse por citado | accept summons (to).
darse por ofendido | take offense (to).
darse prisa | push (to).
dársena | basin | inner harbor | dock | slip.
dársena abrigada para embarcaciones menores con servicio de varadero o grúas para izarlas | marina.
dársena de armamento | fitting out dock.
dársena de armamento (astilleros) | outfitting basin.
dársena de desimanación (buques) | degaussing basin.
dársena de espera (puertos) | layby berth.
dársena de exportación | export dock.
dársena de maniobra | turning basin.
dársena de mareas | closed dock | wet basin | open basin | open dock.
dársena de unión (puertos) | junction dock.
dársena donde se determinan las propiedades magnéticas de un buque | degaussing range.
dársena para dar la vuelta a los buques | turning basin.
dársena para petroleros (puertos) | oil dock.
darsena pequeña con entrada estrecha dentro de un puerto | camber.
dársena portuaria | marine dock.
darta (moldería) | scab.
dartar | scab (to).
dasímetro (gases) | dasymeter.
dasipedes (aves) | dasypaedes.
dasipedico | dasypaedic.
dasocracia (bosques) | dasocracy.
dasometría (bosques) | dasometry.
dasónomo | dasonomist.
data | date.
datación (de fechas) | dating.
datación absoluta | age-date.
datación arqueológica de la porcelana desde su última cocción | porcelain dating.
datación arqueológica de las porcelanas | age determination of porcelains.
datación con carbono-14 | carbon-14 dating.
datación de la edad absoluta de un material | age dating.
datación de la edad arqueológica de la terracota | terracotta dating.
datación de la edad de loza antigua | age determination of antique pottery.
datación de las aguas subterráneas | groundwater dating.
datación isotópica | isotopic dating.
datación por el método del potasio-argón (geología) | potassium-argon dating.
datación por luminiscencia de una muestra de porcelana | thermoluminescence dating of a porcelain sample.
datación por radiocarbono | radiocarbon dating.
datación por rayos alfa del plomo | lead-alpha age determination.
datación por termoluminiscencia | dating by thermoluminiscence.
datación radiactiva | radioactive dating.
datación radiactiva con radiocarbono^{14} | carbon^{14} method.
datación radiocarbónica | radiocarbon dating.
datación rubidio-estroncio (geología) | rubidium strontium dating.
dataciones basadas en isótopos de plomo | lead-isotope ages.
datáfono | data-phone.
dataje | datage.
datar | date (to).
datar de muy atrás | date back very far (to).
dátil | date.
dátiles deshuesados | stoned dates.
dato | datum | known quantity.
dato aberrante (estadística) | outlier.
dato alfabético | alphabetic item.
dato alfanumérico | alphanumeric item.
dato definido | defined item.
dato elemental | data item.
dato fallido | miss.
datolita | dystome spar.
datolita columnar radiada | botryolite.
datos | data | data (plural de datum) | findings.
datos a procesar (informática) | input data.
datos a tratar | raw data.
datos agrupados | grouped data.
datos ajustados estacionalmente | seasonally adjusted data.
datos aleatoriamente espaciados en el tiempo | data randomly spaced in time.
datos analógicos | analog data.
datos anotados | recorded data.
datos antecedentes | historical data.
datos aritméticos de modelo | arithmetic picture data.
datos balísticos | ballistic data.
datos binarios de modelos | binary picture data.
datos biotelemétricos (vuelo en cosmonave) | biotelemetric data.
datos censales | census data.
datos censales (estadística) | enumerative data.
datos censurados | censored data.
datos climatológicos | weather data | climatological data.
datos concordantes | concordant data.
datos cronométricos | chronometric data.
datos cronovariables | time-variable data.
datos de bitios numéricos | numeric bit data.
datos de capacidad y régimen de carga y descarga de la batería de acumuladores (submarinos) | battery curve and data sheet.
datos de categorías | categorical data.
datos de dígitos binarios | numeric bit data.
datos de entrada (servos) | input data.
datos de funcionamiento | performance data.
datos de la prueba | test data.
datos de la variación | rate data.
datos de localización | siting data.
datos de referencia | bench-mark data.
datos de regreso | pigeon.
datos de relleno (planos topográficos) | fill-in data.
datos de salida | output data.
datos de tiempo real | real time data.
datos de tiempo-descenso (pozos) | time-drawdown data.
datos de tiro | firing data.
datos de trazado (en la montea, en sala de gálibos) | loft data.
datos de valor discreto | sampled data.
datos del lote | batch data.
datos disponibles en el acto | push-button data.
datos elaboradas | processed data.
datos en bruto | raw data.
datos en circuito de respuesta transitoria aperiódica | nonoscillatory transient-response data.
datos en desbordamiento | overflow data.
datos en representación de coordenadas | coordinate data.
datos en tiempo real | real-time data.
datos escasos | sparse data.
datos estadísticos | returns | statistical data.
datos ex ante y ex post (inventarios) | ex ante and ex post data.
datos fijos | static data.
datos fijos astrales | astrofixes.
datos financieros cuantitativos | quantitative financial data.
datos fisiconucleares | nuclear-physical data.
datos generales | main outlines.
datos geodésicos | geodetic data.
datos geoeconómicos | geoeconomic data.
datos geográficos | map data | geographic data.
datos hidrológicos básicos | basic-stage data.
datos inflados | expanded data.
datos intermitentes | sampled data.
datos investigativos | investigative data.
datos laborales | job data.
datos masivos | mass data.
datos muestrales | sample data.
datos no analizados o evaluados | raw data.
datos no publicados | unpublished data.
datos numéricos | digital data | figures.
datos numéricos registrados magnéticamente | magnetically recorded digital data.
datos observacionales | observational data.
datos ordenados en una tabla de frecuencias | data arranged in a frequency table.
datos ordenados por sus rangos | ranked data.
datos ordenados según márgenes | ranked data.
datos para ensayos | sample data.
datos para servicio de mantenimiento | service data.
datos permanentes | master data.

datos pesadamente estructurados | heavily structured data.
datos pluviométricos | rainfall data.
datos primarios | prime data.
datos provisionales | tentative data.
datos pulsados (enviados por impulso) | pulsed data.
datos que se introducen en un mecanismo regulador (torpedos, dirección de tiro, etc.) | setting.
datos ralacionados con la litología | lithology-associated data.
datos rangados | ranked data.
datos registrados en el plano | charted data.
datos sin procesar (informática) | raw data.
datos sobre el empleo | data on usage.
datos tabulados | tabled data.
datos tabulares | tabular data.
datos técnicos para proyectos | design-engineering data.
datos teóricos corrientemente disponibles | currently available theoretical data.
datos tomados en el campo (topografía) | field-notes.
datos topográficos | map data.
dau (Piptadenia africana) | dau.
dauermodificación (modificación duradera) | dauermodification.
davisonita | davidosoine.
de 4 variables | quadrivariate.
de a bordo | shipborne.
de a bordo (aviones) | aircraft.
de a uno (personas) | in single file.
de abajo arriba | from down upwards.
de acceso difícil | difficult to approach.
de acción automática | self-acting.
de acción directa | direct acting | direct-acting | positive acting | self-actuated.
de acción fotoeléctrica | photoelectrically-actuated.
de acción lenta | slow acting.
de acción obligada (movimientos) | positive.
de acción progresiva | graduated-acting | forward-acting.
de acción rápida | quick-operating | snap action | rapid-acting | quick acting | quick-acting | quick-make.
de acción rápida (contactores) | quick-break.
de acción retardada (relés) | time delay.
de acción suave | sweet-acting | smooth-acting.
de acción tangencial | tangentially acting.
de acción ultrarrápida (electrotecnia) | quick make.
de accionamiento automático por relé | automatically relayed.
de accionamiento forzado | forcibly actuated.
de accionamiento intermitente | intermittently operated.
de aceptación nacional | nationally accepted.
de acero soldado por completo | fabricated steel throughout.
de acoplamiento contiguo | closed-coupled.
de acoplamiento directo | direct coupled | direct-coupled.
de acoplamiento flojo | loosely-coupled.
de acoplamiento por embrague | clutch-coupled.
de acoplo diferencial (electrónica) | hybrid coupled.
de acoplo directo | direct-point.
de acoplo directo (radio) | impact-excited.
de actuación única | monoperational.
de acuerdo | in line | in step.
de acuerdo con | in keeping with | in compliance with | according with | according to | consistent | consonant | in pursuance of | into line with.
de acuerdo con el derecho mercantil | according to commercial law.
de acuerdo con el plan | under the plan.
de acuerdo con el reglamento | in accordance with the regulations.
de acuerdo con la práctica más reciente | in line with the most up-to-date practice.
de acuerdo con los estatutos | in accordance with the articles.
de acuerdo con prima (seguro) | basic limit.
de acuerdo con su deber | consonant with his duty.
de acuerdo con su período natural propio | consonant with its own natural period.
de acuerdo con un programa | on a schedule.
de acuerdo en lo esencial | in substantial agreement.
de adquisición posterior | after-acquired.
de aficionado | amateurish.
de aflojamiento rápido | quick-release.
de afuera (marina) | offward.
de agarre (pinturas) | anchoring.
de aglomerante resinoso | resin bonded.
de aire a aire | air-to-air.
de aire comprimido | air.
de aire presionizado | air-pressurized.
de ajuste automático del cero (aparatos) | null point.
de ajuste óptimo | best-fitting.
de ala ancha (sombrero) | wide-brimmed.
de ala baja (monoplanos) | low-winged.
de ala larga (aviones) | long-winged.
de ala media (con el ala colocada a mitad de distancia entre la parte alta y baja del fuselaje) | midwing.
de álabes anchos (turbinas) | wide-bladed.
de alas rojizas | red-winged.
de aletas adelantadas (mecheras) | flyer lead.
de aletas longitudinales | longitudinally-ribbed | longitudinally-finned.
de aletas múltiples | multiribbed.
de aletas radiales | radial-bladed.
de algodón puro | all-cotton.
de algún tiempo a esta parte | for some time past.
de alimentación autónoma | free-power.
de alimentación compensada | supply-compensated.
de alimentación indirecta | indirectly-fed.
de alimentación lateral | side-feed.
de alimentación por peine (armas portátiles) | clip-loading.
de alimentación única | singly fed.
de alma alta (vigas) | high-webbed.
de alma de acero | steel-center.
de alma de celosía (paneles) | truss-core.
de alta (hospitales) | discharged.
de alta categoría | top.
de alta definición (de gran claridad-óptica) | fine-focus.
de alta definición (óptica) | fine focus.
de alta graduación | top.
de alta graduación (empleados) | high-ranking.
de alta temperatura | high heat.
de alta tensión | H. T.
de alta voz (teléfono) | loudspeaking.
de altas características | high-performance.
de altas características (a la tracción, o compresión, etc.) | high-test.
de alto rango | high standing.
de alto vacío | highly-exhausted.
de altura (navegación) | deep water.
de aluminización de piezas fundidas de bronce aluminoso | dealuminization of aluminium-bronze casting.
de ámbito mundial | world-wide.
de amortiguamiento intermitente | discontinuously damped.
de amortiguamiento periódico | intermittently quenched.
de amplia base | wide-based.
de amplia gama | wide-range.
de amplio campo de aplicación | versatile.
de amplitud nacional | nationwide.
de andar tardo | leaden-footed.
de ángulos obtusos | blunt-edged.
de anillos anuales delgados (árboles) | narrow-ringed.
de anisotropía térmica | thermally anisotropic.
de aparejo cruzado (muros ladrillos) | cross-bonded.
de aparejo de pequeño tamaño (embarcaciones) | monkey-rigged.
de aparición espontánea | spontaneous-ocurring.
de apertura lateral (tapa de escotilla) | side rolling.
de aplicación al cilindro (plancha metálica en relieve-tipografía) | wrap-around.
de aplicaciones varias | multipurpose.
de apoyo elástico | resiliently supported.
de apresto duro (papel) | hard-sized.
de apriete concéntrico | self-centring.
de apriete hidráulico | hydraulic clamped.
de apriete por muelle | spring-biased.
de aptitudes múltiples | of varied powers.
de arboladura alta (buques) | high-masted.
de arboladura baja (buques) | undermasted.
de arco (electricidad) | arcing.
de arco peraltado | high-arched.
de arco rebajado | flatly arched.
de arco soplado (interruptores) | air-blast.
de argumento complicado | intricatelly-plotted.
de aristas redondeadas | dull-edged.
de aristas vivas (arenas, etc.) | sharp.
de aristas vivas (piedras) | edgy.
de armazón de acero | steel-bodied.
de armazón longitudinal | longitudinally framed.
de arranque | starting.
de arranque automático | self-starting.
de arrastre | entraining.
de arriba abajo | from top to bottom.
de artesanía | handicrafted.
de articulaciones rígidas | stiff-jointed.
de asentar | settling.
de asiento cónico | taper-seated.
de asiento esférico | spherically-seated.
de aspecto inútil (minería) | hungry.
de aspiración a la presión atmosférica | normally-aspirated.
de aspiración simple | single-suction.
de atenuación acústica | sound-absorbent.
de atmósfera artificial | atmosphere-controlled.
de atmósfera gaseosa (lámpara eléctrica) | gas-filled.
de atmósfera regulada | atmosphere-controlled.
de autoextinción (electricidad) | self-quenched.
de autorreconexión | self-reset.
de autorreposición | self-reset.
de avance a mano | manually fed.
de avance automático | self-feeding | self-advancing.
de avance hidráulico | hydraulically fed.
de avance radial | radially fed.
de avión a avión | air-to-air.
de babor a estribor | athwartships.
de baja calidad (telas) | low-end.
de baja temperatura de inflamación | low-flash-point.
de bajo nivel | low-level.
de bajo vatiaje | low-wattage.
de balde | costless.
de banda anchísima (electricidad) | all-pass.
de barlovento | windward.
de báscula (escopetas) | drop-down.
de base amplia | broadly-based.
de base ancha | broad-based.
de base de ruedas acopladas corta | close-coupled.
de bastidor bajo | low-framed.
de bloqueo (tubo rayos catódicos) | ray-locking.
de bobina móvil (aparatos eléctricos) | soft iron | moving-coil.
de boca curva (grifos) | bib-nosed.
de boca hueca (tenazas) | hollow-bit.
de bolina (navegación a vela) | on a wind.
de bolina franca | full and by.
de bombeo continuo | continuously-pumped.
de bombeo óptico (patrón de frecuencia) | optically pumped.
de bordes abatibles (vagones) | drop-sided.
de bordes altos (vagones) | high-sided.

de bordes limpios (agujeros) | smooth-faced.
de bordes negros | black edged.
de bote en bote (atestado) | chockablock.
de bóvedas altas | high-arched.
de brazo largo (grúas) | long-boomed.
de brazos múltiples | multiple-armed.
de breve duración | short time.
de buena calidad | merchantable | high-grade | sound.
de buena fé | on the square.
de buena granulometría | well-graded.
de busto (retratos) | half-length.
de cabeza avellanada | sunk | countersunk headed.
de cabeza avellanada (tornillos) | bevel-headed.
de cabeza bombeada (de cabeza cóncava - pernos, remaches) | cup-headed.
de cabeza cuadrada | square-headed.
de cabeza hueca (tornillos, prisioneros) | socket-head.
de cabeza perdida | countersunk headed.
de cabeza única | sngle headed.
de cabezal único | sngle headed.
de cabo a rabo | from stem to stern.
de cabotaje | intercoastal.
de cada tamaño empleado | of each size fitted.
de cadena abierta (química) | open-chained.
de cadena cerrada (química) | aromatic.
de caída rápida | fast-falling.
de caja de acero (vagones) | steel-bodied.
de caldeo directo | directly heated | direct-fired | directly-heated.
de caldeo indirecto | indirect-fired.
de caldeo regulado | controllably heated.
de calefacción eléctrica | electrically heated.
de calidad controlada | quality-guarded.
de calidad espacial | space qualified.
de calidad inferior | offgrade | second-rate | ungraded.
de calidad inmejorable | topnotch.
de calidad mediocre | offgrade.
de calidad superior | high-grade.
de cambio automático | self-changing.
de campo nulo | radiation free | field-free.
de cantidad indefinida | open-end.
de canto | endwise | end up | end-ways | edgewise | edge on | on edge.
de cantos jaspeados (libros) | marble-edged.
de cantos redondeados | blunt-cornered.
de cantos redondos | dull-edged.
de cantos vivos | square edged | sharp-cornered.
de cáñamo | hempen.
de cañón corto | short-barreled.
de cañón largo | large-barrelled.
de capa plana | broad-crowned.
de capa tabular (árboles) | broad-crowned.
de capas concéntricas | concentric-layered.
de capital variable | open-end.
de cara a | head-on.
de cara al viento | in the wind's eye | in the teeth of the weather.
de caracol (escalera) | winding.
de carácter concentrado (personas) | withdrawn.
de carácter privado (empresas) | privately operated.
de carapacho duro (moluscos) | hard-shelled.
de caras curvas | curve-faced.
de caras lisas | flush-faced.
de caras múltiples | multisided.
de carga a mano | manually fed.
de carga automática (fusil) | self-cocking.
de carga manual (calderas) | hand-fired.
de cargador (armas) | magazine-fed.
de carrera (milicia) | regular.
de carrera corta | short-lift.
de carrera corta (máquinas) | slow-stroke.
de carrera corta (motores) | short stroke.
de carrera larga (máquinas) | long-stroking | large-stroked.
de carrocería de acero | steel-bodied.
de cáscara dura | hard-rinder | hard-shelled.
de casco de acero (buques) | steel-hulled.
de casco fino (buques) | sharp built.
de casco metálico (buques, hidros) | metal-hulled.
de casco negro (buques) | black-hulled.
de categoría | upscale.
de caudal comprobado | flow-tested.
de celosía | open sided | openworked | trussed.
de celosía (portilla de luz) | louvered.
de celosía (ventana, estructura) | latticed.
de celosía (vigas) | open-webbed | framed.
de centro a centro | from center to center.
de cercanías (ferrocarril) | suburban.
de ciclo automático | automatically-cycled.
de cierre automático | self-locking | self-sealing.
de cierre fácil | easy-closing.
de cierre lento | slow-closing.
de cierre por muelle | spring-return.
de cierre propio | self-sealing.
de cierre rápido | quick-locking.
de cilindros opuestos (máquinas) | double-opposed.
de circuito abierto (telecomunicación) | no-connexion.
de circuitos múltiples (electricidad) | multiloop.
de clase fina | fine-graded.
de clase inferior | low-rank.
de clase superior | high-grade.
de clavos largos | long-nailer.
de cochura blanca (arcilla) | white-burning.
de cola ahorquillada | fork-tailed.
de colchado duro (cables) | hard-laid.
de colchado flojo (cables) | soft-laid.
de colocación automática | self affixing.
de colocación rápida | quick-fastening | quick fastening.
de color blanco después de la cochura (refractarios) | white-firing.
de color brillante | gay colored.
de color cremoso | creamy-colored.
de color de zorro | foxy.
de color insatisfactorio | offcolor.
de color natural | self-colored.
de color oscuro | dark-colored.
de color propio | self-colored.
de color rojo brillante | florid.
de color sólido | colorfast.
de color vivo | in grain | gay colored.
de colores variados | different colored.
de combustión lenta | slow burning.
de combustión progresiva (polvoras) | progressively burning.
de combustión rápida | quick-burning.
de compensación térmica | temperature-compensating.
de componentes sólidos | solid state.
de comprobación continua (galga palpadora) | continuously-checking.
de concentración óptima (tubos electrónicos) | optimally focused.
de conducción unidireccional | unidirectionally conducting.
de conexión directa | direct acting | direct-acting.
de conexión rígida (movimientos) | positive.
de conexión simple a tierra | unigrounded.
de conexión y desconexión rápida (tubos, etc.) | quick disconnect.
de conexiones múltiples | multiple-connected.
de conformidad con | in pursuance of | in compliance with | conformably with.
de conjunto | general.
de cono Morse (herramientas) | Morse-tapered.
de consideración | considerable.
de construcción (dimensiones buques) | molded.
de construcción cerrada (de forro liso - botes) | carvel built.
de construcción especial | peculiarly-constructed.
de construcción inglesa | English-built.
de construcción nacional | home-constructed | home-produced.
de construcción rápida | fast building | quickly produced.
de construcción robusta | strongly-constructed | powerfully-built.
de construcción sólida | ruggedly-built.
de construcción tosca | crudely constructed.
de consulta (libros, etc.) | reference.
de consumo nacional | home-consumed.
de contacto eléctrico | electric-contact.
de contacto ultrarrápido (electricidad) | quick-make.
de contaje binario | dual-count.
de contextura cerrada | close-woven.
de contorno complicado | intricately contoured.
de contorno cónico | conical outlined.
de contornos ásperos | rough-contoured.
de control automático | self-checking.
de control cíclico automático del diámetro (rectificadora para interiores) | gage-matic.
de convertibilidad limitada | with limited convertibility.
de copa grande (árboles) | large-crowned.
de copa pequeña (árboles) | small crowned.
de corrientes múltiples | multistream.
de corrientes paralelas | uniflow.
de corta duración | short-term | short time | short-period | short lived.
de corta duración (viento) | slant.
de cortar en tiras | slitting.
de corteza dura | hard-rinder.
de corteza lisa (árboles) | smooth-barked.
de corto alcance | short range.
de corto período | short-period.
de corto plazo | short-period.
de coser | sewing.
de costado | edgewise.
de costado abatible | drop-sided.
de costado alto | high-sided.
de costados abiertos | open sided.
de costados altos (vagones) | deep-side.
de costados paralelos | parallel-walled.
de costados rectos | flat-sided.
de crecimiento lento | slow-grown.
de crecimiento más rápido | faster-growing.
de crecimiento torcido | crooked grown.
de cresta ancha | broad-crested.
de cristales finos | fine-crystalled.
de cristales orientados (metalografía) | oriented.
de criticidad limitada | criticality-limited.
de crucero neto (geología) | eutomous.
de cualquier largo | its length may be anything.
de cuarto de onda (óptica) | quarter-undulation.
de cuarto de onda (óptica, radio) | quarter-wave.
de cuarto grado | quartic.
de cuatro accesos | four-way.
de cuatro esquinas | four-cornered.
de cuatro platos (comidas) | four-course.
de cuatro uno | one out of every four.
de cuatro vías | four-way.
de cubierta a dos aguas | gable-topped.
de cubierta sobre piñones | gable-topped.
de cubos centrados (cristalografía) | cube-centered.
de cuchillas múltiples | multitooled.
de cuchillas solidarias (interruptor eléctrico) | linked.
de cuello cónico (remaches) | cone-necked.
de cuello corto (botellas) | short-nosed.
de cuello largo (botellas) | long-stemmed.
de cuello ovalado | oval-necked.
de cuerda automática (reloj) | self-winding.
de cuerda constante (ala avión) | untapered.
de cuerpo (tabaco) | full-flavored.
de cuerpo (vino) | strong.
de cuerpo cilíndrico (calderas) | shell-type.
de cuerpos centrados | space-centered.
de culote troncocónico (proyectiles) | boattailed.
de curso legal (monedas) | passable.
de curso rápido (ríos) | rapid-flowing.

de choques múltiples | multipactor.
de débil corriente (electricidad) | low-level.
de débil pendiente (tejados) | low-pitched.
de débil radioactividad | warm.
de dedicación completa (empleos, etcétera) | full-time.
de dedicación parcial (empleos, etc.) | part-time.
de delante atrás | from front to rear.
de dentro afuera | inside out.
de dentro hacia afuera | from within outwards.
de derecha a izquierda | contra solem.
de derecho | de jure.
de derecho común (juez) | omnicompetent.
de derecho internacional | under international law.
de derecho mercantil | under commercial law.
de desagüe automático | self-draining.
de desborrado automático | self-stripping.
de descarga (zanjas, alcantarillas) | outfall.
de descarga automática | self-discharging.
de descarga mecánica | machine-drawn.
de descarga por detrás | rear-unloading.
de descarga por el fondo | bottom-dumping.
de desconexión rápida | snap acting.
de desecho | drossy.
de desembrague rápido | quick-release.
de desplazamiento vertical | vertically movable.
de despliegue automático (antena de vehículo cósmico) | self-erecting.
de devanado apilado (electricidad) | bank-wound.
de devanado cerrado (electricidad) | closed-coil.
de devanado conformado (electricidad) | form-wound.
de diámetro interior grande (tubos, cilindros) | large-bore.
de diámetro variable (poleas etcétera) | expanding.
de dientes finos (peines) | fine-tooth.
de dientes rígidos (escarificadoras) | rigid tined.
de dientes separados | gap-toothed.
de diez en diez | decade.
de diferente polaridad | unlike.
de difusión controlada | diffusion-controlled.
de difusión lenta | slow diffusing.
de dimensiones exactas | accurate to size | true to size.
de dimensiones inferiores a lo normal | undersized.
de dimensiones insuficientes | undersized.
de dimensiones invariables | fixed in size.
de dirección | direction.
de dirección variable | varidirectional.
de direcciones múltiples | multiaddressable.
de discernimiento inferior | of poor jugdment.
de diseño agradable | attractively-designed.
de diseño americano | American designed.
de diseño avanzado | of advanced design.
de diseño especial | specially-designed.
de diseño nacional | domestically designed.
de disparo manual | manually fired.
de distribución asintóticamente normal | asymptotically normally distributed.
de diversos tamaños | varying-sized | various-sized.
de doble alimentación | doubly fed.
de doble aprovechamiento | dual-purpose.
de doble blanco (misiles) | dual-purpose.
de doble campana (tubos) | double-hub.
de doble cara (telas) | double-faced.
de doble casco (buques) | double-hulled.
de doble costura | double-stitched.
de doble cuba (hornos, convertidores) | double-bellied.
de doble curvatura | doubly curved.
de doble dirección | two address.
de doble empleo | dual-purpose.
de doble entrada | two-way.
de doble escala (aparatos) | double-scale.
de doble finalidad | two-purpose.
de doble forro | double-hulled.
de doble función | dual-purpose.
de doble hendidura | double-slotted.
de doble intención | dual-purpose.
de doble objetivo | dual-purpose.
de doble pendiente | double-sloped.
de doble ranura y lengüeta (empalmes) | ploughed-and-tongued.
de doble transmisión | dual-drive.
de doble uso | two-purpose.
de dominio público (que se levanta la prohibición de describir ciertos aparatos o adelantos que eran secretos militares) | declassified.
de dos accesos | two-way.
de dos alternancias (ondas) | full wave.
de dos artejos (zoología) | two-jointed.
de dos articulaciones | two-pivoted.
de dos biseles | double-chamfered.
de dos bornas | two-terminal.
de dos bóvedas (una para cada vía - túneles) | double-barrelled.
de dos cañones | double-barrelled.
de dos caras (tejidos) | like-sided.
de dos caras (telas) | reversible | double-sided.
de dos centros | two-centered.
de dos clavijas | double-plugged.
de dos conductores (cables) | twin-core.
de dos costados | double-sided.
de dos cuerpos (máquinas) | double-barrelled.
de dos direcciones | two-way | two-throw | double throw.
de dos ejes | two-shafted | two-axled.
de dos ejes de entrada | two-input.
de dos estados | bistate.
de dos estratos | bilayered.
de dos etapas (compresores, bombas, turbinas, etc.) | double stage.
de dos filos | two-edged.
de dos fines | dual-purpose.
de dos forros | double-surfaced.
de dos frentes (máquinas) | double-sided.
de dos hélices (buques) | two-shafted.
de dos hojas (puertas) | double-winged.
de dos lados | two-sided.
de dos lecturas (aparatos) | double-range.
de dos montantes (máquina-herramienta) | twin-column.
de dos niveles | two-level.
de dos niveles de energía | two-level.
de dos objetivos | dual-purpose.
de dos rejas (arados) | two-bottom.
de dos revestimientos | double-surfaced.
de dos rotores | twin-rotor.
de dos sensibilidades (aparatos) | double-range.
de dos tetones | double-plugged.
de dos tongadas | double-tier.
de dos vías | two-throw | two-way.
de dos vías (telefonía) | duplex.
de dosificación precisa | accurately-proportioned.
de duración (telas) | hard-wearing | everlasting.
de duración limitada | expendable.
de edad geológica antigua | low geologic.
de edades diferentes | uneven-aged.
de edades diferentes (árboles) | all-aged | all-staged.
de efecto directo | direct-acting | direct acting.
de eje a eje | from center to center.
de ejes iguales | equiaxed.
de elección y vigilancia | in eligendo et in vigilando.
de electrificación contraria | oppositely-electrified | oppositely electrified.
de elementos sólidos | solid state.
de elementos superpuestos | stacked.
de elementos variables | varying-sized.
de elevación (máquinas) | elevating.
de elevada intensidad | of high intensity.
de elevadas características (materiales) | high-duty.
de emisión estadística | randomly emitted.
de empalmar | splicing.
de empleo en puertos marítimos (G.B.) | harbour-use.
de empleo general | general.
de encargo | special.
de enclavamiento hidráulico | hydraulically interlocked.
de enclavamiento sucesivo | sequence-interlocked.
de endurecimiento a baja temperatura | low-temperature-setting.
de endurecimiento estructural (metalurgia) | precipitation-hardened.
de endurecimiento rápido | rapid-hardening | fast-setting.
de energía solar | sun-powered | solar-powered.
de energía suministrada por radioisótopos | isotope-powered.
de enfilada (tiro) | slanting | slantwise.
de enfoque externo | external-focusing.
de enfoque interior | internal-focusing.
de enfoque interno | internal-focusing.
de enfriamiento propio al aire | self-aircooled.
de enlace rígido (organos de máquinas) | positively connected.
de enriar | retting.
de enrollado libre | free-spooling.
de enrrollamiento automático | self-winding.
de enseñanza | educational.
de entrada | inbound.
de entrada (tubos, conductores, etc.) | leading 11.
de entrada baja (edificios) | low-browed.
de entramado | framed.
de entrepaños (puertas) | framed.
de escalones | multistep.
de escape (vapor) | spent.
de escape libre (máquinas de vapor) | noncondensing.
de escote (máquinas) | open-fronted.
de eslabones pequeños | fine-linked.
de espaciamiento ponderado | spacing weighted.
de espesor decreciente | tapered in thickness.
de espesor irregular | irregularly thickened.
de espesor variable | irregularly thickened.
de espiga larga (herramientas) | long-tailed.
de espiga redonda (herramientas) | round-tanged.
de espíritu comercial | commercially-minded.
de esqueleto fuerte (hombres) | heavy-timbered.
de esquinas vivas | sharp-cornered | square-cornered.
de estabilidad condicionada | conditionally stable.
de estanquidad automática | self-staunching.
de estilo futurista | futuristic-styled.
de estopa (cabellos de personas) | flaxen.
de estratificación estable | stably stratified.
de estratificación regular | even-bedded.
de estructura compacta | dense.
de estructura compacta (metalurgia) | close-grained.
de estructura de acero | steel-framed.
de estructura longitudinal | longitudinally framed.
de estructura metálica | steel-framed.
de estructuración débil (gramática) | weakly stressed.
de estudios | educational.
de etiqueta | formal.
de evolvente de círculo (engranajes) | involute.
de excitación estatórica | stator-fed.
de exhaustación central (máquina vapor) | uniflow.
de existencias | off the shelf.
de expansión interna | internally expanding.
de extensión completa (sillones articulados) | fully reclining.
de extinción del arco por aire soplado (interruptores) | air-blast.
de extinción rápida | quenched.
de extracción fácil | easily-removable.
de extracción profunda (minas) | deep-mined.

de extremo a extremo (medidas) | out-to-out.
de extremo plano | flat-ended.
de extremos articulados | pin-ended.
de extremos cerrados | close-ended.
de extremos cónicos | conical ended | conical-ended.
de extremos iguales | equal-ended.
de extremos redondeados | blunt-ended.
de extremos romos | blunt-topped.
de fabricación casera | homespun | home-built.
de fabricación inglesa | Bristish-manufactured.
de fabricación nacional | domestic.
de facciones enjutas | sharp-featured.
de facetas curvas | curvi-faceted.
de fácil acceso | approachable | easy-to-get-at.
de fácil construcción | easily constructed.
de fácil extracción (fangos, escoria) | easy-flowing.
de fácil recordación | easily-remembered.
de fácil venta (comercio) | salable.
de favor | complimentary.
de fecha adelantada | dated ahead.
de fecha atrasada | stale-dated.
de fecha retrotraída a | as of.
de fibra atravesada (contrachapados) | cross-banded.
de fibra fina | fine-grained.
de fibra gruesa (madera) | coarse-fibered.
de fibra gruesa (maderas) | coarse-grained.
de fibra larga | long-stapled.
de fibra larga (textiles) | long.
de fibra resistente | strong-fibered.
de fibras onduladas (maderas) | curly.
de fibras regulares (maderas) | even-grained.
de fibras torcidas (maderas) | torse fibred | crooked-grained | wavy fibred.
de fijación sencilla | simply mounted.
de filo | edgewise.
de filo agudo | edgy.
de filtraje rápido (arena) | free-draining.
de finalidad única | one-purpose.
de fines lucrativos (asociaciones) | profit-seeking.
de floración precoz | early-flowering.
de flujo visible | sight-flow.
de focalización óptima (tubos electrónicos) | optimally focused.
de focalización sectorial | sector-focused.
de fondo cóncavo (por el interior) | dished-bottom.
de fondo cónico | cone-bottomed.
de fondo convexo (por el exterior) | dished-bottom.
de fondo móvil | bottom-dumping.
de fondo plano | flat-ended | flat-bottomed | level-bottomed.
de fondo redondo | round-bottom.
de fondos abombados (recipientes) | dish-ended.
de forma | formal.
de forma anular | annular shaped | annular-shaped.
de forma compleja | complexly shaped.
de forma complicada | awkwardly shaped | awkwardly-shaped.
de forma cónica | conically shaped.
de forma de S | S.
de forma de Y | wye.
de forma exagonal exteriormente | externally hexagonally shaped.
de forma hemisférica | hemispherically-shaped.
de forma irregular | irregularly-shaped | odd-shaped.
de forma no usual | odd-shaped.
de forma precisa | accurately-shaped.
de forma redonda a irregular | round-to-irregular-shaped.
de formas aerodinámicas | clean-shaped.
de formas diversas | various-shaped.
de formas exactas (piezas moldeadas) | true in outline.
de formas intrincadas | intricately-shaped.
de formas lanzadas y palos inclinados hacia popa (buques) | clipper-built.
de formas llenas | full-formed.
de fortuna (aparatos) | rough-and-tumble.
de fortuna (dispositivo) | homemade.
de fortuna (instalaciones) | rough-and-ready.
de fractura en bloque (minería) | blocky.
de fractura limpia | sharply broken.
de fraguado lento | slow setting.
de fraguado rápido | quick-setting | fast setting.
de fraguado rápido (hormigón) | rapid-hardening.
de frecuencia acústica | audiofrequent | tone-operated.
de frecuencia audible | audiofrequent.
de frecuencia próxima | frequency-related.
de freno automático | self braking.
de frente | end on.
de frente (buques) | abreast.
de frente abierto (máquinas) | open-fronted.
de frente plano | plane-fronted.
de frente sin corriente (cuadros eléctricos) | deadfront.
de fuego anular (cartuchos) | rimfire.
de fuego central | center-fire.
de fuego periférico (cartuchos) | rimfire.
de fuera a fuera | from out to out.
de fuera a fuera (medidas) | out-to-out.
de fuera a fuera de las caras exteriores de los aparatos de enganche (coches ferrocarril) | over pulling faces of couplers.
de fuera a fuera de topes (vagones) | over buffers.
de fuera hacia adentro | from without inwards.
de fuerte arboladura (buques) | heavily masted.
de fuerte buzamiento | steep.
de fuerte diseño | ruggedly designed.
de fuerte pendiente (techos) | high-pitched.
de fuerte torsión | strong-twisted.
de fuertes pendientes (carreteras) | hilly.
de funcionamiento automático | automatically-operated.
de funcionamiento continuo | continuously-operating.
de funcionamiento discontinuo | batch operated.
de funcionamiento independiente | operating singly.
de funcionamiento intermitente | intermittently operating.
de funcionamiento lateral | side-operated.
de funcionamiento magnético | magnetically actuated.
de funcionamiento por contacto alterno | alternate-contact-operating.
de funcionamiento por vacío | vacuum operating.
de funcionamiento rápido | rapid-duty | quick-operating.
de funcionamiento seguro | positive in action | positive acting | trouble-free | operationally safe | jamproof | positive-acting.
de funcionamiento seguro (máquinas) | dependable | reliable.
de funcionamiento sencillo | foolproof.
de funcionamiento silencioso | silent-operating.
de funcionamiento suave | quiet in operation | smooth-operating | smooth working.
de funcionamiento totalmente automático | fully-automatic-operated.
de funcionamiento ultrarrápido | snap action.
de funcionamiento vertical | vertically-operating | vertically operating.
de fuste corto (árbol) | short boled.
de fuste recto (árbol) | straight-boled.
de ganga | at rockbottom prices.
de ganga fusible | self-fusible.
de ganga fusible (minerales) | self-fluxing.
de garantía | del credere.
de garganta (poleas) | scored.
de generación rápida | flash-generated.
de generación separable | separably generated.
de giro a mano | manually rotatable.
de giro central | pivoted in the centre | pivoted in the center.
de giro hacia afuera | outward-turning.
de giro horizontal | horizontally rotatable.
de giro independiente | independently turnable.
de giro lento | slowly-turning | slowly rotating.
de giro libre | freely-rotatable.
de giro rápido | fast-revolving.
de gobierno hidráulico | hydraulically steered.
de golpe duro | heavy-hitting.
de golpe duro (herramienta) | hard-hitting.
de gran abertura (objetivos) | high speed.
de gran alcance | far-reaching | very long range | long-distance.
de gran alcance (misiles) | long-range.
de gran ángulo | large-angled.
de gran aumento (óptica) | high-powered.
de gran autonomía | long range | long-range.
de gran autonomía (aviones) | load-range.
de gran buzamiento (geología) | heavily pitching.
de gran calado (buques) | deep-draughted.
de gran calibre (cañón) | heavy.
de gran campo de lectura (aparatos) | wide-range.
de gran capacidad de desconexión (interruptores) | high-breaking.
de gran caudal (bombas) | heavy-duty.
de gran circulación (carreteras) | heavily traveled.
de gran claridad (copias fotográficas) | high definition.
de gran coeficiente dieléctrico | high-dielectric.
de gran consumo masivo de aire (motores) | air breathing.
de gran destreza | highly skilled.
de gran diámetro (pernos, etc.) | fat.
de gran espesor (tubos) | heavy-walled.
de gran frecuencia de líneas (televisión) | high resolution.
de gran gala (vestimenta militar) | in full regimentals.
de gran habilidad | highly skilled.
de gran intensidad luminosa | high-light.
de gran multiplicación | high-geared.
de gran peso (cañón) | heavy.
de gran poder calorífico (combustibles) | high-grade.
de gran potencia | high-force | highly-rated | high-duty | high-rated | high-powered.
de gran potencia (máquinas) | heavy-duty.
de gran práctica | fully-trained.
de gran precisión | high-grade | tight tolerance | split-degree.
de gran producción | highly-rated | heavy-duty.
de gran provecho | of a high return.
de gran radio de acción | long range.
de gran radio de acción (buques) | long-range.
de gran rendimiento | high-duty | heavy-duty.
de gran resistencia | high-duty.
de gran resistencia a la tracción (metalurgia) | high-tensile.
de gran resistencia estática y dinámica | of high static and dynamic strength.
de gran sustentación | high-lift.
de gran talento | able minded.
de gran tamaño | extra sized | large-sized.
de gran tránsito (carreteras) | well-traveled.
de gran velocidad | rapid running | rapid-running.
de gran velocidad (motores) | fast-revolving.
de grandes árboles (bosques) | heavy-timbered.
de grandes dimensiones | large-sized.
de grano basto | large-grained | rough-grained.
de grano columnar (metales) | columnar-grained.
de grano extrafino | extra fine-grained.
de grano fino | fine-grained | close-grained.
de grano fino (fundición) | dense.
de grano grueso | rough-grained | coarse-grained | coarse grit | sterny | open-grained.
de grano liso | even-grained.
de grano mayor | larger-grained.

de grano orientado (de cristalitos orientados - aceros) | grain-oriented.
de grano regular | even-grained.
de grano regular (metalurgia) | smooth-grained.
de grano uniforme | even-grained.
de grano variable | vari-size grained.
de granos gruesos | large-grained.
de granos orientados (metalografía) | oriented.
de granos redondos (arenas) | soft.
de granulometría discontinua | gap-graded.
de guardia | on duty.
de haz ancho | broad-beamed.
de haz estrecho | narrow-beamed.
de hebra larga | long-stapled.
de hecho | de facto.
de hecho y de derecho | de facto and de jure.
de hiladas irregulares (muros) | irregular-coursed.
de hilo y lana mezclados | linsey-woolsey.
de hogar interior (calderas) | internally fired.
de hoja ancha (cuchillos) | wide-bladed.
de hoja delgada | thin-bladed.
de hoja fuerte | strong-bladed.
de hoja gruesa | thick-bladed.
de hojalata | tinned.
de hojas (ballestas) | laminated.
de hojas movibles (libros) | loose-leaf.
de hojas persistentes (botánica) | evergreen.
de ida (marina) | outward.
de ida y vuelta | round-trip.
de igual altura de caída | equal-falling.
de igual correlación | equicorrelated.
de igual índice (matemáticas) | equiindical.
de igual intensidad (vientos) | isanemone.
de igual intensidad de señal | equisignal.
de importancia esencial | front-ranking.
de importancia industrial | industrially-important.
de importancia para la explotación | operationally significant.
de impulsión por abajo (rueda hidráulica) | undershoot.
de impulsos | pulsed.
de incumbencia del consejo | within the province of the council.
de ingreso estadístico | randomly arriving.
de inteligencia retrasada | feeble-minded.
de interacción mutua | mutually interacting.
de interés actual | live.
de intermitencia (instrumento óptcio) | winking.
de introducción accidental (plantas para pastizales) | on ballast.
de invariancia helicoidal | helically invariant.
de inversión rápida | fast-reversing.
de inyección (geología) | intrusive.
de Jacobi (matemáticas) | Jacobean.
de jornal alto | high-salaried.
de juntas (geología) | jointed.
de juntas horizontales continuas | coursed.
de juntas rigidas | stiff-jointed | rigidly jointed.
de Júpiter (astronomía) | Jovian.
de la beneficencia | relieving.
de la corteza | crustal.
de la duramadre (anatomía) | dural.
de la época Terciaria | tertiary.
de la humedad | hygral.
de la izquierda | leftward.
de la mañana | ante-meridian.
de la marea | tidal.
de la mejor calidad | of sterling quality | top-ranking.
de la mejor manera que hemos podido y sabido | to the best of our knowledge and ability.
de la misma clase o calidad | of a piece.
de la misma manera | in kind.
de la puntería en elevación (cañones) | elevating.
de la sección transversal | cross-sectional.
de la superficie | surficial.
de la tierra (vinos, quesos, etc.) | home-grown.
de labios gruesos | thick-lipped.
de lado | askew | edgewise.
de lados abiertos | open sided.
de lados altos | deep-side.
de lados convergentes.
de lados inclinados | taper-sided | tapered.
de lados paralelos | parallel-sided.
de lados planos | flat-sided.
de lados rectos | straight-sided.
de Lagrange | Lagrangian.
de lana corta (ovejas) | short-wooled.
de lana encrespada (ovejas) | curly-wooled.
de lance | secondhand.
de larga duración | long-wearing | long-lived | lasting.
de largo metraje (filmes) | full-length.
de las mismas dimensiones (cristales) | equant.
de lazo | looped.
de lazo (zapato) | laced.
de lectura a distancia | distance reading.
de lectura sobre una pantalla (aparatos de medida ópticos) | screen reading.
de Levante | levantine.
de ley | merchantable | standard.
de ley (oro o plata) | fine.
de ley alta (minerales) | high-grade.
de libre dilatación | free-expansion.
de licenciamiento | discharge certificate.
de límites muy definidos | sharply-bounded.
de limpieza automática (emparrillado de calderas) | self-clinkering.
de lino | flaxen.
de lizo alto (tisaje de tapices) | haute-lisse.
de lizo bajo (tisaje de tapices) | basse-lisse.
de los fabricantes a los consumidores | from producers to consumers.
de los resultados se deduce que | from the results it is found that.
de lubricación automática | auto-oiled.
de lubricación gaseosa (cojinetes) | gas - lubricated.
de lustre mate | dull-lustered.
de lustre vítreo | vitreous-lustered.
de llamada por muelle | spring-return.
de llegada | inbound.
de madera | wooden | eddy mill.
de madera en un triturador | eddying process.
de maduración precoz (frutas) | early-ripening.
de mal color | bad-colored.
de mal color (gemas) | off-color.
de mal olor | bad-smelling.
de mala calidad | low-rank.
de malla centrada | body-centered.
de mallas anchas | wide-meshed.
de mallas desiguales | unequal-meshed.
de mallas estrechas | close-meshed | narrow-meshed.
de mallas múltiples (electricidad) | multiloop.
de mallas pequeñas | small-meshed.
de mando acústico | audio operated.
de mando desmodrómico | positively driven.
de mando diferencial | differentially-operated.
de mando directo | direct acting | direct-acting | direct-connected | direct-driven.
de mando hidráulico | hydraulically assisted.
de mando neumático | pneumatically-operated | air controlled.
de manejo colectivo | crew-operated.
de manejo complicado | awkward.
de manejo difícil | difficult-to-operate | unwieldy | difficult to operate.
de manejo fácil | easy to operate.
de manejo facilísimo | extra-easy to handle.
de manejo sencillo | easy to service.
de mango de fibra vulcanizada | fiber-handled.
de mango estriado (herramientas) | fluted-shank.
de mango largo | long-handled.
de mango largo (herramienta) | long-shafted.
de maniobra electrohidráulica | electrohydraulically controlled.
de maniobra independiente (aparatos) | triggered.
de maniobra múltiple | gang-operated.
de mar adentro | offshore.
de marcha intermitente | alternate-working.
de marcha lenta | slow-running.
de marcha silenciosa | quiet in operation.
de marfil | ivory.
de margen codificado | edge-coded.
de más altura y de mayor momento resistente | expanded beam.
de más de 100 CV | above 100 hp.
de más de 9,5 mm. hasta 38 mm | over 9.5 m/m up to 38 m/m.
de mástiles altos | taunt-masted.
de mayor espesor que el tubo normal | extra heavy.
de mayor o menor | tapering downward.
de mayor tamaño | cockup.
de meandros (ríos) | meandering.
de media caña | sheepnose.
de media presión (cilindros) | mean pressure.
de media presión (máquina alternativa de vapor policilíndrica) | intermediate.
de medida anormal | offsize.
de medio cuerpo | half-length.
de medio punto (arcos) | semicircular.
de memoria | from memory | by heart.
de menor calibre | subcaliber.
de menor diámetro que el nominal (agujeros) | undersized.
de menor tamaño | undersize | undersized.
de menor valor | lower-valued.
de menos (errores, apreciaciones) | on the right.
de mentalidad atómica (que todo lo quiere resolver por las fuerzas atómicas) | atomic-minded.
de mentalidad dada a la economía | economy-minded.
de mentalidad de todo automático | automatic-minded.
de mentalidad electrónica | electronically minded.
de mentalidad hecha a los instrumentos | instrument-minded.
de mentalidad técnica | engineering-minded.
de mentalidad tecnológica | engineering-minded.
de mentalidad terrestre (que no le interesan las cosas del mar) | land-minded.
de moda | at a premium.
de moderador líquido | liquid-moderated.
de momentos de inercia iguales | equimomental.
de montaje oscilante | swingably mounted.
de montaje rápido | quick attachable | quickly attachable | quick-install.
de montaje vertical | standoff.
de morro afilado (aviones) | sharp-nosed.
de mosaico (pisos) | tessellated.
de motor de chorro (aviones) | all-jet.
de movimiento caótico | randomly moving.
de movimiento diferencial | differential-acting.
de movimiento intermitente | intermittently-moved.
de movimiento lento | slow-moving.
de movimiento más lento | slower-moving.
de movimiento micrométrico | micrometrically movable.
de movimiento vertical | vertically movable.
de mucha astilla muerta (buques) | sharp-bottomed.
de mucha desmultiplicación | low-geared.
de mucha duración | hard-wearing.
de mucha graduación alcohólica (bebidas) | potent.
de mucha guinda (buque de vela) | taunt-masted.
de muchas calorías (alimentos) | high heat.
de mucho | largely.
de mucho cuerpo | heavy-bodied.
de múltiples aplicaciones | multipurpose | versatile.
de muros gruesos | heavy-walled.
de muy corta duración (procesos) | flash.

de N valores | n-valued.
de nacimiento inglés | English-born.
de nacionalidad extranjera | of foreign birth.
de nalgas gruesas (ovejas) | fat-rumped.
de navegación de altura (buques) | ocean-going | rated.
de naves múltiples (talleres) | multibayed.
de nerviación oculta (botánica) | hidden-veined.
de ningún valor | naught.
de ninguna importancia | no matter.
de nivel | level.
de nivel automático | self leveling.
de nivel económico elevado | upscale.
de nivelación rápida | quick-leveling.
de normalización militar | military-stock.
de nuestra propia fabricación | of our own make.
de numeración par | even-numbered.
de número par | even-numbered.
de objetivo múltiple (cámara fotográfica) | multilens.
de obsequio | complimentary.
de ocasión | secondhand.
de oficio | ex officio.
de ojo (barra, etc.) | eyed.
de olas cortas (mar) | popply.
de olor ácido | acid smelled.
de onda larga | long-wave.
de órbita cercana a la tierra | low orbiting.
de órbita cercana a la tierra (satélite artificial) | low-orbiting.
de orientación estadística | randomly oriented.
de orientación preferencial | preferentially oriented.
de origen atmosférico (geología) | atmogenic.
de origen eólico | airborne.
de oro | aureate.
de paja (sillas) | matted.
de pala delgada (hélices) | thin-bladed.
de pala gruesa (hélice) | strong-bladed.
de palas anchas (hélices) | wide-bladed.
de palas gruesas (hélices) | thick-bladed.
de palas metálicas (hélices) | metal-bladed.
de paletas radiales | radial-bladed.
de palos bajos (buques) | low-masted.
de palos cortos | undermasted.
de panderete (tabiques) | on edge.
de pantoque redondo | round-bilged.
de parada automática | self-stopping | self braking.
de parada magnética | magnetically-detented.
de paramento escollerado (presas) | riprap faced.
de pared delgada | thin-walled.
de pared gruesa | thick-walled.
de paredes flexibles | flexible-walled.
de paredes gruesas | heavy-walled.
de paredes gruesas (orificios) | thick-lipped.
de paredes lisas | soft-walled.
de paredes múltiples | multiwall.
de paredes paralelas | parallel-walled.
de paredes rectas | straight-walled.
de parte a parte | thru (EE.UU.) | through (G.B.).
de partición de tiempo | time-shared.
de paso a la derecha (hélices, tornillos) | right-hand.
de paso completo (bobinas) | full-pitched.
de paso constante (rayado cañones) | uniform twist.
de paso equiangular | equiangulary pitched | equiangularly pitched.
de paso grande (de paso rápido - hélice) | coarse.
de paso grande (tornillos) | rapid.
de paso muy largo (tornillos, hélices) | steeply-pitched.
de paso pequeño | short-pitched | closely-pitched | close pitched.
de paso pequeño (de avance lento-tornillos) | fine.
de paso pequeño (muelle helicoidal) | close-coiled.
de paso recto (válvulas) | straight run.
de paso variable (rayado cañones) | variable twist.
de pasos mesurados | sober-paced.
de patas de garra (muebles) | claw-flooted.
de peine (armas) | magazine-fed.
de pelo (animales) | furred.
de pelo (telas, toallas, etc.) | piled.
de pelo duro (perros) | rough-coated.
de pelo largo | long-stapled.
de pelo largo (caballos) | rough-coated.
de pelo largo (telas) | long-piled.
de pendiente fuerte | heavily-graded.
de pendiente suave | shallow sloping.
de pequeña altura | shallow in height | low-level.
de pequeña autonomía (aviones) | short range | short-legged.
de pequeña carrera (motores) | short stroke.
de pequeña contracción | low-shrink.
de pequeña envergadura (aviones) | short-wingspan.
de pequeña intensidad (electricidad) | low-level.
de pequeña potencia | low-powered | small-powered.
de pequeña sección | thin-sectioned.
de pequeñas pérdidas | low-loss.
de pequeño calado (buques) | shallow-draught.
de pequeño calibre | minor-caliber.
de pequeño calibre (armas) | light | small-bore.
de pequeño diámetro | small-diameter.
de pequeño diámetro (electrodos) | small-gage.
de pequeño diámetro interior (tubos, cilindros) | small-bore.
de pequeño espesor (tubos, chapas) | small-gage.
de pequeño poder calorífico (combustibles) | low-grade.
de pequeño tráfico | lightly trafficked.
de percusión | percussive.
de percusión (fusil, cartuchos) | pin-fire.
de percusión central (cartuchos) | center-fire.
de perfil aerodinámico | low-drag.
de perfil convexo (frisos) | pulvinated.
de perfil exacto | exact-profiled.
de perfil rectilíneo | rectilinearly profiled.
de período corto (radioisótopos) | short lived.
de periodos cortos | short-period.
de permutación aleatoria | randomly permuted.
de pico (jarra, frasco) | lipped.
de pico de pato | duck-billed.
de pie | end on | standing.
de pie (personas) | erect.
de piel fina | thin-skinned.
de pisos (casas) | flatted.
de plano | on the flat | flatlong | flatwise | flatways.
de planos escalonados (avión) | staggered.
de plantilla | regular.
de plantilla (empleados) | established.
de plástico | plastic.
de plata | argent.
de plumage brillante (aves) | brightly plumaged.
de poca desmultiplicación | high-geared.
de poca estabilidad | lopsided.
de poca guinda | undermasted.
de poca guinda (buques) | low-masted.
de poca intensidad | low-level.
de poca ley (minerales) | low-grade.
de poca potencia (máquinas) | light-duty.
de poca torsión (hilos) | slack.
de pocas calorías (alimentos) | low-heat.
de poco aumento (óptica) | low-power | low-powered.
de poco consumo (lámparas) | low-wattage.
de poco cuerpo | light-bodied.
de poco cuerpo (poco tupido) | flimsy.
de poco peso | light.
de poco peso (cañón) | light.
de poco precio | low-priced.
de poco radio (curvas) | sharp.
de poco tiempo a esta parte | of late.
de poco tiempo acá | of late.
de polarización contraria | oppositely-polarized.
de polarización interna | self-biased.
de polarización plana | linearly polarized.
de polos solidarios (interruptor eléctrico) | linked.
de popa cuadrada (buques) | square-sterned.
de popa puntiaguda (embarcaciones) | pink-sterned.
de popa recta | square-sterned.
de poros pequeños | fine-pored.
de porosidad decreciente hacia el exterior de cada anillo anual (maderas) | ring-porous.
de porosidad uniforme a través de los anillos anuales (árboles) | diffuse-porous.
de potencia controlada | power-constrained.
de potencia media | medium-powered | middle-powered | moderate powered.
de potencias variadas | of varied powers.
de pozo profundo | long-shafted.
de precaución | precautionary.
de precio barato | inexpensively priced.
de precio competitivo | competitively priced.
de precio inferior | lower-priced.
de precio moderado | realistically priced.
de precio módico | reasonably-priced.
de precio muy caro | highly-priced.
de precio razonable | reasonably priced.
de precio reducido | inexpensive.
de precisión (mecanismos) | fine.
de presión regulada | pressurized.
de previsión (obras, sociedades, fondos, etc.) | provident.
de primer orden | first-rate.
de primera calidad | real stuff.
de primera clase | first-rate.
de primera clase (salud, estado físico, etc.) | A. 1.
de primera fusión (metalurgia) | virgin.
de primera impresión | at the first blush.
de proa | fore | bow first.
de proa a popa | from stem to stern.
de proa a popa (buques) | fore-and-aft.
de proa de agujas (avión) | needle-nose.
de proa fina (buques) | lean-bowed.
de proa troncocónica muy afinada (avión) | needle-nose.
de proceso directo | once-through | once-run.
de profesión (médico, cocinero, etc.) | regular.
de propiedad del abonado | subscriber-owned.
de propiedad del cliente | owned.
de propiedad del Estado | publicly-owned.
de propiedad exclusiva | solely owned.
de propiedad federal | federally owned.
de propiedad municipal | municipally owned.
de propiedad nacional | nationally-owned.
de propiedad particular | individually owned.
de propiedad privada | owned.
de propiedad pública | publicly-owned.
de propulsión autónoma | self-propelled.
de propulsión fotónica | photon-propelled.
de propulsión nuclear | atomic-powered.
de propulsión por chorro | jet-propelled.
de propulsión turboeléctrica (buques) | turboelectric propelled.
de prototipo aprobado | type-tested.
de proyecto nacional | domestically designed.
de puente (máquinas herramientas) | double-columned.
de puerta a puerta | door to door.
de puerta baja | low-doored.
de puertas adentro | indoor.
de puesta directa a tierra | directly grounded.
de puesta en marcha | starting.
de punta | end on | top-end first.
de punta (cabello) | erect.
de punta (industria) | advanced.
de punta a cabo | throughout.
de punta a punta | point-to-point.
de punta a punta (medidas) | out-to-out.

de punta aguda | acutely-pointed.
de punta ahuecada | cup-pointed.
de punta cónica | conical-pointed | cone-pointed.
de punta de platino | platinum-tipped.
de punta dura | hard-pointed.
de punta envenenada | poison-tipped.
de punta gruesa (plumas) | broad-nibbed.
de puntería automática | automatically aimed.
de punto (telas) | knitted.
de punto a punto | point-to-point.
de pura forma | formal.
de que hay constancia | on record.
de que se tiene noticia | on record.
de quita y pon | removable.
de radio muy pequeño | sharply curved.
de raíces superficiales (árboles) | shallow-rooted.
de ramas delgadas | slender-branched.
de ramazón gruesa (árboles) | thick branched.
de ranuras planas | flat-grooved.
de ranuras rectas (brocas) | straight-fluted.
de rápida expansión | fast-expanding.
de rayado sencillo (dibujos) | hatched.
de rayas brillantes | bright-lined.
de reacción (electrónica) | regenerative.
de realce | raised.
de reborde (tubos, etc.) | lipped.
de recambio | spare.
de recintos múltiples | multienclosure.
de reconexión automática | auto-setting.
de reconocida solvencia | of recognized standing.
de recorrido múltiple (filtros) | multipath.
de recorrido visible | light-route.
de recuperación (de calor) | regenerative.
de red metálica | wired.
de reemplazo (milicia) | unattached.
de reenganche automático | self-reset.
de reenganche manual (disyuntor) | hand reset.
de reentrada mandada (vehículos cósmicos) | re-entered by command.
de referencia | reference.
de refilón | askance.
de reflexión | glancing.
de reflexión perfecta | perfectly reflecting.
de regalo | complimentary.
de regeneración natural (bosques) | self-sown.
de régimen (motores) | rated.
de régimen (presión, voltaje) | running.
de regreso | inbound.
de regulación automática | self-seeking | self-setting | automatically-controlled | autocontrolled.
de regulación cronométrica | chronometrically governed.
de regulación disimétrica | unbalanced regulated | unbalanced-regulated.
de regulación independiente | independently adjustable | individually-controlled.
de regulación lenta | slow setting.
de regulación mecánica | power-controlled.
de rejilla polarizada | grid-modulated.
de relevo | relieving.
de relleno (periodismo) | fill-ins.
de relleno (terrenos) | made.
de relleno pulsado | pulse-filled.
de renovación fácil | easily-renewable.
de repente | bang.
de repetición (armas) | magazine-fed.
de repetición rítmica | rhythmically repeated.
de reposición automática | auto-setting.
de reposición automática (disyuntores, relés, etc.) | auto-reclosed.
de repuesto | spare.
de reserva | spare.
de reserva (máquinas) | standby.
de resolución en el tiempo | time-resolved.
de resolución temporal | time-resolved.
de respeto | spare.
de respeto (máquinas) | standby.
de respuesta rápida | rapidly responding.
de respuesta rápida (instrumentos) | rapid response.
de retardo dependiente | inverse time-limit.
de retardo independiente | definite time-limit.
de retardo inverso (telecomunicación) | inverse time lag.
de retorno | inbound.
de retorno asegurado | positive-return.
de retorno rápido | quick-returning.
de retracción electromagnética | electromagnetically retracted.
de retroceso por muelle | spring-return.
de retroceso rápido | quick-returning.
de retrodescarga | rear-unloading.
de revelado rápido (fotografía) | fast-developing.
de reversión | reversionary.
de revestimiento ácido (hornos) | acid lined.
de roble | oaky.
de roble patinado (muebles) | Jacobean.
de robusta construcción | stubstantially-built.
de rollizos (cabaña) | logged.
de rosca de paso pequeño (tornillos) | finely-threaded.
de rosca triangular (tornillos) | V-threaded.
de roscado interrumpido | interrupted-screwed.
de rotación acelerada (cultivos) | short-rotation.
de rotación completa (360 grados) | full-revolving.
de rotación constante | uniformly rotating.
de rotación controlada | controllably rotated.
de rotación hidráulica | hydraulically rotated.
de rotación lenta | slowly-rotating.
de rotación por líquido | liquid-spun.
de rotación rápida | rapid-revolving.
de rueda libre | freewheeling.
de ruedas | wheeled.
de ruedas bajas | low-wheeled.
de ruedas en tándem | tandem-wheeled.
de ruedas grandes | large-wheeled.
de ruedas pesadas | heavy-wheeled.
de sabor ácido | acid tasted.
de salida | leading-out.
de salida (corrientes) | outflowing.
de salida (marcación fletes) | outbound.
de salida (marina) | outward.
de salida múltiple | multioutput.
de sangre fría (animales) | poecilothermal.
de secado rápido | quick drying.
de sección decreciente | tapered.
de sección elíptica | elliptical-sectioned | elliptically cross-sectioned.
de sección transversal constante | untapered.
de secuencia numérica | numerically sequenced.
de segunda calidad | second-rate.
de segunda categoría | second-rate.
de segunda clase | second-rate.
de segunda fusión (cobre, aluminio) | secondary.
de segunda mano | at second hand | secondhand | used.
de segundo orden | second-rate.
de seguridad (mecanismos) | sound.
de selección temporal | time-shared.
de semilla liviana | light-seeded.
de semilla pequeña | small-seeded.
de sentido contrario | unlike.
de separación variable | space tapering.
de servicio | on duty.
de servicio (presión, voltaje) | running.
de servicio permanente (las 24 horas) | on duty around the clock.
de siembra tardía | late-sown.
de signo variable | variable-signed.
de simetría circular | circularly symmetric.
de simetría radial | radially symmetric.
de simple acción | single-effect.
de simple acción (motores, bombas) | single-acting.
de simple curvatura | single-curved.
de simple efecto | single-effect.
de simple efecto (motores, bombas) | single-acting.
de siniestra memoria | of evil memory.
de sintonía escalonada | stagger-tuned.
de sintonía única | single-tuned.
de sintonización magnética | magnetically-tunable.
de sintonización poco selectiva | flatly tuned | flaty tuned.
de socorro (ejército) | relieving.
de socorro (locomotora) | standby.
de soga (aparejo muros) | outbond.
de sogas y tizones alternados (muros) | in-and-out.
de soldar | soldering.
de solvencia reconocida (comercio) | well-established.
de sonido claro | clear-ringing.
de soplado lateral | side-blown.
de soslayo | askant | askance.
de Stoke | stokesian.
de su cuenta y riesgo | at one's own risk.
de su género o especie | sui generis.
de subida y bajada | up-and-down.
de sueldo alto | high-salaried.
de suelta rápida | quick-release.
de superficie áspera | ragged.
de superficie dura | hard-surfaced.
de superficie esférica | spherical-surfaced.
de superficie limpia | clean-surfaced.
de superficie lisa | smoothly surfaced.
de superficie perlada | pearled.
de superficie plana | flat-surfaced.
de suspensión rígida | rigid-suspended.
de sustentación (fuerza) | portative.
de tableros (puertas) | paned.
de tableros de roble (puertas) | oak-paneled.
de tablones | boarded.
de tacto agradable (telas) | full feel.
de talla extra (vestidos) | extra sized.
de tallo largo | long-stemmed.
de tamano de la mano | hand-sized.
de tamaño apropiado | right-sized.
de tamaño conveniente | conveniently sized.
de tamaño corriente | fair-sized.
de tamaño dado | given-sized.
de tamaño equivocado | wrong-sized.
de tamaño especificado | sized | given-sized.
de tamaño exacto | accurately sized.
de tamaño experimental | pilot-sized.
de tamaño grande | large-sized.
de tamaño legal | legal-sized.
de tamaño mediano | middle-sized.
de tamaño medio | average-sized | medium sized.
de tamaño muy reducido | ultracompact.
de tamaño natural | life-size | full-sized.
de tamaño natural (de cuerpo entero - retratos) | full-length.
de tamaño reducido | space-saving.
de tamaño subcapilar (poros) | subcapillary sized.
de tamaño submicrométrico | submicron sized.
de tamaño uniforme (agregados) | open-graded.
de tamaños diferentes | different sized.
de techo alto | high-ceilinged.
de techo alto (habitaciones) | high-pitched | high-roofed.
de techo bajo | low-ceilinged | low-roofed.
de techo bajo (habitaciones) | low-pitched.
de tejido apretado | close-woven.
de tejido flojo (telas) | loose-woven.
de temperatura de fusión baja | low-melting.
de temperatura de inflamación elevada (petróleos, etc.) | high-flash.
de temple reciente | freshly quenched.
de tensión nula | no volt.
de teñido unido | union-dyed.
de terminación del tamaño (hilos o mechas) | sizing.
de textura apretada | dense-textured | close-textured.
de textura basta | coarse-textured.
de textura cúbica | cube textured.
de textura dura (botánica) | bony.

de textura granuda | granular-textured.
de textura rugosa | coarse-textured.
de textura uniforme | even textured.
de textura uniforme fina | fine uniform texture.
de tiempo en tiempo | on and off | off and on.
de tiempo inferior a un nanosegundo | subnanosecond.
de tierra (costado del buque) | landward.
de tierra al aire | ground-air.
de tímpano de celosía | spandrel-braced.
de tímpano macizo con relleno (arcos) | spandrel-filled.
de tingladillo simple (buques) | clinker-built.
de tipo de regleta | slat type.
de tipo no corriente | unusual.
de tiro forzado (chimeneas) | forced draught.
de tiro mecánico (hogares) | mechanically drafted.
de tiro rápido | rapid-firing.
de tiro rápido (artillería) | quick-fire.
de todas mareas (puertos) | deep water.
de todo babor a todo estribor | from hard-a-port to hard-a-starboard.
de todo babor a todo estribor (timones) | from hard-over right to hard-over left.
de todo paso (electricidad) | all-pass.
de todo tiempo | all-weather.
de todos excepto unos pocos de | of all but a few of.
de toma constante (engranajes) | intermeshing.
de toma intermedia | tapped.
de toma silenciosa (caja de velocidades) | nonclashing.
de tono alto (sonidos) | high-pitched.
de tono brillante | bright-hued.
de tono claro | light-hued.
de tono grave (sonidos) | deep-toned.
de tono oscuro (colores) | deep-toned.
de tonos rojos | foxy.
de torones cuadrados (cables) | square-stranded.
de torones planos | flat-stranded.
de torones redondos | round-stranded.
de torsión | torsional.
de torsión fuerte (cables) | hard-laid.
de torsión fuerte (hilos) | hard-twisted.
de tracción animal (máquinas agrícolas) | walking.
de tracción eléctrica | electric-hauled | electrically hauled.
de tracción mecánica | motorized.
de tracción por vapor | steam-hauled.
de tráfico intenso | heavily trafficked.
de trama irregular (tejeduría) | reed-marked.
de tramitación | procedural.
de tránsito | enroute.
de tránsito regulado | traffic-controlled.
de traslado (gastos, etc.) | moving.
de travesía | outbound.
de trayectoria dirigida | trajectory-controlled.
de trazado (dimensiones buques) | molded.
de trenza sencilla | single-braid.
de trenzado plano (cables) | flat-braided.
de tres aletas (barrena) | three way.
de tres artejos (zoología) | three-jointed.
de tres capas | three-ply.
de tres centros | three-centered.
de tres clases | trifarious.
de tres columnas | three-legged.
de tres esquinas | three-cornered.
de tres patas | three-legged.
de tres pies | three-legged.
de tres salidas | three way.
de tres términos | three-membered.
de tres torones | three-standed.
de tres vías | three way | Y-junction.
de triple efecto | triple action.
de tronco alto | long-stemmed.
de tronco alto (árboles) | long-boled.
de tronco cilíndrico | full-boled.
de tronco corto | short boled.
de troncos (cabaña) | logged.
de ultramar | offshore.
de un brazo (curvas matemáticas) | single-lipped.
de un colector (calderas) | single-dum.
de un componente | one-component.
de un conductor | single core.
de un corte (herramientas) | single-pointed.
de un dispositivo eléctrico | interlock.
de un escalón | one-step.
de un extremo a otro de | through (G.B.).
de un frente (calderas) | single-ended.
de un lado a otro | thru (EE.UU.) | through (G.B.).
de un modo franco | on the level.
de un modo igual | even.
de un oído (bomba centrífuga, etc.) | singe-sided.
de un oído (bombas centrífugas, ventiladores) | single-suction.
de un piso | single-floored.
de un piso (tranvías, autobuses) | single-deck.
de un plato (bobinas) | single-flanged.
de un punto de contacto | single-lipped.
de un solo anclaje | monomooring.
de un solo color | self-dyed.
de un solo corte (herramientas) | single-lipped.
de un sólo empleo | one-time use.
de un solo estrato | single-layer.
de un solo factor | unifactor.
de un solo par de ruedas motrices (locomotoras) | single-driver.
de un solo paso | one-step.
de un solo tamaño | single-sized | singe-sided | single-sided.
de un solo terminal | single-ended.
de un solo tubo | one-pipe.
de un sólo uso | one-purpose | one-time use | one-time.
de un tambor | single-dum.
de una compresión (compresores) | single-stage.
de una cosa están todos seguros | of one thing everyone seems assured.
de una cubierta (buques) | single-deck.
de una cuchilla (herramientas) | single-pointed.
de una chimenea | one-funnelled.
de una de las partes | ex parte.
de una dirección | single way | single throw.
de una entrada y múltiple salida | one-many.
de una escala (aparatos) | single range.
de una expansión (turbinas vapor, etc.) | single-stage.
de una gran utilidad | of a high return.
de una guarda (bobinas) | single-ended.
de una hoja | one-sheeted.
de una hoja (puertas) | singe-sided | single-sided.
de una infinidad de valores | infinite valued.
de una infinidad de valores (matemáticas) | infinitely many-valued.
de una manera definitiva | for good.
de una manera demostrable | provably.
de una manera general | in the main.
de una manera permanente | enduringly.
de una manera probable | provably.
de una mano (herramientas) | one-handed.
de una pat | single-legged.
de una pestaña (ruedas) | single-flanged.
de una pierna | one-legged.
de una pieza | one-piece | single made | single-piece | solid.
de una punta | single-pointed.
de una rama (curvas matemáticas) | single-lipped.
de una reja (arados) | single-bottom.
de una roldana (cuadernal) | single-sheaved.
de una sola capa | single-layer.
de una sola fila | single-rowed.
de una sola fila de remeros | single-banked.
de una sola pasada (máquinas herramientas) | at once going over.
de una sola traza | single-trace.
de una sola utilización | one-time use.
de una sola vía | single-track.
de una vez | in a lump sum.
de una vía (túneles) | single line.
de unión | splicing.
de uñas largas | long-nailer.
de uso complicado | awkward.
de uso corriente | of everyday use.
de uso general | general-purpose | all-purpose.
de uso único | single-purpose.
de usos múltiples | versatile.
de utilidad para la navegación | navigationally useful.
de vacío a plena carga | from no load to full-load.
de vaina agolletada (cartuchos) | bottlenecked.
de vaivén | reversible.
de vaivén horizontal | horizontally reciprocating.
de vaivén vertical | vertically-reciprocating.
de vaivén vertical (movimiento) | up-and-down.
de valencia cero | nonvalent.
de valor (cargamentos) | precious.
de valor estable | stable in value.
de valoración baja | low titered.
de valoración baja (soluciones) | low-titered.
de valores enteros | integer-valued.
de valores matriciales (matemáticas) | matrix-valued.
de vanguardia | forward.
de variables múltiples | multivariable.
de variación aleatoria | randomly varying.
de variación continua | continuously adjustable.
de variación de fase manipulada | phase-shift-keyed.
de variación lenta | slowly varying.
de variación lineal | straight line | linear | square.
de variación progresiva | tapered.
de variación radial | radially varying.
de variación sinusoidal | sinusoidally varying.
de variación suave | smoothly varying.
de varias etapas (turbinas, amplificadores, etc.) | multistage.
de varias fases | multistage | multistep.
de varias mallas (electricidad) | multiloop.
de varias piezas | made.
de varias pistas | multitrack.
de varias variables | multivariable.
de varios brazos | multiarmed.
de varios circuitos (electricidad) | multiloop.
de varios estados | several-valued.
de varios pares (cables) | multipaired.
de varios redientes (cascos hidros) | multistep.
de varios tamaños | multisized.
de varios valores | many valued.
de velocidad media | moderate speed.
de velocidad menor que la del sonido | subsonic.
de velocidad moderada | moderate speed.
de velocidad modulada | velocity-modulated.
de velocidad variable | multispeed.
de vencimiento atrasado | past-due.
de vencimiento escalonado | serial.
de venida | inbound.
de venta difícil | difficult to dispose of.
de venta libre | decontrolled.
de ventilación forzada | air-blast.
de ventilación natural | naturally-ventilated.
de vez en cuando | on and off | off and on.
de viaje (mercancías transportadas por mar) | on passage.
de vidriado azul | blue-glazed.
de vigilancia | on duty.
de voltaje en la línea | line drop compensator.
de voltaje nulo | no volt.
de volumen estable | volume-stable.
de vuelta (golpe de pistón) | inboard.
de vuelta encontrada (navegación) | on the opposite tack.
de vuelta rápida | quick-returning.
de zapatas interiores | internal-shoed.
deabsorber | desorb (to).
deadsorbente | deadsorber.

deadsorber | desorb (to).
deán | dean.
deastrofismo del Mioceno Superior | attican orogeny.
debajo de cubierta (buques) | alow.
debajo de la corteza terrestre | inframundane.
debajo del ala (aviones) | underwing.
debajo del bastidor | underfloor.
debajo del pavimento | underfloor.
debajo del piso | underfloor.
debate | proceeding | discussion | question | contest.
debates | hearings.
debates (de una asamblea) | proceedings.
debates (sociedades científicas) | proceedings.
debatido por el senado en pleno | debated on the senate floor.
debatir | debate (to).
debe (cuentas) | debit.
debe llegar a las seis de la mañana | it is due to arrive at six a. m.
debe prestarse la necesaria atención en el uso de | due regard is to be paid in the use of.
debe probarse cada chapa | every plate to be tested.
debe proveerse | provision is to be made of.
debe regirse por el mayor | it is to be governed by the greater.
debe según el libro mayor | book debt.
debe y haber | debtor and creditor.
deber | must (verb).
deberes | duties.
debidamente | duly | right.
debidamente admitido y jurado | duly admitted and sworn.
debidamente verificada | duly audited.
debido | right | due.
debido (economía) | owing.
debido a | owing.
debido a circunstancias ajenas a nuestro control | because of circumstances outside our control.
debido a fuerza mayor | due to force majeure.
debido a su construcción sencilla y robusta | because of its robust and simple construction.
debido a su resistencia a la corrosión y fabricabilidad | because of its corrosion resistance and fabricability.
debido al viento | wind-driven.
debido al viento y a la mar | due to wind and sea.
debido procedimiento legal | due course of law.
débil | minor | faint.
débil (colores) | faint.
débil (minas) | femmer.
débil (vista) | dim.
débil altura | lowness.
débil densidad | low density.
debilidad | weakness.
debilidad (ruidos) | lowness.
debilidad (salud) | fragility.
debilidad (sonido, luz) | dullness.
debilidad financiera | financial weakness.
debilidad latente (piezas) | roak.
debilitación (amortiguamiento - del sonido, etc.) | deadening.
debilitación (de la memoria) | dimming.
debilitación (mercados) | sagging.
debilitación de la luminosidad de la pantalla fluorescente (tubo de rayos catódicos) | screen burn.
debilitación del campo inductor | field weakening.
debilitación en la recepción | receive loss.
debilitación en la transmisión | transmission loss.
debilitado (baños electrolíticos) | poisoned.
debilitador (acústico o visual) | fader.
debilitador (baño fotográfico) | reducing.
debilitador (fotografía) | reducer | clearing agent.
debilitamiento | failing.
debilitamiento (de la radioaudición) | swinging.
debilitamiento (fotografía) | reduction | fading.
debilitamiento (salud) | breakup.
debilitamiento auditivo | swinging.
debilitamiento de la señal (radio) | fade-out.
debilitamiento paradiafónico | near-end crosstalk attenuation.
debilitamiento por hidroabsorción (moldes empleados en moldeo a la cera perdida) | striking back.
debilitamiento progresivo | fade-out.
debilitamiento sonoro | sound reduction.
debilitar | extenuate (to) | weaken (to).
debilitar (clima) | relax (to).
debilitar (fotografía) | reduce (to).
debilitar (memoria) | dim (to).
debilitar la resistencia enemiga por ataques preparatorios | soften (to).
debilitar un negativo | reduce a negative (to).
debilitarse (baños electrolíticos) | rundown (to).
debilitarse la señal (radio) | fade-out (to).
débilmente ácido | weakly acidic.
débilmente alumbrado | dimly-lighted.
débilmente básico | weakly basic.
débilmente desarrollado | feebly-developed.
débilmente disipativo (electricidad) | low-loss.
débilmente iluminado | dimly-lighted.
debilmente inestable | weakly unstable.
débilmente ligado | loosely bound.
débilmente magnético | feebly-magnetic.
debilmente perturbado | weakly perturbed.
debilmente radiactivo | weakly radioactive.
debitar | debit (to).
debitar (contabilidad) | expense (to).
debitar de más | overdebit (to).
debitar de menos (contabilidad) | undercharge (to).
débito | debit | debt.
débito insatisfecho | nonpaid debt.
debitómetro | debitmeter | dose-rate meter.
débitos | charges | debita.
debut público | public debut.
debutante | intrant | greener | entrant.
debutar | come out (to).
decaamperio | deca-ampere.
década | decadal | decade.
decadal | decadal.
decadario | decadal.
decadencia | ebbing | wane | decline | declination | decay | fall | falling off.
decádico | decadic | decade | decadal.
decaédrico | decahedral.
decaedro | decahedron.
decaer | decay (to) | decay (to) | drop (to) | fade (to) | slack (to) | dwindle (to) | lapse (to) | wane (to) | ebb (to).
decaer (salud) | decline (to).
decagonal | decangular | ten-angled.
decágono | decagon.
decagramo | dekagram.
decaimiento | decay.
decaimiento adiabático | adiabatic damping.
decaimiento debido al exceso de agua (botánica) | cold-feet.
decalado | out of phase.
decalado (hélice) | out-of-pitch.
decalado un cuarto de período | inphase quadrature.
decalador | shifter.
decalador de fases | phase shifter.
decalaje | lag | lag | offset.
decalaje (ángulo entre las dos cuerdas de las dos alas - biplanos) | decalage.
decalaje (borde de ataque de alas de un biplano) | stagger.
decalaje (de escobillas) | displacement.
decalaje de fase (electricidad) | phase angle.
decalaje de las escobillas | brush displacement | lag of brushes.
decalaje negativo | negative stagger.
decalaje positivo | positive stagger.
decalaje positivo (el ala superior está más avanzada que la inferior - biplanos) | positive stagger.
decalar | offset (to) | brush shift (to).
decalar (escobillas) | shift (to) | displace (to).
decalescencia | decalescence.
decalescente | decalescent.
decalin (combustible sintético) | decalin.
decalitro | decaliter.
decamétrico | decametric.
decámetro | decameter.
decámetro geopotencial | geopotential decameter.
decanato | deanery.
decano | dean.
decano (cuerpo diplomático) | doyen.
decano (hidrocarburo parafínico de 10 átomos de carbono) | decane.
decano (universidades) | principal.
decano del departamento de ingeniería | dean of department of engineering.
decantación | decanting | decantation | separating | elutriation | separation.
decantación (nucleónica) | thickening.
decantación (vinos) | racking.
decantación en contracorriente | countercurrent decantation.
decantación sedimentaria | settling.
decantador | decanter | settler | slurry pool | silt basin | silt basin | clarifier | depositor.
decantador en hélice | helical decanter.
decantar | draw off (to) | deposit (to) | decant (to) | elutriate (to) | pour off (to).
decapado | scaling | clean | pickled.
decapado (metales) | scouring.
decapado (metalurgia) | dipping.
decapado anódico | anode pickling | anodic etch | anodic pickling.
decapado catódico | cathodic pickling.
decapado con mezcla de ácidos sulfúrico y clorhídrico | hydrochloric-sulfuric acid pickling.
decapado continuo de banda de acero | continuous steel strip pickling.
decapado del óxido de laminación por llama oxiacetilénica (aceros) | oxyacetylene flame cleaning.
decapado electrolítico | anode pickling | electrolytic descaling | electrolytic pickling | electro-pickling.
decapado electrostático | electrostatic descaling.
decapado en ácido sulfúrico | pickled in sulfuric acid.
decapado en ácido sulfúrico (chapa de cobre silicioso) | plain pickled.
decapado en negro | black pickling.
decapado en solución de ácido nítrico con bicromato sódico (magnesio) | chrome pickle.
decapado en un decapante alcalino | cleaned in an alkaline cleaner.
decapado por hidruro sódico | sodium hydride descaling.
decapado químico (aceros) | chemical descaling.
decapado rápido (tiempo de inmersión pequeño) | flash pickling.
decapado ultrasónicamente en ácido clorhídrico | ultrasonically pickled in hydrochloric acid.
decapado ultrasónico | ultrasonic pickling.
decapador | scourer.
decapador (obrero) | pickler.
decapadora | scouring machine.
decapaje con ácido | pickling.
decapante | etching.
decapante (metalurgia) | cleaner.
decapante para pintura | stripper | paint stripper.
decapante para pinturas | paint remover.
decapar | dip (to) | pickle (to) | clean (to) | etch (to) | scale (to) | scour (to).
decapar al ácido | pickle (to).
decapar en ácido | acid dip (to).
decapar la plancha offset graneada | counter-etch (to).

decapista (obrero) | pickler.
decapitación | beheading.
decapitación (de ríos) | decapitation.
decapitado (botánica) | headed.
decapitalización | decapitalization.
decápodo | decapod.
decapolar | ten-pole.
decarca | decarch.
decárea | decare.
decarquía | decarchy.
decastereo | dekastere | decastere.
decatizado (vaporización - tejeduría) | decatizing | decating.
decatizado en húmedo | hot-water decatizing | roll boiling.
decatizado en húmedoencapsulación (aparatos electrónicos) | potting.
decatizado en seco | dry decatizing | dry-steam decatizing.
decatizador | decatizer.
decatizar | decatize (to) | decate (to).
decatizar en húmedo | pot (to).
decatrón | decatron | dekatron.
decca (navegación) | decca.
deccárico | decca.
decebado (magnetismo) | loss of excitation.
deceleración del grupo de electrobombas | electric pump set deceleration.
decelerador de péndulo | pendulum decelerator.
decelerador giratorio | rotating decelerator.
decelostato (freno de vagones) | decelostat.
decena | decade.
decena (de pieles, cueros, etc.) | dicker.
decenario | decade.
decenas de kilómetros | tens of kilometers.
decenio | decade.
decente | decent.
decepción de cobro de deudas | debt collection deception.
decepción del enemigo por contramedidas contra su radar | radar deception.
deciamperio | deciampere.
deciárea | deciare.
decibar = 10^5 dinas/centímetro^2 | decibar.
decibel | decibel.
decibel de ajuste | adjusted decibel.
decibelímetro | decibel meter | decibelmeter | noise meter | level indicator | sound level meter | V. U. indicator | dB meter | transmission measuring set.
decibelímetro (telefonía) | volume indicator.
decibelio | d B | decibel | volume unit.
decibelio (unidad de volumen) | volume unit (VU).
decibelio basado en un milivatio | decibel based on one milliwatt.
decibelio corregido | adjusted decibel.
decibelio por encima de un milivatio | decibel above a milliwatt.
decibelios sin filtro | unweighted decibels.
decidibilidad | decidability.
decidir | act on (to) | conclude (to).
decidir (el emplazamiento de) | locate (to).
decidir (jurisprudencia) | rule (to).
decidirse | make up (to).
decígramo | decigram.
decila (estadística) | decile.
decílitro | deciliter.
decilo | decyl.
décima parte de un miligalio (prospecciones) | gravity unit.
decimación | decimation.
decimal | denary | decade | decimal.
decimal codificado binariamente | binary coded decimal.
decimal codificado con bitios suplementarios | coded decimal with extra bits.
decimal codificado en binario (ordenador) | binary-coded decimal.
decimal condensado | packed decimal.
decimal finito | terminating decimal.
decimal forzado | forced decimal.
decimal periódico | repeating decimal | periodic decimal.
decimalismo | decimalism.
decimalización | decimalization.
decimalizar | decimalize (to).
décimas (palabra) | tens.
decimbramiento | center-striking.
decimbrar | center-strike (to).
decimestral | decimestrial.
decimétrico | decimetric.
decímetro | decimeter.
decimilígramo | decimilligram.
decimilímetro | decimillimeter.
decimotercera (música) | thirteenth.
decineperio (dN) | decineper.
decinficación en zonas localizadas | plug-type dezincification.
decino (hidrocarburo acetilénico) | decyne.
decinormal | tenth-normal solution | decinormal.
decir con énfasis (teatro) | leadle out (to).
decir mal su papel (actores) | fluff (to).
decisión | ruling | decision | findings | making-up.
decisión bajo incertidumbre | decision under uncertainty.
decisión bivaluada | bivalued decision.
decisión comercial | business decision.
decisión de amigables componedores | award of arbitration.
decisión de los tribunales en que los bienes retenidos indefinidamente son devueltos | constructive trust.
decisión empresarial | business decision.
decisión entre muchos valores | multivalued decision.
decisión funesta | fatal decision.
decisión irrevocable | decision past recall.
decisión judicial | arbitrament | judgement | judgment of courts or tribunals.
decisión multivaluada (estadística) | multivalued decision.
decisión obligatoria por ambas partes | decision-binding on both parts.
decisión política | policy decision.
decisión tomada bajo la incertidumbre | decision making under uncertainty.
decisiones de gestión | management decisions.
decisiones de invertir | investment decisions.
decisiones judiciales | judicial decisions.
decisiones jurídicas | rulings.
decisivo | conclusive.
decisor | decisor | decision maker.
decisorio | decisive.
declarable | declarable | dutiable.
declaración | testimony | averment | statement | evidence | caveat | avowal | deposition | return | declaration.
declaración (buques, aviones) | manifest.
declaración (de nacimiento) | notification.
declaración (del acusado) | plea.
declaración (impuestos) | amended return.
declaración a la entrada en la aduana (buques) | entry inwards.
declaración a la salida en aduana (buques) | entry outwards.
declaración adicional (aduanas) | post-entry.
declaración ante el juez | statutory declaration.
declaración categórica | explicit declaration.
declaración conjunta sobre la renta | joint return.
declaración de abandono | notice of abandonment.
declaración de aduana | inward entry | bill of entry | customs declaration.
declaración de artículos libres de derechos (aduanas) | free entry.
declaración de avería | average bill.
declaración de avería (buques mercantes) | protest.
declaración de averías | ship's protest.
declaración de bienes | net worth statement.
declaración de buena fe (jurídico) | affidavit of good faith.
declaración de culpabilidad | guilty plea.
declaración de culpabilidad (abogacía) | plea of guilty.
declaración de daños | damage report | notice of claim.
declaración de derechos | bill of rights.
declaración de derechos pagados | duty paid entry.
declaración de detención en una acción civil (abogacía) | affidavit to hold to bail.
declaración de embarque (aduana) | clearing declaration.
declaración de entrada | bill of entry | entry inwards.
declaración de entrada (aduana) | clearance inward.
declaración de entrada (aduanas) | customs entry | sight entry.
declaración de entrada para aforar las mercancías (aduanas) | consumption entry.
declaración de expedición | consignment note.
declaración de exportación | export declaration | shipper's export declaration.
declaración de fideicomiso | declaration of trust.
declaración de impuesto sobre la renta | tax return.
declaración de ingresos | income tax return | income statement.
declaración de ingresos gravables | tax return | tax report.
declaración de la renta realizada por separado | filing separate returns.
declaración de naturalización | letters of naturalization.
declaración de nulidad | declaration of nullity.
declaración de obra no apta | rejected work.
declaración de origen | declaration of origin.
declaración de precios y producción | open price filing.
declaración de primas | declaration of options.
declaración de quiebra | declaration of bankruptcy | bankruptcy petition | adjudication in bankruptcy.
declaración de salida (aduana) | outward entry | clearance outward.
declaración de salida de aduanas (buques) | cate.
declaración definitiva | perfected entry.
declaración del capitán | captain's entry.
declaración del contenido | declaration of contents.
declaración del impuesto de la renta | income tax return.
declaración del impuesto de utilidades | income-tax return.
declaración del siniestro | declaration of casualty.
declaración directora del compilador | compiler directing statement.
declaración en la aduana | entry.
declaración falsa (de impuestos) | false return.
declaración fiscal | income tax return | income-tax return.
declaración imperativa | imperative statement.
declaración in extremis | dying declaration.
declaración indagatoria | preliminary examination.
declaración insuficiente | understatement.
declaración judicial de quiebra | adjudication of bankruptcy | decree of insolvency.
declaración jurada | sworn statement | oath | affidavit.
declaración jurada (abogacía) | sworn declaration.
declaración jurada de la citación | affidavit of service.
declaración jurada de mandamiento de secuestro | affidavit for attachment.
declaración jurada de un superviviente (naufragio) | protest.
declaración legalizada | attested declaration | duly attested declaration.
declaración minuciosa | bill of entry.
declaración morosa | delinquent return.

declaración múltiple | multiple declaration.
declaración obligatoria | compulsory notification.
declaración para exportación (aduanas) | export entry.
declaración para reintegro | drawback entry.
declaración para un producto libre de derechos | entry for duty-free goods.
declaración perentoria | showdown.
declaración presentada fuera de plazo | late filing.
declaración previa | preliminary entry.
declaración provisional | sight entry | bill of sight.
declaración rellenada | filled-in return.
declaración sobre la renta | tax return.
declaración sobre suspensión de pagos | act of bankruptcy.
declaraciones por escrito | written representations.
declarado | sworn.
declarado en rebeldía | adjudged in contempt.
declarado no ha lugar por el juez | denied by the judge.
declarante | declarer | declarant | avower | deponent | deposer.
declarar | protest (to) | depose (to) | aver (to) | state (to) | attest (to) | declare (to) | return (to).
declarar (aduanas) | enter (to).
declarar (ante un juez) | affirm (to).
declarar (el acusado) | plead (to).
declarar (testigos) | evidence (to).
declarar abierta la sesión | open the meeting (to).
declarar bajo juramento | swear (to).
declarar como testigo | give evidence (to).
declarar compromisos financieros | enter into financial committments (to).
declarar con juramento | swear (to).
declarar culpable | condemn (to).
declarar desierto | declare abandon (to).
declarar en huelga | call a strike (to).
declarar en la Aduana | enter at the customhouse (to).
declarar insolvente | declare insolvent (to).
declarar la huelga | strike (to).
declarar las mercancías (en la aduana) | enter goods (to).
declarar menos de lo debido | understate (to).
declarar mercancías a efectos del pago de derechos aduaneros | to enter goods for payment of duty.
declarar mercancías en tránsito | enter goods for transit (to).
declarar mercancías para pago aduanero | enter goods for payment of duty (to).
declarar mercancías para reexportación | enter goods for reexport (to).
declarar mercancías para su admisión pasajera | enter goods for temporary admission (to).
declarar nulo (jurisprudencia) | irritate (to).
declarar que no tiene arreglo (cosa averiada) | write off (to).
declarar un bosque fuera del régimen forestal | disafforest (to).
declarar un cargamento (aduanas) | manifest (to).
declarar un dividendo | declarate a dividend (to).
declarar un dividendo entre acreedores | declare a dividend among the creditors (to).
declararse | come out (to).
declararse (incendios) | break out (to).
declararse (incendios, epidemias) | occur (to).
declararse en huelga | turn out (to) | leave off work (to) | strike (to) | strike upon (to).
declararse en quiebra | file a petition in bankruptcy (to) | file one's bankruptcy (to) | bankrupt (to) | go into liquidation (to).
declararse insolvente | declare one's self insolvent to be.
declararse por | side (to).
declaratorio | declaratory.
declinación | declination | gisement | wane | magnetic variation.
declinación astronómica | celestial declination.
declinación de la aguja imantada hacia el nordeste | East variation.
declinación de la aguja magnética (buques) | variation.
declinación de la brújula | compass variation.
declinación de la luna | declination of the moon.
declinación diurna del sol | daily declination of the sun.
declinación geográfica | map declination.
declinación gradual del brillo después de la excitación (fósforos) | decay.
declinación hiperbólica | hyperbolic decline.
declinación magnética | declination | variation | variation of the compass | magnetic declination | magnetic variation.
declinación norte | declination North.
declinado | sloping downward.
declinado el movimiento y la sonoridad | decaying time and sonorousness.
declinador (cirugía) | declinator.
declinando el movimiento | diminish the time.
declinando la sonoridad | declining the sonorousness.
declinar | decay (to) | slope (to) | drop off (to) | regress (to) | dip (to).
declinar (honores) | decline (to).
declinar cualquier responsabilidad | decline any responsability (to).
declinar la responsabilidad | assume no responsibility (to).
declinatoria | declinatory | declinature | plea to the jurisdiction | plea for a change of venue.
declinógrafo | declinograph.
declinómetro (brújula de declinación) | declinometer.
declive | declivity | slide | slip | slant | shelving | slope | pitch | inclination | incline | gradient.
declive continental | continental slope.
declive de derrame (ventanas) | weathering.
declive exterior | outslope.
declive interior | inslope.
declive lateral de carretera | kerb.
declive para escurrir el agua (ventanas) | weathering.
declives continentales | continental shelves.
declividad | dip | declivity | slope downward.
declivis cerebeli (anatomía) | declive.
decoagulante | clot dissolving | decoagulant.
decocción | decoction.
decodificación | interpretation.
decodificación en serie | serial decoding.
decodificación secuencial | sequential decoding.
decodificador de dirección | address decoder.
decodificador en forma de árbol | tree.
decodificador numeral binario-decimal | digital binary-decimal decoder.
decodificador operacional | operation decoder.
decodificar | interpret (to) | decode (to).
decohesión | decoherence.
decohesionar | decohere (to).
decoloración | shade change | smearing-out | discharging | bleaching | bleach | discoloration (EE.UU.).
decoloración avanzada del follaje (coníferas) | red top.
decoloración por contacto con arcilla | contact clay decolorization.
decoloraciones de secado | interior sap stain.
decolorante | decolorizing.
decomisar | confiscate (to) | seize (to) | forfeit (to) | attach (to).
decomiso | seizure | forfeit | forfeiture.
decompresor de gas | pressure reducing valve.
decontaminación del efluente nuclear | nuclear effluent decontamination.
decoración | decor | patterning.
decoración (estudios) | still.
decoración colocada antes de calentar para obtener el vidriado (hornos de loza) | underglaze decoration.
decoración colocada sobre el vidriado (hornos loza) | on-glaze decoration.
decoración con cabezas de pájaros (moldura normanda) | beak head.
decoración con hierros (encuadernación) | tooling.
decoración de fondo (cine) | backing.
decoración de fondos (cerámica) | ground laying.
decoración embebida de hilos de vidrio opaco (vasos de vidrio) | latticino.
decoración en festones | festoonery.
decoración en oro de alfarería vidriada de gran calidad | acid gold.
decoración en relieve (estudios cine) | modeled detail.
decoración florida | floriation.
decoración imitando madera o mármol | graining.
decoración móvil (estudios cine y TV) | getaway.
decoración mural | mural.
decoración pintada (cine, televisión) | cartoon set.
decoración plástica (estudios cine) | modeled detail.
decoraciones | setting.
decoraciones (estudios cine y televisión) | properties.
decorado | decor.
decorado (teatro, cine) | prop.
decorado (teatros, cines) | property.
decorado de fondo (estudios de cine) | set.
decorado electrometálico | electrometallic decoration.
decorador | decorator | ornamenter.
decorados (estudios cine y televisión) | properties.
decorar | decorate (to).
decorar con hierros (encuadernación) | tool (to).
decorativo | decorative.
decrecer | fall (to) | decay (to) | diminish (to).
decrecer (curvas) | die away (to) | droop (to).
decrecida (de un río) | subsidence.
decreciendo proporcionalmente | linearly decreasing.
decreciente | decreasing | diminishing.
decrecimiento | decrement | decrease | die-away | decaying | wane | tenuity.
decrecimiento adiabático | adiabatic lapse rate.
decrecimiento brusco de la presión | surging.
decrecimiento de energía cinética (partículas ionizantes) | stopping.
decrecimiento de impulso (radio) | pulse drop.
decrecimiento de la cohesión (machos de fundición) | slumping.
decrecimiento de temperatura (meteorología) | lapse.
decrecimiento energético | slowing down.
decrecimiento energético (partículas cargadas) | moderation.
decrecimiento logarítmico medio energético | average logarithmic energy decrement.
decrementar | decrement (to).
decrementímetro | decremeter.
decremento | decay factor | wane | damping factor | decrement.
decremento de la amplitud | amplitude decrement.
decremento de temperatura con la altura (meteorología) | lapse rate.
decremento del receptor | receiver decrement.
decremento logarítmico | log decrement | logarithmic decrement.
decremento logarítmico de energía | logarithmic energy decrement.
decrepita al calentarse | it decrepitates when heating.
decrepitación | decrepitation.
decrepitar | decrepitate (to).
decrescencia | decrescence.
decretar | enact (to).

decreto | decree | statute | ordinance | writ | proclamation | warrant | edict.
decreto de amnistía | amnesty ordinance.
decreto de confiscación de bienes y muerte civil (G.B.) | bill of atteinder.
decreto de proscripción y confiscación | bill of attainder.
decreto judicial | judicial decree.
decreto legal | legal enactment.
decreto legislativo | legislative enactment.
decreto legislativo sobre precios | legislative regulations of prices.
decreto municipal | by-law.
decreto-ley | decree law.
decrustación | decrustation.
dectra (radionavegación) | dectra.
decubación | decubation.
dechenita (metavanadato de plomo) | dechenite.
dedal | thimble.
dedal de retenida | detent thimble.
dedali (Strombosia javanica) | dedali.
dédalo | labyrinth.
dedeo (música) | fingering.
dedetizar (tratar con DDT) | DDT (to).
dedicación | dedication.
dedicación (al estudio) | devoting.
dedicada al transporte de tropas (organización) | troop-carrying.
dedicador | dedicator.
dedicante | dedicator.
dedicar | devote (to).
dedicar escaparates a exhibir libros | devote windows to book displays (to).
dedicar gran atención | pay close attention (to).
dedicar su vida a la ciencia | give one's life for science (to).
dedicarse a la minería | mine (to).
dedicatario | dedicatee.
dedicatoria (libros) | front matter | dedication.
dedil | finger cot.
dedo (de cruz de Malta) | striking roller.
dedo de arrastre | catch nose | drive pin | striker pin | driving tongue.
dedo de arrastre (tornos) | catch pin.
dedo de cambio | changing finger.
dedo de contacto | contact finger.
dedo de enganche | pawl.
dedo de mando | driving finger.
dedo de referencia de la dentadura | tooth locating finger.
dedo de retenida (máquina) | finger.
dedo del pie | toe.
dedo del pie en martillo (anatomía) | mallet toe.
dedo expulsor (uña expulsora-máquinas) | flip-off finger.
dedo guiador | chute finger.
dedo guiador del reunidor | assembler chute finger.
dedo impulsor | driving finger.
dedo índice | first finger | index.
dedo levantamiés | grain lifter.
dedo saliente hacia abajo | downward-projecting toe.
dedo selector | selecting finger.
dedo sujetador | press finger | presser arm.
dedolomitización (geología) | dedolomitization.
dedos bordadores (máquina tejido de punto) | wrap fingers.
dedos de volteo | tilting fingers.
deducción | implication | derivation | deduction | rebate.
deducción (filosofía) | eduction | educt.
deducción (impuestos) | relief.
deducción contributiva | tax deduction.
deducción de fórmulas | derivation of formulae.
deducción de gastos | relief for expenses.
deducción de impuestos a cuenta | tax offset.
deducción de la renta bruta | deduction from gross income.
deducción de los agujeros de los remaches (remachado) | rivet allowance.
deducción del peso bruto por pérdidas en el transporte | draftage.
deducción errónea | fallacious deduction.
deducción global | standard deduction.
deducción impositiva | tax deduction.
deducción individual | individual deduction.
deducción injusta o equivocada del jornal de un minero | docked.
deducción legal | legal deduction.
deducción por agotamiento | percentage depletion.
deducción por carga familiar | dependent deduction.
deducción por falta en el cargamento | dead freight.
deducción por familia | family allowance.
deducción por impuestos pagados | credit against taxes.
deducción por impuestos pagados en el extranjero | foreign tax credit.
deducción por la tara | allowance for tare.
deducción por merma (rebaja) | tret.
deducción por renta baja | low income allowance.
deducción sobre activo agotable | depletion allowance.
deducción uniforme | flat deduction.
deducción voluntaria de la cuota sindical | voluntary checkoff.
deducciones | drawing.
deducciones en la nómina de pagos | payroll deductions.
deducciones habituales | customary deductions.
deducciones según costumbre | customary deductions.
deducibilidad fiscal | fiscal deductibility.
deducible | derivable | deductible.
deducido de diagrafías (sondeos) | log-derived.
deducido del capital (dividendos) | paid out of capital.
deducido el descuento | less discount.
deducido estadísticamente | statistically derived.
deducidos impuestos | after taxes.
deducidos todos los gastos | all charges deducted.
deducir | allow (to) | rebate (to) | deduct (to) | take off (to).
deducir (conclusiones) | derive (to).
deducir del presupuesto | come within the budget (to).
deducir del salario | deduct from wages (to).
deducir impuestos en origen | deduct taxes at the source (to).
deducir la tara | allow for the tare (to).
deducirse | transpire (to).
deductividad | deductivity.
deénfasis del sonido | audio deemphasis.
defasada con retardo (electricidad) | lagging.
defasadas (dínamos acopladas en paralelo) | out of parallel.
defasadas más de un cuarto de período (corrientes alternas) | in advance quadrature.
defasado | misphased.
defasador | shifter | phaser.
defasador de nivel | level shifter.
defasador motorizado | motor-operated phase-shifter.
defasador múltiple (electricidad) | phase splitter.
defasaje | outphasing | slippage | phase splitting | phase angle | phase displacement | phase delay | phaseout | phase difference | phase change.
defasaje (corriente eléctrica) | lead.
defasaje (electricidad) | electric angle.
defasaje capacitativo | electrostatic displacement.
defasaje de las horas de entrada al trabajo | working hour staggering.
defasaje de retardo (electricidad) | lagging.
defasamiento | phase displacement | outphasing | phase difference | phase change.
defasar | phase shift (to) | lag (to).
defecación (azúcar) | clarification | purifying.
defecación (clarificación - líquidos) | defecation.
defecación del guarapo | sugar liquor defecation.
defecador de serpentín | coil defecator.
defecadora (azúcar) | defecating pan.
defecar (azúcar) | purify (to).
defecar - clarificar (refinar - líquidos) | defecate (to).
defección | defection.
defecto | default | bug | shortcoming | imperfection | defect | flaw | fail | fault.
defecto (gemas) | feather.
defecto (máquinas) | fault.
defecto (metales) | ghost.
defecto (piezas fundidas) | blemish.
defecto (telas) | gall.
defecto (tipografía) | batter.
defecto a rayas (defecto tramas) | barré.
defecto consistente en una línea de agujeros interiores que forman un túnel (soldadura aluminio) | tunnelling.
defecto de adherencia (electroplastia) | peeling.
defecto de aislamiento | insulation fault | insulation failure.
defecto de alimentación | misfeed.
defecto de alineación | misalignment | disalignment.
defecto de alineamiento | misalinement.
defecto de apilado | stacking fault.
defecto de apilamiento (metalografía) | stacking fault.
defecto de avenimiento | absence of agreement.
defecto de circularidad (tubos, cilindros, etc.) | out-of-roundness.
defecto de construcción | construction fault.
defecto de contacto (electricidad) | contact fault.
defecto de descoloración causado por la presencia de cromo (fabricación loza) | chromite flashing.
defecto de disposición (cristalografía) | stacking fault.
defecto de ductilidad | ductility deficiency.
defecto de entintado | void.
defecto de estañado consistente en que éste se corre en forma de nervaciones sobre la superficie | streakiness.
defecto de extrusión (cobre) | pipe.
defecto de fabricación | mill defect | product fault.
defecto de forma | formal defect | defect of form.
defecto de forma de pata de gallina (pinturas) | crowsfooting.
defecto de fundición de cola de rata (acero moldeado) | rattail casting defect.
defecto de impresión | void.
defecto de la chapa al laminar un tocho que lleva adherido un ladrillo | brick mark.
defecto de la pintura al temple en que aparecen zonas de distinta coloración por absorción irregular de la superficie | gathering.
defecto de las fundiciones maleables debido a gran proporción de óxido de carbono en la atmósfera maleabilizante | peeling.
defecto de ligazón (soldadura) | bonding flaw.
defecto de llenado | filling defect.
defecto de masa (nucleónica) | mass correction | mass defect | packing loss.
defecto de masa relativo (nucleónica) | packing fraction.
defecto de piezas fundidas al entrar el metal por varios sitios en el molde y al enfriarse no unirse entre sí | cold shut.
defecto de planeidad de una superficie | lack of flatness of a surface.
defecto de pronunciación | faulty articulation.
defecto de puesta a tierra del neutro | neutral fault.
defecto de rectilineidad de tubería fundida centrífugamente | bow.

defecto de redondez | roundness defect.
defecto de soldadura por una cara cuando se emplea chapa espaldar ranurada (aluminio) | suck-back defect.
defecto de superficies barnizadas en que aparecen picadas por pequeños agujeros | pinholing.
defecto de textura (refractarios) | lamination.
defecto de tipo de impurezas | impurity-type defect.
defecto de tisaje | misweave.
defecto de tramado | weft bar.
defecto de unión | lack of union.
defecto de urdimbre | bore | tangle | skip | flaw.
defecto de urdimbre (tejeduría) | knotting.
defecto debido a distorsión de fase (televisión) | plastic effect.
defecto del barnizado en que éste se corre hacia abajo y forma gotitas de barniz | icicling.
defecto del camino de rodadura en que éste no está en un plano a ángulo recto con su eje (rodamiento bolas) | wobble.
defecto en cola de rata (acero moldeado) | buckling.
defecto en dirección horizontal (tejidos de punto) | slurgalls.
defecto en el contorno radiográfico (del estómago, duodeno o intestino) | filling defect.
defecto en forma de depresión suave en el esmalte de la porcelana | dimple.
defecto en forma de una serie de pequeñas rupturas en el borde de la loza | chittering.
defecto en la grabación sonora (cine) | shadow scratch.
defecto en las mercancías | vice in the goods.
defecto en los árboles producido por falta de humedad en el suelo | bronzing.
defecto en que aparecen zonas no cubiertas (galvanoplastia) | missing.
defecto en que la temperatura de cero grados dada por el termómetro es menor que la verdadera (termómetros de vidrio ordinario) | zero depression.
defecto en que unas secciones son más gruesas y otras más delgadas que lo proyectado (piezas fundidas) | thick-thin sections.
defecto en un metal | ghost.
defecto esencial | formal defect.
defecto excluyente | excluding defect.
defecto funcional | functional defect.
defecto genético resultante de las radiaciones | radiation-induced genetic defect.
defecto grave | grave defect.
defecto importante | significant defect.
defecto inaceptable | unacceptable defect.
defecto inevitable | imposed defect.
defecto inherente | inherent defect.
defecto intrínseco | intrinsic defect.
defecto lamelar (aceros) | flake-like defect.
defecto local de planidad longitudinal | longitudinal curl.
defecto longitudinal (varillas) | rod crack.
defecto menor | minor defect.
defecto no manifiesto | latent defect.
defecto oculto | latent defect | healed defect.
defecto plano por resbalamiento (llanta de ruedas) | slide-flat spot.
defecto por el lubricante (forjas) | lubricant smut.
defecto por falta de material en una sección (forjas) | unfilled section.
defecto por falta de metal (pieza fundida) | runout.
defecto por la tela metálica (fabricación papel) | wire mark.
defecto por mal apisonado del molde (piezas fundidas) | ram off.
defecto por mala colocación de las piezas del molde (piezas fundidas) | shift.
defecto por malalineación de las impresiones del troquel alto y bajo (forjas) | offset.
defecto por materia extraña hilada en el tejido (telas) | gout.
defecto por materias extrañas al calandrar (papel) | fish eye.
defecto por presión excesiva del vapor en los cilindros secadores (papel) | steam blister.
defecto producido después de aplicar el esmalte de porcelana | delayed fish scaling.
defecto producido por burbujas de aire (papel) | bell.
defecto producido por llevar a la superficie material del costado (forjas) | chop.
defecto propio | inherent defect.
defecto puntual | point defect.
defecto que aparece en la soldadura por puntos de chapas finas de aleación de aluminio | nonweld.
defecto que origina roturas internas transversales con fractura en copa (estirado en frío de alambres) | cupping.
defecto radial (defecto radárico) | spoking.
defecto relacionado con la seguridad | safety-related defect.
defecto somero | shallow defect.
defecto superficial | shallow defect.
defecto superficial al ser laminadas las escorias que lleve el lingote (tochos) | seam.
defecto superficial de las piezas fundidas por la acción erosiva del metal fundido en el molde | scabbiness.
defecto superficial en forma de V (alambres de cobre) | fishhook.
defecto superficial en un comprimido metálico por adherencia entre el polvo metálico y el troquel (excoriación superficial por rozamiento - pulvimetalurgia) | galling.
defecto superficial longitudinal (pieza forjada) | seam.
defecto superficial longitudinal por inclusiones superficiales (metales labrados) | roak.
defecto superficial longitudinal producido por cualquier inclusión superficial (metalurgia) | roke.
defecto superficial por roce de las caras móviles del molde | dragging.
defecto superficial por vaporización de exceso de lubricante (troqueles) | blow.
defecto superficial serpenteante (chapas) | snake.
defecto tridimensional erróneo (televisión) | plastic effect.
defectogenia | defectogeny.
defectograma | defectogram.
defectología | defectology.
defectólogo | defectologist.
defectómetro | defectometer.
defector (persona) | defector.
defectos (vidrios ópticos) | veins.
defectos aberracionales | aberrational defects.
defectos admisibles | allowable defects.
defectos admisibles (componentes ópticos) | beauty defects.
defectos adyacentes a la soldadura por deficiencia en cromo (acero inoxidable al cromoníquel austenítico) | weld decay.
defectos de acumulación (redes cristalinas) | stocking faults.
defectos de apilamiento (metalografía) | staking faults.
defectos de deformación inducidos por fatiga | fatigue-induced deformation faulting.
defectos de la red cristalina | lattice imperfections | crystal lattice defects.
defectos de la red cristalina (cristalografía) | lattice defects.
defectos de la soldadura | weld faults.
defectos de moldeo | scabbing.
defectos de piezas fundidas | casting defects.
defectos de piezas fundidas al entrar el metal líquido por varios sitios en el molde y al solidificarse no unirse entre sí | V-notches.
defectos de rectificado | chatter marks.
defectos de tamaño subcrítico | subcritical-sized defects.
defectos de transmisión por cadena y rueda dentada (saltos, tirones, etc.) | chordal action.
defectos del carril | rail faults.
defectos del rectificado | grinding errors.
defectos en dirección del grano debidos a dilatación superficial por contenido desigual de humedad (papel) | moisture welts.
defectos en forma de mangas irregulares por variación de pasadas por pulgada (telas) | finger marks.
defectos en la superficie (papel) | welts.
defectos en mosaico (cristales) | mosaic defects.
defectos en servicio (máquinas, aparatos, etc.) | serving defects.
defectos indetectables | nondetectible defects.
defectos internos de la red cristalina | internal crystal lattice defects.
defectos internos de los cartuchos de combustible del reactor nuclear | reactor-slug flaws.
defectos microscópicos | microdefects.
defectos por falta de unión | lack-of-fusion defects.
defectos por la presencia de fragmentos de cenizas (papel) | cinders specks.
defectos por rectificado | grinding hazards.
defectos producidos por cristales no disueltos de alumbre (papel) | alum spots.
defectos producidos por las arrugas al pasar la calandra (papel) | calender cuts.
defectos producidos por los rodillos de presión (papel) | pressmarks.
defectos puntuales | point defects.
defectos que absorben la luz visible (red cristalina) | color centers.
defectos radiográficamente detectables | radiographically detectable defects.
defectos remediables | remediable defects.
defectos repetidos | repetitive defects.
defectos reticulares (cristalografía) | lattice defects.
defectos subcutáneos (tochos acero) | subcutaneous defects.
defectos subsuperficiales de la chapa base (electroplastia) | spills.
defectos superficiales | superficial blemishes.
defectos superficiales en forma de V (alambres cobre) | crowfeet.
defectos superficiales por material refractario que venía con el tocho (chapas) | sand marks.
defectos superficiales producidos por los cilindros (laminadores) | roll marks.
defectos térmicos (cristalografía) | thermal defects.
defectos transitorios | fault transients.
defectos triviales | trivial defects.
defectos tubulares (piezas fundidas) | wormholes.
defectoscopia | defectoscopy.
defectoscopia de aleaciones de magnesio | magnesium alloy defectoscopy.
defectoscopia del acero | steel defectoscopy.
defectoscopia magnética | magnetic defectoscopy.
defectoscopia para aleaciones de aluminio | aluminum alloy defectoscopy.
defectoscopia por rayos gamma | gamma-ray defectoscopy.
defectoscopia ultrasónica | ultrasonic defectoscopy.
defectoscopio | defectoscope.
defectoscopizar | defectoscopize (to).
defectuosa (pieza fundida) | faint run.
defectuosamente alineado | inaccurately aligned.
defectuosidad | unfitness.
defectuoso | faulty | unfit | flawy | flawed | lame | imperfect.
defectuoso (motor) | failing.
defectuoso (pieza fundida) | spoiled.
defectuoso mental | defective.
defectuoso por el uso (tipos de imprenta) | battered.
defectuoso por mala colocación de las piezas del molde (piezas fundidas) | shifted.

defender | bat (to) | plead (to) | make good (to) | make good (to) | guard (to) | protect (to) | vindicate (to) | protect (to).
defender (una posición) | hold (to).
defendible | pleadable.
defendido con artillería antiaérea | gun-defended.
defendido con los cañones | gun-defended.
defendido tenazmente | heavily defended.
defensa | protection | plea | defense | plea.
defensa (abogacía) | answer.
defensa (buques) | bumper.
defensa (de máquina herramienta) | safety guard.
defensa (de un muelle, etc.) | dummy | rubber.
defensa (guarda - máquinas) | guard.
defensa activa | active defence.
defensa aérea | air defence | air defense.
Defensa Aérea del Continente | Continental Air Defense.
defensa aérea local | local air defense.
defensa afirmativa (jurídico) alegato afirmativo | affirmative plea.
defensa alertada | alert defense.
defensa antiaérea | antiaircraft defence.
defensa antiaérea pasiva | passive air defense | passive defense.
defensa anticarros | antitank defence.
defensa antigás | antigas defence.
defensa antigás (gases asfixiantes) | gas defense.
defensa antiparacaidistas | antiparachutist defence.
defensa atómica | atomic defence.
defensa biológica | biological defense.
defensa cercana | close-in defence.
defensa contra carros de asalto | antitank defence.
defensa contra el hielo | ice guard | ice-fender.
defensa contra el polvo | dust prevention.
defensa contra hielos | ice shield.
defensa contra lo desconocido | defense against the unknown.
defensa contra minas | antimine defense.
defensa corrida (buques) | dolphin.
defensa de bote | boat fender.
defensa de cabos (muelles, buques) | rope fender.
defensa de cabos para la proa (remolcadores) | bow fender | pudding.
defensa de caucho para muelles | rubber dock fender.
defensa de cuerda longitudinal (botes) | swifter.
defensa de descargo (abogacía) | plea in discharge.
defensa de enrejado (prensas) | gate guard.
defensa de fagina | faggot fender.
defensa de faginas | rod fender.
defensa de indigentes por abogado de oficio | dock brief.
defensa de la frontera marítima | coastal frontier defence.
defensa de la muela desbastadora | grinding wheel guard.
defensa de pilotaje (pilas de puentes) | starling.
defensa de prensa accionada por célula fotoeléctrica | photoelectric press guard.
defensa de proa para hielos flotantes (buques de vela) | bowgrace.
defensa de red de cáñamo rellena de corcho en polvo | cork fender.
defensa de tela metálica | wire guard.
defensa del consumidor | consummers defense.
defensa desplegada | deployed defense.
defensa desplegada a lo largo del perímetro de la zona defendida | perimeter defense.
defensa eléctricamente enclavada (máquinas) | electrically-interlocked guard.
defensa electrónica para prensas | electronic press guard.
defensa en profundidad | defense in depth.
defensa escalonada | defense in depth.
defensa estática de líneas fortificadas | static defense of fortified lines.
defensa formada por un saco de lona relleno de estopa (buques) | canvas fender.
defensa fotoeléctrica (para operarios de máquinas) | photoelectric safety guard.
defensa hecha con calabrotes | fisherman's fender.
defensa legal (abogacía) | real defense.
defensa móvil para crecidas | flood-fencing.
defensa nacional | national defense.
defensa para irradiaciones gamma | gamma shield.
defensa para la jarcias | scotchman.
defensa para las manos (prensas, etc.) | hand guard.
defensa para márgenes de ríos | croy.
defensa pasiva | passive defense.
defensa pasiva antiaérea | air-raid precautions.
defensa por sí mismo | self-defense.
defensa próxima | close defence.
defensa radiológica | rad defense | radiological defense.
defensa radiológica contra la penetración de rayos gamma | radiological shielding against gamm penetration.
defensa submarina | underwater defence.
defensa suspendida (parachoques suspendido - muelles) | gravity fender.
defensa tenaz | tight defense | sustained defense.
defensas | safeguards.
defensas (remolcadores) | fendoffs.
defensas accesorias | accessory defences.
defensas de chapa contra el viento (puente de navegación abierto-buques) | dogger.
defensas de maquinaria | machinery guards.
defensas terrestres | land defenses.
defensible | justifiable.
defensiva | defensive.
defensivo | defensive.
defensor | keeper | respondent | pleader | sustainer.
defensor contra un pleito por falsificación | caveatee.
defensor del proyecto | backer of the project.
defensor del pueblo | ombudsman.
defensor del pueblo (democracia) | commissioner.
defensor del pueblo (estado democrático) | commoner.
deficiencia | shortness | wantage | fault | deficiency.
deficiencia (en los estudios) | condition.
deficiencia de fertilizantes | manurial deficiency.
deficiencia de la humedad del suelo | soil-moisture deficiency.
deficiencia de potasio | K-deficiency.
deficiencia del metal | metal deficiency.
deficiencia electrónica | electron fault.
deficiencia electrónica (metalografía y semiconductores) | hole.
deficiencia en la abertura | gaping deficiency.
deficiente | low-grade | deficient | short.
deficiente en aniones | anion deficient.
deficiente en cal | poor in lime.
deficiente en calcio | calcium deficient.
deficiente en energía | energy-deficient.
déficit | deficiently payments | deficit | gap | short.
déficit de dólares | dollar-gap.
déficit de explotación | operating deficit.
déficit de humedad | moisture deficiency.
déficit de la balanza comercial | deficit of the trade balance.
déficit de la balanza de pagos | balance sheet deficit.
déficit de pagos | payment deficit.
déficit de recursos | resource gap.
déficit deflacionario | deflationary gap.
déficit del tráfico de viajeros | passenger deficit.
déficit fiscal | shortfall in tax revenue.
déficit inflacionario | inflationary gap.
déficit presupuestario | deficiency | budgetary gap.
deficitario | deficient.
deficitario en cationes | cation-deficient.
definibilidad (matemáticas) | definability.
definición | definition.
definición (de imagen de TV) | snap.
definición (televisión) | resolution.
definición angular | angular resolution.
definición de control | control resolution | command resolution.
definición en distancia | distance resolution.
definición en energía | energy resolution.
definición horizontal | horizontal resolution.
definición horizontal (TV) | horizontal definition.
definición marginal | border definition | edge definition.
definición vertical (televisión) | vertical definition.
definición vertical (TV) | vertical resolution.
definiciones sistembólicas | systembolic definitions.
definido | definite.
definido con exactitud | accurately defined.
definidor de matriz | array declarator.
definir | define (to).
definir el formato de los datos | edit (to).
definitivamente arreglado (asuntos) | finally settled.
definitivo | definitive | peremptory.
deflación (de la circulación monetaria) | deflation.
deflacionario | deflationary.
deflacionista | deflationist.
deflactar | deflate (to).
deflagrabilidad | deflagrability.
deflagrable | deflagrable.
deflagración | deflagration | explosion.
deflagrador | deflagrator.
deflagrar | deflagrate (to).
deflección | braking.
deflectabilidad | deflectability.
deflectable | deflectable.
deflectígrafo | deflectograph.
deflector | slinger | pressure baffle | baffle plate | baffle plate | baffle | deflector.
deflector (termoiónico) | buncher.
deflector aerodinámico (alas aviones) | spoiler.
deflector de aceite | oil thrower.
deflector de calor | heat baffle.
deflector de chorro de tobera orientable | swiveled-nozzle jet deflector.
deflector de la exhaustación (cohete disparado en posición vertical) | blast deflector.
deflector de vainas (cañones) | shell deflector.
deflector de virutas | chip deflector.
deflector del aire | air deflector.
deflector del aire de enfriamiento | cooling baffle.
deflector del aire del ventilador | fan air baffle.
deflector del rebufo | blast deflector.
deflector fisurado para aliviaderos (presas) | slitted spillway bucket.
deflector separador | separating baffle.
deflector vertical cilíndrico del chorro del aliviadero (presas) | spillway flip bucket.
deflectores | eyelid reverse.
deflectores ciclónicos | swirl vanes.
deflegmador (refino del petróleo) | dephlegmator.
deflexión | deflection | fold-over.
deflexión balística | ballistic deflection.
deflexión de la corriente de aire | downwash.
deflexión debida a la gravedad | gravity deflection.
deflexión del chorro | jet deflection.
deflexión electromagnética (tubo de rayos catódicos) | deflection.
deflexión electrostática | electrostatic deflection.
deflexión hacia abajo del aire del rotor (helicópteros) | rotor downwash.

deflexión lateral (aviones) | sidewash.
deflexión máxima permisible | maximum permissible deflection.
deflexión según el eje Y | Y-axis deflection.
deflexión torsional de 5 grados | torsional deflection of 5 degrees.
deflexión vertical | vertical foldover.
deflocular | deflocculate (to).
deflorescencia | deflorescence.
defluente | defluent.
defoliación del pino | needle shedding | needle cast.
defoliación química | chemical defoliation.
defoliador | defoliator.
defoliar | defoaliate (to) | deleave (to).
defoliarse (árbol) | shed leaves (to).
defomación cronodependiente | delayed deformation.
deforestación | degradation.
deformabilidad | deformability.
deformabilidad (cojinetes) | conformability.
deformabilidad de las máquinas-herramientas | deformability of machine tools.
deformable | nonrigid | yieldable.
deformable en frío | cold-workable.
deformación | bias | set | deformation | deforming | racking | straining | distortion | yield | buckling.
deformación (acústica) | blasting.
deformación (alargamiento por unidad de longitud) | strain.
deformación (cine) | fuzzy.
deformación (chapa soldada, pieza fundida) | warping.
deformación (de diodos) | creep.
deformación (electrodos) | mushrooming.
deformación (metalurgía) | distress.
deformación (telecomunicación) | deflection.
deformación a la temperatura de servicio | creep.
deformación angular | alternation of angle | angle strain | angular slip.
deformación astigmática | astigmatic deformation.
deformación axial | axial strain.
deformación batidermal | bathydermal deformation.
deformación circunferencial | circumferential strain | hoop strain | out-of-round.
deformación clástica | clastic deformation.
deformación considerable | considerable deformation.
deformación cronodependiente | time-dependent deformation.
deformación de amplitud-frecuencia | attenuation distortion.
deformación de cizallamiento en radianes | shearing deformation in radians.
deformación de consolidación (minería) | proppant deformation.
deformación de fase | phase distortion.
deformación de histéresis | hysteresis distortion.
deformación de la austenita metastable hacia 500 °C | ausforming.
deformación de la energía que se graba (cinta magnetofónica) | codification.
deformación de la imagen en la pantalla del radar | cob.
deformación de la información de crominancia | cross-color.
deformación de la sección cuadrada o rectangular en sección trapezoidal al formar un resorte | keystoning.
deformación de la sección transversal (buques) | racking.
deformación de la zona superior de la corteza terrestre | epidermal deformation.
deformación de quebranto (buques) | hogging strain.
deformación de retardo | delay distortion.
deformación del campo | field deformation.
deformación del contorno del grano (metalurgia) | sliding.
deformación del plano de exfoliación | grain boundary deformation.
deformación del retículo cristalino | lattice strain.
deformación del sondeo | borehole deformation.
deformación dependiente del tiempo (metalurgia) | creep strain.
deformación dinámica | dynamic deformation.
deformación elástica | elastic deflection | elastic deformation | lag | temporary set.
deformación elástica inmediata | immediate elastic deformation.
deformación elástica subsecuente | elastic time effect.
deformación elástica total de 80 micrómetros | total elastic strain of 80 microns.
deformación elastoplástica | elastic-plastic deformation | elastoplastic deformation.
deformación en la parte superior de la corteza siálica | dermal deformation.
deformación en la rotura | strain at fracture.
deformación en radianes | deformation in radians.
deformación estática | static strain.
deformación higrométrica | hygrometrical deformation.
deformación horizon'al | horizontal deflection.
deformación inelástica | inelastic deformation | inelastic strain.
deformación inhomogénea | inhomogeneous deformation.
deformación interna | internal strain.
deformación irrecuperable | irrecoverable deformation.
deformación isótropa | isotropic strain.
deformación lateral (columnas) | outward bulging.
deformación lateral por esfuerzo cortante | detrusión.
deformación lineal | linear deformation | linear strain.
deformación local | local yielding.
deformación local (plasma) | kink.
deformación longitudinal | longitudinal strain.
deformación más allá del límite elástico | deformation beyond elastic limit.
deformación medida | observed deflection.
deformación monótona | monotonic deformation.
deformación multiaxial por viscofluencia | multiaxial creep-strain.
deformación o rotura en las fibras exteriores por esfuerzo mayor que el límite elástico (chapa fina curvada) | fluting.
deformación permanente | set strain | permanent deformation | inelastic deformation.
deformación permanente (con carga constante) | yielding.
deformación permanente (mecánica) | set.
deformación permanente plástica | plastic strain.
deformación permanente por esfuerzos que sobrepasan el límite elástico | overstressing.
deformación permanente por fatiga | creep.
deformación plástica | nonelastic strain | cold work | plastic yielding | time flow | plastic straining | plastic deformation | plastic strain.
deformación plástica a la tracción | tensile plastic deformation.
deformación plástica a temperatura menor que la temperatura de recristalización (metales) | cold working.
deformación plástica cíclica | cyclic plastic strain.
deformación plástica local | local ductile yielding.
deformación plástica y segundo revenido (termotratamiento de aceros) | marstraining.
deformación por arrufo | sagging strain.
deformación por carga continua | time yield.
deformación por cizallamiento (vigas) | shearing strain.
deformación por compresión | compressive deformation | compressive strain.
deformación por compresión transversal | transverse compressive strain.
deformación por contracción diferencial | differential-contraction strain.
deformación por curvar a un radio muy pequeño en relación con el espesor (suspensión de chapas por el centro) | fluting.
deformación por choque o aplastamiento | crush.
deformación por el corte | shearing strain.
deformación por esfuerzo cortante | shear strain.
deformación por fuerza de enlace (semiconductor) | binding-force strain.
deformación por humedad | hygral deformation.
deformación por reapretado (pernos) | retightening strain.
deformación por tensión | deformation by tension.
deformación por termofluencia a la tracción | tensile creep strain.
deformación por termotratamiento | heat-treatment warpage.
deformación por torsión | twist.
deformación por tracción | tensile deformation.
deformación por tracción (se expresa en porcentaje de la longitud primitiva) | tensile strain.
deformación progresiva | creep | creep deformation.
deformación progresiva de un elemento combustible sometido a condiciones cíclicas de temperatura (reactor nuclear) | thermal ratchetting | ratchetting.
deformación provocadora de fugas | leak-inducing deformation.
deformación recuperable | recoverable deformation.
deformación remanente | residual strain | remanent deformation.
deformación remanente (después de pasar el límite elástico) | permanent set.
deformación remanente (determinación del límite elástico) | offset.
deformación residual de la red | residual lattice strain.
deformación reversible | reversible deformation.
deformación tangencial (vigas) | shearing strain.
deformación térmica | thermal deformation.
deformación termohigrométrica | termohygrometric deformation.
deformación torsional | torsional strain.
deformación transversal | transverse strain | lateral strain.
deformación transversal (estructuras) | sway.
deformación transversal (vigas) | distortional strain.
deformación transversal del contenedor por fuerzas de inercia (buques) | racking.
deformación trapezoidal (TV) | keystoning.
deformación unitaria | unital strain | unit strain.
deformación vibratoria | vibratory strain.
deformación volumetrica | volumetric strain.
deformaciones cíclicas | repeated deformations.
deformaciones durante el montaje | assembly strains.
deformaciones en mar agitada (buques) | working.
deformaciones periódicas | periodic strains.
deformaciones rítmicas | pulsing strains.
deformado | contorted | malformed.
deformado (dedos) | gnarled.
deformado (noticias) | colored.
deformado en caliente | hot-deformed.
deformado en frío | cold-strained.
deformado hacia adentro (casco de buques) | stoved.
deformado plásticamente | plastically deformed

| plastically strained.
deformante | deforming.
deformar | strain (to) | mangle (to) | deform (to | distort (to).
deformar (campo eléctrico) | distort (to).
deformar en caliente | hot-strain (to).
deformar en frío | cold-deform (to).
deformarse | buckle (to).
deformarse por la presión atmosférica | breathe (to).
deformarse por retorno elástico | spring out of shape (to).
deformativo | strainal.
defórmetro | deformeter.
deformímetro | strainmeter | strain gage | deformation meter | deformeter.
deformímetro piezoeléctrico | piezoelectric strain gage.
defosforación | phosphorus removal.
defraudación de impuestos | tax evasion.
defraudación fiscal | failure to pay taxes.
defraudador | defrauder.
defraudar | defraud (to) | deceive (to).
defraudar a la aduana | defraud the customs.
defunción | death.
degeneración | degradation | degeneration | running out.
degeneración (biología) | involution.
degeneración (cristalografía) | degeneracy.
degeneración (de una especie) | devolution.
degeneración de Coulomb | Coulomb degeneracy.
degeneración de simetría | symmetry degeneracy.
degeneración del número de Reynolds | degeneration of Reynolds number.
degeneración del primer estado excitado | degeneracy of the first excited state.
degeneración del semiconductor | semiconductor degeneracy.
degeneración fotónica | photon decay.
degenerar | retrogress (to) | dwindle (to).
deglaciación | deglaciation.
deglución | swallow.
deglutir | swallow (to).
degollación | beheading.
degollar (ejes, etc.) | neck (to).
degollar lateralmente un eje al forjarlo | scarf (to).
degollar por un tajo | girdle (to).
degote | degote.
degradabilidad | degradability.
degradabilidad biológica | biological degradability | biodegradability.
degradación | dilapidation | degradation | fall.
degradación (clases de tropa) | reduction to the ranks.
degradación (colores) | gradation.
degradación (de la energía) | dissipation.
degradación (de tonos) | grading | graduation.
degradación (ecuación) | depression.
degradación (isótopos) | decay.
degradación (milicia) | demotion.
degradación (polímeros) | crosslinking.
degradación (por corriente de agua) | scour.
degradación a la intemperie | weathering degradation | weathering.
degradación actínica | actinic degradation.
degradación actínica (materiales celulósicos) | light tendering.
degradación actual | solemn degradation.
degradación bacteriológica | bacteriological degradation.
degradación biológica | biodegradation.
degradación casual | random degradation.
degradación de la batería solar | solar cell degradation.
degradación de la energía | energy degeneracy.
degradación de la luminiscencia | luminescence degradation.
degradación de polímeros | polymer degradation.
degradación de propiedades mecánicas | tendering.
degradación de un material bajo la influencia de los rayos ultra-violeta | U.V. degradation.
degradación del caucho | rubber degradation.
degradación del color (pasta papelera) | brightness reversion (paper).
degradación del peso molecular | molecular weight degradation.
degradación del ruido | noise degradation.
degradación espontánea del uranio 235 | spontaneous degradation of uranium 235.
degradación fotoquímica | photochemical degradation.
degradación hidrolítica | hydrolytic degradation.
degradación pirolítica | pyrolytic degradation.
degradación por actividad microbiana | degradation from microbial activity.
degradación por temperatura | temperature derating.
degradación subaérea | subaerial degradation.
degradación térmica | temperature derating | thermal degradation.
degradación térmica (meteorología) | lapse.
degradación verbal | summary degradation.
degradado (colores) | shaded off.
degradador (fotografía) | vignetter.
degradar | lessen (to).
degradar (colores) | shade off (to).
degradar (milicia) | drum out (to).
degradar (polímeros de cadena larga) | cross-link (to).
degradar (química, geología) | degrade (to).
degradar (tonos) | grade (to) | graduate (to).
degradarse (colores) | gradate (to).
degradarse (energía) | leak away (to) | dissipate (to).
degradativo | degradative.
degras | degras.
degresión | degression.
degresividad | degressivity.
degresivo | degressive.
degresivo (tarifas) | diminishing.
degüello (copador - herramienta fragua) | fuller.
degüello (de yunque) | hardy | hardie.
degüello (herramienta fragua) | round set hammer.
degüello (yunque) | fuller.
degüello superior | half-round set hammer.
degüello superior (fragua) | top fuller.
degustar (vinos) | sample (to).
dehesa | grazing | range.
dehesa (EE.UU.) | ranch.
dejación | assignment.
dejación (de derechos) | surrender.
dejación voluntaria | willful failure.
dejada en blanco (página impresa) | unprinted.
dejado de cuenta (comercio) | misfit.
dejado de cuenta (mercancías) | left on hand.
dejado de embarcar (mercancías) | shortshipped.
dejándolo en reposo | on standing.
dejar (costumbres, trabajo, etc.) | leave off (to).
dejar a medida (una pieza) | cleanup to size (to).
dejar a un lado | sidestep (to).
dejar abierto el pozo (petróleo) | flow a well (to).
dejar apagar | let down (to).
dejar atrás | distance (to).
dejar atrás otro buque | beat (to).
dejar caer | drop (to).
dejar caer las alas | droop (to).
dejar cocer el baño (metalurgia) | allow the bath to stand (to).
dejar de asistir | absent (to).
dejar de estar en vigor | lapse (to).
dejar de fumar | quit smoking (to).
dejar de funcionar | rundown (to) | suspend (to).
dejar de ponerse (vestidos) | leave off (to).
dejar de radiar (estación radio) | leave the air (to).
dejar desocupado (un sitio) | rifle (to).
dejar desprovisto el mercado | clear the market (to).
dejar en barbecho (terrenos) | seed (to) | go to seed (to).
dejar en el muelle | shutout (to).
dejar en la calle | lock out (to).
dejar en reposo para curar o madurar | age (to).
dejar en reposo para relajar las tensiones interiores | age (to).
dejar en reserva | lay up (to).
dejar en suspenso | leave open (to).
dejar en zaga a | outsail (to).
dejar enfriar | cool off (to) | allow to cool (to).
dejar escapar | overlook (to).
dejar escapar (vapor, etc.) | let off (to).
dejar escapar el gas | allow the gas to escape (to).
dejar escapar vapor | blowoff steam (to).
dejar espacio entre | interspace (to).
dejar expedita la vía | clear the line (to) | clear the way (to).
dejar filar (un cable) | pay away (to).
dejar gotear | let drop (to).
dejar inactiva (calderas) | lay off (to).
dejar ir | let off (to).
dejar la entibación embebida en la obra | brick in timber (to).
dejar la tierra en barbecho | lay land fallow (to).
dejar libre | let off (to) | free (to) | release (to) | keep clear (to).
dejar libre el carro transversal (tornos) | free the cross slide (to).
dejar libre el precio del acero | decontrol steel (to).
dejar libres los precios | decontrol price (to).
dejar mandas (bienes inmobiliarios) | devise (to).
dejar margen para el maquinado | allow stock for machining (to).
dejar mate (metales) | mat (to).
dejar pasajeros | put down passengers (to).
dejar pasar (ocasiones) | miss (to).
dejar pasar (un error) | overlook (to).
dejar pendiente (asuntos) | leave open (to).
dejar pendiente el asunto | leave the matter open (to).
dejar pendiente la moción | table the motion (to).
dejar pendiente para otra reunión (asuntos, etc.) | table (to).
dejar pérdida (negocios) | be out of pocket (to).
dejar por la popa (a otro buque) | shoot ahead (to).
dejar por resolver | leave open (to).
dejar que se caliente la máquina | allow machine to warm up (to).
dejar que se mueva libremente (instrumentos girospicontrolados) | uncage (to).
dejar rastro (caza) | trail (to).
dejar reposar | allow to settle (to).
dejar reposar (disoluciones) | stand (to).
dejar reposar (líquidos) | let stand (to).
dejar reposar (química) | quiet (to).
dejar reposar durante la noche (disoluciones) | stand overnight (to).
dejar señal (de dinero) | give bail (to).
dejar sin efecto | cancel (to) | set aside (to).
dejar sin saldar (cuentas) | leave open (to).
dejar sobre la mesa (asuntos, etc.) | table (to).
dejar subir una cuenta | run up (to).
dejar suelto | let loose (to).
dejar un empleo | vacate (to).
dejar un hueco para montar un órgano (máquinas) | pocket (to).
dejar vibrar (música) | let vibrating (to).
dejarse caer (en un asiento) | lop (to).
dejarse coger con la red | mesh (to).
dejarse de cuentos | come to the point (to).

déjese a la naturaleza obrar | let nature take its course.
déjese secar | let dry.
dejo gustativo | gustative relish.
dejo lingüístico | linguistic accent.
dejo uno (ligamentos tejeduría) | down one-up one.
del apilamiento más compacto | closest-packed.
del buque a la costa | ship-shore.
del credere | del credere.
del dominio público (libros, publicaciones, etc.) | out of copyright.
del extranjero | offshore.
del interior (buques) | inboard.
del interior (minas) | underground.
del interior (población) | landward.
del lado de tierra | landwards | landward.
del lado de tierra (marina) | offshore.
del lado derecho | off.
del mentón (anatomía) | mental.
del mes corriente | instant.
del mismo diámetro | equant.
del mismo modo | in kind.
del mismo modo de pensar | alike-minded.
del mismo parecer | alike-minded.
del natural | from life.
del objeto y del sujeto (impuestos) | income and persons to tax.
del país | domestic | homemade.
del que tanto se ha hablado | much-talked-about.
del radio (anatomía) | radial.
del radio (química) | radial.
del umbral (óptica, sicología) | liminal.
delación | delation.
delaminación (separación de las capas de material - plásticos laminados) | delamination.
delaminar | delaminate (to).
delantal aluvial | outwash plain.
delante del eje de la charnela | forward of the hinge axis.
delantera del horno (frente del horno - calderas) | furnace front.
delantero | foremost | forward.
delator | delator | common informer.
delectividad | delectivility.
delegabilidad | delegability.
delegación | committee | proxy.
delegación (de autoridad) | commission.
delegación (de poderes) | acting-order | deputyship | commissioning.
delegación (de poderes, etc.) | deputeship.
delegación de atribuciones | delegation of authority.
delegación de la responsabilidad | delegation of responsibility.
delegación de poder | devolution.
delegación de poderes | delegation of powers | proxy.
delegación de policía | station house.
delegado | proxy | delegate | deputy | commissioned.
delegado (de una comisión) | commissioner.
delegado de taller | shop steward.
delegado sindical | walking delegate | union steward.
delegado suplente | alternate delegate.
delegado único | committee of one.
delegados de personal | personnel representatives.
delegar | depute (to).
delegar funciones | devolve duties (to).
deletrear incorrectamente | mis-spell (to).
deleznable | fragile | short | friable.
deleznable (suelos) | brittle.
deleznamiento (terrenos) | slaking.
delfín | porpoise.
delfín (pez) | dolphin.
delfinear (hidroaviones) | porpoise (to).
delfineo (hidroaviones) | porpoising.
delga (colector dínamo) | commutator bar.
delga (dínamos) | segment.
delga del colector | commutator segment.
delga inactiva (electrotecnia) | dead segment.
delgadez | thinness.
delgado | thin.
delgado (minas) | femmer.
delgado (tubos, alambres) | thin-walled.
delgado como el papel | papery.
delgas achaflanadas | chamfered bars.
deliberación | consideration | consultation | advisement.
deliberación (junta o asamblea) | resolution.
deliberaciones | proceedings.
deliberadamente causado por la acción de un mismo | self-inflicted.
deliberado | aforethought.
deliberar | conseder (to) | transact (to).
delicado | tender.
delictividad | delictivity.
delictividad política | political delictivity.
delicuescencia | smearing-out | deliquescence.
delicuescente | deliquescent.
delicuescer | deliquesce (to).
delimitación | delimitation | fencing | demarcation | definition.
delimitación (de fronteras) | determination.
delimitación de concesiones mineras | demarcation of claims.
delimitador | delimiter.
delimitadores de la tabla de etiquetas | label table delimiters.
delimitar | demarcate (to) | delimit (to) | abjoint (to).
delincuencia económica | economic delinquency.
delincuencia fiscal | tax evasion.
delincuencia organizada | organized crime.
delincuente | delinquent | misdemeanant.
delineación | drawing | draughtsmanship | delineation | draft.
delineación de defectos | defect delineation.
delineación de fallas | fault mapping.
delineación de la imagen | image delineation.
delineación del buque | delineation of ship.
delineador | liner | delineator.
delineanta | draughtswoman.
delineante | delineator | draughtsman | draftsman.
delineante de tablero | board draftman.
delineante geológico | geological draftsman.
delineante ilustrador | illustrator draftsman.
delineante jefe | chief draughtsman.
delineante naval | ship's draughtsman.
delineante proyectista | designing draughtsman.
delineante proyectista de plantillas de montajes y de herramientas | jig and tool draughtsman.
delineante que desarrolla los planos de detalles (obras de acero) | detailer.
delineante topográfico | topographic drafsman.
delineante-calculista | estimator draughtsman.
delineantes | draftmen.
delinear | draft (to) | delineate (to) | plot (to) | draw (to) | draught (to) | trace (to).
delineascopio | delineascope.
delito | delict | crime.
delito afianzable | bailable offense.
delito alevoso | heinous crime.
delito caucionable | bailable offense.
delito contra la propiedad | damage to property.
delito de abuso de confianza | breach of trust.
delito de autoría (leyes) | authorship's delict.
delito de complicidad | accessorial guilt.
delito de estragos | havoc-erime.
delito de extorsión | shakedown.
delito de falso testimonio | crime of perjury.
delito de menor cuantía | misdemeanor.
delito de prensa | press libel.
delito de rebeldía | contempt of court.
delito del fuero de guerra | military offence.
delito económico | economical crime.
delito grave | serious crime | high crime.
delito menor | misdemeanor.
delito militar | military offence.
delito múltiple (jurídico) | divisible offense.
delito notorio | public delict.
delito por imprudencia | chancemedley.
delito por omisión | nonfeasance.
delito procesable | indictable crime.
delito que depende de los tribunales militares | military offence.
delrac (sistema de radionavegación británico) | delrac.
delta | delta.
delta arqueado con el lado convexo hacia el mar (oceanografía) | arcuate delta.
delta de esken | osar delta.
delta de ríos que desembocan en estuarios | bay delta.
delta digitado (geología) | bird-foot delta.
delta en el fondo de una bahía | bay-head delta.
deltaico | deltaic.
deltámetro | deltameter.
deltic (muestreo de ondas) | deltic.
deltificación | deltafication.
deltoedro | deltohedron.
deltoedro con 12 caras en forma de cuadrilateros | deltoid dodecahedron.
delución magnética | magnetic dilution.
demanda | bill | run | plaint | inquiry | requirement | motion | ask | claim.
demanda (comercio) | requisition.
demanda (de ofertas) | enquiry.
demanda (jurisprudencia) | prayer.
demanda activa | active buying.
demanda aleatoria | random demand.
demanda bioquímica de oxígeno | biochemical oxygen demand | biochemical oxygen demand (BOD).
demanda bioquimica de oxígeno de segunda etapa | second-stage biochemical oxygen demand.
demanda bioquímica de oxígeno inmediata | immediate biochemical oxygen demand.
demanda bioquímica estandar de oxígeno | standard biochemical oxigen demand.
demanda creciente | rising demand.
demanda crediticia | demand for credit.
demanda de apelación | bill of appeal.
demanda de compras | purchase requisition.
demanda de equidad | bill in equity.
demanda de nulidad | nullity action.
demanda de nulidad de matrimonio | nullity suit.
demanda de oxígeno | oxygen demand.
demanda de pago | call.
demanda de prestación | claim for benefit.
demanda de repetición | request for repetition.
demanda de revisión (abogacía)
demanda de satisfacción | prayer for relief.
demanda de trabajo | task demand.
demanda débil | sluggish demand.
demanda decreciente | drying-up demand.
demanda decreciente en el país | declining demand at home.
demanda excesiva de una suscripción superior a su emisión | oversubscription.
demanda exterior | foreign demand | demand from abroad.
demanda fiscal | revenue claim.
demanda formal (abogacía) | legal demand.
demanda fundada en agravio | action in tort.
demanda global | overall demand.
demanda indirecta | derived demand.
demanda injustificada | false claim.
demanda interior | home demand.
demanda judicial | suit | bill of complaint | complaint.
demanda legal | legal action.
demanda máxima | maximum demand.
demanda máxima instantánea | instantaneous maximum demand.
demanda mínima | reservation demand.
demanda para margen adicional | margin call.
demanda por daños y perjuicios | claim for damages.
demanda por negligencia | malpractice suit.
demanda potencial | potential demand.

demanda potencial de reemplazo de automóviles | potential replacement demand for cars.
demanda presumible | likely demand.
demanda principal (abogacía) | declaration in chief.
demanda química de oxígeno | chemical oxygen demand (C.O.D.).
demanda residual | residual claimant.
demanda rival | rival demand.
demanda sostenida | keen demand.
demanda suplementaria de cobertura | margin call.
demanda total de oxígeno | total oxygen demand (T.O.D.) | total oxigen demand (TOD).
demanda variable (circuito eléctrico) | varying duty.
demandable | impleadable | suable.
demandada | demand.
demandado | defendant | respondent.
demandado (recurso de casación) | defendant in error.
demandado en el juzgado de equidad | respondent.
demandado por averías en el cargamento | sued for damage to cargo.
demandado por derechos reales | tenant.
demandador en curso de casación | plaintiff in error.
demandadora | demandress.
demandante | prosecutor | plaintiff | actor | demander | demandant | complainant | caller | claimant | claimer | impleader | suitor.
demandante (ante el tribunal del Almirantazgo o tribunal eclesiástico-G.B.) | libelant.
demandante en recurso de casación | plaintiff in error.
demandante y demandado | party and party.
demandante-apelante | plaintiff-apellant.
demandar | sue (to) | implead (to) | claim (to) | ask (to) | prosecute (to) | demand (to) | requisition (to).
demandar a las partes | implead parties (to).
demandar al capitán de un buque (comercio marítimo) | sue the master of a vessel (to).
demandar el pago | demand payment (to).
demandar judicialmente | indict (to).
demandar por daños y perjuicios | sue for damages (to).
demandar por pagaré desatendido | declare upon a note (to).
demandas de empleo | positions wanted.
demandas de energía | power requirements.
demandas por daños y perjuicios | claims for damages.
demandas salariales | wage claims.
demantoide | demantoid.
demarcación | demarcation | partition.
demarcación de aguas | partition.
demarcación de linderos (escrituras) | parcels.
demarcar | demarcate (to).
demasía | surplus.
demasiado corto | too short.
demasiado enfermo para testificar | too ill to testify.
demasiado húmedo | overwet.
demerara (Ocotea rodiaei - Mez) | demerara.
demérito | demerit.
demérito por avería | damage discount.
deméritos de mercancías | demerits of merchandises.
demersal | bottom-living.
democracia cristiana | Christian democracy.
democracia industrial | industrial democracy.
democracia pluralista ejercida mediante el sufragio universal | pluralist democracy performed by universal suffrage.
democraticidad | democraticity.
democratismo | democratism.
democratizar | democratize (to).
demodéctico | demodectic.
demodulación de fase | phase demodulation.
demodulado en fase | phase-demodulated.
demodulador de fase sincronizada | phase lock demodulator.
demodulador de subportadora de crominancia | chrominance subcarrier demodulator.
demodulador Q | Q demodulator.
demodulador telegráfico | telegraph demodulator.
demodulador telemétrico | telemetry demodulator.
demografía | demography.
demografía aplicada | applied demography.
demografía matemática | mathematical demography.
demografía teórica | theoretical demography.
demógrafo | demographer | demographist.
demoledor (persona) | wrecker.
demoler | wreck (to) | demolish (to) | take down (to) | breakup (to) | teardown (to) | overthrow (to) | raze (to) | breakdown (to).
demoler (edificios) | pull down (to).
demolición | breaking up | wrecking | demolition | demolishing.
demolición de edificios | housebreaking.
demolición de macizos (minas) | pillar drawing.
demolición de macizos (minería) | pillar robbing.
demolición de pilares (minas) | pillar working.
demolición del revestimiento interior del alto horno | wrecking of blast furnace lining.
demontar (excavación) | strip (to).
demora | retard | imparlance | demurrage | lag | delay.
demora (comercio) | backwardation.
demora (telefonía) | delay.
demora correcta (buques) | correct bearing.
demora corregida | corrected bearing.
demora de aguja | compass bearing.
demora de colisión de rumbo constante | constant-bearing collision course.
demora de establecimiento de una llamada | delay on a call.
demora de propagación | propagation delay.
demora de tráfico (telefonía) | waiting time.
demora del blanco | bearing of the target.
demora en el pago | delay in payment.
demora en la respuesta (telefonía) | speed of answer.
demora en pagar | arrearage.
demora excusable | excusable delay.
demora giroscópica | gyro bearing.
demora inexcusable | laches.
demora límite | cut-on bearing.
demora magnética | magnetic bearing.
demora media | average delay.
demora media (telecomunicación) | mean delay.
demora observada | observed bearing.
demora opuesta | bearing reciprocal.
demora que salva un punto peligroso (navegación) | clearing bearing.
demora relativa | relative bearing.
demora relativa del oscilador | relative bearing of the oscillator.
demora unilateral | unilateral bearing.
demora verdadera | true bearing.
demoras en puerto | port delays.
demoras límites | cut-ons.
demorfismo | demorphism.
demoscopia | demoscopy | opinion poll.
demoscopia pública | public opinion survey.
demoscópico | demoscopic.
demostrabilidad | provableness | provability.
demostrable | provable | evincible.
demostración | proving | demonstration | proof.
demostración (del funcionamiento de una máquina) | exhibition.
demostración de fuerza | show of force.
demostración de masas políticas | rally.
demostración de teoremas | theorem-proving.
demostración de un teorema | proof.
demostración embrollada | mazy statement.
demostración indirecta | indirect proof.
demostración por el absurdo | indirect demonstration.
demostrador | demonstrator | exhibit engineer.
demostrar | establish (to) | prove (to) | prove (to) | demonstrate (to) | give evidence (to) | support (to) | evince (to) | evidence (to).
demostrar falta de negligencia | prove absence of negligence (to).
demostrar por ejemplos | exemplify (to).
demostrar que | show that (to).
demulsibilidad | demulsibility.
demulsificación | demulsification.
demulsificar | demulsify (to).
demulsionamiento | demulsification.
demulsionar | demulsify (to).
demultiplicación | gear ratio.
dendriforme | dendroid | dendriform.
dendrita | dendrolite | dendrite.
dendriticismo | dendriticism.
dendrítico | dendroid | dendritic | treelike | arborized.
dendrito | pine-tree crystal.
dendritos (metalurgia) | pine-shaped crystals.
dendroclimatología | dendroclimatology.
dendrocronología | dendrochronology.
dendrografía | dendrography.
dendrógrafo | dendrograph.
dendroideo | dendroid.
dendrólito | dendrolite.
dendrología | dendrology.
dendrólogo | dendrologist.
dendrómetro | dendrometer.
denegable | dismissible.
denegación | denial | disclaimer | rejection.
denegación (de una demanda) | dismissal.
denegación de justicia | denial of justice.
denegación de obligación | denial of liability.
denegación del riesgo | refusal of the risk.
denegación general | general denial.
denegación oficial (de un hecho o suceso) | dementi.
denegar | overrule (to) | deny (to).
denegar la apelación | dismiss the appeal (to).
denegar un pago | refuse payment (to).
denegatorio | denegatory.
denervado | denervated.
denier (dinero - medida textil) | denier.
denieraje (peso en denieres) | denierage.
denitrogenación | nitrogen desaturacion.
denominación codificada | code name.
denominación comercial | trade name.
denominación de fabricante | manufacturer designation.
denominado | nominee.
denominador | divisor.
denominar | name (to).
densidad | density | closeness | compactness | specific gravity.
densidad (hilos en un tejido) | closeness.
densidad (peines) | count.
densidad absoluta | true specific gravity.
densidad anódica | anode density.
densidad aparente | bulk density of soil | bulk specific gravity | true specific gravity.
densidad aparente del polvo después de vibrar el contenido (pulvimetalurgia) | tap density.
densidad aparente del suelo | soil bulk density.
densidad areal | areal density.
densidad atmosférica | atmospheric density.
densidad axial | axial density.
densidad baja del flujo | low-flux density.
densidad balística (proyectil en vuelo) | ballistic density.
densidad calorífica | heat density | combustion rate | rate of heat input.
densidad corpuscular | particle density.
densidad crítica de la corriente de pasivación | critical passivation-current density.
densidad de agrupación (árboles forestales) | stand density.
densidad de alfilerazos (seminconductor) | pin-hole density.
densidad de átomos excitados | excited-atom density.
densidad de bitios | bit density.

densidad de colisión | collision density.
densidad de corriente | current density.
densidad de corriente de soldeo | welding current density.
densidad de corriente instantánea | instantaneous current density.
densidad de corriente neutrónica | neutron-current density.
densidad de dígitos binarios | bit density.
densidad de dislocaciones | dislocation density.
densidad de drenaje | stream frequency.
densidad de electrones mayoritarios | majority-electron density.
densidad de empaquetamiento | packing density.
densidad de energía umbral | threshold power density.
densidad de estados de energía | energy state density.
densidad de flujo convencional (neutrónica) | conventional flux density.
densidad de flujo dieléctrico | dielectric flux density.
densidad de flujo energético (nuclear) | energy flux density.
densidad de flujo neutrónico | neutron flux density.
densidad de flujo radiante | radiancy.
densidad de flujo remanente | remanence flux density | remanent flux density.
densidad de frecuencia sonora | sound energy density.
densidad de fuego | volume of fire.
densidad de grabación | packing density.
densidad de impurificación (semiconductor) | dopant density.
densidad de información almacenada (ordenador) | packing density.
densidad de ionización | ion density.
densidad de la carga de chatarra llevada en la batea | pan density.
densidad de la corriente crítica (electrolisis) | critical current density.
densidad de la plantación | stand density.
densidad de llamadas en hora activa (telefonía) | busy hour calling rate.
densidad de moderación | slowing-down density.
densidad de multiplicación del cañón electrónico | electron-gun density multiplication.
densidad de ocupación | load factor.
densidad de ocupación del fichero | file packing density.
densidad de pastos (Chile, Honduras, Puerto Rico, Uruguay) | forage density.
densidad de polvo (peso en gramos/mililitro) | powder density.
densidad de polvo vibrado | tapped density of power.
densidad de portadores minoritarios | minority-carrier density.
densidad de potencia elevada | high-power density.
densidad de probabilidad | probability density.
densidad de radiación | radiation density.
densidad de registro | packing density | recording density.
densidad de revestimiento de la trenza (envueltas de cables) | coverage density of the braid.
densidad de rugosidad | roughness concentration.
densidad de termalización (nucleónica) | slowing-down density.
densidad de traza (emulsión nuclear) | track density.
densidad de un haz electrónico | density of an electron beam.
densidad del flujo | flux density.
densidad del flujo axial | axial flux density.
densidad del flujo de desplazamiento | displacement flux density.
densidad del flujo eléctrico | electric flux density.
densidad del flujo en el entrehierro | airgap flux density.
densidad del flujo guiador | guide-flux density.
densidad del flujo luminoso | luminous flux density.
densidad del flujo magnético de hasta 1,2 Weberios/metro^2 | flux density of up to 1.2 Wb/m^2.
densidad del momento del electrón | electrón momentum density.
densidad del montón de carbón | coal-pile density.
densidad del rodal | stand density | closeness of stand.
densidad del tráfico de mercancías | freight density.
densidad demográfica | population density.
densidad eléctrica superficial | density of surface charge.
densidad electrónica | electron density.
densidad en estado seco | dry density.
densidad en masa | bulk density.
densidad espectral | spectral density.
densidad espectral de ruidos | noise spectral density.
densidad espectral de un fenómeno irregular | energy spectrum.
densidad espectral del error | error spectral density.
densidad especular | specular density.
densidad extrema de energía | extreme energy density.
densidad fotográfica | photographic density.
densidad grabadora | recording density.
densidad gravimétrica | gravimetric density.
densidad impurificadora efectiva | effective dopant density.
densidad invariable | invariable density.
densidad letal | lethal density.
densidad libre de poros | pore-free density.
densidad limitadora de la corriente de la imagen (tubo electrónico) | limiting image current density.
densidad lineal de la fibra | fiber number.
densidad lineal del filamento | filament number.
densidad media espacial | space-averaged density.
densidad normal | atmospheric density.
densidad nuclear | nuclear density.
densidad óptica | transmission density | optical density.
densidad óptica de la solución | optical density of the solution.
densidad ortobárica | orthobaric density.
densidad potencial | potential density.
densidad real de suelo | actual density of soil.
densidad recién cortada (madera de árboles) | green density.
densidad relativa | specific gravity.
densidad relativa (relación entre la densidad de un cuerpo y la de otro tomado como patrón) | specific gravity.
densidad reticular (cristalografía) | reticular density.
densidad según American Petroleum Institute (petroleo) | A.P.I gravity.
densidad sólida aparente | apparent solid density.
densidad superficial | areal density | surface density.
densidad superficial eléctrica | electric surface density.
densidad volumica aparente | bulk density.
densidades de amontonamiento de impulsos | pulse-packing densities.
densidades espectrales que siguen la ley exponencial | power-law spectral densities.
densificación | densification | densening.
densificación del polvo | densification of powder.
densificación del suelo por vibración explosiva | soil densification by explosive vibration.
densificación incompleta | incomplete densification.
densificado | densified.
densificador (funderías) | densener.
densificador acelerador | accelerating densifier.
densificador interior (fundiciones) | internal densener.
densificar | compact (to) | densify (to).
densigrafía | densography.
densígrafo | densographer.
densimetría | densimetry.
densimétrico | densimeter.
densímetro | density meter | densometer | hydrometer | hydrometer | densimeter.
densímetro de líquidos | hydrometer.
densímetro para fluidos | fluid density meter.
densímetro por retrodispersión | backscatter density meter.
densímetro por transmisión | transmission density meter.
densiscopio para densimetría de las perlas como indicio pero no prueba de genuidad | densiscope.
densitógrafo | densitograph.
densitometría de huesos | bone densitometry.
densitometría por medio de rayos infrarrojos | infrared densitometry.
densitómetro | densitometer.
densitómetro de esfera de integración | integrating-sphere densitometer.
densitómetro de raya espectral | line densitometer.
densitómetro de reflexión | reflexion densitometer.
densitómetro microfotométrico | microphotometric densitometer.
densitómetro por reflexión | reflection densitometer.
denso | consistent | gross | dense | thick | heavy-bodied.
denso (tráfico, aceites) | heavy.
densografía | densography.
dentación | dentation.
dentado | serrated | jagged | jaggy | notched | toothed | dentated | dentate | dented.
dentado (botánica) | serrated.
dentado (de ruedas) | gearing.
dentado (discos) | studded.
dentado (muros de ladrillos) | racking.
dentado (ruedas) | indented.
dentado (televisión) | ratchetting.
dentado interiormente | internally-toothed.
dentador de sierras | gummer.
dentadura | denture | dentition.
dentadura (engranajes) | teeth.
dentadura de engranaje tallado con desviación | creep-cut gear teeth.
dentadura inclinada (engranajes) | skew teeth.
dentadura parcial (engranajes) | partial denture.
dentadura parcial (ruedas) | partial denture.
dentadura parcial fija | fixed partial denture.
dentadura parcial removible (odontología) | removable partial denture.
dentadura postiza | artificial denture | plate.
dentadural | dentural.
dental | frog.
dentar | scallop (to) | jag (to) | tooth (to).
dentar (carpintería) | indent (to).
dentar interiormente | inner tooth (to).
dentellado | serrated | jagged | dented | toothed | notched | jaggy | indented | dentate | dentated.
dentellado (de superficie áspera con puntas agudas - minerales) | hackly.
dentellado (libros) | dentelle.
dentellado en línea curva (arquitectura) | engrailed.
dentelladura (zoología) | denticulation.
dentelladura del borde | edge jaggedness.
dentelladura del filo (herramientas) | edge jaggedness.
dentellar | indent (to).
dentellar (telas) | pink out (to).

dentellón | dentil | dentel.
dentición | dentition | teething.
denticulación | dentation | dentating | denticulation.
denticulado | denticulated | dentil course.
dentículo | denticle | dentil.
dentículo (Eunices) | grater.
dentículos (arquitectura) | dentil-cornice | dentil-molding.
dentiforme | dentiform.
dentistería | dentistry.
dentrítico | arborescent.
dentrito (cristal dentrítico-metalurgia) | fir tree crystal.
dentritos alóctonos | allochthonous detritus.
dentro de | ex.
dentro de la autoridad conferida | intra vires.
dentro de la tubería | in-line.
dentro de las tolerancias del código | within code limits.
dentro de los límites continentales (EE.UU.) | stateside.
dentro de los límites dimensionales establecidos | within the required dimensional limits.
dentro de un cárter | totally enclosed.
dentro de un conducto | intraduct.
dentro de un océano | transoceanic.
dentro o fuera | off and on.
denudación | denudation | denudation.
denudación (geología) | dilapidation.
denudación atmosférica | atmospheric denudation.
denudación del área de contorno del grano (metalurgia) | grain-boundary-area denudation.
denudación del cromo (aleación de cromoníquel) | chromium denudation.
denudación eólica (deflación - geología) | deflation.
denudación química | chemical denudation.
denudación subaérea | subaerial denudation.
denudado | denudate.
denudar | denude (to) | denudate (to).
denumerable | denumerable.
denuncia | indictment | delation | forbearance.
denuncia (de un crimen) | exposure.
denuncia (minería) | denouncement.
denuncia por daños | impeachment of waste.
denunciador | denunciative.
denunciante | complainant.
denunciante (de una mina) | claimant | claimer.
denunciar | report (to).
denunciar (abusos) | expose (to).
denunciar (contratos) | disaffirm (to).
denunciar (una pertenencia minera) | claim (to).
denunciar un acuerdo | repudiate (to).
denunciar un préstamo | call in a loan.
deontología | deontology.
deontología informática | informatics deontology.
deontología profesional | professional ethics.
deoxidación al cubilote | cupola deoxidation.
departamental | departmental.
departamentalizar | departmentalize (to).
departamento | department | bureau | section | area | compartment | division.
departamento comercial | mechandizing department.
departamento de adiestramiento de la empresa | company's training department.
departamento de agricultura | department of agriculture.
departamento de alimentación | catering department.
departamento de aprobación de planos | plan approval department.
departamento de asesoramiento (empresas) | staff department.
departamento de cambios | foreign exchange department.
departamento de carreteras de la municipalidad | municipality road department.
departamento de cartas no entregadas | dead letter office.
departamento de cartera (bancos) | loans department.
departamento de colocaciones | employment department.
departamento de compras | procurement department.
departamento de contabilidad | account department.
departamento de coordinación de fabricación | fabricating liaison department.
departamento de ensayos | testing shop.
departamento de entretenimiento de la vía (ferrocarril) | maintenance-of-way department.
Departamento de Estado | State Department.
departamento de estampación | pressworking department.
departamento de estudios del casco (buques) | ship development department.
departamento de expedición | shipping department.
departamento de expedición de mercancías | traffic department.
departamento de explotación (ferrocarriles) | operations department.
departamento de explotación (telecomunicaciones) | traffic department.
departamento de fabricación | fabricating department.
departamento de fabricación de paletas (turbinas) | blading department.
departamento de fabricaciones varias | miscellaneous-engineering department.
departamento de facturación | billing department.
departamento de fijación de precios | costing departament.
departamento de finanzas | finance department.
departamento de fiscalización de la producción | production control department.
departamento de grabados y dibujos | department of prints and drawings.
departamento de inspección | inspection department.
Departamento de Inteligencia del Ejército (EE.UU.) | Army Intelligence Department.
departamento de limpieza del trigo (fábrica de harinas) | screen room.
departamento de métodos de fabricación | methods department.
departamento de modelos | lofting department.
departamento de ofertas | proposition department.
departamento de piezas soldadas | fabricating department.
departamento de primera (trenes) | first-class compartment.
departamento de programación | planning department.
departamento de publicidad | publicity department.
departamento de recursos humanos | manpower department.
departamento de repaso del galvanizado | plate-finishing department.
departamento de seguros de incendios (compañía de seguros) | fire department.
departamento de servicios generales | service department.
departamento de una sola cama | single.
departamento de verificación | inspection department.
departamento del Tesoro (EE.UU.) | Treasury Department.
departamento donde se cortan los forros y palas - etc. (fábrica de calzado) | clicking department.
departamento donde se funde acero al crisol (acerías) | melting house.
departamento encargado de la seguridad de talleres | safety department.
departamento financiero | financial department.
departamento responsable | sponsoring department.
departamento sanitario | health department.
departamento técnico | operating department.
depauperado | starved.
dependencia | dependence | dependency.
dependencia (álgebra) | dependence.
dependencia (de un edificio) | appurtenance.
dependencia estatal | state agency.
dependencia exponencial | exponential dependence.
dependencia gubernamental | government agency.
dependencia sobre la orientación | orientation dependence.
dependencias (edificios) | outbuildings.
dependencias para locomotoras (edificios) | appurtenance of locomotives.
depender de | depend (to).
dependiendo de | conditional.
dependiendo de la distancia | distance-dependent.
dependiendo de la frecuencia | frequency-dependent.
dependiendo de las circunstancias | depending on circumstances.
dependiendo del campo | field-dependent.
dependiendo del tamaño | depending of size.
dependiendo del uso a que se destina | depending upon the proposed use.
dependiendo del voltaje empleado | having regard to the voltage employed.
dependiente | feeder | employee.
dependiente (botánica) | dependent.
dependiente (de tienda) | clerk.
dependiente (de tienda o almacén) | salesman.
dependiente con contrato de aprendizaje | articled clerk.
dependiente de | dependent.
dependiente de la entrada-salida | input-output bounded.
dependiente de la esctructura | structure-dependent.
dependiente del enunciado | sentential.
dependiente del espín | spin-dependent.
dependiente del incremento de la deformación | strain-rate-dependent.
dependiente del tiempo | time-dependent.
dependiente principal | managing-clerk.
deperdicios | skim.
depilación | plucking.
depilado (cueros) | graining.
depilado (pieles) | scraping.
depilar | pluck (to) | depilate (to).
depilar (el cuero) | grain (to).
depilar (pieles) | hair (to).
deplanación | deplanation.
depleción | depletion.
depleción continental | continental depletion.
depleción de cromo por formación de sulfuro de cromo (G.B.) | sulphidation.
depleción del cromo (aleaciones) | chromium depletion.
depleción del elemento aleante | alloying-element depletion.
depleción del suelo | soil depletion.
depleción económica | economic depletion.
depleción física (minas y petróleo) | physical depletion.
deplistor (semiconductor) | deplistor.
deplorar | wail (to).
depocentro | depocenter.
depolimerización reductiva oxidante | ORD.
deponente | attestant | affiant | deponent | deposer.
deponer | attest (to) | recall (to).
deponer (las armas) | lay down (to) | | disarm (to).
deportable | deportable.
deportación | deportation.
deportación (transporte) | transportation.
deportar | transport (to).
deporte de la caza | sport of hunting.

deporte de planear sobre el agua a remolque | aquaplaning.
deportes al aire libre | outdoor sports.
deportes náuticos | aquatics.
deposición | deposition | depositing.
deposición (medicina) | stool.
deposición cataforética | cataphoretic deposition.
deposición catódica | cathodic deposition | sputtering.
deposición contemporánea | cosedimentation.
deposición de acarreos | silt deposition.
deposición de aceros aleados sobre partes desgastadas | hard-facing.
deposición de heces (medicina) | motion.
deposición de las cenizas del fueloil | fuel-oil ash deposition.
deposición de material de dragado | deposition of dredged material.
deposición de polvos | dust deposition.
deposición de un cordón de soldadura circular sobre una probeta cuadrada y medida del ángulo en el centro de la porción de cordón que presenta una grieta longitudinal central | patch test.
deposición de vapor metálico | metal vapor deposition.
deposición de vapores a presión subatmosférica | vacuum vapour deposition.
deposición de vapores químicos | chemical vapour deposition.
deposición de vientre | movement.
deposición del cordón (soldeo) | run deposition.
deposición del cordón con movimiento pendular (soldadura) | weave beading.
deposición del cordón de la raíz (soldeo) | root run deposition.
deposición del sedimento | deposition of sediment.
deposición electroforética | electrophoretic coating | electrophoretic deposition.
deposición electrolítica | electrodeposit | electrodeposition.
deposición electrónica | sputtering.
deposición electrotérmica | electrothermal deposition.
deposición en fase de vapor | vapor deposition.
deposicion eólica | wind deposition.
deposición epitaxial | epitaxial deposition.
deposición euxínica (geología) | euxinic deposition.
deposición galvanoplástica | electrodeposit.
deposición homogénea y uniforme (electrólisis) | leveling.
deposición homogénea y uniforme (galvanoplastia) | levelling (G.B.).
deposición intermitente | intermittent deposition.
deposición por contacto | contact deposition.
deposición por inmersión | electroless plating.
deposición por medio del soplete de plasma | plasma plating.
deposición por reducción química | chemical reduction deposition.
deposición sin oscilación del electrodo (soldaduras) | beading.
deposición uniforme | uniform deposition.
deposicional | depositional.
depositado cataforéticamente | cataphoretically deposited.
depositado electrostáticamente | electrostatically deposited.
depositado en el delta | delta-deposited.
depositado en el juzgado | impounded.
depositado por electrólisis | electrodeposited.
depositado por fase de vapor | vapor-deposited.
depositado por la crecida (ríos) | flood-deposited.
depositado por vía química | electrolessly-deposited.
depositante | depositor | pledger.
depositante (de bienes) | bailor.
depositar | commit (to) | push (to) | lodge (to) | entrust (to) | entrust with (to).
depositar (dinero en un banco) | consign (to).
depositar (mensajes) | file (to).
depositar (piedras, etcétera) | set out (to).
depositar (un voto) | cast (to).
depositar documentos en el juzgado | impound (to).
depositar electrolíticamente | electrodeposit (to).
depositar en el banco (dinero) | cash in (to).
depositar en el fondo (líquidos) | settle (to).
depositar en un banco dinero | make a deposit (to).
depositar mercancías en los almacenes generales de depósito | deposit goods in the bonded houses (to).
depositar por soldadura | deposit weld (to).
depositar sarro | fur (to).
depositar sedimentos (en ríos) | aggrade (to).
depositar un documento delante del Tribunal | box (to).
depositaría | receivership.
depositario | depositary | receiver | lienor | bonder | keeper | pawnee | pledgee | liquidator.
depositario (de bienes) | bailee.
depositario (de valores) | holder.
depositario de bienes sujetos a embargo | garnishee.
depositario de efecto | property officer.
depositario de fianza | bailor.
depositario fiduciario | trustee.
depositario general | exclusive supplier | sole supplier.
depositario judicial | receiver.
depositarse | settle (to).
depósito | tank | lay down | money in trust | deposit | depot | deposition | container | container pan | entrepôt | storage | storage tank | settling station | reservoir | repertory | magazine | bail.
depósito (archivos) | repository.
depósito (barro, etcétera) | lodgment.
depósito (Bolivia) | log pond.
depósito (calderas) | draff.
depósito (de agua) | reservoir.
depósito (de barro, etc.) | lodgement.
depósito (de la aduana) | bonding.
depósito (de lámpara) | fountain.
depósito (de libros) | depository.
depósito (de mineral) | lens.
depósito (de sedimento) | deposition.
depósito (en un Banco) | consignation.
depósito (milicia) | depot.
depósito (nucleónica) | skull.
depósito a flote | floating dump.
depósito a la vista | checkbook money | demand deposit | sight deposit.
depósito a plazo | term deposit.
depósito a plazo fijo (bancos) | time deposit.
depósito a prueba de incendio y robo | vault.
depósito a prueba del rebufo de la bomba atómica | atomic-bombproof depot.
depósito a vencimiento fijo | fixed deposit.
depósito abisal | abysmal deposit | abyssal deposit.
depósito abovedado de hormigón (para municiones) | igloo.
depósito aduanero | customs warehouse.
depósito aduanero privado | private bonded warehouse.
depósito aduanero público | public bonded warehouse.
depósito al aire libre | open space deposit.
depósito al aire libre de bombas | bomb dump.
depósito alimentador | feeder | feeding vessel.
depósito alimentador (máquinas) | magazine.
depósito alimentario | feed hopper.
depósito aluvial | alluvial basin | aggradational deposit.
depósito amortiguador (pie de presa) | stilling pool.
depósito arrojadizo (aviones) | drop tank.
depósito autosellable | bulletproof fuel tank.
depósito avanzado | advance depot.
depósito bajo reserva | deposit in escrow.
depósito base de intendencia | quartermaster base depot.
depósito calizo duro que se encuentra en el interior de algunas maderas africanas | stone.
depósito carbonoso | carbon.
depósito carbonoso de componentes residuales en la boca del inyector (motor diesel) | trumpeting.
depósito carbonoso en forma de cráter (tobera de motor de chorro) | trumpeting.
depósito caucional | bailment.
depósito central | general depot.
depósito cilíndrico | drum.
depósito circular del silo | silo bin.
depósito circular para locomotoras | roundhouse.
depósito colector del efluente | effluent-collecting basin.
depósito coluvial | colluvium.
depósito comercial | business deposit.
depósito compensador | equalizing reservoir.
depósito con fondo de tolva | hopper-bottom bin.
depósito con los costados abombados hacia fuera | curvilinear tank.
depósito con plazo de preaviso | deposits subject to an agreed term of notice.
depósito con presión interior | pressurized tank.
depósito conductor | land.
depósito conductor (circuito impreso) | land.
depósito conteniendo un flúido motor | pressure tank.
depósito de acarreo formado por grava friable esquistosa y arena | crowstone.
depósito de aceite | oil-tank | oil safe | oil box | oil reservoir | oil vessel.
depósito de acero chapado de níquel | nickel clad steel tank.
depósito de acero forrado de plomo | steel lead lined tank.
depósito de ácido | acid container.
depósito de aduana | bonded warehouse.
depósito de agotamiento | bailing tank.
depósito de agua | urn | water tank.
depósito de agua (máquina offset) | damping fountain.
depósito de agua caliente del termo (cocinas) | range boiler.
depósito de agua clarificada | clear-water basin.
depósito de agua para limpiar | flush box.
depósito de agua potable | drinking tank.
depósito de aire | air vessel | air tank | air drum | air holder.
depósito de aire auxiliar | auxiliary air-reservoir.
depósito de aire comprimido | air reservoir | air receiver | air drum.
depósito de aire comprimido (torpedo) | flask.
depósito de aire comprimido para el funcionamiento del freno | brake-operating air reservoir.
depósito de aire de la válvula de freno | brake valve air reservoir.
depósito de aire de maniobra | manoeuvring air reservoir.
depósito de aleación | alloy plate.
depósito de alimentación | feed storage.
depósito de alimentación de fichas | card hopper.
depósito de alimentación del agua caliente | hot well.
depósito de almacenamiento de petróleo | feed unit.
depósito de amortiguamiento (presas) | spillway bucket.
depósito de anillos horizontales solapados (el de mayor diámetro abajo y el de menor diámetro arriba) | flared tank.
depósito de arena aluvial | blanket sand.
depósito de arenas (canalizaciones) | sand trap.
depósito de armas o víveres o equipo | magazine.

depósito de basuras | dust-shoot.
depósito de bebedero (en un molde) | feeder.
depósito de bebedero (fundierías) | running bush.
depósito de bomba (recogida de agua en las minas) | standage.
depósito de bombas | bomb cell.
depósito de cabecera | forebay.
depósito de calor que se forma en las fibras del cuero durante el curtido | bloom.
depósito de canillas | magazine.
depósito de canillas (telares) | bobbin magazine.
depósito de captación (de embalse) | impounding reservoir.
depósito de carbón | coalbin | coal shed | coal-box | coal station.
depósito de carbones o petróleo combustible (puertos) | bunker depot.
depósito de carga (tuberías forzadas) | headbay.
depósito de carga antes de la tubería forzada (turbinas) | forebay.
depósito de cenizas | ash dump.
depósito de cenizas volcánicas | ash shower | ash fall.
depósito de cereales | granary.
depósito de coches | stabling of coaches.
depósito de combustible | fuel tank.
depósito de combustible (aviones) | reservoir.
depósito de combustible a prueba de balas bulletproof fuel tank.
depósito de combustible a prueba de golpes flexible crashproof fuel tank.
depósito de combustible arrojable en vuelo (aviones) | disposable fuel tank.
depósito de combustible de tipo de saco con cierre automático de perforaciones | crashproof bag-type fuel tank.
depósito de combustible en el ala (aviones) | wing.
depósito de combustible en el extremo del ala | wingtip fuel tank.
depósito de compensación (central hidroeléctrica) | afterbay.
depósito de chapas | plate stockyard.
depósito de decantación | clarifier | gun barrel | silt-trapping basin | settling tank.
depósito de decantación de residuos | tailing pond.
depósito de desactivación | decay tank.
depósito de descarga con desplazamiento | offset stacker.
depósito de descarga de agua | flushing tank.
depósito de detención de arenas | catchpit.
depósito de detritos orgánicos cubiertos por depósitos minerales (fondo de lagos) | faulschlamm.
depósito de devanado | reeling basin | reeler's trough.
depósito de disipación de energía (pie de presa) | stilling pool.
depósito de distribución | distribution depot.
depósito de distribución (abastecimiento de aguas) | distribution reservoir.
depósito de entrada | input magazine.
depósito de entrega condicionada | deposit in escrow.
depósito de equilibrio (conducción de aguas) | balancing reservoir.
depósito de equipajes (estación ferrocarril) | luggage office.
depósito de escorias (hornos Siemens) | slag pocket.
depósito de expansión | expansion tank.
depósito de expansión (transformadores) | breather.
depósito de fangos (alcantarillado) | catch basin.
depósito de filtración | filtering basin.
depósito de fueloil depurado | purified heavy oil tank.
depósito de ganado intervenido | green-yard.
depósito de garantía | earnest money | security deposit.
depósito de gas | gas tank | gas reservoir | gas holder.
depósito de grava | gravel bin.
depósito de grisú (minas) | feeder.
depósito de hielo | ice-chamber.
depósito de hormigón armado | concrete reservoir.
depósito de importación | import deposit.
depósito de inmundicias | laystall.
depósito de la tinta (máquina imprimir) | duct | ductor.
depósito de lanzaderas (telar) | shuttle magazine.
depósito de limpia | flush tank.
depósito de limpia (alcantarillas) | flushing tank.
depósito de limpia (hidráulica) | flush pond.
depósito de locomotoras | enginehouse | engine shed | engine house.
depósito de máquinas | engine shed.
depósito de máquinas (ferrocarril) | locomotive shed.
depósito de material contraincendios (bosques) | fire-tool cache.
depósito de material de guerra | ordnance dêpot.
depósito de material de recuperación | quartermaster salvage depot.
depósito de material sanitario | medical depot.
depósito de mercancías | goods yard | goodsshed | freighthouse | holdup | magazine.
depósito de mercancías (almacén) | goods depot.
depósito de mercancías (ferrocarril) | freight shed.
depósito de mezcla | blending bunker.
depósito de mineral | ore plot | ore-yard | bing.
depósito de muestras | depot of samples.
depósito de municiones | magazine | munition dump.
depósito de municiones de vanguardia | ammunition dump | ammunition storage point.
depósito de organismos públicos | public deposits.
depósito de petróleo | oil vessel | oil reservoir | oil-tank.
depósito de plica | escrow deposit.
depósito de pulverización de un avión | airplane spray tank.
depósito de rebose | overflow bin.
depósito de recortes | chip tray.
depósito de recuperación (hidráulica) | economizing basin.
depósito de recuperación de intendencia | quartermaster salvage depot.
depósito de relleno del freno | recoil makeup tank.
depósito de reparación de locomotoras | locomotive repair depot.
depósito de reparación de vagones | wagon repair depot.
depósito de reparaciones | repair depot.
depósito de repuestos | spares storage room.
depósito de reserva | reserve tank.
depósito de retención | detention basin | detention reservoir.
depósito de salida | output magazine | stacker.
depósito de salida (estación de tratamiento) | clear well.
depósito de sedimentación | settling tank.
depósito de sedimentación de arrastres | debris trap.
depósito de servicio (abastecimiento de aguas) | distribution reservoir.
depósito de tranquilización (pie de presa) | stilling basin.
depósito de troncos | log dump.
depósito de vagones | wagon shed.
depósito de vapores químicos | chemical vapor deposition.
depósito de víveres | food dump | commissary.
depósito de víveres (marina de guerra) | commissary store.
depósito de zona | area depot.
depósito debajo de la bancada (tornos) | tray.
depósito del aire | air receiver.
depósito del ala de babor | port wing tank.
depósito del ala de estribor | starboard-wing tank.
depósito del lubricante | oil pot.
depósito del propulsante criogénico de la cosmonave | space-vehicle cryogenic-propellant tank.
depósito deltaico | delta deposit.
depósito desprendible (aviones) | droppable tank.
depósito diluvial de naturaleza volcánica | red soil.
depósito disponible | demand deposit.
depósito disponible (bancos) | deposits at usance.
depósito doble de níquel (dos capas) | duplex nickel deposit.
depósito electrolítico | plated deposit | plating.
depósito electrolítico compacto | reguline.
depósito electrolítico de aspecto metálico | reguline.
depósito elevado | elevated reservoir.
depósito elevado de acero con fondo elipsoidal | ellipsoidal-bottom elevated steel tank.
depósito en custodia | commitment.
depósito en efectivo (bancos) | deposit of cash.
depósito en el ala (aviones) | wing tank.
depósito en el extremo del ala (aeroplanos) | tiptank.
deposito enterrado | depressed tank.
depósito eólico (geología) | windborne deposit.
depósito epitaxial | epitaxial depot.
depósito esférico | spherical tank.
depósito esférico de gran capacidad de gas (refinería petróleo) | sphere.
depósito esférico elevado para agua | watersphere.
depósito esferoidal elevado | elevated spheroidal tank.
depósito estanco | seal pot.
depósito estructural | integral tank.
depósito extenso | extensive deposit.
depósito flotante de carbón | floating coal depot.
depósito franco | bonded warehouse.
depósito fumígeno para lanzar una cortina de humo (aviones) | smoke tank.
depósito galvanoplástico sin grietas | crackproof deposit.
depósito galvanoplástico sin ningún postratamiento | as-plated deposit.
deposito glacial | till.
depósito glaciar | drift-bed.
depósito glaciofluvial | glaciofluviatile deposit.
depósito gutiforme | drop-shaped reservoir.
depósito inflable de caucho o plástico con forma de almohada cuando está lleno | pillow tank.
depósito intermedio de vapor (máquinas vapor) | receiver.
depósito judicial | judicial deposit.
depósito lacustre (geología) | lacustrine deposit.
depósito lanzable | droppable tank.
depósito lanzable (aviones) | slip tank | drop tank.
depósito lanzable sostenido por una estructura debajo del ala (aviones) | pylon drop tank.
depósito litoral | shore deposit.
depósito marino | facies suite.
depósito menero | ore deposit.
depósito móvil | skid tank.
depósito nacional de materias primas | national stock pile.
depósito obligatorio | special deposit.
deposito para aceite de hígados (buques de pesca) | liver tank.
depósito para almacenar petróleo de techo flotante | floating-roof oil storage tank.

depósito para enjuagar en agua | water-rinse tank.
depósito para grasa (en poleas, etcétera) | grease reservoir.
depósito para mantener el nivel del aceite (transformadores) | conservator.
depósito para recorrida y limpieza de coches | carriage cleaning and maintenance depot.
depósito para rellenar el cilindro de freno | recoil filling tank.
depósito para sedimentos | deposit receptacle.
depósito para ser arrojado en vuelo (aviones) | drop tank.
depósito pequeño de agua (regiones desérticas) | playa.
depósito por averías | average deposit.
depósito principal | master depot | primary deposit.
depósito radiactivo | radioactive deposit | fallbut.
depósito radiactivo precipitado | radioactive rainout.
depósito radiactivo seco | radioactive dry deposit.
depósito receptor | receiving reservoir.
depósito receptor de fichas | card stacker.
depósito recuperador (esclusas) | economizing basin.
depósito recuperador del combustible | fuel-reclaim tank.
depósito refrigerante de aceite | tank oil cooler.
depósito regulador | regulating reservoir.
depósito regulador elevado (de agua) | standpipe.
depósito salino | saline deposit | bittering.
depósito satélite | satellite deposit.
depósito sedimentario de espesor uniforme | blanket deposit.
depósito sensible | sensitive lining.
depósito separador del líquido refrigerante y de su vapor saturado (refrigeración) | flash tank.
depósito sincronizado (acabado en húmedo de telas) | timing scray.
depósito sobre cuero viejo | spew.
depósito subsidiario | subdepot.
depósito subterráneo | saltbed storage | burial ground.
depósito sumergido en la base (cascadas) | plunging pool.
depósito tranquilizador (pie de presa) | stilling pool.
depósito ventralcolocado debajo del fuselaje (aviones) | belly tank.
depósito vertical cilíndrico con anillos horizontales solapados alternativamente | in-and-out tank.
depósito vidriado | glass-lined tank.
depósito-base | key depot.
depositoría | depository.
depósitos a corto plazo | short term deposits.
depósitos a la vista | money at call.
depósitos a largo plazo | deposits at long notice.
depósitos a plazo fijo (banca) | fixed term deposits.
depósitos a plazos y de ahorros | time and savings deposits.
depositos asfálticos | inspissated deposits.
depósitos bancarios | deposit currency | bank deposits | bank money.
depósitos de acarreo sobre la falda de una montaña | slide.
depósitos de ahorro | savings deposit | saving deposits.
depósitos de archivos | record repository.
depósitos de clientes | customers' deposits.
depósitos de reactivos químicos | chemical tanks.
depósitos en los alabes | blading deposit.
depósitos fluviales | alluvium.
depósitos glaciales | drift beds.
depósitos interbancarios | interbank deposits.
depósitos orgánicos incombustibles de caracteres minerales | acaustobiolith.
depósitos para áridos (hormigón) | aggregate bins.
depósitos previos a la importación | import deposits.
depósitos que los Bancos poseen de otros Bancos (considerando a estos como clientes) | due to banks.
depósitos sedimentarios en el delta de un río | deltaic deposits.
depósitos sobre licitaciones | deposits on bids.
depósitos totales | total deposits.
depósitos y cuentas corrientes | deposits and current accounts.
depotasicación | depotassication.
depreciable | depreciable.
depreciación | depreciation.
depreciación acelerada | accelerated depreciation.
depreciación acumulada | accrued depreciation.
depreciación anual | annual depreciation.
depreciación colectiva | composite depreciation.
depreciación de costo y mantenimiento | cost-plus maintenance depreciation | cost-plus-maintenance depreciation.
depreciación de desuso | shelf depreciation.
depreciación de la flota | fleet depreciation.
depreciación de la maquinaria | machinery depreciation.
depreciación de un activo | write-down.
depreciación en línea recta | straight line depreciation.
depreciación especial | special charge-off.
depreciación indirecta | indirect depreciation.
depreciación monetaria | debasement.
depreciación por cargos anuales decrecientes | decreasing-charge depreciation.
depreciación por cargos decrecientes anuales | decreasing charge method of depreciation.
depreciación por grupos | group depreciation.
depreciación por porcentaje anual constante | straight-line depreciation.
depreciación por saldo decreciente | diminishing-balance depreciation.
depreciación por uso | wear and tear.
depreciación según la producción | production depreciation.
depreciar (la moneda) | debase (to) | lower the currency (to).
depredación (ecología) | predation.
depresante de la temperatura de fusión | melting-point depresant.
depreservación | depreservation.
depresión | negative pressure | low area | depression | indent | dullness | abaissement | sink | drawdown.
depresión (del horizonte) | dip.
depresión (economía) | slump.
depresión (meteorología) | through (G.B.).
depresión (topografía) | saddle.
depresión (ventilación de minas) | motive column.
depresión a través de toda la anchura de la pista | swale.
depresión abrupta en la superficie (metales) | pit.
depresión anfiteatral | amphitheatrical depression.
depresión aparente del horizonte | apparent depression of horizon | dip of the horizon.
depresión aralocaspiana | Aralo-Caspian depression.
depresión aterrazada (diamantes) | terraced pit.
depresión atmosférica de baja temperatura | cold low.
depresión barométrica (de presiones) | low.
depresión capilar | capillary pressure release.
depresión causada por el impacto de un meteoroide en una cosmonave | crater.
depresión ciclonal | cyclonic depression.
depresión circular superficial (acero fundido) | blow.
depresión comercial grave | bust.
depresión cónica inicial hecha por la broca al empezar a trabajar | dimple.
depresión de bulbo húmedo del aire de salida | wet-bulb depression of leaving air.
depresión de caldera | cauldron subsidence.
depresión de equilibrio | balancing depression.
depresión de fondo en punta (diamantes) | point bottomed pit.
depresión de forma cuadrada | square shaped depression.
depresión de forma redonda | puncture.
depresión de la línea de mira | line-of-sighting depressing.
depresión de la temperatura de congelación | specific depression.
depresión del molinete donde se ajustan los eslabones de la cadena del ancla | whelp.
depresión del potencial de rejilla (válvula termiónica) | slideback.
depresión del potencial del colector | collector-potential depression.
depresión del terreno | hollow | cove.
depresión económica | recession.
depresión en el lecho de roca | rock basin.
depresión en la corteza con perforaciones de larvas | shot-hole cup.
depresión específica | specific depression.
depresión espiral exagonal | hexagonal spiral depression.
depresión estabilizada | equilibrium drawdown.
depresión estampada en una chapa para darle rigidez | swedge.
depresión higroscópica | hygroscopic depression.
depresión ligera | delling.
depresión navicular | boat-shaped pit | boat-shaped depression.
depresión o discontinuidad de forma irregular en la superficie (piezas acero moldeado) | buckle.
depresión oceánica | trough.
depresión poco profunda | shallow depression.
depresión polar | polar low.
depresión producida por erosión en la parte superior del anticlinal | air saddle.
depresión rectangular para que las señales parásitas se centren en ella (radar) | notch.
depresión rigidizada | swedge.
depresión sobre la superficie de un cristal (cristalografía) | dissolution figure = etch figure.
depresión submarina | submarine depression.
depresión submarina (océanos) | bathymetric low.
depresión superficial | sink mark.
depresión superficial por cascarilla de óxido en la estampa (forjas) | scale pit.
depresión tormentosa | thundery depression.
depresión triangular | triangular depression.
depresión volcano-tectónica | volcano-tectonic depression.
depresiones irregulares en sitios donde el límite elástico ha sido sobrepasado (estampación) | stretcher strains.
depresiones superficiales en forma de V (trefilado) | check marks.
depresión (vaciamiento) | recess.
depresor | depressor.
depresor (piloto automático - aviones) | vacuum pump.
deprimido | distressed.
deprimógeno | depression inducing.
deprimómetro | depression meter.
deprivación sicosocial | psychosocial deprivation.
depropanización (separación del gas natural del propano) | depropanization.
depuración | cleansing | clearing | treatment | screening | stripping | refining | rectification | purging | purifying | debug | collation.
depuración (aceites, etc.) | regeneration.
depuración (de gases) | cleanup.

depuración (del personal) | clearance.
depuración (gases) | scrubbing.
depuración (ordenador) | debugging.
depuración a distancia | remote debugging.
depuración centrífuga del combustible | fuel centrifugal purification.
depuración con agua | wet scrubbing.
depuración de aguas cloacales | sewage treatment.
depuración de datos | data purification.
depuración de datos del objetivo | adjustment for lead.
depuración de gases | gas cleaning.
depuración de gases por vía húmeda (alto horno) | gas scrubbing.
depuración de la pasta (papel) | pulp purification.
depuración de la solución de galvanoplastia | plating solution purification.
depuración de la solución para galvanostegia | electroplating solution purification.
depuración del aceite | oil purification.
depuración del aire | air purification.
depuración del combustible | fuel purification.
depuración del gas de alto horno | blast-furnace gas cleaning.
depuración del petróleo | oil purification.
depuración del petróleo de calderas | boiler oil purification.
depuración del vapor | purification of steam.
depuración electrolítica | electrolytic purification.
depuración en línea | on line debugging.
depuración en seco | dry cleaning.
depuración pirometalúrgica | pyrometallurgical purification.
depuración simbólica | symbolic debugging.
depurado | rectified.
depurador | refiner | purifier | scrubber | strainer | cleaner.
depurador (fábrica de azúcar) | purgery.
depurador (fabricación caucho) | washing mill.
depurador (papelería) | perfecting engine.
depurador catalítico de gases | catalytic gas purifier.
depurador centrífugo | centrifugal purifier.
depurador centrífugo del aceite de lubricación | centrifugal lubricating-oil purifier.
depurador centrífugo del aceite lubricante | lubricating-oil centrifugal purifier.
depurador de aceite | oil rectifier.
depurador de aceite centrífugo | centrifugal oil-purifier.
depurador de aceite lubricante | lubricating oil purifier.
depurador de aceites de aislamiento | insulation oil purifier.
depurador de aceites de lubricación sucios | rerefiner.
depurador de agua | washers.
depurador de aire | air cleaner | air washer | air scrubber.
depurador de aire por baño de aceite | oil-bath air cleaner.
depurador de coque | coke scrubber.
depurador de gas | gas cleaner | gas separator | gas purifier.
depurador de gasoil | diesel-oil purifier.
depurador de lubricantes usados | oil reclaimer.
depurador del agua de sentina | bilge water purifier.
depurador del aire | air purifier.
depurador del combustible líquido (motor de buques) | oil clarifier.
depurador del fueloil | oil purifier.
depurador del lubricante | oil purifier.
depurador del petróleo combustible | fuel clarifier.
depurador del vapor (caldera) | steam scrubber.
depurador electrónico del aire | electronic air purifier.
depurador magnético | magnetic clarifier.
depurador por vía húmeda | scrubber.
depurador por vía seca | dry purifier.
depurar | sanitize (to) | cleanse (to) | purify (to) | fine (to) | filter (to).
depurar (gases) | scrub (to).
depurar (informática) | debug (to).
depurar (metalurgia) | scavenge (to).
depurar las cuentas | scour the accounts (to).
depurar metales | detoxify metals (to).
depurativo | depurated.
derechamente | right | direct.
derecho | straight | justice | erect | standing | law | privilege.
derecho (de hacer una cosa) | faculty.
derecho (jurisprudencia) | droit.
derecho (lado) | dexter.
derecho (telas) | face | right side.
derecho a demandar y ser demandado | right to sue and be sued.
derecho a derecho 1 y 1 (tejido punto) | plain rib.
derecho a indemnización por daños y perjuicios | right to claim for demages.
derecho a la importación | import tariff.
derecho a la propiedad total de una bolsa petrolera | rule of capture.
derecho a pagar por peso | metage.
derecho a pastar el ganado | depasturage.
derecho a pastoreo | pasture right.
derecho a satisfacer | duty.
derecho a una indemnización | claim for damages.
derecho a vender una mercancía si no se paga en fecha concreta | selling out.
derecho a volver a ocupar su empleo | reemployment right.
derecho a voto | voting right.
derecho aceptado por tribunal equitativo | equitable right.
derecho adquirido | acquired right.
derecho aéreo | air law.
derecho aéreo internacional | international air law.
derecho aeronáutico | aeronautical law.
derecho al uso de los ríos | jus fluminum.
derecho al veto | right of veto.
derecho angloamericano | common law.
derecho artesanal | trade law.
derecho canónico | canonical law | canon law.
derecho civil | Roman law | common law | civil law.
derecho comercial | commercial law.
derecho comparativo | comparative law.
derecho compensatorio | countervailing duty.
derecho común | common right | common law | common law.
derecho consuetudinario | common law | customary law | unwritten law | common law | consuetudinary law.
derecho contra una persona | jus in personam.
derecho contractual | legal right.
derecho creditario | creditors' rights.
derecho de acceso | right of access | access right | ring.
derecho de acción | cause of action | chose in action | accrued right.
derecho de acrecencia | right of alluvion.
derecho de acrecimiento | right of alluvion.
derecho de aguas | watercourse.
derecho de alegación | allegation right.
derecho de almacenaje en depósito aduanero | right of warehousing in bond.
derecho de almacenamiento | storage charges.
derecho de alzada | right of appeal.
derecho de apelación | right of appeal.
derecho de apropiación (abogacía) | appropriate right.
derecho de arrendamiento | leasehold.
derecho de asilo | right of asylum.
derecho de autor | author's right.
derecho de circulación (sobre otra red férrea) | running powers.
derecho de cogestion | right of codetermination.
derecho de comparecer delante del tribunal | locus standi.
derecho de corta (Argentina) | severance tax.
derecho de corta de árboles en un terreno en alquiler | estovers.
derecho de corta en bosque | stumpage.
derecho de cortar leña para atenciones de la casa | common of estovers.
derecho de disponer de lo embargado | replevin.
derecho de dominio | right of property.
derecho de edificar tan alto como se crea conveniente | altius tollendi.
derecho de efectuar cierta manipulación en mercancía en tránsito | in transit privilege.
derecho de engaria (marina) | right of angary.
derecho de entrada | right of entrée | entrance fee.
derecho de entrada (aduana) | impost.
derecho de escolta (buque neutral) | right of convoy.
derecho de estacionamiento | parking charge.
derecho de expropiación | eminent domain.
derecho de expropiación forzosa | right of eminent domain.
derecho de extracción | right of drawing.
derecho de fachada (jurisprudencia) | frontage.
derecho de gentes | international law | law of nations | common law.
derecho de gestión procesal | right to a day in court.
derecho de goce futuro | vested possession.
derecho de guerra | laws of war.
derecho de hangar | hangar charge.
derecho de herencia | jus haereditatis.
derecho de hogar seguro | homestead law.
derecho de huelga | right to strike.
derecho de inscripción | registration fee.
derecho de insolvencia | bankruptcy law.
derecho de jubilación igual al cambiar de empresa | instant vesting.
derecho de licencia | licensing fee | franchise tax.
derecho de los empleados a sindicarse | right of employees to organize into unions.
derecho de luces | right of light.
derecho de mejor aparcería | heriot.
derecho de molienda | toll.
derecho de montanera | right to pannage.
derecho de monte por pie (Iberoamérica - bosques) | stumpage.
derecho de pago por pie (Iberoamérica - bosques) | stumpage.
derecho de paso | right of way | wayleave.
derecho de patentes | patent-right | patent law.
derecho de patentes y marcas | trademark law.
derecho de pesca | common of piscary | fishery.
derecho de pesca en aguas extranjeras | piscary.
derecho de poseer una cosa | jus habendi.
derecho de preempción (derecho marítimo) | preemption.
derecho de preferencia | preferential right | option | preemption.
derecho de prensadura | pressurage.
derecho de prioridad | preemption right | preference | prior right.
derecho de prioridad (adquisición de terrenos, etc.) | preemptive right.
derecho de prioridad (compra terrenos) | preemption.
derecho de prioridad a la compra de acciones | preemptive right.
derecho de pronta expedición | priority fee.
derecho de propiedad | property right | proprietary right | ownership | jus possesionis | title | executory estate | right of ownership | right of possesion.
derecho de propiedad intelectual | copyright.
derecho de puerto | keelage.
derecho de quilla | keelage.

derecho de reconocimiento (buques en la mar) | right of approach.
derecho de recuperación | title to recover one's property.
derecho de recurso | right of recourse.
derecho de recusación | right to challenge.
derecho de redimir una hipoteca | equity of redemption.
derecho de registro | registration fee.
derecho de réplica al jurado por una de las partes | peremptory challenge.
derecho de represalias | law of reprisal.
derecho de requisa (marina) | right of angary.
derecho de rescate | equity of redemption.
derecho de rescisión (seguros) | right of cancellation.
derecho de retención | lien | lien.
derecho de retención de equipajes | innkeeper's lien.
derecho de retención de mercaderías en ruta | stoppage in transit rights.
derecho de retención de mercancías (transporte marítimo) | lien on goods.
derecho de retención del agente comercial | agent's lien.
derecho de retención del agente de ventas | factor's lien.
derecho de retención del trabajador | mechanic's lien.
derecho de retención del transportista | carrier's lien.
derecho de retención por el vendedor | vendor's lien.
derecho de retracto | right of redemption.
derecho de reunión | right of assembly.
derecho de sangre | jus sanguinis.
derecho de servidumbre | common right.
derecho de sindicación | right of association.
derecho de sociedades | corporate law.
derecho de sucesión | reversion.
derecho de suscripción | subscription right | stock right.
derecho de tala (agricultura) | vert.
derecho de tala (bosques) | vert.
derecho de tanteo | preemption right | stock right.
derecho de timbre | stamp duty or tax.
derecho de tránsito aéreo | air traffic law.
derecho de un arrendatario a la cosecha | emblements.
derecho de un beligerante a detener un buque neutral en un puerto del primero | arret de prince.
derecho de un detenido a tener letrado | miranda rights.
derecho de uso | right of usage.
derecho de usufructo | beneficial interest.
derecho de utilización | toll.
derecho de venta | right of sale.
derecho de venta en exclusiva | sole distributorship.
derecho de visita | right of search.
derecho de vistas | right of light.
derecho de voto | right of voting | franchise.
derecho del propietario sobre el subsuelo de su propiedad | mineral rights.
derecho del suelo | jus soli.
derecho del tanto | stock subscription right.
derecho del timbre en cheques | stamp duty on cheks.
derecho en suspenso | suspended duty.
derecho en una cosa | jus in re.
derecho escrito | jus scriptum.
derecho espacial (cosmos) | space law.
derecho exclusivo a negociar | sole bargaining right.
derecho expectante (de tierras) | fee-expectant.
derecho fiscal | tax laws.
derecho forestal real | regalian forest right.
derecho hipotecario | mortgage law.
derecho imprescriptible | imprescriptible right.
derecho inalieble al voto | inalienable right to vote.
derecho individual | jus individuum.
derecho inglés (Méjico) | common law.
derecho internacional | international law | law of nations | law of nations.
derecho internacional de autor | international copyright.
derecho internacional de gentes | jus gentium.
derecho internacional privado | conflict laws.
derecho interplanetario | jus interplanetaris.
derecho justo | equity.
derecho laboral | labor laws | labour law.
derecho legítimo | jus legitimum.
derecho limitado de tierras | fee-tail.
derecho marcario | trade mark law | trade-mark law.
derecho marítimo | maritime law | law of the sea.
Derecho Marítimo Comercial | Merchant Shipping Law.
derecho mercantil | commercial law | laws affecting business | law merchant.
derecho mixto | mixed duty.
derecho municipal | municipal law.
derecho natural | law of nature | natural right | natural law.
derecho objetivo | abstract law.
derecho para flotar maderas | floating right | rafting right.
derecho participativo en los beneficios | right of profit sharing.
derecho por la proa (buques) | right ahead.
derecho positivo | positive law.
derecho preferente | prior claim | preferential right.
derecho prendario | right of lien | lien.
derecho principal de retención | senior lien.
derecho privado | private law.
derecho procesal | law of procedure | procedural law | adjective law.
derecho prohibitivo | prohibitive duty.
derecho público | public law.
derecho que se paga por el uso de una patente | royalty.
derecho que se paga por fanegada | bushelage.
derecho romano | Roman law.
derecho sobre el activo | equity.
derecho sobre la propia cosa | jus in re propia.
derecho sobre la propiedad ajena | jus in re aliena.
derecho sucesorio | law of inheritance.
derecho superior | prior claim.
derecho tutelar | guardianship law.
derecho usual | customary law.
derechohabiente | assign-in-law | successor.
derechos | dues | charges | fees | fee | fee.
derechos ad valorem | ad valorem duties.
derechos ad valorem (aduanas) | duty ad valorem.
derechos adquiridos | vested interests | acquired rights.
derechos adquiridos (jurídico) | vested rights.
derechos arancelarios | customs duties | customhouse duties.
derechos cinematográficos | film rights.
derechos civiles | franchise.
derechos compensadores | compensating duties.
derechos consulares | consular fees | consular invoice.
derechos creados | vested rights.
derechos culturales | cultural rights.
derechos de adaptación cinematográficos | cinema-rights.
derechos de admisión | admission fee.
derechos de aduana | customs duty | custom rate | customs duties | import duty | duty | duties.
derechos de aduana ad valorem | ad valorem duty.
derechos de aduana de carácter fiscal | customs duties of a fiscal nature.
derechos de aduana de importación | customs duties on imports.
derechos de aduana pagados | C.F. customs duties paid.
derechos de aduanas | customhouse duties | customs dues.
derechos de aduanas elevados | heavy customs duties.
derechos de aguas (riesgos) | water rights.
derechos de amarre | moorage.
derechos de anclaje | groundage | moorage | anchorage.
derechos de anclaje (puertos) | anchorage duty.
derechos de apelación de los contribuyentes | taxipayers' appeal rights.
derechos de aterrizaje | landing tax | landing charges | landing rights.
derechos de atraque | dock charges.
derechos de atraque (buques) | quayage.
derechos de autor | author's fees | author's royalties | copyright | royalty.
derechos de avería | average duties.
derechos de barrera (explotación forestal) | boomage.
derechos de boya | buoy dues.
derechos de canal | canal tolls.
derechos de cancillería | legation fees.
derechos de captación de agua | water rights.
derechos de carga y descarga (buques) | lastage rates.
derechos de cesión | mutation dues.
derechos de comisión | factorage.
derechos de compensación | compensatory duty.
derechos de correduría | lot-money.
derechos de cuño (acuñación de moneda) | mintage.
derechos de custodia | custodian's fee.
derechos de depósito en aduana | warehousing charges.
derechos de despacho | clearance charges.
derechos de dique y de puerto | dock and towns dues.
derechos de distribución | distribution rights.
derechos de entrada | customs inwards.
derechos de entrada (aduanas) | entrance duty.
derechos de esclusa | lock charges.
derechos de estacionamiento | parking fees.
derechos de exclusividad | exclusive rights.
derechos de exoneración de aduanas | customs exoneration fees.
derechos de explotar petróleo | oil rights.
derechos de exportación | export duties.
derechos de fabricación | patent royalty | manufacturing rights.
derechos de faro | lighthouse charges | light dues | lighthouse dues.
derechos de fondeadero | anchorage dues.
derechos de fondeo | groundage | keelage | keelage | mooring dues.
derechos de franqueo | stamp duty.
derechos de grúa | crane dues.
derechos de hangar | hangarage | hangarage fees.
derechos de herencia | legacy duty | death duties.
derechos de importación | import duty | import duties.
derechos de importación recuperables | import duties receivables.
derechos de jubilación | pension rights.
derechos de legalización | legalization fee.
derechos de libre recorrido (sobre otra red férrea) | running rights.
derechos de licencia | license rights | licensing rights | license fees | licence fee.
derechos de litoral entre las mareas máxima y mínima | littoral rights.
derechos de los inquilinos | tenants' rights.
derechos de matrícula | tuition fee.
derechos de mineraje | royalty.
derechos de minería | mining royalty.
derechos de muelle | quay dues | dock dues | dock charges | wharfage | berthage.
derechos de muelle (buques) | quayage.
derechos de muelle (puertos) | pier dues.

derechos de navegación fluvial | river dues.
derechos de opción a las acciones | shares options.
derechos de paso (oleoductos) | roddage fee.
derechos de patente | patent royalty | royalty.
derechos de personas | jus personarum.
derechos de pesada | weighage.
derechos de pesca | fishing rights.
derechos de peso | weighage.
derechos de plancha (buques) | plankage dues.
derechos de practicaje | pilotage dues | pilotage fees.
derechos de practicaje (puertos) | pilotage.
derechos de prioridad | priority rights.
derechos de propiedad | proprietary rights | property rights.
derechos de propiedad industrial | industrial property rights.
derechos de propiedad no inmobiliaria | intangible personal property.
derechos de propiedad reservados | all rights reserved.
derechos de protección | protective duties.
derechos de puerto | anchorage dues | port charges | port dues | keelage | harbor rates | groundage | boomage.
derechos de remolque | towing charges | towage.
derechos de remolque por el canal | canal towage dues.
derechos de reproducción en los periódicos | magazine rights.
derechos de retención marítima | maritime lien.
derechos de ribera o de costa | shorage.
derechos de riego | water rights.
derechos de subscripción | stock rights.
derechos de sucesión | death duty.
derechos de suscripción (empréstitos) | application rights.
derechos de timbre | stamp-tax.
derechos de transferencia | transfer fee.
derechos de tránsito | transit duties.
derechos de tránsito (economía) | transit charges.
derechos de transporte por canal | canalage.
derechos de uso de líneas privadas (telefonía) | wayleave charges.
derechos de uso de patentes | royalties on patents.
derechos de uso del bosque | forest rights.
derechos de venta | marketing rights.
derechos de vista | ancient lights.
derechos del arancel aduanero común | duties in the common customs tariff.
derechos del autor | author's rights.
derechos del ciudadano | political rights.
derechos del solicitante | applicant's rights.
derechos del tanto (México) | stock rights.
derechos diferenciales | discriminating duties.
derechos en comunidad | joint rights.
derechos especiales de giro | special drawing rights.
derechos especiales de giro (Fondo Monetario Internacional) | paper gold.
derechos exclusivos de distribución mundial | exclusive world distribution rights.
derechos exclusivos de fabricación | exclusive manufacturing rights.
derechos exclusivos de fabricación y venta en todos los países del mundo | exclusive manufacturing and sales rights in all countries of the world.
derechos exclusivos de venta | exclusive selling rights | exclusive right of sale.
derechos exonerados | exonerated duties.
derechos fiscales | government dues | revenue duties | government fees.
derechos humanos | human rights.
derechos humanos basados en la libertad del hombre | human rights based on the man's liberty.
derechos inalienables | inalienable rights.
derechos individuales | private rights.
derechos judiciales | stamp duty.
derechos legales | law charges.
derechos limitados | tail.
derechos mineros | mineral rights | mining rights.
derechos móviles | sliding scale duties.
derechos pagados | duty paid.
derechos para explotar yacimientos de minerales | mineral rights.
derechos para hacer sondeos | boring rights.
derechos para ocupar su antiguo puesto de trabajo | reemployment rights.
derechos petroleros | oil rights.
derechos por antigüedad | superseniority.
derechos portuarios | port dues | port charges | harbor dues | harbour fees | keelage.
derechos precautorios | preventive rights.
derechos preferentes | prior charges.
derechos proteccionistas | protective duty.
derechos proteccionistas para las importanciones arbitrarias | antidumping duties.
derechos protectores | antidumping duty.
derechos que emanan de la tierra | rights issuing out of land.
derechos que han prescrito | lapsed rights.
derechos que no figuran en el título de propiedad | overriding interests.
derechos reales | lien on real estate | government fees | recorded rights | rights on real state.
derechos reales sobre la herencia | inheritance tax.
derechos registrados | copyrighted.
derechos ribereños | riparian rights.
derechos sindicales | trade union rights.
derechos singulares | absolute rights.
derechos sobre la potencia hidráulica (ríos) | water rights.
derechos sucesorios | death duties.
derechos testamentarios | probate duty.
derechos vuelo (edificios) | air rights.
derechura | straightness.
deriva | drift.
deriva (aviación) | dorsal fin.
deriva (aviones) | crab.
deriva (balística) | lateral deviation.
deriva (buques, aviones) | drifting.
deriva (marina) | driftage | leeway.
deriva (navegación) | driftway.
deriva (nucleónica) | drift.
deriva (proyectiles) | drift.
deriva (puntería del cañón) | sight deflection.
deriva a largo plazo | long-term drift.
deriva absoluta | absolute drift.
deriva cero (balística) | zero deflection.
deriva corregida (artillería terrestre) | corrected deflection.
deriva de iones | ion drift.
deriva de la corriente de polarización de entrada | input bias current drift.
deriva de la imagen (defecto pantalla televisión) | image drift.
deriva de los continentes | continental drift.
deriva de los hielos | ice drift.
deriva de polarización | polarization drift.
deriva de potencia (nucleónica) | power drift.
deriva de radar | radar drift.
deriva de referencia (artillería) | base deflection.
deriva de tensión | voltage drift.
deriva de viento (fonolocalizador) | wind drift.
deriva del cero | zero drift.
deriva del satélite | satellite drift.
deriva en sentido del viento (navegación) | sag.
deriva genética al azar | drift.
deriva inferior (aviones) | bottom fin.
deriva inicial (balística) | initial deflection.
deriva lateral | leeboard.
deriva máxima | maximum deflection.
deriva medida con radar | radar drift.
deriva necesaria para obtener un impacto (torpedos) | hitting deflection.
deriva térmica | thermal drift.
derivable | derivable | tappable.
derivación | bypass | bridging | branch circuit | biasing | derivation | switching | tap circuit | tap | diverting | diversion | shuntage | spin-off.
derivación (calderas, transformadores, tuberías) | tapping.
derivación (circuitos) | wire-tapping.
derivación (de un filón) | offshoot.
derivación (electricidad) | branching | T joint | bias.
derivación (electricidad, tuberías) | shunt | tail.
derivación (telegrafía) | leakage.
derivación (tuberías, electricidad) | branch.
derivación a tierra (electricidad) | earth leakage.
derivación catódica | cathode tail.
derivación central | center tap.
derivación coaxial | coaxial shunt.
derivación de cable partido | split-cable tap.
derivación de cable protegida por fusible | fused tapped cable-trunking.
derivación de nudo (electricidad) | knotted tap joint.
derivación de resistencia eléctrica | resistance shunt.
derivación del devanado secundario | secondary winding shunting.
derivación del instrumento | instrument multiplier.
derivación en paralelo (electricidad) | parallel branch.
derivación en paralelo con un galvanómetro | galvanometer shunt.
derivación enrrollada de alambre | wrapped tap joint.
derivación inductora | inductive shunt.
derivación lateral | lateral.
derivación magnética | magnetic shunt.
derivación múltiple | multitap.
derivación no inductiva | noninductive shunt.
derivación protegida con fusibles | fused tap-off.
derivación reguladora (transformadores) | adjusting tapping.
derivación resonante | resonating shunt | resonant tap.
derivación sumamente inductiva | highly inductive shunt.
derivación térmica | thermal shunt.
derivación unidireccionalmente conductiva | unidirectionally conductive shunt.
derivada | differential coefficient.
derivada (matemáticas) | derivative.
derivada aproximada respecto al tiempo | coarse-grained time derivative.
derivada con relación a X | derivative with respect to X.
derivada con relación al tiempo | time derivative.
derivada continua a intervalos | sectionally continuous derivative.
derivada de orden más elevado (matemáticas) | senior derivative.
derivada de orden n continua | continuous nth derivative.
derivada de un determinante | derivative of a determinant.
derivada de una función | derivative of a function.
derivada direccional | directional derivative.
derivada intrínseca de un vector | intrinsic derivative of a vector.
derivada logarítmica | logarithmic derivative.
derivada no direccional | nondirectional derivative.
derivada parcial | partial derivative.
derivada parcial de segundo orden | second-order partial derivative.
derivada según una dirección | directional derivative.
derivadas continuas (matemáticas) | derivatives.
derivadas cruzadas | cross derivatives.

derivadas parciales en cruz | cross partial derivatives.
derivado | tapped | derivative.
derivado (electricidad) | branched | shunted | biased.
derivado (química) | derivative.
derivado aromático (química) | ar-derivative.
derivado de una ley cuadrática | square-law-derived.
derivado del petróleo empleado contra las heladas de naranjos o limoneros | smudgeproof oil.
derivado etilénico polimerizable | polymerizable ethylene derivative.
derivado halogenado hidrocarbónico | hydrocarbon halogenated derivative.
derivado nitrosado | nitroso-derivate.
derivado octadeuterado | octadeuterated derivative.
derivado polisubstituido (química) | higher-substituted derivative.
derivador | derivator | shunter.
derivador (guía de ondas) | rat race.
derivador (lámpara de arco) | cutout.
derivador de corriente (electricidad) | shunt.
derivador de seguridad | safety shunt.
derivados calcogenados | chalcogen derivatives.
derivados celulósicos hidrosolubles | water-soluble cellulose derivates.
derivando con respecto al límite inferior | differentiating with respect to the lower limit.
derivar | teee off (to) | bypass (to) | tap (to) | derive (to).
derivar (buque vela) | make leeway (to).
derivar (buques, aviones, proyectiles) | drift (to).
derivar (circuitos) | tee (to).
derivar (electricidad) | tap (to) | bias (to) | runoff (to) | branch (to.
derivar (electricidad, tuberías, etcétera) | shunt (to).
derivar (proyectiles) | deviate (to) | be deflected (to).
derivar una corriente | tap (to).
derivativo | derivative.
derivógrafo | derivograph.
derivómetro | drift sight | drift indicator | drift bar | driftmeter.
derivómetro estabilizado por giroscopio | gyrostabilized drift meter.
derivómetro giroscópico | gyroscopic drift indicator.
dermatitis industrial | occupational dermatitis.
dermatitis laboral | industrial dermatitis.
dermatocito | dermatocyst.
dermatoglífico | dermatoglyphic.
dermatología (medicina) | dermatology.
dermátomos | skin graft knives.
dérmico | dermic | dermal.
dérmico (botánica) | peripheral.
dermolítico | dermolithic.
dermolito | dermolith.
dermoplima | dermoplima.
derogable | abolishable.
derogación | annulment | repeal | revocation | waiver.
derogar | revoke (to) | expire (to) | abolish (to) | delete (to).
derogar (ley) | abrogate (to).
derogar (una ley) | repeal (to).
derogar las disposiciones (jurídico) | repeal provisions (to).
derogar (invalidar) | quash (to).
derrama | assessment.
derrama adicional | final call.
derrama final | final call.
derrama proporcional | proportional assessment.
derramable | spillable.
derramamiento | shedding | spill.
derramar | shed (to) | spill (to) | effuse (to) | pour (to) | scatter (to).
derramar con abundancia | stream (to).
derramarse | overflow (to) | outflow (to).
derramarse el metal en la fundición (estereotipia) | bleed (to).
derramarse la espuma | foam over (to).
derramas | leakage.
derrame | outflow | overflow | pouring | spillage | efflux | effusion | flowage | flowing | runoff | spilling | spill.
derrame (alféizar - muros) | flushing.
derrame (fundición) | break.
derrame (máquina de composición en imprentas) | back squirt.
derrame (puerta o ventana) | reveal | bevel.
derrame (ventanas) | splay.
derrame de las jambas (puertas, ventanas) | flanning.
derrame de petróleo | oil spill.
derrame de ventana | window reveal.
derrame inicial (seguro marítimo) | initial call.
derrame libre (hidráulica) | free flow.
derrame oculto | occult bleeding.
derrapar (autos, aviones) | skid (to).
derrapar (aviones) | sideslip (to).
derrape (automóviles) | sideslip.
derrape (aviación) | sideslip | yawing | yaw.
derrape (aviones) | sideslipping.
derrape acuático | aquaplaning.
derrape centrífugo (aviación) | skidding.
derrape hacia delante (avión) | forward slip.
derrelicción | dereliction.
derrelicto (buque abandonado) | derelict.
derretido (grasas) | drawn.
derretido al vapor | steam rendered.
derretimiento | melting | melt | meltdown.
derretir | found (to) | smelt (to) | flux (to) | melt (to) | liquate (to) | fuse (to).
derretirse | liquefy (to) | deliquate.
derretirse (hielo, helados, etcétera) | run (to).
derribado por el viento | wind-thrown | blown down.
derribar | breakup (to) | overthrow (to) | fell (to) | take down (to) | take down (to).
derribar (avión, pájaro) | grass (to).
derribar (aviones) | shoot down (to) | splash (to) | down (to) | shoot (to).
derribar (aviones, etcétera) | cast down (to).
derribar (edificios) | raze (to).
derribar (un avión) | get down (to) | bring down (to).
derribar a golpes | knock down (to).
derribar a hachazos | chop down (to).
derribar de un solo golpe | knock out (to).
derribar o destruir aviones enemigos | bag (to).
derribo | breaking up | breaking in | demolition | knocking down | shooting.
derribo (de un avión) | bringing down | downing.
derribo (de un avión, de un pájaro) | grassing.
derribo (edificios) | wrecking.
derribo (velas) | goring.
derribo (veterinaria) | casting.
derribos (geología) | debris.
derrocamiento del gobierno | overthrow of the government.
derrochar (dinero) | squander (to).
derroche | bad husbandry.
derrota | rout | way | defeat.
derrota (navegación aérea y marítima) | track.
derrota (navegación marítima) | course.
derrota (rumbo - navegación marítima) | routine.
derrota arrolladora | spanking defeat.
derrota bélica | defeat in war.
derrota con el compás (buques) | compass course.
derrota de solicitación | course pull.
derrota del convoy (navegación) | convoy routing.
derrota en las primarias (EE.UU) | defeat in the primaries.
derrota hacia el norte | northing.
derrota loxodrómica | plane sailing | rhumb line | rhumb-line route.
derrota loxodrómica (aeronaútica) | rhumb-line track.
derrota magnética | magnetic track.
derrota mixta (avión) | composite track.
derrota ortodrómica | great circle route | circle route.
derrota prevista (navegación aérea) | intended track.
derrota radar | radar plot | radar pilot.
derrota verdadera | true course.
derrotación | despin.
derrotado en las primarias | defeated in the primaries.
derrotado por completo (ejércitos) | deadbeat.
derrotado por mayoría simple | defeated by a simple majority.
derrotar | defeat (to) | rout (to).
derrotar (al enemigo) | cut down (to).
derrotar (aniquilar - a un ejército) | cut to pieces (to).
derrotar la ponencia | defeat the motion (to).
derrotar por votación | vote down (to).
derrotar un proyecto de ley | defeat a bill (to).
derrotar una proposición | defeat a proposition (to).
derrotero | route guide | book of pilotage | pilot chart | course | navigation chart folio.
derrotero (libro) | pilot.
derrotero (navegación aérea) | intended track.
derrotero ortodrómico | great circle route chart.
derrotismo | defeatism.
derrubio | alluvion | drift | washing away.
derrubio glaciar | glacial drift.
derrubios | scouring.
derruir | raze (to).
derrumbadero | steep.
derrumbado | caved | fallen-in.
derrumbamiento | run of ground | caving-in | falling in | precipitation | collapse | breakdown.
derrumbamiento (terrenos) | slumping.
derrumbamiento bancario | bank failure.
derrumbamiento del frente (milicia) | cracking of the front.
derrumbamiento del talud | talus disaster.
derrumbamiento parcial o total de la columna de contenedores (buques) | tipping.
derrumbarse | fail (to) | slide (to) | cave-in (to) | fall (to) | fall in (to) | founder (to) | collapse (to).
derrumbarse (paredes) | topple (to).
derrumbe | collapsing | falling in | fall | run of hill | run of ground | caving-in | landslide | failure | earth-fall | earth creep | earth slide | eboulement | slide | landslide.
derrumbe (de tierras) | slough | slip.
derrumbe (minas) | founder | cave-in | devolution | nip | breaking down | draw.
derrumbe de montaña | rock fall.
derrumbe del techo (minas) | roof fall.
derrumbe por deslizamiento | sliding failure.
derrumbe por socavón | washout.
derumbabilidad (aptitud para el laboreo por socavación - minas) | cavability.
desabollar | tinker (to).
desabollar (chapas) | straighten (to).
desabrigar | uncover (to).
desabsorción de iones | elutriation.
desacato (jurídico) | contempt.
desaceitado de la parafina | wax deoiling.
desaceitador del vapor (tuberías) | oil-separator.
desaceleración | deceleration | deacceleration.
desacelerado | speeded-down.
desacelerador | decelerator.
desacelerador de partículas | spirotron.
desacelerar | decelerate (to).
desacelerómetro | decelerometer.
desacentuación | deemphasis | deaccentuation.
desacentuar (TV) | deemphasize (to).
desacidificación | deacidification | deacidizing.
desacidificador | deacidifier.
desacidificar | deacidify (to) | disacidify (to).
desacidular | disacidify (to).

desacoplador de resonancia | resonance isolator.
desacoplamiento | undocking | decoupling.
desacoplar | decoupe (to) | disconnect (to).
desacoplar (radio) | mismatch (to).
desacoplo | mismatch.
desacoplo de señal mezclada de altas frecuencias | bypassed mixed highs.
desacreditado | discredited.
desacreditar | discredit (to).
desactivación | disabling | cooling | desactivation.
desactivación del aeropuerto | airport deactivation.
desactivación espontánea | spurious switch-off.
desactivaciones espontáneas | spontaneous shut-offs.
desactivado | disabled.
desactivador | desactivator.
desactivar | deactivate (to) | disable (to).
desactivar (electrónica) | turn off (to).
desactivar (minas) | disarm (to).
desacuerdo | disagreement | discrepancy | misalignment | clash | dispute | conflict.
desacuerdo de escalas | disagreement of scales.
desacuerdo en lo fundamental | disagreement on fundamentals.
desacuerdo sobre el salario | wage dispute.
desacuerdos entre autoridades | disputes between authorities.
desacuñar | take out wedges (to) | remove wedges (to).
desadaptación | mismatch | mismatching.
desadaptador | mismatcher.
desadjudicar | unallocate (to).
desafectar | deallocate (to).
desaferrar (gavias) | loose (to).
desaferrar (velas) | unfurl (to).
desafiador | challenger.
desafiar | challenge (to).
desafiar la competencia | defy competition (to).
desafilado | dull.
desafilado (herramientas) | dull-edged.
desafinado | off-key.
desafinar (instrumentos) | untune (to).
desafinar (motores) | untune (to).
desafinar (piano, etc.) | mistune (to).
desafinar por lo bajo | flat (to).
desafío | challenge.
desaforestar | deafforest (to).
desaforrar (velas) | loose (to).
desaglomerador | deagglomerator.
desagradable (humedad) | dank.
desagraviar | relieve (to) | redress (to).
desagravio por vía judicial | relief.
desagregación | desintegration | disintegration.
desagregación de rocas (geología) | rock breaking.
desagregador | disintegrator.
desagregar | disintegrate (to).
desagrupación (de electrones) | underbunching.
desagrupación (radio) | debunching.
desagrupador | debuncher.
desagrupamiento | debunching | ungrouping.
desagrupamiento de bloques (informática) | unblocking.
desagrupamiento de bloques de registro | deblocking.
desagrupamiento de datos (informática) | unpacking.
desagrupamiento de la carga espacial | space charge debunching.
desagrupar | deblock (to) | unpack (to) | unblock (to).
desagrupar (informática) | unpack.
desagrupar bloques con registros | deblock records (to).
desaguadero | drain hole | drain.
desaguadero cuadrado de madera | box drain.
desaguadero de crecidas de forma acampanada (presas) | bellmouth overflow spillway.
desaguado | dewatered.
desaguador (tuberías de vapor) | drainer.
desaguar | flow (to) | bail (to) | drain (to) | dry (to) | overflow (to) | drive back (to) | unwater (to).
desaguar (agotar - minas) | dewater (to).
desaguar (minas) | drain (to).
desaguar (ríos) | empty (to).
desagüe | spillway | escapement | draining | drain | catchment | drainage | dewatering | delivery | outflow | discharging | discharge | outlet | overflow.
desagüe artificial | artificial drainage.
desagüe con vegetación (bancales) | vegetated outlet.
desagüe de emergencia de sentina | emergency bilge drainage.
desagüe de la crecida (ríos) | flood run-off.
desagüe de la excavación | excavation dewatering.
desagüe de la mina | mine dewatering.
desagüe de limpia | scouring sluice.
desagüe de los raseles de popa | after peak drainage.
desagüe de los raseles de proa | forepeak drainage.
desagüe de pradera (pastizal) | meadow outlet.
desagüe de sifón | siphon trap.
desagüe del piso | floor drain.
desagüe del subsuelo | agricultural drain.
desagüe del tejado | roof drainage.
desagüe del tronco de escotilla | hatch trunk draining.
desagüe dentro del edificio | house drain.
desagüe en una sola impulsión (minas) | pumping in one lift.
desagüe filtrante | filter drain.
desagüe inferior | underdrain.
desagüe subterráneo | under draining.
desagües (hidráulica) | outlet works.
desahogo (de rosca) | cutting away.
desahogo (de un dolor) | relieving.
desahogo (rosca, etc.) | relief.
desahogo de la rosca (tornillos) | back taper relief.
desahogo del chaflón | relief on chamfer.
desahogo del labio cortante (brocas) | cutting lip clearance.
desahogo para la viruta | chip clearance.
desahogo para las virutas (herramientas) | relief for chips.
desahogo radial del filete de rosca (tornillos) | relief in thread of tap.
desahogo recto | straight rake.
desahuciar | evict (to) | dispossess (to).
desahucio | ejecting | ejection | ejectment | eviction | evection | ouster.
desahucio efectivo | actual ouster.
desairar | default (to).
desairar (letras) | refuse (to).
desaireación | deaereation | deaereating.
desaireación (del aire ocluido) | deairing.
desaireación del agua de alimentación de calderas | boiler feed-water deaeration.
desaireador | deaereator.
desaireador con reducción a cero del contenido de oxígeno | zero-oxygen deaerator.
desaireador del agua de alimentación | feedwater deaerator.
desaireador del calentador de mezcla | direct-contact heater deaerator.
desaireador en derivación | shunt deaerator.
desairear | deaerate (to) | deaereate (to).
desajustado | out-of-adjustment.
desajustar | upset (to) | mismatch (to) | disadjust (to).
desajuste | maladjustment | backlash | misalignment | mismatch.
desajuste (temporizadores) | offset.
desalabear | straighten (to).
desalación | leaching | desalting | desalinization.
desalación del agua del mar por medio de la energía nuclear | nuclear desalting.
desalado del petróleo bruto | crude oil desalting.
desalador iónico | ionic desalter.
desalar | desalt (to).
desalar (agua de mar, etc.) | freshen (to).
desalar (semillas) | dewing (to).
desalar por riegos y drenaje (terrenos) | leach (to).
desalazón del agua de mar | seawater desalting.
desalcalinizar | dealkalize (to).
desalforzar (costura) | untuck (to).
desaliento mercantil | slackening.
desalificación | desalinization | desalting.
desalificar | desalinizate (to) | desalt (to).
desalinación | desalinizing.
desalinación del agua de mar | water desalting.
desalinación del agua de mar por congelación | water desalination by freezing.
desalinación del agua del mar por medio de la energía nuclear | nuclear desalination.
desalinación por destilación | distillation desalination.
desalinación por osmosis inversa (agua de mar) | reverse osmosis desalination.
desalinación por ósmosis invertida | reverse-osmosis desalination.
desalinador del agua de mar | water desalter.
desalinador químico del agua | chemical water desalter.
desalineación | malalineation | malalignment | misalignment | cocking.
desalineación angular | conical misalignment | angular misalignment.
desalineación del eje | shaft misalignment.
desalineación nula | zero misalignment.
desalineación peligrosa entre el tractor y el arrastre o entre el empujador y el arrastre | jackknifing.
desalineado | misaligned | out of true | out of alignment | out-of-line | untrue.
desalineamiento | dealignment | skew.
desalineamiento angular admisible normal | normal permissible angular misalignment.
desalinear | misalign (to) | mismatch (to) | disalign (to).
desalinización | desalination | desalting | desalinization.
desalojamiento | displacement | ouster.
desalojar | dislodge (to) | evict (to) | displace (to) | clear (to) | out (to).
desalojar (de una propiedad) | give up possession (to).
desalojar al enemigo con bombas de aviación | bomb out the enemy (to).
desalojar al enemigo con granadas de mano | bomb out the enemy (to).
desalojar al enemigo con proyectiles de cañón | bomb out the enemy (to).
desalojar de las trincheras | mop up (to).
desalojo | ouster.
desalojo físico | actual eviction.
desalquitranador (del gas) | detarrer.
desalquitranador eléctrico (fábrica de gas) | electric detarrer.
desalquitranador electrostático | electrostatic tar separator | electrostatic detarrer.
desalquitranaje | detarring.
desalquitranar | detar (to).
desalsedumbre por permutación iónica | ionic exchange desalting.
desaluminización (bronces de aluminio) | dealuminizing.
desamarrar | unbend (to).
desamarrar (buque del muelle) | single up (to).
desamarrarse (buques) | unmoor (to) | unmooring.
desaminación | deamination.
desaminasa (bioquímica) | deaminase.
desamortizar | disentail (to).
desamparado | unaided.
desamparar una apelación | abandon an appeal (to).
desamueblado | unfurnished.
desanchar la veta (minas) | resue (to).
desangrado (industria resinera) | chipping.

desanimado (comercio) | depressed.
desanimado (negocios) | slack.
desánimo comercial | slackening.
desanudador | loosener.
desapacible (tiempo) | raw.
desapareado | unmatched.
desaparecer | efface oneself (to).
desaparecer (el color) | die away (to).
desaparecer (filones) | dwindle (to) | pinch out (to) | peter out (to).
desaparecer (luz) | fade away (to).
desaparecer de la vista | drop out of sight (to).
desaparecer gradualmente | die away (to) | fade (to).
desaparecer instantáneamente | evaporate (to).
desaparecido en combate | missing in action.
desaparejar | dismantle (to).
desaparición | fade-away | loss | occultation.
desaparición (de un filón) | washout.
desaparición de las señales de radio | radio fadeout.
desaparición de señales de radio | blackout.
desaparición de un fenómeno | burnoff.
desaparición del color dado a un papel o a la pasta por la acción del aceite o agua | bleeding.
desaparición del teñido de la superficie (papel) | crocking.
desaparición gradual | fade out.
desaparición gradual (cine, TV) | fade-out.
desapilar (chapas apiladas) | depile (to).
desaplomado | out-of-plumb.
desaprestante | desizer.
desapretada (tuercas) | slack.
desapretado (frenos) | slack | off.
desapretar (formas de imprenta) | unlock (to).
desapretar (frenos, tornillos, etc.) | loosen (to).
desapriete | loosening.
desapriete (frenos) | brakes off.
desapriete (tornillos) | looseness.
desapriete (tuercas, frenos, etc) | slackness.
desapriete a fondo (frenos) | brake full off.
desapriete total (frenos) | full release.
desaprobación | disallowance.
desaprobar | disallow (to).
desapuntamiento | shift of aim.
desarbolado (buques) | crippled.
desarbolar (buques) | dismast (to) | raze (to) | unship (to).
desarenación al tonel | rattling.
desarenado | sand trapping.
desarenado (funderías) | dressing.
desarenado en el tambor giratorio (funderías) | tumbling.
desarenado mecánico al tambor | mechanical tumbling.
desarenador | excluder | desander | sand sluice.
desarenador (canalizaciones) | sand trap.
desarenador (de aguas) | desilter.
desarenador (de piezas fundidas) | cleanser.
desarenador (fundición) | cleaner.
desarenador (obrero de fundición) | dresser.
desarenar | desand (to).
desarenar (limpiar - piezas fundidas recién desmoldeadas) | flog (to).
desarenar (piezas fundidas) | clean (to).
desarenar en el tonel giratorio (funderías) | tumble (to).
desarmable | collapsable | collapsible | demountable | knock-down | decomposable.
desarmado | armless.
desarmado (buques) | laid up | out of commission.
desarmado de la cureña (cañón) | carriage stripping.
desarmar | disarm (to) | decompose (to).
desarmar (buques) | lay up (to) | pay off (to) | lie up (to).
desarmar (espoletas) | unprime (to).
desarmar (máquinas, mecanismos, etc.) | strip (to).
desarmar (mina explosiva) | sterilize (to).
desarmar (poner en situación de reserva - buques) | destore (to).
desarmar (remos) | unship (to).
desarmar (una máquina o aparato) | take asunder (to).
desarmar el molde | break up (to).
desarmar los encofrados (hormigón armado) | remove molds (to).
desarmar por completo | detail-strip (to).
desarme | disarmament.
desarme (buques) | dismantling.
desarme (de un buque) | laying up | paying off.
desarme de la entibación (minas) | prop-drawing.
desaromatización | dearomatization.
desaromatizar | dearomatize (to).
desarraigadora de remolachas | beet lifter.
desarraigar | aberruncate (to) | pull up (to) | root out (to).
desarreglado | wild.
desarreglar | derange (to) | upset (to) | disadjust (to).
desarreglarse | get out of order (to).
desarreglo | mismatch.
desarrendar | break the lease of (to).
desarrimar la carga (buques) | shift the cargo (to).
desarrollabilidad | developability.
desarrollable | developable.
desarrollable (superficie) | developing.
desarrollada (de una curva) | development.
desarrollado | full-bloom | devised.
desarrollado a partir de la fase vapor | vapor-grown.
desarrollador | developer.
desarrollador (sustancia química) | developer.
desarrollador de doble acción (telares) | compound let-off.
desarrollador de freno automático (tejeduría) | automatic letoff.
desarrollador de fricción por cadena (telares) | chain friction let-off.
desarrollador de telas por fricción | friction batch let-off.
desarrollador por fricción (desarrollador negativo - telares) | friction let-off.
desarrollando en serie de Taylor | expanding in Taylor's series.
desarrollar | develop (to) | evolve (to) | run (to) | spread (to).
desarrollar (matemáticas) | develop (to).
desarrollar (series, fórmulas) | expand (to).
desarrollar el máximo de potencia (máquina) | give its best (to).
desarrollar el tema | labor the theme (to).
desarrollar los recursos de una región | develop a district (to).
desarrollar trabajo (máquinas) | deliver (to).
desarrollar un programa (informática) | execute (to).
desarrollarse | evolute (to).
desarrollo | evolution | development | developing | spread | growth | rise | process | unfolding.
desarrollo (de un proyecto) | evolving.
desarrollo (de una función, de una serie) | expansion.
desarrollo (de una región) | developing.
desarrollo (del pecho, caderas, etcétera) | expansion.
desarrollo (geometría) | stretch out.
desarrollo (programa) | flow.
desarrollo (programa curso) | course.
desarrollo (proyectos, etc.) | opening out.
desarrollo (teñido) | developing.
desarrollo agrícola | agricultural development.
desarrollo asintótico | asymptotic expansion.
desarrollo continuo (telares) | continuous let-off.
desarrollo de la circunferencia primitiva (levas) | pitch line.
desarrollo de la chapa cónica | coned plate development.
desarrollo de la urdimbre | warp pacing.
desarrollo de Laplace (matrices) | Laplace expansión.
desarrollo de las chapas de cubierta (buques) | deck plan.
desarrollo de las operaciones | work flow.
desarrollo de potencia eléctrica | power development.
desarrollo de un determinante | expansion of a determinant.
desarrollo de una macroinstrucción | macro expansion.
desarrollo del arco (geometría) | stretch-out of the arc.
desarrollo del forro (buques) | expansion plan of shell.
desarrollo del forro exterior (buques) | shell expansion.
desarrollo del virial | virial expansion.
desarrollo del virial (matemáticas) | virial development.
desarrollo demográfico | population growth.
desarrollo económico | economic development.
desarrollo en el torno de chapas de troncos de árboles | wood-peeling.
desarrollo en serie | expansion in series.
desarrollo en serie (función) | series expansion.
desarrollo en serie de Fourier | Fourier-series expansion.
desarrollo en serie de Fourier (matemáticas) | Fourier expansion.
desarrollo en serie de Fourier en términos reales | real Fourier-series expansion.
desarrollo en serie de Maclaurin | Maclaurin-series expansion.
desarrollo en serie de Taylor | Taylor's-series expansion | expansion in Taylor's series.
desarrollo en serie potencial | power series expansion.
desarrollo excesivo | overdevelopment.
desarrollo hidroagrícola | hydroagricultural development.
desarrollo hiperbólico (matemáticas) | hyperbolic expansion.
desarrollo intermitente | intermittent let-off.
desarrollo poblacional | population development.
desarrollo polinómico | polynomial expansion.
desarrollo por encima (bobinas) | overend unwinding.
desarrollo por la punta (bobinas) | overend unwinding.
desarrollo regresivo | regresive development.
desarrollo regresivo (electrónica) | regressive developement.
desarrollo total de un programa de máquina | run.
desarropar | uncover (to).
desarrugador de telas | cloth expander.
desarrugamiento | wrinkle recovery.
desarrugamiento (textiles) | crease recovery.
desarrugar | dewrinkle (to).
desarrumar (buques) | break out the hold (to) | break bulk (to).
desarticular | disarticulate (to).
desarzonar (jinetes) | grass (to).
desasfaltación | deasphaltizing | deasphalting.
desasfaltar (petróleos) | deasphalt (to).
desasignar | deallocate (to).
desasirse | loosen (to).
desasorpción | desorption.
desastre | disaster | blow | catastrophe.
desastre (valores) | smash.
desastre masivo | massive disaster.
desastre nuclear | nuclear disaster.
desastre ocasionado por empleo de armas químicas - biológicas o nucleares | man-made disaster.
desastre ocasionado por un fenómeno natural (huracán, terremoto) | natural disaster.
desastroso | catastrophic.
desatado | loose | unbound.
desatadura | loosening.
desatar | untie (to) | loosen (to) | loose (to) | unleash (to) | let loose (to).
desatar (nudos) | loosen (to).

desatarse | loosen (to).
desatascar | clear (to) | rod (to).
desatasco con varilla de una obstrucción (tuberías) | rodding.
desatender | default (to) | dishonor (to).
desatesoramiento | dishoarding.
desatracar | bear off (to).
desatracar (barrenos) | unram (to).
desatracar (botes) | boom off (to).
desatracar (marina) | push off (to).
desatracar un bote | boom off a boat (to).
desatrahillar | uncouple (to).
desatraque de una embarcación | push-off.
desaturar | desaturate (to).
desautorización | exauctoration.
desautorizado | unqualified.
desautorizar | discredit (to).
desautorizar su firma | deny one's signature (to).
desazucaramiento | desugarization.
desazufrado (petróleo) | sweet.
desazufrado (rayón) | desulfurizing.
desazufrador | sweetener.
desazuframiento (gases de la combustión) | desulfurization.
desazuframiento de los gases de la combustión (calderas) | flue-gas desulfurization.
desazufrar | desulfur (to) | desulfurize (to).
desazufrar (petróleo) | sweeten (to).
desazufrar la colada (metalurgia) | sweeten the melt (to).
desbandada | scuttle | rout.
desbandarse (tropas) | break into a rout (to) | break (to).
desbaratar | pull out (to) | pull off (to).
desbaratarse | breakdown (to).
desbarbado | deflashing.
desbarbado (metalurgia) | rough facing | deburring.
desbarbado (papel) | trimmed.
desbarbado (rebarbado - de piezas fundidas) | chipping.
desbarbado de ángulos agudos (piezas forjadas) | frazing.
desbarbado en estado caliente | hot trimming.
desbarbado en tambor | barrel deburring.
desbarbador | sprue cutter | separator.
desbarbadora | burring machine | trimming machine.
desbarbar | burr (to) | shave (to) | beard off (to) | strip off burrs (to) | smooth (to) | fettle (to) | clip (to).
desbarbar (defectos de tochos) | dress (to).
desbarbar (fundición) | chip (to).
desbarbar (metalurgia) | debur (to).
desbarbar una pieza fundida | fettle a casting (to).
desbarrasar (Méjico) | scrape (to).
desbastación a buril | chipping.
desbastación en seco comparada con desbastación en húmedo | dry versus wet grinding.
desbastado | chipped | chipping | chopped | rough cutting.
desbastado (metales) | roughing.
desbastado (sillares) | pitch-faced.
desbastado a martillo (acero al crisol) | cogging.
desbastado al torno | rough-turned.
desbastado con la azuela | adze hewn.
desbastado con la muela abrasiva | snag-grinding.
desbastado en el cepillo | rough-planed.
desbastado en la fresa | rough milled.
desbastado en la muela | rough ground.
desbastado en máquina antes del termotratamiento | rough machined prior to heat treatment.
desbastado en plano (tochos) | slabbed.
desbastador | blooming | dresser | rumpling | rougher.
desbastadora | rougher | surfacing machine.
desbastadora (serrerías) | trimmer.
desbastar | dress roughly (to) | rough (to) | rough out (to) | rough in (to) | stock (to) | plane (to) | cut (to) | axe (to) | spall (to) | pare (to) | rough-shape (to) | rough-hew (to) | rough-dress (to).
desbastar (cantería) | drove (to) | boast (to).
desbastar (carpintería) | baulk (to) | chop (to).
desbastar (cepilladora metales) | surface (to).
desbastar (Chile) | snag (to).
desbastar (la madera) | jack (to).
desbastar (lingotes) | dress down (to).
desbastar (madera, acero) | plane roughly (to).
desbastar (mampostería) | broach (to).
desbastar (metalurgia) | bloom (to).
desbastar (piedra) | hew (to) | trim (to) | blockout (to).
desbastar (piezas de forja, madera, etc.) | rough down (to).
desbastar (sillares) | nig (to) | scabble (to) | scab (to).
desbastar (tornos) | reduce stock (to).
desbastar a escuadra con martillo (piedra) | bush (to).
desbastar a la muela | coarse grind (to).
desbastar al torno | rough-turn (to).
desbastar con la escoda (sillería) | roughen (to).
desbastar con la muela | rough-grind (to) | snag (to).
desbastar el cabezal (Argentina - corta de árboles) | snipe (to).
desbastar el cabezal (corta de árboles) | nose (to).
desbastar en el cepillo | rough-plane (to).
desbastar en el laminador | cog (to).
desbastar en el martillo pilón | hammer-cog (to).
desbastar en la fresa | mill off (to).
desbastar en máquina | rough machine (to).
desbastar la madera | plane off timber (to).
desbastar previamente con la muela | pregrind (to).
desbaste | dressing down | blocking-out | rough-hewn.
desbaste (cantera) | spalling.
desbaste (cantería) | boasting.
desbaste (de piedra) | trimming.
desbaste (laminación) | ragging.
desbaste (lingote con sección reducida por laminación) | cogging.
desbaste (metales) | roughing.
desbaste (sillares) | wasting.
desbaste a la muela | coarse grinding | rough grinding.
desbaste aproximado (lentes) | shanking.
desbaste con la lima | filing down.
desbaste cuadrado (acerías) | bloom.
desbaste de hierro pudelado al carbón vegetal | charcoal hammered bloom.
desbaste de hierro pudelado trabajado a martillo | nobbin.
desbaste en basto (sillares) | rough-dressing.
desbaste en basto de los huecos de un engranaje (se suele hacer con limadora) | gashing.
desbaste en caliente (lingotes) | breakdown.
desbaste en el martinete (lingotes) | hammer cogging.
desbaste en la fresa del material entre dientes (engranajes) | stocking.
desbaste laminado (siderurgia) | rolled slab.
desbaste ligero (metalurgia) | small billet.
desbaste para chapa (metalurgia) | flat bloom | brame.
desbaste perfilado | shaped bloom.
desbaste plano | slab bloom | slabbing.
desbaste plano (metalurgia) | slab.
desbaste plano obtenido de lingote | ingot slab.
desbaste por chorro de arena | sand cutting.
desbaste rectangular (metalurgia) | slab.
desbaste redondo (metalurgia) | round billet.
desbenzolar | debenzolite (to).
desbituminar | debituminize (to).
desbloquear | uncage (to) | unblock (to) | unfreeze (to).
desbloqueo | back off | lock release | break out | relief | deblocking.
desbloqueo (pozo) | water block removing.
desbloqueo de fondos | release of funds.
desbloqueo de registros | deblocking of records.
desbloqueo mandado | triggering.
desbloqueo periódico del receptor | receiver gating.
desbobinado | runoff.
desbobinado (Uruguay) | veneer.
desbobinadora | uncoiler.
desbobinar | spool off (to).
desbordado (ríos) | flooded.
desbordamiento | overflowing | overflow | inundation | kerning | outflanking.
desbordamiento (ríos) | flooding.
desbordamiento (telefonía) | spillover.
desbordamiento de capacidad | overflow.
desbordamiento de la capacidad mayor de la característica | characteristic overflow.
desbordamiento de la capacidad mínima (fotocomposición) | underflow.
desbordamiento encadenante (registros) | chaining overflow.
desbordamiento térmico | thermal runaway.
desbordar | flush over (to).
desbordar (al enemigo) | outflank (to).
desbordar (ejércitos) | overlap (to).
desbordar (una señal) | overrun (to).
desbordar sobre | overhang (to).
desbordarse | overflow (to) | outflow (to).
desbordarse (ríos) | flood (to).
desborde de tráfico | traffic overflow.
desborrado | stripping.
desborrado continuo de cardas | continuous card stripping.
desborrado de cardas | card stripping.
desborrado de cardas (lanas) | fettling.
desborrado de cilindros de carda | card roller stripping.
desborrado de la guarnición de carda | card clothing stripping.
desborrado del chapón | flat stripping.
desborrado neumático | pneumatic stripping.
desborrador (cardas) | stripper.
desborrador a mano (tejeduría) | hand stripper.
desborrador angular | angle stripper.
desborrador automático (tejeduría) | automatic stripper.
desborrador continuo | continuous stripper.
desborrador de carda | card clearer.
desborrador de carda (limpiador - tejeduría) | clearer.
desborrador de carda automático | automatic card stripper.
desborrador de cardas | card stripper.
desborrador de cardas (operario) | fettler.
desborrador de peines (obrero) | comb cleaner.
desborrador del volante (cardas) | fancy stripper.
desborrador neumático (cardas) | air stripper.
desborrador neumático de cardas | pneumatic card stripper.
desborrador-aspirador de cardas | vacuum stripper.
desborrador-aspirador de polvo (cardas) | dustless card stripper.
desborramiento mecánico | mechanical stripping.
desborrar (impurezas) | strip (to).
desborrar (purgar - tejeduría) | clear (to).
desboscar | clear off timber (to) | clear up (to) | deforest (to).
desboscar una zona | defoliate an area (to).
desbosque | deforestation.
desbridamiento | incising.
desbridamiento (cirugía) | debridement.
desbroce | clearing | gubbing up.
desbroce (del terreno) | surface clearing.
desbroce de la cantera | quarry-stripping.
desbroce por zonas no definidas | random clearing.
desbrozador | busher.
desbrozadora | bush puller | brush hook.
desbrozadora mecánica | burr crusher | burring

machine.
desbrozar | grub (to) | burr (to).
desbrozar (agricultura) | brush out (to).
desbrozar (descuajar - terrenos) | grub up (to).
desbrozar (explotación forestal) | swamp (to).
desbrozar (la lana) | bur (to).
desbrozar el camino | pioneer (to).
desbroze | scalping.
desbutanización | debutanization.
desbutanizador | debutanizer.
desbutanizar | debutanize (to).
descabalado | unmatched.
descabalar | defalcate.
descabalgar | dismount (to).
descabezamiento (pesca) | heading.
descabezar | top (to).
descalcador | reeming iron | reef hook | head bill | rasing iron | ravehook.
descalcador (de calafate) | ripping iron.
descalce (de cimientos) | undermining.
descalce (minas) | undercutting | holing.
descalcificación | deliming.
descalcificado | decalcified.
descalcificante | deliming.
descalcificar | delime (to) | decalcify (to).
descalibrado | uncalibrated.
descalificado | disqualified.
descalificar (deportes) | disqualify (to).
descalzamiento | undercutting.
descalzar (cimientos) | hole under (to) | undermine (to) | hollow (to).
descalzar (minas) | resue (to).
descalzar (muros) | lay bare (to).
descalzar un árbol excavando su pie | ablaqueate (to).
descamación | peeling | scaling | desquamation.
descamación (arranque superficial de partículas) | spalling.
descamación (de pescados) | scaling.
descamación (defecto del papel) | peeling.
descamación (geología) | peeling.
descamación de la superficie del alambre (defecto de laminado en caliente) | spilliness.
descamador | scaler.
descamarse | peel (to).
descansar sobre | rest (to) | overlie (to).
descansillo (escaleras) | landing | foot pace.
descansillo a la mitad de un tramo (escaleras) | half pace.
descansillo corrido (escaleras) | landing place.
descansillo de media vuelta (escaleras) | half-landing.
descansillo entre dos escalas (pozo de minas) | sollar.
descansillo entre pisos (escaleras) | quarter landing.
descansillo que sólo tiene la mitad de anchura del escalón (escaleras) | quarter space.
descanso | recess | standstill | rest | breathing time.
descanso abierto (tundidos) | hollow rest.
descanso cerrado (tundido) | solid rest.
descanso compuesto (tundidoras para efectos fantasía) | sector bed.
descanso de ánodo | anode butt.
descanso de botavara | boom crutch.
descanso de compensación | compensatory time off.
descanso en las horas que no se está de guardia | off-watch leisure.
descanso para comidas (talleres) | meal reliefs.
descanso para tomar el té (reuniones, oficinas, etc.) | tea break.
descanteado de tablones (para poder calafatearlos) | outgage.
descanteadora | edge planning machine.
descantear | splay (to) | round off (to) | smooth edges (to) | remove edges (to) | bevel off a corner (to) | cant (to) | break corners (to).
descantear (esquinas) | cant off (to).
descantillar | spall (to).
descañonar (plumas) | pin (to).
descapsulador | crown cork lifter.
descarbonatación | decarbonation.
descarbonatador | decarbonator.
descarbonatar | decarbonate (to).
descarbonización (culatas de motores) | decarbonization.
descarbonización (desincrustación de la carbonilla - culatas motores) | decarbonizing.
descarbonizador (para limpiar culatas motores) | decarbonizer.
descarbonizar | descarbonize (to) | decarbonate (to).
descarbonizar (culatas de motores) | decarbonize (to).
descarbonizar (quitar la carbonilla - culatas cilindros) | decoke (to).
descarborización (de pistones) | decarborization.
descarboxilación cetónica | ketonic decarboxylation.
descarburación | decarburation | decarburizing.
descarburación (aceros) | decarbonization | decarbonizing | carbon pickup.
descarburación (metalurgia) | decarburization.
descarburación parcial del arrabio para obtener la fundición maleable | malleableizing.
descarburación por el hidrógeno | hydrogen decarburization.
descarburación restringida | limited decarburization.
descarburación superficial | envelope decarburization.
descarburado (metalurgia) | soft-skinned.
descarburante | decarburizer.
descarburante (aceros) | decarbonizer.
descarburar | decarburize (to).
descarburar (aceros) | decarbonize (to).
descarchado | defrosting.
descarchado de la máquina frigorífica | freezer defrosting.
descardador del volante (cardas) | fancy stripper.
descarga | eduction | volley | load shedding | efflux | flow | unload | discharging | exhaust | runout | discharge | dumping.
descarga (acumuladores) | running down.
descarga (artillería) | round.
descarga (bomba impelente) | throw.
descarga (comercio) | discharge.
descarga (de artillería) | salvo.
descarga (de flechas) | flight.
descarga (de vagones) | emptying.
descarga (mercancías) | landing.
descarga (reactor nuclear) | discharging.
descarga (tuberías) | outflow.
descarga aperiódica (electricidad) | impulsive discharge.
descarga automática | automatic discharge | self-discharging.
descarga automática de cenizas | automatic ash discharge.
descarga automática de las cremalleras (batán) | automatic rack release.
descarga autónoma | self-maintained discharge.
descarga azulada (electricidad) | brush.
descarga capacitiva | capacitive discharge.
descarga central (vagones) | center dump.
descarga cerrada (fusilería) | general discharge.
descarga con aumento grande de corriente | dynamic pinch.
descarga con puntales solidarios (descarga de buques) | married fall.
descarga conductiva | conductive discharge.
descarga confinada por extricción (plasma) | pinched discharge.
descarga convectiva | convective discharge.
descarga coronal (electricidad) | coronal discharge.
descarga de aduana | customhouse clearance.
descarga de agua (para limpiar) | scouring.
descarga de agua (retretes) | plug.
descarga de agua caliente admisible en los ríos | thermal loading of streams.
descarga de arco | electric arc.
descarga de artillería | cannonade.
descarga de cardas | card stripping.
descarga de chapones | flat waste.
descarga de chispa capacitiva | capacitive spark discharge.
descarga de ignitor | ignitor discharge.
descarga de iones | ions bursts.
descarga de la línea principal | highway discharge.
descarga de larga duración (acumuladores) | deep discharge.
descarga de las mercancías | ship unloading.
descarga de lastre | deballasting.
descarga de memoria | memory dump.
descarga de mercancías | unloading | offloading.
descarga de peinadora | comber strippings.
descarga de torbellino libre | free-vortex discharge.
descarga de un pozo artesiano | artesian discharge.
descarga de vagonetas (de la jaula) | uncaging.
descarga de vagonetas (pozo mina) | banking out.
descarga de vuelta (electricidad) | back-kick.
descarga del tambor | cylinder waste.
descarga desde la memoria al almacenamiento auxiliar | swap out.
descarga disruptiva | electrical breakdown | sparkover | sparking over | spark discharge | sparking | disruptive discharge | flash-over.
descarga disruptiva (paso de la corriente por el aislante cuando el voltaje excede de cierto valor) | breakdown.
descarga disruptiva de gran voltaje | high-voltage breakdown.
descarga disruptiva por chispas seguidas | streamer spark breakdown.
descarga dominada por los electrones de fuga (plasmas) | runaway-dominated discharge.
descarga durante la avalancha (electricidad) | avalanche during discharge.
descarga eléctrica | electric discharge | lightning.
descarga eléctrica a través de un aislador | puncture.
descarga eléctrica a través de un aislamiento | breakdown.
descarga eléctrica en que la persona queda asida al conductor | freezing to a wire.
descarga en alud (física) | avalanche breakdown.
descarga en ambiente húmedo (aisladores) | wet flashover.
descarga en avalancha | avalanche breakdown.
descarga en caso de fallo de fuego (cañón) | misfire unloading.
descarga en circuito abierto | self-discharge | local action.
descarga en corona | corona discharge.
descarga en el rosario (aislador de suspensión) | cascading in insulator.
descarga en penacho (electricidad) | brush discharge.
descarga en régimen lento | low-rate discharge.
descarga en retorno | back discharge.
descarga en un aislador de rosario | cascade.
descarga espontánea | self-discharge.
descarga estática de origen humano | manmade static.
descarga estriada | striated discharge.
descarga exterior (sobre un aislador) | arcover.
descarga inicial (electricidad) | streamer.
descarga irregular | streamers | irregular flow.
descarga limitada por una pared pulsada | pulsed-wall bound discharge.
descarga luminiscente (lámpara fluorescente) | glow discharge.
descarga luminiscente normal | normal glow discharge.
descarga luminosa anormal | abnormal glow discharge.
descarga luminosa de hiperfrecuencia | radio-

frequency glow discharge.
descarga luminosa en un tubo sin electrodo | electrodeless discharge.
descarga máxima | maximum flow.
descarga mecánica | power dump.
descarga no autónoma | nonself-maintained discharge.
descarga no luminosa | dark discharge.
descarga ortogonal confinada por estricción (plasma) | orthogonal pinch discharge.
descarga oscilante | oscillating discharge | alternating discharge.
descarga por debajo | bottom dump.
descarga por detrás | back dump.
descarga por efluvio (electricidad) | fluxing discharge.
descarga por gravedad | gravity dump.
descarga pulsante | pulsed discharge.
descarga pulsátil | pulsed discharge.
descarga ramificada (electricidad) | treeing.
descarga regulable | controllable dump.
descarga semiautónoma | semiself-maintained discharge.
descarga serpenteante (gases) | wriggling discharge.
descarga simultánea de ascosporas de varias ascas al mismo tiempo | puffing.
descarga sometida a varios campos magnéticos | multipacting discharge.
descarga súbita de electricidad que produce ondas de choque de gran presión en un líquido (conformación de metales sin prensa) | electrohydraulic forming.
descarga telemétrica | ranging salvo.
descarga toroidal de estricción (plasmas) | toroidal pinch discharge.
descargable | dischargeable.
descargadero de crecidas (presas) | waste weir.
descargado | discharged.
descargado (acumuladores) | rundown.
descargado más bultos que lo que indica el conocimiento de embarque | overlanded.
descargado por correa transportadora | belt-discharged.
descargado por grúa | offloaded by crane.
descargado por pistón | piston-discharged.
descargado por pulsadores | push-button-discharged.
descargado sin averías (mercancías) | safely landed.
descargador | lumper | sparker | unloader.
descargador (cardas) | stripper.
descargador (descarga disruptiva) | spark gap.
descargador (electricidad) | discharge tube.
descargador (hidráulica) | escape.
descargador (persona) | dumper | heaver.
descargador automático | self-discharger.
descargador de carbón (persona) | coal-whipper.
descargador de carda | card clearer | card brusher | card cleaner.
descargador de cereales | grain discharger.
descargador de chimenea (obrero minas) | chute tapper | chute drawer.
descargador de electricidad estática durante el vuelo (alas de aviones) | static discharger.
descargador de fondo (presas) | silt sluice.
descargador de impulsos | impulse discharger.
descargador de minerales | ore unloader.
descargador de seguridad | coordinating gap.
descargador de transportador de correa | belt tripper.
descargador de vacío (telefonía) | vacuum cap.
descargador de vagones | car unloader.
descargador de vagones de cereales | grain-car unloader.
descargador de varillas | rod spark-gap.
descargador del agua condensada (tuberías) | trap.
descargador eléctrico | lowerator.
descargador giratorio antipolvos | dustless rotary unloader.
descargador mecánico de vagones | mechanical car unloader.
descargador móvil (transportador de correa) | tripper.
descargador móvil para minerales | transporter.
descargador neumático (cardas) | air stripper.
descargador neumático de cardas | pneumatic card stripper.
descargador para sobretensiones (línea de alta tensión) | surge diverter.
descargadora | unloader.
descargadora de garfios | hay grab.
descargadora de hornos | furnace discharging machine.
descargamallas (tejido de punto) | cast off.
descargar | unlading | unload (to) | dump (to) | unweight (to) | lighten (to) | offload (to) | discharge (to) | takedown (to) | empty (to) | relieve (to) | release (to).
descargar (hornos) | teardown (to).
descargar (impurezas) | strip (to).
descargar (mercancías) | land (to) | unship (to).
descargar (una válvula) | balance (to).
descargar a la memoria externa (informática) | roll out (to).
descargar con exceso (acumuladores) | over-discharge (to).
descargar el carbón | heave coal (to).
descargar en barcazas (de un buque) | lighter (to).
descargar la malla (tejido de punto) | cast off (to).
descargar por el fondo | bottom-pour (to).
descargar por gravedad | dump (to) | gravity discharge (to) | gravity-unload (to).
descargar retortas (gas) | draw (to).
descargar un barco | unload a ship (to).
descargar una válvula | relieve a valve (to).
descargar vapor | let steam (to).
descargar y elevar a la memoria (informática) | swap (to).
descargarse (acumulador eléctrico) | rundown (to).
descargas de carda | card strips.
descargas de cilindros cardadores | roller waste.
descargas de los cilindros cardadores | stockings.
descargas de los chapones | flat strips.
descargas eléctricas atmosféricas | sferics.
descargas electrónicas | bunching.
descargas sanitarias | sanitary discharges.
descargo | exoneration from blame | acquittance | acquittal | release | release | discharge | quittance.
descargo (jurisprudencia) | discharge.
descargo fiscal por doble imposición | double taxation relief.
descarnado | bony.
descarnado (de cueros) | fleshing.
descarnado de las juntas (muros de ladrillo) | raking-out.
descarnado de pieles | fleshings.
descarnador | drawing-knife | paring knife.
descarnador (cuchilla) | scraper.
descarnaduras (pieles) | fleshings.
descarnamiento con chorro de agua a presión (juntas de hormigón) | water jet scarfing.
descarnar (pelambrar-pieles) | flesh (to).
descarnar (pieles) | scrape (to) | shave (to) | flesh hides (to) | buff (to).
descarrilador | derail switch.
descarrilador (vía férrea) | derailer.
descarrilamiento | derailment | track jumping | jumping.
descarrilar | fly the track (to) | go off the line (to) | runoff (to) | derail (to).
descarrilar (ferrocarril) | run off the track (to).
descarrilar (trenes) | leave the metals (to) | ditch (to).
descartado | off cast | cast off.
descartado (noticias en periódicos) | spiked.
descartar | cast off (to) | layby (to) | lay by (to).
descarte | rejection.
descascarado (arroz, cebada) | hulled.
descascarador | sheller.
descascaradora | hulling machine.
descascaradora (de avena, de arroz) | huller.
descascaradora de arroz | rice-hulling machine.
descascaradora de cereales | grain huller.
descascaramiento | shelling.
descascaramiento (exfoliación - de una superficie) | shelling.
descascarar | shell (to) | hull (to) | unshell (to) | spall (to) | decorticate (to) | scale (to) | peel (to) | husk (to).
descascarar (arroz, etc.) | dehull (to).
descascararse | shell (to) | flake (to).
descascarillable | peelable.
descascarillado | peel off | descaling.
descascarillado (capa de pintura, galvanoplastia, etcétera) | peeling.
descascarillado (llanta de ruedas) | shelling.
descascarillado a la llama | flame descaling.
descascarillado anódico | anodic stripping.
descascarillado de chapas (eliminación del óxido de laminación) | plate descaling.
descascarillado de los pavimentos | pavement-scaling.
descascarillado electroquímico | electrochemical descaling.
descascarillado por inducción | induction descaling.
descascarillador | descaler.
descascarillador de bobina de inducción (aceros) | induction coil descaler.
descascarillador por corrientes inducidas (aceros) | induction descaler.
descascarilladora hidráulica (tochos) | hydraulic descaling machine.
descascarillamiento | scaling off | flaking.
descascarillamiento (aceros) | flakiness.
descascarillamiento (granos) | pulping.
descascarillar (granos) | pulp (to).
descascarillar (remover la capa de óxido) | descale (to).
descascarillarse | scale off (to).
descascarillarse (pintura, enlucidos) | peel off (to).
descastar (la caza) | overshoot (to).
descauticizar | decausticize (to).
descebado (bombas) | dry.
descebado (bombas, inyectores) | failure.
descebado (dínamos) | running down.
descebado (inyectores) | stopping.
descebado (magnetismo) | deenergization.
descebado del arco (electricidad) | rupture of the arc.
descebado del tubo fluorescente | misfiring.
descebamiento (bombas) | loss of prime.
descebar (bombas) | dewater (to) | dry up (to) | drain (to).
descebar (cartuchos) | unprime (to).
descebarse | deenergize (to).
descebarse (bombas) | go dry (to) | deprime (to) | lose prime (to) | loose prime (to) | run dry (to).
descebarse (dínamos) | rundown (to) | rundown (to).
descebarse (inyectores) | stop (to).
descebarse (inyectores, bombas, electricidad) | fail (to).
desceleración de un frente de onda de choque | shock-front deceleration.
descelerar la reacción | slow down the reaction (to).
descementación | decementing.
descendencia | progeny.
descendente | subsiding | descending.
descendente (música) | downwards.
descender | go down (to) | light (to) | descend (to) | get down (to) | lower (to).
descender (avión en vuelo) | push over (to).
descender a una altitud mínima (aviones) | hit the deck (to).
descender con el motor desembragado | coast down (to).

descender con paracaídas | parachute (to).
descender con rueda libre (bicicletas) | coast down (to).
descender en curva suave antes de tocar la pista (aterrizajes) | round out (to) | flare out (to).
descender en paracaídas | parachute down (to).
descender en vuelo planeado | glide down (to) | volplane (to) | plane down (to).
descender en vuelo planeando | volplane down (to).
descender gradualmente | grade down (to).
descender lenta y verticalmente con motor en marcha (helicópteros) | settle with power (to).
descender los obreros (minas) | lower workmen (to).
descendible | descendible.
descendiendo | downwash.
descendiente (nucleoónica) | daughter.
descendiente radiactivo | daughter product.
descendimiento | descent | descension.
descensión | descension.
descenso | descent | descension | down | downturn | coming down | pulldown | going down | hill | glide | lowering | drop | fall | falling | declination.
descenso (aviación) | letting-down.
descenso (de la jaula de extracción) | loosing.
descenso (del nivel del agua) | drop.
descenso (en tobogán) | coast.
descenso (geología) | subsidence.
descenso (objetos) | dropping.
descenso (precios) | decline.
descenso autorrotacional | autorotational descent.
descenso autorrotativo (helicópteros) | autorotative descent.
descenso con frenado por contracorriente (grúas) | countercurrent lowering.
descenso con la carga máxima (grúas) | full-load lowering.
descenso con motor (aviones) | powered descent.
descenso con motor desembragado (autos) | coasting.
descenso con paracaídas | parachute-jumping.
descenso con rueda libre (bicicletas) | coasting.
descenso de emergencia (grúas) | emergency lowering.
descenso de la carga (alto horno) | stock descent.
descenso de la carga (cubilotes) | bring down.
descenso de la escorrentía directa | direct-runoff recession.
descenso de la matriz (medicina) | dropping.
descenso de la natalidad | fall in the birth rate.
descenso de precios | price recession.
descenso de temperatura | pulldown of temperature.
descenso del acuífero | groundwater recession.
descenso del caudal | recession.
descenso del caudal de un curso de agua | depletion in flow of a stream.
descenso del entubado (pozos petroleros) | make of casing.
descenso del fondo del útero (tres semanas antes del parto) | lightening.
descenso del mineral a un piso inferior (minas) | topping.
descenso del nivel | drawdown.
descenso del nivel de la carga (horno pudelar) | drop of the bath.
descenso del nivel del agua (pozos, embalses) | drawdown.
descenso del nivel del agua en el pozo | well draw-down.
descenso del punto de congelación | depression of the freezing point.
descenso del techo (minas) | crup.
descenso en curva suave antes de tocar la pista (aterrizajes) | flareout | roundout.
descenso en hoja muerta (aviación) | falling-leaf roll.
descenso en hoja seca (aviación) | dead-leaf descent.
descenso en masa de paracaidistas | mass-jump.
descenso en planeo preparatorio para la aproximación y aterrizaje (aviones) | letdown.
descenso forzoso | forced descent.
descenso libre | free descent.
descenso manual | hand downfeed.
descenso planeado | gliding descent.
descenso por instrumentos y radioorientación (aviación) | let-down procedure.
descenso vertical frenado | braked vertical descent.
descensor | cable slide | lowering device | lowerer.
descentración | decentering | decentring | decentration.
descentrado | out of true | out of line | offcentered | off-center | out-of-line | eccentric.
descentrado (agujeros) | offset.
descentrado (mecánica) | desaxé.
descentrado (rotores) | untrue.
descentrado (ruedas) | offset.
descentrado (ruedas, cojinetes, etc.) | misaligned.
descentrado del contracabezal (tornos) | tailstock offsetting.
descentrado hacia la derecha | offset to the right.
descentralización | descentralization.
descentralización administrativa | devolution.
descentralización administrativa con administración propia de Escocia y Gales | devolution to Scotland and Wales.
descentralización de poderes | communalism.
descentralización o delegación de funciones que el jefe entrega a diversas oficinas sin mando directo del personal | staff.
descentralizar | decentralize (to).
descentramiento | offsetting | eccentricity | running out | offcentering | offcentring.
descentramiento (ejes) | runout.
descentramiento de la charnela de batimiento (helicópteros) | flapping-hinge offset.
descentramiento horizontal | horizontal offset.
descentramiento vertical | vertical offset.
descentrar | decenter (to) | setover (to) | throw-off center (to).
descentrar (ruedas, etc.) | offset (to).
descentrarse (agujeros) | offset (to).
descentrarse (taladros) | runout (to).
descepamiento | gubbing up.
descepar | grub up (to).
descerrajar | break open (to).
descerrajar un tiro | let off (to).
desciende bruscamente | it drops sharply.
descifrabilidad | decipherability.
descifrable (códigos) | decodable.
descifrado de umbral | threshold decoding.
descifrado secuencial | sequential decoding.
descifrador | decoder.
desciframiento | decoding.
descifrar | decode (to) | decipher (to) | translate (to) | pick out (to) | decrypt.
descifrar (mensajes cifrados) | break (to).
descifrar (telegrafía) | unpack.
descifrar (texto cifrado) | decrypt (to).
descifrar la dirección cifrada | decode code address (to).
desciliación | desiliconizing.
desciliciante | desiliconizing.
descimbrado | down-striking.
descimbrado (arcos) | decentering.
descimbramiento | uncentering | easing centers | easing | striking.
descimbramiento (arcos) | center easing.
descimbrar | strip shutter (to) | dismantle falsework (to) | lower (to) | strike the shuttering (to).
descimbrar (arcos) | decenter (to).
descimbrar (arcos, bóvedas) | down strike (to) | ease (to).
descimbrar (bóvedas) | strike the center (to).
descincación (descincado - corrosión de un latón con pérdida de cinc) | dezincification.
descincado | dezincing.
descincar | dezincify (to) | dezinc (to).
descitratar | decitrate (to).
desclavador | nail remover | nail puller | nail extractor | nail-wrench | nail drawer | nail claw.
desclavar | drive out (to).
descloración | dechlorination.
descloridación | dechlorination.
desclorinar | dechlorinate (to).
descobrear | decopper (to).
descodificador | decoder.
descodificador de resistor compuesto de resistencias ponderadas | weighted resistor decoder.
descodificador de salida | outscriber.
descodificador de telemedida | telemetering decoder.
descodificador del color | color decoder.
descodificador estereofónico | stereo decoder.
descohesión (lingotes) | segregation.
descohesor electromagnético (radio) | tapper.
descolchada (cuerdas) | fagged.
descolchar (cuerdas) | unlay (to) | fag out (to).
descolcharse (cuerdas) | become fagged (to).
descolgado (telefonía) | permanent glow | off-hook.
descolgado (teléfono) | off hook.
descolgamiento (acción de escurrirse hacia abajo la pintura o barniz) | sheeting.
descolgamiento (de una capa de pintura) | lifting.
descolgamiento o formación de filamentos (pintura con pistola) | cobwebbing.
descolgar | unhang (to).
descolgarse (pintura) | cobweb (to).
descoloración | fading | decolorizing | decolorization | discharge | discoloration | stain | color removal.
descoloración (del tinte) | colorlessness.
descoloración azul grisácea de la albura de coníferas debidas al hongo (ceratosmella pilifera) | blue timber.
descoloración blanca fungosa (tabaco) | frog eyes.
descoloración de la superficie de un molde de acero (plásticos) | bloom.
descoloración de la tintura | dyeing fading.
descoloración del papel | bleeding.
descoloración del vidrio (por rayos Roentgen) | roentgenization.
descoloración después del decapado | pickle stain.
descoloración en el centro de la pantalla de rayos catódicos (televisión) | black spot.
descoloración parcial de color pardo o negro verdoso (maderas duras) | mineral streak.
descoloración parda (papel) | foxing.
descoloración por estar a la intemperie (maderas) | weather stain.
descoloración por exposición prolongada a la luz solar o radiaciones ultravioletas | solarization.
descoloración por oxidación | oxide discoloration.
descoloración por tanato de hierro (latas de conservas) | iron-tannate discoloration.
descoloración producida por el aire que entra en los bordes de las capas de mica | air creep.
descoloración producida por termotratamiento | heat-treat stain.
descoloración superficial de los productos de arcilla durante su secado | drier white.
descoloramiento | stain | fade-away | discoloring.
descoloramiento fungal | fungal staining.
descolorante | decolorizer | decolorant.
descolorar | decolorize (to) | discolor (to) | stain (to).
descolorar por cocción | boil out the dye (to).
descolorarse | fox (to) | fade (to).
descolorear | decolor (to) | fade (to).

descolorido | wan | foxed | foxy | colorless | pale.
descolorido (colores) | faded.
descolorimiento | foxiness.
descolorimiento por gases | gas fading.
descolorimiento químico | stripping.
descombradora de cuchara (túneles) | tunneler.
descombrar a mano | hand-muck (to).
descompensación | descompensation.
descomponedor | decomposer | resolver | resolver set.
descomponer | put out of gear (to) | decompose (to) | breakup (to) | break down (to).
descomponer (contabilidad) | breakdown (to).
descomponer (fuerzas, sistemas polifásicos, etc.) | resolve (to).
descomponer (matemáticas) | resolve (to).
descomponer (química) | breakdown (to).
descomponer (tipografía) | break up (to).
descomponer en factores | factor (to) | factorize (to).
descomponer en sus elementos (química) | decompound (to).
descomponer un molde (imprenta) | break (to).
descomponer un tren | split up (to).
descomponerse | decompose (to).
descomponibilidad | decomposability.
descomponible | decomposable.
descomposición | decomposition | fragmentating | decay.
descomposición (contabilidad) | breakdown.
descomposición (de fuerzas, velocidades, etc.) | resolution.
descomposición (en factores, en sumandos) | build-up.
descomposición (grupos - matemáticas) | splitting.
descomposición (matemáticas) | resolution.
descomposición a la intemperie (piedras) | weathering.
descomposición anaeróbica | anaerobic decomposition.
descomposición biológica de la madera | biological decomposition of wood.
descomposición bioquímica | digestion.
descomposición completa y violenta del plomo en ácido sulfúrico concentrado caliente | flashing.
descomposición de colores | color break-up.
descomposición de fuerzas | decomposition of forces | resolution of forces.
descomposición de la corriente | resolution of current.
descomposición de la girofrecuencia (ionosfera) | gyro-splitting.
descomposición de solución caliente | spray method.
descomposición del coste de la instalación | plant cost breakdown.
descomposición del ozono | ozone decay.
descomposición del precio en sus principales elementos | analysis of the price into its chief components.
descomposición del trabajo en tiempos elementales (estudio de tiempos) | job breakdown.
descomposición en ácido | wet ashing.
descomposición en elementos | element breakdown.
descomposición en factores | factoring.
descomposición en franjas (áreas de secciones transversales) | stripping.
descomposición en operaciones sucesivas | setting up.
descomposición espinodal (cristalografía) | spinodal decomposition.
descomposición gaseosa | gaseous decomposition.
descomposición hidrolítica-oxidante | hydrolytic-oxidative decomposition.
descomposición microbiana | microbial decomposition.
descomposición producida por irradiación | radiation-induced decomposition.
descomposición química a la intemperie | chemical weathering.
descomposición radiolítica del agua | water radiolytic decomposition | radiolytic water decomposition.
descomposición térmica | thermal decomposition.
descompresión | compression relief | decompression.
descompresión (motores) | relief.
descompresión de la sobrepresión | overpressure relief.
descompresión explosiva | explosive decompression.
descompresión rápida | rapid decompression.
descompresor | decompressor.
descompresor (motores) | exhaust-valve lifter.
descomprimir | decompress (to).
descompuesta (rocas) | rotten.
descompuesto en el aire (rocas) | air-slaked.
desconcentración | deconcentration.
desconcentración de materias sólidas | solid deconcentration.
desconcentrar | deconcentrate (to).
desconcertar | confuse (to).
desconchabilidad (rocas) | spallability.
desconchable | spallable.
desconchada (madera) | shelly.
desconchado | spallation | spalling | flaking | exfoliation.
desconchado (crisoles) | scalping.
desconchado (dientes engranajes) | chipping.
desconchado (metalurgia) | shelling.
desconchado (pintura) | flatting.
desconchado (ruedas fundidas) | scaling.
desconchado del revestimiento | coating flaking.
desconchados | splitting.
desconchadura | peeling | peel off | peeling off.
desconchar | scale (to) | spall (to).
desconchar (cementación acero) | split (to).
desconcharse | spall (to) | scale off (to) | chip off (to) | shell (to) | chip (to).
desconcharse (construcción) | flake (to).
desconchón de la pintura | paint chip.
desconchón en la pintura | chip.
desconectabilidad | disconnectability.
desconectable | disconnectable.
desconectado | loose | disconnected | inoperative | off | off line | cutoff | released.
desconectado (circuitos) | turned off.
desconectado (electricidad) | switched out.
desconectado cíclicamente | gated.
desconectado por solenoide | selenoid-released.
desconectador | releaser | trigger | tripping device | breakout post | disconnecting switch | disconnecting | isolator | kick-out mechanism.
desconectador (electricidad) | isolating switch.
desconectador (seccionador) | disconnect switch.
desconectador de fin de carrera | limit switch.
desconectador de mínima (electrónica) | minimum cutout.
desconectador de sobrecarga | overload trip.
desconectador períodico | sequence timer.
desconectador termostático de sobrecarga | thermostatic type overload trip | thermostatic-type overload trip.
desconectadores | disconnect switches.
desconectar | disconnect (to) | turn off (to) | open the circuit (to) | switch out (to) | turn off (to) | release (to) | cut out (to) | trigger (to) | switch off (to) | branch-off (to) | unplug (to).
desconectar (altavoces, etc.) | mute (to).
desconectar (electricidad) | decouple (to) | break (to) | interrupt (to).
desconectar (motor eléctrico) | shutoff (to).
desconectar (relés, etc.) | trip (to).
desconectar (telefonía) | clear (to).
desconectar cíclicamente | gate (to).
desconectar rápidamente (electricidad) | snap (to).
desconectar un circuito de la fuente de energía | de-energize (to).
desconectarse (disyuntores) | trigger (to) | trip (to).
desconexión | tripping | disconnecting | disconnection | switching off | turn-off | releasing | release | patch-out | off | power off.
desconexión (electricidad) | release | rupturing | breaking.
desconexión (mecánica, electricidad) | trip.
desconexión (relés) | dropout.
desconexión asistida por empobrecimiento | pull-down.
desconexión automática | automatic disconnection | automatic shutoff.
desconexión cíclica | gating.
desconexión con hipovoltaje | undervoltage tripping.
desconexión con voltaje mínimo | low-voltage release.
desconexión de carga (centrales) | load shedding.
desconexión de la línea (electricidad) | line dropping.
desconexión de retraso | time release.
desconexión de sincronización | synchronization triggering.
desconexión de sobreamperaje | overcurrent release.
desconexión de sobreintensidad | overcurrent release.
desconexión de voltaje mínimo | low-volt release.
desconexión e indicación de ocupado | disconnected-make busy.
desconexión en vacío | no load release.
desconexión no regulable | fixed-trip.
desconexión no regulable (electricidad) | fixed trip.
desconexión por falta de corriente | no-voltage release | no volt release.
desconexión por inversión de corriente | reverse-power tripping | reverse power tripping.
desconexión por sobrecarga | overload release.
desconexión por sobrevoltaje | overvoltage release.
desconexión prematura | premature release.
desconexión rápida | snapping out.
desconexión rápida (electricidad) | snap.
desconexión selectiva | selective tripping.
desconexión selectiva de los dispositivos protectores | selective tripping of protective devices.
desconexión temporal de una línea de abonado | temporality out of service.
desconexión temporizada | time release.
desconexionar | kick out (to).
desconexiones de sobrecarga cronodefasadas | time-lagged overload releases.
desconexiones de sobrecarga temporizadas | time-lagged overload releases.
desconfíe de imitaciones | avoid imitations.
descongelación | melting | defrosting.
descongelador | deicer | ice-remover | defroster | thawer.
descongelamiento | deicing.
descongelar | unfreeze (to) | deice (to) | thaw (to).
descongelar (carne, pescado) | defrost (to).
descongestión campesina | resettlement of farmsteads.
descongestión rural | resettlement of farmsteads.
descongestionar (medicina) | deplete (to).
desconmutación | decommutation.
desconocer un convenio | repudiate a covenant.
desconocido | unbeknown | noteless.
desconsolidación (mercancías) | bulk-break.
descontabilidad | discountability.
descontable | discountable.
descontaminación | decontamination.
descontaminación radiactiva | radioactive decontamination.
descontaminación radiológica | radiological

decontamination.
descontaminador de zapatos (laboratorios nucleares) | shoe sander.
descontaminar | decontaminate (to).
descontar | tally down (to) | discount (to) | rebate (to) | deduct (to).
descontar (comercio) | draw back (to).
descontar (un efecto) | cash (to).
descontar papel (bolsa) | discount issues (to).
descontar una letra | discount a bill (to).
descontentadizo | fastidious.
descontrol | decontrol.
descontrol de la navegación | decontrol of shipping.
descontrol de precios | price decontrol.
descontrolar | decontrol (to).
descontrolar (precios) | free (to).
desconvocar | revoke a call (to).
descorchar (botellas) | open (to).
descorche (botellas) | opening.
descornar (animales) | dehorn (to).
descornar ganado | poll cattle (to).
descoronadora de remolachas | topper.
descoronar (cortar los extremos de un cilindro de vidrio - fabricación vidrio) | cap (to).
descorregido (aparatos) | out-of-adjustment.
descorrer el velo | unveil (to).
descortezabilidad | barkability | strippability | peelability.
descortezable | strippable.
descortezable (troncos) | peelable.
descortezado | stripped | peeled.
descortezado en savia | barked in the period of sap flow.
descortezado parcialmente (troncos) | overstripped.
descortezado químico (agricultura) | chemi-peeling.
descortezador | flayer | peeler.
descortezador (de troncos) | spudder | rosser.
descortezador de ramillas (Iberoamérica) | twig beetle.
descortezadora | rosser | huller.
descortezadora (de troncos) | bark stripper.
descortezadora de disco | disk barker.
descortezadora de tambor rotativo (troncos) | drum barker.
descortezadora mecánica | decorticator.
descortezamiento | flaying | bark-peeling | decortication | peeling | excortication.
descortezamiento (árboles) | rossing.
descortezamiento (de rollizos) | barking.
descortezar | bark (to) | flay (to) | decorticate (to) | scale (to) | husk (to) | hull (to) | strip (to) | disbark (to) | pelt (to) | peel (to) | peel (to).
descortezar (troncos) | ross (to).
descortezar parcialmente | rough peel (to) | spot timber (to).
descortezar parcialmente (árboles) | peel in patches (to).
descortezar parcialmente (troncos) | rough bark (to).
descortezarse | peel off (to).
descorticación | hulling.
descoser (costura remachada) | drive out the rivets (to).
descoser remaches | cut out rivets (to) | bust rivets (to).
descoser una chapa remachada (buques) | rip off a plate (to).
descoserse | come unsewn (to).
descostrar | scale (to).
descostrar (fundición) | skin (to).
descostrar (quitar la costra quebradiza que tienen los tochos - aluminio) | scalp (to).
descostrarse | spall (to) | scale off (to).
descoyuntar | dislocate (to).
descoyuntar (aves) | disarticulate (to).
descrédito | depreciation.
descremadora | cream separator.
descrestado | peak-clipped.
descrestado (de ondas) | peak-clipping.
descrestado de ondas | clipping.
descrestador (de ondas) | chopper | peak-shift limiter.
descrestador de crestas de amplitudes | lopper.
descrestar (ondas) | lop off (to).
describir | write (to) | describe (to) | draw (to).
describir (las señas personales) | describe (to).
describir superficialmente | outline (to).
describir un círculo | go round (to).
describir una curva | curve (to) | curve plotter (to).
descrifrar | unscramble (to).
descriminador monocanálico | one-channel discriminator.
descripción | feature | description | picture.
descripción a grandes rasgos | sketch.
descripción bibliográfica | bibliographical unit.
descripción cualitativa | qualitative description.
descripción de datos por computadora | describing data by computer.
descripción de la superficie del planeta Marte | areography.
descripción de la tarea | job description.
descripción de las partidas | nature of items.
descripción de una propiedad especificando sus linderos (escrituras) | parcels.
descripción del programa | program write-up.
descripción del puesto | job description.
descripción del trabajo | job description.
descripción sencilla y lucida | simple and lucid description.
descripión de la cara | prosopography.
descriptación (códigos) | decryptation.
descriptado | code solution.
descriptar | cryptanalyze (to) | decrypt.
descriptar (códigos) | decrypt (to).
descriptible | describable.
descriptivo | descriptive.
descriptor | descriptor.
descriptor de campo | field descriptor.
descriptor de parámetros | parameter descriptor.
descriptor de segundo orden | second order descriptor.
descristalización | decrystallization | discrystallization.
descristalizar | decrystallize (to).
descrudado (algodón) | scouring.
descrudado (fibras sintéticas) | boiling out.
descrudado continuo (telas) | continuous boiling-out.
descrudado en caldera a presión (telas de lana) | kier boiling.
descrudador alcalino | alkaline scouring agent.
descrudar (algodón) | scour (to).
descrudar (seda) | boil off (to).
descrudecedor | scouring agent.
descrudecer (seda) | scour (to).
descrudecida (seda) | scoured.
descuadrado | off of square | out-of-square.
descuadre | out-of-square.
descuajar (extirpar raíces - terrenos) | grub (to).
descuaje de terrenos | grubbing.
descuartizador de ballenas | flenser.
descuartizamiento | quartering.
descuartizamiento (troceo - de ballenas) | flinching.
descuartizar | dismember (to).
descuartizar (ballenas) | flense (to).
descuartizar (trocear-ballenas) | flinch (to).
descubierta (milicia) | scouting.
descubierto | uncovered | coverless | exposed | short account.
descubierto (banca) | bank overdraft.
descubierto (bancos) | overdraft.
descubierto (brazo) | naked.
descubierto (comercio) | deficiency.
descubierto (hilos eléctricos) | uninsulated.
descubierto en cuenta | overdraft.
descubrible | detectable | detectible.
descubridor (persona) | detector.
descubridor automático de fallos | watchdog function.
descubrimiento | finding | find | discovery.
descubrimiento fortuito | adventitious find.
descubrir | detect (to) | expose (to) | disclose (to) | find out (to) | find (to) | uncover (to).
descubrir (canteras, minas) | strip (to).
descubrir defectos | disclose defects (to).
descubrir el filón | expose the vein (to).
descubrir un entramado | rip a roof (to).
descubrir un filón minero | strike (to).
descubrirse (verdad) | come out (to).
descuello (para facilitar la salida de un molde) | strip.
descuello de un pescante (buques) | overhang.
descuello de un pescante de botes (buques) | jib.
descuento | deduction | discount | drawback | cut | concession | rebatement | rebate | discounting | count down.
descuento (comunicaciones) | countdown.
descuento (impuestos) | relief.
descuento (metalurgia) | abating.
descuento a pólizas elevadas | premium discount plan.
descuento a título de colega | discount granted to collegues | discount granted to colleagues.
descuento amplio | liberal discount.
descuento anticipado | unearned discount.
descuento bancario | bank discount | bank rate.
descuento caducado | forfeited discount | lapsed discount.
descuento comercial | trade discount.
descuento compuesto | compound discount.
descuento concedido | discount allowed.
descuento corriente | usual discount.
descuento de efectos | discounting of bills of exchange.
descuento de emisión | underpricing.
descuento de primas | premium statement.
descuento de 25 por ciento por cantidad | quantity discount of 25-percent.
descuento del mercado | market rate.
descuento desleal | concealed discount.
descuento especial | extra discount.
descuento exorbitante | shave.
descuento fijo | flat allowance.
descuento grande | expensive discount.
descuento oficial | discount rate.
descuento por contado | cash discount.
descuento por cuota sindical | check-off.
descuento por frecuencia (anuncios) | time discount.
descuento por pago al contado | sales discount.
descuento por pago dentro del plazo fijado | time discount.
descuento por pronto pago | short discount | anticipation rate | discount cash | discount for prompt payment | cash discount | sales discount | anticipation discount.
descuento por pronto pago o pago en afectivo | discount for cash.
descuento por volumen | volume discount.
descuento real | arithmetical discount.
descuento recibido por pago al contado | cash taken discount.
descuento según cantidad (comercio) | bulk discount.
descuento sobre bonos | bond discount.
descuento sobre cantidad | quantity discount.
descuento sobre ventas | discount on sales.
descuento usual | ordinary allowance.
descuentos | drawing.
descuentos a clientes | sales discounts.
descuentos a libreros | discounts to booksellers.
descuentos bancarios sobre cuentas en depósito | bank allowances on deposit accounts.
descuentos en la nómina de la cuota sindical | automatic checkoff.
descuentos en nómina | hold-back pay.
descuentos en serie | chain discount.
descuentos por pronto pago | sales discounts.
descuentos recibidos | discount earned.
descuentos sobre compras | purchases discounts.

descuentos sobre ventas | allowance on sales.
descuentos y anticipos (bancos) | discounts and advances.
descuentos y préstamos (financieros) | loans and discounts.
descuentos y rebajas en las ventas | sales rebates and allowances.
descuidos humanos | human carelessness.
desculatar (Argentina) | butt (to).
deschurrado (lana) | steeping.
deschurrado de la lana | wool steeping.
deschurrar (lana) | steep (to).
desde arriba hacia abajo | from top down.
desde el centro hacia afuera | from the center outwardly.
desde el comienzo de la obra hasta la prueba final de la maquinaria | from the commencement of the work until the final test of machinery.
desde el comienzo de la tecnología de las telecomunicaciones | since the inception of telecommunications technology.
desde el principio hasta el fin | thru (EE.UU.) | through (G.B.).
desde el punto de vista del coste | from the costing angle.
desde el punto de vista financiero | from the financial angle.
desde el punto de vista legal | in point of law.
desde esta fecha hasta su efectivo pago | from this date until full payment.
desde gran profundidad | from deep inside.
desde hace poco | of late.
desde la cara alta de la quilla al canto alto del bao al costado | from top of keel to top of deck beam at side.
desde la cara de proa de la roda a la cara de popa del codaste | from the foreside of stem to the afterside of rudder post.
desde la residencia al sitio de trabajo | from the place of living to site.
desde la salida hasta la puesta del sol | from sunup to sundown.
desde la temperatura ambiente hasta -195° C | from room temperature down to -195° C.
desde la última puesta a punto (motores) | since its last setting.
desde que flotó hasta la entrega (construcción buques en dique seco) | from float-out to delivery.
desde que se apaga hasta que se enciende (hornos) | fuel off to fuel on.
desde sus origenes hasta nuestros días | from its origin till to day.
desde tierra o mar a tierra o mar | surface-to-surface.
desde tierra o mar al aire | surface-to-air.
desde un punto de vista marino | from a marine angle.
desde 90° en retardo hasta 90° en adelante | from 90° lag to 90° lead.
desdecirse | eat (to).
desdentado (zoología) | edentulous.
desdentados | edentata.
desdoblable (objeto fotográfico) | convertible.
desdoblable (sales dobles) | decomposable.
desdoblamiento | splitting off.
desdoblamiento (de una capa - geología) | splitting.
desdoblamiento (química) | double decomposition.
desdoblamiento de la personalidad | dissociation.
desdoblamiento espectral | spectrum stripping.
desdoblamiento espín-órbita | spin-orbit splitting.
desdoblamiento orbital del espín | spin-orbit splitting.
desdoblamiento por transferencia de excitación | excitation transfer splitting.
desdoblar (forestal) | resaw (to).
desdoblar (grasas) | resolve (to) | split (to).
desdoblar (química) | decompose (to).
desdorado (proceso galvanoplástico para quitar el baño dorado) | gold stripping.
desecable (terrenos) | reclaimable.
desecación | dewatering | exsiccation | drainage | desiccation | drying | draining.
desecación (madera) | seasoning.
desecación con desecante dentro del envase | in-package desiccation.
desecación de almajares | depoldering.
desecación de bañados | depoldering.
desecación del aire | air drying.
desecación en caballetes | rack drying.
desecación en el vacío | drying in vacuum.
desecación invernal | parch blight.
desecación por evaporación forzada de la humedad | exsication.
desecación-congelación | freeze-drying.
desecado | drained.
desecador | drainer | dryer | drier.
desecador (pinturas) | drier.
desecador del aire (transformadores en aceite) | breather.
desecador por el vacío (química) | vacuum desiccator.
desecador químico | chemical desiccator.
desecadorista | drierman.
desecamiento | draining.
desecante | exsiccant | exsiccative | dessicant | drying agent | paint drier | desiccator.
desecante (substancia higroscópica) | desiccant.
desecar | desiccate (to) | exsiccate (to) | dessicate (to) | dry (to) | dry off (to) | drain (to) | dehumidify (to) | bake (to) | pump out (to) | runoff (to) | unwater (to).
desecar (terrenos) | reclaim (to) | drain (to).
desecar completamente | dry up (to).
desecar un pantano | reclaim a marsh (to).
desecativo | exsiccative | exsiccant.
deseconomía | diseconomy.
deseconomias | diseconomies.
desecración | desecration.
desechable después de su uso | disposable.
desechado | cast off | off cast | left-off.
desechado (por inútil o averiado) | condemned.
desechado como inservible (buques) | condemned as unseaworthy.
desechar | cast (to) | rule out (to) | exclude (to).
desechar (ganado) | cull (to).
desechar (piezas) | cull (to).
desechar (piezas, etc) | cast off (to).
desechar (rechazar) | refuse (to).
desecharnaufragar | cast away (to).
desecho | offscum | dross | rejection.
desecho ácido | acid waste.
desechos | culls | refuse | rubbish | deads | waste | wasters.
desechos (metalurgia) | furnace refuse.
desechos (minas) | attle.
desechos (minería) | tailings.
desechos altamente radiactivos | high level waste.
desechos de carbón ardiente | burning coal refuse.
desechos de cervecería | brewery wastes.
desechos de cribado | oversize.
desechos de destilería | distillery wastes.
desechos de dragado | dredge spoil.
desechos de fabricación de nilón | nylon wastes.
desechos de fábricas conserveras de frutas | fruit cannery wastes.
desechos de fábricas de productos alimenticios | food processing waste.
desechos de la escombrera | pit-mound refuse.
desechos de minas empleados como lastre (buques) | shale.
desechos de palastro | sheet iron scraps.
desechos de papeleras | paper-mill wastes.
desechos de papeleras y fábricas de pasta de madera | pulp and paper wastes.
desechos de parafina (petróleos) | wax tailings.
desechos de pasta de madera | wood pulp wastes.
desechos de refinado | sludge.
desechos de tintorerías | dye wastes.
desechos débilmente radiactivos | low level waste.
desechos industriales | trade wastes.
desechos líquidos | sludge.
desechos medianamente radiactivos | medium level waste.
desechos putrescibles | putrescible wastes.
desechos químicos | chemical waste.
desechos radiactivos | radioactive waste.
desechos sólidos | solid wastes.
desechos sólidos municipales | municipal solid wastes.
desechos urbanos | urban waste.
desegregación | desegregation.
desegregar las escuelas | desegregate the schools (to).
deselectrizar | diselectrify (to).
deselectrodepositar | deplate (to).
deselectronación | de-electronation.
desemaltado | deenameling.
desemanado (radiactividad) | deemanate.
desembalar | unpack (to) | uncrate (to).
desembandejadora (para recoger de las bandejas) | depalletizer.
desembarazado | clear | clean.
desembarazar | clear (to) | extricate (to).
desembarazarse | come off (to).
desembarazarse (de una dificultad) | discharge (to).
desembarazarse de | get off (to) | get rid of (to) | remove (to).
desembarcadero | wharf | pier | landing place | landing stage | landing.
desembarcadero de maderas flotadas | rafting reservoir | log pond.
desembarcado | landed.
desembarcar | land (to) | disembark (to) | go ashore (to) | get out (to) | unship (to).
desembarcar (pasajeros) | offload (to).
desembarcar (tropas) | discharge (to).
desembarcar al práctico a la salida de puerto (de un buque que sale) | drop the pilot (to).
desembarcar de un avión | deplane (to).
desembarcar el práctico (del buque en que va) | discharge the pilot (to).
desembarcar en la playa | beach (to).
desembarcar la tripulación | pay off (to).
desembarcar las municiones (buques de guerra) | deammunition (to).
desembarcar mercancías | land goods (to).
desembarcar tropas | debark troops (to).
desembarcar tropas (de trenes) | detrain (to).
desembarco | landing.
desembarco a viva fuerza | forced landing | landing attack.
desembarco de asalto | assault landing.
desembarco de asalto anfibio | amphibious assault landing.
desembarco fuera de la zona principal designada para el desembarco (operaciones anfibias) | secondary landing.
desembargar | disembargo (to) | decontrol (to) | replevin (to) | vacate (to) | abate an attachment (to) | lift an attachment (to) | replevy (to).
desembargo | abating an attachment | decontrol.
desembarque | landing | debarkation | debark.
desembarque (de buques) | disembarkation.
desembarque de trenes | detraining | detrainment.
desembocadero | lade.
desembocadura (ríos) | debouchure | | embouchure | fall | mouth | influx.
desembocadura (valle, ríos) | outfall.
desembocadura de la cuneta (carreteras) | gutter offtake.
desembocadura lateral de la cuneta (ferrocarriles) | gutter turnout.
desembocar | come in (to) | flow (to).
desembocar (ríos) | empty (to).
desembocar (ríos, desfiladeros) | debouch (to).
desembolsable | disbursable.
desembolsable (dinero) | expendable.

desembolsar | disburse (to) | pay out (to) | pay away (to).
desembolsar (dinero) | expend (to) | lay out (to).
desembolso | expenditure | expense | disbursement | disbursal | outlay capital | outlay.
desembolso (de dinero) | expenditure.
desembolso por capitalizar | capital expenditure.
desembolso total | total disbursement.
desembolsos | outgoings | expenses.
desembolsos de ingresos | revenue expenditures.
desembolsos fraudulentos | fraudulent disbursements.
desembragable | disconnectable | declutchable | releasable.
desembragado | out of gear | out of action | disconnected | uncoupled.
desembragar | disconnect (to) | demesh (to) | declutch (to) | throw-out (to) | release (to) | uncouple (to) | ungear (to) | put out of gear (to).
desembragar (correa de una tranmisión) | unship (to).
desembrague | throwout | tripping | disconnection | disconnecting | release | releasing | release motion | disengagement | disengaging.
desembrague (máquina herramienta) | knocking off.
desembrague (prensas) | kickoff.
desembrague del rotor (helicópteros) | freewheeling unit.
desembrague neumático | pneumatic release.
desembrague por aire comprimido | compressed-air release.
desembrague por sobrecarga | overload release.
desembridar (animales) | draw bit (to).
desembrollar | clear (to) | extricate (to).
desempañado de la cabina | canopy demisting.
desempañar (cristales, etc.) | demist (to).
desempapar | desaturate (to).
desempaquetar | unpack (to).
desempeñar | execute (to).
desempeñar (un cargo) | hold (to) | fill (to).
desempeñar un cargo | serve an office (to).
desempeñar un cargo público | hold office (to).
desempeñar un cometido | play a role.
desempeñar un papel (teatro) | support (to).
desempeño | execution | function.
desempeño (de un cargo) | performance.
desempeño de su misión | performance of his mission.
desempeño del trabajo | performing of work.
desempernado | unbolted.
desempernar | unbolt (to).
desempleado | unemployed.
desempleados | unworking men.
desempleo | unemployment.
desempleo coyuntural | frictional unemployment.
desempleo encubierto | disguised unemployment.
desempleo estacional | seasonal unemployment.
desempleo forzoso | involuntary unemployment.
desempleo tecnológico | technological unemployment.
desempleo temporal | seasonal unemployment.
desemplomar | delead (to).
desempolvador | deduster.
desempolvadura | dusting | dust-removing.
desempolvar | dust (to) | dedust (to).
desemulsificación en el yacimiento petrolífero | oil field demulsification.
desencadenar | let loose (to).
desencallamiento (reflotamiento-buques) | floating off.
desencallar (poner a flote-un barco, etc.) | float off (to).
desencasquillar (armas de fuego) | clear the jam (to).
desencerrojar (agujas vía férrea) | unlock (to).
desencofrado | stripping.
desencofrador (minas) | bordroom man.
desencofrar | strip (to).
desencogimiento (fotográficos) | de-shrinkage.
desencolado | unglued | unsized.
desencolado (desapretado - telas) | desizing.
desencolar | unglue (to).
desencuadrado | out-of-frame.
desencuadre | misframe.
desenchavetar | unkey (to).
desenfangar | desilt (to).
desenfilada | defilade.
desenfilada de hombre a caballo | mounted defilade.
desenfilada de la posición | position defilade.
desenfilada de las vistas | sight defilade.
desenfilada de los fogonazos | flash defilade.
desenfilada del casco (carros de asalto) | hull defilade.
desenfilado | masked.
desenfilado (milicia) | covered.
desenfilar | defilade (to) | misalign (to).
desenfilarse de las vistas | cover off (to).
desenfocado | blurred.
desenfocamiento | misfocusing | defocusing.
desenfocar | defocus (to) | blur (to) | unfocus (to).
desenfoque | defocusing | defocus | blurring.
desenfoque de la imagen (cine, TV) | misframe.
desenfoque de modulación | modulation defocusing.
desenfrenado | unchecked.
desenfrenarse (vagones) | run wild (to).
desenfundar | uncase (to).
desenganchador | tripper | releaser.
desenganchar | release (to) | uncouple (to) | hook off (to) | hook off | knock off (to) | kick out (to).
desenganchar (minas) | trip (to).
desenganchar (vagones) | detach (to) | disconnect (to).
desenganchar bruscamente | snap (to).
desenganche | falling out of step | release | releasing | tripping | hooking-off | pull-out.
desenganche (de vagones) | disconnecting | detachment.
desenganche (mecánica, electricidad) | trip.
desenganche (motores síncronos) | pull-out.
desenganche (relés) | dropout.
desenganche (telefonía) | take-up.
desenganche automático | automatic uncoupling | automatic release.
desenganche de sobrecarga | overload release.
desenganche de sobrecarga conectado en serie de acción directa | direct-acting series-connected overload trip.
desenganche de tensión baja | low-voltage release.
desenganche de voltaje mínimo | undervoltage release.
desenganche del avance transversal | cross-feed release.
desenganche ultrarrápido | instantaneous release.
desengomar | degum (to).
desengranar | trip off (to) | release (to) | ungear (to) | go out of mesh (to) | put out of gear (to).
desengranar (engranajes) | throw-out (to).
desengrane | releasing.
desengrasada (lana) | scoured.
desengrasado (de pieles) | cageing.
desengrasado (telas) | scouring.
desengrasado catódicamente | cathodically degreased.
desengrasado con vapores de solventes | vapor-degreased.
desengrasado de huesos | bone degreasing.
desengrasado de metales | metal degreasing.
desengrasado por disolvente | solvent-degreased.
desengrasado por vapor del solvente | solvent vapor degreasing.
desengrasado preliminar en pieza (tejidos de lana) | piece scouring.
desengrasado químico | chemical degreasing.
desengrasado sometiendo la pieza a temperatura de unos 600 °C | burning off degreasing.
desengrasado ultrasónico | ultrasonic degreasing.
desengrasador | scourer | degreaser | grease-remover.
desengrasador en fase de vapor | vapor-phase degreasing agent.
desengrasador por vapores de solventes clorinados | vapor degreaser.
desengrasador ultrasónico | ultrasonic degreaser.
desengrasante | cleaner | degreasing.
desengrasante (cerámica) | opening substance.
desengrasante hidrosoluble | water-soluble degreasant.
desengrasantes | degreasing agents.
desengrasar | degrease (to) | scour (to).
desengrasar (arcillas) | open (to).
desengrasar (lana, etc.) | disuint (to).
desengrase | degreasing.
desengrase alcalino | alkaline cleaning.
desengrase anódico (electroquímica) | reverse-current cleaning.
desengrase por álcali | alkaline degreasing | alkali degreasing.
desengrilletar (cadenas) | unshackle (to).
desengrilletar la cadena del ancla (buque anclado) | slip (to).
desenhebrar | unthread (to) | dethread (to).
desenjaular | uncage (to).
desenlace | ending | outcome.
desenlodador | desludger.
desenlodamiento | desludging | desilting.
desenlodar | desilt (to) | desludge (to).
desenlodar (metalurgia, minería) | deslime (to).
desenlodar (sondeos) | flush (to).
desenlodar el agujero del sondeo | flush the hole (to).
desenmarañar | unwind (to).
desenmascarar | expose (to) | unmask (to).
desenmohecido electroquímico (metales) | electrochemical pickling.
desenredable | extricable.
desenredado | loose.
desenredar | loose (to) | unwind (to) | extricate (to).
desenredar (cuerdas) | clear (to).
desenredar (el pelo) | comb out (to).
desenredar estopa | pick oakum (to).
desenredar las cadenas (buque anclado con dos anclas) | clear hawse (to).
desenredar las cadenas (buque fondeado con dos anclas) | open hawse (to).
desenredo | extrication.
desenredo (del cabello) | combing out.
desenrollado | runoff.
desenrollador | uncoiler | dereeler.
desenrollamiento | scrolling | running off.
desenrollar | clear (to) | wind off (to) | uncoil (to) | dereel (to) | runoff (to).
desenrollar (cable en un tambor) | pay off (to).
desenrollar (un cable) | runout (to).
desenrollar el filme (cine) | pay out (to).
desenroscar tubos (pozo petróleo) | break out (to).
desenrrollado en chapas (troncos) | rotarily cut into veneers.
desenrrollar | unreel (to) | pay out (to) | unwind (to).
desensartar | unthread (to).
desensibilización | desensitizing.
desensibilización (placa fotográfica) | desensitization.
desensibilizado | etched.
desensibilizador | desensitizer (EE.UU.) | desensitiser (G.B.).
desensibilizador (fotografía) | desensitizer.
desensibilizar (placa fotográfica) | desensitize (to).
desensortijar | unkink (to).
desentalingar (cadenas) | unbend (to).

desentarquinamiento | desilting | silt removal.
desentarquinar | desilt (to).
desenterrador | exhumer.
desenterrar | unearth (to).
desentibador (minas) | timber drawer | backbrusher.
desentibador (minería) | nog drawer.
desentibar | rob (to).
desentibar (minas) | rob (to) | untimber (to).
desentonar | clash (to).
desentonar (música) | flatten (to).
desentrañar | fathom (to).
desentrañar (ley, contrato) | eviscerate (to).
desentubación (medicina) | detubation.
desenturbiador (de aguas) | desilter.
desenvainada (armas) | drawn.
desenvainado químico | chemical jacket removal.
desenvergar (las velas) | unbend (to).
desenvergar (una vela) | heave off (to).
desenvolver | spread (to) | draw out (to) | evolve (to).
desenvolverse | develop (to).
desequilibrado | unbalanced | lopsided | out of equilibrium | ill-balanced.
desequilibrado de impedancias | impedance mismatching.
desequilibrar | unbalance (to) | disequilibrate (to).
desequilibrar (radio) | mismatch (to).
desequilibrio | out of balance | nonequilibrium | maladjustment | mismatching | mismatch | disequilibrium | unbalance | inequilibrium.
desequilibrio (barco) | crankiness.
desequilibrio (economía) | gap.
desequilibrio (medicina) | imbalance.
desequilibrio de fuerzas | force unbalance.
desequilibrio de impedancias | impedance mismatch.
desequilibrio de la inductancia | inductance unbalance.
desequilibrio de las masas alternativas (máquinas) | reciprocating unbalance.
desequilibrio de momentos | moment unbalance.
desequilibrio del eje giratorio | imbalance of rotating shaft.
desequilibrio del flujo axial | axial offset.
desequilibrio del rotor | rotor unbalance.
desequilibrio dinámico | dynamic unbalance | dynamic out-of-balance.
desequilibrio estático | static out-of-balance.
desequilibrio masivo | massive imbalance.
desequilibrio máximo en gramos en la periferia (sierra circular) | maximum imbalance in grams at periphery.
desequipar (buques) | lay up (to).
deserción | desertion | defection.
desertar | desert (to).
desértico | desert.
desertícola | desert-inhabiting | deserticolous.
desertor | deserter.
desertor (ejército) | defector.
desescamación | descaling.
desescamar | scale (to).
desescarchado del enfriador de aire | aircooler defrosting.
desescarchado por agua | water defrosting.
desescarchado por gas caliente | hot-gas defrosting.
desescarchador (para tuberías) | defroster.
desescarchador del parabrisas (autos) | windshield defroster.
desescarchar (tuberías) | defrost (to).
desescombrador de alcantarilla | culvert cleaner.
desescombrar | rid (to) | muck (to).
desescombrar el frente de arranque (minería) | muck the heading (to).
desescombro | mucking | clearing away | clearing | ridding.
desescombro con pala giratoria | rock shovel mucking.
desescoriado | skimming | slag-removed | slag tap.
desescoriado (hornos) | slagging | flushing.
desescoriado de cenizas | ash-slagging.
desescoriador (colada de alto horno) | skimmer.
desescoriamiento | deslagging.
desescoriar | slag off (to) | skim (to) | deslag (to).
desescoriar (cordón soldadura) | descale (to).
desescoriar (fundición) | skin (to).
desescoriar (hornos crisoles) | swab up (to).
desescorificación | slagging.
desesmaltaje | deenameling.
desesmaltar | deenamel (to).
desespumado | defrothing.
desespumante | defrothing.
desestabilización | destabilization.
desestabilizado | far from stability.
desestannificación | destannification.
desestañación | detinning.
desestañado | detinning.
desestañado de desperdicios de hojalata (recuperación de estaño) | tinplate wastes detinning.
desestañado electrolítico | electrolytic detinning.
desestañar | untin (to) | detin (to).
desestearinizar | destearinize (to).
desesterificación | deesterification.
desestibar una parte especificada del cargamento | snake out (to).
desestimación | disvalue | nonsuit.
desestimar | overrule (to).
desestimar la elección | void the election (to).
desestimar la petición | dismiss the petition (to).
desestimiento | rejection.
desestivar (buques) | break out (to).
desetanizador | de-ethanizer.
desexcitación | deexcitation | deexciting.
desexcitación (electroimán) | deenergization.
desexcitación gamma | gamma de-excitation.
desexcitar (relés) | deenergize (to).
desfalcar | peculate (to) | embezzle (to).
desfalco | defalcation | misappropriation | peculation | embezzlement.
desfalco de fondos | fraudulent misuse of funds.
desfallecimiento | faint | failing.
desfasado | out of phase.
desfasador (electricidad) | phase shifter.
desfasador de guía de ondas | waveguide phase shifter.
desfasador de guiaondas | wave guide phase changer.
desfasador rotativo | rotary phase changer | rotary phase shifter.
desfasaje | dephasing.
desfasaje de la marea | tidal epoch.
desfasaje sobre impedancias conjugadas | conjugate phase-change coefficient.
desfasamiento | phase shift | time lag.
desfasamiento cronológico | time lag.
desfasar | dephase (to).
desfase | phase difference | lag.
desfase de radianes por kilómetro | phase shift in radians per kilometer.
desfase en grupos de transformadores estrella-triángulo | phase shift in Y-Δ transformer banks.
desfase entre generaciones (sociología) | generation gap.
desfavorable | unfavorable | unfriendly.
desfenolizar | dephenolize (to).
desferrificación | deferrification.
desferrificar | deferrize (to).
desferrización | deironing.
desferrizar | deferrize (to).
desfervescencia | defervescence.
desfibrado de la madera (papel) | wood grinding.
desfibrador | defibrator.
desfibrador (papelería) | doctor.
desfibradora | fiber separator | teaser | shredder | rasping machine.
desfibradora (caña de azúcar) | disintegrator.
desfibradora (de pasta de madera) | grinder.
desfibradora (fábrica de azúcar) | sugar shredder.
desfibradora (fábrica de papel) | pulp grinder | pulp engine.
desfibradora (fabricación papel) | breaker.
desfibradora (papelería) | stuff grinder.
desfibradora de algodón desmotado | linter.
desfibradora de caña | cane shredder.
desfibradora de lino | flax breaker | flax brake.
desfibradora longitudinal (fabricación papel) | long grinder.
desfibramiento (caña de azúcar) | desintegration | disintegration.
desfibrar | defiber (to).
desfibrar (caña de azúcar) | disintegrate (to).
desfibrilador | defibrillator.
desfieltrador | matted fiber machine.
desfiguración | deformation.
desfiguración o malformación producida por picaduras de insectos (frutas) | catfacing.
desfigurar | deform (to | disfigure (to) | mispresent (to).
desfigurar la superficie | disfigure the surface (to).
desfiladero | defile | gap | canyon | narrow | notch | gorge.
desfiladero (geología) | wind gap.
desfiladero (montañas) | gullet.
desfiladero submarino | submarine canyon.
desfilar (cinta magnética) | advance (to).
desfilar (soldados, aviones) | fly past (to).
desfilar (tropas) | defile (to).
desfilar delante de | march past (to) | file past (to).
desfile | parade.
desflecada (cuerdas) | fagged.
desflegmar | dephlegmate (to).
desfloculación | deflocculation.
desfloculador | deflocculator.
desfloculante | deflocculant.
desfluoración | defluorination.
desfondada (sillas) | cave-in.
desfondadora de terrenos | ripper.
desfondamiento (barriles) | breaking in.
desfondar (el terreno) | breakup (to).
desfondar (terrenos) | rip (to).
desfondar (toneles) | start (to).
desfondar (una red) | knock in (to).
desfondar el terreno | open ground (to).
desfondarse (sillas) | cave-in (to).
desfonde (de una red) | knocking in.
desforestación | deforestation | deafforestation.
desforestar | deforest (to) | disafforest (to).
desforrador (aislamiento eléctrico) | stripper.
desforramiento (cables eléctricos) | stripping.
desforrar (cables eléctricos) | strip (to).
desfosforación | dephosphorization.
desfosforar | dephosphorize (to).
desfosforización por soplado lateral en convertidor básico | side-blown basic converter dephosphorization.
desfosforizar | dephosphorize (to).
desfrenar | free the brake (to) | uncage (to).
desgajar | cleave off (to).
desgalvanizar | strip (to).
desgalvanoplastiar | strip (to).
desgarrador (tubería pozos petróleo) | ripper.
desgarradora | teaser.
desgarradora de yute | jute teaser | jute knifing machine.
desgarradora mecánica | knifing machine.
desgarradura | tearout | tear.
desgarramiento | tearing.
desgarramiento (piezas moldeadas) | pulling.
desgarrar | tear (to) | rip (to) | dilacerate (to) | breakup (to).
desgarrar (forjado de aceros) | rupture the steel (to).
desgarrar (lino, cáñamo) | ripple (to).
desgarrarse | split (to).

desgarro | tearing | tearout | rip | gash | rending | rent | ripping | rupture.
desgarro (piezas fundidas) | drawing.
desgarro de imagen (televisión) | tearing out.
desgarro de imagen (TV) | picture tearing.
desgarro de la imagen | picture tearing.
desgarro laminar (chapas) | lamellar tearing.
desgarro por cizalladura | shear tearout.
desgarrón | rip | tearout.
desgarrón de una costura | seam rip.
desgaseado | degassed | degassing | outgassing.
desgaseado de metales fundidos (metalurgia) | killing.
desgaseado de metales fundidos por adición de cloro | chlorination.
desgaseado en el vacío | degassed under vacuum.
desgaseado por calentamiento (sistema de vacío) | bakeout.
desgaseador | getter | degasser.
desgaseamiento | outgassing.
desgaseamiento (guerra química) | degassing.
desgaseamiento del acero líquido | molten steel degassing.
desgaseamiento del acero por inyección de argón | steel argon degassing.
desgaseamiento del fundente (metalurgia) | flux degassing.
desgaseamiento por vertimiento de un chorro de metal fundido en un vacío moderado (metalurgia) | vacuum stream degassing.
desgasear (guerra química) | degas (to).
desgasear (petroleros) | gas (to).
desgasificación | outgassing | cleanup | gas freeing | gasproofing | degassing | degasification.
desgasificación (del petróleo) | degassing.
desgasificación a presión subatmosférica | vacuum degassing.
desgasificación al vacío | vacuum degassification.
desgasificación del acero | steel degasification.
desgasificación del lingote | ingot degassing.
desgasificación en la cuchara | ladle degassing.
desgasificación en vacío parcial | vacuum degassing.
desgasificación por selenio | selenium desgasification.
desgasificación trasegando el metal en una cuchara encerrada en una cámara de vacío | vacuum stream degassing.
desgasificado | gas-freed.
desgasificador | degasser | degasifier | getter.
desgasificar | degas (to) | degasify (to) | outgas (to).
desgastabilidad | wearability.
desgastable | wearable.
desgastada (monedas) | detrited.
desgastado | worn away | fretted.
desgastado (revestimiento) | cutout.
desgastado por el agua | fretted by the water.
desgastar | fret (to) | wear (to) | erode (to).
desgastar en caliente (lingotes, etc.) | breakdown (to).
desgastarse | rub away (to).
desgastarse (trajes) | rub (to).
desgaste | fretting | fret | frazzle | wearing abrasion | wear and tear | wear | wastage detrition.
desgaste (de una pieza) | slack.
desgaste (de una roca) | ablation.
desgaste (geología) | weathering.
desgaste (huelgo-de una herramienta durante su trabajo) | float.
desgaste (partes metálicas) | frettage.
desgaste (zapatos, vestidos) | holing.
desgaste abrasivo por falta de lubricante (dientes engranajes) | scoring.
desgaste abrasivo por falta de lubricante (engranajes) | scuffing.
desgaste acentuado de la cara interior del carril por las pestañas de las ruedas (vía férrea) | side cutting.
desgaste apreciable | measurable wear.
desgaste balístico | ballistic wear.
desgaste de imagen | picture tearing.
desgaste de la cabeza en la junta (carriles) | rail batter.
desgaste de la camisa del cilindro | cylinder liner wear.
desgaste de la herramienta | tool wear.
desgaste de la hilera durante el estirado del alambre | die wear during wire drawing.
desgaste de la llanta | flange wear.
desgaste de la muela abrasiva por hora | wheel-wear per hour.
desgaste de la punta | point wear.
desgaste de la sierra por metro^2 aserrado | blade wear per m^2 sawn.
desgaste debajo de la cabeza (escarpias de vía férrea) | necking.
desgaste del calibrador | gage wear.
desgaste del material | fatigue of material.
desgaste del troquel | die wear.
desgaste diametral | diametral wear.
desgaste diametral de la camisa (cilindros) | liner diametral wear.
desgaste diferencial (geología) | differential weathering.
desgaste en forma de ondulaciones | ripple wear.
desgaste en las curvas (carril vía férrea) | corner shelling.
desgaste en quilates por metro de sondeo | carat wear per meter drilled.
desgaste excéntrico | eccentric wear.
desgaste imperceptible | negligible wear.
desgaste inmediatamente detrás del filo (carburos cementados) | cratering.
desgaste interior del cilindro | cylinder wear.
desgaste irregular | irregular wear.
desgaste irregular de la muela abrasiva | irregular wheel wear.
desgaste mecánico | mechanical wear.
desgaste mínimo | reduced wear.
desgaste natural (no por mal uso) | fair wear and tear.
desgaste normal | wear and tear.
desgaste ondulatorio (carril vía férrea) | undulatory wear | corrugation.
desgaste operacional | operational attrition | operations attrition.
desgaste permitido | permissible wear.
desgaste por abrasión | abrasive wear.
desgaste por desintegración | disintegration wear.
desgaste por facetas (facetaje-neumáticos de autos) | flatting.
desgaste por frote | rub wear.
desgaste por igual | even wear.
desgaste por raspadura (fotografía) | abrasive action.
desgaste por rodadura | rolling abrasion.
desgaste por rozamiento | attritious wear | abrasive wear | frictional wear | fretting.
desgaste radial admisible (colectores) | wearing depth.
desgausamiento (de una masa magnética) | degaussing.
desgausar (neutralizar magnéticamente) | degauss (to).
desgelatinizar | degelatinize (to).
desgerminador | degerminator.
desglose | fragmentating | disclosure | break down.
desglose del coste | cost breakdown.
desgomada (seda) | scoured | soft.
desgomado (seda) | boiling-off.
desgomado de la seda | silk degumming.
desgomante | degumming.
desgomar (la seda) | souple (to).
desgomar (seda) | boil off (to) | wet out (to).
desgomar (sedas, aceites) | degum (to).
desgotación (acción de quitar las gotas de pintura que gotean - superficies pintadas) | detearing.
desgotar (quitar las escurriduras - superficies pintadas) | detear (to).
desgote (pasta papelera) | dewating.
desgote (porta papelera) | drainage.
desgoteo electrostático (pintura) | electrostatic detearing.
desgrafitación | degraphitizing.
desgrafitar | degraphitize (to).
desgranador | sheller.
desgranadora | thresher | huller | thrasher.
desgranadora de algodón | boller.
desgranadora de guisantes | pea-sheller.
desgranadora para semillas de algodón | cotton-seed peeling machine.
desgranamiento | shelling.
desgranar | shell (to).
desgranar (el maíz) | husk (to).
desgranar (mazorca de maíz) | trash (to).
desgranar con el mayal | flail (to).
desgrane (del lino) | rippling.
desgrasado | defatted.
desgrasado (lana) | scouring.
desgrasado en pieza (textil) | piece scouring.
desgrasador | degreaser | scourer | scouring agent.
desgrasadora | scouring machine.
desgrasante | degreasant.
desgrasar | defat (to) | degrease (to) | degrease (to).
desgrasar (lana) | scour (to).
desgravación | allowance | rebate | exemption | abatement.
desgravación de exportaciones | refund of exports.
desgravación fiscal | relief from taxation | tax relief | tax shield | tax credit | tax allowance.
desgravación fiscal futura | future tax relief.
desgravación fiscal por aumento de puesto de trabajo | selective employment tax.
desgravación liquidable para inversiones anticipadas | balancing allowance.
desgravación por inversión | investment allowances.
desgravaciones de amortización | annual allowances.
desgravaciones sobre capital | capital allowances.
desgravar | exempt from tax (to) | abate (to).
desgravar (economía) | disencumber (to).
desgravar (impuestos) | derate (to) | free (to).
desgreñar | dishevel (to).
desguace | scrapping | breakup | junking.
desguace (de buques) | breaking up.
desguace de barcos viejos y construcción de barcos nuevos | scrap and build.
desguace de buques | shipbreaking.
desguarnecer | strip (to) | dismantle (to).
desguarnecer (de tropas) | deplete (to).
desguarnecido | unmanned.
desguarnecido (fortalezas, etc.) | manless.
desguarnecimiento | dismantling.
desguarnir (cabrestante) | unship (to).
desguarnir (marina) | strip (to).
desguazado (buques) | broken up.
desguazador | slicer.
desguazador de buques | shipbreaker.
desguazador de buques viejos | knacker.
desguazar | breakup (to) | junk (to).
desguazar (buques) | break (to).
desguazar (buques, etc.) | scrap (to).
desguince (fábrica papel) | rag cutter.
desguinzamiento | rag cutting.
desguinzar | cut rags (to).
desguión (telegrafía) | undash.
desgustador | taster.
deshacer | rescind (to) | breakup (to) | pull out (to) | pull off (to).
deshacer (nudos) | loosen (to).
deshacer (un nudo) | untie (to).
deshacer (un tejido de punto) | ravel (to).
deshacer (un trato) | disaffirm (to).
deshacer el trato | declare the bargain off (to).
deshacer la forma (tipografía) | breakup (to).
deshacer las tongadas | detier (to).

deshacer punto | rove (to).
deshacer un pliego de composición (tipografía) | make pie (to) | pie a take (to).
deshacerse | dissolve (to).
deshacerse de | give away (to) | get rid of (to) | turn away (to).
deshacerse de una cosa | dispose of (to).
deshebrar | ravel (to).
deshecho | trash.
deshechos de fábricas de conservas | cannery wastes.
deshechos de lavandería | laundry wastes.
deshechos de machaqueo | crusher waste.
deshelador | thawer.
deshelador de cartuchos de dinamita | dynamite thawer.
deshelador electrotérmico | electrothermal deicer.
deshelar | thaw (to) | melt (to) | deice (to).
desherbado | weeding | unweeding.
desherbado químico | chemical weeding.
desherbante | weeding.
desherbar | weed (to) | unweed (to).
desheredar | exheredate (to).
desherencia | default on heirs.
deshermanar | mismatch (to).
deshidratación | dewatering | dehydration | anhydration.
deshidratación a contracorriente | through-circulation drying.
deshidratación catalítica | catalytic dehydration.
deshidratación de fangos | sludge dewatering.
deshidratación de fangos de alcantarillado | sewage sludge dewatering.
deshidratación de frutas | fruit dehydration.
deshidratación de la carne | meat dehydration.
deshidratación de los barros | dewatering.
deshidratación de los fangos cloacales | sewage sludge dewatering.
deshidratación del combustible | fuel drying.
deshidratación en vacío elevado | high-vacuum dehydration.
deshidratación por capa de espuma | foam-mat drying.
deshidratación por corrientes de hiperfrecuencia | radiofrequency dehydration.
deshidratado | dried.
deshidratado (aire, gas) | devaporized.
deshidratador | anhydrator | dehydrator | hydroextractor.
deshidratador centrífugo | centrifugal dehydrator.
deshidratador de aceites | water stripper.
deshidratador de aspersión | spray dryer.
deshidratador de flúidos (canalizaciones) | trap.
deshidratador de gas | knockout.
deshidratador de lecho fluidizado | fluidized bed dryer.
deshidratador de petróleo | knockout.
deshidratador de retorno (tuberías de vapor) | lift trap.
deshidratador del combustible | fuel dehydrator.
deshidratador del vapor (tubería de vapor) | water trap.
deshidratador del vapor de expansión | expansion steam trap.
deshidratador electrolítico | electrolytic dehydrator.
deshidratadora de banda transportadora | apron-conveyor dryer.
deshidratadora de bandejas | tray dryer.
deshidratadora de tambor | revolving-drum dryer.
deshidratadora neumática | pneumatic dryer.
deshidratadord | dehydrater.
deshidratante | ehydrating agent.
deshidratante (química) | desiccator.
deshidratante de gel de sílice | desiccator of silica gel.
deshidratar | dehydrate (to) | abstract the water (to) | dewater (to) | anhydrate (to).
deshidratar (aire, gas) | devaporize (to).
deshidratar la cal | anhydrate lime (to).
deshidrocloración | dehydrochlorination.
deshidrocongelación (congelación de un producto parcialmente deshidratado) | dehydrofreezing.
deshidrogenación | dehydrogenation.
deshidrogenación pirolítica | pyrolytic dehydrogenation.
deshidrogenado | hydrogen-reduced.
deshidrogenar | dehydrogenize (to).
deshielo | ice break-up | thaw | defrosting.
deshielo (de los hielos) | breaking up.
deshielo de la nieve | snowmelt.
deshielo de primavera | breakup.
deshielo estacional | seasonal thaw.
deshielo por electrocaldeo | electric thawing.
deshierbar (agricultura) | weed (to).
deshilachado (cables metálicos, cuerdas) | flying apart.
deshilachado de trapos | rag opening.
deshilachado en seco | dry tearing.
deshilachadora (fábrica de papel) | rag-engine.
deshilachadora de trapos | tearing machine | shoddy picker | ragpicker | rag-tearing machine | rag grinder | rag devil.
deshilachamiento | drizzling.
deshilachar | ravel (to) | unthread (to) | frazzle (to) | fray (to).
deshilachar (galones de oro o plata) | drizzle (to).
deshilachar (trapos) | devil (to).
deshilacharse | frazzle (to).
deshilador (fábrica de papel) | rag-cylinder driver.
deshilar | ravel out (to) | ravel (to).
deshilar (galones de oro o plata) | drizzle (to).
deshojado (maderas) | shake.
deshoje | fall of leaves.
deshollejar | peel (to).
deshollinador | sweep | steeple jack.
deshollinador (persona) | chimney sweeper.
deshollinar (chimeneas) | sweep (to).
deshollinar con lanza (tubos de calderas) | lance (to).
deshollinar los tubos con chorro de aire o agua (caldera acuotubular) | lance the tubes (to).
deshonesto | unhonest.
deshornadora (coque) | pushing machine.
deshornadora (de lingotes) | stripper.
deshornadora (de lingotes, etc.) | draw machine.
deshornadora (horno de coque) | ram.
deshornadora de coque | pusher | coke engine | coke drawer | coke pusher.
deshornadora de lingotes | ingot drawing-out machine.
deshornar (cerámica) | draw (to).
deshuesada (carne) | boned.
deshuesada (frutas) | pitted.
deshuesadora de frutas | pitter.
deshuesamiento (acción de deshuesar) | boning.
deshuesar | bone (to) | stone (to).
deshuesar (aves) | debone (to).
deshullar (minería) | coal (to).
deshumanizar | dehumanize (to).
deshumectación | deshumidification | dehumidification.
deshumectador | moisture scavenger.
deshumectante de alambre de aleación Monel | Monel wire dehumectant.
deshumectante de malla metálica | metallic dehumectant.
deshumectar | dehumidify (to).
deshumedecer | dehumidify (to).
deshumidificación | dehumidification | moistureproofing.
deshumidificación de edificios | space dehumidification.
deshumidificación de la carga (buques) | cargo dehumidification.
deshumidificación de las bodegas (buques) | hold dehumidifying.
deshumidificación dinámica | dynamic dehumidification.
deshumidificación por nebulización | spray dehumidification.
deshumidificador de silicagel (transformador eléctrico) | silicagel breather.
deshumidificar | dehumidify (to).
desicolonizar | desicolonize.
desiderativo | desiderative.
desierto | desert.
desierto acuático (oceanografía) | aqueous desert.
desierto de arena | areg.
desifonar | unsiphon (to).
designación (de mercancías) | description.
designación alfanumérica | alphanumeric designation.
designación correcta | correct designation.
designación cuantitativa de los colores | quantitative designation of colors.
designación de la mercancía | description of the goods.
designación de los oficios profesionales | occupational titles.
designación de los puestos | station assignment.
designación de puestos (en un buque) | quartering.
designación detallada del contenido | contents in detail.
designar | mark (to).
designar (títulos de propiedad) | describe (to).
designar para un mando (milicia, marina) | post (to).
designar por su nombre | name (to).
designar sus puestos a la tripulación (buques) | quarter (to).
desigual | disparate.
desigual (contratos) | one-legged.
desigual (terrenos) | rough.
desigualado | out of level.
desigualar | mismatch (to).
desigualdad | disparity | irregularity | imparity | disparateness.
desigualdad (carreteras) | roughness.
desigualdad anual | annual inequality.
desigualdad con baches (caminos) | bumpy.
desigualdad de Schwarz | Schwarz inequality.
desigualdad del diámetro (alambre de un rollo) | runout.
desigualdad del diámetro del alambre a lo largo del rollo | specky.
desigualdad del paso (tornillos) | thread drunkenness.
desigualdad diurna | declinational inequality | diurnal inequality.
desigualdad diurna (mareas) | daily inequality.
desigualdad en el diámetro (alambre de un rollo) | running out.
desigualdad entre importaciones y exportaciones | disparity between imports and exports.
desigualdad lunar de la tierra | lunar inequality of earth.
desigualdad triangular | triangle inequality.
desigualdades | inequalities.
desigualdades (carreteras) | bumps.
desigualdades (de una carrera) | bumpiness.
desigualdades cuando se mira al trasluz (papel) | cloud effect.
desigualdades de la vía | inequalities of track.
desigualdades en la cara de fractura | smears.
desigualdades en un triángulo (trigonometría) | triangle inequalities.
desigualdades isoperimétricas | isoperimetric inequalities.
desigualdades variacionales | variational inequalities.
desigualmente espaciado | irregularly-spaced.
desigualmente gastado | irregularly worn.
desilicación | desilication.
desilicatación | desilication.
desilicatar | desilicate (to).

desiliciación | desiliconization.
desiliciar (aceros) | desiliconize (to).
desilicificación | desilication.
desilicificar | desilicify (to).
desiliconización | desiliconization.
desimanación | demagnetization | recoil.
desimanación (de buques) | degaussing.
desimanación (de una masa magnética) | degaussing.
desimanación adiabática | adiabatic demagnetization.
desimanación de buques | vessel demagnetizing.
desimanación por barrido con cable horizontal desplazable (buques) | wiping demagnetization.
desimanación por escobazo (protección contra minas magnéticas-buques) | flashing demagnetization.
desimanación primero por barrido negativo con gran amperaje y después por barrido en sentido opuesto (buques) | overwipe demagnetization.
desimanador | demagnetizer.
desimanante | demagnetizing.
desimanar | demagnetize (to) | deenergize (to).
desimanar por barrido (buques) | wipe (to).
desimantar | demagnetize (to).
desincentivar | deincentive (to).
desincentivo | disincentive.
desincronismo | pull-out.
desincronización (motores síncronos) | pull-out.
desincronizado | falling out of step.
desincronizado (filmes sonoros) | out-of-sink.
desincronizarse | pull out of step (to).
desincrustable (calderas) | scalable.
desincrustación | scaling.
desincrustación (de calderas) | descaling.
desincrustación por diferencia de temperaturas (evaporadores) | temperature cracking.
desincrustación por termodilatación | shock scaling.
desincrustador (de tubos) | rattler.
desincrustador del hielo (dispositivo para impedir la formación del hielo - aviones) | deicer.
desincrustador para calderas | scaler.
desincrustador para motores diesel | diesel descaler.
desincrustador ultrasónico para calderas | ultrasonic boiler descaler.
desincrustadora | discaler.
desincrustante | scale remover | scale destroying | antiincrustator.
desincrustante (calderas) | descaler.
desincrustante para calderas | boiler-compound | boiler fluid.
desincrustar | de-scale (to) | scale off (to).
desincrustar (calderas) | scale (to) | fur (to) | descale (to).
desincrustrador de calderas | boiler descaler.
desincrustrante (calderas) | antiscale.
desinencia | flexional ending.
desinfección | sanitizing.
desinfección del agua | water desinfection.
desinfectado | sanitized.
desinfectante | sanitizing agent | disinfectant.
desinfectante insípido | tasteless disinfectant.
desinfectante para el agua potable | drinking water desinfectant.
desinfectar | disinfect (to).
desinfector | disinfector.
desinfestación | deinfestation | disinfestation.
desinfestador | disinfector.
desinflación | desinflation | deflation.
desinflado (globos, neumáticos) | going down.
desinflador | deflator.
desinflamiento (neumáticos) | collapse.
desinflamiento del neumático | tire blowout.
desinflar | deflate (to) | let down (to).
desinflar (neumáticos) | flatten (to).
desinflar (un globo) | collapse (to).
desinflarse (ruedas) | go flat (to).
desinmunidad | desimmunity.
desinsectación | desinsectizacion | disinsecting.
desinsectización | deinsectization.
desintegración | disintegration | desintegration | decaying | decomposition | dispersion | breakdown | breaking up | debunching.
desintegración (radioactividad) | decay.
desintegración (reactor nuclear) | meltdown.
desintegración alfa | alpha decay.
desintegración alfa de paridad par | even parity-alpha decay.
desintegración atómica | atomic disintegration | atomic desintegration | atom smashing.
desintegración beta | beta decay | beta transformation | beta disintegration.
desintegración beta del piñón | pion beta decay.
desintegración beta doble (nuclear) | double beta decay.
desintegración beta inversa | inverse beta decay.
desintegración catalítica | catalytic cracking.
desintegración catalítica (petróleo muy denso) | cracking.
desintegración catalítica en lecho móvil | fluid catalytic cracking.
desintegración de radiaciones beta | β decay.
desintegración del hielo | decay.
desintegración del hielo marino | crumble.
desintegración del hormigón | concrete disintegration.
desintegración del material del cátodo y su deposición sobre otro electrodo o sobre la envuelta | sputtering.
desintegración del monóxido de carbono | carbon monoxide disintegration.
desintegración del mortero (albañilería) | mortar disintegration.
desintegración del núcleo por bombardeo electrónico | electro-desintegration.
desintegración del revestimiento | lining disintegration.
desintegración del revestimiento del alto horno | blast-furnace lining disintegration.
desintegración en bloques | block desintegration.
desintegración en cadena | chain desintegration.
desintegración en cascada | cascade decay.
desintegración en fase vapor | vapor-phase cracking.
desintegración en pequeños glóbulos | shotting.
desintegración en polvo (superficies pintadas) | chalking.
desintegración en vuelo | fly desintegration.
desintegración espontánea (escorias) | falling.
desintegración espontánea a polvo | dusting.
desintegración explosiva | explosive desintegration.
desintegración fotónica | photon decay.
desintegración inducida | induced decay.
desintegración isomerizante | isocracking.
desintegración leptónica | leptonic decay.
desintegración múltiple | branching.
desintegración múltiple (nuclear) | multiple decay.
desintegración muónica | muonic decay.
desintegración nuclear | nuclear decay.
desintegración piónica del hiperón | pionic hyperon decay.
desintegración por captura electrónica | electron-capture disintegration.
desintegración radiactiva | radioactive disintegration | radioactive decay.
desintegración radiactiva artificial | artificial radioactive decay.
desintegración radiactiva natural | natural radioactive decay.
desintegración radiativa | radiative decay.
desintegración sin producción de neutrinos | neutrinoless decay.
desintegración superpermitida | superallowed decay.
desintegraciones por segundo | disintegrations per second.
desintegrado (nucleónica) | decayed.
desintegrador | disintegrator.
desintegrador catalítico | cat cracker.
desintegrador centrífugo | centrifugal desintegrator.
desintegrador de arcillas de gravas auríferas | disintegrator for gold-bearing gravelly clays.
desintegrador de arenas | sand desintegrator.
desintegrador de átomos | atom smasher.
desintegrador ultrasónico | supersonic disintegrator.
desintegrador ultrasonoro | ultrasonic disintegrator.
desintegrar | disintegrate (to).
desintegrar el átomo | smash (to).
desintegrarse | moulder away (to) | decay (to).
desintensificador | detensifier.
desinterés | selflessness.
desinterlinear | unlead (to).
desintonía | mistuning.
desintonizado | untuned | off tune | offtune.
desintonizar | mistune (to) | untune (to) | detune (to) | distune (to) | dissyntonize (to).
desintoxicación | disintoxication.
desintoxicar | detoxify (to).
desinversión | disinvestment.
desinversión de capitales (de valores) | liquidity.
desionización | deionization | deionizing.
desionización en una capa | monobed deionization.
desionización por lecho mixto | mixed-bed deionization.
desionizador | deionizer.
desionizador aniónico | anionic deionizer.
desionizador catiónico | cationic deionizer.
desionizante | deionizing.
desionizar | deionize (to) | unionize (to) 11.
desisobutanizador | deisobutanizer.
desistencia | desistance.
desistimiento | recession | confession and avoidance.
desistimiento de demanda | abandonment of demand.
desistimiento de la demanda (jurídica) | abandonment of action.
desistimiento de la instancia | abandonment of suit.
desistir | waive (to).
desistir de | quit (to).
desistir del pleito | refrain from the suit (to).
desistir del pleito (jurídico) | withdraw a suit (to).
desjaretar (costura) | untuck (to).
deslastraje del agua de lastre (petroleros) | deballasting.
deslastrar | cut off (to) | ballasting-up.
deslastrar (buques) | unballast (to).
deslastre | load shedding.
deslastre en vuelo | jettisoning.
deslavado de morteros (de cal o cemento) | leaching.
deslavar | rinse (to).
desleal | unfair.
desleidora | wash mill.
desleimiento | dilution.
desleir | dissolve (to) | slake (to).
desleír con | levigate (to).
desliar | loose (to).
desliarse | weaken (to).
desligado | exempt.
desligado (música) | loosed.
desligar | untie (to) | unbind (to) | loosen (to).
deslignificación | delignification.
deslignificación alcalina | alkaline delignification.
deslignificación hidrotrópica | hydrotropic delignification.
deslignificar | delignify (to).
deslindar | bound (to).
deslindar (terrenos) | survey (to).
deslinde | land boundary | landmark setting |

survey | demarcation.
deslinde de terrenos | parcels.
deslinde forestal | forest settlement.
deslineación | misalinement.
deslineado verticalmente (carril) | surface-bent.
deslingotado (lingotes) | stripping.
deslingotador | ingot stripper.
deslingotar (lingotes) | strip (to).
deslingotera | stripper crane | stripping ram | stripper.
deslingotera (acerías) | stripper ram.
desliz | bust.
deslizadera | slide | cross-head guides | skid.
deslizadero con palos (forestal) | corduroy.
deslizadero de cable | gravity cable.
deslizador | gliding machine | glider | coaster.
deslizador para conicidad (torneado cónico) | taper slide.
deslizador sónico | sonic glider.
deslizamiento | slip | skidding | creapage | gliding | glide | shearing | space drift | shear frequency drift | sliding | slipping | slip ratio | slippage | slide.
deslizamiento (laminación) | creeping.
deslizamiento (vigas) | shearing strain.
deslizamiento cristalino | crystalline slip.
deslizamiento cristalino unitario | crystal-unit slipping.
deslizamiento cuesta abajo | coasting.
deslizamiento de capas (geología) | shear.
deslizamiento de frecuencia | mode skip.
deslizamiento de la imagen | picture slip.
deslizamiento de planos atómicos unos sobre otros | slip of atomic planes over one another.
deslizamiento de rocas | rock slide.
deslizamiento de sintonía | tuning creep.
deslizamiento de tierras | landslide.
deslizamiento del inducido | rotor slip.
deslizamiento Doppler | Doppler shift.
deslizamiento intercristalino (metalurgia) | boundary slip.
deslizamiento lento | creep.
deslizamiento lento de glaciar de roca | rock-glacier creep.
deslizamiento lento del suelo | soil creep.
deslizamiento longitudinal del carril (sobre la vía) | rail creepage.
deslizamiento sobre carreteras mojadas | aquaplaning.
deslizamiento sobre el agua (hidros) | taxiing.
deslizamiento submarino (geología) | submarine slide.
deslizamiento subsíncrono | subsynchronous crawling.
deslizamiento total | net slip.
deslizándose por las imadas (botadura buques) | moving down the ways.
deslizante | fleeting | sliding.
deslizarse | creep (to) | glide (to) | slip (to) | slide (to).
deslizarse cuesta abajo | coast (to).
deslizarse horizontalmente (aviación) | soar (to).
deslizarse por inercia | cinching.
deslizarse sobre el agua (hidros) | taxi (to).
deslocalización | delocalization.
deslocalizado | delocalized.
deslumbramiento | dazzling | blinding | glare.
deslumbramiento (camuflaje buques) | dazzle.
deslumbramiento aéreo | red vision.
deslumbramiento por reflexión | reflected glare.
deslumbrar | dazzle (to) | blind (to) | flare (to).
deslustrado | lusterless | dull | frosted | unglazed.
deslustrador | dulling agent | shrinker.
deslustramiento | matting.
deslustrante | dazzle (to) | delusterant.
deslustrar | dull (to) | deluster (to) | tarnish (to) | ungloss (to) | depolish (to).
deslustrar (colores) | sadden (to).
deslustrar (cristal) | mat (to).
deslustrar (metales) | frost (to).
deslustrar (vidrio) | matt (to).
deslustre | tarnish.
desmagnetización adiabática | adiabatic demagnetization.
desmagnetizador | bulk eraser.
desmagnetizador de cabeza de registro | head demagnetizer.
desmagnetizar | demagnetize (to).
desmallable | ladderable.
desmanganizar | demanganize (to).
desmangarse (herramientas) | come off (to).
desmantelado | dismantling.
desmantelado (buque de vela) | disabled.
desmantelado (buques) | crippled.
desmantelamiento | dismantling | disablement | unbottoming.
desmantelamiento parcial | in-place entombment.
desmantelar | dismantle (to) | raze (to).
desmantelar (buques) | disable (to) | cripple (to).
desmantelar (fortificaciones) | demolish (to).
desmantelar una base que ya no es necesaria | roll-up (to).
desmargarinación (aceite de algodón) | winterization.
desmayo | faint | swoon.
desmazarotado (de lingotes) | topping.
desmazarotar (lingotes) | top (to).
desmedido | undue.
desmembración | amputation.
desmembración (de un imperio) | partition.
desmembración (naciones) | disruption.
desmembramiento | dispersion.
desmembrar | dismember (to) | breakdown (to).
desmembrar (naciones) | disrupt (to).
desmembrar (un cuerpo) | limb (to).
desmembrarse | breakup (to) | crack up (to).
desmenuzable | friable.
desmenuzado | chipped | chopped.
desmenuzadora | shredder.
desmenuzadora de tortas | oil cake crusher | cake breaker.
desmenuzadoras de trapos | rag shredders.
desmenuzamiento | breaking up.
desmenuzamiento cromosómico | chromosome shattering.
desmenuzamiento instantáneo del carbón por presión súbita (minas) | goth.
desmenuzar | mill (to) | breakup (to) | crumb (to) | shred (to) | hash (to).
desmenuzarse (carbón) | slack (to).
desmenuzarse (rocas) | slake (to).
desmercaptanización | sweetening.
desmetilar | demethylate (to).
desmezclamiento | unscrambling.
desmidáceas | desmids.
desmilitarización | demilitarization.
desmilitarización de municiones y explosivos | demilitarization of ammunition and explosives.
desmilitarizar | demilitarize (to).
desmilitarizar (industria) | deschedule (to).
desmineralización | demineralizing | demineralization.
desmineralización del agua de alimentación | feedwater demineralization.
desmineralización por congelación (agua salada) | freezing demineralization.
desmineralización por intercambio iónico | ion exchange demineralization.
desmineralizada a una resistividad de 600.000 ohmios/cm | demineralized to a resistivity of 600.000 ohm/cm.
desmineralizado | demineralized.
desmineralizador (del agua) | demineralizer.
desmineralizador de acción mixta | mixed-bed demineralizer.
desmineralizador de agua de lecho mixto | mixed-bed water demineralizer.
desmineralizador de aguas | water demineralizer.
desmineralizador de una sola capa | monobed demineralizer.
desmineralizante | demineralizing.
desmineralizar (agua) | demineralize (to).
desminución | abatement.
desmitologización | demythologization.
desmitologizar | demythologize (to).
desmochar | high topping | top (to) | crop (to) | lop (to).
desmochar (árboles) | head in (to).
desmochar (cola de caballos) | crop (to).
desmoche | lopping.
desmoche (árboles) | heading | polling.
desmodromía | desmodromy.
desmodrómico (movimientos) | positive.
desmodrómico (organos de máquinas) | positively connected.
desmodulación | demodulation.
desmodulación (radio) | detection.
desmodulación de potencia (radio) | power detection.
desmodulación en frecuencia | frequency demodulation.
desmodulación lineal (radio) | linear detection.
desmodulación por rejilla (radio) | grid detection.
desmodulado en frecuencia | frequency-demodulated.
desmodulador | demodulator.
desmodulador (telefonía codificada) | speech inverter.
desmodulador bifásico | biphase demodulator.
desmodulador de diodo | diode demodulator.
desmodulador de umbral mejorado | threshold extension demodulator.
desmodulador en anillo | ring demodulator.
desmodulador múltiple (telefonía codificada) | speech scrambler.
desmodulador para el receptor de señales televisivas | television signal receiver demodulator.
desmodular | demodulate (to).
desmografía (medicina) | desmography.
desmoldantes para la industria de los plásticos | mould release agents for the plastic industry.
desmoldeabilidad | withdrawability.
desmoldeado | stripper | striking.
desmoldeado (del molde) | drawing.
desmoldeador | mould stripper.
desmoldeadora | pattern stripping machine | stripping machine | pattern drawing machine.
desmoldeadora vibratoria | vibratory knockout machine.
desmoldear | draw (to) | withdraw (to) | demold (to).
desmoldear (fundición) | lift (to).
desmoldear (lingotes) | strip (to).
desmoldear un modelo | draw a pattern (to).
desmoldeo | draw | knocking off | demolding | mould release | shakeout.
desmoldeo (desencofrado - hormigón) | form removal.
desmoldeo (funderías) | pattern draw.
desmoldeo (lingotes) | stripping.
desmoldeo (moldería) | draft.
desmoldeo (porcelana) | lifting.
desmonetizar | demonetize (to).
desmontabilidad | demountability.
desmontable | dismountable | made in sections | sectional | collapsable | loose | detachable | withdrawable | collapsible | removable | demountable.
desmontable (de quita y pon) | movable.
desmontable (máquinas) | knock-down | removable.
desmontable sin quitar la culata del cilindro | removable without detaching cylinder head.
desmontado | teardown.
desmontado (máquina) | stripped (and) cleaned and remounted.
desmontado para abaratar el transporte | knocked down for cheap shipping.
desmontado para inspección (motores) | stripped for inspection.
desmontador | demounter.

desmontador (de una parte de un mecanismo) | remover.
desmontador (obrero) | dismantler.
desmontador de neumáticos | tire iron.
desmontador de neumáticos (ruedas autos) | tire remover.
desmontaje | stripping | stripping | knocking down | overhauling | teardown | removal | takedown | taking apart | diassembly | disassembling | detaching.
desmontaje (máquinas) | overhaul | disassembly | dismantling.
desmontaje de estructuras de acero | unbuttoning.
desmontaje de las apeas (minas) | prop-drawing.
desmontaje de las piezas componentes (máquinas) | teardown.
desmontaje de los ademes (minas) | prop-drawing.
desmontaje de un trust | trust busting.
desmontaje del cilindro de retroceso | recoil cylinder stripping.
desmontaje del inyector | injector stripping.
desmontaje del mecanismo | mechanism stripping.
desmontaje del timón | rudder unshipping.
desmontaje en la prensa | pressing off.
desmontar | disjoint (to) | disassemble (to) | demount (to) | take off pieces (to) | unmake (to) | take apart (to).
desmontar (canteras, minas) | strip (to).
desmontar (echar pie a tierra - de un caballo) | get off (to).
desmontar (el timón, la hélice) | reship (to).
desmontar (hélice, timón) | unship (to).
desmontar (lanas) | debur (to).
desmontar (máquinas) | take down (to) | dismount (to) | dismantle (to) | disassemble | remove (to) | knock down (to) | break-off (to).
desmontar (máquinas, mecanismos, etc.) | strip (to).
desmontar (mecanismos) | disarticulate (to).
desmontar (un equipo de radio, etc.) | break (to).
desmontar (una máquina o aparato) | take asunder (to).
desmontar accesorios o piezas no esenciales para conseguir mayor velocidad (aeroplanos) | strip down (to).
desmontar el color (géneros teñidos) | strip (to).
desmontar el equipo de bombeo (pozo petrolífero) | pull the well (to).
desmontar el tinte | boil out the dye (to).
desmontar la entibación (minas) | rob (to).
desmontar los componentes principales para limpieza o inspección (cañones, ametralladoras) | field-strip (to).
desmontar partes de un todo | strip (to).
desmontar por completo | detail-strip (to).
desmontar tapas para inspeccionar (máquinas) | strip (to).
desmontar un arma | uncock (to).
desmontaválvulas | valve lifter.
desmonte | cutting | cut | digging site | pit | excavating | stripping | clearing | earthmoving duties | filling up | grubbing | excavation.
desmonte (minas) | burrow.
desmonte de la montera (canteras, minas) | stripping.
desmonte en ladera | side benching.
desmontes (geología) | cutters.
desmoralizar (tropas) | demoralize (to).
desmoronable | ravelled.
desmoronable (terrenos) | unstable.
desmoronamiento | mouldering | downfall | slide.
desmoronamiento de la roca por la roca (minerales) | rock on rock grinding.
desmoronamiento de los bordes cortantes (muelas abrasivas) | white-edge.
desmoronamiento en el borde (carreteras) | ravelling.
desmoronamiento gradual | gradual wearing away.
desmoronamiento y pulverización del estaño (en países fríos) | tin pest.
desmoronarse | moulder (to) | moulder away (to) | come to pieces (to).
desmoronarse (rocas) | slake (to).
desmoronarse en el borde (carreteras) | ravel (to).
desmoronarse en los bordes | crumble at the edges (to).
desmotación | bur extracting.
desmotación mecánica | mechanical bur extracting.
desmotado | picking.
desmotado (algodón) | picked | ginned.
desmotado (de lanas) | deburring.
desmotado (despepitado - algodón) | ginning.
desmotado (despinzado - paños) | burling.
desmotado (lanas) | bur extracting.
desmotado mecánico | bur crushing.
desmotado mecánico (lana) | bur picking.
desmotado químico | chemical bur extracting.
desmotador | cloth nipper.
desmotador (lana) | bur picker.
desmotador del plegador | beam doffer.
desmotadora | bur-picking machine.
desmotadora (despepitadora - de algodón) | gin.
desmotadora (lana) | bur crusher.
desmotadora (lanas) | burling iron.
desmotadora (tejidos) | opener.
desmotadora de algodón | cotton gin.
desmotadura (despepitado - algodón) | ginning.
desmotar (despepitar - algodón) | gin (to).
desmotar (paños) | burl (to).
desmotar (tejeduría) | bur (to).
desmotar (tejidos, lanas) | burr (to).
desmotropía (isomería dinámica) | desmotropy.
desmotropismo (isomería dinámica) | desmotropism.
desmovilización | demobilization.
desmovilizar | demob (to) | demobilize (to).
desmulsificación | breaking of the emulsion.
desmulsionabilidad | demulsibility.
desmultiplicación | demultiplication | demultiplying | gearing-down | scaling down | scaling | reduction ratio | scaling.
desmultiplicación (engranajes) | reduction.
desmultiplicación de frecuencia | skip keying.
desmultiplicación de frecuencias ferromagnéticas | ferromagnetic frequency demultiplication.
desmultiplicación de la frecuencia | frequency demultiplication.
desmultiplicación de relación 10 | scale decade.
desmultiplicación doble (velocidades) | double-gearing.
desmultiplicación en toma directa (autos) | top-gear ratio.
desmultiplicación final (autos) | final-drive ratio.
desmultiplicado (de pequeña velocidad) | geared-down.
desmultiplicado (velocidad) | geared.
desmultiplicador | reduction unit | divider.
desmultiplicador (movimientos) | fine-regulating.
desmultiplicador binario | scale-of-two circuit.
desmultiplicador de hélice aérea | airscrew speed-reductor.
desmultiplicador de la frecuencia | frequency divider.
desmultiplicador de relación 10 a 1 | scale-often.
desmultiplicador de relación 2/1 | scale-of-two circuit | scaling couple.
desmultiplicador de relación 8/1 | scale-of-eight circuit.
desmultiplicador de velocidad | motor reduction unit.
desmultiplicador electrónico de impulsos (electrónica) | scaler.
desmultiplicador por décadas | decade scaler.
desmultiplicar | screwdown (to).
desnacionalizar | denaturalize (to) | denationalize (to).
desnatación | skim.
desnatada (leche) | creamed.
desnatador de grasa | grease skimmer.
desnatadora | cream separator | skimmer | creamer | milk-skimmer.
desnatar | skim (to).
desnatar (la leche) | cream (to).
desnaturalización | denaturation.
desnaturalización (química) | denaturization.
desnaturalización de proteínas | protein denaturation.
desnaturalización térmica | heat denaturization.
desnaturalizador nuclear | nuclear denaturant.
desnaturalizadores | denaturants.
desnaturalizante (química) | denaturant.
desnaturalizar | denaturalize (to) | denature (to).
desnaturalizar (química) | denaturate (to).
desnaturalizar (representar bajo una falsa apariencia - hechos) | miscolor (to).
desnaturar | denaturate (to).
desneutralización | deneutralization.
desneutralizar | deneutralize (to).
desniquelificación (corrosión selectiva) | denickelification.
desnitración | denitration.
desnitración ácida | acid denitration.
desnitrar | denitrate (to).
desnitrificación | denitration.
desnitrificador | denitrifier.
desnitrificar | denitrify (to) | denitrate (to).
desnitrogenación | denitrogenizing | denitrogenation.
desnitrogenar | denitrogenize (to).
desnitruración | denitriding.
desnitrurador | denitrurator.
desnivel | fall | off-level | unevenness.
desnivel (hidráulica) | elevation head.
desnivel (telefonía) | expected level.
desnivel efectivo | effective head.
desnivel entre bancales | vertical interval terrace.
desnivel total | gross head.
desnivelación | dislevelment | disalignment | delevelling | deleveling | drop.
desnivelado | uneven | out of level.
desnivelado (cojinete) | offset.
desnivelado (letra o carácter de imprenta) | off its feet.
desnuclearización | denuclearization.
desnuclearización de los fondos marinos | sea floor denuclearization.
desnudar (cables eléctricos) | strip (to).
desnudismo | streak.
desnudismo (EE.UU.) | streaking.
desnudo | undressed | naked.
desnudo total | bottomless.
desnutrición | malnutrition.
desnutrición proteíno-calórica | proteinic-caloric denutrition.
desnutrido | malnourished.
desobediencia | waywardness.
desobstrucción por medio de un alambre grueso o una barra (tuberías) | rodding.
desobstruir | loosen (to).
desobturar | loosen (to).
desocupación debida a resistencias | frictional unemployment.
desocupación involuntaria | involuntary unemployment.
desocupado | free | empty | empty | unemployed.
desocupar | loose (to) | evacuate (to) | empty (to) | void (to).
desodorante | destinker | deodorant.
desodorante con bola movible | roll-on deodorant.
desodorización | deodorization.

desodorizador | deodorizer.
desodorizante para ambientes cerrados | space deodorant.
desodorizar | deodorize (to).
desolación | devastation.
desolar | bereave (to).
desoldar | desolder (to).
desoldeo | desoldering.
desolventizar | desolventize (to).
desollador | skinner | flayer.
desollar | skin (to) | flay (to).
desollar (a un animal) | pelt (to).
desorbción adiabática | adiabatic desorption.
desorber | desorb (to).
desorbitación (que se sale de la órbita establecida - satélites artificiales) | disorbiting.
desorción | desorption.
desorden | lawlessness | disordering | disarray | disturbance | riot | confusion.
desorden de la estructura | disordering of the structure.
desorden formidable | fearful mess.
desorden molecular | molecular disarray.
desorden rotacional | rotational disorder.
desordenación | disordering.
desordenado | unarranged | rough-and-tumble | unsorted | randomly oriented.
desordenado (orientación) | random.
desordenar | upset (to) | confuse (to) | put out of order (to).
desordentumulto | disorder.
desorganización | inorganization.
desorganización (negocios, etc.) | dislocation.
desorganizado | disrupted.
desorganizar | dislocate (to).
desorganizar (comunicaciones, etc.) | disrupt (to).
desorientación | misorientation.
desorientación (avión) | diversion.
desorientación (visibilidad fuertemente reducida) | whiteout.
desorientación espacial | spatial disorientation.
desorientado | lost.
desorientar | misguide (to).
desovado a mano (piscifactorías) | hand-spawned.
desovar (peces) | shot (to) | spend (to).
desove (zoología) | spawing.
desoxidable (minerales) | reducible.
desoxidación | deoxidation | scaling | reduction | stripping.
desoxidación (del acero) | killing.
desoxidación (metales) | scouring.
desoxidación (metalurgia) | scavenge.
desoxidación (química) | reducing.
desoxidación a la llama | flame descaling.
desoxidación de las chapas del forro | shell plating descaling.
desoxidación electrolítica | electrolytic derusting.
desoxidación en la cuchara (metalugia) | ladle deoxidation.
desoxidación mecánica | mechanical descaling.
desoxidación por baño ácido | pickling.
desoxidación por flameo con el soplete de chorros múltiples | flame descaling.
desoxidación por flameo con soplete de chorros múltiples | flame cleaning.
desoxidación superficial | descaling.
desoxidado | pickled.
desoxidado (aceros) | killed.
desoxidado (caldo metálico) | dead-melted.
desoxidado (calmado - acero) | fully killed.
desoxidado (metales) | scoured.
desoxidado con boro | boron-deoxidized.
desoxidado con silicio | silicon-deoxidized.
desoxidado mecánicamente | mechanically descaled | mechanically-descaled.
desoxidador | deoxidizer.
desoxidante | pickling agent | deoxidizer.
desoxidantes | rust removers.
desoxidar | derust (to) | scale (to) | deoxidize (to).
desoxidar (metales) | scour (to).
desoxidar (metalurgia) | scavenge (to).
desoxidar (química) | deoxidate (to) | reduce (to).
desoxidar con aluminio (aceros) | kill with aluminum (to).
desoxidar el acero | kill the steel (to).
desoxidar el baño (metalurgia) | reduce the bath (to).
desoxidar por flameo con soplete | flame clean (to).
desoxidar por medio de un baño ácido | pickle (to).
desoxidar rápidamente (aceros) | block (to).
desoxigenación | deoxidation.
desoxigenar | deoxygenate (to).
desoxigenar (el agua de alimentación de calderas) | deactivate (to).
desoxigenar (química) | deoxidate (to).
desozonizar | deozonize (to).
despabiladura (lámpara de mecha) | trimming.
despabilar (velas) | trim (to).
despacio | slow.
despachado (aduanas) | duty paid.
despachado (de aduanas) | cleared.
despachador (oleoducto) | dispatcher.
despachante de aduana | customs agent.
despachante de aduanas | customhouse broker.
despachar | deliver (to) | despatch (to) | expedite (to) | process (to) | dispatch (to) | forward (to) | utter (to) | turn out (to).
despachar (en la Aduana) | clear (to).
despachar (por buques o aviones) | ship (to).
despachar embarco para la partida | clear out (to).
despachar en la aduana | clear out (to) | clear inwards (to).
despachar en la Aduana un buque | clear a ship (to).
despachar las mercancías (de aduanas) | clear goods (to).
despachar precipitadamente | bundle out (to).
despachar pronto un asunto | whip off a thing (to).
despachar un pedido | fulfil an order (to).
despacho | license (EE.UU.) | licence (Inglaterra) | commission | shipping.
despacho (buques) | dayroom.
despacho (comercial) | placing.
despacho (telegráfico, etc.) | dispatch.
despacho aduanal | customhouse clearance.
despacho aduanero | port of entry | customs clearance.
despacho cifrado | cipher despatch.
despacho de abogado | lawyer's office.
despacho de aduanas | clearance.
despacho de billetes | box office.
despacho de equipajes (ferrocarril) | receiving-office.
despacho de expedición | goods office.
despacho de localidades | box office.
despacho de lubricantes | dispensation of lubricants.
despacho de mercancías | dispatch of goods.
despacho de pasajes | booking office.
despacho del capitán (buques) | captain's day room.
despacho del primer maquinista (buques) | chief engineer's day room.
despachurrar | squash (to).
despaldillar (un animal) | splay (to).
despalillador (para las uvas) | stemmer.
despalilladoretacado (barrenos) | stemming.
despalillar (pasas) | stem (to).
despalmador | scraper.
despalmador (buques) | graving beach.
despalmar | pare (to).
despalmar (carenar - buque en una playa) | grave (to).
desparafinación | dewaxing | deparaffining.
desparafinación centrífuga | centrifugal dewaxing.
desparafinación con propano | propane dewaxing.
desparafinador (petróleo) | wax stripper.
desparafinar | dewax (to).
desparecer bajo tierra (ríos) | peter out (to).
desparramado | scattered.
desparramador | sower.
desparramar | sow (to) | spread (to) | sprinkle (to).
desparramiento | scatterance | scattering.
desparramiento del bronce fundido sobre las caras calientes a soldar (fundición de hierro) | tinning | wetting.
despasar (cables que se arrollan) | fleet (to).
despasivación | depassivation.
despasivar | depassivate (to).
despeado (caballos) | foundered.
despeadura (caballos) | foundering.
despeadura (laminitis-veterinaria) | founder.
despear (cascos del caballo) | founder (to).
despedazador | mangler.
despedazamiento | mangling.
despedazar | chop up (to) | shatter (to).
despedida | dismissal | congee | conge.
despedido | paid off.
despedir | eject (to) | sack (to) | give notice (to) | dismiss (to) | turn off (to) | expel (to).
despedir (a obreros, etc. | fire (to).
despedir (a un empleado) | give the sack (to).
despedir (gases, olores) | exhale (to).
despedir (obreros) | lay off (to) | dismiss (to) | sack (to) | discharge (to).
despedir (olores) | emit (to).
despedir a un obrero (EE.UU.) | fire a worker (to).
despedir con ímpetu | shake (to).
despedir en el acto (personal) | fire on the spot (to).
despedir y pagar (el personal) | pay off (to).
despedirse del trabajo | quit (to).
despedrar | unstone (to).
despedregar (minería) | scheidage.
despedregar (terrenos) | clear of stones (to).
despegado | let-go | unattached.
despegar | unstick (to).
despegar (aviación) | hop off (to).
despegar (aviones) | get off (to) | pull off (to) | take off (to).
despegar de la plataforma de lanzamiento (cohetes) | blast (to).
despegar la junta | crack the joint (to).
despegar las hojas escalonando sus orillas para poder contarlas (imprenta) | fan out (to).
despegar y volar | take to the air (to).
despegarse del enemigo | disengage (to).
despegue | fly-off | blast-off.
despegue (aviación) | takeoff | flying-off.
despegue (aviones) | getting off | get-off.
despegue (cohetes) | liftoff.
despegue (cristalografía) | cleavage.
despegue a toda potencia y casi vertical (helicóptero) | jump takeoff.
despegue asistido | assisted takeoff.
despegue ayudado | assisted takeoff.
despegue ayudado por catapulta | catapult-assisted take off.
despegue ayudado por cohetes (aviones) | jato.
despegue ayudado por un cohete auxiliar (aviones) | rato.
despegue con ayuda de cohete (avión) | jet-assisted takeoff.
despegue con ayuda de reactores | jet assisted takeoff.
despegue con catapulta | catapult take off.
despegue con cohetes auxiliares | jet-assisted take-off.
despegue con retropropulsadores | jato.
despegue con todos los flaps extendidos | full-flap take-off.
despegue con viento de costado | crosswind take-off.
despegue continuo | stream take off.
despegue de la vena flúida del paletaje (compresor axial) | stalling.

despegue de los elementos combustibles | fly-off.
despegue de un aeroplano grande que transporta a otro más pequeño | composite take-off.
despegue de un grupo (portaaviones) | group grope.
despegue de un mercado | skyrocketing.
despegue del cristal (cristalografía) | crystal cleavage.
despegue diagonal (metalografía) | diagonal cleavage.
despegue direccionalmente estable | directionally stable take-off.
despegue económico | take-off in economic development.
despegue en forma parecida a la de un avión ordinario (helicópteros) | running takeoff.
despegue en mínimo tiempo (aviación) | scramble.
despegue en realce (metalografía) | eminent cleavage.
despegue en un espacio reducido | spot takeoff.
despegue imperfecto (metalografía) | imperfect cleavage.
despegue indiferente (metalografía) | indistinct cleavage.
despegue instrumental | instrument takeoff.
despegue interrumpido (metalografía) | interrupted cleavage.
despegue lateral (metalografía) | lateral cleavage.
despegue sin referencia visual del terreno | instrument takeoff.
despegue sin visibilidad | blind take off.
despegue vertical | vertical take off | vertical takeoff.
despegue y aterrizaje cortos (aeronáutica) | short take-off and landing.
despegue y aterrizaje vertical (avión) | vertical short take-off and landing.
despegue y toma verticales (avión) | vertical take off and landing (VTOL).
despejado | fair | unobstructed | clear | clean | free.
despejando x (cálculo) | on solving for x.
despejando X (ecuaciones) | solving for X.
despejar | keep clear (to) | clear away (to) | clear (to).
despejar el campo de tiro | unmask (to).
despejar el muelle (de mercancías) | clear the wharf.
despejar la incógnita | isolate the unknown quantity (to).
despejar la incógnita (ecuaciones) | isolate (to).
despejar la sala de justicia | clear the court room (to).
despejarse (el cielo) | break (to) | brighten (to).
despejarse (el tiempo) | clear up (to).
despejarse (tiempo) | clear (to).
despeje (radio) | clearing.
despeje de obstáculos | obstruction clearing | obstruction clearance.
despelusamiento | scalping.
despellejamiento | flaying.
despellejamiento de la capa protectora | coating peeling.
despellejar | flay (to) | skin (to) | husk (to).
despenalizar | depenalize (to).
despendonación (híbridos de maíz) | detasseling.
despendonar | detassel (to).
despensa | pantry | provision room.
despensa (buques) | steward's room.
despensería | butlership.
despensero | caterer.
despensero (buques) | steward.
despensero (hospitales) | dispenser | storekeeper.
despentanizador | depentanizer.
despeñadero (roca a pico) | crag.
despepitado (algodón) | ginned.
despepitado (de melones, etc.) | seeding.
despepitado del algodón | cotton ginning.
despepitador (para frutas) | corer.
despepitador de algodón de corriente de aire | air blast gin.
despepitadora bicilíndrica | double roller gin.
despepitadora de algodón | cotton gin.
despepitadora de cilindros con cuchillas helicoidales | knife roller gin.
despepitar (frutas) | seed (to).
despeque a ciegas | blind takeoff.
despeque acelerado por cohetes | rocket-assisted takeoff.
despeque desde un espacio muy pequeño (helicópteros) | spot takeoff.
despeque y aterrizaje cortos (aviones) | stol.
desperdiciar (ocasiones) | miss (to).
desperdicio | refuse | wastage.
desperdicio adicional producido al eliminar la capa superficial deformada después del corte (semiconductores) | hidden waste.
desperdicio de electrodos | electrode wastage.
desperdicio de energía | power wastage.
desperdicio de la madera al labrarla | abatement.
desperdicio de peinado | comber waste.
desperdicio de peinadora (lana) | wool noils.
desperdicio de tiempo | waste of time.
desperdicio del calor | heat spill.
desperdicio evitable | avoidable waste.
desperdicio inevitable | abasement.
desperdicio recuperable | recoverable waste.
desperdicios | pickings | culls | rejectamenta | garbage | rubbish | waste products.
desperdicios (de chapas, etc.) | iron waste.
desperdicios animales | animal refuse.
desperdicios blandos (hilatura) | soft waste.
desperdicios de abridora | opener waste.
desperdicios de algodón | blowings | cotton waste.
desperdicios de aserradero | dunnage.
desperdicios de batanado | milling flocks.
desperdicios de bobinas | bobbin waste.
desperdicios de cáñamo o lino (estopa blanca) | hards.
desperdicios de cáñamos | hemp waste.
desperdicios de carda | raising waste | card waste.
desperdicios de carnicería | butchery refuse.
desperdicios de colada (funderías) | returns.
desperdicios de comidas | food waste.
desperdicios de corcho | cork chips.
desperdicios de cortes de tubos (tubería) | tube-end wasting.
desperdicios de cribado | riddlings | screening refuse.
desperdicios de cuerdas de cáñamo (fabricación papel de envolver) | brown materials.
desperdicios de estopa rastrillada | hackled tow waste.
desperdicios de fabricación | manufactural wastes.
desperdicios de hilado (hilatura) | hard waste.
desperdicios de hilado de hebras finas | fine-fibred spinning waste.
desperdicios de hilado de hebras largas | long-fibered spinning waste.
desperdicios de hilatura | spinning waste | spinner's sweepings.
desperdicios de la corta (bosques) | felling refuse.
desperdicios de la industria | industry-discharged waste.
desperdicios de ladrillos (hornos metalúrgicos) | cobbing.
desperdicios de las fábricas de alimentos | food-plant wastes.
desperdicios de limpieza de pescado (cabezas y tripas) | gurry.
desperdicios de limpieza del algodón | cotton cleaning waste.
desperdicios de madera | wood waste.
desperdicios de mechera | roving waste.
desperdicios de papel | paper waste.
desperdicios de peinado | combing waste | combing sweepings.
desperdicios de peinadora | noil.
desperdicios de preparación (tejeduría) | slubbing waste.
desperdicios de seda peinada | combed silk waste.
desperdicios de talla del diamante estabilizados por emulsión | emulsion-stabilized diamond slurries.
desperdicios de tejedura | weaving waste.
desperdicios de tundidora | cropping waste.
desperdicios de vidrio | glass cullet.
desperdicios de vidrio en la elaboración a mano | moil.
desperdicios de vidrio óptico | cullet.
desperdicios de vidrios rotos (fabricación del vidrio) | cullet.
desperdicios del cilindro | cylinder waste.
desperdicios del corcho | cork waste.
desperdicios del cribado | screenings.
desperdicios duros (hilatura) | hard waste.
desperdicios humanos sin tratar | raw human wastes.
desperdicios industriales | trade wastes | industrial refuse.
desperdicios industriales vertidos en el océano | wastes dumped in the ocean.
desperdicios radiactivos | radioactive wastes.
desperdicios radiactivos sólidos | solid radioactive wastes.
desperdicios radiactivos y aguas sobrantes de un proceso nuclear | atomic wastes.
desperdicios radioactivos hiperenergéticos | high-level radioactive waste.
desperdicios vegetales | plant refuse.
desperfecto | damage | breakdown.
despermeabilización (buques) | deperming.
despersonalización | depersonalization.
despertador | alarm clock.
despertar | shake (to).
despertar el interés del obrero | spark employee interest (to).
despertar la atención | excite attention (to).
despido | dismissal | notice of termination of employment.
despido (de obreros) | laying-off | layoff | firing | sacking.
despido (de personal) | paying off.
despido (de un obrero) | discharge.
despido (obreros) | lay off.
despido causal | causal dismissal.
despido de personal | payoff.
despido de trabajo | labor layoff.
despido de un empleado rápidamente | kickout.
despido definitivo | full discharge.
despido disciplinario | disciplinary dismissal.
despido improcedente | unfounded dismissal.
despido libre | free dismissal.
despido por falta de trabajo (talleres) | dismissal through redundancy.
despido por mala conducta | bad conduct discharge.
despidos de personal | payoffs | layoffs.
despiece (de carnes) | quartering.
despiece de automóviles | automobiles dismantler.
despiezar | divide into constituent parts (to).
despigmentado | unpigmented.
despilaramiento (minas) | pulling pillars | pulling back | robbing | pillar working | pillar drawing | pillaring | stooping.
despilaramiento (minas carbón) | working in the broken.
despilaramiento (minas de carbón) | second working.
despilaramiento (minería) | second mining | pillar robbing.
despilaramiento con piso protector (minas carbón) | rib-and-pillar method.
despilaramiento en retirada (minas) | drawback pillars.
despilarar (minas) | rob (to) | remove a pillar

(to) | pull a pillar (to).
despilarar (minas carbón) | work in the broken (to).
despilfarro | wastage | boondoggling.
despilfarro de dinero | waste of money.
despilfarro de fondos públicos | waste of public funds.
despintado (de la lana) | depitching.
despintar | depaint (to).
despintar con soplete (quemar la pintura vieja) | burning off.
despinzado | picking.
despinzadora (de lana) | plucker.
despinzar (la lana) | pluck (to).
despinzas | picking tongs.
despistado | clueless.
despistar (a la policía) | baffle (to).
desplantador (agricultura) | trowel.
desplatación | desilverizing | desilverization.
desplatación (recuperación de metales preciosos) | parting.
desplatación del plomo | lead desilvering.
desplatación electrolítica | electrolytic parting.
desplatador | desilverizer.
desplatar | desilverize (to) | desilver.
desplazabilidad | displaceability | swingability | shiftability.
desplazable | sliding | displaceable | movable | travelling (G.B.) | traveling (Estados Unidos).
desplazable axialmente | axially displaceable | axially-slidable.
desplazable en dirección longitudinal | shiftable in longitudinal direction.
desplazable longitudinalmente | longitudinally shiftable.
desplazable transversalmente | movable transversely.
desplazable verticalmente | vertically displaceable.
desplazado hacia abajo por una falla | downfaulted.
desplazado hacia dentro | shifted inside.
desplazado hacia fuera | shifted outside.
desplazado por efecto Zeeman | Zeeman-shifted.
desplazador | shifter.
desplazamiento | travel | traveling | dysmigration | drift | porterage | endlong movement | deflection | haulage | shifting | glissile | transfer | off-set | motion | slipping | slippage | sliding | setover | displacement | movement.
desplazamiento (carriles, capas de terreno) | creeping.
desplazamiento (de la costa) | shifting.
desplazamiento (de una pieza de máquina) | shifting.
desplazamiento (fallas) | shift.
desplazamiento (macho en el molde) | floating.
desplazamiento (registro) | shift.
desplazamiento a cualquier lado de la posición neutra (superficie de mando - aeroplanos) | throw.
desplazamiento a lo largo de una corriente con un ancla rastreando (buques) | clubbing.
desplazamiento a plena carga | top-loaded displacement.
desplazamiento a plena carga (buques) | full-load displacement.
desplazamiento angular | angular displacement.
desplazamiento angular de un carácter o grupo de caracteres (cinta magnética) | skew.
desplazamiento angular del timón | rudder quantity.
desplazamiento aritmético | arithmetic shift.
desplazamiento automático | automatic shifting | hunting.
desplazamiento cargado hasta el disco | top-loaded displacement.
desplazamiento cíclico | cyclic shift | cycle shift.
desplazamiento circular | circular shift | circuit shift.
desplazamiento con el calado en carga (buques) | displacement at load draft.
desplazamiento de diseño (buques) | designed displacement.
desplazamiento de escobillas | brush staggering.
desplazamiento de fase | phase shift.
desplazamiento de la base térmica | thermal base shift.
desplazamiento de la burbuja (niveles) | run.
desplazamiento de la carga de combustible líquido debido a las aceleraciones laterales (misiles) | sloshing.
desplazamiento de la curva de transición (carreteras) | throw.
desplazamiento de la hoja de papel al ser cortada en la guillotina | draw.
desplazamiento de la línea de costa | beach drifting.
desplazamiento de la mano de obra | labor mobility.
desplazamiento de la señal (radar) | leapfrogging.
desplazamiento de las escobillas | brush shift.
desplazamiento de las escobillas de la zona neutra | staggering.
desplazamiento de las escobillas en sentido del giro (dínamos) | forward shift | forward lead.
desplazamiento de los obreros a otros sitios de trabajo | labor turnover.
desplazamiento de los rayos espectrales bajo altas presiones | pressure shift.
desplazamiento de masas terrestres (terremotos) | landmass displacement.
desplazamiento de meandros | sweeping.
desplazamiento de pesos | shifting of weights.
desplazamiento de polarización de rejilla | grid-bias shift.
desplazamiento de portadora | carrier shift.
desplazamiento de relieve (aerofotogrametría) | relief displacement.
desplazamiento de trazado (buques) | molded displacement.
desplazamiento de tropas por aire | air trooping.
desplazamiento de un elemento por otro dejando libre el primero (compuestos químicos) | scrubbing.
desplazamiento de una superficie de mando que origina que suba o se mueva hacia la derecha un aerodino | positive displacement.
desplazamiento de una superficie de mando que origina un movimiento hacia abajo o hacia la izquierda en una superficie aerodinámica (aviones) | negative displacement.
desplazamiento del arco | arc travel.
desplazamiento del cabezal | head traverse.
desplazamiento del carro | crab travel.
desplazamiento del centro de presión | center-of-pressure travel.
desplazamiento del centro de sustentación (aviones) | centre of lift shift.
desplazamiento del contorno | boundary displacement.
desplazamiento del modo | mode shift.
desplazamiento del nudo (vigas celosía) | joint deflection.
desplazamiento del pilote | pile heave.
desplazamiento del polo terrestre | polar wandering.
desplazamiento del punto por efecto de una vibración mecánica (tubo rayos catódicos) | microphony.
desplazamiento dentro de la factoría | inter-factory movement.
desplazamiento eléctrico | electric displacement.
desplazamiento elevado a $^2/_3$×velocidad dividido por las toneladas de combustible en 24 horas (buques) | fuel coefficient.
desplazamiento en carga (buques) | load displacement.
desplazamiento en dirección del rumbo | strike shift.
desplazamiento en fase miscible (pozo petróleo) | miscible displacement.
desplazamiento en inmersión (submarino) | submerged displacement.
desplazamiento en la flotación de verano | displacement to summer load-line.
desplazamiento en lastre (buques) | light displacement.
desplazamiento en rosca (buques) | ballast displacement.
desplazamiento en servicio | service displacement.
desplazamiento en una estación (topografía) | throw at one station.
desplazamiento en vacío (máquina herramienta) | lost motion.
desplazamiento estadístico | statistical slip.
desplazamiento fraudulento de los mojones (lindes) | swinging.
desplazamiento genético | genetic drift.
desplazamiento hacia el rojo (espectro) | redshift.
desplazamiento horizontal | horizontal shift | horizontal offset | strike slip.
desplazamiento horizontal (fallas) | shove | offset.
desplazamiento horizontal del gancho al amantillar el brazo (grúas) | level luffing.
desplazamiento impar-par | odd-even shift.
desplazamiento incremental | incremental displacement.
desplazamiento isotópico | isotopic shift | isotope shift.
desplazamiento isotópico leptónico | leptonic isotopic displacement.
desplazamiento lateral | lateral offset | lateral transfer | sidesway | side shift.
desplazamiento lateral paralelo a la línea de vuelo de una fotografía (fotogrametría) | drift.
desplazamiento lateral u horizontal de una capa (geología) | heave.
desplazamiento lineal entre dos visuales paralelas | boresight error.
desplazamiento lógico | end-around shift | logic shift.
desplazamiento longitudinal | longitudinal travel.
desplazamiento medio cuadrático | root-mean-square displacement.
desplazamiento microplástico | microplastic displacement.
desplazamiento monoclinal (valles) | monoclinal shifting.
desplazamiento normal (fallas) | normal shift.
desplazamiento pequeño (de un eje de una parte de una máquina) | float.
desplazamiento por fase miscible (petróleos) | miscible drive.
desplazamiento por unidad de tiempo | displacement rate.
desplazamiento positivo | positive displacement | positive-going.
desplazamiento químico | chemical shift.
desplazamiento salino | saliferous displacement | salting out.
desplazamiento según la pendiente | dip-shift.
desplazamiento sobre ruedas en la pista (aviones) | roll.
desplazamiento sumergido (submarino) | submerged displacement.
desplazamiento torsional de las muñequillas (forja de cigüeñales) | twisting.
desplazamiento total de frecuencia | white-to-black frequency swing.
desplazamiento transversal | cross travel.
desplazamiento vertical (fallas) | throw.
desplazamiento vertical (geología) | dip slip.
desplazamiento vertical de las capas fracturadas (geología) | downthrow.
desplazamiento vertical u horizontal de la imagen por defecto de los circuitos sincronizantes (televisión) | slipping.
desplazamiento virtual | virtual displacement.
desplazamiento volumétrico (bomba de vacío)

| swept volume.
desplazamientos rápidos en la pantalla de radar | wander.
desplazar | re-site (to) | displace (to) | relocate (to).
desplazar (máquinas herramientas) | feed (to).
desplazar por medio de una cremallera | rack (to).
desplazar tropas | move troops (to).
desplazarse (macho de fundición) | float (to).
desplazarse con oscilaciones irregulares (ejes verticales) | wobble (to).
desplazarse de su posición por cabeceo o balance (objetos a bordo) | fetch way (to).
desplazarse lateralmente | move edgeways (to).
desplazarse lateralmente (geología) | heave (to).
desplegada (banderas) | flying.
desplegado | splay.
desplegador (telas tratadas en húmedo en cuerda) | scutcher.
desplegador de la tela | cloth opener.
desplegar | unfold (to) | lay out (to) | spread (to) | display (to) | develop (to).
desplegar (la bandera) | unfurl (to).
desplegar (las alas) | expand (to).
desplegar (milicia) | deploy (to).
desplegar (tropas) | extend (to) | ploy (to).
desplegar (velas) | set out (to).
desplegar de nuevo (milicia) | redeploy (to).
desplegar en abanico (ejércitos) | fan out (to).
desplegar más velas (buques) | crowd (to).
desplegar para el combate | deploy for combat (to).
desplegar una bandera (buques) | break a flag (to).
desplegarse | deploy (to) | stretch (to).
despliegue | display | deployment.
despliegue (milicia) | development | deploy.
despliegue de fuerzas | display of forces.
despliegue de piezas (ajedrez) | development | developing.
despliegue de un sistema de satélites | satellite system deployment.
despliegue en abanico | fan-shaped deployment.
despliegue en abanico (geología) | fan spread.
despliegue en cruz (sísmica) | cross spread.
despliegue para el combate | combat development.
desplomado | untrue | collapsed | caved.
desplomado (muros) | off plumb.
desplomar | pancake (to).
desplomarse | collapse (to) | lean (to) | tumble (to) | founder (to) | fall in (to).
desplomarse (avión) | pancake (to).
desplomarse (desviarse de la vertical) | sag (to).
desplomarse (geología) | subside (to).
desplome | subsidence | fall | sharp drop | collapse | cave-in | caving-in | tumble home | soil slip | leaning.
desplome (aviación) | break | pancaking.
desplome (aviones) | pancake.
desplome (choque avión con tierra) | pramage.
desplome (de un avión en vuelo) | pancaking.
desplome (minas) | rush together | cover caving.
desplome (muros) | bulginess | inclination.
desplome de los precios (Bolsa) | run.
desplome de precios | collapse of price.
desplome debido a un excesivo ángulo de ataque durante una maniobra (aviones) | high-speed stall.
desplome del techo (minas) | weighing down | roof fall.
desplome del terreno | run of ground.
desplome en que después de un encabritamiento resbala hacia atrás y cae con el morro hacia abajo (aviones) | whipstall.
desplome por presión mecánica del terreno (reventón - minas) | crump.
desplome que obstruye una galería | horse.
desplomeado | deleading.
desplomización (de piritas) | deleading.
desplomizar (piritas) | delead (to).
desplumado (aves) | depluming.
desplumado (de aves) | defeathering.
desplumador (de aves) | plucker.
desplumadora (de aves) | picker | poultry picker.
desplumamiento | plucking.
desplumar | pull (to) | pluck (to) | quill (to).
despoblar | depopulate (to).
despojado de electrones | stripped.
despojar | bereave (to) | despoil (to) | divest (to).
despojar a las víctimas | fleece the victims (to).
despojar de su investidura como presidente | strip of the chairmanship (to).
despojar por orden judicial | forejudge (to).
despojo | scrap | divestiture.
despojos | debris.
despojos de los animales | exuviae.
despolarización | depolarizing | depolarization.
despolarizacion adiabática | adiabatic depolarization.
despolarización electrolítica | electrolytic depolarization.
despolarización resonante | resonant depolarization.
despolarizador | depolarizer.
despolarizador anódico | anodic depolarizer.
despolarizante | depolarizing.
despolarizar | depolarize (to).
despoletar | defuzing.
despoletar una bomba (aviación) | dehorn (to).
despoleteado del proyectil | shell defusing.
despolimerización | depolymerization.
despolimerizar | depolymerize (to).
despolitizar | depolitize (to).
despolvoreador | dust remover.
despolvoreamiento | dusting.
despolvoreo | dust removal | dust-removing.
despolvoreo electrostático | electrostatic dust-removing.
desportillado | chipped.
desportillar | chip (to).
desposeer | bereave (to) | dispossess (to) | devest (to).
desposeer de | divest (to).
desposeimiento | divestiture.
desposesión | expropriation | amotion.
desposesión de bienes | evection.
desposesión del buque | demise of the ship.
despotismo | autarchy.
despotismo totalitario | totalitarian despotism.
despreciación | fall.
despreciando todos los términos excepto los dos primeros | dropping all terms except the first two.
despreciar | contemn (to) | disregard (to).
desprecintar | unstrap (to).
despredimiento de óxido de carbono durante la solidificación (tochos) | rimming.
desprende un fuerte olor | it gives off a strong smell.
desprender | unfasten (to) | pull off (to) | loose (to).
desprender (gases) | liberate (to) | evolve (to) | release (to) | discharge (to) | extricate (to).
desprender (gases, calor) | give off (to).
desprender (las escorias) | beat off (to).
desprender (olores) | emit (to).
desprender calor | give off heat (to).
desprender con el chorro de la manguera | hose away (to).
desprender el modelo | rap the pattern (to).
desprender el modelo (moldería) | rap (to).
desprender gas | gas (to).
desprender las escorias | breakaway the clinker (to).
desprender vapor de agua (cargamento de cereales) | work (to).
desprender vapor de agua (gas, ácido carbónico, etc. - cargamentos de cereales) | sweat (to).
desprenderse | escape (to) | slide (to) | peel away (to) | runoff (to).
desprenderse (gases) | go off (to).
desprenderse (glaciología) | calve (to).
desprenderse (pinturas) | sag (to).
desprenderse (química) | come off (to).
desprenderse de | dispose (to) | shed (to).
desprenderse en escamas | shell off (to).
desprenderse la emulsión (cantos placa fotográfica) | frill (to).
desprenderse rápidamente de | jerk (to).
desprenderse súbitamente | fly off (to).
desprendibilidad | strippability.
desprendibilidad de la escoria (electrosoldeo) | slag detachability.
desprendible | droppable | jettisonable | strippable.
desprendimiento | setting free | detaching | flying-off | dropout | knockover | fall | sloughing off | slippage | slide | coming away | releasing.
desprendimiento (de calor, de gases) | liberation.
desprendimiento (de calor, luz, gases) | evolution.
desprendimiento (de gas) | developing.
desprendimiento (de gases) | release | escaping | discharge | disengaging.
desprendimiento (de gases, etc.) | emission.
desprendimiento (de la corriente de aire) | burble.
desprendimiento (de la retina) | detachment.
desprendimiento (de la viruta) | cutting away.
desprendimiento (de taludes) | slide.
desprendimiento (de tierras) | slough | slip.
desprendimiento (de vapor) | exit.
desprendimiento (del colorante por frote | crocking.
desprendimiento (gases, etc.) | evolving.
desprendimiento colisional | collisional detachment.
desprendimiento controlado | controlled release.
desprendimiento de armadura del relé | drop way time of relay.
desprendimiento de calor | heat liberation.
desprendimiento de fragmentos angulosos de roca (túneles, galerías de minas) | stoping.
desprendimiento de gas | flow of gas.
desprendimiento de gas de un metal | gassing.
desprendimiento de gas del electrodo (soldadura) | gassing.
desprendimiento de gases | gas freeing.
desprendimiento de gases (reacciones) | gassing.
desprendimiento de hidrógeno | hydrogen evolution.
desprendimiento de hidrógeno en el cátodo (galvanoplastia) | gassing.
desprendimiento de hielos a la deriva de una banca de hielo | ice crop.
desprendimiento de humo | smoke development.
desprendimiento de la capa antifricción con carga pequeña (cojinetes) | false brinelling.
desprendimiento de la capa límite | limit boundary.
desprendimiento de la capa límite turbulenta | turbulent boundary layer separation.
desprendimiento de la cascarilla | scale loosening.
desprendimiento de la corriente | flow separation.
desprendimiento de la corriente del borde de ataque (alas) | leading-edge stall.
desprendimiento de la corriente en el borde de ataque | leading-edge separation.
desprendimiento de la gelatina (placa fotográfica) | frilling.
desprendimiento de la onda de choque en el punto de remanso | stagnation-point shock detachment.
desprendimiento de la roca | slabbing.
desprendimiento de la roca (minas) | sloughing.
desprendimiento de la roca del frente de

arranque (minas) | rockburst.
desprendimiento de la vena fluida | flow separation.
desprendimiento de la vena flúida (compresor centrífugo) | stall.
desprendimiento de la vena fluida giratoria (compresor axial) | rotating stall.
desprendimiento de las incrustaciones por enfriamiento exterior del elemento calefactor (evaporadores) | cold shocking.
desprendimiento de nitrógeno | nitrogen evolution.
desprendimiento de piedras del frente de trabajo (minas) | bump.
desprendimiento de polvo | escape of dust.
desprendimiento de tierras | landslide | run of ground | eboulement | cave-in | falling in of earth | earth-fall.
desprendimiento de vapor de agua (cochura de refractarios) | water-smoking.
desprendimiento del flujo (compresor centrífugo) | stall.
desprendimiento del gas | escape of the gas.
desprendimiento del tejido (tejido punto) | press-off.
desprendimiento discontinuo de oxígeno | discrete release of oxygen.
desprendimiento espontáneo de gas o vapor de un material en el vacío | outgassing.
desprendimiento gaseoso | gaseous evolution.
desprendimiento gaseoso (cervezas) | wildness.
desprendimiento incipiente | incipient separation.
desprendimiento instantáneo (minas) | outburst.
desprendimiento instantáneo de gases | gas blowout.
desprendimiento instantáneo de grisú | firedamp outburst.
desprendimiento por corrosión de pequeñas partículas (corrosión del acero) | chunk effect.
desprendimiento por sobretensión | overvoltage release.
desprendimiento vigoroso de nitrogeno | vigorous evolution of nitrogen.
desprendimiento violento de vapor al calentar rápidamente un crisol húmedo | scalping.
despresionización | depressurization.
despresionizar | depressurize (to).
despresurizar (GB) | depressurize (to).
despropanizador | depropanizer.
desproporción | imparity.
desproporción molecular | disproportionation.
desproteinizado | deproteinized.
desprovisto | destitute.
desprovisto de agua | waterless.
desprovisto de interés | purportless.
desprovisto de memoria intermediaria | unbuffered.
desprovisto de óxido | freed of scale.
desprovisto de pelos | nonflufly.
desprovisto de ramas | branchless | branch-free.
después de algunas operaciones (cálculos) | after some manipulation.
después de impuestos | after tax.
después de la puesta del sol | postsunset.
después de lo hecho | ex-post facto.
después de mordentar con | after mordanting with.
después de su montura a bordo | after fitting on board.
después del montaje y pruebas | after erection and trials.
después del punto muerto superior (motores) | after top dead center.
después del tallado con fresa generatriz (engranajes) | post-hobbing.
después del trabajo | after hours.
despulir | buff off (to).
despulir (quitar el pulido) | depolish (to).
despumación | foamproofing | despumation | defoaming | skimming.
despumador | foam collector | antifoam agent | defoamer.
despumador de silicona | silicone defoamer.
despumante | defoaming.
despumar | defoam (to | despumate (to) | scum (to).
despuntado | cropped | blunt-nosed | blunt.
despuntado (hilos) | backed-off.
despuntado (salfactina) | backing-off.
despuntado de los dientes (engranajes) | gear-chamfering.
despuntadora (para dientes de engranaje) | chamferer.
despuntadora de dientes (engranajes) | chamfering machine.
despuntalar | unshore (to).
despuntar | blunt (to) | stub (to).
despuntar (lingotes) | top (to).
despuntar de hierba un prado | feed a meadow bare (to).
despuntar el hilo (selfactina) | back-off (to).
despunte (metalurgía) | butt scrap.
despunte (de lingote) | crop-end.
despunte (de lingotes) | topping.
despunte (de un lingote) | cropping.
despunte (lingotes) | crophead | crop | off-cut.
despunte caliente que se emplea para calentar aceite (metalurgia) | grease bar.
despunte de la copa (árboles) | crown break.
despunte de tijeras (corte de chapas) | end shears.
despunte en pie | bottom out.
despunte en pie (lingotes) | discard.
despupinización | deloading.
despupinizar (cables eléctricos) | deload (to).
desquitar | make good (to).
desquitarse de | make good (to).
desrabotar (ovejas) | cut off the tail (to).
desrame | trimming.
desrame (árboles) | topping | lopping.
desratización | ratproofing | deratization.
desratizado | deratted.
desratizar | deratize (to) | ratproof (to).
desrebabado | snag-grinding | trimmed | trimming | trunking.
desrebabado (de piezas fundidas) | snagging.
desrebabado en tambor con agua mezclada con abrasivo | wet tumbling deburring.
desrebabador para piezas estampadas | stamping trimmer.
desrebabar | trim flash (to) | trim (to) | shave (to).
desrebabar (piezas fundidas) | snag (to).
desrebabar en caliente (forjas) | hot-trim (to).
desrebarbado | stripping.
desrebarbado en prensa | press trimming.
desrebarbado oxiacetilénico a mano | oxyacetylene hand deseaming.
desrebarbar en el tonel (funderías) | rattle (to).
desrecalentador (calderas) | attemperator.
desrecalentador de inyección | direct-contact desuperheater.
desrecalentador de serpentín dentro del calderín (calderas) | coil-in-drum desuperheater.
desrecalentador de superficie | noncontact desuperheater.
desrecalentador de vapor (aparato para obtener vapor con poco recalentamiento de la instalación general) | desuperheater.
desrecalentador del colector de vapor (calderas) | drum desuperheater.
desrecalentador del vapor | steam desuperheater.
desrecalentamiento por chorro de agua (calderas) | spray desuperheating.
desrecalentar (vapor de agua) | desuperheat (to).
desreglar | deregulate (to).
desreglar (motores) | untune (to).
desrequisar | derequisition (to).
desresinar | deresinate (to).
desresinificar | deresinify (to).
desroñador (Méjico) | tree facer.
desroñadora (Méjico resinación de árboles) | hogal.
desrrecalentador de tipo anegado | internal-type desuperheater.
destacado | outstanding.
destacado (milicia) | detached.
destacado (música) | the notes to be detached.
destacamento | party | picket.
destacamento (milicia) | detachment.
destacamento (militar) | party.
destacamento anticarros | tank-hunting party.
destacamento de aposentadores (ejército) | billeting party.
destacamento de averías | repair party.
destacamento de control aéreo | air control team.
destacamento de demolición | demolition squad.
destacamento de desembarco (de la misma tripulación) | landing party.
destacamento de guardia | guard detail.
Destacamento de Interpretación Aerofotográfica | Army Photo Interpretation.
destacamento de limpieza de campos de minas | mine clearing detail.
destacamento de morteros (ejércitos) | mortar platoon.
destacamento de observación (milicia) | observing detail.
destacamento de protección | covering party.
destacamento de reconocimiento | reconnaissance party.
destacamento de recuperación | recovery party.
destacamento de relevo | relief party | drafts of reliefs.
destacamento de reparación de material (milicia) | contact party.
destacamento de reserva | inlying picket.
destacamento de retaguardia (columna en marcha) | trail party.
destacamento de socorro | relief detachment.
destacamento de trabajo (milicia) | fatigue party | detail.
destacamento de transmisiones | signal detachment.
destacamento de vanguardia | advance party.
destacamento encargado de una misión peligrosa | forlorn hope.
destacamento para cubrir bajas | replacement detachment.
destacamento topográfico | field party.
destacamento topográfico (milicia) | recovery party.
destacar | pick out (to).
destacar (cuadros) | relieve (to).
destacar (milicia) | detach (to).
destacar (tropas) | draft (to) | draught (to).
destacar el eco | emphasize the echo (to).
destacar la legibilidad | enhance legibility (to).
destacar tropas | draft troops (to).
destajador | square setter.
destajista | lumper | jobber.
destajista (obrero) | piece worker.
destajo colectivo | group piece-work.
destalonado (fresas) | form-relieved.
destalonado (fresas, brocas) | relief.
destalonado (herramientas) | backed-off | backing-off.
destalonado lateral (herramientas) | side relief.
destalonamiento | relieving.
destalonar | relieve-turn (to).
destalonar (herramientas) | relieve (to).
destalonar (una herramienta) | back-off (to).
destalonar con la fresa | relief-mill (to).
destalonar con la muela abrasiva | relief-grind (to).
destanización | detannization.
destanizar | detan (to) | detannate (to).
destapado por arriba | open-topped.
destapar | uncover (to).
destapar (canteras) | untop (to) | unsoil (to).
destapar el agujero de colada | draw the plug from the tap hole (to).
destape (acción de quitar las tierras que

cubren un filón) | baring.
destape (minería) | overburden removing.
destartarizador | acid extractor.
destartrar | scale (to).
destechar | unroof (to).
destejar | unroof (to).
destejedor (obrero) | pick out hand.
destejer (un tejido de punto) | ravel (to).
destellador | flashing apparatus.
destellador (emisor de destellos) | flasher.
destellar | flash (to).
destello | flame | flash | blink | gleam | glance | dash | sparkle.
destello (flas-fotografía) | flash.
destello blanco azulado deslumbrador | dazzling bluish-white flash.
destello cíclico | timed flash.
destello coloreado | colored flash.
destello de luz reflejado por la superficie metálica (aeroplanos) | glint.
destello electrónico | electronic flash.
destello lasérico de dos julios de potencia | two joule laser burst.
destello parásito | false flash.
destellos a intervalos regulares | single flashes.
destellos agrupados | grouped flashes.
destellos aurorales | auroral flashes.
destellos de impulsos rápidos | rapid-pulse flashes.
destellos de luz | light flashes.
destellos luminosos espaciados regularmente | regularly spaced light spots.
destellos periódicos | periodic flashes.
destensar | detension (to).
destensionamiento | detensioning.
desteñir al lavarse | bleed (to).
desteñirse | lose color (to) | fade (to).
desteñirse (colores en telas) | run (to).
desterpenar | deterpenate (to).
desterrar | drive away (to) | transport (to).
desterronador | clod-crusher | clod-breaker.
desterronadora de arenas (funderías) | mullor.
desterronar | break clods (to) | scarify (to).
desterronar con la grada | brake (to).
desterronargrafía) | mull (to).
destetar (ganadería) | ablactate (to).
destete (ganadería) | ablactation.
destierro | transportation.
destilabilidad | distillability.
destilable | distillable.
destilación | distilling | dropping | refining | distillating | distillation.
destilación al vapor | distillation with steam | steam distillation.
destilación atmosférica | atmospheric topping.
destilación azeotrópica | azeotropic distillation.
destilación catalítica | catalytic distillation.
destilación catalítica del aluminio | catalytic aluminum distillation.
destilación continua | continuous distillation.
destilación coquificante | cocking distillation.
destilación de equilibrio | flash distillation | equilibrium distillation.
destilación de la madera | wood distillation.
destilación del agua salada | saline water conversion.
destilación desbutanizada | debutanized destillation.
destilación destructiva | dry distillation.
destilación destructiva del carbón | destructive distillation of coal.
destilación diferencial | simple distillation | diferential distillation.
destilación directa | straight cut.
destilación discontinua | batch distillation.
destilación en corriente de vapor | flash distillation.
destilación en corriente de vapor de agua | steam distillation.
destilación en corriente de vapor de agua (química) | steam-distillation.
destilación en el vacío | distillation under a vacuum | destructive distillation.
destilación en retortas | retorting.
destilación en vaso cerrado | distillation in closed retort.
destilación equilibrante | equilibrant distillation.
destilación extractiva | extractive distillation.
destilación fraccionada | fractionation | fractional distillation.
destilación fraccionada a la presión atmosférica (extracción de los constituyentes ligeros del petróleo bruto) | topping.
destilación in vacuo | distillation under a vacuum.
destilación instantánea | flash distillation.
destilación intermitente | batch distillation.
destilación molecular | molecular distillation.
destilación pirogénica | cracking destillation.
destilación pirolizante | cracking distillation.
destilación por calor solar | solar distillation.
destilación por compresión | compression distillation.
destilación por expansión brusca | flash distillation.
destilación por medio de láminas rotativas que crean una película líquida continua sobre la superficie exterior de un tubo de cobre vertical calentado interiormente con vapor | wiped thin-film distillation.
destilación primaria | skimming.
destilación primaria (crudos) | stripping.
destilación primaria (extracción de los constituyentes ligeros del petróleo bruto) | topping.
destilación primaria por proceso catalítico | catalyst stripping.
destilación seca | degassing | destructive distillation | dry distillation | wood pyrolisis.
destilado (producto de destilación) | distillate.
destilado de alquitrán | tar distillate.
destilado de filtro prensa | pressed distillate.
destilado de primera refinación | one run distillate.
destilado piezopirolizado | cracked distillate.
destilado producido por termopirólisis | pressure distillate.
destilado volátil | volatile distillate.
destilador | still | stillman | distiller.
destilador (persona) | distiller.
destilador de triple efecto | triple-effect distilling plant.
destilador eléctrico por compresión del vapor | electric compression distiller.
destiladora (buques) | distiller | distilling condenser.
destiladora con circulación de agua del mar (buques) | sea-circulated distiller.
destiladora de agua del mar | seawater distillation plant.
destiladora de agua dulce | fresh-water distiller.
destiladora de agua dulce para relleno (calderas) | makeup fresh-water evaporator.
destiladora de la alimentación de agua de relleno (calderas) | makeup feed distiller.
destiladora de termocompresión | thermocompression distiller.
destilados (petróleo) | overhead products.
destilados del petróleo bruto | tops.
destilados superiores | tops.
destilagotas | dropper bottle.
destilando (líquido destilante) | distilland.
destilante | distillating.
destilar | distil (to) | trickle (to) | draw off (to) | strip (to).
destilar (química) | pass over (to).
destilar en retortas | retort (to).
destilar en vaso cerrado | retort (to).
destilar las pizarras | retort shales (to).
destilar los esquistos | retort shales (to).
destilar pizarras | distil shales (to).
destilar repetidas veces | cohobate (to).
destilatorio | distillatory.
destilería | distillery.
destilería de alcohol de patatas | potato-alcohol distillery.
destinación | objective.
destinado | assigned.
destinado fuera (personal) | outbound.
destinar | assign (to).
destinar a otro sitio (milicia) | transfer (to).
destinar a reparación | deadline (to).
destinar de nuevo | reassign (to).
destinar fondos (proveer de fondos - suministrar fondos) | fund (to).
destinatario | addressee | sendee | remitee | consignee | addressee.
destinatario a efectos de información | information addressee.
destinatario de una remesa | remittee.
destino | employment | position | commission | sink | job.
destino (comercio) | delivery.
destino de datos | data sink.
destino de jefe | senior position.
destino de salto | skip stop.
destino del cargamento | cargo destiny.
destino del encargado del curso | lectureship.
destino durante todo el año | full appointment.
destino final | terminal port.
destino no de plantilla | unestablished appointment.
destino no todo el año | part-time appointment.
destino por un período de prueba | probational appointment.
destino provisional | unestablished appointment.
destintar | deink (to).
destinte | deinking.
destitución | impeachment | dismissal.
destituible | dismissible.
destituir | relieve (to) | recall (to) | vacate (to) | dismiss (to).
destituir (separar del servicio - oficial del ejército) | cashier (to).
destituir a un juez | ad-dress (to).
destoconadora | stumper.
destorcedura | untwisting.
destorcedura a mano | hand untwisting.
destorcer | untwist (to).
destornillador | turnscrew | screwdriver.
destornillador de berbiquí | screwdriver bit.
destornillador de carraca con resorte en espiral | spiral ratchet screwdriver.
destornillador de dos bocas | double-end offset screw driver.
destornillador de hoja ancha y corta y mango grueso | stubby screw driver.
destornillador de mango acodado | offset screwdriver.
destornillador de trinquete | ratchet screwdriver.
destornillador muy pequeño | miniature screwdriver | midget screw driver.
destornillador para joyeros | jewellers' screw driver.
destornillador que no se resbala (al funcionar) | nonskid screw driver.
destornillar | unbolt (to).
destorsionador | detwister.
destorsionamiento | detwisting.
destoxificar | detoxify (to).
destrabador (sondeos) | jar bumper | bumper jar.
destral | hatchet | axe head.
destratificación | destratification.
destreza | adroitness | expertness.
destreza de manos | deftness of hand.
destreza directiva | managerial ability.
destreza ejecutiva | executive ability.
destreza manual | manual dexterity | craftsmanship.
destreza técnica y rapidez de concepción | imagineering.
destreza y artesanía del lapidario de diamantes | skill and craftsmanship of the diamond cutter.
destrinca | release gear.
destrincable (marina) | releasable.

destrincar (marina) | unlock (to) | release (to).
destrincar el giroscopio (instrumentos giroscontrolados) | uncage (to).
destrio | sampling.
destripada (aves) | drawn.
destripada (cuerdas) | fagged.
destripador | ripper.
destripar | embowel (to) | eviscerate (to).
destripar (pescado) | gut (to).
destripar (un pez) | gill (to).
destrito hullero | coal field.
destronar | depose (to).
destronar a la reina | unqueen (to).
destroncadora | tree dozer.
destroyer especial para descubiertas | watchdog.
destrozado por bombas de aviación | bomb-scarred.
destrozadora | haulm remover.
destrozar | shatter (to).
destrozar (avión, tren de aterrizaje) | wash out (to).
destrozo | smash | destruction.
destrucción | wreck | breaking down | consumption | destruction.
destrucción acumulativa | built-in destruction.
destrucción de átomos por neutrones | burnup.
destrucción de la fosforescencia por exposición a las radiaciones infrarrojas | quenching.
destrucción de locomotoras (por aviones en vuelo) | locomotive hunting.
destrucción de puentes por ataques aéreos | bridge-bursting.
destrucción de ráfagas electrónicas | debunching.
destrucción de un vórtice | eddy destruction.
destrucción del enlucido | plaster failure.
destrucción gradual de la imagen latente (fotografía) | photoretrogression.
destrucción interrumpida | arrested failure.
destrucción limitada | arrested failure.
destrucción molecular interfacial (metales en contacto cuando se producen desplazamientos alternados por efecto de la vibración) | fretting.
destrucción nuclear por represalias | retaliatory nuclear destruction.
destrucción o desarme de bombas sin explosionar | bomb disposal.
destrucción por afán de destrucción | destruction for destruction's sake.
destruccional | destructional.
destructibilidad | destructibility.
destructible | destructible | destroyable.
destructivo | destructive | consumptive.
destructor | disrupter.
destructor con misiles dirigidos | guided missile destroyer.
destructor de escolta | destroyer-escort.
destructor de la acción sifónica | siphon breaker.
destructor de malezas | weedicide.
destructora de documentos | paper shredder.
destruido catalíticamente | catalytically destroyed.
destruido por el fuego | fire-killed.
destruido por el incendio | fire-culled.
destruido por incendio | fire-wrecked | fire-gutted.
destruido por la acción enemiga | destroyed by enemy action.
destruido por la captura neutrónica | destroyed by neutron capture.
destruir | destroy (to) | decay (to) | breakdown (to) | wipe out (to).
destruir (información) | unsave (to).
destruir con explosivos | blast (to).
destruir el espejo de las paredes interiores del cilindro (motores) | deglaze (to).
destruir por el fuego | burnout (to).
destruir por escarpiados sucesivos (traviesas) | spike-kill (to).
destruir soplando | blowout (to).
destruir una instalación enemiga (aviación) | knock out (to).
destrúyase después del primer uso | destroy after single use.
destubación | detubation.
desuardado (lana) | scouring.
desuardar (lana) | scour (to) | degrease (to).
desublimación | desublimation.
desuello | flaying.
desulfitación | desulfitation.
desulfuración | autofining | sulfur removal | desulfurizing.
desulfuración del arrabio | pig-iron desulfurization | cast-iron desulfurization.
desulfuración por segregación | segregation desulfurization.
desulfurado en la cuchara (metalurgia) | desulfurized in the ladle.
desulfuramiento (aceros) | desulfurization.
desulfurante | desulfurizing.
desulfurante (aceros) | desulfurizer.
desulfurante (G.B.) | desulphurizer.
desulfurar (aceros) | desulfurize (to).
desulfurar (aceros - G.B.) | desulphur (to).
desunido | separate | loose.
desunión | debonding | separation | disengage.
desunión (partes de máquinas) | disconnection.
desunir | loosen (to) | decoupe (to) | start (to) | sever (to).
desunir (varillas de sonda) | uncouple (to).
desunir piezas que estaban unidas | deblock (to).
desunirse | loosen (to).
desusar | disuse (to).
desvación de la rectangularidad (facsímile) | skew.
desvalorización | devalorization.
desvalorización especial | special charge-off.
desvalorizar | devalorize (to).
desván | attic.
desván de escalera | staircase cupboard.
desvanadización del hierro | devanadization of iron.
desvanecedor (de la luz) | fader.
desvanecer (colores) | tone off (to).
desvanecerse | vanish (to).
desvanecerse (fotografías) | dissolve (to).
desvanecerse (luz) | fade-out (to) | fade away (to).
desvanecido (radio, televisión) | fade.
desvanecido de imagen | dissolve.
desvanecimiento | vanishing.
desvanecimiento (de una escena en otra - cine) | transition.
desvanecimiento de amplitud | amplitude fading.
desvanecimiento de contornos | snowdrifting.
desvanecimiento de interferencia | interference fading.
desvanecimiento de la imagen por el balance del buque (radar) | roller fading.
desvanecimiento de la señal (radio) | fading.
desvanecimiento de señales al efecto Faraday (satélites artificiales) | Faraday fading.
desvanecimiento de señales radioeléctricas | radio fadeout.
desvanecimiento en trémolo (radio) | flutter fading.
desvanecimiento gradual | fade over.
desvanecimiento por transmisores próximos (radio) | blanketing.
desvanecimiento selectivo (telefonía) | selective fading.
desvanecimientos en las regiones polares | polar-cap fadings.
desvaporizar | devaporize (to).
desvelizar | unveil (to).
desvencijado (muebles) | crazy | loose-jointed.
desventaja del viento (buque vela) | lee gauge.
desventajoso (contratos) | losing.
desviaarcos (electricidad) | arc deflector.
desviabilidad | deflectability | deviability.
desviable | deflectable | switchable.
desviación | deflection | loop-way | runout | running out | glancing off | glancing aside | shift | bias | bend | bypass | diversion | diverting | shunt | deviation | driftage | obliquity | offsetting | quirk | departure | switch | sweep | drift.
desviación (aguja de aparato registrador) | deflection.
desviación (astronomía, etcétera) | excursion.
desviación (campo magnético) | distortion.
desviación (carrera) | avoiding road.
desviación (carreteras) | loop road.
desviación (ferrocarril) | switching.
desviación (ferrocarriles, carreteras) | detour.
desviación (minería) | drill by.
desviación a partir del pulso plano | deviation from pulse flatness.
desviación absoluta | absolute deviation.
desviación angular | angular deviation.
desviación angular del eje (giroscopio) | wander.
desviación azimutal (puntería) | azimuth offset.
desviación brusca (galería mina) | elbow.
desviación brusca (tuberías) | offset.
desviación característica (raíz cuadrada de la media de los cuadrados de las diferencias) | standard deviation.
desviación con respecto al reposo | spacing bias.
desviación cuadrantal (buques) | quadrantal deviation.
desviación cuadrática | squared deviation.
desviación cuadrática media | mean-square deviation.
desviación cuartílica | quartile deviation.
desviación de demora indicada | indicated bearing offset.
desviación de entalpía | enthalpy deviation.
desviación de frecuencia | swing | frequency departure | frequency drift | frequency shift.
desviación de haz | beam bending.
desviación de la aguja | sensing | swing.
desviación de la brújula | compass swinging.
desviación de la carretera | road diversion.
desviación de la clasificación | ordering bias.
desviación de la ebullición nucleada | departure from nuclear boiling.
desviación de la forma | form deviation.
desviación de la frecuencia de la corriente portadora | carrier shift.
desviación de la imagen (defecto pantalla televisión) | image drift.
desviación de la imagen (TV) | field deflection.
desviación de la onda portadora | carrier shift.
desviación de la planidad (abrasivos) | bowing.
desviación de la plomada | deflection of the plumb line.
desviación de la plomada (topografía) | deflection of the vertical.
desviación de la rectilineidad | straightness deviation.
desviación de la vertical | rake | deflection of the vertical | station error.
desviación de la vertical (sondeos) | drift.
desviación del agua superficial | skimming.
desviación del barreno | borehole deviation.
desviación del cero (aparatos) | zero error.
desviación del eje (giroscopio) | drift.
desviación del eje del giroscopio | gyro wander.
desviación del eje del micrófono del manantial de ruido (cine) | slicing.
desviación del espesor nominal | deviation from the nominal thickness.
desviación del lecho (meandros) | swinging.
desviación del plano transversal (reviro-cuadernas de buque) | flaring.
desviación del recorrido | change of route.
desviación del río | river diversion | river diversion.
desviación del sondeo | borehole deviation.
desviación del sondeo (de la vertical) | hole deviation.
desviación del tráfico | rerouting of traffic.
desviación del tránsito | runaround.
desviación desde la media | deviation from

mean.
desviación desde la media (estadística) | deviation from the mean.
desviación eléctrica | electric deflection.
desviación electromagnética | electromagnetic deflection.
desviación electrostática | electrostatic deflection.
desviación elíptica corta en una pasada (defecto telas) | teardrop.
desviación en alcance (balística) | range deviation.
desviación en dirección (puntería) | azimuth offset.
desviación en elevación (puntería) | elevation offset.
desviación en la ionosfera (ondas) | ionospheric path error.
desviación en milímetros en una escala de 1 metro por un aparato medidor de cantidad de electricidad | quantity sensitivity.
desviación en milímetros producida en una escala de 1 metro por un aparato de medir amperajes | quantity sensitivity.
desviación estandar de una población (estadística) | standard deviation of population.
desviación hacia el borde de ataque (hélices) | leading sweep.
desviación hacia el borde de salida (pala de hélice aérea) | trailing sweep.
desviación hacia el Oeste | westing.
desviación hacia el rojo | redshift.
desviación hacia la derecha (culata de fusil) | cast off.
desviación ilícita de utilidades | diversion of profits.
desviación individual | individual deviation.
desviación inferior | lower deviation.
desviación involuntaria de la línea recta al aterrizar o despegar (aviones) | swing.
desviación lateral | lateral deviation.
desviación lenta de la imagen (TV) | image hunting.
desviación magnética | magnetic deflection | magnetic amplitude.
desviación máxima | peak deviation.
desviación media | median deviation | mean deviation | average deviation.
desviación media absoluta | mean absolute deviation.
desviación media aritmética | arithmetical average deviation.
desviación media con respecto a la mediana | mean deviation from the median.
desviación media cuadrática | root mean square deviation | mean square deviation | quadratic mean deviation.
desviación media cuadrática (raíz cuadrada de la media de los cuadrados de las diferencias) | standard deviation.
desviación media de una medida aislada | average deviation of a single measurement.
desviación media del valor medio | average deviation of the mean.
desviación media relativa | relative average deviation.
desviación media respecto a la mediana | mean deviation from the mean.
desviación mínima de la frecuencia óptica menor de 1 parte en 10^{-8} en 24 horas (laser) | drift of no more than one part in 10^{-8} in 24 hours.
desviación ortogonal (topografía) | offset.
desviación periódica y aleatoria | pard (periodic and random deviation).
desviación permisible | allowable runout.
desviación promedia | average deviation.
desviación residual | residual deviation.
desviación significativa | significant deviation.
desviación superior | upper deviation.
desviación temporal | time variance.
desviación típica (estadística) | standard deviation.
desviación típica de la media de los resultados admitidos | standard deviation of the mean of the retained results.
desviación típica del universo (muestreo) | standard deviation of universe.
desviación típica muestral | sample typical deviation.
desviación total en pantalla | full screen deflection.
desviación trazada en el plano | plotted derivation | plotted deviation.
desviación vertical | Y deflection.
desviación vertical de laminación (carriles, figas laminadas) diente de sierra | sweep.
desviacional | deflectional.
desviaciones evaluadas estadísticamente | statistically evaluated deviations.
desviaciónes gravimétricas-isostáticas | gravimetric-isostatic deflections.
desviaciones sucesivas de la luz incidente (sistema de lentes múltiples) | optical work.
desviado (agujeros) | out of true | offset.
desviado (camino) | roundabout.
desviador | shifter | pull-off | deflective | deflector.
desviador (electricidad) | pull-off.
desviador (minero que engancha vagonetas en una bifurcación) | shackler.
desviador de haz de luz (faros) | headlight deflector.
desviador del haz | beam bender.
desviador electrostático | electrostatic deflector.
desvialanzadera (telar) | shuttle deflector.
desviancia (estadística) | deviance.
desviante | deflective.
desviante (estadística) | deviate.
desviar | deviate (to) | sway (to) | swerve (to) | switch (to) | vary (to) | shunt (to) | runoff (to) | deflect (to) | turn (to) | turn off (to).
desviar (campo magnético) | distort (to).
desviar (circulación) | bypass (to).
desviar (ríos, corrientes) | divert (to).
desviar (sociología) | deviate (to).
desviar (trenes) | switch off (to).
desviar (un órgano) | contort (to).
desviar el agua a un tunel | divert the water to a tunnel (to).
desviar el hoyo (sondeos) | whipstock (to).
desviar el tráfico | reroute (to).
desviar el tráfico (ferrocarril) | detour (to).
desviar el tráfico (telecomunicación) | reroute the traffic (to).
desviar el tráfico (telefonía) | reroute (to).
desviar ferrocarril | switch (to).
desviar la circulación | detour (to).
desviarse | bypass (to) | stand clear (to) | be deflected (to) | vary (to).
desviarse (agujeros) | offset (to).
desviarse (al chocar) | glance off (to).
desviarse (corriente eléctrica) | creep (to).
desviarse (taladros) | runout (to).
desviarse de | turn from (to).
desviarse u oscilar constantemente (brújulas) | hunt (to).
desviascopio | deviascope.
desvío | shift | shifting | misalignment | detour path | departure | trapping | bypass | sidesway | deviation.
desvío (artillería) | error.
desvío (artillería terrestre) | deflection.
desvío (ferrocarril) | siding.
desvío (fotocomposición) | trap.
desvío (frrocarril) | sidetrack.
desvío (tráfico) | rerouting.
desvío absoluto | point deviation.
desvío axil de pala | backward tilt.
desvío azimutal | azimuth deviation.
desvío de atajo (ferrocarril) | catch siding.
desvío de fase | phase shift.
desvío de tráfico (telefonía) | re-routing.
desvío del tráfico telefónico | diversion.
desvío depurado (tiro artillería) | stripped deviation.
desvío en alcance (artillería) | error in range.
desvío en milésimas (artillería) | mils error.
desvío lateral (balística) | lateral spotting.
desvío lateral (bombardeos aéreos) | deflection error.
desvío máximo (tiro artillería) | wild shot.
desvío medio (artillería) | mean error.
desvío por efecto giroscópico (proyectiles) | drift.
desvío tangencial | blade sweep.
desvío vertical (balística) | vertical spotting.
desviómetro | deviometer | driftmeter.
desvíos (artillería) | spotting.
desvíos en dirección (artillería) | deflection spotting.
desvirar (cabrestante) | walk back (to) | heave back (to).
desvitrificable | devitrificable.
desvitrificación | devitrification.
desvitrificar | devitrify (to).
desvolatizar | devolatilize (to).
desvulcanizador | devulcanizer.
desvulcanizar | devulcanize (to).
desyemado (plantas) | nipping.
desyemar (plantas) | disbud (to) | nip (to).
detalladamente | fully | largely.
detalladísimo | up-to-the-minute.
detallado | exhaustive | split-degree | full-length | itemized | elaborate.
detallado (descripciones) | step-by-step.
detallar | itemize (to).
detallar (para un servicio) | detail (to).
detallar (programación) | map (to).
detallar circunstancialmente | go into particulars (to).
detalle | particular | itemization | detail | breakdown | close view.
detalle de construcciones del terreno (carta de aviación) | cultural detail.
detalle submicroscópico | submicroscopic detail.
detalles | particulars.
detalles bien diseñados | well-performed details.
detalles constructivos | constructional details | constructional features.
detalles de fabricación | fabrication details.
detalles de realización (telecomunicación) | design details.
detalles del contrato | items of the contract.
detalles planimétricos | planimetric details.
detallista | retailer | retailer.
detallista en cueros | leather cutter.
detallista independiente | independent retailer.
detasa | rebate.
detasa (ferrocarril) | rebatement | carriage abatement.
detasa de precios | price decontrol.
detección | radioactivity detection, identification and computation (R.A.D.I.A.C.) | monitoring | detecting | detection | sensing.
detección audible | audible detection.
detección auditiva | auditory detection.
detección biológica | biological detection.
detección cuadrática | parabolic detection.
detección de averías | fault tracing | faultfinding.
detección de cambios atmosféricos | atmospheric change detection.
detección de cartuchos de combustible nuclear fisurados (reactor nuclear) | burst slug detection.
detección de contacto | contact sense.
detección de defectos | defect detection.
detección de errores | fault finding | error detection.
detección de fugas | leakage finding.
detección de fugas (semiconductores) | leak test.
detección de gas venenoso | detection of poison gas.
detección de grietas por luz ultravioleta | ultraviolet crack detection.
detección de grietas por partículas magnéticas

| magnetic crack detection.
detección de grietas por tinta fluorescente | fluorescent ink crack detection.
detección de huellas dactilares con laseres | fingerprint detection with lasers.
detección de irradiaciones | radiation monitoring.
detección de irradiaciones en la defensa atómica | radiation monitoring in atomic defense.
detección de la criticidad (reactor nuclear) | criticality detection.
detección de la falta de adherencia | lack-of-bond detection.
detección de la radiación | radiation detection.
detección de minas | mine detection.
detección de olores | odor detection.
detección de plutonio | plutonium monitoring.
detección de potencia | power detection.
detección de potencia por la rejilla | power grid detection.
detección de pruebas nucleares | nuclear test detection.
detección de radiaciones por defensa civil | civil defense radiation detection.
detección de radiaciones por la defensa civil | civil-defence radiation detection.
detección de submarinos | submarine detection.
detección de submarinos por radiación infrarroja | infrared submarine detection.
detección de tormentas por radar | radar storm detection.
detección de una señal | demodulation.
detección del sonido | sonodetection.
detección estática (radar) | static split.
detección fotográfica | photographic detection.
detección infrarroja activa | active infrared detection.
detección infrarroja pasiva | passive infrared detection.
detección iónica de humos | ionic fume detection.
detección lineal | linear detection.
detección magnética de grietas | magnetic crack-detection.
detección médica | checking.
detección microanalítica | microanalytic detection.
detección microbarográfica | microbarographic detection.
detección microbarográfica de explosiones nucleares | nuclear explosion microbarographic detection.
detección microquímica | microchemical detection.
detección pasiva | passive detection.
detección por aparatos llevados en un satélite artificial | satellite based detection.
detección por correlación cruzada | correlation detection.
detección por el sistema de abanico | fan shooting.
detección por el sistema de abanico (prospección sísmica) | arc shooting.
detección por lavado | sipping.
detección preventiva | preventive detection.
detección radárica | radar detection.
detección radárica de tormentas | radar storm detection.
detección radioactiva | radiac.
detección radioeléctrica de tempestades | radioelectric storm detection.
detección radiológica
detección rotogenerativa | rotogenerative detection.
detección submarina | submarine detection.
detección ultrasónica de fisuras interiores | ultrasonic flaw detection.
detección y clasificación de submarinos | detection and classification of submarines.
detección y destrucción de submarinos | detection and destruction of submarines.
detección y localización por medio del rayo laser | laser detection and ranging.
detección y telemetría por radio | radio detection and ranging (RADAR) | radio detection and ranging.
detección-exploración | blip-scan.
detectabilidad | detectability.
detectabilidad de grietas | flaw detectability.
detectable | detectible | detectable.
detectable con microscopio | microscopically detectable.
detectable por la máquina | machine sensible.
detectación | detectation.
detectado con sonar | sonar-detected.
detectado por fototransistor | sensed by phototransistor.
detectado por ondas ultrasonoras | ultrasonically detected.
detectado por radar | detected by radar.
detectado por un equipo instalado en un avión | detected by airborne equipment.
detectado ultrasonoscópicamente | ultrasonically detected.
detectar | pinpoint (to) | sense (to).
detectar (radio) | detect (to).
detectar con asdic | asdic (to) | asdic-detect (to).
detectar con sonar | asdic-detect (to) | asdic (to).
detectar el nivel del líquido | sense liquid level (to).
detectar electrónicamente | sense electronically (to).
detectar magnéticamente | detect magnetically (to).
detectar radiográficamente | detect radiographically (to).
detectar un blanco por medio de equipo electrónico (aviación) | ferret (to).
detectar zonas no soldadas (soldadura de tubos de oleoductos) | holiday detect (to).
detective | detective | tail.
detectividad | detectivity.
detectófono | detectophone.
detector | hunter | sensing device | photosensor.
detector (electricidad) | responder.
detector (radio, de grisú) | detector.
detector acicular | needle counter tube.
detector acústico | acoustic detector | acoustical detector.
detector aéreo magnético (milicia) | magnetic airborne detector.
detector amplificador | amplifying detector.
detector antisubmarinos | antisubmarine detector.
detector autoextintor | self-quenching counter tube.
detector automático de roturas en las pestañas de las ruedas (tren en marcha) | wheel checker.
detector automático termosensible | heat-sensitive automatic detector.
detector beta | beta detector.
detector bidireccional (guía de ondas) | bidirectional coupler.
detector biológico | biological detector.
detector compensado | balanced detector.
detector con corriente gaseosa | gas flow radiation detector.
detector con extintor orgánico (detección de radiactividad) | organic quenched counter tube.
detector con fuente gaseosa interna | detector with internal gas source.
detector con halógeno | halogen quenched counter tube.
detector con trifluoruro de boro | boron trifluoride counter tube.
detector cuadrático | quadratic detector | square detector | square-law detector.
detector cuantitativo | quantitative detector.
detector de aceleraciones piezoeléctrico | piezoelectric acceleration detector.
detector de altura de impulsos | pulse-height detector.
detector de ánodo | anode detector.
detector de apilamiento | pileup detector.
detector de aquebradización | embrittlement detector.
detector de averías | fault tracer.
detector de barrera de superficie | surface barrier detector.
detector de berilo en minerales | berylometer.
detector de blancos móviles | moving-target detector.
detector de botellas no capsuladas | uncapped bottle detector.
detector de botellas no tapadas con cápsula (embotellación en serie) | capless-bottle detector.
detector de canalizaciones eléctricas subterráneas | cable tracer.
detector de capas | layer detector.
detector de carborundo | carborundum detector.
detector de carburo de silicio | carborundum detector.
detector de cardúmenes (pesca) | fishgraph.
detector de coincidencia | gate.
detector de contacto | contact detector.
detector de contaminación del piso | floor monitor.
detector de control de volumen automático | av detector.
detector de correlación cruzada | crosscorrelation detector.
detector de corriente | current detector.
detector de cortocircuitos | short circuit finder.
detector de cristal sin sintonía | untuned crystal detector.
detector de defectos de aislamiento | earth detector.
detector de defectos de puesta a masa | earth detector.
detector de defectos del revestimiento | holiday detector.
detector de descargas eléctricas atmosféricas | sferics.
detector de diodo de picos | diode peak detector.
detector de energía solar en ultravioleta | monitor of ultra-violet solar energy.
detector de enganche de fase | phase-lock detector.
detector de escintilación | scintillation detector.
detector de esnorkel | hawkeye.
detector de falta de alineación | misalignment detector.
detector de fase de tipo de conmutación | switching-type phase detector.
detector de filamento | filament detector.
detector de formación de colas de vehículos parados (control de tránsito viario) | queue detector.
detector de fuga | leak detector.
detector de fuga de gas | gas leak locator.
detector de fuga de presiones parciales | partial pressure gauge leak detector.
detector de fugas | leak hunter | leak locator | leak finder.
detector de fugas de espectrómetro de masas | mass spectrometer leak detector.
detector de gas | gas explorer.
detector de gradiente de litio | lithium-drifted detector.
detector de gran impedancia para radiaciones de débil intensidad | high-impedance low-level-radiation detector.
detector de grietas | leak detector | crack detector.
detector de grietas de imán permanente | permanent-magnet crack detector.
detector de grietas por tinta fluorescente | fluorescent crack detector.
detector de hierro en la chatarra de aluminio | iron-in-aluminum detector.
detector de hierro en la chatarra de latón | iron-in-brass detector.
detector de humos por ionización | ionization fume detector.
detector de imagen | video detector | picture detector.
detector de impedancia infinita | infinite-impedance detector.

detector de incendios | fire detector.
detector de incendios automático | automatic fire detector.
detector de incendios en las bodegas de carga | cargo hold fire detector.
detector de infrarrojos fotoconductivo | photoconductive infrared detector.
detector de infrarrojos refrigerado | cooled infrared detector.
detector de infratensiones | undervoltage detector.
detector de inversión de polaridad | polarity reversal detector.
detector de iones supratermales | suprathermal ion detector.
detector de ionización | ionization detector.
detector de ionización para rayos beta y gamma | ionization-type beta-gamma detector.
detector de ionización por conductor (física) | flame ionization detector.
detector de irradiaciones | radiation monitor.
detector de la radiactividad del aire | air monitor.
detector de la radiactividad del cuerpo humano | whole-body monitor.
detector de laminación (defectos acero laminado) | lamination detector.
detector de luz | light sensor.
detector de malalineación | misalinement detector.
detector de menas radiactivas | radioactive ore detector.
detector de mentiras | lie detector | polygraph.
detector de metales | metal detector.
detector de minas | mine detector.
detector de minas metálicas | metallic mine detector.
detector de minas militares enterradas | land-mine detector.
detector de minas terrestres | land-mine detector.
detector de neblina de aceite en el carter (motores marinos) | oil mist detector.
detector de nivel Zener | Zener level detector.
detector de objetos metálicos | metal detector.
detector de onda estacionaria para guía de ondas | wave guide standing-wave detector.
detector de ondas progresivas | traveling detector.
detector de ondulaciones | ripple-detecting device.
detector de oscilaciones | oscillation detector.
detector de óxido de carbono | carbon-monoxide detector.
detector de pajas (piezas fundidas) | flaw detector.
detector de partículas | particle detector.
detector de partículas de gradiente de litio (nucleónica) | lithium-drifted particle detector.
detector de polaridad | polarity finder | polarity finder.
detector de polvos | dust monitor.
detector de porcentaje de modulación | ratio detector.
detector de poros | pinhole detector.
detector de posición | position detector.
detector de presencia de un vehículo (sobre una sección de vía férrea) | presence detector.
detector de radar | radar sensor.
detector de radiación | radiation detector.
detector de radiaciones de unión positiva-negativa | P-n junction radiation detector.
detector de radiaciones infrarrojas | infrared radiation detector.
detector de radiaciones tolerables e intolerables | go-no-go radiation detector.
detector de radiactividad | radioactivity monitor | radiation detector | radioactive survey meter | radioactivity instrument | radioactive detector.
detector de radiactividad (nucleónica) | radioactive monitor.
detector de radioactividad | monitor.
detector de radioactividad de manos y ropas | hand and clothing monitor.
detector de rayos infrarrojos | infrared scanner | infrared detector.
detector de reacción | retroactive detector | regenerative detector.
detector de recalentamiento | overheating detector.
detector de relación de voltajes entre dos señales | voltage ratio detector.
detector de resistencia de rejilla | grid-leak detector.
detector de retardador de un campo | retarding field detector.
detector de rotura de camisas (nuclear) | burst can detector.
detector de rotura de la banda de papel (imprenta) | web break detector.
detector de rotura de vaina | burst-slug detector.
detector de rotura de vainas | burst can detector.
detector de rotura del hilo | yarn breakage detector.
detector de ruedas con pestañas rotas (ferrocarril) | broken-wheel detector.
detector de ruidos de engranajes | gear sound tester.
detector de rupturas de las camisas de los elementos combustibles | burst can detector.
detector de tántalo | tantalum detector.
detector de tierras | earth detector.
detector de transductor para determinar la componente alterna del campo | transductor-type field ripple detector.
detector de turbidez | turbidity monitor.
detector de turbulencia en tiempo sin nubes | clear air turbulence detector.
detector de unión | junction detector.
detector de unión difusa | diffused junction detector.
detector de vapores explosivos | explosive-vapor detector.
detector de vídeo | video detector | picture detector.
detector de voltaje | pressure detector.
detector del flujo neutrónico del reactor | reactor flux monitor.
detector del gas frigorígeno | refrigerant-gas detector.
detector del incremento de la temperatura | temperature-rate-of-rise detector.
detector del infrarrojo cercano | near-infrared detector.
detector del pulso fetal | fetal pulse detector.
detector del viento | wind sensor.
detector electrolítico | electrolytic detector.
detector electromagnético de grietas | electromagnetic crack detector.
detector electrónico | electronic detector.
detector electrónico de error | electronic error detector.
detector electrónico de monóxido de carbono en el aire de una mina | electronic CO detector.
detector electrónico de objetos metálicos | radio metal locator.
detector electrónico de rayos rojos emitidos por cajas de grasa recalentadas (vagones en movimiento) | infrared ray electronic hot box detector.
detector electrónico de tormentas | sterics.
detector en polarización | biased detector.
detector fin de cinta | out-of-tape sensor.
detector FM de rejilla en cuadratura y oscilador enganchado | locked-oscillator quadrature-grid F-M detector .
detector fotoeléctrico | photoelectric detector.
detector fotoeléctrico de apagado de llama | photoelectric flame failure detector.
detector fotoeléctrico de ladrones | photoelectric intrusion detector.
detector fotoeléctrico de picaduras (hojalata) | photoelectric pin-hole detector.
detector fotoeléctrico para llama | photoelectric flame detector.
detector fotosensible | light-sensitive detector.
detector fototérmico | photothermal detector.
detector fotovoltaico de escintilación | photovoltaic scintillation detector.
detector gamma | gamma detector | gamma monitor.
detector heterodino | heterodyne detector.
detector integrador de flujo | flux integrating monitor.
detector interno | embedded detector.
detector interno de temperatura | embedded temperature detector.
detector isotrópico | isotropic detector.
detector largo | long counter tube.
detector local | area monitor.
detector magnético | magnetic detector.
detector magnético aerotransportado | magnetic airborne detector.
detector magnético de averías | magnetic fault detector.
detector magnético de incendios | magnetic fire detector.
detector magnético para grietas | magnetic crack detector.
detector microfónico | microphonic detector.
detector miscroscópico de infrarrojos | infrared microscope detector.
detector óptico | optical detector.
detector oscilante | oscillating detector.
detector para fisión | fission detector.
detector por activación | detection foil.
detector por diodo | diode detector.
detector por retroceso | recoil particle detector.
detector que impide coger una tapa cuando no hay lata de conservas donde colocarla | no-can-no-cover detector.
detector radioactivo de minerales para empleo en el campo | field counter.
detector selectivo de llamada | selective ringing decoder.
detector sensible a la fase de lecturas de mínimos | minimum-reading phase-sensitive detector.
detector sensible a las variaciones de fase | phase-sensitive detector.
detector sensible a los neutrones | neutron-sensitive detector.
detector sólido visual | visual solid detector.
detector sónico de profundidad | sonic depth finder.
detector subacuático | underwater detector.
detector sumergible | dip detector.
detector supersónico de escarabajos o pajas (piezas fundidas) | supersonic flaw detector.
detector termiónico de sodio | sodium thermionic detector.
detector ultraacústico | ultrasonic sensing.
detector ultrasónico | ultrasonic detector | ultrasonic receiver.
detector ultrasónico de defectos | ultrasonic flaw detector.
detector ultrasónico de fisuras | ultrasonic flaw detector.
detector ultrasónico para cardúmenes | fish-finder.
detector ultrasónico para defectos de carriles de acero | steel rail flaw ultrasonic detector.
detector ultrasonoro | ultrasonic detector.
detector ultrasonoro de defectos | sonovisor.
detector y medidor de vibraciones (de motores) | pickup.
detector y transmisor de la dirección del campo magnético terrestre (para mantener el giroscopio en la dirección del meridiano magnético) | fluxvalve.
detectores de gas | gas detectors.
detectoscopio | detectoscope.
detención | rest | stoppage | standstill | stopping | detention | arrest | arresting | stop.
detención bien acusada de la aguja indicadora (aparatos) | marked hesitation of the pointer.
detención de la aguja indicadora (aparatos) | hesitation of the pointer.

detención de proceso químico | chemical shutdown.
detención de un proceso | damping down.
detención ilegal | false imprisonment | deforcement.
detención ilegal de bienes | detinue.
detención ilegal de una persona (abogacía) | duress of imprisonment.
detención preventiva | detention awaiting trial | detention under remand | detention on remand.
detención preventiva antes del juicio | pre-trial preventive detention.
detención superficial | surface detention.
detención temporal | temporary restraint.
detenedor | arrester | stop.
detenedor de fractura | crack arrester.
detener | stop (to) | pull in (to) | check (to) | distrain (to) | put a stop (to) | halt (to) | obstruct (to).
detener (caballos) | pull in (to).
detener (circulación, etc) | hold up (to).
detener (en prisión) | detain (to).
detener a una persona | book (to).
detener con el trinquete | ratchet (to).
detener el movimiento de un cabo dando vueltas a una bita | snub (to).
detener la conjuntura | curb the boom (to).
detener la ejecución (programas) | yield control (to).
detener sin fianza (abogacía) | hold without bail (to).
detener un brote | kill (to).
detenerse | break-off (to) | pull up (to) | layby (to).
detenidamente | fully.
detenido | under arrest.
detenido (buques) | bound.
detenido para ser juzgado | held for trial.
detenido por la ley (persona) | detainee.
detenido por la niebla (buques) | fogbound.
detenido por los hielos | icebound.
detenido preventivamente | committed for trial.
detentador | detainer | forcible detainer.
detentador (de una copa) | defender.
detentador de mercancías | lienor.
detentar | deforce (to).
detentar ilegalmente | deforce (to).
detergencia | cleansing | detergency.
detergente | abluent | abstergent | detergent | scouring agent | soil-removal.
detergente a base de ácido sulfámico | sulfamic-based cleaner.
detergente alcalino | alkaline detergent | alkaline cleaner.
detergente alcalino anódico electrolítico | electrolytic anodic alkaline cleaner.
detergente aniónico | anionic detergent.
detergente atenuado | soft detergent.
detergente biodegradable | soft detergent | biodegradable detergent.
detergente con alto contenido de fosfato | high phosphate detergent.
detergente de base vegetal | vegetable-base detergent.
detergente de carbonatos | carbonate detergent.
detergente emulsional | emulsion cleanser.
detergente fácilmente descompuesto por bacterias | soft detergent.
detergente hiperalcalino | highly alkaline cleaner.
detergente no-degradable | hard detergent.
detergente orgánico | organic detergent.
detergente químicamente inactivo | chemically inactive detergent.
detergente químico | chemical cleaner.
detergente sintético | soapless soap.
detergentes sintético (EE.UU.) | syndet.
detergentes derivados de proteínas | protein-derived detergents.
deterger | deterge (to) | absterge (to).
deteriorabilidad | perishability.
deteriorable | damageable.
deterioración de los alimentos | food spoilage.
deterioración de materiales | deterioration of materials.
deterioración del aceite | oil deterioration.
deterioración permitida | permissive waste.
deterioración por el uso (jurisprudencia) | permissive waste.
deterioración progresiva | gradual deterioration.
deterioración química | chemical deterioration.
deteriorado | damaged | gone to ruin | impaired.
deteriorado (mercancías) | spoiled.
deteriorado (muros, casas) | dead.
deteriorado con el manoseo de la tienda (libros, telas, etc.) | shopworn.
deteriorado por agua del mar | damaged by sea water.
deteriorar | damage (to) | perish (to) | wear (to) | impair (to).
deteriorar (mercancías) | injure (to).
deteriorarse | decay (to).
deterioridad | damageability.
deterioro | damage | wearing | worsening | spoiling | spoilage | wear.
deterioro (edificios, muebles) | craziness.
deterioro (seguros) | impairment.
deterioro accidental | accidental damage.
deterioro biológico interior | internal biological deterioration.
deterioro de cuerpos refractarios por acción química o agentes externos | corrosion of refractories.
deterioro de la superficie (plástico) | envenomation.
deterioro de la visión por envenenamiento con plomo | saturnine amourosis.
deterioro de las propiedades magnéticas (acero para imanes) | spoiling.
deterioro de los edificios | building decay.
deterioro magnético (acero para imanes) | spoiling.
deterioro microbiológico del aislamiento | insulation microbiological deterioration.
deterioro permitido | permissive waste.
deterioro por almacenamiento prolongado | prolonged store deterioration.
deterioro por el humo | smoke deterioration.
deterioro por irradiación | radiation damage.
deterioro por la acción de cucharas de valvas mordientes (bodegas de buques) | grab damage.
deterioro por la acción de tractores de cuchilla frontal | bulldozer damage.
deterioro por la intemperie | weather-wear.
deterioro por la marca | brand damage.
deterioro por uso | wear and tear.
deterioro por vibración en partes íntimamente en contacto | friction oxydation.
deterioro por vibración en partes muy ajustadas que origina un deslizamiento infinitesimal entre las superficies en contacto (engranajes) | fretting corrosion.
deterioro prematuro | premature deterioration.
deterioro producido por agentes mecánicos | mechanical damage.
deterioro progresivo de las funciones vitales (medicina) | shock.
deterioro rápido | rapid deterioration.
determinabilidad | determinability.
determinable | determinable | definable.
determinación | determination | decision.
determinación absorciofotométrica | absorptiophotometric determination.
determinación argentimétrica | argentimetric determination.
determinación colorimétrica | colorimetric determination.
determinación de coincidencia | coincidence counting.
determinación de costes normales | standard costing.
determinación de cuotas sobre productos | quantitative restrictions on goods.
determinación de daños | assessment of damage.
determinación de distancia | ranging.
determinación de la contaminación radioactiva | monitoring.
determinación de la curva | curve-tracing | curve-plotting.
determinación de la densidad | sg determination.
determinación de la densidad de compactación | density-compaction evaluation.
determinación de la densidad por flotación o posamiento | sink or-float specific gravity determination.
determinación de la distancia por el sonido | sound ranging.
determinación de la edad arqueológica de las porcelanas | age determination of porcelains.
determinación de la extensión y precisión de la cobertura que proporciona una instalación de radar | radar calibration.
determinación de la figura de la Tierra | figure-of-the-earth determination.
determinación de la ley de variación (balística) | rate determination.
determinación de la longitud | longitude determination.
determinación de la pérdida en peso | loss-of-weight determination.
determinación de la posición | tracking | position finding.
determinación de la posición del buque en la mar | ship-positioning.
determinación de la posición del satélite | satellite position determination.
determinación de la posición por el radar | radar tracking.
determinación de la posición por radio (navegación) | radio fix.
determinación de la pureza | purity determination.
determinación de la tara | taring.
determinación de las edades por el método de potasio-argón (arqueología) | potassium-argon dating.
determinación de las propiedades físicas | physical testing.
determinación de los datos futuros (tiro contra blancos móviles) | prediction.
determinación de tarifas | rate setting.
determinación de un componente en los minerales por solución
determinación del azufre por una solución de plumbito sódico (petróleos) | doctor test.
determinación del centro | centering.
determinación del color en una pantalla de cinescopio | kinescope-screen color determination | kinescope-screen color determination.
determinación del coste | cost pricing.
determinación del grupo sanguíneo | blood typing.
determinación del grupo sanguíneo de una persona | typing of blood.
determinación del número de hilos (tejeduría) | numbering.
determinación del número de hilos (telas) | counting.
determinación del perfil del terreno por medio del radar (aviación) | radar terrain profiling.
determinación del perfil por radiactividad de las capas (sondeos) | radioactivity logging.
determinación del precio según el coste marginal | marginal cost pricing.
determinación del punto futuro (artillería antiaérea) | relocation.
determinación del punto tomando como referencia el sol (navegación) | solar fix.
determinación del régimen de cada pieza (batería de cañones) | calibration.
determinación del sentido | sensing.
determinación del tamaño de las partículas del pulvimetal | metal powder particle size determination.
determinación del tiempo de maquinado | timing.

determinación del tiempo de rotura a la tracción | tensile time-to-rupture determination.
determinación del valor numérico (expresiones numéricas) | evaluation.
determinación electroanalítica | electroanalytical determination.
determinación electrogravimétrica | electrogravimetric determination.
determinación espectroanalítica | spectroanalytical determination.
determinación espectrográfica por rayos Roentgen | X-ray spectrographic measurement.
determinación estereológica | stereological determination.
determinación fotocolorimétrica | photocolorimetric determination.
determinación geodesicoastronómica | geodetic-astronomic determination.
determinación global | amount determination.
determinación granulométrica | sieve analysis.
determinación mediante sistemas | systems approach.
determinación mercurimétrica | mercurimetric determination.
determinación microebulliométrica | microebulliometry determination.
determinación radiactiva del flujo de gas | gas flow radioactive determination.
determinación radioactiva del flujo de gas | gas-flow radioactive determination.
determinación radioautográfica | radioautographic determination.
determinación roentgenográfica | X-ray determination.
determinación simultánea | simultaneous determination.
determinación teórica (reactivos) | blank determination.
determinado sin ambigüedad | unambiguously determined.
determinado termoquímicamente | thermochemically determined.
determinador de la posición | fixer.
determinador de posición y aproximador (navegación aérea y marítima) | fixer and homer.
determinador de prioridades en tiempo compartido | time sharing driver.
determinante | effector.
determinante (lingüística) | determiner.
determinante (matemáticas) | determinant.
determinante acumulante (matemáticas) | cumulant.
determinante adjunta | adjugate determinant.
determinante de eliminación | eliminating determinant.
determinante de formato | format effector.
determinante de la matriz | determinant of the matrix.
determinante de tercer orden | third-order determinant.
determinante menor (matemáticas) | minor.
determinante no nulo | nonzero determinant.
determinante nulo (matemáticas) | zero determinant.
determinante wronskiano (matemáticas) | Wronskian determinant.
determinantes conativos | conative determinants.
determinántico | determinantal.
determinar | determinate (to) | establish (to) | identify (to) | define (to).
determinar (la situación de) | locate (to).
determinar el beneficio neto | determine the net profit (to).
determinar el centro de | center (to).
determinar el emplazamiento | locate (to).
determinar el peso de la evidencia | weight the evidence (to).
determinar el tamaño del grano (aceros) | assess grain-size (to).
determinar el tiempo de maquinado (piezas) | time (to).
determinar la cantidad de | quantify (to).
determinar la capacidad normal de una máquina | rate (to).
determinar la contaminación radioactiva del personal | monitor (to).
determinar la posición (buques, aviones) | plot a fix (to).
determinar la posición de | position (to).
determinar la tara | weigh light (to).
determinar las dimensiones | proportion (to).
determinar las dimensiones de | dimension (to).
determinar los caracteres de una planta o semilla cultivándola antes de lanzarla al mercado (agricultura) | index (to).
determinar un dividendo | declarate a dividend (to).
determinar un punto (topografía) | plot (to).
determinismo biogenético | biogenetical determinism.
determinismo económico | economic determinism.
detersión | detersion | cleansing.
detersividad | detersivity.
detersivo | detersive.
detonabilidad | detonability.
detonable | detonable.
detonación | detonation | fulmination | report.
detonación (motor explosión) | knocking.
detonación (motores) | pinking | ping.
detonación completa y rápida | high-order detonation.
detonación con llama | flaming detonation.
detonación de fase condensada | condensed-phase detonation.
detonación de una carga hueca explosiva | detonation of a hollow explosive charge.
detonación en los motores | engine knock.
detonación gaseosa | gaseous detonation.
detonación incompleta | incomplete detonation | low-order detonation.
detonación incompleta (de un explosivo) | low-order burst.
detonación inducida por la preignición | preignition-induced knock.
detonación lenta | low-order detonation.
detonación nuclear | nuclear detonation.
detonación nuclear a gran altitud | high-altitude nuclear detonation.
detonación nuclear subterránea | underground nuclear detonation.
detonación parcial | low-order detonation.
detonación por choque | impact detonation.
detonación por influencia | induced detonation.
detonación por simpatía | induced detonation.
detonación prematura | premature detonation | predetonation.
detonación violenta | loud report.
detonaciones | banging.
detonado por espoleta de proximidad | proximity fuse-detonated.
detonador | blasting cap | primer | shooting box | cap.
detonador (cebo eléctrico) | squib.
detonador (proyectiles) | exploder.
detonador atómico | atomic trigger.
detonador auxiliar | booster.
detonador con vaina de plástico | plastic detonator.
detonador de arma nuclear | atomic weapon detonator.
detonador de doble efecto | double-action detonator.
detonador de explosión retardada | delay detonator.
detonador de la carga iniciadora (proyectiles) | burster detonator.
detonador de percusión | percussion detonator.
detonador eléctrico | electric detonator.
detonador eléctrico de bajo voltaje | low-tension detonator.
detonador eléctrico de explosión retardada | delay electric blasting cap.
detonador pirotécnico | pyrotechnical detonator.
detonador retardado | retarded detonator.
detonador sísmico sin retardo | no-lag seismic detonator.
detonadores conectados en serie | series-connected detonators.
detonancia | detonance.
detonante | explosive | detonant | detonating.
detonar | detonate (to) | fulminate (to).
detonar (motores) | ping (to).
detónica (ciencia de las explosiones) | detonics.
detonómetro | detonation meter.
detorsión | detorsion | untwisting.
detoxificación | detoxification.
detracción | taking away.
detraer | subtract (to).
detrás | aback.
detrás de la caja (coches) | rear quarter.
detrás del eje de la charnela | aft of the hinge axis.
detrición | detrition.
detrimento | expense | prejudice | detriment.
detrítico | detrited | detrital.
detrítico (geología) | fragmentary.
detritívoro que come los detritus | detritus eating.
detrito de aluvión | alluvial detritus.
detritos | detritus | rubbish.
detritos acarreados | drift detritus.
detritos de la rectificación | grinding dust.
detritos de la rectificación con muela abrasiva | grinding detritus.
detritos de la roza (minas) | slotting | bug dust.
detritos de sondeo | cuttings.
detritos de sondeos | drill cuttings.
detritos nucleares | nuclear waste.
detritos sueltos de las partes altas (playas de costas rocosas) | shingle.
detritos terrígenos | land-derived detritus.
detritus | garbage | trash.
detritus de rocas | debris.
detrusión (deformación transversal) | detrusión.
deuda | obligations | debt.
deuda a la vista | debt at sight.
deuda a largo plazo | fixed liability | funded debt.
deuda caducada | stale debt.
deuda consolidada | funded debt | debt funded | bonded debt | capital obligations | fixed debt | consolidate debt.
deuda contabilizada | book debt.
deuda cuyo pago está cumplido | matured debt.
deuda de honor | honorary debt.
deuda de la administración local por causa de los residentes | overlapping debt.
deuda de sociedad anónima | corporate debt.
deuda declarada fuera de la ley | outlawed debt.
deuda del Estado | national debt.
deuda del gobierno | governmental debt.
deuda diferida | deferred debt.
deuda en bonos | bonded debt.
deuda en mora | overdue debt.
deuda escriturada | specialty debt.
deuda exigible | recoverable debt | due debt | debt due.
deuda exigible y cobrable | solvent debt.
deuda exterior | external debt.
deuda financiera a corto plazo | short-term debt financing.
deuda financiera a largo plazo | long-term debt financing.
deuda fiscal | tax liability.
deuda flotante | floating debt | unfunded debt.
deuda garantizada por obligaciones | bonded debt.
deuda hipotecaria | claim secured by mortgage.
deuda hipotecaria total | mortgage debt.
deuda improductiva | deadweight debt.
deuda incobrable | write-off | bad debt.
deuda nacional | national debt.
deuda neta | net debt.

deuda no consolidada | unfunded debt | nonfundable.
deuda pasiva | liability.
deuda pendiente | nonpaid debt | unpaid debt.
deuda pendiente de pago | overdue debt.
deuda preferente | privileged debt.
deuda prescrita | barred debt.
deuda principal | senior debt.
deuda privada | private debt.
deuda privilegiada | preferential debt | preferential debt.
deuda pública | governmental debt | national debt | public debt.
deuda pública (economía) | government stock.
deuda pública a largo plazo | consolidated.
deuda pública exterior | external national debt.
deuda que engloba otras varias | consolidated.
deuda reconocida por el juzgado | judgment debt.
deuda territorial del propietario | owner's charge.
deuda vencida | debt overdue.
deudas | indebtedness.
deudas a empresas del grupo | amounts owed to affiliated undertakings.
deudas activas | outstanding debts | debts due to us.
deudas diferidas | deferred liabilities.
deudas documentarias | legal debts.
deudas existentes | outstanding debts.
deudas impagadas | outstanding debts.
deudas legítimas | just debts.
deudas pasivas | debts due by us | liabilities.
deudas pendientes | outstanding debts.
deudas por cobrar | outstanding debts.
deudas sociales | partnership debt.
deudor | debtor | indebted.
deudor (persona que se compromete mediante fianza) | obligor.
deudor atrasado en los pagos | behindhand debtor.
deudor de un préstamo | pledger.
deudor dudoso | doubtful debtor.
deudor embargado | debtor attached.
deudor hipotecario | mortgager | mortgaging | morgager | mortgagor.
deudor insolvente | insolvent debtor | insolvent.
deudor moroso | tardy debtor | unsafe debtor | defaulting debtor | behindhand debtor | bad debtor | bad debt.
deudor por fallo de un tribunal | debtor judgement.
deudor principal | leading debtor | primary debtor.
deudor privilegiado | chargee.
deudor reconocido | judgment debtor.
deudor solidario | joint debtor.
deudores diversos | sundry debtors.
deudores por cuentas a plazos | installment customers.
deudores por ventas a plazos | installments sales customers | instalment customers.
deudores y acreedores varios | sundry debtors and creditors.
deuteranopia | green blindness.
deutérico | deuteric.
deutérico (petrología) | paulopost.
deuterio | hydrogen 2.
deuterio (D) | H^2.
deuterio (de masa atómica 2) | heavy hydrogen.
deuterio (hidrógeno pesado) | deuterium.
deuterio con pequeña proporción de tritio | low-tritium deuterium.
deuterización | deuteration | deuterating.
deuterizar | deuterate (to).
deuterizar (incorporación de átomos de deuterio a un cuerpo) | deuterize (to).
deuteroanómalo | deuteranomalous.
deuterogénico (geología) | deuterogenic.
deuterograsa | deuterofat.
deuteromicetos | fungi imperfecti.
deuteromorfo | deuteromorphic.
deuterón | deuteron.
deuteropirámide (pirámide de segunda especie) | deuteropyramid.
deuteroprisma (prisma de segunda especie) | deuteroprism.
deuterozoico | deuterozoic.
deuteruro | deuteride.
deutón | deuton.
devaluación | devaluate | devaluation | devalution.
devaluación de la moneda | money devaluation.
devaluación monetaria | money devaluation | currency depreciation.
devaluación y revaluación de las monedas | undervaluation and overvaluation of currencies .
devaluar | devalorize (to) | devalue (to).
devaluar (moneda) | devaluate (to).
devaluar una moneda | devalue a currency (to).
devaluatorio | devaluatory.
devalución monetaria | currency devaluation.
devanadera | swift | reeler | reel | bobbin | winder | spool.
devanadera (tejeduría) | asple reel | racer.
devanadera conductora | power reel.
devanadera de alambre | wire reel.
devanadera de algodón | cotton reel.
devanadera de brazos plegables | drop motion swift | collapsible racer.
devanadera de seda | silk reel.
devanadera de urdimbre | warp-spooling machine.
devanadera donde se coloca el rollo de alambre antes de galvanizarlo | swift.
devanadera extensible | expanding reel.
devanadera horizontal | horizontal warping reel.
devanadera mecánica | power reel.
devanadera motriz | power reel.
devanadera para banda caliente (laminadores) | hot strip coiler.
devanadera para desenrollar | running-off reel.
devanadera para desenrollar alambre | swift.
devanadera secadora (tejeduría) | drying reel.
devanado | reeling.
devanado (electricidad) | winding.
devanado (hilos) | winding.
devanado a dos hilos | double-end reeling.
devanado a mano | hand winding | hand-winding.
devanado a máquina | machine-winding.
devanado abierto | open winding.
devanado acoplado de corriente continua | grouped direct current winding.
devanado amortiguador | amortisseur | amortisseur winding | damper winding.
devanado amortiguador de fases conectadas | phase-connected damping winding.
devanado antipolarizante | antipolarizing winding.
devanado antirresonante | antiresonant winding.
devanado anular | ring winding.
devanado bifásico | biphase winding.
devanado bifilar | noninductive winding | bifilar winding.
devanado bipolar | bipolar winding.
devanado cerrado | reentrant winding.
devanado cerrado para corriente continua | closed direct current winding.
devanado compensador | compensating winding | compensation winding | stabilizing winding.
devanado compensador polifásico | polyphase compensating winding.
devanado compuesto | compound wound.
devanado con cambio del número de polos | pole changing winding.
devanado concentrado | concentrated winding.
devanado concéntricamente | concentrically-coiled.
devanado cónico | conical winding.
devanado conmutado | commutated winding.
devanado consenoidal | cosine winding.
devanado de alto voltaje | high-tension winding | high-voltage winding.
devanado de anillo en derivación | parallel ring winding.
devanado de arranque | starting winding.
devanado de baja tensión | low-tension winding.
devanado de bajo voltaje | low-tension winding.
devanado de barras (electrotecnia) | bar winding.
devanado de bobinas superpuestas | sandwich coil winding.
devanado de cadena | basket winding | chain winding.
devanado de campo | field winding.
devanado de campo giratorio (electricidad) | rotor field winding.
devanado de canto | edge-wound.
devanado de capas múltiples | banked winding.
devanado de capullos de seda | cocoon reeling.
devanado de circuito único | single winding.
devanado de circuito único (inducido) | simplex winding.
devanado de doble rotor | double rotor winding.
devanado de dos capas en forma de barril | two-layer barrel type winding.
devanado de dos circuitos | duplex winding.
devanado de dos ranuras por polo | two-slots-per-pole winding.
devanado de espiras escalonadas | mesh winding.
devanado de excitación | excitation winding | field winding.
devanado de fase auxiliar | teaser winding | auxiliary phase winding.
devanado de fases | phase winding.
devanado de fases hemitropas | half-coiled winding.
devanado de fases hemitropes | hemitropic winding.
devanado de fases independientes | independent phase winding.
devanado de inducido | armature winding.
devanado de inducido abierto | open-coil winding | open coil winding.
devanado de inducido en circuito cerrado | closed-circuit armature winding.
devanado de inducido enfriado con líquido | liquid-cooled armature winding.
devanado de la fase principal | main-phase winding.
devanado de la husada | cop winding.
devanado de lazo | loop winding.
devanado de lazo (electricidad) | lap-winding.
devanado de lectura | read winding.
devanado de marcha (electricidad) | running winding.
devanado de ovillo | ball-shaped winding.
devanado de paso fraccionario | fractional-slot winding | fractional-pitch winding.
devanado de plano | flatwise wound | flatwound.
devanado de ranuras enteras | integral-slot winding.
devanado de ranuras fraccionarias | fractional-slot winding.
devanado de saturación | saturating winding.
devanado de tambor | drum winding | drumwound.
devanado de tambor en derivación | parallel drum winding.
devanado de un inductor | coils field.
devanado de un solo circuito (inducido) | simplex winding.
devanado de una muesca por polo | one-slot-per-pole winding | one-slot winding | single-pole winding.
devanado de una ranura por polo | single-coil winding | one-slot-per-pole winding.
devanado de varias capas entrelazadas | blanket winding.
devanado de varios circuitos | multiplex winding.

devanado del campo inductor de la excitatriz del motor | motor exciter field winding.
devanado del campo rotórico | rotor field winding.
devanado del estator | field winding.
devanado del filamento del capullo (seda) | reeling.
devanado del inducido | rotor winding.
devanado del rotor del alternador | alternator rotor winding.
devanado del variómetro (electricidad) | jigger winding.
devanado diametral | full-pitch winding | diametral winding.
devanado diferencial | differential winding.
devanado diferencial (dínamos) | decompound winding.
devanado discontinuo de corriente continua | interrupted direct current winding.
devanado dispuesto en tres planos | three range winding.
devanado distribuido | distributed at random winding | distributed winding.
devanado distribuido de dos capas de paso fraccionario | two-layer fractional-pitch distributed winding .
devanado distribuido de paso completo | full-pitch distributed winding.
devanado dividido | split winding.
devanado doble (electricidad) | compound winding.
devanado en anillo | Gramme winding | ring-winding.
devanado en barras | squirrel-cage winding.
devanado en bucles (electricidad) | lap-winding.
devanado en capas concéntricas | concentric winding.
devanado en capas superpuestas | multilayer winding.
devanado en celosía | lattice winding.
devanado en cesta | chain winding.
devanado en cesto (electricidad) | basket winding.
devanado en circuito abierto | open-circuited winding.
devanado en circuito cerrado | closed-coil winding.
devanado en cortocircuito | amortisseur winding | squirrel-cage winding | damper winding | damping winding | short circuit winding.
devanado en cruz | cross reeling.
devanado en cuatro hendiduras | quadruple coil winding.
devanado en cuerdas | chorded winding | fractional-pitch winding.
devanado en derivación | parallel winding | branch windings | shunt winding.
devanado en derivación (aparatos) | potencial winding.
devanado en disco | disk winding | disc winding.
devanado en doble capa | double-layer winding.
devanado en estrella | star-connected winding.
devanado en estrella del transformador de fuerza | power transformer star winding.
devanado en hélice | spiral winding.
devanado en jaula de ardilla | squirrel-cage winding | cage winding.
devanado en paralelo | shunt winding.
devanado en seco (tejeduría) | dry reeling.
devanado en serie | series-wound | series winding.
devanado en serie diferencial | differential series winding.
devanado en serie y derivación | compound winding.
devanado en serie-derivación | multiplex winding.
devanado en tambor | barrel winding.
devanado en triángulo | diamond winding.
devanado en troquillones | skein reeling.
devanado en una capa | single-plane winding.
devanado en Y | Y-wound.
devanado en zig-zag | two-circuit winding | wave winding.
devanado envolvente | evolute winding.
devanado equipotencial | equipotential winding.
devanado espaciado (electricidad) | space-wound.
devanado espiral en forma de disco plano | pancake coil.
devanado estabilizador | stabilizing winding.
devanado estatórico | stator winding.
devanado estatórico platasoldado | silver brazed stator winding.
devanado excitador | excitating winding.
devanado excitador del rotor | rotor exciting winding.
devanado fraccionado | part winding.
devanado frontal | evolute winding | end winding.
devanado giratorio conmutado | rotating commutated winding.
devanado Gramme | Gramme winding | ring-winding.
devanado helicoidal sobre una superficie toroide | toroid coil.
devanado imbricado | interlaced winding | multiple circuit winding.
devanado imbricado (electricidad) | lap winding | lap-winding.
devanado imbricado de dos capas | two-layer lap winding.
devanado imbricado de paso fraccionario de dos capas | two-layer fractional-pitch lap winding.
devanado imbricado de tambor | lap-wound drum winding.
devanado inductor | excitating winding | field winding.
devanado inductor (electricidad) | exciting winding | primary winding.
devanado interrumpido | split winding.
devanado lateral | lateral winding.
devanado medio bobinado | half-coiled winding.
devanado mixto | compound winding.
devanado mixto (devanado en serie y en derivación) | series-parallel winding.
devanado mixto (electricidad) | compounding.
devanado mixto de aumento del campo | straight compound winding.
devanado mixto de disminución del campo | differential compound winding.
devanado monofásico concentrado | single-phase concentrated winding.
devanado multicapas | multilayer winding.
devanado múltiple | multiplex winding.
devanado múltiple (de varias capas) | multiple winding.
devanado multiplicador | multiplying winding.
devanado oblicuo | oblique winding.
devanado oblicuo (electricidad) | oblique winding.
devanado ondulado | two-circuit winding | wave winding.
devanado ondulado de tambor | wave-wound drum winding.
devanado ondulado espiral (electricidad) | spiral wave winding.
devanado ondulado retrógrado | retrogressive wave winding.
devanado para corriente continua | continuous current winding.
devanado para la señal (telecomunicación) | signal winding.
devanado perifásico | wave winding.
devanado plano | edge winding.
devanado polar | pole winding.
devanado polifásico de una sola capa | single-layer polyphase winding.
devanado polifásico equilibrado | balanced polyphase winding.
devanado polifásico simétrico | polyphase symmetrical winding.
devanado por capas | layer winding.
devanado por cuerdas (cuaderna dirigibles) | chord winding.
devanado por cuerdas (electricidad) | short-pitch winding.
devanado principal | main winding.
devanado progresivo | progressive winding.
devanado reticulado | basket winding.
devanado retrógrado | retrogressive winding.
devanado rotórico | rotor winding.
devanado secundario | secondary winding.
devanado simple (inducido) | simplex winding.
devanado sobre formero | former winding.
devanado sobre gálibo | former winding.
devanado sobre horma | former winding.
devanado sobre plantilla | former winding.
devanado terciario conectado en triángulo | delta-connected tertiary winding.
devanado toroidal | ring-winding.
devanado totalmente bobinado | whole-coiled winding.
devanado trifásico completamente bobinado de triple gama | three-range whole-coiled three-phase winding .
devanado trifásico medio bobinado | half-coiled three-phase winding.
devanado trifásico medio bobinado de doble gama | two-range half-coiled three-phase winding.
devanador | yarn carrier.
devanador (operario tejeduría) | reeler.
devanador de cartón (textiles) | paper carrier.
devanador de seda | silk thrower.
devanadora | reeling frame | reeling-aparatus | reeling machine | winder | ryce | reel.
devanadora de capullos | cocoon reel.
devanadora de corredera | collapsible reel.
devanadora de cruzado rápido | quick traverse winding frame.
devanadora de lino | flax reeling frame.
devanadora de linterna | birdcage reel.
devanadora de tambor | drum winder.
devanadora para enrollar alambre | wire winder.
devanadora para hilo de urdimbre | warp winder.
devanadora para hilos gruesos | coarse yarn reel.
devanadora reunidora | doubling reel.
devanadora-dobladora | doubling winder.
devanadora-dobladora (EE.UU.) | doubler.
devanados compensadores en serie | series compensating windings.
devanados de arranque (motor eléctrico) | manoeuvring windings.
devanados del campo inductor | exciter field windings.
devanados del campo inductor conformados sobre horma | former-wound field windings.
devanados en capas concéntricas | concentric layer windings.
devanados en derivación del campo inductor autoexcitados | self-excited shunt field windings.
devanados en oposición | opposed windings.
devanados encapsulados para electromotores | encapsulated motor windings.
devanados estatóricos conectados en derivación-estrella | parallel-star connected stator windings.
devanados estatóricos conectados en derivación-triángulo | parallel-delta connected stator windings.
devanados estatóricos conectados en serie-estrella | series-star connected stator windings.
devanados estatóricos conectados en serie-triángulo | series-delta connected stator windings.
devanados estatóricos formados con conductos de cobre por los que circula agua (alternadores) | water-cooled stator windings.
devanados independientes | independent windings.

devanados para trabajar en condiciones tropicales (motores eléctricos) | tropical windings.
devanados superpuestos | heaped windings.
devanar | unwind (to) | spool (to) | wind (to) | wind up (to) | wind off (to).
devanar (tejeduría) | reel (to).
devanar en carretes | spool (to).
devanar en troquilones | skein (to).
devandado cónico | taper winding.
devastación | devastation.
devastado por el incendio | fire-ravaged.
devastar | devastate (to) | ravage (to).
devastar (crecidas) | plague (to).
devastar por completo antes de abandonarlo al enemigo | scorch (to).
devengado | accrued.
devengado al hacer el pago | earned at the time of payment.
devengar | bear (to) | accrue (to).
devengar (intereses) | earn (to) | draw (to).
devengar impuestos | be liable to duty (to).
devengar intereses | bear interest (to) | draw interest (to) | carry interest (to) | pay interest (to).
devintita | dewindtite.
devitrificable | devitrifiable.
devolatilización | devolatilization.
devolución | refundment | refund | redelivery back | repayment | turnround.
devolución (beneficios eclesiásticos) | lapsing.
devolución (cambio catabólico) | devolution.
devolución de artículos vendidos | sales return.
devolución de derechos aduaneros | refunding of duty.
devolución de derechos aduaneros al reexportar la mercancía | drawback.
devolución de derechos arancelarios | drawback.
devolución de fletes | rebate.
devolución de impuestos | tax refund.
devolución de impuestos pagados | tax refund.
devolución de la pelota (tenis) | get.
devolución de la prima | return of premium.
devolución de las inversiones | returns on investments.
devolución de mercaderías compradas | purchase returns.
devolución de mercancías compradas | purchase returns.
devolución de prima | return premium.
devolución de tasas | refund of taxes.
devolución del impuesto sobre el valor añadido de la exportación | repayment of added value tax on exportation.
devolución total | refund in full.
devoluciones (material devuelto por el comprador) | returns.
devoluciones de artículos vendidos | sales returns.
devoluciones sobre compras | purchases returns.
devoluciones sobre ventas | sales returns | returns on sales.
devolucionista | devolutionist.
devolutorio | returnable.
devolver | render (to) | render (to) | refund (to) | reciprocate (to) | turn adrift (to) | turn back (to) | back (to) | blast (to).
devolver (ecos) | give back (to).
devolver dinero | refund money (to).
devolver un saludo | return a salute (to).
devolver un saludo cañonazo por cañonazo (marina) | return a salute gun for gun (to).
devoniano (de Devon) | Devonian.
devoniano (geología) | Devonian.
Devoniano medio | middle Devonian.
devoniano medio (geología) | erian.
devorar | eat away (to).
devorar la carretera (automóviles) | eat up the miles (to).
devuelo bajo | low-level.
devuelto al librador | refer to drawer (RD).
devuelto por prescripción (legados) | lapsed.
devuelva los géneros o páguelos | either return the goods or pay for them.
dexiotrópico | dextral.
dextrina (química) | dextrin.
dextrina comercial | British gum.
dextrinización | dextrinization.
dextrinizar | dextrinize (to).
dextrogiración | dextrogyration.
dextrogiralidad | dextrogyrality.
dextrogiro | right-handed | clockwise | dextrorotatory.
dextrogiro (hélices, tornillos) | right-hand.
dextropropagación | dextropropagation.
dextrorrotación | dextrorotation.
dextrorso | dextrorse | clockwise | cum sole.
dextrorso (botánica) | right-handed.
dextrosa | corn syrup.
dextrosa (química) | dextrose.
dextroso | dextral.
deyección (medicina) | stool.
deyecciones (medicina) | rejections | rejectamenta.
deyecciones volcánicas | ejectamenta.
deyector | ejecting mechanism.
dhaman (Grewia tiliaefolia) | dhaman.
dhaura (Anogeissus latifolia-Wall) | axlewood.
dhup obscuro (Canarium otrictum) | black dhup.
dhup rojo (Parishia insignis) | red dhup.
día | day.
día astronómico | astronomical day.
día astronómico (de 12 noche a 12 noche) | nautical day.
día civil | calendar day.
día civil (que empieza a media noche) | civil day.
día constituyente | constituent day.
día cubierto | overcast day.
día de barnizado (exposición de pinturas) | varnishing day.
día de cambio | changeover day.
día de cierre de admisión de instancias | closing date for entries.
día de comparecencia | appearance day.
día de declaración (aduanas) | day of entry.
día de entrega de un abastecimiento | R day.
día de fuego de una unidad | unit of fire.
día de funcionamiento normal de la factoría. | stream day.
día de limpieza (marina) | field day.
día de liquidación | accounting day | settling day | settlement date.
día de pago | value date | accounting day.
día de pago de jornales | payday.
día de permiso | day off.
día de reportes (bolsa) | continuation day | contango-day.
día de retiro | day of retirement.
día de reunión del tribunal | court day.
día de salida (buques) | sailing date.
día de vencimiento | term day | law day.
día de víveres | day of supply.
día del retiro (milicia) | day of retirement.
día del vencimiento | due date.
día despejado | clear day.
día en que la producción es igual o mayor que el consumo (proyectiles, aviones, etcétera) | P-day.
día en que no se trabaja | off day.
día en que termina la descarga de las mercancías especificadas en un conocimiento (buques) | final landing.
día entero de navegación (veinticuatro horas) | day's work.
día epagómeno | epagomenic day.
día feriado | fair day | holiday | off day.
día festivo | holiday.
día franco | clear day | off day.
día ganado (cuando se navega hacia el Este y se cruza el meridiano 180 grados) | day gained.
día hábil | clear day | lawful day | working day.
día hábil (jurisprudencia) | court day.
día inhábil | off day.
día inhábil (tribunales) | vacation day.
día innominado para empezar una operación | D-day.
día intercalar | leap-day.
día laborable | working day | business day.
día lectivo | school day | lecture day.
día libre | day off | off day.
día mareal | tidal day.
día náutico (de 12 noche a 12 noche) | nautical day.
día perdido (cuando se navega hacia el Oeste y se cruza el meridiano 180 grados) | day lost.
día que se gana al cruzar el meridiano de 180° navegando hacia el Oeste | antipodean day.
día sidéreo | sidereal day.
día solar aparente | apparent solar day.
día solar medio | civil day.
diabasa | copper emerald | diabase.
diabasa esferoidal | pillow lava.
diabasa metamorfizada con augita anfibolitizada | epidiabase.
diabasa o espilita amigdaloidal | dunstone.
diabasa ofítica | ophitic diabase.
diabático | diabatic.
diabla (cine) | ash can.
diablástico | diablastic.
diablo | hard wastebreaker.
diablo (carro) | truck.
diablo (Chile) | peavey.
diablo (laminadores) | go-devil.
diablo (máquina de abrir y mezclar lana) | devil.
diablo (máquina para abrir lana) | tiger.
diablo (máquina para abrir y mezclar lana) | dreadnought.
diablo (tejeduría) | teaser.
diablo abridor de garras | tenterhook willow.
diablo batidor | duster.
diablo batidor (lana regenerada) | shaker | rag shaker.
diablo batidor para lana | wool duster.
diablo desbrozador (lana) | burr picker.
diablo desempolvador (lana regenerada) | dust willow | dust shaker.
diablo despolvoreador (carbonización textiles) | duster.
diablo largo (Chile) | monitor catamaran.
diablo mezclado (tejeduria) | mixing willow.
diablo para abrir y mezclar lana | willow.
diablo para lana | fearnought.
diablo para transporte de troncos | logging wheels | logging sulky.
diac (diodo) | diac.
diacetilo | diacetyl.
diacinesis | diakinesis.
diaclasa | diaclase.
diaclasa (geología) | joint.
diaclasa de exfoliación (geología) | exfoliation joint.
diaclasa horizontal (batroclasa) | flat joint | bottom joint.
diaclasa horizontal (geología) | horizontal joint.
diaclasa longitudinal | strike joint.
diaclasa longitudinal (geología) | back.
diaclasa transversal | dip joint.
diaclasa transversal (geología) | cutter.
diaclasas horizontales | sheet joints.
diaclinal | diaclinal.
diacóptica | diakoptics.
diacrilato | diacrylate.
diacromía | cross-color.
diacronismo (geología) | diachronism.
diácrono | diachronous.
diactáfono | dictaphone.
diactínico | diactinic.
diada | dyad.
diadema (heráldica) | diadem.
diadema (joyería) | tiara.
diádico | dyadic.
diádoco (nuclear) | diadochic.
diadón | globe-fish.
diadoquia | diadochy.
diafaneidad | diaphaneity.

diafanidad | gauziness | diaphaneity | pellucidity | pellucidness.
diáfano | diaphanous | light | transparent | hyaline | lucid.
diáfano (telas) | sheer.
diáfano como gasa | gauzy.
diafanometría | diaphanometry.
diafanómetro | diaphanometer.
diafanoscopia | diaphanoscopy.
diafanoscopio | diaphanoscope | polyscope.
diafonía | diaphony | crosstalk | interchannel cross-talk | flutter.
diafonía (telefonía) | cross talk | flutter.
diafonía cromática | color crosstalk.
diafonía en el terminal receptor | receiving end crossfire.
diafonía entre antenas | antenna crosstalk.
diafonía entre surcos | record crosstalk.
diafonía ininteligible | unintelligible crosstalk.
diafonía inteligible | uninverted crosstalk.
diafonía inteligible (EE.UU.) | uninverted cross talk.
diafonía inteligible (telefonía) | intelligible cross-talk.
diafonía lejana | far end cross-talk.
diafonía lejana (radiotelefonía) | far-end cross-talk.
diafonía lineal | linear crosstalk.
diafonía múltiple | babble.
diafonía posicional | positional crosstalk.
diafonía producida por un transmisor cerca del receptor (telegrafía) | sending-end crosstalk.
diafonía provocada por un transmisor alejado del receptor | receiving end crosstalk.
diafonía próxima | near-end crosstalk.
diafonía telefónica | crosstalk.
diafonímetro | crosstalk meter | cross talk meter.
diáfono para señales de niebla | fog signal diaphone.
diaforesis | diaphoresis.
diafotia | diaphothy.
diafragma | partition | midriff | diaphragm.
diafragma (anteojos) | cross wire ring.
diafragma (botánica) | tympanum.
diafragma (de guiaondas) | window.
diafragma (fotografía) | aperture plate.
diafragma (guía de ondas o cable coaxial) | septum.
diafragma (óptica) | stop.
diafragma abierto (fotografía) | iris-in.
diafragma cerrado (fotografía) | iris-out.
diafragma con elementos en forma de pétalo | petalling diaphragm.
diafragma de adaptación | matching plate.
diafragma de choque | baffling diaphragm.
diafragma de fundido (cine) | fader.
diafragma de la tobera del gasificador | gasifier nozzle diaphragm.
diafragma de seguridad | rupturing diaphragm.
diafragma de tobera | nozzle diaphragm.
diafragma de un transductor electroacústico | diaphragm of an electroacoustic transducer.
diafragma del objetivo (microscopio) | objective aperture.
diafragma del reductor | reducer diaphragm.
diafragma fijo | aperture plate.
diafragma iris | iris diaphragm.
diafragma múltiple | babble.
diafragma perforado que separa las cavidades (acelerador lineal de electrones) | iris.
diafragma piezosensible | piezosensible diaphragm | pressure-sensing diaphragm | pressure-sensitive diaphragm.
diafragma protector diseñado para romperse a una presión determinada | bursting disc.
diafragma rompible | rupturable diaphragm.
diafragma vacuoaccionado | vacuum-actuated diaphragm.
diafragma variable (óptica) | compensator.
diafragma vibratorio | vibrating diaphragm.
diafragmación | diaphragmation.
diafragmación (fotografía) | stopping.
diafragmado | gaging | apertured.
diafragmar | diaphragm (to).
diafragmar (fotografía) | stop (to).
diaftoresis | diaphthoresis.
diaftoresis (geología) | diaftoresis.
diagénesis | diagenesis.
diageotropismo | diageotropism.
diaglifia | diaglyphy.
diaglífico | diaglyphic.
diaglifo | diaglyph.
diaglomerado | diaglomerate.
diagno-corrector | diagnotor.
diagnosis automáticas de averías | automatic fault diagnosis.
diagnosis del problema | problem diagnosis.
diagnosis ultrasónica | ultrasonic diagnosis.
diagnosticabilidad | diagnosticability.
diagnosticable | diagnosticable.
diagnosticador de averías | troubleshooter.
diagnosticar | diagnose (to).
diagnosticar el defecto mecánico | diagnose mechanical trouble (to).
diagnóstico | diagnosis.
diagnóstico causal | causal diagnosis.
diagnóstico con las microondas | microwave diagnostics.
diagnóstico de averías | diagnosis of faults | fault tracing | fault diagnosis.
diagnóstico de corazón y pulmón | heart-lung diagnosis.
diagnóstico de errores del programa | program error diagnosis.
diagnóstico de la soldadura | diagnosis of the weld.
diagnóstico de las causas de la corrosión | corrosion causes diagnosing.
diagnóstico de las vibraciones (estructuras, motores) | vibration diagnosis.
diagnóstico de plasmas | plasma diagnostic.
diagnóstico de unidad | unit diagnostic.
diagnóstico del error | error diagnosis.
diagnóstico directo | direct diagnosis.
diagnóstico equivocado | erroneous diagnostic.
diagnóstico erróneo | erroneous diagnostic.
diagnóstico físico (medicina) | physical diagnostic.
diagnóstico no comprobado | untried diagnostic.
diagnóstico para la radiocirculografía | circulation time studies.
diagnóstico por exclusión | diagnosis by exclusion.
diagnóstico presintomático | checking.
diagnóstico radiográfico | radiographic diagnosis.
diagnóstico radiográfico de la soldadura | radiographic diagnostics of the weld.
diagnóstico radioscópico | screen diagnosis.
diagnóstico ultrasónico | ultrasonic diagnostics.
diagnóstico ultrasonográfico | ultrasonographical diagnostic.
diagnóstico virológico | virus diagnostic.
diagnóstico visual | visual diagnosis.
diagonal | diagonal | oblique | slant.
diagonal (cristalografía) | twofold.
diagonal de contratensión | counter.
diagonal de la malla (cristalografía) | cell-diagonal.
diagonal de tracción (vigas celosía) | tension diagonal.
diagonal extrema | end diagonal.
diagonal labrada | figured twill.
diagonal mayor | major diagonal.
diagonal menor | minor diagonal.
diagonal por trama (tejeduría) | reclining twill weaves.
diagonalización | diagonalization.
diagonalización de matrices | matrix diagonalization.
diagonalizar (eliminar los elementos diagonales - matrices) | diagonalize (to).
diagonalmente | catercornered.
diagonalmente opuesto | diagonally-opposite | diagonally opposite.
diagrafía | diagraphy | logging.
diagrafía (sondeos) | log | logging.
diagrafía acústica (pozos) | acoustic log.
diagrafía con electrodo de guarda | guard electrode logging.
diagrafía de amplitud | amplitude log.
diagrafía de densidad (sondeos) | densilog.
diagrafía de las temperaturas | temperature log.
diagrafía del pozo de petróleo | oil well logging.
diagrafía del sondeo (pozo petrolífero) | well log.
diagrafía estratigráfica (sondeos) | stratigraphic logging.
diagrafía litológica | lithologic log.
diagrafía neutrónica (sondeos) | neutronic logging.
diagrafía nuclear (sondeos) | nuclear logging.
diagrafía por inducción (sondeos) | induction log.
diagrafía por magnetismo del núcleo (sondeos) | nuclear logging.
diagrafía por magnetismo nuclear | nuclear magnetic logging.
diagrafía por magnetismo nuclear (sondeos) | nuclear magnetism logging.
diagrafía por reacción nuclear inducida (pozo petróleo) | induced nuclear reaction logging.
diagrafía por velocidad sónica (pozos de petróleo) | sonic logging.
diagrafía por velocidad sónica (sondeo pozos petróleo) | sonic-velocity logging.
diagrafía radiométrica (sondeos) | radiometric logging | radioactivity logging.
diágrafo | diagraph.
diagrama | diagram | detailed flowchart | graph | plot | chart | log | record.
diagrama absoluto | absolute pattern.
diagrama adiabático | adiabatic chart.
diagrama bloque | block diagram.
diagrama cardioide | heart-shaped diagram | cardioid diagram.
diagrama carga-deformación | load-extension diagram.
diagrama cinemático | displacement diagram.
diagrama circular | circle diagram | radial chart | pie chart.
diagrama circular de la potencia | power circle diagram.
diagrama circular dividido por radios para expresar diversos porcentajes (estadística) | pie-chart.
diagrama constitucional de una aleación | constitutional diagram of an alloy.
diagrama de aceleraciones y tiempos | acceleration-time graph | acceleration time graph.
diagrama de alumbrado | light chart.
diagrama de antena | antenna pattern.
diagrama de árbol | tree diagram.
diagrama de arrastre | drive pattern.
diagrama de asentamiento bajo carga | load-settlement diagram.
diagrama de avance a la admisión y a la exhaustación (máquina vapor) | lead diagram.
diagrama de avances de fabricación | flowsheet.
diagrama de barras | bar chart | column diagram.
diagrama de cableado (electricidad) | wiring diagram.
diagrama de caída de los proyectiles | projectile pattern.
diagrama de caída de voltaje | drop-diagram.
diagrama de cargas y alargamientos | load-extension diagram.
diagrama de celosía | lattice diagram.
diagrama de circulación | flowchart | flow diagram.
diagrama de circulación (talleres) | flow chart.
diagrama de circulación de materiales | flowchart.
diagrama de cobertura | coverage diagram.
diagrama de colocación | layout.

diagrama de columnas (estadística) | column diagram.
diagrama de cómo hay que hacerlo | hand-at-works diagram.
diagrama de conexiones | hook-up | hookup | connection diagram | diagram of connections.
diagrama de conexiones del cuadro de mando | control panel wiring diagram.
diagrama de conexiones exteriores | external connection diagram.
diagrama de conjuntos (radio) | block diagram.
diagrama de constitución | constitution diagram.
diagrama de constitución (aleaciones) | phase diagram.
diagrama de crecimiento (termotratamiento de larga duración) | growth diagram.
diagrama de Cremona | stress sheet | space diagram | force diagram.
diagrama de Cremona (cálculo estructuras reticuladas) | stress diagram.
diagrama de Cremona (mecánica) | reciprocal diagram.
diagrama de cromaticidad | chromaticity diagram.
diagrama de cuadros (bloques) | block diagram.
diagrama de curvas superpuestas | superimposed-curve chart.
diagrama de deformación real y de esfuerzo real | true-stress/true-strain curve.
diagrama de deformaciones | diagram of strains.
diagrama de desarrollo | flowchart.
diagrama de dilatación | dilatation plot.
diagrama de directividad | directivity pattern.
diagrama de dispersión | scatter diagram | scattergraph | dispersion diagram | dispersion ladder.
diagrama de distancias | vertical coverage pattern.
diagrama de distribución (máquina vapor) | valve diagram.
diagrama de distribución (máquinas) | distribution diagram.
diagrama de distribución del trabajo | work distribution chart.
diagrama de elaboración | flowsheet.
diagrama de empalme | jointing diagram.
diagrama de energía convectiva | emagram.
diagrama de enlace (telefonía) | trunking scheme.
diagrama de enlaces (telefonía) | traffic layout.
diagrama de entropía y energía interna | internal energy-entropy diagram.
diagrama de esfuerzos cortantes | shear diagram.
diagrama de esfuerzos debidos a la carga estática (estructuras) | dead load stress-diagram.
diagrama de esfuerzos debidos a la carga móvil | live load stress diagram.
diagrama de esfuerzos debidos al peso propio | dead-load stress diagram.
diagrama de esfuerzos tangenciales (mecanismo biela-manivela) | crank effort diagram.
diagrama de esfuerzos y ciclos hasta la rotura | stress/cycles-to-failure diagram.
diagrama de esfuerzos y deformaciones | load-extension diagram | stress strain diagram.
diagrama de espacios y tiempos | distance-time graph.
diagrama de esparcimiento | scatter diagram.
diagrama de estratos | strata chart.
diagrama de explotación | performance chart.
diagrama de familia de hélices | screw-series diagram.
diagrama de fases | phasor diagram.
diagrama de flujo | flowchart.
diagrama de flujo de datos | data flow chart.
diagrama de flujo de programa | program flowchart.
diagrama de flujos | signal-flow graph | signal flow-graph.
diagrama de fuerzas | space diagram | force diagram.
diagrama de fuerzas (cálculo estructuras reticuladas) | stress diagram.
diagrama de fuerzas (mecánica) | stress sheet | reciprocal diagram.
diagrama de fuerzas abierto | open stress diagram.
diagrama de funcionamiento | performance chart.
diagrama de Grotian (astrofísica) | Grotian diagram.
diagrama de hormigonado (presas) | pouring diagram.
diagrama de impedancia de carga | load impedance diagram.
diagrama de indicador (máquinas) | card.
diagrama de influencia | influence diagram.
diagrama de influencia de la reacción (vigas) | reaction influence diagram.
diagrama de influencia del momento | moment influence diagram.
diagrama de instalación | installation diagram.
diagrama de intensidad del campo | field pattern.
diagrama de irradiación de la antena | aerial radiation pattern.
diagrama de la tubería | piping hookup.
diagrama de las cilindradas | piston position time diagram.
diagrama de Laue (cristalografía) | lauegram.
diagrama de líneas (telefonía) | traffic diagram | traffic diagram.
diagrama de líneas isolumínicas | isocandle diagram | isofoot-candle diagram.
diagrama de los enlaces | trunking scheme.
diagrama de los vientos predominantes | wind-flow pattern.
diagrama de marcación Tacan giratorio | rotating Tacan bearing pattern.
diagrama de marcaciones radáricas | radar plot.
diagrama de marcha | performance curve.
diagrama de momentos de flexión | bending moment diagram.
diagrama de montaje | construction diagram | mounting diagram.
diagrama de movimiento | flowchart.
diagrama de movimientos | motion pattern.
diagrama de movimientos (de un buque, avión o submarino) | plot.
diagrama de movimientos de un avión en vuelo | air plot.
diagrama de niveles | level diagram.
diagrama de Nyquist | Nyquist diagram.
diagrama de operaciones sucesivas (talleres) | process and flow shet.
diagrama de organización | setup diagram.
diagrama de piques (tiro naval) | projectile pattern.
diagrama de polvo | powder pattern.
diagrama de posición electrónica (klistron) | applegate diagram.
diagrama de posiciones relativas | relative plot.
diagrama de pozo | well log.
diagrama de presiones sobre la cruceta (máquina alternativa) | guide pressure diagram.
diagrama de presiones y entalpias | pressure-enthalpy diagram.
diagrama de presiones y volúmenes | P-V diagram.
diagrama de proceso gráfico de recorrido | flowchart.
diagrama de procesos | process diagram.
diagrama de propiedades técnicas | engineering diagram | engineering pattern.
diagrama de proximidad | proximity log.
diagrama de puntos | dot diagram | dot chart.
diagrama de radiación (antena) | directional pattern | radiation pattern.
diagrama de radiación (antenas) | pattern | directional diagram.
diagrama de radiación (radio) | radiated field pattern.
diagrama de radiación de cosecante cuadrada | cosecant-squared pattern.
diagrama de radiación vertical | vertical radiation pattern.
diagrama de radiación vertical (antenas) | vertical plane directional pattern.
diagrama de ráfagas (aviones) | gust envelope.
diagrama de recarga de la cuenca en relación con la lluvia media | mean rainfall vs recharge curve.
diagrama de receptividad | receptivity diagram.
diagrama de referencias geométricas | geometrical reference frame.
diagrama de reglaje de la válvula | valve-timing diagram.
diagrama de regulación del motor | engine-timing diagram.
diagrama de relaciones de transmisión | chart of gear ratios.
diagrama de Schaeffler (soldadura) | Schaeffler diagram.
diagrama de sectores | pie diagram.
diagrama de secuencia | flowchart.
diagrama de sistema | system chart.
diagrama de solubilidad ternario | ternary solubility diagram.
diagrama de temperaturas y entropías | energy chart.
diagrama de temperaturas y tiempos necesarios para la descomposición de la austenita (transformación a temperatura constante) | T T T curve.
diagrama de tensiones y alargamientos | stress strain diagram.
diagrama de trabajo (de un circuito) | functional diagram.
diagrama de tráfico | traffic diagram.
diagrama de transformación con enfriamiento continuo | continuous-cooling transformation diagram.
diagrama de transformaciones | process diagram.
diagrama de tubería e instrumentación | piping instrumentation diagram.
diagrama de un proceso industrial | flowsheet.
diagrama de uniformidad (lotes de lámparas eléctricas) | target diagram.
diagrama de velocidad de recuento | counting-rate curve.
diagrama de velocidades | velocity relationships.
diagrama de velocidades de entrada (turbinas) | inlet diagram.
diagrama de velocidades en forma radial | folded velocity diagram.
diagrama de vientos reinantes | wind rose.
diagrama de voltajes y amperajes | voltage-versus-current curve.
diagrama de volúmenes de desmontes y terraplenes | mass diagram.
diagrama defectuoso (máquinas) | distorted card.
diagrama del campo magnético | magnetic field pattern.
diagrama del circuito | circuit diagram.
diagrama del circuito (electricidad) | wiring diagram.
diagrama del círculo de Mohr | Mohr's circle diagram.
diagrama del enclavamiento (ferrocarril) | dog sheet.
diagrama del indicador | indicator graph | indicator card.
diagrama del indicador (máquinas) | indicator diagram.
diagrama del proceso de fabricación | flow diagram.
diagrama del sólido aislado (estática) | free-body diagram.
diagrama del triple círculo de Mohr | Mohr's three-circle diagram.

diagrama direccional | directional pattern.
diagrama direccional de radiación | directional response pattern.
diagrama direccional de radiación (antena) | directivity pattern.
diagrama direccional de radiación (antenas) | beam pattern.
diagrama direccional de respuestas | direction response pattern | beam pattern.
diagrama en diente de sierra | ragged chart.
diagrama en papel semilogarítmico | ratio chart.
diagrama en que aparece en mayor escala la parte de baja presión (motores) | light-spring diagram.
diagrama en rombo | lozenge diagram.
diagrama energético | energy-level diagram.
diagrama entalpía-entropía | enthalpy-entropy chart.
diagrama entrópico | entropy diagram.
diagrama esquemático (indicando las diversas partes por rectángulos) | block diagram.
diagrama esquemático de un circuito | schematic circuit diagram.
diagrama estereográfico | block diagram.
diagrama funcional | block diagram.
diagrama indicador | indicator diagram.
diagrama isoluminico | isophot diagram.
diagrama lineal | line diagram.
diagrama logarítmico | logarithmic diagram | logarithmic plot.
diagrama lógico | logical diagram.
diagrama luminoso repetidor | illuminated diagram.
diagrama mímico | mimic diagram.
diagrama mímico de circuitos | circuit mimic diagram.
diagrama mímico del tráfico | mimic flow diagram.
diagrama mímico del tránsito | mimic flow diagram.
diagrama mímico iluminado | illuminated mimic diagram.
diagrama nodal | nodal diagram.
diagrama óptico | Christmas tree pattern.
diagrama óptico de distribución | optical pattern.
diagrama petrofábrico | petrofabric diagram.
diagrama pictórico | pictograph.
diagrama polar | polar chart | polar plot | polar plot.
diagrama polar de las lecturas de deflexión | polar plot of the deflection readings.
diagrama polos-ceros | pole-zero plot.
diagrama polos-ceros (electrónica) | pole-zero diagram.
diagrama que indica el potencial explosivo de una mezcla gaseosa | coward diagram.
diagrama que indica la hora en las diferentes partes de la tierra | time diagram.
diagrama que indica la relación entre la longitud y el ángulo horario (navegación) | time diagram.
diagrama que relaciona la flecha y la temperatura (líneas eléctricas aéreas) | string chart.
diagrama que relaciona la vibración con la velocidad | vibration/speed chart.
diagrama que utiliza flechas para el sentido del movimiento | arrow diagram.
diagrama radial (demografía) | bunch map.
diagrama relativo | relative pattern.
diagrama sectorial | pie chart.
diagrama semilogarítmico | semi-log chart.
diagrama serigrafiado | silk-screened diagram.
diagrama seudoadiabático | pseudoadiabatic chart.
diagrama sinóptico | block diagram.
diagrama sinóptico (receptor radio o televisión) | working diagram.
diagrama sinóptico (TV) | dynamic demonstrator.
diagrama temperatura-salinidad | T-S diagram.
diagrama totalizado (máquinas vapor) | combined diagram.
diagrama triangular de textura (petrografía) | textural classification triangle.
diagrama vectorial | clock diagram | vector plot | vector loci | vector diagram.
diagrama vectorial (electricidad) | phasor diagram.
diagrama vectorial de fuerzas | force vector diagram.
diagrama velocidad-desplazamiento | velocity-space diagram.
diagrama visualizador | visualizer diagram.
diagramación | layout.
diagramado (artes gráficas) | layout.
diagramar | plot (to).
diagramas de difracción electrónica | electron diffraction patterns.
diagramas de muaré (cristalografía) | moiré patterns.
diagramas y teoremas de igualación | graphs and matching theorems.
diagramático | tabular.
dial | dial | diel.
diálaga | diallage.
dialaga metaloide | bastite.
dialaga verde (esmaragdita) | green diallage.
dialcohílico | dialkyl.
dialéctico | dialectician.
dialecto | dialect.
dialectología | dialectology.
dialectólogo | dialectologist.
dialelo | diallel.
dialisable | dialysable.
diálisis | dialysis | dialysis.
dialitizar | dialitize (to).
dializabilidad | dialyzability.
dializable | dialyzable.
dialización | dialyzing.
dializado | dialyzate.
dializado (química) | dialysate.
dializador | dialyzator | dialyzer.
dializador de pergamino | parchment dialyser.
dializante | dialyzing.
dializar | dialyze (to) | dialyse (to).
dialogar | converse (to).
dialogista | dialogist.
dialquilo | dialkyl.
día/lluvia | rain/day.
diamagnético | diamagnetic | nonmagnetic.
diamagnetismo | diamagnetism.
diamagnetismo de cristales | crystal diamagnetism.
diamagnetometría | diamagnetometry.
diamagnetómetro | diamagnetometer.
diamante | diamond.
diamante almendra | almond-shaped diamond.
diamante aluvial en bruto | uncut alluvial diamond.
diamante amarillento | off-color diamond.
diamante amarillo | Canary diamond.
diamante artificial | fake diamond | laboratory-prepared diamond | cultured diamond.
diamante artificial con impurezas incorporadas de boro | boron-doped diamond.
diamante artificial sinterizado | cemented diamond.
diamante artificialmente coloreado de azul | artificially blue colored diamond.
diamante autoafilante de estructura en mosaico | self-sharpening mosaic structure diamond.
diamante azul natural (no azulado por irradiaciones) | natural blue diamond.
diamante calidad de gema | gem diamond.
diamante coloreado artificialmente | treated diamond.
diamante coloreado en el ciclotrón | cyclotron-colored diamond.
diamante coloreado por bombardeo neutrónico | neutron-bombardment colored diamond.
diamante con deformaciones plásticas | diamond exhibiting lamination lines.
diamante con depresiones aterrazadas | diamond with terraced pits.
diamante con depresiones con fondo en punta | diamond with point bottomed pits.
diamante con dislocaciones helicoidales | screw dislocations diamond.
diamante con dislocaciones laterales | diamond with slip dislocations.
diamante con esquinas redondeadas | rounded diamond.
diamante con estrías en su superficie | striated diamond.
diamante con estructura cristalina confusa o radial | crushing bort.
diamante con filos cortantes | chisel-edged diamond.
diamante con halos interiores | diamond with internal haloes.
diamante con incripción permanente de certificado de calidad | diamond with inscription.
diamante con microdepresiones de fondo plano | diamond with flat-bottomed pits.
diamante con microgranulos espiculares curvados | diamond with shards.
diamante con nitrógeno para-magnético sustitucional aislado | coated stone.
diamante con núcleos de deformación | diamond with strain nuclei.
diamante con revestimiento superficial metálico | coated diamond.
diamante con talla en 30 facetas | diamond with square cut.
diamante con tetrágonos con el vértice en el fondo | diamond with point bottomed quadrons.
diamante con tinte amarillento | Cape diamond | cape.
diamante con trígonos sobre las caras naturales (111) | diamond with trigons on the natural (111) faces.
diamante con un revestimiento delgado | coated diamond.
diamante coniforme | conically shaped diamond.
diamante chapado con cobalto | cobalt-clad diamond.
diamante de | diamond of 20 points.
diamante de baja calidad para trépanos (sondeos) | fair.
diamante de calidad de gema | diamond of gem quality.
diamante de calidad extra | first water diamond.
diamante de calidad semigema | semi-gem stone.
diamante de contaje | counting diamond.
diamante de destellos | fancy-colored diamond.
diamante de gran calidad para trépano de sondeo | cream.
diamante de primera agua | first water diamond.
diamante de punta esférica | spherical-tipped diamond.
diamante de superficie rugosa u ondulada suavemente | crinkled stone.
diamante de vidriero | point | glazier's diamond | diamond tool | diamond point | diamond pencil | glass cutter.
diamante de vidrieros | quarrel.
diamante del tipo I | diamond of type I.
diamante del tipo II (no contiene nitrógeno) | diamond of the type II.
diamante desmontado | unset diamond.
diamante eclogítico | eclogitic diamond.
diamante en bruto | rough diamond | uncut diamond.
diamante en bruto tallable | cuttable rough diamond.
diamante en que la tabla está en el plano cúbico (cristal de diamante) | four-point diamond.
diamante en que la tabla está en el plano dodecaédrico (cristal de diamante) | two-point diamond.
diamante en que la tabla está en el plano octaédrico | three-point diamond.

diamante en que la talla está en el plano cúbico | diamond of 4-point.
diamante en que la talla está en el plano octaédrico | diamond with three-points.
diamante encontrado en gravas de ríos | alluvial diamond.
diamante engastado a mano en la superficie (trépanos) | surface-set diamond.
diamante esferocónico | sphereconical diamond.
diamante exagonal (meteoritos) | hexagonal diamond.
diamante exento de destellos interiores | clean diamond.
diamante exento de núcleos de deformación | strain-free diamond.
diamante frotador (talla diamante) | bruting diamond.
diamante grafitizado | graphitised diamond.
diamante industrial | bort.
diamante industrial pequeño casi esférico | bullet.
diamante irradiado | treated diamond.
diamante irradiado con neutrones | neutron-irradiated diamond.
diamante irradiado en el reactor nuclear | pile-irradiated diamond.
diamante maclado según la ley de la espinela | spinel law-twinned diamond.
diamante malva | mauve diamond.
diamante metalizado | metal-coated diamond | cladded diamond.
diamante monocristalino | monocrystalline diamond.
diamante monocristalino redondo | round monocrystalline diamond.
diamante multicristalino | multicrystalline diamond.
diamante natural | real diamond.
diamante natural grafitizado | graphitized natural diamond.
diamante natural virgen | virgin natural diamond.
diamante negro | carbon.
diamante negro (carbonado) | black diamond.
diamante negro infragmentado | nonfragmented boart.
diamante negro obtenido por fisuración de grandes trozos | split carbon.
diamante negro que se emplea tal como se extrae | natural carbon.
diamante no pulido | bruted diamond.
diamante no tallado | uncut diamond | rough diamond.
diamante octaédrico de calidad de gema | gem quality octahedron diamond.
diamante orientado según el plano de mayor dureza | vector-oriented diamond.
diamante oval pulido | polished ovate diamond.
diamante para reavivar la cara de trabajo (muelas abrasivas) | face-dressing diamond.
diamante para rectificar (muelas abrasivas) | truing diamond.
diamante para trépanos con microgránulos en capas regulares | feinic.
diamante patrón (medida durezas) | master diamond.
diamante peridotítico | peridotitic diamond.
diamante protonoirradiado | proton-irradiated diamond.
diamante que se va a labrar | diamond workpiece.
diamante reavivador | dresser.
diamante redondo | rounded diamond.
diamante resistente a la exfoliación | split resisting diamond.
diamante revestido con un material | cladded diamond.
diamante revestido con una o más capas metálicas | metal-coated diamond.
diamante revestido de una capa metálica | armoured diamond.
diamante romo | blunt diamond.
diamante rosa | pink diamond.
diamante semiconductor de tipo P | P-type semiconducting diamond.
diamante semiconductor tipo IIb | type IIb semiconducting diamond.
diamante semioctaédrico | half-octahedron diamond.
diamante sintético | facsimile.
diamante sintético con estructura en mosaico | mosaic structure synthetic diamond.
diamante sintético cuboctaedral | cubo-octahedral synthetic diamond.
diamante sintético fabricado por proceso explosivo | explosion diamond.
diamante sintético friable | friable synthetic diamond.
diamante sintético impurificado con aluminio | aluminium-doped synthetic diamond.
diamante sintético micronizado | synthetic micron diamond.
diamante sintético no impurificado | undoped synthetic diamond.
diamante sintético semiconductor impurificado con boro | boron-doped synthetic semiconducting diamond.
diamante sintetizado | synthesized diamond.
diamante sintetizado por explosión | explosion synthesized diamond.
diamante sintetizado por onda explosiva | shock-synthesized diamond.
diamante tabla | flat diamond.
diamante tallado con la tabla en el plano octaédrico | diamond cut in the three-point plane.
diamante tallado con 30 facetas | square cut diamond.
diamante tallado en rosa | rose-diamond.
diamante tallado en roseta | rosette-cut diamond.
diamante tallado en solitario | diamond cut in solitaire.
diamante tallado en tabla | tabulated diamond | table cut diamond.
diamante tallado marquesa (58 facetas) | marquise shapediamond.
diamante tallado para refractar y reflejar la máxima cantidad de luz | brilliant.
diamante tipo Congo | Congo-type diamond.
diamante Tipo Ia | type Ia diamond.
diamante Tipo II (no contiene nitrógeno) | type II diamond.
diamante Tipo IIa | type IIa diamond.
diamante torneado con punta fina montado en un soporte (grabación sobre vidrio) | diamond pencil.
diamante triangular plano | macle.
diamante ultraplano | ultra-flat diamond.
diamante ultraplano tallado en brillante | ultra-flat brilliant-cut diamond.
diamante verdadero | real diamond.
diamante verde irradiado | irradiated green diamond.
diamantes colocados en el exterior e interior del trépano (sondeos con trépano) | peripheral stones.
diamantes de gran calidad clasificados comercialmente | commercially sorted high grade diamonds.
diamantes extraidos del lecho marino | sea diamonds.
diamantes incoloros | crystals.
diamantes industriales de calidad de gema defectuosa | toolstones.
diamantes industriales para herramientas | industrial tool stones.
diamantes insertados en la cara del trépano (sondeos) | face stones.
diamantes para trépanos | drill bort.
diamantes para trépanos de sondeo | drilling diamonds.
diamantes por quilate | diamonds per carat | stones per carat.
diamantes tratados en el ciclotrón (para cambiar el color) | cyclotron-treated diamonds.
diamantes utilizables (recuperación de diamantes) | usable diamonds.
diamantífero | diamond-producing | diamondiferous | diamond yielding | diamantiferous.
diamantino | diamantine | adiamantine | adamantine.
diamantista | lapidary.
diambi (Guarea thompsonil - Sprague & Hutch) | diambi.
diametral | diametrical | diametric | diametral.
diametralmente opuesto | diametrically opposed.
diámetro | diameter.
diámetro (remaches) | size.
diámetro (remaches, pernos) | thickness.
diámetro (tubo, alambre, etcétera) | size.
diámetro a la altura del pecho (árboles) | chest height diameter.
diámetro a la altura del tocón (árboles) | stump-height diameter.
diámetro a mitad de la altura del tronco (árboles) | mid-diameter.
diámetro admisible de redondos (tornos) | bar capacity.
diámetro admisible sobre el carro (tornos) | swing diameter over carriage.
diámetro admisible sobre la bancada (tornos) | swing diameter over bed.
diámetro angular | angular diameter.
diámetro con corteza (forestal) | diameter over bark.
diámetro conjugado (pelvis) | conjugate.
diámetro de altura del pecho (árboles) | diameter breast-high.
diámetro de apriete (plato tornos) | holding capacity.
diámetro de cable estandar | standard wire gauge.
diámetro de eje del rodillo | roll spindle diameter.
diámetro de evolución (buques) | tactical diameter.
diámetro de evolución (pruebas de buques) | evolution diameter.
diámetro de giro (evoluciones de buques) | final diameter.
diámetro de la broca entre fondos de las estrías | web of drill.
diámetro de la circunferencia primitiva (engranajes) | pitch diameter.
diámetro de la cresta teórica o de la raíz teórica de la rosca (tornillos) | major diameter.
diámetro de la embocadura (paracaídas) | mouth diameter.
diámetro de la esfera que tiene la misma superficie que la partícula (polvos) | equivalent surface diameter.
diámetro de la garganta (poleas) | tread diameter.
diámetro de la horma | former diameter.
diámetro de la huella | impression diameter.
diámetro de la indentación | indentation diameter.
diámetro de la munequilla del cigüeñal | crankpin diameter.
diámetro de la muñequilla (cigüeñales) | pin diameter.
diámetro de la pantalla (radar) | scope diameter.
diámetro de la pista de rodadura interior (cojinetes de bolas) | inner-race track diameter.
diámetro de la ranura de la faldilla del pistón | rabbet diameter of the piston skirt.
diámetro de la sección real de la antena parabólica | parabolic antenna true cross-sectional area diameter.
diámetro de rodadura | tread diameter.
diámetro de salida | discharge diameter.
diámetro de un círculo con circunferencia igual al perímetro exterior de un perfil dado | equivalent round.
diámetro de un círculo que comprende el 75% de impactos (cohetería) | circular dispersion.
diámetro de una hélice en la que las puntas

de las palas rozarán el casco (buques) | fouling diameter.
diámetro de venta con precio mínimo | base size.
diámetro definitivo | finished diameter.
diámetro definitivo del eje | finished diameter of the shaft.
diámetro definitivo del pozo | finished diameter of the shaft.
diámetro del alambre | gage of wire.
diámetro del campo inductor | field bore.
diámetro del círculo de emplazamiento | diameter of circle of emplacement.
diámetro del círculo de la base (engranajes) | base diameter.
diámetro del círculo primitivo (engranajes) | pitch-diameter | pitch circle diameter.
diámetro del círculo que tiene igual área que el perfil proyectado de la partícula (polvos) | projected diameter.
diámetro del enrollamiento | coiling diameter.
diámetro del impulsor | impeller diameter.
diámetro del inducido | rotor diameter.
diámetro del núcleo (tornillo) | minor diameter.
diámetro del oído (bombas centrífugas) | eye diameter.
diámetro del pie (engranajes) | root diameter.
diámetro del radio primitivo de la rueda | wheel pitch diameter.
diámetro del rodete | impeller diameter.
diámetro del rotor | rotor diameter.
diámetro del vórtice (ciclones) | eye diameter.
diámetro efectivo (roscas) | pitch diameter.
diámetro efectivo (tornillos) | effective diameter.
diámetro efectivo (tornillos - EE.UU.) | pitch-diameter.
diámetro efectivo virtual (tornillos - EE.UU.) | effective size.
diámetro en el fondo de la rosca (tornillos) | throat diameter.
diámetro en el medio | mid-diameter.
diámetro en la punta de los dientes de la rueda | wheel tip diameter.
diámetro evolutivo | evolution diameter.
diámetro extendido sobre el suelo (paracaídas) | flat diameter.
diámetro exterior | external diameter | outside diameter | OD | outside diameter (O.D.).
diámetro exterior (paletas turbinas) | tip diameter.
diámetro exterior (roscas) | major diameter.
diámetro exterior (tubos) | overall diameter.
diámetro exterior de 0,05 pulgadas (tubos) | O.D.'s of 0.05 inch.
diámetro final | final diameter.
diámetro interior | caliper | ID | inside diameter | size.
diámetro interior (cañones, tubos, etc.) | calibre.
diámetro interior (roscas) | minor diameter.
diámetro interior (tubos | bore.
diámetro interior - calibre (tubos, calderas, cilindros) | diameter in the clear.
diámetro interior de la llanta | tire bore.
diámetro interior del cilindro | cylinder bore.
diámetro interior del cubo (ruedas) | boss bore.
diámetro interior del estator | stator bore diameter.
diámetro interior del husillo (tornos) | spindle bore.
diámetro interior efectivo | actual inside diameter.
diámetro interior mínimo | minimum inside diameter.
diámetro interior nominal (tubos) | nominal bore.
diámetro interno | inside diameter (I.D.).
diámetro máximo (tornillos) | full diameter.
diámetro máximo admisible (tornos) | full swing | swing.
diámetro máximo admisible sobre la escotadura (tornos) | swing in gap.
diámetro máximo para rectificar | maximum grinding diameter.
diámetro máximo recomendado | maximum diameter recommended.
diámetro mayor (tornillos) | major diameter.
diámetro mayor básico (rosca cónica) | gage diameter.
diámetro medio | pitch diameter | average diameter.
diámetro menor (roscas tornillos) | minor diameter.
diámetro mínimo a que puede curvarse una chapa | fluting diameter.
diámetro nominal de la sierra | nominal saw diameter.
diámetro para galvanizar o estañar (alambre estirado) | base size.
diámetro para poder cortarlo (árboles) | minimum girth.
diámetro pequeño | small-diameter.
diámetro primitivo (engranajes) | effective diameter | pitch circle diameter.
diámetro primitivo de la varilla | original rod diameter.
diámetro que no se tiene en cuenta | discarding diameter.
diámetro útil de pantalla | useful screen diameter.
diámetros (anatomía) | lumina (plural de lumen) | lumina.
diamondoscopio | diamondscope.
diana | bull's eye.
diana (de un blanco) | bull.
diana (de un blanco para flechas) | clout.
diana (del blanco) | carton.
diana (disparo en el centro) | carton.
diapasón | vibrating turning fork.
diapasón (de un instrumento musical) | pitch.
diapasón (música) | tuning fork.
diapasón de acero | pitchfork.
diapasón local | local fork.
diapausa de los insectos | insect diapause.
diapino salino | piercement salt dome.
diapiro (geología) | diapir.
diapositiva | slide | transparency | transparent slide | lantern plate.
diapositiva (televisión) | cell.
diapositiva cinematográfica | film slide.
diapositiva cromática | color transparency.
diapositiva fotográfica | photoslide.
diapositiva para proyecciones | lantern slide.
diapositiva proyectable | lantern slide.
diapositivas | color slides.
diariamente y durante todo el día | daily and day.
diario | diurnal.
diario a bordo | computer log.
diario de escucha | log of a listening post | log of a listening-post.
diario de la aeronave | log book.
diario de máquinas | engine room log.
diario de máquinas (buques) | engineer's log book.
diario de marchas | journal of march.
diario de navegación | captain's log | deck log | log | logbook | scrap log book | ship journal.
diario de navegación (buques) | mate's log.
diario de navegación original escrito en lápiz | rough log.
diario de operaciones (milicia) | historical record.
diario de radiomensajes enviados y recibidos (aviones) | radio log.
diario de radioservicio | radio log.
diario de sondeo | boreholing journal.
diario de suscripciones | subscription ledger.
diario hablado | newcast.
diario hablado (radio y TV) | newscast.
diarios | press.
diarrea (veterinaria) | scour.
diartrosis (medicina) | abarthrosis.
días consecutivos | running days.
días corridos | calendar days.
días corrientes (sin descontar domingos o fiestas) | running days.
días de atraso | days past due.
días de carga | loading days.
días de demora | lay-days.
días de estadías | lay days.
días de estadías (buques) | running days.
días de estancia (hospitales) | length of stay.
días de favor (tres días para pagos efectos comerciales y treinta días para pagos primas seguros vida) | days of grace.
días de gracia | days of grace.
días de incapacitación por lesión | disability days due to injury.
días de plancha | lay days.
días de plancha (buques) | running days.
días de plancha en puerto (buques) | lay-days.
días de plancha reversibles (marina) | reversible lay days.
días de sobreestadías | overlay days | days of demurrage.
días en que el tiempo atmosférico permite trabajar (buques en puerto) | weather working days.
días en que no se puede trabajar por mal tiempo (descarga de buques en lanchones) | surf days.
días en que no se trabaja por cambio de relevos (minas carbón) | cavilling days.
días fecha | day after date.
días fecha (bancos) | days after date.
días fecha (comercio) | days after day.
días francos (no contando el primero ni el último) | clear days.
días laborables | running days.
días naturales | calendar days.
días seguidos | running days.
días vista (bancos) | days after sight.
días vista (comercio) | days after sight | day's sight.
diascopia | diascopy.
diascopio | diascope.
diasfalteno | diasphaltene.
diasporámetro | diasporameter.
diaspórico | diaspore.
diásporo | diaspore.
diasporogelita | diasporogelite.
diásquisis | diaschisis.
diasquítico | diaschistic.
diastafor | diastafor.
diastasa | diastase.
diastático | diastatic.
diastema | diastema.
diastereoisomería | diastereoisomerism.
diastereomería | diastereomerism.
diastereómero | diastereomer.
diasteria | diasteria.
diasterismo | diasterism.
diastilo | diastyle.
diastímetro | diastimeter.
diastimómetro | gradienter.
diastrofismo | diastrophism.
diastrofismo del Cretáceo-Medio | Austrian orogeny.
diastrofismo devoniano inferior | acadian orogeny.
diastrofismo permotriásico (geología) | permotriassic diastrophism.
diastrofismo Post-Devoniano | Bretonian orogeny.
diastrofo | diastrophe.
diatermancia | diathermance | diathermaneity.
diatérmano | diathermic | diathermanous | diathermous | transcalent | diathermal.
diatermia | diathermy.
diatermia de onda corta (medicina) | short wave diathermy.
diatermia en onda corta | short diathermy.
diatermia en onda media | medium wave diathermy.
diatermia inductiva | autoconduction.
diatérmico | diathermous | diathermic.
diatomea | diatom.

diatomeas | diatomites.
diatomita | diatomaceous earth | siliceous earth | rock flour | rotten stone | mountain flour | mountain meal | kieselguhr | molera | fossil farina | fossil flour | fossil meal.
diátomo (cristalografía) | diatomous.
diatrema | diatreme | volcanic funnel | volcanic pipe.
diatrema (geología) | feeding vent.
diazo | diazo.
diazocompuesto (compuesto diazoico - teñido) | diazonium compound.
diazocopia | diazoprint.
diazocopia (negro sobre blanco) | diazocopy.
diazotación | diazotizing.
diazotación (teñido) | diazotization.
diazotage | diazotizing.
diazotar (teñido) | diazotize (to).
diazotipia | diazotypy | diazotype.
diazotizar | diazotize (to).
dibenzilo | dibenzyl.
dibetu (Astronium fraxinifolium - Scholtt) | tigerwood.
dibetu (Lovoa brownii) | Uganda walnut.
dibetu (Lovoa klaineana) | n'koba.
dibetu (Lovoa klaineana - Pierre) | dibetou | sida.
dibit | dibit.
diborano (B_2H_6) | diborane.
diboruros de metales de transición | transition metal diborides.
dibromotetrafluoretano | fluobrene.
dibromuro | dibromide.
dibromuro de etileno (química) | ethylene dibromide.
dibujado | drawn.
dibujado a escala | plotted to scale.
dibujado a mano alzada | drawn free-hand.
dibujado a tamaño natural | drawn full size.
dibujado con claridad | clearly-drawn.
dibujado por Smith | drawn by Smith.
dibujanta | draughtswoman.
dibujante | drawer | draughtsman.
dibujante de perfiles | profilist.
dibujante publicitario | commercial artist.
dibujante que hace los dibujos (filmes animados) | animator.
dibujante-proyectista | designer draughtsman.
dibujar | draught (to) | draw (to) | draft (to) | depict (to).
dibujar a escala | draw to scale (to) | scale off (to).
dibujar al pastel | crayon (to).
dibujar con carboncillo | crayon (to).
dibujar de nuevo | redraw (to).
dibujar el plano de | plat (to).
dibujar o escribir con lápiz | pencil (to).
dibujarse en la lejanía (navegación) | loom out (to).
dibujo | print | pattern | draft | drawing | illustration | etching pattern | graving.
dibujo (tejidos) | weave.
dibujo (telares) | figuring.
dibujo (telas) | pattern | figure.
dibujo a cuadros | check design | chequered pattern.
dibujo a escala | scale drawing | scaling.
dibujo a escala $^1/_2$ | half size drawing.
dibujo a la aguada | wash drawing.
dibujo a lápiz | lead-pencil drawing.
dibujo a listas longitudinales | long stripe pattern.
dibujo a mano alzada | free hand drawing | freehand drawing.
dibujo a mitad de tamaño natural | half-size drawing.
dibujo a pincel | brushwood drawing.
dibujo a pulso | freehand drawing.
dibujo a trazos | outline.
dibujo acotado | dimensioned drawing | dimension drawing | dimensional drawing | outline drawing | fully dimensioned drawing.
dibujo ajedrezado | check pattern.
dibujo ajedrezado (telas) | checkerwork.
dibujo al carbón | charcoal drawing.
dibujo al carboncillo | charcoal | charcoal drawing.
dibujo al creyón | chalk drawing.
dibujo al esfumino | dabbed drawing.
dibujo al lavado | wash.
dibujo al pastel | chalk drawing | crayon.
dibujo animado | motion-picture cartoon.
dibujo antiderrapante (neumáticos) | nonskid pattern.
dibujo aplicado (tejeduría) | appliqué figuring.
dibujo arquitectónico | architectural drawing.
dibujo axonométrico | axonometric drawing.
dibujo con bastas (tejido punto) | knit and welt.
dibujo con mallas saltadas y retenidas (tejido de punto) | welt and tuck.
dibujo con mallas salteadas y retenidas (tejido punto) | float and tuck design.
dibujo con medidas métricas (sistema métrico decimal) | metric drawing.
dibujo con nopes y mallas retenidas (tejido de punto) | welt and tuck.
dibujo con partes descompuestas en su orden de colocación | breakdown drawing.
dibujo con textura de acanaladuras | milled texture pattern.
dibujo de adorno | ornamental drawing | decorative drawing.
dibujo de conjunto | G.A. drawing | general assembly drawing | g. a. drawing.
dibujo de curvas de nivel | contouring.
dibujo de fondo | ground pattern.
dibujo de la trama | filling pattern.
dibujo de lavado | wash drawing.
dibujo de máquinas | mechanical drawing.
dibujo de modelo | model-drawing.
dibujo de montaje | erection plan | assembly drawing.
dibujo de rayas | line-work.
dibujo de taller de tamaño natural trazado en la montea | lofting.
dibujo decorativo | decorative drawing | decorative patterning.
dibujo decorativo de artículos de joyería | decorative patterning of jewellery articles.
dibujo del natural | drawing from life | academy figure.
dibujo del picado (para lizos) | lifting plan.
dibujo despiezado en el orden de colocación en las diversas partes de la pieza | exploded drawing.
dibujo detallado | detail drawing.
dibujo dimétrico | dimetric drawing.
dibujo en calado fino | dainty lace design.
dibujo en corte | section-drawing | section drawing.
dibujo en escala 1/4 | quarter size drawing | quarter-size drawing.
dibujo en perspectiva | perspective drawing.
dibujo en perspectiva caballera | isometric drawing.
dibujo en perspectiva de tamaño natural | true-scale perspective drawing.
dibujo en proyección ortogonal | orthographic drawing.
dibujo en tamaño natural | full-scale drawing | full size drawing.
dibujo entero (telas) | all-over pattern.
dibujo esquemático | schematic drawing.
dibujo estarcido | pounced drawing.
dibujo estilizado | conventional desing | conventional design.
dibujo extendido en doble página | double-page-spread drawing.
dibujo indostánico (tejas) | paisley pattern.
dibujo industrial | mechanical drawing | drawing | draughtsmanship | machine drawing | engineering drawing.
dibujo instrumental | instrumental drawing.
dibujo isométrico | isometric drawing.
dibujo Jacquard (tejeduría) | Jacquard pattern.
dibujo labrado | figured pattern.
dibujo lineal | line-drawing | lineal drawing.
dibujo litográfico | lithographic drawing.
dibujo magistral de referencia | master reference drawing.
dibujo matriz | master drawing.
dibujo mecánico | mechanical drawing.
dibujo modelo | master drawing.
dibujo muy ampliado | highly magnified drawing.
dibujo muy sobrio | sober drawing.
dibujo ortográfico | orthographic drawing.
dibujo panorámico | panoramic drawing.
dibujo pantográfico | pantographic drawing.
dibujo para calado químico | burn put lace.
dibujo para solicitar una patente | patent drawing.
dibujo para solicitud de patente | patent drawing.
dibujo patentado | patent drawing.
dibujo perdido | missing drawing.
dibujo preliminar | preliminary drawing.
dibujo publicitario | commercial art | advertising art | advertising design.
dibujo simétrico (telares) | counterpattern.
dibujo sobrio (telas) | quiet pattern.
dibujo superpuesto | overlay.
dibujo técnico | engineering drawing.
dibujo topográfico | topographic drafting | field sketching.
dibujo trimétrico | trimetric drawing.
dibujo utilizando datos de observación | plotting.
dibujos a lápiz | pencilled matter.
dibujos animados | animations.
dibujos calados (tejidos de punto) | mesh design.
dibujos cargados (telas) | heavy designs.
dibujos de trabajo | construction drawings.
dibujos del fabricante | manufacturer's drawings.
dibujos intermedios | in-between drawings.
dibujos recíprocos (hilatura) | converse patterns.
dibujos seccionales de punto liso (calcetería) | split designs.
dicario (microbiología) | dikaryon.
dicarionte | dicaryon.
dicasterio | dicastery.
dicáustico | dicaustic.
diccionario | dictionary.
diccionario astronáutico | astronautical dictionary.
diccionario automático | automatic dictionary.
diccionario cifrado | code-book.
diccionario corográfico | chorographical dictionary.
diccionario de conversación | conversational dictionary.
diccionario de definiciones | defining dictionary.
diccionario de ingeniería | engineering dictionary.
diccionario electrónico (ordenador) | electronic dictionary.
diccionario etimológico | etymologicon.
diccionario histórico de la lengua española | Spanish language historical dictionary.
diccionario histórico del latín científico | scientific latin historical dictionary.
diccionario monolingüe | monolingual dictionary.
diccionario panamericano | panamerican dictionary.
diccionario pictográfico | pictographic dictionary.
diccionario políglota | polyglottic dictionary.
diccionario por papeletas | card system dictionary.
diccionario técnico interlingüe | interlingual technical dictionary.
diccionario técnico plurilingüe | multilingual technical dictionary.
diccionario técnico quinquelingüe | quinquelingual technical dictionary.

diccionario terminológico | explaining dictionary.
dícese cuando se besan los dos motones de un aparejo | sheave-ho.
dicloramina (química) | dichloramine.
diclorodifluorometano | dichlorodifluoromethane.
dicloruro de propileno | propylene dichloride.
dicloruro de vanadio | vanadium dichloride.
dicordio | double cord | cord circuit.
dicordio (acústica) | cord-circuit.
dicotiledonea (botánica) | dicotyledon.
dicotomía | dichotomy | dichotomizing.
dicotomía (botánica) | forking.
dicotomizar | dichotomize (to).
dicótomo | forked.
dicroico | dichromatic.
dicroismo | dichroism.
dicromasia | dichromasy.
dicromático | dichromic | dichromatic.
dicromato (persona) | dichromat | dichromic.
dicroscopio (gemología) | dichroscope.
dictáfono | transcribing machine | dictating machine | dictating machine.
dictáfono electrónico | electronic dictating instrument | electronic dictating machine.
dictamen | report | judgement | deliverance.
dictamen de expertos | opinion of experts.
dictamen de los árbitros | findings of the appraisers.
dictamen de los censores de cuentas | auditor's report.
dictamen del censor de cuentas | audit report.
dictamen del interventor | audit report.
dictamen del juez | judge's ruling.
dictamen favorable | opinion in favour.
dictamen jurídico | juridical decision.
dictamen pericial | expertise | expert opinion.
dictamen sobre la constitucionalidad de una medida por un tribunal principal | advisory opinion.
dictaminar (jurisprudencia) | rule (to).
dictar (leyes, etc.) | lay down (to).
dictar (sentencia) | enter (to).
dictar auto de prisión | make out a committal (to).
dictar fallo (jurídico) | pronounce judgment (to).
dictar sentencia (abogacía) | give judgment (to) | give judgement (to).
dictar un auto (abogacía) | issue a writ (to).
dictar un laudo (jurídico) | make an award (to).
dictar una sentencia | deliver a judgment (to).
dicho al oído | auricular.
dicho popular | popular saying.
didáctico | tutorial.
dideriquita | diderichite.
diderostato | siderostat.
didimio | didymium.
dídimo (botánica) | twin.
diedro | wedge | dihedron | dihedral.
diedro (cristalografía) | interfacial.
diedro agudo | acute solid angle.
diedro negativo (aviación) | cathedral.
diedro positivo | anhedral.
diedro unidad | unit solid angle.
dieldrín (química) | dieldrin.
dielectricidad | dielectricity.
dieléctrico | dielectric.
dieléctrico (electricidad) | nonconducting.
dieléctrico cerámico | ceramic dielectric.
dieléctrico cerámico maquinable prensado en caliente | hot-pressed machinable ceramic dielectric.
dieléctrico constituido por aire y un aislante sólido | air-solid dielectric.
dieléctrico de aire | air dielectric.
dieléctrico de papel impregnado de asfalto | impregnated paper dielectric.
dieléctrico de pasta de abacá | Manilla-wood pulp dielectric.
dieléctrico de politeno | polythene dielectric.
dieléctrico de refracción de rayos | refractory dielectric.
dieléctrico de un cable con circulación de aceite | oil-filled cable dielectric.
dieléctrico formado de barras | rodded dielectric.
dieléctrico gaseoso | gaseous dielectric.
dieléctrico ionizante | ionizing dielectric.
dieléctrico isotrópico | isotropic dielectric.
dieléctrico isótropo | isotropic dielectric.
dieléctrico líquido | liquid dielectric.
dieléctrico pelicular | film dielectric.
dieléctrico seudocúbico | pseudocubic dielectric.
dieléctricos | dielectrics.
dieléctricos coaxiales | coaxial dielectrics.
dielectrólisis | dielectrometer | dielectrolysis.
dielectrómetro de cavidad resonante | resonant-cavity dielectrometer.
dieno | diene.
dienófilo | dienophile.
dienol | dienol.
diente | tooth | spike.
diente (botánica, sierras) | jag.
diente (carpintería) | indent.
diente (dado deflector - pie de presa) | dental.
diente (de ajo) | clove.
diente (de rueda) | cog.
diente (de tenedor, horquilla, etc.) | prong.
diente (estiradora de peines) | pin.
diente (horquillas) | tine.
diente (llaves) | step.
diente (peine) | blade.
diente (peine de urdir o tejer) | split.
diente (pestillo de cerradura) | beard.
diente adicional (engranajes) | hunting tooth | hunting cog.
diente angular | herringbone tooth.
diente bihelicoidal | herringbone tooth.
diente carnicero (bestias salvajes) | fang.
diente cicloidal (compuesto de epicicloide y hipocicloide) | cycloidal tooth.
diente común (sierras) | peg tooth.
diente con cabeza ahusada (engranages) | crowned tooth.
diente con espesor más pequeño en raíz que en el círculo primitivo | undercut tooth.
diente cónico (ruedas) | club tooth.
diente cortante | cutting tooth.
diente corto (engranaje) | stub tooth.
diente curvo | arcuate tooth.
diente chato | stub tooth.
diente de acabado | finishing tooth.
diente de ajo | clove of garlic.
diente de arrastre | catch nose | active catch.
diente de carda | comber broach | card staple.
diente de conmutación | commutating tooth.
diente de corazón (relojes) | heart-cam.
diente de desbaste | roughing tooth.
diente de embrague | coupling claw | clutch tooth.
diente de engranaje | gear tooth | whelp.
diente de envolvente de círculo | evolute tooth.
diente de envolvente truncado | stub involute tooth.
diente de escariador | reamer land.
diente de escarificadora (carreteras) | tyne.
diente de flancos cóncavos | concave-flanked tooth.
diente de flancos rectos | flank tooth.
diente de gancho (sierras) | hooked tooth.
diente de lanza (sierras) | lance tooth | lace tooth.
diente de lobo (diente biselado - sierras) | gullet tooth.
diente de lobo (diente en forma de triángulo isósceles-sierras) | fleam tooth.
diente de lobo (sierras) | gullet hook.
diente de machacadora | nobbler.
diente de maniobra | control tooth.
diente de perfil constante (fresas) | formed tooth.
diente de perfil de evolvente de círculo | involute tooth.
diente de perfil semicircular | knuckle tooth.
diente de perro | dog's tooth.
diente de perro (costura) | feather-stitch.
diente de perro (herramienta de escultor) | sculptor's dented chisel.
diente de punta separable | detachable point tooth.
diente de retenida | stud.
diente de rueda | sprocket.
diente de sierra | dog's tooth | sawtooth.
diente de toma | catch nose.
diente de trinquete | ratchet tooth.
diente de un piñón (relojería) | pinion leaf.
diente del disparador | trigger stud.
diente del extractor | extractor hook.
diente del peine | reed dent.
diente del peine (textiles) | reed blade.
diente del percutor | cocking catch.
diente del seguro | safety nose | sear nose.
diente del seguro (armas) | safety sear.
diente destalonado | backed-off tooth.
diente doble (sierras) | champion tooth.
diente en forma de pico de loro | parrot tooth.
diente en forma de pico de loro (sierras) | briar tooth.
diente en M (sierras) | lightning tooth.
diente entallado por la base (engranaje) | waisted tooth.
diente envenenado (serpientes) | fang.
diente epicicloidal | radial flank tooth.
diente fundido con la pieza (engranajes) | cast tooth.
diente fundido en bruto (mecánica) | rough tooth.
diente impulsor | active catch.
diente incisivo (caballos, herbívoros) | nipper.
diente lateral (rueda dentada) | face cog.
diente limpiador (sierras) | raker | raker tooth | drag tooth.
diente molar | grinder.
diente muy pequeño (microengranajes) | baby tooth.
diente raspador (sierras) | raker tooth | drag tooth.
diente recto (diente en forma de triángulo isósceles-sierras) | fleam tooth.
diente recto (sierras) | peg tooth.
diente saliente (engranajes) | long-addendum tooth.
diente sin triscar (sierras) | unset tooth.
diente suplementario (engranajes) | hunting cog.
diente suplementario que tiene la rueda para que el piñón no engrane siempre con el mismo diente (engranajes) | hunting tooth.
diente tallado con fresa generatriz (engranajes) | hobbed tooth.
diente triangular (sierras) | mill tooth.
dientes | teeth.
dientes artificiales acrílicos | acrylic artificial teeth.
dientes con extremos de espesor reducido (engranajes) | crowned teeth.
dientes con ranuras | nicked teeth.
dientes contorneados (sierra de tronzar) | crosscutting teeth.
dientes de espinape (carpintería) | herringbone teeth.
dientes de flancos muy curvos (engranajes) | barrelled teeth.
dientes del cucharón | dipper teeth.
dientes del inducido | armature teeth.
dientes destalonados | backed-off teeth | relieved teeth.
dientes destalonados excéntricos | cam relieved teeth | eccentric back-relieved teeth.
dientes engranados (engranajes) | meeting teeth.
dientes fresados (engranajes) | cut teeth.
dientes fresados por ambas caras | teeth milled on both sides.
dientes helicoidales | helical teeth.
dientes insertados | inserted teeth.
dientes interrumpidos (fresas, escariadores) |

nicked teeth.
dientes para cuchara de excavadora | digger teeth.
dientes para equipos excavadores | excavating equipment teeth.
dientes rasurados después de tallados (engranajes) | shaved-after-cutting teeth.
dientes rectificados (engranajes) | ground-on teeth.
dientes rectificados con muela de forma (engranajes) | formed wheel-ground teeth.
dientes rectificados con plantilla | profile-ground teeth.
dientes tallados a máquina | machine-molded teeth.
dientes templados por flameo | flame-hardened teeth.
diergol hipergólico | spontaneously igniting bipropellant.
diesel que puede trabajar con gas natural | gas-burning diesel.
diesel-eléctrico | diesel-electric.
dieselización (cambio de vapor a motores diesel) | dieselization.
diesis (tipografía) | double obelisk | double dagger.
diestra | right side.
diestro | handy | workmanlike | expert.
diestro (lado) | dexter.
dieta | per diem.
dieta a base de paja y de melazas (ganado) | straw plus molasses diet.
dieta con alimentos irradiados | rayed diet.
dieta de engorde | fattening diet.
dieta de nutrición adecuada | nutritionally adequate diet.
dieta debilitante | lowering diet.
dieta hipocalórica | low-calories diet | low calory diet.
dieta inadecuada | inadequate diet.
dieta por indisposición | sick pay.
dieta por viaje | travelling indemnity.
dietas de testigo | witness fee.
dietas en metálico | monetary travel allowance.
dietetica | dietary | dietetics.
dietético | dietetic.
dietilamina | diethyl amine.
dietildifenil urea | diethyldiphenyl urea.
dietilditiocarbamato sódico | sodium diethyldithiocarbamate.
dietista | nutritionist.
dietología | dietology.
dietólogo | dietologist.
dietoterapia | dietotherapy.
diexaédrico | dihexahedral.
diexaedro | dihexahedron.
diezmar | decimate (to).
diezmilésima | zero fourth.
diezmo (iglesia) | tithe.
difamación | smear.
difamar | libel (to).
difenil | diphenyl.
difenilcarbinol | benzhydrol.
difeniltiocarbazona (prospección geoquímica) | dithizone.
difeomorfismo | diffeomorphism.
diferencia | differential | difference | falling off | gap.
diferencia aparente de temperatura entra la tela y la piel del observador al tocarla | thermal character.
diferencia apenas perceptible | just noticeable difference.
diferencia común (progresión aritmética) | common difference.
diferencia de áreas entre una canal y otra (laminadores) | draft.
diferencia de ascensión recta | ascensional difference.
diferencia de calados en lastre (buques) | light trim.
diferencia de calidad | difference in grade | deviation of quality.
diferencia de cambio | difference in rate of exchange.
diferencia de diámetro entre un perno y su agujero | drift.
diferencia de diferencias | second difference.
diferencia de entalpías medias | mean-enthalpy difference.
diferencia de espesor entre los dos cantos (chapas) | side set.
diferencia de fase | phase difference.
diferencia de fase espacial | space phasing.
diferencia de gastos de fletamiento entre puertos marítimos | port differential.
diferencia de las distancias meridianas o longitudes de los extremos de la línea | departure of a line.
diferencia de latitud astronómica | astronomical difference of latitude.
diferencia de latitud hacia el Norte | northing.
diferencia de latitud hacia el Sur | southing.
diferencia de longitud | meridional difference.
diferencia de longitud (astronomía) | meridional distance.
diferencia de longitud (medida lineal en millas de un arco de paralelo entre dos meridianos) | departure.
diferencia de longitud entre las trayectorias de las partículas de un haz (nucleónica) | straggling.
diferencia de longitud entre una fibra ondulada y en estado estirado | crimp.
diferencia de los semidiámetros exteriores en la boca y en la recámara (cañones) | dispart.
diferencia de nivel | lift.
diferencia de potencial de contacto | contact potential difference.
diferencia de potencial eléctrico | electric potential difference.
diferencia de potencial entre terminales (circuito eléctrico) | applied pressure.
diferencia de potencial fluctuante | oscillating potential difference.
diferencia de precios | price differential.
diferencia de presión | differential pressure.
diferencia de presiones | pressure differential | pressure difference.
diferencia de productividad entre ramas de actividades | difference between levels of productivity.
diferencia de rangos | rank difference.
diferencia de recorridos | path length difference.
diferencia de temperatura media logarítmica | log-mean temperature difference.
diferencia de temperaturas entre las regiones calientes y frías (bomba de calor y refrigeración) | lift.
diferencia de tiempo en la liquidación de deudas internacionales | leads and lags.
diferencia de voltaje | pressure difference.
diferencia discernible | detectable difference.
diferencia en el umbral de audibilidad | hearing threshold difference.
diferencia en la longitud de las mechas (barrenos que han de explotar sucesivamente) | lead.
diferencia en la longitud de las mechas de los barrenos múltiples | lead.
diferencia en más | plus difference | difference over | difference above.
diferencia en menos | minus difference | difference under | difference below.
diferencia en tono a textura de las dos caras (papeles coloreados) | two-sidedness.
diferencia entre altitud calculada y observada (navegación) | altitude difference.
diferencia entre el arqueo y el volumen realmente ocupado (bodegas de buques) | breakage.
diferencia entre el arqueo y el volumen realmente ocupado (buques) | broken stowage.
diferencia entre el coste del libro al distribuidor y el precio de venta al público (se expresa en porcentajes del precio al público) | markup.
diferencia entre el diámetro exterior y el diámetro primitivo (engranaje cónico de dientes rectos) | diameter increment.
diferencia entre el peso del electrodo depositado y del electrodo consumido | spatter loss.
diferencia entre el porcentaje de rizado de la urdimbre y el porcentaje de rizado de la trama | off-square.
diferencia entre el precio de emisión que gestiona el banco y el del público | gross spread.
diferencia entre el precio y el costo | markup price.
diferencia entre el tamaño del agujero y el del eje cuando este último es mayor | interference.
diferencia entre el valor de una propiedad y la cantidad en que está hipotecada | equity of redemption.
diferencia entre el valor nominal de una póliza y su reserva | net amount at risk.
diferencia entre el valor original de una pieza y el valor de la chatarra que se produce el labrarla a máquina | scrap depreciation.
diferencia entre el voltaje de funcionamiento y el umbral del tubo contador Geiger | overvoltage.
diferencia entre grados de modulación (localizador de pista) | course clearance.
diferencia entre la altitud barométrica y la altitud absoluta sobre el nivel del mar | dee.
diferencia entre la cantidad solicitada y la obtenida | underrun.
diferencia entre la capacidad y la cantidad contenida (barriles) | vacuity.
diferencia entre la distancia cenital observada y la calculada (navegación) | intercept.
diferencia entre la distancia cenital observada y la calculada (navegación astronómica) | celestial intercept.
diferencia entre la distancia zenital observada y la calculada (navegación astronómica) | altitude intercept.
diferencia entre la longitud de un rayo refractado por la atmósfera y la distancia en línea recta entre los extremos del rayo | curved-path error.
diferencia entre la producción calculada y la efectiva | slippage.
diferencia entre las potencias de salida y entrada (servomecanismos) | error.
diferencia entre los esfuerzos máximos y mínimos en prueba triaxial | deviation stress.
diferencia entre los precios agrícolas y los industriales | price scissors.
diferencia entre potencia indicada y potencia al freno | friction horsepower.
diferencia entre precio de oferta y demanda | straddle.
diferencia entre precio inmediato y aplazado | backwardation.
diferencia entre precios de oferta y demanda | spread.
diferencia entre un arco y la cuerda que subtiende | arc excess.
diferencia entre valor contable y de mercado | hidden asset.
diferencia fasal | phasal difference.
diferencia fiscal | tax gap.
diferencia focal | focal difference.
diferencia inexplicada | material unaccounted for.
diferencia inferior | lower deviation.
diferencia manifiesta | conspicuous difference.
diferencia media algébrica entre el análisis químico y el espectrográfico | average bias.
diferencia media neta | average net difference.
diferencia metalográfica microestructural | metallographic microstructural difference.
diferencia negativa de las distancias meridianas o longitudes de los extremos de una línea | westing.
diferencia numérica entre la magnitud fotográfica aparente y la magnitud fotovisual

aparente | color index.
diferencia ortométrica | orthometric difference.
diferencia paraláctica | parallax difference.
diferencia poco importante | immaterial difference.
diferencia positiva de las distancias meridianas o longitudes de una línea | easting.
diferencia presional | pressure difference.
diferencia sensible | tangible difference | conspicuous difference.
diferencia significativa | significant differene.
diferencia sucesiva cuadrática media | mean-square succesive difference.
diferencia superior | upper deviation.
diferencia tabular | tabular difference.
diferencia tonal | tonal difference.
diferenciabilidad | differentiability.
diferenciable dos veces | twice-differentiable.
diferenciable sobre un conjunto D | differentiable on a set D.
diferenciación | differentiating | differentiation.
diferenciación logarítmica | logarithmic differentiation.
diferenciación magmática | magmatic differentiation.
diferenciación migmática | migmatic differentiation.
diferenciación por cristalización gravitativa | gravitative crystallization-differentiation.
diferenciación término a término | term-by-term differentiation.
diferenciador | differentiator | discriminator.
diferenciados bandeados | banded differentiated.
diferencial | differencial.
diferencial (automóvil) | balance gear | balance differential gear.
diferencial (autos) | differential.
diferencial (de mechera) | box of tricks.
diferencial (hilatura algodón) | jack-in-the-box.
diferencial (mecheras) | compound.
diferencial (tarifas) | discriminating.
diferencial de alcances (alza de cañón) | sight angle differential.
diferencial de cuatro piñones cónicos | four-pinion bevel differential.
diferencial de cuatro satélites (autos) | four-pin differential.
diferencial de cuatro satélites cónicos | four star bevel-wheel differential.
diferencial de engranajes cilíndricos | spur wheel differential.
diferencial de engranajes cónicos | bevel pinion differential.
diferencial de piñones cónicos | bevel-gear differential | bevel-type differential gear.
diferencial de piñones helicoidales | helical-gear differential.
diferencial eléctrico (transmisor a través del cual pasa una señal que se suma con otra y el conjunto es transmitido a un receptor) | follow through transmitter.
diferencial entre ejes (mando doble del eje trasero) | inter-axle differential.
diferencial exacta | exact differential.
diferencial hidráulico | hydraulic differential.
diferencial inexacta | inexact differential.
diferencial por integrar | integrand.
diferencialidad | differentiality.
diferenciar | discriminate (to) | difference (to).
diferenciar con respecto a X | differentiate with respect to X (to).
diferencias apenas perceptibles (telefonía) | just-noticeable difference.
diferencias de dilatación | expansion differential.
diferencias de inventarios | change in inventory.
diferencias de períodos | timing differences.
diferencias entre las medidas de gravedad determinadas por el péndulo | pendulum gravity intervals.
diferencias interpolatorias | interpolary differences.
diferencias pequeñas | minute discrepancies.
diferencias progresivas | advancing differences.
diferencias regresivas | receding differences.
diferencias sucesivas de una función | differencing of a function.
diferente | different | separate | distinct.
diferente de la circular (secciones) | other than circular.
diferentes precios de un mismo artículo | price lining.
diferible | deferrable.
diferido | overdue | extended.
diferir | put over (to) | temporize (to) | defer (to).
diferir (hipotecas) | extend (to).
diferir (pagos) | postpone (to).
diferir el pago | defer payment (to).
diferir el vencimiento de una letra | let a bill lie over (to).
diferir la venta | postpone the sale (to).
dificerco | diphycercal.
difícil | fastidious.
difícil (pruebas) | rugged.
difícil de apreciar | hard-to-gage.
difícil de bombear | difficult to pump.
difícil de comprobar | hard-to-check.
difícil de ensuciar (telas) | dirt-repellent.
difícil de gobernar (buques) | laborsome.
difícil de mantener a rumbo (buques) | wild.
difícil de maquinizar | difficult-to-machine.
difícil de obtener | difficult-to-obtain.
difícil de separar del techo (minería del carbón) | burned to the roof.
difícil de tomar (curvas carreteras, etc.) | not negotiable.
difícil de trabajar | hard-to-work.
difícil de vender | hard-to-sell.
difícilmente fusible | sluggish.
difícilmente soluble | difficultly soluble.
dificultad | obstacle | obstruction.
dificultad de manejo de los mandos proporcional a la velocidad (aviones) | speed-proportional hardening of controls.
dificultad en la reparación | offbeat.
dificultad imprevista | snag.
dificultad insuperable | impasse.
dificultad invencible | irremovable difficulty.
dificultad para descontar papel (bolsa) | difficulty for selling stock.
dificultad reconocida | confessed difficulty.
dificultades de encontrar personal | manning difficulties.
dificultades endógenas | endogenous difficulties.
dificultades exógenas | exogenous difficulties.
dificultades financieras | financial embarrassment.
dificultades monetarias | money worries.
dificultades propagacionales | propagational difficulties | propagational defficulties.
dificultar | obstruct (to).
dificultar la buena marcha de un servicio | interfere with the smooth working of a service (to).
difonema (acústica) | diphoneme.
difracción | diffracting.
difracción (física nuclear) | scattering.
difracción (óptica) | diffraction | deflection.
difracción cinemática | kinematical diffraction.
difracción costera (radio) | shore effect.
difracción de la luz | inflexion of light.
difracción de neutrones | neutron diffraction.
difracción difusa en una radiografía | diffraction mottling.
difracción laminar | laminary diffraction.
difracción sin contracción | nonshrinking diffraction.
difracción troposférica | troposcatter.
difracción ultrasónica | ultrasonic diffraction.
difracción ultrasónica de la luz | ultrasonic light diffraction.
difractante | diffracting.
difractar | diffract (to).
difracto | diffract.
difractografía | difractography.
difractógrafo | difractograph | diffractograph.
difractometría | difractometry.
difractometría por rayos X | X-ray diffractometry.
difractómetro | difractometer | diffractometer.
difractómetro de neutrones | neutron diffraction meter.
difractor de ordenación unidireccional | unidirectionally ordered diffractor.
difteria | croup.
difumado (cine) | fade.
difundente | diffusing.
difundido | diffuse.
difundidor | diffuser.
difundir | diffuse (to) | broadcast (to).
difundir (la luz, las radiaciones) | scatter (to).
difundir alrededor | circumfuse (to).
difundir la carga (estructuras) | diffuse the load (to).
difunto socio | late partner.
difusa (luz) | stray.
difusado (gas) | diffusate.
difusamente reflejado | diffusely reflected.
difusibilidad | diffusibility | diffusivity.
difusibilidad de la vorticidad | diffusivity of vorticity.
difusible | diffusible.
difusiómetro | diffusiometer | diffusionmeter.
difusión | diffusion | diffusing | diffuseness | smear out | dispersion.
difusión (física nuclear) | scattering.
difusión (soldaduras) | interpenetration.
difusión activa | active diffusion.
difusión acústica | acoustic scattering.
difusión ambipolar | ambipolar diffusion.
difusión anódica | anodal diffusion.
difusión anómala | anomalous diffusion.
difusión asistida por campo | field-aided diffusion.
difusión atómica | atomic diffusion.
difusión automática de la información | automatic dissemination.
difusión casi uniformemente repartida | wide-angle difussion.
difusión cuasilibre de protones | quasifree scattering of protons.
difusión de difracción (nucleónica) | diffraction scattering.
difusión de la carga (estructuras) | diffusion of load | load diffusion.
difusión de la luz estelar | starlight scattering.
difusión de la red (pulvimetales) | lattice diffusion.
difusión de la turbulencia | eddy diffusion.
difusión de las ondas portadoras | carrier diffusion.
difusión de los portadores minoritarios | minority carriers diffusion.
difusión de mesones por nucleones | pion nucleon scattering.
difusión de portadores de carga | charge-carrier diffusion.
difusión de Rayleigh (física) | Rayleigh scatter.
difusión de un sólido en otro sólido | diffusion of a solid in another solid.
difusión de varias vías | multichannel scattering.
difusión del calor en toda la masa | soakage of heat.
difusión del esfuerzo (en las estructuras) | stress diffusion.
difusión del progreso tecnológico | diffusion of tecnological progress.
difusión del radiotrazador | radiotracer diffusion.
difusión del ruido | noise diffusion.
difusión del sonido | sound scattering.
difusión elástica (nucleónica) | elastic scattering.
difusión en la capa epitaxial del substrato | substrate-epitaxial-layer diffussion.
difusión en profundidad | sinker diffusion.

difusión estereofónica | stereo spread.
difusión externa | out-diffusion.
difusión frontal | frontal diffusion.
difusión horizontal | horizontal diffusion.
difusión intersticial | interstitial diffusion.
difusión inversa (de neutrones) | backscattering.
difusión isotrópica | isotropic scattering.
difusión magnetoambipolar | magnetoambipolar diffusion.
difusión megafónica | public address (PA).
difusión mesón-barión | meson-baryon scattering.
difusión metálica | metallic diffusion.
difusión metamórfica | metamorphic diffusion.
difusión multicanálica | multichannel scattering.
difusión neutrónica | neutron diffusion.
difusión neutrónica de una velocidad | one-velocity neutron diffusion.
difusión no uniformemente repartida | narrow angle diffusion.
difusión pión-nucleón | π n scattering.
difusión pión-pión | π π scattering.
difusión por fluorescencia (atmósferas planetarias) | fluorescent scattering.
difusión por manantial constante | constant-source diffusion.
difusión profunda (soldadura) | deep penetration.
difusión radioactiva | excursion.
difusión reflectante | reflective diffusion.
difusión resistente a la oxidación | oxidation-resistant diffusion.
difusión retrógrada | backscattering.
difusión selectiva de la información | selective difusion of information.
difusión sellada por óxido | oxide-sealed diffusion.
difusión simple | single scattering.
difusión sin corriente de aire | draughtiless diffusion.
difusión superfícica | surface diffusion.
difusión televisiva | telecasting.
difusión térmica | thermal diffusion.
difusión térmica termogravitacional | thermogravitational thermal diffusion.
difusión térmicamente inducida | thermally-induced diffusion.
difusión transmisiva | transmissive diffusion.
difusión troposférica | troposcatter.
difusión turbulenta | turbulent diffusion.
difusión turbulenta en un flúido estratificado | turbulent diffusion in a stratified fluid.
difusión vertical | upward diffusion.
difusional | diffusional.
difusionímetro | glossmeter | glossimeter.
difusividad | diffuseness | diffusivity | coefficient of diffusion.
difusividad de la humedad del suelo | soil moisture diffusivity.
difusividad térmica | heat release rate | thermal diffusivity | thermometric conductivity.
difusividad turbulenta | eddy diffusivity.
difuso | subdued.
difuso (botánica) | expanded.
difuso (luz, radiaciones) | scattered.
difuso (luz, sonido, color) | diffuse.
difuso (rayo óptico) | heterocentric.
difusor | converter | diffuser | disperser | diffusor.
difusor (carburador) | sprayer | spray cone | choke tube | mixing chamber | mixing-cone | mixer.
difusor (electricidad) | expandor.
difusor (nucleónica) | scatter | scatterer.
difusor (tuneles) | exit cone.
difusor (ventilador centrífugo) | volute chamber | delivery space.
difusor con respiradero | vented baffle.
difusor cónico de persianas | louver cone diffuser.
difusor continuo | continuous diffuser.
difusor contra salpicaduras | splash baffle.
difusor de admisión | intake diffuser.
difusor de aire para techo | ceiling diffuser.
difusor de arco | arc baffle.
difusor de caja (acústica) | box baffle.
difusor de entrada de choque normal | normal shock inlet diffuser.
difusor de escintilación | scintillating scatterer.
difusor de globo (alumbrado) | light globe.
difusor de paletas | vaned diffuser | bladed diffuser.
difusor de reflexión de bajos (acústica) | bass reflex baffle.
difusor de tubo perforado | perforated pipe diffuser.
difusor de voluta (compresor radial) | spiral volute | discharge scroll.
difusor del aire | air diffuser.
difusor en espiral | volute casing.
difusor en espiral (hidráulica) | volute casing.
difusor no selectivo | nonselective diffuser.
difusor puntual | point scatterer.
difusor reflector | reflex baffle.
difusor subsónico | subsonic diffuser.
difusor supersónico paralelo | supersonic parallel diffuser.
difusor ultrasónico | supersonic diffusor.
digerir | digest (to).
digestibilidad | digestibility.
digestibilidad de la lignina | lignin digestibility.
digestibilidad de un producto ensilado | silage digestibility.
digestibilidad in vivo | in vitro digestibility.
digestible | digestible.
digestión | digestion.
digestión (química) | kiering.
digestión al sulfito (pasta papelera) | sulfite cooking.
digestión anaeróbica de residuos de cosechas agrícolas | anaerobic digestion of agricultural crop residues.
digestión bacterial | bacterial digestion.
digestión de lodos | sludge digestion.
digestión hidrolítica | hydrolytic digestion.
digestivo (sustancia) | digester.
digesto (de leyes) | digest.
digestor | digestor.
digestor (química) | kier.
digestor de basuras | garbage digester.
digestor de fangos cloacales | sewage sludge digester.
digestor de pulpa al sulfato | sulfate-pulp digester.
digitación | digitizing.
digitación (petrolífera) | fingering.
digitado | finger-like | finger-shaped | fingered.
digital | digital.
digitaliforme | finger-shaped.
digitalizador | digitizer.
digitalizador óptico numérico de posición angular de un eje | optical shaft digitizer.
digitiforme | finger-shaped.
digitigradia | digitigrady.
dígito | digit.
dígito autocomprobador | self-check digit.
dígito autoverificador | self-check digit.
dígito binario | binary digit (bit) | bit (binary-digit).
dígito binario de cambio | change bit.
dígito binario de marcha | start bit.
dígito binario de orden superior | high order bit.
dígito binario de paridad | parity bit.
dígito binario extremo izquierdo | leftmost bit.
dígito de comprobación | check digit.
dígito de coste (telefonía) | fee digits.
dígito de paridad | parity digit.
dígito de ruido | noise digit.
dígito de separación | gap digit.
dígito decimal codificado | coded decimal digit.
dígito decimal de codificación binaria | binary coded decimal.
dígito distinto de cero | nonzero digit.
dígito indicador de signo | sign digit.
dígito menos significativo | lower significated digit.
dígito n-ario | n-ary digit.
dígito octal | octal digit.
dígito redundante | redundant digit.
dígito significativo | significant digit.
dígitos aleatorios | random digits.
dígitos de recorrido | routing digits.
dígitos de traducción | translation digits.
dígitos no significativos | gap digit.
digitrón (nuclear) | digitron.
diglifo | diglyph.
diglotismo | diglottism.
diglotista | diglottist.
digloto | diglot.
dignidad de caballero (de una orden) | companionship.
dignificación | dignification.
dignificación de la prensa técnica | technical press dignification.
digno de confianza | reliable.
digno de confiaza | safe.
digograma (aguja marina - buques) | dygogram.
digonal | digonal.
digrafo | digraph.
dígrafo de líneas | line digraph.
digrama | digraph.
digresión | digression.
dihaluro | dihalide.
dihaluro vicinal | vicinal dihalide.
dihedro negativo de 1 grado (ala avión) | negative dihedral of 1 deg.
dihexaedro (cristalografía) | hexagonal pyramid.
dihíbrido | dihybrid.
dihidroepiandrosterona | dehydroepiandrosterone.
diintersticial | diinterstitial.
dilacerar | dilacerate (to).
dilación | retard | delay | deferring | deferment.
dilación del aceite lubricante con gasolina (arranque en tiempo frío) | oil dilution.
dilapidación | dilapidation.
dilapidación de una herencia (por el tutor) | devastation.
dilatabilidad | dilatability | expansibility | expansivity.
dilatable | expansible | expansive | dilatable.
dilatación | dilatation | extension | expansion | enlargement | stretch.
dilatación (cambio dimensional) | dilation.
dilatación aerodinámica | aerodynamic expansion.
dilatación calculada | expected expansion.
dilatación cúbica | volume expansion.
dilatación cúbica aparente | apparent volumetric expansion.
dilatación de un molde | swelling of a mould.
dilatación del cilindro | cylinder expansion.
dilatación diferencial exenta de distorsión | distortion-free differential expansion.
dilatación durante el fraguado | setting expansion.
dilatación eléctrica | electric expansion.
dilatación en la cochura (refractarios) | firing expansion.
dilatación lineal | linear expansion.
dilatación local por presión hidráulica interior (tubos o envueltas) | bulging.
dilatación mínima | minimal expansion.
dilatación permanente con textura vesicular (refractarios) | bloating.
dilatación radial sin distorsión | distortion-free radial expansion.
dilatación remanente cuando se calienta repetidas veces (metales) | growth.
dilatación térmica | thermal expansion.
dilatación térmica cero | zero thermal expansion.
dilatación térmica lineal | linear thermal expansion.
dilatación unitaria | unit expansion.

dilatación volumétrica | cubic expansion.
dilatado | extensive.
dilatador | dilator | dilatant | stretcher.
dilatador hidrostático | hydrostatic dilator.
dilatador por imbibición (medicina) | tent.
dilatancia (aumento de consistencia al ser sometido a un esfuerzo - reología) | dilatancy.
dilatante | dilatant.
dilatar | stretch (to) | distend (to) | delay (to) | defer (to) | dilate (to) | expand (to).
dilatar (física) | enlarge (to).
dilatarse (vapor, gases) | expand (to).
dilatometría | dilatometry.
dilatómetro | expansometer | dilatometer.
dilatómetro de resistencia eléctrica | wire resistance strain gage | resistance gage.
dilatómetro diferencial | differential dilatometer.
dilatómetro interferencial | interferential dilatometer.
dilatómetro interferométrico | interferometric dilatometer.
dilatómetro óptico | optical dilatometer.
dilatómetro para medir la variación del diámetro interior del eje del rotor en funcionamiento (turbinas vapor) | rotor bore dilatometer.
dilatómetro por variación de resistencia eléctrica | wire strain gage.
dilema | dilemma.
dilemas (plural de dilemma) | dilemmata.
diletu (Lovoa klaineana - Pierre) | African walnut.
diligencia | coach | dispatch | stagecoach.
diligencia (abogacía) | exertion.
diligencia (coche) | passenger coach.
diligencia (jurisprudencia) | return.
diligencia notarial | jurat.
diligenciar | dispatch (to).
diligencias | proceedings.
diligencias de reanudación | recovery management.
diligencias judiciales | judicial proceedings.
dilución | cutting back | diluteness | diluting | dilution.
dilución (pinturas) | thinning.
dilución de gases en el aire (reforzando la ventilación) | dadding.
dilución de nitrógeno para reducir la tensión del oxígeno del aire inspirado (aviación) | nitrogen dilution.
dilución del capital | stock watering.
dilución equivalente | molar dilution.
dilución molecular | molar dilution.
dilución normal | normal dilution.
diluente | diluting | diluent.
diluente de pintura | paint thinner.
diluente donador de hidrógeno | hydrogen donor diluent.
diluibilidad | dilutability.
diluible | dilutable.
diluido | dilute | watered.
diluido (barnices, esmaltes) | cutback.
diluidor | solvent | dilutor | diluter | thinner.
diluir | dilute (to) | let down (to).
diluir (pinturas) | thin (to).
diluir (química) | water (to) | cut (to).
diluir con agua | water (to).
diluviar | pour (to).
diluvio | drench.
diluvium (depósito arrastrado por fuertes corrientes) | diluvium.
diluyente | thinner.
diluyente (pinturas) | extender.
diluyente para barniz | varnish thinner.
diluyente para colodión | collodion thinner.
diluyente para pintura | paint thinner.
diluyente sólido inerte | inert solid diluent.
dimagnético | dimagnetic.
dimanante de | arising from.
dimanar | spring (to) | flow (to) | originate (to).
dimatesa | hip.
dimensión | dimension | format | measure | measurement.
dimensión acotada | figured dimension.
dimensión constructiva | constructional dimension.
dimensión crítica | broad dimension.
dimensión cuantificada | quantized dimension.
dimensión de la separación de la raíz (soldeo de chapas) | root gap dimension.
dimensión de pedido | lot size.
dimensión exterior | overall size | overall dimension.
dimensión extrema | overall dimension.
dimensión fija | dead size.
dimensión horizontal de la playa medida en sentido normal a la costa | beach width.
dimensión manejable | manageable dimension.
dimensión mensurable | measurable dimension.
dimensión modular | modular dimension.
dimensión nominal | basic size.
dimensión real | measured dimension.
dimensión total | overall dimension.
dimensionado | dimensioned.
dimensionado para | rated.
dimensionado para el servicio proyectado | rated for the duty intended.
dimensionador | sizer.
dimensionados | sized.
dimensionalidad | dimensionality.
dimensionalizar | dimensionalize (to).
dimensionalmente estable | dimensionally stable.
dimensionalmente homogéneo | dimensionally homogeneous.
dimensionalmente intercambiable | dimensionally interchangeable.
dimensionamiento | dimensioning | proportioning | sizing.
dimensionamiento automático | automatic sizing.
dimensionamiento de agujeros a medidas finales | hole sizing.
dimensionamiento del evacuador | outlet dimensioning.
dimensionamiento térmico | thermal rating.
dimensionar | size (to) | dimension (to) | proportion (to).
dimensiones | size.
dimensiones (máquinas) | proportions.
dimensiones corrientes de almacén | stock sizes.
dimensiones de acabado | final size.
dimensiones de embarque | shipping dimensions.
dimensiones de la caja | casing dimensions.
dimensiones de la imagen (TV) | projection size.
dimensiones de la sección | sectional dimensions.
dimensiones de montaje | mounting dimensions.
dimensiones de pedido | ordered dimensions.
dimensiones de referencia | datum dimensions.
dimensiones de terminación | finishing dimensions.
dimensiones de trazado (buques) | molded dimensions.
dimensiones del embalaje | shipping dimensions.
dimensiones del radio de la raíz | root-radius dimensions.
dimensiones embalado | packed dimensions.
dimensiones especiales | outsize.
dimensiones exteriores | outline dimensions.
dimensiones externas | casing dimensions.
dimensiones finales | final dimensions.
dimensiones fuera de cuadernas (buques) | molded dimensions.
dimensiones generales | general dimensions.
dimensiones mayores que las acotadas | oversize.
dimensiones nominales de la chaveta | key nominal dimensions.
dimensiones normalizadas | standardized dimensions.
dimensiones por encima de la media | oversize.
dimensiones principales | principal dimensions | leading dimensions.
dimensiones teóricas (piezas) | basic size.
dimensiones toleranciadas | toleranced dimensions.
dimensiones totales | overall dimensions.
dimérico | dimeric.
dimerización | dimerization.
dimerización catalizada por ácido | acid-catalyzed dimerization.
dimerizar | dimerize (to).
dimero (química) | dimer.
dímero trans (química) | trans-dimer.
dimetilanilina (química) | xylidine.
dimetría | dimetria.
dimétrico | dimetric.
dimidiado (botánica) | halved.
dimisión | resignation.
dimisión colectiva | mass resignation.
dimisión voluntaria | resignment.
dimisionario | resigned.
dimitido | resigned.
dimitir | retire (to) | resign (to).
dimitir el cargo | resign office (to) | relinquish office (to).
dimorfismo | dimorphism.
dimorfo | dimorphic.
dina | dyne.
dinacidad | dynacity.
dinactinómetro | dynactinometer.
dinágrafo | dynagraph.
dinámetro | dynameter.
dinámetro (óptica) | dynamometer.
dinámica (ciencia) | dynamics.
dinámica de gases rarificados | continuum flow.
dinámica de la cosmonave | spacecraft dynamics.
dinámica de la micción (medicina) | dynamics of the miction.
dinámica de las burbujas | bubble dynamics.
dinámica de las colisiones de los núcleos | nuclear collision dynamics.
dinámica de las masas en movimiento | particle dynamics.
dinámica de los fluidos | fluid dynamics.
dinámica de los gases | gas dynamics.
dinámica de los gases ionizados | plasma dynamics.
dinámica de partículas planas | plane particle dynamics.
dinámica de tiempo variacional | variational time dynamics.
dinámica del plasma | plasma dynamics.
dinámica del tercer mundo | dynamics of the third world.
dinámica demográfica | population dynamic.
dinámica en el espacio | dynamics in space.
dinámica espectral | spectral dynamics.
dinámica estocástica | stochastic dynamics.
dinámica extraterrestre | extraterrestrial dynamics.
dinámica orbital | orbit dynamics.
dinámica superior | advanced dynamics.
dinámicamente estable | dynamically stable.
dinámicamente inestable | dynamically unstable.
dinámicamente metamorfizada | dynamically metamorphosed.
dinamicista | dynamician.
dinámico | dynamical | kinetic | dynamic.
dinamita | dynamite.
dinamita amoniacal | ammonia dynamite.
dinamita amoniacal con gran proporción de cloruro alcalino | abbcite.
dinamita amónica | durox dynamite.
dinamita corriente (sólo con nitroglicerina) | straight dynamite.
dinamita de base activa | active dope dynamite | active-dope dynamite.
dinamita de base inerte | inert dope dynamite.

dinamita de gelatina | gelatine dynamite.
dinamita de temperatura de congelación baja | low-freezing dynamite.
dinamita goma | blast gelatine | blasting gelatine | explosive gelatine.
dinamita incongelable | unfreezable dynamite.
dinamita u otro explosivo con detonación rápida | fast powder.
dinamitación | dynamiting.
dinamitación (pozo petróleo) | shooting.
dinamitación de pozos (prospección sísmica) | well shooting.
dinamitación de pozos de petróleo (incendios) | oil well shooting.
dinamitado de tocones | stump blasting.
dinamitar | dynamite (to).
dinamitar (pozo petróleo) | torpedo (to).
dinamitero (minas) | blaster | shotman | shot lighter | shot-firer | hole man | fireman.
dinamitero (polvorero - minas) | chargeman.
dinamitero sísmico (prospección) | seismic shooter.
dínamo | generator | dynamo.
dínamo accionada por molino de viento | aerogenerator.
dínamo accionada por motor de gasolina | petrol-engine-driven generator.
dinamo accionada por pedal | pedal-driven dynamo.
dinamo auxiliar de estribor (buques) | starboard auxiliary dynamo.
dínamo bimórfica | double-current dynamo.
dínamo cerrada | enclosed dynamo.
dinamo compensadora | buffer dynamo | equalizer | direct current compensator | direct current balancer.
dínamo con devanado mixto aditivo | cumulatively-compound-wound dynamo.
dínamo con devanado mixto diferencial | differentially compounded dynamo.
dínamo con excitación mixta en que el devanado en serie está diseñado para que aumente el voltaje al aumentar la carga | overcompounded generator.
dínamo con excitación mixta y con voltaje constante a cualquier carga | flat-compounded generator | level-compounded generator | level compound-wound generator.
dínamo con menor voltaje a plena carga que en vacío | undercompounded dynamo.
dínamo con regulación compensada de voltaje y con ventilación interior por ventilador | fan-ventilated compensated voltage-control dynamo.
dínamo de compensación | balancer.
dínamo de doble excitación | double coil dynamo.
dinamo de dos clases de corrientes | double-current dynamo.
dínamo de escobilla auxiliar | third-brush generator.
dinamo de excitación mixta | compound-wound dynamo | compound dynamo.
dínamo de inducido de anillo plano | disc dynamo.
dínamo de pequeño voltaje para dar a uno o más acumuladores de una batería una carga independiente del resto de los demás | milking generator.
dínamo de polos | pole dinamo.
dínamo de polos conmutadores | interpole dynamo.
dinamo de polos dentados | claw-field dynamo.
dinamo del grupo generador auxiliar de babor | dynamo of the port auxiliar generating set.
dínamo dinamométrica | dynamometric dynamo.
dínamo elevadora de voltaje | booster | positive booster.
dínamo elevadora de voltaje para carga de acumuladores | battery-charging booster.
dínamo eólica | aerogenerator.
dínamo excitada en derivación | shunt dynamo.
dínamo excitada en serie | series-wound dynamo.
dínamo excitado en serie | series dynamo.
dínamo excitadora | exciter.
dínamo excitatriz | exciting dynamo.
dínamo movida por el eje motor | main-shaft driven dynamo.
dinamo multipolar | multipolar direct current generator.
dínamo no acorazada | open-type dynamo.
dínamo para alumbrado | lighting dynamo.
dínamo para bicicleta | cycle dynamo.
dínamo para carga de baterías | battery-charging generator | battery charger.
dínamo para cargar acumuladores | replenisher.
dinamo para cargar acumuladores alimentada por la red de distribución | mains-operated charger.
dínamo para galvanoplastia | plating generator | electroplating dynamo.
dínamo polimórfica | multicurrent dynamo.
dínamo sin polos | nonpolar dynamo.
dínamo tetrapolar | four-pole dynamo.
dínamo unipolar de corriente continua | acyclic dynamo.
dinamoeléctrico | dynamoelectric.
dinamóforo | energy-given | energy-producing | energy-yielding.
dínamo-freno | braking dynamo.
dinamógeno | energy-producing.
dinamógrafo | dynamograph.
dinamograma | dynamogram.
dinamometamorfismo | dynamic metamorphism | dynamometamorphism.
dinamometría | force measuring.
dinamometría naval | marine dynamometry.
dinamómetro | dynamometer | strength tester.
dinamómetro (para hilos) | yarn tester.
dinamómetro de absorción | absorption dynamometer.
dinamómetro de absorción dinámica | dynamic absortion dynamometer.
dinamómetro de aletas | fan brake dynamometer.
dinamómetro de corrientes parásitas | eddy-current dynamometer.
dinamómetro de freno de paletas | fan brake dynamometer.
dinamómetro de freno hidráulico reversible | reversible water brake type dynamometer.
dinamómetro de fricción | friction dynamometer.
dinamómetro de fricción con un fluido | fluid-friction dynamometer.
dinamómetro de tracción | traction dynamometer.
dinamómetro electrohidráulico | electrohydraulic dynamometer.
dinamómetro friccional | absorption dynamometer.
dinamómetro hidráulico | water-brake | hydraulic dynamometer.
dinamómetro para determinar el alargamiento | elongation tester.
dinamómetro para la tensión de la lanzadera | shuttle tension tester.
dinamómetro para madejas | lea tester.
dinamómetro para medir el empuje de un cohete | reaction balance.
dinamómetro para telas | cloth strength tester.
dinamómetro pendular | pendulum dynamometer.
dinamómetro térmico | heat dynamometer.
dínamos conectadas en serie | tandem-mounted direct-current generators.
dinamoscopia | dynamoscopy.
dinamoscopio | dynamoscope.
dinamotor | dynamotor.
dinastía edrisita | edriss dynasty.
dinatermo | dynatherm.
dinatrón (electrónica) | dynatron.
dinatrón (válvula oscilatoria) | dynatron.
dinectrón | dynectron.
dineral (de dinero) | long figure.
dinero | monies | moneys | money.
dinero a corto plazo | money at call.
dinero a la vista | money on current account.
dinero a largo plazo | long-term funds.
dinero a muy corto término | money at call.
dinero a plazo fijo | time money.
dinero a un mes | monthly money.
dinero a vencimiento corto | money at short time.
dinero abundante (comercio) | cheap money.
dinero adquirido por medios ilegales | hot money.
dinero al contado | money down | prompt cash.
dinero al contado a la presentación de documentos | prompt cash against documents.
dinero al contadopago al contado | cash down.
dinero aventurero | hot money.
dinero bancario | inside money.
dinero caliente | hot money.
dinero caro (dinero escaso) | dear money.
dinero constante | money in hand.
dinero contante | money in hand | specie.
dinero dado como señal | key money.
dinero de ocupación bélica | spearhead money.
dinero de recursos ajenos (banca) | outside money.
dinero devengado en virtud del contrato | monies due under the contract.
dinero disponible | money on hand | money in hand | ready money | loose cash.
dinero efectivo | cash.
dinero en caja | till money.
dinero en circulación | money in circulation.
dinero en cuenta | representative money.
dinero en efectivo | specie.
dinero en mano | spot cash.
dinero en metálico | hard money | hard cash.
dinero escaso | tight money.
dinero falso | counterfeit money | bad money | bogus money.
dinero improductivo | barren money.
dinero inactivo | dead money.
dinero inmovilizado | locked up money.
dinero invertible | investible money.
dinero legal | lawful money.
dinero líquido | dry money.
dinero mercancía | money-commodity.
dinero o acciones bancarias y otros documentos (seguros marítimos) | movables.
dinero para invertir | capital.
dinero para quebranto de moneda | risk-money.
dinero para soborno | slush fund.
dinero prestado a interés alto.
dinero prestado exigible a la vista | call money.
dinero prestado sin intereses | barren money.
dinero propio (banca) | inside money.
dinero reembolsable sobre demanda | call money.
dinero trashumante que busca un mayor rendimiento a corto plazo | hot money.
dinero utilizable | ready money.
dineutrón | de-neutron.
dinistor | dynistor.
dínodo | dynode | electron mirror.
dínodo (espejo) | dynode.
dinoficeas | dinophyceae.
dinoflageladas | dinoflagellatae.
dinómetro | dynometer.
dinosaurios | dinosauria.
dintel | capping plate | intertie | summer | cap sill | copping place | transom | lintel.
dintel (carpintería) | head-rail.
dintel de chimenea (habitaciones) | mantel-tree | mantel.
dintel de entrada (dique seco) | entrance sill.
dintel de hormigón | concrete sill.
dintel de ladrillo | French arch.
dintel de medio punto (ventanas) | circular head.
dintel de piedra | stone lintel.

dintel de puerta | door lintel | doorhead.
dintel de ventana | window head.
dintel plano | straight arch | straight arc.
dintel sobre una abertura de más de 10 pies | lintel spanning an opening over 10 feet.
dioctaedral | dioctahedral.
dioctaédrico | dioctahedral.
diodímetro | diodemeter.
diodo | diode | two-electrode vacuum-tube.
diodo aleado | alloy diode.
diodo amortiguador | damping diode | damper.
diodo cerámico | ceramic diode.
diodo colector | collector diode.
diodo con efecto túnel | tunnel diode.
diodo conmutador de milimicrosegundos | millimicrosecond switching diode.
diodo de absorción | overswing diode.
diodo de aislamiento | isolation diode.
diodo de almacenamiento de carga | charge-storage diode.
diodo de alud para oscilador de microondas | microwave avalanche diode.
diodo de arseniuro de galio | gallium arsenide diode.
diodo de avalancha | breakdown diode.
diodo de barrera de superficie | surface-barrier diode.
diodo de bloque | catching diode.
diodo de bloqueo | clamping diode.
diodo de bloqueo rápido | snap-off diode.
diodo de capacitancia variable | variable-capacitance diode.
diodo de capacitancia variable con la tensión | voltage-variable-capacitance diode.
diodo de centrado | centering diode.
diodo de coeficiente de temperatura ajustable | adjustable-temperature coefficient diode.
diodo de compensación (electrónica) | offset diode.
diodo de conexiones radiales | beam lead planar diode.
diodo de conmutación | switching diode.
diodo de conmutación de núcleos | core-switching diode.
diodo de conmutación PIN | PIN switching diode.
diodo de contacto de punta | point-contact diode.
díodo de control automático de amplificación | A. G. C. diode.
díodo de corriente inversa para un cierto valor de la polarización | breakdown diode.
diodo de cristal de germanio | germanium crystal diode.
diodo de cuatro capas | four-layer diode.
diodo de desbloqueo por impulsos de excitación | gate trigger diode.
diodo de descarga en alud de silicio CW | CW silicon avalanche diode.
diodo de desconexión | gate trigger diode.
diodo de desconexión rápida | snap-off diode.
diodo de desenganche | gate trigger diode.
diodo de dirección | steering diode.
diodo de doble emisor | duo-emitter diode.
diodo de drenaje | drain diode.
diodo de efecto Gunn | Gunn-effect diode.
diodo de enlace de plata | silver-bonded diode.
diodo de equilibrio | offset diode.
diodo de fijación | diode clamper.
diodo de ganancia (televisión) | efficiency diode.
diodo de gas | gas diode | gas filled diode.
diodo de gas (fanotrón) | gas-filled diode.
diodo de germanio | germanium diode.
diodo de germanio encapsulado en vidrio | glass-encapsulated germanium diode.
diodo de gradiente de litio | lithium-drifted diode.
diodo de gran conductancia | high-conductance diode.
diodo de Gunn | Gunn diode.
diodo de ingreso polarizado | biased input diode.
diodo de la fuente | source diode.
diodo de lectura | read diode.
díodo de mando magnético | axiatron.
diodo de microondas PIN | PIN microwave diode.
diodo de plasma | plasma diode.
diodo de portadores activos | hot-carrier diode.
diodo de protección transitoria | transient trapping diode.
diodo de punta de oro | gold-bonded diode.
diodo de reactancia | varactor | reactance diode.
diodo de recuperación | recovery diode | booster diode | shunt efficiency diode | efficiency diode.
diodo de recuperación brusca | snap-off diode.
diodo de recuperación escalonada | step-recovery diode.
diodo de reinserción de la componente de corriente continua | D. C. restorer diode | D. C. clamp diode.
diodo de resistencia negativa | tunnel-diode | tunnel diode.
diodo de rotura | breakdown diode.
diodo de ruido (termiónica) | noise diode.
diodo de ruido ideal | ideal noise diode.
diodo de ruptura brusca | snap-off diode.
diodo de semiconductores | semiconductor diode.
diodo de separación | isolation diode.
diodo de silicio | silicon diode.
diodo de silicio de polaridad inversa | reverse-polarity silicon diode.
diodo de silicio insensible a las radiaciones | silicon radiation-tolerant diode.
diodo de silicio para microondas | silicon microwave diode.
diodo de silicona | silicone diode.
diodo de temperatura limitada | temperature-limited diode.
diodo de tres capas | three-layer diode.
diodo de túnel | tunnel-diode.
diodo de unión | junction diode.
diodo de unión PN | PN junction diode.
diodo de unión p-n con polarización inversa | reverse-biased p-n junction diode.
diodo de unión polarizado directamente | forward-biased junction diode.
diodo de unión por aleación | alloy-junction diode.
diodo de unión por crecimiento | grown-junction diode.
diodo de unión por difusión | diffused-junction diode.
diodo de vacío | axiatron.
diodo de vacío con la corriente limitada por la carga espacial | space-charge-limited vacuum diode.
diodo de vidrio | glass diode.
diodo dieléctrico | dielectric diode.
diodo disparador | trigger diode.
diodo doble | duodiode.
diodo electroluminiscente | electroluminescent diode | led (light emiting diode) | light-emitting diode.
diodo emisor | emitter diode.
diodo emisor de luz | light-emitting diode | light emissor diode.
diodo en forma de píldora | pill diode.
diodo en régimen de carga espacial | space-charge-limited diode.
diodo Esaki | Esaki diode | tunnel diode.
diodo estabilizado por cristal piezoeléctrico | crystal diode.
diodo estabilizador de salida | output-balancing diode.
diodo fijador | catching diode.
diodo fijador de nivel | clamping diode.
diodo fotoconductivo | photoconductive diode.
diodo fotodetector | photosensor diode.
diodo fotoemisor | light emitting diode.
diodo interruptor | switching diode.
diodo inverso | backward diode.
diodo inversor antiparasitario (televisión) | interference inverter | black spotter.
diodo láser de arseniuro de galio | gallium-arsenide laser diode.
diodo limitador | catching diode | diode limiter | clipper diode | limiting diode | limiter diode.
diodo limitador de entrada (semiconductores) | input clamp-diode.
diodo limitador de sobrecarga | surge-limiting diode.
diodo limitador en paralelo | shunt clipping diode.
diodo logarítmico | logarithmic diode.
diodo luminiscente | light-emitting diode (led).
diodo mesa | mesa diode.
diodo mezclador | diode mixer | mixer diode.
diodo montado sobre diamante | diamond-mounted diode.
diodo octuplicador | octupler diode.
diodo oscilante por microondas | microwave oscillating diode.
diodo para conmutación | switching diode.
diodo paramétrico | parametric diode.
diodo pasivo con vidrio | glass-ambient diode.
diodo pentodo | diode pentode.
diodo pín | pin diode.
diodo plano | planar diode.
diodo polarizado inversamente | reverse-biased diode.
diodo rectificador (electrónica) | probe.
diodo rectificador de onda entera | full-wave rectifiying diode.
díodo reforzador | series-efficiency diode | booster diode.
diodo reforzador (TV) | efficiency diode.
diodo regulador del voltaje | voltage-regulator diode.
diodo saturado | saturated diode | temperature limited diode.
diodo semiconductor detector de partículas nucleares | semiconductor nuclear diode.
diodo separador | isolating diode.
diodo silenciador | squelch diode.
diodo soldado por plata | silver-bonded diode.
diodo termiónico | thermionic diode.
diodo termiónico de gas | gas filled thermionic diode.
diodo túnel | Esaki diode | tunnel diode.
diodo varactor | varactor diode.
diodo variable de capacidad | varactor.
diodo Zener | Zener diode | breakdown diode.
diodo Zener de silicio | silicon Zener diode.
diodos de protección de transitorios | transient trapping diodes.
diodos en cascada | cascaded diodes.
dioecia | dioecy.
diogenito (meteorito) | diogenite.
dioicas (botánica) | dioeciuous.
dioico | dioecious.
diol geminal (química) | geminal-diol.
diol geminal (química cuántica) | gem-diol.
dión (física nuclear) | dyon.
diópsido subcálcico | sub-calcic diopside.
dioptasa | emerald malachite | emerandine.
dioptometría | dioptometry.
dioptómetro | dioptometer.
dioptoscopia | dioptoscopy.
dioptoscopio | dioptoscope.
dioptría | diopter | dioptre.
dioptría prismática | prentice.
dióptrica | dioptrics.
dióptrico | dioptral | dioptric.
dioptrómetro | dioptrometer.
diorama | diorama.
diorita | diorite | green stone.
diorita cuarcífera | quartz-diorite.
diorita orbicular | ball-diorite.
diorítico | diorite.
diótesis (geología) | diothesis.
diotrón (circuito computador) | diotron.
dióxido de azufre (SO_2) | sulphur dioxide.
dióxido de carbono | carbon dioxide.
dióxido de uranio | uranium dioxide.
dióxido de zirconio sinterizado | sintered zirconium dioxide.

dióxido de zirconio sinterizado estabilizado con cal | lime-stabilized sintered zirconium dioxide.
dipirización | dipyrization.
dipiro | dipyre.
diplacusia | diplacusis.
diplex (de doble transmisión - telegrafía) | diplex.
diplex (información | diplex.
diplexaje | diplexing.
diplexo con filtro especial | notch-diplexer.
diplexor (mezclador de antena - televisión) | diplexer.
diplocromosoma | diplochromosome.
diploedro | diplohedron.
diploide | diploid.
diploma | certificate.
diploma (de constructor, etc.). | rating.
diploma de honor | scroll of honor.
diplomacia para solucionar un conflicto entre dos países | shuttle diplomacy.
diplomado | professional | licensed | certified.
diplomado (con título - ingeniero, etcétera) | graduate.
diplomar | certificate (to).
diplonte | diplont.
diplopia | double vision.
diploscopio | diploscope.
diplosporia | diplospory.
dipolar | dipole.
dipolo | dipole | two-terminal network.
dipolo (antena) | doublet.
dipolo activado | energized dipole.
dipolo activo | active dipole.
dipolo cuarto de onda | quarter-wave dipole.
dipolo de gran diámetro | fat dipole.
dipolo de referencia | reference dipole.
dipolo de semionda | half-wave dipole.
dipolo de tubo coaxial | sleeve dipole.
dipolo eléctrico | electric doublet.
dipolo excéntrico | off-center dipole.
dipolo hertziano | hertzian dipole.
dipolo infinitesimal | infinitesimal dipole.
dipolo nutador | nutating dipole.
dipolo pasivo | passive dipole.
dipolo plegado | folded dipole.
dipolo recto | straight dipole.
dipolo sintonizado | tuned doublet.
dipolos circulando en una órbita (radioastronomía) | needles.
dípolos cruzados | crossed antennas.
dipolos horizontales alimentados | driven horizontal dipoles.
dipolos superpuestos | stacked dipoles.
diprotón | de-proton.
díptero (arquitectura) | dipteral.
díptero (zoología) | dipteran.
dipterología | dipterology.
dipterólogo | dipterist | dipterologist.
diptico | diptych | dyptiche.
diputado | deputy.
diputado agrario laborista | agrarian laborite deputy.
diputados de fila | backbenchers.
diputar | depute (to).
dique | embankment | dock | dyke | dyke | bulwark | dike | dam weir | dam | jettee | jetee | jetty.
dique (canales) | dam.
dique (geología) | rib.
dique (llanura aluvial) | levee.
dique anular (geología) | ring dike.
dique aplítico | aplitic dyke.
dique artificial | lode.
dique costero para preservar de la erosión del mar | seawall.
dique de afloramiento | subsurface dam.
dique de carena | dry dock.
dique de carenas | graving dock.
dique de cierre | closing dike.
dique de cierre (minas) | seal.
dique de cierre de aguas (minas) | stank.
dique de contención de arrastres | desilting weir.
dique de contrafuerte | spur dike.
dique de defensa | wing dam.
dique de defensa (ríos) | levee.
dique de encauzamiento | dike-dam | training dike.
dique de fajinas | fascine dam.
dique de gancho (geografía física) | recurved spit.
dique de granito (geología) | granite dike.
dique de guía | training dike.
dique de marea | tidal basin.
dique de metadiabasa (geología) | metadiabase dyke.
dique de presa | cofferdam.
dique de retardo (hidráulica) | retard.
dique de retardo de la corriente | current retard.
dique de retención | basin dam.
dique de retención de arrastres | debris dam.
dique de roca eruptiva (geología) | igneous rock dyke.
dique de tierra de capas apisonadas | rolled-fill earth bank.
dique de tierra u hormigón elrededeor de un tanque de combustible | tank berm.
dique de varada | dry dock.
dique diferenciado (geología) | differentiated dyke.
dique distribuidor | diversion dam.
dique estrecho de roca ígnea | jack.
dique filoniano | dike.
dique filoniano anular (geología) | ring dike.
dique flotante | coffer | floating dock | pontoon dock.
dique flotante autocarenable | Rennie dock | sectional pontoon dock | self-docking dock.
dique flotante que recibe un buque terminado (astilleros) | launch pontoon.
dique marítimo | seawall.
dique plutónico (geología) | elvan course.
dique portuario | seawall.
dique provisional | cofferdam | gross dike.
dique recto | spur dike.
dique seco | dock | dry dock | graving dock | basin.
dique seco flotante de hormigón armado | reinforced-concrete floating dry dock.
dique seco para construir buques | building dock.
dirección | course | managing | control | control | range | lead | sense | way | lay | leading | management | managership.
dirección (buque, automóvil, avión) | steering.
dirección (cartas) | address.
dirección (de ferrocarriles, de aviación) | directorate.
dirección (de negocios) | controlling.
dirección (de periódico o revista) | editorship.
dirección (de un avión) | vector.
dirección (de un filón) | run.
dirección (de un hotel) | running.
dirección (de un periódico) | editing.
dirección (de una corriente) | drift.
dirección (de una curva) | hand.
dirección (filones) | bearing.
dirección (galería de mina) | drift.
dirección (geología) | level course | level bearing | strike.
dirección (programa) | key address.
dirección a la izquierda (autos) | left-hand control.
dirección a todas las ruedas | all-wheel steer.
dirección abreviada | shortened address.
dirección absoluta | specific address.
dirección absoluta (informática) | absolute address.
dirección asistida | power assisted steering.
dirección automática del tiro | tacfire.
dirección cablegráfica | cable address.
dirección cifrada | keyed address.
dirección circunferencial | hoop direction.
dirección codificada | code address.
dirección comercial | commercial management | business addres.
dirección completa | address in full | full address.
dirección con nivel cero | zero-level address.
dirección configurada | configuration management.
dirección constante de la antena sobre un blanco móvil (radar) | searchlighting.
dirección cristalográficamente paralelo a las caras (cristalografía) | crystallographically parallel direction to (111) faces.
dirección de análisis | analysis staff.
dirección de base | base address.
dirección de bifurcación | branch address.
dirección de comienzo de ubicación | starting address.
dirección de desalineamiento | direction of misalignment.
dirección de estratificación (geología) | direction of the trend.
dirección de exploración | scanning traverse.
dirección de formato largo | long format address.
dirección de inspección aeronáutica | aeronautical inspection directorate.
dirección de interceptación | intercept heading.
dirección de la corriente | set of the current | current setting.
dirección de la corriente de marea menguante en el periodo de máxima velocidad | ebb axis.
dirección de la corriente relativa del aire (aviación) | drag direction.
dirección de la espiral | hand of spiral.
dirección de la fuerza | sense of the force.
dirección de la fusión (soldadura) | fusional direction.
dirección de la línea de intersección de una capa del terreno con el horizonte | strike.
dirección de la línea predominante (cristalografía) | lay.
dirección de la mano de obra | manpower management.
dirección de la memoria | memory location.
dirección de la propaganda | wave normal.
dirección de la señal | signal flow.
dirección de lectura de la cinta | tape travel.
dirección de los trabajadores | manpower management.
dirección de máquina (fabricación papel) | long direction.
dirección de marcha (ejércitos) | marching direction.
dirección de primer nivel | first level address.
dirección de reanudación del programa (informática) | restart address.
dirección de reenvío (correos) | forwarding address.
dirección de referencia | reference direction | anchor point.
dirección de referencia (tiro artillero) | base.
dirección de retorno | return address.
dirección de solución (cristalografía) | solution-plane.
dirección de tiro | fire direction | gunnery control.
dirección de tiro antisubmarinos | antisubmarine fire control.
dirección de tiro con radar de puntería automática | automatic-tracking radar gun director.
dirección de una cuerda (en un nudo) | lead.
dirección de ventas | sales management.
dirección del conjunto | supervision.
dirección del crucero más resistente (canteras) | head.
dirección del error | direction of misalignment.
dirección del expedidor (cartas) | return address.
dirección del filón | course.
dirección del flujo del agua de riego | direction of irrigation.
dirección del frente de trabajo normal al crucero (minas) | bord ways course.

dirección del fuego | fire direction.
dirección del giro | rotation direction.
dirección del grano transversal | cross-grained direction.
dirección del haz | course.
dirección del laminado | rolling direction.
dirección del mineral | ore run.
dirección del movimiento mas facil | direction of easiest movement.
dirección del movimiento predominante del sedimento litoral (oceanografía) | downdrift.
dirección del remitente | return address.
dirección del sistema | system management.
dirección del tipo superficial predominante (rugosidad de superficies) | lay.
dirección del tiro | alignment of fire.
dirección del tráfico | routeing.
dirección del tránsito (carreteras) | tracking.
dirección del transporte tectónico | direction of tectonic transport | A-direction.
dirección del viento | wind's eye.
dirección desde la que sopla el viento | eye of the wind.
dirección dominante | prevailing direction.
dirección emisora | from address.
dirección en caso de necesidad (correos) | notification address.
dirección en que el eje del pivote pasa por el punto de contacto de la rueda con el suelo (autos) | center-point steering.
dirección en que se perfora un túnel | drift.
dirección en tiempo real | virtual address.
dirección errónea | misdirection.
dirección flotante | floating address.
dirección general de tributos (renta) | internal revenue service.
dirección giroscópica | gyro-steering.
dirección hacia arriba de la recta | upward sense of the line.
dirección indexada | indexed address.
dirección indicadora | pointer address.
dirección industrial | management.
dirección inicial (acústica-informática) | home address.
dirección irreversible (automóvil) | irreversible steering.
dirección longitudinal | lengthwise direction.
dirección magnética | compass heading.
dirección media | average trend.
dirección media (geología) | average strike.
dirección múltiple | multiple address.
dirección no modificable | absolute address.
dirección oblicua a su superficie | direction oblique to its surface.
dirección operacional | front-line management.
dirección óptima de sondeo | optimum boring direction.
dirección participativa | participated managing.
dirección por palanca de mano | tiller steering.
dirección por piñón y cremallera (autos) | rack-and-pinion steering.
dirección por sector y tornillo sinfín (autos) | worm and sector steering.
dirección por sinfín y tuerca (autos) | worm-and-nut steering.
dirección portuaria | port authority.
dirección postal | mailing address.
dirección preferencial | preferential direction.
dirección prevista | addressee.
dirección primaria de la solidificación del lingote | primary direction of ingot solidification.
dirección primitiva | original direction.
dirección primitiva (ordenador) | presumptive address.
dirección principal (filones) | chief strike.
dirección principal (geología) | general trend.
dirección principal del laminado (chapas) | principal rolling direction.
dirección privada | home address.
dirección progresiva (soldadura) | progressional direction.
dirección que se alteró por modificación para formar una efectiva | presumptive address.
dirección que se da para recibir la correspondencia | home of record.
dirección que toma el humo (incendio forestal) | drift.
dirección real | actual address.
dirección real (calculadora) | real address.
dirección regional | regional head office.
dirección relativa | relative address.
dirección relativa de octeto (informática) | relative byte address.
dirección según la cuerda | chordwise direction.
dirección servoasistida suave de manejar (camión) | feather-touch power steer.
dirección uno más uno | one-plus-one address.
dirección variable | variable address.
dirección vertical del ojo (tipo de imprenta) | bodywise | pointwise.
dirección virtual (informática) | virtual address.
dirección virtual (memoria) | virtual address.
dirección virtual de un fichero | pseudo file address.
dirección y velocidad de la corriente | set and drift of the current.
dirección-a | A-direction.
direccional | directional.
direccionalidad | directionality.
direccionalización | directionalization.
direccionamiento | addressing | addressability.
direccionamiento absoluto | absolute addressing.
direccionamiento diferido | deferred addressing.
direccionamiento directo | direct addressing.
direccionamiento en el que la etiqueta no está expresada de manera explícita (informática) | implicit addressing.
direccionamiento en progresión automática | one-ahead addressing.
direccionamiento explícito | explicit addressing.
direccionamiento implícito | implicit addressing.
direccionamiento indirecto | indirect addressing.
direccionamiento máximo por indización | maximum indexation directing.
direccionamiento reiterativo | repetitive addressing.
direccionar | address (to).
direcciones cristalográficas de monocristales | crystallographic directions of single crystals.
direcciones preferenciales | preferred directions.
direcciones tetraédricas | tetrahedral directions.
directamente | straight | direct.
directamente accionable | directly operable.
directamente acoplado | directly-coupled | direct-coupled | direct-connected | direct coupled | unit connected.
directamente delante | dead ahead.
directamente detrás uno del otro | in trail.
directamente proporcional a | in direct ratio to.
directamente proporcional a la velocidad | directly proportional to velocity.
directamente reversible | directly reversible.
directiva (órdenes) | directive.
directivas | main lines.
directivas de seguridad aérea | airworthiness directives.
directividad | directivity.
directividad de la antena | antenna directivity.
directividad del acoplador direccional | directional coupler directivity.
directividad del sonido | sound directivity.
directivo | executive | executive.
directivo (persona) | staffer.
directo | right | direct | nonstop | straight.
directo (pedidos) | outright.
directo (tiro artillería) | pointblank.
directo (transporte) | through (G.B.).
director | dir ectory | director | head | manager | senior executive | senior exclusive.
director (colegios) | governor.
director (de colegio) | headmaster.
director (de empresa) | executive.
director (de empresa metalúrgica) | ironmaster.
director (de un periódico, publicación) | editor.
director (fábrica, colegios) | principal.
director (orquesta) | conductor.
director adjunto | joint manager | deputy director | assistant head.
director administrativo | executive director | producer.
director administrativo (EE.UU.) | controller.
director administrativo (hoteles) | controller.
director artístico | art editor.
director artístico (estudios de cine) | art supervisor.
director comercial | business manager | commercial manager | marketing manager | sales manager.
director comercial adjunto | joint managing director.
director de abastecimientos | director of supplies.
director de adiestramiento | training director.
director de banda | director of music.
director de bosques | chief forester.
director de construcción naval y de negociados de reparaciones | head of shipbuilding and repair divisions.
director de enseñanza | commissioner of education.
director de equipo de proyectos | project leader.
director de escena (teatros) | producer.
director de escuela | school principal.
director de escuela (EE.UU.) | principal.
director de fábrica | mill manager.
director de instituto técnico | principal of technical institution.
director de la cárcel | prison warden.
Director de la Casa de Moneda | Master of the Mint.
director de la fábrica | plant manager.
director de la mobilización de la defensa | director of defense mobilization.
director de la oficina de patentes | commissioner of patents.
director de la publicidad | promotion manager.
director de métodos | director of process improvement.
director de navegación | commissioner of navigation.
director de obras | chief resident engineer.
director de operaciones de combate | director of combat operations.
director de orquesta | director.
director de practicaje (puertos) | director of pilotage.
director de prisión (EE.UU.) | warden.
director de producción | production director.
director de producción (cine) | production manager | executive producer | producer.
director de producción de materiales | supplies production manager.
director de proyecto | design manager.
director de reparto de papeles (cine) | casting director.
director de sanidad pública | public health administrator.
director de sucursal | branch manager.
director de tiro | data computer.
director de tiro (cañones) | fire control.
director de tiro antiaéreo | antiaircraft director.
director de tiro central con balas trazadoras | central tracer control.
director de tiro giroestabilizado | gyrostabilized fire-control director.
director de tiro gobernado por radar | radar-controlled director.
director de tiro naval | naval gunfire control.
director de tiro radariaccionado (buques) | radar-operated fire control system.
director de tiro radárico | radar fire control.

director de tránsito aéreo | traffic director.
director de un colegio de Oxford | warden.
director de una empresa | chairman.
director de ventas de ultramar | director of overseas sales.
director de ventas para el interior | home sales manager.
director de ventas y propaganda | director of sales and advertising.
director de vuelo | flying director.
director de vuelo del helicóptero | helicopter flight director.
director de vuelos (aviones) | flight director.
director del consorcio | trustee.
director del hotel | hotel manager.
director del lanzamiento de los paracaidistas (aviones) | despatcher.
director del progreso de la producción | production progress manager.
director del puerto | harbor manager | port director.
director del tránsito | traffic director | traffic manager.
director delegado | delegate director.
director dimisionario | outgoing director.
director ejecutivo | executive director.
director encargado | director-in-charge.
director general | general manager.
director general (de una empresa - EE.UU.) | president.
director general adjunto | joint general manager | senior vicepresident.
Director General de Correos | Postmaster General.
director general técnico | technical general manager.
director gerente | governing director | president.
director gerente adjunto | joint managing director.
director gerente y presidente del Consejo de Administración | president and chairman of the board.
director gráfico | art editor.
director interino | acting manager.
director lanzatorpedos | torpedo director.
director por ausencia del titular | acting director.
director propietario | owner-manager.
director regional | regional director.
director residente | resident director.
director técnico | engineering director | superintending engineer | superintendent.
director técnico adjunto | assistant technical manager.
director técnico de escena (estudios TV) | floor manager.
director visual de vuelo | visual flight director.
directora | directress.
directora (de empresa) | conductress.
directora (de un periódico o revista) | editress.
directora de escuela | headmistress.
directorado de investigación de geofísica | geophysics research directorate.
directores asociados | fellow directors.
director-gerente de la compañía | company president (EE.UU.).
directoría general | managing directorship.
directorio | Board of Directors | authority | dir ectory | central authority | directorate | directory.
directorio de colocaciones | placement directory.
directorio de programas | contents directory.
directorio de puestos de trabajo | placement directory.
directorio de siquiatría del ejército | directorate of army psychiatry.
directoscopio | directoscope.
directrices | directives | guidelines.
directrices para proceder | procedural guidelines.
directriz | guideline | dir ectory.
directriz (geometría) | direction line | directrix | directress | director.
directriz (turbina hidráulica) | guide.
directriz imaginaria | imaginary directrix.
dirigente | leading man | chairman | leader | authority.
dirigente (persona) | staffer.
dirigente comercial | business executive.
dirigente empresarial | executive.
dirigibilidad | dirigibility.
dirigible | dirigible | directable | steerable.
dirigible (aeróstato) | vessel.
dirigible (globo) | dirigible.
dirigible deformable | nonrigid airship.
dirigible para detectar submarinos | submarine search airship.
dirigible pequeño no rígido | blimp.
dirigible rígido | rigid airship.
dirigible semirrígido | semirigid airship.
dirigida (economía) | managed.
dirigida por organismo estatal | publicly controlled.
dirigido (comercio) | controlled.
dirigido con competencia | efficiently managed.
dirigido desde tierra | ground-controlled.
dirigido electrónicamente | electronically controlled.
dirigido hacia atrás | backwardly-directed | backward-directed | rearwardly directed.
dirigido hacia dentro | inwardly directed.
dirigido hacia el foco | focused.
dirigido lateralmente | laterally-directed.
dirigido magnéticamente | magnetically driven.
dirigido o curvado en todas direcciones (botánica) | quaquaversal.
dirigido por la sintaxis | syntax directed.
dirigido por ordenador | computer driven.
dirigido por organismo oficial | publicly controlled.
dirigido por radio | radio-controlled.
dirigir | lead (to) | conduct (to) | quarterback (to) | plan (to) | carry (to) | control (to) | manage (to) | forward (to) | guide (to) | direct (to) | address (to) | supervise (to) | ride (to) | superintend (to).
dirigir (coches) | steer (to).
dirigir (la mirada) | throw (to).
dirigir (negocios) | run (to).
dirigir (orquestas) | conduct (to).
dirigir (un negocio) | operate (to).
dirigir (un periódico, una publicación) | edit (to).
dirigir (una pregunta) | put (to).
dirigir el tiro (artillería) | control the fire (to).
dirigir equivocadamente | misdirect (to).
dirigir hacia | tend (to).
dirigir mal | mismanage (to) | misdirect (to).
dirigir una reunión | run a meeting (to).
dirigir una visual | sight (to).
dirigirse al librador | refer to drawer (RD).
dirigirse al tribunal | address the court (to).
dirigirse hacia (geología) | strike (to).
dirigirse hacia el mar | set seaward (to).
dirigirse por escrito indicando detalles completos de | apply in writing giving full details of.
dirigirse por sí mismo a su blanco guiándose por ecos radáricos | home on (to).
dirigirse por sí mismo a su blanco guiándose por ecos radáricos (misil guiado) | home (to).
dirigismo supranacional | supranational dirigism.
dirimible | annullable.
dirimir | accommodate differences (to).
dirimir (contratos) | nullify (to).
disacarido (química) | disaccharide.
disadaptación | dysadaptation.
disbarismo | dysbarism.
discal | discal.
discernibilidad | detectability.
discernible | detectable | detectible | discriminable.
discernible a simple vista | visually discernible.
discernimiento | judicial faculty.
discífero | disc-bearing.
disciplina | discipline.
disciplina de conservación de suministros | supply discipline.
disciplina de la circulación | road discipline.
disciplina de la investigación | research discipline.
disciplina de marcha | road discipline.
disciplina de radiocomunicaciones | circuit discipline.
disciplina de ruidos | sound discipline.
disciplina del fuego | fire discipline.
disciplina del manejo de un avión | air discipline.
disciplina del partido (política) | party discipline.
disciplina en la utilización de la radio | radio discipline.
disciplina férrea | cast-iron discipline.
disciplina laboral | labor discipline.
disciplina para resolver problemas | problem-solving discipline.
disciplinar | discipline (to).
disciplinas científicas | scientific disciplines.
discipulado | discipleship.
discisión (rocas) | discission.
disco | burr | platter | rondelle | disk | disc.
disco (de excéntrica) | sheave.
disco (electricidad) | punching.
disco (fabricación moneda) | blanc.
disco (laminación de llantas) | cheese.
disco (metales) | wafer.
disco (reloj) | rondelle.
disco (tela circular, tejido punto) | dial.
disco abombado | depressed-center disc | crowned disk.
disco abrasivo | grinding disc.
disco abrasivo adiamantado | diamondized disc.
disco abrasivo con polvo de diamante | diamondized disc.
disco abresurco | disc furrow opener.
disco acolchado | quilted disc.
disco acopado | cup-shaped disc.
disco acumulador | accumulating dial.
disco alimentador (máquinas) | dial feed.
disco analizador | scanning disc.
disco archivo (informática) | archive disk.
disco arrastrador | entrainer disk.
disco biblioteca | library disc.
disco bruñidor | lapping disc.
disco centrador con ranura (tornos) | crotch center.
disco circular de ortotropía polar | polar-orthotropic circular disk.
disco combinador | combiner plate.
disco combinador (telefonía) | dial.
disco compacto interactivo | interactive compact disc.
disco compacto sólo para lectura de memoria | compact disc for reading memory only.
disco con agujero excéntrico respecto a la ranura sonora (gramófonos) | swinger.
disco con agujeros en espiral | apertured disc.
disco con espejo | mirrored disk.
disco con plano no ortogonal al eje de rotación | wobble plate.
disco con rebajos sectoriales | sectored disk.
disco cónico de hojalata para que no suban las ratas (amarras de buques) | rat guard.
disco convexo | crowned disk.
disco cortado en la prensa de recortar | punching.
disco cortado en la prensa de una banda (acero, aluminio, etc.) | blank.
disco cortado en prensa | blanked disc.
disco cortador | cutting disc.
disco cortante | knifing disk | revolving cutter.
disco cromático | color disk.
disco de acero (sierras circulares) | steel core.
disco de acero laminado | rolled-steel disc.
disco de acetato | acetate disk.
disco de agujas (ferrocarril) | ground disc.
disco de alcances (artillería) | range-dial.
disco de aluminio para memoria de computa-

dora | aluminum computer memory disc.
disco de cabezal fijo | fixed head disk.
disco de carga | loading disk.
disco de cera | cake wax.
disco de código binario | binary code disk.
disco de corindón | corundum disc.
disco de cristal (señalización) | roundel.
disco de cuero (para pulir) | leather mop.
disco de demoras | bearing disc.
disco de embrague | clutch disc | clutch-plate.
disco de embrague motor | driving-clutch disc.
disco de empuje (turbinas) | balance piston.
disco de esmerilar | sanding disc.
disco de excéntrica | eccentric disc.
disco de fieltro | bob.
disco de fieltro para pulimentar | felt rubbing face.
disco de fijación | attachment-disc | disc clamp | anchoring disk.
disco de freno | brake flange.
disco de frenos de automóviles | automotive brake disc.
disco de fricción | driver.
disco de fundición adiamantada de gran velocidad | skief.
disco de gamuza | chamois disc.
disco de gamuza pararepulsado | spinning chamois disk.
disco de grabación en blanco | recording disk.
disco de gramófono | record.
disco de gramófono con la capa exterior de grano más fino que el núcleo | laminated record.
disco de gramófono de gran duración | platter.
disco de gran almacenaje de información | videodis.
disco de grosor de papel | paper-thin wafer.
disco de impulsión | impulse disc.
disco de inercia | inertia disc.
disco de la chumacera de empuje (buques) | horseshoe collar.
disco de la válvula | valve disk.
disco de laca | lacquer disk.
disco de larga duración | long-play record.
disco de larga duración (fonógrafo) | extended-play record.
disco de larga ejecución (música o canto) | long-play disc.
disco de las platinas (telar circular tejido punto) | sinker dial.
disco de lentes (televisión) | lens disk.
disco de lentes (TV) | lens disc.
disco de lona (pulidoras) | canvas wheel.
disco de llamada | calling dial.
disco de llamada de pulsadores (teléfonos) | push-button dial.
disco de máxima carga (buques) | load line.
disco de orificios | apertured disc.
disco de paletas integrales | machined-from-the-solid bladed disc.
disco de paletas integrantes | integral-bladed disc.
disco de papel | paper disk.
disco de papel abrasivo cubierto con parafina (pulido metalúrgico) | paraffin wheel.
disco de papel secante (montaje de muelas abrasivas) | blotter.
disco de presión | pressure disc | pressure washer.
disco de presión (rodamiento de bolas) | bearing plate.
disco de prueba (gramófono) | playback.
disco de pulir | polishing wheel.
disco de pulsadores | pushbutton dial.
disco de puntería | sighting disk.
disco de retenida | guard ring.
disco de rubí sintético | ruby rondelle.
disco de ruptura | burst disk | rupture disk.
disco de ruptura previamente abombado | prebulged rupture disk.
disco de seguridad que se rompe a una presión determinada (cárter de motor, etc.) | rupture disc.
disco de silicio | silicon wafer.
disco de sujeción | attachment-disc | anchoring disk.
disco de taladrar (tornos) | drill pad | pad.
disco de tela de nilón | nylon cloth disc.
disco de tela prensada | fabric-disc.
disco de tope | buffer head | thrust shoulder | check plate | arresting disc.
disco de trapo para pulir | polishing mop | rag-wheel | scovel disk.
disco de turbina con paletaje integrante | integrally bladed turbine disc.
disco de turbina de chorro | jet turbine disc.
disco de vidrio ópticamente plano | optical flat.
disco de vidrio poroso | frittered glass disc.
disco decodificador | code wheel | character timing disc.
disco del francobordo (buques) | ring.
disco del núcleo | core plate.
disco del talo (Algas) | holdfast.
disco dentado | fluted disk.
disco director (turbinas) | diaphragm.
disco distribuidor (máquina vapor) | wrist plate.
disco divisor | dividing plate.
disco duro (ordenador) | hard disk.
disco en cera colocado sobre soporte metálico (gramófono) | flowed-wax record.
disco equilibrador del empuje (turbina reacción) | dummy piston.
disco espaciador | spacer disc.
disco estampado para turbinas | drop-forged turbine disc.
disco estéreo | stereo record.
disco estéreo de frecuencia portadora | carrier-frequency stereo disk.
disco estereofónico | stereo disk.
disco explorador (TV) | lens disc.
disco extremo del inducido | armature end-plate.
disco flexible | diskette | flexible disk.
disco flotante (gasógenos sin agua) | piston.
disco fonográfico | phonograph record.
disco fonográfico estampado | pressing.
disco forjado en contorno (rotor de turbina) | contour-forged disc.
disco frontal | front disc.
disco fusible de seguridad | safety blowoff disc.
disco giratorio (microscopio) | turnplate | turntable.
disco giratorio con sectores de colores diferentes | color top.
disco graduado | dial | number disc.
disco graduado de puntería en elevación (cañones) | range disc.
disco grueso de cera para grabación | cake wax.
disco guiador axiparalelo | axi-parallel guiding disc.
disco horizontal giratorio | rotatable horizontal disc.
disco indicador | marking disc.
disco interruptor | interrupter disc.
disco interruptor del flujo | flow-interruptor disc.
disco interruptor perforado | chopper disc.
disco lapeante | lapping disc.
disco lapeante anular horizontal | horizontal annular lapping disc.
disco lapeante rotatorio | rotatable lapping disc.
disco lapidador | lapping disk.
disco lapidador revestido de nilón | nylon-covered lapping disk.
disco lijador | disk sander.
disco liso | plain disc.
disco magnético | magnetic disk.
disco magnético flexible | floppy disk.
disco magnético para almacenar información (informática) | magnetic information storage disk.
disco magnético rígido (informática) | Winchester.
disco marcador | marking disk.
disco matriz (gramófono) | master record.
disco metálico | slug.
disco metálico matriz (fabricación discos de gramófono) | metal master.
disco metálico para moldear los discos (gramófono) | stamper.
disco metálico pequeño (talla de diamantes) | pallet.
disco microporoso | micropore disk.
disco microsurco | microgroove record.
disco microsurco de larga duración | LP record | long-playing record.
disco muescado | notched disc.
disco musical (gramófonos) | musical recording.
disco numerizador | digitizing disk.
disco oblongo | oblong disc.
disco para explorar imágenes | scanning disc.
disco para pulir (lentes) | grinding plate.
disco para pulir diamantes | skive.
disco para rebanar | slicing disc.
disco para rotor de turbina de gases | gas-turbine disk.
disco para tronzar | slicing disc.
disco para tronzar semiconductores | semiconductor slicing disc.
disco pequeño y ligero | diskette.
disco perforado | chopper disk.
disco portador | porting disc | carrier disc.
disco pulidor | polishing disk | buff wheel.
disco pulidor pequeño de fieltro o cuero | bob.
disco ranurado | grooved disc.
disco rascador | scraper disc.
disco registrador | registering disc.
disco removible | knockout.
disco repetidor de alcances | range repeat dial.
disco rígido (gramófono) | hard record.
disco semielaborado | preparage rondelle.
disco sistema | system disk.
disco telefónico | telephone dial.
disco tensor | takeup disc.
disco troceador | cutting disc.
disco tronzador con el borde interior de un orificio central impregnado con microdiamantes sintéticos | diamond impregnated internal diameter cutoff disc.
disco virgen (acero, aluminio, etc.) | blank.
disco virgen (grabación) | recording blank.
disco virgen (gramófono) | blank record.
discófilo (gramófono) | discophile.
discografía | discography | disc puncture.
discoide | disk-shaped.
discolito | discolith.
discoloración superficial (metales) | tarnish.
disconformidad | unconformity | maladjustment | nonconformity.
disconformidad angular | angular unconformity.
disconformidad de la muestra con los requisitos especificados | nonconformity of the sample to the requirements specified.
disconformidad eruptiva | igneous unconformity.
disconformidad local (geología) | local unconformity.
disconformidad regional | regional unconformity.
disconjugacia | disconjugacy.
discontinuar | discontinue (to).
discontinuidad | discontinuity | discreteness | jump | breakdown.
discontinuidad artificial en la estructura (buques soldados) | crack arrester.
discontinuidad brusca | stepwise discontinuity.
discontinuidad de absorción | absorption discontinuity.
discontinuidad de banda | band-break.
discontinuidad de Birch (sismología) | Birch discontinuity.
discontinuidad de Conrad (sismología) | Conrad discontinuity.
discontinuidad de densidad | density discontinuity.
discontinuidad en la superficie de un metal fundido | cold shut.

discontinuidad esencial | essential discontinuity.
discontinuidad evitable | removable discontinuity.
discontinuidad finita | finite jump.
discontinuidad lineal | linear discontinuity.
discontinuidad local interna rellena de inclusiones (alambre) | reed.
discontinuidad Mohorovicic | Mohorovicic discontinuity.
discontinuidad subsuperficial | subsurface discontinuity.
discontinuidades geométricas | geometric discontinuities.
discontinuidades por unidad de volumen | discontinuities per unit of volume.
discontinuo | discrete | discontinuous | intermittent | noncontinuous.
discordancia | discrepancy | maladjustment.
discordancia (de sonidos) | discordance.
discordancia (geología) | discordance | unconformity | unconformability | nonconformity | transgression.
discordancia angular | divergence unconformity.
discordancia angular (geología) | clinounconformity | angular unconformity.
discordancia de estratificación | discordance of stratification | stratification discordance.
discordancia de etiquetas | label check failure.
discordancia entre el peso al nacer y la edad fetal (medicina) | small for date.
discordancia paralela (geología) | parallel unconformity | para-unconformity | accordant unconformity.
discordante (al oído) | harsh.
discordante (colores) | clashing.
discordante (geología) | unconformable | nonconformable.
discordante (sonidos) | discordant.
discordar | discord (to) | clash (to).
discorde (opiniones) | clashing.
discos aporcadores | disk hillers | disc ridgers.
discos del núcleo | core laminations.
discos del rotor compuesto (turbinas) | built rotor discs.
discos estereofónicos compatibles | stereophonic compatible discs.
discos flexibles (computador) | floppies.
discos interiores del embrague | inside clutch plates.
discos para antibiogramas | antibiotic sensitivity discs.
discoteca | phonograph records library | record library.
discoteca para ciegos | talking books.
discotecario | record librarian.
discrasita | antimonial silver | dyscrasite.
discrepancia | discrepancy | disagreement.
discrepancia acumulada | accumulated discrepancy.
discrepancia estadística | statistical discrepancy.
discrepancias en el relato | discrepancies in the story.
discrepando | at variance.
discretización | discretization.
discretizar (matemáticas) | discretize (to).
discreto | discrete.
discriminación binaria | bynary chop.
discriminación cualitativa | qualitative discrimination.
discriminación cuantitativa | quantitative discrimination.
discriminación de colores | color discrimination.
discriminación de información | information gate.
discriminación de razas | color discrimination.
discriminación de razas (África del Sur) | apartheid.
discriminación de razas de color | color bar.
discriminación en alcance | range discrimination.
discriminación en distancia | range resolution | range discrimination.
discriminación en marcación | bearing resolution.
discriminación nacional | nationalistic discrimination.
discriminación selectiva cromática (TV) | sampling.
discriminador cromático (TV) | sampler.
discriminador de amplitud constante | fast amplitude discriminator.
discriminador de amplitud de impulsos | pulse amplitude discriminator | pulse-amplitude discriminator.
discriminador de amplitud de los impulsos | pulse-height discriminator.
discriminador de defasaje | phase-shift discriminator.
discriminador de desconexión | trigger discriminator.
discriminador de diodo en polarización | biased-diode discriminator.
discriminador de duración de impulsos | pulse-length discriminator.
discriminador de fase | phase discriminator.
discriminador de forma de impulsos | pulse-shape discriminator.
discriminador de frecuencias | frequency discriminator.
discriminador de la subportadora | subcarrier discriminator.
discriminador de posición | position discriminator.
discriminador de retardo constante | pulse demoder.
discriminador de ruidos del corazón (electrónica médica) | heart-sound discriminator.
discriminador de tiempo (telecomunicación) | time discriminator.
discriminador de tiempos | timer.
discriminador de tríodo para modulación de frecuencia | triode FM discriminator.
discriminador de velocidad de transición | transition-rate discriminator.
discriminador de voltaje | voltage discriminator.
discriminador del ritmo de transición | transition-rate discriminator.
discriminador diferencial de alturas de impulsos | differential pulse-height discriminator.
discriminador estereofónico | stereo discriminator.
discriminador rotatorio (física atómica) | chopper.
discriminador transistorizado | transistorized discriminator.
discriminante | fastidious.
discriminar | discriminate (to).
discristalina (rocas) | poorly crystallized.
discristalino | dyscrystalline.
discronismo | dyschronism.
disculpa | plea | exoneration from blame.
disculpable | excusable.
disculpar | excuse (to) | gloss (to).
discurre tranquilamente (ríos) | it runs smoothly.
discurrir | lay (to) | descant (to).
discurso coherente | connected speech.
discurso de la Corona | king's speech.
discurso de sobremesa | postprandial speech.
discurso de toma de posesión | inaguration address | taking office speech.
discurso en memoria de | memorial address.
discurso improvisado | off-the-cuff speech.
discurso inaugural | inaugural.
discurso presidencial | chairman's address.
discusión | controversy | contention | dissension | question.
discusión de trabajo sobre delimitación de funciones | demarcation dispute.
discusión en pie de igualdad | round-table discussion.
discusión entre las personas que componen un equipo de trabajo | panel discussion.
discusión jurídica | mooting.
discusiones en grupo | group discussions.
discutir | call in question (to) | comment (to) | argufy (to) | ventilate (to).
discutir para obtener una aprobación inmediata (G.B.) | table a motion (to).
discutir sobre un asunto | fight a point (to).
disecado (geología) | dissected.
disecador | dissector.
disecar | stuff (to) | dissect (to).
disecar (biología) | dissect (to).
disección | dissection.
disección de la distribución de frecuencias | dissection of frequency distribution.
disección de la fibra | fiber dissection.
disección de la imagen | image dissection.
disector | dissector.
disector de imágenes | image dissector.
disectrón | dissectron.
diseminación | dissemination | scattering | spread | dispersion.
diseminación de la información | flow of information.
diseminación de las factorías | industrial plant dispersal.
diseminación de los mesones | meson scattering.
diseminación de los mesones pi | pi meson scattering.
diseminación de los riesgos | spread of risks.
diseminación de ondas sonoras | spreading of sound rays.
diseminación selectiva de la información | selective dissemination of information.
diseminado | scattered.
diseminado en la localización | distributed in location.
diseminado por el viento | wind disseminated.
diseminador | sower.
diseminar | scatter (to) | spread (to) | sow (to) | strew (to).
disemínula plumada (botánica) | plumed disseminule.
disenso | disagreement.
disentimiento | disagreement | dissension | dissent.
disentir | disagree (to) | dissent (to).
diseñada elásticamente | elastically designed.
diseñado | projected.
diseñado con gran coeficiente de seguridad | conservative-designed.
diseñado con presión | rigidly designed.
diseñado con robustez | ruggedly designed.
diseñado en la fábrica | plant-devised.
diseñado ergonómicamente | ergonomically designed.
diseñado específicamente para | specifically designed to.
diseñado minuciosamente | meticulously designed.
diseñado o empaquetado para ser transportado en los aviones de la propia unidad | flyaway.
diseñado para el comprador individual | tailored to the individual dealer.
diseñado para hacer frente a la demanda de | designed to meet the demand for.
diseñado para resistir flexión y torsión | designed to resist bending and torsion.
diseñado para un fin determinado | purpose-designed.
diseñado para una de las ramas de los servicios armados | service-type.
diseñado para vuestras necesidades | tailored to your needs.
diseñado por defecto (estructuras) | underdesigned.
diseñado por el cliente | custom-designed.
diseñado por la sociedad | company-designed.
diseñado prudentemente | conservative-designed.
diseñador | design engineer | designer.

diseñador (de carrocerías de autos) | stylist.
diseñador de géneros de punto | knitting designer.
diseñador de interiores (buques, edificios) | interior designer.
diseñador de sistemas | system designer.
diseñador de yates | yacht designer.
diseñador imaginativo | imaginative designer.
diseñar | delineate (to) | draught (to) | draft (to) | draw (to) | engineer (to) | design (to).
diseñar de nuevo | redesign (to).
diseñar por intuición | desing by feel (to).
diseño | design | pattern | pattern | sketch | scheme | layout | project | draft.
diseño (música) | sketch.
diseño a cuadros | check pattern.
diseño a escala | scaled design.
diseño alternado | switch-back design.
diseño anelástico | ultimate load design.
diseño antropométrico | anthropometric design.
diseño asistido por computador | computer-aided design.
diseño automatizado | computer-aided design.
diseño auxiliado por ordenador | computer-aided design.
diseño completamente cambiado | substantially changed design.
diseño completamente diferente | basically different design.
diseño complicado | intricate design.
diseño con amplio margen de seguridad | conservative design.
diseño con ideas nuevas | advanced design.
diseño conceptual | conceptual design.
diseño de asientos | seat design.
diseño de conmutación (telecomunicación) | switching design.
diseño de experimento | design of experiment.
diseño de ficheros | file layout.
diseño de hélice subcavitante | subcavitating propeller design.
diseño de impresos | form design.
diseño de la configuración | configuration design.
diseño de la obra muerta del buque | ship surface design.
diseño de la sección transversal | sectional design.
diseño de la talla del diamante | diamond cut patterning.
diseño de matrices | die design.
diseño de muestra aleatoria simple | simple random sample design.
diseño de sistemas | system design.
diseño de sistemas de calentamiento por radiación solar | solar heating systems design.
diseño de troqueles | die design.
diseño de tuberías | pipe design.
diseño de un complejo de hombres y máquinas y su proyecto detallado para que al funcionar den el rendimiento óptimo | system engineering.
diseño del buque | ship designing.
diseño del equipo | equipment design.
diseño del material para funcionar satisfactoriamente en una amplia gama de temperaturas | climatization.
diseño del peso mínimo de cilindros reforzados | minimum-weight design of stiffened cylinders.
diseño del proyecto | project design.
diseño del rayado | rifling desing.
diseño del trépano lunar (sondeos lunares) | lunar bit design.
diseño en el caso más desfavorable | worst case design.
diseño en el que el buque permanece a flote con dos compartimientos contiguos inundados | two-compartment design.
diseño en parcelas divididas (agricultura) | sample-plot design.
diseño en relieve | relief design.
diseño estocástico de embalses | probabilistic reservoir design.
diseño estructural del buque | ship structural design.
diseño factorial | factorial design.
diseño factorial simétrico | symnetrical factorial design.
diseño hecho con ayuda de una calculadora electrónica | computerized design.
diseño hidrodinámico del buque | ship hydrodynamic design.
diseño industrial | industrial design | design.
diseño lógico | logical design.
diseño muestral | sample design.
diseño no determinístico del buque | ship's non-deterministic design.
diseño normal | standard drawing.
diseño operacional | operational design.
diseño optimizado con ayuda de calculadora electrónica | computer-optimized design.
diseño ortodoxo | orthodox design.
diseño patentado | registered design.
diseño plástico de estructuras | plastic design of frames.
diseño por deflexión controlada (vigas) | controlled-deflection design.
diseño premiado | prize-winning design.
diseño rectangular | square-cut design.
diseño seguro en caso de fallo | fail-safe design.
diseño topológico | topological design.
diseños periféricos | peripheral devices.
disertación doctoral | doctoral dissertation.
disfenoide (cristalografía) | disphenoid.
disforme | shapeless | shapeless.
disfótico | dysphotic.
disfrutar de un beneficio | reap a benefit (to).
disfrute (de un derecho) | enjoyment.
disfrute de derechos | enjoyment of rights.
disfrute excesivo del permiso | leave-breaking.
disfunción | dysfunction | disfunction.
disfunción (medicina) | failure.
disfunción renal (medicina) | renal failure.
disfuncionalidad | disfunctionality.
disfuncionalidad electoral | electoral disfunctionality.
disfuncionamiento | disfunctioning.
disgrafía electrónica (sondeos) | electron logging.
disgregación | breakdown | detachment | desintegration | disjunction | disintegration | loosening.
disgregación (geología) | breaking.
disgregación de bancos de grava por agua a presión (minería) | hydraulicking.
disgregación de la cascarilla de laminación | scalebreaking.
disgregación del metal de aportación por películas de óxido (defecto soldadura chapas de aluminio) | puckering.
disgregación hidráulica (minería) | hydraulicking.
disgregación moral | moral disgregation.
disgregación por chorro de agua a gran presión | jet blasting.
disgregación por el fuego | fire setting.
disgregación por los agentes atmosféricos | weathering.
disgregación química | chemical decay.
disgregado | weathered.
disgregado (minerales) | fine.
disgregador | disintegrator.
disgregador (química) | decomposer.
disgregar | loosen (to) | unpack (to) | disintegrate (to).
disgregar (química) | breakdown (to).
disgregar hidráulicamente | hydraulic the alluvial (to).
disgregar hidráulicamente (minas) | hydraulic (to).
disgregar hidráulicamente por chorros de agua a gran presión (minería) | hydraulick (to).
disgregar por medio de un chorro de agua a gran presión (minería) | sluice (to).
disgregarse (a la intemperie) | weather (to).
disgregarse el caucho (por el aceite) | rot the rubber (to).
disidencia | dissent.
disidente | dissenter.
disidente (político) | maverick.
disílabo | dissyllable.
disimetría | dissymmetry | asymmetry.
disimetría (estadística) | skewness.
disimétrico | dissymmetrical | unsymmetrical | asymmetrical.
disímil | dissimilar.
disimilación | dissimilation.
disimulado | concealed.
disimular | conceal (to).
disincronosis | disynchronosis.
disincronótico | disynchronotic.
disinmunizar | disimmunize (to).
disipación | vanishing | dissipation.
disipación (del calor) | dissipation.
disipación anódica | plate dissipation | anode dissipation.
disipación anódica máxima | maximum anode dissipation.
disipación de la energía de choque en el aterrizaje | landing impact dissipation.
disipación de la irradiación | radiation dissipation.
disipación de los esfuerzos internos producidos por el soldeo | welding stress dissipation.
disipación de niebla | intensive dispersal of fog.
disipación de placa | plate dissipation.
disipación de salida del dispositivo | device-output dissipation.
disipación del ánodo | plate dissipation.
disipación del calor del laser | laser heat dissipation.
disipación estática | quiescent dissipation.
disipación estática de ánodo (triodo) | static plate dissipation.
disipación incidente | incidental dissipation.
disipación media estática del ánodo (amplificadores) | quiescent average plate dissipation.
disipación normal | rated dissipation.
disipación por rozamiento | frictional dissipation | damping.
disipación turbulenta | turbulent dissipation.
disipación/frecuencia patrón | dissipation/clock frequency.
disipada (tormenta) | overblown.
disipador | losser | sink.
disipador (del calor, etcétera) | dissipator.
disipador de calor | heat sink | sink.
disipador de calor de diamante | diamond heat sink.
disipador de energía | baffle pier | energy disperser | energy dissipator.
disipador de energía (pie de presas) | splitter.
disipador de energía de bloques rectangulares (pie de presas) | rectangular-block dissipator.
disipador de energía de forma de cubeta (presas) | bucket-type splitter.
disipador de energía de tipo de trampolín (pie de presa) | bucket-type energy dissipator.
disipador de energía en salto de esquí (presas) | ski-jump energy dissipator.
disipador de energía hidráulica | hydraulic energy dissipator.
disipador de sobrevoltajes | surge arrester.
disipador de sobrevoltajes (línea de alta tensión) | surge diverter.
disipador por líquido refrigerado | liquid cooled dissipator.
disipador térmico | heat sink | heatsink | chills.
disipador térmico compatible (semiconductor) | compatible heat sink.
disipador térmico de cobre | copper heat sink.
disipador térmico de diamante | diamond heat sink.
disipador térmico de diamante tipo II | type diamond heat sink.
disipador térmico de diamante tipo IIa | type IIa diamond heat sink.
disipar | dissolve (to) | dissipate (to) | disperse (to).

disipar (nubes) | scatter (to).
disipar el calor | carry away the heat (to) | heat off (to).
disiparse (niebla) | lift (to).
disiparse (nubes) | pass (to).
disiparse (tormentas) | pass over (to).
disipativo | dissipative | lossy.
dislacerado | torn.
dislocación | dislocation | displacement | disruption.
dislocación (filones) | heave.
dislocación (geología) | faultage | faulting | leap | throw | trap.
dislocación (minas) | heaver.
dislocación (sitio vacío de átomos - metalurgia) | dislocation.
dislocación ascendente (fallas) | upthrow.
dislocación ascendente (geología) | upthrow.
dislocación confusa (metalografía) | tangled dislocation.
dislocación cristalina | crystalline dislocation.
dislocación de borde (cristalografía) | edge dislocation.
dislocación de deslizamiento (cristalografía) | slip dislocation.
dislocación del terreno | fault faultage.
dislocación descendente (geología) | downthrow.
dislocación en cuña | edge dislocation.
dislocación espiral | screw dislocation.
dislocación estable (metalurgia) | stable dislocation.
dislocación helicoidal (diamantes) | screw dislocation.
dislocación imperfecta (metalurgia) | imperfect dislocation.
dislocación marginal | edge dislocation.
dislocación vertical (fallas) | throw.
dislocaciones confusas (metalografía) | tangles.
dislocaciones desplazadas (metalurgia) | jogged dislocations.
dislocaciones emergentes | emergent dislocations.
dislocaciones en espiral | stair-rod dislocations.
dislocaciones en los diamantes | dislocation in diamonds.
dislocaciones glisiles (cristalografía) | glissile dislocations.
dislocaciones laterales (diamantes) | slip dislocations.
dislocaciones preinducidas | preinduced dislocations.
dislocado (geología) | faulted.
dislocado (terrenos) | rifted.
dislocador | dislocator.
dislocar (anatomía) | dislocate (to).
dislocar (un hueso) | slip (to).
dislogísticamente | dyslogistically.
disminucción de la presión en la excavación (minería a grandes profundidades) | destressing.
disminución | rundown | pulldown | diminution | diminishing | falling off | wane | falling | reducing | rebate | narrowing | decrease | lowering | losing | shrinkage | shortening | dwindle | rebatement.
disminución (de la producción) | cutback.
disminución (de precios) | slashing.
disminución anual en las existencias | drain.
disminución de calidad | impairment.
disminución de capital | reduction of capital.
disminución de daños y perjuicios por el tribunal | abridgment of damages.
disminución de espesor | reduction | reducing.
disminución de impuestos | derating | lowering of taxes.
disminución de la calidad de transmisión por reducción de la banda de frecuencias transmitida | frequency distortion transmission impairment | distortion transmission impairment.
disminución de la calidad de transmisión por ruidos de circuitos | noise transmission impairment.
disminución de la capacidad de frenado por calentamiento (frenos de autos) | fade.
disminución de la carga o potencia por causas ajenas al mecanismo | derating.
disminución de la corriente | drop of the current.
disminución de la dureza del agua | water softening.
disminución de la efectividad (micrófono de granalla de carbón) | aging.
disminución de la intensidad lumínica con el tiempo (lámpara eléctrica) | decay.
disminución de la permeabilidad de un reservorio de petróleo por transformación de petróleo en asfalto | asphalt seal.
disminución de la polución | pollution abatement.
disminución de la presión | pressure decay.
disminución de la presión (meteorología) | deepening.
disminución de la presión al funcionar la válvula de seguridad (calderas) | blowback.
disminución de la presión atmosférica en un ciclón | deepening.
disminución de la prima | rate-cutting.
disminución de la producción | run-down in production.
disminución de la radioactividad | cooling.
disminución de la recesión | trough of the recession.
disminución de la rotación | rotational decay.
disminución de la sección de paso y alteración de la forma de la abertura de la matriz al pasar el material extruido (prensa de extrusión) | washin.
disminución de la velocidad por colisión | impact speed drop.
disminución de la viscosidad al remover (líquidos) | false body.
disminución de las escamas de óxido (aceros) | healing of oxide scales.
disminución de las exportaciones | decline in the exports.
disminución de peso (textiles) | loss.
disminución de potencia por causas adversas (motores) | derating.
disminución de velocidad | speed drop.
disminución de volumen | shrinkage.
disminución del ángulo de incidencia hacia la extremidad del ala (aviones) | washout.
disminución del contenido de nitrógeno en el cuerpo respirando gases exentos de nitrógeno | denitrogenation.
disminución del diámetro (tubos) | intake.
disminución del diámetro final (tubos) | swaging.
disminución del espesor | attenuation | thickness tapering.
disminución del Estado Civil | curtailment of status.
disminución del sonido | fall.
disminución del tamaño al pasar del estado seco al cocido (refractario) | firing shrinkage.
disminución en el área o volumen | convergence.
disminución en longitud (textiles) | shrinkage.
disminución gradual de sonoridad (música) | gradually softer.
disminución intencionada sobre el valor inventarial | inventory write-down.
disminución neta | net outgo.
disminución normal de la capacidad (acumuladores eléctricos) | shelf depreciation.
disminución o parada del flujo en un sistema hidráulico por una bolsa de aire o vapor | air lock.
disminución por regulación | regulation down.
disminución progresiva | taper | setoff.
disminución temporal de precios | sag.
disminuible | diminishable.
disminuido | impaired.
disminuidor de voltaje por resistencia eléctrica | resistive voltage divider.
disminuir | lower (to) | decrement (to) | decrease (to) | attenuate (to) | drop off (to) | narrow (to) | abate (to) | thin (to) | fall (to) | dwindle (to) | ebb (to) | dwindle down (to) | lessen (to) | minimalize (to) | minimize (to).
disminuir (accidentes, la producción, etc.) | reduce (to).
disminuir (carga, velocidad, etc.) | slacken (to).
disminuir (comercio) | dry up (to).
disminuir (dureza) | let down (to).
disminuir (el viento) | back (to).
disminuir (la producción) | throttle (to).
disminuir (la velocidad) | slacken (to).
disminuir (labores de punto) | narrow (to).
disminuir (lluvia, etc.) | let up (to).
disminuir (velocidad) | ease up (to).
disminuir de diámetro | diminish (to).
disminuir el desperdicio | curb waste (to).
disminuir el diámetro laminando sobre un mandril (estirado de tubos) | cold-reduce (to).
disminuir el espesor (tablas) | reduce (to).
disminuir el hidrógeno sulfurado y los mercaptanes (petróleo) | sweet (to).
disminuir el radio (curvas, etc.) | quicken (to).
disminuir en profundidad | shoal (to).
disminuir gastos | reduce expenses (to).
disminuir la abundancia de los isótopos fisiles (combustible nuclear) | deplete (to).
disminuir la circulación de papel moneda | deflate (to).
disminuir la corrosión | curb rusting (to).
disminuir la densidad del aire | vacuum (to).
disminuir la fatiga del operador | reduce operator's fatigue (to).
disminuir la inversión | disinvest (to).
disminuir la proporción de aire en la llama para hacerla más reductora | blanket (to).
disminuir la velocidad | slow down (to) | slow (to).
disminuir las interlíneas (tipografía) | close up (to).
disminuir los derechos | decrease tariffs (to).
disminuirse | diminish (to).
disminuyendo | gradually softer.
disminuyendo (música) | morendo.
disminuyendo en fuerza (música) | diminish the force | softer and slower.
dismorfosis | dysmorphosis.
dismutación | dismutation.
disociación | splitting | dissociation.
disociación (química) | cleavage.
disociación (TV en color) | breakup.
disociación electrolítica | electrolytic dissociation.
disociación enzimoinhibidora | enzyme-inhibitor dissociation.
disociado | cracked.
disociador | dissociator.
disociar | split (to) | dissociate (to).
disociarse en cristales | crystallize out (to).
disociativo | dissociative.
disodilo | dysodyle | dysodile.
disolubilidad | dissolvability | dissolubility | dissolvableness.
disoluble | dissoluble | dissolvable.
disolución | dissolution | chop and leach.
disolución (química) | solution.
disolución anódica mecanoquímica | mechanochemical anodic dissolution.
disolución caliente de agua y amoniaco (refrigeración por absorción) | weak aqua.
disolución comercial del oro de sus minerales | commercial dissolution of gold from its ores.
disolución con un solo ácido | straight acid solution.
disolución del carburo de vanadio | re-solution of vanadium carbide.
disolución del metal | re-solución.
disolución del metal del revestimiento galvanoplástico | re-solution.
disolución electrolítica | electrolytic dissolution.
disolución fría de agua y amoniaco (refrige-

ración por absorción) | strong aqua.
disolución no tamponada | nonbuffered solution.
disolución por acuerdo pleno de los socios | dissolution by agreement.
disolución por decisión judicial | dissolution by decree of court.
disolución quinaria | quinary solution.
disolución selectiva | selective dissolution.
disolución sobresaturada | supersaturated solution.
disolvedor | dissolver.
disolvente | dispersant | solvent | dissolvent | dissolvant | dissolver | stripper.
disolvente (química) | dissolving agent.
disolvente crioscópico | cryoscopic solvent.
disolvente de grasas | fat dissolving agent.
disolvente de temperatura baja de ebullición | low-boiling solvent.
disolvente del adhesivo | adhesive solvent.
disolvente del óxido | rust remover.
disolvente impuro | contaminated solvent.
disolvente ininflamable | nonflam solvent.
disolvente líquido para remover las incrustaciones | deposit-removing liquid solvent.
disolvente orgánico | solutizer.
disolvente oxigenado | oxygenated solvent.
disolvente para tinta | ink solvent.
disolvente plastificante | plasticizing solvent.
disolventes para la industria del metal | solvents for metal industry.
disolventes para las artes gráficas | solvents for the printing trade.
disolver | dissolve (to) | melt (to).
disolver (economía) | dissolve (to).
disolver (química) | solve (to).
disolver (reuniones, juntas) | dismiss (to).
disolver (un parlamento) | breakup (to).
disoma (genética) | disome.
disomático (cristalografía) | disomatic.
disomo | disomus.
disomos | disomi.
disonancia (música) | dissonance.
disonar (sonidos) | discord (to).
dispación de energía | energy dispersion.
dispar | disparate | unmatched.
disparacorreas (transmisiones) | shifter.
disparado desde el puente | fired from the bridge.
disparado estando apoyada sobre el hombro (armas) | shoulder-fired.
disparado por transistor | transistor-triggered.
disparador | hand trigger | release | shooting box | trigger | tripper | trip gear.
disparador (armas) | discharger.
disparador (el que da fuego a los barrenos) | shooter.
disparador automático (fotografía) | automatic timer.
disparador automático (máquina fotográfica) | self-timer.
disparador de dos tiempos | double-pull trigger.
disparador de electrones | electron gun.
disparador de flas (sincronizador del mando del obturador y de la lámpara destelladora-fotografía) | flashgun.
disparador de la correa | belt shifter.
disparador de línea | line trigger.
disparador del ancla (buques) | dropping gear | anchor tripper | tumbler.
disparador del soplado de aire | air blast tripper.
disparador electrónico | electronic trigger.
disparador monestable | monostable trigger.
disparador para la botadura | trigger dog | launching pawl.
disparadora de machos (taller de moldeo) | coreshooter.
disparar | trigger (to) | give fire (to) | let off (to) | fire off (to) | throw (to) | discharge (to) | release (to) | setoff (to).
disparar (cañones) | discharge (to).
disparar (contra un blanco) | release fire (to).
disparar (hacer fuego) | fire (to).
disparar (relés, etc.) | trip (to).
disparar (tirar - cañones) | go off (to).
disparar (un proyectil) | let fly (to).
disparar (una flecha) | loose (to).
disparar a bocajarro | fire point-blank (to).
disparar a la vez los dos cañones (escopeta caza) | double (to).
disparar a mansalva | shoot without danger (to).
disparar a no dar (como aviso) | fire warning shot (to).
disparar al aire | fire in the air (to).
disparar al tuntún | fire blind (to).
disparar con cartucho de fogueo | inure to fire (to).
disparar corto (artillería) | undershoot (to).
disparar de pie | fire standing (to).
disparar desenfilado | fire from defilade (to).
disparar en pruebas (artillería) | fire trial fire (to).
disparar largo (artillería) | overshoot (to).
disparar parapetado (paquear) | snipe (to).
disparar por salvas | salvo fire (to).
disparar por salvas (artillería) | salvo (to).
disparar salvas | fire salvoes (to).
disparar sobre | fire on (to) | rifle (to) | shoot at (to).
disparar sobre blanco remolcado (marina guerra) | fire close alongside (to).
disparar un tiro | fire a shot (to) | fire a round (to) | make a shot (to).
disparar una andanada | discharge a broadside (to).
disparar una andanada (buque de guerra) | fire a salvo (to).
disparar una andanada (buques) | pour (to).
disparar una salva | fire a salvo (to).
disparar una salva (armas antisubmarinos) | fire a pattern (to).
dispararse | go off (to).
disparidad | disparity | disparateness.
disparo | firing | shot | discharge | trip | fire | release.
disparo (arma de fuego) | going off.
disparo (fútbol) | shoot.
disparo (mecánica, electricidad) | trip.
disparo (mecanismo) | tripping gear.
disparo (proyectil con su carga propulsora) | load.
disparo (relés) | dropout.
disparo (relojes) | flirt.
disparo a la derecha (escopetas) | right.
disparo anómalo (tiro artillería) | wild shot.
disparo brusco de un resorte | snapping out.
disparo completo (cartucho metálico o saquete y el proyectil) | round of ammunition | round.
disparo con bala | shotted round.
disparo con carga de guerra | full-charge round.
disparo con carga reducida | reduced charge firing.
disparo con el cañón de la derecha (escopetas) | right.
disparo con el dedo (fotografía) | finger release.
disparo contra un paracaidista mientras desciende | parashot.
disparo corto | undershooting.
disparo corto (artillería) | short | short round.
disparo de advertencia | warning shot.
disparo de arma de fuego | gunshot.
disparo de brida | flange trip.
disparo de cañón | gunfire.
disparo de cohetes contra las nubes (granizo) | cloud firing.
disparo de fusil | rifle-shot.
disparo de impulso eléctrico (electrónica) | pulse firing.
disparo de misiles | fox away.
disparo de prueba | proof round.
disparo del ánodo | anode breakover.
disparo del cañón | gun firing.
disparo desviador | pull-off trip.
disparo doble (con los dos cañones al mismo tiempo) | right-and-left shot.
disparo eléctrico (electrotecnia) | electrical firing.
disparo falso | spurious triggering.
disparo interdependiente | intertripping.
disparo largo (artillería) | long round | over.
disparo mortífero | lethal round.
disparo para fijar el alineamiento de los aparatos de puntería (cañón) | zero shot.
disparo por borde negativo | negative edge triggering.
disparo por colector | collector triggering.
disparo por impulso | pulse triggering.
disparo por medios eléctricos (cañones) | electric firing.
disparo por punta de tensión | voltage-spike triggering.
disparo por radiación | radiation triggering.
disparo por tensión | voltage triggering.
disparo prematuro | premature firing.
disparo que no hace blanco | washout.
disparo rápido sin apuntar | snapshot.
disparo sin apuntar | random shot.
disparo tiro a tiro (cañón) | one-round type fire.
disparos para calentar y estabilizar el cañón (pruebas balísticas) | warming and stabilizing rounds.
dispendioso | expensive.
dispensación | dispensing.
dispensación (farmacia) | dispensing.
dispensación de artículos (tiendas) | dispensing of supplies.
dispensado | exempt.
dispensado de todo servicio (ejército) | dispensed from all fatigues.
dispensador (de favores) | dispenser.
dispensador de agua | water dispenser.
dispensador de películas en rollo | roll film dispenser.
dispensadora de películas | film dispenser.
dispensar | dispense (to) | discharge (to) | exempt (to) | excuse (to).
dispensar de | exempt from (to) | let off (to).
disperdancia (recíproco de la resistencia de aislamiento) | leakage conductance | leakance.
dispermia | dispermy.
dispersable | dispersible.
dispersador | diffuser | disperser.
dispersador de humos | fume disperser.
dispersador del chorro | jet disperser.
dispersancia | dispersancy.
dispersante | dispersant | dispersing agent.
dispersante inónico | nonionic dispersant.
dispersar | disperse (to) | scatter (to) | scatter (to) | intersperse (to).
dispersar ultrasónicamente | disperse ultrasonically (to).
dispersarse | dissipate (to) | breakup (to) | drop off (to) | overblow (to).
dispersarse (electricidad) | tail off (to).
dispersibilidad | dispersibility.
dispersibilidad del polvo | dispersibility of dust.
dispersible | dispersible.
dispersímetro | dispersion meter.
dispersión | dispersion | dispersal | fringing | leakage | scatter | deconcentration | stray scattering | scatterance.
dispersión (aparato regulador) | drift.
dispersión (balística) | pattern.
dispersión (de rayos) | diffusion.
dispersión (de un filón) | split.
dispersión (de un haz) | spreading.
dispersión (electricidad) | leakage.
dispersión (física nuclear) | scattering.
dispersión (tiro al blanco) | spread.
dispersión acuosa | aqueous dispersion.
dispersión acústica | acoustic scattering | acoustic dispersion | acoustic scatter.
dispersión adhesiva | adhesive dispersion.
dispersión alrededor | circumfusion.
dispersión anelástica | anelastic scattering.
dispersión atómica | atomic dispersion.
dispersión axial cruzada | crossed axial disper-

sion | crossed axial dispersal.
dispersión circundante | belt leakage.
dispersión coherente | coherent scattering.
dispersión coloidable | colloidable dispersion.
dispersión coloidable del bisulfuro de molibdeno | molybdenum disulfide colloidable dispersion.
dispersión coloidal | colloidal dispersion.
dispersión cruzada (mineralogía óptica) | crossed dispersion.
dispersión culombiana | Coulomb scattering.
dispersión de Compton | Compton scattering.
dispersión de fonones | phonon scattering.
dispersión de las ondas electromagnéticas por la atmósfera | scatter.
dispersión de nucleones por núcleos | nucleon-nuclei scattering.
dispersión de radiaciones Roentgen | X-ray scattering.
dispersión de rayos Roentgen | X-ray scattering.
dispersión de resonancia | resonance scattering.
dispersión de retorno | backscatter.
dispersión de un contaminante desde un puerto o estuario al océano | flushing.
dispersión de un sólido en un gas | sogasoid.
dispersión de un sólido en un líquido | soliquid.
dispersión de un sólido en un sólido | sosoloid.
dispersión del flujo | flux leakage.
dispersión del flujo diferencial | differential leakage flux.
dispersión del granizo | hail dispersal.
dispersión del polen | pollen flight.
dispersión desfloculada | deflocculated dispersion.
dispersión dieléctrica | dielectric dispersion | dielectric leakance.
dispersión difractiva (nucleónica) | diffraction scattering.
dispersión difusa | diffuse scattering.
dispersión elástica (nucleónica) | elastic scattering.
dispersión electromagnética | electromagnetic leakage.
dispersión en alcance (dispersión en profundidad - balística) | dispersion in depth.
dispersión entre piezas polares | pole-shoe leakage.
dispersión estable | stable dispersión.
dispersión estadística | statistical straggling.
dispersión estadística (nucleónica) | straggling.
dispersión estadística de recorrido | range straggling.
dispersión final | end leakage flux.
dispersión fonónica | phonon dispersion.
dispersión frontal | fore-scattering.
dispersión hacia adelante | forward scattering.
dispersión incoherente | incoherent scattering.
dispersión inelástica | inelastic scattering.
dispersión inelástica de los protones | inelastic proton scattering.
dispersión inelástica magnética | magnetic inelastic scattering.
dispersión interfacial | interfacial scattering.
dispersión interfacial de fonones | interfacial phonon scattering.
dispersión ionosférica | ionospheric scatter.
dispersión irracional | irrational dispersion.
dispersión lateral | lateral dispersion | flank leakage.
dispersión lineal inversa | reciprocal linear dispersion.
dispersión lineal inversa (electrónica) | reciprocal linear dispersion.
dispersión magnética | magnetic stray | magnetic leakage.
dispersión meteórica | meteoric scatter.
dispersión modulada | modulated scattering.
dispersión múltiple | multiple scattering.
dispersión neutrónica | neutron leakage.
dispersión nuclear | nuclear scattering.
dispersión óptica | optical dispersion.
dispersión parásita | backscattering.
dispersión pión-nucleón | pion-nucleon scattering.
dispersión plural | plural scattering.
dispersión polar (electricidad) | pole leakage.
dispersión polimérica | latice.
dispersión polimérica en agua | aqueous latice.
dispersión por carga espacial | space charge debunching.
dispersión por fluido acuoso | aqueous fluid dispersion.
dispersión por ultrasonidos | ultrasonic dispersion.
dispersión potencial | potential scattering.
dispersión Raman estimulada | stimulated Raman scattering.
dispersión residual | residual dispersion.
dispersión reticular | lattice scattering.
dispersión rotatoria anómala | anomalous rotatory dispersion.
dispersión troposférica | tropospheric scattering | tropospheric scatter | tropospherie scatter.
dispersión trosposférica numérica | digital tropospheric scatter.
dispersividad | dispersivity | dispersiveness.
dispersivo | dispersive | stray | dissipative.
disperso | scattered.
disperso (vegetación) | remote.
dispersoide (coloide) | dispersoid.
dispersoide líquido | liquid dispersoid.
dispersoide no oxídico | nonoxidic dispersoid.
dispersoidología | dispersoidology.
dispersor | dispersive | scatterer.
dispersor de energía | scrambler.
dispersor de energía (pie de presas) | flip bucket.
dispersor de grafito | graphite scatterer.
disponer | dispose (to) | prepare (to) | make provision for (to) | lay out (to) | regulate (to) | get (to) | provide (to).
disponer al tresbolillo | stagger (to) | chessboard (to).
disponer de | have available (to).
disponer en el muelle la mercadería | place the goods on the dock.
disponer en zig zag | stagger (to).
disponer la apertura de crédito | arrange for the opening of a credit.
disponer la gente sobre las vergas (revistas, etc.) | man the yards (to).
disponer para un trabajo determinado (talleres) | set up (to).
disponer técnicamente un trabajo | engineer a job (to).
disponerse para | get ready (to) | make ready (to).
disponibilidad | availability.
disponibilidad (de un servicio) | usability.
disponibilidad (de valores) | liquidity.
disponibilidad de las pistas (aeropuertos) | runway useability.
disponibilidad de mano de obra | labour market.
disponibilidad de recursos | availability of resourses.
disponibilidad del dique seco | dry dock availability.
disponibilidad diferida | deferred availability.
disponibilidad inmediata | spot cash.
disponibilidad media | average availability.
disponibilidad monetaria | monetary supply.
disponibilidad para su uso | useability.
disponibilidades | quick assets.
disponibilidades (de fondos) | actuals.
disponibilidades (dinero) | actuals.
disponibilidades a corto plazo | short-term holdings.
disponibilidades a la vista | money at call.
disponibilidades en divisas (bancos) | holdings.
disponibilidades en dólares | dollar holdings.
disponibilidades en efectivo | cash holdings.
disponible | available for distribution | ready quick | available | on-the-spot | ready-made | unallocated.
disponible (fondos) | unappropriated.
disponible (inventario) | on hand.
disponible (libros) | in print.
disponible (lugares) | on limits.
disponible (mercados) | spot.
disponible (superávit) | unappropriated.
disponible (valores) | liquid.
disponible en longitudes hasta 36 pies | available in lengths up to 36 feet.
disponible en préstamo gratis | available on loan free-of-charge.
disponible en stock | off-the-shelf.
disponible para el servicio de gas en el Artico | readied for artic gas service.
disponible para entrega inmediata | available on early delivery.
disponibles en almacén | in hand.
disponibles hasta 5 pulgadas de diámetro inclusive | available up to 5 inch diameter.
disposición | distribution | format | formation | availment | ordering | ruling | provision | get-up | disposal | arranging | arrangement | design | layout | setup | setting | regulation.
disposición (de algo) | makeup.
disposición (jurisprudencia) | provision.
disposición al azar | randomized arrangement.
disposición apilada | cordwood arrangement.
disposición automática para corregir el huelgo | automatic slack adjuster.
disposición concertada (cristalografía) | consertal arrangement.
disposición de asientos de seis de frente (aeronaves) | six-abreast sitting.
disposición de ataque | attack formation.
disposición de conjunto | general arrangement | layout.
disposición de dientes triscados alternativamente (sierras) | straight set.
disposición de dientes triscados alternativamente con un tercero recto (sierras) | raker set.
disposición de dispositivos (semiconductores) | device placement.
disposición de hélices solapadas (buques) | overlapping propellers arrangement.
disposición de la cámara de máquinas (buques) | engine room layout.
disposición de la maquinaria (talleres) | machinery layout.
disposición de la rejilla | screen layout.
disposición de las calderas | arrangement of boilers.
disposición de las dislocaciones (metalografía) | dislocation array.
disposición de las escalas | scale arrangement.
disposición de las levas | camming.
disposición de las máquinas y el herramental necesario para hacer una operación | tooling.
disposición de las partes con referencia a un eje determinado | axiate pattern.
disposición de las teclas | key arrangement.
disposición de los bebederos | gating.
disposición de los camarotes y literas (buques) | berthing.
disposición de los conductores | conductor arrangement.
disposición de orden de batalla | arrayment.
disposición de picaderos y almohadas de pantoque para la varada (diques secos) | blocking.
disposición de registro | record layout.
disposición del herramental necesario | tool layout.
disposición del hilo piloto | guide-wire arrangement.
disposición del montaje (cañones) | mount arrangement.
disposición derogatoria | law governing repeal.
disposición digitalizada | digitized layout.
disposición en doble V | double-vee arrangement.
disposición en el horno (refractarios) | setting.
disposición en los anuncios del texto y fotos |

layout.
disposición en orden | marshalling.
disposición en que la pieza es el polo positivo y el electrodo el polo negativo (soldeo por corriente continua) | straight polarity.
disposición en serie-derivación | series-paralleling arrangement.
disposición estructural del costado | side framing.
disposición estructural longitudinal (buques) | longitudinal framing.
disposición experimental de una fuente o contador | geometry.
disposición general | general assembly.
disposición geométrica | geometry.
disposición legal | legal enactment | ruling.
disposición lógica no comprometida | uncommited logic array.
disposición matricial | matrix type array.
disposición modular | modular array.
disposición moral | animations.
disposición multifuncional | multifunctional array.
disposición nueva | re-arrangement.
disposición obligatoría | mandatory provision.
disposición ordenada | orderly array.
disposición ordenada de las fibras | fiber array.
disposición para los accesorios que van bajo la platina (microscopio) | substage.
disposición para navegar en caso de avería (buques) | get-you-home arrangement.
disposición penal con efectos retroactivos | ex post fact law.
disposición por zonas | zoning.
disposición relativa de las partes de un aparato | geometry.
disposición sobre importaciones | import regulation.
disposición telescópica de las tablas de la entubación | telescoped arrangement of sheating.
disposición y espaciado de la composición (tipografía) | set.
disposiciones | regulations | provision | provisions.
disposiciones de aduana | customs regulations.
disposiciones de prueba | test setups.
disposiciones del código | provisions of the code.
disposiciones del reglamento | provisions of the code.
disposiciones estatutarias | statutory provisions.
disposiciones estructurales | framing.
disposiciones estructurales de buques petroleros | tanker framing.
disposiciones estructurales de los fondos (buques) | bottom framing.
disposiciones estructurales del fondo | bottom framing.
disposiciones fiscales | tax regulation.
disposiciones generales | general provisions.
disposiciones legales | statutory provisions.
disposiciones para la inundación transversal (buques) | cross flooding arrangements.
disposiciones protectoras al trabajo | legislation for the protection of labour.
disposiciones testamentarias (de bienes inmobiliarios) | devise.
disposiciones transitorias | transitory provisions.
disposiciones vigentes | regulations in force.
disposicionessucesión de capas geológicas (geología) | measures.
dispositivo | gear | feature | mechanism | fixture | device | gadget | drive | contrivance | arrangement | system | set.
dispositivo a paño con la cubierta que al abrirlo muestra un cáncamo o cornamusa (buques) | come along.
dispositivo abrasivo para quitar la suciedad interior del ánima (cañones) | lapping head.
dispositivo accionado por rayo de luz | light-ray device.
dispositivo acelerador | speedup device.
dispositivo acelerador de servomotor de aceite | oil-servo accelerating device.
dispositivo acelerador servoaccionado | servooperating accelerating device.
dispositivo activo | active device.
dispositivo acumulador de datos | storage device.
dispositivo agavillador | buncher attachment.
dispositivo ajustador controlado por la voz | voice operated gain adjusting device (V.O.G.A.D.).
dispositivo alimentador | hopper | feeder.
dispositivo alimentador de formularios continuos | folded form feeding device.
dispositivo alineador | aligning device.
dispositivo almacenador | storage device.
dispositivo amortiguador hidráulico | hydraulic cushioning device.
dispositivo amplificador de microondas | microwave amplifying device.
dispositivo antibloqueo | wheel-slip brake control system.
dispositivo antiesmog | antismog device.
dispositivo antigiratorio del cable (grúas) | antispinning gear.
dispositivo antihielo | antiice device.
dispositivo antilocal (radio) | antisidetone device.
dispositivo antiluz | light lock.
dispositivo antiminas | antimine device.
dispositivo antiparasitario | radiointerference suppresor | noise killer.
dispositivo antiparásitos | antiparasitic device.
dispositivo antipenduleo | antihunt device.
dispositivo antirrajadura | antisplitting device.
dispositivo antisobrecargas | antioverloading device.
dispositivo antitorpedos que se remolca sumergido a popa | foxer.
dispositivo antizumbidos (radio) | antisinging device.
dispositivo asidor | grasping gear.
dispositivo asíncrono | asynchronous device.
dispositivo atesador accionado por palanca | lever-operated tightening device.
dispositivo atómico | atomic device.
dispositivo autodestructor de un sistema | suicidal device.
dispositivo automático de llamada | kickback | automatic call device.
dispositivo automático de parada (comunicaciones) | auto-stop facility.
dispositivo automático de parada del avance (máquina herramienta) | throw-off.
dispositivo automático de regulación de temperatura | automatic temperature control device.
dispositivo automático para cifrar | coder.
dispositivo automático para levantar el arado (tractores agrícolas) | implement lift.
dispositivo automático para pasos a nivel (ferrocarril) | automatic grade-crossing device.
dispositivo automático para reavivar (muelas) | auto trueing device.
dispositivo automático para vuelos de aproximación | approach coupler.
dispositivo automatizado para manejar cosas | automated work-handling device.
dispositivo avisador | telltale.
dispositivo avisador de proximidad de túnel (ferrocarril) | tickler.
dispositivo bajo ensayo | device under test.
dispositivo biestable | bistable element.
dispositivo buscablancos por medios acústicos | acoustic homing device.
dispositivo buscador del blanco | target-finding device.
dispositivo buscador del blanco (que modifica la trayectoria del misil para que dé en el blanco) | homing agent.
dispositivo calentador | heater appliance.
dispositivo capnófugo | smoke-eliminating device.
dispositivo captador | pickup gear.
dispositivo centrador | centering attachment.
dispositivo codificador | inscriber.
dispositivo coleccionador de informes | information-collecting device.
dispositivo colocapostes | pole-erecting gear.
dispositivo compensador automático | automatic compensating device.
dispositivo compensador de la dilatación térmica | heat expansion compensating device.
dispositivo compensador del desgaste de la muela de rectificar | grinding-wheel wear compensating device.
dispositivo compensador del huelgo | play take-up device | play take up device.
dispositivo comprobador | monitorial device.
dispositivo compuesto de un sistema de lentes telescópicas y una célula fotoeléctrica (calibrado de cañones) | sky screen.
dispositivo con dos oculares para la visión simultánea por dos personas (microscopios) | demonstration eyepiece.
dispositivo con persiana | louvered device.
dispositivo construido en el sitio | made-on-the-spot appliance.
dispositivo contador actuado fotoeléctricamente | photoelectrically actuated timing device.
dispositivo contorneador de la plantilla (torno copiador) | templet follower.
dispositivo contra el desplazamiento longitudinal (vías férreas) | anticreeping device.
dispositivo contra el golpe de ariete | antiwaterhammer device.
dispositivo contra el rebote | antirebound device.
dispositivo contra el retorno de llamas en la tubería admisión (motores) | flame-trap.
dispositivo contra goteo | antidribble device.
dispositivo contra la niebla mezclada con humos industriales | antismog device.
dispositivo contra proyectiles buscadores | antipathfinder device.
dispositivo contra riesgos | antihazard device.
dispositivo contraincendios | fire gear.
dispositivo contraincendios (edificios) | fire drencher.
dispositivo copiador | copy-trueing device.
dispositivo copiador de plantilla guíado electrónicamente | electronically guided template tracing device.
dispositivo corrector (calculadoras) | effacer.
dispositivo corrector de la longitud | length-adjusting device.
dispositivo criogénico | cryogenic device.
dispositivo cronometrador | timekeeper.
dispositivo cronométrico | timing device.
dispositivo de acción ultrarrápida | instant acting device.
dispositivo de accionamiento de accesorios (aviones) | accessory gearbox.
dispositivo de actuación rápida | snap-acting device.
dispositivo de achique (botes) | baling device.
dispositivo de achique (botes salvavidas) | baler.
dispositivo de adaptación | matching device.
dispositivo de adición | adder.
dispositivo de agarre | gripper | gripping device.
dispositivo de agrupación | bunching device.
dispositivo de ahusar (tornos) | setover.
dispositivo de ajuste aproximado del paso (hélice paso modificable) | pitch-coarsening device.
dispositivo de alarma | warning device.
dispositivo de alarma integral | integral alarm unit.
dispositivo de alarma para las radiaciones | radiation alarm assembly.
dispositivo de alivio | reliever.
dispositivo de almacenamiento de acceso directo (ordenadores) | direct access storage device.
dispositivo de almacenamiento de cargas eléc-

tricas | electrical-charge storage device.
dispositivo de alternación | alternating device.
dispositivo de alumbrado | illuminator.
dispositivo de amarre | mooring gear.
dispositivo de amortiguamiento por aire | air-damping device.
dispositivo de antena múltiple | antenna array.
dispositivo de antiinducción | antiinduction device.
dispositivo de anudado (tejeduría) | knotting device.
dispositivo de apertura del circuito | circuit-opening device.
dispositivo de apriete | draw-in attachment.
dispositivo de apriete accionado por aire comprimido | pneumatic-operated clamping arrangement.
dispositivo de armado de accionamiento hidrostático | hydrostatically-operated arming device.
dispositivo de arranque por explosión de cartucho (motores) | cartridge starter.
dispositivo de arrastre de vagones | haulage mule.
dispositivo de avalancha controlada | controlled avalanche device.
dispositivo de avance (máquinas herramientas) | feeding arrangement.
dispositivo de avance de la película | film metering device.
dispositivo de avance del filme | film-metering device.
dispositivo de avance incremental | incremental feed device.
dispositivo de avance incremental de carrera regulable | adjustable-stroke incremental feed device.
dispositivo de avance lento | fine-feed device | inching device | inching device.
dispositivo de ayuda para el trabajo | labor-aiding device.
dispositivo de barrido | scanning device.
dispositivo de bloqueo | locking device.
dispositivo de bloqueo (giroscopio) | caging device.
dispositivo de bloqueo (telecomunicación) | plugging-up device.
dispositivo de bloqueo de una comunicación para averiguar el número del peticionario (telefonía - EE.UU.) | number checking arrangement.
dispositivo de bloqueo del trabajo (rotura del hilo en máquina tejido de punto) | quarter saver.
dispositivo de bobina | spool device.
dispositivo de búsqueda | searching device.
dispositivo de cambio de circuito | circuit-changing device.
dispositivo de campo transversal de haz inyectado | injected-beam crossed-field device.
dispositivo de carga a mano | hand-operated loading device.
dispositivo de carga controlada (transistor) | charge-controlled device.
dispositivo de cebado a mano (bombas) | hand-priming device.
dispositivo de centrado óptico | optical centring device.
dispositivo de cierre | shutdown device.
dispositivo de cierre de la puerta (ascensores) | gate operator.
dispositivo de cierre por palanca | lever-locking device.
dispositivo de cinta entintada | carbon ribbon attachment.
dispositivo de clavija para control | plug-in control gear.
dispositivo de colocación | positioning device.
dispositivo de comprobación visual (TV) | visual monitoring unit.
dispositivo de cómputo analógico | analogical computing device.
dispositivo de conferencia colectiva entre varios abonados (EE.UU.) | conference calling equipment.
dispositivo de conferencia colectiva entre varios abonados (G.B.) | conference installation.
dispositivo de conmutación en el estado sólido | solid state switching device.
dispositivo de conmutación p-n-p-n | p-n-p-n switching device.
dispositivo de control | monitorial device | control apparatus | control unit.
dispositivo de control automático (trenes) | decoder.
dispositivo de control de profundidad | depth control device.
dispositivo de control por interrupción o modificación del circuito de vía (trenes) | coder.
dispositivo de conversión | converter | transfer device.
dispositivo de conversión (calculadora electrónica) | conversion device.
dispositivo de conversión de códigos | code traslator feature.
dispositivo de corte (telecomunicaciones) | splitting arrangements.
dispositivo de corte (telefonía) | splitting device | splitting.
dispositivo de corte de una línea (telefonía) | line splitting.
dispositivo de cronometraje | timing device.
dispositivo de choque (locomotoras) | bumper arrangement.
dispositivo de dar fuego | ignition device.
dispositivo de descarga del sobrante | overflow run-off device.
dispositivo de descarga eléctrica (aviones) | discharge wicks.
dispositivo de descobrear (cañón) | bore lapping head.
dispositivo de descompresión | half compression gear.
dispositivo de desconexión | release gear.
dispositivo de desconexión (electricidad) | flip-out device.
dispositivo de desconexión por temperatura | thermal-trapping device.
dispositivo de desembrague | releasing arrangement.
dispositivo de desembrague de correa | belt tripper.
dispositivo de desenganche | detachment device.
dispositivo de desmontaje rápido | quick-detachable device.
dispositivo de destalonado | relieving device.
dispositivo de destalonar | relieving attachment.
dispositivo de destrinca | release device.
dispositivo de detección de hojas maestras | master mark feature.
dispositivo de detención de la propagación en una guía de ondas | wave guide switch.
dispositivo de disparo | tripping device.
dispositivo de electrocución (balleneros) | electrocution gear.
dispositivo de emisión por efecto túnel (semiconductores) | tunnel-emission device.
dispositivo de empuje remoto | remote thrust device.
dispositivo de encendido | igniter | ignition device.
dispositivo de enclavamiento | locking device | interlocking device.
dispositivo de enclavamiento de la traviesa superior del pivote (bogie) | bolster interlock.
dispositivo de enfoque automático | automatic focusing device.
dispositivo de enfriamiento de la tobera de pulverización | atomizer-nozzle-cooling device.
dispositivo de enganche | jockey.
dispositivo de entrada | input device.
dispositivo de entrada de trabajos (informática) | job input device.
dispositivo de entrenamiento | trainer.
dispositivo de equilibrado | relief device.
dispositivo de espera | waiting locations.
dispositivo de estado sólido (semiconductores) | solid-state device.
dispositivo de estanqueidad | seal.
dispositivo de estiba | housing arrangement.
dispositivo de estricción tubular | hard-core pinch device.
dispositivo de expulsión | ejection device.
dispositivo de fijación | gripping device.
dispositivo de fijación de la canilla | cop skewering device.
dispositivo de fijación de la pieza | workholding device.
dispositivo de fijación sobre placa soporte (soldeo) | seamer.
dispositivo de filtrado | tiller device.
dispositivo de frenado | brake gear.
dispositivo de frenado sobre cubierta buques portaaviones | deck arrester gear.
dispositivo de ganchos y cadena para izar pesos | crampon.
dispositivo de índice | index feature.
dispositivo de inmersión de popa | stern diving gear.
dispositivo de inmovilización de las superficies móviles de un avión de estacionamiento (portaaviones) | batten.
dispositivo de intercomunicación (telecomunicación) | talk-through facility.
dispositivo de interrupción automática | shut-down device.
dispositivo de introducción automática | bill feed.
dispositivo de inyección de carga | charge injection device.
dispositivo de lanzamiento | launcher.
dispositivo de lectura (lector) | playback.
dispositivo de limitación del par máximo | maximum torque-limitation device.
dispositivo de limpieza | clearing connections.
dispositivo de lista de direcciones indirectas de datos | indirect data address list feature.
dispositivo de localización | locating device.
dispositivo de llamada | pullback | calling feature | ringer.
dispositivo de llamadas al operador | operator call.
dispositivo de mando por frecuencia audible | voice-operated device.
dispositivo de marcación | locating device.
dispositivo de memoria | priority detector.
dispositivo de montaje | setup.
dispositivo de observación óptico | optical projection viewer.
dispositivo de par magnético | magnetotorquer.
dispositivo de parada | locking device | arresting device.
dispositivo de parada de emergencia | emergency stop.
dispositivo de paro | knockoff motion.
dispositivo de pie de presa para disipar la energía de las avenidas del río | ski-jump.
dispositivo de pistones opuestos (medición de grandes presiones) | opposed anvil device.
dispositivo de plano inclinado para apilar | inclined plane piling up device.
dispositivo de plasma rotatorio | rotating plasma device.
dispositivo de protección | preventer.
dispositivo de prueba para someter a choques | bounce table.
dispositivo de puesta a cero | zero setting device | zero-resetting device.
dispositivo de puesta a cero de un eje posicionado aleatoriamente con relación a una posición de referencia | shaft resetter.
dispositivo de puesta en marcha | releaser.
dispositivo de puntería (aparato topográfico) | sighting arrangement.
dispositivo de radio o radar que facilita la navegación | radiation aid.

dispositivo de rearme (relés) | resetting device.
dispositivo de reconocimiento | recognition device.
dispositivo de rectificación (muela abrasiva) | truing device.
dispositivo de recuento de impulsos (nucleónica) | scaling unit.
dispositivo de registro | log device.
dispositivo de registro del sistema | system log device.
dispositivo de reglaje del freno | brake adjuster.
dispositivo de regulación del tiempo de retardo | time-lag device.
dispositivo de regulación electroneumático | electropneumatic control gear.
dispositivo de regulación mecánica | motor-driven timing device.
dispositivo de regulación que asegura la completación del ciclo de trabajo una vez iniciado (soldeo por resistencia) | nonbeat.
dispositivo de reposición | repositioning device.
dispositivo de reposición (electricidad) | resetting device.
dispositivo de representación | display device.
dispositivo de resolución | resolver | resolver set.
dispositivo de retardo al fin de la carrera (ascensores) | slowdown device.
dispositivo de retención | ratchet gear.
dispositivo de retención automática (telecomunicación) | automatic holding device.
dispositivo de retenida | retainer.
dispositivo de rotación | rotating device.
dispositivo de rotación del trépano | bit rotation device.
dispositivo de ruptura del arco | arc-breaking device.
dispositivo de salida | output device.
dispositivo de salto | skipping device.
dispositivo de seguridad | safety device | safety.
dispositivo de seguridad (máquinas) | life-preserver.
dispositivo de seguridad contra los sobrepesiones | loading off.
dispositivo de seguridad de la traviesa superior (bogies) | bolster safety device.
dispositivo de seguridad de plano inclinado | battery.
dispositivo de seguridad independiente | independent safety device.
dispositivo de seguridad para cortar la llegada del fueloil (quemadores de calderas) | oil-fuel safety shut-off gear.
dispositivo de seguridad para el caso de apagarse un quemador (calderas) | flame-failure control.
dispositivo de selección | dial.
dispositivo de sincronización por cuarzo | crystal lock system.
dispositivo de sujeción | gripping device | attachment.
dispositivo de sujeción rápida | fast-subjection device.
dispositivo de suspensión contra la inclinación lateral (autobuses de dos pisos) | antisway suspension device.
dispositivo de temporización | delay system.
dispositivo de tolva y cono (alto horno) | bell and hopper arrangement.
dispositivo de toma de corriente | current-collecting device.
dispositivo de transbordo | lift-over.
dispositivo de trimado (buques) | trim device.
dispositivo de un paracaídas y el mecanismo de disparo para el descenso a tierra después del vuelo (cohetes) | landing gear.
dispositivo de unión de la llanta a la rueda | clincher.
dispositivo de unión rápido | quick-connector device.
dispositivo de vaivén | reciprocating device.
dispositivo de valor absoluto | absolute value device.
dispositivo de válvulas termiónicas para conseguir una amplitud de salida proporcional a la raíz cuadrada de la amplitud de entrada | rooter.
dispositivo de velocidad regulable | variator.
dispositivo de velocidad variable (torno) | double gear.
dispositivo de ventilación | venting device.
dispositivo de ventilación accionado por agua | water blast.
dispositivo de vigilancia (ferrocarril) | vigilance device.
dispositivo de visión por rayos infrarrojos | infrared viewing device.
dispositivo del cable de elevación (grúas) | cable harness.
dispositivo del ponepliegos que impide pase más de una hoja a la vez (prensas) | sheet caliper | choke.
dispositivo derivador | shunt attachment.
dispositivo desconectador | disconnecting device.
dispositivo desconectador automático ultrarrápido | instantaneous automatic tripping device.
dispositivo detector de cardúmenes (pescas) | fish detecting device.
dispositivo dinamométrico | force-measuring device.
dispositivo dispersor | dispersing device.
dispositivo eléctrico para hacer algo a intervalos prefijados | intervalometer.
dispositivo electroexplosivo | electroexplosive device.
dispositivo electromagnético para la transferencia de datos de posición angular (fabricado con diversos nombres comerciales como asynn, autosyn, magslip, selsyn, telesyn, teletorque) | synchro.
dispositivo electromecánico para transmisión de datos | synchro.
dispositivo electrónico cuadrático | square-law electronic device.
dispositivo electrónico de estado sólido | solid-state electronic device.
dispositivo electrónico para caso de apagado de la llama (quemador hornos) | electronic flame-failure device.
dispositivo electrónico para clasificar | electronic sizing device.
dispositivo electrónico para detección del nivel | electronic level detection device.
dispositivo electrónico para detectar un blanco radárico y computar su velocidad y predecir su posición futura | track-while-scan.
dispositivo electrónico para producir una imagen compuesta de escenas tomadas con dos cámaras separadas (televisión) | inlay | overlay.
dispositivo electrónico que selecciona cada enésimo impulso y lo pasa al registrador | scaling unit.
dispositivo electrosensible | electroresponsive device.
dispositivo elevador del condensado | drip lift.
dispositivo eliminador de las trazas de lluvia en el radariscopio | radar antirain.
dispositivo eliminador de las trazas de mociones de las olas en la pantalla del radar | radar anticlutter sea.
dispositivo eliminador del humo | smoke-eliminating device.
dispositivo en colmena para conseguir la rectilineidad de la corriente de aire | honeycomb.
dispositivo endurecido | hardened device.
dispositivo energético alimentado por radioisótopos | radioisotope-fueled power device.
dispositivo equilibrador | high-life device.
dispositivo estanco | seal.
dispositivo estático de desconexión para sobrecorrientes | static overcurrent tripping device.
dispositivo estructural que aumenta la fatiga | stress-raiser.
dispositivo explorador (TV) | scanner.
dispositivo explorador de datos por medio óptico convirtiéndolos en representación digital | optical scanner.
dispositivo exterior al buque diseñado para ayudar a la navegación | aid to navigation.
dispositivo extractor | withdrawing device.
dispositivo flexible para impedir la entrada del agua (salida del cañón de la torre) | buckler.
dispositivo flexible para que no entre el agua (salida del cañón de una torre) | bloomer.
dispositivo fonógeno contra minas acústicas | bumblebee.
dispositivo frangible de seguridad | breaker block.
dispositivo goniométrico | angle-measuring device.
dispositivo hidráulico preselectivo de cambio de velocidad | hydraulic pre-selecting speed changing device.
dispositivo hidrodinámico para montar el percutor | hydrodynamic arming device.
dispositivo hipersustentador | lift increasing device | highlift device.
dispositivo indicador | indicating device.
dispositivo iniciador de grietas | crack starter | crack initiator.
dispositivo inmovilizador | stop | locking device.
dispositivo interruptor | chopping device.
dispositivo interruptor de tiro propio para que no sea alcanzada una parte del aeroplano | contour follower.
dispositivo inversor de la imagen | image-reversing device.
dispositivo lanzacohetes en las alas (aviones) | launcher pod.
dispositivo lanzagranalla | shot-projecting device.
dispositivo lector | reading device.
dispositivo lector de gran velocidad | high-speed reader.
dispositivo levantaescobillas | brush-lifting device.
dispositivo limitador | limiting device.
dispositivo limitador de carga | charge-limiting device.
dispositivo limitador de tiempo | time-limit attachment.
dispositivo limitador del par | torque-limiting device.
dispositivo lubricador | luber.
dispositivo llevado por el misil | missile-borne device.
dispositivo magnético para sobrecarga | magnetic overload device.
dispositivo manipulador automático de la señal de alarma | automatic-alarm-signal keying device.
dispositivo mecánico (metalurgia) | ironman.
dispositivo mecánico de retardo | mechanical delaying device.
dispositivo mecánico para recibir y voltear una vagoneta llena al llegar al exterior (minas) | giraffe.
dispositivo mecánico pequeño e ingenioso | gadget.
dispositivo mecánico que ahorra dinero o tiempo de trabajo | saver.
dispositivo medidor de la carga | load measuring gear.
dispositivo medidor del tamaño del agujero | hole-size measuring device.
dispositivo medidor por movimiento de fluidos | fluid-flow measuring device.
dispositivo memorador | memory device.
dispositivo monoestable | monostable device.
dispositivo o sustancia que previene o evita algo | preventor.
dispositivo oleodinámico | oleodynamic device.
dispositivo óptico | vision device.
dispositivo opticoelectrónico | optoelectronic

device.
dispositivo oscilante | rocker bent.
dispositivo para abrir el circuito | circuit opening device.
dispositivo para abrir y cerrar un circuito eléctrico | contactor.
dispositivo para accionamiento según tiempo programado | program timer.
dispositivo para accionar puertas | door-operating device.
dispositivo para acelerar en el despegue con ayuda de cohete (aviones) | accelerator gear.
dispositivo para afilar la punta (brocas) | point thinning attachment.
dispositivo para ajustar la zapata de freno | brake block adjusting gear.
dispositivo para alinear (tubos, etc.) | aligner.
dispositivo para alinear los proyectiles (cañones) | round aligning attachment.
dispositivo para aminorar los balances (buques) | roll reducing device.
dispositivo para anular el huelgo | antiblacklash device.
dispositivo para apreciar la madurez de las frutas | tenderometer.
dispositivo para arrojar el combustible (aviones) | fuel-jettison gear.
dispositivo para arrojar el combustible en caso de emergencia (aviones) | dump valve.
dispositivo para aumentar la altura de puntos (tornos) | plus swing.
dispositivo para aumentar la producción | production-boosting device.
dispositivo para aumentar la rigidez de un sistema elástico cuando el desplazamiento sobrepasa un valor determinado | snubber.
dispositivo para aumentar la selectividad (antena) | wavetrap.
dispositivo para catapultar aviones | aircraft catapulting device.
dispositivo para colgar | hanging gear.
dispositivo para colocar las palas en posición de mínima resistencia (hélices) | feathering device.
dispositivo para comprobar al diamante patrón | master diamond checking set.
dispositivo para conectar en derivación (eletricidad) | paralleling device.
dispositivo para conformar el perfil (muelas abrasivas) | profile-truing device.
dispositivo para contener la iniciación de grietas | crack arrester.
dispositivo para copiar (tornos) | contouring attachment.
dispositivo para corregir el huelgo | play take-up device.
dispositivo para cortar a medida | cut-to-length device.
dispositivo para cortar la corriente | circuit opening device.
dispositivo para cortar la corriente al abrir tapas | interlock.
dispositivo para cortocircuitar | short-circuiter.
dispositivo para dar forma a los impulsos | pulse shaper.
dispositivo para descargar la electricidad estática | antistatics.
dispositivo para desenhornar (metalurgia) | peel.
dispositivo para deshacer nudos | knot loosening device.
dispositivo para destalonar | backing-off device.
dispositivo para detectar errores | error-detecting device.
dispositivo para detener aviones | aircraft arrester gear.
dispositivo para determinar por medio de la frecuencia de resonancia del filo el desgaste de este (herramientas) | signal analyzer.
dispositivo para disimular la aceleración vertical (aviones) | G-restrictor.
dispositivo para disminuir el efecto de algo (chorro de gases, etcétera) | spoiler.
dispositivo para disminuir la sustentación (aviones) | lift spoiler.
dispositivo para disminuir la sustentación del ala en una cierta superficie (aviones) | spoiler.
dispositivo para efectuar el proceso | device for carrying out the process.
dispositivo para el almacenamiento y la recuperación de datos | storage and retrieval device.
dispositivo para el rectificado | grinding attachment.
dispositivo para emisión y recepción en dúplex | listening through.
dispositivo para emisión y recepción simultáneas (radio) | listening-through device.
dispositivo para enseñar a cargar cañones | loading machine.
dispositivo para estibar botes | boat-stowage arrangement.
dispositivo para evacuación de aire | air exhausting device.
dispositivo para evitar el retroceso de la llama | antibackfiring device.
dispositivo para evitar la apertura de la culata (cañón cargado) | salvo latch.
dispositivo para evitar la colisión por detrás (automóviles) | tail-end-collision avoidance device.
dispositivo para evitar la formación de hielo (aviones) | ice guard.
dispositivo para evitar pérdidas | leak-off device.
dispositivo para evitar perturbaciones | disturbance preventer.
dispositivo para excluir la luz de los ojos | occluder.
dispositivo para explorar un campo sonoro | sound prove.
dispositivo para extraer el polvo de la perforación | drill-dust removing-device.
dispositivo para fijar la situación (en el plano) | position-fixing device.
dispositivo para formar cortina de lluvia | drencher.
dispositivo para frenar el buque en la botadura | snubbing gear.
dispositivo para frenar la caída de un cohete meteorológico | ballute.
dispositivo para frenar la caída de un torpedo aéreo | flight gear.
dispositivo para guiar el tocho a la tijera (laminador) | shear pipe.
dispositivo para hacer aparecer o desaparecer imágenes (cine) | fader.
dispositivo para hacer explosionar minas | mine exploder.
dispositivo para hacer rodar los troncos hacia la orilla del río | log-roller.
dispositivo para impedir el retorno de llamas | flame-trap.
dispositivo para impedir el retorno de llamas en el tubo de alimentación (motores) | induction flame damper.
dispositivo para impedir la formación o propagación de grietas | crack deterrent.
dispositivo para impedir la marcha en vacío (contador eléctrico) | anticreep device.
dispositivo para indicar las irregularidades de la vía (ferrocarril) | spotter.
dispositivo para inmovilizar los mandos de un avión estacionado | parking harness.
dispositivo para instruir al personal en ataques antisubmarinos | attack teacher.
dispositivo para inyectar combustible en los gases calientes de exhaustación (motor de chorro) | tailpipe burner | afterburner.
dispositivo para inyectar combustible y un oxidante en la cámara de combustión (motor cohético) | injector.
dispositivo para izar submarinos | submarine-lifter.
dispositivo para la extinción del arco (cortocircuitos) | turbulator.
dispositivo para labrar curvas de unión | radiusing attachment.
dispositivo para levantar grandes pesos | lift.
dispositivo para manejar las piezas | work-handling device.
dispositivo para maniobrar señales y agujas | interlocking machine.
dispositivo para mantener el secreto (conversación radiotelefónica) | scrambler.
dispositivo para medir con precisión el nivel de un líquido | hook gage.
dispositivo para medir el cambio de diamétro de un agujero | borehole deformation gage.
dispositivo para medir fuerza basado en transductores hidráulicos y eléctricos | load cell.
dispositivo para medir la torsión de una probeta | troptometer.
dispositivo para meter espárragos (maquinaria) | stud box.
dispositivo para mortajar | mortise gear.
dispositivo para mover las imágenes | image-shifting device.
dispositivo para nebulizar el lubricante (motores) | lube-o-mizer.
dispositivo para no sobrepasar el fin de carrera (jaula minas) | overwind gear.
dispositivo para orientación del satélite | satellite orientation device.
dispositivo para oscurecer el resplandor de un metal caliente (escape motores aviación) | glow screen.
dispositivo para parar en caso de accidentarse el conductor (trenes eléctricos) | deadman device.
dispositivo para perfilar muelas abrasivas adiamantadas | wheel profiling device.
dispositivo para petrolear en la mar (marina guerra) | close-in rig.
dispositivo para poner a tamaño o dimensiones dadas (agujeros, etc.) | sizing device.
dispositivo para poner en derivación | shunt cutout.
dispositivo para poner en marcha los movimientos rápidos (relojes) | flirt.
dispositivo para posicionar la plantilla | template positioning device.
dispositivo para prevención del frenado automático | forestaller.
dispositivo para prevenir colisiones | collision warning device.
dispositivo para probar a golpes | shock-simulation device.
dispositivo para producir una doble imagen | image splitting device.
dispositivo para proteger a una persona contra las fuerzas de la gravedad | antigravity device.
dispositivo para pruebas | test-rig.
dispositivo para pruebas de alas (aviación) | wing-testing rig.
dispositivo para que el humo se levante durante la marcha (locomotoras, buques) | smoke lifter.
dispositivo para que el techo de su último recorrido quede flexado con objeto de eliminar tensiones por partes que estén frías (tren laminación) | twist pipe.
dispositivo para que no se propague la detonación | detonation trap.
dispositivo para que un avión sin piloto pueda aterrizar en caso de fallo del telecontrol | ditching device.
dispositivo para quitar la niebla | defogging device.
dispositivo para racimar | bunching device.
dispositivo para recoger personal herido del agua | rescue basket.
dispositivo para recoger sacas de correspondencia en marcha (trenes, helicópteros) | mailbag catcher.
dispositivo para recoger y apilar hojas (máquina fabricar papel) | layboy.

dispositivo para rectificar las muelas abrasivas | grinding wheel forming device.
dispositivo para rectificar muelas | forming device.
dispositivo para reducir el empuje del chorro (motor de chorro) | thrust spoiler.
dispositivo para registrar los recuentos en grupos de tamaño predeterminado | scaling circuit.
dispositivo para represar agua y luego descargarla (laboreo placeres auríferos) | self-shooter.
dispositivo para retener el detonador (cargas de profundidad, minas) | extender.
dispositivo para retirar la herramienta (máquinas herramienta) | relieving attachment.
dispositivo para roscar (tornos) | chasing attachment.
dispositivo para sacar la válvula fija de la bomba de la tubería (pozos petróleo) | garbutt rod.
dispositivo para separar fases (motores monofásicos) | phase-splitting device.
dispositivo para someter a flexión (una probeta o muestra) | flexing fixture.
dispositivo para soportar el cable eléctrico (líneas aéreas) | anchor ear.
dispositivo para soportar el peso | weight carrier.
dispositivo para soportar la manguera de petrolear (petroleo en la mar) | saddle.
dispositivo para sostenerse parado en las cuestas (autos) | hill-holding device.
dispositivo para suavizar la curva de unión | radiussing attachment.
dispositivo para sujetar al piso | floor-locking device.
dispositivo para sujetar una carga de profundidad en su lanzador | depth charge arbor.
dispositivo para suprimir el color | color killer.
dispositivo para taladrar a una profundidad dada | bit stop.
dispositivo para tallar engranajes | gear-cutting attachment.
dispositivo para tapar agujeros | hole-stopping device.
dispositivo para tapar la boca (pozo petróleo) | blowout preventer.
dispositivo para tensar correas pulidoras | backstand.
dispositivo para tornear colectores | commutator turning device.
dispositivo para tornear en forma oval | oval turning device.
dispositivo para transferir personas entre dos buques en la mar | breeches buoy.
dispositivo para unir el cable al aislador (líneas de transmisión) | anchor clamp.
dispositivo para vaciar nieve recogida en un vagón sobre un balón inflable | balloon type snow dumping device.
dispositivo para ver por rayos infrarrojos | infrared seeing device.
dispositivo para verter algún líquido | pourer.
dispositivo perceptor | perceiving device.
dispositivo periférico | peripheral device.
dispositivo perturbador | jamming device.
dispositivo piezomultiplicador | pressure-multiplying device.
dispositivo probado en servicio | proved-in-service device.
dispositivo protector (guarda - máquinas) | guard.
dispositivo protector aprobado | approved safety device.
dispositivo protector contra cambio de fases | contraphase protective gear.
dispositivo protector contra irradiaciones | radiation-shielding device.
dispositivo protector contra una falta de fase (motores eléctricos) | phase protective device.
dispositivo protector de sobrecarga | safety cutout.
dispositivo protector de sobrevelocidad | overspeed protecting device.
dispositivo protector vital | key protective device.
dispositivo que ahorra tiempo y dinero | time-and-money saver.
dispositivo que automáticamente abre el paracaídas cuando cada paracaidista es lanzado (avión lanzaparacaidistas) | static lines.
dispositivo que detecta y transmite y repite el movimiento de los mandos (aviones) | synchro.
dispositivo que funciona en respuesta a una influencia ambiental | self-reacting device.
dispositivo que gasta mucha energía o potencia | power waster.
dispositivo que hace aumentar la fatiga en un eje (chaveteros, agujeros de lubricación, radios, etc.) | stress-raiser.
dispositivo que permite la emisión y recepción en duplex | break-in device.
dispositivo que recibe y amplifica las ondas radáricas y las envía al indicador radar (aeropuertos) | radar receiver.
dispositivo radárico empleado en el control por radar | radar controller.
dispositivo radicador termoiónico | rooter.
dispositivo ranurador | scoring device.
dispositivo rayador | scoring device.
dispositivo reavivador (de muelas abrasivas) | truing device | dresser.
dispositivo recogegotas | droplet-catching device.
dispositivo reconocedor | recognizer.
dispositivo reflector posterior (bicicletas) | rear reflector.
dispositivo refractario para mantener un depósito de acero líquido hasta que se ha solidificado la parte principal del lingote (parte alta de la lingotera) | dozzle.
dispositivo refrigerado por convección natural | natural convection cooled device.
dispositivo refrigerado por reforzamiento de aire | forced-air-cooled device.
dispositivo refringente | refractor.
dispositivo regenerador | regenerating device.
dispositivo registrador continuo automático | automatic continuous registering device.
dispositivo registrador de alta velocidad automático | automatic high-speed recording device.
dispositivo registrador de las conversaciones telefónicas (EE.UU.) | telephone voice recorder.
dispositivo registrador de las conversaciones telefónicas (G.B.) | voice-recording equipment.
dispositivo regulable para aflojar la correa | adjustable strap reliever.
dispositivo regulador de cabecera (hidráulica) | head-regulating device.
dispositivo regulador de la carga | load-controlling device.
dispositivo regulador de la exhaustación del automóvil | automobile-exhaust control device.
dispositivo regulador de la potencia | power-regulating unit.
dispositivo remolcado fonógeno (buques) | fxr.
dispositivo remolcado sónico | foxed gear.
dispositivo resistivo no-óhmico | nonohmic resistive device.
dispositivo retardador de la llegada a la superficie (jaula minas) | slow-banking device.
dispositivo retenedor | holding device.
dispositivo retenedor (de aceite, etc.) | flinger.
dispositivo rotatorio de transferencia de energía | rotary power transfer device.
dispositivo seccionador | cutting device.
dispositivo semiconductor montado sobre perno | stud-mounted seminconductor device.
dispositivo semimecánico | semimechanical device.
dispositivo sensible a la aceleración | acceleration sensitive device.
dispositivo sensible a la velocidad del motor | engine speed responsive device.
dispositivo sensible al infrarrojo | infrared-sensing device.
dispositivo sensor | sensing device.
dispositivo sensor resonante | resonant sensing device.
dispositivo señalizador | device flag.
dispositivo silenciador (radioelectrónica) | squelch.
dispositivo simulador de lluvia para estudios experimentales de erosión | rainulator.
dispositivo sin error de la variable transmitida (servomecanismo) | null device.
dispositivo sincronizador | timing device.
dispositivo soltador | release device.
dispositivo sonógeno (rastreo minas acústicas) | hammerbox.
dispositivo sueltaminas (buque minador) | detent.
dispositivo sujetaavión (catapultas) | holdback.
dispositivo sujetador | holding fixture | holdback | retaining device | locking device.
dispositivo sujetador (chapas sobre cepilladoras, tijeras, etc.) | hold-down gear.
dispositivo sujetador de gancho giratorio | rotating hook clamping fixture.
dispositivo sujetador del portillo (buques) | dogbolt.
dispositivo sujetalingotes | ingot holding device.
dispositivo tensador de la correa | belt-tensioning device.
dispositivo tensor | straightening device.
dispositivo todo de vidrio | all-glass device.
dispositivo totalizador del tiempo | time-totalizing device.
dispositivo transmisor de identificación | answer-back.
dispositivo transportador | propelling gear.
dispositivo trazador de líneas y puntos (salida en una calculadora) | X-Y plotter.
dispositivo ultrasensible para analizar las fuentes radiactivas de los mares | dunc.
dispositivo unido a la boca para conducir parte de los gases al mecanismo de retroceso (cañones) | muzzle booster.
dispositivo unido al radiorreceptor de un avión para conducir éste a una estación transmisora | homer.
dispositivo unido al radiorreceptor de un avión para guiar éste a una estación transmisora | homing adapter.
dispositivo usado una sola vez | one-shot device.
dispositivo visual de señalización (buques guerra) | blinker tube.
dispositivo visualizador | display.
dispositivo y software que realiza procesos de compatibilidad | emulator.
dispositivo YIG | YIG device.
dispositivos construccionales | constructional arrangements.
dispositivos de comprobación | monitoring facilities.
dispositivos de destrincar la balsa neumática (aviones) | dinghy release gear.
dispositivos de entrada en batería (cañones) | runout arrangements.
dispositivos de protección | protection feature.
dispositivos de retenida | checking arrangements.
dispositivos de seguridad | operator's guards.
dispositivos de sujección en grada (buques) | checking arrangements.
dispositivos electromecánicos montados | off-the-shelf.
dispositivos exteriores de una cosmonave | space vehicle appendages.
dispositivos lineales por tramos | piecewise linear devices.
dispositivos mecánicos para dar movimiento a objetos (televisión) | animations.
dispositivos o máquinas para ahorrar mano de obra | labor-saving devices.

dispositivos para el funcionamiento | running gear.
dispositivos para hacer que no funcione un aparato | paralysis facilities.
dispositivos para proteger del frío a los oficiales y hombres del puente de navegación (buques) | arcticizing.
dispositivos para que no se corra la estiba (cargamentos a granel) | grain fittings.
dispositivos para sujetar la caldera | boiler-securing arrangements.
dispositivos para vaciado de combustible | defueling facilities.
dispositivos terminales | terminating set.
dispositivos termoeléctricos | thermoelectrics.
dispotivo de tiempo de tránsito | transit-time device.
disprosio (Dy) | dysprosium.
dispuesta para funcionar con placas de papel en 30 segundos | ready to run paper plates in 30 seconds.
dispuesto (telefonía) | forward.
dispuesto a comprar | in the market.
dispuesto a funcionar al tocar una tecla | ready for action at the touch of a bottom.
dispuesto alfabéticamente por asuntos | arranged alphabetically by subjects.
dispuesto con orden | methodically arranged.
dispuesto de forma orientable | swivellingly arranged.
dispuesto de manera aleatoria | randomly arranged.
dispuesto en cruz | crosswise arranged.
dispuesto en espirales | acyclic.
dispuesto en estrella (motores) | radialized.
dispuesto en forma desplazable | slidably arranged.
dispuesto en tanden | tandem-arranged | axially-arranged.
dispuesto en un orden cualquiera | randomly arranged.
dispuesto helicoidalmente | helically-arranged.
dispuesto para colar (cubilotes) | run (to).
dispuesto para el lanzamiento | readied for launch.
dispuesto para funcionar | ready.
dispuesto para ser trasladado sin desmontar (calderas, motores, etc.) | packaged.
dispuesto para su uso | on call.
dispuesto para su uso (lugares) | on limits.
dispuesto para su uso o para el servicio | in commission.
dispuesto periferalmente | peripherally-arranged.
dispuesto radialmente | radially-arranged | radialized.
dispuesto verticalmente | vertically disposed.
dispuestos radialmente | radially arranged.
dispuestos según los distritos de inspección | arranged according to surveying districts.
dispuestos según tamaño | sized.
disputa | dispute | contention | contestation.
disputa aspera | seething controversy.
disputa jurisdiccional | demarcation dispute.
disputa jurisdiccional (entre gremios laborales) | jurisdictional dispute.
disputa laboral | labor dispute.
disputa sobre intromisión de campos de actividades (sindicatos) | demarcation dispute.
disputar | dispute (to) | debate (to) | ventilate (to) | contest (to).
disputar un partido (deportes) | play a match (to).
disputarse una cosa | compete for (to).
disputas relativas a un contrato | disputes arising in connection with a contract.
disquete | diskette.
disrupción | disruption.
disrupción del metal en el centro de la parte recalcada (cabezas válvulas) | ringing.
disrupción en avalancha | avalanche breakdown.
disrupción en sentido inverso (semiconductores) | reverse breakdown.
disrupción o dispersión violenta | debacle.
disrupción violenta | cataclasm.
disruptivo | disruptive.
disruptor | disruptor.
distancia | fetch | gap | reach | range | space | distance.
distancia a la costa más cercana en dirección del viento dominante (puertos) | fetch.
distancia a la que es visible un objeto de altura dada | sight distance.
distancia a la que se distingue tierra (buques) | kenning.
distancia a la que se ve un barco | kenning.
distancia a tierra | ground range.
distancia al blanco | target range | range | range of target.
distancia al horizonte óptico | line-of-sight distance.
distancia al origen | datum range.
distancia angular | angular distance.
distancia angular del horizonte aparente debajo del horizonte visible (navegación aérea) | dip.
distancia apreciada | estimated range.
distancia cenital | zenith distance.
distancia cenital computada | calculated zenith distance.
distancia circumferencial | circumferential distance.
distancia de acarreo | length of haul.
distancia de acarreo (movimientos tierras) | lead.
distancia de acarreo adicional | overhaul distance.
distancia de acarreo libre | free-haul distance.
distancia de aceleración-parada | accelerate stop distance.
distancia de aeropuerto a aeropuerto | airport-to-airport distance.
distancia de agrupación (válvula termiónica) | drift space.
distancia de aislamiento | tracking distance.
distancia de círculo máximo | airline distance.
distancia de contorneo (fugas eléctricas en aisladores de rosario) | creeping distance.
distancia de costado a costado entre objetos | interval.
distancia de despegue (aviones) | take-off distance.
distancia de despegue con un motor averiado | engine failure take-off distance.
distancia de desvío nuclear | offset distance.
distancia de eje a eje de los asientos | seat pitch.
distancia de encuentro | range of engagement.
distancia de extrapolación lineal | linear extrapolation distance.
distancia de formación (de ráfaga) | gradient distance.
distancia de formación de una ráfaga | gust gradient distance.
distancia de frenado (sobre la cubierta de un portaaviones) | pull out distance.
distancia de ida | one-way distance.
distancia de ida y vuelta | both-ways distance.
distancia de interrupción | break distance.
distancia de la cara exterior del cubo del disco a la línea central de la llanta (ruedas) | offset.
distancia de la cresta al seno (ondulaciones) | peak-to-valley.
distancia de la cuchilla al contacto en la posición de abierto (interruptor) | break.
distancia de la flotación a la parte baja de la quilla | keel depth.
distancia de la fuente a la película | source-to-film distance.
distancia de la fuente radioactiva a la piel | source-skin distance.
distancia de la lente al foco | backfocal length.
distancia de la onda de choque por delante del cuerpo | shock-standoff distance.
distancia de la punta de la pala al fuselaje (hélices aéreas) | tip-fuselage clearance.
distancia de la pupila de salida al ocular (instrumentos ópticos) | eye relief | eye clearance.
distancia de la última lente al foco (sistema óptico) | back focal length.
distancia de lanzamiento | throwing range.
distancia de las puntas de las palas al casco (buque de dos hélices) | tip clearance.
distancia de mala recepción (radio) | skip distance.
distancia de origen a destino | line haul.
distancia de parada mínima | minimum stopping distance.
distancia de planeo con motores parados | power-off gliding distance.
distancia de protección | protection distance | reach.
distancia de protección de la hélice (aviones) | propeller clearance.
distancia de proyección (cine) | projecting distance | throw.
distancia de puntería | sighting range.
distancia de salto (onda) | skip distance.
distancia de salto del arco en seco (aisladores) | dry-arcing distance.
distancia de seguridad con relación a la energía emitida por un haz radárico (personal expuesto a un haz radárico) | radar-safe distance.
distancia de tangente | tangent distance.
distancia de transporte | haul distance | length of haul.
distancia de transporte (tierra de excavaciones) | haul.
distancia de transporte pequeña | short-haul distance.
distancia de un eje suspendido al techo (talleres) | drop.
distancia de visibilidad | seeing distance.
distancia de visibilidad de adelantamiento (carreteras) | passing sight distance.
distancia de visibilidad de los faros | headlight sight distance.
distancia de visibilidad de no adelantamiento (autos en carretera) | nonpassing sight distance.
distancia de visibilidad de parada (autos) | stopping sight distance.
distancia de 7 metros o más (oftalmología) | infinite distance.
distancia del borde al centro del remache (chapa remachada) | edge distance.
distancia del cañón al observatorio (tiro terrestre) | gun displacement.
distancia del centro de esfuerzo vélico al centro de la resistencia lateral (buques de vela) | lead.
distancia del centro de la zona de contacto de la rueda (a la intersección del eje de la rueda con el suelo - aviones) | castor length.
distancia del centro de un remache al borde de la chapa | landing.
distancia del centro de un remache al vértice (angulares) | back gage.
distancia del centro del esfuerzo de inercia al eje considerando ($r^2 = I/M$) | radius of gyration.
distancia del foco al filme | focus-to-film distance.
distancia del frente a la bocallave | backset.
distancia del marco al paramento exterior de la pared (ventanas) | reveal.
distancia del objetivo a la placa (fotografía) | camera extension.
distancia del rediente al codaste (hidros) | afterbody.
distancia del talón al carril (agujas) | heel distance.
distancia desde el centro de gravedad al centro de presión | critical distance.
distancia desde el comienzo de la pata de liebre a la punta real del corazón (cruzamiento de vías) | toe length.
distancia determinada electrónicamente | electronic distance.

distancia dioptral | dioptral distance.
distancia disruptiva | sparkgap | break distance.
distancia disruptiva en húmedo (aislador) | wet arcing distance.
distancia disruptiva en seco (aisladores) | dry-arcing distance.
distancia eficaz | effective range.
distancia en brazas entre dos marcaciones sucesivas del escandallo | deep.
distancia en declive | slant distance.
distancia en línea recta de una estación en el suelo a un globo sonda | slant range.
distancia en millas | mileage.
distancia en millas náuticas adelantadas en dirección este (navegación) | easting.
distancia entre apoyos | distance between supports.
distancia entre apoyos (vigas) | supporting distance.
distancia entre bordes | gap width.
distancia entre brazos (soldadora por resistencia) | horn spacing.
distancia entre caras | width across flats.
distancia entre caras interiores de las pestañas (coche ferrocarril) | wheel gage.
distancia entre centros | center distance | distance between centers.
distancia entre centros de agujeros que deben coincidir | drift.
distancia entre centros de broca | pitch of drills.
distancia entre centros de carretones | distance between bogie centers.
distancia entre cerchas (cubiertas de edificios) | bay.
distancia entre cuernos (pararrayos) | horn gap.
distancia entre dos puntos situados a distinta altitud y no situados en la misma vertical | slant distance.
distancia entre ejes | wheelbase.
distancia entre ejes acoplados (locomotoras) | wheelbase.
distancia entre ejes de carriles | rail centers.
distancia entre ejes de carriles (vía) | rail span.
distancia entre ejes de ruedas extremas (locomotoras) | total wheelbase.
distancia entre ejes extremos (coche ferrocarril) | wheelbase.
distancia entre el borde de ataque del plano superior y la proyección de este borde sobre la cuerda del plano inferior (biplanos) | gap.
distancia entre el buque que dispara y el blanco en el momento del disparo | firing range.
distancia entre el proyector y la pantalla (cine) | throw.
distancia entre electrodos | spark gap | sparking-plug gap | sparkgap.
distancia entre la antena y el punto visible más alejado visto desde aquélla | horizon distance.
distancia entre la cabeza de un diente y raíz del diente conjugado (engranajes) | clearance.
distancia entre la intersección de la vertical del centro de momentos con las prolongaciones del primero y último lado del polígono funicular | vertical intercept.
distancia entre la línea base y el frente del cuerpo del tipo (tipografía) | beard.
distancia entre la punta de la aguja y la punta del corazón (cambio de vía) | lead.
distancia entre las dos cabezas después de remachado (remaches) | grip.
distancia entre las mandíbulas abiertas (peces, aves, etc.) | gape.
distancia entre los centros de dos ejes que se cruzan | offset.
distancia entre los contactos del interruptor | breaker point gap.
distancia entre los talones de las dos ramas del corazón (cruzamiento vías) | heel spread.
distancia entre perforaciones de alimentación | feed pitch.
distancia entre pestañas (coches ferrocarril) | fitted gage.
distancia entre pisos (minas) | level spacing.
distancia entre pistas | track pitch.
distancia entre plantas | spacing in the row.
distancia entre puntos (electrotecnia) | needle gap.
distancia entre puntos (probetas) | gaged length.
distancia entre puntos (tornos) | distance between centers | take | needle gap.
distancia entre puntos adecuados | pitch (to).
distancia entre puntos correspondientes | pitch.
distancia entre remaches | rivet pitch.
distancia entre señales (probeta) | gauge length.
distancia entre topes extremos (vagones, locomotoras) | total overall.
distancia entre un cañón y la posición del blanco en el momento en que se hace fuego sobre él (blanco móvil) | present range.
distancia entre una punta positiva y un plano negativo (electricidad) | point-plane gap.
distancia entre varillas | rod gap.
distancia epicentral | epicentral distance.
distancia excesiva | extended distance.
distancia explosiva | spark length | sparkgap.
distancia explosiva de conmutación | alternative spark gap.
distancia explosiva máxima | sparking distance.
distancia extrafocal | extrafocal distance.
distancia focal | focal length.
distancia focal conjugada | conjugate focal distance.
distancia fuera de foco | defocus.
distancia futura | future range.
distancia futura (tiro antiaéreo) | advance range.
distancia geodésica | geodetic distance.
distancia hiperfocal | hyperfocal distance.
distancia hiperfocal (sistema óptico) | depth of field.
distancia horizontal entre el punto de entrada y el punto de salida del chorro del soplete (corte oxiacetilénico de chapas gruesas) | drag.
distancia horizontal entre los afloramientos (fallas) | offset.
distancia horizontal que recorre la bomba desde que se lanza hasta el momento de impacto (bombardeo aéreo) | range.
distancia infinita | infinite distance.
distancia intercrestal | intercrest distance.
distancia interiónica | interionic distance.
distancia interior entre llantas de las ruedas | gage of tires.
distancia interplanar (cristalografía) | spacing | grating space | grating constant.
distancia interpolar (electricidad) | pole pitch.
distancia interpupilar | eye base | interpupillary distance | interocular distance.
distancia máxima | maximal distance.
distancia máxima a la cual empieza a ser efectivo el dispositivo buscablancos | homing range.
distancia máxima entre puntos (tornos) | admits between centers.
distancia máxima foco/eje de rotación | maximum target-to-axis of rotation distance.
distancia media de transporte | average haul distance | mean hauling distance | mean lead | mean haul.
distancia media de vuelo por día | average flying distance per day.
distancia media geométrica | geometrical mean distance | geometric mean distance | geomean distance.
distancia medida | measured range.
distancia medida en el costado | distance at side.
distancia medida por tiempo | time distance.
distancia mínima entre el punto de impacto y la trayectoria del bombardero | crosstrail.
distancia navegada | sailed distance | leg.
distancia navegada a babor o estribor desde el momento en que se pone el timón a una banda hasta que el buque ha tomado el nuevo rumbo (buques virando) | transfer.
distancia navegada al este u oeste medida sobre un paralelo | departure.
distancia navegada medida por la corredera | logged distance sailed.
distancia nivelada en kilómetros | distance leveled in kilometers.
distancia ortodrómica | great circle distance.
distancia ortodrómica (geodesia) | great-circle distance.
distancia perpendicular a una línea | swing offset.
distancia perpendicular en un plano horizontal de un punto al meridiano de referencia | meridian distance.
distancia polar | pole distance.
distancia polar (complemento de la declinación - 30 grados menos la declinación) | codeclination.
distancia progresiva | cumulative distance.
distancia prudente | prudent distance.
distancia que puede saltar en la atmósfera una corriente de alto voltaje | backup.
distancia real | slant range.
distancia real entre dos puntos de distinta cota | slant distance.
distancia real entre la estación receptora en el suelo y el globo sonda que lleva el equipo radiotelegráfico | rawin slant range.
distancia recorrida | distance moved | day's run | covered distance.
distancia recorrida (ferrocarril, autobuses) | length of route.
distancia recorrida después de empezar el frenado | braking distance.
distancia recorrida por un protón antes de entrar en colisión con otro núcleo | interaction run.
distancia recorrida sin corriente en el motor (locomotora eléctrica) | coasting distance.
distancia recorrida sobre su rumbo desde el momento de meter la caña | advance.
distancia reticular | grating distance.
distancia según coordenadas de la cuadrícula (mapas) | grid distance.
distancia tangencial (vías férreas) | tangent distance.
distancia topográfica | ground distance | map distance | map range.
distancia total entre ejes de ruedas de la locomotora | engine total wheelbase.
distancia utilizable (soldadoras de puntos) | throat depth.
distancia verdadera | slant distance.
distancia vertical considerable | considerable vertical distance.
distancia vertical del plano de referencia al fondo (cartas marinas) | charted depth.
distancia vertical entre la cresta al seno precedente (olas) | breaker height.
distancia vertical entre las partes más inferior y superior (hornos) | rise.
distancia vertical entre los planos de nivel | contour interval.
distancia volada horizontalmente momentos antes de aterrizar (aviones) | float.
distanciado de las estructuras adyacentes | clear of adjacent structures.
distanciado de los extremos de las cartelas terminales | clear of the toes of end brackets.
distanciador para el macho (moldería) | chaplet.
distanciador tubular | distance tube | thimble.
distanciados verticalmente (aviones en espera de aterrizar) | stacked up.
distanciados 3 pulgadas de centro a centro | pitched on 3 in centers.
distanciamiento | pitch.
distanciamiento de la cámara tomavistas del objeto (cine) | dolly out.

distanciamiento reticular | lattice spacing.
distanciar (yates) | outsail (to).
distancias entre partículas | interparticle distances.
distancias largas | long-range.
distante | distant.
distaxia (cristalografía) | distaxy.
distéctico | dystectic.
distena (mineralogía) | kyanite.
distender | distend (to).
distensibilidad | distensibility.
distensible | distendable | distensible.
distensión | distension | strain.
distensión (muelles) | set-out.
distinción | difference.
distinción social entre los blancos y los de color | color bar.
distinción sonográfica | sonographic distinction.
distinguibilidad | distinguishability.
distinguible | distinguishable | noticeable | discriminable.
distinguible a simple vista | distinguishable by the naked eye.
distinguir | note (to) | discriminate (to) difference (to).
distinguir puntos (serie de funciones) | separate points (to).
distinguirse (navegación) | loom out (to).
distintivo | tag | full title | character | badge.
distintivo (signo) | discriminating.
distintivo de llamada de una red | net call sign.
distintivo de llamada internacional | international call sign.
distintivo de llamada radiotelefónico | voice call sign.
distintivo policiaco | police badge.
distinto | separate | distinct.
distomiasis | rot.
distómico (con clivaje imperfecto) | dystomic.
distorsímetro | distortion analyzer | distortion meter.
distorsión | distortion | warping | warpage | bias | flutter | knuckling | racking.
distorsión (rotor turbinas) | bending.
distorsión (telegrafía, telefonía) | clipping.
distorsión acústica | acoustic distortion.
distorsión aeroelástica | aeroelastic distortion.
distorsión alineal | nonlineal distortion | delay distortion.
distorsión angular | angular distortion.
distorsión aparente por efectos pictóricos (televisión) | synthetic distortion.
distorsión armónica | waveform distortion | harmonic distortion | amplitude distortion.
distorsión armónica de audiofrecuencia | audiofrequency harmonic distorsion | audio-frequency harmonic distortion.
distorsión armónica global | total harmonic distortion.
distorsión atenuada | minimized distortion.
distorsión atmosférica de señales de radar | trapping.
distorsión audio | audio flutter.
distorsión campaniforme de imagen (radar) | cobs.
distorsión característica | characteristic distortion.
distorsión con lados sinuosos (TV) | hum distortion.
distorsión cóncava | pillow distortion.
distorsión cruzada | crossover distortion.
distorsión curvilínea | curvilinear distortion.
distorsión de abertura | aperture distortion.
distorsión de amplitud | amplitude distortion.
distorsión de amplitud (radio) | intensity distortion.
distorsión de amplitud-frecuencia | amplitude-frequency distortion.
distorsión de atenuación-frecuencia | attenuation distortion.
distorsión de contacto | tracing distortion.
distorsión de contrastes sobre los bordes (TV) | edge flare.
distorsión de cuantificación | quantization distortion.
distorsión de exploración | scanning distortion.
distorsión de fase | delay-frequency distortion | delay distortion | phase distortion.
distorsión de frecuencia de línea | line frequency distortion.
distorsión de imagen (facsímile) | skew.
distorsión de imagen (TV) | bend.
distorsión de imagenes | pincushion.
distorsión de intermodulación | IM distortion | intermodulation distortion | combination tone distortion.
distorsión de la curva | curve distortion.
distorsión de la envolvente | envelope distortion.
distorsión de la forma | shape distortion.
distorsión de la frecuencia | frequency distortion.
distorsión de la imagen | image distortion.
distorsión de la imagen (TV) | tilt.
distorsión de la imagen en que las líneas paralelas aparecen curvadas hacia adentro | pillow distortion.
distorsión de la red cristalina | crystalline-lattice distortion.
distorsión de la reproducción | distortion of reproduction.
distorsión de la traza | track distortion.
distorsión de línea | line distortion | S-distortion.
distorsión de línea (telefonía) | fortuitous distortion.
distorsión de los precios | price distorsion.
distorsión de modulación | modulation distortion.
distorsión de origen | origin distortion.
distorsión de polarización de trabajo | marketing bias.
distorsión de resonancia | resonance distortion.
distorsión de retardo de fase | phase delay distortion.
distorsión de retardo de frecuencia cero | phase intercept distortion.
distorsión de señal (telefonía) | signal distortion.
distorsión de sobrecarga (radio) | blasting.
distorsión de submodulación | underthrow distortion.
distorsión debida a la curvatura de la pantalla | on-screen distortion.
distorsión debida al retardo | delay distortion.
distorsión del agujero taladrado (taladrado de piezas) | squeezing.
distorsión del campo | field distortion | distortion of field.
distorsión del diagrama de radiación | source error.
distorsión del eje | shaft distortion.
distorsión del entramado | frame racking.
distorsión del impulso | impulse distortion.
distorsión del modelo (moldería) | faking.
distorsión ecoica | echo distortion.
distorsión electrónica de la señal | signal electronic distortion.
distorsión en acerico (imagel TV) | pincushion effect.
distorsión en acerico (TV) | pincushion distortion.
distorsión en barril (TV) | positive distortion.
distorsión en barrilete (óptica) | barrel-shaped distortion.
distorsión en el tejido (defecto telas) | sticker.
distorsión en forma de barril | barrel distortion.
distorsión en la emisión | transmitter distortion.
distorsión en la entrada | inlet distortion.
distorsión en que un cuadrado aparece con los lados curvados hacia adentro (imagen óptica) | pincushion distortion.
distorsión esferoide | barrel distortion.
distorsión fotográfica alineal (filmes) | donner effect.
distorsión geométrica | geometrical distortion.
distorsión intolerable | intolerable distortion.
distorsión máxima compatible con una buena inscripción (telegrafía) | margin.
distorsión negativa | barrel distortion.
distorsión óptica | optical twinning | optical distortion.
distorsión orientada cristalográficamente | crystallographically-oriented distortion.
distorsión por asimetría del circuito (señales telegráficas) | bias distortion.
distorsión por capa adyacente | print-through.
distorsión por desincronización expontánea | jag.
distorsión por el soldeo | welding distortion.
distorsión por intermodulación | intermodulation distortion.
distorsión por sobremodulación | overthrow distortion | overshoot distortion.
distorsión por sobremodulación (televisión) | underswing.
distorsión por sobremodulación (TV) | undershoot.
distorsión por submodulación (TV) | underthrow distortion.
distorsión producida cuando la amplitud es demasiado grande para el aparato (TV) | peaks.
distorsión producida por tubos de rayos catódicos rellenos de gas (las líneas rectas aparecen onduladas) | fringing.
distorsión reticular | dislocation | lattice distortion.
distorsión simétrica que hace aparecer cóncava la superficie (plásticos) | dished | domed.
distorsión telegráfica polarizada | bias telegraph distortion | bias distortion.
distorsión tetragonal (metalurgia) | tetragonal distortion.
distorsión trapezoidal | keystone effect.
distorsión trapezoidal (cine, TV) | trapezium distortion.
distorsión trapezoidal (resortes) | keystone effect.
distorsión trapezoidal (TV) | keystone distortion.
distorsionado | warped.
distorsionado tetragonalmente | tetragonally distorted.
distorsionador | scrambler.
distorsional | distortional.
distorsionar | distort (to).
distorsionar plásticamente | distort plastically (to).
distorsiones (chapas) | buckles.
distorsiones no tarifarias del comercio | non-tariff distortion.
distracción de fondos | peculation | misappropriation of funds.
distracción dolosa | double-faced misappropiation.
distracto | annulment by mutual consent.
distraer | misappropriate (to).
distribruible | distributable.
distribución | distributing | distribution | release | timing | assortment | dealing | dispatching | disposal | apportionment | appropriation.
distribución (de energía, etc.) | spectre.
distribución (de fondos) | allotment.
distribución (filmes) | release.
distribución (máquina vapor) | valve motion | valve gear.
distribución (telecomunicación) | wiring system.
distribución a alta presión | high-pressure distribution.
distribución a alto voltaje | high-pressure distribution.
distribución abocinada | gabled distribution.
distribución acumulativa | cumulative distribution.
distribución agrupada | grouped distribution.
distribución aleatoria (estadística) | random distribution.
distribución alterna | interleave.

distribución alternativa (memoria) | interlacing.
distribución angular anisótropa | anisotrope angular distribution.
distribución angular de los fragmentos de fisión | fission fragment angular distribution.
distribución angular de los fragmentos de fotofisión | photofission fragment angular distribution.
distribución angular isótropa | isotropic angular distribution.
distribución antisimétrica (estadística) | skew distribution.
distribución arbitraria | arbitrary allocation.
distribución asimétrica | skew distribution.
distribución asintótica de la radiancia | asymptotic radiance distribution.
distribución bimodal | bimodal distribution.
distribución binomia | binomial distribution.
distribución binomia acumulativa | cumulative binomial distribution.
distribución binomial | binomial distribution.
distribución bivariada | bivariate distribution.
distribución bivariante | bivariate distribution.
distribución casual (estadística) | random distribution.
distribución compensada (encendido motores) | compensated timing.
distribución compleja de esfuerzos | complex stress distribution.
distribución complicada de esfuerzos | intricate stress distribution.
distribución conjunta | joint distribution.
distribución chi-cuadrado | chi-square distribution.
distribución de aguas | distribution of water.
distribución de baja presión | low-pressure valve gear.
distribución de beneficios | appropriation of profit.
distribución de canales | channel assignment.
distribución de contribuciones | assessment.
distribución de corredera Stephenson | linking up.
distribución de costes por horas empleadas en máquina | machine hour rate.
distribución de fatigas por esfuerzo cortante | shear stress distribution.
distribución de frecuencias | frequency allocation | allotment of frequencies | allocation of frequencies.
distribución de frecuencias conjuntas | joint frequency distribution.
distribución de fuegos (milicia) | distribution of fire.
distribución de fuerza | power distribution.
distribución de Galtón | Galton distribution.
distribución de grupos | group allocation.
distribución de ingresos de unidades de consumo | income distribution of consumer units.
distribución de la admisión | admission gear.
distribución de la carga | load allocation | load distribution.
distribución de la carga aerodinámica | airload distribution.
distribución de la carga en la base | base-charge distribution.
distribución de la carga nuclear | nuclear charge distribution.
distribución de la carga para el buen equilibrio en vuelo (aviones) | weight and balance.
distribución de la fuerza magnetomotriz | MMF distribution.
distribución de la lluvia | rainfall distribution.
distribución de la mano de obra | allocation of labor.
distribución de la muestra (estadística) | sampling distribution.
distribución de la renta | income distribution.
distribución de la renta internacional | intercountry income distribution.
distribución de la renta personal per cápita | distribution of income between persons.
distribución de la sustentanción según la cuerda (alas) | chordwise lift distribution.
distribución de la velocidad en la capa límite | boundary layer velocity distribution.
distribución de las impurezas | impurity distribution.
distribución de las medias aritméticas de la muestra | distribution of sample means.
distribución de las micropartículas de diamante sobre el trépano lunar | lunar bit diamond pattern.
distribución de las órdenes de trabajo (talleres) | dispatching.
distribución de las pérdidas | loss distribution.
distribución de las temperaturas | temperature pattern.
distribución de las tensiones | distribution of stresses.
distribución de las velocidades (nucleónica) | Maxwellian distribution.
distribución de locomotora de vapor | locomotive valve motion.
distribución de los tiempos de reacción | response time distribution.
distribución de muestreo de las medias | sampling distribution of means.
distribución de muestreo de las proporciones de la muestra | sampling distribution of the sample proportion .
distribución de muestreo experimental (estadística) | experimental sampling distribution.
distribución de muestreo posterior | posterior sampling distribution.
distribución de órdenes de trabajo (taller) | dispatch.
distribución de papeles (teatro) | casting.
distribución de Poisson (estadística) | Poisson distribution.
distribución de probabilidad | probability distribution.
distribución de probabilidad binomial | binomial probability distribution.
distribución de probabilidad hipergeométrica (estadística) | hypergeometric probability distribution.
distribución de Student (estadística) | Student's distribution.
distribución de tamaños | size distribution.
distribución de tiempo de servicio | service time distribution.
distribución de tipo nuevo en las cajas (imprenta - G.B.) | casing letter.
distribución de valores vectoriales | vector-valued distribution.
distribución del aire | air distribution.
distribución del campo | field distribution.
distribución del campo de la abertura | aperture illumination.
distribución del campo emitido por la antena | antenna pattern.
distribución del fluido | fluid distribution.
distribución del flujo de esfuerzos cortantes | shear flow distribution.
distribución del flujo magnético | magnetic flux distribution.
distribución del impuesto sobre la renta | income tax allocation.
distribución del ingreso | income distribution.
distribución del manganeso entre la escoria y el metal (aceros) | slag-metal manganese distribution.
distribución del material a los sitios requeridos antes del troquelado final (forja troquelada) | edging.
distribución del muestreo | sampling distribution.
distribución del producto nacional bruto | distribution of the gross national product.
distribución del tamaño de las gotas en una nube | cloud-drop-size distribution.
distribución del tamaño de los poros | pore-size distribution.
distribución del tiempo | time budget.
distribución del tráfico realizado | distribution of traffic carried.
distribución del viento (alto horno) | air distribution | blast distribution.
distribución desigual | unequal distribution.
distribución direccional desigual de los enlaces (cristalografía) | unequal directional distribution of bonds.
distribución discreta de frecuencias | discrete frequency distribution.
distribución eléctrica por unidad concentrada | packaged electrical distribution.
distribución en anillo (electricidad) | ring-main distribution.
distribución en cantidad (electricidad) | parallel distribution.
distribución en derivación (electricidad) | parallel distribution.
distribución en paralelo (electricidad) | parallel distribution.
distribución en planta (de una instalación) | layout.
distribución en ruta | route distribution.
distribución energética de los neutrones | neutron energy distribution.
distribución escalonada de canales | stacked-channel allocation.
distribución espacial de fase | phase space distribution.
distribución espectral de sobretonos | overtone structure.
distribución estacionaria de temperaturas | steady temperatures.
distribución estacionaria y acotada de temperaturas | bounded steady temperatures.
distribución estadística de las longitudes de onda | statistical wavelength distribution.
distribución exterior (máquinas vapor) | outside valve gear.
distribución funcional | functional distribution.
distribución gaussiana | gaussian distribution.
distribución gaussiana bivariada | bivariate gaussian distribution.
distribución gaussiana en el logaritmo del tiempo de relajamiento | lognormal distribution.
distribución geográfica | geographic distribution.
distribución geológico-geográfica | geologic-geographic distribution.
distribución granulométrica | granulometric distribution.
distribución interior | inside valve gear.
distribución intermitente | discontinuous distribution.
distribución logarítmica normal | logarithmic normal distribution.
distribución logarítmica-normal (matemáticas) | log-normal distribution.
distribución logaritmiconormal | logarithmic-normal distribution.
distribución log-normal | log-normal distribution.
distribución mandada | guided distribution.
distribución marginal | marginal distribution.
distribución maxveliana | Maxwellian distribution.
distribución mécanica del aire | engineered air distribution.
distribución M-integrable | M-integrable distribution.
distribución muestral de la media muestral | sampling distribution of the sample mean.
distribución muestral de la varianza | sampling distribution of the variance.
distribución muestral de la varianza muestral | sampling distribution of the sample variance.
distribución múltiple | plural service.
distribución multivariante | multivariate distribution.
distribución neutrónica espacial | spatial neutron distribution.
distribución normal bivariada | bivariate nor-

mal distribution.
distribución normal logarítmica | log normal distribution.
distribución normal multivariante | normal multivariate distribution.
distribución normal no singular | normal nonsingular distribution.
distribución normal tipificada | standard normal distribution.
distribución percentual | percent distribution.
distribución planal de esfuerzos | plane stress distribution.
distribución polinomial | multinomial distribution.
distribución por corredera | link motion valve gear.
distribución por corredera (máquina vapor) | link valve motion.
distribución por corredera (máquinas vapor) | link motion.
distribución por corredera (máquinas vapor alternativas) | link gear.
distribución por distribuidor rotativo | cock distribution.
distribución por levas | cam gear.
distribución por sector Stephenson (máquinas vapor) | link motion.
distribución por tubería múltiple | multiple-pipe distribution.
distribución por válvulas (máquina vapor) | poppet-valve gear.
distribución por válvulas mandadas | positive valve gear.
distribución prefijada | prefixed distribution.
distribución proporcional | proration.
distribución prorateada | proration.
distribución protegida con fusibles (electricidad) | fused distribution.
distribución rectangular | rectangular distribution.
distribución regional del trabajo | localization of labour.
distribución relativa de primas entre una póliza global y las parciales (seguros) | reading rule.
distribución según edad | age distribution.
distribución según el tamaño de las partículas | particle-size distribution.
distribución selectiva de información | selective distribution of information.
distribución Stephenson de barras abiertas | Stephenson open link motion.
distribución Stephenson de barras cruzadas (locomotora vapor) | Stephenson cross link motion.
distribución toda en marcha atrás (locomotoras de vapor) | full-backward gear | full gear back.
distribución toda en marcha avante (locomotora de vapor) | full-forward gear.
distribución truncada | truncated distribution.
distribución única | single service.
distribución uniforme | even distribution.
distribución uniforme de la temperatura | horizontal temperature distribution.
distribución unimodal (estadística) | unimodal distribution.
distribución vertical del ozono atmosférico | vertical ozone distribution.
distribución Walschaert (locomotora de vapor) | Walschaert valve gear.
distribución zonal | areal distribution.
distribucional | distributional.
distribuciones contagiosas | contagious distributions.
distribuciones de probabilidad subjetiva | subjective probability distributions.
distribuido al azar | randomly distributed.
distribuido en cupos | allotted.
distribuido en lotes | allotted.
distribuido uniformemente sobre una esfera | spherically arrayed.
distribuidor | supplier | circulator | dealer | dispatcher | valve | manifold.
distribuidor (centro de conmutación) | concentrator.
distribuidor (máquina vapor) | slide.
distribuidor a domicilio | roundsman.
distribuidor automático | automatic distributor.
distribuidor automático de cigarrillos | cigarette machine.
distribuidor autorizado | authorized distributor.
distribuidor cilíndrico | slide-valve.
distribuidor cilíndrico (máquina alternativa vapor) | piston valve.
distribuidor cilíndrico (máquina vapor) | disc valve | circular slide valve.
distribuidor cilíndrico de admisión interior (máquina vapor alternativa) | inside-admission piston valve.
distribuidor cilíndrico del pistón | piston slide valve.
distribuidor cilíndrico equilibrado (máquina vapor) | balanced piston valve.
distribuidor con recubrimiento | lapped valve.
distribuidor cronométrico | timer.
distribuidor cronométrico de secuencias | sequence timer.
distribuidor cuentagotas (de lubricante) | drip-feed.
distribuidor de abono | manure spreader.
distribuidor de abonos | fertilizer spreader.
distribuidor de alta presión | high-pressure valve gear.
distribuidor de arranque y parada | start-stop distributor.
distribuidor de buscadores (telefonía) | allotter.
distribuidor de ciclos | cycle timer.
distribuidor de concha (máquina alternativa de vapor) | slide-valve.
distribuidor de concha (máquina alternativa vapor) | shell slide valve | pot-lid valve.
distribuidor de concha (máquina vapor) | plain slide-valve | D bit-slide valve.
distribuidor de conducto móvil | flume conveyor.
distribuidor de conductores | lead spreader.
distribuidor de doble concha (máquina vapor alternativa) | double-chambered slide valve.
distribuidor de dobles lumbreras | double-ported valve.
distribuidor de encendido (motores) | timer.
distribuidor de esponja | sponge spreader.
distribuidor de expansión | auxiliary valve.
distribuidor de expansión (máquina de vapor) | cutoff slide valve.
distribuidor de expansión (máquina vapor) | cutoff valve | expansion slide valve.
distribuidor de expansión (máquinas vapor) | expansion valve.
distribuidor de expansión de rejilla (máquina vapor alternativa) | gridiron expansion valve.
distribuidor de extracción | weir box.
distribuidor de filmes (persona) | releaser.
distribuidor de fundentes (para soldar) | flux dispenser.
distribuidor de fundentes (soldadura) | fluxer.
distribuidor de impulsos | pulse distributor.
distribuidor de la bomba de aceite | oil pump valve.
distribuidor de la carga | charge distributor.
distribuidor de líquido | liquid distributor.
distribuidor de lumbreras múltiples (máquina alternativa de vapor) | multiported valve.
distribuidor de lumbreras múltiples (máquina vapor) | multiport valve.
distribuidor de media presión | intermediate pressure slide valve.
distribuidor de microgránulos de diamante | grit distributor.
distribuidor de películas | renter.
distribuidor de rastrillo (batán) | rake distributor.
distribuidor de recubrimiento (máquinas vapor) | lap valve.
distribuidor de teja de expansión (máquina alternativa de vapor) | riding cutoff valve.
distribuidor de teja de expansión (máquina vapor alternativa) | independent cutoff valve.
distribuidor de telera | apron distributor.
distribuidor de tinta (tipografía) | fountain.
distribuidor de válvula (máquina vapor) | poppet-valve.
distribuidor de válvula cilíndrica con recubrimiento (locomotoras) | lap piston-valve gear.
distribuidor del encendido (motores) | ignition timer | ignition distributor.
distribuidor del hilo (tejeduría) | guide-finger.
distribuidor del refrigerante | refrigerant distributor.
distribuidor del vapor | steam valve.
distribuidor electrónico | electronic distributor.
distribuidor fijo (turbinas) | fixed blades.
distribuidor hidráulico | hydraulic piston valve.
distribuidor laminar | laminar bus.
distribuidor nacional (en toda la nación) | national distributor.
distribuidor oficial | authorized dealer.
distribuidor oscilante | rocking valve.
distribuidor oscilante (máquina vapor) | rocking slide-valve.
distribuidor oscilante (máquinas vapor) | swinging valve.
distribuidor particular | particular distributor.
distribuidor plano (distribuidor de concha-máquina vapor) | flat slide valve.
distribuidor plano (máquina alternativa de vapor) | slide-valve.
distribuidor receptor | receiving distributor.
distribuidor rotativo (de vapor) | cock.
distribuidor secuencial de impulsos | sequential pulse distributor.
distribuidor secundario (locomotoras) | easing valve.
distribuidor sin recubrimiento | lapless valve.
distribuidora de fertilizantes | fertilizer distributor.
distribuidora de microplaquetas | chip handler.
distribuir | partition (to) | parcel out (to) | dispense (to) | distribute (to) | deal out (to) | deal (to).
distribuir (fondos) | allocate (to).
distribuir a las agencias (filmes) | release (to).
distribuir de nuevo | re-allocate (to).
distribuir frecuencias | allocate frequencies (to).
distribuir la composición (tipografía) | dis (to) | distribute type (to).
distribuir la forma (tipografía) | break up the form (to).
distribuir las frecuencias | allot frequencies (to).
distribuir restos de ejemplares de libros impresos hace tiempo (editoriales) | unearth (to).
distrito | district | county.
distrito aduanero | survey.
distrito aurífero (minería) | gold field.
distrito censal | enumeration district.
distrito central de negocios (municipal) | central business district.
distrito de conservación del suelo (agricultura) | soil-conservation district.
distrito de minería del oro | gold-mining district.
distrito electoral | voting precinct | precinct.
distrito fiscal | taxing district.
distrito forestal | forest beat.
distrito hullero | coal district | coal mining district.
distrito minero | mining area | minery.
distrito naval | naval district.
distrofia | dystrophy.
distrofia muscular | muscular dystrophy.
distrófico | dystrophic.
disturbio | outbreak.
disturbio por protuberancias solares | solar flare disturbance.
disturbios civiles | civil disorders | civil com-

motions.
disuasor | deterrent.
disuasor nuclear | nuclear deterrent.
disuelto | dissolved | dilute.
disulfato | disulphate.
disulfuro | disulphide.
disyunción | tripping | tripout.
disyunción (electricidad) | switching.
disyunción (geología) | parting | fracture.
disyunción (petrografía) | jointing.
disyunción de mínima | low-voltage release.
disyunción en placas (geología) | platy parting.
disyunción inclusiva | inclusive disjunction.
disyunción magnética | magnetic breaking.
disyunción prismática (geología) | columnar jointing | prismatic jointing.
disyunción shunt | shunt tripping.
disyuntor | breaker | tripping device | disconnecting switch | cutout switch | circuit breaker.
disyuntor (electricidad) | power cutout | disjunctor | break switch | protection | release | trip.
disyuntor accionado por fusible | fuse-controlled circuit breaker.
disyuntor al aire | air circuit breaker.
disyuntor antideflagrante | fireproof cutoff.
disyuntor asimétrico desequilibrado | out-of-balance circuit-breaker.
disyuntor automático | automatic circuit breaker | reclosing fuse cutout.
disyuntor automático de la corriente del campo inductor | field suppressor.
disyuntor automático en aceite | load-break oil switch.
disyuntor autoneumático | autopneumatic circuit breaker.
disyuntor auxiliar | section circuit-breaker.
disyuntor balístico | ballistic circuit-breaker.
disyuntor con soplado por gases producidos por vaporización de sustancias sólidas | hard-gas breaker.
disyuntor de acción rápida | high-speed breaker.
disyuntor de acción retardada | delay action circuit breaker.
disyuntor de aceite de la cuba | tank oil circuit-breaker.
disyuntor de aire comprimido | air blast circuit-breaker | pressure switch.
disyuntor de alto voltaje con soplado de chorro de aire colocado a la intemperie | high-voltage outdoor airblast circuit breaker.
disyuntor de alto voltaje con soplado por chorro de aire | high-voltage airblast circuit-breaker.
disyuntor de alto voltaje en aceite | high-voltage oil circuit-breaker.
disyuntor de antena | antenna breaker circuit.
disyuntor de apertura cancelable | nontrip-free circuit breaker.
disyuntor de autoenganche | autoreclose circuit breaker.
disyuntor de cierre automático | automatic reclosing circuit breaker | automatic circuit recloser.
disyuntor de circuito de elementos extraibles | withdrawable type circuit breaker.
disyuntor de circuito primario (electrotecnia) | primary disconnecting switch.
disyuntor de contenido pequeño de aceite | small-oil-content breaker.
disyuntor de contracorriente | reverse-current circuit breaker.
disyuntor de corriente alterna | alternating-current circuit-breaker.
disyuntor de corriente alterna de alto voltaje | high-voltage A. C. circuit breaker.
disyuntor de corriente continua | direct current circuit-breaker.
disyuntor de corriente inversa | reverse current circuit breaker | reverse current cutout.
disyuntor de corte en el aire | airbreak circuit breaker.
disyuntor de corte en el aire (electrotecnia) | airbreak circuit-breaker.
disyuntor de cuchilla horizontal | side-break switch.
disyuntor de cuchilla vertical | vertical break switch.
disyuntor de cuernos | horn-switch | horn-gap switch | horn switch.
disyuntor de chorro de aire | air blast circuit-breaker.
disyuntor de desconexión instantánea | instantaneous trip circuit breaker.
disyuntor de desconexión ultrarrápido | instantaneous trip breaker.
disyuntor de desionización magnética | deionizing circuit breaker.
disyuntor de dos direcciones | double-throw circuit-breaker.
disyuntor de fase | open-phase protection.
disyuntor de fases separadas | phase-separated circuit-breaker | phase separated circuit-breaker.
disyuntor de fusible | fuse disconnect switch | fusible disconnect switch.
disyuntor de gran capacidad de desconexión | high-breaking-capacity circuit breaker.
disyuntor de gran capacidad de ruptura | high-rupturing-capacity switchgear.
disyuntor de la red | network protector.
disyuntor de límite final (ascensores) | final limit-switch.
disyuntor de mango aislado | hook switch.
disyuntor de máxima | overload circuit-breaker | overloaf switch | limit break switch | maximum cutout | overcurrent trip.
disyuntor de mínima | minimum cutout | underload circuit breaker.
disyuntor de mínima (electricidad) | no-load circuit breaker.
disyuntor de mínimo voltaj | undervoltage circuit breaker.
disyuntor de reconexión | reset switch | reset contactor | reclose circuit breaker.
disyuntor de reconexión automática | recloser | reclosing circuit breaker.
disyuntor de reposición automática | auto-reclose circuit-breaker.
disyuntor de seguridad | limit switch.
disyuntor de seguridad en el caso de que el cable esté flojo | slack-cable switch.
disyuntor de separación libre | nonautomatic tripping.
disyuntor de sobrecorriente | overcurrent trip.
disyuntor de sobreintensidad | overcurrent circuit breaker | overcurrent tripping device | overloaf switch | overload release.
disyuntor de sobretensión | overvoltage release.
disyuntor de sobrevoltaje | overvoltage release.
disyuntor de soplado magnético | magnetic blowout circuit breaker.
disyuntor de subvoltaje | underload circuit breaker | undervoltage circuit breaker.
disyuntor de tapón | plug cutout.
disyuntor de telemando | remote control break switch.
disyuntor de tensión máxima (electricidad) | maximum voltage circuit breaking relay.
disyuntor del circuito alimentador de la vía | track-feeder circuit breaker.
disyuntor diferencial (electricidad) | differential cutout.
disyuntor direccional | reverse-current circuit breaker.
disyuntor electromagnético | electromagnetic cut-out.
disyuntor en aceite | oil circuit-breaker | oil circuit breaker.
disyuntor en aceite colocado a la intemperie | outdoor oil circuit breaker.
disyuntor en aceite de cuba única para las tres fases | single-tank oil breaker.
disyuntor en aceite de desconexiones múltiples | multibreak oil circuit-breaker.
disyuntor en aceite de gran voltaje y gran amperaje | high-capacity high-voltage oil circuit breaker.
disyuntor en aceite probado en cortocircuito | short-circuited-tested oil circuit breaker.
disyuntor en aire | air breaker.
disyuntor en baño de aceite | oil-immersed circuit breaker | oil switch | bulk-oil circuit breaker.
disyuntor en gas inerte | inert-gas breaker.
disyuntor magistral | master key switch | master switch.
disyuntor magnético de aire comprimido | air magnetic switch | air-magnetic switch.
disyuntor multipolar | multipole breaker.
disyuntor neumático | pressure switch.
disyuntor neumático antideflagrante | flameproof airbreak circuit-breaker.
disyuntor ortoyector | orthojector switch.
disyuntor polifasado | phase-balance protection.
disyuntor protector | protective circuit breaker.
disyuntor protegido | cellular switchgear.
disyuntor seccionador | sectionalizing breaker.
disyuntor térmico | thermal cut-out | thermal circuit breaker.
disyuntor termomagnético | thermal-magnetic circuit breaker.
disyuntor totalmente rodeado de una envuelta metálica puesta a tierra o a masa | metal-enclosed switchgear.
disyuntor tripolar | triple-pole circuit breaker.
disyuntor ultrarrápido | high-speed circuit breaker.
disyuntor unipolar | single-throw circuit breaker.
disyuntor unipolar en aceite regulado por el arco de ruptura | single-break arc-controlled oil circuit breaker.
disyuntores de potencia bajo vacío | vacuum power switches.
disyuntores de prototipo aprobado | type-tested circuit breakers.
disyuntores del circuito montados en cubículo al aire | cubicle-mounted air circuit breakers.
diteismo | ditheism.
diteista | ditheist.
ditografía | dittography.
ditología | dittology.
ditricótomo | ditrichotomous.
diuranato amónico | amonium diuranate.
diuresis osmótica (medicina) | forced diuresis.
diurético (medicina) | urinative.
diurno | diurnal.
diuturnidad | diuturnity.
divalente | diatomic.
diván-cama | Pullman bed.
divaricado (botánica) | straggling.
divergencia | divergency | divergence | toeing-out.
divergencia acumulada | accumulated divergence.
divergencia aeroelástica | aeroelastic divergence.
divergencia angular | angular divergence.
divergencia de esfuerzos | stress divergency.
divergencia de las alas | wing divergence.
divergencia de las ruedas delanteras en proyección horizontal (autos) | toe-out.
divergencia de las superficies sustentadoras | lifting-surface divergence.
divergencia de salida (electrotecnia) | fan-out.
divergencia negativa | convergence.
divergencia propia | natural divergence.
divergencia torsional del ala | wing torsional divergence.
divergente | divergent.
divergir | diverge (to) | branch out (to).
diversicoloro | diversicolored.
diversidad | diversity.
diversidad de encaminamiento | diverse routing.
diversificación | diversification.
diversificación de la industria | industry diversification.
diversificación de producto | product differen-

tiation.
diversificar | checker (to).
diversiforme | diversiform.
diversión (milicia) | diversion.
diverso | different.
diversor | divertor.
divertículo | bypass.
dividendo | dividend.
dividendo a cobrar | dividend payable | dividend receivable.
dividendo a cuenta | interim dividend.
dividendo adicional | year-end balance sheet.
dividendo anticipado | advanced dividend.
dividendo asegurado | assured dividend.
dividendo atrasado | dividend in arrears.
dividendo comprendido | cum dividend.
dividendo con liquidación de la póliza por fallecimiento del asegurado | mortuary dividend.
dividendo condicional | contingent dividend.
dividendo correspondiente al ejercicio | dividend in respect of the year.
dividendo de acciones preferentes | preferred dividend.
dividendo de acumulación | accumulation dividend | deferred dividend.
dividendo de capital | liquidating dividend.
dividendo de fin de año | year-end dividend.
dividendo declarado | dividend declared.
dividendo del vencimiento | maturity dividend.
dividendo devengado | accrued dividend.
dividendo diferido | accumulation dividend.
dividendo en acciones | scrip dividend | stock dividend.
dividendo en efectivo | cash bonus.
dividendo en especie | property dividend.
dividendo en pagarés | scrip dividend.
dividendo especial | melon.
dividendo no acumulativo | noncumulative dividend.
dividendo no pagado | unpaid dividend.
dividendo no solicitado | unclaimed dividend.
dividendo ocasional | irregular dividend.
dividendo ordinario | regular dividend.
dividendo pasivo | stock assessment.
dividendo pendiente a cuenta | interim deferred dividend.
dividendo por acción | stock dividend | dividend per share.
dividendo provisional | interim dividend.
dividendo regular pagadero en acciones | regular dividend payable in stock.
dividendo repartido en porcentaje de beneficio neto después de impuestos (banca) | payout.
dividendo sobre acciones preferentes acumulativas | dividend on cumulative preferred stock.
dividendo suplementario | extra dividend | bonus.
dividendo vencido | dividend due.
dividendos complementarios | dividends equalizing.
dividendos declarados | dividens declared.
dividendos devengados | accrued dividens | dividend income.
dividendos diferidos | dividends deferred.
dividendos en especie | dividends in kind.
dividendos en suspenso | dividends deferred.
dividendos pagados a los accionistas | dividends paid to stockholders.
dividendos pasivos atrasados | calls in arrears.
dividendos por acción | earnings per share.
dividido | divided | split.
dividido circularmente | circularly-divided.
dividido en 8 triángulos (heráldica) | gyronny.
dividido por (A over B = A dividido por B) | over.
dividir | split (to) | divide (to) | rift (to) | part (to) | partition (to) | dissect (to) | divvy (to).
dividir el vano mediante una columna (puerta, ventana) | mullion (to).
dividir en artículos | article (to).
dividir en cantones | canton (to).
dividir en circunscripciones | district (to).
dividir en cuarteles (heráldica) | quarter (to).
dividir en cuatro partes | quarter (to).
dividir en distritos | district (to).
dividir en diversas categorías | breakdown (to).
dividir en dos los honorarios | split fees (to).
dividir en lotes | lot out (to) | lot (to).
dividir en párrafos | paragraph (to).
dividir en partes | breakup (to).
dividir en pedazos | hack (to).
dividir en rombos (una superficie) | diaper (to).
dividir en zonas | zone (to).
dividir la comisión | split the commission (to).
dividir la comisión (comercio) | split the commision (to).
dividir las acciones | split shares (to).
dividir por tableros (carpintería) | panel (to).
dividir un curso general en varios más específicos (enseñanza) | shred out (to).
dividir una herencia | break up an estate (to).
dividirse en láminas | laminate (to).
divinilo | divinyl.
divisa | rank badge | currency | badge | cognizance | ensign | motto.
divisa convertible (economía) | convertible currency.
divisa subvalorada | undervalued currency.
divisas | valuta | foreign exchange | foreign currency | foreign money.
divisas (comercio) | exchange.
divisas a la vista (bolsa) | demand exchange.
divisas a plazo | foreign-exchange futures | forward exchange.
divisas a tres meses | three month's exchange.
divisas al contado | spot exchange.
divisas en libra esterlina | sterling exchange.
divisibilidad | divisibility.
división | branch | partition | parting | division | scale | piece | scission | section | compartment.
división (unidad combatiente) | division.
división acorazada | armored division.
división armónica | harmonic division.
división béntica | benthic division.
división binaria | binary division.
división de área a control | control area split.
división de carros de combate | tank division.
división de impreso por zona | zoning.
división de la fase | phase splitting.
división de la órbita del espin | spin-orbit splitting.
división de la renta conyugal | split-income.
División de Misiles de las Fuerzas Aéreas | Air Force Ballistic Missile Division.
división de sistemas balísticos | ballistic system division.
división de tiempo de acceso múltiple | time division of multiple access.
división de un programa en partes | segmentation.
división de ventas del fabricante | manufacturer's sales branch.
división del empuje | thrust split.
división del mercado | market segmentation.
división del tiempo | time slicing.
división diferencial | differential indexing.
división directa (fresadora) | rapid indexing.
división en cuatro partes | quartering.
división en dos | halving.
división en grados (fresadoras) | angular indexing.
división en grupos | line-up.
división entre los compartimientos de un establo | bail.
división homotípica | homotypic division.
división múltiple (fresadora) | block indexing.
división no abreviada | long division.
división prismática (geología) | basaltic jointing.
división silábica de las palabras | word division.
división simple (fresadora) | plain indexing.
divisiones separadas armónicamente | harmonically spaced divisions.
divismo | stardom.
divisor | divisor | divider | measure.
divisor (máquina herramienta) | index.
divisor (matemáticas) | factor.
divisor alícuoto | aliquot divisor.
divisor analógico | analog divider | analogue divider.
divisor común | common divisor.
divisor de ángulos | angle divider.
divisor de columna | column split.
divisor de correhuelas | leather tape divider.
divisor de fase | phase splitter.
divisor de fases | phase-splitter.
divisor de frecuencia para obtener la señal de línea (televisión) | line divider.
divisor de la frecuencia de imagen | field divider | frame divider.
divisor de luz (cámara fotocromática) | beam splitter.
divisor de potencial | potential divider.
divisor de potencial de la base | base potential divider.
divisor de segunda especie | divisor of second kind.
divisor de voltage capacitivo | capacitive voltage divider.
divisor de voltaje | bleeder | voltage dispatcher.
divisor del haz | beam splitter.
divisor numérico con contrarreacción | digital feedback divider.
divisor ohmíco-capacitativo | capacitance resistance diviser.
divisor primo | prime factor.
divisor regenerativo | regenerative divider.
divisoria (cordilleras) | ridge line | crest line.
divisoria (de las aguas) | dividing.
divisoria (geografía física) | shed-line.
divisoria (geología) | divide-line.
divisoria (línea de partición - geología) | divide.
divisoria (montañas) | dividing crest.
divisoria (música) | bar time | barline.
divisoria (papel probabilístico binomial) | split.
divisoria consecuente | consequent divide.
divisoria de aguas | watershed.
divisoria de aguas (geología) | interfluve.
divisoria de aguas subterráneas | groundwater divide.
divisoria de las aguas (orografía) | height of land.
divisoria de las aguas freáticas | ground water divide | ground water barrier.
divisoria de los hielos (glaciares) | ice shed.
divisoria entre dos valles de ríos adyacentes | interfluve.
divisoria freática | phreatic divide.
divisoria topográfica | topographic divide.
divorciar | divorce (to).
divulgación | disclosure | dissemination.
divulgado o enseñado por un acto de omisión o comisión (información reservada) | compromised.
divulgador | spreader.
divulgar | spread (to) | expose (to).
divulgar (noticias) | give forth (to).
divulgar (secreto) | give away (to).
divulgar (secretos) | filter (to).
do (escala musical) | C.
doblabilidad (papel) | creasability.
doblable | bendable.
dobladillador | hemmer.
dobladillar | hem (to).
dobladillo | hemming | hem.
dobladillo (de medias) | welt.
dobladillo de ojo | hemstitch | openworked hem.
dobladillo vuelto (calcetería) | inturned welt.
doblado (hilatura) | doubling.
doblado (hilo) | plied.
doblado a todo el ancho | full-width fold.
doblado a tope | flat bend.
doblado a una curvatura pequeña | bent to a shallow curve.
doblado con soplete (aceros) | flame-forming.
doblado de los ecos parásitos (radar) | clutter

foldover.
doblado en ángul recto | right-angle bend.
doblado en ángulo recto a la dirección de las fibras (papel) | against the grain.
doblado en frío | bent cold.
doblado en la prensa | press-folded.
doblado en libro (piezas de tela) | book fold.
doblado hacia abajo | turnover.
doblado hacia dentro | inward bent.
doblado hacia fuera | outward bent.
doblado 180 grados | flat bend.
doblado-hilvanado (telas de lana) | tacking.
doblador | folder.
doblador (calcetería) | splicing finger.
doblador (obrero) | doubler.
doblador de tuberías | pipe bender.
doblador de tubos | pipe vise.
dobladora (máquina) | folder.
dobladora (tejeduría) | doubling-frame.
dobladora de chapa fina | sheetmetal flanger.
dobladora de telas | cloth folding machine.
dobladora de tubos | tube bender.
dobladora-torcedora | doubler-twister.
dobladura | bending.
dobladura (geología) | doubling.
doblaje (cine) | dubbing.
doblaje (hilatura) | doubling.
doblaje de películas | film dubbing.
doblaje y estirado | doubling and drafting.
doblamiento | buckling.
doblar | inflect (to) | fold (to) | crimp (to) | double (to) | bend (to) | contango (to) | flex (to) | turn out (to) | turn down (to).
doblar (cine) | dub (to).
doblar (correas) | snub (to).
doblar (el papel) | crease (to).
doblar (navegación) | round (to) | weather (to).
doblar (un filme sonoro) | sound track (to).
doblar en cuatro | fold twice (to).
doblar hacia adentro (el borde de un tubo) | crimp (to).
doblar las amarras (buques) | double up (to).
doblar las esquinas de las hojas (libros) | dog's ear (to).
doblar los remos | double-bank (to).
doblar películas en otro idioma | dub (to).
doblar por la mitad (cuerdas) | middle (to).
doblar sobre el mandril | bend round a mandrel (to).
doblar un cabo (navegación) | go round (to).
doblar un personaje (cine) | double (to).
doblaralabearse | twist (to).
doble | twofold | double | geminate | duplex | dual.
doble acceso | dual access.
doble alumbrado (con dos clases de luz) | dual lighting.
doble angular | double angle bar.
doble apoyatura (música) | double appoggiatura.
doble banda lateral con portadora suprimida | double side band suppressed carrier.
doble batanado | double-milled.
doble bemol (música) | double flat.
doble cara (papeles coloreados) | two-sidedness.
doble codo en S (tuberías) | offset.
doble comilla (a'') | double prime.
doble conexión | dual switching.
doble control | twin check.
doble de campanas | knoll.
doble de la excentricidad (engranajes) | radial run-out.
doble de lo correspondiente a | twice as much as for.
doble de un fichero | backing file.
doble decímetro (dibujo) | bevel scale.
doble diodo | duodiode.
doble embrague (autos) | double-declutching.
doble encendido | twin ignition | dual ignition.
doble enlace (química) | double bond.
doble envolvimiento (milicia) | double envelopment.
doble estirado (aceros) | double drawn (steels).
doble estiraje | double-drawing.
doble expansión | two-stage expansion.
doble expansión de impulsión (turbina vapor) | velocity compounded stage.
doble extrafuerte | double extra heavy.
doble fondo | double bottom.
doble fondo (buques) | inner bottom.
doble fondo celular | cellular double-bottom.
doble fondo celular (cajón antitorpedos - buques guerra) | blister.
doble fondo celular continuo | continuous cellular double bottom.
doble fondo con estructura longitudinal | longitudinal framed double bottom.
doble fondo de estructura longitudinal | longitudinally-framed double bottom.
doble fondo de estructura transversal (buques) | transversely framed double bottom.
doble fondo de popa | double bottom aft.
doble fondo de popa (buques) | after tank.
doble fondo de proa | double bottom forward.
doble fondo entre tanques en la zona de averías | double bottom between tanks in the zone of damages.
doble forro | double skin.
doble frenaje por fricción (máquina tejer punto) | tandem friction.
doble golpe del batán (telares) | double beat-up.
doble ignición (motores) | twin ignition.
doble imagen | multipath effect.
doble imposición | double tax.
doble imposición internacional | international double taxation.
doble lengüeta (carpintería) | barge.
doble mando | two control.
doble modulación | double modulation.
doble opción | put and call.
doble página | center spread.
doble palabra | doubleword.
doble papel | dual role.
doble para escenas peligrosas (persona - cine) | stunt man.
doble perforación (cálculo electrónico) | punch.
doble pesada | double weighing.
doble pespunte (cosido a máquina) | lockstitch.
doble pespunte ligado | double-locked stitches.
doble pespunteadora | lockstitch machine.
doble pulsación | strike over.
doble ramal T | double T branch.
doble reemplazo | double fall-back.
doble rotor (helicóptero) | dual rotors.
doble seno verso de un ángulo (trigonometría) | doversine.
doble senoverso de un ángulo | doubled versine.
doble sostenido (música) | double sharp.
doble sustitución (química) | metathesis.
doble temple (metalurgia) | regenerative quenching.
doble toque | double touch.
doble tributación | double taxation.
doble triodo | duotriode | twin triode.
doble turno | double shift.
doble ventana | double-glazed window.
doble vía | double-track.
doblegarse | yield (to).
doblemente primo (matemáticas) | twin-prime.
dobles enlances conjugados | conjugated double bonds.
doblete | duplet | diplex.
doblete (óptica) | doublet.
doblete (química) | doublet.
doblete acromático | achromatic doublet.
doblete de antena | infinitesimal dipole.
doblete de esmeralda pero con el cristal de roca sustituido por berilo | crystal soldered emerald.
doblete de imitación | imitation doublet.
doblete eléctrico | electrical doublet.
doblete genuino (gemas) | genuine doublet.
doblete replegado | folded doublet.
doblete tridimensional | three-dimensional doublet.
doblez | making-up | fold | crease | bending | ply | ply.
doblez (costura) | plait.
doblez (imagen fantasma - defecto televisión) | fold-over.
doblez a lo largo | long fold | dress fold.
doblez en zigzag | accordion fold.
doblez francés | dress fold.
doblillador (de medidas) | welt turner.
docente | educational.
docilidad | controllability | compliance.
docilidad (hormigones) | workability.
docilidad (para ser enseñado) | teachability.
docilidad (personas) | manageability.
docilidad lateral (disco) | lateral compliance.
dócima (muestreo) | test.
dócima de significación | test of significance.
docimacía | assaying.
docimador | tester.
docimar (muestreo) | test (to).
docimasia | testing | art of assaying | docimacy | docimasy.
docimasiología | docimasiology.
docimástico | docimastic.
doctor | doctor.
doctor en ciencias | Doctor of Science.
doctorado | doctorship.
doctorado de ingeniería | doctorate of engineering.
doctorar | doctor (to).
doctrina (milicia, etc.) | doctrine.
documentación | documents | documentation | papers | billing.
documentación auxiliar contable | working paper.
documentación de exportación | export documents.
documentación de programa | write-up.
documentación del buque | ship's papers.
documentación del problema | problem set.
documentación en origen | unit billing.
documentación legal para la autorización de un banco | bank charter.
documentación microfotografiada | microrecorded documentation.
documentación operativa de un programa | run book.
documentación pedagógica | educational documentation.
documentado detalladamente con | elaborately documented with.
documentador | documentor.
documental | documental | documentary.
documental (cine) | newsreel.
documental cinematográfico | filmstrip.
documental de actualidades | newsreel.
documental sobre actualidades | newsreel.
documentalista | documentalist | information officer.
documentalista indexor | indexer.
documentar | document (to).
documentario | documental.
documento | document | evidence | writting | record.
documento abreviado | abridged document.
documento aceptado | acceptance.
documento adjunto | inclosure.
documento admitido como comparación en peritajes caligráficos | test paper.
documento anejo | enclosure.
documento archivado | archives.
documento base | source document.
documento borroso | faded document.
documento compañero | companion document.
documento con cláusula restrictiva | foul document | dirty document.
documento con respuesta | re-entry document | return-type document.
documento de aplicación | application package.
documento de apoderamiento | warrant of attorney.
documento de carácter oficial | presents.

documento de carácter reservado | restricted document.
documento de crédito | document of credit.
documento de embarque | shipping document.
documento de embarque innegociable | non-negotiable shipping document.
documento de embarque no endosable | straight bill of lading.
documento de identidad | identity card | identification paper.
documento de levantamiento hipotecario | satisfaction of mortgage.
documento de protesto | certificate of protest | deed of protest.
documento de prueba fehaciente | exhibit.
documento de título | muniment.
documento de trabajo | working paper.
documento de tránsito (Méjico) | bill of lading.
documento del exportador al banco para garantizar impagados con la venta de las mercancías | letter of hipothecation.
documento donde se indica el arqueo bruto y el número de registro (datos que se graban a cincel en el bao maestro - registro de buques) | carving note.
documento falsificado | false instrument | tampered document.
documento falso | forgery.
documento impreso | printed form.
documento informativo | source document.
documento judicial de un pago | satisfaction of judgment.
documento justificativo | voucher | warrant.
documento máximo secreto | top secret document.
documento negociable no endosado | one name paper.
documento oficial | instrument.
documento original | source document | script.
documento probatorio | voucher | documentary evidence.
documento público | state-paper | notarized document.
documento que corrige inexactitudes u omisiones de un contrato | change release.
documento que muestra la variación entre la cantidad sentada y la real | over and short.
documento que puede ser negociado en el extranjero | valid for external account.
documento que se adjunta a una remesa | remittance slip.
documento que tiene relación con otro | companion document.
documento registrado | registered document.
documento sin cláusula restrictiva | clean document.
documento solemne | document in solemn form.
documento técnico | technical paper.
documento vencido | past-due note.
documentología | documentology.
documentólogo | documentologist.
documentos | documents | bills.
documentos (de un asunto) | dossier.
documentos aduaneros | customs documents.
documentos al portador | bearer papers.
documentos comerciales (correo) | commercial papers.
documentos comerciales de primera mano | prime commercial paper.
documentos comprobatorios | supporting documents.
documentos contra pago (banca) | documents against payment (D/P).
documentos de avería | average papers.
documentos de despacho | forwarding documents.
documentos de embarque | shipping documents.
documentos de embarque negociables | negotiable shipping documents.
documentos de expedición | clearance documents | expedition documents.
documentos de la asamblea | proceedings of the assembly.
documentos de la oferta | tender documents.
documentos de liberación | discharge papers.
documentos de transporte | transport documents.
documentos del contrato | contract documents.
documentos en cartera | bills on hand.
documentos enviados para el cobro | documents sent for collection.
documentos financieros | financial records.
documentos inscripcionales | inscriptional documents.
documentos justificativos | supporting documents.
documentos mancomunados | two-name paper.
documentos mecanografiados (listados) | computer records.
documentos mercantiles | mercantile papers.
documentos negociables | negotiable instruments.
documentos oficiales | public papers.
documentos papirológicos | papyrological documents.
documentos parlamentarios | parliamentary papers.
documentos por cobrar | notes and trade acceptances.
documentos por pagar por hipoteca | mortgage notes payable.
documentos por pagar por hipoteca a plazos | installment on mortgage note payable.
documentos transferibles | bearer paper.
dodecaedro de aristas agudas | sharp-edged dodecahedroan.
dodecaedro deltoide | deltoid dodecahedron | deltohedron.
dodecaedro pentagonal | pentagonal dodecahedron | pyritohedron.
dodecaedro romboidal | rhombic dodecahedron.
dodecaedro trapezoidal | deltoid dodecahedron.
dodecaedro trigonal | trigonal tristetrahedron.
dodecaedroide | dodecahedroid.
dodecafásico | double-hexaphase | twelve phase.
dodecafonía (música) | twelve-note music.
dodecafonismo | dodecaphonism.
dodecagonal | twelve-angled.
dogal | noose.
dogre (urca) | dogger-boat.
dogre (urca - buque) | dogger.
doile (remachado) | snap die.
doladera | cooper's adze axe | barrel howel | broad axe | howel | chip axe.
doladera (forestal) | froe.
doladera con muescas | notching adz.
doladera plana | dub adze.
dolar | plane (to) | dollar.
dólar convertible en bienes múltiples según el cálculo | multiple-commodity reserve dollar.
dólar patrón | commodity dollar.
dólares de poder adquisitivo fijo | constant dollars.
dólares por onza troy | dollar per troy oz.
dólares vendidos con bonificación | premium dollars.
dolencia en los ojos por las radiaciones ultravioletas del arco (operarios de soldadura) | arc eyes.
dolina | doline | sink.
dolina (geología) | sinkhole.
dolmen | dolmen.
dolo | bad design | deceit | malicious purpose.
dolo bueno | pious fraud.
dolo malo | dolus malus.
dolo negativo jurídico | constructive fraud.
dolomia | bitter spar.
dolomía (espato perlado) | pearl spar.
dolomía cavernosa | rauchwacke | smoke wacke.
dolomía estabilizada | clinker.
dolomía estratificada | bedded dolomite.
dolomía ferruginosa | brown spar.
dolomia grafitada | graphitized dolomite.
dolomita | dolomite | rhomb spar.
dolomita calcinada | dead-burned dolomite.
dolomita calcinada (fertilizantes) | actomal.
dolomita fritada (refractarios) | basic.
dolomitización | dolomization.
dolor | throe.
dolor crónico | chronic pain.
dolor e irritación en el pecho y garganta debido a presión ambiental reducida | chokes.
dolorido | tender.
doloso | fraudulent.
doma (de animales) | training.
doma (de caballos) | breaking in.
doma de caballos | horse schooling.
domal | domal.
domar | break in (to) | break (to).
domar (caballos, pasiones, etcétera) | master (to).
domar lo indomable | tame the untamed (to).
domático | domatic.
doméstico | household.
domet | domett.
dometrón | dometron.
domeykita (cobre blanco) | domeykite.
domiciliación (comercio) | domiciliation.
domiciliado en | domiciled in | domiciled at.
domiciliado en (efectos) | made payable at.
domiciliar | domiciliate (to) | domicile (to).
domiciliar (efectos) | make payable (to).
domiciliar (efectos comerciales) | address (to).
domiciliar un efecto comercial | domicile a bill (to).
domiciliar una letra en el banco | domicile a bill at a bank (to).
domiciliarse | domicile (to).
domicilio | domicile | abode.
domicilio (pago de efectos comerciales) | settling place.
domicilio actual | usual place of abode.
domicilio conyugal | marital domicile.
domicilio de una letra | address for payment of a bill.
domicilio fiscal | domicilie for tax purposes | fiscal domicile.
domicilio legal | legal domicile | legal settlement | legal residence.
domicilio municipal | domestic domicile.
domicilio natural | dómicile of origin.
domicilio propio | privately-owned housing.
domicilio real | domicile of choice.
domicilio social | place of business | head-office | corporate domicile | domicile of corporation | registered office.
domicilio social de la empresa | registered office of the company.
domicilio social de la sociedad | principal place of business of the corporation.
dominable | controllable.
dominación | command.
dominación del acontecimiento | domination of the event.
dominancia (cristalografía) | dominance.
dominante | leading | dominant | prevailing.
dominante (genética) | dominant.
dominante (música) | dominant.
dominante (vientos) | prevalent.
dominar | sway (to) | command (to) | master (to) | control (to).
dominar (con la vista) | overlook (to).
dominar el mercado | control the market (to).
dominar la arrancada avante residual del buque | master the residual going ahead way of the ship (to).
domingos y fiestas exceptuados | sundays and holidays days excepted.
dominio | command | demesne | domain | governance | eminent domain | ownership | realm | control | property.
dominio (metalurgia) | domain.
dominio absoluto (abogacía) | freehold.
dominio algebraico | algebraic domain.
dominio algebráico integral | integral algebraic domain.
dominio anódico | anode region.

dominio bainítico | bainitic domain.
dominio catódico | cathode region.
dominio circular (representación conforme) | circular domain.
dominio de corrosión | corrosion domain.
dominio de definición de la función | domain of definition of the function.
dominio de integridad (topología) | integral domain.
dominio de integridad ordenado (topología) | ordered integral domain.
dominio de los mares | control of the seas.
dominio de parada atómica | atomic stopping power.
dominio de parámetros | parameter domain.
dominio del aire | air mastery | domination of air | control of the air.
dominio desimanado | demagnetized domain.
dominio eminente | eminent domain.
dominio ferromagnético | ferromagnetic domain.
dominio ilimitado | unbounded domain.
dominio inabrogable | indefeasible ownership.
dominio limitado (matemáticas) | bounded domain.
dominio magnético | magnetic domain.
dominio minero | mining area.
dominio múltiplemente conexo | multiple-connected domain.
dominio múltiplemente conexo (topología) | multiply connected domain.
dominio plano | plane domain.
dominio por tiempo fijo | term for years.
dominio público | public domain.
dominio simplemente conexo (topología) | simply connected domain.
dominio singular alargado | elongated single-domain.
dominio supraconductivo | superconducting domain.
dominio temporal | time domain.
dominio total de la propiedad | freehold state.
dominio usufructuario | beneficial ownership.
dominio útil (jurisprudencia) | fee farm.
domo (coche ferrocarril) | dome.
domo (geología) | quaquaversal structure.
domo (geología, cristalografía) | dome.
domo (locomotora de vapor) | dome.
domo basáltico | basaltic dome.
domo de frente | front dome.
domo de sal (geología) | salt plug.
domo salífero (geología) | salt dome | acromorph.
domo volcánico | exogenous dome.
domotécnica | domotechnics.
don de lenguas | gift of tongue.
donación | grant-in-aid | giving | devise.
donación a centro benéfico | charitable contribution.
donación a la mujer de tierras | jointure.
donación al último superviviente | mutual testament.
donación de electrones | electron yielding.
donación de riñones (medicina) | donation of kidneys.
donación efectuada en vida | advancement.
donación en especie | gift in kind.
donación en testamento (derecho) | bequest.
donación entre vivos | absolute gift | gift between living persons.
donación graciosa | liberal donation.
donación gubernamental | government grant.
donación mortis causa | gift causa mortis.
donaciones | gifts.
donaciones públicas | public donations.
donado (persona) | grant recipient.
donador | letter | donator | donor | bestower.
donador de electrones | donor of electrons.
donador de hidruro | hydride donor.
donadores de interacción | interacting donors.
donadores del cristal de silicio | silicon-crystal donors.
donadores profundos | deep donors.
donante | donor | donator.
donante (de sangre) | letter.
donante de electrones | electron donor.
donante de electrones que se combina con un metal para formar un ion complejo soluble | complexing agent.
donante de nitrógeno (aleaciones) | nitrogen donor.
donante de sangre | letter of blood | blood-giver.
donante protónico | proton donor.
donativo | donation.
donativo de productos agrarios | donation of farm products.
donativos de la industria | donations from the industry.
donato (persona que recibe la sangre de la transfusión) | donee.
doncella (Byrsonima crassifolia) | yaca | golden spoon.
donde ellos deben estar | where they should be.
dongola | dongola.
donutrón | donutron.
dopar | dope (to).
doploc (satélites artificiales) | doploc.
dorable (que se puede colorear con tintes de oro) | gildable.
dorado | gilding | aureate | gold-plated.
dorado (color) | aurate.
dorado (con baño de oro - montura de gafas) | gold-cased.
dorado a fuego | hot gilding.
dorado a mano (encuadernación) | blocking | hand-tooled.
dorado al fuego | dry gilding.
dorado al mercurio | amalgam gilding.
dorado al sol (frutas) | sun-kissed.
dorado al temple | gold-washed.
dorado con mercurio | mercury gilding.
dorado con panes de oro | leaf gilding.
dorado de mordiente | pigment gilding.
dorado electrolítico | gold electroplating | electrogilding.
dorado en frío | gold gilding | cold gilding.
dorado en frío (encuadernación) | blind blocking.
dorado en frío hecho a mano (encuadernación) | hand-tooling.
dorado en rexina (encuadernación) | rexine gilt.
dorado galvánico | gold electroplating | electro-gilding.
dorado galvanoplástico | electrogilding.
dorado mate | mat.
dorado por dentro (cálices, copas, etc.) | parcel-gilt.
dorado por electrólisis | electrogilt.
dorado por inmersión | dip goldplating.
dorado por tinte | pigment gilding.
dorado sobre metales | metal gilding.
dorado sobre rojo (cantos libros) | red under gold.
dorador | gold-plater | gilder.
dorados a prensa | pressed gilding.
doradura | gilding.
dorar (con oro) | gild (to).
dorar a fuego | fire gild (to).
dorar mate | gild dead (to).
dorar por electrólisis | electrogild (to).
dorar una tapa a mano (encuadernación) | hand-tool (to).
dormidero (aves y aminales) | night's resting place.
dormidero (del ganado) | sleeping place.
dormido (buques madera) | hog-piece.
dormido de popa (buques de madera) | after deadwood.
dormido de proa (buque de madera) | fore deadwood | stem deadwood.
dormirse en un balance (buques) | lie on her side (to).
dormitorrio de pisos de literas abatibles (sollado de buques) | standee dormitory.
dorna (embarcación) | beam cod.
dornajo | tray.
dorsal de alta presión | ridge.
dorso | reverse | back | back edge.
dorso (ala de avión) | top surface.
dorso de la pala (hélices) | blade back.
dorso de página | back page.
dorso del diente (sierra) | tooth-back.
dos (naipes, dominó) | deuce.
dos curvas en el mismo sentido con tangente corta entre las dos (ferrocarril) | broken-back curve.
dos de cada tres veces | two out of three times.
dos discos en el eje | two disks on shaft.
dos entradas | two-input.
dos firmas | two name.
dos hilos de distinto color unidos (tejidos) | mottle.
dos o más buques pequeños abarloados | nest.
dos personas en cada puesto de trabajo | job sharing.
dos puntos (clasificación) | colon.
dosaje | dosage.
dosaje de carbono en una aleación | blank.
dosaje isotópico | isotope assay.
dosaje neutrónico de 10^{21} neutrones/centímetro^2 | neutron dosage of 10^{21}N/cm^2.
dosaje ponderal | weight dosage.
dosel | canopy | pavilion.
dosel continuo de capas de árboles (bosques) | closed canopy.
dosel de capas (Perú) | crown cover.
dosel de copas (montes) | leaf canopy.
dosel de hormigón armado de forma de sombrilla | umbrella-like concrete canopy.
dosificable (química) | determinable | titratable.
dosificación | proportioning | estimation | dosage | measurement | metering | apportionment | batching | gradation | percentage determination.
dosificación (química) | titration | measuring | quantity determination.
dosificación de áridos (hormigón) | aggregate proportioning.
dosificación de entrada | input proportioning.
dosificación de la mezcla | mix proportioning.
dosificación del carburador | carburetor mixture.
dosificación del hormigón | concrete mix.
dosificación en peso | weighbatching.
dosificación granulométrica (refractarios) | blending.
dosificado | proportioned.
dosificado (hormigón) | gaged.
dosificado con precisión | accurately-proportioned.
dosificador | proportioning | proportioner | doser | dosing apparatus | dosing | gager.
dosificador de ácido | acid proportioner.
dosificador de cemento | cement batcher.
dosificador de fosfato | phosphate proportioner.
dosificador de gas | chemical gas feeder.
dosificador de productos químicos | chemical proportioner.
dosificador de solución | solution feeder.
dosificador fotoeléctrico | photoelectric proportioner.
dosificador fotoeléctrico automático para panaderías | bakery's automatic photoelectric proportioner.
dosificar | proportion (to) | gradate (to) | dose (to) | meter (to).
dosificar (mezclas) | gauge (to).
dosificar (productos químicos) | shade (to).
dosificar (química) | titrate (to) | measure (to).
dosificar el champán (adición de azúcar) | liqueur (to).
dosificar en peso (hormigones) | weighbatch (to).
dosillo (música) | duolet.
dosimetría | dosimetry.
dosimetría de irradiaciones | radiation dosimetry.
dosimetría de la radiación | radiation dosimetry.

dosimetría de neutrones rápidos | fast-neutron dosimetry.
dosimetría de soluciones radiactivas | radioactive solution dosimetry.
dosimetría por cristal de fosfato activado | phosphate glass dosimetry.
dosimetría por dispositivos de estado sólido | solid state dosimetry.
dosimetría por película fotográfica | photographic film dosimetry.
dosimetría por radiación ultravioleta fotoestimulada | photostimulated ultraviolet radiation dosimetry .
dosimetría sobre película fotográfica | film dosimetry.
dosímetro | intensimeter | roentgenometer | dosimeter | dose-rate meter | dosage meter.
dosímetro (de irradiaciones) | quantimeter.
dosímetro (irradiaciones) | quantimeter.
dosímetro colorimétrico | colorimetric dosimeter.
dosímetro de condensador | capacitor dosemeter.
dosímetro de cristal colorimétrico | dog-tag dosimeter.
dosímetro de electrómetro | electrometer dosimeter.
dosímetro de estado sólido | glass dosemeter.
dosímetro de mano (radiaciones) | cutie pie.
dosímetro de rayos gamma | gamma-ray dosimeter.
dosímetro de ruidos | noise dosimeter.
dosímetro de varilla de vidrio miniatura | fluorod.
dosímetro fotográfico | photographic dosemeter.
dosímetro fotográfico personal | film badge.
dosímetro irradiado | irradiated dosimeter.
dosímetro luminiscente | luminescent dosimeter.
dosímetro para el personal | personal dosimeter.
dosímetro para el personal sometido a radiaciones (nucleónica) | personnel dosimeter.
dosímetro personal | personal dosimeter.
dosímetro por rayos gamma insensible a los neutrones veloces | fast-neutron-insensitive gamma-ray dosimeter.
dosímetro químico | chemical dosemeter.
dosímetro químico para rayos gamma | chemical gamma-ray dosimeter.
dosímetro radiológico | X-ray dosimeter.
dosímetro termoluminiscente | thermoluminescent dosimeter.
dosis | dose | proportion | fix | RX.
dosis (química) | measure.
dosis aborbida acumulada | cumulative absorbed dose.
dosis absorbida | absorbed dose.
dosis absorbida de radiación | radiation absorbed dose (RAD).
dosis absorbida en profundidad | depth absorbed dose.
dosis absorbida en un volumen | volume dose.
dosis acumulada | cumulative dose.
dosis aditiva | cumulative dose.
dosis apropiada | appropriate dose.
dosis atmosférica | air dose.
dosis básica semanal admisible | basic permisible weekly dose.
dosis biológica | biological dose.
dosis curativa | curative dose.
dosis de | dose of 2.5 rem/annum.
dosis de cemento (hormigones) | gauge (G.B.) | gage (EE.UU.).
dosis de contaminación (explosión nuclear) | deposit dose.
dosis de duplicación | doubling dose.
dosis de efectividad biológica relativa | RBE dose.
dosis de eficacia biológica relativa | relative biological effectiveness dose.
dosis de exposición | exposure dose.
dosis de exposición por unidad de tiempo | exposure dose rate.
dosis de impurificación | doping shot.
dosis de irradiación | radiation dose.
dosis de la piel | skin dose.
dosis de la piel (radioterapia) | skin dose.
dosis de primera colisión | first collision dose.
dosis de radiación | dosage of radiation.
dosis de radiación máxima admisible | maximum permissible dose of radiation.
dosis de salida (rayos X) | exit dose.
dosis de 10^{17} neutrones rápidos por centímetro^2 | dose of 10^{17} fast N/cm^2.
dosis diaria tolerable | daily tolerance dose.
dosis en el aire (nucleónica) | air dose.
dosis en profundidad | depth dose | depth dose.
dosis equivalente máxima admisible | maximum permissible dose equivalent.
dosis excesiva | overdose.
dosis genética | genic dosage.
dosis genética equivalente | genetic dose equivalent.
dosis gonádicas | gonad doses.
dosis histológica (radiología) | tissue dose.
dosis integral absorbida (radiología) | integral absorbed dose.
dosis letal | lethal dosage | killing dose | killing concentration.
dosis letal (biología) | lethal dose.
dosis letal del 50% | median lethal dose.
dosis letal media | median lethal dose.
dosis letal mínima | minimum lethal dose | minimal lethal dose.
dosis máxima admisible | maximum permissible dose.
dosis máxima inocua de manipulación (nuclear) | maximal safe-handling dose.
dosis máxima permisible | maximum permissible dose.
dosis máxima permisible en los huesos (radiactividad) | bone maximum permissible dose.
dosis máxima tolerada | maximum tolerated dose.
dosis mortal | killer dose | lethal dose.
dosis peligrosa | dangerous dose level.
dosis permisible | permissible dose.
dosis por inmersión | immersion dose.
dosis por unidad de tiempo | dose rate.
dosis profunda (radiaciones) | depth dose.
dosis prolongada | dose protraction.
dosis radiactiva adquirida por porcelanas durante su edad arqueológica | radioactive dose acquired by porcelains during their archeological time.
dosis radiactiva con posibilidad de curación | cronic dose.
dosis radiactiva en determinado punto | exposure dose.
dosis rádica | radium dosage.
dosis radiofarmacéuticas | radiopharmaceutical doses.
dosis refracta | refracta dosis.
dosis sobre el eje | dose on the axis.
dosis terapéutica | therapy dose.
dosis tisular | tissue dose.
dosis tolerable | tolerance dose.
dosis tolerada | tolerance dose.
dosis total | volume dose.
dosis umbral | threshold dose.
dosis universal | population dose.
dossier de aplicación | documentation book.
dotación | crew | personnel | equipage | endowment | appropriation.
dotación (buques) | manning.
dotación (de cartuchos, etc.) | allotment.
dotación (de personal) | allocation.
dotación (efectivos de una unidad) | complement.
dotación (tripulación - buques) | complement of hands.
dotación cromosómica | chromosome set.
dotación de agua | water duty.
dotación de agua (riegos) | duty.
dotación de agua para riegos | irrigation requirement.
dotación de bombas | complement of bombs.
dotación de buque posarredes (marina guerra) | gate keepers.
dotación de combustible | fuel inventory.
dotación de equipo | allowance of equipment.
dotación de municiones | ammunition allowance | allowance of ammunition.
dotación de personal | staffing.
dotación de presa | prize crew.
dotación de tiempo de paz (buques) | peacetime complement.
dotación de un avión | aircrew.
dotación de vestuario | clothing allowance.
dotación de vuelo | operational flight crew | flying crew.
dotación del bote | boat's coxswain crew.
dotación del buque | ship's hands.
dotación del cañón | gun-crew.
dotación del montaje (cañón) | mount's operating personnel.
dotación reducida | reduced crew.
dotaciones | endowments.
dotado | endowed.
dotado con aspersores de agua | sprinklered.
dotado de | provided with.
dotado de instrumentos medidores | instrumented.
dotador | endower.
dotar | equip (to) | man (to) | provide for (to) | gift (to) | endow (to).
dotar de alcantarillado | sewer (to).
dotar de barquillas currentilíneas colgadas del ala (aviones) | pod (to).
dotar de energía mecánica | harness (to).
dotar de herramientas | tool (to).
dotar de instrumentos | instrumentalize (to) | instrument (to).
dotar de lámparas (radio) | valve (to).
dotar de máquinas o mecanismos | mechanize (to).
dotar de válvulas | valve (to).
dotar una cátedra | endow a chair (to).
dote | endowment.
dote (economía) | dowry.
dote (matrimonio) | portion.
dote matrimonial | dowry.
douka (Mimosups heckelii) | douka.
douka (Mimusops heckelii) | okola.
doussié (Afzelia africana) | uvala.
doussié (Afzelia africana - Smith) | apa.
dovela | keystone | quoin | arching | arch-stone | coving.
dovela (arcos) | bend | wedge piece | voussoir.
dovela de ángulo | toed voussoir.
dovela de arranque (arcos) | springer.
dovela de arranque (bóveda escarzana) | skewback.
dovela de bóvela | springer.
dovela de la boquilla (bóvedas, túneles) | ring stone.
dovela del arco | arch voussoir.
dovela del intradós (bóvedas) | ring stone.
dovelas del busco | pointing sill quoins | miter sill quoins.
doxología | doxology.
dracma (medida peso y moneda) | drachm.
draga | hedgehog | dredging-machine | drag.
draga (EE.UU.) | dredge.
draga (G.B.). | dredger.
draga (hidrografía) | sweep.
draga a cuchara | dipper-bucket dredger.
draga aspirante de arena | sand dredger.
draga autopropulsada de cuchara accionada por motor diesel | diesel-driven self-propelled grab dredger.
draga de almeja | grapple dredge | crab dredger | clamshell bucket dredging machine | grab-bucket dredge.
draga de almeja con cántara | grab hopper dredger.
draga de almeja con cántaras | grab-bucket

hopper drege.
draga de altamar | seagoing dredger.
draga de arpeo | grapple dredge.
draga de canaleta para lavado de gravas auríferas | flume-type dredger.
draga de cangilones | noria dredger | elevator dredge | ladder-dredger | ledder dredger | scoop dredger | bucket dredge.
draga de canjilones con vertedera para cargar gánguiles | barge-loading bucket dredger.
draga de cántara con tubo de succión | trailing suction hopper dredger.
draga de cántaras de succión | tailing suction hopper dredger.
draga de corriente de agua aspirante | flushing dredger.
draga de cuchara | spoon dredger.
draga de cuchara de valva mordiente | grab dredge.
draga de cucharón | dipper dredge.
draga de cucharón de quijadas | clamshell dredge.
draga de cucharón perforado | skimmer.
draga de escalera | bucket dredge.
draga de noria | noria dredger.
draga de pala | dipper dredge.
draga de prospección | prospecting dredge.
draga de rosario | ladder-dredger | ladder bucket dredge | noria dredger | multibucket dredge | mud-mill | elevator dredger | elevator dredge.
draga de rosario con cántara | bucket-ladder hopper dredger.
draga de rosario con pozo a proa | bow-well bucket dredger | bow-well multi-bucket dredge.
draga de rosario de cangilones | bucket chain dredger.
draga de rosario de cántara con pozo a popa y vertedera para cargar ganguiles | stern well barge loading bucket hopper dredger .
draga de rosario de escala central | center-ladder bucket-dredger.
draga de rosario de pozo a popa con cántaras | stern-well multibucket hopper dredge.
draga de succión | pump dredger | sand-pump dredger | hydraulic dredger | hydraulic dredge | suction dredger.
draga de succión con cabezal cortador del terreno del fondo | suction cutter dredger.
draga de succión con cabezal cortador o disgregador | cutter dredge.
draga de succión con tubo en el pozo de popa | stern-well-pipe suction dredge.
draga de succión con tubo en el pozo de proa | bow-well-pipe suction dredge.
draga de succión de cabezal cortador con pozo a proa | bow-well cutter suction dredger.
draga de succión de cabezal cortador sin propulsión propia | nonpropelling cutter suction dredger.
draga de succión de cántara con pozo a proa | bow-well suction hopper dredge.
draga de succión de tubo lateral | side-pipe suction dredge.
draga de tubo de succión | trailing dredge | trailing suction dredger | trailer.
draga de vertedera | hopper dredger | hooper dredger.
draga diesel-eléctrica | diesel-electric dredger.
draga en catamarán | catamaran dredge.
draga epibéntica | epibenthic dredge.
draga hidráulica | hydraulic dredge.
draga hidroneumática | hydropneumatic dredge.
draga para dragados profundos | deep-digging dredge.
draga para hacer rellenos | reclamation dredger.
draga para placeres | placer dredge.
draga para terrenos de aluvión | alluvial dredge | mining dredge.
draga seca | bucket excavator.
dragado | scooping | dragging | dredging.
dragado (hidrografía) | sweeping.
dragado de aluviones | alluvial dredging | dredge mining.
dragado de aluviones auríferos | gold dredging.
dragado de mina | mine dragging.
dragado en el cauce (ríos) | bed working.
dragado por aspiración | suction dredging.
dragado por estanque móvil (dragados de aluviones) | movable pond dredging.
dragado superficial | skin drag.
draga-gánguil | hopper dredger.
dragalina | dragline | dragline excavator | drag scraper.
dragaminas (buques) | sweeper.
dragaminas con casco de madera | wooden-hulled minesweeper.
dragaminas costero | coastal mine sweeper.
dragaminas de aguas estuariales | inshore minesweeper.
dragando | shape.
dragar | dredge (to) | dredge out (to).
drago (Pterocarpus officinalis) | drago.
drago (Ricinodendron rautanenii) | corkwood.
dragón alado (heráldica) | wivern.
dragonado (heráldica) | dragony.
dramatizar | dramatise (to).
dramatizar (EE.UU.) | dramatize (to).
drao | ram engine.
drao (hinca de pilotes) | ram.
drao (hinca pilotes) | rammer.
drapeado (de telas) | drape.
drapeado (de un traje) | flow.
drapeado (telas) | draping.
drapear (telas) | drape (to).
drapería (estudio de cine) | flies.
drasticidad | drast.
drasticidad del enfriamiento | drasticity of the quench.
dreikanter | windworn pebble | wind-carved pebble.
dren | catchpit | watercourse.
dren (cirugía) | drain.
dren (radio) | bleeder.
dren colector | tail-drain.
dren de arena | sand drain.
dren de juntas abiertas | open-joint drain.
dren de pilote de arena | sand-pile drain.
dren interceptador | interceptor drain.
drenabilidad del suelo | soil drainability.
drenado | drained.
drenado con tubos de barro cocido (terrenos) | tile-drained.
drenado por canalización de tubos | pipe-drained.
drenaje | pipe draining | drainage | draining | drive | sewer.
drenaje (de terrenos) | drain.
drenaje (radio) | bleed.
drenaje abierto | open-channel drainage.
drenaje autogenético | autogenetic drainage.
drenaje centrípeto | centripetal drainage.
drenaje de aeropuertos | airport drainage.
drenaje de agua de un curso de agua por otro con acción corrosiva más rápida | abstraction.
drenaje de capitales | drain of money.
drenaje de grava | rubble drain.
drenaje de infraestructura | base course drainage.
drenaje de la tierra | land drain.
drenaje de las aguas ácidas de las minas | acid mine drainage.
drenaje de metano (cuenca carbonífera) | methane drainage.
drenaje de oro | drain of gold.
drenaje de pie de presa | counterdrain.
drenaje de todo a la alcantarilla | direct-to-sewer drainage | main-drainage.
drenaje del suelo | land drainage.
drenaje dendrítico | dendritic drainage.
drenaje efectivo (petróleo) | net drainage.
drenaje eléctrico polarizado | polarized electric drainage.
drenaje electroosmótico | electroosmotic drainage.
drenaje en reja | trellised drainage.
drenaje mosquitocida | mosquito-control drainage.
drenaje no permanente | nonsteady drainage.
drenaje permanente | through-drainage.
drenaje por autoexpansión | depletion drive.
drenaje por electroosmosis | electrical drainage.
drenaje por expansión de gas | gas cap drive.
drenaje por pozo filtrante | filter-well drainage.
drenaje por pozos | drainage by wells.
drenaje por zonas | open-channel drainage.
drenaje subterráneo continuo (de terrenos) | mole drainage.
drenaje topero | mole drainer.
drenaje transversal | cross drainage.
drenajes verticales de arena | vertical sand drains.
drenar | drain (to) | ditch (to).
drenar (cirugía) | drain (to).
drenar (radio) | bleed (to).
dresina (ferrocarril) | go-devil | track motor car.
drewita (carbonato cálcico precipitado del agua marina por acción bacterial) | drewite.
driblete | driblet.
dril (tela) | drill.
dril de hilo | linen drill.
dril de saco | trellis | sack drill.
dril de yute | broken twilled jute fabric | arrowhead twilled fabric.
drilete | drillette.
driografía (artes gráficas) | driography.
driza | halyard.
driza (buques) | halliard.
driza de bandera | flag halliard.
driza de fuera (buques) | outhaul.
driza de pico | peak hallyard.
driza de señales | signal halyard.
driza de verga | jeer.
drizo de bandera | ensign halliard.
droga | drug.
droga antagónica | antagonistic drug.
droga contraceptiva oral (medicina) | oral contraceptive drug.
droga halucinógena | hallucinogenic drug.
droga investigacional | investigational drug.
droga que produce habituación | habit-forming drug.
droga sicoactiva | psychoactive drug.
droga sicotomimética | psychotomimetic drug.
droga sicotrópica | psychotropical drug.
droga sublimada | flowers.
drogadicto | drug-taker | drug abuser.
drogar | dope (to).
drogas | chemicals.
droguería | drysaltery.
droguero | oilman | oil-merchant.
droguete (paño) | drugget.
droguete (tela) | droguet.
droguete de seda | silk drugget.
dromógrafo | dromograph.
dromómetro | dromometer.
dromoscopio | dromoscope.
dromotropismo | dromotropism.
drosómetro | drosometer.
drumlin (montículo alargado de materiales de acarreo paralelo a la dirección del glaciar) | drumlin.
drupa | drupe.
drupáceo | drupe-bearing | drupe-like.
drusa | druse | vug | vugh.
drusa (botánica, mineralogía) | Druse.
drusa (de un filón) | vug.
drusa (minas) | lough.
drúsico | drusy.
drusiforme | drusy.
dual | dual.
dual (matemáticas) | dual.
dualidad funcional | folding.
duantas (ciclotrón) | duants.
ductibilidad | tensility | drawing property.
ductibilidad (bandas de acero) | temper.
ductibilidad para poder ser embutida (chapas)

| cupping ductility.
dúctil | tensile | plastic | ductile | soft.
ductilidad | tractility | ductility | softness.
ductilidad a la entalla | notch ductility | sharp-notch ductility.
ductilidad a la rotura | fracture toughness.
ductilidad a la rotura por esfuerzos | stress-rupture ductility.
ductilidad a la tracción | extensional ductility | tensile ductility.
ductilidad de rotura | rupture ductility.
ductilidad dinámica | dynamic ductility.
ductilidad en frío | cold ductility.
ductilidad en la fractura | fracture ductility.
ductilidad nula | nil-ductility.
ductilidad nula a la temperatura de —100 °C | nil-ductility temperature of —100 °C.
ductilidad restituida por recocido | annealing-restored ductility.
ductilidad sin entalla | unnotched ductility.
ductilimetría | ductilimetry.
ductilímetro | ductilemeter.
ductilizar | ductilize (to).
ducha | rose | shower | dousing.
ducha de aire | air douche.
ducha de lluvia fina a presión | needle-bath.
duda | query.
duda infundada | groundless doubt.
dudoso (resultados) | spotty.
dudri (Machilus edulis) | dudri.
duela | cask stave | clapboard.
duela (de barril) | stave.
duela (tonel) | shake | pipe stave.
duela de barrica | butt stave.
duela de barril | barrel stave.
duela de tubo de madera (canalización de aguas) | pipe stave.
duela para cajas | box shook.
duelas de roble | oak staves.
duelas sueltas | shakes.
duelo de artillería | artillery duel | fire fight.
duende | bogey.
dueño | user | principal | owner | master.
dueño absoluto | absolute owner.
dueño aparente | reputed owner.
dueño colindante | abutter.
dueño de una patente | patentor.
dueño total | freeholder.
dueto | duet.
dufrenita | green iron ore.
dugongo | dugong.
dulce | confection | sweet.
dulce (música) | sweetly.
dulce (no salada - agua) | fresh.
dulce (sonidos) | liquid.
dulce (tono) | glossy.
dulcémele (música) | dulcimer.
dulcero | confectioner.
dulcidor (calibrador de armas) | fine bore.
dulcificación | dulcification.
dulcificante | dulcifying.
dulcígeno | dulcigenic.
dulzaina | reed.
dulzaina (música) | sweet hautboy.
dumontita | dumontite.
dumping | dumping.
duna | sandhills | down | dune.
duna de arena | sand dune.
duna de nieve | snow dune.
duna estabilizada por crecimiento de vegetación | anchored dune.
duna falciforme | crescentic dune.
duna fitógena | phytogenic dune.
duna movediza | shifting dune.
duna upsiloidal | upsiloidal dune.
dunas costeras dispuestas en cordón | stranded coastal dunes.
dunas de despeñadero | crag-and-tail dunes.
dunas de sotavento | lee dunes | sand drifts.
dunita | dunnite.
dúo | duet.
duodecagonal | duodecagonal.
duodecenal | duodecennial.
duodiodo | duodiode.
duofase | duophase.
duografía | duograph.
duoplasmatrón | duoplasmatron.
duopolio | duopoly.
duopolio de demanda | duopsony.
duopolístico | duopolistic.
duopsonía | duopsony.
duopsonio | duopsony.
duosónico | duosonic.
duosonístico | duopsonistic.
duotríodo | twin triode.
dupe (filmes) | dupe.
duplaje (telegrafía) | duplexing.
dúplex (telefonía) | duplex.
duplex integral (comunicaciones) | full duplex.
dúplex puente (electricidad) | bridge duplex.
duplexor | duplexer | transmit-receive switch.
duplicación | duplication | multi-copying.
duplicación de ficha perforada | punched card duplicating.
duplicación de imágenes (televisión) | ringing.
duplicación de imágenes (TV) | split image | intermediate multiple.
duplicación de mandos (aviones) | duplication of controls.
duplicación en mimeógrafo | stencil printing.
duplicación en multicopista | stencil printing.
duplicación óptica | optical twinning.
duplicación por cliché | stencil printing | stencil duplicating.
duplicadamente | twofold.
duplicado | first carbon.
duplicado (cristalografía) | twofold.
duplicado de la carta de porte | duplicate of consignment note.
duplicado de una licencia | copy of a licence.
duplicador | stencil duplicator | mimeograph.
duplicador (Gestetner) | duplicator.
duplicador de frecuencia | frequency doubler.
duplicador de voltaje | voltage doubler | doubler.
duplicador estático de frecuencia | static frequency doubler.
duplicador litográfico | multilith.
duplicador offset | offset duplicator.
duplicador tipográfico | multigraph.
duplicadora | mimeograph machine.
duplicar | double (to) | duplicate (to).
duplicar (jurisprudencia) | rejoin (to).
duplicar la denuncia sobre terrenos ya denunciados | claim-jumping.
duplicidad de empleos | moonlighting.
dupligrametría | dupligrammetry.
duplo | double | duplex.
duque de Alba (en el cauce de un río) | ryepeck.
duque de alba de amarre (ríos) | mooring dolphin.
duque de Alba de pilotes múltiples (cauce del río) | pile-cluster dolphin.
dura (mar) | rough.
dura (pasta papel) | strong.
dura (pruebas) | rugged.
durabilidad | durability | lastingness.
durabilidad a la fatiga (aceros) | fatigue durability.
durabilidad de los lubricantes para turbinas | turbine oil functional life.
durabilidad del hormigón | concrete's durability | concrete durability | durability of concrete.
durabilidad física | physical durability.
durable | durable | timeproof.
duración | timing | time | range | continuance | duration | term | lasting.
duración (de un curso) | strength.
duración (de una máquina, etc.). | life.
duración (desfiles) | time length.
duración (filmes) | running time.
duración a flexiones repetidas (metalurgia) | flex life.
duración a la ruptura por esfuerzo de 10.000 horas | stress-rupture life of 10,000 hours.
duración almacenado | shelf-life.
duración calculada para la depreciación | estimated life for depreciation.
duración de alimentos colocados en estanterías | shelf-life.
duración de avance | feeding time.
duración de cada impulso de corriente (soldadura) | on-time.
duración de cada impulso de corriente (soldeo por pulsaciones) | heat time.
duración de cierre | closing time | locking time.
duración de compensación | derivative action time.
duración de conservación (materiales en almacén) | shelf-life.
duración de encaminamiento (telecomunicación) | routing time.
duración de encendido de los retrocohetes | retrofire time.
duración de establecimiento de una comunicación (telefonía) | operating time.
duración de establecimiento del frente del impulso | leading-edge pulse time.
duración de establecimiento del impulso | pulse rise time.
duración de exploración de línea (televisión) | trace interval.
duración de frutos frescos después de la recolección | postharvest live of fresh fruits.
duración de funcionamiento | running time.
duración de identificación (telecomunicación) | recognition time.
duración de la aceleración (cálculo) | acceleration time.
duración de la apertura (hasta que hay separación de los contactos) | opening time.
duración de la campaña (alto horno) | campaign life.
duración de la canal de paso (laminadores) | pass life.
duración de la carrera | duration of stroke.
duración de la compensación | rate time.
duración de la emisión | release time.
duración de la estampa | die life.
duración de la estancia | length of stay.
duración de la fusión (de un fusible) | clearing time.
duración de la garantía (seguros) | indemnity period.
duración de la herramienta | tool life-time.
duración de la herramienta con cuchilla de carburo | carbide tool life.
duración de la herramienta de 5000 piezas trabajadas | tool life of 5000 workpieces.
duración de la lámpara | lamp mortality.
duración de la lingotera | mold life.
duración de la muela | wheel life.
duración de la muela abrasiva | wheel life.
duración de la nota (música) | note-value.
duración de la obra | job schedule.
duración de la órbita | orbit-time.
duración de la patente | life of a patent | term of a patent.
duración de la portadora | carrier lifetime.
duración de la prueba | duration of test | rating time.
duración de la prueba en carga | rating time.
duración de la punta de la aguja (ferrocarril) | switch point life.
duración de la rotura bajo una carga de 11 Kgmm^2 a 960 °C | life-to-rupture under a stress of 11 Kgmm^2 at 960 °C.
duración de la rueda | wheel life.
duración de la termofluencia | creep life.
duración de la transmisión | release time.
duración de la trayectoria | falling time.
duración de la trayectoria (balística) | flying time | time of flight.
duración de la utilización | service life.
duración de las operaciones (telefonía) | setting-up time.
duración de los crisoles de fundición | foundry crucible life.
duración de paralización | downtime.

duración de persistencia | afterglow time.
duración de restablecimiento | clean up time | recovery time.
duración de retorno al cero (aparatos) | decay time.
duración de servicio probable | remaining service life.
duración de un año | life span of one year.
duración de un centelleo | duration of a scintillation.
duración de un ciclo de producción | run duration.
duración de un préstamo | term of a loan.
duración de una beca) | tenure.
duración de una patente | term of patent.
duración de una rotación de la tierra sobre su eje con relación a un astro ficticio (astronomía) | constituent day.
duración de vida (nucleónica) | lifetime.
duración de vida normal | rated life.
duración de vida segura (materiales) | safe life.
duración de 3.000 horas | life rating of 3,000 hrs.
duración de 70.000 horas (herramientas) | life expectancy of 70,000 hours.
duración del aislamiento | insulation longevity | insulation life.
duración del amortiguamiento del impulso (electrónica) | pulse decay time.
duración del arco | arcing time.
duración del calentamiento | run-up time.
duración del ciclo de maquinado | machine-cycling time | machining-cycle time.
duración del ciclo de rotación (de vagones, etc.) | round-trip time.
duración del cierre (conmutador) | make-time.
duración del corte | releasing time.
duración del corte sin afilar de 60.000 toneladas (que puede cortar 60.000 toneladas sin afilar - sierras para tochos) | tonnage life of 60.000 tons.
duración del debilitamiento del impulso | pulse decay time.
duración del debilitamiento del impulso (radar) | trailing edge pulse time.
duración del derecho de autor | duration of copyright.
duración del despegue | takeoff time.
duración del establecimiento (de la corriente) | building-up time.
duración del establecimiento (de un fenómeno) | access time | time of rise.
duración del establecimiento de una comunicación (telefonía) | splitting time.
duración del estado excitado | excited state duration.
duración del filo (herramientas) | bit life.
duración del impulso | pulse width | pulsewidth | pulse duration.
duración del impulso de corriente | on-time.
duración del impulso de 0 | pulse-length of 0.1 microsecond.
duración del paletaje (turbinas) | blading lifetime.
duración del prearco (cortacircuito de fusible) | prearcing time.
duración del punzón | punch life.
duración del reglaje | adjustment time.
duración del retorno | restoring time.
duración del revestimiento | lining life.
duración del rodillo | roll life.
duración del seguro | period of insurance.
duración del servicio | service life.
duración del tiempo | length of time.
duración del tiempo de electrodeposición | length of plating time.
duración del tiempo de la prueba | length of time of test.
duración del tiempo hasta que el satélite cae hacia la Tierra | satellite life duration.
duración del tren de la espoleta | fuze time.
duración del trépano (sondeos) | bit's life.
duración del viaje redondo | turnover.
duración del vuelo (balística) | time of flight.
duración del vuelo a velocidad de crucero | cruising endurance.
duración del vuelo sin combate (aviones) | patrol endurance.
duración en estado líquido (resina líquida en un recipiente) | liquid life.
duración en funcionamiento (motores) | operational life.
duración en horas (lámparas, etc.) | hours-life.
duración en millas | mileage.
duración escasa de por sí | poor durability itself.
duración hasta la rotura | time-to-rupture | life-to-fracture.
duración intermedia | in-between time.
duración media | mean life.
duración mínima del impulso accionador de 0 | minimum operating pulse width of 0.25 microsecond.
duración óptima | optimal time.
duración prevista (engranajes) | expected life.
duración probable de vida al nacer | probable duration of life at birth.
duración tasable de una conferencia | chargeable time.
duración total de la comunicación | overall lasting of a call.
duración total de 6.000 horas | ultimate life of 6000 hours.
duración útil de almacenaje | shelf life.
duradero | diuturnal | serviceable | fast | lasting | long-lived | durable.
duráin rico en esporas de exinas | black durain.
durainoso | durainous.
dural | duralumin | dural.
dural (anatomía) | dural.
duraluminio | dural | duralumin.
duraluminio revestido de aluminio puro | alclad.
duramen | heartwood.
duramen (forestal) | truewood.
duramen descentrado (Iberoamérica-árboles) | wandering heart.
duramen helado | frostheart.
duramen negro (maderas) | blackheart.
duramen traumático (árboles) | traumatic heartwood.
duraminización (árboles) | duraminization.
duranción de la seguridad en el servicio (máquinas) | reliability-longevity.
durante | pending.
durante el litigio | lite pendente.
durante el período en que la muela abrasiva no se ensucia | per dressing.
durante el pleito | lite pendente.
durante el tiempo de fabricación (procesos continuos como laminación de bandas, alambres, etc.) | flying.
durante el transcurso de los años | over the years.
durante el vuelo | inflight.
durante la construcción | in the course of construction.
durante la fabricación | in process.
durante la noche | nighttime.
durante las negociaciones | pending negotiations.
durante las veinticuatro horas del día | around-the-clock.
durante mi estancia en | during my residence in.
durante mucho tiempo | for the years to come.
durante parte del día | part-time.
durante todo el año | year-round.
durante un período | over a period.
durar | stand (to) | wear (to) | last (to).
durar más que | outlast (to).
durar poco | fade (to).
durazno | peach.
dureno | attritus.
dureza | hardness.
dureza (del acero) | grade.
dureza (muelas abrasivas) | grading.
dureza (resistencia de la liga - muelas abrasivas) | grade.
dureza a la abrasión | abrasion hardness.
dureza a la indentación | penetration hardness.
dureza a la penetración | indentation hardness.
dureza abrasiva | abrasive hardness.
dureza acabado de enfriar | as-quenched hardness.
dureza acabado de soldar | as-welded hardness.
dureza al escleroscopio | rebounding hardness | rebound hardness.
dureza al rayado | scratch hardness.
dureza al rojo (herramientas) | red hardness.
dureza angular (péndulo Hebert) | scale hardness.
dureza anisótropa | anisotropic hardness.
dureza Brinell | Brinell hardness.
dureza constante | unvarying hardness.
dureza de | hardness of Rc 27.
dureza de carbonatos (agua) | carbonate hardness.
dureza de la radiación | hardness of radiation.
dureza de laminación | rolling hardness.
dureza de martillado | hammer hardness.
dureza de rayado | scoring hardness.
dureza del agua | water hardness.
dureza después de endurecimiento por onda explosiva | as-shocked hardness.
dureza después de la prueba | post-test hardness.
dureza determinada con pirámide de diamante | diamond pyramid hardness.
dureza dinámica | rebounding hardness | rebound hardness.
dureza direccional (metalurgia) | directional hardness.
dureza durométrica (caucho) | durometer hardness.
dureza esclerométrica | sclerometric hardness.
dureza ésclerоscópica | scleroscope number.
dureza escleroscópica Shore | Shore scleroscope hardness.
dureza estática | static hardness.
dureza intrínseca | intrinsic hardness.
dureza Knoop | Knoop hardness.
dureza magnética | magnetic hardness.
dureza medida con el durómetro (caucho) | duro number.
dureza medida por rebote de bola | impact ball hardness.
dureza Mohs | scratch hardness.
dureza nula (agua) | zero hardness.
dureza para el corte | cutting hardness.
dureza por dispersión de un óxido | dispersion hardness.
dureza por indentación estática | static indentation hardness.
dureza por microindentación | microindentation hardness.
dureza por rebote | rebound hardness | rebounding hardness.
dureza prismática | prism hardness.
dureza sobre superficies curvas | hardness on curve surfaces.
dureza térmica | thermal hardness.
dureza Vickers | Vicker's hardness number.
durita | opaque attritus.
durmiente | sleeper | still | shelf-piece | sill.
durmiente (buque madera) | chine stringer.
durmiente (carrera inferior) | groundsill.
durmiente de apoyo (estructuras) | mud sill.
durmiente de bao (buque de madera) | eking.
durmiente de entarimado | flooring sleeper.
durmiente de parrilla | fire-grate carrier.
durmiente empotrado | slip.
durmientes | dunnage.
duro | tough | hard | indurated | indurate | stiff.
duro (fotografía) | intense.
duro (tiempo) | dry.
duro como el roble | oaky.
duro como el vidrio | glass hard.
duro de manejar | hard-to-work.
duro de oído | dull of hearing.

duro en caliente | red-hard.
durometría Vickers | Vicker's durometry.
durómetro | hardness test | hardometer | durometer.
durómetro de punta de diamante ultrasónicamente vibrado | ultrasonically vibrating diamond tester.
durómetro óptico | optical hardness tester.
duroplástico | duroplastic.
dusa (pozo petróleo) | duse.
duvetina (tela) | duvetyn.
dwani (Eriolaena candollei) | dwani.

E

ebanista | cabinetmaker | joiner.
ebanistería | cabinet-work | carpentering.
ébano (botánica) | ebony.
ébano africano (Diospyros atropurpurea Gürke) | African ebony.
ébano de Ceilán (Diospyros ebenum) | Ceylon ebony.
ébano de Ceilán (Diospyros spp) | East Indian ebony.
ébano de India (iospyros kurzii) | Andaman marblewood.
ébano de la India (Diospyros melanoxylon) | Indian ebony.
ébano de Macassar (Diospyros celebica) | Macassar ebony.
ébano negro (Diospyros dendo) | black ebony.
ébano verde | aspalathus.
ebiara (Berlinia auriculata - Benth) | ekpogoi.
ebo (Lophira alata) | ebo.
ebonita | hardened rubber.
EBR (efecto biológico relativo = cociente de dosis en rads de rayos X de 250 KeV dividido por dosis en rads de otra radiación que produzca la misma respuesta biológica) | RBE (relative biological effectivenes-of radiation).
ebullición | boiling | boiling up | ebullition | ebulliency.
ebullición con convección forzada | forced-convection boiling.
ebullición de la masa | pool boiling.
ebullición en volumen | pool boiling.
ebullición en volumen nucleado | nucleate pool boiling.
ebullición intermitente | bumping.
ebullición local | surface boiling.
ebullición nucleada | nucleate boiling.
ebullición nuclear local | local nucleate boiling.
ebullición pelicular | film boiling.
ebullición pelicular con convección forzada | forced-convection film boiling.
ebullición por nucleos | nucleate boiling.
ebullición subenfriada | subcooled boiling.
ebullición violenta (productos de petróleo que contienen agua) | bumping.
ebulliometría | ebulliometry.
ebullir suavemente | simmer (to).
ebulliscopio | boiling-point apparatus.
ebullismo (de los fluidos orgánicos del mar) | ebullism.
ebullómetro | ebulliometer.
ebulloscopia | ebullioscopy.
ebulloscópicamente | ebullioscopically.
ebulloscopio | ebullioscope.
ebúrneo | ivory-like | ivory.
eburnificación | eburnification.
ecartamiento (continua de hilar) | gauge (G.B.) | gage (EE.UU.).
ecartamiento (de cilindros de estiraje-textiles) | reach.
ecartamiento de los husos (hilatura) | pitch.
ecaudado | tailless.
ecidiospora | aecidiospore.
eclímetro | clinometer | slope level.
eclímetro (topografía) | eclimeter.
eclipsable | retractable | concealable.
eclipsar | eclipse (to).
eclipsarse | efface oneself (to).
eclipsarse (luces) | occult (to).
eclipse | eclipse.
eclipse anular | annular eclipse.
eclipse lunar | lunar eclipse.
eclipse penumbral de la luna | appulse.
eclíptica | ecliptic.
eclíptico | ecliptic.
eclisa | butt-strip.
eclisa (carriles) | splice bar | fish | butt-strap.
eclisa (vía férrea) | shin.
eclisa (vía férrea - EE.UU.) | joint bar.
eclisa de alivio (vía férrea) | easer joint bar. $
eclisa de resalte (vía férrea) | easer joint bar.
eclisaje (de la vía) | fishing.
eclisar (carriles) | fish (to).
eclisas de desplazamiento (vía férrea) | creeping plates.
eclogita bimineralica | bimineralic eclogite.
eclogita magmática | magmatic eclogite.
eclosión (botánica, zoología) | bursting.
eclosión de las yemas (árboles) | bud bursting | plucking out.
eco | pip | blip | reverberation | echo.
eco artificial en forma de pluma de ave (radar) | feather.
eco coherente (radar) | coherent echo.
eco de circunvalación terrestre (radio) | round-the-world echo.
eco de distancia superior al límite | multiple-time-around echo.
eco de gran duración | long-delay echo.
eco de proximidad | near echo.
eco de reflexiones múltiples | multiple-trip echo.
eco de tierra | ground return.
eco del suelo | ground return.
eco del suelo (radar) | ground-return echo | ground clutter.
eco del terreno (rádar) | land return.
eco enmascarado | masked echo.
eco fijo (radar) | permanent echo.
eco incoherente (radar) | noncoherent echo.
eco lateral | side echo.
eco múltiple | flutter echo.
eco parásito (radar) | angel.
eco parásito por reflexión de ondas sobre la superficie del agua o por las olas (radar) | sea clutter.
eco parásito por reflexión sobre las olas (radar) | sea return.
eco percibido por la persona que escucha | listener echo.
eco percibido por la persona que habla | talker echo.
eco permanente (eco fijo - radar) | fixed echo.
eco permanente (radar) | permanent echo.
eco pulsatorio | flutter echo.
eco radárico | radar echo | angel.
eco radárico en la pantalla | return.
eco radárico meteórico | meteor radar echo.
eco reflejado | back echo.
eco reflejado por el fondo del mar | seabed echo.
eco retardado | long echo.
eco secundario | second-time-around echo.
ecobatímetro (buques) | echosounder.
ecocardiografía (medicina) | ecocardiography.
ecocardiografía bidimensional | two-dimensional echocardiography.
ecocardiograma (medicina) | echocardiogram.
ecocardiología | echocardiology.
ecodemo (biología vegetal) | ecodeme.
ecodetector | sonic detector.
ecodetector para la pesca de la ballena | echo whale finder.
ecoestratigrafía | ecostratigraphy.
ecofén (genética) | ecophene.
ecofisiología | ecophysiology.
ecofotonía | echophotony.
ecografía | echography.
ecógrafo | echograph.
ecograma | echogram.
ecograma renal (medicina) | renal echogram.
ecoico | echoic.
ecoico (acústica) | live.
ecolocación | echolocation.
ecología | ecology | hexicology | environmental science.
ecología de la naturaleza | world environment.
ecología del antártico | Antarctic ecology.
ecología lunar | lunar ecology.
ecología marina | marine ecology.
ecología marítima | maritime ecology.
ecología planetaria | planetary ecology.
ecólogo | ecologist.
ecometría | echo ranging | echometry.
ecómetro | echo meter.
ecómetro (defectos en piezas metálicas) | echometer.
ecómetro de impulsos | pulse echo meter.
economato | commissary store | grocer's shop.
economato de fábrica | industrial store.
econometría | econometrics.
econometrista | econometrician | econometrist.
económetro (indicador de combustión de calderas) | econometer.
económetro de absorción | absorption econometer.
economía | saving.
economía (ciencia) | economics | economy.
economía a causa de reflector | reflector saving.
economía cerrada | self-sufficient economy.
economía completa | mature economy.
economía de dirección centralizada | command-directed economy.
economía de escala | economy of scale.
economía de guerra | war economy.
economía de la energía solar | economics of solar energy.
economía de libre mercado | competitive profit system.
economía de mercado | market economy.
economía de movimiento | economy of motion.
economía de movimientos | motion economy.
economía de trabajo | worksaving.
economía del bienestar | welfare economics.
economía del trabajo | labor saving.
economía dirigida | managed economy | planned economy | statism | controlled finance | directed economy | centrally directed economy | centrally planned economy.
economía dirigida de mercado | marked directed economy.
economía doméstica | home economics | homemaking.
economía eléctrica | electroeconomics.
economía en desarrollo | expanding economy.
economía en expansión | expanding economy.
economía forestal | forest economics.
economía industrial | engineering economics | engineering economy.
economía insignificante (economfa del loro) | cheese-paring economy.
economía interna | internal economy.
economía matemática | mathematical economy.
economía mercantil | business economics.
economía mixta | mixed economy.
economía neocapitalista | neocapitalist economy.
economía neutrónica (reactor nuclear) | neutron economy.
economía no monetaria | noncash economy.
economía para el bienestar social | economics welfare.
economía planificada | guidance of trade | planned economy.
economía política | economics.
economía rural | rural economy.
economía social | social science.
economía social de mercado | socially oriented free market economy.
economía socialista | socialist economy.
economía subdesarrollada | backward economy.
economía urbana | urban economics.
economía y exactitud en el entretenimiento (aparatos electrónicos) | maintainability.
economías de producción a gran escala | economies of mass production.
economías de tiempo y de costes | time and cost economies.
economías en el coste de producción | production cost savings.
económica de la generación de potencia en centrales eléctricas | economics of electric utility power generation.
económicamente explotable | economically

exploitable.
económicamente integrado | economically integrated.
económicamente viable | economically viable.
economicismo | economicism.
económico | economic | low-priced | unexpensive.
económico-tecnológico | economico-technological.
economiza combustible | it saves fuel.
economiza mano de obra | it saves manpower.
economizador (calderas) | economizer.
economizador de aceite | oil saver.
economizador de baterías de semiconductores | semiconductor battery-saver.
economizador de combustible | fuel-saver | fuel economizer.
economizador de energía | power conserver.
economizador de petróleo | oil saver.
economizador de trabajo | labor saving.
economizador de tubos de aletas | fin-tube economizer.
economizador de tubos horizontales | horizontal-tube economizer.
economizador de tubos ordinarios | plain-tube economizer.
economizador de vapor | steam saver.
economizador pluricircuital | multiloop type economizer.
economizar | economize (to).
economizar (trabajo) | save (to).
economizar fuerza motriz | economize power (to).
economizar hombres | husband men (to).
ecos (receptor televisión) | overshoots.
ecos astronómicos | astronomical echoes.
ecos de espín nuclear | nuclear spin echoes.
ecos de lluvia | rain clutter.
ecos de lluvia (radar) | rain return.
ecos de mar | sea clutter.
ecos de mar (radar) | sea return | wave clutter.
ecos de nubes | cloud clutter.
ecos de repetición | repetition echoes.
ecos de traza secundaria (producido por blancos muy lejanos-radar) | second-trace echoes.
ecos del terreno (ecos que provienen de un objeto que no es el blanco - radar) | background returns.
ecos fantasmas | ghost echoes.
ecos ópticos | optical echoes.
ecos parásitos | parasitic echoes.
ecos parásitos (radar) | hash.
ecos parásitos producidos por el mar y agentes meteorológicos (señales parásitas sobre la pantalla - radar) | clutter.
ecos perturbadores de radar | clutter.
ecos por exploración | hits per scan.
ecos provinientes de un obstáculo fijo | fixed-target echoes.
ecos radáricos aurorales | radar auroral echoes.
ecos radáricos de distancia (del blanco) | ranging echoes.
ecos radáricos del frente de un meteoro | radar meteor-head echoes.
ecos recibidos | received echoes.
ecos reflejados por un objeto de interés sobre la pantalla radárica | radar target.
ecos terrestres | land returns.
ecoscopia | sound detection.
ecoscopio | echoscope.
ecoscopizar | sound-detect (to).
ecosfera | physiological atmosphere.
ecosfera (atmósfera fisiológica) | ecosphere.
ecosistema | ecosystem.
ecosistema acuático | aquatic ecosystem.
ecosistema forestal | forest ecosystem.
ecosistema microbial | microbial ecosystem.
ecosistema urbano | urban ecosystem.
ecosonda | echometer | echo sounder | fathometer.
ecosonda (buques) | echosounder.
ecosonda registrador de ecos | echo sounding recorder.
ecosondador | echosounder | echosounding gear | depth finder.
ecosondador (marina) | seabed-plotting instrument.
ecosondador registrador | graph-recording echo sounder.
ecosondar | echosound (to).
ecosondeo | echosounding | reflection sounding | sonic sounding.
ecosounder | echosounder.
ecotipo | ecotype.
ecotoxicología | ecotoxicology.
ecrinología | eccrinology.
ectipografía | ectypography.
ectógeno | self-supporting.
ectopia (medicina) | displacement.
ectoplasma | ectoplasm.
ecu (unidad monetaria europea) | european currency unit (E.C.U.).
ecuación | equation.
ecuación aditiva de predicción | additive predicting equation.
ecuación anual | annual equation.
ecuación bicuadrada | biquadratic.
ecuación Brunauer-Emmet-Teller | B.E.T. equation.
ecuación característica | characteristic equation.
ecuación completa de segundo grado | affected quadratic.
ecuación con dos incógnitas | equation in two unknowns.
ecuación condicional | conditional equation.
ecuación crítica | critical equation.
ecuación cuadrática completa | affected quadratic equation.
ecuación cuadrática incompleta | incomplete quadratic equation.
ecuación de Boole | Boole's equation.
ecuación de cambio | equation of exchange.
ecuación de circuito | loop equation.
ecuación de continuidad | equation of continuity.
ecuación de continuidad (hidrodinámica) | continuity equation.
ecuación de convolución hipoelíptica | hypoelliptic convolution equation.
ecuación de cuarto grado | quartic equation.
ecuación de diferencias diferenciales lineales | linear differential-difference equation.
ecuación de diferencias finitas diferenciales | difference-differential equation.
ecuación de dispersión hacia adelante | forward scatter equation.
ecuación de Einstein (e=m v^2) | Einstein's equation.
ecuación de estado | equation of state.
ecuación de grado superior | higher-degree equation.
ecuación de inestabilidad general | general instability equation.
ecuación de iteración | routing equation.
ecuación de la cantidad de movimiento | momentum equation.
ecuación de la corriente de polarización | bias-current relationship.
ecuación de ley exponencial | power-law equation.
ecuación de Lorenz | inhomogenous wave equation.
ecuación de los telegrafistas (matemáticas) | telegrapher's equation.
ecuación de matriz lineal | linear matrix equation.
ecuación de menor grado posible | equaton of smallest possible degree.
ecuación de menor grado satisfecha por A | equation of lowest degree which A satisfies.
ecuación de menor grado satisfecha por una matriz | least equation satisfied by a matrix.
ecuación de onda | wave equation.
ecuación de onda inhomogénea | inhomogenous wave equation.
ecuación de ondas planas | wave equation in one dimension.
ecuación de orden superior | higher order equation.
ecuación de pagos | equation of payments.
ecuación de Pfaff | total differential equation.
ecuación de primer grado | simple equation | linear equation.
ecuación de primer grado (matemáticas) | first-order equation.
ecuación de propiedad | accounting equation.
ecuación de recursión | recursion equation.
ecuación de regresión | regression equation.
ecuación de segundo grado | quadratic.
ecuación de vorticidad barotrópica | barotropic vorticity equation.
ecuación del radar | radar equation.
ecuación diferencial | differential equation.
ecuación diferencial con retardo | delay-differential equation.
ecuación diferencial de enésimo orden | Nth order differential equation.
ecuación diferencial de segundo orden | second-order differential equation.
ecuación diferencial hiperbólica | hyperbolic differential equation.
ecuación diferencial hipoelíptica | hypoelliptic differential equation.
ecuación diferencial matricial de primer orden | first-order matrix differential equation.
ecuación diferencial ordinaria no lineal | nonlinear ordinary differential equation.
ecuación diferencial parcial hiperbólica | hyperbolic partial differential equation.
ecuación diferencial total | total differential equation.
ecuación dimensionada | dimensionalized equation.
ecuación exponencial | exponent equation.
ecuación fraccionaria | fractional equation.
ecuación funcional | functional equation.
ecuación global | overall equation.
ecuación hidrodinámica bidimensional | two-dimensional hydrodynamic equation.
ecuación indicial | indicial equation.
ecuación integral de tipo repliegue | integral equation of the convolution type.
ecuación integrodiferencial | integrodifferential equation.
ecuación iónica ajustada | balanced ionic equation.
ecuación lineal | linear equation.
ecuación lineal de oxidación | linear oxidation relationship.
ecuación lineal de una variable | linear equation in one variable.
ecuación lineal inhomogénea de diferencias finitas | linear inhomogeneous difference equation.
ecuación lineal integrodiferencial | linear integral-differential equation.
ecuación literal | literal equation.
ecuación literal cuadrática | literal quadratic equation.
ecuación matricial | matrix equation.
ecuación mixta diferencial y de diferencias mixtas | differential-difference equation.
ecuación monetaria | monetary equation.
ecuación monómica | monomical equation.
ecuación parabólica de oxidación | parabolic oxidation relationship.
ecuación paramétrica | parametric equation.
ecuación personal | personal equation.
ecuación poliádica | polyadic equation.
ecuación polinomia | polynomial equation.
ecuación que comprende oxidación y reducción | redox equation.
ecuación radar de espacio libre | free-space floating.
ecuación redox | redox equation.
ecuación reducible | reducible equation.
ecuación reducida | reduced equation.
ecuación secular | secular equation.

ecuación unificada | unified equation.
ecuación vectorial (matemáticas) | vector equation.
ecuaciones abelianas | abelian equations.
ecuaciones de condición de ángulo (cuadriláteros) | angle condition equations.
ecuaciones de condición de lados (cuadriláteros) | side condition equations.
ecuaciones de los telegrafistas (álgebra) | telegraphist's equations.
ecuaciones de parámetros S | S-parameter equations.
ecuaciones del movimiento acelerado | accelerated-motion equations.
ecuaciones dependientes | dependent equations.
ecuaciones diferenciales funcionales | functional differential equations.
ecuaciones diferenciales lineales de segundo orden | linear second order differential equations.
ecuaciones en diferencias finitas | difference equations | finite difference equations.
ecuaciones equivalentes | dependent equations.
ecuaciones incompatibles | inconsistent equations.
ecuaciones indeterminadas | indeterminate equations.
ecuaciones insolubles | intractable equations.
ecuaciones integrales lineales | linear integral equations.
ecuaciones lineales de diferencias finitas | linear difference equations.
ecuaciones lineales en diferencias finitas | difference linear equations.
ecuaciones lineales en matrices complejas | linear equations in complex matrices.
ecuaciones lineales homogéneas | homogeneous linear equations.
ecuaciones lineales simultáneas | simultaneous linear equations.
ecuaciones personales (errores del operador) | human equations.
ecuaciones piezoeléctricas lineales de estado | linear piezoelectric equations of state.
ecuaciones polinómicas racionales | rational polynomial equations.
ecuaciones proposicionales | propositional equations.
ecuaciones que relacionan la flecha con la tensión mecánica (líneas eléctricas) | sag-tension equations.
ecuador | equator.
ecuador celeste | equinoctial | equinoctial line | celestial equator.
ecuador de Saturno | Saturn's equator.
ecuador magnético | aclinic line | dip equator | magnetic equator.
ecualizador de pendiente | slope equalizer.
ecualizar | equalize (to).
ecuanimidad | self-control.
ecuante | equant.
ecuatorial | equatorial telescope.
ecuatorial acodado (telescopio) | equatorial coudé.
ecuatorial astrografía | astrographic equatorial.
echa fuera | throw-off (to).
echadizo (terreno de relleno) | rubishy.
echado | lying.
echado a perder | unmarketable.
echado alto (fallas) | dip high.
echar | turn off (to) | pitch (to) | eject (to).
echar (raíces) | push out (to).
echar (un líquido) | spout (to).
echar a la calle | evict (to).
echar a la costa (buques) | drive ashore (to).
echar a pique | scuttle | sink (to).
echar a tierra el pez (pesca) | grass (to).
echar a volar (pájaros) | flush (to).
echar abajo | fell (to) | breakdown (to) | overthrow (to) | overturn (to).
echar abajo (un plan) | sandbag (to).
echar al agua (desde un buque) | heave overboard (to).
echar al agua los botes salvavidas (buques) | turn out (to).
echar al agua un bote (buques) | hoist out a boat (to).
echar al correo | mail (to).
echar brotes (árboles) | button (to).
echar con paracaídas | parachute (to).
echar chispas | spark (to).
echar de menos | miss (to).
echar el ancla | cast (to).
echar el cerrojo (puertas) | bolt (to) | fasten (to).
echar en olvido | overlook (to).
echar espuma | froth (to) | lather (to).
echar fondillos (pantalones) | seat (to).
echar fuera | turn out (to) | out (to).
echar fuera por sacudidas | jolt out (to).
echar gota a gota | trickle (to).
echar hojas | leaf (to) | put forth (to).
echar hojas (árboles) | leave (to).
echar humo | smoke (to) | fume (to) | reek (to).
echar inflorescencias en forma de borla (botánica) | tassel (to).
echar la corredera (buques) | heave the log (to).
echar los puntos (echar la cadeneta - labores de punto) | cast on (to).
echar llamas | flame-out (to).
echar mercancías al mar | jettison (to).
echar nudos (plantas) | knot (to).
echar por la borda | jettison (to).
echar raíces (viveros de árboles) | strike (to).
echar remiendos | patch (to).
echar renuevos (árboles) | offset (to).
echar sal sobre la nieve | salt (to).
echar un puente sobre | overlay (to).
echar una carta al correo | post (to).
echar una cometa | fly a kite (to).
echar una escala | lower a ladder (to).
echarse a perder | addle (to) | rot (to).
echazón | jettisoning | jetsam.
echazón (buques, aviones) | jettison.
echazón aérea de suministros | supply drop.
echazón de abastecimientos paracaidizados | supply dropping.
echazón de cubierta (buques) | jettison of deck cargo.
echazón de repuestos (desde aeroplanos) | stores-dropping.
echazón del depósito móvil de combustible | fuel drop-tank jettisoning.
echazón desde avión | airborne dropping.
echazón en paracaídas | parachute drop.
echazón fraudulenta | faked jettisoning.
echazón por paracaídas | jettisoning by parachute.
echo caprichoso (por superrefracción) | spillover echo.
edad actuarial (seguros) | insurance age change.
edad calculada por los anillos de crecimiento (árboles) | ring date.
edad de explotación (de un bosque) | age of maturity.
edad de fin de escolaridad | school-leaving age.
edad de la ola (meteorología) | wave age.
edad de los neutrones | neutron age.
edad de retiro | age at withdrawal.
edad de votar | voting age.
edad del agua oceánica | water's age.
edad del rodal (montes) | stand age.
edad determinada por medio del radiocarbono | radiocarbon age.
edad escolar | school age.
edad geológica | geological time.
edad límite | limiting age
edad media al morir | mean age at death.
edad media de la flota | average age of fleet.
edad para el retiro | pensionable age.
edad para la jubilación | pensionable age.
edad radiactiva del uranio | uranium age.
edad radiométrica de la roca | rock absolute age.
edades discordantes determinadas con auxilio de isótopos de plomo (geología) | discordant lead ages.
edades isotópicas (geología) | isotopic ages.
edáfico | edaphic.
edafología | pedology | edaphology.
edafólogo | edaphologist.
edafón | edaphon.
edema (medicina) | dropsy.
edentuloso | edentulous.
edición | edition | editing | print | formatting | impression.
edición anual | annual issue.
edición corta firmada (por el autor) | limited signed edition.
edición de lujo | edition de luxe.
edición de lujo en papel delgado | de luxe thin-paper edition.
edición de pocos ejemplares (periódicos) | limited circulation.
edición definitiva que el autor no corregirá ni variará más | ne varietur editio.
edición en papel escogido | library edition.
edición en un solo libro de obras de un autor | collected edition.
edición especial con márgenes muy anchas (libros) | large-paper edition.
edición expurgada | castrated edition.
edición facsimilada | facsimiled edition.
edición gran formato | library edition.
edición más barata para estudiantes | nonnet student's edition.
edición original | first edition.
edición paralela | parallel edition.
edición príncipe | first edition | original edition | prince edition | editio princeps.
edición según contexto | context editing.
edicto | edict | decree | proclamation.
edificación | building | construction.
edificación de una zona dentro de una ciudad | conurbanization.
edificación de viviendas subvencionadas | publicly assisted hoosing.
edificación esporádica | haphazard building.
edificación industrializada | system building.
edificar | erect (to) | build (to) | raise (to) | put up (to) | found (to).
edificar de pacotilla | jerry-build (to).
edificar mal | jerry-build (to).
edificio | building | construction | fabric | house.
edificio alto con retranqueo en los pisos | setback.
edificio anexo | annexe building.
edificio antisísmico | antiseismic building.
edificio cercano al muelle | quayside building.
edificio comercial | business premises.
edificio con elementos prefabricados en fábrica | factory-made building.
edificio con entramado de madera | timber-framed building.
edificio con estructura de aleación de aluminio | aluminum framed building.
edificio con muchas cargas | heavily rated building.
edificio con revestimiento exterior de chapas de acero inoxidable | stainless clad building.
edificio de acumuladores | battery house.
edificio de contención | containment building.
edificio de cubierta laminar de hormigón prefabricado | precast concrete shell-roofed building.
edificio de entramado múltiple | multiframed building.
edificio de estructura de acero de un piso | one-storey steel building.
edificio de estructura metálica revestido de ladrillos | brick-clad building.
edificio de hormigón con cubierta laminar | shell-roofed concrete building.
edificio de lavabos y duchas | welfare building.
edificio de los tribunales | courthouse.
edificio de madera | frame building.
edificio de muchos pisos | many-storied building.

edificio de oficinas | office block.
edificio de patio central | well-center building.
edificio de recepción de basuras | refuse-reception house.
edificio de varios pisos sismorresistente | multiple-story earthquake resistant building.
edificio de viajeros | passenger building.
edificio desmontable | portable building.
edificio diseñado para un fin determinado | functional building.
edificio enorme | noble building.
edificio exterior | outhouse | outbuilding.
edificio habitable | habitable building.
edificio industrial | mill building.
edificio inhabitado | unused building.
edificio mimetizado | shadow factory.
edificio multipisos | multifloor building | multistorey building.
edificio muy gravado | heavily rated building.
edificio no protegido por pararrayos | unrodded building.
edificio nuevo | unused building.
edificio para cambiarse de ropa (talleres y minas) | change house.
edificio para expedición de billetes (aeropuertos) | ticketing building.
edificio para fábrica | mill building.
edificio para montaje de vehículos | vehicle assembly building.
edificio para recibir los trasatlánticos (muelles) | ocean terminal.
edificio para recreos | recreational building.
edificio prefabricado de aleación de aluminio | prefabricated aluminum alloy building.
edificio propiedad del Estado | government-owned building.
edificio que contiene explosivos aislado con muro de cerca | barricaded building.
edificio requisado | requisitioned building.
edificio resistente al incendio | fire-resistive building.
edificio sobreasegurado | overinsured building.
edificio terminal | terminal.
edificio vacío | unused building.
edificios (y) maquinaria y equipo | plant (and) machinery and equipment.
edificios de propiedad del Estado | publicly-owned housing.
edificios en propiedad | freehold buildings.
edificios más dañados (terremotos, explosiones) | worst-hit buildings.
edificios no de talleres (hospitales, cafetería, etc. - factorías) | nonprocess buildings.
edificios prefabricados industrialmente | factory-produced buildings.
editado en cooperación con | issued in cooperation with.
editado en dos tornos | published in two volumes.
editado en dos volúmenes | published in two volumes.
editado en dos volúmenes y vendidos sólamente conjuntamente | issued in two volumes and sold in sets only.
editar | produce (to) | edit (to).
editar (libros) | publish (to).
editor | publisher | book-publisher.
editor (librería) | editor.
editor adjunto | associate editor.
editor cinematográfico | film editor.
editor de enlaces | linkage editor.
editor de la traducción (libros) | translation editor.
editor escolar | educational publisher.
editorial (periódicos) | leader.
editorial de libros | book house.
editoriales (periódicos) | features.
editorialista | leader-writer.
editorialista (periódicos) | columnist.
editorialización | editorializing.
editor-jefe | editor-in-chief.
educabilidad | educability.
educación | education.
educación auxiliada por ordenador | computer-aided education.
educación del consumidor | consumer education.
educación postescolar | continuative education.
educación universitaria | academic training.
educación vocacional | vocational education.
educacionalista | educationalist.
educador | educationalist.
educador contra abuso de drogas | drug educator.
educador vocacional | vocational educator.
educando | trainee.
educar | rear (to).
educativamente | educationally.
educativo | educational.
educción (motores) | eduction.
educto | educt.
eductor | eductor.
eductor para agotamiento final de la carga de los tanques (petroleros) | stripping eductor.
edulcorador no nutritivo | nonnutritive sweetener.
edulcorante | edulcorant.
edulcorar | edulcorate (to) | dulcify (to).
efapsis (biología) | ephapse.
efectividad | effectiveness.
efectividad de funcionamiento del sistema | system performance effectiveness.
efectividad de los fragmentos | fragments effectiveness.
efectividad del control de polvos | dust control effectiveness.
efectividad del coste | cost effectiveness.
efectividad en combate | combat effectiveness.
efectividad para empezar las operaciones militares | operational readiness.
efectividad para entrar en combate | combat readiness.
efectividad penetrante | penetrant effectiveness.
efectivo | effective | efficient | ready money | ready | money | quick | virtual | specie | actual.
efectivo de ventanilla (bancos) | till money.
efectivo disponible | available cash.
efectivo en bancos | due from banks.
efectivo en caja y banco | cash on hand and banks.
efectivo en el banco | cash at bank.
efectivo en la cuenta de ahorros | cash in savings account.
efectivo inmediato | cash.
efectivo no aplicado | unapplied cash.
efectivo ocioso (bancos) | idle cash.
efectivos | strength.
efectivos (de fondos) | actuals.
efectivos (de tropa) | establishment.
efectivos (de una fuerza) | field return.
efectivos (milicia) | effectives | manpower.
efectivos completos (de personal) | full complement.
efectivos considerables (ejércitos) | heavy forces.
efectivos de tiempo de paz (ejército) | peacetime complement.
efectivos navales | naval forces.
efectivos reducidos (milicia) | shrunken force.
efectivos teóricos (ejército) | paper strength.
efecto | action | effect | draft.
efecto (bola de billar) | English.
efecto a cobrar | bill receivable | bill collectable.
efecto a corto plazo | short-time bill.
efecto a fecha fija (economía) | bill payable on a fixed date.
efecto a la orden | security to order.
efecto a la vista | demand bill | sight draft | draft at sight | sola of exchange.
efecto a plazo fijo | usance draft.
efecto aceptado | acceptance bill | accepted bill.
efecto activante | activating effect.
efecto agitador | stirring effect.
efecto aglutinante | slagging effect.
efecto amortiguador de las dislocaciones | dislocation damping effect.
efecto antiestabilizante | antistabilizing effect.
efecto artillero | artilleristic effect.
efecto asteriado | starlike effect.
efecto balístico (voladura de rocas) | ballistic effect.
efecto binaural (estereofonía) | binaural effect.
efecto borde | side effect.
efecto brincador al reentrar en la atmósfera una cosmonave | skipping effect.
efecto caducado (banca) | lapsed bill.
efecto capacitivo de la mano | hand capacity effect.
efecto catalizador | catalyzing effect.
efecto cis (química) | cis effect.
efecto comercial | bill of exchange | commercial draft | trade paper | trade bill.
efecto comprado como inversión | investment bill.
efecto Compton | Compton recoil effect.
efecto contra dos personas | two-name paper.
efecto Coriolis (por la rotación terrestre) | Coriolis.
efecto corona entre una punta y un plano (electricidad) | point-to-plane corona.
efecto corona provocado por impulsos negativos | negative pulsed corona.
efecto crepuscular | twilight effect.
efecto cristalino | crystal effect.
efecto de afino del grano (metalurgia) | grain-refining effect.
efecto de agitación | shakedown effect.
efecto de almacenamiento | back-porch effect.
efecto de antena (antena de cuadro) | antenna effecy | height effect.
efecto de arrastre | pulling effect.
efecto de atracción (electricidad) | drag effect.
efecto de bloqueo | clamping effect.
efecto de bomba (física) | pumping.
efecto de borde (capacitor) | edge effect.
efecto de borde (radio) | fringe effect.
efecto de brincar (reentrada de cosmonaves o satélites en la atmósfera) | skipping effect.
efecto de capa anódica | oxidized effect.
efecto de captura | capture effect.
efecto de cohesión (electricidad) | coherer effect.
efecto de comercio | bill.
efecto de compresión | pinch effect.
efecto de conjunto | general effect.
efecto de consumo | consumable item.
efecto de corona negativa oscilante (electricidad) | pulsive negative corona.
efecto de corteza de naranja | orange-peel effect.
efecto de crédito | paper credit.
efecto de distorsión | distorting effect.
efecto de Dorn (electroforesis) | Dorn effect.
efecto de eco | ghost.
efecto de empotramiento | encastré effect.
efecto de endurecimiento | aging.
efecto de endurecimiento por tratamiento mecánico | strain-hardening effect.
efecto de enganche | hang-up effect.
efecto de enlace químico | chemical binding effect.
efecto de entalla debido a la estampación (troquel) | burst cracking.
efecto de escala | scale effect.
efecto de escala de la hélice | propeller scale-effect.
efecto de escala del factor del casco | hull-factor scale-effect.
efecto de estricción | pinch effect.
efecto de expulsión (metalografía) | elbowing effect.
efecto de extricción (metalografía) | pinch effect.
efecto de fisión rápida | fast fission effect.
efecto de fondo (radiactividad) | background.
efecto de fragmentación (proyectiles) | splinter effect.
efecto de fruncido | crimp effect.
efecto de gancho | hook.

efecto de gasa | leno effect.
efecto de geiser en una columna de líquido (cuando la velocidad de formación de burbujas es superior a la de eliminación por la parte superior del tubo-misiles) | geysering effect.
efecto de granalla | shot effect.
efecto de hacer romo al corte (herramientas) | dulling effect.
efecto de impacto | shot effect.
efecto de inducción nuclear | nuclear induction effect.
efecto de isla | island effect.
efecto de islote (válvula electrónica) | inselbildung effect.
efecto de la automatización | impact of automation.
efecto de la deriva (aerofotografía) | crab.
efecto de la onda explosiva | breakaway.
efecto de las perturbaciones en las trasmisiones por satélite | satellite transmission impairment programme.
efecto de luz (cine, TV) | dramatic lighting.
efecto de masa | paking effect.
efecto de masa (nucleónica) | packing effect.
efecto de nieve (TV) | snow effect.
efecto de noche (cuadros) | night-piece.
efecto de pantalla | screening effect.
efecto de pantalla (física nuclear) | screening.
efecto de pantalla electrodinámica | electrodynamic screening effect.
efecto de perforación | borehole effect.
efecto de plisado (papel) | creping effect.
efecto de prerretardo | preretardation effect.
efecto de propagación | spread effect.
efecto de proximidad | proximity effect.
efecto de recuperación en escalón | step-recovery effect.
efecto de resistencia negativa en masa (semiconductores) | bulk negative-resistance effect.
efecto de retorno (rastreo inmunológico) | homing effect.
efecto de ruptura | pinch effect.
efecto de sacudida | shake-off effect.
efecto de sal y pimienta (TV) | snow effect.
efecto de sobrepresión por el aire de la hélice (aviones) | ramming.
efecto de soldadura en el vacío parcial (sondeo en medios donde falta atmósfera) | vacuum welding effect.
efecto de sombra (nuclear) | shadow effect.
efecto de sombra (reacción nuclear) | self-shielding.
efecto de sombreado (televisión) | cloud.
efecto de sombreado (TV) | dark and light spots | spots | soot and white wash.
efecto de sonido panorámico | panoramic sound effect.
efecto de sujeción | nipper action.
efecto de superficie | S-effect.
efecto de sustentación | lifting effect.
efecto de talón | heel effect.
efecto de terminal en cortocircuito | dead end efect.
efecto de toma dinámica | ram effect.
efecto de transiciones simultáneas y de sentido opuesto en dos espines próximos idénticos (física nuclear) | flip-flop effect.
efecto de volante | flywheel effect.
efecto debido a errores por rozamiento en la cardan y desequilibrio de las partes giratorias (giroscopio) | random drift rate.
efecto debido al suelo (helicópteros) | ground effect.
efecto debilitador de la entalla | notch-weakening effect.
efecto declamatorio | elocutionary effect.
efecto degradativo | degradative effect.
efecto del exceso de presión de las zonas negras que tiende a debilitar las zonas continuas (grabado) | bearing off effect.
efecto del frío ártico (metalurgia) | windchill effect.
efecto del haz | beam effect.
efecto del movimiento ascendente del pistón para efectuar la mezcla del combustible y aire (motor de autos) | squish.
efecto del rebufo en el terreno (artillería) | blast mark.
efecto del suelo (helicópteros) | ground cushing.
efecto del viento (deriva artillera) | windage.
efecto del xenón | xenon effect.
efecto dependiente de la forma | shape dependent effect.
efecto depurador o eliminador del manganeso (metalurgia) | scavenging effect of manganese.
efecto descolorante | discolorizing effect.
efecto descontable | bankable bill.
efecto descontado | discounted bill.
efecto desimanador | demagnetizing effect.
efecto desnitrurante | denitriding effect.
efecto detrimental | detrimental effect.
efecto diedro | dihedral effect.
efecto dinámico (admisión aire - aviones) | ramming.
efecto disruptivo | disruptive effect.
efecto documentario | documentary bill.
efecto Doppler | Doppler shift.
efecto duradero | abiding effect.
efecto electroendosmótico | electroendosmotic effect.
efecto electroestrictivo | electrostrictive effect.
efecto electrofónico | electrophonic effect.
efecto elevador | lifting effect.
efecto endosado | endorsed bill.
efecto enfriador del viento | windchill.
efecto Eötvös | Eötvös effect.
efecto estacional | seasonal effect.
efecto explosivo | exploding agency.
efecto físicamente destructivo | physically destructive effect.
efecto fónico | sound effect.
efecto fotocromático | photochromic effect.
efecto fotoeléctrico | photoeffect.
efecto fotoeléctrico inverso | inverse photoelectric effect.
efecto fotoemisivo | photoemissive effect.
efecto fotomagnetoeléctrico | photomagnetoelectric effect.
efecto frenante | braking effect.
efecto genético de las radiaciones | genetic effect of radiation.
efecto grafitizante | graphitizing effect.
efecto higroscópico | higroscopic effect.
efecto hilarante | gag.
efecto impagado | dishonored bill.
efecto impositivo | tax impact | tax effect.
efecto inestabilizante | destabilizing effect.
efecto inflacionista | inflactionary effect.
efecto inhibitorio | inhibitive effect.
efecto Joule | Joulean effect.
efecto Kelvin (electricidad) | skin effect.
efecto Larsen | microphonism | microphonics.
efecto libre (comercio) | clean bill.
efecto local (centrales telefónicas) | sidetone.
efecto magnetocalórico | magnetocaloric effect.
efecto marginal (electricidad) | fringing.
efecto mecánico-cuántico | quantum-mechanical effect.
efecto mercantil | trade bill.
efecto microfónico | microphonics.
efecto muaré (televisión) | moiré effect.
efecto multiplicador | trigger effect | multiplier effect.
efecto negociado | discounted bill.
efecto nocivo | ill effect.
efecto obstaculizador | bumper effect.
efecto ondulatorio (TV) | flutter effect.
efecto oratorio | elocutionary effect.
efecto orbital | oil whip.
efecto orientador | orientating effect.
efecto pagadero | bill payable.
efecto parasitario microfónico | microphony.
efecto Pauli | Pauli effect.
efecto peculiar (corrientes alta frecuencia) | skin effect.
efecto pelicular | skin effect.
efecto perdido | lost effect | impeding effect.
efecto perjudicial | impeding effect.
efecto pernicioso | ill effect.
efecto perturbador | perturbating effect.
efecto piezoeléctrico | piezoelectric effect.
efecto plástico | plastic effect.
efecto pletina (escotilla de buque) | shear-lag effect.
efecto potente | potent effect.
efecto producido por | effect produced by.
efecto profundo | profound effect.
efecto protestado | protested bill | dishonored bill | noted bill.
efecto que produce en la pantalla un filme rayado (cine) | rain.
efecto radial (radio) | spoking.
efecto reactivo | backlash.
efecto recíproco | interplay.
efecto redescontado | rediscounted bill.
efecto reforzante | enhancement effect.
efecto refrigerante del aire | air's cooling effect.
efecto retardado | lag | aftereffect.
efecto retardador producido por la hélice (buques mixtos de vela y hélice) | drag.
efecto retrógrado (bola billar) | pullback.
efecto retrógrado del yugo de deflexión | deflection-yoke pullback.
efecto rompedor (explosivos) | brisant effect | disruptive effect | blast effect.
efecto secundario | by-effect | side effect.
efecto seguidor de colector | collector-follower effect.
efecto sin edosar | single-name paper.
efecto sinergético | synergetic effect.
efecto sinérgico | synergistic effect.
efecto sobre plaza | local bill.
efecto somático | somatic effect.
efecto Sonek (acero templado) | stress-induced migration of carbon atoms.
efecto sonoro | sound effect.
efecto sorprendente sobre el comercio | dramatic effect on trade.
efecto superficial | skin effect | skin effect.
efecto termomagnético | thermomagnetic effect.
efecto tóxico | poisonous effect.
efecto trans | trans effect.
efecto transitorio de insensibilidad | blackout effect.
efecto transmisible por endoso | bill transmissible by endorsement.
efecto túnel cuanto-mecánico (diodos) | tunneling.
efecto túnel cuantomecánico (electrónica) | tunnelling.
efecto túnel electrónico | electron tunneling.
efecto útil | efficiency | duty effect.
efecto útil (máquinas) | duty.
efecto vencido | expired bill.
efecto vibratorio | flutter effect.
efectos | valuables | supplies | effects | stocks | assets.
efectos a cobrar | bills collectable | receivables | notes receivable.
efectos a cobrar descontados | notes receivable discounted.
efectos a compensar | clearings.
efectos a pagar | bills payable.
efectos a pagar (comercio) | payables.
efectos a plazo (comercio) | time paper.
efectos adversos mensurables | mensurable adverse effects.
efectos aerodinámicos de compresibilidad | compressibility aerodynamical effects.
efectos al portador (comercial) | bearer paper.
efectos avalados por mercancías | commodity papers.
efectos biológicos por absorción de irradiaciones | radiation absorption biologic effects.
efectos cobrables sin comisión | par items.
efectos combinados | interplay.
efectos comerciables | commercial paper.
efectos comerciales | business papers | mercan-

tile paper.
efectos comerciales (economía) | business paper.
efectos corrosivos cuantitativos | quantitative corrosive effects.
efectos de acuñamiento de los productos de la corrosión | wedging effects of the corrosion products.
efectos de arrastre | dragging effect.
efectos de caja | cash items.
efectos de descarga superficial del tipo dendriforme (aislantes eléctricos) | treeing effects.
efectos de difícil venta | heavy goods.
efectos de dispersión | straggling effects.
efectos de escritorio | stationery.
efectos de favor | accommodation paper.
efectos de reacción (radio) | feed back effects.
efectos de variaciones atmosféricas (balística) | differential effects.
efectos del plasma al entrar en la atmósfera | atomospheric entry plasma effects.
efectos del tiempo medio | time-averaged effects.
efectos del tiempo sobre los esfuerzos de tensión | time-under-stress effects.
efectos descontados | bills discounted.
efectos descontados pendientes de vencimiento | discounted bills pending maturity.
efectos electroviscosos | electroviscous effects.
efectos en caja en proceso de cobro | draft collectable.
efectos en cartera | bills on hand | holding.
efectos en cartera (economía) | securities in hand.
efectos en circulación | bills in circulation.
efectos en gestión de cobro | bills in course of collection.
efectos en tránsito (bancos) | items in transit.
efectos estéricos | steric effects.
efectos financieros | financial paper | federal bills.
efectos fisiológicos por fuerza de Coriolis | Coriolis effects.
efectos garantizados con mercancías | commodity paper.
efectos invendibles | dead stock.
efectos jurídicos | legal effects.
efectos marginales del campo | fringing field effects.
efectos mercantiles | business paper | commercial paper.
efectos militares | stores.
efectos mobiliarios | contents | movable effects.
efectos navales | ship's chandlery.
efectos negociables | commercial paper | negotiable bills | negotiable paper.
efectos negociables de una sola firma | straight paper.
efectos negociables en los bancos | bank paper.
efectos no descontables en los bancos de Reserva Federal (EE.UU.) | ineligible paper.
efectos ondulatorios (televisión) | fringing effects.
efectos perturbadores | perturbing effects.
efectos por cobrar | bills receivable | collection item | uncollected items.
efectos por pagar | notes payable.
efectos prácticos | working purposes.
efectos precursores | precursor effects.
efectos producidos por tener la trama distinto color que la urdimbre (telas) | shot effect.
efectos recíprocos entre el injerto y el patrón (botánica) | stock-scion effects.
efectos redescontables (EE.UU.) | elegible paper - | eligible paper.
efectos refringentes ionosféricos | ionospheric refractive effects.
efectos respaldados por productos | commodity paper.
efectos retroacivos | retroactive effects.
efectos secundarios marginales (turismo) | spin out.
efectos sísmicos de los barrenos | seismic effects of blasting.
efectos somáticos de la radiación ionizante | somatic effects of ionizing radiation.
efectos termomagnéticos de arrastre de fonones | phonon-drag thermomagnetic effects.
efectos vendibles (bolsa) | marketable commodities.
efectuación | effectuation.
efectuado | executed.
efectuado conjuntamente por fuerzas de tierra y del aire | ground-air.
efectuado en una pasada | effected in one stage.
efectuar | carry out (to) | realize (to) | enact (to) | perform (to).
efectuar (algún efecto) | work (to).
efectuar (compras, etcétera) | effect (to).
efectuar (transferencias de fondos) | execute (to).
efectuar con los datos un tratamiento | act upon data (to).
efectuar el cobro | undertake collection (to).
efectuar el control de cuentas (auditoría) | carry out the audit (to).
efectuar el pago | effect payment (to).
efectuar el reembolso | make reimbursement (to).
efectuar la entrega | execute delivery (to).
efectuar mejoras considerables | effect considerable improvements (to).
efectuar operaciones bancarias | do banking business (to).
efectuar reparaciones | carry out repairs (to).
efectuar trabajo | work (to).
efectuar un asiento | make an entry (to).
efectuar un cobro | effect collection (to).
efectuar un ensayo | run a test (to).
efectuar un reconocimiento (minas) | develop (to).
efectuar un relanzamiento | rollback.
efectuar una caución | lodge a security (to).
efectuar una comprobación | make a finding (to).
efectuar una declaración de mercancía en la aduana | pass a customs entry.
efectuar una emisión | float an issue (to).
efectuar una maniobra repentina (aviones) | rack (to).
efectuar una regresión | back up (to).
efectuar una transferencia bancaria | make a transfer (to).
efemeralidad | ephemerality.
efemérides | ephemeris.
efemérides astronómicas | astronomical ephemeris.
efemérides de los cometas | ephemerides of comets.
efemérides geocéntricas | geocentric ephemerides.
efemérides planetarias | planetary ephemerides.
efemérides solares | solar ephemerides.
efemérido (zoología) | ephemerid.
efervescencia | effervescence | ebulliency.
efervescer | effervesce (to).
efervescer (física) | sparkle (to).
eficacia | performance | force | count down | efficiency | effectiveness | efficacy.
eficacia (anuncios) | pull.
eficacia (medicinas) | potency.
eficacia biológica | biological effectiveness.
eficacia biológica de radiación | biologic effectiveness of radiation.
eficacia biológica relativa (radiobiología) | relative biological effectiveness.
eficacia del interrogador (radar) | countdown.
eficacia del ordenador | computer efficiency.
eficacia direccional (antena) | front-to-rear ratio | front-to-back ratio.
eficacia omnidireccional | random sensitivity.
eficacia parafónica | close-talking sensitivity.
eficaz | true | efficient | effectual | effective | proved | operative.
eficaz (mecanismos) | positive.
eficiencia | efficiency | effectiveness.
eficiencia catiónica | cationic efficiency.
eficiencia combatiente | fighting efficiency.
eficiencia de la ligadura | ligature efficiency.
eficiencia de la separación (lavado de carbones) | efficiency of separation.
eficiencia de retención de sedimentos | sediment-trapping efficiency.
eficiencia del riego (agricultura) | irrigation efficiency.
eficiencia en función del tiempo | time-dependent reliability.
eficienciar | efficiency (to).
eficiente | efficient | effectual.
efigiación | effigiation.
efigiado | effigiated.
efigiador numismático | numismatic effigier.
efigial | effigial.
efigiar | effigiate (to) | effigy (to).
efigidor | effigiator.
efigie | effigy.
efímera | ephemeris.
efímero | evanescent | short lived.
efleuraje (masaje) | effleurage.
eflorescencia | attenuation of rocks.
eflorescencia (caucho) | blooming.
eflorescencia (enlucidos de cemento, hormigones) | scum.
eflorescencia (muros) | bloom.
eflorescencia (producots cerámicos) | scum.
eflorescencia (química) | efflorescence.
eflorescencia de alumbre impuro en pizarras alumbríferas | berg-butter.
eflorescencias (esmaltado) | scumming.
eflorescente | efflorescent.
eflorescer | effloresce (to).
eflorescer (química) | bloom out (to).
eflorescimiento | efflorescing.
efluencia | effluence.
efluencia iterada (hidrología) | routed outflow.
efluente | effluent | outflow.
efluente acuoso radiactivo | aqueous radioactive effluent.
efluente clarificado | clarified effluent.
efluente de papelera Kraft | kraft-mill effluent.
efluente del alcantarillado | sewer overflow.
efluente industrial | trade effluent | industrial effluent.
efluente inocuo inodoro | odorless innocuous effluent.
efluente líquido | liquid effluent.
efluente radiactivo | radioactive effluent.
efluente residuario de refinerías | refinery waste stream.
efluentes | waste.
efluentes industriales | trade effluents.
efluentes papeleros (fábricas) | papermaking effluents.
efluentes radiactivos | active effluents.
efluviar | effluence (to).
efluvio | effluvium | exhalation | aura | emanation | glow discharge | effluxion | effluence.
efluvio (electricidad) | effluve.
efluvio atmosférico | airglow.
efluvio eléctrico | brush discharge.
efluvio superficial (sobre un aislador) | arcover.
efluviografía | effluviography.
efluxión | effluxion.
eforato | ephorate | ephoralty.
éforo | ephor.
efosion | effosion.
efracción | effraction.
efundir | effuse (to).
efusión | effusion | effluence | effluent.
efusión de lava (volcanes) | extrusion.
efusión molecular | molecular effusion.
efusión paleógena | paleogenic effusion.
efuso | effuse.
efusómetro | effusiometer.
efusor | effusor.
egiptólogo | egyptologist.
egocentrismo | egocentrism.
egreso | disbursement.

egreso de agua | water egress.
egreso de gas | egress of gas.
eiconómetro | eikonometer.
eicosano (carburos) | eicosane.
eidóforo | eidophor.
eidógrafo | eidograph.
eidoscopio | eidoscope.
einsteinio | mole of photons.
einsteinio (nº atómico = 99) | einsteinium.
eje | spindle | spindle | arbor | centerline | centreline (G.B.) | bolt | pin | axis.
eje (coches) | axletree.
eje (de figura) | middle line.
eje (dibujos) | center line.
eje (máquinas) | shaft.
eje (rodillos de imprenta o litrografía) | core.
eje (vehículos, máquinas) | axle.
eje acanalado | grooved shaft.
eje accionado | driven shaft.
eje acodado | bent axle.
eje acodado (locomotoras vapor) | crank axle.
eje acoplado | coupled axle.
eje acoplado con platos | flange-coupled shaft.
eje aerodinámico | aerodynamic axis.
eje ahorquillado | forked axle.
eje aislado con papel manila bakelizado | bakelized-manilla insulated shaft.
eje anterior | fore axle.
eje anticlinal | caddle axis | caddle axis.
eje anticlinal (geología) | anticlinal axis.
eje arqueado | dished axle.
eje arrollador (telar de tejido de punto) | reelshaft.
eje arrollador (telar tejido punto) | drawoff shaft.
eje baricéntrico | centroidal axis | gravity axis.
eje base (tolerancias) | basic shaft.
eje basónico | basonic axis.
eje batidor | beater shaft.
eje binario helicoidal (cristalografía) | twofold screw axis.
eje buzando (geología) | plunging axis | pitching axis.
eje cardánico | cardan shaft.
eje cargador (excavadoras) | shipper shaft.
eje centrador | pilot arbor.
eje central | middle axle.
eje centroidal | centroidal axis.
eje cigüeñal | crankshaft.
eje cigüeñal enterizo | one-piece crank axle.
eje circular | round shaft.
eje con acabado defectuoso | poorly finished shaft.
eje con acanaladuras interiores helicoidales | helically splined shaft.
eje con aletas | pallet spindle.
eje con bridas integrantes | integral flanged spindle.
eje con carga por fatiga | fatigue-stressed shaft.
eje con chaveta helicoidal | helical-keyed shaft.
eje con diámetros variables a lo largo de él | nonuniform shaft.
eje con distintos diámetros | stepped shaft.
eje con diversos diámetros a lo largo | stepped shaft.
eje con juntas universales | cardan shaft.
eje con motor (coches eléctricos) | motored axle.
eje con movimiento angular alterno | rockshaft | weighshaft | weighbar.
eje con parte central más baja | drop-center axle.
eje con plato en el extremo | flanged shaft.
eje con plurirranuras interiores | multiple-splined shaft.
eje con porciones de distinto diámetro | shouldered shaft.
eje con seis ranuras interiores | six-splined shaft.
eje con taladro central | hollow-bored shaft.
eje conducido | layshaft.
eje conductor | drive shaft.
eje cónico | tapered shaft | tapered arbor.
eje cónico largo | long tapered arbor.
eje corto | axle-stub.
eje corto (línea ejes de buques) | bobbin shaft.
eje cuadrado | square shaft.
eje curvilíneo | curvilinear axis.
eje de accionamiento del eje delantero | front axle shaft.
eje de accionamiento flexible del soplante | blower flexible-drive shaft.
eje de acero forjado y termotratado | forged-steel heat-treated axle.
eje de acoplamiento | coupling spindle.
eje de ajuste de la derivación | drift adjustment spindle.
eje de alineación | axis of alignment.
eje de áncora (relojes) | verge.
eje de arrastre | drag axis.
eje de articulación | hinge pin | fulcrum pin.
eje de articulación de la palanca | hand lever pin.
eje de articulación del extremo inferior del brazo (grúas) | jib bottom fulcrum pin.
eje de articulación del mástil | trail hinge pin.
eje de articulación del montante de cierre de la cuna | cradle lock strut hinge pin.
eje de balancín | balance arbor | rocker shaft | rocking shaft.
eje de banda ancha | wide-band axis.
eje de bocina (buques) | tube shaft.
eje de cabeceo | pitch axis.
eje de cambio (autos) | shifter shaft.
eje de cambio de marcha | lifting shaft | rockshaft | weighbar shaft.
eje de carretón de locomotora | engine truck axle.
eje de cola (buques) | railshaft | tail end shaft | propeller shaft | screwshaft | stern shaft.
eje de cola con camisa de bronce | bronze linered tailshaft.
eje de cola de acero forjado (buques) | forged-steel propeller shaft.
eje de cola desmontado (buques) | drawn screw shaft.
eje de desembrague | clutch-shifter shaft.
eje de devanadera | reel-spindle.
eje de diámetro creciente | flared shaft.
eje de distribución (motores) | camshaft | layshaft | timing shaft.
eje de distribución del encendido (motores) | ignition camshaft.
eje de empalme | adjusting shaft.
eje de empuje (aviones, cohetes) | center of thrust.
eje de entrada | input shaft.
eje de excéntricas (telares) | bottom shaft.
eje de figura | middle-line.
eje de flexión | flexural axis.
eje de freno oscilante | floating brake shaft.
eje de giro | spin axis.
eje de giro (superficies de mando) | hinge axis.
eje de giro de la dirección (autos) | steering swivel kingpin.
eje de giro de la mangueta de la rueda (automóviles) | kingpin.
eje de giro de la mangueta de la rueda (autos) | kingbolt.
eje de giro del balancín | rocker fulcrum pin.
eje de grúa | jib post.
eje de guiñada | yaw axis | yawing axis.
eje de hierro inoculado | inoculated-iron shaft.
eje de imanación preferente | preferred axis of magnetization | preferred magnetizing axis.
eje de inclinación | axis of tilt.
eje de inversión-rotación | axis of rotary inversion.
eje de la aleta | finshaft.
eje de la banda estrecha | narrow-band axis.
eje de la dirección | steering axle.
eje de la esfera celeste | celestial axis.
eje de la excéntrica | eccentric shaft.
eje de la leva de freno | brake camshaft.
eje de la linterna (selfactina continua de hilar) | cylinder shaft.
eje de la máquina | engine shaft.
eje de la mecha del timón | rudderstock center | center of the rudder stock.
eje de la palanca de mando | control lever fulcrum.
eje de la rótula | ball joint axle.
eje de la toma de fuerza | power takeoff shaft.
eje de la vaciante | ebb axis.
eje de la X | X axis.
eje de la X y de la Y | X-axis and Y-axis.
eje de la Y | Y axis.
eje de las ruedas (buque ruedas) | paddle shaft.
eje de las ruedas satélites (engranaje epicicloidal) | planet wheel shaft.
eje de las X | X-axis.
eje de las Y | Y-axis.
eje de levantamiento (geología) | axis of elevation.
eje de levas | eccentric shaft | tumbling shaft | wiper shaft | tappet shaft.
eje de levas (motores) | layshaft | camshaft | half-speed shaft.
eje de levas con temple a la llama selectivo | selectively flame hardened camshaft.
eje de levas del freno delantero | front-brake camshaft.
eje de levas del freno posterior | rear-brake camshaft.
eje de levas desplazable | shifting camshaft.
eje de levas mandado por cadena | chain-driven camshaft.
eje de levas sobre el bloque (motor auto) | block-situated camshaft.
eje de locomotora | locomotive axle.
eje de los distribuidores (máquina vapor) | valve shaft.
eje de los sacudidores | shaker shoe shaft.
eje de mando | driving-shaft | driving spindle.
eje de mando del carro (tornos) | feed shaft.
eje de mango exagonal | hexagonal-shanked arbor.
eje de maniobra | operating shaft.
eje de manivelas (locomotoras vapor) | crank axle.
eje de movimiento planetario | planet-action spindle.
eje de muñones | trunnion axis.
eje de muñones (aparatos topográficos) | horizontal axis.
eje de orientación | training shaft.
eje de piñones | pinion supporting pin.
eje de piñones satélites | planetary gear pin.
eje de polea | sheave pin | pulley-pin.
eje de precesión | axis of precession.
eje de precesión más o menos horizontal | horizontal axis.
eje de puntería azimutal | training shaft.
eje de referencia | reference axis | centerline of print position | fiducial axis.
eje de refracción extraordinario | extraordinary axis of refraction.
eje de resistencia (aviones) | drag axis.
eje de retirada (milicia) | line of withdrawal.
eje de rodillo | roll shaft.
eje de rotación | spin axis.
eje de rumbo | course line (I.L.S.).
eje de salida (de la máquina) | input shaft.
eje de salida del embrague | output clutch shaft.
eje de seguridad | shearing stud | boresafe.
eje de simetría (cristalografía) | crystalline axis.
eje de simetría acústica | axis of acoustic symmetry.
eje de simetría binario | digonal axis.
eje de simetría cuaternario | tetragonal axis.
eje de simetría senario (cristalografía) | hexagonal axis.
eje de simetría ternario | trigonal axis.
eje de sustentación | lift axis.
eje de tiro | axis of fire.
eje de tracción | thrust line | thrust axis.
eje de transmisión | propeller shaft | jackshaft | lineshaft | shipper shaft.
eje de transmisión de tubo (autos) | tubular

propeller shaft.
eje de transmisión del embrague | clutch shipper shaft.
eje de transmisión helicoidal | worm shaft.
eje de transmisión vertical | vertical shaft.
eje de traslación (puente-grúa) | traveling cross shaft.
eje de un par (mecánica) | axis of a couple.
eje de vagón | carriage axle | car axle.
eje de vaina (piñones) | quill shaft.
eje de varios diámetros | multidiameter shaft.
eje de zona | zone axis.
eje del alternador | alternator shaft.
eje del amortiguador | damper pin.
eje del áncora | pallet staff.
eje del ánima del cañón | axis of the gun bore.
eje del ánima paralelo a la pista de rodamiento (cañón) | axis of bore parallel to plane of roller path.
eje del árbol conducido | countershaft axle.
eje del ataque | axis of attack.
eje del avance | axis of advance.
eje del balancín | rocker-arm shaft | ocker-arm shaft.
eje del balancín (relojes) | staff.
eje del barrilete (telefonía) | spring drum axle.
eje del batán (telar) | rocking shaft.
eje del bogie motor | motor truck axle.
eje del cabezal (tornos) | headstock spindle.
eje del cambio de marcha | tumbling shaft.
eje del canal | axis of channel.
eje del caracol (relojería) | fusee arbor.
eje del carretón | bogie axle.
eje del cierre de la barra de tracción | drawbar lock shaft.
eje del cilindro | cylinder shaft.
eje del cilindro (laminadores) | roll journal.
eje del conmutador de luces | light switch control shaft.
eje del crecimiento cristalino (cristalografía) | crystalline growth axis.
eje del dedo volteador | tilting-finger shaft.
eje del dibujo (telar) | pattern shaft.
eje del diferencial | differential shaft.
eje del diferencial (autos) | live axle.
eje del diferencial (mecheras) | jackshaft.
eje del disparador | trigger shaft.
eje del distribuidor | weighshaft.
eje del embrague | clutch shaft.
eje del engranaje del embrague | clutch gear shaft.
eje del engranaje selectivo | pickoff gear shaft.
eje del espín nuclear | nuclear spin axis.
eje del extractor | extractor axis pin.
eje del filón | axis of the lode.
eje del freno | brake pin.
eje del husillo | spindle axis.
eje del inducido | armature shaft.
eje del macho | core arbor.
eje del mástil | mast centerline.
eje del mecanismo de la picada | picking shaft.
eje del motor de babor | c. l. of port engine.
eje del motor de estribor | c. l. of starboard engine.
eje del muñón | trunnion center.
eje del nivel de burbuja de aire | axis of the level vial.
eje del palo (buques) | mast centerline.
eje del par de rotación (máquina) | torque roll axis.
eje del paralelogramo de Watt (máquina de vapor) | radius shaft.
eje del pedal | pedal spindle.
eje del pedal (bicicletas) | crank axle.
eje del percutor | firing shaft.
eje del piñón cónico de puntería en elevación | elevating bevel pinion shaft.
eje del piñón de babor (buques) | port pinion shaft.
eje del piñón de elevación (cañón) | elevating pinion shaft.
eje del piñón satélite | planet wheel pin.
eje del plegador (tejeduría) | lap shaft.
eje del plegamiento | fold axis.
eje del punto fijo (tornos) | live spindle.
eje del rotor de turbina de gases | gas-turbine rotor shaft.
eje del rotor del generador | generator rotor shaft.
eje del rotor no enterizo (turbinas) | spindle of built rotor.
eje del tambor | barrel shaft | barrel arbor.
eje del timón | rudder axle.
eje del timón de dirección (aviones) | fin post.
eje del trinquete | ratchet shaft.
eje del ventilador | fan shaft.
eje del volante (relojes) | balance staff | verge.
eje delantero | front axle | leading axle | fore axle.
eje delantero de forma doble T (autos) | beam-type front axle.
eje delantero de horquilla (autos) | Elliot-type front axle.
eje descentrado | off-center spindle | offset shaft | eccentric shaft.
eje eléctrico | electric axis.
eje eléctrico (cristal de cuarzo) | X-axis.
eje en el brazo para maniobrar el brazo del cucharón (excavadoras) | shipper shaft.
eje en voladizo | projecting axle | overhanging axle.
eje encamisado | linered shaft | sleeved shaft.
eje encorvado | out-of-true-axle.
eje enchavetado | keyed shaft | key-seated shaft.
eje enterizo | axle-through.
eje escalonado | shouldered shaft | stepped shaft.
eje estacionario o giratorio no sometido a torsión | axle.
eje estampado enterizo de acero aleado | one-piece steel alloy drop-forged axle.
eje estriado | serrated shaft.
eje estriado interiormente | splineshaft.
eje excéntrico | eccentric shaft.
eje extensible | expanding arbor.
eje exterior | outer spindle.
eje extremo | end axle.
eje fiducial (aerofotogrametría) | plate axis.
eje fiduciario (fotogrametría) | photograph axis.
eje fijo | fulcrum.
eje final | railshaft.
eje flexible | flexible shaft.
eje floral (botánica) | mamelon.
eje flotante | dancing axle.
eje flotante (eje con montaje que permite un ligero desplazamiento) | float-mounted axle.
eje flotante (que puede tener un pequeño desplazamiento) | floating axle.
eje flotante - eje desplazable | floating shaft.
eje flotante tres cuartos | three-quarter-floating axle.
eje focal (de una superficie cónica) | transverse axis.
eje focal (óptica) | major axis | mayor axis.
eje forjado | hammered axle.
eje geométrico del cilindro | cylinder line.
eje geométrico del eje | shaft centerline.
eje geométrico del tubo | centerline of tube | centerline of the pipe.
eje geotécnico | geotechnical axis.
eje giratorio con vaivén axial | spindle rotatable with axial reciprocation.
eje giratorio del alerón | aileron rocker·shaft.
eje giratorio y de vaivén | rotatable and reciprocable spindle.
eje giroscópico | gyro axis.
eje helicoidal cuaternario (cristalografía) | fourfold screw axis.
eje helicoidal de simetría alrededor de los cuales los átomos están colocados simétricamente (mineralogía) | screw axis.
eje horizontal | horizontal axis | lying shaft.
eje horizontal (sistema de coordenadas rectangulares) | X-axis.
eje hueco | sleeve axle | hollow shaft | hollow spindle | hollow axle | hollow-bored shaft | bored-out shaft.
eje hueco de acero con platos | hollow flanged steel shaft.
eje hueco del piñón | bored pinion shaft.
eje hueco que gira alrededor de uno macizo | quill.
eje hueco que gira alrededor de uno macizo (piñones) | quill shaft.
eje ideal de la línea de impresión | ideal print centerline.
eje imaginario | imaginary axis.
eje impulsor | input shaft.
eje inferior | bottom shaft.
eje instantáneo de rotación | instant center | instantaneous axis of rotation | virtual axis.
eje intermedio | countershaft | middle shalf | intermediate shaft.
eje intermedio (caja de velocidades) | jackshaft.
eje intermedio (cambio de velocidades) | layshaft.
eje intermedio (engranaje para roscar en el torno) | stud shaft.
eje intermedio (motor eléctrico) | jackshaft.
eje intermedio del cambio de velocidades | gearbox main shaft.
eje internuclear | internuclear axis.
eje laminado en frío | cold-rolled shaft.
eje lateral (aviones) | Y-axis.
eje lateral o longitudinal (aeroplanos) | horizontal axis.
eje libre (locomotoras) | uncoupled axle.
eje liso | smooth shaft.
eje loco | loose shaft | loose axle | idler shaft.
eje longitudinal | center line.
eje longitudinal (aviones) | X-axis.
eje macizo (no hueco) | solid shaft.
eje mágnetico | magnetic axis.
eje mandado | layshaft.
eje mayor (elipse) | major axis.
eje menor (elipse) | minor axis.
eje monocéntrico | monocentric axis.
eje montado sobre cojinetes de rodillos | roller-bearing-mounted spindle.
eje motor | driving-shaft | motive axle | drive shaft | engine shaft | output shaft | live axle | main shaft.
eje motor con manivelas a 90 grados (locomotoras) | cross axle.
eje motriz | live axle.
eje motriz frontal del compresor de baja presión (aviones) | low pressure compressor front drive shaft.
eje multiestriado interiormente | multisplined shaft.
eje neutro | zero line.
eje neutro (resistencia de materiales) | neutral axis.
eje neutro (resistencia materiales) | neutral line.
eje no acoplado | noncoupled axle.
eje no enterizo | semibuilt shaft.
eje no giratorio | dead axle.
eje normal eje vertical (aviones) | yawing axis.
eje oblicuo | oblique axis.
eje óptico | optical axis | optic axis | C-axis | optical centerline.
eje óptico (cristal de cuarzo) | Z-axis.
eje orientacional | orientational axis.
eje oscilante | dancing axle | pivoted axle | oscillating axle | rockshaft | rocking shaft | rocker | weighshaft | weighbar.
eje para dar cuerda (relojes) | winding shaft.
eje para girar en azimut | train axis.
eje para poca potencia y gran velocidad | high-speed low-torque shaft.
eje pasador (alza de cañón) | spud shaft.
eje perforador equilibrado | counterbalanced drilling spindle.
eje piezoeléctrico | electric axis.
eje polar del telescopio | telescope polar axis.
eje portabrocas | drilling-spindle | boring spindle.
eje portacuchilla | cutter spindle.

eje portador | supporting axle | bearing axle.
eje portador (locomotora) | truck axle | carrying axle.
eje portador delantero | leading axle.
eje portador posterior (locomotoras) | trailing axle.
eje portaescariador | reamer arbor.
eje portafresa | hob spindle | hob arbor | cutter spindle | cutter pilot.
eje portafresas | cutter arbor.
eje portahélice | screwshaft.
eje portahélice (buques) | propeller shaft | tail end shaft | railshaft | stern shaft.
eje portahélice sin chaveta | keyless screwshaft.
eje portaherramienta | cutter arm | cutter spindle.
eje portaherramientas | boring spindle.
eje portamuela | wheel spindle | grinding wheel spindle.
eje portante (locomotoras) | noncoupled axle.
eje portapieza | work spindle | work arbor.
eje portarrodillo | roller pin.
eje portasierra | saw spindle | saw mandrel.
eje posterior | aftershaft | rear axle.
eje posterior (automóviles) | banjo axle.
eje primario (cambio de velocidades) | clutch shaft.
eje primario (engranaje de reducción) | input shaft.
eje principal | master shaft | main shaft.
eje principal (cambio velocidades) | first motion shaft.
eje principal de transmisión | leading spindle.
eje principal del esfuerzo | major stress axis.
eje prolongado de la tierra | extended axis of the earth.
eje propulsor | screwshaft.
eje propulsor (autos) | propeller shaft.
eje propulsor fuera de borda (buques) | outboard propeller shafting.
eje que gira a mitad de velocidad (motores) | half-speed shaft.
eje que pasa por el centro de gravedad | centroidal axis.
eje que pasa por el origen | axis through the origin.
eje que proporciona un grado de libertad (giroscopio) | axis of freedom.
eje radioeléctrico | radio axis.
eje rebajado | offset shaft.
eje rebajado (autos) | dropped axle.
eje rectificado con tolerancias | tolerance ground axle.
eje recto | smooth shaft.
eje replanteado (carreteras, ferrocarril) | surveyed center line.
eje roscado micrométricamente | micrometrically screw-threaded shaft.
eje roto | broken axle | fractured shaft.
eje seccionado | splint axle.
eje secundario | second-motion shaft | countershaft | intermediate shaft.
eje secundario (caja de velocidades) | jackshaft.
eje secundario (cambio de velocidades) | layshaft.
eje secundario (engranaje de reducción) | output shaft.
eje secundario (óptica) | oblique axis.
eje seguidor | follow-up shaft.
eje selector de escobillas | trip spindle.
eje semimenor (elipse) | semiminor axis.
eje semiportante | semifloating axle.
eje senario (cristalografía) | hexad.
eje separador | isolating shaft.
eje sin collarín (ferrocarril) | muley-axle.
eje sin masa | massless shaft.
eje sinclinal (geología) | synclinal axis | trough axis.
eje sincronizador | synchronizing shaft.
eje sometido a esfuerzos de torsión y a los de flexión por las cargas transversales | three-quarter-floating axle.
eje sometido sólo a esfuerzos de torsión | full-floating axle.
eje suspendido | overhead shaft.
eje telescópico | telescopic shaf..
eje templado por corrientes de inducción | induction-hardened shaft.
eje ternario (cristalografía) | threefold axis.
eje torsioelástico | torsion-resilient shaft.
eje torsionalmente rígido | torsionally rigid axle.
eje trabajado ópticamente | optically-worked spindle.
eje transmisor de la potencia (laminadores) | jackshaft.
eje transmisor del sistema alimentador de proyectiles (cañones) | round feed shipper shaft.
eje transversal | jackshaft | cross shaft | athwartships axis.
eje trasero | back axle | rear axle.
eje trasero hipoide sometido solamente a esfuerzos de torsión | fully-floating hypoid rear axle.
eje trasero sin diferencial | dead rear axle.
eje vertical | vertical shaft | vertical spindle | vertical axis | Y axis.
eje vertical (aviones) | Z-axis | normal axis.
eje vertical (aviones, proyectiles) | yaw axis.
eje vertical (niveles) | spindle axis.
eje vertical (sistema de coordenadas rectangulares) | Y-axis.
eje vertical (sistema de ejes coordenados) | Z-axis.
eje vertical (teodolitos) | center (EE.UU.).
eje vibrando ultrasónicamente | ultrasonically vibrating spindle.
eje X (de un cristal) | electrical axis.
eje zonar | zone axis.
eje zonar anficíclico | amphicyclic zone-axis.
eje zonar haplocíclico | haplocyclic zone-axis.
ejecución | performance | execution | running | workmanship | makeup | dristaint | achievement.
ejecución (acuerdos, etc.) | implementation.
ejecución (de un condenado a muerte) | dispatch.
ejecución (de un embargo) | putting in.
ejecución (de un proyecto) | achievement.
ejecución (de un trabajo cualquiera) | performance.
ejecución (de una prueba) | conducting.
ejecución (música) | execution | facture.
ejecución (pena de muerte) | execution.
ejecución aplazada (de una sentencia) | judgment respited.
ejecución de espaldones | shouldering.
ejecución de la ley | enforcement of law.
ejecución de la sentencia | execution of judgment | execution of sentence.
ejecución de las instrucciones secuencialmente | sequential control.
ejecución de programas por paquetes | batch processing.
ejecución de un pedido | execution of an order.
ejecución de un pozo por realces (minas) | shaft raising.
ejecución de un programa normalmemte | normal program execution.
ejecución de un realce (minas) | raising.
ejecución de una sentencia (jurídico) | enforcement of a judgment.
ejecución de una sentencia arbitral | enforcement of an arbitration award.
ejecución defectuosa del trabajo | sloppy workmanship.
ejecución del contrato | performance of the contract.
ejecución del contrato según sus condicionamientos | specific performance.
ejecución del programa de producción | production program implementation.
ejecución del tiro | application of fire.
ejecución del trabajo | performing of work.
ejecución en seguida (abogacía) | speedy execution.
ejecución forzosa | strict foreclosure.
ejecución por medio de estacazos | clubbing execution.
ejecución provisional | dormant execution.
ejecutable | executable | enforceable | workable.
ejecutado | executed.
ejecutado con ordenador | computer produced.
ejecutado con un ordenador | computer written | computer drawn.
ejecutado por ordenador | computer prepared.
ejecutante | legal enforcer.
ejecutante que toca un instrumento (música) | player.
ejecutar | achieve (to) | attach (to) | turn out (to) | turn off (to) | do (to) | execute (to) | execute (to) | perform (to) | render (to) | enact (to) | carry out (to) | implement (to) | effect (to) | run (to).
ejecutar (contratos) | wind up (to).
ejecutar (promesas) | satisfy (to).
ejecutar (una ley) | enforce (to).
ejecutar (una promesa) | verify (to).
ejecutar a la perfección | execute to perfection (to).
ejecutar el organigrama | block diagram.
ejecutar el procedimiento de entrada en comunicación | log in (to).
ejecutar labores al azar (minas) | coyote (to).
ejecutar maniobras o evoluciones | maneuver (to).
ejecutar un auto de prisión | serve a warrant (to).
ejecutar un bombardeo aéreo | lay on (to).
ejecutar un bucle | loop (to).
ejecutar un contrato de compraventa | fulfil a contract on sale (to) | perform a contract on sale (to).
ejecutar un embargo | levy a distraint (to).
ejecutar un juicio | execute a judgement (to).
ejecutar un paso (ordenador) | step (to).
ejecutar un programa paso a paso | step through a program (to).
ejecutar una conversión (ejércitos) | wheel (to).
ejecutar una interrupción de programa (informática) | take a dump (to).
ejecutar una orden | execute an order (to).
ejecutarse | enforce (to).
ejecútese | let it be executed.
ejecutivo | executory | executive | executive.
ejecutor | executor.
ejecutor (de una orden) | executer | executor.
ejecutoria (auto definitivo) | final decree.
ejecutoria (escrito de ejecución-jurisprudencia) | final process.
ejecutoriedad | executability.
ejecutorio | executory | enforceable.
ejemplar | normal | specimen.
ejemplar (de periódico) | number.
ejemplar (de un libro) | copy.
ejemplar (legajo) | ply.
ejemplar comprobante (de un libro, periódico) | checking copy.
ejemplar de cambio (bibliotecas) | exchange copy.
ejemplar de obsequio | complimentary copy.
ejemplar de publicidad | press-copy | advertising copy.
ejemplar de regalo (libros) | complimentary copy.
ejemplar de regalo con dedicatoria (libros) | presentation copy.
ejemplar enviado a críticos (libros) | advance copy.
ejemplar gratis enviado al crítico | review copy.
ejemplar gratis para la prensa | review copy.
ejemplar gratuito | complimentary copy | presentation copy.
ejemplar para el archivo | file-copy.
ejemplar para el editor | publisher's copy.
ejemplar para la prensa | press-copy.
ejemplar usado de una biblioteca (libros) | ex-library copy.
ejemplares en exceso sobre el número ordenado (periódicos) | overrun.

ejemplares no vendidos | remainder line.
ejemplares no vendidos (de una edición) | remainder.
ejemplares para el autor (contratos edición) | author's copies.
ejemplares que se pueden prestar | loanable copies.
ejemplificación | exemplification.
ejemplificar | exemplify (to).
ejemplo | instance | example | exemplification | illustration.
ejemplo completamente resuelto | fully-worked example.
ejemplo corriente | familiar instance.
ejemplo de labor artística | artwork.
ejemplo de programación | sample coding.
ejemplo típico | case history.
ejemplos resueltos | worked examples.
ejercer | exercise (to).
ejercer como presidente del gobierno | steer the ship of state (to).
ejercer el cargo | hold the office (to) | hold office (to).
ejercer las funciones de juez | adjudicate (to).
ejercer opresión | screw (to).
ejercer presión | exert pressure (to) | press (to).
ejercer su autoridad | exercise one's authority (to).
ejercer su derecho | exercise one's right (to).
ejercer su profesión | practice his profession (to).
ejercer sus funciones | exercise his duties (to).
ejercicio | practice | trading year | exercise.
ejercicio (de un derecho) | exercising.
ejercicio (economía) | financial period.
ejercicio aéreo volando en fila y en que cada avión ejecuta la misma maniobra que el que le precede | rat race.
ejercicio anual | annual fiscal period | business year.
ejercicio cerrado (economía) | preceding financial year.
ejercicio contable | period accounting.
ejercicio de aplicación (de un teorema) | rider.
ejercicio de arriar botes (buques) | boat drill.
ejercicio de cañón | gunnery drill.
ejercicio de funcionamiento sin disparar (cañones, lanzamiento de torpedos, etc.) | dry run.
ejercicio de remos | boat-work.
ejercicio de salvamento en balsa neumática | dinghy drill.
ejercicio de salvamento en balsa neumática (aeroplanos) | ditching drill.
ejercicio de tiro para clasificación | record practice.
ejercicio del mando | exercise of command.
ejercicio del poder | governance.
ejercicio económico | financial year | fiscal year.
ejercicio financiero | financial year.
ejercicio fiscal | taxable year.
ejercicio físico sin movimiento | isometrics.
ejercicio instructivo | rehearsal.
ejercicio isométrico (gimnasia) | isometric exercise.
ejercicio social | business year.
ejercicios | drilling.
ejercicios combinados | joint exercises.
ejercicios con los dedos | finger-work.
ejercicios con tiro real | service practice.
ejercicios de cañón | gun drill.
ejercicios de combate a bordo (buques) | battle problem.
ejercicios de contraincendios (buques) | fire drill.
ejercicios de defensa pasiva contra aviones | air-raid drill.
ejercicios de entrenamiento | practice.
ejercicios de puertas estancas (buques) | collision drill.
ejercicios de salvamento | escape training.
ejercicios de salvamento (buques) | lifesaving drill.
ejercicios de salvamento de incendios (edificios) | fire drill.
ejercicios de tiro | firing practice | practice firing | target practice.
ejercicios de tiro con fusil | musketry instruction.
ejercicios de tiro desde un bombardero a un cazador | bomber-to-fighter gunnery.
ejercicios graduados | grade exercises.
ejercicios para adiestramiento del oído | ear-training drills.
ejercitación | training.
ejercitado | experienced.
ejercitador neuromuscular | muscular exerciser.
ejercitar | train (to) | exercise (to).
ejercitarse | drill (to).
ejército | army.
ejército de Estados Unidos | United States army.
ejército de observación | army of observation.
ejército de ocupación | army of occupation.
ejército de tierra | land forces.
ejército del aire | airpower.
ejército motorizado | mechanized army.
ejércitos en campaña | armies in the field.
ejes accionados independientemente | individually driven axies.
ejes aerodinámicos | wind axes.
ejes coincidentes | mating shafts.
ejes cristalinos | crystal axes.
ejes cristalográficos | crystallographic axes.
ejes cruzados que no se cortan entre sí | nonintersecting crossed-axis shafts.
ejes de babor y estribor (buques de 3 ó 4 hélices) | wing shafts.
ejes de coordenadas | coordinate axes | axes of coordinates.
ejes de coordenadas cartesianas | cartesian coordinate axes.
ejes de elasticidad | ether axes.
ejes de hélices coaxiales de giros contrarios | coaxial contra-rotating propeller-drive shafts.
ejes de la cardán | gimbal axes.
ejes de referencia perpendiculares entre sí | mutually perpendicular reference axes.
ejes de simetría binarios | axes of twofold symmetry.
ejes de simetría cuaternarios | axes of fourfold symmetry.
ejes de transmisión | shaftings.
ejes delanteros con dirección gemela (camiones) | twin-steered front axles.
ejes helicoidales | screw axes.
ejes no paralelos que no se cruzan | nonintersecting nonparallel axes.
ejes octaédricos (cristalografía) | octahedral axes.
ejes para vagones | railway axles.
ejes polares de simetría binaria | polar axes of twofold symmetry.
ejes que se cruzan | offset axes | nonintersecting shafts.
ejes tectónicos | tectonic axes.
ejes tópicos (cristalografía) | topical axes.
ejes torneados | bright shafting.
ejes torneados sólo en el sitio donde recibe las poleas | black shafting.
ejido | public land | town commons | townsite | commonage.
ejido comunal | common ground.
ejión | purlin-cleat | purlin-bracket | cleat.
ekaba (Berlinia auriculata - Benth) | berlinia.
ekki (Lophira alata) | African oak.
ekpogoi (Berlinia auriculata - Benth | abem.
el abastecimiento se efectúa en | provision is made in.
el accionariado tiene 150.000 accionistas | the shareholdership has 150,000 share holders.
el agua percola a través de la arena | water percolates through the sand.
el ámbito de control | the span of control.
el barómetro señala una presión de 29,8 pulgadas de mercurio | barometer reads 29.8 in Hg.
el bloque contiene (registros) | block contains.
el buque de este capitán | commodore.
el cazo mayor en una fundería | bull ladle.
el componente principal es más noble (metalurgia) | the key component is more noble.
el concurso se cierra el 1 de Octubre de 1956 | contest closes October 1, 1956.
el conjunto de una flota | fleetful.
el conjunto del parque (de coches, vagones, etc.) | fleetful.
el corazón del sensor es el transductor | the heart of the sensor is the transducer.
el coste tiene gran importancia | cost matters a great deal.
el costo no se tiene en cuenta | cost does not count.
el crédito se restablece | credit is reviving.
el de menor precio | lowest priced.
el desperdicio debe mantenerse en un mínimo absoluto | wastage should be kept to an absolute minimum.
el destinatario cambió de domicilio | addressee has moved.
el día del vencimiento (efectos) | on the due date.
el doble | twofold.
el documento es pagado a su vencimiento | the note is honored at maturity.
el documento no es pagado a su vencimiento | the note is dishonored at maturity.
el dueño y sus huéspedes (yates de recreo) | afterguard.
el encargado de manejar el aparato de proyecciones (cinematógrafos) | projectionist.
el encargado de un salvamento (buques) | wreck master.
el encargado del equipaje (hoteles) | luggage-porter.
el engranaje deberá rasurarse y lapidarse o rectificarse después del termotratamiento | gear-shaved and lapped or ground after heat treatment.
el fiador es responsable | the surety is liable.
el firmante declara que lo que se indica es correcto | undersigned declares that the statements herein are correct.
el hombre adecuado en el sitio adecuado | the right man in the right place.
el impuesto se pagará en efectivo o a través de giros o vales postales o cheques personales | tax may be paid in cash or by money orders or personal checks.
el impuesto se repercute al patrón | tax is levied upon the employer.
el impuesto sobre la renta grava | income tax is imposed.
el jurado no consiguió llegar a un acuerdo | the jury became deadleocked.
el más bajo | lowest.
el más importante | mostest.
el material está sin terminar | the material is in the «green» state.
el mayor común denominador | the largest common denominator.
el mejor | mostest.
el mejor después del primero | next best.
el mejor postor (economía) | highest bidder.
el mencionado en primer lugar es el primero de | the first mentioned is the first of.
el mezclador y el oscilador local (TV) | front end.
el mínimo común múltiplo | the smallest common multiple.
el motor funciona bien | the motor works well.
el movimiento es inminente | motion is impending.
el número de gramos por metro cubico de polvo de carbón suspendido en el aire | density of dust cloud.
el pago ha vencido | payment is overdue.
el pago puede fragmentarse | payment may be

fragmented.
el pago vence | payment is due.
el pan y el vino (misa) | elements.
el parámetro de control más importante es la dureza | the most important control parameter is hardness.
el pedido debe estar acompañado con su pago | payment must accompany order.
el porcentaje de renovaciones es muy bajo | removal rate is very low.
el precio incluye el flete y el seguro pero no gastos de descarga | C.I.F. free out.
el precio y el ISBN se indicarán posteriormente (libros) | price and ISBN to be announced.
el primer llegado | the first come.
el primero para cortar y el segundo para suavizar el corte | rip-and-trim method.
el que adapta cristales a la montura de las gafas | glazer.
el que adopta una doctrina | embracer.
el que aferra una vela (buques) | stower.
el que comunica noticias | communicator.
el que da garantía para un mainprize | mainpernor.
el que da órdenes para el aparcado después de aterrizar (portaaviones) | taximan.
el que envía un cablegrama | cabler.
el que explota un cinematógrafo | exhibitor.
el que fija las contribuciones a pagar | assessor.
el que hace reparaciones bajo el agua | underwater mechanic.
el que manda dos o más buques pequeños (corbetas, destructores) | commodore.
el que maneja la batea para lavar el oro | panner.
el que maneja y entretiene los dispositivos de enseñanza | tradesman.
el que negocia documentos sin valor | kite flier.
el que pasa sin querer por delante de la cámara (televisión) | peasant.
el que pone en páginas (periódicos) | clicker.
el que practica la trepanación | trepanner.
el que practica vuelos planeados | volplanist.
el que prepara las pistas (concursos) | trackwalker.
el que recibe una oferta | offeree.
el que sabe orientarse por un mapa | map fumbler.
el que toma parte en una conferencia | conferee.
el que traza la montea | loftsman.
el remo tercero y más largo de una ballenera | midship oar.
el resto impurezas (análisis metalográficos) | balance impurities.
el rumbo de los rendimientos de inversión | the course of investment yields.
el salario estará de acuerdo con la experiencia | compensation will be commensurate with experience.
el segundo en el mando (buques, etc.) | executive officer.
el segundo prisma de Nicol (polarímetro) | analyzer.
el seguro cubre el precio c.i.f | insurance covers the C.I.F. price.
el soldeo ablanda el acero en la proximidad de la junta | welding softens the steel near the joint.
el subrogado | subrogee.
el suero de la verdad | truth serum.
el sur de los Estados Unidos | dixie.
el teorema es debido a Leibnitz | the theorem was known to Leibnitz.
el tiempo con la complicidad del hombre y de la naturaleza | time abetted by man and nature.
el todo | integer.
el último grito (modas) | up-to-the-minute.
el último hombre (de fila o grupo) | anchor man.
el vértice está fuera del dibujo | vertex is not on the drawing.
elaborabilidad | processability.
elaboración | fabrication | manufacturing | making | production | processing | construction | drawing up | execution | elaboration | process processing | process.
elaboración (de un proyecto) | evolving.
elaboración (proyectos) | formulation.
elaboración a mano | manufacture.
elaboración artesanal | artisan elaboration.
elaboración de bebidas | beverage processing.
elaboración de datos | data processing.
elaboración de la sidra | cidermaking.
elaboración de materiales | material working.
elaboración de previsiones | establishment of forecasts.
elaboración de señales numéricas | digital signal processing.
elaboración de vino | wine making.
elaboración del hormigón | concrete manufacture.
elaboración seca | dry processing.
elaborado a temperatura bajo cero | sub-zero-worked.
elaborado con precisión | precision-engineered.
elaborado en profundidad | depth-processed.
elaborador | processor | processer | processor.
elaborador (calculadora electrónica) | processor.
elaborador de datos programados | programmed data processor.
elaborador de productos alimenticios | food processor.
elaborar | process (to) | elaborate (to) | set up (to) | draw up (to) | manufacture (to).
elaborar (planes) | evolve (to).
elaborar (proyectos) | formulate (to).
elaborar (un plan) | work out (to).
elaborar (un problema) | work (to).
elaborar (y) suministrar e instalar obras de ingeniería | engineer (and) furnish and install (to).
elaborar a máquina | machine (to).
elaborar con vapor de agua | steam-process (to).
elaborar de nuevo | re-elaborate (to).
elaborar en caliente | hot-process (to).
elación anarmónica (geometría) | cross ratio.
elasmobranquio | elasmobranch.
elasmosina | leaf tellurium.
elastancia (recíproca de la capacitancia) | elastance.
elastancia específica | electric elasticity.
elasteno | elastene.
elástica (resistencia materiales) | elastic line.
elásticamente acoplado | elastically connected.
elásticamente deformable | elastically deformable | resiliently deformable.
elásticamente dispersos | elastically scattered.
elásticamente empotrado | elastically fixed.
elasticidad | stretching property | spring elasticity | give | springiness.
elasticidad (acústica) | compliance.
elasticidad (de la piel) | resilience.
elasticidad (de la piel, etc.) | resiliency.
elasticidad (metales) | yieldingness.
elasticidad acústica | acoustic compliance.
elasticidad asimétrica | asymmetric elasticity.
elasticidad de cizalladura | shear elasticity.
elasticidad de la oferta | elasticity of supply.
elasticidad de los precios de bienes sustitutivos | cross-elasticity.
elasticidad de participación en un mercado | share elasticity.
elasticidad de torsión | rotational elasticity.
elasticidad de tracción | elongation elasticity.
elasticidad de volumen | elasticity of bulk | bulk elasticity | volume elasticity.
elasticidad del caucho | rubber resilience.
elasticidad del parachoques | fender resilience.
elasticidad eléctrica | electric elasticity.
elasticidad estática | static elasticity.
elasticidad estática isoterma | isothermal static elasticity.
elasticidad neta (textiles) | recoverable strain.
elasticidad óptica | optical elasticity.
elasticidad remanente después del plegado de una chapa | springback.
elasticidad residual | elastic after-effect.
elasticidad vertical | vertical compliance.
elasticidad viscosa lineal | linear viscous elasticity.
elasticimetría | elasticimetry | elasticitimetry.
elasticista | elastician.
elástico | shock-absorbent | yielding | springy | flexible | nonrigid | resilient.
elástico (tejidos de lana) | lofty.
elasticoviscoplástico | elastic-visco-plastic.
elásticoviscosidad | elasticoviscosity.
elastificación | elasticizing.
elastividad (recíproca de la permitividad) | elastivity.
elastocinética | elastokinetics.
elastodurómetro | elastodurometer.
elastografía | elastography.
elastograma | elastogram.
elastograma ultrasónico | ultrasonic elastogram.
elastohidrodinámico | elastohydrodynamic.
elastohidrostático | elastohydrostatic.
elastomecánica | elastomechanics.
elastomería | elastomery.
elastómero (química) | elastomer.
elastomero fluoroacrílico | fluoroacrylic elastomer.
elastómero silicónico | silicone elastomer.
elastómero sin enlaces transversales | noncross-linked elastomer.
elastómero vulcanizado | vulcanized elastomer.
elastometría | elastometry.
elastómetro | elastometer.
elastómetro fluorado | fluoroelastomer.
elastómetro sintético | synthetic elastometer.
elastómetros saturados vulcanizables | vulcanizable saturated elastomers.
elastoóptico | elasto-optic.
elastoplástico | elastic-plastic.
elastosis | elastosis.
elastostática | elastostatics.
elastostático | elastostatic.
elaterita | elastic mineral pitch | elastic bitumen.
elayodato | elaiodate.
elayometría | eleometry.
elayómetro | eleometer | elaiometer.
elayopatía | elaiopathy.
elayotecnia | elaiotechnics.
elctroiónico | electroionic.
elección | election | sorting | choice | picking out | picking.
elección (de un diputado) | return.
elección de objetivos de ataque (milicia) | targeting.
elección de un abogado | retainer.
elección del material para una esperanza de vida de 30 años | choice of material for a 30-year life expectancy .
elección del momento oportuno para comprar y vender (bolsa) | timing.
elección del transportista | option to the carrier.
elección general | general election.
elección popular directa sin colegio electoral (EE.UU.) | direct popular election.
elección prudente de la máquina y de la herramienta de corte | prudent choice of machine and cutting tool.
elecciones | polling.
elecciones antagónicas | conflicting choices.
elecciones municipales | municipal elections.
elecciones para candidatos de cada partido | primary election.
electividad | electivity.
electivo | elective | optional.
electodinámica cósmica | cosmical electrodynamics.
elector | constituent | voter.
elector habilitado | qualified voter.
elector inscrito | registered voter.
electoral | elective.

eléctrete plástico | plastic electret.
eléctrete sensible a los neutrones | neutron-responsive electret.
electreto | electret.
electreto cerámico | ceramic electret.
electreto de cera | wax electret.
eléctricamente | electrically.
eléctricamente conmutable | electrically switchable.
eléctricamente continuo | electrically continuous.
eléctricamente inactivo | electrically nonconducting.
eléctricamente neutro | electrically neutral.
electricidad | electricity.
electricidad (EE.UU.) | juice.
electricidad atmosférica | atmospherical electricity.
electricidad dinámica | current electricity | dynamical electricity.
electricidad eólica | wind-generated electricity.
electricidad estática | static | static electricity.
electricidad latente | dissimulated electricity.
electricidad nuclear | atomic electricity.
electricidad producida nuclearmente | nuclear-produced electricity.
electricidad radiada desde el sol | solar-electrics.
electricidad residual | electric residuum.
electricidad solar | solar-electrics.
electricidad telúrica | telluric electricity.
electricidad voltaica | dynamical electricity.
electricista | electrician.
electricista de aviones | aircraft electrician.
eléctrico | electric | electrical.
electrificable | electrifiable.
electrificación | electrifying | electrification.
electrificación agrícola | agricultural electrification.
electrificación de la vía | track electrification.
electrificación espontánea | self-electrification.
electrificación ferroviaria | railway electrification.
electrificación por congelación | freezing electrification.
electrificación rural | rural electrification | farm electrification.
electrificado | electrified.
electrificar | electrify (to).
electrizabilidad | electrizability.
electrizable | electrizable | electrifiable.
electrización | electrization | electrifying | electrification | electricalization.
electrización estática | static electrification.
electrizado | electrified.
electrizador | electrifier | electrizer.
electrizar | electrify (to) | electrize (to).
electrizar por frotamiento | electrify by rubbing (to).
electroabrillantado | electrobrightening.
electroabrillantar | electrobrighten (to).
electroabsorción | electrical absorption | electroabsorption.
electroaccionado | electric-powered | electrically operated | electrically powered | electrically driven | electrically-worked.
electroaccionar | operate by electricity (to).
electroacero | electrosteel | electric steel.
electroacero ácido descarburado con oxígeno | oxygen-decarburized acid electric steel.
electroactivación | electrical activation.
electroacumulador | electrical accumulator.
electroacústica | electroacoustics.
electroacústico | electroacoustic | acoustoelectric.
electroadsorción | electrical adsorption.
electroafeitadora | electric shaver.
electroafinidad | electrical affinity | electroaffinity.
electroagricultura | electroagriculture.
electroaislado | insulated.
electroaislamiento | insulation.
electroaislamiento de papel | paper insulation.
electroaislamiento ozonorresistente | ozone-resisting insulation.
electroaislar con plásticos | plastics-insulate (to).
electroaluminiación | aluminum plating.
electroanalizador | electroanalyzer.
electroanestesia | electroanesthesia.
electroapiladora | electric stacker.
electroarpón | electrical harpoon.
electroaspirador de polvos | electric cleaner.
electroatómico | electroatomic.
electroatornillador | electric screwdriver.
electroavisador de incendios | electric fire-alarm.
electrobalística | electroballistics.
electrobiogénesis | electrobiogenesis.
electrobiología | electrobiology.
electrobioscopia | electrobioscopy.
electrobomba | electrically-driven pump | electric pump | electropump.
electrobomba centrífuga horizontal | electric-driven horizontal centrifugal pump.
electrobomba de alimentación (calderas) | electrofeeder.
electrobomba de combustible | electrical fuel pump.
electrobomba de salvamento sumergible | submersible electric salvage pump.
electrobomba para la extracción del condensado | electrically-driven condensate extraction pump.
electrobronceado | bronze-plated.
electrocabrestante de espiar (buques) | electric warping capstan.
electrocaldeado | electrically heated | electrically warmed.
electrocaldear | electroheat (to).
electrocaldeo | electroheating.
electrocaldera | electric steam generator | electric steam boiler | electroboiler | electric boiler.
electrocalefactor | electric radiator.
electrocalefactor para agujas (ferrocarril) | electric switch heater.
electrocalentado | electrically warmed.
electrocalentador de inducción | electric induction heater.
electrocalentador de inmersión forrado de cuarzo | quartz-sheathed electric immersion heater.
electrocalentador para la brea | electropitcher.
electrocalentamiento | electroheating.
electrocalibración | electrosizing.
electrocalibración por deformación | electric strain gaging.
electrocapilaridad | electrocapillarity.
electrocardiografía | electrocardiography.
electrocardiógrafo | electrocardiograph.
electrocardiograma | electrocardiogram.
electrocatálisis | electrocatalysis.
electrocauterio | electrocautery | electric cautery.
electrocerámica | electroceramics | electrical ceramics.
electrocerebral | electrocerebral.
electrocerebrógrama | electrocerebrogram.
electrocernido | electrical screening.
electrocibernética | electrocibernetics.
electrocincado | electrogalvanizing | electrozincing | electrozinc-coated.
electrocincar | electrozinc (to) | electrogalvanize (to).
electrocinemógrafo | electrokinemograph.
electrocinética | electrokinetics.
electrocinético | electrokinetic.
electrocirugía | electrosurgery.
electrocisión | electrocision.
electroclasificador | electronic sorter.
electrocloración | electrochlorination.
electrocoagulación | electrocoagulation | electrocoagulation.
electro-cobreado | copper electroplating | copperplated | copperplating | electrocoppering.
electrocobrear galvánicamente | copperplate (to).
electrocobresoldadura | electric brazing | arc brazing.
electrocodeposición | electrocodeposition.
electrocoloración | electrocoloring.
electrocompresor | electrocompressor.
electrocomunicación | electrocommunication.
electroconductivo | electroconductive.
electroconducto | electric line.
electroconducto longitudinal (trenes eléctricos) | pump line.
electroconformación | electroforming.
electroconformación con níquel | electroforming with nickel.
electroconformación por doble inmersión | dual-inmersion electroforming.
electroconformación por oclusión | occlusion electroforming.
electroconformar | electroform (to).
electrocontractilidad | electrocontractility.
electrocopia | electrocopy.
electrocorindón | electrocorundum.
electrocorte (de chapas) | electrocutting.
electrocorte con electrodo de tungsteno y un chorro de aire rotatorio que rodea el arco | thermal-air cutting.
electrocorte de agujeros | hole electrocutting.
electrocorte de una canal longitudinal en V en las próstata (medicina) | forage.
electrocrático (química) | electrocratic.
electrocriba vibradora | electric vibrating screen.
electrocristalización | electrocrystallization.
electrocromatografía | electrochromatography.
electrocromatograma | electrochromatogram.
electrocromía | electrochromy.
electrocronógrafo | electrochronograph | electric chronograph.
electrocronomedidor | electric timer.
electrocución | electrocuting | electrocution.
electrocución de las ballenas | electrocution of whales.
electrocultivo | electroculture | electrofarming.
electrocurtimiento | electric tanning.
electrocutar | burn (to) | electrocute (to).
electrocutor | electrocuter | electrocutioner.
electrochapado | electroplated | electroplating.
electrochapado del diamante | diamond galvanic plating.
electrochapar | electroplate (to).
electrochigre de carga acorazado | totally enclosed electric cargo winch.
electrochoque | electroshock | electric shock.
electrochorro | electrojet.
electrodecantación | electrodecantation.
electrodecapado | electrocleaning.
electrodecontaminación | electrodecontamination.
electrodeposición | electroplating | electrodeposition | deposition | plating.
electrodeposición de metales de soluciones de minerales empleando ánodos insolubles | electrowinning.
electrodeposición de una capa fina inicial (electroplastia) | striking.
electrodeposición en tambor giratorio | barrelling.
electrodeposición incoherente por amperaje excesivo | burn deposit.
electrodeposición parcial sobre ciertos sitios | doctoring.
electrodeposición por impulsos | pulse electroplating.
electrodeposición por torunda de algodón frotante saturada con una solución electrolítica | brush plating.
electrodeposición selectiva | selective electrodeposition.
electrodepositado | plated | electroplated.
electrodepositado en tambor | barrel-plated.
electrodepositado sobre cromo | plated onto cromium.
electrodepositador (persona) | electrodepositor.

electrodepositar | electrodeposit (to) | plate (to) | electroplate (to).
electrodepositar brillante | bright plate (to).
electrodepositar sobre cinc | plate onto zinc (to).
electrodepositar una capa muy delgada (galvanoplastia) | level (to).
electrodepósito | electrodeposit.
electrodepósito de brillo especular | mirror-bright electrodeposit.
electrodepósito de níquel brillante | bright-nickel deposit.
electrodepósito en tambor (electroquímica) | barreling.
electrodesalquitranador | electrodetarrer.
electrodescarga | electrodischarge.
electrodescomposición | electrodecomposition.
electrodesecación | electrodessication.
electrodesecación (medicina) | electrodesiccation.
electrodesintegración | electric disintegration | electrical disintegration.
electrodesintegrador | electrodesintegrator.
electrodetector de incendios | electric fire detector.
electrodiagnóstico | electrical diagnosis | electrodiagnosis.
electrodiálisis | electrodialisys | electrodialysis | electro-ultrafiltration.
electrodializador | electrodialyzer.
electrodinámica | electrodynamics.
electrodinámica cósmica | cosmic electrodynamics.
electrodinámica cuántica | quantum electrodynamics.
electrodinámica no covariante | noncovariant electrodynamics.
electrodinámico | electrodynamic.
electrodinamómetro | electrodynamometer | electric dynamometer.
electrodisolución | electrodissolution.
electrodispersión | electric dispersion.
electrodispositivo para navegación | electric navigational device.
electrodo | electrode.
electrodo (electrohornos) | rod.
electrodo acelerador | dynode | accelerating electrode.
electrodo activo | active electrode | discharge electrode.
electrodo aprobado por una sociedad de clasificación | electrode approved by a classification society.
electrodo apropiado (para el trabajo a efectuar) | right electrode.
electrodo arrollado | coil electrode.
electrodo austenítico | austenitic electrode.
electrodo austenítico revestido para soldar | coated austenitic welding electrode.
electrodo auxiliar (lámpara fluorescente) | striking electrode.
electrodo barato | low-priced electrode.
electrodo bipolar | intermediate electrode.
electrodo captador | collector.
electrodo cebador | keep-alive electrode.
electrodo cerámico metalizado | metalized ceramic electrode.
electrodo circular | welding wheel.
electrodo circular (soldadora de puntos) | roll.
electrodo cobreado | copper-coated electrode.
electrodo colector | collecting electrode.
electrodo colocado en la ranura entre dos piezas que se van a soldar | firecracker.
electrodo con alma de aleación | alloy-core electrode.
electrodo con alma de metal Monel (soldadura de la fundición) | Monel-cored electrode.
electrodo con base de rutilo | rutile-base electrode.
electrodo con elementos aleantes en su interior | core-alloyed electrode.
electrodo con elementos aleantes en su revestimiento | coating-alloyed electrode.
electrodo con ferrita regulada | ferrite-controlled electrode.
electrodo con nueva punta | retipped electrode.
electrodo con punta ancha | flat electrode | pad electrode.
electrodo con punta desplazada | offset electrode.
electrodo con punta normal al eje | vertical electrode.
electrodo con punta oblicua con relación al eje | angle electrode.
electrodo con recubrimiento de polvo metálico | iron-powder electrode.
electrodo con revestimiento delgado | wash-coated electrode.
electrodo con revestimiento muy delgado | washed electrode.
electrodo conectado al polo negativo (soldeo por corriente continua) | electrode negative.
electrodo cónico | bucked electrode.
electrodo consumible | expendable electrode.
electrodo corto | noncontinuous electrode.
electrodo cubierto con fundente | flux-covered electrode.
electrodo de acero hipoaleado para soldar con arco | low-alloy steel arc-welding electrode.
electrodo de acero inoxidable recubierto con óxido de titanio | titania-coated stainless steel electrode.
electrodo de acero suave bajo en hidrógeno | low-hydrogen mild steel electrode.
electrodo de acero suave para todo uso | general-purpose mild-steel electrode.
electrodo de alambre desnudo de alimentación continua | continuous-fed bare-wire electrode.
electrodo de aleación baja en hidrógeno | low-hydrogen alloy electrode.
electrodo de aleación rica en níquel | high-nickel alloy electrode.
electrodo de aluminio polarizado | polarized aluminum electrode.
electrodo de amalgama | amalgam electrode.
electrodo de autocochura | self-baking electrode.
electrodo de baja impedancia | low-impedance electrode.
electrodo de cadmio | cadmium electrode.
electrodo de calomel de referencia | calomel reference electrode.
electrodo de calomelanos | calomel electrode.
electrodo de cápsula | dished electrode.
electrodo de carbón | carbon electrode.
electrodo de carbono amorfo | amorphous carbon electrode.
electrodo de cebado | ignitor electrode | ignition electrode | trigger electrode | triggering electrode.
electrodo de cebado (lámparas) | starting electrode.
electrodo de cobre semicilíndrico en forma de D (ciclotrón) | doe.
electrodo de compuerta | gate electrode.
electrodo de concentración | focusing electrode.
electrodo de conexión a tierra | ground electrode.
electrodo de contacto | contact electrode.
electrodo de control | control electrode.
electrodo de corte | cutting electrode.
electrodo de chorro de mercurio | streaming mercury electrode.
electrodo de desviación | deflector.
electrodo de disco | electrode wheel.
electrodo de disipación | dissipation electrode.
electrodo de disparo | trigger electrode.
electrodo de doble alma | twin-cored electrode.
electrodo de emisión secundaria | reflecting electrode.
electrodo de encendido | starting electrode | starter.
electrodo de enfoque | focusing electrode.
electrodo de entretenimiento | keep-alive electrode.
electrodo de excitación | keep-alive electrode.
electrodo de focalización | concentration electrode.
electrodo de fundición con ferrosilicio | ferrosilicon cast-iron electrode.
electrodo de fusión rápida | fast-flowing electrode.
electrodo de fusión rápida (soldaduras) | fast-working electrode.
electrodo de fusión suave | easy-flow electrode.
electrodo de gotas | dropping electrode.
electrodo de grafito | graphite electrode.
electrodo de gran penetración | deep-penetration electrode.
electrodo de hidrógeno regulado | hydrogen-controlled electrode.
electrodo de inmersión | dipping electrode.
electrodo de irradiación | effluve electrode.
electrodo de la solera (hornos) | hearth electrode.
electrodo de mando | control electrode.
electrodo de masa | earth electrode.
electrodo de mecha | cored electrode.
electrodo de níquel sinterizado impregnado con óxido de níquel | nickel-oxide-impregnated sintered nickel electrode.
electrodo de penetración | penetration electrode.
electrodo de placa | plate electrode.
electrodo de platino platinado | platinized-platinum electrode.
electrodo de puesta a tierra | earth electrode.
electrodo de punta | point electrode.
electrodo de recubrimiento fino | light coated electrode.
electrodo de referencia con doble conexión | double junction reference electrode.
electrodo de referencia difuso | diffuse reference electrode.
electrodo de referencia dispersivo | dispersive reference electrode.
electrodo de reflexión | reflecting electrode | reflector electrode.
electrodo de rejilla | grid electrode.
electrodo de reparto de potencial | voltage-grading electrode.
electrodo de retardación | retarding electrode.
electrodo de revestimiento básico para soldadura por arco | basic-coated arc welding electrode.
electrodo de roldana | roller electrode | electrode wheel.
electrodo de saco de carbón | carbon-bag electrode.
electrodo de salida de señal | signal output electrode.
electrodo de soldar austenítico | austenitic welding electrode.
electrodo de soldar austenítico muy bajo en carbono | extra low-carbon austenitic welding electrode.
electrodo de soldar de acero inoxidable austenítico | austenitic stainless steel welding electrode.
electrodo de sondeo | sounding electrode.
electrodo de tubos electrónicos | grid.
electrodo de tungsteno infungible | nonconsuming tungsten electrode.
electrodo de vidrio | glass half-cell.
electrodo de volframio toriado | tungsten-thoria electrode.
electrodo de volframio zirconiado (con zirconia) | zirconiated tungsten electrode.
electrodo de wolframio toriado | thoriated tungsten electrode.
electrodo decelerador | retarding electrode.
electrodo deslizable | sliding electrode.
electrodo deslizante | slipping electrode.
electrodo desnudo | bare electrode.
electrodo en cuello de cisne | swanneck electrode.
electrodo en que el metal fundido y la escoria son muy fluidos y el cordón se solidifica lentamente (soldaduras) | hot rod.
electrodo en que el metal fundido y la escoria

son poco flúidos y se solidifican rápidamente | cold rod.
electrodo erosiorresistente | erosion-resisting electrode.
electrodo escaso en hidrógeno de gran resistencia | high-tensile low-hydrogen electrode.
electrodo excitador | keep-alive electrode.
electrodo extruido | extruded electrode.
electrodo ferrítico | ferritic electrode.
electrodo ferrítico austenítico | ferritic austenitic electrode.
electrodo ferrítico con revestimiento de óxido de cal | lime-ferritic electrode.
electrodo ferrítico libre de hidrógeno | hydrogen-free ferritic electrode.
electrodo frío | cold electrode.
electrodo fundido al aire libre | air-melted electrode.
electrodo fusible | consumable electrode.
electrodo goteador | dropping electrode.
electrodo grueso | heavy-gage electrode.
electrodo hueco cargado negativamente | negatively charged hollow electrode.
electrodo hueco preformado | preformed hollow electrode.
electrodo hueco semicilíndrico (ciclotrón) | dee.
electrodo inconsumible (soldeo por arco) | welding rod.
electrodo indiferente | silent electrode | passive electrode | indifferent electrode.
electrodo inerte | passive electrode.
electrodo infungible (no contribuye a la formación del metal de soldadura) | nonconsumable electrode.
electrodo infungible (soldeo por arco) | welding rod.
electrodo inorgánico | inorganic-type electrode.
electrodo insoluble | inert electrode.
electrodo modulador | modulator electrode.
electrodo normal de calomelano | normal calomel electrode.
electrodo normal de hidrógeno | normal hydrogen electrode.
electrodo orgánico | organic-type electrode.
electrodo para arcosoldadura | arc welding electrode.
electrodo para enfoque de la imagen | image-focusing electrode.
electrodo para medidas de potencial | half cell.
electrodo para posición horizontal | flat-position electrode.
electrodo para recrecimiento con soldadura | hardfacing rod.
electrodo para recrecimiento duro (de piezas) | hardfacing electrode.
electrodo para recrecimientos duros (piezas desgastadas) | hard-surfacing electrode.
electrodo para soldar austenítico estabilizado con niobio | niobium-stabilized austenitic welding electrode .
electrodo para soldeo por resistencia | resistance welding electrode.
electrodo para todas las posiciones | all-position electrode.
electrodo para uso general | all-round electrode.
electrodo pasivo | collecting electrode | passive electrode.
electrodo plano infinito | infinite-plane electrode.
electrodo polarográfico recubierto con teflón | teflon-covered-polarographic electrode.
electrodo posacelerador (tubos rayos catódicos) | intensifier.
electrodo positivo | anelectrode | positive electrode.
electrodo que invierte el flujo de electrones en el tubo (osciladores) | repeller electrode.
electrodo que no chisporrotea | spatter-free electrode.
electrodo recogedor | catcher electrode.
electrodo recto | right electrode.
electrodo recubierto | wrapped electrode.
electrodo recubierto continuo | continuous coated electrode.
electrodo redondo | circular electrode.
electrodo refinado por inducción in vacuo | vacuum-induction-refined electrode.
electrodo regulador | control electrode | controlling electrode.
electrodo resistente a la erosión | erosion resisting electrode.
electrodo retardador (TV) | decelerating electrode.
electrodo revestido | coated electrode.
electrodo revestido con acero aleado | steel-base-coated electrode.
electrodo revestido con alma de aleación de níquel | coated nickel-alloy-cored welding electrode.
electrodo revestido con mezcla de cal y titania | lime-titania-coated electrode.
electrodo revestido con óxido cálcico | lime-type-coated electrode.
electrodo revestido con un agente emisivo | emissive-coated electrode.
electrodo revestido de cal fluorítica | lime-fluoritic electrode.
electrodo revestido de espatafluor y cal | lime-fluorspar-coated electrode.
electrodo revestido de fundente | flux-coated electrode.
electrodo revestido de óxido de cal | lime-coated electrode.
electrodo revestido de plástico | plastic-covered electrode.
electrodo revestido de polvo de hierro y zircón | zircon iron-powder coated electrode.
electrodo revestido de pulvihierro | iron-powder coated electrode.
electrodo revestido de un compuesto mineral | mineral-coated electrode.
electrodo revestido de una aleación | alloy-coated electrode.
electrodo selector de iones | ion-selective electrode.
electrodo sensible | sensor electrode.
electrodo sensor | sensor electrode.
electrodo sumergido | dipped electrode.
electrodo todo níquel | all-nickel electrode.
electrodo ultrapuro refinado por inducción in vacuo | ultrapure vacuum-induction-refined electrode.
electrodorado | gold electroplating | electrogilding | electrogilt.
electrodorar | electrogild (to).
electrodos colocados en el pericráneo | scalp electrodes.
electrodos coplanares | coplanar electrodes.
electrodos de deflexión vertical | vertical deflecting electrodes.
electrodos de desviación vertical | vertical deflecting electrodes.
electrodos de guarda (aisladores) | arcing horns.
electrodos de la bujía | spark plug electrodes.
electrodos de pulvimetal | metal-powder electrodes.
electrodos en haz (dos o más electrodos adyacentes y paralelos aislados entre sí menos por un extremo) | nested electrodes.
electrodos en paquete | plurial electrodes.
electrodos gemelos | twinned electrodes.
electrodos planos y paralelos | parallel-plane electrodes.
electrodos revestidos de boro | boron-coated electrode.
electroducto | electric piping | electric transmission line | power line.
electroelastostático | electroelastostatic.
electroelongámetro | strain gage.
electroembrague de resorte | spring-engaged electric clutch.
electroencefalografía (medicina) | electroencephalography.
electroencefalografista | electroencephalographist.
electroencefalograma (medicina) | electroencephalogram.
electroencendedor | electric lighter.
electroendosmosis | electroendosmosis | electric endosmosis.
electroenergética (ciencia) | electroenergetics.
electroenergético | electroenergetic.
electroenfriamiento | electrocooling.
electroerosión | electroerosion | spark erosion | electrospark erosion.
electroerosionador | electroeroder.
electroerosionadora | spark cutter | spark eroder | spark erosion machine.
electroerosionar | electroerode (to).
electroescisión | electroscission.
electroesmalte | electroenamel.
electroespectrograma | electrospectrogram.
electroestañado | electrotinning | electrotinned | electrically tinned.
electroestañado continuo | continuous electrotinning.
electroestañar | electrotin (to).
electroestenólisis | electrostenolysis.
electroestetoscopio amplificador | electrical amplifying stethoscope.
electroestricción | electrostriction.
electroestrictivo | electrostrictive.
electroestrictor | electrostrictor.
electroestufa | electric fire.
electroexcavadora | electric excavator | electric shovel.
electroexplosor | electric fuse igniter.
electroextracción | electrowinning.
electroextracción (metales) | electroextraction.
electroeyaculación | electroejaculation.
electrofilia | electrophily.
electrofílico | electron-loving.
electrófilo | electrophilic | electrophilous.
electrofísica | electrophysics.
electrofisiología | electrophysiology.
electroflotación | electroflotation.
electrofluorescencia | electrofluorescence.
electrofobia | electrophoby.
electrofonía | electrophony.
electrófono | electrophone.
electroforesis | electrophoresis | medical ionization.
electroforesis en papel (química) | paper electrophoresis.
electroforesis sobre papel | paper electrophoresis.
electroforicidad | electrophoricity.
electroforjado (por resistencia) | electroforging.
electroformación | cold casting | electroformation.
electroformación más prensado en caliente | electroforming plus hot pressing.
electroformación por galvanoplastia inversa | electroshaping.
electroformar | electroform (to).
electróforo | electrophorous.
electrofotografía | electrophotography.
electrofotografía electrostática | electrostatic electrophotography.
electrofotoluminiscente | electrophotoluminescent.
electrofotómetro | electrophotometer | electric photometer.
electrofotónico | electrophotonic.
electrofototerapia | electrophototherapy.
electrofragmentación | electrofragmentation | electroerosion.
electrofragmentar | electroerode (to).
electrofundido | electrofused.
electrofundir | electrosmelt (to).
electrofusión | electric smelting | electrosmelting.
electrogalga registradora de espesores de bandas (durante el laminado) | electrolimit gage.
electrogalvánico | electrogalvanic.

electrogalvanismo | electrogalvanism.
electrogalvanizado | zinc-plating.
electrogalvanizar | electrogalvanize (to).
electrogenerador | electrogenerator | electric generator | power-producing.
electrogenerador de babor (buques) | port generating set.
electrogenerador eólico | wind-driven generator.
electrogenerador movido por el viento | wind-type generating plant.
electrogenerador para soldar | welding generator.
electrogenerador para uso en puerto (buques) | harbour-use generator.
electrogenerador por conversión de energía radiactiva en electricidad | radioisotope-fuelled electrical generator.
electrogenerador termonuclear | nuclear-thermal-electric generator.
electrogénesis | electrogenesis.
electrógeno | electronogenic.
electrogeofísica | electrogeophysics.
electrogoniómetro | electrogoniometer.
electrograbado | electrogravure | electroengraving.
electrograbar | electroetch (to).
electrografía | electrography.
electrográfico | electrographic.
electrografito | electrographite.
electrograma | electrogram.
electrogravimetría | electrogravimetry.
electrogravitacional | electrogravitational.
electrogrúa | electric crane.
electrogrúa de pórtico | electric gantry crane.
electrogrúa de pórtico con amantillado y desplazamiento horizontal del gancho | electric level-luffing portal crane.
electrogrúa de pórtico con desplazamiento horizontal del gancho | level-luffing portal electric crane.
electrogrúa giratoria | electric slewing crane.
electrogrúa móvil | electric traveller.
electroguinche para arrastreros | electrical trawl winch.
electroguinche para espiar | electric warping winch.
electrohemostasis | electrohemostasis.
electroherramienta portátil | portable electric-tool.
electrohidráulico | electrohydraulic.
electrohidromagnetismo | electrohydromagnetism.
electrohidrometría | electrohydrometry.
electrohorno | electric furnace | electric oven.
electrohorno basculable de tapa desplazable | swing-roof tilting arc furnace.
electrohorno basculante | rocking electric furnace.
electrohorno con carga por la tapa | top-charge arc furnace.
electrohorno de alta frecuencia con revestimiento básico | basic-lined high-frequency furnace.
electrohorno de arco de tipo de tapa desplazable | swing-roof type electric arc furnace.
electrohorno de arco para fundir acero básico | electric arc basic steel melting furnace.
electrohorno de arco protegido en atmósfera inerte | smothered-arc furnace.
electrohorno de barra de grafito | graphite bar furnace.
electrohorno de corriente continua en que un electrodo forma parte del fondo de la solera | free-hearth electric furnace.
electrohorno de crisol | electric crucible furnace.
electrohorno de hiperfrecuencia | radiofrequency furnace.
electrohorno de mufla | electric muffle furnace.
electrohorno de mufla de cuarzo | electric quartz muffle furnace.
electrohorno de resistencia | electric resistance furnace | resistance-furnace | resistor electric furnace.
electrohorno de secado por rayos infrarrojos | electrical infrared drying oven.
electrohorno de solera móvil sobre rodillos | roller-hearth electric furnace.
electrohorno de vacío | electric vacuum furnace.
electrohorno para acero | electric steel-melting furnace | electric steel furnace.
electrohorno para conservar fundido el aluminio | electric aluminum holding furnace.
electrohorno para revenir | electrical tempering furnace.
electroimán | electric magnet | magnet | electromagnet.
electroimán acorazado | ironclad magnet.
electroimán activado | energized magnet.
electroimán amortiguador | damping magnet.
electroimán anular | annular electromagnet.
electroimán cojo | lagging electromagnet.
electroimán con arrollamiento unilateral | club-footed magnet.
electroimán con corriente | energized magnet.
electroimán de alimentación de la línea | line feed magnet.
electroimán de arrollamientos superconductores | superconducting magnet.
electroimán de caja | club-footed magnet | lagging electromagnet.
electroimán de cierre | closing magnet.
electroimán de concentración | focusing magnet | focus magnet.
electroimán de desconexión | releasing magnet.
electroimán de disparo | releasing magnet.
electroimán de intensidad | current electromagnet.
electroimán de liberación | release magnet.
electroimán de núcleo ferromagnético | iron-cored electromagnet.
electroimán de núcleo móvil | plunger-magnet.
electroimán de relé | relay magnet.
electroimán de retención | holding magnet.
electroimán de ruptura brusca | snap magnet.
electroimán de secuencia | sequence magnet.
electroimán de señalización (ferrocarriles) | application magnet.
electroimán de soplado | blowout magnet.
electroimán de succión (electricidad) | plunger magnet.
electroimán de superconductor de gran campo magnético | H. F. S magnet.
electroimán de zumbador | buzzer electromagnet.
electroimán del campo (electricidad) | field magnet.
electroimán del captador de iones | ion trap magnet.
electroimán del freno | brake magnet.
electroimán del freno del motor | motor brake magnet.
electroimán del sincrotrón | synchrotron magnet.
electroimán elevador (grúas) | magnetic pickup.
electroimán frenante | damping magnet.
electroimán impresor | printery magnet.
electroimán levantador | lifting magnet.
electroimán para pescar piezas rotas (sondeos) | fishing magnet.
electroimán para suspender pesos (grúas) | floater.
electroimán portador | lifting magnet.
electroimán silenciador | silencer magnet.
electroimán sin corriente | deenergized magnet.
electroimán sincronizador | phase magnet.
electroimán soplador de chispas | blowout magnet.
electroimpulsado | electrically driven.
electroindicador | electric indicator.
electroindicador de nivel del agua | electric water-level indicator.
electroinducción | electroinduction | electric induction.
electroinducido | electroinductive.
electrointerruptor | electrical interrupter.
electrokimógrafo | electrokymograph.
electrolatonado | electrobrassing.
electrolavadora | electric washer.
electrolavadora para platos | electric dish-washing machine.
electrolejiación | electroleaching.
electrolejiar | electroleach (to).
electrolimpieza catódica | cathodic electrocleaning.
electrólisis | electrolysis.
electrólisis con cátodo de mercurio | mercury-cathode electrolysis.
electrólisis con débil densidad de corriente | low-current-density electrolysis.
electrólisis cosmética | cosmetic electrolysis.
electrólisis de las sales en fusión | electrolysis of fused salts.
electrolisis médica | medical electrolysis.
electrolisis por corrientes vagabundas | stray current electrolysis.
electrólisis por fusión | fusion electrolysis.
electrólisis por sales fundidas | fused salt electrolysis.
electrolítica (arte de extracción y afino de metales por medios eléctricos) | electrolytics.
electrolítico | electrolytic | electrolyte | galvanic.
electrolito | conducting medium.
electrolito acidulado | acidified electrolyte.
electrólito anfotérico | ampholyte.
electrolito anhidro fundido | fused electrolyte.
electrolito coloidal | colloidal electrolyte.
electrolito completamente ionizado aun en soluciones débilmente concentradas | stroke electrolyte.
electrólito conteniendo gas | gas-containing electrolyte.
electrolito de ácido perclórico mezclado con anhídrido acético | acetic anhydride-perchloric acid electrolyte.
electrolito denso | strong electrolyte.
electrólito descobreado | decoppered electrolyte.
electrólito fosfocrómico | phosphochromic electrolyte.
electrolito fuerte (química) | strong electrolyte.
electrolito impuro | foul electrolyte.
electrolito inerte | supporting electrolyte.
electrólito líquido | liquid electrolyte.
electrolito mineral | inorganic electrolyte.
electrolito pastoso | paste.
electrolito uniunivalente acuoso | aqueous uni-univalent electrolyte.
electrólito virgen | unused electrolyte.
electrolitos para galvanoplastia | plating electrolytes.
electrolixiviación | electroleaching.
electrolixiviar | electroleach (to).
electrolizable | electrolyzable.
electrolización | electrolyzation.
electrolizador | electrolyzer.
electrolizar | electrolyze (to).
electrolocomotora | electric locomotive.
electrolocomotora con rectificador | rectified locomotive.
electrolocomotora de acumuladores | electric storage battery locomotive.
electrolocomotora de cremallera | electric rack locomotive.
electrolocomotora de turbina de gases | gas-turbine electrics.
electrolocomotora para minas | electric mine locomotive.
electrología | electrology.
electrólogo | electrologist.
electroluminiscencia | electroluminescence.
electroluminiscente | electroluminescent.
electromagnético | magnetic | electromagnetic.
electromagnetismo | electromagnetism.
electromagnetogasdinámica | electromagnetogasdynamics.
electromanometría | electromanometry.
electromanométrico | electromanometric.

electromanómetro | electromanometer.
electromáquina de extracción (minas) | electric winder | electric hoisting engine.
electromaquinado por erosión | electromachining.
electromaquinilla para maniobras de botes (buques) | electrically-operated boat winch.
electromasage | electromassage.
electromecánica (ciencia) | electromechanics.
electromecánico | electromechanical.
electromecanismo | electromechanism.
electromecanoacústico | electromechanoacoustical.
electromedicina | electromedicine.
electromédico | electromedical.
electromedidor | electrotimer.
electromegáfono | electromegaphone.
electromería | electromerism.
electrómero | electromeric.
electrometálico | electrometallic.
electrometalización | electrometallisation | electrometalling | electrometallization | electric metal spraying.
electrometalurgia | electrometallurgy.
electrometalúrgico | electrometallurgic.
electrometalúrgico (persona) | electrometallurgist.
electrometría | electrometry.
electrométrico | electrometric.
electrómetro | electrometer | squeeze meter.
electrómetro absoluto | absolute electrometer.
electrómetro de balanza | absolute electrometer | balance electrometer.
electrómetro de cuadrante | quadrant electrometer.
electrómetro de disco atraído | attracted-disc electrometer.
electrómetro de hilo | fiber electrometer.
electrómetro de lámina vibradora | vibrating-reed electrometer.
electrómetro de laminas de oro | gold leaf electrometer.
electrómetro de panes de oro | gold-leaf electrometer.
electrómetro de repulsión | repulsion electrometer.
electrómetro de tensión compensadora de la caída de tensión provocada por el paso de la corriente | slideback electrometer.
electrómetro electrostático | electrostatic electrometer.
electrómetro heterostático | heterostatic electrometer.
electrómetro idiostático | idiostatic electrometer.
electrómetro patrón | calibrating electrometer.
electrometrología | electrometrology.
electromicrobalanza | electric microbalance.
electromicrografía | electromicrography.
electromigración | electromigration.
electromiografía (medicina) | electromyography.
electromiograma (medicina) | electromyogram.
electromoción | electromotion.
electromodelo | electromodel.
electromoldeado | electroformed.
electromoldear | electroform (to).
electromoldeo (deposición sobre matriz u horma) | electroforming.
electromotor | electromagnetic engine | electromotive | electromotor | motor | electric motor.
electromotor acorazado | enclosed motor.
electromotor acorazado autoventilado por ventilador que forma parte del rotor | enclosed self-ventilated motor.
electromotor de campo magnético estable | permanent-magnet-field electric motor.
electromotor de corriente alterna | alternating-current electromotor.
electromotor de imanes permanentes | permanent-magnet motor.
electromotor de inducción lineal (con rotor o estátor moviéndose linealmente) | linear induction motor.
electromotor de pequeña velocidad | low-speed electric motor.
electromotor de rotor con circuito impreso | printed motor.
electromotor de tracción | electric hauling engine.
electromotor encapsulado interiormente | canned motor.
electromotor monofásico | single-phase electromotor.
electromotor poliinducídico | multiarmature motor.
electromotor submarino colocado en el timón activo (buques) | wet motor.
electromotor sumergible | electromersible motor.
electromotriz | electromotor | electromotive.
electromóvil | electromobile.
electromufla | electric muffle.
electrón | electron.
electrón (aleación de aluminio) | electron.
electrón bombardeante | bombarding electron.
electrón capturado (cristales de halogenuro de álcali) | F-center.
electrón compton (nucleónica) | compton electron.
electrón cortical | shell electron | orbital electron.
electrón d vacante | vacant d electron.
electrón de caja externa | outer-shell electron.
electrón de Compton | Compton recoil electron.
electrón de conducción | conducting electron.
electrón de desintegración beta | beta decay electron.
electrón de enlace covalente | covalent bonding electron.
electrón de ligadura | bonding electron.
electrón de retroceso | recoil electron.
electrón de valencia | valence electron | outer-shell electron.
electrón degenerado | degenerate electron.
electrón desacoplado | runaway electron.
electrón desviado | deflected electrón.
electrón dispersado | scattered electron.
electrón estacionario | standing electron.
electrón expulsado | knocked electron.
electrón extranuclear | extranuclear electron.
electrón ferromagnético | ferromagnetic electron.
electrón giratorio | spinning electron.
electrón hiperenergético | high-energy electron.
electrón impar | unpaired electron.
electrón interno | inner-shell electron.
electrón itinerante | itinerant electron.
electrón libre | conducting electron.
electrón ligado | bound electron.
electrón ligero | light electron.
electrón metastásico | metastasic electron.
electrón monoenergético | monoenergetic electron.
electrón no apareado | unpaired electron.
electrón no compartido | unshared electron.
electrón O (órbita) | O electron.
electrón óptico | outer-shell electron.
electrón orbital | shell electron | planetary electron | orbital electron.
electrón percutido | knock-on electron.
electrón periférico | outer electron | outer-shell electron.
electrón planetario | planetary electron | orbital electron.
electrón positivo | positron | antielectron.
electrón que se mueve libremente | unimpeded electron.
electrón rápido | light electron.
electrón relativista | relativistic electron.
electrón solitario | lone electron.
electrón térmico | thermoelectron.
electronación | electronation.
electronarcosis (medicina) | galvanonarcosis.
electronegatividad | electronegativity.
electronegativo | electronegative | zincative.
electrones cautivos | trapped electrons.
electrones compartidos | shared electrons.
electrones de rechazo | return electrons | recoil electrons.
electrones emitidos por el campo | field-emitted electrons.
electrones estabilizados en fase | phase-stabilized electrons.
electrones fugitivos (plasmas) | runaways.
electrones inyectados por cañón electrónico | electron-gun-injected electrons.
electrones libres-solvatados | solvated free electrons.
electrones móviles | electron gas.
electrones parásitos | roaming electrons.
electrones retenidos | trapped electrons.
electrones sometidos a choques múltiples | multipacting electrons.
electrones vacantes | uncoupled electrons.
electrones vagabundos | roaming electrons.
electrones/Angstroms cúbicos | electrons/A^3.
electroneumático | electropneumatic.
electroneumatoterapia (medicina) | electropneumatotherapy.
electroneumohidráulico | electropneumohydraulic.
electroneutrabilidad | electroneutrality.
electrónica | electronics.
electrónica aeronaútica | avionics.
electrónica aplicada a las comunicaciones | communication-electronics.
electrónica aviatoria | aircraft electronics.
electrónica biológica | bionics.
electrónica con aplicación para la aviación | avionics.
electrónica criógena | cryogenic electronics.
electrónica cuántica | quantum electronics.
electrónica de la física nuclear | nuclear-physics electronics.
eléctronica de las artes gráficas | graphical arts electronics.
electrónica de las microondas | microwave electronics.
electrónica del estado sólido | solid-state electronics.
electrónica educativa | educational electronics.
electrónica espacial | avionics.
electrónica industrial | engineering electronics.
electrónica integrada | integrated electronics.
electrónica integrada digital | digital integrated electronic.
electrónica médica | medical electronics.
electrónica microminiaturizada aplicada a los vehículos cósmicos | astrionics.
electrónica molecular | molectronics.
electrónica nuclear | nuclear electronics.
electrónica submarina | undersea electronics.
electrónicamente | electronically.
electronicista | electronics man.
electrónico | electronic.
electronificación | electronification.
electronimicroscopia de reflexión | reflection electron microscopy.
electronismo | electronism.
electronistagmografía | electronistagmography.
electronivibracional | vibronic.
electronización | electronization.
electronizar | electronize (to).
electronmicroscópico | electronmicroscopic.
electronocista | electronic engineer.
electronocopiador (tornos, máquinas de cortar) | electronic tracer.
electronoestroboscopio | electronic stroboscope.
electronoexcitado | electronically excited.
electronófilo | electrophilic.
electronógeno | electron-producing.
electronografía | onset printing | electronography | electronographic printing.
electronográfico | electronographical.
electronomía | electronomy.
electronomicrograma | electronmicrograph.
electronomicroscopia | electron microscopy.
electronóptica | electron optics.

electronóptico | electronic-optical.
electronorregulador | electronic regulator.
electronorrepulsión | electron repulsion.
electronotecnia | electronic engineering.
electronoterapia | electron therapy.
electronovoltímetro | electronic voltmeter.
electronucleónico | electronucleonic.
electrón-voltio | electron-volt.
electroóptica | electrooptics.
electroóptical | electrooptical.
electroorgánico | electroorganic.
electroosmosis | electroosmosis | electrical osmosis.
electroosmótico | electroosmotic.
electropalatografía | electropalatography.
electropatía | electropathy.
electropatología | electropathology | eletropathology.
electropercusión | electropercussion.
electroperforadora | electric rock drill | electrically-driven drill.
electropetrificación | electropetrification.
electropirolizador | electropyrolyzer.
electropirómetro | electric pyrometer | electropyrometer.
electropistola de metalización | electric spray gun.
electroplaqueado | electroplating.
electroplastia | electroplating | electroforming | electrodeposition | plating.
electroplastia de parcheo | parcel plating.
electroplastiado con níquel | nickel-electroplated.
electroplastiar | electrodeposit (to).
electroplateado | plated.
electropolar | electropolar.
electropolipasto | electric hoist | electric pulley block | electrical hoist.
electropositividad | electropositivity.
electropositivo | electropositive.
electropositivo (electricidad) | positive.
electropotencial | electropotential.
electroprecipitación | electric precipitation | electroprecipitation.
electroprecipitador | electroprecipitator.
electroprecipitador de polvos | electrical dust precipitator.
electroproceso para depositar cromo duro sobre superficies | durionizing.
electroproducción de piones | pion electroproduction.
electropronóstico | electroprognosis.
electropropulsado | electrically powered | electrically propelled.
electropropulsión | electrical propulsion | electropropulsion | electric drive.
electropulido | electropolishing.
electropulido en masa (de piezas pequeñas) | batch electropolishing.
electropulido metalográfico | metallographic electropolishing.
electropulidora | electrically-driven polishing buff.
electropulimento | electromachining | electrolytic brightening.
electropulir | electrobrighten (to) | electropolish (to).
electropulverización | electrical pulverization.
electropunteadora | electric nibbler.
electropuntura | electropuncture.
electropunzadora para cartones (tejeduría) | electrical card-punching machine.
electroquímica | galvanochemistry | electrochemistry.
electroquímica industrial | applied electrochemistry.
electroquímico | electrochemical.
electroquímico (persona) | electrochemist.
electroquimicomecánico | electrochemicomechanical.
electroquimiluminiscencia | electrochemiluminescence.
electroquirúrgico | electrochirurgical.
electrorecubrimiento con hierro o acero (metalurgia) | acierage.
electroreproducción | electroreproduction.
electro-revestimiento de aluminio difundido | diffused-aluminium coating.
electrorradiador | electric radiator.
electrorradiómetro | electroradiometer.
electrorrafadora paa carbón (minas) | electric-driven coal cutter.
electrorreceptivo | electroreceptive.
electrorrecubrimiento de tres capas de níquel compuesto | tri-nickel electrodeposit.
electrorrecuperación (de metales) | electrosalvaging.
electrorrefinación | electrorefining.
electrorrefinado | electrorefining.
electrorrefinar | electrorefine (to).
electrorrefrigeración | electric refrigeration.
electrorregistrador autográfico | electrical autographic recorder.
electrorregulador | electric governor | electric regulator.
electrorreofóresis | electrorheophoresis.
electrorrepulsión | electrical repulsion.
electrorresección | electroresection.
electrorresonador | electrical resonator.
electrorretinograma (medicina) | electroretinogram.
electrorrevestimiento de níquel mate | matte-nickel electrodeposit.
electrosalinómetro | electric salinometer.
electroscopia | electroscopy.
electroscopio | electrification detector | electroscope.
electroscopio calibrado | squeeze meter.
electroscopio de hojas | leaf electroscope.
electrosecado | electrically kilned | electrodessication.
electrosecador | electric dryer.
electrosedimentación | electrosedimentation.
electrosensible | electroresponsive.
electroseparación (de dos o más metales) | electroparting.
electroseparador de aceite | electrically-driven oil separator.
electroservomotor | electric steering gear.
electrosiderurgia | electrosiderurgy.
electrosierra | electric saw.
electrosierra de puntear | electric nibbler.
electrosincronizado | electrically synchronized.
electrosíntesis | electrosynthesis.
electrosirena | electric hooter | electric siren.
electrosis | electrosis.
electrosoldado | electrowelded.
electrosoldador (herramienta) | electric soldering-bit.
electrosoldadora por puntos | electric spot welder.
electrosoldadura por puntos | spotwelding.
electrosoldar | electroweld (to).
electrosoldar con roldanas | seam-weld (to).
electrosoldeo | electric welding | electrowelding.
electrosoldeo con roldanas | seamwelding.
electrosondador | electric sounding machine.
electrosónico | electrosonic.
electrosonómetro | electrosonometer.
electrostática | electrostatics.
electrostáticamente cargado | electrostatically charged.
electrostático | electrostatic.
electrostatografía | electrostatography.
electrostatográfico | electrostatographic.
electrotacómetro | electric tachometer.
electrotaladrado | electrically drilled.
electrotaladradora | electric drilling machine.
electrotaxia (biología) | electrotaxis.
electrotaxia (pesca eléctrica) | electrotaxis.
electrotecnia | electric engineering | electrotechnology | electrical engineering | electrical technology | electrotechnics.
electrotecnia aplicada a los aviones | aircraft electrical engineering.
electrotecnología | electrotechnology.
electrotelegrafía | electrotelegraphy.
electrotelemedición | electric telemetering | electrical telemetering.
electrotelemotor | electric telemotor.
electrotelúrico | electrotelluric.
electroterapeuta | electrotherapeutist.
electroterapia | electrotherapeutics.
electroterapia (medicina) | electrotherapy.
electrotermia | electrothermy | electrothermics | electrothermancy.
electrotermiónico | electrothermionic.
electrotermóforo | electrothermophore.
electrotermómetro | electrical thermometer.
electrotermostato | electrothermostat | electric thermostat.
electrotipar | cast (to).
electrotipia | electrotype.
electrotípico | electrotypic.
electrotipógrafo | electrotypograph.
electrotomía | electrotomy.
electrotomo | electrotome.
electrotónico | electrotonic.
electrotono | electrotonus.
electrotorsiógrafo | electrical torsiograph.
electrotorsiómetro | electrical torsionmeter.
electrotren | electrotrain | electric train.
electrotropismo | electrotropism.
electrovalencia | electrovalence | polar bond.
electrovalente | electrovalent.
electrovaloración | electrotitration | electric titration.
electrovalorometría | electrotitrometry.
electroválvula | electrically operated valve.
electroventilador | electric fan | electric ventilating fan | electric motor blower.
electrovibrador | electric vibrator.
electrovibrador de inmersión | electric immersion vibrator.
electrovibrar | electrovibrate (to).
electroviscosímetro | electroviscometer.
electrovulcanizador | electric vulcanizer.
electrozincado | zinc-plating.
electuario | confection.
elefante | elephant.
elegante (estilo) | neat.
elegía | elegy.
elegibilidad | eligibility.
elegible | selectable.
elegible (candidatos) | returnable.
elegido por sorteo | selected by lot.
elegir | select (to) | pick out (to).
elegir (diputado) | return (to).
elegir a un candidato | return a candidate (to).
elegir a una persona sin previo consentimiento | draught (to).
elegir por votación | vote in (to).
elegir por votos a favor | vote in (to).
elemental | elementary body.
elemento | element | item | factor | cell | constituent | component.
elemento (de caldera, de radiador) | unit.
elemento (electricidad) | couple.
elemento (estructura) | detail.
elemento (matrices) | entry.
elemento aceptador | acceptor element.
elemento activo | active element.
elemento afinante del grano | grain-refining element.
elemento aleador (aleaciones) | alloying element.
elemento aleante | alloying element.
elemento aleante segregado | segregated alloying element.
elemento anular | ring element.
elemento ascendiente | parent element.
elemento atmófilo | atmophile element.
elemento averiado de combustible nuclear (reactor nuclear) | failed fuel.
elemento binario | bistable unit.
elemento blanco (petrografía) | leucocrate.
elemento calefactor | heater unit | heater element.
elemento calefactor (radiador eléctrico) |

firebar.
elemento calefactor colocado debajo del pavimento | subsurface heating element.
elemento calefactor por resistencia eléctrica de película de resina sintética | film-type heating element.
elemento captador de oxígeno (metalurgia) | tramp element.
elemento carburógeno | carbide-forming element.
elemento coalescente | coalescent element.
elemento combustible defectuoso | faulty fuel element.
elemento combustible deteriorado (reactor nuclear) | damaged fuel element.
elemento combustible espiral polizonal (reactor nuclear) | polyzonal spiral fuel element.
elemento combustible nuclear | nuclear fuel element.
elemento común | common item.
elemento conbustible de uranio enriquecido | enriched-uranium fuel element.
elemento concentrado | lumped element.
elemento cristaloquímico | crystallochemical element.
elemento cuadrivalente | tetrad.
elemento cuyos compuestos son anionígenos | acid forming element.
elemento de acumulador | secondary cell.
elemento de almacenamiento electroluminiscente biestable | bistable electroluminescent storage element.
elemento de atenuación | losser element.
elemento de compensación | shim member.
elemento de conformado (telecomunicación) | shaping unit.
elemento de control | control member.
elemento de control basto | coarse control element.
elemento de control cruciforme | cruciform control element.
elemento de coste | factor in costs.
elemento de cuarto de onda (óptica) | quarter-undulation element.
elemento de choque | buffer gear.
elemento de decisión (calculadora electrónica) | decision element.
elemento de decisión mayoritaria | majority decision element.
elemento de disipación acústica | acoustic dissipation element.
elemento de encofrado | shutter.
elemento de formato de control | control format stem.
elemento de formato de datos | data format item.
elemento de guiaonda | wave guide section.
elemento de imagen | picture dot | picture point | image element.
elemento de imagen (televisión) | elemental area.
elemento de imagen (TV) | picture dot.
elemento de información | sentinel.
elemento de información separado | separate information element.
elemento de la tercera fila y segunda columna (matrices) | entry in the third row and second column.
elemento de localización | position-finding element.
elemento de longitud de transductor | stave.
elemento de mayor duración | longest-lived element.
elemento de memoria | memory cell | storage cell.
elemento de reacción | reacting member.
elemento de red | mesh contour.
elemento de reducción | regulating cell.
elemento de regulación | power control element | regulating cell.
elemento de repuesto | backup.
elemento de reserva | reserve cell.
elemento de resistencia (milicia) | holding element.
elemento de seguridad | safety member.
elemento de selección de líneas ficticias (telefonía) | pseudoline switching.
elemento de señal (telegrafía) | signal element.
elemento de sobrerreactividad | booster element.
elemento de sustitución (nucleónica) | vicarious element.
elemento de una aeronave | airframe assembly.
elemento de una red de antena | bay.
elemento de una sola pieza | solid state.
elemento degradante | degenerative element.
elemento del acumulador | accumulator cell.
elemento descendiente | daughter element.
elemento desmultiplicador | scaling unit.
elemento detector | detecting element.
elemento enchufable | plug-in unit.
elemento eptavalente | heptad.
elemento esbelto sometido a compresión | slender compression member.
elemento estructural de alma celular | sandwich structural element.
elemento excitado | driven element.
elemento exogeográfico | exogeographic element.
elemento extraible | withdrawable element.
elemento extremo (cordón superior de viga de celosía de cordones no paralelos) | end raker.
elemento fértil (uranio) | fertile fuel.
elemento filtrante de papel (química) | thimble.
elemento finito prismatoide | prismatoid finite element.
elemento flector | bender element.
elemento formador de la malla | looping element.
elemento funcional | basic function unit.
elemento fusible (de un fusible eléctrico) | link.
elemento fusible (fusible de cartucho) | fuse link.
elemento fusible infungible de gran capacidad de ruptura | high-rupturing capacity nondeteriorating cartridge fuse link.
elemento gaseoso cerovalente | zerovalent gaseous element.
elemento generador | breeding element.
elemento graduador de espoleta | fuze-setting element.
elemento gris de control | gray control element.
elemento higrosensible | humidity-sensitive element.
elemento hilotrópico | hylotropic element.
elemento indicador | tracer element.
elemento inserto en un criptograma como guía para seleccionar la clave adecuada | indicator.
elemento integrador | integrating unit.
elemento intersticial (aleaciones) | interstitial.
elemento ligador | alloying element.
elemento lógico | functor.
elemento lógico de línea equilibrada | balanced-line logic element.
elemento lógico magnético | magnetic logical element.
elemento lógico mixto | combinational logic element.
elemento lógico «Y» (proceso de datos) | and element.
elemento longitudinal | longitudinal.
elemento magnético de decisión (calculadora electrónica) | magnetic decision element.
elemento metálico principal (aleaciones) | base metal.
elemento móvil | movement.
elemento neutro de la multiplicación de los númeos reales | identity element in the multiplication of real numbers.
elemento NI (informática) | NOR element.
elemento nutritivo | nutrient.
elemento obturador | packoff element.
elemento operante | triggering element.
elemento operativo | task element.
elemento original | parent element.
elemento pasivo alineal | passive nonlinear element.
elemento pentavalente | pentad.
elemento piezoeléctrico | bimorph cell.
elemento pivotal (determinantes) | pivotal element.
elemento pizosensible | pressure sensing element.
elemento portacaracteres | print member.
elemento precursor | parent element.
elemento prefabricado | prefabricated unit.
elemento primario de una antena | active antenna exciter.
elemento pulverulento que se agrega a los ligantes hidrocarbonados | filler.
elemento que inhibe la fase sigma | σ-inhibiting element | σ-inhibiting element.
elemento que juega un papel | factor wich play a part.
elemento que promueve la fase sigma | σ-promoting element | σ-promoting element.
elemento que puede tener alguno de los dos estados estables | bistable unit.
elemento que recibe energía de fuente distinta de una señal (calculadora) | active element.
elemento quinquivalente | pentad.
elemento radiactivo hijo | radioactive daughter element.
elemento radiador de molinete múltiple (antenas) | bat wing.
elemento radiante | batwing | radiator.
elemento radioactivo | radioelement.
elemento recalentador | superheater unit.
elemento rectificador de piedra abrasiva | honing element.
elemento repetitivo (estadística) | replicate.
elemento secundario | minor element.
elemento segregado | segregated element.
elemento semiconductor fotosensible pasivo | passive semiconductor photosensitive element.
elemento sensible | sensing element.
elemento sensible (aparatos) | spear.
elemento sensible a la radiactividad | radioactive-sensitive element.
elemento sensible primario | primary sensing element.
elemento sensor y actuante | sensing and actuating element.
elemento separado del conjunto de una viga de celosía | free body.
elemento separador | separative element.
elemento sicrosensible de alta respuesta | highly-responsive humidity-sensitive element.
elemento simulado | dummy assembly.
elemento sometido a flexión de hormigón pretensado | prestressed-concrete flexural member.
elemento suplementario (de una batería de acumuladores) | milking-cell.
elemento talasófilo | thalassophile element.
elemento talasóxeno | thalassoxene element.
elemento térmico | thermal element.
elemento transuránico | transuranium element.
elemento triestable | triflop.
elemento trivalente | triad.
elemento vacuosensible | vacuum sensing element.
elemento vertical (estructuras) | montant.
elementos antinavales | antinaval elements.
elementos artificiales (como pueblos puentes, casas etc. - topografía) | culture features.
elementos baricéntricos | barycentric elements.
elementos biófilos | biophile elements.
elementos combustibles de uranio natural (reactor nuclear) | natural-uranium elements.
elementos combustibles del tipo de dispersión encamisados en acero inoxidable (reactor nuclear) | dispersion-bearing stainless-steel-clad fuel elements.
elementos combustibles microminiaturizados | microminiaturized fuel elements.
elementos combustibles nucleares agotados | spent nuclear fuel elements | spent reactor fuel elements.

elementos constituyentes de la atmósfera de Marte | constituent elements of the atmosphere of Mars.
elementos de (sobre un asunto) | primer.
elementos de baja solubilidad en la solución sólida base (aleaciones) | incongruous additions.
elementos de cristalización | elements of crystallization.
elementos de enlace (mecanismos) | pairing elements.
elementos de grandes dimensiones | large-sized elements.
elementos de imagen por segundo | picture elements per second.
elementos de la diagonal (matrices) | diagonal entries.
elementos de la maquinaria principal | main plant items.
elementos de la matriz (álgebra) | entries of the matrix.
elementos de partes múltiples | multilimbed elements.
elementos de piso de hormigón prefabricados | precast concrete floor units.
elementos de producción | producers' goods.
elementos de protección marítimos (muelles) | marine fendering.
elementos de regulación (nuclear) | regulating rod.
elementos de tela inflables | inflatable fabric cells.
elementos de tiro | data (plural de datum).
elementos de una situación | elements of a fix.
elementos descongeladores de las líneas aéreas de transporte de electricidad | power-line de-icing elements.
elementos determinantes para la retribución de un trabajo | compensable factors.
elementos endogeosféricos | endogeospheric elements.
elementos finitos adyacentes | adjacent finite elements.
elementos intercostales (buques) | intercostals | intercostales.
elementos lógicos magnéticos | magnetic logic.
elementos lógicos neumáticos | pneumatic logic.
elementos memorizantes para electroni-calculadoras numéricas | memory elements for digital computers.
elementos ópticos de fluoruro de litio | lithium fluoride optical elements.
elementos para cojinetes de bolas | rolling elements.
elementos principales de soporte | primary supporting members.
elementos que limitan el crédito | credit brakes.
elementos químicos acumulados por las plantas o por animales | biophile elements.
elementos suversivos (metalurgia) | subversive elements.
elementos transuránicos | transuranic elements.
elementos volátiles de los productos de fisión | volatile fission product elements.
elemi (Canarium schweinfurthii - Engl) | elemi.
elenco | elenchus.
elénctico | elenctic.
eleoterapia | eleotherapy.
eles | ells.
eletroimán de suspensión (grúas) | magnet-lifter.
eleuterofobia | eleutherophoby.
elevación | elevation | elevating | ascent | raising | advancement | rise | rising.
elevación (de la voz, precios, etc.) | raising.
elevación (fortificación) | relief.
elevación (planos) | raised plan.
elevación a mano de pesos | manual lifting of weights.
elevación a potencias | involution.
elevación al cuadrado de las raíces (ecuaciones) | root squaring.
elevación capilar (geología) | capillary lift.
elevación de la presión | boosting.
elevación de la temperatura de ebullición | elevation of the boiling-point.
elevación de temperatura al pasar el límite elástico (metales) | heat burnt.
elevación del nivel del mar | upwelling.
elevación del voltaje | boosting.
elevación longitudinal (Argentina - buques) | longitudinal section.
elevación o descenso que permite la esclusa | lockage.
elevación por reacción (aviones) | reaction lifting.
elevación principal (dibujo) | face plan.
elevada temperatura de deformación | high deflection temperature.
elevadísimo | extra high.
elevado | lofty.
elevado (precios) | advanced.
elevado al cuadrado | square | squared.
elevado al cubo | cubing.
elevador | lifter | lift | follower | elevating | elevator | hoist.
elevador (embarcación para verter productos de dragados) | reclamation vessel.
elevador cargador | elevating charger.
elevador compensador de voltaje | balance-booster.
elevador de agua de aire comprimido | compressed-air water lifter.
elevador de agua por aire | air-lift pump.
elevador de agua por aire comprimido | air pump | airlift.
elevador de barcos (esclusas) | boat-elevator.
elevador de cadena | chain elevator.
elevador de cadena y cangilones | chain and bucket elevator.
elevador de cangilones | bucket elevator | belt-bucket elevator.
elevador de carbón | coal-elevator.
elevador de cenizas | ash hoist.
elevador de cereales | corn elevator.
elevador de cereales para importación | import elevator.
elevador de cereales para la exportación | export elevator.
elevador de cinta | belt elevator.
elevador de descarga centrífuga | centrifugal discharge elevator.
elevador de descarga continua | continuous-discharge elevator.
elevador de descarga por gravedad | gravity-discharge elevator.
elevador de fangos (metalurgia) | stacker.
elevador de frecuencias (multiplicador de frecuencias) | frequency raiser.
elevador de granzas | tailings elevator.
elevador de husillo | screw elevator.
elevador de la brocha | broach lifter.
elevador de la compuerta | gate lift.
elevador de la herramienta | tool lifter.
elevador de la varilla (sondeos) | rod elevator | rod hoister.
elevador de leva y rodillo | cam-and-roller hoist.
elevador de lona | conveyor canvas.
elevador de paja | straw elevator.
elevador de presión del gas | gas booster.
elevador de productos de dragado | reclamation dredger.
elevador de succión a flote para cereales | floating suction grain elevator.
elevador de tensión | positive booster | trans-booster.
elevador de tensión de paso único (electricidad) | single-step voltage booster.
elevador de tornillo | Archimedean pump.
elevador de tornillo de Arquímedes para cereales | grain auger.
elevador de tubos (entubación pozos) | casing elevator.
elevador de voltaje | booster | voltage booster.
elevador de voltaje (circuito de tierra) | depressor.
elevador de voltaje (electricidad) | boaster.
elevador de voltaje al final del cable alimentador | feeder booster.
elevador de voltaje compensador | balancer-booster.
elevador de voltaje desfasador (electricidad) | quadrature booster.
elevador de voltaje para control de fase (transformadores) | inphase booster.
elevador de voltaje síncrono | synchronous booster.
elevador del cartucho (ametralladoras, fusiles) | follower.
elevador del electrodo (hornos) | electrode elevator.
elevador del voltaje | positive booster.
elevador descargador de cereales | grain-discharging elevator.
elevador diferencial | differential booster.
elevador electromagnético | magnetic hoist.
elevador flotante para cereales | floating grain elevator.
elevador hidráulico de automóviles | automobile lift.
elevador motorizado del electrodo (electrohornos) | motorized electrode elevator.
elevador neumático | airlift.
elevador neumático a flote para cereales | floating pneumatic grain elevator.
elevador para descarga de barcazas | barge-discharging elevator.
elevador por vacío | vacuum lifter.
elevador reunidor | assembling elevator.
elevador reunidor (imprenta) | assembler.
elevador telescópico | telescopic hoist.
elevador transportador | conveyor-elevator.
elevadora de postetas (imprenta) | pile lift.
elevador-anillo (sondeos) | spider.
elevador-reductor (de presión, voltaje) | reversible booster.
elevador-reductor (electrotecnia) | reversible booster.
elevando al cuadrado | squaring.
elevar | heave (to) | ascend (to) | sink (to) | hoist (to) | step up (to) | set up (to) | put up (to) | rear (to) | elevate (to) | lift (to) | hoist up (to) | raise (to).
elevar (con la bomba) | raise (to).
elevar (voltaje, presión) | stepup (to).
elevar a la categoría de estrella (cine) | star (to).
elevar a potencias | involve (to).
elevar a una potencia | raise (to).
elevar al cuadrado | square (to).
elevar al cubo | cube (to).
elevar con un aparejo (marina) | sway (to).
elevar el cambio | increase a rate (to).
elevar el octanaje | kick up (to).
elevar el voltaje (electricidad) | boost (to).
elevar la platina para letras mayúsculas (máquina escribir) | shift (to).
elevar la temperatura de ebullición | raise the boiling point (to).
elevar los derechos de aduana | increase duties (to).
elevar un recurso (jurídico) | file a motion (to).
elevarse | climb (to) | fly up (to).
elevarse (humo, etc.) | rise (to).
elevarse a (sumas) | run (to).
elevón (superficie de mando que combina las funciones de alerones y timón de altura - avión sin cola) | elevon.
elidórico (con colores a la aguada y al aceite) | elidoric.
eligibilidad para el ascenso | eligibility for promotion.
eliminabilidad | eliminability.
eliminable | disposable | expellable.
eliminación | suppression | disposal | riddance | withdrawal | eliminating | elimination | cleanup | clearance | removal | removability.
eliminación (química) | splitting off.
eliminación asíncrona | defruiting.

eliminación de arrugas en la parte alta de la copa (embutición) | ironing.
eliminación de azufre | sulfur removal.
eliminación de ceros en la memoria (informática) | zero compression.
eliminación de ciertas substancias por la lluvia o viento | wash out.
eliminación de compuestos | relieving.
eliminación de contaminantes del diamante | purification of diamonds.
eliminación de defectos superficiales pequeños | die scalping.
eliminación de depósitos carbonosos (motores) | carbon elimination.
eliminación de desechos radiactivos | radioactive waste disposal.
eliminación de desperdicios | waste disposal.
eliminación de disolventes | desolventizing.
eliminación de ecos | echo cancellation.
eliminación de ecos parásitos producidos por el estado del mar (radar) | sea suppresion.
eliminación de ecos próximos | degarbling.
eliminación de empleos provisionales | decasualization.
eliminación de errores | debugging.
eliminación de gases residuales (lámparas termiónicas) | gassing.
eliminación de huelgas por disputas jurisdiccionales (sindicatos) | no-raiding principle.
eliminación de la concentración de esfuerzos | stress concentration elimination.
eliminación de la escoria (pudelaje) | shingling.
eliminación de la humedad | moisture removal.
eliminación de la interferencia | interference rejection.
eliminación de la posorosidad | porosity elimination.
eliminación de las interferencias | interference prevention.
eliminación de los ceros | zero supression.
eliminación de los olores industriales | industrial odor removal.
eliminación de residuos | waste disposal.
eliminación de ruidos | noise elimination.
eliminación de tensiones internas | stress-recovery | stress relieving.
eliminación del azufre | expulsion of sulfur.
eliminación del calor | heat rejection.
eliminación del carbono (descarburación - metalurgia) | carbon elimination.
eliminación del detalle en la parte inferior de la imagen (televisión) | bottom flare.
eliminación del factor personal | personal factor elimination.
eliminación del perjuicio | abatement of a nuisance.
eliminación del ruido | noise stripping.
eliminación del sedimento | silt exclusion.
eliminación en planta | on-site disposal.
eliminación por igualación | elimination by comparison.
eliminación por sustitución | elimination by substitution.
eliminaciones sucesivas | exhaustion.
eliminaciones sucesivas (matemáticas) | exhaustion.
eliminado | written off.
eliminador | eliminator | trap | suppressor | rejective | rejector | stop | stopper | excluder.
eliminador (producto químico que se añade al caldo para extraer gases, impurezas u óxidos - metalurgia) | scavenger.
eliminador (radar) | blanker.
eliminador de antena | antenna eliminator.
eliminador de armónicas | harmonic attenuator | harmonic absorber | harmonic suppressor.
eliminador de componentes en cuadratura (servosistemas) | quadrature suppressor.
eliminador de ecos | echo suppressor | echo supressor | echo killer | singing suppressor.
eliminador de ecos fijos | fixed-echo suppressor.
eliminador de electricidad estática | static eliminator | static remover.
eliminador de estáticos | X-stopper.
eliminador de estáticos (radio) | X's stopper.
eliminador de hielo | defroster.
eliminador de hiperfrecuencia | radiofrequency suppressor.
eliminador de hiposulfito (fotografía) | hypo-killer.
eliminador de hojas dobles | double sheet eliminator.
eliminador de hojas dobles (máquina duplicadora) | deflector.
eliminador de hojas dobles (tipografía) | two-sheet eliminator.
eliminador de imagen | image remover.
eliminador de imágenes parásitas (radar) | anticlutter.
eliminador de interferencias | interference suppressor | broomstick.
eliminador de la preignición (motores) | preignition suppressor.
eliminador de la reacción | reaction suppressor.
eliminador de línea de transmisión | transmission line trap.
eliminador de olas | wave supressor.
eliminador de oscilaciones parásitas | parasitic stopper.
eliminador de oxígeno | oxygen scavenger.
eliminador de parásitos | noise trap | noise suppressor.
eliminador de perturbaciones | noise trap | antijamming.
eliminador de polvo | dust flinger.
eliminador de polvos | dust eliminator.
eliminador de radiointerferencias | radiointerference suppresor | radiointerference eliminator.
eliminador de rejilla | grid suppressor.
eliminador de remanso | backwater suppressor.
eliminador de residuos gaseosos | getter.
eliminador de ruidos | noise trap | noise killer.
eliminador de sedimentos | sediment excluder.
eliminador de sobrevoltaje | surge suppressor.
eliminador del aire | air eliminator.
eliminador del arco con tierra | arcing-ground suppressor.
eliminador del efecto de cuadratura (electricidad) | quadrature suppressor.
eliminador del oxígeno disuelto | dissolved oxygen scavenger.
eliminador del vapor del combustible en las tuberías de éste antes de repostar (aviones) | vapor eliminator.
eliminador dinámico de ruidos | dynamic noise suppressor.
eliminador mecánico del hielo | mechanical deicer.
eliminar | push back (to) | clip off (to) | erase (to) | drop (to) | purge (to) | bleach (to) | wipe off (to) | delete (to) | strip off (to) | remove (to) | buff off (to) | eliminate (to) | split off (to) | suppress (to).
eliminar (carbono) | let down (to).
eliminar (de un curso) | wash out (to).
eliminar (defectos) | iron out (to).
eliminar (defectos, etc.) | obviate (to).
eliminar (metalurgia) | scavenge (to).
eliminar (química) | free (to).
eliminar bits por decalaje | drop off (to).
eliminar ciclos de operación | steal cycles from the central processor (to).
eliminar el ácido de la celulosa nitrada | eliminate the acid from the nitrated cellulose (to).
eliminar el ácido por un hidroextractor | eliminate the acid by a hydroextractor (to).
eliminar el ácido por una solución de sosa | eliminate the acid by means of soda solution (to).
eliminar el agua en una centrífuga | eliminate the water in a hydroextractor (to).
eliminar el azufre | remove the sulfur (to).
eliminar el color (géneros teñidos) | strip (to).
eliminar el hiposulfito (fotografía) | kill the hypo (to).
eliminar el signo radical | remove the radical sign (to).
eliminar errores | debug (to).
eliminar impedimentos arancelarios | remove tariff walls (to).
eliminar impurezas férricas con un electroimán (productos refractarios) | magnet (to).
eliminar la niebla | defog (to).
eliminar las burbujas de aire | free from air bubbles (to).
eliminar las dificultades | circumvent difficulties (to).
eliminar las incertidumbres | get rid of uncertainties (to).
eliminar por desplazamiento | shift out (to).
eliminar por etapas | phase-out (to).
eliminar por fusión | fuse off (to).
eliminar por lavado | wash off (to) | wash away (to).
eliminar quemando (química) | burn away (to) | burn off (to).
eliminar un efecto perjudicial (mecanismos) | kill (to).
eliminar X (ecuaciones) | get rid of X (to).
eliminatorio | eliminatory.
elipse | ellipse.
elipse alargada | oblate ellipse | prolate ellipse.
elipse de cargas | stress ellipse.
elipse de inercia | inertia ellipse | ellipse of inertia | momental ellipse.
elipse de tensiones | ellipse of stress | stress ellipse.
elipse de transferencia | transfer ellipse.
elipse logarítmica | logarithmic ellipse.
elipses de frenado (cosmonave) | braking ellipses.
elipsógrafo | trammel | ellipsograph | elliptograph.
elipsoidal | ellipsoidal | ellipsoid.
elipsoide | elliptic conoid.
elipsoide (matemáticas) | ellipsoid.
elipsoide achatado | oblate ellipsoid | flattened ellipsoid.
elipsoide alargado | prolate ellipsoid.
elipsoide aplastado | flattened ellipsoid.
elipsoide de deformaciones | ellipsoid of expansion | ellipsoid of strain.
elipsoide de momentos | momental ellipsoid.
elipsoide de referencia internacional | international ellipsoid of reference.
elipsoide de revolución | ellipsoid of rotation.
elipsoide del tensor de permeabilidad | permeability tensor ellipsoid.
elipsoide índice | index ellipsoid.
elipsoideo | ellipsoid.
elipsometría | ellipsometry.
elipsómetro | ellipsometer.
elipticidad | ellipticity | compression.
elipticidad de una elipse | ellipticity of an ellipse.
elipticidad del ecuador terrestre | earth's equator ellipticity.
elipticidad del esferoide | ellipticity of the spheroid.
elíptico | elliptic | elliptical.
elitista | elitist.
elitoral | elittoral.
elongación (acústica) | displacement.
elongación (astronomía) | elongation | digression.
elongación a la tracción | tensile elongation.
elongación de la Polar | elongation of Polaris.
eloxación | eloxation.
eloxadizar | eloxadize (to).
eluado evaporado | evaporated eluate.
eluante | eluant.
eluato (química) | eluate.
elucidar un problema | enucleate a problem (to).
elución | elution.
elución fraccionada | fractional elution.
eludible | evadable.
eludir | put by (to) | evade (to).
eludir el pago | elude payment (to).
eludir impuestos | evade taxes (to).

eludir la responsabilidad | shirk responsibility (to) | duck the responsibility (to).
eludir programas | bypass (to).
eludir toda responsabilidad | evade all responsibility (to).
eluir | elute (to).
elusión | evasion.
eluteromórfico | elutheromorphic.
eluteromorfo | elutheromorphic.
elutriación | elutriation | air floating.
elutriación por corriente de aire | air elutriation.
elutriación por suspensión en aire | airborne elutriation.
elutriado | elutriate.
elutriador | elutriator.
elutriador centrífugo | centrifugal elutriator.
elutriador magnético | magnetic elutriator.
elutriador por corriente ascendente de aire | air elutriator | air sieve.
elutriar | elutriate (to) | air float (to).
elutriotrópico | elutriotropic.
eluviación | eluviation.
eluviación mecánica | mechanical eluviation.
eluviación química | chemical eluviation.
eluvial | eluvial.
eluvido | eluviated.
eluvio | eluvium.
eluvión | eluvium.
eluyente | eluent.
eluyente (adjetivo) | eluting.
eluyente (química) | eluant.
eluyente para 10 eluciones | eluent for 10 elutions.
ella | she.
emaciación | syntexis.
emaciación (veterinaria) | going light.
emaglutinación | emmagglutination.
emanación | emanation | effluvium | fume | effluent | efflux | aura.
emanación (de gas) | efflux.
emanación (de gases) | effluxion.
emanación de actinio | actinon.
emanación de radio | radon.
emanación fétida | effluvium.
emanación isotópica | isotopic emanation.
emanación radiactiva | radioactive emanation.
emanaciones de gas natural (geología) | gas seeps.
emanaciones magmáticas | magmatic emanations.
emanaciones volcánicas | volcanic emanations.
emanar | originate (to).
emanar de | derive (to).
emanómetro | emanometer | radon content meter.
emarginado | notched | emarginate.
embadurnado con lechada de cemento | cement-washed.
embadurnamiento | daub.
embadurnamiento con aceite (metales) | oiling.
embadurnamiento con lechada de cal | liming.
embalado | wrapping | packed | packaged.
embalado (motores) | racing.
embalado a granel | packed in bulk.
embalado en caja de cartón | carton-packed.
embalado en jaula | crated.
embalado en papel | paper-packaged.
embalado para la exportación | boxed for export.
embalado para venta al menudeo | retail-packed.
embalado por el exterior en caja sólida de madera | over-packed in solid wooden case.
embalado uno dentro de otro | emboxed in each other.
embalador | packer | maker.
embalaje | packing case | package | boxing | packing.
embalaje a precio de coste | packing at cost.
embalaje a prueba de corrosión | corrosion preventive packaging.
embalaje aparte | packing extra.
embalaje de cartón para el transporte | shipping carton.
embalaje de exportación | export boxing | export packing.
embalaje de jaula | crating.
embalaje de origen | original packing.
embalaje de paracestas para arrojarlos con paracaídas | paracrate packing for parachute delivery.
embalaje de suspensión | suspension packing.
embalaje defectuoso | defective packing | careless packing | faulty packing.
embalaje en caja cerrada | packing in close cases.
embalaje en cajas de cartón | cartoning.
embalaje en jaulas | packing in crates.
embalaje especial | special packing.
embalaje exterior | external packing | outer packing.
embalaje extra | packing extra.
embalaje fisiológico (frutas y verduras) | physiological package.
embalaje gratuito | no charges for packing.
embalaje impermeabilizado | waterproof packing.
embalaje inadecuado | insufficient packing | improper packing.
embalaje interior | inner packing | internal packing.
embalaje marítimo | export packing | packing for shipment | seaworthy packing.
embalaje no comprendido | packing extra.
embalaje no incluido | exclusive of package.
embalaje para materiales frágiles | skeleton cage.
embalaje por contracción | shrink packaging.
embalaje tipo A (para material radiactivo) | type A packing.
embalaje tipo A (radiactivo) | type-A packaging.
embalaje tipo B (accidente nuclear grave) | type-B packaging.
embalaje tipo B (embalaje especial para resistir accidentes graves) | type B packing.
embalaje y marcado | packing and marking.
embalajes litografiados | litographed packages.
embalajes para mantener frescos los productos alimenticios | fresh food packings.
embalamiento (de un motor) | racing.
embalamiento (motores) | getting up speed | runaway.
embalamiento (reactor nuclear) | runaway.
embalamiento térmico | thermal runaway.
embalar | case (to) | pack (to).
embalar (motores) | rev up (to).
embalar a granel | pack loose (to).
embalar correctamente las mercancías | pack goods in the proper manner (to).
embalar en caja | carton (to).
embalar en jaula | crate (to).
embalarse | race (to).
embalarse (motores) | race (to).
embalarse pronto (motores) | pick up speed (to).
embaldosado | flagging | flag pavement.
embaldosador | tile layer | floor tiler.
embaldosar | tile (to) | flag (to) | pave (to).
embalsado | impounded.
embalsamar | embalm (to).
embalsar | dam (to).
embalsar (aguas) | impound (to).
embalsar madera | ponding.
embalse | barrage basin | barrage reservoir | water-collecting area | reservoir | impoundage | impoundment | reservoir | storage lake | damming reservoir | pond | pondage.
embalse (Bolivia) | holding ground.
embalse (de aguas) | impounding.
embalse (presas) | storage.
embalse (represamiento de las aguas) | pondage.
embalse aguas abajo | downstream pond level.
embalse con compuertas | gated reservoir.
embalse de acumulación de agua bombeada | pumped storage.
embalse de agua bombeada | pumped storage.
embalse de cabecera (ríos) | headpond | flood-control reservoir.
embalse de compensación | balancing reservoir.
embalse de detención | detention basin.
embalse de retención | detention reservoir.
embalse de turbina-bomba reversible | pumped storage.
embalse en el suelo de la cuenca (hidrología) | ground storage.
embalse moderador | retarding basin.
embalse momentáneo | instantaneous storage.
embalse para regulación de crecidas (ríos) | flood-control reservoir.
embalse para varios usos | multiple-purpose reservoir.
embalse regulador | regulating reservoir.
embalse secundario | compensating reservoir.
embalse útil | live storage.
embancadura glacial (ríos) | ice jam.
embandejación | palletization.
embandejadora | palletizer.
embandejar | palletize (to) | pallet (to).
embandejar (G.B.) | palletise (to).
embarbetado | racking.
embarbillado (carpintería) | shoulder bevel | slit and tongue joint.
embarbillado (empalme de pico de pájaro) | bird's-mouth joint.
embarbilladura (carpintería) | shoulder bevel.
embarbillar (carpintería) | bird's-mouth (to) | frame (to) | join (to).
embarcación | craft | vessel | boat | ship.
embarcación a vela | sailboat.
embarcación anfídroma | double-bowed boat.
embarcación antisubmarinos de defensa de puertos | seaward defense boat.
embarcación aparejada de lugre | lugger-rigged vessel.
embarcación atunera | tuna boat.
embarcación auxiliar de una mayor | tender.
embarcación con aletas hidrodinámicas flotando con el casco sumergido | hullborne hydrofoil craft.
embarcación con aletas hidrodinámicas sustentadoras | aquaplane.
embarcación con aletas portantes hidrodinámicas | hydrofoil boat.
embarcación con aletas sustentadoras | hydrofin.
embarcación con aletas sustentadoras hidrodinámicas (buques) | hydrofoil ship.
embarcación con casco de plástico | plastic-hulled boat.
embarcación con cubierta de extremos redondos | round-ended decked boat.
embarcación con proa de cuchra | shovel-nosed boat.
embarcación con roda en ambos extremos
embarcación contra el contrabando | smuggler chaser.
embarcación contraincendios | firefloat.
embarcación contraincendios en catamarán | twin-hulled firefloat.
embarcación de aletas hidrodinámicas | planing craft.
embarcación de aletas hidrodinámicas de incidencia variable | hook-hydrofin.
embarcación de asalto | assault craft.
embarcación de cesta en forma circular (América del Sur) | pelota.
embarcación de cubierta corrida aparejada en lugre de un solo palo | single-masted lug-rigged fully decked boat.
embarcación de desembarco | landing craft.
embarcación de escolta | escort craft.
embarcación de fondo plano | flat-floored boat.
embarcación de forma rara | odd-shaped craft.
embarcación de guardia | guard-boat.
embarcación de hélice aérea para navegar

sobre agua | hydrocopter.
embarcación de hidroplaneo | hydrofoil craft.
embarcación de la aduana | revenue vessel.
embarcación de madera con forro de tingladillo sencillo | clinker-planked boat.
embarcación de motor | motorcraft.
embarcación de patines | ice-boat.
embarcación de pesca con sedal | hook-and-line fishing boat.
embarcación de poco calado con túnel para las hélices | tunnel vessel.
embarcación de poco calado para descargar por la proa en la playa | beach discharge lighter.
embarcación de popa saliente | pointed-stern boat.
embarcación de propulsión hidráulica (por chorro de agua) | hydraulically propelled ship.
embarcación de propulsión por chorro de agua | jet-fitted craft.
embarcación de regatas aparejada de laúd | cat-rigged racing boat.
embarcación de remos | rowboat | pulling boat.
embarcación de salvamento (operaciones anfibias) | salvage unit.
embarcación de superficie lanzatorpedos | torpedo-carrying surface craft.
embarcación de supervivencia | survival craft.
embarcación de suspensión neumática sobre la superficie del agua | hovercraft.
embarcación de tingladillo de popa cuadrada y fondo plano | flat-bottomed square-sterned clinker-built boat.
embarcación de un palo | one-masted boat.
embarcación de vela | sailing-craft.
embarcación de vela para regatas construida según las reglas internacionales | meter boat.
embarcación de vela y patines | scooter.
embarcación de vela y remo | pulling and sailing boat.
embarcación del práctico (puertos) | pilot cutter | pilot-vessel | pilot boat.
embarcación del servicio de balizamiento | buoy tender.
embarcación desplazandose sobre las aletas hidrodinámicas | foil-borne vessel.
embarcación detenida por el estado de la barra | bar bound vessel.
embarcación donde va el primer oficial (pesca por parejas) | mate's boat.
embarcación en levitación por reacción de chorros de aire comprimido sobre la superficie del agua | air-cushion vessel.
embarcación en levitación por reacción del chorro de aire sobre el mar | air-cushion vessel.
embarcación engañasubmarinos | submarine decoy craft.
embarcación fina | lean vessel.
embarcación fluvial | riverboat | river boat | fresh-water vessel.
embarcación hidrográfica | surveying boat.
embarcación ligera de combate | fast attack craft.
embarcación marina | seacraft.
embarcación no propulsada | dump craft.
embarcación para colocar la puerta de la red antisubmarina (puertos) | boom-gate vessel.
embarcación para deportes naúticos en ríos | river cruiser.
embarcación para desembarco de carros | tank landing craft.
embarcación para desembarco de vehículos | vehicular landing craft.
embarcación para dragados | dredging craft.
embarcación para el fondeo de anclajes permanentes (puertos) | mooring lighter.
embarcación para el práctico (puertos) | pilot tug.
embarcación para el servicio de boyas (puertos) | buoyage vessel.
embarcación para la instalación de muertos de anclaje | anchor hoy.
embarcación para la pesca de perlas | pearler.
embarcación para pesca (de langosta, cangrejos, etc.) | crab boat.
embarcación para pesca con anzuelos remolcados | troller.
embarcación para remolque | towboat.
embarcación para romper el hielo | ice-boat.
embarcación para servicio de taxi en aguas abrigadas en las que las olas no exceden de 2 pies de altura | craft for taxi service in sheltered water in which waves do not exceed 2 feet trough to crest.
embarcación para servicios de prácticos (puertos) | pilot dispatch launch.
embarcación para transporte de fangos | sludge vessel.
embarcación patrullera | patrol craft.
embarcación patrullera rápida | fast patrol boat.
embarcación pequeña con pozos cerrados con escotillas para los peces vivos | hatch boat.
embarcación pequeña de pesca | buss | fishing smack.
embarcación propulsada por hélice aérea montada al aire | air boat.
embarcación que guía y dirige el movimiento desde el buque a la playa (operaciones anfibias) | control vessel.
embarcación que pesca cerca de la costa para volver a puerto en el mismo día | market boat.
embarcación que trata de meter contrabando | hovering vessel.
embarcación rápida para recuperación de los torpedos de ejercicios | torpedo recovery vessel.
embarcación sin cubierta | open boat.
embarcación sobre aletas hidrodinámicas | hydrofoil-supported craft.
embarcación sobre aletas hidrodinámicas en posición de vuelo | foilborne hydrofoil craft.
embarcación soportada por aletas hidrodinámicas | hydrofoil-supported craft.
embarcación turística para contemplar el paisaje | sightseeing ship.
embarcaciones auxiliares pequeñas (marina guerra) | mosquito craft.
embarcaciones de servicio del puerto | harbor craft.
embarcaciones menores | small craft.
embarcaciones menores de un astillero | yard craft.
embarcada (que opera desde un buque o desde un portaaviones - aviación) | ship-based.
embarcadero | slip | ferry slip | bank | quay | loading dock | landing jetty | jetty | landing place | wharf.
embarcadero flotante | landing stage | floating pier.
embarcadero para troncos | log dump.
embarcador (minas) | putter.
embarcar | ship (to).
embarcar (en buques) | embark (to).
embarcar (mercancías) | lade (to).
embarcar (Panamá - flotación de maderas) | hang up (to).
embarcar (un tripulante) | enter (to).
embarcar de menos (buques) | shortship (to).
embarcar en avión (tropas) | emplane (to).
embarcar en trenes (tropas) | entrain (to).
embarcar los botes (buques) | hoist in the boats (to).
embarcar los remos (botes) | lay in (to).
embarcar municiones | embark ammunitions (to).
embarcar un cáncamo | ship a heavy sea (to).
embarcarse | put to sea (to).
embargable | distrainable | extendable | seizable | attachable.
embargable (bienes) | extendible.
embargado | attached | distressed | extended | lienee.
embargado (buques) | libeled.
embargador | lienor | lienor | distrainor.
embargador (jurisprudencia) | seizer.
embargante | attaching | attacher.
embargar | levy (to) | arrest (to) | confiscate (to) | garnish (to) | impound (to) | seize (to) | distress (to) | distrain (to).
embargar (bienes) | extend (to).
embargar (retener - pagos) | garnishee (to).
embargo | extent | seizure | impoundment | attachment | sequestration | apprehension | taking | execution | confiscation.
embargo (comercio) | seizing.
embargo (de buques) | detention.
embargo (retención - de bienes, etc.) | distraint.
embargo (retención - de pagos) | garnishee.
embargo de bienes | forfeiture | distraint of property | arrest.
embargo de bienes inmobiliarios | execution on real property.
embargo de los frutos | execution on growing crops.
embargo de mercancía no declarada | seizure of goods not declared.
embargo de una hipoteca | foreclosure.
embargo después de iniciarse la acción (jurídico) | ancillary attachment.
embargo en beneficio de los acreedores | attachment for the benefit of creditors.
embargo foráneo | foreign attachment.
embargo hostil | hostile embargo.
embargo inmobiliario | attachment of real property.
embargo pacífico | civil embargo.
embargo por el vendedor de mercancías durante su transporte en caso de insolvencia del comprador | stoppage in transit.
embargo por el vendedor de mercancías en tránsito | stoppage in transit.
embargo preventivo | lien | precautionary embargo | precautionary attachment | garnish | preventive embargo | preventive attachment.
embargo preventivo del abogado | attorney's lien.
embargo sobre el cargamento | cargo lien.
embarque | embarkment | embarkation | loading | loading | lading | shipping | shipment.
embarque (aeronáutica) | handling.
embarque (de botes a bordo) | hoisting.
embarque (en trenes) | entrainment | entraining.
embarque a consignación | shipment on consignment.
embarque a granal ex-silo | bulk ex-silo shipment.
embarque de agua de una ola (buque en la mar) | shippage of water.
embarque de carbón | coaling.
embarque de ganado (en trenes) | animal entraining.
embarque de tropas de asalto con su equipo para permitir un rápido desembarco | combat loading.
embarque de tropas y equipo con el máximo de aprovechamiento del espacio (marina) | commercial loading.
embarque del personal en los botes suspendidos en vez de hacerlo cuando floten (asaltos anfibios) | rail loading.
embarque en piezas desmontadas (máquinas) | knocked down shipment.
embarque ferroviario | entraining.
embarque para el extranjero | foreign shipment.
embarque parcial | part shipment.
embarque por unidades completas (comercio) | unit loading.
embarque y desembarque por propulsión propia (transporte de camiones cargados, de vagones cargados, etc.) | roll-on-roll-off.
embarques a sucursales | shipments to branches.
embarques de exportación | export shipments.
embarrancar | beach (to) | ground (to) | strand (to).
embarrancar (buques) | run aground (to) | land (to).
embarrar | plaster (to) | line with puddle (to) | mud (to) | puddle (to) | slush (to) | loam (to).

embarrilado | barrelled.
embarrilador de arenques | herring curer.
embarrilar | barrel up (to) | tun (to) | cask (to).
embasado en un vial | vial-packaged.
embastar | stitch (to).
embastar (costura) | run up (to).
embate de las corrientes de marea | tide-rip.
embate de las olas | breakers | lash.
embatolítico | embatholithic.
embaucador | stool pigeon.
embaucar | fleece (to).
embeber | imbue (to) | imbibe (to) | impregnate (to) | saturate (to) | embed (to) | soak (to).
embeber en hormigón | concrete-encase (to).
embeberse | sponge (to).
embebido | engaged.
embebido cohesivamente | cohesively embedded.
embebido de agua | waterlogged.
embebido en cemento | encased in concrete.
embellecedor | ornamenter.
embellecimiento | beautification.
embestida | push | charge | attack.
embestir | press on (to) | charge (to) | push (to) | engage (to) | attack (to).
embestir (marina) | fall aboard (to).
embetunar | polish (to).
embicada (verga) | apeak.
embicado | cockbilled.
embicar (vergas) | top (to) | cockbill (to).
embicar (vergas buques) | peak (to).
embidonar | drum (to).
embisagrada por el costado (puertas, ventanas) | side-hung.
embisagrado | hinge-mounted | hinged.
embisagrar | hinge (to).
emblema | rank badge.
emblema (heráldica) | cognizance.
emblema de piloto | pilot badge.
emblema de piloto (aviación) | pilot's wings.
emblema heráldico (papel de cartas) | crest.
embocador | feed beater.
embocadura | entrance.
embocadura (de cañón) | snout.
embocadura (de tubo) | funnel.
embocadura (guía de ondas) | nozzle.
embocadura (guiaondas) | spout.
embocadura (hidrografía) | mouth.
embocadura (instrumentos de viento) | embouchure.
embocadura (música) | mouthpiece.
embocadura periférica para inflarse (paracaídas) | lip.
embocar (instrumento de viento) | lip (to).
embola gaseosa | aeroembolism.
embolada | piston travel | piston-stroke.
embolado (motores) | stroke length.
embolar | piston (to).
embolia (medicina) | embolism.
embolia gaseosa | air embolism.
embolia gaseosa (buzos) | tunnel disease.
embolismal | embolismic.
embolismo | embolism.
embolita (plata córnea verde) | embolite.
émbolo | piston.
embolo (jeringuillas) | stopper.
émbolo (obstrucción en la circulación) | embolus.
émbolo buzo de resorte | spring plunger.
émbolo buzo metálico de bomba (pistón) | metal pump plunger.
émbolo con faldilla (motor sin cruceta) | solid piston.
émbolo de aspiración | pumping piston.
émbolo de cierre hidráulico | water-packed piston.
émbolo de cruceta | cross head piston.
émbolo de dos caras | box piston.
émbolo de guiaondas | waveguide plunger.
émbolo de la bomba aceleradora | accelerator plunger.
émbolo de la bomba de alimentación | feeding plunger.
émbolo deflector | baffle piston.
émbolo del acumulador | accumulator plunger.
émbolo del cilindro de aire | air piston.
émbolo del disparador (cañón) | sear piston.
émbolo del eyector | ejector plunger.
émbolo descargador | dumping ram.
émbolo magnético | magnetic plunger.
émbolo tubular | pump ram.
émbolo tubular (motor sin cruceta) | solid piston.
émbolo tubular con empaquetadura central | center-packed plunger.
embonador (obrero astillero) | liner man.
embonar (buques) | sheathe (to).
embono | edge strip.
embono (buques) | liner | doubler.
embono de cuaderna | frame liner.
embono de cuaderna (buques) | shell packing.
embono de chapa (buques) | plate liner.
embono de mamparo (buques) | bulkhead liner.
embono estanco al petróleo (buques) | OT liner.
emboñigado (telas) | dunging.
emboñigar (telas) | dung (to).
emborrascamiento (de una mina) | impoverishment.
emborronamiento | blurring.
emborronamiento (pantalla radárica) | clutter.
emborronar | blur (to).
emboscada | ambush | ambuscade.
emboscar | ambush (to) | ambuscade (to).
emboscarse | ambuscade (to) | ambush (to).
emboscarse (caza) | lodge (to).
embota las herramientas pronto | it dulls tools quickly.
embotada (que no corta - muela abrasiva) | glazed.
embotado | edgeless | obtuse.
embotado (corte) | dull.
embotado (filos) | blunt.
embotado (limas, muelas abrasivas) | loaded.
embotamiento (de filos) | dulling.
embotamiento (partículas abrasivas) | flattening.
embotamiento de la muela abrasiva | wheel dulling.
embotamiento de la muela de rectificar | grinding-wheel clogging.
embotamiento de las partículas cortantes (muelas abrasivas) | glazing.
embotar | foil (to) | obtund (to).
embotar (armas) | rebate (to).
embotar (filo) | disedge (to).
embotar (filos) | blunt (to).
embotar (sentidos, filo de herramienta) | dull (to).
embotarse (empastarse - limas, muelas abrasivas) | gum (to) | gum up (to).
embotarse (empastarse - muelas abrasivas) | glaze (to).
embotarse (limas) | pin (to).
embotarse (limas, papel abrasivo, muelas abrasivas, etc.) | load (to).
embotellación de condimentos | condiment bottling.
embotellado | bottled.
embotellado (en botellas) | bottling.
embotellador (persona) | bottler.
embotellamiento | overrun | tie-up.
embotellamiento (circulación) | congestion.
embotellamiento (de calles) | bottleneck.
embotellamiento (de la circulación) | jam.
embotellamiento en el tráfico | traffic jam.
embotellar | bottle (to).
embotellar (circulación, una flota) | bottle up (to).
embotellar (la circulación) | congest (to) | jam (to).
embotellar a una escuadra en un puerto | mask a fleet (to).
embotellar vino | bottle wine (to).
embragable | connectable.
embragado | engaged.
embragado por fricción | frictionally clutched.
embragado-desembragado | on-off.
embragar | engage (to) | throw in (to) | put in gear (to) | couple (to).
embragarse | gear (to).
embrague | coupling | connecting | connection | engaging | engaging coupling | engagement | clutch.
embrague accionado opcionalmente | optionally engageable clutch.
embrague accionado por aire comprimido | air operated clutch.
embrague activado | energized clutch.
embrague amortiguador | cushion clutch.
embrague automático | automatic clutch.
embrague automático por fuerza centrífuga | automatic centrifugal clutch.
embrague centrífugo | centrifugal clutch.
embrague de acción obligada | positive clutch.
embrague de acción rápida | fast-acting clutch.
embrague de anillo | rim clutch.
embrague de avance longitudinal | longitudinal feed gear.
embrague de cambio autosincronizante | synchro-self-shifting clutch.
embrague de cono | bevel coupling.
embrague de cono de fricción | cone friction clutch | cone clutch.
embrague de contacto por fricción | frictional-contact clutch.
embrague de contacto positivo | positive-contact clutch.
embrague de desconexión por sobrecarga | overload-release clutch.
embrague de dientes cuadrados | square-jaw clutch.
embrague de disco flotante | floating-disc clutch.
embrague de disco seco | dryplate clutch | dry-disk clutch.
embrague de discos | disc clutch | plate clutch | laminated clutch.
embrague de discos de apriete hidráulico | hydraulically-loaded plate clutch.
embrague de discos en seco | metal-to-metal plate clutch.
embrague de engrane | positive-contact clutch | positive clutch.
embrague de expansión interna | internal-expanding clutch.
embrague de fluido magnético | magnetic fluid clutch.
embrague de fricción | slipping clutch.
embrague de fricción de cinta | band friction clutch.
embrague de fricción de chapa estriada | multigrip friction clutch.
embrague de fricción de disco seco | dryplate friction clutch.
embrague de fricción polidisco | multiplate friction clutch.
embrague de fricción por contacto axial | frictional-contact axial clutch.
embrague de fricción por fuerza centrífuga | centrifugal friction clutch.
embrague de fricción reversible | reversible friction clutch.
embrague de garras | dog clutch.
embrague de garras de engrane | gear-type dog clutch.
embrague de líquido magnético | magnetic fluid clutch.
embrague de manguito | coupling clutch | muff-coupling.
embrague de mordazas | jaw clutch.
embrague de palanca | lever-operated clutch.
embrague de partículas magnéticas | magnetic particle clutch.
embrague de partículas magnético | magnetic powder clutch.
embrague de rotación libre | overrunning clutch.
embrague de rueda libre (autos) | overrunning

clutch.
embrague de seguridad | safety clutch.
embrague de sobremarcha (autos) | overrunning clutch.
embrague de tipo de altavoz | loudspeaker-type clutch.
embrague de toma directa | high gear clutch.
embrague de transmisión | clutch.
embrague de trinquete | ratchet coupling.
embrague de uñas | dog clutch.
embrague del avance | feed clutch.
embrague dentado | claw-clutch | dental clutch.
embrague electromagnético | magnetic clutch.
embrague en espiral | coil clutch.
embrague en seco | metal-to-metal clutch.
embrague en T | cheese coupling.
embrague funcionando en aceite | oil-running clutch.
embrague hidráulico | hydraulic coupling | hydraulic clutch.
embrague hidráulico regulado por cangilón | scoop-controlled hydraulic coupling.
embrague maestro | master clutch.
embrague monodisco | single-plate clutch | disc clutch.
embrague monodisco en seco | single dry-plate clutch.
embrague neumático | air clutch.
embrague neumático accionado por pulsador | push-button-controlled air clutch.
embrague para marcha atrás | backward gear.
embrague para marcha avante | forward gear.
embrague pluridental | multitooth clutch.
embrague pluridisco | multiplate clutch.
embrague pluridisco de muelles | spring-loaded multiplate clutch.
embrague pluridiscos | multiple disc clutch.
embrague polidisco | multidisc clutch | multiple-plate clutch.
embrague polidisco en aceite | multiple-disc-in-oil clutch.
embrague polidisco en seco | multiple dry disc clutch.
embrague polidiscos de metal con metal | multiplate metal-to-metal clutch.
embrague por corrientes de Foucault | eddy-current clutch.
embrague por corrientes inducidas | eddy-current clutch.
embrague por segmentos extensibles | expanding clutch.
embrague radial de expansión interna | internal-expanding rim clutch.
embrague-freno de contracción externa | external-contracting clutch-brake.
embrascado (crisoles, etc.) | luting.
embravecerse (el mar) | swell (to) | surge (to).
embreado | pitched.
embreadora | payer.
embrear | pitch (to) | tar (to).
embrear (calafateo de cubiertas) | pay (to).
embridado | flanged.
embridado (tuberías) | flange-mounted.
embridado de carriles | rail-bonding.
embridar | clamp (to).
embridar (unir con bridas) | flange (to).
embriología | embriology | embryology.
embriólogo | embryologist.
embrión (biología) | embryo.
embrión de diamante artificial | embryo of diamond.
embrión de grieta | crack embryo.
embrión de martensita | martensite embryo.
embrión de pieza | work blank.
embriones de la deformación (metalurgia) | strain embryos.
embrochalado | trimming.
embrollar | confuse (to).
embrollo formidable | fearful muddle.
embuchadora | inserter-stitcher | inserter.
embudado (botánica) | infundibuliform.
embudo | funnel | filler | funnel | tundish | tunnel | pourer.
embudo (bajantes agua) | hopper head.
embudo (cubilote) | bosh.
embudo (de mina, de explosión de bomba o de proyectil) | crater.
embudo (geología) | bowl.
embudo agujereado | openwork funnel.
embudo con filtro metálico de latón | funnel with brass gauze strainer.
embudo con grifo (química) | funnel with stopcock.
embudo con llave | thistle funnel.
embudo con llave (química) | tap funnel.
embudo condensador (hilatura) | trumpet.
embudo condensador (lana) | condenser funnel.
embudo cónico | conical funnel.
embudo cuentagotas | dropping funnel.
embudo de alimentación | feeding funnel.
embudo de bola (química) | bulb shaped funnel.
embudo de colada | trumpet.
embudo de contracción (lingote) | sinkhole.
embudo de contracción (metalurgia) | shrink hole.
embudo de cuello largo | long-stemmed funnel.
embudo de decantación (química) | separator.
embudo de decantanción (química) | separating-funnel.
embudo de desagüe | drain cup | drainage hopper.
embudo de disolución (geología) | dissolution-basin.
embudo de filtrar en caliente (química) | hot-water funnel.
embudo de filtro | filter funnel.
embudo de grifo | dropping funnel.
embudo de la bomba | bomb crater.
embudo de llave (química) | separating-funnel.
embudo de proyectil | crump hole | shell hole.
embudo de separación (química) | separating-funnel | separator.
embudo de techo (bajante aguas) | conductor head.
embudo del canalón (edificios) | rainwater head.
embudo metálico para depositar hormigón en obras submarinas | tremie.
embudo para reabastecer aviones en vuelo | drogue.
embudo para verter la brea (calafateo cubiertas) | paying shell.
embudo plegador | folding trumpet.
embuste | lie.
embutibilidad | drawing ability | pressability.
embutibilidad (al torno) | spinnability.
embutibilidad profunda | deep-drawability.
embutible | pressable | drawable.
embutible (en el torno) | spinnable.
embutición | drawing | swaging | presswork | shaping | stretch-forming | punching | snarling.
embutición (del cuero) | crimping.
embutición (en el torno) | spinning.
embutición a mano | hand bumping.
embutición al torno | spin dimpling.
embutición de bandas metálicas | metal-strip drawing.
embutición de copas metálicas | ironing of metal cups.
embutición de chapas finas | sheet drawing.
embutición de lados inclinados | tapered-side draw.
embutición de semiesferas | hemisphere pressing.
embutición en caliente | hot cupping.
embutición en el torno | spinforming.
embutición en frío de engranajes | gear cold-drawing.
embutición en la prensa hidráulica | hydroforming.
embutición en varias pasadas | multiple drawing.
embutición extraprofunda | high-deep drawing.
embutición inversa | reverse drawing.
embutición por corte | shear spinning.
embutición por tracción | stretch pressing.
embutición profunda | deep-drawing.
embutición profunda de metales | metal deep drawing.
embutición sin pliegues | wrinkleless drawing.
embutición somera | low-draw.
embutida (cabeza tornillos) | countersunk.
embutidera | dapping block.
embutido | recessed | pressed | pressed-on | inlaid | drop-in | embossed | embedded | dished | telescoped.
embutido (asas, aparatos, etc.) | flush-mounted.
embutido (asas, etc.) | flash-mounted.
embutido (calderas) | bagged up.
embutido (cerraduras, cerrojos) | flush.
embutido (tipografía) | cut-in.
embutido a prensa | die-pressed.
embutido en el suelo y con la cabeza al ras del pavimento (carriles) | sunken.
embutido por laminación en el torno | flow-turned.
embutido superficial (chapas) | dimple.
embutido varias veces | hard drawn.
embutidor | rosebit | inserter | nail puller.
embutidor (obrero) | shaper.
embutidor de cabezas de clavos | set.
embutidor de clavos | nail set.
embutidor de remaches | rivet set.
embutidora | cupping machine.
embutilidad | drawability.
embutir | press hollow (to) | inlay (to) | incase (to) | beat (to) | shape (to) | draw (to) | set in (to) | spinform (to) | set (to).
embutir (cerraduras, cerrojos) | mortise (to).
embutir (chapas) | hollow out (to) | hollow (to).
embutir (chapas, tubos) | cup (to).
embutir (en prensa) | dish (to).
embutir (metales) | snarl (to).
embutir (metales en el torno) | spin (to).
embutir con punzón de forma | hob (to).
embutir en caliente | hot cup (to).
embutir en la prensa | press (to) | drop-forge (to).
embutir recubriendo | block down (to).
embutir un remache | set a rivet (to).
emeralita | emeralite.
emerdión (astronomía) | egress.
emergencia | emerging | emergency | emergence.
emergencia energética | energetical emergence.
emergencia grave | real emergency.
emergencia producida por la guerra | war emergency.
emergencia rasante | grazing emergence.
emergente | emerging | emergent.
emerger | emerge (to) | lift (to).
emerger (ballenas) | breach (to).
emerger (ballenas, submarinos) | surface (to).
emerger (submarinos o ballenas) | break surface (to).
emerger accidentalmente (submarinos) | broach (to).
emerger bruscamente del agua (ballenas, submarinos, etc.) | pop up out of the water (to).
emersión | emergence | emersion.
emersión a intervalos regulares (ballenas) | spanning.
emersión de parte de las partículas incidentes con el núcleo del blanco continuando el resto de las partículas con su energía original (bombardeo con deuterones) | stripping.
emersión en marea baja | emergence at low tide.
emetodino | emitter-follower.
emido | emyd.
emien (Alstonia congensis) | mujua | stool wood.
emien (Alstonia congensis - Engl) | sindru | tsonguti | emien.
emien (Alstonia congensis Engl) | alstonia.
emigración | emigration | migration | transmigration | swap out.
emigración de ausencias | vacancy migration.

emigración interprovincial | interprovince emigration.
emigración por reclutamiento forzoso | indentured emigration.
emigrante | emigrant.
emigrar | emigrate (to).
eminencia | eminence | rising | elevation.
eminencia (anatomía) | eminence | hillock.
eminencia (carácter eminente) | conspicuity.
eminencia (del terreno) | hilltop.
eminencia del terreno | commanding spot.
eminencia metatarsiana (pie) | ball.
eminencia pequeña (anatomía, zoología) | monticule.
eminencia tenar | ball.
eminente | conspicuous.
eminente (persona) | top-flight.
eminente (personas) | leading | top-ranking | top.
Emiratos Arabes Unidos | United Arab Emirates.
emisario (alcantarilla) | discharge outlet.
emisión | emission | exit | eduction | release.
emisión (de ondas, etc.) | launching.
emisión (de un empréstito) | floatation.
emisión (de valores, de capital) | issue.
emisión (de vapor) | release.
emisión (empréstitos) | issuing | floating.
emisión (radio) | transmission | sending.
emisión a la atmósfera | atmospheric emission.
emisión a la par | issue at par.
emisión acústica | sound output.
emisión autoelectrónica | autoelectronic emission.
emisión con derecho de suscripción | right issue.
emisión corpuscular asociada | associated corpuscular emission.
emisión de acciones | issue of shares | script issue.
emisión de acciones a razón de dos nuevas por cada una antigua | two-for-one scrip issue.
emisión de acciones como dividendo | capitalization of profits.
emisión de acciones cuyo precio baja fuertemente | oversold.
emisión de acciones de alta cotización | overbought.
emisión de acciones de una empresa | corporate issue.
emisión de acciones gratuitas | capitalization issue | bonus shares issue.
emisión de acciones liberadas | bonus issue.
emisión de acciones por debajo del valor nominal | watering stock.
emisión de acciones sin verdadera contrapartida | stock watering.
emisión de billetes | issue of currency | note issuing.
emisión de billetes bancarios | bank note issue.
emisión de campo nulo | zero-field emission.
emisión de chispas | sparking-off.
emisión de esporas en una nube | puffing.
emisión de falsas señales | meacoming.
emisión de fluorescencia | fluorescence emission.
emisión de fluorescencia atómica | atomic fluorescence emission.
emisión de fotones ayudada por efecto túnel | tunneling-assisted photon emission.
emisión de impulsos de interrogación (radar) | challenge.
emisión de impulsos de interrogación (radio) | interrogation.
emisión de obligaciones | issue of bonds | debenture issue.
emisión de obligaciones estatales sin salir al mercado | tap issue.
emisión de ondas dirigidas (radio) | beam emission.
emisión de partículas alfa | alpha-particle emission.
emisión de partículas beta | beta activity.
emisión de radiación fotónica secundaria durante la curvatura de la trayectoria (producida por desaceleración de las partículas cargadas al pasar cerca de un núcleo en el betatrón) | bremsstrahlung.
emisión de rayos gamma en cascada | succesive gamma-rays.
emisión de señales horarias | time signals emission.
emisión de una corriente de gran amperaje al filamento para evaporar el fósforo que lo cubre y hacer el vacío (lámparas) | flashing.
emisión de una póliza | issue of a policy.
emisión de valores con vencimiento igual | term issue.
emisión del calor | heat emission.
emisión electrónica | electronic emission.
emisión en cascada | cascade emission.
emisión en cascada de fonones ópticos | cascade emission of optical phonons.
emisión en color | colorcast.
emisión en directo | live | live broadcast.
emisión en directo (TV) | live transmission.
emisión estereofónica | stereophonic broadcast.
emisión excesiva | overissue.
emisión exoelectrónica | exoelectron emission.
emisión exterior | foreign issue.
emisión fotoeléctrica | photoelectric emission.
emisión fotoeléctrica con refuerzo de campo | field-enhanced photoelectric emission.
emisión fría (autoemisión - válvula termiónica) | cold emission.
emisión gratuita | bonus issue.
emisión gratuita de acciones | rights issue.
emisión gratuita para disminuir la cotización de las acciones | stock split.
emisión interferente | jammer emission.
emisión interferente (perturbadora) | jammer emission.
emisión inversa | reverse emission.
emisión irregular de electrones (ruido de centelleo-válvulas de vacío) | flicker effect.
emisión luminosa | light output.
emisión municipal | municipal issue.
emisión negociada | negotiated purchase.
emisión para probar la transmisión (radio) | proof-of-performance survey.
emisión perturbadora (radio) | jammer.
emisión por bocanadas (humo, vapor, etcétera) | puffing.
emisión por efecto de campo | field emission.
emisión positrónica | positron emission.
emisión preferente de suscripción | rights issue.
emisión principal | senior issue.
emisión prioritaria | senior issue.
emisión prolongada | long-term emission.
emisión protónica monocinética | monokinetic protonic emission.
emisión pública | public issue.
emisión pulsada | pulsed emission.
emisión secundaria de rejilla | secondary grid emission.
emisión secundaria dependiente del campo | field-dependent secondary emission.
emisión seriada de bonos | serial bond issues.
emisión sobrecubierta (economía) | issue was oversubscribed.
emisión termiónica | thermionic emission | thermionic emission.
emisión termoelectrónica | thermoelectronic emission.
emisión termoiónica | thermoionic emission.
emisiones de asdic | asdic transmissions.
emisiones privilegiadas | privileged subscriptions.
emisiones publicitarias | commercials.
emisiones radioeléctricas | radio emissions.
emisividad | emissivity.
emisividad (óptica) | emissivity.
emisividad direccional | directional emissivity.
emisividad espectral hemisférica | hemispherical spectral emissivity.
emisividad hemisférica | hemispheric emissivity.
emisividad luminosa | luminous emissivity.
emisividad monocromática | monochromatic emissivity.
emisividad térmica | thermal emissivity.
emisividad total hemisférica | hemispherical total emissivity.
emisor | sender | emitter.
emisor (banco) | issuing.
emisor beta | beta emitter.
emisor con oscilador maestro | driven sender.
emisor controlado (telecomunicación) | controlled sender.
emisor de acoplo de antena directo | plain-aerial sender.
emisor de chispas (radio) | spark transmitter.
emisor de dígitos | digit emitter.
emisor de imagen | picture transmitter.
emisor de impulsos | challenger.
emisor de impulsos de interrogación | challenger.
emisor de impulsos de interrogación (radar) | interrogator.
emisor de llamadas (telefonía) | keysender.
emisor de óxido de magnesio | magnesium oxide emitter.
emisor de partículas alfa par-par | even-even alpha-emitter.
emisor de partículas beta de pequeña penetración | weak beta emitter.
emisor de radiaciones infrarrojas | infrared emitter.
emisor de rayos beta de baja energia | low-energy beta-ray emitter.
emisor de rayos beta de pequeña energía | low-energy beta-ray emitter.
emisor de rayos beta hipoenergéticos | low-energy beta-ray emitter.
emisor de rayos gamma | gamma emitter.
emisor de señal de velocidad | rate transmitter.
emisor de sonda acústica | pinger.
emisor de telemetría | telemetry sender.
emisor de televisión | picture transmitter.
emisor de ultrasonidos | pinger.
emisor de válvula a baja temperatura | dull-emitter valve.
emisor perturbador | hodge-podge | jammer.
emisor perturbador automático de exploración | automatic-search jammer.
emisor portátil de televisión | portable television transmitter.
emisor puro | pure emitter.
emisor radiactivo | radioactive emitter.
emisor radioactivo de gran longevidad | long-lived radioactive emitter.
emisor radiotelefónico | phone transmitter.
emisor toriado | thoriated emitter.
emisora auxiliar de televisión | booster station.
emisora de señales radioguiadoras | radioguider signals emitter.
emisora de televisión | television broadcasting station.
emisora estereofónica | stereophonic broadcasting.
emisora radiando | on-the-air.
emisores de electrones | electron emitters.
emisor-receptor accionado por impulsos | transponder.
emisor-receptor asíncrono universal | universal asynchronous receiver transmitter.
emisor-receptor portátil | transceiver | walkie-talkie | pack unit.
emisor-receptor portátil para paracaidistas | paratalkie.
emisor-receptor portátil pequeño | micro-talkie.
emisor-receptor radárico | radar transponder.
emitancia | emittance.
emitancia luminosa | luminous emittance.
emitidas al azar | randomly emitted.
emitido por la tierra | earth-emitted.
emitido y en circulación (acciones) | issued and outstanding.

emitir | issue (to) | transmit (to) | emit (to) | send out (to).
emitir (empréstitos) | issue (to).
emitir (gases, olores) | exhale (to).
emitir (humo) | release (to).
emitir (llamas) | eject (to).
emitir (poner en circulación-acciones, etc.) | float (to).
emitir (sociedades) | read out (to).
emitir a chorro | jet (to).
emitir de nuevo | reissue (to).
emitir de nuevo (empréstitos) | refloat (to).
emitir dictamen | give an opinion on (to).
emitir fallo (abogacía) | give a ruling (to).
emitir impulsos | pulse (to) | interrogate (to).
emitir impulsos de luz coherente (láser) | fire pulses of coherent light (to).
emitir juicio sobre | pass judgment on (to).
emitir obligaciones | issue bonds (to).
emitir rayos | beam (to) | radiate (to) | ray (to).
emitir rayos X | excite (to).
emitir un dictamen (jurídico) | deliver an opinion (to).
emitir un empréstito | float a loan (to).
emitir un fallo (jurídico) | give judgment.
emitir un sonido estridente | bray (to).
emitir valores | float securities (to).
emitir vapor | steam (to).
emmonita | emmonite.
emoción anímica intensa | suspense.
emolescencia (metales) | emollescence.
emolescente | emollescent.
emoliente | emollient | softening agent.
emolumento | emolument.
emolumentos | emoluments | salary | fee.
emolumentos de los directores | directors' fees.
emolumentos de un cargo | appointments of an office.
emolumentos sometidos a descuento | pensionable emoluments.
empacado | packed.
empacado de municiones | ammunition packing.
empacado en caja de cartón | carton packed.
empacado en cajas de cartón independientes | individually carton packaged.
empacado en fábrica | factory-packaged.
empacado por docenas | packed by the dozen.
empacador | packer.
empacadora | baler.
empacadora con hilo sisal | twine-tie baler.
empacadora de alta presión | high pressure baler.
empacadora de heno | hay baler | hay press.
empacadora de heno con alambre | wire-tie hay baler.
empacadora de paja | straw baler.
empacadora de presión media | medium pressure baler.
empacar | bale (to) | pack (to).
empachar (marina) | overload (to).
empadronador | register.
empadronamiento | registration | return | census enumeration | census | enrollment | enumeration | poll.
empadronar | poll (to) | enroll (to).
empajar (plantas) | litter (to).
empaletado (turbinas) | bladed | blading.
empaletar | palletize (to).
empaletar (poner paletas) | blade (to).
empaletar una turbina | blade a turbine (to).
empalizada | palisading | palisado | pale fence | fraise | railings | picket-fence | picketing | fence | stockade.
empalizada (zoología) | palisade.
empalizada eléctrica | electric fencer.
empalizado | corduroy road.
empalizar | palisado (to).
empalmado | connected | spliced.
empalmado a media madera | scarfed.
empalmador (cine) | splicer.
empalmador (de cables) | jointer.
empalmador (electricidad) | splicer.
empalmador (telefonía) | splicer.
empalmador de bobinas de papel (imprenta) | flying paster.
empalmador de cable | cable connector.
empalmador de cabos (devanadora) | piecer.
empalmador de cuerdas | rope splicer.
empalmadora del papel de una bobina con la siguiente (rotativa de periódicos) | butt splicer | paster.
empalmadores para correa | belt hooks.
empalmar | join (to) | connect (to) | couple (to) | fay (to).
empalmar (carpintería) | splice (to).
empalmar a cremallera (vigas madera) | joggle (to).
empalmar a espiga (carpintería) | joggle (to).
empalmar a media madera | scarf (to) | halve and lap (to).
empalmar con | abut upon (to).
empalmar cuerdas | piece ropes (to).
empalmar en diente de Júpiter | scarf-joint (to).
empalmar en rayo de Júpiter | scarf (to).
empalmar verticalmente (carpinterías) | graft (to).
empalme | splicing | splice | fay | coupling | joint | jump in | assembling | branching | assemblage | connector.
empalme (carpintería) | joining.
empalme (electricidad) | straight-through joint.
empalme (mecánica) | connexion (G.B.).
empalme a cola de rata | rattailed joint.
empalme a charnela | hinge-joint.
empalme a diente de sierra (maderas) | indented joint.
empalme a espera (carpintería) | skew notch.
empalme a espiga | joggle.
empalme a media madera | halving and lapping | halving | lap-joint | half lap | half lap joint | half lap scarf joint | half-lapped joint | rebating | step joint | scarf-joint | overlap joint | scarf.
empalme a media madera con extremos rectos | half-and-half lap scarf | box scarf.
empalme a media madera en esviaje | beveled halving.
empalme a rayo de Júpiter | oblique scarf joint.
empalme a tope | square joint | butted joint | butt scat.
empalme abierto | open joint.
empalme codeado | elbow union.
empalme con clavija (carpintería) | pin-joint.
empalme con contrachaveta | foxtail wedging.
empalme con cubrejuntas | welted joint.
empalme con dados de madera | coaked scarf.
empalme con manguito y pasadores | pin coupling.
empalme contrapeado de plecas o interlíneas (imprenta) | abutment.
empalme cubierto (electricidad) | shielded joint.
empalme de aletas (electricidad) | lug splice.
empalme de angulares | angle iron joint.
empalme de ángulo | angle-joint.
empalme de barbilla | joggle-joint.
empalme de barbilla (carpintería) | slit and tongue joint.
empalme de barras con pasadores | dowel-bar joint.
empalme de bayoneta | bayonet clutch.
empalme de cable | cable splice | cable joint.
empalme de cables | cable splicing.
empalme de canalizaciones | fitting.
empalme de clavija | plug-tenon joint.
empalme de cola de milano | fantail joint.
empalme de cola de milano a media madera | dovetail halved-joint.
empalme de cola de pescado (carpintería) | finger joint.
empalme de conductores | conductor joint.
empalme de conductores por torsión | joint twisted.
empalme de correa | field splice.
empalme de cremallera | joggle-joint.
empalme de cremallera (carpintería) | joggling.
empalme de derivación | tap splice.
empalme de derivación (electricidad) | tap joint.
empalme de diente (maderas) | hook-scarf.
empalme de doble espiga | feathered joint.
empalme de doble lengüeta (carpintería) | barge couple.
empalme de espiga | joggle-joint.
empalme de espiga con refuerzo cuadrado | haunched tenon joint.
empalme de espiga pasante con llave (carpintería) | pegged tenon joint.
empalme de espiga sencilla | spur tenon joint.
empalme de espiga y mortaja con cuña en la espiga (carpintería) | foxtail wedging.
empalme de falca lengüeta | ploughed and feathered joint.
empalme de falsa espiga | end scarf.
empalme de falsa lengüeta | grooved and feathered joint.
empalme de lengüeta postiza | feather joint | filleted joint | loose-tongue joint.
empalme de llave (viga de madera) | key joint.
empalme de ranura y lengüeta | ploughed and tongued joint.
empalme de rayo de Júpiter de caras oblicuas (vigas de madera) | oblique-tabled scarf joint.
empalme dentado (empalme de vigas de madera) | joggle.
empalme doblado (electricidad) | back-turn splice.
empalme eléctrico del carril conductor | conductor-rail bond.
empalme en cola de milano | swallow scarf.
empalme en cola de milano a solape | dovetail lap-joint.
empalme en cola de pescado (carpintería) | fishtail joint.
empalme en cola de zorro (carpintería) | foxtail joint.
empalme en cruz (cable eléctrico) | cross tap.
empalme en cruz (tuberías) | cutting in cross.
empalme en diente de Júpiter | scarf-joint.
empalme en la cabeza (vigas) | boom splice.
empalme en rayo de Júpiter | splayed indent scarf.
empalme en rayo de Júpiter (carpintería) | skew scarf.
empalme en rayo de Júpiter (maderas) | hook-scarf.
empalme en T (tuberías) | cutting in T.
empalme en una bobina de papel continuo | paster.
empalme en una línea con corriente (electricidad) | live-line splicing.
empalme en V | fishmouth splice.
empalme endentado | scarf-joint | scarf.
empalme endentado con doble cubrejunta y pernos pasantes | tabled fishplate joint.
empalme enpico de flauta (carpintería) | skew scarf.
empalme espatillado | chamfered joint.
empalme ferroviario | railway junction.
empalme oblicuo | oblique joint.
empalme para acostillado (aviones) | rib splicing.
empalme plano | butt.
empalme por estireno | styrene joint.
empalme por pares (hilos) | twisted pairs splicing.
empalme por torcedura (alambres) | twist joint.
empalme retorcido (alambres) | twist splice.
empalme ribeteado | seamed joint.
empalme roscado cónico | taper-tapped coupling.
empalme sin visibilidad (carretera) | blind intersection.
empalme solapado | lapped splice.
empalme vertical | graft.
empalme vertical (carpintería) | grafting.
empalomar (velas) | marl (to).

empalletado | matting.
empalletado (buques) | barricado.
empalletado de colisión (pallete de abordaje - buques) | collision mat.
empalletado de choque (buques, muelles) | fender mat.
empanado (buques) | bottom board | flooring.
empanado de grasa | grease-soaked.
empanado de pantoque | bilge ceiling.
empanelado | panelling.
empanelado de la carrocería | body paneling.
empañado | lusterless | lustreless.
empañado (fotografía) | bloom.
empañadura | blur | tarnish.
empañadura (cristales) | mist.
empañamiento | steaming | breath.
empañamiento (colores) | dulling.
empañamiento (cristales) | fogging.
empañamiento (cristales de gafas) | steaming up.
empañamiento (en gafas, etc.) | misting-up.
empañamiento (espejos) | dimming.
empañamiento de la superficie de un cristal óptico | bloom.
empañamiento de la superficie del vidrio al echar vaho sobre él | breath figure.
empañamiento de lentes | lens blooming.
empañamiento producido por el azufre del combustible (fabricación del vidrio) | sulfur bloom.
empañar | tarnish (to) | blur (to).
empañar (un espejo) | cloud (to).
empañar (colores) | sadden (to).
empañarse (barniz) | chill (to).
empañarse (cristales) | steam up (to) | mist (to).
empapabilidad al aceite | oil wettability.
empapado de aceite | oil-soaked | oil-wetted | oil soaked.
empapado de agua | waterlogged.
empapado de agua (suelo) | logged.
empapado de resina sintética | resin-doused.
empapado del fondo (buques) | flooring dunnage.
empapar | imbue (to) | steep (to) | wet out (to) | drench (to) | soak (to) | sodden (to).
empapar de aceite | oil up (to).
empaparse | imbibe (to).
empapelador | paperer | paper-hanger.
empapelar | paper (to).
empapelar (pared) | hang (to).
empaque | oakum | wadding | packing case.
empaque (de libro) | layout.
empaque de plombagina | plumbago packing.
empaque grande de hojalata con peso aproximado de 1 tonelada | stillage.
empaquetado | stuffing | gasketed | trussed | bundled | wrapping | put-up.
empaquetado (metalurgia) | piling.
empaquetado (pudelado) | fagoting.
empaquetado con cinta | taped.
empaquetado por el exterior | over-packed.
empaquetador | packer | paperer | wrapper.
empaquetador de anclaje | anchor packer.
empaquetador de haces de tubos | tube buncher.
empaquetadora | bundler | packager.
empaquetadora cónica de caucho | conical rubber gasket.
empaquetadora de cajas | case packer.
empaquetadora de caucho con inserciones de loneta | duck-inserted rubber packing.
empaquetadora de cuero embutido | cup leather packing.
empaquetadora de mantequilla | butter packing machine.
empaquetadora elástica | cushion gasket.
empaquetadora para cajas de cartón | carton packer.
empaquetadora vibratoria | vibratory packer.
empaquetadura | stuffing | gland | baling | weize.
empaquetadura (de máquinas) | packaging.
empaquetadura (máquinas) | packing.
empaquetadura acuorresistente | hydraulic packing.
empaquetadura con inserción de metal | metal-insertion packing.
empaquetadura conformada in situ | flowed-in packing.
empaquetadura de algodón | wicking.
empaquetadura de amianto | asbestos packing.
empaquetadura de amianto para calderas | asbestos boiler packing.
empaquetadura de asbestos comprimida forrada de teflón | teflon-jacketed compressed asbestos gasket.
empaquetadura de brida | flange packing.
empaquetadura de cáñamo | hemp gasket | hemp packing | gaskins.
empaquetadura de cáñamo engrasado | greasy hemp packing.
empaquetadura de cartón de fibra vulcanizada | fiber sheet-packing.
empaquetadura de caucho | rubber packing.
empaquetadura de caucho con inserción de tela | cloth-insertion packing.
empaquetadura de caucho de silicio | rubber silicone packing.
empaquetadura de cinta | gasketing tape.
empaquetadura de cobre | copper gasket.
empaquetadura de corcho | cork gasket.
empaquetadura de corcho y caucho | cork-and-rubber gasket.
empaquetadura de corcho y fibra | cork-fiber gasket.
empaquetadura de cuero | leather packing | leather gasket.
empaquetadura de estanqueidad | packer.
empaquetadura de fibra | fiber gasket.
empaquetadura de fibra vulcanizada (máquinas) | fiber-packing.
empaquetadura de fondo | bottom hole packer.
empaquetadura de fricción | snubber.
empaquetadura de grafito | carbon packing.
empaquetadura de guiaondas | waveguide gasket.
empaquetadura de hoja de amianto | asbestos sheet packing.
empaquetadura de la tapa de escotilla (buques petroleros) | hatch lid packing.
empaquetadura de laberinto (turbinas) | labyrinth packing.
empaquetadura de plástico | plastic packing.
empaquetadura de pozo de petróleo | oil well packing.
empaquetadura de teflón | teflon packing.
empaquetadura de vitón | viton gasket.
empaquetadura del alojamiento del amortiguador (cañones) | buffer housing packing gland.
empaquetadura del casquillo | gland packing.
empaquetadura del cilindro | cylinder stuffing box gland.
empaquetadura del pistón | piston packing.
empaquetadura del prensaestopas | gland packing.
empaquetadura del tubo del condensador | condenser tube packing.
empaquetadura del vástago del pistón | piston rod packing.
empaquetadura elástica | elastic packing.
empaquetadura encajada | confined gasket.
empaquetadura grafitada | graphited packing.
empaquetadura hidráulica | hydraulic packing.
empaquetadura hidráulica de saliente moldeado | molded-lip hydraulic packing.
empaquetadura mecánica | mechanical seal.
empaquetadura metálica | metal packing | gasket | metallic packing | metallic gasket.
empaquetadura obturadora del gas | gas sealing gland.
empaquetadura oleorresistente | oil-resistant packing.
empaquetadura para circuitos hidráulicos | hydraulic circuit packing.
empaquetadura para máquinas | engine packing.
empaquetadura para tubos | tube packing.
empaquetadura plastometálica | plastic-metallic packing.
empaquetadura resistente a los disolventes | solvent resistant gasket.
empaquetadura seccionada | split packing.
empaquetadura semimetálica | semimetallic packing.
empaquetadura toroidal | toroidal gasket.
empaquetadura trenzada | braided packing.
empaquetadura trenzada de amianto | braided asbestos packing.
empaquetadura trenzada de teflón | braided teflon packing.
empaquetaduras | gasketry.
empaquetaduras mecánicas | mechanical packings.
empaquetamiento | packing | parcelling.
empaquetar | bundle up (to) | truss (to) | bale up (to) | pack (to) | package (to) | pack up (to) | parcel out (to).
empaquetar (guarnecer con empaquetadura metálica) | gasket (to).
empaquetar (metalurgia) | faggot (to) | pile (to).
empaquetar (una junta) | pack (to).
emparedado | sandwich.
emparedado (emulsión fotográfica) | sandwiching.
emparedado celular metálico | all-metal honeycomb sandwich.
emparedado con alma de taco de caucho | rubber sandwich.
emparedado de dos capas exteriores de aleación de aluminio y una capa central de caucho | sandwich of two aluminium alloy skin and a layer of rubber.
emparedar | wall (to).
emparejado | flush.
emparejado (TV) | paining.
emparejador (tipografía) | jogger-up.
emparejador de la bandeja receptora | collecting tray jogger.
emparejadora (imprenta) | jogger | batter.
emparejadora-apiladora | jogger-stacker.
emparejadores del tope de margen lateral (imprenta) | side lay joggers.
emparejadores laterales (máquina de imprimir) | side joggers.
emparejamiento (estadística) | paired count.
emparejamiento (tipografía) | jogging.
emparejar | match (to).
emparejar (acción de) | spot grading.
emparejar (Puerto Rico) | snag (to).
emparejarse (caballos) | span (to).
emparrillado | grill work | grillage | cage-work | fire grate | grid | gridded | grating | grate.
emparrillado (hormigón armado) | reinforcement mat.
emparrillado basculante | drop grate | dump grate.
emparrillado con descarga por detrás | rear-cleaning stoker.
emparrillado de barrotes | bar screen.
emparrillado de cadena (calderas) | traveling grate stoker.
emparrillado de carga continua | continuous charging grate.
emparrillado de carga continua (calderas) | chute grate.
emparrillado de criba | sieve grate.
emparrillado de limpieza lateral (calderas) | side-cleaning stoker.
emparrillado de madera | timber grillage.
emparrillado de pilotes | pile grating.
emparrillado de sacudidas | shaking-grate.
emparrillado de tiro invertido | downdraft grate.
emparrillado de tubos de la salmuera | brine grid.
emparrillado de un reactor | reactor lattice.
emparrillado de vigas de acero (cimentacio-

nes) | steel-beam grillage.
emparrillado de viguetas | girder grillage.
emparrillado de viguetas (cimentación de emparrillado) | grill.
emparrillado esparcidor | spreader stoker.
emparrillado giratorio | revolving grate.
emparrillado inclinado | inclined grate.
emparrillado móvil | sliding grate | shaking-grate.
emparrillado para el polvo (abridoras) | leaf bars.
emparrillado para el polvo (batanes) | cleaning bars.
emparrillado para escorias | clinker grate.
emparrillado para la torre de perforación (sondeos) | derrick grillage.
emparrillado sin fin (calderas) | traveling grate stoker | spread stoker.
emparrillar | grate (to).
emparvador (máquina agrícola) | stacker.
emparvador de entrega superior (máquina agrícola) | overshot stacker.
emparvador de heno (agricultura) | overshot hay stacker.
emparvadora de entrega superior | overshot hay stacker.
emparvadora de heno | hay stacker.
empastada (que no corta - muela abrasiva) | glazed.
empastado | pasted | case bound | bound.
empastado (cuadros) | impastoed.
empastado (geología) | pasty.
empastado (pinturas) | pugging.
empastado con resina | resin-bonded.
empastado en oro (dientes) | gold-filled.
empastador | paster.
empastamiento | balling up | pasting.
empastar | paste (to).
empastar (dientes) | stop (to) | fill (to) | plug (to).
empastar (pintura) | impaste (to).
empastarse mal con el ingrediente (caucho butílico) | lace (to).
empaste | pasting.
empaste (cerámica, pintura) | impaste.
empaste (de dientes) | fill.
empaste (dientes) | plug | filling.
empaste (embotamiento - limas, muelas abrasivas) | gumming.
empaste (orificación - de los dientes) | gold filling.
empaste (pintura) | impasto.
empaste dental | stopping.
empastelar (| pie (to).
empastelar (tipografía) | squabble (to) | pi (to).
empatado (juegos) | drawn.
empate | tie vote.
empate (coche ferrocarril) | wheelbase.
empate (votaciones, juegos) | draw.
empate de pinas (rueda de madera) | felloe coupling.
empate en la votación | tie vote.
empates (estadística) | ties.
empatía (habilidad para predecir la actitud de los trabajadores) | empathy.
empatillar (carpintería) | splice (to).
empavesada (marina) | flags.
empavesadas (buques) | armings.
empavesado (buques) | flag-dressed | dressed full.
empavesamiento | dressing.
empavesamiento (calles, buques) | decking.
empavesar (buques) | dress (to).
empavonado por recocido | blue annealed.
empedrado | ballasting | paving | pebble work | mackerel | metalled | metaled.
empedrado con cantos rodados | cobblestoned.
empedrado con guijarros | cobblestoned.
empedrado de cuña | cobble paving.
empedrador | paver.
empedrar | pave (to) | metal (to).
empedrar (caminos) | causeway (to).
empedrar (una carretera) | bottom (to).
empedrar con guijarros | cobble (to).
empeine (calcetería) | instep.
empeine de bota | boot vamp.
empeltre (injertos) | bark.
empellón | push.
empenaje | tail plane.
empenaje (aviones) | empennage | tail assembly | tail unit.
empenaje en T (aeronáutica) | tee-tail.
empenaje en T (aviones) | tee-tail.
empenaje horizontal | horizontal stabilizer.
empenaje horizontal (aviones) | horizontal fin.
empenaje vertical (aviación) | vertical tail plane.
empenaje vertical (aviones) | rudder unit | fin unit.
empeñado (buque escorado y que no puede adrizarse) | on the beam ends.
empeñado (buques) | on beam ends | on her beam ends.
empeñar | gauge (to) | pledge (to) | engage (to) | hypothecate (to) | paw (to) | pawn (to).
empeñar (combate) | commit (to).
empeñar (su palabra de honor, etcétera) | commit (to).
empeñar su palabra | pledge (to).
empeñarse demasiado | engage deeply in (to).
empeñarse en una bahía (marina) | embay (to).
empeño | pledging | pledge.
empeño (de su palabra) | committal.
empeoramiento | impairment | worsening.
empeoramiento (del tiempo) | deterioration.
empeorar | worsen (to).
empequeñecer | minify (to).
emperatriz | empress.
emperchado (cueros) | perching.
emperchar (cueros) | perch (to).
empernado | bolted | bolt-secured.
empernado al piso | bolted to floor.
empernado con pernos que se aprietan hasta el 85% del límite elástico (la junta se obtiene por rozamiento entre las partes) | high-strength bolting.
empernado en la brida | flange-bolted.
empernado en obra | field-bolted | site bolted.
empernar | bolt (to) | fit up (to) | pin (to).
empesa | slashing size | greige goods | size mixture.
empesa (algodón y rayón) | gray goods.
empesa (estampado telas) | back cloth.
empesa (estampado textil) | back gray.
empesa con surcos oblicuos | diagonal twilled back cloth.
empesado (urdimbre) | tape sizing.
empesado de urdimbre | slashing.
empesado de urdimbres | warp sizing.
empesas | in-the-gray.
empezado | underway | partly empty.
empezar a bogar (botes) | give way (to).
empezar a disparar | open fire (to).
empezar a funcionar (alto horno) | be blown in (to).
empezar a funcionar (reactor nuclear) | become critical (to).
empezar a hacer calor (tiempo) | get hot (to).
empezar a producir (pozos petrolíferos) | to «be in».
empezar a regir | come into force (to).
empezar a solidificarse (metal líquido en el molde) | set (to).
empezar el trabajo | begin the work (to).
empezar la doma (perros, caballos) | enter (to).
empezar la excavación | break ground (to).
empiezo | initiation.
empiezo del programa (Argentina) | program initiation.
empinada (aviación) | cabring.
empinada (aviones) | zoom.
empinado | steep.
empinar | set up (to).
empireumático | empyrheumatic.
empíricamente determinado | empirically-determined.
empíricamente verificado | empirically ascertained.
empírico | empiricist | experiential | empiric.
empirismo | empiricism.
empizarrado | slating | imbricate.
empizarrar | slate (to).
emplastecer (pintura) | putty (to).
emplastecido | puttying.
emplasto | poultice | plaster.
emplasto para callos | corn plaster.
emplatinar (relojes) | plant (to).
emplazador del bucle (telefonía) | loop setter.
emplazamiento | site | siting | locus | location | spot | area | question of site | position.
emplazamiento (de una obra) | site.
emplazamiento (de una pieza de artillería) | emplacement.
emplazamiento de difícil acceso | awkward location.
emplazamiento de la estación | station site.
emplazamiento de la obra | job site.
emplazamiento de la obra en construcción | construction job site.
emplazamiento de la presa | dam site.
emplazamiento de radar para lanzamiento de misiles | missile site radar.
emplazamiento de reactores | reactor siting.
emplazamiento del cañón | gun emplacement.
emplazamiento del puente | bridge site.
emplazamiento del sondeo | boring site.
emplazamiento desfavorable | adverse site.
emplazamiento eventual | alternate emplacement.
emplazamiento múltiple | multi-unit site.
emplazamiento propuesto | proposed site.
emplazamientos potenciales | potential sites.
emplazamientos previamente determinados | predefined sites.
emplazar | site (to).
emplazar judicialmente | subpoena (to).
emplazar las piezas (artillería) | emplace the pieces (to).
empleabilidad | usability.
empleable | employable | usable.
empleada que hace compras en otras tiendas (para averiguar precios) | shopper.
empleado | employee | employé.
empleado administrativo de oficina | clerical office employee.
empleado asalariado | salaried employee.
empleado con un certificado de aptitud para una tarea determinada | certified employee.
empleado de abastos | supply officer.
empleado de acopios | procurement official.
empleado de aduanas que abre y examina los envases rechazados por el consignatario | law division clerk.
empleado de alta categoría | highly placed officer.
empleado de alta graduación | higher-grade official.
empleado de banco | bank clerk.
empleado de carrera | career employee.
empleado de confianza | confidential clerk | trusted employee.
empleado de empresa de transporte aéreo | airline employee.
empleado de investigación extrauniversitaria | extramural research officer.
empleado de la compañía | company officer.
empleado de oficina | office employee.
empleado de pagaduría | disbursing clerk.
empleado de plantilla | regular officer | full-timer.
empleado del Estado | office-holder.
empleado del Estado responsable del trabajo en una región (minas) | deputy.
empleado del gas | gasman.
empleado del registro civil | registrar.
empleado en gran escala | largely-used.
empleado en la fabricación de albayalde | corroding lead.
empleado encargado de la correspondencia |

correspondence clerk.
empleado encargado de la seguridad de talleres | safety officer.
empleado encargado de las relaciones con la clientela (empresas) | public relations officer.
empleado encargado de los destajos | piece clerk.
empleado encargado de los materiales | material clerk.
empleado eventual | nonstaff employee.
empleado inspector | inspecting official | inspecting officer.
empleado municipal | municipal operator | municipal official.
empleado no de plantilla | nonstaff employee.
empleado ocasional | part-time employee.
empleado por cuenta propia | self-employed.
empleado principal | principal official.
empleado principal (mina de carbón) | agent.
empleado público | public servant.
empleado que distribuye a los obreros las órdenes de trabajo (talleres) | dispatcher.
empleado que fija los tiempos de fabricación (preparación del trabajo) | scheduling clerk.
empleado que hace los asientos (contabilidad) | entry clerk.
empleado que paga los cheques (Bancos) | teller.
empleado que recibe los cheques a cobrar (oficinas de un banco) | receiving teller.
empleado que redacta la factura | invoice clerk.
empleado que rellena impresos | form-filler.
empleado que señala con una bandera (ferrocarril, carreras de caballos) | flagman.
empleado que trabaja por cuenta de varios patronos | part-timer.
empleado retirado | civil pensioner.
empleado temporal | casual employee.
empleador | employer | employer of labour.
empleados | personnel | staff.
empleados de plantilla | regular staff.
empleados federales | federal employees.
empleados laborales del Gobierno | government labor officials.
empleados no rurales | nonfarm employees.
empleados permanentes | regular staff.
emplear | dispose (to) | employ (to) | use (to).
emplear (tiempo) | occupy (to).
emplear la varita de avellano para descubrir agua subterránea | dowse (to).
emplear titanio en gran proporción (estructuras resistentes) | titanize (to).
emplear una licencia | use dispatch (to).
empleo | usage | job | engagement | employment | position.
empleo de antena única para emisión y recepción | duplexing.
empleo de la música en talleres para mejorar la productividad del trabajador | muzak.
empleo de ladrillo de clase inferior en la cara interna de un muro | backing-up.
empleo de los recursos naturales | management of natural resources.
empleo de temperaturas bajo cero | subzeroing.
empleo de todo el día | full-time job.
empleo de transporte de material no rodado en enormes recipientes de acero de unos 8 m^3 de capacidad | containerization.
empleo de un filtro de forma especial para conseguir curvas isodósicas planas en un cuerpo irradiado | flattening.
empleo de una guía (herramientas) | piloting.
empleo del motor | engine usage.
empleo del reloj para la dirección del viento (buques) | clock method.
empleo del tiempo de ocio | use of idle time.
empleo efectivo (graduación) | permanent rank.
empleo exclusivo del motor de chorro (aviación) | jetization.
empleo fijo | permanent post.
empleo hiperbárico de mezclas de helio | hyperbaric employment of helium mixtures.
empleo lucrativo | lucrative engagement.
empleo obtenido por nombramiento | appointive post.
empleo para toda la semana | full-time job.
empleo provisional | revocable post.
empleo seguro | insurable employment.
empleo solicitado | employment wanted.
empleo total | all-out use.
empleo vacante | appointment vacant | position vacant | employment offered.
empleo vacante hace tiempo | long-vacant position.
empleos insalubres | offensive trades.
empleos vacantes | positions vacant.
emplomado | plumbing | leaded.
emplomado (cañon de fusil) | leading.
emplomadura | leading.
emplomar | tern (to) | lead (to).
emplomar (canalizaciones) | plumb (to).
emplumar | feather (to).
emplumarse (aves) | feather out (to).
empobrecer | strip (to) | deplete (to).
empobrecer (catalizador) | poison (to).
empobrecer la mezcla (motores) | lean (to).
empobrecerse (filones) | peter out (to).
empobrecido (material) | impoverished.
empobrecido en carbono (aceros) | carbon-depleted.
empobrecimiento | impoverishment | depletion.
empobrecimiento (catalizadores) | poisoning.
empobrecimiento (mezclas, etc.) | leaning.
empobrecimiento (minas) | getting barren.
empobrecimiento (nuclear) | depletion.
empobrecimiento de la fisión | fission poison.
empobrecimiento de la mezcla (motores) | leaning out.
empobrecimiento del cromo | chromium impoverishment.
empobrecimiento por pesca exhaustiva | overfishing.
empolvador | duster.
empolvar | dust on (to) | powder (to).
empopada | scudding.
empopado (buques) | sternheavy.
empopamiento a gran velocidad (buques rápidos) | squatting.
emporio comercial | staple.
empotrabilidad | embeddability.
empotrada por su circunferencia (chapas) | clamped at its circumference.
empotrado | encastré | built-in | fixed | fixed-in | recessed | inserted | embedded | impacted | engaged.
empotrado (arcos) | hingeless.
empotrado (vigas) | housed | encastered.
empotramiento | embedding | embedment | impaction | housing | incasement | rigid fixing | fixing.
empotramiento (vigas) | letting-in | end restraint.
empotramiento de viga (construcción) | encastered.
empotramiento imperfecto (vigas) | restraint.
empotrar | embed (to) | imbed (to) | imbed (to) | impact (to) | incase (to) | tail on (to) | tail (to) | house in (to) | tail-in (to).
empotrar (vigas) | house (to) | let in (to) | restrain (to).
empotrar (vigas, etc.) | clamp (to).
empotrar una loba en un sillar | lewis (to).
emprender | attempt (to) | undertake (to) | embark (to).
emprender (viaje o un negocio) | set out (to).
emprender un negocio | embark on a business (to).
emprender una guerra | wage (to).
empresa | project | firm | concern | enterprise | company | adventure | undertaking.
empresa abastecedora de electricidad | electricity supply undertaker.
empresa afianzadora | bonding company.
empresa arrendataria de trabajos por ordenador | service bureau.
empresa artesanal | handicraft enterprise.
empresa aseguradora | underwriter.
empresa asesora de dirección de empresas | management consulting firm.
empresa auxiliar | ancillary undertaking.
empresa británica | U.K. enterprise.
empresa clasificada por una agencia crediticia | rated concern.
empresa colectiva | joint undertaking | joint adventure | coadventure.
empresa comercial | business concern | trading concern | trading enterprise.
empresa con capital público y privado | part privately and part publicly owned enterprise.
empresa con obreros sindicados o no | open shop.
empresa con participación del estado | enterprise with state participation.
empresa con trabajadores que han de sindicarse | union shop.
empresa con un sólo propietario | proprietorship.
empresa conjunta semiestatal | joint government-private enterprise.
empresa constituida en sociedad | corporate business.
empresa constructora | building firm | construction company.
empresa constructora de accesorios (de máquinas) | implement-making concern.
empresa contratista | contracting firm.
empresa de fletamento aéreo | nonscheduled airline.
empresa de gabarras | lighter company.
empresa de reparación de buques | shiprepairer.
empresa de servicio público | public-service corporation.
empresa de servicios | nonprofit firm.
empresa de servicios públicos | public utilities | public utility.
empresa de servicios públicos (agua, electricidad, etc.) | utility.
empresa de transporte aéreo | air carrier | airline | air transport undertaking | aircraft operating agency.
empresa de transporte marítimo | sea carrier.
empresa de transportes | carrying firm | forwarding agency.
empresa de transportes a tanto alzado | contract carrier.
empresa de transportes por camión | motor carrier.
empresa de transportes por carretera | road transport undertaking.
empresa de transportes privada | private carrier.
empresa de ventas por correo | mail-order house.
empresa dedicada al relaminado | rerolling concern.
empresa dedicada al transporte o negocio de frutas | fruit concern.
empresa del transporte interior | inland carrier.
empresa descabellada | fool's errand.
empresa dominadora | dominant firm.
empresa editorial | publishing house.
empresa electrocomercial | electric utility.
empresa en común | joint venture.
empresa en funcionamiento | going concern.
empresa en marcha | going concern.
empresa en participación | joint undertaking | joint enterprise.
empresa estadounidense | U.S.A.-enterprise.
empresa estatal | government-operated enterprise.
empresa explotadora | operator.
empresa explotadora de líneas aéreas | airline operating agency.
empresa fabril | manufacturing concern.
empresa filial | ancillary undertaking.
empresa financiadora de operaciones de gran riesgo y rentables | venture capital company.

empresa funeraria | undertaking.
empresa hortícola | horticultural enterprise.
empresa ilegal | wildcat.
empresa industrial | industrial undertaking | manufacturing concern.
empresa inversionista de capital variable | open end investment company | open-end investment company.
empresa inviable | nonviable concern.
empresa lucrativa | business enterprise.
empresa marginal | marginal enterprise.
empresa matriz | holding.
empresa militarizada | militarized undertaking.
empresa minera | adventure.
empresa mixta | mixed enterprise | part privately and part publicly owned enterprise.
empresa mixta de aportación bilateral de capitales nacionales y extranjeros | joint venture.
empresa multinacional | multinational enterprise | multinational company.
empresa municipal | municipal utility.
empresa nacional | domestic concern | domestic enterprise.
empresa nacionalizada | nationalized undertaking.
empresa naviera | shipowning firm | sea carrier.
empresa no corporativa | noncorporate enterprise.
empresa no incorporada | unincorporated enterprise.
empresa particular de servicios públicos | private utility.
empresa periodística | newspaper publishers.
empresa precualificada | prequalified firm.
empresa privada de asistencia sanitaria | provident association.
empresa privada de seguros médicos (G.B.) | provident association.
empresa propietaria de varias sociedades | holding.
empresa prudente | well-advised undertaking.
empresa pública | public enterprise | public corporation | government enterprise | public undertaking | public utility.
empresa pública de abastecimiento de aguas | public water undertaking.
empresa pública de propiedad privada | investor-owned utility.
empresa pública fundada por ley (G.B.) | statutory company.
empresa que controla la política general de un consorcio de empresas | holding.
empresa que da preferencia a los trabajadores sindicados | preferential shop.
empresa subastadora | auction company.
empresa tipo | representative firm.
empresa transitoria | hit-and-run enterprise.
empresa transnacional | MNC | transnational enterprise.
empresa transportadora | freight forwarder.
empresa transportista | truck company.
empresa transportista por contrato | contract carrier.
empresariado | entrepreneurship.
empresarial | entrepreneurial.
empresario | promoter | manager | contractor | employer | businessman.
empresario (de una actriz, etc.) | business manager.
empresario (teatros) | entrepreneur.
empresario de pompas fúnebres | undertaker.
empresario director | operator.
empresario individual | self-employed.
empresario organizador | matchmaker.
empresas comunes | joint undertakings.
empresas de abastecimiento público | public-supply undertakings.
empresas de producción de energía eléctrica | power utilities.
empresas del grupo | companies in the group | group companies.
empresas nacionalizadas | nationalized enterprises.
empresas no consorciadas | nonintegrated firms.
empresas participantes | participating firms.
empresas relacionadas con otras con alguna independencia operacional | arms length.
empréstito | borrowing | lending | loan.
empréstito a prima | premium loan.
empréstito consolidado | consolidated loan.
empréstito de conversión | conversion loan.
empréstito de obligaciones | debenture loan.
empréstito estabilizador de la moneda | monetary stabilization loan.
empréstito exterior | foreign loan.
empréstito municipal | municipal bond.
empréstito no amortizable | nonamortizable loan.
empréstito no consolidado | unfunded borrowing.
empréstito no convertido en deuda | unfunded borrowing.
empréstito oficial | government loan.
empréstito por subscripción | loan by subscription.
empréstito público | public loan | government loan.
empréstitos | loans.
empréstitos en divisas | external bonds.
empréstitos en moneda extranjera | external bonds.
emprisionar | prison (to).
empuar la cadena del dibujo (tejeduría) | peg the pattern chain (to).
empujado hacia abajo por un muelle | urged downwardly by a spring.
empujado mecánicamente | mechanically pushed.
empujado por muelle | spring engaged.
empujado por un muelle | urged by a spring.
empujador | thruster | pusher.
empujador (de válvula) | follower | driver.
empujador (válvulas) | pushrod.
empujador axial | thrustor.
empujador de la puerta del departamento de bombas (aviones) | bomb door ram.
empujador de la rueda de cola | tailwheel ram.
empujador de la rueda del morro | nosewheel ram.
empujador de las zapatas de freno | brake-shoe actuator.
empujador de leva | cam follower.
empujador de rodillo (válvulas) | roller follower.
empujador de seta (válvulas) | mushroom tappet.
empujador de vagones | car pusher.
empujador de vagonetas (minas) | rubber-neck.
empujador de válvula (motores) | valve tappet.
empujador de válvulas (motores) | lifter.
empujadora de almeja | bull clam shovel.
empujadora de la tubería de entubación | casing snubber.
empujadora de traílla | scraper pusher.
empujadora niveladora | bulldozer.
empujadoras para remolcar (remolcador de río) | towing knees.
empujar | push (to) | press on (to) | propel (to) | rush (to) | drive on (to) | thrust (to).
empujar (cucharón de pala mecánica) | crowd (to).
empujar a brazo | tram (to).
empujar a mano (vagonetas) | hand-tram (to).
empujar con un palo | pole (to).
empujar el botón | push the bottom (to).
empujar hacia fuera | push out (to).
empujar o levantar con el gato | jack up (to).
empujar vagonetas (minas) | put (to).
empujatelas (telar de tejido punto) | push-down.
empujatubos | pipe pusher.
empujavagones | shunting unit.
empujaválvula | valve lifter | valve plunger | tappet.
empujaválvulas con rulo | roller tappet.
empuje | thrust | push.
empuje (arcos, bóvedas) | out-thrust.
empuje (de un arco, etc.) | thrust.
empuje (del agua) | pressure.
empuje (palas mecánicas) | crowding.
empuje (reactor) | thrust.
empuje a nivel del mar | thrust at sea level.
empuje a punto fijo (hélices) | static thrust.
empuje a punto fijo (remolcadores) | point thrust.
empuje al nivel del mar sin inyección de agua (motor de chorro) | basic dry rating.
empuje axial | end-thrust | axial thrust.
empuje braquistocrónico | brachistochronic thrust.
empuje con la pértiga (embarcaciones) | punt.
empuje de despegue homologado | takeoff thrust rating.
empuje de la hélice | propeller thrust.
empuje de la hélice a punto fijo | static propeller thrust.
empuje de la sintonización | pushing.
empuje de la tierra | earth thrust.
empuje de las aguas de yacimiento | water drive.
empuje de leva | cam thrust.
empuje de tierras | earth pressure.
empuje de un arco | shoot.
empuje de un líquido | buoyancy.
empuje de un motor cohético | rocket thrust.
empuje de un motor de chorro o de un motor cohético | jet power.
empuje debido a la carga propia (arcos) | dead-load thrust.
empuje del arco | arc force.
empuje del chorro | jet thrust.
empuje del hielo | ice pressure | ice push.
empuje del magnetrón | magnetron pushing.
empuje del rotor | rotor thrust.
empuje durante todo el tiempo de la combustión del combustible (motor de chorro) | total impulse.
empuje estático | static jet thrust.
empuje estático (hélices) | static thrust.
empuje estático a nivel del mar de 34.800 libras | static sea-level thrust of 34,800 pounds.
empuje estático al nivel del mar (motor de chorro) | sea level static thrust.
empuje estático de despegue | static takeoff.
empuje hidrostático | buoyant force | water drive | buoyancy.
empuje horizontal | horizontal push | horizontal thrust.
empuje horizontal (bóvedas) | drift.
empuje indicado | indicated thrust.
empuje instalado (aviones) | installed thrust.
empuje lateral al disparar (cañones) | firing lateral thrust.
empuje lateral de engranaje | gear tooth pressure.
empuje lateral del pistón | piston side-thrust.
empuje lateral del terreno | lateral thrust of the soil.
empuje longitudinal | end-thrust.
empuje máximo al despegue (avión) | maximum take-off thrust.
empuje máximo disponible en vuelo por periodos de media hora (motor de chorro) | military thrust.
empuje neto (motor de chorro, motor cohético) | thrust output.
empuje neto del chorro | net jet thrust.
empuje orientable (aviones) | vectored thrust.
empuje por agua (pozo petróleo) | water drive.
empuje por cable (palas de cuchara) | cable crowd.
empuje por gas (surgencia por inyección de gas - pozo petróleo) | gas drive.
empuje por unidad de velocidad másica | thrust force per unit of mass-flow rate.
empuje propulsor | propulsive thrust | propelling thrust.

empuje radial | radial thrust.
empuje retardador (aterrizaje) | reverse thrust.
empuje sobre la cubierta al disparar (buques) | firing deck thrust.
empuje subsónico de crucero | subsonic cruising thrust.
empuje vectado (aviones) | vectored thrust.
empujómetro | thrust meter.
empujón | push.
empujón de abajo a arriba | boost.
empujón hacia abajo | downward shove.
empulgueras (instrumento de tortura) | thumbscrew.
empuñadura | hilt | handle | handhold | griping | holder.
empuñadura (arma de fuego) | buttstock.
empuñadura de bola | ball-grip.
empuñadura de la palanca del cambio de velocidades | gear control lever knob.
empuñadura de la trinca de puntería en azimut (cañón) | train securing pin handle.
empuñadura de mando | controlling grip.
empuñadura de palanca | lever grip.
empuñadura de sujeción | clamping handle.
empuñadura del manillar (bicicleta) | handgrip.
empuñar | gripe (to).
empuñidura (de vela) | earing.
empuñidura (vela cuadrada) | nock.
emulación | emulation.
emulador (ordenadores) | emulator.
emulgación | emulgation.
emulgador | emulgator.
emulgar | emulgate (to).
emulgente | emulgent.
emulsificación | emulsification.
emulsificación de la tinta | ink emulsification.
emulsificación ultrasónica | ultrasonic emulsification.
emulsificador aniónico | anionic emulsifier.
emulsificador de grasas | fat emulsifier.
emulsificante lactilado | lactylated emulsifier.
emulsión | emulsion.
emulsión asfáltica catiónica | cationic asphaltic emulsion.
emulsión bituminosa para carreteras | road emulsion.
emulsión de aceite | oil emulsion.
emulsión de aceite en agua | OW emulsion | oilwater emulsion | oil-in-water emulsion.
emulsión de aceite y agua | oil water emulsion.
emulsión de agua en aceite | W/O emulsion.
emulsión de agua y ácido láurico y aceite de copra | foots.
emulsión de alta sensibilidad (fotografía) | high-speed emulsion.
emulsión de cepas (biología) | emulsion of strains.
emulsión de petróleo | oil emulsion.
emulsión de petróleo y agua | oil water emulsion.
emulsión de razas (bacteriología) | emulsion of strains.
emulsión de vapor y agua (calderas) | riser mixture.
emulsión delgada peliculable | stripping film.
emulsión diluida con agua | emulsion thinned with water.
emulsión encerrada en un molde | mold-enclosed emulsion.
emulsión endurecida (litografía) | tanned emulsion.
emulsión fotonuclear (fotografía) | photonuclear emulsion.
emulsión fría de polivinilo | polyvinyl cold emulsion.
emulsión hidratante | moisturizer.
emulsión hiperdispersa | highly dispersed emulsion.
emulsión in vivo | emulsion in vivo.
emulsión inseparable | inseparable emulsion.
emulsión inversa | reverse emulsion.
emulsión ionográfica | ionographic emulsion.
emulsión lechosa de apresto resinoso (papel) | white size.
emulsión monoacuosa | monaqueous emulsion.
emulsión natural de petróleo y agua (pozo petróleo) | cut oil.
emulsión opaca | cloudy emulsion.
emulsión óptica | optical emulsion.
emulsión ortocromática | orthochromatic emulsion.
emulsión pancromática | panchromatic film | panchromatic emulsion.
emulsión para detectar trayectorias nucleares (placas fotográficas) | nuclear-track emulsion.
emulsión para investigación nuclear (fotografía) | nuclear research emulsion.
emulsión para tratar el papel | paper-treating emulsion.
emulsión polímera | polymeric emulsion.
emulsión rápida (fotografía) | high emulsion.
emulsión sensible al infrarrojo | infrared emulsion.
emulsión sensible que no ha estado expuesta (fotografía) | raw.
emulsión sensible solamente a la luz azul y violeta | colorblind emulsion.
emulsión virgen | raw emulsion.
emulsionabilidad | emulsibility.
emulsionable | emulsificable | emulsible.
emulsionado | emulsified.
emulsionador | emulsifier.
emulsional | emulsion.
emulsionamiento | emulsification.
emulsionante | emulsifier.
emulsionar | emulsionize (to).
emulsivo | emulsifier | emulsive.
emulsor | emulseur | emulsifier.
emulsor de aire | air pump.
emulsotecnia | emulsion technology.
en acordes (música) | chordal.
en actitud de vuelo (aviones) | on an even keel.
en actividad | in working order | afoot.
en activo | in-service.
en activo (milicia) | regular.
en acto de servicio | service-connected.
en administración | in trust.
en almacén | in store | in spot | in stock | ex warehouse | ex depôts.
en almacén aduanero | bond in.
en alquiler | on a rental base | on rental.
en alta mar | offshore | in the open sea | out at sea | on the high seas.
en alta mar (navegación) | in the offing.
en ángulo recto | on the square.
en ángulo recto con | at right angles to.
en aprendizaje | apprenticed.
en apuros financieros | embarrassed.
en armamento (buques, aviones) | commissioned.
en armonía con | in keeping with.
en ascua | live.
en asincronismo | out of step.
en asociación con | in conjunction with.
en asuntos de interpretación | in matters of interpretation.
en atención a | considering.
en atmósfera de gas inerte (soldaduras) | inert gas backing.
en atmósfera inerte (soldadura) | shielded.
en ausencia | in absentia.
en banda (marina) | amain | slack.
en baño de aceite | oil-immersed.
en barbecho (tierras) | bare.
en barcos neutrales | in neutral bottoms.
en basto (sillares) | quarry-faced.
en bisel | slanting | feather-edged.
en blanco (imprenta, encuadernación) | blind.
en blanco sobre fondo oscuro | in white on a dark ground.
en blanco y negro (tipografía, grabado) | black and white.
en bloque | en bloc.
en bloques combinados (acoplados - electricidad) | ganged.
en bocamina | ex pit | at grass the pit's mouth.
en boceto | in the rough.
en boga | at a premium.
en bolsadas (mineralogía) | pockety.
en bruto | in the rough | raw | unwrought.
en bruto (carpintería) | fluffy.
en bruto (gemas) | unpolished | uncut | unhewn.
en bruto (textiles, etc.) | undressed.
en buen estado | undamaged | in sound condition | sound.
en buen estado de entretenimiento | in good repair.
en buen estado de funcionamiento | in working order | in good operating condition.
en buen estado de uso (máquinas reparadas) | in good reusable condition.
en buen estado para el embarque (mercancías) | in shipping condition.
en buen estado para navegar | seaworthy.
en buen orden | in shipshape order.
en buen uso | in working order.
en buen y eficaz estado de funcionamiento | in good and workable condition.
en buena parte | largely.
en buena posición | on the right.
en buena situación económica | in sound state.
en caja | crated.
en caja metálica | metal enclosed | metalclad.
en cajas sólidas | in strong cases.
en caliente (nuclear) | in-pile.
en cambio | per contra.
en camino | underway | enroute.
en campaña | afield.
en candela (buques) | upright.
en cantidad (electricidad) | in quantity | in bridge.
en cantidades crecidas | largely.
en capas | layered.
en capas gruesas (geología) | heavy-bedded.
en capas irregulares | irregular layered.
en cárter | enclosed.
en cartera | on hand.
en cartera (acciones, etc.) | not in circulation.
en cartera (letras) | in hand.
en casa | at home.
en cascada | in tandem.
en caso de duda | if in doubt.
en caso de fallar el sistema de lubricación | in the event of the failure of the lubricating system.
en caso de necesidad | at one's needss.
en caso de no encontrar el destinatario se ruega se devuelva al expedidor | if undelivered please return to sender.
en caso de rotura o pérdida | in the event of damage or loss.
en cautividad | tethered.
en celo (animales) | hot.
en ciernes | in the making.
en circuito | system-engaged.
en circuito abierto | no-connexion.
en circuito cerrado | recycling.
en circulación (piezas de máquinas) | floating.
en código (entrada) | shift-in.
en código binario | binary-coded.
en cojines | cushioned.
en colisión | afoul.
en combate | under fire.
en comisión | on consignment.
en comisión (mercancías) | returnable.
en completo barbecho (tierras) | bare fallow.
en conclusión | conclude (to).
en concreto | in brief.
en condición óptima | in peak condition.
en condiciones de carga | under load conditions.
en condiciones de combate | under conditions of combat.
en condiciones de funcionamiento normal | under normal running conditions.
en condiciones de servicio | under full-scale conditions | in working order.
en conexión directa en tiempo real desde un terminal (ordenador) | on line.
en conformidad | accordingly.

en conjunción (planetas) | conjoined.
en conjunto | in the mass | in gross.
en conserva | tinned.
en conserva (marina) | in company.
en consideración a | considering.
en consigna (ferrocarril) | be left at railway station (to).
en consigna en la aduana | held up at the custom house.
en consignación | on consignment.
en consonancia con | according with.
en construcción | being built | under building | abuilding.
en construcción (buques) | on the stocks.
en construcción bajo inspección | being built under survey.
en construcción bajo inspección de una sociedad de clasificación (buques) | under construction to class.
en contra de lo que se creía | converse to previous thinking on the matter.
en contra de lo que se creía el coste es menor de | contrary to expectation the cost is less than.
en contra de todas las previsiones | contrary to all expectations.
en contrafase (radio) | push-pull.
en contumacia | in absentia.
en corte | sectional | cross-sectional.
en cortocircuito | short circuited.
en cortoircuito | shorted.
en crujía (buques) | on-the keel line.
en cruz (aparejos buques) | square.
en cuadratura de fase | inphase quadrature.
en cuadratura entre sí | in quadrature to each other.
en cuadro | square | shadow.
en cuadro (efectivos de personal) | skeleton.
en cuadro (milicia) | in skeleton.
en cualquier parte del mundo | anywhere in the world.
en cualquier sitio a cualquier hora | anywhere at any time.
en cuarteles alternos (heráldica) | quarterly.
en cubierta (buques) | topside.
en cuestión de horas | in an hour's time.
en curso | in progress.
en curso de acabado | course of completion.
en curso de construcción | in course of construction.
en curso de crecimiento | accreting.
en curso de ejecución | in work.
en curso de fabricación | in process.
en curso de funcionamiento | while in use.
en curso de montaje | in course of assembly.
en curso de producción | on-line | on line.
en curso de reimpresión | in course of reprinting.
en daño | ad damnum.
en debida forma | in due form | by due process of law.
en debida forma y de manera segura | neatly and safely.
en declive | slanting | slant | aslope.
en defecto de | failing.
en defecto de eso | failing that.
en defecto de pago a los 10 días | failing payment within ten days.
en definitiva | in short.
en depósito | in escrow | in bond | under bond.
en depósito (bancos) | in safe custody.
en depósito (comercio de libros) | on sale or return.
en derecho común | ad communen legem.
en derechura | straight | right.
en derivación | in shunt | shunt-fed | tapped.
en derivación (electricidad) | pressure | in bridge | in parallel | shunted | in multiple | in quantity.
en derivación (motores) | shunt wound.
en derivación con la carga (electricidad) | in shunt with the load | across the load.
en descubierto | unpaid.
en descubierto (cuentas) | outstanding.
en descubierto (cuentas corrientes) | overdrawn.
en descubierto (economía) | uncounted.
en desuso | out of date.
en diente de sierra | serrated.
en dinero | in specie.
en dinero efectivo | in cash.
en dique seco (buques) | in dry dock.
en dirección (fallas) | on the line of the strike.
en dirección (filones) | along the strike.
en dirección (geología) | following the strike.
en dirección axial | axialwise.
en dirección azimutal | azimuthwise.
en dirección de la fibra (maderas) | with the grain.
en dirección de la trama | fillingwise.
en dirección del cabezal (entibación minas) | capwise.
en dirección del crucero (minas) | end on.
en dirección del filón | on the run of the lode.
en dirección del viento | down the wind.
en dirección hacia el sol | upsun.
en dirección opuesta a la del sol | away from the sun.
en dirección opuesta al sol | downsun.
en dirección transversal a la fibra | across the grain.
en directa (autos) | on-top.
en discordancia de fase | out of step.
en disminución gradual | taperwise.
en doble | nonunique.
en dos lenguas (inscripciones) | biliteral.
en dos mitades | split.
en dos piezas | split.
en ejecución | active | in the process.
en ejecución (trabajos) | in progress.
en el acto | off the shelf | forthwith | on-the-spot.
en el agua (marina) | over-the-side.
en el aire | on air.
en el aire (aviones) | airborne.
en el aire (globo cautivo) | airborne.
en el aire (programa de radio o TV) | on the air.
en el aire y preparado para atacar o efectuar un servicio (aviones) | on station.
en el blanco | on target.
en el caso improbable de que | in the unlikely event of.
en el centro (buques) | amidships.
en el curso de | during the process of.
en el curso normal de su viaje | in due course of transit.
en el depósito del puerto | ex dock.
en el ejercicio de sus derechos civiles | in the exercise of their civil rights.
en el estado actual de nuestros conocimientos | in the light of present knowledge.
en el estado de acabado de extruir | in the as-extruded condition.
en el estado de acabado de forjar (y sin ningún tratamiento posterior) | in the as-forged condition.
en el estado y situación en que se encuentra | as it stands.
en el exterior (minas) | at grass | above ground.
en el extranjero | abroad.
en el fondo (minas) | below ground.
en el fondo de la bodega (buques) | in the flats.
en el lado izquierdo | left-sided.
en el lenguaje del almirantazgo (G.B.) | in admiralty.
en el lugar de fabricación | on the spot.
en el lugar del suceso | on the spot.
en el mar | asea.
en el menor tiempo y al menor costo | in minimum time at minimum cost.
en el mercado | in the market.
en el mismo lote | in the same batch.
en el mismo plano | flush | coplaner.
en el mismo plano que | in line with | on a level with.
en el mismo sitio | in situ.
en el momento del disparo | at the time of firing.
en el momento del paso (astronomía) | at the instant of culmination.
en el momento más alto de la marea | at full sea.
en el muelle | ex dock.
en el país | at home.
en el plano diametral (buques) | on-the keel line.
en el plazo establecido | within the prescribed time.
en el rediente (despegue hidros) | on the step.
en el sentido creciente de la escala (aparatos de medida) | upscale.
en el sentido de la anchura | widthways | width-wise.
en el sentido de la flecha | in the direction of the arrow.
en el sentido de la longitud del ala | spanwise.
en el sentido de que | to the effect that.
en el sentido decreciente de la escala (aparatos de medida) | downscale.
en el sentido del espesor | thicknesswise.
en el sentido del laminado | in the direction of rolling.
en el servicio militar | in the ranks.
en el tajo (de trabajo) | on the job.
en el tren | on board.
en el vacío atmosférico | in free space.
en el yunque | on the job.
en embrión | in the making.
en emisión | on the air.
en emisión (radio, TV) | on-the-air.
en emparrillado (cimentaciones) | grilled.
en equilibrio | at poise | in poise | even.
en equilibro con relación a su eje longitudinal | in balance about its longitudinal axis.
en esa plaza (cartas comerciales) | at your end.
en escala apropiada | appropriately-scaled.
en escala aproximada | roughly scaled.
en escala aumentada | overscale.
en escala industrial | on a plant scale.
en escala logarítmica | logarithmically-scaled.
en escala reducida | scaled down.
en especie (pagos, etc.) | in kind.
en especie o en numerario | in kind or in cash.
en espera | in abeyance.
en espera (de funcionamiento) | stand by.
en espera de | pending | looking forward.
en espera de la contestación | pending the reply.
en espera de su dueño legítimo | abeyant.
en espiral | winding | curly | coiled.
en espiral (armas) | rifled.
en espiral (resortes) | spiral-coiled.
en esqueleto | skeleton.
en esta población (carta comercial) | at our end.
en estación | on station.
en estado bruto | unwrought | unfinished | in the rough.
en estado bruto de colada (aceros) | as-cast.
en estado bruto de forja | as-forged.
en estado de acabado de estirar (y sin ningún tratamiento posterior) | in the as-drawn condition.
en estado de funcionar | in working order.
en estado de nuevo (libros, estampas, medallas) | in mint condition.
en estado de recocido | in the annealed condition.
en estado de servicio | in working order | in running order.
en estado de temple (aceros) | in the hardened condition.
en estado de venta | in saleable condition.
en estado incipiente (planes) | rough-hewn.
en estado recocido (metales) | soft.
en estado tosco de fundición | as cast.
en este lado | on this side.
en estudio | in preparation | on the anvil | under advisement.
en estudio (proyectos) | in the blueprint stage.
en esviaje | oblique.
en existencia | in stock | existing.

en existencia (EE.UU.) | on tap.
en existencia (inventario) | on hand.
en existencia en nuestro almacén | in stock in our warehouse.
en existencias (comercio) | hand on hand.
en explotación | on field.
en fábrica | ex mill | ex works | ex factory.
en fábrica (inspecciones, etcétera) | at the manufactory.
en fabricación | in work.
en factoría | at maker's yard.
en facha (buque vela) | all in the wind.
en facha (buques) | taken aback | lying-to.
en facha (marina) | aback.
en facha completamente (buques de vela) | all aback.
en fase | in step.
en fase (electrónica) | phased.
en fase (radio) | time phase.
en favor del declarante | in favor of the claimant.
en fé de lo cual | in testimony whereof | in witness whereof.
en fideicomiso | trust in.
en fila india (personas) | in single file.
en filas | in the ranks.
en firme (ofertas, compras) | firm.
en flor (botánica) | efflorescent.
en forma de | as.
en forma de bahía | baylike.
en forma de barra | rodded.
en forma de cabujón | cabochon shaped.
en forma de cápsula | caplike.
en forma de celosía | louvre-wise.
en forma de cinta | band shaped.
en forma de cola de milano | dovetail-shaped.
en forma de cono truncado | truncated-cone-shaped.
en forma de cuña | wedge-shaped | wedgewise.
en forma de cúspide | cuspate.
en forma de destral | hatchet-shaped.
en forma de domo o cúpula | dome-like.
en forma de fangos (residuos químicos) | slurried.
en forma de flecha | arrowy.
en forma de la hachuela | hatchet-shaped.
en forma de parrilla | lattice-like.
en forma de peine | comb-shaped.
en forma de reja | lattice-like.
en forma de sector | sectorial.
en forma de sector circular | wedge-shaped.
en forma de sifón | broken-backed.
en forma de T | T-like.
en forma de U | U.
en forma de V | vee.
en forma de V invertida | gable-shaped.
en forma de Z | Zee-shaped | Z-shaped.
en formación | in the making.
en franquía (navegación) | in the offing.
en fuerza de ley | by force of law.
en función de (matemáticas) | as a function of.
en función del campo | field-dependent.
en función del tiempo | time-sensitive | time-dependent.
en funcionamiento | operating | in the on position | on | in-service | live.
en funcionamiento (motores, reactor nuclear, etc.) | on-power.
en gas (alto horno) | on gas.
en general | in the main.
en géneros (pagos, etc.) | in kind.
en grada (buques) | on the stocks | on the slips | unlaunched.
en gran cantidad (producción) | massed.
en gran demanda | at a premium.
en gran escala | largely.
en gran parte | largely.
en grande | on a large scale.
en grueso | in gross.
en grupos de tres | trifarious.
en guiñada (aerodinámica) | yawed.
en hiladas (ladrillos) | coursed.
en horizontal (carreteras, etc.) | level | on the level.
en hueco | sunk.
en hueco (inscripción) | sunken.
en igualdad de circunstancias | on the same footing.
en igualdad de condiciones | on level terms.
en impresión | in the press | in print.
en inclinación (geología) | following the dip.
en inclinaciones (filones) | along the dip.
en inmersión (submarinos) | underwater.
en la aduana | in bond.
en la cabeza de la tubería para controlar el petróleo que sale (pozo petróleo) | Christmas tree.
en la categoría más alta (profesiones) | at the top of the tree.
en la cola | in rear.
en la duda abstente | when in doubt forbear.
en la espalda del usuario | on the wearer's back.
en la fábrica | in-plant.
en la factoría | in-plant.
en la fase de diseño | at the drawingboard stage.
en la fase de instalación experimental | in the pilot-plant stage.
en la fase de pruebas | in the trial stage.
en la fecha prevista | on schedule | on the due date.
en la flotación (buques) | between wind and water.
en la forma debida en el momento preciso | in the right way at the right time.
en la franja de imbornales | in way of scuppers.
en la gama energética de hasta 11 MeV | in the energy rate up to 11 MeV.
en la intimidad de la materia (tratamientos térmicos) | through (G.B.).
en la mar | in a seaway.
en la mayor bajamar de la marea muerta | at dead neaps.
en la medida de lo posible | insofar as feasible.
en la mina | ex-mine.
en la misma hornada | in the same batch.
en la misma moneda | in kind.
en la parte alta de la ciudad | uptown.
en la parte inferior | low.
en la prolongación de | in line with.
en la superficie del suelo | land-surface.
en la tarea | on the job.
en la vacante producida por el fallecimiento de | in the vacancy caused by the death of.
en la zona central de longitud igual a la semieslora (buques) | within the midship half length.
en la zona de | in way of.
en la zona de deformación plástica | outside the elastic limit.
en la zona de falucheras (buques) | in way of scuppers.
en la zona de la junta | in way of the joint.
en la zona de los tanques de carga (petroleros) | in way of the tank range.
en la zona interior de las escotillas (buques) | in way of the hatchways.
en lajas | flaggy.
en láminas finas | sliced.
en largos corrientes de fabricación | in random lengths.
en las condiciones mas severas | under the toughtest conditions.
en lastre (buques) | in ballast | light | on ballast.
en lastre (buques, aviones de carga) | flying light.
en latas | canning | tinned.
en legítima defensa | justifiable.
en lenguaje claro | in plain | in plain language.
en lenguaje no cifrado | in the clear.
en letra de molde | in print.
en libertad (ganado) | on range.
en libertad bajo fianza | out on bail.
en libertad bajo palabra de honor | released on parole.
en libre plática (marina) | out of quarantine.
en línea | on-line | on the line.
en línea (conectado) | on line.
en línea (luces, boyas, etc.) | in transit.
en línea (milicia) | in line.
en línea con | in line with.
en línea con el estay de proa (buques) | astay.
en línea de frente | in line-ahead.
en línea recta | as the crow flies | in a bee line | true | straight-in | right | straight | straight.
en línea recta (descendencia) | direct.
en líneas (agricultura) | in rows.
en líneas generales | in rounds | block schematic.
en liños (agricultura) | in rows.
en litigio | in contestation | in dispute.
en litispendencia | pending the suit.
en lo alto de un poste | atop a mast.
en lo posible | insofar as posible.
en lo que sean aplicables | so far as they are applicable.
en lo relacionado con el peso | weight-wise.
en lo sucesivo | from this time forth.
en longitudes tan largas como sea posible (materiales) | in as long lengths as possible.
en los dos sentidos | end-ways | two-way.
en los intervalos de tiempo | between times.
en los talleres del constructor | at the builders' works | at the makers' works.
en los talleres del fabricante | ex makers' works.
en lotes de menos de una tonelada | less ton lots.
en lugar de | in lieu of.
en lugar seguro | in safe custody.
en llamas | aflame.
en mal estado | out-of-order.
en mal estado (cosas) | ill-conditioned.
en mal uso | out-of-order.
en mano | in hand.
en mantos gruesos (geología) | heavy-bedded.
en mar | off shore.
en mar abierto | offshore.
en marcha | running | enroute | in progress | underway | on-stream.
en marcha (alto horno) | in blast.
en marcha (fabricación) | in gear.
en marcha (máquinas) | on.
en marcha avante (buques) | at forward speed.
en marcha lenta (filmes) | slowed down.
en marcha normal | in working order.
en masa | in force | in bulk.
en masa (ataques, etc.) | massed.
en medio (buques) | amidships.
en medio del buque | midship | midships.
en menos o en más | under or over.
en ménsula (vigas) | cantilevered.
en metálico | in specie | in cash.
en metro (poesía) | metrical.
en miniatura | midget.
en mitad de tiempo | in half the time.
en moneda local | in local currency.
en monocromia | in monotint.
en montaje | being assembled | under erection.
en montaje doble (cañones) | in duplicate mount.
en montón | aheap | in the lump.
en mora | in default.
en mora (economia) | overdue.
en movimiento | flowing | underway.
en múltiple parcial | in a grading.
en negro sobre fondo claro | in black on a light ground.
en ningún caso | on no account.
en nombre de las personas afectadas | on behalf of persons affected.
en nombre del demandante | on behalf of the plaintiff.
en nombre y representación de | in the name and on behalf of.
en numerario | in specie.
en números claros | in plain figures.
en números redondos | in round figures.
en números rojos (contabilidad) | in the red.
en números y en letras | in figures and in words.
en o de un avión bimotor | twin-engine.

en obra | in the clear | in place | in situ.
en obsequio de | in honor of.
en octal | octally.
en operación (instalación petrolífera) | on-stream.
en oposición de fase | opposite phase.
en orbita | orbiting.
en orden abierto (milicia) | in open order.
en orden cronológico | in chronological order.
en orden de combate | in fighting trim.
en orden de marcha | in operating order.
en orden de prelación | in the order of applications received.
en orden descendente de potencia | in descending order of potency.
en pago de | in settlement of.
en paralelo | shunt-fed.
en paralelo (electricidad) | in quantity | in parallel | in multiple | in bridge | shunted | multiple | across.
en paralelo con una resistencia (electricidad) | across a resistance.
en paralelo por dígitos binarios | parallel by bit.
en parejas (botánica) | twin.
en paro | unemployed.
en parte o para el conjunto | in parte sive in solidum | for the part or for the whole.
en partes por peso | in parts by weight.
en pasta entera (libros) | full bound.
en paz (muertos) | at rest.
en peligro | on the spot.
en peligro de extinción | in danger of extinction.
en pendiente | slant | slanting | shelving | aslope.
en perfecto estado | in top-notch condition.
en perfil | sectional.
en perspectiva (asuntos) | in the offing.
en pico de flauta | splayed.
en pie | standing.
en pie (ganado) | on the hoof.
en pie (personas) | erect.
en pie amistoso | on friendly footing.
en pie de igualdad | on equal footing.
en pie firme | on a firm footing.
en pies cúbicos por acre por año | in cubic feet per acre per year.
en piezas grandes | in the lump.
en pisos | tiered.
en plaza | on-the-spot | in spot.
en plaza (bolsa) | in the market.
en plaza (comercio) | loco.
en plena actividad | in full swing.
en plena audiencia | in open court.
en plena derrota | in full flight.
en plena explotación | in full swing.
en plena producción | in full swing.
en plena retirada | in full retreat.
en plena vía (ferrocarril) | outside station limits.
en plena vigencia | in full effect.
en pleno (tribunal) | en banc.
en pleno campo | in the open.
en pleno dominio | in fee.
en pleno filón | right in the lode.
en pleno goce de sus facultades | in full possession of his faculties.
en pleno goce de sus facultades mentales | of sound and disposing mind and memory.
en pleno goce y ejercicio de sus derechos civiles | in the full enjoyment and exercise of their civil rights.
en pleno rendimiento | in full yield.
en pleno tribunal | in open court.
en pleno vuelo | in full flight.
en pliegos (libros) | in sheets | in quires.
en polvo (leche) | dried.
en posición correcta | in tram.
en posición de ataque (avión) | on target.
en posición de ataque (milicia) | in readiness.
en posición de saludo | at salute.
en posición de seguro (espoletas, etc.) | unarmed.
en posición incorrecta | out of tram.
en posición retraída (flaps, aterrizadores de aviones) | clean.
en posiciones diametralmente opuestas | at diametrically opposite positions.
en potencia | in posse.
en prensa | in the press.
en prensa (libros) | in the course of printing.
en presencia de | in the teeth of.
en presencia de testigos | in the presence of witnesses.
en presencia del inspector | in the presence of the surveyor.
en presión (calderas) | under steam.
en previsión de | in anticipation of.
en previsión de alza de precios | in anticipation of an advance in price.
en previsión de un ataque | in contemplation of an attack.
en previsión de una avería en la corriente | in the event of current failure.
en previsión de una avería en la máquina | in the event of a power failure.
en previsión de una emergencia | in the event of an emergency.
en primer lugar | first and foremost.
en primer término | primarily.
en pro y en contra | pro and against.
en producción máxima | at peak level.
en propiedad | in fee.
en propiedad absoluta | wholly owned.
en proporción igual | in like proportion.
en proporciones iguales con | pari passu.
en proyecto | on the anvil | under design.
en pruebas | on trial.
en punta | arris-wise.
en punto (horas) | sharp.
en que convino el tribunal | ad quod curia concordavit.
en rada (buques) | in the roads.
en rama (libros) | in quires | in sheets | unbound.
en rama (textiles, etc.) | undressed.
en razón a | considering.
en razón directa de | in direct ratio to.
en razón inversa de | inversely proportional to.
en realce (bordados) | raised.
en realidad | as a matter of fact.
en reata (animales) | in single file.
en rebanadas delgadas | thin-slice.
en rebeldía | in absentia.
en registro (tipografía) | in register.
en regla (buques) | taut.
en regla (en debida forma) | formal.
en relieve | raised.
en relieve (escritura, rotulación, etc.) | embossed.
en relieve (filmes) | three dimensional.
en relingas (velas) | alive.
en reposo | unoperated | at rest | motiveless.
en reposo (contactos, etc.) | inoperative.
en reposo (telefonía) | on hook.
en reposo (volcanes) | dormant.
en representación de los armadores del buque | on behalf of the vessel owners.
en reprocidad | in return.
en reserva | in store | stand by | as backup | in abeyance | on tap.
en reserva (buques) | laid up | out of commission.
en resonancia | equifrequent.
en resumen | in the main | in short | all in all.
en resumidas cuentas | in short.
en retirada (buques de guerra) | on the quarter.
en rollo | coiled | rolled.
en rollo (madera) | unhewn.
en rollo (maderas) | unbarked.
en rosario (bombardeo aéreo) | in train.
en rotación | in rotation.
en rotación en el espacio | spatially rotating.
en rotación rápida | rapidly rotating.
en rústica (libros) | paperbound | paperbacked | paper-wrappered | paper-covered.
en ruta | in transit | enroute.
en S | S.
en saliente | jutting out | projecting | overhung | overhanging | pendent.
en sazónvencido (letras) | mature.
en secciones | sectional.
en seco | dry | blind.
en seco (encuadernación) | blind tooled.
en seco (minas) | in fork.
en secreto | by stealth.
en secuencia cíclica | in timed sequence.
en seguida
en seguridad | safe.
en sentido amplio y general | in broad and general meaning.
en sentido contrario a las manecillas del reloj | anticlockwisely.
en sentido contrario de las agujas del reloj | contra solem.
en sentido dextrogiro | in the clockwise sense.
en sentido estricto | strictly speaking.
en sentido longitudinal | lengthways.
en sentido opuesto | contrariwise.
en sentido sinistrorso | in the counterclockwise sense.
en sentido transversal a las fibras | across fiber.
en señal de | as a token of.
en serie | serial | in tandem.
en serie (construcción) | in gangs.
en serie (electricidad) | tandem | tandem-mounted | cascade | in line.
en serie (producción) | massed.
en serie bitio a bitio | serial by bit.
en serie con la carga (electricidad) | in series with the load.
en servicio | service (to).
en servicio (buques, aviones) | commissioned.
en servicio activo (buques) | into commission.
en servicio permanente | in full-time attendance.
en sincronismo (electricidad) | in step.
en sitio distinto de la cámara de máquinas | elsewhere than in the engineroom.
en situación de quiebra | bankrupt.
en sotuer | in saltire.
en su calidad de antiguo presidente | in his capacity as a former chairman.
en su conjunto | in the gross.
en su defecto | failing that.
en su fecha de vencimiento del plazo | at its due date.
en su lugar | in place.
en su lugar descanso (milicia) | at ease.
en su lugar normal o natural | in situ.
en su mayoría | largely.
en su parte mas desgastada | at its most worn part.
en su propio nombre | on his own behalf.
en su recorrido hacia atrás | on its way aft.
en su sitio | in situ.
en surcos (agricultura) | in rows.
en sus buenos tiempos | in his time.
en sus calados (buques) | in sailing trim.
en suspensión en el aire | airborne.
en suspenso | in abeyance.
en suspenso (asuntos) | outstanding.
en suspenso (jurídico) | abeyant.
en suspenso (letras) | held over.
en sustitución de | in lieu of.
en tafilete (encuadernación) | in morocco.
en talud | aslope.
en talleres | in-plant.
en tamaño natural | full-scale.
en tamaños hasta 2 pulgadas inclusive | in sizes up to and including 2 inches.
en tándem | in tandem.
en tanden (uno tras otro) | tandem.
en tanto que estos requisitos sean aplicables | in so far as these requirements are applicable.
en tela de juicio | under advisement.
en términos matemáticos | termwise.
en testeros (minas) | overhand | overhead.
en testimonio de lo cual | in witness whereof.
en tiempo oportuno | in due time.
en tiempo oportuno y con el orden conveniente | in good time and in good order.

en tiempo y forma | in due time and form.
en tiempo y forma (jurisprudencia) | with the term and formalities required by law.
en tierra (marina) | onshore.
en tierra (tripulación) | over the hill.
en toda la anchura | full-width.
en toda la industria | industry-wide.
en toda la profundidad del pozo (minas) | all the way down.
en toda la región fluida | throughout the flow region.
en todo caso | at any rate.
en todos sus pormenores | in every particular.
en toma (engranajes) | in mesh.
en toma directa | straight drive | direct coupled.
en total | in the mass.
en traje de campaña (milicia) | in heavy marching order.
en traje de faena | in working rig.
en traje de trabajo | in working rig.
en tramitación | pending.
en tránsito | in transit | in transito.
en tránsito (mercancías transportadas por mar) | on passage.
en transmisión | line delay.
en tres estratos | three-tiered.
en tres filas | trifarious.
en triángulo abierto (electricidad) | in open delta.
en trinchera (caminos) | sunken.
en tubo de ensayo | in vitro.
en tutela | in stato pupillari.
en U | U.
en último lugar | at the bottom of the list.
en un bloque | solid-forged.
en un espacio tridimensional | in solido.
en un futuro previsible | so far as can be seen.
en un tiempo determinado | at a given time.
en un tribunal | ad curiam.
en una calda | single-heat.
en una capa | one-layered.
en una capa (arrollamientos) | single range.
en una pieza | solid-forged | in bloc | in a unit | integral.
en una sola operación | in one operation.
en una sola vez | in a single run.
en unión de | along with.
en vacío | at no load | on no load.
en vacío (aparato eléctrico) | off-circuit.
en vacío (máquinas) | light.
en valor absoluto | absolutely.
en vano | to no avail.
en venta | on offer | for sale | for disposal.
en vez de | in lieu of.
en vez de dinero | in lieu of cash.
en vía de fabricación | in the process.
en vías de | in process.
en vías de desarrollo | developing.
en vías de fabricación | making.
en vías de formación | in the making.
en vías de progreso | in the making.
en viento (alto horno) | on wind.
en vigor | effective date | unrepelled | in force | being in force.
en vigor (leyes) | executory.
en vigor (reglamentos) | effectual.
en vigor a partir del 1 diciembre de 1957 | effective December 1, 1957.
en virtud de la ley | by law.
en virtud de mandamiento | by order of the court.
en voladizo | overhung | jutting out | projecting | cantilevered.
en voladizo (mecánica) | back-balanced.
en voladizo (vigas) | unsupported.
en vuelo | inflight | on the fly.
en vuelo (aviones) | enroute.
en Y | wye.
en y desde | at and from.
en yeso (estatuas) | in the round.
enajenable | alienable.
enajenación | alienation | abalienation.
enajenación a corporaciones | alienation in mort-main.
enajenación de bienes | alienation of property.
enajenación de la prenda | foreclosure of the pledge.
enajenación en vida de bienes testados | ademption.
enajenación forzosa | condemnation.
enajenación fraudulenta | fraudulent conveyance.
enajenación mental | alienation.
enajenación obligatoria | condemnation.
enajenamiento | estrangement.
enajenar | alienate (to) | abalienate (to) | expropriate (to) | dispose of (to) | give away (to) | devest (to) | transfer (to) | disunite (to).
enajenar bienes (abogacía) | dispose of property (to).
enálage | enallage.
enana blanca (estrella) | white dwarf.
enanismo | dwarfism.
enano | dwarf.
enantiómero | enantiomer.
enantiotropía | enantiotropy.
enarbolar | fly (to).
enarbolar un pabellón | display a flag (to).
enarenado | sanding.
enarenado (de un paseo) | sanding.
enarenado (paseos, moldes) | sanded.
enarenado (pasos) | sandy.
enarenado de carriles (vía férrea) | traction sanding.
enarenar | sand (to).
enarenar (paseos) | gravel (to).
enarenar (un pavimento resbaladizo) | grit (to).
enarmónico (música) | enharmonic.
enartrosis (medicina) | ball-and-socket joint.
enbragable a voluntad | engageable at will.
encabado | helved.
encabestrillar | sling (to).
encabezado (documentación) | caption.
encabezado del perno | bolt-heading.
encabezadora de remaches | rivetheader.
encabezamiento | rubric | notehead | head-line | head | heading | header.
encabezamiento (de vinos) | fortification.
encabezamiento (páginas) | caption.
encabezamiento (tipografía) | caption.
encabezamiento calificado (documentación) | qualified heading.
encabezamiento compuesto | composite heading.
encabezamiento de cabeza de página (diccionarios) | shoulder head.
encabezamiento de división | division header.
encabezamiento de un periódico indicando nombre | masthead.
encabezamiento de un periódico indicando nombre (propiedad, etc. | flag.
encabezamiento del capítulo (libros) | chapter heading.
encabezamiento del mensaje | message heading.
encabezamiento en frío (remaches, tornillos) | cold-heading.
encabezamiento encasillado con filetes u orla | boxhead.
encabezamiento genérico | class heading.
encabezamiento ideográfico | ideographic heading.
encabezamiento principal | main heading.
encabezamientos de materias (catálogo) | subject headings.
encabezamientos extras (descriptores de thesaurus) | open-ends terms.
encabezar | head (to).
encabezar (bebidas) | lace (to).
encabezar (pernos) | head up (to).
encabezar (vinos) | fortify (to) | load (to).
encabezar en frío (formación cabezas pernos, etc.) | cold-head (to).
encabillado | doweled.
encabillamiento | pinning.
encabillar | bolt (to) | dowel (to) | pin (to) | peg (to).
encabritado (avión) | zooming.
encabritamiento (aviones) | zoom | pitch-up | upending | nose-up.
encabritamiento (cañón al disparar) | jump.
encabritamiento brusco (aviones) | pull-up.
encabritamiento voluntario para perder velocidad y altitud (aviones) | stall.
encabritamiento y picado (aviones) | porpoising.
encabritamiento y picado sucesivo (aviones) | porpoising.
encabritar (aviones) | zoom (to) | nose up (to) | hoick (to).
encabritar rápidamente (aviones) | pull up (to).
encabritar sin potencia suficiente (aviación) | mush (to).
encabritarse (aviones) | buck (to).
encabritarse (caballos) | rear (to).
encachado | pitching | platform | riprap.
encachado rompeolas (diques) | storm pavement.
encadenado | ironed | linking | chained.
encadenado (prisioneros) | fettered.
encadenamiento | linking up | linkage | chaining.
encadenamiento (de hechos) | linking.
encadenamiento de los soportes | reeling.
encadenamiento de mandatos | command chaining.
encadenante | catenating.
encadenar | chain down (to) | chain (to) | tie (to) | concatenate (to) | link (to).
encadenaresposar | shackle (to).
encajable uno en otro | nestable.
encajado (no saliente - instrumento en un panel) | flush.
encajado en | imbedded in.
encajamiento (de huesos) | encasement.
encajamiento (ginecología) | engagement.
encajamiento estructural (valles) | structural adjustment.
encajar | chase (to) | imbed (to) | imbed (to) | incase (to) | house (to) | house in (to) | fit (to) | push-in (to).
encajar (un cheque) | encash (to).
encajar (un hueso roto) | set out (to).
encajar a presión | snap on (to).
encajar una espiga | bolt a tenon (to).
encajar una espiga en una mortaja (carpintería) | house a tenon in a mortise (to).
encajar una pieza en otra | let-in (to).
encaje | fit | lace | lace-work.
encaje (Bancos) | stock.
encaje (carpintería) | laying-in.
encaje (de un bastidor) | slide.
encaje (dinero) | reserve | encashment.
encaje (libros) | inlay.
encaje (reserva en efectivo - bancos) | cash reserve | cash position.
encaje a lanzadera (textiles) | woven lace.
encaje angosto | edging.
encaje apretado | tight fit.
encaje de aguja | needlepoint | point-lace.
encaje de bolillos | pillow lace | bobbin lace | bone-lace | knotted lace.
encaje de dientes | meshing of teeth.
encaje de ganchillo | knitted lace | crochet lace.
encaje de guipur | guipure.
encaje de Irlanda | Irish lace.
encaje de Malinas | Mechlin lace.
encaje de malla | filet-lace.
encaje de punto | needlepoint lace | point-lace.
encaje legal | legal reserve.
encaje mecánico | imitation lace.
encaje perfecto | dead true.
encaje químico (encaje de Plauen) | chemical lace.
encajera | lace worker.
encajería | lace manufacture.
encajero | lace-maker.
encajes de aguja | ladder-stitch.
encajonado (carpintería) | encase.

encajonamiento | incasement.
encajonar | incase (to) | embank (to) | box up (to).
encalado | distempering | lime-coated | lime-washing.
encalado (del terreno).
encalado (paredes) | lime coated.
encalar | lime (to).
encalmado | inactive | calm.
encalmado (mercados) | heavy.
encalmado (sin moverse por falta de viento - buque vela) | becalmed.
encallado | astrand.
encallado (buques) | aground | ashore.
encallado (varado - buques) | grounded.
encallado en el fango (buques) | mud-bound.
encallado por falta de calado | sewed.
encalladura (buques) | stranding.
encallar | strand (to) | ground (to) | make the land (to).
encallar (buques) | gravel (to) | go ashore (to) | run aground (to).
encamarse (mieses) | blow over (to) | blowdown (to).
encamarse (trigales) | layer (to).
encamarse (trigo) | lodge (to).
encaminamiento | directing.
encaminamiento (telefonía) | routing.
encaminamiento (topografía) | traverse.
encaminamiento de ángulos (topografía) | directional traverse.
encaminamiento de mensajes | message handling.
encaminar | route (to).
encamisado (del combustible nuclear) | cladding.
encamisado (tubo de cañón) | lining.
encamisado con caucho (ejes) | rubber-covered.
encamisado interiormente (cilindros) | lined.
encamisar (cilindros) | line (to).
encamisar (cilindros, ejes) | liner (to).
encamisar (combustible nuclear) | can (to).
encamisar con cerámica | ceramic line (to).
encanecer | gray (to).
encanecido | gray.
encanillado | copping.
encanillado de la husada | cop winding.
encanillado de la trama | weft winding.
encanillado sencillo | single winding.
encanilladora | cop winder | weft winder | filling winder.
encanilladora (máquina) | quiller.
encanillar | spool (to) | wind (to) | quill (to).
encañado | mat.
encañizado | flaking.
encañonado (de ropas) | quilling.
encañonado (por entre un desfiladero) | encanyoned.
encañonar | gopher (to).
encañonar (planchado ropas) | flute (to).
encañonar (pliegues) | gauffer (to).
encañonar (telas) | plait (to).
encañonar (visillos) | quill (to).
encaperuzado | hooded.
encapilladura (cabeza de palo o de mastelero) | capelage.
encapillar (marina) | fasten (to).
encapillar un golpe de mar | ship a heavy sea (to).
encapotado (cielo) | overcast.
encapsulación | encapsulation | encapsulating.
encapsulación (acción de sumergir los componentes eléctricos de un circuito en un baño de materia plástica aislante) | encapsulation.
encapsulación de componentes electrónicos con materiales plásticos | plastics encapsulation of components.
encapsulación de fuentes radioactivas | source encapsulation.
encapsulación del devanado (electromotor) | winding encapsulation.
encapsulación en píldora | pill encapsulation.
encapsulación en plástico | plastic encapsulation.
encapsulación en resina epoxídica | epoxy resin encapsulation.
encapsulación por medio de plásticos | plastic encapsulation.
encapsulado | encapsulation | potted | potting | package.
encapsulado (electrónica) | embedment.
encapsulado aislado | cold can.
encapsulado dialilftalato | diallyl-phthalate encapsulation.
encapsulado en el vacío | vacuum-encapsulated.
encapsulado en material epoxídico | epoxy-encapsulated.
encapsulado en resina epoxídica | epocast.
encapsulado plano | flat pack.
encapsulado plástico de dos capas | two-layer plastic encapsulation.
encapsulado soldado | welded encapsulation.
encapsulante | encapsulant | encapsulating.
encapsulante siliconico | silicone encapsulant.
encapsular | encapsulate (to) | incapsulate (to) | cocoon (to).
encapuchado | hooded.
encapuchar (chimeneas) | hood (to).
encapuchonado | cucullate.
encapullamiento (proceso de proteger con envuelta de plástico) | coconing process.
encapullar (proteger con envuelta de plástico) | cocoon-coat (to).
encaramarse | climb (to).
encaramiento | facing.
encarar | bring face to face (to).
encarar (un fusil) | level (to).
encarcelado | incarcerated.
encarcelado sin fianza | held without bail.
encarcelamiento | incarceration | committal.
encarcelar | commit (to) | prison (to).
encarcelar por desacato | jail for contempt (to).
encarecer | raise (to).
encarecer (precios) | advance (to) | improve (to) | enhance (to).
encarecerse (precios) | rise (to).
encarecimiento | increase in price | enhancing | enhancement.
encarecimiento de la vida | increased cost of living.
encargado | leading hand | leading worker | superintendent | caretaker.
encargado (cuadrilla trabajos) | foreman.
encargado de | in-charge | entrusted with.
encargado de conducir una jangada de madera por un río | river driver.
encargado de dar de comer | mess treasurer.
encargado de distribución de la carga (redes eléctricas) | load dispatcher.
encargado de inscribir los cheques a reembolsar | in-clearer.
encargado de inspeccionar el cable de extracción (minas) | ropeman.
encargado de izar (en el muelle) | line runner.
encargado de la boca de un pozo (minas) | pitheadman.
encargado de la bomba de agotamiento (minas) | pitman.
encargado de la bombamáquina para bombear | pumper.
encargado de la caldera (buques) | water tender.
encargado de la cantera | quarry master.
encargado de la carga (alto horno) | blast-furnaceman.
encargado de la compuerta | gateman | gate keeper.
encargado de la cuchara | ladler.
encargado de la defensa contra ataques aéreos | air-raid warden.
encargado de la hilera | draw-bench worker.
encargado de la instalación | plant operator.
encargado de la jaula (minas) | station tender.
encargado de la locomotora al final del recorrido | hostler.
encargado de la mordaza de arrastre (minas) | gripman.
encargado de la obra | general foreman.
encargado de la obra (nombrado por el dueño) | clerk of works.
encargado de la prensa | machine minder.
encargado de la sastrería (estudios cine) | dresser.
encargado de la vajilla (buques) | silver-man.
encargado de la vía (ferrocarril) | roadmaster.
encargado de las agujas (ferrocarril) | latchman.
encargado de las mangueras | hoseman.
encargado de las válvulas de cuello (cámara máquinas) | throttleman.
encargado de los equipajes (trenes) | baggage-master.
encargado de mantener en buen estado las cuerdas del arpón (pesca ballenas) | line-manager.
encargado de máquina calculadora de tarjetas perforadas | machine accountant.
encargado de poner la herramienta adecuada en las máquinas | setter.
encargado de proyector (televisión) | maypole.
encargado de pruebas | tester.
encargado de recibir a los clientes | customer's man.
encargado de recoger muestras | sampleman.
encargado de subconjuntos | subassembly foreman.
encargado de taller | group leader.
encargado de un aparato | instrument man.
encargado de un semillero | nurseryman.
encargado de un telar de encajes | lace-maker | lace worker.
encargado de un vivero de plantas | nurseryman.
encargado de una hormigonera | mortar mixer.
encargado de una prensa de aceite | oil-presser.
encargado de varias zonas de ventilación (mina de carbón) | overman.
encargado de vía | supervisor.
encargado de vigilar el atraque y amarre de buques (puertos) | berthing master.
encargado del almacén de herramientas | tool-crib attendant.
encargado del aparato (topografía) | instrument man.
encargado del cuidado de un campo de deportes | groundsman.
encargado del curso (colegios) | reader.
encargado del equipo | equipmentman.
encargado del freno (trenes) | shack.
encargado del horno de cocer (ladrillos, loza, etc.) | fireman.
encargado del laminador | roller | roller-incharge.
encargado del libro de registro | transfer agent.
encargado del maderaje (minería) | timberman.
encargado del paso de un río | ferryman.
encargado del plano inclinado (minas) | incline attendant.
encargado del sonar | ping jockey.
encargado del taller de máquinas | machine shop foreman.
encargado del torno (sondeos) | catheadman.
encargado del transporte de materiales (astilleros) | yardmaster.
encargar | order (to) | commission (to) | commit (to).
encargar (mercancías) | order (to).
encargar a un banco su cobro | entrust a bank with collection (to).
encargar de | entrust with (to).
encargarse de | conduct (to).
encargarse de la cobranza de las facturas | collection of bills.
encargo | assignment | order | mandate | commission | commission.
encargo inútil | fool's errand.
encarnación | embodiment.
encarnado | flesh-red | red.

encarnado (rosas) | blush.
encarnar | incarnadine (to).
encarnizada (resistencia) | stern.
encarretador (obrero) | spooler.
encarretador a mano (tejeduría) | hand spooler.
encarretadora (obrera) | spooler.
encarretadora automática | automatic spooler.
encarretar | spool (to).
encarrilador | rerailer.
encarrilador (ferrocarril) | wrecking frog.
encarrilador de vagones | car replacer.
encarrilamiento (ferrocarril) | re-railing.
encarrilar | rerail (to).
encarrilar (coche descarrilado) | rarail (to).
encarrujar | shirr (to).
encarrujarse | twist (to).
encartado (encuadernación) | inlaid.
encartadora | inserter | inserter-trimmer.
encartadora-cosedora | inserter-stitcher.
encartar (encuadernación) | inlay (to).
encarte | fold-out insert.
encarte (encuadernación) | inlaying | inlay.
encarte (libros) | flyleaf | insert.
encartivanar | guard (to).
encartonado (encuadernación) | case binding.
encartonado (libros) | board binding.
encartonador (de libros) | boarder.
encartonar (libros) | bind in boards (to).
encartuchado | canning | canning | canned.
encartuchamiento (del combustible nuclear) | canning.
encartuchar | roll (to).
encasillar | pigeonhole (to).
encasquillada (armas) | jammed.
encasquillado con bronce de cañón | gunmetal bushed | bushed with gun metal.
encasquillado con bronce fosforoso | phosphor-bronze-bushed.
encasquillado en bronce | bronze-bushed.
encasquillamiento (armas) | jamming | jam.
encasquillar | ferrule (to) | bush (to) | lug (to).
encasquillar con rodillos | roller bush (to).
encasquillar de nuevo | rebush (to).
encasquillarse (armas) | jam (to).
encasquillarse (proyectiles) | freeze (to).
encastillado | square set | square-setted.
encastillado (minas) | square timbering | square-set timbering.
encastillador (hornos cerámicos) | sagger stacker.
encastrada elásticamente | elastically restrained.
encastrado | impacted | encastré.
encastrado (vigas) | encastered | housed.
encastramiento (mecánica) | fitting in.
encastrar | embed (to) | set in (to) | imbed (to).
encastrar (vigas) | house (to).
encastre | root | socket | recess.
encastre a presión | press fit.
encastre del muñón | gudgeon socket.
encastre giratorio | swivel socket.
encastre receptor del cerrojo (jamba puertas) | keeper.
encauchutado de tejidos | rubberizing of fabrics.
encausamiento | indictment.
encausar | bring suit (to).
encáustica | polishing wax.
encáustica (arte) | encaustic.
encáustico | encaustic | polish.
encaústico a base de polímeros | polymer-based polish.
encaústico aniónico | anionic polish.
encaustizar | encausticize (to).
encausto (pinturas) | encaustic.
encauzador (paleta directriz) | guide vane.
encauzamiento | pipe-lining.
encauzamiento de impulsos de disparo (electrónica) | trigger-pulse steering.
encauzamiento de la inundación | flood routing.
encauzamiento del tráfico | traffic handling.
encauzar | lead (to) | channel (to) | guide (to).
encauzar mediante diques | embank (to).
encebador por descarga | glow starter.
encefalogía | encephalogy.
encella (molde para quesos) | chessel.
encendedor | igniter | lighter.
encendedor (autos) | sparker.
encendedor (lámpara seguridad de minas) | relighter.
encendedor automático | automatic lighter.
encendedor de faroles | lamplighter.
encendedor de gas | gaslighter.
encendedor de lámparas | lamplighter.
encendedor de llama | flame ignitor.
encendedor de mecha | fuse igniter.
encendedor de tiempos | delay igniter.
encendedor eléctrico | electric torch.
encendedor por bobina de alto voltaje | jump-spark igniter.
encender | kindle (to) | warm (to) | fire (to) | blaze (to) | light up (to) | light (to) | flame (to) | inflame (to).
encender (dar viento - alto horno) | blow in (to).
encender (hornos y lámparas eléctricas) | burn (to).
encender (un fósforo) | strike (to).
encender el horno (dando viento) | blow in the furnace (to).
encender la luz | turn on (to).
encender los fuegos | light the fires (to).
encender otra vez el arco | restrike (to).
encender un contrafuego (incendios forestales) | counterfire (to).
encender una caldera | light off a boiler (to).
encender y dirigir un contrafuego | backfire (to).
encenderse | flame (to) | take (to) | catch alight (to) | ignite (to).
encenderse prematuramente | backfire (to).
encendido | on.
encendido (alto horno) | in blast.
encendido (colores) | fiery.
encendido (del gas) | putting on.
encendido (motores) | firing | ignition | lighting | sparking.
encendido a mano (quemadores, etcétera) | hand-firing.
encendido adelantado | advanced ignition.
encendido afinado (motores) | correct timed ignition.
encendido avanzado | early spark.
encendido de vuelta | arcing-back.
encendido eléctricamente | electrically ignited.
encendido eléctrico del gas (quemador de calderas) | gas-electric ignition.
encendido eléctrico para motores de explosión | electronic starter for explosion motors.
encendido electrónico | electronic ignition.
encendido electrónico (motores) | breakerless ignition.
encendido en caliente | hot firing.
encendido inverso (electricidad) | arc-back.
encendido irregular (motores) | erratic firing.
encendido por acumuladores | cell-ignition.
encendido por batería | battery ignition.
encendido por batería (autos) | coil ignition.
encendido por bola caliente (motores semidiesel) | hot-bulb ignition.
encendido por corriente de alto voltaje | high-tension ignition.
encendido por incandescencia (motores semidiesel) | hot-bulb ignition.
encendido por inyección de fueloil (motores de gas de gran compresión) | oil ignition.
encendido por inyección de gasóleo (motores de gas) | oil-fuel ignition.
encendido por magneto de alto voltaje | direct spark ignition.
encendido por quemador | flame ignition.
encendido por quemador (motores) | burner ignition.
encendido por ruptor | make-and-break ignition.
encendido prematuro (motores) | preignition | backfire.
encendido retardado (motores) | late ignition.
encepado (pilotes) | waling.
encepado de cabezas de pilotes | pile cap.
encepar | stock (to).
enceparse el ancla | foul the anchor (to).
encerado | oilcloth | polished | oilskin | wax-treated | waxing | paulin.
encerado (dorado) | clear cole.
encerado de escotilla | hatch cover.
encerado de piso | floor-cloth.
encerador de pisos | polisher.
encerar | polish (to) | wax (to).
encerar (suelos) | beeswax (to).
encerrado | contained | shrouded | impounded | enclosed.
encerrado (engranajes) | shrouding.
encerrado en tubo de vidrio | glass-sealed.
encerrado en un armario de acero | housed in a steel cabinet.
encerrado entre cristales | glass-enclosed.
encerrar | encompass (to) | enclose (to) | contain (to) | confine (to) | close in (to) | hem in (to).
encerrar en | encase (to).
encerrar en un bañado (una ciénaga) | impolder (to).
encerrar en un cárter | enclose (to) | enclose (to).
encerrojar | lock (to).
encerrojar (agujas cambio vía) | lock (to).
encerrojar la aguja (ferrocarril) | lock the point (to).
encespedado | grass-surfaced.
encespedar | turf (to).
encestonar | hurdle (to).
encía | gum.
enciclopedia de anónimos (bibliotecas) | anonym encyclopedia.
enciclopedista | encyclopedist.
encima de la flotación en carga | above the load water plane.
encima de un fenómeno meteorológico como una tormenta o techo de nubes (vuelos) | overweather.
encima del haz de tubos vaporizadores (calderas) | overdeck.
encina (Quercus grosseserrata) | holm oak.
encina verde | ilex.
encintado (aceras) | curbing.
encintado (cables) | taped.
encintado con algodón (cables eléctricos) | cotton taped.
encintado con algodón impermeabilizado (cables eléctricos) | proofed cotton taped.
encintado con papel de amianto | asbestos paper taped.
encintado solapado con tira de papel (cables) | paper lapping.
encintar | ribbon (to) | tape (to).
encintar (cables eléctricos) | belt (to).
encintar con algodón | cotton tape (to).
encintar con amianto | asbestos-tape (to).
enclavable | interlockable | lockable.
enclavado | interlocked.
enclavado (ferrocarril) | blocked.
enclavado (petrología, botánica) | enclave.
enclavamiento | interlock | interlocking gear | interlock | interlocking.
enclavamiento absoluto (ferrocarril) | absolute block.
enclavamiento automático | automatic locking.
enclavamiento auxiliar (electricidad) | section blocking.
enclavamiento con palancas de itinerario | route lever interlocking.
enclavamiento condicional | conditional interlocking.
enclavamiento condicional (ferrocarril) | permissive blocking.
enclavamiento de aproximación (ferrocarril) | approach locking.

enclavamiento de fase (telecomunicación) | phase interlocking.
enclavamiento de la aguja | point locking.
enclavamiento de la señal | signal interlocking.
enclavamiento de línea | linelock.
enclavamiento de los topes (jaula minas) | kep interlocking.
enclavamiento de sección | section blocking.
enclavamiento de sección (vía férrea) | section locking.
enclavamiento de teclado | keyboard interlocks.
enclavamiento de tiempo (ferrocarril) | time locking.
enclavamiento del cierre | breech interlock.
enclavamiento del embrague | clutch interlock.
enclavamiento del itinerario (ferrocarriles) | route interlock.
enclavamiento del paso (hélices) | pitch-lock.
enclavamiento eléctrico | electrical interlock | electric lock | electrical locking.
enclavamiento electroneumático | electropneumatic interlocking.
enclavamiento indicador | indicating locking.
enclavamiento mecánico | mechanical interlocking | mechanical locking.
enclavamiento neumático | pneumatic interlock.
enclavamiento para mantener en la posición baja | down lock.
enclavamiento secuencial de agujas (ferrocarril) | sequence switch interlocking.
enclavamiento teleaccionado | remote control interlocking.
enclavamiento y seguimiento automático del blanco por medio de un haz radárico | radar lock-on.
enclavar | imbed (to) | interlock (to) | enclave (to) | lock (to).
enclavar (ferrocarril) | latch (to) | lock (to).
enclavar (mecanismo) | safe (to).
enclavar en una posición fija con referencia a la envuelta (giroscopios, instrumentos girocontrolados) | cage (to).
enclavar mecánicamente | lock mechanically (to).
enclavarsincronizar (cine sonoro) | interlock (to).
enclave (geología) | plug | outlier.
enclave (petrología, botánica) | enclave.
enclave endógeno | endogenous enclosure.
enclave neumatógeno | pneumatogene enclave.
enclave polígeno | polygene enclave.
enclavijado | plugging-up.
enclavijamiento | pegging | pegging down.
enclavijamiento (traumatología) | pinning.
enclavijar | pin (to) | dowel pin (to) | stud (to) | wedge (to) calzar | bolt (to) | peg (to).
enclavijar (una junta) | nog (to).
encobrado | plated.
encobrado del rayado (suciedad en el rayado por el paso de la banda de forzamiento del proyectil - ánima cañones) | metal fouling.
encobrado electrolítico | electro-coppering.
encofrado | mould | mould (G.B.) | mold (EE.UU.) | sheeting | sheeted | casing | lagging | plank lining.
encofrado (hormigón) | formwork | framing.
encofrado (hormigón armado) | frames.
encofrado (pozo minas) | cribbing.
encofrado construido en obra | built-in-place form.
encofrado de acero | steel shuttering.
encofrado de acero (hormigón) | steel form.
encofrado de altura variable | variable-height formwork.
encofrado de galería (minas) | gallery sheeting.
encofrado de madera | cribwork | timber shuttering.
encofrado de muro | wall form.
encofrado de piedras (minas) | cribwork.
encofrado de pilar | column form.
encofrado de plástico reforzado con vitrofibra | plastic form.
encofrado de yeso | plaster of paris form.
encofrado de zapata de muro | wall footing form.
encofrado deslizante | traveling form | travelling form.
encofrado deslizante (hormigón) | slip-form.
encofrado forrado de chapa metálica | metal-lined form.
encofrado lateral (minas) | side lacing.
encofrado móvil (hormigón) | moving form.
encofrado móvil (para silos, etc.) | climbing form.
encofrado para muros | wall forms.
encofrado soportado por el andamio (hormigón) | scaffold supported shuttering.
encofrado suspendido (hormigón) | suspended form.
encofrar | sheath (to).
encofrar (construcción) | form (to).
encofrar (galería de minas) | plank (to).
encofrar (minas) | crib (to).
encoger | narrow (to) | shrink (to).
encogerse | shorten (to) | contract (to).
encogible | shrinkable.
encogido | narrow.
encogimiento | shrink | shrinking | shrinkage | shortening.
encogimiento por fieltramiento | felting shrinkage.
encogimiento por relajación (textiles) | relaxation shrinkage.
encogrado de rollizos | log crib.
encolabilidad | gluability.
encolable | glueable.
encolado | glued | sized.
encolado (papel) | sizing | surface-sized.
encolado (telas) | sizing | sized.
encolado (urdimbre) | tape sizing.
encolado a la gelatina (papel) | tub-sizing.
encolado a lo ancho de la urdimbre | slashing | beam sizing.
encolado a mano | hand-sized.
encolado a máquina (papel) | engine-sized.
encolado a tope | butt-gluing.
encolado con caseina | casein glued.
encolado con cola animal (papel) | animal sized | tub-sizing.
encolado con colofonia (papel) | engine-sized.
encolado con gelatina o cola | animal-sized.
encolado con plástico | plastic bonding.
encolado de conjuntos | assembly gluing.
encolado de la urdimbre en ovillo | ball warp sizing.
encolado de madera con metales y materiales plásticos | jointing of wood to metal or plastic.
encolado de urdimbres | slashing | warp sizing.
encolado del lomo después de cosido o en vez del cosido (encuadernación) | gluing off.
encolado en frío | cold-cemented.
encolado en la batidora | beater sizing.
encolado en madeja | hank sizing.
encolado en tina (papel) | tub-sized.
encolado por puntos | spot gluing.
encolado por testa (maderas) | end-jointed.
encolado por zonas | spot glueing.
encolado rápido mediante calentamiento inductivo de alta frecuencia (madera) | wood-welding.
encolado suplementario | after glueing.
encolador | sizer | gluer.
encolador (encuadernación) | gummer.
encolador de urdimbres | warp dresser.
encoladora | gluing machine | joiner | sizing machine | dressing machine.
encoladora de cilindros | cylinder sizing machine.
encoladora de tambores | cylinder sizing machine.
encoladora de urdimbres | slasher.
encoladora mecánica para lizos | heald sizing machine.
encoladora mecánica para ovillos | ball sizing machine.
encoladora-obturadora de cajas | case gluer-sealer.
encoladura | gluing | sizing.
encoladura por testa | edge-gluing.
encolaje de la urdimbre | warp sizing.
encolar | glue (to) | glue (to).
encolar (papel, telas) | size (to).
encolar (pintura) | size (to).
encolar (telas) | dress (to).
encolar a mano | hand size (to).
encolar en tina (papel) | tub (to).
encoletado de jacquard | jacquard tying-up.
encomendar | entrust (to) | commit (to).
encomiar | commend (to).
enconadora (tejeduría) | cone winder.
encontrado (sondeos) | topped.
encontrar | encounter (to) | find (to) | meet (to).
encontrar (algo perdido) | get back (to).
encontrar (un filón, petroleo, etc.) | strike (to).
encontrar el fondo sólido (minas) | bottom (to).
encontrar mercado a un producto | find a market for something (to).
encontrar petróleo | strike (to).
encontrar petróleo (sondeos) | strike oil (to).
encontrar un error | trace an error (to).
encontrarse | meet (to).
encontrarse (con otro buque) | fall in with (to).
encontrarse (minerales) | occur (to) | present (to).
encontrarse atravesado sobre la proa de otro buque | lie athwart-hawse (to).
encontrarse en elongación (astronomía) | elongate (to).
encontrarse en estado nativo | be found native (to).
encontrarse en masas (minerales) | be found massive (to).
encontrarse los dos frentes de ataque (túneles) | hole through (to).
encontronazo | clash.
encorchetar | hook (to) | clasp (to).
encordar a los escaladores (escaladas de picos) | rope climbers (to).
encordelar | string (to).
encordonador | corder.
encorvado | hooked | cambered | falcate.
encorvado (zoología) | ancoral.
encorvadura | hookedness | bend | flex.
encorvamiento | arcuation.
encorvar | curve (to) | lean (to) | inflect (to) | spring (to).
encorvarse | lean (to) | crook (to) | bend (to) | buckle (to).
encostradura | crustiness.
encostradura del suelo | soil crustiness.
encostrar | crust (to) | encrust (to).
encrespada (mar) | angry.
encrespado | crimpy.
encrespar | gopher (to) | crisp (to) | crimple (to).
encresponado (telas) | craping.
encribado (minas) | cribwork.
encrina (paleontología) | crinoid.
encripción | encryption.
encristalado | glazing.
encristalar (ventanas) | glaze (to).
encrucijada (carreteras) | crossing.
encrucijada de mina | enlargement.
encruzador (urdido) | leaser.
encruzamiento (tejeduría, urdimbre) | lease.
encruzamiento (telares) | crossing.
encruzamiento de uno y uno (tisaje) | end-and-end lease.
encruzamiento inferior (urdidor) | chain lease | beamer's lease | foot lease | pin lease | bottom lease.
encruzamiento superior (urdidor) | head lease | end-and-end lease | drawer's lease | top lease.
encruzar los hilos (urdidor) | lease (to).
encuadernación | binder | binding | bookbinding | bookmaking.
encuadernación a la antigua (libros) | antique binding.
encuadernación a la cola | glueback binding.

encuadernación a la inglesa | limp binding.
encuadernación a la rústica | binding in paper.
encuadernación a mano bien hecha | extra binding.
encuadernación a ras de página (las pastas no sobresalen del canto de las hojas) | flush boards.
encuadernación artística original | original artistic binding.
encuadernación con anillas | ring bindings.
encuadernación con cosido lateral | side-stitching binding.
encuadernación con el lomo en cuero | quarter-binding.
encuadernación con espiral de alambre | spiral binding.
encuadernación con las armas de una casa | armorial binding.
encuadernación con pegamento | perfect binding.
encuadernación con pliegos cosidos uno a uno de cadeneta a cadeneta | all-a-long binding.
encuadernación con tapas confeccionadas aparte | case binding | hard binding.
encuadernación con tapas confeccionadas aparte (libros) | work binding.
encuadernación de ceja flexible | divinity binding | circuit edges.
encuadernación de gran cantidad de libros | edition binding.
encuadernación de nilón | nylon bindings.
encuadernación dorada en frío | monastic binding.
encuadernación en bocací | buckram binding.
encuadernación en camafeo | cameo binding.
encuadernación en cartón | binding in boards.
encuadernación en media pasta | binding in half leather.
encuadernación en mosaico | leather inlay.
encuadernación en mosaico de cuero | inlaid binding | mosaic binding.
encuadernación en papel | pamphlet binding.
encuadernación en pasta de becerrillo | binding in calf.
encuadernación en pasta dura | hard-bound.
encuadernación en pasta española | Spanish binding.
encuadernación en piel | leather binding.
encuadernación en piel dorada en frío | divinity calf.
encuadernación en rústica (libros) | perfect binding.
encuadernación en serie de libros | binding of editions.
encuadernación en tela | clothbinding.
encuadernación encolando los pliegos a la pasta | perfect binding.
encuadernación extra | extra bound.
encuadernación flexible | limp binding.
encuadernación flexible en cuero con los cantos que se pliegan sobre el libro | circuit edges.
encuadernación hecha en el período de publicación de un libro | contemporary binding.
encuadernación mecánica | mechanical binding.
encuadernación no cosida sino sujeta con grapas | quirewise.
encuadernación por grapas metálicas | stitched-binders.
encuadernación reforzada para bibliotecas | library binding.
encuadernación sin cosido | perfect binding.
encuadernación tipo talonario | check binding.
encuadernación todo piel | full binding | full leather binding.
encuadernación vistosa | fanfare binding.
encuadernaciones lisas especiales | special flat binding.
encuadernado | bound.
encuadernado a la rústica | paperbound.
encuadernado a mano | custom-bound.
encuadernado con espiral de alambre o de plástico | spiral-binded.
encuadernado con espiral de alambre o plástico | spiralled-bound.
encuadernado en becerrillo | bound in calf.
encuadernado en cuarto | quarter-bound.
encuadernado en piel de cerdo | pigskin bound.
encuadernado en plástico | plastic-bound.
encuadernado en rústica (libros) | bound in boards | paperbacked.
encuadernado en tela | bound in full cloth | clothbound.
encuadernador | binder | bookbinder.
encuadernador artístico | designer bookbinder.
encuadernador de espigas | post binder.
encuadernadora de tamaño tabloide | tabloid binder.
encuadernar | bind (to).
encuadernar a la rústica | bind in paper (to).
encuadrado | framed | phasing | register.
encuadrado (milicia) | supported on both flanks.
encuadrado (tipografía) | boxed.
encuadrado holgado (las personas aparecen muy pequeñas en la pantalla TV) | loose framing.
encuadrador (cine, TV) | framer.
encuadramiento | framing.
encuadramiento (radar, televisión) | mapping.
encuadramiento (televisión) | video mapping.
encuadramiento (TV) | panning.
encuadramiento en filetes (tipografía) | rule-box.
encuadrar | border (to) | bracket (to) | align (to).
encuadrar (ajustar la imagen a la posición deseada - cine, TV) | frame (to).
encuadrar (estampado de telas) | register (to).
encuadrar (un regimiento, etc.) | officer (to).
encuadrar (zonas) | justify (to).
encuadrar a la izquierda | left justify (to).
encuadrar el texto (tipografía) | box the text (to).
encuadrar una ilustración (libros) | border a picture with text (to).
encuadre | racking | framing | frame | justification | television framing.
encuadre (filmes) | racking.
encuadre (radio) | mapping.
encuadre de líneas (TV) | line centering.
encuartación | quartering.
encuartillado de la urdimbre | warp selection plan.
encubado (blindaje - minas) | cofferdam.
encubado (minas) | cribbing.
encubado (pozo circular de mina) | tubbing.
encubado con puntales (minas) | crib timbering | prop crib-timbering.
encubado lleno (minas) | solid-timbering.
encubar (minas) | tub (to).
encubridor | accessory after the fact | concealer.
encubrimiento (de objetos robados) | resetting.
encubrimiento de fondos | lapping.
encubrir | veil (to) | cloak (to).
encubrir (objetos robados) | reset (to).
encubrirse | cloud up (to).
encuentro | encounter | meeting | meeting.
encuentro (de un filón) | strike.
encuentro (estadística) | matching.
encuentro amistoso | friendly match.
encuentro de dos bancas de hielo | ice nip.
encuentro de dos o más líneas de fractura (metalografía) | sesile dislocation.
encuentro de las caras del troquel (forja) | kiss.
encuentro de rasantes | grade intersection.
encuentro espacial (cosmonaves) | rendezvous.
encuentro orbital | orbital rendezvous.
encuentro orbital con ascensión (cosmonaves) | satellite ascent rendezvous.
encuesta | forum | enquiry | survey | quest | inquiry.
encuesta a comerciantes | dealer interview.
encuesta de la opinión pública | public opinion survey.
encuesta demoscópica | demoscopic polling.
encuesta informativa | pilot enquiry.
encuesta por correo | mail survey | postal inquiry.
encuesta por entrevista | interview survey.
encuesta por muestra | sample survey.
encuesta por muestreo | sampling survey.
encuesta sobre la literatura disponible | survey of literary provision.
encumbrado | high.
encumbrar | raise (to).
encumbrarse | ascend (to).
enchapado | plated | clad | lorication | veneering.
enchapado (de muros) | overlaying.
enchapado con losas de piedra | veneered with stone.
enchapado con níquel | nickel cladding.
enchapado de ladrillos (muros o sobre una estructura metálica) | brick veneer.
enchapado de perfiles extruidos | extrusion cladding.
enchapado de piedra (muros) | coffer work.
enchapado ligado con resina fenólica | phenol-bonded plywood.
enchapado por laminación | rolled cladding.
enchapar | plate (to) | loricate (to) | veneer (to).
enchaquetado | jacketed.
enchaquetar (recipientes, cilindros) | jacket (to).
encharcamiento | water logging.
encharcamiento (terreno) | waterlogged.
encharcar | swamp (to).
encharcarse | pool (to).
enchavetado | gibbed | keyed-on | keywayed | keyed | keying.
enchavetado en el eje | keyed to shaft.
enchavetado mecánicamente | mechanically-keyed.
enchavetamiento | keywaying operation | gibbing.
enchavetar | key (to) | keyway (to) | gib (to) | cotter (to) | forelock (to) | pin (to) | wedge (to).
enchavetar la rueda sobre el eje | key the wheel on the axle (to).
enchaveteamiento | pinning.
enchufado | telescoped.
enchufado (pozo entubado) | stabbing.
enchufado a la red | mains-operated.
enchufado-desenchufado | on-off.
enchufar | switch on (to) | plug in (to) | plug (to) | telescope (to) | socket (to).
enchufar mal | misplug (to).
enchufe | tap | socketing.
enchufe (electricidad) | socket-outlet | plug contact.
enchufe (extremo de tubo) | hub.
enchufe bipolar | biplug.
enchufe cruciforme hembra | female cruciform spigot.
enchufe de bayoneta | bayonet holder.
enchufe de campana | bell socket.
enchufe de conmutación (telefonía) | throw-over plug.
enchufe de corriente (electricidad) | convenience outlet.
enchufe de disparo (sondeos) | releasing overshot.
enchufe de empuje (sondeos) | drive down socket.
enchufe de entrada de antena | aerial input socket.
enchufe de mandril | mandrel socket.
enchufe de pesca (sondeos) | overshot.
enchufe de toma de fuerza | power takeoff | power coupler.
enchufe de tres clavijas (electricidad) | three-prong plug.
enchufe de unión arrollada | wire-wrap socket.
enchufe desprendedor | releasing socket.
enchufe desprendedor (sondeos) | releasing overshot.
enchufe eléctrico hembra | electrical outlet.
enchufe excéntrico de pesca (sondeos) | eccentric releasing overshot.

enchufe hembra | female connector | female adapter | receptacle.
enchufe hembra (electricidad) | jack.
enchufe hembra de piso | floor outlet.
enchufe hembra embutido | flush outlet.
enchufe hembracampana de pesca (sondeos) | socket.
enchufe macho | male connector | pin plug.
enchufe macho (electricidad) | socket plug | plug.
enchufe monopolar | one-pole plug.
enchufe multiclavijas | multipin plug.
enchufe múltiple (electricidad) | crab.
enchufe mural | wall socket.
enchufe para afeitadora eléctrica | electric razor socket.
enchufe para sistema de modulos para circuitos impresos | socket P-C board system.
enchufe para una mascarilla de oxígeno (sistema de suministro de oxígeno en un avión) | oxygen station.
enchufe tomacorriente | plug-in | attachment plug.
enchufes macho y hembra tipo multiclavija | sockets and plugs multipin patterns.
enchufre de pared | wall socket.
enchuletamiento (carpintería) | shimming.
enchuletar | shim (to).
endeble | flaccid.
endécada | eleven years.
endecáfilo (botánica) | eleven-leaved.
endecagonal | hendecagonal | eleven-angled.
endecágono | hendecagon | endecagon | undecagon.
endecandro (botánica) | eleven-stamened.
endemicidad | endemicity.
endémico | endemic.
endentado (carpintería) | indented.
endentado (muros) | blocking.
endentado (vigas de madera) | joggled.
endentar | dentate (to) | tooth (to) | mesh (to).
endentar (carpintería) | indent (to).
endentar (poner dientes - a una rueda) | cog (to).
endentar (vigas madera) | joggle (to).
endentar una rueda | ratch (to).
enderezada (corriente alterna) | rectified.
enderezada por estirado (chapa fina) | stretcher-levelled.
enderezado | straightening | cockup.
enderezado (de ejes) | truing.
enderezado a mano | hand straightening | hand setting.
enderezado del árbol | axle truing.
enderezado en el martillo pilón | hammer-dressed.
enderezado en frío | cold straightening.
enderezado en la prensa hidráulica | hydraulically flattened.
enderezado por estiramiento (tubos, redondos) | stretcher straightening.
enderezado por medio de rodillos (chapas) | roller flattening.
enderezador | transrectifier | dresser.
enderezador (de corriente alterna a continua) | rectifier.
enderezador de cocas (cables metálicos) | kink iron.
enderezador de chapas | plate dresser.
enderezador de la trama (acabado de telas) | weft straightener.
enderezador de la vena fluida | flow straightener.
enderezador de pozos desviados de la vertical (sondeos) | hole conditioner.
enderezador del flujo | flow straightener.
enderezador electrostático | capacitron.
enderezador giroscópico (aviación) | gyro rector.
enderezadora | straightening machine.
enderezadora de cilindros para chapas | roll straightener.
enderezadora de chapas | plate leveler | plate dressing machine | plate straightener.
enderezadora de multirrodillos para perfiles laminados | multiroll section straightener.
enderezadora de palanca acodada | toggle-type straightening machine.
enderezadora de planchas de blindaje | armor-plate leveler.
enderezadora de redondos o perfiles laminados | reeler.
enderezadora de rodillos | roller straightening machine | straightener.
enderezadora de tubos | tube reeler.
enderezadora de viguetas laminadas | section straightener | roller section straightener.
enderezamiento | straightening | righting.
enderezamiento (después de vuelo en picado) | flattening out.
enderezamiento (imagen óptica) | erecting.
enderezamiento antes de aterrizar (aterrizajes) | flareout.
enderezamiento con soplete | flame straightening.
enderezamiento de la abolladura | flattening of bulging.
enderezamiento de un cajón neumático inclinado (cimentaciones) | caisson righting.
enderezamiento en la prensa (piezas forjadas) | ironing.
enderezamiento en sentido del ancho (chapas) | side-straightening.
enderezamiento mecánico | mechanical straightening.
enderezamiento para salir del picado (aviones) | pull-out.
enderezamiento pasando por rodillos (varillas) | reeling.
enderezamiento pasando por rodillos o hileras (la varilla no gira) | spinning.
enderezamiento por cabezales rotatorios (redondos) | rotating head straightness.
enderezamiento por calor | thermal straightening.
enderezamiento por estirado | stretch flattening.
enderezamiento por estiramiento (chapas metálicas) | patent leveling.
enderezamiento por tracción (chapas metálicas) | patent leveling.
enderezamiento y reafirmación del cintón de estribor y su llanta exterior (buques) | flattening and refasten of starboard wood railing.
enderezar | true (to) | unbend (to) | right (to) | square (to) | redress (to) | cock (to).
enderezar (aviones) | lift the nose (to) | flatten (to).
enderezar (carriles) | gag (to).
enderezar (después de un picado o de una subida-aeroplanos) | flatten out (to).
enderezar (óptica) | erect (to).
enderezar (tubos) | reel (to).
enderezar a la llama | flame-straighten (to).
enderezar antes de aterrizar (aterrizajes) | flare out (to).
enderezar calentando con el soplete | flame-straighten (to).
enderezar el timón después de un giro (acción de llevar el timón a la vía - buques) | check helm.
enderezar en caliente | hot-straighten (to).
enderezar en la aplanadora (chapas) | mangle (to).
enderezar en su sitio | fair in place (to).
enderezar en su sitio (chapas abolladas) | bump (to).
enderezar la caña (timón) | ease the helm (to).
enderezar momentos antes de aterrizar (aviones) | level off (to).
enderezar muelleando sobre el centro (barras, etc.) | scrag (to).
enderezar un clavo | dress a nail (to).
enderezar un picado con ángulo muy grande (avión de chorro) | dig (to).
enderezarse | stand (to).
enderezatubos | swage.
endeudamiento | borrowing.
endeudamiento del Tesoro | Treasury borrowing.
endeudamiento exterior | exterior indebting.
endeudamiento externo | foreign indebtness.
endoactínico | endoactinic.
endobatolítico | endobatholithic.
endocíclico | endocyclic.
endoclinal | endocline.
endocrinología | endocrinology.
endocrinólogo | endocrinologist.
endodiascopia | endodiascopy.
endodino | endodyne | self-hectodyne.
endodóntica | endodontics.
endoemisor | endo-transmitter.
endoenergético | endoergic.
endoenzima | endoenzyme.
endoérgico | endoergic | power-absorbing.
endogamia | endogamy | inbreeding.
endógamo | inbred.
endógeno | endogenous | endogenetic.
endoglaciar (geología) | englacial.
endoglifo | endoglyph.
endometamorfismo | endometamorphism.
endomorfismo | endomorphism.
endomorfo | endomorph.
endorradiosonda | endoradiosonde.
endorreico (cuencas) | endorheic.
endorreismo (geología) | endorheism.
endorsante | indorsor.
endosable | indorsable | endorsable.
endosado (de un efecto) | endorsee | indorsee.
endosado a favor de | endorsed in favor of.
endosado a favor del Sr. Smith | endorsed bill to Mr. Smith.
endosador (de un efecto) | endorser.
endosante | indorser.
endosante (de un efecto) | endorser.
endosante anterior | previous endorser | preceding endorser | prior endorser.
endosar | indorse (to) | endorse (to).
endosar (comercio) | back (to).
endosar en blanco | indorse in blank (to) | endorse in blank (to).
endosario | endorsee.
endosatario | indorsee.
endosatario (de un efecto) | endorsee.
endoscopia | endoscopy.
endoscopio | endoscope.
endoscopio flexible | fibrescope.
endoscopio industrial | industrial endoscope.
endoscopista | endoscopist.
endoselado | canopied.
endoselar | canopy (to) | hang (to).
endosmómetro | endosmometer.
endosmosis | endosmosis.
endosmosis lingüística | linguistic endosmosis.
endosmótico | endosmotic.
endoso | endorsement | indorsement | backing a bill | indorsation.
endoso a favor | accommodation endorsement.
endoso a la orden | full endorsement.
endoso absoluto | absolute endorsement.
endoso al portador | blank endorsement.
endoso anterior | previous endorsement.
endoso calificado | qualified endorsement.
endoso completo | endorsement without recourse | regular endorsement.
endoso completo (economía) | unqualified endorsement.
endoso condicional | endorsement without recourse | qualified endorsement | conditional endorsement.
endoso de cobertura limitada | limited coverage endorsement.
endoso de favor | accommodation paper.
endoso del conocimiento de embarque | endorsement of bill of lading.
endoso en blanco | endorsement in blank | blank endorsement.
endoso en garantía | endorsement value as security.

endoso especial | special endorsement.
endoso irregular | anomalous endorsement.
endoso limitado | endorsement without recourse | qualified endorsement.
endoso nominativo | restrictive endorsement.
endoso para el cobro | restrictive endorsement.
endoso pignoraticio | endorsement for pledge.
endoso por aval | accommodation endorsement.
endoso rellenado | filled-up endorsement.
endoso restrictivo | restrictive endorsement.
endoso restringido | restrictive endorsement.
endoso sin restriciones | nonrestrictive endorsement.
endoso sólo al cobro | endorsement only for collection.
endosoma (genética) | endosome.
endóspora (microbiología) | endospore.
endotermia | endothermy.
endotérmico | heat-absorbing | endoergic | endothermic.
endotoxina (medicina) | endotoxin.
endo-transmisor | endo-transmitter.
endovibrador policilíndrico coaxial | polycylindric endovibrator.
endulzamiento (colores, voz, carácter) | mellowing.
endulzar | sweeten (to).
enduracimiento de la capa interior de lubricación del pistón | piston lacquering.
endurecedor | nonsoftening | hardener.
endurecedor (química) | hardener.
endurecedor de hormigón | concrete hardener.
endurecedor sinergético | synergistic hardener.
endurecer | harden (to) | bake (to) | indurate (to) | stiffen (to).
endurecer (aceros) | harden (to).
endurecer (resinas) | cure (to).
endurecer (vidrio) | temper (to) | toughen (to).
endurecer al fuego | fire-harden (to).
endurecer con cromo (superficies) | chrome hard (to).
endurecer la conciencia | sear (to).
endurecer la superficie | hardface (to) | face-harden (to) | surface-harden (to).
endurecer por acritud (metalurgia) | work-harden (to).
endurecer por deformación plástica | strain harden (to).
endurecer por laminación en frío (chapas delgadas) | temper (to).
endurecer por medios mecánicos (metalurgia) | work-harden (to).
endurecer por trefilado | bench-harden (to).
endurecer superficialmente | chill (to).
endurecer superficialmente calentando con soplete oxiacetilénico y enfriando con chorros de agua o de aire | shorterize (to).
endurecerse | cake (to) | set (to) | enure (to) | toughen (to) | bind (to) | consolidate (to).
endurecerse (terrenos por el sol) | bake (to).
endurecerse en el aire | air-set (to).
endurecerse en la fatiga | inure oneself to fatigue (to).
endurecerse por envejecimiento | age-harden.
endurecerse por envejecimiento (metalurgia) | age-harden (to).
endurecibilidad | hardenability.
endurecibilidad por deformación plástica | strain hardenability.
endurecibilidad por envejecimiento | age hardenability.
endurecibilidad por estado de acritud (aceros) | temperability.
endurecibilidad por laminado en frío (aceros) | temperability.
endurecible (aceros) | hardenable.
endurecible por autoenvejecimiento en el estado martensítico | age-hardenable in the martensitic state.
endurecible por descomposición austenítica | hardenable by austenitic decomposition.
endurecible por envejecimiento | age-hardenable.
endurecible por formación de martensita | hardenable by martensite formation.
endurecible por la transformación de la austenita | hardenable by the transformation of austenite.
endurecible por reposo | age-hardenable.
endurecible por transformación (aleaciones) | transformation hardenable.
endurecido | hardened | toughened | indurate | indurated.
endurecido a los rigores del tiempo | inured to exposure.
endurecido al aire | air hardened.
endurecido con poliamida | polyamide-cured.
endurecido en la superficie | surface-hardness.
endurecido en toda su masa | through hardened.
endurecido hasta la dureza final | hardened to final hardness.
endurecido por corrientes de inducción a 450 Brinell | induction hardened to 450 Brinell.
endurecido por deformación plástica (aceros) | strain-hardened.
endurecido por dispersión de toria (metalurgia) | thoria-dispersion-hardened.
endurecido por dispersión de un óxido (aleaciones) | dispersion-strengthened | oxide-dispersion-strengthened.
endurecido por dispersión de un óxido (metalurgia) | dispersion-hardened.
endurecido por infusión de partículas estables no metálicas en su masa | dispersion hardened.
endurecido por laminación en frío (aceros) | tempered.
endurecido por sobredeformación | hardened by overstrain.
endurecido por solubilización de una fase (metalurgia) | precipitation-hardened.
endurecido por tratamiento mecánico (aceros) | strain-aged.
endurecido superficialmente | chilled.
endurecimeinto por ondas explosivas | explosive shocking.
endurecimiento | hardening | set.
endurecimiento (hormigón, resinas) | setting.
endurecimiento (resinas sintéticas, etc.) | curing.
endurecimiento con el tiempo | age-hardening.
endurecimiento de contacto (semiconductores) | contact hardening.
endurecimiento de dentaduras de engranajes (aceros) | gear teeth hardening.
endurecimiento de dentaduras de engranajes por corrientes de inducción | gear teeth induction hardening.
endurecimiento de la resina | resin curing.
endurecimiento de la superficie | hard-surfacing.
endurecimiento de la superficie de los extremos del carril | rail-end surface-hardening.
endurecimiento del acero por impacto explosivo | explosive impact steel-hardening.
endurecimiento del espectro de neutrones | spectral hardening | neutron hardening.
endurecimiento del hormigón | concrete setting | setting of concrete.
endurecimiento electroquímico | electrochemical hardening.
endurecimiento estructural (aleaciones) | precipitation hardening.
endurecimiento isotérmico | isothermal hardening.
endurecimiento neutrónico | neutron hardening.
endurecimiento parcial antes de apriete de la junta (resina sintética) | precure.
endurecimiento por acritud (se sobrepasa el límite elástico) | work hardening | temper hardening.
endurecimiento por chorreo con perdigones (metalurgia) | cloudburst treatment.
endurecimiento por deformación | strain hardening.
endurecimiento por deformación después del límite elástico | post-yield strain hardening.
endurecimiento por deformación en frío | strain-age hardening.
endurecimiento por deformación en frío (metalurgia) | strain hardening.
endurecimiento por deformación plástica | strain hardness | strain hardening | strain-age hardening.
endurecimiento por disolución | solution hardening.
endurecimiento por dispersión de un óxido | dispersion hardening.
endurecimiento por dispersión de un óxido (metalurgia) | oxide dispersion strengthening.
endurecimiento por enfriamiento | hardening by cooling.
endurecimiento por envejecimiento | age hardening | age-hardening | ageing hardness.
endurecimiento por estirado (trefilería) | bench hardening.
endurecimiento por forjado | hammer hardening.
endurecimiento por formación de compuestos intermedios de la estructura (aleaciones) | precipitation hardness.
endurecimiento por inducción | induction hardening.
endurecimiento por infusión | dispersion hardening.
endurecimiento por laminación en frío | temper rolling.
endurecimiento por laminación en frío (se sobrepasa el límite elástico - aceros) | tempering | temper hardening.
endurecimiento por medios mecánicos (se sobrepasa el límite elástico) | work hardening.
endurecimiento por microinducción (metalurgia) | microinduction hardening.
endurecimiento por ondas de choque de gran presión (aceros) | shock hardening.
endurecimiento por oxidación | oxidation hardening.
endurecimiento por precipitación | precipitation hardness.
endurecimiento por presión | press hardening.
endurecimiento por puesta en orden (aleaciones) | order-hardening.
endurecimiento por reposo | aging hardening.
endurecimiento por revenido | secondary hardness.
endurecimiento por solubilización de la fase sólida (aleaciones) | solid solution hardening.
endurecimiento por solubilización de la matriz (aleaciones) | solid-solution hardening of the matrix.
endurecimiento por solubilización de un componente (aleación) | hardening by precipitation.
endurecimiento por solubilización de un componente (aleaciones) | precipitation hardening.
endurecimiento por temple | quench hardening | hardening quenching.
endurecimiento por temple instantáneo | quenching hardening.
endurecimiento posterior después de haber sufrido la deformación plástica (metalurgia) | strain hardening.
endurecimiento posterior que ocurre al dejar reposar largo tiempo un acero que ya ha sido endurecido por deformación plástica | strain-ageing | strain-age hardening.
endurecimiento producido por estirado en frío (alambres, etc.) | hard drawn.
endurecimiento progresivo | decremental hardening.
endurecimiento selectivo | differential hardening.
endurecimiento superficial | surface hardening | face-hardening.
endurecimiento superficial por abrasivado excesivo | glaze.
endurecimiento superficial por medio de la detonación de una manta de explosivo aplicada a la superficie (agujas y cruces de vía

férrea) | explosive hardening.
endurecimiento total (en toda la masa) | through hardening.
endurecimiento y oscurecimiento del pellejo por evaporación superficial excesivamente rápida (deshidratación de alimentos) | casehardening.
endurecimimto | induration.
eneagonal | enneagonal | nine-angled.
eneágono | nonagon | enneagon.
eneastilo | ennestyle.
enebro africano (Juniperus procera) | tarkuet | teet | African pencil cedar.
enebro americano (Juniperus virginiana) | Virginian pencil cedar | Virginian red cedar.
enebro blanco americano (Chamaecyparis thyoides) | southern white cedar.
enemigo | hostile | enemy.
enemigo declarado | confessedly enemy.
eneolítico | eneolithic.
energética | energetics.
energética atómica | atomic energetics.
energeticismo | energeticism.
energético | energetic | energy-producing | energy yielding | energy-yielding.
energía | energy | kick | power | activity | force.
energía (eléctrica) | power.
energía a la temperatura del cero absoluto | zero point energy.
energía absorbible | absorbable energy.
energía absorbida | input.
energía actual | dynamic energy.
energía acústica | sound energy | sonic energy.
energía almacenada | stored energy.
energía almacenada capacitatívamente | capacitively stored energy.
energía almacenada en el volante | flywheelstored energy.
energía almacenada por unidad de tiempo | energy-storage rate.
energía aparente de activación | apparent activation energy.
energía atómica | A-power.
energía atomoeléctrica | atomoelectrical energy.
energía calorífica | heat energy.
energía calorífica a temperatura menor de 100° C | low-grade heat.
energía cinética | motivity | motive energy | motional energy | active energy | actual energy | vis viva | kinetic energy | energy of motion.
energía cinética de rotación | spin energy.
energía cinética de un estado microscópico | kinetic energy of a microscopic state.
energía cinética del centro de masas | kinetic energy of the mass center.
energía cinética del chorro | jet kinetic energy.
energía cinética externa | external kinetic energy.
energía cinética interna | internal kinetic energy.
energía cinética liberada en el material (nuclear) | kinetic energy release in material.
energía cohesiva | cohesive energy.
energía comunicada a la materia | energy imparted to the matter.
energía concentrada | untapped energy.
energía cósmica | cosmic energy.
energía crítica de deformación | critical deformation energy.
energía cuántica | quantic energy.
energía de absorción por resonancia (radio) | resonance absorption energy.
energía de activación | activation energy.
energía de activación de difusión | diffusion activation energy.
energía de activación de la fisión | fission activation energy.
energía de activación de las impurezas | impurity activation energy.
energía de activación de 32 kilocalorías/mol/°K | activation energy of 32 kcal/mole/°K.
energía de activación de 43 kilocalorías/mol^{-1} | activation energy of 43 kcal/mole^{-1}.
energía de activación de 9.700 calorías por mol | activation energy of 9,700 cal per mole.
energía de activación para el flujo viscoso | activation energy for viscous flow.
energía de anelación | annelation energy.
energía de bombardeo | bombarding energy.
energía de borde de banda | band-edge energy.
energía de cambio | exchange energy.
energía de circulación del viento (túnel aerodinámico) | windage energy.
energía de conducción | advected energy.
energía de corriente fluida | fluid-flow energy.
energía de corte | cut-off energy.
energía de choque | striking energy.
energía de choque sin rebote (prueba Izod) | no-toss impact energy.
energía de deformación real | true-strain energy.
energía de desintegración | disintegration energy | decay energy.
energía de desintegración alfa | alpha desintegration energy.
energía de desintegración nuclear | Q-value.
energía de disociación del enlace (moléculas) | bond dissociation energy.
energía de electrovalencia | binding energy.
energía de enlace | binding energy.
energía de enlace de la partícula alfa | alphaparticle binding energy.
energía de enlace de un protón | proton binding energy.
energía de enlace neutrónica | neutron binding energy.
energía de enlace nuclear | nuclear binding energy.
energía de enlace por molécula | binding energy per molecule.
energía de enlace por partícula (física nuclear) | packing fraction.
energía de entrada | input.
energía de excitación | excitation energy | radiation potential.
energía de Fermi | Fermi energy.
energía de fisión | fission energy.
energía de hiperfrecuencia | high-frequency power.
energía de impulso de hasta 1 julio | pulse energy of up to 1 joule.
energía de la deformación elástica | elastic strain energy.
energía de la desintegración nuclear | nuclear desintegration energy.
energía de la masa en reposo | rest-mass energy.
energía de ligazón | binding energy.
energía de los defectos de apilamiento (cristalografía) | stack-fault energy.
energía de los fragmentos de la fisión | fission-fragment energy.
energía de los gases de preexhaustación (motor de dos tiempos) | blowdown energy.
energía de movimiento | energy of motion.
energía de paridad | pairing energy.
energía de recuperación | counterrecoil energy.
energía de repulsión | repulsive energy.
energía de resonancia | resonance energy.
energía de resonancia atérmica | nonthermal resonance energy.
energía de resonancia iónica | ionic resonance energy.
energía de retroceso | recoil energy.
energía de retroceso del cañón | gun recoil energy.
energía de rotación de la tierra | energy of rotation of earth.
energía de solape de bandas | band overlap energy.
energía de solvatación de un ión | energy of solvation of an ion.
energía de superficie nuclear | nuclear surface tension.
energía de sustitución | replacement energy.
energía de transición | transition energy.
energía de un sistema (termodinámica) | energy of an assembly.
energía de una radiación | radiant energy.
energía de unión | binding energy.
energía del campo magnético | magnetic field energy.
energía del estado base (magnetismo) | groundstate energy.
energía del estado fundamental | ground state energy.
energía desprendida o absorbida en una reacción nuclear | Q-value.
energía dinámica de rotación | kinetic energy of rotation.
energía disipada | let-through energy.
energía disipada en la desintegración beta de un neutrón | energy released in beta decay of a neutron.
energía elástica almacenada por centímetro cúbico | elastic energy stored per cubic centimeter.
energía eléctrica | electrical energy | electric power.
energía eléctrica de generación nuclear | nuclear-generated electric power.
energía eléctrica producida por combustible nuclear | nuclear fueled electrical power.
energía eléctrica ultrasónica | ultrasonic electrical energy.
energía electroatómica | electroatomic energy.
energía emitida | given off energy.
energía en la hora de máxima carga | on-peak energy.
energía en las bornas producida anualmente | net electrical output.
energía en las horas de menos consumo | off-peak energy.
energía en reposo | rest energy.
energía eólica | eolian energy | wind energy | wind power.
energía equivalente del kilotón | kiloton energy.
energía específica (turbina, compresor rotativo) | head input.
energía específica (turbinas, compresor rotativo) | power input.
energía específica de 2,1 megavatios por tonelada | power density of 2.1 MW per tonne.
energía fantasma (sismología) | ghost.
energía fotovoltaica solar | photovoltaic solar energy.
energía gámmica | gamma energy.
energía generada por unidad de masa de uranio | energy generated per unit mass of uranium.
energía geotérmica | geothermic energy | geothermal energy.
energía germicida | germicidal energy.
energía germinativa de la semilla | seed vigor.
energía heliotérmica | heliothermic energy.
energía hidráulica | hydraulic power | water power.
energía hidráulica artesiana | artesian water power.
energía hidroeléctrica | water power | hydroelectric energy.
energía inicial (cañones) | muzzle energy.
energía interna | internal energy.
energía interna sensible | sesible internal energy.
energía liberada | energy yield | yield.
energía liberada de 190 MeV | released energy of 190 MeV.
energía liberada por fisiones en cadena | chain fission yield.
energía liberada por unidad de masa | energy liberated per unit mass.
energía ligante | binding energy.
energía magnetoelástica | magnetoelastic energy.
energía magnetohidrodinámica | magnetohydrodynamic power.

energía magnetostática | magnetostatic energy.
energía mareal | tidal power | tidal energy.
energía maremotriz | tide-power.
energía máxima disponible | available power.
energía media de ionización | mean ionization energy.
energía media por par iónico | average energy expended per ion pair.
energía metabolizable | metabolizable energy.
energía mínima de encendido | minimum firing power.
energía motriz | motive energy | driving-power.
energía necesaria para lanzar el extremo roto de la probeta (prueba Izod) | toss factor.
energía nuclear | atomic energy.
energía nucleoeléctrica | nucleoelectric energy.
energía nucleotermoeléctrica | nucleothermoelectric power.
energía nula | zero energy.
energía para la desintegración total (núcleo atómico) | binding energy.
energía perdida por libra de material (cobre o hierro) | figure of loss.
energía por unidad de volumen del núcleo (reactor nuclear) | power density.
energía potencial | energy of position | potential energy | virtual energy.
energía potencial electrostática | electrostatic potential energy.
energía potencial gravitatoria | gravitational potential energy.
energía producida por vapor volcánico | volcanic power.
energía propia | self-energy.
energía pulsante de los gases de exhaustación (motor diesel) | exhaust pulse energy.
energía que entra por unidad de tiempo | energy-inflow rate.
energía que puede pasar a través del dispositivo | let-through energy of the device.
energía radiante | radiant energy.
energía radiante infrarroja o ultravioleta | black light.
energía radiante por banda de ondas | spectral radiant energy.
energía radiante por unidad de superficie | radiance.
energía radiante reflejada | echo.
energía radioisotópica | radioisotopic power.
energía reactiva | kilovar output | apparent watts | reactive volt-amperes | reactive energy.
energía real | actual power.
energía recibida | input.
energía recuperada | restored energy.
energía refrenada | bottled-up energy.
energía remanente | residual energy | remaining energy.
energía renovable | renewable energy.
energía repulsiva | repulsive energy.
energía restituida | restored energy.
energía solar | solar energy.
energía solar comparada con la energía nuclear | solar versus nuclear energy.
energía sonora | sound energy.
energía subnuclear | subnuclear energy.
energía suministrada | output.
energía térmica | thermal power | heat energy.
energía térmica de reentrada (cosmonaves, satélites) | re-entry thermal energy.
energía térmica en exceso | surplus thermal energy.
energía térmica producida | thermal energy yield | heat output.
energía térmica solar | solar thermal energy.
energía termofotovoltaica | thermophotovoltaic energy.
energía termonuclear | fusion energy.
energía total de activación de 50 kilocalorías/mol | gross activation energy of 50 kcal/mole.
energía total de enlace de los electrones | total electron binding energy.
energía turbulenta | eddy energy.
energía utilizable | availability | available energy.
energía utilizable transportada en los productos de la combustión | stack losses.
energía volumétrica | volume energy.
energía Wigner | Wigner energy.
energía Wigner inducida por irradiación (reactor nuclear) | irradiation-induced Wigner energy.
energía y medio ambiente | energy and environment.
energías nucleónicas no relativistas | nonrelativistic nucleon energies.
enérgico | energetic.
energización | energization.
energizador | energizer.
energizar | energize (to).
enervar | unnerve (to).
enervia (botánica) | enervate.
enetuple | n-tuple.
enfajadora-prensadora | bundling and banding press.
enfajillado | banding.
enfajilladora (imprenta) | banding machine.
enfajillar | band (to).
enfajinar | fascine (to).
enfaldillado | flanging | flanged.
enfaldilladora | flanger.
enfaldillar (chapas) | angle (to) | flange (to).
enfaldillar en frío | cold flange (to).
enfaldillar frentes de calderas | flange boiler ends (to).
enfangar | slime (to).
enfardado | trussed.
enfardador | packer.
enfardadora | straw pressing machine trusser.
enfardadora de forrajes | fodder baler.
enfardadora de heno | hay-press.
enfardadoras | stretch wrapping machines.
enfardaje dal algodón | cotton packing.
enfardar | bale (to) | pack up (to) | truss (to) | pack (to) | bundle (to).
enfarde | packing.
enfarde del corcho | cork packing.
enfardelador | packer.
enfardelador (obrero) | baler.
enfardeladora (máquina) | baler.
enfardelaje | baling.
énfasis | emphasis.
enfatizar | emphasize (to).
enfeltrar (telas) | felt (to).
enfermedad | disease.
enfermedad contagiosa | plague.
enfermedad de la vuelta (enología) | tourné.
enfermedad de las cadenas alfa | alpha chain disease.
enfermedad de las hilanderas | mulespinner's disease.
enfermedad de las hojas de la patata | curl.
enfermedad de las montañas | mountain sickness.
enfermedad de las plantas causada por hongos | rot.
enfermedad de las plantas debida a especies de (Puccinia) | ferrugo.
enfermedad de las plantas jóvenes por exceso de humedad | damping.
enfermedad de los árboles | canker.
enfermedad de los aviadores | airsickness.
enfermedad de los cajones de aire comprimido (cimentaciones) | caisson disease.
enfermedad de los olivos debido al hongo Verticillium alboratrum | die-back.
enfermedad de los trabajadores en aire comprimido | bends.
enfermedad debida a varios hongos (botánica) | scab.
enfermedad del arroz producida por el Helminthosporium oryzae | brusone.
enfermedad del ganado vacuno con anemia y temperatura alta | gallsickness.
enfermedad laboral de la piel | occupational skin disease.
enfermedad molecular somática | somatic molecular sickness.
enfermedad no parasitaria | nonparasitic disease.
enfermedad ocupacional | job-related illness.
enfermedad por cansancio | fatigue disease.
enfermedad por carencia | insufficiency disease | deficiency disease.
enfermedad por carencia de contenido proteínico en la alimentación (Africa) | kurashiorkar.
enfermedad por irradiaciones | irradiation sickness.
enfermedad por radiación | radiation sickness.
enfermedad producida por hongos microscópicos (hojas de árboles) | brand.
enfermedad producida por volar continuamente a grandes alturas o sea con bajas presiones | altitude sickness.
enfermedad profesional | industrial disease | occupational disease.
enfermedad pulmonar laboral | industrial lung disease.
enfermedad química por exceso de hierro u otros metales (quiebra férrica - vinos) | casse.
enfermedad transmitida por los alimentos | food-borne illness.
enfermedad tromboembólica (medicina) | thromboembolic disease.
enfermedad tropical | tropical disease.
enfermedad vegetal (botánica) | plant disease.
enfermedad venérea | venereal disease.
enfermedades cutáneas laborales | occupational skin diseases.
enfermedades virales de los árboles cítricos | virus deseases of citrus trees.
enfermera | nurse | ambulance nurse.
enfermera con título del Estado | State Registered Nurse.
enfermera de la fábrica | plant nurse.
enfermera jefa | head nurse.
enfermera jefa (hospital) | matron.
enfermera mayor | head nurse.
enfermera quirofanista | operating room nurse.
enfermera titulada | licensed practical nurse.
enfermería | infirmary.
enfermería (fábricas) | first-aid room.
enfermero | ambulance man | orderly.
enfermero (persona) | hospital orderly.
enfermo | invalid | ill.
enfermo (medicina) | case.
enfermo bacilífero | bacilliferous patient.
enfermo del seguro de enfermedad | panel patient.
enfermo igualado | panel patient.
enfeudación | infeudation.
enfeudar | enfeoff (to).
enfieltrado (telas) | felting.
enfieltrar (telas) | felt (to).
enfilación | range.
enfilado (de telas) | threading.
enfilado (luces, boyas, etc.) | in transit.
enfilar | enfilade (to) | trend (to).
enfilar (marcaciones) | come into line with (to).
enfilar (milicia) | rake (to).
enfilar (telas) | thread (to).
enfilar la bocana de un puerto | thread (to).
enfiteusis | heritable leasehold | emphyteusis.
enfiteuta | ephyteuticary | bond tenant.
enflaquecer | thin (to).
enflejadora de cajas | strapper.
enflejamiento (de cajas) | strapping.
enflejar | band (to).
enfleuraje | enfleurage.
enfocado con precisión | sharply focused.
enfocador (máquina fotográfica) | finder.
enfocador (televisión) | focalizer.
enfocamiento | beaming | centering | focusing.
enfocamiento (radio) | beaming.
enfocamiento de una situación | sizing up a situation.
enfocar | focus (to) | focalize (to).
enfocar la situación | pinpoint the situation (to).
enfoque | focusing | focalization | focalizing |

viewing.
enfoque (de un problema) | approach.
enfoque aproximado | rough focusing.
enfoque automático | automatic focusing.
enfoque científico | scientific approach.
enfoque constante (cine) | pulling focus.
enfoque de electrones | focusing of electrons.
enfoque electromagnético | electromagnetic focusing.
enfoque electrónico | electron focusing.
enfoque electronico-óptico | electron optical focusing.
enfoque electrostático | electrostatic focusing.
enfoque incremental | incremental approach.
enfoque iónico (radio) | ionic focusing | gas focusing.
enfoque magnético | magnetic focusing | magnetic focusing.
enfoque magnetostático | magnetostatic focusing.
enfoque óptico | optical focussing.
enfoque por tornillo | screw-focusing.
enfoque regulable | adjustable focusing.
enfoscado | daub | parge | coarse stuff | rough-cast | rough casting | rough coat | roughing in | roughing | pargeting | parge-work | rendering.
enfoscado (enlucidos) | first coat.
enfoscado (muros) | rough-coated.
enfoscador | rough-caster.
enfoscar | rough-render (to) | parget (to).
enfoscar (muros) | rough-coat (to) | rough in (to) | rough-cast (to).
enfranque (de la suela) | shank.
enfranque del zapato | shoe shank.
enfrascado en cálculos | embogged in calculations.
enfrenado (caballo) | bitted.
enfrenamiento | brakeage | slowing down.
enfrenar | slowdown (to).
enfrentamiento | showdown.
enfriado | cooled.
enfriado a intervalos | interval-cooled.
enfriado a la temperatura ambiente | cooled to room temperature.
enfriado a partir de la parte superior | cooled from above.
enfriado a temperaturas criogénicas (aceros) | hyperquenched.
enfriado a 500 °C en plomo fundido | cooled to 500 °C in molten lead.
enfriado ablativamente | ablatively cooled.
enfriado al aire | air chill.
enfriado al aire (motores) | directly-cooled.
enfriado al aire a partir de la temperatura de recuperación | air cooled from the recovery temperature.
enfriado artificialmente | artificially cooled.
enfriado bruscamente | abruptly cooled.
enfriado con agua potable | fresh-water-cooled.
enfriado con anhídrido carbónico líquido | liquid-CO_2-cooled.
enfriado con fluido orgánico (reactor nuclear) | organic-cooled.
enfriado con helio | helium-cooled.
enfriado con hielo | iced.
enfriado con recuperación del calor | regeneratively cooled.
enfriado con serpentín plano | grid-cooled.
enfriado con sodio líquido | liquid-sodium-cooled.
enfriado en aceite | oil-quenched.
enfriado en agua | water-quenched.
enfriado en cal | cooled in lime.
enfriado en cenizas calientes | cooled in hot ashes.
enfriado en el horno a la temperatura ambiente | furnace-cooled to room temperature.
enfriado en el horno a 880 °C | furnace-cooled to 880 °C.
enfriado en el horno hasta 1.050 grados Kelvin para eliminar cualquier ferrita-delta | furnace-cooled to 1,050 °K to eliminate any δ-ferrite.
enfriado en el molde | mold-cooled.
enfriado en fosa (metalurgia) | pit-cooled.
enfriado en gas | gas-quenched.
enfriado en la fase bainítica | cooled in the bainitic range.
enfriado en un líquido | liquid-quenched.
enfriado interiormente | inner-cooled.
enfriado por aceite | oil-cooled.
enfriado por aceite a presión | pressure-oil cooled.
enfriado por agua | water-cooled.
enfriado por agua salada | seawater-cooled.
enfriado por aire | aircooled | air cooling.
enfriado por aire a presión | forced-air-cooled.
enfriado por circulación forzada de aceite | forced-oil-cooled.
enfriado por corriente de aire | air blast cooled.
enfriado por el estátor (electromotor) | frame-cooled.
enfriado por evaporación | vaporization-cooled | evaporatively cooled.
enfriado por fuera | externally quenched.
enfriado por lubricante a presión | forced-cooled.
enfriado por radiación | radiation-cooled.
enfriado por radiador | radiator-cooled.
enfriado por rociado | spray-quenched.
enfriado por termosifón | tank-cooled.
enfriado rapidamene en solución de cloruro de litio refrigerado | quenched into iced lithium chloride solution.
enfriado rapidamente | quenched.
enfriado rápidamente con gas | gas quenched.
enfriado rápidamente con nitrógeno licuado | liquid-nitrogen-quenched.
enfriado rápidamente en aceite (aceros) | oil quenched.
enfriado rápidamente en agua refrigerada (metalurgia) | ice-water quenched.
enfriado rapidamente en salmuera refrigerada | quenched into iced brine.
enfriador | chiller | coolant | cooler | heat-exchanger.
enfriador (de tren de laminación) | hot bank.
enfriador (tren de laminación) | hotbed.
enfriador con circulación de agua del mar | seawater circulated cooler.
enfriador de aceite construido con aletas | fin-constructed oil cooler.
enfriador de aceite de plurielementos | multielement oil cooler.
enfriador de aceite enfriado con el combustible (motor de chorro) | fuel-cooled oil-cooler.
enfriador de aceite instalado en un conducto | ducted oil cooler.
enfriador de aceite lubricante | lubricating-oil cooler.
enfriador de agua | water cooler.
enfriador de aire | aircooler.
enfriador de contracción (fundición de ruedas) | contracting chill.
enfriador de corriente de aire | air blast cooler.
enfriador de ducha | shower cooler.
enfriador de habitaciones | room cooler.
enfriador de líquido de tubos y envuelta | shell-and-tube liquid chiller.
enfriador de líquidos | liquid chiller.
enfriador de salmuera | brine chiller | brine cooler.
enfriador de serpentín | coil cooler.
enfriador de serpentín de aletas | fin-coil cooler.
enfriador de serpentín sumergido | immersed-coil cooler.
enfriador de superficie (moldería) | densener.
enfriador de tubos de aletas | finned-tube cooler.
enfriador de vapor recalentado tipo evaporativo | evaporative attemperator.
enfriador del aceite | oil cooler.
enfriador del aceite de temple | quenching-oil cooler.
enfriador del aceite refrigerante | cooling oil cooler.
enfriador del agua del destilador | distiller water-cooler.
enfriador del agua destilada para la envuelta del cilindro | jacket distilled-water cooler.
enfriador del agua dulce | fresh-water cooler.
enfriador del agua potable | drinking water cooler.
enfriador del aire enfriado por agua del mar | seawater cooled air cooler.
enfriador del condensado | condensate cooler.
enfriador en cascada | cascade cooler.
enfriador enfriado por aire admitido en sentido de la marcha (aviones) | ram-air-cooled cooler.
enfriador intermedio multitubular | multiple-tube intercooler.
enfriador multicameral | multiple-chamber cooler.
enfriador regenerativo rotativo | rotating regenerative type heat exchanger.
enfriador rotativo | spinner cooler.
enfriador tubular | tubular cooler.
enfriadora de agua | water chiller.
enfriamiento | chilling | chill | cooldown | cooling.
enfriamiento (alto horno) | slaking.
enfriamiento adiabático | adiabatic cooling.
enfriamiento al aire libre | natural cooling.
enfriamiento al aire más un revenido de 1.200 a 1.300 °F | aircool plus a draw from 1,200-1,300 °F.
enfriamiento artificial | artificial cooling.
enfriamiento con bióxido de carbono líquido | liquid carbon dioxide cooling.
enfriamiento con chorros de agua | shower cooling.
enfriamiento con nitrógeno líquido | liquid nitrogen cooling.
enfriamiento continuo | continuous cooling.
enfriamiento controlado | controlled freezing.
enfriamiento de elaboración | process cooling.
enfriamiento de la bobina | coil cooling.
enfriamiento de la culata del cilindro | cylinder cover cooling.
enfriamiento de la chaqueta del cilindro | cylinder jacket cooling.
enfriamiento de la raíz de la paleta (turbina gases) | blade-root cooling.
enfriamiento de las paletas | blade cooling.
enfriamiento del aceite | oil-cooling.
enfriamiento del hidrógeno | hydrogen cooling.
enfriamiento del núcleo | core cooling.
enfriamiento del serpentín | coil cooling.
enfriamiento del troquel | die-quenching.
enfriamiento del vapor | steam cooling.
enfriamiento dentro del troquel | die-quenching.
enfriamiento diferencial | differential cooling.
enfriamiento difusional | diffusional cooling.
enfriamiento diurno | diurnal cooling.
enfriamiento electrodinámico | electrodynamic cooling.
enfriamiento en agua | W Q.
enfriamiento en agua de artículos huecos estañados de forma que sólo se moje el exterior | back-quenching.
enfriamiento en baño de plomo | lead-cooling.
enfriamiento en el horno | furnace-cooling.
enfriamiento en plomo derretido a 500 °C y después enfriamiento rápido al aire (termotratamiento de aceros) | lead patenting.
enfriamiento en un medio a temperatura mayor que la ambiente | hot quenching.
enfriamiento entre cal | lime cooling.
enfriamiento escalonado (metalurgia) | gradient cooling.
enfriamiento evaporante | evaporative cooling.
enfriamiento forzado (generadores) | supercharged cooling.
enfriamiento haciendo pasar a través de un cuerpo expuesto al calor una corriente de gas que forme una capa protectora en la superficie del cuerpo | sweat cooling.

enfriamiento interior | internal cooling.
enfriamiento interno | inner-cooling.
enfriamiento interno de las paletas con agua | blade internal water-cooling.
enfriamiento latente a sensible | latent to sensible cooling.
enfriamiento local a través del molde antes que el metal se solidifique | bridging.
enfriamiento localizado | localized cooling.
enfriamiento mecanizado del pan | mechanized bread cooling.
enfriamiento natural | self-cooling.
enfriamiento por ablación | ablation cooling.
enfriamiento por aceite | oil-cooling.
enfriamiento por aceite a presión | forced-oil cool.
enfriamiento por agua nebulizada | spray quenching | fog-cooling.
enfriamiento por aire | aircooling.
enfriamiento por aire a presión | forced-air cool.
enfriamiento por aletas | rib cooling.
enfriamiento por camisa exterior (de agua, aceite, etc.) | jacket-cooling.
enfriamiento por circulación de aceite a presión | forced oil cooling.
enfriamiento por condensación superficial | sweat cooling.
enfriamiento por chorro de aire a presión | forced-air cooling.
enfriamiento por debajo de cero grados K | subfreezing.
enfriamiento por efusión | effusion cooling.
enfriamiento por espuma | foam-cooling.
enfriamiento por evaporación con retorno por la gravedad | evaporative -gravity cooling.
enfriamiento por evaporación de una película | evaporative film cooling.
enfriamiento por expansión | dynamic cooling.
enfriamiento por flujo líquido | flood-cooling.
enfriamiento por formación de vapor | evaporative cooling.
enfriamiento por formación de vapor de agua | steam cooling.
enfriamiento por hidrógeno (generadores eléctricos) | hydrogen cooling.
enfriamiento por intercambio de masa | mass transfer cooling.
enfriamiento por inyección | injection cooling.
enfriamiento por neblina | mist cooling.
enfriamiento por neblina de agua | fog-quenching.
enfriamiento por porosidad del metal | sweat cooling.
enfriamiento por radiación | radiational cooling | radiation cooling.
enfriamiento por sodio | sodium cooling.
enfriamiento por sudación | transpiration cooling.
enfriamiento por transferencia de masa | mass transfer cooling.
enfriamiento por transpiración | transpiration cooling | sweat cooling.
enfriamiento por transpiración del paletaje de la turbina de gases | gas-turbine blade transpiration cooling.
enfriamiento por una mezcla de vapor y gotículas de agua (reactor nuclear) | fog-cooling.
enfriamiento por vapor | vapor cooling.
enfriamiento por ventilador | fan-cooling.
enfriamiento posterior | aftercooling.
enfriamiento preliminar | fore-cooling.
enfriamiento progresivo | progressive freezing.
enfriamiento rápido | rapid cooling | quenching.
enfriamiento rápido del uranio desde la fase beta | beta quench.
enfriamiento rápido localizado | rapid localized cooling.
enfriamiento regulado | controlled cooling.
enfriamiento termoeléctrico | thrmoelectric cooling.
enfriamiento termomagnético | thermomagnetic cooling.
enfriamiento uniforme | even cooling.
enfriar | cool (to) | refrigerate (to) | chill (to).
enfriar (un gas) | temper (to).
enfriar a chorro | sparge (to).
enfriar a presión | pressure-cool (to).
enfriar bruscamente | quench (to).
enfriar con hielo | ice (to).
enfriar con salmuera | brine-cool (to).
enfriar con sodio líquido | sodium-cool (to).
enfriar con soplante | blower-cool (to).
enfriar con un líquido (no con agua) | liquid-cool (to).
enfriar con ventilador | fan-cool (to).
enfriar en agua | water quench (to).
enfriar en baño de sales | brine-quench (to).
enfriar en el horno | furnace-cool (to).
enfriar en el troquel (prensas) | die-quench (to).
enfriar interiormente | inner-cool (to).
enfriar interiormente con ventilador (motor eléctrico) | fan-cool (to).
enfriar por circulación | recool (to).
enfriar por condensación superficial | sweat cool (to).
enfriar por contacto superficial | surface-cool (to).
enfriar por dilatación | cool by expansion (to).
enfriar por sudación | sweat cool (to).
enfriar rápidamente | flash-cool (to).
enfriar rápidamente en un líquido | quench (to).
enfridor de superficies hidroenfriadas (vapor recalentado) | surface attemperator.
enfrisar | wainscot (to).
enfundar | case (to) | sheathe (to).
enfurtido | milling | milled | fulling.
enfurtido ácido (telas lana) | acid fulling.
enfurtir | mill (to) | full (to).
eng (Dipterocarpus tuberculatus - Roxb) | pluang | eng.
engabionar (márgenes ríos) | gabion (to).
engalanar | dress (to).
engalgar (anclas) | back (to).
engalgar (para frenar) | sprag (to) | spoke (to).
enganchable | attachable.
enganchado | hooked.
enganchador (minas) | striker | flatman.
enganchador (obrero de minas) | platman.
enganchador (obrero que atiende en el fondo del pozo la jaula de extracción) | onsetter.
enganchador (obrero sondista) | monkey boy.
enganchador (sondeos) | hoisting dog | grab iron.
enganchador (vagonetas de minas) | hooker.
enganchador de sondas (sondeos) | grab.
enganchador de vagones (ferrocarriles) | shunter.
enganchador de vagones (minas) | car coupler.
enganchador de vagonetas | coupler-on.
enganchador de vagonetas (minas) | hooker-on.
enganchapercutor (sondeos) | jar latch.
enganchar | hook-up (to) | hook (to) | hitch (to).
enganchar (artillería rodada) | trail (to).
enganchar (el caballo) | trace (to).
enganchar (vagones) | couple up (to) | couple (to).
enganchar la gata (de un ancla) | cat (to).
enganchar maderas (Bolivia) | bunch (to).
enganchatubos (entubación pozos) | casing grab.
enganchatubos (sondeos) | pipe-grab.
enganche | catch | grappling | joint | fall-in | hook engagement | hooking-up | hooking on | latch on | latching.
enganche (coches de ferrocarril) | shackle.
enganche (de nuevos coches a un tren) | putting on.
enganche (de un tren) | hitch.
enganche (electricidad) | crawling.
enganche (ferrocarril) | coupling | coupler.
enganche (máquina asíncrona) | crawling.
enganche (minas) | onsetting.
enganche (pozo minas) | hanging-on.
enganche (radio) | locking.
enganche (telefonía) | seizing | branching.
enganche (vagones) | coupling link.
enganche acústico | squealing.
enganche apretado (vagones) | closing coupling.
enganche articulado | articulated coupling.
enganche automático (ferrocarril) | automatic coupler | automatic coupling.
enganche central (vagones) | central coupling.
enganche de barras | rod coupling.
enganche de cadena (vagones) | chain coupling.
enganche de cierre | catch.
enganche de energía al abonado (electricidad) | service connection.
enganche de fase | phase lock.
enganche de garras | jaw coupler.
enganche de la calle (pozos de minas) | pit-eye | processing | pit-mouth | bank.
enganche de seguridad | emergency coupling.
enganche de vagones (trenes) | car coupler.
enganche del fondo (minas) | bottom plat | bottom landing.
enganche doble (vagones) | double coupling.
enganche en máquina sincrónica | coming into step.
enganche inferior (minas) | plat.
enganche inferior (pozo de extracción) | ingate-plot.
enganche inferior (pozo de mina) | lodge.
enganche inferior (pozo mina) | shaft-landing | pit-bottom.
enganche inferior (pozo minas) | shaft siding.
enganche magnético | magnetic latching.
enganche para remolque | trailer hitch.
enganche para vagonetas (minas) | jig.
enganche por largo plazo (marina) | long service.
enganche superior (jaula de mina) | apex | landing stage | tipple | outset.
enganche superior (minas) | landing.
enganche superior (plano inclinado) | bank head.
enganches para vagonetas (plano inclinado) | jigger.
engañar | play the knave (to) | cheat (to) | chisel (to) | double-cross (to) | gyp (to).
engaño | fake | barratry | artifice | deceit | chaff.
engaño por radio | radio deception.
engañoso | fraudulent.
engarbarse (corta de árboles) | lodge (to).
engarce | setting.
engarce (cartucho con bala) | crimp.
engarce (cartuchos) | crimping.
engarce engastado | gallery setting.
engarce para bolómetro | bolometer mount.
engargolar (juntas de chapas) | lock (to).
engarzado (proyectiles) | beading.
engarzador de cartuchos | crimping tool.
engarzahilos (devanadora) | piecer.
engarzar | catch (to).
engarzar (proyectiles) | chock (to).
engarzar la malla (tejido punto) | cast off (to).
engarzar municiones en la cinta | belt (to).
engastado | chased | set.
engastado a mano (diamantes) | handset.
engastado en la superficie (gemas, diamantes) | surface-set.
engastador | chaser | enchaser.
engastador (de joyas) | setter.
engastador (joyería) | mounter.
engastar | chase (to) | enchase (to) | set in (to).
engastar (gemas) | set (to) | set out (to).
engastar (joyas) | collet (to).
engastar (joyería) | mount (to).
engaste | chasing | jewel setting | jeweling | seating | setting.
engaste (joyas) | bed | mounting | collet.
engaste (joyería) | setting | jewel hole setting.
engaste (joyería, relojería) | bezel.
engatillado | seam.
engatillado (alto horno) | ironing.

engatillado (unión de chapas) | welted fold | seaming.
engatilladora | seam folder.
engatilladora (latas conservas) | seamer.
engatilladora de latas de conservas | can seamer.
engatillar | seam (to) | cramp (to).
engatillar (juntas de chapas) | lock (to) | welt (to).
engazador | looper.
engazadora (máquina calcetería) | looper.
engazar | loop (to).
engazar (poleas) | strap (to).
engendrada por una explosión | explosively generated.
engendrador | generator.
engendrar | generate (to).
engendrar (curvas, sólidos) | generate (to).
engendrar un sólido (geométrico) | generate a solid (to).
engendrar una superficie de revolución | generate a surface of revolution (to).
englobar | cover (to).
engofrado | embossed.
engofrado (cueros) | embossing.
engofrar (telas) | emboss (to).
engomado | adhesive | rubberized | gumming | gummed.
engomado (de telas) | dressing.
engomado (papel) | sized.
engomado (telas) | sized | sizing.
engomado (urdimbre) | tape sizing.
engomado de un segmento | sticking.
engomado de urdimbres | warp sizing.
engomadora | sizing machine.
engomadora de cilindros | cylinder sizing machine.
engomar | gum (to).
engomar (telas) | dress (to).
engomar una tela | buckram (to).
engordado con grano (ganado) | grain-fattened.
engordado con hierba (ganado) | grass-fattened.
engordador (Chile, Costa Rica) | feeder.
engordar | flesh (to).
engorde | fatting | fattening.
engorde (Chile) | baiting.
engoznado | swing.
engoznar | hinge (to) | swing (to).
engranado | engaged | geared | in gear.
engranado (engranajes) | in mesh.
engranado directamente | direct-geared.
engranado por resorte | spring engaged.
engranaje | gear | gear | gearing | connection.
engranaje (acción) | connecting.
engranaje a 45 grados | miter-gear.
engranaje anular | ring gear.
engranaje anular de dentadura interna | internal annulus gear.
engranaje articulado de doble reducción | double-reduction articulated gearing.
engranaje bañado en aceite | oil-immersed gear.
engranaje bihelicoidal | herringbone gear V gear.
engranaje bihelicoidal de simple reducción | single reduction double helical gear.
engranaje carbonitrurado | gas-cyanided gear.
engranaje casi recto | bastard wheel.
engranaje cementado | carburized gear | case-hardened gear | hardfaced gear.
engranaje cementado con gas | gas carburized gear.
engranaje cementado en baño de cianuro | cyanide-hardened gear.
engranaje cerrado | cased-in gear.
engranaje cicloidal | cycloidal gear.
engranaje cilíndrico | circular gear.
engranaje cilíndrico de dentadura exterior | external tooth straight spur gear.
engranaje cilíndrico de dentadura helicoidal | helical spur gear.
engranaje cilíndrico de dentadura recta | spur gear.
engranaje cilíndrico para transmisión de movimiento intermitente | intermittent spur gear.
engranaje circunferencial (molino de cemento) | girth gearing.
engranaje colector | collector gear.
engranaje con dentadura de evolvente de círculo | involute teeth gear.
engranaje con dentadura de flancos rectos | flank gear.
engranaje con dentadura de perfil semicircular | knuckle gear.
engranaje con dentadura interior de dientes rectos | internal-tooth straight spur gear.
engranaje con dentadura interior espiral | internal-tooth spiral gear.
engranaje con dientes de altura desigual | unequal-addendum gear.
engranaje con dientes de menor altura que la normal y más robustos (automóviles) | stub-tooth gear.
engranaje con dientes de pasos variables | irregular gear.
engranaje conducido | following gear | driven gear.
engranaje cónico | conical gear | wedge gearing | angular gear | miter wheel | miter gears | bevel gear.
engranaje cónico angular | angular bevel gear.
engranaje cónico con dientes en espiral | spiral bevel gear.
engranaje cónico de dentadura curva | curved-tooth bevel gear.
engranaje cónico de dentadura espiral | spiral-tooth bevel gear | spiral bevel | spiral bevel gear.
engranaje cónico de dentadura hipoide | hypoid bevel gear.
engranaje cónico de dentadura interna | internal bevel gear.
engranaje cónico de dientes curvos | spiral bevel gear.
engranaje cónico de dientes curvos cicloidales | cycloidal spiral bevel gear.
engranaje cónico de dientes oblicuos | oblique bevel gear.
engranaje cónico de dientes rectos | straight-tooth bevel gear | straight bevel gear.
engranaje cónico de ejes en ángulo recto | crown gear.
engranaje cónico de espiral tallada | generated spiral bevel gear.
engranaje cónico de igual diámetro con ejes ortogonales | miter-gear.
engranaje cónico de ruedas iguales | bevel gears.
engranaje cónico en ángulo recto en que piñón y rueda son de igual diámetro | miter-gear.
engranaje cónico oblicuo | skew bevel gear.
engranaje conicohelicoidal | spiral bevel gear.
engranaje conoide | beveloid gearing.
engranaje de accionamiento de bomba | pump drive gear.
engranaje de acero aleado para grandes cargas | high-duty alloy steel gear.
engranaje de acero cementado | hardened steel gear.
engranaje de avance | feed gear.
engranaje de baja velocidad (autos) | louver gear.
engranaje de cadena | chain gear.
engranaje de cambio de marcha | yoke gear.
engranaje de cambio de velocidad | change speed gear | tumbler gear.
engranaje de cardan | cardan gear.
engranaje de corona | drum gear.
engranaje de cremallera | rack and pinion.
engranaje de dentadura ancha | wide-gear.
engranaje de dentadura angular doble de doble reducción | double-reduction double-helical gear.
engranaje de dentadura chata (automóviles) | stub-tooth gear.
engranaje de dentadura de evolvente de círculo | involute toothed gear.
engranaje de dentadura discontinua | intermittent gear.
engranaje de dentadura espiral | spiral gear.
engranaje de dentadura fina | fine-pitch gear.
engranaje de dentadura frontal (con las crestas y raíces de la dentadura en distintos planos transversales al eje) | contrate gear.
engranaje de dentadura frontal (engranaje con las crestas y raíces de la dentadura en planos transversales al eje diferentes) | face gear.
engranaje de dentadura helicoidal | helical gear.
engranaje de dentadura helicoidal angular | double-helical gear.
engranaje de dentadura interior | internal gear.
engranaje de dentadura recta de perfil de evolvente de círculo | involute spur gear.
engranaje de dientes angulares | herringbone gear.
engranaje de dientes cortos (automóviles) | stub-tooth gear.
engranaje de dientes cruzados | step-tooth gear.
engranaje de dientes de altura desigual | long-and-short-addendum gear.
engranaje de dientes interiores | annular gear | annular gear and pinion.
engranaje de dientes largos | long-tooth gear.
engranaje de dientes postizos | mortise gear.
engranaje de dientes semicirculares | knuckle gear.
engranaje de distribución | distributor gear.
engranaje de doble envolvente | double-enveloping gear.
engranaje de doble reducción | double-reduction gearing | double purchase gear.
engranaje de doble reducción con el tren encerrado en cárter (buques) | locked-train double-reduction gearing.
engranaje de eje movible | pivot gearing.
engranaje de espina de pescado | herringbone gear.
engranaje de espiral logarítmica | log gear.
engranaje de evolvente sencilla | single-enveloping gear.
engranaje de flancos rectos | straight flank gear.
engranaje de fricción cónico | friction bevel gear.
engranaje de fricción infinitamente variable | infinitely-variable friction gear.
engranaje de fundición dúctil para molinos de cemento | cement kiln S. G. iron gear.
engranaje de giro | bull gear.
engranaje de la distribución del encendido (motores) | timing gear.
engranaje de linterna | cog and round | mangle gear | lantern gear | pin gearing | pinwheel gear.
engranaje de lóbulos | lobe gear.
engranaje de mando | master gear | bull gear.
engranaje de mando de la torsión (hilados) | twist gear.
engranaje de mando del estiraje (hilatura) | draft gear.
engranaje de manguito | quill gear.
engranaje de marcha atrás (autos) | reverse gear.
engranaje de marcha silenciosa | quiet-running gear.
engranaje de multiplicación regulable | variable gear.
engranaje de nilón | nylon gear.
engranaje de nilón moldeado | molded nylon gear.
engranaje de números primos (máquina de engranajes) | prime number gear.
engranaje de papel comprimido | paper gear.
engranaje de paso grande | large-pitch gear.
engranaje de paso pequeñísimo | ultrafine pitch gear.
engranaje de pequeño espesor | hubless gear.

engranaje de pequeño módulo | low-module gear.
engranaje de perfil de evolvente de círculo | involute gearing | involute gear.
engranaje de plato | plate gear.
engranaje de puntería en elevación | elevating gear.
engranaje de reducción epicíclico cónico | bevel epicyclic reduction gear.
engranaje de relación igual a 1 | even gearing.
engranaje de resinas poliamídicas | polyamide gearing.
engranaje de rueda dentada y tornillo sin fin | screw gear.
engranaje de rueda y cadena | sprocket gear.
engranaje de toma constante | intermeshing gear.
engranaje de tornillo sin fin | worm drive | cone drive.
engranaje de tornillo sin fin lateral | side-worm gearing.
engranaje de tornillo sinfín | worm gear | worm gearing | worm and wheel.
engranaje de tornillo sinfín de envolvente sencilla | single-enveloping worm gear.
engranaje de tornillo tangente | worm gear | worm and wheel.
engranaje de transposición | transposing gear.
engranaje de vaivén | seesaw gearing.
engranaje de velocidad variable | multispeed gearing.
engranaje del avance longitudinal | sliding gear.
engranaje del cigüeñal | crank sprocket.
engranaje del eje de levas | camshaft gear.
engranaje del eje de levas (autos) | cam gear.
engranaje del freno de mano | hand brake gear.
engranaje del mecanismo excéntrico | coulier brake gear.
engranaje dentado en la llanta | rim-type gear.
engranaje deslizante | sliding gear.
engranaje desmultiplicador | reducing gear | reducing wheels.
engranaje desmultiplicando la mitad | two-in-one gear.
engranaje desplazable | sliding gear.
engranaje diferencial | balance gear | differential gearing | equalizing gear | compensating gear.
engranaje diferencial (autos) | differential gear.
engranaje diferencial epicicloidal | epicyclic-differential gear.
engranaje doble | double purchase.
engranaje doble de marcha atrás | double reverse gear.
engranaje elástico | resilient gear.
engranaje elíptico | elliptical gear.
engranaje en cárter | encased gearing | guarded gear.
engranaje en cuero crudo | rawhide gear.
engranaje en dos piezas | split gear.
engranaje en estado bruto de fundición | gear as cast.
engranaje encerrado en cárter | shrouded gear | enclosed gear.
engranaje epicicloidal | epicycloidal gear | solar gear | star gear.
engranaje epicicloidal aumentador de la velocidad | epicyclic speed increasing gear.
engranaje epicicloidal aumentador de la velocidad de giro | speed-increasing epicyclic gear.
engranaje epicicloidal compuesto | compound epicyclic gear.
engranaje epicicloidal de relación ajustable | variable ratio epicyclic gear.
engranaje epicicloidal doble | double-epicyclic gear.
engranaje epicicloidal reductor de velocidad | epicyclic speed reduction gear.
engranaje epicicloidal reductor-inversor | reverse-reduction epicyclic gear.
engranaje espiral de dentadura exterior | external tooth spiral gear.
engranaje espiral fresado | milled spiral gear.
engranaje espiral tallado con fresa generatriz | hobbed spiral gear.
engranaje estampado en caliente de acero de aleación | drop-forged alloy steel gear.
engranaje exterior | external gear | outside gear.
engranaje falto de lubricación | dry gear.
engranaje fresado | cut gear.
engranaje fresado con fresa generatriz y rasurado | hobbed and shaved gear.
engranaje globoide | Hindley worm gearing | globoid gear | hourglass worm gearing.
engranaje helicoidal | angular gear | wheel screw | screw gear | screw gearing | wormwheel | worm gear.
engranaje helicoidal de dentadura curva | curved-tooth spiral gear.
engranaje helicoidal de ejes cruzados | crossed-axis helical gear.
engranaje helicoidal de ejes paralelos | parallel-shaft helical gearset.
engranaje helicoidal de simple reducción encerrado en un cárter | totally enclosed single reduction helical gear .
engranaje helicoidal para grandes potencias | heavy-duty helical gear.
engranaje helicoidal tallado con desviación | creep-cut helical gear.
engranaje heliocéntrico | heliocentric gear.
engranaje hidráulico | hydraulic gear.
engranaje hidráulico de relación regulable | variable-ratio hydraulic gear.
engranaje hiperbólico | hyperbolic gear | skew gear | hyperboloidal gearing.
engranaje hiperboloide | skew gear | skew bevel gear.
engranaje hipocíclico | hypocyclic gear.
engranaje hipocicloidal | hypocycloidal gear.
engranaje hipocicloidal reductor-inversor | hypocycloidal reverse-reduction gear.
engranaje hipoidal | hypoid gear.
engranaje hipoide | hypoid gear.
engranaje impulsado | follower.
engranaje impulsor | power gear | drive gear.
engranaje impulsor del generador | generator drive gear.
engranaje inferior | undergear.
engranaje interior | annular wheel.
engranaje interior de dientes cónicos | internal bevel gears.
engranaje interior de dientes helicoidales | internal helical gears.
engranaje interior de dientes rectos | internal spur gears.
engranaje intermedio | stud gear | idle gear | intermediate gear | back-gearing.
engranaje intermitente | intermittent gearing.
engranaje interno | inside gear.
engranaje inversor | tumbler gear.
engranaje inversor accionado hidráulicamente | hydraulically-operated reverse gear.
engranaje lateral del diferencial | differential side-gear.
engranaje listo de maquinado antes del dentado | blank.
engranaje lubricado por baño en aceite | oil-bath lubricated gear.
engranaje maestro | bull gear.
engranaje maestro de paso corto | fine-pitch master gear.
engranaje mandado | driven gear.
engranaje métrico | metric gear | module gear.
engranaje montado directamente sobre el eje conducido | shaft-mounted gear.
engranaje motor | driver.
engranaje multiplicador | step up gear | multiplying gear | multiplying wheels | increase gear | increasing gear | overgear.
engranaje multiplicador de doble tren de engranajes | double-train speed-increasing gear.
engranaje nitrurado | nitrided gear.
engranaje no cerrado | exposed gearing.
engranaje no circular | noncircular gear.
engranaje no circular de toma constante | intermeshing noncircular gear.
engranaje no engendrado por evolvente de círculo | nonenveloping gear.
engranaje para aviones sometido a grandes esfuerzos | highly-stressed aircraft gear.
engranaje para grandes cargas de trabajo | high-pressure gear.
engranaje para movimientos lentos | creep gear.
engranaje para pequeñas potencias | low-duty gearing.
engranaje para tallar ruedas helicoidales (máquina de tallar por engranaje madre) | spiraling gear.
engranaje para turbinas de gran velocidad | high-speed turbine gear.
engranaje parcialmente dentado | mutilated gear.
engranaje patrón | master gear.
engranaje planetario | planet gear | planetary motion | planetary gear | sun gear | sun-and-planet gear.
engranaje planetario compuesto de doble anillo | compound-planet double-annulus gear.
engranaje planetario de gran potencia | high-powered planetary gear.
engranaje planetario de piñón cónico | bevel epicyclic type reduction gear.
engranaje plano | hubless gear.
engranaje político | political machinery.
engranaje preselector | preselector-type gearing.
engranaje principal | master gear.
engranaje protegido | guarded gear | flanged gear.
engranaje rasurado | shaved gear.
engranaje rectificado | ground gear.
engranaje rectificado con plantilla | profile ground gear.
engranaje rectificado en fino | finish-honed gear.
engranaje recto de envolvente de círculo de dentadura helicoidal | helically toothed involute spur gear.
engranaje recto de ruedas elípticas | elliptical spur gearing.
engranaje recto epicicloidal | epicyclic spur wheel gear.
engranaje reductor | reducing wheels | back gear.
engranaje reductor coaxial | coaxial reduction gear.
engranaje reductor de dientes bihelicoidales | herringbone reducer.
engranaje reductor de gran relación desmultiplicadora | high-ratio reduction gear.
engranaje reductor de la velocidad de doble reducción | double-reduction speed-reducing gear.
engranaje reductor de tornillo sin fin sumergido en aceite | oil-immersed worm reduction gear.
engranaje reductor de tornillo sinfín enfriado por ventilador | fan-cooled worm reduction gear.
engranaje reductor de tres etapas con dientes bihelicoidales | three-stage herringbone reducer.
engranaje reductor de turbina de paso pequeño | fine-pitch turbine reduction gearing.
engranaje reductor de velocidad | reducing gear.
engranaje reductor de velocidad de dientes angulares | herringbone reducer.
engranaje reductor epicicloidal | epicyclic reduction gear | star reduction gear.
engranaje reductor inversor epicicloidal | epicyclic reverse-reduction gear.
engranaje reductor-inversor mecánico | mechanical reversing-reducing gear.
engranaje reductor-inversor oleoaccionado | oil-operated reverse-reduction gear.
engranaje reductor-inversor para dos motores con un solo eje de salida | twin-input single-

output reverse-reduction gear.
engranaje revenido en aceite | oil-toughened gear.
engranaje secundario libre | idler.
engranaje selectivo | pickoff gear.
engranaje selector | pickoff gear.
engranaje sin huelgo | metal-to-metal gear.
engranaje sobre un eje hueco | quill gear.
engranaje sólido | plate gear.
engranaje tallado en la masa | gear cut from the solid.
engranaje templado al aire | air hardened gear.
engranaje templado en aceite | oil-hardened gear.
engranaje templado y rectificado | hardened and ground gearing.
engranaje termotratado | heat-treated gear.
engranaje tosco de fundición | rough-cast gears.
engranaje tubular | quill gear.
engranajes de avance (tornos) | feed pickup gears.
engranajes de cambio de avances | feed-change gearing.
engranajes de dientes helicoidales | spiral gears.
engranajes de dientes helicoidales que engranan en ejes no paralelos | crossed helical gears.
engranajes de distribución | timing gears.
engranajes en serie | nested type of gears.
engranajes engranados | mating gears.
engranajes helicoidales cruzados | crossed-helical gears.
engranajes helicoidales de toma constante | constant-mesh helical gears.
engranajes para acerías | steel mill gears.
engranajes para cambio del cabezal | headstock change gears.
engranajes para el cambio a tornear cónico (tornos) | coning change gear.
engranajes para empleo en la Marina de Guerra | naval gears.
engranajes para grandes potencias | high-duty gearing.
engranajes para la conversión a pasos métricos (máquina herramienta) | metric transposing gears.
engranajes para máquinas | industrial gearing.
engranajes rectos del cambio de velocidades | change spur gearing.
engranajes reductores | back-gearing.
engranajes satélites (diferencial autos) | spider gears.
engranamiento | enmeshment.
engranar | catch (to) | mesh (to) | trip in (to) | tooth (to) | put in gear (to) | gear (to) | gear up (to) | connect (to) | move into engagement (to) | mate (to) | intermesh (to).
engranar (engranajes) | throw in (to).
engranar (mecánica) | engage (to).
engranar (ruedas) | interlock (to) | enmesh (to).
engranar con | pitch (to).
engrane | gearing | gear | engaging | enmeshment | engagement.
engrane (de dos ruedas) | pitching.
engrane (de ruedas) | indent.
engrane (engranajes) | mesh | meshing.
engrane (mecánica) | indent.
engrane (rueda de reloj) | depth.
engrane (ruedas) | interlocking.
engrane de dentadura espiral | scroll gear.
engrane sin huelgo entre los dientes | tight meshing.
engranje de pulvimetal | powder-metal gear.
engrapado | stapling.
engrapado con alambre | wire stapling.
engrapadora | stapler | stapling machine | binder | clipping machine.
engrapadora eléctrica | electric stapler.
engrapar | staple (to) | cramp (to).
engrapar (costuras) | hook (to).
engrapar con alambre | wire-staple (to).
engrasado | oiled.
engrasador | lubricator | greasing attendant | grease can.
engrasador (persona) | oiler | oilman | greaser.
engrasador (yute) | batcher.
engrasador centrífugo | banjo-oiler.
engrasador de copa | grease cup | oil-cup.
engrasador de embudo | telescopic lubricator.
engrasador de mecha | wick lubricator.
engrasador de percusión | hand oiler.
engrasador de presión | lubrication gun.
engrasador de vagones | car greaser.
engrasador de vagonetas (minas) | fatter | fat boy.
engrasador de vaso de vidrio | glass lubricator.
engrasador de yute | jute batcher.
engrasador Stauffer | screw feed grease cup.
engrasamiento de la lana | oiling.
engrasar | grease (to) | oil (to) | slush (to).
engrasar (cueros, zapatos) | liquor (to).
engrasar (tejeduría) | batch (to).
engrase | oiling | lubrication | greasing.
engrase centralizado | central lubrication.
engrase con grasa consistente | hard grease lubrication.
engrase de la lana (lana) | wool oiling.
engrase por goteo | drop feed lubrication.
engravillado (carreteras) | gritting.
engravillar | fine-gravel (to).
engravillar (carreteras) | blind (to).
engrillarse (patatas) | sprout (to).
engrilletar (marina) | shackle (to).
engrosamiento de los carburos (aceros) | carbide coarsening.
engrosamiento del tamaño del grano | grain coarsening.
engrosar | enlarge (to) | swell (to).
engrosar (hacer más grueso - grano metalúrgico) | coarsen (to).
engrosar (la mar) | roughen (to).
engrosarenturbiar | thicken (to).
engruar | crane (to).
engrudo | flour paste.
engruesamiento de una capa (geología) | lensing.
engruesamiento del borde de salida (alas aviones) | trailing edge belling.
enguatado | padding | quilting.
enguatar | wad (to).
enguatar (vestidos) | quilt (to).
enguijarrado | pebble work | pebble paving | gravel surfacing.
enguijarrar (pavimentos) | pebble (to).
enharinar | flour (to).
enharinar (cocina) | dredge (to).
enhebrado (de hilos) | threading.
enhebrado por aspiración (lanzadera) | shuttle kissing.
enhebrador de (lanzadera) | shuttle hook.
enhebrador de la lanzadera | shuttle threading device.
enhebradora | threading machine | threader.
enhebrapapeles | paper file.
enhebrar | rove (to) | string (to).
enhebrar cable (en un cuadernal) | reeve (to).
enhebrar el filme (cine) | thread (to).
enhidrita (mineral) | enhidrite.
enhidro | enhydro | enhydrous.
enhiesto | erect.
enhilar | string (to).
enhornadora (fabricación cok) | coal car.
enhornadora de lingotes | ingot pusher.
enigmático | puzzling.
enjablador | crozer.
enjablar (tonelería) | croze (to).
enjabonado | soaping.
enjabonado de los colorantes de cuba | soaping of vat dyes.
enjabonadora | soaper.
enjabonadura | soaping.
enjabonar | soap (to).
enjabonarse para afeitar | lather (to).
enjaezar (el caballo) | trace (to).
enjambrar (apicultura) | inhive (to).
enjambre | swarm.
enjambre (de abejas) | colony.
enjambre de Auger | extensive air shower.
enjambre de Auger (nucleónica) | Auger shower.
enjambre de galaxias | cluster of galaxies.
enjambre de partículas cósmicas | cosmic shower.
enjambre de rayos cósmicos en la atmósfera | cosmic-ray air shower.
enjambre explosivo (nucleónica) | shower.
enjambre muy grande de rayos cósmicos | Auger shower.
enjambre muy grande de rayos cósmicos (nucleónica) | extensive air shower.
enjarciar (buques) | rig (to).
enjaretado | gratings.
enjaretado (buques) | grating.
enjaretado de escotilla | hatch grating.
enjaretado de fondo (buques) | foot grating.
enjaretado de popa (remolcadores, pesqueros, etc.) | fantail grating.
enjaretado de rueda del timón | wheel grating.
enjaretado de ventilación del guardacalor de calderas | fidley grating.
enjaretar | shirr (to).
enjarge (muros) | denticulation.
enjarje | toothing.
enjarje (muros) | raking back.
enjaular | crib (to) | cage (to).
enjaular vagones (minas) | cage trucks (to).
enjoyelador (de piedras preciosas) | setter.
enjuagabotellas | bottle rinser.
enjuagado en agua caliente | hot-rinsed.
enjuagadura | draff.
enjuagar | dry up (to) | rinse (to).
enjuagar (piezas decapadas, piezas niqueladas) | swill (to).
enjuague | rinse | rinsing.
enjuague por chorro de agua | spray-rinsing.
enjugador | squeegee.
enjugar | dry (to) | wipe (to) | wipe off (to) | mop up (to).
enjugar el saldo adverso | offset the adverse balance (to).
enjugar un saldo deudor | wipe off a debit balance (to).
enjugarropas | linen airer.
enjuiciado | committed for trial.
enjuiciamiento civil | civil procedure.
enjuiciar de la conducta de una persona que ha ejercido un cargo público (EE.UU.) | impeach an official (to).
enjullo | beamroll | warp beam | yarn beam.
enjullo (plegador - tejeduría) | beam.
enjullo (tejeduría) | takeup.
enjullo (telares) | loom beam.
enjullo de anillos (telares) | ring beam.
enjullo de pecho (telares) | breast beam.
enjundia (de cualquier animal) | fat.
enlacado | laking | lacquering.
enlacar | lacquer (to) | lacker (to) | lake (to).
enlace | bond | bonding | attaching | link | linking | linkage | touch | connexion | linking up | coupling | trunking | interlacing | connection | tie.
enlace (de dos curvas) | reconciling.
enlace (mecánica) | attachment.
enlace (mecanismo) | pairing.
enlace (milicia) | liaison.
enlace (nucleónica) | bootstrap.
enlace (química) | bond.
enlace (telecomunicación) | tieline.
enlace (telefonía automática) | trunk.
enlace (topografía) | tie.
enlace (vía de ferrocarril) | transition.
enlace a tierra por microondas en línea recta | line-of-sight ground link.
enlace aeroterrestre | air-ground liaison.
enlace alámbrico (telecomunicación) | wire link.
enlace alineado | carrier line.
enlace alkílico | alkyl bond.
enlace amínico | amino-linking.

enlace atómico | atomic linking.
enlace automático | dial trunk.
enlace común | common trunk | data bus | highway.
enlace común (informática) | bus.
enlace con fuerzas de otra nación | foreign liason.
enlace con la industria | liaison with industry.
enlace con usuarios de computadoras | liaison with computer users.
enlace covalente | covalent binding | covalent bond | valence bond | homopolar bond | linked bond | electron-shared bond.
enlace de anotaciones (telefonía) | recording trunk.
enlace de comunicación | communication link.
enlace de coordinación (química) | dative bond.
enlace de datos | data bus.
enlace de datos (teleproceso) | data link.
enlace de electrovalencia (química) | valence bond.
enlace de fase sólida | solid-phase bonding.
enlace de gobierno | operating link.
enlace de guía | guidance link.
enlace de guía de alambre | wire guidance link.
enlace de interceptación | intercepting trunk.
enlace de larga distancia | intertoll trunk.
enlace de llegada (telecomunicación) | incoming trunk.
enlace de llegada (telefonía) | incoming junction.
enlace de mandos | command liaison.
enlace de microonda (televisión) | micro-link.
enlace de operadora (telefonía) | attendant trunk.
enlace de radio | radio link | radio beam | data link.
enlace de registrador | register junctor.
enlace de singlete | singlet linkage.
enlace de telecomunicaciones por satélite | satellite telecommunications link | satellite communication link.
enlace de transmisión de la estación | station transmission link.
enlace de valencia | valence bond.
enlace de valencia libre | unlinked valence bond.
enlace directo (telefonía) | tie line.
enlace doble carbono-nitrógeno | carbon-nitrogen double bond.
enlace doble conjugado | conjugated double bond.
enlace en ambos sentidos (telecomunicación) | two-way link.
enlace en corriente continua | DC connection.
enlace en el combate | combat liaison.
enlace en línea (telecomunicación) | line link.
enlace endotérmico | endothermic linking.
enlace entre bastidores (telefonía) | interbay trunk.
enlace entre equipo de telecomunicación y ordenador para transmitir información | communication link.
enlace entre estudio y transmisor | studio-transmitter link.
enlace entre posiciones (telefonía) | interposition trunk.
enlace entre productor y usuario | producer-user liaison.
enlace entre satélites | inter-satellite link.
enlace espín-espín | spin-spin coupling.
enlace estudio-transmisor (radio-TV) | st link.
enlace etenoide (química) | ethenoid linking.
enlace etilénico | ethylene linkage.
enlace glicosídico | glycosidic bond.
enlace hertziano | radio beam | radio link | radio-beam | hertzian cable.
enlace hertziano de ondas métricas | VHF radio link.
enlace hertziano dirigido | directional radio.
enlace heteropolar | heteropolar bond.
enlace heteropolar (química) | heteropolar binding.
enlace homopolar | homopolar bonding | homopolar bond | covalent bonding.
enlace homopolar (química) | homopolar binding.
enlace inactivo | inactive bond.
enlace interatómico | interatomic bond.
enlace iónico | polar bond.
enlace iónico (química) | heteropolar bond.
enlace iónico covalente | ion covalent bonding.
enlace iónico-covalente | ionic-covalent bonding.
enlace libre (química) | free bond.
enlace local | local trunk.
enlace magnético | magnetic linkage.
enlace metálico (química) | metallic bond.
enlace móvil | oscillating bond.
enlace multicanal (telecomunicación) | multichannel link.
enlace o enseñanza | grasshopper.
enlace óptico | visual communication.
enlace óptico para navegación | optical navigation attachment.
enlace oscilante | oscillating bond.
enlace para (química) | para-bond.
enlace para la transmisión de datos | data link.
enlace peptídico | peptide bond.
enlace por ferrocarril | rail link.
enlace por microondas | microwave link.
enlace por microondas para vídeo desde un lugar al estudio | microwave video remote-studio link system.
enlace por satélite | satellite link.
enlace por teletipo | telex link.
enlace por trisección (topografía) | connection by resection.
enlace próximo | close liaison.
enlace químico | chemical bond | linkage.
enlace radárico por microondas | microwave radar link.
enlace radio eléctrico | HF radio link.
enlace radioeléctrico | radio link.
enlace radioeléctrico bilateral | two-ray radio link.
enlace radioeléctrico de auto-rutas (telecomunicación) | trafficasting.
enlace radiofónico | program link | radio link | microwave link.
enlace radiotelefónico | radiotelephone relay link | interphone.
enlace radiotroposférico | tropospheric radio link.
enlace rápido directo | straightforward junction.
enlace resonante | resonating bond.
enlace rompible de carbono a metal | breakable carbon-to metal bond.
enlace semipolar | dative bond.
enlace servo | servo link.
enlace sin masa | massless link.
enlace sindical | shop steward.
enlace técnico | technical liaison.
enlace telefónico | speech link | phone patch.
enlace telegráfico | telegraph connection.
enlace televisivo de captación directa | direct-pickup television link.
enlace televisivo directo | direct-pickup television link.
enlace télex | telex route.
enlace terminado en clavija | plug ended junction.
enlace terrestre | line link.
enlace tomado | seized trunk.
enlace topográfico | survey tie.
enlace triorbital | three-orbital bond.
enlace triple carbono-carbono | carbon-carbon triple bond.
enlace unilateral | one-way trunk.
enlace vítreo | glassy bond.
enlace vítreo inorgánico | inorganic glassy bond.
enlaces (telefonía) | trunks.
enlaces capilares (chip) | landing.
enlaces covalentes | covalent bonds.
enlaces cruzados | cross-linking.
enlaces de flujo magnético | flux linkages.
enlaces dispuestos tetraedralmente (cristalografía) | tetrahedrally disposed bonds.
enlaces electroacústicos aire-aire | electroacoustic air-to-air chains.
enlaces extremos | end connections.
enlaces interurbanos (telefonía) | toll trunks.
enlaces jurídicos | legal ties.
enlaces libres (semiconductores) | dangling bonds.
enlaces nucleares (nucleónica) | nuclear bonds.
enlaces por dirección (telefonía) | trunks per route.
enlaces reticulares | lattice binding.
enlaces salientes | outgoing trunks.
enlaces transversales | cross-links.
enlaces troposféricos por ondas micrométricas | microwave tropospheric links.
enladrillado (moldería) | bricking-up.
enladrillado del horno | furnace brickwork.
enladrillador | paver | brick paver.
enladrillar | lay (to) | brick (to) | brick up (to).
enlatado (conservas) | canned.
enlatado (para enyesar) | brandering.
enlatado aséptico (conservas) | aseptic canning.
enlatador de cerveza (persona) | beer canner.
enlatar | can (to).
enlazado | bonded | connected.
enlazado con cuatro átomos de nitrogeno | bonded to four nitrogen atoms.
enlazado de los cartones (tejeduría) | jacquard card lacing.
enlazado tetraédricamente | tetrahedrally bonded.
enlazador de cartones (tejeduría) | card lacer | card pegger.
enlazamiento | linking.
enlazar | knit (to) | tie (to) | lock (to) | unite (to) | link (to) | bind (to) | entwine (to).
enlazar (trenes) | connect (to).
enlazar dos curvas | reconcile (to).
enlechado | grouting.
enlechado a presiones hasta de 100 libras×pulgada$_2$ | grouted at pressures up to 100 lb per square inch.
enlechar | grout (to).
enlegamar | slime (to).
enlistar | list (to).
enlistelar | fillet (to).
enlistonado | lags | lathing | laths | lathed | lathy.
enlistonado (de una cubierta) | lath work.
enlistonar | lath (to) | cleat (to).
enlodado (sondeos) | mudding.
enlodadura | claying.
enlodar | slime (to) | mud (to) | mud off (to).
enlomado (Ecuador) | pleat.
enlomado (encuadernación) | backing | forwarding.
enlomar | back (to).
enlomar (libros) | back (to).
enlosado | flag pavement | flagging | slab flooring.
enlosado con losas de distintos colores en forma rómbica | diaper work.
enlosador | tile setter | tiler.
enlosar | flag (to) | tile (to) | pave (to) | slab (to).
enlucido | coating | coat | brasquing | setting | plaster | floating | floated work | pargetry | parget | surface dressing.
enlucido (albañilería) | plaster coat | plasterwork | float coat.
enlucido (muros) | float and set | rendering.
enlucido (revoco-albañilería) | floating skin.
enlucido (revoque) | float skin.
enlucido a mano | hand rendering.
enlucido acústico | acoustic plaster.
enlucido basto | rough plaster.
enlucido calorífugo | nonconducting composition.
enlucido cerámico | engobe.
enlucido con cal | lime cast.
enlucido con cemento | floated in cement.
enlucido con mástique de hierro | iron coat.

enlucido con yeso | plastering.
enlucido de cemento | cement facing | cement rendering | cement dressing.
enlucido de cemento mezclado con látex | latex-cement rendering.
enlucido de mortero de cal | lime stuff.
enlucido de mortero de cemento | cement-sand rendering.
enlucido de techo | ceiling plaster.
enlucido de yeso | gypsum plaster.
enlucido de yeso (para recibir un fresco) | gesso.
enlucido de yeso con perlita | perlite-gypsum plaster.
enlucido de yeso para fundir (moldería) | gypsum casting plaster.
enlucido en caliente con un antioxidante (metales) | hot headed.
enlucido en dos capas | setwork.
enlucido en dos capas (muros) | render and set.
enlucido en tres capas (muros) | render float and set.
enlucido fino (albañilería) | hard finish.
enlucido granuloso (muros) | pebble dash.
enlucido imitando ladrillos | bricking.
enlucido imitando piedra labrada (edificios) | depeter.
enlucido impermeable | proofing.
enlucido rayado (para que agarre el siguiente) | scratch coat.
enlucido refractario | refractory wash.
enlucidor | plasterer.
enlucidos | pargetry.
enlucir | parget (to) | coat (to) | float (to) | whitewash (to).
enlucir (muros) | render (to).
enlucir con | rub over (to).
enlucir con llana | float (to).
enlucir con una capa gruesa (paredes) | beplaster (to).
enlucir de yeso | plaster (to).
enlucir el revés del listonado metálico | back-plaster (to).
enllantadora (de ruedas) | rim fitting machine.
enllantamiento | tiring.
enllantar (ruedas) | tire (to).
enmacetado | potted.
enmadejado en cadena | chain skeining.
enmadejar | skein (to).
enmaestrado (buques) | fairing.
enmaestrado (buques en grada) | faired.
enmaestrado del forro (buques en grada) | shiplines fairing.
enmaestrar (buques en grada) | fair up (to).
enmaestrar (dar el rodero-construcción naval) | flam (to).
enmaestrar (enlucidos) | screed (to).
enmaestrar el buque (en grada) | fair the ship (to).
enmangado | helved.
enmangado en caliente (herramientas) | shrinking-on.
enmangamiento (de una herramienta) | handling.
enmangar | slip in (to) | helve (to) | hilt (to) | haft (to).
enmangar (herramientas) | handle (to).
enmangar en caliente (herramientas) | shrink on (to).
enmangar en frio | drive on cold (to).
enmangar por presión | force on (to).
enmangar una herramienta | handle a tool (to).
enmangar una rueda sobre la manga del eje | force a wheel on the axle seat (to).
enmanguitado (cañones) | shrunk | jacketed.
enmanguitado de cilindros (laminadores) | sleeving.
enmanguitado en caliente (cañones) | shrinking-on.
enmanguitar (cañones) | jacket (to) | shrink on (to) | shrink (to).
enmanillar (tabaco) | bunch (to).
enmarañado | tangly.
enmarañamiento | ravel.
enmarañamiento de dislocaciones (aceros) | dislocation tangling.
enmarañar (pelo, etcétera) | mat (to).
enmarcar | frame (to) | overlape (to).
enmargado (de tierras) | marling.
enmascarado | masked | camouflaged | buried.
enmascarado por sombra | shadow masking.
enmascaramiento (acústica) | masking.
enmascaramiento (informática) | mask.
enmascaramiento (milicia) | camouflage.
enmascaramiento antirradárico | radar camouflage.
enmascaramiento auditivo (EE.UU.) | masking effect.
enmascaramiento de audio | audio masking.
enmascaramiento de interrupción | interrupt mask.
enmascaramiento del radar | radar camouflage.
enmascaramiento del sonido | aural masking.
enmascarar | disguise (to) | conceal (to) | mask (to).
enmascarar (milicia) | camouflage (to).
enmasillado | puttying | luting.
enmasillado (antes de barnizar) | stopping.
enmasillado con | puttied with.
enmasillamiento | puttying.
enmasillar | lute (to) | fill (to).
enmasillar (cristales) | putty (to).
enmasillar (pintura) | stop (to).
enmasillar contra la cara del cristal (ventanas) | face putty (to).
enmasillar entre el canto del vidrio y el rebajo | back-putty (to).
enmasillar un agujero | fill a hole with putty (to).
enmelado | honeyed.
enmendabilidad a la flexión | amendability to bending.
enmendada (marina) | shifting | mending.
enmendar | revise (to) | alter (to).
enmendar (aparejos) | shift (to).
enmendar (buques) | shift (to).
enmendar (marina) | mend (to).
enmendar (navegación) | shift (to).
enmendar (separar los motones cuando están a besar-aparejos) | fleet (to).
enmendar con sobreimpresión | block out (to).
enmendar el rumbo (buques, aviones) | make good (to).
enmendar un aparejo (buques) | fleet a tackle (to).
enmienda | amendment | emendandum.
enmienda constitucional | amendment to the constitution.
enmienda de poca importancia | minor amendment.
enmienda del suelo | soil amendment.
enmienda durante el juicio (abogacía) | trial amendment.
enmienda sobre trabajo de los menores | child labor amendment.
enmiendas a un tratado | amendments to a treaty.
enmiendas de poca importancia | minor amendments.
enmohecerse | mold (to) | mildew (to) | mould (to) | rust (to).
enmohecido | moldy | molded.
enmohecimiento | rusting | moldiness.
enmosaicado | mosaicked.
enmosaicar | mosaic (to).
enmuescado | serrated.
enmuescar | slot (to).
ennegrecer (fundición) | blackwash (to).
ennegrecer con carbón | charcoal (to).
ennegrecer con humo (moldes) | reek (to).
ennegrecer con negro de humo | lampblack (to).
ennegrecerse | blacken (to) | black (to).
ennegrecido con negro de humo | lamp-blacked.
ennegrecimiento | atrament | blacking | blackening.
ennegrecimiento de moldes (fundición) | dust.
ennegrecimiento del filamento (lámpara eléctrica) | flash.
ennegrecimiento del papel por exceso de presión o humedad (fabricación papel) | blackening.
enobarométrico | enobarometric.
enobarómetro | enobarometer.
enoclarificador | enoclarifier.
enolizable | enolizable.
enología | enology.
enólogo | enologist.
enometría | enometry.
enométrico | enometrical.
enómetro | enometer | vinometer.
enoquímica | enochemistry | chemical enology.
enoquímico | enochemist.
enormatropo | enormatrope.
enorme | huge | extra sized | mountainous.
enormemente interesante | awfully interesting.
enormes ganancias | lush profits.
enoscopia | enoscopy.
enoscopio | enoscope.
enotecnia | enotechnics.
enpaquetadura laminar | sheet packing.
enramado de cuadernas (buques) | framing out.
enramar las cuadernas (buques) | timber (to).
enranciadura | rancidification.
enranciar | rancidify (to).
enranciase | grow rancid (to).
enrarecer | thin (to) | dilute (to) | rarefy (to).
enrarecer el aire | vacuum (to).
enrarecerse | grow rarer (to).
enrarecimiento | rarefaction.
enrarecimiento del ácido nucléico (genética) | nucleic acid starvation.
enrasado | furring | flush.
enrasado (enlucidos) | running.
enrasado a tope | flush-butted.
enrasador de tierra | land plane.
enrasamiento | ledgement | leveling | levelling (Inglaterra).
enrasar | flush (to) | screed (to) | make flush (to) | even (to) | strike off (to) | make level (to) | fur (to) | skin (to) | level (to) | grade (to).
enrasar (el terreno) | level up (to).
enrasar (enlucidos) | run (to).
enrasar (una medida de trigo, etcétera) | strickle (to).
enrase | leveling | levelling (Inglaterra) | levelling | equalization making even.
enrayado (de ruedas) | dragging.
enrayar (ruedas) | drag (to) | block (to).
enrayar (ruedas de coche) | lock (to).
enrayar (ruedas de madera) | spoke (to).
enredadera | vine.
enredadera (botánica) | winder.
enredado | foul | tangly.
enredado (cables) | fouled.
enredado (cadenas, etc.) | afoul.
enredar (pelo, etcétera) | mat (to).
enredarse | mesh (to) | foul (to).
enredarse (madejas) | ravel (to).
enrejado | trellis | lacing | railing | grille | grilled | grillage | rack | lattice work | lattice | grating | grate.
enrejado del ala | wing grid.
enrejado metálico en rombo | diamond wire lattice.
enrejado metálico enrollable | rolling grill.
enrejar | rail (to) | grille (to).
enrejar (ventanas) | grate (to).
enresinado | resin-impregnated.
enresinar | resin (to).
enriadero | rettery.
enriado (lino, cáñamo) | retting.
enriado azul | blue flax retting.
enriado bacteriano | bacteria retting.
enriado en agua fría | cold-water retting.
enriado en balsas | pond retting.
enriado fangoso | blue flax retting.

enriado final | after retting.
enriado industrial | mill retting.
enriado sobre el prado (lino) | grassing.
enriador | retter.
enriamiento (lino, cáñamo) | retting.
enriar | ret (to) | dyke (to) | rot (to) | steep (to).
enriar (lino y cáñamo) | dike (to).
enriar en el prado | dew-ret (to).
enriñonado (bóvedas) | haunching.
enripiado | rubble work | garreting.
enripiado (muros mampostería) | galleting.
enripiado de mampostería (muros) | pinning-in.
enripiar | pin in (to).
enripiar (mampostería) | garret (to).
enriquecedor de la mezcla (autos) | starter.
enriquecer | enrich (to).
enriquecer (minerales) | dress (to).
enriquecer (química) | enrich (to).
enriquecer con vitaminas y productos minerales (alimentos) | fortify (to).
enriquecer el mineral hasta una proporción de 10 gramos/tonelada | dress ore up to a content of 10 gram per ton (to).
enriquecerse (filones metalíferos) | improve in grade (to).
enriquecido | enriched.
enriquecido con oxígeno (viento alto horno) | oxygenated.
enriquecido con plutonio (combustible nuclear) | plutonium-enriched.
enriquecido electromagnéticamente | electromagnetically-enriched.
enriquecido en isómero para | para-enriched.
enriquecimiento | enriching | enrichment.
enriquecimiento (mezclas) | upgrading.
enriquecimiento artificial | artificial enriching.
enriquecimiento artificial de una mina | salting.
enriquecimiento con uranio afinado | purified uranium enrichment.
enriquecimiento con vitaminas y sales minerales (alimentos) | fortified | fortification.
enriquecimiento de la harina con vitaminas y sales diversas de hierro y cal - etcétera | flour enrichment.
enriquecimiento de la llama con oxígeno (horno Martin-Siemens) | oxygen flame enrichment.
enriquecimiento de menas | ore enrichment.
enriquecimiento del combustible | fuel enrichment.
enriquecimiento del mineral | ore concentration.
enriquecimiento del plutonio por medio de radiación laser | plutonium enrichment by laser radiation.
enriquecimiento isotópico | isotopic enrichment.
enriquecimiento mediante cantidad estipulada (nuclear) | toll enrichment.
enriquecimiento por canon | toll enrichment.
enriquecimiento por chorro | jet enrichment.
enriquecimiento residual | residual enrichment.
enrodajar | slice (to).
enrojecer | redeem (to).
enrojecido | red-hot.
enrolar | enroll (to).
enrolar a la fuerza | impress (to).
enrolar una tripulación | ship a crew (to).
enrollabilidad | windability.
enrollado | winding | coiled | rolled.
enrollado (de telas) | winding.
enrollado (personas) | enrollee.
enrollado en espiral | involute.
enrollado en espiral (conductor eléctrico) | pigtail.
enrollado en hélice | wound helically | helical-wound.
enrollado hacia dentro | inrolled.
enrollado helicoidalmente | helical-wound.
enrollado por capas | layer winding.
enrollador | coiler.
enrollador con correa deslizable (plegadora de telas) | slip-belt winder.
enrollador de cuerda | ropewinder.
enrollador de flejes | strip coiler.
enrolladora de banda (laminador de banda) | recoiler.
enrolladora de bandas (de acero, aluminio) | upcoiler.
enrolladora de telas | cloth rolling machine.
enrolladora en tubos (tejidos) | tuber.
enrolladora-cortadora de paso automático | automatic cut-off winder.
enrollamiento | furling | rolling.
enrollamiento a mano | hand-winding.
enrollamiento de entrada (transformadores) | primary coil.
enrollamiento en canasta | basket winding.
enrollamiento en derivación | shunt winding.
enrollamiento espiral | spiral winding.
enrollamiento ondulado | wave winding.
enrollamiento yuxtapuesto | banked winding.
enrollamientos del estator refrigerados por agua | water-refrigerated stator windings.
enrollar | roll (to) | involve (to) | coil (to) | wind (to) | curl up (to) | twist (to) | furl (to).
enrollar (telas) | wind (to).
enrollar alrededor de | lap (to).
enrollar bramante sobre el extremo de una cuerda | whip (to).
enrollar el borde para dar rigidez (chapa delgada) | wire (to).
enrollartorcer | wind (to).
enrona | eluvium.
enroscado | twisted.
enroscadura | twine | twist.
enroscar | twist (to) | twine (to) | coil (to).
enroscarse | coil (to) | wind up (to).
enrosque de cable | coil break.
enrrocado | rock-tangled.
enrrollado concéntricamente | concentrically-coiled.
enrrollameinto a máquina | machine-winding.
enrrollamiento de saturación | saturation winding.
enrrollamiento del núcleo de la magneto | magneto core winding.
ensacado | bagging | packed in sacks | sacking.
ensacador | sacker.
ensacador (persona) | bagger.
ensacadora de cereales | grain sacker.
ensacamiento | bagging-off.
ensacar | bag (to) | sack (to) | sack up (to).
ensaimar (textiles) | oil (to).
ensalada de frutas | fruit salad.
ensalada de paletas (turbinas vapor) | turbine strip.
ensamblado | assembled | linking.
ensamblado a caja y espiga | framed.
ensamblado a cola de milano | dovetailed.
ensamblado con bordón a ras con marco y entrepaño | beadflush.
ensamblado de las traviesas (ferrocarril) | boxing.
ensamblador (informática) | assembler.
ensamblador biunívoco (programa) | one to assembler.
ensamblador de macro | macro assembler.
ensamblador de macroinstrucciones | macro assembler.
ensamblador que crea instrucciones máquinas a partir de una macroinstrucción (informática) | one to many assembly language.
ensambladora | jointer.
ensambladura | accouplement | joint | tabling.
ensambladura (carpintería) | joining.
ensambladura a cola de milano | dovetail.
ensambladura a espiga | mortised dowel joint.
ensambladura a espiga con clavija (carpintería) | pinned tenon-joint.
ensambladura a hebra | miter joint.
ensambladura a horquilla (carpintería) | bridle joint.
ensambladura a inglete | mitering | mitered quoin.
ensambladura a media madera | scarfing.
ensambladura a media madera en bisel | beveled halving.
ensambladura a medio inglete | half miter joint.
ensambladura a tope con cabillas de acero empotradas en las cabezas | shear-pin splice.
ensambladura con espigas | doweling.
ensambladura de almohadón (carpintería) | notched joint | notch joint | notching.
ensambladura de bordón | bead-butt.
ensambladura de caja y espiga | mortise joint | mortise-and-tenon joint.
ensambladura de canutillo | bead-butt.
ensambladura de doble almohadón | cogging joint.
ensambladura de entrepaños enrasados con juntas rebordeadas | bead and butt.
ensambladura de entrepaños rebordeados y enrasados por una cara y rebajados sin borde por la otra | bead butt, and square.
ensambladura de falsa espiga | feather tongued joint | feather joint.
ensambladura de falsa lengüeta | loose-tongue joint.
ensambladura de lazo | exposed dovetail.
ensambladura de lazo perdido (carpintería) | concealed dovevetail joint.
ensambladura de lengüeta | grooved and tongued joint.
ensambladura de llave | dice scarf.
ensambladura de rebajo | rabbeted-joint.
ensambladura en cola de milano | dovetail joint.
ensambladura encastrada | housed joint.
ensambladura oblicua de caja y espiga con hombros | mortise-and-tenon heel joint.
ensambladura por inserción | entering connection.
ensamblaje | joining | assembly | assembling.
ensamblaje (cosmonaves) | docking.
ensamblaje (de aerofotografías) | laying.
ensamblaje condicional | conditional assembly.
ensamblaje de programa | program assembly.
ensamblaje de programas múltiples | multiple assembly.
ensamblaje del depósito de difusión | nozzle assembly.
ensamblaje en maderos que se cruzan | cogging.
ensamblar | link-up (to) | join (to) | accouple (to) | house in (to) | fitup (to) | fit up (to) | abut (to) | assemble (to).
ensamblar (aerofotografías) | lay (to).
ensamblar (carpintería) | table (to).
ensamblar a cola de milano | dovetail (to).
ensamblar a espiga | tenon (to).
ensamblar a media madera | assemble by mortise (to) | scarf (to) | rabbet (to).
ensamble | erection.
ensamble cara con cara | face-to-face fit.
ensamble en cola de milano | lap dovetail.
ensanchado | expanded | evasé | tafted out.
ensanchado de modo heterogéneo | inhomogenously broadened.
ensanchado en frío (tubos) | cold expanded.
ensanchado hacia la parte superior | flared upwardly.
ensanchador | enlarger | stretcher | counterbore | spreader | expanding tool | expander.
ensanchador (entubación pozos) | casing expander.
ensanchador de hoyos | hole enlarger.
ensanchador de llantas (autos) | rim expander.
ensanchador de ruedas (relojería) | wheel stretcher.
ensanchamiento | broadening | flattening out | flare-out | widening | enlargement | enlarging | flaring | flare | projection.
ensanchamiento (carreteras) | draw-in.
ensanchamiento (filones) | blow.
ensanchamiento altimétrico | altimetric flareout.

ensanchamiento con herramienta cónica (forjas) | drifting.
ensanchamiento de banda (radio) | band spread.
ensanchamiento de la calzada en sitios (carreteras) | layby.
ensanchamiento de la vía (curvas) | spread of the rails.
ensanchamiento de las galerías (minas) | lameskirting.
ensanchamiento debido a la tensión | opening out under strain.
ensanchamiento del costado (buques) | flaring.
ensanchamiento del diámetro en la prensa (piezas cilíndricas) | bulging.
ensanchamiento del fondo (del barreno) | bullying.
ensanchamiento del fondo por cargas explosivas (barrenos) | shaking.
ensanchamiento del fondo por cargas explosivas pequeñas (barrenos) | burning.
ensanchamiento del fondo por explosión de cargas (barrenos) | squibbing.
ensanchamiento del fondo por explosión de una carga (barrenos) | springing.
ensanchamiento Doppler | Doppler broadening.
ensanchamiento en la prensa del diámetro de una llanta de rueda comprimiendo sucesivamente la llanta contra un tocho redondo firmemente apoyado | becking.
ensanchamiento gradual | gradual enlargement.
ensanchamiento hacia arriba | upwardly flaring.
ensanchamiento hiperbólico | hyperbolic flareout.
ensanchamiento local para cruce de vehículos (carreteras estrechas) | passing place.
ensanchamiento polar (electricidad) | pole piece.
ensanchamiento polar (generadores eléctricos) | pole shoe.
ensanchamiento polares (electrogeneradores) | projecting pole pieces.
ensanchamiento por efecto Doppler | Doppler-broadening.
ensanchamiento progresivo del ánima (cilindros, etc.) | step-by-step bore enlargement.
ensanchamientos (Chile) | spur | flange.
ensanchamientos en un filón (minería) | bellies.
ensanchandose en la parte superior | flaring at top.
ensanchar | splay (to) | extend (to) | stretch (to).
ensanchar (agujeros) | enlarge (to) | scrape out (to) | open out (to).
ensanchar (pozo petróleo) | tail-in (to).
ensanchar (pozos) | cut down (to).
ensanchar (trajes) | ease (to).
ensanchar (un agujero) | fraise (to).
ensanchar el fondo (sondeos) | underream (to).
ensanchar el fondo por explosión de una carga (barrenos) | spring (to).
ensanchar las costuras de la tablazón para que entre bien la estopa (calafateo cubiertas de madera) | reem (to).
ensanchar las juntas | widen joints (to).
ensanche | expansion | extension | enlargement | spreading.
ensanche (ataque por el muro o el techo - minas) | gouging.
ensanche (de un filón) | belly.
ensanche de banda (radio) | band spreading.
ensanche de carreteras | highway widening.
ensartado | threaded.
ensartador | stringer.
ensartamiento (fabricación del alambre) | stringing up.
ensartapapeles | file.
ensartar | string (to) | broach (to) | rove (to).
ensartar (cocina) | spit (to).
ensayado | field proven.
ensayador | tester | analyst | trier | assayer.
ensayar | run a test (to) | try (to) | taste (to) | experience (to).
ensayar (biología) | assay (to).
ensayar (docimasia) | touch (to).
ensayar (química) | analyze (to).
ensayista | essayist.
ensayo | run | assaying | test run | testing | rehearsal | probe | go-off | try | trial.
ensayo (cine, TV) | rehearsal.
ensayo (química) | assay.
ensayo a alta tensión (electricidad) | high-potting.
ensayo a la perla (mineralogía) | bead test.
ensayo a la perla (química) | bead proof.
ensayo a la recepción | taking over trial.
ensayo a sobrefatiga | overstress testing.
ensayo al crisol (química) | crucible test.
ensayo al choque | shock test.
ensayo al toque | spot test.
ensayo al toque (química) | drop test.
ensayo ambiental | environmental testing.
ensayo ante condiciones ambientales | environmental test.
ensayo automático de medida | automatic probe test.
ensayo biológico | biological assay | biological test | assay biological.
ensayo completo final de un programa (cine) | dress.
ensayo con el mechero Bunsen (análisis químico) | flame test.
ensayo con lazo abierto | open-loop test.
ensayo con mechero Bunsen | flame reaction.
ensayo contradictorio | control assay.
ensayo de aceleración | G test.
ensayo de adherencia | bond test.
ensayo de apreciación (telecomunicación) | judgment test.
ensayo de arbitraje | umpire assay.
ensayo de bombeo | pumping test.
ensayo de cohesión | peel test.
ensayo de chispa (electrotecnia) | spark-over test.
ensayo de duración | life test.
ensayo de dureza | hardness test.
ensayo de floculación | flock test.
ensayo de frote (radiactividad) | smear test.
ensayo de fugas por medio de helio | helium leak test.
ensayo de fugas radiactivas | radioactive leak test.
ensayo de funcionamiento óptimo | proving.
ensayo de funcionamiento seguro | reliability test.
ensayo de homologación | certification test.
ensayo de líneas paralelas | parallel line assay.
ensayo de máquinas | machine testing.
ensayo de marcha | run in test.
ensayo de materiales | testing materials | testing of materials.
ensayo de materiales por rayos X | X-ray testing of materials.
ensayo de metales por ácidos | spot test.
ensayo de minerales | ore assaying.
ensayo de ondas de choque | schock wave test.
ensayo de penetración con helio | helium permeation test.
ensayo de programa | test run.
ensayo de recepción | acceptance test.
ensayo de recuperación | recovery test.
ensayo de restablecimiento | recovery test.
ensayo de sedimentación y agua | bottom settling water test.
ensayo de tres puntos | three-point assay.
ensayo de un papel hablado (TV) | line rehearsal.
ensayo de verificación del diseño | design verification test.
ensayo de visualización en osciloscopio | oscilloscope display test.
ensayo efectuado por un árbitro para determinar lo que un comprador debe pagar al vendedor (minería) | control assay.
ensayo en activo | hot testing.
ensayo en el banco de pruebas | bench running test.
ensayo en frío | cold testing.
ensayo en vacío | off-circuit test.
ensayo estático | static test.
ensayo in situ | field test.
ensayo límite | breakdown test.
ensayo manométrico | pressure test.
ensayo no destructivo | nondestructive testing.
ensayo piloto | pilot run.
ensayo pirognóstico | fire assay.
ensayo por caída | drop test.
ensayo por coloración de la llama | flame reaction.
ensayo por coloración de la llama (análisis químico) | flame test.
ensayo por copelación | assaying by cupellation.
ensayo por fatiga | Wohler test.
ensayo por infrarrojos | infra-red testing.
ensayo por retardo | retardation test.
ensayo por sonda | probe test.
ensayo por vía húmeda | assay by the wet way | wet way analysis | wet essay.
ensayo por vía húmeda (química) | wet assay.
ensayo por vía seca | assay by the dry way | dry essay.
ensayo real | live test.
ensayo sobre agar (agricultura) | agar block test.
ensayo sobre máquina | test shot.
ensayo térmico | heat run.
ensayo testigo (análisis químico) | blank trial.
ensayos bibliográficos | bibliographical essays.
ensayos de rutina | routine tests.
ensayos de saturación | saturation testing.
ensayos funcionales en caliente | hot functional testing.
ensayos sistemáticos de los circuitos | overall circuits routine tests.
ensebar | slush (to).
ensebar los remos para que no hagan ruido | muffle (to).
ensenada | bight | cove | haven | creek | inlet | embayment.
ensenarse (marina) | embay (to).
enseña | colors | ensign.
enseñanza | education | training | lesson | coaching | drill.
enseñanza complementaria | further education.
enseñanza con la ayuda del ordenador | computer assisted instruction.
enseñanza con simulador | simulator training.
enseñanza de la indización | training in indexing.
enseñanza de la ingeniería | engineering education.
enseñanza de niños | technology.
enseñanza de peonaje por obreros especializados | dilution of labor.
enseñanza de 1 año en la industria y 3 años en la Universidad y 1 año en la industria | 1-3-1 thick sandwich training.
enseñanza del personal | indoctrination of personnel.
enseñanza didáctica | didactic training.
enseñanza diplomada | academic training.
enseñanza elemental | elementary education.
enseñanza elemental pública gratuita | free public elementary education.
enseñanza en clase | academic training.
enseñanza en la escuela | in-school teaching.
enseñanza especializada | specialized training.
enseñanza individual | individual training.
enseñanza industrial | education for industry.
enseñanza mutua de las obligaciones de dos personas | cross-training.
enseñanza por correo | postal instruction.
enseñanza por correspondencia | postal instruction | instruction by mail.
enseñanza posescolar | postgraduate training.
enseñanza preliminar antes de recibir la enseñanza de vuelos | preflight training.
enseñanza primaria de vuelo | primary flying

training.
enseñanza programada | programmed instruction | programmed learning.
enseñanza secundaria | secondary education.
enseñanza superior | higher learning | higher education.
enseñanza universitaria a distancia | open university.
enseñanza visual | object-system.
enseñar | put up (to) | teach (to) | lead (to).
enseñar el camino | lead (to).
enseres | fixtures | furniture | equipment | household goods | effects | graith.
enseres de laboratorio | laboratory supplies.
enserrinar | sawdust (to).
ensifoliado (botánica) | ensiform-leaved.
ensilación | siloing.
ensilado de cereales | corn silage.
ensiladora | silo filler.
ensilaje | ensilation | ensilage | silage.
ensilar | pit (to) | ensile (to) | ensilage (to) | silo (to).
ensilar (patatas) | clamp (to).
ensimaje | oiling.
ensimaje (lana) | wool oiling.
ensimaje de fibras (lana) | fiber oiling.
ensimaje textil | textil size.
ensobrar | envelope (to).
ensombrecerse | cloud up (to).
ensombrecimiento | darkening.
ensonificar (penetración del sonido en una parte del mar) | ensonify (to).
ensordecedor | earsplitting.
ensordecer | deafen (to).
ensordecimiento (ruidos) | dulling.
ensortijamiento (del cabello) | curling.
ensortijar | ring (to).
ensortijar (hacer bucles - cabellos) | frizzle (to).
ensortijarse | twist (to) | wind up (to).
ensortijarse (trabajo de talla) | null (to).
enstatita con efectos fulgurantes | cat's-eye enstatite.
ensuciadores biológicos (fondos de buques) | biological foulers.
ensuciamiento | pollution.
ensuciamiento (de fondos buques) | fouling.
ensuciamiento (relleno de los poros con el material desprendido de la pieza trabajada - muela abrasiva) | loading.
ensuciamiento con aceite | oiling up.
ensuciamiento con los dedos | fingerprinting.
ensuciamiento de la muela abrasiva | wheel loading.
ensuciamiento de las telas | fabric soiling.
ensuciar | soil (to) | moil (to) | foul (to) | stain (to) | defile (to) | smudge (to) | pollute (to).
ensuciar de aceite | oil up (to).
ensuciarse | foul (to).
ensuciarse (ánima del cañón) | lead (to) 00.
ensuciarse (bujía de encendido) | load (to).
ensuciarse con la materia arrancada (limas, papel abrasivo, muelas abrasivas, etc.) | load (to).
entablado | lagging | sheathing.
entablado de contrachapado | plywood sheating.
entablado de paredes | siding.
entablado para pisos (hormigón) | floor decking.
entablado para pizarra (techos) | slate boarding.
entabladura (música) | cipher | tablatura.
entablamento | entablement.
entablamento jónico | Ionic entablature.
entablamento soldado (motores) | welded entablature.
entablamiento | table.
entablamiento (prensas, motores, etc) | entablature.
entablamiento corintio | Corinthian entablature.
entablamientos de los cilindros (motores) | cylinder entablatures.
entablar (minas) | lace up (to).
entablar (negocios) | commence (to).
entablar (pleitos) | enter (to).
entablar (recursos) | file (to).
entablar negociaciones | enter into negotiations (to).
entablar pleito | bring suit (to).
entablar pleito (abogacía) | implead (to).
entablar pleito sobre (abogacía) | put in suit (to).
entablar relaciones comerciales | open up business relations (to) | establish business relations (to).
entablar un juicio hipotecario | foreclose (to).
entablar un pleito | take legal proceedings (to) | file a suit (to).
entablar un pleito (abogacía) | cause suit to be brought.
entablerada (puertas) | paned.
entablillado (carpintería) | brandering.
entablillar | splint (to).
entablillar (cirugía) | splinter (to).
entablillar (empalmes, vergas, etcétera) | fish (to).
entablonado | planked | plank flooring | lags.
entablonado (cimbras) | lagging.
entablonado basto de la cimbra | jack lagging.
entablonado de bodega (buques) | ceiling planking.
entablonado de bodega (buques de acero) | ceiling.
entablonado de cimbra | bolster.
entablonado de contención | bulkhead.
entablonado de contención con tirantes (empuje tierras) | anchored bulkhead.
entablonado de la bodega (buques) | hold ceiling.
entado (heráldica) | enté.
entalcadora | talcing machine.
entalcar | talc (to).
entalegar | sack (to).
entalingadura (buques) | clinch.
entalingadura (del ancla) | Jew's-harp.
entalingar (anclas) | bend (to).
entalingar (cadenas) | clinch (to).
entalingar (marina) | shackle (to).
entalpía (física) | total heat | enthalpy.
entalpia a la salida de la paleta (turbinas) | enthalpy at blade exit.
entalpía a la salida del álabe (turbinas) | enthalpy at blade exit.
entalpía de enlace de iones | ion bond enthalpy.
entalpía de estancamiento | stagnation enthalpy.
entalpía de evaporación | enthalpy of evaporation.
entalpía de sublimación | enthalpy of sublimation.
entalpía del aire en reposo | enthalpy of motionless air.
entalpía en la entrada de la turbina | turbine-inlet enthalpy.
entalpía isentrópica | isentropic enthalpy.
entalpia libre | free enthalpy.
entalpía másica | mass enthalpy.
entalpía normal | standardized enthalpy.
entalpía por unidad de masa | enthalpy per unit mass.
entalpía por unidad de peso | enthalpy per unit weight.
entalpía potencial | enthalpy potential.
entálpico | enthalpic.
entalla | kerf | gage notch | gage-mark | notch | notching | dap.
entalla concentradora de esfuerzos | stress-raising notch.
entalla Charpy en U | Charpy keyhole notch.
entalla de lados paralelos que dispersa más bien que concentra el esfuerzo | stress-relaxing notch.
entalla en doble v | double-v-grooved.
entalla en U | keyhole notch.
entalla en V | V notch.
entalla geométrica | geometrical notch.
entalla Izod en V | Izod V notch.
entalla metalúrgica | metallurgical notch.
entallabilidad (al torno) | spinnability.
entallable (en el torno) | spinnable.
entallado | excised.
entallado (en el torno) | spun | spinning.
entallado (ficha) | notch coding.
entallado de chapas metálicas | metal spinning.
entallado en caliente (torno) | hot spinning.
entallado en el fuste (pernos) | waisted on the shank.
entallado por corte | shear spinning.
entalladura | kerf | gash | indenture | recess | mortise | jagging | notch.
entalladura (Argentina) | undercut.
entalladura de apeo (árboles) | felling notch | mouth sink | box.
entalladura de calibración | gaging notch.
entalladura de referencia | locating notch.
entalladura en el tronco para regular la dirección de caída | undercut.
entalladura para disminuir esfuerzos | relief notch.
entalladura poco profunda | shallow notch.
entalladura por el lado opuesto al de caída | back cut.
entalladura vertical (minas) | shearing | shear.
entallar | carve (to) | hole (to).
entallar (metales en el torno) | spin (to).
entallar en el torno | spinform (to).
entallas colineales | collinear notches.
entapinar (buques) | dowel (to).
entapizar | hang (to) | drape (to).
entarimado | flooring | flooring | platform | sheathing | boarding | crib | deal floor.
entarimado (piso de madera) | batten floor.
entarimado del alero | barge board.
entarimado en corte de pluma | herringboned floor | herringbone parquetry.
entarimado sobre alfardas (pisos) | bridging floor.
entarimados | parquetry.
entarimar | palletize (to) | floor (to) | sheath (to) | board (to).
entarquinamiento | siltage | silting up | siltation | shoaling.
entarquinamiento (curso de agua) | silting-up.
entarquinamiento (embalses) | silting.
entarquinamiento (presas) | silt deposition.
entarquinamiento de embalses | reservoir siltation.
entarquinamiento del puerto | harbor silting.
entarquinarse | silt (to).
entasia | entasis.
éntasis (columnas) | entasis.
ente matemático | mathematical entity.
ente público | public entity.
ente regional | regional entity.
entelado (alas aviones) | fabric-covered.
entelado (aviación) | fabric covered.
entelar | canvas (to).
entenalla | hand-vice.
entenallas | draw-vice.
entender | get (to).
entender (disputar) | contend (to).
entendido en (artes, etc.) | connoisseur.
entendimiento | intelligence.
entepado de taludes | slope turfing.
entepar | sod (to).
entepesar | turf (to).
enterado y comprendido | WILCO.
enteramente | in full | fully.
enteramente aparejado (buques) | ataunt.
enteramente básico | all-basic.
enteramente de fundición | all-iron.
enteramente de madera | all-timber.
enteramente móvil | all-movable.
enteramente nuevo | brand new.
enterar | acquaint (to).
entereza | decision.
entereza (contratos) | entirety.
entereza de contrato | entirety of contract.

entérico | enteric.
enterizo | monobloc | monopiece | single-piece | single made | solid | solid-forged | one-piece.
enternecer | tender (to).
entero | uncut | complete | all-over | integrate | perfect | entire | unqualified | total.
entero (bolsa) | point.
entero (botánica) | entire.
enterolítico (geología) | enterolithic.
enteros isólicos | isolic integers.
enterrada (batería) | sunken.
enterrado | buried.
enterrado por la lava | lava-buried.
enterrar | earth (to).
entes públicos territoriales | regional or local authorities.
entibación | shoring | shaft lining | lag | bracing | lining.
entibación (construcción) | trench bracing.
entibación (minas) | tubbing | timbering | staying | bonding | propping.
entibación apoyada en los pilotes | interpile sheeting.
entibación armada (minas) | herringbone timbering | reinforced timbering.
entibación completa (entibado completo - galería minas) | full timbering.
entibación con agujas | fore-poling.
entibación con cuadros adosados | cribbing.
entibación con cuadros adosados (pozo minas) | boxing.
entibación cuadricular | square set.
entibación de cuadros | square set.
entibación de cuadros (minas) | square-set timbering | square timbering.
entibación de la galería principal | entry timbering.
entibación de pozo inclinado | inclined-shaft timbering.
entibación de pozos | pit shoring.
entibación del pozo | shaft timbering.
entibación del techo (minas) | barring.
entibación hincada | fore-poling.
entibación horizontal | horizontal lining.
entibación metálica (minas) | steel-timbering.
entibación perdida (minas) | lost timbering.
entibación poligonal | rafter timbering.
entibación poligonal (minas) | rafter set | arch set.
entibación por partes | piecemeal shoring.
entibación provisional (minas, túneles) | false set.
entibación rellena de piedra (minas) | rockfilled crib.
entibado | sheeted | timbered | timbering.
entibado (de madera) | blocking.
entibado (galería minas) | planked.
entibado (minas) | supporting.
entibado adosado | close-set timber | close timbering.
entibado adosado (minas) | close cribbing.
entibado con cuadros adosados (minas) | cribbed.
entibado con cuadros adosados (pozo minas) | curbing.
entibado con llaves de madera (minas) | pigsty timbering.
entibado con pilas de madera | square-setted.
entibado de anchurón (minas) | room-timbering.
entibado de cámara (minas) | room-timbering.
entibado del techo (minas) | back timber | lofting.
entibado hasta el frente de ataque (minas) | close-set timber.
entibado reforzado (minas) | reinforced timbering.
entibador | mine carpenter.
entibador (de dique seco) | shorer.
entibador (minas) | shorer | wooder | mine shorer | timberman | timberer | jerry man | deputy.
entibador (obrero) | holder-on.
entibador (remachado) | holder-up | backer-up | rivet holder | dollyman.
entibador del frente de ataque (galerías) | back-end man.
entibamiento | shoring.
entibar | prop (to) | rig in (to) | brace (to) | stay (to) | wainscot (to) | line (to).
entibar (galería de minas) | plank (to).
entibar (minas) | timber (to) | staddle (to) | support (to) | shore (to) | back (to).
entibar (pozo o galería de mina) | lag (to).
entibar (remaches) | dolly (to) | buckup (to) | hold up (to).
entibar (zanjar, pozos de mina) | pole (to).
entibar (zanjas) | sheet (to).
entibar el techo (minas) | bridge (to).
entibiación | tepefaction.
entibiar | tepefy (to).
entibo provisional | fore-poling.
entidad | being | body | matter | ens | organization.
entidad aseguradora | insurance underwriter.
entidad autónoma | autonomous body.
entidad ciudadana | city entity.
entidad clínica (medicina) | clinical entity.
entidad elocutiva | elocutive entity.
entidad jurídica | juristic person | juridical person | legal entity | corporate body.
entidad legal | legal entity.
entidad reaseguradora | reinsurance company.
entierro | burial.
entintado | coverage | inking in | inked.
entintado (de rodillos impresores) | inking.
entintado automático (imprenta) | self-inking.
entintador | inker.
entintaje | inking in.
entintaje (de rodillos impresores) | inking.
entintar | ink (to) | ink in (to).
entintar (tipografía) | ink-up (to).
entintar el clisé | ink-up plate (to).
entintar la forma con tampón (imprenta) | beat (to).
entoldar | tilt (to).
entomofagia | entomophagy.
entomófago | feeding on insects | entomophagous.
entomología forestal | forest entomology.
entomología médica | medical entomology.
entomólogo | entomologist.
entomólogo forestal | forest entomologist.
entomorepelente | entomorepellent.
entonación | voicing.
entonación (pintura) | blend.
entonación (voz) | ring.
entonación colorista | color toning.
entonación de la palabra | word-stress.
entonación semántica | semantic stress.
entonar | tune (to).
entonar (colores) | tone (to).
entonelar | tun (to) | cask (to).
entongadora. ánica) | piler.
entoolítico | entoolitic.
entoplastrones | entoplastra.
entorchado | covered yarn | gold lace.
entorchado de oro | gold thread.
entorchadora | rubber covering machine.
entorno | environment | setting | setting.
entorno cerrado (conjuntos) | closed neighborhood.
entorno de tamaño único (topología) | single-sized neighborhood.
entorno de trabajo saludable | healthful work environment.
entorno de un punto | neighborhood of a point.
entorno de X de radio R | neighborhood of X of radius R.
entorno del trabajo | working environment.
entorno educativo no vocacional | nonvocational education environment.
entorno educativo vocacional | vocational education environment.
entorno esférico (topología) | spherical neighborhood.
entorno esférico abierto (topología) | open spherical neighborhood.
entorno físico del buque | shipboard physical environment.
entorno físico en el diseño y construcción de edificios | physical environment in buildings.
entorno hacia un lado (topología) | one-sided neighborhood.
entorno legal | regulatory environment.
entorno reducido (topologia) | deleted neighborhood.
entornos marinos | marine environments.
entorpecer | obstruct (to).
entorpecimiento | obstruction.
entorpecimiento en la comunicación | clogger.
entorpecimiento producido por exceso de castina en la masa líquida de metal y formación de escoria dura infusible (alto horno) | lime set.
entozoario | entozoon.
entozoarios | entozoa.
entozoo | entozoon.
entozoos | entozoa.
entrada | entrance | entryway | entry | throat | threshold | way in | gate | receipt | ticket | inlet | input | inning | escutcheon | access | coming in | doorway | ingress | induction.
entrada (aguja para tejido punto) | shoulder.
entrada (de aire) | intake.
entrada (de datos o programas) | input.
entrada (de una máquina) | feed end.
entrada (del torpedo en el agua) | entry.
entrada (electricidad) | input.
entrada (galerías) | mouth.
entrada (máquinas) | admission.
entrada (medias, calcetines) | leg-hole.
entrada (moldes) | ingate.
entrada (teatros) | lobby.
entrada (túneles) | portal.
entrada a cuenta | down payment.
entrada a distancia por lotes (ordenador) | remote batch entry.
entrada a la dársena | dock entrance.
entrada a la mina | mine portal.
entrada al desmodulador | demodulator imput.
entrada al pozo (minas) | door to shaft.
entrada analógica | analog input.
entrada angosta de un territorio en otro (enclave) | panhandle.
entrada asimétrica | single-ended input.
entrada brusca del aire | inrush of air.
entrada con choques múltiples | multishock intake.
entrada cónica (herramientas) | taper lead.
entrada conversacional de trabajos a distancia | conversational remote job entry.
entrada de agua | leak | water ingress.
entrada de agua en los cilindros (máquinas vapor) | primage.
entrada de aire | intake | air induction | indraught | air supply.
entrada de aire (turborreactor) | engine air intake.
entrada de aire con neutralización del efecto de la velocidad (aviones) | nonramming air intake.
entrada de aire en el sistema de vacío | vacuum leak.
entrada de aire en la puerta del hogar | firedoor air inlet.
entrada de antena | aerial weight.
entrada de capital exterior | inflow of capital from abroad.
entrada de conductor | bush.
entrada de corriente | leading-in wire.
entrada de divisas | inflow of currency.
entrada de elementos | fan-in.
entrada de favor (teatros, cines) | free pass.
entrada de fondos | inward payments | inflow of funds.
entrada de humedad | ingress of moisture.
entrada de imagen (TV) | vision input.
entrada de índice | index entry.

entrada de la galería | adit portal.
entrada de la mazarota (orificio de colada - moldes) | flow gate.
entrada de la señal | signal input.
entrada de la toma | inlet of intake.
entrada de los impulsos de reloj | input of clock pulses.
entrada de mercancías | goods in.
entrada de mina | descent.
entrada de página (calculadora) | page-in.
entrada de páginas por bloques | block page-in.
entrada de pedidos | incoming orders.
entrada de reenganche | reset-input.
entrada de rosca | washout thread.
entrada de rosca (rosca cónica) | vanish thread.
entrada de ruido aleatorio | random noise input.
entrada de sección recta variable | variable-area intake.
entrada de señal y de ruido | signal-plus-noise input.
entrada de trabajos a distancia | remote job entry.
entrada de un cable | cable inlet.
entrada de una bahía | baymouth.
entrada del aceite | oil spout.
entrada del agua de inyección | injection water inlet.
entrada del amplificador del error | misalignment amplifier input.
entrada del patrón | clock input.
entrada del polvo | dust ingress.
entrada del sonido | sound gate.
entrada del transformador modulador | modulator transformer input.
entrada diferida | deferred entry.
entrada en aduana | entrance.
entrada en almacén | quantity received.
entrada en banda lateral de ruido equivalente (telecomunicación) | equivalent noise sideband input.
entrada en batería (tubo cañón en su cuna) | runout.
entrada en batería (tubo de cañón después del disparo) | counterrecoil.
entrada en batería (tubo del cañón) | buffing action.
entrada en batería del cañón | gun runout.
entrada en comunicación | handshaking.
entrada en comunicación con el sistema | logging in.
entrada en contrafase | push-pull input.
entrada en dique | dry-docking.
entrada en dique (buques) | docking.
entrada en dique de un dique flotante | dry-docking a floating dock.
entrada en efectivo | cash inflow.
entrada en el borde de ataque del ala | wing leading-edge inlet.
entrada en funciones | entrance into office | assumption of office.
entrada en la dársena (puertos) | docking.
entrada en la tabla de segmentos (informática) | segment table entry.
entrada en las pinzas de arrastre (tipografía) | gripper bite.
entrada en pérdida | stalling.
entrada en pérdida del borde de ataque del ala | wing nose stall.
entrada en pérdida por choque (vuelo transónico) | impact stall.
entrada en posesión (bienes) | regain.
entrada en posesión de | getting back.
entrada en servicio | putting into operation.
entrada en tapas (encuadernación) | lacing-in.
entrada en una lista | sublist.
entrada en vigor (del seguro, del riesgo) | attachment.
entrada en vigor (leyes) | carrying into effect.
entrada en vigor del seguro | attachment of the insurance.
entrada equivalente a la corriente oscura | equivalent dark-current input.
entrada estadística estacionaria (filtros) | stationary random input.
entrada ficticia | dummy entry.
entrada gausiana | random input.
entrada indirecta | indirect input.
entrada inhibidora | inhibiting input.
entrada lateral (jaula minas) | side-gate.
entrada libre | duty-free.
entrada manual | manual input.
entrada mínima | minimum down payment.
entrada neta | net receipts.
entrada occidental | western entrance.
entrada oriental | eastern entrance.
entrada para almacén (comercio) | warehouse entry.
entrada para pago y retirada inmediata (aduanas) | consumption entry.
entrada para pasajeros | passenger entrance.
entrada para tasación | appraisement entry.
entrada por lectura | read in.
entrada posterior | back entry.
entrada principal | main gates.
entrada secuencial | sequential access.
entrada sin corriente de aire | draught-free admission.
entrada sin choques | shock free entry.
entrada sincrónica (motores) | fall-in.
entrada y salida de los obreros | ingress and egress of workmen.
entradas (de dinero) | receipts.
entradas (de libros, etcétera) | accessions.
entradas (inventarios) | in.
entradas a la cámara de bombas | openings to pump room.
entradas brutas | gross takings.
entradas de libros en la biblioteca | accessions to the library.
entradas de un cuadripolo | input of a four-terminal network.
entradas del día | receipts of a day.
entradas en efectivo | cash earnings.
entradas en múltiples (telecomunicación) | multed inputs.
entradas inutilizadas | tied unused inputs.
entradas sensoriales | sensor inputs.
entradas y desembolsos reales | actual receipts and disbursements.
entradas y salidas | receipts and disbursements | incomings and outgoings.
entrada/salida | I/O (input-output).
entrada-salida con memoria intermedia | buffered input-output.
entrada/salida diferida | spooling.
entradas-salidas | input-output.
entrado en años | striken in years.
entramado | studding | nogging | trusswork | lattice work | framework | framing | frame | carcassing.
entramado (carpintería) | studwork.
entramado (edificios) | carcass.
entramado (muros) | nogged.
entramado con arriostramiento en X | X-braced frame.
entramado del piso | floor framing.
entramado del tablero (puentes) | floor framing.
entramado metálico | bay work | iron framework.
entramar (un tabique) | pug (to).
entramar un muro | nog (to).
entrampado de entropía (física) | entropy trapping.
entrampado refrigerante | cold trapping.
entrante | recess | oncoming.
entrante (arquitectura) | break back.
entrante (puentes) | return.
entrante en la costa | recess in the shore.
entrante hueco para recibir la rueda del aterrizador (alas y fuselaje) | well | wheel recess.
entrantes y salientes | incomers and outgoers.
entrañar (marina) | snake (to).
entrañar (un cabo) | worm (to).
entrar | get in (to) | come in (to).
entrar (un puerto) | put in (to).
entrar a torrentes | come flooding (to).
entrar a viva fuerza | muscle it (to).
entrar de repente | break in (to).
entrar en acción | move (to).
entrar en arribada forzosa | put in distress (to).
entrar en barrena (aviación) | spin (to) | fall into a spin (to).
entrar en barrena de cola (aviones) | auger in (to).
entrar en batería (cañones) | run in (to).
entrar en coche | drive in (to).
entrar en combate | go into action (to) | come into action (to).
entrar en combustión | combust (to).
entrar en dársena (buques) | dock (to).
entrar en el puerto | enter harbor (to) | come into port (to).
entrar en erupción (volcanes) | erupt (to).
entrar en funcionamiento | be operational (to).
entrar en funciones | enter one's duties (to).
entrar en fusión | melt (to).
entrar en la dársena (buques) | go into dock (to).
entrar en la estación (trenes) | pull in (to).
entrar en las funciones de | come within (to).
entrar en máquina (tipografía) | go to press (to).
entrar en oscilación | break into oscillation (to).
entrar en pérdida de velocidad (aviones) | stall (to).
entrar en posesión de | get back (to).
entrar en posesión de una propiedad | enter upon a property (to).
entrar en puerto | enter port (to).
entrar en puerto por poco tiempo (buques) | touch (to).
entrar en resonancia | tune (to).
entrar en resonancia (física) | resonate (to).
entrar en servicio | commission (to).
entrar en servicio (máquinas, etc.) | go on the line (to).
entrar en tapas (encuadernación) | lace in (to).
entrar en tratos | treat (to).
entrar en un coche | get on (to).
entrar en un nuevo cuarto (luna) | quarter (to).
entrar en vigor | inure (to) | come into force (to).
entrar en vigor (abogacía) | take effect (to).
entrar en vigor (leyes) | enure (to).
entrar en vigor (pólizas) | attach (to).
entrar sin permiso (estudios de cine) | crash the gate (to).
entre aeroplanos | interplane.
entre aviones y el suelo | air-to-ground.
entre bridas | between flanges.
entre caras (barra o tuerca exagonales) | across flats.
entre caras exteriores | outside to outside.
entre conductores (línea trifásica) | line-to-line.
entre corchetes (términos matemáticos) | bracketed.
entre cuadernas | intercostal.
entre dos estaciones fijas determinadas (radiocomunicaciones) | point-to-point.
entre dos puntos fijos | point-to-point.
entre dos variedades de una especie | intervarietal.
entre estos límites | in between these limits.
entre etapas | interstage.
entre extremos de las alas | from wing-tip to wing-tip.
entre fases | line-to-line.
entre las alas de un aeroplano | interplane.
entre los haces de tubos vaporizadores (calderas) | interdeck.
entre los hemisferios oriental y occidental | interhemispheric.
entre los límites de | in the range of.
entre manos (asuntos) | in hand.
entre otras cosas | inter alia.
entre paréntesis | dashed.

entre pestañas (de ruedas) | between flanges.
entre planos | interplane.
entre puntos no visibles | over-the-horizon.
entre terceros | inter alios.
entre topes (vagones) | over buffers.
entrecarril (entrevía normal - ferrocarriles) | four foot way.
entrecomillar (tipografía) | quote (to).
entrecrecer | intergrow (to).
entrecrecimiento gráfico de finura microscópica | microscopically-fine graphic intergrowth.
entrecruzado | cross | latticed.
entrecruzamiento | interlacing | intercrossing | crosslinking | crossbreeding.
entrecruzamiento (genética) | crossing-over.
entrecruzamiento de guías mineralizadas (geología) | stockwork.
entrecruzamiento simultáneo de cuatro individuos (maclas repetidas) | fourling.
entrecruzandose | criss-crossing.
entrecruzar | crisscross (to).
entrecruzarse | cross (to) | crisscross (to) | intersect (to).
entrechocar | knock together (to) | jingle (to).
entrechocar (de espadas) | clink.
entredobladillo (medias) | afterwelt | shadow welt.
entredós (tejeduría, libros) | strip.
entredós sacamallas (máquina tejido de punto) | knockover bit.
entrefina (limas, escofinas) | second cut.
entrefino | medium-fine | middling fine.
entreforro | lining.
entrega | handing over | payment | installment | giving | delivery.
entrega (albañilería) | tailing.
entrega (de un sillar) | tail.
entrega (de una publicación) | part.
entrega a cuenta | trade-in.
entrega a domicilio | home delivery | delivery to destination.
entrega a granel (sin evasar) | bulk delivery.
entrega a término | future delivery.
entrega al costado (buques) | overside delivery.
entrega atrasada | late delivery.
entrega como pago parcial | trade-in.
entrega contra aceptación | delivery acceptance.
entrega contra pago | delivery payment.
entrega contra reembolso | C.O.D. (cash on delivery).
entrega contra rembolso | cash on delivery.
entrega de almacén | off-the-shelf shipment.
entrega de herramientas (a obreros, etc.) | dispensing.
entrega de herramientas a los obreros (talleres) | tool dispensing.
entrega de mercancías | delivery of goods.
entrega de oficio (abogacía) | supply on sale.
entrega de premios | prizegiving.
entrega de productos forestales | forestage.
entrega de puerta a puerta | house-to-house delivery.
entrega de valores conforme al reglamento (bolsa) | good delivery.
entrega en especie | issue in kind.
entrega en fecha futura | forward delivery.
entrega en la puerta del almacén | store door delivery.
entrega en talleres | ex works delivery.
entrega fuera de muelle | ex-terminal delivery.
entrega gratis | free-issue.
entrega gratuita de acciones a los accionistas | scrip issue.
entrega inmediata | spot delivery.
entrega legal de una citación | service.
entrega llave en mano | turns a key.
entrega parcial | partial delivery.
entrega puesto a bordo | free on board delivery.
entrega puesto sobre vagón | free on rails delivery.
entrega retardada | delayed delivery | delayed deliver.
entrega según contrato | delivery up to contract.
entrega sin cargo por flete | freight allowed.
entrega sobre el buque | free on board delivery.
entregado a domicilio | delivered free.
entregado a pie de obra | delivered at site.
entregado CIF en un puerto mundial importante | delivered C.I.F. main world port.
entregado en los talleres del consumidor | delivered at consumer's works.
entregado en nuestros almacenes | delivered at our warehouse.
entregado sobre muelle | delivered to docks.
entregar | deliver (to) | commit (to) | surrender (to) | give in (to) | hand over (to).
entregar (una citación o requerimiento) | serve (to).
entregar a un banco documentos para su cobro | hand documents to a bank for collection (to).
entregar las mercancías al costado del barco | deliver the goods alongside the vessel (to).
entregar las mercancías en el plazo convenido | deliver the goods within the specified time (to) .
entregar para el cobro | hand in for collection (to).
entregar títulos | deliver stock (to).
entregar un cheque al cobro al banco | lodge a check with a bank for collection (to).
entregar una señal | handsell (to).
entregas a plazo | futures.
entregas a término | futures.
entregas programadas | scheduled deliveries.
entregas remotas | futures.
entreguismo | defeatism.
entrehierro (ciclotrón) | pole gap.
entrehierro (electricidad) | air gap.
entrehierro (electroimanes) | gap.
entrehierro (imanes) | air gap.
entrehierro de la cabeza (registro magnético) | head gap.
entrehoja (botánica) | interleaf.
entrelaminación | interleaving.
entrelaminado | interbanded.
entrelaminar | interleave (to).
entrelazado | interlace | interlacing.
entrelazado aleatorio | random interlace.
entrelazado casual | random interlace.
entrelazado de impulsos | pulse interleaving.
entrelazado de líneas | line interlace.
entrelazado de número impar de líneas (TV) | odd-line interlace.
entrelazado de puntos | dot interlacing.
entrelazados (arquitectura) | interlaced fillets.
entrelazamiento | interlacing | intercrossing.
entrelazamiento (arquitectura) | knotwork.
entrelazamiento de impulsos (telefonía) | pulse interlacing.
entrelazar | lock (to) | intertwist (to) | intertwine (to) | interlace (to) | lattice (to) | loop (to) | twist (to) | weave (to) | entwine (to).
entrelazarse | interdigitate (to).
entrelucir | glimmer (to).
entremeterse sin derecho | interlope (to).
entremezclar | intermix (to) | intermingle (to) | interblend (to).
entremiche (buque de madera) | chock.
entrenador | trainer.
entrenador (deportes) | coach.
entrenamiento | training | learning.
entrenamiento (deportes) | coaching.
entrenamiento (tropas, etc.) | exercising.
entrenamiento adecuado | ad hoc training.
entrenamiento de combate | field training.
entrenamiento en cápsula espacial simulada (cosmonáutica) | simulated-capsule training.
entrenamiento en vuelo desde el principio | ab-initio training.
entrenamiento para una tarea determinada | functional training.
entrenamiento sicológico de los capataces | psychological training of foremen.
entrenamiento y examen de conductores | driver's testing and training.
entrenar | train (to).
entrenarse (deportes) | coach (to).
entrenervios (encuadernación) | panels.
entrenudo (botánica) | joint.
entrepaño | panel | panelling | bay.
entrepaño (puerta de madera) | mullion.
entrepaño (puertas) | pane.
entrepaño almohadillado | inlaid panel.
entrepaño de friso | frieze panel.
entrepiso (minas) | intermediate level.
entrepuente (buques) | between decks | 'tween-deck.
entrepuente de la ciudadela (petroleros) | bridge 'tween deck.
entrepuente del sollado | orlop'tween deck.
entrepuente inferior (buques) | lower tween decks.
entrepuente principal | main tween decks.
entresaca | singling | sorting.
entresaca (preparación minerales) | spalling.
entresacar | log selectively (to) | winnow (to) | merge (to) | select (to) | cull.
entresacar (datos, palabras) | comb (to).
entresacar (metalurgia) | spall (to).
entresacar (minería) | sort (to).
entresurco | tie-ridge.
entretejer | knit (to) | plat (to) | intertwist (to) | interweave | intertwine (to) | lattice (to) | entwine (to) | twist (to) | weave (to).
entretela | padding.
entretelar (cosido) | interline (to).
entretener (carreteras, etc.) | keep (to).
entretener (máquinas, carreteras, etc.) | maintain (to).
entretener (obras) | keep up (to).
entretener los fuegos (calderas) | keep on (to).
entretenimiento | upkeep.
entretenimiento (carreteras, etcétera) | maintenance.
entretenimiento (edificios, carreteras, etc.) | keeping.
entretenimiento (máquinas) | service.
entretenimiento a cargo de la tripulación (aviones) | line maintenance.
entretenimiento anual | annual maintenance.
entretenimiento correctivo | remedial maintenance.
entretenimiento corriente | running maintenance | routine servicing.
entretenimiento curativo y preventivo (máquinas) | preventive and curative maintenance.
entretenimiento de carreteras | roading.
entretenimiento de la herramienta | tool maintenance.
entretenimiento de la línea | line maintenance.
entretenimiento de la línea estando en tensión (electricidad) | hot-line maintenance work.
entretenimiento de las bujías (motores) | plug maintenance.
entretenimiento de los setos | hedging.
entretenimiento del motor | engine maintenance.
entretenimiento del negocio | carrying on the business.
entretenimiento en obra | field maintenance.
entretenimiento en vuelo (del vehículo cósmico) | in-flight maintenance.
entretenimiento organizacional | organizational maintenance.
entretenimiento planificado (de máquinas, etc.) | planned maintenance.
entretenimiento preventivo | preventive maintenance | routine maintenance.
entretenimiento rutinario | scheduled maintenance.
entrevía | railway gage | rail gage.
entrevigado | beam filling.
entrevista | audience | conference.
entrevista anónima (periodismo) | blind interview.
entrevista con preguntas concertadas | patterned interview.

entrevista de consejo | counseling interview.
entrevista de prueba | test interview.
entrevista informal | informal interview.
entrevista oficiosa | informal interview.
entrevista prefijada en las preguntas | patterned interview.
entrevistado | interviewee.
entrevistador | interviewer.
entrevistar | interview (to).
entrezanca | carriage-piece.
entrinquetado | pawling.
entrinquetar (a una rueda) | pawl (to).
entrojar (guardar en el granero) | garner (to).
entropía (física) | entropy.
entropía (informática) | average information content.
entropía calorimétrica | calorimetric entropy.
entropía de fusión | entropy of fusion.
entropía de la difusión | diffusion entropy.
entropía de mezcla | entropy of mixing.
entropía de vaporización | entropy of vaporization.
entropia del lenguaje | entropy of the language.
entropía del vapor | entropy of steam.
entropía espectroscópica | spectroscopic entropy.
entropía másica | mass entropy.
entropía molar | molar entropy.
entropía negativa de activación | negative activation entropy.
entropía relativa del lenguaje | language relative entropy.
entropía virtual | virtual entropy.
entubación | piping.
entubación (minas) | tubage.
entubación (pozo circular de mina) | tubbing.
entubación (pozos) | tubing.
entubado | tubed | ducted.
entubado (de una caldera) | tubing up.
entubado (minas) | tubage.
entubado (pozo circular de mina) | tubbing.
entubado (pozos) | sheeting | tubing.
entubado (sondeos) | pipeline work.
entubado atascado (entubación aprisionada - sondeos) | frozen casing.
entubado de junta de inserción | inserted joint casing.
entubado de mampostería (pozos mina) | stone tubing.
entubado de pozo artesiano | artesian well casing.
entubado del pozo | well casing.
entubado ranurado (sondeos) | slotted casing.
entubado telescópico (de pozos) | telescopic casing.
entubados de pozos | iron tubing.
entubar | tube (to).
entubar (cañones) | liner (to).
entubar (minas) | tub (to).
entubar (pozo minas) | line (to).
entubar (pozos) | case (to) | case off (to).
entumecer | swell (to).
entumecimiento | swell.
entumecimiento del hormigón por capilaridad | concrete swelling.
entupido | blinding.
enturbiado con dudas | clouded with doubt.
enturbiado con fango | muddied.
enturbiamiento | cloudiness.
enturbiar | roil (to) | cloud (to) | get turbid (to).
enturbiar (gemas) | flaw (to).
enturbiarse | become turbid (to).
entusiasmar | carry away (to).
entusiasmo | elan.
entusiasta de la arquitectura | devotee of architecture.
enumerabilidad recursiva | recursive enumerability.
enumeración | numbering.
enumeración de los hechos | induction of facts.
enumerado | listed.
enumerador | enumerator.
enunciado (problema, ley, etc.) | statement.
enunciado (proposiciones) | position.
enunciado abierto (matemáticas) | open sentence.
enunciado geométrico | geometrical statement.
enunciar | state (to).
enunciar de nuevo la definición | recast the definition (to).
envainado | canning | canning | cladding.
envainado (botánica) | sheathed.
envainado en aleación de zirconio (combustible nuclear) | zircalloy-clad.
envainado en plomo | lead-sheathed.
envainado en plomo (cables) | leaded.
envainador (botánica) | sheathing.
envainar | clad (to).
envainar (cable eléctrico) | sheath (to).
envainar (cables léctricos) | sheathe (to).
envainar en plomo (cables) | lead sheath (to).
envasado | tinning | canning | packed | packing | packaged | put-up.
envasado aséptico (conservas) | aseptic canning.
envasado compacto | tight-fill packing.
envasado con un gas inerte | gas-packed.
envasado en caja de cartón | carton packed.
envasado en el vacío | vacuum-packaged.
envasado en papel de aluminio | aluminum foil-packaged.
envasado en porciones | portion-packed.
envasado en recipiente metálico | metal-container packaging.
envasado en tubos | put-up in tubes.
envasado en un vial | packaged in a vial.
envasado obtenido sumergiendo una agrupación de elementos en un plástico líquido que se endurece después por enfriamiento | potting.
envasado para exportar | boxed for export.
envasador | packer.
envasador de latas de conservas | tinner.
envasadora | packager.
envasar | sack (to) | case (to) | pack (to).
envasar en un bote de hojalata | tin (to).
envase | packing case | package | packing | boxing | container | can | container.
envase adicional para la exportación | overpacking.
envase atractivo | eye-catching package.
envase cerrado por calor (plásticos) | heatsealed package.
envase con varias unidades de un mismo producto | cluster-pack.
envase de alimentos | food packaging.
envase de ampolla que se abre despegándolo | peel-open blister pack.
envase de cartón | carton.
envase de plástico | plastic package.
envase de radioisótopo | radioisotope packaging.
envase de vidrio | glass container.
envase defectuoso | defective packing.
envase en plástico pelable | peelable plastic packaging.
envase industrial | industrial packaging.
envase móvil | container.
envase no recuperable | nonreturnable packing.
envase original | original package.
envase para desperdicios | waste container.
envase para electrodos | electrode carrier.
envase para llevar a casa | carry-home pack.
envase para un organismo vivo (vuelo cósmico) | biopak.
envase plegadizo | folding box.
envase protector | protective packaging.
envases a devolver | packing to be returned.
envases devolutorios | returnable containers.
envases devueltos vacíos | returned empties.
envases para productos de volatería | poultry-product packs.
envases plásticos | plastic containers.
envases vacíos | empties.
envejecer por trabajo en frío | strain age (to).
envejecimiento | burn-in | ageing | aging effect | aging | age | senescence.
envejecimiento (refractarios) | souring.
envejecimiento (válvula termiónica) | sputtering.
envejecimiento a temperatura elevada | elevated-temperature aging.
envejecimiento acelerado por deformación | accelerated strain aging.
envejecimiento artificial | artificial ageing.
envejecimiento artificial (aleaciones aluminio) | precipitation treatment.
envejecimiento de la célula (anatomía) | cell aging.
envejecimiento de transistor | transistor aging.
envejecimiento de válvulas electrónicas | tube-seasoning.
envejecimiento debido al rápido enfriamiento | quench hardening.
envejecimiento del aceite aislante | insulating oil aging.
envejecimiento del aislante | insulation aging.
envejecimiento del fotocátodo | photocathode aging.
envejecimiento del transistor | transistor ageing.
envejecimiento después del temple | quench-aging.
envejecimiento económico | economic obsolescence.
envejecimiento en caliente | heat-aging.
envejecimiento interrumpido | interrupted aging.
envejecimiento isotérmico | isothermic aging.
envejecimiento magnético (aceros) | magnetic aging.
envejecimiento mecánico (metales) | strain aging.
envejecimiento metalúrgico | metallurgical aging.
envejecimiento natural | natural aging.
envejecimiento natural durante el trabajo en frío (metales) | strain aging.
envejecimiento por deformación plástica | stress aging.
envejecimiento por deformación plástica (metales) | strain aging.
envejecimiento por inmersión | quench agin.
envejecimiento por vibraciones de flexión | bending vibration decay.
envejecimiento reológico de las lociones cosméticas | rheologic aging of cosmetic lotions.
envenenado | poisoned.
envenenamiento | venenation.
envenenamiento accidental | accidental poisoning.
envenenamiento crónico por inhalación de humos metálicos | brassfounder's disease.
envenenamiento crónico por vapores de zinc | zincalism.
envenenamiento experimental | experimental poisoning.
envenenamiento por comer alimentos en conserva | can poisoning.
envenenamiento por el samario | samarium poisoning.
envenenamiento por óxido de carbono | coal-gas poisoning.
envenenamiento por plomo | lead poisoning.
envenenamiento por xenón (reactor nuclear) | xenon poisoning.
envenenar | poison (to).
envergadura | stretch of the wings | wingspan | wingspread | wing expanse.
envergadura (aves) | extent.
envergadura (aviación) | spread.
envergadura (aviones) | span | expanse of wing.
envergadura de plano fijo (aeronáutica) | stabilizer span.
envergadura del ala | wing span.
envergadura efectiva | effective span.
envergar (una vela) | bring in (to).
envergar (velas) | bend (to) | bring to (to).
envergues (torpedos) | links.

envergues (velas) | ropebands.
envero (de las uvas) | ripening.
envés | back.
envés (hojas, botánica) | below.
envés (telas) | wrong side | reverse.
enviado extraordinario (diplomacia) | envoy extraordinary.
enviado por avión | shipped by plane | flown.
enviado por avión (correspondencia) | airmailed.
enviar | carry (to) | send out (to).
enviar (por buques o aviones) | ship (to).
enviar (una persona) | direct (to).
enviar cartas circulares a | circularize (to).
enviar en depósito (venta libros, etc.) | deliver on commission (to).
enviar fondos necesarios para cubrir (un pedido, etc.) | margin up (to).
enviar fondos para cubrir un pedido | margin (to).
enviar por avión | fly (to).
enviar por correo | mail (to) | post (to).
enviar por correo aéreo | airmail (to).
enviar por tren | railroad (to).
enviar por vía terrestre (EE.UU.) | ship (to).
enviar un telex | telex (to).
enviar una comunicación por un mensajero | message (to).
enviar una cuenta a | bill (to).
enviar una factura | render an account (to).
enviar una señal | signal (to).
enviar unas líneas como respuesta | drop a line in reply (to).
enviar y facturar el libro | ship and bill the book (to).
envilecimiento de los precios | degradation of prices.
envío | remittance | dispatch | shipping | forwarding | freighting | consignation.
envío (comercio) | posting.
envío (de mercancías) | consignment.
envío a título de depósito (libros) | delivery on sale or return.
envío con valor declarado | value parcel.
envío contra reembolso | COD shipment | forwarding cash on delivery.
envío contra rembolso | collect on delivery (C.O.D.).
envío de cartas por correo | posting.
envío de muestras | sample consignment.
envío de paquetes por correo | parcel post.
envío de un proyecto de ley a una comisión (parlamento) | committal.
envio de «utilícese» | use reference.
envío de «utilizado por» | used for reference.
envío directo del fabricante al detallista | drop shipment.
envío el mismo día de recibir el pedido | same-day shipment.
envío no completo | short shipment.
envío por ferrocarril | rail shipment.
envío por gran velocidad | express delivery.
envío por paquetes | freighting by parcels.
envío por paracaídas | parachute delivery.
envío por un fabricante de mercancías a un almacén público | spot stock.
envío urgente | special delivery.
envíos colectivos por correo | cooperative mailing (EE.UU.).
envirolado del extremo de choque | safe ending.
envoltorio | wrap.
envoltura | investment | case | envelope | sheath | coat.
envoltura (botánica) | envelope.
envoltura (de bala) | patch.
envoltura agujereada | punctured envelope.
envoltura de guitarra (eje trasero de autos) | banjo housing.
envoltura de plástico | cocoon.
envoltura de seguridad | containment.
envoltura de seguridad esférica | containment sphere.
envoltura de tubería | pipe wrapping.
envoltura de yute | jute serving.
envoltura externa | outer wrap.
envoltura para la fundición a la cera perdida | precision casting investment.
envoltura permeable a la humedad | moisture permeable envelope.
envoltura tubular | quill.
envolturahoja de tabaco para envolver | wrapper.
envolutar | scroll (to).
envolvente | enveloping.
envolvente (curva) | envelope.
envolvente (de turbina de vapor) | steam casing.
envolvente (geometría) | evolvent.
envolvente (movimiento) | enfolding.
envolvente anódico | anode sheath.
envolvente cilíndrica circular reforzada con anillos | ring-reinforced circular cylindrical shell.
envolvente cilíndrico | cylindrical shell.
envolvente de cámara de combustión | combustor casing.
envolvente de chapa gruesa de acero | heavy-gage sheet-steel casing.
envolvente de la onda de señal | signal-wave envelope.
envolvente de resorte en embrague | clutch annulus.
envolvente de una familia de curvas | envelope of a family of curves.
envolvente del colector | header shell.
envolvente del puente trasero (autos) | axle tube.
envolvente delgada | thin shell.
envolventes rígidas de revolución | stiffened shells of revolution.
envolver | tie up (to) | enfold (to) | envelop (to) | infold (to) | encircle (to) | wrap (to) | jacket (to) | involve (to).
envolver con algo para apagar el ruido | muffle (to).
envolver con cinta | tape (to).
envolver con un plástico un conjunto electrónico | pot (to).
envolver en algodón | cotton (to).
envolver en arpillera | burlap (to).
envolvimiento | encircling | enfolding | enveloping | envelopment | involution | involvement.
envuelta | jacketing | sheathing | shell | skin | encasement | liner | enveloping | coating | envelopment | envelope | serving.
envuelta (de bala) | coating.
envuelta (de una pieza) | housing.
envuelta (dirigibles) | body.
envuelta (motores) | housing.
envuelta (turbina) | enclosed casing.
envuelta aisladora | insulating jacketing.
envuelta aislante | insulating lagging.
envuelta antideflagrante | explosionproof housing.
envuelta autoadhesiva de fácil arranque | self-sticking peel-off wrapper.
envuelta bajo presión | pressure shell.
envuelta balística | ballistic case.
envuelta blindada (motores) | armorized housing.
envuelta calorífuga | nonconducting covering | nonconducting lagging.
envuelta calorífuga de caldera | boiler clothing.
envuelta cilíndrica | cylindrical shell | cylindrical cell.
envuelta cilíndrica del compresor | compressor casing.
envuelta cilíndrica electroformada | electroformed cylindrical shell.
envuelta cilíndrica larga | long cylindrical shell.
envuelta cilíndrica zunchada | ring-reinforced cylindrical shell.
envuelta comestible | edible casing.
envuelta con aletas de aluminio | aluminum-bladed jacket.
envuelta con persianas | louvred casing.
envuelta con vacío elevado (muy rarificado) | highly-evacuated envelope.
envuelta cónica alargada | tapered conical shell.
envuelta de agua | water jacket.
envuelta de cebo eléctrico | cap shell.
envuelta de celulosa fruncida (para salchichería) | shirred cellulose casing.
envuelta de chapa | iron shell | iron covering.
envuelta de chapa aislando la caldera
envuelta de chimenea | funnel casing.
envuelta de la bomba | pump casing | pump-case.
envuelta de la cabeza de combate | warhead shell.
envuelta de la carga | charge case.
envuelta de la espoleta | pistol case.
envuelta de la mina submarina | mineshell.
envuelta de plástico | plastic case.
envuelta de plástico rellena con gas inerte (protección de máquinas, aviones, cañones, etc.) | cocoon.
envuelta de plomo | lead covering.
envuelta de polos interiores | inner pole frame.
envuelta de tejido trenzado (cables) | braided fabric covering.
envuelta de turbina | turbine casing.
envuelta de yute | jute lapping.
envuelta decorativa | decorative coating.
envuelta del amortiguador | damper casing.
envuelta del cohete | rocket case | rocket's casing.
envuelta del colector | commutator shell.
envuelta del hogar | firebox casing.
envuelta del hogar (calderas) | firebox shell.
envuelta del horno | furnace mantle.
envuelta del inducido | armature casing.
envuelta del mecanismo percutor | pistol cover.
envuelta del motor cohético | rocket motor case.
envuelta del plasma | plasma sheath.
envuelta del portadetonador | detonator carrier envelope.
envuelta del quemador de fueloil | oil burner shell.
envuelta del satélite | satellite's skin.
envuelta del tubo de admisión | inlet pipe jacket.
envuelta del ventilador | fan housing | fan casing.
envuelta electroaislante | nonconducting covering.
envuelta en alambre trenzado (cables) | braided wire covering.
envuelta equilibrada de un conjunto (matemáticas) | set balanced core.
envuelta exterior (alto horno) | mantle.
envuelta exterior (cohetes, misiles guiados) | hull.
envuelta exterior calefactora | heating jacket.
envuelta exterior de una pieza | one-piece outer shell.
envuelta fotointerceptadora | light-excluding envelope.
envuelta hemisférica | hemispherical shell.
envuelta interior | inner wrap | inner covering.
envuelta partida (en dos partes) | split casing.
envuelta partida axialmente | axially-split casing.
envuelta partida longitudinalmente y encabillada | doweled split-casing.
envuelta por la que se puede circular por dentro | walk-in housing.
envuelta presionizada | pressure shell.
envuelta protectora | protective casing.
envuelta protectora contra el calor generado en la reentrada en la atmósfera (cosmonaves) | reentry heat shield.
envuelta refrigerante | cooling casing.
envuelta resistente a la evaporación | evaporation-resistant wrapper.
envuelta resistente a las explosiones | explosion-resisting enclosure.
envuelta sin patillas (semiconductor) | whiskerless package.

envuelta tejida como fibra | fiber-braid carcass.
envuelta termoaislante | lagging.
envuelta torisférica | torispherical shell.
envueltas esféricas ortótropas delgadas | shallow orthotropic spherical shells.
envuelto a máquina | machine-wrapped.
envuelto en arpillera | hessian-wrapped.
envuelto en celofán | cellophane-wrapped.
envuelto en cinta de metal | foil-wrapped.
envuelto en felpa | towel-wrapped.
envuelto en material impregando de difenilo (frutas) | diphenyl-wrapped.
envuelto en niebla | enshrouded in mist.
envuelto en papel de estaño | foil-wrapped.
enyesado | plasterwork.
enyesado (de tierras, vinos, etcétera) | plastering.
enyesar (terrenos, el vino, etcétera) | plaster (to).
enyutado (cable eléctrico) | served.
enzima (bioquímica) | enzyme.
enzima coagulante | coagulating enzyme.
enzima condensante | condensating enzyme.
enzima depurada con acetona | acetone-purified enzyme.
enzima deslignificante | delignifying enzime.
enzima electroforéticamente purificada | electrophoretically purified enzyme.
enzima lipoclástica | lipoclastic enzyme.
enzima lipolítica | fat-splitting enzyme.
enzima málica | malic enzyme.
enzima nitrificante | nitrogen fixing enzyme.
enzima ósea | bone enzyme.
enzima proteolítica | proteolytic enzyme.
enzima proteolítica desnaturalizada | denatured proteolytic enzyme.
enzima tóxica | toxenzyme.
enzima uricolítica | uricolytic enzyme.
enzimas activadoras (bioquímica) | activating enzymes.
enzimas depilatorias (para pieles) | unhairing enzymes.
enzimas óxido-reductoras (química) | oxidation-reduction enzymes.
enzimas para plantas industriales de clarificación | enzymes for clarifying plants.
enzimático | enzymic | enzymatic.
enzímico | enzymatic | enzymic.
enzimólisis | enzymolysis.
enzimología | enzymology | enzimology.
enzimosis | enzymosis.
enzootía | enzooty.
enzunchado | hooping.
Eoceno | Eocene.
Eocretáceo | Eocretaceous.
eolación | eolation.
eólico | eolian | atmogenic | wind-operated | wind 00 | wind-driven | aeolic | aeolian.
eolipila | aeolipyle.
eolítico | eolithic.
eolito | eolith.
eolodetector | wind sensor.
eologenerador | wind power plant.
eolomotor | wind motor.
eolosfera (región entre la superficie y las nubes-Venus) | aeolosphere.
eolotropía | eolotropy.
eolotrópico | eolotropic.
eón (unidad de tiempo cósmico) | eon.
eón criptozoico | cryptozoic eon.
eón de vida oculta | criptozoic.
eón fanerozoico | phanerozoic eon.
eosina (materias colorantes) | eosin.
eotecnia | eotechny.
eotécnico | eotechnic.
eozoico | eozoic | Old Tertiary.
epacta | epact.
epárquico | eparchean.
epasterismo | epasterism.
epeirogénico | continent-building.
epentética (consonante) | excrescent.
eperlano (pez) | sparling | smelt.
epiasteria | epiasteria.
epiasteriado | epiasteriated.
epiasterismo | epiasterism.
epibatolítico | epibatholothic.
epibentos | epibenthos.
epibiosis | epibiosis.
epibolia (zoología) | epiboly.
epicenidad | epicenity.
epicenismo | epicenism.
epicentral | epicentral | epicentric.
epicentro | epicenter | epicentrum | surface zero.
epicentro (explosión nuclear) | zero point.
epicentro (sismología) | focus.
epicentro (sismos) | epifocal point.
epicentros | epicentra.
epiciclo | epicycle.
epicicloidal | epicycloidal | epicyclic.
epicicloide | epicycloid | curtate cycloid.
epiclástico | epiclastic.
epicontinental | epicontinental.
epicráneo | scalp.
epicristalino | epicrystalline.
epidemia producida por hongos u oídios (botánica) | blight.
epidemicidad | epidemicity.
epidemiología | epidemiology.
epidemiología del mosaico del tomate | tomato mosaic epidemiology.
epidemiólogo | epidemiologist.
epidiascopio (óptica) | epidiascope.
epidometría (bosques) | epidometry.
epidota | epidote.
epídota alumínica | aluminum-epidote.
epidotización | epidotization.
epieugeosinclinal | epieugeosyncline.
epifaringe | epipharynx.
epifaringe labral (zoología) | labrum-epipharynx.
epifásico | epiphasic.
epifenomenista | epiphenomenist.
epifenómeno | epiphenomenon.
epifenómenos | epiphenomena.
epifítico | epiphytic.
epiflora | epiflora.
epifocal | epifocal.
epigénesis | epigenesis.
epigénico | epigenetic.
epígeno | epigene.
epígrafe | motto | rubric | heading | head-line.
epígrafe (páginas) | caption.
epigrafía | epigraphy.
epigrafista | epigraphist.
epihidrodinámico | epihydrodynamic.
epilepsia | falling sickness.
epilimnio (lagos) | epilimnion.
epilimnión (lagos) | epilimnion.
epilítico | epilithic.
epilitoral | epilittoral.
epímera (anatomía) | epimere.
epimería | epirism.
epimérico (química) | epimeric.
epimerización | epimerization.
epímero | epimer.
epímero (química) | epimeric | epimeride.
epimorfo | epimorph.
epinaos | epinaos.
epinorma | epinorm.
epipelágico | epipelagic | epipelagial.
epiplastrón (zoología) | epiplastron.
epiplastrones | epiplastra.
epipolar | epipolar.
epipólico | epipolic.
epipolo | epipole.
epirogénesis | epeirogenesis | epeirogenic movement | epeirogeny.
epirogenético | epeirogenic.
epirogenia | epirogen.
epirogénico | epeirogenic | epirogenic.
episcopia | episcopy.
episcopio (óptica) | episcope.
episodio apneico (medicina) | apnoeic episode.
episodio cómico (filmes) | gag.
episomorfo | episomorph.
epistasia | epistasy | epistasis.
epistemofilia | epistemophilia.
epistemología | epistemology.
epistilo | epistyle.
epitasímetro | epitasimeter.
epitaxia (cristalografía) | epitaxy.
epitaxia (química) | epitaxy.
epitaxial | epitaxial.
epitelio pavimentoso | pavement epithelium.
epitermal | epithermal.
epitermia | epithermy.
epitome | epitome | abbreviature.
epitrocoide | epitrochoid.
epixenolito | epixenolith.
epiyantinita (óxido hidratado de uranilo) | epi-ianthinite.
epizogenia | epizogenics.
epizoito | epizoan.
epizona | epizona.
epizoonosis | epizoonosis.
epizootía | epizooty.
epizootología | epizootology.
época | epoch | period.
época (geología) | epoch.
época conveniente | proper time.
época de crecidas | flood season.
época de gran actividad | flush season.
época de la esquila | clipping time.
época de la monta (animales) | mating season.
época de la monta (ganadería) | covered season.
época de la muda | moulting-time.
epoca de la poda (árboles) | pruning season.
época de la recolección | picking-season.
epoca de pago | time.
época de puesta (aves) | breeding season.
época de transporte de combustible | fuelling season.
época de transporte de petróleo en petroleros | fuelling season.
época de veda (caza ó pesca) | fence-month | fence-season.
época geológica | geologic age.
época glacial | drift epoch.
época glaciar | boulder period.
época jurásica superior | late Jurassic age.
epoca mesozoica (geología) | secondary epoch.
época talayótica (arqueología) | talayotic epoch.
epónimos anatómicos | anatomical eponyms.
epoxia | epoxy.
epoxídico (química) | epoxide.
epóxido. | epoxide.
epsomita | bitter salt.
eptacanálica (pólvoras) | heptatubular.
eptaedro | heptahedron.
eptágono | heptagon.
eptángulo | septangle.
eptano | heptane.
eptaparaleloedro | heptaparallelohedron.
eptatómico | heptatomic.
eptatubular | heptatubular.
eptavalente | heptavalent.
eptodo cambiador de frecuencia | frequency-changing heptode.
equalizador | equalizer.
equialtímetro | equialtimeter.
equiangular | equiangular.
equiángulo | equiangular.
equiatómico | equiatomic.
equicargado | equally loaded.
equicofactor | equicofactor.
equicohesión | equicohesion.
equicohesivo | equicohesive.
equicóncavo | enquiconcave.
equicontinuo | equicontinuous.
equiconvexo | equiconvex.
equicorriente (máquina vapor) | uniflow.
equidad | equity.
equidad impositiva | tax equity.
equidensidad | equidensity.
equidensitometría | equidensitometry.
equidepositado | evenly-deposited.
equidescendente | equal-falling | like-falling.
equidescomponibilidad | equidecomposability.

equidescomponible | equidecomposable.
equidetectabilidad | equidetectability.
equidetectable | equidetectable.
equidiferente | equidifferent.
equidimensional | equidimensional.
equidireccional | equidirectional.
equidistancia | equidistance | constant spacing | spacing.
equidistancia (curvas de nivel) | vertical interval.
equidistancia de las curvas de nivel (topografía) | contour interval.
equidistante | equidistant.
equidistribuido | evenly distributed.
equiespaciado | equally spaced.
equiespaciar | equispace (to).
equiforme | equiform.
equifrecuente | equifrequent.
equigranular | equigranular.
equigraviesfera | equigravisphere.
equigravitacional | equigravitational.
equiiluminado | evenly illuminated.
equiinclinación | equiinclination.
equiindicial (matemáticas) | equiindical.
equilateralidad | equilaterality.
equilátero | equilateral | isolateral.
equilibración | equilibration.
equilibración de la muela abrasiva cuando está montada en la máquina | shop floor balancing of grinding wheel.
equilibrado | balanced | matching | matched | counterweighted.
equilibrado (aviones) | trimmed.
equilibrado (electricidad) | push-pull.
equilibrado a unos pocos gramos | balanced to within a few grammes.
equilibrado aerodinámicamente | aerodynamically balanced.
equilibrado con contrapeso | mass balanced.
equilibrado de impedancias | impedance match.
equilibrado de la capacidad | capacity balancing.
equilibrado de la hélice | propeller balancing.
equilibrado de la muela | wheel truing.
equilibrado de las impedancias | impedance matching.
equilibrado de las masas alternativas (motores de pistón) | reciprocating mass balance.
equilibrado de los desequilibrios | balancing of unbalances.
equilibrado de masa | massbalancing.
equilibrado de rotores flexibles | flexible rotor balancing.
equilibrado de un circuito | balancing of a circuit.
equilibrado del avión | airplane trim.
equilibrado del girocompás | gyro trimming.
equilibrado del giroscopio | gyro trimming.
equilibrado dinámicamente | dynamically balanced.
equilibrado dinámico | running balance.
equilibrado dinámico de los desequilibrios | dynamic balancing of unbalances.
equilibrado direccionalmente | directionally balanced.
equilibrado electrónico | dynetric balancing.
equilibrado en fase | phase-balanced.
equilibrado estáticamente | poised.
equilibrado estático de la hélice | propeller static balancing.
equilibrado estaticodinámico | staticodynamic balancing.
equilibrado estatodinámico | static-dynamic balancing.
equilibrado estrobodinámico | strobodynamic balancing.
equilibrado hidráulicamente | hydraulically balanced | hydraulically-balanced.
equilibrador | counterbalance | equilibrating | equilibrator | equalizer | balance.
equilibrador (electricidad) | ballast.
equilibrador (telefonía) | network.
equilibrador armónico | harmonic balancer.
equilibrador de atenuación | attenuation equalizer.
equilibrador de impedancia | matching stub.
equilibrador de la teja de carga (cañón) | tray equilibrator.
equilibrador de precisión (telefonía) | precision network.
equilibrador de velocidad variable | dynetric balancer.
equilibrador del par | torque balancing device.
equilibrador electrónico | electronic balancing machine | electronic balancer.
equilibrador electronodinámico | electronic-dymamic balancer.
equilibrador estático (electricidad) | static balancer.
equilibrador para ruedas | wheel balance.
equilibrante | equilibrant | equilibrating.
equilibrar | equiponderate (to) | equilibrate (to) | equalize (to) | trim (to) | counterbalance (to) | counterweight (to) | librate (to) | offset (to) | even (to) | poise (to) | balance (to) | counterpoise (to).
equilibrar (dirigibles) | top up (to).
equilibrar (radio) | match (to).
equilibrar dinámicamente | dynamic balance (to).
equilibrar el presupuesto | balance the budget.
equilibrar en vuelo rectilíneo (aviones) | trim (to).
equilibrar las cuadernas (buques) | horn the frames (to).
equilibrar los calados (buques).
equilibrar los depósitos | trim the tanks (to).
equilibrial | equilibrial.
equilibrio | counterbalance | counterbalancing | counterpoise | balance | balance | equilibration | equipoise | match | trim | libration | equilibrium.
equilibrio (de fuerzas) | equalizing.
equilibrio (volumétrico)m | material balance.
equilibrio aerodinámico | aerodynamic balance.
equilibrio automático | automatic balance.
equilibrio capacitivo | capacitive balance.
equilibrio colorimétrico | color matching | color match.
equilibrio cuasiperfecto | near-perfect balance.
equilibrio de capacitancia | capacity balance.
equilibrio de colores | color balance.
equilibrio de fuerzas | equilibrium of forces.
equilibrio de fuerzas entre el Este y el Oeste | force equilibrium between the East and the West.
equilibrio de las masas rotatorias | rotating mass balance.
equilibrio de masas | massbalancing.
equilibrio de movimiento | moving equilibrium.
equilibrio dinámico | running balance | dynamic balance.
equilibrio dinámico del carro remolque | towing-carriage dynamic balance.
equilibrio ecológico | ecological equilibrium.
equilibrio económico | economic balance.
equilibrio en vuelo rectilíneo (aviones) | trim.
equilibrio estático | standing balance | static equilibirum | poising.
equilibrio evaporativo | evaporative equilibrium.
equilibrio gaseoso | gas equilibrium.
equilibrio girostático | gyrostatic balancing.
equilibrio hidráulico | hydraulic balancing.
equilibrio hidroelectrolítico | hydroelectrolitical equilibrium.
equilibrio homográfico | homographic equilibrium.
equilibrio indiferente | indifferent equilibrium | mobile equilibrium | neutral equilibrium.
equilibrio inestable | labile equilibrium.
equilibrio isotérmico | conductive equilibrium.
equilibrio lábil | labile equilibrium.
equilibrio metaestable | metastable equilibrium.
equilibrio neutro | neutral equilibrium.
equilibrio neutrónico | neutron balance.
equilibrio político-militar | politico-military balance.
equilibrio resistivo | resistive balance.
equilibrio sumergido | submerged equilibrium.
equilibrio térmico | heat balance.
equilibrios cetoenólicos | keto-enol equilibria.
equilibrios de defectos | defect equilibria.
equilibrios estocásticos | stochastic equilibria.
equilibrista | equilibrist.
equilibrizar | equilibrize (to).
equimolecular | equimolecular.
equimomental | equimomental.
equimúltiple | equimultiple.
equimutante | equimutant.
equino | echinus.
equinoccial | equinoctial | equinoctial.
equinoccio | equinox.
equinoccio de otoño | first point of Libra.
equinoccio de primavera | vernal equinox | first point of Aries.
equinoccio vernal | vernal equinox | first point of Aries.
equinoccios | equinoxes.
equinocio de otoño | september equinox | autumnal equinox.
equinodermo (zoología) | echinoderm.
equinodermos | echinodermata.
equinopluteo | echinopluteus.
equio radiográfico industrial | engineering radiographic unit.
equiondulado | evenly-waved.
equipación | equiping | furnishing.
equipación del sistema de control | control system furnishing.
equipada con su herramental (máquinas) | tooled.
equipado (buques) | manned.
equipado con cámara fotográfica (aviones) | camera-equipped.
equipado con cojinetes de rodillos | roller bearing equipped.
equipado con radar | radar-fitted | radar-equipped.
equipado con trépano adiamantado | diamond bit-equipped turbodrill.
equipado con TV | TV-equipped.
equipado con un agitador | agitator equipped.
equipado con un servomotor | servoassisted.
equipado totalmente con aviones de chorro (fuerza aérea) | all-jet.
equipaje | equipage | luggage | baggage | equipment.
equipaje de los pasajeros | passenger baggage.
equipaje militar | military equipage.
equipaje que siempre acompaña al viajero | wanted on voyage baggage.
equipamiento | equipping | fit-out | fitting out.
equipamiento (de un buque) | outfit | outfitting.
equipamiento de la máquina con el herramental necesario | machine setup.
equipar | fit (to) | fit out (to) | rig up (to) | rig (to) | equip (to) | outfit (to) | gear (to) | furnish (to) | accoutre (to) | provide (to).
equipar (buques) | apparel (to).
equipar (fábricas) | engineer (to).
equipar con | supply (to).
equipar con calderas | boiler (to).
equipar con herramientas nuevas (máquinas) | re-tool (to).
equipar con nuevas máquinas | retool (to).
equipar con radiotelefonía | wireless-equip (to).
equipar los ejércitos | equip the armies (to).
equipar para funcionar a temperaturas muy bajas (motores, etc.) | winterize (to).
equipar un buque (marina mercante) | fit out a ship (to).
equipar una fábrica | engineer a plant (to).
equiparación | matching.
equiparación del flete | freight equalization.
equiparar | poise (to) | fit (to) | match (to) | equate (to).
equipartición | equipartition.
equipartición de la energía | equipartition of energy.

equiplanación | equiplanation.
equipluvia | equipluve.
equipo | equipping | equipage | equipment | gear | furniture | grindstone set de amolar | accouterment | accoutrement | fixings | party | set | outfit | outfitting.
equipo (de investigadores) | unit.
equipo (de máquinas) | unit.
equipo (de personas) | panel.
equipo (de personas, de jugadores) | team.
equipo (deportes) | team.
equipo (milicia) | outfit.
equipo (obreros) | gang.
equipo (para quemar petróleo, etc.) | rig.
equipo (para un fin determinado) | facility.
equipo acabador de chapas en caliente | hot plate finishing equipment.
equipo alquilado según indique el cliente (agricultura) | custom-hired equipment.
equipo antihielo alar | wing deicing equipment.
equipo antimaculador (tipografía) | anti-set-off unit.
equipo antirradar | counterradar equipment.
equipo antisubmarinos llevado en avión | airborne antisubmarine equipment.
equipo aprobado por la Junta de Aseguradores (edificios) | labeled equipment.
equipo artillero | gunnery set.
equipo aspersor de agua (riegos) | rainmaker.
equipo automático de regulación del voltaje (transformadores) | automatic tap-changing equipment.
equipo automático para encender el petróleo de calderas | automatic oil-fuel lighting-up equipment.
equipo automatizado | automated equipment.
equipo auxiliar | ancillary equipment | auxiliary equipment | aid.
equipo avisador de demanda instantánea de kVA | instantaneous kVA demand alarm equipment.
equipo biselador por oxicorte (chapas) | flame bevelling equipment.
equipo brobador | testing set.
equipo central de registro de incendios | central fire-recording equipment.
equipo ceraunoprotector | lightning protective equipment.
equipo climatizador refrigerado | refrigerated air-conditioning unit.
equipo compacto | close-coupled unit.
equipo comprobador de la longitud del tocho (después de cortado) | billet-length monitoring equipment.
equipo comprobador óptico | optical gaging equipment.
equipo con mando a distancia | remote control equipment.
equipo con modulación de amplitud o de frecuencia | dual-modulation equipment.
equipo conectado directamente con el procesador central | on line.
equipo contra el repinte (tipografía) | anti-set-off unit.
equipo copiador | profiling equipment.
equipo copiador electrónico | electronic profiling equipment.
equipo corrector de errores en telegrafía | autospec.
equipo de a bordo (aviones) | aircraft equipment.
equipo de abonado | user's set.
equipo de accionamiento | drive unit.
equipo de alerta de seguridad | security alert team.
equipo de alimentación (calderas) | feed pumping unit.
equipo de alumbrado submarino (reparación de buques) | underwater lighting equipment.
equipo de apoyo en vuelo | airborne support equipment.
equipo de arranque (minas) | drawing gang.
equipo de arranque centralizado | centralized starting equipment.
equipo de arreglo de averías | breakdown gang.
equipo de arribada | homing equipment.
equipo de aterrizaje y manejo en tierra (dirigibles) | ground gear.
equipo de barrenar | drilling shift.
equipo de bombeo | pump set.
equipo de bomberos | fire company.
equipo de caldeo dieléctrico para estufar machos (funderías) | dielectric core-baking unit.
equipo de calderas | boiler set.
equipo de calefacción y climatización | heating and air conditioning equipment.
equipo de calentamiento industrial | industrial heating equipment.
equipo de calidad | top gear.
equipo de campaña | field equipment.
equipo de campo | field party.
equipo de cinco obreros | crew of five operatives.
equipo de cinta magnética | magnetic-tape unit.
equipo de cizallar | shearing line.
equipo de climatización | air conditioning equipment.
equipo de climatización para quirófano de hospital | hospital operating theatre air-conditioning unit .
equipo de combate | fighting equipment | battle-array | combat team.
equipo de combate regimental | regiment combat team.
equipo de combustión | combustion rig.
equipo de comprobación | testing equipment.
equipo de comprobación multidimensional | multigaging equipment.
equipo de comunicación de infrarrojos | infrared communication set.
equipo de conexión de audio | audio connecting equipment.
equipo de conservación | maintenance gang | servicing team.
equipo de contraincendios de primer auxilio | first-aid fire-fighting equipment.
equipo de control de elaboración | process control equipment.
equipo de control de la descarga de lastre (petroleros) | deballasting oil content monitor.
equipo de control de maquinaria (buques) | control engineering equipment.
equipo de control de puntería en elevación | elevation control unit.
equipo de control y de indicacion visual | control and display equipment.
equipo de conversión de energía | energy conversion unit.
equipo de conversión de potencia | power-conversion unit.
equipo de conversión de señales | signal conversion equipment | signal-conversion equipment.
equipo de copiar hidráulico | hydraulic profiling equipment.
equipo de corriente continua estabilizada de hiperfrecuencia | high-frequency stabilized direct-current set.
equipo de cronometraje | timing unit.
equipo de chorreado húmedo | pressure-blast unit.
equipo de datos | business machine.
equipo de decapado continuo | pickling line.
equipo de decapado por sosa cáustica | caustic soda pickling equipment.
equipo de degustación | taste panel.
equipo de demolición (defensa civil) | demolition squad.
equipo de demoliciones submarinas | underwater demolition team.
equipo de desasfaltaje del propano | propane deasphalting unit.
equipo de desbrozo (oleoducto) | brush gang.
equipo de descontaminación | decontamination squad | decontamination crew.
equipo de desescombrar | mucking shift.
equipo de deshidratación de gas | gas dehydration equipment.
equipo de deshumidificación | dehumidifying equipment.
equipo de desodorización por ozono | ozone deodorizing equipment.
equipo de destilación molecular centrífuga | centrifugal molecular still.
equipo de detección submarina | submarine detecting set.
equipo de día | morning shift.
equipo de dirección de tiro antiaéreo | antiaircraft fire-control equipment.
equipo de dragados marítimos | marine dredging plant.
equipo de elaboración | processing equipment.
equipo de electricistas (estudio de cine) | juice gang.
equipo de emisiones cortas | short transmission unit.
equipo de enlace | aided matching.
equipo de enseñanza de sonarción sonora | sonar trainer.
equipo de entrada | input equipment.
equipo de entretenimiento | service equipment | maintenance gang.
equipo de escucha a la entrada (defensa puertos) | herald equipment.
equipo de especialistas | panel of specialists.
equipo de estación de dirección de misiles | guidance station equipment.
equipo de estampas | die equipment.
equipo de estibadores | longshoremen's gang.
equipo de exposición para fotoenmascarado | photomask exposure unit.
equipo de extinción de incendios (buques) | fire-fighting party.
equipo de extracción del oxígeno disuelto | dissolved-oxygen removal equipment.
equipo de fabricación | process equipment.
equipo de freno de carga variable accionado hidrostáticamente | hydrostatically-controlled variable-load brake equipment.
equipo de fusión por corrientes de hiperfrecuencia | radiofrequency melting equipment.
equipo de ganchos para suspender piezas (hornos de esmaltar) | burning tool equipment.
equipo de guiancia por radar | radar homing set.
equipo de herramientas | outfit.
equipo de hiperfrecuencia para comunicación buque-tierra | ship-to-shore V.H.F. set.
equipo de hombres | manning.
equipo de hombres con ganchos para el manejo de aviones ardiendo (portaaviones) | hookmen.
equipo de impulsos de luz alimentados con isótopos radiactivos | radioactive isotope powered pulsed light equipment.
equipo de inspección multidimensional | multidimension inspection equipment.
equipo de inspección y medida | measuring and inspection equipment.
equipo de interconferencias | conference system.
equipo de intérpretes | language detachment.
equipo de investigación | investigation team.
equipo de investigación espectrográfica | spectrographic monitoring equipment.
equipo de laboreo | ploughing equipment.
equipo de lanzamiento | launching crew.
equipo de levantamiento de planos (topografía) | surveying party.
equipo de limpieza (de pozos petróleo) | swabbing string.
equipo de llamada de frecuencia vocal | V. F. signalling relay set.
equipo de llamada de frecuencia vocal (telefonía) | signaling relay set.
equipo de mando para las maniobras | shunting control equipment.
equipo de maniobra | control equipment.
equipo de medición de ruido | noise-measuring

set | noise-measuring equipment.
equipo de medición para la centelleografía clínica | scanner for clinical scintigraphy.
equipo de medida | metering equipment.
equipo de medida del pH | pH measuring equipment.
equipo de mezcla de sonidos | sound-mixing equipment.
equipo de microondas de níquel electromoldeado | electroformed nickel microwave equipment.
equipo de mochila | pack set.
equipo de navegación | navigating appliances.
equipo de navegación para aeronaves | aircraft navigational equipment.
equipo de navegación por radiogoniómetro | radionavigational equipment.
equipo de obreros | team | force | shift | outfit.
equipo de oficina | office equipment.
equipo de operadora (telefonía) | operator's telephone set.
equipo de oxicorte con pulvihierro | powder cutting blowpipe equipment.
equipo de perfiles transversales (levantamiento de planos) | cross-section party.
equipo de perforación | drilling unit | drilling rig.
equipo de perforación combinado | combination rig.
equipo de perforación rotativa | rotary drilling rig.
equipo de personas para probar alimentos | food-testing panel.
equipo de pozo de mina | pit gear.
equipo de precisión para medidas | precision gaging equipment.
equipo de predicción artillera | gunnery prediction equipment.
equipo de primera clase | high-grade set.
equipo de prospección | prospecting outfit.
equipo de prospectores | bush crew.
equipo de protección | protective gear.
equipo de proyección de filmes sonoros | sound-film projection equipment.
equipo de proyectos | project team.
equipo de prueba | test equipment.
equipo de pruebas | test panel.
equipo de pruebas de las propiedades físicas | physical properties testing equipment.
equipo de pruebas para sistema de aterrizaje instrumental | instrument landing system test gear.
equipo de puentes | bridging party.
equipo de puentes ligeros | light bridge train.
equipo de puentes militares | bridge equipage.
equipo de puntería anticarro | antimechanized sighting equipment.
equipo de radar | radar head | radar set.
equipo de radar de vigilancia | surveillance radar equipment.
equipo de radio | radio set.
equipo de radio omniondas | multifrequency radio set.
equipo de radiocomunicaciones para servicios de seguridad | safety communications equipment.
equipo de radiotelefonía | wireless equipment.
equipo de rayos X de foco concentrado | ultrafine focus X-ray equipment.
equipo de rayos X para diagnósticos neurorradiológicos | diagnostic X-ray unit for neuroradiology.
equipo de recalada | approach equipment.
equipo de reconocimiento | survey ship.
equipo de registro peso-volumen | weight-cum-volume recording equipment.
equipo de registro unitario | unit record equipment.
equipo de regulación de la bobina enfocadora | focusing coil control equipment.
equipo de relevo | relieved gang.
equipo de reparación | repair kit.
equipo de reparaciones | repair team.
equipo de reserva | back up | standby equipment.
equipo de respuesta | answering equipment.
equipo de salida (computadora) | output equipment.
equipo de salvamento | lifesaving gear | rescue brigade | rescue equipment | rescue unit | survival equipment | crash crew.
equipo de salvamento (buques) | lifesaving appliances.
equipo de salvamento (minas) | helmet crew.
equipo de salvamento (terremotos) | rescue brigade.
equipo de salvamento en el mar con ayuda de la aviación | air-sea rescue equipment.
equipo de selectores | selector unit.
equipo de señalización | marking team.
equipo de simulación de alunizajes | lunar landing research facility.
equipo de socorro | survival equipment.
equipo de socorro (aviación) | crash equipment.
equipo de soldeo por arco de pequeña potencia | low input arc welding equipment.
equipo de sonar marino | marine sonar equipment.
equipo de sondeo | drilling outfit.
equipo de sondeo estratosférico | stratospheric sounding unit.
equipo de sondeo por sonar | sonar sounding set.
equipo de sondeo submarino | offshore drilling rig.
equipo de sonido | sound equipment.
equipo de supervivencia | survival unit.
equipo de telecomunicación propio que se conecta a las líneas de las compañías de telecomunicación | customer owned and maintained lines.
equipo de telemando | extension unit | remote control unit.
equipo de termotransferencia en la fase líquida | liquid-phase heat-transfer equipment.
equipo de transferencia calorífica que produce vapor en el fondo (columna de destilación continua) | reboiler.
equipo de transmisión meteorológica | weather transmitting set.
equipo de transposición de grupo secundario | superground translating equipment.
equipo de traslación (telecomunicaciones) | translating equipment.
equipo de troqueles | pillar set.
equipo de ventilación de tanques (petroleros) | tank venting equipment.
equipo de verificación | test set.
equipo de vigilancia contra radiaciones malignas (reactor nuclear) | nupac monitoring system.
equipo de vigilancia contra radiaciones nocivas | nupac monitoring system.
equipo defectuoso | malequipment.
equipo degustador (equipo para apreciar el olor y sabor de un producto en condiciones análogas a las de los usuarios) | consumer panel.
equipo depurador de petróleo combustible (motores) | boiler oil purifying equipment.
equipo depurador-clarificador | purifier-clarifier equipment.
equipo desembandejador | depalletizing equipment.
equipo desincrustador por agua a alta presión | high-pressure water descaling equipment.
equipo detector de radiactividad | radioactivity detecting equipment.
equipo detector de vapores inflamables | inflammable vapor detecting equipment.
equipo detector electrónico | electronic detecting unit.
equipo detector termoactivado | heat-activated detecting equipment.
equipo digital de medición de frecuencias | instrument digital frequence measuring.
equipo directivo | management team.
equipo director de tiro antisubmarinos | antisubmarine fire control equipment.
equipo eléctrico | electrical unit.
equipo eléctrico de alumbrado | electric lighting set.
equipo eléctrico de arranque | electric starting set.
equipo eléctrico integrado | built-in electrical equipment.
equipo eléctrico para automóviles | car electrics.
equipo eléctrico para aviación | aviation electrical equipment.
equipo eléctrico para aviones | aircraft electrical equipment.
equipo eléctrico para minas de carbón | colliery electrical equipment.
equipo electrohidráulico para cargas de profundidad | electrohydraulic depth charge equipment.
equipo electrónico militar para aviones | airborne military electronic equipment.
equipo electrónico miniaturizado | miniaturized electronic equipment.
equipo electrónico para aeronaves | airborne electronic equipment.
equipo electrónico para equilibrado | electronic balancing equipment.
equipo electrónico para higrorregulación | electronic moisture-control equipment.
equipo electrónico para orientación de antena | antenna positionig electronics.
equipo electrónico para suprimir el arco (rectificadores de mercurio) | electronic arc-suppression equipment.
equipo electrónico secuencial | sequential electronic device.
equipo electrostático de defasaje | electrostatic phasing-out equipment.
equipo embarcado | airborne equipment.
equipo emisor y receptor | two-way radio equipment.
equipo encargado del proyecto | design team.
equipo entrante | oncoming shift.
equipo esencial | capital equipment.
equipo explanador | dozing equipment.
equipo eyector de aguas sucias (buques) | sewage expeller equipment.
equipo fabricado para trabajo recio en campaña | hardware.
equipo fácilmente convertible | readily-convertible equipment.
equipo fijo para instrucción de tiro aéreo | gun airstructor.
equipo físico | hardware.
equipo físico de reubicación | relocatable hardware.
equipo fonolocalizador | sound-ranging equipment.
equipo fotoeléctrico para fallo de llama (calderas) | photoelectric flame-failure equipment.
equipo fototelemedidor | phototelemetering equipment.
equipo generador automático de reserva | automatic stand-by generating plant.
equipo giroscópico para reducir el balance (buques) | gyroscopic roll reducing equipment.
equipo hidráulico copiador unidimensional | hydraulic-single-dimensional profiling equipment.
equipo hidráulico para aviones | aircraft hydraulic equipment.
equipo higrorregulador | humidity controlling equipment.
equipo humidificador | humidifier unit.
equipo impelente (bombas minas) | plunger-set.
equipo inamovible | fixed equipment.
equipo indicador de la carga | load-indicating unit.
equipo indicador de la temperatura del inducido | rotor temperature indicating equipment.
equipo individualizado | individualized equipment.

equipo inercial de navegación | inertial navigation equipment.
equipo insensitivo | insensitive equipment.
equipo inspeccionador óptico del papel | optical paper inspection equipment.
equipo intensificador (de presión, de temperatura, etc) | boost set.
equipo interno de calderines (calderas) | drum internal.
equipo interrogador | interrogator unit.
equipo investigador | research team.
equipo lanzado con paracaídas | dropped equipment.
equipo levantaminas | clearing party.
equipo limpiaparabrisas (autos) | window-wiping equipment.
equipo local | local station.
equipo lógico | software.
equipo manipulador de datos | data processor.
equipo manométrico | pressure unit.
equipo manual para desrebabar con soplete (tochos) | hand-deseaming equipment.
equipo marcador de rayas de tráfico (carreteras) | center-line equipment.
equipo marino de corriente continua | marine d.c. equipment.
equipo mecánico para limpiar calzado de cepillos giratorios | mechanical revolving brush boot-cleaning equipment.
equipo medidor | metering unit.
equipo medidor del combustible | fuel-flow unit.
equipo medidor nucleónico | nucleonic measuring equipment.
equipo memorizador | memory unit.
equipo metalizante | metalizing equipment.
equipo microelectrónico para aeronaves | airborne microelectronic set.
equipo militar | military equipment.
equipo monitor sobre la línea | on-line monitoring facility.
equipo monocanal | single channel equipment.
equipo motor | powerplant | power pack | power package.
equipo motor-generador | engine-generator unit.
equipo móvil | floating gang.
equipo móvil de reparaciones | mobile repair squad.
equipo móvil indicador de posición (telegrafía) | electronic position indicator.
equipo multiplex de doble banda lateral y portadora suprimida | double sideband suppressed-carrier multiplex equipment.
equipo multiplex de tonos | tone multiplex equipment.
equipo mural de antidifusor | bucky wall stand.
equipo neumoactuador | pneumatic actuating equipment.
equipo nivelador | grading equipment.
equipo no apropiado | make-do equipment.
equipo notificador de demora | delay announcing equipment.
equipo o dispositivo de reserva | back-up.
equipo obsoleto | obsolete equipment.
equipo opcional | optional equipment.
equipo orgánico | organic equipment.
equipo organizacional | organizational equipment.
equipo oxieléctrico de soldeo submarino | oxyelectric underwater welding equipment.
equipo para abastecer de combustible líquido | fueller.
equipo para ablandar aguas | water hardness removal equipment.
equipo para acabamiento de metales | metal finishing equipment.
equipo para acceso a los espacios de carga (buques) | cargo access equipment.
equipo para alimentar y manejar cerdos | hog-lot equipment.
equipo para alumbrado | lighting set.
equipo para análisis de bioxido de carbono | CO^2 gas analysis equipment.
equipo para armar un aparato | kit.
equipo para aterrizar sin visibilidad | blind-landing equipment.
equipo para atornillar pilotes con superficie helicoidal en la punta | pile screwing equipment.
equipo para cementar | cementing unit.
equipo para combatir incendios | fire suppression crew.
equipo para comprobar automáticamente líneas (telefonía automática) | routiner.
equipo para construcción de caminos | road-building equipment.
equipo para corrección de la frecuencia | frequency-correction equipment.
equipo para dar forma a los componentes metálicos | metal-forming equipment.
equipo para despachar aceites | oil-dispensing equipment.
equipo para despachar lubricantes | oil-dispensing equipment.
equipo para diagnósticos | diagnostic equipment.
equipo para dispersión de la niebla (aeropuertos) | fog-dispersal equipment.
equipo para distribuir cerveza | beer-dispensing equipment.
equipo para economizar calor | heat-saving equipment.
equipo para el gobierno automático de trenes | roadway element.
equipo para el izado de compuertas | gate-hoisting equipment.
equipo para el marcado óptico (astilleros) | optical marking equipment.
equipo para el soplado del hollín (calderas) | sootblowing equipment.
equipo para elaborar productos líquidos | liquid processing equipment.
equipo para embandejar | palletizing equipment.
equipo para encuadernar | paper handling equipment.
equipo para enfriamiento de la lámpara termiónica (radio) | valve-cooling equipment.
equipo para estañar | set.
equipo para estirar tubos de plástico | plastic-pipe drawing equipment.
equipo para excavar tierras | earthmoving equipment.
equipo para extraer aceites por presión | oil-pressing equipment.
equipo para extraer testigos (sondeos) | core-pulling equipment.
equipo para instalación continua de decapado | pickle-line equipment.
equipo para instalación continua de elaboración | processing line equipment.
equipo para instalaciones industriales | industrial plant equipment.
equipo para instalaciones terrestres | land-based equipment.
equipo para la fabricación de tubos soldados | welded-pipe-making equipment.
equipo para la industria alimentaria | catering equipment.
equipo para la medida de la distancia (radionavegación) | distance measuring equipment.
equipo para la respiración artificial | resuscitator set.
equipo para limpiar el terreno | land clearance equipment.
equipo para limpiar la rejilla de entrada (toma de agua de turbinas) | raking equipment.
equipo para limpieza de calles | street-cleaning equipment.
equipo para localizar cardúmenes (buques de pesca) | fish-locating equipment.
equipo para manejar pesos | weight-handling equipment.
equipo para manejo de la carga | cargo-handling gear.
equipo para maquinar paletas | blade machining equipment.
equipo para muestreo de polvos | dust-sampling equipment.
equipo para perforación incial | spudding machine.
equipo para petrolear en la mar (buques de guerra) | oiling-at-sea equipment.
equipo para pintar con pistola | paint-spraying equipment.
equipo para pintar por inmersión | paint-dipping equipment.
equipo para probar el acabado superficial de metales | metal-surface testing equipment.
equipo para procesamiento de la leche | dairy processing equipment.
equipo para proceso de la información | data processing equipment.
equipo para pruebas | testing device.
equipo para pruebas de abrasión | abrasion testing equipment.
equipo para pruebas de radar | radar test-set.
equipo para pruebas de resiliencia Izod | Izod impact-testing unit.
equipo para quemar fueloil | oil-burning equipment | oil firing equipment.
equipo para reducir la alcalinidad | alkalinity removal equipment.
equipo para regular el voltaje en carga | on-load voltage regulating equipment.
equipo para remoción de tierras | earthmoving equipment.
equipo para repostar (petróleo, gasolina, etc.) | refuelling equipment.
equipo para revenir en horno de fosa | pit-tempering unit.
equipo para rociar con espuma | foam-spraying equipment.
equipo para rociar en caliente | hot spray equipment.
equipo para seccionalización de la vía | track-sectionalizing equipment.
equipo para señalización en tiempo de niebla | fog-signaling equipment.
equipo para servicio de fonda (buques) | catering equipment.
equipo para simulación del aterrizaje | landing simulation equipment.
equipo para soldar | welding outfit | welding set.
equipo para soplado de cenizas | ash blowing equipment.
equipo para supervivencia | survival equipment.
equipo para taladrar | drilling outfit.
equipo para tarjetas perforadas | punched card equipment.
equipo para transmisión simultánea de múltiple información | multiplexing numeric terminal set.
equipo para trolebús de aceleración automática | automatic acceleration trolleybus equipment.
equipo pequeño portátil de radar | brownie.
equipo perforador | rig.
equipo perforador autoelevador (sondeos) | self-elevating drillrig.
equipo periférico | peripheral equipment.
equipo personal | individual equipment.
equipo personal de vuelo (aviones) | gear.
equipo piezorregistrador | piezo-recording equipment.
equipo piroscópico para caso de apagado de la llama (quemadores de calderas) | pyroscopic flame failure equipment.
equipo pirotécnico de socorro (botes salvavidas) | pyrotechnic distress equipment.
equipo plurimotórico | multimotored equipment.
equipo portátil | portable set.
equipo portátil de propulsión | maneuvering suit.
equipo portátil para depurar agua | portable water purification equipment.

equipo portátil para destilar agua del mar | seawater distilling kit.
equipo probado en funcionamiento | job-tested equipment.
equipo propio de personas para apreciar el olor y sabor de un producto (fábricas) | sensory panel.
equipo propulsor | power unit.
equipo propulsor de motores acoplados a un eje | coupled-engine power unit.
equipo protector contra rayos | lightning protective equipment.
equipo purificador de agua | purification unit.
equipo que prepara la pesca sobre cubierta inmediatamente después de la captura | dress gang.
equipo que puede ser destruido por un explosivo incorporado | self-destruction equipment.
equipo quirúrgico móvil | mobile surgical hospital.
equipo quirúrgico portátil | portable surgical hospital.
equipo quitanieves | snow-fighting unit.
equipo radar | gadget.
equipo radiotelemétrico | distance measuring equipment.
equipo receptor | set | receiving set.
equipo receptor telemedidor | telemetering receiving equipment.
equipo recuperable | recovery package.
equipo registrador de conversaciones telefónicas | voice-recording equipment.
equipo reglamentario | standard equipment | sealed pattern equipment.
equipo regulador de la presión | pressure control unit.
equipo regulador del par | torque-control unit.
equipo regulador fotoaccionado | light-actuated control equipment.
equipo remoto | remote station.
equipo rotatorio para sondeos montado sobre camión | lorry-mounted rotary well-boring equipment.
equipo roto de una parte de un vagón o locomotora que va arrastrándose sobre la vía o colgada del vagón (tren en marcha) | dragging equipment.
equipo saliente | outgoing shift.
equipo salvavidas inflable | inflatable lifesaving equipment.
equipo sanitario | health unit.
equipo sanitario de servicio permanente | full-time health unit.
equipo señalizador electroneumático de corriente continua | electropneumatic direct current signaling equipment.
equipo sobre cubierta (buques) | on deck equipment.
equipo soldador accionado por diesel | diesel welding set.
equipo sumergible con instrumental científico | floating instrument platform.
equipo suministrado por el contratista | contractor's furnished equipment.
equipo suplementario de la tropa | manpack.
equipo tabulador | tabulating equipment.
equipo teleescritor | teletypewriter equipment.
equipo telefónico de traducción en varias lenguas | multilingual equipment.
equipo telemedidor-radárico | radar distance-measuring equipment.
equipo telemétrico | distance measuring equipment.
equipo telemétrico de gran estabilidad | high-stability distance-measuring equipment.
equipo telemotor para gobierno hidráulico (buques) | hydraulic steering telemotor equipment.
equipo telerregistro | telerecording equipment.
equipo terminal | way station.
equipo terminal de datos | data terminal equipment.
equipo termoeléctrico | steam-electric generating unit.
equipo termorrecuperador | heat recovery equipment.
equipo terrestre de radar | ground radar set.
equipo terrestre de telecomunicaciones | ground communication equipment.
equipo todo clima | rugged panclimatic equipment.
equipo transferidor de chapas | plate transfer equipment.
equipo transmisor de datos radiac | radiac data transmitting set.
equipo transmisor-receptor para telegrafía y telefonía | telegraphy-telephony transmitter-receiver set.
equipo tridimensional de oxicorte | 3-D gas-cutting equipment.
equipo tropicalizado | rugged panclimatic equipment.
equipo turbogenerador de engranajes | geared turbogenerator unit.
equipo ultrasónico para desincrustar (calderas) | descaling ultrasonic equipment.
equipo ultrasónico para localizar ballenas | whale finder.
equipo unitario que puede montarse y desmontarse fácilmente (EE.UU.) | black box.
equipo vacuoactuador | pneumatic actuating equipment.
equipo vacuógeno | vacuum producing equipment.
equipo vapogenerador | steam raising equipment.
equipo vibroanalizador | vibroanalyzing equipment.
equipo volante | flying squad.
equipo y aparejo (buques) | apparel.
equipolencia | equipollence.
equipolente | equipollent.
equiponderancia | equiponderancy | equiponderance.
equiponderante | equiponderant.
equiponderar | equiponderate (to).
equipos | stores.
equipos con montajes sincronizados | synchro-mounted units.
equipos de prueba automática | automatic test equipment.
equipos de prueba incorporados | Built-In Test Equipment (B.I.T.E.).
equipos de reservas en caso de averías (calculadora) | backup.
equipos de tarificación urbana automática | automatic toll-ticketing equipment.
equipos de trabajo (medios, instalaciones y servicios) | facilities.
equipos encargados de las maniobras en la cubierta de vuelos (portaaviones) | flight deck parties.
equipos para el ejército | army accoutrements.
equipos-hombre por 100 toneladas | man-shifts per 100 tons.
equipotencial | equipotential | unipotential | isopotential.
equipotente | equipotent.
equiprobabilidad | equiprobability.
equirradial | equiradial.
equirradioactivo | equiradiactive.
equiseñal | equisignal.
equisetiforme | equisetiform.
equistificar (minas) | rock-dust (to).
equisuperficial | equisuperficial.
equitación | horsemanship.
equitativamente | evenly.
equitativo | even-handed | right.
equivalencia | equivalence.
equivalencia entre masa y energía | mass-energy equivalence.
equivalencia estratégica | strategical equivalence.
equivalencias de cargas fiscales | commensurate taxation.
equivalente | equivalent | like.
equivalente a 100 rads (radiaciones) | Gy.
equivalente a 100 rems (radiaciones) | Sa.
equivalente ácido | acid equivalent.
equivalente al deslumbramiento | equivalent veiling luminance.
equivalente almidón | starch equivalent.
equivalente bivariante | bivariant equivalent.
equivalente de cloro | chlorine equivalent.
equivalente de humedad a la centrífuga | centrifuged moisture equivalent.
equivalente de la acidez del lubricante | tan.
equivalente de la alcalinidad del lubricante | total base number.
equivalente de una sal | equivalent of a salt.
equivalente eléctrico del calor | electrical heat equivalent.
equivalente en kilotoneladas de trinitotolueno (explosión nuclear) | yield.
equivalente en libras esterlinas | sterling equivalent.
equivalente lisamente (curvas) | smoothly equivalent.
equivalente químico | equivalent weight.
equivalente tributario | tax equivalent.
equivalente trinitrotolueno | TNT equivalent.
equivalentes nomenclaturales | nomenclatural equivalents.
equivaler | equal (to).
equivocación | lapse | blunder | error | misjudgment | miscarriage.
equivocado | wrong.
equivocarse | slip (to) | miss (to).
equivocarse (cuentas) | miscount (to).
equívoro | equivorous | horse-flesh eating.
era | epoch.
era (agricultura) | threshing floor.
era (geología) | aeon.
era arqueozóica | archeozoic era.
era atómica | atomic era.
era cenozoica (geología) | cenozoiz era.
era de colada (metalurgia) | pig bed.
era de secado | drying floor | drying bed | sludge bed.
era de siembra | seedbed.
era de tostación | roast yard.
era espacial | space age.
era nuclear | nuclear age.
era secadora | drying bed.
Era Sicozoica (EE.UU.) | Psychozoic era.
eradicativo | eradicative.
erario | Exchequer.
erario público | public treasury.
eras cubiertas para secar cienos | covered sludge drying bed.
erbia | erbia.
erbio (Er) | erbium.
erección | raising | setting | erecting.
erección (medicina) | erection.
erecto | standing.
erecto (botánica) | straight.
erecto (botánica, zoología) | erect.
erector del lanzador (misiles) | launcher erector.
eremófilo | desert-loving.
erg (río seco del desierto) | erg.
ergasia | ergasia.
ergástico (que posee energía potencial) | ergastic.
ergatocracia | ergatocracy.
ergio (física) | erg.
ergio=dina por centímetro | erg.
ergios por grado y por mol | ergs per degree per mole.
ergoabsorción | energy absorption.
ergodicidad | ergodicity.
ergódico | ergodic.
ergodisipación | power dissipation.
ergodisipador | energy dissipator.
ergoeconomizador | power conserver.
ergógeno | work-producing | power-producing.
ergografía | ergography.
ergógrafo | ergograph.
ergograma | ergograph.
ergolimitador | power limiter.

ergología | ergology.
ergometría | force measuring.
ergómetro | ergmeter | ergometer | power measuring device | power meter | energometer | energy-measuring instrument.
ergómetro de inercia | inertia ergometer.
ergonomía | ergonomics | human engineering.
ergonómico | ergonomic.
ergostato | powerstat.
ergotecnia | ergotechnics | power engineering.
ergoterapia | exercise therapy.
erguido | erect.
erguido (botánica, zoología) | erect.
erguir | erect (to) | cock (to) | raise (to) | rear (to).
erguir (las orejas) | prick up (to).
erguirse | stand (to).
erguirsepicarse (el vino) | prick (to).
erial | wasteland.
erial (agricultura) | barren.
erigido | erected.
erigir | set (to) | rear (to) | erect (to).
erigir (edificios) | set up (to).
erigir (estatuas) | raise (to).
erigir (un tribunal) | erect (to).
erimado (Ricinodendron africanum - Muell) | webango | erimado | wama.
erinómetro | erinometer.
eriocomo | fleece-haired.
eriómetro | halometer | eriometer.
erióscopo | erioscope.
eritema | erythema.
eritematoso | erythematous.
eritrina | red cobalt.
eritrina (mineralogía) | erythrite.
eritrita (cobalto arseniado) | cobalt bloom.
eritrita (química) | erythrite.
eritrol (arseniato de cobalto con 37,5% de óxido de cobalto) | erythrite.
eritropía | red vision.
erizado | spiky.
erizado (cabello) | erect.
erizo (arma antisubmarinos) | hedgehog.
erizo (Hystricidae) | porcupine.
erizo (lana peinada) | porcupine roll.
erizo (para limpiar chimeneas) | chimney brush.
erizo de mar | echinus.
erizo de mar de forma discoidal (equinoideos) | sand dollar.
erizo de mar de forma esférica deprimida (equinoideos) | cake urchin.
erizo de mar de forma redonda alargada (equinoideos) | heart urchin.
erizo disparando hacia popa | aft fitted squid.
erizo disparando hacia proa | forward-fitted squid.
erizo para limpiar chimeneas | chimney sweeper.
erlan | erlan.
erlangio (telefonía) | erlang.
erogación | distribution.
erogación (Argentina) | expenditure.
erogar (Argentina) | distribute property (to).
erogar (Méjico) | spend (to).
erogar (México) | lay out (to).
erosibilidad | erosibility.
erosible | erosible.
erosinado por el viento | wind-eroded.
erosión | fretting | smearing-out | eroding | erosion | rock rot.
erosión (del terreno por el agua corriente) | washing.
erosión (geología) | waste | eating away | rotting.
erosión (por llamas, gases, etc.) | cutting.
erosión acelerada | accelerated erosion.
erosión anticavitatoria | anti-cavitation erosion.
erosión cavitacional | cavitational erosion.
erosión contemporánea | contemporaneous erosion.
erosión de costas | beach erosion.
erosión de la costa | coast erosion.
erosión de las orillas | bank erosion.
erosión de playas | beach erosion.
erosión del ánima | barrel erosion.
erosión del ánima (cañones) | gun erosion.
erosión del suelo | soil erosion.
erosión del suelo urbano | urban soil erosion.
erosión descendente (geología) | downcut.
erosión electrolítica | electroerosion.
erosión en arroyo (geología) | gullying | gully erosion.
erosión en el canal de salida (turbina) | tail-erosion.
erosión en forma de pozas | pothole erosion.
erosión en túnel (suelos) | piping erosion.
erosión eólica | blow-out | eolic erosion | wind erosion | wind carving | windblasting.
erosión eólica del suelo | soil blowing.
erosión glaciar | frostwork.
erosión glaciárica | glacial ploughing | glacier erosion.
erosión laminar | sheet erosion.
erosión laminar y erosión de surco | rill and sheet erosion.
erosión localizada profunda (ánima de cañones) | scoring.
erosión marina | marine erosion.
erosión mecánica vertical del terreno por ríos y glaciares | corrasion.
erosión meteórica | meteoric ablation.
erosión meteorítica | meteoritic erosion.
erosión pluvial | pluvial erosion | rain-erosion.
erosión por abrasión | abrasion erosion.
erosión por arco eléctrico | spark erosion.
erosión por chispa eléctrica | electrospark erosion | electrodissolution | electric-spark erosion.
erosión por deflación | deflation erosion.
erosión por el viento (alto horno) | cutting blast.
erosión por fricción (glaciar) | plucking.
erosión por gases calientes | hot-gas erosion.
erosión por inundación de la sobrecapa de una ladera (minas) | booming.
erosión por lluvia | rain erosion.
erosión por oleaje | fetch.
erosión por regueros (agricultura) | rill erosion.
erosión por surcos | rill erosion.
erosión química | chemical erosion.
erosión química de los ríos (geología) | corrosion.
erosión regresiva | headwater erosion.
erosión regresiva (geología) | retrogressive erosion.
erosión regresiva (ríos) | headward erosion | head erosion.
erosión retrocedente (geología) | retrogressive erosion.
erosión retrógrada (geología) | retrogressive erosion.
erosión selectiva | etching.
erosión suave que hace áspera la superficie (hélices marina) | roughening.
erosionabilidad | erosibility | erodibility | erodability.
erosionable | erosible | erodible | erodable.
erosionable electroquímicamente | electrochemically erodable.
erosionado por el agua | fretted by the water.
erosionado por el viento | windworn.
erosionado por glaciares | glaciated.
erosional | erosional.
erosionar | ablate (to) | erode (to).
erosionar (geología) | corrade (to).
erosiones superficiales por rectificado mecánico | feed lines.
erosiorresistente | erosion-resistant.
erosividad | erosivity.
erosividad de las escorias | ash erosiveness.
erosivo | erosional | erodent.
erpoglifo | erpoglyph.
erradicación de la enfermedad | disease eradication.
erradicador | eradicator.
erradicador de la vegetación | vegetation eradicator.
errante | travelling | erratic.
errar | slip (to) | misguide (to) | miss (to).
errar (tiro, golpe, etc.) | miss (to).
errata de composición (tipografía) | literal.
errata tipográfica | misprint.
erratas de composición (tipografía) | literals.
errático | erratic.
errático (geología) | traveled.
erróneamente manifestado | misstated.
erróneo | faulty | wrong.
error | error | lapse | aberration | misjudgment | mishap | mismatching factor.
error (en un programa) | bug.
error (informática) | bug.
error a velocidad constante | constant speed error.
error abertural | apertural error.
error absoluto | absolute error.
error accidental | unbiased error | nonsystematic error | random error | accidental error.
error admisible de cierre | allowable closing error.
error adyacente del paso | adjacent pitch error.
error ajeno al muestreo | nonsampling error.
error aleatorio (estadística) | random error.
error angular | angular misalignment.
error angular de cierre | angular closing error.
error angular del servosincronizador | magslip angular misalignment.
error anulable (jurisprudencia) | reversible error.
error aparente | apparent error.
error aparente de dirección (topografía) | phase.
error apreciable | appreciable error.
error aritmético | arithmetical error.
error arrastrado | inherited error.
error astigmático | astigmatic error.
error atmosférico | sky error.
error autorregresivo | autoregressive error.
error casual | random error.
error cero | zero misalignment.
error cilíndrico | cylindrical error.
error circular | circular error.
error combinado | combined error.
error congénito (medicina) | inborn error.
error constante | systematic error | constant error.
error contable | bookkeeping error.
error cuadrantal | quadrantal error.
error cuadrático medio | mean-square error.
error de agrupamiento | grouping error.
error de ajuste del índice | index error.
error de alcance | error of range.
error de anacronismo | anachronistic error.
error de apuntamiento (antenas) | pointing error.
error de balance (buques) | heeling error.
error de balance intercardinal (brújula giroscópica) | intercardinal rolling error.
error de balanceo | swing error.
error de bombardeo | bombing error.
error de cadencia | overrun error.
error de caja (contabilidad) | error in cash.
error de cálculo | miscalculation | miscomputation | miscount.
error de calibración | calibration error | scale error.
error de centrado | centring error | centering error.
error de cierre | closing error.
error de cierre (levantamiento topográfico) | error of closure.
error de cierre (topografía) | misclosure.
error de clasificación | misfiling.
error de colimación | index error | collimation error | error of collimation.
error de colocación | misplacement.
error de compensación | compensating error.
error de composición (tipografía) | press error.
error de Coriolis (sextante) | Coriolis error.
error de cuenta | miscalculation.

error de declaración | misreporting.
error de demora por difracción de la onda de tierra | ground path error.
error de desplazamiento uniformemente progresivo en la posición de las paletas (maquinado motor de chorro) | circumferential and axial lean.
error de dirección | error in bearing | misdirection | misrouting.
error de dispersión | dispersion error.
error de emplazamiento | site error.
error de encuadre | framing error.
error de enfoque | framing error.
error de entrega | misdelivery.
error de escritura | graphic error.
error de esfericidad | spherical error.
error de espaciado acumulativo | cumulative spacing error.
error de espaciamiento de dientes | tooth-spacing error.
error de estación (aparato topográfico) | station error.
error de estación de onda espacial | sky-wave station error.
error de estimación | error of estimate.
error de fase | phase error.
error de identificación | misidentifying.
error de imprenta | misprint | printer's error.
error de inclinación | tilt error.
error de intercomparación | intercomparison error.
error de inversión de conexiones (voltímetro electrónico) | turn-over error.
error de latitud | latitude error | error in latitude.
error de lectura | misreading.
error de lecturas | course error.
error de maladaptación | mismatch error.
error de manejo | misuse.
error de marcación | error in bearing | ship error.
error de medida que permanece constante en magnitud | bias error.
error de mezcla | mixing error.
error de muestreo propuesto | aimed-at sampling error.
error de observación | ascertainment error | observation error.
error de paralaje | parallax error.
error de paso del engranaje | gear pitch error.
error de paso sistemático | cumulative pitch error.
error de perpendicularidad | perpendicularity error.
error de pipetado (química) | pipetting error.
error de polarización (radioboyas) | night effect.
error de posición | positional error.
error de posición-puntería | setting-pointing error.
error de previsión | forecasting error.
error de programación | program bug | software bug | miscoding.
error de proporcionalidad | linearity error.
error de puntería | aiming error | pointing error.
error de radiogoniómetro | direction finder deviation.
error de redondeo | rounding off error | round-off error.
error de redondeo (de una cifra) | round-off error.
error de redondeo (números) | rounding-off error.
error de redondez | roundness error.
error de regresión aleatorio | random regression error.
error de resolución | settle-out error.
error de restricción | restriction error.
error de seguimiento | tracking error.
error de selección de caja | mispocket.
error de sincronización | timing error.
error de sintaxis | syntax error.
error de situación | site error.
error de suma | miscount.
error de tarado (instrumentos) | scale error.
error de temperatura media | middle-temperature error.
error de tipo 1 (estadística) | type 1 error.
error de transformación (transformadores) | ratio error.
error de transmisión (radio) | padding error.
error de trayectoria en la ionósfera (radar) | ionospheric-path error.
error de verticalidad | verticality error.
error debido a la escora (compás marino) | heeling error.
error debido a la inercia | inertia error.
error debido a la posición del avión con relación al horizonte (navegación aérea) | dip.
error debido al cambio de dirección del viento | wind-sway error.
error debido al método que se emplea | methodic error.
error debido al ruido térmico | thermal-noise error.
error del bucle | loop error.
error del cañón (balística) | gun error.
error del compás producido por magnetismo inducido en el casco por el campo terrestre (buques) | quadrantal deviation.
error del cronómetro | chronometer error.
error del índice de la mira (topografía) | rod-index error.
error del muestreo | sampling error | error of sampling.
error del muestreo aleatorio | random sampling error.
error del operador humano | human initiated failure.
error del paso (tornillos, etc.) | lead error.
error del paso de los dientes (engranajes) | tooth pitch error.
error del piloto o del copiloto (aviación) | pilot error.
error del recorrido del haz electrónico en el tubo | beam-landing error.
error del sistema de presión estática | static pressure system error.
error del terreno | terrain error.
error del tornillo del micrómetro del microscopio | microscope micrometer screw error.
error detectado con datos especiales | pattern sensitive fault.
error diario (cronómetros) | rate.
error en alcance | range error.
error en alcanzar el blanco (proyectiles) | miss-distance.
error en azimut | azimuth error.
error en el estado de régimen | steady state error.
error en la indicación de la brújula | compass error.
error en la indicación de una brújula aperiódica al hacer un viraje (aviones) | swirl error.
error en la intersección de rectas | intersection-of-lines inaccuracy.
error en longitud (levantamiento topográfico) | error in departure.
error entre el director de tiro y el cañón | misalignment between director and gun.
error esférico del péndulo | pendulum spherical error.
error esperado | expected error.
error estándar de la diferencia entre proporciones (estadística) | standard error of difference between proportions.
error estandar de la media | standard error of the mean.
error excéntrico | eccentric error.
error focal cromático | chromatic focal error.
error fundamental (mensajes) | garble.
error grave | gross error.
error heredado | inherited error.
error incorregible | unrecoverable error.
error indeterminado | indeterminate error.
error innocuo | harmless error.
error insesgado (estadística) | unbiased error.
error instantáneo en puntería automática (artillería) | misalignment.
error instrumental | instrumental error.
error instrumental (sextante) | perpendicularity error.
error instrumental (sextantes) | index error.
error instrumental constante | constant instrumental error.
error judicial | mistrial.
error mecanográfico | type error.
error medio | mean of the errors | average error | mid-error.
error medio absoluto | mean absolute error.
error medio cuadrático | mean error | mean square error | standard error.
error medio cuadrático (raíz cuadrada de la media de los cuadrados de las diferencias) | standard deviation.
error medio de medida | mean measurement error.
error medio del valor medio | mean error of mean value.
error mínimo (telémetro) | unit of error.
error no muestral | nonsample error.
error no reparable | nonrecoverable error.
error nocturno | night error.
error octantal | octantal error.
error óptico (de lectura) | readability error.
error paraláctico | parallactic error.
error periódico en el paso (rosca de tornillos) | drunked deviation.
error periódico que ocurre a cada vuelta (roscas de tornillo) | drunkenness.
error permanente de lectura-grabación | permanent read-write error.
error persistente | long-lived error.
error por desplazamiento del cero (aparatos) | zero error.
error por efecto térmico (metrología, máquina-herramienta) | thermal effect error.
error por el montaje a la cardán (brújula giroscópica) | gimballing error.
error por exceso | drop-in.
error por la inclinación | heeling error.
error por mala posición del aparato | positional error.
error prescrito | prescribed error.
error previsto | expected error.
error probabilístico | probabilistic error.
error probable | probable error.
error probable (probabilidades) | quartile.
error probable de la media aritmética | probable error of the mean.
error probable deseado | probable error desired.
error probable en alcance | probable error range | range probable error.
error probable máximo deseado | maximum probable error desired.
error procesal | procedural error.
error progresivo de diente a diente (engranajes) | tooth-to-tooth composite error.
error que figura en la carta o mapa | charted error.
error radiogoniométrico | intersite error.
error relativo | percentage error | relative error.
error relativo absoluto | absolute relative error.
error residual | residual.
error residual de colimación | residual collimation error.
error resultante | resulting error.
error sintáctico | syntactical error.
error sistemático | systematic error | cumulative error | constant error | fixed error | cumulate error | determinate error | biased error.
error sistemático constante | bias error.
error sistemático del micrómetro | run of micrometer.
error típico | standard error.
error típico de la media | standard error of the mean.
error tipográfico | printer's error | slip.
error total | aggregate error.
error total (error suma de todos los errores)

| gross error.
error total de polarización | total polarization error.
error transitorio | transient error.
errores | errata.
errores (misiles) | noise.
errores agrupados (calculadora numérica) | burst.
errores cíclicos | cyclic errors.
errores de geometría | geometry errors.
errores desviadores del tiro (artillería) | deflectory errors of fire.
errores en el paso (engranajes) | pitch errors.
errores en la transmisión de radio | garble.
errores isócronos | isochronal errors.
errores periódicos de corta duración | short term periodic errors.
errores permanentes | solid errors.
errores que hay que tener en cuenta | noticeable errors.
errores que se compensan | compensating errors.
errores reagrupados | clustered errors.
errores sistemáticos debidos a un fallo técnico del aparato | biased result.
erubescita | bornite | erubescite | purple copper ore.
erucívoro | erucivorous.
erudición | book-learning | learning.
erumpente | erumpent.
erumpir (volcanes) | erupt (to).
erupción | eruption | outburst.
erupción (de un pozo) | blow out.
erupción (medicina) | rash.
erupción (pozo petróleo) | blowout.
erupción (volcanes, etcétera) | outbreak.
erupción central (volcanes) | central eruption.
erupción cromosférica | chromospheric flare | solar flare | chromospheric eruption.
erupción cutánea | hives | humor.
erupción de kimberlita (geología) | eruption of kimberlite.
erupción de lodo | alluvion.
erupción de meseta | plateau eruption.
erupción de pápulas (medicina) | achor.
erupción de partículas cósmicas | cosmic ray burst.
erupción de rayos cósmicos | cosmic-ray flare.
erupción en la piel de las manos por irritación de la cal al colocar ladrillos | bricklayers' itch.
erupción gaseosa (geología) | resurgent gases.
erupción sin control de un pozo de petróleo (sondeos) | wild flowing.
erupción solar | solar flare | flare.
erupción volcánica producida por el colapso del techo de un batolito | aeral eruption.
erupción volcánica que se extiende en grandes capas y forma mesetas | plateau eruption.
erupciones en potencia (pozos petróleo) | threatened blowouts.
eruptivo | igneous.
es apropiado para brocha o pistola (pinturas) | it is suitable for brush or gun application.
es apropiado para todos los tipos de máquinas | it suits all types of engines.
es bastante aproximado | it is not grossly in error.
es coser y cantar | it's child's play.
es decir | quasi.
es desdoblado por los ácidos (química) | it is resolved by acids.
es difícil de taladrar | it does not bore well.
es difícil deducir conclusiones | conclusions are hard to reach.
es el producto de su masa por su velocidad | it is its mass times its velocity.
es imputrescible (maderas) | it is not subject to rotting.
es la economía del loro | it is being penny-wise and pound-foolish.
es lesivo para los intereses nacionales | it is prejudicial to national interests.
es muy deseable minimizar la diferencia | it is extremely desirable to minimize the difference.
es necesario adaptarse rápidamente a las circunstancias | it is necessary to adapt oneself to the circumstances.
es pasable (calidades) | it is fair to middling.
es probable | it is likely.
es putrescible (maderas) | it is subject to rotting.
es remunerador | it pays for itself.
es robusto y de manejo seguro y diseñado para servicio en cualquier parte | it is rugged and trouble-free and designed for service anywhere.
es sencillísimo | it's child's play.
es un infinitésimo de orden superior | it approaches zero as a limit.
es una madera difícil de trabajar | it is a difficult timber to work.
es ventajoso normalizar | it pays to standardize.
es vital aumentar la productividad por hombre | it is vital to increase output per man.
esa (Celtis soyauxii - Engl) | esa.
esbeltez (columnas) | fineness ratio | slenderness | ratio of slenderness.
esbeltez de punzón | punch slenderness.
esbeltez media (columnas) | medium slenderness ratio.
esbozar | outline (to).
esbozar (retratos) | crayon (to).
esbozar (una obra) | knock out (to).
esbozo | sketch | sketch | outline | main outlines | rough draft | rough draught.
esbozo de contrato | contract draft | agreement draft.
esbozo de especificación | draft specification | outline specification.
esbozo de rangua de gema sintética | jewel blank.
escabeche de pescado | fish salad.
escabel | pair of steps | footstool | footrest.
escabel (urdidor) | heck box.
escabrosidad | unevenness.
escabroso (botánica) | rough.
escabroso (geología) | uneven.
escabroso (terrenos) | rough.
escacado (heráldica) | checkered.
escafandra | armor | diving-dress | diving apparatus.
escafandra autónoma | scuba | aqualung | aqualungs | acuba | self-contained underwater breathing apparatus .
escafoide | boat-shaped.
escala | scaler | scale.
escala (aerotransporte) | intermediate stop.
escala (buques) | gangway ladder.
escala (de planos, del dibujo) | representative fraction.
escala (de salarios) | ladder.
escala (dibujo) | scale.
escala (draga de rosario) | bucket ladder.
escala (dragas de rosario) | ladder.
escala (línea navegación) | call.
escala (torres de enfriamiento) | range.
escala (zoología) | scale.
escala alargable de bombero | aerial ladder.
escala alargable de corredera (material de bomberos) | extension ladder.
escala amplia | wide range.
escala anemométrica | scale of wind forces | wind force scale.
escala armónica | just scale.
escala azimutal del retículo | reticle azimuth scale.
escala azimutal que rodea la pantalla panorámica (radar) | azimuth marker.
escala bien temperada (acústica) | evenly tempered scale (acoustics).
escala binaria | binary scale.
escala calibrada a mano | hand-calibrated scale.
escala ciega | blind sector.
escala comercial | traffic stop.
escala con escalones de angulares | angle iron stile ladder.
escala conceptual | conceptual scale.
escala cromática | color scale | color range.
escala de abrasividad | abrasive scale.
escala de aforos | stream gage.
escala de alcances | range scale.
escala de alimentación | rating scale.
escala de alturas | height gage | gradient of elevations.
escala de ángulos de situación (artillería) | site scale.
escala de áreas | surface scale.
escala de aumentos | sliding scale.
escala de bajada a la cámara (embarcaciones) | companionway.
escala de bodega | hold ladder.
escala de calados | water-mark.
escala de calados (buques) | draught marks | draft gage | water marks.
escala de calibrar | caliper rule.
escala de cero central | center-zero scale.
escala de contaje por decenas (nucleónica) | decade scaler.
escala de cotorra | peg ladder | beam ladder.
escala de crecidas (ríos) | floodometer.
escala de cubierta (buques) | deck ladder.
escala de cuerda | rope ladder.
escala de cuerdas | corded ladder.
escala de derivas (artillería) | deflection scale.
escala de desembarque (muelles) | landing steps.
escala de desplazamientos (buques) | displacement scale.
escala de desviaciones | offset scale | deflection scale.
escala de desvíos (artillería costa) | splash scale.
escala de desvíos (balística) | spotting scale.
escala de dibujo | engineer's scale.
escala de dibujo con los extremos subdivididos | open-divided scale.
escala de disminución progresiva | gradually diminishing scale.
escala de distancias | range scale.
escala de dos puntales y pasos (buques) | pillar ladder.
escala de draga | dredge bucket-ladder.
escala de dragado (dragas) | drag ladder.
escala de dureza | hardness scale.
escala de dureza de Mohs | Mohs' hardness scale | Mohs's hardness scale.
escala de error | error range.
escala de espárrago | rack ladder | peg ladder.
escala de extras (precios) | scale of extras.
escala de fácil lectura | quickly readable scale.
escala de garfios | hook ladder.
escala de gato | rope ladder.
escala de gato (buques) | jack ladder | centipede ladder | storm ladder.
escala de graduación total | chain scale.
escala de graduaciones grandes | coarse scale.
escala de graduaciones pequeñas | fine scale.
escala de grises (fotomecánica) | color scale.
escala de grises (tonos acromáticos) | gray scale.
escala de intensidad sísmica | seismic intensity scale.
escala de jornales | rate of wages.
escala de la bandeja del papel | paper platform scale.
escala de la cámara (buques) | companion ladder.
escala de la fotografía aérea | photo scale.
escala de la toldilla | poop ladder.
escala de la toldilla (buques) | quarter ladder.
escala de lectura directa | directly indicated scale.
escala de listones (tablón con listones clavados) | cleat ladder.
escala de logaritmo | log-log scale.
escala de marea | tide gage.
escala de mareas | staff gauge.
escala de mareas (puertos) | tide staff.
escala de matices | tone wedge.
escala de matices (óptica) | tone wedge.
escala de Mohs | Mohs scale.
escala de nubosidad | cloud scale.

escala de paralaje | parallax scale.
escala de peces (presas) | fish pass.
escala de popa | poop ladder.
escala de predicción | set-forward scale.
escala de progresión | progression schedule.
escala de proporción | proportionate scale.
escala de proporciones | proportional scale.
escala de proporciones (dibujo) | diagonal scale.
escala de Rankine | Rankine scale.
escala de reducción | proportionate scale | plotting scale | reducing scale.
escala de rendimiento | earning capacity.
escala de salarios | wage scale | salary range | scale of wages | scale of pay.
escala de salvamento | escape | aerial ladder.
escala de salvamento (bomberos) | fire ladder.
escala de salvamento (servicio bomberos) | fire escape.
escala de sueldos | scale of wages.
escala de sueldos por productividad | incentive wage.
escala de tamaño de partículas | particle-size scale.
escala de tarifa | rate scale.
escala de tasas | rate pattern.
escala de tiempos de 10 milisegundos por centímetro | time scale of 10 milliseconds per cm.
escala de tiempos estabilizada por cristal de cuarzo | quartz crystal stabilized time scale.
escala de tipo de cuadrante legible | readable dial-type scale.
escala de tipos | rate scale | rate pattern.
escala de toldilla (buques guerra) | companion ladder.
escala de un plano | map scale.
escala de un solo punto fijo (termodinámica) | one-point scale.
escala de valores eficaces | RMS scale.
escala de velocidades del viento de Beaufort (meteorología) | Beaufort wind scale.
escala del ángulo de situación | angle-of-site scale.
escala del cabezal cortador (dragas succión) | cutter ladder.
escala del comandante (buques guerra) | companion ladder.
escala del nonio | vernier scale.
escala del palo | mast ladder.
escala del puente | bridge ladder.
escala del rosario de la draga | dredging ladder | dredge bucket-ladder.
escala del rosario de la excavadora | excavator bucket ladder.
escala del tiempo geológico | geologic time scale.
escala difícil (dibujo) | awkward scale.
escala dividida a máquina | engine-divided scale.
escala dividida linealmente | linearly-divided scale.
escala en un puerto (buques) | putting in.
escala engorrosa (dibujo) | awkward scale.
escala equitemperada (acústica) | equitempered scale.
escala equitónica | equitonic scale.
escala exacta | accurate scale | just scale.
escala extensible | ladder extension.
escala F de Rockwell con bola de 1/6″ y carga de 60 kilos | F scale.
escala fácil de leer | easy-to-read scale.
escala formada por un tablón con listones | crawling board.
escala graduada con precisión | accurately divided scale.
escala graduada del alza | range scale.
escala gradual (salarios, etcétera) | sliding scale.
escala gráfica | graphic scale.
escala gráfica (para mapas) | scale bar.
escala granulométrica | grade scale.
escala granulométrica de Atterberg | Atterberg grade scale.
escala hidrométrica | sloping gage | stream gage | water post.
escala horizontal achaflanada | horizontal edgewise scale.
escala horizontal de longitudes | linear horizontal scale.
escala industrial | full scale.
escala intermedia (líneas aéreas) | stopover.
escala justa | just scale.
escala Kelvin (cero absoluto = -273,16 °C) | Kelvin scale.
escala Kelvin (temperaturas absolutas) | Kelvin scale.
escala limnimétrica | staff gauge.
escala limnimétrica (hidráulica) | staff gage.
escala localizadora | logging scale.
escala mecánica | movable ladder.
escala mecánica (minas) | man machine | mining engine.
escala medidora de plomada (depósitos para líquidos) | plumb-bob gage.
escala mitad de la natural | semifull scale.
escala Mohs de dureza al rayado | Mohs' scratch hardness scale.
escala móvil | movable ladder | sliding scale.
escala móvil (salarios, etcétera) | sliding scale.
escala para la corrección del viento (balística) | wind gage.
escala para la tripulación | manning scale.
escala para litera | berth ladder.
escala para peces | fishway.
escala para peces (presas) | fish ladder.
escala para práctico (buques) | jack ladder.
escala para subida de peces (presas) | fish-bypass.
escala periódica (química) | periodic arrangement.
escala pulimentada | mirrored scale.
escala real (buques) | accommodation ladder.
escala real con escalones autonivelantes (buques) | self-leveling accommodation ladder.
escala regulable | adjustable scale.
escala reversible | reversible scaler.
escala salarial | wage scale.
escala salmonera | fishway | salmon leap.
escala salmonera (presas) | salmon ladder | fish ladder.
escala sin cero inicial | setup scale.
escala sueca (gimnasia) | rib-stall.
escala técnica (aeronáutica) | technical landing.
escala técnica (aviones) | technical landing | technical stop.
escala telescópica | telescopic ladder | drop ladder.
escala telescópica (bomberos) | extending ladder.
escala telescópica (material de bomberos) | extension ladder.
escala temperada (acústica) | tempered scale.
escala térmica absoluta | absolute heat scale.
escala tipográfica oftalmométrica | eye-test chart.
escalable | scalable.
escalación de los precios | escalation in costs.
escalada | scaling.
escalada (alpinismo) | mountain climbing.
escalada en solitario (montañismo) | solo escalade.
escalador | scaler.
escalafón | promotion list.
escalafón de clases pasivas | retired list.
escalafón de clases pasivas militares | retired list.
escalafón de la Armada | Navy List.
escalafón de Marina | Navy List.
escalafón de reserva | inactive list.
escalafón de retirados | retired list.
escalafonar | list (to).
escalamento | unlawful entry.
escalamera | oar lock.
escalamera giratoria | oar swivel.
escalamera para que el remo se apoye fuera de la borda | outrigger.
escalamiento | housebreaking | scaling.
escalamiento (estadística) | scaling.
escálamo | thole.
escala-observatorio (artillería) | observation-ladder.
escalar | scale (to) | scalar | real number | climb (to).
escalariforme | ladder-like | scalariform | stepped.
escalas de calados (buques) | draft marks.
escalas de calificaciones | scaling of marks.
escalas de conversión (dibujo) | conversion scales.
escalas de cuerdas | rope ladders.
escalas de salarios | salary brackets.
escalas de salarios inferiores a las aprobadas por el sindicato | below-union pay scales.
escaldadera | scalder.
escaldado en agua a temperatura de 140 °C | subscalding.
escaldado en agua a 130 °C | semiscalding.
escaldadura | scald.
escaldar | scald (to) | blanch (to).
escaleno | scalene.
escalenoédrico | scalenohedral.
escalenoedro | scalenohedron.
escalera | staircase | stair | stairway.
escalera circular de pequeño diámetro | spiral stair.
escalera colgada | geometrical stair.
escalera con huella y cotrahuella sin losa de apoyo (hormigón armado) | slabless tread-riser stair.
escalera corrediza | traveling ladder | travelling ladder.
escalera de caracol | turnpike | spiral stair | corkscrew stairs | screw stair | circular stair | cockle-stairs | circular newel stair.
escalera de escalones móviles | moving staircase.
escalera de ida y vuelta | half-turn stairs.
escalera de incendios | fire-escape.
escalera de mano | ladder.
escalera de ojo | hollow stair | open stair | open newel stair | open well stair | hollow newel stair.
escalera de salvamento para caso de incendios (edificios) | escape ladder.
escalera de servicio | backstairs.
escalera de servicio (sótanos) | area steps.
escalera de tijera | folding ladder | trestle ladder.
escalera de tramo recto | flyers.
escalera de tramos independientes | doglegged stair.
escalera de zancas superpuestas | doglegged stair.
escalera electromecánica | electric stairway.
escalera en ménsula | hanging stairs.
escalera en ocho | figure-of-eight stairs.
escalera en voladizo | hanging stairs | hanging steps.
escalera en zigzag | doglegged stair.
escalera entre muros | box-stair.
escalera exterior (arquitectura) | perron.
escalera mecánica | movable ladder.
escalera mecánica (EE.UU.) | escalator.
escalera motorizada | moving staircase.
escalera móvil | moving stairway | moving staircase | escalator | elevator.
escalera móvil del ferrocarril subterráneo | underground railway escalator.
escalera para caso de incendio (edificios) | fire escape.
escalera plegable | folding ladder.
escalera recta | fliers.
escalera rodante | rolling ladder.
escalera sin ojo | doglegged stair.
escalera sin zanca | geometrical stair.
escalera suspendida | hanging stairs.
escaleriforme | ladder-shaped.
escalerilla | short ladder | aisle.
escalerilla de acceso | stairway.
escalerilla desplazable sobre ruedas (para

aviones) | gangway.
escalerón | rack ladder.
escalfador | chafing dish.
escalfar | scald (to).
escaliforme | ladder-shaped.
escalímetro | scaler.
escalímetro binario | binary scaler.
escalinata de entrada (a una casa) | stoop.
escalo | housebreaking | housebreaking | burglary.
escalón | ladder step | stop | step | footboard | echelon | stair | rundle.
escalón (canteras) | lift.
escalón (compresores) | stage.
escalón (de escalera) | spoke.
escalón (de muro piñón en rediente) | crowstep.
escalón (escalera de pozo de minas) | stave.
escalón (laboreo minas) | stope.
escalón (polea-cono) | lift.
escalón abierto (minería) | open stope.
escalón artificial (corrección torrentes) | gully drop.
escalón avanzado | advanced echelon.
escalón balanceado (escaleras) | balanced step.
escalón compensado | dancing step.
escalón con extremos redondos | bottle-nosed step.
escalón con un extremo circular | round step.
escalón con un extremo redondeado al final de un tramo (escaleras) | bullnosed step.
escalón de abanico (escaleras) | winder.
escalón de acción (compresor axial) | impulse stage.
escalón de arranque (escalera) | first step.
escalón de arranque con extremos curvos (escaleras) | curtail step.
escalón de asalto | assault echelon.
escalón de ataque | echelon of attack.
escalón de banco (minas) | underhand stope.
escalón de cielo (minas) | overhand stope.
escalón de cielo (minería) | open stope.
escalón de combate | combat echelon.
escalón de compensación (escaleras) | winder.
escalón de entrada | initial step.
escalón de escalera | stair tread.
escalón de escalera mecánica | escalator step.
escalón de falla | fault-scarp | fault bench | kern butt.
escalón de forma triangular (escaleras) | winder.
escalón de fractura | fault-scarp.
escalón de mármol | marble thread.
escalón de pozo de visita | manhole step.
escalón de presión (turbinas, compresores) | pressure stage.
escalón de puerta | doorstep.
escalón de reacción (compresor axial) | reaction stage.
escalón de salida (amplificadores) | output stage.
escalón de testero (minas) | overhand stope.
escalón de un muro piñón escalonado | corbie step.
escalón de vuelta | wheel step.
escalón de vuelta (escaleras) | winder.
escalón de zona avanzada | forward echelon.
escalón de zona de retaguardia | rear echelon.
escalón del descansillo (escaleras) | landing step.
escalón lateral (dique seco) | altar step | altar.
escalón lateral de un dique seco (astilleros) | altar of a dock.
escalón penúltimo (escaleras) | penultimate step.
escalón rectangular (escaleras) | flier.
escalón recto (escaleras) | flyer.
escalón simétrico de 50 por 100 de reacción (compresor axial) | symetrical reaction stage.
escalón trapezoidal | dancing step.
escalón unidad de corriente | unit step current.
escalonadamente | cascade | stepwise.
escalonado | stepped | stepped | staggered | gradual | graduated | multistep.
escalonado (minas) | benching.
escalonado (muros de ladrillos) | racking.
escalonado directo por trama | step.
escalonado directo por trama (ligamento de raso) | counter.
escalonado directo por trama (ligamentos) | move number.
escalonado en el tiempo | echeloned in time.
escalonado en profundidad | echeloned in depth.
escalonador binario | binary scaling circuit.
escalonador decimal | decimal scaling circuit.
escalonados | tiered.
escalonamiento | stepping | echeloning | echelonment | staggering | notching.
escalonamiento (de pagos, etc.) | graduation.
escalonamiento de frecuencia | frequency staggering.
escalonamiento de las presiones | pressure-staging.
escalonamiento de las vacaciones | leave staggering.
escalonamiento en profundidad | depth staggering.
escalonar | echelon (to) | place at intervals (to).
escalonar (escobillas en una dínamo) | stagger (to).
escalonar (la investigación, programas, entregas) | phase (to).
escalonar (ladrillos) | rack back (to).
escalonar a distintas altitudes los aviones esperando la orden de aterrizar (aeropuertos) | stack (to).
escalonar en profundidad (torpedos, cargas submarinas, etc.) | stagger (to).
escalonar las entregas según unas necesidades prefijadas (contratos) | phase-out (to).
escalonar verticalmente los aviones esperando la orden de aterrizaje (aeropuertos) | stack up (to).
escalonarse | range (to).
escalones (escaleras) | rounds.
escalones de regulación | check drops.
escalones de tipo terrazo | terrazo-type steps.
escalones del mando | echelons of command.
escalones empotrados por un extremo y libres por el otro | hanging steps.
escalones metálicos soldados al casco sobre la flotación (buques guerra) | sea ladder.
escalpamiento (del cuero cabelludo) | scalping.
escalpar (cortar el cuero cabelludo) | scalp (to).
escalpelo | surgical knife | currier's knife.
escalpelo (medicina) | dissector.
escalpo | scalp.
escalpriforme | chisel-shaped.
escama | scale | flake.
escama muy incrustada | hard scale.
escamación | scaling | spalling.
escamación (defecto acero esmaltado) | fishscaling.
escamas | flakes.
escamas (pigmentos) | leaf.
escamas de caldera | boiler scale.
escamas de óxido producidas por termotratamiento | heat-treatment scales.
escamas de patatas | potatoes flakes.
escamas estratificadas | stratified scales.
escamas interpuestas (laminado en paquete) | trickle scale.
escamas muy pequeñas de oro que existen en los placeres; mineral de valor | color (EE.UU.).
escamas negras de óxido cúprico (cobre) | copper cake.
escamas pequeñas en la superficie de ciertas hojas (botánica) | scurf.
escamera | rowlock.
escamiforme | squamiform.
escamondar | lop (to) | trash (to).
escamoso | scaled | scaly | flaky.
escamoteable | concealable.
escamoteamiento (radio) | scrambler.
escamoteo | shift.
escampavía | smuggler chaser | revenue cutter.
escandalado (árbol cortado) | trimming.
escandalar (árbol apeado) | limb off (to) | swamp (to).
escandalar (árbol cortado) | trim (to).
escándalo por soborno | payola scandal.
escandalosa (vela) | gaff topsail.
escandallada (carta marina) | sounding.
escandallador (marina) | leadsman.
escandallo | sampling | gauge (G.B.).
escandallo (buques) | sounding lead.
escandallo (marina) | lead | plummet.
escandallo de antena (aeroplano) | aerial weight.
escandallo de mano | hand-lead.
escandallo de unos (buques) | drift lead.
escandallo del sumergidor (mina submarinos) | sinker plummet.
escandífero | scandium-bearing.
escandio (Sc) | scandium.
escandir | scan (to).
escanistor (analizador de imágenes) | scanistor.
escansión | scanning | scansion.
escansión circular (televisión) | circular scanning.
escansión cónica | conical scanning.
escansión de líneas alternas (TV) | nonsequential scanning | interlaced scanning.
escansión del haz radárico | radar scan.
escansión electrónica | electronic scanning.
escansión en que un punto del haz traza una hélice en el espacio (radar) | helical scan.
escansión entrelazada (radar, TV) | staggered scanning.
escansión entrelazada (televisión) | line-jump scanning.
escansión entrelazada (TV) | multiple scanning | nonsequential scanning.
escansión ferroeléctrica (TV) | ferroelectric scanning.
escansión intermitente (TV) | stop-go scanning.
escansión isócrona (TV) | isochronous scanning.
escansión óptica | optical scanning.
escansión opticomecánica | optical-mechanical scanning.
escansión oscilatoria | oscillatory scanning.
escansión por líneas (televisión) | line scanning.
escansión por líneas contiguas (televisión) | progressive scanning.
escansión rápida con un haz estrecho a la velocidad de 10 ó más barridos por segundo (radar) | rapid-scanning.
escansión rectilínea (TV) | rectilinear scanning.
escansión rotatoria | rotating scanner.
escansionable | scannable.
escansionado eléctricamente | electrically scanned.
escansionador (electrónica) | scanner.
escantilones de cuadernas | framing scantlings.
escantilladora | beveling machine.
escantillón | scantling | pattern | gauge (G.B.) | gage (EE.UU.) | set bar.
escantillón cerrado | shut bevel.
escantillón cerrado (buques) | closed bevel.
escantillón de cuaderna a la grúa (buque de madera) | moulding of frame.
escantillón de la quilla a la grúa (buque madera) | keel moulding.
escantillón de la quilla a las líneas (buques madera) | keel siding.
escantillón de la roda a la grúa (buque de madera) | moulding of stem.
escantillón de la traca de aparadura | garboard strake scantling.
escantillón de varenga a la grúa (buque de madera) | moulding of floor.
escantillón indicador de nivel para la vía | spot board.
escantillón obtuso (cuaderna en ángulo obtuso) | standing bevel.
escantillonado de cuadernas (buques) | frame adjusting.
escantillonadora de cuadernas | frame beveller.
escantillones de baos de cubierta | deck beam

scantlings.
escantillones de las bularcamas del costado | side transverse scantlings.
escantillones del casco en la maestra | midship hull scantlings.
escantillones del palmejar (buques) | side stringer scantlings.
escaño | settle | seat.
escañuelo | footstool.
escapada | escape | scapement.
escapada (en una carrera) | getaway.
escapar | escape (to).
escapar (a la observación) | evade (to).
escapar (a la persecución) | baffle (to).
escaparate | shopfront | showcase | shop window | glass case | window | display.
escaparate refrigerado | refrigerated display case.
escaparatista | window dresser.
escaparse (por una junta) | blow (to).
escaparse (vapor, líquidos) | runoff (to).
escapatoria | escape.
escapatoria legal | legal loophole.
escape | outburst | pawl | scape | exit.
escape (agua, gas, aceite, etc.) | leakage.
escape (bombas) | slip.
escape (circuito hidráulico o eléctrico) | leak.
escape (circuitos de agua, aceite, gas) | leaking.
escape (de gases, etc.) | release.
escape (de reloj) | scapement.
escape (de vapor) | release.
escape (de vapor, gas, aire) | escaping.
escape (gases, líquidos) | escape.
escape (imprenta) | escape.
escape (máquina de vapor) | chugging.
escape (máquinas) | egression | egress.
escape (motor alternativo) | exhaust.
escape (motores) | evacuation | eduction.
escape (reloj, piano) | escapement.
escape (relojes) | detent | lever.
escape (tuberías) | washout.
escape accidental de materiales peligrosos | accidental escape of hazardous materials.
escape anticipado | early release.
escape con fiador | detent escapment.
escape con pequeño empuje (órbitas) | low thrust escape.
escape de agua | oozing.
escape de aire | air escaping.
escape de aire (tuberías) | air leak.
escape de aire confinado debido a la presión del agua (minas) | water blast.
escape de aire desde el interior del velamen a la periferia (paracaídas) | spilling.
escape de áncora (relojería) | recoiling escapement.
escape de áncora (relojes) | deadbeat scapement | lever escapement | recoil escapement.
escape de cilindro (relojes) | horizontal escapement.
escape de fuerza constante | gravity escapement.
escape de gases calientes | escape of warm gases.
escape de gases durante las carreas de compresión y explosión (por mal asiento de las válvulas) | blowby.
escape de Graham (relojes) | deadbeat scapement.
escape de grisú | blast | gas vent.
escape de grisú (minas) | blower.
escape de material radiactivo | seepage.
escape de metal fundido | escape of molten metal.
escape de metal fundido (del molde, horno, etc.) | runout.
escape de metal líquido o escoria a través del revestimiento (alto horno) | break out (to).
escape de neutrones | neutron leakage.
escape de plataforma | platform escapement.
escape de pulsación única | single-beat escapement.
escape de rejilla | grid leak.
escape de repetición (relojes) | jack.
escape de reposo (relojes) | deadbeat scapement.
escape de retroceso (relojería) | recoiling escapement.
escape de retroceso (relojes) | recoil escapement.
escape de rueda catalina | verge escapement.
escape de rueda de clavijas | pinwheel escapement.
escape de rueda dentada | cogwheel escapament.
escape de sobrecarga | overload release.
escape de una radiación de resonancia | resonance radiation escape.
escape de vapor | waste steam.
escape del áncora (relojes) | anchor escapement.
escape del macillo (pianos) | hopper.
escape delantero (máquina vapor horizontal) | crank-end release.
escape desde un planeta (vuelos cósmicos) | planetary escape.
escape libre | open exhaust.
escape libre (autos) | muffler cutout | open cutout.
escape libre (motores) | cutout.
escape magnético | magnetic leakage.
escape magnético (relojes) | magnetic escapement.
escape pequeño de gas | crack of gas.
escape rápido de vapor | puff.
escape repentino del aire | blowout.
escapes a través del pistón | slippage past the piston.
escapo | scape.
escapo (botánica) | shoot | scape.
escapolar (marina) | clear a cape (to).
escapolitizado (geología) | scapolitized.
escaqueado | chequer wise | checkered.
escara | scab.
escarabajo (defecto metal) | blow.
escarabajo (defectos metales) | air hole.
escarabajo (fundición) | honeycomb.
escarabajo (pieza fundida) | sand hole | flaw.
escarabajo de los conos | cone beetle.
escarabajo defoliador (Puerto Rico, Venezuela) | leaf beetle.
escarabajo grabador | engraver beetle.
escarabajo pilular (entomología) | scarabaeus.
escarabajo profundo (sopladura interna - defecto piezas fundidas) | deep seated blowhole.
escarabajo subcutáneo (lingotes) | subcutaneous blowhole.
escaramujo | barnacle.
escaramujo (botánica) | hip.
escaramuza | running fight | local engagement.
escarapela | badge | rosette | cockade.
escarbador | plugging chisel | scratcher.
escarbador de llagas (muros) | jointer.
escarbadora | scraper.
escarcela | belt-purse.
escarceo | ripple.
escarcha | ice mist | frost | glaze | silver thaw | rime | ground frost | hoarfrost.
escarcha (meteorología) | rain ice.
escarcha blanda | soft rime.
escarcha dura | hard rime.
escarcha en el aire (aviones) | air frost.
escarcha helada | glazed frost.
escarcha sobre los cristales | frostwork.
escarchada (botánica) | ice plant.
escarchado | hoary | frosted | bruinous.
escarchado (papel, vidrio) | ice.
escarchar | frost (to).
escarda | grubbing axe | grub hoe | spud | weed control | hoeing.
escarda (de sembrados) | clearing.
escarda entre surcos | inter-row weeding.
escardador | picker.
escardadora | hoe.
escardadura | weeding.
escardar | weed (to) | hoe (to).
escardar (sembrados) | clear (to).
escardilla | dibble.
escardillo | grub hoe | grubbing axe | garden spud.
escariado | reaming.
escariado (extremo de tubos) | oliving.
escariado del agujero (extremo de tubos) | hole oliving.
escariado en el torno | lathe reaming.
escariado en serie | repetition tapping.
escariado según plantilla | reamed to template.
escariado simultáneo de cojinetes | align-reaming.
escariador | counterborer | rimer | reamer | broach | scraper.
escariador a mano con espiga cónica | jobber's taper shank reamer.
escariador acabador | finishing reamer | full-bottoming reamer.
escariador aglomerado por sinterización | sinter set reamer.
escariador ajustable | extension reamer | expansion reamer | expanding reamer.
escariador cilíndrico | parallel reamer | cylindrical reamer.
escariador con dientes desigualmente espaciados | increment cut reamer.
escariador con guía | reamer with pilot | pilot reamer.
escariador con mango cónico | taper shank reamer.
escariador con taladro axial | shell reamer.
escariador cónico | taper reamer | conical reamer.
escariador cónico con espiga Morse | Morse taper reamer.
escariador cónico con estrías espirales | taper spiral fluted reamer.
escariador cónico con estrías espirales para berbiquí | bit-stock spiral fluted taper reamer | bit stock spiral fluted taper reamer.
escariador cónico para agujeros de mangos de herramientas | taper socket reamer.
escariador cónico para reparaciones | repairman's taper reamer.
escariador cónico revestido con microgránulos de diamante natural | tapered reamer plated with natural diamonds .
escariador corto de gran diámetro | shell-reamer.
escariador corto para torno | stub screw machine reamer.
escariador chato | flat reamer.
escariador de acanaladuras en espiral | spiral reamer.
escariador de achaflanar | chamfering reamer.
escariador de calderería | boilermakers' reamer.
escariador de centrar | center reamer.
escariador de cortes múltiples | multifluted reamer.
escariador de cortes rectos de espiga cónica para emplear a mano o a máquina | jobber's reamer.
escariador de cuchillas desplazables | floating reamer.
escariador de cuchillas postizas | inserted-blade reamer.
escariador de diámetro regulable | expanding reamer | expansion reamer.
escariador de dientes insertados | inserted-tooth reamer.
escariador de disco | disc-type reamer.
escariador de ensanchar | cylinder drill.
escariador de estrías en espiral | corkscrew reamer.
escariador de estrías excéntricas | eccentric fluted reamer.
escariador de expansión | expansion reamer.
escariador de forma de rosa | rose reamer.
escariador de hojas cortantes | blade reamer.
escariador de hojas cortantes insertadas | inserted lands reamer.
escariador de horquilla | forked reamer.
escariador de lomo | ridge reamer.

escariador de mandril con corte frontal | fluted chucking reamer.
escariador de mano | hand reamer.
escariador de mano de estrías rectas | parallel hand reamer.
escariador de media caña | half round reamer.
escariador de paredes | side reamer.
escariador de perfilar | forming reamer.
escariador de punta roscada para que agarre | self-feeding reamer.
escariador de ranuras finas | fine-fluted reamer.
escariador de ranuras rectas | fluted reamer.
escariador de reborde de cilindros | ridge reamer.
escariador de seis cortes | six-lipped reamer.
escariador de trinquete | ratchet reamer.
escariador desbarbador (tubos) | burring reamer | burr remover.
escariador esférico | ball reamer.
escariador estructural | bridge reamer.
escariador extensible | adjustable reamer | extension reamer | expanding reamer.
escariador graduable | adjustable reamer.
escariador hembra | female reamer.
escariador hueco | shell reamer | shell-reamer.
escariador hueco de ranuras rectas | straight-fluted shell reamer.
escariador hueco expansible para máquina | expanding shell machine reamer.
escariador macizo | solid reamer.
escariador macho | drill.
escariador macho (fabricación golletes de frascos esmerilados) | male reamer.
escariador para agujeros cónicos | taper reamer | taper pin reamer.
escariador para agujeros de pasadores | pin reamer.
escariador para alinear agujeros | aligning reamer.
escariador para cojinetes | bearing scraper.
escariador para desrebarbar (tubos) | pipe burring reamer.
escariador para máquina | chucking reamer.
escariador para máquina de estrías rectas | parallel machine reamer.
escariador para piedra | fraise.
escariador para rótulas | ball reamer.
escariador para trabajos en el torno | chucking reamer.
escariador para trabajos en el torno con corte frontal | rose chucking reamer.
escariador para tubos | pipe reamer.
escariador paralelo | full-bottoming reamer.
escariador pluriestriado | multifluted reamer.
escariador rectangular | angle drift.
escariador tetraestriado | four-fluted counterborer.
escariadora | reaming-machine | reaming machine.
escariar | bore out (to) | rebore (to) | ream (to) | rime (to) | broach (to).
escariar (agujeros) | counterbore (to).
escariar a mano | scrape by hand (to).
escariar a medidas finales | finish-ream (to).
escariar a un diámetro menor | rough ream (to).
escariar al diámetro exacto | ream to size (to).
escariar con exceso | ream oversize (to).
escariar en forma cilíndrica | ream parallel (to).
escariar en línea recta (bancadas de motores) | align-ream (to).
escariar recto | line-ream (to).
escariar según plantilla | ream to template (to).
escariar simultáneamente todos los cojinetes (bancadas de motores) | align-ream (to).
escarido de desbaste | rough reaming.
escaridor de calderería | taper bridge reamer.
escaridor de tracción (herramienta) | broach.
escaridor hueco | reaming shell.
escaridor para agujeros cilíndricos | chucking reamer.
escarificación | scarification | cupping.
escarificación de la superficie | surface scarifying.
escarificación del suelo forestal | forest soil scarification.
escarificador | harrow | weeder | scarifier | clearing dozer.
escarificador de discos | disc harrow | disk harrow.
escarificador de discos para carreteras | road disk.
escarificador resinador (árboles) | chipper.
escarificador resinador (resinación de árboles) | tree facer.
escarificadora | ripper.
escarificadora (carreteras) | rooter | scarifier.
escarificadora de cable (carreteras) | cable ripper.
escarificadora para caminos | road rooter.
escarificadora para carreteras | road ripper | rod ripper | road scraper.
escarificar (carreteras) | lift (to) | disk (to) | harrow (to).
escarificar (trabajo preliminar) | scarify (to).
escarioso | scaly.
escarmenador | teaser.
escarmenar | cull (to).
escarmenar (seda, lana) | tease (to).
escarpa | scarp | escarp.
escarpa a lo largo de la playa causada por erosión de las olas | beach scarp.
escarpa de acero (lingoteras) | scurf.
escarpado | steep | steep | cliffed.
escarpado (tochos, chapas) | chipping.
escarpado con soplete | flame-scarfed | torch deseaming.
escarpado con soplete (lingotes, tochos) | deseaming.
escarpado con soplete (tochos) | scarfing.
escarpado de falla | fault-escarpment | fault scarp | fault-scarp.
escarpado de la cuesta (geología) | cuesta escarpment.
escarpado oxiacetilénico | oxygen-acetylene scarfing.
escarpado oxiacetilénico (tochos) | desurfacing.
escarpador (metalurgia) | scarfer.
escarpadora (para chapas) | scarfing machine.
escarpadora para chapas | plate scarfing machine.
escarpar (defectos de tochos) | dress (to).
escarpar (fortificación) | escarp (to).
escarpar (lingotes) | scrap (to).
escarpar (soldadura, tochos) | scarf (to).
escarpar con soplete | flame-scarf (to).
escarpar con soplete (tochos) | deseam (to).
escarpar con soplete oxiacetilénico (lingotes) | desurface (to).
escarpe (EE.UU.) | scarfing.
escarpe (Inglaterra) | scarphing.
escarpe (soldadura) | scarf.
escarpe de la quilla | keel scarp.
escarpe de unión del pie de roda a la quilla (buques) | boxing.
escarpia | peg | dog spike | dog nail | tenterhook | wall hook | spike | staple | L-headed nail.
escarpia de carril | rail spike.
escarpia elástica para carriles | elastic rail spike.
escarpia para canalones | gutter spike.
escarpia para sujetar tubos | pipe-hook.
escarpia roscada | screw spike.
escarpiador | back-spiker.
escarpiadura | spiking.
escarpiar | spike (to).
escartivana (hoja impresa que sustituye a otra con errores - libros) | cancellans.
escarza | hoof-bound.
escarzado | hoof-bound.
escarzo | floss silk.
escasea el dinero | money is tight | money is at premium.
escasea el sitio | space is at premium.
escasea el trabajo | work is short.
escasean los encargos | orders are hard to come.
escasean los pedidos | orders are hard to come.
escasear (el viento) | draw forward (to) | touch (to).
escasez | scarcity | dearth | thinness | lack | shortness | shortage.
escasez de capital | capital shortage.
escasez de carbón | coal shortage.
escasez de datos | paucity of data.
escasez de dinero | financial stringency | money scarcity.
escasez de espacio | pressure of space.
escasez de ingenieros prácticos | lack of trained engineers.
escasez de ingresos | shortfall in receipts.
escasez de pedidos | dearth of orders.
escasez monetaria | stringency.
escaso | short | narrow | in short supply | little.
escaso (peso) | scant.
escaso de arena (hormigón) | undersanded.
escaso de medida | undersize.
escaso de peces (caladeros) | overfished.
escaso de personal | short-handed | short-staffed | undermanned.
escaso de potencia | power-starved.
escaso de producción de vapor | underboilered.
escaso de sitio | cramped for space.
escaso sueldo | bare income.
escatimar | curtail (to).
escatocolo | eschatocol.
escatología | eschatology.
escatólogo | eschatologist.
escavación con tablestacas acodalada | strutted sheet pile excavation.
escavadora de vapor | steam-paddy.
escavar | sluice (to).
escayola | scagliola.
escayolado (medicina) | cast.
escedasticidad | scedasticity.
escedástico | scedastic.
escena | locus.
escena captada (TV) | subject.
escena de masas (cine) | crowd scene.
escena de recuerdo de lo pasado (escena retrospectiva - filmes) | flashback.
escena de unión (filmes) | intercut.
escena o vista que se desvanece (cine) | dissolve.
escenario | scene | stage.
escenario (cine) | continuity.
escenario (estudio de cine) | floor plan.
escenario (estudios cine) | floor.
escenario (estudios de cine y TV) | plateau.
escenario ancho que se extiende encima de las candilejas y de la orquesta (teatros) | apron.
escenario desmontable (teatros) | fitup.
escenario giratorio (teatros) | revolving stage.
escenarista (cine) | gag man.
escenas tomadas en el frente de combate | on-the-fire-front scenes.
escenas tomadas en la línea de avance del incendio (bosques) | on-the-fire-front scenes.
escenas tomadas en la línea de fuego | on-the-fire-front scenes.
escenografía (cine) | set design.
escenografía (estudios de cine) | architecture.
escenógrafo | scene painter | stage designer.
escenógrafo (cine) | art director.
escespedar | sod (to).
escialítica (lámparas) | shadowless.
esciloscopio | scope.
escindibilidad | fissionability.
escindible | fissile | fissionable.
escindir | fission (to).
escintifotografía | scintiphoto.
escintigrafía | scintigraphy | scintiscanning.
escintigrama | scintiscan | scintigram.
escintilación | scintillation.
escintilación astronómica | astronomical scintillation.
escintilación de las fuentes radioeléctricas (astronomía) | radio source scintillation.
escintilación estelar | astronomical scintillation

| stellar scintillation.
escintilación ionosférica | ionospheric scintillation.
escintilación terrestre | atmospheric boil | atmospheric shimmer.
escintilador | scintiller.
escintilador (telecomunicación) | scintillator.
escintilante | scintillant | scintillating.
escintilar | scintillate (to).
escintilator | phosphor.
escintilómetro | scintillometer.
escintiloscopio | scintilloscope.
esciófilo (plantas) | shade-loving.
esciografía | sciograph.
escisión | splitting | cleavage.
escisión (política) | cave.
escisión de haz | beam splitting.
escisión de la cadena (química) | chain scission.
escisión en el partido (política) | split in the party.
escisiparidad | schizogony.
escisiparidad (genética) | schizogenesis | scissiparity.
esclarecer | clarify (to).
esclarecer un asunto | clear up (to).
esclava (joyería) | bangle.
escleritos entre los segmentos adyacentes del cuerpo (insectos) | intersegmentalia.
esclerófilo | sclerophyllous.
esclerógrafo | sclerograph.
escleroideo | hard-textured.
esclerometría | sclerometry.
esclerómetro | hardness test | sclerometer.
esclerómetro de bola | ball hardness tester.
esclerómetro electrónico | electronic sclerometer.
esclerosar | harden (to).
escleroscopio | scleroscope.
esclodousquita | skoldowskite.
esclusa | pound lock | sluiceway | weir | lock | canal lock.
esclusa (de un buque) | lockage.
esclusa (minas) | sluice.
esclusa de aire | air sluice | air lock | antechamber.
esclusa de aire (cajones aire comprimido) | man lock.
esclusa de canal | canal lock.
esclusa de cuenco | single-lock.
esclusa de descarga | discharging sluice.
esclusa de desviación | diversion sluice.
esclusa de emergencia | emergency lock.
esclusa de entrada | inlet weir | guard lock | entrance lock.
esclusa de escape | escape lock.
esclusa de fuga | outlet lock.
esclusa de guarda | guard lock.
esclusa de limpieza | flushing sluice.
esclusa de navegación | navigation lock | navigational lock.
esclusa de salida | tail lock.
esclusa doble | double lock | lift-lock.
esclusa elevadora | lift lock.
esclusa levadiza | lift-lock.
esclusa neumática | pneumatic lock.
esclusa para los materiales (cajones de aire comprimido para cimentar) | material lock.
esclusa para riego | irrigation sluice.
esclusa sencilla | flash lock.
esclusada | feed | lockful | lockage-water | locking.
esclusada (la que pasa de un nivel más alto a un nivel más bajo en el manejo de la esclusa) | lockage.
esclusa-hospital (construcción túneles) | medical lock.
esclusaje | sluicing.
esclusar | lock (to).
esclusas acopladas | double locks.
esclusas escalonadas | chain of locks | flight of locks.
esclusas gemelas | double locks.
esclusas superpuestas | flight of locks.
esclusero | lock keeper | locksman | lock tender.
escoba (aviones) | joystick.
escoba de ramajos para apagar fuegos | swatter.
escoba de retama | broom.
escoba motorizada para limpieza de calles | motorized municipal broom.
escobazo (reducción del magnetismo permanente-desimanación de buques) | flashing.
escobén | hawsepipe | spill pipe | navel pipe | deck pipe.
escobén de amarre (buques) | mooring pipe.
escobén de popa | cat-hole | stern pipe.
escobén embutido (buques) | recessed hawsepipe.
escoben muy alto (sobre la flotación) | bold hawse.
escobén para acoderarse | stern pipe.
escobilla | wiper | brush.
escobilla (electricidad) | pickup.
escobilla bien adaptada a la superficie del colector | bedded brush.
escobilla colectora | feeder brush | collector brush.
escobilla colectora (electricidad) | appropriating brush.
escobilla de alambres | wire brush.
escobilla de albañil | mason's brush.
escobilla de bloque de carbón | block brush.
escobilla de carbón | carbon brush.
escobilla de carbón para motores | motor carbon.
escobilla de cobre (electricidad) | copper brush.
escobilla de cobre y grafito | copper-graphite brush.
escobilla de conmutador | switch wiper.
escobilla de goma para restregar y secar superficies mojadas | squeegee.
escobilla de grafito | graphite brush.
escobilla de láminas (electricidad) | laminated brush.
escobilla de lectura | reading brush.
escobilla de lectura (tarjetas perforadas) | lower brush.
escobilla de magneto | magneto brush.
escobilla de prueba | pilot brush.
escobilla de tela de cobre | gage brush.
escobilla de tela metálica de cobre | copper gauze brush.
escobilla del buscador de línea | line finder brush.
escobilla del cilindro (prensa de cilindro) | cylinder brush.
escobilla del colector | commutator brush.
escobilla distribuidora | distributing brush.
escobilla eléctrica | dynamo brush.
escobilla electrografítica | electrographitic brush.
escobilla engrasadora | oil-brush.
escobilla fija | fixed brush.
escobilla formada por capas alternas de carbón y cobre (electricidad) | compound brush.
escobilla frotadora | feeder brush.
escobilla inferior (tarjeta perforada) | reading brush.
escobilla laminar (dínamos) | leaf brush.
escobilla limpiatubos (sondeos) | swab.
escobilla metálica | metal brush.
escobilla para limpiar tubos de quinqué | lamp-brush.
escobilla positiva | positive brush.
escobillas de pruebas | exploring brush.
escobillas del eje en cuadratura | quadrature-axis brushes.
escobillas primarias | primary brushes.
escobillón | cylinder brush | brush | swab | slush brush | sponge | hog | push broom.
escobillón (cañón) | bristlebore sponge.
escobillón (cañones) | wiper | ramrod.
escobillón (para tubos, cañones) | bore brush.
escobillón de limpieza | pull-through.
escobillón limpiatubos | flue brush.
escobillón para cañones | gun sponge | gun brush.
escobillón para limpiar conductos | duct cleaner.
escobillón para limpiar los tubos de humos | fire-tube cleaner.
escobillón para limpiar tubos | casing swab.
escobillón para tubos | tube brush.
escobillón para tubos de caldera | boiler tube brush.
escobillonado (cañones) | scavenging.
escobillonar | swab (to) | sponge (to).
escobillonar (cañones) | scavenge (to).
escobón (moldería) | bosh.
escocés (tela) | Scottish tartan.
escocia (moldura de techo) | scotia.
escoda | bushhammer | broad chisel | edged hammer | granulating hammer | claw hammer.
escofina | rasp-cut file | rasp | rasping file | roughener | rubber | half-round rasp.
escofina de ebanista | cabinet rasp.
escofina de herrador | horseshoe rasp.
escofina de picadura bastarda | bastard-cut rasp.
escofina de picadura sencilla (no cruzada) | float.
escofina encorvada | riffler.
escofina gruesa | rifle file.
escofina para madera | grater file.
escofina plana | flat rasp.
escofinar | rasp (to).
escofonía | scophony.
escogedor | selector | culler | picker.
escogedor (apartador - minería) | cobber.
escogedor (persona) | sorter.
escogedor (preparación minerales) | bucker | wailer.
escogedor de lana | woolsorter.
escogedor de minerales | ore-picker.
escoger | pick out (to) | pick over (to) | winnow (to) | select (to) | cull | assort (to) | sort (to).
escoger (metalurgia) | spall (to) | lob (to).
escoger (minerales) | pick down (to) | pick off (to) | buck (to) | pick (to).
escoger (minería) | sort (to).
escoger a mano | hand-pick (to).
escoger a mano (minería) | pick by hand (to).
escoger la lana | skirt (to).
escoger previamente (minerales) | rag (to).
escoger una muestra media | take averages (to).
escoger y ordenar | sort out (to).
escogido | picking | sorted | top-rated | first-rate.
escogido (de minerales) | picking.
escogido (preparación minerales) | spalling.
escogido a mano | hand sampling | wailing.
escogido a mano (minería) | picking by hand.
escogido al azar | chosen at random.
escogido con martillo | sledging.
escogido de minerales | ore-picking.
escogido preliminar | ragging.
escogimiento | selection | picking on | sorting.
escolar | educational.
escolares que han terminado sus estudios | school leavers.
escolaridad | schooling.
escolecófago | crackle.
escoliador | scholiast.
escoliasta | scholiast.
escolio (literatura) | scholium.
escolio (matemáticas) | scholium.
escoliosis (medicina) | lateral curvature.
escolta | escort | safeguard.
escolta antisubmarinos | antisubmarine escort.
escolta armada | armed escort.
escolta de cazadores | fighter escort.
escolta de cazadores que vuela y elige el blanco a su antojo | free-lance escort.
escolta de convoy | convoy escort.
escolta para bombarderos | bomber escort.
escolta próxima | close escort.
escoltar | convoy (to).
escoltar con cazas el vuelo de retorno de una formación de bombardeos | scoop (to).
escollera | mound | pier | riprap | jetty | rockfill

| stone filling.
escollera (clase de piedra) | rubble stone | rubble.
escollera a granel | rockfill dumped | drop fill.
escollera a piedra perdida | drop fill | dumped rockfill.
escollera sin clasificar | rubble mound.
escollerado | rockfilling | riprap | riprapping.
escollerado de piedra partida | pierre perdue.
escollerar | riprap (to) | enrock (to).
escollo | rock | reef | breaker | ridge.
escollo (cartas marinas) | vigia.
escollos (navegación) | shelves.
escombrera | refuse dump.
escombrera (minas) | waste | waste heap | dump-heap | dump | burrow | mullock dump.
escombrera para escorias | slag tip.
escombreras | tailings.
escombrero (obrero que desescombra) | mucker.
escombros | muck | drift | mine refuse | cuttings | debris | deads | rubbish | rubble | dirt.
escombros (minas) | mullock | muck pile | attal.
escombros de cantera | shelf.
escombros de mineral superficial (indicando la presencia de una capa subyacente) | bryle.
escombros glaciares | drift.
esconder | conceal (to).
esconderse en las nubes (aviones) | play pussy (to).
escondible | concealable.
escondite para observar | observation blind.
escondrijo | cubby hole.
escopeta | gun | shotgun.
escopeta de aire comprimido | air-rifle.
escopeta de cañón basculante | breakdown gun.
escopeta de dos cañones | double-barrelled gun | double barrel gun.
escopeta de un cañón | single-firer.
escopetazo | gunshot | shot.
escopleado | dapping | slotting.
escopleado (defecto dientes engranajes) | gouging.
escopleador (canteras) | sledger.
escopleadora | gaining machine | mortising machine.
escopleadora (carpintería) | mortiser.
escopleadora de cadena | mortise chain.
escopleadora de formón hueco | hollow chisel mortiser.
escopleadura | mortising | mortise | mortise hole | mortice | gaining | bevel shoulder.
escoplear | dress with a chisel (to) | brand (to) | jag (to) | gain (to) | slot (to) | chisel (to).
escoplear (cajear - carpintería) | dap (to).
escoplear (carpintería) | mortice (to).
escoplear (cerraduras, cerrojos) | mortise (to).
escoplear (estereotipia) | chip (to).
escoplear con la gubia | gouge out (to) | gouge (to).
escoplo | chisel | heel tool | spudder | cutting tool | scoop | firmer chisel | carving chisel.
escoplo (carpintería) | plow.
escoplo (para madera) | spud.
escoplo acabador | finishing chisel.
escoplo acanalado | paring gouge | growing chisel.
escoplo angular | corner chisel.
escoplo biselado | bevel chisel.
escoplo con cara de martellina | bush chisel.
escoplo curvo | ripping chisel.
escoplo de carpintero | mortising chisel.
escoplo de casquillo | socket chisel.
escoplo de desbastar (labra de sillares) | pitching tool.
escoplo de ebanista | cabinet chisel.
escoplo de espiga | firmer mortise chisel.
escoplo de espiga hueca | socket chisel.
escoplo de pata de perro | dogleg chisel.
escoplo de pico de cuervo | bent neck gouge.
escoplo de roca (sondeos) | spud.
escoplo de vidriero | glazier's chisel.
escoplo degradador | mortar chisel.
escoplo en bisel | cant chisel.
escoplo fino de mano (para labrar piedra) | paring chisel.
escoplo para asentar bisagras | butt chisel.
escoplo para descortezar | barking iron | bark spud.
escoplo para tornear | turning gouge.
escoplo plano | flat chisel.
escoplo ranurador | cope chisel.
escoplo separador | parting chisel.
escora | leg | heeling | prop | shore | shore prop.
escora (buque) | lopsidedness.
escora (buques) | listing | list | heel.
escora a babor (buques) | list of port.
escora a estribor | list to starboard.
escora de dique seco | side-shore.
escora debida al viento sobre la obra viva (buques) | windage heel.
escora del buque | ship's list.
escora lateral (avión) | barrel roll.
escora sobre babor (buques) | port list.
escorado (buque escorado y que no puede adrizarse) | on the beam ends.
escorado (buques) | lopsided | alist | on the heel.
escorado y que no puede adrizarse (buques) | on beam ends.
escorador (de dique seco) | shorer.
escorante | upsetting.
escorar | drop (to) | prop (to) | prop up (to).
escorar (buques) | heel over (to) | heel (to) | list (to) | cant over (to) | cant (to) | upset (to).
escorar (con puntales) | shore (to).
escorar ampliamente (buques) | list heaviy (to).
escorar hacia adentro en un viraje (buques) | heel inwards on a turn (to).
escoras de pantoque | bilge shores.
escorbuto (medicina) | scurvy.
escoria | draff | scoria | clinker | skim | slag.
escoria (de metal) | dross.
escoria (del vidrio) | ash balls | sandiver.
escoria (mezcla mecánica de óxido de estaño y una aleación de hierro y estaño - hornos de estañar) | scruff.
escoria ácida | acid slag.
escoria ácida de alto horno | acid steel-furnace slag.
escoria aluminosa | aluminous slag.
escoria apagada con aguas | chilled slag.
escoria apilada | bank slag.
escoria autodesprendible | self-releasing slag.
escoria autodesprendible (electrodo) | self-lifting slag.
escoria autohinchable (electrodos) | self-inflated type slag.
escoria básica | Thomas slag | phosphatic slag | phosphatic clinker | basic clinker.
escoria Bessemer | Bessemer slag.
escoria Bessemer básica | basic Bessemer slag.
escoria bibásica | bibasic slag.
escoria bisilicatada | bisilicate slag.
escoria calcinada | roaster slag.
escoria calcinada de horno Siemens (Inglaterra) | bulldog.
escoria caliza | calcareous slag.
escoria celular de alto horno | expanded blast-furnace slag.
escoria con gran proporción de titania | high-titania slag.
escoria con postas (alto horno) | buckshot slag.
escoria corrosiva | scouring cinder.
escoria cruda | ore slag | raw slag.
escoria cruda (alto horno) | poor slag.
escoria de acerías | steelmaking slag.
escoria de afino | fining slag | iron slay | refinery dross | refinery cinder | refinery slag.
escoria de alto horno | blast-furnace slag | blast-furnace cinder | shoddy | laitier.
escoria de alto horno de plomo | lead blastfurnace slag.
escoria de altos hornos molida en húmedo | wet-ground blast furnace slag.
escoria de bajo horno | finery cinder.
escoria de canal | spout slag.
escoria de colada | tapping slag.
escoria de desfosforación | Thomas slag | phosphatic slag | phosphatic clinker.
escoria de desfosforación (metalurgia) | basic slag.
escoria de fragua | slack ashes | smith ashes | hammer slag.
escoria de fragua (G.B.) | hards.
escoria de hierro | iron cinder.
escoria de horno de pudelaje | mill cinder.
escoria de horno de recalentar | heating-furnace cinder.
escoria de horno de reverbero | open-hearth slag.
escoria de lavado - primera escoria (alto horno) | flush.
escoria de lingotes (estereotipia - Chile) | chips.
escoria de mineral | ore slag.
escoria de pequeña basicidad | low-basic slag.
escoria de plomo | lead ashes.
escoria de pudelado | puddling slag | puddle cinder.
escoria de pudelado compuesta principalmente de óxidos férrico y magnético | best tap.
escoria de pudelaje | bulldog.
escoria de vidrio | glass gall | slag glass.
escoria del baño de cincado | galvanizers' dross.
escoria del martillado | hammer slag.
escoria del martillo (pudelado) | forge cinder.
escoria del mezclador (metalurgia) | mixer slag.
escoria desoxidante | deoxidizing slag.
escoria desulfurante | desulfurizing slag.
escoria dulce | rich slag | refinery cinder | refining slag.
escoria erosiva | erosive slag.
escoria esponjosa | foamed slag.
escoria esponjosa de alto horno | foamed blast furnace slag.
escoria ferruginosa ácida | acid ferruginous slag.
escoria final | tapping slag.
escoria final (pudelado) | tappings.
escoria final (pudelaje) | tap cinder.
escoria flotante | floating slag.
escoria flotante (metales) | kish.
escoria fluida | liquid clinker.
escoria fosforosa | phosphorus-containing slag.
escoria fusible | wet slag | fusible slag.
escoria granulada de alto horno | granulated blastfurnace slag.
escoria hidráulica de alto horno | hydraulic blast furnace slag.
escoria hiperácida | strongly acid slag | highly acid slag | high-acidity slag.
escoria hiperbásica | highly-basic slag.
escoria hipercaliza | extra limy slag.
escoria incluida | slag patch | entrapped slag.
escoria interpuesta | included slag | enclosed slag.
escoria metalúrgica | metallurgical slag.
escoria monooxidante | monoxidizing slag.
escoria muy caliza | high-lime slag.
escoria muy fusible | low-melting slag.
escoria no vanadiosa | nonvanadium slag.
escoria oxidante | oxidizing slag.
escoria para revestimiento de la solera (hornos) | bulldog.
escoria pastosa | dry slag | stiff slag.
escoria pobre | raw slag.
escoria pobre (pudelaje) | tap cinder.
escoria poco fusible | refractory slag.
escoria reductora | reduction slag.
escoria refractaria | refractory slag.
escoria rica | rich slag.
escoria silicatada férrica | scorie.
escoria silicatada ferrosa | ferrous silicate slag.
escoria silicatada no ferrosa | laitier.
escoria silícea | acid slag.
escoria silícea vítrea | glasslike silica slag.
escoria sódica (metalurgia) | sosa slag.
escoria sodífera | soda-slag.
escoria solidificada (rabo de zorro - metalur-

gia) | foxtail.
escoria superficial (metal fundido) | scum.
escoria Thomas | basic slag | Thomas slag | phosphatic slag.
escoria Thomas pulverizada empleada como fertilizante (agricultura) | Thomas-meal.
escoria tratada con cal | limestone-treated slag.
escoria triturada al tamaño de arena gruesa | slag sand.
escoria volcánica | scoria.
escoriáceo | scoriaceous | slaggy.
escoriación de primer grado (dientes engranajes) | scoring.
escoriación ligera (dientes engranajes) | scoring.
escoriadero | slag-plate.
escorial | slag heap | tip | pit-heap | ore dump | muck dump | bing.
escorial (minas) | dump-heap.
escorial (pozo de mina) | pit-tip.
escoriarresistente | slag-resisting.
escorias | cinders | scumming | scobs | ash.
escorias (metalurgia) | cinder.
escorias de hierro | iron dross.
escorias de pudelado | boilings.
escorias del convertidor | converter slags.
escorias formadas por las cenizas del carbón (calderas) | coal-ash slags.
escorias que sobrenadan (horno de pudelar) | floss.
escorias volcánicas | cinders.
escorias y materias duras vitrificadas de hornos de incinerar basuras (mezcladas con un aglomerante asfáltico) | clinker-asphalt.
escoriera | cinder dump.
escoriero (alto horno) | slag outlet | slag-notch.
escoriero (obrero) | cinder pitman.
escoriero (persona) | slag-tapper.
escorífero | slag-bearing.
escorificación | scorification | slag forming | slagging.
escorificador | scorifier | assay porringer.
escorificar | slag (to) | scorify (to).
escorificar (formar escorias) | clinker (to).
escoriosidad | drossiness.
escornizaduras | frayings.
escorpión de mar | lasher bullhead.
escorrentía (geología) | runoff.
escorrentía (hidrografía) | runoff.
escorrentia (terrenos cultivados) | surface runoff.
escorrentia acumulada | mass runoff.
escorrentia agrícola | agricultural run-off.
escorrentía anual | annual runoff.
escorrentía de aguas subterráneas | groundwater runoff.
escorrentía de borrasca | direct runoff | storm runoff.
escorrentía de la lluvia (sobre el terreno) | rainfall runoff.
escorrentía de las aguas freáticas | ground water run-off.
escorrentía directa | direct runoff | storm runoff.
escorrentía en el canal | channel-phase runoff.
escorrentia en función de la lluvia (diagramas) | rainfall versus storm runoff.
escorrentía fangosa | muddy runoff.
escorrentia laminar | sheet flow.
escorrentia media anual | mean annual runoff.
escorrentía pluvial | rain wash.
escorrentía por deshielo de la nieve | snowmelt runoff.
escorrentia superficial | surface runoff.
escorrentía superficial (hidrograma) | overland flow.
escorrentia superficial más corriente subsuperficial | surface runoff plus interflow.
escota (velas) | sheet.
escota de foque | jib sheet.
escotado (botánica, zoología) | emarginate.
escotadura | notch | scallop | incut.
escotadura (máquinas) | gap.
escotadura de aforo (hidráulica) | gage notch.
escotadura de retenida | retaining notch.
escotadura para recibir una llanta de acero (cuadernas de madera) | dap.
escotaduras de las laminaciones del inducido | rotor lamination notching.
escotar (trajes) | slope (to).
escotas de sotavento (buque) | lee sheets.
escote (tornos) | gap.
escote en el frente de un troquel para acomodar la barra (forjas) | gate.
escotera (buques) | sheet hole.
escotera (marina) | sheave hole.
escotera abierta | open chock.
escotera de espiar (buques) | warping chock.
escotera de remolque (buques) | towing chock.
escotera de rodillos (buques) | roller chain flexible coupling.
escotilla | hatchway.
escotilla (buques) | hatch.
escotilla (locomotora eléctrica) | hatch.
escotilla circular | circular hatch.
escotilla con enjaretado (buques) | grated hatch.
escotilla con tapa de acero (buques) | steel-covered hatch.
escotilla de acceso del personal | personnel access hatch.
escotilla de caja de expansión | expansion hatchway.
escotilla de calderas (buques) | boiler opening | boiler hatch.
escotilla de cámara de máquinas | engine opening | engine hatchway.
escotilla de carbonera | coaling-hatchway.
escotilla de carga | cargo hatch.
escotilla de la cubierta de intemperie (buques) | weather-deck hatchway.
escotilla de muestreo | sampling hatch.
escotilla de municionamiento | ammunition passing scuttle.
escotilla de popa | after hatch.
escotilla de reducción de arqueo | tonnage hatch.
escotilla de salvamento (helicóptero) | rescue hatch.
escotilla de salvamento (submarinos, aviones) | escape hatch.
escotilla de tronco | trunked hatch.
escotilla de un tronco de expansión (buques) | hatch expansion.
escotilla de ventilación | air hatch.
escotilla del tanque de asiento (buques) | trimming hatchway.
escotilla desmontable | portable hatch.
escotilla estanca embisagrada | hinged watertight hatch.
escotilla mayor (buques) | main hatch.
escotilla para rápida salida de humos (techos de talleres) | smoke hatch.
escotilla pequeña | scuttle.
escotilla pequeña de vista de una escotilla normal (buques) | escape hatch.
escotilla redonda pequeña (buque de guerra) | scuttle.
escotillero (descarga de buques) | signalman.
escotillón | scuttle | trapdoor.
escotín (velas) | sheet.
escotoma | scotoma.
escotoma por visión directa del arco eléctrico | eclipse scotoma.
escotomas | scotomata.
escotonia | blind spot.
escotoplanctón | skotoplankton.
escozor | itching | burning pain.
escribano | registrar.
escribiente | clerk | entering clerk.
escribiente de la compañía (milicia) | company clerk.
escribiente de taller | shop clerk.
escribir | write (to).
escribir a dos espacios (máquina escribir) | double-space (to).
escribir a máquina | type (to) | typewrite (to).
escribir a máquina un cliché de cera | typing a stencil.
escribir de nuevo | retype (to).
escribir dos letras | drop a note (to).
escribir en clave | encode (to).
escribir información en la memoria sobre otra almacenada (ordenador) | overwrite (to).
escribir las instrucciones | do the coding (to).
escribir un artículo tendencioso (periodismo) | angle (to).
escribir una secuencia | hand code (to).
escrito | piece | writ | communication.
escrito (judicial) | pleading.
escrito a lápiz | pencilled.
escrito a máquina | typed.
escrito auténtico | codicil.
escrito borroso | faded writing.
escrito con todo detalle | descriptively written.
escrito de ajuste con acreedores | composition deed.
escrito de apoderamiento | proxy form.
escrito de conclusión | final pleading | conclusion of proceedings.
escrito de conclusiones | brief for the prosecution.
escrito de conclusiones provisionales | brief of preliminary accusation.
escrito de contestación (jurisprudencia) | brief of rejoinder.
escrito de demanda | brief of complaint.
escrito de duplica | defendant's answer.
escrito de impugnación | brief in opposition.
escrito de nuevo | rewriting | rewritten.
escrito de promoción (jurisprudencia) | initial brief.
escrito de reforma | brief of appeal for reconsideration.
escrito de réplica | brief of rejoinder.
escrito delante de la firma indicando la autoridad delegada (por ejemplo, «por orden del coronel») | authority line.
escrito por el utilizador | user coded.
escrito por una sola cara | single-sided.
escrito pormenorizado | bill of particulars.
escrito sanitario | bill of health.
escrito y editado por | produced and issued by.
escritor | writer | author.
escritor fértil en ideas | idea-monger.
escritor mercenario | hackney writer.
escritora | authoress.
escritorio | desk.
escritura | document | statutes | deed | indenture | indenture | script | contract.
escritura a máquina | typewriting.
escritura agrupada | gather write.
escritura bolígráfica | ball-point pen writing.
escritura clara | neat hand.
escritura constitutiva | act of incorporation | incorporation papers.
escritura constitutiva y estatutos | constitution and bylaws.
escritura de abandono (jurisprudencia) | quitclaim.
escritura de amigables componedores | deed of arrangement.
escritura de arrendamiento | lease.
escritura de cesión | deed of release | deed of conveyance | deed of assignment.
escritura de compraventa | bought contract | bill of sale.
escritura de concordato | letter of license.
escritura de constitución | act of incorporation | deed of constitution | corporation charter | articles of incorporation | deed of incorporation | general franchise.
escritura de constitución (sociedades) | charter of incorporation.
escritura de constitución de sociedad | articles partnership.
escritura de constitución de una corporación | charter.
escritura de convenio | deed of covenant.
escritura de convenio entre el quebrado y sus

acreedores para el nombramiento de síndico | deed of inspectorship.
escritura de crédito | credit deed.
escritura de derechos | bill of rights.
escritura de donación entre vivos | deed of gift.
escritura de fianza | bail bond | guaranteee deed.
escritura de fideicomiso | deed of trust | trust indenture | trust deed.
escritura de formulación de cargos | articles of impeachment.
escritura de mandato | deed of authorization.
escritura de máquina | machine script.
escritura de modificación | amendatory deed.
escritura de pleno dominio | deed in fee.
escritura de polizas | policy writing.
escritura de préstamo e hipoteca | bond and mortgage.
escritura de propiedad | evidence of title | title deed | deed.
escritura de propiedad con garantía de título | warranty deed.
escritura de propiedad de una finca embargada por no pagar la contribución | tax deed.
escritura de renuncia | quitclaim deed.
escritura de reparto | deed of partition.
escritura de sociedad | articles of partnership | partnership deed | partnership articles.
escritura de su puño y letra | in one's own handwriting | in own handwriting.
escritura de transacción | deed of compromise.
escritura de transmisión | transfer deed.
escritura de traslación de dominio | deed of conveyance.
escritura de traspaso | assignment | conveyance.
escritura de venta | bill of sale.
escritura de venta garantizada | warranty deed.
escritura del remetido | drawing-in draft.
escritura del remetido (tejeduría) | treadling draft.
escritura del remetido (tisaje) | entering plan.
escritura ejecutada según sentencia | sheriff's deed.
escritura en imágenes | figurative writing.
escritura entregada a tercero en depósito | escrow.
escritura falsificada | forged handwriting.
escritura fideicomisa | trust indenture.
escritura fiduciaria | trust deed.
escritura fiduciaria sobre equipo | equipment trust.
escritura fiduciaria sobre material móvil (ferrocarril - EE.UU.) | equipment trust.
escritura figurada | picture-writing.
escritura fonética | phonetic spelling.
escritura garantizadora contra actos del fiador para el beneficiario | special warranty deed.
escritura gótica | gothic script.
escritura hierática | hieratic writing.
escritura hipotecaria | mortgage deed | mortgage-deed.
escritura ideográfica | ideographic script.
escritura ilegible | crabbed writing.
escritura matriz | original deed.
escritura numérica | specification of numbers.
escritura original de propiedad | rout of title | root of title.
escritura permitida | write enable.
escritura pictográfica | pictographic writing.
escritura por otra persona | allograph.
escritura privada | private deed.
escritura pública | public document | notarial instrument.
escritura que imita los caracteres de imprenta | print hand.
escritura social | incorporation papers | deed of partnership | articles of association.
escritura tipográfica | print script.
escritura unilateral | deed poll.
escrituración ante notario | notarizing.
escriturado | under articles.
escriturar | notarize (to) | indenture (to).
escriturar (notaría) | notarize (to).
escriturar (un artista) | engage (to).
escriturario (jurisprudencia) | scriptorial.
escroba (zoología) | strigil.
escroto (anatomía) | cod.
escrutación | polling | scanning.
escrutador | scanner | poller.
escrutador (de votos) | teller.
escrutador automático de datos (calculadora electrónica) | logger.
escrutador automático de datos (calculadoras) | data logger.
escrutador de tubo vidicón | vidicon scanner.
escrutar | scan (to) | defruit (to) | search (to).
escrutinio | poll | polling | polls | poll | canvass | scrutiny.
escrutinio de la opinión pública | public opinion polls.
escrutinio de los diseños | scrutiny of designs.
esctrictor | strictor.
esctructura A | A frame.
esctructura antiacuñante | antiwedging structure.
esctructura primaria del lingote | primary ingot structure.
esctructura reticular atómica | atom packing.
escuadra | bracket | fleet | triangle | angle | squadron | square | squaring | corner.
escuadra (topografía) | ranger.
escuadra ajustable | set square.
escuadra calibradora | caliper-square.
escuadra cilíndrica (topografía) | circular cross.
escuadra de agrimensor | optical square | cross | cross staff head.
escuadra de ajustador | engineers' square.
escuadra de ajustar | framing square.
escuadra de alineación (telefonía) | line ranger.
escuadra de ángulo | angle plate | corner angle.
escuadra de apoyo | angle plate.
escuadra de arista redondeada | round-back angle.
escuadra de avance automático | automatic spacer.
escuadra de bisel | bevel blade.
escuadra de carpintero | carpenter's rule | square | framing square | L-square.
escuadra de cartabones | bevel lifter.
escuadra de cazadores | fighter wing.
escuadra de centrar | center square.
escuadra de diámetros | center square.
escuadra de dibujo | set square.
escuadra de dibujo con vaciamiento interior | framed set-square.
escuadra de espejos | angle mirror.
escuadra de esquina | angle tie.
escuadra de fijación | panel brace.
escuadra de fusileros | rifle team | rifle squad.
escuadra de guía (de sierra) | saw rip.
escuadra de guía (sierras) | fence.
escuadra de hierro | knee.
escuadra de ingletes | miter square.
escuadra de mecánico | mechanic's square | engineers' square.
escuadra de montaje (fotomecánica) | align grid.
escuadra de nivel | quadrant sight | range quadrant.
escuadra de nivel (cañones) | gunner's quadrant.
escuadra de prisma | prism square.
escuadra de reflexión | optical square.
escuadra de reflexión (topografía) | right-angle instrument.
escuadra de soporte | square bearer.
escuadra de unión | shin | shin.
escuadra de 1 | hexagon angle.
escuadra en L (de chapa) | L-strap.
escuadra en T (dibujo) | T-square.
escuadra estampada | pressed angle.
escuadra para cabios (cerchas) | rafter square.
escuadra para colocar bridas (tubos) | flange square.
escuadra para esquinas | corner band.
escuadra para localizar centros | center square.
escuadra para repasar (moldeo) | polishing slicker | angle sleeker.
escuadra para trazar (talleres) | angle plate.
escuadrado | squared up | squared.
escuadrado (rollizos) | slabbed.
escuadrado del cáñamo | hemp nipping.
escuadrador (electrónica) | squarer.
escuadrar | square (to) | square up (to).
escuadrar (rollizos) | slab (to).
escuadrar (sillares) | pitch (to).
escuadrar (troncos) | hew square (to).
escuadrar el impreso (tipografía) | job (to).
escuadra-transportador | bevel protractor.
escuadreo (de rollizos) | slabbing.
escuadreo (maderas) | squaring-up | squaring | breaking down.
escuadría (área de la sección transversal) | squareness.
escuadría (dimensiones) | scantling.
escuadría y calidad de las viguetas | size and grade of the joist.
escuadría y luz de la vigueta | size and span of the joist.
escuadrilla (marina guerra, aviación) | squadron.
escuadrilla aérea | air squadron.
escuadrilla de aviones | flight of aircraft.
escuadrilla de bombardeo | bomber squadron.
escuadrilla de cazadores | fighter squadron.
escuadrilla de cazadores diurnos | day-fighter squadron.
escuadrón (de caballería) | squadron | troop.
escuadrón de aviones | aircraft squadron.
escuadrón de caballería blindada | armored cavalry squadron.
escuálidos (ictiología) | squalidae.
escucha | looker-out | monitoring.
escucha (milicia) | lookout-man.
escucha (radio) | listening-in | hearing.
escucha (soldado) | lookout.
escucha (telecomunicaciones) | listening.
escucha a horas fijas | scheduled watch.
escucha antiaérea | antiaircraft lookout.
escucha continua (radio) | continuous watch.
escucha de aviación | air guard | air observer.
escucha de recepción (radio) | monitoring.
escucha hidrofónica | hydrophone listening.
escucha pasiva | passive listening.
escucha radiofónica | cop.
escuchador | phone.
escuchar | listen (to).
escuchar (el sonido) | monitor (to).
escuchar ilegalmente | eavesdrop (to).
escuchar la radio | listen in (to).
escuchar secrétamente una conversación telefónica | bug (to).
escuchar una conversación (telefonía - EE.UU.) | monitor (to).
escuchar una conversación (telefonía - G.B.) | enter circuit (to).
escudero | armiger | armor-bearer.
escudete (cerraduras) | escutcheon plate.
escudete (electricidad) | canopy.
escudete de borrar (dibujo) | eraser shield.
escudilla | mess-kettle | dish.
escudilla (de cerradura) | rose.
escudo | buckler | escutcheon | shield.
escudo (botes) | backboard.
escudo (buques) | sternframe.
escudo (cerradura) | keyhole escutcheon.
escudo (cerraduras) | drop | curtain | lappet.
escudo (minas, túneles) | breast boards.
escudo (tornos) | apron.
escudo a prueba de bala | bulletproof shield.
escudo antirradiactivo | ray-proof shield.
escudo biológico de hormigón (protección contra radiaciones) | concrete biological shield.
escudo biológico de hormigón armado (reactor nuclear) | reinforced-concrete biological shield.
escudo biológico del reactor nuclear | reactor biological shield.
escudo biológico para irradiaciones neutrónicas | neutron shield.

escudo blindado (cañones) | apron shield.
escudo contra aludes de nieve | snowshed.
escudo contra las irradiaciones nucleares | radiation shield.
escudo de armas | armorial bearing.
escudo de bocallave (cerraduras) | escutcheon.
escudo de embutir (cerradura) | inlayed escutcheon.
escudo de madera colocado en el codaste normalmente al recorrido (botadura buques) | mask.
escudo de popa (buques) | arch board.
escudo de proa (dirigibles) | bow cap.
escudo de protección térmica | head shield.
escudo ensanchador | expansion shield.
escudo inferior (cañones de campaña) | shield apron.
escudo paranieves | snowshed.
escudo paranieves (carreteras) | snow screen.
escudo protector de las luces (cámara tomavistas) | loudspeaker.
escudo térmico (cosmonaves) | heat-shield.
escudo termíco ablativo | ablative heat shield | ablating heat shield.
escudriñamiento | scanning | fathoming.
escudriñar | fathom (to) | scan (to) | canvass (to).
escuela | college | school.
escuela antisubmarinos | antisubmarine school.
escuela construida con abrigo para explosiones atómicas | school built with fallout shelter.
escuela de aerostación | balloon school.
escuela de ampliación | continuation school.
escuela de aprendices | apprentice-training school | apprentices nursery | vocational school.
escuela de artes liberales | liberal-arts college.
Escuela de Artes y Oficios | handicrafts school | industrial school | engineering college.
escuela de aspirantes a oficiales | officer candidate school.
escuela de aviación | aviation school | flying school.
escuela de bachillerato elemental | junior high school.
escuela de bellas artes | school of art | art-school.
escuela de bibliotecarios | library school.
escuela de capacitación | training school.
escuela de ciencias de la educación | school of education.
escuela de comercio | commercial school.
escuela de declamación | elocution school.
escuela de enseñanza media | high school.
escuela de enseñanza secundaria | public school.
escuela de especialistas | specialist school.
Escuela de Guerra Naval | Naval War College.
escuela de instrucción de vuelos | flying training school.
escuela de minas | mining school.
escuela de montes | forestry college.
escuela de náutica | nautical college | navigation school.
escuela de perfeccionamiento | training school.
escuela de tiro de artillería | gunnery school.
escuela de tiro naval | naval gunnery school.
escuela de verano | summer school.
escuela de vuelos sin visibilidad | blind-flying school.
escuela de zapadores | fieldwork school.
escuela dotada | foundation school.
escuela estatal (EE.UU.) | public school.
escuela gratuita | free school.
escuela industrial | trade school.
escuela marxista | marxian school.
escuela mercantil | commercial school.
escuela naval | naval academy.
escuela para bachilleres | undergraduate school.
escuela para graduados | graduate school.
escuela preparatoria para la universidad | fitting school.
escuela primaria | elementary school | grade school | grammar school.
escuela primaria elemental | common school.
escuela primaria superior | central school.
escuela privada | nonpublic school.
escuela privada (EE.UU.) | private school.
escuela profesional | industrial school.
escuela pública de enseñanza elemental | grammar school.
escuela situada en los suburbios | neighborhood school.
escuela subvencionada | grant-aided school.
escuela superior (EE.UU.) | high school.
escuela técnica elemental | junior technical school.
escuela teórica de vuelos | ground school.
escuelas politécnicas | polytechnics.
escuelas secundarias elementales (G.B.) | junior secondary.
escuelas secundarias superiores | senior secondary.
escueto (números) | bald.
esculina (fotografía) | aesculin.
esculpido | sculptured | incised.
esculpido (zoología) | engraved.
esculpido de metales | metal sculpturing.
esculpido químico | chemical sculpturing.
esculpir | carve (to) | chisel (to) | engrave (to) | grave (to) | sculpt (to) | sculpture (to).
esculpir (rebajar con la fresa el espesor en ciertas zonas para que quede una chapa fina con refuerzos integrados - labrado chapas gruesas aluminio) | sculpture (to).
esculpir a máquina | machine-sculpture (to).
escultor | sculptor.
escultor en marfil | ivory carver.
escultura | sculpture | carving.
escultura eólica | eolian sculpture.
escultura glaciárica | glacial sculpture.
esculturación (cristalografía) | sculpturing.
esculturado (zoología) | sculptured.
escupidera de mano (hospitales) | sputum mug.
escupir la empaquetadura (máquinas) | blowout the packing (to).
escupir las estopas (calafateo buques madera) | chew oakum (to).
escurridero para platos | plate-rack.
escurridizo | sliding.
escurridor | drip | dropping board.
escurridor (trefilería) | wiper.
escurridor de placas (fotografía) | plate-rack.
escurridora | draining rack | wringer.
escurridora de cilindros (textiles) | squeezer.
escurriduras | draining.
escurriduras (al sacar de un baño) | drag-over.
escurriduras aceitosas de micropartículas de diamante | oil-based slurry of micron diamond particules.
escurrimiento | creepage | draining | glide.
escurrimiento (hidrografía) | runoff.
escurrimiento de la lluvia (sobre el terreno) | rainfall runoff.
escurrimiento del cuero antes de curtirlo | samming.
escurrimiento del prensaestopa | gland seepage.
escurrimiento plástico | time yield | yielding.
escurrir | wring (to) | drain (to) | drip (to).
escurrir a mano | hand-squeeze (to).
escurrirse | slip (to) | glide (to).
escusa | creep hole.
escuter | scooter.
eschechamineto (de un filón) | swalley.
esdrujulizar | pronounce as proparoxytone (to).
esdrújulo | proparoxytone.
esencia | gist.
esencia (cosas) | nature.
esencia (de una cosa) | marrow.
esencia de abelmosco | ambrette oil.
esencia de artemisa | mugwort oil.
esencia de bergamota | bergamot oil.
esencia de citronela | citronella oil.
esencia de clavo | caryophil oil.
esencia de elemi | elemi oil.
esencia de fruta | fruit essence | fruit-essence.
esencia de madera resinosa | lightwood oil.
esencia de mandarina | mandarin oil.
esencia de mirra | myrrh oil.
esencia de mirto | myrtle oil.
esencia de Salvia sclarea | clary sage oil.
esencia de trementina | turpentine oil.
esencial | fundamental.
esenge (Maesopis eminii - Engl) | esenge.
esessan (Ricinodendron africanum - Muell) | sanga sanga.
esfacelo (medicina) | sloughing.
esfalerita | mock ore | mock lead | false galena | pseudogalena | pebble jack | blende | blackjack.
esfalerita descompuesta | white lead ore.
esfalerita melada | rosinjack.
esfena | esfena.
esfénico | wedge-shaped.
esfenoedro | sphenohedron.
esfenografía | sphenography.
esfenograma | sphenogram.
esfenoideo | wedge-shaped.
esfenolita (roca) | sphenolit.
esfenolito | sphenolith.
esfera | sphere.
esfera (de reloj) | face.
esfera (espacios métricos) | ball.
esfera (relojes) | dial.
esfera armilar | armillary sphere.
esfera astronómica | celestial sphere.
esfera cerrada (espacios métricos) | closed ball.
esfera conformada criogénicamente por dilatación por presión interior | cryogenically-stretch-formed sphere.
esfera conformada por estirado | stretch-formed sphere.
esfera de acción | scope | element.
esfera de actividad | range.
esfera de atracción | attraction sphere.
esfera de dimensión tres (matemáticas) | three sphere.
esfera de influencia | atmosphere.
esfera de roca | rock sphere.
esfera ferrimagnética | ferrimagnetic sphere.
esfera ferrimagnética monocristalina | monocrystalline ferrimagnetic sphere.
esfera focal | focal sphere.
esfera formada por la onda de choque (explosión nuclear en el aire) | shock sphere.
esfera homotérmica | homothermical sphere | homothermal sphere.
esfera luminosa (relojes) | luminous-dial.
esfera maciza | hard sphere.
esfera pequeña | spherule.
esferas de roca para investigación de mecánica de las rocas | rock spheres for rock mechanics research.
esféricamente curvado | spherically-curved.
esféricamente divergente | spherically-divergent.
esféricamente estratificado | spherically stratified.
esfericidad | roundness | globosity.
esfericidad (de la tierra) | curvature.
esférico | spherical | spheroidal | ball-shaped | globate | globed.
esferidomo | spheridome.
esferificación | spherification.
esferocarpo (botánica) | globular-fruited.
esferocilindro | spherocylinder.
esferocilindro biconvexo | double-convex spherocylinder.
esferocilindroide | spherocylindroid.
esferocobaltita (carbonato de cobalto-cerámica) | spherocobaltite.
esferoestrategia | spacial strategy.
esferógrafo | spherograph.
esferoidal | spheroidal | globular.
esferoide | sphere-like figure.
esferoide achatado | oblate spheroid.
esferoide de equilibrio | equilibrium spheroid.
esferoide oblato | oblate spheroid.
esferoides de gel de sílice | spheroids of silica gel.
esferoides de gel de sílice conteniendo alúmina

activada | bead catalyst.
esferoídico | spheroidic.
esferoidita | divorced pearlite | globular pearlite.
esferoidización | spheroidization | divorce annealing.
esferoidización (metalurgia) | balling.
esferoidización (recocido para obtener perlita globular) | spheroidizing.
esferoidización de aceros hipereutectoides | hypereutectoid steel spheroidizing.
esferoidización de la perlita | pearlite divorce.
esferoidizar | spheroidize (to).
esferolito | spherulite.
esferómetro | spherometer.
esferómetro de cuadrante | dial spherometer.
esferoplasto | spheroplast.
esférula hueca | hollow spherule.
esférulas magnéticas negras | black magnetic spherules.
esferulítico (petrología) | globular.
esferulitos de grafito | graphite spherulites.
esférulo | spherule.
esfigmograma | sphygmogram.
esfigmograma (medicina) | pulse shape.
esfigmomanómetro | sphygmomanometer.
esfigmomanómetro (medicina) | tonometer.
esfigmooscilómetro | oscillometer.
esforzarse en hacer | labor to do (to).
esfragística (ciencia) | sphragistics.
esfuerzo | stress | stretch | endeavor | effort.
esfuerzo admisible | allowable stress | permissible stress.
esfuerzo agotador | exhaustive effort | exhausting effort.
esfuerzo alternante | alternating stress.
esfuerzo alternativo | fluctuating stress.
esfuerzo alternativo de von Mises | alternating von Mises stress.
esfuerzo anormal | abnormal stress.
esfuerzo axial de tracción | axial tensile stress.
esfuerzo básico admisible | permissible basic stress.
esfuerzo bruto de tracción | gross tractive power.
esfuerzo calculado | computed stress.
esfuerzo cedente a la compresión | compressive yield stress.
esfuerzo cerca del límite aceptable | marginal stress.
esfuerzo cíclico | fluctuating stress.
esfuerzo cíclico repetido | repetitive cycle stress.
esfuerzo combinado | compound stress.
esfuerzo compactivo | compactive effort.
esfuerzo compuesto | compound stress.
esfuerzo constante | steady strain.
esfuerzo cortante | shear | shear load | shearing load | shear | shear stress.
esfuerzo cortante a la penetración (mecánica) | punch shear.
esfuerzo cortante de 1 vatio/cm | sheer stress of 1 watt/cm.
esfuerzo cortante debido a la carga móvil | live-load shear.
esfuerzo cortante debido al peso propio | dead load shear.
esfuerzo cortante doble | double shear.
esfuerzo cortante en pernos | shears on bolts.
esfuerzo cortante en un solo lado | single shear.
esfuerzo cortante horizontal | horizontal shearing stress.
esfuerzo cortante longitudinal | longitudinal shearing force.
esfuerzo cortante necesario para producir deformación plástica (metales sólidos) | flow stress.
esfuerzo cortante negativo máximo | maximum negative shear.
esfuerzo cortante octaédrico | octahedral shear stress.
esfuerzo cortante periférico | skin shear stress.
esfuerzo cortante sencillo | simple shear.
esfuerzo cortante tangencial | tangential shear.
esfuerzo cortante torsional | torsional shear stress.
esfuerzo crítico | critical stress.
esfuerzo de adherencia | bond stress.
esfuerzo de agrietamiento | cracking stress.
esfuerzo de aplastamiento | crushing stress.
esfuerzo de aplastamiento entre remaches (chapas remachadas) | interrivet buckling stress.
esfuerzo de aplastamiento por flexión | bending crippling stress.
esfuerzo de aplastamiento por plegado | bending buckling stress.
esfuerzo de arranque | withdrawal load.
esfuerzo de arrufo | sagging stress.
esfuerzo de compresión (mecánica) | positive stress.
esfuerzo de compresión axial | collapse load.
esfuerzo de compresión horizontal | horizontal compressive stress.
esfuerzo de compresión horizontal longitudinal | longitudinal horizontal compressive stress.
esfuerzo de compresión residual | residual compressive stress.
esfuerzo de contracción | contractional stress | contractile stress | shrinkage stress.
esfuerzo de corte perimétrico | perimeter shear.
esfuerzo de deformación | deformation stress | strain.
esfuerzo de difusión | diffusion stress.
esfuerzo de dilatación | expansion stress.
esfuerzo de distorsión | distorting strains.
esfuerzo de elevación | lifting effort.
esfuerzo de flexión | deflective stress | bending stress.
esfuerzo de flexión axial por compresión | breaking stress.
esfuerzo de flexión circunferencial | circumferential bending stress.
esfuerzo de fractura | fracture stress.
esfuerzo de imaginación | stretch of imagination | effort of fancy.
esfuerzo de incremento monotónico | monotonically increased stress.
esfuerzo de inestabilidad | instability stress.
esfuerzo de montaje | erection stress.
esfuerzo de pandeo a la compresión | compressive buckling stress.
esfuerzo de predeformación | predeformation stress.
esfuerzo de retracción | shrinkage stress.
esfuerzo de rotura | breaking stress | fracture stress | rupture stress | ultimate strength.
esfuerzo de rotura estático | static breaking stress.
esfuerzo de tensión biaxial | biaxial tensile stress.
esfuerzo de tracción | tractive power | tensile stress.
esfuerzo de tracción (locomotoras, etc.) | pull.
esfuerzo de tracción en la arrancada | tractive effort at starting | starting tractive effort.
esfuerzo de tracción en las llantas de las ruedas (locomotora) | wheel rims tractive effort.
esfuerzo de tracción en las llantas de las ruedas motrices (locomotoras) | cylinder tractive effort.
esfuerzo de tracción principal (hormigón pretensado) | diagonal tension.
esfuerzo de tracción tangencial | tangential traction stress.
esfuerzo de tracción triaxial | triaxial tensile stress.
esfuerzo de tracción unihorario | one-hour tractive effort.
esfuerzo debido a la carga de nieve (estructuras) | snow-load stress.
esfuerzo debido a la explosión en el cilindro (motores) | firing stress.
esfuerzo debido al calor | heat stress.
esfuerzo debido al enfriamiento | quenching stress.
esfuerzo debido al frenado | braking stress.
esfuerzo debido al pandeo | breaking stress | buckling stress.
esfuerzo debido al quebranto | hogging stress.
esfuerzo debido al temple | quenching stress.
esfuerzo debido al tiro (buque de guerra) | firing stress.
esfuerzo dieléctrico | electric stress.
esfuerzo electrostático | electrostatic stress.
esfuerzo en el alma de la chapa (parte central) | heart-of-plate stress.
esfuerzo en el cordón debido a la carga móvil (vigas) | live-load chord stress.
esfuerzo en el cordón debido a la carga propia (vigas) | dead-load chord stress.
esfuerzo en el cubo (rotores turbinas y compresores axiales) | bore stress.
esfuerzo en el gancho (locomotoras) | hauling capacity | pulling power.
esfuerzo en el que el material se deforma permanentemente | yield strength.
esfuerzo en la fibra más alejada (vigas) | fiber stress.
esfuerzo en la fibra más alejada del eje neutro (vigas) | outer-fiber stress.
esfuerzo en la rosca (tornillos) | fillet stress.
esfuerzo expulsivo | expulsive effort.
esfuerzo hertziano | Hertzian stress.
esfuerzo igual en todos sentidos | fluid stress.
esfuerzo íntegro de tracción | gross tractive effort.
esfuerzo interno | internal stress.
esfuerzo lento hasta la carga de rotura | long-term stress to rupture.
esfuerzo límite de trabajo | allowable working stress.
esfuerzo local debido a la acción de las olas (proa buques) | pounding stress.
esfuerzo localizado | localized stress.
esfuerzo longitudinal | direct stress.
esfuerzo magnético | magnetic stress.
esfuerzo máximo por vibración y torsión | maximum torsional vibrational stress.
esfuerzo microrresidual | microresidual stress.
esfuerzo operativo
esfuerzo para levantar | heave.
esfuerzo para producir una deformación plástica de 0,1% en 10.000 horas | stress to produce 0.1% plastic strain in 10,000 hours.
esfuerzo permisible | safe load.
esfuerzo poliaxial de fatiga | multiaxial fatigue stress.
esfuerzo por contracción del arco | arch shortening stress.
esfuerzo por dilatación | expansive stress.
esfuerzo por la expansión | expansive stress.
esfuerzo principal menor | minor main stress.
esfuerzo producido en el carril por el cabeceo (locomotoras) | flange force.
esfuerzo prognosticable | predictable-stress.
esfuerzo pulsátil | pulsating stress.
esfuerzo que acorta la duración | life-shortening strain.
esfuerzo radial de compresión | radial compressive stress.
esfuerzo relajado | relaxed stress.
esfuerzo residual | internal stress | residual stress | locked-in stress.
esfuerzo residual biaxial | biaxial residual stress.
esfuerzo residual compresivo | compressive residual stress.
esfuerzo resonante | resonant stress.
esfuerzo simétricamente orientado (mecánica) | homothety stress | homothetic stress.
esfuerzo sobre el gancho de tracción | drawbar pull.
esfuerzo supremo | tug of war.
esfuerzo sustentador | lift.
esfuerzo tangencial | crank effort | tangential stress | hoop stress.
esfuerzo tangencial en cada muñequilla (cigüeñal) | tangential effort at each crankpin.
esfuerzo tangencial por unidad de área del piston (cigüeñal) | tangential effort per unit area of piston.

esfuerzo tardío | after cast.
esfuerzo torsional | torsional stress.
esfuerzo tractor de camiones | motor truck ability.
esfuerzo unitario constante | constant unit stress.
esfuerzo unitario de flexión | unit flexural stress.
esfuerzo útil de tracción | effective tractive effort.
esfuerzo vibracional | vibrational stress.
esfuerzo vibratorio | vibration strain.
esfuerzo violento | strain.
esfuerzo viscoelástico | viscoelastic stress.
esfuerzos alternados | reversed stresses.
esfuerzos alternos | alternate stresses.
esfuerzos alternos combinados | combined alternating stresses.
esfuerzos causativos | causative stresses.
esfuerzos cíclicos | cyclic stresses.
esfuerzos conjugados | conjugate stress.
esfuerzos constantes y fluctuantes | steady and fluctuating stresses.
esfuerzos constantes y fluctuantes superpuestos | superimposed steady and fluctuating stresses.
esfuerzos de contacto de Hertz | Hertz contact stresses.
esfuerzos de contacto hertziano | Hertz contact stresses.
esfuerzos de choque | impact stresses.
esfuerzos de distorsión | racking stresses.
esfuerzos de manipulación | handling stresses.
esfuerzos de Reynolds | apparent stresses.
esfuerzos de variación cíclica | cyclically fluctuating stresses.
esfuerzos debidos a la acción de las olas sobre la estructura de proa (buques) | flogging stresses.
esfuerzos debidos a la combustión (calderas) | firing stress.
esfuerzos debidos a la dilatación y contracción (tuberías de cobre) | racking.
esfuerzos debidos a la temperatura | temperature stresses.
esfuerzos debidos a las vibraciones a proa y popa (buques) | panting stress.
esfuerzos debidos al forjado | forging stress.
esfuerzos del hincado (pilotes) | driving stresses.
esfuerzos elastoplásticos | elastoplastic stress.
esfuerzos en el ala | wing stressing.
esfuerzos en el montaje | assembly strains.
esfuerzos en engranajes | gear stress.
esfuerzos en la proa y fondos por cabezadas violentas (buques) | slamming stress.
esfuerzos en los cordones (vigas) | chord stresses.
esfuerzos en los devanados del inducido | rotor winding stresses.
esfuerzos estructurales debidos a golpes de mar o cabezadas (proa de buques) | slamming.
esfuerzos incesantes | unremitting efforts.
esfuerzos interiores originados por el afilado | grinding stresses.
esfuerzos internos generados al pasar de la fase gamma a la fase de hierro alfa (aceros) | impressed volume change.
esfuerzos internos residuales | residual-internal stress.
esfuerzos isostáticos | isostatic stresses.
esfuerzos límites alternativos | limiting stresses.
esfuerzos localizados | localized stresses.
esfuerzos longitudinales en newtonios/milímetro^2 | longitudinal stresses in N/mm^2.
esfuerzos macroscópicos | macroscopic stresses.
esfuerzos mancomunados | joint efforts.
esfuerzos microscópicos | Heyn stresses.
esfuerzos multiaxiales | multiaxial stresses.
esfuerzos oscilatorios | oscillatory stresses.
esfuerzos planares isótropos | isotropic planar stress.
esfuerzos por flexión térmica | thermal bending stress.
esfuerzos por flexiones contrarias | reversed-bending stresses.
esfuerzos por termotratamiento | heat-treatment stresses.
esfuerzos principales | principal stresses.
esfuerzos que acortan la duración (de una estructura, etc.) | life-shortening strains.
esfuerzos que se transmiten a través de las diagonales (estructuras de celosía) | participation stresses in the diagonals.
esfuerzos que tienden a deformar las cuadernas en sentido transversal (buques) | racking stresses.
esfuerzos residuales | trapped stress.
esfuerzos residuales (soldaduras) | lockup stresses.
esfuerzos residuales beneficiosos | beneficial residual stresses | helpful residual stresses.
esfuerzos residuales en microescala | tessellated stresses.
esfuerzos resultantes de la contracción de la soldadura | reaction stresses.
esfuerzos superpuestos | superimposed stresses.
esfuerzos térmicos cíclicos | cyclic thermal strain.
esfuerzos torsionales estáticos | static torsional stresses.
esfuerzos torsionales invertidos | reversed torsional stresses.
esfuerzos vibratorios del álabe | blade vibratory stresses.
esfumado | ill-defined.
esfumado (silueta, etc.) | looming.
esfumado en negro (fotografía) | black vignette | Russian vignette | egyptian vignette.
esfumar (dibujos) | stump (to).
esfumar (pintura) | tone down (to).
esfumino | stump.
esgrafiado | graffitto | scratch work | sgraffito.
esgrafiador | graffito artist.
esgrafiados | graffitti.
esgrafiar | crosshatch (to).
esgrima | fencing.
esgrima de bayoneta | bayonet practice.
esgrima de espada | sword-play.
esgucio (moldura cóncava de cuarto de círculo) | cove.
esguín | par.
esguince | strain.
esker (geología) | serpent ridge | serpent kame.
esker (glaciar) | esker.
eskip (minas) | skep | skip.
eskip basculante | overturning skip | dump-skip.
eskolaita (óxido de cromo) | eskolaite.
eslabón | steel | chain iron.
eslabón (cadena sin fin) | pallet.
eslabón (de cadena cinemática) | link.
eslabón abierto (cadena de ancla) | end link.
eslabón colgante | hanger-link.
eslabón conectador de la cuna | cradle connecting link.
eslabón de ajuste (transmisiones por cadena) | hunting link.
eslabón de cadena | chain link.
eslabón de contrete | stud link.
eslabón de muelle | snap link.
eslabón de retención | grab link.
eslabón de retención (cadena sujetatroncos) | slib grab.
eslabón de RF | RF link.
eslabón de seguridad | breaking link.
eslabón de unión (eslabón de ayuste - cadenas) | connecting link.
eslabón del elevador de tubería (sondeos) | pipe elevator link.
eslabón del recuperador | fuzee link.
eslabón dividido que se cierra en frío para reparar cadenas rotas | cold shut.
eslabón final | end link.
eslabón fusible | fusible link.
eslabón giratorio | swivel.
eslabón giratorio para amarre a la gira | mooring swivel.
eslabón interruptor | disconnecting link.
eslabón para reparar (cadenas) | repair-link.
eslabón para trincar (cadenas) | lashing link.
eslabón pivotante | swing link.
eslabón que no está fijo en ningún punto | floating link.
eslabón suplementario (transmisiones por cadena) | hunting link.
eslabón terminal | end link.
eslabón y pasador de enganche | link and pin.
eslabonado | catenarian | link coupled | chained.
eslabonamiento | linkage.
eslabonar | interlink (to) | chain (to) | link (to).
eslabones de la vía de rodadura de carros de asalto | tank-track links.
eslabones de los cangilones (dragas) | bucket-links.
eslinga | span | sling.
eslinga (de cuerda o cable) | rope sling.
eslinga de brida | bridle sling.
eslinga de cadena | chain sling.
eslinga de cadena (Argentina) | binding chain.
eslinga de estrangulación | choker hitch.
eslinga de gafas | butt sling.
eslinga de gafas para barriles | hogshead hooks.
eslinga de ganchos para bidones | can sling.
eslinga de ganchos para izar cajas | box hooks.
eslinga de patas | dog-hook sling.
eslinga de red | net-sling | net sling.
eslinga de tela metálica | woven-wire sling.
eslinga de tres patas | three-legged sling.
eslinga doble | bale sling.
eslinga guarnible | reevable sling.
eslinga igualadora de carga | equalizing sling.
eslinga para barriles | butt sling | chine hooks | can hooks | clip hooks | barrel sling | barrel-hooks.
eslinga para el transporte | carrying sling.
eslinga para elevar pesos | hoisting sling.
eslinga para sacos | canvas sling.
eslinga sin fin | endless rope sling.
eslingada | sling.
eslingada (de carga) | draft.
eslingador | slinger.
eslingaje | slinging | slingage.
eslingar | sling (to).
eslinguero | slinger | hooker | hooker-on.
eslique | dressed ore | ore concentrate.
eslique (metalurgia) | schlich.
eslique de estaño | tin concentrate.
eslique de plomo | lead concentrates.
eslique de zinc | zinc concentrates.
esliques de cinc de tostación suave | sweet roasted zinc concentrates.
eslogan | slogan.
eslora (botes) | gangboard.
eslora (buques) | length.
eslora central de cubierta (buques) | deck center line girder.
eslora continua de angulares de cubierta (buques) | deck runner.
eslora de apoyo de baos (eslora de cubierta - buques) | girder.
eslora de cubierta | deck girder.
eslora de cubierta (buques) | longitudinal deck girder.
eslora de escotilla | carling.
eslora de la flotación en carga | load waterline length.
eslora de puntales (buques) | runner.
eslora en la flotación en carga | length on load waterline.
eslora entre perpendiculares | length B. P. | length between perpendiculars.
eslora inundable (buques) | floodable length.
eslora lateral (cubierta de buques) | side girder.
eslora lateral continua de la cubierta (buques) | continuous deck side girder.
eslora reglamentaria (sociedades de clasificación de buques) | rule length.
eslora total (buques) | length O. A. | length

over all | ram | overall length | extreme length.
eslora total en la flotación en carga de verano | extreme length on the summer load waterline.
esmaltación | annealing.
esmaltado | enamelling | enameled | enameling | enamelled.
esmaltado con material vítreo | vitreous-enameled.
esmaltado en negro | black enamel covered.
esmaltado en porcelana | porcelain enamelled.
esmaltado en tambor giratorio | barrel enameling.
esmaltado por una sola cara (papel) | coated one side.
esmaltado vítreo | porcelain enameling.
esmaltador | enameler | enamelist.
esmaltador sobre metales | metal enameler.
esmaltadura | enameling.
esmaltaje | enameling.
esmaltar | enamel (to) | loricate (to).
esmaltar en la estufa | stove enamel (to).
esmalte | enamel | lorication | lacquering.
esmalte (vidrio de sílice y óxido de cobalto) | smalt.
esmalte ahuecado con el buril | champlevé enamel.
esmalte al horno | baked enamel.
esmalte antimohoso | mildew resisting enamel.
esmalte antisulfúrico (resistente a las emanaciones del ácido sulfúrico) | antisulfuric enamel.
esmalte bituminoso | bituminous enamel.
esmalte celulósico | cellulose enamel.
esmalte celulósico uretanizado | urethanized cellulose enamel.
esmalte cerámico | ceramic glaze.
esmalte cocido | burned enamel.
esmalte de asfalto | asphalt enamel.
esmalte de cobalto | royal blue.
esmalte de corta duración | low stoving enamel.
esmalte de estufa | baked enamel.
esmalte de gran brillo | high-gloss enamel.
esmalte de imprimación | ground coat enamel.
esmalte de nielado | niello enamel.
esmalte de óxido estánnico (cerámica) | faenza white.
esmalte de porcelana | porcelain enamel.
esmalte de secado al aire | air drying enamel.
esmalte de secado en estufa | stove drying enamel.
esmalte de semibrillo | semigloss enamel.
esmalte de vidrio | glass enamel.
esmalte en frío (fotograbado) | cold top enamel.
esmalte en relieve | embossed enamel.
esmalte fenólico para estufa | phenolic baking enamel.
esmalte final | cover-coat enamel.
esmalte fotorresistente | lightfast enamel.
esmalte gris jaspeado | mottled grey enamel.
esmalte inagrietable a la prueba de choque térmico | crazeproof enamel.
esmalte incrustado | champlevé | incrustated enamel.
esmalte liso como un espejo | mirror-smooth enamel.
esmalte lubricante con base de molibdeno | molybdenum-base lubricating enamel.
esmalte luminescente | luminescent enamel.
esmalte mate | opaque enamel | flat enamel | dead enamel.
esmalte naturalmente opaco | self-opacified enamel.
esmalte negro | black enamel.
esmalte para acabado mate | matte-finish enamel.
esmalte para aeroplanos | aeroplane enamel.
esmalte para aluminio | aluminum enamel.
esmalte refractario | refractory glaze.
esmalte resistente al éter (medicina) | ether-resistant enamel.
esmalte rojo (cerámica) | red glaze.
esmalte sintético mate | matt synthetic enamel.
esmalte transparente | colorless enamel.
esmalte vítreo | vitreous enamel | fire-bonded glass.
esmalte vítreo resistente al choque térmico | thermal-shock-resistant vitreous enamel.
esmaltería | glaziery | enameling | enamel work.
esmaltes de resina sintética | synthetic resin enamels.
esmaltin (vidrio de sílice y óxido de cobalto) | smalt.
esmaltina | gray cobalt.
esmaragdina | emerald green.
esmectita | smectite.
esmerado | elaborate.
esmeralda | emerald.
esmeralda artificial | scientific emerald.
esmeralda cultivada | cultured emerald.
esmeralda del Brasil (variedad de turmalina verde) | Brazilian emerald.
esmeralda del Transvaal de color verde amarillento | African emerald.
esmeralda oriental | Oriental emerald.
esmeralda sintética | cultured emerald.
esmeril | emery | abrasive wheel.
esmerilado (de asientos de válvula) | grinding-in.
esmerilado (vidrio) | frosting.
esmerilado de chapones | flat-grinding.
esmerilado de la guarnición de carda | card clothing grinding.
esmerilado por el interior | inside-frosted.
esmeriladora | grindstone | emery grinder.
esmeriladora de cardas (máquinas) | card grinder.
esmeriladora de cilindros de carda | card roller grinding machine.
esmeriladora universal | universal grinding machine.
esmeriladura | lapping.
esmerilar | hone (to) | emery (to) | stone (to).
esmerilar (el vidrio) | rough (to).
esmerilar (rectificar - válvulas) | grind (to).
esmerilar (válvulas) | gag (to) | ground (to).
esmerilar (vidrios) | glass (to).
esmerilar el distribuidor cilíndrico (máquina alternativa de vapor) | grind-in the piston valve (to).
esmero de fabricación | workmanship.
esmog | smog.
esnón (buques) | snow.
esnorkel (submarinos) | snort | snorkel.
esnorquel periscópico (submarinos) | periscopic snorkel.
esófago | gullet.
esoteriología | folklore study.
espaciación | spacing.
espaciado | pitch | escape.
espaciado circunferencialmente | circumferentially spaced.
espaciado de la red | lattice pitch.
espaciado de las placas | plate spacing.
espaciado de líneas | line spacing.
espaciado de modo estadístico | randomly spaced.
espaciado de modo no uniforme | nonuniformly spaced.
espaciado entre canales | channel spacing.
espaciado equilateralmente | equilaterally spaced.
espaciado estrecho (tipografía) | close spacing.
espaciado irregular | twinned grooves.
espaciado longitudinalmente | longitudinally spaced | longitudinally-spaced.
espaciado radialmente | radially spaced.
espaciador | spacing device | spacer | separator | packing block | packing piece | packing spool.
espaciador coaxial | coaxial spacer.
espaciador de corazón (cambio de vía) | filler.
espaciador de resorte con espiras muy flexibles | flexible coil spring spacer.
espaciador del balancín | beam spacer.
espaciador para mezcla | blending spreader.
espaciadores de los tubos del recalentador | superheater spacers.
espaciados aleatoriamente en el tiempo | randomly spaced in time.
espacial | spatial.
espacialidad | spatiality | spaciality.
espacialoide | spacelike.
espaciamiento | spacing | interspace.
espaciamiento (máquina escribir) | escapement | carriage escapement.
espaciamiento angular | angular spacing.
espaciamiento de bancales | terrace spacing.
espaciamiento de la composición (tipografía) | making even.
espaciamiento de los drenes | drain spacing.
espaciamiento emisor-base (semiconductores) | emitter-base spacing.
espaciamiento entre impulsos (telefonía) | pulse spacing.
espaciamiento entre partículas | interparticle spacing.
espaciamiento entre renglones (máquina de escribir) | line spacing.
espaciamiento equilátero | equilateral spacing.
espaciamiento medio | average spacing.
espaciamiento reticular | lattice spacing.
espaciamientos de los niveles de energía | energy level spacings.
espaciar | space (to).
espaciar (entre electrodos) | regap (to).
espaciar (imprenta) | spread (to).
espaciar (tipografía) | blank (to) | lead out (to) 11.
espaciar (visitas, etc.) | interspace (to).
espaciar hacia atrás | backspace (to).
espaciar las líneas (tipografía) | lead the lines (to).
espaciar uniformemente las palabras en una línea (tipografía) | justify the line (to).
espacillar | tew (to).
espacio | term | room | expanse | spacing | space | span.
espacio (música) | space.
espacio a presión subatmosférico | evacuated space.
espacio aéreo | sky | airspace | aerospace.
espacio aéreo controlado | controlled airspace.
espacio aéreo donde tiene lugar un combate aéreo | battle sky.
espacio aéreo navegable | navigable airspace.
espacio aéreo navegable fuera de un pasillo aéreo | off-airway area.
espacio aéreo sobre una zona restringida | restricted airspace.
espacio aéreo sobre y alrededor de un aeropuerto | terminal airspace.
espacio aerífero (botánica) | air cell.
espacio angular | angular span.
espacio anódico (electroquímica) | anolyte.
espacio aparentemente libre | apparently free space.
espacio automático (telecomunicación) | unshift-on-space.
espacio bornológico (topología) | bornological space.
espacio celómico dentro de la linterna de Aristóteles (equinoideos) | lantern coelom.
espacio cerrado | pale.
espacio circunsterrestre | circumterrestrial space.
espacio cislunar | cislunar space.
espacio colindante | surrounding space.
espacio con presión subatmosférica | vacuous space.
espacio conceptual | conceptual space.
espacio cósmico | outer space | interstellar space | cosmic space.
espacio cuadridimensional | four-space.
espacio de aceleración | acceleration focusing.
espacio de agua (calderas acuotubulares) | water wall.
espacio de aire | air path.
espacio de aire (interior calderas) | vertical clearance.
espacio de aire rarificado (que se ha hecho el vacío) | evacuated space.

espacio de aire viciado | dead-air space.
espacio de captación | catcher space.
espacio de clases de grupos (matemáticas) | coset space.
espacio de dimensión finita | finite-dimensional space.
espacio de discisión (rocas) | space of discission.
espacio de disolución (rocas) | space of dissolution.
espacio de dos normas | two-norm space.
espacio de encendido | starter gap.
espacio de entrada (Klystron) | buncher gap | input gap.
espacio de hermite | hermitian space.
espacio de la torreta de la ametralladora (aviones) | gun turret enclosure.
espacio de la variable de estado (teoría del control) | state space.
espacio de maniobra | setting.
espacio de maniobra de un árbol-grua (saca forestal con cable) | setting.
espacio de maquinaria sin personal actuante (buques) | unattended machinery space.
espacio de medida | measure space.
espacio de modulación (Klystron) | buncher space.
espacio de poros | pore space.
espacio de reflexión (klistron) | reflector space.
espacio de remolinos | eddy space.
espacio de sucesos | space of events.
espacio de taquillas (nuclear) | locker space.
espacio de trabajo | work space.
espacio de un punto de grueso (tipografía) | hair space.
espacio de vectores de onda (física) | wave-vector space.
espacio dejado de pintar | holiday.
espacio dejado sin pintar | holiday.
espacio del ancho de una columna de periódico y 1/14 pulgada de altura (publicidad) | agate line.
espacio del número de ondas | wave number space.
espacio designado para dar la vuelta a un vehículo (carreteras) | turn-around.
espacio disponible | roominess | spaciousness.
espacio disponible en la memoria (informática) | amount of space available.
espacio donde hay personal trabajando | working space.
espacio en blanco | blank space | blank | blank groove.
espacio en blanco (tipografía) | blank.
espacio en blanco reservado para la última noticia (periódicos) | fudge.
espacio en que cabe el pie | foothold.
espacio entre alas adyacentes (biplanos, triplanos) | gap.
espacio entre dentellones (arquitectura) | interdentil.
espacio entre dientes contiguos para recoger y sacar el serrín (hojas de sierra para maderas) | throat.
espacio entre dos círculos concéntricos (alza circular) | rad.
espacio entre el forro de una caldera y el costado debajo del piso (cámara calderas buques) | pocket.
espacio entre el forro de una caldera y el costado debajo del piso (cámara de calderas de un buque) | pucket.
espacio entre el rotor y el estator | rotor-stator gap.
espacio entre el techo del ascensor y el del edificio en la posición más alta | runby.
espacio entre electrodos de válvula | drift space.
espacio entre espigones (puertos) | slip.
espacio entre la abertura de la válvula de exhaustación y la de admisión (marcado en el volante del motor) | valve lap.
espacio entre la roda y las anclas | hawse.
espacio entre las paredes de una falla abierta | fault space.
espacio entre partículas (pólvoras) | void.
espacio entre puntas | point-gap.
espacio entrepolos (electrotecnia) | pole clearance.
espacio estraterrestre | space.
espacio euclídeo | euclidean space.
espacio euclídeo k | euclidean k-space.
espacio extraatmosférico | space.
espacio extraterrestre | outer-space.
espacio fásico | phase space.
espacio fibrado (matemáticas) | bundle.
espacio fino de latón (tipografía) | brass thin space.
espacio habitado | working space.
espacio holónomo (matemáticas) | holonomous space.
espacio inactivo | dead space.
espacio insuficiente para bornear (buque fondeado) | foul berth.
espacio interelectródico (válvula termiónica) | drift space.
espacio interelectrónico principal | main gap.
espacio intergaláctico | intergalactic space.
espacio interlobular (antena radar) | gap.
espacio intermedio | gap | intervening space | interspace | buffer space.
espacio interplanetario | interplanetary space.
espacio isobárico | spin space.
espacio K conformemente plano | conformally flat K-space.
espacio lenticular | lens space.
espacio libre | daylight.
espacio libre (máquina herramienta) | stock space.
espacio libre entre la hélice y el arbotante del eje (buque de dos hélices) | propeller-shaft bracket clearance.
espacio libre entre la punta de la pala de la hélice y el casco (buque de dos hélices) | propeller tip-hull clearance.
espacio libre entre vértice y fondo | crest clearance.
espacio libre lateral | side clearance.
espacio libre por encima de las guías (tornos) | swing over ways.
espacio lineal | linear space.
espacio localmente compacto (matemáticas) | locally compact space.
espacio más allá de la atmósfera terrestre | outer space.
espacio más allá del sistema solar | outer space.
espacio más lejano (cosmos) | deep space.
espacio métrico estadístico | statistical metric space.
espacio métrico separable | separable metric space.
espacio metrizable | metrizable space.
espacio Morse | Morse space.
espacio muerto | clearance.
espacio muerto (espacio no batido - fortificación) | dead ground.
espacio muerto (máquinas) | dead space.
espacio muestral | sample space.
espacio muestral discreto | discrete sample space.
espacio muy compartimentado | minutely subdivided space.
espacio negro del cátodo | cathode dark space.
espacio no pintado | holiday.
espacio normado (topología) | normed space.
espacio ordenable | orderable space.
espacio oscuro anódico | anode dark space.
espacio oscuro de cátodo | cathode dark-space.
espacio para almacenar en los estantes | racking space.
espacio para almacenar en los plancheros (astilleros) | racking space.
espacio para aparcar materiales que se van a emplear en el montaje | lay-apart space.
espacio para aseo de emigrantes (buques) | emigrants' toilet space.
espacio para carga de pago | room for paying cargo.
espacio para carga refrigerada | refrigerated cargo espace.
espacio para el paso de las pestañas entre la punta del corazón y las patas de liebre (cruzamiento vías) | flangeway clearance.
espacio para estibar proyectiles (torres) | projectile flat.
espacio para la estiba | lastage.
espacio para la instalación eléctrica | wiring room.
espacio para transporte de carga | load-carrying space.
espacio paracompacto (matemáticas) | paracompact space.
espacio parada-marcha | record gap.
espacio peligroso | danger space.
espacio perceptual | perceptual space.
espacio perdido entre la carga (bodegas de buques) | broken stowage.
espacio perjudicial (cilindros) | clearance | clearance volume | waste space | piston-clearance | clearance space.
espacio perjudicial (máquina alternativa o compresor, etc.) | clear volume.
espacio perjudicial (máquinas) | dead space.
espacio primario | backing space.
espacio producto (homotopía) | product space.
espacio producto compacto (matemáticas) | compact product space.
espacio provisto de un semiproducto escalar (topología) | semiinner-product space.
espacio que ocupa una máquina | floor space.
espacio que puede ceder el chasis hasta tocar con la ballesta (autos) | wheel give.
espacio que queda vacío en un tanque | wantage.
espacio rarificado | vacuous space.
espacio realcompato | realcompact space.
espacio recorrido para empezar a actuar (mandos de dirección del automóvil) | sponge.
espacio recorrido para frenar (pedal de freno) | sponginess.
espacio rentable | revenue-producing space.
espacio resonante | resonant gap.
espacio separador entre registros | interrecord gap.
espacio sideral interplanetario | interplanetary sidereal space.
espacio submarino | hydrospace.
espacio suficiente para moverse | elbow room.
espacio tetradimensional | four-space.
espacio topológico vectorial | topological vector space.
espacio translunar | translunar space.
espacio triangular | angular quad.
espacio tridimensional | three-space.
espacio uniforme de color | uniform colour space.
espacio uniforme del texto | even word spacing.
espacio vacío | blank space | hollow square | air space | empty space.
espacio vacio (cisterna) | ullage.
espacio vacío en el corazón de un lingote | looseness.
espacio vallado (para evitar entrada de ganado, etc.) | exclosure.
espacio vectorial | vector space.
espacio vectorial dimensional finito | finite dimensional vector space.
espacio vectorial ordenado | ordered vector space.
espacio vectorial reticulado (álgebra) | vector lattice.
espacio vectorial sobre el campo real | vector space over the real field.
espacio vectorial topológico reticulado | topological vector lattice.
espacio veteado por | space grained by.
espacio vital | living space.
espacios (tipografía) | spaces.
espacios a popa y proa no ocupados por los remeros (bote de remos) | sheets.
espacios adyacentes a la cubierta de vuelos

(portaaviones) | walkways.
espacios blancos circulares | circular quads.
espacios cerrados (arqueo buques) | closed-in spaces.
espacios de maquinaria con personal (buques) | attended machinery spaces.
espacios de Sobolev | Sobolev spaces.
espacios exentos (arqueo buques) | exempted spaces.
espacios finos de cobre (tipografía) | copper thin spaces.
espacios libres entre la hélice y el casco (buques) | propeller-hull clearances.
espacios no uniformes (topología) | out odd spaces.
espacios verdes (zona verde - calles) | grass margin.
espaciosidad física | physical spaciousness.
espacioso | extensive.
espacistor (electrónica) | spacistor.
espacistor (semiconductor) | spacistor.
espada | steel | pinking-iron.
espada (esgrima) | epée.
espada (telar) | picking stick | pick stick | picking arm.
espada (telar con picada por debajo) | pickerstick.
espada ancha curvada | falchion.
espada de Damocles | damoclesian sword.
espada glava | brand.
espadado | swingling | scutching.
espadador | hemp beater | stripper.
espadadora | scutching machine | scutcher | scutch | swingle.
espadar | swingle (to) | tew (to).
espadar (textiles) | scutch (to).
espadero | swordsmith.
espadicoso (botánica) | spadix-like.
espadilla | swingle | scutch blade | jury rudder | hemp brake.
espadilla (botes) | rigged oar.
espadillado | swingling | scutching.
espadillado a máquina | mill scutching.
espadillado del cáñamo | hemp swingling | hemp scutching.
espadillado del lino | flax swingling | flax scutching.
espadillador | hemp beater.
espadilladora | swingle | scutcher.
espadillaje | batting.
espadillar | break (to) | swingle (to) | beat (to).
espadillar (cáñamo) | brake (to).
espadillar (textiles) | scutch (to).
espadilleador | sculler.
espadillear | scull (to).
espadín | point-rail.
espadín (cambio de vía) | point.
espadín (cambios de vía) | split rail.
espadín (vía ferrea) | point-rail.
espalación (división en numerosas partículas) | spallation.
espalda | back.
espalda con espalda | back-to-back.
espalda del cajón (telares) | back box plate.
espaldar | foot wall.
espaldar (asientos) | back.
espaldar (filones) | footwall.
espaldar (soldadura) | backing bar.
espaldar de caldera | boiler back end plate.
espaldar de caldera horizontal | back of the boiler.
espaldar de la caja de fuegos | firebox door sheet | firebox back sheet.
espaldarazo internacional | international accolade.
espaldear (buques) | dash against the poop (to).
espaldera | trellis | trainer.
espaldera (gimnasia) | rib-stall.
espaldera (para árbol frutal) | wall.
espaldera (para plantas) | espalier.
espaldón | epaulement | epaulment | haunch | haunch.
espaldón (de espiga carpintería) | shoulder.
espaldón (de tiro) | shoulder.
espaldón (fortificación) | gun-bank | bunker.
espaldón (pruebas de tiro) | parados.
espaldón parabalas (polígono de tiro) | butt | stop butt.
espaleable | spadable.
espalear | shovel (to) | spade (to).
espaleo mecánico (no a mano) | power shoveling.
espalme clavado sin embarbillar | barefoot joint.
espalto (fundente) | spalt.
espantapájaros (líneas telefónicas - EE.UU.) | bird guards.
espantapájaros (líneas telefónicas - G.B.) | game guard.
esparabel (red) | funnel net.
esparadrapo | adhesive tape.
esparavanes (veterinaria) | mallenders.
esparavel | casting net.
esparavel (albañilería) | plasterer's float | mortar board.
esparavel (enlucidos) | hawk.
esparcido | scattered.
esparcido (botánica) | effuse.
esparcidor | spreader.
esparcidor (máquina para lana) | spreader.
esparcidor de aguas cloacales | sewage distributor.
esparcidor de asfalto | bituminous distributor | asphalt distributor | asphalt spreader.
esparcidor de gravilla (carreteras) | chip spreader.
esparcidor de hormigón | concrete spreader.
esparcidora | spreader.
esparcidora (de arena, de grava) | spreader.
esparcidora acabadora (carreteras) | spreader-finisher.
esparcimiento máximo | maximum fan-out.
esparcir | sprinkle (to) | spread (to) | intersperse (to) | scatter (to) | sow (to) | effuse (to) | shed (to) | strew (to) | disperse (to) | litter (to).
esparcir el sonido | scatter sound (to).
esparpar | chisel out (to).
espárrago | stud.
espárrago (maquinaria) | stud bolt.
espárrago (tornillo) | grimmet.
espárrago acanalado | grooved stud.
espárrago con rosca en los dos extremos | stud.
espárrago de andamio | grooved stud. | scaffold-pole **espárrago de la tapa** | cover stud.
espárrago fundido con la pieza | integrally cast stud.
espárrago portarrodillo (templazo) | temple bar.
espárragos del prensaestopas | gland studs.
espárragos fundidos en una pieza que se introducen a presión en otros agujeros de otra pieza (unión a presión) | speed-nuts.
espárragos para el cono de la hélice (hélice buques) | propeller cone studs.
esparsión (estadística) | scatterance.
espartería | esparto-grass products.
espartizal | feather grass field.
esparto | esparto grass | alfa | alpha | bass | bass weed | grass.
esparto fluor | African emerald.
espasmo de ocupación | professional spasm.
espata | husk.
espático (minerales de crucero) | spathic.
espatillado | taper | chamfer | chamfering off | chamfered.
espatillado (chapas) | tapered.
espatillar | chamfer the edge (to).
espatillar (chapas) | taper (to) | chamfer (to).
espato | spar.
espato brillante | satin spar.
espato cúbico | cube spar.
espato de Islandia | Iceland spar.
espato esquistoso | argentine.
espato ferrífero | sparry iron.
espato flúor | flour spar | fluorspar | flour.
espato flúor (fluorita) | fluor spar.
espato pardo | brown spar.
espato perlado (variedad de dolomita) | pearl-spar.
espato pesado (sulfato de bario - mineralogía) | barite.
espato satinado | satin grenadine | satin spar | satin gypsum | atlas stone.
espato satinado blanco | atlas pearls.
espato tornasolado | bastite.
espatofluor verde | green john.
espatopesado | baryte.
espátula | smoother | palette knife | slice bar | broad knife | planer | slice.
espátula de corazón (moldería) | dog tail.
espátula de cuchara (moldería) | spoon.
espátula de gancho (molderías) | lifter.
espátula de moldeador | molder's spoon.
espátula de moldeador para alisar superficies | sleeker.
espátula de pintor | paint knife.
espátula médica para la garganta | tongue depressor.
espátula para alisar (moldes) | slicker.
espátula para enmasillar | putty knife.
espátula para entintar | ink slab.
espátula para entintar y distribuir | ink knife.
especiación | speciation.
especial (herramientas, etc.) | purpose-made.
especialidad a que se dedica una persona | lay.
especialismo | specialism.
especialista | expert | specialist.
especialista de imprenta | printery house craftsman.
especialista eminente | topnotch specialist.
especialista en aceros | steel specialist.
especialista en aparatos de seguridad (talleres) | security specialist.
especialista en contadores | meter specialist.
especialista en derribos de casas | housebreaker.
especialista en economía doméstica | home economist.
especialista en metrología | meter specialist.
especialista en pilotajes | pile technologist.
especialista en terminología | terminologist.
especialista en termotratamientos | heat-treater.
especialista en vuelo a vela | glider.
especialista licenciado del Ejército | ex-army specialist.
especialización del trabajo | specialization of labour.
especializada (máquina) | single-purpose.
especializado en asuntos de enseñanza | educationalist.
especializado en contabilidad | expert accountant.
especializado en geomagnetismo | magnetician.
especializar | dedicate.
especie | sort.
especie (funciones matemáticas) | kind.
especie afín | allied specie.
especie indicativa | index specie.
especie pelágica | pelagic species.
especie separada (botánica) | segregate.
especie tolerante a la polución | pollution-tolerant specie.
especies amonedadas | mintage.
especies que viven actualmente en circunstancias distintas que las primitivas (ecología) | relict.
especificación | specification.
especificación abreviada | abridged specification.
especificación de embarque | shipping specification.
especificación de fabricación | manufacturing specification.
especificación de intercambiabilidad | interchangeability specification.
especificación de la cantidad que constituye una unidad (sistema de medida) | unitage.
especificación de la proporción | proportion

specification.
especificación de pruebas abreviadas | abbreviated test specifications.
especificación de trabajo (motores) | operating duty.
especificación del buque | ship's specification.
especificación del espesor mínimo de revestimiento | minimum-coating-thickness specification.
especificación del material aeronáutico | aeronautical material specification.
especificación detallada | full specification.
especificación militar | military specification.
especificación militar detallada | detailed military specification.
especificación o detalle dado en un anejo | exhibit.
especificación original | parent specification.
especificación patentada | proprietary specification.
especificación provisional | provisional specification.
especificación rigurosa | exacting specification.
especificación severa | rigid specification.
especificaciones | rating | specs.
especificaciones de alcance | scope note.
especificaciones de contrato | contract specifications.
especificaciones del cliente | client's specifications.
especificaciones del ejército | army specifications.
especificaciones detalladas | detailed specifications.
especificaciones estatales | governmental specifications.
especificaciones federales | federal specifications.
especificaciones para el empaquetado (de empaquetaduras de máquinas) | packaging specifications.
especificaciones para el formato (libros) | design.
especificaciones técnicas | engineering specifications.
especificado | specific | specified.
especificador | specifier.
especificar | specify (to) | set out (to).
especificar (condiciones) | lay down (to).
especificar los linderos de una propiedad | bound a property (to).
especificidad parasitaria | parasitic specificity.
especificidad política | political specificity.
específico | specific.
especifidad | specificity.
espécimen (biología) | specimen.
especimen curado en el laboratorio con vapor a alta presión | autoclaved laboratory specimen.
especimen de varilla | rod specimen.
espectáculo | spectacle.
espectáculo público | show.
espectador | bystander.
espectador de televisión | teleseer | televiewer.
espectador que hace preguntas a un actor (de acuerdo entre sí) | stooge.
espectadores | audience.
espectómetro de suma de polarización integral | integral-bias summing spectrometer.
espectro | spectrum | pattern.
espectro (de un fenómeno) | pattern.
espectro (meteorología) | spectre.
espectro acústico | acoustical spectrum.
espectro alfa | alpha ray spectrum.
espectro atómico | atomic spectrum.
espectro audible | audible spectrum.
espectro beta | beta ray spectrum.
espectro Brocken | Ulloa's ring.
espectro Brocken (meteorología) | glory.
espectro calorífico | heat spectrum.
espectro continuo | continuous spectrum | continuum | continuum radiation.
espectro continuo de potencia | continuous power spectrum.
espectro coronal de emisión | coronal emission spectrum.
espectro cromático | chromatic spectrum.
espectro cultural | cultural spectrum.
espectro de absorción | spectrum absorption | absorption spectrum.
espectro de acción | action spectrum.
espectro de banda | band spectrum.
espectro de bandas oscuras | dark banded spectrum.
espectro de Brocken | mountain spectre.
espectro de carga aleatoria | random-loading spectrum.
espectro de cargas eléctricas (rayos cósmicos) | charge spectrum.
espectro de cargas por ráfagas gust-loads spectrum.
espectro de comparación para estudiar otros espectros | comparison spectrum.
espectro de corriente | flow pattern.
espectro de dimensiones | size spectrum.
espectro de Doppler | Doppler spectrum.
espectro de emisión | emission spectrum.
espectro de emisión de un material centelleante | emission spectrum of a scintillating material.
espectro de energía | energy spectrum.
espectro de energía acústica | sound power spectrum.
espectro de esfuerzos | stress pattern.
espectro de esfuerzos fotoelásticos | photoelastic stress pattern | photoelastic fringe pattern.
espectro de especialidades criminales | spectrum of criminal specialities.
espectro de excitación de luminiscencia | luminescence excitation spectrum.
espectro de fisión | fission spectrum.
espectro de fotoconductividad | photoconductivity spectrum.
espectro de frecuencia del efecto local | sidetone frequency spectra.
espectro de frecuencias | range of frequencies | frequency spectrum.
espectro de impulsiones | momentum spectrum.
espectro de la altura del impulso | pulse height spectrum.
espectro de la cizalladura | shear spectrum.
espectro de la flama | flame spectrum.
espectro de la fluorescencia | fluorescence spectrum.
espectro de la fractura en la rotura | yield-lines.
espectro de la palabra | speech spectrum.
espectro de la radiación de frenado | bremsstrahlung spectrum.
espectro de la radiación solar y su utilización | solar radiation spectrum and its utilization.
espectro de la turbulencia isotrópica | isotropic turbulence spectrum.
espectro de la vibración de la hélice | propeller vibration spectrum.
espectro de las ondas radioeléctricas | radio waves spectrum.
espectro de líneas | line spectrum.
espectro de los vapores metálicos | flame spectrum of metals.
espectro de máquinas (diversidad de máquinas) | spectrum of machines.
espectro de máquinas herramientas (exposiciones) | spectrum of machine tools.
espectro de neutrones maxwelianos | Maxwellian neutron spectra.
espectro de ondas de choque | shock spectra.
espectro de ondas de radiocomunicación | radio spectrum.
espectro de potencia de antena | antenna power pattern.
espectro de predisociación | predissociation spectrum.
espectro de radiación (radio) | radiated field pattern.
espectro de radiación de la antena | antenna pattern.
espectro de radiación directa (radio) | free-space pattern.
espectro de rayas | line spectrum.
espectro de rayas oscuras | dark-lined spectrum.
espectro de rayos X | X-ray spectrum.
espectro de relajación dieléctrico | dielectric relaxation spectrum.
espectro de resonancia magnética | magnetic resonance spectrum.
espectro de resonancia magnética protónica | proton magnetic resonance spectrum.
espectro de respuesta | response spectrum.
espectro de rotación-vibración | rotation-vibration spectrum.
espectro de servicios prestados por buques y aeronaves | spectrum of services afforded by ships and aircrafts.
espectro de su trabajo (empresas) | spectrum of its work.
espectro de temperaturas | temperature pattern.
espectro de vibración en el estado sólido | solid-state vibrational spectrum.
espectro de vibración reticular | lattice vibration spectrum.
espectro del disco solar en un eclipse de luna | flash spectrum.
espectro del flujo | flux mapping | flux pattern.
espectro direccional | directional spectrum.
espectro discontinuo | broken spectrum.
espectro electromagnético | electromagnetic spectrum.
espectro energético | energy spectrum.
espectro estelar | stellar spectrum.
espectro fantasma | phantom.
espectro inducido por irradiación | radiation-induced spectrum.
espectro infrarrojo | infra-red spectrum.
espectro isoenergético (óptica) | equienergy stimulus.
espectro macroeconómico | macroeconomic pattern.
espectro magnético | magnetic figure.
espectro militar español | Spanish military spectrum.
espectro multilineal | many-lined spectrum.
espectro persistente (física) | persistent spectrum.
espectro químico | actinic spectrum.
espectro radioeléctrico | radio spectrum | radioelectric pattern.
espectro secundario (falsa imagen - óptica) | ghost.
espectro secundario (fotografía) | false image | flare | flare spot.
espectro solar | prism.
espectro ultravioleta | ultraviolet spectrum.
espectro vibración-rotación | vibration-rotation spectrum.
espectro vocal | speech spectrum.
espectroanálisis | spectroanalysis.
espectroanalizador gráfico de contornos tridimensionales | spectral contour plotter.
espectroanalizar | spectroanalyze (to).
espectrobolometría | spectrobolometry.
espectrobolométrico | spectrobolometrical.
espectrobolómetro | spectrobolometer.
espectrocolorímetro | spectrocolorimeter.
espectrocomparador | spectrocomparator.
espectrofluorimetría | spectrofluorimetry.
espectrofluorímetro | spectrofluorimeter.
espectrofluorométrico | spectroflurometrical.
espectrofotocolorimetría | spectrophotocolorimetry.
espectrofotoeléctrico | spectrophotoelectric.
espectrofotografía | spectrophotography.
espectrofotometría | spectrophotometry.
espectrofotometría a la llama | flame spectrophotometry.
espectrofotometría de absorción atómica | atomic absorption spectrophotometry.
espectrofotometría reflectante | reflective spectrophotometry.
espectrofotométrico | spectrophotometrical.
espectrofotómetro | spectrophotometer.

espectrofotómetro astronómico de recuento de impulsiones | pulse-counting astronomical spectrophotometer.
espectrofotómetro de reflectancia | reflectance spectrophotometer.
espectrofotómetro fotoeléctrico | photoelectric spectrophotometer.
espectrofotómetro fotoeléctrico submarino | submarine photoelectric spectrophotometer.
espectrofotómetro fotográfico | photographic spectrophotometer.
espectrofotómetro para infrarrojo | infrared spectrophotometer.
espectrofotómetro visible en el infrarrojo y ultravioleta | infra-red-ultraviolet-visible spectrophotometer .
espectrogoniómetro | spectrogoniometer.
espectrogoniómetro de rayos X | X-ray spectrogoniometer.
espectrografía | spectrography.
espectrografía de microondas | microwave spectrography.
espectrografía metalúrgica | metallurgical spectrography.
espectrográficamente analizado | spectrographically analyzed.
espectrógrafo | spectrograph | spectroradiometer.
espectrógrafo de cuña | wedge spectrograph | slitless spectrograph.
espectrógrafo de frecuencias | frequency spectrograph.
espectrógrafo de masa de doble focalización | double-focusing mass-spectrograph.
espectrógrafo de masas | mass spectrograph.
espectrógrafo de rayo X | autrometer.
espectrógrafo de rayos β **de imán permanente** | permanent-magnet β-ray spectrograph.
espectrógrafo de rayos beta con contador de escintilación | scintillation-counter beta-ray spectrograph.
espectrógrafo de rayos X | X ray spectrograph.
espectrógrafo de rejilla de visión directa | direct vision grating spectrograph.
espectrógrafo de vacío | vacuum spectrograph.
espectrografo de velocidad | velocity spectrograph.
espectrógrafo electrónico | electronic spectrograph.
espectrógrafo goniométrico | goniometer spectrograph.
espectrógrafo multicanálico | multichannel spectrograph.
espectrograma | spectrogram.
espectrograma astronómico | astronomical spectrograph.
espectrograma de la voz (registro) | voiceprint.
espectrograma de la voz humana | voice spectrogram.
espectrograma de rayos X | X-ray spectrogram.
espectrograma de sonidos | sound spectrogram.
espectrograma en escala logarítmica | log scan.
espectroheliocinematografía | spectroheliocinematograph.
espectroheliógrafo | spectroheliograph.
espectroheliograma | spectroheliogram.
espectrohelioscopia | spectrohelioscopy.
espectrohelioscópico | spectrohelioscopical.
espectrohelioscopio | spectrohelioscope.
espectrología | spectrology.
espectrometalografía | spectrometallography.
espectrometría | spectrometry | spectral analysis.
espectrometría de fluorescencia por rayos X | X-ray fluorescence spectrometry.
espectrometría de masa resuelta en función del tiempo | time-resolved mass spectrometry.
espectrometría estelar interferométrica | interferometric stellar spectrometry.
espectrometría gamma de captura neutrónica | neutron-capture gamma-ray spectrometry.
espectrometría nuclear | nuclear spectrometry.
espectrometría por llama de fluorescencia atómica | atomic fluorescence flame spectrometry.
espectrométrico | spectrometrical.
espectrómetro | spectrometer.
espectrómetro alfa | alpha ray spectrometer | alpha spectrometer.
espectrómetro autocolimador | autocollimating spectrometer.
espectrómetro con cámara de chispas | spark-chamber spectrometer.
espectrómetro con contador Geiger | Geiger-counter spectrometer.
espectrómetro contador | counter spectrometer.
espectrómetro contador Geiger contrastado | monitored Geiger counter spectrometer.
espectrómetro contador proporcional | proportional counter spectrometer.
espectrómetro de anticoincidencia por rayos gamma | anticoincidence gamma-ray spectrometer.
espectrómetro de baja resolución | low-resolution spectrometer.
espectrómetro de centelleo | scintillation spectrometer.
espectrómetro de coincidencia de suma | sum-coincidence spectrometer.
espectrómetro de dispersión nula | zero dispersion spectrometer.
espectrómetro de escintilación por protones | proton scintillation spectrometer.
espectrómetro de gran velocidad por rayos infrarrojos | infrared high speed spectrometer.
espectrómetro de ionización | ionization spectrometer.
espectrómetro de lentes para rayos beta | lens-type β-ray spectrometer.
espectrómetro de masa de campo homogéneo | homogeneous-field mass spectrometer.
espectrómetro de masa de cátodo frío | cold-cathode mass spectrometer.
espectrómetro de masa de tiempo de vuelo | time-of-flight mass spectrometer.
espectrómetro de neutrones por tiempo de vuelo | time of flight neutron spectrometer.
espectrómetro de radiofrecuencia | r-f spectrometer.
espectrómetro de rayos beta | beta-ray spectrometer | beta ray spectrometer.
espectrómetro de rayos beta de lente electromagnética | magnetic lens beta-ray spectrometer.
espectrómetro de rayos beta de lente magnética delgada | thin-magnetic-lens beta-ray spectrometer.
espectrómetro de rayos cósmicos | cosmic-ray spectrometer.
espectrómetro de rayos gamma | gamma-ray spectrometer.
espectrómetro de rayos gamma de absorción total | total absorption gamma ray spectrometer.
espectrómetro de rayos gamma de cristal curvo | curved-crystal gamma-ray spectrometer.
espectrómetro de rayos gamma para muestras de gran volumen | large-volume-sample gamma spectrometer.
espectrómetro de rayos gamma sumergible para detectar la radiación del mar | deep underwater nuclear counter.
espectrómetro de rayos X | X-ray spectrometer.
espectrómetro de resonancia magnética nuclear | NMR spectrometer | nuclear magnetic resonance spectrometer.
espectrómetro de resonancia magnética nuclear de bajo valor del campo magnético | low-field nuclear magnetic resonance spectrometer.
espectrómetro de resonancia tetrapolar nuclear | nuclear quadrupole resonant spectrometer.
espectrómetro de tiempo de vuelo | time of flight spectrometer.
espectrómetro de tipo de oscilación marginal | marginal-oscillator spectrometer.
espectrómetro electromecánico | electromechanical spectrometer.
espectrómetro electrónico de resonancia paramagnética | electron paramagnetic resonance spectrometer .
espectrómetro fotoeléctrico de rejilla | photoelectric grating spectrometer.
espectrómetro gamma | gamma ray spectrometer.
espectrómetro híbrido | hybrid spectrometer.
espectrómetro magnético de rayos beta | magnetic beta ray spectrometer.
espectrómetro mecánico de neutrones | chopper spectrometer.
espectrómetro neutrónico | neutron spectrometer.
espectrómetro neutrónico de cristal | crystal neutron spectrometer.
espectrómetro nuclear | nuclear spectrometer.
espectrómetro para el tiempo de vuelo de los neutrones | neutron time of flight spectrometer.
espectrómetro para rayos beta de doble focalización | double-focusing beta-ray spectrometer.
espectrómetro registrador de escintilación de rayos gamma | recording gamma-ray scintillation spectrometer .
espectrómetro solenoidal de rayos beta | solenoidal beta relay spectrometer.
espectrómetro transportado dentro del cohete | rocket-borne spectrometer.
espectrómetro ultravioleta de retrodispersión | backscatter ultraviolet spectrometer.
espectromicroscopio | spectromicroscope.
espectronógrafo | spectronograph.
espectropirómetro | spectropyrometer.
espectropolarímetro | spectropolarimeter.
espectrorradiámetro | spectroradiometer.
espectrorradiografía | spectroradiography.
espectros | spectra.
espectros astrofísicos | astrophysical spectra.
espectros cuánticos | quantal spectra.
espectros de carga | loading spectra.
espectros de cuadrípolos nucleares | nuclear quadrupole spectra.
espectros de energía | power spectra.
espectros de fotoionización | photoionization spectra.
espectros de la cizalladura turbulenta | turbulent shear spectra.
espéctros de luminiscencia del diamante | diamond luminescence spectra.
espectros de masas orgánicas | organic mass spectra.
espectros de olas típicas (oceanografía) | typical wave spectra.
espectros de radiofrecuencia nuclear | nuclear radiofrequency spectra.
espectros de radiofrecuencias nucleares | nucleonic spectra.
espectros de rayos gamma por captura neutrónica | neutron-capture gamma-ray spectra.
espectros del flujo | flow fields.
espectros electrónicos | electronic spectra.
espectros electrónicos de resonancia | electronic resonance spectra.
espectros estelares radioeléctricos | stellar radio spectra.
espectros multicoloreados (TV) | multicolored ghosts.
espectros rotacionales de microondas | microwave rotational spectra.
espectros vibrónicos | vibronic spectra.
espectroscopia | spectroscopy.
espectroscopia atómica | atomic spectroscopy.
espectroscopia atómica por laser | atomic spectroscopy by laser.
espectroscopia de absorción | absorption spectroscopy.
espectroscopia de absorción atómica | atomic absorption spectroscopy.
espectroscopia de absorción infrarroja | infrared absortion spectroscopy.
espectroscopia de resonancia magnética nuclear | nuclear-magnetic-resonance spectroscopy.
espectroscopia de resonancia nuclear magné-

tica | magnetic nuclear resonance spectroscopy.
espectroscopia del infrarrojo lejano | far-infrared spectroscopy.
espectroscopia del tiempo de vuelo de los neutrones | neutron time-of-flight spectroscopy.
espectroscopia en el ecuatorial acodado | coudé spectroscopy.
espectroscopia industrial | industrial spectroscopy.
espectroscopia molecular por microondas | molecular microwave spectroscopy.
espectroscopia nuclear | nuclear spectroscopy.
espectroscopia por espectro Mössbauer (aceros) | Mössbauer spectroscopy.
espectroscopia por luz ultravioleta | ultraviolet spectroscopy.
espectroscopia por medio de cohetes espaciales | rocket spectroscopy.
espectroscopia por microondas | radiofrequency spectroscopy | microwaves spectroscopy.
espectroscopía por rayos infrarrojos | infrared spectroscopy.
espectroscopia por resonancia magnética nuclear | nuclear magnetic resonance spectroscopy.
espectroscopia solar por cohetes | solar-rocket spectroscopy.
espectroscopio | spectroscope.
espectroscopio (astronomía) | slitless spectroscope.
espectroscopio de fibra de cuarzo | quartz fiber spectroscope.
espectroscopio de interferencia múltiple | multiplex interference spectroscope.
espectroscopio de prisma en que éste se encuentra colocado delante del objetivo | objective prism.
espectroscopio electrónico | electronic spectroscope.
espectroscopio en el prisma colocado delante del objetivo | slitless spectroscope.
espectroscopio interferencial | interference spectroscope.
espectroscopio para clasificar acero o chatarras no férricas | steeloscope.
espectroscopio para determinar las masas | mass-spectroscope.
espectroscopio para joyeros | jewellers' spectroscope.
espectroscopista | spectroscopist.
espectroscopista de plasmas | plasma spectroscopist.
especulación | adventure | corner | manipulation | jobbery.
especulación a la baja | short sale.
especulación de bienes raíces | land-jobbing.
especulación del suelo | soil speculation.
especulación fundiaria | soil speculation.
especulación mixta | spread cross book.
especulaciones | deals.
especulaciones al alza | bull speculations.
especulaciones sobre valores | speculations in stocks and shares.
especulador | speculator | jobber | manipulator.
especulador (bolsa) | rigger.
especulador a la baja en valores | covered bear.
especulador al alza | bull speculator.
especulador con emisiones nuevas de acciones | stag.
especulador de terrenos | land-jobber.
especulador del suelo | land-jobber.
especulador en Bolsa | dabbler | scalper.
especulador irregular de la bolsa | stag.
especulador que compra para vender en seguida | in-and-out trader.
especular | specular | financier (to) | play the market (to) | operate (to).
especular (bolsa) | rig (to).
especular a la baja | speculate for a fall (to) | bear the market (to) | go a bear (to).
especular a la baja (bolsa) | rig down prices (to).
especular al alza | rig up (to) | go a bull (to).
especular arriesgadamente | overtrade (to).
especular con acciones (bolsa) | job shares (to).
especular en acciones (bolsa) | job in stocks (to).
especular en la bolsa | speculate on the stock exchange (to).
espéculo | speculum.
espéculo vaginal (cirugía) | vaginal speculum.
espéculos | specula.
espejear | mirror (to).
espejería | mirror trade.
espejismo | looming | mirage.
espejismo acústico | acoustic mirage.
espejismo de regiones desérticas | inferior mirage.
espejismo de regiones polares | superior mirage.
espejismo del desierto | inferior mirage.
espejismo inferior | inferior mirage.
espejismo radárico$ | radar mirage.
espejismo superior | superior mirage.
espejo | glass | mirror.
espejo (cilindros) | back plate.
espejo (distribuidor de concha) | seat.
espejo (distribuidor plano de máquina vapor alternativa) | face.
espejo (distribuidor plano de vapor) | facing.
espejo aluminiado | aluminized mirror.
espejo analizador | analyzing mirror.
espejo azimutal | azimuth mirror.
espejo cóncavo | concave mirror.
espejo cóncavo anular (iluminación objetos opacos en microscopio) | epi mirror.
espejo convexo | convex mirror.
espejo de acero inoxidable para hacer señales desde un bote salvavidas | signaling mirror.
espejo de antimonio | antimony mirror.
espejo de antiparalaje | antiparallax mirror.
espejo de bismuto | bismuth mirror.
espejo de bronce | bronze mirror.
espejo de caras planas paralelas | plane-parallel mirror.
espejo de cristal plateado | glass-silvered mirror.
espejo de cromo (química) | chromium mirror.
espejo de falla | fault-polish.
espejo de falla (geología) | polish.
espejo de fricción (fallas) | slips.
espejo de hierro | iron mirror.
espejo de mano | hand-glass.
espejo de metal depositado sobre vidrio | metal-on-glass mirror.
espejo de popa (buques) | escutcheon | name board | upper stern.
espejo de réplica | replica mirror.
espejo de visión (TV) | viewing mirror.
espejo del cilindro (máquina vapor) | cylinder face.
espejo del distribuidor | valve seat.
espejo del distribuidor (máquina alternativa de vapor) | slide face.
espejo del distribuidor (máquina alternativa vapor) | port-face.
espejo dicroico | dichroic mirror.
espejo electroconformado | electroformed mirror.
espejo electromagnético | electromagnetic mirror.
espejo electrónico | electron mirror.
espejo elipsoidal | ellipsoidal mirror.
espejo esférico cóncavo | concave spherical mirror.
espejo frontal | frontal mirror | head mirror.
espejo giratorio de cuerpo entero | cheval glass.
espejo hiperbólico | hyperbolic mirror.
espejo hiperboloide | hyperboloidal mirror.
espejo magnético | pyrotron.
espejo magnético (reacción termonuclear) | magnetic mirror.
espejo metálico (química) | mirror.
espejo metálico cóncavo | speculum.
espejo montado cinemáticamente | kinematically mounted mirror.
espejo óptico | optical mirror.
espejo para el telescopio más grande del mundo | world's largest telescope mirror.
espejo para pruebas con el método Schlieren (tunel hipersónico) | Schlieren method mirror.
espejo para simulador espacial | space simulator mirror.
espejo parabólico | parabolic mirror.
espejo perforado | hole mirror.
espejo plano | plane mirror | plano-mirror.
espejo plateado por inmersión | wet-silvered mirror.
espejo plateado sin picaduras | pinhole-free silver mirror.
espejo reflector para examinar el ánima (cañones) | barrel reflector.
espejo retrovisor | rearview mirror | back-glass.
espejo retrovisor (autos) | wing mirror | driving mirror.
espejo retrovisor para automóviles | car rearview mirror.
espejo semicilíndrico | hemicylindrical mirror.
espejo semirreflectante (óptica) | beam divider.
espejo ustorio | sun glass | burning mirror.
espejos conjugados | conjugate mirrors.
espejos de falla (geología) | slickensides.
espejuelo (mineralogía) | selenite.
espeleogénesis | speleogenesis.
espeleología | caving | speleology.
espeleólogo | caver | speleologist.
espeleomorfología | speleomorphology.
espeque | heaver | brake | crowbar | claw lever | handspike.
espeque de pico curvo | starting bar.
espera | wait | stand by | standoff.
espera (carpintería) | dap | skew.
espera de autorización para aterrizar | hold.
espera de entrada-salida de terminal | terminal input-output wait.
espera de página | page wait.
espera delante de (telefonía) | waiting before.
espera en transmisión | transmit standby.
espera inevitable | inherent delay.
espera rotacional | rotational delay.
esperando los mejores resultados de vuestra amable intervención | expecting the best results from your kind intervention.
esperando respuesta (programa informático) | awaiting reply.
esperanza (estadística) | expectation.
esperanza de duración (materiales) | life expectancy | serviceability.
esperanza de duración en servicio | operational life expectancy.
esperanza de fisión iterada | iterated fission expectation.
esperanza de ventas | sales expectations.
esperanza de vida (sociología) | life expectancy.
esperanza de vida del cojinete | bearing-life expectancy.
esperanza de vida laboral (estadística) | expectation of working life.
esperanza matemática | mathematical expectation.
esperar instrucciones | standby (to).
esperar instrucciónes para aterrizar (aeropuertos) | hold (to).
esperar la señal para despegar | standby for takeoff (to).
esperar órdenes | standby (to).
esperar volando sobre un aerodromo | sit over an airfield (to).
esperma (biología) | sperm.
esperma de ballena | cetaceum.
esperma de peces | fish-sperm.
espermático | spermatic.
espermatoblasto | spermatoblast.
espermatocito (genética) | spermatocyte.
espermatofitos marinos | marine spermatophites.
espermatofitos marinos herbáceos | grasslike marine spermatophites.
espermatogénesis (genética) | spermatogenesis.
espermatozoide (genética) | spermatozoid.

espermófilo | gopher.
espero la contestación (palabra dicha para indicar cese temporal de la radiocomunicación y espera) | over.
espesa (niebla) | soupy | thick.
espesa (tinta) | muddy.
espesación | inspissation.
espesado por el calor (aceites) | heat-bodied.
espesador | thickener.
espesador ciclónico (de finos) | cyclone thickener.
espesamiento | thickening.
espesamiento (lubricantes) | build-up.
espesamiento (pintura o barniz en lata) | feeding-up.
espesamiento al aire libre (aceites) | gumming.
espesamiento de la lata (posamiento - barnices, pinturas) | curdling.
espesamiento de los aceites | gumming up.
espesamiento de una mezcla de cemento y slurry que ha empezado a endurecer | jell.
espesamiento del aceite | oil hardening | oil gumming.
espesante | thickener.
espesante inorgánico (química) | inorganic thickner.
espesante no jabonoso | nonsoap thickener.
espesante reductor (estampado telas) | stock reduction paste.
espesante sintético | synthetic thickner.
espesar | stiffen (to) | thicken (to) | inspissate (to).
espesar la tinta | stiffen the ink (to).
espesarse (aceites, pinturas) | liver (to).
espesarse (líquidos) | become ropy (to).
espesarse (vino, cerveza) | rope (to).
espesímetro | thickness gage.
espeso | gross | stiff | thick | inspissate | dense | heavy.
espeso (aceites) | slushing.
espesor | thickness.
espesor (cuba alto horno) | inwall.
espesor (chapa o banda, telas) | gage (EE.UU.).
espesor axial | axial thickness.
espesor axial del brazo (cigüeñales) | web-axial thickness.
espesor circular (dientes engranajes) | circular thickness.
espesor circular del diente (engranajes) | circular tooth thickness.
espesor constante a lo largo del ala | spanwise constant thickness.
espesor cordal - espesor según la cuerda (dientes engranajes) | chordal thickness.
espesor cordal normal del diente | normal chordal tooth thickness.
espesor curvilíneo (dientes engranajes) | circular thickness.
espesor de absorción al valor medio | absorption half-value thickness.
espesor de detención equivalente (para partículas ionizantes) | stopping equivalent.
espesor de equilibrio | equilibrium thickness.
espesor de la brida (tuberías) | flange thickness.
espesor de la capa de pintura seca | build.
espesor de la carga de pólvora medido en su punto más grueso (cohetes) | web.
espesor de la consola | bracket thickness.
espesor de la chapa | gage of plate | plate thickness.
espesor de la losa | slab thickness.
espesor de la pared que se hace patente en los huecos de puertas o ventanas | respond.
espesor de la pared variable linealmente | linearly varying wall thickness.
espesor de la parte media de la cuba (alto horno) | intermediate inwall.
espesor de la placa | plate thickness.
espesor de la solera (hornos) | hearth depth.
espesor de la traca de cinta | sheerstrake thickness.
espesor de la zona templada | hardened zone depth.
espesor de semirreducción | attenuation half-value thickness | couche de demi-attenuation.
espesor de una hoja (contrachapados, correas, etc.) | ply.
espesor de una sustancia que reduce a la mitad la irradiación del haz (radiología) | half-value thickness.
espesor de valor un décimo | tenth-value thickness.
espesor de 100 nanómetros | thickness of one hundred nanometers.
espesor del ala (vigas) | flange thickness.
espesor del alma de los baos-bulárcamas (buques) | transverse web thickness.
espesor del arco | arch depth.
espesor del cartabón | bracket thickness.
espesor del cubrejunta | butt-strap thickness.
espesor del cuello (soldadura en ángulo) | throat thickness.
espesor del diente (engranajes) | circular thickness (gears).
espesor del diente en la rueda primitiva (engranajes) | arc tooth thickness.
espesor del diente según el círculo (engranajes) | circular tooth thickness.
espesor del forro de cubierta | deck plating thickness.
espesor del material necesario para reducir la intensidad de radiación del haz a la mitad | half thickness.
espesor del papel o cartón | caliper.
espesor del pavimento | pavement thickness.
espesor del plato (ejes) | flange thickness.
espesor del valor mitad | half-value thickness.
espesor del valor 1/10 | tenth value layer.
espesor en decimales de pulgada (chapas) | decimal inch thickness.
espesor en la raíz de la pala | blade root thickness.
espesor en milésimas de pulgada | mil thickness.
espesor hidrostático natural | natural hydrostatic thickness.
espesor máximo de óxido | maximum oxide thickness.
espesor máximo de un perfil aerodinámico | profile thickness.
espesor medio | average thickness.
espesor medio de la pared (medido en los extremos de un diámetro-tubos) | mean wall thickness.
espesor medio del papel cuando está apilado | bulking thickness of paper.
espesor mínimo | limiting thickness.
espesor predeterminado preciso | precise predetermined thickness.
espesor que reduce al décimo el efecto de la radiación (escudo biológico) | tenth value thickness.
espesor real en el cuello (soldaduras) | effective throat thickness.
espesor relativo (ala avión) | thickness/chord ratio.
espesor según el arco (dientes engranajes) | circular thickness.
espesor total | overall thickness.
espesor total (soldadura de varios cordones) | multiply thickness.
espesores del forro en la maestra (buques) | midship thicknesses.
espesura | thickness.
espesura de las copas (árboles) | crown density.
espetar | broach (to).
espetar (aves) | truss (to).
espetar (cocina) | spit (to).
espetón | rabble | iron rake | spit.
espetón (de cocina) | skewer.
espetón de horno | kiln rake.
espetón para atizar el fuego | poker.
espía | spy.
espía (cable para halar) | hauling line.
espía arrojado en paracaídas | paraspy.
espiarse | warp (to).
espiarse (buques) | kedge (to).
espiciforme | spiked.
espícula | spicule.
espicular (botánica) | spiky.
espículas cromosféricas | chromospheric spicules.
espículas de hielo | ice spicules.
espiculiforme | spicule-shaped.
espiculitas | spiculites.
espiche | spile | spigot | spill | leak stopper | stopwater | plug | dowel wedge.
espiche (marina) | skewer.
espiche de bote | boat plug.
espiga | spike | peg | pivot | trunnel | pin | stem | dowel | treenail.
espiga (botánica) | spike | ear.
espiga (carpintería) | feather tongue | cog | tenon.
espiga (de herramienta) | fang.
espiga (de sonda) | cutter bar.
espiga (de tubo) | spigot.
espiga (ensambladuras) | feather.
espiga (herramientas) | tongue.
espiga (herramientas, aguja de tejer punto) | shank.
espiga (máquinas) | spigot.
espiga (media o calcetín) | clock.
espiga (relojes) | stud.
espiga (telas) | herringbone.
espiga achaflanada | beveled tenon.
espiga achatada (brocas) | flatted shank.
espiga achatada (herramientas) | slabbed shank.
espiga cilíndrica | plain round shank.
espiga cilíndrica (brocas) | straight shank.
espiga con refuerzo | axle tenon | axled tenon.
espiga cónica (herramienta) | taper shank.
espiga corta para introducirla en una mortaja ciega (ensambladuras) | stub tenon.
espiga cuadrada ahusada | bitstock shank | taper square shank.
espiga cuadrada cónica | square taper shank.
espiga de apoyo | pallet | pallet.
espiga de barrena | auger shank.
espiga de cara visible | barefaced tenon.
espiga de cola de milano | dovetail tenon.
espiga de contacto | prong.
espiga de contrachaveta | tenon with key.
espiga de encaje | boxing tenon.
espiga de fresa | cutter stem.
espiga de guía | guide pin.
espiga de husillo | leadscrew pad.
espiga de inserción | insert pin.
espiga de la barrena | drill-shank.
espiga de la broca | drill-shank.
espiga de la herramienta | tool fang.
espiga de la paleta (turbina) | blade tenon.
espiga de la tuerca | nut pivot.
espiga de macho | tap shank.
espiga de madera | dowel pin.
espiga de madera roscada en ambos extremos | dowel screw.
espiga de rayo (ruedas maderas) | flange.
espiga de retención | lock stud | gauge stop.
espiga de tirante (ferrocarriles) | tag end.
espiga de trigo | cornstalk.
espiga de tubo electrónico | tube pin.
espiga del batán (maquinita) | batten pin.
espiga embarbillada (carpintería) | shouldered tenon.
espiga invisible (carpintería) | stub | tooth.
espiga invisible (ensambladuras) | stub tenon.
espiga macho (maíz) | tassel.
espiga oblicua | tapered tenon | oblique tenon.
espiga oblícua (carpintería) | angle locking.
espiga oculta (carpintería) | joggle.
espiga para aisladores de línea | pin.
espiga piramidal | taper square shank.
espiga roscada (bombillas) | stem.
espiga térmica | thermal spike.
espigadora | tenoner.
espigadora atadora combinada | combined

push binder and header.
espigadora simple (máquina agrícola) | palin header.
espigadura | heading.
espigar | glean (to) | ear (to).
espigar (trigo) | head (to).
espigar (trigo, etc.) | head up (to).
espigas de la tuerca | nut trunnions.
espigón | spur dike | pier | pier dam | dock | wharf of fascinage | jetty | groin | warf of fascinage.
espigón (aeropuerto) | finger.
espigón (ríos) | wing dam.
espigón (rompeolas - puertos) | groin.
espigón de atraque | approach.
espigón de atraque con cabeza redonda de gran diámetro | berthing head dolphin.
espigón de bloques de hormigón (puertos) | concrete groyne.
espigón de descarga (puertos) | lighterage jetty.
espigón de entrada (puertos) | lead-in jetty.
espigón en L | L-shaped jetty.
espigón o muelle perpendicular a la orilla | finger pier.
espigón para defensa de márgenes (ríos) | current fender.
espigón para desviar la corriente de la orilla (ríos) | current fender.
espigón para evitar repleciones (ríos) | repelling spur.
espigón revestido (ríos) | armored spur.
espigones | groyning.
espigueo (de libros) | gleaning.
espiguilla (botánica) | spikelet.
espilita con disyunción esferoidal | pillow lava.
espín (electrón rotatorio) | spin.
espín (electrones) | spin.
espín (momento angular intrínseco de la partícula elemental | spin.
espín con sentido hacia abajo | spin pointing down.
espín con sentido hacia arriba | spin pointing up.
espín del nivel excitado | excited level spin.
espin del pión electrizado | charged π meson spin.
espín electrónico | electronic spin.
espín entero | integral spin.
espín isobárico | isospin | isobaric spin | isotopic spin.
espín isotópico | isotopic spin.
espín isotópico nulo | zero isotopic spin.
espín mesónico | mesonic spin.
espín nuclear (cantidad de movimiento angular total de un núcleo) | nuclear spin.
espín oblicuo | canted spin.
espina | bristle.
espina (aceros de forja) | bone.
espina (botánica) | spine.
espina (pescados) | bone.
espina de corona (Gleditschia amorphoides) | espina de corona | gleditschia.
espina de pescado | fishbone.
espina dorsal | spine | backbone.
espina ganchuda | hooked spine.
espináceo (botánica) | spinaceous.
espinazo | chine | spine | ridge.
espinazo (animales) | back.
espinela (minería) | spinel.
espinela con pequeñas cantidades de alcalis | alkali spinel.
espinela cromífera | chromiferous spinel.
espinela de zinc verde oscuro | automolite.
espinela ferrífera | iron spinel | pleonaste.
espinela ferromagnética | ferrospinel.
espinela roja y espinela flamígera en octaedros perfectos | Burmese spinel.
espineta (música) | spinet.
espinífero | spine-bearing.
espiniforme | spine-shaped.
espinilla | shin.
espinillera (deportes) | greave.
espinilleras (deportes) | leg-guards.
espinillo (Fagara flava - Krug Úrb. | yellow sanders.
espinillo (Zanthoxylum flavum) | ruda.
espinillo (Zanthoxylum flavum - Vahl) | West Indian satinwood.
espino de sabina (Brya ebenus).
espinodal | spinodal.
espinor (nuclear) | spinor.
espinorial | spinorial | spinor.
espinoso | acanthoid.
espinoso (Ceiba aesculifolia) | pochote.
espintariscopio | spinthariscope.
espinterismo | spintherism.
espinterógeno | sphere-gap.
espinterómetro | spintherometer | spark gap | sparkgap | measuring spark gap | gap | ball spark-gap | ball spark gap.
espinterómetro con autoextinción | quenched spark gap.
espinterómetro de barra | rod gap.
espinterómetro de chispas amortiguadas | quenched gap | quenched spark gap.
espinterómetro de electrodos divergentes | horn gap.
espinterómetro giratorio | rotary spark gap.
espinterómetro rotativo | rotary gap.
espionaje | spying | espionage.
espionaje atómico | atomic espionage.
espionaje electrónico | electronic espionage.
espira | spiral | spire | helix | loop.
espira (basa de columna) | surbase.
espira (de muelle) | coil.
espira (de un enrollamiento en hélice - electricidad) | turn.
espira (electricidad) | convolution.
espira compensadora (contador eléctrico) | quadrature band.
espira de cortocircuito | shading ring.
espira de cortocircuito (electricidad) | slug.
espira de remache | rivet shank.
espira exterior (muelle de reloj) | overcoil.
espira inactiva (bobina inductancia) | dead end.
espira libre (telefonía) | idle turn.
espira muerta (electricidad) | dummy turn.
espiráculo | air-hole.
espiráculo (zoología) | spiracle.
espiral | helix | volution | spire | spiral.
espiral a izquierdas | left-hand spiral.
espiral acentuada | quick spiral.
espiral ascendente | mounting spiral.
espiral bimetálica | bimetal spiral.
espiral Breguet (relojes) | Breguet spring.
espiral cilíndrica | screw line.
espiral compensadora (relojes) | compensating hairspring.
espiral cónica | conical spiral.
espiral cónica (conchas) | conical spire.
espiral de Arguímedes | equable spiral | Archimedean spiral.
espiral de combinación de dos centros | two-centered combining spiral.
espiral de crecimiento | growth spiral.
espiral de Euler | Euler spiral.
espiral de la entrada del carro (selfactina) | mule scroll.
espiral de paso grande | steep spiral.
espiral de paso pequeño | gentle spiral.
espiral de precios y salarios | wage-and-price spiral.
espiral de transición (ferrocarril) | transition spiral.
espiral de transición para carreteras | highway transition spiral.
espiral del volante (relojes) | helical balance spring | balance spring.
espiral hiperbólica | reciprocal spiral | hyperbolic spiral.
espiral leótropa | laeotropic spiral.
espiral logarítmica | log spiral | equiangular spiral.
espiral plana | plane spiral.
espiralado | spiral.
espiralización | spiralization.
espiralización (G.B.) | spiralisation.
espirano | spiran.
espiras cortocircuitadas | shorted turns.
espiras de reactancia | choking turns.
espiras inactivas (elasticidad) | dead turns.
espiras por fase del primario | primary turns per phase.
espirema | rosette.
espíritu | ghost.
espíritu celeste | celestial.
espíritu comercial | commercialism.
espíritu de cooperación | team spirit.
espirituoso (vinos) | fumy.
espiro del cárter | engine-casing breather.
espiroarrollado | spirally-wound.
espirógrafo | spirograph.
espirograma | spirogram.
espirosoldado | spirally welded.
espirulado | spirulate | spirally-arranged.
espita | tap | plug | faucet | stopcock | spout | spigot.
espita (tonel) | broach.
espita de medida | try cock.
espita de salida | vent cock.
espitar (un tonel) | broach (to).
espito (imprenta) | peel.
espito (para secar papel) | hanger.
espitzkasten (metalurgia) | funnel box.
esplendor | brightness.
esplendor (óptica) | brightness.
esplendor culminante | meridian splendor.
espliego | lavender.
espolear (caballos) | prick (to).
espolear un caballo | spur a horse (to).
espoleta | firing mechanism | fuze.
espoleta (G.B.) | fuse.
espoleta a prueba de explosión en el ánima (cañones) | boresafe fuze.
espoleta accionada hidrostáticamente (minas submarinas) | hydrostatically operated pistol.
espoleta activada por ondas radáricas reflejadas por el blanco | radio fuze.
espoleta acústica | acoustic fuze.
espoleta armada | armed fuze.
espoleta barométrica | air pressure fuze.
espoleta barométrica para bombas de aviación | barometric bomb fuse.
espoleta colocada en el culote | tail fuze.
espoleta con pasador de seguridad | safe fuze.
espoleta con retardo (de 0,01 a 0,24 segundos - aviación) | short-delay fuze.
espoleta de acción en cualquier posición | all ways fuze.
espoleta de acción instantánea | triggering fuze.
espoleta de acción retardada | retarded action fuze.
espoleta de bomba colocada en la ojiva | nose bomb fuze.
espoleta de concusión | concussion fuse | airburst fuze.
espoleta de concusión (aviación) | air pressure fuze.
espoleta de culote | base detonating fuze.
espoleta de choque | contact fuze.
espoleta de doble efecto | double-action fuze.
espoleta de doble efecto (espoleta mixta) | combination fuse.
espoleta de gran retardo | long-delay fuze.
espoleta de ignición a la proximidad del blanco | proximity fuze.
espoleta de ojiva | point-detonating fuze | point fuze | nose fuze.
espoleta de percusión | impact fuze | contact fuze | direct-action fuze | percussion-fuze.
espoleta de percusión con retardo | delay fuze.
espoleta de percusión que funciona por inercia | inertia fuze.
espoleta de proximidad | radio proximity fuse | radio fuze | proximity fuze | influence fuze.
espoleta de proximidad con antena radárica | radio proximity fuze.
espoleta de proximidad que detona a diversas

distancias preestablecidas del blanco | variable-time fuze.
espoleta de proximidad radioeléctrica | VT fuze | pozit fuze | radioelectric proximity fuze.
espoleta de radio | radio bomb fuse.
espoleta de relojería | clockwork fuze.
espoleta de retardo | retarded action fuze | delay action fuze | delayed fuze.
espoleta de retardo entre 4 y 15 segundos | medium-delay fuse.
espoleta de seguridad | safety fuse.
espoleta de tiempos | time fuze.
espoleta de tiempos de combustión de pólvora | powder-burning time fuze.
espoleta de tiempos de relojería | clockwork time fuze | mechanical time fuze.
espoleta del torpedo | torpedo pistol.
espoleta eléctrica que pueda soportar una sobreintensidad durante un corto tiempo antes de fundirse | fusetron.
espoleta electrónica | electronic fuze.
espoleta electrónica con la antena en ángulo recto con el eje longitudinal (misiles) | transverse fuze.
espoleta electrónica de bomba que se activa con ondas radáricas reflejadas por el blanco | radio bomb-fuze.
espoleta hidráulica | hydraulic fuze.
espoleta hidrostática | hydrostatic fuze.
espoleta instantánea | nondelay fuze.
espoleta montada | cocked pistol.
espoleta para cohetes | rocket fuze.
espoleta para granada rompedora | high-explosive fuze.
espoleta para hacer explosionar en el aire (bomba aviación) | airburst fuze.
espoleta para morteros | mortar fuze.
espoleta para perforar hormigón (proyectiles) | concrete-piercing fuze.
espoleta probada con sacudidas | jolt-tested fuze.
espoleta que funciona al desenterrar y querer sacar la bomba | antiremoval fuze.
espoleta química | chemical-type fuze.
espoleta supersensible | supersensitive fuze.
espoleta ultrarrápida | superquick fuze.
espoleta ultrasensible | antidisturbance fuze.
espoletación | fuzing.
espoletado | fuzing.
espoletado (proyectiles) | fuzed.
espolín (telar para brocados) | spotting shuttle.
espolín (telares) | swivel shuttle.
espolón | jetty | starling | rammer.
espolón (botánica, zoología) | spur.
espolón (buques) | ram | beak.
espolón (de gallo) | heel.
espolón (gallo de pelea) | gaff.
espolón rocoso (geología) | rocky spur.
espolvoreable | dustable.
espolvoreado (con azúcar, etcétera) | frosted.
espolvoreador | duster.
espolvoreador (aparato) | deduster.
espolvoreador antimaculatura (imprenta) | nonoffset sprayer.
espolvoreador de cosechas | crop duster.
espolvoreador de semillas | grain duster | seed mixer.
espolvoreador de tractor | tractor-drawn duster.
espolvoreamiento | powdering | sprinkling.
espolvorear | powder (to) | sprinkle (to) | dust (to) | dust on (to).
espolvorear (con azúcar) | dredge (to).
espolvorear (con azúcar, etc.) | frost (to).
espolvorear con corcho granulado | cork dust (to).
espolvorear con negro (moldería) | face (to).
espolvorear con talco | talc (to).
espolvorear desde avión (fertilizantes, pesticidas, etc.) | top-dress (to).
espolvorear la nube (lluvia artificial) | seed the cloud (to).
espolvoreo | dusting.
espolvoreo (de la nube de yoduro de plata, etc. - lluvia artificial) | seeding.
espolvoreo con azufre (magnesio fundido) | dusting.
espolvoreo con parasiticidas | pesticide spraying.
espolvoreo con piedra molida muy fina para evitar explosiones de polvo de carbón (minas) | stonedusting.
espolvoreo con polvos insecticidas | powder dusting.
espolvoreo de metales pirofóricos fundidos con un agente químico para evitar su inflamación | dusting.
espolvoreo de pesticidas desde avión | aircraft spraying.
esponja | sponge.
esponja con espículas de carbonato cálcico | calcareous sponge.
esponja de cobre | copper sponge.
esponja de hierro | iron sponge | H iron | sponge iron.
esponja de hierro (pudelado) | lump.
esponja de hierro (pudelaje) | bloom ball.
esponja de hierro semirreductible | semireducible iron sponge.
esponja de metal (metalurgia) | metal sponge.
esponja de oro | gold sponge.
esponja de paladio | palladium sponge.
esponja de platino | platinum sponge.
esponja de titanio | titanium sponge | titanium sponge.
esponja de zirconio | zirconium sponge.
esponja metálica | metallic sponge.
esponjable | swellable.
esponjado (telas) | lofty.
esponjamiento | bulkage | increment of volume.
esponjamiento (cal apagada, tierras) | expansion.
esponjamiento (tierras) | swell | swelling.
esponjamiento (tierras, cales, etc.) | expansion in bulk | increase in volume.
esponjar | sponge (to).
esponjar (fibras) | fluff (to).
esponjarse | swell (to) | increase in volume (to) | expand (to).
esponjosidad | sponginess.
esponjosidad (mullidura - telas) | fluffiness.
esponjoso | springy.
esponjoso (aceros) | mushy.
esponsales | engagement.
espora (biología) | spore.
espora de cristal | crystal spore.
espora de duración | resting swarm-cell.
esporas del hongo | fungus spores.
esporocito | sporocyte.
esporofito (genética) | sporophyte.
esporóforo (hongos) | fruit-body.
esporoforo (líquenes) | fulcrum.
esporogelita | diasporogelite.
esporozoo | sporozoon.
esposa | consort.
esposar (a presos) | handcuff (to).
esposas | shackle.
esposo | consort.
espuela | spur.
espuelas de celador | pole climbers.
espuerta | hamper.
espuerta de albañil | bricklayer hood.
espulgar para incorporar a filas a los emboscados (fábricas) | comb out (to).
espuma | foam | froth | skim.
espuma (capa escoriosa - metalurgia) | skimmings.
espuma (de líquidos) | bead.
espuma (escorias) | frothy.
espuma (metal fundido) | scum.
espuma (metales en fusión) | drossiness.
espuma (metalurgia) | dross.
espuma (vinos) | bead.
espuma abundante | abundant lather.
espuma apagadora (fuegos) | fire foam.
espuma arrastrada por el vapor (calderas) | foamover.
espuma contraincendios | fire-fighting foam.
espuma de aire (extinción de incendios) | physical foam.
espuma de fundición (metales) | kish.
espuma de jabón | lather.
espuma de manganeso | bog-mine | bog ore.
espuma de mar | pipe stone | spray | ecume de mer | meerschaum.
espuma de uretano producida por generación de bioxido de carbono durante la reacción química inicial | carbon-dioxide-blown urethane foam.
espuma descobreada | decopperizing dross.
espuma en la superficie del vidrio fundido | glass gall.
espuma física | physical foam.
espuma plástica | foamed plastic.
espuma producida mecánicamente | mechanically-produced foam.
espuma química | chemical foam.
espumabilidad | foamability.
espumación | fobbing | frothing | foaming.
espumadera | skimmer.
espumadera (acero al crisol) | flux stick | mop.
espumadera (funderías) | skimming gate.
espumado | skimming | foam-free | scumming.
espumado de la escoria | foaming | ash skimming.
espumado del metal en fusión | drossing.
espumado in situ | foam in place.
espumajeado del fueloil | fuel-oil frothing.
espumajear | froth (to).
espumante | foaming.
espumar | skim (to) | froth (to) | scum (to).
espumar (metal en fusión) | dross (to).
espumas (química) | foams.
espumígeno | frother | foam-producing.
espumógeno proteínico | proteinic foamer.
espumosidad (cervezas) | foaming power.
espumoso | frothy.
espumoso (sangre, saliva, bebidas) | foaming.
espumoso (vinos) | gassy.
espurión | spurion.
esquejamiento | plant dividing.
esqueje | layer | quickset | slip | slip.
esqueje (de un árbol) | cutting.
esquelético | skeletal.
esqueleto | shell | skeleton | skeletal.
esqueleto axial | axial skeleton.
esqueleto carbonado | carbon skeleton.
esqueleto del fuselaje | fuselage skeleton.
esqueleto inactivo | inactive skeleton.
esqueleto interior | internal skeleton.
esqueleto molecular | molecular skeleton.
esqueletón (deporte con trineo monplaza) | skeleton.
esquema | sketch | skeleton | outline | rough draught | setup | pattern | schema | scheme | framework | diagram | draft.
esquema afín | affine scheme.
esquema básico | base drawing.
esquema cinemático (mecanismos) | skeleton outline.
esquema de apareamiento | mating design.
esquema de cargas | spectrum.
esquema de conexiones | connexion diagram | connecting diagram | circuit diagram | communication chart | plugging chart | connection diagram.
esquema de conexiones eléctricas | wiring diagram.
esquema de conjunto | signal flow diagram | block diagram.
esquema de construcción | layout sketch.
esquema de corte (aviación) | cutaway drawing.
esquema de desintegración | disintegration scheme.
esquema de directividad (transductor) | directivity pattern.
esquema de enclavamiento | dog chart.
esquema de fabricación | layout sketch.
esquema de funcionamiento (ingeniería) | functional sketch.

esquema de instalación eléctrica pintada sobre una mesa de distribución | mimic bus.
esquema de intervención en los mercados | valorization scheme.
esquema de la red de distribución eléctrica | system layout.
esquema de montaje | hookup | hookup | layout | connection diagram | connection layout | connecting diagram | mounting layout.
esquema de montaje (aparatos eléctricos) | wiring diagram.
esquema de montaje (electricidad) | circuit diagram.
esquema de muestreo compuesto | composite sampling scheme.
esquema de operaciones | flowchart.
esquema de principio | sheet-flow diagram | schematic diagram.
esquema del cableado | trunking diagram.
esquema desarrollado | developed diagram.
esquema económico | economic pattern.
esquema en corte | cutaway diagram | cutaway schematic | cross-sectional diagram.
esquema funcional | block diagram.
esquema rastreador de búsqueda aérea | aerial-search pattern.
esquema secuencial abierto | open sequential scheme.
esquemas secuenciales | sequence charts.
esquemáticamente | diagrammatically.
esquematizar | schematize (to) | diagrammatize (to) | diagram (to) | skelotonize (to).
esquí acuático | water-skiing.
esquí para avión | airplane ski.
esquiador | skier.
esquiador a campo través | langlauffer.
esquiagrama | shadowgraph.
esquiatrón | skiatron.
esquila (corte de lana) | clipping.
esquilado | shorn.
esquilador | clipper.
esquiladora mecánica | shearing machine.
esquilar | flock (to) | clip (to).
esquileo | shearing | clip.
esquileo (corte de lana) | clipping.
esquileo a corta distancia de la piel (ovejas) | stubble shearing.
esquileo a fondo (ovejas) | stubble shearing.
esquilerización (mineralogía) | pearly effect.
esquilmar | overuse (to).
esquilmar (el suelo) | exhaust (to).
esquilmar (un terreno) | overcrop (to).
esquilmar el suelo | exhaust the soil (to).
esquimal | husky | eskimo.
esquimal norteamericano | Innuit.
esquimo (paño lana) | eskimo.
esquina | corner | quoin | salient | arris.
esquina a la que no llega bien la herramienta | blind corner.
esquina biselada | chamfered corner.
esquina de ángulo recto | square corner.
esquina de torre de perforación | derrick corner.
esquina difícil de calentar | hard-to-heat corner.
esquina doblada en una hoja (doblez de señal - libros) | dog's ear.
esquina en ángulo agudo | squint quoin.
esquina en ángulo recto | right-angular corner.
esquina en inglete | mitered corner.
esquina entrante | reentrant corner.
esquina inclinada respecto a la dirección de la corriente (aerodinámica) | yawed corner.
esquina interior de una jamba con derrame | scontion.
esquina redonda | round corner.
esquina redondeada | filleted corner | radiused corner | bullnose corner.
esquina saliente | projecting corner | salient corner.
esquina superior izquierda | upper left-hand corner.
esquina viva | sharp corner.
esquinado | angled.
esquinal interior | scontion.
esquinar (ladrillos) | kick (to).
esquinas salientes de una chapa antes de cortarla (laminación) | ears.
esquinas superiores | top corners.
esquinera | corner piece.
esquinero (chapa triangular de unión) | gusset.
esquinero (tipografía) | corner.
esquinero contrapeado | butted corner.
esquineros angulares enterizos de latón (imprenta) | brazed brass corners.
esquirla | chipping.
esquirla (de hueso) | splinter.
esquirla (huesos) | chip.
esquirla mineral | mineral chip.
esquirlas de cantería | stone-waste.
esquirlas de la cabeza de combate | fragments from warhead.
esquirlas de piedra (labra de sillares) | knockings.
esquirlas de roca | rock chips.
esquirol | strike breaker | greener | scab.
esquirolear | scab (to).
esquistificación (minas) | stonedusting.
esquistificar (minas) | stonedust (to).
esquisto | slate-clay | schist.
esquisto (geología) | shale.
esquisto alúmbrico | alum schist.
esquisto alumbroso | alum schist.
esquisto anfibolítico | amphibolite schist.
esquisto arcillosericítico | argillous-sericitic shale.
esquisto arcilloso | clay shale.
esquisto arcilloso (minas de carbón) | dunn bass | duns.
esquisto arcilloso azulado cuprífero | blue metal.
esquisto arcilloso en placas | plate shale.
esquisto arcilloso negro | clack shale.
esquisto bituminoso | rhums | black bat | bind | oil shale.
esquisto bituminoso compacto | bat.
esquisto blando | cash.
esquisto blando carbonífero | coaly rashings.
esquisto carbonoso | rattle jack | black stone | rashing | bone coal.
esquisto cataclástico | cataclastic schist.
esquisto clorítico | peastone.
esquisto clorítico (Escocia) | peachstone.
esquisto cloritocuarzoso uranífero | uranium-bearing chloride-quartz schist.
esquisto de láminas delgadas | paper shale.
esquisto fascicular | fascicular schist.
esquisto granitizado | granitized schist.
esquisto hediondo | stinking schist.
esquisto lenticular | augen schist.
esquisto lustroso | lustrous shale.
esquisto micáceo | mica slate.
esquisto moteado | fleckshiefer.
esquisto negro con trozos de carbón | danks.
esquisto noduloso | knotted schist.
esquisto ofiolítico | ophiolithic schist.
esquisto papiráceo | paper schist | papery shale.
esquisto pelítico | pelitic schist.
esquistosidad | foliation | foliation cleavage | foliature | shaly lamination | schistosity.
esquistosidad confusa | blind joint.
esquistosidad en el plano axial | axial-plane schistosity.
esquistosidad entrecruzada | crisscross schistosity.
esquistosidad lineal | linear schistosity.
esquistosidad plana | plain schistosity.
esquistoso | slaty | foliate | shaly | shaley.
esquistoso arcilloso | mudstone.
esquivar | evade (to).
esquizofrénico | schizophrenic.
esquizógeno | schizogenous.
essia (Combrerodendron africanum - Exell) | essia | stinkwood tree.
essia (Combretodendrom africanum Exell) | abine.
essia (Combretodendron africanum - Exell) | abale.
esta condición es muy difícil de satisfacerse en la práctica | this condition is very difficult to satisfy in practice.
está conforme a la muestra | it is up to pattern.
está de acuerdo con el programa | it is right to schedule.
está entre los dos | it is fair to middling.
está equipado para manejar grandes pesos (buques) | she is equipped to take heavy loads.
esta facultado para hacerlo | he is empowered to do it.
está situada en un plano oblicuo | it lies on an oblique plane.
está situado en el eje de rotación | it lies on the axis of rotation.
esta técnica garantiza condiciones de trabajo más uniforme | this technique guarantees steady working conditions.
está vigente en toda España | it has the force of law throughout Spain.
estabiliad de la pasividad | passivity stability.
estabilidad | stability | set | fastness | steadiness.
estabilidad (de precios) | firmness.
estabilidad (de volumen) | constancy.
estabilidad (ríos, vientos) | régime.
estabilidad a fin de viaje (buques) | end-of-the-voyage stability.
estabilidad a los sobrevoltajes (líneas transporte de energía) | transient stability.
estabilidad a principio del viaje (buques) | beginning-of-the-voyage stability.
estabilidad aerodinámica del puente | bridge aerodynamic stability.
estabilidad aeroelástica del rotor del helicóptero | helicopter rotor aeroelastic stability.
estabilidad al autoclave (cementos) | autoclave expansion.
estabilidad al cambio de temperatura | temperature-change stability.
estabilidad ambiental | environmental stability.
estabilidad automática | automatic stability.
estabilidad baroclínica | baroclinic stability.
estabilidad coloidal | colloidal stability.
estabilidad con averías (buques) | damaged stability | stability after damage.
estabilidad con mandos en posición fija (buques) | controls-fixed stability.
estabilidad contra la guiñada (aviones) | directional stability.
estabilidad contra la oxidación | oxidation stability.
estabilidad de amortiguamiento en guiñada | damping-in-yaw stability.
estabilidad de aterrizaje | landing stability.
estabilidad de calibración | calibration stability.
estabilidad de formas (buques) | form stability.
estabilidad de frecuencia a corto plazo | short-term frequency stability.
estabilidad de inmersión (submarinos) | diving stability.
estabilidad de la detonación | detonation stability.
estabilidad de la dureza | hardness stability.
estabilidad de la espuma (cervezas) | head retention.
estabilidad de la fibra | fiber stability.
estabilidad de la marcha por carretera (autos) | roadworthiness.
estabilidad de las cotizaciones | firmness of prices.
estabilidad de las escamas (pigmentos) | leaf stability.
estabilidad de maniobra | manoeuvre stability.
estabilidad de no tanteos (cálculo probabilidades) | nontâtonnement stability.
estabilidad de pesos | weight stability.
estabilidad de pilares sobre pilotes | stability of piers on piles.
estabilidad de ruta | directional stability.
estabilidad de ruta (buques) | course stability.
estabilidad de salida | output stability.
estabilidad de volumen | constancy of volume.

estabilidad de volumen (cementos) | soundness.
estabilidad del aislamiento | insulation stability.
estabilidad del amplificador de convergencia (cañón) | parallax amplifier stability.
estabilidad del color orgánico a la luz (colores) | lightfastness.
estabilidad del funcionamiento | performance stability.
estabilidad del moderador | moderator stability.
estabilidad del punto cero | zero-point stability.
estabilidad del regulador | governor stability.
estabilidad del rumbo | course stability.
estabilidad del sistema de transporte de energía (electricidad) | power system stability.
estabilidad después de avería de plataforma para perforaciones petrolífera | damaged stability of drilling vessels.
estabilidad dimensionable | dimensionable stability.
estabilidad dimensional | dimensional stability | size holding.
estabilidad direccional | weathercock stability.
estabilidad durante el almacenaje (líquidos) | storage stability.
estabilidad durante la marcha (autos) | roadholding.
estabilidad ecológica | ecological stability.
estabilidad en condición de averías (buques) | stability in damaged condition.
estabilidad en la minería del carbón | stability in coal mining.
estabilidad en la varada (buques) | stability when grounded.
estabilidad en marcha | road holding.
estabilidad en marcha por carretera (automóviles) | roadholding stability.
estabilidad en régimen permanente | steady-state stability.
estabilidad en serie (motor eléctrico) | series stability.
estabilidad estática | static stability.
estabilidad estática del rotor | rotor static stability.
estabilidad estructural | structural stability.
estabilidad estructural durante largo tiempo | long-time structural stability.
estabilidad generada por el trépano (sondeos) | bit-generated stability.
estabilidad hidromagnética | hydromagnetic stability.
estabilidad inicial sin averías | undamaged initial stability.
estabilidad intrínseca | inherent stability.
estabilidad lateral | lateral stability.
estabilidad longitudinal | longitudinal stability.
estabilidad longitudinal (aviones) | pitching stability.
estabilidad longitudinal cuando la palanca de mando está fija durante el vuelo (aviones) | stick-fixed stability.
estabilidad longitudinal cuando la palanca de mando está suelta durante el vuelo (aviones) | stick-free stability.
estabilidad longitudinal de un helicóptero con dos rotores en tándem | tandem helicopter longitudinal stability.
estabilidad neutra | neutral stability.
estabilidad oxidativa | oxidative stability.
estabilidad para el maquinado | machining stability.
estabilidad pendular | pendular stability.
estabilidad por un largo período de tiempo | long-term stability.
estabilidad propia | inherent stability.
estabilidad remanente | residual stability.
estabilidad rotacional | rotational stability.
estabilidad sin averías (buques) | intact stability.
estabilidad sin frotamiento | inviscid stability.
estabilidad sin titubeos (cálculo probabilidades) | nontâtonnement stability.
estabilidad tectónica | tectonic stability.
estabilidad transversal (aviones) | rolling stability.
estabilidad transversal al final del viaje (buques) | final transverse stability.
estabilidad transversal inicial | initial traverse stability.
estabilidad vertical (bicicletas, motocicletas) | standing stability.
estabilitrón | stabilitron.
estabilización | stabilizing | stabilization.
estabilización (de precios, jornales) | pegging.
estabilización (semiconductor) | passivation.
estabilización (termotratamiento) | stress relieving.
estabilización aerodinámica pasiva de la actitud | passive aerodynamic attitude stabilization.
estabilización con aglutinantes (caminos) | spot priming.
estabilización con material bituminoso | bituminous stabilizing.
estabilización contra la inclinación | tilt stabilization.
estabilización de la actitud del satélite (con relación a la Tierra) | satellite attitude stabilization.
estabilización de la arena de las playas | beach sand stabilization.
estabilización de la superestructura (vía férrea) | roadbed estabilization.
estabilización de la tasa del cambio | exchange rate pegging.
estabilización de las orillas | shore control.
estabilización de los tejidos de lana | wool fabric stabilization.
estabilización de precios | price stiffening.
estabilización de precios de metales | metal-price stabilization.
estabilización de suelos por cemento | soil-cement stabilization.
estabilización de tejidos | fabric stabilization.
estabilización de tensiones interiores por reposo (metalurgia) | aging.
estabilización de tensiones internas | seasoning.
estabilización de terraplenes | bank stabilization.
estabilización del balance (buques) | roll stabilization.
estabilización del baño colorante | sharpening of dye bath.
estabilización del efecto emisor | stabilization of break-back.
estabilización del flujo | flow stabilization.
estabilización del hierro (por reposo) | aging of iron.
estabilización del montaje del erizo | hedgehog mounting stabilization.
estabilización del porcentaje del error | error-rate stabilization.
estabilización del terreno por adición bituminosa | soil stabilization.
estabilización del volumen de las exportaciones | leveling off of the volume of export.
estabilización electroosmótica del terreno | electroosmotic soil stabilization.
estabilización en paralelo | shunt stabilization.
estabilización giroscópica | gyroscopic stabilization | gyrostabilization.
estabilización giroscópica del buque | gyroscopic ship stabilization.
estabilización granular de los caminos | granular stabilization of roads.
estabilización isotérmica de la austenita | austenite isothermal stabilization.
estabilización pasiva por gradiente de gravedad | passive gravity-gradient stabilization.
estabilización por aletas activas (buques) | activated-fin stabilisation.
estabilización por control giroscópico | gyroscopically-controlled stabilization.
estabilización por gradiente de gravedad | gravity-gradient stabilization.
estabilización por incremento de velocidad derivada (vehículo cósmico) | derived-rate increment stabilization.
estabilización por niobio (aceros) | columbium stabilization.
estabilización por realimentación (servosistemas) | feedback stabilization.
estabilización por reposo | aging stabilization.
estabilización por rotación alrededor de un eje longitudinal (proyectiles, misiles) | spin-stabilization.
estabilización por tanques antibalances (buques) | tank stabilization.
estabilización por titanio (metalurgia) | titanium-stabilization.
estabilizado (metalurgia) | aged.
estabilizado con boro | boron-stabilized.
estabilizado con interruptor periódico | chopper-stabilized.
estabilizado con niobio | niobium-stabilized.
estabilizado con precisión | accurately stabilized.
estabilizado de tensiones internas por reposo (aleaciones) | aged.
estabilizado de tensiones internas por reposo de la pieza (metalurgia) | seasoned.
estabilizado en vuelo | steadied in flight.
estabilizado por cristal piezoeléctrico | crystal-controlled.
estabilizado por cuarzo piezoeléctrico | stabilized by piezoelectric quartz.
estabilizado por gradiente de gravedad (satélites) | gravity-gradient stabilized.
estabilizado por medio de un montaje en puente | bridge-stabilized.
estabilizado por rotación | rotation stabilized.
estabilizado por una resistencia | resistance-stabilized.
estabilizador (EE.UU.) | stabilizer.
estabilizador (G.B.) | stabiliser.
estabilizador antibalance | antiroll stabilizer.
estabilizador de aleta plegable (buques) | foldable fin stabilizer.
estabilizador de aleta retractable | retractable fin stabilizer.
estabilizador de balances (buques) | stabilizer.
estabilizador de balances del buque | ship roll stabilizer.
estabilizador de campo magnético para medida de resonancia nuclear | nuclear resonance magnetic field stabilizer.
estabilizador de chorro | jet vane.
estabilizador de emulsiones | emulsion stabilizer.
estabilizador de espectro | spectrum stabilizer.
estabilizador de estribor proel (buques) | forward starboard stabilizer.
estabilizador de extremo del bastidor | frame-end stabilizer.
estabilizador de frecuencia | frequency control.
estabilizador de inercia | inertia stabilizer.
estabilizador de la austenita | austenite stabilizer.
estabilizador de la corriente de la lente | lens current stabilizer.
estabilizador de la deriva | drift stabilizer.
estabilizador de la espuma | foam stabilizer.
estabilizador de la frecuencia | frequency monitor.
estabilizador de la llama | flameholder.
estabilizador de madera contrachapada (torpedo lanzado por avión) | drag ring.
estabilizador de modulador magnético | magnetic-modulator stabilizer.
estabilizador de potencial del cátodo de pequeña velocidad | low-velocity cathode potential stabilizer.
estabilizador de tensión | stabilivolt.
estabilizador de tensión constante y de corriente constante | constant voltage-constant current stabilizer.
estabilizador de terrenos | soil stabilizer.
estabilizador de tubo de torsión | torsion-tube

stabilizer.
estabilizador de voltaje | voltage stabilizer.
estabilizador de voltaje de corriente alterna | stabilistor.
estabilizador de voltaje para oscilador de microondas | microwave oscillator voltage stabilizer.
estabilizador de voltaje regulable | variable voltage stabilizer.
estabilizador del arco (soldadura) | arc stabilizer.
estabilizador del efecto corona | corona stabilizer.
estabilizador del giroscopio magistral | master gyrostabilizer.
estabilizador del movimiento | motion stabilizer.
estabilizador del tiro (calderas) | draught stabilizer.
estabilizador del tiro de aparatos que queman combustible | draft stabilizer.
estabilizador electrohidráulico | electrohydraulic stabilizer.
estabilizador electrónico | electronic stabilizer.
estabilizador electrónico de voltaje | electronic voltage stabilizer.
estabilizador estático de voltaje | static voltage stabilizer.
estabilizador giroscópico | gyrostabilizer.
estabilizador horizontal | horizontal stabilizer.
estabilizador horizontal (avión) | tailplane.
estabilizador montado en la parte superior del estabilizador vertical (cola de aviones) | stabilator.
estabilizador para curvas (autos) | radius-rod.
estabilizador para la inclinación en curvas (autobuses) | roll stabilizer.
estabilizador regulador | regulating stabilizer.
estabilizador residual | residual stabilizer.
estabilizador subsidiario | subsidiary stabilizer.
estabilizadores para la industria de explosivos | stabilizers for the explosives industry.
estabilizar | stabilize (to).
estabilizar (compactar, apisonar - terrenos) | stabilize (to).
estabilizar (G.B.) | stabilise (to).
estabilizar (precios) | freeze (to).
estabilizar (precios, jornales) | peg (to).
estabilizar (relajar esfuerzos interiores - aceros) | stabilize (to).
estabilizar con material aglutinante (carreteras) | prime (to).
estabilizar con niobio (aceros) | niobium-stabilize (to).
estabilizar el director de tiro | stabilize the director (to).
estabilizar el lenguaje | stabilice the language (to).
estabilizar el mercado | peg the market (to).
estabilizar en amplitud | amplitude stabilize (to).
estabilizar haciendo girar sobre su eje longitudinal | spin stabilize (to).
estabilizar por cristal piezoeléctrico | crystal gate (to).
estabilizar por reposo (aleación, fundición) | age (to).
estabilizar por rotación | spin stabilize (to).
estabilógrafo | stabilograph.
estabistor (diodo) | stabistor.
estable | stable | firm | free running.
estable (dinero) | sound.
estable (resinas) | nonshrink.
estable a los álcalis | alkali-stable.
estable por sí mismo | inherently stable.
establecer | lay down (to) | prove (to) | set (to) | set (to) | make out (to) | form (to) | plant (to) | establish (to).
establecer (leyes, etc.) | lay down (to).
establecer (una diferencia de potencial-electricidad) | impress (to).
establecer (una fórmula) | derive (to).
establecer contacto con el enemigo visualmente o por medio de radio - radar o sonar | contact (to).
establecer contacto por radiotelegrafía | radiocontact (to).
establecer contacto y fluir a través (de una superficie, cuerpo, etc.) | wet (to).
establecer el emplazamiento | locate (to).
establecer el plan de | plan (to).
establecer hipótesis | idealize (to).
establecer la identidad de | identify (to).
establecer la media de los resultados | mean results (to).
establecer la medida de | average (to).
establecer un circuito | set up a circuit (to).
establecer un contrato | indenture (to).
establecer un gráfico (de un fenómeno, experimento, etc.) | chart (to).
establecer un límite de tiempo | set a time target (to).
establecer un negocio | found business (to).
establecer una acusación | establish a charge (to).
establecer una canalización en | pipe (to).
establecer una comunicación (telefonía) | put a call through (to) | set up a call (to).
establecer una demanda | establish a claim (to).
establecerse | fix (to).
establecerse (comercio) | commence (to).
establecerse (en un sitio) | locate (to).
establecerse en | domicile (to).
establecerse por cuenta propia | set oneself up in business (to).
establecido | established.
establecido por la ley | statutory.
establecimento del puerto (mareas) | vulgar establishment.
establecimiento | foundation | establishing | establishment | institution | posting.
establecimiento (de la corriente) | building up.
establecimiento (de una colonia) | planting | plantation.
establecimiento (de una persona en un sitio) | location.
establecimiento de contacto (astronáutica) | adquisition of signal.
establecimiento de crédito | loan society | bond house.
establecimiento de cuentas por cobrar | notes settlement of accounts.
establecimiento de enseñanza | instructional establishment.
establecimiento de la hoja de ruta (ferrocarril) | waybilling.
establecimiento de lavar ropa | laundry.
establecimiento de listas | listing.
establecimiento de programas | setting up schedules.
establecimiento de un arancel aduanero común | establishment of a common customs tariff.
establecimiento de un frente (ejércitos) | fronting.
establecimiento del plan de producción | production scheduling.
establecimiento del puerto (mareas) | common establishment.
establecimiento del puerto (puerto de mareas) | high water full and change.
establecimiento docente | educational establishment.
establecimiento medio (mareas) | mean establishment.
establecimiento medio (puertos con mareas) | corrected establishment | mean high water tidal interval.
establecimiento mercantil | house.
establecimiento militar | militar establishment | post.
establecimiento para ahumar pescado | fish-smoking establishment.
establecimiento que emplea obreros estén o no sindicados | open shop.
establecimientos mercantiles | mercantile houses.
establo | stable.
establo para estabulación libre | pen barn.
establo para ganado lechero | dairy barn.
estabular | stable (to).
estaca | slip | picket | pale | stick | stake.
estaca (Bolivia) | stool.
estaca (topografía) | peg.
estaca de avance (túneles) | spile.
estaca de avance (túneles, minas) | poling-board.
estaca de cerca | fence pole.
estaca de rasante | grade stake.
estaca de talud | slope stake.
estaca fija graduada para medir la acumulación de nieve | snow stack.
estaca indicadora | guard stake.
estaca niveladora | level pole.
estaca para ajustadores de tubos | casing pole.
estacada | fence | trestle | elevated runway | paling | palisade | tip | tipple | palisado | palisading | paling fence | stockade.
estacada (construcción) | piling.
estacada (espigón para proteger márgenes - ríos y playas) | groyne.
estacada circular | boma.
estacada de descarga (minerales) | tipping jetty.
estacada de guía | leading jetty.
estacada de guía (esclusas) | guard wall.
estacada de hormigón armado | reinforced-concrete trestle.
estacada de pilotes | fender pile.
estacada de protección (pilas de puentes) | starling.
estacada de refuerzo (orillas ríos) | camp-sheeting.
estacada flotante | ice boom | log boom | boom.
estacada para retener peces | heck.
estacada paranieves | snow fence.
estacada perpendicular a la corriente (ríos) | groin.
estacadas | groyning.
estacado | staking.
estacar (un caballo) | picket (to).
estacas de avance (túneles) | spilling.
estacas de pendiente | grade stakes.
estacas rectas para mediciones | measuring staves.
estación | station | time | stand.
estación (del año) | season.
estación (minas) | bank level | banking.
estación a distancia | remote station.
estación aeronáutica | aeronautical station.
estación alimentadora (electricidad) | power feeding station.
estación alimentadora (telecomunicación) | power-feeding station.
estación almacén | railholding point.
estación amplificadora (telefonía) | repeater station.
estación autoalimentada | self-powered station.
estación auxiliar | stand-by station.
estación auxiliar (topografía) | A-station.
estación base | base station.
estación cabecera (radio) | master station.
estación cabeza de etapa de transportes por camiones | truckhead.
estación central | central station.
estación central (red de televisión) | flagship.
estación colectora (del petróleo de varios pozos) | gathering station.
estación con expedición a porte debido (ferrocarril) | open station.
estación con radiofaro de equiseñales | equisignal station.
estación concentradora | concentrator.
estación controlada | slave station.
estación controladora | control station.
estación convertidora | converting station.
estación cósmica | space station.
estación cósmica satelizada | orbiting space station | orbiting space station.

estación costera | shore station.
estación costera de radar | shore radar station.
estación de aduana | customs station.
estación de aeronave | aircraft station.
estación de aforo | gaging site | gaging station.
estación de aforo (ríos) | streamflow measurement station.
estación de aforo de un río | development gage.
estación de aforos | river gage.
estación de alarma aérea | raid-warning station.
estación de apoyo para satélites | back-up station.
estación de ayuda al oficial de aterrizajes durante la noche (portaaviones) | hooker control.
estación de basculamiento (de vagones) | dumping station.
estación de bifurcación | branch-off station.
estación de bifurcación (ferrocarril) | junction.
estación de bombas de desagüe | pumping station.
estación de bombeo | pumping unit | pumping plant.
estación de bombeo reforzadora | booster pumping station.
estación de cabeza de etapa (milicia) | railhead.
estación de cabeza de línea (ferrocarril) | terminus.
estación de cambio de dirección | angle station.
estación de captación | flow station.
estación de carga | terminal | loading station.
estación de carga (de agua, gasolina, etc.) | filling station.
estación de carga (teleféricos) | loading terminal.
estación de centro de predicción | forecast centre station.
estación de clasificación | switch yard | marshalling yard | shunting yard | railway yard | railway-yard.
estación de clasificación (ferrocarril) | shunting depot | drill yard | switching yard | yard | classification yard | marshalling depot.
estación de clasificación de mercancías | freight marshalling yard.
estación de clasificación por gravedad (ferrocarril) | hump classification yard.
estación de control | checking station.
estación de control (submarinos) | conning tower.
estación de crecidas | flood season.
estación de cuarentena | quarantine station.
estación de datos oceanográficos | oceanographic data station.
estación de declinación | declinating station.
estación de desarrollo de cohetes nucleares | nuclear rocket development station.
estación de descarga | discharge terminal.
estación de descarga (teleféricos) | knockout station.
estación de descontaminación | decontamination station.
estación de desembarco | landing station.
estación de desmoldeo | knocking-out station.
estación de despiojamiento | delousing station.
estación de destino | receiving station | station of destination.
estación de detección | sensing station.
estación de distribución (productos petrolíferos) | depot.
estación de distribución de energía | switching station.
estación de embarque.
estación de embarque (en trenes) | entraining station.
estación de empalme | junction railway station | railroad junction.
estación de empalme (ferrocarril) | junction.
estación de energía solar de satélite | satellite solar power station.
estación de enganche (minas) | onsetting station.
estación de enlace (comunicaciones) | linking station.
estación de entrada a distancia | remote input station.
estación de envío | forwarding station.
estación de escucha | radio intercept station | listening station.
estación de escucha y corte (telefonía) | special observation post.
estación de ferrocarril | railroad terminal.
estación de ferrocarril (EE.UU.) | depot.
estación de filtración | filter plant.
estación de gran alcance | long-distance station.
estación de información | inquiry station.
estación de interconexión | interlocking plant.
estación de lectura (fichas) | brush station.
estación de loran | loran station.
estación de llegada (mercancías) | receiving station.
estación de machaqueo | crusher station.
estación de medición | measuring station.
estación de medidas | measuring office.
estación de mercancías | freighthouse | freight depot.
estación de mochila (radio) | knapsack station.
estación de observación | observation station.
estación de onda larga de gran potencia | long-wave high-power station.
estación de ondas dirigidas | beam transmission station.
estación de origen | originating station.
estación de partida | station of departure.
estación de partida (mercancías) | loading station.
estación de pasajeros para helicópteros | airstop.
estación de primera lectura | first reading station.
estación de procedencia | originating station.
estación de pruebas de cohetes navales aéreos | naval air rocket test station.
estación de pruebas militares tripuladas | manned military test station.
estación de radar detectora de aviones | radar aircraft detection station.
estación de radar meteorológico | meteorological radar station.
estación de radar para vuelos | flying radar station.
estación de radio terrestre para aeronavegación | aeronautical ground radio station.
estación de radiodifusión telemandada | remote control broadcast station.
estación de radioescucha | monitoring post.
estación de radiolocalización | radiolocation station.
estación de radiotelegrafía | radio.
estación de radioviento | radiowind station.
estación de reciclaje voluntario | voluntary recycling center.
estación de relés amplificadores | amplifying relay station.
estación de salvamento de náufragos | lifesaving station.
estación de seguimiento | tracking station.
estación de seguimiento radar | radar tracking station.
estación de seguimiento y adquisición de datos | tracking and data acquisition station.
estación de servicio | service-station.
estación de servicio de gasolina | gasoline service station.
estación de suministro (de agua, gasolina, etc.) | filling station.
estación de telecomunicaciones aeronáuticas | aeronautical telecommunication station.
estación de telemando | distant electric control.
estación de telemando (y) seguimiento y adquisición de datos | data acquisition (and) telecommand and tracking station.
estación de telemando y adquisición de datos | command and data acquisition station.
estación de televisión en helicóptero | telecopter.
estación de teodolito | hub.
estación de toma de vistas | exposure station.
estación de transbordo | interchange station | junction station | junction railway station | transfer station | exchange station | transfer | transfer.
estación de transbordo por razón de distinto ancho de vía | break-of-gage station.
estación de trayectografía | trajectory plotting station.
estación de triangulación (topografía) | triangulation station.
estación de una red de instalaciones radar | radar netting station.
estación de vigilancia de incendios | fire-watch station.
estación dependiente | dependent station.
estación depuradora | cleansing station.
estación deseada | desired station.
estación designada | designated station.
estación directora | master station.
estación directriz (circuito telefónico internacional) | control station.
estación directriz coaxial (telefonía) | coaxial control station.
estación directriz de grupo (telefonía) | control office | group control station.
estación elevadora | relift station.
estación emisora | transmitting station | emitter station | sending station.
estación emisora de doble impulso | double pulsing station.
estación emisora de señales radioguiantes | homing station.
estación emisora-receptora | two-way station.
estación en el profundo espacio (astronáutica) | deep space station.
estación entre estaciones reforzadoras | interbooster station.
estación espacial en órbita | orbiting space station.
estación espacial orbital biológica | biological orbiting space station.
estación excéntrica (topografía) | eccentric station.
estación experimental | pilot station | developmental station.
estación fija aerodinámica | fax.
estación fija aeronáutica | aeronautical fixed station.
estación final de las embarcaciones (tansportes fluviales) | river-craft terminus.
estación fluvial | river station.
estación fluviométrica | gaging station.
estación freatimétrica | phreatimetric station.
estación fuera de red (comunicaciones) | off-net station.
estación generadora | generating station.
estación generadora de gran potencia | high output generating station.
estación gravimétrica | gravity station.
estación impulsadora | booster station.
estación incineradora | destructor station.
estación inferior del pozo (minas) | bottom.
estación intermedia (meteorología) | way station.
estación lisimétrica | lysimetric station.
estación maestra (telecomunicación) | master station.
estación marítima (ferrocarril) | harbor station.
estación marítima de seguimiento | seaborne tracking station.
estación más propicia a los incendios forestales | fire season.
estación más seca | driest season.
estación meteorológica | weather station.
estación meteorológica automática | automatic weather station.
estación meteorológica contra incendios | fire weather station.
estación meteorológica de boya | buoy-type weather station.
estación meteorológica de observación auto-

mática | automatic meteorological observing station.
estación meteorológica lanzable | droppable weather station.
estación meteorológica oceánica | ocean weather station.
estación meteorológica portátil | portable weather station.
estación meteorológica radárica | radar meteorological station.
estación móvil de radionavegación | radionavegation mobile station.
estación móvil terrestre | land mobile station.
estación muerta (que no se vende) | off season.
estación nacional de radiodifusión | dominant station.
estación no atendida (telecomunicación) | unattended station.
estación orbital (cosmos) | orbital station.
estación orbital circunterrestre | circumterrestrial orbital station.
estación orientadora | homing station.
estación para dar servicios a distritos metropolitanos (radio) | community station.
estación para mercancías | freight yard.
estación patrón de altavoces | loudspeaker master station.
estación perteneciente a la red | on-net station.
estación pluviométrica | rain-gaging station.
estación pluviométrica (meteorología) | precipitation station.
estación principal | master | master station.
estación principal (telecomunicación) | master office.
estación principal de abonado (telefonía) | main station.
estación principal de la red | net-control station.
estación que funciona en la banda de onda radio | radio range station.
estación radárica de investigación meteorológica | weather search radar station.
estación radio de control de aerodromo | aerodrome control radio station.
estación radiodifusora | broadcasting station.
estación radiodifusora de frecuencia modulada | frequency modulation broadcasting station.
estación radiodifusora marítima | marine broadcast station.
estación radiofaro | radiobeacon station.
estación radiofónica | radiophone station.
estación radiogoniométrica | direction finding station | direction-finding station | radio range station | radio direction-finding station.
estación radiogoniométrica con base en tierra que utiliza radiotransmisiones de aviones en vuelo para determinar su rumbo y guiarlos hacia la estación por medio de radiotelefonía | homer.
estación radiotelegráfica | radio station.
estación radiotelegráfica móvil | mobile radio station.
estación receptora | receiving station.
estación receptora multidireccional | multiway receiving station.
estación receptora-transmisora fija (Shoran) | transponder.
estación reemisora (radio, TV) | relaying station.
estación reforzadora | booster station.
estación reguladora | control station.
estación reguladora (transportes) | regulating station.
estación relé | booster.
estación relevadora | relay station.
estación relevadora de televisión | relay station.
estación repetidora | repeater station.
estación repetidora (radio) | relay station | satellite.
estación repetidora (red de radio) | relay transmitter.
estación repetidora orbital | orbital repeater station | active satellite.
estación repetidora sin operador | unattended station.
estación repetidora sobre torre (red de radiodifusión) | repeater.
estación retransmisora | retransmitting station | relay station | relay point.
estación retransmisora (radio) | relay station | relaying station.
estación rodada (radio) | vehicular station.
estación satélite | slave station | slave station.
estación secundaria (telecomunicaciones) | secondary station.
estación subdirectora de grupo | group subcontrol station.
estación subdirectriz (circuito telefónico internacional) | subcontrol station.
estación submarina de investigación con personal | manned undersea research station.
estación subterránea | low-level station.
estación telealimentada (telefonía) | dependent station | auxiliary station.
estación telefónica de pago preliminar | coinbox.
estación telefónica pública | call office.
estación telemétrica | rangefinder station.
estación telerregulada | remote controlled station | remote-controlled station | release lag.
estación terminal | terminal.
estación terminal (ferrocarril) | terminus.
estación terminal activa | active station.
estación terminal receptora | accepting station.
estación termopluviometrica (meteorología) | thermopluviometrical station.
estación terrena | earth station.
estación terrena aeronáutica | aeronautical earth station.
estación terrena de interrogación directa | direct readout ground station.
estación terrestre | ground-based station | land station.
estación terrestre (telecomunicaciones) | ground station.
estación terrestre de radio localización | radio positioning land station | radio position land station.
estación terrestre de radionavegación | radionavigation land station.
estación terrestre del sistema de telecomunicación por satélites artificiales | satellite system ground station.
estación terrestre para el servicio hidrológico y meteorológico | hydrological and meteorological land station.
estación transformadora | transformer station.
estación transmisora de un radiofaro omnidireccional | omnidirectional range station.
estación tributaria (telecomunicación) | tributary station.
estación tributaria (telefonía) | tributary station.
estación tripulada de investigación astronómica | manned astronomical research station.
estación troposférica | tropospherical station.
estacional | seasonal | stationary.
estacionalidad de la producción | seasonality of production.
estacionamiento | staging | parking.
estacionamiento (EE.UU.) | parking lot.
estacionamiento en doble fila | double parking.
estacionamiento fuera de la calle | off-street parking.
estacionar | station (to).
estacionar (cosas o personas) | stage (to).
estacionar aviones sobre la cubierta (portaaviones) | spot (to).
estacionario | stationary | steady.
estacionarse | park (to).
estaciones conjugadas (radio) | hookup.
estaciones de observación en los extremos de la base | base end observing stations.
estaciones de previsión de crecidas | flood forecast centers.
estaciones de registro | boarding stations.
estaciones de una red (radiodifusión) | facilities.
estaciones intervisibles | intervisible stations.
estaciones terrestres sincronizadas | synchronized ground stations.
estacionómetro | parking meter.
estacha | warp | headfast.
estacha (cuerda) | mooring rope.
estacha (marina) | hawser.
estacha con menos de | cablet.
estacha de alambres (buques) | mooring wire.
estacha de amarre (buques) | mooring line.
estacha de proa | headrope | bow rope | head-line.
estacha de remolque | towing hawser.
estacha de remolque (buques) | tow line.
estacha unida a una boya para poder separarse rápidamente del muelle en caso de incendio (buques con cargamentos peligrosos) | fire warp.
estadalero (topografía) | rodman.
estadía | lay-time.
estadía (topografía) | stadia.
estadia horizontal | horizontal stadia.
estadías | loading days | lay days | lay-days.
estadidad | statehood.
estadillo | return.
estadímetro óptico | optical stadiometer.
estadio | bowl | stadium | stage.
estadio (edificio) | grandstand | stadium.
estadio (medida griega de longitud) | stadium.
estadio amortiguador | buffer stage | buffer stage.
estadio de deportes | sports stadium.
estadio de entrada | input stage.
estadio de hormigón armado | concrete stadium.
estadio de presión (turbinas, compresores) | pressure stage.
estadio germinativo (plantas) | seedling stage.
estadios (de una enfermedad) | period.
estadios (edificios) | stadia.
estadios larvarios | larval stadia.
estadista | stateman.
estadística | return.
estadística (ciencia) | statistics.
estadística actuarial | actuarial statistics.
estadística bivariada | bivariate statistics.
estadística centrada | unbiased statistics.
estadística confinada | tube statistics.
estadística cuántica | quantum statistics.
estadística de accidentes | accident statistics.
estadística de analfabetos | literacy statistics.
estadística de empleo laboral | manpower statistics.
estadística de errores por volumen de cinta | error statistics by tape volume.
estadística de la muestra | sample statistics.
estadística de la vivienda | housing return.
estadística de migración | migration statistics.
estadística de muestreo | sampling statistics.
estadística de tráfico (telecomunicación) | traffic summary.
estadística de una prueba | test statistic.
estadística de volumen (informatica) | volume statistics.
estadística deductiva | deductive statistics.
estadística demográfica | population statistics.
estadística ineficiente | inefficient statistics.
estadística ji | chi-statistic.
estadística lineal sistemática | linear systematic statistic.
estadística lingüística | linguistical statistics.
estadística mensual | monthly returns.
estadística no paramétrica | nonparametric statistic.
estadística nuclear | nuclear statistics.
estadística oficial | official statistics.
estadística ordinal | order statistics.
estadística para legisladores | statistics for legislator.
estadística pesquera | fisheries statistics.
estadística sociológica | sociological statistics.
estadísticamente analizado | statistically analy-

zed | randomly analyzed.
estadísticamente perturbado | randomly perturbed.
estadísticamente promediado | statistically averaged.
estadísticamente retardado | randomly delayed.
estadísticas demográficas | vital statistics.
estadísticas sobre bibliotecas | library statistics.
estadísticas vitales | vital statistics.
estadisticidad | randomness.
estadístico | statistician | statistic | statistical.
estadístico chi-cuadrado | chi-square statistic.
estadístico de orden | order statistic.
estadístico-termodinámico | statistico-thermodynamic.
estadístisco del rango señalado | signed rank statistic.
estado | return | status | condition | roll | state.
estado (legal) | status.
estado a perforar (tarjetas) | punch report.
estado abierto (semiconductor) | off state.
estado absolutamente refractario (biología) | absolutely refractory state.
estado acabado de cementar | as-carburized state.
estado aconfesional | aconfessional state.
estado activo y pasivo | statement of assets and liabilities.
estado actual | status.
estado actual de la experimentación | present state of experimentation.
estado actual de la obra en curso | order status.
estado actual de la tecnología | state-of-the art.
estado aerobio | aerobic condition.
estado agitado (mar) | roughness.
estado amplificador | gain stage.
estado atmosférico | weather.
estado atmosférico en que los objetos no arrojan sombra y sólo pueden verse objetos muy oscuros (Artico) | milky weather | whiteout.
estado barométrico | barometric condition.
estado benefactor | welfare state.
estado brumoso | mistiness.
estado bruto de laminación | as-rolled condition.
estado bruto de soldadura | as-welded condition.
estado cero | nought state.
estado civil | marital status.
estado como nuevo | like-new condition.
estado compacto | packed state.
estado con acritud por laminado en frío (se sobrepasa el límite elástico) | temper.
estado con rebabas | flash-trimmed condition.
estado condicional | conditionality.
estado consolidado de ingresos | consolidated income statement.
estado contable | accounting form | balance sheet.
Estado contribuyente | contributing State.
estado cristaloplástico | crystalloplastic state.
estado cuántico | quantum state.
estado cuántico de traslación | translational quantum state.
estado de acabado de acuñar (monedas) | mint state.
estado de acabado de estirar en frío sin ningún postratamiento | as-cold-drawn condition.
estado de aceptabilidad de la pieza fundida | state of acceptability of the casting.
estado de acritud por laminación en frío (se sobrepasa el límite elástico - aceros) | tempering.
estado de activado | on state.
estado de alarma | state of emergency.
estado de alerta con los cazadores dispuestos para emprender el vuelo | fight watch.
estado de baja energía | low-lying state.
estado de brotación - estado de surgencia (pozo petróleo) | flowing stage.
estado de calamidad pública | civilian state of emergency.
estado de conducción directa | forward conducting state.
estado de contabilidad consolidado | consolidated balance sheet.
estado de costo de fabricación | manufacturing cost statement.
estado de cubicaciones | schedule of quantities.
estado de cuenta | abstract of account | bank balance | statement.
estado de cuenta (bancos) | statement of account.
estado de cuenta (de un cuentacorrentista) | bank statement.
estado de cuenta con déficit o superávit | deficiency account.
estado de cuenta con explicación de las partidas (bancos) | discussion statement.
estado de cuenta del capital de los socios | statement of partners' capital account.
estado de cuenta mensual (bancos) | monthly statement.
estado de cuentas con fines especiales | special purpose financial statement.
estado de cuentas que explica las pérdidas sufridas | statement of deficiency.
estado de desactivado | off state.
estado de detención (ordenador) | stopped state.
estado de dimensiones | schedule of quantities.
estado de dimensiones (presupuestos de obras) | quantities.
estado de ejecución | running state.
estado de emergencia nacional | national emergency.
estado de endurecimiento por acritud y maduración posterior | work-hardened-and-aged condition.
estado de energía donadora (electrónica) | donor energy state.
estado de enfriado rápidamente y después trabajado en frío y después revenido | quenched-cold-worked-and-tempered condition .
estado de equilibrio forzado (termodinámica) | constrained equilibrium state.
estado de equilibrio interno (cuerpos) | state of ease.
estado de error cero (sincros) | quiescent condition.
estado de espera | standby.
estado de espera (microprocesador) | wait state.
estado de espera perdido | hard wait state.
estado de estancamiento | stagnation state.
estado de estirado sin postratamiento (metalurgia) | as-drawn condition.
estado de estirado y relajado de esfuerzos (tubos cuproníquel) | drawn-and-stress-relieved condition.
estado de excepción nacional | national emergency.
estado de excitación libre | free exciton state.
estado de extracción | fetch state.
estado de fabricación | manufacturing situation.
estado de fabricado sin postratamiento | as-manufactured condition.
estado de franco de servicio | nonduty status.
estado de funcionamiento (ordenador) | operating state.
estado de ganancias y pérdidas | earnings statement.
estado de haber testado | testacy.
estado de hostilidades declaradas sin conflicto armado | phoney war.
estado de impagados | back bill.
estado de ingresos | income account.
estado de ingresos (y) ganancias y pérdidas | income and profit and loss statement.
estado de la carga del acumulador | state of charge of battery.
estado de la cosecha | crop condition.
estado de la mar (navegación) | sea condition.
estado de labrado en frío mas recocido por solubilización | solution annealed plus cold-worked condition.
estado de laminado en frío y recocido | cold-rolled-and-annealed condition.
estado de limpieza apto para centrales o materiales nucleares (aceros, etcétera) | nuclear clean condition.
estado de liquidación | liquidation statement.
estado de líquido saturado | saturated-liquid state.
estado de matrícula (aeronaves) | state of Registry.
estado de necesidad (leyes) | stage of poorness.
estado de ninfa (zoología) | pupation.
estado de no funcionamiento | caretaker status.
estado de normalizado y revenido | normalized-tempered condition.
estado de origen y aplicación de recursos | statement of source and application of funds.
estado de pagos a cuenta | progress estimate.
estado de paridad de energías | break-even stage.
estado de pérdidas y ganancias | income statement | gain and loss exhibit | gain-and-loss exhibit | profit and loss statement.
estado de permanecer abierto (un órgano) | patency.
estado de precios (proyectos) | schedule of prices.
estado de precios del contrato | contract pricing.
estado de profunda depresión somática | shock.
estado de ramillete | bouquet stage.
estado de recocido blando | soft annealed condition.
estado de recocido completo | dead-soft condition.
estado de reconciliación | reconciliation statement.
estado de reducido en frío | cold-reduced condition.
estado de referencia | datum state.
estado de referencia normal (termodinámica) | standard reference state.
estado de régimen | steady state.
estado de reposo | resting stage.
estado de reposo (cuerpos) | state of ease.
estado de saturación | saturation state.
estado de situación | statement of condition | statement of affairs.
estado de soldado-relajado de tensiones-vuelto a soldar | welded-aged-and-rewelded condition.
estado de subdivisión de una substancia | fineness.
estado de subfusión | subfusion state.
estado de templado-estirado-madurado | quenched-drawn-and-aged condition.
estado de tener una de las alas con tendencia a bajar en vuelo (aeroplanos) | wingheaviness.
estado de tensiones | stress state.
estado de termotratado | heat-treated state.
estado de termotratado por solubilización y madurado | solution-treated-and-aged condition.
estado de termotratado por solubilización y soldado y madurado | solution-treated-welded-and aged condition.
estado de termotratamiento terminado | fully heat-treated condition.
estado de tratamiento por solución reciente | freshly solution-treated condition.
estado de una válvula sin excitación (electrónica) | Q point.
estado del cargamento | condition of the cargo.
estado del mar | sea disturbance.
estado del mar (meteorología) | state of sea.
estado del tiro (chimeneas) | draughting conditions.
estado demostrativo (contabilidad) | supporting statement.
estado deudor | debtor nation.
estado doblemente degenerado | doubly degenerate state.

estado electrónicamente excitado | electronically excited state.
estado en oposición de fase | out-of-phase condition.
estado en orden completo | completely ordered state.
estado en que la velocidad de conversión de átomos neutros de gas en iones excede la velocidad de entrada de aquellos átomos en el volumen activo (aparato termonuclear) | burnout.
estado en que las orientaciones preferidas se obtienen por rotación alrededor de una línea llamada fiberaxis (cristalografía) | fibering.
estado en que se encuentra un asunto | status.
estado en que se sobrepasa la resistencia máxima de rozamiento (betratón de plasma) | runaway.
estado energético | energy state.
estado energético molecular | molecular energy state.
estado esméctico (ácidos grasos y jabones) | smectic state.
estado estable | steady state.
estado estable en caliente | hot-stable state.
estado estable en frío | cold-stable state.
estado estacionario | steady state.
estado estadístico | statistical report.
estado falso (semiconductor) | not-true state.
estado financiero | financial statement | financial state.
estado financiero para conseguir crédito | credit statement.
estado fundamental | ground state.
estado fundamental del átomo | ground state of the atom.
estado general | overall state.
estado general de trabajo | working trial balance.
estado higrométrico | moisture content.
estado imperfecto | imperfect stage.
estado impreso | printed report.
estado inclemente del tiempo | inclement weather condition.
estado interfaz | interface state.
estado isobárico metaestable | metastable isobaric state.
estado isomérico | isomeric state.
estado jurídico médico | medical juridical status.
estado laico | laical state.
estado larvario | larval stage.
estado latente | dormant state.
Estado libre asociado de Puerto Rico | Commonwealth of Puerto Rico.
estado ligado de lagunas de partículas | particle-hole bound state.
estado líquido cristalino (ácidos grasos y jabones) | liquid-crystalline state.
estado líquido subenfriado | subcooled-liquid state.
estado lógico verdad | true state.
estado martensítico endurecido después de la deformación de la austenita hacia los 500 °C en la región en que es metaestable | tempered martensitic state after ausforming.
estado mayor | command staff | staff.
estado mecanográfico (informática) | report.
estado medicolegal | medical-legal status.
estado mensual (cobros) | monthly statement.
estado metamíctico (amorfo) | metamict state.
estado meteorológico en que hay que emplear el vuelo por instrumentos | instrument weather.
estado mixto del superconductor | mixed state of superconductor.
estado multinacional | multinational state.
estado normal | normal state | normal.
estado para marcha | running state.
estado pastoso (metalografía) | mushy stage.
estado patrimonial | trading account.
estado permanente | steady state.
estado permanente del acuífero | steady aquifer state.
estado polvoriento | dustiness.
estado polvoriento del carbón | dustiness of coal.
estado propio | eigenstate.
estado que indica que va a ocurrir una pérdida de velocidad (aviones) | stall warning.
estado químicamente reactivo | chemically reactive state.
estado ruinoso (edificios) | dilapidation.
estado sanitario de las ubres (vacas lecheras) | udder health.
estado sin pesantez | weightlessness.
estado soberano | sovereign state.
Estado solicitante | applicant State.
estado sólido | solid state.
estado somnambúlico | somnambulic state.
estado sónico | sonic state.
estado suma (ley de Boltzmann) | state sum.
estado tal como está | as-is condition.
estado tal como se entrega | as-furnished condition.
estado tal como se termina | as-manufactured state.
estado termodinámico intensivo | intensive thermodynamic state.
estado termostático | thermostatic state.
estado tosco de forja (a medidas aproximadas) | rough forged condition.
estado tosco de forja sin descascarillar | black as-forged condition.
estado transpasivo | transpassive state.
estado virtual | virtual state.
estado virtual (física) | virtual state.
estado vítreo | glassy state.
estados (bancos) | statements of account are rendered monthly.
estados de entrada | input state.
estados de velocidad sónica | sonic-velocity states.
estados débilmente excitados | low excited states.
estados excitados de baja energía | low-lying excited states.
estados excitados de los fragmentos de fisión | excited states of fission fragments.
estados financieros a costes actuales | current cost accounts.
estados financieros a fechas intermedias | interim financial statements.
estados financieros auditados | audited financial statement.
estados fluidos de una sustancia | fluid states of a substance.
estados significativos | significant conditions.
Estados Unidos | American Union.
estadounidense | USA-citizen.
estafa | embezzlement | fake | fraud.
estafador | fake | confidence man | swindler.
estafar | swindle (to) | gyp (to) | cheat (to).
estafeta | despatch rider | post | post office.
estafeta de correos | post-office branch | branch post office.
estafeta montado | mounted messenger.
estagmografía | stagmography.
estagmográfico | stagmographical.
estajado (chapas o cuadernas buques) | joggled.
estajado de chapas (forro buques) | plate joggling.
estajadora | joggling machine.
estajadora (cuadernas) | joggler.
estajar (chapas) | joggle (to).
estajar (chapas de buques) | offset (to).
estalactita | drop-stone.
estalactita botrioidal | botryodal stalactite.
estalagmita | drop-stone.
estallable | explosible.
estallador | sparker | spark gap.
estalladura por presión (minas) | rockburst.
estallar | split (to) | burst (to) | blowout (to) | crash (to) | blowup (to) | crack (to).
estallar (guerra) | outbreak (to).
estallar (una guerra) | break out (to).
estallido | crash | snap | report | burst | boom.
estallido de ionización | ionization burst.
estalló | it went off.
estambre | embroidery wool | worsted | wool top.
estambre (textil) | wollen yarn.
estambre para bordar | crewel.
estamento | community.
estameña | bolting cloth | estamene | etamine | linsey-woolsey | tammy.
estaminado (botánica) | male.
estampa | button set | goffering mold | die engraving | stamper | printing | pressing die | print | die plate | die mold | drive | drift.
estampa (de estampa de forja) | impression.
estampa (de forja) | dolly | swage block | swage.
estampa (de prensa) | press tool.
estampa (fabricación objetos huecos de vidrio) | mold (EE.UU.).
estampa (forja) | stamp | print.
estampa (fragua) | swedge.
estampa (fundición de tipos de imprenta) | punch.
estampa (herramienta) | cress.
estampa (mecánica) | rivet set.
estampa (remachado) | snap die.
estampa acabadora | finisher.
estampa acabadora (forjas) | finisher die.
estampa anular | ring die.
estampa cerrada (forja) | closed impression die.
estampa cerrada (para forjar) | closed die.
estampa circular (para roscas) | thread roll.
estampa con matriz de acero (tipografía) | die stamping.
estampa cónica (remaches) | conical head snap.
estampa de caucho montada en acero | trapped rubber die.
estampa de collar | collar swage.
estampa de corte | shearing die.
estampa de desbarbado | trim die.
estampa de doblar | bending die.
estampa de dos posiciones | two-station die.
estampa de embutir | drawing die.
estampa de estirar en frío | cold drawing die.
estampa de forja | shaper | boss.
estampa de impresión | impression die.
estampa de mano | hand stamp.
estampa de mano (forjas) | loose tool.
estampa de martillo | top tool.
estampa de multicavidades | multicavity die.
estampa de plegar chapa | former.
estampa de recalcar | header die.
estampa de recortar (en la prensa) | cutting die.
estampa de remachar | riveting die.
estampa de yunque | anvil stake.
estampa del yunque | anvil pallet.
estampa en frío | hob out.
estampa formadora (vidrio) | blank mold.
estampa hembra | hollow die | bottoming die.
estampa impresa con planchas en linóleo | lino cut.
estampa inferior | bottom-swage | bottoming die | bottom rounding-tool | matrix.
estampa inferior (martillo pilón) | bottom pallet | anvil pallet.
estampa inferior (prensa de estampar, plegadora) | bottom die.
estampa matriz (prensas) | mold (Estados Unidos).
estampa normalizada | unit die.
estampa para aboquillar (buques) | joggling die.
estampa para dar forma aproximada | edger.
estampa para desbaste (forjas) | blocking die | breakdown.
estampa para estajar (buques) | joggling die.
estampa para forjar en caliente | hot-working die.
estampa para hacer indentaciones | bulge die.
estampa para hierros redondos (forja) | rounding tool.
estampa para presofusión | die mold.
estampa para recalcar | upset.

estampa para remachar | rivet die | riveting-set | snap-tool.
estampa partida | split die.
estampa penúltima | penultimate die.
estampa perforadora | piercing die.
estampa plana de forja | flatter.
estampa preacabadora (forja) | blocker.
estampa preformadora | buster die.
estampa progresiva | progressive press tool.
estampa que permite el giro de la pieza (forja) | roller die.
estampa rebarbadora | trimmer die.
estampa redonda (forja) | rounding tool.
estampa superior | top die.
estampa xilográfica | woodcut drawing.
estampabilidad | punchability.
estampabilidad (de chapas) | formability.
estampable | punchable.
estampación | stamping | printery | printing | presswork | press forming | print.
estampación (encuadernación) | tooling | blocking.
estampación a máquina | machine printing.
estampación a máquina (telas) | roller printing.
estampación con estarcido | screen printing.
estampación con pigmentos (telas) | pigment printing.
estampación con pistola pulverizadora (telas) | spray printing.
estampación de telas de algodón | calico printing.
estampación en caliente | drop forging.
estampación en frío | stamping | cold swaging.
estampación en la prensa | pressing.
estampación en seco (encuadernación) | blanking.
estampación por caída | drop forging.
estampación por caída (sólo hay un cambio de forma - G.B.) | drop-stamping.
estampación por reservas | resist style.
estampación por reservas (telas) | resist printing.
estampaciones (libros) | tooled designs.
estampado | pressed-on | stamped | punch-pressing | embossing | formed | swaging | die-pressed | printery | printing | stamping.
estampado (cuero, piel, cartón) | goffered.
estampado (en la prensa) | pressed | molded.
estampado (encuadernación) | tooled.
estampado (telas) | painted.
estampado (textil) | printed.
estampado a dos caras (telas) | registered print.
estampado a mano (telas) | hand printing.
estampado a medidas aproximadas | rough-stamped.
estampado a relieve en frío (imprenta) | cold embossing.
estampado a relieve en seco (imprenta) | blind embossing.
estampado con molde (telas) | block printing.
estampado de chapas | sheet stamping.
estampado de dibujos afelpados (telas) | flock printing.
estampado de dibujos de superficie grande (telas) | blotch printing.
estampado de embutición | deep-drawing stamping.
estampado de piezas circulares | circle stamping.
estampado de prueba (grabados) | plate-marking.
estampado de tapas en prensa con troquel (encuadernación) | blocking.
estampado de tejidos | cloth printing.
estampado de telas | textile printing.
estampado de trazos finos (telas) | peg printing.
estampado de una sola pieza | solid rolled.
estampado directo (telas) | direct printing.
estampado electrolítico de dibujos afelpados (telas) | electrostatic flock printing.
estampado en caliente (forjas) | pressing.
estampado en caliente (fraguas) | hot-swaged.
estampado en caliente en la prensa | press-forging | press-forged.
estampado en frío | cold-drawn.
estampado en hueco | hollow diework.
estampado en oro (encuadernación) | gold-stamped.
estampado en relieve | solid die work.
estampado en relieve (para obtener chapas labradas) | blind punching.
estampado en seco | blind printing.
estampado en seco (encuadernación) | blinding.
estampado en seco al calor (encuadernación) | blind stamping | blind tooling.
estampado mecánico | roller printing.
estampado por corrosión (telas) | extract printing | discharge printing.
estampado progresivo | multistage drawing.
estampado secuencial | multistage drawing.
estampado sobre algodón | cotton printing.
estampador | stamper | puncher | gofferer.
estampador (de cuero o metales) | embosser.
estampador (de telas) | printer | printer.
estampador candente | brand.
estampador de tejidos | cloth printer.
estampador de telas de algodón | calico printer.
estampadora | stamping machine | swager.
estampadora de colores (telas) | color printing machine.
estampadora de direcciones en rollo | strip lister.
estampadora de rodillos | roller printing machine.
estampadora en relieve | crimping machine.
estampadora intermitente (para telas) | jumper machine.
estampados batik | batik prints.
estampar | punch (to) | emboss (to) | press (to) | print (to) | press-form (to) | drift (to) | die (to) | impress (to) | imprint (to).
estampar (cuero, papel) | gopher (to) | goffer (to).
estampar (en la prensa) | mold (to).
estampar (encuadernación) | tool (to).
estampar (metales) | snarl (to).
estampar (remaches) | snap (to).
estampar (telas) | print (to).
estampar a máquina (telas) | machine-print (to).
estampar a paño (remaches) | flush die (to).
estampar con cabeza semiesférica (remaches) | snap die (to).
estampar con estarcido | screen print (to).
estampar en caliente | swage (to) | hot stamp (to) | hot die-press (to) | drop-forge (to) | hot-press (to) | hot swage (to).
estampar en caliente en la prensa | press-forge (to).
estampar en frío | cold draw (to) | cold form (to) | hob out (to) | cold stamp (to) | cold-swage (to) | stamp (to).
estampar en oro | gold emboss (to).
estampar en relieve | emboss (to).
estampar golpeando | incuse (to).
estampar sobre | print on (to).
estampar tapas en prensa con troquel (encuadernación) | block (to).
estampar un escudo en la cubierta (tapa) de un libro | arm (to).
estampas | prints.
estampas de empatar | seaming dies.
estampas para pernería | bolt dies.
estampas progresivas | follow dies.
estampas progresivas (estampación en prensa) | progressive dies.
estampería (telas) | printery plant.
estampida | stampede.
estampido | rumble | crash | report.
estampido (del cañón) | crack.
estampido explosivo | explosive report.
estampido sónico (aeronáutica) | sonic boom.
estampido sónico (aviación) | boom.
estampido supersónico | supersonic boom.
estampido transónico | sonic bang.
estampidos supersónicos (cuando el número Mach pasa a ser mayor de 1) | supersonic bangs.
estampilla | stamp | postage stamp | identification mark.
estampilla (fiel contraste) | assay mark.
estampilla fechadora | dating stamp.
estampilla fiscal | fiscal stamp.
estampillado | stamped.
estampillar | stamp (to) | mark (to) | letter (to).
estampista | diesinker.
estampografía | stampography.
estancación | engorgement.
estancada (agua) | logged.
estancado | stagnant.
estancamiento | paralysis | pondage | stand | stagnation | deadlock | coffering | lagooning | dullness.
estancamiento tecnológico | technological stagnation.
estancar | staunch (to) | stop (to) | seal (to) | make watertight (to).
estancarse | backup (to).
estancia | demurrage | farm | dwell.
estancia (Argentina) | ranch.
estancia en hospital | hospital stay.
estanciero | land holder | landholder | farmer.
estanciero (América hispanohablante) | ranch owner.
estanciero (Argentina) | rancher.
estanciero (Argentina - América hispanohablante) | ranchman.
estanco | submergenceproof | hermetically sealed | antileak | leaktight | leakproof.
estanco (buques, recipientes) | tight.
estanco a gases | gas-proof.
estanco a la humedad | moisturetight.
estanco a las aspersiones | drip-tight.
estanco a las salpicaduras | drip-tight.
estanco a los fluidos | fluid-tight.
estanco a los rociones (ventanas buques) | spray tight.
estanco a un agente exterior (física) | tight.
estanco a vapores y gases | vapour sealed.
estanco al aceite | oil-arresting | oil-tight.
estanco al agua | water tight | watertight.
estanco al aire | air tight.
estanco al chorro | splash tight.
estanco al chorro de la manguera | hose-tight.
estanco al chorro de manguera (prueba de puertas estancas, etc.) | hoseproof.
estanco al goteo | driptight | dripproof.
estanco al humo | fume-tight.
estanco al petróleo | oil-tight.
estanco al vapor | vaportight.
estanco y sólido (buques) | tight and staunch.
estand (mercados, exposiciones) | stand.
estandarización | standardization.
estandarte | standard | flag.
estandarte (botánica) | banner | standard.
estannífero | stanniferous.
estanniferosidad | stanniferosity.
estannita (mineralogía) | stannite.
estannito (química) | stannite.
estanque | pool | pond | reservoir | mere | basin.
estanque (Chile) | tank.
estanque aerobio | aerobic pond.
estanque aguas abajo (presa-vertedero) | lower pool.
estanque amortiguador (pie de presa) | stilling pool | cushion pool.
estanque anaeróbico | anaerobic pond.
estanque cubierto | covered-in pond.
estanque de agua salada | salt chuck.
estanque de amortiguación (pie de presa) | stilling basin.
estanque de amortiguación de cuencos múltiples (pie de presa) | manifold stilling basin.
estanque de enfriamiento por lluvia | spray-cooling pond.
estanque de recogida de efluentes líquidos (refinería de petróleo) | skimming pond.
estanque de retenida | holding pond.
estanque de rociado | spray pond.

estanque decantador | settling basin.
estanque hidrodinámico para estudio de efectos de las olas sobre playas o desembocadura de ríos | wave-flume tank.
estanque para el ganado | earth tank.
estanque para experimentación | seaplane tank.
estanqueidad | sealing | watertightness | tightness | leak-tightness | imperviousness.
estanqueidad a la presión | pressure tightness.
estanqueidad a los gases | gas sealing.
estanqueidad a los rociones | sprayproofness.
estanqueidad al aceite | oil-tightness.
estanqueidad al agua | watertightness.
estanqueidad al petróleo | oil-tightness.
estanqueidad por medio de un fluido | fluid sealing.
estanqueificar | tighten (to).
estante | compartmented case | board rack | stand | shelf | shelf stand.
estante de batería de acumuladores | battery rack.
estante de etiquetas | card rack.
estante de libros | bookcase.
estante de relés | relay rack.
estante para libros | book-shelf.
estante para secar ladrillos | brick stand.
estantería | stillage | shelving | rack | shelf.
estantería de acero | steel shelving.
estantería de acero para almacén | steel storage rack.
estantería de enfriamiento | cooling rack.
estantería de madera con casilleros para almacenar herramientas (talleres) | tool crib.
estantería de una sola cara | single-faced shelving.
estantería para almacenamiento | storage rack.
estantería para almacenar | storage rack.
estantería para bobinas de bandas | coil rack.
estantería para guardar bicicletas (talleres) | cycle stand.
estantería para libros | stack.
estanterías (hornos cerámicos) | bats.
estanterías para bibliotecas | library shelving.
estantes para archivo y almacenaje | shelves for archives and storages.
estañabilidad | tinnability.
estañable | tinnable.
estañado | tinner | tinned | tinning.
estañado a fuego | fire-tinned.
estañado con suelda blanda | wipe-tinning.
estañado electrolítico | electrolytic tinning | electrotinning | electrotin plating.
estañado electrolítico alcalino | alkaline tin plating.
estañado en baño caliente | hot-dip tinning.
estañado en caliente | hot-tinned.
estañado en vapores de cloruro estannoso | stannizing.
estañado por inmersión | dip-tinned.
estañado por inmersión en baño caliente | hot-dipping tin coating.
estañado por inmersión en solución de estannato sódico | flash tinning.
estañado sin fundente | fluxless tinning.
estañado superficial | tinning.
estañador | tinworker | tin-plater | tinker.
estañador (operario) | tinner.
estañador en caliente (obrero) | hot-tinner.
estañadora | tinning unit.
estañadura | tinwork | tinning.
estañadura en caliente | hot-tinning.
estañadura vertiendo sal amoniaco en polvo sobre la superficie del baño | sal ammoniac tinning.
estañar | tinplate (to) | tin (to).
estañar (chapas) | blanch (to).
estañar a fuego | fire tin (to).
estañar al fuego | hot-tin (to).
estañar de nuevo | retin (to).
estañar en baño caliente | hot-dip tin (to).
estañar en caliente | hot-tin (to).
estañar por inmersión | dip-tin (to).
estaño | tin | base metal.
estaño aluvial (placeres) | stream tin.
estaño colado | cast tin.
estaño comercial sólido | block tin.
estaño con granalla (mineralogía) | shot tin.
estaño con más de 99,9% de pureza | highest purity tin.
estaño de acarreo (placeres) | stream tin.
estaño de aluvión | alluvial tin.
estaño de aluvión (placeres) | stream tin.
estaño de escoria | slag tin.
estaño de escorias | prillion.
estaño de riñón | reniform tin ore.
estaño de roca | lode tin | mine tin.
estaño de suelda | soldering pewter.
estaño en barras | bar tin.
estaño en bruto | pig tin.
estaño en forma estable por encima de 292 °K | gray tin.
estaño en galápagos | pig tin | block tin | cap tin.
estaño en granalla | shot-tin.
estaño en grano (estaño en lágrimas - parte superior de una masa de estaño fundido obtenido por reducción con carbón de madera) | grain tin.
estaño en lágrimas | drop-tin | feathered tin.
estaño en lingotes | block tin.
estaño ferrífero | iron-bearing tin.
estaño granulado | drop-tin.
estaño granulado obtenido vertiendo estaño fundido en agua | drop tin.
estaño gris estabilizado de germanio | germanium-stabilized grey-tin.
estaño metálico en forma masiva | beta tin.
estaño nativo | mine tin.
estaño puro granulado | feathered tin.
estaño xiloide | wood tin | tin wood.
estaño y cobre o plomo | biddery.
estaño y plomo o cobre | bidree.
estañosoldado | soft soldered | tinned.
estañosoldadura | tin solder | sweating.
estañosoldar | tin (to) | soft solder (to) | sweat (to).
estañosoldar (con aleaciones de estaño y plomo) | solder (to).
estañosoldar con soplete | torch solder (to).
estañosoldar en horno | oven-solder (to).
estañosoldar por inmersión (en un baño) | dip solder (to).
estañosoldeo | soft soldering.
estañosoldeo en horno | furnace soldering.
estañosoldeo por inmersión | dip-soldering.
estañozincado | tin-zinc plating.
estaqueado | pegging | stake setting.
estaquear | peg out (to).
estaquilla | peg.
estaquilla de plomo | lead dot.
estaquillado | staking out.
estaquillado con niveletas | boning-in.
estaquillador | pegging-awl.
estaquillador (lezna de zapatero) | entering awl.
estaquillar | peg (to) | stake out (to).
estaquillar una curva (topografía) | stake out a curve (to).
estar | lie (to) (lay, lain, lying).
estar (en cierta postura) | stand (to).
estar a cada lado de | flank (to).
estar a la altura de (buques navegando) | standoff (to).
estar a la capa | lie atry (to).
estar a la capa (buques) | try (to) | be hove to (to).
estar a la capa (buques de vela) | lie to (to).
estar a la capa seca (buque de vela) | lie ahull (to).
estar a la carga (buques) | be on berth (to).
estar a la escucha | stand guard (to).
estar a la escucha (radio) | guard (to) | standby (to).
estar a la recíproca | reciprocate (to).
estar a la vela | be under sail (to).
estar a plomo sobre | beetle (to).
estar a presión (calderas) | keep alive with steam (to).
estar a prima | stand at a premium (to).
estar a rumbo | be on course (to).
estar abanderado en España | fly the Spanish flag (to).
estar abrigado (buques) | be becalmed (to).
estar al ancla | ride at anchor (to).
estar al ancla (buques) | lay at anchor (to) | ride (to).
estar al corriente de (adelantos, etc.) | keep pace with (to).
estar al día con los últimos adelantos | keep up to date with the latest (to).
estar al frente de | front (to).
estar al tanto del progreso | keep abreast of development (to).
estar alineado | line (to).
estar anclado | moor (to).
estar animado de un movimiento de rotación | be rotated (to).
estar atareado | engage (to).
estar capacitado para nombrar miembros (comités) | become eligible to nominate members (to).
estar clasificado como | rate (to).
estar comprendido entre ciertos límites | range (to).
estar conforme | agree (to).
estar conforme (cuentas) | tally (to).
estar conforme a la muestra | correspond to sample (to).
estar constituido por | consist in (to).
estar contiguo | march (to).
estar cruzando en (marina) | be cruising in (to).
estar de acuerdo con | close with (to).
estar de acuerdo con el modelo | keep to the pattern (to).
estar de brama (animales) | rut (to).
estar de centinela | stand sentinel (to) | watch (to).
estar de crucero (buque de guerra) | cruise (to).
estar de guardia | keep the watch (to).
estar defasado (electricidad) | lag (to).
estar desenfilado | be in defilade (to).
estar dispuesto | get ready (to).
estar echado | lie (to) (lay, lain, lying).
estar embarcado | be afloat (to).
estar empleado u ocupado | work (to).
estar en alza | boom (to).
estar en alza (precios) | look up (to).
estar en alza (valores) | be on the advance (to).
estar en ángulo recto | square (to).
estar en auge | boom (to).
estar en avance de fase | lead in phase (to).
estar en bancarrota | fail (to).
estar en barbecho | fallow (to) | lie fallow (to).
estar en campaña | be afield (to).
estar en celo (animales) | rut (to).
estar en centinela | be on post (to).
estar en contacto (con una superficie) | scrub (to).
estar en correspondencia con | be in communication with (to).
estar en curso de ejecución | to be in control.
estar en declive | slope (to).
estar en desacuerdo | conflict (to) | discord (to).
estar en descubierto | have an overdraft (to).
estar en el poder | hold office (to).
estar en el poder (gobierno) | be in office (to).
estar en el seguro de paro | dole (to) | be on the dole (to).
estar en equilibrio | librate (to) | be in equipoise (to).
estar en escucha continua copiando las transmisiones (radio) | copy (to).
estar en explotación | be in operation (to).
estar en facha (buques) | be taken aback (to).
estar en fase (televisión) | be interlocked (to).
estar en franquía (buques) | be about to sail (to).

estar en garantía | lie to gage (to).
estar en la dirección del viento (buques) | layby (to) | lay by (to).
estar en línea | range (to).
estar en órbita (satélites artificiales) | orbit (to).
estar en paro parcial | be on part-time (to).
estar en peligro | lie at stake (to).
estar en pendiente | be raked (to) | rake (to).
estar en piquete (huelguistas) | be on picket (to).
estar en plena actividad | be in full swing (to).
estar en registro (tipografía) | register (to).
estar en reparación | undergo (to).
estar en retardo de fase | lag in phase (to).
estar en saliente | jut (to).
estar en saliente (edificios) | sail over (to).
estar en suspenso (asuntos) | hangfire (to).
estar en venta | be on the market (to).
estar en vigor | hold good (to).
estar en vigor (leyes) | be in operation (to).
estar enterado de | be conversant with (to).
estar escalafonado detrás de | be second in seniority (to).
estar escorado (buques) | have a list (to).
estar facultado | be empowered (to).
estar fondeado | ride at anchor (to).
estar fondeado con el viento en contra de la marea (buques) | ride weather tide (to).
estar fondeado con el viento y la marea en la misma dirección (buques) | ride lee tide (to).
estar fondeando (buques) | ride (to).
estar funcionando | be in operation (to).
estar gobernado por el práctico del puerto (buques) | be piloted (to).
estar inactivo | lie up (to).
estar inclinado | be raked (to) | rake (to).
estar indeciso | be on the fence (to).
estar instalado en | occupy (to).
estar inutilizado por falta de visibilidad (base aérea) | be socked in (to).
estar mal alineado | misregister (to).
estar mal equilibrado | wabble (to) | wobble (to).
estar matriculado en un puerto (buques) | hail (to).
estar obligado solidariamente | be bound in solid (to).
estar pagado (pagaré, etc.) | runoff (to).
estar parado (máquinas) | stand idle (to).
estar parado en la dirección del viento (buques) | lay to (to).
estar paralizado (negocios) | be at a standstill (to).
estar pasada (telas) | be tender (to).
estar salida (yeguas) | horse (to).
estar seguro del motor | depend on the engine (to).
estar sin trabajo | be out of work (to).
estar situado | lie (to) (lay, lain, lying).
estar sujeto a una fuerza de cuatro vecs la gravedad | pull four G's (to).
estar tarada a (válvulas, etc.) | be set at (to).
estar vigente | be operative (to).
estarcido | stencil.
estarcido (estampación telas a mano) | screen.
estarcido de cartón aceitado | oil board stencil.
estarcido en facsímil | facsimile stencil.
estarcido fotográfico | photographic mask.
estarcido negativo | negative screen.
estarcido para pintar con pistola | mask | spray mask.
estarcido térmico | thermal stencil.
estarcidor | stencil | stencilmaker.
estarcir (dibujos) | pounce (to).
estarcir (pintura) | stencil (to).
estatal | national | state-owned | governmental.
estática (ciencia) | statics.
estática de las ruedas | wheel static.
estática de los fluidos | fluid statics.
estática gráfica | graphical statics.
estática plana | plane statics.
estáticamente determinable | statically determinable.
estáticamente indeterminado | statically indeterminate | statically indeterminated.
estáticamente indeterminado de primer grado | statically indeterminate to the first degree.
estaticistor (circuito lógico) | staticisor.
estaticización | staticization.
estático | static | stationary | passive.
estático producido en la antena por la descarga en corona de un avión | precipitation static noise.
estatismo | statism.
estatitrón | statitron.
estatizador (memoria) | staticizer.
estatmocinesis (genética) | stathmokinesis.
estatoculombio | statcoulomb.
estatofaradio | statfarad.
estatohenrio | stathenry.
estatohm | statohm.
estatoohmio | statohm.
estator | stator.
estator (de turbina de vapor) | steam casing.
estátor (electromotores, turbinas, bombas centrífugas) | casing.
estator (envuelta - turbinas vapor y de gas) | cylinder.
estátor (motor eléctrico) | frame.
estator (turbina vapor) | shaft.
estátor con enfriamiento interno | inner-cooled stator.
estátor de acero austenítico fundido | cast austenitic-steel stator.
estator del compresor | compressor casing.
estátor del motor | motor housing.
estator giratorio | rotatable stator.
estatorreactor | ram jet | ramjet | ramjet motor.
estatorreactor con combustible hidrocarbúrico | hydrocarbon-fuelled ramjet.
estatorreactor de carburante sólido | solid-fuel ramjet.
estatorreactor de resonancia | resojet engine.
estatorreactor hipersónico de onda de detonación | detonation wave hypersonic ramjet.
estatorreactor nuclear | nuclear ramjet.
estatorreactor supersónico | supersonic ramjet.
estatoscopio (aeronáutica) | statoscope.
estatsiemens | statmho.
estatua en tamaño doble del natural | twice-life-size statute.
estatua mutilada de cabeza y extremidades | torse.
estatuidad | statehood.
estatuir | enact (to) | charter (to).
estatura | size.
estatus de la tecnología | technology status.
estatuto | rule | by-law | statute | status.
Estatuto de Normas Equitativas del Trabajo (EE.UU.) | Fair Labor Standards Act.
estatuto del trabajador | worker status.
estatuto en vigor | existing statute.
estatuto funcionarial | official statute.
estatuto judicial del funcionario | officer judicial status.
estatuto personal | locus standi.
estatutorio | statutory | appointed by the articles.
estatutos | articles of incorporation | rules | statutes.
estatutos (de una sociedad) | by-laws.
estatutos revisados | revised statutes.
estatutos sanitarios | health laws.
estatutos sociales | statutes of a corporation | articles of association.
estatutos y reglamento | rules and regulations.
estaurolita | cross stone.
estaurolita (geología) | twin stone.
estauroscopio (cristalografía) | stauroscope.
estay | stay.
estay articulado (calderas) | flexible stay.
estay con cabeza palmeada (calderas) | palm stay.
estay de balances (calderas buques) | rolling stay.
estay de caja de fuegos | firebox stay.
estay de caldera | boiler stay.
estay de chimenea (buques) | funnel stay.
estay de la caja de fuegos (calderas) | combustion chamber stay.
estay de proa | forestay.
estay de unión (dirigibles) | jackstay.
estay del espacio de agua de la caja de fuegos | firebox water-space stay.
estay del palo macho (buques) | lower stay.
estay para señales | triatic stay.
estay que une las cabezas de los palos (buques) | triatic stay | cap stay.
estay que une los topes de los palos (buques) | headrope.
estay que va desde la chimenea al palo (buques) | jumper stay.
estay transversal | cross stay.
estayaje de la caja de fuegos | combustion chamber staying.
estays de chimenea | funnel shrouds.
estays de la chimenea (buques) | funnel guys.
este cuarta al sureste | east by south.
este inconveniente ha sido superado por | this drawback has been overcome by | this disadvantage has been overcome by.
estearato (química) | stearate.
estearato de litio | lithium stearate.
estearato de zinc | zinc stearate.
esteril-amina | stearylamine.
estearina (química) | stearine.
esteatita | soap-chalk | soapstone | rock soap | lard-stone.
esteatita (mineral) | steatite.
estefanita | brittle silver ore | stephanite.
estela | slipstream | seaway.
estela (aeronaútica) | drag.
estela (buques) | steerage way | steerageway | furrow.
estela (buques, aviones) | wake.
estela (de proyectil) | plume.
estela aerodinámica | aerodynamic trail.
estela currentilínea | streamline wake.
estela de condensación (aeronaves, proyectiles) | condensation trail | vapor scarf | vapor path | vapor trail | vapor streamer.
estela de condensación (avión) | vapor streamer.
estela de condensación (proyectil, aeronaves, misiles) | contrail.
estela de la capa límite turbulenta | turbulent boundary layer wake.
estela de la hélice | propeller slipstream | prop wash.
estela de la hélice (buques) | propeller wash.
estela de meteorito | meteorite trail.
estela de misil | missile plume.
estela de proyectiles trazadores | tracer stream.
estela de remolinos | eddying wake.
estela de remolinos (hidrodinámica) | wake.
estela debida a los efectos de la superficie libre (hidrodinámica) | wave wake.
estela del ala | wing wake.
estela del viento (del portaaviones) | downwind leg.
estela friccional | frictional wake.
estela laminar | laminar wake.
estela nominal (hidrodinámica) | nominal wake.
estela nominal potencial (buques) | potential nominal wake.
estela rotacional (hélices de buques) | rotational wake.
estela vorticial | swirling wake.
estelar | stellar | stellate.
estelarator | stellarator.
estelas de vapor | vapor snakes.
estelerátor (magnetismo) | stellerator.
estelionato (jurisprudencia) | stellionate.
estelita | stellite.
estemple | stemple | mine prop | strut | stull.
estemple (minas) | stanchion | punch | pitprop | pit-post | prop | spur timber | stoop.
estemple (minería) | prop stay | chock block.
estemple de acero (minas) | steel prop | steel support.

estemple flexible (minas) | expanding prop.
estemple hidráulico (minería) | hydraulic pit prop.
estemple metálico (minas) | metal prop.
estemples (minas) | props.
estén o no clasificados | whether classed or not.
estencil de seda producido fotográficamente (serigrafía) | artogravure.
estenobárico | stenobaric.
estenobático | stenobathic.
estenobéntico | stenobenthic.
estenocórico | stenochoric.
estenocromía | stenochromy.
estenófago | stenophagous.
estenografía | stenography | shorthand.
estenografiar | stenograph (to).
estenógrafo | stenograph | stenographer.
estenograma | logogram | outline.
estenohalino | stenohaline.
estenopétalo (botánica) | narrow-petaled.
estenopetografía | pinhole photography.
estenosaje | sthenosizing.
estenosar | sthenosize (to).
estenoscopio | pinhole camera.
estenosépalo | narrow-sepaled.
estenóstomo (zoología) | narrow-mouthed.
estenotérmico | stenothermic.
estenotipia | stenotypy.
estenotipista | stenotypist.
estenotipo | stenotype.
estenotópico | stenotopic.
estepa | prairie.
estepario | steppic.
estequiogenia (biología) | stochiogeny.
estequiología | stoicheiology.
estequiología (física) | stoichiology.
estequiometría | stoichiometry.
estequiométrico (química) | stoichiometric.
éster | ester.
ester acrílico (química) | acrylic ester.
ester alílico (química) | allyl ester.
éster carboxílico | carboxylate ester.
éster creosótico | creosotonic ester.
ester de ácido graso de cadena larga | long-chain fatty acid ester.
éster enántico | oenanthic ester.
éster epoxídico | epoxy ester.
éster graso (química) | fatty ester.
éster láctico | lactic ester.
éster metílico | methyl esther | methyl ester.
ester orgánico | organic ester.
ester silícico | silicone ester.
estera | matting | mat.
estera de acero para pistas de aterrizaje | airfield mat.
estera de acero perforado para aterrizaje | perforated steel landing mat.
estera de caña | cane mat.
estera de estiba | dunnage mat.
estera oscura para aislar la cámara de las luces (estudios cine y televisión) | gobo.
estera para la carga (buques) | cargo mat.
estera para voladuras | blasting mat.
esterado | matting | matted.
esterar | mat (to).
esteras de fibras de vidrio | glass-fibre mats.
estercoladura | manuring dressing | dunging.
estercolar | manure (to) | muck (to) | bedung (to) | dung (to).
estercolero | dung-yard | addle pool | dunghill.
estercóreo | stercoral.
estéreo | stereo.
estéreo codificado | coded stereo.
estéreo sin huecos | solid cubic meter.
estereoacústica | stereoacoustics.
estereoautógrafo | stereoautograph.
estereobloque (aerofotografía) | stereoblock.
estereocartografía | stereomapping.
estereocartógrafo | stereocartograph.
estereocomparador | stereocomparator.
estereocomparágrafo | stereocomparagraph.
estereocronía | stereochrony.
estereoedro | stereohedron.
estereoespecificidad | stereospecificity.
estereoestructura | space frame structure.
estereofísica | stereophysics.
estereofluroscopia | stereofluoroscopy.
estereofonía | stereophony | stereophonics | binaural effect.
estereofonía codificada | coded stereo.
estereofonía musical | musical stereophony.
estereofónico | binaural | stereophonic | stereo.
estereofonismo reverberatorio | reverberatory stereophonism.
estereofotografía | stereophotography.
estereofotograma | stereophotogram.
estereofotogrametría | stereophotogrammetry.
estereofototopografía | stereophototopography.
estereogammarradiografía | stereogammaradiography.
estereogammarradiografía panorámica | panoramic stereogammaradiography.
estereognosia | stereognosis.
estereognóstico | stereognostic.
estereogoniómetro | stereogoniometer.
estereografía | solidography | stereograph.
estereográfico | stereographic.
estereograma | stereogram.
estereoimagen | stereopicture.
estereoindicador | stereoindicator.
estereoisomería | space isomerism.
estereoisómero | stereoisomeric.
estereoisómero enantiomorfo | enantiomorphous stereoisomer.
estereolevantamiento | stereosurveying.
estereología | stereology.
estereológico | stereological.
estereometría | stereometry.
estereometría radiográfica | radiographic stereometry.
estereometría tectónica | tectonic stereometry.
estereomicrografía | stereomicrograph.
estereomicrómetro | stereomicrometer.
estereomicroscopía | stereomicroscopy.
estereomicroscopia óptica | optical stereomicroscopy.
estereomicroscopio | stereomicroscope.
estereomicroscopio óptico | optical stereomicroscope.
estereomodelo | stereomodel.
estereomonoscopio | stereomonoscope.
estereoóptica | stereoptics.
estereooscilografía | stereooscillography.
estereoplanígrafo | stereoplanigraph.
estereopsis | stereopsis | plastic effect.
estereopticón | stereopticon.
estereoquímica | stereochemistry.
estereoquímico | stereochemical.
estereoradiancia | steradiancy.
estereorradar | stereoradar.
estereorradián | spheradian.
estereorradián (poliedro unidad) | steradian.
estereorradiodifusión | stereocastings.
estereorradiografía | stereoradiography.
estereorradioscopia | stereoradiography | stereoradioscopy.
estereorradioseriógrafo | stereoradioseriograph.
estereorrestituidor (fotogrametría) | stereoplotter.
estereorrestituidor analítico | analytical stereoplotter.
estereorretículo | stereograticule.
estereorreverberación | stereoreverberation.
estereoscopia | stereoscopy.
estereoscópica | stereograph.
estereoscópico | stereoscopic | stereo.
estereoscopio | stereoscope.
estereoscopio binocular | binocular stereoscope.
estereoscopio topográfico | topographical stereoscope.
estereoscopismo | stereoscopism.
estereoscopista | stereoscopist.
estereosónico | stereosonic.
estereostático | stereostatic.
estereotaxia | stereotaxy.
estereotáxico | stereotaxic.
estereotelémetro | stereotelemeter.
estereotelevisión | stereotelevision.
estereotipador | stereotyper.
estereotipador (persona) | stereotypist.
estereotipadora (estereotipia) | casting box.
estereotipar | stereotype (to).
estereotipia | stereo | stereotypography.
estereotipia (medicina) | stereotypy.
estereotipia (tipografía) | stereotype | stereotyping.
estereotipia a la escayola (grabado) | chalk plate.
estereotipia en frío | cold process.
estereotipia semicilíndrica | curved stereo.
estereotipista | stereotyper.
estereotipo (tipografía) | stereotype.
estereotomía | stereotomy.
estereotomía de la piedra | stone cutting.
estereotomía del diamante | stone cutting | diamond cutting.
estereotopografía | stereotopography.
estereotopógrafo | stereotopograph.
estereotopómetro | stereotopometer.
estereotrazador radial | stereoradial plotter.
estereotriangulación | stereotriangulation.
estereovisión | stereovision.
ésteres celulósicos | cellulose esters.
esteres fosfáticos | phosphate esters.
ésteres y productos de alcalinización | esters and alkalinization compounds.
estérico | steric.
esterificación | esterification.
esterificador | esterifier.
esterificar | esterify (to).
estéril | sterile | desert | dry.
estéril (minas) | mullocky.
estéril (país) | foodless.
estéril (suelos) | thin.
estéril (terrenos) | hungry.
esterilante | sterilant.
estériles (minas) | waste | spoil | leavings | mullock.
estériles - minas | deads.
estériles de mina | mine refuse.
estériles finos (minería) | tailings | tails.
esterilidad | sterility.
esterilidad de mineral | barrenness of ore.
esterilización | sterilization | sanitization.
esterilización de alimentos por irradiación isotópica | food atomic sterilization | food radiation sterilization.
esterilización de cosmonaves | spacecraft sterilization.
esterilización de los vehículos cósmicos planetarios | sterilization of planetary space vehicles.
esterilización electrónica | electron sterilization.
esterilización en frío | cold sterilization.
esterilización industrial | industrial sterilization.
esterilización mediante la radiación | radiation sterilization.
esterilización por irradiación | sterilization by irradiation.
esterilización por irradiaciones (alimentos) | radiation sterilization.
esterilización por nebulización | fogging sanitizing.
esterilización por productos de fisión | fission-product sterilization.
esterilización por radioisótopos | atomic sterilization.
esterilización química | chemical sterilization.
esterilización ya envasado (alimentos) | in-package sterilization.
esterilizado | sterile.
esterilizado en autoclave hasta 140 ºC | autoclave sterilized up to 140 ºC.
esterilizado por rayos gamma | gamma radiation sterilized.
esterilizador | sterilizer.
esterilizador de agua por cloro | chlorine water sterilizer.

esterilizador de agua por rayos ultravioleta | uv water sterilizer.
esterilizador de leche | dairy sterilizer.
esterilizador de rayos ultravioleta | ultraviolet-ray sterilizer.
esterilizador hidrostático | hydrostatic sterilizer.
esterilizador por ebullición | hot water sterilizer.
esterilizar | sterilize (to) | sanitize (to).
esterilizar en el autoclave | autoclave (to).
esterilizar por irradiación electrónica | radiation-sterilize (to).
esterilla | floor mat | mat.
esterilla (ligamento) | hopsack.
esterilla asargada | twilled hopsack.
esterilla de embalaje | packing mat.
esterilla irregular | irregular hopsack.
estermoscopio | esthermoscope.
estero | creek | tideland.
estero mareal | tidal flat.
esteroedros de Fedorov | Fedorov's stereohedra.
esterófilo | moor-loving.
esteroides | steroids.
esteroisomeria | alloisomerism.
esterorrestitución (aerofotografía) | stereoplotting.
esterradiancia | areal radiant intensity.
estertor (medicina) | rattle.
estertores (ballena arponeada) | flurry.
estesiómetro | aesthesiometer.
estética | esthetics.
estetofonógrafo | stethophonograph.
estetoscopio | auscultator.
estetoscopio electrónico | electronic stethoscope.
esteva | plow handle.
esteva (arado) | arm.
esteva (del arado) | stilt | handle.
estevado | bowlegged.
estiaje (ríos) | low-water mark | low water.
estiaje mínimo | minimum low water.
estiatrón | estiatron.
estiba | housing | stowage.
estiba (de la carga) | estivage.
estiba bulteada (maderas) | solid stacking.
estiba bulteada (Panamá) | bulk stacking.
estiba cerca de los costados para aumentar el momento de inercia transversal (buques) | winging.
estiba con huecos (buques) | broken stowage.
estiba de balas de algodón con ayuda de gatos (buques) | steeving.
estiba de cargas de profundidad (marina de guerra) | depth charge rack.
estiba de mercancías dispuestas en bandejas o bateas para ser cargadas por carretillas de horquilla elevadora | palletization.
estiba de municiones | ammunition stowage.
estiba de proyectiles (torres de buque guerra) | shellroom.
estiba del ancla | anchor stowage.
estiba en bodegas sin entrepuentes (buques) | deep stowage.
estiba mal dispuesta de la carga (buques) | overstowage.
estiba parada (Panamá) | edge stacking.
estiba parada (Panamá-maderas) | vertical stacking.
estiba y desestiba | stevedoring.
estiba y separación (buques) | stowage segregation.
estibado | stowed.
estibado (torre de perforación) | racking.
estibado de barriles fondo con fondo (buques) | chine and chine.
estibado de cadenas | tiering.
estibado de la parte alta de una bodega o entrepuente | topping-off.
estibado de la tongada inferior del cargamento en la bodega (buques) | flooring off.
estibado sobre cubierta (buques) | housed on deck.
estibador | stevedore | longshoreman | stower | freight handler.
estibador (buques) | holdman.
estibador (EE.UU.) | roustabout | rouster.
estibador de carbón | trimmer.
estibadores | hold crew.
estibadores (muelles) | hold crew.
estibados en nido (botes de pesca) | spoon fashion stowed.
estibaje (buques) | stowage.
estibar | stow (to) | rummage (to) | trim (to).
estibar (anclas, toldos, etc.) | house (to).
estibar (buques) | strike below (to).
estibar (lastre buques) | trim (to).
estibar bien | house (to).
estibiconita | antimony ocher.
estibiconita (hueso de muerto - mineralogía) | stibiconite.
estibina | gray antimony | antimony glance.
estiercol | animal manures | muck | dung | manure | litter.
estiercol de granjas lecheras | dairy farm residue.
estiércol y paja (para proteger plantas) | mulch.
estigma (del maíz) | silk.
estigma (pistilo) | stigma.
estigmatismo | stigmatism.
estigmator | stigmator.
estilbancia (óptica) | emissivity.
estilbio (iluminación) | stilb.
estilete | radiolus | style | stylus | tracing point | stilette.
estilete (aparato registrador) | pen.
estilete (de instrumentos) | tracer.
estilete arrancamaterial | cutting stylus.
estilete de diamante | diamond stylus.
estilete de zafiro | sapphire stylus.
estilete del registrador | recorder stylus.
estilete en el morro (para repostar en vuelo) | probe.
estilete fonográfico | phonograph stylus.
estilete grabador | engraving point.
estilete grabador hueco | hollow engraving tip.
estilete magnético de grabación | magnetic cutter.
estilete que desplaza el material (grabación en disco) | embossing stylus.
estilete seguidor de la plantilla de guía | master-former following stylus.
estilete transmisor del movimiento mecánico al mecanismo captador | reproducing stylus.
estiletes de diamante para discos gramofónicos | record-playing diamond styli.
estilicidio | dropping.
estilista (de carrocerías de automóviles) | designer.
estilista (de carrocerías de autos) | stylist.
estilista asesor (carrocerías de autos) | designer consultant.
estilo (arquitectura) | style.
estilo (botánica) | style.
estilo (música) | style.
estilo (reloj de sol) | cock | gnomon | pin.
estilo (zoología) | stylus.
estilo cablegráfico (periodismo) | cablese.
estilo de vida | way of life.
estilo esgrafiado | graffito style.
estilo florido | ornate style.
estilo gótico florido | decorated style.
estilo inscriptor | recording arm.
estilo propio de cada editorial | house style.
estilo romanoteutónico (arquitectura) | saxon style.
estilo telegráfico (lenguaje) | telegraphese.
estilo telegráfico (modo de hablar) | telegraphese.
estilo vigoroso | effective style.
estilobato circular | circular stylobate.
estilógrafo | stylograph.
estiloide (cristal columnar) | styloid.
estiloideo | styloid.
estiloides | belonoid.
estilolita (petrología) | stylolith.
estima | reckoning.
estima (marina) | reckoning.
estimación | rate | extent | computation | estimation | estimating | estimate | esteem | computing.
estimación (de un gasto) | guess.
estimación a ojo de buen cubero | eye assay.
estimación aproximada | roughly estimating.
estimación asintóticamente eficiente | asymptotically efficient estimate.
estimación centrada | unbiased estimate.
estimación combinada | pooled estimate.
estimación de daños y perjuicios | liquidated damages.
estimación de la base impositiva | tax assessment.
estimación de la ley de un mineral lavándolo en una batea | vanning.
estimación de la pérdida de tierra (suelos) | soil-loss estimation.
estimación de la situación | estimate of the situation.
estimación de las impurezas | estimation of impurities.
estimación de mercancías | appraisement of goods.
estimación de pastos (Argentina, Costa Rica) | forage density.
estimación del contenido de una mezcla por inspección visual | eye assay.
estimación del coste | costing.
estimación del coste del producto | product-cost estimate.
estimación del intervalo de confianza | confidence interval estimation.
estimación del máximo de verosimilitud | maximum likelihood estimate.
estimación del mercado | market forecast.
estimación del percentil | percentile estimate.
estimación del potencial técnico y económico | assessment of technical and economic potential.
estimación del riesgo de incendio | fire-danger rating.
estimación del valor de | assessment of the value of.
estimación del valor de una gema | appraisal.
estimación detallada del costo | detail of estimate.
estimación eficiente | efficient estimate.
estimación extrínseca | extraneuous estimate.
estimación imprecisa | imprecise estimation.
estimación inicial del volumen de madera (bosques) | cruising.
estimación insesgada | unbiased estimate.
estimación insesgada lineal (estadística) | linear unbiased estimate.
estimación lineal | lineal estimation.
estimación máximo-verosímil | maximum likelihood estimate.
estimación mínimo-cuadrática | least square estimate.
estimación oficial | official appraisement.
estimación óptima | optimum estimate | best estimate.
estimación por intervalos | interval estimate.
estimación puntual | point estimate.
estimación regular | regular estimate.
estimación sesgada (estadística) | biased estimate.
estimación tangencial (econometría) | touch estimation.
estimación total | overall estimate.
estimaciones | estimates.
estimado | computed.
estimado agrupado | pooled estimate.
estimado total | over -all estimate.
estimador | estimator.
estimador auxiliar | ancillary estimator.
estimador de costes | cost estimator.
estimador de eficiencia máxima | most-eficient

estimator.
estimador de madera en pie (bosques) | timber cruiser.
estimador del volumen de madera en pie (bosques) | forest-cruiser.
estimador sin error sistemático | unbiased estimator.
estimar | rate (to) | prize (to) | estimate (to) | compute (to) | repute (to) | price (to).
estimar (marina) | reckon (to).
estimar a ojo | estimate by the eye (to).
estimar a ojo de buen cubero | estimate roughly (to).
estimar aproximadamente | estimate roughly (to).
estimar demasiado bajo | undervalue (to).
estimar madera en pie | cruise (to).
estimómetro (aeronavegación) | dead-reckoning tracer.
estimómetro (aviación) | ground position indicator.
estimulación (pozo petróleo) | kickover.
estimulación de las ventas | sales promotion.
estimulación de pozos petrolíferos | well stimulation.
estimulación del pozo para obtener más agua | well stimulation.
estimulación eléctrica del cerebro | electrical stimulation of brain.
estimulación isotópica | isotopic stimulation.
estimulación por drogas | doping.
estimulación transdérmica del cerebro (medicina) | brain transdermal stimulation.
estimulador | stimulator.
estimulador (generador de ondas medicinales) | simulator.
estimulador biogénico | biogenic stimulator.
estimulador cardíaco | cardiac pacemaker.
estimulador cardíaco (medicina) | heart stimulator.
estimulador cardíaco implantable | implantable pacemaker.
estimulador cardíaco nuclear (medicina) | nuclear pacemaker.
estimulador de los músculos de la pantorrilla | calf muscle stimulator.
estimulador del crecimiento de las plantas (agricultura) | plant-growth promoter.
estimular | prod (to).
estimular (fisiología) | irritate (to).
estimular el ahorro | stimulate savings (to).
estimular la puesta (gallinas) | force (to) | force poultry (to).
estimular los negocios | enliven business (to).
estímulo | prod | stimulus.
estímulo a la expansión | incitement to expansion.
estímulo acromático | achromatic stimulus.
estímulo acumulativo | accumulating stimulus.
estímulo de contraste (fotómetro) | matching stimulus.
estímulo externo que provoca una reacción | irritant.
estímulo gubernamental para el restablecimiento económico (EE.UU.) | pump priming.
estímulos a la inversión | investment incentive.
estímulos de acumulación (biología) | creeping stimulus.
estímulos eléctricos del cerebro | spindles.
estío | summer.
estipe (gramíneas) | culm.
estipendiario | stipend recipient.
estipendio | stipend.
estipendio por la gestión de una sociedad inversora | management fee.
estípula (botánica) | prop.
estipulación | requirement | stipulation | provision | proviso | provision | canon.
estipulación (botánica) | stipulation.
estipulación (jurisprudencia) | provision.
estipulación claramente definida | plainly expressed stipulation.
estipulación claramente expresada | plainly expressed stipulation.
estipulación expresa | express stipulation.
estipulaciones | provisions | terms.
estipulaciones (contratos) | articles.
estipulaciones del convenio | articles of agreement.
estipulaciones en política impositiva | canons of taxation.
estipulado | contracted.
estipulado (precios, tarifas) | posted.
estipulado por la ley | provided by law.
estipulándose sin embargo que | provided however that.
estipular | provide with (to) | provide for (to) | condition (to) | specify (to).
estipular (condiciones) | lay down (to).
estique (de escultor) | stick.
estira | sleeker.
estira (pieles) | setting slicker.
estirabilidad | stretchability | drawing ability.
estirabilidad (fabricación de alambres) | drawability.
estirable | stretchable | drawable.
estirado | drawn-out | long-drawn-out | extended.
estirado (de cueros) | straining | setting out.
estirado (forja) | drawing out.
estirado (metales) | drawn | drawing out | draw.
estirado (trefilado) | drawing.
estirado (tubos, etc.) | seamless.
estirado a máquina | machine-drawn.
estirado basto | rough drawing.
estirado biaxialmente | biaxially stretched.
estirado brillante (alambres) | dry drawing.
estirado con gran reducción de sección sin termotratamiento intermedio | hard drawn.
estirado con lubricante líquido (trefilería) | wet drawing.
estirado con recocido | soft drawn.
estirado con reducción de sección inferior al 10% | mild drawn wire.
estirado de alambres | wire rolling.
estirado de barras o tubos en la prensa o martillo pilón | drawing-down.
estirado de las cintas peinadas (lana) | top finishing.
estirado de pieles | racking.
estirado de pieles en las que se han hecho cortes en V | dropping-out.
estirado de tubos | tube drawing.
estirado de tubos en frío sobre mandril | back bench method.
estirado del alambre con tracción de retenida | back pull wire drawing.
estirado del algodón | cotton-drawing.
estirado en caliente | hot-drawing | hot-drawn.
estirado en el banco | rack-drawn | bench drawn.
estirado en el torno (cerámica) | jolleying | jollying.
estirado en frío | hard-drawn | cold-drawn | hard drawn.
estirado en frío (alambre) | bright drawing.
estirado en frío (laminación) | cold drawing.
estirado en frío y recocido | cold-drawn-and-annealed.
estirado en hilera de bordes vivos (alambres) | die scalping.
estirado en prensa (embutición) | ironing.
estirado final | finishing draft.
estirado fino (de pequeño diámetro) | fine-drawing.
estirado inicial | back draft | preliminary drawing.
estirado múltiple (alambres) | multiple drawing.
estirado oblicuo | oblique drawing.
estirado por su propio peso | drawn out by its own weight.
estirado posterior | posttensioning | post-tensioning.
estirado preliminar | pretensioning.
estirado sin mandrino interior (fabricación tubos) | sinking.
estirado suplementario | after stretch | after-stretch.
estirador | drawer | draw-bench worker | stretcher.
estirador de alambrados (cercas) | fence stretcher.
estirador de lanzadera | tugger.
estiradora | stretcher | stretching machine.
estiradora circular (tejeduría) | circular gill box.
estiradora de cono | cone drawing machine.
estiradora de continua de hilar | frame tener.
estiradora de chapas | sheet-stretcher.
estiradora de doble peine | gill intersecting.
estiradora de peines (estambre) | pin drafter.
estiradora de peines de erizo (estambre) | porcupine drawing frame.
estiradora de púas (estambre) | pin drafter.
estiradora de tipo abierto (estambres) | open-type drawing machine.
estiradora de urdimbres | warp drawing machine.
estiradora en grueso (estambre) | preparer gill-box.
estiradora intermedia (estambre) | intermediate drawing frame.
estiraje | stretching.
estiraje (hilatura) | draft | drafting.
estiraje calculado | figured draft.
estiraje calculado (tejeduría) | mechanical draft.
estiraje con erizos (lana peinada) | porcupine drawing.
estiraje corto | short draft.
estiraje de la napa | lap draught.
estiraje efectivo (telas) | actual draft.
estiraje intermedio | intermediate draft.
estiraje por cilindros | roller draft.
estiraje por huso | spindle draft.
estiraje preliminar | preliminary draft | break draft.
estiraje previo | break draft.
estiraje suplementario (telas) | auxiliary drawing.
estiraje y doblaje | drawing and doubling.
estiramiento | stretching | creep rate.
estiramiento (geología) | drag.
estiramiento (metales) | drawing out.
estiramiento (reactor) | stretch.
estiramiento continuo y lento de metales sometidos a cargas constantes | creep.
estiramiento de la piel | lifting.
estiramiento del flanco (pliegues) | relies.
estiramiento del metal por presión | extrusion of metal.
estiramiento del 2% por 1.000 horas | creep rate of 2 per cent per 1.000 hours.
estiramiento en ciertas direcciones mayor que el resto de la chapa por orientación del grano (embutición chapa de acero) | earing.
estiramiento en la hilera después de galvanización en caliente (alambres) | bruntonizing.
estiramiento gradual | drawing out in stages.
estiramiento progresivo | drawing out in stages.
estirar | checker (to) | draw out (to) | draw (to) | yank (to) | tighten (to) | lengthen (to) | elongate (to) | stretch (to) | stretch out (to) | pull (to).
estirar (cueros, etc.) | strain (to).
estirar (el hierro, alambre) | draw out (to).
estirar (hilatura) | draw (to).
estirar (metales) | wiredraw (to) | draw down (to).
estirar (pieles, caucho) | rack (to).
estirar alambre | wiredraw (to) | draw wire (to).
estirar con el martinete | plate (to).
estirar el planeo (avión) | flatten out (to).
estirar en caliente (alambres) | hot-draw (to).
estirar en frío | cold draw (to).
estirar en hilos (metalurgia) | fine-draw (to).
estirar en rama tensora (paños) | tenter (to).
estirar forjando | forge out (to).
estirar pieles | perch (to).
estirar tubos | skelp (to).

estirar y ablandar (cueros) | stake (to).
estirar y alisar (cuero) | put (to).
estirar y torcer la mecha (tejeduría) | rove (to).
estirarse | tenter (to).
estirarse (muelles) | expand (to).
estirarse (telas, cuerdas) | grow (to).
estireno | styrene | vinyl benzene.
estirón con las pesas de hierro (gimnasia) | jerk.
estirona (química) | styrone.
estirpación de raíces | gubbing up.
estirpe (biología) | strain.
estirpe (zoología) | race.
estirpe política | political lineage.
estishovita (sílice artificial de 6 átomos de oxígeno) | stishovite.
estivación (botánica) | estivation.
estizola (tejeduría) | bank | creel.
esto es por lo que somos los más importantes | that's why we're number one.
esto no es posible | this cannot be.
estoa (de marea) | slack water.
estocástica (ciencia) | stochastics.
estocásticamente independiente | stochastically independent.
estocástico | stochastic.
estofa | stuff.
estofar | size (to).
estoicismo | stoicism.
estokesio (unidad de fluorescencia) | stokes.
estokio (unidad de viscosidad cinemática) | stoke.
estola | stole | scarf | scarf.
estolón (botánica) | offset | runner.
estolonado | stolonate.
estolonífero | stoloniferous.
estomodeo | gullet.
estopa | tow | feazings | hemp | junk.
estopa alquitranada | oakum | black oakum.
estopa bruta | raw hemp.
estopa cardada | carded tow.
estopa de agramado | brake waste.
estopa de calafatear | oakum.
estopa de cáñamo | hemp hards | codilla | hard hemp.
estopa de cáñamo largo | long hemp hards.
estopa de espadado | codilla | scutching tow.
estopa de lino | flax hards | flax waste.
estopa de peinado | hackle tow.
estopa de peinado en grueso | rougher's tow.
estopa de peinadora mecánica | hackling machine tow.
estopa de rastrillado | hackle tow.
estopa de rastrilladora | hackling machine tow.
estopa de yute cortado | cutoff jute hards.
estopa del primer peinado (fibras textiles) | long tow.
estopa impura de cáñamo | hemp codilla.
estopa nudosa | knotty hards.
estopa para calafatear | caulking-felt.
estopa peinada | picked oakum.
estopar | pack (to).
estoperol | scupper nail.
estopilla de algodón | cheesecloth.
estopín | portfire | fuse | match | priming tube | priming screw | ignition device.
estopín (artillería) | tube | friction-tube | primer.
estopín de fricción | friction primer.
estopín de fricción (cañones) | friction igniter | friction fuse.
estopín de percusión | percussion tube | percussion primer | percussion-fuze.
estopín de seguridad | safety fuse.
estopín detonante | detonating friction tube.
estopín eléctrico | electric tube | electric primer.
estopor (boza de la cadena - ancla buques) | chain stopper.
estopor (buques) | controller | riding chock | stopper | anchor stopper | cable stopper | bow stopper | compressor.
estopor de cadena del ancla | chain cable compressor.
estoquiología | stochiology.
estoquiometría | stochiometry.
estor | roller blind.
estorbar | prevent (to) | obstruct (to).
estorbo | let | obstruction | obstacle.
estoriología | storiology.
estoriológico | storiological.
estoriólogo | storiologist.
estornino (zoología) | starling.
estornudos y a veces vómitos | vomiting gas.
estoy listo para recibir (telegrafía) | MK (Mackay).
estrabismo | squint.
estrabismo (anatomía) | cast.
estracto | syllabus.
estrado | stand | stage | foot pace | pace.
estragón (planta) | tarragon.
estrambote | tail.
estrangulación | garotte | choke.
estrangulación (del tráfico) | strangulation.
estrangulación (filones) | pinching.
estrangulación (medicina) | stoppage.
estrangulación económica | economic strangulation.
estrangulación escalonada | throttling.
estrangulador (de aire, etc.) | restrictor.
estrangulador (pozos) | flow beam.
estrangulador automático (arranque en frío de motores) | automatic choke.
estrangulador de aire | air strangler.
estrangulador de entrada del aire en el carburador (automóviles) | starter.
estrangulador del aire | air restrictor.
estrangulamiento | bottleneck | pinchoff.
estrangulamiento (del vapor) | wiredrawing.
estrangulamiento (vapor) | throttling.
estrangulamiento adiabático | adiabatic throttling.
estrangular | choke (to) | pinch-off (to).
estrangular (el vapor) | wiredraw (to) | throttle (to).
estrangular (vapor) | draw (to).
estrangular el flujo | throttle the flow (to).
estrapada | recovery | pulling.
estrapada (de remo) | pull.
estraperlar | black-marketeer (to).
estraperlista | black marketeer | blacketeer.
estraperlo | black market.
estrapontín | flap-seat.
estrapontín (asiento plegable) | bracket-seat.
estrapontin (autos) | cricket seat.
estrás (flint-glass con gran proporción de plomo) | strass.
estratagema | stratagem | contrivance | artifice of war.
estratega | strategist.
estrategia | strategics | strategy.
estrategia aérea | air strategy.
estrategia de búsqueda | search strategy.
estrategia de conexionado | wiring strategy.
estrategia de la empresa | corporate strategy.
estrategia de operaciones militares en tierra y mar solamente | two-dimensional strategy.
estrategia del maximín (estadística) | maximin strategy.
estrategia espacial | spacial strategy.
estrategia mixta del minimax | mixed minimax strategy.
estrategias para el futuro | strategies for the future.
estratificación | layering.
estratificación (geología) | bedding | sheeting.
estratificación (metalurgia) | banding.
estratificación con sedimentación inversa (geología) | reversed graded bedding.
estratificación concéntrica | concentric stratification.
estratificación concordante | sedimentary overlap | conformable bedding.
estratificación cruzada | crossbedding | current bedding.
estratificación cuneiforme (geología) | lensing | lentil.
estratificación diagonal | crossbedding.
estratificación diagonal (geología) | oblique bedding | oblique lamination.
estratificación discordante | irregular bedding | discordant stratification.
estratificación discordante (geología) | overstep.
estratificación entrecruzada | cross stratification | drift structure | diagonal stratification.
estratificación entrecruzada (geología) | false bedding.
estratificación graduada | diadactic structure.
estratificación horizontal | horizontal layering.
estratificación ígnea | igneous layering.
estratificación lenticular | lenticularity.
estratificación lenticular (geología) | lensing.
estratificación oblicua | diagonal stratification | current bedding | crossbedding.
estratificación oblicua (geología) | oblique bedding | false bedding | oblique lamination.
estratificación por fluencia (petrografía) | flow layering.
estratificación por gravedad | gravity stratification.
estratificación potente | heavy stratification.
estratificación primaria | primary stratification | original stratification.
estratificación regresiva (geología) | off-lap.
estratificación social | social stratification.
estratificación torrencial | diagonal stratification | crossbedding | current bedding.
estratificación torrencial (geología) | false bedding | oblique lamination.
estratificación transgresiva (geología) | overlap.
estratificado | stratified | layered | laminate | laminated.
estratificado (en capas) | bedded.
estratificado (geología) | lamellose | sheeted.
estratificado de fibra de vidrio | glass fiber laminate.
estratificado de manera estable | stably stratified.
estratificado horizontalmente | horizontally stratified.
estratificado por temperatura | temperature-stratifield.
estratificado según su densidad | density-stratified.
estratificados plástico-metal | plastic-metal laminates.
estratificar | bed (to) | layer (to) | lay up (to) | stratify (to).
estratificarse | laminate (to).
estratiforme (nubes, licuación) | stratiform.
estratigrafía | stratigraphy.
estratigrafía carbonífera | carboniferous stratigraphy.
estratigrafía del Tríasico | Triassic stratigraphy.
estratigrafía geológica | geological stratigraphy.
estratigrafista | stratigrapher.
estratización | stratization.
estrato | bed | layer | band.
estrato (meteorología) | stratus.
estrato con concreciones de siderita | ball vein.
estrato de agua | layer of water.
estrato de carbón terroso cerca de la superficie | coal blossom | coal smut.
estrato de confinación positiva | positive confining bed.
estrato de discontinuidad (oceanografía) | discontinuity layer.
estrato de petróleo | oil deposit.
estrato de piedra de una cantera | stratum of stone in a quarry.
estrato de pizarra que separa dos tramos de un yacimiento de carbón | dividing slate.
estrato empinado (geología) | edge seam.
estrato en la atmósfera o en el océano donde tiene lugar la captación de ondas electromagnéticas o acústicas | duct.
estrato geológico | seepage.
estrato inclinado | tilted stratum.
estrato índice | key bed.

estrato más apto para soportar carga | bearing stratum.
estrato monomolecular | monolayer.
estrato productivo (minería) | quick bed.
estrato rico de fósiles de peces (geología) | fishbed.
estrato rocoso (geología) | layer.
estrato superior del carbón | day coal.
estrato vertical (geología) | elbow.
estratoavión | stratoliner.
estratocumulo | stratocumulus.
estratocúmulo (G.B.) | roll cumulus.
estratos | fall cloud.
estratos (geología) | flots.
estratos concordantes | conformable beds | concordant strata.
estratos conformables | conformable strata.
estratos de agua | layers of water.
estratos de arenisca compacta de grano fino difícil de extraer | betty napper.
estratos de sedimentos aluviales depositados en frente de un delta (oceanografía) | bottom set beds.
estratos impermeables | impervious strata.
estratos imporosos | imporous strata.
estratos laminares de unión | laminar junction layers.
estratos paralelos | conformable beds.
estratos porosos | porous strata.
estratos que pertenecen al mismo horizonte estratigráfico | correlated strata.
estratoscopio (telescopio astronómico para fotografiar el sol y transportado en globo) | stratoscope.
estratosfera | stratosphere.
estratovolcán | stratovolcano | composite cone.
estrechado en la parte delantera (chasis autos) | inswept.
estrechadora de tubos | crimping machine.
estrechamiento | necking | neck | narrowing | contraction.
estrechamiento (en una calle | gut.
estrechamiento (filones) | nip | petering | bont | squeeze.
estrechamiento brusco de la anchura (conductos) | offset.
estrechamiento de la separación de los cables principales en el centro del tramo (puente colgante) | cradling.
estrechamiento del chasis (autos) | insweep.
estrechamiento progresivo del campo (fotografía) | irising.
estrechando el movimiento | hasting the time.
estrechar | narrow (to) | constrict (to) | compress (to) | constrain (to).
estrechar (la mano) | shake (to).
estrechar el cerco | tighten the dragnet (to).
estrecharse (filones) | dissue (to) | pinch (to) | pinch out (to) | nip out (to) | nip (to).
estrechez | closeness.
estrecho | narrow | tight | sound.
estrecho (con el ojo más estrecho que lo normal - tipos imprenta) | condensed.
estrecho (geografía) | channel.
estrecho (mares) | neck.
estrella | star.
estrella (actriz principal - cine, teatro) | star.
estrella (electricidad, nucleónica) | star.
estrella (inducido máquinas eléctricas) | spider.
estrella (pirotecnia) | cluster.
estrella ascendente | ascendant star.
estrella austral | southern star.
estrella azul débil | faint blue star.
estrella binaria | periastron.
estrella binaria (astronomía) | apastron.
estrella binaria fotométrica | photometer binary.
estrella circumpolar | circumpolar star.
estrella con intensidad luminosa pulsante | quasar.
estrella cuando cruza el meridiano en su paso superior (hemisferio Norte) | southing.
estrella culminando con la luna | moon-culminating star.
estrella de cinco puntas | pentalpha | pentagram | pentacle.
estrella de débil brillo | faint star.
estrella de eclipse | eclipsing star.
estrella de lectura | starwheel.
estrella de rayas espectroscópicas ultrafinas | ultrasharp-line star.
estrella de rayos cósmicos | cosmic-ray star.
estrella de tipo avanzado | late-type star.
estrella de 6 puntas | hexagram.
estrella deficiente en hidrógeno (astronomía) | hydrogen-deficient star.
estrella degenerada | degenerate star.
estrella del inducido | armature cross.
estrella del inducido (electromotor) | armature spider.
estrella del primer tipo | early-type star.
estrella descubierta por procedimientos radiotecnológicos | radiostar.
estrella doble | binary star.
estrella doble visual | visual binary.
estrella enana | dwarf | low-luminosity star.
estrella energética | energetic star.
estrella fugaz | meteor.
estrella fulgurante | flare star.
estrella gigante | high-luminosity star.
estrella nuclear (nucleónica) | nuclear star.
estrella para observaciones náuticas | nautical star.
estrella polar | north star.
estrella preenana blanca | pre-white dwarf star.
estrella producida por mesón | meson-induced star.
estrella pulsante | pulsating star.
estrella pulsátil | pulsating star.
estrella radioeléctrica | radio star.
estrella roja enana | dwarf red star.
estrella subenana | subdwarf.
estrella supermasiva | supermassive star.
estrella variable de largo período | long-period variable star.
estrella visible a simple vista | naked-eye star.
estrelladera (cocina) | turnover.
estrellado | stellar.
estrellado (defecto caracterizado por figuras radiadas - cerámica) | starring.
estrellado (estructuras) | stellate.
estrellarquebrar | shatter (to).
estrellarse | dash (to).
estrellarse (aviones) | go down (to).
estrellarse a la manera de un catalejo (aviones) | telescope (to).
estrellarse al despegar o aterrizar (aviones) | pile up (to).
estrellarse contra | strike upon (to).
estrellarse contra el suelo (aviones) | stack (to) | stack up (to) | crash (to).
estrellarse contra el suelo en una barrena (aviones) | spin in (to).
estrellarse contra un objeto (autos, motocicletas) | crash (to).
estrellarse por accidente (aeroplano) | crack up (to).
estrellarse un avión al aterrizar o despegar | pile-up (to).
estrellas anteriores a la secuencia principal | pre-main-sequence stars.
estrellas cuyas coordenadas sirven para determinación de longitud y latitud (Almanaque Náutico) | clock stars.
estrellas de erupciones | flare stars.
estrellas de rayas de emisión | emission-line stars.
estrellas de rayas espectrales metálicas | metallic line stars.
estrellas de tipo espectral B (donde predomina el gas helio) | helium stars.
estrellas dobles con componentes enanas blancas | binaries with white dwarf components.
estrellas eruptivas | flare stars.
estrellas magnéticas (astronomía) | magnetic stars.
estrella-triángulo (electricidad) | mesh-star.
estremecimiento | quake.
estrenar un motor | run an engine (to).
estrenar una mantilla nueva antes de imprimir con ella (offset) | run-in a new blanket before printing.
estreno del filme | première of the film | film première.
estreñido | confined.
estrépito | crash | clang.
estrepitoso | loud.
estrés (medicina) | stress.
estría | groove | cutter | scratch | spline | quirk | serration | splineway | flute | fluting | channel notch | channel | chamfer | stria | streak.
estría (conchas) | rib.
estría (óptica) | schlieren.
estría (sobre una superficie) | ridge.
estría aserrada con sierra adiamantada | sawn slot.
estría con extremos de salida redondos | round end slot.
estría de pulido | ghost.
estría del macho roscador | tap flute.
estría espiral | spiral flute.
estría glaciárica | glacial scour.
estría helicoidal | spiral groove.
estría ojival | pointed groove.
estría redonda | round groove.
estría redondeada | rounded flute.
estriación | striation | scoring | scratching | scratch.
estriación de la capa límite | boundary layer striation.
estriaciones de paso pequeño | fine-pitch serrations.
estriaciones eólicas | wind striations.
estriada (roca) | scored.
estriado | knurling | checkered | corrugated serrated | striate | streaked | striatal | grooved furrowed | channeled | rifled | ribbed | ridged | fluted.
estriado a lo largo | longitudinally striated.
estriado radialmente | radially-striated | radially striated.
estriadora de cajas de cartón | box scorer.
estriadura | scratching.
estriar | ridge (to) | flute (to) | streak (to) | groove (to) | quirk (to) | spline (to) | intervein (to) | channel (to) | furrow (to).
estriar (rocas) | scratch (to) | score (to).
estriar (telas) | stretch (to).
estriar (vidrio) | corrugate (to).
estrías | corrugation.
estrías (defectos del vidrio óptico que consiste en venillas de vidrio de distinto índice de refracción) | striae.
estrías (vidrio) | cord.
estrias antipatinaje | skid-resisting grooves.
estrías convergentes | en gaine.
estrías de lingote (estereotipia - Argentina) | chips.
estrías de pulido | polishing scratches.
estrías estacionarias (descargas de alta frecuencia) | standing striations.
estrías finas | fine striations.
estrías glaciáricas | glacial scoring | glacial scratches.
estrías para resistir el patinaje | skid-resisting grooves.
estrías rompevirutas | chipbreaking grooves.
estrías superficiales o internas (plásticos transparentes) | striae.
estribación (colinas) | spur.
estribación (montañas) | foothill | offset.
estribación (topografía) | spur.
estribar | pivot (to) | buttress (to) | crib (to).
estribo | stirrup | yoke | U bolt | U-link | link | clip | bow shackle | fork link | foot rail | footing | footrail | footboard.
estribo (agujero de hombre de caldera) | crossbar.

estribo (arquitectura) | pila.
estribo (carpintería) | strap.
estribo (cerchas) | fastening.
estribo (coches) | step.
estribo (de arco) | support.
estribo (de coche) | mounting step.
estribo (de coche, autos, coche de tren) | running board.
estribo (de presa) | root.
estribo (de puente) | abutment pier | abutment | counterfort.
estribo (hormigón armado) | adapter.
estribo (puentes) | wring wall.
estribo (tramo de orilla - sin muros de aleta) | flanking-span abutment.
estribo (vergas) | brace.
estribo cimentado sobre pilotes (puentes) | piled abutment.
estribo con aletas inclinadas (puentes) | beveled-wing abutment.
estribo con aletas rectas (puentes) | straight-wing abutment.
estribo de agujero de hombre | manhole dog.
estribo de andamio volante | cradle stirrup | cradle iron.
estribo de apriete | clamping strap.
estribo de cajón | box abutment.
estribo de enganche (vagones) | coupling shackle.
estribo de fijación | clamp fastening | attaching clamp.
estribo de fijación de la cuchilla | coulter clip.
estribo de hierro redondo | round-rod stirrup.
estribo de la biela (sondeos) | pitman stirrup.
estribo de la cuchara de colada | ladle bail.
estribo de la presa | dam abutment.
estribo de presión | binding clip | dog clamp.
estribo de puerta (calderas) | door crossbar | door dog.
estribo de sonda (sondeos) | stirrup.
estribo de suspensión | bail clamp | carrying yoke.
estribo de suspensión (sondeos) | rod hoister | rod elevator.
estribo de suspensión del cielo del hogar | firebox crown bar yoke.
estribo de tornillo | screw clip.
estribo de un puente | abutment of a bridge.
estribo del arco (arquitectura) | arch abutment.
estribo del brazo (grúas) | boom bail.
estribo del resorte | spring buckle.
estribo en forma de U (puentes) | U-shape abutment.
estribo en U (puentes) | U abutment.
estribo flotante | crib.
estribo hueco (puentes) | hollow abutment.
estribo macizo | close abutment.
estribo oscilante de caja de grasas | journal box yoke.
estribo perdido (puentes) | skewback | dead abutment.
estribo sin aletas (puentes) | wingless abutment.
estribor (bote de remos) | bow-side.
estribor (buques) | starboard.
estribos (Méjico) | spur.
estribos de la cuchara (acerías) | ladle hangers.
estribos de litotomía (cirugía) | lithotomy stirrups.
estricado (de telas) | tentering.
estricado (telas) | stretching.
estricador (tejeduría) | stenter.
estricar (tejidos) | tender (to).
estricción (probetas) | reduction in area | contraction of area | contraction in area | stricture.
estricción (prueba de tracción) | contraction of area.
estricción azimutal | azimuthal pinch.
estricción en capa (plasmas) | sheet pinch.
estricción lineal | linear pitch.
estricción lineal (física) | linear pinch.
estricción magnética | magnetic striction.
estricción ortogonal | orthogonal pinch.
estricción progresiva (probetas) | necking.
estricción theta | theta pinch.
estricción tubular (física) | tubular pinch.
estrictamente monótona creciente | strictly monotone increasing.
estrictamente monótonas decrecientes (funciones) | strictly monotone decreasing.
estrictamente positivo | strictly positive.
estrictez (estadística) | closeness.
estricto | exact.
estridencia (cine) | bounce.
estridente | earsplitting.
estridente (al oído) | harsh.
estridulación | stridulation.
estringencia de la inspección (muestreos) | inspection stringency.
estrinque | stay tackle.
estrío | wailing.
estriograma | schlieren photograph.
estrioscopia | interferometer photography | strioscopy | schlieren method.
estrobar (poleas) | strap (to).
estrobero | hooker-on | hooker.
estrobiliforme (botánica) | cone-shaped.
estrobilo (botánica) | conus | cone.
estrobilo femenino (botánica) | female cone.
estróbilo masculino (botánica) | male cone.
estrobo | selvagee | strap | eye-becket | sling.
estrobo (aparejos) | strop.
estrobo de boya | buoy-sling.
estrobo de suspensión | becket.
estrobo para pipería | bale sling.
estrobodino | strobodyne.
estroborradiografía | stroboradiography.
estroboscopia por chispas | spark photography.
estroboscópica | strobe.
estroboscopio | flicker | stroboscope | stroboscope.
estroboscopio de destellos rápidos | rapid-flash stroboscope.
estroboscopio electrónico | electronic stroboscope.
estroboscopio ultrasónico | ultrasonic stroboscope.
estrobotrón | strobotron.
estrofotrón | strophotron.
estrógenos | oestrogens | estrogens.
estromatolito (geología) | stromatolite.
estrón | estron.
estronciana | strontia.
estroncianita en que el estroncio está parcialmente reemplazado por calcio | emmonite.
estroncio (Sr) | strontium.
estroncio radiactivo | radioactive strontium.
estroncio radioactivo | radiostrontium.
estroncio radiogénico | radiogenic strontium.
estroncio radiógeno | radiogenic strontium.
estroncio 90 | Sr-90.
estropajo de acero | steel wool.
estropeado | gone to ruin.
estropeado por exceso de exposición | burned-up.
estropear | misuse (to) | lame (to) | cripple (to) | perish (to) | spoil (to).
estropear (un asunto) | mull (to).
estropear la carne poniendo huevos (moscas) | blow (to).
estropear la rosca (de un pernio) | cross-thread (to).
estropear la rosca (pernos) | cross thread (to).
estropear un trabajo | blow a job (to).
estropearse (extremos barras laminadas) | jump (to).
estropearse el ojo (tipo de imprenta) | batter (to).
estropearse la cara (clisés) | batter (to).
estructura | format | frame | structure | construction | design | fabric | framework.
estructura (del acero, del horno, etc.) | anatomy.
estructura (edificios) | carcassing | cage.
estructura abajo | downstructure.
estructura abierta | openness.
estructura acicular (metalurgia) | Widmanstattische.
estructura acintada | ribbon structure | banded structure.
estructura acintada (geología) | streaky structure.
estructura aeroportuaria | airport structure.
estructura alar | wing structure.
estructura alar de multicostillas | multirib wing structure.
estructura alar primaria (aviones) | primary wing structure.
estructura alfa metaestable | metastable alpha structure.
estructura alveolar | honeycomb structure.
estructura amortiguada viscoelásticamente | viscoelastic-damped structure.
estructura anatómica de la corteza | anatomical structure of the bark.
estructura anisodésmica (cristales) | anisodesmic structure.
estructura antisísmica | earthquake resisting structure.
estructura anular del conducto de entrada (compresor radial) | truss ring.
estructura aperlítica | nonpearlitic structure.
estructura apilada | tier array.
estructura articulada | pin-jointed frame.
estructura asimétrica | asymmetrical structure.
estructura asimétrica anórtica | anorthic asymmetric structure.
estructura ataxítica | ataxitic structure.
estructura autoelevadora para plataforma de perforación subacuática | jack-up type offshore structure.
estructura bainítica endurecida por laminación en frío | tempered bainitic structure.
estructura bandeada | layered structure | ribbon structure.
estructura barrosa que se agrieta al secarse (suelos) | adobe structure.
estructura bífida curva (linterna de Aristóteles, zoología) | compass.
estructura borrosa | mushy structure.
estructura brechada | brecciated structure.
estructura capilar | hair-like structure.
estructura cargada dinámicamente | dynamically loaded structure.
estructura cataclástica | crush structure.
estructura celular | network structure | vented structure | cellular structure.
estructura cerámica en panal | ceramic honeycomb structure.
estructura cimoide (filones) | cymoid loop.
estructura circular de hormigón pretensado | prestressed circular concrete structure.
estructura cizallada (geología) | shear-structure.
estructura clástica | fragmental structure.
estructura coloidal floculenta | flocculent colloidal structure.
estructura columelar (petrología) | mullion structure.
estructura columnar | prismatic structure.
estructura compacta | closed structure.
estructura compuesta estáticamente determinada | statically determinate composite structure.
estructura con concordancia de capas (geología) | plain-parallel structure.
estructura con el corazón de distinta anatomía que el resto | cored structure.
estructura con formación de alveolos al ser colocada en obra | foamed-in-place structure.
estructura con formas elípticas (geología) | augen structure.
estructura con nervaduras integrantes | integrally stiffened structure.
estructura con núcleo central distinto del resto | cored structure.
estructura con patines y velas para deslizarse sobre el hielo | ice yacht.
estructura confusa | mushy structure.
estructura coplanaria | coplanar structure.
estructura corrugada | corrugated structure.

estructura cortical | shell structure.
estructura costrosa | crusted structure.
estructura cresta (geología) | comb-structure.
estructura criptovolcánica | cryptoexplosion structure.
estructura cristalina compatible | compatible crystal structure.
estructura cristalina confusa | confused crystalline structure.
estructura cristalina de gran densidad de fuertes enlaces atómicos | crystal structure of a high density of strong atomic bonds.
estructura cristalina lamelar | lamellar crystalline structure | lamellar crystal structure.
estructura cuacuaversal (geología) | quaquaversal structure.
estructura cuasicristalina | quasicrystalline structure.
estructura cúbica de cara centrada completamente ordenada | fully ordered face-centered cubic structure.
estructura de acero | steel framework | steelwork | steel work.
estructura de acero austenítico | austenitic structure.
estructura de acero tridimensional | steel space structure.
estructura de alma en panal con forro de madera o acero o fibra de vidrio | honeycomb.
estructura de anclaje | tie-down.
estructura de arco de celosía | braced-rib structure.
estructura de armazón de acero con pisos de hormigón armado | reinforced-concrete-floored steel-framed structure.
estructura de bandas | band structure.
estructura de capas concéntricas | concentric structure.
estructura de celosía | lattice structure | grid framework | framed structure.
estructura de cemento deteriorada | distressed concrete structure.
estructura de comercio exterior | pattern of foreign trade.
estructura de chapa gruesa | heavy-plated structure.
estructura de derivación (de aguas, etc.) | diversion structure.
estructura de deslizamiento (geología) | slump structure.
estructura de dos montantes verticales separados con arriostramiento en cruz de San Andrés | H-frame structure.
estructura de enlace de valencia | valence-bond structure.
estructura de fabricación complicada | complicated fabricated structure.
estructura de fibras rotas (forja) | ruptured fiber structure.
estructura de flor de hielo (soldaduras) | ice flower-like structure.
estructura de fluxión | fluxion structure.
estructura de fuselaje | fuselage box.
estructura de grafito esferolítico | spherulitic graphite structure.
estructura de gran luz | widespan structure.
estructura de grano afinado | grain-refined structure.
estructura de grano basto | large-grained structure.
estructura de grano basto con microconstituyentes de granos aislados de ferrita y granos de carburos sin ferrita (acero al níquel) | blocky structure.
estructura de grano grueso | coarse-grained structure.
estructura de granos de igual dimensión | equiaxed grain structure.
estructura de granos equiáxicos | equiaxed grain structure.
estructura de herencia (cristalografía) | lineage structure.
estructura de hormigón armado colado in situ | poured-in-place reinforced concrete structure.
estructura de ingeniería | engineering structure.
estructura de la dirección (informática) | address format.
estructura de la economía | framework of the economy.
estructura de la física | framework of physics.
estructura de la matriz | matrix structure.
estructura de la picadura | pit structure.
estructura de la sección transversal fracturada | fractured cross-section structure.
estructura de la zona de conductancia | conductance zone structure.
estructura de las capas nucleares del átomo | nuclear shell structure.
estructura de las tasas | rate pattern.
estructura de madera | platform framing.
estructura de mallas cerradas exagonales | hexagonal close-packed structure.
estructura de margarito (metalografía) | margarite structure.
estructura de material alrededor del núcleo (reactor nuclear) | reflector.
estructura de matrices | structure of arrays.
estructura de metal fundido | cast structure.
estructura de migas (terrenos) | crumb structure.
estructura de nudos rígidos | rigid-jointed frame.
estructura de nudos rígidos estáticamente indeterminada | statically indeterminate rigid frame.
estructura de pilar tectónico o de fosa tectónica | curvette.
estructura de pilotes de acero | piled steel structure.
estructura de pilotes y defensas para guiar un transbordador al atracar al muelle | ferry rack.
estructura de poco precio y gran duración | low-cost long-lasting structure.
estructura de precios | price structure.
estructura de radiación lateral | broadside array.
estructura de recubrimiento | overlay.
estructura de referencia | frame of reference.
estructura de relleno | sandwich structure.
estructura de salarios | wage structure.
estructura de taller | mill type structure.
estructura de vaciado del fondo (presas) | bottom outlet structure.
estructura de varios tramos | multibay frame.
estructura de Widmanstatten | Widmanstatten structure.
estructura deficiente | underfirm frame.
estructura deformable | nonrigid structure.
estructura del balance | balance lay-out.
estructura del comercio | pattern of trade.
estructura del conmutador a triodo bilateral | bilateral triode switch structure.
estructura del dominio magnético | magnetic domain structure.
estructura del larguero | spar frame.
estructura del mando | command structure.
estructura del mercado | market structure | marketing structure.
estructura del núcleo | reactor internals | nuclear structure | nucleus structure.
estructura del pozo | pit structure.
estructura del rodal | stand structure.
estructura del suelo (agricultura) | gravel.
estructura del techo | roof framing.
estructura del vidrio de sílice | silica-glass structure.
estructura dendrítica | dendritic web | arborescent structure.
estructura desordenada (metales) | disordered structure.
estructura diadáctica | diadactic structure.
estructura diadáctica (estratificación) | graded bedding.
estructura diamantoidea | near-diamond structure.
estructura diapírica | diapir structure.
estructura dinámicamente cargada sometida a grandes esfuerzos | highly-stressed dynamically loaded structure.
estructura diseñada plásticamente | plastically designed structure.
estructura disipativa (física) | dissipative structure.
estructura domical | domical structure.
estructura drúsica (minerales) | drusy structure.
estructura económica | economic pattern | economic framework.
estructura electrolejiada | electroleached structure.
estructura electrolixiviada | electroleached structure.
estructura electrónica | electronic structure.
estructura electrónica en gas inerte | inert-gas electronic structure.
estructura elipsoidal (petrología) | pillow-structure.
estructura en almohadilla (geología) | sacklike structure.
estructura en almohadilla (petrología) | pillow-structure.
estructura en apilamiento compacto cúbico | cubic close-packed structure.
estructura en apilamiento compacto hexagonal | hexagonal close packed structure.
estructura en bloques | blocky structure.
estructura en capas (geología) | sheet structure.
estructura en cascada multifonónica | multiphonon cascade structure.
estructura en cuadrícula (mineralogía) | quadrille structure.
estructura en domo | domal structure.
estructura en el espacio | space frame.
estructura en empaquetamiento compacto | close-packed structure.
estructura en escollera | rubble-mound structure.
estructura en forma de dosel (tribuna de hipódromo, etc.) | dogleg frame.
estructura en hierro de lanza (aceros) | fer-de-lance structure.
estructura en hojas | bladed structure.
estructura en manojos (minerales) | sheaf-like structure.
estructura en micromosaico | micromosaic structure.
estructura en mortero (geología) | mortar structure | murbruck structure.
estructura en mosaico | mosaic structure.
estructura en panal | egg-box structure.
estructura en panal corrugada | corrugated-sandwich structure.
estructura en placas | banket structure.
estructura en reloj de arena | hourglass structure.
estructura en terrones | cloddy structure.
estructura en Y | wye member.
estructura en Y formada por un pie derecho y dos brazos que arrancan del vértice | butterfly.
estructura endoblástica | endoblastic structure.
estructura enterolítica | enterolithic structure.
estructura entrecruzada | crisscross texture.
estructura epsilón (metalurgia) | epsilon structure.
estructura equiaxial del grano (metalurgia) | equiaxed grain structure.
estructura escamosa | schuppen structure.
estructura esconzada | skew structue.
estructura esferoidal | ball structure.
estructura esponjosa (lavas) | pillow-structure.
estructura esqueletal | skeletal structure.
estructura esquelética | skeletal structure.
estructura estabilizada a la presión | pressure stabilized structure.
estructura estadística del lenguaje | language statistical structure.
estructura estáticamente indeterminada | hyperstatic structure.

estructura estáticamente indeterminada de hormigón pretensado | prestressed-concrete statically-indeterminate structure.
estructura estratiforme en que las capas sucesivas muestran orientación neutra al azar | turbostratic structure.
estructura estriada | streaky structure.
estructura eucromocéntrica | euchromocentric structure.
estructura eugranítica | eugranitic structure.
estructura eutéctica acicular | acicular eutectic structure.
estructura eutéctica dispersa | dispersed eutectic structure.
estructura exagonal en capas | layered hexagonal structure.
estructura expuesta al agua del mar | offshore structure.
estructura extranuclear | extranuclear structure.
estructura fabricada por soldeo | welding.
estructura faveolada | egg-box structure.
estructura fenestrada (geología) | lattice structure.
estructura fibrorreticular | reticulate fibrous structure.
estructura fibrosa (piezas forjadas) | grain flow.
estructura fibrosa cristalina | crystalline fibrous structure.
estructura fibrosa principal (piezas forjadas) | principal grain flow.
estructura filiforme | hair-like structure.
estructura fina de los metales | fine structure of metals.
estructura financiera | financial set-up | setup.
estructura física interna | internal physical structure.
estructura flabeliforme (geología) | fan structure.
estructura flotante | floating structure.
estructura flotante empleada como oficina y almacén | wharfboat.
estructura fluidal | flowage | fluxion structure.
estructura fluidal (estructura traquítica - geología) | flow structure.
estructura fluidal (geología) | fluctuation structure.
estructura fluidal (petrología) | pressure fluxion.
estructura foliácea | foliaceous structure.
estructura foliada | foliated structure.
estructura formada con muchas piezas pequeñas | bits and pieces structure.
estructura formada por un pie derecho y dos brazos que arrancan hacia arriba | wye member.
estructura fractográfica | fractographic structure.
estructura fundamental | key structure.
estructura génetica | gene structure.
estructura geológica | geologic fabric.
estructura glandulosa (petrología) | eye-structure.
estructura granuda hipidiomorfa | hypidiomorphic granular structure.
estructura grumosa | crumb structure.
estructura grumosa esquistosa | schistose crumpled structure.
estructura harinosa (suelos) | fluffy structure.
estructura helicítica | helicitic structure.
estructura helicoidal | screw-type structure.
estructura heterocelular | heterocellular structure.
estructura hipautomorfa | hypautomorphic structure.
estructura hiperestática | hyperstatic structure | superstratic structure | redundant structure.
estructura hiperfina | hyperfine structure.
estructura hiperfina del cuadrípolo | quadrupole hyperfine structure.
estructura hojosa | foliaceous structure | foliated structure | laminate structure | leaflike structure.
estructura homogénea | homogeneous structure.
estructura homóloga | homolog.
estructura homomagnética | homomagnetic structure.
estructura horst o graven | curvette.
estructura idiomática | idiomatical structure.
estructura imbricada | imbricated structure.
estructura imnovadora | innovatory structure.
estructura inclinada | sloping structure.
estructura indeformable | perfect frame.
estructura inestable | deficient structure.
estructura inherentemente discontinua | inherently discontinuous structure.
estructura interlaminar | sandwich.
estructura interlaminar de caras porosas | porous skin sandwich.
estructura isodiccial | isodyctial structure.
estructura lamelada | laminate structure.
estructura lamelar (geología) | lamination.
estructura laminada megascópica | macroscopic laminated structure.
estructura laminar | platy structure | shell.
estructura laminar (geología) | sheet structure.
estructura laminar (hormigón) | shell structure.
estructura laminar de hormigón ondulado | corrugated concrete shell structure.
estructura laminar fibrosa | fibrous laminate structure.
estructura lenticular | augen structure.
estructura lexemática | lexematical structure.
estructura limítrofe | bounding structure.
estructura linofídica | linophyric structure.
estructura listada | banded structure.
estructura litofisal | lithophysal structure.
estructura liviana de gran resistencia | lightweight high-strength structure.
estructura lobular colgante (zoología) | lappet.
estructura lógica | logical design.
estructura longitudinal | longitudinal framing.
estructura magnética escalonada | laddic.
estructura mallada | grating structure | reticulated structure | reticulation.
estructura mallada (petrología) | mesh structure.
estructura martensítica de grano fino | fine martensitic structure.
estructura martensítica de grano grueso | coarse martensitic structure.
estructura mecanoacústica | mechanoacoustic structure.
estructura metálica sumergida en agua | water-submerged metallic structure.
estructura metalúrgicamente inestable | metallurgically unstable structure.
estructura miarolítica | drusy structure.
estructura micelar | micellar structure.
estructura microduplex con superplasticidad (aleación de níquel con 39% de cromo) | microduplex structure.
estructura microesferulítica | microspherulitic structure.
estructura MIS | MIS structure.
estructura modulada | modulated structure.
estructura molecular ordenada | orderly molecular structure.
estructura monocelular | monocellular structure.
estructura montada en el fondo del mar | ocean-bottom-mounted structure.
estructura montada en obra | field-erected structure.
estructura móvil a través de la coraza que al quitarla permite el acceso al núcleo (reactor nuclear) | stringer.
estructura múltiple | stacked array.
estructura muy deformada | highly-strained structure.
estructura muy zonada | severely-banded structure.
estructura nervada | ribwork.
estructura no planar modulada | modulated non-planar structure.
estructura no rígida | nonrigid structure.
estructura ojosa (petrología) | eye-structure.
estructura oolítica | oölitic structure.
estructura ordenada (metalografía) | ordered structure.
estructura ordenada cúbica de cuerpos centrados | ordered body-centered cubic structure.
estructura ordenada de pequeño alcance (metalurgia) | short-range-ordered structure.
estructura para aviones | airframe.
estructura para la planificación y desarrollo | framework for planing and development.
estructura para prueba de rotores de helicópteros | helicopter tower.
estructura para que no se corra la carga (buques) | cargo antishifting structure.
estructura para servicio de cohetes | rocket service structure.
estructura pecilítica (cuarcitas) | keyed structure.
estructura percristalina | percrystalline structure.
estructura perfecta | firm frame.
estructura periódica y de guía | periodic and guiding structure.
estructura petrolífera | oil structure.
estructura pinacoidal anórtica | anorthic pinakoidal structure.
estructura piramidal ditetragonal | ditetragonal pyramidal structure.
estructura plana cargada lateralmente | laterally-loaded plane structure.
estructura plegada | bogen structure.
estructura plumosa | plumose structure.
estructura policelular | polycellular structure.
estructura policéntrica | polycentric structure.
estructura politípica | polytypic structure.
estructura por deformación plástica | flow structure.
estructura porfídica hipocristalina | hypocrystalline porphyritic structure.
estructura porosa de semianillo anual (maderas) | semiring porous structure.
estructura porosa infiltrada | infiltrated porous structure.
estructura porticada | framed structure | portal-framed structure | rigid building frame | rigid space frame | rigid-jointed frame.
estructura porticada de acero | steel portal-framed structure.
estructura predominantemente ferrítica | predominantly ferritic structure.
estructura prefabricada semicilíndrica de metal para albergar personal | quonset.
estructura presurizada liviana | lightweight pressurized structure.
estructura principal | mainframe.
estructura prismática | prismatic structure.
estructura prismática laminar | prismatic shell structure.
estructura profunda | buried structure.
estructura que flexiona constantemente | constantly flexing structure.
estructura quelifítica | kelyphitic structure.
estructura radiada | radiated structure.
estructura red de diamante | sphalerite structure.
estructura redundante | overfirm frame.
estructura relicta | relict structure.
estructura reológica | rheological structure.
estructura residual | relict structure.
estructura resistente a la onda explosiva | blast-resistant structure.
estructura resultante de un impacto meteórico | cryptoexplosion structure.
estructura reticulada | reticulated structure | framed structure | knitted structure.
estructura reticular | plaited structure | cancelated structure | mesh structure | lattice structure.
estructura reticular cristalina ordenada | ordered crystalline lattice structure.
estructura reticular del cristal | crystal lattice.
estructura retiforme | reticulation.

estructura rígida | rigid frame.
estructura rígida oblicua | skewed rigid frame.
estructura rígida que sobresale de un ala (aviones) | pylon.
estructura secundaria | minor structure.
estructura sefítica | psephitic structure.
estructura semiconductor-aislante-metal | MIS structure.
estructura semilunar | crescent.
estructura serratiforme | serrature.
estructura sesgada | skew structue.
estructura seudomartensítica | pseudomartensitic structure.
estructura situada arriba | upstructure.
estructura sobre pilotes | pile-supported structure.
estructura soldada | weldment | fabricated structure.
estructura soldada relajada de tensiones residuales | stress-relieved fabricated structure.
estructura sombreada (metalografía) | ghostly structure.
estructura soportante de la herramienta abrasiva | quill.
estructura soportante metálica de las paredes (alto horno) | lintel | mantel.
estructura sorboperlítica (aceros) | sorbopearlitic structure.
estructura subgráfica | subgraphic structure.
estructura suspendida | suspended structure | suspension structure.
estructura térmica del océano | ocean thermal structure.
estructura tetraédrica multicomponente | multi-component tetrahedral structure.
estructura tigmática | ptygmatic structure.
estructura totalmente martensítica | fully-martensitic structure.
estructura transversal (buques) | transverse framing.
estructura tributaria | tax structure.
estructura tridimensional | space frame.
estructura troostomartensítica | troosto-martensitic structure.
estructura tubular | tubular structure.
estructura tubular detrás de la tobera de exhaustación (motor de chorro) | tailpipe.
estructura turboestrática | turbostratic structure.
estructura uniformemente orientada | uniformly oriented structure.
estructura zonal | banded structure.
estructura zonar | zoning structure.
estructura zonar (geología) | streaky structure.
estructuración | setup | framing.
estructuración de ficheros | structuring of files.
estructuración de un presupuesto | budget construction.
estructural | structural.
estructuralismo | structuralism.
estructuralismo lingüístico | linguistic structuralism.
estructuralista | structuralist.
estructuralmente elástico | structurally elastic.
estructuralmente estable | structurally stable.
estructuralmente sano (piezas) | structurally sound.
estructuras (topografía) | culture.
estructuras algebraicas ordenadas | ordered algebraic structures.
estructuras análogas | analogues.
estructuras apiladas | tier arrays.
estructuras filiformes (cables, mástiles, torres, etc.) | slender line-like structures.
estructuras marítimas | waterfront structures.
estructuras que funcionan por efecto túnel | tunneling structures.
estructuras triangulares sujetas al casco para sujetar tiraviras y adrizar un buque tumbado halando desde el muelle | parbuckling triangles.
estructuras verticales en areniscas | sandstone pipes.
estrucura magnética (minerales) | magnetic fabric.
estruendo | report | clang | rumble.
estruendo (acústica) | clap.
estruendo (del mar) | rut.
estrujadora | fulling board.
estrujar | wring (to) | squeeze (to) | crush (to).
estuarial | estuarial.
estuarino | estuarine.
estuario | frith | drowned river mouth | firth | inlet.
estuario (geografía) | estuary.
estuario (oceanografía) | branching bay.
estuario con mareas | tidal estuary.
estuario de planicie costera | coastal plain estuary.
estuarios artificiales | artificial estuaries.
estucado (antes de barnizar) | stopping.
estucado (papel) | coating.
estucado con barita | baryta coated.
estucado con capa múltiple | multicoated high gloss board.
estucado con capa múltiple (papel) | multicoated.
estucado mineral (papel) | mineral coating.
estucador (albañilería) | stucco-plasterer.
estucadora | coater.
estucadora (papel) | coating machine.
estucadora de cuchilla | blade coating machine.
estucadora de cuchilla invertida | inverted type blade coater.
estuco | gesso | composition.
estuco (pintura de autos) | stopper.
estuco de cemento | cement plaster | cement stucco.
estuchar | case (to).
estuche | thimble | box | sheath | sheath | cassette.
estuche (de libro) | pull-case | slipcase.
estuche (Jacquard) | spring box | needle-box.
estuche (zoología) | case.
estuche de cierre por cremallera | zippered cover.
estuche de cinta de grabación | cassette.
estuche de cuero | leather case.
estuche de cuero con correas | leather sling case.
estuche de dibujo | instrument case.
estuche de herramientas | tool kit.
estuche de hierro | iron casing.
estuche de la espoleta de inercia (torpedos) | inertia pistol pocket.
estuche de presentación (joyas) | presentation case.
estuche de reparaciones | repair outfit.
estuche de viaje | dressing-case.
estuche del atacador (cañones) | rammer casing.
estuche larval | larva-case.
estuche para plumas de escribir | pen case.
estuche plegable (para herramientas) | roll.
estuche portaisótopos | cassette.
estudiado | elaborate.
estudiado a fondo | exhaustively studied.
estudiante | student.
estudiante avanzado | senior student.
estudiante de derecho | jurist.
estudiante de ingeniería con estudios de bachillerato elemental | junior-level engineering student.
estudiante piloto | tyro pilot.
estudiante posgraduado | postgraduate student.
estudiante que ayuda a un cirujano | dresser.
estudiante universitario de primer grado | undergraduate.
estudiar | cover (to) | layout (to) | lay out (to).
estudiar con detalle | elaborate (to).
estudio | survey | designing | survey | layout.
estudio (cine, TV) | studio.
estudio (de artista) | studio.
estudio (geología) | survey.
estudio (geológico o del terreno) | surveying.
estudio (grabación) | sound stage.
estudio aerofotográfico | airphoto study.
estudio anecoico (TV) | dead studio.
estudio antisonoro (radio) | dead studio.
estudio atomístico de grietas | atomistic study of cracks.
estudio bibliométrico | bibliometric study.
estudio catastral | cadastral survey.
estudio cinematográfico del proceso | cinematographic study of the process.
estudio clínico (medicina) | clinical study.
estudio completo | comprehensive study.
estudio con gran reverberación | live studio.
estudio conceptual y factual | conceptual and factual study.
estudio de agrimensura | land survey.
estudio de ampliación por correspondencia | correspondence-extension study.
estudio de campo | field study.
estudio de comprobación | proff study.
estudio de conjunto | comprehensive study | conspectus.
estudio de cubicaciones (presupuestos obras) | quantity survey.
estudio de dimensiones (presupuestos obras) | quantity survey.
estudio de dimensiones (proyectos edificios) | quantity-surveying.
estudio de emisión (radio) | talks studio.
estudio de grabación de discos | recording studio.
estudio de grietas | study of cracks.
estudio de la actitud | attitude survey.
estudio de la maquinaria propulsora | engining of vessels.
estudio de la onda del plasma | plasma wave science.
estudio de la seguridad | safety analysis report (SAR).
estudio de las desviaciones de la verticalidad (sondeo) | directional survey.
estudio de las fisuras | study of cracks.
estudio de las relaciones de las unidades que forman una roca | petrofabrics.
estudio de los elementos formativos de un producto | value engineering.
estudio de los movimientos de los átomos | atomechanics.
estudio de los ovnis | ufology.
estudio de mejoras | betterment survey.
estudio de mercado | market research.
estudio de mercados | market survey.
estudio de micromovimientos | micromotion study.
estudio de movimientos | motion study.
estudio de movimientos por medio de filmes | memomotion study.
estudio de orientación | pilot study.
estudio de posibilidades | feasibility study.
estudio de rastreo con tinte | dye tracer study.
estudio de relaciones entre la producción y el consumo de un país | input-output study.
estudio de rocas estratificadas | ecostratigraphy.
estudio de sonido | sound studio.
estudio de sonido (registro) | recorder room.
estudio de televisión | television set.
estudio de tiempos con el cronómetro (talleres) | stop-watch time study.
estudio de tiempos de fabricación | time study.
estudio de tiempos de trabajo | work study.
estudio de tiempos y movimientos | time study | time and motion study.
estudio de transmisión radiofónica | radiostudio.
estudio de vídeo | video studio.
estudio del coste | costing.
estudio del escultor | studio of the sculptor.
estudio del hielo marino | cryology.
estudio del hielo y nieve | cryology.
estudio del planeta Marte | aerology.
estudio del terreno | estimate of terrain.
estudio del tiempo (trabajo) | time study.
estudio económico-probabilístico | economic-probabilistic study.
estudio electronográfico | electronographic

study.
estudio en profundidad y con detalle | detail survey.
estudio factible | feasibility study.
estudio final de seguridad | final safety analysis report.
estudio fotogeológico | photogeologic study.
estudio geoeléctrico | geoelectric survey.
estudio gravimétrico | gravity survey | gravimetric survey.
estudio hidroeléctrico | hydroelectric surveying.
estudio hidrográfico | hydrographic survey.
estudio informativo | general approach.
estudio jurídico-económico | juristic-economic study.
estudio magnético | magnetic survey.
estudio megascópico | megascopic study.
estudio minucioso | elaborate study.
estudio parcialmente teórico y parcialmente práctico | part-theorical and part-practical study.
estudio petrográfico del carbón | anthracography.
estudio pitométrico (hidráulico) | pitometer survey.
estudio posterior | further study.
estudio precursor | pioneering study.
estudio previo | feasibility study.
estudio programado | programmed learning.
estudio reverberante | live studio.
estudio sin reverberación | dead studio.
estudio sin reverberación (cine) | echoless studio.
estudio sobre el personal en materia laboral | attitude survey.
estudio sobre el terreno | field survey.
estudio sordo (cine) | echoless studio.
estudio técnico | engineered approach.
estudio vial | road study.
estudio videométrico | videometric study.
estudios con modelos hidráulicos | hydraulic model studies.
estudios de casos reales | case studies.
estudios de fatiga de vehículos | vehicular fatigue studies.
estudios de gabinete | office plans.
estudios de laboratorio | laboratory development.
estudios de las superficies del espécimen | studies of the specimen surfaces.
estudios de licenciatura | postgraduate studies.
estudios en el terreno | site survey.
estudios extrauniversitarios | extramural studies.
estudios para grabación de discos gramofónicos | gramophone-studios.
estudios sobre audiencias | rating.
estudios sobre el terreno | on-the-ground studies.
estudios universitarios | academical training.
estudioso | scholar.
estufa | stove | oven | space heater | drying oven | kiln.
estufa (cerámica) | slip kiln.
estufa (invernadero) | glasshouse.
estufa (jardines) | conservatory.
estufa - invernadero (de plantas) | greenhouse.
estufa bacteriológica | incubator.
estufa con puertas | openable stove.
estufa de acondicionamiento | conditioning oven.
estufa de aire | hot-air closet | air bath | hot-air oven.
estufa de barnizar | lacquering stove.
estufa de barnizar en negro | japanning oven.
estufa de calentar el viento (alto horno) | hot-blast stove.
estufa de calor reflejado | reflected heat heater.
estufa de carbonización | carbonizing stove.
estufa de desecación | drying oven.
estufa de desecar (fundería) | drying kettle.
estufa de desinfección | disinfector.
estufa de esmaltar | enameling stove.
estufa de gas | gas stove.
estufa de incubación de cultivos | incubator.
estufa de machos | core oven | core stove.
estufa de machos calentada con cok | coke-fired core oven.
estufa de petróleo | oil-stove.
estufa de platas | potting shed.
estufa de rayos infrarrojos | infrared stove.
estufa de recirculación | recirculating stove.
estufa de secado | drying house | drying stove | air oven.
estufa de secado de carro móvil caldeada por gas | gas-fired bogie-type drying stove.
estufa de secado de rayos infrarrojos | infrared oven.
estufa de solidificación | gelling oven.
estufa de vacío | vacuum dryer.
estufa de vapor | steamchest.
estufa eléctrica | electric stove | electric fire.
estufa eléctrica con imitación de distintos efectos de combustibles ardiendo | fuel-effect fire.
estufa eléctrica con imitación de efectos de carbón incandescente | coal-effect fire.
estufa eléctrica con imitación de efectos de leños ardiendo | log-effect fire.
estufa eléctrica de reflector | reflector fire.
estufa eléctrica para machos (moldería) | electric core stove.
estufa eléctrica parabólica | bowl fire.
estufa eléctrica sin resplandor | glareless electric heater.
estufa esterilizadora | sterilizer.
estufa metálica (alto horno) | metal stove.
estufa para calentar planchas (grabado) | burning-in cabinet.
estufa para la ropa | hot-press.
estufa para machos (funderías) | foundry stove | kettle.
estufa para parafinar | paraffining stove.
estufa para secar arena | sand drying stove.
estufa para secar machos | core-drying stove.
estufa para secar moldes | mold dryer.
estufa tubular | pipe stove.
estufación (géneros estampados de algodón) | stoving.
estufada (madera) | kiln-seasoned.
estufado | kiln-drying.
estufado (de pinturas) | kilning.
estufado de machos (funderías) | core-baking.
estufado de pintura | paint-stoving.
estufado del inducido | baking of armature.
estufado por rayos infrarrojos | infrared stoving.
estufar | stove (to) | oven (to).
estufar (agricultura) | steaming treatment.
estufar (pintura) | kiln (to).
estufar con rayos infrarrojos | infrared bake (to).
estupefaciente | stupefying | drug.
estuquista | stucco decorator | plasterer.
esvarcita | swartzite.
esviaje | skew | skewing | obliquity.
esviaje del cilíndro | roller skewing.
etalaje (alto horno) | bosh.
etalaje de alto horno | blast furnace bosh.
etamín | voile | etamine.
etano | ethane.
etanol | ethanol.
etanol anhidro | anhydrous ethanol.
etapa | stape | stage | step | stage.
etapa (compresores) | stage.
etapa (de un recorrido) | stage length.
etapa amplificadora | amplifying stage.
etapa amplificadora de potencia | power amplifying stage.
etapa de aislamiento (radio) | buffer stage.
etapa de alta frecuencia | high-frequency stage.
etapa de amplificación | amplification stage.
etapa de amplitud | amplitude stage.
etapa de audio | audio stage.
etapa de audiofrecuencia | audiofrequency stage.
etapa de baja frecuencia | sound stage.
etapa de conmutación | switching stage.
etapa de control automático de amplificación | A. G. C. stage.
etapa de desarrollo | development stage.
etapa de desfervescencia | defervescent stage.
etapa de doble efecto (turbinas de vapor) | double-flow stage.
etapa de exploración | scanning stage.
etapa de potencia (radio) | power stage.
etapa de preparación | process stage.
etapa de recalentador de alta presión | finishing superheater stage.
etapa de recalentamiento (termodinámica) | reheat stage.
etapa de salida (amplificadores) | output stage.
etapa de salida (de un radioemisor) | radiofrequency power amplifier.
etapa de selección (telecomunicación) | selection stage.
etapa desmoduladora (radio) | demodulator stage.
etapa detectora | detector stage.
etapa en contrafase | push-pull stage.
etapa excitadora | driving stage.
etapa excitadora (radio) | driver stage.
etapa excitadora (televisión) | driver.
etapa final | output stage.
etapa final (amplificadores) | output stage.
etapa final de potencia | final power stage.
etapa impulsora (radio) | driver stage.
etapa limitadora | limiting stage.
etapa mezcladora | mixer stage.
etapa moduladora | modulator.
etapa multiplicadora de frecuencia | frequency multiplication stage.
etapa preamplificadora (radio) | driver stage.
etapa que controla la velocidad (reacciones) | rate-controlling step.
etapa supresora del color | killer stage.
etapas acopladas en resistencia-capacidad | resistance capacity coupled stages.
etapas de crecimiento | growth-steps.
etapas de elución | elution steps.
etapas de potencia de audio | audio power steps.
etapas de preselección | preselection stages.
etapas del viaje | voyage legs.
etapas reguladas | controlled stages.
éter | ether | aether | gas.
éter cresilmetílico | cresyl methylether.
eter dibencílico | dibenzyl ether.
éter dietílico | diethyl ether.
éter enántico | oil of wine.
éter etílico | ethyl ether.
eter polimérico | polymeric ether.
eter polímero | polymeric ether.
eterato (química) | etherate.
eterealizar | etherealize (to).
etereidad | ethereality.
éteres vinílicos | vinyl ethers.
eterificación | etherification.
eterificar | etherify (to).
eterificar (química) | etherealize (to).
eterificar (un ácido mineral) | dulcify (to).
eterizar | etherize (to).
eterófono | theremin.
ética coránica | koranic ethics.
ética profesional | professional ethics.
ético | ethical | ethicist.
etilar | ethylate (to).
etilato | ethylate.
etilén clorhidrina | glycol chlorhydrin.
etilenglicol | ethylene glycol.
etileno | ethylene.
etileno polimerizado | polymerised ethylene.
etilglicol | ethyl glycol.
etilmercaptan | stinkdamp.
etil-morfina | ethyl morphine.
etilo (química) | ethyl.
etilocelulosa | ethyl cellulose.
etiolado (botánica) | drawn.
etiolamiento | etiolation.
etiología | etiology.
etiqueta | sticker | tag | label.

etiqueta adhesiva | stick-on label.
etiqueta autoadhesiva | self-adhesive label.
etiqueta colgante | tie-on ticket.
etiqueta de almacén para cajas | bin tag.
etiqueta de cola (fichero) | trailer label.
etiqueta de comienzo del fichero | beginning file label.
etiqueta de fibra | fiber tag.
etiqueta de fichero | file label.
etiqueta de precio | price-tag.
etiqueta del conjunto de datos | data set label.
etiqueta engomada | gummed label.
etiqueta localizadora (mercancías) | picking tag.
etiqueta metálica | metal tag.
etiqueta múltiple | multipart tag.
etiquetado | labelling | tagged.
etiquetador | labeler | ticketer.
etiquetaje | labeling.
etiquetaje de botellas | bottle labeling.
etiquetas continuas con perforaciones marginales | pin feed label.
etiquetas del Instituto Nacional Americano de Normas | American National Standard labels.
etites | eaglestone.
etmolito | ethmolith.
etnia | ethny.
étnico | ethnic.
etnobotánica | ethnobotany.
etnobotánico | ethnobotanist.
etnocidio | ethnocide.
etnofarmacológico | ethnopharmacologic.
etnogeografía | ethnogeography.
etnogeógrafo | ethnogeographer.
etnografía | etnography | ethnography.
etnógrafo | ethnographer.
etnohistoria | ethnohistory.
etnolingüística | ethnolinguistics.
etnología | ethnics | etnology.
etnológico | ethnic.
etnólogo | ethnologist | etnologist.
etnomaníaco | ethnomaniac.
etnomedicina | ethnomedicine.
etnomicología | ethnomycology.
etnomusicología | ethnomusicology.
etnozoología | ethnozoology.
etnozoólogo | ethnozoologist.
etología | ethology.
etólogo | ethologist.
etolografía | etholography.
etolonómica | etholonomics.
etroscopio | aethroscope.
etruscología | etruscology.
eucairita (seleniuro de cobre y plata) | eucairite.
eucalipto caoba (Eucalyptus marginata) | jarrah.
eucalipto gigante (Eucalyptus obliqua) | stringy bark | Tasmanian oak.
eucalipto manna gum (Eucalyptus viminalis) | white gum | santalum spicatum.
eucalipto microcorys (Eucalyptus microcorys) | tallow wood.
eucalipto robusto (Eucalyptus robusta) | swamp mahogany.
eucalipto sauce (Eucalyptus saligna) | Sydney blue gum.
eucaliptu pilularis (Eucalyptus pilularis) | blackbutt.
eucaliptu regnans (Eucaliptus delegatensis) | mountain ash.
eucaliptu resinífero (Eucalyptus resinifera) | red mahogany.
eucaliptu sauce (Eucalyptus saligna) | Sidney blue gum.
euclorina (química, mineralogía) | euchlorine.
eucoloide | eucolloid.
eucoloides | eucolloids.
eudiometría | eudiometry.
eudiómetro | eudiometer.
eudiómetro (explosiones) | detonating tube.
euedral | euhedral.
euedría | euhedry.
euédrico | euhedral.
eufausiaceos | euphausiacea.
eufáusido | euphausiid.
eufemizar | euphemize (to).
eufón (acústica) | eufon.
eufónimo | euphonym.
eufótico | euphotic.
eufrasia (botánica) | eyebright.
eufuismo | euphuism.
eufuista | euphuist.
eugenesia | eugenics.
eugeosinclinal | eugeosyncline.
euhalino | euhaline.
euhigroscópico | euhygroscopic.
Euleriano | Eulerian.
eulitoral | eulittoral.
eunomía | eunomy.
euonimia | euonymy.
euónimo | euonymous.
eupateoscopio | eupatheoscope.
eurasiático | eurasian.
euribárico | eurybaric.
euribático | eurybathic.
euribentico | eurybenthic.
euricórico | eurychoric.
eurífago | euryphagous.
eurihalino | euryhaline.
eurihígrico | euryhygric.
euritérmico | eurythermic.
euritermo | eurythermous.
euritópico | eurytopic.
euro-americano | euro-american.
eurobonos | eurobonds.
eurocomunismo | eurocomunism.
eurocheque | eurocheck.
eurodivisa | eurocurrency.
eurodólar | eurodollar.
euromercado | euromarket.
euromisiles nucleares | nuclear euromissiles.
Europa (geografía) | Europe.
Europa (mitología) | Europa.
Europa federada | federated Europe.
europeizar | europeanize (to).
europia | europium oxide | europia.
europio (Eu) | europium.
eurotrón | eurotron.
eusapropel | eusapropel.
euscopio | grain size comparator.
euscopio (comparador de tamaños de granos) | euscope.
eusinclinal | eugeosyncline.
eustacia | eustacy.
eustasia | eustasy.
eustático | eustatic.
eutaxítico | eutaxitic.
eutéctica | eutectic.
eutéctica binaria | binary eutectic.
eutéctica de cobre-plata | copper-silver eutectic.
eutéctica de equilibrio | equilibrium eutectic.
eutéctica de temperatura de fusión baja | low-melting eutectic.
eutéctica degenerada | degenerated eutectic.
eutéctica granular | granular eutectic.
eutéctica metaestable | metastable eutectic.
eutéctica que produce la grieta | crack-promoting eutectic.
eutéctica separada interdendrítica | interdendritic divorced eutectic.
eutéctico (química) | eutectic.
eutectífero | eutectiferous.
eutectiforme | eutectiform.
eutectígeno | eutectiferous.
eutectoide | eutectoid | eutectoidic.
eutectomérico | eutectomeric.
eutexía | eutexy.
eutexia (aleaciones) | eutexia.
euticomo | straight-haired.
eutomo (geología) | eutomous.
eutonia | eutony.
eutonología (medicina) | eutonology.
eutroficación de los ríos (contaminación) | river eutrophication.
eutrófico | eutrophic.
eutrofización (aguas) | eutrophication.
eutropía | eutropy.
euxamita (mineral de radium radiactivo - Brasil) | euxamite.
euxenita | polycrase.
euxínico | euxinic.
evactor | evactor.
evacuable | evacuable | vacatable.
evacuación | evacuating | ejection | eduction | withdrawal | removal | disposal | exhaustion | clearing | voidance.
evacuación (de bilis, etc.) | ejecting.
evacuación (del vientre) | relieving.
evacuación (heridos) | clearing.
evacuación (líquidos) | effluxion | efflux.
evacuación (milicia) | evacuation.
evacuación (motor alternativo) | exhaust.
evacuación aeromédica | medical air evacuation.
evacuación aeromédica (de heridos y enfermos por medio de aviones) | aeromedical evacuation.
evacuación de desechos | waste disposal.
evacuación de la población civil | civilian evacuation.
evacuación de residuos | waste disposal.
evacuación de residuos radiactivos | disposal of radioactive waste.
evacuación por avión | air evacuation.
evacuado (del hospital) | discharge.
evacuado (heridos) | clear.
evacuado por aire | air evacuee.
evacuador (hidráulica) | outlet.
evacuador de cenizas | ash evacuator.
evacuador de crecidas (hidráulica) | spillway.
evacuador de crecidas (presas) | flood outlet | flood discharger | flood spillway.
evacuador de pozos negros | cesspool exhauster.
evacuante | evacuant | evacuating.
evacuar | evacuate (to) | exhaust (to) | blowdown (to) | haul away (to) | void (to) | empty (to).
evacuar (cenizas, etc.) | rake out (to).
evacuar (máquina) | drain (to).
evacuar los heridos | clear the wounded (to).
evacuatorios | conveniences.
evadir | evade (to) | dodge (to).
evadirse | escape (to).
evagación | evagation.
evaluable | rateable | appraisable.
evaluación | estimate | estimating | computation | computing | weighting | assessment | evaluation | proving trial | rating | rate.
evaluación actuarial | actuarial valuation.
evaluación al infinito | estimates at infinity.
evaluación archival | archival evaluation.
evaluación base | rate base.
evaluación biológica | biological assessment.
evaluación catastral (terrenos) | ratal.
evaluación de funcionamiento | performance evaluation.
evaluación de la administración | measurement of management.
evaluación de la calidad de la imagen | image quality evaluation.
evaluación de la distribución de la potencia del reactor nuclear | evaluation of reactor power distribution.
evaluación de la energía utilizable | availability evaluation.
evaluación de la invalidez | disability evaluation.
evaluación de la pérdida en la producción | production-loss appraisal.
evaluación de la protección | protection survey.
evaluación de la tierra | land appraisal.
evaluación de las daños | litis aestimatio.
evaluación de las inclusiones en el acero | steel inclusion assessment.
evaluación de las mediciones | evaluation of measurements.
evaluación de los daños | damage assessment.
evaluación de proyectos | project appraisal.
evaluación de sementales | sire evaluation.

evaluación de solvencia | credit rating.
evaluación de su utilidad | assessment of their usefulness.
evaluación del beneficio del futuro equipamiento | rate of return on new investment.
evaluación del coeficiente de consolidación | consolidation-coefficient evaluation.
evaluación del daño (economía) | appraisal of damage.
evaluación del desempeño del trabajo | performance evaluation.
evaluación del olor | smell evaluation.
evaluación del rendimiento del embalse | reservoir yield estimation.
evaluación del riesgo de crecida (ríos) | flood risk evaluation.
evaluación del trabajo | job evaluation.
evaluación endoscópica | endoscopic evaluation.
evaluación estadística de la calidad de la soldadura | weld quality statistical evaluation.
evaluación médica | medical evaluation.
evaluación morfológica | morphological evaluation.
evaluación prudente | conservative estimate | sober estimate.
evaluación sobre el precio del mercado | market valuation.
evaluación social de la tecnología | technology assessment.
evaluación tributaria | tax valuation.
evaluación y observación ulterior | evaluation and follow-up.
evaluado con realismo | realistically measured.
evaluador | evaluator | prizer.
evaluador del olor | odor evaluator.
evaluar | assess (to) | rate (to) | evaluate (to) | price (to).
evaluar la madera en pie (bosques) | scale (to).
evaluar y consolidar las informaciones recibidas antes de diseminarlas | filter (to).
evanescencia | evanescence.
evanescente | evanescent.
evapoléusico | evapoleusic.
evaporable | evaporable.
evaporación | evaporation | evaporating | vaporization.
evaporación (de una solución) | exsiccation.
evaporación ácida | acid evaporation.
evaporación anual | annual evaporation.
evaporación anual media | average annual evaporation.
evaporación de la totalidad del líquido | bulk liquid evaporation.
evaporación de los neutrones | neutron evaporation.
evaporación de una almagama de oro | drying off.
evaporación del acero inoxidable a una presión de 5 × 10^{-7} torr | evaporation of stainless steel at a pressure of 5 × 10^{-7} torr.
evaporación del embalse | reservoir evaporation.
evaporación explosiva | explosive evaporation.
evaporación irreversible | irreversible evaporation.
evaporación medida en el recipiente tipo (bioclimatología agrícola) | pan evaporation.
evaporación nuclear | nuclear evaporation.
evaporación por combustión sumergida | submerged combustion evaporation.
evaporación por fases sucesivas (calderas) | stagewise evaporation.
evaporación por vacio (física) | flash evaporation.
evaporación previa (petróleo) | preflashing.
evaporación real | actual evaporation.
evaporación relativa | evaporation opportunity.
evaporado a sequedad en el vacío | evaporated to dryness in vacuo.
evaporado en el vacío | evaporated in vacuo.
evaporado hasta desecación | evaporated to dryness.
evaporado mediante el arco eléctrico | arc evaporated.
evaporador | evaporator | coil.
evaporador (refrigeración por vacío) | flash chamber.
evaporador alimentado por vapor de sangría | bled-steam evaporator.
evaporador calentado por vapor | vapor-heated evaporator.
evaporador con insuficiente refrigerante | starved evaporator.
evaporador con termocompresión | thermocompression evaporator.
evaporador de circulación natural | natural convection evaporator.
evaporador de cuádruple efecto | quadruple effect evaporator.
evaporador de doble efecto | double effect evaporator.
evaporador de efecto múltiple | multiple-effect evaporator | multiple effect evaporator.
evaporador de enfriamiento de la salmuera | brine cooling evaporator.
evaporador de expansión brusca | flash evaporator.
evaporador de expansión directa | direct-expansion coil.
evaporador de la salmuera | brine evaporator.
evaporador de lámina delgada de agua | thin film evaporator.
evaporador de pasos múltiples | multipass evaporator.
evaporador de separación directa | direct separation evaporator.
evaporador de serpentín | coil-type evaporator | coil evaporator.
evaporador de temperatura alta | high-heat-level evaporator.
evaporador de tipo inundado | flooded-type evaporator.
evaporador de triple efecto | triple-effect evaporator.
evaporador de tubos horizontales | horizontal-tube evaporator.
evaporador de tubos largos | long-tube evaporator.
evaporador de tubos verticales | standard evaporator.
evaporador del agua de mar | saltwater evaporator.
evaporador del refrigerante | refrigerant evaporator.
evaporador del tipo de envolvente con serpentín interior | coil-in-casing type evaporator.
evaporador en el vacío (fábrica azúcar) | vacuum pan.
evaporador en que el líquido refrigerante está en contacto con toda la superficie del evaporador | flooded evaporator.
evaporador inundado | flooded evaporator.
evaporador multicircuital | multicircuit evaporator.
evaporador para acondicionamiento de aire | air-conditioning evaporator.
evaporador refrigerador | refrigerator evaporator.
evaporador seco de circulación forzada | dry forced-convection evaporator.
evaporador vertical de tubos largos | long-tube vertical evaporator.
evaporador vertical de tubos largos de múltiple efecto | multiple-effect long-tube vertical evaporator.
evaporadora (fábrica azúcar) | teache.
evaporadora (fabricación azúcar) | desiccator.
evaporadora de sal | grainer.
evaporador-destilador | distiller-evaporator.
evaporando y calcinando las cenizas de maderas y plantas terrestres | potash.
evaporante | evaporative.
evaporar | evaporate (to) | dry off (to) | vapor (to).
evaporar (G.B.) | vapourize (to).
evaporar (soluciones) | exsiccate (to).
evaporar a sequedad (química) | evaporate to dryness (to).
evaporarse | steam (to) | evaporate (to).
evaporatividad | evaporativity.
evaporativo | evaporative.
evapórese hasta que esté viscoso y se hayan desprendido vapores pardos | evaporate until it is viscous and brown fumes are evolved.
evaporímetro | atmometer | evaporimeter.
evaporímetro estandar del Observatorio Meteorológico Nacional (EE.UU.) | standard Weather Bureau pan.
evaporita | evaporite.
evaporito (sedimentación) | evaporite.
evapororfirocrístico | evapororphyrocrystic.
evapotranspiración | evapotranspiration | consumptive use.
evapotranspiración de la cuenca (hidrología) | basin evapotranspiration.
evapotranspiración potencial | potential evapotranspiration.
evapotranspirómetro | evapotranspirometer.
evasión | evasion | escape | escaping | flight | get-out.
evasión de capital | capital flight.
evasión de capitales | flight of capital | exodus of capital.
evasión de derechos aduaneros | evasion of customs.
evasión de impuestos | tax dodging.
evasión de impuestos legalmente | tax avoidance.
evasión del pago de impuestos | tax evasion.
evasión fiscal | tax evasion | fiscal evasion.
evasivo | evasive.
evasor (fiscal) | evader.
evasor (impuestos) | evader.
evección | evection.
evento ionizante | ionizing event.
eventual | contingent.
eventualidad | emergency | contingency | incidental.
eventualidades del mar | perils of the sea.
eversión | eversion.
evicción | eviction | eviction | warranty.
evidencia | evidence | evection | conspicuity | proof.
evidencia (argumentos) | conclusiveness.
evidencia acusadora | damaging evidence.
evidencia experimental | experimental evidence.
evidencia geológica | geological evidence.
evidencia microfísica | microphysical evidence.
evidencia original (datos) | original evidence.
evidencia visible | visible evidence.
evidencia visible de ionización por presencia de gas (válvula termoiónica) | blue glow.
evidenciar | evidence (to).
evino (Vitex pachyphylla) | vindou.
evino (Vitex pachyphylla - Baker) | evino.
evío contra reembolso | consignment to be paid on delivery.
eviscerar | eviscerate (to) | gut (to).
evitaarcos | arc absorber.
evitabilidad | preventability.
evitable | evadable.
evitación de la colisión (navegación marítima) | collision avoidance.
evitador de explosión (pozo petróleo) | blowout preventer.
evitador de formación de hielo | antiicer.
evitador de grietas | crack stopper.
evitador de la rastra | sweep evader.
evitafugas | leak preventer.
evitándose así la entrada de aire frío en el interior (hornos caldeados con gas) | gas screens.
evitar | spare (to) | eschew (to) | prevent (to).
evitar (gastos) | save (to).
evitar despidos | prevent dismissals (to).
evitar el borneo (buque fondeado con dos anclas) | tend (to).

evitar el litigio | avoid litigation (to).
evitar un abordaje (marina) | fend off a collision (to).
eviterno | imperishable.
evítese el contacto con la piel y con los ojos | avoid contact with skin or eyes.
evocación | evocation.
evocar | evoke (to).
evológrafo (física) | evolograph.
evolución | evolution | maneuver (EE.UU.) | manoeuvre (G.B.) | preformation.
evolución (buques) | movement.
evolución (frente meteorológico) | development.
evolución a largo plazo económicamente | economic trend.
evolución adaptiva | adaptive evolution.
evolución convergente | adaptive convergence.
evolución de la economía | trend of business.
evolución de la reactividad | depletion curve.
evolución de un reactor | reactor evolution.
evolución desfavorable | worsening.
evolución en función del tiempo (fenómenos) | time history.
evolución galopante | boom evolution.
evolucionar | evolute (to).
evoluta | evolute.
evoluta de la evoluta | evolute of the evolute.
evolutivo | upward compatible.
evolutivo (botánica) | evolute.
evolvente (curva) | involute | involute curve.
evolvente corta (engranajes) | stub involute.
evolvente de un círculo | involute of a circle.
evolvente esférica | spherical involute.
evolvente profunda (engranajes) | full-depth involute.
ex alcalde | former mayor.
ex buque | ex ship.
ex combatiente | ex-service man.
ex libris | ex-libris | bookplate | bookmark.
ex librismo | ex-librism.
ex librista | ex-librist.
ex presidente | past-president.
exacción | tax | exaction.
exacción (de impuestos) | exaction.
exacción (impuestos) | extortion.
exacción de tributos | levy.
exacción de una contribución | levy.
exacción impositiva | tax levy.
exacciones ilegales | black rent.
exacciones municipales | municipal exactions.
exaclorofeno | hexachlorophene.
exacostillado (botánica) | ecostate.
exactamente | to a tee | right.
exactitud | trueness | rigor | accurateness | accuracy | precision | exactitude.
exactitud a plena escala | full-scale accuracy.
exactitud cíclica | repetitious exactness.
exactitud de las observaciones económicas | accuracy of economic observations.
exactitud de pendiente | tracking accuracy.
exactitud de reproducción (de sonidos o imágenes) | fidelity.
exactitud de ultraprecisión | ultraprecision accuracy.
exactitud del cálculo | accuracy of calculation.
exactitud dimensional | dimensional correctness.
exactitud en la certificación (laboratorio) | certification accuracy.
exactitud nominal | rated accuracy.
exactitud radial de 1 micropulgada | radial accuracy of 1 microinch.
exactitud tonal | match.
exacto | exact | true.
exacto (electrónica) | accurate.
exacto (medidas, etcétera) | narrow.
exacto (radio) | that is correct.
exacto a una micropulgada | right to a microinch.
exacto en la fecha de salida | accurate as of the issue date.
exactor | exactor | extortioner.
exaedrito (meteorito) | hexahedrite.
exaedro | hexahedron.
exafásico | hexaphase.
exageración (curvas) | sharpness.
exagerado | magnified.
exagonal | six-angled | hexagon | hexagonal | six-sided.
exagonalidad | hexagonality.
exágono | hexangle | hexagon.
exagonoide | hexagonoid.
exalado | exalate.
exaltación del sistema conjugado (química) | exaltation of the conjugated system.
examen | quiz | examination | examining | review | survey | touch.
examen (de muestras) | screening.
examen a distancia | remote inquiry.
examen a fondo (de un asunto) | fathoming.
examen al microscopio por luz reflejada (secciones pulimentadas de minerales) | chalcography.
examen auscultatorio | auscultatory examination.
examen biológico | biological survey.
examen de admisión | entrance examination.
examen de caja | examination of cash.
examen de colores cerámicos | examination of ceramic colors.
examen de conducción (autos) | driving-test.
examen de cuentas | auditing | auditing of accounts | audit | controlment.
examen de cuentas (contabilidad) | audit surveillance.
examen de datos | survey of data.
examen de entrada | entrance examination.
examen de ingreso | entrance examination.
examen de la capacidad de los testigos | voir dire.
examen de la labor realizada | progress review.
examen de la situación | estimate of the situation.
examen de la visión (a personas) | vision screening.
examen de los documentos originales | original records examination.
examen de mantenimiento de la salud del obrero | employee health maintenance examination.
examen de salida | leaving examination.
examen de textura por rayos X | X-ray diffraction pattern.
examen del perfil sobre vidrio ahumado | smoked glass profile examination.
examen detallado | overhauling.
examen detenido (de un enfermo, etcétera) | overhaul.
examen directo | direct examination.
examen estructural de aceros | constitutional examination of steels.
examen fractográfico | fractographic examination.
examen fractográfico con haz electrónico | electron-fractographic examination.
examen macrográfico | macrographic analysis.
examen magnetoscópico | magnetoscopic examination.
examen médico | medical examination.
examen microscópico | microscopic examination.
examen minucioso | scanning | close examination | closeup | minute examination.
examen oftalmológico con ultrasonidos | echo-ophthalmology.
examen para prevenir accidentes de trabajo | safety survey.
examen para verificar la aptitud y estado de un piloto (aviación) | checkup.
examen por micrografía electrónica | electron micrographic examination.
examen previo | prior examination.
examen radiográfico | X-ray test.
examen radiográfico en obra | site X-ray examination.
examen radiométrico | radiometric examination.
examen visual | ocular examination.
exámenes competitivos | competitive examinations.
exametiletano | hexamethylethane.
examinable | examinable.
examinado con un aumento de 100 diámetros (microscopio) | examined at a magnification of 100 x.
examinado fractográficamente | fractographically examined.
examinado indestructivamente | nondestructively examined.
examinado visualmente | visually examined.
examinado y encontrado conforme | audited and found correct.
examinador | reviewer | surveyor | examinant | examiner | examining.
examinador (de telas de lana o estambre) | looker-over.
examinador (universidades) | moderator.
examinar | prove (to) | explore (to) | scan (to) | scan (to) | survey (to) | quiz (to) | compare (to) | examine (to).
examinar (máquinas) | overhaul (to).
examinar (proposiciones) | consider (to).
examinar (telas) | perch (to).
examinar a fondo | fathom (to).
examinar al azar | browse (to).
examinar atentamente | examine closely (to).
examinar con el contador Geiger-Muller | Geiger (to).
examinar cuentas | audit (to).
examinar datos | sense (to).
examinar de cerca | examine closely (to).
examinar el asunto | look into the matter (to).
examinar el tacto | feel (to).
examinar la fibra al microscopio | examine the fibre under the microscope (to).
examinar la lana | examine the wool (to).
examinar los pliegos y sus signaturas para comprobar su orden (encuadernación) | collate (to).
examinar por segunda vez | re-examine (to).
examinar una proposición | consider a proposal (to).
examotor | six-engined.
exangular | hexangular.
exápodo | hexapod.
exaquisoctaedro | hexakisoctahedron.
exaquistetraedro | hextetrahedron | hexakistetrahedron.
exavalente | hexavalent | sexvalent.
excarcelación | discharge from arrest.
excavación | digging | excavation | excavating | hole | hollow | pit | cutting | cut | scooping out | scoop | scooping.
excavación (foseta - botánica) | depression.
excavación a cielo abierto | open diggings | open excavation.
excavación a cielo abierto de criadero en grandes masas | open pit.
excavación a mano | hand pit.
excavación a media ladera | hillside cutting.
excavación con pala mecánica | shovel cut.
excavación de avance | pilot cut.
excavación de pozos | pit sinking.
excavación en chimenea | rising shaft.
excavación fuera de la línea marcada | overmining.
excavación fuera de los límites marcados | overmining.
excavación hacia arriba (minas) | raising.
excavación hidráulica (laboreo minas) | hydraulic stripping.
excavación incluyendo el transporte de productos | excavation including disposal.
excavación magmática (minería) | magmatic stoping.
excavación para drenaje de aguas | soakaway | rummel.
excavación para extraer fósiles | effosion.

excavación por escalones | notching | bench digging | gulleting.
excavación por explosión nuclear | nuclear excavation.
excavación preliminar | pioneer cut.
excavación trabajando en toda la superficie del frente de ataque | full-face excavation.
excavación y construcción bajo calzada provisional de madera (ferrocarril suburbano) | cut-and-cover subway work.
excavado (botánica, zoología) | concave.
excavado (deprimido - botánica) | depressed.
excavado en la roca | rock-cut | rock-located | rock-hewn.
excavado por explosión nuclear | atomic explosion-excavated.
excavador | getter | excavator | digger.
excavadora | excavating machine | stripper | backhoe | dredging-machine.
excavadora (máquina) | excavator.
excavadora (minas) | header.
excavadora (pala automática) | grab.
excavadora acarreadora | carryall | carrying scraper.
excavadora cargadora | scraper loader.
excavadora de almeja | grabbing crane | crab dredger.
excavadora de arrastre | slusher.
excavadora de avance (minas) | heading machine.
excavadora de cable | scrap-line | scraper | cableway excavator.
excavadora de cable de tracción | dragline excavator.
excavadora de cadena continua | continuous bucket chain excavator.
excavadora de cadena de cangilones | chain bucket excavator.
excavadora de cangilones | dredger excavator | scoop shovel | bucket ladder excavator | bucket excavator.
excavadora de cuchara | grabbing crane | single-bucket excavator | power shovel.
excavadora de cuchara con garras | grip dredger.
excavadora de cuchara de arrastre | dragline excavator | drag scraper | dragline.
excavadora de cuchara de arrastre autopropulsada | walking dragline.
excavadora de cucharón | bucket excavator.
excavadora de cucharón de arrastre | slackline cableway | scraper.
excavadora de cucharón de quijadas | clamshell excavator.
excavadora de grava | gravel dredger.
excavadora de mordazas | crab dredger.
excavadora de retrodescarga | back-acter excavator.
excavadora de rosario | dredger | dredger excavator | bucket-dredger excavator | bucket ladder excavator.
excavadora de trincheras | trench digger.
excavadora de turba | peat-digging machine.
excavadora de zanjas | ditch digging machine.
excavadora de zanjas de desagüe | drainage ditcher.
excavadora hidráulica | hydraulic excavator.
excavadora mecánica | digger | power shovel.
excavadora para canteras | quarry excavator.
excavadora para fosos | ditcher.
excavadora para pozo de lobo (milicia) | foxhole digger.
excavadora sobre oruga | chain track excavator.
excavadora-cargadora | digging loader.
excavar | excavate (to) | dig (to) | hollow (to) | hole (to) | scoop (to) | dug-in | dug-in (to) | groove (to).
excavar a media ladera | bench (to).
excavar en escalones (minas) | stope (to).
excavar hacia arriba (pozo interior de mina) | raise (to).
excavar horizontalmente o con inclinación | drive (to).
excavar por chorro de agua a presión (minas) | hydraulic (to).
excavar por erosión | gully (to).
excavar un túnel | tunnel (to).
excavar una galería | tunnel (to).
excedente | rest | surplusage | surplus.
excedente (valor, peso, etc.) | overbalance.
excedente asignado | appropriated surplus.
excedente de agua | water surplus.
excedente de capital | capital surplus | paid-in surplus.
excedente de cuota | post-quota surplus.
excedente de explotación | current surplus | operating surplus | earned surplus.
excedente de fabricación | overmake.
excedente de gastos | deficit.
excedente de guerra | war surplus.
excedente de oro | free gold.
excedente de retasación de bienes | unrealized surplus.
excedente de trigo exportable | exportable wheat surplus.
excedente del activo sobre el pasivo | surplus of assets over liabilities.
excedente del gobierno | ex-government surplus.
excedente neto de población | excess of birth.
excedente para fondos de reserva | surplus reserves | proprietary reserves.
excedente por revaluación | revaluation surplus.
excedente resultante de la retasación de bienes | appraisal surplus.
excedentes agrícolas | farm surpluses.
excedentes alimentarios | food surplus.
excedentes de cosecha | crop surpluses.
excedentes exportables | export surplus.
exceder | exceed (to).
exceder en alcance | outrange (to).
exceder en cuenta corriente | have an overdraft (to).
exceder en grado (aeronáutica) | outrank (to).
excederse en el ejercicio de sus atribuciones | strain one's powers (to).
excelencia técnica | technical excellence.
excelente | A. 1. | dandy | first-rate.
excentración | setting over.
excéntrica | cam | wiper | lever wheel | tappet.
excéntrica (mecánica) | eccentric.
excéntrica acorazonada | heart-shaped cam.
excéntrica de acero revestida de bronce | bronze-lined steel eccentric.
excéntrica de calaje variable | adjustable eccentric.
excéntrica de carrera regulable | variable-throw eccentric.
excéntrica de corazón | heart.
excéntrica de expansión (máquina alternativa vapor) | expansion eccentric.
excéntrica de expulsión (telar) | picking tappet.
excéntrica de garganta helicoidal | drunken screw.
excéntrica de la distribución | main eccentric.
excéntrica de la grifa | griffe eccentric.
excéntrica de marcha atrás | reverse-eccentric | backup eccentric | backward eccentric | back eccentric.
excéntrica de marcha avante | forward eccentric | fore eccentric.
excéntrica de marcha avante (máquina vapor) | go ahead eccentric.
excéntrica de montaje | jig latch.
excéntrica de ranura | grooved cam.
excéntrica de rodillos | cam and followers.
excéntrica del disco (telefonía) | dial cam.
excéntrica del muelle | spring eccentric.
excéntrica e carrera fija | constant-stroke eccentric.
excéntrica en que se puede desplazar el radio de excentricidad relativamente a la manivela | shifting eccentric.
excéntrica ficticia | equivalent eccentric.
excéntrica loca | loose eccentric.
excéntrica movible | loose eccentric.
excéntrica para marcha avante | headway eccentric.
excéntrica principal | main eccentric.
excéntrica regable | slipping eccentric.
excéntricamente ajustable | eccentrically adjustable.
excéntricamente flexionado | eccentrically deflected.
excentricidad | eccentricity | offsetting | off-center | setover.
excentricidad ajustable | adjustable eccentricity.
excentricidad ajustable al instante | stepless adjustable eccentricity.
excentricidad de la carga producida por la flexión | bend inducing load eccentricity.
excentricidad de una hipérbola | eccentricity of a hyperbola.
excéntrico de la picada (telar) | pick cam.
excéntrico de la picada (telares) | picking cam.
excéntrico de los lizos | harness cam.
excéntrico de platinas (telar tejido punto) | slurcam.
excéntrico de trama | filling cam.
excéntrico del cilindro | cylinder cam.
excéntrico del hilo de refuerzo (tejidos de punto) | splicing cam.
excéntrico formador (de la bobina) | builder cam.
excéntrico formador de la husada | cop shaper cam.
excéntrico levantaagujas (tejido de punto) | upthrow cam.
excéntrico levantaagujas (telar tejido punto) | clearing cam.
excéntrico levantaagujas (telares) | raising cam.
excéntrico para formar el fondo de la husada | cop bottom shaper cam.
excéntrico para orillos (telas) | selvage cam.
excéntrico regulador de la alimentación | feed regulating cam.
excéntrico regulador de las platinas | sinker cam.
excéntrico regulador del disco (máquina circular tejido punto) | dial stitch cam.
excéntrico regulador del selector (tejido de punto) | picker control cam.
excéntrico regulahilos | yarn control cam.
excéntrico regulamallas del cilindro (tejido punto) | cylinder stitch cam.
excentridad (levas) | throw.
excepción | exclusion | incidental plea.
excepción (jurisprudencia) | incidental plea of defense.
excepción a la prueba | demurrer to evidence.
excepción a una regla | exception to a rule.
excepción declinatoria | foreign plea.
excepción dilatoria | demurrer | dilatory plea.
excepción hecha de | except | save.
excepción perentoria | special plea | demurrer | plea in bar.
excepcional | uncommon | out of the ordinary.
excepcionar de | establish a plea of (to).
excepciones de derecho utilizadas por un patrono | common law defenses.
excepto | except | save | saving.
excepto cuando se indique lo contrario explícitamente | unless the contrary is explicitly stated.
excepto donde se indique | except as noted.
excepto donde se indique de otro modo | except as otherwise noted.
exceptuable | excludable.
exceptuando el | other than.
exceptuar | except (to) | exclude (to).
excerta | extract.
excesivo | undue | extreme.
exceso | extra | excess | surplus.
exceso de agua en la parte superior hormigonada | water gain.
exceso de ahorro | oversaving.

exceso de alumbrado | overlighting.
exceso de arco | arc excess.
exceso de buques (líneas de navegación) | overtonnaging.
exceso de calado sobre el normal a proa | drag.
exceso de carga | overages.
exceso de consumo | excess consumption.
exceso de corriente de reposo (comunicaciones) | mark bias.
exceso de corriente de trabajo (comunicaciones) | space bias.
exceso de coyuntura | overdone boom.
exceso de crédito | overstepping of appropriation.
exceso de curación | overcure.
exceso de entintado (tipografía) | overinking.
exceso de equipaje | overweight.
exceso de equipaje transportado sin remuneración | nonrevenue excess baggage.
exceso de excavación | overbreak.
exceso de existencias | overstock.
exceso de existencias almacenadas | overstocking.
exceso de facturación | overcharge.
exceso de flotabilidad | excess of bouyancy.
exceso de gas en un mechero (hornos) | overgassing.
exceso de gas en un quemador (hornos) | overgassing.
exceso de gasolina (carburador motores) | loading.
exceso de hierro fundido (fundiciones) | over iron.
exceso de impresión (tipografía) | overimpression.
exceso de instrumentación | redundancy.
exceso de la integral de resonancia | excess resonance integral.
exceso de lo cargado sobre lo indicado en el conocimiento de embarque (buque) | overage.
exceso de longitud que hay que dar para formar un doblez (chapas) | takeup.
exceso de luz (fotografía) | overlighting.
exceso de masa que produce el desequilibrio dinámico | out of balance.
exceso de materia sobre lo establecido (relleno de paquetes) | giveaway.
exceso de material que sale entre las dos mitades de un troquel | flash selvage.
exceso de metal alrededor de la zona impresora de un grabado (grabados) | bearers.
exceso de metal alrededor o dentro de la zona impresora de un grabado | dead metal.
exceso de metal de aportación (soldaduras) | overwelding.
exceso de neutrones | neutron excess.
exceso de nitrógeno | azotorroea.
exceso de pastoreo | overpasturing.
exceso de pedidos | backlog of orders.
exceso de personal del equipo de entretenimiento | overmanning of maintenance force.
exceso de personal del equipo de mantenimiento | overmanning of maintenance force.
exceso de peso | overweight | excess weight.
exceso de peso por la envoltura (carne congelada) | bate.
exceso de pintura en el borde | fat edge.
exceso de potencia | margin of power.
exceso de precipitación | excess rainfall.
exceso de restricción cíclica | cyclical overstrain.
exceso de revelado (fotografía) | overdevelopment.
exceso de tensión | overstressing.
exceso de tonelaje (líneas de navegación) | overtonnaging.
exceso de trabajadores empleados | featherbedding.
exceso de trabajo | overstrain | fag.
exceso deducible (seguros marítimos) | deductible franchise.
exceso del precio de emisión sobre valor nominal | premium stock.
exceso esférico (geometría) | spherical excess.
exceso estequiométrico de carbono | stoichiometric excess of carbon.
exceso sobre la cantidad pedida | overrun.
exceso sobre su capacidad (calculadora electrónica) | overflow.
excesos de la publicidad | misdoings of advertising.
excindido por neutrones lentos | fissioned by slow neutrons.
excintiexplorador | scintiscanner.
excipiente | excipient.
excipiente líquido | vehicle.
excipuliforme | cup-shaped.
excisión | excision | cutting out | fissioning | abscission | excition.
excitabilidad | excitability.
excitable | excitable.
excitación | excitation.
excitación (corriente eléctrica) | drive.
excitación (magnetismo) | energization.
excitación a plena carga | full-load excitation.
excitación acústica | acoustic excitation.
excitación automática | autoexcitation.
excitación coulombiana | Coulomb excitation.
excitación cuantificada | quantized excitation.
excitación del generador | generator excitation.
excitación deslocalizada | delocalized excitation.
excitación electromagnética de los núcleos | electromagnetic excitation of nuclei.
excitación en derivación | shunt excitation.
excitación en vacío | no load excitation.
excitación estática | static breeze.
excitación hidráulica | hydraulic excitation.
excitación hidrodinámica | hydrodynamic excitation.
excitación impulsiva | impact excitation.
excitación independiente | independent excitation | independent firing.
excitación instrumental (óptica) | matching stimulus.
excitación lasérica | laser excitation.
excitación mixta | composite excitation.
excitación mixta (electricidad) | compound excitation.
excitación mutua | reciprocal excitation.
excitación octopolar | octopole excitation.
excitación parásita (radio) | shock excitation.
excitación por colisión | collisional excitation.
excitación por corriente continua | direct current excitation.
excitación por choque | impulse excitation.
excitación por impulsos | pulse exciting | impulse excitation.
excitación radioquímica | radiochemical excitation.
excitación remanente | residual excitation.
excitación térmica mesosférica | mesospheric thermal excitation.
excitación vibratoria | vibrational excitation.
excitaciones con distribución estadística | random excitations.
excitada por el estator | stator-fed.
excitado (electricidad) | driven | excited | wound 11.
excitado (sistemas) | unstable.
excitado con diafragma iris (guía de ondas) | iris-excited.
excitado electrónicamente | electronically excited.
excitado en derivación | shunt-excited.
excitado en derivación (motores) | shunt wound.
excitado en el intervalo de la separación | gap-excited.
excitado en serie | series-wound.
excitado estadísticamente | randomly excited.
excitado por bobina | coil-excited.
excitado por el inducido (electricidad) | rotor-excited.
excitado por el rotor | rotor-excited.
excitado por isótopos radiactivos | isotope energized.
excitado por la hélice | propeller-excited.
excitado por luz ultravioleta | U.V. excited.
excitado por sacudidas | shaker-excited.
excitado por un montaje transistorizado | transistor-driven.
excitado por una fuente | source-excited.
excitador | stimulator | driver | excitation unit | exciter | excitor.
excitador (electricidad) | excitator | discharger | energizer.
excitador autoelevador | bootstrap driver.
excitador auxiliar | pilot exciter.
excitador de hiperfrecuencia | radiofrequency exciter.
excitador de impresión | print driver.
excitador de vibración | vibration exciter.
excitador del ignitrón | ignitron exciter.
excitador electrónico para la ignición (motores) | ignition exciter.
excitador electrostático | driving grid.
excitante | activating.
excitar | shake (to) | activate (to).
excitar (electricidad) | excite (to).
excitar (electroimán) | energize (to).
excitar (fisiología) | irritate (to).
excitar (magnetismo) | drive (to).
excitar en serie y derivación (electricidad) | compound (to).
excitar por choque | shock excite (to).
excitatrices en cascada | cascaded exciters.
excitatriz | excitor | exciter | exciting dynamo.
excitatriz acoplada | coupled exciter.
excitatriz auxiliar | pilot exciter.
excitatriz auxiliar en voladizo (alternadores) | overhung pilot exciter.
excitatriz colocada al final del eje | tailshaft exciter.
excitatriz con devanado mixto | compounding exciter.
excitatriz de bobina móvil accionada por oscilador | oscillator-driven moving coil exciter.
excitatriz de campos múltiples | multifield exciter.
excitatriz de corriente alterna | alternating-current exciter.
excitatriz de voltaje constante | constant-voltage exciter.
excitatriz del amplidino del generador | generator amplidyne exciter.
excitatriz desequilibrada velociestabilizada | speed-stabilized out-of-balance exciter.
excitatriz electrónica | electronic exciter.
excitatriz en derivación | shunt exciter.
excitatriz en serie | series excited.
excitatriz en voladizo (alternador) | overhung exciter.
excitatriz estática | static exciter.
excitatriz por impulsos | impulse exciter.
excitatriz primaria | pilot exciter.
excitatriz sin escobillas refrigerada con aire | air-refrigerated brushless exciter.
excitomotor | excitomotor.
excitón | exciton.
excitón molecular | molecular exciton.
excitrón | excitron.
exclamación preventiva para indicar a continuación una cantidad | mark.
exclave | exclave.
excluible | excludable.
excluidas las cubiertas de carga (buques) | other than cargo decks.
excluído | exempted.
excluido de fianza | denied bail.
excluido de la lista | deleted from list.
excluído del control de precios | exempted from price control.
excluido el | other than.
excluir | exclude (to) | except (to) | occlude (to) | lock out (to) | reject (to).
excluir del foro | forejudge (to).
excluir la luz | exclude light (to).
exclusado (canales) | locked.

exclusión | rejection | estopagge | set-aside | cutting off | exclusion.
exclusión (Méjico) | estoppel.
exclusión (química) | scavenging.
exclusión de robos | theft exclusión.
exclusión de un accionista por compra de sus acciones | buying out.
exclusivamente receptor | receive only.
exclusivista | exclusivist.
exclusivizar | exclusivize (to).
exclusivo (agencias) | sole.
excluyendo el calor total del vapor de agua (calderas) | dry gas loss.
exconjugante (zoología) | ex-conjugant.
excoriación | excoriation | scratching.
excoriación (dientes de engranajes) | spalling.
excoriación profunda (excoriación de segundo grado - dientes engranajes) | galling.
excoriación superficial por abrasión (superficies) | galling.
excoriarse (piel) | peel off (to).
excorticación | excortication.
excrecencia | excrescence | outgrowth.
excrecencia (anatomía) | process.
excrecencia en la cabeza parecida a un casco (zoología) | casque.
excrecente | excrescent.
excrementos de animales marinos encontrados en sedimentos | castings.
excretar | excrete (to).
excriptor | outscriber.
excurrente | excurrent.
excursión | trip | swing.
excursión (astronomía, etcétera) | excursion.
excursión de amplitud | amplitude excursion.
excursión de energía del reactor (accidente en el reactor nuclear) | reactor excursion.
excursión de frecuencia | frequency shift.
excursión de impulsión | pulse excursion.
excursión de potencia | power excursion.
excursión máxima admisible (reactor nuclear) | maximum permissible excursion.
excurvación | excurvation.
excusa | plea | declination.
excusa (jurisprudencia) | essoin.
excusable | excusable.
excusar | excuse (to).
excusarse | decline (to).
excusión | excussion.
excusión (jurisprundencia) | excussio.
exdisuelto | exsolved.
exductor | exductor.
exedra | exhedra.
exégesis | exegesis.
exégeta | exegete.
ex-empleado | ex-employee.
exención | exemption | immunity | franchise | discharge | dispensation | freedom | franchise.
exención de arbitrios locales | excusal.
exención de derechos | exemption from duty.
exención de impuestos | freedom from tax | tax exemption | tax dispensation.
exención fiscal | exemption from taxes.
exención personal | personal exemption.
exención por vejez | old age exemption.
exentar | exempt (to).
exentar (de impuestos, etc.) | excuse (to).
exento | free | unobstructed | exempted | exempt.
exento de | not subject to.
exento de abolladuras | dent-free.
exento de ácido | acid free.
exento de aduanas | duty-free.
exento de alcohol | alcohol free.
exento de aranceles | nondutiable.
exento de carbono | carbonless | carbon-free.
exento de contribución | tax-exempt.
exento de culpa | free from blame.
exento de defectos | free from flaws.
exento de defectos por dentro y por fuera | free from defects both within and without.
exento de derechos | nondutiable | free of charges.
exento de derechos aduaneros | customs-exempt.
exento de derechos de entrada | free of duty | duty-free.
exento de error | error free.
exento de exceso de | free from excess of.
exento de fósforo | phosphor-free.
exento de gravámenes | free from encumbrances.
exento de impuesto | untaxed.
exento de impuesto sobre la renta | free of income tax.
exento de impuestos | tax-free.
exento de impuestos sobre la renta | free of income tax (fit).
exento de la contribución sobre la renta | not subject to national tax.
exento de olor | free from odor.
exento de percances | trouble-free.
exento de picaduras | free from pits.
exento de pirógenos | pyrogen-free.
exento de sustancias extractivas | extractive freed.
exento del impuesto de compra | purchase tax free.
exergal (monedas) | exergual.
exergia | exergy.
exergo (monedas, medallas) | exergue.
exestriado (zoología) | estriate.
exfiltración | exfiltration.
exfiltrar | exfiltrate (to).
exfoliación | flaking off | scaling | splitting | flaking | peel off | foliation | foliature | exfoliation | spalling.
exfoliación (capa de pintura, galvanoplastia, etcétera) | peeling.
exfoliación (separación de las capas de material - plásticos laminados) | delamination.
exfoliación basal imperfecta | imperfect basal cleavage.
exfoliación cúbica | cubical cleavage.
exfoliación de despegue | cleavage exfoliation.
exfoliación de estratificación | folding.
exfoliación de la rueda (ferrocarril) | wheel shelling.
exfoliación de las incrustaciones (tubos calderas) | scale exfoliation.
exfoliación de los pavimentos | pavement-scaling.
exfoliación dodecaedrica rómbica | rhombic dodecahedral cleavage.
exfoliación eruptiva (geología) | flow cleavage.
exfoliación fácil | easy cleavage.
exfoliación fina (falsa esquistosidad) | close foliation.
exfoliación longitudinal en un plano paralelo a la cara laminada (tochos planos) | alligatoring.
exfoliación marcada (crucero marcado - mineralogía) | distinct cleavage.
exfoliación octaédrica | octahedral cleavage.
exfoliación por estratificación | stratification foliation.
exfoliación por presión (geología) | parting.
exfoliado | exfoliated.
exfoliado (aceros) | laminated.
exfoliado (carriles) | shelly.
exfoliador (Chile) | block.
exfoliar | exfoliate (to) | scale (to).
exfoliarse | laminate (to) | flake-off (to) | peel off (to) | shell off (to) | delaminate (to).
exfoliarse (ruedas, etc.) | shell (to).
exhalación | aura | exhalation | fume.
exhalante (zoología) | exhalent.
exhalar | emit (to) | breathe (to) | vapor (to) | transpire (to) | shed (to).
exhalar (gases, olores) | exhale (to).
exhalar humedad (cargamento de cereales) | work (to).
exhalar humedad (gas, ácido carbónico, etc. - cargamentos de cereales) | sweat (to).
exhalar un olor nauseabundo | reek (to).
exhalar vapores | fume (to) | reek (to).
exhaustación | egression | exhaustion.
exhaustación (motor alternativo) | exhaust.
exhaustación (motores) | eduction | evacuation.
exhaustación a la atmósfera | open exhaust.
exhaustación de un motor de chorro | jet exhaust.
exhaustación del automóvil | automobile exhaust.
exhaustación del chorro | jet efflux.
exhaustación soplada (motores) | scavenged exhaust.
exhaustar (gases quemados, etc.) | exhaust (to).
exhaustibilidad | exhaustibility | exhaustibleness.
exhaustible | exhaustible.
exhaustor | exhauster.
exhibición | exhibition | spectacle | show | exposition.
exhibición (de cosas) | display.
exhibición aérea | air show | aerial showmanship.
exhibición aeronáutica | air display.
exhibición de piezas de convicción (jurisprudencia) | exhibiting.
exhibición preliminar | preview.
exhibidor | exhibitor.
exhibir | exhibit (to) | lay out (to) | spread (to).
exhibir (pasaportes, etc) | produce (to).
exhibir documentos | produce documents (to).
exhortación judicial a miembros de un jurado | allen charge.
exhorto | letter rogatory | letters requisitory | letter requisitorial.
exhumador | exhumer.
exigencia | ask.
exigencia rápida de devolución de un préstamo | sharp call.
exigencias | requirements | toll.
exigencias básicas militares de la OTAN | NATO basic military requirements.
exigencias técnicas | engineering.
exigente | exacting.
exigibilidad | exigibility.
exigible | exigible | callable | receivable.
exigible (activos) | withdrawable.
exigible (deudas) | due.
exigible (impuestos) | exactable.
exigible legalmente | enforceable by law.
exigible según la cláusula 7 del contrato | claimable under clause 7 of the agreement.
exigir | claim (to) | constraint (to).
exigir (impuestos) | exact (to).
exigir dinero a contratistas | shakedown (to).
exigir dinero por chantaje | shakedown (to).
exigir dinero sin derecho | extort (to).
exigir el derecho de paso | claim right of way (to).
exigir el pago | enforce payment (to).
exigir garantía | ask security (to).
exigir la discusión de (un proyecto, etc.) | call up (to).
exigir la entrega de mercancías en contratos a corto plazo | squeeze the shorts (to).
exigir la presentación de (bonos, etc.) | call in (to).
exigir obediencia | exact obedience (to).
exigir tributos | levy (to).
exigüidad | lowness.
exiguo ingreso | bare income.
exilado | fugitive.
exiliado | exile.
eximente del estado de necesidad (leyes) | exemption of poorness.
eximir | exempt (to) | free (to) | release (to) | release (to) | remit (to) | discharge (to).
eximir (de impuestos, etc.) | excuse (to).
eximir de | free from (to).
eximir de impuestos | exempt from taxes (to).
eximir de resposabilidad | discharge from a liability.
eximir de una responsabilidad | hold harmless (to).
exinas de plantas | plant exines.
exinoide | exinoid.

exinscrito | escribed.
ex-interés | ex-interest.
existe poca información | little information is available.
existencia actual | on hand.
existencia base (industria) | base stock.
existencia en divisas | foreign currency holding.
existencia en metálico (bancos) | metallic stock.
existencia inicial | beginning inventory.
existencia que depende del buen funcionamiento de una máquina (riñón artificial) | machine-dependent existence.
existencias | stores | quantity on hand | inventory | stock-in-trade | stock | merchandise inventory.
existencias (de carbón, etc.) | offtake.
existencias a bocamina | pithead stock.
existencias acumuladas para casos de emergencias | stockpile.
existencias agropecuarias | farm stocks.
existencias cerca del punto de consumo | bench stock.
existencias de almacén | off-the-shelf stock | inventory.
existencias de chatarra | scrap stocks.
existencias de difícil venta o salida | bad stock.
existencias de las empresas | business inventories.
existencias disponibles | stock in hand.
existencias en almacén | warehouse stock | warehouse stocks | inventories.
existencias en caja | cash on hand.
existencias en el campo | field stocks.
existencias en inventario | inventory count.
existencias en pie (bosques) | stock.
existencias finales | closing stock.
existencias inmovilizadas | junk | inactive stock | dead stock.
existencias oro | gold coin and bullion.
existencias sin embalar | bulk stock | bulk storage.
existencias sobrantes | redundant stock | surplus stock.
existente | existing | actual.
existía en 1
exitancia radiante | radiant exitance.
exitatrices en cascada | cascade exciters.
éxito | success | click | achievement.
éxito de venta | best-seller.
éxito del sistema | system's success.
éxito publicitario | advertising success.
éxitos militares | military fortunes.
exitoso (libros) | best-selling.
exitrón (radio) | exitron.
ex-nombre (buques) | late name.
exoactínico | exoactinic.
exobiología | exobiology.
exobiólogo | exobiologist.
exocasto (molde exterior de un fósil) | exocast.
exocéntrico | exocentric.
exocétidos | exocoetidae.
exoceto | exocoetus.
éxodo en masa | mass exodus.
éxodo rural | migration.
exodromia | exodromy.
exoelectrón | exoelectron.
exoenergético | exoergic | exoenergetic.
exoenzima | exoenzyme.
exoérgico | exoergic.
exogamia | exogamy | outbreeding.
exógeno | exogenic | exogenous.
exogeosinclinal | exogeosyncline.
exoglifo | exoglyph.
exografía | exography | shadowgraph.
exografía (fotografía hecha por medio de rayos X) | exograph.
exómetro | exometer.
exomorfismo | exomorphism.
exoneración | exoneration | release | remitment.
exoneración de derechos de importación | exoneration from payment of import duties.
exoneración de impuestos | tax exoneration.
exoneración del vientre | discharge.
exoneración fiscal | fiscal exoneration.
exoneraciones y reembolsos | remissions and repayments.
exonerar | relieve (to) | release (to).
exonerar al fiador | discharge the surety (to).
exorreico | exorheic.
exorreismo (geología) | exorheism.
exosfera | exosphere.
exosfera de la tierra | earth's exosphere.
exosfera terrestre | terrestrial exosphere.
exósmosis | exosmose.
exósmosis (química) | exosmosis.
exosporio | exosporium.
exotérmico | exothermic | heat-giving | heat-emitting.
exotermo | exothermous.
exótico | foreign.
exóticos (maderas, frutas, etc.) | foreign-grown.
expandir | outgush (to) | mushroom (to).
expandir el líquido refrigerante | expand liquid refrigerant (to).
expandir el vidrio | flatten (to).
expandir en una válvula de estrangulamiento | expand through a throttling valve (to).
expandirse (vapor, gases) | expand (to).
expansibilidad | dilatability | expansibility.
expansible | expansible | expandable | dilatable.
expansión | expansion | expanding | enlargement | spread | extension | projection | dilatation.
expansión (turbina vapor) | stage.
expansión adiabática | adiabatic expansion.
expansión adiabática reversible | reversible adiabatic expansion.
expansión bietápica | two-stage expansion.
expansión comercial de nuevos productos con la misma maquinaria | diagonal expansion.
expansión cónica gradual | gradual conical expansion.
expansión coyuntural firme | expansive trend.
expansión de contraste (televisión) | expansion.
expansión de contrastes | contrast expansion.
expansión de impulsión (turbina de vapor) | velocity stage.
expansión de los gases disueltos | dissolved gas drive.
expansión de reacción (turbinas) | reaction stage.
expansión del casquete de gas | gas cap drive.
expansión del chorro | jet spreading.
expansión del flujo | flux tufting | fringing of the flux.
expansión del flujo magnético (ensanchamiento de las líneas de fuerza del campo magnético en los extremos del entrehierro - circuito magnético) | fringing.
expansión del hielo formado en una fisura | dilation.
expansión del mercado de capitales | easing of the capital market.
expansión del poder productivo | expansion of capacity.
expansión económica | economic development.
expansión en régimen permanente | steady-flow expansion.
expansión irreversible | irreversible expansion.
expansión irreversible a entalpía constante | irreversible expansion at constant enthalpy.
expansión isentálpica | isenthalpic expansion.
expansión isentrópica | isentropic expansion.
expansión isotérmica | isothermal expansion.
expansión libre | unrestrained expansion.
expansión múltiple (máquina vapor) | compounding.
expansión polar (electroimanes) | pole cap.
expansión polar (generadores eléctricos) | pole shoe.
expansión pulmonar (medicina) | pulmonary expansion.
expansión súbita | boom.
expansión urbana | urban growth.
expansión vertical | vertical expansion.
expansionable hacia afuera | expandable outwardly.
expansionador alternativo | reciprocating expander.
expansionador centrífugo | centrifugal expander.
expansionar por etapas sucesivas (máquinas vapor) | compound (to).
expansionario | expansionary.
expansionarse (vapor, gases) | expand (to).
expansiones (ondas sonoras) | rarefactions.
expansiones de impulsión (turbinas) | velocity staging.
expansionista | expansionist.
expansividad | expansivity.
expansivo | booming | expansive.
expansor | extender | compandor | expandor.
expansor (teléfono) | expander.
expansor de contrastes (sondador ultrasonoro) | reverberation-controlled gain circuit.
expansor de turbina (licuación de gases) | turboexpander.
expatriación | expatriation.
expectación | expectation.
expectación de fisión iterativa | iterated fission expectation.
expectación de vida | expectation of life.
expectación de vida del material obturador | life expectancy of the sealing material.
expectación matemática | mathematical expectation.
expectancia de vida predecible | predicted life expectancy.
expectativa | outlook | expectation | prospect.
expectativa de vida | expectation of life.
expectativas | expectations.
expedanza | expedance.
expedición | forwarding | delivery | dispatch | distribution | shipment | party.
expedición (cartas) | getting off.
expedición (lenguaje marítimo comercial) | adventure.
expedición (mercancías) | consignment.
expedición de billetes | ticketing.
expedición de flete | freight forwarding.
expedición de un certificado | issuance of a certificate.
expedición de una carta de crédito | issue of a letter of credit.
expedición del título | issuance of title.
expedición exploradora | explorative expedition.
expedición para la pesca de la ballena al Antártico | pelagic expedition.
expedición por todos los mares (terrestres - buques) | global expedition.
expedidor | maker | expediter | dispatcher | originator | despatcher | shipper | shipping officer | consignor | addresser | despatching clerk | sender | forwarder.
expedidor (de una letra) | drawer.
expedidor (ferrocarril) | shipper.
expedidor aduanero | forwarding agent.
expedidor de carga | freight forwarder.
expedidor de un cheque | drawer of a check.
expediente | file | file | case | provision | record | record | red tape.
expediente (jurisprudencia) | process.
expediente completo | face of record.
expediente del juicio | judgment roll.
expediente en apelación (abogacía) | record on appeal.
expediente escolar | curriculum vitae.
expediente gubernativo | governmental proceedings.
expediente judicial | judicial proceedings | judicial proceeding.
expediente personal (talleres) | personnel record.
expedienteo | red tape | departmentalism | procedure.
expedientes | proceedings.
expedientes de salida | out folders.
expedir | draw out (to) | forward (to) | consign (to) | dispatch (to) | despatch (to).

expedir (mensajes) | originate (to).
expedir (por buques o aviones) | ship (to).
expedir (valores) | issue (to).
expedir certificado de | issue certification of (to).
expedir en gran velocidad | express (to).
expedir mensajes para | deliver messages for (to).
expedir por expreso | express (to).
expedir por ferrocarril | railroad (to).
expedir por vía aérea | ship via airmail (to).
expedir un cheque | draw a check (to).
expeditivo | expeditious.
expédito | clear.
expelente | expellent.
expeler | throw-off (to) | expel (to) | exhale (to) | turn out (to) | drive out (to) | eject (to).
expeler (aire de los pulmones) | expire (to).
expelido por los gases | gas-expelled.
expendedor | dealer.
expender | sell on commission (to) | expend (to).
expender recetas (medicina) | expend prescriptions (to).
expendición | expending.
expendiente de faltas de asistencia al trabajo | absence record.
expensas (jurisprudencia) | expense.
experiencia | experience | trial | practice | experiment.
experiencia con remolque del modelo | model-towing experiment.
experiencia de laboratorio | laboratory experiment.
experiencia de servicio | operating experience.
experiencia personal | self-experience.
experiencia propia | self-experience.
experiencia pulsada de neutrones | pulsed neutron experiment.
experiencia técnico-arquitectónica | architectural engineering experience.
experiencia tecnológica | know-how.
experiencias de balance (buques) | rolling experiments.
experiencias de la misma naturaleza (estadística) | run.
experiencias de maduración de larga duración | long-time aging experiments.
experimentación | experimentation | testing | experimenting.
experimentación industrial | industrial experimentation.
experimentado | practised | experienced | expert.
experimentador | experimental man | experimentalist | experiencer | experimenter | trier.
experimental | preoperational.
experimental (instalaciones, etc.) | pilot.
experimentalista | experimentalist.
experimentalista de rayos cósmicos | cosmic ray experimentalist.
experimentar | prove (to) | assay (to) | try (to) | experience (to) | experiment (to).
experimentar pérdida | incur a loss (to).
experimento | experiment | trial | test | proof.
experimento con primates (satélites biológicos) | primate experiment.
experimento de comparaciones apareadas | paired-comparison experiment.
experimento en el interior del reactor nuclear | in-pile experiment.
experimento factorial | factorial experiment.
experimento muestral | sampling experiment.
experimento riguroso | rigid experiment.
experimentos designados | designated experiments.
experimentos en las clases | lecture experiments.
experimentos factoriales de confusión | confounded factorial experiments.
experimentos sobre la inflamabilidad de | experiments on the inflammability of.
experticia | expert testimony.
experto | expert | expert | master | skilled | experienced.
experto (artes, etc.) | connoisseur.
experto (piloto de caza) | hot.
experto consejero | consultant.
experto contable | chartered accountant.
experto diplomado | qualified expert.
experto en aceites | oil expert.
experto en corrección juvenil | juvenile correctional expert.
experto en envases | packaging expert.
experto en incendios petroleros | petrol fire expert.
experto en informática | computer expert.
experto en petróleos | oil expert.
experto en seguridad | safety expert.
experto forense | forensic expert.
experto maderero | timber expert.
expiración | expiration | lapse | caducity.
expiración (contratos, pólizas) | expiry.
expiración (de plazos, letras, etc.) | expiration.
expiración (de un plazo) | running out.
expiración (terminación - contratos) | determination.
expiración de la patente | lapse of a patent.
expiración de una patente | expiry of a patent.
expiración del plazo | effluxion.
expiración del plazo convenido | expiration of the stipulated term.
expiración del riesgo | end of the risk.
expirar | expire (to).
expirar (aire de los pulmones) | expire (to).
expirar (contratos) | determinate (to).
expirar (plazos) | runout (to) | fall in (to).
expirar (plazos, letras, etc.) | expire (to).
expiró el día | it ran out on the 20th.
explanación | levelling | leveling | levelling (Inglaterra) | groundwork | roadbed.
explanación (carretera, vía férrea) | subgrade.
explanación (nivelación) | grading.
explanación (pistas) | formation.
explanación con explanadora de cuchilla frontal | angledozing.
explanación con varias vías (ferrocarril) | multiple-track roadbed.
explanada | platform.
explanada de preparación de pilotes | pile preparation yard.
explanada donde se moldean piezas de hormigón (pilotes, etc.) | casting yard.
explanada para fabricar palos (astilleros) | mast yard.
explanada para hacer cuerdas | laying walk.
explanadora | grading machine.
explanadora (tractor con cuchilla frontal fija o inclinable o giratoria) | turnadozer | bulldozer.
explanadora con cuchilla oblicuable | angledozer.
explanadora de arrastre | pull grader.
explanadora de bastidor inclinable | leaning-frame grader.
explanadora de caminos | road planer | road leveler.
explanadora de cuchilla | dozer.
explanadora de cuchilla frontal fija | bulldozer.
explanadora de empuje | dozer shovel.
explanadora de hoja frontal inclinable | tiltdozer.
explanadora de hoja inclinada | gradebuilder.
explanadora de pala frontal fija | bulldozer.
explanadora elevadora | elevating grader.
explanadora para caminos (carreteras) | road grader.
explanar con la niveladora de hoja angulable | angledoze (to).
explemento | explement.
explemento del ángulo (360 grados menos el ángulo) | explement of angle.
explicación | legend.
explicación del procedimiento de censura de cuentas | statement of auditing procedures.
explicación más probable | most likely explanation.
explicación teórica | fitting.
explicar | explain away (to).
explicar con más detalle | single out (to).
explicar por escrito | explain on paper (to).
explicarse | elaborate (to).
explicativo | explanatory.
explícito | expressed.
explorable | sweepable | explorable.
exploración | exploration | exploring | reconnaissance | search | trace | prospecting | scan.
exploración (cirugía) | manipulation.
exploración (radar, asdic) | sweeping.
exploración (radar, TV) | scanning.
exploración (televisión) | sweep.
exploración (TV) | pitch.
exploración a gran distancia (aviación) | ranging.
exploración alterna de líneas (televisión) | alternate-line scanning.
exploración bilateral (televisión) | bilateral scanning.
exploración circular | spiral scanning.
exploración circular (televisión) | circular scanning.
exploración compensada (televisión) | expanded sweep.
exploración compensada (TV) | compensated scan.
exploración con el noctovisor | noctovisor scan.
exploración cónica | conical scan | conical scanning.
exploración cósmica | space exploration.
exploración de alta definición (TV) | close scanning.
exploración de base de tiempo | time base scanning.
exploración de emplazamiento | site exploration.
exploración de imagen (televisión) | field sweep.
exploración de la atmósfera por globos sondas con aparatos radioemisores | radiosounding.
exploración de la atmósfera por globos sondas con emisores de ondas radioeléctricas | radio sondage.
exploración de la imagen (TV) | scansion.
exploración de la ionosfera mediante cohetes | ionosphere rocket exploring.
exploración de la ionosfera por señales de incidencia vertical | vertical-incidence ionospheric sounding.
exploración de la médula espinal por radiografía (medicina) | myelography.
exploración de las propiedades del diamante | exploration of the properties of diamond.
exploración de longitud de onda constante | constant wavelenght scanning.
exploración de masas rocosas | exploration of rock masses.
exploración de mercados extranjeros | prospecting of foreign markets.
exploración de minerales marinos | marine mineral exploration.
exploración de petróleo | oil finding.
exploración de puntos (televisión) | point scanning.
exploración de radar | radar scan.
exploración de situación | site survey.
exploración de televisión | television scanning.
exploración de trama | raster scan.
exploración de traza luminosa (televisión) | spotlight scanning.
exploración de una imagen de arriba abajo (televisión) | field.
exploración del firme | foundation exploration.
exploración del haz del radar | radar scan.
exploración del subsuelo | subsurface exploration.
exploración del terreno | ground exploration.
exploración digital | digital exploration.
exploración electrónica | electronic scanning.
exploración electrónica de trama | electronic raster scanning.
exploración en busca de petróleo | petroleum exploration.

exploración en el sitio | site exploration.
exploración en espiral | Lissajou scanning.
exploración en espiral (radar) | continuous scanning.
exploración en espiral (TV) | spiral scanning.
exploración en que no se tocan las bandas dejando espacios oscuros entre ellas (televisión) | distinguous scanning.
exploración entralazada (televisión) | line-jump scanning.
exploración entrelazada (radar, TV) | staggered scanning.
exploración entrelazada (televisión) | alternate-line scanning | interlacing.
exploración entrelazada (TV) | intercalated scanning | interlaced scanning | multiple scanning.
exploración escintilométrica | scintillometer survey.
exploración espacial | space exploration.
exploración espiral | spiroidal scanning.
exploración extraatmosférica | space exploration.
exploración fotoeléctrica | photoelectric scanning.
exploración geofísica (minerales) | geophysical prospecting.
exploración geológica mediante determinación de resistividades del terreno (sondeos) | electrical coring.
exploración helicoidal | helican scan.
exploración interna (medicina) | internal palpation.
exploración limitada a un sector (radar) | section scanning.
exploración lunar por vehículos tripulados | manned lunar exploration.
exploración M | M scan.
exploración magnetométrica | magnetometer survey.
exploración mediante eliminación por proyección | flood projection.
exploración óptico-mecánica | optical-mechanical scanning.
exploración pacífica del cosmos | peaceful exploration of space.
exploración por líneas (televisión) | rectilinear scanning.
exploración por líneas contiguas | straight scanning.
exploración por líneas contiguas (televisión) | progressive scanning.
exploración por líneas sucesivas | sequential scanning.
exploración por puntos sucesivos (televisión) | dot interlacing.
exploración por sectores (telefonía) | sector scanning.
exploración por sucesión de puntos | dot interlacing.
exploración por velocidad regulable (televisión) | velocity modulation.
exploración progresiva | progressive scanning.
exploración radar | radar search.
exploración radiológica | radiological scanning.
exploración rápida | slewing.
exploración rápida horizontal (radar) | slewing.
exploración rectangular | rectangular scanning.
exploración retardada (televisión) | delayed sweep.
exploración sísmica | seismic exploration.
exploración total de imagen (TV) | raster.
exploración ultrasónica | ultrasound scanning.
exploración vertical (TV, radar) | vertical scanning.
exploración y explotación del cosmos | space exploration and exploitation.
explorado eléctricamente | electrically scanned.
explorado ópticamente | optically scanned.
explorador | pecker | pioneer | scout | searcher | scanner | prospector | explorator.
explorador (persona) | explorer.
explorador (televisión) | analyzer.
explorador de centelleo (nuclear) | scintiscanner.
explorador de circonio-niobio | zirconium-niobium scanner.
explorador de diapositivas | slide scanner.
explorador de filmes de punto móvil | flying-spot film scanner.
explorador de lente electrónica | electron-lens raster.
explorador de modos paralelos | parallel-mode scanner.
explorador de punto deslizante (televisión) | flying-spot scanner.
explorador de punto móvil (fotocomposición) | flying spot scanner.
explorador de radiactividad | radioactive scanner.
explorador de temperaturas | temperature scanner.
explorador de transductores | transducer scanner.
explorador electrónico (artes gráficas) | scanner.
explorador fotoeléctrico | photoelectric scanner.
explorador óptico | visual scanner | optical scanner.
explorador para mediciones directas | direct measurement explorer.
explorador por infrarrojos | infrared scanner.
explorador principal | main scanner.
explorador visual | visual scanner.
exploradora por micropelícula | film scanner.
explorar | rummage (to) | scan (to) | reconnoitre (to) | reconnoiter (to) | search (to) | examine (to) | probe (to) | scout (to) | open up (to) | explore (to).
explorar (radar, TV) | sweep (to).
explorar (TV) | scan (to).
explorar el filón (minas) | open up the seam (to).
explorar el mar o la tierra para averiguar algo | sweep (to).
explosibilidad | explosibility.
explosibilidad de la mezcla | mixture explosiveness.
explosibilidad de los polvos | powder explosiveness.
explosibilidad del polvo | explosiveness of dust.
explosible | explosible | explodable.
explosímetro (aparato para determinar la explosibilidad de una atmósfera cargada de gases) | explosimeter.
explosion | explosion | blowing up | blowup | outburst | report | puff | blasting | burst.
explosión (astronáutica) | grand bang.
explosión (minas) | going up.
explosión a baja altitud | lower atmospheric burst.
explosión a gran altura | high altitude burst.
explosión a ras del suelo | graze burst.
explosión aérea | airburst.
explosión al carburador | kickback.
explosión alta (proyectil de artillería) | high burst.
explosión atómica | A-blast.
explosión atómica de superficie | atomic surface burst.
explosión atómica en el aire | atomic air burst.
explosión atómica submarina | atomic underwater burst.
explosión atómica subterránea | atomic underground burst.
explosión baja (tiro de artillería) | low burst.
explosión causada por contacto de hierro fundido con agua | explosion from molten iron.
explosión confinada | contained underground burst.
explosión de arma nuclear | nuclear weapon burst.
explosión de barrenos con defasaje de milisegundos (canteras) | ripple firing.
explosión de barrenos múltiples (voladuras) | multishot firing.
explosión de gas | gas explosion.
explosión de gas ciudad | town gas explosion.
explosión de grisú | gas explosion | firedamp explosion.
explosión de neutrones (nucleónica) | neutron pulse.
explosión de pequeñas cargas en agujeros poco profundos (prospección geofísica) | shot popping.
explosión de polvo de harina | flour powder explosion.
explosión de polvos de carbón | coal-dust explosion.
explosión de rabia | ebullition of rage.
explosión de rebote | ricochet burst.
explosión de un hilo metálico | wire explosion.
explosión de una carga en el fondo de un pozo para aumentar su caudal | well shooting.
explosión de una supernova | supernova explosion.
explosión débil por lentitud en la aproximación de las partes constitutivas (bomba nuclear) | fizzle.
explosión del haz | beam blowup.
explosión del proyectil | shell burst.
explosión demorada (barrenos) | hangfire.
explosión electrostática | electrostatic explosion.
explosion en cadena ramificada | branched-chain explosion.
explosión en el aire | airburst | air burst.
explosión en el ánima (cañones) | burst in the bore | barrel burst.
explosión en el cárter | crank-chamber explosion | crankcase explosion.
explosión en mina de carbón | colliery explosion.
explosión en una mina de carbón | coal mine explosion.
explosión experimental | test explosion.
explosión exterior | exterior explosion.
explosión freática (volcanes) | phreatic explosion.
explosión inducida por muones | M-meson-induced burst.
explosión interior | interior explosion.
explosión nuclear de gran rendimiento | high-yield nuclear explosion.
explosión nuclear en el aire | nuclear airburst.
explosión nuclear en la superficie | nuclear surface burst.
explosión nuclear submarina | nuclear underwater burst.
explosión nuclear subterránea | nuclear underground burst | underground nuclear blast.
explosión oxidativa (nucleónica) | oxidative explosion.
explosión por contacto | contact explosion.
explosión por contacto con retardo (minas) | delayed-contact fire.
explosión por influencia (campos de minas) | countermining firing.
explosión por medios eléctricos (voladuras) | electric firing.
explosión por simpatía | sympathetic explosion.
explosión por simpatía (campos de minas) | countermining firing.
explosión prematura | premature.
explosión prematura dentro del ánima | cook-off.
explosión provocada por chispa | spark ignited explosion.
explosión próxima | near bursting.
explosión química | chemical explosion.
explosión retardada | delayed explosion.
explosión sin contacto directo (minas magnéticas o piques de proyectiles de grueso calibre - marina) | noncontact explosion.
explosión solar | solar burst.
explosión sónica | sonic boom.
explosión subacuática | underwater explosion.
explosión submarina | underwater burst.

explosión subsuperficial | subsurface burst.
explosión subterránea | underground burst.
explosión subterránea contenida | contained underground burst.
explosión subterránea encerrada | contained underground explosion.
explosión superficial de contacto (bomba atómica) | contact surface burst.
explosión térmica | thermic explosion | thermal explosion.
explosionable | explodible.
explosionar | explode (to).
explosionar por el calor de la vaina (cartucho del cañón) | cook-off (to).
explosiones (de un automóvil) | chug.
explosiones de gas en un alto horno | cracks of gas.
explosiones de mezcla de aire y aceite lubricante (compresores) | dieseling.
explosiones en barrenos distanciados a lo largo de una línea (voladuras) | string shoot.
explosiones temporizadas (voladuras) | ladder.
explosividad | explosiveness.
explosivo | explosive | puff.
explosivo autorizado (para minas) | authorized explosive.
explosivo binario | binary explosive.
explosivo cloratado | chlorate explosive.
explosivo compuesto de fueloil y nitrato amónico | AN-FO.
explosivo con pequeña proporción de nitroglicerina en saquetes de papel encerado de unos 6 kilos de peso | bag powder.
explosivo condensado | condensed explosive.
explosivo de baja temperatura de congelación | low-freezing explosive.
explosivo de fragmentación en grandes piedras (canteras) | boulder productive explosive.
explosivo de picrato amónico | explosive D.
explosivo de seguridad de nitrato amónico | ammonium-nitrate safety explosive.
explosivo de seguridad para minas | miners' safety explosive.
explosivo deflagrante | deflagrating explosive.
explosivo detonante | detonating explosive | high explosive.
explosivo empleado para grabar | engraving explosive.
explosivo formado de pequeñas partículas | microprilled explosive.
explosivo formado por mezcla de nitrato amónico y fuel-oil | ammonia nitrate fuel oil explosive.
explosivo gelatinoso autorizado | gelatinous permissible explosive.
explosivo hendible | fissionable explosive.
explosivo hiperpotente | extremely powerfull explosive.
explosivo iniciador | initiating explosive.
explosivo lento | low explosive.
explosivo líquido | liquid explosive.
explosivo moldeable | plastic explosive | castable explosive.
explosivo nitrado | nitro-explosive.
explosivo no detonante | low explosive.
explosivo no nuclear | conventional explosive.
explosivo nuclear | nuclear explosive.
explosivo para carga iniciadora | booster explosive.
explosivo plástico | plastic explosive.
explosivo plástico en suspensión líquida | liquid suspension plastic explosive.
explosivo por impregnación | sprinkled explosive.
explosivo primario | primary explosive.
explosivo que contiene gelatina de baja densidad (minería) | hi-velocity gelatin.
explosivo que contiene nitrato amónico | ammonia gelatin.
explosivo que produce gran proporción de bloques de piedra (voladuras) | lump-producer explosive.
explosivo rompedor | disruptive explosive | fast-action explosive | high explosive | quick-acting explosive.
explosivo sensible al cebo | cap sensitive explosive.
explosivos | explosives.
explosivos amoniacales aprobados | ammonia permissibles.
explosivos aprobados | permitted explosives | permissible explosives.
explosivos autorizados | permissible explosives | permitted explosives.
explosivos de cebado | priming explosives.
explosivos de mina | mining explosives.
explosivos de seguridad | safety explosives | permitted explosives | permissible explosives.
explosivos de seguridad (minas) | flameless explosives.
explosivos nitrados | nitrate mixtures.
explosivos nitrobencénicos | nitrobenzene explosives.
explosivos para empleo en trabajos de prospección sismográfica | seismograph explosives.
explosivos para minas | blasting explosives.
explosivos para minas de carbón | coal mining explosives | colliery explosives.
explosor | blasting machine | blasting rig | firing machine | igniter.
explosor (para voladuras) | pushdown machine.
explosor asincrónico | asynchronous spark-gap.
explosor de chispa piloto | trigatron.
explosor de esferas | sphere gap.
explosor de magneto | magneto-exploder.
explosor de pulsador | pushdown blasting-machine.
explosor de pulsador (voladuras) | pushdown blasting machine.
explosor dinamoeléctrico | dynamoelectrical blasting-machine.
explosor eléctrico | exploder | electric blasting machine.
explosor eléctrico (voladuras) | electric firing machine | electrical shot-firing apparatus.
explosor eléctrico de voltaje elevado (voladuras) | high-tension electric blasting machine.
explosor giratorio | rotary spark gap.
explosor magnetoeléctrico | magneto blasting machine.
explosor para la pega (de barrenos) | shot exploder.
explosor sincrono | synchronous spark-gap.
explotabilidad | exploitability | workability.
explotabilidad (minas) | gettability.
explotabilidad (minería) | mineabillity.
explotable | exploitable.
explotable (carbón, minerales) | gettable.
explotable (minas) | mineable | workable.
explotable (minería) | pay | payable.
explotación | exploiting | exploit | exploitation | works | traffic.
explotación (canteras) | managing.
explotación (de ferrocarriles) | running.
explotación (de ferrocarriles, etcétera) | operating.
explotación (de obreros) | sweating.
explotación (de un buque, etcétera) | operation.
explotación (de una región) | development | developing.
explotación (patentes, minas) | working.
explotación a cielo abierto | cast on day | openwork | open cut | open casting | openworking | surface work | surface working | openwork mining | opencasting | open mining | open diggings | open pit | open mine | paddock.
explotación a cielo abierto (minas) | stage working.
explotación a cielo abierto (minería) | open-cut mining | open workings.
explotación a cielo abierto con grada única | single-bench quarrying.
explotación a cielo abierto de criadero en capas horizontales o inclinadas | stripping.
explotación a cielo abierto por excavadoras (minas) | strip mining.
explotación a cielo cubierto | adit mining.
explotación a roza abierta (minería) | opencast mining.
explotación agrícola | farm | farmstead.
explotación agrícola mediana | medium-sized farm.
explotación artesanal | craftsman establishment.
explotación aurífera | gold workings.
explotación automática de datos | automatic data processing system.
explotación autónoma | off-line working.
explotación avanzando | outstope process.
explotación avanzando (minas) | following up system | gob road system.
explotación avícola con fines selectivos y reproductivos | exploitation of birds in view of selection and reproduction.
explotación colectiva | joint working.
explotación comercial | commercial exploitation.
explotación con cucharón de arrastre (minas) | scraper mining.
explotación con pilares (minas) | pillaring.
explotación con varios calculadores | standby application.
explotación de aluviones | alluvial digging | alluvial mining.
explotación de aluviones auríferos | gold-digging.
explotación de aluviones diamantíferos | alluvial diamond diggings.
explotación de arenas de mares metalíferos | beach-combing.
explotación de bosques | logging.
explotación de bosques maderables | lumbering.
explotación de cámaras (minas) | forewinning.
explotación de canteras | quarrying | quarrying work.
explotación de canteras de arcilla | clay minig | clay mining.
explotación de capas (minería) | bed mining.
explotación de carbón | coal explotation.
explotación de cuarzo aurífero | gold-digging.
explotación de datos | data processing.
explotación de ganado vacuno para producción de leche | exploitation of horned cattle for milk production.
explotación de la capa acuífera | aquifer operation.
explotación de la energía hidráulica de un río | river development.
explotación de la mano de obra barata | cheap labor exploitation.
explotación de los ferrocarriles | railroading.
explotación de los minerales del fondo del mar | seabottom minerals explotation.
explotación de los pisos inferiores | deep level mining.
explotación de los servicios de transporte | transport services exploitation.
explotación de menas de baja ley | low-grade ore mining.
explotación de minas de carbón | coal mining.
explotación de placeres | alluvial mining | placer mining.
explotación de placeres (minería) | placer diggings.
explotación de placeres estanníferos | placer tin mining.
explotación de pozos petrolíferos | oil mining.
explotación de puertos | port operation.
explotación de un invento | utilization of a patent.
explotación de una patente | exploitation of a patent.
explotación de vetas auríferas (minería) | reefing.
explotación de yacimientos petrolíferos | oil field development | petroleum mining.
explotación del área | exploitation of the area.
explotación del éxito | exploitation of the

success.
explotación directa | owner occupancy | full-owning | self-exploiting.
explotación directa (minas) | working in-bye.
explotación económica | economical working | economic explotation.
explotación en aparcería | small farm.
explotación en descubierto (minería) | stripping.
explotación en diagonal (minas) | pyramid stoping.
explotación en dirección del filón (minas) | chasing.
explotación en gradas rectas (minas) | bottom stoping.
explotación en multiprograma | multi-program working.
explotación en profundidad (minas) | mining at depth | deep mining.
explotación en retirada (minas) | mining retreating.
explotación en tiempo real | real time working.
explotación extracostera | offshore exploitation.
explotación ferroviaria | railroading.
explotación forestal | forestry work | logging | lumbering.
explotación forestal abrasiva | destructive lumbering.
explotación forestal con rendimientos sostenidos | sustained-yield forest management.
explotación hidráulica (minas) | piping.
explotación interurbana manual (telefonía) | manual toll operation.
explotación irracional (pirquinería - minas) | buckeying.
explotación irregular y mal hecha (minas) | robbing.
explotación maderera | logging.
explotación mecanizada (minas) | mechanized exploitation.
explotación minera de los minerales | mineral mining.
explotación mixta | mixed working.
explotación mutua de derechos de patente | cross licensing.
explotación por cámaras aisladas (minas carbón) | panel work.
explotación por cámaras y pilares | room-and-pillar system.
explotación por cámaras y pilares (minas) | chamber-and-pillar | pillar-and-room | room-and-pillar working.
explotación por compartimientos (minas carbón) | panel work.
explotación por doble vía | double-line working.
explotación por el método retrógrado (minas) | mining retreating.
explotación por escalones | stoping.
explotación por escalones a cielo abierto (canteras) | benching.
explotación por excavadoras (canteras, minas) | stripping.
explotación por franjas-almacenes (minas) | shrinkage stoping.
explotación por galerías | drift mining.
explotación por gradas | stoping.
explotación por gradas al revés (minas) | overhand stoping.
explotación por gradas invertidas (minas) | overhand stoping | back-stoping | overhead stoping.
explotación por hundimiento (método de socavón y derrumbe - minas) | caving system.
explotación por macizos cortos (minas) | post and stall.
explotación por medios hidráulicos (minería) | nozzle (to).
explotación por multiprogramación | in a multiprogramming environment.
explotación por pilares (minas) | chute and pillar system | bord and pillar system | post and stall.
explotación por pilares (minas carbón) | panel work.
explotación por pilares abandonados | pillar mining.
explotación por pilares abandonados (minería) | open stopes.
explotación por pozos vertederos (minas) | gloryhole system.
explotación por socavación y derrumbe (minas) | block caving.
explotación por socavones | drift mining.
explotación por tableros (minas) | working by chess-board.
explotación por tajos horizontales con relleno (minas) | horizontal cut-and-fill.
explotación por tajos largos | longwall stoping.
explotación por tajos largos en retirada (minería) | longwall retreating.
explotación por tramos (minas) | bench-and-bench.
explotación por tramos con hundimiento (minas) | prop slicing.
explotación por tramos horizontales con hundimiento (minas) | scramming.
explotación remuneradora | profitable working.
explotación rural | homestead.
explotación sin galería preparatoria (minas) | advancing system.
explotación subterránea (minas) | closed work.
explotación subterránea de yacimientos auríferos | drift mining.
explotaciones avícolas | exploitation of birds.
explotada con exceso | over-exploited.
explotado (yacimientos mineros) | off.
explotado a fondo (minas) | carried to end.
explotado intensivamente (plantas) | intensively managed.
explotado por el Estado | government-operated.
explotador | sweater | exploiter.
explotador (de un servicio aéreo) | operator.
explotador de bosques | lumberman.
explotador de una mina | adventurer.
explotar | go up (to) | exploit (to) | burst (to).
explotar (ferrocarriles, etc.) | operate (to).
explotar (minas) | fit (to) | improve (to).
explotar (minas, fábricas) | run (to).
explotar (negocios) | operate (to).
explotar (negocios, minas, etc.) | develop (to).
explotar (obreros) | sweat (to).
explotar (patentes, minas) | work (to).
explotar (una mina) | mine (to).
explotar (voladuras) | explode (to).
explotar a cielo abierto (minería) | strip (to).
explotar a cielo abierto (placeres) | paddock (to).
explotar a sus subordinados | exploit one's subordinates (to).
explotar canteras | quarry (to).
explotar comercialmente | make merchantable (to).
explotar con pérdida (negocios) | run at a loss (to).
explotar de nuevo una cinta | replay (to).
explotar en retirada (minas) | bring back (to).
explotar irregularmente (minas) | rob (to).
explotar la credulidad de una persona | play upon someone's credulity (to).
explotar por el método directo (minas) | work out (to).
explotar prematuramente | explode prematurely (to).
explotar sin método (minería) | gopher (to).
explotar sin método (pirquinear - minas, filones) | gopher.
explotar solamente las partes ricas (yacimiento de minerales) | gut (to).
explotar sólo los mejores filones (minería) | rob a mine (to).
explotar un ferrocarril | run a railway (to).
explotar un ordenador en tiempo compartido | time share (to).
explotar una finca | farm (to).
explotar una región | develop a district (to).
exponencialmente cerrado | exponentially closed.
exponente | superscript.
exponente (de un número) | power.
exponente (matemáticas) | exponent | index.
exponente de amortiguación del campo | field-falloff exponent.
exponente de carga (buques) | exponent of capacity.
exponente entero | integral exponent.
exponentiación | exponentiation.
exponer | lay bare (to) | put up (to) | put (to) | expose (to).
exponer (a la luz, etcétera) | expose (to).
exponer (cuadros) | exhibit (to).
exponer (hechos) | lay (to).
exponer (una teoría, etc.) | set up (to).
exponer (ventas) | expose (to).
exponer a grandes rasgos | outline (to).
exponer a la intemperie | weather (to).
exponer a la lluvia | expose to the rain (to).
exponer para la venta | display for sale (to).
exponerse a una acusación | lay open to a charge (to).
expontaneo (plantas) | self-sown.
exportabilidad | exportability.
exportable | exportable.
exportación | exportation | export | exporting.
exportación agroalimentaria | agroalimentary exportation.
exportación armamentista | armamentist exportation.
exportación de armas sin permiso | gun-running.
exportación de juguetes | toy's exportation.
exportación de numerario | export of specie.
exportación directa | direct exporting.
exportación indirecta | indirect exporting.
exportación invisible | invisible export.
exportación subsidiada | subsidized exportation.
exportación temporal | temporary export.
exportación visible | visible export.
exportaciones | exports.
exportaciones clave | key exports.
exportaciones de capital | capital exports.
exportaciones reguladas | controlled exports.
exportaciones validadas | validated exports.
exportador | exporter.
exportador de frutas | fruit exporter.
exportar | export (to).
exposición | display | exposition | statement rationale | demonstration | show | situation irradiation | exhibition | liability | disclosure.
exposición (a un peligro) | exposure.
exposición (de hechos) | declaration.
exposición (de objetos, etc.) | exhibiting.
exposición (de un proyecto) | outlining.
exposición a baja temperatura durante larga tiempo | cold soak.
exposición a la intemperie | weathering.
exposición a la radiación | radiant exposure.
exposición a la radiación por un corto tiempo | acute exposure to radiation.
exposición a temperaturas mayores que las de servicio normal | overtemperature exposure.
Exposición Agraria | Agricultural Show.
exposición ambulante | travelling exhibition.
exposición coherente | coherent exposition.
exposición con retícula | screen exposure.
exposición continuada a pequeñas dosis de radiación nuclear | chronic exposure.
exposición de aeronáutica | aeroshow.
exposición de caballos | horse-show.
exposición de electrodomésticos | household appliances exhibition.
exposición de fondo | background exposure.
exposición de hechos | bill of particulars.
exposición de hechos (jurisprudencia) | opening.
exposición de libros colocándolos con las tapas

a la vista | flat display.
exposición de los hechos | factum.
exposición de memoria de retoques | memory mapped video.
exposición en el sitio de venta | point-of-purchase display.
exposición estereorradiográfica | stereoradiographic exposure.
exposición fotográfica de haz electrónico | electron-beam photo-resist exposure.
exposición hortícola | horticultural show.
exposición incompleta | understatement.
exposición industrial | trade fair.
exposición instantánea | snapshot.
exposición insuficiente (foto, cine) | underexposure.
exposición máxima admisible | maximum permissible exposure.
exposición ocasional a grandes dosis de radiación nuclear | acute exposure.
exposición profesional a las irradiaciones | occupational radiation exposure.
exposición pública de un nuevo prototipo sacándolo del taller o hangar (aviones) | roll out.
exposición publicitaria | advertising display.
exposición regional | fair.
exposición sin filtro (fotografía) | unfiltered exposure.
exposiciones de gran duración | long-time exposures.
exposímetro | exposure meter | exposure timer.
exposímetro colorimétrico | color matching exposure meter.
exposímetro fotográfico | photographic exposure meter.
expositor | exhibitor.
expositores extranjeros | foreign exhibitors.
expresable | expressible.
expresable en números | numerically evaluable.
expresada como fracción de alguna energía de referencia (neutrones) | lethargy.
expresado en divisas | denominated in foreign currency.
expresado en libras | stated in pounds.
expresado en medida de arco | expressed in arc measure.
expresado en medida de tiempo | expressed time measure.
expresado en porcentajes | percentaged.
expresar | express (to).
expresar (opiniones) | formulate (to).
expresar en unidades de | express in units of (to).
ex-presidente | former president | past chairman.
expresión | term.
expresión (de una opinión) | deliverance.
expresión (del jugo de algo) | pressing.
expresión (del pensamiento) | phrasing.
expresión (opiniones) | formulation.
expresión a integrar | integrand.
expresión algebraica | algebraic expression.
expresión compuesta de dos términos | compound expression.
expresión de ficheros | file expression.
expresión de función descriptiva | describing-function expression.
expresión de un solo término | simple expression.
expresión del aceite | oil expression.
expresión fraccionaria | improper fraction.
expresión lógico-simbólica | symbolic-logic expression.
expresión matemática del modelo (estadística) | model formula.
expresión paramétrica | parametric description.
expresiones comunes y conocidas de todos | topics.
expresiones triviales | topics.
expresivo (música) | expressive.
expreso | expressed.
exprimefrutas | fruit juicer.
exprimejugos | juice separator.
exprimibilidad | squeezability.
exprimible | expressible.
exprimido | squeezed | expressed.
exprimidor | wringing machine | wringer | squeezer.
exprimidor (de ropa lavada) | wringer.
exprimidor de ácido | sour squeezer.
exprimidor de caucho | rubber squeegee.
exprimidor en cuerda (trabajo en cuerda de telas) | rope squeezer.
exprimidora | squeezer | extracting machine.
exprimidora centrífuga | centrifugal extracting machine.
exprimidora de forraje | hay-maker.
exprimir | extract (to) | squeeze out (to) | squeeze (to) | wring (to) | press out (to) | pinch out (to).
expromisión | expromission.
expropiabilidad | expropriability.
expropiable | condemnable.
expropiación | condemnation | condemnation | expropriation.
expropiación excesiva | excess condemnation.
expropiación forzosa | compulsory expropriation | forced expropiation | eminent domain.
expropiación por zonas | expropriation of extra land | excess condemnation.
expropiado | condemnee.
expropiado (terrenos) | condemned.
expropiador | expropiator.
expropiar | expropriate (to) | impress (to) | impress (to) | commandeer (to).
expropiar (terrenos) | condemn (to).
expuesto | exposed.
expuesto a la intemperie | exposed to the weather.
expuesto a volcar | liable to capsize.
expuesto con claridad (problemas) | neatly posed.
expulsable | expellable.
expulsado (persona) | expellee.
expulsador | ejector.
expulsar | evict (to) | drive out (to) | release (to) | out (to) | expel (to) | kick out (to).
expulsar (gases quemados de motores) | scavenge (to).
expulsar (gases quemados, etc.) | exhaust (to).
expulsar (memoria ordenador) | bump from core (to).
expulsar a presión | press out (to).
expulsar a un miembro | read out (to).
expulsar del ejército | dismiss from the service (to).
expulsar el bióxido de carbono de la mezcla (molinos cemento) | decarbonate (to).
expulsar electrones de los átomos | knock electrons out of atoms (to).
expulsar la escoria (pudelaje) | shingle (to).
expulsar por la válvula | valve (to).
expulsatestigos (sondeos) | core pusher.
expulsión | dismissal | feed out | expulsion | pushing-out | ejectment | ejection | eviction | expelling.
expulsión (de bilis, etc.) | ejecting.
expulsión (de gases quemados de motores) | scavenging.
expulsión de aire (tuberías de gas) | blowing out.
expulsión de un alumno (colegios) | pupil drop-out.
expulsión del ejército | dishonorable discharge.
expulsión del metal fundido (soldeo por puntos) | spitting.
expulsión inmediata | immediate expulsion.
expulsión por la válvula | valving.
expulsión provocada | induced expulsion.
expulsiones en un reactor de agua hirviendo | chugging in boiling water reactor.
expulsiones periódicas (reactor) | chugging.
expulso | expelled.
expulsor | expeller | ejector | knockoff trip | knockout.
expulsor (prensas) | knockup.
expulsor de aire | air exhauster.
expulsor de brocas | drill ejector.
expulsor de canillas | bobbin ejector.
expulsor de casquillos (cañones) | ejector chute.
expulsor de palanca | lever ejector.
expulsor de resorte | spring ejector.
expurgar un libro | emasculate a book (to).
exrecluso | ex-convict.
ex-reparto | ex-allotment.
exsecante | exsecant.
exsicación | exsication.
exsolución | exsolution.
exsolución (geología) | exsolution.
exsolución (mineralogía) | unmixing.
exsolucional | exsolutional.
extemporaneidad | extemporaneousness.
extemporáneo | ill-timed.
extendedor | spreader.
extendedor de abonos | dung-spreader.
extendedor de cuchilla frontal | blade spreader.
extendedor de la cola | glue spreader.
extendedora de capas de espesor constante (carreteras) | grader.
extendedora mecánica para yute | jute spreading machine.
extender | extend (to) | spread (to) | tend (to) | expand (to) | dilate (to) | elongate (to) | perfuse (to) | stretch out (to) | stretch (to).
extender (comercio) | branch out (to).
extender (contratos) | draw (to).
extender (cheques) | draw (to).
extender (documentos, facturas) | draw up (to).
extender (el oro) | draw out (to).
extender (facturas) | extend (to).
extender (minas) | draw up (to).
extender (pintura) | lay off (to).
extender arena sobre | sand (to).
extender crema sobre la piel | cream (to).
extender el acta | draw the minutes (to).
extender el serrín | sawdust (to).
extender factura | invoice (to).
extender la superficie sobre un plano | unroll the surface onto a plane (to).
extender mortero sobre un ladrillo | butter (to).
extender un cheque | draw a check (to) | issue a check (to).
extender un cheque contra un banco | write out a check on a bank.
extender un documento | engross (to).
extender un giro (comercio) | draw up (to).
extender un recibo | make out a receipt (to).
extender una cortina de humo sobre el terreno desde un avión | lay (to).
extender una factura | make out an voice (to).
extenderpublicar | put forth (to).
extenderse (mancha de aceite, tinta) | run (to).
extenderse (resortes) | rundown (to) | rundown (to).
extenderse en lámina u hojas | sheet (to).
extenderse sobre | runout (to) | span (to) | overlap (to).
extenderse sobre (invasiones) | overrun (to).
extenderse sobre (líquidos) | runout (to).
extendibilidad | spreadability.
extendible | spreadable | extendable.
extendida sobre un plano (superficie desarrollable) | rolled into a plane.
extendido | splay | expanded | flat.
extendido (botánica) | effuse | patent.
extendido a la orden | made out in the name.
extendido a mano | hand-spread.
extendido a martillo | beaten.
extendido hacia dentro | inwardly extended.
extendido por todo el país | nationwide.
extendiéndose axialmente | axially extending.
extendiéndose lateralmente | laterally extending.
extendiendose periféricamente | peripherally extending.
extendiendose radialmente | radially extending.
extensibilidad | tensibility | tensility | extensibility | extendability | extendibility | stretching property.
extensibilidad a la rotura | extensibility at

break.
extensible | tensible | tensile | extendible | expandable | extensible | openended.
extensígrafo | extensigraph.
extensimetría | extensometry | extensometry.
extensímetro | extensimeter | extensometer | extensometer.
extensímetro acústico | acoustic strain gage.
extensímetro amplificador óptico | optical magnifying extensometer.
extensímetro autográfico | autographic strain gage.
extensímetro automático para ciclos de esfuerzos | automatic strain cycle gage.
extensímetro contador | counting strain gage.
extensímetro de alambres pegados sobre la pieza | bonded-wire strain gage.
extensímetro de burbuja | bubble extensometer.
extensímetro de espejo | mirror extensometer.
extensímetro de hilo vibrante | vibrating wire strain gage.
extensímetro de inducción | induction strain gage.
extensímetro de lectura por microscopio | microscope reading extensometer.
extensímetro de palanca amplificadora | multiplying lever extensometer.
extensímetro de regulación electrónica | electronically-controlled extensometer.
extensímetro de resistencia de cinta metálica | foil-resistance strain gage.
extensímetro de resistencia eléctrica | resistance strain gage | extensometric resistance gage | strain gage.
extensímetro de resistencia eléctrica de hilo | wire resistance strain gage | wire strain gage.
extensímetro de tira metálica | foil strain gage.
extensímetro de tornillo micrométrico | micrometer screw extensometer.
extensímetro depuente equilibrador | self-balancing bridge strain indicator.
extensímetro eléctrico de inductancia | inductance strain gage | inductance-type electrical extensometer.
extensímetro electroacústico | electroacoustic extensometer.
extensímetro estadístico | statistical strain gage.
extensímetro óptico | optical strain gage.
extensímetro pegado | bonded strain gage.
extensímetro piezoeléctrico | piezoelectric strain gage.
extensímetro registrador electrónico de gran amplificación | electronic high-magnification recording extensometer.
extensión | enlargement | sweep | area | length | extending | extension | extent | extent | space | spread | stretch | expanse | reach | range | prolongation | scope.
extensión (de terreno, etc.) | expansion.
extensión (de un músculo) | protraction.
extensión (de un país) | stretch.
extensión (medicina) | smear.
extensión (voz o instrumento) | compass.
extensión areal | areal extent.
extensión considerable de terreno | considerable extent of ground.
extensión de agua | sheet.
extensión de agua rodeada de hielos | clearing | big clearing.
extensión de colisión | collision broadening.
extensión de la póliza de seguros | coverage area.
extensión de pantalla | screen size.
extensión de signo | sign extend.
extensión de sus derechos de pesca a 200 millas | extension of its fishing rights to 200 miles.
extensión de un seguro | coverage.
extensión de una dosis | dose protraction.
extensión de una serie estadística | range.
extensión del fondo de los mares | sea-floor spreading.
extensión del levantamiento entre fajas de control (aerofotogrametría) | bridging.
extensión del mercado | freeness of the market.
extensión del riesgo (seguros) | exposure.
extensión en profundidad | extension in depth.
extensión expuesta a la acción de los vientos (puertos) | fetch.
extensión lateral de las olas oceánicas al desplazarse fuera del área generadora | angular spreading.
extensión máxima del archivo | maximum file size.
extensión para transporte terrestre (pólizas) | shore cover.
extensión unidireccional | one-way stretch.
extensional | extensional.
extensivo | extensive.
extenso | extensive | extended | expansive | comprehensive | far-flung.
extensómetro | free point indicator | strain gage.
extensómetro mecánico | mechanical extensometer.
extensómetro para medir deformaciones diferenciales en un pozo de sondeo | down-the-hole extensometer.
extensor | extensor | compandor | stretcher.
extensor de línea | line stretcher.
extenuar | extenuate (to) | exhaust (to).
exteremo del sedal (pesca) | dropper.
exterior | external | exterior | outside.
exterior (comercio) | foreign.
exterior (deuda pública) | oversea.
exterior (marina) | outboard.
exterior (minas) | grass-roots | grass | daylight | day | surface.
exterior al plano | not on the plane.
exterior del tubo | tube's exterior.
exteriores (cine) | outdoor scenes | outdoor shots.
exterioridad | exteriority.
exteriormente estriado | externally striated.
externado | day school.
externamente presionado | externally pressurized.
externo | external | exterior.
externo (asistencia pública) | outdoor.
externo (de hospital) | dresser.
extina | outer coat of pollen grain.
extina (botánica) | outer coat of spore.
extinas de plantas | plant exines.
extinción | suppression | consumption | fadeaway | extinguishment | extinction | extinguishing.
extinción (de un fenómeno) | quenching.
extinción (de un fuego) | blowing out.
extinción (llamas, etc.) | quenching.
extinción (visualización) | blanking.
extinción a lo largo de los flancos del incendio | flanking fire suppression.
extinción de incendio | fire fighting.
extinción de incendios | fire extinguishing.
extinción de incendios producidos por aterrizajes violentos (aeropuertos) | crash fire-fighting.
extinción de la corriente | current-chopping.
extinción de la llama | flame quenching.
extinción de la llama (soldadura oxiacetilénica) | flame snap-out.
extinción de la llama por falta de combustible (motor de chorro) | burnout.
extinción del cok | quenching.
extinción del plasma | plasma quenching.
extinción espontánea al aire (cal) | air slaking.
extinción fortuita de la llama por escasez de combustible (motor chorro) | flame-out.
extinción fortuita de la llama por escasez de combustible (motor de chorro) | flameout.
extinción gradual del arco (electricidad) | dying out of the arc.
extinción oblicua | inclined extinction.
extinción óptica | optical quenching.
extinción por consolidación (jurisprudencia) | merger.
extinción por enfriamiento (arco de ruptura) | thermal clearance.
extinción por sprinklers | sprinkler installation.
extinción recta (minería) | parallel extinction.
extinguible | extinguishable.
extinguido (incendio, volcán) | extinct.
extinguido (volcanes) | lost.
extinguido hace tiempo | long-perished.
extinguidor | snuffer.
extinguir | slake (to) | sink (to) | extinguish (to) | quench (to) | suppress (to).
extinguir (oscilaciones) | quench (to).
extinguir el incendio | dowse the fire (to) | fire quench (to).
extinguirse (luces) | go out (to).
extinto | extinct.
extintor automático | automatic extinguisher.
extintor automático a fusible | solder type sprinkler.
extintor de agua nebulizada | water extinguisher.
extintor de bromuro de metilo | methyl bromide extinguisher.
extintor de descarga rápida | rapid discharge extintor.
extintor de espuma | foam equipment | foam can | foam extinguisher.
extintor de espuma química | chemical foam extinguisher.
extintor de incendios | fire extinguisher | fire-gun | extinguisher.
extintor de incendios accionado por presión interior de la carga | pressure-charge-operated fire-extinguisher.
extintor de incendios con producto químico en polvo | dry-chemical fire extinguisher.
extintor de incendios de agua nebulizada | spray fire-extinguisher.
extintor magnético | blowout magnet.
extintor portátil de espuma | portable foam fire extinguisher.
extintor químico de incendios | chemical fire extinguisher.
extirpable (males) | removable.
extirpación | picking out | excision.
extirpación de la capa electrodepositada | deplating.
extirpación de raíces | grubbing.
extirpador | extirpator.
extirpador de raíces | aberruncator.
extirpar | pick out (to) | pull up (to) | ablate.
extirpar (raíces) | grub up (to).
extirpar (un órgano) | excise (to).
extirpar el revestimiento electrónico | deplate (to).
extirpar las malas hierbas | weed (to).
extolítico | extolitic.
extoolítico | extoolitic.
extorno | return premium | return of premium.
extorno (seguros) | return.
extorno de prima (seguros) | return premium.
extorsión | overcharge | exaction.
extorsión (bolsa) | fraudulent overcharge.
extorsión (impuestos) | extortion.
extorsión de aeronaves | aircraft extorsion.
extorsión por amedrentamiento | racketeering.
extorsión sistemática (EE.UU.) | racket.
extorsionar | blackmail (to) | extort (to) | shakedown (to).
extotérmico | exoergic.
extra | extra.
extra opcional | optional extra.
extra por calidad | quality extra.
extraalto | extra high.
extraaxial | abaxial.
extracción | stripping | withdrawal | type-out | prizing up | extraction | extracting.
extracción (almacenes) | output.
extracción (de agua) | drawing.
extracción (de carbón) | raising.
extracción (de minerales) | getting.
extracción (de un diente) | pulling out.
extracción (de vapor) | bleed.
extracción (del mineral) | drawing.

extracción (hidrología) | drawoff.
extracción (minas) | hoisting | extraction | winning | hauling up | output.
extracción (química) | extraction.
extracción a mano | manual removal.
extracción a presión | pressing out.
extracción anticipada | forwarding.
extracción con cables múltiples (minas) | multirope winding.
extracción con fluido miscible (inyección de metano, gas natural y agua en que el metano absorbe los hidrocarburos que quedan en la casa madre-recuperación de hidrocarburos de pozos petrolíferos) | miscible drive.
extracción con inyección de aire comprimido (pozo petróleo) | air lift.
extracción continua | continuous extraction.
extracción de aceites por prensado | oil milling.
extracción de ácido tánico de un curtiente haciendo pasar el agua a través de noques que contienen el material | leaching.
extracción de arena de la playa | beach-combing | beach sand mining.
extracción de carbón | coal-extraction.
extracción de cenizas | tapping of ash | ashing.
extracción de chatarra magnética del montón | drawing.
extracción de escombros | mucking.
extracción de escombros rocosos fuera del pozo (minas) | shaft lashing.
extracción de escoria | slag tap.
extracción de fenol | phenol removal.
extracción de finos por métodos húmedos | deslurrying.
extracción de gas o vapor de un material en el vacío | degassing.
extracción de grava | gravel procuring.
extracción de hulla | coal-drawing.
extracción de la estearina del aceite vegetal | wintering.
extracción de la zamarra (horno pudelar) | drawing.
extracción de las fases precipitadas | extraction of the precipitated phases.
extracción de las sales de cal antes del curtido (pieles) | deliming.
extracción de los mercaptanes de la gasolina | sweetening.
extracción de machos (funderías) | core pull.
extracción de material de una superficie por bombardeo iónico | sputtering.
extracción de memoria (informática) | reading-out.
extracción de menas | ore raising.
extracción de minerales | ore mining.
extracción de minerales de depósitos submarinos | underwater extraction of minerals.
extracción de muestras | drawing samples | coring out.
extracción de petróleo | oil recovery.
extracción de piedra | quarrying.
extracción de piedras del carbón | wailing.
extracción de pizarra | slate quarrying.
extracción de polvos | dust-removing.
extracción de pozos profundos (petróleo) | deep production.
extracción de raíces (matemáticas) | evolution.
extracción de sólidos con disolventes | leaching.
extracción de superficie (calderas) | surface blowoff.
extracción de testigos (sondeos) | coring | core pull.
extracción de testigos del fondo marino | marine coring.
extracción de un componente por contacto con vapor o gas | stripping.
extracción de un compuesto orgánico de una solución acuosa por adición de sal (química) | salting-out.
extracción de un haz electrónico | beam extraction.
extracción de uno o más electrones | deelectronation.
extracción de vapor | steam bleeding | steam bled.
extracción de vapor para calentar el agua de alimentación | steam extraction for feedwater heating.
extracción del aceite | oil extraction.
extracción del ácido tánico del curtiente haciendo pasar agua a través de noques que contienen al material | leeching.
extracción del agua | pumping.
extracción del agua salada (petróleos) | desalting.
extracción del aire (sistemas hidráulicos) | bleeding.
extracción del aire de varios materiales | de-airing.
extracción del calor | heat-removal.
extracción del carbón (pozos de minas) | coal winding.
extracción del cobre del plomo de obra | drossing.
extracción del combustible nuclear agotado (reactor nuclear) | reactor defuelling | defuelling.
extracción del combustible nuclear de su vaina (reactor nuclear) | decladding.
extracción del disolvente | solvent stripping.
extracción del eje (de una rueda) | axle-stripping.
extracción del eje de cola (buques) | drawing of tailshaft | tailshaft drawing.
extracción del fondo de la caldera | boiler blowoff.
extracción del lingote (de la lingotera, del horno) | ingot extraction.
extracción del material averiado (sacos de café, etc.) | skimming.
extracción del mineral | ore winning | winding.
extracción del modelo (del molde) | delivery.
extracción del oro (de un mineral) | reduction.
extracción del pasador de zapata de oruga | crawler track pin removing.
extracción del petróleo | oil extraction.
extracción del solvente | extract stripping.
extracción del testigo recogido en un tubo interior que se desliza por el interior del tren de varillas. (No es necesario sacar todo el tren de varillas, sino solamente el tubo inferior.) | wire-line coring.
extracción eléctrica de muestras | electric logging.
extracción electrolítica | electrowinning.
extracción electroquímica (metales) | electroextraction.
extracción en contracorriente con etapas múltiples | countercurrent multistage extraction.
extracción en frío (grasas) | cold rendering.
extracción equilibrada (pozo minas) | balanced hoisting.
extracción manual | manual extraction | manual removal.
extracción manual de tarjetas de un fichero | pulling.
extracción por absorción | absorption extraction.
extracción por aire | air lift.
extracción por aire comprimido (minas) | air hoisting.
extracción por destilación (química) | abstraction.
extracción por disolvente | solvent extraction.
extracción por el fondo (calderas) | bottom blowoff.
extracción por gas | gas lift.
extracción por jaula (minas) | cage hoisting.
extracción por pozos (minas) | shaft hoisting.
extracción por presión | squeezing.
extracción resonante (ciclotrón) | resonant extraction.
extracción selectiva de muestras | selective logging.
extracción sónica de polvos | sonic dust extraction.
extración de la escoria | slag tapping.
extracontinental | noncontinental.
extracorpóreo | extracorporeal.
extracorriente | transient | extracurrent | opposed current.
extracorriente de cierre | bouncing | induction current at making | making contact current | making current.
extracorriente de desconexión | extra-breaking on current.
extracorriente de ruptura | break-induced current | breaking contact current | doubling effect.
extracorriente de ruptura (circuito eléctrico) | induction current at breaking.
extracostero | offshore.
extractabilidad | extractability.
extractable | excerptible.
extractación (de revistas técnicas) | abstracting.
extractado con autorización de | abstracted by permission from.
extractador (de artículos técnicos) | abstractor.
extractante | extractant.
extractar | digest (to).
extractar (artículos científicos) | abstract (to).
extractar (escritos, libros) | estreat (to).
extractar (expedientes) | docket (to).
extractar (libros, artículos, etc.) | excerpt (to).
extractiforme | extractiform.
extractividad | extractivity.
extractivo fungicida | fungicidal extractive.
extracto | précis | abstract.
extracto (de artículo científico) | abstract.
extracto (de libros, artículos, etc.) | excerption.
extracto (de un acta) | memorial.
extracto (de un informe, etc.) | extract.
extracto (de un libro) | fragment.
extracto (libros, artículos, etc.) | excerpt.
extracto (perfumes) | flower concrete.
extracto acetónico | acetone soluble matter.
extracto aromatizante | flavoring extract.
extracto concentrado (perfumes) | flower absolute.
extracto de campeche | hematine extract.
extracto de cuenta | abstract of account | statement of account.
extracto de cuenta (comercio) | statement.
extracto de cuenta corriente | abstract of account current.
extracto de cuenta corriente (bancos) | bank statement.
extracto de la orden del día (milicia) | detail.
extracto de un informe | abstract of a report.
extracto del cuaderno de bitácora | abstract of log.
extracto del cuaderno de bitácora (buques) | log abstract.
extracto del diario de buque | abstract of log.
extracto del embrión del maíz | liquor corn steep.
extracto fluido | fluid extract.
extractor | punch ejector | abstractor | excerptor | pickup | puller | take-out | drawer | expeller | knockoff trip | knockout | extractor.
extractor (armas) | ejector.
extractor (armas de fuego) | extractor.
extractor (de una parte de un mecanismo) | remover.
extractor (paracaídas) | rip-cord.
extractor (prensa troqueladora) | stripper.
extractor (prensas) | knockup.
extractor (sondeos) | finger grip.
extractor centrífugo | centrifugal extractor | whizzer | spinner.
extractor combinado | puller set.
extractor de aceite de semillas (soja, girasol, etc.) | oil seed extractor.
extractor de aire | exhauster | exhaust-fan.
extractor de aire (bombas autocebadoras) | air peeler.
extractor de aire del calentador del agua de alimentación | feedwater heater air-extractor.
extractor de aire por vapor (condensadores)

| radojet.
extractor de barrenas | drill extractor.
extractor de brocas rotas | broken drill remover.
extractor de cebos (cartuchos) | cap extractor.
extractor de cebos (cartuchos de fusil) | cap-extractor.
extractor de cenizas | ash extractor.
extractor de cojinetes | puller press | bearing puller.
extractor de escarpias | spike extractor.
extractor de espigas | spigot extracting tool.
extractor de férulas | ferrule extractor.
extractor de garras (prensas) | jaw extractor.
extractor de gases | gas exhauster.
extractor de gases por impulsos | impulse renderer.
extractor de grasas | grease extractor.
extractor de grasas por impulsos | impulse renderer.
extractor de humos | fume extractor.
extractor de impurezas | dirt remover.
extractor de la camisa (cilindros) | liner puller.
extractor de lingotes | ingot stripper.
extractor de machos de roscar rotos | core extractor.
extractor de machos rotos | tap extractor.
extractor de muestras | sampler.
extractor de muestras de acarreos del cauce (cursos de agua) | bed-load sampler.
extractor de neblina | mist extractor.
extractor de paletas | paddle extractor.
extractor de pistones | cap-extractor.
extractor de poleas | pulley puller.
extractor de polvos | cyclone.
extractor de raíz cuadrada | square root extractor.
extractor de sedimentos | sediment extractor.
extractor de testigos (perforaciones) | core retainer.
extractor de testigos (sondeos) | core catcher | core breaker.
extractor de tirafondos | spike extractor.
extractor de tirafondos (vía férreas) | spike puller.
extractor de tornillos | screw extractor.
extractor de zumos | juice extractor | pulper.
extractor del cojinete de bolas | ball-bearing extractor.
extractor del polvo | dust remover.
extractor del revestidor | liner puller.
extractor hidráulico | hydraulic puller.
extractor mecánico | power extractor.
extractor oscilante | rocking extractor.
extractor técnico | abstracter.
extractores de corrientes del mismo sentido | cocurrent flow extractors.
extractos | excerpta.
extractos de las leyes penales que se leen periódicamente a todo el personal (buques de guerra) | rocks and shoals.
extracurricular | extracurricular.
extradelgado | extra thin.
extradeterminado | other-directed.
extradición | extradition.
extradictable | extraditable.
extraditar | extradite (to).
extradós (de pala de hélice) | suction face.
extradós parabólico (arcos) | parabolic spandrel.
extraduro | very hard.
extraelevado | extra high.
extraer | extract (to) | extract (to) | produce (to) | draw off (to) | retrieve (to) | tap (to) | tap out (to) | withdraw (to) | blowoff (to) | draw out (to) | draw (to) | merge (to).
extraer (dientes) | pull out (to).
extraer (minas) | hoist (to) | win (to) | wind (to) 00.
extraer (mineral) | draw (to) | mine (to).
extraer (tarjetas) | remove (to) | pull (to).
extraer agua | bail (to) | pump (to) | pump out (to).
extraer calor | suck heat (to).
extraer carbón | mine coal (to) | draw coal (to).
extraer con palanca | prize (to) | prize (to).
extraer con pipeta | pipet off (to).
extraer datos de la memoria (informática) | fetch (to).
extraer de la memoria | read out.
extraer de la memoria (informática) | bring from memory (to) | move out (to).
extraer de una cantera | quarry (to).
extraer del envase | remove from package (to).
extraer el agua | abstract the water (to).
extraer el agua por vacío (hormigones) | vacuumize (to).
extraer el exceso de agua (pasta para papel) | slush (to).
extraer el jugo | express (to).
extraer el taco (barrenos) | drill out (to) | drill up (to).
extraer gas o vapor de un material en el vacío | degas (to).
extraer gases de un recinto condensándolos sobre superficies a temperaturas criogénicas | cryopump (to).
extraer información (calculadora electrónica) | read (to).
extraer la esencia de un problema | enucleate a problem (to).
extraer las cenizas | draw ashes (to).
extraer las vainas de combustible nuclear (reactor nuclear) | dejacket (to).
extraer o recuperar maderas de una mina | draw wood (to).
extraer por clasificación | outsort (to).
extraer por destilación | distil off (to).
extraer por destilación (química) | draw off (to) | abstract (to) | abstract (to).
extraer por ebullición (química) | boil out (to).
extraer por fusión | render (to).
extraer por lixiviación | leach out (to).
extraer raíces (matemáticas) | evolve (to).
extraer turba | dig peat (to).
extraflexible | extraflexible | extrapliable.
extrafort (tela algodón) | Prussian binding.
extrafuerte | extra hard | extra strong | heavy-duty.
extragrueso | extra thick.
extraíble | extractable | extractible | withdrawable.
extraíble (minas, petróleo) | recoverable.
extraído | withdrawn.
extraido aleatoriamente | randomly drawn.
extraído con alcohol | alcohol-extracted.
extraído con benceno (aceites vegetales) | benzene extracted.
extraido electrolíticamente | electrolitically extracted.
extraído por medio del vacío parcial | vacuum-extracted.
extrajudicial | out of court | in pais.
extralateral | extralateral.
extramagmático | extramagmatic.
extramalla para aumentar el tamaño (red de pesca) | quartering | accrues.
extramalla para aumentar el tamaño (redes pesca) | creasing.
extramorrénico | extramorainic.
extramural (anatomía) | extramural.
extramuros | extramural.
extrangero naturalizado (GB) | denizen.
extranjerismo | foreignism | xenomania.
extranjero | foreign.
extranjero de país enemigo | enemy alien.
extranjero desconocido | unknown stranger.
extranjero naturalizado | naturalized alien.
extranjero residente (EE.UU.) | resident alien.
extranjeros ilegales | illegal alliens.
extranuclear | extranuclear.
extrañamiento | extrangement.
extrañeza | strangeness.
extrañeza cero (partículas elementales) | strangeness zero.
extraño | foreign.
extraoficial | unofficial.
extraordinario | out of the ordinary.
extrapesado | extra heavy.
extrapolación | scale-up | projection.
extrapolación (matemáticas) | extrapolation.
extrapolador | extrapolator.
extrapolar | extrapolate (to) | merge (to).
extrapolar (matemáticas) | extrapole (to).
extraposición (geología) | offlap.
extraprecaución | extra precaution.
extraprima fija | flat extra premium.
extraprofesional | extraprofessional.
extraprofundidad | high-depth.
extraprofundo | high-deep.
extrarrápido (mecanismos) | instant.
extrarresistente | extra strong.
extras | differentials.
extras de laminación (precios) | mill extras.
extras por cantidad | quantity differentials.
extraterritorial | extraterritorial | exterritorial.
extraterritorialidad | exterritoriality.
extratransmisión de partículas a través de un medio que contiene vacíos | channeling.
extravasación (geología) | extravasation.
extravasar | extravasate (to).
extravasarse (la sangre) | effuse (to).
extravehicular | extravehicular.
extraviar | misguide (to).
extraviarse (en tránsito) | miscarry (to).
extravío | miscarriage.
extremal | extreme | extremum.
extremal (matemáticas) | extremal.
extremidad | extremity | point | end | tip | tail.
extremidad (cabo de urdimbre) | thrum.
extremidad (leva de bocarte) | tip.
extremidad cerca del pozo | outby end.
extremidad cerca del pozo (galería de mina) | outbye end.
extremidad de la chapa | outside of the plate.
extremidad de popa | aft end.
extremidad de varenga | floor head.
extremidad del hilo | wire lead.
extremidad distribuidora (línea de transmisión de energía) | sending end.
extremidad exterior del eje de cola | propeller shaft tail end.
extremidad exterior del eje de cola (lo que sobresale del buque) | propeller-shaft tail end.
extremidad formada de la misma pieza | integral formed end.
extremidad inferior | lower end | bottom end.
extremidad no reflejante (guía de ondas) | nonreflecting termination | matched termination.
extremidad polar de entrada | leading pole horn.
extremidad posterior | aft end.
extremidad que se alefriza en la roda o codaste (tablón del forro) | hood end.
extremidad que sobresale del buque | propeller shaft tail end.
extremidad superior | top end.
extremo | nose | end | tip | extreme | butt.
extremo (barra) | end.
extremo (cartabones) | toe.
extremo (de cuerda) | rope fall.
extremo (del rabo) | tag.
extremo (jugador fútbol) | outside | outsider.
extremo a extremo | tip to tip.
extremo abatible posterior (carrocería de camión) | endboard.
extremo abocardado (tubos) | bell end.
extremo abombado hemisférico | hemispherical dished end.
extremo acampanado (tubos) | hub end.
extremo acopado (tubos) | cup end.
extremo achaflanado | splay end.
extremo ahorquillado | knuckle end.
extremo alimentador | infeed end.
extremo anterior | front end.
extremo aplanado de la rabera de una broca | tang.
extremo aplastado de la espiga de una broca | tang.

extremo articulado | pin-connected end.
extremo articulado con pasador | pin bearing end.
extremo ayustado (cuerdas) | marled end.
extremo biselado | sniped end.
extremo biselado del diente | chamfered tooth end.
extremo biselado del dorso (dientes de sierra) | top.
extremo cerrado (cables y tubos) | dead end.
extremo ciego (de un tubo estirado) | block end.
extremo con grifo | plugged end.
extremo con tuerca | nutted end.
extremo cónico del eje (eje de cola - buques) | shaft cone.
extremo convexo | domed end.
extremo cortado en bisel | sniped end.
extremo cortado normalmente al eje | straight-saw end | straight-sawn end.
extremo curvo de donde sale una corriente formada por hielo derretido (glaciares) | glacier snout.
extremo de aproximación de la pista | approach end of the runway | runway approach end.
extremo de boca del corazón (ferrocarril) | toe end of the frog.
extremo de cuerda | rope's-end.
extremo de eje libre | bare shaft extension | bare shaft.
extremo de entrada | entry end.
extremo de entrada de los materiales | material-entry end.
extremo de galería ciega (minas) | dean.
extremo de la cartela | bracket toe.
extremo de la cartela del rigidizador del mamparo | bulkhead stiffener bracket toe.
extremo de la cola (aviones) | stern.
extremo de la culata (motores, cañones) | breech end.
extremo de la grada (astilleros) | breast.
extremo de la grieta | crack-tip.
extremo de la herramienta ultrasónica | ultrasonic tool tip.
extremo de la ojiva | nose tip.
extremo de la zona de fusión | fusion zone edge.
extremo de no pasa | not go side.
extremo de popa (buques) | after end.
extremo de popa del castillo (buques) | break of the forecastle.
extremo de proa del saltillo (buques) | break of the poop.
extremo de salida | payout end.
extremo de salida (de una máquina) | delivery.
extremo de salida (máquinas) | delivery end.
extremo de salida de la manguera | hose business end.
extremo de salida del agujero | exit end of the bore.
extremo de un vector | head.
extremo de una berma cercano al mar (costas) | berm edge.
extremo del ala | wingtip.
extremo del camino en construcción | road-head.
extremo del carril | railhead | rail end.
extremo del cartabón | bracket toe | toe of bracket.
extremo del cartabón terminal | end bracket toe.
extremo del dique (puertos) | pierhead.
extremo del eje | spindle nose.
extremo del eje visto en el sentido de las agujas del reloj | rotation clockwise viewing shaft end.
extremo del espigón | business end of the jetty.
extremo del tablón que se alefriza en la roda o codaste (buque de madera) | hooding end.
extremo del talón del corazón (vía férrea) | heel end of the frog.
extremo del vano | span point.
extremo del vector | terminal point of the vector.
extremo delantero | front end.
extremo delantero (máquina vapor horizontal) | crank end.
extremo descolchado (cuerdas) | fag-end.
extremo deshilachado (de una cuerda) | cow's tail.
extremo donde está el fulminato (cebo eléctrico) | business end.
extremo donde no está la salida del eje (motores) | nondriving end.
extremo donde se pone la herramienta | business end.
extremo empotrado | encastered end | fixed end.
extremo en cono | coned end.
extremo enchavetado | cottered end.
extremo enfaldillado (chapas) | flanged end.
extremo exterior del filo | back.
extremo firme (minas) | fast end.
extremo hacia el río | riverward end.
extremo hembra del tubo | pipe bell.
extremo hemisférico | hemispherical end.
extremo hendido de una cuerda (pelos) | flag.
extremo indentado | ragged end.
extremo inferior | lower end | tail end.
extremo inferior (culata - telescopios) | breech end | breech.
extremo inferior (palos, roda, timón) | heel.
extremo inferior de un par (cerchas) | heel.
extremo interior | inner end.
extremo libre | free end.
extremo libre (cuerdas, etc.) | loose end.
extremo libre o canto (pieza extrusionada) | scalloped edge | scalloped end.
extremo ligado (tejeduría) | cottered end.
extremo macizo (varillas huecas) | tang end.
extremo macho del tubo | spigot end of the pipe.
extremo más grueso (de poste o árbol) | butt end.
extremo más separado del asta (banderas) | fly.
extremo muerto (carreteras) | stub end.
extremo muerto (radio) | dead end.
extremo no derrumbado (minas) | fast end.
extremo no puesto a tierra | nonearthed end.
extremo noreste | northeasternmost.
extremo opuesto al que se coloca en el paramento del muro (ladrillos) | splay end.
extremo pequeño | small end.
extremo posterior | after end | back end.
extremo posterior (locomotora vapor) | crank end.
extremo posterior final | extreme aft end.
extremo protector | sealing end.
extremo puntiagudo | sharp-pointed edge.
extremo que no pasa (calibre tolerancias) | not go end.
extremo que pasa (tolerancias) | go end.
extremo que queda en corte achaflanado | scarf.
extremo que se alefriza en la roda o codaste (tablón del forro) | hooding end.
extremo ranurado | slotted end.
extremo rebordeado | beaded end.
extremo receptor | receiving end.
extremo recubierto con hilo enrollado | whipped end.
extremo reducido de una forja para manipularla con las tenazas | bar hold.
extremo romo (pico) | poll.
extremo romo de un pico | poll | poll.
extremo semielipsoidal | semiellipsoidal end.
extremo sin cabeza (remaches) | unheaded end.
extremo sin corriente (electricidad) | dead end.
extremo soldado a tope | buttwelded end.
extremo superior (de un conjunto) | least upper bound.
extremo superior de la mecha que se une al aparato de gobierno (timón de buque) | rudder head.
extremo superior del encofrado del pilar | top of column form.
extremo transmisor | sending end.
extremo trasero | tail end.
extremos (proporciones) | extremes.
extremos de una sucesión (topología) | tails of a sequence.
extremos desfigurados | disfigured ends.
extremos libres de los dos elementos (extremos fríos - termopar) | cold junction.
extremos primos (topología) | prime ends.
extremos sobrantes (madera) | baff-ends.
extricción | pinching | pinch.
extricción magnética (plasma de reactor de fusión) | pinch.
extrínsico | extrinsic.
extrorso | extrorse.
extrorso (botánica) | posterior.
extruibilidad | extrudability.
extruible | extrudable.
extruido | extruded.
extruido a forma aerodinámica | extruded to aerofoil shape.
extruido en caliente | hot-extruded.
extruido en frío | solid extruded.
extruido por fluido hidrostático | fluid-extruded.
extruido y estirado en frío | extruded-and-cold-stretched.
extruido y laminado en caliente | extruded-and-hot-rolled.
extruido y recocido | extruded and annealed.
extruir (metalurgia) | extrude (to).
extruir en caliente | hot-extrude (to).
extruir en frío | cold-extrude (to).
extruir por choque | impact-extrude (to).
extruir por percusión | impact-extrude (to).
extrusión (forzamiento del metal a través de un troquel de forma apropiada) | extrusion.
extrusión adiabática (plásticos) | autothermal extrusion.
extrusión de acero en frío | cold steel extrusion.
extrusión de polvos metálicos | extrusion of powders.
extrusión de sección en D | D bit-section extrusion.
extrusión de tochos de pulvimetal | powder-billet extrusion.
extrusión en frío | cold extrusion.
extrusión hacia adelante (metal) | forward extrusion.
extrusión hidrostática | hydrostatic extrusion.
extrusión indirecta | inverted extrusion.
extrusión invertida | indirect extrusion.
extrusión isostática | isostatic extrusion.
extrusión ortogonal | orthogonal extrusion.
extrusión para forro de ala con refuerzos integrantes | integrally stiffened wing skin extrusion.
extrusión por estirado (plásticos) | pultrusion.
extrusión por impacto del aluminio | aluminium impact extrusion | aluminum impact extrusion.
extrusión por percusión | impact extrusion.
extrusión por tornillo de Arquímedes | screw extrusion.
extrusión sobre rodillo frío | chill roll extrusion.
extrusión termoplástica | thermoplastic extrusion.
extrusionable | extrudable.
extrusiones de plásticos | plastic extrusions.
extrusivo | extrusive.
extrusor | extruder.
extrusor de barras (fábrica de jabones) | plodder.
extrusor de plásticos | plastic extruder.
extrusora | extrusion mill | extrusion press.
exudación | exudation | sweating | sweat.
exudación (agricultura) | bleed-through.
exudación (del lingote) | cobbles.
exudación de aceite | oil exudation.
exudación de humedad y oxidación de una fractura (piezas rotas) | bleeding.
exudación de las fracciones más ligeras del betún de un asfalto (carreteras) | bleeding.
exudación de metal líquido por una grieta de la corteza (lingote colado de pie) | curtaining.
exudación de petróleo | oil exudation.

exudación de un colorante (plásticos) | color bleeding.
exudación superficial de un constituyente (pulvimetalurgia) | sweat out.
exudado de solución acuosa de azúcares y otras substancias (árboles parasitados) | slime flux.
exudado grasiento (superficie de plásticos) | lubricant bloom.
exudado grasiento superficial (plásticos) | grease-mark.
exudar | exude (to) | ooze (to).
exudar (pavimentos) | bleed (to).
exurbano | exurban.
exutorio | outlet canal.
exuviable | exuviable.
exuviación (aves, crustáceos) | exuviation.
exuviación (muda de pieles, conchas de animales) | ecdysis.
exuviar | exuviate (to).
eyaculación | emission.
eyección | shakeout | porting | ejecting | ejection | ejectment.
eyección automática | auto-ejection.
eyección de átomos | atom ejection.
eyección de escoria y metal durante el soplado (convertidor) | sloping.
eyección de la pieza (prensas) | sleeve ejection.
eyección de nucleones | nucleon ejection.
eyección del componente (prensas) | component ejection.
eyecta | ejectamenta | ejecta.
eyecta esencial | essential ejecta.
eyecta esencial (volcanes) | juvenile ejecta.
eyecta juvenil | juvenile ejecta.
eyectabilidad | ejectability.
eyectable | ejectable.
eyectado por cohete | rocket ejected.
eyectar | eject (to) | jet (to).
eyectoconvector | ejectoconvector.
eyector | ejector | ejection device | knockout.
eyector (de máquina) | shedder.
eyector (lodos-aguas) | jet pump.
eyector (prensa de embutir) | kicker pin.
eyector automático | automatic ejector.
eyector cebador | priming ejector.
eyector de aire | air ejector.
eyector de aire del vacuofreno | vacuum-brake ejector.
eyector de aire para conseguir un vacío mayor (condensador de vapor) | vacuum augmenter.
eyector de aire para conseguir un vacío mayor (condesadores) | vacuum augmenter.
eyector de arranque rápido | quick-start ejector.
eyector de cebado de la bomba de dragado | dredging pump priming ejector.
eyector de cenizas | ash ejector.
eyector de compensación | compensating jet.
eyector de chorro | jet-operated ejector.
eyector de chorro de vapor | steam siphon.
eyector de desgasificación (petroleros) | gas devourer.
eyector de funcionamiento automático | automatically operated ejector.
eyector de fusible | fuse ejector.
eyector de grasa lubricante | grease ejector.
eyector de sentina | bilge ejector.
eyector de tres etapas | three-stage ejector.
eyector de tres fases | three-stage ejector.
eyector del troquel | die pad.
eyector deshollinador (calderas) | soot ejector.
eyector hidráulico | water-jet pump | hydraulic ejector.
eyector neumático | air knockout.
eyector neumático automático de aguas de alcantarilla | automatic pneumatic sewage ejector.
eyector neumático de chorro | air operated jet ejector.
eyector para activar el tiro (locomotoras) | petticoat.
eyector troncocónico para activar el tiro (locomotora vapor) | petticoat pipe.
eyectrón | eyectron.
eyen (Distemonanthus benthamianus) | yellow satinwood.

F

fabáceo | bean-like.
fabiforme | bean-shaped.
fábrica | shop | factory | manufactory | mill | plant | unit | works.
fábrica (geología) | fabric.
fábrica (paredes, pisos y techo de un edificio) | fabric.
fábrica automática | automatic factory.
fábrica central (electricidad) | central station.
fábrica completa | integrated plant.
fábrica con oscurecimiento | blacked-out factory.
fábrica con trabajadores todos sindicados | closed shop.
fábrica de abonos | fertilizer factory.
fábrica de abonos artificiales | artificial-fertilizer factory.
fábrica de aceite | oil-works | oil-mill.
fábrica de acero | steel company.
fábrica de acero Thomas | basic steel works.
fábrica de aceros | steelworks.
fábrica de aceros eléctricos | electrosteel works.
fábrica de ácido sulfúrico por contacto quemando piritas | sulphur-burning contact-type sulphuric acid plant.
fábrica de agujas | needle mill.
fábrica de alcoholes destilados | distilled spirits plant.
fábrica de alfileres | pin factory.
fábrica de aprestos | finishing house.
fábrica de armas | armory | arms factory.
fábrica de azúcar | sugarhouse | sugar mill.
fábrica de barriles | pipe factory.
fábrica de briquetas | briquetting plant.
fábrica de cables | cable works.
fábrica de calderas | boiler works.
fábrica de cardar | carding works | combing works.
fábrica de cemento | cement works | cement factory.
fábrica de cepillos | brush factory | brush manufactory.
fábrica de cerveza | brewery | brewery plant.
fábrica de cianuración | cyanide works.
fábrica de cimientos | foundation walling.
fábrica de cirios | wax chandlery.
fábrica de clavos | nail works | nailery.
fábrica de cohetes pirotécnicos | pyrotechnical rocket works.
fábrica de conservas | canning factory | preserve factory.
fábrica de conservas de pescado | fish-canning factory | fish cannery.
fábrica de crisoles | crucible works.
fábrica de cuerdas | cable works | rope works | rope-house | cordage mill.
fábrica de despepitado (algodón) | gin house | ginnery.
fábrica de elaboración de aves | poultry processing plant.
fábrica de electricidad | electricity works | electric plant.
fábrica de escobillas | brush factory.
fábrica de escobillas (electricidad) | brush manufactory.
fábrica de estampados | printworks.
fábrica de estampados de algodón | cotton printery.
fábrica de estearina | stearinery.
fábrica de gas industrial | gashouse | gas works | gas-plant.
fábrica de géneros de punto | hosiery mill | knitwear factory.
fábrica de harinas | flouring-mill | flour mill.
fábrica de hélices de aviación | airscrew factory.
fábrica de hielo | icehouse.
fábrica de hilados | spinning factory | filature.
fábrica de hilados de algodón | cotton factoryure.
| cotton spinning mill.
fábrica de indianas | calico printery.
fábrica de la moneda | mint.
fábrica de ladrillos (mampostería) | brickwork.
fábrica de laminación | rolling-mill.
fábrica de lunas | plate-glass works.
fábrica de lunas pulidas (vidrio) | polished plate-glass factory.
fábrica de malta | malt factory | malt house.
fábrica de martillos | hammer mill.
fábrica de metales no ferrosos | nonferrous-metal mill.
fábrica de muebles | furniture factory.
fábrica de municiones | munitions plant.
fábrica de paños | cloth mill.
fábrica de papel | paper works | paper factory | paper mill.
fábrica de pasta (maderas) | pulp mill.
fábrica de pasta de madera (papel) | pulp mill.
fábrica de perfumería | toiletries factory.
fábrica de pólvora | gunpowder mill | gunpowder-works.
fábrica de pólvoras | powder factory | powder-mill | powder works.
fábrica de potasa | ashery.
fábrica de productos de tocador | toiletry factory.
fábrica de refinar aceite de pescado | fish-oil refining factory.
fábrica de retorcidos (hilatura) | twisting mill.
fábrica de ruedas ferroviarias | railway wheel mill.
fábrica de tejidos | weaving mill | weaving factory | mill.
fábrica de tejidos de algodón | cotton mill | cotton factory.
fábrica de toneles | pipe factory.
fábrica de torcidos | doubling mill.
fábrica de tratar huesos | bone-works.
fábrica de tubos | pipeworks | pipemill | pipe factory.
fábrica de varios pisos | multiple-storey factory.
fábrica de vidrio | glass plant | glass works.
fábrica de vino | winery.
fábrica de zinc | zinc works.
fábrica deposicional (petrología) | depositional fabric.
fábrica ergógena | powerhouse.
fábrica estatal trabajando bajo un contratista | government-owned contractor-operated plant.
fábrica harinera | flour works.
fábrica metalúrgica | smelter | smeltery | metalworks.
fábrica para congelar pescado dentro de hielo | fish freezing factory.
fábrica para laboreo de metales | metal working plant.
fábrica política | political fabric.
fábrica puesta de nuevo en servicio | demothballed plant.
fábrica que trabaja a dos turnos | two-shift plant.
fábrica química con seguridad basada en sus dimensiones y en su forma | safe-by-shape chemical plant.
fábrica semolera | semolina works.
fábrica siderúrgica | steel mill | ironworks | iron mill.
fábrica termoeléctrica o hidroeléctrica | electrical utility.
fábrica textil | textile plant.
fábrica transformadora de papel en bruto (que compra a otro) | converter.
fabricabilidad | fabricability.
fabricable en grandes cantidades | mass-producible.
fabricable en serie | mass-producible.
fabricación | output | make | making | process | production | processing | produce | manufacturing | fabrication | fabricability | fabricating.
fabricación a gusto del cliente | custom-engineering.
fabricación a mano de redes de pesca | brading.
fabricación a máquina | machining.
fabricación americana | American make.
fabricación asistida por ordenador | computer-aided manufacture (CAM).
fabricación bajo licencia | manufacturing under licence.
fabricación con plantillas | jigging.
fabricación corriente | standard make.
fabricación de acero por soplado oxigenado en la parte alta (convertidores) | top-blown oxygen steelmaking.
fabricación de ácido fosfórico por vía húmeda | wet-process phosphoric acid manufacture.
fabricación de alimentos | food processing.
fabricación de azulejos | tilemaking.
fabricación de briquetas | briquetting.
fabricación de cajas y estuches de cartón | box making.
fabricación de cepillos | brush manufacture.
fabricación de clavos | nailing.
fabricación de chapas | plating.
fabricación de escobillas | brush manufacture.
fabricación de fósforos | matchmaking.
fabricación de herramental de gran precisión | high precision toolmaking.
fabricación de hojas en continuo (plásticos) | continuous sheeting.
fabricación de juguetes | toymaking.
fabricación de ladrillos | brickmaking.
fabricación de láminas de vidrio | scored line.
fabricación de losetas | tilemaking.
fabricación de lotes en series pequeñas | odd-lot manufacturing.
fabricación de lotes pequeños | jobbing.
fabricación de machos | coremaking.
fabricación de marcos | framework.
fabricación de matrices por medio de punzones de acero | hobbing.
fabricación de modelos | patternmaking | pattern making.
fabricación de municiones | munition work.
fabricación de papel | papermaking.
fabricación de partes de serie | production of repetition parts.
fabricación de pasta con sulfito | sulfite pulping.
fabricación de película por soplado | film blowing.
fabricación de pinceles | brush manufacture.
fabricación de pistones en máquinas automáticas | piston automation.
fabricación de quesos | cheesemaking.
fabricación de relojes | watch-making.
fabricación de tejas | tilemaking.
fabricación de tubos con variación del diámetro interior y espesor constante | butting.
fabricación de tubos sin soldadura | hot piercing.
fabricación de utensilios de madera | white cooperage.
fabricación de vidrio | glasswork | glass work.
fabricación del acero | steelmaking.
fabricación del acero por afino del arrabio por chorros de oxígeno en el interior de una torre | spray steelmaking.
fabricación del ácido fosfórico por proceso térmico | thermal-process phosphoric acid manufacture .
fabricación del cuero | leather manufacturing.
fabricación del vidrio (hialotecnia) | glassmaking.
fabricación elaboración | manufacture.
fabricación eléctrica de aceros | electric steelmaking.
fabricación en curso | work-in-progress.
fabricación en grandes series | volume manufacturing.
fabricación en serie | gang machining | gang work | standardized production | repetition work | multiple machining | mass production | repeat work.

fabricación en tránsito | fabrication in transit.
fabricación no de serie | custom-engineering.
fabricación no en serie | jobbing.
fabricación por cobresoldadura | fabrication by brazing.
fabricación soldada | welded fabrication.
fabricación soldada formada por conjuntos soldados separados que pueden agruparse a voluntad | freedom in design.
fabricación y colocación (hormigones) | mixing and placing.
fabricado | manufactured | made.
fabricado con arreglo a un módulo | modular.
fabricado con precisión | precision-engineered.
fabricado de acuerdo con características del comprador | custom-built.
fabricado de acuerdo con cualquier especificación | custom-built to any specification | custom built to any specification.
fabricado de acuerdo con los requisitos de los usuarios | made up to customers own requirements.
fabricado de encargo | custom-built | specially-manufactured | custom-engineered.
fabricado en | made in.
fabricado en el tajo | field-fabricated.
fabricado en el taller | works-fabricated.
fabricado en tamaños normales | made in standard sizes.
fabricado «in situ» | field-fabricated.
fabricado por conformación por explosivo | explosively fabricated.
fabricado por el hombre | man-make.
fabricado químicamente | chemical made.
fabricado según dibujo del comprador | custom-built.
fabricado según instrucciones del laboratorio | lab-tailored.
fabricado según norma británica B. S. 1654 | manufactured in accordance with B. S. 1654.
fabricado y probado de acuerdo con | made and tested in accordance with.
fabricador | fabricator.
fabricante | maker | fabricator | manufacturer | industrialist | producer.
fabricante aprobado | approved manufacturer.
fabricante competente | experienced manufacturer.
fabricante de abanicos | fan-maker.
fabricante de aceros | ironmaster.
fabricante de alfileres | pinmaker.
fabricante de alimentos para perros | dog food manufacturer.
fabricante de anillos de boda | wedding ring manufacturer.
fabricante de arcos (de flechas) | bowyer.
fabricante de armas | gunmaker.
fabricante de aros (barriles) | hoop-maker.
fabricante de artículos civiles | civilian-goods producer.
fabricante de barrenas | auger maker.
fabricante de barrilería para líquidos | wet cooper.
fabricante de barriles para áridos | dry cooper.
fabricante de bombas | pumper.
fabricante de cables | rope maker.
fabricante de cadenas | chainmaker.
fabricante de calderas | boilermaker.
fabricante de calibres de precisión | precision gage maker.
fabricante de calzado | boot and shoe manufacturer.
fabricante de carbón animal (azúcar) | bonechar manufacturer.
fabricante de cardas | card-maker.
fabricante de cartuchería | cartridge maker.
fabricante de cemento | cement producer.
fabricante de cilindros para laminadores | rollmaker.
fabricante de cintas | ribbon weaver | ribbon-weaver.
fabricante de clavos | nailer | nailsmith.
fabricante de clichés (tipografía) | blockmaker.
fabricante de cola fuerte | glue-boiler.
fabricante de crisoles | pot-maker.
fabricante de cuadernales | blockmaker.
fabricante de encajes | lace-maker.
fabricante de equipos militares | accoutrement maker | accoutrement-maker.
fabricante de espejos | mirror maker.
fabricante de estampados de algodón | cotton printer.
fabricante de fósforos | matchmaker.
fabricante de géneros de punto | knitter | hosier.
fabricante de grifería de latón | brass smith.
fabricante de harinas | flour-factor.
fabricante de herramientas | toolmaker.
fabricante de hierros comerciales | finished-iron manufacturer.
fabricante de juguetes (persona) | toy maker.
fabricante de ladrillos | brickmaker.
fabricante de lápices | pencil maker.
fabricante de lingoteras | ingot mold manufacturer.
fabricante de madera laminada | laminator.
fabricante de maletas | boxmaker.
fabricante de máquinas | engine builder | engine maker.
fabricante de marcos para cuadros | framer.
fabricante de material de guerra | armament maker.
fabricante de modelos | modelmaker.
fabricante de muelles | spring maker.
fabricante de naipes | card-maker.
fabricante de ojos artificiales | ocularist.
fabricante de paños | cloth-maker.
fabricante de papel | paper manufacturer | papermaker.
fabricante de papeles pintados | paper stainer.
fabricante de perfiles extruidos | extruder.
fabricante de piezas forjadas | forger.
fabricante de pinceles | pencil maker.
fabricante de pipas | pipe-maker.
fabricante de pipería | pipe-maker.
fabricante de plásticos | plastic fabricator.
fabricante de poleas | blockmaker.
fabricante de primordios de lentes oftálmicas | lens blanks manufacturer.
fabricante de productos alimenticios | food processor | food manufacturer.
fabricante de productos estampados o troquelados en caliente | drop forger.
fabricante de productos metálicos | metal fabricator.
fabricante de productos químicos | manufacturing chemist.
fabricante de productos químicos según composición determinada | formulator.
fabricante de productos refractarios | refractorer.
fabricante de puzolanas | pozzolan producer.
fabricante de rejas | griller.
fabricante de sal | salter.
fabricante de tintas | ink maker.
fabricante de toneles | pipe-maker.
fabricante de tubos | pipe-maker.
fabricante de turbinas | turbine-maker | turbininist.
fabricante de utensilios de madera | white cooper.
fabricante de ventiladores | fan-maker.
fabricante de vitrales | vitralist.
fabricante en gran escala | major manufacturer.
fabricante exclusivo | sole manufacturer.
fabricante que elabora un producto | processor.
fabricante-montador | fabricator-erector.
fabricantes consorciados | integrated fabricators.
fabricantes de carriles | rail-makers.
fabricantes y usuarios del acero | producers and users of steel.
fabricar | construct (to) | engineer (to) | make up (to) | machine (to) | fabricate (to) | make (to) | manufacture (to).
fabricar (bombones, dulces) | confection (to).
fabricar (industria) | produce (to).
fabricar (un problema) | work (to).
fabricar bajo canon | manufacture under royalty (to).
fabricar briquetas | briquette (to).
fabricar en serie | mass-produce (to).
fabricar ladrillos de escorias | basalt (to).
fabricar por soldadura | weld-fabricate (to).
fabricar según planos o indicaciones del cliente | customize (to).
fabricar situ | site fabricate (to).
fábricas de conservas | canneries.
fábricas de conservas de atún | tuna fish canneries.
fábricas de harinas | merchant mill.
faceta | pane | facet.
faceta (joyas) | bezel.
faceta (piedra preciosa) | bezel.
faceta de estructura policentral | polycentral structure facet.
faceta del indentador | indenter facet.
faceta destelleante (diamantes) | sparkling facet.
faceta posterior (diamante) | collette.
faceta superior (diamante) | table.
facetación | facetting.
facetación de diamantes | brilliandeering.
facetación de un diamante | brilliandeer polishing.
facetado | faceting | facetted.
facetador de diamantes | brilliandeer.
facetaje | faceting.
facetar | facet (to).
facetas de despegue (metalografía) | cleavage facets.
facetas de la gema | gem facets.
facetas del diamante | diamond faces.
facetas que crecen preferentemente normal al substrato (electrodepósitos de níquel) | wilman facets.
facetismo | facetism.
facial | facial | facepiece.
facielogía | facieology.
facies | facies.
facies (mineralogía) | habitus.
facies acicular | acicular habitus.
facies aluvial | alluvial facies.
facies aplítica | aplitic facies.
facies arrecifal | reef facies.
facies columnar | columnar habitus.
facies de agotamiento | facies of exhaustation.
facies de agua dulce | fresh-water facies.
facies de hipuritas | hippuritic facies.
facies del cristal | crystal habit.
facies deltaica | deltaic facies.
facies geológica | geological facies.
facies ígnea | igneous facies.
facies litológica | lithological facies.
facies metamórfica | metamorphic facies.
facies vicinal (mineralogía) | vicinal faces.
fácil | fluent.
fácil de conducir | manageable.
fácil de construir | easy to construct.
fácil de desarmar y montar | easy to disassemble-reassemble.
fácil de funcionar y conservar | easy to operate and maintain.
fácil de hender (maderas) | easily cleavable.
fácil de instalar | easy to install.
fácil de labrar (tierras) | free-working.
fácil de leer | easily readable.
fácil de manejar | easily-operated | easy to service.
fácil de montar en cualquier posición | easy to mount in any position.
facil de perder | loseable.
fácil de regular | easy to control | easy-to-adjust.
fácil de reponer | easily renewable | easily-renewable.
fácil de sacar | easily-removable | easily removable.
fácil de trabajar | docile.
fácil de trabajar (terrenos) | mellow.

facilidad (de un trabajo) | easiness.
facilidad (despejo - al hablar) | fluency.
facilidad combinatoria | combining ability.
facilidad de acoplamiento | ease of attachment.
facilidad de admitir más carga (motores, turbinas, etc.) | pickup.
facilidad de arranque (motores) | freedom of starting.
facilidad de ceder bajo la carga | compliance.
facilidad de conservarse en almacenaje | storability.
facilidad de consulta | retrievability.
facilidad de desmontaje del calderín (calderas) | drum relieving capacity.
facilidad de ejecución (informática) | runnability.
facilidad de empleo | useability.
facilidad de empleo del aerodromo | aerodrome usability.
facilidad de entretenimiento | serviceability.
facilidad de explotación de una cantera | quarryability.
facilidad de la venta | saleableness.
facilidad de lectura | readability.
facilidad de manejo | ease of handling.
facilidad de maniobra | maneuvrability.
facilidad de mantenimiento | maintainability.
facilidad de puesta en marcha (motores) | startability.
facilidad de reparación | repairability.
facilidad de rodaje sobre la carretera (vehículos) | roadability.
facilidad de trabajo (del hormigón, aceros, etc.) | workability.
facilidad de venta | saleability | saleability | marketability.
facilidad en el manejo | docility in handling.
facilidad para clavar clavos (paredes) | nailability.
facilidad para perforar corazas | armor-penetrative ability.
facilidad para ser extruido y recalcado y forjado | ability to be extruded and upset and forged.
facilidad para soportar cargas a altas temperaturas | high-temperature load-carrying ability.
facilidad termodisipadora | heat-dissipating ability.
facilidades crediticias | credit facilities.
facilidades de atraque (puertos) | berthing facilities.
facilidades de crédito | easing of credit | borrowing facilities | credit provisions | credit facilities available.
facilidades de crédito a largo plazo | long-range credit facilities.
facilidades de descarga por grúas (puertos) | cranage facilities.
facilidades de entrada | ease of entry.
facilidades de muelles | wharfing facilities.
facilidades de pago | convenient terms | easy terms.
facilidades de reparaciones | repair facilities.
facilidades para la puesta a punto | debugging.
facilidades para repostarse de combustible líquido | oil-fueling facilities.
facilitación (biología) | facilitation.
facilitado por el cliente | customer-furnished.
facilitado por el Estado | publicly provided.
facilitado por el fabricante | obtained from the manufacturer.
facilitado por el gobierno | government furnished.
facilitador de la ignición | ignition-promoter.
facilitar | provide (to).
facilitar capital | provide finance (to).
facilitar el crédito | make credit easier (to) | relax credit (to).
facilitar la inserción | ease insertion (to).
fácilmente atacado por los ácidos | easily attacked by acids.
fácilmente desmontable | readily disassembled.
fácilmente desmontable para limpieza | readily disassembled for cleaning.
fácilmente explotable (canteras) | quarryable.
fácilmente insertado | readily inserted.
fácilmente instalado | easily-installed.
fácilmente rayado con el cortaplumas | easily scratched with the knife.
fácilmente soluble | easily soluble.
facistol | eagle | choir desk.
facolítico | phacolithic.
facolito | saddle-reef | phacolite | saddle reef.
facsímil | fax | facsimile | autotype.
facsímil cifrado | cifax.
facsímil de baja resolución | low resolution facsimile.
facsímil de contraste | black and white reception.
facsímil de gran resolución | high resolution facsimile.
facsímil meteorológico | weather facsimile.
facsímil negro sobre blanco | black and white reception.
facsimile | facsimile.
facsímile de radio | radio facsimile.
facsímile de servicio meteorológico | weather facsimile.
facsímile recalcado (de moneda, etc.) | squeeze.
facsímile tipo A (intensidad constante) | tipe-A facsimile.
facsímile tipo B (intensidad variable) | type-B facsimile.
facsimilista | facsimilist.
facsimilizar | facsimilise (to).
factaje (de mercancías, paquetes) | porterage.
factible | factable | achievable | workable.
factor | factor | trader.
factor (ferrocarril) | freight agent | luggage-porter.
factor (jurisprudencia) | institor.
factor (matemáticas) | factor | efficient.
factor activador | promoting factor.
factor aplanador | smoothing factor.
factor base de esfuerzo admisible a la flexión (engranaje) | basic allowable bending stress factor.
factor beta | beta value | beta factor.
factor biótico | biotic factor.
factor causativo | causative factor.
factor contributivo | contributing factor.
factor cuadrático con coeficientes reales | quadratic factor with real coefficients.
factor de abocinado (radio) | flare factor.
factor de absorción | absorption ratio.
factor de absorción (iluminación) | absorptance.
factor de absorción de la reverberación (acústica) | reverberation absorption factor.
factor de absorción preferente | differential absorption ratio.
factor de abultamiento | bulking factor.
factor de acoplamiento (circuitos) | force factor.
factor de acoplamiento electromecánico | electromechanical coupling factor.
factor de acumulación | build-up factor | accumulation factor.
factor de acumulación (física nuclear) | buildup.
factor de acumulación de energía (física nuclear) | energy build-up factor.
factor de acumulación en cantidad (nucleónica) | dose build-up factor.
factor de acumulación en energía absorbida (física nuclear) | absorption buildup factor.
factor de agotamiento minero | depletion allowance.
factor de agrupamiento en bloques | blocking factor.
factor de agrupamiento por clasificación en bloques | sort blocking factor.
factor de alcance (imanes) | reach factor.
factor de almacenamiento | pondage factor.
factor de ampliación | enlargement ratio.
factor de amplificación | mu factor | magnification factor.
factor de amplificación (radio) | Q.
factor de amplificación de corriente inversa con base común | common-base reverse-current amplification factor.
factor de amplificación de voltaje inverso a circuito abierto | reverse open circuit voltage amplification factor.
factor de amplificación por un gas | gas amplification factor.
factor de amplificación reflejo (tubo electrónico) | reflex amplification factor.
factor de amplitud (corriente alterna) | crest factor.
factor de arrastre (radio) | pulling figure.
factor de atenuación | alleviating factor.
factor de atenuación (radio) | loss factor.
factor de atenuación de ráfagas | gust alleviating factor.
factor de aumento | raising factor | augmenting factor.
factor de aumento de dosis (cuba de reactor nuclear) | build-up factor.
factor de autoapantallamiento | self-shielding factor.
factor de bobinado (electricidad) | winding coefficient.
factor de calidad | quality factor | Q factor | factor of merit.
factor de calidad (radio) | Q-factor.
factor de capacidad (electricidad) | plant factor | use factor.
factor de carga (electricidad) | load factor.
factor de carga anual | annual load factor.
factor de carga de la red de energía | system load factor.
factor de carga de maniobras | manoeuvring load factor.
factor de carga de proyecto | design-load factor.
factor de carga instantáneo | instantaneous load factor.
factor de carga nominal del eje | nominal shaft stress factor.
factor de carga por ráfagas | gust load factor.
factor de clorosidad | chlorosity factor.
factor de comparabilidad cronológica (estadística) | time comparability factor.
factor de compensación | carrying factor | carryover factor | balancing factor.
factor de comportamiento del radar | radar performance figure.
factor de compresibilidad | diving rules.
factor de compresión | packing fraction.
factor de concentración biológica | biological concentration factor.
factor de concentración de esfuerzos | stress-concentration factor.
factor de conexión (electrotecnia) | operating factor.
factor de consumo | load factor.
factor de consumo (electricidad) | demand factor.
factor de continuidad | carrying factor | carryover factor.
factor de conversión de masa atómica | atomic mass conversion factor.
factor de corrección | correction factor.
factor de corrección de la relación de transformación | ratio correction factor.
factor de corrosión electrolítica de 1,0 | electrolytic corrosion factor of 1.0.
factor de crecimiento | build-up factor.
factor de cresta (corriente alterna) | crest factor.
factor de cresta de un impulso | pulse crest factor.
factor de criticidad | criticality factor.
factor de cuña | wedge factor.
factor de defasaje característico | phase factor.
factor de defasaje iterativo | iterative phase factor.
factor de degradación | dissipation factor.

factor de demanda | demand factor.
factor de depresión del flujo | disadvantage factor.
factor de dilución | dilution factor.
factor de directividad en decibelios | directivity index.
factor de dispersión | dissipation factor.
factor de dispersión (motor inducción) | circle coefficient.
factor de dispersión atómica | atomic scattering factor | atomic form factor.
factor de disponibilidad | availability factor.
factor de distorsión del generador | generator distortion factor.
factor de distribución | dose distribution factor.
factor de distribución (electricidad) | breadth coefficient.
factor de diversidad de la carga (electricidad) | diversity.
factor de efecto de homogeneidad | channeling-effect factor.
factor de eficacia | effectiveness factor.
factor de empuje | pushing figure.
factor de enriquecimiento | enrichment factor.
factor de entalladura | notch factor.
factor de entrada (instalación de cables eléctricos dentro de tuberías) | drawing-in factor.
factor de equivalencia (telecomunicación) | net-loss factor.
factor de escala | scaling factor | scale factor.
factor de escala de amplitudes | amplitude scaling.
factor de escala de tiempo | time scaling.
factor de escape en las emulsiones fotográficas | escape factor.
factor de espacio | space factor.
factor de esponjamiento (movimientos de tierra) | swell factor.
factor de espuma | lather factor.
factor de estela | wake fraction.
factor de estiba (buques) | cubic factor.
factor de expansión | raising factor.
factor de filtración (hidráulica) | creep ratio.
factor de filtrado | smoothing factor.
factor de fisión rápida | fast fission factor.
factor de fisión térmica | thermal fission factor.
factor de flexión | kern distance.
factor de flujo neutrónico (nuclear) | disadvantage factor.
factor de forma | shape factor | geometry factor.
factor de forma del obturador | sealant shape factor.
factor de forma magnética | magnetic-form factor.
factor de fuga | escape factor | leakage factor.
factor de fuga térmico (nuclear) | thermal leakage factor.
factor de graduación | scale factor.
factor de inclinación | grading factor.
factor de incrustaciones | fouling factor.
factor de infiltración | leakage factor.
factor de inhomogeneidad (nucleónica) | channel-effect factor.
factor de integración | integrating factor | scaling factor.
factor de intensidad de esfuerzo crítico con deformación plana | plane-strain critical stress-intensity factor.
factor de intensificación (radiografía) | speed factor.
factor de irradiación óptima | advantage factor.
factor de luminación | luminance factor.
factor de maldistribución | maldistribution factor.
factor de maldistribución de la carga | load maldistribution factor.
factor de mando de salida | output driving factor.
factor de mejora por integración | integration-improvement factor.
factor de mérito | Q factor.
factor de mérito (galvanómetro de reflexión) | factor of merit.
factor de mérito (radio) | Q | Q-factor.
factor de mérito Q | Q magnification factor.
factor de modulación | modulation index.
factor de multiplicación | multiplication factor | multiplication constant.
factor de multiplicación (nucleónica) | reproduction factor.
factor de multiplicación efectivo | effective multiplication constant.
factor de multiplicación infinito | infinite multiplication constant.
factor de multiplicación neutrónico | neutron multiplication factor.
factor de ocupación (relación de pasajeros llevados al número de plazas disponibles - aviones) | load factor.
factor de ocupación de archivos | file packing.
factor de penetración (electricidad) | shielding factor.
factor de penetración (reacción nuclear) | penetration factor.
factor de pérdidas | loss factor.
factor de pérdidas de un transductor | transducer loss factor.
factor de planeamiento logístico | planning factor.
factor de población finita | finite population factor.
factor de ponderación | weighting factor.
factor de potencia (electricidad) | lag factor.
factor de potencia cero en adelanto | zero-power-factor leading.
factor de potencia de la red electrica | system power factor.
factor de potencia de 0,85 en retardo | lagging power factor of 0.85.
factor de potencia de 0,85 en retardo (alternador) | lagging power factor of 0,85.
factor de potencia del 80% en retardo | power factor of 80 per cent lagging.
factor de potencia en aislantes | dielectric power factor.
factor de potencia en carga | load power-factor.
factor de potencia en servicio | leading power factor.
factor de probabilidad | steric-factor.
factor de producción | output factor | build-up factor.
factor de propagación | transfer ratio | propagation ratio.
factor de propagación (radio) | transfer factor.
factor de propagación de un cuadrípolo (telefonía - G.B.) | quadripole propagation factor.
factor de proporcionalidad | scale factor.
factor de punta (relación del máximo valor de una corriente alterna a la raíz cuadrada del valor medio cuadrático) | peak factor.
factor de pureza | purity factor.
factor de rafagosidad | gustiness factor.
factor de reagrupamiento | batching factor.
factor de recubrimiento | coverage factor.
factor de recuento (número de impulsos de llegada por cada impulso de salida) | scaling factor.
factor de reflexión | radiant reflectance.
factor de reflexión (electricidad) | reflection factor.
factor de regularidad de la velocidad del disco (gramófono) | wow factor.
factor de relleno (devanado eléctrico) | space factor.
factor de relleno (diagrama teórico de máquinas alternativas) | card factor.
factor de rendimiento | performance factor.
factor de resistencia | bearing capacity factor.
factor de reunión en bloques | batching factor.
factor de ruido | noise figure.
factor de ruido monocanal | single-channel noise factor.
factor de ruido por punto | stop noise factor.
factor de ruido puntual | spot noise factor.
factor de ruido puntual (acústica) | stop noise factor.
factor de seguridad | factor of safety | safety factor.
factor de semejanza | scale factor.
factor de separación de la reactancia capacitiva | capacitive reactance spacing factor.
factor de separación unitaria | simple process factor.
factor de servicio | operating time ratio.
factor de simultaneidad | demand factor.
factor de sobremando | overdrive factor.
factor de sobrevoltaje (circuito oscilante) | G-factor | magnification factor.
factor de sombra | self-shielding factor.
factor de suciedad | dirt factor.
factor de supresión | damping coefficient.
factor de tolerancia | tolerance factor.
factor de trabajo | duty cycle.
factor de trabajo de los impulsos | pulse duty factor.
factor de transmisión | transmittance | transfer ratio.
factor de transmisión (cálculo de estructuras) | carrying factor | carryover factor.
factor de transmisión calorífica | U factor.
factor de transmisión difusa | diffuse transmittance.
factor de transporte (química) | transport number.
factor de transrectificación | transrectification factor.
factor de un tren de engranajes | value of a gear train.
factor de utilidad | utility factor.
factor de utilización | duty cycle | duty factor | diversity ratio | diversity factor.
factor de utilización (electricidad) | load factor.
factor de utilización del arco (relación del tiempo real de soldadura al tiempo total de cebado del arco) | arcing time factor.
factor de utilización del inducido | armature utilization factor.
factor de utilización térmica | thermal utilisation factor.
factor de vacío (electrónica) | gas ratio.
factor de valoración del régimen de trabajo | rating factor.
factor de variación estacional | seasonal variation factor.
factor de visibilidad | display loss.
factor de Watson (petróleos) | characterization factor.
factor del instrumento | instrument factor.
factor del tren de engranajes | train value.
factor determinante para la valuación del inventario | indicator of size of inventory.
factor difícil de determinar | hard-to-determine factor.
factor dinámico de concentración de esfuerzos | dynamic stress concentration factor.
factor dominante | xenia.
factor ecológico | ecological factor | site factor.
factor esencial | prime factor.
factor eta | eta factor.
factor eta (nuclear) | effective neutron number | neutron yield per absorption.
factor gravimétrico | gravimetric factor | chemical factor.
factor hereditario | gene.
factor limitante | limiting factor.
factor modificante | modifying factor.
factor monomio | monomial factor.
factor mu (triodo) | mu factor.
factor nu (factor de frecuencia de una radiación electromagnética) | nu factor.
factor perturbador | blur factor | interference factor.
factor político geográfico | politico-geographic factor.
factor preexponencial (energía de activación) | preexponential factor.
factor Q | Q factor.
factor Q (radio) | Q-factor.
factor Q propuesto | target Q factor.

factor que multiplicado por la longitud eléctrica da la longitud mecánica (antenas) | velocity factor | velocity rate.
factor racionalizante | rationalizing factor.
factor restrictivo | limiting factor.
factor Rh (medicina) | Rh factor.
factor total de ruido de 12 decibelios | overall noise factor of 12 decibels.
factor trans-mu | trans-mu factor.
factor volumétrico metaloorgánico | metalloorganic volumetric factor.
factorable | factorable.
factoraje | entrepôt | factoring | factorage.
factores ambientales | ambient factors | environmental factors.
factores compensatorios | offsetting factors.
factores de producción | inputs.
factores de renta | rent factors.
factores determinantes | controlling factors.
factores diferenciales de la población | differentials in population.
factores directivos | management factors.
factores instrumentales | equipment considerations.
factores microclimatológicos | microclimatological factors.
factoría | mill | unit | factory | workyard | settlement.
factoría automática | push-button factory.
factoría carboquímica | coal synthesis plant.
factoría con muy poco personal | shadow factory.
factoría de construcción naval | naval construction works.
factoría de devanados (electricidad) | winding factory.
factoría de pasta kraft | kraft pulp mill.
factoría de tubos | pipemill.
factoría de urea sintética | urea-synthesis plant.
factoría del salmón en conserva | salmoning.
factoría en cuadro | shadow factory.
factoría flotante | floating factory.
factoría naval | shipbuilding yard.
factoría para empacar carne | meatpacking plant.
factoría para labrar piedras naturales | natural stone processing plant.
factoría para tratamiento de minerales de uranio | uranium mill.
factoría que produce material de guerra simulando otra fabricación | shadow factory.
factoría que trabaja según planos del cliente | customized factory.
factoría sin ventanas (alumbrado totalmente artificial) | windowless factory.
factorial de n | n factorial.
factorizable | factorable.
factorización | factoring.
factorización iterativa | iterative factorization.
factorización única | unique factorization.
factorizar | factorize (to) | factor (to).
factor-producto (economía) | input-output.
factum | factum.
factura | debit note | I.N.V. (invoice) | ordinary bill | bill of parcel | bill.
factura (comercio) | invoice.
factura (EE.UU.) | tab.
factura (música) | facture.
factura (restaurante) | check.
factura amañada | salted bill.
factura comercial | commercial invoice.
factura con el recibí firmado | receipted bill.
factura con más precio que el debido | salted bill.
factura consular | consular invoice | C.I. (consular invoice).
factura de aduanas | customs invoice.
factura de compra | purchase invoice.
factura de embarque | shipping bill | memorandum invoice.
factura de flete | freight bill.
factura de gastos | expense account.
factura de los fabricantes | Mf'crs invoice.
factura de origen | invoice of origin.
factura de reparaciones | repair bill.
factura de venta | bill of sale | sale invoice.
factura del expedidor | sender's invoice.
factura del fabricante | manufacturer's invoice.
factura detallada | itemized invoice.
factura firmada | receipt | receipted bill.
factura generada en la calculadora electrónica | computer generated bill.
factura interina | preliminary invoice.
factura legalizada | certified true invoice.
factura original | original bill | original invoice.
factura por cobrar | collect bill.
factura por cuenta y riesgo del propietario | bill of adventure.
factura por duplicado | duplicate invoice.
factura por triplicado | triplicate invoice.
factura pro forma | pro forma invoice.
factura proforma | invoice proforma | proforma invoice.
factura proforma original | original proforma invoice.
factura provisional | provisional invoice | preliminary invoice | memorandum invoice.
factura provisoria | preliminary invoice.
factura quirúrgica pagada por el seguro | surgical bill paid by insurance.
factura rectificada | amended invoice.
factura simulada | proforma invoice.
facturable | billable.
facturación | invoicing | check-in | billing | freight bill | turnover.
facturación (ferrocarril) | booking of goods.
facturación automática | toll ticketing.
facturación de comisiones | commission billing.
facturación de las comunicaciones telefónicas | message billing.
facturación electrónica | electronic billing.
facturación mecanizada | mechanized billing.
facturación previa | prebilling.
facturación separada | unbundling.
facturación sin haber llegado la guía de carga (mercancías) | forced billing.
facturado a los precios vigentes en la fecha de expedición | invoiced at the prices ruling at date of dispatch .
facturar | bill (to) | invoice (to).
facturar (equipajes) | register (to) | check (to).
facturar el precio | invoice the price (to).
facturar separadamente | unbundle (to).
facturar una longitud de una pulgada de más de la longitud real (limas) | advance one inch (to).
facturas | bills.
facturas de flete | freight bills.
facturas de venta prefoliadas | pre-numbered sales invoices.
facturas de venta prenumeradas | pre-numbered sales invoices.
facturas despachadas | billings.
facturas recibidas | invoices inwards.
fácula | facula.
fáculas fotosféricas (sol) | photospheric faculae.
facultad | property | authority.
facultad (de hacer una cosa) | faculty.
facultad de adaptación | degree of adaptability.
facultad de audición | hearing ability.
facultad de bombeo | pumpability.
facultad de Derecho | law school.
facultad de dicción (telefonía) | speaking ability.
facultad de doblar (compra de otra cantidad igual a la primera) | call of more.
facultad de escuchar | listening power.
facultad de hacer descubrimientos por casualidad | serendipity.
facultad de ingeniería | engineering college.
facultad de letras | arts school.
facultad de nombrar | power of appointment.
facultad de recibir impresiones | faculty of reception.
facultad de suscribir | subscribing option of | option of subscribing.
facultad lógica | logical ability.
facultad para emitir acciones (Consejo de Administración) | borrowing powers.
facultades de la Junta Directiva | authorities of the Board of Directors.
facultades de persona jurídica | corporate powers.
facultado | commissioned.
facultar | empower (to) | license (to).
facultativo | professional | facultative | nonobligatory | permissive.
facultativo (estudios) | elective.
facultativo (paradas autobuses, etc.) | by request.
fachada | elevation | façade | facework | fronting | frontage | front.
fachada de taller | shop façade.
fachada en voladizo (sobre las columnas interiores) | cantilevered façade.
fachada exterior | external façade.
fachada posterior | back-front | back elevation.
fachada principal | front elevation | main front.
fachada principal (edificios) | principal front.
fachada revestida con casetones de acero inoxidable (edificios) | façade covered with stainless steel cassettes.
fachada toda de aluminio (edificios) | all-aluminum façade.
fachear | heave (to) | heave (to).
fachear (buques) | catch aback (to).
fachear (velas) | box (to) | back (to) | back (to) | trim (to).
fader (potenciómetro) | fader.
faena | task | work.
faena de amarrar a un muelle (buques) | docking.
faenar la ballena | scarf (to).
faenas de estiba (puertos) | wharfinging.
faetón (automóvil de pasajeros con dos bancos longitudinales enfrente uno del otro) | carryall.
fagina (fortificación) | faggot.
fagocito | phagocyte.
fagot (música) | bassoon.
fagot quinta (música) | quintbassoon.
fagotísta (músico) | fagottist.
faille (tela) | faille.
faille crespón | faille crepe.
faille de rayón mate | faille alpaca.
faja | girdle | strip | strap | streak | band | tenia | sash | belt | ribbon | riband.
faja (arquitectura) | facia.
faja (de cornisa) | platband.
faja (escudo de armas) | fesse.
faja (globo cometa) | trajectory band.
faja (periódicos, de libros) | wrapper.
faja (velas) | band.
faja central | median strip | parkway.
faja central (carreteras) | separation strip | parting strip.
faja central de refuerzo (velas) | girth band.
faja circular | circlet.
faja con hierba (aeropuertos) | grass strip.
faja cortafuegos (faja de tierra sin vegetación) | fire lane.
faja cortafuegos (zona limpia de matojos a los costados de una línea férrea para evitar incendios en bosques y sembrados) | fire-line.
faja de aceleración (aeródromos) | accelerating lane.
faja de apoyo | column strip.
faja de color identificadora | color band.
faja de desaceleración | decelerating lane.
faja de estacionamiento | parking lane.
faja de estacionamiento (aeródromos) | parking apron.
faja de estacionamiento para servicio de aviones (aeropuertos) | service apron.
faja de frecuencias (radio) | airway.
faja de lluvia | rainband.
faja de rizos diagonal (buque de vela) | balance reef band.
faja de segregación (lingotes) | ghost.
faja de terreno contiguo a la pista (aeropuer-

tos) | transition strip.
faja de terreno reservada a lo largo de la vía (ferrocarriles) | sidelong ground.
faja de tránsito | trafficway.
faja de urdimbre | warp section.
faja elevada entre dos calzadas (carreteras) | mall | mall.
faja marginal | edging strip.
faja para el vientre | belly-band.
faja sobrevolada (aerofotografía) | flight strip.
fajar | band (to) | strap (to).
fajas rojizas (agricultura) | reb-belt.
fajín | sash.
fajina | fascine.
fajo (agricultura) | bundle.
fajo (de papeles) | bundle.
fajo armado (Argentina) | flitch.
fajo de billetes | pack of notes.
falacia electrónica | electronic deception.
falange (dedos) | joint.
falangígrado (zoología) | phalangigrade | phalange-walking.
falca | wash strake.
falca (botes) | gunwale | washboard | weatherboard | clap board.
falca de bote | boat wash board.
falcaceadura | whip.
falcacear | whip (to).
falcacear (marina) | lash (to).
falcado | falcate.
falciforme | crescent-shaped | falciform | falcate.
falcón | falcon.
falconete | falconet.
falconete (cañón antiguo) | gerfalcon.
falda | slope | hillside | lappet | lap.
falda (buques) | tuck.
falda (curtidos) | belly.
falda (montañas) | side | sidehill | flank.
falda (pistones) | skirt.
falda de umbría (montañas) | ubac.
falda que siempre está en sombra (montañas) | ubac.
faldilla | flanging.
faldilla (chapas) | flange.
faldilla (pistones) | skirt.
faldilla adaptadora | adapter skirt.
faldilla combada (pistones) | barrel-shaped skirt.
faldilla con recrecimiento para el muñón de biela (pistones) | pin boss-equipment skirt.
faldilla cónica (pistones) | tapered skirt.
faldilla de mamparo | bulkhead flange.
faldilla de pistón rectificada elípticamente | elliptically-ground piston skirt.
faldilla del aislador | insulator petticoat.
faldilla del pistón | piston side.
faldilla del pistón (motores sin cruceta) | piston skirt.
faldón | lap | lappet | hip.
faldón (cubiertas) | hip | slope.
faldón (guardabarros) | skirt.
faldón (rodillo de telar) | apron.
faldón (silla de montar, tejados) | skirt.
faldón (tejados) | side.
faldón de bóveda | civary.
faldón de rodillo (cardadoras) | rub apron.
faldón triangular (de una cubierta a cuatro aguas) | hipped end.
falibilidad de la soldadura | weld falibility.
falsa (balanza) | inaccurate.
falsa (balanzas, pesos) | unjust.
falsa (moldería) | drag box | drag.
falsa (monedas, joyas) | flash.
falsa acacia (Robinia pseudoacacia) | acacia.
falsa acacia (Robinia pseudoacacial) | false acacia.
falsa acusación | bum rap.
falsa alarma | wrong alarm | blind alarm.
falsa bandera | false colors.
falsa boza | lazy painter.
falsa braga (fortificación) | back screen.
falsa braga (fortificación antigua) | fausse-braie.
falsa caja de cigüeñal | dummy crankcase.
falsa constitución de las particiones (herencias) | misjoinder of parties.
falsa costilla (ala aviones) | nose rib.
falsa costilla (alas) | former rib.
falsa costilla (alas aviones) | false rib.
falsa costura | mock seam.
falsa cuadrifonía | ambiphonical reproduction.
falsa chimenea exterior construida para efectos de simetría (edificios) | cipher tunnel.
falsa dama (alto horno) | monkey-dam.
falsa de madera (funderías) | follow-board.
falsa de madera (moldeo) | match plate.
falsa declaración | misrepresentation.
falsa declaración de edad | misrepresentation of age.
falsa escota | lazy sheet.
falsa escota (del puntal de carga - buques) | lazy guy.
falsa escuadra | carpenter's bevel | angle bevel | bevel rule | bevel gage | sliding square | movable square | shifting square.
falsa escuadra de tornillo | bevel protractor.
falsa escuadra en T | T bevel.
falsa estimación (distancias) | misjudgment.
falsa estratificación (geología) | false bedding.
falsa estratificación contorsionada (geología) | contorted false-bedding.
falsa expoliación (minerales) | parting.
falsa galena | mock lead | pseudogalena.
falsa gasa | imitation gauze.
falsa imagen superpuesta sobre la imagen (televisión) | ghosting.
falsa información | misinformation.
falsa interpretación | misinterpretation.
falsa lectura | wrong reading.
falsa lengüeta (carpintería) | slip-tongue | spline.
falsa lengüeta (ensambladura) | loose tongue.
falsa llamada | permanent loop.
falsa maniobra | false trip | false motion | mishandling | bad move.
falsa maniobra (máquinas) | misoperation.
falsa ojiva (proyectiles) | windshield.
falsa pared | counter.
falsa quilla | outer keel.
falsa quilla (buques) | rubbing piece | rubbing keel.
falsa quilla (buques grandes de madera) | rider keelson.
falsa rienda | bearing rein.
falsa rienda (equitación) | side bridle.
falsa señal | signal imitation.
falsa señal (telecomunicación) | signal imitation.
falsa timpa | tymp-plate.
falsa varenga (buques) | filling floor.
falsa ventana | deadlight | dead window.
falsarrienda (caballos) | overcheck.
falsas señales (factor no deseado - señales asincronizadas recibidas en un receptor de avión) | fruit.
falseado | dummy.
falseado (análisis minerales) | salted.
falseamiento de la cuenta de clientes | lapping.
falseamiento tendencioso de hechos | tendentious misrepresentation of facts.
falsear (la verdad) | distort (to).
falsear (metalurgia) | salt (to).
falsear el sentido de | gloss (to).
falsear la competencia (economía) | distort competition (to).
falsear la edad | misstate the age (to).
falsedad | deceit | falsity | malicious misrepresentation.
falsete | falset.
falsete (música) | faint treble.
falsificación | tampering | imitation | fabrication | faking | fake | forgery | forging.
falsificación (de obra de arte) | dummy work.
falsificación de actas | adulteration of proceedings.
falsificación de cheques | falsification of cheques.
falsificación de firma | forgery of signature.
falsificación electoral | gerrymandering.
falsificado | forged | bogus.
falsificador | adulterator | forger | fabricator.
falsificar | forge (to) | fake (to) | mispresent (to).
falsificar (documentos) | fabricate (to).
falsificar (un informe) | gundeck (to).
falsificar cuentas | doctor accounts (to) | cook accounts (to).
falsificar un documento público | falsify a public instrument (to).
falsilla (para escribir) | guidelines.
falso | artificial | fraudulent | false | dummy.
falso (joya, etcétera) | imitation.
falso adral (carros) | hay-rack.
falso arrollamiento (sobre un rodillo) | lapping.
falso bao | half beam.
falso calado | lace cloth knitting.
falso carter de cigüeñal | dummy crankcase.
falso cirro | false cirrus.
falso clivaje | slip cleavage.
falso codaste (buques) | rudderpost.
falso crucero (geología) | slip cleavage.
falso dintel | soldier arch.
falso embalaje | dummy pack.
falso enrollamiento (de fibras sobre un rodillo) | licking.
falso flete | dead freight | phantom freight.
falso inglete | mason's mitre.
falso larguero (alas aviones) | false spar.
falso larguero (aviones) | dummy spar.
falso lenguado (pez) | witch.
falso ligamento de gasa de vuelta (tejeduría) | mock leno weave.
falso menguado (medias) | mock fashioning.
falso metacentro | prometacenter.
falso modelo (moldería) | reverse mold.
falso nivel del agua (calderas) | false water.
falso orillo | false selvage | doup edge.
falso orillo (telas) | center selvage.
falso parasitismo (biología) | shelter-association.
falso parásito (biología) | shelter-parasite.
falso pilote | set | sett | cushion | punch | pile block | pile follower.
falso pilote (para hincar) | follower.
falso río (ríos) | overflow arm.
falso suelo | elevated flooring.
falso techo | draw slate.
falso techo (minas) | ramble | rample.
falso techo esquistoso (minas) | claggy | clod.
falso testimonio | false evidence | perjury.
falso tirante (tirante a media altura que une los puntos medios de los pares - cercha sin tirante) | collar beam.
falso tirante que une los puntos medios de los pares (cercha sin tirante) | collar tie.
falso topacio | Spanish topaz | Madagascar topaz | quartz topaz.
falsos adrales (carros) | floating raves.
falsos ceros | ambiguous zeros.
falsos ecos (radar) | indirect echoes.
falsos promedios | fallacious averages.
falta | lack | misdemeanour | misdemeanor | lapse | shortage | shortcoming | want | default | flaw.
falta (derecho) | misprision.
falta (jurisprudencia) | defect.
falta compuesta | compound fault.
falta de aceptación | nonacceptance | refusal | rejection.
falta de acuerdo | failure to agree.
falta de aire | air hunger.
falta de alimento | starvation.
falta de altura | lowness.
falta de asistencia al trabajo | absence | absence from work.
falta de brillo (barnices) | cloudiness.
falta de brillo normal (esmaltes) | dullness.
falta de capital | want of capital.
falta de cebado | mode skip.
falta de circuito por rotura de línea | no volts.
falta de circularidad | circularity lack.

falta de claridad (colores) | dullness.
falta de claridad (fotografías) | bad definition.
falta de conformidad | absence of agreement.
falta de conocimientos industriales | lack of industrial know how.
falta de contacto contra las dos capas de madera (bote de doble forro) | puffing.
falta de contacto entre las dos capas de madera (botes de doble forro) | holiday.
falta de contacto entre las dos forros de madera (bote de doble forro) | puffing.
falta de contraste (fotografía) | flatness.
falta de corriente | current failure | absence of current.
falta de corriente (electricidad) | outage.
falta de corriente por avería en la línea eléctrica | no volts.
falta de crecimiento o desarrollo | stunt.
falta de cumplimiento (de una orden, de contratos, etc.) | nonperformance.
falta de disciplina | breach of discipline | departure from discipline.
falta de disciplina (milicia) | crime.
falta de ejecución (de una orden, de contratos, etc.) | nonperformance.
falta de encendido (motores) | off-firing.
falta de entrega | nondelivery.
falta de entrenamiento (caballos) | greenness.
falta de equidad | inequity.
falta de estabilidad (buques) | crankiness.
falta de estanqueidad | leakiness.
falta de excitación | refusal of excitation.
falta de excitación (circuitos) | lack of drive.
falta de excitación (telecomunicación) | lack of drive.
falta de fidelidad de la memoria | irretentiveness.
falta de fletes | laid-up shipping.
falta de fusión entre cordones sucesivos (soldadura) | cold lap.
falta de información | information blockage.
falta de inversión | lack of investment.
falta de liquided | illiquidity.
falta de madurez | greenness.
falta de maestría | amateurishness.
falta de mercancía en la entrega | short delivery.
falta de nitidez | fuzziness.
falta de página en código interrumpido | disabled page fault.
falta de pago | default in paying | default | nonpayment.
falta de pago (jurídico) | failure to pay.
falta de pago al vencimiento | dishonor at maturity.
falta de paralelismo (ruedas) | disalignment.
falta de peso | short weight | underweight.
falta de planeidad (chapas) | bowing.
falta de planeidad (tejidos) | surface contour.
falta de precaución | contributory negligence.
falta de precisión | inaccuracy | lack of truth.
falta de presentación (bancos) | lack of delivery.
falta de productos entregables contra contratos | squeeze.
falta de profundidad | shoaliness.
falta de pruebas (abogacía) | lack of evidence | failure of evidence.
falta de puntualidad | tardiness.
falta de rectificación (radio) | backlash.
falta de relación con el asunto (jurisprudencia) | impertinence.
falta de retentiva | irretentiveness.
falta de salud | invalidity.
falta de seguridad | lack of reliability.
falta de simetría | lopsidedness.
falta de simetría en chapas adyacentes | mismatching.
falta de tipos (imprenta) | out of sorts.
falta de unión (cordones soldaduras) | lack of fusion.
falta de unión del cordón de la raíz (soldaduras) | lack of root fusion.
falta de unión entre los cordones (soldadura) | lack of interrun fusion.
falta de ventilación | closeness.
falta de yuxtaposición | underlap.
falta del contratista | contractor's default.
falta garrafal | grand mistake.
falta grave | grand mistake.
falta leve | minor offence.
faltan detalles | details are lacking.
faltantes de inventarios | inventory shrinkage.
faltar | remain (to) | default (to).
faltar a | lapse (to).
faltar a la verdad | lie (to) (lied, lying).
faltar a lista (buques) | break leave (to).
faltar a sus compromisos | default (to).
faltar el engrase (máquinas) | run dry (to).
faltar la lubricación | go dry (to).
faltas en inventario | inventory shortages.
faltas en la conducción (autos) | driving faults.
falto | defective.
falto de crédito o solvencia | shaky.
falto de escrúpulos | unscrupulous.
falto de espesores (chapas) | off-gage.
falto de exposición (fotografía) | under-timed.
falto de fondos | NSF.
falto de inteligencia | defective.
falto de ley | below the standard.
falto de lubricación | dry.
falto de lubricación (maquinaria) | starved.
falto de original (imprentas) | out of copy.
falto de prueba | proofless.
falto de tamaño | undersized.
falto de ventilación | airless.
falúa | long boat | felucca.
faluchera | freeing scuttle.
faluchera (buques) | bulwark port | clearing port | wash port.
faluchera (imbornal) | clapper.
falucho | lateener.
falucho (embarcación) | laud.
falun (geología) | falun.
falla | puncture | breakdown | dyke | slip | slick.
falla (de un filón) | flooking.
falla (geología) | dike | displacement | robble | fault | trouble | chop | thrust.
falla (minas) | break.
falla (minería) | break in lode.
falla (tela) | faille.
falla abierta | open fault.
falla abierta (geología) | gap fault.
falla accesoria (geología) | auxiliary fault.
falla acostada | thrust fault | overthrust | overthrust fault.
falla acresponada | faille crepe.
falla acresponada sutil | tissue faille crepe.
falla activa | active fault.
falla acharnelada (geología) | hinge fault.
falla anormal | overlap fault | overfault.
falla anticlinal | anticlinal fault.
falla antitética | antithetic fault | antithetic shear.
falla ascendente | overturned fault | overthrust fault.
falla buzando con las capas | fault hading with dip of beds.
falla buzando contra la inclinación de las capas | fault hading against dip of beds.
falla centrífuga (geología) | centrifugal fault.
falla centrípeta (geología) | centripetal fault.
falla cerrada (geología) | closed fault.
falla compuesta | compound fault.
falla concordante | conformable fault.
falla conforme | conformable fault.
falla conforme a la estratificación | strike fault.
falla de ángulo abierto | right fault.
falla de ángulo cerrado | low-angle fault.
falla de arranque | overcrank.
falla de cabalgamiento | overlap fault.
falla de corrimiento | overthrust fault | thrust fault.
falla de charnela (geología) | pivotal fault.
falla de deslizamiento | slip-fault.
falla de desplazamiento desigual | lag fault.
falla de gran buzamiento (con inclinación mayor de 45 grados) | high angle fault.
falla de hundimiento | trough fault.
falla de inclinación menor de 45 grados | low-angle fault.
falla de menor salto que el espesor de la capa donde ocurre (geología) | hitch.
falla de rechazo horizontal | shift fault.
falla de rechazo horizontal (geología) | transverse thrust.
falla de rechazos múltiples (geología) | multithrow fault.
falla de señal | dropout.
falla de torsión (geología) | wrench fault.
falla del subsuelo (geología) | concealed fault.
falla descomponible en fallas más pequeñas | distributive fault.
falla dextral | dextral fault.
falla diagonal | inclined fault | diagonal fault | oblique fault | semilongitudinal fault | semitransverse fault.
falla distributiva | distributive fault.
falla en bloque | block-fault.
falla en el filón | break in the reef.
falla en escalones | distributive fault | en echelon fault.
falla en espigón (geología) | hinge fault.
falla en forma de bloques | block faulting.
falla en fosa | trough fault.
falla en pivotes (geología) | pivotal fault.
falla en tijera | scissors fault.
falla en un filón | jump.
falla escaleriforme | step fault.
falla extensional | extensional fault.
falla girada | scissors fault | rotational fault | rotary fault.
falla girada (geología) | hinge fault | pivotal fault.
falla horizontal | horizontal fault.
falla inclinada | inclined fault.
falla inversa | trap up | upthrow | reversal fault | overlap fault | thrust fault.
falla inversa (geología) | upcast | riser.
falla invertida | overfault | overlap fault | overturned fault | overthrust fault.
falla longitudinal | strike fault | longitudinal fault.
falla marginal | marginal fault | boundary fault.
falla minuta | strainslip.
falla normal | downslip fault | dip-slip fault | strike fault | slip-fault | downthrow fault | drop fault | downfault | gravity fault | ordinary fault | hade slip fault.
falla normal oblicua (geología) | oblique slip fault.
falla oblicua | oblique fault | dip fault.
falla paralela a la dirección | strike fault | longitudinal fault.
falla paralela al buzamiento | dip fault.
falla paralela al rumbo y buzamiento de las capas | bedding fault.
falla pasiva | passive fault.
falla periférica (geología) | peripheral fault.
falla por empuje | overthrust fault | overthrust.
falla premineral | premineral fault.
falla principal | dominant fault.
falla probable (geología) | inferred fault.
falla ramificada | branching fault.
falla rasgada (geología) | tear fault | rift fault.
falla sísmica | earthquake-fault.
falla sobrepuesta | overlap fault.
falla transversal | dip fault.
falla transversal (geología) | transverse thrust.
fallado (geología) | faulted | fault-ridden.
fallado (jurisprudencia) | ruled.
fallamiento (geología) | faultage | faulting.
fallamiento de descolgamiento (geología) | transcurrent faulting.
fallar | award (to) | fail (to).
fallar (arma de fuego) | flash in the pan (to) | hangfire (to).
fallar (disparos) | misfire (to) | miss fire (to).
fallar (jurisprudencia) | rule (to).
fallar (la pelota) | mull (to).

fallar (máquinas) | fail (to).
fallar (motores) | quit (to).
fallar (tiro, golpe, etc.) | miss (to).
fallar catastróficamente de una manera frágil | fail catastrophically in a brittle manner (to).
fallar el tiro | miss fire (to) | miss a shot (to).
fallar la virada (buques de vela) | miss stays (to).
fallar un tiro | snap (to).
fallas conjugadas | conjugate faults.
fallas prematuras (electrotécnica) | infant mortality.
falleba | catch | fastener | bolt.
falleba (ventanas) | hasp.
falleba a la francesa | French espagnolette.
falleba de emergencia (edificios) | fire-exit bolt.
falleba de emergencia (picaporte que se abre al hacer presión sobre la puerta) | panic bolt.
falleba de emergencia (teatros, etc.) | exit bolt.
falleba de pie (puertas) | foot bolt.
falleba de salida (picaporte que se abre al hacer presión sobre la puerta) | panic bolt.
falleba de ventana | espagnolette | sash fastener.
fallecer | expire (to).
fallecimiento | death | expiration.
fallido | noncollectable | fraudulent bankrupt | abortive | uncollectable.
fallidos (en pagar cuentas) | skips.
fallo | judge's award | decision | passing | findings | breakdown | report | flaw | fault | fail | failure | award.
fallo (abogacía) | rule.
fallo (de un juez) | dictum.
fallo (de una sentencia) | giving.
fallo (decisión) | determination.
fallo (explosiones de minas) | dud.
fallo (judicial) | verdict.
fallo (jurídico) | ruling.
fallo arbitral | arbitrator's award.
fallo catastrófico | catastrophic failure.
fallo catastrófico de corta duración | short-time catastrophic failure.
fallo de alumbrado | trouble light.
fallo de cebado | mode skip.
fallo de condena | judgment of conviction.
fallo de dos conductores a tierra (línea trifásica) | double line-to-ground fault.
fallo de encendido (motores) | misfire.
fallo de fuego (artillería, barrenos, etc.) | misfire.
fallo de funcionamiento | bug.
fallo de línea a línea en un generador sin carga | line-to-line fault on an unloaded generator.
fallo de sincronización | out-of-step.
fallo de una sola fase a tierra o a masa (línea trifásica) | single line-to-ground fault.
fallo definitivo (jurídico) | absolute rule | peremptory rule.
fallo del encendido (motores) | miss fire.
fallo del juez | judge's ruling.
fallo del material | matériel failure.
fallo del tribunal de presas | prize court findings.
fallo eléctrico | eletrical fault.
fallo en el tiro | misfire.
fallo en funcionamiento | malfunction.
fallo en la alimentación | misfeed.
fallo en ordenadores | troubleshooting.
fallo equivocado | misjudgment.
fallo estático | static failure.
fallo favorable | recovery.
fallo final (jurisprudencia) | rule absolute.
fallo leve | fail softly.
fallo mantenido | sustained fault.
fallo mecánico | mechanical failure.
fallo por falta de comparecencia (abogacía) | default judgment.
fallo prematuro | early failure.
fallo provisto de control | arcthrough.
fallo renal | renal failure.
fallo repentino | sudden failure.
fallo sensible a la configuración | pattern sensitive fault.
fallo suprimido (líneas eléctricas) | cleared fault.
fallos del encendido (motores) | missing.
fama | conspicuity.
famacida | famacide.
familia | family.
familia ampliamente distribuida | widely distributed familiy.
familia censal | household.
familia de caracteres de un tipo particular | font.
familia de caracteres númericos | numerical characters family.
familia de conjuntos abiertos | collection of open sets.
familia de curvas | assemblage of curves.
familia de grupos de datos | generation data group.
familia de hélices | propeller family | family of screws.
familia de modelos geométricamente semejantes | geosim.
familia de poblaciones | family of populations.
familia de reactores | reactor line.
familia de rocas ígneas | family of igneous rocks.
familia de rocas o granitoides | family of granitoid rocks.
familia de tipos (imprenta) | type font.
familia del itrio | yttrium family.
familia del torio | thorium series.
familia del uranio | uranium series.
familia lingüística | linguistic family.
familia política | in-law.
familia radiactiva | radioactive series | discomposition chain.
familiarizarse con | grow familiar with (to).
familiarizarse con la máquina | familiarize with the machine (to).
familias colaterales | collateral series.
familias de curvas ortogonales | orthogonal families of curves.
familias equicontinuas | equicontinuous families.
familias lineales | linear families.
famoso por su gran resistencia al desgaste | praised for their high wear resistance.
fanal | beacon | lantern.
fanal de luz intermitente (marina) | bug.
fanatron | phanatron.
fanega (para áridos) | bushel.
fanega con colmo | heaped bushel.
fanega rasa | striken bushel | struck bushel.
fanega sin colmo | striken bushel.
fanega sin colmo (medida de áridos) | struck bushel.
fanerocristal | phenocryst.
fanerocristalino | phanerocrystalline.
fanerozoico | phanerozoic.
fangal | slough | marsh.
fanglomerado (geología) | bajada breccia.
fango | sludge | loam | mud | muck | ooze | mire | silt | slime | slush.
fango (minas) | sleck.
fango activado | active sludge | activated sludge.
fango de aguas negras | sludge.
fango de diatomeas | diatom ooze.
fango de globigerina | globigerina mud.
fango de mineral | ore slime.
fango de muela | wheel swarf.
fango diatomáceo | diatomaceous ooze.
fango digerido | digested sludge.
fango estuarino | estuarine mud.
fango estuario | algon.
fango glaciárico | glacier silt | glacier mud | glacial silt.
fango inadherente | nonadherent sludge.
fango inconsistente | inconsistent mud.
fango líquido | sludging.
fango negro | black mud.
fango orgánico | organic slime.
fango producido por una inundación | limon.
fangos (de minerales) | slime.
fangos (metalurgia) | slimes.
fangos ácidos (refinado de petróleo por ácido sulfúrico) | acid sludge.
fangos acuosos | aqueous slurry.
fangos anódicos | anode slimes | anode mud.
fangos arenosos (minas) | sand slurries.
fangos biológicamente activos | biologically active sludge | active sludge.
fangos cloacales | sewage sludge.
fangos de alcantarilla | sewage sludge.
fangos de alcantarillas | sludge.
fangos de aparatos de concentración (minería) | concentrator slimes.
fangos de cal | lime sludge.
fangos de carbón | coal sludge.
fangos de carbón (lavaderos) | coal slimes | coal-washings.
fangos de cuba de trituración | pan scrapings | pan slimes.
fangos de grasa | grease scum.
fangos de lavado (lavadero de carbón) | slurry.
fangos de lavado de carbones | coal-water slurry | coal-washery slurry.
fangos de los tanques de combustible (buques) | sludge.
fangos de sondeo | drillings.
fangos del lavador de gases | gas-washer sludges.
fangos estuarinos | estuarine muds.
fangoso | silty | sludgy | slimy | sloppy | mushy | oozy.
fangoso (ríos) | mud-bound.
fanotrón (electrónica) | phanotron.
fantasciencia | fiction-science.
fantascopio | phantascope.
fantasma | phantom.
fantasma (TV) | ghost.
fantasma antropomorfo | anthropomorphous phantom.
fantasma dipolar | dipole ghost.
fantasma magnético | magnetic curves | magnetic phantom.
fantasmagoría (ilusiones ópticas) | phantasmagoria.
fantastrón | phantastron.
fantología | fanthology.
fantoscopio (radiación) | phantoscope.
faoplancton | phaoplankton.
faradímetro | faradmeter.
faradio (capacitancia) | farad.
faradismo | faradism.
faradización (electrónica) | screening.
faradizado (radio) | screen-protected | screened | shielded.
faradizar (radio) | screen (to) | shield (to).
farallón | scarp | scar | headland | headland | bluff | cliff.
farallón con frente casi perpendicular | bluff.
farda (carpintería) | dap.
fardo | package | bale | parcel | pack.
fardo de chapas (Chile, México) | flitch.
fardo de sacos | bag bale.
fardo de tabaco | canaster.
fardo enmanillado (tabaco) | bunched bundle.
fardo pequeño | packet | balot.
fardo pesado | heavy burden.
farináceo | farinaceous | farinose.
faringe | gullet.
farinografía | farinography.
farinográfico | farinographic.
farinógrafo | farinograph.
farinómetro | farinometer.
farinoso | farinose.
farmacéutico | chemist | pharmacist.
farmacéutico (EE.UU.) | druggist.
farmacia | chemist's shop (G.B.).
farmacia (EE.UU.) | pharmacy.
fármaco | drug.
fármaco antidepresionante | antidepressant drug.
fármaco antisicótico | antipsychotic drug.
fármaco tranquilizante | antianxiety drug.
farmacoadicto | pharmacoadict.

farmacodependencia | pharmacodependence.
farmacodependiente | pharmacodependent.
farmacogenética | pharmacogenetics.
farmacognosia | pharmacognosy.
farmacología | pharmacology.
farmacología cósmica | spatial farmacology.
farmacólogo | pharmacologist.
farmacosiderita | cube ore.
farmacotecnia | pharmacotechnics.
faro | sea light | light.
faro (automóvil) | headlamp | headlight.
faro (Daniellia ogea - Rolfe) | ogea.
faro aeronáutico | aeronautical beacon.
faro auxiliar orientable (autos) | spotlight.
faro de aerodromo | aerodrome beacon.
faro de aeropuerto | airport beacon | air beacon.
faro de aterrizaje (aeropuertos) | landing direction light.
faro de destellos | alternating light | code beacon.
faro de destellos agrupados | group flashing light.
faro de destellos característicos | code light.
faro de destellos rápidos | quick-flashing | quick-flashing light.
faro de gran alcance (navegación) | making light | landfall light.
faro de identificación | landmark beacon | identification beacon.
faro de lámpara de reflector relleno de gas inerte | sealed-beam light.
faro de línea aérea | airway beacon.
faro de localización | range beacon.
faro de locomotora | engine headlamp | locomotive headlight.
faro de luz de paso (autos) | passlamp.
faro de niebla | demister.
faro de ocultaciones agrupadas | group occulting light.
faro de peligro | hazard beacon.
faro de peligro de aerodromo | aerodrome hazard beacon.
faro de punto de referencia | landmark beacon.
faro de radar | radar beacon.
faro de ruta (aviación) | course light.
faro de ruta aérea | airway beacon.
faro de señales en código | code beacon.
faro de situación de aerodromo | aerodrome-boundary beacon.
faro fijo de aterrizaje (aeropuertos) | bearing projector.
faro flotante | floating light.
faro giratorio | rotating light beacon.
faro para niebla | fog light.
faro pirata (autos) | broad beam headlamp.
faro urbano (autos) | city light.
farol | lantern | lamp.
farol con banderola (cambio de vía) | target lamp.
farol de cofa | top-lantern.
farol de cola (trenes) | backing lamp | marker lamp.
farol de gas | gas lamp | lamppost.
farol de locomotora | engine headlamp.
farol de mano | hand lantern.
farol de navegación | navigation lantern.
farol de tope (buques) | masthead light | headlight | top-lantern.
farol o luz indicadora de un obstáculo | obstruction light.
farolero | lamplighter | lamp tender.
farolillo chino de papel plegable | Chinese lantern.
faros costeros | coasting lights.
faros de aterrizaje | landing headlamps.
faros delanteros (automóviles) | pathlighter.
faros delanteros polarizados (automóviles) | polarized headlights.
farsa | fake.
fasado | phased.
fasaje (televisión) | phasing.
fasal | phasal.
fasamiento (televisión) | phasing.
fasar | phase (to).
fasciación (de un tronco) | flattening.
fasciado (botánica) | banded.
fasciculación | fasciculation.
fascículo | installment | fascicule | fascicle.
fascículo (anatomía) | bundle | tract.
fascículo (de una publicación) | part.
fascículo ascendente (anatomía) | ascending tract.
fascículo central | central spindle.
fase | step | stage.
fase (aspecto visible de un objeto-astronomía) | phase.
fase (compresores) | stage.
fase (distribución en triángulo) | corner.
fase (electricidad, aleaciones) | phase.
fase (estado de agregación homogéneo en el espacio-termodinámica) | phase.
fase abierta (dispositivo para cambiar un circuito monofásico en bifásico) | split phase.
fase amplificadora | gain stage | amplifying stage.
fase anticipada de carga de un programa exterior en la memoria | system load operation.
fase carbúrica | carbidic phase.
fase casual | random phase.
fase continua (fase dispersiva) | continuous phase.
fase contraria | opposite phase.
fase chi (metalurgia) | chi phase.
fase de acabado | stage of completion.
fase de adaptación | stage of adaptation.
fase de agitación | agitating stage.
fase de alarma | emergency phase.
fase de alerta | alert phase.
fase de amplificación | amplifying stage.
fase de amplificación modulada | modulated amplification stage.
fase de aprendizaje | learning phase | crawling stage.
fase de calentamiento | heater-up phase.
fase de contraveta (geología) | dyke phase.
fase de depresión | down-turn.
fase de discusión | talking stage.
fase de ejecución | run phase.
fase de ejecución (programa) | production run.
fase de energía negativa | negative-energy state.
fase de estado líquido (plásticos) | treacle stage.
fase de expansión | upswing.
fase de explotación | production run.
fase de fabricación | make run.
fase de funcionamiento en condiciones de servicio | shakedown.
fase de grabado | etching step.
fase de heteronereida | heteronereid stage.
fase de la elaboración | processing step.
fase de la imagen negativa | negative picture phase.
fase de la micoides | homing rouge.
fase de la prueba de aceptación | service test stage.
fase de mínima energía | ground state.
fase de peligro | distress phase.
fase de planeamiento | planning stage.
fase de preproducción | pre-production stage.
fase de proceso | processing step.
fase de proyecto (de una estructura) | drawing-board stage.
fase de pruebas | pilot stage.
fase de realización | production run.
fase de retardo | lagging phase.
fase de salida modulada | modulated-output stage.
fase de superpresión | pressure peak phase.
fase de tratamiento | procedural step.
fase de una distribución en triángulo (electricidad) | corner of the delta.
fase defasada | displaced phase.
fase del crepúsculo en que la visibilidad varía de 1 a 3,5 kilómetros | intermediate light.
fase del parto al aparecer el cuero cabelludo | crowning.
fase descendente | down-swing.
fase dispersa | dispersoid.
fase endotelio-plaquetaria (medicina) | endothelium-platelet phase.
fase eutéctica en escritura china | ecriture chinoise eutectic phase.
fase experimental | experimental stage.
fase exploratoria | screening phase.
fase exponencial | logarithmic phase.
fase fluida inmiscible | immiscible fluid phase.
fase formativa | formative stage.
fase gamma prima (superaleaciones) | gamma prime phase.
fase gaseosa | gas phase.
fase heterogénea | heterophase.
fase homogénea | homophase.
fase inicial del asalto | jump-off.
fase líquida (diagramas metalúrgicos) | liquidus.
fase logarítmica | logarithmic phase.
fase nemática (cristalografía) | nematic phase.
fase opuesta | opposite phase | antiphase.
fase ordenada | ordered phase.
fase partida (dispositivo para cambiar un circuito monofásico en bifásico) | split phase.
fase penúltima | penultimate step.
fase plástica | plastic stage.
fase polinaria | polynary phase.
fase precipitada (aleaciones) | precipitated phase.
fase preliminar | opening phase.
fase preliminar a la galvanostegia | preplating phase.
fase recortadora sincronizante (televisión) | synchronizing clipper stage.
fase retardada | lagging phase.
fase retrasada | lagging phase.
fase rica en óxido de hierro | iron-oxide-rich phase.
fase separadora amplificadora | buffer amplifier stage.
fase sigma | sigma phase.
fase sigma (metalurgia) | sigma.
fase sigma fragilizante | fragilizant sigma phase.
fase sigma ternaria (aceros) | ternary sigma phase.
fase teta precipitada (metalurgia) | precipitated theta phase.
fase tetraedral de defectos (semiconductores) | defect tetrahedral phase.
fase tetraédrica de exceso | excess tetrahedral phase.
fase theta (metalurgia) | theta phase.
faseamiento (puesta en fase-TV) | phasing.
faseoliforme | bean-shaped.
fases (de una enfermedad) | period.
fases alternativas de expansión y recesión en sucesión rápida | stop-go.
fases cerradas topológicamente (topología) | topologically close-packed phases.
fases coexistentes | coexisting phases.
fases compensadas | balanced phases.
fases concatenadas | concatenated phases.
fases del lanzamiento | launching stages.
fases incompatibles | incompatible phases.
fases líquidas polares | polar liquid phases.
fases manipulativas | manipulative steps.
fásico | phasic | phasal.
fasímetro | phasemeter | phase meter.
fasímetro registrador | phase recorder.
fasitrón | phasitron.
fasitrón (electrónica) | phasitron.
fasitron (tubo electrónico) | phasitron.
fasor | phasor.
fasor (electricidad) | phasor.
fasor (vector de posición giratorio) | phasor.
fasotrón | phasotron.
fassaita | pyrgom.
fastigio | fastigium.
fatalidad | fatality.
fatiga | fatigue | stress.
fatiga a la flexión | flexural fatigue | flex fatigue.
fatiga a la flexión con ciclo corto | low-cycle flexural fatigue.
fatiga a la flexión invertida (materiales) |

reversed bending fatigue.
fatiga a la flexión invertida de ciclo pequeño | low cycle reversed bending fatigue.
fatiga acelerada producida por contactos de rozamiento | chafing fatigue.
fatiga acústica | sonic fatigue.
fatiga acústica de las estructuras | acoustic fatigue of structures.
fatiga calorífica | heat stress.
fatiga con gran carga de duración pequeña | low-endurance high-strain fatigue.
fatiga concurrente | concurrent fatigue.
fatiga de combate | operational fatigue.
fatiga de la estructura del aeroplano | aeroplane structure fatigue.
fatiga de metal por esfuerzos repetidos | metal fatigue.
fatiga de una sustancia luminiscente | dark burn.
fatiga de vuelo (aviadores) | operational fatigue.
fatiga debida al ruido de los aviones de chorro (estructuras) | jet noise fatigue.
fatiga dieléctrica | dielectric fatigue.
fatiga en cables de acero por tirones bruscos de las cargas | dry fatigue.
fatiga en el contacto de rodadura (cojinetes bolas) | rolling-contact fatigue.
fatiga en los metales | metallic fatigue.
fatiga en viga rotativa | rotating-beam fatigue.
fatiga fotoeléctrica | photoelectric fatigue.
fatiga iniciada en una superficie dañada por roce contra otro cuerpo | chafing fatigue.
fatiga mecánica de la estructura del buque | ship's structure mechanical fatigue.
fatiga mental | stress.
fatiga nerviosa | surmenage | strain.
fatiga ocular | eye strain | eyestrain.
fatiga por corrosión | corrosion fatigue.
fatiga por corrosión previa | prior-corrosion fatigue.
fatiga por el combate | battle fatigue.
fatiga por entalla | notched fatigue.
fatiga por esfuerzo completamente invertido | completely-reversed stress fatigue.
fatiga por flexiones alternadas | flexural fatigue.
fatiga por hiperdeformación | high-strain fatigue.
fatiga por un pequeño número de ciclos | low-cycle fatigue.
fatiga producida por el combate | combat fatigue.
fatiga producida por el trabajo | operational fatigue.
fatiga producida por el vuelo (aeroastenia) | flying fatigue.
fatiga respiratoria | respiratory distress.
fatiga síquica producida por el ambiente circundante | environmental stress.
fatiga sónica | sonic fatigue.
fatiga superficial | surface fatigue.
fatiga térmica | thermal fatigue.
fatiga torsional de ciclo corto | low-endurance torsional fatigue.
fatigado | fatigued | fagged.
fatigado a presión subatmosférica | fatigued in vacuum.
fatigado en el vacío | fatigued in vacuum.
fatigar | strain (to) | stress (to).
fatigar una máquina | overrun (to).
fatigarse | fag away at (to) | tire (to).
fatigorresistencia | fatigue strength.
fauna abisal | deep-sea fauna.
fauna antártica | Antarctic fauna.
fauna béntica | botton fauna.
fauna cinegética | cynegetic fauna.
fauna del suelo | soil fauna.
fauna herpetológica | herpetological fauna.
fauna heteróptera | heteropterous fauna.
fauna marina | marine fauna.
fauna molusca | molluscan fauna.
fauna paleontológica | paleontologic fauna.
fauna y flora silvestres | wildlife.
faunal | faunistic.
faunas | faunae.
faunista | faunist.
faunístico | faunistic.
faunizona (geología) | faunizone.
faunología | faunology.
faunólogo | faunologist.
faunula | faunule.
faunula de moluscos | molluscan faunule.
fautor | abettor.
favéola | pit.
faveolado (botánica, zoología) | pitted.
faveoloide | honeycombed.
faviforme | honeycombed.
favorable (viento) | large.
favorable (vientos, etc.) | fair.
favorable a la silvicultura | tree conscious.
favoritismo monopolista | monopolistical favoritism.
fayalita | iron-olivine.
fayenza | fayance | faience.
faz | metope | front | face.
fécula de patata | potato-flour | potato flour.
feculometría | feculometry.
feculómetro | feculometer.
feculoso | starchy.
fecundación | fertilisation | fecundation | impregnation.
fecundación cruzada | intercrossing.
fecundado | impregnate | impregnated.
fecundado artificialmente | artificially fertilized.
fecundante | life-giving.
fecundar | fertilize (to) | impregnate (to).
fecundidad | fertility | pregnancy.
fecundo | life-giving | fertile.
fecha | date | term.
fecha a partir de la cual se cuenta la carga o descarga haya o no sitio disponible para atracar al muelle (fletamentos) | free of turn.
fecha a partir de la cual se puede recibir carga para exportación (buques) | alongside date.
fecha cierre del ejercicio | cut off date.
fecha contractual | contractual date.
fecha de aceptación | date of acceptance.
fecha de adquisición | date of purchase | date of acquisition.
fecha de anulación | canceling date.
fecha de apertura de ofertas | opening date.
fecha de ascenso | date of rank.
fecha de caducidad | date expiration.
fecha de cancelación | canceling date.
fecha de carga | date of loading.
fecha de cierre | date of closing | closing date.
fecha de cierre del libro de registro | record date.
fecha de cierre para la presentación de ofertas | closing date for the submission of tenders.
fecha de cierre para los encargos | closing date for orders.
fecha de colocación de la quilla | date of keel-laying.
fecha de comienzo | beginning date.
fecha de constitución | incorporated in.
fecha de construcción | date of construction.
fecha de cumplimiento | due date.
fecha de embarque prevista | scheduled shipping date.
fecha de empezar la carga (buque en muelle) | stemming date.
fecha de empezar la carga (buques carboneros) | stem date.
fecha de emplazamiento | lien date.
fecha de entrada | date of admission.
fecha de entrada en servicio (buques) | commissioning date.
fecha de entrega | delivery date | date of delivery | handing-over date.
fecha de entrega diferida | long-deferred delivery date.
fecha de entrega final (obra) | turn-up date.
fecha de envío | date of dispatch.
fecha de envío del aviso de llegada | date of dispatch of advice of arrival.
fecha de expedición | date of shipment | date of departure.
fecha de expiración | expiry date | scratch date.
fecha de factura | date of invoice.
fecha de iniciación de los trabajos | started day.
fecha de iniciación de trabajos | started date.
fecha de inserción | date of insertion.
fecha de instalación | fitted date.
fecha de la asamblea | convention date.
fecha de la audiencia | date hearing.
fecha de la botadura | date of launching.
fecha de la colocación de la quilla | date of keel laying.
fecha de la donación | date of donation.
fecha de la liquidación | settling date.
fecha de la solicitud | date of application.
fecha de la toma de inventarios físicos | time of inventory-taking.
fecha de lectura | reading date.
fecha de pago | date of payment.
fecha de presentación | date of filing.
fecha de presentación el | filing date April 21.
fecha de publicación | publication date.
fecha de publicación (en una revista, etc.) | date of issuance.
fecha de puesta en servicio | cut-over date.
fecha de redacción (programa) | date written.
fecha de registro | date of record.
fecha de rescate | redemption date.
fecha de salida | date of discharge | date of sailing.
fecha de salida (buques) | sailing date.
fecha de salida (en una revista, etc.) | date of issuance.
fecha de salida (periódicos, revistas) | publication date.
fecha de su entrada en servicio | date of its entry into service.
fecha de terminación | date of completion | suspense date | date completed | expiry date.
fecha de terminación de admisión de ofertas | closing date.
fecha de valor | value date | value as on.
fecha de vencimiento | accounting day | expiration date | expiry date | date due | date of maturity | date of expiration | due maturity date | due date.
fecha de vencimiento (letra comercial) | maturity date.
fecha de vencimiento de la inspección | due date of the survey.
fecha de vencimiento del inventario | inventory deadline date.
fecha de vencimiento del plazo (efectos, letras) | due-date.
fecha de vencimiento del reconocimiento | due date of the survey.
fecha del contrato | convention date.
fecha del efecto | date of the bill.
fecha del encargo | date of the order.
fecha del matasello (cartas) | date of the postmark.
fecha del pedido | date of call | date of the order.
fecha del proyecto de ley | date of the bill.
fecha del siniestro | casualty date.
fecha efectiva | value date.
fecha equivocada | misdate.
fecha fijada | target date.
fecha final de cierre | final closing date.
fecha final del contrato | contract cutoff date.
fecha inicial | initial date.
fecha límite | deadline | critical date | closing date | cutoff date.
fecha límite de presentación de ofertas | bidding deadline.
fecha media de vencimiento | average maturity | equated date | equated date or average due date.
fecha óptima de reemplazo | optimum replacement timing.
fecha posterior | after date.
fecha tope | deadline | target date.
fecha y hora de entrega de un mensaje para

su transmisión | filing time.
fechación (de fechas) | dating.
fechado | dated.
fechado (con el fechador) | dating.
fechador | date maker | date-stamping machine.
fechadora | dating machine.
fechar | date (to).
fechar mal | misdate (to).
fecho | executed.
fechoría | malpractice.
fedal (combustible nuclear) | fedal.
fedatario | attester.
federación de sindicatos | federation of trade unions.
Federación Internacional de la Documentación | International Federation of Documentation.
Federación Norteamericana del trabajo | American Federation of Labour (A.F.L.).
federalismo fiscal | fiscal federalism.
federalista | federalist.
federalización | federalization.
fehaciente | worthy of belief.
feldespatización | feldspathization.
feldespatizar | feldspathize (to).
feldespato | feldspar.
feldespato alcalino | alkali feldspar.
feldespato aventurinado | aventurine.
feldespato aventurinado (variedad de feldespato con reflejos amarillos o rojos) | sunstone.
feldespato barítico | baryta feldspar | barium feldspar.
feldespato cálcico | anorthite.
feldespato calizo | lime feldspar.
feldespato compacto y de clase uniforme | felstone.
feldespato descompuesto | cotton rock.
feldespato molido | glass spar.
feldespato nacarado | moonstone.
feldespato potásico oculto | occult potassic feldspar.
feldespato potásico para fabricar dientes artificiales | dental spar.
feldespato sodicocálcico | lime-soda feldspar.
feldespatoide | felspathoid.
feldespatoides | foids | feldspathides.
felicidio | cat-killing.
feliforme | cat-like.
felino | cat.
felinófilo | cat lover.
felógeno | cork cambium | phellogen.
feloide | feloid.
feloideo | cork-like.
feloides (grupo de minerales que incluye feldespatos y feldespatoides) | feloids.
felonía | felony.
felpa | plush | mat | toweling.
felpa de alfombras | carpet plush.
felpa de algodón | cotton plush.
felpa de cordoncillo | corded plush | ribbed plush.
felpa de dos caras | double-sided plush.
felpa de lana | worsted shag.
felpa de pelo largo | feather shag | long pile shag.
felpa de rizo | loop pile.
felpa de una sola pasada | single weft plush.
felpa de yute | jute plush.
felpa estampada | embossed plush | pressed plush.
felpa imitación castor | beaver plush.
felpa mohair | sealskin.
felpilla (cordón) | chenille.
felposo | plush-covered.
felpudo | matting.
felpudo de puerta | mat.
félsico | felsic.
felsifírico | aphaniphyric.
felsita arriñonada | nodular felsite.
felsita nodular | nodular felsite.
felsitoide | felsitoid.
femicida | femicide.
fémico | femic.
fen (genética) | phene.
fenda | crack.
fenda en un palo o verga de madera (buques) | spring.
fenda longitudinal por la helada - fenda de heladura (atronadura - árboles) | frost-crack.
fenda pasante (troncos) | through check.
fendas de desecación (maderas) | drying cracks.
fendas de merma (maderas) | drying cracks.
fenestra (geología) | nappe inlier.
fenestración | fenestration.
fenestrado | latticed | fenestrate.
fenestral | fenestral.
fenestrar | fenestrate (to).
fénico | carbolic.
feniletileno | styrene.
fenilfosfato disódico | disodium phenyl phosphate.
fenilo | phenyl.
fenocristal | phenocryst.
fenocristal de analcita | analcime phenocryst.
fenocristalino | phenocrystic.
fenodesviante | phenodeviant.
fenogénesis | phenogenesis.
fenogenético | phenogenetic.
fenol (química) | phenol.
fenol de color de agua que no está contaminado con hierro | water-white phenol.
fenol metílico | cresyl alcohol.
fenoles de alquitrán | tar acids.
fenólico | phenolic.
fenología | phenology.
fenología de los árboles | phenology of trees.
fenólogo | phenologist.
fenómeno acústico transitorio | acoustical transient.
fenómeno autocinético (ilusión visual nocturna en que una luz fija parece desplazarse cuando se la observa atentamente) | autokinetic phenomenon.
fenómeno de apertura espontánea y cierre (paracaídas) | squidding.
fenómeno de extricción | pinch phenomenon.
fenómeno de inestabilidad | hunting phenomenon.
fenómeno diurno de combinación de una brisa terrestre y una brisa marítima | land-sea breeze.
fenómeno electrónico de túnel | electron tunneling.
fenómeno en que la deformación provocada por una carga que aumenta gradualmente asume sucesivamente valores estadísticos (suelos) | step-strain phenomenon.
fenómeno ilusorio | illusory phenomenon.
fenómeno por el que no se oye la señal a corta distancia y sí a mayores (onda corta) | skip effect.
fenómeno predecible | predictable phenomenon.
fenómeno teletérmico | telethermal phenomenon.
fenómeno termodependiente | temperature-dependent phenomena.
fenómeno transitorio | transient.
fenómeno transitorio en las líneas de transporte de energía | power-line transient.
fenomenología | phenomenology.
fenomenología mesónica | meson phenomenology.
fenomenológico | phenomenological.
fenomenólogo | phenomenologist.
fenomenón (efecto óptico a la luz visible - gemología) | phenomenon.
fenómenos adiabáticos | adiabatic phenomena.
fenómenos aeroelásticos | aeroelastic phenomena.
fenómenos atómicos dinámicos | atomic dynamic phenomena.
fenómenos cinéticos | rate phenomena.
fenómenos de deformación congelados (en modelo de Pérpex que se trabaja a 120 °C y después se enfría) | frozen-in strain phenomena.
fenómenos de fluctuación (soldadura por arco) | flicker effect.
fenómenos de formación del arco | arcing phenomena.
fenómenos de oscurecimiento (meteorología) | obscuring phenomena.
fenómenos de rozamiento | frictional phenomena.
fenómenos fotobiológicos | photobiological phenomena.
fenómenos fugaces | short-lived phenomena.
fenómenos ilusorios visuales | visual illusory phenomena.
fenómenos irreproducibles | nonreproducible phenomena.
fenómenos kársticos | karst phenomena.
fenómenos mensurables | measurable phenomena.
fenómenos ondulatarios | wave phenomena.
fenómenos periglaciares | periglacial phenomena.
fenómenos sísmicos | seismism.
fenómenos termocinéticos | heat flow phenomena.
fenomio | phenome.
feofícea | brown alga.
feofita | brown alga.
feral | feral.
feraz | fertile.
féretro | coffin.
ferganita | ferghanite.
fergusonita | fergusonite.
feria | fair | show.
feria atómica | atomfair.
feria bienal de la máquina-herramienta | biennal machine tool exhibition.
feria comercial | trade fair.
feria de industrias | industries fair.
feria de la piel | leather goods fair.
feria de muestras | industries fair | samples fair.
feria del campo | Agricultural Show.
feria del juguete | toy fair.
feria del mueble | furniture fair.
feria especializada | specialized fair.
feria monográfica | specialized fair.
feria mundial del libro | world book fair.
feria textil | textile show.
ferias comerciales | trade exhibitions.
fermata (música) | fermata.
fermentabilidad | fermentability.
fermentable | fermentable.
fermentación | decay | zymosis | fermentation | ferment.
fermentación (avena, etcétera) | heating.
fermentación (cerveza) | brewing | brew.
fermentación acética | acetic fermentation.
fermentación ácida | acid fermentation.
fermentación alcalina | alkaline fermentation.
fermentación alcohólica | alcoholic fermentation.
fermentación alta | high fermentation.
fermentación amílica | amylic fermentation.
fermentación amoniacal | ammoniacal fermentation.
fermentación bacteriana | bacterial fermentation.
fermentación baja | low fermentation | bottom fermentation.
fermentación biológica | biological fermentation.
fermentación butírica | butyric fermentation.
fermentación de las hojas del tabaco | tobacco fermentation.
fermentación del metano | methane fermentation.
fermentación del rumen in vitro | in vitro rumen fermentation.
fermentación maloláctica (vinos rojos) | malolactical fermentation.
fermentación secundaria | after fermentation.
fermentación termógena | thermogenic fermentation.
fermentación tumultuosa | boiling fermentation.

fermentado | hard.
fermentado (pan) | raised.
fermentador | fermentor | fermenter.
fermentadora | fermenter.
fermentar | sour (to) | ferment (to) | work (to) | brew (to).
fermentar (cerveza) | fret (to).
fermentar (heno) | heat (to).
fermentar (pan) | raise (to).
fermentar el heno (en el almiar) | mow burn (to).
fermentativo | fermentative.
fermentescibilidad | fermentability.
fermentescible | fermentable.
fermento | ferment | leaven | rising | yeast | zyme.
fermento alcohólico (saccharomyces cerevisiae) | alcohol ferment.
fermento hidrolítico | hydrolyst.
fermento orgánico | living ferment.
fermento político | political ferment.
fermio (Fm) | fermium.
fermión | Fermi particle.
fermión (nuclear) | fermion.
fermiones apareados | paired fermions.
ferodo | facing.
feromonas | feromones.
ferormona | pherormone.
ferormona de alarma (entomología) | alarm pherormone.
ferrado (galvanoplastia) | iron plating.
ferrar (galvanoplastia) | iron-plate (to).
ferrato (química) | ferrate.
férreo | ferrous.
ferréol (Dalbergia oliveri) | ironwood.
ferrería de cuba baja | low-shaft bloomery furnace.
ferrete (varilla de vidrio para coger el vidrio fundido) | ferret.
ferretería | ironmongery | iron trade | ironmonger's shop | hardware store | hardware.
ferretería gruesa | heavy hardware | blacksmithery.
ferretería para ebanistería | cabinet hardware.
ferretería para edificios | builder's hardware.
ferretero | hardwareman | ironmonger.
férrico | iron-containing.
ferrielectricidad | ferrielectricity.
ferrieléctrico | ferrielectric.
ferrífero | ferriferous | ferruginous | iron-bearing.
ferriferosidad | ferriferosity.
ferrificación | ferrification.
ferrimagnético | ferrimagnetic.
ferrimagnetismo | ferrimagnetism.
ferristor | ferristor.
ferrita | core.
ferrita (metalurgia, geología) | ferrite.
ferrita (óxido de hierro) | ferrite.
ferrita de bario | barium ferrite.
ferrita de granate | garnet-type ferrite.
ferrita en polvo aglomerada por un ligante de caucho | rubber ferrite.
ferrita no combinada | free ferrite.
ferrita para núcleos de memoria de ciclo magnético rectangular square-loop memory core ferrite.
ferrita perlítica | pearlitic ferrite.
ferrita policristalina | polycrystalline ferrite.
ferrita policristalina orientada | oriented polycrystalline ferrite.
ferrita preeutectoide | preeutectoid ferrite.
ferrita proeutectoide | proeutectoid ferrite.
ferritas blandas | soft ferrites.
ferrítico | ferritic.
ferritígeno | ferrite former.
ferritización | ferritization | ferritizing.
ferritizador (elemento que provoca la formación de ferrita en los aceros) | ferritizer.
ferrito (química) | ferrite.
ferroaleación | ferroalloy | iron alloy.
ferroaleación tantaliosa | tantalum-containing ferroalloy.
ferroaleaciones nitruradas | nitrided ferroalloys.
ferroaleciones | ferroproducts.
ferroaluminio | ferroaluminum.
ferrobacteria | ferrobacterium.
ferrobacterias | iron bacteria.
ferroberilio | ferroberyllium.
ferroboro (aleación de hierro y boro con 24% de boro) | ferroboron.
ferrobús (ferrocarril) | railbus.
ferrocarbono | ferrocarbon.
ferrocarril | railway | rail | railway line | railroad | road | interlock.
ferrocarril aéreo | aerial railroad.
ferrocarril bioceánico (Hispanoamérica) | bioceanic railway.
ferrocarril carbonero | coal-carrying railroad.
ferrocarril con doble vía | double track railway.
ferrocarril con tracción por diesel | diesel-hauled railway.
ferrocarril de adherencia | adhesion railway.
ferrocarril de ancho normal | standard gage railway.
ferrocarril de caballos (minas) | barrow way.
ferrocarril de circunvalación | encircling railway | belt railroad | circle railway | girdle railway | loop line.
ferrocarril de cremallera | cogway.
ferrocarril de cremallera central | strub rack.
ferrocarril de doble vía | double-line railway.
ferrocarril de enlace | belt-line railroad.
ferrocarril de interés local | local line.
ferrocarril de ramificaciones lejanas | far-flung railroad.
ferrocarril de vía ancha | broad gage railway.
ferrocarril de vía de un metro | meter-gage railway.
ferrocarril de vía estrecha | light railway | narrow gage railway | narrow-gage railway.
ferrocarril de vía única | single track railway.
ferrocarril Decauville | portable railway.
ferrocarril dieselizado | dieselized railway.
ferrocarril eléctrico | electrical railroad | electric railway.
ferrocarril electrificado | electrified railway.
ferrocarril elevado | overhead railway | L | elevated railway.
ferrocarril estatal | State-run railway.
ferrocarril forestal | logging railway.
ferrocarril funicular | funicular railway.
ferrocarril interurbano | interurban railway.
ferrocarril metropolitano | metropolitan railway.
ferrocarril minero | mine railway.
ferrocarril portuario | dock railway.
ferrocarril secundario | short line railroad.
ferrocarril subterráneo | subway | tube | underground.
ferrocemento | ferrocement.
ferroceno | ferrocene.
ferrocerámica | ferroceramics.
ferrocerio | ferrocerium.
ferrocianuro de potasio | potassium ferrocyanide.
ferrocianuro de sodio | sodium ferrocyanide.
ferrocobalto | ferrocobalt.
ferrocromo | ferrochrome | ferrochromium.
ferrocromo bajo en carbono | low-carbon ferrochrome.
ferrocromo con gran proporción de carbono | high-carbon ferrochromium.
ferrocromo exotérmico | exothermic ferrochromium.
ferrocromo nitrurado | nitrided ferrochromium.
ferroelectricidad | ferroelectricity.
ferroeléctricos | ferroelectrics.
ferroeléctricos cerámicos | ceramic ferroelectrics.
ferrofósforo | ferrophosphorus.
ferrogabro (geología) | ferrogabro.
ferrografía | ferrography.
ferrohidrodinámica | ferrohydrodynamics.
ferroimanación | ferromagnetization.
ferroinductancia | ferroinductance.
ferroinductivo | ferroinductive.
ferromagnesiano | melanocratic | mafic.
ferromagnésico | ferromagnesian.
ferromagnética | ferrromagnetics.
ferromagnético | ferromagnetic.
ferromagnetismo | ferromagnetism.
ferromagnetismo policristalino | polycrystalline ferromagnetics.
ferromagnetografía | ferromagnetography.
ferromagnetómetro | ferrometer.
ferromagnón | ferromagnon.
ferromanganeso | ferromanganese.
ferromanganeso bajo en manganeso | low-manganese ferromanganese.
ferrómetro (aparato para determinar los cambios de ferromagnetismo) | ferrometer.
ferromolibdeno | ferromolybdenum.
ferroniobio | ferrocolumbium | ferroniobium.
ferroniobio rico en silicio | silicon-rich ferroniobium.
ferroníquel | ferronickel.
ferroníquel amagnético | amagnetic ferronickel.
ferroorganismo | ferroorganism.
ferroplatino | ferroplatinum.
ferrorreactancia | ferroreactance.
ferrorresonancia (resonancia en cables eléctricos armados) | ferroresonance.
ferrorresonante | ferroresonant.
ferroselenio | ferroselenium.
ferrosilicio | ferrosilicon | ferrosilicium | silicon-iron.
ferroso | iron-bearing | ferrous.
ferrosporo (meteorito) | ferrospor.
ferrostático | ferrostatical.
ferrotantalio | ferrotantalum.
ferrotántalo | ferrotantalum.
ferrotipia | ferrotype | tintype.
ferrotipo | tintype.
ferro-titanio | ferro-titan | ferrotitanium.
ferrotungsteno | ferrotungsten.
ferrouranio | ferrouranium.
ferrovanadio | ferrovanadium.
ferroviario | railwayman.
ferroviario (EE.UU.) | railroader.
ferrovidrio (vidrio ópticamente transparente que es ferromagnético a la temperatura ambiente) | ferroglass.
ferrozirconio | ferrozirconium.
ferruginosidad | ferrugination.
ferruginoso | ferruginous | iron-containing | irony.
ferruginoso (farmacia) | martial | steeled.
fertibilidad | fertility.
fértil | fertile.
fértil (terrenos) | fat.
fertilidad (de la tierra) | pregnancy.
fertilización | fertilization.
fertilización (del terreno) | enriching.
fertilización cruzada | allogamy.
fertilizante | fertilizer.
fertilizante (agricultura) | manure.
fertilizante de pescados | fish tankage.
fertilizante mineral | mineral fertilizer.
fertilizante nitrogenado | azotic fertilizer | nitrogenous fertilizer.
fertilizante nitrogenado inorgánico | inorganic nitrogen fertilizer.
fertilizante orgánico | organic fertilizer | tankage.
fertilizantes químicos | fertilizers.
fertilizar | fertilize (to).
fertilizar (la tierra) | enrich (to).
férula de anclaje | anchor splint.
férula de borde curvado | beaded ferrule.
férula de cobre | copper ferrule.
férula de fijación exterior | external fixation splint.
férula de latón | brass ferrule.
férula de tubo | pipe ferrule.
férula de tubo de caldera | boiler tube ferrule.
férula de tubo de condensador | condenser tube ferrule.

férula hecha de juncos (cirugía) | junk.
ferulado (tubos) | ferruled.
ferular (tubos) | ferrule (to).
ferular los tubos | ferrule the tubes (to).
fervescencia | fervescence.
fervescente | fervescent.
fescolización | fescolising.
festinación | propulsion.
festival | party.
festival marginal | fringe festival.
festón | scallop | festoon | escallop.
festón (curvatura de las encías alrededor del cuello de los dientes) | festoon.
festoneado | scalloping.
festoneadora | pinking cutter.
festonear | pink (to) | scallop (to) | escallop (to) | festoon (to).
festonear (telas) | pink out (to).
festucino | straw-colored.
fetichizar | fetishize (to).
fetidez | fetidness | malodor.
fétido | foetid | ill-smelling.
fétido (de olor de hidrógeno sulfurado o huevos podridos-mineralogía) | fetid.
feudalismo | feudalism.
feudalista | feudalist.
feudista | feudalist.
feudo | feoffment.
fiabilidad | fiability | reliability | trustworthiness.
fiabilidad contra parada espuria | spurious scram reliability.
fiabilidad de canal | channel reliability.
fiabilidad de circuito | circuit reliability.
fiabilidad del equipo | equipment reliability.
fiabilidad física | physical reliability.
fiabilidad operacional | operational reliability.
fiable | reliable.
fiador | click | sponsor | surety | grip | lock | dog | retainer | bonsman | anchor pin | fastening | fastener | reference | trip | stopper | safety catch | pawl | pallet | stop | stay.
fiador (armas de fuego) | catch bolt.
fiador (de percutor) | sear.
fiador (de un contrato) | referee.
fiador (garante - persona) | guarantee.
fiador (jurisprudencia) | bailsman.
fiador (martinete hinca pilotes) | releasing-hook.
fiador (persona) | bailor | bailsman | bailer | bondsman | voucher | warrantor | guarantor | warranter.
fiador absoluto | bail absolute.
fiador atravesado | toggle.
fiador de buterola | rivet-set retainer.
fiador de hoja de ventana | sash fast.
fiador de la fianza | surety on the bond.
fiador de mando (teleimpresora) | drive bail.
fiador de perno de pistón | circlip.
fiador de resorte | spring catch.
fiador de retroceso | sprag.
fiador de rueda | pawl.
fiador de rueda dentada | pallet.
fiador de seguridad | safety catch.
fiador del batidor | beater lock.
fiador del cucharón | dipper bail.
fiador del freno | brake dog.
fiador mancomunado | cosurety.
fiador personal | personal surety.
fiador responsable | liable surety.
fiador solidario | solidarity guarantor | joint bondsman.
fiadora | bondswoman.
fianza | earnest | guaranty | guarantee | guarantee deposit | bail | security | contract of guarantee | bond | commitment | surety | surety bond | suretyship | pledge | pledging | fiduciary bond | earnest money | deposit | pawn.
fianza (comercio) | guaranty bond.
fianza anual de importador (aduanas) | term bond.
fianza conforme a la ley | statutory bond.
fianza corporativa | corporate bond.
fianza de aduana | customs bond.
fianza de almacén | warehouse bond.
fianza de almacenaje | warehouse bond.
fianza de apelación (abogacía) | appeal bond.
fianza de arraigo | bail above | bail to the action.
fianza de arresto | arrest bond.
fianza de avería gruesa | general average bond.
fianza de averías | average bond.
fianza de buque a término | vessel term bond.
fianza de caución | surety bond.
fianza de comparecencia | appearance bail.
fianza de contratista | contract bond.
fianza de cuentas cedidas | assigned accounts bond.
fianza de cumplimiento | completion bond.
fianza de cumplimiento (contratos) | performance bond.
fianza de depósito | depository bond.
fianza de desembarque | landing bond.
fianza de ejecución (contratos) | performance bond.
fianza de embargo | attachment bond | seizure bond.
fianza de embargo del demandado | defendant's bond.
fianza de embargo del demandante | plaintiff's bond.
fianza dc cntrada | forthcoming bond.
fianza de exportación | export bond.
fianza de fianza | counter-surety.
fianza de fidelidad | fidelity bond.
fianza de garantía | guaranty bond.
fianza de incumplimiento | penalty bond.
fianza de indemnización | bond of indemnity.
fianza de interdicto | injunction bond.
fianza de lealtad nominal | schedule bond.
fianza de licitador | bid bond.
fianza de litigante (judicial) | court bond.
fianza de mandamiento judicial | mandamus bond.
fianza de manutención | maintenance bond.
fianza de mercancías en depósito | customs bond.
fianza de pago | payment bond.
fianza de postura | bid bond.
fianza de puesto laboral | position bond | position bond.
fianza de reclamante | claim bond.
fianza de recuperación | replevin bond.
fianza de reposición | replacement bond.
fianza de subastador | auctioneer's bond.
fianza de suministro | supply bond.
fianza de tribunales | court bonds.
fianza de una oferta | bid bond.
fianza del contratista | contractor's bond.
fianza del contrato | contract bond.
fianza del licitador | bidder's bond.
fianza en aduana | custom security.
fianza en apelación | judgment bond.
fianza en juicio para determinar el mayor derecho a una demanda | interpleader bond.
fianza especial | bail above | special bail.
fianza fija | fixed penalty bond.
fianza general | blanket bond.
fianza inferior por antigüedad | overlying bond.
fianza judicial | judicial bond | court bond.
fianza juratoria | parole.
fianza legal | statutory bond.
fianza ordinaria | bail below | common bail.
fianza otorgada por una compañía | corporate suretyship.
fianza para costas | cost bond.
fianza para devolver bienes embargados | delivery bond.
fianza para responder de las costas | caution pro expensis.
fianza para trasladar mercancías bajo derechos | removal bond.
fianza particular | personal bond.
fianza por el nombre de la persona y no por el cargo | name bond.
fianza por proceso en tribunal marítimo | admiralty bond.
fianza sin valor | straw bail.
fianza subsidiaria | collateral security.
fianzas aduaneras | customs bonds.
fianzas judiciales | judiciary bonds.
fianzas para costas (abogacía) | cautio pro expensis.
fiar | warrant (to).
fiarse de él | put trust in him (to).
fiarse de los precios | rely on prices (to).
fiarse de su buena fe | rely on his good faith (to).
fiasco | failure.
fibra | sinew | string | strand | fiber hebra | fibre | fibre | thread.
fibra (cáñamo, lino) | harl.
fibra (de la madera) | streak.
fibra (EE.UU.) | fiber.
fibra (fabricación azúcar caña) | marc.
fibra (madera, metales) | grain.
fibra (textiles) | staple.
fibra animal (lana, etc.) | animal fiber.
fibra artificial | man-made fiber | artificial fiber.
fibra basta | coarse staple | coarse fiber.
fibra blanda (textiles) | bast fiber.
fibra cerámica refractaria formada por monocristales | whisker.
fibra cortada | staple fiber.
fibra de algodón | cotton staple | staple.
fibra de amianto | asbestos fiber.
fibra de amianto impregnada con resina fenólica | phenolic-resin impregnated asbestos fiber.
fibra de boro | boron fiber.
fibra de coco | coir fibre.
fibra de cuarzo | quartz fibre | quartz fiber.
fibra de Diplothemium littorale | crin vegetal.
fibra de estopa | codilla fiber.
fibra de hoja (textiles) | leaf fiber.
fibra de la madera | grain of wood.
fibra de ortiga | ortica.
fibra de pelo de mamífero | mammalian hair fiber.
fibra de rayón rizada | crinkly rayon staple.
fibra de tracción | traction fibre.
fibra de vidrio | glass | fibreglass | glass fiber | glass staple | glasswool | glass fibre | glass wool | fibreglass (G.B.) | fiber glass | fiberglass.
fibra de vidrio con el 10 al 15% de álcali | A-glass.
fibra de vidrio estratificada | glass reinforced plastic.
fibra de vidrio impregnada | bonded glass.
fibra de vidrio impregnada de caucho silicónico | silicone rubber impregnated fiberglass.
fibra de yute | yute fiber.
fibra dirigida del corazón a la corteza (árboles) | felt-grain.
fibra dura | hard fiber.
fibra dura vegetal (textiles) | leaf fiber.
fibra elástica (resistencia materiales) | bending line.
fibra flexible | flexible fiber.
fibra hueca | hollow fiber.
fibra inextensible | inductile fiber | inextensible fiber.
fibra inorgánica no vítrea | nonglassy inorganic fiber.
fibra larga | long fiber.
fibra larga (algodón, fibras) | long staple.
fibra lustrosa | lustrous fiber.
fibra más alejada del eje neutro | extreme fiber.
fibra más cargada (resistencia materiales) | most stressed fiber.
fibra más fatigada (resistencia materiales) | most stressed fiber.
fibra media | mean fiber | middle fiber.
fibra medulada (lana) | medullated fiber.
fibra mineral | mineral fiber.
fibra muerta | dead fiber.
fibra natural | natural fiber.
fibra neutra (flexión) | neutral axis.
fibra no hilada | hackle.
fibra no vítrea | nonglass fiber.

fibra ondulada (Chile) | dip grain.
fibra ondulada (maderas) | curly grain.
fibra óptica | optical fibre | optical fiber | fiber optic light.
fibra óptica chapeada | cladded optical fibre.
fibra óptica unimodal | unimode optical-fiber.
fibra papelera | papermaking fiber.
fibra paralela a la cara (maderas) | flat grain.
fibra peinada | hackled fiber.
fibra peluda | fluffy fiber.
fibra poliacrilonitrílica | polyacrylonitrilic fiber.
fibra prensada | wall board | wallboard.
fibra proteínica | protein fibre.
fibra queratínica | keratin fiber.
fibra química | man-made fiber.
fibra rastrillada | hackled fiber.
fibra resistente al arrugamiento | crease-resistant fiber.
fibra revestida de poliester | hardboard.
fibra revirada (madera) | twisted grain.
fibra rizada | curly fiber | crimped fiber.
fibra sintética | synthetic fibre.
fibra textil | textile fiber.
fibra textil (vegetal o sintética) | fiber hebra | fibre.
fibra tingible | stainable fiber | tinctable fiber | tingible fiber.
fibra totalmente recta (madera) | clear straight grain.
fibra uniforme | true fiber.
fibra vegetal | fiber hebra | vegetable fiber.
fibra vulcanizada | indurated fiber | fiberboard.
fibra vulcanizada (papel de algodón tratado con cloruro de cinc) | vulcanized fiber.
fibra vulcanizada para maletas | trunk fiberboard.
fibrado (homotopia) | fibration.
fibrado esféricamente | spherically fibred.
fibraje (de metales) | fibering.
fibras algínicas | alginic fibers.
fibras animales naturales que no sean seda o lana de oveja | hairs.
fibras artificiales | chemical fibers.
fibras celulósicas | cellulosic fibers.
fibras celulósicas regeneradas | regenerated cellulose fibers.
fibras cerámicas | ceramic fibers.
fibras clasificadas | graded fibres.
fibras de algodón | rag content.
fibras de algodón (papelería) | cotton content.
fibras de algodón adyacentes a la semilla | bull fibers.
fibras de amianto lavadas y molidas (empleadas en plásticos) | micro asbestos.
fibras de carbono (metalurgia) | carbon fibers.
fibras de la caña de azúcar | sugarcane fibers.
fibras de madera obtenidas sometiendo los tacos a la acción del vapor de agua a gran presión (que al ser liberada hace que se separen las fibras) | exploded fibers.
fibras de madera obtenidas sometiendo pedazos grandes a presión elevada de vapor de agua y suprimiendo este rápidamente | steam-exploded wood.
fibras de óxido metálico | whiskers.
fibras de polipropileno isotáctico | isotactic polypropylene fibers.
fibras de queratina después de fijación | set keratin fibers.
fibras de semilla | seed fibers.
fibras de vidrio monomodos | single mode fibres.
fibras de yute (botánica) | jute fiber.
fibras desprendidas al cortar (papel) | cutter dust.
fibras entrecruzadas (maderas) | interlocked grain.
fibras muy cortas de pasta (papel) | fines.
fibras muy finas o fragmentos de ellas (pasta de madera) | flour.
fibras no leñosas | nonwoody fibres.
fibras ópticas | optics fibers.
fibras orientadas en la dirección del rayo lento (mineralogía) | length-slow fibers.
fibras orientadas en la dirección del rayo rápido (mineralogía) | length-fast fibers.
fibras papeleras | paper-making fibers.
fibras paralelas en haces (plástico) | roving.
fibras químicas | chemical fibers.
fibras sintéticas unidas con ligantes fibrosos fabricados en máquinas papeleras | textryls.
fibras sueltas | loosened fibers.
fibras vegetales no madereras | nonwoody vegetable fibers.
fibriforme | fibriform.
fibrilación (batidora de pasta) | brushing out.
fibrilación (biología) | fibrillation.
fibrilla | fibril.
fibrillas | fibrils.
fibrización | fibrization.
fibrización (ejes cigüeñales) | grain flowing.
fibrizar (reducir a fibras) | fiberize (to).
fibrocemento | fiber cement.
fibrografía | fibrography.
fibrógrafo (para algodón) | fibrograph.
fibrógrafo digital (hilaturas) | digit fibrograph.
fibrograma | fibrogram.
fibroína | fibroin.
fibrolamelar | fibrolamellar.
fibrolaminar | fibrolamellar.
fibrorradial | radiating columnar | radial columnar.
fibrosa (cuerpo químico) | fibrose.
fibrosidad | fibrosity.
fibroso | fibry | fibrose | stringy.
fibrosoradiado | fibrous-radiated.
fíbula (arqueología) | fibula.
fíbula (barra de hierro acodada para unir dos sillares) | fibula.
ficiforme | fig-shaped.
ficoide | fig-like.
ficología | algology.
ficólogo | phycologist.
ficticio | bogus | artificial | dummy.
ficticio (potencia, longitud, etcétera) | fictitious.
ficticio (ventas) | wash.
ficticio flete | phantom freight.
fictil | fictile.
ficha | chip | card | counter | slip | slip | point.
ficha (catálogos, diccionarios) | entry.
ficha binaria por línea | row binary card.
ficha catalográfica | fiche | catalog card.
ficha con muesca | scored card.
ficha con muescas marginales | edge notched card.
ficha contable | ledger card.
ficha contable con pista magnética | magnetic ledger card.
ficha dactiloscópica | fingerprint record.
ficha de almacén | bin card | stock control card.
ficha de borde perforado | verge perforated card.
ficha de cabecera | header card.
ficha de comparecencia | attendance card.
ficha de conexión | patch-cord.
ficha de control | checking form | control chart.
ficha de escucha | listening plug.
ficha de existencias | stock record card.
ficha de programa (informática) | program card.
ficha de registro | filing card | data card.
ficha de ruta de la pieza (talleres) | work label.
ficha de tiempo (trabajo) | time ticket.
ficha de trabajo | worksheet.
ficha de transferencia | transfer card.
ficha de ventana | aperture card.
ficha guía (fichero) | guide card.
ficha índice separadora (ficheros) | separator card.
ficha límite contable | cut off date.
ficha localizadora | locator card.
ficha perforada | punched card.
ficha personal de trabajo | gap sheet.
ficha suelta | loose card.
ficha-número | check.
fichar a la llegada | clock-on (to).
fichar a la llegada (marcar a la llegada) | clock on (to).
fichar a la salida (reloj registrador) | clock off (to).
fichas de estado | status map.
fichas de transacciones | transaction file.
fichas intercaladas | merged cards.
fichas perforadas clasificadas mecánicamente | machine-sorted punched cards.
fichas por autores | author entries.
fichas por minuto | cards per minute.
fichero | card index | file | deck | records | report file.
fichero (mueble) | filing cabinet.
fichero bibliográfico | bibliographical card index.
fichero central común | shared data base.
fichero con etiquetas | labelled file.
fichero con volúmenes | multivolume file.
fichero de acceso directo | random-access file.
fichero de acceso selectivo | random-access file.
fichero de almacenamiento masivo | mass storage file.
fichero de biblioteca | card-catalog.
fichero de clasificación | sort-file.
fichero de clientes | customer file.
fichero de consola | console file.
fichero de consulta | dormant file.
fichero de direcciones | address file.
fichero de disco | disk file.
fichero de enmiendas | amendment file.
fichero de entrada | input data set.
fichero de espera | suspense file.
fichero de modificaciones | change file.
fichero de páginas | page date set.
fichero de paso | scratch file.
fichero de pedidos en tramitación | open order file.
fichero de sistema | system file.
fichero en discos magnéticos | magnetic disk file.
fichero en microfichas | microfiche file.
fichero general de existencias | master stock record.
fichero invertido | inverted file.
fichero maestro | master file | master.
fichero multicarretes | multireel file.
fichero multipilas de discos | multivolume disk file.
fichero normal | standard file.
fichero permanente | permanent file.
fichero rotativo | rotary card file.
fichero sobre microfilm | microfilm file.
fichero temporal | temporary file.
fichero terminológico | terminological fichier.
fichero transitorio | scratch file.
fichero vídeo | image file.
ficheros para muestras | sample card indexes.
fidecomisario | devisee.
fideicomisario | fideicommissary | fixed trust | trustee.
fideicomisario cuyos poderes han expirado | bare trustee.
fideicomisario universal | sole trustee.
fideicomiso | trust | money in trust | fideicommissum | secret trust.
fideicomiso activo | active trust.
fideicomiso caritativo | charitable trust.
fideicomiso constructivo | implied trust.
fideicomiso de cuenta de ahorro | totten trust.
fideicomiso directo | express trust.
fideicomiso discrecional | discretionary trust.
fideicomiso ejecutorio | executory trust.
fideicomiso formalizado | executed trust.
fideicomiso inactivo | dry trust.
fideicomiso inter vivos | inter vivos trust.
fideicomiso pasivo | dry trust | naked trust.
fideicomiso perpetuo | perpetual trust.
fideicomiso procedente de la conducta de una persona | resulting trust.
fideicomiso testamentario | testamentary trust.

fideicomisor | fideicommissor.
fideicomisos | profit-sharing trusts.
fideicomitente | trustor | settlor | founder of a trust.
fideicomitir | trustee (to).
fideísmo | fideism.
fideiyusario | fide jussor | fidejussionary | fidepromissor.
fidejusión (comercio) | fidejussion.
fidelidad | quality | fidelity.
fidelidad a una marca (del consumidor a los alimentos, bebidas, etc.) | brand loyalty.
fidelidad de formación de imagen (registradores visuales) | definition.
fidelidad de la copia | closeness of copy.
fidelidad de la imagen | picture fidelity.
fidelidad de reproducción | faithfulness of reproduction.
fidelidad de un amplificador | paid tune ratio.
fidelidad del color | color fidelity.
fidelidad del espaciamiento de la réplica de la rejilla (rayado de rejilla de difracción) | replica-grating fidelity of spacing.
fidji kaurí (Agata vitiensis) | fijian kauri pine.
fiduciario | trustee.
fiduciario (comercio) | fiduciary.
fiebre amarilla | yellow fever | blackjack.
fiebre mediterránea familiar | familial Mediterranean fever.
fiebre palúdica | ague.
fiebre recurrente (medicina) | relapsing fever.
fiebre y tos con lecucotosis por intoxicaciones con vapores de zinc | zinc shakes.
fiebre y tos con leucocitosis alta producida por intoxicación con vapores de cinc | metal fume fever.
fiel (balanza de brazos iguales) | pointer.
fiel (balanzas) | index | tongue.
fiel (de balanza) | needle.
fiel contraste | assay-master | assayer.
fiel de balanza | beam | balance pointer | balance needle | pan support.
fiel de la balanza | pointer of balance.
fielmente reproducido | faithfully-reproduced.
fieltrador | felter.
fieltraje (telas) | felting.
fieltramiento (telas) | felting.
fieltro | felting | felt.
fieltro (fabricación papel) | blanket.
fieltro aislante obtenido extendiendo lana sobre el papel | wood wool.
fieltro alquitranado | tarred felt.
fieltro alquitranado reforzado con hilos | threaded felt.
fieltro antisonoro | acoustical felt.
fieltro asfaltado | asphalted felt | asphalt-saturated felt | asphalt felt.
fieltro con tejido retorcido | twisted felt.
fieltro de amianto | asbestos felt | felted asbestos.
fieltro de amianto para forrar calderas | asbestos boiler felt.
fieltro de fibra de sílice | silica-fiber.
fieltro de papelería | paper felt.
fieltro filtrador | filter felt.
fieltro impregnado | impregnated felt.
fieltro impregnado de asfalto | asphalt-impregnated felt.
fieltro laminar | laminar felt.
fieltro para aislar y recubrir | insulating and bandage felts.
fieltro para amortiguar ruidos | deadening felt.
fieltro para cartones | board felt.
fieltro para estereotipia | stereotype felt.
fieltro para máquina de curtir | tannery-machine felt.
fieltro para recubrir | felt covering.
fieltro para recubrir cilindros | roller cloth.
fieltro para tacos (cartuchos de caza) | wadding.
fieltro para techar | felt roofing.
fieltro secador | drying felt.
fieltros hechos a máquina | clothing.
fieltros para limpieza | polishing felt.
fieltros satinados | iron felt.
fiemo | dunging | muck | dung.
fiesta conmemorativa | festival of remembrance.
fiesta de obligación | day of obligation.
fiesta de precepto | day of obligation.
fiesta del árbol | tree-planting day | tree festival.
fiesta legal | public holiday.
fiesta oficial | legal holiday.
figorígeno | cold-producing.
figulino | fictile | figuline.
figura | feature | figure | figuration | form | shape.
figura (libros) | illustration.
figura atruchada (maderas) | roey figure.
figura botánica | icon.
figura con estación central (topografía) | central-point figure.
figura de contacto a presión | pressure figure.
figura de corrosión (metalografía) | etchpit | corrosion figure.
figura de corrosión artificial | artificial etching figure.
figura de corrosión en relieve | etching figure in relief.
figura de interferencia | interference figure.
figura de interferencia (mineralogía) | directions-image.
figura de interferencia biaxial | biaxial interference figure.
figura de interferencia uniáxica | uniaxial interference figure.
figura de la indentación estática | static indentation figure.
figura de Lichtenberg | dust figure.
figura de percusión (minerales) | strike figure.
figura de presión (cristalografía) | pressure-figure.
figura de transición de rectángulo a circunferencia | rectangle-to-circle transition.
figura de transición de superficie alabeada | warped-surface transition.
figura delictuosa | crime pattern.
figura elipsoidal | ellipsoidal figure.
figura en relieve | fat image.
figura en relieve (arqueología) | glyph.
figura moteada (maderas) | roey figure.
figura oblicua | oblique.
figura orante | praying figure.
figura plana | lamina.
figura plana situada en un plano oblicuo | piane figure which lies on an oblique plane.
figura regular | regular figure.
figura superior del lado derecho (páginas de libros) | top right-hand picture.
figuración | figuration.
figurado | figurative.
figurante | figurant.
figurante (teatros) | extra.
figurante de TV | TV figurant.
figurar | figure (to).
figurar en nómina | stay on the payroll (to).
figuras | features.
figuras conoscópicas | conoscopic figures.
figuras de ataque (metalografía) | etch figures.
figuras de corrosión | etch pattern.
figuras de corrosión (cristalografía) | etch figures.
figuras de corrosión (metalografía) | etch pits | etch figures.
figuras de corrosión (minerales) | etching figures.
figuras de corrosión en espiral (metalografía) | spiral etch pits.
figuras de deslizamiento (cristalografía) | slip pattern.
figuras de difracción | diffraction patterns.
figuras de interferencias (luz polarizada) | rings and brushes.
figuras de Lissajou | Lissajou's figures.
figuras de marquetería | intarsia figures.
figuras en el texto | text-figures.
figuras epópticas | epoptic figures.
figuras epopticas (minerales) | houppes.
figuras equidescomponibles | equidecomposable figures.
figuras homotópicas | homotopic figures.
figuras semejantes | like figures.
figuras sonoras | acoustic figures.
figurativismo | figurativism.
figurín | model.
figurín (costura) | pattern.
figurín (grabado de modas) | fashion plate.
figurina | figurette.
figurina (paleontología) | figurine.
fijable | fixable.
fijación | fixing | fixation | pinning | restraint | clamping | holofast | setting up | securing | locking out | locking | setting.
fijación (máquinas) | attachment.
fijación (Méjico) | set.
fijación (química) | fixation.
fijación (telecomunicación) | fastening.
fijación al vapor (acabado telas de lana y estambre) | crabbing.
fijación al vapor (telas de lana) | setting.
fijación de adornos a la pieza antes de la cochura (cerámica) | luting.
fijación de carteles o anuncios | posting.
fijación de daños y perjuicios | assessment of damages | assessment.
fijación de derechos aduaneros | assessment of duty.
fijación de dunas | dune-fixing | dune fixing.
fijación de fase | phase lock.
fijación de itinerarios | routing.
fijación de la imagen | picture lock.
fijación de la longitud | length-gaging.
fijación de la posición (carta de navegación) | plotting.
fijación de la posición (navegación) | position fix.
fijación de la prioridad | priority scheduling.
fijación de las dislocaciones (cristales) | dislocation pinning.
fijación de las proporciones de la mezcla | mix proportioning | mix-proportioning.
fijación de las tabulaciones | tab setting.
fijación de precios | price fixing | pricing.
fijación de precios al detallista | retail pricing.
fijación de precios con mínimo beneficio | target pricing.
fijación de primas | ratefixing.
fijación de salarios | ratefixing.
fijación de tarifa | fee determination | rate fixing.
fijación de tiempos de fabricación (talleres) | scheduling.
fijación de valor ante la falta de precio actual (economía) | quantum meruit.
fijación del ala | wing atachment.
fijación del carril a la traviesa | rail-to-sleeper fastening.
fijación del cojinete | anchorage of the bearing.
fijación del coste | cost pricing.
fijación del dióxido de carbono | carbon dioxide fixation.
fijación del itinerario | route setting.
fijación del metal antifricción | babbit anchor.
fijación del nitrógeno del aire combinándolo con el oxígeno por medio del arco eléctrico (óxido nítrico) | arc process.
fijación del polvo (caminos) | dust-laying.
fijación del precio de un valor | pegging.
fijación del precio de venta | costing.
fijación del valor en Aduana | assessment of dutiable value.
fijación electroquímica del nitrógeno | nitrogen electrochemical fixation.
fijación en húmedo (acabado telas de lana y estambre) | crabbing.
fijación en húmedo (telas de lana) | setting.
fijación mutua | interlock.
fijación oficial de un precio máximo igual al anterior y menor que el existente | roll-back.

fijación por ácido | acid fixing.
fijación por bornas | pinching attachment.
fijación por vacío | vacuum fixation.
fijación por ventosa | vacuum fixation.
fijado (fotografía) | fixing.
fijado a priori | tentatively assigned.
fijado al casco (buques) | hull-mounted.
fijado con pasadores | pinned.
fijado del corte (Chile) | set works.
fijador | fastener | clamper | fixing | pallet | grip.
fijador (mordente-tintas) | fixative.
fijador de carteles | poster.
fijador de carteles (persona) | billposter.
fijador de hiposulfito | acid hypo.
fijador del acumulador (máquina calcular) | accumulator lock.
fijadora continua (telas de lana) | continuous crab.
fijadora de torsión (máquina) | twist setter.
fijar | pin (to) | pin down (to) | clamp (to) | lock (to) | lodge (to) | evaluate (to) | plant (to) | secure (to) | set up (to) | set (to) | freeze (to) | grip (to) | fix (to) | set (to) | set (to) | set out (to).
fijar (carteles) | post (to).
fijar (con tachuelas, etc.) | stick (to).
fijar (condiciones) | lay down (to).
fijar (el emplazamiento de) | locate (to).
fijar (en la pared, etc.) | hang (to).
fijar (fechas, sitios, etc.) | nominate (to).
fijar (placa fotográfica) | fix (to).
fijar (precio, día, etc.) | name (to).
fijar (precio, tarifa, etc.) | rate (to).
fijar (programas) | lay down (to).
fijar (química) | bind (to).
fijar a nivel | set level (to).
fijar a presión | snap on (to).
fijar al enemigo | pin the enemy (to).
fijar al muro | wall in (to).
fijar colores o esmaltes por el calor | anneal (to).
fijar con lengüeta postiza | spline (to).
fijar con prisioneros | stud (to).
fijar con tornillos | screw (to) | screwdown (to).
fijar daños y perjuicios | assess (to) | assess damages (to) | award damages (to).
fijar el árbol | bind the spindle (to).
fijar el cambio | fix a rate (to) | peg the exchange (to).
fijar el carro transversal (tornos) | bind the cross-slide (to).
fijar el emplazamiento de | determinate the site of (to).
fijar el importe | fix the amount (to).
fijar el lugar para un juicio | lay a venue (to).
fijar el monto | affeer (to).
fijar el precio de un artículo | cost an article (to).
fijar el sello de correo | stamp (to).
fijar el tejido (acabado telas lana) | crab (to).
fijar el terreno | pin down soil (to).
fijar el tiempo de fabricación (de una pieza) | schedule (to).
fijar el valor de | rate (to).
fijar en un mechinal (vigas) | putlog (to).
fijar la fecha de construcción | fix the date of construction (to).
fijar la fecha del juicio | set the trial date (to).
fijar la indemnización | fix the claim (to).
fijar la pendiente entre dos puntos | plunge a grade (to).
fijar la posición sobre la carta (navegación) | plot (to).
fijar la responsabilidad | fix liability (to).
fijar la validez de posesión | quiet possession (to).
fijar la validez de un título | quiet title (to).
fijar las tarifas | fix the rates (to).
fijar los listones de los encerados de escotilla (buques) | batten down (to).
fijar precio excesivo | overprice (to).
fijar precios | price (to).
fijar puntos en línea recta (topografía) | range (to).
fijar sólidamente | impact (to).
fijar un aviso en el tablón de anuncios | post a notice (to).
fijar un clisé | anchor (to).
fijar un contingente | fix a quota (to).
fijar un precio | price (to).
fijar un precio bajo | price low (to).
fijar un precio para eliminar a un competidor del mercado | pricing out of the market.
fijar una fecha | schedule a date (to) | set a date (to).
fijar una tasa impositiva de dos por ciento | assess a tax rate of two per cent (to).
fijeza (de la luz) | steadiness.
fijeza del arco | arc steadiness.
fijo | firm | fixed | fix | undisplaceable | stationary | nonresettable | steady | still | immobile.
fijo (colores) | fast.
fijo (hornos) | fast.
fijo sobre el eje | fast on the shaft.
fila | string | array | line | line-up | file | tier | row.
fila (en electrónica) | tier.
fila (telefonía) | queue.
fila binaria | binary row.
fila de agujeros | row of holes.
fila de álabes | cascade blades.
fila de asientos | range of seats.
fila de barriles estibados fondo con fondo en sentido longitudinal (transporte marítimo) | longer.
fila de bastidores (telefonía) | suite.
fila de cilindros en un plano paralelo al eje (motores) | bank.
fila de cilindros en un plano perpendicular al eje (motores) | row.
fila de edificios | range.
fila de espera | waiting line.
fila de espera con rupturas | queueing with breakdowns.
fila de espera de un solo servidor con entrada de Poison | single-server queue with Poisson input.
fila de espera múltiple | multiqueueing.
fila de hornos para convertir carbón en cok | bank of ovens.
fila de lámparas suspendidas para alumbrado | hanging battens.
fila de líneas | row lines.
fila de llaves (telefonía) | digit key strip.
fila de mensajes | message queue.
fila de mies segada | swath.
fila de repetidores (telecomunicación) | line of repeater bays.
fila de vórtices | vortex street.
fila inferior | lower tier.
fila marginal | boundary row.
fila n-sima | Nth row.
fila trasera | rear row.
filabilidad (sierra de cinta) | filability.
filadiz | carded silk | floss silk | ferret | floss.
filamento | emitter | strand | thread | filament.
filamento (cáñamo, lino) | harl.
filamento (medicina) | shred.
filamento (tubo electrónico) | heater.
filamento bisal | byssal thread.
filamento coloidal | colloidal filament.
filamento cubierto de óxido | oxide-coated filament.
filamento de caldeo | heater filament.
filamento de la lámpara (radio) | valve heater.
filamento de tungsteno rodiado | rhodium-plated tungsten filament.
filamento de un estambre (botánica) | thrum.
filamento doblemente arrollado | coiled-coil filament.
filamento ductilizado | ductillized filament.
filamento en bucle | looped filament.
filamento estirado | drawn filament.
filamento extruido | squirted filament.
filamento más resistente que el acero | stronger-than-steel filament.
filamento metálico estirado | drawn metal filament.
filamento modulador del oscilador | oscillator modulator filament.
filamento que constituye parte de un retículo | crosshair.
filamento tejido en húmedo | wet-spun filament.
filamento tejido en seco | dry-spun filament.
filamento toriado | thoriated filament.
filamentos cristalinos casi perfectos (hierro y zafiro) | whiskers.
filamentos de acero inoxidable | stainless steel filaments.
filamentos de vitrofibra impregnados con resina sintética | resin impregnated glass filaments.
filamentos de zirconio puro de aspecto cristalino obtenidos del tetrayoduro de zirconio | crystal bars.
filamentos del plasma | plasma shreds.
filamentos estructurales | structural stringers.
filamentos verdosos de cobre impuro que rellenan las cavidades del cobre fundido | moss copper.
filamentoso | stringy | filamentous | flocculent.
filar | slack away (to) | runout (to).
filar (cabos, cadenas) | ease (to) away.
filar (cadena, cables, etc) | veer (to).
filar (marina) | slacken (to) | give (to) | slip (to) | slack (to) | pay out (to) | pay (to) | ease off (to).
filar la cadena del ancla (buques) | veer away (to).
filar lo que se pida (cadena o estacha) | snub (to).
filar más (marina) | give more (to).
filar un cabo sujeto alrededor de una bita | surge (to).
filar una amarra | veer-out (to).
filas de dislocación (metalurgia) | dislocation arrays.
filas de espera en tanden (estadística) | queues in tandem.
filas helicoidales de ranuras | helical rows of slots.
filas interdigitadas | interdigitated rows.
filas interdigitadas de álabes fijos y rotatorios (turbinas) | interdigitated rows of rotary and of stationary blades.
filas mirando al centro | center-facing rows.
filástica | rope yarn.
filástica usada (marina) | rumbowline.
filásticas o cabos sueltos colgando de la jarcia (buques) | Irish pendant.
filatelia | timbrology.
filatelista | phylatelist.
filatelizar | philatelize (to).
filatura de seda | silk mill.
fildistor | fieldistor.
filematología | philematology.
fileta (tejeduría) | creel.
fileta (urdidor) | bobbin creel.
fileta abierta en ángulo | open creel | divided creel.
fileta con casquillo | shell creel.
fileta de alimentación continua | magazine creel.
fileta de clavijas | pin creel.
fileta de conos | cone creel.
fileta de desarrollo por encima | overend creel.
fileta de husillo sencillo | single-peg creel.
fileta de libro abierto | open creel.
fileta de retorcer | doubling creel.
fileta doble | double creel.
fileta oblicua | porcupine creel.
fileta para doble mecha | double roving creel.
fileta para husadas de trama | cop creel.
fileta para ovillos | ball creel.
fileta plana | flat creel.
fileta rodante | portable creel.
fileta semicircular | circular creel.
filetaje (imprenta) | rule work.
fileta-pedestal | stand creel.

filete | list.
filete (arquitectura) | reglet | listel.
filete (reborde-encuadernación, etc.) | fillet.
filete (tipografía) | strip | rule.
filete con hendidura central más ancho en el centro (tipografía) | swell rule.
filete contrapeado unido a chaflán (imprenta) | mitered rule.
filete contrapeado unido a ras (imprenta) | abutted rule.
filete cortante (imprenta) | cutting rule.
filete de agua | filament of water.
filete de aire | filament of air.
filete de esquina | arris fillet.
filete de latón (tipografía) | brass rule.
filete de macho de roscar | tap thread.
filete de ojo al lado | chamfered rule | side-face rule | beveled rule.
filete de oro (encuadernación) | gold line.
filete de plegadores | beam creel.
filete de separación (tipografía) | down rule.
filete de un vórtice (mecánica de flúidos) | vortex filament.
filete delgado (tipografía) | thin rule.
filete divisorio para anuncios | cut-off rule.
filete divisorio para anuncios (imprenta) | advertising rule.
filete economizador de trabajo (imprenta) | case rule.
filete entre las estrías (columnas) | facet.
filete fluido | stream | filament.
filete fundido al canto | beveled rule.
filete fundido al canto (tipografía) | side-face rule | chamfered rule.
filete grueso (tipografía) | thick rule.
filete inglés (tipografía) | French rule | swell rule.
filete líquido | flow line | stream | streamline | filament.
filete portaenjullos | beam creel.
filete puntillado (imprenta) | dotted rule.
filete redondo (tornillos) | knuckle thread.
filete tipográfico | strip rule.
filete unido a tope y costado (tipografía) | butted rule.
filete vertical de estados (imprenta) | account rule.
fileteado | fillet-adorned | screwed | screwcutting.
fileteado en seco (encuadernación) | blind tooling.
fileteador | burnishing and finishing roll | liner.
fileteador (encuadernación) | creaser.
fileteador de lomos (encuadernación) | band rubber.
filetear | thread (to) | fillet (to) | worm (to).
filetear (encuadernación) | crease (to).
filetería | rule work.
filetes de pescado congelado envasados en el vacío | vacuum-packed frozen fish fillets.
filetes líquidos | flow lines.
filhelénico | phylhelenic | philhellenic.
filhelenismo | philhellenism.
filhelenista | philhellenist.
filheleno | philhellene.
filhípico | philhippic.
filiación | relationship.
filiación política | political ties.
filiación radiactiva | relationship | radioactive relationships.
filial | ancillary | subsidiary | affiliate | branch company.
filial (empresa) | underlying company.
filicium (Filicium decipiens) | filicium.
filiforme | filiform | hair-shaped | thread-like.
filigrana (billetes de bancos) | water-mark.
filigrana (joyería) | filigree.
filigrana (papel) | bit.
filigrana en seco (papel) | stamp mark | pressmark | impressed watermark.
filigrana papelera | paper watermark.
filigrana sombreada (papel) | embossment.
filipéndulo | filipendulous.
filipichín | printed warp reps.
filipuntura | filipuncture.
filmabilidad | filmability.
filmable (cine) | filmable.
filmación | filming.
filmación de filmes | film filmation.
filmador (cine) | cameraman.
filmar (hacer un filme) | film (to).
filmar (una escena) | cinematograph (to).
filme | film | moving picture | movie.
filme (cine) | picture.
filme animado | cartoon film.
filme completo (cine) | in the can.
filme de corta duración | short.
filme de enseñanza | instructional film.
filme de gran frecuencia de imágenes | high-speed film.
filme de largo metraje | feature film.
filme de menos de 3.000 pies de longitud (cine) | short feature.
filme de taquilla | super.
filme doblado (en otra lengua) | dubbed film.
filme documental | instructional film | documentary.
filme educativo | education film.
filme etnográfico | ethnographical film.
filme hecho ex profeso para televisión | vidpix.
filme hecho por profesionales | professionally-produced film.
filme ininflamable | safety film.
filme ininflamable de acetato de celulosa | acetate film.
filme instructivo | instructional film.
filme micrográfico de un libro | bibliofilm.
filme mudo | mute.
filme negativo | negative film.
filme no hablado | silent film.
filme pedagógico | educational filmstrip.
filme plurilingüe | multivoice film.
filme positivo virgen | positive stock.
filme principal | feature film.
filme producido profesionalmente | professionally produced film.
filme rayado (cine) | rainy film.
filme sonoro | sound picture.
filme sonoro en color | sound-color motion picture.
filme tomado desde un avión a otro en vuelo | air-to-air cine picture.
filme trucado (cine) | trick picture.
filme virgen | unexposed film.
filmes aéreos topográficos | topographic aerial films.
filmes de micromovimientos | micromotion movies.
filmes empleados en televisión | canned sight.
filmes industriales | engineering films.
filmes tecnológicos | engineering films.
filmes televisados | telecine.
filmina | filmlet.
filmo aéreo (tomado desde avión) | air film.
filmo animado (cine) | animated cartoon.
filmo de dos capas (cine) | bipack film.
filmo de vanguardia | avant-garde film.
filmo en colores | color film.
filmo en negro y blanco | black-and-white film.
filmografía | filmography.
filmoteca | film library.
filmoteca cinemicrográfica | cinemicrographic film library.
filmoteca sonora | sound-film library.
filo | edge | cutting edge | knife-edge | arris.
filo (brocas, escariadores, etc.) | lip.
filo (de cuña) | acies.
filo (de hacha) | whale.
filo (de una cuchilla) | acuteness.
filo (del viento) | eye.
filo (herramienta afilada) | wire edge.
filo (herramientas) | keen edge | bit.
filo agudo | sharp edge | fine edge.
filo asentado a la piedra | honed edge.
filo asentado con piedra (herramientas) | stoned edge.
filo asentado con varilla adiamantada | diamond stick-honed cutting edge.
filo cortante de la punta | point-cutting edge.
filo de cincel | chisel point.
filo de corte recto | straight cutting edge.
filo de la cuchilla | knife cutting edge.
filo de la hoja con dos facetas (hojas de afeitar) | two-facet blade edge.
filo de navaja | razor-edge.
filo del viento | wind's eye.
filo del viento (marina) | wind direction.
filo en bisel | chamfered edge.
filo irregular (herramientas) | featheredge.
filo perfilado | shaped cutting edge.
filo prerrectificado de la herramienta | preground tool bit.
filo romo | dull edge | blunted cutting edge.
filo un punta | pointed cutting edge.
filo vivo | clean-cut edge.
filobús | trolleybus.
filocalia | philocaly.
filocalista | philocalist.
filodémico | philodemic.
filofacies (geología) | phyllofacies.
filófago (adjetivo) | phyllophagous.
filófago (entomología) | phyllophagian.
filogenia | phylogeny.
filoginia | philogyny.
filoginista | philogynist.
filógino | philogygnist | philogynous.
filología | philology.
filólogo lingüista de español | Spanish language philologist.
filomatía | philomathy.
filomático | philomathic.
filón | slide | course | vein | seam | streak | bed | brood | deposit | mineral-vein | lead.
filón (geología) | measure | lode.
filón (minas) | load | layer.
filón accesorio | by-vein.
filón acintado | banded vein.
filón agotado | dead lode.
filón alargado horizontalmente | course of ore.
filón anular | ring dike.
filón arcilloso | fluccan | flucan slide.
filón atravesado | cross vein.
filón cavernoso | cavernous vein.
filón columnar | neck.
filón compuesto | compound vein.
filón conductor | leader vein.
filón convergente | convergent lode.
filón corrido | continuous vein.
filón crucero | contra-lode | counter | caunter vein | crossing vein | cross vein | counterlode | rake vein.
filón crucero (minas) | crossing.
filón cruzado | intersected lode.
filón cuneiforme | gash vein.
filón de amianto | asbestos vein.
filón de arcilla | dirt slips.
filón de bolsadas | bunchy lode.
filón de buzamiento débil (veta acostada) | flat vein.
filón de carbón | coal vein | coalseam.
filón de cobre | copper lode.
filón de contacto | contact lode | contact vein.
filón de contacto que no contiene mineral | barren contact.
filón de crucero | bar.
filón de cuarzo | quartz reef.
filón de cuarzo aurífero | gold-bearing quartz vein | reef | auriferous quartz vein.
filón de drusas | hollow lode.
filón de estructura acintada | crustificated vein.
filón de exudación | exudation vein.
filón de fisura | fissure vein.
filón de fisura simple (minería) | simple fissure vein.
filón de fractura | fissure vein.
filón de fuerte pendiente | steep vein.
filón de gran espesor (minería) | powerful lode.
filón de hierro | iron vein.
filón de impregnación | impregnation vein.

filón de inyección | dike | dyke.
filón de mineral | ore lode.
filón de minerales | stratum.
filón de relleno | fissure vein.
filón de relleno (minería) | fissure-type vein.
filón de relleno secundario | reopened vein.
filón de roca | channel.
filón de roca eruptiva | dyke.
filón delgado | stringer.
filón delgado sobre otro mayor y separado por una capa estéril | rider.
filón depositado por el agua en una grieta | fissure vein.
filón en cuña | rake vein.
filón en escalones (minería) | lob.
filón en forma de silla de montar | saddle-reef.
filón en forma de silla de montar (minería) | saddle reef.
filón en rosario | beaded vein.
filón entrelazado | interlacing vein.
filón epitermal | epithermal vein.
filón eruptivo (minería) | eruptive vein.
filón eruptivo anular (geología) | ring dike.
filón escalonado | ladder vein.
filón estéril | buck reef | sterile vein | channel | barren vein | barren lode.
filón estéril de cuarzo | buck quartz | bull quartz.
filón estratificado | bedded vein.
filón estrechado (minas) | contracted vein.
filón flotante | shode.
filón flotante (fragmento del afloramiento - de un filón) | shoad.
filón guía | leader vein.
filón horizontal | flat | horizontal vein | lode plot.
filón inclinado | rake vein.
filón interceptado | intercepted lode.
filón interfoliado (en una roca esquistosa) | interfoliated vein.
filón irregular de mineral de hierro | rake.
filón irregular en rosario | gash vein.
filón madre | mother lode.
filón maestro | master vein.
filón metalífero | roke | metalliferous lode.
filón metalífero (minas) | ledge.
filón mineral | mineral vein.
filón múltiple | compound vein.
filón no explotable | unkindly lode.
filón nodular | ball-vein.
filón paralelo a la estratificación | bed-vein.
filón pechblendífero | pitchblende-bearing vein.
filón pequeño | femmer.
filón pequeño (minas) | string.
filón perpendicular | rake vein.
filón poco profundo | gash vein.
filón por reemplazo e impregnación de una junta | gash vein.
filón potente (minería) | powerful lode.
filón principal | master vein | master lode | main lode.
filón principal (minas) | champion lode.
filón productivo | quick vein.
filón que buza hacia el norte | lode which dips northward.
filón que desaparece | lode which peters out.
filón que parte del fondo de la vena principal | dropper.
filón que se derrama (minería) | seam that runs.
filón ramal (minas) | feeder.
filón ramificado | branched lode.
filón ramificado (minas) | branch vein.
filón reticular | reticulated vein.
filón rico (de oro o plata) | bonanza.
filón secundario | dropper.
filón sin afloramiento | blind chimney | blind lode.
filón sin aflorar | blind lead.
filón sin crestones | blind lode.
filón sin crestones (sin aflorar) | blind vein.
filón tabular (minería) | reef.
filón tabular ondulado (minería) | saddle reef.
filón transversal | counterlode | cross vein | crossing vein | cross course spar.
filón vertical | vertical vein | vertical lode.
filón-capa | sheet vein | interformational sheet | sille.
filón-capa (minas) | sill.
filón-capa horizontal | blanket vein.
filoncillo (minas) | scun.
filones convexos | spliced veins.
filones en escalones (minería) | echelon veins.
filones intersectantes de cuarzo | cases of spar.
filones reticulados (minas) | linked veins.
filón-guía | leader.
filonoista | philonoist.
filoprogenitivo | philoprogenitive.
filoseda | filoselle | half-silk.
filosilicato | phyllosilicate.
filosofía del diseño | design philosophy.
filosofía del diseño de recipientes a presión | pressure vessel design philosophy.
filosofía del proyecto | design philosophy.
filosofía estoica | stoic philosophy.
filosofía humanista y cristiana | Christian humanistic philosophy.
filotécnico | philotechnic.
filoteismo | philotheism.
filoterianismo | philotherianism.
filoxeado (viñas) | phylloxerized.
filtación de partículas finas | fine particles filtration.
filtélico | philatelist.
filtrabilidad | filterability.
filtrable | filterable | percolable | maskable.
filtración | filtration | filtering | percolation | leaching | straining | colature | running.
filtración acelerada | accelerated filtration.
filtración ascendente | upflow filtration.
filtración cuántica | tunnel effect.
filtración de la cachaza (azúcar) | mud filtration.
filtración del agua a gran velocidad | high-rate water filtration.
filtración efluente | effluent seepage.
filtración electrónica del aire | electronic air filtration.
filtración en bolsas (metalurgia) | bag-filtration.
filtración en frío | cold pressing.
filtración en seco | dry-filtering.
filtración hidráulica | hydraulic seepage.
filtración inherente | permanent filtration.
filtración intermitente | batch filtration.
filtración micrométrica | micronic filtration.
filtración permitida por un recipiente de material radioactivo | screenage.
filtración por carbón animal | char filtration.
filtración por corriente ascendente | upward filtration.
filtración por succión | suction filtration.
filtración sin reducción de la sección de paso | full-flow filtration.
filtraciones de la presa | dam leakage.
filtrado | screening | leachate.
filtrado (prospecciones sísmicas) | filtering.
filtrado (sustancia) | percolate.
filtrado a través de una bujía (química) | filtered through a candle.
filtrado claro | clear filtrate.
filtrado de capacitancia | capacitance filtering.
filtrado de inductancia | inductance filtering.
filtrado hasta que salga claro | filtered until clear.
filtrado obtenido por filtros de vacío | vacuum-filter filtrate.
filtrado por resonancia | resonantly filtered.
filtrado por resonancia (física) | resonant filtered.
filtrado reciente | fresh filtrate.
filtrador | filterer.
filtraje | straining.
filtraje (electricidad) | smoothing.
filtraje espacial | spatial filtering.
filtraje espectral | spectral filtering.
filtraje óptico | optical filtering.
filtrámetro | filtrameter.
filtrante | filtering.
filtrar | filter (to) | sipe (to) | mask (to) | strain (to).
filtrar (café, líquidos) | percolate (to).
filtrar (corriente eléctrica) | smooth (to).
filtrar (estación emisora) | bypass (to).
filtrar (líquidos) | perfuse (to) | strain (to).
filtrar (radio) | sift (to).
filtrar con filtro prensa | filter press (to).
filtrar en el vacío (química) | filter with suction (to).
fíltrese antes de usarse | filter before using.
filtrista | filter attendant.
filtro | filter | drainer | percolator | cleaner | camster.
filtro (bomba | strum.
filtro (de guiaondas) | wire grating.
filtro (electrónica) | smoothing circuit | crossover.
filtro (máscara antigás) | canister.
filtro (para aire o líquidos) | screen.
filtro (radio) | bypass | sifter | rejecter.
filtro a ojímetro (radio) | brute-force filter.
filtro a presión | pressure filter.
filtro absorbedor de cationes | cation-absorbing filter.
filtro acabador | final filter.
filtro acústico | acoustic filter | acoustic clarifier.
filtro acústico contra el paso de bajas frecuencias | low-pass acoustic filter.
filtro adaptado | matched filter.
filtro adaptado a impulsos sinusoidales | pulsed sinusoid matched filter.
filtro adicional para humos tóxicos (máscara contra gases) | context.
filtro adsorbente para aceite | adsorbent oil filter.
filtro ajustado | matched filter.
filtro alimentado por la parte superior | top-feed filter.
filtro anaeróbico | anaerobic filter.
filtro antiarena | sand retaining filter.
filtro antideslumbramiento | antidazzle filter.
filtro antiparasitario | line filter | noise filter.
filtro antiparásito | noise suppressor filter.
filtro antiparásitos | interference suppressor.
filtro antiparásitos (radar) | anticlutter.
filtro antiparásitos (radio) | interference eliminator.
filtro anular de toma | annular intake filter.
filtro armónico de paso bajo | low-pass harmonic filter.
filtro artimético | digital filter.
filtro bacteriano | bacterial filter.
filtro biológico | biological filter.
filtro centrífugo | centrifugal filter.
filtro circular (guías de ondas) | circular gating.
filtro clarificador | clarifying filter.
filtro colorimétrico | colorimetric filter.
filtro compensador | compensation filter | compensating filter.
filtro compensador (fotografía) | compensating screen.
filtro compensador de color | color compensating filter.
filtro con bobina de entrada | L-section filter | inductor-input filter.
filtro con bobina de entrada (electricidad) | choke-input filter.
filtro con capacitor de entrada | pi-section filter | capacitor-input filter.
filtro con elementos de fieltro | felt-element filter.
filtro con sobrecarga | loaded filter.
filtro contra el paso de bajas frecuencias (filtro de frecuencia cero a frecuencia de un valor dado) | low-pass filter.
filtro contra el zumbido (radio) | ripple filter.
filtro contra fluctuaciones | antihunt filter.
filtro contra interferencias | click filter.
filtro contra las interferencias de la radio | radiointerference filter.
filtro corrector | equalizer | line equalizer.

filtro corrector de impulsos | impulse corrector.
filtro corrector de impulsos (EE.UU.) | impulse regenerator.
filtro cromático | color-filter.
filtro cromofotográfico | color screen | color filter.
filtro cromofotográfico (fotomecánica) | light filter | optical filter | ray filter.
filtro de absorción | absorbing filter.
filtro de aceite | oil strainer | oil screen.
filtro de acero inoxidable sinterizado poroso | stainless steel filter.
filtro de admisión portadora | carrier accept filter.
filtro de aire | air strainer | air scrubber | air cleaner | air filter.
filtro de aire impregnado de aceite | oil-moistened air filter.
filtro de aire silencioso | no-noise air filter.
filtro de alimentación a presión | pressure-type feed filter.
filtro de alimentación de gravedad | gravitational-type feed filter.
filtro de alta frecuencia | high-frequency filter.
filtro de amplitud | amplitude filter.
filtro de aplanamiento del haz | beam flattening filter.
filtro de arena | sand filter.
filtro de armónicas | harmonic filter | harmonic suppressor.
filtro de aspiración (motor) | intake strainer.
filtro de aspiración en el cárter (soplantes) | air maze.
filtro de bajo amortiguamiento | low-damping filter.
filtro de banda | sheet-grating.
filtro de banda (guía de ondas) | sheet grating.
filtro de banda (radio) | separating filter.
filtro de banda de frecuencia constante | fixed-frequency band filter.
filtro de banda de paso | pass-band filter.
filtro de bolsa | bag filter.
filtro de bridas | flanged filter.
filtro de bujía | candle filter | cylinder filter.
filtro de caída del canal | channel-dropping filter.
filtro de canecillo (fabricación azúcar) | cantilever filter.
filtro de capacitor | capacitor filter.
filtro de carbón | carbon filter | coal filter.
filtro de carbón activado para la adsorción de vapores de petróleo | petroleum vapors adsorption activated carbon filter.
filtro de carbón vegetal | charcoal filter.
filtro de cartucho | cartridge filter.
filtro de cartucho de sección de paso total (sin reducción de la sección de paso) | full-flow cartridge-type filter.
filtro de cavidad acoplado directamente | direct-coupled cavity filter.
filtro de cavidad coaxial para transmisión simultánea | multiplexing coaxial cavity filter.
filtro de cavidad resonante para la banda S | S-band resonant-cavity filter.
filtro de circuito resonante múltiple | multiple-resonant-circuit filter.
filtro de constante lineal acumulada | linear lumped-constant filter.
filtro de constantes localizadas | lumped-constant filter.
filtro de conversión de modos | mode-conversion filter.
filtro de corriente descendente | downflow filter.
filtro de corte rápido | sharp cutoff filter.
filtro de cristal rojo anaranjado | selenium glass.
filtro de chasquidos | click filter.
filtro de choque en medio viscoso | vicous-impingement filter.
filtro de degradación (fotografía) | vignetting filter.
filtro de desacoplo | decoupling filter.
filtro de división de banda | band-splitting filter.
filtro de dos octavas de K constante | constant K two-octave filter.
filtro de elementos de papel | paper-element filter.
filtro de elementos metálicos | metal-element filter.
filtro de eliminación de banda (radio) | stop filter | low-and-high-pass filter.
filtro de entrada | intake strainer | input filter.
filtro de entrada capacitativa | capacitor-input filter.
filtro de entrada capacitiva | capacitor input filter.
filtro de entrada inductiva | choke-input filter | choke input filter.
filtro de escurrimiento | trickling filter.
filtro de fibra de vidrio | crystal filter.
filtro de frecuencia | frequency filter | band-pass filter | wave filter.
filtro de fueloil | fuel-oil filter.
filtro de función elíptica | elliptic-function filter.
filtro de gasolina (autos) | fuel filter.
filtro de gelatina coloreada | jelly.
filtro de gran atenuación | high attenuation filter.
filtro de gran rendimiento | high-rate filter.
filtro de granate de itrio-hierro | YIG filter.
filtro de grava | pebble filter | gravel packing | gravel filter.
filtro de gravedad | gravity filter.
filtro de gravedad del agua de alimentación | gravity-feed water filter.
filtro de hiperfrecuencia | radiofrequency filter.
filtro de hojas | leaf filter.
filtro de imagen | picture filter | video filter.
filtro de impedancia escalonada | stepped-impedance filter.
filtro de impedancias | choke filter.
filtro de inductancia multicelular | multicell inductance filter.
filtro de intercambio iónico | ion exchange filter.
filtro de interdicción de guía de onda | cutoff waveguide filter.
filtro de la aspiración del aire (motores) | air cleaner.
filtro de la banda lateral residual | vestigial sideband filter.
filtro de la bomba de aceite | oil pump filter.
filtro de lecho de gravilla | pebble bed filter.
filtro de lubricante de cartucho para locomotora diesel | locomotive cartridge-type oil filter.
filtro de luz | light filter.
filtro de mallas anchas | coarse-mesh filter.
filtro de mallas pequeñas | fine-mesh filter.
filtro de manipulación (telegrafía) | key-click filter.
filtro de máscara antigás | gas mask canister.
filtro de memoria fija que registra según el método del mínimo cuadrado | fixed memory least squares filters.
filtro de microondas | microwave filter.
filtro de modos acoplados | coupled-mode filter.
filtro de ola | wave filter.
filtro de onda | wavetrap.
filtro de onda superficial acústica | accoustic wave filter.
filtro de ondas | wave filter.
filtro de ondas acústicas | acoustic wave filter.
filtro de ondas compuesto | composite wave filter.
filtro de ondas electromagnéticas | electric wave filter.
filtro de ondulaciones | ripple-filter.
filtro de papel | paper filter.
filtro de parada de sonido y paso video | vision-pass sound-stop filter.
filtro de paso alto | high band filter.
filtro de paso alto (filtro para paso de corrientes con frecuencias superiores a una dada) | high-pass filter.
filtro de paso bajo | low-band filter.
filtro de paso bajo (filtro de frecuencia cero a frecuencia de un valor dado) | low-pass filter.
filtro de paso bajo equilibrado | balance low-pass filter.
filtro de paso de banda (transductor selectivo) | band-pass filter.
filtro de paso de frecuencia entre bandas | band-pass filter.
filtro de peine (electricidad) | comb filter.
filtro de pestaña | edgewise filter.
filtro de piloto (frecuencias) | pilot-pickoff filter.
filtro de polvo | dust filter.
filtro de poros micrométricos | micron sized-pore filter.
filtro de predicción óptima | optimum predicting filter.
filtro de presión | pressure-filter | press filter.
filtro de realimentación del tacómetro | tachometer feedback filter.
filtro de resonadores acoplados | coupled-resonator filter.
filtro de resonancia | resonant filter.
filtro de respuesta gaussiana | Gaussian-response filter.
filtro de respuesta monotónica | monotonic response filter.
filtro de respuesta simétrica en el tiempo | time-symmetric filter.
filtro de salida | output filter.
filtro de selección | pickoff filter.
filtro de separación | separating filter | isolation filter.
filtro de supresión de banda | band-rejection filter.
filtro de tela metálica | filter screen.
filtro de tela para polvos | cloth type dust filter.
filtro de todo paso | all-pass filter.
filtro de tonalidad | tone filter.
filtro de trama | finess of scanning.
filtro de transferencia de grupo primario | through group filter.
filtro de vacío | aspirating filter.
filtro de variación lineal | linear filter.
filtro de varias telas metálicas | multimesh filter.
filtro del aceite | oil filter.
filtro del agua de alimentación | feedwater filter.
filtro del cárter del lubricante | oil sump filter.
filtro del combustible | fuel filter | fuel strainer.
filtro del guarapo (azúcar de caña) | juice strainer.
filtro del líquido refrigerante | coolant filter.
filtro del sonido de manipulación (telegrafía) | click filter.
filtro del videodetector | video detector filter.
filtro desaceitador | oil-removal filter.
filtro desaireador | deaereating filter.
filtro desferrizador | iron removal filter.
filtro desmodulador | demodulator filter.
filtro desodorizador | odor-removal filter.
filtro detenedor de visión de paso de sonido | sound-pass vision-stop filter.
filtro direccional | directional filter.
filtro direccional en cascada | cascade directional filter.
filtro discontinuo | batch filter.
filtro discriminador | discrimination filter.
filtro disipador de paso de banda | dissipative band-pass filter.
filtro doble de lubricante | duplex lubricating oil filter.
filtro eléctrico | electric filter | smoothing filter.
filtro electrolítico (para polvos) | electrofilter.
filtro electrónico de banda pasante audio | electronic audio bandpass filter.
filtro eliminador de banda | bandstop filter.
filtro eliminador de banda (radio) | band stop filter.
filtro eliminador de banda de puente en T con toma intermedia | taped bridged-T rejector.
filtro eliminador de bandas | band rejection

filter.
filtro eliminador de bandas (radio) | rejection filter.
filtro eliminador de ecos fijos | fixed target rejection filter.
filtro en derivación | bypass filter.
filtro en forma de moldes de barquillos (electrónica) | waffle-iron filter.
filtro en la circulación del combustible | fuel-flow filter.
filtro estadístico | statistical filter.
filtro giratorio | drum filter.
filtro impregnado de aceite para toma de aire | oil-wetted air intake filter.
filtro interior de un pozo tubular | tubewell screen.
filtro limpiable | cleanable filter.
filtro líneal estadístico | random linear filter.
filtro magnético | magnetic filter.
filtro magnético para lubricantes | magnetic oil filter.
filtro metálico de cobre | brass gauze strainer.
filtro molecular | molecular sieve.
filtro monocromático | monochromatic filter.
filtro multipolos de muestreo aleatorio | random sampling multipole filter.
filtro multiseccional | multisection filter.
filtro neumático | pneumatic filter.
filtro no calculado (radio) | brute-force filter.
filtro no selectivo (iluminación) | neutral filter.
filtro numérico de memoria creciente | growing memory digital filter.
filtro óptico | optical filter.
filtro óptico (fotografía) | rayfilter.
filtro óptico antirreflexivo | optical light filter.
filtro óptico de arseniuro de galio | gallium-arsenide optical filter.
filtro óptico de arseniuro de galio semiaislante | semi-insulating gallium-arsenide optical filter.
filtro óptico encuadrante de la imagen (televisión) | luminous edge.
filtro óptico selectivo | colored filter.
filtro ortocromático (fotografía) | light filter.
filtro para calibrado de las emulsiones | emulsion calibrating filter.
filtro para colores | color-filter.
filtro para contrastes | contrast filter.
filtro para corrección de colores | color-correction filter.
filtro para descolorar | color removal filter.
filtro para dígitos | digit filter.
filtro para el vapor (admisión de vapor en turbinas) | steam strainer.
filtro para eliminar el roce del disco (radiogramola) | scratch filter.
filtro para eliminar interferencias | interference filter.
filtro para fluctuaciones (radio) | ripple filter.
filtro para frecuencias muy bajas | rumple filter.
filtro para frecuencias muy bajas (estereofonía) | rumble filter.
filtro para fuente de alimentación | power-supply filter.
filtro para grasa | grease filter.
filtro para la pulsación de la presión (bombas) | pulsation filter.
filtro para la red de alimentación | power-line filter.
filtro para lente (máquina tomavistas) | mats.
filtro para partículas gruesas | roughing filter.
filtro para polvo | dustcatcher.
filtro pasabanda transistorizado | transistorized band-pass filter.
filtro percolador | trickling filter | continuous filter.
filtro percolador con material plástico | plastic media trickling filter.
filtro permeable solamente a luz de onda corta | filter permeable for short wave light only.
filtro piezoeléctrico | crystal filter.
filtro plegable | plaited filter | folded filter.
filtro polarizado para faros de automóviles | polarized headlight filter.
filtro polarizador | polarizing filter.
filtro polarizador (fotografía) | neutral gray filter.
filtro polaroide | polaroid filter.
filtro preliminar | roughing filter.
filtro prensa | filter press.
filtro prensa de placas sin pestaña | frame press.
filtro pulvimetalúrgico | powder-metal filter | powder-produced filter.
filtro que impide la transmisión de un cierto color primario | subtractor.
filtro radial (guías de ondas) | radial grating.
filtro rápido | high-rate filter.
filtro resistencia-capacidad | resistance-capacity filter.
filtro resonante eliminador de banda | wave-trap | resonant band-stop filter.
filtro rotativo | strainer.
filtro rotatorio | rotary filter.
filtro selectivo | selective filter.
filtro separador | carrier filter.
filtro sin cenizas | ashless filter.
filtro sin memoria | no-memory filter.
filtro sin memoria (electrónica) | memoryless filter.
filtro supresor de banda | band-elimination filter.
filtro tarado (química) | tared filter.
filtro verde (cine) | mint.
filtrómetro (aparato medidor de la caída de presión a través de filtros de aire) | filtrometer.
filtro-prensa de alimentación central | center-feed filter press.
filtro-prensa de placas rebordeadas | chamber-press.
filtro-prensa de platos huecos | recessed-plate press.
filtro-prensa de platos y marcos | plate-and-frame filter press | flush-plate filter press.
filtros conformados holográficamente | holographically matched filters.
filtros de microondas perfeccionadas | advanced mw filters.
filtros térmicos de material espumoso expandido (de cloruro de polivinilo) | thermal filters of P.V.C. foam.
fimbriado | fringed.
fimicola | fimicolous.
fin | terminal | end | ending | conclusion | completion | close | expiration.
fin (de un período) | expiry.
fin (de un plazo) | running out.
fin (estudio cinematográfico) | wash-up.
fin concreto | special purpose.
fin de archivo (cassete) | end of file.
fin de carrera | end of stroke.
fin de cinta (filme cine) | runout.
fin de comillas (corrección de pruebas de imprenta) | close quote.
fin de datos | end of data.
fin de ejercicio | end of period.
fin de escolaridad | school-leaving.
fin de inyección | cutoff.
fin de la admisión | cutoff.
fin de mensaje | end-of-message | sign-off.
fin de movimiento | end of transaction.
fin de pista (cassete) | end of track.
fin de plazo | dead line.
fin de radioalerta | radio all clear.
fin de trabajo (telefonía) | end of job.
fin de transmisión | end of transmission.
fin de un plazo | time out.
fin del devanado | end of winding.
fin del enrrollamiento | end of winding.
fin del riesgo | termination of risk.
fin del soporte | end of medium.
fin propuesto | policy.
fina (lluvia) | drizzling.
final | end | tail | terminal | terminal | closing | outcome.
final (de pieza de tela) | tail end.
final (estudio cinematográfico) | wash-up.
final de ciclo | end of life (EOL).
final de comunicación | over.
final de página | overflow.
final de pasada de máquina | end of run.
final de una escena desvanecida (cine) | dissolve-out.
final del programa | release.
final del programa (radio o televisión) | release.
final del recorrido | bottom of stroke.
finalidad | aim.
finalidad de un estudio o experiencia | target.
finalización | finalization.
finalización de bajo brillo | low gloss finish.
finalizar | end (to) | conclude (to) | finalize (to) | complete (to).
finalizar el registro | log-out (to).
fínamente disperso | finely-dispersed.
finamente estirado (alambres) | fine-drawn.
finamente granoso | fine-grained.
finamente molido | finely ground.
finamente pulimentado | glassed.
finamente pulverizada | finely atomised.
finamente pulverizado | finely powdered.
finamente trabajado | fine-wrought.
finamente triturado | finely-crushed.
financiable | eligible for financing.
financiación | financing.
financiación a corto plazo | short term financing.
financiación compensatoria | compensatory financing.
financiación de capital para iniciar un negocio | venture capital financing.
financiación de cuentas a cobrar | accounts receivable financing.
financiación de inversiones | financing of capital projects.
financiación de las exportaciones | export finance.
financiación de los pagos | payments financing.
financiación de una central nuclear | nuclear plant financing.
financiación en divisa de importaciones | import financing in foreign currency.
financiación en divisas de las exportaciones | export financing in foreign currency.
financiación en pequeña escala | junior financing.
financiación interna | internal borrowing.
financiación por bonos en circulación | bonds outstanding method.
financiación por déficit | deficit financing.
financiación temporal | interim financing.
financiado federalmente | federally financed.
financiado por emisión de obligaciones | bond financed.
financiado por préstamo | loan-financed.
financialmente dependiente | financially dependent.
financialmente independiente | financially independent.
financiamiento de importaciones | import financing.
financiamiento del comercio exterior | foreign trade financing.
financiar | furnish money (to) | financier (to).
financiar algún negocio | bankroll (to).
financiar compras | finance purchases (to).
financiar inversiones | finance investment (to).
financiar la empresa | finance the venture (to).
financiar una operación de exportación | finance an export transaction (to).
financiera (empresa) | credit company.
financieramente sólido | financially sound.
financiero | financial | fiscal | financier.
finanzas | finance.
finanzas Públicas | public finances.
finca | estate | farmholding.
finca agrícola | farm.
finca cedida en aparcería | farm held in share tenancy.

finca de labranza | farm.
finca de regadío | irrigated farm.
finca en dominio absoluto vitalicio | estate for life.
finca hipotecada | mortgaged property.
finca rústica | rural property | landed property.
finca urbana | city property.
fincas | landed estate.
fines de inversión | investment purposes.
fines de tesorería | budgetry purposes.
fines sociales | company's object | corporate objectives | corporate object.
fineta (tela algodón) | finette.
fingido | dummy | artificial.
finiquitar | discharge (to) | pay off (to).
finiquitar (cuentas) | settle (to).
finiquitar una deuda | discharge a debt (to).
finiquito | final settlement | final discharge | adjustment | release | discharge | quietus | quittance | acquittance | severance pay | settlement | receipt in full | full settlement.
finiquito (comercio) | final receipt | quitclaim.
finiquito (cuentas) | rest.
finiquito (de deudas) | satisfying.
finiquito gratuito | acceptilation.
finitamente aditivo | finitely additive.
finitud | finiteness.
fino | nice | thin.
fino (menudo) | fine.
fino (oído, vista, espíritu) | keen.
fino (peine) | fine-tooth.
finocristalino (petrología) | fine crystalline.
finos (de carbón) | slack.
finos (de minerales) | slime.
finos (decantación) | overflow.
finos (metalurgia) | slimes.
finos (minerales) | fines.
finos (polvos) | undersize.
finos (polvos con partículas menores de 44 micrómetros-pulvimetalurgia) | fines.
finos aglomerados (minerales) | balled fines.
finos de antracita | duff.
finos de carbón | flaxseed coal.
finos de mala calidad (minería) | poor fines.
finos de mineral | ore pulp.
finos de popa marcha (de una máquina) | run.
finos de proa | panting region.
finos mezclados | mixed fines.
finura (de arena, cemento, etc.) | fineness.
finura (de oído) | quickness.
finura (formas de buques) | sharpness.
finura aerodinámica | aerodynamical fineness.
finura de oído | clairaudience.
finura del árido (hormigón) | aggregate fineness.
finura del molido (granulometría) | grinding fineness.
finura determinada por el micronaire (fibras algodón) | micronaire fineness.
fiordo | sound | fjord | sea loch.
firma | signature.
firma acreditada | authorized signature.
firma auténtica | authentic signature | genuine signature.
firma autorizada | authorized signature.
firma colectiva | joint signature.
firma comercial | firm.
firma conforme | correct signature.
firma de cadena de tiendas | chain-store firm.
firma de un poder | procuration signature.
firma del autor que precede a la información | byline.
firma del editor (libros) | publisher's imprint.
firma del titular | holder's signature.
firma en blanco | blank signature.
firma entera | consignature.
firma entera (nombre y apellido) | complete signature.
firma mancomunada | joint signature.
firma social | firm name | corporate signature | firm signature.
firma solvente | good acceptance.
firma temblorosa | swash buckling signature.
firma y sello | hand and seal.
firmado y sellado por mí | given under my hand and seal.
firmamento | blue sky.
firmante | signer.
firmante conjunto (abogacía) | cosignatory.
firmante de una petición colectiva | circumscriber.
firmar | sign (to).
firmar (documentos) | execute (to).
firmar a la entrada (talleres) | sign in (to).
firmar a la llegada | book in (to).
firmar a la salida | book out (to).
firmar a la salida (talleres, etc.) | sign out (to).
firmar el contrato | execute a contract (to).
firmar por poder | sign by procuration (to).
firmar un acuerdo | sign an agreement (to).
firmar un contrato | sign a contract (to).
firmar un contrato de representación | sign an agency agreement (to) | enter into an agency agreement (to).
firmas de tamaño mediano | medium-sized firms.
firme | steady | firm | stiff.
firme (carreteras) | metalling.
firme (color) | standing.
firme (colores) | durable.
firme (mercado, precios) | stiff.
firme (mercados) | strong.
firme (roca) | dawk.
firme como una roca | right as a trivet.
firme de la carretera | roadbed.
firmemente empotrado | firmly built.
firmemente sujeto en | tightly held on.
firmes (milicia) | attention.
firmeza | decision | steadiness.
firmeza (mercados) | hardness.
firmeza (negocios) | steadiness.
firmeza (precios) | stiffening.
firmeza de las cotizaciones | strength of prices.
firmeza dieléctrica | dielectric strength.
firmoviscosidad | firmoviscosity.
fisaliforme | bubble-like.
fiscal | fiscal | prosecutor | public attorney | prosecutor | public prosecutor | attorney for the state.
fiscal (procurador fiscal) | government attorney.
fiscal de la Corona (G.B.) | attorney general | attorney-general.
fiscal de un tribunal militar | judge advocate.
fiscal general | solicitor general | attorney-general.
fiscal general (EE.UU.) | attorney general.
fiscalía | attorneyship | government attorney's office.
fiscalidad | taxation | fiscality | fiscalism.
fiscalización | audit | controlling | control | fiscalization.
fiscalización de cambios | exchange control.
fiscalización de cuentas | auditing of accounts | auditing.
fiscalización de la calidad | quality control.
fiscalización de la calidad del soldeo | welding quality control.
fiscalización de las existencias | stock control.
fiscalización dimensional | size control.
fiscalización estadística de la calidad | statistical quality control.
fiscalización radiográfica de soldaduras | welding radiographic control.
fiscalizado por medio de televisión en circuito cerrado | monitored through closed-circuit television.
fiscalizador | searcher | supervisory.
fiscalizar | supervise (to) | control (to).
fiscalizar cuentas | audit (to).
fiscalizar la temperatura de los devanados (motor eléctrico) | monitor the temperature of the windings (to).
fiscalizar visualmente | monitor visually (to).
fisco | Exchequer | tax administration | revenue autorities | treasury.
fiscorno (música) | saxhorn.
fiseterino | physeterine.
fisga | grains.
fisga (arpón de pescar) | gig.
fisga (para pescar) | three-barbed harpoon.
fisga (pesca) | fishgig | fish-spear.
fishing (petrología) | fishing.
fisiatría (medicina) | physiatrics.
física (ciencia) | physics.
física al alcance de todos | everyman's physics.
física atomística | atomistic physics.
física computacional | computational physics.
física de la formación de nubes (nefofísica) | cloud-physics.
física de las radiaciones | radiation physics.
física de las superficies | surface physics.
física de los explosivos | explosive physics.
física de los neutrinos hiperenergéticos | high-energy neutrino physics.
física de los productos forestales | timber physics.
física de productos radioactivos aplicados a la salud | health physics.
física del estado sólido | solid-state physics.
física molar | molar physics.
física muónica | muon physics.
física nuclear | atomic physics.
física óptica | optical physics.
física que trata de la estructura y propiedades de los sólidos | solid-state physics.
física radiológica | radiological physics | health physics.
física sanitaria | health physics.
fisicalismo | physicalism.
físicamente adsorbido | physically adsorbed.
físicamente apto | physically fit.
físicamente defectuoso | physically unfit.
físicamente idóneo | physically fit.
físicamente limitado | physically bounded.
físicamente significante | physically meaningful.
fisicismo | physicism.
físico | physical.
físico de medicina nuclear | nuclear medical physician.
físico del personal de investigación | research staff physicist.
físico especializado en radioactividad | radiophysicist.
físico industrial | engineer physicist.
físico nuclear | nuclear physicist.
físico nuclear en ejercicio | practicing nuclear physicist.
fisicomecánico | physicomechanical.
fisicometalúrgico | physicometallurgical.
fisiconuclear | physiconuclear.
fisicoquímico | physicochemical.
fisil | cleavable | fissile.
fisilidad | fissility.
fisio | fissium.
fisiócrata | physiocrat.
fisiofacies (rocas sedimentarias) | physiofacies.
fisiogeografía | physiogeography.
fisiognómica | physiognomy.
fisiognosis | physiognomy.
fisiografía | physiography.
fisiografía geológica | geological physiography.
fisiografía submarina | submarine physiography.
fisiógrafo (medicina) | physiograph.
fisiolatría | physiolatry.
fisiología | physiology.
fisiología de la respiración | respiration physiology.
fisiología de la visión | physiological optics.
fisiología podológica | podological physiology.
fisiología vegetal | plant physiology.
fisiólogo | physiologist.
fisión | fission.
fisión binaria (biología) | binary fission.
fisión binaria (escisión-nucleónica) | fission.
fisión del átomo | atomo splitting.
fisión enzímica | enzymic fission.

fisión inducida por neutrones | neutron-induced fission.
fisión inducida por protones | proton-induced fission.
fisión inducida por rayos gamma | gamma-induced fission.
fisión longitudinal de tochos planos en un plano paralelo a la superficie laminada (metalurgia) | fishmouthing.
fisión nuclear | atomic fission.
fisión nuclear en cadena | chain fission.
fisión oxidativa | oxidative-fission.
fisión oxidativa (química) | oxidative fission.
fisión protoninducida | proton-induced fission.
fisión provocada por neutrones | neutron-induced fission.
fisión provocada por neutrones térmicos | slow-neutron-induced fission.
fisión rápida | fast fission.
fisión térmica (nuclear) | thermal fission.
fisión termonuclear | thermonuclear fission.
fisionabilidad | fissionability.
fisionable | fissionable | active.
fisionar | fission (to).
fisiones en cadena | chain fissions.
fisionómico | physiognomical.
fisioquímico | fissiochemical | physiochemical.
fisioterapeuta | physiotherapist.
fisioterapia | physiotherapy.
fisiparidad | fission reproduction.
fisiteismo | physitheism.
fisiúrgico | physiurgic.
fisonomía | physiognomy.
fisonomía estacional | aspect.
fisonomía terrestre | earth's physiognomy.
fisonomista | physiognomist.
fisura | fissure | flaw | break | rift | dyke | cleavage | failure crack | cranny | crack | craze.
fisura (anatomía) | cleft.
fisura (brecha - presas) | crevasse.
fisura (peines) | count.
fisura (rocas) | crevice | seam.
fisura de falla | fault fissure.
fisura de lados muy pendientes (glaciares) | ice-cataract.
fisura de rotura incipiente | slipline.
fisura de tensión (metalurgia) | stress crack.
fisura del terreno rellena de hielo | ice vein | permafrost island.
fisura del terreno relleno de hielo | ice lens.
fisura filonaria | fissure vein.
fisura interior (metalurgia) | flake.
fisura irregular (cuarteado - en superficies pintadas) | checking.
fisura o pequeña cavidad en un filón de cuarzo | queer.
fisura por esfuerzos durante la elaboración (productos cerámicos) | dunt.
fisurable | fissionable.
fisuración | cracking | crack | crevassing | scabbing | fissuring | fissuration.
fisuración (geología) | jointing.
fisuración (roca) | spalling.
fisuración a temperatura elevada | elevated-temperature embrittlement.
fisuración asociada con la soldadura | weld-associated cracking.
fisuración audible | audible cracking.
fisuración capilar interna | hairline cracking.
fisuración cáustica | caustic cracking | embrittlement.
fisuración cáustica (calderas) | embrittlement cracking.
fisuración de la capa de rodadura por defecto del aglutinante (carreteras) | fretting.
fisuración de la envuelta | shell cracking.
fisuración de la laca medidora de esfuerzo | stress-solvent crazing.
fisuración de la presa | dam cracking.
fisuración de la raíz de la soldadura | weld root cracking.
fisuración de la zona termoafectada (soldadura) | heat-affected zone cracking.
fisuración debajo del cordón (soldadura) | underbead cracking.
fisuración del borde | edge-cracking.
fisuración del cráter (soldaduras) | crater cracking.
fisuración del estator (turbinas, bombas, etc.) | shell cracking.
fisuración del metal base después de soldar | post-weld parent-metal cracking.
fisuración del metal depositado de la soldadura | weld-metal fissuring.
fisuración en caliente | hot-tearing.
fisuración en la zona afectada por el calor (soldadura) | heat-affected-zone cracking.
fisuración en la zona afectada por el calor del metal base | base-metal heat-affected-zone cracking.
fisuración en las aristas | corner-cracking.
fisuración en servicio a alta temperatura | high-temperature service embrittlement.
fisuración iniciada físicamente | physically initiated cracking.
fisuración intercristalina | caustic embrittlement | intercrystalline cracking.
fisuración intercristalina frágil | brittle intercrystalline cracking.
fisuración interdendrítica (lingote de acero) | hot-tear cracking.
fisuración intergranular | intergranular cracking | intergranular embrittlement | intergranular fissuring.
fisuración intergranular en la zona afectada por el calor | intergranular heat-affected-zone cracking.
fisuración irregular dendriforme (hormigón) | map-cracking.
fisuración mecanoquímica | stress-cracking.
fisuración por absorción de hidrógeno (aceros) | hydrogen cracking.
fisuración por azufre | sulphur embrittlement.
fisuración por corrosión bajo tensión | stress-corrosion cracking.
fisuración por corrosión de esfuerzos latentes | stress-corrosion cracking.
fisuración por corrosión por sulfuro de hidrógeno | sulfide corrosion cracking.
fisuración por dilatación diferencial entre partes frías y calientes (chapas de caldera) | grooving.
fisuración por enfriamiento rápido (cerámica) | dunting.
fisuración por envejecimiento mecánico (metalurgia) | strain-age cracking.
fisuración por esfuerzo y corrosión | stress-corrosion cracking.
fisuración por esfuerzos latentes | stress-cracking.
fisuración por fatiga | fatigue cracking.
fisuración por fatiga térmica | thermal-fatigue cracking.
fisuración por flexión dinámica | flexcracking.
fisuración por fragilidad por absorción de hidrógeno | hydrogen-embrittlement cracking.
fisuración por la helada (piedras) | frost splitting.
fisuración por la línea de fusión (soldaduras) | fusion-line cracking.
fisuración por restricción de las tensiones | tensile restraint cracking.
fisuración por temple (aceros) | quench-cracking.
fisuración por tensiones internas (metalurgia) | stress-cracking.
fisuración por tensocorrosión | stress-corrosion cracking.
fisuración por una combinación específica de esfuerzos y exposición a medios corrosivos (metalurgia) | stress-corrosion cracking.
fisuración superficial | broken surface.
fisuración superficial (metalurgia) | surface checking.
fisuración superficial durante la termofluencia (aceros con cobre) | hot shortness.
fisuración transcristalina por corrosión por tensiones interiores | transgranular stress-corrosion cracking.
fisuración transgranular por corrosión bajo esfuerzos | transgranular stress-corrosion cracking.
fisuración volúmica | volumic fissuration.
fisurada (rocas) | creviced | seamy.
fisurado | cracky | cracked | rifted | jointy.
fisural | fissural.
fisurar | fissure (to) | fracture (to) | rift (to).
fisurarse | crevasse (to).
fisurarse por tensiones interiores (metalurgia) | stress-crack (to).
fisuras de contracción profundas en la corteza terrestre | deep-seated contraction fissures.
fiteral (carbón) | phyteral.
fitivoro | phytivorous.
fitobiología | phytobiology.
fitobiólogo | phytobiologist.
fitocida | plant-killing.
fitoclimático | phytoclimatic.
fitoclimatología | phytoclimatology.
fitoclimatológico | phytoclimatological.
fitoestimuleno | phytostimulene.
fitoestratigrafía | phytostratigraphy.
fitofisiología | plant physiology.
fitogenética | phytogenetics.
fitógeno | phytogenic.
fitogeografía | plant geography.
fitoglifia | phytoglyphy | nature printing.
fitohormona | phytohormone.
fitolitología | phytolithology.
fitómetro | phytometer.
fitoncida | phytoncide.
fitonimia | phytonimy.
fitónimo | plant name.
fitopatógenos | phytopathogens | plant pathogens.
fitopatología | phytopathology | plant pathology.
fitopatólogo | phytopathologist.
fitoplactón | phytoplankton.
fitoplanctón | phytoplankton.
fitoprostaglandina extraída de la sapucaiña (Capotroche brasiliensis-botánica) | phytoprostaglandine.
fitoproteína | plant protein.
fitoquímica | phytochemistry.
fitorón | phytoron.
fitorradiobiología | phytoradiobiology.
fitorregulador | phytoregulator.
fitosanitario | phytosanitary.
fitosaurio (paleontología) | phytosaur.
fitosociología | phytosociology.
fitosociología forestal | forest sociology.
fitosociológico | phytosociological.
fitotomía | phytotomy.
fitotoxicidad | phytotoxicity.
fitotóxico | phytotoxic.
fitotrón (invernaderos) | phytotron.
fitozoología | phytozoology.
fitzroya patagónica) | fitzroya.
flabeliforme | flabeliform.
flabelinervio | fan-nerved.
flaccidez | flaccidity.
flaccidez (de la piel) | looseness.
fláccido | flaccid.
flageliforme | flagelliform | lash-like.
flagelos (biología) | flagella.
flageolet (música) | flageolet.
flama | blaze.
flamante | brand new.
flameado | torching.
flameado (cerámica) | flambé.
flameado (telas) | flame-colored.
flamear | flame (to) | blaze (to).
flamear (banderas) | shake (to).
flamear (con llama) | lick (to).
flamear (exponer a la llama) | sear (to).
flamear (marina) | shiver (to).
flamear (velas) | touch (to).
flamear (velas al filo del viento) | flutter (to).
flamear la pintura | bream (to).

flamear las velas (buque de vela) | pinch (to).
flamear un cañon | scale (to).
flamenco | flamingo.
flamencófono (Bélgica) | flemish-speaking.
flameo (avión) | flutter.
flameo asimétrico | asymmetrical flutter.
flameo de la superficie de mando (aviones) | control surface flutter.
flameo de pérdida de los álabes del compresor | compressor blade stalling flutter.
flameo de un panel a Mach 2 (aviones) | panel flutter at Mach 2.
flameo que precede a la pérdida de velocidad (aviones) | prestall buffeting.
flamiestabilizador | flameholder.
flamistato (para quemadores de calderas) | flamestat.
flanco | broadside | side.
flanco (anticlinal) | limb | leg.
flanco (dientes ruedas, formación militar) | flank.
flanco (pliegues) | side.
flanco activo del diente | active tooth flank.
flanco anticlinal | anticlinal limb.
flanco ascendente (fallas) | upthrow side.
flanco cubierto (ejércitos) | supported flank.
flanco de contacto (tornillos) | pressure flank | leading flank.
flanco de engranaje | gear face.
flanco de la rosca | thread face.
flanco de un pliegue (geología) | shank.
flanco del diente | tooth face.
flanco del diente helicoidal | helical tooth flank.
flanco del impulso | pulse edge.
flanco del pliegue | fold limb.
flanco del sinclinal | limb of syncline.
flanco descendente (fallas) | downthrow side.
flanco descubierto (ejércitos) | exposed flank.
flanco expuesto (milicia) | open flank.
flanco exterior (conversión de un ejército) | reverse flank.
flanco inferior (fallas) | low limb.
flanco invertido (pliegue, geología) | trough limb.
flanco mediano estirado (geología) | squeezed middle limb.
flanco medio (de un pliegue acostado - geología) | septum.
flanco no activo (diente engranaje) | nonworking flank.
flanco no en contacto (tornillos) | following flank.
flanco posterior del impulso | pulse trailing edge.
flanco que no soporta la carga (tornillos) | clearing flank | following flank.
flanco que soporta la carga (tornillos) | pressure flank | leading flank.
flanco superior (de pliegue acostado) | arch limb | roof limb.
flanco terminal | trailing edge.
flancos del diente (engranajes) | ends of tooth (gears).
flanela muselina | nun veiling.
flango (Chile-construcción naval) | flange.
flanqueador | flanker.
flanqueante | flanking.
flanquear | flank (to).
flanqueo | flanking.
flanqueo recíproco | mutual flanking.
flap (aleta hipersustentadora-alas aviones) | flap.
flap (aviones) | wing flap.
flap con ranura | slotted flap.
flap de aterrizaje | landing flap.
flap de borde de ataque (alas) | droop-snoot.
flap de curvatura (aviones) | plain flap.
flap de curvatura variable | camber-changing flap.
flap de doble hendidura (ala aviones) | double-slotted flap.
flap de intradós (ala avión) | split flap.
flap de soplado | scavenging flap.
flap de succión | suction flap.
flap de supercirculación | blown flap.
flap del borde de salida de doble hendidura | double-slotted trailing-edge flap.
flap del borde de salida de doble hendidura accionada eléctricamente (alas aviones) | electrically-operated doble-stlotted trailing-edge flap.
flap del borde de salida de tres escotaduras (aeronaves) | triple-slotted trailing-edge flap.
flap desacelerador (aviones) | speed brake.
flap deslizante del 50% de la cuerda | fifty-percent-chord sliding flap.
flap en el borde de ataque (alas aviones) | leading-edge flap.
flap en toda la longitud del ala | full span flap.
flap extendido (con todo el flap extendido) | full-flap.
flap exterior al ala | external-airfoil flap.
flap giratorio | rotating flap.
flap hipersustentador de chorro exterior | external jet-augmented flap.
flap hipersustentador por chorro (aviones) | jet-augmented flap.
flap para disminuir la velocidad (aviones) | air brake.
flap para disminuir la velocidad de vuelo | flight brake.
flap para el freno de picado | dive-brake flap.
flap para frenar en picado | dive-retard flap.
flap para salir del picado | dive-recovery flap.
flap que sólo produce resistencia al arrastre (aviones) | drag brake.
flap ranurado de hipersustentación | highlift slotted flap.
flapeado (aviones) | flapped.
flaperón | flaperon.
flaquear | yield (to) | give way (to).
flaqueza | feebleness.
flas de impulsos sincronizados | multiexposure flash.
flash electrónico | electronic flash tube.
flauta | flute.
flautas del órgano | organ pipes.
flavedo (parte coloreada de la corteza-agrios) | flavedo.
flebotomo (lanceta) | fleam.
fleco | purl.
flecos (defectos del acero) | slivers.
flecos (telares) | warp thrums.
flectado | flexed.
flecha | sweepback | arrow | shaft.
flecha (arcos) | middle ordinate | height of rise.
flecha (arcos, bóvedas) | rise.
flecha (arcos, trayectorias) | height.
flecha (arquitectura) | fleche.
flecha (de cable, de pieza flexada) | sag.
flecha (de línea aérea) | dip.
flecha (de una cuerda) | sagging.
flecha (dibujos) | arrowhead.
flecha (espiga bordada - tejido de punto) | clock.
flecha (geomorfología) | spit.
flecha (resortes) | camber | set.
flecha de filamento | filament sag.
flecha de la ballesta | spring camber.
flecha de la trayectoria | curve of the trajectory.
flecha de pedernal | flint arrow.
flecha de punta envenenada | poison-tipped arrow.
flecha de silex | flint arrow.
flecha de tres pies de larga (ballesta) | cloth yard.
flecha del arco (geometría) | height of arch.
flecha del busco (esclusas) | rise of pointing sill.
flecha del muelle | spring camber | spring deflection.
flecha derecha (cureña biflecha) | right trail.
flecha indicadora de la dirección | direction indicator.
flecha inicial | initial dip.
flecha izquierda (cureña biflecha) | left trail.
flecha longitudinal (aviones) | sweep-back.
flecha máxima | maximum deflection.
flecha máxima (líneas aéreas) | maximum sag.
flecha permanente acumulativa | built-in permanent deflection.
flecha remanente | residual deflection.
flechadura | ratline.
flechas (vigas) | deflection.
flechas de amor (geología) | love arrows.
flechas de dirección | trafficators.
flechaste | ratline | ratling.
flegmador | phlegmator.
flejado | metal strapped | bound with steel straps.
flejadora | box strapping tool.
fleje | hoop iron | hoop | strap | skelp | strip steel | band iron | band | strip.
fleje biselado | bevel-edged flat.
fleje biselado para fabricar tubos | skelp.
fleje cerrado a tope | close-jointed skelp.
fleje de acero efervescente | rimming steel strip.
fleje de acero niquelado | nickel-plated steel strip.
fleje de guía | feather.
fleje de hierro | hoop-iron | iron hoop | iron band | iron tie | iron strap.
fleje de hierro para cajas | box strapping.
fleje de protección de la roda (bote de madera) | stem iron | stem band.
fleje en rollo | strip sheet.
fleje para embalar | baling band.
fleje semiduro | half-hard steel.
flejes de acero | steel strapping.
flejes pisahojas (imprenta) | cylinder bands.
flema (medicina) | glair.
flemas (fabricación alcohol) | low-wines | stillage.
flequillo (del caballo) | foretop.
fletado (buques) | bound.
fletado (buques, aviones) | chartered.
fletador | affreighter | shipper | shipper | freighter | charterer.
fletamento | chartering | charterage | affreightment | freighting | freightage.
fletamento a plazo | time charter.
fletamento aéreo | aircraft time-charter | aircraft chartering.
fletamento con operación por cuenta del arrendador | gross charter.
fletamento con todos los gastos por cuenta del fletador | net charter.
fletamento de aeronaves | aircraft time-charter.
fletamento de ida y vuelta | round charter.
fletamento del buque con todos los gastos de operación a cuenta del arrendatario | net charter.
fletamento del buque sin tripulación | demise charter | bareboat charter.
fletamento del buque solo (sin tripulación) | bare-pole charter.
fletamento del casco solo (sin tripulación) | bare-hull charter.
fletamento para transportar gasolina (petroleros) | clean chartering.
fletamento por año | charter by the year.
fletamento por tiempo consecutivo | consecutive-voyage charter.
fletamento por tiempo estipulado | time charter.
fletamento por un período de tiempo | period charter.
fletamento por viaje | charter by the run | voyage charter.
fletamento por viaje redondo | round charter.
fletamento requisitorio | requisition charter.
fletamiento | affreightment.
fletamiento (de un buque) | charter.
fletamiento a término | time charter.
fletamiento por tiempo | time charter.
fletamiento por tiempo concreto | time charter.
fletar | affreight (to) | freight (to) | fix (to).
fletar (barco o avión) | charter (to).
fletar (buques) | let (to).
fletar (procurar carga-para un buque) | fix (to).

fletar (un buque) | affreight (to).
fletar por meses | freight by the month (to).
fletar por viaje redondo | charter for the round voyage (to).
fletar un buque | charter a vessel (to).
flete | chartering | cargo | affreightment | freight | freighting | freightage.
flete a
flete a cobrar | freight collect.
flete a deducir | freight allowed.
flete a granel | bulk cargo.
flete a pagar a la entrega | freight payable at destination.
flete aéreo | air charter | air cargo | air freight | airfreight.
flete aéreo de grandes cantidades o de dimensiones o peso grandes | bulk air freight.
flete bruto | gross freight.
flete corrido (transportes) | through freight.
flete de ida | freight outwards.
flete de ida y vuelta | out and home freight | round chartering | out-and-home freight | outward and home freight.
flete de ida | outward freight.
flete de materias primas | freight raw.
flete de reexpedición | onward freight.
flete de retorno | home freight.
flete de salida | out-freight.
flete de transporte de petroleros | tankerage.
flete de vuelta | back freight | home freight | homeward freight.
flete de vuelta (buques) | freight home.
flete debido | freight forward.
flete devuelto | returnable freight.
flete entero | full freight.
flete equivalente al total del cargamento completo (puerto de carga) | dreadage.
flete eventual | freight contingency.
flete marítimo | sea freight | ocean freight.
flete pagado | freight paid | advance freight.
flete pagado hasta | freight paid to.
flete pagado por anticipado | freight prepaid.
flete por cobrar | freight forward.
flete por distancia | distance freight.
flete por tonelada | freight per ton.
flete por viaje redondo | freight by the round | freight out and home.
flete por volumen | measurement rate.
flete redondo | round charter.
flete según peso | freight assessed by weight.
flete sin beneficio alguno (transporte marítimo) | break-even level.
flete temporal | time charter.
flete teniendo en cuenta el volumen | measurement freight.
flete terrestre | inland freight | overland freight | land freight.
flete y acarreo | freight and cartage.
fletes pagados por adelantado | advanced freights.
fletes y acarreos sobre compras | freight in | transportation in.
fletes y acarreos sobre ventas | freight out.
flexado | flexed.
flexado a mano | manually flexed.
flexado cóncavamente | concavely flexed.
flexar | flex (to) | deflect (to) | inflect (to).
flexar en contra | counterbend (to).
flexar para prueba (muelles, resortes) | scrag (to).
flexarse | sag (to) | yield (to).
flexarse (vigas) | cave-in (to).
flexibilidad | flexibility | litheness | suppleness | pliancy | pliability | pliantness.
flexibilidad (metales) | yieldingness.
flexibilidad (motores) | responsiveness.
flexibilidad de explotación | exploitation flexibility.
flexibilidad de la fibra | fiber suppleness.
flexibilidad de la suspensión vertical | vertical suspension flexibility.
flexibilidad de la tubería | piping flexibility.
flexibilidad del balance (aviones) | roll flexibility.
flexibilidad funcional | operational flexibility.
flexibilidad instalacional | installational flexibility.
flexibilidad intrínseca | inbuilt flexibility.
flexibilidad molecular | molecular flexibility.
flexible | yieldable | nonrigid | flexible | lithe | pliable | limber.
flexible (cables metálicos) | docile.
flexible (montajes) | resilient.
flexible (motores) | responsive.
flexible (tubo) | cargo hose.
flexible electrodo para conducir la corriente en la rotogalvanostegia | dangler.
flexígrafo | deflectograph.
flexímetro | flexometer | fleximeter.
flexímetro (vigas) | deflection gage | deflection indicator.
flexímetro para puentes | bridge deflectometer.
flexión | bending | flection | deflection | sagging | sagging | flexing | flexure | flexion.
flexión (del techo) | sag.
flexión (muelles) | deflection.
flexión (resortes) | set.
flexión a lo largo de un borde (chapas) | edgewise bending.
flexión alternada | reversed bending | rotating bending.
flexión axial por compresión | break | breaking.
flexión con deformación plana | plane-strain bending.
flexión con inversión | reversed bending.
flexión einsteniana (eclipse sol) | Einstein shift.
flexión elástica | elastic bending | elastic deflection.
flexión elastoplástica | elastoplastic bending.
flexión lateral | lateral bending.
flexión periférica (chapas) | edgewise bending.
flexión plástica | plastic bending | plastic flexure.
flexión por rotación | rotating bending.
flexión preliminar | prebending.
flexión pura | pure bending.
flexión pura estática | static pure bending.
flexión secundaria (resistencias materiales) | wrinkling.
flexión simple | pure bending.
flexión superior a la del cálculo producida por vibración inducida resonante (muelles) | surge.
flexión uniplanar | uniplanar bending.
flexionar | flex (to).
flexiones alternadas | reverse bending.
flexiones del cigüeñal | crankshaft flexions.
flexocompresión | flexopressure.
flexografía | flexography.
flexográfico | flexographic.
flexografista | flexographist.
flexor | flexor.
flexotracción | flexotraction.
flexuosidad | flexuosity.
flexuoso | flexuose.
flexura | flexing.
flexura (anatomía) | flexure.
flexura (pliegue monoclinal-geología) | flexure.
flexura anticlinal | anticlinal flexure.
flexuras monoclínicas subparalelas | subparallel monoclinal flexures.
flexuras terrestres | earth-flexuring.
flictena | bleb.
flindersia (Flindersia brayleyana) | maple silkwood | Queensland maple.
flindosy (Flindersia australis) | crow's ash.
flint-glass | heavy glass | lead glass.
flintglass conteniendo óxido de bario | barium flint glass.
fliscorno (música) | bugle-horn.
flocosoide | floccosoid.
floculabilidad | flocculability.
floculación | flocculation.
floculador | floc-former | flocculator.
floculante | flocculant.
floculante (sustancia) | flocculent.
floculante anfótero | amphoteric flocculant.
flocular | floccular | flocculate (to) | clump (to).
floculencia (química) | flocculence.
floculento | flocculent.
flóculo | floccule | flock | floc.
flóculo biológico activo | biologically active floc.
floculoreacción | flocculoreaction.
flóculos | flocculi.
flóculos oscuros de hidrógeno | dark hydrogen flocculi.
flóculos solares | solar flocculi.
floculoso | flocculose.
floema | bast.
floema (botánica) | phloem.
floemeófago | phloemoeophagous.
flogisto (química) | phlogiston.
flogopita | amber mica | silver mica | bronze mica | rhombic mica.
flogopita (mica plata) | phlogopite.
floja (telas) | sleazy.
floja (tuercas) | slack.
flojear (negocios) | decline (to).
flojedad | relaxation | flaccidity.
flojedad (bolsa) | slump.
flojedad del mercado | flatness of the market.
flojo | loose fitting | loose | loose | faint | flaccid.
flojo (comercio) | patchy.
flojo (hilatura) | soft.
flojo (máquinas) | shaky.
flojo (precio o mercado) | weak.
flojo (sin animación - comercio) | dead.
flojo (vinos) | light-bodied.
flor | flower.
flor (árboles) | blossom.
flor (botánica) | bloom.
flor (tipografía) | floret.
flor curtida (cueros) | grain split.
flor de alumbre | feather alum.
flor de color uniforme | self.
flor de harina | fine floor | whites.
flor de malva | mallow blossom.
flor del cuero | grain.
flor del hierro (pudelado) | blume.
flor doble | full.
flor efímera | ephemer.
flor labiada | labiate flower.
flor marginal de un capítulo (botánica) | ray.
flor melífera | bee-flower.
flor melífera homógama | homogamous bee-flower.
flor polinífera | pollen flower.
flora | flora.
flora carbonífera | coal-flora.
flora del período glaciar superior | late-glacial flora.
flora después del incendio (bosques) | fire flora.
flora devoniana | Devonian flora.
flora forestal | woodflora.
flora que aparece después de la tala (bosques) | felled area flora.
flora que nace después de una corta (bosques) | coupe flora.
floración | flush | bloom | blooming.
floración (televisión) | blooming.
floración algal | algal bloom.
floración secundaria del fitoplancton (oceanografía) | autumn maximun.
floral | floral.
flordelisado | fleurée | fleury | fleured.
floreado (grandes cristales de cinc en la superficie - galvanizado) | spangle.
floreado (labrado-telas) | figured.
floreado (pinturas) | blooming.
floreado - espolinado (telas, seda) | flowered.
florear (música) | figure (to).
florear (telas) | figure (to).
florecer | flower (to).
florecer (maíz) | tassel (to).
florecilla (arquitectura) | fleuret.
florencia (tela) | florence.
florencio (química) | illinium.
florentina | florentine.
florentina (marcelina-tela) | florantine.
flores | flowers.
flores de invernadero | hothouse flowers.

flores de la escarcha | frostwork.
flores del hielo | flowers of ice.
flores disecadas | dried flowers.
florescencia | blooming.
floresta | forest.
florete (arma) | foil.
floretear | flower (to).
floricultor | floriculturist.
floricultura | floriculture | flower growing.
florido | florid | flowered | figurative.
florido (estilo arquitectónico) | floriated.
florido (gótico) | floreated.
florífero (botánica) | flower-bearing.
floríparo | floriparous.
florón | rosette.
florón (arqueología) | knop.
florón (de dovela) | boss.
florón (dovelas) | drop ornament.
florón (flor compuesta) | pip.
florón (tipografía) | flower | fleuron.
florón central (techos) | center flower.
floruros de alcohilo | fluorocarbons.
flota | fleet | Navy | squadron.
flota aérea toda de turborreactores | all-turbojet fleet.
flota amarrada | laid-up fleet.
flota auxiliar de la Marina de Guerra (G.B.) | royal fleet auxiliary.
flota carbonera | coal-carrying fleet.
flota de abastecimiento (petroleros, buques de municions, etc.) | replenishment group.
flota de alta mar | ocean-going fleet.
flota de altura | foreign-going fleet.
flota de aviones | aircraft fleet.
flota de bajura | coastwise fleet.
flota de buques pesados de apoyo (acorazados y cruceros) | detached wing.
flota de camiones | fleet of lorries.
flota de helicópteros | helicopter fleet.
flota de invasión | invasion fleet.
flota de litoral | coastwise fleet.
flota de propiedad particular | privately owned fleet.
flota de remolcadores de salvamento | fleet of salvage tugs.
flota de vehículos | fleet of vehicles.
flota en la mar | fleet sailing.
flota en reserva | laid-up fleet.
flota en reserva con los buques protegidos en sus partes vitales contra oxidación | mothball fleet.
flota mercante | merchant fleet | trading fleet | argosy.
flota mercante de altura | oceangoing merchant fleet.
flota navegando | fleet sailing.
flota operativa | task fleet.
flota para la navegación interior (ríos, canales, etc.) | inland fleet.
flota para transporte de carga seca | dry-cargo fleet.
flota pesquera | fishing fleet.
flota pesquera de altura | ocean-going fishing fleet.
flota pesquera de bajura | coastwise fishing fleet.
flota pesquera de pequeña distancia | coastwise fishing fleet.
flota pesquera del arenque | herring fleet.
flotabilidad | buoyancy | flotability | floatability | floatage | floating power.
flotabilidad de la mina | mine buoyancy.
flotabilidad del pigmento (formación de una película metálica de escamas en el vehículo de la pintura) | leafing.
flotable | flotable | floatable.
flotación | flotage | flotation.
flotación (buques) | load line | waterline | water plane.
flotación (minerales) | floatation.
flotación a media carga | part-load waterline.
flotación aniónica (flotan las impurezas) | anionic flotation.
flotación colectiva | collective flotation.
flotación con buque escorado | heeled water line.
flotación con la carga de verano (buques) | summer load waterline.
flotación de maderas en comunidad (ríos) | union drive.
flotación de mineral de uranio oxidado | flotation of oxidic uranium mineral.
flotación de minerales | ore flotation.
flotación de una divisa | float.
flotación en carga | deep load waterline | deep waterline.
flotación en carga (buques) | deep load line | load waterline.
flotación en lastre | ballast waterline.
flotación en lastre (buques) | light waterline | light-line | light load line | sailing line.
flotación en que todos los metales están reunidos en un concentrado | collective flotation.
flotación escalonada | stage flotation.
flotación por espuma (minería) | froth flotation.
flotación selectiva | selective flotation.
flotación selectiva (minería) | differential flotation.
flotación selectiva aniónica-catiónica | anionic-cationic selective flotation.
flotación simultánea (minerales) | bulk flotation.
flotaciones del casco | hull's waterplanes.
flotador | floater | float | ball | displacer.
flotador (aviones) | pylon.
flotador (del sedal de pescar) | quill.
flotador anular | annular float.
flotador avisador | alarm float.
flotador de ala (hidros) | wing float.
flotador de alarma (nivel agua calderas) | boiler float.
flotador de corcho | cork float.
flotador de extremo del ala (hidros) | wingtip float.
flotador de una almadía | river driver.
flotador de válvula | ball valve.
flotador de varilla | dipstick | staff float | rod float.
flotador del carburador | carburetor float.
flotador del costado izquierdo (aviones) | port float.
flotador en catamarán | catamaran-like float.
flotador en el extremo de un cable dragaminas | pig.
flotador en la cara inferior de cada ala para llevar combustible y dar estabilidad durante el despegue y amerizaje (hidroaviones) | wet float.
flotador equilibrado | neutrally buoyant float.
flotador equilibrado (oceanografía) | neutral float.
flotador esférico | ball float.
flotador estabilizador | stabilizing float.
flotador estabilizador colocado cerca de la punta del ala (hidroaviones) | outboard stabilizing float.
flotador lateral | lateral float.
flotador para determinar el nivel de agua salada en un tanque de petróleo o gasolina (buques) | liquidometer.
flotador que actúa como defensa (entre dos buques o entre el buque y el muelle) | camel | breasting float.
flotador retráctil (hidros) | retracting float.
flotador retráctil de extremo del ala (hidros) | retractable wing-tip float.
flotador soportado por el ala y colocado cerca del casco (hidroavión) | inboard stabilizing float.
flotador sumergible | submergeable float.
flotador testigo de corrientes marinas (oceanografía) | drift bottle.
flotadores en catamarán (hidros) | paired floats | parallel floats.
flotaje de maderas (ríos) | log-running.
flotando | afloat | adrift.
flotando (buques) | waterborne.
flotando a poca distancia del suelo (globo cautivo) | close-hauled.
flotando de costado y no adrizado (buques) | on her beam ends.
flotando en el aire (dirigibles, globos libres) | airborne.
flotante | afloat | buoyant | floating.
flotante (bandera) | fluttering.
flotante (no portante-ejes) | floating.
flotante (pólizas) | running | running.
flotar | float (to) | drift (to) | roll (to) | ride (to) | buoy (to).
flotar (maderas) | run (to).
flotar a la ventura | drift (to).
flotar adrizado | float upright (to).
flotar hacia arriba cuando se trata de aterrizar a gran velocidad | balloon (to).
flotar los fangos | float slimes (to).
flotar maderas | run logs (to).
flotar rollizos (en un río) | boom (to).
flotas pesqueras | fishing fleets.
flotilla (de submarinos, destructores, de barcazas, etc.) | flotilla.
flotilla aeronaval | aeronaval flotilla.
flotilla de barcazas | barge flotilla.
flotilla de destructores | destroyer flotilla.
flotilla de dragaminas | minesweepers's flotilla.
flotilla de embarcaciones equipadas con radar | fishing fleet.
flotilla de entretenimiento de la flota de guerra (petroleros, buques talleres, remolcadores, etc.) | fleet train.
flotilla de instrucción | instructional flotilla.
flotilla de submarinos que operan conjuntamente | pack.
flotilla de transporte fluvial | river fleet.
flotilla para observación de las minas arrojadas por aviones al mar | minewatching flotilla.
fluavil | fluavil.
fluctuación | ripple | shift | oscillation | variance | flutter | fluctuation.
fluctuación (acústica) | flutter.
fluctuación (de voltaje) | flicker.
fluctuación (del sonido) | hunting.
fluctuación (precios) | swing.
fluctuación (radar) | jitter.
fluctuación a corto plazo | short term fluctuation.
fluctuación aleatoria | chance fluctuation.
fluctuación cíclica | cyclic fluctuation.
fluctuación de alcance | range straggling.
fluctuación de corriente | current fluctuation.
fluctuación de fase de los impulsos | pulse phase jitter.
fluctuación de frecuencia | swinging.
fluctuación de ganancias (comunicaciones) | gain ripple.
fluctuación de impulsos | pulse jitter.
fluctuación de la altura del impulso | pulse height fluctuation.
fluctuación de la presión | pressure fluctuation.
fluctuación de la presión sobre el fondo | bottom pressure fluctuation.
fluctuación de la productividad | productivity fluctuation.
fluctuación de la traza del blanco (radarisco-pio) | bobbing.
fluctuación de largo período | long-period fluctuation.
fluctuación de tiempo de tránsito | transit time spread.
fluctuación de una propiedad de las partículas cargadas | straggling.
fluctuación del cambio monetario | pegging.
fluctuación del campo inductor | field fluctuation.
fluctuación del mercado | swing of trade.
fluctuación del nivel acústico | audio flutter.
fluctuación del voltaje | ripple.
fluctuación del voltaje de la línea | line-voltage fluctuation.

fluctuación diaria | daily range.
fluctuación eficaz | root-mean-square fluctuation.
fluctuación en magnitud de ecos del blanco (radariscopio) | bounce.
fluctuación estadística de la población neutrónica | reactor noise.
fluctuación estadística de la población neutrónica (reactor nuclear) | pile noise.
fluctuación estadística del nivel de energía de un reactor nuclear | reactor noise.
fluctuación grande de la temperatura | severe temperature fluctuaction.
fluctuación inevitable | unavoidable fluctuation.
fluctuación monetaria | fluctuations of currency.
fluctuación producidas por señales de avión | aircraft flutter.
fluctuación regular de la presión atmosférica | barometric tide.
fluctuación remanente de cresta a cresta | peak-to-peak residual ripple.
fluctuación y trémolo (acústica) | wow and flutter.
fluctuaciones | hunting.
fluctuaciones accidentales | unwanted variations.
fluctuaciones al azar | random fluctuations.
fluctuaciones bruscas de temperatura | sudden fluctuations of temperature.
fluctuaciones de fase | phase swinging.
fluctuaciones de la intensidad del eco radárico | bobbing.
fluctuaciones de la reactividad | reactivity fluctuations.
fluctuaciones de las cosechas | crop fluctuations.
fluctuaciones de los impulsos (electrónica) | pulse jitter.
fluctuaciones de los precios | price movements.
fluctuaciones del muestreo | sampling fluctuation.
fluctuaciones del nivel del agua (calderas) | hunting.
fluctuaciones del par motor | torque fluctuations.
fluctuaciones del voltaje | potential fluctuations.
fluctuaciones del voltaje de la red | mains voltage fluctuations.
fluctuaciones diurnas | diurnal fluctuations.
fluctuaciones espaciales | spatial fluctuations.
fluctuaciones espontáneas de la capacitancia | spontaneous capacitance fluctuations.
fluctuaciones estacionales | seasonal fluctuations.
fluctuaciones estadísticas | statistical fluctuations.
fluctuaciones periódicas en el tipo de cambio | seasonal exchange rate changes.
fluctuaciones temporales | temporal fluctuations.
fluctuaciones térmicas | thermal fluctuations.
fluctuante | floating | fluctuant | floating | fluctuating | flowing.
fluctuar | fluctuate (to) | flicker (to) | oscillate (to) | undulate (to) | roll (to) | beat (to) | waver (to) | float (to).
fluctuar en intensidad (radiorrecepción) | fade (to).
fluencia | fluency | flowage.
fluencia (a la temperatura ambiente, como el plomo, o bien a altas temperaturas, como el acero y metales) | creep.
fluencia (circuitos) | creep.
fluencia (deformación plástica - sólidos) | flow.
fluencia (física) | flowingness.
fluencia (geología) | flow.
fluencia (magnetismo) | creep.
fluencia contraccional | contractional creep.
fluencia de las rocas | flow of rocks.
fluencia de partículas | particle fluence.
fluencia dura (moldeo a presión) | stiff flow | hard flow.
fluencia plástica | plastic flow.
fluencia primaria | creep primary.
fluencia suave (moldeo a presión) | free flowing.
fluencia viscosa | viscous creep.
fluencia viscosa transitoria | transient creep.
fluencial | fluential.
fluente | flowing.
flúida (pintura) | thin.
fluidescer | fluidize (to).
fluidez | fluidity | fluidness | flowability | flowing | fluency | liquidity.
fluidez (acero fundido) | flowing power.
fluidez (aceros licuados) | runnability.
fluidez de la arena de fundición | foundry sand flowability.
fluidez de la colada | casting fluidity.
fluidez del combate | battle fluidity.
fluidibilidad | pourability.
fluídica | fluidics.
fluídico | fluidic.
fluidificación | fluidification.
fluidificación (de una pintura) | flowing-on.
fluidificado (betunes) | cutback.
fluidificador | fluidizing.
fluidificante | flux.
fluidificar | fluidise (to) | fluidize (to) | fluidify (to).
fluidificar (licuarse - escorias, etcétera) | flux (to).
fluidímetro | fluidometer | fluidimeter | flowmeter | fluid meter.
fluidización (partículas mantenidas en suspensión por corriente ascendente de un fluido) | fluidization.
fluidización (transporte por aire comprimido) | fluidizing.
fluidización de sólidos pulverizados | solid fluidization.
fluidizado con líquido | liquid fluidized.
fluidizado por gas | gas-fluidized.
fluidizador | fluidizer.
fluidizar (hacer pasar un fluido a presión a través de una capa de partículas muy finas hasta que toda la capa está agitada violentamente) | fluidize (to).
fluido | juice | flowing medium | fluid | fluent.
fluido (geología) | fluxional.
fluido aeriforme elástico | elastic aeriform fluid.
fluido aislante polisobutileno | insulating fluid polysobutilene.
fluido baroclínico | baroclinic fluid.
fluido barotrópico | barotropic fluid.
fluido catalítico | catalytic fluid.
flúido circulante | circulating fluid.
fluido clásico ideal | ideal classical fluid.
fluido compuesto | nonnewtonian fluid.
fluido con la consistencia de pasta | fluid with a consistency of paste | fluid with the consistency of paste.
fluido condesable | condensable fluid.
flúido de arranque (motores fríos) | starting fluid.
fluido de bombeo | pump fluid.
fluido de consolidación (sondeos) | packer fluid.
fluido de Ellis | Ellis fluid.
fluido de esferas rígidas | hard sphere fluid.
fluido de perforación | drilling fluid.
fluido de rectificación | grinding fluid.
fluido de segundo orden | second order fluid.
flúido degenerado | degenerate fluid.
fluido emulsificado | emulsified fluid.
fluido en reposo | static fluid | fluid at rest.
flúido energético | working fluid.
fluido energético termodinámico | thermodynamic working fluid.
fluido enfriador y lubricador | coolant/lubricant fluid.
fluido estático | fluid statics.
fluido extintor | suppressing fluid.
fluido fluyente | flowing fluid.
fluido hidráulico de base no petrolífera | nonpetroleum base hydraulic fluid.
fluido hidráulico ignífugo | ignifugous hydraulic fluid.
fluido ideal | perfect fluid.
flúido magnético | magnetic fluid.
flúido magnético imanado | magnetized magnetic fluid.
flúido magnético para detección de grietas | crack detection magnetic fluid.
fluido motor | motive fluid | working fluid.
fluido newtoniano | true fluid | simple fluid | newtonian fluid.
fluido no mojante | nonwetting fluid.
fluido no newtoniano | nonnewtonian fluid.
fluido no newtoniano que obedece a una ley exponencial | power-law non-Newtonian fluid.
fluido no viscoso | limpid fluid.
flúido operante | working fluid.
fluido para frenos hidráulicos | brake fluid.
fluído para mandos hidráulicos | hydraulic fluid.
fluido para sondeos | drilling fluid.
fluido para termosimbiosis | heat-transfer fluid.
fluido peptizante | peptizing fluid.
fluido quimiomecánicamente activo | chemomechanically active fluid.
fluido refrigerante | coolant.
fluido reopéctico | rheopectic fluid.
flúido seudoplástico | pseudoplastic fluid.
fluido simple | newtonian fluid.
flúido viscoelástico | viscous elastic fluid.
fluidodinámica | fluid dynamics.
fluidos hidráulicos inflamables | flammable hydraulic fluids.
fluidos incombustibles para transmisiones hidráulicas | fire-resistant hydraulic fluids.
flúidos reales | real fluids.
fluir | stream (to) | pour (to) | flow out (to) | flow (to) | runoff (to).
fluir (la marea) | set in (to).
fluir en frío | cold flow (to).
fluir hacia abajo | flow down (to).
fluir intermitentemente | flow by heads (to).
flujo | flowing | eddy | influx | inflow | inset | outflow | current | tide | fluxion.
flujo (corriente eléctrica, fluidos) | flow.
flujo (de líquido, gas, luz, etc.) | stream.
flujo (electricidad, magnetismo) | flux.
flujo (mareas) | flood current | flow | rise.
flujo a lo ancho de un obstáculo poligonal | flow past a polygonal obstacle.
flujo a lo largo de la curva | flow along the curve.
flujo a lo largo de la envergadura (aviones) | spanwise flow.
flujo a lo largo de un diedro | wedge flow.
flujo a lo largo de un diedro (aerodinámica) | flow past a wedge.
flujo a lo largo de una curva cerrada | flow along a closed curve.
flujo a través de un orificio | orifice flow.
flujo acelerado | accelerated flow.
flujo acelerante | accelerating flux.
flujo actualizado de caja (finanzas) | discounted cash flow.
flujo acústico | acoustic streaming.
flujo alrededor de un obstáculo curvilíneo | flow around a curvilinear obstacle.
flujo alrededor de una placa | flow about a plate | flow past a plate.
flujo alternativo | double flow | alternating flux.
flujo anabático | anaflow.
flujo anisotérmico | nonisothermal flow.
flujo atrapado | trapped flux.
flujo autoconservativo | self-preserving flow.
flujo axisimétrico | axisymmetric flow.
flujo barotrópico | barotropic flow.
flujo bifásico | two-phase flow.
flujo bruto en efectivo | gross cash-flow.
flujo calorífico | heat flow | heat flux.
flujo calorífico convectivo | convective heat flow.
flujo calorífico crítico | critical heat flux.
flujo calorífico maximal admisible | burnout heat flux.

flujo capilar (hidrología) | capillary flow.
flujo catabático | kataflow.
flujo circulatorio | circulatory flow.
flujo circulatorio (aerodinámica) | circulation.
flujo cizallante | shear flow.
flujo compresible (aerodinámica) | compressible flow.
flujo con dos máximos de velocidad separados por un intervalo de menor velocidad (mareas) | double flood.
flujo con estancamiento | slug-flow.
flujo con gradiente de velocidad | velocity gradient flow.
flujo con turbulencia regulada | controlled turbulence flow.
flujo concatenado | linked flux.
flujo concatenado (electricidad) | linkage.
flujo cónico (fluidos) | conical flow.
flujo cónico hipersónico | hypersonic conical flow.
flujo cónico supersónico | supersonic conical flow.
flujo conservativo (vectores) | conservative flux.
flujo constante | flat flux.
flujo continuo | pulseless flow.
flujo continuo del grano (metalurgia) | continuous grain flow.
flujo cortado por segundo | flux cut per second.
flujo crítico | critical flow.
flujo crítico de neutrones térmicos | critical thermal neutron flux.
flujo cruzado (aerodinámica) | crossflow.
flujo currentilíneo | noneddying flow | streamline flow.
flujo de aire (túnel aerodinámico) | windstream.
flujo de aire aspirado | indraft.
flujo de aire atraído por la hélice (aviones) | inflow.
flujo de aire pulsatorio | pulsating air flow.
flujo de cizallamiento | shear flow.
flujo de corriente | streamflow.
flujo de Couette | Couette flow.
flujo de datos | data stream.
flujo de deslizamiento | slip flow.
flujo de desplazamiento (electricidad) | electric flux.
flujo de dispersión | stray flux | stray or leakage | leakage flux.
flujo de dispersión (electricidad) | flux stray.
flujo de dispersión (motores de inducción) | belt leakage.
flujo de dispersión del inducido | armature leakage flux.
flujo de dispersión en el inducido | armature stray flux.
flujo de dispersión en la ranura | slot leakage flux.
flujo de efectivo | cash-flow.
flujo de electrones | electron drift.
flujo de energía acústica | sound-energy flux.
flujo de entropía | entropy flow.
flujo de escape | core bypass flow.
flujo de filetes líquidos no paralelos | nonparallel streamline flow.
flujo de fuerza | flux of force.
flujo de fuga | leakage flow.
flujo de inducción | induction flux.
flujo de iones negativos entre el cátodo y el ánodo (arco eléctrico) | arc stream.
flujo de la cantidad de movimiento | momentum flux.
flujo de la capa límite | boundary layer flow.
flujo de la energía de radiación | radiation energy flux.
flujo de líneas de fuerza | flux of lines of force.
flujo de luz | light flux.
flujo de masa total | overall mass flow.
flujo de moléculas casi libres | almost-free-molecule flow.
flujo de neutrones | neutron flux.
flujo de partículas beta | beta ray.
flujo de transición (de laminar a turbulento) | transition flow.
flujo de transmisión | keying wave.
flujo de un sistema sólido vehiculado por un fluido (agua con carbón) | solid-fluid flow.
flujo de velocidad muy lenta | very-low-velocity flow.
flujo de 10^{10} neutrones/centímetro^2/segundo | flux of 10^{10} neutrons per square centimeter per second.
flujo del esfuerzo cortante | shear flow.
flujo del lodo (sondeos) | mud flow.
flujo del viento | windstream.
flujo descendente | downflow.
flujo deslizante | slip flow.
flujo diabático (fluido compresible) | diabatic flow.
flujo eléctrico | electric flux.
flujo electrónico | electron flow.
flujo emitido por superficie unitaria | emitted flux per unit area.
flujo en conductos | ducted flow.
flujo en el inducido | armature flux.
flujo en torno a la carena (buques) | flow about ship forms.
flujo energético | power flow | radiant flux.
flujo epitermal | epithermal flux.
flujo espacialmente variable | spatially varible flow.
flujo específico de entropía debido al calor | entropy flux with heat.
flujo estrangulado | choked flow.
flujo estratificado | stratified flow.
flujo fácil de regular | easy-to-adjust flow.
flujo fotónico | photonic flux.
flujo gradualmente acelerado | gradually accelerated flow.
flujo gradualmente no uniforme | gradually varied flow.
flujo gradualmente variable | gradually varied flow.
flujo gravitacional | gravitational flow.
flujo guiador | guide flux.
flujo hemisférico subhorizontal | lower hemispheric flux.
flujo hemisférico horizontal (lámparas) | downward-flux.
flujo hemisférico superior (lámparas) | upward flux.
flujo hidromagnético en conductos | hydromagnetic channel flow.
flujo himesférico inferior | lower hemispheric flux.
flujo hipersónico | hypersonic flow.
flujo hipersónico de capa límite laminar | hypersonic laminar boundary layer flow.
flujo hipersónico inviscoso | inviscid hypersonic flow.
flujo hipersónico rarificado | rarefied hypersonic flow.
flujo hipertérmico | hyperthermal flow.
flujo horario del tránsito de vehículos (carreteras) | vehicles-per-hour flow.
flujo inamortiguado | undamped flux.
flujo inferior | underflow.
flujo inferior del agua más densa (hidráulica) | density flow.
flujo infrasónico | supersonic flow.
flujo inspiratorio (medicina) | inspiratory flow.
flujo interceptado | trapped flux.
flujo intermitente | discontinuous flow.
flujo intraperlítico | intrapearlitic flow.
flujo iónico | ion flow.
flujo irregular | irregular flow.
flujo irrotacional en torno a la carena (buques) | irrotational flow about ship forms.
flujo irrotacional incomprensible | incompressible irrotational flow.
flujo irrotacional infrasónico | supersonic irrotational flow.
flujo irrotacional plano | plane irrotational flow | two-dimensional irrotational flow.
flujo isentrópico | isentropic flow.
flujo isoenergético | isoenergetic flow.
flujo laminar | laminar flow | tranquil flow | noneddying flow | viscous flow.
flujo laminar estacionario | steady laminar flow.
flujo localmente supersónico | locally supersonic flow.
flujo luminoso | light flux | flux.
flujo luminoso esférico inferior | downward flux.
flujo luminoso esférico inferior (lámparas) | downward-flux.
flujo magnético cerrado | closed path.
flujo magnético en espiral | linkage.
flujo magnetodinámico | MGD flow.
flujo magnetohidrodinámico bidimensional supersónico | supersonic bidimensional magnetohydrodynamic flow.
flujo máximo de neutrones térmicos de 3 × 10^{14} neutrones/centímetro^2/segundo | maximum thermal neutron flux of 3 × 10^{14} neutrons per square centimeter per second.
flujo medio de potencia acústica | average sound-energy flux.
flujo medio en sentido vertical | vertically-averaged flow.
flujo metaestable | metastable flow.
flujo mixto subsónico-supersónico | mixed subsonic-supersonic flow.
flujo molecular | molecular flow.
flujo motor | actuating flux.
flujo multifásico en una dimensión | multiphase flow in one dimension.
flujo neto de efectivo | net cash flow.
flujo neutrónico del reactor | reactor neutron flux.
flujo neutrónico en la región activa (reactor nuclear) | core neutron flux.
flujo neutrónico integrado | integrated neutron flux.
flujo no divergente | nondivergent flow.
flujo no divergente bidimensional | two-dimensional nondivergent flow.
flujo no permanente en cavidad | unsteady cavity flow.
flujo no permanente y no uniforme | unsteady nonuniform flow.
flujo no pulsante | nonpulsating flow.
flujo omnidireccional | omnidirectional flux.
flujo paralelo | cocurrent flow.
flujo perdido por oerstedio (imanes) | flux loss per oersted.
flujo plano rotacional | plane rotational flow.
flujo plástico | nonrecoverable flow | plastic flow.
flujo plastoelástico | plastic-elastic flow.
flujo plastorrígido | plastic-rigid flow.
flujo polar (electricidad) | polar flux.
flujo polar del estator | polar flux of the stator.
flujo polarizador | polarizing flux.
flujo polifásico del fluido | multiphase fluid flow.
flujo por aspiración | induction flowing.
flujo por diedro unidad | flux per unit solid angle.
flujo por unidad de superficie (acústica) | volume velocity.
flujo potencial alrededor de cuerpos | potential flow around bodies.
flujo potencial no soportante | nonlifting potential flow.
flujo preferencial | preferential flow.
flujo prensado | squeezing flow.
flujo primario de portadores | primary flow of carriers.
flujo pulsátil | pulsative flow | pulsating flow.
flujo pulsatorio | pulsating flow.
flujo pulsatorio de resonancia | resonant pulsating flow.
flujo que no obedece la ley de Darcy (hidráulica) | non-Darcy flow.
flujo radiante | radiance.
flujo ramificado | manifold flow.

flujo rápido | flush.
flujo reflejado | reflected flow.
flujo rotacional | rotational flow.
flujo rotacional supersónico | supersonic rotation flow.
flujo sanguineo placentario (medicina) | placental blood flow.
flujo sin remolinos | noneddying flow.
flujo solar | solar flux.
flujo superfluido | superfluid flow.
flujo superfluido gravitacional | gravitational superfluid flow.
flujo supersónico | supersonic flow.
flujo supersónico cónico infinitesimal | infinitesimal conical supersonic flow.
flujo termalmente inducido | thermally-induced flow.
flujo térmico | heat flow | heat flux.
flujo térmico de abrasamiento | burnout head flux.
flujo térmico máximo | peak thermal flux.
flujo térmico no uniforme axialmente | axially nonuniform heat flow.
flujo térmico oceánico | oceanic heat-flow.
flujo térmico por medio de remolinos | eddy heat flux.
flujo térmico uniforme | flat thermal flux.
flujo torrencial | flow streaming.
flujo torrentoso | shooting flow.
flujo tranquilo | tranquil flow.
flujo transónico | transonic flow.
flujo transónico irrotacional | irrotational transonic flow.
flujo transportado por fluidos | fluid-borne flow.
flujo transversal | cross-flow.
flujo transversal magnético | magnetic cross-flux.
flujo turbulento | eddyflow | eddy flux | swirling flow | eddy flow.
flujo unidimensional estacionario | steady-state one-dimensional flow.
flujo unidireccional del material | unidimensional flow of material.
flujo uniforme | even flow.
flujo útil | working flux.
flujo variable | unsteady flow.
flujo variado | unsteady flow | varied flow.
flujo Venturi | Venturi flow.
flujo viscoelástico | viscoelastic flow.
flujo viscoso del plano de exfoliación | grain boundary viscous flow.
flujo vortical | vortical flow.
flujo vorticial | swirling flow.
flujo vorticial incomprensible | incompressible vortical flow.
flujo vorticial subsónico | subsonic vortex flow.
flujo y reflujo | ebb and flood.
flujómeto nicotrón de dos vías con ondas rectangulares | two-channel nycotron square wave flowmeter.
flujometría | fluxmetry.
flujométrico | fluxmetric.
flujómetro | flowmeter | flowmeter | flow meter | fluxmeter.
flujómetro acústico | acoustic flowmeter.
flujómetro balístico | ballistic fluxmeter.
flujómetro compensado de retropresión | back-pressure compensated flow meter.
flujómetro con ventana de onda sinusoidal | gated sine-wave flowmeter.
flujómetro de diferencia de presión | d-p flowmeter.
flujómetro de gasto másico | mass rate flowmeter.
flujómetro de masa giroscópico | gyroscopic mass flowmeter.
flujómetro de sección variable | variable-area flow meter.
flujómetro electrónico (para mantener el giroscopio en la dirección del meridiano magnético) | fluxvalve.
flujómetro electrónico (revelador estático de la intensidad del campo magnético terrestre) | fluxgate.
flujómetro magnético | magnetic flowmeter.
flujómetro opticoeléctrico | electric signal flow indicator.
flujómetro ultrasónico | ultrasonic flowmeter.
flujómetro ultrasónico de impulsos | pulsed ultrasonic flowmeter.
flujos irreversibles acoplados | coupled irreversible flows.
flujos paralelizables | parallelizable flows.
fluminoso | fluminose | fluminous.
fluoarseniato de sodio y aluminio | fluoarsenate of sodium.
fluón (politetrafluoroetileno) | fluon.
flúor | fluorine.
fluoración | fluoridation | fluorination.
fluoración catalítica | catalytic fluorination.
fluoración de los dieléctricos de titanato | titanate dielectrics fluorination.
fluoración del agua | fluoridation of water.
fluoración del agua potable | drinking water fluoridation.
fluorador | fluorinator.
fluorar | fluorinate (to) | fluorine (to).
fluoreno | fluorene.
fluorescencia | fluorescence.
fluorescencia (lubricantes, petróleo) | bloom.
fluorescencia (petróleos) | cast.
fluorescencia atómica | atomic fluorescence.
fluorescencia biológica | biological fluorescence.
fluorescencia de impacto | impact fluorescence.
fluorescencia de resonancia | resonance fluorescence.
fluorescencia de un dosímetro irradiado | postdose fluorescence.
fluorescencia de un dosímetro no irradiado | predose fluorescence.
fluorescencia del petróleo | oil bloom.
fluorescencia fotosensibilizada | photosensitized fluorescence.
fluorescencia planctónica | plankton bloom.
fluorescencia por choque | impact fluorescence.
fluorescente | fluorescent.
fluorescer | fluoresce (to).
fluorhídrico | hydrofluoric.
fluórico | fluoric.
fluorímetro | reader | fluorimeter.
fluorímetro de excitación por rayos X | X ray excitation fluorimeter.
fluorina | blue-John.
fluorita (espato flúor) | fluor | fluorite.
fluorita (mineral) | pear spar.
fluorita azul | false saphire.
fluorita de color verde | false emerald.
fluorita verde | African emerald.
fluorización del agua | water fluorization.
fluorocarbúrico | fluorocarbon.
fluorocarburo | fluorocarbon.
fluoróforo | fluorophore.
fluorofotometría | fluorophotometry.
fluorofotómetro | fluorophotometer.
fluorogás | fluorogas.
fluorografía | fluorography.
fluorometría | fluorometry.
fluorómetro | fluorometer.
fluoromineralogía | fluoromineralogy.
fluoroplástico | fluoroplastic.
fluoroscopia | fluoroscopy.
fluoroscopia por rayos X | X-ray fluoroscopy.
fluoroscopia tridimensional | tridimensional fluoroscopy.
fluoroscopio | fluoroscope.
fluoroscopio de cristal escintilador | scintillation-crystal fluoroscope.
fluoroscopio utilizando la radiación ultravioleta de la luz solar | daylight fluoroscope.
fluorosis | fluorosis.
fluorosis dental | dental fluorosis.
fluorovalorimetría | fluorotitrimetry.
fluoruro | fluoride.
fluoruro de aluminio y sodio | cryolite.
fluoruro de litio | cryolithionite.
fluoruro de manganeso | manganous fluoride.
fluoruro de neptunio | neptunium fluoride.
fluoruro de uranilo | uranyl fluoride.
fluoruro estannoso | stannous fluoride.
fluoruros de tierras raras (metalurgia) | rare-earth fluorides.
fluosilicato amónico gris | cryptohalite.
fluosólido | fluo-solid.
fluroscopia | roentgenoscopy.
flutuaciones cíclicas | cyclical fluctuations.
fluviación (geología) | fluviation.
fluvial | fluvial | potamic.
fluviatil | fluviatic | fluviatile | potamic.
fluvicolino | fluvicoline.
fluvioeólico | fluvioaeolian.
fluvioglaciar | fluvioglacial | glaciofluvial | aqueoglacial.
fluviógrafo | fluviograph.
fluviolacustre | fluviolacustrine.
fluviología | fluviology.
fluviólogo | fluviologist.
fluviomarino | fluviomarine.
fluviometría | fluviometry.
fluviómetro | fluviometer.
fluvioterrestre | fluvioterrestrial.
fluviovolcánico | fluviovolcanic.
fluxígrafo | fluxgraph.
fluxímetro | fluxmeter.
fluxión | fluxion.
fluxoide | fluxoid.
fluye hacia el este | it flows to the east.
fluye hacia el sudoeste (corrientes) | it flows southwestward.
fluyendo turbulentamente | flowing turbulently.
fluyente | fluent | flowing.
flysch (terreno corredizo - geología) | flysch.
fmm del inducido | armature mmf.
foca | seal.
focal | focal.
focalización | focalizing | focalization | focusing | concentration.
focalización de gradiente alternante | strong focusing.
focalización de gradiente alterno | alternating gradient focusing.
focalización del haz | shimming.
focalización del haz (ciclotron) | shimming.
focalizar | focus (to) | focalize (to) | concentrate (to).
focicoide | phocicoid.
fociforme | phociform.
focino | phocine.
foco | source | hotbed.
foco (área sobre la que choca el haz electrónico) | focus.
foco (de un mal) | seat.
foco (ecuación diferencial) | turning point.
foco (medicina) | foyer.
foco (óptica) | crossover point.
foco (óptica, geometría, fotografía) | focus.
foco catódico | cathode spot.
foco concentrado de polución | point source of pollution.
foco de destellos rápidos | quick-flashing light.
foco de infección | plague-spot.
foco de nucleación | nucleation focus.
foco de polución | pollution source.
foco de una lente | focus of a lens.
foco irradiador | radiant.
foco lineal (óptica) | line focus.
foco paraxial | paraxial focus.
foco primario | primary focus.
foco puntiforme | point focus.
foco químico (lente fotográfica para rayos fotoactínicos) | chemical focus.
foco radioeléctrico sidéreo | sidereal radioelectric focus.
foco real (sismos) | centrum.
foco sidéreo | solar focus.
focolimador | fococollimator.
focometría (óptica) | focimetry.

focómetro | focometer | focimeter.
focos aplanáticos | aplanatic points.
focos de crisis | crisis breeding elements.
focoscopio | focuscope.
foehn (meteorología) | foehn.
fofoque | middle jib.
fofoque (goleta) | standing jib.
fofoque (vela de buque) | inner jib.
fogata | bonfire.
fogata pedrera | fougasse | stone fougass.
fogata pedrera (milicia) | fugade.
fogón (canal de fuego-cartuchos) | flash-hole.
fogón (cartuchos) | venthole.
fogón (culote cartuchos) | flame passage.
fogón (de cartucho) | vent.
fogón central (cartuchos de fusil) | axial vent.
fogón portátil | kitchen.
fogón prefabricado (bosques) | prefabricated fireplace.
fogonazo | gun flash | photoflash.
fogonazo (armas) | flash.
fogonazo (cañones) | muzzle flash.
fogonazo de luz | light flash.
fogonazo térmico | thermal flash.
fogonazo térmico de un ataque nuclear | thermal flash of a nuclear attack | nuclear attack thermal flash.
fogonero | fire tender | fireman | furnaceman | furnacer | stoker | boilerman.
fogonero (locomotoras) | fire-boy.
fogonero engrasador | greaser fireman.
fogonero jefe | head stoker.
fogonero jefe (buques) | chief stoker.
fogoso (música) | with fire.
foguear | stoke (to) | inure to fire (to).
foliáceo | leaf-shaped.
foliación | foliation | foliature | paging.
foliación (árboles) | flushing.
foliación (arquitectura) | feathering.
foliación (botánica, matemáticas) | foliation.
foliación (contabilidad) | numbering.
foliación (rocas) | rock cleavage.
foliación en el plano axial | axial-plane foliation.
foliaciones métricas cerradas (matemática) | closed metric foliations.
foliado | slaty | foliate.
foliado (botánica) | foliated.
foliado automático | automatic numbering.
foliador | numbering-machine | numbering stamp | numbering-stamp.
foliadora | paging machine.
foliadora-numeradora | paging and numbering machine.
foliar | number pages (to) | folio (to) | foliate (to).
foliar (tipografía) | page (to).
foliar de dos en dos las hojas (libros) | bifoliate (to).
folífago (que come hojas) | foliphagous.
foliforme | leaf-shaped.
folio | folio.
folio (curva) | foliate curve.
folio de Descartes (curva algebraica) | folium of Descartes.
folio del libro diario | journal folio.
folio menor | demi-folio.
folio vuelto | offside.
foliolo (botánica) | leaflet | pinnule.
follación (botánica) | leafing.
follaje | leafage | greenery.
follaje (arquitectura) | leaf-work.
folletista | pamphleteer.
folleto | tract | print | leaflet | booklet | brochure | pamphlet.
folleto cosido con alambre | wirebound booklet.
folleto de bolsillo | pocket-sized booklet.
folleto de información del consumidor | consumer information booklet.
folleto de instrucciones | instruction pamphlet.
folleto de propaganda | advertising brochure.
folleto detallado disponible | detailed brochure available.
folleto en colores | colored brochure.
folleto informativo | informative paper.
folleto muy detallado gratis | fully descriptive brochure on request.
folleto plegable | folder.
folleto reducido | abridged prospectus.
folletos a domicilio (propaganda) | house organs.
fomentador | developer | sponsor.
fomentador (de ventas) | promotional.
fomentar | forward (to) | promote (to).
fomentar la inversión | promote investment (to).
fomentar la investigación | promote research (to).
fomento | furtherance.
fomento (medicina) | stupe.
fomento de la construcción de viviendas | promotion of housing construction.
fomento de la exportación | export promotion.
fomento de la investigación | promotion of research.
fomento de la producción | production promotion.
fomento de ventas | sales promotion | promotion.
fomento del comercio de exportación | promotion of the export trade.
fomento del empleo del acero | development of the uses of steel.
fon | phon.
fonda | hotel.
fondeadero | haven | anchor ground | anchoring place | anchoring ground | anchorage | mooring.
fondeadero (marina) | berthing | berth.
fondeadero bueno | clean anchorage.
fondeadero desabrigado | exposed anchorage.
fondeadero para buques que transportan explosivos | explosives anchorage.
fondeadero poco seguro | foul berth.
fondeadero prohibido | prohibited anchorage.
fondeadero provisional (puertos) | temporary anchorage.
fondeadero reservado | appropriated berth.
fondeado (buques) | at anchor.
fondeado (minas) | moored.
fondeado sobre el ancla de estribor | riding by the starboard anchor.
fondear | drop anchor (to) | anchor (to) | berth (to) | cast anchor (to).
fondear (anclas) | let go (to).
fondear (buques) | arrive (to) | bring up (to).
fondear (minas) | lay (to) | plant (to).
fondear minas | lay mines (to) | plant mines (to).
fondear una mina | plant a mine (to).
fondearse | come to anchor (to).
fondeo (de minas submarinas) | planting.
fondeo (minas submarinas) | laying.
fondeo a barba de gato (buques) | hawse.
fondeo a pata de ganso (buques) | bridle mooring.
fondeo de minas | minelaying.
fondeo de minas desde aviones | aircraft minelaying.
fondeo de minas desde buques de superficie | surface vessel minelaying.
fondillos (pantalones) | seat.
fondillos de cuero (pantalones) | leathers.
fondo | hardpan | sole | base | bottom | fundus | gist.
fondo (barrenos) | toe.
fondo (botellas) | kick.
fondo (braceaje - puertos) | depth.
fondo (cerraduras) | plate.
fondo (cilindro de vapor) | cover.
fondo (cilindros) | back end.
fondo (crisoles) | base block.
fondo (cuadros) | ground.
fondo (de cilindro) | bottom cover.
fondo (de cuadro o tapiz) | grounding.
fondo (de pozo sondeo) | face.
fondo (de rosca) | root.
fondo (de un colector, de caldera, de barril) | head.
fondo (de un proceso) | main issue.
fondo (filones) | sill.
fondo (galería) | end.
fondo (jurisprudencia) | merit.
fondo (paisajes, fotografía, filmes) | background.
fondo (plan - dique seco) | floor.
fondo (rayos catódicos) | faceplate.
fondo (ríos) | sill.
fondo (tapices) | groundwork.
fondo abombado | curved head.
fondo abombado (recipientes) | dished end.
fondo abombado (recipientes, calderas) | dished-end plate.
fondo abombado estampado | die-pressed dished end.
fondo acampanado | belled bottom.
fondo acopado con las faldillas por dentro del cuerpo del recipiente | inwardly dished end.
fondo amovible | removable bottom.
fondo apisonado sobre varillas (convertidores) | plug.
fondo aplacerado (marina) | level bottom.
fondo basculante | drop-bottom | hinged bottom.
fondo circulante | revolving fund.
fondo claro (marina) | light ground.
fondo común (monetario) | common pool.
fondo con rocas o restos de naufragios | foul bottom.
fondo con un rediente (hidros) | one-step bottom.
fondo cóncavo | concave bottom.
fondo cónico | conical bottom.
fondo consolidado con pago de intereses deudores | consolidated fund.
fondo convexo (calderas) | convex dished end.
fondo convexo por el exterior (recipientes) | dished end.
fondo corredizo (convertidores) | draw bottom.
fondo curvado (recipientes) | curved head.
fondo curvo estampado (recipientes) | pressed dished end.
fondo de | two-step bottom.
fondo de adelantos para gastos | advance expense fund.
fondo de amortiguación rápido | accelerated depreciation fund.
fondo de amortización | redemption fund | depreciation fund | fund sinking | sinking fund.
fondo de amortización (economía) | sinking fund.
fondo de amortización de efectivo | sinking fund cash.
fondo de amortización de las obligaciones | debenture sinking fund.
fondo de amortización de primera hipoteca | first mortgage debenture stock.
fondo de amortización no acumulativo | noncumulative sinking fund.
fondo de banda móvil | endless floor.
fondo de barril | barrelhead.
fondo de bienestar (economía) | welfare fund.
fondo de caldera | boiler end | boiler head.
fondo de capital circulante | working capital fund.
fondo de certificados oro | gold settlement fund.
fondo de compensación | equalization fund | equalization fund.
fondo de compensación de cambios | exchange equalization fund.
fondo de cuchara (acerías) | scull.
fondo de cuchara (cuchara de colada) | skull.
fondo de desarrollo | development fund.
fondo de escoria | cinder bottom.
fondo de estabilización | stabilization fund | equalization fund | equalization fund.
fondo de estructura transversal | transversely framed bottom.
fondo de expansión | development fund.
fondo de fango | mud bottom.
fondo de garantía | security fund | guarantee fund | guaranty fund.
fondo de garantía bancaria | staff guaranty

fund | Bank guaranty fund.
fondo de inversión | investment trust.
fondo de jubilaciones | pension fund.
fondo de la bahía | bayhead.
fondo de la bahía (opuesto a entrada) | bay head.
fondo de la husada | cop bit.
fondo de la llanta | rim base.
fondo de la rosca | thread root | root of the thread.
fondo de la solera | hearth level.
fondo de libre disposición | general fund.
fondo de lingotera | ingot mold bottom.
fondo de mal tenedero | foul bottom.
fondo de maniobra | working capital.
fondo de operación | working capital fund.
fondo de participación | counterpart fund.
fondo de pensión | retirement fund | superannuation fund.
fondo de pensiones | pension fund | pension fund.
fondo de pensiones para maquinistas | enginemen's pension fund.
fondo de planeo del casco (hidros) | hull planing bottom.
fondo de pozo | down hole.
Fondo de Préstamos para el Desarrollo (EE.UU.) | Development Loan Fund.
fondo de previsión | reserve fund | emergency fund | provident fund.
fondo de previsión social | welfare fund.
fondo de recipiente toriesférico | torispherical drumhead.
fondo de regularización | equalization fund.
fondo de renovación | replacement fund | renewals fund.
fondo de rescate | redemption fund.
fondo de rescate de las acciones preferentes | preference stock redemption reserve.
fondo de reserva | reserve fund.
fondo de reserva general | general reserve fund.
fondo de retiros | retirement fund.
fondo de revistas de la biblioteca | periodical stock of the library.
fondo de roca | rock bed.
fondo de rotación | working capital.
fondo de saco (anatomía) | cul-de-sac.
fondo de seguros | insurance fund.
fondo de tolva | hopper bottom.
fondo de trabajo (tuneles) | working face.
fondo de un pozo de recogida de aguas (minas) | fork.
fondo de un rediente (hidros) | single step bottom.
fondo de una causa (jurisprudencia) | merits of a case.
fondo del barreno | borehole bottom.
fondo del calderín (calderas) | drumhead.
fondo del cárter | oil-pan.
fondo del casco (buques) | shell bottom.
fondo del cilindro | cylinder back-head | cylinder bottom.
fondo del colector (calderas) | drumhead.
fondo del convertidor | converter bottom.
fondo del cráter | crater floor.
fondo del crisol | hearth block.
fondo del crisol (alto horno) | hearth level.
fondo del depósito de aire | air drum head.
fondo del diente (sierra circular) | saw gullet.
fondo del mal tenedero (fondeo buques) | loose bottom.
fondo del mar | sea bottom | sea bed | seabed.
fondo del pozo | pit-bottom.
fondo del rayado | bottom of rifling.
fondo del sinclinal | core of syncline.
fondo del tejido (terciopelos) | back texture.
fondo desenfocado (fotografía) | flou.
fondo editorial (empresa editorial) | range.
fondo elástico (de aceiteras, etc.) | spring bottom.
fondo elipsoidal del recipiente | ellipsoidal drumhead.
fondo embutido (recipientes) | dished end.
fondo estabilizador | buffer pool.
fondo estampado | pressed end plate | pressed bottom.
fondo fiduciario | trust fund.
fondo fijo | imprest cash.
fondo fijo (economía) | imprest fund.
fondo fijo de caja | cash imprest.
fondo financiero de servicios con cargo a las tasas | special assessment fund.
fondo fundacional | endowment fund.
fondo hemiesférico (calderas, recipientes) | egg head.
fondo hemisférico | hemispherical bottom.
fondo hemisférico no soportado por tirantes (calderas) | hemispherical unstayed end.
fondo horizontal del mar (oceanografía) | sea floor.
fondo inglés (tejidos) | loop ground.
fondo limpio | clean bottom.
fondo liso (tejidos de pelo) | plain back.
Fondo Monetario Europeo | European Monetary Fund (E.M.F.).
Fondo Monetario Internacional | International Monetary Fund.
fondo móvil | loose bottom | drop-bottom.
Fondo mundial para la protección de la Naturaleza | World Wildlife Fund.
fondo mutualista | mutual fund.
fondo mutuo sin gastos de gestiones | no-load fund.
fondo muy iluminado de la escena (televisión) | hot background.
fondo no aprobado por el Congreso (EE.UU.) | nonappropriated fund.
fondo oceánico | ocean bottom.
fondo para amortización de obligaciones | bond sinking fund.
fondo para redención de bonos | bond redemption fund.
fondo perforado con varillas | needle bottom.
fondo plano | level bottom.
fondo postizo (troqueles) | plug.
fondo radiactivo | radioactive background.
fondo renovable | revolving fund.
fondo rocoso | rock bottom.
fondo rotativo | revolving fund.
fondo rotativo de gastos menores | imprest fund.
fondo seco | dry bottom.
fondo semielipsoidal no soportado por tirantes (calderas) | semiellipsoidal unstayed end.
fondo sin retícula (tipografía) | solid.
fondo sobre el que se construye la imagen (TV) | raster.
fondo social | accumulated fund | joint stock.
fondo submarino | submarine bottom.
fondo torisférico (recipientes a presión) | torispherical end.
fondo torisférico no soportado por tirantes (recipientes a presión) | torispherical unstayed end.
fondos | finance | cash | assets | monies | moneys | money | fund | finances.
fondos (de un particular) | Exchequer.
fondos (efectivo - capital) | funds.
fondos afectados | earmarked funds.
fondos afectados a un fin | obligated funds.
fondos bloqueados | blocked funds.
fondos comunes | pool.
fondos congelados (economía) | blocked funds.
fondos de capital | capital funds.
fondos de depreciación | depreciation funds.
fondos de dotación | endowment funds.
fondos de explotación | working balance.
fondos de inversión (EE.UU.) | mutual funds.
fondos de inversiones | unit trust.
fondos de inversiones (economía) | investments trusts.
fondos de reserva | coverage | guarantee funds | rest.
fondos de resistencia (sindicato obrero) | fighting funds | fighting fund.
fondos de socorro | community chest.
fondos de un barril | heads of a cask.
fondos del buque | ship's botton.
fondos depositados | money on deposit.
fondos disponibles | funds available | uncommitted funds | available funds | ready money | ready cash.
fondos en caja | money in hand.
fondos en títulos | equity funds.
fondos enviados por inmigrantes a su país de origen | immigrant remittances.
fondos extrapresupuestarios | extra-budgetary funds.
fondos federales | federal funds.
fondos fijos en inventarios no equilibrados | funds tied up in unbalanced inventories.
fondos improductivos | sterilized funds.
fondos inactivos | sterilized funds.
fondos mutuos | mutual fund.
fondos no comprometidos (de una consignación) | deobligated funds.
fondos no disponibles | frozen assets.
fondos no líquidos | frozen assets.
fondos no realizables | illiquid funds.
fondos no realizados | frozen assets.
fondos no realizados (economía) | frozen assets.
fondos para edificar viviendas | mortgage money.
fondos para imprevistos (economía) | contingency fund.
fondos para prestar | loanable funds.
fondos para seguros (balances) | insurance monies.
fondos para seguros (banca) | insurance monies.
fondos propios | shareholders' funds.
fondos públicos | public funds | public securities | sound stock | stocks | stock | government securities | government stocks.
fondos públicos (economía) | state bond.
fondos públicos (papel del Estado) | funds.
fondos públicos para préstamos | revolving fund.
fondos radiactivos | backgrounds.
fondos rayados o de puntos (fotograbado) | benday.
fondos sucios (buques) | fouled bottom | foul bottom.
fondos vitalicios | life annuities.
fonema | voicing | phoneme | phone.
fonema (acústica) | elementary sound.
fonendoscopio | phonendoscope.
fonética | phonetics.
fonética acústica | acoustical phonetics.
fonética auditiva | auditive phonetics.
foneticista | phonetician.
fonetización | phoneticizing.
fonetizar | phonetize (to) | phoneticize (to).
fonetógrafo | phonetograph.
fonía | voice.
foniatría | phoniatrics.
fonicidad | phonicity | phonism.
fónico | sound.
fonio (acústica) | phon.
fonio (unidad acústica) | phone.
fonio (unidad sonora) | phon.
fonoabsorbente | phonoabsorbent.
fonoabsorción | phonoabsorption.
fonoadaptador | phonoadapter.
fono-amplificación | audio amplification | audio-gain.
fonoamplificador | pickup amplifier.
fonoatenuación | sound deadening.
fonoaudiología | phonoaudiology.
fonoauscultación | phonoauscultation.
fonocalizador | sonic locator.
fonocaptación | sound pickup.
fonocaptor | phonocaptor | reproducer.
fonocaptor (fonógrafos) | pickup.
fonocaptor cerámico | ceramic pickup.
fonocaptor de armadura equilibrada | balanced-armature pickup.
fonocaptor de baja impedancia | low-impedance pickup.

fonocaptor de bobina móvil | moving-coil pickup.
fonocaptor de capacitor | condenser pickup.
fonocaptor de cristal | pickup crystal.
fonocaptor de inductancia variable | variable-inductance pickup.
fonocaptor electrostático | capacitor pickup.
fonocaptor en cápsula cerámica | ceramic pickup.
fonocaptor estéreo | stereo pickup.
fonocaptor fonográfico | phono pickup | phonograph pickup.
fonocaptor gramofónico | gramophone pickup.
fonocaptor magnético | magnetic pickup.
fonocaptor para estereofonía | stereo pickup.
fonocaptor piezoeléctrico | crystal pickup.
fonocaptor piezoeléctrico de titanato bárico | barium-titanate piezoelectric pickup.
fonocardiograma (medicina) | phonocardiogram.
fonodistorsión | acoustic distortion.
fonoémbolo | pistonphone.
fonóforo | phonophorous | phonophore.
fonogenia (acústica) | phonogeny.
fonógeno | sound-producing | sound-emitting.
fonogoniómetro | sound locator.
fonografía | gramophone recording | phonography.
fonógrafo | phonograph.
fonograma | phonogram | record | soundtrack.
fonoimpresor | phonoprinter.
fonoincisor (disco gramófonos) | cutter | recording cutter.
fonolita | sound-stone.
fonolita (piedra de campana) | phonolite.
fonolita (piedra sonora) | clinkstone.
fonolita molida | phonolite metal | phonolite meal.
fonolocalización | sound ranging | sound location | acoustic fixing.
fonolocalización de aeronaves | aerial sound ranging.
fonolocalizador | sound detector | acoustic detector.
fonología | phonology | fonology.
fonología musical | musical fhonology.
fonólogo | phonologist.
fonomecanografía | phonomechanography.
fonometría | phonometry.
fonómetro | phon-meter | phonometer | audiometer | sound level meter.
fonomimia | lip-speaking.
fonón (física) | phonon.
fonón acústico | acoustic phonon.
fonón de frecuencia Raman | Raman-frequency phonon.
fonón óptico | optical phonon.
fonón térmico | thermal phonon.
fonones no en equilibrio | nonequilibrium phonos.
fonónico | phonon.
fonooscilación | audio oscillation.
fonoproyector | sound projector.
fonoquímica | phonochemistry.
fonorrecepción | sound reception.
fonorreceptor | sound receiver.
fonorreducción | sound reduction.
fonoscopia | phonoscopy.
fonoscopio | phonoscope.
fonoscopizar | phonoscopize (to).
fonoseñal | audio-signal.
fonosintáctico | phonosyntactic.
fonosituador | phonolocator.
fonoteca | sound-film library | phonothec | phonograph records library | record library.
fonotécnico | phonotechnical.
fonotelemetría | sound ranging.
fonotelémetro | phonotelemeter.
fonovisión | phonovision.
fonovisor | phonovisor.
fonovisual | audio-video.
fontactoscopio | fontactoscope.
fontanela (anatomía) | mold (EE.UU.) | mould (G.B.).
fontanería | piping | plumbing | plumbing | plumbing.
fontanero | plumber.
fontura (telar de punto rectilíneo) | knitting head.
fontura (telar de un punto rectilíneo) | font.
foque | outer jib.
foque (buque de vela) | head-sail.
foque (buques) | jib.
foque (goleta) | boom jib.
foque (vela) | gib.
foque volante | jib topsail.
foque volante (buque de vela) | kite.
foque-balón (yates) | balloon sail.
foquero | sealer | sealing vessel.
foración | drilling.
foración (de pozos) | sinking.
forajido | lawless.
foralite (fósiles) | foralite.
foramen | foramen.
foraminado | foraminate.
foraminífero | foraminifer.
foraminiferología | foraminiferology.
foraminiferólogo | foraminiferologist.
fórceps | forceps | extractor.
fórceps para coger el tabique nasal del ganado | bull-holder.
forense | forensic.
forense (jurídico) | forensic.
forestación | forestation | afforestation.
forestal | forested.
forestar | forest (to).
forja | smithy | forge | forging | forgery.
forja a mano | smith forging.
forja austénica para turbina de combustión de gran resistencia a la termofluencia | high creep strength austenitic gas turbine forging.
forja catalana | american forge | bloomery fire | Champlain forge.
forja cilíndrica de diámetro mayor que su longitud | blank.
forja con demasiado rebabado en una cara | mistrimmed forging.
forja con estampa abierta | open-die forging.
forja con estampa de tolerancias muy pequeñas | close-to-finished-form die forging.
forja con estampa de tolerancias muy pequeñas y empleando un tocho que al deformarse rellene justamente el hueco para que no haya rebaba lateral | totally enclosed die forging.
forja con estampa sin conicidad en sus caras | draftless forging.
forja con la dirección de las fibras en ángulo recto con las caras de la estampa | upend forging.
forja con pocas creces (forja a medidas aproximadas a las definitivas) | close-to-size forging.
forja con troquel (hay cambio de forma y cambio de la sección tranversal) | drop forging.
forja con troquel abierto | smith forging.
forja con troquelado igual por ambas caras (que se trabaja girándola) | flop forging.
forja de acero hueca | tubular-steel forging.
forja de afino | low hearth | fining forge.
forja de aluminio | aluminum forging.
forja de carbón vegetal | hearth.
forja de estampación | impact die forging | hammer forging.
forja de estampación (hay cambio de forma y cambio de la sección tranversal) | drop forging.
forja de estampado (hay cambio de forma y cambio de la sección tranversal) | drop forging.
forja de precisión | close-to-limit forging.
forja de redondos | off the bar.
forja de sección circular | swaging.
forja en caliente | hot forging.
forja en hueco | hollow forging.
forja en troquel cerrado | closed-impression die forging.
forja enteriza de aluminio | one-piece aluminum forging.
forja estampada | die-produced forging.
forja estampada en caliente | drop forging.
forja hecha con herramienta manejada por el forjador | loose tool forging.
forja hecha con herramientas sujetas rígidamente a la prensa o martinete | fast tool forging.
forja hecha en la recalcadora | upsetter forging.
forja homogenizada | normalized forging.
forja hueca pretensada | prestressed hollow forging.
forja ojivada (para proyectiles) | nosed forging.
forja para cuerpo de rotor | rotor body forging.
forja para eje de rotor | rotor shaft forging.
forja parcialmente conformada | use.
forja por extrusión | extrusion forging.
forja por laminación | roll forging.
forja por prensado | pressing.
forja por recalcado | upsetting.
forja recalcada | upsetter forging.
forja termoestable | thermally stable forging.
forja troquelada en caliente | drop forging.
forjabilidad | forgeability.
forjabilidad en caliente | hot-workability | hot-forgeability.
forjable | forgeable.
forjado | forged | hammered | wrought.
forjado a gran velocidad | dynamic forging.
forjado a mano | hand-forged.
forjado a medidas exactas | coining.
forjado a pequeña velocidad | static forging.
forjado al martinete | dynamic forging.
forjado con dos golpes (prensas) | double-blow forging.
forjado con estampa partida | split die forging.
forjado con matriz circular | circular die forging.
forjado con precisión a medidas definitivas | precision-forged to finished dimensions.
forjado con un solo golpe (prensas) | single-blow forging.
forjado de cigüeñales | crankshaft forging.
forjado de hormigón | concrete floor slab.
forjado de ladrillos (muros) | brick nogging.
forjado de proyectiles | shell forging.
forjado en bruto en el martillo pilón con golpes ligeros | tilting.
forjado en caliente a una barra cuadrada | hot-forged into square bar.
forjado en caliente por presión hidráulica | hydraulic forging.
forjado en frío | cold-forged | hammer-hard | hammering cold | cold beaten | cold-hammered.
forjado en frío (metalurgia) | peening.
forjado en la masa | forged from the solid.
forjado en la pieza | forged from the solid.
forjado en prensa | static forging.
forjado en prensa de productos anulares | ring forging.
forjado en rosario (formación de piezas pequeñas forjadas en el martinete unas tras otras en la misma barra) | string forging.
forjado en una máquina de pudelar (hierro) | machine puddled.
forjado en una pieza | solid wrought.
forjado en una pieza con | forged integral with.
forjado en una pieza con el eje | forged in one piece with the shaft.
forjado hidráulico | hydraulic forging.
forjado ligero de preparación | saddening.
forjado liso | smooth forged.
forjado macizo | solid-forged.
forjado mecánico | power forging.
forjado nervado de hormigón | beam-and-slab-type concrete floor.
forjado por calentamiento eléctrico | electric forging.
forjado por estampación en caliente | drop-stamping | drop forged.
forjado por prensa | pressure forging.
forjado por rotación (tubos) | rotary forged.
forjado por rotación de la estampa superior

o inferior durante el proceso | spin forging.
forjado rotatorio (la pieza está vertical y gira y los martillos son horizontales) | rotary forging.
forjado sin vigas | flat-slab concrete floor.
forjado sucesivamente hasta una reducción máxima en la sección de 98% | step-forged to a maximum reduction-in-area of 98%.
forjador | forger | smith | anvil smith | blacksmith.
forjador de fragua | hammersmith.
forjador de tubos | tube forger.
forjadora (máquina) | forger.
forjadura | forgery | forging.
forjadura en caliente | hot forging.
forjadura en estampa cerrada | closed-die forging.
forjadura en estampa cerrada de discos para turbinas | closed-die forging of turbine discs.
forjadura por recalcado | upset forging.
forjamiento girando la pieza para conseguir una sección circular | rolling.
forjamiento para producir el mayor desplazamiento en sentido longitudinal de la pieza | drawing.
forjamiento para que haya mayor desplazamiento del material en sentido transversal que en el longitudinal | spreading.
forjando lingotes de peso hasta 210 toneladas | forging ingots weighing up to 210 tons.
forjar | hammer (to) | tilt (to) | forge (to) | shape (to).
forjar a mano | smith (to).
forjar a medida aproximada | rough forge (to).
forjar a medidas finales | forge to shape (to).
forjar acercándose a la prensa | forge forwards (to).
forjar al martinete | hammer up (to).
forjar al yunque | anvil (to).
forjar con estampa | swage (to) | die-forge (to).
forjar con martinete | tilt (to).
forjar en basto | rough forge (to).
forjar en caliente | forge hot (to) | hot-forge (to).
forjar en caliente entre rodillos | hot-roll forge (to).
forjar en el martillo pilón | drop (to).
forjar en el martinete de fragua | hammer-forge (to).
forjar en frío | forge cold (to) | cold forge (to).
forjar en frío (metalurgia) | cold hammer (to).
forjar en hueco | hollow forge (to).
forjar en matriz | die-forge (to).
forjar en troquel | die-forge (to).
forjar por laminación | roll-forge (to).
forjar por segunda vez | re-forge (to).
forjar separándose de la prensa | forge backwards (to).
forjas acabadas sin tolerancias para maquinado | to a finish.
forjas de acero al carbono | carbon steel forgings.
forjas para cañones | gun-forgings.
forjas para cascos de buques | ship hull forgings.
forjas para motor marino de propulsión | marine main engine forgings.
forjas para rotores de vapoturbinas | steam turbine rotor forgings.
forjas tubulares | tubular forgings.
forma | making | pattern | form | shaping | shape | sort | feature | geometry.
forma (tipografía) | forme.
forma aberrante (biología) | sport.
forma acopada hacia dentro | inwardly dished form.
forma afiligranada | lacelike form.
forma ageométrica | nongeometric shape.
forma ageométrica compleja | complex nongeometric shape.
forma alotrópica | allotrope.
forma anticavitación | cavitation-resistant shape.
forma apocopada | apocopated form.
forma asifonada | asiphonate form.
forma asifonada homomiárica | homomyarian asiphonate form.
forma canónica de la ecuación lineal | intercept form of the linear equation.
forma caolinizada | kaolinized form.
forma coloidal de hidróxido de aluminio | diasporogelite.
forma cónica de cristales exagonales (cristalografía) | pencil point.
forma cuadrática quinaria | quinary quadratic form.
forma cuadrática ternaria indefinida | indefinite ternary quadratic form.
forma cuasicircular | quasicircular shape.
forma cúbica del nitruro de boro | borazon.
forma currentilínea de mínima resistencia (autos) | teardrop.
forma curvada al salir del laminador | mill coil.
forma de aplicación | form of application.
forma de clase | two-form.
forma de clase cero (formas diferenciales) | O-form.
forma de distribución de tormentas | storm distribution pattern.
forma de impulso (ondas) | pulse shape.
forma de la cara de trabajo de la muela de rectificar | grinding wheel shape.
forma de la deformación | deformation pattern.
forma de la entrada | inlet shape.
forma de la luna | figure of the moon.
forma de la onda de salida | output waveform.
forma de la respuesta | response shape.
forma de la viruta (torneado) | chip geometry.
forma de onda | waveshape | wave form.
forma de onda de dispersión de energía | energy dispersion waveform.
forma de onda en diente de sierra | ramp wave form | sawtooth waveform | sweep waveform.
forma de onda exponencial | exponential waveform.
forma de onda muy apuntada | sharply peaked waveform.
forma de onda vídeo | video waveform.
forma de preservar objetos por medio de una capa de sustancia viscosa que se proyecta con pistola sobre un entramado ligero que cubre el objeto a preservar (cañones, aeroplanos, etc.) | mothball style.
forma de proa de pequeña resistencia al avance | low resistance bow shape.
forma de proceder una reacción nuclear | channel.
forma de relieve | land form.
forma de surco | groove shape.
forma del ala en proyección horizontal (aviones) | planform.
forma del álabe | blade shape.
forma del aparejo (buques velas) | cut.
forma del buque | geometry of ship.
forma del impulso (electricidad) | pulse shape.
forma del medio | shape of the medium.
forma del modo | mode shape.
forma del talón (medias) | heel pocket.
forma dimorfa monoclínica | monoclinic dimorphous form.
forma dominante (cristalografía) | habit.
forma en planta | plan form.
forma en proyección horizontal (alas aviones) | plan form.
forma exterior | external shape.
forma fácil de tomar | easy-to-get-at form.
forma fisiográfica | land form.
forma gaussiana | Gaussian fashion.
forma geométrica | geometry.
forma geométrica de la pieza que se va a trabajar | workpiece geometrical form.
forma geométrica que protege de la lluvia (estructuras) | weathering.
forma geométricamente exacta | geometrically accurate shape.
forma hidrodinámica | streamlining.
forma libre | free form.
forma litográfica offset | offset litho form.
forma microestructural angular (aleaciones) | Chinese script.
forma mutante (biología) | split.
forma muy configurada | highly configurated shape.
forma óptima | best shape.
forma poliédrica regular | regular polyhedral form.
forma polimórfica del hierro estable | delta iron.
forma precisa | precise form.
forma predeterminada | predetermined shape.
forma primitiva | first shape.
forma reticulada | reticulation.
forma seudoelipsoidal | ellipsoidal-like shape.
forma y dimensiones exteriores y disposición detallada de los órganos interiores (aparatos) | geometry.
formabilidad | workability | formability.
formable | formable.
formación | training | formatting | forming | instruction | framing.
formación (de un tren) | makeup.
formación (documentos, conjuntos) | making-up.
formación (electricidad, geología) | formation.
formación (geología) | system | measures | occurrence | series | country.
formación abierta (aviación) | loose formation.
formación abrasiva | abrasive ground.
formación acelerada | part-time training.
formación alpinoártica | alpino-arctic formation.
formación apilada | stacked array.
formación atravesada | encountered formation.
formación brusca de granos gruesos a cierta temperatura cuando se emplean inhibidores que son inefectivos (aceros) | duplexing.
formación cambial (botánica) | cambial formation.
formación carbonífera | coal formation | coal-bearing formation.
formación carbonosa (culatas motores) | carboning.
formación cementada (geología) | cement formation.
formación con diamantes en la cara plana final y hacia los extremos cortantes de las partes laterales (trépano de sondeo) | square nose formation.
formación con los aviones muy separados entre sí | loose formation.
formación con los componentes muy juntos | tight formation.
formación coralina | cave coral.
formación de aeroplanos | covey.
formación de ampollas (pavimento asfalto) | blowing.
formación de ampollas en cerámica decorada | blebbing | frizzling.
formación de arco eléctrico | arcing.
formación de arco en el magnetrón | magnetron arcing.
formación de arcos entre el colector y escobillas (máquinas de corriente continua) | flashing.
formación de arena mezclada con conchas (geología) | crag.
formación de arrugas (de superficies pintadas) | crawling.
formación de aviones | plane formation.
formación de aviones en que éstos están a diferente altitud | staggered formation.
formación de batalla (tropas) | drawing up.
formación de bolas pequeñas | pelleting | pelletizing.
formación de bombardeo | bomb formation.
formación de bombarderos con escolta de cazas | ramrod.
formación de bóvedas (interior de hornos

metalúrgicos) | chimneying.
formación de burbujas de vapor | steam void.
formación de cabezas recalcando en frío la barra (remaches, tornillos) | cold-heading.
formación de cajos (encuadernación) | backing-up | backing.
formación de capas no adherentes (galvanoplastia) | flaking.
formación de cascarilla en aire en calma | scaling rate in static air.
formación de cascarilla exterior | external-scale formation.
formación de cavidades abovedadas (pulvimetalurgia) | bridging.
formación de cavidades abovedadas en la parte alta por solidificación prematura (piezas fundidas) | bridging.
formación de cavidades pequeñas en las aleaciones de aluminio cuyo diámetro varía de 0,5 a 1 mm | pinholing.
formación de circos (geología) | cirque cutting.
formación de cocas (de un cable) | kinking.
formación de colas | queueing.
formación de colas (informática) | queuing.
formación de conductos de paso de los gases calientes de combustión a lo largo de las concreciones de escorias depositadas sobre el exterior de los tubos de calderas y recalentadores | gas laning.
formación de contornos | contour-forming.
formación de corriente vorticosa (aerodinámica) | bubbling.
formación de cráteres | cratering.
formación de cristales de calcio en la superficie (enlucidos de cemento, hormigones) | scum.
formación de cristales reptantes encima de la superficie de un líquido (química) | creep.
formación de cuatro aeroplanos remolcando planeadores y volando a la misma altitud | pair of pairs.
formación de cuatro cazadores en forma de V asimétrica (aviación) | fingertip formation.
formación de depósitos carbonosos (pistones) | carbonizing.
formación de domos (geología) | doming.
formación de escoria | slagging | fritting.
formación de escorias en los extremos de los tubos de humo (calderas caldeadas con petróleo) | bird nesting.
formación de espejos bombardeando una superficie de vidrio con átomos de un metal en alto vacío | cathodic sputtering.
formación de espuma | frothing | fobbing | foaminess | foaming.
formación de espuma (baño galvanizado) | drossing.
formación de exudados superficiales de segregados (aleaciones) | bleb formation.
formación de fase sigma | σ-phase formation | σ-phase formation.
formación de flanco (aviación) | wing.
formación de garrotes (carriles) | kinking.
formación de gotas | drop formation.
formación de grietas (loza) | dunting | dunt.
formación de grietas anulares | ring crack formation.
formación de grietas en los cantos al laminar (chapas aluminio) | crocodiling.
formación de grietas por contracción (aceros) | hot-tear formation.
formación de hielo | icing.
formación de hielo en aviones | aircraft icing.
formación de hielo por presión (navegación) | hummocking.
formación de humos | fuming.
formación de imágenes | imaging.
formación de imágenes (óptica) | imagery.
formación de imagenes por radionuclidos | radionuclides imagin.
formación de incrustaciones | scale formation.
formación de incrustaciones (calderas) | scaling.
formación de irregularidades digitales por viscosidad (medios porosos) | viscous fingering.
formación de itinerarios (enclavamientos vía férrea) | routeing.
formación de la cabeza de cierre (remaches) | closing-up.
formación de la calada | shedding.
formación de la canilla | building of cop.
formación de la estiba (buques) | dunnaging.
formación de la fase sigma | sigma formation.
formación de la ferrita delta | delta-ferrite formation.
formación de la husada | cop building | coordinated formation.
formación de la imagen óptica | optical image formation.
formación de la mano de obra | build-up of labor.
formación de la neviza | firnification.
formación de la renta | income formation.
formación de la señal | signal shaping.
formación de la trama (televisión) | ratchetting.
formación de la zamarra (horno pudelar) | balling.
formación de las facetas (diamantes) | brillianteer polishing.
formación de las líneas de exploración (TV) | raster.
formación de lobos de cuchara (acerías) | skulling.
formación de mallas (tejido punto) | linking.
formación de manchas blancas de carbonato básico de zinc en piezas galvanizadas mal almacenadas | white rust.
formación de mandos | management training.
formación de masas redondas de metal dejando caer gotas fundidas en agua desde cierta altura | shotting.
formación de matrices de acero suave por perforación con punzón de metal duro de la misma sección que la cavidad | hubbing.
formación de monocristales | single-crystal growing.
formación de neblina (en gafas, etc.) | misting-up.
formación de nieve en los instrumentos aviónicos rellenos de gases cuando operan a las bajas temperaturas de las grandes altitudes | snowing.
formación de ojos (quesos) | eye formation.
formación de orejetas (defecto lingotes) | earing formation.
formación de óxido de wüstita (aleación de níquel y hierro) | wüstite-scale formation.
formación de pares | pair production.
formación de pegotes por marcha muy caliente (alto horno) | hot scaffold.
formación de películas metálicas por deposición de vapores de sales metálicas | vapor-plating.
formación de pelusa con el uso (papel) | fuzzability.
formación de perfiles en frío de bandas o flejes | strip cold forming.
formación de perfiles estampados | roll forming.
formación de piezas curvas estirando la chapa sobre un molde apropiado | stretch-forming.
formación de piezas en la plegadora | braking.
formación de piquetes de huelga | picketing.
formación de piquetes de trabajo | picketing.
formación de pista magnética | magnetic tracking.
formación de polvo | dust generation.
formación de poros | pore formation.
formación de ranuras en U por oxicorte | oxygen gouging.
formación de resaltos en una chapa para darles rigidez | rigidizing.
formación de respiraderos (moldería) | venting.
formación de rosca externa | external thread-forming.
formación de roscas con un peine de roscar | thread chasing.
formación de roscas con una herramienta de una sola punta | thread chasing.
formación de roscas por medio de peines de martillar (tornillos) | thread hammering.
formación de roturas laterales en los lingotes (laminación) | ropiness.
formación de secciones por pasada en el laminador de rulos | roll forming.
formación de sectores (defecto radar) | sectoring.
formación de señal | signal curbing.
formación de señales por modulación de la amplitud | amplitude change signalling.
formación de sopladuras (en la fundición) | sponginess.
formación de sopladuras (metalurgia) | honeycombing.
formación de tabletas | tableting.
formación de textura vesicular (cuerpo fluido) | foaming.
formación de trayectos carbonosos conductores por la descomposición superficial de los aislantes orgánicos (descargas en aislantes orgánicos de cables) | tracking.
formación de troqueles por perforación con punzón de metal duro | hobbing.
formación de umbrales | thresholding.
formación de un agujero sin arrancar material (forjas) | piercing.
formación de un anillo en la hilera de estirar (produce estrías longitudinales en el alambre) | ringing.
formación de un arco continuo por no desionizarse (lámpara flas) | holdover.
formación de un sedimento pardo (aceite de transformadores y disyuntores) | sludging.
formación de una barra (ríos) | sanding.
formación de una capa de vapor aislante (circuito de caldera) | steam blanketing.
formación de una cavidad en una pieza de acero suave introduciendo a presión un punzón de acero duro | hobbing.
formación de una cavidad interior (frutas) | internal breakdown.
formación de una costra fría durante su colada (lingotes) | bootlegging.
formación de una depresión (forjas) | dishing.
formación de una garganta en una barra para poderla apoyar en la luneta (tornos) | spotting.
formación de una grieta interna durante el calentamiento (tochos de acero) | clinking.
formación de una moldura corriendo la terraja (edificios) | running.
formación de una onda de choque en la garganta impidiendo todo aumento de la velocidad del viento (túnel aerodinámico) | choke-out.
formación de una pareja | pair formation.
formación de una película de vapor (calderas) | film-boiling.
formación de una película dura sobre el aluminio | chromodizing.
formación de una solución coloidal | deflocculation.
formación de una subimagen de forma reticulada (TV) | framing.
formación de vacíos interiores | internal void formation.
formación de vejigas por el calor (superficies pintadas) | blistering.
formación de velo (litografía) | catching up.
formación de veneros interiores (presas) | piping.
formación de vías de baja resistencia eléctrica constituidas por partículas de carbono (descargas en aislantes orgánicos de cables) | tracking.
formación de vuelo (aves) | flight pattern.
formación de zonas atruchadas (fundición) | mottle formation.
formación del arco | arcing.
formación del arco entre colector y las esco-

billas | burning.
formación del cono de agua (pozos petróleo) | water coning.
formación del cuello (cristalografía) | necking.
formación del grano (metalurgia) | shotting.
formación del lobo de cuchara | ladle skulling.
formación del puente (química) | bridge-formation.
formación del tejido (textiles) | weavability.
formacion del tubo (tubos soldados a solape) | skelping.
formación derrumbable (minas) | caving formation.
formación determinántica | determinantal array.
formación dispersa | dispersed formation.
formación en bandada (aves) | flock formation.
formación en caliente | thermoforming.
formación en cubierta donde el comandante escucha las quejas (marina) | request mast.
formación en cubierta donde el comandante felicita o condecora a la tripulación (buque de guerra) | commendatory mast.
formación en cuña invertida | inverted wedge formation.
formación en el vapor epitaxial | epitaxial vapor growth.
formación en escalón (milicia) | harrow.
formación en fila (buques de apoyo logístico) | service line.
formación en hilera | string formation.
formación en hilera (aviación) | string.
formación en jabalina (aviación) | javelin.
formación en línea de fila (buques) | line.
formación en planos horizontales a distintas altitudes (aviones en vuelo) | laminar formation.
formación en rombo | diamond formation.
formación en V (aviación) | vee formation | wing formation | vic.
formación en V a la misma altitud (aviación) | V formation.
formación en V con los aviones a distintas altitudes | staggered V formation.
formación en V formada por formaciones más pequeñas en V (aviación) | vee of vees.
formación escalonada hacia estribor (aviación) | echelon starboard formation.
formación estratiforme (geología) | fletz formation.
formación excesiva de hollín que paraliza la cementación (cementación gaseosa, aceros) | stopping-off.
formación filoniana | lode formation.
formación forestal | hylium.
formación geológica alterada | ravelly formation.
formación homoscedástica | homoscedastic array.
formación humanística | liberal arts education.
formación interior de la calada | inside shedding.
formación irregular de fibras en la superficie (papel) | wild.
formación laminar (aviones en vuelo) | laminar formation.
formación masiva | mass formation.
formación metalífera | ore formation.
formación para el mando | managerial training.
formación pegajosa | sticky formation.
formación pendente (geología) | pendent formation.
formación permotriásica | permotriassic formation.
formación plumbífera (geología) | lead measures.
formación por aplastamiento (tuercas, etc.) | squeeze forming.
formación por deposición electrolítica | electroformation.
formación por edema de una depresión consecutiva a presión sobre una parte (medicina) | pitting.
formación por estiraje | stretch-forming.
formación por prensado (pulvimetalurgia) | pressing.
formación preferencial de facetas (cristalografía) | preferential formation of facets.
formación previa | preformation.
formación productora (franja de terreno petrolífero) | pay zone.
formación profesional | vocational training | training.
formación profesional acelerada | advanced training.
formación profesional en trabajo práctico | on the job training.
formación rocosa | rocky formation.
formación sanitaria | hospital unit.
formación secundaria (geología) | secondary.
formación subcristalina | subgrain formation.
formación tubular (geología) | pipe.
formación tubular rellena de arenisca (geología) | sandstone-plugged pipe.
formación uno al lado del otro (aviones) | line-abreast formation.
formación uno detrás del otro (aviones) | line-astern formation.
formación vibracional de primordios | vibrational formation of blanks.
formaciones consolidadas del fondo oceánico | consolidated ocean-bottom formations.
formaciones sucesivas de aviones que lanzan paracaidistas | parachute serial.
formada la cápsula (lino) | bolled.
formado | formed.
formado antes de la mineralización | premineral.
formado con unidades de tierra o de marina y con unidades aéreas (fuerzas militares) | ground-air.
formado de chapas | laminated.
formado de imágenes separadamente distinguibles | dashed.
formado en caliente (cabezas pernos, etc.) | hot headed.
formado endógenamente | endogenously-formed.
formado mecánicamente | mechanically-formed.
formado por aspersión sobre una horma | spray-formed.
formado por fusión | melt-grown.
formado por galvanoplastia | electroformed.
formado por metalización sobre un modelo | spray-formed.
formado por onda de choque | shock-formed.
formado por pedazos irregulares | crazy.
formado químicamente | chemically formed.
formador de austenita | austenite former.
formador de gases miscible | miscible gas former.
formador de impulsos (telecomunicación) | pulse former.
formador de iones | ionogenic.
formador de nitruros (aleaciones) | nitride former.
formador del anillo (encanillado) | bunch builder.
formadora de torones (cables) | former.
formágeno (botánica) | formagen.
formal | formal | formal.
formal (en debida forma) | formal.
formal (metilal - química) | formal.
formaldehido (química) | formaldehyde.
formaleta | turning piece | curb rafter | camber-slip | arch centering | centering.
formaleta de madera para construir moldes | follow-board.
formalidad | formality.
formalidades | formalities.
formalidades aduaneras | customs procedure.
formalidades de despacho aduanero | clearance formalities.
formalidades para la inmigración | immigration formalities.
formalina | formalin.
formalismo de la perturbación | perturbation formalism.
formalista | formal.
formalizado para ser transferido | written so as to be assignable.
formalizar | formalize (to).
formalizar ante notario público | notarize (to).
formalizar ante notario público (G.B.) | notarise (to).
formalizar un tratado | draw a treaty (to).
formando con las restantes palas un solo plano (hélice en movimiento) | in track.
formando concreciones | concretive.
formando cuerpo con | built-in.
formando parte del generador | integral with the generator.
formando parte integrante de | inbuilt.
formando trepa | flaky.
formando un bloque | in a unit.
formando un todo completo (máquinas) | self-contained.
formante (acústica) | formant.
formantes de la palabra | speech formants.
formar | constitute (to) | formate (to) | shape (to) | fashion (to) | make (to) | figure (to) | form (to).
formar (disponer en formación) | form up (to).
formar (disponer en formación - fuerzas) | form (to).
formar (milicia) | form line (to) | fall into line (to).
formar (personal) | train (to).
formar (trenes, un conjunto, etc.) | make up (to).
formar (un plan) | map out (to).
formar arco (electricidad) | strike upon (to).
formar arco en las escobillas (electricidad) | burn (to).
formar aristas | groin (to).
formar artesones | panel (to).
formar bancos (peces) | school (to).
formar bastas (tejido de punto) | welt (to).
formar canal | gully (to).
formar cocas (trabajo de talla) | null (to).
formar con compuestos que después se sueldan o remachan entre sí | fabricate (to).
formar con un macho (fundición) | core (to).
formar conicidad | taper (to).
formar contacto con | hit (to).
formar costra | cake (to).
formar crestas (olas) | ridge (to) | crest (to).
formar cuadros | checker (to).
formar chapas resistentes compuestas de distintos materiales | sandwich (to).
formar de nuevo (química) | recompound (to).
formar eco | echo (to).
formar el torón (fabricación cuerdas) | cross-wind (to).
formar embudos (bombardeo sobre pistas) | posthole (to).
formar en batalla | embattle (to) | draw up (to).
formar en caliente | thermoform (to).
formar en cuadro | square (to).
formar en cubierta (buques de guerra) | lay before the mast (to).
formar en declive | slope (to).
formar en fila | line up (to).
formar en la plegadora | brake form (to).
formar en la prensa | press-form (to).
formar en relieve | raise (to).
formar escalera | scale off (to).
formar escamas | flake (to).
formar espuma (fabricación jabones) | fob (to).
formar grumos | clot (to).
formar la cabeza (pernos) | head up (to).
formar la cabeza en el extremo menor (pasadores cónicos) | burr (to).
formar la malla (tejido de punto) | draw (to).
formar lomos o camellones | ridge (to).
formar lotes | batch (to).
formar paños (en un vestido) | panel (to).
formar parte de un contrato | enter in a contract

(to) | figure in a contract (to).
formar pelusilla (hilatura) | rub up (to).
formar perfiles con rodillos | roll form (to).
formar recodos | elbow (to).
formar saliente | pierce out (to).
formar saliente (hilada de ladrillo) | cope over (to).
formar seno (cuerdas) | be slack (to).
formar tableros | panel (to).
formar terrones (tierras) | lump (to).
formar un compuesto con elementos compuestos (química) | decompound (to).
formar un conjunto con piezas pequeñas (que pueden unirse por remachado o soldadura) | fabricate (to).
formar un conjunto por soldadura | fabricate (to).
formar un charco | pool (to).
formar un equipo de personas | panel (to).
formar un núcleo | nucleate (to).
formar un pilotaje para reforzar las orillas (ríos) | camp-shed (to).
formar un saliente | jut (to).
formar un stock | build up stocks.
formar un taco de papel | pad (to).
formar un total de | total (to).
formar una abertura entre dos porciones del intestino arriba y abajo de una obstrucción (cirugía) | short-circuit (to).
formar una cortina de humo | blanket (to).
formar una disonancia | discord (to).
formar una hoja plana (vidrio) | flash (to).
formar una isla | island (to).
formar veneros de agua por el interior (presas de tierra) | pipe (to).
formarse | form (to) | mass (to).
formarse en cápsulas | boll (to).
formarse gotitas | pearl (to).
formarse hoyuelos (en las mejillas) | dimple (to).
formarse la imagen (telescopios) | image (to).
formarse pus | gather (to).
formarse rechupes (lingotes) | pipe (to).
formarse una barra (desembocadura de ríos) | sand (to).
formas (de un buque) | build | lines.
formas combinantes | combinantal forms.
formas congruentes (cristalografía) | congruent forms.
formas de expresar la energía neutrónica | ways of expressing neutron energy.
formas de la onda de conmutación | switching waveforms.
formas de proas | bow shapes.
formas de un buque | lines of a ship.
formas llenas (buques) | full lines.
formas matemáticas del buque | mathematical ship forms.
formas topográficas enterradas bajo rocas más jovenes y expuestas otra vez a la erosión | exhumed topography.
formativo | formational | form-building.
formato | format.
formato (cine/TV) | ratio aspect.
formato (libros) | aspect ratio.
formato a doble columna (libros) | double-column format.
formato a la italiana | oblong format.
formato bastardo (libros) | bastard size.
formato binario reubicable | relocatable binary format.
formato de (10×7,5) pulgadas | Cr 4to.
formato de (7,5×5) pulgadas | Cr 8vo.
formato de bolsillo (libros) | pocket size.
formato de cuatro direcciones | fours address.
formato de dirección de una instrucción | address format.
formato de informes técnicos | technical report format.
formato de intercambio de información | information interchange format.
formato de la imagen (TV) | picture ratio | picture size.
formato de libro de (3¼×2½ pulgadas | crown 32 m°.
formato de libro de (7,5×5) pulgadas | crown 8 v°.
formato de notas | form of notes.
formato de palabra | word format.
formato de tamaño no corriente | oversize format.
formato fijo | fixed format.
formato más cómodo de leer (libros) | easier-to-read format.
formato normalizado | normalized form.
formato objeto para el disco (informática) | compact object format.
formato real | true form.
formato U (calculadora) | U-format.
formato útil de una página | page size.
formatos de aduanas unificados | unified customs forms.
formatos de papel | paper formats.
formero (horma - electricidad) | former.
formero para devanar bobinas | coil-former.
formiato etílico | ethyl formiate.
formología | formology.
formón | firmer | chisel | carpenter's chisel.
formón ancho de alisar | slick.
formón ancho y corto | firmer chisel.
formón con filo achaflanado | bevel-edge chisel.
formón de ángulo | corner chisel.
formón de carpintero | framing chisel | ripping chisel.
formón de cuchara | bent.
formón de chaflanar | beveling chisel.
formón de diente de perro | double chisel.
formón de filo oblícuo | side chisel.
formón de hender | ripper.
formón de mano | paring chisel.
formón de media caña | fluting gouge.
formón de nariz | bent hollow chisel | crooked chisel.
formón de pico de pato | joiner's chisel.
formón de punta de lanza | spear point chisel.
formón de punta redonda | roundnose chisel.
formón en bisel | beveled chisel.
formón oblícuo | bent chisel.
fórmula | statement.
fórmula al final de una declaración jurada indicando los nombres de las partes y la fecha y lugar de su redacción | jurat.
fórmula constitucional | constitutional formula.
fórmula de constitución (química) | graphic formula | rational formula.
fórmula de cuadratura mecánica de Gauss | Gauss's mechanical quadrature formula.
fórmula de difusión | scattering formula.
fórmula de extrapolación lineal | linear extrapolation formula.
fórmula de la dimensionalidad | dimensionality formula.
fórmula de la lente (óptica) | lens formula.
fórmula de la media de las áreas extremas | average end area formula.
fórmula de la sección media | average-end-area formula.
fórmula de recurrencia | recursion formula.
fórmula de revisión de preciso del contrato | contract price adjustment formula.
fórmula del número de Reynolds | Reynolds number formula.
fórmula del prismoide | prismatoidal formula.
fórmula dimensional | measure formula.
fórmula empírica | unitary formula.
fórmula empírica (química) | composition formula | rational formula.
fórmula empírica de calibración | empirical rating formula.
fórmula empírica de masa (física) | empyrical mass formula.
fórmula estructural (fórmula gráfica - química) | constitutional formula.
fórmula estructural (química) | linkage formula.
fórmula glíptica (fórmula estereoquímica) | glyptic formula.
formula Kutter (caudal de agua) | Kutter's formula.
fórmula másica | mass formula.
fórmula para baños galvanoplásticos | plating-bath formula.
fórmula para determinar la potencia fiscal (motores) | rating formula.
fórmula para la hinca o resistencia de pilotes | pile formula.
fórmula que indica la disposición de los átomos en una molécula | constitutional formula.
fórmula sumatoria | sum formula.
formulación | formulation.
formulación de normas | policy making.
formulación de planes | policy making.
formulación de programas de pruebas | formulation of tests program.
formulación para nebulizar | spray formulation.
formulaciones estucadoras (fabricación papel) | coating colors.
formular | formulate (to) | make out (to) | lay down (to).
formular (documentos) | make out (to).
formular cargos | prefer charges (to).
formular cargos contra | return an indictment against (to).
formular de nuevo | restart (to).
formular instrucciones | issue instructions (to).
formular la conclusión final (abogados) | sump up (to).
formular planes | formulate plans (to).
formular preguntas | ask questions (to).
formular protesta | note protest (to).
formular reglas de clasificación | formulate classification rules (to).
formular un informe | draft a report (to).
formular una acusación | return an indictment (to).
formular una excusa | make an excuse (to).
formular una protesta | make a protest (to).
formular una queja | lodge a complaint (to).
formular una reclamación | complain (to).
formulario | formulary.
formulario (impreso para rellenar modelo) | form.
formulario comercial | business form.
formulario consular | consular blank.
formulario continuo | continuous form.
formulario continuo desplegable | fanfold form.
formulario de aduana | bill of entry.
formulario de codificación | coding form.
formulario de declaración de aduanas | customs entry form.
formulario de hojas múltiples | fanfold.
formulario de impuesto a la renta | income tax blank.
formulario de información | reporting form.
formulario de mandato | proxy form.
formulario de oferta | proposal form.
formulario de pedido | order form | order blank.
formulario de preguntas | question wording.
formulario de solicitud | application blank | aplication form.
formulario de solicitud de crédito | credit form.
formulario del impuesto sobre la renta | income-tax blank.
formulario en blanco | blank form.
formulario impreso | printed form.
formulario múltiple | multiple form.
formulario para calificación de un programa | coding form.
formulario para el pago de impositivos | tax payment form.
formulario para partes | message blank.
formulario para valorar los méritos del obrero | employee rating form.
formulario que debe firmar el usuario de un coche oficial al terminar el servicio | trip ticket.

formulario sin rellenar | blank sheet.
formularios | form sets.
formularios continuos en rollos y doblados en zig-zag | endless forms in rolls and with alternated folding.
formularios discretos | discrete forms.
formularios trepados para separarlos de una matriz | scored form.
fórmulas de predicción-corrección (integración) | predictor-corrector formulas.
fórmulas en forma para ser empleadas en calculadoras electrónicas | formulas tailored to the electronic computer.
fórmulas para calcular la colocación de los bebederos (fundición) | rinsering formulae.
formulismo | red tape.
fornalla | bagasse furnace.
fornido | husky.
fornitura (tipografía) | furniture.
fornitura para recibir piezas cerámicas (hornos cerámicos) | kiln furniture.
fornituras | requirements | materials | accoutrement | furnishings.
fornituras de oficina | office materials.
fornituras industriales | industrial supplies.
fornituras litográficas | lithographic requirements.
fornituras para mecánicos | engineers' stores.
fornituras para minas | mining requisites.
fornituras para relojería | clock materials.
foro | forum | leasehold | emphyteutic rent.
foro (teatros) | back.
foro de expertos | forum of experts.
foro interdisciplinario | interdisciplinary forum.
foro para el intercambio de ideas | forum for an exchange of views.
forómetro (oftalmología) | phorometer.
foroptómetro | phoroptometer.
forrado | surfacing | lined | sheathed.
forrado (cable eléctrico) | served.
forrado (hilos) | covered.
forrado con aluminio | aluminum jacketing.
forrado con caucho | rubber-covered.
forrado con chapa fina | over-sheeted.
forrado con chapa metálica | metal-lined.
forrado con hojas de amianto ondulado | clad with corrugated asbestos sheets.
forrado con madera de nogal | walnut paneled.
forrado con un aislante (electricidad) | lapped.
forrado con yute (cables eléctricos) | jute-served.
forrado de algodón | cotton-covered | cotton lapped.
forrado de aluminio | aluminum sheathed.
forrado de amianto | asbestos-covered.
forrado de cables | cable-sheathing.
forrado de caucho (por el interior) | rubber-lined.
forrado de cobre | copper lined.
forrado de cobre (buque madera) | copper-bottomed.
forrado de corcho | cork-lined.
forrado de cuero | leather-faced | leather-covered.
forrado de chapa | iron-faced | iron-covered.
forrado de fieltro | felt-lined.
forrado de hierro | ironed.
forrado de hojalata | tinclad.
forrado de latón | brass-cased.
forrado de madera contraplacada | plywood-covered.
forrado de metal con revestimiento metálico | metal-sheated.
forrado de papel | paper-covered.
forrado de piel | furred | fur-trimmed.
forrado de piola (cables metálicos) | marline-clad.
forrado de plomo | lead-lined | lead-encased | lead-covered | lead-sheathed | lead coated | lead-sheated.
forrado de plomo (cables) | lead-armored.
forrado de tela | fabric-covered.
forrado de vidrio | glass-covered.
forrado de zinc | zinc lined.
forrado del lomo antes de entrar en tapas (encuadernación) | backlining.
forrado en espiral | spirally wrapped.
forradora de cajas | box covering machine.
forradora de cajas de cartón | coverer | box wrapping machine.
forradora de cartón para cajas | board liner.
forraje | forage | grass | feed | feedstuff | fodder | fodder crops.
forraje arbustivo | topfeed.
forraje de follaje | leaf fodder.
forraje ensilado | ensilage.
forraje mixto de leguminosas y cereales | vetch.
forraje seco | feeding stock.
forrajeador | forager.
forrajear | forage (to).
forrajes con melazas (agricultura) | forages containing molasses.
forrajes frescos | green food | green meat.
forrajes verdes | green meat | green food.
forrar | face (to) | pad (to) | jacket (to) | envelop (to) | sheathe (to).
forrar (cables) | keckle (to).
forrar (calderas) | case (to).
forrar (con yute, etcétera - cables) | serve (to).
forrar (ebanistería, encuadernación) | line (to).
forrar con arpillera | burlapping.
forrar con cinta | tape (to).
forrar con cobre (carena de buques) | metal (to).
forrar con cuero | leather (to).
forrar con chapas (buques) | plate (to).
forrar con metal | metal-sheathe (to).
forrar con pieles | fur (to).
forrar con piola (forrar con meollar - marina) | graft (to).
forrar con plomo | lead (to).
forrar con un revestimiento termoaislante | lag (to).
forrar de aluminio | aluminum-cover (to).
forrar de nuevo (muebles) | recover (to).
forrero | liner.
forro | lining | liner | shell | sheath | sheathing | skin | padding | quill | lagging | envelopment | enveloping.
forro (buques) | plating.
forro (buques y aviones) | skin.
forro (cables) | serving.
forro (de camarotes) | lining.
forro acústico (silenciosos) | acoustic packing.
forro ajustado | close-fitting sheath.
forro alrededor del borde de una cabina abierta (aviones) | cockpit combing.
forro antivibratorio | antivibration lining.
forro antivibratorio de corcho comprimido | compressed-cork antivibration lining.
forro calorífugo | nonconducting lagging.
forro calorífugo (calderas) | lagging.
forro calorífugo del cilindro | cylinder lagging.
forro con cubrejuntas interiores (buques) | flush plating.
forro de amianto y aluminio | asbestos-aluminium coating.
forro de bobina | coil serving.
forro de caldera de compuesto de amianto | asbestos-compound boiler lagging.
forro de carena (buques) | bottom plating.
forro de cobre (buque madera) | coppering.
forro de cobre o cinc (buques madera) | sheathing.
forro de contrachapado | plywood lining.
forro de cuerda alrededor de un cable metálico | keckling.
forro de chapa de simple tingladillo (buques) | clincker plating.
forro de chapa del mamparo inclinado (buques) | sloping bulkhead plating.
forro de defensa (de un cabo) | rounding.
forro de doble trenza | double-braid insulation.
forro de embalse | reservoir lining.
forro de embrague | clutch lining.
forro de fieltro | felt lining.
forro de forma complicada (buques) | awkward plating.
forro de freno | brake lining.
forro de hojas de amianto | asbestos-sheet lagging.
forro de la cola | tail skin.
forro de la cubierta | deck plating.
forro de la cubierta de seguridad (dique flotante) | safety deck plating.
forro de la cubierta resistente (buques) | strength deck plating.
forro de la cubierta superior (dique flotante) | top deck plating.
forro de la envuelta | lagging cover.
forro de laminado compuesto de resina epoxídica y fibras de boro orientadas (alas de aviones) | boron-epoxy laminate skin.
forro de latón | metal-sheathing.
forro de madera | filler slip | filler | filler block.
forro de madera (buques) | planking.
forro de madera del bote | boat planking.
forro de mamparo | sparring | bulkhead plating.
forro de metal | bushing.
forro de paja o mimbre de botella | bottle case.
forro de piel | furring | fur.
forro de planchas | plating.
forro de plomo para cables eléctricos de dieléctrico a presión | lead pressure-cable sheath.
forro de proa | bow plating.
forro de sillería | masonry lining.
forro de tablas | plank lining.
forro de tablas (entibación) | lagging.
forro de tablas entre pilotes | interpile sheeting.
forro de tablas solapadas (para exterior de una casa) | drop siding.
forro de tablones (cimbras) | lagging.
forro de tambor del freno | brake-drum liner.
forro de tela barnizada | doped-fabric skin.
forro de tingladillo (botes) | clench planking.
forro de tingladillo (botes madera) | lapstrake planking | lap planking.
forro de yute (cables) | service.
forro del ala | wing skin.
forro del cable | cable jacketing.
forro del casco | hull plating.
forro del costado | side plating.
forro del costado (buques) | side-shell plating.
forro del disco | facing.
forro del fondo | bottom plating.
forro del fondo (buques) | floor-ceiling.
forro del pantoque | bilge plating.
forro del plano de cola (aviones) | tailplane skinning.
forro del sombrero | head-lining.
forro del timón | rudder plating.
forro estajado (buques) | joggled plating.
forro exterior | jacketing.
forro exterior (buques acero) | outside plating.
forro exterior con nervaduras (alas aviones) | ribbed exterior skin.
forro exterior de chapa (buques) | shell.
forro exterior de la caja de fuegos | wrapper plate.
forro exterior del casco (buques) | shell plating.
forro exterior del doble fondo (buques) | outer bottom.
forro exterior del techo | outer roof skin.
forro incombustible de mamparo | incombustible bulkhead lining.
forro inestructural | nonstructural lining.
forro interior | inner lining | inside plating | inner coating | inner plating | inner skin.
forro interior (buque de doble fondo) | inner bottom plating.
forro interior (buques) | floor plating.
forro interior (buques de madera) | ceiling.
forro interior (cascos) | liner.
forro interior de la tapa del horno | furnace-lid lining.
forro interior del casco | helmet (liner).
forro maquinado de aleación ligera con re-

fuerzos integrales | machined integrally stiffened light-alloy sheet.
forro metálico | metal skin | metal-sheathing.
forro metálico de la cavidad interior de la carga explosiva (proyectiles) | slug.
forro metálico impermeable | impermeable metal sheath.
forro metálico o de lona (tuberías calorifugadas) | lagging.
forro para bolsillos | pocketing.
forro posterior | backlining.
forro reforzado | increased plating.
forro resistente (alas aviones) | stress skin.
forro resistente enteramente de aluminio | all-aluminum stressed skin.
forro rigidizado integralmente | integrally stiffened skin.
forros para exteriores (agricultura) | sheathing.
forsterita (cerámica) | forsterite.
fortalecedor de la moral | morale builder.
fortalecer | reinforce (to) | fortify (to) | strengthen (to).
fortaleza | fort.
fortaleza de playa | foreshore strongpoint.
fortaleza erizo (fortificación) | hedgehog strong point.
fortaleza marítima (cerca de la costa) | offshore strongpoint.
fortaleza nunca tomada por el enemigo | maiden fortress.
fortaleza subterránea | underground fortress.
fortaleza volante | flying fortress.
fortificable | fortifiable.
fortificación | fortification | hold.
fortificación (minas) | supporting.
fortificación acorazada | armored fortification.
fortificación de acero (minas) | steel-timbering.
fortificación de alimentos | food fortification.
fortificación de campaña | field fortification.
fortificación de costa | seacost fortification.
fortificación del pozo (minas) | pit barring.
fortificación enemiga de retaguardia | rear line enemy fortification.
fortificación que protege un flanco (ejércitos) | flanker.
fortificaciones importantes | heavy fortifications.
fortificado | fortified.
fortificar | fortify (to) | strengthen (to).
fortificar (galería de mina) | steel-timber (to).
fortificar (minas) | support (to).
fortificar (un castillo) | embattle (to).
fortificarse | dig in (to).
fortín | blockhouse.
fortín de hormigón | concrete pill box.
fortuito | accidental | incidental | incident | contingent.
fortuna personal | private means | personal property | personal estate.
forzado (movimientos) | constrained.
forzado hacia arriba por una palanca | urged upwardly by a lever.
forzamiento | forcing.
forzamiento (de flores, plantas) | forwarding.
forzamiento (de una cerradura) | picking.
forzamiento de gases de exhaustación en el colector de admisión durante el período en que las válvulas de admisión y exhaustación están abiertas simultáneamente (motores) | blowback.
forzamiento por medio de golpes | tunking.
forzamiento por medio de prensa de una bola de acero duro a través de un agujero ya maquinado (calibrado de agujeros) | ballising.
forzar | drive (to) | enforce (to) | intrude (to) | break open (to) | break in (to).
forzar (bloqueo) | break (to).
forzar (bloqueos) | run (to).
forzar (cerraduras, puertas, etc.) | force open (to).
forzar (flores, plantas) | forward (to).
forzar (tiro de chimenea, la marcha, la producción, venta, etc.) | force (to).
forzar (tornillos) | overturn (to).
forzar (una puerta) | breakup (to).
forzar a | force on (to).
forzar a descender (aviones) | drive down (to).
forzar a salir | press out (to).
forzar a su posición neutra (superficie mando de aviones) | streamline (to).
forzar a un avión a aterrizar | spike (to).
forzar con una palanca | pry off (to).
forzar con una palanqueta | prise (to).
forzar el paso | press on (to).
forzar el trabajo (marina) | horse (to).
forzar la apuesta | overbid (to).
forzar la caja fuerte (bancos) | tamper with the cage (to).
forzar la defensa de un punto fortificado | penetrate a point defense (to).
forzar la ley | strain the law (to).
forzar la producción | crowd the output (to).
forzar la situación a tope | brinkmanship.
forzar la tubería dentro del pozo | drive the pipe home (to).
forzar la vista | strain (to).
forzar los precios al alza | force up prices (to).
forzar un decimal | approximate a decimal (to).
forzar un paso (ríos) | force a crossing (to).
forzar un valor | set (to) | presetting.
forzoso | requisite | compulsory.
forzoso (ventas, plazos) | peremptory.
fosa | pit.
fosa (anatomía) | fosse.
fosa (geofísica) | sink.
fosa (oceanografía) | deep trough.
fosa de curtir | bark-pit.
fosa de purín | liquid-manure pit.
fosa entre dos fallas | graben.
fosa marina | ocean deep | deep.
fosa marítima | sea trench.
fosa orbitaria | orbit.
fosa para la inmersión del dique flotante | dock-pit.
fosa posterior | back deep.
fosa séptica de oxidación | oxidation pond.
fosa submarina (oceanografía) | trench.
fosa tectónica | downthrown block | fault trough | fault through.
fosa tectónica circular | fault-pit.
fosas alternas (Méjico-laderas de montes) | wave bedding.
fosas costeras | longshore troughs.
fosdic (cinta magnética) | fosdic.
foseta (anatomía) | dimple.
fosfatación (metalurgia) | phosphatization.
fosfatación por inmersión | immersion phosphating.
fosfatado | phosphated.
fosfatar | phosphatize (to).
fosfatar (aceros, etc.) | phosphate (to).
fosfatasa alcalina | alkaline phosphatase.
fosfático | phosphated.
fosfatización | phosphating | phosphatization.
fosfatización electrolítica | electrolytic phosphatizing.
fosfato amonicocíncico | ammonium zinc phosphate.
fosfato biácido | dihydrogen phosphate.
fosfato cálcico (química) | calcium phosphate.
fosfato cálcico de huesos | baker guano.
fosfato cálcico dibásico | dicalcium orthophosphate.
fosfato de cal de huesos | bone phosphate.
fosfato de cromo | Arnaudon's green.
fosfato de tributilo | tributyl phosphate | tributylphosphate.
fosfato ferroso hidratado | blue earth.
fosfato ferroso-férrico hidratado | hydrous ferrous ferric phosphate.
fosfato halogenado | halophosphate.
fosfato mineral | phosphate rock.
fosfato nodular | pebble phosphate.
fosfato trifenílico | triphenylphosphate.
fosfato trisódico | trisodium phosphate.
fosfito de plomo | lead phosphite.
fosfonáto | phosphonate.
fosforar | phosphorize (to) | phosphorate (to).
fosforecer (agua del mar) | brime (to).
fosforescencia | phosphorescence | phosphorescense | after-glow | afterglow.
fosforescencia (madera podrida, etc.) | fox fire.
fosforescencia del mar | briming.
fosforescente | noctilucent.
fosforescer | phosphoresce (to).
fosforilación (bioquímica) | phosphorylation.
fosforilar | phosphorylate (to).
fosforita | rock phosphate.
fosforita nodular | nodular phosphorite.
fosforizado | phosphoretted.
fosforizar | phosphorize (to) | phosphorate (to) | phosphatize (to).
fosformimetesita | kampylite.
fósforo | phosphorus | match | light.
fósforo activado con manganeso | manganese-activated phosphor.
fósforo amorfo | amorphous phosphorus.
fósforo coloreado | colored phosphor.
fósforo de Bolonia | Bologna phosphorus | Bolognian phosphorus.
fósforo de cartón | fusee.
fósforo de fricción | lucifer.
fósforo de larga persistencia | long-persistence phosphor.
fósforo electroluminiscente | electroluminescent phosphor.
fósforo embebido en un dieléctrico | dielectric-imbebded phosphor.
fósforo emisor de radiaciones infrarrojas | infrared emitting phosphor.
fósforo escintilador | scintillation phosphor.
fósforo irradiado | irradiated phosphor.
fósforo metálico | rhombohedral phosphorus.
fósforo para pantalla de tubo de rayos catódicos | cathode-ray-tube screen phosphor.
fósforo rojo | amorphous phosphorus.
fósforo romboédrico | rhombohedral phosphorus.
fósforo soluble del ácido orgánico | organic acid soluble phosphorus.
fósforo termosensible | temperature-sensitive phosphor.
fosforógeno | phosphorogen.
fósforos de seguridad | amorphous matches.
fósforos parafinados | impregnated matches.
fosforoscopio | phosphoroscope.
fósforo-32 | phosphorus-32.
fosfouranilita | phosphouranolite.
fosfurado | phosphuret.
fosfuro | phosphide.
fosfuro de calcio (bengalas) | calcium phosphide.
fosfuro de galio | gallium phosphide.
fosfuro de indio | indium-phosphide | indium phosphide.
fosfuro de zinc | zinc phosphide.
fosgenita | phosgenite | hornlead | corneous lead | hornblei.
fósil | fossil.
fósil insito (estratigrafía) | in situ fossil.
fósil microscópico | microscopic fossil.
fósiles característicos | type fossils | guide fossils | zone fossils.
fósiles derivados | derived fossils.
fósiles indicadores (geología) | index fossils.
fósiles problemáticos | problematics.
fósiles redepositados (geología) | drifted fossils.
fosilífero | fossiliferous.
fosilización | fossilization.
fosilizar | fossilate (to) | fossilize (to).
fosilizarse | fossilize (to).
fosilogía | fossilogy.
fosilografía | fossilography.
fosilógrafo | fossilographist.
fosita (anatomía) | recess.
foso | pit | ditch | tank dike | trench.
foso (fortificación) | fosse.

foso (garajes) | engine pit.
foso (radiactivo) | cave.
foso colector | gathering pit.
foso de colada | casting pit | teeming box | foundry pit | pouring pit.
foso de inspección (talleres) | inspection pit.
foso de lanzamiento | throwing trench.
foso de limpieza | cleaning pit.
foso de lingoteras | pouring level.
foso de moldear | molding pit.
foso de moldeo (talleres) | moulding hole.
foso de picar el fuego (locomotoras) | cleaning pit | engine pit.
foso de recalentar caldeado con gas de alto horno | blast-furnace gas-fired soaking pit.
foso de recocido (metalurgia) | annealing pit.
foso de reparaciones (talleres) | inspection pit | repair pit.
foso de secar | drying pit.
foso de trabajo | working pit.
foso de volante | flywheel pit.
foso del combustible irradiado | spent fuel pit.
foso descubierto | open pit.
foso para colada de lingotes | ingot casting pit.
foso para el volante (máquinas) | engine pit.
foso para moldes (funderías) | mold hole.
foso para montar árboles | axle pit.
foso para montar ejes (locomotoras) | axle pit.
foso sin agua | dry ditch.
fot | phot.
fótica (ciencia) | photics.
fótico (biología) | photic.
foticón | photicon tube.
fotio (unidad de luz = 1 lumen/centímetro cuadrado = 10.000 lux) | phot.
fotio (unidad lumínica) | fot.
fotio (unidad métrica de iluminancia) | phot.
fotionización | photoionization.
foto con teleobjetivo | long shot.
fotoablandador | phototendering.
fotoabsorbente | light-absorbing.
fotoabsorción | light absorption.
fotoaccionado | light-triggered.
fotoactivación | photoactivation.
fotoactivo | photoactive.
fotoacústico | photoacoustic.
fotoaguatinta | photoaquatint.
fotoalidada | photoalidade.
fotoanodizado | photoanodizing.
fotoatenuador | light attenuator.
fotoatenuante | light-attenuating.
fotoautooxidación | photoautoxidation.
fotoautotrofia (biología) | photoautotrophy.
fotobiología | photobiology.
fotobiológico | photobiological.
fotobiólogo | photobiologist.
fotocalco | phototype | photoprint.
fotocalcografía | photocomposition | photocalcography.
fotocanopímetro (bosques) | photocanopymeter.
fotocapacitor | photocapacitor.
fotocaptación | light gathering.
fotocaptador | light gathering.
fotocartografía | photographic mapping | photomapping | photographic mapping or surveying | photocartography.
fotocartografía trimetrogónica | trimetrogon charting.
fotocartógrafo | photocartograph | photographic plotter.
fotocatálisis | photocatalysis.
fotocatalizador | photocatalyst.
fotocátodo | photoelectric cathode | photocathode.
fotocátodo bialcalino | bialkali photocathode.
fotocátodo de mosaico (TV) | signal plate.
fotocátodo del tipo de transmisión | transmission type photocathode.
fotocátodo fotoemisivo | photoemissive photocathode.
fotocátodo semi-transparente | semi-transparent photocathode.
fotocélula | photocell (photoelectric cell) | photocell.
fotocélula autogeneradora | selfphotocell.
fotocélula de caja de detención | blocking-layer photocell.
fotocélula de gas | gas-filled photocell.
fotocélula de potasio | K photocell.
fotocélula de silicio y boro | silicon-boron photocell.
fotocélula multiplicadora | multiplier phototube.
fotocerámica | ceramic photography | photoceramics.
fotocincografía | photozincography.
fotocincotipia | photozincotypy.
fotocinético | photokinetic.
fotoclástico | photoclastic.
fotoclinógrafo | photoclinograph.
fotoclinometría | photoclinometry.
fotoclinómetro | photoclinometer.
fotoclistrón | photoklystron.
fotocoagulación | photocoagulation.
fotocoagulación por laser (medicina) | laser photocoagulation.
fotocoagulador | photocoagulator.
fotocoagulador retinal por radiación lasérica | laser retinal photocoagulator.
fotocolografía | photocollography.
fotocolorimetría | photocolorimetry.
fotocolorímetro | photocolorimeter.
fotocolotipia | collograph.
fotocomponedora (imprenta) | phototypesetting unit.
fotocomponedora de mesa | desk top photocomposing unit.
fotocomponedora por rayo laser | laseric photocomposer.
fotocomposición | photocomposition | photo-composition.
fotocomposición electrónica | electronical photocomposition.
fotocomposición lasérica | laseric photocomposition.
fotocomposición por laser | laseric photocomposition.
fotocompositora | phototypesetter | photocomposer.
fotoconducción | photoconduction.
fotoconductancia | photoconductance.
fotoconductividad | photoconductivity.
fotoconductividad ambipolar | ambipolar photoconductivity.
fotoconductividad inducida por irradiación | irradiation-induced photoconductivity.
fotoconductividad negativa | negative photoconductivity.
fotoconductividad submilimétrica | submillimeter photoconductivity.
fotoconductividad unipolar | unipolar photoconductivity.
fotoconductivo | photoconductive.
fotoconductor | photoconductor | photopositive | light-positive | light positive.
fotoconductor adhesivo | binder-type photoconductor.
fotoconductor para alta potencia | bulk photoconductor.
fotoconmutador | photoswitch.
fotocontrol | photocontrol.
fotocopia | photocopy | copy | photoprint | photographic reproduction | print.
fotocopia negra | blackprint.
fotocopia oscura | blackprint.
fotocopiado | photographically reproduced.
fotocopiador | photocopier.
fotocopiador electrostático | electrostatic photocopier.
fotocopiadora | copying machine | photocopier.
fotocopiaje | photocopying | photoreproduction.
fotocopiar | photocopy (to).
fotocopias | photocopies.
fotocopias de documentos | photocopies of documents.
fotocorriente | photocurrent.
fotocorriente de desequilibrio | nonequilibrium photocurrent.
fotocorriente generada en la base | base-generated photocurrent.
fotocorriente recortada | chopped photocurrent.
fotocrayón | photocrayon.
fotocromatismo | photochromatism.
fotocromía | photochromy | photochrome | color photography | colorfoto.
fotocromía (fotografía) | color print.
fotocromismo | photochromism | photocromism.
fotocromograbado | photographic color printing.
fotocromograbado (imprenta) | color print.
fotocromografía (fotografía) | color print.
fotocromotipia | photochromotypy | photographic color process.
fotocromotipografía | photochromotypy | photographic color process.
fotocronógrafo | photochronograph.
fotocronómetro | photo-timer.
fotodegradable | photodegradable.
fotodegradación | photodecay | photodegradation.
fotodegradación del nilón | nylon photodegradation.
fotodegradarse | photodegrade (to).
fotodensidad | photodensity.
fotodescomposición | photodecomposition.
fotodesintegración | photodisintegration.
fotodesintegración del deuterón | deuteron photodisintegration.
fotodesintegración nuclear | nuclear photodisintegration.
fotodesprender | photodetach (to).
fotodesprendimiento | photodetachment.
fotodestello | photoflash.
fotodetector | photodetector.
fotodetector del ultravioleta | ultraviolet photodetector.
fotodiagrama | photodiagram.
foto-dibujo lavado (fotografía) | bleach out process.
fotodifracción | photograting.
fotodiodo (semiconductor) | photodiode.
fotodiodo a semiconductores | semiconductor photodiode.
fotodiodo de avalancha | avalanche photodiode.
fotodiodo de unión | junction photodiode.
fotodiodo planar | planar photodiode.
fotodiodo sensible a la posición | position-sensitive photodiode.
fotodisociable | photodissociable.
fotodisociación | photodissociation.
fotodisociación inelástica | inelastic photodissociation.
fotodisociar | photodissociate (to).
fotodocumentación | photodocumentation.
fotoduplicación | photoduplication.
fotoefecto | photoeffect.
fotoelasticidad | photoelasticity.
fotoelasticimetría | photoelasticimetry | photoelasticitimetry.
fotoelasticímetro | photoelasticimeter.
fotoelasticímetro dinámico | dynamic photoelasticimeter.
fotoelectrete | photoelectret.
fotoelectricidad | photoelectricity.
fotoelectrolítico | photoelectrolytic.
fotoelectrón | photoelectron | primary electron.
fotoelectrónica (ciencia) | photoelectronics.
fotoemisión | photoemission | light emission.
fotoemisivo | photoemissive.
fotoemisor | light-emitting.
fotoemitiente | light-emitting.
fotoemulsión (emulsión fotográfica) | photoemulsion.
fotoemulsión pancromática | photographic panchromatic emulsion.
fotoepiscopio | photoepiscope.
fotoescultura | photosculpture.
fotoespectrograma | photospectrogram.

fotoestable | fast to light.
fotoestereógrafo | photostereograph.
fotoestereogrametría | photostereogrammetry.
fotoestimulación | photostimulation | light stimulation | light-stimulation.
fotoestimulado | photostimulated | light-stimulated.
fotoestimulador | photostimulator.
fotoexcitación | photoexcitation.
fotoextensometría | photoextensometry.
fotofet | photofet.
fotófilo | light-loving.
fotofísica | photophysics.
fotofisión | photofission.
fotofisión nuclear | nuclear photofission.
fotofisionable | photofissionable.
fotofluorografía | photofluorography.
fotofluorometría | photofluorometry.
fotofluoroscopio | photofluoroscope.
fotófono | photophone.
fotofonoapuntador (marina de guerra, ejército) | photoacoustic director.
fotofonógrafo | light phonograph.
fotofonograma (filmes) | sound and picture record.
fotoforesis | photophoresis.
fotoformador | photoformer.
fotoformador (tubo de rayos catódicos) | photoformer.
fotófugo | light-avoiding.
fotogalvanografía | photogalvanography.
fotogammascopia | photogammascopy.
fotogénesis | photogenesis.
fotogenética | photogenetics.
fotogénico | photogenic | light-giving.
fotógeno | light-giving | light-creating | photogen.
fotogeografía | photogeography.
fotogeología | photogeology.
fotogeológico | photogeological.
fotogeólogo | photogeologist.
fotogeomorfología | photogeomorphology.
fotogliptia | photoglyphy.
fotoglíptica | photoglyptic.
fotoglíptico | photoglyphic.
fotogoniometría | photogoniometry.
fotogoniómetro | photogoniometer.
fotograbado | photoetching | photogravure | photoaquatint | photoprinting | heliogravure | line engraving | gravure | photoengraving.
fotograbado a media tinta | half-tone plate | process-engraving | process | half-tone.
fotograbado de línea (imprenta) | linecut.
fotograbado en relieve | phototypography.
fotograbado pluma | line block.
fotograbado polícromo | colorwork.
fotograbador | photogravurist | photoengraver | process-engraver | line etcher.
fotograbador (G.B.) | blockmaker.
fotograbador (tipografía) | blockmaker.
fotograbadora electrónica | electronic engraving machine.
fotografía | photography | photograph | picture | shot | print.
fotografía a baja altura | low-level photograph.
fotografía a gran distancia | long shot.
fotografía aérea oblícua | bird's-eye view | oblique air photograph.
fotografía al colodión | collotype.
fotografía analítica | analytic photography | analytical photography.
fotografía cartográfica | cartographic photograph | mapping photograph.
fotografía cinematográfica | motion picture.
fotografía con anotaciones | annotated photo.
fotografía con cadencia lenta de toma de imágenes | time-lapse photography.
fotografía con exposición de un microsegundo | submicrosecond photography.
fotografía con flas | flashlight photography.
fotografía con la máquina tomavistas en movimiento | running shot.
fotografía con luz artificial | artificial light photography.
fotografía con toma de imágenes a intervalos prefijados | time-lapse photography.
fotografía corpuscular | corpuscular.
fotografía de artistas en un estudio | still.
fotografía de cabeza | tight closeup.
fotografía de cabeza (cine, TV) | big closeup.
fotografía de centelleo | scintiphoto.
fotografía de cerca | closeup.
fotografía de dos objetos o dos personas | two-shot.
fotografía de efecto | effect shot.
fotografía de gran frecuencia de imágenes (más de 1.000 imágenes por segundo) | high-speed photography.
fotografía de imagen directa | print-out effect.
fotografía de imagen unidimensional | streak picture.
fotografía de la zona bombardeada | bombardment photography.
fotografía de microtiempos | microtime photography.
fotografía de polvos (cristalografía). | powder photograph.
fotografía de tres objetos o personas (TV) | three-way.
fotografía de un objeto que puede verse por el ojo humano | visual photography.
fotografía desde globos | balloon photography.
fotografía desde la alta atmósfera | high-altitude photography.
fotografía electromagnética | electromagnetic photography.
fotografía electrónica | electronical photography | phototronics.
fotografía electrostática | electrostatic photography.
fotografía en color | heliochromy.
fotografía en colores (cine) | color stuff.
fotografía en colores naturales | heliochrome.
fotografía en relieve | bas-relief.
fotografía en tres dimensiones | holography.
fotografía estereoscópica | stereoscopic photograph.
fotografía fija (TV) | still.
fotografía fotoelástica | photoelastic photography.
fotografía hecha recientemente | recently captioned photograph.
fotografía inclinada | tilted photograph.
fotografía instantánea con luz de magnesio | flashlight photography.
fotografía lateral (aerofotogrametría) | wing picture.
fotografía nocturna con luz artificial | night photograph.
fotografía oblicua | angle shot.
fotografía oblicua plana (eje de la cámara horizontal) | flat oblique photograph.
fotografía oceánica a grandes profundidades | deep ocean photography.
fotografía para obtener datos para las cartas aeronáuticas | charting photography.
fotografía paraláctica | parallactic photography.
fotografía pirométrica | pyrometric photography.
fotografía por rayos infrarrojos | infrared photography.
fotografía por sombras | shadowgraph.
fotografía publicitaria | advertising photography.
fotografía publicitaria (filmes) | still.
fotografía que incluye toda el área de la escena (estudios cine) | establishing shot.
fotografía que incluye toda la escena | long shot.
fotografía que se desvanece montando sobre otra siguiente (cine) | lap dissolve.
fotografía que se rechaza (cine) | out.
fotografía sin objetivo | pinhole photography.
fotografía sin retocar | unretouched photo.
fotografía sobre película | film-photography.
fotografía tomada con cámara fotográfica inclinada (aviación) | angle shot.
fotografía tomada desde el avión durante un ataque aéreo | strike photograph.
fotografía tomada desde globo | balloon-based photography.
fotografía tomada moviendo horizontalmente la cámara tomavistas | pan shot.
fotografía tomada sin orientar la cámara a la línea base (fotogrametría) | crabbed photograph.
fotografía tomada sobre un filme (filmes) | still.
fotografía trucada | trick photography.
fotografía ultrarrápida | microsecond photography.
fotografía ultrarrápida (más de 1.000 imágenes por segundo) | high-speed photography.
fotografía única | still.
fotografiado a razón de 6 fotos por segundo | photographed at 6 frames/sec.
fotografiar | shoot (to) | photograph (to).
fotografiar el sol por medio del heliógrafo | heliograph (to).
fotografías archivadas | stock shots.
fotografías con cámara de burbujas digitizados | digitized bubble chamber photographs.
fotografías de archivo (TV) | stock shots.
fotografías de avance de la obra | progress photographs.
fotografías radar | radar photographs.
fotógrafo | photographer.
fotografómetro | photographometer.
fotografotipia | photographotype.
fotograma | photographic print | photograph | photogram | picture frame.
fotograma con efecto de profundidad | deep dimension picture.
fotograma de la escena completa | vista shot.
fotograma de polvos (cristalografía) | powder photograph.
fotograma de un radariscopio | scope photo.
fotograma estrechado hacia arriba o hacia abajo | keystone picture.
fotograma inclinado | tilted photograph.
fotogrametría | photogrammetry | mapping.
fotogrametría aérea | air survey | aerial mapping.
fotogrametría analítica | analytical photogrammetry.
fotogrametría selenodésica | selenodetic photogrammetry.
fotogrametría terrestre | ground photogrammetry.
fotogrametría topográfica | topographical photogrammetry.
fotogramétrico | photogrammetric.
fotogrametrista | photogrammetrist | photogrammeter | photogrammetric engineer.
fotogravimetría | photogravimetry.
fotogravímetro | photogravimeter.
fotohaluro (química) | photohalide.
fotoheliógrafo | photoheliograph.
fotoheliógrafo controlado por la calidad de las imágenes | seeing-monitored photoheliograph.
fotoidentificación | photoidentification.
fotoimpresora | photoprinter.
fotoimpresora de repetición | step and repeat machine.
fotoimpulso | photobeat.
fotoimpulso con potencia de terahertzio | terahertz photobeat.
fotoincisión | photoetching.
fotoinciso | photoetched.
fotoinhibición | photoinhibition.
fotointerpretación | photointerpretation.
fotoionizante | photoionizing.
fotolisis | photolysis.
fotolito | photolyte | photolith.
fotolito offset | photo-offset.
fotolitografía | photolith | photolithography | offset lithography | photo-offset | photolithograph | process-work.
fotolitografía (litografía) | color print.

fotolitografía a media tinta | process-work.
fotolitografiar | print by photolithography (to) | photolithograph (to).
fotolitógrafo | photolithographer.
fotolito-offset | offset lithography.
fotolizar | photolyze (to).
fotología | photology.
fotoluminiscencia | photoluminescenc | photoluminescence.
fotoluminiscencia provocada por irradiación | radiation-induced photoluminescence.
fotoluminiscente | photoluminescent.
fotomacrografía | photomacrograph.
fotomacrógrafo | photomacrograph.
fotomacrograma | photomacrograph.
fotomagnetismo | photomagnetism.
fotomagnetoelectricidad | photomagnetoelectricity.
fotomagnetotérmico | photomagnetothermal.
fotomapa | aerial mosaic.
fotomapa (fotogrametría) | photomap.
fotomáscara | photomask.
fotomáscara de metal atacado | metal-etched photomask.
fotomáscara de polaridad inversa | reverse-polarity photomask.
fotomáscara electroformada | electroformed photomask.
fotomecánica | photomechanics.
fotomecánico | photomechanical.
fotomesón | photomeson.
fotometrado (lámparas) | rating.
fotometrar | photomeasure (to) | photometer (to) | rate (to).
fotometría | photometry.
fotometría con filtro fotoeléctrico | photoelectric filter photometry.
fotometría de la llama | flame photometry.
fotometría fotoeléctrica | photoelectric photometry.
fotometría fotoeléctrica astronómica | astronomical photoelectric photometry.
fotometría heterocromática | heterochromatic photometry.
fotometría homocroma | homochromatic photometry.
fotometrista | photometrist.
fotómetro | exposure meter | lightmeter | luminosity tester.
fotómetro (iluminación) | photometer.
fotómetro con microscopio para luz ultravioleta | U.V. microscope photometer.
fotómetro de Bunsen | grease-spot photometer.
fotómetro de célula fotoeléctrica | photocell photometer.
fotómetro de compresión de banda | range compression photometer.
fotómetro de contraste | match photometer | contrast photometer | mach photometer.
fotómetro de coseno | cosine photometer.
fotómetro de destellos | flickering photometer.
fotómetro de dispersión | dispersion photometer.
fotómetro de extinción | extinction meter.
fotómetro de igualación de colores | color-match photometer.
fotómetro de iluminación | illumination photometer | illuminometer.
fotómetro de integración | integrating photometer.
fotómetro de luz incidente | incident-light meter.
fotómetro de luz reflejada | reflected-light meter.
fotómetro de polarización | polarization photometer.
fotómetro de rendija | slit photometer.
fotómetro de Rumford | shadow photometer.
fotómetro de sombra | shadow photometer.
fotómetro electrométrico | electrometer photometer.
fotómetro electrónico | electronic photometer.
fotómetro fotoeléctrico | photoelectric photometer.
fotómetro fotoeléctrico de esfera integradora | integrating sphere photoelectric photometer.
fotómetro fotoemisor | photoemissive photometer.
fotómetro heterocromo | heterochromatic photometer.
fotómetro omnidireccional | omnidirectional photometer.
fotómetro para determinar la intensidad media esférica | mean spherical photometer.
fotómetro para llamas | flame photometer.
fotómetro portátil | illuminometer.
fotómetro portátil para medir la iluminación | lumeter.
fotomezclador | photomixer.
fotomicrografía | photomicrograph | photomicrography.
fotomicrografía en el ultravioleta de baja frecuencia | ultraviolet time-lapse photomicrography.
fotomicrografía fluorescente | fluorescent photomicrograph.
fotomicrografía por rayos infrarrojos | infrared photomicrography.
fotomicrografiar | photomicrograph (to).
fotomicrograma | photomicrograph.
fotomicroscopio | photomicroscope.
fotominiatura | photominiature.
fotomodulador | light modulator.
fotomontaje | photomontage | photomounting | composite | collage | montage photograph.
fotomontaje policromático | color composing.
fotomosaico | photomosaic.
fotomultiplicador | photomultiplier | multiplier phototube.
fotomultiplicador de ventana terminal | end-window photomultiplier.
fotomultiplicador pulsatorio | pulsed photomultiplier.
fotomultiplicador sensible a los rayos rojos | red-sensitive photomultiplier.
fotomural (ampliación fotográfica de gran tamaño) | photomural.
fotón | photon.
fotón de alta energía | high energy photon.
fotón de aniquilación | annihilation photon.
fotón de fotocorriente | photocurrent photon.
fotón de luz visible | light quantum.
fotón energético | energetic photon.
fotón gamma | gamma photon.
fotón gamma inmediato | prompt gamma photon.
fotón incidente | incident photon.
fotón óptico | optical photon.
fotón W | W photon.
fotonastia | photonasty.
fotonefelómetro | photonephelometer.
fotonegatividad | photonegativity.
fotonegativo | photonegative.
fotones producidos al unirse un electrón y un positrón | annihilation radiation.
fotoneutrón (física nuclear) | photoneutron.
fotónica | photonics.
fotonuclear | photonuclear.
fotonucleón | photonucleon.
fotooxidación | photooxidation.
fotooxidar | photooxidize (to).
fotopartícula | photoparticle.
fotoperceptor | photoperceptor.
fotoperiodo | photoperiod.
fotoperspectógrafo | photoperspectograph.
fotopigmento | photopigment.
fotoplaca (placa fotográfica) | photoplate.
fotoplanígrafo | photoplanigraph.
fotoplanimetría | photocharting.
fotoplano | mosaics.
fotoplano (fotogrametría) | photoplan.
fotoplastia | photoplasty.
fotoplasticidad | photoplasticity.
fotoplástico | photoplastic.
fotoplastografía | photoplastography.
fotopodograma | photopodogram.
fotopolimeralizable | photopolymerizable.
fotopolimerización | photopolymerization.
fotopolímero | photopolymer.
fotopolímero coloreado de azul | blue-colored photopolymer.
fotopólvora (1 parte) | flashlight powder.
fotoposicionación | photopositioning.
fotopositivo | photopositive.
fotoproducción | photoproduction.
fotoproducción de mesones neutros | neutral meson photoproduction.
fotoproducción de piones | photoproduction of pi mesons.
fotoproducción piónica | pion photoproduction.
fotoprotección | photoresist.
fotoprotón | photoproton.
fotoproyector | photoprojector.
fotoquímica | photochemics.
fotoquímico | photochemical.
fotoquimioterapia | photochemotherapy.
fotoresist (electrónica) | photoresist.
fotorradiocromatografía | photoradiochromatography.
fotorradiograma | photoradiogram.
fotorradioscopia | photoradioscopy.
fotorreacción | photoreaction.
fotorreacción nuclear | nuclear photoreaction.
fotorreceptor | photoreceptor.
fotorreducción | photoreduction.
fotorregistrador | photorecorder | photographic recorder.
fotorregistro | photorecord | photorecording.
fotorrelieve | bas-relief.
fotorreproducción | photoreproduction.
fotorresistencia | photoresistance.
fotorresistencia (colores) | lightfastness.
fotorresistencia asistida por silicona | silicone-assisted photoresist.
fotorresistente | photonegative | light-negative | lightfast.
fotorresistor | photoresistor.
fotorresponsivo | photoresponsive.
fotorrespuesta | photoresponse.
fotorrestitución | photorestitution.
fotorretocar | photo-retouch (to).
fotorreversible | photoreversible.
fotos para reclamo (cine) | exhibits.
fotoscopio | photoscope.
fotosedimentación | photosedimentation.
fotosedimentómetro | photosedimentometer | photosedimentomer.
fotosensibilidad | photosensitiveness | luminous sensitivity | photosensitivity.
fotosensibilidad del fotomultiplicador | photomultiplier photosensitivity.
fotosensibilización | photosensitization.
fotosensibilizador (EE.UU.) | photosensitizer.
fotosensibilizar | photosensibilize (to) | photosensitize (to).
fotosensible | photosensible | photoactive.
fotosensible (película, célula, etc.) | light-sensitive.
fotosensor | photosensitor.
fotoseparación | photodetachment.
fotoseparar | photodetach (to).
fotosfera | photosphere.
fotosintato | photosynthate.
fotosíntesis (química) | photosynthesis.
fotosíntesis biológica | biological photosynthesis.
fotosíntesis clorofílica | chlorophyllic photosynthesis.
fotosintético (bioquímica) | photosynthetic.
fotosintetizar | photosynthesize (to).
fotostatar | photostat (to).
fotostática | photostatics.
fotostático | photostatic.
fotóstato | photostat.
fototacometría | phototachometry.
fototacómetro | phototachometer.
fototaxia hacia la luz | positive phototaxy.
fototaxia hacia lugares umbríos | negative phototaxy.

fototaxia negativa | negative phototaxy.
fototaxia positiva | positive phototaxy.
fototeca | photograph library | phototheca.
fototecnia | phototechny.
fototelefonía | phototelephony.
fototelegrafía | phototelegraphy | wirephoto | facsimile.
fototelegrafista | phototelegraphist.
fototelégrafo | phototelegraph.
fototelegrama | phototelegram.
fototelemetría | phototelemetry.
fototensión de difusión | diffusion photo-voltage.
fototensión en circuito abierto | open-circuit photovoltage.
fototeodolito | phototheodolite.
fototerapia | light treatment | light-cure | phototherapy.
fototérmico | photothermal.
fototermoelasticidad | photothermoelasticity.
fototermoelástico | photothermoelastic.
fototipia | photo engraving | collotype | process-work | phototypy.
fototipia positiva | direct positive.
fototipocomposición | phototypesetting.
fototipograbado | phototypogravure | process-plate | process-block | process-engraving.
fototipograbador | process-worker | process-engraver.
fototipografía | phototypography | block process.
fototiristor | photothyristor.
fototituladora | photolettering machine.
fototopografía | photographic survey | photo-surveying | photographic topography | phototopography | photographic surveying.
fototopografía aérea | aerial phototopography.
fototopografía terrestre | ground phototopography.
fototopógrafo | phototopographer.
fototransistor | photistor | phototransistor.
fototransistorizar | phototransistorize (to).
fototranspositógrafo | phototranspositograph.
fototriangulación | phototriangulation.
fototriangular | phototriangulate (to).
fototrónica | phototronics.
fototropía (física) | phototropy.
fototropismo | phototropism.
fototubo | phototube | light sensitive tube.
fototubo de gas | soft phototube.
fototubo de gas utilizado como relé | photoglow tube.
fototubo de vacío | vacuum phototube.
fototubo multiplicador | multiplier tube | multiplier phototube.
fototubo multiplicador de campos cruzados | crossed-field multiplier phototube.
fototubo multiplicador de microondas | microwave multiplier phototube.
fototubo multiplicador electrónico | electron-multiplier phototube | electron multiplier phototube.
fototubo sensible al azul | blue-sensitive phototube.
fotovaristor | photovaristor.
fotoviscoelasticidad | photoviscoelasticity.
fotoviscosidad | photoviscosity.
fotovoltaicidad | photovoltaicity.
fotovulcanización | photovulcanization.
fou (Oldfieldía africana) | fou.
foulard horizontal | horizontal padder.
foulard para teñir | dye padder.
foveoscopia | foveoscopy.
foz | canyon.
frac | coat.
fracasado | loser.
fracasar | miscarry (to) | crash (to) | defeat (to) | come to nothing (to) | breakdown (to).
fracasar (negocios) | hangfire (to).
fracaso | breakdown | miscarriage | failing | fall-down | failure | fail.
fracaso (de un proyecto) | defeat.
fracaso (libros, función teatral) | frost.
fracaso de un proyecto | failure of a plan.
fracaso total | dead failure.
fracción | fraction.
fracción (número) | vulgar fraction.
fracción ácida soluble en éter | ether-soluble acidic fraction.
fracción algebraica | algebraic fraction.
fracción cambiada | fraction exchange.
fracción compleja | complex fraction.
fracción compuesta | compound fraction | composed fraction.
fracción con partículas menores de dos micrómetros | clay fraction.
fracción continua | continued fraction.
fracción de abundancia (isótopos) | packing fraction.
fracción de cambio isotópico | fraction exchange.
fracción de empaquetamiento | packing fraction.
fracción de entronque | branching fraction.
fracción de fisión | fission fraction.
fracción de fracción | compound fraction.
fracción de huecos | void fraction.
fracción de neutrones diferidos | delayed neutron fraction.
fracción de neutrones inmediatos | prompt neutron fraction.
fracción de petróleo | cut of petroleum.
fracción de petróleo desbutanizada | debutanized petroleum fraction.
fracción de quemado | burnout fraction.
fracción de ramificación | branching fraction.
fracción de relleno | packing fraction.
fracción de segundo | split-second.
fracción de términos fraccionarios | complex fraction.
fracción de tiempo | time slice.
fracción de trabajo consumido en el sistema (termodinámica) | back-work ratio.
fracción decimal | decimal fraction.
fracción decimal continua | continuing decimal fraction.
fracción decimal periódica | circulating fraction | circulating decimal.
fracción decimal periódica mixta | circulating recurring decimal.
fracción defectiva promedia del proceso | process average defective fraction.
fracción densa | heavy fraction.
fracción efectiva de neutrones diferidos o retardados | effective delayed neutron fraction.
fracción eluida | eluted fraction.
fracción en peso | weight fraction.
fracción enriquecida con impurezas | impurities-enriched fraction.
fracción factorable (que se puede descomponer en factores) | factorable fraction.
fracción fotosensible | photofraction.
fracción fusible | fusible fraction.
fracción granulométrica (grosor del grano) | grading fraction.
fracción impropia | improper fraction.
fracción incompleta | simple fraction.
fracción infinitesimal | infinitesimal fraction.
fracción irracional | irrational fraction.
fracción líquida de baja temperatura de ebullición | low-boiling liquid fraction.
fracción mayor del volumen | major fraction of the volume.
fracción media (destilación) | heart cut.
fracción molar | mole fraction.
fracción molar en el equilibrio | equilibrium mole fraction.
fracción obtenida en la destilación (petróleos) | cut.
fracción periódica | repeater.
fracción principal | main fraction.
fracción soluble en alcohol (química) | alcohol-soluble fraction.
fracción subcádmica | subcadmium ratio.
fracción total de muestreo | overall sampling fraction.
fracción variable de muestreo | variable sampling fraction.
fraccionación | fractionation | fractionization.
fraccionación cromatográfica | chromatographic fractionation.
fraccionación de la fibra | fiber fractionation.
fraccionación ionoforética | ionophoretic fractionation.
fraccionación por hiperpresión | high-pressure fractionation.
fraccionación sumativa | summative fractionation.
fraccionado | split.
fraccionador | fractionator.
fraccionador refrigerado | refrigerated fractionator.
fraccional | fractionary.
fraccionalmente | fractionally.
fraccionamiento con control de teclado (informática) | selected partition.
fraccionamiento de la corriente de ventilación (minas) | air split.
fraccionamiento de la memoria (informática) | partition.
fraccionamiento de memoria con programa cargado (informática) | load partition.
fraccionamiento de viscosidad (petróleos) | viscosity breaking.
fraccionamiento del área de memoria en biprogramación | partition area.
fraccionamiento preestablecido | prestablished fractionation.
fraccionamiento previo (petróleo crudo) | prefractionating.
fraccionar | split (to) | fractionate (to) | fraction (to) | breakup (to) | resaw (to).
fraccionar el petróleo | break oil (to).
fraccionar la carga | break bulk (to).
fraccionario | fractional.
fracciones alquitranosas | tar fractions.
fracciones astronómicas | astronomicals.
fracciones del suelo | soil separates.
fracciones fundamentales oscilantes | oscillating basic fractions.
fractil | fractile.
fractila (estadística) | fractile.
fractocúmulo | fractocumulus.
fractoestrato | scud | fractostratus.
fractografía | fractograph | fractography.
fractografía de carburos de tungsteno cementado | fractography of cemented tungsten carbide.
fractografía electrónica | electron fractography.
fractografía por microscopio electrónico | electron microscope fractography.
fractografía por réplica de carbono | carbon replica fractography.
fractograma | fractograph.
fractología | fractology.
fractonimbo | fractonimbus | steam scud.
fractonimbo que se eleva desde una superficie caliente | steam cloud.
fractura | failure | scabbing | breach | breaking | breakage | cleavage | fracture.
fractura (roca) | fracturing.
fractura acerosa | steely fracture.
fractura afanítica | aphanitic fracture.
fractura antes de la solidificación (pieza fundida) | liquid fracture.
fractura astillosa | splintery fracture.
fractura astillosa (mineralogía) | hackly fracture.
fractura atípica | atypical fracture.
fractura catastrófica (aceros) | catastrophic fracture.
fractura ceroide | scaly fracture.
fractura compacta | fast fracture | compact fracture.
fractura con corazón blanco y capa exterior negra (fundición maleable) | inverse chill fracture.
fractura con mancha brillante (metalurgia) | flaky fracture.
fractura concoidea | shell-like fracture | con-

choidal fracture.
fractura conminuta | comminution.
fractura convexa (hielo de glacial) | crescentic fracture.
fractura cristalina | crystalline frature.
fractura cristalina (metalurgia) | splendent fracture.
fractura cristalina basta por exceso de nitrógeno (aceros) | rock-candy fracture.
fractura cristalina gruesa | sappy fracture.
fractura cristalinogranular | granular-crystalline fracture.
fractura cuboidal | cuboidal fracture.
fractura de cono y embudo (probetas) | cup-and-cone fracture.
fractura de diamantes inducida por laser | laser induced fracture of diamonds.
fractura de grano fino | silky fracture.
fractura de granos finos | fine granular fracture.
fractura de granos gruesos | coarse-granular fracture.
fractura de la rotura | rupture fracture.
fractura de los cantos de la periferia (lentes) | crib.
fractura de los cantos de la periferia (primordios de lentes) | cribbing.
fractura de media copa | half-cup fracture.
fractura de propagación lenta | slow fracture.
fractura de tipo de rotura transgranular | transgranular-cleavage-type fracture.
fractura en capas | laminated fracture.
fractura en copa (fractura en forma de embudo) | cup fracture.
fractura en el hielo por choque de dos carámbanos entre sí | concussion crack.
fractura en el hielo por choque entre dos carambanos entre sí | shock crack.
fractura en estrella (aceros) | sorbitic fracture.
fractura en la que sólo una parte del exterior está extendida | half-cupped fracture.
fractura en mariposa | butterfly fracture.
fractura en ojal | buttonhole fracture.
fractura en servicio | service fracture.
fractura engendrada de manera impulsiva | impulsively generated fracture.
fractura fibrosa (metales) | fibrous fracture.
fractura fibrosa ductil a bajas temperaturas | low-temperature ductile fibrous fracture.
fractura flabeliforme | fan-shaped fracture.
fractura frágil retrasada | delayed brittle fracture.
fractura fuera de la línea de barrenos (minería) | back-break.
fractura fuera de la zona de soldadura | away-from-weld fracture.
fractura granuda | granular fracture.
fractura granulosa | granular fracture.
fractura hojosa | laminated fracture.
fractura incipiente | incipient fracture | incipient failure.
fractura incompleta | incomplete fracture.
fractura intercristalina | intercrystalline failure.
fractura intercristalina de chapas de caldera | boiler embrittlement.
fractura intracristalina | intracrystalline fracture.
fractura irregular | uneven fracture.
fractura laminada | lamellated fracture.
fractura laminar | laminar fracture | lamellar fracture.
fractura lardacea (porcelanas) | lardaceous fracture.
fractura leñosa | barked fracture | hooked fracture.
fractura limpia | clean fracture.
fractura limpia y fibrosa | clean fibrous fracture.
fractura lisa | even fracture.
fractura mate | mat fracture | dull fracture | lusterless fracture.
fractura múltiple | repeated fracture.
fractura oblicua | inclined fracture.
fractura ondulada | rippled fracture.
fractura plana | even fracture.
fractura por baja energía | brittle fracture.
fractura por compresión | compression fracture.
fractura por contragolpe | fracture by contrecoup.
fractura por desgarro | tearing fracture.
fractura por deslizamientos debidos a esfuerzos cortantes (alambres) | cupping fracture.
fractura por esfuerzo cortante | shearing.
fractura por esfuerzo plano | plane-strain fracture.
fractura por fragilidad | brittle fracture.
fractura por oxidación intergranular (metalurgia) | green-rot.
fractura por presión | piezoclase.
fractura por sobrecarga accidental | forced fracture.
fractura por tracción | spalling.
fractura porcelánica | aphanitic fracture | porcelanic fracture.
fractura progresiva | detail fracture.
fractura pulverulenta | powdery fracture.
fractura pulverulenta mate | dull powdery fracture.
fractura reciente | fresh fracture.
fractura roseta (aceros) | sorbitic fracture.
fractura semiquebradiza | semibrittle fracture.
fractura sorbítica (aceros) | sorbitic fracture.
fractura transcristalina | transgranular fracture.
fractura transcristalina (cristalografía) | cleavage fracture.
fractura transversal (pizarras) | sculping.
fractura vitriforme | vitriform fracture.
fractura viva (mineralogía) | bright fracture.
fracturabilidad | fracturability.
fracturabilidad tectónica | tectonic fracturability.
fracturable | shatterable | fracturable.
fracturación | shattering.
fracturación eléctrica de rocas | electrical puncturing.
fracturación en bloques | block faulting.
fracturación hidráulica | hydraulic fracturing.
fracturación por fallas | block faulting.
fracturación química del carbón (minas) | coal chemical breaking.
fracturado | crushed.
fracturado intergranularmente | intergranularly fractured.
fracturador | breaker.
fracturar | shatter (to) | fracture (to) | break (to) | break open (to).
fracturar (un hueso) | crack (to).
fracturar los bordes (lentes) | crib the edges (to).
fracturarse por fatiga | fatigue fracture (to).
fracturas en una capa de carbón donde éste se encuentra pulverizado | grimes.
fragancia | odor (EE.UU.) | flavor (EE.UU.) | flavour (G.B.).
fragata | frigate.
fragata (buque de vela) | full-rigger.
fragata (zoología) | frigate-bird.
fragata antiaérea | antiaircraft frigate.
fragata antiaérea y avisadora del rumbo de los aviones | antiaircraft and air direction frigate.
fragata antisubmarinos | antisubmarine frigate.
fragata de escolta | escort frigate.
fragata meteorológica | meteorological frigate.
frágil | breakable | brittle | with care | fragile.
frágil (embalajes) | do not drop.
frágil (minerales) | soft.
frágil (recipiente) | frangible.
frágil a baja temperatura (agrio - metales) | cold-short.
frágil al azul | blue-brittle.
frágil en caliente (metales) | red-short.
fragilidad | brashness | breakability | brittleness | fragileness | fragility.
fragilidad (metales) | shortness.
fragilidad a baja temperatura | low-temperature brittleness.
fragilidad ácida | acid brittleness.
fragilidad al calor azul | blue-shortness.
fragilidad azul (falta de maleabilidad del acero entre 200 y 400 °C) | blue brittleness.
fragilidad cáustica | caustic embritlement | embrittlement.
fragilidad caústica del acero | steel caustic fragility.
fragilidad curable (aceros) | curable brittleness.
fragilidad de deformación en frío | cold-deformation brittleness.
fragilidad de despegue (metalografía) | cleavage brittleness.
fragilidad de entalla | notch brittleness.
fragilidad de masa | mass brittleness.
fragilidad de revenido | drawing brittleness | temper brittleness.
fragilidad de revenido (metalurgia) | Krupp sickness.
fragilidad de temple | temper brittleness.
fragilidad del acero a la irradiación neutrónica | steel neutron embrittlement.
fragilidad del metal revenido | tempered metal brittleness.
fragilidad del plástico | plastic brittleness.
fragilidad en caliente | redsear | red shortness | red hardness | hot-tearing.
fragilidad en caliente (metales) | hot shortness.
fragilidad en caliente del acero | steel hot-tearing.
fragilidad en frío | cold brittleness | cold-shortness.
fragilidad en la fase sigma | sigma embrittlement.
fragilidad inherente por grieta o entalla (aceros al carbono) | notch-fragility.
fragilidad intercristalina | intercrystalline brittleness.
fragilidad latente | potential brittleness.
fragilidad por absorción de hidrógeno | pickle brittleness.
fragilidad por absorción de hidrógeno (metalurgia) | hydrogen embrittlement.
fragilidad por acción del sulfuro de hidrógeno a temperatura elevada | sulfide embrittlement.
fragilidad por decapado | pickling brittleness | pickle brittleness | acid brittleness.
fragilidad por entalla a baja temperatura | low-temperature notch brittleness.
fragilidad por envejecimiento | age embrittlement.
fragilidad por galvanización | galvanizing brittleness.
fragilidad por galvanización en caliente (hierro maleable) | embrittlement.
fragilidad por irradiación | irradiation embrittlement.
fragilidad por la fase sigma (aleaciones) | sigma-phase embrittling.
fragilidad por revenido | temper brittleness | temper-embrittlement.
fragilidad por temple irreversible | upper-nose brittleness.
fragilidad producida por absorción de hidrógeno (aceros) | hydrogen brittleness.
fragilidad reotrópica | rheotropic brittleness | rheotropic embrittlement.
fragilización | fragilization.
fragilización (aceros) | embrittlement.
fragilización del acero a temperatura criogénica | low-temperature steel fragilization.
fragilizar | fragilize (to).
fragilizarse | embrittle (to).
fragmentabilidad | fragmentability.
fragmentable | fragmentable.
fragmentación | fragmentation | breakage | breakup | breaking up | breaking down | fragmentating.
fragmentación con explosivos adosados | bulldozing.
fragmentación de datos | dicing.
fragmentación de la partícula | particle fragmentation.

fragmentación de las paredes del proyectil | fragmentation of shell cases.
fragmentación de los constituyentes del grano subestructural | fragmentation of the substructural grain constituents.
fragmentación de una lámina en microplaquetas | dicing.
fragmentación excesiva de la roca (voladuras) | overblasting.
fragmentación nuclear | nuclear fragmentation.
fragmentación numérica | dicing.
fragmentación por electroerosión | spark fragmentation.
fragmentación superficial (superficies pulidas) | fuzz.
fragmentar | clastate (to) | fragment (to) | break (to) | breakup (to) | shatter (to).
fragmentar (taquear - minería) | bulldoze (to).
fragmentar el pago | fragment the payment (to).
fragmentariedad | fragmentariness.
fragmentario | fragmentary | fractionary.
fragmentarse | breakup (to).
fragmentarse (proyectiles) | splinter (to).
fragmento | fragment | fraction | shred | flinder | shatter | piece.
fragmento (matemáticas) | splinter.
fragmento de loza rota | shard.
fragmento de tejido embrionario retenido en el organismo adulto (medicina) | rest.
fragmento grande | hunk.
fragmento pequeño tabular (diamantes) | chip.
fragmentos angulares | angular fragments.
fragmentos de fisión que tienen una sección transversal de captura apreciable para neutrones | fission poisons.
fragmentos de hielo flotante | debris ice | brash-ice.
fragmentos de la cabeza de combate | fragments from warhead.
fragmentos de la fisión en el instante de la separación | fission recoils.
fragmentos de la fisión ricos en neutrones | neutron-rich fission fragments.
fragmentos de roca en la zona de brechas de una falla | drag breccia.
fragmentos de rocas | brash.
fragmentos de zinc cobreados sumergiéndolos en solución de sulfato de cobre | zinc-copper couple.
fragmentos desprendidos de un iceberg | calves.
fragmentos eficaces por esterorradian (balística) | efficacy fragments per steroradian.
fragmentos extraños de hierro | tramp iron.
fragmentos mortíferos | lethal fragments.
fragmentos pequeños de diamante (para ser montados) | bort.
fragmentos preformados | preformed fragments.
fragmentos resultantes de la fisión | fission resulting fragments.
fragmentos superficiales de hierro oxidado (papel) | iron specks.
fragor | rumble.
fragor (del trueno, de la artillería) | rolling.
fragoso (terrenos) | rough.
fragua | forge mill | forge | smithy.
fragua de campaña | portable forge.
fragua de cinglado | knobbling fire.
fragua de recalcar | upsetting forge.
fragua para barrenas | bit forge.
fragua portátil | field forge | portable forge.
fragua portátil para uso a bordo | deck forge.
fraguable | settable.
fraguación (hormigón, resinas) | setting.
fraguado | set.
fraguado (hormigón) | setting.
fraguado (hormigón, resinas) | setting.
fraguado (mezclas) | hold.
fraguado del cemento | cement setting.
fraguado del hormigón | setting of concrete | concrete setting.
fraguado inicial (cales o cementos) | initial set.
fraguando (hormigón) | green.
fraguar | forge (to).
fraguar (cemento) | set (to).
fraguar al aire | air-set (to).
fraguar al calor | heat set (to).
fraguar por calor | thermoset (to).
frai (Fagraea fragans - Roxb) | temasuk.
fraile | bite.
frambesia (medicina) | yaws.
framiré (Terminalia ivorensis) | tuhidja.
framiré (Terminalia ivorensis - A. Chev) | ada boumbia | black afara | ubiri | idigbo.
francalete | buckle.
francalete (correas) | buckle end.
francalete (de atalaje) | keeper.
francamente | straight.
francio | actinium K.
francio (elemento n.º 87) | francium.
franco | duty-free | free.
franco (marinero con permiso) | liberty-man.
franco a bordo | F.O.B. | free on board.
franco a bordo en el sitio de embarque | F.O.B. shipping point.
franco a bordo en el sitio de producción | F.O.B. producing point.
franco a bordo puerto inglés | F.O.B. U. K. port.
franco a bordo sobre gabarra | F.O.B. ex lighters.
franco a bordo sobre gabarra amarrada al muelle | F.O.B. ex hulks as moored.
franco a destino | free to destination.
franco a domicilio | delivery free to destination.
franco a lo largo del buque | free along side.
franco a lo largo del navío | F.A.S. (free along side).
franco a lo largo del vagón | F.A.S. car.
franco al costado del buque | F.A.S. | free alongside ship (FAS).
franco al costado del buque donde se transmite el riesgo de las mercancías | free alongside ship (FAS).
franco al costado vapor | F.A.S. vessel.
franco almacén | ex warehouse | buyer's store.
franco camión | free on truck (f.o.t) | F.O.T. (free on truck).
franco camión (comercio) | free on truck.
franco de aduana | customs-exempt.
franco de avería recíproca | free of reciprocal average.
franco de averías particulares (seguros) | free of particular average.
franco de carga y descarga (fletamentos) | free in and out (f.i.o.).
franco de embalaje | packed free.
franco de guardia durante toda la noche (buques) | all night in.
franco de impuestos | nondutiable.
franco de porte | duty-free | prepaid | post-free | carriage free | post-paid | postage paid.
franco de porte y embalaje | carriage and packing free.
franco de portes | carriage paid.
franco de servicio | off duty.
franco depósito (mercancía) | F.A.S. warehouse.
franco en | ex.
franco en el muelle | ex quay | ex dock.
franco en fábrica | ex mill | ex factory.
franco en muelle | F.O.Q. (free on quay).
franco fuera del buque | ex ship.
franco o libre de captura y embargo (póliza de seguro) | free of capture and seizure (F.C.S.).
franco puerto | free harbor.
franco sobre el buque | free on steamer.
franco sobre ferrocarril (comercio) | free on rail.
franco sobre gabarra | free in lighter.
franco sobre vagón | free on rail (f.o.r.) | F.O.B. cars.
franco vagón (mercancía) | F.O.T. (free on truck).
franco vagón ferrocarril (mercancía) | F.O.R. (free on rail).
francobordo (buques) | freeboard.
francobordo para transportar cubiertada de madera (buques) | timber load line.
francofonía | francophony.
francofonismo | francophonism.
francófono | French-speaking.
franela (textil) | flannel.
franela de algodón | Canton flannel | cotton flannel | cotton beaver.
franela de algodón (pilú) | flannelette.
franeleta (pilú) | flannelette.
frangibilidad | frangibility.
frangible | frangible | shatterable | breakable.
frángula | alder buckthorn | black alder.
franja | stripe | slot | trimming | border.
franja (óptica) | bleeding | fringe.
franja (tipografía) | band.
franja (uniformes) | aigulet | aiguiet.
franja acromática | achromatic fringe.
franja capilar (capa de terreno humedecido por el agua capilar sobre la capa acuífera) | capillary fringe.
franja con encastillado (minas) | square-set stope.
franja de color (fotomecánica) | color bar.
franja de cristales | brush of crystals.
franja de demarcación | demarcation strip.
franja de interferencia | interference fringe.
franja de oro | bullion frill.
franja de perforaciones | curtate.
franja de protección | buffer-strip.
franja de reacción | reaction rim.
franja de sedimentos | mud belt.
franja inferior de perforaciones | lower curtate.
franja muaré | moire fringe | moiré-fringe.
franja pequeña (minas) | shortwall.
franja protectora | border strip.
franja rellenada (minas) | closed stope | filled stope.
franja rellenada por material obtenido en ella misma (minas) | cut-and-fill stope.
franja superior de perforaciones (calculadoras) | upper curcate.
franja-almacén (minas) | shrinkage stope | shrink.
franjas coloreadas | color fringes.
franjas cromáticas | color fringes.
franjas de difracción | diffraction fringes.
franjas de interferencia acromáticas | achromatic interference fringes.
franjas de interferencia óptica | optical interference fringes.
franjeado | fringed.
franjeado con espinas | fringed with spines.
franqueable | passable.
franqueable (obstáculos) | bridgeable.
franqueada (cartas) | prepaid.
franqueado (cartas) | stamped.
franqueado (correos) | prepaid.
franqueadora | postage meter | posting machine.
franqueamiento (de un muro) | getting over.
franquear | span (to) | exempt (to).
franquear (cartas) | prepay (to).
franquear (obstáculos) | pass (to).
franquear (recortar - minas) | brush (to).
franquear (salvar - obstáculos) | bridge over (to).
franquear el piso (minas) | sink the floor (to).
franquear el techo (minas) | rip the roof (to).
franquear las agujas (ferrocarril) | clear the points (to).
franquear un paso | bridge the gap (to).
franquear una carta | pay a letter (to).
franqueo | prepayment of postage | franking | postage.
franqueo (cartas, ebanistería) | franking.
franqueo (túneles) | unkeying.
franqueo aéreo | airmail postage.
franqueo de la respuesta pagado | prepaid reply.
franqueo de libros | book post rate.
franqueo en forma de cono (minas) | pyramid

cut (mines) | cone cut.
franqueo incluido | postpaid.
franqueo pagado | postage paid.
franqueo reducido (correo) | reduced rate.
franqueo suplementario | extra postage.
franqueo vertical (margen de altura - sobre obstáculos) | clearance.
franquía de aduana | clearance.
franquicia | exemption | liberty | franchise | franking | franchise | freedom | enfranchisement.
franquicia (comercio) | duty-free.
franquicia (postal-telegráfica) | franking privilege.
franquicia de recogida | collection franchise.
franquicia fiscal | tax exemption.
franquicia obligatoria | obligatory self-insurance.
franquicia tributaria | tax holiday.
franueo (fresas, brocas) | relief.
frasco | bottle | phial | flask.
frasco anaeróbico (química) | anaerobic jar.
frasco con pipeta | pipetted bottle | pipette bottle.
frasco con tapón esmerilado | glass-stoppered bottle.
frasco cuentagotas | drop-bottle | dropper.
frasco de absorción | absorption bottle.
frasco de absorción (química) | absorber.
frasco de azogue | flask of quicksilver.
frasco de decantación | decanting bottle.
frasco de deflagración | deflagrating jar.
frasco de Dewar | Dewar flask.
frasco de elutriación | elutriating flask.
frasco de extracción (química) | extraction flask.
frasco de lavado (química) | washing bottle.
frasco de mercurio | flask of quicksilver.
frasco de nivel | leveling bottle.
frasco de pesadas (química) | weighing bottle.
frasco de pico (laboratorios) | lipped bottle.
frasco de saponificación | saponification beaker.
frasco de vacío (química) | filtering flask.
frasco de vidrio para pesadas | glass weighing bottle.
frasco graduado | graduated flask | graduated vessel | graduate.
frasco lavador | gas washing bottle.
frasco lavador (química) | scrubber.
frasco para la solución de prueba | stock bottle.
frasco pequeño | vial.
frasco prismático | wedge-shaped bottle.
frasco que se adapta bien a la mano | hand-tailored bottle.
frasco sembrador (siembra en hoyos) | seed flask.
frasco separador | parting flask.
frascos para reactivos (química) | reagent bottles.
frase | sentence.
frase de taller | shop term.
frase descriptiva | comment statement.
frase metafórica | metaphorical phrase.
frase publicitaria | slogan | advertising slogan.
fraseado (música) | phrasing.
fraseograma | phraseogram.
fraseología | phrasing.
frase-reclamo | catchword | catch phrase.
frases de cajón | stock phrases.
frasquerío | flaskware.
frasqueta (tipografía) | frisket.
fratás | mason's float | darby | patter.
fratás (albañilería) | hawk.
fratás de madera con cara de corcho | cork float.
fratás mecánico (para pisos de cemento) | power float.
fratasado | floatings | float finish.
fratasar | float (to).
fraternidad de los hombres de mar | maritime fraternity.
fraternizar | fraternize (to).
fratonimbo | scud.
frator | phrator.
fratriáco | phatriac.
fratrial | phratrial.
fraude | dolus malus | embezzlement | fraud | faking | fake.
fraude efectivo | actual fraud.
fraude fiscal | tax fraud.
fraudulento | bogus | fraudulent.
freático | phreatic | subsurface | water-bearing.
freatimetría | phreatimetry | freatimetry.
freatimétrico | phreatimetric | freatimetric.
freatimetrista | phreatimetrist.
freatofita (planta) | phreatophyte.
freatofitas | phreatophytes.
frecuecias radiotelegráficas | radiotelegraphic frequencies.
frecuencia | rate | frequency | incidence.
frecuencia (corriente alterna) | periodicity.
frecuencia (de pulso) | quickness.
frecuencia (estadística) | popularity.
frecuencia (sonidos) | pitch.
frecuencia absoluta de corte | absolute cutoff frequency.
frecuencia acumulativa | cumulative frequency.
frecuencia acústica | voice frequency | sound frequency | audiofrequency | acoustic frequency | audible frequency.
frecuencia acústica (radio) | beat frequency.
frecuencia aire-tierra | air-ground frequency.
frecuencia amortiguadora | quenching frequency.
frecuencia angular (electricidad) | radian frequency.
frecuencia angular (radianes/segundo) | angular frequency.
frecuencia angular natural | natural angular frequency.
frecuencia armónica | voice frequency | harmonic frequency.
frecuencia asignada | assigned frequency | frequency alloted.
frecuencia audible | beat note | audible frequency | musical frequency | musical pitch | speech frequency | voice frequency | sonic frequency | sound frequency.
frecuencia autorizada | authorized frequency.
frecuencia básica | fundamental.
frecuencia básica de repetición (sistema loran) | basic repetition rate.
frecuencia calibradora (emisiones de modulación de frecuencia) | marker frequency.
frecuencia característica del espectro emitido | characteristic frequency of emitted spectrum.
frecuencia central | center frequency.
frecuencia ciclotrónica | cyclotron frequency.
frecuencia complementaria | idling frequency.
frecuencia creciente de casos | increasing frequency of occurrence.
frecuencia crítica | critical frequency | threshold frequency | ultimate frequency | threshold of frequency | penetration frequency.
frecuencia crítica (radio) | cutoff frequency.
frecuencia de accidentes | accident frequency | incidence of loss.
frecuencia de alineación | tie-down point.
frecuencia de antirresonancia | antiresonance frequency.
frecuencia de aterrizajes | rate of landing.
frecuencia de base | clock rate.
frecuencia de cambio | crossover.
frecuencia de centelleo | flicker frequency.
frecuencia de cierre | cutoff frequency.
frecuencia de coincidencia | coincidence frequency.
frecuencia de colisión | collision frequency.
frecuencia de colisión por molécula | collision frequency per molecule.
frecuencia de colores primarios | color sampling rate.
frecuencia de combinación | combination frequency.
frecuencia de comparación | comparison frequency.
frecuencia de conmutación de colores | color sampling rate.
frecuencia de corte (radio) | cutoff | cutoff frequency.
frecuencia de corte (superreacción) | quench frequency.
frecuencia de corte alfa | alpha cut-off frequency.
frecuencia de corte de la ganancia de potencia | power-gain cut-off frequency.
frecuencia de cruce | crossover frequency.
frecuencia de chispas | spark rate.
frecuencia de deslizamiento | slip frequency.
frecuencia de destellos (estroboscopios) | glimpse frequency.
frecuencia de emergencia | emergency frequency.
frecuencia de escansión horizontal | horizontal scanning frequency.
frecuencia de escucha | listening frequency.
frecuencia de exploración (TV) | dot frequency.
frecuencia de exploración vertical (G.B.) | frame frequency.
frecuencia de exploración vertical (televisión) | vertical frequency.
frecuencia de extinción | quenching frequency.
frecuencia de fallos | failure rate.
frecuencia de imagen | image frequency | second channel frequency | picture tone | frame repetition rate.
frecuencia de imagen (número de pasadas por segundo de arriba abajo del elemento explorador-TV) | field frequency.
frecuencia de imagen (TV) | frame rate | pix frequency | video frequency.
frecuencia de imágenes (EE.UU.) | frame frequency.
frecuencia de impulsos | impulse frequency.
frecuencia de interconversión | interconverting frequency.
frecuencia de interrupción | quenching frequency.
frecuencia de interrupción (superreacción) | quench frequency.
frecuencia de la nota | note frequency.
frecuencia de la onda portadora | carrier frequency.
frecuencia de la portadora de imagen | vision frequency | visual frequency.
frecuencia de la portadora de la imagen | picture carrier frequency.
frecuencia de la portadora de la visión | vision-carrier frequency.
frecuencia de la red de alimentación eléctrica | power frequency.
frecuencia de la subportadora de color | color subcarrier frequency.
frecuencia de las ondulaciones | ripple frequency.
frecuencia de las pulsaciones | pulse rate.
frecuencia de las variaciones cíclicas | jitter frequency.
frecuencia de línea | line frequency.
frecuencia de línea (televisión) | horizontal power.
frecuencia de líneas de exploración | stroke speed.
frecuencia de llamada | calling frequency.
frecuencia de llegada | incoming frequency.
frecuencia de medida (emisiones de modulación de frecuencia) | marker frequency.
frecuencia de modulación | modulating frequency | modulation frequency | audiofrequency | wobble frequency.
frecuencia de muestreo | sampling frequency.
frecuencia de muestreo (estadística) | sampling rate.
frecuencia de onda | ripple frequency.
frecuencia de parpadeo | flicker frequency.
frecuencia de pausa | resisting frequency.
frecuencia de portadora visual | visual carrier frequency.
frecuencia de pulsación (radio) | beat frequency.

frecuencia de puntos (fax) | dot frequency.
frecuencia de recubrimiento | crossover frequency.
frecuencia de red | power frequency.
frecuencia de régimen | rated frequency.
frecuencia de relajación (radio) | relaxation frequency.
frecuencia de repetición | repetition rate | repetition frequency.
frecuencia de repetición de impulsos | pulse repetition rate.
frecuencia de repetición de los impulsos | pulse rate | recurrence rate.
frecuencia de repetición del impulso | pulse repetition frequency.
frecuencia de reposo | nonoperating frequency | resting frequency.
frecuencia de reposo (telegrafía) | key-up frequency.
frecuencia de resonancia | resonance frequency | resonant frequency.
frecuencia de resonancia en serie | series-resonant frequency.
frecuencia de resonancia mecánica | mechanical resonance frequency.
frecuencia de resonancia propia | natural resonant frequency.
frecuencia de respuesta | response frequency.
frecuencia de rotación | gyrofrequency.
frecuencia de ruta | enroute frequency.
frecuencia de señalización | signaling frequency.
frecuencia de servicio | operation frequency | rated frequency.
frecuencia de traba (televisión) | line frequency.
frecuencia de trabajo | nominal frequency.
frecuencia de transición | transition frequency | crossover.
frecuencia de tránsito | turnover frequency.
frecuencia de transporte | turnover.
frecuencia de vientos de proa | headwind frequency.
frecuencia de visión | vision frequency.
frecuencia de vuelos | flight frequency.
frecuencia del canal adyacente portador del sonido | adjacent channel sound frecuency | adjacent channel sound frecuency.
frecuencia del grupo | group frequency.
frecuencia del interruptor | interrupter frequency.
frecuencia del plasma del haz electrónico | electronic beam plasma frequency.
frecuencia del pulso (medicina) | pulse rate.
frecuencia del tren de ondas (radio) | group frequency.
frecuencia del zumbido | hum-frequency.
frecuencia determinable | determinable frequency.
frecuencia diferencial | difference frequency.
frecuencia en radianes/segundo | circular frequency.
frecuencia escuchada | guarded frequency.
frecuencia estadística | statistical frequency.
frecuencia extraordinariamente baja (de 30 a 300 Hz) | extremely low frequency.
frecuencia extremadamente alta (30.000-300.000 hertzios) | extremely high frequency.
frecuencia fijada (radio) | spot frequency.
frecuencia forzada no resonante | nonresonant forced frequency.
frecuencia fuera de resonancia | off-resonant frequency.
frecuencia heterodina | heterodyne frequency.
frecuencia heterodina (radio) | beat frequency.
frecuencia hidrológica | hydrologic frequency.
frecuencia inaudible | inaudible frequency.
frecuencia industrial | power frequency.
frecuencia industrial (electricidad) | commercial frequency.
frecuencia infraacústica | subaudio frequency.
frecuencia infrasónica | infrasonic frequency.
frecuencia instantánea | instantaneous frequency.
frecuencia interferente | interfering frequency.
frecuencia intermedia | midfrequency.
frecuencia interruptora | quenching frequency.
frecuencia límite | top frequency.
frecuencia límite superior | maximum usable frequency.
frecuencia mecánica inherente | inherent mechanical frequency.
frecuencia modulada por cuarzo | frequency modulated quartz.
frecuencia modulada por la señal video | vision-signal modulated frequency.
frecuencia musical | sonic frequency | audiofrequency.
frecuencia natural de vibración del casco (buques) | natural hull frequency.
frecuencia natural no amortiguada | natural undamped frequency.
frecuencia nominal | nominal frequency.
frecuencia nominal (modulación de frecuencia) | resting frequency | center frequency.
frecuencia observada y comprobada | monitored frequency.
frecuencia óptima de trabajo | optimum working frequency.
frecuencia optima de trabajo (radio) | F.O.T.
frecuencia óptima de trabajo (radiopropagación) | optimum traffic frequency.
frecuencia para llamadas de socorro | distress frequency.
frecuencia para servicio en alta mar (radio) | high-seas frequency.
frecuencia patrón mínima | minimum clock frequency.
frecuencia piloto | holding frequency.
frecuencia por celda (estadística) | cell frequency.
frecuencia portadora autorizada | authorized carrier frequency.
frecuencia portadora de imagen | picture tone.
frecuencia portadora de sonido | sound carrier frequency.
frecuencia portadora estabilizada (radio) | resting frequency.
frecuencia portadora fijada (modulación de frecuencia) | resting frequency.
frecuencia portadora media | mean carrier frequency.
frecuencia propia | natural frequency.
frecuencia propia de primer grado (línea de ejes) | one-node natural frequency.
frecuencia propia longitudinal | longitudinal natural frequency.
frecuencia propia vertical binodal | two-node vertical natural frequency.
frecuencia pulsatoria (electricidad) | radian frequency.
frecuencia relativa | relative frequency.
frecuencia resonante de antena | antenna resonant frequency.
frecuencia resonante de un tubo | resonant frequency of a tube.
frecuencia resonante de 180 hertzios | resonance frequency of 180 Hz.
frecuencia resultante | summation frequency | sum frequency.
frecuencia resultante (radio) | beat.
frecuencia rotacional | rotational frequency.
frecuencia rotacional del eje | spindle rotational frequency.
frecuencia rotacional del rotor (helicóptero) | rotor-rotational frequency.
frecuencia sincronizada | clock frequency.
frecuencia sónica | audiofrequency.
frecuencia sonora | sonic frequency.
frecuencia subaudible | subaudio frequency.
frecuencia superacústica (mayor de 20.000 hertzios) | superaudio frequency.
frecuencia supersónica | ultrasonic frequency.
frecuencia ultra alta (UHF) | microwave.
frecuencia ultraaudible | ultraaudio frequency.
frecuencia ultrasónica | ultrasonic frequency.
frecuencia ultrasónica de | ultrasonic frequency of 20,000 cycles per second.
frecuencia ultrasonora | supersonic frequency | sureraudio-frequency.
frecuencia ultrasonora (mayor de 20.000 hertzios) | superaudio frequency.
frecuencia umbral | threshold frequency.
frecuencia utilizable | usable frequency.
frecuencia video televisiva | television video frequency.
frecuencia vocal | voice frequency | telephone frequency.
frecuencias acumuladas | accumulated frequencies.
frecuencias altas | treble.
frecuencias críticas laterales | lateral critical frequences.
frecuencias críticas torsionales (ejes) | torsionals.
frecuencias de control de repetidores | repeater monitoring frequencies.
frecuencias de corte de los tansistores | transistor cut-off frequencies.
frecuencias de llegada dependiendo del tiempo (fila de espera) | time-dependent-arrival rates.
frecuencias de resonancia | exciting frequencies.
frecuencias de uso no corriente | odd-frequencies.
frecuencias de vibración del casco | hull vibration frequencies.
frecuencias del extremo inferior de la escala audible | bass frequencies.
frecuencias discretas | discrete frequencies.
frecuencias estandar de comprobación (radiogoniometría) | standard test frequencies.
frecuencias extrañas | alien frequencies.
frecuencias isógenas | isogenic sequences.
frecuencias laterovibratorias (ejes) | whirling frequencies.
frecuencias mayores de 10 a 20 hertzios (acústica) | flutter.
frecuencias previstas en el horario | scheduled frequencies.
frecuencias reguladas por cristal de cuarzo | crystal-controlled frequencies.
frecuencias reservadas para la aviación | aviation channels.
frecuencias ultrasónicas | higher frequencies.
frecuencímetro | carpet checker | frequencymeter | frequency meter.
frecuencímetro de absorción | absorption frequency meter.
frecuencímetro de cavidad | cavity frequency meter.
frecuencímetro de lengüetas | reed type frequency meter.
frecuencímetro de lengüetas múltiples | multiple reed frequency meter.
frecuencímetro de resonador de cavidad | cavity-resonator frequency meter.
frecuencímetro de resonancia | resonance frequency meter.
frecuencímetro dinamométrico | dynamometer frequency meter.
frecuencímetro discriminador de salida | discriminator output frequency meter.
frecuencímetro registrador | frequency recorder.
frecuenciómetro electroóptico | electrooptical frequency-meter.
frecuentación (de las clases) | attendance.
frecuentar (las clases) | attend (to).
frecuente (pulso) | racing.
fregadero | sink.
fregadero de acero inoxidable | stainless steel sink.
fregado | scrubbing.
fregador | rubber.
fregadura | scouring.
fregar | scrub (to).
freidor (aparato) | fryer.

freidor para pescado | fish fryer.
freijo (Cordia goeldiana-Hub) | freijo | cordia wood.
freijoo (Cordia goeldiana) | jenny wood.
freír | fry (to).
frémito | thrill.
frenada (tuercas) | safetied.
frenado | retardation | braking.
frenado (artillería) | buffering.
frenado (tuercas) | locked.
frenado anulable | cancelable braking.
frenado atmosférico por pasadas múltiples a velocidad supercircular (satélites) | supercircular multiple-pass atmospheric braking.
frenado autodinámico | autodynamic braking.
frenado con alambre (tuercas) | wire locking.
frenado con hélice con el paso invertido | reverse-thrust propeller braking.
frenado con 0,3 g de deceleración | braking at 0,3 g retardation.
frenado de contramarcha (motor de inducción) | plugging.
frenado de detención | stopping brake.
frenado de la lanzadera | shuttle braking.
frenado de la velocidad (buques) | stopping.
frenado de recuperación | generative braking.
frenado de sobrevelocidad | overspeed braking.
frenado de trenes de mercancías | freight braking.
frenado del paso elegido (hélice palas orientables) | fixed pitch braking.
frenado dinámico | dynamic braking.
frenado dinámico de la máquina de extracción | mine winder dynamic braking.
frenado dinámico irreversible accionado por pedal | pedal-operated non-reversing dynamic braking.
frenado dinámico regulado por transductor | transductor-controlled dynamic braking.
frenado eléctrico por recuperación | electric regenerative braking.
frenado electrodinámico | electrodynamic braking.
frenado electromagnético | electromagnetic braking.
frenado electromecánico | electromechanical braking.
frenado en horizontal (ferrocarril) | level track braking.
frenado en la reentrada | re-entry drag.
frenado en marcha invirtiendo las conexiones (motor de inducción) | plugging.
frenado en pendiente | incline braking.
frenado en rampa | incline braking.
frenado hipersíncrono | supersynchronous braking.
frenado motórico | motor braking.
frenado por aire comprimido | pneumatic braking.
frenado por compresión del motor (autos) | compression braking.
frenado por contracorriente | countercurrent braking.
frenado por cortocircuito del inducido | armature short-circuiting braking.
frenado por el motor | engine braking.
frenado por inversión de corriente | reverse current braking.
frenado por inversión de la rotación del rotor (motor de inducción) | plugging.
frenado por inyección de corriente continua | D. C. injection braking.
frenado por padadores (tuercas) | locked by split-pin.
frenado por recuperación (electricidad) | regenerating braking.
frenado por retroempuje | reverse-thrust braking.
frenado por zapata sobre la llanta de la rueda | block-and-wheel-rim braking.
frenado progresivo | progressive braking.
frenado regenerativo | regenerative braking.
frenado reostático | regenerative braking | dynamic braking | rheostatic braking | resistance braking.
frenado reostático estabilizado | stabilized-rheostatic braking.
frenado retroactivo | regenerative braking.
frenado subsíncrono monofásico | monophasic subsynchronous braking.
frenador de chorro (aterrizaje) | jet thrust spoiler.
frenaje | brakeage.
frenar | apply the brake (to) | brake (to).
frenar (artillería) | buffer (to).
frenar (impedir que se mueva) | lock (to).
frenar (tuercas) | safety (to) | pin (to) | lock (to).
frenar (tuercas, etc.) | safe (to).
frenar (un movimiento) | bind (to).
frenar con alambre (tuercas) | wire heads (to).
frenar eléctricamente (motor de inducción) | plug (to).
frenar por inversión de la rotación del rotor (motor de inducción) | plug (to).
frenar una tuerca (con un pasador) | cotter (to).
frencuencia angular | circular frequency | pulsatance.
frencuencia de las pulsaciones | pulsation frequency.
frenero (minas) | spragger | bank rider.
frenero de atrás (minas) | swamper.
frenista (obrero de mina) | braker.
freno | check | brake.
freno (acústica) | beard.
freno (artillería) | compressor.
freno (cañones) | recoil system.
freno (de grúa) | gripe.
freno (de tuerca) | locking wire.
freno (entibación minas) | reacher.
freno (lanzadera telares) | tension.
freno a las cuatro ruedas | four-wheel brake.
freno abierto | brake off.
freno abrazador de casi toda la periferia (ruedas, poleas) | girdling brake.
freno accionado electrohidráulicamente | electrohydraulically-operated brake.
freno accionado electromagnéticamente | magnetically operated brake.
freno accionado por motor | motor operated brake.
freno aerodinámico | speed brake | aerodynamic brake.
freno aerodinámico (motores) | air brake.
freno antipatinaje (locomotoras) | antislip brake.
freno autoenergizador bidireccional | duo-direction self-energizing brake.
freno automático | automatic brake | self-acting brake.
freno automático (ferrocarril) | mechanical trip.
freno automático de aire comprimido | automatic air brake.
freno automotor (minas) | cow.
freno automultiplicador de la fuerza de apriete | self-energizing brake.
freno auxiliar | auxiliary brake | assistant brake.
freno centrífugo | centrifugal brake.
freno compensador | compensating buffer.
freno con distribuidor de desapriete modificable | graduated release brake.
freno con rectificador de corriente | rectifier brake.
freno con zapata delantera | leading shoe brake | leading-shoe brake.
freno con zapatas de expansión interna | internal-expanding shoe brake.
freno con zapatas delanteras y traseras | leading-and-trailing shoe brake.
freno continuo de aire comprimido | continuous atmospheric brake.
freno contra el embalamiento | antiracing brake.
freno contra el patinado de ruedas (locomotoras) | antiwheel-slip brake.
freno de abrazo completo (en los 360 grados) | full-wrap brake.
freno de aceite | oil buffer | oil dashpot.
freno de aire | fly.
freno de aire comprimido | air brake | atmospheric brake.
freno de aterrizaje sobre cubierta | decking brake.
freno de autobloqueo | self-locking brake.
freno de barbada (caballos) | curb.
freno de bogie motor | motor-bogie brake.
freno de carreteo (cañones) | traveling brake.
freno de cinta | band brake | expanding brake.
freno de cinta de mando de la baja velocidad | low brake band.
freno de cinta exterior a la rueda | external band brake.
freno de cinta interior a la rueda | internal band brake.
freno de cola | end brake.
freno de cono de fricción | cone brake.
freno de contracción exterior | external contracting brake.
freno de contracorriente | back-current brake.
freno de contrapedal | back-pedaling brake.
freno de contrapedal (bicicleta) | coaster brake.
freno de contrapeso automático | drop brake.
freno de contravapor (locomotora) | counter-pressure steam brake.
freno de corrientes parásitas | eddy-current brake | dynamatic brake.
freno de cortocircuito | short-circuit brake.
freno de desaceleración | decelerator.
freno de descanso (grúas móviles) | storm brake.
freno de deslizadero (saca forestal) | trap brake | log catch.
freno de disco enfriado por aire | aircooled disc brake.
freno de disco magnético | magnetic disc-type brake.
freno de disco único | single-disk brake.
freno de discos (autos, vagones) | disc brake.
freno de doble palanca | double-lever brake.
freno de dos mordazas abrazadoras | double-clasp-type brake.
freno de dos zapatas | double block brake.
freno de dos zapatas actuando cada una en el extremo de un mismo diámetro (ruedas) | clasp brake.
freno de dos zapatas y palanca acodada | S brake.
freno de emergencia | emergency brake.
freno de estacionamiento | parking brake.
freno de expansión interna | internal-expanding brake | inner band brake.
freno de fricción | friction brake.
freno de gran par de torsión | hi-tork brake.
freno de husillo | screw brake.
freno de la bobina | bobbin drag.
freno de la puntería en elevación (cañones) | cradle locking gear.
freno de la rotación (grúas) | swing brake.
freno de la rueda (aviones) | binder.
freno de la rueda de estribor del aterrizador (aviones) | starboard brake.
freno de la rueda posterior | back wheel brake.
freno de madera aplicado a las ruedas de una vagoneta de carbón (G.B.) | convoy.
freno de mano | hand brake.
freno de mano de multiplicación progresiva | multileverage hand brake.
freno de marcha atrás (tranvías eléctricos) | runback brake.
freno de mecanismo excéntrico (telares) | coulier brake.
freno de mordaza | clip brake.
freno de mordazas | cheek brake | gripper brake.
freno de palanca | lever brake.
freno de palanca a mano | hand lever brake.
freno de paletas | paddle brake.
freno de parada (puente-grúa) | parking brake.

freno de pedal | pedal applied brake.
freno de pedal vacuoservoayudado | vacuum-servoassisted footbrake.
freno de picado | dive flap.
freno de picado (aviación) | dive brake.
freno de pie | foot brake.
freno de recuperación (cañón) | counterrecoil buffer.
freno de regulador gobernado por la compresión | compression-regulated governor-brake.
freno de retenida (entubación de pozos) | pipe-clamps.
freno de retroceso | recoil cylinder | recoil buffer.
freno de retroceso (cañones) | buffer cylinder.
freno de rótula | knee brake.
freno de rueda libre | coasting brake.
freno de seguridad | emergency brake.
freno de seguridad (ascensores) | gripping device.
freno de seguridad para gran velocidad | high-speed safety brake.
freno de servicio | service brake.
freno de sobrevelocidad | overrun brake | antiracing brake.
freno de socorro | emergency brake.
freno de tornillo | spindle brake.
freno de tuerca | nut retainer | nut locking device.
freno de vacío | suction brake | vacuum brake.
freno de vacío automático (ferrocarril) | automatic vacuum brake.
freno de vapor | steam brake.
freno de vía (lomo de asno de estación clasificadora) | retarder.
freno de zapata | block brake | shoe brake.
freno de zapatas abrazadoras | clasp-type brake.
freno de zapatas interiores | internal shoe brake.
freno de zapatas pivotantes de contracción exterior | external contracting pivoted shoes brake.
freno del carnero (limadoras) | ram brake.
freno del carrete (retorcedora de aletas) | bobbin brake.
freno del carretel | reel brake.
freno del deslizadero (corta forestal) | gooseneck.
freno del husillo | spindle brake.
freno del huso | spindle brake.
freno del malacate de la cuchara (sondeos) | back brake.
freno del malacate de tuberías | calf wheel brake.
freno del manillar (bicicleta) | grip-brake.
freno del mecanismo de giro (grúas) | slewing brake.
freno del plegador (urdidor) | beam snubber.
freno desapretado por impulsos | thrustor-released brake.
freno diferencial | differential brake.
freno dinamométrico | dynamometric brake | brake dynamometer.
freno eléctrico | electric brake.
freno eléctrico de emergencia | electro-emergency brake.
freno electrodinámico | electromechanical brake.
freno electrohidráulico | electrohydraulic brake.
freno electromagnético | electromagnetic brake | magnet-operated brake.
freno electromagnético accionado por corriente continua | D. C. operated electomagnetic brake.
freno electromagnético montado sobre el motor | motor-mounted magnetic brake.
freno electromagnético sobre el volante | electromagnetic flywheel brake.
freno electromecánico | electromechanical brake.
freno electroneumático | electropneumatic brake.
freno en la boca (cañón) | muzzle brake.
freno en las ruedas (cañones) | traveling brake.
freno en las ruedas del aterrizador | landing-wheel brake.
freno en mal estado | defective brake.
freno graduable | graduable brake.
freno guarnecido con tejido de fricción | friction-fabric lining brake.
freno hidráulico | hydrostatic brake | hydro-brake | hydraulic brake | hydraulic check.
freno hidráulico expansor | hydraulic expanding brake.
freno hidráulico para medir potencias | water brake.
freno hidráulico vacuoayudado | vacuum-assisted hydraulic brake.
freno hidromecánico | hydromechanical brake.
freno hidroneumático | hidropneumatic buffer.
freno magnético | eddy-current brake | magnetic brake.
freno mecánico | power brake | power-operated brake.
freno mecánico accionado por la presión que actúa en el pistón | airbrake.
freno mecánico de expansión | mechanical expanding brake.
freno mecanoaccionado | power-applied brake.
freno monodisco | single-disc brake.
freno motorizado | motor operated brake.
freno para el embarque de municiones (ascensores de municiones) | embarking brake.
freno para medir la potencia (motores) | power brake.
freno para salir del picado (aviones) | dive-recovery brake.
freno para sobrevelocidad | overspeed brake.
freno para tuerca | nut lock.
freno por compresión de aire en el motor (autos) | exhaust brake.
freno posterior | back brake.
freno rotor | rotor brake.
freno servoayudado de mando hidráulico | hydraulically-operated servoassisted brake.
freno sobre el carril | rail-brake.
freno sobre la llanta | rim brake.
freno tensor (lanzadera) | trap.
frenómetro (aparato para el registro simultáneo del esfuerzo de frenado sobre las ruedas) | brakometer.
frenos acompasados | coupled brakes.
frenos conjugados | coupled brakes | interacting brakes.
frenos de acción independiente | separate-acting brakes.
frenos de picado | diving air brakes.
frenos de zapatas | caliper brakes.
frenos recalentados | overheated brakes.
frenos sobre las ruedas traseras | rear-wheel brakes.
frente | brow | metope | front | end.
frente (convertidor metalúrgico) | back.
frente (de filón) | breast.
frente (de impulso eléctrico) | leading edge.
frente (del glaciar) | ice front | ice foot.
frente (ejércitos) | face.
frente (meteorología) | frontal surface | front.
frente a la bahía | abreast the bay.
frente abaluartado | bastionary front.
frente cálido (meteorología) | warm front.
frente caliente (meteorología) | warm front.
frente cerrado (meteorología) | ocluded front.
frente de accionamiento (cuadro de distribución eléctrico) | deadfront.
frente de arranque (frontón - minas) | forehead.
frente de arranque (minas) | wall face | end | stope face | mine-head.
frente de arranque (minería) | working face | mining point.
frente de arranque a (minería) | half on | half-course.
frente de arranque a 60 grados con la dirección de los cruceros (minas) | short horn.
frente de arranque del carbón (minas) | coal-face | coal-wall.
frente de arranque paralelo al crucero (minas) | face on.
frente de ataque | attack frontage.
frente de ataque (frente de arranque - galería de mina) | gate-end.
frente de ataque (frente de arranque - minas) | forebreast.
frente de ataque (minas) | bank | mine-head | forefield.
frente de ataque (túneles, minas) | face.
frente de ataque largo (minas) | longwall.
frente de avance | heading face.
frente de avance (meteorología) | leading edge.
frente de avance (minería) | development end.
frente de batalla | battle front.
frente de caldera | foreboiler | boiler front.
frente de carbón (minas) | buttock.
frente de carbón trabajado con pico | coal pick-worked face.
frente de colina | brow.
frente de detonación | detonation front.
frente de dos flancos (minas) | double stope.
frente de dragado | dredging face.
frente de excavación | heading.
frente de excavación (canteras) | digging face.
frente de inestabilidad (meteorología) | instability front.
frente de la cantera | quarry-head.
frente de la señal | signal edge.
frente de la toldilla | poop front.
frente de los hangares (aeródromos) | hangar line.
frente de marcha | march frontage.
frente de onda | wave front.
frente de onda abrupta | steep wave front.
frente de onda escarpado | step wave front.
frente de onda reflejado | reflected waveform.
frente de pliegue (geología) | brow | crown.
frente de socavón | adit end.
frente de tajo largo (minas) | longwall face.
frente de trabajo (minas) | forefield.
frente de trabajo completamente liso (cuadros eléctricos) | clean flush operating front.
frente de trabajo explotado en retirada (minas) | retreating face.
frente de trabajo normal a crucero (minas) | butt.
frente de un impulso | pulse edge.
frente del ataque (incendio) | control line.
frente del carbón preparado para el arranque | buttock.
frente del cuerpo del tipo (tipografía) | belly.
frente del hogar | furnace front.
frente del sector del batallón | battalion sector frontage.
frente del sillar | ashlar face.
frente diagonal | rill cut.
frente diagonal (minas) | rill.
frente difusional | diffusion front.
frente eluyente (cromatografía) | eluent front.
frente estacionario | stationary front.
frente falso (minas) | gowl.
frente frío (meteorología) | cold front.
frente frío secundario (meteorología) | secondary cold front.
frente intertropical (meteorología) | intertropical front.
frente laboreado con arado (minas) | plough-worked face.
frente ocluido | occluded front.
frente polar | polar front.
frente posterior (de un impulso) | trailing edge.
frente principal | principal front.
freo (hidrografía) | channel.
freon (química) | freon.
freón-6 | archton-6.
fresa | berry.
fresa (herramienta) | cutter | mill | milling cutter.
fresa (odontología) | burr.
fresa angular | conical side milling cutter.

fresa bicónica | double-angle cutter.
fresa cilíndrica | plain milling cutter | slabbing cutter | cylindrical cutter | parallel milling cutter | face mill | facing mill.
fresa cilíndrica con dientes helicoidales | spiral mill.
fresa cilíndrica helicoidal | slabbing cutter.
fresa con ángulo de incidencia | high-rake cutter.
fresa con ángulo de rebaje elevado | high-rake cutter.
fresa con cuchillas de carburo metálico | carbide-tipped cutter.
fresa con cuchillas postizas de carburo metálico | carbiface cutter.
fresa con dientes a la izquierda | left-hand milling cutter.
fresa con dientes de diamante | diamond flycutter.
fresa con dientes de metal duro | hardmetal-tipped cutter.
fresa con dientes tallados | profile-ground cutter.
fresa con hélice de ángulo constante | constant helix cutter.
fresa con mango | cherry cutter.
fresa con plaquitas de carburo | carbide-tipped cutter.
fresa cóncava | concave cutter.
fresa cónica | angular mill | angular milling cutter | coned cutter | rose bit | single-angle cutter.
fresa cónica de ángulo | angle cutter.
fresa cónica de avellanar | countersink bit.
fresa cónica para escariar | reamer.
fresa convexa | convex milling cutter.
fresa de acanalar | molding cutter | router | moulding cutter.
fresa de agujero roscado | screw-on cutter.
fresa de ángulo | angular cutter | angle mill | bevel cutter.
fresa de ángulo con las dos caras inclinadas | double-angle cutter.
fresa de aplanar | hob.
fresa de barrenar | hole cutter.
fresa de carburo cementado | cemented carbide cutter.
fresa de cepillar | plain milling cutter.
fresa de cortar metales | metal slitting saw.
fresa de corte lateral | side milling cutter.
fresa de cuchillas postizas | inserted-blade cutter | inserted-blade mill.
fresa de dentadura fina | plain mill.
fresa de dentadura lateral | side-tooth milling cutter | side milling cutter.
fresa de dentadura tallada (de dientes no postizos) | solid-tooth cutter.
fresa de desbastar | roughing mill | coarse-tooth cutter.
fresa de diamantes naturales engastados a mano en la superficie | surface-set milling cutter.
fresa de dientes alternados | staggered-tooth cutter.
fresa de dientes destalonados | relieved milling-cutter | backed-off cutter.
fresa de dientes grandes | coarse-tooth cutter.
fresa de dientes helicoidales | helical milling cutter | spiral milling cutter | spiral tooth-milling cutter | spiral cutter.
fresa de dientes integrantes | integral-tooth milling cutter.
fresa de dientes intercambiables | inserted tooth mill.
fresa de dientes interrumpidos | nicked-tooth cutter.
fresa de dientes laterales | side cutter.
fresa de dientes múltiples | multiple-tooth cutter.
fresa de dientes postizos | inserted teeth milling cutter.
fresa de dientes postizos de carburo sinterizado | sintered carbide milling cuter.
fresa de dientes radiales | radial milling cutter.
fresa de dientes rectificados | ground-form cutter.
fresa de disco | side cutter | side milling cutter.
fresa de disco para acanalar | slot cutter.
fresa de dos cortes | two lipped cutter.
fresa de dos labios | two lipped cutter.
fresa de enchavetar | two-lipped slotting end mill | cotter mill.
fresa de escariar con mango | end mill.
fresa de espiga | end mill | shank mill.
fresa de espiga cónica | taper-shank mill.
fresa de extremos helicoidales | helical-flute end mill.
fresa de forma | formed cutter | formed milling cutter | forming cutter | profile cutter | profile milling cutter | hob.
fresa de forma (fresa perfilada - con el perfil del trabajo a efectuar) | form-cutter.
fresa de machiembrar | dovetail-cutter.
fresa de machihembrar | tonguing cutter.
fresa de mandrilar forjada | forged boring cutter.
fresa de mandrinar | hole cutter.
fresa de módulo (engranajes) | gear cutter.
fresa de moldurar | molding cutter | moulding cutter | profile cutter | profile milling cutter | profiling cutter.
fresa de perfil constante | backed-off cutter | form-relieved milling cutter.
fresa de perfil mixto | straddle cutter.
fresa de perfilar | forming mill | profile cutter.
fresa de piñones | toothing mill.
fresa de planear | plain milling cutter | facing cutter.
fresa de ranurar | grooving cutter | router | groove cutter | gaining head.
fresa de ranurar machos roscadores | tap cutter.
fresa de redondear | rounding cutter.
fresa de refrentar | plain milling cutter | face cutter | face-milling cutter | face mill | facing mill | face-cutter | facing cutter.
fresa de refrentar cónica | tapered-face-milling cutter.
fresa de refrentar de cuchillas postizas | inserted-blade face milling cutter.
fresa de refrentar de dientes postizos | inserted teeth face cutter.
fresa de roscar de lados cónicos | conical-sided thread-milling cutter.
fresa de tres cortes | side cutter | side-and-face cutter | side-milling cutter.
fresa de un corte | plain milling cutter.
fresa de un solo corte | fly cutter.
fresa dental de diamante | diamond dental bur.
fresa desafilada | dull cutter.
fresa desbastadora | stocking cutter | roughing cutter.
fresa destalonada | form-relieved cutter.
fresa en cola de pescado | fishtail cutter.
fresa en cruz | crosscutter.
fresa en forma de cremallera (taller) | rack-shaped cutter.
fresa en forma de piñón (talla engranajes) | pinion-shaped cutter.
fresa escariadora de dos bordes cortantes con cuchillas postizas de carburo metálico | two-flute carbide-tipped end mill.
fresa escariadora hueca | shell end mill.
fresa esférica | spherical cutter.
fresa espiral | spiral cutter.
fresa estrecha | edge mill.
fresa estriadora | fluting cutter.
fresa frontal | end mill | shank end mill.
fresa frontal con acanaladuras helicoidales | helical flute end mill.
fresa frontal de doble labio | two-lip end mill.
fresa frontal de dos cortes | shell end cutter.
fresa frontal de ranurar de doble labio | two-lipped slotting end mill.
fresa frontal de taza | shell end mill.
fresa frontal hueca | shell end mill.
fresa frontal para superficies cilíndricas | hollow mill.
fresa frontal perfilada | formed end milling cutter.
fresa generadora | hobbing cutter | generating cutter.
fresa generatriz | hobbing cutter | hob | hobber.
fresa generatriz para tallar engranajes | gear hob.
fresa generatriz para tallar piñones de tornillo sinfín | wormwheel hob.
fresa helicoidal | worm hob | hob.
fresa helicoidal a izquierdas | L. H. helical cutter.
fresa helicoidal de cuchillas de carburo duro | helical carbide milling cutter.
fresa helicoidal de dientes con puntas postizas de carburo | helical carbide-tipped cutter.
fresa helicoidal dextrogira | R. H. helical cutter.
fresa helicoidal para rasurar | shaving cutter.
fresa hueca | hollow cutter | hollow mill | shell mill | box tool | running down cutter.
fresa limadora | shaper cutter.
fresa madre de dientes destalonados | backed-off hobbing cutter.
fresa matriz | hob | hobbing cutter | hobber | gear hob | radial or worm hob.
fresa matriz cónica | fly cutter.
fresa matriz de dientes postizos totalmente rectificados | inserted-tooth all-ground hob.
fresa matriz de forma rectificada | ground form hob.
fresa matriz dextrorsa | right-hand hob.
fresa matriz en forma de tornillo sinfín | hob.
fresa matriz para cremalleras | rack hob.
fresa matriz para tornillos sin fin de evolvente de círculo | involute worm hob.
fresa matriz rectificada con plantilla | profile-ground hob.
fresa matriz rectificada para engranajes rectos | ground form spur gear hob.
fresa mdre de espiga | shank hob.
fresa microcortadora (herramienta) | micro-milling cutter.
fresa monobloque (de dientes no postizos) | solid-tooth cutter.
fresa montada al aire | shank-mounted cutter.
fresa múltiple | gang cutter | gang mill.
fresa para acanaladuras en T | T-slot cutter.
fresa para colas de milano | dovetail-cutter.
fresa para cremalleras | rack cutter.
fresa para curvas de acuerdo | radius cutter.
fresa para chavetas | slot drill.
fresa para chaveteros | fly cutter | cotter mill.
fresa para engranajes | gear cutter | wheel cutter.
fresa para engranajes rectos | spur gear mill.
fresa para hacer juntas | jointing cutter.
fresa para hacer rebajos (labra de maderas) | rebating cutter.
fresa para machos de roscar y escariadores | tap and reamer cutter.
fresa para peines | hob.
fresa para ranurar | fluting cutter.
fresa para ranurar escariadores | reamer fluting cutter.
fresa para ranuras | slot cutter | slitting cutter.
fresa para ranuras en T | T-slot cutter.
fresa para rasurar engranajes | gear shaving cutter.
fresa para redondear esquinas | corner-rounding cutter.
fresa para refrentar asientos de taladros | spotfacer.
fresa para tallar engranajes | gear cutter.
fresa para tallar engranajes de evolvente de círculo | involute gear cutter.
fresa para tallar los escariadores | cutter for fluting taps.
fresa para terminar ranuras | finishing slot mill.
fresa para tornillos sinfín | worm miller.
fresa perfilada | profile cutter | formed milling cutter | formed cutter.

fresa perfilada simple | fly cutter.
fresa plana | face-cutter | face-milling cutter.
fresa plana de dos cortes | chamfering tool | chamfering drill.
fresa poliestriada | multiflute mill.
fresa portamoleta | milling-tool.
fresa radial | end mill.
fresa ranuradora | cotter mill | routing cutter.
fresa rápida | high-speed cutter.
fresa rasuradora | shaver cutter.
fresa rectilínea de cremallera (herramienta) | broach.
fresa rotativa de ranurar (carpintería) | grooving head.
fresa rotativa de ranurar (tupí) | dado head.
fresa semiesférica | rose mill.
fresa universal | end mill.
fresado | milling | milled.
fresado (engranajes) | machine-cut.
fresado a medidas definitivas | finished-milled.
fresado con acabamiento especular | milling to mirror finishy.
fresado con ácido (fresado químico) | acid milled.
fresado con ángulo variable | variable-angle milling.
fresado con avance de la pieza en el mismo sentido que el de rotación de la fresa | down milling.
fresado con diamante | diamond milling.
fresado con fresa de cuchillas de carburo de tungsteno | carbide milling.
fresado con fresas acopladas (varias fresas sobre un mismo eje) | straddle milling.
fresado con movimiento de avance y de corte en el mismo sentido | climb milling.
fresado con tren de fresas | gang milling | multiple milling | multiple-cutter milling.
fresado concurrente | climb milling.
fresado concurrente (la pieza avanza en la misma dirección que el diente de la fresa) | climb cutting.
fresado de ángulo | angle milling | angular milling.
fresado de cremalleras | rack milling.
fresado de forma | form milling.
fresado de levas | cam cutting.
fresado de retroceso | back milling.
fresado de vaciamientos en piezas planas con fresas de 2 dientes | routing.
fresado en basto | rough milled.
fresado en la que la pieza y los dientes se mueven en la misma dirección | climb cut.
fresado en plano | plane-milling.
fresado en que la pieza avanza en la misma dirección que el diente de la fresa | climb milling.
fresado en que la pieza y los dientes se mueven en direcciones contrarias | up-cut milling.
fresado en que la pieza y los dientes se mueven en la misma dirección | downcut.
fresado en sentido contrario del avance | conventional milling | up-milling.
fresado en serie | multiple milling.
fresado en superficie plana | plain milling.
fresado frontal | face milling.
fresado frontalmente | face-milled.
fresado helicoidal | helical milling.
fresado oblicuo | angular milling.
fresado pantográfico | pantographic milling.
fresado paralelo (varias fresas sobre un mismo eje) | straddle milling.
fresado pendular (fresadoras) | pendulum milling.
fresado por ataque alcalino (aleación aluminio) | alkaline-milled.
fresado por electroerosión | spark milling | spark die sinking.
fresado por fresa de forma | form-cutter milling.
fresado químico (aluminio) | chem-milling.
fresado químico (metalurgia) | chemical milling.
fresado radial | end milling.
fresado radialmente en dos pasadas | end milled in two cuts.
fresado según plantilla | jig milling.
fresado tangencial | slab milling.
fresador | miller | milling machine attendent.
fresadora | milling machine | miller.
fresadora (imprenta) | router.
fresadora automática | automatic miller.
fresadora cepilladora | planer type miller.
fresadora con cremallera | broaching machine.
fresadora con fresa matriz (engranajes) | hobber.
fresadora copiadora | copying miller | router.
fresadora copiadora hidráulica totalmente automática | fully automatic hydraulic profile miller.
fresadora copiadora por plantilla | contour miller.
fresadora de bancada | bed-type miller.
fresadora de banco | bench miller.
fresadora de copiar | reproducing miller | profiler | profile milling machine.
fresadora de chaveteros | keyway miller.
fresadora de dos herramientas | duplex milling machine.
fresadora de dos montantes | bridge mill.
fresadora de dos potencias (la mayor para su mayor velocidad de corte y la mitad de aquella para velocidades menores) | dual-power milling machine.
fresadora de engranajes helicoidales | worm gear miller.
fresadora de gran producción | manufacturing milling machine.
fresadora de montante | column milling machine.
fresadora de pantógrafo | copy miller.
fresadora de perfil helicoidal | helix profile milling cutter.
fresadora de planear | surface miller | plain miller.
fresadora de pórtico | portal milling machine.
fresadora de producción | production milling machine.
fresadora de programa controlado | program-controled milling machine.
fresadora de ranuras | spline hobber | spline-hobbing machine.
fresadora de reproducir | copying milling machine.
fresadora de roscar | thread miller.
fresadora de roscas | threadmilling hob.
fresadora de rótula | knee-type milling machine.
fresadora de tambor | drum-type milling machine.
fresadora frontal de doble cabezal | double-head-end milling machine.
fresadora horizontal | plain miller | slabber | slabbing miller | slabbing machine.
fresadora multiejes | multispindle milling machine.
fresadora ordinaria | plain milling machine.
fresadora para cremallera | rack miller | rack cutting machine.
fresadora para desbastar | rougher.
fresadora para engranajes | gear miller.
fresadora para estampas | diesinking machine.
fresadora para hélices | propeller milling machine.
fresadora para largueros de ala (aviones) | spar mill.
fresadora para las patas de araña de cojinetes | plunge-cut milling machine.
fresadora para levas | cam cutter | cam-miller.
fresadora para matrices | die milling-machine | die miller.
fresadora para muescas de los inducidos | rotor slot milling machine.
fresadora para paletas de turbinas | turbine-blade milling machine.
fresadora para ranuras | flute-milling machine.
fresadora para rectificar colectores | commutator-undercutting milling machine.
fresadora para troqueles | die milling-machine | diesinker.
fresadora ranuradora | spline miller.
fresadora rápida vertical de cabezal giratorio | high-speed swivel-head vertical milling machine.
fresadora tipo cepilladora | planomilling machine | planer-type milling machine.
fresadora tipo cepillo | planer-type milling machine | plain miller.
fresadora tridimensional para largueros de ala | three-dimensional spar milling machine.
fresadora universal | universal miller.
fresadora universal de precisión | precision universal milling machine.
fresadora vertical (para labrar madera) | router.
fresadora vertical de cabezal oscilante | swivel head vertical miller.
fresadora vertical y horizontal de costado abierto | open side vertical and horizontal miller.
fresadora-cepilladora | planomiller | rotary planer | milling planer.
fresadora-cepillo | slabber.
fresadura con herramienta de diamante pulido | fly-cutting.
fresadura en horquilla | straddle milling.
fresadura frontal | face milling.
fresadura helicoidal | spiral milling.
fresar | face (to) | mill (to).
fresar a medidas finales | finish-mill (to).
fresar circularmente | mill circularly (to).
fresar con fresa generatriz | hob (to).
fresar cónico | taper-mill (to).
fresar chaveteros | slot-drill (to) | slot-mill (to).
fresar de nuevo | remill (to).
fresar engranajes de nuevo | recut gears (to).
fresar horizontalmente | planomill (to).
fresar la cara de atrás | back face (to) | back-face (to).
fresar plano | planomill (to).
fresar radialmente | end mill (to).
fresar ranuras | slot-mill (to).
fresar un diente (odontología) | burr (to).
fresas de discos acoplados | straddle mill.
fresas múltiples | gang mills.
fresas rectas acopladas | straddle cutter | straddle mill.
fresa-sierra | edge mill | staggered-tooth milling cutter | metal-slitting cutter.
fresco | raw | fresh.
fresco (tela) | Orleans | lustrous.
frescura | greenness.
frescura (telas) | bloom.
fresnel (unidad de frecuencia = 10^{12} ergios) | fresnel.
fresno americano (Fraxinus americana) | American ash.
fresno americano (Fraxinus quadrangular) | blue ash.
fresno blanco americano (Fraxinus americana) | Canadian ash.
fresno común (Fraxinus excelsior) | Turkish ash | white ash.
fresno grande (Fraxinus excelsior) | European ash.
fresno japonés (Fraxinus mandshurica) | tamo | Japanese ash | yachidamo.
fresno silvestre | mountain ash.
fresquera (cocina) | safe.
freudiano | freudian.
freza (peces) | berry | spawn.
freza (peces, ostras, almejas) | roe.
fría (bala) | spent.
friabilidad | friability.
friabilidad del grano (metalurgia) | grain friability.
friable | friable | short.
frialdad | coldness | cold.
fricandó | fricandeau.
fricativa | spirant.

fricativa sorda (lingüística) | voiceless fricative.
fricciómetro | friction meter.
fricción | friction | chafing.
fricción del fondo del mar (oceanografía) | bottom friction.
fricción estática | stiction.
friccional | frictional.
friccionar | rub (to) | chafe (to).
friccionizar | frictionize (to).
frictómetro (prueba de solidez del color al frote) | crock-meter.
frigelización (industria de cuerpos grasos) | winterization.
frigidez | frigidity | coldness.
frigistor (termoelectricidad) | frigistor.
frigoaislamiento | frigoisolation.
frigocambiador | cold exchanger.
frigoconservación | frigoconservation | cold storage | refrigerated storage.
frigocontenedor | frigocontainer.
frigoestable | frigostable.
frigófugo | frigofuge.
frigolábil | frigolabile.
frigoría | frigorie.
frigorífico | freezer | frigorific | refrigeratory.
frigorífico (factoría) | meat-packing plant.
frigorífico (para carne) | packing house.
frigorífico de absorción | absorption refrigerator.
frigorífico de absorción accionado por calentador de gas | gas refrigerator.
frigorífico de compresor accionado por electromotor | electric refrigerator.
frigorífico de ultramar (países hispanohablantes) | seagoing refrigerator ship.
frigorífico doméstico | home freezer.
frigorífico para carne | packer | packing plant.
frigorifugación | frigorifugation.
frigorífugo | frigorifuge.
frigorígeno | refrigerant | frigorigenous.
frigorímetro | frigorimeter.
frigorismo | frigorism.
frigorista | refrigerating engineer.
frigorización | frigorization.
frigorresistente | cold resistant.
frigotecnia | frigotechnique.
frigotécnico | frigotechnical.
frigoterapia | frigotherapy.
frigotratar | cold treat (to).
fringílidos | fringillidae.
frío | cold | chill.
frío (motores, estructuras - aviones) | winterizing.
frío y húmedo (tiempo) | dank.
frisa | border | friezed cloth | grummet | packing | seal | joint | obturator.
frisa (buques) | grommet.
frisa (pañete - telas) | coating | frieze.
frisa (ratina - tela) | frizz.
frisa (tela) | fearnought | dreadnought.
frisa de la puerta del compartimiento de las bombas (aviones) | bomb-bay door seal.
frisa de la tapa | cover gasket.
frisa estanca | water seal.
frisador | frisoir punch | frizzler.
frisar (cueros) | frizz (to).
friso (arquitectura) | frieze.
friso (puertas) | overdoor.
friso de madera (paredes) | wainscot.
frita (cerámica) | frit.
frita alcalina | alkaline frit.
frita de baria | baria frit.
frita de borax con sílice | boron frit.
frita de esmalte | enamel frit.
frita de plomo | lead frit.
frita de vidrio | glass-frit.
frita exenta de defectos | defect-free frit.
frita para revestir una herramienta abrasiva | frit for bonding of an abrasive tool.
frita para vidriado de productos cerámicos | babosil.
frita transparente | clear frit.
fritabilidad | sinterability.
fritado | fritted | fritting | burned in | sinterization.
fritaje | fritting | sintering.
fritar | sinterize (to) | sinter (to).
fritar (cerámica) | frit (to).
fritas de esmaltes | enamel frits.
frito en mucha grasa | deep-fat-fried.
fritura (ruidos telefónicos) | crackle.
fronde (botánica) | frond.
frondescencia | frondescence.
frondífero | frond-producing.
frondíparo (botánica) | frond-bearing.
frontal (de caballo) | frontal.
frontalera de brida | brow band | bridle brow band.
frontera | frontier | interface | line | boundary line | border | boundary | border-line | borderland.
frontera aerotermodinámica (altitud de unos 180 kilómetros) | aerothermodynamic border.
frontera de aceptación | acceptance boundary.
frontera de enteros | integral boundary.
frontera de palabra | word boundary.
frontera de un conjunto | boundary of a set.
frontera del púrpura | purple boundary.
frontera equidistante entre ambos países | equidistant frontier between both nations.
frontera estatal | state line.
frontera étnica | ethnic frontier.
frontera idiomática | linguistic frontier.
frontera militar | march.
frontera PN | PN boundary.
fronterizo | bordering.
frontis | frontage.
frontispicio | front | frontispiece.
frontispicio en colores | colored frontispiece.
frontisterio | phrontistery.
frontogénesis | frontogenesis.
frontogenético | frontogenetical.
frontólisis | frontolysis.
frontón (arquitectura) | pediment | fronton | frontal.
frontón (buques) break bulkhead | front bulkhead.
frontón del puente (buques) | bridge front-bulkhead.
frotación | friction.
frotación (de una cerilla) | scratching.
frotación entre sí de los extremos de los componentes de los bloques medidores | wringing.
frotado | rubbed.
frotador | friction piece | wiper | sliding piece | sliding | sliding contact | pan | rubstone | rubber | brush | shoegear | collector-shoe gear.
frotador (caja de cerillas) | friction-strip.
frotador (electricidad) | rubbing contact.
frotador (ferrocarril eléctrico) | collecting shoe.
frotador (tranvía eléctrico) | shoe.
frotador de carbón | carbon shoe.
frotador de toma de corriente | pickup collector | plough.
frotador del conmutador (telefonía) | switch wiper.
frotador giratorio | rotating collector.
frotador posterior | trailing wiper.
frotamiento | friction | creapage.
frotar | grind (to) | fret (to) | grate (to) | rub (to).
frotar (fósforos) | scratch (to).
frotar (frenos) | drag (to).
frotar suavemente | dab (to).
frote | rub.
frote (industria de caucho) | smearing.
frote (medicina) | smear.
frotis | smear test.
frotis (química) | smear.
frotis sanguíneos | blood smears.
frotis sanguíneos monocelulares | monocellar blood smears.
fructífero | fruit-bearing.
fructificación | fruitage | fruit-bearing.
fructosa | fructose.
frugivorismo | frugivorism.
frugívoro | frugivorous | fruit-eating.
frumentáceo | frumentaceous.
frunce | fluting | crease | creasing | crinkle | pleat.
frunce (costura) | shirr.
frunce (telas) | crimp.
fruncido | creasing.
fruncido (costura) | frizzled.
fruncido (vestido) | gathering.
fruncido de la lana | wool crimp.
fruncidor | pleater.
fruncidor (de telas) | plaiter.
fruncidor (máquina de coser) | ruffler.
fruncimiento | gathering.
fruncimiento (geología) | crumping.
fruncir | crinkle (to) | crimp (to) | crease (to) | crisp (to) | shirr (to) | pleat (to).
fruncir (costura) | gather (to).
fruncir (una falda) | full (to).
frustocónico | frustroconical.
frustohemisférico | frustohemispherical.
frustopiramidal | frustopyramidical.
frustrar | defeat (to) | thwart (to).
frustrar un atraco | foil a hold-up (to).
frustrarse | come to nothing (to) | miss (to).
frustrarse después de estar volando (misiones, salidas, etc.) | air abort (to).
frústula cuadrangular (Diatomeas) | tablet.
frustulas de diatomeas | diatom tests.
frústulo (diatomeas) | frustule.
fruta | fruit.
fruta agria | tart fruit.
fruta de hueso | stone fruit.
fruta de pepita | seed fruit.
fruta de pipa | pome.
fruta forzada a madurar | forced fruit.
fruta fresca congelada | frozen fresh fruit.
fruta madurada en el árbol (huertos) | orchard-ripened fruit.
fruta sin hueso | fruit meat.
fruta zocata | overripe fruit.
frutal | fruit-bearing.
frutal enano | dwarf.
frutas | fruit | canning.
frutas almacenadas sin ventilación adecuada | asphyxiated fruits.
frutas del tiempo | fresh fruits.
frutas en lata | fruit canning.
frutas perecederas | deciduous fruits.
frutería | greengrocery.
frutero | greengrocer.
frutero de motor | motor-fruiter.
frutero refrigerado | refrigerated fruit carrier.
fruticultor | fruit-farmer | fruit grower.
fruticultura | fruitgrowing | fruit culture | fruit growing | fruit-farming.
fruto | fruit | outcome.
fruto (sentido despectivo) | spawn.
fruto balístico (botánica) | ballistic fruit | catapult fruit.
fruto espinoso | burr.
fruto expulsivo (botánica) | expulsive fruit.
frutos | fruitage.
frutos cítricos | citrus fruits.
frutos cultivados (jurisprudencia) | emblements.
frutos culturales | cultural benefits.
frutos de invernadero | hothouse fruits.
frutos de la investigación | fruits of research.
frutos de la tierra | emblements.
frutos del país | inland produce.
frutos económicos | economical profits.
frutos industriales | industrial benefits.
frutos secos | dried fruits.
ftaleína (química) | phthalein.
fucáceo | fucaceous.
fucilazo | heat lightning.
fucívoro | fucivorous | seaweed-eating.
fuco | fucus.
fucos | fuci.
fucsina (rojo de anilina) | azalein.

fue alcanzado por un torpedo (buques) | she got it in port side.
fue dado de baja en la lista de la armada y transferido a (buque de guerra) | she was struck from the navy list and transferred to the.
fue la más afectada por el terremoto | it was hit the hardest by the earthquake.
fuego | firing | fire.
fuego (de un cigarro, etc.) | light.
fuego! (orden de disparar) | release fire!.
fuego a discreción | independent firing.
fuego a discreción (milicia) | running fire | individual fire.
fuego a la redonda | all-around fire.
fuego antiaéreo | ack-ack.
fuego apagado | dead fire | blown fire.
fuego con muchos humos y que es reductor | green fire.
fuego con poca llama | dull fire.
fuego concentrado (artillería) | high-volume fire | massed fire.
fuego cruzado (artillería) | cross fire.
fuego cubierto (brasa) | ash fire.
fuego de bengala | blue fire.
fuego de calmado (acero al crisol) | killing fire.
fuego de cortina del atacante | attacker's barrage.
fuego de fragua | forge hearth.
fuego de porcelana (1.350 °C) | porcelain heat.
fuego de San Telmo | dead fire.
fuego de Santelmo | Elmo's fire.
fuego delictivo | actionable fire.
fuego directo | direct fire.
fuego fatuo | deadlight.
fuego fundente | fusing fire.
fuego graneado | drumfire | running fire.
fuego masivo (artillería) | fire en masse.
fuego moderado | moderate fire.
fuego mortecino | dull fire.
fuego nocturno de artillería | night artillery fire.
fuego nutrido de fusil | brisk fire.
fuego oxidante | oxidizing fire.
fuego por doquier | all-around fire.
fuego que arde mal | dead fire.
fuego que proyecta chispas | spotting fire.
fuego que toma incremento | rising fire.
fuego violento | hard firing.
fuego vivo | brisk fire.
fuego vivo (con combustión activa) | bright fire.
fuego voraz | fierce fire.
fuegos artificiales | fireworks.
fuegos cruzados (radioterapia) | cross firing.
fuegos mal llevados (calderas) | poor firing conditions.
fueguino (de la Tierra del Fuego - Argentina) | Fuegian.
fúeles ligeros | light fuels.
fueloil | heavy oil.
fueloil (petróleo para calderas - mazut) | fueloil.
fueloil (subproducto) | residual oil.
fueloil para calderas | residual fuel | bunker oil | boiler oil.
fuelle | bellows.
fuelle (de carruaje) | hood.
fuelle de comunicación (coches ferrocarril) | gangway bellows.
fuelle de moldeador | molder's bellows | caster's bellows.
fuelle de pedal | foot blower.
fuelle de rodilla (armonio) | knee-swell.
fuelle de unión de coches (ferrocarril) | concertina vestibule.
fuelle equilibrador | balance bellows.
fuelle flexible | flexible bellows.
fuelle hidrodinámico del mecanismo de armar la espoleta | hydrodynamic arming device bellows.
fuelle metálico | metal bellows.
fuelles que interceptan la luz | light-excluder bellows.
fuente | fountain | fountain head | dish | spring | spring.
fuente (hidráulica) | source.
fuente aceleradora | accelerating well.
fuente alimentaria | food source.
fuente alimentaria primaria | primary food source.
fuente anticlinal | anticlinal spring.
fuente blindada (radiactividad) | sealed source.
fuente caprichosa | freak spring.
fuente con compartimientos | divided dish.
fuente de accionamiento por cristal de hiperfrecuencia | radiofrequency crystal drive source.
fuente de agua helada | ice-water dispenser.
fuente de agua retenida (geología) | perched spring.
fuente de alimentación (radio) | power pack.
fuente de alimentación C (electricidad) | C power supply.
fuente de alimentación de ánodo | B power supply.
fuente de alimentación de corriente alterna | AC power supply.
fuente de alimentación eléctrica | power supply unit.
fuente de barro hirviente | paint pot.
fuente de corriente continua estabilizada tomada de la línea principal | mains-operated stabilized direct-current supply .
fuente de dislocación | dislocation source.
fuente de energía | supply | power pack | power supply | power-producer | power pack.
fuente de energía concentrada y entusiasmo | source of untapped energy and enthusiasm.
fuente de energía eléctrica autónoma y recargable | self-contained rechargeable power supply.
fuente de fisura (geología) | fracture spring.
fuente de fuerza de transistor | transistor tipe power supply.
fuente de gas | gas-spring.
fuente de gravitación | gravity spring.
fuente de hoyuelo (geología) | dimple spring.
fuente de ignición | igniting source.
fuente de isótopos radiactivos de 2.000 curios | radioactive isotope source of 2000 curies.
fuente de luz sintonizable | tunnable source of light.
fuente de luz ultravioleta pulsada | pulsed ultraviolet light source.
fuente de microcalor | microheat source.
fuente de radiación puntual | point source.
fuente de rayos gamma | gamma-ray source.
fuente de rayos gamma de cobalto-60 de varios kilocurios | multikilocurie cobalt-60 gamma source.
fuente de ruido | noise source.
fuente delgada | thin source.
fuente energética | prime mover.
fuente energética de reserva | standby source of power.
fuente fangosa | mud pot.
fuente fangosa (geología) | mud geyser.
fuente fiable | reliable source.
fuente hipoenergética | low-level energy source.
fuente incrustante (geología) | incrustating spring.
fuente infinitamente pesada | infinitely heavy source.
fuente intermitente | intermittent well.
fuente iónica | ion gun.
fuente isotrópica plana | plane isotropic source.
fuente isotrópica puntiforme | point isotropic source.
fuente juvenil | juvenile spring | deep spring.
fuente lineal | line source.
fuente luminiscente | luminescent source.
fuente luminosa | illuminant | light source | luminous fountain | luminant.
fuente luminosa puntual | point-light.
fuente multicurios de rayos gamma | multicurie gamma source.
fuente neutrónica | neutron source.
fuente no puntual | nonpoint source.
fuente normalizada de radiactividad | standardized radioactive source.
fuente para beber (buques) | gossip | scuttlebutt.
fuente patrón | standard source.
fuente puntiforme | pinhole source | point source.
fuente puntiforme de calor | pinpoint flame.
fuente puntual | point source.
fuente radiactiva de cobalto-60 | cobalt-60 radiation source.
fuente radiactiva de referencia | reference radioactive source.
fuente radioactiva cuya difusión o autoabsorción no es importante | thin source.
fuente radioactiva en que la difusión o autoabsorción es importante | thick source.
fuente radioactiva normalizada | standard radioactive source.
fuente radioeléctrica (astronomía) | radio source.
fuente refractaria | casserole | fireproof dish.
fuente salada | brine pit.
fuente secundaria de luz | secondary light source.
fuente sellada | sealed source.
fuente sonora | sound source.
fuente sonora puntual | simple sound source.
fuente surgente periódica (geología) | pulsating spring.
fuente termal | hot spring.
fuentes convencionales de combustibles fósiles | conventional fossil fuel sources.
fuentes cronísticas | chronicle fons.
fuentes de cargas (electrotecnia) | charges sources.
fuentes de energía nuclear | nuclear energy sources.
fuentes de información | current research.
fuentes de radio intercavitarias | radium intercavitary sources.
fuentes no mecánicas de potencia eléctrica | nonmechanical electrical power sources.
fuentes primarias | source material.
fuentes radioeléctricas invisibles (astrofísica) | pulsars.
fuentes radioeléctricas solares | solar radio bursts.
fuera | out.
fuera de | saving | except | ex.
fuera de acción (inactiva - máquinas) | disengaged.
fuera de aguas jurisdiccionales | beyond the seas.
fuera de banda | out-band.
fuera de banda para conversar | out-of-speech-band.
fuera de borda (marina) | outboard.
fuera de casa | abroad.
fuera de circuito | out | down status | disconnected | off-position | off-circuit.
fuera de código (salida) | shift-out.
fuera de combate | out of action.
fuera de combate (aparatos) | disabled.
fuera de combate (boxeo) | outer.
fuera de concurso (obras artísticas) | parergon.
fuera de conjunto | off-set.
fuera de cuadernas (dimensiones buques) | molded.
fuera de duda razonable (abogacía) | beyond reasonable doubt.
fuera de enclavamiento (telefonía) | interlock outside.
fuera de escala | out of range.
fuera de estación | out of season | off station.
fuera de fase | out of phase.
fuera de fase (dínamos acopladas en paralelo) | out of parallel.
fuera de foco | misfocusing.
fuera de juego (deportes) | out.
fuera de juego (fútbol) | out of bounds.
fuera de la atmósfera terrestre | outside earth's atmosphere.

fuera de la banda audible | outside the audio band.
fuera de la banda de conversación (telefonía) | out-of-speech-band.
fuera de la carretera | off-the-highway | off the road.
fuera de la cuaderna | clear of the frame.
fuera de la factoría | out-of-plant.
fuera de la grada (astilleros) | off the ways.
fuera de la ley | outlawed.
fuera de la rasante | out of alignment.
fuera de la recta | not on line.
fuera de la sala de sesiones (parlamento británico) | behind the speaker's chair.
fuera de la zona de velocidades críticas (cigüeñal) | away from critical speeds.
fuera de las reglas | informal.
fuera de límite | off limit.
fuera de límites | off limits | offset.
fuera de límites (fútbol) | out of bounds.
fuera de línea | off line | off the line | off-line.
fuera de litigio | in pais.
fuera de litigio (abogacía) | out of court.
fuera de lo corriente | out of the ordinary.
fuera de los estatutos (reunión) | informal.
fuera de los límites continentales (EE.UU.) | overseas.
fuera de los límites del papel (dibujos) | off-the-paper.
fuera de los límites del puerto | outside port limits.
fuera de medidas | offsize.
fuera de nuestra acción | beyond our control.
fuera de rectas | not on lines.
fuera de registro (tipografía) | out of register.
fuera de resonancia | off-resonance.
fuera de serie (industria) | custom-built.
fuera de servicio | off | out of service | out of action | out of order | dead.
fuera de servicio (máquinas) | out-of-work.
fuera de servicio (tuberías, etc.) | out of commission.
fuera de su asiento (buques) | out of trim.
fuera de talleres | out-of-plant.
fuera de temporada | deseasonalized.
fuera de tiempo | at the wrong time.
fuera de tiro | out of range.
fuera de tolerancia | off limit.
fuera de tolerancias | out-of-tolerance | off limits.
fuera de uso | out of date | obsolete | unused.
fuera del alcance | out of range.
fuera del alcance de | beyond the range of.
fuera del alcance del cañón | out of gunshot.
fuera del bloque oriental | outside the eastern bloc.
fuera del buque | overside.
fuera del campo | outside lines.
fuera del campus (universidad) | off-campus.
fuera del contexto | out of the context.
fuera del edificio | off-premise.
fuera del eje | off-axis.
fuera del eje (ruedas) | offset.
fuera del estante | off-the-shelf.
fuera del fuselaje o del casco (aviación) | outboard.
fuera del inmueble | off-premise.
fuera del local | off-premise.
fuera del marco | clear of the frame.
fuera del montaje (cañones) | off-mount.
fuera del núcleo (hélice marina) | ex-boss.
fuera del período | noncurrent.
fuera del plan de estudios | extracurricular.
fuera del plano | not on the plane.
fuera del plano de giro común (pala de una hélice en movimiento) | out of track.
fuera del tercio medio | outside of the middle third.
fuera del territorio propio | foreign.
fueracosta | offshore.
fuero | judicial power | jurisdiction.
fuero de guerra | army court.
fuero de marina | naval court.
fuerte | fort | firm.
fuerte (bebidas) | potent.
fuerte (colores, ácidos, etc.) | strong.
fuerte (mar) | rough.
fuerte (olor) | hot | heavy.
fuerte (pendiente, curva, etc.) | sharp.
fuerte (pulso) | large.
fuerte (química) | strong.
fuerte (viento, etc.) | stiff.
fuerte baja (comercio) | heavy fall.
fuerte destacado | isolated fort | sconce | outlying fort.
fuerte pérdida | heavy loss.
fuerte porcentaje de | high percentage of.
fuerte tendencia alcista (bolsa) | sharp bullish tendency.
fuerte y claro (radiorrecepción) | five-by-five.
fuertemente acartabonado | strongly bracketed.
fuertemente acartelado | strongly bracketed.
fuertemente ácido | strongly acidic.
fuertemente aislado (electricidad) | heavily-insulated.
fuertemente aleado | high-alloyed.
fuertemente básico | strongly basic.
fuertemente empotrado | firmly clamped.
fuertemente ionizado | heavily ionised.
fuertemente ligado | tightly bound.
fuertemente sujeto | tightly bound.
fuerza | power | force | activity | kick | strength | purchase.
fuerza (argumentos) | potency.
fuerza (bebidas alcohólicas) | potency.
fuerza (de la palanca) | leverage.
fuerza (del viento) | strength.
fuerza (sonidos) | loudness.
fuerza (viento) | intensity.
fuerza aceleratriz | accelerative force | accelerating force.
fuerza aceleratriz producida por error en la talla de la dentadura (engranajes) | dynamic increment.
fuerza aérea autónoma | independent air force.
fuerza aérea de ataque | air striking force.
fuerza aérea designada para una acción ofensiva | offensive air.
fuerza aérea encargada de la defensa de una zona | defensive air.
fuerza aérea equipada con reactores | jet air force.
fuerza aérea estratégica | strategic air force.
fuerza aerodinámica vibratoria | oscillatory aerodynamic force.
fuerza antagonista (mecánica) | controlling force.
fuerza antifluctuante | antihunting force.
fuerza aparente | apparent force.
fuerza aplicada a la periferia | peripheral force.
fuerza armada totalmente de voluntarios | all-volunteer armed force.
fuerza ascensional | aerostatic lift | ascensional power | lifting force | lifting power | lift.
fuerza ascensional (gases, globos) | static lift.
fuerza ascensional (globos) | elevating power.
fuerza ascensional corregida (globos) | gross lift.
fuerza ascensional debida al calentamiento (globos) | false lift.
fuerza ascensional dinámica (globos) | dynamic lift.
fuerza ascensional útil | useful lift.
fuerza atraccional | attractional force.
fuerza atractiva | attractive power | attractability | attractive force.
fuerza atractiva (magnetismo) | pull.
fuerza autónoma | separate force.
fuerza brasmógena | tide-producing force.
fuerza central | central force.
fuerza centrífuga | centrifugal strength | radial force | centrifugal acceleration.
fuerza coercitiva | compelling force | coercitive force | coercive force.
fuerza coercitiva (imanes) | retentivity.
fuerza coercitiva (magnetismo) | coercive force.
fuerza cohesiva interatómica | interatomic cohesive force.
fuerza comprimente | compressing force.
fuerza compulsiva | compelling force | restraining force.
fuerza con gran proporción de carros de asalto | tank-heavy force.
fuerza con gran proporción de infantería | infantry-heavy force.
fuerza conservativa | conservative force.
fuerza constante | constant force.
fuerza continua | constant force.
fuerza contraatacante | counterattacking force.
fuerza contraelectromotriz | opposing electromotive force | impeding force | back electromotive force | back-emf.
fuerza contraelectromotriz del inducido | armature counter-electromotive force.
fuerza cortante vertical | vertical shear force.
fuerza cortante vertical longitudinal | longitudinal vertical shear force.
fuerza de apoyo (ejército) | backup force.
fuerza de apoyo logístico (marina) | service force.
fuerza de apriete | griping force | gripping power.
fuerza de arranque | pull-off strength.
fuerza de arrastre | drifting force.
fuerza de arrastre (hidrología) | shear.
fuerza de arrastre en el fondo del cauce | shear at channel bed.
fuerza de asalto transportada en helicópteros | helicopter-borne assault force.
fuerza de atracción | attraction strength | attraction force | attractive force.
fuerza de atracción (imanes) | pull.
fuerza de aviones bombarderos | bomber force.
fuerza de brazos | hand-power.
fuerza de cierre del troquel (fundición inyectada) | die locking force.
fuerza de cisión | shear force.
fuerza de cobertura | screening force.
fuerza de cohesión | bond stress.
fuerza de compresión (basada de cañón) | downward-blow.
fuerza de Coriolis | Coriolis force | compound centrifugal force | deflecting force.
fuerza de corte | shear force | transverse force.
fuerza de desembarco (buque de guerra) | naval landing party.
fuerza de dispersión armónica (electricidad) | harmonic leakage power.
fuerza de disuasión | deterrent force.
fuerza de elevación | lifting capacity.
fuerza de elevación de 3 toneladas a 66 pies (grúas) | lifting duty of 3 tons at 66 feet.
fuerza de empuje en la biela | connecting rod pressure.
fuerza de estatización | estatizing force.
fuerza de flexión | bending force.
fuerza de frenado | brake load | brake power.
fuerza de gravedad | earth force.
fuerza de gravedad ejercida sobre el cuerpo humano como resultado de una aceleración hacia la cabeza | positive G.
fuerza de inercia | inertial force | inertia pressure.
fuerza de infantería de marina de la flota | fleet marine force.
fuerza de izada (grúas) | lifting capacity.
fuerza de la grúa | crane power.
fuerza de las armas | force of arms.
fuerza de ligadura | constraining force.
fuerza de palanca | prize | prise.
fuerza de Pauling (orbital de enlace) | Pauling strength.
fuerza de penetración | penetration power.
fuerza de percusión | impacting force.
fuerza de portaaviones con cruceros pesados y destructores de apoyo | carrier task force.
fuerza de pretensado | prestressing force.
fuerza de propulsión | propelling force.
fuerza de proyección | throwing power.

fuerza de rápido despliegue (ejército) | rapid deployment force.
fuerza de reposición no lineal | nonlinear restoring force.
fuerza de reserva (ejército) | reserve force.
fuerza de retenida | holding force.
fuerza de rozamiento cinético | kinetic-friction force.
fuerza de rozamiento estática | static-friction force.
fuerza de servicios de la flota (petroleros, buques talleres, remolcadores, etc.) | fleet train.
fuerza de sostén (imanes) | lifting power.
fuerza de sujeción | griping force.
fuerza de sujeción (trabajos en máquinas) | gripping power.
fuerza de trabajo | manpower.
fuerza de tracción | tractive pull.
fuerza de trepidación | shaking force.
fuerza de una prueba | strength of a test.
fuerza de unión | bonding strength.
fuerza de vela | press of sail.
fuerza de voluntad | willpower | energy of purpose.
fuerza de 1 G causada por la aceleración | stapp.
fuerza debida al viraje (ruedas autos) | cornering force.
fuerza deformante | deforming force.
fuerza del freno | brake pressure.
fuerza del golpe | blow strength.
fuerza del golpe del percutor | blow-of-striker strength.
fuerza descensional | descensional power.
fuerza descomponedora | decomposer.
fuerza desimanadora | demagnetizing power.
fuerza desviadora | deflecting force.
fuerza detonante | detonative force.
fuerza directriz | directing agency | driving force | controlling force.
fuerza dispuesta para entrar en combate | readiness force.
fuerza ejecutiva | enforceability.
fuerza ejercida por el piloto sobre los mandos (aviones) | control force.
fuerza ejercida sobre el disco de 2 gramos (brazo de fonocaptor) | tracking at 2 grams.
fuerza elástica | spring | elastic pressure.
fuerza elástica (muelles) | elastic drift.
fuerza elástica antagonista | elastic counterstress.
fuerza electromotriz | electromotance | electric tension | electromotive force | internal voltage.
fuerza electromotriz de conmutación | commutating electromotive force.
fuerza electromotriz del inducido | armature electromotive force.
fuerza electromotriz del termopar | thermocouple's thermo-E.M.F.
fuerza electromotriz en reposo | rest electromotive force.
fuerza electromotriz inducida | induced e. m. f.
fuerza electromotriz inyectada | injected electromotive force.
fuerza electromotriz Peltier | Peltier emf.
fuerza electromotriz sofométrica | psophometric e. m. f. | psophometric electromotive force.
fuerza elevadora | lifting power.
fuerza en el gancho | bail pull.
fuerza en toneladas (prensas) | tonnage rating.
fuerza envolvente | encircling force.
fuerza equilibrante | equilibrant force.
fuerza erosiva | erosive power.
fuerza erosiva (ríos) | scour.
fuerza estabilizadora | stabilizer.
fuerza explotadora del éxito inicial (ejércitos) | exploiting force.
fuerza flexante | deflecting force.
fuerza formada internacionalmente | internationally-integrated force.
fuerza frenante | retarding force.
fuerza geostrófica | geostrophic force.
fuerza gravitacional resultante de una aceleración radial | radial G.
fuerza gravitatoria | gravitational force.
fuerza hidráulica | hydraulic power.
fuerza imanante | magnetizing power | magnetizing force.
fuerza impulsiva | impetus | impulsive force.
fuerza impulsora | impulsive force.
fuerza intermitente | pulsating force.
fuerza laboral | workforce | work force.
fuerza lateral de la masa de tierra | push from the earth mass.
fuerza legal | strength.
fuerza locomotriz | locomotive power.
fuerza magnetizante | magnetizing force.
fuerza magnetomotórica | magnetomotoric force.
fuerza magnetomotriz de pico | peak magnetizing force.
fuerza mareógena | tide-producing force.
fuerza material | arm of flesh.
fuerza máxima de retroceso de 30 toneladas por cañón | recoil maximum force of 30 tons per gun.
fuerza mayor | main force | act of God.
fuerza mecánica | faculty.
fuerza mecanomotriz | mechanomotive force.
fuerza motriz | driving-power | impellent power | leading power | driving-force | driver | motive power | moving force | mover | moving power | motivating force.
fuerza motriz total (aeronaves) | thrust power.
fuerza necesaria | requisite strength.
fuerza necesaria para arrancar una bala de su vaina | bullet pull.
fuerza no central | noncentral force | tensor force.
Fuerza Nuclear Atlántica | Atlantic Nuclear Force.
fuerza nuclear no central | noncentral nuclear force.
fuerza o mando aéreo responsable de las operaciones aéreas tácticas | tactical air.
fuerza oblícua | bias force.
fuerza operante | task force.
fuerza organizada para el combate | combat force.
fuerza organizada para el transporte de tropas | troop-carrier force.
fuerza orientativa | directive force.
fuerza para introducirse en el montón (pala cargadora) | pry-out force.
fuerza para sujetar el disco (embutición) | blank-holding force.
fuerza para un asalto anfibio | landing force.
fuerza pendular | hunting force.
fuerza perturbadora que depende del tiempo | time-dependent disturbing force.
fuerza perturbante | disquieting force.
fuerza perturbante (derecho civil) | vis inquietativa.
fuerza perturbativa | perturbative force.
fuerza ponderomotriz | ponderomotive force.
fuerza por densidad linear unitaria (textiles) | breaking tenacity.
fuerza por unidad de masa por unidad de longitud | specific stress.
fuerza portante (imanes) | lifting capacity.
fuerza portante (relés) | pull.
fuerza presente (milicia) | actual strength.
fuerza propulsiva | propulsive force | propelling force | impulsive force | driving-power.
fuerza propulsora | propelling power.
fuerza pública | civil police.
fuerza que opera después del ataque inicial por otra fuerza | follow-up force.
fuerza radiada efectiva | effective radiated power (e.r.p).
fuerza repositora | restoring force.
fuerza representativa | token force.
fuerza repulsiva | repellant force | repellent force | repelling power.
fuerza repulsiva (física) | repulsiveness | repulsive force.
fuerza resistente | resister.
fuerza restablecedora | restoring force.
fuerza restauradora | restoring force.
fuerza restituyente | restituting force.
fuerza retardadora | retarding force.
fuerza retardante | retarding force.
fuerza retardatriz | retarding force.
fuerza rotatomotriz | rotatomotive force.
fuerza sobre la palanca de mando (aviones) | stick force.
fuerza sobre la totalidad de un cuerpo | volume force | body force.
fuerza sustentadora | lifting force.
fuerza tangencial | shearing strength | circumferential force | peripheral force.
fuerza tensorial | tensor force.
fuerza termoelectromotriz | thermoelectromotive force.
fuerza transmitida (correas) | effective pull.
fuerza transversal | transverse force.
fuerza útil | effective force.
fuerza viva | living force | dynamic force | active force | actuation.
fuerzas-tropa | force.
fuerzas acorazadas | armour.
fuerzas adherentes | adhesional forces.
fuerzas aéreas | air forces.
fuerzas aéreas embarcadas (en portaaviones) | embarked air forces.
fuerzas aerotransportadas | air-transported forces.
fuerzas anfibias | amphibious forces.
fuerzas atacantes | attacking forces.
fuerzas atractivas de acción a distancias largas | long-range attractive forces.
fuerzas centrífuga y centrípeta (física) | central forces.
fuerzas concurrentes | consentient forces.
fuerzas considerables (ejércitos) | heavy forces.
fuerzas coplanares concurrentes | concurrent coplanar forces.
fuerzas coplanarias | coplanar forces.
fuerzas de acoplo | pairing forces.
fuerzas de cohesión | cohesive forces.
fuerzas de enlace | bond forces.
fuerzas de enlace entre cadenas (polímeros) | interchain forces.
fuerzas de enlace interatómicas | interatomic bond forces.
fuerzas de enlace intermoleculares | intermolecular bond forces.
fuerzas de inercia rotacionales | rotational inertia forces.
fuerzas de inercia rotacionales del casco | hull rotational inertia forces.
fuerzas de infantería de marina de la flota (EE.UU.) | fleet marine forces.
fuerzas de la naturaleza | forces of nature.
fuerzas de la OTAN | NATO forces.
fuerzas de sentido contrario | opposed forces.
fuerzas de tierra (milicia) | ground-force.
fuerzas de Van der Waals retardadas | retarded Van der Waals forces.
fuerzas debidas a las olas | wave forces.
fuerzas deformantes | distorting forces.
fuerzas del oleaje | wave forces.
fuerzas desacelerativas | decelerating forces.
fuerzas disponibles (milicia) | effective forces.
fuerzas durante el disparo (cañones) | firing forces.
fuerzas en el espacio | noncoplanar forces.
fuerzas en equilibrio | balanced forces.
fuerzas enmascaradas | masquerading forces.
fuerzas especiales del ejército de los Estados Unidos | United States army special forces.
fuerzas exteriores | external agencies.
fuerzas exteriores de un sistema | net forces.
fuerzas gravitacionales y traccionales | tractional and gravitational forces.
fuerzas hidrodinámicas naturales | natural hydrodynamic forces.

fuerzas hidrodinámicas pulsatorias | pulsating hydrodynamic forces.
fuerzas insurgentes | insurgent forces.
fuerzas interiores | body forces.
fuerzas internucleónicas | internucleonic forces.
fuerzas ligantes | bonding forces.
fuerzas lunisolares | lunisolar forces.
fuerzas motrices | motive forces.
fuerzas nacionales para la defensa de la zona de la OTAN | national forces for the defence of the NATO area.
fuerzas navales | marine forces | navy.
fuerzas navoterrestres | surface forces.
fuerzas nucleares estratégicas | strategical nuclear forces.
fuerzas nucleares no estáticas | nonstatic nuclear forces.
fuerzas opuestas | opposed forces.
fuerzas para misión especial | task force.
fuerzas paralelas coplanares | coplanar parallel forces.
fuerzas periódicas actuantes | acting periodic forces.
fuerzas poligénicas | polygenic forces.
fuerzas producidas por choques (vagones) | buffing forces.
fuerzas rebeldes | insurgent forces.
fuerzas repulsivas de acción a distancias cortas | short-range repulsive forces.
fuerzas retardadoras | decelerating forces.
fuerzas terrestres | land forces.
fuerzas terrestres o navales | surface forces.
fuerzas verticales coplanarias | vertical coplanar forces.
fuga | escape | scuttle | spill | get-out | getaway | flight | streaming.
fuga (agua, gas, aceite, etc.) | leakage.
fuga (canalizaciones) | bleeding.
fuga (circuito hidráulico o eléctrico) | leak.
fuga (circuitos de agua, aceite, gas) | leaking.
fuga (de agua, etc.) | oozing.
fuga (de energía) | drain.
fuga (de vapor, gas, aire) | escaping.
fuga (física nuclear) | streaming.
fuga (gases, líquidos) | escape.
fuga (líquidos) | running out.
fuga (música) | fugue.
fuga (sobre un aislador) | arcover.
fuga (tuberías) | washout.
fuga de aceite | oil leakage.
fuga de aire | air leakage.
fuga de aire (tuberías) | air leak.
fuga de beneficios | profit leakages.
fuga de capitales | drain of bullion.
fuga de dólares | flight of the dollar.
fuga de gas | gas leak | gas escape | gas scape.
fuga de la portadora (residuo de la corriente portadora - electricidad) | carrier-leak.
fuga de neutrones | escape of neutrons | neutron escape.
fuga de neutrones (nuclear) | leakage.
fuga de petróleo | oil leakage.
fuga de referencia | reference leak.
fuga de utilidades | profit leakages.
fuga de vapor | waste steam | vapor leak.
fuga del capacitor | capacitor leakage.
fuga en la línea de transporte | transmission-line fault.
fuga entre cátodo y filamento de caldeo | cathode-to-heater leakage.
fuga neutrónica | neutron leakage.
fuga perpetua (música) | canon.
fuga por contacto entre conductores (línea trifásica) | line-to-line fault.
fuga real (física) | real leak.
fuga superficial | surface leakage.
fuga térmica (transistores) | thermal runaway.
fuga térmica en la corriente del colector | collector-current runaway.
fuga total | leakage.
fuga virtual | virtual leak.
fugacidad | fugacity.
fugal (música) | fugal.
fugas cavitacionales (cartuchos de combustible nuclear) | cavitational leaks.
fugas de fundición | spillings.
fugaz | nonpersistent | transient | short lived.
fugitivo | fugitive.
fugitómetro (para solidez del tinte) | fugitometer.
fugoide | phugoid curve | phugoid.
fular (tela) | foulard.
fulard | padding machine.
fulard (máquina) | padder | quetch | quetsch.
fulard (teñido telas) | pad.
fulardear | pad (to).
fulardeo | padding.
fulcrado | fulcrate.
fulcro | fulcrum | fulcrum.
fulcro (punto de apoyo) | bait.
fulcronógrafo | fulchronograph.
fulcros (botánica, zoología) | fulcra.
fulgor | flare | flashing.
fulgor azul | blue glow.
fulguración | brightening | flashing | flash | flare.
fulguración (de la plata) | blick.
fulguración (electroterapia) | fulguration.
fulguración cromosférica | chromospheric flash.
fulguración cromosférica del sol | solar flare.
fulguración de la plata | brightening of silver.
fulguración solar | flare | solar flare | solar flare.
fulgurante | fulgurant.
fulgurante (tela) | fulgurante.
fulgurar | flame (to) | beam (to).
fulgurito | fulgurite | lightning tube.
fuliginosidad | fuliginosity.
fuliginoso | sooty | smoky | adustus | fuliginous.
fulmicotón | guncotton.
fulminación | fulminating | fulmination.
fulminación por cortocircuito (líneas aéreas) | burn down.
fulminador | fulminator.
fulminante | fulminant | blasting cap | cap powder | percussion cap.
fulminante (cartuchos) | wafer.
fulminar | fulminate (to).
fulminato | fulminate.
fulminato de mercurio | fulminate of mercury.
fultógrafo | fultograph.
fulloza (Costa Rica) | planting plow.
fumadero de los oficiales (buques) | officer's smoke room.
fumante | fuming | smoking.
fumarola | fumarole.
fumarola ácida | acid fumarole.
fumarola fría | cold fumarole.
fumarólico | fumarolic.
fumiducto | fumiduct.
fumífero | smoking | smoke-producing.
fumífugo | smokeless | smoke-dispersing.
fumigación | smudge | fumigation | suffumigation.
fumigación aérea | aircraft spraying.
fumigación aérea (desde un aeroplano) | air spraying.
fumigación aérea de cosechas | crop dusting.
fumigación de cosechas en pie | crop spraying.
fumigación de las plantas | plant fumigating.
fumigador | fumigator.
fumigante para cereales | grain fumigant.
fumigar | fumigate (to) | fume (to) | smudge (to).
fumigenerador | smoke generator.
fumígeno | smoke-producing | fumigenic.
fumiscopio (para determinar densidad de humos) | smokescope.
fumisensible | smoke-sensitive.
fumistería | settings | setting | refractory setting.
fumivoridad | smokelessness | fumivority | consumption of smoke.
fumívoro | smokeless | smoke-preventing | fumivorous | smoke consuming | antismoke.
fumosidad | fumosity.
fumoso | smoky.
funambulación | funambulation.
funambular | funambulate (to).
funámbulo | funambulist.
funcidor | pleater.
función | function.
función a satisfacción (máquinas, motores) | it is in successful operation.
función abeliana | abelian función.
función absolutamente monótona | absolutely monotonic function.
función aditiva | additive function.
función adjunta | adjoint function.
función aleatoria estacionaria | stationary random function.
función algebraica | algebraic function.
función alineal de memoria nula | zero-memory nonlinear function.
función alómera | allomeric function.
función analítica en algún dominio del plano Z | function analytic in some domain of the Z plane .
función AND | and function.
función antihiperbólica | antihyperbolic function.
función automorfa | automorphic function.
función benéfica | charity performance.
función Bessel de producto cruzado | cross product Bessel function.
función biforme | double-valued function.
función característica de la perturbación | perturbation characteristic function.
función cíclica | cyclic function.
función compleja | complex-valued function.
función compleja continua a intervalos | sectionally continuous complex-valued function.
función con valores reales | real valued function.
función con valores vectoriales | vector-valued function.
función conmutante | switching function.
función continua (cine) | nonstop performance.
función continua a intervalos | piecewise continuous function.
función continua diferenciable | continuous differentiable function.
función continua por intervalos | sectionally continuous function.
función cosenoidal amortiguada | damped cosine function.
función cuasi-periódica | almost periodic function.
función cuasiperiódica analítica | analytic almost periodic function.
función de adaptación óptima | function of best fit.
función de ajuste previo | preset function.
función de atenuación difusa | diffuse attenuation function.
función de configuración | pattern function.
función de conglomerado | conglomerate mergers.
función de conjunto (topología) | set function.
función de conjunto finitamente aditiva | finitely additive set function.
función de conjuntos aditiva (topología) | additive set function.
función de conjuntos aditiva no negativa | nonnegative additive set function.
función de conmutación | switching function.
función de conmutación secuencial (matemáticas) | sequential switching function.
función de correlación por pares | pair correlation function.
función de corriente | stream function.
función de demanda espacial | spatial demand function.
función de densidad (nuclear) | strength function.
función de densidad de probabilidad | probability density function.
función de distribución acumulativa | cumulative distribution function.
función de distribución de equilibrio | equilibrium distribution function.

función de dos grupos de variables (operación integral) | kernel.
función de dos variables reales | function of two real variables.
función de error complementario (semiconductor) | complementary error function.
función de fase de la línea | phase function of the line.
función de fiabilidad | reliability function.
función de flujo | stream function.
función de frecuencia | frequency function.
función de fuerza aleatoria | random forcing function.
función de fuerza estadística | random forcing function.
función de lazo cerrado | closed-loop function.
función de Lorenz para material fundido | Lorenz function for cast material.
función de onda antisimétrica | antisymmetric wave function.
función de onda del electrón | wave function of the electron.
función de onda inortogonal | nonorthogonal wave function.
función de onda simétrica | symmetric wave function.
función de ondas | wave function.
función de partición | state sum.
función de partición (termodinámica) | zustand summe | sum over states.
función de partición de translación a lo largo del eje X | state sum for translation along the X axis.
función de partición estado-suma (ley de Boltzman) | partition function.
función de producción con factores limitativos | production ray.
función de puesta a cero | preclear function.
función de reenganche | reset function.
función de respuesta de la frecuencia | frequency-response function.
función de riesgo | risk function.
función de riesgo (economía) | risk function.
función de salto (análisis) | saltus function.
función de saturación | saturation function.
función de temporización | timing function.
función de tiempo aleatorio | random time function.
función de tipo lógico | logical function.
función de trabajo | work function.
función de trabajo (termodinámica) | work content.
función de trabajo del potasio | work function of potassium.
función de transferencia complementaria | difference transfer function.
función de transferencia de lazo abierto | open-loop transfer function.
función de transferencia de retropulsión (servomecanismo) | feedback transfer function.
función de transferencia del bucle | loop transfer function.
función de transferencia del reactor | reactor transfer function.
función de transferencia total | through transfer function.
función de valor real par | even real-valued function.
función de valores operadores (matemáticas) | operator valued function.
función de variable compleja | function of a complex variable.
función de variables imaginarias | imaginary variable function.
función de variación acotada | bounded variation function.
función de verosimilitud | likelihood function.
función decisional | decision function.
función definida positiva | positive-definite function.
función del error de Gauss | Gauss error function.
función del mayor entero | greatest integer function.
función del trabajo del conductor | work function of the conductor.
función delta de Dirac | Dirac delta function.
función descriptiva | describing function.
función descriptiva sensible a la amplitud y frecuencia | amplitude-and-frequency-sensitive describing function.
función descriptora de ingreso dual | dual input describing function.
función diferenciable | differentiable function.
función discriminante | discriminant function.
función distributiva | distribution function.
función dos a uno continua | two-to-one continuous function.
función electroesférica | electrospheric function.
función elíptica jacobiana | jacobian elliptic function.
función elipticocilíndrica | elliptic cylindrical function.
función entera | integer function.
función equivalente de caja | cash-equivalent function.
función error | error function.
función escalar | scalar function.
función escalonada | step function.
función estrellada | starlike function.
función estrellada p-valente | p-valent starlike function.
función expansiva del dominio finito | domain finite expansive function.
función exponencial | exp | exponential function | power function.
función exponencial (matemáticas) | exponential.
función fraccionaria | fractional function.
función fraccionaria racional | rational fractional function.
función generatriz bivariante | bivariate generating function.
función generatriz de cumulantes (estadística) | cumulant generating function.
función generatriz de cumulantes factoriales | factorial cumulant generating function.
función generatriz de momentos | moment generating function.
función hiperbólica | hyperbolic function.
función hiperbólica compleja inversa | inverse complex hyperbolic function.
función hiperbólica inversa | inverse hyperbolic function.
función hipergeométrica degenerada | degenerate hypergeometric function.
función holomorfa | holomorphic function.
función homogénea de varias variables | quantic.
función impar | odd function.
función implícitamente definida | implicitly defined function.
función impulsiva | impulsive function.
función incompleta verdadera | incomplete truth function.
función integrable | integrable function.
función interpolatriz | interpolating function.
función inversa | inverse function.
función lineal | linear function.
función lógica (informática) | switching function.
función lógica autodual | self-dual logical function.
función lógica binaria | binary logic function.
función matricial | matrix-valued function.
función meroforma | meromorphic function.
función mínima bicuadrada | biquadratic minimum function.
función mixta | joint function.
función moduladora | modulating function.
función molal de Gibbs | molal Gibbs function.
función monótona creciente | monotonically increasing function | monotone-increasing function.
función multiforme | multiple-valued function.
función multiplicatriz | multiplicative function.
función norma | norm function.
función numérica de varias variables | numerical-valued function.
función objetivo (programación lineal) | objective function.
función ortonormal | orthonormal function.
función par | even function.
función para examinar el contenido de una dirección de memoria (basic) | peek.
función poligonal | piecewise linear function.
función polinómica | polynomial.
función polivalente | many valued function.
función ponderal cronodependiente | time-dependent weighting function.
función ponderante | weighting function.
función por integrar | integrand.
función potencial multiforme | multiple-valued power function.
función primitiva antiderivada | antiderivative.
función promedial | averaging function.
función propia | eigenfunction.
función que tiene un soporte armónico | harmonic support function.
función quebrada | meander function.
función real | real valued function.
función real positiva | positive real function.
función restringida | restricted function.
función restringida de seno | restricted sine function.
función tabulada | tabulated function.
función tensorial isotrópica | isotropic tensor-function.
función total de la oferta | aggregate supply function.
función trigonométrica circular | circular trigonometric function.
función trigonométrica inversa | inverse trigonometric function.
función uniforme (matemáticas) | smooth function.
función uniformemente continua | uniformly continuous function.
función univalente | single-valued function.
función unívoca | single-valued function.
función vectorial | vector-valued function.
función vegetal | vegetal function.
función verdadera | truth function.
función vertex (partículas elementales) | vertex function.
función Y | and function.
funciona automáticamente en caso de fallo del | it automatically comes into operation in case of failure of.
funciona como se explica a continuación | it operates as follows.
funciona como sigue | it operates as follows.
funciona sin fallos | it is foolproof in operation.
funcionabilidad de interconexiones | workability of interconnection.
funcional | operational | functional.
funcional (integración) | functional.
funcional (medicina) | dynamic.
funcional aditivo (ecuaciones) | additive functional.
funcional curvilíneo | curve-functional.
funcional de región | region-functional.
funcional de superficie | surface-functional.
funcionalidad (máquinas) | reliability.
funcionalismo | functionalism.
funcionamiento | behaviour | behavior | running | service | servicing | working | working | functioning | performance | action | operating | operation | response.
funcionamiento (de una máquina) | run.
funcionamiento (motores, hélices, etc.) | performance.
funcionamiento a cuatro hilos (electricidad) | polar current operation.
funcionamiento a dos hilos | neutral current operation.
funcionamiento a dos niveles | bilevel operation.
funcionamiento a micropotencia | micropower

operation.
funcionamiento a pocas revoluciones (motores) | dead-slow running.
funcionamiento accidental (baliza respondedora) | squitter.
funcionamiento anormal | erratic working.
funcionamiento asíncrono | asynchronous working.
funcionamiento aspirando el aire por el esnorkel (motor submarinos) | snort running.
funcionamiento automático | unattended operation.
funcionamiento automático de la máquina herramienta por cinta magnética | machine-tool magnetic tape programming.
funcionamiento autónomo | autonomous working.
funcionamiento cíclico | cycling.
funcionamiento compartido (telecomunicación) | party-line operation.
funcionamiento con antena común (radar) | common T-R working.
funcionamiento con banda cruzada (radio) | crossband operation.
funcionamiento con carga reducida | part-load operation.
funcionamiento con ciclo fijo (ordenador) | fixed-cycle operation.
funcionamiento con conmutación | switched mode of operation.
funcionamiento con conmutador colgante (máquinas de talleres) | pendant push-button operation.
funcionamiento con cualquier inclinación | all-angle operation.
funcionamiento con dos fases (corriente trifásica) | two-phase running.
funcionamiento con frecuencia agrupada | grouped frequency operation.
funcionamiento con operador | attended operation.
funcionamiento con una sola fase (motor trifásico) | single phasing.
funcionamiento con una sucesión de cangilones | fleet-through operation.
funcionamiento con visibilidad (aeródromos) | contact operation.
funcionamiento continuo (marcha continua) | continuous working.
funcionamiento continuo de arranques y paradas | continual start-stop operation.
funcionamiento correcto | correct working.
funcionamiento de ida y vuelta | duplex operation.
funcionamiento de largo alcance en todo tiempo | all-weather long-range operation.
funcionamiento de las redes de energía eléctrica | power-pool operation.
funcionamiento de una sola carrera (prensas) | single-stroking operation.
funcionamiento defectuoso | defective functioning | malfunction | poor performance | poor operation.
funcionamiento del motor | motor functioning | motor working.
funcionamiento del percutor | pistol functioning.
funcionamiento del regulador | action of the governor.
funcionamiento discontinuo | on/off functioning.
funcionamiento durante las 24 horas del día | round-the-clock operation.
funcionamiento eficaz | positive action.
funcionamiento en báscula | toggle mode.
funcionamiento en bloque sin indicación (vías férreas) | tokenless block working.
funcionamiento en cálculo de promedios | average calculating operation.
funcionamiento en carga | running under load.
funcionamiento en circuito abierto | open circuit working.
funcionamiento en circuito cerrado | closed-circuit working | closed-cycle run.
funcionamiento en clase A (dispositivos electrónicos) | class A operation.
funcionamiento en contrafase | push-pull operation.
funcionamiento en derivación | parallel running.
funcionamiento en dúplex | duplex operation.
funcionamiento en duplex total | full duplex operation.
funcionamiento en el montaje de pruebas (motores) | test rig running.
funcionamiento en el suelo (motores aviación) | ground running.
funcionamiento en frecuencia única | single-frequency operation.
funcionamiento en frenado reostático (motores) | dynamic braking duty.
funcionamiento en hipotensión (Klistrón) | underbunching.
funcionamiento en línea | on line operation.
funcionamiento en línea abierta (telegrafía) | running open.
funcionamiento en paralelo | parallel operation | parallel operation.
funcionamiento en seco | dry-running.
funcionamiento en sobretensión (Klystron) | overbunching.
funcionamiento en tiempo real | real time working | real time operation.
funcionamiento en vacío (reactor nuclear) | zero-power range.
funcionamiento en vuelo | in-flight operation.
funcionamiento equilibrado (G.B.) | truing.
funcionamiento errático | erratic operation.
funcionamiento gobernado por tarjeta perforada | punched-card-controlled operation.
funcionamiento intermitente | intermittent working | erratic working.
funcionamiento irregular | hunting.
funcionamiento irregular (máquina tomavistas) | loops and ovals.
funcionamiento libre | free running.
funcionamiento mandado (telefonía automática) | numerical operation.
funcionamiento mecánico | mechanical functioning.
funcionamiento mixto | mixed working.
funcionamiento neumohidráulico | pneumohydraulic operation.
funcionamiento para calentar (motores) | warmup run.
funcionamiento periódico | periodic duty.
funcionamiento por bloqueo de secciones (ferrocarril) | block-working.
funcionamiento por bloqueo de secciones sin testimonio o bastón piloto (vías férreas) | tokenless block working.
funcionamiento por flujo invertido | reversed-flow operation.
funcionamiento por impulsos | pulse operation.
funcionamiento por inercia (máquinas) | coasting.
funcionamiento por inercia (motores) | running out.
funcionamiento por retroescape | blowback operated.
funcionamiento por tandas | batch processing.
funcionamiento por transmisión de la portadora | transmitted-carrier operation.
funcionamiento provisional con poca potencia (motores) | interim operation.
funcionamiento rápido | quick operation.
funcionamiento ruidoso (máquinas) | noisy operation.
funcionamiento seguro | positive action.
funcionamiento seguro (máquinas) | dependability.
funcionamiento sensible con servomotor | sensitive power-assisted operation.
funcionamiento silencioso (máquinas) | noiseless running.
funcionamiento sin carga | no-load operation.
funcionamiento sin lubricante | dry run.
funcionamiento sin operador | unattended operation.
funcionamiento sincrónico | synchronous working.
funcionamiento temporizado | sequenced operation.
funcionamiento X | X operation.
funcionando | running | in the on position.
funcionando (máquinas) | on.
funcionando a su régimen de vaporización (calderas) | in steam.
funcionando como reserva | under standby condition.
funcionando en carga | run loaded.
funcionando en flujo uniforme | free running.
funcionando en vacío | running light.
funcionando sin lubricación | dry-running.
funcionar | be in operation (to) | functionate (to) | function (to) | ride (to) | work (to).
funcionar (máquinas) | do duty (to) | run (to).
funcionar (mecanismos) | act (to).
funcionar a plena carga | run on full load (to).
funcionar a poca potencia (motores) | idle (to).
funcionar a pocas revoluciones (motor alternativo) | slow-time (to).
funcionar a saltos (motores) | throb (to).
funcionar con carbón pulverizado | run on pulverized coal (to).
funcionar con corriente continua | operate on direct current (to).
funcionar con chirridos (máquinas) | rattle (to).
funcionar con dificultad | work hard (to).
funcionar con dificultad (máquinas) | labor (to).
funcionar con exactitud | work true (to).
funcionar con fueloil (motores) | run on boiler oil (to).
funcionar con irregularidad (motores) | jerque (to).
funcionar con marcha lenta (motores) | idle (to).
funcionar con petróleo de viscosidad de 1.500 segundos Redwood n.º 1 | run on oil of 1,500 sec Redwood n.º 1 viscosity (to).
funcionar con petróleo para calderas (motores) | run on boiler oil (to).
funcionar con regularidad | run smoothly (to).
funcionar con sacudidas | skip (to).
funcionar con velocidad irregular | surge (to).
funcionar con velocidad irregular (máquina) | lope (to).
funcionar con velocidad irregular (motores) | throb (to).
funcionar constantemente (máquinas) | earn its keep (to).
funcionar debidamente | run properly (to).
funcionar en baño de lubricante (engranajes) | run in a bath of oil (to).
funcionar en vacío | turn idle (to).
funcionar en vacío (motores) | idle (to).
funcionar haciendo subir poco a poco la potencia (motores) | run up (to).
funcionar irregularmente (motores) | roll (to).
funcionar por medio de cinta perforada | punched tape-operate (to).
funcionar por medio de tarjetas perforadas | punched card-operate (to).
funcionar por vapor | steam (to).
funcionar sin calentarse | run cool (to).
funcionar sin carga | idle (to).
funcionar sin lubricante | run dry (to).
funcionariado | bureaucracy | functionaryship.
funcionario de elevada categoría | high official.
funcionario de grado superior | senior officer.
funcionario de intervención | revenue agent.
funcionario del Estado | public servant | civil servant.
funcionario del Gobierno | government employee.
funcionario electoral | election official.
funcionario judicial suplente para testamen-

tarías (EE.UU.) | surrogate.
funcionario público | government official | civil servant.
funcionario saliente | resigning officer | resigning official.
funcionarios autorizados a firmar cheques | check-signing officials.
funcionarios del estado | service personnel.
funcionarios del ferrocarril | rail officials.
funcionarios públicos | public officials.
funcionarios y sus facultades | officers and their authorities.
funciones absoluta y condicionalmente homogéneas | absolutely and conditionally homogeneous functions.
funciones acotadas | bounded functions.
funciones armónicas conjugadas | conjugate harmonic functions.
funciones asociadas | associated functions.
funciones asociadas de Laguerre | associate Laguerre functions.
funciones asociadas de Legendre | Legendre's associated functions.
funciones colindantes (topología) | neighboring functions.
funciones de adjunto | assistantship.
funciones de conmutación del tipo de salida | threshold switching functions.
funciones de conmutación linealmente separables | linearly-separable switching functions.
funciones de conservador | conservatory.
funciones de costo simple | simple cost functions.
funciones de estado (termodinámica) | state functions.
funciones de salto (matemáticas) | jump functions.
funciones de variable compleja | complex functions.
funciones del árbitro | umpireship.
funciones directivas | managerial functions.
funciones ejecutivas | ministerial functions.
funciones funcionalmente dependientes | functionally dependent functions.
funciones generadas por funciones Bessel | functions generated by Bessel functions.
funciones proposicionales | open sentences.
funciones uniformes de conjuntos (matemáticas) | uniform set functions.
functor (matemáticas) | functor.
functor de torsión (matemáticas) | torsion functor.
funda | boot | envelopment | sheath | sheath | scabbard | envelope | enveloping | muffle | coat.
funda (almohada) | tick.
funda (muebles) | loose cover.
funda con aros de hierro (para bombonas de ácido) | iron basket.
funda de ballesta (autos) | spring gaiter.
funda de bote | boat cover.
funda de botella | bottle case.
funda de escopeta | gun-case.
funda de lona | bloomer.
funda de lona para cabos (marina) | skate.
funda de pistola | holster.
funda de revestimiento | clad.
funda de tela para el ala (aviones) | sleeve.
funda de testigo | core shell.
funda del cable (frenos) | cable guide.
fundabilidad del hierro nodular | nodular iron castability.
fundable | fundable.
fundación | foundation | establishing | fellowship scheme | bed.
fundación (de una colonia) | plantation.
fundación (industrias) | establishment.
fundación (legado) | endowment.
fundación del mortero (bocarte) | mortar bed.
fundación escasa | skimpy foundation.
fundación para seguro de la salud pública | public health insurance fund.
fundación privada exenta de impuestos | tax-exempt foundation.
fundaciones | endowments.
fundado | right.
fundado en | founded.
fundador | founder | incorporator | originator.
fundador (de un negocio) | promoter.
fundador de sociedad anónima | company promoter.
fundador de un fideicomiso | founder of a trust.
fundador del negocio | originator of the business.
fundamental | basal | fundamental.
fundamentalmente referido a | primarily intended for.
fundamento | basis | fundament | fundamental | groundwork.
fundamento (guarnición de carda) | foundation.
fundamento (jurisprudencia) | merit.
fundamento de derecho | legal point.
fundamento de una causa | merits of a case.
fundamento legalístico | legalist point.
fundamentos (principios fundamentales - principios esenciales) | fundamentals.
fundamentos de física | fundamentals of physics.
fundamentos para actuar | grounds for action.
fundar | found (to) | endow (to) | establish (to) | set up (to) | set up (to) | institute (to).
fundar establecer | plant (to).
fundar una casa comercial | establish a firm (to).
fundar una sociedad | establish a company (to).
fundente | soldering flux | flux | fusing | fusion agent.
fundente (metalurgia) | ore-flux | slagging medium.
fundente (química) | booster.
fundente ácido | acid flux.
fundente alcalino | alkaline flux | frit.
fundente aleante de manganeso fundido | fused manganese-alloying flux.
fundente aluminoso | aluminous flux.
fundente arcilloso | clay flux.
fundente básico | basic flux.
fundente calizo | calcareous flux | limestone flux.
fundente decapante para soldar | welding flux.
fundente desulfurante | desulfurizing flux.
fundente en pasta (bronceado, etc.) | fluxing paste.
fundente en polvo | powdered flux.
fundente en polvo (material granular y fusible que protege la soldadura - soldeo en arco sumergido) | melt.
fundente granular | granular flux.
fundente imanable | magnetizable flux.
fundente mezclado con termoendurecedor | thermosetting mixed flux.
fundente neutro aglomerado | neutral agglomerated flux.
fundente para broncesoldar | brazing flux.
fundente para esmaltes | enamel flux.
fundente para soldar | welding flux.
fundente para soldeo oxiacetilénico | gas welding flux.
fundente que se adhiere al extremo caliente de la varilla de aportación (soldadura) | pickup.
fundente quemado (revestimiento en caliente de chapas) | flux scruff.
fundente silíceo | siliceous flux.
fundente sólido granular | granular solid flux.
fundentes aglomerados | bonded fluxes.
fundentes gaseosos | gaseous fluxes.
fundentes incorrosivos | noncorrosive fluxes.
fundentes oxidantes | oxidizing fluxes.
fundería | ironworks | smelter | foundry.
fundería de acero | steelfoundry.
fundería de cobre | copper works | copper-smelting plant.
fundería de estaño | tinworks.
fundería de hierro | iron foundry.
fundería de metales no ferrosos | nonferrous foundry.
fundería de plata | silver works.
fundería de plomo | lead smelting works | lead-works.
fundería mecanizada | mechanized foundry.
fundería mecanizada para trabajos varios | mechanized jobbing foundry.
fundería para moldeo centrífugo | centrispinning foundry.
fundería propia en la misma factoría | captive foundry.
fundibilidad (metalurgia) | foundability.
fundible | expendable | fusible.
fundición | iron | smelting.
fundición (colada - metalurgia) | casting.
fundicion - colada | founding.
fundición a la cera perdida | precision investment casting.
fundición acerada | pig steel | ferrosteel | semisteel | toughened cast iron.
fundición acicular | needle iron | acicular cast iron.
fundición acicular tungstenizada | tungsten-containing acicular iron.
fundición al cok | coke casting.
fundición aleada | alloy cast-iron | alloy cast iron.
fundición aporosa | porosity-free casting.
fundición atruchada | mottled pig | mottled cast iron | mottled iron.
fundición atruchada blanca | mottled white pig iron.
fundición atruchada hipoeutéctica | mottled hypoeutectic cast iron.
fundición austenítica | austenitic cast iron.
fundición austenítica de grafito esferoidal | spheroidal-graphite austenitic iron.
fundición austenítica exenta de cobre | copper-free austenitic cast iron.
fundición austenítica rica en níquel | high-nickel austenitic cast iron.
fundición bastante baja en carbono | fairly-low-carbon cast iron.
fundición Bessemer | Bessemer pig | Bessemer iron.
fundición blanca | forge pig | white iron.
fundición blanca martensítica | martensitic white cast iron.
fundición blanca para acero | floss.
fundición blanca perlítica | pearlitic white cast iron.
fundición blanca porosa | open white pig.
fundición blanca radiada | white spiegel locking pig iron.
fundición bruta | pig iron.
fundición cavernosa | porous cast iron | porous iron | porous pig | blown casting.
fundición centrífuga | centrifugal casting.
fundición centrífuga en coquilla | permanent-mold centrifugal casting.
fundición centrifugada | centrifuged casting.
fundición centrifugada (acero fundido) | pressure casting.
fundición centrifugada con el eje horizontal | horizontal-axis centrifugal casting.
fundición centrifugada verticalmente | vertical axis centrifugal casting.
fundición colada a presión por gravedad | gravity diecasting | gravity-poured diecasting.
fundición colada al descubierto | open cast iron.
fundición colada en moldes de arena | sand pig.
fundición colada encima de la escoria | refined cast iron.
fundición compacta | dense iron.
fundición con escarabajos | blown casting.
fundición con fractura blanca brillante | white casting.
fundición con grafito esferoidal | nodular-graphite iron | ductile cast iron | spheroidal-graphite iron.
fundición con macho | core casting.
fundición con sopladuras | blown casting.

fundición contaminada con plomo | lead-contaminated cast iron.
fundición de acero empleando el cubilote y el pequeño convertidor ácido y el electrohorno básico | triplex method.
fundición de acero maleable de corazón blanco | white-heart malleable iron casting.
fundición de acero templada en baño de sales | liquid-quenched steel casting.
fundición de aceros | steelfounding.
fundición de afino | plate-metal | converter pig | forge pig.
fundición de afino para horno Martin-Siemens | open-hearth pig-iron.
fundición de aleación | alloy cast-iron.
fundición de aleación ligera examinada fluoroscópicamente | fluoroscopically examined light alloy casting.
fundición de aluminio a presión | aluminum pressure die-casting.
fundición de bronce | bronze foundry.
fundición de calidad | branded pig.
fundición de cilindros de laminador | roll founding.
fundición de cobre | copper casting.
fundición de coque | coke iron.
fundición de coquilla | chilled iron | chilled cast iron | chilled casting.
fundición de grafito cristalino | flake graphite cast iron.
fundición de grafito cristalino austenítica | austenitic flake-graphite cast iron.
fundición de grafito difundido | diffused graphite gas iron.
fundición de grafito esferoidal | spheroidal-graphite cast iron | S. G. iron.
fundición de grafito esferoidal recocida | annealed S. G. iron.
fundición de gran resistencia a la tracción | high-test cast-iron.
fundición de hierro | ironworks | iron foundry.
fundición de hierro nodular | S. G. iron casting.
fundición de latón | brassfoundry.
fundición de marca (de buena calidad) | marked pig.
fundición de menas | ore smelting.
fundición de monedas para fabricar joyas | garbling.
fundición de núcleo negro | blackheart casting.
fundición de plomo | lead smelting works.
fundición de primera fusión | direct casting.
fundición de segunda fusión | remelted cast iron.
fundición de tipos de imprenta | type casting.
fundición de tipos de máquinas de escribir | typewriter font.
fundición de zinc inyectado | zinc die-casting.
fundición de 1.ª fusión | pig iron.
fundición densificada | densified iron casting.
fundición desarenada | desanded casting.
fundición desazufrada | desulphurized pig iron.
fundición dúctil | nodular cast iron | S. G. iron | ductile cast iron | spheroidal-graphite iron | nodular-graphite iron.
fundición ductil ferrítica | ferritic nodular iron | ferritic S. G. iron.
fundición dúctil perlita aleada con níquel | nickel-alloyed pearlitic ductile iron.
fundición dúctil perlítica | pearlitic ductil iron.
fundición dulce para moldeo | malleable iron.
fundición en arena seca | dry sand casting | dry casting.
fundición en atmósfera de gas inerte | inert-gas casting.
fundición en bloque | block casting.
fundición en caída directa | downhill casting.
fundición en cajas | box casting.
fundición en concha termotratada | heat-treated chill casting.
fundición en coquilla | chill-casting | chilled iron casting | die-casting.
fundición en coquillas | gravity diecasting.
fundición en fusión | molten metal.
fundición en grupo | group casting.
fundición en mercurio congelado | mercasting.
fundición en molde abierto | open sand casting.
fundición en molde de yeso | plaster-mold casting.
fundición en molde metálico | metal-mold casting.
fundición en molde metálico (fundición en coquilla) | case casting.
fundición en moldes | box casting.
fundición endurecida | casehardened casting | chilled iron.
fundición endurecida superficialmente | chilled cast iron.
fundición escoriosa (fundición obtenida con una carga de escorias de pudelado o de hornos de recocer) | cinder pig.
fundición esferoidal | spheroidal cast iron.
fundición esferoidal acicular | acicular spheroidal cast iron.
fundición esferoidal ferrítica | ferritic nodular cast iron | ferritic spheroidal cast iron.
fundición esferoidal nitrurada | nitrided spheroidal cast iron.
fundición esferoidal perlítica | pearlitic spheroidal cast iron.
fundición especular | specular cast iron | spiegeleisen | spiegel.
fundición especular gris | gray spiegel iron.
fundición ferrítica de grafito esferoidal | ferritic S. G. iron.
fundición fosforosa | phosphorous pig iron.
fundición frondescente | cabbage leaf marking.
fundición grafítica esferoidal tratada con magnesio | magnesium treated spheroidal-graphite cast iron | magnesium-treated spheroidal-graphite cast iron.
fundición grafítica nodular | nodular-graphite cast iron.
fundición granuda | granular iron.
fundición gris | gray cast-iron | grey pig iron | gray pig | grey iron.
fundición gris endurecida | hardened gray iron.
fundición gris industrial | engineering grey iron.
fundición gris lubricada con grafito | graphite-lubricated grey cast iron.
fundición gris muy siliciosa | silver gray iron.
fundición gris niquelosa | nickel-containing grey iron.
fundición gris perlítica | pearlitic grey cast iron.
fundición hematites | hematite pig | hematite cast iron.
fundición hiperaleada niquelosa | high-alloy nickel-containing cast iron.
fundición hipereutéctica | hypereutectic cast-iron.
fundición hipereutéctica baja en azufre | low-sulfur hypereutectic cast iron.
fundición hipoeutéctica | hypoeutectic cast iron.
fundición impregnada | impregnated casting.
fundición incompleta (tipografía) | broken font.
fundición inoculada | inoculated cast iron.
fundición inoculada con ferrosilicio | ferrosilicon-inoculated cast iron.
fundición inyectada | die-casting | pressure diecasting.
fundición inyectada en coquillas | pressure diecasting.
fundición inyectada por gravedad | gravity diecasting.
fundición licuada | molten pig.
fundición maleable | temper casting | tempered casting | malleable iron | annealed cast iron | malleable-cast iron | malleable pig iron | S. G. iron.
fundición maleable atruchada | European malleable iron.
fundición maleable blanca de núcleo negro (recocida a 850 grados para convertir la cementita en rosetas de grafito) | blackheart malleable cast-iron.
fundición maleable de núcleo negro | black heart casting.
fundición maleable perlítica | pearlitic malleable cast iron.
fundición martensítica | martensitic cast iron.
fundición martensítica resistente al desgaste | abrasion-resistant martensitic cast iron.
fundición metálica no férrica | metal casting.
fundición molibdenosa | molybdenum-containing cast iron.
fundición muy siliciosa acidorresistente | high-silicon acid-resisting cast iron.
fundición nitrurada | nitrided cast iron.
fundición no ferrosa | nonferrous casting.
fundición nodular | S. G. iron | nodular-graphite iron | nodular iron | ductile cast iron | spheroidal-graphite iron.
fundición nodular al itrio (para facilitar la esferoidización del grafito) | yttrium nodular iron.
fundición nodular antiácida alta en silicio | acid resistant high-silicon nodular cast iron.
fundición nodular bainítica fundida en coquilla | chill-cast bainitic S. G. iron.
fundición nodular ceriosa | nodular cerium-containing cast iron.
fundición nodular ferrítica | ferritic nodular cast iron.
fundición nodular hipereutéctica | hypereutectic nodular iron.
fundición nodular hipoeutéctica | hypoeutectic nodular iron.
fundición nodular totalmente ferritizada | fully ferritized nodular iron.
fundición nodular tratada con cerio | cerium treated nodular iron | nodular cerium-treated cast iron.
fundición obtenida con mineral todo uno | all-mine pig.
fundición ornamental de aluminio | ornamental aluminum casting.
fundición para aros de pistón | piston ring casting.
fundición para pudelaje | forge pig iron.
fundición para trabajos generales | jobbing foundry.
fundición perlítica | pearlitic cast-iron.
fundición perlítica al manganeso | pearlitic manganese casting.
fundición perlítica alta en cromo | loaded iron.
fundición perlítica de grafito esferoidal | pearlitic S. G. iron.
fundición perlítica fosforosa | phosphorus-bearing pearlitic cast iron.
fundición por gravedad | nonpressure casting.
fundición por inyección a presión | pressure diecasting.
fundición por inyección del concentrado de cobre y una corriente de oxígeno de 95% de pureza | oxygen flash smelting.
fundición por moldeo | pig iron of castings.
fundición por moldeo en cáscara | shell molding casting.
fundición porosa | porous iron.
fundición que no contiene grafito | white casting.
fundición quemada | burnt iron | perished metal.
fundición resistente a la abrasión | abrasion resisting casting.
fundición resistente al amoníaco | ammonia casting.
fundición semi-atruchada | lightly mottled pig iron.
fundición tenaz | toughened cast iron.
fundición tenaz para moldeo | tough foundry pig iron.
fundición termorresistente de base de cobalto | cobalt-base heat-resistant casting.
fundición Thomas | basic Bessemer pig.
fundición tipográfica | letter foundry.
fundición tratada con magnesio | spheroidal-graphite cast iron.
fundición tropenas | tropenas casting.

fundición veteada | band pig.
fundiciones estructurales para buques | ships' structural casting.
fundido | molten | fused.
fundido (cine) | fade.
fundido (cojinetes) | burnout.
fundido (con el revestimiento ablandado - cojinetes) | run.
fundido (grasas) | drawn.
fundido a la llama | flame-fused.
fundido a presión | diecast | die-cast | die cast.
fundido abre (cine) | fade-in.
fundido al aire libre | air-melted.
fundido al aire libre y moldeado en argón | air-melted and cast in argon.
fundido al arco eléctrico en el vacío | arc-melted in vacuo.
fundido centrífugamente | centrifugally cast.
fundido centrífugamente en arena | sand spun.
fundido centrífugamente y templado por disolución | centrifugally cast and solution-quenched.
fundido cierra (cine) | fade-out.
fundido con agua (magma profundo) | aqueous fusion.
fundido con la pieza | cast in one | cast on.
fundido con pocas creces | cast to very close dimensions.
fundido con precisión al tamaño definitivo | precision-cast to size (to).
fundido en arena | sand cast.
fundido en bloque (cilindros, etc.) | cast-in-block.
fundido en coquilla | cast chilled | chilled | die cast.
fundido en el agua de cristalización | aqueous fusion.
fundido en el vacío y colado en el vacío | vacuum-melted and vacuum-cast | vacuum-melted-and-cast.
fundido en foso de colada | pit-cast.
fundido en horno eléctrico | electrofused.
fundido en un bloque solo | unit casting.
fundido en un lingote redondo | cast into round ingot.
fundido en una atmósfera de argón a 500-Torr | melting in a 500-Torr argon atmosphere.
fundido en una pieza con | cast integral with.
fundido en una sola pieza | integrally cast.
fundido en vacío parcial | vacuum-melted.
fundido por arco eléctrico | arc-cast.
fundido por corrientes de alta frecuencia | high-frequency melted.
fundido por el pie | uphill cast.
fundido por inducción en el vacío | vacuum induction-melted.
fundido por segunda vez en vacío parcial en horno de arco eléctrico | vacuum-arc remelted.
fundidor | caster | smelterman | smelter | founder | teemer.
fundidor (de minerales) | smelter.
fundidor (de sebo, etc.) | renderer.
fundidor (obrero) | pourer.
fundidor (persona) | melter.
fundidor de acero | steel melter.
fundidor de aceros | steelfounder.
fundidor de bronce | bronze-founder | bronze-caster.
fundidor de cobre | red caster.
fundidor de hierro | ironfounder.
fundidor de latón | brassfounder.
fundidor de medallas | medal-caster.
fundidor de tipos de imprenta | type-founder.
fundidora de filetes y regletas (tipografía) | strip caster.
fundiforme | fundiform.
fundir | liquate (to) | flux (to) | melt down (to) | melt (to) | fuse (to) | fuze (to) | slake (to) | smelt (to) | found (to).
fundir (chatarra) | melt up (to).
fundir (fusibles) | blow (to).
fundir (grasa) | render (to).
fundir (la manteca) | oil (to).
fundir (metales) | cast (to).
fundir (tipografía, estereotipia) | cast (to).
fundir a medidas aproximadas | rough-cast (to).
fundir a presión | die-cast (to).
fundir a troquel | die-cast (to).
fundir al descubierto | cast in open sand (to).
fundir alto | melt high (to).
fundir bajo | melt low (to).
fundir con la cuchara (metalurgia) | ladle (to).
fundir con la pieza | cast on (to).
fundir de nuevo | refuse (to).
fundir en basto | rough-cast (to).
fundir en concha | chill (to).
fundir en coquilla | cast chill (to) | chill-harden (to).
fundir en cubilote | cupola melt (to).
fundir en el interior de un metal | metallify (to).
fundir en horno | furnace-melt (to).
fundir en hueco | cast hollow (to).
fundir en matriz | die-cast (to).
fundir horizontalmente | cast on the flat (to).
fundir la suelda de aleación de estaño sobre la superficie a soldar | sweat (to).
fundir por calor | heat-fuse (to).
fundir rotatoriamente (funderías) | rotocast (to).
fundir tipos (tipografía) | typecast (to).
fundirse | fizz (to).
fundirse (cojinetes) | burnout (to).
fundirse congruentemente | melt congruently (to).
fundirse entre sí (colores) | run into one another (to).
fundo | original estate | fundus.
fundo maderero | timberland.
fungibilidad | fungibility.
fungible | consumable | fungible | nonrecoverable.
fungicida | fungus preventive | fungus-preventive | fungicide.
fungicida espolvoreable | dustable fungicide.
fungicida para frutas | fruit fungicide.
fungicida para pinturas | paint fungicide.
fungicida protector | protectant fungicide.
fungicida químico | fungus-killing chemical | chemical fungicide.
fungicidas | fungicides.
fungícola | fungicolous.
fungiforme | fungiform.
fungistático | fungistatic.
fungitoxicidad | fungitoxicity.
fungivoridad | fungivority.
fungívoro | fungus-eating.
fungoides con placas rojas sobre gran parte del cuerpo (medicina) | homing rouge.
fungología | fungology.
fungólogo | fungologist.
fungosa (química) | fungose.
fungosidad | fungus.
fungoso | fungose.
funicular | funicular | cable railway.
funicular aéreo | aerial tramway | ropeway.
funiculoso | funiculose.
funidraga | dragline.
funiforme | funiform | cord-shaped.
funivía | ropeway.
funtor de extensión (matemáticas) | extension functor.
furcula (aves) | wishbone.
furfural (disolvente) | furfural.
furgón | seat box | van.
furgón (ferrocarril) | brake.
furgón (tren de mercancías) | guard's van.
furgón automotor | goods motor coach.
furgón cerrado | covered van.
furgón de cabeza (coche ferrocarril) | head-end unit.
furgón de cola | rear wagon | buggy.
furgón de cola (ferrocarril) | back van | caboose | rear van.
furgón de correspondencia | mail van.
furgón de costados de celosía (para ganado) | louvre van.
furgón de equipajes | luggage car | baggage wagon | baggage car | van.
furgón de equipajes (trenes) | luggage van.
furgón de municiones | artillery wagon.
furgón para ganado | cattle box.
furgón postal | mail car.
furgoneta | pickup | van.
furgón-freno | goods brake van.
furol (aceites de engrase) | furol.
fuselación | streamlining.
fuselado (aviación) | faired | fair-shaped.
fuselado (aviones) | streamlined | fairing.
fuselado de la barquilla | nacelle fairing.
fuselado de unión del ala al fuselaje | wing-root fairing.
fuselado que gira con la hélice y cubre el núcleo de ésta (aviones) | spinner.
fuselage entelado (aviones) | fabric-covered fuselage.
fuselaje | fuselage | airframe.
fuselaje (aviones) | body.
fuselaje a la fatiga | fatigue-tested fuselage.
fuselaje con forro trabajando a la tracción | tensioned-skin fuselage.
fuselaje con morro muy afilado (aviones) | sharp-nosed fuselage | needle-nose fuselage.
fuselaje con presión regulada | pressurized fuselage.
fuselaje de anclaje | tail drag.
fuselaje de cuadernas (aviones) | monocoque fuselage.
fuselaje de paredes trianguladas | truss fuselage.
fuselaje de viga armada | braced fuselage.
fuselaje del casco (hidros) | hull fuselage.
fuselaje del reactor | engine nacelle.
fuselaje geodésico | geodetic fuselage.
fuselaje indentado | pinch waist.
fuselaje monocasco (aviones) | monocoque fuselage.
fuselaje o de una superficie y que soporta un motor (aviones) | pylon.
fuselaje semimonocasco | semimonocoque fuselage.
fuselar | streamline (to).
fuseno | mineral charcoal.
fusibilidad | meltability | fusibility.
fusible | smeltable | low-melting | meltable | fusible.
fusible (electricidad) | limiter | fuse wire | fuse | fusible.
fusible (plomo - electricidad) | cutout.
fusible bipolar | bipolar fuse.
fusible calibrado | noninterchangeable fuse.
fusible con adaptador que impide el cambio por otro mayor | nontamperable fuse.
fusible con alarma (electricidad) | grasshopper fuse.
fusible con más diámetro del debido | large fuse.
fusible con tapones de repuesto | rewireable fuse.
fusible de acción retardada (electricidad) | slow-blow fuse.
fusible de acometida | service fuse.
fusible de alambre | wire fuse.
fusible de alto voltaje | high-tension fuse.
fusible de apagado en líquido | liquid-quenched fuse.
fusible de bajo voltaje | low-tension fuse.
fusible de caja de empalmes | junction-box fuse.
fusible de cartucho | fuselink | tube fuse | cartridge fuse.
fusible de cartucho de casquillo | ferrule-type cartridge fuse.
fusible de cartucho de gran capacidad de ruptura | high rupturing-capacity-cartridge fuse.
fusible de cartucho infungible de acción rápida | quick-acting nondeteriorating cartridge fuse.
fusible de cartucho reemplazable | rewirable cartridge fuse.

fusible de cartucho reemplazable de gran capacidad de ruptura | high-breaking-capacity rewireable cartridge fuse.
fusible de cinta | fuse strip | strip fuse | link fuse.
fusible de cuernos | horn-fuse.
fusible de desprendimiento | dropout fuse.
fusible de expulsión | expulsion fuse.
fusible de expulsión dirigida | controlled expulsion fuse.
fusible de gran capacidad de desconexión | H. R. C. fuse | high-interrupting capacity fuse.
fusible de gran capacidad de ruptura | high breaking-capacity fuse.
fusible de intensidad | current fuse.
fusible de línea | power current fuse.
fusible de línea de fuerza | power fuse.
fusible de líquido | liquid fuse.
fusible de plomo | lead-fuse.
fusible de puente | bridge fuse.
fusible de seccionamiento | sectionalizing fuse.
fusible de seguridad | safety fuse.
fusible de seguridad de un reactor (nuclear) | reactor safety fuse.
fusible de sobretemperatura | over-temperature fuse.
fusible de tapón | plug fuse.
fusible del contador (electricidad) | house service cutout.
fusible dentro de tubo de cerámica | ceramic fuse.
fusible desconectador | disconnecting fuse.
fusible desnudo | bare fuse.
fusible eléctrico | electric fuse.
fusible encerrado | enclosed fuse.
fusible indicador | pilot fuse.
fusible limitador de corriente | current-limiting fuse.
fusible no recolocable | one-time fuse.
fusible no reponible | one-time fuse.
fusible para proteger el circuito (de un aparato de medida) | potential fuse.
fusible recambiable | renewable fuse.
fusible reglamentario | home office fuse.
fusible temporizado | kick fuse.
fusible ultrarrápido | quick-break fuse.
fusible unipolar | single-pole fuse.
fusibles de la puntería en azimut (cañón) | train fuses.
fusiforme | fusiform | cigar-shaped.
fusil | rifle | musketry | gun.
fusil ametrallador | automatic rifle | machine rifle.
fusil anticarro | antitank rifle | bazooka.
fusil automático | autoloader.
fusil automático accionado por los gases del disparo | gas-operated self-loading rifle.
fusil con culata | shoulder rifle.
fusil con teleobjetivo | scope sighted gun.
fusil de almacén tubular | pump-gun.
fusil de cañón largo | long-barrelled gun.
fusil de cargador | charger-loading rifle.
fusil de caza | shotgun.
fusil de cerrojo | bolt-action rifle.
fusil de chispa | firelock.
fusil de repetición | magazine gun | repeating gun | repeater | repeating shot gun.
fusil de retrocarga | breech-loader.
fusil de un tiro | single-firer.
fusil o cañón automático de retroceso | recoil-operated automatic gun.
fusil para concursos de tiro | match rifle.
fusil reglamentario | service rifle.
fusilar | shot (to) | rifle (to).
fusilar (libros, etc.) | hash (to).
fusilazo | gunshot.
fusilería | musketry.
fusilero | rifleman.
fusilero de fusil ametrallador | automatic rifleman.
fusinita (carbones) | fusinite.
fusinización (carbones) | fusinization.
fusión | smelting | fluxion | melting | founding | fusion | fusing | meltdown | melt.
fusión (de fusible eléctrico) | blowing out | blowing.
fusión (metalurgia) | melt.
fusión a la cera perdida | investment casting.
fusión acuoígnea | hydrothermal fusion | aqueoigneous fusion.
fusión al ácido | acid fusion.
fusión al aire libre | air-melting.
fusión catalizada por muones | muon-catalyzed fusion.
fusión completa | complete fusion | deadmelting.
fusión con arco no consumible | nonconsumable arc melting.
fusión congruente | congruent melting.
fusión cruda | ore smelting.
fusión de cintas (fotocomposición) | tape merging.
fusión de colores | color fusion.
fusión de chatarra de hierro o acero en horno de rebervero | busheling.
fusión de despachos | merging practices.
fusión de diploidización | diploidization fusion.
fusión de empresas | consolidation | merger | merger proper.
fusión de intereses | merger of interests.
fusión de los núcleos de los átomos ligeros | fusion of the nuclei of light atoms.
fusión de nieves | snowmelt.
fusión de núcleos en uno solo (citología) | balling.
fusión de una capa superficial delgada manteniendo en estado sólido el resto y solidificando después aquélla (corundo sintético) | flame glossing.
fusión de una carga fría en el convertidor por caldeo con petróleo y afino posterior por soplado lateral | stock process.
fusión de una sociedad con otra | merger of a corporation with another company.
fusión de una sociedad con otra con anulación de ambas sociedades y creación de una nueva | statutory consolidation.
fusión de virutas (en cubilotes) | swarf melting.
fusión del fusible | fuse fusing.
fusión del plomo con autofundentes | self-fluxing lead smelting.
fusión directa | direct fusion | direct smelting.
fusión electrolítica | electrolytic smelting.
fusión electrotérmica | electrothermic smelting.
fusión en el electrohorno | electric furnace melting.
fusión en el horno eléctrico | electrosmelting.
fusión en horno eléctrico ácido | acid electric-furnace melting.
fusión en un crisol metálico con paredes enfriadas con agua (aleaciones) | skull melting.
fusión eutéctica por contacto | contact eutectic fusion.
fusión externa | external merger.
fusión fraccional (obtención de metales ultrapuros) | zone melting.
fusión horizontal (economía) | horizontal integration.
fusión incongruente | incongruent melting.
fusión interior (plomería) | burning-in.
fusión metalotérmica | metallothermic smelting.
fusión momentánea (estañado de la hojalata) | flow-melt | flow-brightening.
fusión nuclear | nuclear fusion.
fusión oxidante | oxidizing smelting.
fusión parcial de un elemento combustible por incapacidad del refrigerante para disipar todo el calor producido en el elemento (reactor nuclear) | burnout.
fusión pirítica (cobre) | pyritic smelting.
fusión piritosa (cobre) | pyritic smelting.
fusión plúmbea | lead fusion.
fusión por arco de electrodo consumible | consumable-electrode arc-melting.
fusión por arco eléctrico | arc-smelting.
fusión por caldeo radiante de gas (estañado) | gas-radiant fusion.
fusión por corriente de inducción | induction melting.
fusión por corrientes de hiperfrecuencia | high-frequency melting.
fusión por haz electrónico | electron-beam melting.
fusión por soplete en un horno formado por un bloque de cal comprimida | lime-block torch melting.
fusión por zonas (semiconductor) | zone melting.
fusión por zonas sobre un lingote (obtención de metales ultrapuros) | zone melting.
fusión preliminar de mineral de antimonio con hierro | singling.
fusión rápida | flash smelting.
fusión recarburante | recarburizing melting.
fusión selectiva | selective fusion.
fusión selectiva de rocas | differential anatexis.
fusión superficial (recargos de carreteras) | sweating.
fusión termonuclear | thermonuclear fusion.
fusión tranquila | quiet fusion.
fusión y extracción (sebo) | rendering.
fusionabilidad | fusionability.
fusionable | fusionable.
fusionado (empresas) | fused.
fusionamiento | mergence | merging.
fusionar | coalesce (to) | collate (to) | consolidate (to) | merge (to).
fusionar acciones | amalgamate shares (to).
fusionar las imagenes | fuse the images (to).
fusionarse | combine (to) | merge (to).
fusita (carbones) | fusain.
fusta | whip.
fustán | fustian.
fustán asargado | moleskin.
fustán de algodón | beaver fustian.
fustán de pelo | tops.
fustán liso | plain linen goods.
fuste | shank.
fuste (ancla) | shank.
fuste (árboles) | trunk | stem.
fuste (bisagra) | barrel.
fuste (brocas) | body.
fuste (columna) | trunk | fust | drum.
fuste (columnas) | body | verge | escape.
fuste (de columna) | shaft.
fuste (de fusil) | barrel bed.
fuste (tornillos, pernos, remaches) | shank.
fuste de bobina | bobbin cylinder.
fuste de columna | column shaft.
fuste de columna (arquitectura) | scape.
fuste de chimenea | chimney shaft.
fuste de perno | bolt shank.
fuste del ancla | anchor shank.
fuste del remache | rivet shank.
fuste del tope (vagones) | buffer ram.
fustete | smoke-tree | Cuba wood | yellow wood.
fustete (madera tintórea) | old fustic.
futura | reversion.
futuro | forward | prospective.
futuro (tiro contra blancos móviles) | predicted.
futuro cliente | prospect.
futurología | futurology.
futurólogo | futurologist.
futuros | futures.
futuros algodoneros (comercio) | cotton futures.
futuros de trigo | wheat futures.
futuros usuarios | would-be users.

G

gabachín (jacquard) | lacing.
gabadora | routing-machine.
gabán | great-coat.
gabarra | tender | flat | barge | lighter.
gabarra carbonera | coal flat.
gabarra de carbón | coal lighter.
gabarra para levantamiento de buques hundidos | wreck-lifting lighter.
gabarraje (puertos) | lighterage.
gabarras alquiladas por el capitán para recibir la carga (buques) | entry craft.
gabarrero | lighterman | flatman | bargeman.
gabela | tailage | royalty | gabelle | imposition | impost.
gabinete | staff.
gabinete de auditoría | auditing firm.
gabinete de coalición | coalition cabinet.
gabinete de historia natural | natural history collection.
gabinete de trabajo | closet.
gabinete ejecutivo | presidential cabinet.
gabinete en pleno | full cabinet.
gabión metálico | gavion.
gabión metálico (paralelepípedo de tela metálica relleno de cantos rodados) | gabion.
gablete | ornamented gable.
gablete (arcos) | gablet.
gablete (edificios) | ornamental gable.
gabro | gabbro.
gabro anortosítico | anorthositic gabbro.
gabro leucocrático | leucocratic gabbro.
gaceta (caja refractaria para cocer la loza - cerámica) | sagger.
gachas de harina de maíz | mush.
gadolinia | gadolinia.
gadolinio (Gd) | gadolinium.
gafas | glasses | eyeglasses | spectacle.
gafas antisol polaroides | polaroid sun glasses.
gafas auditivas | hearing aid glasses.
gafas contra destellos | antiflash goggles.
gafas de seguridad | visor.
gafas de soplador | blowers' glasses.
gafas inactínicas para soldadores | welders' goggles.
gafas para picar | chipping goggles.
gafas polaroides | polaroid spectacles.
gafas protectoras | eyeguard | eye-protector | eye flaps | eye-protective glasses | goggles | preserves.
gafas protectoras contra el deslumbramiento | glare-protecting glasses.
gafería | spectacleware.
gagatización (geología) | gagatization.
gaita | bagpipe.
gajas bifocales | divided spectacles.
gajo (cucharón de gajos) | blade.
gajo (de naranja) | section | segment | quarter.
gal (unidad de aceleración) | gal.
galáctico | galactic.
galactosa | galactose.
galápago (buques) | warping chock | fairleader | fairlead.
galápago (de cobre) | ingot.
galápago (escotilla buques) | cleat.
galápago (minas) | stringing-piece.
galápago (plomo) | sow.
galápago de cobre | copper pig | copper cake | copper ingot.
galápago de plomo | lead pig | lead bullion.
galápago de zinc | zinc cake.
galápago forjado (escotilla de buques) | smithed cleat.
galápago para barras de escotilla | hatch batten cleat.
galapo (cordelería) | laying top.
galardón | pay.
gálata | galatian.
galato (química) | gallate.
galaxia | galaxy.
galaxia espiral | spiral galaxy.
galaxia espiral barrada | barred spiral galaxy.
galaxias brillantes | bright galaxies.
galaxias espirales de tipo avanzado | late-type spiral galaxies.
galba (Calophyllum antillanum) | galba.
gálea | galea.
galeado | galeate | helmet-shaped | helmet-like.
galeiforme | galeiform | galeate | helmet-shaped.
galena | lead glance | crystal.
galena (plomo sulfurado) | galena.
galena antimonífera | antimoniferous galena.
galena argentífera | argentiferous galena.
galena cúbica pequeña | dice mineral.
galena inanis | blende.
galena zincífera | zinciferous galena.
galeón | galleon.
galeota | hatchway beam.
galeota (escotilla de buques) | hatch beam.
galeota (eslora de escotilla - buques) | fore and after.
galeota de corredera (buques) | sliding hatchway beam.
galeota desmontable con alma de chapa (buques) | portable web plate hatch beam.
galeota desmontable de escotilla (buques) | portable hatch beam.
galeota soldada (buques) | welded hatchways beam.
galera (buques) | galley.
galera (tipografía) | galley.
galera de amalgamación (minería) | amalgamation court.
galera de latón (imprenta) | brass galley.
galera de una columna (imprenta) | column galley.
galera de zinc (imprenta) | zinc galley.
galera para anuncios | ad galley.
galerada | slip.
galerada (imprenta) | pull.
galerada (tipografía) | galley | galley proof | slipproof | proof | rough proof.
galerada corregida | clean proof.
galeradas progresivas (impresión en colores) | progressive proofs.
galería | ambulatory | passageway | arcade | veranda | gallery | ducting | manhole.
galería (arquitectura) | lodge | loggia.
galería (minas) | drive | drift | drivage | roadway | road | subway | gallery | way | course | level.
galería (presas) | tunnel.
galería a presión | penstock tunnel.
galería acristalada | sun parlor.
galería aislada (minas) | fenced-off road.
galería al nivel de suelo (minas) | level shaft.
galería ascendente (minas) | riser | mounting gallery.
galería auxiliar (perforación túneles) | adit level.
galería auxiliar (túneles) | side drift.
galería barreada (minas) | fenced-off road.
galería central (minas) | center drift.
galería céntrica de avance (túneles) | center drift.
galería ciega (minas) | dumb-drift | blind level | blind drift.
galería ciega de desagüe (minas) | drowned level.
galería con arcadas | arcaded gallery.
galería con entibación completa | full-timbered level.
galería con tracción mecánica | motor haulage level.
galería contra aludes de nieve (carreteras) | avalanche shed.
galería de acceso (túneles) | side drift.
galería de agotamiento | draining adit.
galería de agotamiento (minas) | drainage adit.
galería de arranque | extraction drift.
galería de arranque del túnel | tunnel stem.
galería de arrastre | haulway | haulageway | haulage level.
galería de arrastre (minas) | haulage drift | drawing-road | tram level | rolleyway.
galería de arrastre de doble vía (minas) | double-track haulage road.
galería de aspiración (motores) | induction gallery.
galería de avance | pilot drift | pilot tunnel | fast end.
galería de avance (minas) | heading stope | heading | head | advance heading.
galería de avance (túneles) | pilot heading | pilot bore.
galería de avance inferior (minas y túneles) | bottom heading.
galería de avance y destroza (túneles) | heading and bench.
galería de bajada | descending gallery.
galería de cables (puente colgante) | cable vault.
galería de captación | collecting gallery | gathering drift.
galería de captación (de aguas) | infiltration gallery.
galería de carga (minas) | loading drift.
galería de cateo | exploration gallery.
galería de cateo (minas) | exploring drift.
galería de circulación del personal (minas) | manway.
galería de comunicación | connecting gallery.
galería de contorno | bolthole.
galería de contraescarpa | counterscarp gallery.
galería de contramina | countermine gallery.
galería de cuchara de arrastre | slushing drift.
galería de derivación de presa | dam diversion tunnel.
galería de desagüe | deep level | sough.
galería de desagüe (minas) | drainage level | drain gallery | drain level | blind level | adit | adit level | adit gutter | water adit | water level | watercourse level | lodgement | drainway | lodgement level | lodge | offtake.
galería de descarga (tubería hidráulica) | draft tube.
galería de dirección | driftway.
galería de dirección (minas) | drifting level.
galería de empino (túneles) | crown drift.
galería de enlace | connecting gallery.
galería de entibación unida (minas) | close-timbered level.
galería de entrada de aire (minas) | intake airway.
galería de entrada de aire (ventilación minas) | intake.
galería de escarpa (fortificaciones) | escarp gallery.
galería de escucha | fishbone.
galería de exploración (minas) | prospecting level | pioneer-level | exploration level.
galería de explotación (minas) | drift tunnel | room entry.
galería de explotación (minería) | panel entry.
galería de extracción | offtake | haulage level | haulway | extraction drift.
galería de extracción (minas) | ore-way | hutch road | drawing-road | rolleyway | gangway | futteril | hauling gallery.
galería de extracción del mineral | ore level.
galería de fondo (galería inferior - minas) | deep level.
galería de fondo (minas) | sill drift.
galería de infiltración | infiltration gallery.
galería de inspección | inspection gallery.
galería de investigación (minas) | pioneer-heading.
galería de llamada de aire (minas) | intake drift | intake heading.
galería de maniobra (minas) | operating gallery.
galería de mina | mine level.
galería de mina (guerra de minas) | military tunnel.
galería de navegación (minas) | boat level.

galería de prolongación (minas) | deep level.
galería de prospección (minas) | monkey-drift | prospecting level.
galería de reconocimiento | exploration gallery.
galería de reconocimiento (minas) | monkey-drift | exploration level | exploring drift | exploratory drift.
galería de retorno del aire (minas) | return airway.
galería de rodaje (minas) | rolleyway.
galería de roedura de coleóptero | shot hole.
galería de salida del aire de ventilación (minas) | outtake.
galería de secado por rayos infrarrojos | infrared drying tunnel.
galería de servicios | service duct.
galería de tiro | shooting gallery.
galería de toma de la presa | dam tunnel.
galería de tostación (metalurgia) | stall.
galería de transporte (minas) | entry | rolleyway | gate road | gate | gateway.
galería de transporte ascendente (minas) | brow-up.
galería de trazado (minas) | development heading | forewinning-heading.
galería de unos (explotación de canteras) | coyote hole.
galería de ventilación | ventilating course | air gallery.
galería de ventilación (minas) | entry | windway | brattice way | fan drift | air level | air head | air heading | air course | air gate | wind road.
galería del frente de ataque (minas) | stall road.
galería desentarquinadora (presas) | silt sluice.
galería desplomada (minas) | caved-in level.
galería diagonal (minas) | run | board gate.
galería en capa (minas) | level in the seam.
galería en carga (hidráulica) | full-flowing tunnel.
galería en el carbón (minas) | coal road.
galería en el muro (minas) | footwall drift.
galería en el muro yacente (minas) | rock foot wall drift.
galería en estéril (mina carbón) | metal drift.
galería en estéril (minas) | rock foot wall drift.
galería en los rellenos (minas) | gob road.
galería en roca | rock gangway.
galería en roca (mina carbón) | metal drift.
galería en roca (minas) | stone drift | rock drift | gallery in dead ground.
galería excavada y rellena | cut-and-cover tunnel.
galería filtrante | filtration gallery.
galería forzada | penstock tunnel.
galería fotográfica acristalada | glasshouse.
galería horizontal de arrastre (minas) | level haulageway.
galería horizontal de avance | driftway.
galería horizontal de avance (minas) | drifting level.
galería inclinada (chiflón - minas) | brow.
galería inclinada (minas) | inclined road | incline | inclined level | jinny | jinny-road | slant | slope.
galería inferior (minas) | bottom level.
galería inferior de avance (minas) | bottom drift.
galería inferior de desagüe (minas) | deep adit.
galería intermedia | countergallery.
galería intermedia (minas) | counter | counter-gangway | sublevel | subdrift.
galería irregular | gopher.
galería lateral (túneles) | side heading.
galería lateral de avance (túneles) | side drift.
galería maestra (minas) | mother gate | main level | gangway.
galería medio entibada (con marcos de un solo montante) | half-timbered level.
galería muy pendiente que requiere el empleo de la galga para frenar vagonetas (minas) | sprag-road.
galería normal al crucero del carbón (minas) | bord.
galería normal al crucero secundario | butt entry.
galería para la detonación de la carga (explosión subterránea) | detonation tunnel.
galería paralela (minas) | air end way.
galería paralela al crucero (minas) | end-on entry.
galería pequeña (minas) | creep hole.
galería pequeña de avance (en una capa de carbón) | crutch.
galería preparatoria | development drift.
galería principal (minas) | dip head level | body range | level road | main road | main way | mother gate | entry.
galería principal de arrastre (minas) | main haulageway.
galería principal de retorno de aire | main return airway.
galería principal de transporte | carry gangway.
galería principal de transporte (minas) | carrying gate.
galería principal de ventilación (minas) | main airway.
galería principal en dirección (minas) | main road along the strike.
galería principal paralela al frente (minas) | lateral.
galería que va de una salbanda a otra en una capa potente (minería) | ort.
galería saliente (arquitectura) | bartizan.
galería secundaria (minas) | branch haulage road.
galería sencilla (minas) | single entry.
galería sin ventilación (minas) | dead end.
galería sin vistas | blind gallery.
galería superior (minas) | air drift.
galería transversal | crosscut.
galería transversal (minas) | thirl | cross-way | break-off | board | cross-tunnel | cross way.
galerías de explotación (laboreo por pilares) | boards.
galerías gemelas (minas) | double entry | parallel entries.
galerías gemelas dobles (minas) | double entries.
galeriforme | cap shaped.
galerín (tipografía) | column galley.
galerita (ornitología) | crested lark.
galga | set bar | spoke.
galga (calibrador - de chapas, alambres) | gauge (G.B.) | gage (EE.UU.).
galga (carros) | scotcher.
galga (freno) | drag.
galga (freno carros) | brake scotch.
galga (freno de carros) | brake sprag.
galga (freno sobre el cubo de la rueda) | hub-brake.
galga (número de agujas por pulgada - máquinas tejido punto) | cut.
galga (para ruedas) | scotch.
galga alfabética (alambres) | letter-gage.
galga americana para alambres | American wire gauge.
galga calibradora | seating gage.
galga cerámica | ceramic gage.
galga circular para alambres | circular wire gage.
galga con extremos esféricos | pin gage.
galga cónica de tapón | taper-plug gage.
galga cónica hecha de chapa (para diámetros agujeros) | flat-leaf taper gage.
galga cónica para exteriores | taper-ring gage.
galga cónica para interiores (comprobación de piezas huecas) | taper-plug gage.
galga cortante | cutting gage.
galga de ajuste | setting gage.
galga de alambres | wire gage.
galga de alineación | alignment gage.
galga de alturas | height gage.
galga de ancho de vía | platelayer's gage.
galga de bloques | slip gage.
galga de calibración | setting gage.
galga de carro | shoe.
galga de cinta | feeler ribbon.
galga de clavija (para diámetro de agujeros) | plug gage.
galga de compresión | compression gage.
galga de comprobación | checking gage.
galga de contracción lineal | linear-shrinkage limit.
galga de cuadrante | dial gage | clock gauge.
galga de deformación de alambres pegados sobre la pieza | bonded-wire strain gage.
galga de deformación de semiconductores | semiconductor strain gage.
galga de deformación pegada sobre la pieza | bonded strain gage.
galga de deformación por medida de la resistencia eléctrica del alambre | wire resistance strain gage.
galga de deformación por resistencia eléctrica | electrical resistance strain gauge.
galga de desgastes | wear-down gage.
galga de diámetro un poco mayor que el nominal | no-go plug gauge.
galga de dilatación lineal | linear-expansion limit.
galga de distancia | distance gage.
galga de dos escalones | two-step gauge.
galga de éntasis (columnas) | entasis reverse.
galga de erosión | erosion gage.
galga de esfuerzos triaxiales arrosetado | rosette.
galga de espesores | thickness gage | parallels | feeler | feeler gage.
galga de espesores de rayos gamma (no hay contacto físico) | gamma-ray thickness gage.
galga de espesores por rayos beta | beta-ray thickness gage.
galga de espesores por rayos X sin contacto físico | noncontacting X-ray thickness gage.
galga de espesores sin contacto con la pieza a medir | contactless thickness meter.
galga de geomertría circular | circular-geometry gauge.
galga de hoja muy delgada | gage leaf.
galga de interiores | inside gage.
galga de la plancha | gage of plate.
galga de la vía | rail gage.
galga de macho de dos extremidades | double-ended plug gage.
galga de medida deductiva | inferential measuring gage.
galga de París (alambres) | Paris gage.
galga de peldaños | going rod.
galga de pistón libre | free-piston gage.
galga de planeidad | flatness gage.
galga de presión electroluminiscente | electroluminiscent pressure gage.
galga de puente (dispositivo para averiguar el movimiento relativo de dos partes de una máquina debido a desgaste en cojinetes, etc.) | bridge gage.
galga de redondez de cojinetes | bearing roundness gage.
galga de referencia de macho (para galgas de anillo) | plug reference gage.
galga de reglaje | setting gage.
galga de resistencia extensimétrica | extensometric resistance gage.
galga de resorte (talleres) | snap gage.
galga de roscar | screw gage.
galga de roseta | rosette gage.
galga de tapón cónico | tapered-plug gage.
galga de tapón de diámetro un poco menor que el nominal | go plug gage.
galga de tapón para calibrar roscas | thread setting plug gage.
galga de tapón roscado | go screen plug gage.
galga de tolerancia | limit gage.
galga de verificación | inspection gage.
galga decimal | decimal gage.
galga del ancla | anchor back.
galga eléctrica | electric gage.
galga eléctrica de deformación | sonic gauge | strain gage.

galga eléctrica de deformaciones | acoustic strain gage.
galga eléctrica para determinar tensiones mecánicas | strain gage.
galga eléctrica para espesores de tipo de capacitor | electrical capacitor-type thickness gage.
galga electrocalibradora | electrosizing gage.
galga electromagnética para espesores | electromagnetic thickness gage | electromagnetic gage.
galga electrostática de contenidos del combustible | electrostatic fuel-contents gage.
galga extensimétrica de semiconductores | semiconductor strain gage.
galga extensimétrica soldable para grandes temperaturas | weldable high temperature strain gage.
galga fina | light gage | fine gage.
galga gruesa (tejido punto) | coarse gage.
galga indicadora de la profundidad (agujeros) | depth-indicating gage.
galga indicadora del diámetro interior | internal diameter indicator gage.
galga I.S.W.G. (G.B.) | legal standard gage.
galga límite de intercambiabilidad | interchangeability limit gage.
galga macho de extremos esféricos | spherical-ended plug gauge.
galga macho esférica | spheric plug gage.
galga magnética para determinación de esfuerzos | magnetic strain gage.
galga magnética para medición de espesores | magnetic thickness gauge.
galga mecánica | mechanical gage.
galga medidora registradora de espesores (de bandas durante el laminado) | flying mike.
galga métrica para alambres | metric wire gage.
galga micrométrica | micrometer gage.
galga micrométrica de cuadrante | micrometer clock gage | dial-type micrometer gage.
galga mideespesores | thickness gage.
galga mideespesores por ecos de impulsos | pulse-echo thickness gage.
galga mínima | low-gage.
galga normal de alambres | standard wire gage.
galga normal legal (G.B.) | legal standard gage.
galga nucleónica de espesores | nucleonic thickness gage.
galga nucleónica de pesos | nucleonic weight gage.
galga óptica | optical gage.
galga óptica para medición de esfuerzos | periscopic-type strain gage.
galga óptica para medir dimensiones de grandes forjas | optical forging gage.
galga palpadora | feeler gage.
galga palpadora de comprobación continua | continuously checking feeler gage.
galga para agujeros | hole gage.
galga para alambres de música | music-wire gage.
galga para alineación de cojinetes del cigüeñal | crankshaft alignment gage.
galga para alineación del eje de la turbina | turbine alignment gage.
galga para ángulos | angle gage.
galga para brocas | drill gage.
galga para cadena | chain gage.
galga para calibrar las piezas mientras se están trabajando | working gage.
galga para cardas | card gage.
galga para colocar cojinetes (traviesas) | chairing-gage.
galga para comprobar los límites metálicos máximos | go gage.
galga para comprobar los límites metálicos mínimos | not go gage.
galga para cortar en chaflán | cutoff gage.
galga para cuadrantes (de indicadores) | dial gage.
galga para curvas | curve gage.
galga para determinar el desgaste de los cojinetes del eje de la turbina | turbine alignment gage.
galga para determinar la uniformidad de la densidad (de un material) | density gage.
galga para dientes de sierra | saw gage.
galga para dientes limpiadores (sierras) | raker gage.
galga para dimensiones exteriores | gap gage.
galga para el trépano | bit gage.
galga para espesores chapas | plate gage.
galga para huelgos | feeler gage | feeler.
galga para juntas de carriles | expansion shim | expansion gage.
galga para la caída del eje de la turbina | turbine alignment gage.
galga para la excentricidad del ánima | bore eccentricity gage.
galga para lentes | lens gage.
galga para medidas finales
galga para medir cuadrantes | dial-measuring gage.
galga para medir desgastes | wear-down gage.
galga para medir el diámetro interior | bore-measuring gage.
galga para medir esfuerzos | strain gage.
galga para medir espesores que emplea irradiaciones de rayos beta o rayos X | radiation gage.
galga para medir la altura de las rugosidades | depth-of-roughness gage.
galga para medir la caída del cigüeñal | crankshaft-deflection gage | crankshaft alignment gage.
galga para medir la caída del eje | alignment gage.
galga para medir la concentricidad | concentricity gage.
galga para medir la reducción de sección | reduction-in-area gage.
galga para medir la rugosidad superficial | surface-roughness gage.
galga para medir los espesores de las paredes del cilindro | cylinder wall thickness gage.
galga para medir ondas de choque | blast gage.
galga para medir profundidades | depth gage.
galga para microespesores | microthickness gage.
galga para pasos de tornillos | screw pitch gage.
galga para rosca | thread gage.
galgas para roscas | screwthread calliper gage.
galga para tornillos | screw gage | screw caliper | thread gage.
galga pasa para rosca cónica | taper-threaded plus gage.
galga patrón | master gage | standard gage.
galga piezoeléctrica | piezoelectric gage.
galga posicionadora | position gage.
galga radiactiva para determinar espesores | radioactive thickness gage.
galga radiactiva para espesores (no hay contacto físico) | radioactive gage.
galga radioactiva | nuclear gage.
galga radioisotópica para medir espesores (sin contacto físico) | isotopic thickness meter | isotope thickness gage.
galga radiométrica para espesores | radiometric gage.
galga receptora (piezas de forma muy compleja) | receiver gage.
galga Roebling (para alambre acero) | Roebling gage.
galga sensora | sensing gage.
galga sin contacto directo (con la pieza a medir) | noncontacting gage.
galga ultrasónica | sonigage.
galga ultrasónica para espesores | ultrasonic thickness gage.
galga visual de gran aumento | high amplification visual gage.
galgas de combinación para formar ángulos | combination angle gages.
galgas de Johannsen | Johannsen gages.
galgas industriales | engineering gages.
galgo | greyhound | hound | grayhound.
galibador (astilleros) | loftsman.
galibar | trace (to).
gálibo | gauge | gauge (G.B.) | templet | template | jib | mold (EE.UU.) | gage (EE.UU.) | gabarit | mould (G.B.).
galibo (fundería) | former.
gálibo de caja | box jig.
gálibo de carga | limit gage.
gálibo de carga (ferrocarril) | gage (EE.UU.) | gauge (G.B.) | tunnel gage | master gage | clearance gage | clearance diagram | loading gage.
gálibo de carga (ferrocarriles - EE.UU.) | side clearance.
galibo de curva (ferrocarril) | curve gage.
gálibo de inclinación (aparato para arbolar cuadernas y colocar miembros longitudinales - teniendo en cuenta la pendiente de la grada - astilleros) | declivity board.
gálibo de ionización | ionization gauge.
gálibo de libre paso del pantógrafo | clearance gauge for pantographs.
gálibo de puertas (hangares) | clearance of doors.
gálibo de terraplenes | ground mold.
gálibo de tránsito | transit-gauge.
gálibo de vía | permanent way gage.
gálibo del ferrocarril | railroad clearance.
gálibo para el devanado | winding former.
gálibo para taladrar | drilling templet.
galio | gallium.
galio (unidad medida gravedad) | gal.
galipodio | galipot | pine resin | barras.
galón | stripe | galloon | ribbon | riband | lace | lacing | braiding | braid | gimp.
galón (cordón - muebles) | guimp.
galón (tejeduría) | trimming.
galón bordado | embroidered braid.
galón de algodón | cotton braid.
galón de alpaca | mohair braid.
galón de azabache | jet trimming.
galón de bovedilla (buques) | knuckle | knuckle-rail.
galón de bricho | flat wire braid.
galón de oro | gold braid | bullion frill | gold lace.
galón en la manga indicando años de servicio (cada uno significa cuatro años) | service stripe.
galón perlé | beaded braid.
galón tapacostura | seaming lace.
galoncillo | tape.
galoneado | braided | laced | gallooned.
galoneado (trajes) | faced with gold.
galoneado de oro | gold-laced.
galonear | braid (to) | lace (to).
galonero | lace-maker.
galones de aceite por 100 libras de pigmento (barnices) | oil length.
galones por día | gallons per day (G.P.D.).
galones por minuto | gallons per minute (G.P.M.).
galopada | gallop.
galopante (medicina) | galloping.
galopar | gallop (to) | lope (to).
galopar (máquina) | lope (to).
galope | gallop.
galope tendido | lope | full gallop.
galpón | shanty | shed.
galpón (Venezuela-corta forestal) | wanigan.
galvánicamente aplicado | galvanically applied.
galvánicamente incompatible | galvanically incompatible.
galvánico | galvanic.
galvanización | galvanizing | galvanization | zincification | zincing.
galvanización continua | continuous galvanizing.
galvanización continua por inmersión en caliente | continuous hot-dip galvanizing.
galvanización en caliente | hot plating.
galvanización en seco | dry galvanizing.
galvanización por inmersión | immersion galvanization | wet galvanizing.

galvanización por inmersión en baño caliente | hot-dip galvanizing.
galvanizado | zinc-coated | zinc-plating | patented.
galvanizado brillante | bright zinc plating.
galvanizado en baño caliente | hot-dip galvanized.
galvanizado en el tambor | spun galvanized.
galvanizado interiormente | internally galvanised.
galvanizado por inmersión en baño caliente | hot-dip galvanized.
galvanizar | galvanize (to) | zinc (to) | zinc-plate (to) | zincify (to).
galvano (de disco gramofónico) | master.
galvano (tipografía) | electrotype.
galvanocauterio | electric cautery | galvanocautery.
galvanocirugía | galvanosurgery.
galvanocromía | galvanochromy | galvanic coloring process.
galvano-estéreo | copper-faced stereo.
galvanófono | galvanophone.
galvanografía | galvanography.
galvanomagnetismo | galvanomagnetism.
galvanometalización (electrodeposición sobre una superficie metálica de una capa de metal más duro) | electrofacing.
galvanómetro | galvanometer.
galvanómetro aperiódico | aperiodic galvanometer.
galvanómetro astático | astatic galvanometer.
galvanómetro balístico | ballistic galvanometer | quantometer.
galvanómetro balístico de reflexión | ballistic mirror galvanometer.
galvanómetro con escala de cero central | central zero galvanometer.
galvanómetro con resistencia en derivación | shunted galvanometer.
galvanómetro de aguja | pointer galvanometer.
galvanómetro de bobina móvil | suspended coil galvanometer.
galvanómetro de cuadro | loop galvanometer.
galvanómetro de cuadro móvil | moving-coil galvanometer | movable coil galvanometer.
galvanómetro de cuerda | torsion-string galvanometer.
galvanómetro de Einthoven | torsion-string galvanometer.
galvanómetro de espejo | reflecting galvanometer | mirror galvanometer.
galvanómetro de haz luminoso | light-beam galvanometer.
galvanómetro de imán móvil | moving-needle galvanometer | moving-magnet galvanometer | movable iron galvanometer.
galvanómetro de oscilaciones | oscillation galvanometer.
galvanómetro de período corto | quick-period galvanometer.
galvanómetro de reflexión | reflecting galvanometer.
galvanómetro de reflexión de cuadro móvil | moving-coil mirror galvanometer.
galvanómetro de resorte | spring galvanometer.
galvanómetro de tangentes | tangent galvanometer.
galvanómetro de torsión | detectory galvanometer.
galvanómetro diferencial | moving-coil galvanometer | movable coil galvanometer.
galvanómetro electromagnético | electromagnetic galvanometer.
galvanómetro para probar el circuito de voladura | blasting circuit tester.
galvanómetro portátil | detector.
galvanómetro sobreamortiguado | overdamped galvanometer.
galvanopirómetro | galvanopyrometer.
galvanoplasta | electroplater.
galvanoplastia | galvanoplasty | electroplating | plating | electrodeposition | electroforming | electrolytic deposition | electrodepositing | electric deposition.
galvanoplastia con aleación de estaño-níquel | tin-nickel electroplating.
galvanoplastia con hierro o acero (metalurgia) | acierage.
galvanoplastia de aleación de níquel y estaño | nickel-tin alloy electroplating.
galvanoplastia de corta duración | flash.
galvanoplastia en tambor | barrel electro-plating.
galvanoplastia mediante escobillas | brush plating.
galvanoplastia por corriente modulada | modulated current electroplating.
galvanoplastia por corriente periódicamente invertida | periodic reverse current electroplating.
galvanoplastia por inmersión | immersion plating | immersion deposition.
galvanoplastia por inversión periódica de la corriente | periodic reverse plating | P. R. planting.
galvanoplastia sobre ciertas partes | parcel plating.
galvanoplastiado | electroplated | plated.
galvanoplastiado con rodio | rhodanizing.
galvanoplastiado con 5 micrómetros de níquel | plated with 5 μ of nickel.
galvanoplastiado de la parte superior | topside plating.
galvanoplastiado del diamante | diamond galvanic plating.
galvanoplastiado por vía química | electrolessly-deposited.
galvanoplastiado sobre cromo | plated onto cromium.
galvanoplastiar | electrodeposit (to) | electroplate (to).
galvanoplastiar con aleación de estaño y níquel | tin-nickel plate (to).
galvanoplastiar en atmósfera rarificada | vacuum-plate (to).
galvanoplastiar por segunda vez | re-plate (to).
galvanoplastiar sobre horma o matriz | electroform (to).
galvanoplástica | electrotypy.
galvanoplasticar | plate (to).
galvanoplastizador (persona) | electrodepositor.
galvanoplatear | electrosilver (to).
galvanoplatia | galvanoplastics.
galvanoscopio | galvanoscope | lineman's detector | linesman's detector.
galvanostático | galvanostatic.
galvanostegia | electrodeposition | plating | galvanostegy | electroplating.
galvanotermia | galvanothermy.
galvanotermomagnético | galvanothermomagnetic.
galvanotermómetro | galvanothermometer.
galvanotipar | electrotype (to).
galvanotipia | electrotyping | electrotype | electrotypy.
galvanotipista | electrotyper.
galladura (del huevo) | tread.
galladura (huevos) | treadle.
gallardete | narrow pennant | coach whip | pendant | pennant.
gallardete (buques) | flame.
gallardete (grimpolón - buques) | burgee.
gallardete de vencedor en ejercicios de tiro (buques) | meat ball.
gallardete en el cable de un globo cautivo | danger cone.
gallardete indicando que el buque está en situación activa | commission pennant.
gallardete que se iza durante la celebración de servicios religiosos (marina) | church pennant.
gallarón (zoología) | field-duck.
gallear (metalurgia) | sprout (to).
galleo | sprout.
galleo (metalurgia) | spurting | splashing.
galleo (plata o platino) | vegetation.
galleta | biscuit.
galleta (carbón) | rubbly coal | cob-coal | cobs.
galleta (de explosivo) | pellet.
galleta (metales) | wafer.
galleta (palo de buque) | pillow | truck.
galleta (pólvora) | press-cake | powder composition.
galleta (prueba de cementos) | pat.
galleta (química) | pat.
galleta de algodón pólvora | guncotton pellet.
galleta de arcilla refractaria | sconce.
galleta del obturador (cañones) | obturating pad.
galleta dura | cracker.
galleta entera | solid pellet.
galleta perforada (explosivo) | perforated pellet.
galletas (acústica) | biscuit.
galletas de la carga iniciadora | primer pellets.
gallina | hen | fowl.
gallina de agua (cerceta) | moor hen.
gallina ponedora | layer.
gallinas ponedoras estabuladas | battery hens.
gallinero (teatros) | gallery.
gallo | fowl | cock.
gallo (canto) | break.
gama (de temperaturas, velocidades, etcétera) | range.
gama (música) | scale.
gama a plena escala | full scale range.
gama composicional | compositional range.
gama de aplicabilidad | range of applicability.
gama de atenuación | attenuation range.
gama de audiofrecuencias audibles | audiofrequency range.
gama de audiofrecuencias audibles (15 a 20.000 hertzios) | audiorange.
gama de avances | feed range.
gama de avances transversales (máquina herramienta) | cross-feed range.
gama de corriente | current rating.
gama de deformación elástica más plástica | elastic plus plastic strain range.
gama de densidades desde 10^{13} a 10^{17} m^3 | density range from 10^{13} to 10^{17} cm^{-3}.
gama de destilación de un carburante | boiling range (B.R.).
gama de duración de 100.000 ciclos | service-life span of 100.000 cycles.
gama de energía | energy range.
gama de energía neutrónica | neutron energy range.
gama de equilibrio c.c | d-c balance range.
gama de frecuencia | frequency range | range.
gama de frecuencia audible (radio) | gamut.
gama de frecuencias acústicas | audio range.
gama de frecuencias audibles | audible range.
gama de frecuencias vocales | voice-frequency range.
gama de la deformación | strain range.
gama de la deformación plástica | plastic strain range.
gama de la fragilidad por revenido | temper-brittle range.
gama de las frecuencias acústicas | audio-range.
gama de las velocidades de funcionamiento | operating speed range.
gama de longitud de ondas | waveband.
gama de modulación (televisión) | white-to-black amplitude range.
gama de ondas | wavelength band.
gama de revoluciones (motores) | running range.
gama de revoluciones prohibidas (motores diesel) | barred speed range.
gama de sensibilidad (tubos electrónicos) | collecting zone | lock-in range.
gama de tamaños | range of sizes.
gama de tamaños desde 9 a 22 milímetros | range of sizes from 9 to 22 mm.

gama de temperaturas desde la ambiente hasta —253 °C | temperature range from room temperature to —253 °C.
gama de tintas | range of inks.
gama de trabajo | working range.
gama de validez del método | range of validity of the method.
gama de velocidades | range of speeds.
gama de voltajes | voltage range.
gama dinámica | dynamic range.
gama energética que varía desde los neutrones térmicos a los neutrones rápidos | thermal-to-fast neutron energy range.
gama extensa | big range.
gama industrial | industrial range.
gama mayor (música) | major scale.
gama prohibida de velocidades (motores) | barred speed range.
gama utilizable (de velocidades, de frecuencias) | usable range.
gamarra | strap | bearing rein.
gamarra (caballos) | martingale.
gamas de conmutación | switched ranges.
gamas de tamaños | size ranges.
gamas preferidas | preferred ranges.
gamberrismo | vandalism.
gambota de bovedilla (buques de madera) | lower stern timber.
gambota de proa (buque de madera) | head timber.
gambuza | storeroom.
gambuza (buques) | issue room | provision room.
gamelia | pan.
gamella (minería) | pan.
gamético | gametic.
gameto | gamete.
gametofito (genética) | gametophyte.
gamitido | buck's cry.
gamma (factor de medida del contraste - velocidad del cambio de la densidad fotográfica con relación al logaritmo del tiempo de exposición-emulsión fotográfica) | gamma.
gamma inmediato | prompt gamma.
gamma prima (aceros) | gamma prime.
gammaespectrometría | gammaspectrometry.
gammaexano | gammexane.
gammagrafía | gamma ray log | gammaradiography | gammagraphy | gammagraph.
gammagrafiar | gammagraph (to).
gammágrafo | gammagraph.
gammagrama | gammagram.
gammairradiado | gamma-irradiated.
gammalucente | gammalucent.
gammametría | gammometry.
gammámetro | gammometer | gamma counter.
gammar | gammate (to).
gammaradiografía | gammaradiography.
gammarradiografía | gammaradiograph.
gammarradiografía de metales livianos | light metal gammaradiography.
gammarradiografía estereográfica | stereographic gammaradiograph.
gammas de captura de neutrones | neutron capture gammas.
gammas de desintegración | decay gammas.
gammascopia | gammascopy.
gammascopio | gammascope.
gammascopizar | gammascopize (to).
gammatelescopio | gammatelescope.
gammatrón | gammatron.
gamo | fallow deer.
gamo de dos años | two-year-old fallow deer.
gamodemo (biología vegetal) | gamodeme.
gamuza | deerskin | chamois skin | chamois | shammy.
gamuza (cuero) | napped leather.
gamuza (tela lana) | shomoy cloth.
gamuza fotográfica | photo chamois.
ganacia en amperio-vueltas | ampere-turn gain.
ganadería | stockfarming | livestock.
ganadero | ranchman | drover | cattle rancher | cattleman | rancher.
ganadero que cría reses de ceba | meat-grower.
ganado | cattle | stock | livestock.
ganado al mar (terreno) | reclaimed.
ganado cabrío | goats.
ganado con dificultad | hard-won.
ganado de carne | slaughter cattle.
ganado de ordeño | dairy cattle.
ganado de sacrificio | fat-stock.
ganado dedetizado | DDT-treated cattle.
ganado en pie | stocker | live cattle.
ganado encontrado pastando dentro de una finca | cattle damage feasant.
ganado flaco | poor cattle.
ganado lanar y cabrío | small cattle.
ganado lechero | dairy stock.
ganado mayor | neat cattle.
ganado mayor (todo el ganado excepto ovejas y corderos) | great cattle.
ganado mejorado por cruce | grade cattle.
ganado menor | small animals.
ganado para carne | cattle for beef | beef cattle.
ganado que pasta en terrenos ajenos | encroaching cattle.
ganado reproductor | breeding herd.
ganado vacuno | neat | large cattle | beef cattle | bovine animals | horned cattle.
ganado vagabundo | excursive cattle.
ganador (de un concurso) | victor.
ganador de la cinta azul (buques trasatlánticos) | blue-ribbon holder.
ganancia | margin | return | money-making | lucre | profit | by-profit | gainfulness.
ganancia (relación de amplificación - electrónica) | gain.
ganancia antifluctuante | antihunt gain.
ganancia automática | automatic gain.
ganancia bruta | gross earnings.
ganancia cada vez menor | ever-narrowing profit.
ganancia con excitación común | common-mode gain.
ganancia de antena | antenna gain.
ganancia de antena (televisión) | antenna field gain.
ganancia de antena dirigida | power gain.
ganancia de banda determinada por la estructura | structure-determined gain-band.
ganancia de bucle | loop gain.
ganancia de campo de antena | antenna field gain.
ganancia de conversión | conversion gain.
ganancia de conversión disponible | available conversion gain.
ganancia de corriente | current gain.
ganancia de corriente base común (transistor) | common-base current gain.
ganancia de corriente en corto circuito | short-circuit current gain.
ganancia de diversidad (telecomunicación) | diversity gain.
ganancia de inserción del circuito sintonizado | tuned-circuit insertion gain.
ganancia de lazo | loop gain.
ganancia de potencia | power gain.
ganancia de potencia (telecomunicación) | power advantage.
ganancia de potencia de señal | signal-power gain.
ganancia de potencia inversa de transductor | reverse transducer power gain.
ganancia de potencia para señal débil (transistor) | small-signal power gain.
ganancia de puenteo | bridging gain.
ganancia de reproducción | breeding gain.
ganancia de tensión | voltage gain.
ganancia de tensión de conversión | conversion voltage gain.
ganancia de transmisión (telecomunicación) | transmission gain.
ganancia de un transductor | transducer gain.
ganancia de voltage con lazo cerrado a frecuencia media | mid-frequency close-loop voltage gain.
ganancia de voltaje | voltage gain.
ganancia del amplificador del detector | detector amplifier gain.
ganancia del camino de realimentación | feedback-path gain.
ganancia del camino directo a frecuencia cero | zero-frequency forward-path gain.
ganancia del capital | capital gain.
ganancia del intermediario | jobber's turn.
ganancia del repetidor | repeater gain.
ganancia diferencial | differential gain.
ganancia en cuenta en participación | gain on venture.
ganancia en decibelios | decibel gain.
ganancia en la antena de 10 decibelios | aerial gain of 10 decibels.
ganancia en lazo cerrado | closed-loop gain.
ganancia en potencia de 4 decibelios | power gain of 4 db.
ganancia estabilizada | stabilized gain.
ganancia ficticia | paper profits.
ganancia fónica (electrónica) | stage gain.
ganancia íntegra | gross profit | gross returns.
ganancia líquida | clear profit.
ganancia máxima de potencia disponible | maximum available power gain.
ganancia máxima de un cuadripolo | two-ports-maximum gain.
ganancia media (comunicación) | average gain.
ganancia neta | clear profit.
ganancia no efectuada en operaciones de cambio | unrealized exchange gain.
ganancia no realizada | unrealised gain.
ganancia por polarización de rejilla | initial bias gain.
ganancia progresiva | fade-in.
ganancia repartible | divisible profit.
ganancia sonora | audio-gain.
ganancia total | turnover | gross receipts | overall gain.
ganancia total (telecomunicación) | overall gain.
ganancia transductiva | transducer gain.
ganancia unitaria de reproducción | breeding rate.
ganancias | returns | income | earnings.
ganancias antes de ser descontados los impuestos | pretax earnings.
ganancias declaradas | declared earnings.
ganancias derivadas de inversiones | investment earnings.
ganancias elevadas | excess profit.
ganancias eventuales | casual earnings.
ganancias excesivas | excess profits.
ganancias imprevistas | windfall gain.
ganancias inesperadas | rake-off profits | windfall profits.
ganancias invertidas en bienes de producción | ploughed-back profits | reinvested earnings.
ganancias invisibles | invisible earnings.
ganancias netas | net earnings.
ganancias obtenidas | returns earned.
ganancias por fluctuaciones del cambio | exchange gains.
ganancias por hora | hourly earnings.
ganancias por realzar | paper profits.
ganancias previstas | prospect earnings | anticipated profits.
ganancias puestas a un fondo común | pooled earnings.
ganancias que quedan para repartir a los accionistas después del pago de las obligaciones | equity.
ganancias sin invertir ni gastar | fluid savings.
ganancias sobre el capital | capital gains.
ganancias sujetas a impuestos | profits assessable to tax.
ganancímetro | kerdometer | gain measuring set.
ganancíómetro | gain set.
ganar | earn (to).
ganar (en el juego) | cleanup (to).
ganar (terreno) | gather (to).
ganar (una fortuna) | realize (to).

ganar al largo (marina) | make an offing (to).
ganar al largo (navegación) | get an offing (to).
ganar barlovento | forereach (to).
ganar barlovento sobre una costa | claw off (to).
ganar con el trabajo | earn by labor (to).
ganar el apoyo de la alta gerencia | obtain the support to top management (to).
ganar el barlovento | weather (to) | gain the wind (to) | beat off the wind (to) | beat to windward (to).
ganar el barlovento (a otro buque) | beat out (to).
ganar el barlovento (navegación) | fetch the windward (to).
ganar el pleito | recover (to) | carry the day (to).
ganar el puerto (navegación) | fetch into port (to).
ganar la batalla | carry the day (to).
ganar terreno | gain (to).
ganar terreno al mar | reclaim (to).
ganar tiempo | temporize (to).
ganar un pleito | recover judgment (to).
ganar velocidad | outsail (to) | pick up speed (to).
ganar velocidad sobre otro buque | overhaul (to).
ganar ventaja sobre el oponente (combate aéreo) | outmaneuver (to).
ganchillo (de aguja para punto) | beard.
ganchillo (fenómeno solar) | crochet.
ganchillo (urdimbre en cadena) | chain warp.
ganchito | hooklet.
gancho | claw | grab | catch | lift | crook | crow | hook | gaff.
gancho (de candado) | shackle bolt.
gancho (de una depresión barométrica) | squall-depression.
gancho (iluminación) | support hook.
gancho abarbetado | mousing hook.
gancho agarrador | dog.
gancho anterior | front hook.
gancho arrancarraíces | root hook.
gancho articulado | drop hook.
gancho automático | automatic clip.
gancho basculante | tilting hook.
gancho basculante (grúas) | slip hook.
gancho centrador (sondeos) | wall hook.
gancho cerrado | eyehook.
gancho con resorte | snaphook.
gancho conmutador | switch hook.
gancho conmutador (telefonía) | receiver hook.
gancho conmutador (teléfono) | cradle switch.
gancho corto (México) | cant dog.
gancho de abrazadera | clevis hook.
gancho de ancla (grúas) | ram's horn.
gancho de anclaje | anchor hook.
gancho de anillo (Paraguay) | cant hook.
gancho de aparejo para la entubación (pozo petróleo) | casing hook.
gancho de apriete | dog hook.
gancho de arrastre | drag hook | draft hook | dragging pin | dog hook.
gancho de arrastre (rollizos) | skidding dog.
gancho de atalaje | draw-hook.
gancho de carnicería | long-arm | gambrel | meat-hook.
gancho de cierre | lock hook.
gancho de clavija | pintle hook.
gancho de cola | end hook | tail hook | tailhook.
gancho de cola de cerdo | pigtail hook.
gancho de cordelero | loper.
gancho de cornisa (para andamio) | cornice hook.
gancho de chapas múltiples adosadas (grúas) | laminated hook.
gancho de desenganche automático | automatic release hook.
gancho de deslizamiento | slip hook.
gancho de deslizamiento parcial | limited slide hook.
gancho de detención | catch-hook.
gancho de dobladillo (tejido punto) | welt hook.
gancho de dos cuernos | sister-hooks.
gancho de elevación | lifting-dog.
gancho de escala | ladder hook.
gancho de escape | slip hook.
gancho de eslinga | sling hook.
gancho de estibador | case hook | box hook.
gancho de estibador (buques) | docker's hook.
gancho de estrangulación | choker hook.
gancho de fijación | fixation hook.
gancho de frenaje | arresting hook.
gancho de freno | arresting hook.
gancho de garfios | claw hook.
gancho de grúa | grab hook.
gancho de izar | lifting hook.
gancho de la vara (carruajes) | shaft hook.
gancho de lizo | heald hook.
gancho de maderero | dog hook.
gancho de mano | hand dog.
gancho de molde (funderías) | gagger.
gancho de mosquetón | snaphook.
gancho de muelle real | mainspring hook.
gancho de ojo | eyehook.
gancho de ojo atravesado | reversed eye hook.
gancho de parada | arrester hook.
gancho de pesca | fishing crab.
gancho de pesca (para cables) | grab.
gancho de pescador (sondeos) | fishing hook.
gancho de pudelar | rabbling tool | rabbler | rabble.
gancho de remetido (urdidor) | drawing-in hook.
gancho de repasar | entering hook.
gancho de repasar (peine de telar) | reed hook | reed knife.
gancho de retención de cadena | grab hook.
gancho de retenida | latch hook | holdback catch | guy hook.
gancho de seguridad | mousing hook | life hook | spring hook | safety hook | safety catch | pintle hook.
gancho de seguridad (jaula pozo extracción) | detached gear.
gancho de seguridad (mosquetón) | clevis | clip hook.
gancho de solera | bunk hook.
gancho de suspensión | strain ear | hanger | lifting hook.
gancho de suspensión (teléfonos) | receiver hook.
gancho de tirabuzón (grúas) | cockspur hook.
gancho de tornillo | screw-hook.
gancho de tracción | draw-hook | drag hook | drawbar hook | drawbar.
gancho de tracción (locomotoras, etc.) | pull.
gancho de tracción (vagones) | coupling link.
gancho de trinquete | pawl hook.
gancho de trocero (México) | cant hook.
gancho de unión | dog iron.
gancho de zafada rápida (buques) | pelican hook.
gancho del cable de izar | hoist hook.
gancho del eje | axle hook.
gancho del extractor | extractor barb.
gancho del resorte de tracción | extension spring hook.
gancho detenedor | arresting hook.
gancho disparador (telefonía) | release hook.
gancho doble | double hook.
gancho doble (grúas) | ram's horn.
gancho doble de grúa | double crane-hook.
gancho en cuello de cisne | goosenecked hook.
gancho en forma de ancla | sister-hooks.
gancho en S | S-hook.
gancho enhebrador (tejidos de punto) | threader hook.
gancho fijo (marco de mallas) | stud.
gancho geomagnético (corchete geomagnético - sol) | geomagnetic crochet.
gancho locomotor larval (zoología) | crochet.
gancho locomotora larvario | larval locomotory hook.
gancho maderero (flotación de troncos) | cant hook.
gancho magnético | magnetic crochet.
gancho montasacos | sack-hoist hook.
gancho montatubos | pipe-hook.
gancho obtuso | blunt hook.
gancho oscilante (grúas) | floating hook.
gancho para arrastrar la grasa de la ballena sobre la cubierta (balleneros) | blubber gaff.
gancho para canalón | gutter hanger.
gancho para canalón (edificios) | gutter bracket.
gancho para canalón (tejados) | eaves trough hanger.
gancho para colgar (teléfonos) | receiver hook.
gancho para colgar tazas (cocina) | cup hook.
gancho para derribar cosas incendiadas | fire hook.
gancho para el remetido (urdidor) | heald hook.
gancho para el remetido (urdimbre) | heddle hook.
gancho para insertar (papeles) | inserting hook.
gancho para levantar | lifter.
gancho para manejar cadenas | chain hook.
gancho para pasar en el peine (peine de telar) | reed hook.
gancho para pudelaje | rabble hook.
gancho para varillas de lizos | harness stud.
gancho para voltear troncos | cant hook.
gancho para voltear troncos de árboles | overhead canter.
gancho paralelo a las poleas del cuadernal | front hook.
gancho pendular (monocarril transportador) | pendulum hook.
gancho pescabarrena (sondeos) | bit hook.
gancho pescacuchara (sondeos) | bailer grab.
gancho pescador (pozo entubado) | catch-hook.
gancho PN | PN hook.
gancho portaarcadas (jacquard) | harness hook | jacquard harness hook.
gancho portacable | rack.
gancho portacarga | load hook.
gancho portalizos (telares) | harness hook.
gancho portaoriginales (periódicos) | copy hook.
gancho que se suelta al llegar a la boca del pozo (aunque no se pare la máquina de extracción - minas) | detached hook.
gancho retenedor | arrester hook.
gancho sin carga (grúas) | light-line.
gancho soltador | release hook.
gancho soltador (grúas) | dump hook.
gancho soltador (transporte de troncos) | dump hook.
gancho sujetador | gripping hook.
gancho sujetador de la bajante de aguas a la pared leader-hook.
gancho suspendido de un monocarril para transporte de tochos | telegraph.
gancho tirador (para troncos) | butt hook.
gancho y hembra | hook and keeper.
ganchos del sujetador | clamp hooks.
ganchos gemelos | match hooks.
ganchos para izar vigas | girder dogs.
ganchos para manejar chapas | plate hooks.
ganchudo | hooky | hooked | hamate | claw-like.
ganga | rocky matrix | attal | ore stone.
ganga (de mineral) | tailings.
ganga (de minerales) | brood.
ganga (geología) | matrix.
ganga (metalurgia) | deads.
ganga (minas) | addle | country rock | stuff | dead ground | attle.
ganga (mineral) | taillings | gang | veinstuff | gangue.
ganga (minería) | veinstone.
ganga (precio muy ventajoso) | bargain.
ganga cuarzosa | quartzose gangue.
ganga estéril | dead heaps.
ganga recubridora | enclosing matrix.
ganga rocosa | rock matrix.
gángil | dredge-boat.
ganglio | ganglion | kernel.
ganglio linfático | lymph node.

gangosidad (cambio en el ruido reproducido - acústica) | gargle.
gangrena | canker.
gánguil | barge | mud lighter | hopper | hooper | dredge boat | dredger hopper | dredger-barge | mud boat | mud scow.
ganguil de compuertas | dump scow | garbage scow | hopper barge.
gánguil de fondo móvil | garbage scow.
gánguil para verter productos de dragado | reclaimed mud flat.
gánister (mezcla refractaria) | ganister.
ganister (petrología) | ganister.
ganoideo de aletas franjeadas (zoología) | fringe-finned ganoid.
Gantt (método de evaluación) | Gantt.
ganzúa | pass-key | picklock | pick.
garabato de carnicero | meathook.
garaje | garage.
garaje de rampa en espiral (edificio de varios pisos) | spiral ramp garage.
garaje de reparaciones | repair garage.
garaje en sótano | underground garage.
garaje sin jaulas | open garage.
garaje subterráneo | underground car park | underground garage.
garaje subterráneo para aparcar | underground parking garage.
garajista | garageman.
garante | bonsman | surety.
garante (persona) | bondsman | guarantor | voucher | warrantor | warranter.
garantia | undertaking | bail bond | escrow | assurance | del credere | safeguard | security | hypothecation | palladium | surety bond | suretyship | surety | collateral | pledging | plevin | pledge | guarantee | guaranty | warrant | warranty.
garantía (persona) | guarantor.
garantía adicional | collateral assurance.
garantía afirmativa | affirmative warranty.
garantía afirmativa solemne | assertory covenant.
garantía bancaria | bank guaranty | banking warranty | bank guarantee.
garantía bancaria de buen fin | performance bond.
garantía colateral | collateral security.
garantía comercial | covering note | corporate bond | rating | commercial rating.
garantía completa | general warranty.
garantía con obligación de reembolso | money-back guarantee.
garantía conjunta | joint guarantee.
garantía contra cambio de derrota (seguro marítimo) | deviation warrantry.
garantía contra defectos de construcción | guarantee from constructional defect.
garantía contra todo defecto | guarantee from vice.
garantía de ayuda | undertaking.
garantía de calidad | quality guarantee | warranty.
garantía de cigarros puros exportados desde La Habana | guaranty for cigars exported from Habana.
garantía de devolución del importe | money-back guarantee.
garantía de hipoteca | first lien bond.
garantía de indemnidad | indemnity bond.
garantía de indemnización | letter of indemnity.
garantía de la calidad | quality assurance.
garantía de licitador | bid bond.
garantía de mercancías | pledging of goods.
garantía de pérdida | letter of indemnity.
garantía de préstamo | security for-loans.
garantía de propiedad | warranty of title.
garantía de que el obrero será atendido con un sistema de pensiones en el caso de cese antes de su jubilación | vesting | vested rights.
garantía de suscripción de acciones comunes en circulación | common stock warrants outstanding.
garantia de título | absolute warranty.
garantía del riesgo cambiario | cover of risk in foreing exchange.
garantía del vendedor | seller's warranties.
garantía detenida | retention money.
garantía en avería gruesa | average agreement.
garantía escrita | expressed warranty.
garantía expresa | express warranty.
garantía general | general covenant.
garantía hipotecaria | mortgage security | real securities.
garantía implícita | implied warranty.
garantía judicial | bail.
garantía mobiliaria | personal security.
garantía mutua | reciprocal bond.
garantía notarial de procedencia | origin's notarial guaranty.
garantía personal | personal warranty | personal security.
garantía prendaria | collateral security.
garantía promisaria | promissory warranty.
garantía que limita la protección contra gastos | disbursements warranty.
garantía solidaria | joint guarantee.
garantía subsidiaria | collateral security.
garantía técnica | surety.
garantía total | general warranty.
garantía total (comercio) | full cover.
garantías contra la baja de precios | guarantees against price decline.
garantible | warrantable.
garantido por obligación escrita (deudas) | bonded.
garantir | warrant (to) | guarantee (to).
garantizable | warrantable.
garantizado | underwritten | guaranteed.
garantizado (con certificado de garantía) | certified.
garantizado (persona) | warrantee.
garantizado (préstamos, etc.) | secured.
garantizado contra toda falsificación | tamperproof.
garantizado por escrito | bonded.
garantizado por un banco | bank guarantee.
garantizador técnico | technical guarantor.
garantizar | warrant (to) | guaranty (to) | guarantee (to) | secure (to) | endorse (to).
garantizar (sancionar) | broad-seal (to).
garantizar los pagos | assume the del credere (to).
garañón (macho de cría) | server.
garapiñado | frosted.
garbancillo (grava) | minute gravel.
garbancillo (tamaño desde 5 a 20 mm) | bank-run gravel.
garbanzo de la India (botánica) | gram.
garceta | meat-hook.
garfio | dog iron | drag hook | drag | catch | grab | gaff | claw | crook | hook.
garfio del freno | brake staple.
garfio para cables | rope-grab.
garfios (cine) | claws.
garfios de terracería | stone grapples.
garfios de trepar | climbing irons.
garganta | throat | gut | throat.
garganta (botánica, poleas) | gorge.
garganta (columnas) | necking.
garganta (de carril, de polea) | groove.
garganta (de ejes, etc.) | neck.
garganta (espacio entre dientes - sierras) | gullet.
garganta (hiperboloide de revolución de 1 hoja) | gorge.
garganta (montañas) | saddle.
garganta (polea) | whelp | tread | swallow | jaw.
garganta (poleas, etc.) | pass.
garganta (ríos) | water gap.
garganta (rosca tornillos) | furrow.
garganta (vaina metálica) | neck.
garganta de alimentación de papel | paper chute.
garganta de la culata (fusiles) | small of the stock.
garganta de la pestaña (ruedas) | flange throat.
garganta de la platina | sinker throat.
garganta de la polea | pulley slot.
garganta de la tobera | nozzle throat.
garganta de polea | pulley score.
garganta del cubo (ruedas) | nave neck.
garganta del diente (sierra) | tooth gullet.
garganta del eje | axle shoulder.
garganta estrecha con costados casi verticales | box gorge.
garganta rebajada a torno | necked part.
gargantacuello (de vestido) | gorge.
gargantilla | chaplet.
gárgara | gargle.
gárgola | gargoyle | spout.
gárgola (carpintería) | gain.
garita | booth | cabin.
garita (grúas) | house.
garita (vagón ferrocarril) | cupola.
garita (vagones) | lookout | cab.
garita de enclavamiento | block signal box.
garita de guardafreno (vagón mercancías) | lookout-seat.
garita de locomotora | locomotive cab.
garita del guardafrenos | brakeman's box cabin.
garita del maquinista (locomotora de vapor) | driver's cab.
garita saliente (en un muro) | bartizan.
garlopa | bench plane | jack plane | foreplane.
garlopa (carpintería) | smooth plane | plane with handle.
garlopa de desbastar | horse jack.
garlopa de tonelero | cooper's adze jointer.
garlopín | jack plane | rabbet plane.
garra | grip | dog | coronet | claw | gripe | nail | dog.
garra articulada | articulated jaw.
garra autotensante | self-tightening grip.
garra de arranque del cigüeñal | crankshaft starting jaw.
garra de arrastre | engaging dog.
garra de enganche | coupler jaw | coupling knockle.
garra de fijación (taladros) | yoke.
garra de seguridad | safety gripper.
garra de seguridad (para tuberías) | liner catcher.
garra de sujeción | holding clamp | toe dog.
garra de tornillo para correa | screw belt fastener.
garra del expulsor | ejector claw.
garra del plato (torno) | chuck-jaw.
garra sujetadora | toe dog.
garrafa | decanter | carboy | carafe.
garrafa de polietileno | polyethylene carboy.
garrafal | extra sized.
garrafón | carboy.
garrapata (zoología) | tick.
garrapatillo (Chile, Méjico, Uruguay) | mite.
garras | jaw.
garras de ajuste independiente | independently-adjusted jaws.
garras de avance | feeding claws.
garras del gato (herramienta) | jack spikes.
garras sujetadoras | gripping fingers.
garrear | break sheer (to).
garrear (anclas) | drag (to) | come home (to).
garrear (buques) | break ground (to) | club down (to) | leave the anchorage (to).
garrear sobre el ancla (buques) | club (to).
garreo (anclas) | dragging.
garro | greenish blue.
garrocha | pike | pike pole.
garrote | stick | truncheon | racking-stick.
garrote (carriles) | kink.
garrote (cirugía) | garrot.
garrote (de sierra de mano) | winding bar.
garrote (suplicio) | garotte.
garrote (telar con picada de látigo) | pickerstick.
garrucha | block | block | pulley | sheave wheel.
garrucha de guía | fairlead block.
garrucha del entubado (pozo petróleo) | casing sheave.

garrucha para cable | rope block.
garrucha para entubación (sondeos) | casing block.
garrucha posterior (sondeos) | heel sheave.
garrucho (marina) | cringle.
garrucho de driza (buques) | head cringle.
garrucho de empuñidura (buques) | earing cringle.
garrucho de puño de driza (velas) | throat-cringle.
garrucho de rizos (velas) | reef cringle.
garza | hook.
garza del expulsor | ejector claw.
garza del extractor | extractor hook.
garza del extractor (fusiles) | extractor hook.
garzón | melter.
garzón cargador del crisol (hornos) | pot packer.
garzota | aigrette.
gas | riser pipe | fume | gas.
gas ácido carbónico (cargamento de cereales) | work (to).
gas adsorbido | adsorbed gas.
gas almacenado a presión en botellones portátiles | bottled gas.
gas amoníaco | ammonia gas | gaseous ammonia | ammonia.
gas asfixiante | asphyxiating gas | choking gas gas | lung irritant.
gas benzolado | benzolized gas.
gas calentado por onda de choque | shock-heated gas.
gas caliente ionizado | plasma.
gas carbónico | carbon dioxide gas.
gas carburado | air gas.
gas cargado de polvos | dusty gas.
gas cargado de una sola especie de partículas | single-species charged gas.
gas cementante (metalurgia) | carburizing gas.
gas ciudad | town's gas.
gas cloacal | sewer gas.
gas coercible | coercible gas.
gas combustible | power-gas | fuel gas | exogas.
gas combustible quemado del que se ha extraído el óxido de carbono y el vapor de agua | monogas.
gas combustible reaccionado | endogas.
gas combusto (hornos) | burnt gas.
gas craqueado de horno de coque | cracked coke-oven gas.
gas crudo | rough gas | raw gas.
gas cuyas partículas se mueven con velocidad uniforme | uniform-speed gas.
gas de agua | steam gas.
gas de agua (mezcla de óxido de carbono e hidrógeno) | blue water-gas.
gas de agua carburado | carburetted water-gas.
gas de aire | air gas.
gas de alcantarilla | sewer gas.
gas de alto horno | top gas | furnace gas | blast furnace gas | blast-furnace gas.
gas de alto horno con gran proporción de hidrógeno | calico gas.
gas de alumbrado | bench-gas | burning gas | illuminating gas.
gas de boca de pozo (petróleo) | casing head gas.
gas de calidad necesaria para relleno de bombillas eléctricas | lamp-grade gas.
gas de combustión quemado | combusted fuel gas.
gas de digestión de fangos cloacales | sludge gas.
gas de enfriamiento del reactor | reactor cooling gas.
gas de escape | escape-gas | exit gas.
gas de etilo | ethyl gas.
gas de extinción | quenching gas.
gas de fisión | fission gas.
gas de formación (pozo petróleo) | formational gas.
gas de gasógeno | producer gas.
gas de gran potencia calorífica | high-Btu gas.
gas de guerra | war gas.
gas de guerra lacrimógeno | lacrymating war gas.
gas de hornos de azufre | burner gas.
gas de hornos de coque | coke-oven gas.
gas de hornos de pirita | burner gas.
gas de hulla | gas | town gas.
gas de hulla carburado | carburetted coal gas.
gas de incompleta combustión (alto horno) | wild gas.
gas de lignito | brown coal gas.
gas de los pantanos | marsh gas.
gas de petróleo | oil gas | petroleum gas.
gas de petróleo con olor a mercaptan | sour gas.
gas de petróleo licuado | LPG.
gas de pozo de petróleo | bradenhead gas.
gas de pozo de petróleo después de extraerle la gasolina ligera que contiene | dry gas.
gas de prueba | search gas | test gas.
gas de purga (horno de templar con gas) | purging gas.
gas de refinería petrolera | refinery gas.
gas de salida | exit gas.
gas de segunda depuración | secondary gas.
gas de tanque digestor | digester gas.
gas de ventilación | sweep gas.
gas degenerado | degenerate gas.
gas del alumbrado | coal-gas.
gas depurado | cleaned gas.
gas desprendido | escaping gas.
gas desprendido durante el enfriamiento del líquido refrigerante | flash gas.
gas detonante | knall-gas.
gas diatómico | diatomic gas.
gas diluente | diluent gas.
gas Dowson | mixed producer gas | power-gas.
gas en expansión | expanding gas.
gas en relajación (física) | relaxing gas.
gas en un estado estable | steady-state gas.
gas enervante | nerve gas.
gas estornudatorio | sneeze gas.
gas estornutatorio | nose irritant.
gas evacuado | relief gas | exit gas.
gas extremadamente explosivo | extremely explosive gas.
gas fluidizante | fluidizing gas.
gas hilarante | laughing gas.
gas húmedo | wet gas.
gas incandescente | incandescent gas.
gas incombustible | incombustible gas.
gas industrial | city gas | town gas | gas | power-gas.
gas industrial enriquecido con butano | butane-enriched town gas.
gas inerte | rare gas.
gas insaluble | obnoxious gas.
gas insuflado en los tanques de combustible para forzar éstos hacia la cámara de combustión (cohete de combustible líquido) | pressure gas.
gas irritante | harassing agent | irritant gas.
gas juvenil | juvenile gas.
gas lacrimógeno | tear gas.
gas licuado | gasol.
gas licuado de petróleo | liquefied petroleum gas | LP-gas.
gas limpiador | scavenger gas.
gas mefítico | mephitic gas.
gas mezclado con el petróleo bruto y que contiene fracciones de gasolina ligera | wet gas.
gas mixto | semiwater gas | power-gas.
gas mixto (mezcla de gas de alto horno y gas de cok) | mixed gas.
gas mostaza (química) | yperite.
gas mostaza (sulfuro de dicloroetilo) | mustard gas.
gas muy inflamable | highly flammable gas.
gas muy recalentado | steam gas.
gas natural | rock gas | natural gas.
gas natural (pozo petróleo) | green gas.
gas natural asociado (reservorio de petróleo) | associate natural gas.
gas natural compuesto de metano y etano | dry gas.
gas natural con gran proporción de azufre | sour natural gas.
gas natural licuado | liquated natural gas.
gas natural no asociado | nonassociated natural gas.
gas natural rico en vapores de petroleo | wet gas | casing-head gas.
gas neurotóxico | neurotoxic gas.
gas no degenerado | nondegenerate gas.
gas no ideal | nonideal gas.
gas no mezclado con aire que se introduce en los quemadores para crear una atmósfera reductora (horno de templar con gas) | purging gas.
gas obtenido por combustión total o parcial de gases de combustibles hidrocarbúricos | combusted gas.
gas ocluido | entrapped gas.
gas olefiante | olefiant gas.
gas oxhídrico | oxyhydrogen.
gas para fuerza motriz | dry gas | power-gas.
gas para pruebas de detección de entrada de aire (sistema en el que hay vacío) | search gas.
gas para vanisado (tejidos) | plating gas.
gas paralizante | paralyzing gas.
gas perfecto | ideal gas.
gas persistente | persistence gas.
gas pintsch (gasóleo) | pintsch gas.
gas pobre | semiwater gas | gas producer gas | producer gas.
gas pobre (gas de gasógeno) | generator gas.
gas portador | carrier gas.
gas protector | blanket gas | forming gas.
gas protector (soldadura) | shielding gas.
gas que sale con rapidez | rapidly-flowing gas.
gas que se pierde en la red de distribución | unaccounted-for gas.
gas rarificado | rarefied gas.
gas raro (neón, helio, etc.) | inert gas.
gas recuperable | recuperable gas.
gas reducido | idle throttle.
gas refrigerante | freon.
gas reproductor | imageing gas.
gas rico | illuminating gas.
gas rico de altohorno | rich blastfurnace gas.
gas rico en alquitrán | tarry gas.
gas rico en productos azufrados | sour gas.
gas seco | dry gas | stripped gas.
gas seco (petróleo) | residue gas.
gas seco inyectado | injected dry gas.
gas semiagua | power-gas.
gas sin lavar | rough gas | dirty gas.
gas sintético amoniacal | ammonia synthesis gas.
gas sobrante polvoriento | dusty waste gas.
gas sofocante | choking gas | suffocating gas.
gas solfatárico | solfataric gas.
gas sometido a ondas de choques | shocked gas.
gas sumamente rarificado | highly rarefied gas.
gas suministrado por tubería | piping gas.
gas termoionizado | thermally ionized gas.
gas tóxico | toxic gas | poison gas | foul gas.
gas tóxico que causa tos | vomiting gas.
gas venenoso que afecta a un órgano del cuerpo | labyrinthic gas.
gas vesicante | vesicant.
gasa | cheesecloth | gauze.
gasa a la jacquard | jacquard gauze.
gasa acordonada estampada | printed cords.
gasa bordada | embroidered lappet.
gasa brillante | glazed gauze.
gasa brocada | brocaded gauze.
gasa compuesta | gauze armure.
gasa con efecto de brocado por urdimbre | leno brocade.
gasa de algodón | leno muslin.
gasa de doble vuelta | double gauze.
gasa de fibras sintéticas para cerner (textil) | synthetic fibre bolting cloth.
gasa de ganchillo | crochet gauze.

gasa de media vuelta | half cross gauze | English gauze.
gasa de nilón para estampados con estarcido | nylon gauze for silk screen printing.
gasa de punto cruzado | cross-stitched gauze.
gasa de punto de bordado | embroidered gauze.
gasa de seda para cerner | bolting silk.
gasa de vuelta | leno.
gasa de vuelta brocada | brocaded leno.
gasa de vuelta completa | compound leno.
gasa de vuelta entera | catgut | full cross gauze.
gasa de vuelta labrada | damask leno | figured leno.
gasa de vuelta sencilla | plain gauze.
gasa difusora | scrim.
gasa filtrante | filter gauze.
gasa labrada | figured gauze.
gasa metálica | metal gauze.
gasa para envolver mantequilla | butter-muslin.
gasa para grabados y aislantes | silk gauze for etching and insulation.
gasa rectilínea | cheesecloth.
gasa sutil | tissue.
gasa transparente | filmy gauze.
gasas claras (de rayón) | lightweight sheers.
gaseado (de hilos) | singeing.
gaseamiento | gassing.
gasear (chamuscar - hilados) | gas (to).
gasear (hilos) | singe (to).
gaseidad | gaseousness | gaseity.
gaseoducto | gas fuel-line | pipeline.
gaseoducto de gas natural | natural gas pipeline.
gaseoductos principales de gas natural | major natural gas pipelines.
gaseoso | gaseous | aereous | aeriform | foamy | vaporous.
gasero (Argentina) | gas-carrying ship.
gases | vapor (EE.UU.) | fumes | vapour (G.B.).
gases codifundentes | codiffusing gases.
gases combustos | used-up gases.
gases cósmicos | cosmic gases.
gases de caldeo | heating gases.
gases de escape | exhaust gases.
gases de exhaustación del cohete | rocket exhaust gas.
gases de explosión de grisú | stinkdamp.
gases de explosión o de incendio (minas) | aftergases.
gases de la combustión | flue gases | fire gases.
gases de la chimenea | flue gases.
gases de la explosión (minas) | shock damp.
gases de la explosión de grisú | blind.
gases de la pólvora | powder fumes.
gases del escape | exhaust | exhaust fumes.
gases del soldeo | welding fumes.
gases deletéreos | deleterious gases.
gases diluidos en reacción | dilute reacting gases.
gases disueltos | dissolved gases.
gases fragilizantes | embrittling gases.
gases freáticos | phreatic gases.
gases imperfectos | imperfect gases.
gases incondensables | noncondensables.
gases malolientes | evil-smelling gases | off-gases.
gases medicinales básicos | basic medical gases.
gases nocivos | deleterious gases.
gases polares (termodinámica) | polar gases.
gases propulsores | propellant gases.
gases que favorecen la continuidad del arco eléctrico | arc supporting gases.
gases que pasan de la cámara de explosión al cárter (motores) | blowby gases.
gases quemados | exhaust gases.
gases tóxicos en mina | afterdamp.
gasífero | gas-making.
gasificabilidad | gasifiability.
gasificable | gasifiable.
gasificación | gasification | vaporization.
gasificación de briquetas de lignito | lignite briquette gasification.
gasificación de retortas | retort gasification.
gasificación del carbón | coal gasification.
gasificación del carbón pulverizado | pulverized coal gasification | powdered coal gasification.
gasificación del petróleo | oil gasification.
gasificación del polvo de carbón | coal-dust gasification.
gasificación subterránea | underground gasification.
gasificación subterránea del carbón | coal underground gasification | underground gasification of coal.
gasificador | gasifier | gasser.
gasificar | gasify (to) | volatilize (to).
gasiforme | gasiform.
gasista | gas fitter.
gasista (alto horno) | gasman.
gasoclástico (geología) | gasoclastic.
gasodetector | gas-signalling device.
gasoducto | gas pipeline.
gasoeléctrico | gas-electric.
gasoenfriar | gas-cool (to).
gasógeno | gas producing | producer | generating set | generator | gas generator | gas producer.
gasógeno (dentro de un horno de vidrio) | firebox.
gasógeno (para aguas gaseosas de mesa) | gasogene.
gasógeno automático | automatic producer.
gasógeno con cierre en seco | dry-sealed gasholder.
gasógeno con cierre hidráulico del fondo | wet-bottom producer.
gasógeno con inyector de vapor | steam-blown producer.
gasógeno con remoción manual de la ceniza | static producer.
gasógeno de acetileno | acetylene generator.
gasógeno de aire insuflado | pressure gas-producer.
gasógeno de aspiración | gas suction plant.
gasógeno de carbón de leña | charcoal gas producer.
gasógeno de cierre no hidráulico | waterless gasholder.
gasógeno de limpieza a mano | hand-poked producer.
gasógeno de limpieza mecánica | power-poked producer.
gasógeno de tiro descendente | downdraft producer.
gasógeno de viento insuflado | pressure-producer.
gasógeno endotérmico | endothermic gas generator.
gasoil | gas-oil | diesel oil | heavy oil.
gasoil desulfurado | desulfurated gasoil.
gasoil empleado para limpiar tanques después de vaporizados (petroleros) | oil wash.
gasóleo | gas oil | gas-oil.
gasolero | gas tanker.
gasolina | gasolene | gas | gasoline | juice.
gasolina (G.B.) | petrol.
gasolina adicionada con un antidetonante | doped fuel.
gasolina con gran proporción de hidrocarburos aromáticos | high-aromatic fuel.
gasolina con plomo tetraetilo | leaded fuel.
gasolina con tetraetilo de plomo | leaded gasoline.
gasolina craqueada | cracked gasoline.
gasolina de alto octanaje | premium petrol.
gasolina de aviación | aircraft petrol.
gasolina de aviación de gran octanaje | high-octane aviation spirit.
gasolina de avión | avgas (aviation gasoline).
gasolina de calidad primable | premium-grade petrol.
gasolina de cracking catalítico | catalytically cracked petrol.
gasolina de destilación | straight run gasoline.
gasolina de destilación directa | straight-run gasoline.
gasolina de elevado octanaje | high-test gasoline.
gasolina de gas natural a la que se le separa el butano y propano | stabilized gasoline.
gasolina de gran octanaje | high-octane gasoline.
gasolina de madera | wood naphtha.
gasolina de pirólisis | pyrolysis gasoline.
gasolina de primera destilación | straight-run gasoline.
gasolina de reformación | platformate.
gasolina destilada a presión atmosférica | straight-run gasoline.
gasolina destilada a temperatura final | end-point gasoline.
gasolina en bidones | case oil | packed petroleum.
gasolina equilibrada | balance gasoline.
gasolina estabilizada | stripped gasoline.
gasolina etilada | ethylgasoline.
gasolina gelatinizada | gel | gelatinized gasoline.
gasolina jaleizada | jellied gasoline.
gasolina ligera condensada de gas natural | casing-head gasoline.
gasolina ligera separada de los gases que se desprenden de los pozos de petróleo | casing head gasoline.
gasolina mezclada | blended gasoline.
gasolina mezclada con mercaptanes | sour gasoline.
gasolina natural (extraída del gas natural) | natural gasoline.
gasolina natural mezclada con propano y butano | wild gasoline.
gasolina natural no estabilizada | wild gasoline.
gasolina para aviación | aviation petrol | aviation spirit.
gasolina para mezcla | blending gasoline.
gasolina para motores | motor petrol.
gasolina para motores de chorro (aviación) | avtur.
gasolina para motores de pistón (aviación) | avgas.
gasolina para turborreactores (aviación) | turbofuel.
gasolina piezopirolizada | cracked gasoline.
gasolina que contiene tetraetilo de plomo | lead-gasoline.
gasolina que se vende con una marca determinada | branded petrol.
gasolinas técnicas | technical benzine.
gasolinera | petrol station | motorboat | gasoline service station | filling station.
gasomagnetismo | gasomagnetism.
gasomagnetrón | gasomagnetron.
gasómetro | gas tank | gas holder.
gasómetro con cierre guiado espiralmente | spiral-guided gasholder.
gasómetro con cierre hidráulico guiado espiralmente | spiral guided water-sealed holder.
gasómetro con cierre por mercurio | mercury sealed gasometer.
gasómetro de desplazamiento del pistón | piston displacement gasholder.
gasoscopia | gasoscopy.
gasoscopio | gasoscope | gas indicator | gas detector.
gastable | spendable | expendable.
gastado | worn out.
gastar | consume (to) | disburse (to) | use up (to).
gastar dinero | pay away (to).
gastar energía | dissipate power (to).
gastarse (baños, etc.) | waste (to).
gastarse por la acción del agua | wash (to).
gasto | flow | spending | charge | wear | consumption | disbursement | expense.
gasto (de aire, etc.) | feed.
gasto (de dinero) | expenditure.
gasto (fluidos) | rate of flow.
gasto (tuberías) | outflow.
gasto accesorio | additional charge.

gasto adicional | extra expense.
gasto artesiano | artesian flow.
gasto autovariable | automatically-variable delivery.
gasto básico con aumento | base-and-increment charge.
gasto calorífico | rate of heat input | heat input.
gasto de almacenamiento | cost of warehousing.
gasto de alquiler | rental expense.
gasto de alquiler del equipo | equipment rental expense.
gasto de combustible | fuel input.
gasto de energía | energy expenditure | energy output.
gasto de equilibrio | equilibrium throughput.
gasto de estancia en puerto | port disbursement.
gasto de explotación por asiento-milla | operating cost per seat-mile.
gasto de la escorrentía | runoff rate.
gasto de paso (grandes Lagos - EE.UU.) | seaway.
gasto de representación (de un empleo o destino) | extra pay for purposes of entertainment.
gasto del combustible | fuel cost.
gasto del orificio | orifice flow.
gasto discrecional | discretionary spending.
gasto en kilos por segundo (turbinas combustión) | mass flow.
gasto extraordinario | extra expense | extra.
gasto marginal | marginal expenditure.
gasto másico | mass-flow rate.
gasto másico (turbinas combustión) | mass flow.
gasto medio | average flow.
gasto nacional bruto | gross national expenditures.
gasto no medido (contadores) | slippage.
gasto ponderal de aire de 5 kilos/segundo | air mass flow of 5 Kg per sec.
gasto por utilización de muelle (mercancías) | wharf demurrage.
gasto público | government spending | public expenditure.
gasto público en construcción | public expenditure on building.
gasto remunerativo | remunerative expenditure.
gasto suplementario | extra expense.
gasto tipo pistón | plug flow.
gasto volumétrico | volume flow.
gastos | moneys paid out | expenses | charges | outgoings.
gastos (de operación) | outlays.
gastos a cargo del comprador | expenses at buyer's cost.
gastos a cobrar en la entrega | charges forward.
gastos a prever | expenses involved.
gastos accesorios | incidental costs.
gastos acumulados | accrued expenses.
gastos adelantados | charges prepaid.
gastos adicionales | extra charges | additional expenditure.
gastos administrativos | office expenses.
gastos anticipados | charges prepaid | prepaid expenses.
gastos anuales de explotación | operating cost per annum.
gastos anuales por impuestos | carrying charges.
gastos bancarios | bank charges | banking expenses.
gastos capitalizados | capitalized expenses.
gastos circunstanciales | nonrecurring expenses.
gastos cobrables | expenses chargeable.
gastos compensatorios | compensatory spending.
gastos complementarios | extra charge.
gastos correspondientes a una licencia de explotación | royalty.
gastos corrientes | revenue expenditures | running expenses.
gastos culturales | expenditures for cultural purposes | cultural purposes.
gastos de abandono | abandoning expenses.
gastos de acarreo | cartage | carriage | carriage-freight | handling fee | haulage.
gastos de administración | managing expenses | management expenses | administrative expenses | administration cost.
gastos de adquisición | initial outlay.
gastos de aduana | duties | customs charges.
gastos de agencia (marina) | attendance fee.
gastos de agotamiento | pumping costs.
gastos de albergue y estacionamiento (aeropuertos) | storage charges.
gastos de alijo (buques) | lightening cost.
gastos de almacenaje | warehousing | storage charges.
gastos de almacenaje (aduanas) | bonding charges.
gastos de almacenaje (ferrocarril) | demurrage.
gastos de almacenaje de mercancías | demurrage.
gastos de amarre | mooring charges.
gastos de arreglo de barrilería o envases | cooperage.
gastos de asistencia pública | public relief expenditure.
gastos de aterrizaje | landing costs.
gastos de atraque | berthage.
gastos de averías | average disbursement.
gastos de banco | bill charges.
gastos de camionaje | cartage.
gastos de capital | capital outlay | outlay or capital outlay.
gastos de carga | shipping expenses | shipping charges.
gastos de cobro | collection charges.
gastos de comisión | commission charges.
gastos de confección | making-up cost.
gastos de constitución | initial expenses | preliminary expenses.
gastos de constitución (sociedades) | promotion money.
gastos de correos | postage.
gastos de corretaje | brokerage.
gastos de dársena | quayage | dock charges.
gastos de defensa | defense appropriation | defense expenditure.
gastos de demolición | wrecking expenses.
gastos de demora | charges for delay | demurrage.
gastos de depósito | housage.
gastos de depósito (aduanas) | warehouse rent.
gastos de desagüe | pumping costs.
gastos de descarga | unloading charges | landing costs | discharging costs | discharging expenses.
gastos de descarga para el vendedor | C.F. loaded.
gastos de descarga por cuenta del armador | cost of discharge per owner's account.
gastos de descuento | discount charges.
gastos de desembarque | landing costs | landing charges.
gastos de desplazamiento | travelling expenses.
gastos de desplazamiento (de testigos) | conduct-money.
gastos de dirección | expenses of management.
gastos de distribución | marketing expenses.
gastos de embalaje | cost of packing | boxing charges | packing | packing expense.
gastos de embarque | loading charges | shipping expenses | shipping charges.
gastos de entrega | charge for delivery.
gastos de entretenimiento | cost of upkeep | running expenses | maintenance costs.
gastos de envío | forwarding expenses | forwarding charges | shipping charges.
gastos de envío (de fondos) | handling charges.
gastos de escritorio | office expenses | stationing expenses.
gastos de escritura | deed expenses.
gastos de eslingado | slinging.
gastos de eslingar | slinging.
gastos de establecimiento | on-costs.
gastos de establecimiento (industrias) | establishment charges.
gastos de estiaje | dry-weather flow.
gastos de estiba | trimming | stowage.
gastos de estudio | drafting costs | engineering costs.
gastos de expedición | forwarding charges | postage.
gastos de explotación | business expenses | working expenditure | working cost | working expenses | running charges | revenue expenditures | operating expenses | operating charge | operating expenditures.
gastos de explotación (ferrocarriles) | maintenance | running cost.
gastos de fabricación | manufacture costs | manufacturing expenses | manufacturing overhead.
gastos de flete | freight charges.
gastos de franqueo | postage | postal charges.
gastos de franqueo y empaquetado (EE.UU.) | postage and handling.
gastos de franqueo y empaquetado (G.B.) | postage and packing.
gastos de funcionamiento | operating expenses.
gastos de fundación (sociedades) | promotion money.
gastos de gabarra (puertos) | lighterage.
gastos de gestión | management expenses | management fees | management fee.
gastos de gestión de buques administrados por el Estado | government-managed vessels' management fees.
gastos de grúa | crane dues | cranage | granage.
gastos de grúa (puertos) | lifting charges.
gastos de hospedaje | lodging expenses.
gastos de inscripción | inscription fees.
gastos de inspección | surveying charges | superintending charges.
gastos de instalación | initial expenditure | capital cost | fitting-up expenses | installation expenses | setup charge.
gastos de intereses | interest charge.
gastos de inversión | investment expenditure | capital costs.
gastos de investigación de mercado | market research expenses.
gastos de la seguridad social | social expenditure.
gastos de los impuestos y costes de la importación para el vendedor | C.F. cleared.
gastos de manejo de materiales | material-handling expense.
gastos de manipulación improductivos | nonproductive handling costs.
gastos de mano de obra | labor expenditure.
gastos de mantenimiento | maintenance expenses | maintenance costs.
gastos de mover un buque de un muelle a otro | shifting.
gastos de oficina | office expenses | office allowance.
gastos de operación | operating expenditures | outlay | operating expenses.
gastos de organización | organization expenses.
gastos de peritación | surveying charges.
gastos de pesaje | weighing.
gastos de porte (camiones) | cartage expenses.
gastos de primer establecimiento | setting up expenses | initial outlay | initial expenditure | preliminary expenses | first outlay.
gastos de primer establecimiento (sociedades) | promotion money.
gastos de producción | cash operating expense | production expenses.
gastos de promoción | promotion expenses | development expenses.
gastos de prospección comercial | market research expenses.
gastos de protesto | protest charges | protest fee | cost of protest.
gastos de protesto (banca) | protest charges.
gastos de puerto | harborage | port charges.
gastos de puesta en marcha | pre-production

expenditure | start-up expenses.
gastos de recaudación | recovering expenses | collection fee.
gastos de reexpedición | redirecting charges.
gastos de remate | auctioneer's fees.
gastos de remolcador para zarpar (buques) | streaming.
gastos de remolque | towage.
gastos de renovación | renewal fees.
gastos de renovación (letras) | redraft charges.
gastos de representación | entertainment allowance.
gastos de rotulación de embalajes | packing labelling charges.
gastos de salvamento | salvage expenses.
gastos de tiempo inactivo | tie-up expenses.
gastos de tracción (ferrocarril) | running expenses.
gastos de tramitación | handling charges.
gastos de transbordo | transhipment charges | reloading charges.
gastos de transferencias | transfer charges.
gastos de transformación (metalurgia) | returning-charges.
gastos de tránsito | transit duty.
gastos de transporte | transport charges | dispatch charges | freight charges | portage | carrying charges.
gastos de transporte al comprar | carriage inwards.
gastos de transporte al vender | carriage outwards.
gastos de transporte por tubería | pipage.
gastos de traslado | moving expenses.
gastos de tratamiento médico | cost of medical care.
gastos de turismo | tourist expenditures.
gastos de utilización (de un automóvil) | running expenses.
gastos de utillaje | tooling up expenses.
gastos de venta | selling expenses.
gastos de ventas | marketing expenses.
gastos de viaje | travel expenses | traveling expenses.
gastos deducibles | deductible expenses.
gastos deficitarios | deficit spending.
gastos del capital | capital expenditures.
gastos del contrato | cost of deed.
gastos del departamento de órdenes y cobranzas | order department and cash collecting expense.
gastos del Estado | national expenditure.
gastos diferidos | deferred charges | deferred expenses.
gastos diferidos a largo plazo | long-term deferred charges.
gastos directos | particular operating expenses.
gastos directos de explotación | direct working expenses.
gastos diversos | contingencies.
gastos efectivos | out-of-pocket expenses.
gastos en divisas | expenses in foreign currency.
gastos escolares | school fees.
gastos extraordinarios | extraordinaries | extraordinary expenses | extras | after costs | extra charges.
gastos fijos | dead weight expenses | standing charges.
gastos fijos de explotación | fixed working expenses.
gastos financieros | financial expenses | finance charges | capital costs.
gastos generales | overhead charges | overhead expenses | indirect cost | works on costs | general charges | nonmanufacturing expenses | overhead cost | overheads | overhead.
gastos generales (contabilidad) | burden.
gastos generales de concesión | general lease expense.
gastos generales de conservación | maintenance overhead.
gastos generales de consumo | consumable stores.
gastos generales de la fábrica | factory burden | factory overhead.
gastos generales de la industria | industry's overhead charges.
gastos generales de la obra | job overhead.
gastos generales de producción | factory expenses.
gastos generales en los servicios públicos | readiness-to-serve cost.
gastos generales fijos | overhead.
gastos generales por hora | overhead rate per hour.
gastos generales que aumentan continuamente | ballooned overheads.
gastos generales residuales | residual overhead charges.
gastos hechos | incurred expenses.
gastos imprevistos | incidental expenses | incidentals | nonrecurring charges | unforeseen expenses.
gastos indirectos | indirect expenses | charges overhead.
gastos indirectos de explotación | indirect working expenses.
gastos indirectos de fabricación | indirect manufacturing expense.
gastos iniciales | initial expenses | organization expenses.
gastos inmovilizados | capitalized expenses.
gastos judiciales | court expenses | legal charges | legal expenses | law expenses | legal fees | law costs | law charges.
gastos jurídicos | legal expenses.
gastos legales | legal expenses.
gastos legales y servicios profesionales | legal and other professional services.
gastos locales | local expenses.
gastos menores | small sundry expenditures | incidental expenses.
gastos menudos | minor expenses.
gastos no aplicados | underabsorbed expenses.
gastos no autorizados | nonallowable expenses.
gastos no comprendidos | exclusive of charges.
gastos no cubiertos | unearned charges.
gastos no deducibles | nondeductible expenses.
gastos no deducibles fiscalmente | disallowable expenses.
gastos no distribuidos | undistributed expenses.
gastos no incluidos | duties extra.
gastos no recuperables | nonrecoverable expenses.
gastos ocasionados | expenses incurred.
gastos ocasionales | nonrecurring expenses.
gastos ordinarios | running expenses | out-of-pocket costs.
gastos pagados | charges prepaid.
gastos pagados por adelantado | prepaid expenses.
gastos para bienestar de obreros o empleados | employees' welfare expenses.
gastos periódicos | recurring expenses.
gastos permanentes | standing costs.
gastos personales | personal outlays | personal expenses.
gastos por cobrar | charges forward.
gastos por cuenta del buque | steamer pays dues.
gastos por información de fabricación | development charge.
gastos por intereses | interest expense.
gastos por maniobras y traslado | moving in expenses.
gastos por paradas durante la fabricación | standstill cost.
gastos por renta | rent expense.
gastos por seguro | insurance expenses.
gastos prejudiciales | security for cost.
gastos presupuestados | budgeted expenses.
gastos previstos | forecast expenses.
gastos propios de la mano de obra | labor overhead.
gastos públicos | public expenditures.
gastos quirúrgicos | surgery costs.
gastos razonables de la reparación | reasonable cost of repairs.
gastos realizados | incurred expenses.
gastos recíprocos de almacén | reciprocal demurrage.
gastos suplementarios | extra charges.
gastos varios | miscellaneous expenses | incidental expenses | sundry expenses | sundries.
gastritis traumática (por ingestión de objetos metálicos - animales) | hardware disease.
gastrobraquio (zoología) | hag.
gastrointestinal | gastrointestinal.
gastronomía | gastronomy.
gata (ancla de buque) | cat.
gata (defecto del hilo) | slub.
gata (en el hilo) | bead.
gatera (buques) | cat-hole.
gatera (caja de cadenas) | navel pipe.
gatera (caja de cadenas - buques) | spill pipe | chain pipe | spurling pipe | spurling gate.
gatillo | hand trigger | catch finger | trigger | trip | ratchet.
gatillo (percutor - armas de fuego) | cock.
gatillo (torpedos) | starting lever | air lever.
gatillo de línea | line trigger.
gatillo de parada (telecomunicación) | locking mechanism.
gatillo de retención | catch pawl | stop catch.
gatillo de retroceso (telar) | slack pawl.
gatillo de rueda de estrella | ratchet pawl.
gatillo de trinquete | ratchet pawl | spawl.
gatillos con cadena | chain dogs.
gato | jack screw | power cylinder | hoisting jack | cat.
gato (máquina) | jack | actuator.
gato accionado mecánicamente | power jack.
gato alzatubos | pipe jack.
gato con brazo lateral | peg jack.
gato curvacuadernas | ship frame bending jack.
gato de acción rápida | snap jack.
gato de aire comprimido | airjack.
gato de carraca | ratchet jack.
gato de cremallera | rack jack | ratchet jack.
gato de foso para elevar coches | pit jack.
gato de husillo | screw jack.
gato de manivela | windlass jack | gin screw.
gato de oreja | claw jack.
gato de orejeta | ground-lifting jack.
gato de palanca | lifting jack | lever-jack.
gato de pie alzador | foot-lift jack.
gato de rosca | screw jack.
gato de tijera | articulated jack.
gato de tornillo | jackscrew | lifting jack | lifting screw | builder's jack.
gato de tornillo engranado | geared screw jack.
gato de tornillo sinfín | worm gear jack.
gato de tracción | pulling jack.
gato de tubería | pipe jack.
gato de uña | claw jack.
gato eléctrico | electro-jack.
gato eléctrico equilibrado | roll trim electrojack.
gato empujador para el lanzamiento (buques) | launching ram.
gato en forma de botella (herramienta) | bottle jack.
gato hidráulico | hydraulic lifting jack | hydrostatic jack | hydraulic jack.
gato hidráulico para apeas de mina | hydraulic pit jack.
gato hidráulico para arrancar (botaduras) | starting ram.
gato hidráulico para pretensar (hormigón armado) | hydraulic pre-stressing jack.
gato hidráulico para voltear baos | hydraulic bulldozer.
gato hidráulico tractor | hydraulic pulling jack.
gato impulsor | actuating jack.
gato levantatubos (pozo petróleo) | casing jack.
gato neumático sujetachapas | plate-pinching ram.
gato nivelante | leveling jack.
gato nivelante (plataformas) | levelling jack.
gato nivelante graduable | adjustable leveling

jack.
gato para acodalar (zanjas entibadas) | trench jack.
gato para ajustar el soporte sujetador | fixture-adjusting jack.
gato para automóviles | car jack.
gato para coches | carriage jack.
gato para dar tensión | tensioning jack.
gato para el pretensado | prestressing jack.
gato para empujar vagones | push-jack.
gato para estirar (alambres, etc.) | tensioning jack.
gato para extraer postes clavados en el terreno | pole jack.
gato para grandes pesos | heavy-duty jack.
gato para la estiba de la carga | cargo jack.
gato para la posición de fuego (cañones) | firing jack.
gato para levantar carriles | rail jack.
gato para levantar la vía | railway track-lifter.
gato para locomotora | locomotive jack.
gato para muñones | journal jack.
gato para posicionar | positioning jack.
gato para puentes | bridge jack.
gato para voltear cuadernas | frame squeezer | ship frame bending jack.
gato para voltear cuadernas (astilleros) | squeezer.
gato retractor del aterrizador (aviones) | retracting jack.
gato rodante | dolly.
gato sujetador (neumático o hidráulico) | holding-down ram.
gato telescópico | telescopic lift.
gato telescópico de carrillo | telescope traversing jack.
gaugau (Mesua ferrea) | gaugau.
gausio (unidad de inducción magnética) | gauss.
gausiómetro | gaussmeter.
gausitrón | gausitron.
gausitron (rectificador eléctrico) | gausitron.
gaussistor | gaussistor.
gavanoplastiar | electro (to).
gaveta | drawer.
gavia (buques) | round-top.
gavia de batículo (quechemarín) | lug mizzen topsail.
gavia sobre el calcés (velas) | Spanish-reefed topsail.
gaviero | masthead.
gaviero (buques) | rigger.
gaviero (marina) | topman.
gaviero (yates) | masthead man.
gaviero de mesana | foretopman.
gavilán | hawk.
gavilán (zoología) | sparrow hawk.
gavilla | sheaf.
gaviones | croy.
gaviota plateada | herring-gull.
gavitación | gravity.
gayal | gayal.
gaza | eye | loop.
gaza (motón) | strap.
gaza en cruz | half a crow.
gazapo | break.
geanticlinal | geanticline.
gecom | gecom (general compiler).
gedamita | brittle amber.
Gee (radionavegación por ondas métricas) | Gee.
Gee H (radar) | Gee H.
geigerizar | Geiger (to).
geiser de lodo | mud pot.
geisérico | geyseric.
gel (química) | gel.
gel celulósico | cellulose gel.
gel de nitrógeno | nitrogen gel.
gel de pectato de calcio | calcium pectate gel.
gel de sílice | silicagel | silica gel.
gel de tobermorita (hormigón) | tobermorite gel.
gel formado por dos o más soles | plural gel.
gela (coloide coagulado) | gel.
gela adsorbente | adsorbing gel.
gela de gasolina | gasoline gel.
gela formada por dos o más soles | plural gel.
gela inorgánica | inorganic gel.
gelarse (formarse una gela - coloides) | gelate (to).
gelástico | gelastic.
gelatígeno | gelatigenous.
gelatina | gelatine | jelly.
gelatina bicromatada | bichromate gelatine.
gelatina cristalizada (placa fotográfica) | frosted gelatine.
gelatina de carne | meat gelatine.
gelatina de cola | glue jelly.
gelatina de napalm | gel of napalm.
gelatina detonante | explosive gelatine.
gelatina explosiva | explosive gelatine | blasting gelatine.
gelatina heliográfica | heliographic gelatine.
gelatina sensibilizada | sensitized gelatine.
gelatinificable | gelatinizable.
gelatinificador | gelatinizer.
gelatinización | gelatification | gelatinization.
gelatinización (química) | solation.
gelatinizado | geled.
gelatinizador | gelatinizer.
gelatinizar | gelatinize (to) | jell (to).
gelatinizarse | jellyfy (to).
gelatinizarse (barnices) | liver (to).
gelatinólisis | gelatinolysis.
gelatinoso | gelatinous | jellous | slimy.
gelería de dirección (minas) | level drift.
gélido | frozen.
gelificación | gelation | gelificating | gelling | gel formation | gelification.
gelificado con un jabón de estroncio | gelled with a strontium soap.
gelificante | gelling | gelificating.
gelificar | gelify (to) | gel (to).
gelignita | gelignite.
gelilevantamiento (del terreno) | frost heaving.
gelilevantamiento del terreno | cryoturbation.
gelisuelo | permanently frozen ground.
gelisuelo (parte de la corteza terrestre cuya temperatura es menor de 0 °C - regiones polares) | permafrost.
gelisuelo activo | active permafrost.
gelivación | gelivation.
gelogénico | laughter-producing | gelogenic.
geloideo | gel-like.
gelómetro | gelometer.
gelosis | gelosis.
gelutong (Dyera costulata-Hook, f) | jelutong.
gelutong (Dyera iowii) | jelutong paya.
gem (gramo × metro) | gem.
gema | gem | gemstone | jewel | real stone | precious stone | jewel stone | bud | stone.
gema artificial | paste jewel.
gema artificial para relojes | watch stone.
gema con agente colorante extraño a su composición química | allochromatic gem stone.
gema con algo de color que la hace desmerecer | off-color.
gema con coloración delicada | fancy stone.
gema con fenómeno óptico | phenomenon gem.
gema con lustre natural antes de ser tallada | naif gem.
gema con traza ligera de color | off-color gem.
gema construida de dos o más piezas de gemas | assembled stone.
gema de hábito octaédrico | octahedral habit gem.
gema embebida en su ganga | matrix-gem.
gema facetada | faceted gem | facetted gem stone.
gema falsa | imitation.
gema grabada | engraved gem.
gema ornamental | ornamental stone.
gema ornamental transparente | transparent ornamental stone.
gema piriforme de espinela | spinel boule.
gema plana | flat stone.
gema plana con depresión cóncava pulida | chevee.
gema redonda tallada en brillante | round brilliant-cut gem.
gema semielaborada | rough gemstone.
gema semigenuina | semigenuine gem.
gema semipreciosa | semi-precious gem stone | semiprecious stone.
gema sin defectos | flawless gem.
gema sin paño | flawless gem.
gema sin tallar ni pulir | rough stone.
gema tallada | cut stone | cut gem | facetted gem stone | carved gem.
gema tallada y pulida | fashioned gem stone.
gemación | gemation.
gemaria | gemmary.
gemario | gemmary.
gemas | gemmery.
gemas pulidas en el tambor giratorio | tumbled gems.
gemas sin defectos | first water.
gemas talladas en brillante | brilliant-cut gemstones.
gemela (ballestas) | shackle.
gemela de ballesta | spring shackle.
gemelo | dual.
gemelo (conjugado) | twin.
gemelos (buques) | sister.
gemelos binoculares | binoculars.
gemelos de campaña | binocular | field glasses.
gemelos de prisma | prismatic binoculars.
gemelos para los puños | link.
gemelos prismáticos | prism-binoculars.
gemífero | gem-bearing.
geminado | geminate.
geminal (química cuántica) | geminal.
gemología | gemology (EE.UU.) | gemmology (G.B.).
gemología de la nomenclatura correcta e incorrecta de las gemas | ethical gemmology.
gemología descriptiva | descriptive gemology.
gemología determinativa | determinative gemmology.
gemología ética | ethical gemmology.
gemólogo (EE.UU.) | gemmologist.
gemólogo (G.B.) | gemologist.
gen | gene.
gen (cromosomas) | gene.
gen de tasa (biología) | rate gen.
gen llave (biología) | key gene.
gendarmería | constabulary.
gene | gene.
gene indicador (biología) | indicator gene.
gene marcador | gene marker.
gene mutante | mutant gene.
genealogía | genealogy | pedigree.
genealógo | genealogist.
generabilidad | generability.
generable | generable.
generación | generation.
generación (del vapor, etc.) | production.
generación actual | current generation.
generación atérmica | nonthermal generation.
generación automática de caracteres de relleno | auto fill character generation.
generación de curvas | curve generation.
generación de curvas de lentes para gafería | spectacle lens curve generation.
generación de energía eléctrica | electrical energy generation.
generación de energía magnetotermiónica | magnetothermionic power generation.
generación de energía mecánica | mechanical energy generation.
generación de flujo en una dirección | streaming.
generación de frecuencias parásitas | frequency splitting.
generación de impulsos rectangulares | gating.
generación de informes | report generation.
generación de lentes oftálmicas | prescription lens generation.
generación de llamada | ring down.

generación de olas | generation of waves.
generación de ondas | generation of waves.
generación de potencia fotovoltaica | photovoltaic power generation.
generación de potencia hidráulica | hydro-power.
generación de vapor de agua | steam generation.
generación directa de electricidad | direct generation of electricity.
generación en masa de neutrones | mass-generation of neutrons.
generación espontánea | abiogenesis.
generación óptica | optical generation.
generación parental (genética) | P.
generado en el computador | computer generated.
generado en la calculadora electrónica | computer generated.
generado monobloque | unit-connected generator.
generado por detonación | detonation-generated.
generador | generator | parent.
generador (electricidad) | supply | source | unit.
generador accionado por diesel | oil engine-driven generator.
generador accionado por rueda Pelton de eje horizontal | horizontal shaft Pelton-driven generator.
generador accionado por turbina Francis de eje vertical | vertical shaft Francis driven generator.
generador accionado por viento | wind-driven generator.
generador acorazado de polos conmutadores excitados en serie | series-wound commutating pole totally-enclosed generator.
generador acústico | acoustic generator.
generador asincrono | induction generator.
generador asíncrono con rotor sin devanado de excitación | solid-rotor asynchronous generator.
generador automático de programa (escritura de informes) | report program generator.
generador autorregulador | booster.
generador auxiliar | booster.
generador auxiliar reforzador de tensión | booster.
generador con cojinete sobre una consola | single-pedestal bearing generator.
generador con devanados hidroenfriados (electricidad) | water-cooled winding generator.
generador con enfriamiento interno en circuito cerrado | inner-cooled generator.
generador con inducido y colector fijos girando las escobillas y el campo magnético obteniéndose una fuerza electromotriz alterna en el inducido fijo (electricidad) | transverter.
generador con máquina impulsora | generator unit.
generador con regulación de velocidad | controlled-speed generator.
generador con rotor fijo sobre el eje de la máquina motriz | engine type generator.
generador con ventilación por conductos | duct-ventilated generator.
generador de acetileno con agua cayendo sobre el carburo | water-to-carbide acetylene generator.
generador de acetileno de carburo cayendo en el agua | carbide-to-water acetylene generator.
generador de agua dulce (buques) | distiller.
generador de aire caliente | hot-air generator.
generador de alta frecuencia accionado por válvula termiónica | valve-driven H. F. generator.
generador de alta frecuencia para caldeo electrónico | electronic heating high frequency generator.
generador de alta y baja tensión | dual purpose generator.
generador de amperaje constante | constant-current generator.
generador de armónicos de diodo de reactancia | reactance diode harmonic generator.
generador de atmósfera artificial (horno de termotratamientos) | atmosphere generator.
generador de atmósfera endotérmica | endothermic atmosphere generator.
generador de atmósferas artificiales | special atmosphere generator.
generador de audiofrecuencia | tone generator.
generador de baja frecuencia | audio oscillator.
generador de barrido e impulsos retardados | delayed pulse and sweep generator.
generador de caldeo por corrientes de inducción de hiperfrecuencia accionado por lámparas termiónicas | valve-driven high-frequency induction heating generator.
generador de calentamiento por corrientes de alta frecuencia | induction heating generator.
generador de calibración | marker generator.
generador de caracteres para visualización | display character generator.
generador de circuito impreso (máquina herramienta) | printed circuit generator.
generador de código de tiempo | time code generator.
generador de combustión de pistones libres | free-piston gas generator.
generador de conductores enfriados | conductor-cooled generator.
generador de control de frecuencia (telecomunicación) | frequency makeup generator.
generador de corriente | current generator.
generador de corriente alterna | alternator.
generador de corriente alterna de polos salientes | salient pole a. c. generator.
generador de corriente alterna funcionando en paralelo | parallel running a. c. generator.
generador de corriente continua | direct current generator | c. c. generator | continuous current generator.
generador de corriente continua autoexcitador | self-exciter D. C. generator.
generador de corriente continua de devanado múltiple | compound wound continuous current dynamo.
generador de corriente continua de doble inducido | double armature D. C. generator.
generador de corriente continua de gran amperaje y bajo voltaje | low-voltage high-current DC generator.
generador de corriente continua de pluridevanados | multiwinding D-C generator.
generador de corriente continua para soldadura | D. C. welding generator.
generador de corriente impulsiva | surge-current generator.
generador de corriente perturbadora | noise current generator.
generador de chispas | spark transmitter.
generador de descargas eléctricas | lightning generator.
generador de diente de sierra autoelevador | bootstrapped sawtooth generator.
generador de diodo de función | diode function generator.
generador de disco de Faraday (electromagnetismo) | ribbon generator.
generador de disco rotatorio | rotating-disc type generator.
generador de doble voltaje | double voltage generator.
generador de dos corrientes (continua y alterna) | double-current generator.
generador de eje vertical | vertical generator.
generador de empuje | thrustor | thruster.
generador de empuje de chorros de plasma | plasmajet thrustor.
generador de energía solar de silicio | silicon solar generator.
generador de espuma contraincendios | proportioner.
generador de exploración | timing axis oscillator.
generador de falsas señales (radar) | meacon.
generador de frecuencia gobernado por un cuarzo | quartz crystal-controlled frequency generator.
generador de función casual | random function generator.
generador de función forzada | forcing function generator.
generador de función fotoeléctrico | photoformer.
generador de funcionamiento discontinuo | step-function generator.
generador de funciones | function generator.
generador de gas | gas generator | gasifier.
generador de gas de pistones enlazados | crank-piston gas generator.
generador de gas inerte | inert-gas generator.
generador de gases de combustión | gas generator.
generador de haz electrónico | electron beam generator.
generador de hipervoltaje | high-potential generator.
generador de imagen de prueba | pattern generator.
generador de impulsos | pulser | pulse generator | pulsator | surge generator | impulse machine | impulse generator.
generador de impulsos arrítmicos | jitterbug.
generador de impulsos codificados | pulse coder.
generador de impulsos con espaciamiento logarítmico | logarithmic spacing pulse generator.
generador de impulsos cuadrados | square-pulse generator.
generador de impulsos de desbloqueo (radar) | gate generator.
generador de impulsos de frente escarpado | steepfront pulse generator.
generador de impulsos de gran amperaje | high-current impulse generator.
generador de impulsos de radiofrecuencia | carpet tester.
generador de impulsos de regeneración | regenerative pulse generator.
generador de impulsos de tipo lineal | line-type pulser.
generador de impulsos en diente de sierra | sawtooth pulser.
generador de impulsos modulado en longitud de impulsos | length-modulated pulse generator.
generador de impulsos múltiples | multipulse generator.
generador de impulsos por desplazamiento de fase | phase-shifting pulse generator.
generador de impulsos rectangulares | rectangular-pulses generator.
generador de impulsos selectores | gating pulse generator | strobing pulse generator.
generador de inducción | asynchronous generator | induction generator.
generador de inducción acoplado a turbina hidráulica | hydroelectric induction generator.
generador de inductores polares | polar-inductor type generator.
generador de informes | report generator.
generador de interferencias | interference unit.
generador de intervalos | interval generator.
generador de llamada (telefonía) | ringing machine.
generador de llamada de frecuencia vocal o fónica | tone ringer.
generador de magnetoestricción de hipofrecuencia | low-frequency magnetostriction generator.
generador de modo de impulsos | pulse moder.
generador de múltiples colectores | multicommutator generator.
generador de muy alta frecuencia | ultra-high frequency generator.
generador de neutrones | neutron generator.

generador de neutrones rápidos | intense neutron generator.
generador de niebla | fogger | fog generator.
generador de olas | wavemaker.
generador de onda sinusoidal | fine-wave generator.
generador de ondas | wavemaker.
generador de ondas acústicas | acoustic generator.
generador de ondas de choque | lightning generator | surge generator | impulse generator.
generador de ondas elásticas de frecuencia sónica | sonic frequency elastic wave generator.
generador de ondas en forma de diente de sierra | sawtooth generator.
generador de ondas medicinales | stimulator.
generador de ondas periódicas | sequence wave generator.
generador de ondas planas | plane-wave generator.
generador de oscilaciones | oscillation generator.
generador de oscilaciones de relajación | sweep generator.
generador de oxígeno | oxygenerator.
generador de ozono | ozone generator.
generador de pantalla (programa) | screen generator.
generador de polos auxiliares | interpolar generator.
generador de portadoras gobernado con cuarzo | quartz-controlled carrier generator.
generador de potencia constante | constant-power generator.
generador de programa de clasificación | sorting routine generator.
generador de programas de interclasificación | merge generator.
generador de radiofrecuencia | circuit driver.
generador de relajación | relaxation generator.
generador de relajación biestable (televisión) | bistable multivibrator.
generador de reloj de línea | line clock generator.
generador de retracción del haz (televisión) | flyback generator.
generador de ruidos complejos | random noise generator.
generador de ruidos de pérdida distribuida | distributed-loss noise generator.
generador de señal | signal generator.
generador de señal de radiofrecuencia | radio frequency signal generator.
generador de señal de sincronización | sync-signal generator.
generador de señales correctoras de sombra (TV) | shading generator.
generador de señales de audiofrecuencia | audio signal generator | audio frequency signal generator | audiofrequency signal generator.
generador de señales de deflexión | sweep generator.
generador de señales de sincronización | synchronizing signal generator.
generador de señales de tiempo | timing marker generator.
generador de señales moduladas en frecuencia transistorizado | transistorized F-M signal generator.
generador de señales por microondas | microwave signal generator.
generador de sinusoides puras | pure sine-wave generator.
generador de submúltiplos (acústica) | multitone generator.
generador de superficies asféricas | aspheric surface generator.
generador de superficies de lentes | lens surface generator.
generador de superficies tóricas | toric surface generator.
generador de tiempo | timer.
generador de tiempo para llamada local (telefonía) | local call timer.
generador de torbellinos (aérodinamica) | vortex generator.
generador de trama | grating generator.
generador de trama de la imagen (televisión) | crosshatch generator.
generador de trenes de impulsos | pulse train generator.
generador de trenes de impulsos de tono | tone-burst generator.
generador de turbina de combustión de recuperación | regenerative gas turbine generator.
generador de turbina de gases | turbogas generator.
generador de vapor | steam developer | steam generator.
generador de vapor caldeado por vapor de agua | steam-heated steam generator.
generador de vapor caldeado por vapor de la turbina | steam/steam generator.
generador de vapor con hogar caldeado por quemador de turbulencia | cyclone-fired steam generator.
generador de vapor con vaporización forzada | supercharged steam generator.
generador de vapor de funcionamiento totalmente automático | fully-automatic-operated steam generator.
generador de vapor de paso único | once through steam generator.
generador de vapor de recirculación forzada | forced recirculation steam generator.
generador de vapor para la marina | naval steam generator.
generador de vapor sin hogar | unfired steam generator.
generador de vibraciones ultrasónicas | ultrasonic vibration generator.
generador de voltaje constante | fixed-voltage generator | constant-voltage generator | constant-potential generator.
generador de voltaje constante excitado en derivación | shunt-wound constant voltage generator.
generador de voltaje de calibración | fixed range mark generator.
generador de voltaje de polarización | bias generator.
generador de voltaje en diente de sierra | sawtooth generator.
generador de voltaje estabilizado | stabilized voltage generator.
generador de voltaje regulable | variable-voltage generator.
generador del tacómetro del motor principal | main engine tachometer generator.
generador desimanador | killer generator.
generador discriminador de impulsos (televisión) | sampling pulse generator.
generador electrostático | influence machine | electrostatic generator.
generador electrostático giratorio | rotary electrostatic generator.
generador elevador de voltaje | forcing generator.
generador en avance de fase | leading generator.
generador en estrella con neutro puesto a tierra (electricidad) | grounded wye generator.
generador eólico | aerogenerator | wind-power generator | wind machine.
generador espectral controlado | keyed rainbow generator.
generador explosivo de ondas planas | plane-wave explosive generator.
generador extrarrápido | instantaneous generator.
generador fotoacústico | photoaudio generator.
generador helioeléctrico | solar generator.
generador hidráulico de par de torsión | hydraulic torque generator.
generador homopolar de disco | disc-type homopolar generator.
generador horizontal de engranajes de fresas múltiples | multicutter horizontal gear generator.
generador inductivo de corriente en diente de sierra | inductive sawtooth generator.
generador isotópico | isotopic power generator.
generador magnético de impulsos | magnetic pulser | pulsactor.
generador magnetohidrodinámico | MHD generator.
generador magnetoplasmadinámico | magnetoplasmadynamic generator.
generador Marx | impulse generator.
generador mecánico de ruidos | confuser.
generador modulado por la imagen (TV) | picture modulated generator.
generador omnionda | signal generator.
generador panorámico | wobbulator.
generador para cosmonaves | spacecraft generator.
generador para el arrastre de la banda (decapado de bandas) | drag generator.
generador patrón de impulsos | master clock.
generador piezoeléctrico | piezoelectric generator.
generador polifásico | multiphase generator.
generador polimórfico | multiple current generator.
generador regulador (de presión, voltaje) | reversible booster.
generador sincrónico | sync generator.
generador síncrono | alternator.
generador síncrono de polos no salientes | nonsalient pole synchronous generator.
generador solar fotovoltaico | solar photovoltaic generator.
generador solar termoeléctrico | solar thermoelectric generator.
generador sonoro puntual | simple sound source.
generador tacométrico con rotor de poca inercia y gran entrehierro (rotor de cápsula de cobre o aluminio envolviendo al núcleo magnético estacionario | drag-cup tachometric generator.
generador termoeléctrico | thermoelectric generator.
generador termoeléctrico alimentado con el radioisótopo estroncio-90 | strontium-90 fueled thermoelectric generator.
generador termoeléctrico con combustible del plutonio | plutonium-fuelled thermoelectric generator.
generador termoeléctrico de cesio 137 | cesium 137 thermoelectric generator.
generador termoeléctrico por radioisótopos | radio-isotope thermoelectric generator.
generador tiristor | thyristor driver.
generador trifásico | triphase generator.
generador trifásico con autoexcitación mixta | self-compounded three phase generator.
generador ultrasonoro de gran potencia | high-power ultrasonic generator.
generador ululante | warble generator.
generador vapor/vapor | unfired steam generator.
generador y comprobador de número secuencial | sequence number generator and checker.
generadores conectados en derivación sobre la red | parallel-connected generators.
generador-manipulador de tono (audio) | tone generator-keyer.
general | general | general | common.
general de brigada | brigadier.
general de división | Major-General | two-star general | lieutenant general.
generala | alarm.
generala (toque de corneta o tambor) | general.
generalato | generalship.
generalísimo | commander-in-chief | supreme commander.
generalizado (matemáticas) | extended.
generalizar | generalize (to).
generalmente aceptado | generally accepted.

generalmente hablando | in the main.
generalmente una combinación de superficies cónicas y cilíndricas (buques) | hydroconic construction.
generar (electricidad) | generate (to).
generar calor | give off heat (to).
generar impulsos rectangulares | gate (to).
generar la curva | create the curve (to).
generar programas | generate (to).
generar vapor | steam (to).
generarador de impulsos cíclicos | recurrent surge generator.
generatriz | parent | ruling | ruling line.
generatriz (curvas) | element.
generatriz (geometría) | generant | generatrix.
generatriz (línea generatriz - geometría) | generating line.
generatriz (superficies curvas) | generator.
generatriz del cono de referencia (engranaje cónico) | back-cone distance.
generatriz del cono primitivo (engranaje cónico) | apex distance.
generatriz del cono primitivo (engranajes) | cone distance.
generatriz polimórfica | polycurrent generator.
generatriz primitiva (engranaje cónico recto) | cone distance.
género | fabric | kind | stuff.
género (de curvas) | genus.
género (mineralogía) | group.
género (música-biología) | genus.
género acordonado | rep.
género crudo | greige goods.
género de actividad comercial | line of business.
género de hilo | linen.
género de hilo crudo | ecru.
género de punto | knitted stuffs.
género de punto acanalado | rib fabric.
género de punto derecho a derecho | rib fabric.
género de punto indesmallable | jersey cloth.
género de punto inglés | rib fabric.
género de urdimbre estampada | shadow print.
género listado a cuadros | plaid.
género para abrigos | coating.
género para vestidos | clothing.
género tornasolado | shot fabric.
género tubular para fundas de almohada | pillow tubing.
género uno (matemáticas) | genus one.
géneros | commodities | goods | wares.
géneros a condición | goods on approbation.
géneros a porte debido | goods carriage forward.
géneros acabados | finished goods.
géneros anchos (en G.B. más de 45 cms; en EE.UU. más de 60 cms) | broad goods.
géneros aprestados | finished goods.
generos blancos | whites.
géneros congelados deshidratados | dehydrated frozen goods.
géneros de algodón | cotton goods.
géneros de algodón estrechos (de menos de 101 centímetros de ancho) | narrow goods.
géneros de color | colored goods.
géneros de consumo corriente | staple commodities.
géneros de fabricación local | locally-manufactured goods.
géneros de fácil salida | good selling articles.
géneros de fantasía de color | dyed fancies.
géneros de importación | imported goods.
géneros de punto | hosiery trade | hosiery | hose | knit goods.
géneros de punto circulares | circular knit goods.
géneros de punto de doble urdimbre | double knit goods.
géneros de punto en pieza | cut goods.
géneros de punto sin revés | double knit goods.
géneros de punto vanisados | plated knit goods.
géneros de seda | silk goods.
géneros de segunda (telas) | seconds.
géneros de venta difícil | heavy goods.
géneros del país | locally-manufactured goods.
géneros diversos | sundries.
géneros en pieza | soft goods | piece goods.
géneros en que el flete se paga por volumen | measurement goods.
géneros escogidos | high-class goods.
géneros estampados | print goods | prints | printed goods.
géneros no tejidos | nonwovens.
géneros para velos | veiling.
géneros que se venden por piezas | piece goods.
géneros tirados por un ladrón para no ser aprehendido | waif.
géneros tubulares | tubular goods.
génesis del diamante | diamond growth | diamond genesis.
génesis del diamante natural | genesis of the natural diamond.
génesis del Universo | origination of the Universe.
génesis terminológica | terminogenesis.
genética (biología) | genetics.
genética bioquímica | biochemical genetics.
genética cuántica | quantum genetics.
genética de poblaciones (biología) | population genetics.
genética del ganado | livestock genetics.
genética forestal | forest genetics.
genética molecular | molecular genetics.
genética vegetal | plant genetics.
geneticista | geneticist.
geneticista bioquímico | biochemical geniticist.
genético | genetic.
genetlíaca | genethliac.
geniculado (botánica) | knee-jointed | kneed.
genipa (Genipa americana) | genipa.
genitor (genética) | parent.
genitor androestéril | male-sterile parent.
genoanticlinal | genoanticlinal.
genocentro | gene center.
genocidio | genocide.
genol | futtock.
genoma (genética) | genome.
genomio | genome.
genoparatipo | genoparatype.
genotipo | genotype.
gente a quien se dirige la propaganda (guerra sicológica) | target audience.
gente de mar | seamen | seafaring people.
gente ordinaria | rank and file.
gente principal | outstanding people.
gente sencilla | plain people.
gentex (servicio telegráfico público europeo) | gentex.
gentileza | graciousness.
gentío | drove.
genuinidad | genuineness.
genuino | right.
geo-alerta (fenómenos geofísicos) | geoalert.
geoastrofísica | geoastrophysics.
geoastrofísico | geoastrophysical.
geoastronomía | geoastronomy.
geobarometría | geobarometry.
geobarómetro | geobarometer.
geobiología | geobiology.
geobiótico | geobiotic.
geobotánica | geobotany.
geocentro (centro de la tierra) | geocenter.
geocerita | geocerite.
geocíclico | geocyclic.
geociclotrón (acelerador de electrones en la ionosfera) | geocyclotron.
geociencia | geoscience.
geocorona (corona terrestre) | geocorona.
geocriológico | geocryological.
geocronología | geochronology.
geocronometría | geochronometry.
geocultural | geocultural.
geoda | drusy cavity.
geoda (de un filón) | vug.
geoda (espacio linfático dilatado - anatomía) | geode.
geoda (geología) | geode.
geoda amigdaloide | amygdaloidal geode.
geoda cristalina | crystalline geode.
geodemografía | geodemography.
geodepresión | geodepression.
geodescopio | geodescope.
geodesia | land surveying | land survey | land-surveying | geodesy | geodetics.
geodesia de la tierra | geodesy of the earth.
geodesia de satélites | celestial geodesy.
geodesia esferoidal | spheroidal geodesics.
geodesia geométrica | geometrical geodesy.
geodesia gravimétrica | gravimetric geodesy.
geodésica cerrada | close geodesic.
geodésica esferoidal | sheroidal geodesic.
geodésico | geodetic | geodesic.
geodesta | geodetic engineer | geodesist.
geódico | geodic | geodal.
geodimetría | geodimetry.
geodímetro | geodimeter.
geodinámica | geodynamics.
geodinámica petrolera | petroleum geodynamics.
geodinámico | geodynamic.
geoeconomía | geoeconomy.
geoefectivo | geoeffective.
geoelectricidad | geoelectricity.
geoeléctrico | geoelectric.
geoestabilidad | soil stability.
geoestrategia | geostrategy.
geofísica | geophysics.
geofísica del suelo marino | marine geophysics.
geofísica eléctrica | electrogeophysics.
geofísico | geophysical.
geofísico (persona) | geophysicist.
geofonía | geophony.
geófono | geophone | geotector.
geófono de refracción | refraction geophone.
geogénesis | geogenesis.
geogenia | geogeny.
geognosia | geognosy.
geognóstico | geognostic.
geografía | geography.
geografía de Marte | geography of Mars.
geografía dialectal | dialectical geography.
geografía encefálica (anatomía) | encephalic geography.
geografía física | physiography.
geografía humana | anthropic geography.
geógrafo | geographer.
geógrafo asesor | geographer-consultant.
geógrafo del departamento de estado | geographer of the department of state.
geohidráulica | geohydraulics.
geohidrología | geohydrology.
geohidrólogo | geohydrologist.
geoidal | geoidal.
geoide | geoid.
geoide astrogeodésico | astrogeodetic geoid.
geoide compensado | compensated geoid.
geoide isostático | isostatic geoid.
geoisoterma | isogeotherm | geoisothermal.
geolitología | geolithology.
geología | geology.
geología agrícola | agricultural geology.
geología aplicada a la ingeniería | engineering geology.
geología aplicada a la ingeniería civil | civil engineering geology.
geología de las diversas áreas de la superficie terrestre | areal geology.
geología dinámica | dynamic geology.
geología económica | economic geology.
geología estructural | geotectonic geology.
geología fisiográfica | physiographical geology.
geología histórica | historical geology.
geología krística | krystic geology.
geología minera | mining geology.
geología paleontológica | paleontological geology.
geología petrolera | petroleum geology.
geología planetaria | planetary geology.
geología sobre el terreno | field geology.
geología submarina | submarine geology.

geología superficial | cenology.
geología volcánica | volcanic geology.
geológicamente favorable | geologically favorable.
geologizar | geologize (to).
geólogo | geologist | earth scientist.
geólogo especializado que recorre el terreno buscando yacimientos mineros o petrolíferos | rockhound.
geólogo petrolero | petroleum geologist | oil geologist.
geólogo que pasa el día en el campo | full-time geologist.
geólogo-astronauta | geologist-astronaut.
geomagnéticamente | geomagnetically.
geomagnetismo | geomagnetism.
geomecánica | geomechanics | soil mechanics.
geomecánico | geomechanical.
geomedicina | geomedicine.
geómetra | geometer | geometrician | surveyor.
geómetra (catastro) | bounder.
geómetra catastral | ordnance surveyor.
geómetra del catastro | ordnance surveyor.
geometría | geometry.
geometría (orientación y situación de la fuente radioactiva respecto al detector) | geometry.
geometría abstracta | abstract geometry.
geometría algebraica | algebraic geometry.
geometría analagmática | anallagmatic geometry.
geometría analítica | analytics | analytic geometry | coordinate geometry | analytical geometry.
geometría analítica plana | plane analytical geometry.
geometría bidimensional | two-dimensional geometry.
geometría cinemática | kinematic geometry.
geometría cuspidal | cusped geometry.
geometría de cuñas cruzadas | crossed-wedge geometry.
geometría de espejo magnético (trayectoria de partículas) | mirror geometry.
geometría de iniciación turbulenta | turbulent-burst geometry.
geometría de la cuchilla | cutter geometry.
geometría de la elástica (vigas) | geometry of the elastic curve.
geometría de la entalla | notch geometry.
geometría de la herramienta | tool geometry.
geometría de la indentación | geometry of the indentation.
geometría de la probeta | specimen geometry.
geometría de la situación | geometry of the situation.
geometría de la suspensión | suspension geometry.
geometría de la suspensión delantera (autos) | front suspension geometry.
geometría de las deformaciones | strain geometry.
geometría de las herramientas de corte | cutting tool geometry.
geometría de las perforaciones | geometry of the perforations.
geometría de las redes eléctricas | network geometry.
geometría de los números | geometry of numbers.
geometría de los recuadros (vigas de celosía) | panel geometry.
geometría de red (nuclear) | lattice design.
geometría defectuosa | poor geometry.
geometría del agujero | hole geometry.
geometría del borde cortante | geometry of the cutting-edge | cutting edge geometry.
geometría del buque | geometry of ship.
geometría del casco (buques) | hull geometry.
geometría del contaje | counting geometry.
geometría del contenedor | container geometry.
geometría del grano del propulsante | propellant grain geometry.
geometría del instrumento | geometry of the instrument.
geometría del tejido | fabric geometry.
geometría del tren de engranajes | geometry of gearing.
geometría descriptiva | descriptive geometry | algebraic geometry | projective geometry | solid geometry.
geometría diferencial métrica | metric differential geometry.
geometría en el espacio | solid geometry.
geometría equiforme | equiform geometry.
geometría externa de la soldadura | external weld geometry.
geometría integral | integral geometry.
geometría inversiva | inversive geometry.
geometría magnética de espejo (plasma) | magnetic mirror geometry.
geometría molecular | molecular geometry.
geometría no euclidea | noneuclidian geometry.
geometría periférica de la muela abrasiva de rectificar | peripheral geometry of the grinding wheel.
geometría plana | plane geometry.
geometría proyectiva | graphic geometry | projective geometry.
geometría que sólo permite detectar parte de las partículas emitidas por la fuente | low geometry.
geometría tridimensional | solid geometry.
geometría volumétrica | volumetric geometry.
geometría y trigonometría esférica | spherics.
geometrías covalentes | covalent geometries.
geométricamente irregular | geometrically irregular.
geométricamente semejante | geometrically similar.
geométricamente similar | geometrically similar.
geométrico | geometric.
geometrizar | geometrize (to).
geometrodinámica | geometrodynamics.
geomicrobiología | geomicrobiology.
geomorfología | geomorphology | morphological geology.
geomorfología dinámica | dynamical geomorphology.
geomorfología física | physical geomorphology.
geomorfólogo | geomorfologist.
geón | geon.
geón térmico | thermal geon.
geonavegación (navegación con la brújula - navegación terrestre) | geonavigation.
geonómico | geonomic.
geonucleónico | geonucleonic.
geoplasticidad | soil platicity.
geopolítica | geopolitics.
geopolítica petrolera | oil geopolitics.
geopolíticamente | geopolitically.
geopolítico | geopolitical.
geoponía | geoponics.
geopónico | geoponic.
geopotencial | geopotential | gravity potential.
geoquímica | geochemistry | soil chemistry.
geoquímica del petróleo | petroleum geochemistry.
geoquímica física | physical geochemistry.
georremanencia | georemanence.
georresistividad | soil resistivity.
geoscopio | geoscope.
geósfera | geosphere.
geosicología | geopsychology.
geosinclinal | geosyncline | geosynclinal | regional syncline.
geosinclinal continental | continental geosyncline.
geosinclinal ensiálico | ensialic geosyncline.
geosinclinal ensimático | ensimatic geosyncline.
geosinclinal extracontinental | extracontinental geosyncline.
geosismos | geosisms.
geosismos de un petrolero (buques) | geoseims of a tanker.
geostacionario | geostationary.
geostasia | geostasy.
geostática | geostatics.
geostrofismo | geostrophism.
geosuturas (geología) | geosutures.
geotecnia | geotecnics | soil technology | soil science.
geotécnica | soils engineer.
geotécnico | soil scientist | geotechnical.
geotecnología | geotechnology.
geotectónica | geotectonics | tectonic geology.
geotectónico | geotectonic.
geoterma (geología) | geotherm.
geotermia | geothermy.
geotérmico | geothermic | geothermal.
geotermometría | geothermometry.
geotermométrico | geothermometric.
geotermómetro | geothermometer.
geotropismo | geotropism.
geovolcanismo | volcanic geology.
gerencia | managership | managing.
gerencia de operación (contabilidad) | operating management.
gerencia lineal | line management.
gerencia o gerotecnia (empresas) | management.
gerencial | managerial.
gerente | manager.
gerente de compañía armadora | managing owner.
gerente de líneas aéreas | airline operator.
gerente de los servicios de mercado | manager of marketing services.
gerente de marcas | brand manager.
gerente general | general manager.
gerente suplente | acting manager.
geriatría | geriatrics.
geriátrico | geriatric.
gerifalte (ave) | gerfalcon.
germanato | germanate.
germania | germania.
germanífero | germanium-bearing.
germanio (Ge) | germanium.
germanio con impurezas de cobre | copper-doped germanium.
germanio con impurezas de níquel | nickel-doped germanium.
germanio corregido (con otro metal) | doped germanium.
germanio cultivado | grown germanium.
germanio impurificado con manganeso | manganese-doped germanium.
germanio impurificado con oro | gold-doped germanium.
germanio modificado por silicio | silicon-modified germanium.
germanista | germanist | german scholar.
germen | germ | seed.
germen cristalino | crystal seed | crystal nucleus | seed crystal.
germen cristalino (cristalografía) | nucleus.
germicida | germicide | germ-destroying.
germicida catiónico | cationic germicide.
germicultivo | germiculture.
germífugo | germifugue.
germinable | germinable.
germinación | seeding | germinating | germination.
germinación (cristalografía) | nucleation.
germinación (metalografía) | twinning.
germinación (metalurgia) | growth.
germinación de la grieta | crack nucleation.
germinación del grano | grain growth.
germinación del grano (germinación del cristalito - metalurgia) | graining germination.
germinal | germinal.
germinante | germinant | germinating.
germinar | spire (to).
germinativo | germinal.
germoplasma | germoplasm.
gerocultura | geroculture.
geronggang (Cratoxylon arborescens) | geronggang.
gerontocracia | gerontocracy.

gerontología | gerontology.
gerontólogo | gerontologist.
geronto-siquiátrico | geronto-psychiatric.
gesso (pintura) | gesso.
gestación | bearing.
géstico | gestical.
gestión | handling | management | managing | control | arrangement | running | procuration.
gestión automatizada | automated management.
gestión culpable | malversation.
gestión de datos | data management.
gestión de fiabilidad | reliability management.
gestión de la cartera de títulos | portfolio management.
gestión de líneas | line control.
gestión de los mandos medios (empresas) | line management.
gestión de los mandos superiores (empresas) | staff management.
gestión de recuperación | recovery management.
gestión de recursos | facility management.
gestión de stock | inventory control.
gestión de tareas múltiples | multiple-task management.
gestión de trabajos | job management.
gestión defectuosa | mismanagement.
gestión del combustible nuclear | nuclear fuel management.
gestión del núcleo (central nuclear) | core management.
gestión del sistema (proceso de datos) | system management.
gestión dinámica | dynamic sheduling.
gestión global del proyecto | overall project management (OPM).
gestión presupuestaria | budget management.
gestión y contabilidad | management and accounting.
gestionar | manage (to).
gesto comprehensivo | embracing gesture.
gestor | administrator | managing partner | negotiator.
gestor para colas (sistema operativo) | queue manager.
getter | getter.
giam (Hopea lowii) | giam.
giba | boss | hump.
gibbsita | gibbsite.
gibbsítico | gibbsite.
giboso (botánica) | gibber | bunched.
giga | giga.
gigabit | kilomegabit.
gigabitio | gigabit.
gigaciclo | gigacycle.
gigaelectrón-voltio (unidad para definir la energía de partículas aceleradas - acelerador de partículas) | gev.
gigaelectrón-voltios | bev.
gigahercio | gigahertz.
gigahertzio | gigahertz.
gigahertzio = 10^9Hz | GHz.
gigámetro | gigameter.
gigante | giant.
gigantesco | gigantic.
gigantismo | megasoma.
gigantón (lanzamiento de buques) | poppet.
gigantones de popa (botadura buques) | after poppets.
gigantones de proa (botadura de buques) | fore poppets.
gigantones de proa y popa para la botadura | launching poppets.
gigaohmio | gigohm.
gigavatio | gigawatt.
gigavatio-hora | gigawatt-hour.
gilbertio (unidad de fuerza magnetomotriz) | gilbert.
gilbertio (unidad de medida) | gilbert.
gilotipia | panicongraphy | gillotype.
gilsonita | gilsonite.
gill acabador (estambre) | finisher gill.
gill de tornillo sin fin (hilatura) | screw gill.
gill-box (estiradora de peines - peinadora estambre) | gill-box.
gillete (medida de potencia de salida-láseres) | gillete.
gimnosperma (botánica) | gymnosperm.
gimnospermas (agricultura) | gymnospermae.
gimnoto | electric eel.
ginebra (licor) | gin.
ginecología | gynecology.
ginglimo (anatomía) | hinge-joint.
ginodioico | gynodioecious.
gipsífero | gypsum-containing.
gipsita | gypsum earth.
gipsofilia | gypsophily.
gipsófilo (ecología) | gypsophilous.
gipsometría | gypsometry.
gipsométrico | gypsometric.
gira con un radio muy pequeño | it turns short.
gira de un mes de duración | month-long tour.
gira en poco espacio | it turns short.
gira excéntricamente con relación al eje AB | it rotates eccentrically with respect to the axis AB.
gira política | hustings.
girabilidad | rotatability | rotationality | turning capacity.
girable | rotatable.
girable a mano | manually rotatable.
giración | gyration.
girado (de una letra) | drawee.
girado a mano | hand-rotated.
girador (de un cheque) | maker.
girador (de una letra) | drawer.
girador del disco (máquina calcular) | dial twirler.
giral (referente a las circunvoluciones del cerebro - anatomía) | gyral.
giralidad | gyrality.
girando | atwirl.
girando alrededor de un eje central | centrally pivoted.
girando alrededor de una recta | revolving about a line.
girando en sentido contrario | oppositely-rotating.
girando hacia dentro | inward-turning.
girando hacia fuera | outwardly-turning.
girando horizontalmente | horizontally rotating.
girando libremente | freely-rotatable.
girando por medio de una polea | rotated through a pulley.
girando sobre un eje vertical | vertically rotating.
girar | slue (to) | turn (to) | twirl (to) | spin (to) | rotate (to) | revolve (to) | revolve (to) | go round (to) | chop about (to) | gyre (to) | gyrate (to) | roll (to) | swivel (to) | sweep (to) | wheel (to).
girar (dinero) | draw (to) | turn over (to).
girar (efectos comerciales) | trade (to).
girar (máquinas) | run (to).
girar (puertas) | swing (to).
girar (tren de aterrizaje) | caster (to).
girar a cargo de (comercio) | draw against (to) | draw on (to).
girar a cargo de (economía) | value upon.
girar a cargo de (G.B.) | value upon (to).
girar a derechas | turn clockwise (to).
girar a la vista (efectos) | draw at sight (to).
girar a pocas revoluciones (motores) | idle over (to).
girar centrado (rotores) | run true (to).
girar concéntrico | run true (to).
girar contra (comercio) | draw on (to) | draw against (to) | draw up (to).
girar dando golpes | wobble (to).
girar de izquierda a derecha (viento) | veer (to).
girar de nuevo | redraw (to).
girar descentrado | wabble (to) | run untrue (to).
girar el remo al sacarlo del agua para que la pala quede casi horizontal | feather (to).
girar en descubierto | overdraw (to).
girar en descubierto (bancos) | kite (to).
girar en descubierto (comercio) | draw in blank (to).
girar en exceso del crédito concedido | overdraft (to).
girar en exceso del crédito disponible | overdraw (to).
girar horizontalmente | slew (to).
girar la proa hacia (aviones) | nose (to).
girar lentamente (motores) | idle over (to).
girar libremente | turn free (to).
girar locamente | turn idly (to).
girar loco | revolve idly (to).
girar loco (mecanismos) | idle (to).
girar muy despacio (motores) | clock over (to).
girar por inercia | run from its own momentum (to).
girar por la acción del viento (hélice) | windmill (to).
girar por saldo en contra | redraw (to).
girar rápidamente (radar, dirección de tiro) | slew (to).
girar sobre un bucle | cycle through (to).
girar sobre un eje | pivot (to).
girar sobre una charnela | hinge (to).
girar un cheque en descubierto | overcheck (to).
girar un poco a izquierdas | turn slightly anticlockwise (to).
girar una letra | draw a draft (to).
girar una letra (mercantil) | draw a bill (to).
girar 90 grados para poder ser laminado de canto (laminación) | edge (to).
girasol | turnsole | sunflower.
girasol (botánica) | girasol.
girasol (ópalo de fuego) | girasol.
giratoria sobre un eje horizontal superior (ventana de una hoja) | top-hung.
giratorio | turnable | swingwise | swing | swinging | rotary | gyrating | gyrational | rotating | rotatable.
giratorio alrededor del eje de muñones | trunnion-pivoted.
giratorio en 360° grados (que puede girar 360° grados) | rotatable through 360°.
giratorio por medio de un engranaje | rotatable by gearing.
giratorio por medio de una correa y polea | rotatable through belt and pulley.
giratorio sobre | pivoted on.
giratorio sobre un eje horizontal central (ventana de una hoja) | center-hung.
giro | rotation | round | turn | turning | slue | remittance | revolution | sweep | gyration | branch of business | cheque | spinning | pivoting | spin | swing | swinging | draft | twirl.
giro a la izquierda | rotation counterclockwise.
giro a la velocidad en que las bolas muelen bien y caen libremente (molino de bolas) | avalanching.
giro a la vista | stock draft | demand bill.
giro a plazo | time draft.
giro aceptado | two-name paper | two-party draft | double-name paper | accepted draft | acceptance.
giro aceptado bancariamente | bank acceptance.
giro bancario | bank money order | bank draft | banker's bill of exchange.
giro comercial | trade bill | commercial draft.
giro con endoso doble (comercio) | three-party draft.
giro de cobro | collection draft.
giro de favor | accommodation draft | accommodation bill.
giro de las hélices hacia afuera del codaste (buques) | out-turning.
giro de las hélices hacia el codaste (buques) | in-turning.
giro de un plano alrededor de una recta oblicua al plano | revolving a plane about a line oblique to the plane.
giro de un punto alrededor de una recta | revolving a point about a line.

giro del contorno | boundary twisting.
giro del timón hacia arriba en un viraje (aviones) | top rudder.
giro desatendido | dishonored draft.
giro en azimut (cañón) | arc on train.
giro en descubierto | overdraft.
giro en dirección (cañón) | arc on train.
giro en exceso de los fondos disponibles (bancos) | overdraft.
giro endosado | double-name paper | two-party draft.
giro excéntrico | wobble.
giro hacia la derecha (aviones) | right rudder.
giro horizontal (grúas, etcétera) | slew.
giro lateral limitado (grúas, cañones) | limited traverse.
giro normalizado | procedure turn.
giro o pagaré de favor (sin compensación) | accommodation.
giro por saldo (comercio) | redraft.
giro postal | money order | inland money orders | P.O. (postal order) | mail transfer | post office order | postal money order | postal transfer | postal order.
giro postal internacional | international money order.
giro programado | programed turn.
giro renovado | redraft.
giro sin documentos | clean draft.
giro sobre el exterior | foreign draft.
giro telegráfico | telegraphic money order | wire transfer.
giroacelerómetro | gyroaccelerometer.
giroaleta estabilizadora retractable (buques) | gyrofin.
giroavión | rotorcraft | compound rotorcraft.
girobus | gyrobus.
giroclinómetro | gyro clinometer.
girocompás magistral | master gyrocompass.
girodinámica | gyrodynamics.
girodino | gyrodyne.
giroestabilizador | gyrostabilizer.
giroestabilizar | gyrostabilize (to).
girofrecuencia | gyrofrequency | gyrofrequency.
girógrafo (contador registrador) | gyrograph.
girograma | gyrogram.
girohorizonte aeronáutico | aeronautical gyro horizon.
girola | ambulatory.
giromagnético | gyromagnetic.
giromagnetismo | gyromagnetism.
giromecanismo que estabiliza un instrumento contra el balance y cabezada (buques) | stable element.
girómetro (cuentarrevoluciones) | gyrometer.
girón | shred.
giroperíodo | gyroperiod.
giropiloto (piloto automático) | gyropilot.
giropiloto autosíncrono | self-synchronous gyro pilot.
giroplano | gyroplane.
giróptero | gyroptere.
girorradio | gyroradius.
girorrector | directional gyroscope.
giros a pagar | notes payable.
giros al portador | bank post bills.
giros de fondos | remittances.
giros de negocios | lines of business.
giros por recibir | notes receivable.
giroscopia | gyroscopics.
giroscópico | gyral.
giroscopigobernado | steered by a gyro.
giroscopio | gyrostat | gyroscope.
giroscopio angular (avión) | rate integrating gyro.
giroscopio clásico | spinning gyroscope.
giroscopio con el elemento interior flotando en mercurio o en un líquido muy denso | flotation gyroscope.
giroscopio cuyo eje apunta al norte | north-seeking gyroscope.
giroscopio de fluido en rotación | spinning fluid gyro.
giroscopio de la línea de mira (misiles) | line-of-sight gyroscope.
giroscopio de laser anular | ring laser gyro.
giroscopio de precisión libre | freely precessing gyroscope.
giroscopio de un grado de libertad | one-degree-of-freedom gyroscope.
giroscopio de vibración | vibratory rate gyro.
giroscopio del torpedo | torpedo gyroscope.
giroscopio direccional | directional gyro | directional gyroscope | bird cage | gyrocompass.
giroscopio direccional accionado por aire comprimido | air driven directional gyro.
giroscopio direccional gobernado por péndulo | pendulously controlled directional gyro.
giroscopio direccional sincronizado (piloto automático - aviones) | gyrosyn.
giroscopio flotando en un líquido | floated gyro.
giroscopio flotante de la línea de mira | free-floating line-of-sight gyro.
giroscopio geodésico | geodetic gyroscope.
giroscopio integrador | integrating gyroscope.
giroscopio para amortiguar guiñadas (aviones) | yaw-rate gyro.
giroscopio para el control de la orientación | attitude gyro.
giroscopio que ha perdido estabilidad | tumbled gyroscope.
giroscopio que mide la velocidad angular de viraje (aviones) | rate gyro.
giroscopio vibrador | gyrotron.
giroscopio vibratorio | vibratory gyroscope.
giroscopizar | gyroscopize (to).
giróscopo criogénico | cryogenic gyroscope.
giróscopo de posición | attitude gyro.
girostática | gyrostatics.
girostato | gyrostat.
giroteodolito | meridian transferer.
giroteodolito (teodolito giroscópico) | gyrotheodolite.
girotrón | gyrotron.
girotrón de diapasón sintonizante | tuning fork gyrotron.
givrina (tela) | frosted.
glabroso (botánica) | smooth.
glacé | glacé.
glacé tornasol | soft taffeta.
glaciación | glaciation.
glaciación (Inglaterra) | glacierization.
glaciación alpina | alpine glaciation.
glacial | icy | ice-cold.
glacial (viento, clima) | glacial.
glacial fosil | dead glacier.
glacial remansado | dead glacier.
glaciales erráticos | erratics.
glacialismo | glacialism.
glacialmente esculpido | glacially sculptured.
glaciar | ice-river | ice stream | glacier | ice-flow.
glaciar activo | active glacier.
glaciar colgado | cliff-glacier.
glaciar colgante | glacieret.
glaciar compuesto | compound glacier.
glaciar continental | continental glacier | continental ice.
glaciar de circo | cliff glacier.
glaciar de mareas | tidewater glacier | tidal glacier.
glaciar de meseta | plateau-glacier.
glaciar de montaña | valley glacier | mountain glacier.
glaciar de neviza | snow glacier.
glaciar de roca | rock stream.
glaciar de tipo alasqueño | Malaspina glacier.
glaciar en retroceso (geología) | receding glacier.
glaciar polisintético | compound glacier.
glaciar radiante | ice-sheet.
glaciar reconstruido | reconstructed glacier.
glaciar rocoso | rock river | stone run.
glaciar somontano | Malaspina glacier.
glaciar suspendido | hanging glacier.
glaciares tributarios | tributary glaciers.
glaciárico | glacial.
glaciarización | glacierization.
glacificación | glacification.
glaciofluvial | glaciofluviatile.
glaciolacustre | glaciolacustrine.
glaciología | glaciology.
glaciología (Europa) | cryology.
glaciólogo | glaciologist | glacialist.
glaciómetro | glaciometer.
glacionatante | glacionatant.
glándula | gland.
glándula acuifera (botánica) | water gland.
glándula digestiva (zoología) | liver.
glándula infartada | kernel.
glándula nectarífera (botánica) | flake.
glándulas | glands.
glándulas espumíferas | froth-glands.
glándulas productoras de espuma | froth-glands.
glándulas suprarrenales (medicina) | adrenals.
glasé de rayón | imitation taffeta.
glasé tornasol | glazed taffeta.
glaseado | glazed | glossy | gloss.
glaseado (papel) | glazing.
glaseado (pulido - telas, hilos) | glacé.
glaseador | glazer.
glasear | glaze (to) | glass (to) | gloss (to).
glasfalto | glasphalt.
glasis | glacis.
glasto | pastel.
glaucescencia | glaucescence.
glauco | bluey-grey.
glauconia | green chalk.
glauconífero | glauconiferous.
glauconita | glauconite | green earth | greenstone.
glauconítico | glauconite.
gleba | glebe.
gleba (botánica) | glebe.
glicasa | glycasa.
glicerato | glycerate.
glicérido de aceite maleinizado | maleinized-oil glyceride.
glicerina | glycerine.
glicerina solidificada | solidified glycerin.
glicerinar | glycerinise (to) | glycerinize (to).
glicerofosfato | glycerophosphates.
glicerógeno | glycerogen.
glicerol | glycerol.
glicocelona | glycocellone.
glicocola | glycocoll.
glicol | glycol.
glicol de etileno | ethylglycol.
glicol propílico | propylene glycol.
glicol vicinal | vicinal glycol | vic-glycol.
glicol xilenílico (química) | xylenyl glycol.
glicolato | glycolate.
glicolisis anaeróbica | anaerobic glycolysis.
glifo (arquitectura) | glyph.
glifografía | glyphography.
glifoscopio | glyphoscope.
gliptal | glyptal.
glíptica | gem-carving.
glíptica (ciencia) | glyptics.
glíptico | glyptic.
gliptodonte | glyptodont.
gliptogénesis | glyptogenesis | earth sculpture | land sculpture.
gliptografía | glyptography | gem-engraving | gem-carving.
gliptógrafo | glyptic artist | glyptographist.
gliptología | glyptology.
gliptólogo | glyptologist.
global | global | aggregate.
globalmente | in one amount | in bulk | in the aggregate.
globífero | globe-shaped.
globiforme | globe-shaped.
globo | ball.
globo (heráldica) | mound.
globo aerostático | aerostat | balloon.
globo cautivo | sausage balloon | fixed balloon | guyed balloon | moored balloon.
globo cautivo de barrera | obstruction balloon.
globo cautivo de observación | observation kite

balloon.
globo cautivo fijo | moored balloon.
globo cautivo para proteger de los ataques aéreos a baja altura | barrage balloon.
globo cometa | kite balloon | kite-sausage | kitoon.
globo compensador (aguja de navegación) | compensating globe.
globo de aire caliente | fire balloon | hot-air balloon.
globo de arrastre (medida de la velocidad del viento) | tail balloon.
globo de cristal (iluminación) | glass bowl.
globo de flotación | buoyancy bag.
globo de volumen constante de baja altitud cuya trayectoria es seguida por radar | tetroon.
globo del ojo | globe | ball.
globo dirigible | blimp.
globo libre cuya misión es recoger datos meteorológicos | skyhook.
globo libre no tripulado | unmanned free balloon.
globo libre para arrojar propaganda | propaganda balloon.
globo libre que mantiene el vuelo a un nivel de presión constante | constant-pressure balloon | constant-level balloon.
globo nodriza | constant-pressure balloon.
globo radiosonda | radio balloon | rawin | radiosonde balloon.
globo radiosonda usado para determinar el movimiento y velocidad del viento | rawin balloon.
globo sonda | ballon-sonde | registering balloon | exploring balloon | sounding balloon | pilot balloon.
globo sonda (meteorología) | pibal.
globo sonda cautivo | wiresonde.
globo sonda con radar | radar balloon | radar sonde | radwin | radar wing.
globo sonda meteorológico | meteorological balloon.
globo sonda para determinar la altitud del techo de nubes | ceiling balloon.
globocirro | globocirrus.
globocúmulo | globocumulus.
globos compensadores (aguja náutica - buques) | quadrantal correctors.
globoso | globed | globe-shaped | globose | globate.
globoso (botánica) | spherical.
globoso pero más ancho que largo | oblate.
globular | globe-shaped | globate | globular | globed | globose | beaded.
globularizar | globularise (to) | globularize (to).
globulimetría | globulimetry.
globulimétrico | globulimetrical.
globulina | globulin.
globulina gamma | gamma globulin.
globulito | globulite.
globulización | globularization.
glóbulo | globule.
glóbulo (biología) | corpuscle.
glóbulo (farmacia) | pearl.
glóbulo de metal precioso | globule of precious metal.
glóbulo de plomo formado durante el ensayo al fuego de minerales de oro o plata | button.
glóbulos de metal fundido | globules of molten metal.
glóbulos metálicos desprendidos por chisporroteo (electrodos) | spatter.
glóbulos reflectores | reflector beads.
globuloso | blistered.
globulosoesférico | globular.
glomerofídico | cumulophyric.
glomeroporfídico (cumulofídico - geología) | glomeroporhyritic.
glomerulado (botánica) | glomerate.
glomérulo (botánica) | cluster.
gloria | gloria.
gloria (pirotecnia) | fixed sun.
gloria imperecedera | fadeless glory.
glorieta | rotary intersection.
glorieta (carreteras) | rotary.
glorieta (EE.UU.) | traffic circle.
glorieta de circulación | traffic circle.
glorieta de circulación (tráfico viario) | roundabout.
glosa | gloss.
glosa (zoología) | glossa.
glosado | glossed.
glosador | glossator | glossist.
glosar | gloss (to).
glosarial | glossarial.
glosario | glossary.
glosario (dípteros) | glossarium.
glosario políglota | polyglossary.
glosarios (dípteros) | glossaria.
glosarista | glossarian.
glosemántica (ciencia) | glossemantics.
glosimetría | glossimetry.
glosimétrico | glossimetrical.
glosista | glosser | glossist.
glosofagino | glossophagine.
glosófagos (zoología) | glossophaga.
glosografía | glossography.
glosógrafo | glossographer.
glosógrafo (física) | glossograph.
glosólala | glossolalist.
glosolalia | gift of tongue | glossolaly.
glosología | glottology.
glosología (medicina) | glossology | glossology.
glosólogo | glottologist | glossologist.
glosopeda | foot and mouth disease.
glosopetra | glossopetra.
glosularita | grossular.
glosularita verde | African jade.
glotalizar | glottalize (to) | glottalise (to).
glotis | vocal chink.
glotocronología | glottochronology.
glotogónico | glottogonic.
glotogonista | glottogonist.
glotología | glottology.
glotólogo | glottologist.
glúcido | biose.
glucina | berylia | beryllia.
glucinio | beryllium.
glucógeno (química) | glycogen.
glucolisis (bioquímica) | glycolysis.
gluconato de calcio | calcium gluconate.
glucosa | dextrose | corn sugar.
glucosa en polvo | corn sugar.
glucósido (química) | glycoside.
gluelina | glueline.
gluma | scale.
gluón (partícula nuclear) | gluon.
gluten | gluten | glue.
glutinosidad | glutinousness.
glutinosidad (barnices, pinturas) | tack.
glutinoso | viscid | tough | tacky.
gnoseología | gnoseology.
gnoseólogo | gnoseologist.
gnosticismo | gnosticism.
gnu (zoología) | gnu.
goa | pig iron.
gobelino | Arras tapestry.
gobernabilidad (buques, aviones) | steerability.
gobernable | controllable | steerable.
gobernado desde tierra | ground-controlled.
gobernado diestramente | deftly-steered.
gobernado fotoeléctricamente | photoelectrically-controlled.
gobernado giroscópicamente | gyroscopically operated.
gobernado por autopiloto | autopilot-controlled.
gobernado por calculadora | computer-controlled.
gobernado por efecto Doppler | Doppler-controlled.
gobernado por el girocompás magistral | monitored by the master steering gyrocompass .
gobernado por giroscopio | gyro-controlled.
gobernado por leva | cam-controlled.
gobernado por radar | radar-monitored | radar-controlled.
gobernado por radio | radio-controlled.
gobernado por regulador | governor regulated.
gobernado por rejilla | grid-controlled.
gobernado por un cristal de cuarzo | quartz-piloted.
gobernado por un giroscopio | steered by a gyro.
gobernador | governor.
gobernador general | governor-general.
gobernadoría general | governor generalship.
gobernaduría | gubernorship.
gobernanza | governance.
gobernar | sway (to) | control (to) | manage (to) | command (to) | administrate (to).
gobernar (buques) | pilot (to) | sail (to) | lay (to).
gobernar (buques, misiles) | steer (to).
gobernar (la casa) | master (to).
gobernar (sobre un buque) | edge down (to).
gobernar (un buque) | handle (to) | navigate (to).
gobernar con cuarzo (electrónica) | quartz control (to).
gobernar con la proa a rumbo (buques) | steer course (to).
gobernar el buque | steer the ship (to).
gobernar el crecimiento del grano | grain-control (to).
gobernar el misil | steer the missile (to).
gobernar la reactividad (controlar la reactividad - reactor nuclear) | govern the reactivity (to).
gobernar por cristal de cuarzo | crystal-control (to).
gobernar por plantilla | template-control (to).
gobernar por radar | radar control (to) | radar-monitor (to) | radar-govern (to).
gobernar por rejilla | grid control (to).
gobernar por señales electrónicas (misiles guiados, vehículos sin piloto) | command (to).
gobernar por una estrella (misil intercontinental) | star-steer (to).
gobernar sobre (marina) | bear in with (to).
gobernar un buque | conn a ship (to).
gobierna bien (buque) | she steers well.
gobierna bien (buques) | she answers well the helm.
gobierno | governance | government | drive | control | management.
gobierno (buque, automóvil, avión) | steering.
gobierno (de oficinas, etc.) | administration.
gobierno (de una empresa) | managership.
gobierno alineado (aviones) | range steering.
gobierno automático del haz | automatic beam steering.
gobierno de coalición | coalition cabinet.
gobierno de empresas | management.
gobierno de un buque por el timón | steerage.
gobierno de una red de terminales con dialogo ordenador-terminal (teleproceso) | contention.
gobierno del buque | control of the ship.
gobierno del misil | missile guidance.
gobierno del montaje del cañón | gun mounting control.
gobierno del reactor nuclear | nuclear-reactor control.
gobierno electrohidráulico (buques) | electrohydraulic steering (ships).
gobierno en azimut | azimuth guidance.
gobierno en exilio | government-in-exile.
gobierno evasivo del buque (para engañar a los submarinos) | evasive steering.
gobierno federal | federal government.
gobierno giroscópico | gyroscopic control.
gobierno giroscópico para buscar el blanco | gyroscopic homing control.
gobierno multirracial | multiracial government.
gobierno provisional | caretaker government.
gobio (pez) | gudgeon.
goce (de un derecho) | enjoyment.
goce a perpetuidad | perpetuity.
godo | Goth.

goethita | needle ironstone.
gofrado | chased | embossed | gauffered | blind tooling | blind stamping | blind embossing | crimped.
gofrado (cueros) | embossing.
gofrado (encuadernación) | blinding.
gofrado (libros, telas) | goffered.
gofrado estampado o relieve sin tinta (imprenta) | plain embossing.
gofrador | leaf marker.
gofrar | goffer (to).
gofrar (libros) | gauffer (to).
gofrar (telas) | emboss (to).
gola (armadura) | quirk.
gola (armadura antigua) | gorgerin.
gola (armaduras) | gorget.
gola (arquitectura) | keel moulding.
gola (cimacio - arquitectura) | gola.
gola (fortificación) | gorge.
gola (hidrografía) | mouth.
goleta | schooner.
goleta de cuatro palos | four-masted fore-and-aft schooner.
goleta escuela a vela | sail training schooner.
golfo | ULF.
golfo de corrosión (cristalografía) | embayment.
golondrina | martinet.
golondrina de mar | sea shallow | tern.
golpe | percussion | blow | dig | bumping.
golpe (dado con algo de punta, con el dedo, etc.) | prod.
golpe audaz | daring move.
golpe audaz (política) | coup.
golpe brusco | knock.
golpe con admisión de vapor o aire comprimido durante el descenso (martinetes) | cushioned blow.
golpe contra el mar al cabecear el buque | slam.
golpe de aire | windspell.
golpe de ariete | waterhammer.
golpe de ariete (hidráulica) | surge | pressure-surge.
golpe de ariete (tuberías) | hammering | water ram.
golpe de ariete (tuberías de agua) | water hammer.
golpe de ariete (tuberías forzadas) | hammer.
golpe de batán (ajuste de la trama) | beating-up.
golpe de corriente de aire en vertical | dunt.
golpe de Estado | coup.
golpe de gracia | coup de grace.
golpe de la lanzadera (telar) | pick.
golpe de la rueda sobre la vía (locomotora) | wheel hammerblow.
golpe de mar | breaker | billow.
golpe de mar (cáncamo) | surge.
golpe de martillo sin admisión durante el descenso (martillo de forja) | dead blow.
golpe de peine (máquina peinadora) | nip.
golpe de prensa | stroke of press.
golpe de rechazo | back impact.
golpe de refilón | glancing hit.
golpe descentrado | side blow.
golpe ligero | pat.
golpe o disparo que no da en el blanco | miss.
golpe oclusor (golpe que hace unir las caras de un troquel) | hit home blow.
golpe para quitar el cordón inferior (estañado) | listing.
golpe que pone fuera de combate | knockout.
golpe seco | dead blow | hoick.
golpe sordo (acústica) | thump.
golpe violento | sockdolager.
golpeador | flapper | impinger.
golpeador (operario que golpea con martillo o mazo | striker.
golpeador (picada de telar) | bunter.
golpeador de perforación | drilling knocker.
golpeador pendular (prueba de resiliencia) | pendulum striker.
golpeador rotativo | rotating striker.
golpear | maul (to) | clap (to) | hit (to) | hammer (to) | pound (to) | knock (to) | hew (to).
golpear (la lluvia) | lash (to).
golpear (partes de máquinas) | lash (to).
golpear al girar | wabble (to).
golpear con maza | club (to).
golpear con un mazo | beetle (to).
golpear de nuevo (cuñas) | retighten (to).
golpear el techo para asegurarse de su solidez (minas) | knock (to).
golpear ligeramente | dab (to).
golpear una chapa alrededor del agujero después de haber introducido el remache caliente (remachado) | lay up (to).
golpearlo ligeramente (moldería) | rap (to).
golpearse los talones (saludo militar) | click (to).
golpecito | pat.
golpeo | beating | impingement | rapping.
golpeo del techo para probarlo (minas) | jowling.
golpeo producido por los autoencendidos (motores) | pinking.
golpes de mar | breakers.
golpes ligeros con el martillo | tapping.
golpes por minuto | drops per minute.
golpetear (máquinas) | hammer (to).
golpeteo | rapping | striking.
golpeteo (de circuito telegráfico sobre telefónico) | thump.
golpeteo (de la lluvia) | dash.
golpeteo (de un cojinete) | hammering.
golpeteo (en un motor de gasolina) | carbon knock.
golpeteo (máquinas) | knocking.
golpeteo (piezas de máquina) | lashing | hammer | hammering.
golpeteo de la biela (por exceso de avance al encendido) | wild ping.
golpeteo de la biela por exceso de avance al encendido (motores) | thud.
golpeteo de la lluvia | dash of the rain.
golpeteo de la vía (ruedas con el carril) | hammering.
golpeteo del motor (por carbonilla en el pistón) | carbon knock.
golpeteo del pistón | piston slip.
golpeteo en los extremos del carril (vía férrea) | rail-end batter.
golpeteo entre dientes del engranaje | gear hammer.
golpeteo sordo del motor durante su funcionamiento normal | thud of the engine.
gollete | throat | throttle.
gollete (botellas) | bottleneck | neck.
gollete (cartucho de proyectil) | shoulder.
gollete (vaina metálica) | neck.
gollete de la vaina | cartridge case neck.
goma | gum.
goma (papel, telas) | size.
goma a la dextrina (fotografía) | gum-dextrine mountant.
goma antiestática | antistatic rubber.
goma arábiga | acacia gum | mucilage.
goma butílica | butyl rubber.
goma calandrada | calendered rubber.
goma copal | copal.
goma crepe (látex coagulado, lavado y secado al aire) | crepe | crepe rubber.
goma de algarrobilla | locust bean gum.
goma de borrar | rubber | eraser.
goma de la caña | cane gum.
goma elástica | rubber.
goma esponjosa de poliestireno | polystyrene foam.
goma estabilizada antiácida | antiacid stabilized gum.
goma éster | ester gum.
goma laca | gumlac | shellac | lac.
goma laca descoloreada | bleached lac.
goma laca en granos | seedlac.
goma macrocelular | sponge rubber.
goma para lápiz (dibujo) | lead eraser.
goma para pegar | mucilage.
goma para pegar fotografías | mountant.
goma sandaraca | sandarac.
goma sintética de etileno-propileno | ethylen-propylen rubber.
goma tragacanto obtenida de la segunda incisión | biondo.
gomalacar | gumlac (to).
gomas vegetales | plant gums.
gomorresina del courbaril (Hymenaea courbaril) | animi gum.
gomorresina del Dorema ammoniacum | ammoniac.
gomosidad | gumminess.
gónada | gonad.
góndola | pod | gondola.
góndola (de motores-aviones) | nacelle.
góndola de motores (dirigibles) | engine gondola.
gongo (campana chinesca) | gong.
góngora | vugh.
góngora (de un filón) | vug.
góngora (minas) | lough.
goniasmómetro (instrumento para observar ángulos horizontales y rumbos) | goniasmometer.
goniofotómetro | goniophotometer.
goniógrafo (marcaciones) | goniograph.
goniometría | goniometry | angle measuring.
goniometría anatómica | anatomical goniometry.
goniometría auditiva | auditory direction finding.
goniometría interfacial | interfacial goniometry.
goniómetro | angle meter | angle gage | angulometer | goniometer | sight | direction finder (DF) | direction finder | protractor.
goniómetro (artillería) | dial sight.
goniómetro antena | periscopic sight.
goniómetro automático | compass.
goniómetro brújula | aiming circle.
goniómetro de cero auditivo | aural-null direction finder.
goniómetro de contacto (cristalografía) | contact goniometer.
goniómetro de espejo | optical square.
goniómetro de pieza | gunsight.
goniómetro de precisión | sine-bar.
goniómetro de puntería | aiming rule sight | telescopic sight.
goniómetro de rayos catódicos | cathode ray direction-finder.
goniómetro de rayos X | X-ray goniometer.
goniómetro de reflexión | reflecting goniometer | reflection goniometer.
goniómetro de reflexión de Fehr | FR goniometer.
goniómetro óptico | optical goniometer.
goniómetro orientable | rotable loop compass.
goniómetro panorámico | panoramic sight | panoramic goniometer.
goniómetro para texturas | texture goniometer.
goniómetro radárico | radar direction finder.
gonióometro de doble imagen | double-imagen goinometer.
gonioscopio | gonioscope.
googol (10^{100}) | googol.
gordo | fat.
gordo (animales) | in prime of grease.
gordolobo (botánica) | mullen.
gordura | fat.
gorgojicida | miticide.
gorgojo | cone beetle.
gorgojo (cereales) | grain weevil.
gorgojo (coleóptero) | weevil.
gorgojo (Venezuela) | mite.
gorgojo tallador (Honduras, Panamá) | engraver beetle.
gorgorán | grogram.
gorgorán (tela) | gourgouran.
gorgosaurio (paleontología) | gorgosaurus.
gorguera (armaduras) | gorget.

goriloide | gorilla-like.
gorjear | chirp (to).
gorra | cap | army headgear.
gorra de plato | flat-hat.
gorra reglamentaria | service cap.
gorro de campaña (milicia) | forage-cap.
gorro de faena (milicia) | fatigue-cap.
gorrón | bush | toe | pivot | male pivot.
gorrón (cilindro de laminador) | stud.
gorrón (cilindro laminador) | neck.
gorrón del cilindro | roller stud.
gorrón del cilindro (laminadores) | roller neck.
gorrón del eje | neck of journal.
goslarita | white copperas.
gota | tear | drop | drip.
gota (arquitectura, heráldica) | gutta.
gota (de sudor, rocío) | bead.
gota (enfermedad) | gout.
gota a gota | dropwise | drop by drop.
gota a gota intravenosa | drip intravenous.
gota de agua | drop of water.
gota de aire frío (meteorología) | pools of cold air.
gota de rocío | dewdrop.
gota sesil (pruebas de materiales) | sesile drop.
gota sesil solidificada | solidified sessile drop.
gotas de lluvia | raindrops.
gotas de pintura sobre la superficie (pintado por inmersión) | blobs.
gotas por minuto | drops per minute.
goteando | adrip.
gotear | trickle (to) | leak (to) | drop out (to) | drop (to) | dribble (to) | drip (to).
gotear (líquidos) | leak away (to).
gotear una costura (remachado) | leak a seam (to).
goteo | dropping | drip | dribbling | leakage | leak | drippage | dripping.
goteo (de bombas) | slippage.
goteo (defecto pintura) | runs.
goteo de la humedad | moisture seepage.
goteo de la pintura sobre el piso cuando se pintan las paredes | paint droppings.
goteo de niebla | fog drip.
goteo por condensación de la niebla | fog drip.
gotera | drip | dripping | roof leak.
goteras calcáreas (geología) | sinter deposits.
goterón | hood mold | condensation gutter | check throating.
goterón (arquitectura) | water drip.
goterón (cornisa) | dripstone.
goterón (de cornisa) | corona | drip.
goterón (edificios) | larmier.
goterón (puerta o ventana) | label.
goterones (del barniz) | icicling.
goterones de agua creados por la máquina de lavar los tanques de carga (petroleros) | water slugs.
gótico perpendicular (gótico inglés) | perpendicular style.
gotícula | droplet.
gotículas de líquido que acompañan a la corriente de vapor | entrainment.
gotículas discretas | discrete droplets.
gotiera (medicina) | cradle.
gotita | droplet.
gotita (de agua) | particle.
gotoso | gouty.
goupie (Goupia glabra) | kabukalli | sapirao.
goza de prioridad de entregas | it enjoys priority of supply.
gozando de su buen sentido | in his sober senses.
gozar de prioridad | enjoy priority (to).
gozne | hinge strap | hinge | hinge hook | joint | pin.
gozne acodado | bent hinge.
gozne de puerta | gate hook | door hinge.
gozne en H | H hinge.
grabación | record | recording | phonograph record.
grabación (discos gramófonos) | recording.
grabación (programas) | pretaping.
grabación con anterioridad a la transmisión (radio-TV) | pretaping.
grabación de amplitud fija | constant amplitude recording.
grabación de clichés | stencil punch.
grabación de datos | data recording.
grabación de discos (gramófono) | disc recording.
grabación de las palabras | voice recording.
grabación de matrices | stencil punch.
grabación de modulación lateral (acústica) | lateral recording.
grabación de televisión en casete | video-cassette recording.
grabación decorativa en vidrio con diamante | stippling.
grabación del vidrio | glass engraving.
grabación directa | direct recording.
grabación electrónica de la imagen | electronic video recording.
grabación electroquímica | electrochemical recording.
grabación electrosensible | electrosensitive recording.
grabación electrotérmica | electrothermal recording.
grabación en bloque | yoke.
grabación en cinta | tape recording.
grabación en cinta magnética | recording on magnetic tape.
grabación en cinta magnetofónica | magnetic tape recording.
grabación en cinta o disco | dubbing.
grabación en profundidad (fonografía) | vertical recording.
grabación estampada | embossed recording.
grabación externa | contour recording.
grabación fotográfica | photographic recording.
grabación fotosensible | photosensitive recording.
grabación instantánea | instantaneous recording.
grabación lateral | lateral transcription or recording.
grabación magnética | magnetic recording.
grabación monoaural | monaural recording.
grabación no polarizada con referencia a cero | non polarized return-zero recording.
grabación no polarizada con retorno a cero | nonpolarized return to zero recording.
grabación óptica | optical recording.
grabación por doble impulso | double pulse recording.
grabación sin vuelta a cero | nonreturn to zero.
grabación sonora sobre disco fonográfico (cine) | sound-on-disc recording.
grabación termoplástica | thermoplastic recording.
grabación vertical | hill and dale recording.
grabado | graving | icon | block | etched engraving | engraved | etch | tracing | picture illustration | print.
grabado (libros) | plate.
grabado a buril | drypoint.
grabado a mano | hand-engraved.
grabado a mano con punzón adiamantado | diamond-engraved.
grabado a media tinta | mezzotint.
grabado a punta seca | drypoint.
grabado a puntos | stipple engraving.
grabado a sangre | bleed cut.
grabado a toda plana | full-page plate | full-page illustration.
grabado al agua fuerte en cobre | copper etching.
grabado al buril | stroke engraving | line engraving.
grabado anastático | anastatic engraving.
grabado anódico | anodic etching.
grabado caligráfico en cobre | calligraphic etching.
grabado con agua fuerte | steel etching.
grabado con fondo desvanecido | cutout halftone.
grabado con muela abrasiva | wheel engraved.
grabado de cilindros de impresión de hueco-grabado por medio de rayos laser de gran potencia | laser-gravure.
grabado del vidrio | glass etching.
grabado electrolítico | electrolytic etching.
grabado electrónico | electronic engraving.
grabado en acero | steel engraving.
grabado en cinta con doble registro | double-track tape recording.
grabado en cobre | copperplate.
grabado en cobre al buril o al ácido | copperplate.
grabado en hueco | incised | impressed | intaglio engraving.
grabado en madera | xylograph.
grabado en mi memoria | embedded in my recollection.
grabado en página entera | full-page illustration.
grabado en policromía a toda plana | full-page multi-color plate.
grabado en relieve | anastatic engraving | relief block | embossed | line-work | relief engraving.
grabado en talla dulce | copperplate engraving | copperplate.
grabado en talla dura | steel engraving.
grabado en tamaño natural | actual size illustration.
grabado explosivamente | explosively engraved.
grabado fotográfico | photo fabrication.
grabado fuera de texto | full-page plate.
grabado heliográfico | heliographic engraving.
grabado para impresión de libros | bookplate.
grabado por chispas | spark engraving.
grabado por punteo con diamante (vidrio) | stipple engraving.
grabado químico | etching.
grabado sin margen | bleed cut.
grabador | engraver | etcher.
grabador (aparato) | recorder.
grabador (G.B.) | blockmaker.
grabador (sonido) | cutter.
grabador al agua fuerte | aquafortist.
grabador al buril | plate engraver | line etcher.
grabador artista en vidrio | amateur glass engraver.
grabador de gemas | gemmary.
grabador de hilo | wire recorder.
grabador de medallas | medal engraver.
grabador de películas | film sound recorder.
grabador de sellos | seal engraver.
grabador de tipos de imprenta | letter cutter.
grabador de troqueles | diesinker.
grabador de vídeo | videocorder.
grabador de vidrio con punta de diamante | diamond stippler.
grabador en cristal | glass cutter.
grabador en hueco | diesinker | punch sinker.
grabador en huecograbado | mezzotinter.
grabador en madera | woodcutter.
grabador en negativo (cartografía) | negative engraver.
grabador en relieve | embosser.
grabador magnético | magnetic recorder.
grabador magnético (electroacústica) | magnetic cutter.
grabador reproductor | playback reproducer.
grabadora al agua fuerte por aspersión del mordiente | acid blast machine.
grabadora de alambre | wire recorder.
grabadora de cinta magenética para la televisión | television tape recorder.
grabadora de cliché | stencil cutter.
grabadora de pantógrafo (máquina) | pantograph engraver.
grabadora pantográfica | pantographic engraving machine.
grabadores videomagnéticos | videomagnetic recorders.
grabados de Goya | Goya prints.
grabar | scratch (to) | carve (to) | write (to) |

engrave (to) | imprint (to) | impress (to).
grabar (cuños, etc.) | sink (to).
grabar (en disco gramofónico) | record (to).
grabar a fuego | brand (to).
grabar al ácido | etch (to).
grabar al agua fuerte | etch (to).
grabar al agua tinta | aquatint.
grabar al buril | chisel (to).
grabar con buril | rout out (to).
grabar en cobre | engrave on copper (to).
grabar en hueco | incise (to).
grabar en la memoria | print (to).
grabar en relieve | emboss (to).
grabar por ataque químico | etch (to).
grabar sobre madera | engrave on wood (to).
grabar una plancha | etch a plate (to).
grabazón | engraved onlays.
graben (fosa tectónica) | graben.
gracias a | thru (EE.UU.) | through (G.B.).
grada | harrow.
grada (desterronador) | brake.
grada (dique seco) | altar.
grada (explotación forestal) | crotch.
grada (laboreo minas) | stope.
grada (para igualar) | grader.
grada al revés (minas) | overhand stope.
grada al revés dejando los escombros (minas) | shrinkage stope.
grada cubierta (astilleros) | covered-in slipway | covered building berth.
grada de cadenas | chain harrow.
grada de construcción (astillero) | stocks | berth | stock | slip.
grada de construcción (buques) | building berth | building slip | building yard.
grada de construcción cubierta (astilleros) | covered building dock.
grada de construcción descubierta (astilleros) | unprotected building berth.
grada de dientes fijos | peg-tooth harrow.
grada de dientes largos | weeder-mulcher.
grada de dientes rígidos | spike harrow.
grada de discos | disk harrow | discer.
grada de discos de tipo excéntrico | offset disk harrow.
grada de discos simple | disc harrow.
grada de dos flancos (minería) | double stope.
grada de espiguilla (minas) | herringbone stope.
grada de falla | fault bench.
grada de lanzamiento | slipway.
grada de lanzamiento (buques) | launch.
grada de muelles | spring-tined harrow.
grada de relleno (minas) | filled stope.
grada derecha (minas) | underhand stope.
grada derecha sin relleno (laboreo minas) | open underhand stope.
grada descendente (minería) | underhand stope.
grada en voladizo (dique seco) | cantilever altar.
grada entibada no rellenada | open stulled stope.
grada escalonada inclinada con relleno (minas) | filled rill stope.
grada inclinada con relleno | inclined cut-and-fill stope.
grada inferior (testero inferior - laboreo por testeros) | cutting-out stope.
grada inversa (minas) | stepped face overhand stope.
grada inversa sin relleno (labores minas) | open overhand stope.
grada invertida (minas) | overhand stope | back stope.
grada libre (astilleros) | vacant berth.
grada no entibada (minería) | open stope.
grada no rellenada (minería) | open stope.
grada para cereales | weeder.
grada pesada | drag.
grada que se laborea trabajando hacia arriba (minería) | raise-stope.
grada ramal | stope cutout.
grada recta (escalón de banco - minas) | bottom stope.
grada recta (minas) | underhand stope | bench.
grada vacante (astilleros) | vacant berth.
gradación | gradual process | gradation | grading.
gradación (del color) | ombré.
gradación (televisión) | key.
gradación de la edad | age-gradation.
gradación de la luz | light gradation.
gradación de tamaños | size-grading.
gradación simétrica | symmetrical grading.
gradacional | gradational.
gradería (arquitectura) | gradatory.
gradería (minas) | stoping.
graderío | grandstand.
gradiente | rate of variation of a variable magnitude | rate of change | grade | gradient.
gradiente adiabático | adiabatic gradient.
gradiente adiabático saturado | saturated adiabatic lapse rate.
gradiente adiabático seco | dry adiabatic lapse rate.
gradiente adiabático seco (atmósfera) | dry-adiabatic lapse rate.
gradiente autoconvectivo | autoconvective lapse rate | autoconvection gradient.
gradiente axial | axial gradient.
gradiente ciclonal | cyclonal gradient.
gradiente crítico | critical gradient.
gradiente de voltaje | electric pressure gradient.
gradiente de alturas piezométricas | hydraulic gradient.
gradiente de concentración | concentration gradient.
gradiente de densidad coronal | coronal density gradient.
gradiente de dureza (pieza fundida) | hardness gradient.
gradiente de equilibrio de fuerzas | restoring force gradient.
gradiente de esfuerzos | stress gradient.
gradiente de humedad | moisture gradient.
gradiente de la corriente | current gradient.
gradiente de la temperatura | temperature gradient.
gradiente de potencial de un electrodo de puesta a tierra | grounding electrode potential gradient.
gradiente de potencial eléctrico atmosférico | atmospheric electrical potential gradient.
gradiente de presión | pressure gradient.
gradiente de presión barométrica | barometric pressure gradient.
gradiente de presión de la capa límite | boundary-layer pressure gradient.
gradiente de presión en dirección de la corriente | streamwise pressure gradient.
gradiente de presión inestable | nonsteady pressure gradient.
gradiente de presión opuesta | adverse pressure gradient.
gradiente de presión superficial de tipo de cuña | wedge-type surface pressure gradient.
gradiente de presiones adverso | adverse pressure gradient.
gradiente de ruptura | disruptive gradient.
gradiente de temperatura en sentido vertical (meteorología) | lapse.
gradiente de temperatura entre el fondo y la cubierta (buque en grada) | gradient of temperature between bottom and deck.
gradiente de turbidez | turbidity gradient.
gradiente de una función escalar | gradient of a scalar function.
gradiente de velocidad (física) | velocity head.
gradiente de voltaje | voltage gradient.
gradiente del calentamiento | heater rate | rate of heating.
gradiente del enfriamiento | rate of cooling.
gradiente del flujo | inflow gradient.
gradiente del potencial eléctrico | electric potential gradient.
gradiente del temple (aceros) | hardening rate.
gradiente del viento | wind gradient.
gradiente disruptivo del campo | breakdown gradient of the field.
gradiente eléctrico | electric gradient.
gradiente electropotencial | electropotential gradient.
gradiente energético | energy gradient.
gradiente geotérmico | geothermal gradient.
gradiente gravimétrico | gravitational gradient.
gradiente hidráulico | hydraulic gradient.
gradiente horizontal de la temperatura | horizontal temperature gradient.
gradiente horizontal de velocidad | horizontal velocity gradient.
gradiente magnético | magnetic slope.
gradiente magnetomotriz | magnetomotive gradient.
gradiente medio | average gradient.
gradiente mínimo | minimum grade.
gradiente normal de módulo de refracción | standard refractive modulus.
gradiente normal del módulo de refracción | standard refractive modulus gradient.
gradiente térmico | heat gradient.
gradiente térmico axial | axial thermal gradient.
gradiente térmico horizontal | horizontal temperature gradient.
gradiente térmico longitudinal | longitudinal thermal gradient.
gradiente termométrico positivo | lapse.
gradiente transversal de la velocidad del viento | wind shear.
gradiente vertical de temperatura (meteorología) | lapse rate.
gradiente vertical de temperatura adiabático saturado | saturated-adiabatic lapse rate.
gradientímetro (nivel de pendientes) | gradiometer | gradimeter.
gradilla | brick mold.
gradilla (para ladrillos) | rack.
gradilla de tubos de ensayo (química) | test-tube stand.
gradina (de escultor) | gradine.
grado | stage | degree | level | rank | rate | titre.
grado (bebidas alcohólicas) | potency.
grado (de elevación) | pitch.
grado (milicia) | rank.
grado académico superior a la licenciatura e inferior al doctorado (EE.UU.) | master.
grado alcalimétrico | alkalimetric degree.
grado alcohólico | alcoholic strength.
grado alcohólico (bebidas) | potency.
grado alcoholimétrico | alcoholometric degree.
grado angular | degree angular.
grado antidetonante | antiknock rating.
grado Celsio | degree Celsius.
grado Celsius | centigrade degree.
grado centesimal | grad | grade.
grado concedido a una persona civil movilizada | simulated rank.
grado de acidez (pH) | hydrogen-ion concentration.
grado de admisión (motores) | efficiency of supply.
grado de agrietabilidad | degree of cracking.
grado de aislamiento | insulation level.
grado de almirante | flag rank.
grado de asociación | degree of association.
grado de carburación (aceros duros) | temper.
grado de certeza | confidence figure.
grado de compresión | compression ratio.
grado de concentración | degree of concentration | strength.
grado de concentración (soluciones) | level.
grado de concordancia | degree of agreement.
grado de confianza del resultado | reliability of the result.
grado de consolidación | percent of consolidation | consolidation degree.
grado de coronel | rank of coronel.
grado de deformación | strain rate.
grado de desequilibrio (corriente trifásica) | unbalance factor | unsymmetry factor.
grado de desequilibrio (corrientes trifásicas) | asymmetry factor.
grado de desequilibrio (ruedas, ejes) | degree

of imbalance.
grado de desgote (pasta papelera) | drainability.
grado de difusión | diffuseness.
grado de disponibilidad (ordenador) | operating ratio.
grado de doctor | doctor's degree.
grado de dosis de radiación | radiation dose rate.
grado de dureza | degree of hardness.
grado de dureza blando (muelas abrasivas) | soft grade.
grado de dureza duro (muelas) | hard grade.
grado de dureza media (muelas) | medium grade.
grado de eficiencia | pitch of efficiency | service ability | serviceability.
grado de ejecución de funciones en un dispositivo | performance.
grado de empotramiento | degree of fixity.
grado de endurecimiento | hardening facility.
grado de enriquecimiento | degree of enrichment.
grado de estiraje (tejeduría) | degree of draft.
grado de expansión (máquina vapor) | degree of expansion.
grado de expansión (máquinas) | expansion ratio.
grado de extracción (harinas) | extration rate.
grado de fisurabilidad | degree of cracking.
grado de fluidez | degree of liquidity.
grado de formabilidad | degree of formability.
grado de humedad (arena de moldeo, harinas, etc.) | tempering.
grado de indeterminación | degree of indeterminancy.
grado de indizado (documentación) | depth of indexing.
grado de insaturación | degree of unsaturation.
grado de invalidez | degree of disablement.
grado de ionización | degree of ionization | fractional ionization.
grado de irradiación | burnup.
grado de irregularidad (volantes de máquinas) | cyclic irregularity.
grado de la curva (ángulo central correspondiente a una cuerda de 100 pies) | degree of curve.
grado de la muela abrasiva | wheel grade.
grado de libertad (estructuras) | degree of freedom.
grado de libertad rotacional | rotational dregree of freedom.
grado de lixiviación | leaching rate.
grado de luminosidad (filtro óptico) | density.
grado de master | master's degree.
grado de oficial | commission rank.
grado de oficial subalterno | company grade.
grado de oxidación (química inorgánica) | oxidation number.
grado de pertinencia al usuario | degree of pertinence to the user.
grado de polarización | degree of polarization.
grado de precisión | standard | degree of accuracy.
grado de preparación | amount of preparation.
grado de pretensado | prestress degree.
grado de quemado | specific burnup | burnup | exposure.
grado de rarificación (tubos electrónicos) | hardness.
grado de reacción | reaction degree.
grado de recuperación | recovery ratio.
grado de reducción | rate of reduction.
grado de rigidez | grade of rigidity.
grado de rizado (papel) | degree of curl.
grado de silicatación | silicate-degree.
grado de solicitación | strain rate.
grado de temple | degree of hardness.
grado de torsión | amount of twist | degree of twist.
grado de un monomio | degree of a monomial.
grado de utilización | usability.
grado de vacío (tubos electrónicos) | hardness.
grado del error | error rate.
grado del Instituto Americano del Petróleo | degree A. P. I.
grado efectivo (milicia) | substantive rank.
grado geotérmico | geothermic depth.
grado hidrotimétrico (aguas) | degree of hardness | hydrotimetric degree.
grado honoris causa | honorary degree.
grado inherente de apriete | inherent degree of shrinkage.
grado intermedio entre bachiller y licenciado | bachelor's degree.
grado Kelvin | degree Kelvin.
grado obtenido por especialización en una materia | honors degree.
grado provisional (milicia) | temporary grade.
grado sexagesimal (medida circular) | degree.
grado similar (milicia) | relative rank.
grado-día | degree-day.
grado-días de helada | degree-day of frost.
grados conjuntos (música) | motion by step | conjunct degrees.
grados de libertad de translación | translational degrees of freedom.
grados de libertad de vibración | vibrational degrees of freedom.
grados de libertad en los datos | degrees of freedom in the data.
grados disjuntos (música) | disjunt degrees.
graduabilidad | gradualness | graduability | adjustability.
graduable | adjustable | adjusting.
graduación | graduation | graduating | calibration | setting | setting | scale | scaling | scale mark.
graduación (baño de teñir) | shading.
graduación (máquinas) | staging.
graduación a mano de la espoleta | hand fuze setting.
graduación azimutal | azimuth graduation.
graduación de cuentas por antigüedad de los saldos | aging.
graduación de la espoleta | fuze setting | fuze number.
graduación de la profundidad (cargas submarinas) | depth setting.
graduación de la pureza (diamantes) | clarity grading.
graduación de la resistencia | resistance graduation.
graduación de precios | grading of rates.
graduación de tiempos | time setting.
graduación de velocidad | velocity staging.
graduación del paso | pitch setting.
graduación del retículo | reticle graduation.
graduación direccional | directional setting.
graduación en azimut (artillería) | azimuth setting.
graduación inferior | junior grade.
graduación micrométrica | micrometric scale.
graduación normal de licores alcohólicos | proof.
graduación octánica (gasolina) | octane rating.
graduaciones de inmersión de la mina | mine depth settings.
graduado | graduated | tapered | stepped | calibrated | divided | tapered.
graduado con precisión | precision graded.
graduado en grados sexagesimales | graduated in degrees.
graduado en milésimas | graduated in mils.
graduado en unirversidad | university-trained.
graduador | graduator | adjuster | gager.
graduador (muelles, válvulas) | graduating.
graduador automático para espoletas | automatic fuze setter.
graduador de altura | altitude setter.
graduador de espoletas | fuze setter.
graduador de espoletas accionado por metadino | metadyne-operated fuze setter.
graduador de profundidad | depth adjuster.
graduador para aserrar al hilo (sierras) | ripping gage.
graduados de centros de enseñanza media | high school graduates.
gradual | gradual | step-by-step | stepped | gradational | inching.
gradualmente | inchmeal | stepwise.
gradualmente conificado en sus extremos | gradually tapered at their ends.
gradualmente más | more proceeding by degrees.
gradualmente no uniforme | gradually varied.
gradualmente sombreado | ombré.
gradualmente variado | gradually varied.
graduar | gradate (to) | grade (to) | grade (to) | gauge (to) | taper (to) | adjust (to) | scale (to) | time (to) | titrate (to) | stage (to) | calibrate (to) | gage (to).
graduar (escalas) | graduate (to).
graduar (espoletas) | set (to).
graduar el baño colorante (teñido) | shade (to).
graduar el tono (música) | pitch (to).
graduar un huelgo | set a clearance (to).
graduar una espoleta | cut a fuze (to).
grafema (código) | grapheme.
gráfica | graphics | detailed flowchart.
gráfica (de una función) | graph.
gráfica aérea | air plot.
gráfica axonométrica | bar chart | axonometric chart.
gráfica de amplitud | range chart.
gráfica de control de calidad | quality control chart.
gráfica de dispersión | scatter chart.
gráfica de estratos (estadística) | strata chart.
gráfica de frecuencia acumulativa | cumulative chart.
gráfica de máximos y mínimos | high-low graph.
gráfica de movimiento | flowchart.
gráfica de perfiles (estadística) | profile graph.
gráfica de rachas (estadística) | runchart.
gráfica de recorrido | range chart.
gráfica de red n-dimensional | n-dimensional lattice-graph.
gráfica de siluetas (estadística) | silhouette chart.
gráfica de visibilidad | visibility chart.
gráfica del punto de equilibrio | break-even chart.
gráfica estadística | statistical graph.
gráfica térmica | temperature chart.
graficado | diagramed | graphed.
graficador de datos | data-plotter.
graficar | plot (to) | diagram (to).
graficar la curva | plot the curve (to).
gráfico | plot | graph | card | graphics | chart | arrow diagram | diagram | graphic.
gráfico (libros) | illustration.
gráfico (suplementos) | pictorial.
gráfico adiabático | adiabatic diagram.
gráfico autoradar | autoradar plot.
gráfico de adelanto de obra | progress chart.
gráfico de área | area graph.
gráfico de avance | advance diagram.
gráfico de avance de obra | progressing chart.
gráfico de barras (estadística) | bar graph.
gráfico de Bode | Bode plot.
gráfico de carga de las máquinas (talleres) | machine-loading chart.
gráfico de carga del taller (por máquinas) | shop loading schedule.
gráfico de consumo para averiguar un exceso de consumo de combustible (vuelos a gran distancia) | howgozit chart.
gráfico de control | control chart.
gráfico de corrección de la capilaridad | capillary-correction chart.
gráfico de corrección del potencial espontáneo (prospección eléctrica) | SP correction chart.
gráfico de corrección por temperatura | temperature correction chart.
gráfico de corrección por vientos | wind and drift chart.
gráfico de distribución (hidrología) | distribu-

tion graph.
gráfico de distribución de frecuencia | tally card | frequency-distribution chart.
gráfico de distribución de frecuencias de tamaño | frequency-size distribution plot.
gráfico de distribución de tierras (carreteras) | mass diagram | mass-haul diagram.
gráfico de enlaces | relationship diagram.
gráfico de entalpías-concentración | enthalpy-concentration chart.
gráfico de errores | error chart.
gráfico de fajas | band chart.
gráfico de fases de fabricación | flowsheet.
gráfico de Fermi | Fermi plot.
gráfico de flujo de señales | signal-flow graph.
gráfico de fuegos de barrera | barrage chart.
gráfico de funcionamiento | performance chart.
gráfico de interceptaciones | intercept board.
gráfico de intervalos | range chart.
gráfico de isocorrosión | isocorrosion chart.
gráfico de isodosis | isodose chart.
gráfico de marcaciones | bearing chart.
gráfico de marcha | march graph | march table.
gráfico de movimiento | traffic diagram.
gráfico de niveles | level recorder chart.
gráfico de operaciones de trabajo | flowchart.
gráfico de organización | organization chart.
gráfico de paralajes | azimuth-difference chart.
gráfico de proceso | flow diagram.
gráfico de producción | diagram of output.
gráfico de puntos | dot diagram | dot map | dot chart.
gráfico de radiación de la antena | antenna pattern.
gráfico de ratios | ratio chart.
gráfico de reactancia | reactance chart.
gráfico de regímenes | rating chart.
gráfico de sectores | sector chart.
gráfico de sectores (estadística) | pie-chart.
gráfico de situación óptima de componentes | layout plot.
gráfico de sucesión del proceso de elaboración | flow-process chart.
gráfico de tiempo | periodgram.
gráfico de trenes | train diagram.
gráfico de una ecuación | graph of an equation.
gráfico de una red | network graph.
gráfico de verificación | testing chart.
gráfico de vientos en altura | winds aloft chart.
gráfico del movimiento de la máquina debido a vibraciones a frecuencia resonante (máquina herramienta) | mode shape.
gráfico del tiempo de retención contra el número de átomos de carbono | retention time vs carbon number graph.
gráfico del trabajo de las máquinas (talleres) | machine-loading situation.
gráfico en coordenadas polares | polar coordinates graph | polar graph.
gráfico en log-log | log-log plot.
gráfico en papel cuadriculado logarítmico | log-log plot.
gráfico isométrico | isometric chart.
gráfico lineal orientado | oriented linear graph.
gráfico logarítmico | logarithmic chart | logarithmic plot.
gráfico no orientado | nonoriented graph.
gráfico que indica la temperatura del aire según la entropía | tephigram.
gráfico sicométrico con la zona de bienestar (acondicionamiento aire) | comfort chart.
gráfico tridimensional | carpet plotting.
graficón (radar) | graphecon.
gráficos de producción | production charts.
gráficos de salida (área) | sortie plot.
gráficos murales | chart pads.
gráfila | coin milling | milgrain.
grafilado | reeding.
grafio | graffito graver | scratchwork graver.
grafismo de tortuga (pantalla) | turtlegraphic.
grafitabilidad | graphitizability.
grafitación | graphiting | graphitizing | graphitization.
grafitado | graphitized | graphite-treated.
grafitar | blacklead (to) | graphite (to) | graphitize (to) | graphitise (to).
grafitarse (aceros) | graphitize (to).
grafítico | graphitic | plumbaginous.
grafitífero | graphitiferous.
grafitización (descomposición del carbono combinado en carbono libre o grafito) | graphitizing | graphitization.
grafitización del diamante | diamond graphitization.
grafitización isotérmica | isothermal graphitization.
grafitizado | graphitized.
grafitizador (elemento que produce transformación según un sistema estable) | graphitizer.
grafitizar | graphitise (to) | graphitize (to).
grafito | graphite | pot lead | blacklead.
grafito a base de cok y de un ligante | pitch-coke graphite.
grafito artificial | artificial graphite.
grafito artificial obtenido del coque por calentamiento en horno eléctrico | Acheson graphite.
grafito boratado | borated graphite.
grafito cobresoldado | brazed graphite.
grafito coloidal | aquadag | colloidal graphite.
grafito coloidalmente disperso | colloidally dispersed graphite.
grafito con gran proporción de huecos | high-void-volume graphite.
grafito cristalino | flake graphite.
grafito de calidad para reactores nucleares | reactor-grade graphite.
grafito de cristales orientados | pyrographite.
grafito de muy poca porosidad | impermeable graphite.
grafito desfloculado | deflocculated graphite.
grafito escamoso | flaky graphite.
grafito eutectiforme | eutectiform graphite.
grafito expuesto a presiones dechoque en la región de estabilidad del diamante | shock-loaded graphite.
grafito finamente pulverizado (fundición) | gunite.
grafito hipereutéctico | kish graphite | hypereutectic graphite.
grafito hipoeutéctico | hypoeutectic graphite.
grafito interdendrítico | interdendritic graphite.
grafito lamelar | flake graphite | flaky graphite.
grafito metalizado | metalized graphite.
grafito mezclado con arcilla (minas de lápices) | lead.
grafito microestructural | microstructural graphite.
grafito nodular | nodular graphite.
grafito nodular esferolítico | spherulitic nodular graphite.
grafito para crisoles | crucible graphite.
grafito para elementos combustibles nucleares | fueled graphite.
grafito pirolítico | pyrolitic graphite | pyrolytic graphite.
grafito pirolítico orientado | oriented pyrolytic graphite.
grafito producido por haz lasérico | laser-produced graphite.
grafito proeutéctico | proeutectic graphite.
grafito sintético | synthetic graphite.
grafito vermicular | vermicular graphite.
grafito volframiado | tungsten-coated graphite.
grafitoide - grafitoidal | graphitoidal.
grafitoso | plumbaginous | graphitic.
grafo (matemáticas) | graph.
grafo conectado y sin mallas (topología) | tree.
grafo estocástico | stochastic graph.
grafo unitario (informática) | unit-graph.
grafoanálisis | graphoanalysis.
grafoespasmo (calambre de los escritores) | graphospam | graphospasm.
grafoestática | graphical statics | graphostatics.
grafoestereoscopio | graphostereoscope.
grafófono | graphophone.
grafología | graphology.
grafólogo | graphologist.
grafometría | graphometry.
grafómetro | graphometer | demi-circle | semicircle | leveling-compass | pelorus.
grafopatología | graphopatology.
grafos | graphes.
grafos etiquetados (matemáticas) | labeled graphs.
grafoscopio | graphoscope.
grafotecnia | graphotechnics.
grafotécnico | graphotechnical.
grafoterapia | graphotherapy.
grafotipia | graphotype.
gragea | dragée | lozenge.
gragea (farmacia) | pellet.
grageas de acción repetible (medicina) | repetabs.
grageas medicamentosas | medical confectionery.
grama | bent grass.
gramage (gramos/metro^2-papel) | grammage.
gramaje (peso en kilos - resma de papel) | substance.
gramería | grammetry.
gramil | marking gage | scribe block | scriber | shifting gage.
gramil (distancia del borde de la chapa a la línea de centros de remaches) | gage (EE.UU.) | gauge (G.B.).
gramil (distancia del eje del remache al vértice del angular) | gage distance.
gramil de carpintero | joiner's gage | carpenter's gage.
gramil de cuchilla | cutting gage.
gramil de doble punta | mortise gage.
gramil de escuadra | scribing block.
gramil de escuadrar | square-marking gauge.
gramil de mano | scratch gage.
gramil de mármol de ajustador | surface gage.
gramil de mármol de trazar | scribing block.
gramil de molduras | router gage.
gramil de mortaja | mortise gage.
gramil de prisma (talleres) | surface gage.
gramil de punta trazadora | scribing-gage.
gramil de trazador | surface gage.
gramil de trazar | scribing block | surface gage | timber scriber.
gramil graduado para curvas | boarding gage.
gramil para bisagras | butt gage.
gramil para círculos | scribing compass.
gramil para rebajos | rabbet gage.
gramilar | scribe (to).
gramíneas | grass.
gramíneas (botánica) | gramineae.
gramíneas forrajeras | forage grasses.
graminiforme | grasslike.
gramo | gram.
gramófono | gramophone | talking machine.
gramo-metro | gram-meter.
gramos de agua por kilo de aire seco (meteorología) | mixing ratio.
gramos por máquina-kilómetro | grams per engine-kilometer.
grampa | staple.
grampa (Argentina) | clamp.
grampa (Panamá) | shackle.
grampa (Panamá-corta forestal) | yoke.
grampa para cable | cable clamp.
gran alargamiento (ala estrecha y larga) | high aspect ratio.
gran almacén | department store.
gran almacén con sucursales | chain stores.
gran amperaje | high-capacity.
gran balsa de rollizos (madera flotada por ríos) | flat boom.
gran cabotaje | great coasting trade.
Gran Canciller (G.B.) | Lord High Chancellor.
gran cantidad de | lot.
gran capacidad | high-capacity.
gran concentración de cocolitofórido que proporciona un aspecto lechoso al agua del mar (pesca del arenque) | white water.

gran consumidor | large user.
gran consumo kilométrico de combustible | low fuel mileage.
gran cuartel general | general headquarters | Great General Staff.
gran definición | high resolution.
gran demanda | keen demand.
gran depresión poco profunda | large shallow depression.
gran desarrollo económico | boom.
gran desmultiplicación | rapid travel.
gran dignatario (de una orden) | High Officer.
gran discriminación | high discrimination.
gran erupción solar | major flare.
gran escala de integración | very large scale integration.
gran estabilidad inicial | high-early stability.
gran estiraje (hilatura) | high draft.
gran estructura semicilíndrica cerrada de tela de fibra sintética (inflada con aire a presión de unos 30 mm de agua) | air house.
gran excavación a cielo abierto (minas) | gloryhole.
gran extensión de témpanos flotantes | pack.
gran filme (cine) | feature.
gran forja | heavy forging.
gran formato | large size.
gran guardia (milicia) | outpost.
gran incendio forestal | campaing fire.
gran industria | big industry.
gran industrial (EE.UU.). | baron.
gran intensidad | high-capacity.
Gran Jurado que acusa y procesa (EE.UU.) | Grand Jury.
gran línea (ferrocarril) | arterial line.
gran masa de tierra firme | landmass.
gran mochuelo | eagle-owl.
gran multiplicación (engranajes) | high gear.
gran ofensiva | big offensive.
gran pérdida | heavy loss.
gran poder de tinción | high-dyeing capacity.
gran poder separador (óptica) | high definition.
gran porcentaje de | high percentage of.
gran potencia | high-capacity.
gran precisión | pinpoint accuracy.
gran proporción de azufre | high content of sulfur.
gran proporción de humedad | high-percentage of moisture.
gran proporción de silicio (arrabio) | rich.
gran puntal inclinado de quilla (grada de construcción) | spur.
gran recorrida (buques, máquinas, etc.) | major overhaul.
gran reparación | major repair.
gran resistencia a la tracción | high tension.
gran ruido | loudness.
gran tirada (periódicos) | large circulation.
gran usuario | large user.
gran velocidad | hi-speed | high speed.
gran velocidad de fucionamiento | high-operating speed.
gran vía de comunicación | arterial road.
granada | shell | bombshell.
granada (espigas) | seedy.
granada (proyectil) | grenade.
granada anticarros | antitank grenade.
granada anti-tanque | anti-tank grenade.
granada contra tropas | antipersonnel grenade.
granada de bazoca | bazooka grenade.
granada de ejercicios | training grenade.
granada de fusil anticarro con carga hueca | shaped-charge antitank rifle grenade.
granada de fusil de humo coloreado | colored-smoke rifle grenade.
granada de fusil fosfórica | phosphorous rifle grenade.
granada de gas | gas shell.
granada de iluminación | light-shell.
granada de iluminación lanzada desde avión | aircraft flares.
granada de mano | pineapple | hand grenade.
granada de mano de mango | potato-masher grenade.
granada de mano ofensiva | offensive grenade.
granada de termita | thermite shell.
granada explosiva | H. E. shell.
granada fumígena de fusil | rifle smoke grenade.
granada ignífuga | fire-grenade | fire-extinguishing grenade.
granada iluminante para mortero | mortar illuminating shell.
granada incendiaria | fire-grenade.
granada para mortero | mortar grenade.
granada perforante | armor-piercing shell | armor piercing shell.
granada química | gas shell.
granada química de obús | howitzer chemical shell.
granada química incendiaria frangible | frangible grenade.
granada rompedora | H. E. shell.
granada semiperforante | semiarmor piercing shell.
granada trazadora | tracer shell.
granadillo (Caesalpina granadillo) | partridge-wood.
granadina (tela de lana o seda) | grenadine.
granadina de vaca | grenadine.
granadine (tejido) | granadine.
granalla | powder | minute grains | metal in grains.
granalla (metalurgia) | shot.
granalla de acero | steel powder | crushed steel.
granalla de acero (sondeos) | adamantine.
granalla de acero de aristas vivas y cortantes | grit.
granalla de acero templado | chilled shot.
granalla de alambre de acero | steel wire powder.
granalla de aluminio | granulated aluminum.
granalla de aristas cortantes | gritblast | grit.
granalla de carbón | carbon granules | granulated carbon.
granalla de cinc | granulated zinc | mossy cinc.
granalla de cobre | copper stone.
granalla de cobre (obtenido vertiendo cobre fundido en agua) | mossy copper.
granalla de cobre puro | copper shot.
granalla de estaño | granulated tin.
granalla de fundición | iron shot.
granalla de latón | brass powder.
granalla de microdiamantes | diamond grit.
granalla de plomo | lead-shot | granulated lead | lead grains.
granalla gruesa de níquel | nickel shot.
granallación | peening.
granallado | shotpeened | shotblasted | shotpeening.
granallado (metalurgia) | peened.
granallado con bolitas de acero | steel shot peening.
granallado con granalla de acero de aristas vivas y cortantes | shotblasted with steel grit.
granallado de la soldadura | welding-peening.
granalladora | shotblast machine | shotting machine | shotblasting machine.
granalladura | peening.
granallar | shotpeen (to) | shotblast (to) | shot (to) | peen (to) | peen (to).
granar (plantas) | go to seed (to) | seed (to).
granar el trigo | corn (to).
granate (mineralogía) | garnet.
granate alumínico | aluminum garnet.
granate aluminocálcico (grossularia) | calcium-aluminum garnet.
granate brillantemente rojo (gema) | capy ruby.
granate cálcico | grossular.
granate cromocálcico (uwarowita) | calcium-chromium garnet.
granate de cromo | chrome-garnet.
granate de itrio y hierro | yttrium iron garnet.
granate de tierras raras | rare-earth garnet.
granate ferrimagnético | ferrimagnetic garnet.
granate ferrocálcico (andradita) | calcium-iron garnet.
granate grosular | green garnet.
granate noble | precious garnet.
granate oriental | precious garnet.
granate rojo | American ruby.
granate verdadero | alkali garnet.
granatífero | garnetiferous.
granatización (petrología) | garnetization.
granazón (cereales) | granulation | seeding.
grancilla | pea coal.
grande | huge.
grandel (tela) | grandelle.
grandemente | largely.
grandes aglomeraciones urbanas | big towns.
grandes beneficios | lush profits.
grandes cantos | erratics.
grandes cojinetes de bronce fundido con peso hasta 300 kilos (laminadores) | slipper brasses.
grandes felinos | great cats.
grandes forjas de acero | heavy steel forgings.
grandes impurezas | heavy impurities.
grandes líneas | main outlines.
grandes máquinas herramientas vitales para la producción militar | elephant machines.
grandes obras de acero | block work.
grandes olas | surging.
grandes piezas de fundición | heavy castings.
grandes rasgos | main outlines.
grandes vasos (anatomía) | major arteries.
grandeza y miseria de | grandeur and misery of.
grandiente trepable | climbable gradient.
grandifoliado (bótanica) | large-leaved.
graneado (cueros) | boarding.
graneado (pólvoras) | granulation.
graneado (separación de la glicerina del jabón - fabricación jabón) | graining.
graneado (separación del jabón de la glicerina) | cutting.
graneador | granulator | granulating apparatus.
graneador (grabado) | cradle.
graneadora (de pólvora, etc.) | grainer.
graneadora (pólvoras) | corning machine.
granear | grain (to).
granear (metales) | corn (to).
granear una placa de cinc (fotolitografía) | mull (to).
granelado (pieles) | glossing.
granelador | graining tool.
granelar | grain (to).
granelar (cuero) | board (to).
granelar el cuero | board the leather (to).
granelero | bulk carrier.
granelero de ultramar (países hispanohablantes) | seagoing bulk carrier.
granelero para navegación oceánica (buques) | ocean bulk carrier.
graneleros combinados (buques) | combination carriers.
graneo | granulating.
graneo (pólvoras) | corning | graining.
granero | granary | corn crib | garner.
granero de malta | malt floor.
granero del agricultor | farmer granary.
granetazo | center mark | center-punch mark | punch mark | prick-punch mark.
granetazo para taladrar | drill mark.
granetazos (marcado de agujeros) | pop marks.
granete | prick punch | punch | marking hammer | center punch.
granete anular | center ring punch.
granete con guía | plug center-punch.
granetear | prick punch (to) | punch-mark (to) | center-dot (to).
granetear (agujeros) | center (to).
granité (granito - ligamento) | granité.
granitectónico | granitectonic.
granitela | granitelle | granitell.
granitiforme | granitiform.
granitización (mineralogía) | granitization.
granitización seca (difusión atómica en el estado sólido-mineralogía) | dry granitization.

granito (dibujo o efecto en la tela) | pebble.
granito (minas de Escocia) | crouan.
granito (roca y tela) | granite.
granito anorogénico | anorogenic granite.
granito autóctono | autochthonous granite.
granito binario | binary granite | two-mica granite.
granito biotítico porfídico | porphiritic biotite granite.
granito columbitífero | columbite-bearing-granite.
granito de Cornuailles | moorstone.
granito desintegrado | disintegrated granite.
granito fino (ligamento) | sand crepe.
granito fluidal | fluidal granite.
granito formado in situ por granitización | autochthonous granite.
granito gráfico | Jewish stone | runite.
granito gráfico (runita) | graphic granite.
granito hojoso | sheeted granite.
granito magmático | magmatic granite.
granito magmático juvenil | juvenile-magmatic granite.
granito migmático | migmatic granite.
granito monzonítico | monzonitic granite.
granito negro | black granite.
granito neísico | bastard granite | flasser-gneiss.
granito neumatolizado | pneumatolized granite.
granito que contiene a la vez mica negra y clara | binary granite | two-mica granite.
granito recristalizado | recomposed granite.
granito rosa | red granite.
granito turmalínico | growan.
granitoide | granitoid.
granitoso | granitiferous.
granizada | hailfall.
granizada (de piedras) | pelt.
granizar | hail (to).
granizo | hail | hailstones.
granizo blando | soft hail.
granja | ranch | farmholding | farm | grange | farmhouse.
granja agrícola experimental | agricultural experiment station.
granja agrosilvícola | tree-farm.
granja avícola | fowl-run.
granja colectiva | collective farm.
granja con renta compartida de la recolección | crop-share-cash rent farm.
granja de cría de cerdos | hog farm.
granja de regadío | irrigated farm.
granja de renta compartida | share-rent farm.
granja estatal koljoz (URSS) | state farm.
granja experimental | demonstration farm | experimental farm.
granja familiar | family-operated farm | family sized farm.
granja modelo | model farm.
granja o cortijo con dependencias | homestead.
granja pequeña | home-croft.
granjero | farmer | husbandman.
granjero que engorda animales para el matadero | feeder.
granjero que trabaja la tierra por sí mismo | dirt farmer.
grano | bead | corn | wheal | speck.
grano (de cereal) | kernel.
grano (de metales) | crystal.
grano (de muela abrasiva) | grit.
grano (de una piedra) | grit.
grano (defecto superficie de plásticos) | pimple.
grano (en la cara) | grain.
grano (maíz) | kernel.
grano (muela abrasiva, emulsión fotográfica, pólvora) | grain.
grano (pólvora) | pebble.
grano abrasivo proyectable | projectable abrasive grain.
grano afinado (metalurgia) | refined grain.
grano almacenado en granjas | farm-stored grain.
grano apretado | close grain.
grano atruchado (fundición) | mottled grain.
grano cruciforme | cruciform grain.
grano de arena | sand.
grano de combustión exterior | external-burning grain.
grano de ensayador | button.
grano de hueva de pescado (maderas) | roey grain.
grano de la palmera de aceite | oil-nut.
grano de la pólvora | powder grain.
grano de la superficie (papel hecho a mano) | tooth | bite.
grano de linaza | oilseed.
grano de mostaza | mustard seed.
grano de muela abrasiva | wheel grit.
grano de ricino | oil-nut.
grano del fogón (cartuchos) | vent bush.
grano denso | close grain.
grano exaforme | hexaform grain.
grano exageradamente basto (metalurgia) | excessively-coarse grain.
grano grueso | coarse grain | coarseness.
grano microcristalino | microcrystalline grain.
grano octaforme | octaform grain.
grano plano (maderas) | flat-sawn | flat grain.
grano propulsor (pólvoras) | propellant grain.
grano rizado | curly grain.
grano rugoso | grit.
grano superficial aislado (aerodinámica) | pimple.
granoblástico | granoblastic.
granófido | granophyre.
granogabro | granogabbro.
granogabro sin cuarzo | syenogabbro.
granómetro | granometer.
granos (trigo, cebada, sorgo) | grains.
granos (trigo, maíz, cebada, avena, arroz y legumbres secas) | grain.
granos abrasivos embotados (que no cortan) | dulled abrasive grains.
granos abrasivos extruidos de carburo de silicio | extruded grains of silicon carbide.
granos anisodiamétricos (metalurgia) | anisodiametric grains.
granos contorneados con ferrita | ferrite outlined grains.
granos de aristas vivas | grit.
granos por galón (17, 1 mg/l) | grains per gallon.
granos seudoolíticos | pseudoolithic grains.
granudo | grained | grain-like.
granudo (cueros) | shagreened.
granujiento | grain-like | gritty.
granulación | graininess | granulating | granulation | granulosity | prilling process | pelleting | pelletizing | cataclasis.
granulación columnar | columnar granulation.
granulación de la fotoesfera | granulation of the photosphere.
granulación de la fundición licuada | molten iron granulation.
granulación de la superficie (piezas aluminio) | pimpling.
granulación fotosférica | photosphere granulation.
granulación solar | solar granulation.
granulaciones fotosféricas del sol | solar granulations.
granulado | grained | granulate | granulated.
granulado (de cueros) | graining.
granulado (metales) | feather.
granulado (metalurgia) | pearly.
granulado (papel) | pebbled.
granulador | granulating apparatus.
granuladora | granulator | granulating machine | pelletizer.
granular | granular | granulate (to) | grained | grain (to) | nodulize (to) | granulose | globular.
granular (jabones) | open.
granular (metalurgia) | feathered.
granular (pólvora, etc.) | corn (to).
granular (zoología) | molecular.
granularidad | granularity.
granularidad fotográfica | photographic granularity.
granularse | grain (to).
granulidad | graininess | grain size.
granulífero | granuliferous.
granuliforme | granuliform.
granulita (leptinita - geología) | granulite.
granulítico | granulite.
granulitización | granulitization.
gránulo | pellet | granule.
gránulo (abrasivos) | grit.
gránulo (industria del caucho) | pellet.
gránulo (radar, televisión) | granule.
granulo de diamante metalizado | clad diamond grain.
gránulo de diamante no revestido con una capa metálica | unclad diamond grain.
gránulo de diamante revestido con una capa metálica | clad diamond grain.
gránulo submicrométrico | submicron grain.
granulocristalino (petrología) | granular-crystalline.
granulofibroso | granulofibrous.
granulometría | granulometry | grain size | grain size measurement | grain-size distribution | grain size analysis | size-grading | size classification | sizing | size distribution | sieve test | screen analysis | particle size distribution | particle size analysis.
granulometría (arenas, gravas) | grading.
granulometría controlada | controlled granulometry.
granulometría de la arena | sand grading | sand gradation.
granulometría del árido (hormigón) | aggregate gradation.
granulometría del suelo | soil texture.
granulometría discontinua | discrete granulometry.
granulometría por sedimentación (polvo abrasivo) | minute system.
granulometría
granulométrico | granulometric.
granulómetro | granulometer.
gránulos abrasivos | abrasive granules.
gránulos abrasivos cilíndricos preconformados | preshaped cylindrical abrasive grains.
gránulos abrasivos de diamante | diamond abrasive grits.
gránulos coloreados de diamante | colored diamond powder.
gránulos de abrasivos | grits.
gránulos de acero | steel powder.
gránulos de alúmina fundida | fused alumina granules.
gránulos de carburo de tungsteno | tungsten carbide granules.
gránulos de carburo metálico | metal carbide granules.
gránulos de diamante revestidos de polvo metálico | metallic powder-coated diamond grits | metallized diamond powders.
gránulos de diamante usados | used diamond powders.
gránulos de esencia | essence granules.
gránulos de hierro que pasan por el tamiz 100 | iron powder of 100 mesh.
gránulos de patata | potato granules.
gránulos flaculares (sol) | flacular granules.
gránulos minerales | mineral granules.
gránulos redondeados e elipsoidales de silicato (meteoritos) | chondri.
gránulos solares | solar granules.
granulosa (química) | granulose.
granulosidad | granulosity.
granulosidad (helados) | sandiness.
granulosidad (placa fotográfica) | coarseness.
granulosidad de la película | film granularity.
granuloso | granular | granulose | grained | corned.
granullado con bolas de vidrio durante 30 segundos | shot peened with glass beads for 30 seconds.
granza lavada (carbón de 3 a 10 mm) | grain coal.

granzas | oversize | iftage | chaff | nut coal | shorts | siftings | screenings | screening refuse | riddlings.
granzón | riddlings.
grao | strand.
grapa | gripe | clamper | clip | staple | holdfast | cramp | coupler | set pin | clamp | dog iron | dog | pinch dog.
grapa (guarnición de carda) | staple.
grapa circular | circlip.
grapa de ajuste | adjusting clamp.
grapa de amarre | anchor clamp.
grapa de anclaje | dead-end clamp.
grapa de aserradero | mill dog.
grapa de emergencia para tuberías | emergency pipe clamp.
grapa de horquilla | forked clamp.
grapa de muesca plana | plain slot clamp.
grapa de retenida (entubación pozos) | casing clamp.
grapa de sondeo | spear.
grapa de sujeción | fixture clamp | clamp stud | clench.
grapa de unión | joint cramp.
grapa del cable del cabrestante | catline grip.
grapa del freno (sondeos) | brake staple.
grapa en U de hierro redondo (para unir maderos) | pinch dog.
grapa para alambrados | fence staple.
grapa para arrancador | puller dog.
grapa para cable | rope clamp.
grapa para cable (arrastre por cables) | rope clip.
grapa para correas | belt-fastener.
grapa para tubos (sondeos) | pipe clamp.
grapadora | staple binder.
grapaldina (tejeduría) | barb.
grapar | clamp (to) | staple (to).
grapas (llagas) | grapes.
grapas (minas) | grapple.
grapas para sujetar el papel (prensa tipográfica) | nippers.
grapas quirúrgicas | surgical staplers.
grapita para sujetar las cuerdas del piano | agraffe.
grapón | staple | dogbolt | dog | iron dog | cramp | coronet | square clincher | hook.
grapón de casquillo giratorio (sondeos) | rotary slip dog.
grapón del cielo de la caja de fuegos | combustion chamber crown dog.
grapón del cielo de la cámara de combustión | combustion chamber crown dog.
grapón para sujetar entre sí los picaderos (grada de astillero) | dog iron.
grasa | adep | grease | fat.
grasa (cal) | fat.
grasa (cal, arcilla) | rich.
grasa (calderas) | slush.
grasa (cales) | fatty.
grasa (capa escoriosa - metalurgia) | skin.
grasa (del vidrio) | sandiver.
grasa (metal fundido) | scum.
grasa a base de calcio | calcium-base grease.
grasa ácida | acid fat.
grasa animal | animal fat.
grasa animal comestible | edible animal fat.
grasa anticongelante | antifreezing grease.
grasa antioxidante | slush.
grasa consistente | heavy grease | set grease | consistent lubricant | grease | cup grease.
grasa consistente formada por emulsión de aceite mineral | lime-base grease.
grasa consistente para lubricar varillas de sonda y engranajes (sondeos) | dope.
grasa de ballena | blubber.
grasa de fundición | clinker.
grasa de lana | suint.
grasa de oso blanco | ice-bear fat.
grasa descortezable (revestimientos) | peelable grease.
grasa destilada molecularmente | molecularly distilled grease.
grasa hidrófuga | water-dispelling grease.
grasa incomestible | inedible fat.
grasa incongelable | antifreezing grease.
grasa lubricante | grease | slush.
grasa lubricante con jabón de litio | lithium soap grease.
grasa medicinal | axunge.
grasa mineral para lanzamientos (buques) | mineral launching grease.
grasa natural de la leche | butterfat.
grasa negra al litio | black lithium grease.
grasa neutra | acid free grease.
grasa obtenida deshidratando la manteca | ghee.
grasa para aplicaciones diversas | multipurpose grease.
grasa para armas | gun wax | gun grease | rifle oil.
grasa para cables metálicos | rope lubricant | rope grease.
grasa para cañón | gun wax.
grasa para correas | dressing.
grasa para cuero | leather oil.
grasa para ejes | axle grease.
grasa para engranajes a base de jabón de sosa y plomo | soda-lead soap gear grease.
grasa para freir | frying fat.
grasa para fusiles | rifle fat.
grasa para grandes temperaturas | high-temp grease.
grasa para inyector | gun grease.
grasa para rodamientos de bolas | ball grease.
grasa para todo tiempo (sea frío o caluroso) | all weather grease.
grasa para trabajos de embutición | drawing grease.
grasa para usarla en las curvas (ferrocarril) | curve grease.
grasa semisólida | semisolid grease.
grasa semisolida para lubricar | cup grease.
grasa silicónica | silicone grease.
grasa silicónica grafitada | graphite bearing silicone grease.
grasa sin óxidos | no-oxide grease.
grasa superficial (calderas de vapor) | sludge.
grasa vegetal | vegetable fat.
grasa vegetal de semillas del Palaquium pisang | balam tallow.
grasa vegetal del Bassia butyrospermum | bambuk butter.
grasa y agua salada (pesca ballenas) | dreenings.
grasas de lana | wool grease.
grasas de simiente | seed fats.
grasas para freír | frying fats.
grasiento | lardaceous | oily | fatty | greasy.
graso | greasy | fat | fatty.
graso (ácidos) | fatty.
graso (arcilla, lustre, etc.) | soapy.
graso (carbón) | rich.
grata | scratch brush | wire brush.
gratacepillo de púas de acero | steel wire brush.
gratar | wire brush (to).
gratícula | reticule (EE.UU.).
gratícula (espectroscopio) | grating.
gratícula calibrada (microscopio) | calibrated graticule.
gratícula cuadriculada en milímetros | millimeter-ruled graticule.
gratícula del microscopio | microscope graticule.
gratícula del ocular | eyepiece graticule.
gratícula sobre disposición de material evaporado | evaporated graticule.
gratícula sobre un metal (espectroscopia) | reflection grating.
gratícula sobre vidrio (espectroscopia) | transmission grating.
graticular | grid-like | grille-like.
gratificación | bonus | reward | extra pay.
gratificación (recompensa - de dinero) | gratuity.
gratificación a la marinería de un buque que tiene una recompensa por eficiencia en el combate | prize money.
gratificación al terminar el contrato (de una persona) | terminal gratuity.
gratificación de campaña | field allowance.
gratificación de casa | quarters allowance | housing allowance | rental allowance.
gratificación de casado | marriage allowance.
gratificación de comida | messing allowance.
gratificación de destino | station allowance.
gratificación de montura | horse allowance.
gratificación de reenganche | reenlistment allowance.
gratificación de ropa | outfit allowance.
gratificación de transporte | portal-to-portal pay.
gratificación de uniforme | uniform allowance.
gratificación de vuelo | flight skins | flight pay | flying pay | incentive pay.
gratificación en metálico en vez de comida | subsistence.
gratificación equivalente a un día de haber más un 50 por 100 más | time and one-half.
gratificación extra durante los meses de invierno (marina) | mitten money.
gratificación fija | flat allowance.
gratificación importante al terminar el contrato | substantial gratuity on termination of contract.
gratificación por años de servicio | longevity pay.
gratificación por desgaste de herramienta | tool allowance.
gratificación por desgaste de herramientas (talleres) | kit allowance.
gratificación por servicios especiales | incentive pay.
gratificación por servicios prestados a bordo de buques (aviadores) | sea duty pay.
gratificación por trabajos especiales | task bond.
gratificación por trabajos peligrosos (demolición de explosivos, despoletado de bombas, etc.) | hazardous duty pay.
gratil (vela de barco) | head.
gratil (velas) | luff | leech.
gratis | costless | cost free.
gratis y libre de portes (comercio) | free of charge and postage paid.
gratuidad | gratuitousness.
gratuito | free | free of charges.
gratulatorio | gratulatory.
grauwaca | whin.
grauwaka | grauwacke | graywacke.
grava | ratchel | rubble | gravel | grit | channer | shingle | roadstone.
grava (piedra partida) | break-stone.
grava (piedra partida - piedra machacada) | broken stone.
grava aglomerada | agglomerated gravel.
grava aluvional | run gravel.
grava arcillosa | clayey gravel.
grava arenosa | sammel.
grava aurífera | wash gravel | gold gravel | auriferous gravel.
grava azul | blue gravel.
grava clasificada | screened rock.
grava cribada | screened gravel.
grava de buena granulometría | well-graded gravel.
grava de cantera | bank gravel | hill gravel | pit gravel.
grava de cantos rodados | cobble gravel.
grava de gemas | gem gravel.
grava de rio | clad.
grava en bruto | pit-run gravel.
grava estannífera o con oro yacente sobre pizarra o granito y cubierta con basalto | drift gravel.
grava fluvioglaciar | fluvioglacial gravel.
grava gruesa | coarse gravel.
grava laterítica | lateritic gravel.
grava lavada (de placer aurífero) | hydraulic

gravel.
grava muy gruesa (hormigón) | plums.
grava no clasificada | bank-run gravel.
grava para carreteras | road metal.
grava producida por erosión glaciárica | glaciated gravel.
grava sin cribar | run-of-bank gravel.
grava tal como sale de la cantera | bank-run gravel.
grava tal como sale de la gravera | pit-run gravel.
gravable | dutiable | taxable | assessable | liable for tax | liable to tax | liable to assessment.
gravado (comercio) | encumbered.
gravado con hipoteca | mortgaged.
gravado con una hipoteca | covered by a mortgage.
gravamen | tax | encumbrance | charge | assessment | assesment.
gravamen a las importaciones | import levy.
gravamen bancario | banker's lien.
gravamen continuado | floating lien.
gravamen de abogado | charging lien.
gravamen de constructor | mechanic's lien.
gravamen de factor | factor's lien.
gravamen equitativo | equitable lien.
gravamen general | general lien.
gravamen indirecto | indirect tax.
gravamen inferior | junior lien.
gravamen marítimo | marine lien | admiralty lien.
gravamen para una mejora pública | betterment tax.
gravamen por impuestos impagados | tax lien.
gravamen por impuestos no pagados | tax lien.
gravamen posesorio | possessory lien.
gravamen preferente | preferred lien.
gravamen proporcional | proportional taxation.
gravamen sujeto a revocación | inchoate lien.
gravar | burden (to) | encumber (to) | assess (to) | levy (to) | exact (to) | impose to) | charge (to).
gravar (con impuestos) | tax (to) | penalize (to).
gravar (contribución) | assess (to).
gravar con hipoteca | encumber with mortgage (to).
gravar con impuestos | assess for taxes (to).
gravar la póliza | pledge the policy (to).
gravas auríferas | placer dirt.
gravas de terraza | bench gravels.
gravas eluviales | eluvial gravels | eluvium gravels.
gravas retrasadas | lag gravels.
grave (accidentes) | bad | major.
grave (acústica) | base.
grave (movimiento lento y majestuoso - música) | grave.
grave (profundo - sonidos) | deep.
grave (sonido) | low | low-pitched.
grave profundo | bassy.
grave responsabilidad | heavy responsibility.
gravedad | severity.
gravedad (del sonido) | depth.
gravedad (sonidos) | lowness.
gravedad artificial (cosmonaves) | artificial gravity.
gravedad de las heridas | seriousness of injuries.
gravedad de las lesiones | injury-severity.
gravedad del defecto | severity of defect.
gravedad específica | specific gravity | apparent specific gravity.
gravedad específica (relación entre la densidad de un cuerpo y la de otro tomado como patrón) | specific gravity.
gravedad nula (vuelos cósmicos) | zero-g.
gravemente herido | badly-wounded.
gravera | gravelly land | gravel pit | gravel mine.
gravera alrededor de un placer (minería) | rim-gravels.
gravera de grandes piedras | loose rock.
gravidez | gravidity.
gravidimetría | gravitimetry.
gravidímetro | gravity meter.
gravidímetro (aparato para determinar la densidad de sólidos) | gravitometer.
gravidímetro (aparato para medir la intensidad de la gravedad) | gravitimeter.
gravidímetro de muelle | spring gravitimeter.
gravilla | granule gravel | chippings | fine gravel | hogging | pea gravel.
gravilla (hormigón) | coarse aggregate.
gravilla de 1 | bird's-eye gravel.
gravilladora | reduction crusher | fine reduction crusher.
gravimetría | gravimetry.
gravimétricamente | gravimetrically.
gravimétrico | gravimetric.
gravímetro | gravity meter.
gravímetro (aparato para medir la variación de la gravedad) | gravimeter.
gravímetro astático | astatic gravimeter.
gravímetro de barómetro diferencial | differential barometer gravity-meter.
gravímetro de péndulo | pendulum gravimeter.
gravímetro instalado en buques de superficie | surface-ship gravity meter.
gravitación | gravitation.
gravitacional | gravitational.
gravitar | gravitate (to).
gravitar alrededor de la tierra | orbit the earth (to).
gravitatorio | gravitational.
gravitodinámica | gravitodynamics.
gravitómetro electrónico | electronic gravitometer.
gravitón | graviton.
gravitrón | gravitron.
gray (unidad de dosis absorbida) | gray.
greba | greave | jambe.
greca | greek border | grecque | greek fret | fret | fretwork.
greca almenada | embattled fret.
greca intersectada | intersecting fret.
grecista | greekist.
greda | fluccan | grit.
greda (geología) | loam.
gredal | marlpit.
gredoso | marly.
greenheart demerara (Ocotea rodiaei) | demerara greenheart.
greenockita indífera | indium-bearing greenockite.
greenoquita | cadmium ocher.
gregarización (entomología) | swarming.
grege | singles silk.
greisen | greisen.
greisenización (petrografía) | greisenization.
gremio | guild | craft union | horizontal union | trade | trade guild | pale.
gremio con limitación de miembros | closed union.
gremio de abogados | lawyers' guild.
gremio de artesanos | craft guild.
gremio de comerciantes | merchant guild.
gremio de tintoreros | gild of dyers.
gremio de varios oficios | multicraft union.
gremio nacional de abogados | Nationl Lawyers' Guild.
gremio obrero | labor union | union.
gremio portuario (puertos de mar) | waterfront union.
grenadille de Africa (Dalbergia melanoxylon) | African blackwood.
gres | grit stone | grit rock | stoneware | flintware | sandstone | earthenware.
gres calcáreo | hassok.
gres mamelonado (geología) | sarsen stone.
gres moteado (geología) | mottled sandstone.
gres para muelas de afilar | farewell rock.
gres químico | acidproof stoneware.
grés resistente a los ácidos | chemical stoneware.
gres sin vidriar negro y de grano fino | basalte.
grevillea robusta) | silky oak.
grevillia (Platanus acerifolia) | lacewood.
gricocola | gelatine sugar.
gridistor (semiconductor) | gridistor.
grieta | burst | seam | chap | cranny | crack | crackle | cracking | cleavage | rift | rime | break | cleft | chink | flaw | fissure | split | slit | gaping.
grieta (en la piel) | hack.
grieta (geología) | joint | slip | parting.
grieta (rocas) | seam.
grieta (soldadura) | springing | hot-tear.
grieta abierta (geología) | gaping fissure.
grieta abierta en el cuello o base de una botella | danny.
grieta acuífera | swallet.
grieta anular | ring crack.
grieta anular (grieta entre anillos anuales - árboles) | cup shake.
grieta autopropagante | self-propagating crack.
grieta basal | basal crack.
grieta capilar | flake | hair seam.
grieta capilar (construcción) | hair crack.
grieta capilar interna (metalurgia) | snowflake | hairline crack.
grieta casi invisible en cerámica enfriada ultrarrápida | dunt.
grieta cerrada pero no soldada (acero forjado) | roke | roak.
grieta cerrada pero no soldada (defecto superficial metales) | seam.
grieta circular | circular crack.
grieta circunferencial | circumferential fissure.
grieta cristalográfica en diamantes | crystallographic slip in diamonds.
grieta de calentamiento | heating crack.
grieta de calor | hot crack.
grieta de calor (cilindro laminador) | fire crack.
grieta de contracción | fissure of retreat | chink | shrinkage-crack | contraction crack.
grieta de contracción (lingotes) | check.
grieta de contracción (piezas fundidas) | checking.
grieta de corrosión | corrosion crack.
grieta de desecación | desiccation fissure.
grieta de desecación (geología) | mud crack | sun crack.
grieta de desecación (maderas) | season check.
grieta de disrupción | disruption cleft.
grieta de entrada de aguas (minas) | case.
grieta de falla | fault fissure.
grieta de fragilidad | embrittlement crack.
grieta de laminación | rolling crack.
grieta de maduración | season check.
grieta de pliegue (laminación) | cold lap.
grieta de propagación rápida | fast-propagating crack.
grieta de recocido (metalurgia) | fire crack.
grieta de retracción | contraction crack.
grieta de solidificación (fundición) | hot crack.
grieta de temple | hardening flaw | after quenching crack.
grieta de temple (aceros) | quenching crack.
grieta de tensión | stress crack.
grieta de termotratamiento | treatment crack | heat-treatment crack.
grieta debajo de la superficie (vidrio en bruto) | fire crack.
grieta debida al calor | heat crack.
grieta debida al sol (geología) | shrinkage-crack.
grieta del eje | axle crack.
grieta dendrítica | shatter crack.
grieta diagonal (geología) | diagonal joint.
grieta en curso de alargamiento | growing crack.
grieta en el techo (minas) | foig.
grieta en estrella | star crack.
grieta en roca caliza (suelo) | grike.
grieta en roca caliza (terrenos) | clint.
grieta entre anillos anuales (defecto madera) | ring shake.
grieta fina (metalurgia) | hair crack | hairline.
grieta incipiente | incipient crack.
grieta intercristalina | hot break.
grieta interior | internal shake.
grieta interior de forja | shatter crack.
grieta interna | internal crack.

grieta interna (metalurgia) | deep-seated crack.
grieta interna por dilatación desigual entre la superficie y el interior (temple) | clink.
grieta interna por dilatación diferencial de la superficie y el interior durante el calentamiento (grieta por contracción desigual - temple) | clink.
grieta longitudinal | longitudinal fissure | longitudinal crack.
grieta longitudinal (lingotes) | fin crack.
grieta longitudinal en el centro de la cara (defecto lingotes de acero de proporción media de carbono tratados con aluminio) | center face cracking | panel cracking.
grieta marginal (geología) | marginal crevasse.
grieta microscópica | microcrack.
grieta oculta | shadow crack.
grieta paralela al terreno (geología) | bed joint.
grieta por calentamiento | fire crack.
grieta por contracción al solidificarse (metales) | hot-tear.
grieta por contracciones desiguales de las capas (enlucidos) | fire crack.
grieta por donde sale grisú (minas) | bleeder.
grieta por esfuerzo térmico | heat-stress crack.
grieta por presión ferrostática (metalurgia) | ferrostatic-pressure crack.
grieta producida por fatiga | fatigue crack.
grieta producida por resbalamientos interiores (pulvimetalurgia) | pressing crack | slip crack.
grieta radial (troncos) | heart shake.
grieta radial de mayor anchura en la corteza y que desaparaece conforme se aproxima al centro (rollizos) | star shake.
grieta rellena de mineral sin valor | base cleft.
grieta superficial de pliegue | lap-seam.
grieta superficial en espiral | spiral seam.
grieta superficial fina | minute sufarce crack.
grieta superficial fina (metales) | roke.
grieta superficial irregular transversal (lingotes) | pull.
grieta superficial larga y ondulada (chapas) | snake.
grieta superficial longitudinal | longitudinal seam.
grieta térmica (cerámica) | fire crack.
grieta térmica (loza) | fire-crack.
grieta transcristalina | transgranular crack.
grieta transversal (lingotes) | hanger crack.
grieta vertical en la capa de carbón (minas) | shake.
grietas (en un glaciar) | crevasse.
grietas (rocas) | joints.
grietas a temperatura inferior a la del solidus (aleaciones) | subsolidus cracks.
grietas a temperaturas superiores a la del solidus (aleaciones) | suprasolidus cracks.
grietas alarmantes (edificios) | ominous cracks.
grietas alrededor de los bordes de la indentación | cracks around the edges of the indentation.
grietas capilares (hormigón y cerámica) | crazing.
grietas con separación constante | comb cracks.
grietas cruciformes (capa de pintura) | crazing.
grietas de afilado | grinding cracks.
grietas de amolado | grinding cracks.
grietas de desecación | deseccation cracks.
grietas de rectificado | grinding cracks.
grietas diminutas | tiny cracks.
grietas en aleaciones antifricción | craze.
grietas en el corazón (rollizos) | quagginess.
grietas en el granito (canteras) | dries.
grietas en el lingote (nuclear) | ingot piping.
grietas en el plano de exfoliación | grain-boundary cracks.
grietas en forma de monedas | penny-shaped cracks.
grietas en las cuartillas (veterinaria) | scratch.
grietas finas en el vidrio (botellas) | shrends.
grietas incipientes | tiny cracks.
grietas intercristalinas (aleación de cobre) | hot breaks.
grietas nucleadas por dislocaciones | dislocation-nucleated cracks.
grietas numulíticas | penny-shaped cracks.
grietas por asiento de los cimientos (edificios) | settlements.
grietas por contracción constreñida (piezas fundidas) | pull cracks.
grietas por choque térmico (vidrio) | fire cracks.
grietas por separación de las fibras (defecto recalcado en caliente) | rokes.
grietas por solidificación (piezas fundidas) | casting cracks.
grietas primarias por fatiga | primary fatigue cracks.
grietas producidas por el calentamiento debido al frenado (ruedas) | brake burns.
grietas producidas por el rápido calentamiento y dilatación de la superficie interior (tubos fluorescentes) | crazing.
grietas propagadas catastróficamente | catastrophically propagated cracks.
grietas que penetran a través del espesor de las chapas | cracks penetrating through the thickness of plates.
grietas semianulares | half-ring cracks.
grietas superficiales (lingotes) | checks.
grietas superficiales debidas a grietas del cilindro laminador (chapas laminadas) | fire cracks.
grietas superficiales por enfriamiento lento (vidrio, metales) | crizzling.
grietas transcristalinas | transcrystalline cracks.
grietas transgranulares (metalurgia) | transgranular cracks.
grietas transversales (alambre estirado) | broken back.
grifa (astilleros) | beveling lever.
grifa (jacquard) | griff.
grifa (laminador) | crab.
grifa (líneas eléctricas aéreas) | clamp.
grifa (telar) | griffe | knife-box.
grifa (telar Jacquard) | brander.
grifa de aguja fija aérea | frog clamp.
grifa de sustentación de embutición (líneas eletricas) | trolley ear.
grifa de sustentación de tornillo (líneas eléctricas) | trolley clamp.
grifería | trimming | cocks and fittings.
grifo | spigot | valve | cock.
grifo (de agua) | tap.
grifo (mitología) | griffon.
grifo cebador (bombas) | priming cock.
grifo con boca de diámetro reducido | bean.
grifo con candado | lock cock.
grifo con empaquetadura acanalada | channel-packed cock.
grifo con sector graduado | dial cock.
grifo de aforo | measuring cock.
grifo de agua de cierre automático sin golpeo | nonconcussive self-closing water tap.
grifo de aire | air tap | air cock.
grifo de aislamiento | isolating cock | cutout cock.
grifo de altura del agua (calderas) | try cock.
grifo de asiento vertical | sediment faucet.
grifo de aspersión | jet cock | drencher | flood cock.
grifo de boca curva | bib-nosed cock.
grifo de cierre | cutoff cock | stopcock.
grifo de cierre automático | rabbit-ear faucet | compression faucet.
grifo de compresión | compression bib.
grifo de comprobación | master-cock.
grifo de comunicación | communicating cock.
grifo de conexión | connecting cock.
grifo de cristal | glass tap.
grifo de cuatro vías | four-way cock.
grifo de derivación | bypass cock.
grifo de desagüe | draining-cock | blowoff cock.
grifo de descarga | outlet cock | drain tap | blowout cock.
grifo de descarga del vapor | blast cock.
grifo de descompresión | pet cock | compression cock.
grifo de descompresión (motores) | petcock.
grifo de distribución | regulator cock | distributing cock.
grifo de dos vías | bypass | double-valve cock.
grifo de entrada de aire | air inlet cock.
grifo de entrada del aceite | oil supply cock.
grifo de evacuación | exhaust cock.
grifo de extinción del fuego (calderas) | fireplug.
grifo de extracción | blowoff cock | drawoff cock.
grifo de extracción (calderas) | blow-cock | blowdown cock.
grifo de extracción de caldera | boiler blowout cock.
grifo de extracción del fondo (calderas) | sludge ejecting valve.
grifo de extracción por el fondo | bottom blowoff cock.
grifo de extracción por la superficie (calderas) | brine valve.
grifo de extracción superficial (calderas) | scum cock.
grifo de gas | gas tap.
grifo de incendios | fireplug | hosecock.
grifo de inyección | injection cock.
grifo de la bomba de purga (motores) | primer cock.
grifo de latón | brass tap | brass cock.
grifo de limpia (calderas) | sludge cock.
grifo de macho | plug cock.
grifo de macho cilíndrico | parallel plug cock.
grifo de macho con orificio circular | roundway valve.
grifo de macho cónico | tapered plug cock.
grifo de muelle | spring faucet.
grifo de nivel del aceite | oil-gage cock.
grifo de palanca autocerrante | lever-type self-closing cock.
grifo de palanca de cierre por muelle | lever faucet.
grifo de palanca empujadora | push-button faucet.
grifo de paso de manguito | sleeve-packed cock.
grifo de prueba | gage cock.
grifo de prueba (calderas) | try cock.
grifo de prueba (grifo de nivel - calderas) | gage tap.
grifo de prueba del nivel de agua | water gage cock.
grifo de purga | drip-cock | waste cock | blow-through cock | bleeder | draining-cock | drain-cock | purge-cock | clearing cock | drain valve | drain tap | bleeding cock | bleeder valve | try cock.
grifo de purga (cilindros) | pit cock | cock.
grifo de purga (cilindros vapor) | petcock.
grifo de purga de aire | air relief cock.
grifo de purga de la envuelta | jacket cock.
grifo de purga de vapor | blowoff cock.
grifo de purga del aceite | oil drain cock.
grifo de purga del cilindro | cylinder cock.
grifo de seguridad | safety tap.
grifo de taladro | boring faucet.
grifo de toma de agua de mar | sea suction cock.
grifo de tornillo | screw cock.
grifo de tres vías | switch cock | three end cock.
grifo de vaciamiento (calderas) | mud cock | purge-cock.
grifo de varias vías | combination cock.
grifo de verificación | master-cock.
grifo del agua helada | iced-water tap.
grifo del nivel de aceite | oil level cock.
grifo engrasador | grease cock.
grifo esmerilado | ground cock.
grifo indicador | indicator cock.
grifo indicador del nivel (calderas) | gage cock.
grifo inversor | change-over cock.
grifo maestro | master-cock.
grifo para apagar las cenizas (hogares) |

fireman's cock.
grifo para colocar manguera (tuberías) | sill cock.
grifo para regar las chumaceras del túnel (buques) | tunnel cock.
grifo para toneles | butt-cock.
grifo pequeño | faucet.
grifo principal | master-cock.
grifo purgador | waste cock.
grifo purgador de espumas | scum cock.
grifo recto | globe cock.
grifo regulador | regulator cock.
grifón (perro) | griffon.
grillete | socket | shackle.
grillete (del ancla) | harp-shape shackle | Jew's-harp.
grillete (marina) | shackle.
grillete (Méjico) | yoke.
grillete con pasador de cáncamo | D shackle.
grillete con pasador roscado | screw shackle.
grillete con perno roscado | screw-pin shackle.
grillete de amarre a la gira | mooring shackle.
grillete de ancla | anchor shackle.
grillete de ayuste (cadenas) | connecting shackle.
grillete de cadena | chain shackle.
grillete de corazón | heart shackle.
grillete de entalingar (buques) | ganger.
grillete de fondeo | mooring bridle.
grillete de guarda (transporte de rollizos) | eyeguard shackle.
grillete de media vuelta | half-turned shackle.
grillete de pasador sin roscar | pin shackle.
grillete de perno ovalado (cadenas) | oval-pin shackle.
grillete de unión (de tiras de cadena del ancla) | joiner shackle.
grillete en D (cadena de ancla) | dee shackle.
grillete en horquilla | open socket.
grillete giratorio (muertos de anclaje) | rocking shackle.
grillete para carga axial (máquina prueba materiales) | axial loading shackle.
grillete para motón | block shackle.
grillete para pruebas de cortadura | shear shackle.
grillete para pruebas de torsión | torsion shackle.
grillete para pruebas de tracción | tension shackle.
grillete sin orejetas (cadena de ancla) | lugless shackle.
grillete sin perno | lugless shackle.
grilletes | bolts.
grímpola | narrow pennant | coach whip.
grimpolón del club (yates) | club burgee.
griota (mineralogía) | grit.
griota carbonífera | carboniferous grit.
gris | gray.
gris aceituna (traje de militar) | olive-drab.
gris ceniciento | ash-grey.
gris jaspeado | mottled grey.
gris mate | dull grey.
gris neutro | frost gray.
gris pálido | faint grey.
gris pardo | grey.
gris rosado | hammer fawn.
grisado (fotografía) | flatness.
grisado con película Ben Day (fotomecánica) | bendaying.
grisador (grabado) | color artist | film-layer.
grisalla | gray camaieu.
grisalla (pintura en gris monocromo) | grisaille.
griseta (tela de lana) | grisette.
grisil | glissile.
grisú | firedamp | wildfire | pit gas.
grisú (minas) | gas.
grisuómetro | gas verifier | gas detector | firedamp detector.
grisuoso (minas) | fiery | gassy | gaseous.
grisuscopio | gas indicator | gas detector.
grisuscopio (minas) | warner | fire detector.
gritar | whoop (to).
gritar el nombre de una persona en el vestíbulo de un hotel (por el botones) | page (to).
griting (Lumnitzera littorea) | griting.
grito del estaño | crackle | cry of tin | cry.
gritos inarticulados | gibber.
gró (tejido) | gros.
gró (tela) | grosse | gross.
gró de Africa (telas) | gross d'Afrique.
gró de China | gros de Chine.
gró de Escocia | scotch gross.
gró de Londres | gross de Londres.
gró de Orleáns | gros noble.
gró de verano (gró de Orleáns) | gross d'été.
groera (buques) | limber hole | drain hole.
grogren (esparragón - tela) | grosgrain.
grosor | thickness.
grosor (agregados hormigón) | coarseness.
grossuralita | calcium-aluminum garnet.
grosuláceo | grossulaceous.
grosular | grossulaceous.
grosularia | grossular.
grosularia (granate cálcico) | gooseberry stone.
grosularita | cinnamon stone | cinnamon-stone.
grosularita (granate cálcico) | gooseberry stone.
grúa | crane.
grúa (estudios cine y televisión) | boom.
grúa (selfactina) | tension faller | counterfaller.
grúa accionada por motor diesel montada sobre carriles | rail-mounted diesel crane.
grúa alzavagonetas (minas) | cherry picker.
grúa amontonadora | tiering crane.
grúa atirantada | guy derrick.
grúa automotriz | self-moving crane.
grúa cargadora de chatarra | scrap loading crane.
grúa con amantillado por husillo sin variación de altura del gancho | screw-operated level luffing motion crane.
grúa con amantillado por husillo sin variación de la altura del gancho | screw-luffing crane.
grúa con brazo amantillable | derricking crane.
grúa con cuchara de mandíbulas | crane with grab bucket.
grúa con discos succionadores para levantar chapas | depiling crane.
grúa con peso soltable para romper chatarra de fundición | pig-breaking crane.
grúa con pluma de cuello | gooseneck jib.
grúa con rotación completa de brazo | full-circle coverage crane.
grúa corrediza | transit crane.
grúa de | lorry-mounted 20-ton crane.
grúa de a bordo (buques) | shipboard crane.
grúa de alcance variable | derricking crane.
grúa de almeja | grab crane | grabbing crane | grab-bucket crane.
grúa de armamento (astilleros) | equipment crane.
grúa de brazo abatible | jackknife crane.
grúa de brazo amantillable | luffing crane.
grúa de brazo de inclinación variable | derricking crane.
grúa de brazo de pórtico | portal jib crane.
grúa de brazo horizontal | jib-crane.
grúa de brazo largo | long-jib crane.
gruá de brazo móvil | derrick | derrick crane.
grúa de brazo retractil | derrick crane | derricking jib crane | derrick.
grúa de brazo rígido | derrick.
grúa de cable aéreo | overhead traveller | elevated cableway crane.
grúa de cable aéreo (astilleros) | overhead-ropeway crane.
grúa de cadena | chain hoist.
grúa de carboneo | coaling-crane.
grúa de carga | charging crane | loading crane.
grúa de carga de largo alcance | long radius cargo handling crane.
grúa de colada (metalurgia) | hot-metal crane.
grúa de columna | pillar crane.
grúa de columna central | post-crane.
grúa de consola | bracket crane.
grúa de contrapeso | balance crane.
grúa de cubierta (buques) | deck-mounted crane.
grúa de cucharón de almeja | clamshell crane.
grúa de dos brazos | double crane.
grúa de dragado de almeja | grab dredging crane.
grúa de edificación | builder's derrick | builder's derrik.
grúa de electroimán | magnetic crane.
grúa de electroimán portador | magnet crane.
grúa de foso de colada | casting-pit crane.
grúa de gancho magnético | magnetic crane.
grúa de grada (astilleros) | berth crane.
grúa de horca | jib-crane.
grúa de inclinación variable del brazo con desplazamiento horizontal del gancho | level-luffing crane.
grúa de la nave del convertidor | converter aisle crane.
grúa de maniobra | breakdown crane.
grúa de maniobra de los trépanos | floating derrick.
grúa de maniobra para los trépanos (sondeos) | derrick crane.
grúa de martillo | hammer-head crane | cantilever crane.
grúa de martillo con desplazamiento horizontal del carro | saddle jib crane.
grúa de mástil rígido (grúa de acerías) | stiff-masted crane.
grúa de ménsula | hammer-head crane | bracket crane.
grúa de montaje | erector's derrick.
grúa de montaje desplazable sobre la misma viga en que está montada (puentes) | creeper crane.
grúa de montante | pillar crane.
grúa de muelle | dock crane | roustabout crane | quay crane.
grúa de orugas | crawler crane.
grúa de patio | yard crane.
grúa de pescante | jib crane.
grúa de pivote | pivoting crane | revolving crane.
grúa de plataforma giratoria | curb ring crane.
grúa de póritoco | whirley.
grúa de pórtico | gantry | portal crane.
grúa de pórtico de inclinación variable del brazo y con desplazamiento horizontal del gancho | level-luffing portal-type jib crane.
grúa de pórtico para muelle de inclinación variable del brazo y con desplazamiento horizontal de gancho | level-luffing portal wharf crane.
grúa de puente | bridge crane.
grúa de retenidas | derrick | guy derrick.
grúa de rotación completa | fully-revolving crane | all-round swing crane.
grúa de semipórtico (pie derecho y un brazo horizontal tornapuntado) | gallows crane.
grúa de socorro | breakdown crane.
grúa de socorro que se desplaza sobre la vía férrea | on-track crane.
grúa de torre | tower crane.
grúa de valvas mordientes del brazo amantillable | grabbing slewing crane.
grúa de vapor locomóvil | locomotive steam crane.
grúa de velocidad variable de izada con dispositivo para impedir el descenso (cuando está fija la carga) | anticreep variable speed hoisting crane.
grúa del dique seco | dock crane.
grúa del parque de chatarra | scrapyard crane.
grúa deslingotadora | ingot stripping crane.
grúa eléctrica | motor hoist.
grúa eléctrica móvil de torre única | monotower electric travelling crane.
grúa electromagnética | magnetic hoist.
grúa equipada con discos succionadores para levantar chapas (pilas de chapas) | depiler.
grúa fija de martillo de rotación completa |

fixed full-revolving cantilever-type crane.
grúa flotante | yard crane | floating crane | pontoon crane | crane barge.
grúa flotante con amantillado por husillo | screw coupling floating crane.
grúa flotante no autopropulsada | nonpropelled floating crane.
grúa funicular | blondin.
grúa giratoria | crane derrick.
grúa giratoria a brazo | hand slewing crane.
grúa giratoria de rotación completa | full-circle revolving crane.
grúa giratoria hidráulica | hydraulic slewing crane.
grúa hidráulica | water crane.
grúa hidráulica con amantillamiento del brazo | hydraulic luffing crane.
grua lateral (oleoductos) | side boom.
grúa ligera de brazo con torno de mano | jinnywink.
grúa ligera de brazo rígido | jenny winch.
grúa locomotora | grasshopper.
grúa locomóvil | jenny | moto-crane | locomotive crane | traveling crane | travelling crane.
grúa locomóvil de pescante para clasificación (ferrocarril) | locomotive shunting jib crane.
grúa locomóvil de vapor | steam loco crane.
grúa monocarril | monorail crane.
grúa montada sobre camión | truck-mounted crane.
grúa motorizada | power crane.
grúa móvil con desplazamiento horizontal del gancho al amantillar el brazo | traveling level-luffing crane.
grúa móvil de acumuladores | battery-powered mobile crane.
grúa mural | wall crane.
grúa neumática | air hoist.
grúa para aplicaciones diversas | general-service crane.
grúa para carbón | coal-whipper.
grúa para cargar cubilotes | cupola charger.
grúa para cargar el horno de termodifusión (lingotes) | soaking-pit charger crane.
grúa para cargar lingotes | ingot charging crane.
grúa para coladas (acerías) | casting crane.
grúa para construcciones | building crane.
grúa para descarga de minerales | ore-unloading crane.
grúa para deslingotar | stripper crane.
grúa para despejar la vía | railway breakdown crane.
grúa para dique seco | dockside crane.
grúa para el caldo (metalurgia) | hot-metal crane.
grúa para el pozo de escoria | pit-scraping crane.
grúa para grandes cargas | heavy-lift crane.
grúa para la almeja (dragas) | grab crane.
grúa para levantar locomotoras | locomotive-lifting crane.
grúa para montaje de puentes | bridge erecting crane.
grúa para servicio del misil antes de su lanzamiento (polígono de lanzamiento de misiles) | umbilical tower.
grúa para servicio general | general-service crane.
grúa para taller de fundición | foundry crane.
grúa pórtico | whirley | gantry crane.
grúa que no se desplaza sobre la vía (ferrocarriles) | off-track crane.
grúa que usa el caldero para descargar | tubbing crane.
grúa sobre camión | crane on truck.
grúa sobre carril | walking crane.
grúa sobre orugas | caterpillar crane.
grúa sobre tractor | tractor crane.
grúa sobre un carril de traslación | walking crane.
grúa sobre vagón | railborne crane.
grúa torre móvil | free-travelling tower crane.
grúa torre sobre carriles | rail-mounted tower crane.
gruaje | granage | cranage | crane dues.
grúa-pórtico | frame crane.
grúa-torre | crane-tower.
gruesa | respondentia.
gruesa=12 docenas | gross.
grueso | thick | thickness | gross.
grueso (columna militar) | main body | main force.
grueso (geología) | thickness.
grueso (hilos) | nep.
grueso calibre | high caliber.
grueso del libro sin tapas (encuadernación) | bulk.
grueso del tabique | depth of web.
grueso sobre el alefriz (quilla, roda, codaste - buques madera) | table.
gruesos (carbón) | large.
gruesos (carbón, mineral) | lumps.
gruesos (decantación) | underflow.
gruísta | crane operator | craneman | derrick operator.
grujidor | glazier's nippers.
grujir el vidrio | crumble glass (to).
grulla de la India (zoología) | adjutant.
grumete (marina) | apprentice.
grumo | floc | floccule | clot.
grumo (de pus) | grume.
grumo (fabricación caucho) | crumb.
grumos de jabón | soapsuds.
grumos de resina en la pasta papelera | wood pulp pitch.
grumoso | flocculose | lumpy | grumose | grumous.
grumusol (petrografía) | grumusol.
grupa | haunch.
grupa (caballos) | croup.
grupaje (transporte ferrocarril) | groupage.
grupera | britching.
grupeto (música) | turn.
grupo | group | batch | set | party | bracket | concern | unit | turn.
grupo (clase - biología) | division.
grupo (de árboles) | clump.
grupo (de ballenas, focas) | pod.
grupo (de máquinas) | gang.
grupo (de quemadores) | bank.
grupo (de vagones) | portion.
grupo (electricidad) | set.
grupo abeliano | abelian group.
grupo abeliano localmente compacto | locally compact Abelian group.
grupo aéreo de portaaviones | carrier air group.
grupo alcalinotérreo | alkaline-earth group.
grupo alternador accionado por motor diesel | oil-engined alternator set.
grupo asambleario | assembleary group.
grupo auxiliar | auxiliary set.
grupo carbonilo cetónico | ketonic carbonyl group.
grupo cartesiano torcido | twisted cartesian group.
grupo cibotáctico (metalurgia) | cybotatic group.
grupo combinable (telecomunicación) | phantom group.
grupo compensador (electricidad) | balancer set.
grupo completo | intact group.
grupo compresor | compressor set.
grupo conmutativo | commutative group | abelian group.
grupo consultivo de asistencia militar | military assistance advisory group.
grupo consultivo de entrenamiento aéreo | air training advisory group.
grupo convertidor | M. G. set | converter unit.
grupo convertidor (electricidad) | converter set | motor-generator set | motor-generator.
grupo coordinador (química) | ligand.
grupo crítico | critical group.
grupo cuaternario básico (telefonía) | basic supermastergroup.
grupo de antenas colocadas en una configuración geométrica | antenna field.
grupo de apoyo | saddle block.
grupo de árboles | clump of trees.
grupo de átomos cargados eléctricamente | complex ion.
grupo de balas | gun cluster.
grupo de base | base-group.
grupo de bombas para lanzamiento simultáneo (aviones) | cluster.
grupo de bytes (equivalente a una palabra) | gulp.
grupo de cabezas de lectura-escritura (informática) | stack.
grupo de capacitores | bank of capacitators.
grupo de caracteres de información (informática) | block.
grupo de caracteres que pueden visualizarse (ordenador) | sprite.
grupo de cartas de una zona geográfica | chart portfolio.
grupo de cifras | symbol.
grupo de cinco | pentad.
grupo de combate con escuadrillas de cazadores | fighter group.
grupo de compañías | group of companies.
grupo de conductos (electricidad) | duct bank.
grupo de conexión de operadora | operator's connection set.
grupo de consultantes | team of consultants.
grupo de cuentas | set of accounts.
grupo de datos | data set.
grupo de degustación | tasting panel.
grupo de diez | decad.
grupo de diques paralelos (geología) | dike set.
grupo de discusiones | discussion panel.
grupo de disponibilidad limitada (telefonía) | limited availability group.
grupo de distancias | range group.
grupo de doce bits | slab.
grupo de embarque | chalk.
grupo de emergencia | emergency set.
grupo de enlace (genética) | linkage group.
grupo de enlace (telefonía) | trunk group.
grupo de enlace general (telefonía) | outgoing trunk multiple.
grupo de enlaces (telecomunicación) | trunk group.
grupo de errores | burst of errors.
grupo de especuladores con un gerente con plenos poderes | blind pool.
grupo de estrellas fijas | cluster.
grupo de estrellas fijas brillantes | bright cluster.
grupo de estrellas fijas poco luminosas | faint cluster.
grupo de estrellas móvil | moving cluster.
grupo de excitación | exciter set.
grupo de expertos | expert team.
grupo de fallas (geología) | fault bundle.
grupo de frecuencias | channel.
grupo de fresas sobre el mismo eje | gang mills.
grupo de gran rendimiento | large-output set.
grupo de hombres | set of men.
grupo de hombres en tierra que ayudan y manejan un dirigible cuando aterriza | landing crew.
grupo de homología | homology group.
grupo de impresión | print set.
grupo de ingenieros expertos | expert team of engineers.
grupo de intercomunicaciones | cross-feed unit.
grupo de lagunas (cristalografía) | vacancy cluster.
grupo de lagunas reticulares | vacancy cluster.
grupo de lámparas | lamp bank.
grupo de lámparas (resistencias) | bank of lamps.
grupo de lentes acromáticas | achromatic cell.
grupo de líneas | line group.
grupo de líneas (telecomunicación) | grading group.

grupo de los ciclosilicatos | cyclosilicate group.
grupo de llegada | incoming group.
grupo de mecanismo | unit assembly.
grupo de memorias intermedias | buffer pool.
grupo de moldes o prensas empleados cíclicamente por un obrero | setup.
grupo de montaje | mounting assembly.
grupo de nivelación (telefonía) | grading group.
grupo de obreros | work group.
grupo de ocho bitios | byte.
grupo de ondas (EE.UU.) | wave packet.
grupo de operaciones | operator group.
grupo de palabras | blockette.
grupo de personas | team.
grupo de personas de gran reputación y aprobación | sacred cow.
grupo de personas de ingresos reducidos | low-income group.
grupo de pilotes | group of piles.
grupo de presión | pressure group.
grupo de presión sindical | political union group.
grupo de primeras ediciones de libros (catalogación) | all first.
grupo de probabilidad normal | normal probability group.
grupo de productividad | productivity team.
grupo de profesores | team of professors.
grupo de rayos cósmicos | air shower.
grupo de reclutas asignados a un mando | draft.
grupo de relés (telefonía) | relay-set.
grupo de repartidores simétricos | symmetrical grading.
grupo de reserva | emergency set.
grupo de reserva (electricidad) | standby set.
grupo de retroceso | aggregate recoil.
grupo de rodillos | roll train.
grupo de sedimentos de mineral de origen magmático gaseoso | emanation deposits.
grupo de seis notas | sextolet.
grupo de señales (calculadora electrónica) | word.
grupo de señales codificadas (radio) | characteristic.
grupo de señales que inician una fase en la ejecución de un programa | command.
grupo de signos de servicio (comunicaciones) | prosig.
grupo de sismómetros | bunched seismometers.
grupo de socorro | emergency set | standby set.
grupo de socorro (electricidad) | breakdown set.
grupo de técnicos experimentados | team of experienced technicians.
grupo de trabajo | task group | working team.
grupo de trabajo (manual o científico) | team.
grupo de trabajo de recursos extraterrestres | working group of extraterrestrial resources.
grupo de tracción | tractive power unit.
grupo de traductores | translator team.
grupo de transformadores | bank of transformers | transformer bank.
grupo de trenzas (espacios fibrados-matemáticas) | braid group.
grupo de unidades aisladoras (de electroaisladores) | stack.
grupo de utilización total | full availability group.
grupo de viviendas | project.
grupo de 40 hilos (tejeduría) | beer.
grupo diesel-alternador | diesel alternator set.
grupo diesel-alternador de funcionamiento automático | automatically-operated diesel engine alternator set.
grupo directo | slide.
grupo director | steering group.
grupo electrógeno | power generator | generator set | electrogenous unit | electrical unit | electric generating set | power unit | powerplant | generating set | generator unit | generating plant.
grupo electrógeno auxiliar | auxiliary power unit | auxiliary power-unit.
grupo electrógeno con turbina de gas | gas turbogenerator set.
grupo electrógeno de emergencia | emergency generating set.
grupo electrógeno de motor de gasolina | petrol electric set.
grupo electrógeno de motor diesel | diesel-driven generating set.
grupo electrógeno de pista (aviación) | ground power unit.
grupo electrógeno de socorro | emergency power.
grupo electrógeno de turbina de combustión | gas-turbine generating set.
grupo electrógeno de turbina de vapor | steam-turbine generating set.
grupo electrógeno de turbina engranada | turbogeared generator.
grupo electrógeno diesel | diesel generator set.
grupo electrógeno sobre vagón | railborne generating plant.
grupo electrógeno transportable | transportable power station.
grupo empresarial | consortium.
grupo energético de neutrones | neutron energy group.
grupo fecha y hora de transmisión de un mensaje (número de seis cifras y una letra; los dos primeros números indican la fecha, los cuatro siguientes la hora y la letra indica el origen) | date-time group.
grupo finito de colineaciones | finite collineation group.
grupo formado por motor de inducción y convertidor conectados en serie sobre el mismo eje | motor-converter.
grupo globular de estrellas fijas | globular cluster.
grupo hidrófilo catiónico | cationic hydrophylic group.
grupo imido (química) | imido group.
grupo indicador de un mensaje codificado del batitermógrafo | bathy.
grupo industrial | combine.
grupo investigador | team.
grupo investigativo | investigative group.
grupo laboral | work group.
grupo mal clasificado | ill-assorted group.
grupo monodentado (química) | monodentate group.
grupo montado sobre basada (y dispuesto para enviar en un embalaje) | package-type unit.
grupo montado sobre un bastidor a las dimensiones pedidas por el comprador | tailored package unit.
grupo motobomba | pumping unit.
grupo motobomba (para accionamiento de mandos de aeronaves) | power pack.
grupo motobomba para mandos de vuelo | flying control power pump.
grupo motopropulsor | engine set | engine-propeller unit.
grupo motor | power unit | motor set | unit.
grupo motor de contraincendios | fire pumping set.
grupo motor-alternador | motor-alternator unit.
grupo motor-generador (electricidad) | motor-generator set.
grupo motorreductor | gearmotor.
grupo móvil de distribución de combustible (aeropuertos) | hydrafueller.
grupo no minoritario | nonminority group.
grupo normal de pistas (ordenador) | normal band.
grupo numeroso de diques paralelos (geología) | dike swarm.
grupo ordenador | steering group.
grupo organizado secreto | underground.
grupo para caza y destrucción de submarinos | hunter-killer group.
grupo polidentado | polydentate group.
grupo preparatorio | advance party.
grupo prestamista | loan group.
grupo primario | aggregate.
grupo principal de páginas | main page pool.
grupo provisto de una relación entre | betweenness group.
grupo químico que neutraliza ácidos | alkalies.
grupo regulador | regulating set.
grupo rental | income bracket.
grupo sanguíneo | blood grouping | blood group.
grupo sanguíneo de Moss | Moss's blood grouping.
grupo secundario (telefonía) | super-group.
grupo táctico logístico | tac-log group.
grupo terciario (telefonía) | mastergroup.
grupo topológico | topological group.
grupo topológico compacto | compact topological group.
grupo topológico localmente compacto | locally compact topological group.
grupo turboalternador | turbine-generator unit.
grupo turboalternador de combustión de pistones libres | free piston gas turbo-alternator set.
grupo turbogenerador autónomo | self-contained turbogenerator set.
grupo turbogenerador con calentamiento intermedio del vapor | reheat turbine generator unit.
grupo turbohélice | turboprop engine.
grupo unimodular | unimodular group.
grupo ventilador | blower set.
grupoide | groupoid.
grupos abelianos | abelian groups.
grupos aritméticos | arithmetic groups.
grupos de colineación | collineation groups.
grupos de cuadros (telefonía) | frame groups.
grupos de enlace de salida (telefonía) | outgoing trunk groups.
grupos de permutación finita | finite permutation groups.
grupos de presentación finita (matemáticas) | finitely presented groups.
grupos en paro | mass picketing.
grupos fuselados (matemáticas) | slender groups.
grupos interconectados de plataformas de prospección submarina | interconnected groups of platforms.
grupos naturales de sedimentos o de rocas de origen relacionado | consanguinous association.
grupos ordenados divisibles | ordered divisible groups.
grupos programáticos | curricular groups.
grupos pronunciables de (transmisiones) | delivery groups.
grupos p-solubles | p solvable groups.
grupos sin torsión (matemáticas) | torsion free groups.
grupos substituyentes | substituent groups.
grupos tensoriales (matemáticas) | tensorial sets.
gruta | cave.
guaco de casco (ave) | cashew-bird.
guacha (pintura) | gouache.
guadamacil | embossed leather.
guadamecí | embossed leather.
guadaña | scythe | cradle.
guadaña agavilladora | cradle-scythe.
guadaña para maleza | brush scythe.
guadaña yuyera (Méjico, Argentina) | slasher.
guadañada | swath.
guadañadora | mower.
guadañadora remolcada | trailed mower.
guadañadora semisuspendida | semi-trailer mower.
guadañadora suspendida | mounted mower.
gualda | gold-color | dyer's weld.
gualda (botánica) | weld.
gualdera | shroud | bracket | flask.
gualdera (artillería) | trail.
gualdera (cureña) | cheek.
gualdera de cureña del cañón | gun-carriage check.

gualdera derecha del armón | R. H. carriage cheek.
gualderín (cañones) | side plate.
gualdrapa | horse-trappings.
gualdrapazo (velas) | jerk.
gualdrapear (velas) | flog (to) | shake (to).
guanífero | guaniferous.
guano | ornithocopros | guano.
guano de murciélago | bat guano | chiropterite.
guano de pescado | fish manure | fish guano.
guano lixiviado | leached guano.
guante de amianto | asbestos glove.
guante de boxeo | muffler.
guante de codo (señoras) | elbow-glove.
guante de crin | flesh-glove.
guante de dedos | fingered glove.
guante de lana | muffle.
guante de manopla | gauntlet.
guante de Neptuno (zoología) | glove-sponge.
guante de piel de castor | beaver.
guante tipo mitón | mitt type glove.
guantelete | gauntlet.
guantería | glove trade | glove-wear.
guantes aisladores | insulating gloves.
guantes apropiados para el trabajo | job-fitted gloves.
guantes con la palma de caucho | rubber-palm gloves.
guantes de cuero | leather gloves.
guantes de goma | rubber gloves.
guantes de goma para electricistas | electrician's rubber gloves.
guantes de latex para cirujanos | latex surgeon's gloves.
guantes de tela | fabric gloves.
guantes para soldadores | welding gloves.
guantes preesterilizados para cirujanos | surgeons' presterile gloves.
guarajaba (Terminalia januarensis DC.) | acara.
guarapo | cane-juice.
guarapo (fabricación azúcar de caña) | juice.
guarapo alcalinizado (azúcar) | alkalinized juice.
guarapo crudo (azúcar de caña) | mill juice.
guarapo tratado con cal (azúcar de caña) | limed juice.
guarda | sentry | custody | keeper | guard.
guarda (carretes) | end plate.
guarda (cerradura) | stub.
guarda (cerraduras) | fence.
guarda (de espalda) | finger guard.
guarda (de llave o cerradura) | ward.
guarda (eleboración de la cerveza) | second fermentation.
guarda con rebajo | bolster strip.
guarda de arcilla | clay selvage | flucan.
guarda de costas | coastguard.
guarda del pestillo (cerraduras) | lock ward.
guarda en puerto (buque fondeado sin tripulación) | shipkeeper.
guarda forestal | ranger | wood ward | wood keeper | forester | forest overseer | forest guard.
guarda jurado | velveteens.
guarda mayor forestal | head forester.
guarda para caso de rotura de la hoja (sierras) | flip-up blade guard.
guarda principal (de llave) | bridge ward.
guarda-aguas | apron | spurn water.
guardaaguas colocado detrás de los escobones (buques) | manger board.
guardaaguas de portillo (buques) | eyebrow.
guardaaguja (cambio de vía) | guardrail.
guardaagujas (ferrocarril) | switcher | switchtender | shunter.
guardaalmacén | bonder.
guardabarrera (ferrocarril) | gate keeper.
guardabarrera (pasos a nivel) | crossing watchman.
guardabarros | fender.
guardabarros (coche, bicicleta) | mudguard.
guardabarros (coches) | dashboard.
guardabarros convexo | dome mudguard.
guardabarros delantero (autos) | front fender.
guardabosque | agistor | keeper.
guardabosques | forest ranger.
guardacabo | rope-thimble | thimble.
guardacabo de corazón | pear-shaped thimble | heart-shaped thimble.
guardacabo de empuñidura | earing thimble.
guardacabo de estacha | hawser thimble.
guardacabo de gaza (buques) | lizard.
guardacabo igualador | equalizing thimble.
guardacabo protector (cables metálicos) | protector thimble.
guardacabo terminal (de cable) | dead-end thimble.
guardacabos | deadeye.
guardacadenas estampado | pressed chain guard.
guardacalor (calderas) | casing.
guardacalor de calderas (buques) | boiler casing.
guardacalor de calderas (parte superior de la cámara de calderas-buques) | fidley.
guardacalor de la cámara de calderas | boiler-room casing.
guardacalor de la cámara de máquinas | engine room casing.
guardacalor de maquinaria (buques) | machinery opening.
guardacalor de maquinaria expuesto a la intemperie (buques) | exposed machinery casing.
guardacalor de máquinas (buques) | engine casing.
guardacalor no expuesto a la intemperie (buques) | protected casing.
guardacanto | curb bar.
guardacanto (para madera laminada) | railing.
guardacantón | edge stone | kerbstone | guardpile | spur stone | guardrail | guard-post.
guardacantón de esquina (edificios) | hurter.
guardacantos (contrachapados) | banding.
guardacascos (caballos) | foot guard.
guardacenizas | fender.
guardacilindro | cylinder guard.
guarda-corral (maderas flotadas) | shearwater.
guardacosta | cutter.
guardacostas | coastguard.
guardacuerpo | lifeline.
guardacuerpo (puentes) | guardrail | guardrods.
guardacuerpos | railing.
guardaderrumbes (minas) | cave catcher.
guardado en almacén para uso futuro | held in stock for future use.
guardador | tender.
guardador de la ley | law-abiding.
guardaeje | cannon.
guardaengranaje | gear guard.
guardaesquina moldurado | angle-shaft.
guardaesquinero (tipografía) | corner quadrat.
guardafango (carruaje) | splashboard.
guardafreno (minas) | spragger.
guardafreno del plano inclinado (minas) | incline braker.
guardafrenos | brakeman.
guarda-fuego (Lomatia spp) | avellanillo.
guardafuegos | fireguard.
guardafuegos (de chimenea de leña) | fender.
guardafuegos para fundidores | furnace shield.
guardalanzadera (tejeduría) | frog.
guardalmacén | storekeeper.
guardamalleta | bargeboard.
guardamancebo | man-rope.
guardamano | finger guard | handshield.
guardamanos (prensas, etc.) | hand guard.
guardamonte (armas de fuego) | trigger guard.
guardamonte (de espada) | back plate.
guardamuebles | furniture repository.
guardamuebles (edificio) | pantechnicon.
guardapiernas (motos) | leg-guards.
guardapiés | foot guard.
guardapolvo | dust-guard.
guardapolvo (de reloj) | lid.
guardar | store (to) | guard (to).
guardar bajo cubierta (buques) | strike below (to).
guardar con un piquete (milicia) | picket (to).
guardar en depósito | hold in trust (to).
guardar en fideicomiso | hold in trust (to).
guardar en la memoria | pigeonhole (to).
guardar en reserva con medios protectores de plástico chorreado contra la oxidación (cañones, aeroplanos, etc.) | mothball (to).
guardar en un garaje | garage (to).
guardar la composición con vistas a otra reimpresión (libros) | keep standing (to).
guardar la locomotora en la casa de máquinas (al final de su recorrido) | hostle the locomotive (to).
guardar relación | bear (to).
guardarrebufo (cañones) | blast excluder.
guardarropa | cloak-room.
guardarropa público | public checking room.
guardarropía | cloak-room.
guardarruedas | kerbstone.
guardas (estereotipia) | bearer gauges.
guardas de concertina (guías de máquinas herramientas) | concertina guards.
guardas de fundir (estereotipia) | casting bars.
guardas de la hélice del percutor (bombas de aviación) | arming vane stops.
guardasebos (imadas lanzamiento buques) | ground-way ribband.
guardasellos | keeper of the seals.
guardatoma (canales) | intake custodian.
guardatuberías (sondeos) | pipe rack.
guardaventilador | fan guard.
guardavía | signalman | line-keeper.
guardavía (ferrocarril) | patrolman | flagman.
guardavivo | curb bar.
guardavivo (de esquinas) | edge protector.
guardería infantil | baby's house.
guardia | safeguard | guard | watch | tender | constable.
guardia armada | armed guard.
guardia de alba (marina) | morning watch.
guardia de cuatro a ocho de la mañana (marina) | morning watch.
guardia de la bandera | color guard.
guardia de la mañana | forenoon watch.
guardia de la tarde (de 12 a 16, buques) | afternoon watch.
guardia de ocho a doce del día (buques) | forenoon watch.
guardia de puerto | port watch.
guardia de puerto (buques) | anchor watch.
guardia de veinticuatro horas (marina) | day's duty.
guardia entrante | relieving guard | new guard.
guardia interior | interior guard.
guardiamarina | naval cadet | midshipman.
guardián | tender | guard | griffon | keeper | custodian.
guardián de botes | boatman.
guardilla | attic.
guardín (botes) | yoke lanyard.
guardín (timón-buques) | wheel rope.
guardín de varilla (timón) | steering rod.
guardín del timón | tiller chain.
guardines (del timón) | steering leads.
guaribu (Astronium gracile - Engl) | U-para.
guarida | den.
guarismo | figure | number.
guarne (motón, aparejos) | running line.
guarnecedor | garnisher | trimmer.
guarnecer | lag (to) | tip (to) | border (to) | jacket (to) | fit (to) | trim (to) | furnish (to) | face (to).
guarnecer (máquinas) | stuff (to).
guarnecer (una junta) | pack (to).
guarnecer con antifricción (cojinetes) | whitemetal (to).
guarnecer con cenefas | list (to).
guarnecer con encajes | lace (to).
guarnecer con hombres | man (to).
guarnecer con trencilla | gimp (to).
guarnecer de metal antifricción (cojinetes) |

babbit (to).
guarnecer interiormente | line (to).
guarnecer las posiciones de combate | man the battle positions (to).
guarnecer un parapeto (milicia) | man a parapet (to).
guarnecer una forma (tipografía) | dress a form (to).
guarnecido | lined | manned.
guarnecido (de autos, etc.) | dressing.
guarnecido (trajes) | edged.
guarnecido con empaquetadura metálica | gasketed.
guarnecido de bronce | bronze-trimmed | brass-mounted.
guarnecido de cojinetes | cushioned.
guarnecido de cuero | leather-cushioned | leather-faced.
guarnecido de hierro | ironbound.
guarnecido de latón | brass-trimmed.
guarnecido de metal antifricción | babbit bushed.
guarnecido de metal antifricción (cojinetes) | babbited.
guarnecido de micropartículas de diamante | diamond-impregnated.
guarnecido de púas | spiked.
guarnecido de zunchos de latón | brass-bound.
guarnición | mounting | sheathing | setting | jacketing | fitment | edging | packing | trim | stuffing | furring.
guarnición (adorno) | furniture.
guarnición (de cerradura) | trim.
guarnición (de motón) | strap.
guarnición (de un traje, de un plato) | fixings.
guarnición (de una junta) | insertion.
guarnición (para bombas, etc.) | pack.
guarnición (plato de cocina) | outside.
guarnición (tejeduría) | trimming.
guarnición (tropas) | garrison.
guarnición antichoque | cushioning.
guarnición básica (hornos) | basic lining.
guarnición de cáñamo | hemp packing.
guarnición de carda | clothing | card wire.
guarnición de carda embotada | blunt card wire.
guarnición de carda en diente de sierra | sawtoothed card clothing.
guarnición de caucho | rubber gasket.
guarnición de cerradura | lock trim.
guarnición de cuero | leather packing | leather packer.
guarnición de cuero de sección anular | hat leather packing.
guarnición de cuero del pistón | piston packing leather.
guarnición de dientes de sierra (cardas) | garnett clothing.
guarnición de embrague | clutch-facing.
guarnición de freno | brake lining.
guarnición de la junta | joint packing.
guarnición de la solera (horno pudelar) | fettle.
guarnición de la válvula | valve trim.
guarnición de lizos | healding.
guarnición de metal blanco | babbiting.
guarnición de puerta | door furniture.
guarnición de trencilla | fancy braid.
guarnición de vapor | steam packing.
guarnición del cilindro descargador | doffer filleting.
guarnición del cilindro peinador | doffer covering | doffer clothing.
guarnición del cojinete | journal brass lining.
guarnición del cuero (cardas) | leather clothing.
guarnición del cuero del cilindro descargador | doffer leather clothing.
guarnición del chapón | flat covering.
guarnición del chapón (carda) | flat clothing.
guarnición del desborrador | stripper clothing.
guarnición del pistón | piston packing.
guarnición estanca | packing | packer | bushing.
guarnición estanca (sondeos) | water packer.
guarnición estanca alrededor del agujero para que no penetre el agua (sondeos) | seed bag.
guarnición estanca para tubos (entubación pozos) | casing packer.
guarnición Garnett | sawtoothed card clothing.
guarnición inferior de la camisa | liner bottom gasket.
guarnición metálica | metal packing | metallic packing.
guarnicionero | saddle maker.
guarniciones | fittings | trimming.
guarniciones (de calderas, etc.) | mountings.
guarniciones de frenos | brake linings.
guarniciones de la válvula | valve trimmings.
guarniciones de latón | brass trimmings.
guarnido (aparejos) | rove.
guarnimiento | reeving.
guarnimiento (marina) | fastenings.
guarnimiento con meollar (marina) | grafting.
guarnimiento de botes | boat fastenings.
guarnir | rig (to).
guarnir (aparejo) | reeve (to).
guarnir (aparejos) | render (to).
guarnir el cabrestante (buques) | man the capstan (to).
guarnir los puntales de carga (buques) | rig the booms (to).
guarnir una cadena al barboten | bring in (to).
guarnir y trincar (buques) | reeve and secure (to).
guaruba (Vochysia hondurensis - Sprague) | yemeri.
guata | wad | wadding | cotton wool | cotton batting | padding.
guata (algodón en hojas) | batting.
guata de fibra de vidrio | glass wadding.
guatambu (Aspidosperma tomentosum) | guatambu.
guayacán (Guaiacum officinale) | lignum vitae.
guayacán (Guaiacum officinale - L) | pockholz.
guayacán (Tabebuia guayacan) | yellow guayacan.
guayacán (Tabebuia guayacan - Hemsi) | poui.
guayaco | guaiac.
guayamero (Brosimum colombianum) | guayamero.
guayule (mejicano) | guayule.
gubernamental | governmental.
gubernamentalismo | governmentalism.
gubernativo | governmental | administrative.
gubia | carving gouge | scorper | scooper | gouge | entering chisel.
gubia curva para ahuecar | bent gouge.
gubia de corte exterior | outside cut gouge.
gubia de corte interior | inside cut gouge.
gubia de cuchara | entering gouge | spoon gouge.
gubia de ebanista | paring gouge.
gubia de espiga hueca | socket gouge.
gubia de maceta | firmer gouge.
gubia de mano | scribing gauge | paring gouge.
gubia de tonelero | barrel plane.
gubia de tornero (herramienta de torno) | turning tool.
gubia de 150 a 180 grados | fluting.
gubia para astrágalos | astragal tool.
gubia para molduras convexas | bead tool.
gubia punzón | firmer gouge.
guera sin armas nucleares | conventional warfare.
guerra | war.
guerra aérea | aerial warfare.
guerra aeroatómica | air-atomic warfare.
guerra anfibia | amphibious war.
guerra antiaérea | antiair warfare.
guerra atómica y bactereológica y química | atomic and bacteriological and chemical warfare (ABC Warfare).
guerra bacteriológica | bacteriological warfare.
guerra biológica | biological warfare.
guerra clásica | conventional warfare.
guerra con cohetes | rocket warfare.
guerra con el empleo de armas nucleares | unconventional warfare.
guerra con lanzallamas | flame warfare.
guerra con misiles teledirigidos | rocket warfare.
guerra con vehículos y armas motorizados | mechanized warfare.
guerra de corso | corsair warfare.
guerra de desgaste | war of attrition.
guerra de emboscadas | bush warfare.
guerra de estacionamiento | nonmobile warfare.
guerra de exterminio recíproco | internecine war.
guerra de las galaxias | star wars.
guerra de maniobra | open warfare.
guerra de minas (por galerías) | offensive tunneling.
guerra de movimiento | mobile warfare.
guerra de posiciones | position warfare | stabilized warfare.
guerra de tarifas | tariff war | rate war.
guerra de tarifas de fletes | freight rate war.
guerra del bacalao | cod clash.
guerra electrónica | electronic warfare.
guerra en la jungla | jungle warfare.
guerra en que ambos contendientes se imponen restricciones en el empleo de ciertas armas | restricted war.
guerra en que se emplea la aviación | three-dimensional warfare.
guerra en que se emplean tropas aerotransportadas | vertical warfare.
guerra espacial | space warfare.
guerra fría | undeclared war.
guerra ideológica | ideological war.
guerra inusual | unconventional warfare.
guerra limitada a una zona determinada | contained war.
guerra mundial | global war.
guerra no resolutiva | holding war.
guerra ofensiva | strike warfare.
guerra periférica | peripheral war.
guerra preventiva | preventive war.
guerra que tiende a extenderse a zonas cada vez mayores | uncontained war.
guerra química | chemical warfare.
guerra radiológica | radiological warfare.
guerra relámpago | blitz.
guerra ribereña | rivering warfare.
guerra sicológica | psywar | psychological warfare | psych warfare.
guerra tecnológica | technological warfare.
guerra total | all-out war | unlimited war.
guerra tóxica (empleando productos químicos, agentes biológicos y productos de la fisión atómica) | toxic warfare.
guerrero | martial.
guerrillero | guerrilla fighter.
guerrilleros | guerrilla-soldiers.
guéter | getter.
guhr (depósito terrizo producido por la acción del agua y que rellena las grietas - geología) | guhr.
guía | guideway | guide | fugleman | yoke | sled | waybill | backrope | pathfinder | bezel | conductor | piloting | slide | directory | dir ectory.
guía (albañilería) | draft.
guía (bicicleta) | handle bar.
guía (buques) | heaving line.
guía (cable para halar) | hauling line.
guía (comercio) | backed note.
guía (de tropas, etc.) | leading 11.
guía (de un mecanismo) | motion-bar.
guía (evoluciones militares) | moving pivot.
guía (libro) | guidebook.
guía (martinete) | guidepost.
guía (para circular) | permit.
guía abocinada de radiación de ondas | flared radiating guide.
guía aérea | bill of lading | B/L (bill of lading).
guía alargable (martinetes) | extension leader.
guía alimentadora de hilo (tejido punto) | yarn feeding finger.
guía antibalónica | ballooning guide.

guía anular para terraja de tubos | pipe stock ring bushing.
guía automática | automatic guidance.
guía automática por medio de la navegación astronómica (misiles) | celestial navigation guidance.
guía centradora | centering guide.
guía colorimétrica | color guide.
guía comercial | business directory.
guía de abastecedores | directory of manufacturers.
guía de acanalar | veining gouge.
guía de aduana | excise-bond | customs permit.
guía de alimentación | feed guide.
guía de almacenaje | warehouse entry.
guía de alzado de pliegos (imprenta) | niggerhead.
guía de aserrar | saw gage.
guía de cable sin garrucha | dumb snatch.
guía de carga | freight receipt | waybill.
guía de carga de flete libre | no-charge billing.
guía de cerrojo | bolt guide.
guía de colocaciones | placement guide.
guía de concentración de radiactividad | radioactivity concentration guide.
guía de cortar | cutting guide.
guía de cortar al hilo (sierras) | ripping fence.
guía de crisol | ladle guide.
guía de cruceta (máquinas) | crosshead and slipper.
guía de decomiso | deposit bill.
guía de depósito | warehouse receipt.
guía de deslizamiento | slide | track.
guía de deslizamiento (máquinas) | slider.
guía de distancia del soplete de corte | cutter guide.
guía de distribuidor (máquina de vapor) | bridle.
guía de driza | boom iron.
guía de embarque | bill of lading (B/L).
guía de encaminamiento (aeronaútica) | routing directory.
guía de encaminamiento (telecomunicación) | routing guide.
guía de escariador | reamer pilot.
guía de espigar | doweling jig.
guía de fichas | card bed.
guía de filón | pay-streak.
guía de hombre de la calle | plain man's guide.
guía de impresión | printing track.
guía de ingletes (sierras) | miter fence.
guía de la antena colgante | fairlead.
guía de la caja de grasas | journal box guide.
guía de la cruceta (máquina alternativa vapor) | motion-bar.
guía de la hoja de sierra | saw guide.
guía de la lubricación (máquinas) | lubrication chart.
guía de la maza (martinetes) | leader.
guía de la película (cámara) | film channel.
guía de los hilos de urdimbre | warp pacing.
guía de mercancías | directory of products.
guía de onda abierta longitudinalmente | trough waveguide.
guía de onda de estratos | layered waveguide.
guía de onda de resalto interior dentellado | serrated ridge waveguide.
guía de onda plana | flat waveguide.
guía de onda propagando los modos superiores | over moded waveguide.
guía de onda rellena de ferrita | ferrite-filled waveguide.
guía de ondas | hollow pipe | shielded line | wave guide | conducting guide | wave conducting gun.
guía de ondas adaptadas (telecomunicación) | matched waveguide.
guía de ondas anular | circular waveguide.
guía de ondas apuntada | taper.
guía de ondas articulada | vertebral waveguide.
guía de ondas cargada con ferrita | ferrite-loaded waveguide.
guía de ondas cilíndrica | circular guide.
guía de ondas cilíndricas | circular waveguide.
guía de ondas circular con relleno dieléctrico | dielectric-filled circular waveguide.
guía de ondas circular de modo dual | dual mode circular wave-guide.
guía de ondas con fugas | leaky pipe.
guía de ondas con multimodos de transmisión | multimode waveguide.
guía de ondas con pérdidas | lossy waveguide.
guía de ondas con resalte | ridge waveguide.
guía de ondas corrugada de discos | disc-loaded corrugated waveguide.
guía de ondas de cilindros coaxiales interiores | multiple resonant waveguide | multiple resonant line | polycylindrical endovibrator.
guía de ondas de diafragmas interiores | septate waveguide.
guía de ondas de diagrama perforado (acelerador linear) | iris-loaded waveguide.
guía de ondas de espuma de plástico | plastic foam waveguide.
guía de ondas de paredes acanaladas | corrugated waveguide.
guía de ondas de planos paralelos | parallel plate waveguide.
guía de ondas de sección variable | tapered waveguide.
guía de ondas de uniones de torsión de escalones | step-twist-junction waveguide.
guía de ondas dieléctrica | dielectric waveguide.
guía de ondas dieléctrico | dielectric guide | dielectric wire.
guía de ondas electroplastiada | electroplated waveguide.
guía de ondas funcionando por debajo de la frecuencia crítica | cutoff waveguide | evanescent waveguide.
guía de ondas fusiforme | taper.
guía de ondas onduladas | corrugated waveguide.
guía de ondas paralelepipédica | rectangular waveguide.
guía de ondas radáricas | radar wave guide.
guía de ondas radiante | flared wave guide | flared radiating guide.
guía de ondas radiantes | radiating guide.
guía de ondas rectangular con dieléctrico en dos caras | two-dielectric layered rectangular wave guide .
guía de ondas rectangular con dos caras de dieléctrico | two-dielectric-layered rectangular wave guide .
guía de ondas rellena de plasma | plasma-filled waveguide.
guía de ondas tabicada | ridge waveguide.
guía de ondas trimodal | trimode waveguide.
guía de posición | glideslope.
guía de protección a la radiación | radiation protection guide.
guía de resbalamiento | runner.
guía de salida | delivery guide.
guía de sección rectangular para ondas de muy alta frecuencia | rectangular guide.
guía de sierra | knife clip.
guía de tornillo | vise bar.
guía de traviesa | cross-head guides.
guía de trayectorias | track guide.
guía de trozar | cutoff gage.
guía de válvula desmontable | detachable valve guide.
guía del alambre (extrusión) | core tube.
guía del batán | lay guide.
guía del cable de la cuchara (perforación) | adjuster board.
guía del carro (tornos) | carriage guide.
guía del emparejador | jogger guide.
guía del gancho de tracción | draw hook guide.
guía del paralelogramo (máquinas vapor) | motion link.
guía del tejido | cloth governing.
guía dentada | notched guide.
guía derecha (milicia) | right-hand.
guía en V asimétrica | asymmetric vee-guide.
guía forestal | lumbering permit.
guía horizontal | horizontal slideway.
guía lateral de escuadrar el papel | jogger.
guía limpiadora (telar) | clearer guide.
guía limpiadora ajustable | adjustable clearer guide.
guía móvil | jogger guide.
guía obturadora | lock-guide.
guía para biselar | chamfer gage.
guía para cepillo mecánico | jointer gage.
guía para cortar ingletes | miter cutoff gage.
guía para el bisturí | conductor.
guía para entrar el dirigible en el hangar | docking rail.
guía para hacer letras | lettering guides.
guía para limar (afilado sierras) | filing guide.
guía para proyectiles (cañón) | shell track.
guía para terraja de cañería | bushing for pipe stock.
guía para varillas (sondeos) | rod guide.
guía por medio de señales electrónicas | command guidance.
guía por rayos laser | laser guidance.
guía por señales electrónicas | command control.
guía posterior | rear guide | rear slideway.
guía posterior de la guillotina | back gauge.
guía principal | main link.
guía prismática | V-guide.
guía prismática (bancada tornos, etc.) | sliding guide.
guía rectilínea | crosshead guide.
guía rectilínea (sierras) | parallel fence.
guía regulable de papel | addjustable paper guide | adjustable paper guide.
guía suspendida | hanging guard.
guía suspendida (laminadores) | clearer.
guía telefónica por profesiones | classified telephone directory.
guía terminal de conmutación condicional | conditional switching terminal guidance.
guía trapezoidal | vee slideway.
guiable | guidable.
guíacabos | cable chock.
guíacabos (buques) | warping chock | fairlead | fairleader | rolling gear.
guiacabos de cuerno (buques) | horn fairlead.
guiacabos de proa (buque | bow chock.
guíacabos de rolete (buques) | roller fairlead.
guiacabos para el paso del canal de Panamá (buques) | Panama fairlead.
guiacanillas | coordinated guide.
guiacartones (jacquard) | card feed.
guíacilindros (tren de estiraje) | cap bars.
guiación inercial | inertial guidance.
guiación por inyección | injection guidance.
guíacojinetes (de roscar) | die guide.
guíacuchilla | blade guide.
guiadera | guide.
guiadera (minas) | runner.
guiadera de bordes a escuadrada | square-lipped guideways.
guiaderas de jaula de mina | mine-cage guides.
guiaderas de la jaula de extracción (minas) | cage-guides.
guiado (herramientas) | piloted.
guiado (movimiento) | guided.
guiado a mano | manually guided.
guiado acústico | acoustic homing.
guiado alámbrico | wire guidance.
guiado astronómico | celestial guidance.
guiado autónomo | full active homing.
guiado cartográfico por radar | map-matching guidance.
guiado casi autónomo | quasi-active homing guidance.
guiado controlado por seguimiento óptico | optical-track command guidance.
guiado de prosecución de trayectoria | pursuit course guidance.
guiado de trayectoria de colisión | collision-course homing.
guiado direccionable activo | active homing

guidance.
guiado directivo | directional homing.
guiado en trayectoria media | midcourse guidance.
guiado estelar | stellar guidance.
guiado inercial con corrección astronómica | inertial celestial guidance.
guiado loran | loran guidance.
guiado mecánicamente | machine-guided.
guiado por agua radiactiva | active water homing.
guiado por chavetero | keyway-guided.
guiado por el exterior | externally guided.
guiado por haz portador | beam-rider guidance.
guiado por hilo | wire-guided.
guiado por hilos | wire guidance.
guiado por leva | cam-guided.
guiado por órdenes | command guidance.
guiado por pantógrafo | pantograph-guided.
guiado por radar | radar-guided.
guiado por referencia | terrestrial reference guidance.
guiado por referencia terrestre | terrestrial reference guidance.
guiado por rodillos | roller-guided.
guiado por un dispositivo electrónico incorporado | built-in electronic device guided.
guiado preestablecido | preset guidance | present guidance.
guiado radar | radar homing.
guiadobladillos (máquina de coser) | hem guide.
guiador de la carga iniciadora (carga de profundidad) | primer placer.
guiaespada (telar) | pickerstick guide.
guiahilo (continua de hilar de anillos) | guide wire.
guíahilos | yarn guide | filament guide.
guíahilos (cordelería) | register plate.
guiahilos (máquina tejido punto) | carrier.
guiahilos accionado por rodillo de fricción | friction roller thread guide.
guiahilos cruzador (devanado) | reciprocating guide.
guiahilos de aletas | flyer guide | flyer thread guide.
guiahilos de vaivén | traversing thread guide.
guíahilos en cola de puerco (tejeduría) | pigtail guide.
guiahilos giratorio | revolving thread guide.
guiahilos purgador | clearer guide plate.
guiaje por infrarrojo | infrared guidance.
guiamecha de vaivén (continua de hilar) | traverse guide | roving guide.
guiancia activa | active guidance.
guiancia aeroespacial | aerospace guidance.
guiancia con referencia a cuerpos celestes (cohetes, cosmonaves) | automatic celestial navigation.
guiancia de la reentrada | re-entry guidance.
guiancia hiperbólica | hyperbolic guidance.
guiancia inercial por observación de cuerpos celestes | celestial-inertial guidance.
guiancia inercial y puntería estelar (astrofísica) | stellar-inertial guidance.
guiancia por medio de un mecanismo incorporado que es activado por un dispositivo sensor que responde a alguna clase de emanación del blanco (misiles) | homing guidance.
guiancia por radiación infrarroja | infrared homing.
guiancia por radio | radio guidance.
guiancia por rayos infrarrojos | infrared homing.
guiancia por referencias a cuerpos celestes | celestial guidance.
guiancia por repetidor de radar | radar repeatback guidance.
guiancia preseleccionada antes del lanzamiento (misiles guiados) | preset guidance.
guiancia radárica | radar guidance | radar homing.
guiancia terminal para la reunión de satélites en una órbita común | satellite rendezvous terminal guidance.
guíandas de perfil interior condulado | ridge waveguide.
guianza del misil | missile guidance.
guíaonda articulada | vertebrate waveguide.
guíaondas | wave guide.
guiaondas cerrado | closed waveguide.
guiaondas cilíndrico | wave duct.
guiaondas circular | circular waveguide.
guiaondas circular con resaltos interiores | ridged circular waveguide.
guiaondas con discos interiores equiespaciados unos 25 milímetros y agujereados en el centro | disc-loaded waweguide.
guíaondas criógeno | cryogenic waveguide.
guiaondas de interconexión local | cross-site waveguide.
guiaondas fabricado longitudinalmente | separate waveguide.
guiaondas rectangular a presión | pressurized rectangular waveguide.
guíaondas revirado | twisted waveguide.
guiapapel | paper-guide.
guiar | guide (to) | conduct (to) | pioneer (to) | lead (to).
guiar (caballos) | drive (to).
guiar (indicar velocidad y rumbo) | vector (to).
guiar (una herramienta larga) | pilot (to).
guiar con palanca la caída (corta árboles) | samson (to).
guiar el buque | steer the ship (to).
guiar la broca | pilot the drill.
guiar o conducir a un sitio determinado (aviación) | position (to).
guiaretenida de la carga iniciadora (carga de profundidad) | primer placer.
guías | holders | slideway.
guías (de torno) | track.
guías (de ventana) | runway.
guías (jaula minas) | slides.
guías (martinete) | leads.
guías (martinete para pilotes) | guide poles.
guías (tipografía) | lay marks.
guías colgantes | hanging leads.
guías colgantes (pilotaje) | pendulum leads.
guías colocadas con plantilla | gage-set guides.
guías de almacenaje (aduana) | entry for warehousing.
guías de deslizamiento | sliding ways.
guías de entrada | entry guides.
guías de la bancada (tornos) | ways.
guías de la basada | bedways.
guías de la columna | column slideways.
guías de la jaula (pozo mina) | pit guides.
guías de la mesa (máquina-herramienta) | tableways.
guías de los pilares | pile guides.
guías de ondas electromagnéticas | electromagnetic waveguides.
guías de porcelana (máquina tejido de punto) | rovers.
guías de sección interior cuadrada para la columna circular (prensa de forjar) | square faced column guides.
guías de torsión (laminadores) | twisted guides.
guías del camarín (ascensores) | car rails.
guías del carnero | ram slideways.
guías del contrapeso (ascensores) | counterweight rails.
guías del martinete (hinca pilotes) | pile leads.
guías frontales del papel | front paper guides.
guías lapidadas con taco abrasivo (tornos, etc.) | lapped slideways.
guías laterales del papel | paper side guides.
guías laterales del transportador | conveyor side guides.
guías maquinadas con precisión (máquinas herramientas) | precision-machined ways.
guías para alinear | aligning rails.
guías para colocar | locating rails.
guías para hincar pilotes (martinetes) | pile gins.
guías para minervas (imprenta) | platen press guides.
guías planas | flat ways.
guías planas (máquinas herramientas) | flat-slides.
guías planas rasqueteadas con precisión | precision-scraped flat ways.
guías prismáticas (tornos) | shears.
guías prismáticas del torno | lathe shears.
guías puestas a cola de milano | dovetailed ways.
guías rectificadas | ground slideways.
guías rerrasqueteadas (tornos) | rescraped ways.
guiasondas (sondeos) | whipstock.
guiatelas | cloth guide.
guiatelas de rodillos | finger guider.
guido | kiddle.
guijarro | rock | cobble | pebble | pebble-stone.
guijarro de topacio | pebble of topaz.
guijarros | shingle | cobbles.
guijarros de sílex | flint balls.
guijarros redondeados de baddeleyita (Brasil) | favas de zirconio.
guijarroso | pebbled.
guijoso | pebbled.
guillame | fillister | fillet tool | fillet plane | joiner's tool.
guillame de acanalar | fluting plane.
guillame de costado | side fillister | side rabbet-plane.
guillame de ensamblar | dovetail plane.
guillame de inglete | bevel plane | miter plane | chamfer plane.
guillame hembra | hollow plane.
guillame oblicuo | skew-mouthed rabbet | skew rabbet-plane.
guillamen | rabbet plane | rabbet.
guillamen de esquinar | badger plane.
guillamen inclinado | badger plane.
guilleminita | guilleminite.
Guillermina | Minnie.
guilloche | rose-engine tool.
guilloquis (lazo de adorno - arquitectura) | guilloche.
guillotina | guillotine | paper cutter | gate shears.
guillotina (para papel) | trimmer press.
guillotina de oficina | paper trimmer.
guillotina electrohidráulica | electrohydraulic guillotine.
guillotina mecánica | power guillotine.
guillotina para cortar papel | paper guillotine | ream cutter.
guillotina para papel | paper cutter.
guillotina trilateral (imprenta) | three-knife trimmer.
guillotinar | guillotine (to).
guillotinista | guillotine operator.
guimbaleta | hand lever.
guimbalete | pump brake.
guimbalete (de bomba) | sweep | brake.
guimbalete de la bomba de aire | air pump rocking lever.
guimbarda | housing plane | routing plane | router plane.
guimbarda (carpintería) | plough.
guimpe (hilos) | gimp.
guinch electrohidráulico de carga | electrohydraulic cargo winch.
guinche | winch | windle | hoist.
guinche (minas) | hauler.
guinche de aire comprimido | air winch.
guinche de cuchara de arrastre | scraping engine.
guinche de dos capirones | double-drum winch.
guinche de grúa | crane winch.
guinche de la escala (dragas) | ladder winch.
guinche de remolque | towing winch.
guinche de tracción | jinny.
guinche eléctrico para carga | electric cargo winch.
guinche eléctrico para el giro (grúas) | electric slewing winch.

guinchero (minas) | hoisting engineer.
guinchero (sondeos) | hoist runner.
guinda | cherry.
guinda (palo de buque) | hoist | hounding | height.
guindaleza | hawser.
guindar | hoist (to).
guindar (marina) | sway (to).
guindaste con sus drizas (buques) | jears.
guindola | boatswain's chair | life buoy | hanging stage | hanging scaffold.
guíndola (marina) | suspended cradle.
guíndola para subir a un palo (buques) | bosun's-chair staging.
guinea (moneda de oro=21 chelines) | guinea.
guinea (muselina algodón) | guine.
guinga | guingham.
guinga (carraclán - tela de algodón) | gingham.
guinga con dibujo ajedrezado | apron checks.
guiñada (buques) | lurching | lurch | yaw | yawing.
guiñada a la salida (proyectil de cañón) | initial yaw.
guiñada del buque | ship heaving.
guiñada en la dirección del ala ascendente cuando funcionan los alerones | aileron yaw.
guiñada en régimen estacionario | steady-state yawing.
guiñada favorable | favourable yaw.
guiñada producida por el timón | steering yaw.
guiñada producida por la mar (buques) | weather yaw.
guiñadímetro | yawmeter.
guiñar (buques) | sheer (to).
guiñar (buques, aviones proyectiles, misiles) | yaw (to).
guiñar repetidamente (aviones, misiles) | hunt (to).
guiños (cine) | klieg eyes.
guión | hyphen | direct.
guión (cine) | script.
guión (remo) | loom.
guión (tipografía) | em rule | em score | rule.
guión completo de un programa (televisión) | shooting script.
guión de medio cuadratín | en rule | en score.
guión del remo | oar loom.
guión sonoro (sobre un filme mudo) | scoring.
guionista de radio | radio producer.
guipado | braiding.
guipadora | braider.
guipar con vitrofibra (cables eléctricos) | glass-braid (to).
guipur | guipure.
guirnalda | chaplet.
guirnalda (arquitectura) | swag | festoon.
guirnalda (botes salvavidas) | lifeline.
guirnalda (marina) | puddening | marling.
guirnalda de bote | boat swifter.
guisantal | pea plot.
guisante | pea.
guisantes en lata | canned peas.
guita | packthread | twine | jack-line.
guitarra (cigüeñal) | crankthrow.
guitarra (torno roscar) | quadrant-plate.
guitarra del cigüeñal | crankshaft wed | crank lever.
guitarrear | play the guitar (to).
guja (arma) | vouge.
gumari (Gmelina arborea) | gumhar | yamane.
gumari (Gmelina arborea - Roxb) | sewan | yemane.
gumita | gummite.
gunita | torcrete.
gunita (mortero de cemento u hormigón de garbancillo) | gunite.
gunitar (revestir con el pistolón lanzacemento) | gunite (to).
gunitista | cement-gun worker.
guonista (cine, TV) | scriptwriter.
gurjun (Dipterocarpus tuberculatus) | yang.
gusanillo (ligamento) | huckaback.
gusanillo de la barrena | point of auger.
gusanillo de oro | gold thread.
gusanillo de rosca | fillet.
gusanillo de rosca (barrenas) | auger bit.
gusano | worm | caterpillar | flat worm | worm.
gusano bivoltino (que produce dos cosechas al año) | bivoltine silk.
gusano de luz | glow-worm.
gusano horadador | auger worm.
gusano redondo (zoología) | roundworm.
gustar | taste (to).
gusto | flavor.
gusto de corcho (vinos) | corking.
gustometría | gustometry.
guta (hidrocarburo) | gutta.
gutación (plantas) | guttation.
gutiforme | guttiform.
guyot (geología) | flat-topped seamount.
guyot (volcán submarino) | guyot.

H

ha quedado cerrado el sumario | the pretrial is closed.
ha sido catalogado como sigue (EE.UU.) | it has been cataloged as follows.
ha sido superado por | it has been overcome by.
ha tomado huelgo (máquinas) | it has worked loose.
haba (caballos) | lampas.
haba panosa | horse bean.
habendum | habendum.
haber | credit | credit side.
haber diferido | deferred credit.
haber hecho efectivas las letras | have bills cashed (to).
haber según el libro mayor | book credit.
haber social | corporate assets | assets of the company | assets.
haberes diferidos | unearned income.
haberse agotado las existencias | be out of stock (to).
habida cuenta de | in view of.
habiendo prestado juramento | being duly sworn.
habiendo prestado juramento comparece y dice | being duly sworn deposes and says.
hábil | workmanlike | expert | experienced | handy.
habilidad | artifice | expertness | adroitness.
habilidad del hombre para trabajar los metales | man's hability to work metals.
habilidad manual | manual dexterity.
habilitación | fitting out.
habilitación (de una licencia) | rating.
habilitado | qualified | paymaster.
habilitado (milicia) | finance officer.
habilitado para | entitled.
habilitar | qualify (to) | empower (to) | entitle (to) | enable (to) | outfit (to).
habitabilidad (casas) | livability.
habitabilidad del submarino nuclear | nuclear submarine habitability.
habitable | tenantable.
habitable (casas) | livable.
habitación | room.
habitación anecoica | nonreverberant room.
habitación con gran absorción del sonido | dead room.
habitación con personal dedicado a un trabajo | manned room.
habitación controlada en temperatura y humedad | temperature/humidity controlled room.
habitación de aire limpio con temperatura controlada | temperature-controlled clean air room.
habitación de ropa limpia | clean linen room.
habitación de temperatura y humedad constantes | constant-temperature-humidity room.
habitación insonorizada | nonreverberant room | acoustically-lined room | dead room.
habitación lacustre (arqueología) | fascine dwelling.
habitación para control de aparatos de medida | standards room.
habitación para guardar | holding room.
habitación para guardar las cajas de seguridad (bancos) | strongroom.
habitáculo | habitat.
habitado por seres humanos | tenanted by human beings.
habitante | resident.
habitante de la frontera | borderer.
habitante de la tierra baja | lowlander.
habitante de la zona tórrida | ascian.
habitante del edificio | occupant of the building.
habitar | live (to).
hábitat | habitat.
habitat (botánica, zoología) | home.
hábitat de la caza (bosques) | game habitat.
hábitat de la vida salvaje | wildlife habitat.
habitat del pez deportivo | sport-fish habitat.
hábitat y costumbres de los mamíferos | habitat and habits of mammals.
hábito | custom.
hábito de los monjes orientales | gown.
hábito de un mineral cristalino | crystal habit.
hábito del acero a la fractura | fracture habit of the steel.
hábito hojoso exagonal | hexagonal-platy habit.
hábito intrusivo (petrología) | intrusive habit.
hábito laminoso (mineralogía) | platy habit.
hábito milonítico | mylonitic habit.
hábito ortorrómbico | orthorhombic habit.
hábito reconocible del cristal (cristalografía) | recognizable crystal habit.
hábitos de crecimiento | growth habits.
hábitos del trabajo | work habits.
hábitos mercantiles | trade customs.
habituación (proceso de aprender a vivir confortablemente o con un mínimo de molestias en un medio nuevo u hostil) | accustomization.
habituado a las privaciones | inured to hardship.
habitual | everyday.
habitualidad | habituality.
habitualmente | usually.
habituar | exercise (to) | habituate (to).
habituarse | habituate (to) | enure (to).
habituarse a | grow familiar with (to).
habitus (botánica) | habit.
habitus cristalográfico | crystallographic habit.
hablado | oral.
hablando con rigor | strictly speaking.
hablando en marino | nautically speaking.
hablar | speak (to).
hablar a través de las ondas de radioaficionados | modulate (to).
hablar con megáfono | hail (to).
hablar en el taller | talk shop (to).
hace poco | of late.
hacecillo | fascicle.
hacemos constar que | we herewith certify that.
hacendado | farmer | yeoman | land holder | landholder.
hacendista | financier.
hacer | execute (to) | make (to) | do (to).
hacer (ejercicio) | take (to).
hacer (gastos) | incur (to).
hacer (paquetes, listas, etc.) | make up (to).
hacer (reclamo, etc.) | put in (to).
hacer (un curso) | take (to).
hacer (una pregunta) | put (to).
hacer (vestidos) | make up (to).
hacer a petición de | do at the request of (to).
hacer a un tren la señal de parada | flag (to).
hacer abrir temprano (forzar-flores) | force (to).
hacer acanaladuras sobre la superficie de la pista de despegue (aeropuertos) | mill texture in a runway (to).
hacer acrobacias (aviación) | stunt (to).
hacer acto de autoridad | exercise one's authority (to).
hacer acto de presencia | enter an appearance (to).
hacer agua (buques) | make water (to) | leak (to) | bulge (to).
hacer aguada | water (to).
hacer aguas las costuras (buques madera) | gape (to).
hacer agujeros a | eye (to).
hacer ajustes | cut and try.
hacer añicos | break into pieces (to).
hacer aparecer gradualmente la imagen (cine, TV) | fade in (to).
hacer arqueo (contabilidad) | verify cash (to).
hacer avanzar | space forward (to) | advance (to).
hacer avanzar (cinta) paso a paso | inch (to).
hacer avanzar (tarjeta) | feed (to).
hacer avanzar el papel | sprocket feed (to).
hacer avanzar paso a paso | single step (to).
hacer bajar | sink (to) | draw down (to).
hacer bajar (al fondo de la mina) | get down (to).
hacer bajar las cotizaciones | bear down prices (to).
hacer bajar los precios | force prices down (to).
hacer bajar un ala (avión en vuelo) | drop a wing (to).
hacer balance | close the books (to).
hacer balas de lana en la prensa hidráulica | dump (to).
hacer barriga | bilge (to).
hacer barriles | cooper (to).
hacer bascular | dump (to).
hacer blanco | hit (to).
hacer blanco (con un proyectil) | score a hit (to).
hacer blanco con varios misiles | shoot up (to).
hacer brotar | raise (to).
hacer calicatas | burrow (to).
hacer caminar | forward (to).
hacer campaña electoral | campaign for election (to).
hacer canales (a un eje en el torno) | chamfer grooves (to).
hacer carambola | cannon (to).
hacer carbón | coal (to).
hacer carriladas (carreteras) | rut (to).
hacer causa común | make common cause (to).
hacer cerveza | brew (to).
hacer cesión de bienes
hacer circular (documentos, etc.) | circularize (to).
hacer circular efectos | keep bills afloat (to).
hacer coincidir | bring into conformity (to).
hacer coincidir dos agujeros por medio de un pasador | brad (to).
hacer coincidir exactamente dos piezas | register (to).
hacer coincidir los índices | match the indexes (to).
hacer compacto | compact (to).
hacer con punto de espiga (costura) | herringbone (to).
hacer concesiones | meet part way (to).
hacer confuso | confuse (to).
hacer cónico | taper (to).
hacer contacto con masa | frame (to).
hacer contrastar | contrast (to).
hacer contraste con | contrast (to).
hacer converger | converge (to).
hacer convexo (chapas, tubos) | cup (to).
hacer copias con el cromógrafo | chromograph (to).
hacer cuadrar | quadrate (to).
hacer cuadros (telas) | dice (to).
hacer cultivable (terrenos) | reclaim (to).
hacer cumplir una ley | enforce (to).
hacer cunetas | gutter (to).
hacer chapuzas para corregir la mala justificación (imprenta) | bodge (to).
hacer daño | hurt (to).
hacer dar media vuelta (ejércitos, etc.) | put about (to).
hacer de cuerpo | move (to).
hacer de mala gana | do with reluctance (to).
hacer de suplente | deputize (to).
hacer depender | condition (to).
hacer desaparecer | efface (to) | clear away (to) | wipe off (to).
hacer desaparecer gradualmente la escena (cine, TV) | fade-out (to).
hacer desaparecer poco a poco | edge out (to).
hacer desfilar (cintas) | transport past (to).
hacer desfilar tropas | file (to).
hacer despacio | ease (to).
hacer detener | lag (to).
hacer diana | hit the bull's eye (to).
hacer diana (tiro al blanco) | drive the cross.
hacer diligencias | labor and travel (to).
hacer dúctil (metalurgia) | soften (to).

hacer eco | echo (to).
hacer economías | economize (to) | reduce expenses (to).
hacer efectivo | get cashed (to) | collect (to) | cash (to) | cash in (to) | encash (to).
hacer efectivo (contratos) | implement (to).
hacer efectivo (letras) | take up (to) | do the needful (to).
hacer ejercicio | exercise (to).
hacer ejercicio de remo | have a pull (to).
hacer ejercicios de cañón | gun-drill (to).
hacer el balance (cuentas) | square (to).
hacer el borrador de (contratos, etc.) | minute (to).
hacer el cabotaje | coast (to) | be in the coasting trade (to).
hacer el censo de (industrias, etc.) | schedule (to).
hacer el cran (a un tipo de imprenta) | kern (to).
hacer el dumping | dump (to).
hacer el papel de (teatro) | act (to).
hacer el plano de | plat (to).
hacer el salvamento de | bring off (to).
hacer el servicio de | cover (to).
hacer el tonel (aviación) | cartwheel (to).
hacer el trazado de | plot (to).
hacer el vacío | pump-out (to) | pump out (to).
hacer el vacío (en un recipiente) | exhaust (to).
hacer el vacío (física) | evacuate (to).
hacer emigrar | emigrate (to).
hacer entero | integrate (to).
hacer entrar | let in (to).
hacer entrar a golpes | knock in (to).
hacer entrar con pequeñas sacudidas | joggle in (to).
hacer entrega (de un cargo) | vest (to).
hacer erupción (volcanes) | erupt (to).
hacer escala | touch at (to).
hacer escala (avión) | stop over (to).
hacer escala en (buques) | make a call at (to).
hacer escala en (tocar en - buques) | call at (to).
hacer escala en un puerto | call a port (to).
hacer escala en un puerto (navegación) | touch at a port (to).
hacer espuma | lather (to) | froth (to) | foam (to).
hacer estación (topografía) | set up (to) | occupy (to).
hacer estanca (una junta) | pack (to).
hacer estanco | seal (to) | proof (to).
hacer estanco al petróleo | render oil tight (to).
hacer evaporar | dry off (to).
hacer experiencias | experiment (to).
hacer explosión | explode (to) | go off (to).
hacer explosión (calderas) | burst (to).
hacer explotar una mina | bump (to).
hacer fieltro | felt (to).
hacer figurar en el manifiesto (buques) | manifest (to).
hacer filetes (carpintería) | bead (to).
hacer firme | steady (to).
hacer flecha | sag (to).
hacer flexible | limber (to).
hacer flotar | buoy up (to) | float off (to).
hacer flotar (minerales) | float (to).
hacer frente | meet (to) | front (to).
hacer frente a | confront (to) | stand (to).
hacer frente a la situación | cope with the situation (to).
hacer frente a los gastos | stand the cost (to).
hacer frente a sus obligaciones | meet one's liabilities.
hacer frente al coste creciente de la vida | meet the rising cost of living (to).
hacer fuego nutrido (artillería) | pound away (to).
hacer fuerza de remos (boga) | bend the oars (to).
hacer fuerza de vela | stretch (to) | crowd on sail (to).
hacer fuerza de vela (buque de vela) | carry a press of sail (to) | pack on all sail (to).
hacer fuerza de velas | clap on all sail (to).
hacer funcionar | put in action (to) | set in action (to) | bring into action(to) | work (to) | drive (to) | control (to) | manage (to) | operate (to).
hacer funcionar a más de la capacidad normal | overdrive (to).
hacer gazas | loop (to).
hacer gelatina | jelly (to).
hacer germinar la cebada | malt (to).
hacer girar | spin (to) | slue (to) | twirl (to) | swivel (to) | swing (to) | revolve (to) | turn (to) | wheel (to) | rotate (to).
hacer haces (de leña, etc.) | faggot (to).
hacer hendiduras (orfebrería) | hatch (to).
hacer hermético a la intemperie | weatherseal (to).
hacer hincapié | emphasize (to).
hacer hincapié en | enforce (to).
hacer hipótesis | hypothesize (to).
hacer honor (a una letra) | do credit (to).
hacer honor a (compromisos, etc.) | meet (to).
hacer honor a (efectos comerciales) | protect (to).
hacer honor a una firma | honor a signature (to).
hacer idóneo | qualify (to).
hacer igual | even (to).
hacer inatacable a la polilla | mothproof (to).
hacer incisión a un árbol | tap (to).
hacer indagaciones | labor and travel (to).
hacer inerte (química) | inert (to).
hacer ininteligible por transmisión defectuosa (mensajes) | garble (to).
hacer inservible (cañones, etc., llevándose una pieza importante) | dismount (to).
hacer instrucción | drill (to).
hacer inventario | draw up the inventory (to) | take an inventory (to).
hacer juego con | match (to).
hacer justicia | relieve (to) | redress (to).
hacer justicia a | do right to (to).
hacer la cama para el apeo de un árbol (corta forestal) | bed a tree (to).
hacer la ciaboga | bucket the recovery (to).
hacer la ciaboga (bote de remos) | bucket (to).
hacer la compra de | purchase (to).
hacer la cuenta de la urdimbre (tejeduría) | set (to).
hacer la cuenta de urdimbre | slay (to).
hacer la culata (fusiles) | stock (to).
hacer la declaración de entrada (buques en aduana) | enter a ship inwards (to).
hacer la entalladura de apeo (árboles) | box (to).
hacer la estiba | dunnage (to).
hacer la masa (cerámica) | wage (to).
hacer la prueba de | test (to).
hacer la prueba de estabilidad (buques) | incline (to).
hacer la prueba de los nueves | cast out nines (to).
hacer la prueba por nueve (multiplicación) | cast out the nines.
hacer la puntilla (encajes) | purl (to).
hacer la siembra (plantas) | seed (to).
hacer la solera (horno Siemens) | make the bottom (to).
hacer la solera (hornos de acero) | make bottom (to).
hacer la vista gorda | connive (to).
hacer las lecturas (de aparatos) | take readings (to).
hacer las pruebas de un avión | demonstrate an aircraft (to).
hacer las veces de | function (to).
hacer lo conveniente | manage (to).
hacer lo necesario | do the needful (to).
hacer lo que esté en su mano para | do what it is in his power for (to).
hacer lo que se debe hacer | do the right thing (to).
hacer los cimientos de una fábrica | break ground for a factory (to).
hacer madejas | skein (to) | hank (to).
hacer madurar temprano (frutas) | force (to).
hacer mal las particiones (herencias) | misjoin (to).
hacer mal papel | acquit oneself badly (to).
hacer mal uso de | misuse (to).
hacer mallas al revés (tejidos de punto) | purl (to).
hacer manifiesto (hechos) | lay (to).
hacer maniobras | drill (to).
hacer manojos (de leña, etc.) | faggot (to).
hacer mapas | map (to).
hacer marchar | lead out (to) 00.
hacer máxima una función | maximize a function (to).
hacer menos estrictas las condiciones | relax the conditions (to).
hacer mover o funcionar | start (to).
hacer muescas | notch (to).
hacer naufragar un buque | wrack (to).
hacer negocios | do business (to).
hacer objeciones | except (to).
hacer ofertas | tender (to).
hacer ojetes | eye (to).
hacer ojos (a agujas de coser) | eye (to).
hacer opaco (pintura) | blind (to).
hacer opaco (quitar el brillo-pinturas) | flat (to).
hacer operaciones (bolsa) | operate (to).
hacer oscilar | swing (to) | sway (to).
hacer oscilar temporalmente el electrodo (soldadura) | weave the electrode (to).
hacer pagadero (efectos) | make payable (to).
hacer palanca contra | prise (to).
hacer palanca sobre | lever against (to).
hacer particiones | parcel out (to).
hacer pasamanería | trim (to).
hacer pasar entre los lizos (telares) | draught (to).
hacer pasar entre los lizos del telar | draft (to).
hacer pasar la correa | run the belt (to).
hacer pasar la tripulación al costado (buques) | man ship (to).
hacer pasar un tubo | run a pipe (to).
hacer pasta | impaste (to).
hacer patente | pinpoint (to) | prove (to) | evince (to).
hacer patinar el embrague (autos) | ride the clutch (to).
hacer pedido de reaprovisionamiento | re-order (to).
hacer pedidos de mercancías | put goods on order (to).
hacer penetrar poco a poco | instil (to).
hacer pequeños beneficios aprovechándose de las fluctuaciones del mercado | scalp (to).
hacer perder el conocimiento (por un golpe) | out (to).
hacer perder inútilmente el tiempo a | eat up all the time (to).
hacer picadillo | hash (to).
hacer pivotar | pivot (to).
hacer planes | plan (to).
hacer pliegues | crease (to).
hacer preguntas tendenciosas a un testigo | lead a witness (to).
hacer preparativos para afrontar un temporal (navegación) | snug down (to).
hacer presa | bind (to).
hacer presente | let know (to).
hacer presión las cuñas sobre las imposiciones y no en el tipo (imprenta) | bind (to).
hacer presión sobre el contenido de un conducto corriendo el dedo sobre él | strip (to).
hacer progresar un contador | roll (to).
hacer progresos | go forward (to) | march (to).
hacer progresos (estudios) | get on (to).
hacer propaganda | canvass (to).
hacer pruebas de duración | life test (to).
hacer pruebas de selección | testcheck (to).
hacer publicidad | advertise (to).
hacer puntiagudo | spike (to).

hacer punto de aguja | knit (to).
hacer punto de encaje | picot (to).
hacer que el crisol sea mas pequeño en diámetro aplicando una presión exterior mientras gira | collar in (to).
hacer que no circule corriente (electricidad) | deenergize (to).
hacer radiar | irradiate (to).
hacer ramplón en la herradura | caulk (to) | calk (to).
hacer ranuras en cruz | cross-slot (to).
hacer ranuras en doble V (cantos de chapas) | double-vee groove (to).
hacer rebaja | rebate (to).
hacer rebajos | offset (to).
hacer recipientes de cartón | carton (to) | carton (to).
hacer recular | move back (to).
hacer rechinar | clank (to).
hacer relucir frotando (a objetos metálicos) | rub up (to).
hacer remolinos | eddy (to).
hacer rentable el negocio suyo | earn your business (to).
hacer reposar (soluciones) | season (to).
hacer resaltar | highlight (to) | emphasize (to).
hacer resaltar (colores, etc.) | relieve (to).
hacer resbalar los troncos directamente sobre el suelo (corta forestal) | snake (to).
hacer resistente (a los ácidos) | proof (to).
hacer resonar | clink (to).
hacer retroceder | drive back (to) | force back (to) | move back (to).
hacer rodar | wheel (to) | roll (to).
hacer rollos (de papel) | scroll (to).
hacer rugoso | roughen (to).
hacer ruido | clatter (to).
hacer ruido (máquinas) | pound (to).
hacer rumbo a | make for (to).
hacer ruta (EE.UU.) | leg (to).
hacer saber | let know (to).
hacer saliente | bulge out (to).
hacer salir | let out (to) | lead out (to) 00 | shakeout (to) | drive out (to) | push out (to) | throw-off (to).
hacer salir (un pasador, etc.) | push out (to).
hacer salir apretando o estrujando | pinch out (to).
hacer salir con pequeñas sacudidas | joggle out (to).
hacer saltar | force out (to).
hacer saltar (minas) | explode (to).
hacer saltar a fuerza de golpes | knock off (to).
hacer saltar el arco (electricidad) | arc (to).
hacer saltar el cebo sobre el agua (pesca) | dibble (to).
hacer saltar los remaches | burst out the rivets (to).
hacer saltar rozando (como una piedra sobre el agua) | skip (to).
hacer saltar un arco | flash over (to).
hacer seno (hincharse - velas) | bunt (to).
hacer señales al avión que va a posarse (cubierta de portaaviones) | wigwag (to).
hacer señales con bandera | flag (to).
hacer servicio (buques) | ply (to).
hacer sonar | clang (to).
hacer sondeos | borehole (to) | costean (to).
hacer sondeos para encontrar agua | bore for water (to).
hacer su ronda (oficiales) | go the rounds (to).
hacer subir | push up (to) | boost (to).
hacer subir (pistón dentro del cilindro) | drive up (to).
hacer subir (precios) | boom (to).
hacer subir el agua con la bomba | pump up (to).
hacer subir el precio de | run up (to).
hacer subir los precios | rig (to).
hacer subir los valores | bull (to).
hacer sudar | sweat (to).
hacer sufrir una operación a (industria) | process (to).
hacer surcos | rut (to).
hacer surgir | raise (to).
hacer suspensión de pagos (empresas) | come to grief (to).
hacer tablas (ajedrez) | draw (to).
hacer tambalear | stagger (to).
hacer tictac | click (to).
hacer todo lo posible por ascender (aviones) | struggle for altitude (to).
hacer trabajar (estructuras) | put under stress (to).
hacer trabajos de mina (milicia) | mine (to).
hacer trabajos de reconocimiento | reconnoitre (to) | reconnoiter (to).
hacer un agujero con hierro candente (maderas) | burn a hole (to).
hacer un agujero cuadrado | square-drill (to).
hacer un agujero en | hole (to).
hacer un anticipo a un proveedor (por el Estado) | imprest (to).
hacer un asiento (contabilidad) | pass (to) | set down (to).
hacer un asiento nuevo (válvulas) | reseat (to).
hacer un aterrizaje (prácticas de vuelo) | shoot a landing (to).
hacer un aterrizaje forzoso | force-land (to).
hacer un barrilete (calabrotes) | mouse (to).
hacer un borrador | draught (to).
hacer un borrador o minuta | draft (to).
hacer un caballito (aeroplanos) | ground-loop (to).
hacer un caballito (aviación) | swing (to).
hacer un contrato | indent (to).
hacer un control por sondeo | spot check (to).
hacer un cordón (laminador) | warp (to).
hacer un cordón de soldadura | bead (to).
hacer un descenso en resbalada (montañismo) | glissade down (to).
hacer un descubrimiento importante | strike oil (to).
hacer un descuento | dock (to).
hacer un doble codo (a un tubo) | offset (to).
hacer un emparrillado (cimentaciones) | grill (to).
hacer un empréstito | loan (to).
hacer un enrejado | rack (to).
hacer un entrante | recess (to).
hacer un error de cálculo | miscalculate (to).
hacer un error de clasificación | missort (to).
hacer un error de numeración | misnumber (to).
hacer un error de perforación | mispunch (to).
hacer un esfuerzo supremo | spurt (to).
hacer un hoyo | hole (to).
hacer un itinerario (enclavamiento de trenes) | route (to).
hacer un levantamiento por encaminamiento (topografía) | traverse (to).
hacer un listado del contenido de la memoria | map (to).
hacer un molde de | model (to).
hacer un movimiento | move (to).
hacer un nuevo levantamiento (topografía) | resurvey (to).
hacer un pedido | place an order (to).
hacer un peritaje | give an expert opinion (to) | hold a survey (to) | make a survey (to) | survey (to).
hacer un presupuesto de un proyecto | abstract (to).
hacer un protesto | draw a protest (to).
hacer un protesto (comercio) | raise a protest (to) | make a protest (to).
hacer un reaseguro | lay off a risk (to).
hacer un rebajo | rebate (to) | rabbet (to).
hacer un rebajo (ejes, etc.) | neck (to).
hacer un referendum | hold a referendum (to).
hacer un registro minucioso | hunt (to).
hacer un rizo (aviación) | loop (to).
hacer un ruido de pergamino | crinkle (to).
hacer un ruido sordo | boom (to).
hacer un ruido sordo (maquinaria) | chunk (to).
hacer un socavón (minas) | run an adit (to).
hacer un vaciado (memoria) | dump (to).
hacer un vacío parcial | vacuum (to).
hacer un viaje por mar | cruise (to).
hacer una balsa con rollizos | raft (to).
hacer una bolsa | bulge out (to).
hacer una bolsa común | pool (to).
hacer una caída libre (paracaidistas) | free fall (to).
hacer una campaña (de prensa, de radio, etc.) | crusade (to).
hacer una conversión (ejércitos) | wheel (to).
hacer una costura | seam (to).
hacer una cuenta clara de urdimbre | reed the warp clear (to).
hacer una cuenta espesa de urdimbre | reed the warp close (to).
hacer una curva la hipotenusa de un cartabón (nudos estructurales) | hollow (to).
hacer una declaración de avería (marina) | note a protest (to).
hacer una demostración (milicia) | demonstrate (to).
hacer una descarga (de fusilería) | fire a round (to).
hacer una escritura de traspaso o cesión | deed (to).
hacer una estipulación previa | make provision for (to).
hacer una excursión electoral | canvass (to).
hacer una exposición | give a lecture (to).
hacer una galería (minas) | draw a drift (to).
hacer una gira por todo el país | stump the country (to).
hacer una incisión | snick (to).
hacer una incisión anular alrededor del tronco (árboles) | girdle (to).
hacer una incisión anular en la corteza (árboles) | ring-bark (to).
hacer una injusticia a | ill-use (to).
hacer una inspección | make a survey (to).
hacer una leva (de personas) | levy (to).
hacer una leva forzosa | impress (to).
hacer una leva forzosa (marina) | press (to).
hacer una maniobra falsa | mishandle (to).
hacer una moldura con el tupí (carpintería) | rout out (to).
hacer una muesca | score (to).
hacer una observación | raise an objection (to) | raise a point (to).
hacer una oferta | submit an offer (to).
hacer una permutación circular | circulate (to).
hacer una pregunta | propound a question (to).
hacer una propuesta | bid (to).
hacer una propuesta mas baja | underbid (to).
hacer una protesta | raise a protest (to).
hacer una prueba | run a test (to).
hacer una prueba con él | give it a trial (to).
hacer una punción en un absceso | tap (to).
hacer una reclamación por escrito | enter a protest (to).
hacer una recorrida (buques, aviones) | overhaul (to).
hacer una redada (de gente maleante) | roundup (to).
hacer una réplica (jurisprudencia | replicate (to).
hacer una revisión general | overhaul (to).
hacer una selección | make a selection (to).
hacer una señal | score (to).
hacer una serie de aproximaciones de prueba sobre un punto para deducir la aproximación correcta (aviación) | bracket (to).
hacer una tirada | print (to).
hacer una trayectoria en S sobre el terreno o volando (aviones) | S (to).
hacer uso de la palabra | address a meeting (to).
hacer uso de una oferta | avail oneself of an offer.
hacer vacilar | stagger (to).
hacer valer | make good (to) | plead (to) | enforce (to).

hacer valer (derechos) | establish (to).
hacer valer un derecho | assert a claim (to).
hacer variar la volada o alcance (grúas) | luff (to).
hacer viajes regulares entre puertos (buques) | ply (to).
hacer vibrar el aire | churr (to).
hacer viento | blow (to).
hacer virar (buques) | bring about (to).
hacer volar (una mina) | spring (to).
hacer zafarrancho de combate | clear for action (to).
hacer zanjas | ditch (to).
hacer zozobrar | founder (to).
hacerlo (bien o mal) | do (to).
hacerlo rentable | make it pay (to).
hacerse | turn (to) | wax (to).
hacerse a la mar (buques) | put to sea (to) | clear (to) | get way (to).
hacerse a la vela | make sail (to).
hacerse a la vela (buque de vela) | set sail (to).
hacerse acreedor a | earn (to).
hacerse alternativamente favorable y desfavorable el viento (navegación a vela) | veer and haul (to).
hacerse cargo de | take up (to).
hacerse cargo del destino | take up the duties of the post (to) | take up the thrust (to).
hacerse cocas (cables) | kink (to).
hacerse correoso | toughen (to).
hacerse costra (heridas) | crust (to).
hacerse entender | make oneself understood (to).
hacerse fiador de | vouch for (to).
hacerse frondoso (árboles) | leaf (to).
hacerse gelatinoso | jellyfy (to).
hacerse ingeniero | become an engineer (to).
hacerse más favorable el viento (navegación a vela) | veer aft (to).
hacerse más fuerte | grow stronger (to).
hacerse miembro de | enter (to).
hacerse obedecer | make oneself obeyed (to).
hacerse pedazos | fly to pieces (to) | shatter (to) | breakup (to).
hacerse una carrerilla (medias) | drop (to) | ladder (to).
haces de rayos laséricos | laser rays.
haces equianarmónicos | equianharmonic pencils.
haces homográficos | homographic pencils.
haces idiociclofánicos | idiocyclophanic brushes.
hacia abajo | downwardly | downwash.
hacia abajo a la salida del sol | downward at sunrise.
hacia adelante | forward.
hacia afuera (marina) | offward.
hacia arriba | upward | airward.
hacia arriba a la puesta del sol | upward at sunset.
hacia arriba según el buzamiento | updip.
hacia atrás | aback | rear-facing | rearwards.
hacia dentro | inboard.
hacia dentro desde la punta del ala | inboard.
hacia el aire | airward.
hacia el centro del buque | inboard.
hacia el ecuador | equatorward | equatorwards.
hacia el eje central | mediad.
hacia el eje medio | mediad.
hacia el este | easting.
hacia el mar | offshore.
hacia el plano medio | mediad.
hacia el polo | poleward.
hacia el pozo (minas) | outby.
hacia la borda del codillo del costado de la tolva (buques) | outboard of hopper side knuckle.
hacia la cabecera (ríos) | headward.
hacia la cámara tomavistas (estudios televisión) | downstage.
hacia la costa | shorewards | onshore.
hacia la cuenca (geología) | basinward.
hacia la derecha | rightward.
hacia la izquierda | leftward.
hacia la línea media | mesially.
hacia la mar (marina) | offward.
hacia los tajos (minas) | inby.
hacia popa | aftward.
hacia tierra | shorewards | landwards | landward.
hacienda | finances | estate | Exchequer | treasury | grange | property | plantation.
hacienda cafetalera | coffee ranch.
hacienda de beneficio (minería) | amalgamating works.
hacienda de fundición | smeltery.
hacienda de fundición (metalurgia) | smelter.
Hacienda Pública | public finances | public finance | revenue.
hacienda solvente | sound finance.
haciendo pruebas | by trial and error.
haciéndose | underway.
hacina | stook.
hacinamiento | gathering.
hacinar | stow (to) | stack (to) | rick (to).
hacha | ax.
hacha curva (Iberoamérica) | brush hook.
hacha de armas | broad axe.
hacha de carpintero | bench axe | broad axe.
hacha de desbastar | hewing axe.
hacha de descortezar (troncos) | peeling ax.
hacha de doble filo | double-ax.
hacha de dos filos | double-bit ax.
hacha de leñador | felling ax.
hacha de mano | hatchet | hand ax.
hacha de martillo | hammer-head hatchet.
hacha de rajar madera | cleaving-axe.
hacha de tumba | felling ax | logging ax.
hacha de uña | hook-shaped ax.
hacha para desroñe | tree facer.
hacha para podar | lopping axe.
hachisch | hemp.
hachón | torch | flambeau | link.
hachuela de carnicero | butcher's axe.
hachuela de carpintero | axe hammer.
hachuela de oreja | claw hatchet.
hachuela de uña | claw hatchet.
hachuela para trabajar plomo | lead chisel ax.
hadang (Cordia macleodii) | hadang.
hadrón (radiación cósmica) | hadron.
hadrónico | hadronic.
hafnato de calcio | calcium hafnate.
hafnia | hafnia.
haga las cosas usted mismo | run things yourself.
hágase justicia | let justice be done.
hagiógrafo | hagiographer.
hahnio (EE.UU.) | nielsbohrium (Ns-U.S.S.R.) | unnilpentium (Unp - I.U.P.A.C.).
hahnio (elemento radiactivo artificial de número atómico 105) | hahnium (Ha-EE.UU.).
hahnio (química) | Ha.
haiduco | heyduck.
haitiana (tela seda) | haitienne.
halación (halo alrededor de la imagen - fotografía) | halation.
halagenuro | halide.
halaje | hauling.
halamiento | warpage | warping.
halar | draw (to) | haul (to) | lug (to) | heave (to) | pull (to) | round down (to) | warp (to).
halar (de una cuerda) | haul (to).
halar a brazo | manhandle (to).
halar a la estrepada | veer and haul (to).
halar a una | rousing.
halar de la escota (velas) | sheet home (to).
halar de un aparejo | bowse (to).
halar de un dirigible hacia su hangar | warp (to).
halar fuerte | rouse (to).
halar hacia popa (buques) | haul astern (to).
halar hacia proa | haul ahead (to).
halar la cadena a mano (del ancla) | rouse in the cable (to).
halar por tractor | cat-pull (to).
halar rápidamente (marina) | round in (to).
halar sobre el ancla (buques) | kedge (to).
halar sobre un cabo | heave at a rope (to).
halar sobre un cabo (buques) | tail on (to).
halar tirando | haul in (to).
halcón | hawk | falcon.
halcón arañero | haggard.
halcón borni | lanner.
halcón coronado | marsh harrier.
halcón lanero | buzzard.
halcón montano | haggard.
halcón palumbario | goshawk | pigeon hawk.
halcón pequeño | auklet.
halcón peregrino | peregrine falcon.
halcón zahareño | haggard.
halconería | falconry.
halconero | falconer.
haldu (Adina cordifolia - Benth & Hook) | haldu.
haldu (Adina cordifolia-Bent & Hook) | kwao.
haleche | bit.
halíbios | halibios.
halibiótico | halibiotic.
halieútica (pesca) | halieutics.
halieútico | halieutic.
halita | rock salt | native salt.
halita (sal gema) | halite.
hálito | vapour (Inglaterra).
halo | corona.
halo (astronomía) | corona.
halo (astronomía, óptica, fotografía) | halo.
halo (electricidad) | glow.
halo (fotografía) | blurring.
halo (meteorología) | aureole.
halo (zona negra rodeando puntos brillantes de la imagen - televisión) | halo.
halo con su centro en el cenit | frostbow.
halo de Bouguer | Ulloa's ring.
halo de Bouguer (meteorología) | fogbow | white rainbow.
halo de difracción | diffraction halo.
halo en un punto del cielo diametralmente opuesto al sol | Bouguer's halo.
halo galáctico | galactic halo.
halo luminoso (alrededor de la luna, etc.) | burr.
halo lunar | lunar halo.
halo pleocroico | pleochroic halo.
halobéntico | halobenthic.
halobentónico | halobenthonic.
halobentos | halobenthos.
halobios (oceanografía) | halobios.
haloclino | halocline.
halocromía | halochromism | halochromy.
halocromismo | halochromism.
halogenable | halogenatable.
halogenar | halogenate (to).
halógeno | halogenous.
halógeno (química) | halogen.
halogenuro alcalino | alkali halide.
halogenuro de níquel | nickel halide.
halogenuro de silicio | silicon halide.
halogenuro orgánico | organic halide.
halogenuro vinílico | vinyl halide.
halografía | halography.
haloideo | haloid | halide.
haloleimos | haloleims.
halómetro | halometer | salt gage.
haloplanctón | haloplankton.
halos | halos.
halos de dispersión | dispersion halos.
halos internos radiactivos en diamante | internal radioactive haloes in diamond.
halos pleocroicos | pleochroic halos | radio-haloes.
haloscopio | haloscope.
halotecnia (química) | halotechny.
halotécnico | halotechnical.
halotérmico | thermohaline.
halotolerante (plantas) | salt tolerant.
halotriquita | iron alum | butter-rock | fibrous alunogen.
halotriquita impura | hversalt.
haltriquita | butter rock.
halucinógeno | hallucinogenic.
haluro | haloid | halide.

haluro alquílico | alkyl halide.
haluro de ácido | acid halide.
haluro de alquilo | alkyl halide.
haluro de arilo | aryl halide.
haluro de plata | silver halide.
haluro organomagnésico | organomagnesium halide.
hall (hoteles) | lounge.
hallar | find (to).
hallar el porcentaje | ratio (to).
hallar el valor numérico (de una expresión) | evaluate (to).
hallar la derivada de una integral | differentiate an integral (to).
hallar la media de | mean (to).
hallar la razón entre dos cantidades | ratio (to).
hallar las características de una instalación por medio de una calculadora analógica | analogue (to).
hallar mercado para | market (to).
hallazgo | finding | find.
hallazgo fortuito | waif.
hamaca | hammock.
hamada (desierto pétreo) | hammada.
hambriento | starved.
hamiforme | hooked | hook-shaped.
hamiltoniano | hamiltonian.
Hamiltoniano del espín | spin Hamiltonian.
hampmetro (campo magnético) | hampmeter.
hamulado | hamulate.
hamular | hamular | hooky | hooked.
hamuloso | hamate | hamulose.
hangar | hangar | shed | shed.
hangar con climatización simulada | all-weather hangar.
hangar con simulación de diversas condiciones climáticas | climatic hangar.
hangar de aleación de aluminio | aluminum-alloy hangar.
hangar de aluminio para aviación | aluminum aircraft hangar.
hangar de aviación | aviation shed.
hangar de hormigón armado pretensado | prestressed reinforced-concrete hangar.
hangar de proa (aviación) | nose hangar.
hangar de vuelos | flight shed.
hangar para canoas de motor | boathouse.
hangar para dirigible de hormigón armado | concrete dirigible hangar.
hangar para dirigibles | dock | airship shed.
hangar para globos | balloon housing.
hangar para proteger el avión excepto la cola que sobresale | wing hangar.
hangarage | hangarage.
hapa tabaco (Eperua falcata) | wallaba | wapa.
haplocíclico | haplocyclic.
haploide | haploid.
haplonte | haplont.
haploscopio | haploscope.
hapsicordio | hapsichord.
hapsicordista | hapsichorsdist.
haptica | haptics.
harapo | rag.
harija | mill-dust.
harina | flour.
harina (de cereales) | meal.
harina (de diversas sustancias) | meal.
harina agenizada | agenized flour.
harina basta | grudgeons.
harina basta
harina de arenques | herring meal.
harina de arroz | rice flour | ground rice.
harina de caolín | micronized clay.
harina de cereal | cereal flour.
harina de cereales | farina | wheatings.
harina de cereales (de avena, trigo, etc.) | cereals.
harina de cuero | leather flour.
harina de diamante | diamond flour.
harina de huesos | bonemeal | bone-dust.
harina de huesos desgrasada | defatted bone meal.
harina de linaza | flaxseed meal.
harina de maíz | Indian meal | corn meal.
harina de pescado | fishmeal.
harina de plumas | feather meal.
harina de roca (glaciar) | rock flour.
harina de segunda clase | household.
harina de soja | soybean meal.
harina de sondeo | drilling | borings | bore dust | bore meal.
harina de trigo | corn meal.
harina de trigo duro | hard-wheat flour.
harina de trigo molido con su cáscara | whole-wheat flour.
harina fósil | mountain meal | mountain flour | kieselguhr.
harina fósil (mineralogía) | rock meal.
harina fósil (tierra de infusorios) | bergmeal.
harina glaciárica | glacial meal.
harina gorda de avena | groats | grits.
harina integral de trigo | whole-wheat flour.
harina lacteada | malted milk.
harina panificable | flour for bread | bread flour.
harinero | flour-factor.
harinosidad | mealiness.
harinoso | farinose | farinaceous.
harmotoma | cross stone.
harnero | sieve | cribble.
harpa de Nikuradse | Nikuradse's harp.
hartley (unidad de contenido de información) | hartley.
hartleyio (unidad de información) | hartley.
hartura | fullness.
hasta | pending | even | up to 20 inches | up to 20 mm | up to 200 bound documents an hour in hard or soft covers | up to and including 20 mm.
hasta ahora | still.
hasta ahora no ha sido posible | up to now it has not been possible.
hasta aquí despreciado | hitherto-neglected.
hasta el límite de su recorrido | as far as it will go.
hasta el suelo (cortinas) | full-length.
hasta la cubierta superior al costado en la maestra (buques) | to upper deck at side amidship.
hasta la ruptura completa | up to the complete failure.
hasta la siguiente | to the next.
hasta que el buque responde al timón | advance.
hasta que ocurre la fractura | until fracture ultimately occurs.
hasta un máximo de | up to a maximum of.
hastial (filones) | cheek.
hastial (galería mina) | side wall.
hastial (minas) | side | check.
hastial de techo (filones) | hanging wall.
hastiales (minas) | country rock.
hatchetina | hatchetine.
hauerita | hauerite.
haustorio | sucker.
hay escasez de sitio | space is at premium.
hay mucho trabajo | work is large.
hay poco trabajo | work is short.
hay que tener cuidado al deducir conclusiones | caution must be taken against drawing conclusions.
hay un vacío de poder | there is a power vacuum.
hay una vacante para ingeniero en | a vacancy has occurred for an engineer in.
haya (Fagus sylvatica) | beech | European beech.
haya americana (Fagus ferruginea) | red beech | American beech.
haya chilena (Nothofagus Dombeyi - Blume) | coigue | southern hemisphere beech.
haya chilena (Nothofagus procera - Oerst) | Chilean beech.
haya vaporizada | steamed beech.
hayada (geología) | sinkhole.
hayedo (bosque de hayas) | beech forest.
hayuco | beech nut.
haz | sheaf | fascine | bundle | cluster | face.
haz (botánica) | strand | bundle.
haz (de conductores) | bundle.
haz (de conductores, alambres) | fagot.
haz (de curvas) | pencil.
haz (de rayos de luz o de ondas electromagnéticas) | beam.
haz (de tubos) | bank | section.
haz (de vías, etc.) | group.
haz (electricidad) | aigrette.
haz (explosión de proyectil) | sheaf.
haz (pirotecnia) | gerb.
haz (proyectividad) | range.
haz (telas) | right side | face.
haz (tubo rayos catódicos) | jet.
haz acromático | achromatic spindle.
haz ancho (óptica) | broad beam.
haz anular de electrones | electron annular beam.
haz atenuado | blanked beam.
haz atómico | atomic beam.
haz calibrador | calibrating beam.
haz casi redondo con relación a su eje (radar) | pencil beam.
haz catódico | cathode beam.
haz cilíndrico | cylindrical bundle.
haz coaxial | coaxial pencil.
haz colimado de rayos gamma | collimated gamma-ray beam.
haz compensado (radar) | cosecant-squared beam.
haz compuesto de electrones y átomos | composite beam of electrons and atoms.
haz concentrado de electrones hiperenergéticos | focussed beam of high energy electrons.
haz concentrado de radiación lasérica | focussed beam of laser radiation.
haz cónico (radar) | conical beam.
haz cónico anular | annular conical beam.
haz cruzado | crossed sheaf.
haz de acumulación (televisión) | holding beam.
haz de acumulación (TV) | test pattern beam.
haz de agujas (vía férrea) | group of points.
haz de antenas | aerial extension.
haz de aterrizaje (aviones) | check beam.
haz de barras | bundle of bars.
haz de barras de combustible nuclear | fuel cluster.
haz de cables | cable package.
haz de circuitos | bunch of circuits.
haz de control | rod control cluster.
haz de curvas planas | pencil of plane curves.
haz de definición | resolution wedge.
haz de desequilibrio (ciclotrón) | spill beam.
haz de electrones | electron beam.
haz de estructuras funiformes | leash.
haz de fibras | fiber bundle | fiber bunch.
haz de fibras brillantes (papel) | shiner.
haz de fibras no desintegrado completamente (pasta papel) | white shiner.
haz de filamentos (rayón) | tow.
haz de filamentos de rayón | rayon tow.
haz de hilos | beer | fagot of wires.
haz de involución | involution pencil.
haz de iones de helio | helium ion beam.
haz de iones positivos (descargas eléctricas) | canal rays.
haz de la ojiva (explosión proyectil) | nose spray.
haz de leña | faggot.
haz de líneas de fuerzas | force tube.
haz de luz | pencil.
haz de luz colimado | collimated beam of light.
haz de neutrones | beam of neutrons.
haz de partículas cargadas | beam of charged particles | beam of charge carriers.
haz de planeo | glide beam.
haz de protones solares | solar proton beam.
haz de radar | radar beam.
haz de radar en abanico | beavertail.
haz de radio (radiofaro) | course.
haz de radioaterrizaje | radio landing beam.
haz de radiofaro direccional | radio-range leg | radio range leg.
haz de rayos (luz polarizada) | brush.
haz de rayos conoscópico | conoscopic pencil

of rays.
haz de rayos convergentes | beam convergent.
haz de rayos difractados de primer orden | first-order diffracted beam.
haz de rayos eléctricos | electric brush.
haz de rayos paralelos | beam parallel.
haz de referencia | check beam.
haz de resortes | spring body.
haz de salida | ejected beam | extracted beam.
haz de sección rectangular | rectangular beam.
haz de seguimiento | tracking beam.
haz de tubos | tube nest | tube bundle.
haz de tubos (calderas) | deck.
haz de tubos del evaporador | evaporator tube nest.
haz de ultrasonidos | ultrasonic beam.
haz de un radiodirector | beam-rider.
haz de vías de clasificación | ledder track.
haz de vías de clasificación (ferrocarril) | ladder-track | ladder.
haz de vías de clasificación por gravedad (ferrocarriles) | gravity yard.
haz del asdic | asdic beam.
haz del oscilador | oscillator beam.
haz detector | monitoring beam.
haz difuso (óptica) | scattered beam.
haz divergente | divergence sheaf.
haz dividido | split beam.
haz elctrónico estrecho | pencil beam.
haz electrónico | electronic jet.
haz electrónico (cañones) | pointer.
haz electrónico acelerado unidimensional | one-dimensional accelerated electron beam.
haz electrónico con diámetro periódicamente variable | scalloped beam.
haz electrónico de enfoque preciso | sharply focused electron beam.
haz electrónico de intensidad aproximadamente igual para objetos próximos y alejados | cosecant-squared beam.
haz electrónico de velocidades múltiples | multivelocity electron beam.
haz electrónico lamelar | sheet electron beam.
haz electrónico lineal | no-bent electron beam.
haz electrónico modulado en velocidad | velocity-modulated electron beam.
haz emergente | emergent beam.
haz energético con gran densidad de energía | high power beam.
haz estrecho (radio) | narrow-beam.
haz explorador | scanning beam.
haz extraido | ejected beam.
haz fino | narrow-beam.
haz fotónico de la radiación de enfrenamiento | bremsstrahlung photon beam.
haz frontal | front beam.
haz generador | generating pencil.
haz grueso | broad beam.
haz guiador de un radiofaro | radio-range beam.
haz hendido | split beam.
haz hertziano | hertzian beam | microwave link.
haz hiperenergético | high energy beam.
haz hueco (electrónica) | hollow beam.
haz incidente | incident beam.
haz incidente de rayos divergentes | diverging incident beam.
haz inducido (electricidad) | coil-side.
haz interrumpido | gated beam.
haz iónico modulado | modulated ion-beam.
haz iónico monoenergético | monoenergetic ion beam.
haz laminar | sheet beam.
haz lasérico circular | circular laser beam.
haz lasérico colimado | collimated laser beam.
haz localizador (radio) | localizer beam.
haz luminoso | pencil | light bundle | light pencil.
haz luminoso de elevada intensidad | high-intensity luminous beam.
haz luminoso de salida | exit light beam.
haz molecular | molecular beam.
haz monocromatizado | monochromatized beam.
haz monoenergético | monoergic beam.
haz neutrónico colimado | collimated neutron beam.
haz plano | plane beam | flat pencil.
haz polarizado | polarised beam | polarized beam.
haz posterior | back beam.
haz proyectivo | projective range.
haz radárico | radar beam.
haz radárico en abanico ancho en el plano vertical y estrecho en el plano horizontal | fan beam.
haz radioeléctrico | radio-beam.
haz radioguía para aterrizaje de aeronaves | radio landing beam.
haz reflejado elípticamente polarizado | reflected elliptically-polarized beam.
haz sonoro | soundbeam.
haz supersónico | supersonic beam.
haz tubular | tube nest.
haz tubular (calderas) | bank tubes.
haz tubular (refrigerante pequeño) | core.
haz tubular principal de la caldera | boiler section.
hazaña | exploit.
haz-guía de aterrizaje | landing beam.
hazlo según tu juicio | do as you think proper.
he recibido (facturas) | received with thanks.
he recibido (recibos, facturas) | received.
hebilla | clasp.
hebilla (botánica) | clamp.
hebilla (cinturón) | frog.
hebilla (correas) | buckle.
hebra | strand | fibre | thread | harl.
hebra anudada (tejeduría) | pieced filament.
hebraico-español | Hebraic-Spanish.
hebraista | Hebrew scholar | hebraist.
hebraizante | Hebrew scholar.
heces | lees | grounds | settlings | emptyings | dregs.
heces de la malta (fabricación cerveza) | malt lees.
heces producidas en la fermentación (vinos) | dregs.
hectárea | hectare.
hectogrado | hectograde.
hectografía | hectographic printing.
hectográfico | hectographic.
hectógrafo | copygraph | hectograph.
hectógrafo (multicopista de alcohol) | ditto.
hectógrafo matriz | hectograph master.
hectólitro | hectoliter.
hectométrico | hectometric.
hectómetro | hectometer.
hectovatio-hora | hectowatt-hour.
hechar espuma | foam (to).
hechizo | charm.
hecho | made | built.
hecho (vino) | matured.
hecho (vinos) | seasoned.
hecho a cuadros | paned.
hecho a la carrera | rough-and-ready.
hecho a la ligera | amateurish.
hecho a la medida (trajes) | custom-made.
hecho a mano | handmade | hand-executed | man-made | manual.
hecho a mano (papel) | moldmade.
hecho a máquina | machine-made | machine-manufactured.
hecho a medida | tailor made | tailor-made.
hecho a medida (trajes) | custom-built.
hecho a propósito | purpose-made | special.
hecho a torno | made on the lathe.
hecho admitido | confessed fact.
hecho con competencia | efficiently done.
hecho con intención delictuosa | malicious.
hecho con precisión | precision-built.
hecho con solo una mano | one-handed.
hecho de caña | cany.
hecho de compartimientos | sectional.
hecho de cuerno | horny.
hecho de encargo | purpose-made | custom-built | express.
hecho de encargo (máquinas) | custom-made.
hecho de madera | wooden.
hecho de mi mano y puño | given under my hand and seal.
hecho de nuevo | re-done.
hecho de prisa | rough-and-ready.
hecho de retales (peletería) | paw.
hecho de su propio puño y letra | made in his own handwriting.
hecho de tubos | tubular.
hecho de una pieza | made from the solid.
hecho después del cierre (bolsa) | done on the kerb.
hecho en | made in.
hecho en casa | homemade.
hecho en el taller | shop-made.
hecho en el torno | lathe-turned.
hecho en fábrica | factory-made.
hecho en obra | built-in-place.
hecho ex profeso | made for that very purpose.
hecho fortuito | random event.
hecho impositivo | tax base.
hecho investitivo | investitive fact.
hecho notorio | fact of common knowledge | common knowledge fact.
hecho para ser alquilado | tenementary.
hecho pedazos | disrupted.
hecho por hidrólisis ácida | acid hydrolyzed.
hecho por medio de un mecanismo | mechanical.
hecho según pedido | made to order.
hecho sin esfuerzo | strainless.
hecho totalmente de chapa (tableros de madera) | all-veneer.
hecho trizas | broken to pieces.
hechos de armas | feat of arms.
hechos de los que he sido testigo | facts within my experience.
hechos escuetos | dry facts.
hechos litigiosos | facts in issue.
hechos privativos | facts divestive.
hechos procesales | procedural facts.
hechos que atestiguan eso | facts that attest that.
hechos según mi conocimiento | facts within my experience.
hechos solidarios unos de otros | facts bound together.
hechos y datos | deeds and data.
hechura | shape | making | make | form.
hechura (vestidos) | makeup.
hederaceo | ivy-like.
hederiforme | hederiform.
hederrigente | hederigent.
hedonología | hedonology.
hedor | foetor.
hegumeno | hegumen.
hejira | hegira.
helada | frost | freeze.
helada (frutas) | frost-nipped.
helada advectiva | advective frost.
helada negra | black frost.
helada por radiación nocturna | radiation frost.
helada primaveral (plantas) | spring frost.
helada tardía | late frost.
helada temprana | killing frost.
heladiza (piedras) | frost cleft.
helado | frozen | ice-cold | icy.
heladora | freezing apparatus.
heladura (defecto fabricación vidrio por enfriamiento muy rápido) | chilling.
helar | ice up (to) | frost (to) | freeze (to).
helcoide (medicina) | helcoid.
helcología (estudio de las úlceras - medicina) | helcology.
helcoma | helcoma.
helcosis | helcosis.
helcótico | helcotic.
helecho | brake | fern.
helenista | greekist.
helero | glacier.
helero colgado | cliff-glacier.
heliacal | pertaining to sun.
heliaco | heliacal.

hélice | screw | spiral | helical line | right helicoid.
hélice (aviación) | stick.
hélice (buque, avión) | propeller.
hélice (corredera marina) | fly.
hélice (curva) | helix.
hélice (tornillo de Arquímedes - extrusión de arcillas) | auger.
hélice (tubo de ondas progresivas) | wrapped-up line.
hélice a derecha | right-handed propeller.
hélice adaptada a la estela (buques) | wake-adapted propeller.
hélice aérea | air-propeller | aerial screw.
hélice aérea calada | dead airscrew.
hélice aérea de paso modificable | V. P. airscrew | reversible pitch airscrew.
hélice aérea de paso variable | feathering airscrew.
hélice bajo bóveda (buque de pequeño calado) | tunnel screw propeller.
hélice bipala | two-blade propeller | double-bladed screw.
hélice bipala de paso modificable en vuelo | two-bladed controllable pitch propeller.
hélice canalizada | ducted propeller.
hélice cantante (buques) | singing screw.
hélice cantante de buque | singing ship propeller.
hélice cardán (aviones) | swiveling airscrew.
hélice carenada (aviones) | shrouded propeller.
hélice cavitante | cavitating screw.
hélice cicloidal | cycloidal propeller.
hélice cicloidal (buques) | vertical axis propeller.
hélice compensadora de par | antitorque propeller.
hélice con anillo periférico (buques) | shrouded propeller.
hélice con giro hacia el plano diametral (buques) | in-turning propeller.
hélice con las palas curvadas en sentido contrario a la dirección de la rotación | weedless propeller.
hélice con las palas terminadas en una línea recta ancha | paddle prop.
hélice con palas de dural | dural-bladed propeller.
hélice con reductor de velocidad | gearer propeller | geared propeller.
hélice con tobera (buques) | shrouded propeller.
hélice con tobera adaptada a la estela (buques) | wake adapted ducted propeller.
hélice con tobera incorporada (buques) | ring propeller.
hélice contrarrotativa (aeroplanos) | dual propeller.
hélice cuadripala de paso constante | four-bladed constant-pitch propeller.
hélice cuatripala de paso regulable | four-blade feathering propeller.
hélice de acero inoxidable | stainless steel propeller.
hélice de aleación de aluminio | aluminum-alloy propeller.
hélice de avión | airscrew.
hélice de avión de paso variable de accionamiento hidráulico | hydraulic variable-pitch aircraft propeller.
hélice de babor (buques) | port wing propeller.
hélice de bronce | bronze propeller.
hélice de bronce manganoso | manganese-bronze propeller.
hélice de cavitación total | supercavitating propeller.
hélice de cuatro palas | four-bladed propeller.
hélice de cuatro palas íntegras con el núcleo | four-blade solid-type propeller.
hélice de curvatura variable | variable-camber propeller.
hélice de eje vertical (buques) | vertical axis propeller.
hélice de empuje | pusher propeller.
hélice de extrusión | extrusion auger.
hélice de fortuna | jury propeller.
hélice de gran paso | long-pitched screw.
hélice de la corredera (marina) | rotator.
hélice de palas con paso modificable | reversible-blade propeller.
hélice de palas elípticas | elliptical-bladed screw.
hélice de palas fijas | fixed blade propeller.
hélice de palas formando cuerpo con el núcleo | solid propeller.
hélice de palas integrantes | solid propeller.
hélice de palas integrantes (no postizas) | integral propeller.
hélice de palas móviles | feathering propeller.
hélice de palas orientables | feathering propeller | controllable-pitch propeller.
hélice de palas postizas | built-up propeller | detachable bladed propeller | loose-bladed propeller.
hélice de paso constante | fixed pitch propeller.
hélice de paso corto | steep spiral.
hélice de paso fijo | fixed pitch propeller.
hélice de paso invariable | true screw.
hélice de paso modificable | C.P. propeller | reversible propeller.
hélice de paso modificable en vuelo de accionamiento hidráulico | hydraulic controllable pitch propeller.
hélice de paso modificable en vuelo por el piloto | controllable-pitch propeller.
hélice de paso modificable mientras está girando | variable-pitch propeller.
hélice de paso regulable | controllable-pitch propeller.
hélice de paso regulable (cuando está parada) | adjustable pitch propeller.
hélice de paso regulable en que el mecanismo de cambio del paso y la bomba de aceite y válvula distribuidora están dentro del núcleo de la hélice y giran con éste | self-contained propeller.
hélice de paso regulado eléctricamente | electric propeller.
hélice de paso variable a mano | manually-variable-pitch propeller.
hélice de paso variable gobernado hidráulicamente | reversible pitch hydraulically-controlled propeller.
hélice de paso variable que automáticamente pone en vuelo el paso más conveniente (aviones) | automatic propeller.
hélice de poco paso | close coil helix.
hélice de proa | bow propeller.
hélice de prueba (prueba de motores de aviación) | club.
hélice de serie | series propeller.
hélice de siete palas (buques) | seven-bladed propeller.
hélice de sobrecavitación (buques) | supercavitating propeller.
hélice de triple fila (colágeno) | triple-stranded helix.
hélice de una pieza | solid propeller.
hélice de velocidad constante de funcionamiento hidráulico | hydromatic propeller.
hélice de velocidad constante de paso regulable en vuelo | variable pitch constant speed propeller.
hélice de velocidad constante y de palas fijas (aviones) | nonfeathering constant-speed propeller.
hélice del buque enviada por avión | ship's propeller shipped by plane.
hélice dentro de un conducto en el rasel de proa para dar empuje lateral (buques) | bow-thruster.
hélice desembragada | loose screw.
hélice en bandolera (aviones) | feathered propeller | feathering propeller.
hélice en que la velocidad helical de las secciones exteriores de la pala es supersónica | supersonic propeller.
hélice en régimen de molinete | windmilling propeller.
hélice en tobera fija (buques) | ducted propeller.
hélice enredada en un cable (buques) | fouled screw.
hélice enteriza | solid propeller.
hélice entubada a proa (buques) | bow thruster (ships).
hélice equipada con tobera Kort | Kort-nozzle-equipped propeller.
hélice espiral | spiral helix.
hélice funcionando en flujo uniforme | free running propeller.
hélice girando loca | windmilling propeller.
hélice irreversible | single-rotation propeller.
hélice lateral (buques, aviones) | wing screw.
hélice loca | loose screw.
hélice más afuera | outer screw.
hélice monopala | single-blade propeller.
hélice multipala | multiblade propeller.
hélice niquelada de avión | nickel-plated aeroplane propeller.
hélice pentapala | five-blade propeller.
hélice pesada de pequeño diámetro usada al probar el motor en el bando de pruebas | test club.
hélice propulsora | propelling screw | pusher airscrew | pusher screw.
hélice que mantiene constantes sus revoluciones aumentando o disminuyendo automáticamente el paso | constant-speed propeller.
hélice que produce energía al moverse a través del aire | windmill.
hélice que transmite potencia al eje | windmilling propeller.
hélice reversible de paso regulable con posición de palas en banderola | full-feathering controllable-pitch reversible propeller.
hélice reversible de paso regulable en vuelo | variable-pitch reversible propeller.
hélice silbante (buques) | singing screw.
hélice sin cavitación | all-wetted propeller.
hélice sin chavetar (buques) | keyless propeller.
hélice sin chavetero en el agujero del cubo (buques) | keyless bore propeller.
hélice sinistrorsa | left-handed propeller | sinistrorsal helix.
hélice sobrecargada | heavily loaded propeller.
hélice subcavitante (buques) | subcavitating propeller.
hélice supercavitante | supercavitating propeller.
hélice sustentadora | lifter propeller | lifting airscrew.
hélice tractora | puller propeller | tractor propeller.
hélice transónica | transonic propeller.
hélice tripala | three-bladed propeller.
hélice trípala de puntas cuadradas | square-tipped three-bladed propeller.
hélice tripala de velocidad constante y con posición de palas en bandolera | three-blade constant-speed fully-feathering airscrew.
hélice tripala de velocidad constante y paso modificable en vuelo | three-bladed constant-speed feathering propeller.
hélices | helixes.
hélices aéreas coaxiales contrarrotantes de seis palas | contrarotating coaxial six-bladed airscrews.
hélices aéreas contrarrotantes | contrarotating airscrews.
hélices aéreas de sentido contrario de rotación | contrarotating airscrews.
helices coaxiales de giros contrarios | coaxial contrary-tuning screws.
hélices cocilíndricas | cocylindrical helices.
hélices con un cabo enredado en ellas (buques) | fouled propeller.
hélices contrarrotantes | contrary turning propellers.
hélices contrarrotativas | counterrevolving airscrews.
hélices contrarrotativas del torpedo | counte-

rrotating torpedo propellers.
hélices de buques de guerra | warship propellers.
hélices de rotación contraria | contrarotating airscrews.
hélices en tándem | tandem screws.
hélices solapadas (propulsión de buques) | overlapping screws.
helicidad | helicity.
helicidad del protón | proton helicity.
heliciforme | heliciform.
helicino | helicine.
helicismo | helicism.
heliclino | helicline.
helicocónico | helicoconical.
helicódromo | helicodrome.
helicógrafo | helicograph.
helicoidal | helicoidal | helical | helicoid | corkscrew | spiral.
helicoide | helicoid.
helicoide abrasivo interrumpido | interrupted abrasive helicoid.
helicoide de evolvente de círculo | involute helicoid.
helicoide de involuta | involute helicoid.
helicoide de sacudidas (minería) | shaken helicoid.
helicoide desarrollable | developable helicoid.
helicoide involuto | involute helicoid.
helicoide recto | right helicoid.
helicoide recto de contorno cónico | conical outlined right helicoid.
helicoideo | helicoid.
helicoides para tubos de onda progresiva | traveling-wave tube helixes.
helicometría | helicometry.
helicoptérico | helicopteric.
helicopterismo | helicopterism.
helicopterista | helicopterist.
helicóptero | helicopter | rotating-wing aircraft | rotorplane.
helicóptero a reacción | jet propelled helicopter.
helicóptero anfibio | amphibian helicopter.
helicóptero antisubmarinos | antisubmarine helicopter.
helicóptero armado | gunship helicopter.
helicóptero bimotor de rotores coaxiales | twin-engined coaxial helicopter.
helicóptero bimotor de rotores en tándem | twin-engine tandem rotor helicopter.
helicóptero birrotórico | twin-rotor helicopter.
helicóptero birrotórico bimotor | twin-engined twin-rotor helicopter.
helicóptero con aletas sustentadoras | stubwing hellicopter.
helicóptero con dos rotores principales en tándem | tandem-rotors helicopter.
helicóptero con palas accionadas por un eje | shaft-driven helicopter.
helicóptero con propulsión por reacción | reaction-drive helicopter.
helicoptero contraincendios | kaman.
helicóptero de estatorreactor | ram jet helicopter.
helicóptero de flotadores | sea helicopter.
helicóptero de rotor rígido | rigid rotor helicopter.
helicóptero de rotores en tándem | tandem rotor helicopter.
helicoptero elevador (grúa) | flying crane.
helicóptero estacionario en el aire | hovering helicopter.
helicóptero monomotor biplaza | single-engine two-seat helicopter.
helicóptero monorrotórico | monorotor helicopter.
helicóptero para servicio interurbano | inter-city service helicopter.
helicóptero para transportar cargas pesadas | skycrane.
helicóptero para transporte de carga | load-carrying helicopter.
helicóptero para transporte de pesos suspendidos | crane helicopter.
helicóptero para trayectos cortos | short-hopping helicopter.
helicóptero plurimotórico | multiengined helicopter.
helicóptero propulsado por turborreactor | jet helicopter.
helicóptero trirrotórico | three-rotor helicopter.
heliestación | helistop.
helinave | helicopter carrier.
helio | helium.
helio I (helio líquido entre 4,2 y 2,19 °K) | helium I.
helio II (helio líquido con temperatura inferior a 2,19 °K) | helium II.
helio líquido tres | liquid helium three.
helio superfluido | superfluid helium.
helio 3 sólido | solid helium 3.
heliocalentador de agua | solar water-heater.
heliocentricidad | heliocentrity.
heliocéntrico | heliocentric | heliocentrical.
heliocentrismo | heliocentrism.
heliocromía | heliochromy.
heliocrómico
heliocromograbado | heliochromogravure.
heliocromoscopio | heliochromoscope.
heliocronómetro | heliochronometer.
heliocronoscopio | heliochronoscope.
heliodino | heliodyne.
heliodoro (variedad de berilo amarillo claro) | heliodor.
helioelectricidad | helionics | helioelectricity | solar-electrics | electricity radiated from the sun.
helioeléctrico | helioelectric.
helioeléctrico (generado por el sol) | helioelectrical.
heliofanía (actinometría) | insolation.
heliofilia | heliophilia.
heliofiliaco | heliophiliac.
heliófilo | heliophilous.
heliofísica | heliophysics.
heliofísico | heliophysical.
heliófobo | heliophobous | heliophobic.
heliófobo (plantas) | shade-loving.
heliofotómetro | heliophotometer.
heliófugo | heliofugal | moving away from the sun.
heliógeno | heliogenous.
heliograbado | heliograving | heliogravure | heliograph | heliography | process-work.
heliograbador | process-worker.
heliograbar | heliograph (to).
heliografía | helioprinting | sun print | blueprint | diazoprint | heliograph | helio | heliography.
heliografía e impresión plana | heliogravure.
heliográfico | heliographic.
heliógrafo | helio | heliograph | sunshine recorder | solar telegraph.
heliograma | heliogram.
heliográmico | heliogramic.
helioide | like the sun.
helioide (parecido al sol) | helioid.
heliólatra | heliolater | heliolatrous | sun-worshipper.
heliolatría | sun worship.
heliolatría (adoración del sol) | heliolatry.
heliología (estado astronómico del sol) | heliology.
heliólogo | heliologist.
heliometría (medición de distancias interestelares - astronomía) | heliometry.
heliométrico | heliometric.
heliómetro | heliometer.
heliomotor | solar energy engine.
helión | helion.
helión (química) | helium nucleus.
heliopila | solar cell.
heliorresistente (colores) | sunfast.
helioscopia | helioscopy.
helioscópico | helioscopic.
helioscopio | helioscope | solar prism.
helioscopio de polarización | polarizing solar prism.
heliósfera | heliosphere.
heliosincrónico
heliostático | heliostatic.
helióstato | heliostat.
heliostato cronométrico | chronometric heliostat.
heliotecnia (del sol) | heliotechny.
helioterapia | solar treatment | heliotheraphy.
heliotermómetro | heliothermometer.
heliotipia | heliotypy | heliotype.
heliotipo | heliotype.
heliotipografía | heliotypography.
heliotropo (botánica, mineralogía, aparato topográfico) | heliotrope.
helipuerto (para helicópteros) | heliport.
helipuerto de azotea | rooftop heliport.
helisférico | helispherical.
heliuro | helide.
hélix (pabellón de la oreja) | helix.
helminto (medicina) | helminth.
helotismo | helotism.
helotomía | helotomy.
hemático | haematic.
hematita arborescente | frondescent hematite.
hematita fibrosa | pencil ore.
hematita roja fosilífera | fossil ore.
hematites | hematite | purple ore.
hematites calcinada | roasted red mine.
hematites roja | red ochre | red iron ore.
hematoblasto | haematoblast.
hematocito | haematocyte.
hematocómetro | tacheometer.
hematología | haematology | hematology.
hematotalaxia | red water | red tide.
hembra | she.
hembra (cerradura) | strike.
hembra (cerrojo) | striking plate.
hembra (de ave) | hen.
hembra (del elefante, ballena, búfalo, etcétera) | cow.
hembra (del lobo, zorro, etc.) | bitch.
hembra (liebre, canguro, antílope, rata, ratón) | doe.
hembra alta (timón) | upper gudgeon.
hembra de cerrojo | bolt socket | bridle | staple.
hembra de cerrojo de piso (puertas) | floor strike.
hembra de cerrojo embutida | box strike.
hembra de la coz del codaste (timón buques) | heel brace.
hembra de la zapata del codaste (buques) | sternframe gudgeon.
hembra de terraja | die.
hembra del enchufe | connector socket.
hembra del talón (timón buques) | heel brace | heel-gudgeon.
hembra del timón | rudder lug | rudder snug | rudder gudgeon.
hembra del timón (buques) | brace | gudgeon.
hembra no fecunda en una colonia de insectos sociales | worker.
hembra para tomacorriente | plug socket.
hembra semental (madre - ganadería) | dam.
hembras (timón buque) | braces.
hemera (estratigrafía) | hemera.
hemera (geología) | hemera.
hemerafotómetro | hemeraphotometer.
hemeralope | hemeralope.
hemeralopía | night blindness | night sight.
hemeralopia (ceguera nocturna) | hemeralopia.
hemeralópico | hemeralopic.
hemerobio | lace-wing fly.
hemerófilo (botánica) | hemerophilous.
hemerofita (botánica) | hemerophyte.
hemerografía | hemerography.
hemerográfico | hemerographical.
hemerología | hemerology | hemerologium.
hemerólogo | hemerologist.
hemiacetal | hemiacetal.
hemiautoploide | nemiautoploid.
hemibraquidomo | hemibrachydome.
hemibraquídomo destrógiro | right hemibrachydome.

hemibraquidomo levógiro | left hemibrachydome.
hemiciclo de la Cámara de Representantes | floor of House of Representatives.
hemidomo (cristalografía) | hemidome.
hemiedría | hemihedrism | hemihedry.
hemiedría (cristalografía) | hemisymmetry | hemihedrity.
hemiedría plagiedra | plagihedral hemihedrism.
hemiédrico (cristalografía) | hemisymmetric.
hemiedro | hemihedron.
hemielipsoide | hemiellipsoid.
hemiesfera | hemisphere.
hemiformita | electric calamine.
hemimorfía | hemimorphism | hemimorphy.
hemimorfismo | hemimorphism.
hemiolia (música) | hemiole.
hemirrostrado | hook-billed.
hemirrostrado (zoología) | hook-beaked.
hemisférico | hemispherical | domed.
hemisferio | hemisphere.
hemisferios para minas submarinas | mine hemispheres.
hemisferoide | hemispheroid.
hemitropía | hemitropy | hemitropism.
hemitropía (cristalografía) | twinning.
hemitropo | hemitrope | hemitropic.
hemoblasto | haemoblast.
hemodiálisis (medicina) | hemodialysis.
hemodialisis extracorpórea | extracorporeal hemodialysis.
hemodinámica (medicina) | hemodynamics.
hemodinámica del cerebro (medicina) | cerebral hemodynamics.
hemodinamista (médico) | hemodynamist.
hemofilia | haemophilia.
hemofílico | haemophilic.
hemoglobina | hemoglobin (Hb) | hemoglobin.
hemoglobinemia paralítica (veterinaria) | Muir ill.
hemoglobinómetro | H b-meter.
hemoglobinuria del ganado | heartwater disease.
hemohidráulica (medicina) | hemohydraulics.
hemohiperoxia (medicina aviatoria) | hemohyperoxia.
hemohipoxia | hemohypoxia.
hemólisis | haemolysis.
hemopleonexia | hemopleonexia.
hemostásico | blood-stanching.
hemostática | hemostatics.
hemotocómetro | tachometer.
henchimiento (buques) | boss.
henchimiento (de una ola) | heave.
henchimiento (depresión metereológica) | filling-up.
henchimiento del cadaste proel (para el paso de la bocina) | propeller post boss.
henchimiento del casco a popa | shell bossing.
henchimiento del codaste | propeller post boss.
henchimiento del codaste popel | stern post boss.
henchimiento del eje (forro buques) | shaft bossing.
henchimiento del eje de babor (buque de 2 helices) | port shaft bossing.
henchimiento del eje de estribor (buque de 2 hélices) | starboard shaft bossing.
henchimiento interior del pistón para cojinetes del muñón del pistón | gudgeon pin boss.
henchimiento para recibir un tubo (calderines de calderas) | spud.
henchir | swell (to).
hendedor | splitter | froe.
hendedor (persona) | ripper.
hendedura de llanta | rim split.
hender | split (to) | fissure (to) | part (to) | slit (to) | flerry (to) | rive (to) | cleave (to) | crack (to) | rift (to).
hender (encuadernación) | break over (to).
hender (madera) | rip up (to).
hender (madera con un hacha) | rip (to).
hender (volando) | wing (to).
hender el aire (hélice aérea) | bite (to).
hender las aguas (buques) | plough (to).
hender las olas con dificultad (buques) | pound along (to).
hender longitudinalmente | sliver (to).
henderse | gape (to) | check (to) | cleave (to).
hendibilidad | splittability | fissionability | fissility.
hendible | splittable | fissionable | fissile | cleavable.
hendido | rifted | split | incise | cracked.
hendido (pezuña) | furcate.
hendido a lo largo | longitudinally-split.
hendido diagonalmente | diagonally split.
hendido longitudinalmente | longitudinally-split.
hendidura | crevice | crack | cranny | cleaving | cleft | cleavage | gape | gaping | rime | rift | groove | fissure | chap | slit | seam | notch | split | splitting.
hendidura (curva de resonancia de un cristal) | crevasse.
hendidura (orfebrería) | hatch.
hendidura (separación) | chink.
hendidura anular | annular split.
hendidura arriñonada | kidney-shaped slot.
hendidura de entrada | entrance slit.
hendidura de salida | exit slit.
hendidura guiadora | guiding slit.
hendidura llena de resina (árboles) | pitch seam.
hendidura óptica (TV) | optical slit.
hendidura para meter la uña (hojas de navajas) | nail-hole.
hendidura superficial de unos
hendija | slot.
hendimiento | splitting | fission.
hendimiento (de la madera) | ripping.
henequén | Yucatan sisal | Mexican fiber | henequen hemp.
henequen (Agave sisalana) | sisal.
henificación | drying | curing | hay making.
henificación por ventilación | mow hay drying.
henificadora de horquilla | tedder.
henificadora de tambor | rotary hay maker.
henificar | ted (to) | hay (to).
henil | hayloft.
heno de alfalfa | alfalfa hay.
heno hilerado con rastrillo | windrow.
heno secado en almiar | barn-dried hay.
heno secado en el campo | field-cured hay.
henrio (unidad de inducción) | henry.
henrio (unidad de inductancia) | henry.
henriómetro | henrymeter.
henrios | henries.
henrios por radian | henries per radian.
hepatitis infecciosa (pavos) | blackhead.
hepatito | liver stone.
heptaglota | heptaglot.
heptahidrato | heptahydrate.
heptaluminato | heptaluminate.
heptángulo | septangle.
heptano normal | n-heptane.
heptilo | heptyl.
heráldico | emblazoner | armorial.
heraldista | heraldist.
heraldo | messenger.
herbáceo | herbal | grasslike.
herbazal | grassland herbage.
herbicida | weedkiller | weed killer.
herbicida (agricultura) | herbicide.
herbicida aplicado sobre el suelo | soil-applied herbicide.
herbicida no selectivo | nonselective weed killer.
herbicida selectivo | selective herbicide.
herbivoridad | herbivority.
herbívoro | grass-eating.
herbolario | herb-seller | herbalist.
herborista | herbalist.
herboristería | herb-trade | herb-shop.
`erborizador | herbalist.
herciniano (geología) | hercynian.
heredad | tenement | estate | demesne.
heredar | inherit (to).
heredero | heritor | heir.
heredero colateral en descendencia | heir in tail.
heredero expectante | expectant heir.
heredero fiduciario | heir trustee.
heredero forzoso | apparent heir.
heredero forzoso (abogacía) | forced heir.
heredero legítimo (abogacía) | heir at law.
heredero presunto | heir presumptive.
heredero testamentario | heir testamentary.
heredero universal | residuary devisee | residuary heir | residuary legatee.
hereditario | heritable.
herencia | hereditaments | heredity | inheritance.
herencia (bienes) | estate.
herencia citoplasmática | cytoplasmatics | cytoplasmic inheritance.
herencia conjunta | parcenary.
herencia cruzada | criss-cross inheritance | sexlinked inheritance.
herencia de tierras | landfall.
herencia devuelta al Estado | escheat.
herencia dominante | dominant inheritance.
herencia en línea directa | linear inheritance.
herencia expectante | estate in expectancy.
herencia indivisa | coparcenary | estate in coparcenary.
herencia indivisa de tierras | parcenary.
herencia limitada a ciertos herederos | estate in tail.
herencia limitada a dos herederos | several inheritance.
herencia limitada a hembras | tail female.
herencia mezclada (genética) | blending inheritance.
herencia por usufructo | estate by courtesy.
herencia retrasada | delayed inheritance | lagging inheritance.
herencia revertida al estado | escheated succession.
herencia sin sucesión | escheat.
herencia yaciente | inheritance in abeyance.
heresiografía | heresiography.
herida | wound.
herida (personas) | injury.
herida abierta | green wound.
herida causada por roce violento | brush-burn.
herida contusa | bruised wound.
herida de bala | gunshot injury.
herida de guerra | battle injury.
herida de mal aspecto | angry wound.
herida de salida | exit wound.
herida mortal | fatal injury.
herida que impide la evacuación del herido | critical wound.
herida superficial (rasponazo) | flesh wound.
herido | casualty.
herido ambulatorio | ambulant case.
herido que hay que transportar acostado | lying case.
herido que puede andar | walking case.
heridos de guerra | battle casualties.
heridos en masa | mass casualties.
heridos que pueden transportarse sentados | sitting cases.
herir | hurt (to).
herir con arma blanca | gore (to).
hermafrodita | hermaphrodite.
hermana | sister.
hermana profesa (monjas) | dame.
hermanar | match (ιo).
hermandad | guild.
hermandad de mujeres | sorority.
hermano de leche (colectáneo) | foster brother.
hermatrípico (geología) | hermatrypic.
hermenéutica (ciencia) | hermeneutics.
herméticamente cerrado | close-shut.
herméticamente obturado | hermetically sealed.
hermeticidad | airproofing | airtightness | imperviousness | sealing | weathertightness | weat-

herproofness | tightness.
hermeticidad a los gases | gasproofing.
hermeticidad al gas | gastightness.
hermeticidad al paso de gases y vapores | vaporproof.
hermeticidad al polvo | dust tightness.
hermético | tight | air-sealed | impervious | sealed | vacuum tight | airproof | air tight.
hermético (rectificadores de vapor de mercurio) | pumpless.
hermético a la luz | light-tight.
hermético a las llamas | flame-tight.
hermético a los gases | vaportight | vapor sealed.
hermético a los vapores | vaportight.
hermético al chorro | splash tight.
hermético al gas | gasproof | gastight.
hermético al humo | smoke-tight | smokeproof.
hermético al polvo | dirtproof | dirt-tight | dusting-tight | dust-tight | dust-sealed | dustproof.
hermetificar | proof (to) | tighten (to).
hermetismo absoluto | absolute seal.
hermetismo informativo | informative secretiveness.
hermiticidad | hermiticity.
hermoseamiento de la granja | farm beautification.
hernia | rupture.
herpe labial (medicina) | coldsore.
herpes zoster (medicina) | shingles.
herpetofauna | herpetofauna.
herpetología (estudio de los reptiles) | herpetology.
herpetólogo | herpetologist.
herrado | iron shod.
herrador | horseshoer | farrier.
herradura | horseshoe.
herraduras para carreras de aleación de aluminio extruido | extruded aluminium alloy racing plates.
herraje | binding iron | fitting | iron mounting.
herraje de amarre | attachment.
herraje de puertas | door fittings.
herraje decorativo | ornamental ironwork.
herraje del brazo rígido (grúas) | gooseneck.
herraje del extremo del brazo (grúas) | boom point.
herraje para hielo (caballos) | roughing.
herrajes | ironwork | fastenings | metal fittings | fittings.
herrajes (puertas) | furniture.
herrajes de aguilón | boom mounting.
herrajes de aguilón (grúas) | boom irons.
herrajes de la puerta de red | otter board bracket.
herrajes de las esquinas (contenedores) | corner fittings.
herrajes de puerta | door hardware.
herrajes del timón | rudder hinges.
herrajes para automóviles | automotive hardware.
herrajes para construcciones | builder's hardware.
herramental | tool set | fixings | equipping | tools | outfit | equipment | tooling | toolery.
herramental adiamantado rotatorio gobernado por pantógrafo | pantograph controlled rotary diamond tooling.
herramental con insertos o cuchillas no reutilizables | disposable insert tooling.
herramental de corte de cuchillas cerámicas | ceramic tooling.
herramental de prospección | prospecting outfit.
herramental de reserva | standby tooling.
herramental extra | extra tooling.
herramental facultativo | optional tooling.
herramental gobernado por pantógrafo | pantograph controlled tooling.
herramental miniaturizado | microtooling.
herramental para roscar | screw gear.
herramental patrón | master tooling.
herramental revestido electrolíticamente con partículas de diamante | diamond electroplated tooling.
herramentista | toolmaker.
herramienta | tool | implement.
herramienta abrasiva | abrading tool.
herramienta abrasiva giratoria | rotary abrasive tool.
herramienta abrasiva para conformar la lente | lens forming abrasive tool.
herramienta acabadora | necking tool.
herramienta accionada por cartucho de pólvora | powder-powered tool.
herramienta accionada por materias explosivas | explosive-actuated tool.
herramienta acodada | offset tool.
herramienta acodada de aire comprimido (para trabajar en esquinas) | angle-type air tool.
herramienta adiamantada | diamond tool | impregnated diamond tool.
herramienta adiamantada con liga electrolítica | electrolytically bonded diamond tool.
herramienta adiamantada con ligante electrometálico | electrometallically bonded diamond tool.
herramienta adiamantada con recubrimiento orgánico | organic-bond diamond tool.
herramienta adiamantada desgastada | worn-out diamond tool.
herramienta adiamantada fungible | consumable diamond tool.
herramienta adiamantada gobernada pantográficamente | pantographically-operated diamond tool.
herramienta adiamantada ligada con metal | diamond-impregnated metal bonded tool.
herramienta adiamantada para lapear | diamond lap.
herramienta adiamantada para reavivar muelas abrasivas | impregnated diamond truing tool.
herramienta adiamantada para relapeado | relapping diamond tool.
herramienta adiamantada perfilada | shaped diamond tool.
herramienta averiada por mal uso | abused tool.
herramienta biseladora | chamfering tool.
herramienta calzada | tipped tool.
herramienta centradora | spotting tool.
herramienta circular para sacar muestras del terreno | soil borer.
herramienta circular para sacar muestras del terreno (de suelo) | soil pencil.
herramienta clavada en la pieza a trabajar | stuck tool.
herramienta compuesta de punzones y matrices | follow dies.
herramienta con cola roscada | screwed shank tool.
herramienta con cuchilla cerámica | ceramic cutting edge tool.
herramienta con cuchilla cerámica estañosoldada | soldered-on ceramic blade tool.
herramienta con cuchilla cobresoldada | brazed tipped tool.
herramienta con cuchilla de carburo sinterizado | sintered carbide tipped tool.
herramienta con cuchilla mineralocerámica | mineraloceramic tool.
herramienta con cuchilla postiza sujetada (no soldada) | clamped-tip tool.
herramienta con cuchillas de carburo de tungsteno | T.C. tipped tool.
herramienta con desprendimiento suave de viruta | chipstream tool.
herramienta con filo embotado | dulled tool.
herramienta con mango de pistola | pistol-grip tool.
herramienta con microdiamantes electrodepositados | diamond-deposited tool.
herramienta con punta cerámica desmontable | detachable ceramic tip tool.
herramienta con punta de carburo de tungsteno | tungsten carbide tipped tool.
herramienta con punta de diamante | diamond tool | diamond point tool | diamond-tipped tool.
herramienta con punta de diamante fluorescente | fluorescing tool.
herramienta con punta de metal duro | hard-metal-tipped tool.
herramienta con punta de un diamante | whole stone diamond-tipped tool.
herramienta con punta de un solo diamante | single crystal diamond-tipped tool.
herramienta con superficie resistente al desgaste | hardfaced tool.
herramienta conformadora cónica | tapered form tool.
herramienta conformadora sin formación de virutas | chipless forming tool.
herramienta cortante | edge tool.
herramienta de abombar | crowning tool.
herramienta de acabado | finishing tool.
herramienta de acabado con sección semicircular en el corte y de diámetro igual al tamaño definitivo (barrenado de agujeros) | D bit.
herramienta de aflojar | freeing tool.
herramienta de aire comprimido | air-powered tool | pneumatic tool.
herramienta de ajuste | fitter's tool.
herramienta de alinear bielas | connecting-rod aligner.
herramienta de alumina sinterizada | sinter alumina tool.
herramienta de barrenar de una cuchilla | single-point boring tool.
herramienta de buena calidad | premium-priced tool.
herramienta de calafatear | making iron.
herramienta de cantear | edging tool.
herramienta de cara saliente sobre el mango | raised face tool.
herramienta de carburo de boro para rectificar muelas | boron carbide truing tool.
herramienta de carburo de tungsteno con filo asentado a la piedra | honed carbide tool.
herramienta de carburo de tungsteno de perfil complejo | complex-profile carbide tool.
herramienta de carburo rectificada con diamante | diamond-ground carbide tool.
herramienta de centrado | centering tool.
herramienta de cepillar | planer tools.
herramienta de copiar | forming tool.
herramienta de corte | knife tool | cutting tool | severing tool.
herramienta de corte con cuchilla cerámica postiza | ceramic-tipped cutting tool.
herramienta de corte con cuchilla de carburo de tungsteno | carbide insert cutting tool.
herramienta de corte con pluricuchillas | multipoint cutting tool.
herramienta de corte con punta de acero rápido | high-speed steel-tipped cutting tool.
herramienta de corte de pulvimetal adiamantado | diamond-impregnated cutting tool.
herramienta de corte helicoidal | helically cutting tool.
herramienta de corte lateral | siding tool | side tool.
herramienta de cuchilla cerámica para tornear | ceramic turning tool.
herramienta de cuchilla postiza | bit tool.
herramienta de cuchilla única postiza soldada a tope | butt-welded single-point tool.
herramienta de cuchillas múltiples | multiple point tool.
herramienta de cuello de cisne | gooseneck.
herramienta de cuello de ganso para terminación | gooseneck finishing tool.
herramienta de chapista | sheetmetal tool.
herramienta de dar forma | forming tool.
herramienta de desbastar | roughing tool.
herramienta de desbaste | rougher | blanking tool.
herramienta de desviación | sidetracking tool.
herramienta de diamante con punta única piramidal | single-point pyramidal diamond

tool.
herramienta de diamante con punto en cincel | chisel point diamond tool.
herramienta de diamante de vector duro orientado | oriented vector diamond tool.
herramienta de escotar | parting tool.
herramienta de filo agudo | keen-edged tool.
herramienta de filo ancho | stocking tool | broad-nose tool.
herramienta de forma | forming cutter.
herramienta de forma (herramienta con la forma del trabajo a efectuar) | form tool.
herramienta de forma para el acabado | skiving tool.
herramienta de gancho (torno) | hanging tool.
herramienta de gancho (tornos) | hook tool.
herramienta de gran arranque de viruta | highly-productive tool.
herramienta de gubia | goose-nose tool.
herramienta de mango aislado | insulated tool.
herramienta de mano | hand tool | hand-held tool.
herramienta de mano para mecánicos | mechanic's hand tools.
herramienta de montaje rápido | quickly mounted tool.
herramienta de penetración | entering tool.
herramienta de perfilar | forming tool.
herramienta de perforación | boring tool.
herramienta de plástico | plastic tool.
herramienta de plegar | crimper.
herramienta de programación automática | automatically programed tool.
herramienta de pulvimetal impregnado en polvo de diamante | diamond-impregnated tool.
herramienta de punta | pointer | point-tool | pointed tool.
herramienta de punta cuadrada | square-nosed tool.
herramienta de punta cuadrada para desbaste | square-nosed roughing tool.
herramienta de punta de diamante | diamond point.
herramienta de punta forjada | point-forged tool.
herramienta de punta postiza de carburo de tungsteno | tipped tool.
herramienta de punta redonda para desbastar | round-nosed roughing tool.
herramienta de puntas múltiples | polytip tool.
herramienta de punto único de plaquita soldada | deposit-tipped single-point tool.
herramienta de ranurar o acanalar | groover.
herramienta de rasquetear | scraping burr.
herramienta de reavivar de pluridiamantes (muelas abrasivas) | multidiamond trueing tool.
herramienta de refrentar | front tool.
herramienta de refrentar (tornos) | facing tool.
herramienta de roscar exteriormente | outside threading tool | male cutting tool.
herramienta de roscar interiormente | female cutting tool | inside threading tool | inside screw cutting tool.
herramienta de rótula | knee tool.
herramienta de sangrar (torno) | parting tool.
herramienta de sondeo | boring tool.
herramienta de taladrar a varios diámetros | multidiameter boring tool.
herramienta de taladrar de espiga | shanked boring tool.
herramienta de tornear de punta de diamante | diamond turning tool.
herramienta de torno prerectificada | preground lathe tool.
herramienta de torno revólver | turner.
herramienta de trabajo (minas) | graith.
herramienta de trabajo en caliente | high-heat tool.
herramienta de tronzar (torno) | parting tool | cutting-off tool.
herramienta del vibrador | vibrator tool.
herramienta dental adiamantada | dental diamond tool.
herramienta dental de turbina de aire comprimido que funciona a 300.000 revoluciones/minuto | turbine-driven dental tool operating at speed of 300,000 RPM.
herramienta desbastadora | bullnose tool.
herramienta desplazable | slide tool.
herramienta electrometalizada | electrometallic tool.
herramienta en forma de cinta continua | band tool.
herramienta engarzadora | crimping tool.
herramienta enromada | blunted cutting edge tool.
herramienta generadora de roscas | thread-generating tool.
herramienta generadora de roscas de carburo de tungsteno | tungsten carbide thread generating tool.
herramienta graduable de torno | indexable lathe tool.
herramienta guiada por sí misma (barrenado de agujeros profundos) | self-piloted tool.
herramienta impreganada con carburo sinterizado | sintered carbide impregnated tool.
herramienta inadiamantada para reavivar muelas abrasivas | nondiamond truing tool.
herramienta incómoda | awkward tool.
herramienta limpiatubos | tube cleaning tool.
herramienta macho | male tool.
herramienta manual | hand tool.
herramienta mecánica | power tool.
herramienta mecánica portátil | portable power tool.
herramienta motorizada | power tool.
herramienta múltiple | gang tool.
herramienta muy desgastada | washed-out tool.
herramienta neumática | pneumatic tool | air-powered tool.
herramienta neumática percusiva | percussive pneumatic tool.
herramienta neutralizadora | neutralizing tool.
herramienta no metálica de corte | nonmetallic cutting tool.
herramienta o troquel manejado por el forjador para conformar la parte alta (forjas) | loose tool.
herramienta para abocardar (tubos de plomo) | bending iron | bending pin.
herramienta para abocinar (tubos) | belling tool.
herramienta para acabado de la parte lateral de colas de milano | dovetail side-cutting finishing tool.
herramienta para acabado final de los agujeros (hilera de estira) | set.
herramienta para agujerear pizarras | zax.
herramienta para alinear | aligner.
herramienta para alisar (moldería) | slick.
herramienta para alisar moldes | smoother.
herramienta para alzar al trépano (sondeos) | bit lifter.
herramienta para aplastar las costuras de las velas (marina) | rubber.
herramienta para avivar las llagas (muro de ladrillo) | raker.
herramienta para barrenar | boring tool.
herramienta para biselar | bevel tool.
herramienta para brochar | broaching tool.
herramienta para bruñir | burnishing tool.
herramienta para bruñir interiores de mordazas insertadas | inserted jaw honing tool.
herramienta para calafatear madera en sitios difíciles o con costuras muy estrechas | boot iron.
herramienta para centrar | centring tool.
herramienta para centrar (centrador) | center finder.
herramienta para clavar clavos por explosión | nail firing tool.
herramienta para colocar espárragos | studder.
herramienta para conformar (herramienta con la forma del trabajo a efectuar) | form tool.
herramienta para conificar bocas de tubos | pipe-coning tool.
herramienta para coser correas | lacing tool.
herramienta para curvas de unión (eje con distintos diámetros) | radiusing tool.
herramienta para dar forma | form-fitting tool.
herramienta para desabollar | dent removing tool.
herramienta para desbaste de extremos de colas de milano | dovetail end-cutting roughing tool.
herramienta para desincrustar condensadores | condenser scaling tool.
herramienta para desmoldear | draw-hook.
herramienta para desmontar | easy-out tool.
herramienta para doblar chapa fina alrededor de un alambre | creasing tool.
herramienta para el corte de metales | metal-cutting tool.
herramienta para el vaciado del aceite | oil releasing tool.
herramienta para embutir | cupping tool.
herramienta para enderezar un trépano en el agujero | bit hook.
herramienta para ensanchar un agujero en una parte de su profundidad | counterbore.
herramienta para ensanchar un taladro en una profundidad pequeña | spotfacing tool.
herramienta para entallar en el torno | spinning tool.
herramienta para esquinas (torno) | shoulder tool.
herramienta para estampar | stamping tool.
herramienta para formar cabezas (pernos, etc.) | heading tool.
herramienta para hacer engatillados (juntas) | lock-seaming tool.
herramienta para hacer ollaos | pricker.
herramienta para hacer rebajos | necking tool.
herramienta para lapear | lap.
herramienta para limpiar barrenas | auger cleaner.
herramienta para manejar perfiles laminados al rojo (mesa de curvar) | winder.
herramienta para marcar un centro | spotting tool.
herramienta para montar (el percutor) | cooking tool.
herramienta para muestreo de interiores de pacas de lana | wool sampling tool.
herramienta para perfilar (herramienta con la forma del trabajo a efectuar) | form tool.
herramienta para pescar piezas rotas (perforación de pozos) | devil's pitchfork.
herramienta para pulir pivotes (relojería) | jacot tool.
herramienta para quitar las rebabas producidas al rayar el cañón | barrel dent-removing tool.
herramienta para ranurar interiormente | recessing tool.
herramienta para rayar una superficie (enlucidos) | scratcher.
herramienta para reacondicionar (muelas adiamantadas) | truing tool.
herramienta para reavivar muelas abrasivas | wheel dressing tool.
herramienta para rectificar | grinding tool.
herramienta para rectificar muelas abrasivas | rotary dressing tool.
herramienta para rectificar y bruñir bolas | ball honing tool.
herramienta para recuperar una varilla rota o herramienta (perforaciones) | finger grip.
herramienta para redondear | rounder.
herramienta para reparar correas | band driver.
herramienta para repasar exteriormente el cordón final (soldadura) | outside bead trim tool.
herramienta para roscar exteriormente | male

screw cutting tool | outside screw cutting tool.
herramienta para sacar una barra rota (sondeos) | beche.
herramienta para suavizar juntas (tubos de plomo) | grozing iron.
herramienta para troquelar | stamping tool.
herramienta patrón | master.
herramienta penetrante | indenting tool.
herramienta pescadora (sondeos) | catchall.
herramienta pescadora para remover varillas de sondeo rotas | double corkscrew.
herramienta por formar curvas de unión | radius-forming tool.
herramienta portatocho (forjas) | staff.
herramienta portatochos (forjas) | porter bar | box.
herramienta potente | powerful tool.
herramienta principal | master tool.
herramienta progresiva (estampa progresiva - trabajo en prensa) | follow-on tool.
herramienta que facilita el trabajo | labor-aiding tool.
herramienta ranuradora | scoring tool.
herramienta rasuradora para tolerancias pequeñas (tornos automáticos) | roller-shaving holder.
herramienta rebajadora | cutting-down tool.
herramienta rectificada de nuevo | reground tool.
herramienta revestida con gránulos de diamante | diamond-faced tool.
herramienta rota (sondeos) | junk.
herramienta rotatoria para cortar dos o más diámetros en una sola pasada (taladrado) | subland.
herramienta suelta para formar un cuello (forjas) | plate.
herramienta sujeta rígidamente a una prensa o martinete (conformación de forjas) | fast tool.
herramienta teleaccionada | robot-run tool.
herramienta telescopizante | telescoping tool.
herramienta térmica | thermic tool.
herramienta trazadora | scribing tool.
herramienta ultrasónica para cortar tiras | ultrasonic slicing tool.
herramienta vibradora | vibrotool.
herramientas | implements.
herramientas agrícolas | agricultural implements.
herramientas amagnéticas que no producen chispas | nonmagnetic nonsparking tools.
herramientas antichispeantes (que no desprenden chispas) | spark resistant tools.
herramientas con cuchilla de carburo metálico | carbide tooling.
herramientas de aire comprimido | air-using tools.
herramientas de caldeo (hornos) | firing-tools | fire irons.
herramientas de conformar | shaper-tools.
herramientas de corte | notching tools.
herramientas de corte ajustadas independientemente | independently-adjusted cutting tools.
herramientas de desarrollo (sistemas electrónicos) | development tools.
herramientas de embutir | drawing tool.
herramientas de fragua | anvil tool.
herramientas de gran velocidad de corte | high-speed tools.
herramientas de horticultura | gardening tools.
herramientas de inserción y ajuste | setting tools.
herramientas de perforación | drills | drilling tools.
herramientas de salvamento (pescaherramientas-sondeos) | fishing tools.
herramientas de sondeo | drilling tools.
herramientas de zapatero | grindery.
herramientas del torno | lathe tools.
herramientas en uso | active tools.
herramientas para embutición progresiva | follow-on tools.
herramientas para limadoras | shaper-tools.
herramientas para limpiezas (sondeos) | clean-out tools.
herramientas para movimientos de tierras | earthworking tools.
herramientas para plásticos fundidos | cast plastic tooling.
herramientas para rebarbar (piezas forjadas) | flashing tool.
herramientas para refrentar | facer.
herramientas para siembras | sowing tools.
herramientas para torno | lathe tools.
herramientas programadas automáticamente | automatically programmed tools.
herramientas que no desprenden chispas al trabajar con ellas | nonsparking tools.
herrar de nuevo | reshoe (to).
herrar para hielo (caballos) | rough (to) | frost (to).
herrar un buey | plate (to).
herrar un caballo de carreras | plate (to).
herrería | farriery | forge mill | blacksmith's shop | blacksmithing | smithing | smithery.
herrero | ironsmith | blacksmith | smith | anvil smith | forger.
herrero de obra | ironworker.
herrero especializado en fabricar cadenas | chainsmith.
herrete | tag | aiglet.
herrete (de cordón) | tab.
herrumbre | iron rust | rust | rustiness | rust.
herrumbroso | rusty | scaly | eruginous.
hertziano | Hertzian.
hertzio | hertz.
hervidero de barro | paint pot.
hervido | simmering.
hervido (pudelado) | sibbering | stewing.
hervido (seda) | boil-off.
hervido de la colada (regueras húmedas) | casting boil.
hervidor | still | kettle.
hervidor (calderas) | water leg | flame tube | leg | heater.
hervidor (reactor nuclear) | boiler.
hervidor (unidad de rectificación) | reboiler.
hervidor de ebullición total | integral reboiler.
hervidor del reactor nuclear | reactor boiler.
hervidor para trapos (fabricación papel) | rag boiler.
hervir | boil (to).
hervir (seda) | boil off (to).
hervir a borbotones | boil fast (to).
hervir a fuego lento | simmering.
hervir largo tiempo | boil up (to).
hervir vigorosamente en el vacío (agua caliente) | flash (to).
hervir violentamente | boil violently (to).
hervir y dejar reposar | boil and allow to settle (to).
hervor | boiling.
hervor (del agua) | churning.
hesicástico | hesychastic.
hesitación (ordenadores) | hesitation.
hesperidio | hesperidium.
hesperinos (zoología) | hesperinae.
hessonita | cinnamon-stone | false hyacinth.
hesternal | hesternal.
hestógeno (aves) | dasypaedic.
heteroalélico | heteroallelic.
heteroátomo | heteroatom.
heterobaro | heterobare.
heterobaros (química) | heterobares.
heterocapilaridad | heterocapillarity.
heterocarionte | heterokaryion.
heterocéntrico | heterocentric.
heterocíclico | heterocyclic.
heterocigótico | heterozygous.
heterocigoto | hybrid.
heterocracia | heterocracy.
heterocromaticidad | heterogeneity.
heterocromático | heterochromatic.
heterocromático (rayos X) | heterogeneous | white.
heterocromía | heterochromy.
heterocromo | heterochromous | heterochromatic.
heterocronismo | heterochronism.
heterocrono (geología) | heterochronous.
heterocrosis | heterochrosis.
heteroctono | heterochthonous.
heterodidacta | heterodidact.
heterodina (radio) | heterodyne.
heterodina cero | zero beat.
heterodinación | heterodyning.
heterodinámico | heterodynamic.
heterodinar | heterodyne (to).
heterodino | heterodyne | beat-frequency oscillator | signal generator.
heterodonto | heterodont.
heterodoxia | heterodoxy.
heterodromia | heterodromy.
heteroepia | heteroepy.
heteroépico | heteroepic.
heteroepitaxial | heteroepitaxial.
heteroerotismo | heteroerotism.
heteroescedasticidad | heteroscedasticity.
heterofagia | heterophagy.
heterófago | heterophagous.
heterofase | heterophase.
heterofecundación | heterofertilisation.
heterofemia | heterophemy.
heterofemismo | heterophemism.
heterofemista | heterophemist.
heterofonía | heterophony.
heterófono | heterophonous.
heterogamia | heterogamy | anisogamy.
heterogeneidad | heterogeneity | heterogeneousness | heterogenicity.
heterogeneidad (aleaciones fundidas) | coring.
heterogeneidad (lingotes) | segregation.
heterogeneidad del material | material heterogeneity.
heterogeneidad macroscópica de la pólvora | powder macroscopic heterogeneity.
heterogéneo | heterogeneous | miscellaneous.
heterogenizar | heterogenize (to).
heterografía | heterography.
heteroinjerto | heterograft.
heteromería | heteromerism.
heterómero | heteromerous.
heterometría | heterometry.
heteromorfita (mineralogía) | plumose ore.
heterónimo | heteronym.
heteronomia | heteronomy.
heterónomo | heteronomous.
heteropatia | heteropathy.
heteropétalo | heteropetalous.
heteropetalodia (botánica) | heteropetalody.
heterópico (geología) | heteropic.
heteroploide | heteroploid.
heteropolímero | heteropolymer.
heterópteros | heteroptera.
heteroscios | heteroscians.
heterósfera | heterosphere.
heterosomos | heterosomata.
heterostasia | heterostasy.
heterostático | heterostatic.
heterostilia | heterostyly.
heterotacto (geología) | heterotactous.
heterotaxia | heterotaxis.
heterotermia | heterothermy.
heterotérmico | heterothermic.
heterotermo | heterothermal | poecilothermal.
heterotricosis | heterotrichosis.
heterotrofo | heterotrophic.
heterotrofofito (ecología) | heterotroph.
heterotropía | anisotropy.
heurística del diseño | design heuristics.
heurístico | heuristic.
hex (hexafluoruro de uranio) | hex.
héxada | hexad.
hexadecimal | hexadecimal.
hexádico | hexadic.
hexafluorocirconato | hexafluorzirconate.
hexafluoruro de uranio | uranium hexafluoride.
hexaflururo de uranio | uranium hexaflouride.

hexagrama | hexagram.
hexamerón | hexameron.
hexametafosfato sódico | sodium hexametaphosphate.
hexano (química) | hexane.
hexapodia | hexapody.
hexápodo | hexapodous.
hexaquisoctaédrico | hexoctahedral.
hexaquisoctaedro | hexoctahedron.
hexaquistetraédrica | hexatetrahedral.
hexarquia | hexarchy.
hexasílabo | hexasyllable.
hexastiquio | hexastich.
hexavalente | sexvalent.
hexicología | hexicology.
hexoctaedro | hexoctahedron.
hexógeno (explosivos) | RDX.
hexosa (química) | hexose.
hez | dross | draff | dregs | sediment | offscum.
hialinización | hyalinization.
hialino | hyaline | colorless | glassy.
hialita | Muller's glass.
hialobasalto | hyalobasalt.
hialografía | glass engraving | hyalography.
hialográfico | hyalographical.
hialomicta | hyalomicte.
hialopilítico | hyalopilitic.
hialosiderita | brown chrysolite.
hialotecnia | hyalotechnics | glass technology.
hialotécnico | hyalotechnical.
hialurgia | hyalurgy.
hialurgista | hyalurgist.
hiatal (textura) | hiatal.
hiato (anatomía, gramática) | hiatus.
hiato (geología) | gap.
hiato estratigráfico (geología) | range of lost strata.
hiatus de erosión (geología) | erosional gap.
hibernación | hibernation.
hibernacular | hibernacular.
hibernáculo | hibernacle.
hibernar | hibernate (to).
hibridación | hybridization | crossbreeding.
hibridar | intercross (to).
hibridismo | hybridism.
hibridización introgresiva | introgressive hybridization.
hibridizar | intercross (to).
híbrido | crossbreed.
híbrido (botánica) | cross | mule.
híbrido artificial del pino de la primera generación | artificial first generation pine hybrid.
híbrido de anillo (circuito) | ring hybrid.
híbrido de injerto (agricultura) | graft hybrid.
híbrido de resonancia (química) | resonance hybrid.
híbrido de roca ígnea (geología) | igneous-rock hybrid.
híbrido de sorgo y kafir | darso.
híbrido de tres vías | three-way hybrid.
híbrido de zebra macho y yegua | zebrula.
híbrido interespecífico | interspecific hybrid.
híbrido interespecífico de la primera generación | F_1 interspecific hybrid.
híbrido intervarietal | intervarietal hybrid.
híbrido simple | single-cross hybrid.
hibridoma (inmunología) | hybridoma.
híbridos de maíz | maize hybrids.
hickory (Hicoria alba) | hickory.
hickory genuino (Hicoria alba) | pignut hickory | mokernut.
hicoria (Carya tomentosa Nutt) | hickory.
hicoria falsa (Hicoria pecan) | pecan.
hidantoinas | hydantoins.
hidatogénesis | hydatogenesis.
hidatógeno | hydatogenic.
hidatoneumático (mineralogía) | hydatopneumatic.
hidracida cianacética (química) | cyanacetic hydracyde.
hidrácido | hydrogen halide | hydracid | halogen hydride.
hidrácido acético | acethydrazide.
hidrácidos | hydrazides.
hidracina | hydracine | hydrasine.
hidrante | hydrant.
hidrante de incendios | fire plug.
hidrante para servicios de contraincendios | fireplug.
hidratable | hydratable.
hidratación | hydration | hydratation.
hidratado | hydrous.
hidratador | hydrator.
hidratar | hydrate (to) | hydratise (to).
hidratarse | hydrate (to).
hidrato | hydrate.
hidrato de carbono | carbon hydrate | carbohydrate.
hidrato de magnesio | magnesium hydrate.
hidrato de quinina | quinine hydrate.
hidrato remanente (secado del viento con cloruro cálcico) | tardy hydrate.
hidráulica (ciencia) | hydraulics.
hidráulica agrícola | agricultural hydraulics.
hidráulica con fondos móviles | loose boundary hydraulics.
hidráulica de las atarjeas (carreteras) | culvert hydraulics.
hidráulica de lodos | mud hydraulics.
hidráulica de los pozos | well hydraulics.
hidráulica de los sondeos | drilling hydraulics.
hidráulica geométrica | geometrical hydraulics.
hidráulicamente | hydraulically.
hidráulicamente expansible | hydraulically expansible.
hidráulicamente posicionado | hydraulically positioned.
hidraulicidad del cemento | hydraulicity of cement.
hidráulico | hydraulic.
hidrauliconeumático | hydraulic-pneumatic.
hidrauliscopio | hydrauliscope.
hidraulista | hydraulist.
hidrazina (química) | hydrazine.
hidriatra | hydriatrist.
hídrico | hydric.
hídrido por injerto (botánica) | burdo.
hidrindeno | indan.
hidriotafia | hydriotaphia | urn burial.
hidroaccionado | hydraulic-operated | hydraulically-actuated | hydraulically driven | hydraulically operated | water-actuated | water-propelled.
hidroacumulador de contrapesos anulares | weight ring accumulator.
hidroacumuldor con presión por pesos | weight-loaded hydraulic accumulator.
hidroacústica | hydroacoustics.
hidroaerodinámica | hydroaerodynamics.
hidroaeródromo | water aerodrome.
hidroaeropuerto | water airport.
hidroagitador | hydrashaker.
hidroagrícola | hydroagricultural.
hidroala | hydrofoil.
hidroalcohólico | aqueous-alcoholic.
hidroaleta (embarcaciones) | hydrofoil.
hidroamortiguador | hydraulic damper.
hidroaspirador | water blast.
hidroavión | water plane | hydroairplane | hydroaeroplane | hydroplane | P boat | seaplane.
hidroavión anfibio | amphibian flying-boat.
hidroavión cazador | fighter flying boat.
hidroavión de asalto | assault craft.
hidroavión de bombardeo | bombing flying-boat.
hidroavión de canoa | seaplane | central-hulled flying boat | flying boat.
hidroavión de casco | boat seaplane.
hidroavión de flotadores | float seaplane.
hidroavión para patrullar (sobre el mar) | ocean-patrol flying boat.
hidroavión torpedero | torpedo seaplane.
hidrobacia | hydrobatics.
hidrobalística | hydroballistics.
hidrobarófono | hydrobarophone.
hidrobarómetro | hydrobarometer | depth gage.
hidrobiogenia | hydrobiogeny.
hidrobiología | hydrobiology.
hidrobios | hydrobios.
hidrobomba | hydraulic pump.
hidrobromado | hydrobromination.
hidrobromato de potasio | potassium hydrobromate.
hidrocalórico | hydrocaloric.
hidrocarbonado | hydrocarbonaceous | hydrocarbon.
hidrocarbonato de cobre | artificial blue ashes.
hidrocarbúrico | hydrocarbonaceous.
hidrocarburo | hydrocarbon | hydrogen carbide | carbon hydride.
hidrocarburo alicíclico | alicylic hydrocarbon.
hidrocarburo alifático | aliphatic hydrocarbon.
hidrocarburo asfáltico | asphaltic hydrocarbon.
hidrocarburo con cadena ramificada | branched chain hydrocarbon.
hidrocarburo cuya molécula tiene 3 átomos de carbono | C3 hidrocarbon.
hidrocarburo derivado del alquitrán | coal tar hydrocarbon.
hidrocarburo deuterizado | deuterated hydrocarbon.
hidrocarburo fluorado | fluorocarbon.
hidrocarburo halogenado | halocarbon | halocarbon compound.
hidrocarburo isomérico | isomeric hydrocarbon.
hidrocarburo muy polimerizado | high-polymeric hydrocarbon.
hidrocarburo parafínico | paraffinic hydrocarbon.
hidrocarburo pesado | heavy hydrocarbon.
hidrocarburo polinuclear | polynuclear hydrocarbon.
hidrocarburo ramificado | branched hydrocarbon.
hidrocarburos | hydrocarbons.
hidrocarburos aromáticos | aromatic hydrocarbons.
hidrocarburos aromáticos policíclicos | polycyclic aromatics.
hidrocarburos de cadena larga | higher hydrocarbons.
hidrocarburos derivados del carbón | coal hydrocarbons.
hidrocarburos fluorados | fluorocarbons.
hidrocarburos saturados | saturated hydrocarbons.
hidrocatálisis | hydrocatalysis.
hidrocelulosa | hydrocellulose.
hidrocerámico | hydroceramic.
hidrociclón (aparato) | hydrocyclone.
hidrocincita | zinc bloom.
hidrocinética | hydrokinetics.
hidrocinético | hydrokinetic.
hidroclasificador | hydraulic classifier | hydroseparator | hydrosizer.
hidroclasificador (minería) | trough classifier.
hidroclasificador vortical | vortex hydraulic classifier.
hidroclasificadora (metalurgia) | teeter.
hidroclástico | hydroclastic.
hidrocloruro de monocaína | monocaine hydrochloride.
hidrocodímero | hydrocodimer.
hidroconformación | hydroforming.
hidrocontrol | hydrocontrol.
hidrocraqueo | hydrocracking.
hidrocrático | hydrocrating.
hidrocronógrafo | hydrocronograph.
hidrocución | hydrocution.
hidrocultivo | aquaponics | hydroponics.
hidrodealquilación | hydrodealkylation.
hidrodescomposición | hydrodecomposition.
hidrodesintegración | hydrocracking.
hidrodesintegrador | hydrocracker.
hidrodeslizador | gliding boat | glider | hydroglider.
hidrodestilación | hydrodistillation.
hidrodesulfuración | hydrodesulfurization.

hidrodifusión | hydrodiffusion.
hidrodinámica de la hélice (buques) | screw hydrodynamics.
hidrodinámica de los fluidos inviscosos | nonviscous fluid hydrodynamics.
hidrodinámica de relajación | relaxation hydrodynamics.
hidrodinámica del acero licuado | liquid steel hydrodynamics.
hidrodinámica fisicoquímica | physicochemical hydrodynamics.
hidrodinámica naval | naval hydrodynamics.
hidrodinámica química | chemical hydrodynamics.
hidrodinámico | hydrodynamic.
hidrodinamómetro | hydrodynamometer.
hidrodisgregador de pasta de madera | hydrapulper.
hidrodispersable | hydrodispersible.
hidrodispersible | water-dispersible.
hidroductos | waterways.
hidroelasticidad | hydroelasticity | fluidelasticity.
hidroelectricidad | hydroelectricity.
hidroeléctrico | hydroelectric.
hidroelectrificación | hydroelectrification.
hidroelectrostática | hydroelectrostatics.
hidroelicóptero | sea helicopter.
hidroelutriación | water elutriation.
hidroenfriado | water-cooled.
hidroenfriar | water-cool (to).
hidroesquí | hydro-ski.
hidroestabilizador | seawing | hydrostabilizer.
hidroestabilizador (hidroavión de canoa) | stubwing stabilizer.
hidroextracción | hydroextraction.
hidroextractor | whizzer | wringer | hidroextractor.
hidroextractor de ácidos | acid hydroextractor.
hidroextractor de aspiración | suction hydroextractor | hydrosuction machine.
hidroextraer | hydroextract (to).
hidrófana | hydrophane.
hidrofanía | hydrophany.
hidrófano | hydrophanous.
hidrófilo | hydrophilic | hydrophilous | water swellable | water swelling | water-receptive.
hidrofisuración | hydrocracking.
hidrofluoración | hydrofluorination.
hidrofobia | hydrophoby.
hidrofobización | hydrophobization.
hidrófobo | water-repelling | nonabsorbent | hydrophobic.
hidrofonía | hydrophony.
hidrofónico | hydrophone.
hidrófono | hydrophone | sonic detector.
hidrófono (adjetivo) | hydrophonous.
hidrófono bidireccional | bidirectional hydrophone.
hidrófono capacitivo | capacitor hydrophone.
hidrofono de sonar | depth finder.
hidrófono de velocidad | velocity hidrophone.
hidrófono direccional | directional hydrophone.
hidrófono electrocinético | electrokinetic hydrophone.
hidrófono piezoeléctrico | piezoelectric hydrophone.
hidroformación | hydroforming.
hidróforo | hydrophore.
hidrofracturación | hydrofracturing.
hidrofugacia | hydrofugacy.
hidrofugacidad | water repellency | moisture-proofness.
hidrofugación | water repellent treatment | dampproofing | hydrofuging.
hidrofugancia | water repellency.
hidrofugante | hydrofuging | water repeller.
hidrofugar | hydrofuge (to) | dampproof (to).
hidrófugo | hydrofugous | dampproof | water-resisting | water resisting | showerproof | moisture-repellent | water repellent.
hidrófugo (al agua) | waterproof.
hidrófugo de base silicónica | silicone base water repellent.
hidrogela | hydrogel.
hidrogenable | hydrogenizable | hydrogenatable.
hidrogenación | hydrogenization | hydrogenizing | hydrogenating | hydrogenation.
hidrogenación (aceites) | hardening.
hidrogenación a alta presión | high-pressure hydrogenation.
hidrogenación catalítica | catalytic hydrogenation.
hidrogenación de aceites en presencia de un catalizador | hardening of oils.
hidrogenación del aceite | oil hardening.
hidrogenado | hydrogenous.
hidrogenado (aceites) | hardened.
hidrogenante | hydrogenizing | hydrogenating.
hidrogenar | hydrogenate (to) | hydrogenize (to).
hidrogenar (aceites) | harden (to).
hidrogenarse | be hydrogenated (to).
hidrogeneración | hydrogeneration.
hidrogénico | hydrogenous | hydrogen.
hidrogenífero | hydrogeniferous.
hidrogenión | hydrogen ion | H-ion.
hidrógeno | hydrogen | heavy hydrogen | deuterium.
hidrógeno antimoniado | antimoniuretted hydrogen.
hidrógeno electrolítico | electrolytic hydrogen.
hidrógeno interestelar | interstellar hydrogen.
hidrógeno intergaláctico | intergalactic hydrogen.
hidrógeno ligero (isótopo de hidrógeno de masa 1) | protium.
hidrógeno naciente | nascent hydrogen.
hidrógeno nascente | active hydrogen.
hidrógeno obtenido por disociación molecular | atomic hydrogen.
hidrógeno ocluido | trapped hydrogen | occluded hydrogen.
hidrógeno pesado (de masa atómica 2) | heavy hydrogen.
hidrógeno radiolítico | radiolytic hydrogen.
hidrógeno reemplazable | replaceable hydrogen.
hidrógeno sulfurado (minas) | stinkdamp.
hidrógeno superpesado (H^3) | superheavy hydrogen.
hidrógeno sustituible | replaceable hydrogen.
hidrogenoide | hydrogen-like atom.
hidrogenólisis | hydrogenolysis.
hidrogeología | hydrogeology.
hidrogeólogo | hydrogeologist.
hidrogeoquímica | hydrogeochemistry.
hidroglosa | hydroglossa.
hidrognomónico | hydrognomonic.
hidrognosia | hydrognosy.
hidrografía | hydrography | nautical surveying.
hidrografía (cartas para aviones) | drainage.
hidrografía (costas) | survey.
hidrografía estuarina | estuarine hydrography.
hidrografía marítima | nautical hydrography | sea survey.
hidrografiar (levantar la carta de) | chart (to).
hidrográfico | hydrographical.
hidrógrafo | hydrograph | surveyer.
hidrógrafo de retroceso | recessional hydrograph.
hidrógrafo unitario | unit-hydrograph.
hidrograma | hydrogram | hydrograph.
hidrograma de afluencia | inflow hydrograph.
hidrograma de avenida (ríos) | flood hydrograph.
hidrograma de escorrentia superficial | surface-runoff hydrograph | overland-flow hydrograph.
hidrograma de lluvia retardado | lagged rainfall hydrograph.
hidrograma unitario | unit-hydrograph.
hidrograma unitario de corta duración | short duration unit hydrograph.
hidrohematites | hydrohematite.
hidroimbibente | water-imbibent.
hidroinmiscible | water-immiscible.
hidroinsensible | water-insensitive.
hidroinsoluble | water-insoluble.
hidrolisable | hydrolysable.
hidrólisis | hydrolysis | hydrolytic cleavage | splitting.
hidrólisis (química) | hydrolisis.
hidrólisis ácida | acid hydrolysis.
hidrólisis enzímica | enzymatic hydrolisis.
hidrolítico | hydrolytic.
hidrólito | hydrolyte.
hidrolizabilidad | hydrolyzability.
hidrolizable | hydrolyzable.
hidrolizado | hydrolysed | hydrolyzate.
hidrolizado (EE.UU.) | hydrolizate.
hidrolizado (G.B.) | hydrolisate.
hidrolizado (producto) | hydrolysate.
hidrolizado de proteínas | protein hydrolysate.
hidrolizador | hydrolyst.
hidrolizar | hydrolyse (to) | hydrolyze (to).
hidrología | hydrology.
hidrología de la cuenca fluvial | watershed hydrology.
hidrología determinista | deterministic hydrology.
hidrología estocástica | stochastic hydrology.
hidrología ingenieril | engineering hydrology.
hidrología paramétrica | parametric hydrology.
hidrológico | hydrological | hydrologic.
hidrólogo | hydrologist.
hidrolubricado | water-lubricated.
hidromagnética | hydromagnetics.
hidromagnético | hydromagnetic.
hidromagnetismo | hydromagnetism.
hidromagnetismo (ciencia) | hydromagnetics.
hidromancia | hydromancy.
hidromecánica | hydromechanics.
hidromecánico | hydromechanical.
hidromecanización | hydromechanization.
hidromesura | stream gaging.
hidrometalurgia | hydrometallurgy.
hidrometalurgia a presión | pressure hydrometallurgy.
hidrometalúrgico | hydrometallurgical.
hidrometamorfismo | hydrometamorphism.
hidrometasomación | hydrometasomation.
hidrometeoro | hydrometeor.
hidrometeorología | hydrometeorology.
hidrómetra | stream gager.
hidrometría | hydrometry | stream gaging.
hidrometría química | chemical hydrometry.
hidrómetro | water meter | water gage | gravity meter | areometer | gravimeter | hydrometer | hydrometer.
hidrómetro Beaumé para líquidos más densos que el agua | heavy Beaumé hydrometer.
hidrómetro Beaume para líquidos más ligeros que el agua | light-Beaume hydrometer.
hidrómetro para medir densidad de vinos | balling.
hidrometrógrafo | hydrometrograph.
hidrómica (arcillas) | hydromica.
hidromineral | hydromineral.
hidromiscible | water-miscible.
hidromórfico | hydromorphic.
hidromorfosis | hydromorphosis.
hidromotor | water motor | hydraulic engine | hydraulic motor | hydromotor.
hidrón (olas) | hydron.
hidronauta | hydronaut.
hidroneumática | hydropneumatics.
hidroneumático | hydropneumatic | air hydraulic | pneumohydraulic.
hidronimia | hydronymy.
hidronio | hydronium.
hidroóptico | hydro-optical.
hidrooscilador | hydroscillator.
hidrooxidación | hydroxidation.
hidropatín | hydro-ski.
hidroperóxido | hydroperoxide.
hidropesía (medicina) | dropsy.
hidropirolisis | hydrocracking.
hidropirómetro | hydropyrometer.

hidroplaneador | hydroglider.
hidroplanear | hydroplane (to) | skim (to).
hidroplanear (hidroavión) | plane (to).
hidroplaneo | hydroplaning.
hidroplaneo sobre la superficie de una capa delgada de agua (aeropuertos, carreteras) | hydroplaning on top of a thin film of water.
hidroplasticidad | hydroplasticity.
hidroponia | soilless culture.
hidropónica | hydroponics | soilless culture | soilless farming.
hidroponicista | hydroponist | hydroponicist.
hidropónico (agricultura) | hydroponic.
hidroprensa | hydraulic press | water press | hydropress.
hidroprensar | hydraulic press (to).
hidropropulsión | hydropropulsion | hydraulic propulsion.
hidróptero | hydrofoil boat.
hidropuerto | marine airport.
hidroquímica | hydrochemics.
hidroquinona | hydroquinone | quinol.
hidrorrefrigerado | water-cooled.
hidrorregulable | hydrocontrollable.
hidrorregulado | hydrocontrolled.
hidrorrepelencia | water repellency.
hidrorrepelente | water repellent.
hidrorresistente | hydroresistent.
hidrorretención | water-retaining.
hidroscopia | hydroscopy.
hidroscopio | hydroscope.
hidroscopista | hydroscopist.
hidroseparador | hydroseparator.
hidrósfera | hydrosphere.
hidrosis | hydrose.
hidrosoluble | water-soluble.
hidrostática | hydrostatics.
hidrostático | hydrostatic.
hidrostatismo | hydrostatism.
hidrostato | hydrostat.
hidrosucción | hydrosuction.
hidrosulfito de sodio | sodium-hydrosulphite.
hidrosulfito de zinc | zinc hydrosulphide.
hidrosulfitos para el blanqueo (i) el teñido y el estampado | hydrosulphites for bleaching (and) dyeing and printing.
hidrosulfuración | hydrosulfuration.
hidrotaquímetro | hydrotachymeter.
hidrotasímetro | hydrotasimeter.
hidrotecnia | hydrotechny | hydrotechnics.
hidrotécnico | hydrotechnical.
hidrotecnólogo | hydrotechnologist.
hidroterapéutico | hydrotherapeutic.
hidroterapia | hydrotherapy.
hidroterapia (ciencia) | hydrotherapeutics.
hidrotermal | hydrothermal.
hidrotermalmente alterado | hydrothermally-altered.
hidrótico | hydrotic.
hidrotimetría | hydrotimetry.
hidrotímetro | hydrotimeter.
hidrotoponimia | hydrotoponymy.
hidrotransportar | hydro-convey (to).
hidrotratamiento | hydrotreating.
hidroturbina | hydroturbine | water turbine | hydraulic turbine.
hidroturbina de un rodete de eje vertical | vertical-shaft single runner water turbine.
hidroxiácido | hydroxy-acid.
hidroxiácidos | alcohol acids.
hidróxido | hydroxide.
hidróxido cérico | cerium hydrate.
hidróxido de bario | barium hydrate.
hidróxido de berilio | beryllium hydroxide.
hidróxido de calcio para abono | fertilizers hydrate of lime.
hidróxido de manganeso | manganese hydroxide.
hidróxido de potasa | potassium hydroxide.
hidróxido de sodio | soda.
hidróxido impuro de manganeso | bog manganese.
hidroxiesterato | hydroxystearate.
hidroxilamina | hydroxylamine.
hidroxilar | hydroxylate (to).
hidroxílico | hydroxyl.
hidroxilión | hydroxyl ion.
hidróxilo | hydroxyl.
hidruro | hydride.
hidruro de litio | lithium hydride.
hidruro de zirconio | zirconium hydride.
hidruro pesado | deuteride.
hielo | ice.
hielo (en el radiador) | coring.
hielo (motores, estructuras - aviones) | winterizing.
hielo a la deriva | drift.
hielo aborregado | hummocky ice.
hielo acicular | acicular ice | fibrous ice | satin ice.
hielo alvelar (debido a la fusión) | rotten ice.
hielo caliente | hot ice.
hielo claro | glaze.
hielo con burbujas de aire | mottled ice.
hielo congelado en el sitio | sheet ice.
hielo conglomerado | compact ice.
hielo continental | inland ice | land ice.
hielo costero | shore-ice | land-ice | land ice.
hielo de agua de mar | saltwater ice.
hielo de agua dulce | fresh-water ice.
hielo de ancla (escamas de hielo que se adhieren a superficies sumergidas, formando grandes bloques) | anchor ice.
hielo de bahía o fiordo | bay ice.
hielo de banca | floe ice.
hielo de fondo (escamas de hielo que se adhieren a superficies sumergidas, formando grandes bloques) | anchor ice.
hielo de fondo (oceanografía) | lappered ice | underwater ice | anchor ice | depth ice | bottom ice | ground ice.
hielo de glaciar | glacier ice.
hielo de glaciar en su forma más dura y más vieja | blue ice.
hielo de la orilla del mar | shore floe.
hielo de mar alveolar en proceso de desintegración | spring sludge.
hielo de mar compuesto de esferas esponjosas de 25 a 50 milímetros de diámetro | ball ice.
hielo de mar con piedras | debris ice.
hielo de mar cuya superficie no contiene agua debido a la formación de grietas | dried ice.
hielo de mar de más de dos años de edad y con espesor mayor de 2,5 metros | Arctic pack.
hielo de mar de uno a dos años de edad | biennal ice.
hielo de mar en fase de formación | autumn ice.
hielo de mar formado a profundidades de 20 a 25 metros (escamas de hielo que se adhieren a superficies sumergidas, formando grandes bloques) | anchor ice.
hielo de mar que permanece en la playa en la zona de pleamar | ballycadder.
hielo de origen antiguo | fossil ice.
hielo de orilla | ice foot.
hielo de orilla del mar | coastal ice | land floe.
hielo de presión (glaciar) | pressure ice.
hielo de río | land ice.
hielo derivante | drift ice.
hielo derivante (oceanografía) | floating ice.
hielo desigual y de superficie áspera | hummocky ice.
hielo desintegrado con cavidades | honeycomb ice.
hielo desplazado de su sitio de origen | drift ice.
hielo desprendido (de glaciar o de iceberg) | calved ice.
hielo en barras | can ice.
hielo en forma de placas y agujas (mares) | lolly ice.
hielo en forma de placas y agujas (ríos) | frazil ice.
hielo en la primera fase de formación | fresh ice.
hielo en placas y agujas (ríos de corriente rápida) | underwater ice.
hielo espeso (navegación) | heavy ice.
hielo eutéctico | eutectic ice.
hielo fangoso | slush ice.
hielo flotante compactado en una masa | conglomerated ice | compact ice.
hielo flotante de banca | shelf ice.
hielo flotante de glaciar | glacionatant ice.
hielo formado en otoño | bay ice.
hielo fundente | melting ice.
hielo lacustre | lake ice.
hielo marino a la deriva | sailing ice.
hielo marino de banca | floe-ice.
hielo marino de campo de hielo | field ice.
hielo marino de fondo (oceanografía) | anchor ice.
hielo marino del Mar de Barentz (Noruega) | east ice.
hielo marino en fase incipiente de formación | cream ice.
hielo marino flotante de banca | barrier ice | shelf ice.
hielo marino formado en otoño | young ice.
hielo marino pegado a tierra | shore floe.
hielo marino viscoso | slush.
hielo marítimo | sea-ice.
hielo no cubierto con nieve | bare ice.
hielo opaco | white ice.
hielo pastoso | brash.
hielo pastoso de agua dulce (hielo cristalino coloidal disperso en una masa de agua - ríos) | frazil ice.
hielo pegado a la costa | coastal pack.
hielo permanente | fast ice.
hielo que no reposa sobre el agua (ríos) | shell ice.
hielo que permanece durante el verano en la orilla del mar (ríos árticos) | ice foot.
hielo seco | dry ice.
hielo sin consistencia que no aguanta peso | mush-ice.
hielo térmico (de ríos, lagos y el mar) | thermal ice.
hielo transparente | clear ice | crystal ice.
hielo transparente (sobre un aeroplano en vuelo) | glaze.
hielo troceado (oceanografía) | brash ice.
hielo unido o anclado al fondo | anchor ice.
hielo viscoso | slush ice.
hielo viscoso (estado inicial del mar en vía de congelación) | slush.
hielos desprendidos de un témpano | patch.
hielos flotantes | ice floe | ice-floe | floe-ice.
hienda | cleaving.
hierba | grass.
hierba becerra (botánica) | snapdragon.
hierba cortada | mowing-grass.
hierba de almizcle | moschatel.
hierba pastel | pastel.
hierbas acuáticas | waterweeds.
hierbas aromáticas | sweet herbs.
hierbas para cespedes | turf grasses.
hierocracia | hierocracy.
hierocrático | hierocratic.
hierofante | hierophant.
hierografía | hierography.
hierograma | hierogram.
hierología | hierology.
hieromancia | hieromancy.
hieromaquia | hieromachy.
hieronimia | hieronymy.
hierro | iron.
hierro (cepillo) | bit.
hierro α | α-iron.
hierro acerado | ferrosteel.
hierro acicular | needle ironstone.
hierro activo | active iron.
hierro activo (corrosión) | fresh iron.
hierro afinado | finery iron | bloom iron | metallic iron.
hierro agrio | short iron | cold-short iron | brittle iron.

hierro al carbón vegetal | charcoal iron.
hierro al coque | coke iron.
hierro al vanadio | ferro vanadium.
hierro alfa | alpha iron.
hierro alterado | altered iron.
hierro arcilloso | iron clay | clay ironstone.
hierro arsenical | arsenopyrite | arsenical pyrite.
hierro arsenical (mineralogía) | mispickel.
hierro β | β-iron.
hierro bajo en silicio | dry iron.
hierro blanco | arsenopyrite.
hierro bruto (pudelado) | puddle bar.
hierro caliente | hot iron.
hierro caliente para alisar la capa de sebo de la imada (botadura buques) | grease iron.
hierro carbonatado | blackband ore.
hierro carbonizado | carbonized iron.
hierro casi puro | near-pure iron.
hierro cementado | carbonized iron | cement iron.
hierro cementado en cajas con polvo de carbón vegetal (acero al crisol) | blister steel.
hierro cinglado | knobbled iron.
hierro colado | cast-iron.
hierro con base baja de manganeso | high-carbon low-silicon low-manganese base iron.
hierro con gran porcentaje de silicio y fósforo | hungry iron.
hierro con gran proporción de fósforo | phosphorus-rich iron.
hierro con 14,5 silicio, 0,35 manganeso y 0,08 carbono | duriron.
hierro corto de anclaje (hormigón armado) | dowel.
hierro crecido | grown iron.
hierro de abrillantar | polishing iron.
hierro de calafatear | hawsing iron.
hierro de cepilladora | planing tool.
hierro de cepillo | plane bit.
hierro de clavos viejos | stub iron.
hierro de grano | granular iron.
hierro de guía | rag iron.
hierro de guillamen | rabbet-iron.
hierro de hacha | axe head.
hierro de lanza | large-head.
hierro de lanza (macla del yeso) | larkspur.
hierro de limpiar barrenos (minas) | drag twist.
hierro de lingote homogeneizado | normalized ingot iron.
hierro de lupia | ball iron.
hierro de marcar en caliente | burning brand | branding iron | brand.
hierro de media caña | half-round bar.
hierro de pantanos | bog-mine | bog ore.
hierro de pantanos (geología) | bog-iron ore.
hierro de picar (telas) | pinking-iron.
hierro de planchera | iron matte.
hierro de plegar (en el yunque) | hatchet strake.
hierro de rizar (hierro de encañonar - planchado de ropas) | fluting iron.
hierro de sección cruciforme | cross section iron.
hierro de soldar | copper bit.
hierro del núcleo (inducidos) | core iron.
hierro delta | delta iron.
hierro dializado | dialyzed iron.
hierro doble de cepillo | double plane-iron.
hierro doble T | H bar | H iron | I iron.
hierro dúctil | malleable iron.
hierro electrofundido | electric-melted iron.
hierro electrolítico | electroiron.
hierro en ángulo | angle bar | angle iron | L iron.
hierro en barras | bar iron.
hierro en barras redondas | rounds.
hierro en chapas | iron plate | flatiron.
hierro en escuadra | angle iron | angle bar | corner iron.
hierro en flejes | hoop iron | strip.
hierro en lingotes | pig iron.
hierro en lupias | bloom iron.
hierro en moldes | chilled iron.
hierro en pletinas | strap iron.
hierro en T | tee.
hierro en T con bulbo | tee bulb bar.
hierro en T con nervio | T bulb.
hierro en T de ala de anchura decreciente | tapered tee section.
hierro en tochos | bloom iron.
hierro en U | U bar | channel.
hierro en U (montura de caballo) | copse.
hierro en U con refuerzos longitudinales | longitudinally-ribbed channel section.
hierro en U cuadrado (altura igual al ancho de alas) | square channel.
hierro en varillas | rod iron.
hierro en Z | Zee | zed bar.
hierro espático | sparry iron.
hierro especular | looking-glass ore.
hierro estañado | plated iron.
hierro fabricado en un horno de coque | coke iron.
hierro fácilmente imanado por inducción pero que pierde el magnetismo cuando no actúa el campo magnético | soft iron.
hierro férrico | ferric iron.
hierro ferroso | ferro iron.
hierro forjado | wrought iron | malleable wrought iron | malleable iron.
hierro formado (pudelado) | ready iron.
hierro fosforoso perlítico | pearlitic phosphoric iron.
hierro frío (arrabio) | dull iron.
hierro fundido amagnético | nonmagnetic cast iron.
hierro fundido maleable | malleable iron.
hierro fundido saturado de carbono | carbon-saturated molten iron.
hierro gamma (entre 900 y 1.404 °C) | gamma iron.
hierro hipereutéctico | hypereutectic iron.
hierro hipereutéctico hipersilicioso | high-silicon hypereutectic iron.
hierro hipoeutéctico tratado con magnesio | magnesium-treated hypoeutectic iron.
hierro inactivo | passivified iron | inactive iron | prepared iron.
hierro inerte | passive iron | passivated iron.
hierro inoculado hipoaleado | low-alloy inoculated iron.
hierro laminado | rolled iron.
hierro litoide | blackband ore.
hierro maleable | malleable iron.
hierro maleable al carbón vegetal | charcoal wrought iron.
hierro maleable al coque | malleable coke iron.
hierro maleable bajo en azufre | low-sulfur-content malleable iron.
hierro maleable de cubilote | cupola malleable iron.
hierro maleable ferrítico | ferritic malleable iron.
hierro metálico que aparece en materiales no metálicos (como rocas, combustibles sólidos, etc.) | tramp iron.
hierro meteórico | aerolitic iron | holosiderite.
hierro muy puro | puron.
hierro muy puro obtenido en hornos de solera | ingot iron.
hierro muy silicioso | high-silicon iron.
hierro nativo | pure iron.
hierro nodular ferritizado | ferritized nodular iron.
hierro octagonal | octagon bar.
hierro oligisto | oligist iron.
hierro oolítico | oolitic iron ore.
hierro oxidulado | black oxide of iron.
hierro para calar (cuero) | pinking-iron.
hierro para construcciones | constructional iron.
hierro para cristales (ventanas) | sash bar.
hierro para el talón (bota de montar) | heel plate.
hierro para quitar el barro de los zapatos | road scraper.
hierro para recalcar y ceñir los nervios del lomo (libros) | creaser.
hierro para soldar (herramienta) | hatchet bit.
hierro para vigas | girder iron.
hierro pastoso (arrabio) | dull iron.
hierro perfilado en canal | trough shaped iron.
hierro plano | flatbar.
hierro platinado | platinized iron | platinum-plated iron.
hierro pudelado | puddled iron.
hierro pudelado de doble afino | doubly-refined iron | double-refined iron.
hierro pudelado de forja | puddle-wrought iron.
hierro pudelado de paquete | fagot iron.
hierro pudelado formado por el proceso de busheling | busheled iron.
hierro pudelado hierro maleable | wrought iron.
hierro pudelado no formado por paquete | unpiled puddled iron.
hierro puro reducido por hidrógeno | hydrogen-purified iron.
hierro quebradizo | short iron | black-short iron | burned iron.
hierro quebradizo en caliente | hot-brittle iron | hot short iron.
hierro quebradizo en frío | cold-short iron.
hierro quemado | burnt iron | blistered iron | overburnt iron.
hierro radioactivo | radio iron.
hierro redondo | rodding | round bar | round iron | bar.
hierro reducido | reduced iron.
hierro reducido en forma de nódulos (procedimiento Krupp-Renn) | luppen.
hierro silicioso de grano orientado | grain-oriented silicon iron.
hierro silicioso muy frágil | glazy iron | glaze pig.
hierro sueco | Swedish iron.
hierro sulfatado rojo (mineral) | botryogen.
hierro técnicamente puro | technically pure iron.
hierro titanado | ilmenite.
hierro trivalente | trivalent iron.
hierro turboso | lake ore.
hierro vejigoso | blistered iron.
hierro viejo | scrap iron | junk.
hierro virgen | all-mine pig | pure iron.
hierro Zores | trough iron.
hierros (libros) | tooled designs.
hierros cuadrados | squares.
hierros de filetear (encuadernación) | back tools.
hierros de torre de sondeo | rig irons.
hierros dorados (encuadernación) | gold tooling.
hierros en pletinas | straps.
hierros en U adosados | double-battened channels.
hierros laminados | rolled sections.
hierros moldurados | moldings.
hierros ovales | ovals | oval iron.
hierros para estampar líneas horizontales (encuadernación) | azure tools.
hierros para herraduras | horseshoe sections | shoeing bars.
hierros perfilados | profiled material.
hierros redondos | rounds | rods.
hierros verticales (compensación de agujas en buques) | vertical irons.
hierurgia | hierurgy.
hierúrgico | hierurgical.
hietografía | hyetography.
hietográfico | hyetographical.
hietógrafo | hyetograph | hyetograph.
hietología | hyetology.
hietometría | hyetometry.
hietómetro | hyetometer | rain gage.
hietometrógrafo | hyetometrograph.
hifidroscopio | hyphydroscope.
hifomicosis destruens equí | leeching.
hígado | liver.
hígado de azufre (sulfuro de potasio) | brims-

tone liver.
higiene | hygienics | hygiene.
higiene ambiental | environmental hygiene.
higiene del trabajo | occupational hygiene.
higiene industrial | industrial hygiene | industrial sanitation.
higiene laboral | occupational hygiene.
higiene municipal | municipal sanitation.
higiene nuclear (protección) | health physics.
higiene pública | public health.
higiene radiactiva | radiation hygiene.
higienismo | hygienism.
higienista | hygienist.
higienista industrial | industrial health engineer | industrial hygienist.
higienización | hygienization | sanitation | sanitization.
higienizar | sanitize (to).
higo selvático (Acer pseudoplatanus) | sycamore.
hígrico | hygric.
higroabsorbedor | moisture-absorber.
higroacondicionador | humidity conditioner.
higroanemógrafo | hygroanemograph.
higrodilatación | hygroexpansivity.
higroelectrómetro | hygroelectrometer.
higroestabilización | hygrostabilization.
higroestabilizado | hygrostabilized.
higroexpansividad | hygroexpansivity.
higroextractor | moisture extractor.
higrofaneidad | hygrophaneity.
higrófano | hygrophanous.
higrofante | hygrophant.
higrofilia | hygrophily.
higrófilo | hygrophilous.
higrofugacia | moisture resistance.
higrofugacidad | hygrofugacity.
higrófugo | hygrofuge | water repellent | moisture-excluding | moistureproof | moisture repellent.
higrografía | hygrography.
higrográfico | hygrographic.
higrógrafo | hygrograph.
higrógrafo de cabello | hair hygrograph.
higrograma | hygrogram.
higroindicador | humidity indicator.
higrología | hygrology.
higrológico | hygrological.
higrólogo | hygrologist.
higrometría | hydroscopy | hygrometry.
higrometricidad | hygrometricity.
higrómetro | hygrometer | moisture meter | moisture content meter | humidity meter.
higrómetro basado en la variación con la humedad de la resistencia eléctrica de una película depositada por evaporación | evaporated film electric hygrometer.
higrómetro con cuchilla que se introduce entre las hojas de papel (fábrica papelera) | sword hygrometer.
higrómetro de absorción | absorption hygrometer.
higrómetro de cabello | hair hygrometer.
higrómetro de condensación | condensing hygrometer.
higrómetro de cuchilla indicadora | sword hygrometer.
higrómetro de honda | whirling hygrometer.
higrómetro de rocío | dew-point hygrometer.
higrómetro eléctrico | electric hygrometer.
higrómetro espectroscópico | spectroscopic hygrometer.
higrómetro fotoeléctrico para el punto de rocío | photoelectric dew-point hygrometer.
higrómetro registrador | hygrograph | self-recording hygrometer.
higropétreo | hygropetrical.
higroregular | humidity-control (to).
higrorregulador | humidity regulator.
higrorresistente | moisture resisting | moisture-resistant.
higroscopia | hygroscopy.
higroscopicidad | hygroscopicity | higroscopicity.
higroscópico | water absorbing | water-absorbing | hygroscopic.
higroscopio | hygroscope | moisture detector.
higrosensible | moisture sensitive.
higrostática | hygrostatics.
higrostatizado | humidistatted.
higrostatizar | hygrostat (to).
higrostato | hygrostat | humidistat.
higrotermal | hygrothermal.
higrotérmico | hygrothermal.
higrotermógrafo | hygrothermograph.
higrotermograma | hygrothermogram.
higrotermómetro | hygrothermometer.
higrotropismo | hygrotropism.
hija | daughter.
hijos naturales reconocidos | acknowledged children.
hijuela | pall.
hijuela (herencia) | portion.
hijuela (herencias) | partition deed.
hijuela (testamentos) | deed of partition.
hilabilidad | spinning property | spinning capacity | spinnability.
hilable | spinnable.
hilacha | ravel | loose thread.
hilachas | rags | frayings | frazzle.
hilada | bed | assize.
hilada (de ladrillos) | row.
hilada (de muro) | course.
hilada (muros) | layer | layer.
hilada al nivel de la repisa (ventans) | sill course.
hilada de amarre (muros) | belt course.
hilada de arranque (sobre la rasante) | grass table.
hilada de asiento (sobre la rasante) | grass table.
hilada de base | base course.
hilada de caras desbastadas | block-in-course.
hilada de carga | blocking course.
hilada de coronación de ladrillos a sardinel | barge course.
hilada de coronamiento | blocking course.
hilada de enrase (muros) | last course | leveling course.
hilada de enrase de cimientos | earth-table.
hilada de impermeabilización | dampcourse.
hilada de la clave (bóvedas) | key-course.
hilada de ladrillos | brick course.
hilada de ladrillos a sardinel | soldier course.
hilada de ladrillos colocados a tizón | facing bond.
hilada de ladrillos puestos de pie | soldier.
hilada de ladrillos salientes (muros) | ledgement.
hilada de ligazón (zuncho - muros) | binder course.
hilada de losas de piedra (cimentación edificios) | ground table.
hilada de nivel | level course.
hilada de piedra (muros) | stone course.
hilada de sogas (muros) | lockrand.
hilada de tizones | bond course.
hilada de tizones (muros) | heart-bond | header course.
hilada de trabazón (muros) | bond course.
hilada del dintel | lintel course.
hilada diagonal | raking course.
hilada en ménsula | corbeled course.
hilada exterior (bóvedas, túneles) | ring course.
hilada hidrófuga (edificios) | damp-course.
hilada hidrófuga (muros) | dampproof course.
hilada inferior | base course.
hilada inferior de chapas (depósito circular) | apron ring.
hilada inmediatamente encima del terreno | earth-table.
hilada más separada del intradós (arcos) | ring course.
hilada metálica contra la humedad (muros) | metallic damp course.
hilada saliente | oversailing.
hilada saliente (aparejo muros) | stringcourse.
hilada saliente (arquitectura) | belt course | belt.
hilada saliente (muros) | sailing course.
hiladas de juntas encontradas | broken courses.
hiladas de ladrillos semivitrificados colocados con mortero de cemento sobre el enrase de cimientos | cement-frame.
hiladas de piedra o ladrillos que sobresalen de la pared para efectos decorativos | oversailing courses.
hiladas salientes en la base (edificios) | plinth course.
hilado | spun | spinning.
hilado a mano | hand-spun.
hilado a máquina | machine-spun.
hilado con alma | core yarn.
hilado con alma de caucho | covered rubber yarn.
hilado con campanas | cap spinning.
hilado con capacetes | cap spinning.
hilado de estopa de cáñamo | hemp tow spinning.
hilado de estopas del yute | jute tow spinning.
hilado de fibra de vidrio | glass spun yarn.
hilado de filamentos | filament yarn.
hilado de filamentos celulósicos | cellulosic filament spinning.
hilado de la lana de carda | carding wool spinning.
hilado de ladrillos de canto (sardinel) | brick-on-edge course.
hilado de seda flojo | filatrice.
hilado de seda flojo (para bordados) | floss silk.
hilado de sefactina | spindle drawn yarn.
hilado de selfactina | mule-spun yarn.
hilado de trama | filling.
hilado del capullo | cocoon spinning.
hilado del mejor filadiz | florette silk.
hilado del vidrio | glass spinning.
hilado en fino | spinning proper | fine spinning.
hilado en frío | cold extrusion.
hilado en seco | dry spinning.
hilado fino | fine-spun.
hilado intermitente | mule spinning.
hilado mixto de algodón y lana con 1/3 de esta última | Alaska yearn.
hilado para trama | weft yarn.
hilador | spinner.
hiladora | comb frame | spinning machine | spinner.
hiladora de continua de aletas | fly-frame spinner.
hiladora de continua de anillos | ring spinner.
hiladora mecánica intermitente | mule jenny.
hilados | spun fabrics.
hilados de algodón | yarns.
hilados en fino | fine counts.
hilados y torcidos de algodón | cotton yarns and twists.
hiladuras | spinning-mill.
hilandera | spinner.
hilandería | spinning | spinning factory | spinning mill | mill | filature | reeling establishment.
hilandería de algodón | cotton factory | cotton spinning | cotton firm | cotton spinning mill | cotton mill.
hilandería de cáñamo | hemp mill.
hilandería de lino | flax mill.
hilandería de seda | silk mill.
hilandero | spinner.
hilar | spin (to).
hilas (medicina) | lint.
hilatura | spinning.
hilatura centrífuga | centrifugal spinning.
hilatura centrífuga (rayón) | pot spinning | bucket spinning.
hilatura con continua de anillos | frame spinning.
hilatura de algodón | ginnery.
hilatura de algodón cardado | barchant spinning.

hilatura de borras de algodón | cotton waste spinning.
hilatura de cáñamo | hemp spinning mill.
hilatura de gran estiraje | long draft spinning.
hilatura de lana cardada | wool spinning mill.
hilatura de números gruesos de algodón | barchant spinning.
hilatura de yute | jute spinning mill.
hilatura del algodón | cotton spinning.
hilatura del amianto | asbestos spinning.
hilatura del vidrio | glass spinning.
hilatura en grueso de estambre | coarse worsted spinning.
hilatura en húmedo | wet spinning.
hilatura en mojado | wet spinning.
hilatura en seco | dry spinning.
hilatura en selfactina | mule spinning.
hilatura paralela (rayón) | bobbin spinning | parallel spinning.
hilatura química | chemical spinning | spinning.
hilaza | yarn | lint.
hilaza (de cáñamo, etc.) | fillis.
hilaza (tejidos) | bast | bass.
hilaza de algodón | cotton yarn.
hilaza de amianto | asbestos yarn.
hilaza de cáñamo | hemp yarn.
hilaza de lino | flax bast | flax harl.
hilaza de seda | broken silk.
hilaza ligeramente torcida | mule twist.
hilazas finas | fine counts.
hilera | spinneret | tier | single file | string | worms | file | line | screw plate | row | purling | drawing-machine | draw-bench.
hilera (de trefilar alambre) | die plate.
hilera (fabricación rayón) | jet.
hilera (máquina) | wire mill.
hilera (para filamentos sintéticos) | spinnerette.
hilera (rocas) | die head.
hilera (telefonía) | queue.
hilera acabadora (trefilado) | sizing die.
hilera con peines roscadores de retroceso | receding land die head.
hilera de abertura (trefilado) | opening die head.
hilera de acabado | finishing block.
hilera de barrenos debajo de los de sotrozo (túneles) | miners.
hilera de bolas (cojinetes) | row of bearing balls.
hilera de cojinetes | stock | engineers' screw-stock.
hilera de cojinetes (para roscar) | engineers' screw plate.
hilera de desbaste | roughing block.
hilera de diamante para estirar alambres | diamond wire drawing die.
hilera de estirar (alambres) | die.
hilera de estirar alambre | wiredrawing machine | wire plate.
hilera de estirar alambre de diamante perforado por laser | laser-pierced diamond wire drawing die.
hilera de estirar de diamante de mucha duración | hard-wearing diamond die.
hilera de heno cortado | windrow.
hilera de la ficha | card row.
hilera de roscar con peines fijos ajustables | solid adjustable die head.
hilera de trefilar | drawplate.
hilera de turba puesta a secar | windrow.
hilera desbastadora | ripping block.
hilera desbastadora (para alambre) | ripping mill.
hilera desbastadora (trefilado) | ripper.
hilera horizontal de mallas (tejido punto) | course.
hilera más alta de barrenos (túneles) | trimmers.
hilera para alambre fino | fine-wire draw bench.
hilera para estirado de hilos metálicos | wire drawing die.
hilera para estirar filamentos de lámparas eléctricas | die for drawing electric light bulb filament.
hilera para filamento sintético | spinning nozzle.
hilera para relojería | clock screw plate.
hilera para trefilar alambre plano | flatter.
hilera para tubos de rosca de gas | gas thread pipe stock.
hilera regulable (trefilar) | spring die.
hilera transversal de perforaciones | array.
hileras de bitios por pulgada | rows per inch (RPI).
hileras de siembra (agricultura) | drill.
hileras paralelas de vórtices | vortex street.
hilero de corriente | tideway.
hilero de corriente (producido por la marea) | race of current.
hilero de corriente producido por los bajos (corrientes marinas) | overfall.
hilero de corrientes | tidal bore | eagre.
hilero de corrientez (ríos con mareas) | mascaret.
hilio (anatomía) | hilum.
hilo | yarn | twist | thread.
hilo (botánica) | hilum | locus.
hilo (de lana, etc.) | ply.
hilo (de luz) | peep.
hilo (electricidad) | wire.
hilo (estopa retorcida para calafatear cubiertas de madera - buques) | pledget.
hilo a dos cabos | doubled yarn.
hilo a máquina | mill spun yarn.
hilo acordonado | elephant thread.
hilo activo (telefonía) | release wire.
hilo activo (telefonía automática) | P-wire.
hilo aéreo | open wire.
hilo aéreo (antenas) | air wire.
hilo aprestado | hard-finished thread.
hilo aspado | hank yarn.
hilo auxiliar | pilot wire.
hilo botonoso | lumpy yarn.
hilo bouclé | picot yarn | curl yarn.
hilo bucleado | loop yarn.
hilo cableado | stranded wire.
hilo cardado | condenser yarn | barchant yarn | condensed yarn.
hilo cardado y peinado | semiworked yarn.
hilo cilíndrico ferromagnético con núcleo amagnético | twistor.
hilo colimador (anteojos) | vertical cross hair.
hilo compensador | common wire.
hilo con alma | plated yarn.
hilo con alma de goma | elastic yarn.
hilo con botones | nub yarn.
hilo con botones (hilo fantasía) | spot yarn.
hilo con corriente | live-wire.
hilo con doble forro de algodón (electricidad) | DDC wire.
hilo con dos hilazas de colores distintos | cloud.
hilo con metalizado magnético | magnetic plated wire.
hilo con núcleo de caucho | elastic yarn.
hilo con perlas | bead yarn.
hilo con una capa electroaislante | lapped wire.
hilo conductor | conduction wire | conductor | conductor wire | guiding thread.
hilo conductor (electricidad) | lead wire.
hilo conductor de bujía blindado | shielded ignition wiring.
hilo conductor entre el cebo eléctrico y el explosor (voladuras) | leading wire.
hilo conectado en un enchufe | T-wire.
hilo cresponado | crepe yarn | crape yarn.
hilo chamuscado | gassed yarn.
hilo chapado de oro | gold covered wire.
hilo de acero monofilar (cirugía) | monofilar steel wire.
hilo de acometida para abonado | service lead.
hilo de agavillar | binder | binder twine.
hilo de alginato sódico | alginate yarn.
hilo de algodón | cotton yarn.
hilo de algodón cardado | carded cotton yarn.
hilo de algodón glaseado | glazed thread.
hilo de algodón peinado | combed cotton yarn.
hilo de alma | heart yarn.
hilo de amianto tejido con alambre de latón o cobre | wire-twisted yarn.
hilo de antena | antenna strand.
hilo de arcada (telares) | harness cord.
hilo de arrastre (tejido punto) | draw thread.
hilo de atar | baler twine.
hilo de bloqueo | inhibit wire.
hilo de bordado (tejido lappet) | whip thread.
hilo de borra de algodón | cotton waste yarn.
hilo de bucles | loop yarn.
hilo de cable | strand.
hilo de cableado | wiring cable.
hilo de calcetería | hosiery yarn.
hilo de cáñamo | hemp yarn.
hilo de caucho recubierto | covered rubber thread.
hilo de caucho tejido en la tela para hacerla elástica | shirr.
hilo de cierre (de circuito) | connecting wire.
hilo de cobre | copper wire.
hilo de cobre aislado por polivinilo | polyvinyl insulated copper wire.
hilo de cobre desnudo | bare copper wire.
hilo de cobre para ligaduras | copper tie wire.
hilo de cobre recubierto de seda | silk-covered copper wire.
hilo de color (en una tela) | pin-stripe.
hilo de conexión (electricidad) | jumper.
hilo de conexión a masa | minus wire.
hilo de contacto de aluminio con alma de acero | steel-aluminum contact wire.
hilo de contacto deslizante | slide-wire.
hilo de contaje (telefonía) | P wire.
hilo de continua (hilatura) | water twist.
hilo de control (telefonía) | guard wire.
hilo de control (telefonía automática) | guard.
hilo de copo (tejeduría) | spotting thread.
hilo de crespón | crepe yarn.
hilo de cuadrete | quad-wire.
hilo de cuadrete (telecomunicación) | quad wire.
hilo de cuarzo | quartz fiber.
hilo de derivación | shunt wire | branch wire.
hilo de desconexión | release wire.
hilo de dibujo (telar) | pattern thread.
hilo de dos cabos | two-fold.
hilo de dos o más cabos | folded yarn | ply yarn.
hilo de efecto | effect thread.
hilo de empacar | baler twine.
hilo de empaquetar | baling thread.
hilo de entrada | lead-in.
hilo de envoltura | wire wrap.
hilo de equilibrio (electricidad) | balance wire.
hilo de Escocia | lisle.
hilo de Escocia brillante | brilliant lisle.
hilo de estambre | combed yarn | luster yarn.
hilo de estambre cardado | imitation worsted | carded worsted yarn | mock worsted | semiworked yarn | half worsted.
hilo de estambre chamuscado - hilo de estambre gaseado | genappe yarn.
hilo de estopa de cáñamo | hemp tow yarn.
hilo de estopa de yute | jute tow yarn.
hilo de fantasía con botones | knotted yarn.
hilo de fantasía con bucles | bouclé yarn | picot yarn.
hilo de fase | phase conductor.
hilo de fibra de vidrio | glassfibre yarn.
hilo de fibra vegetal | vegetable yarn.
hilo de fibras de diversos colores | melange yarn.
hilo de filamento continuo | continuous filament yarn.
hilo de fondo (tejeduría) | core thread.
hilo de forro | covering thread.
hilo de fustán | condensed yarn.
hilo de guarda | sky wire.
hilo de husada | cop thread.
hilo de ida (electricidad) | feed wire.
hilo de ida más el de vuelta (circuito eléctrico) | lead plus return.
hilo de ida sólo (circuito eléctrico) | lead only.

hilo de identificación (cables) | distinctive thread.
hilo de identificación (calabrotes) | rogue's yarn.
hilo de información | information wire.
hilo de lana brillante | luster wool yarn.
hilo de lana cruzada | crossbred yarn.
hilo de lana de Australia | botany yarn.
hilo de las ideas | thread of the ideas.
hilo de latón | brass wire | latten wire.
hilo de lectura | sense winding.
hilo de ligadura | binding thread | binder thread.
hilo de línea | line wire.
hilo de lino | flax-yarn | flax yarn.
hilo de lino hilado en seco | dry spun flax yarn.
hilo de lino lustrado | lustered linen yarn.
hilo de lino para bordar | linen floss.
hilo de llamada | calling wire.
hilo de máquina (fabricación alambre) | wire rod.
hilo de masa | earth wire | earthing lead | ground wire.
hilo de mezcla | blend yarn | melange yarn | mingled yarn.
hilo de mezcla de fibras de distintas especies | mixture yarn | blended yarn.
hilo de mezcla de fibras de la misma especie | self-blended yarn.
hilo de mezcla lustrosa (lana) | brilliantine yarn.
hilo de motivo (telar) | pattern thread.
hilo de nudos (textil) | knop yarn.
hilo de ojetes | loop yarn.
hilo de oro | gold thread.
hilo de oro falso | cement wire.
hilo de papel kraft | kraft yarn.
hilo de pasta papelera | pulp yarn.
hilo de pelo | pile yarn.
hilo de pelo (telas) | pile thread.
hilo de pelo de camello | camel hair yarn.
hilo de perlas | strand.
hilo de platino | platinum wire.
hilo de plomada | plummet-line | plumb line.
hilo de plomo | lead wire | spun lead | lot | plummet.
hilo de plomo desnudo | bare lead wire.
hilo de puesta a tierra | earth wire.
hilo de punta (urdido) | center thread.
hilo de rayón mate | matte yarn.
hilo de reconocimiento | tracer thread.
hilo de recuento | M wire.
hilo de referencia | tracer.
hilo de refuerzo | reinforcing thread.
hilo de refuerzo (calcetería) | splicing thread.
hilo de relingar | bolt rope twine.
hilo de respaldo (tejido punto) | backing yarn.
hilo de retención | catch thread.
hilo de retención (telefonía) | holding wire.
hilo de retorno (electricidad) | return wire.
hilo de rizo | loop thread.
hilo de rizo (telas) | pile thread.
hilo de rosca (tornillos) | screwthread.
hilo de rosca final perdida (tornillos) | vanishing thread.
hilo de salida (memoria de un ordenador) | sense wire.
hilo de sastre | tailor's twist.
hilo de seda de capullos | filoselle yarn | filoselle.
hilo de sierra | saw kerf | saw cut.
hilo de tasación | metering wire.
hilo de tierra | earthing lead.
hilo de tierra (hilo de puesta a masa - electricidad) | ground lead.
hilo de todo capullo | filoselle yarn.
hilo de torsión débil | open yarn.
hilo de torsión floja | soft spun yarn.
hilo de torsión fuerte | hard-twisted yarn.
hilo de trabajo (trenes eléctricos) | trolley wire.
hilo de trama | weft yarn | filling | filling thread | filling yarn.
hilo de trama (tejidos) | pick.
hilo de trama (telas) | shot.
hilo de trama roto (tisaje) | pick-out.
hilo de triquitas alineadas | aligned-whisker yarn.
hilo de un cabo | single thread | singles | single yarn.
hilo de unión (electricidad) | connecter.
hilo de urdimbre | warp yarn | end.
hilo de vanisar | plating yarn.
hilo de varias fibras | union yarn.
hilo de vela | twine.
hilo de vidrio | glass thread | glass filament.
hilo de vuelta (electricidad) | return lead.
hilo de vuelta (eletricidad) | return wire.
hilo de vuelta (tejido de gasa de vuelta) | crossing thread | doup end.
hilo de vuelta (tejido gasa de vuelta) | whip thread.
hilo de vuelta (tela gasa de vuelta) | leno thread.
hilo de yute | jute yarn.
hilo de yute peinado | jute line yarn.
hilo defectuoso | spotted yarn.
hilo del cursor (puente Wheatstone) | bridge wire.
hilo del discurso | run.
hilo del haz (telas) | face thread.
hilo del inducido | armature inductor.
hilo del timbre de llamada (telefonía) | ringing lead.
hilo del timbre de llamada (teléfonos) | R-wire.
hilo desnudo | skinned wire | bare wire | open wire.
hilo desnudo (electricidad) | denuded wire.
hilo despuntado (selfactina) | backed-off yarn.
hilo destejido (de un tejido de punto) | ravelled yarn.
hilo detentor (orillo de telas) | catch thread.
hilo doblado | ply yarn.
hilo elástico | stretch yarn | elastic yarn | elastic yarn.
hilo elástico (con núcleo de caucho) | cut rubber yarn.
hilo elastómero | elastomer yarn.
hilo electroaislado | insulated wire.
hilo en madejas | hank yarn.
hilo encerado (zapateros) | lingel.
hilo escarchado | frosted yarn.
hilo esmaltado | enamelled wire | glazed wire.
hilo estabilizado | balanced yarn.
hilo estucado | mottled yarn.
hilo exterior (circuito trifilar) | leg.
hilo extramate | extra dull yarn.
hilo fantasía bouclé | loop yarn.
hilo fantasía con botones | knop yarn.
hilo fantasía con bucles | curl yarn.
hilo fantasía de torcido cruzado | chain yarn | diamond yarn.
hilo fijo (tejido de gasa de vuelta) | ground warp | ground thread.
hilo finísimo | gossamer.
hilo fino (tejido de gasa de vuelta) | ground end.
hilo flameado (hilo llameado-hilo chiné) | flake yarn.
hilo formando botones | knop yarn.
hilo forrado con papel (electricidad) | paper-covered wire.
hilo forrado con un aislante | lapped wire.
hilo fundamental (hilo de fondo - telas) | ground thread.
hilo fusible | fusible wire.
hilo fustán | barchant yarn.
hilo glacé | polished thread | patent strong yarn.
hilo grueso | coarse yarn.
hilo grueso (telas) | coarseness.
hilo guipado | braided wire.
hilo horizontal (retículo) | horizontal cross wire.
hilo hueco (rayón) | aerated yarn.
hilo inductor | primary wire.
hilo interior (hilo de respaldo - tejido de punto) | ground yarn.
hilo irregular | irregular yarn.
hilo jaspeado | heather mixture | grandill yarn.
hilo lustrado | lustered yarn.
hilo lustroso | bright yarn.
hilo magnético revestido | plated magnetic wire.
hilo magnetofónico | magnetic wire.
hilo marmorizado | mottled yarn.
hilo media urdimbre (tejeduría) | mock water.
hilo mediaurdimbre | medio twist.
hilo medio urdimbre | medium warp yarn.
hilo medio-urdimbre | medio yarn.
hilo metálico | metal wire | wire.
hilo metálico plano (bricho) | flat wire.
hilo metálico tejido | woven wire.
hilo mixto | union yarn.
hilo molinado | double-colored twist yarn.
hilo molinado (tejeduría) | colored twist yarn.
hilo monofilar | monofilar thread.
hilo multifibras | union yard.
hilo mungo | mungo yarn.
hilo negativo | negative rail | negative wire.
hilo neutro | zero-lead | common wire | neutral.
hilo neutro (electricidad) | third wire | equalizing conductor.
hilo neutro (instalación trifásica) | middle conductor.
hilo neutro (sistema trifásico) | middle wire | inner conductor.
hilo neutro aislado | insulated neutral.
hilo neutro con voltaje variable con relación a tierra | floating neutral.
hilo nudoso (hilo fantasía) | spot yarn.
hilo para agavilladora-atadora | harvest yarn.
hilo para agavilladoras-atadoras | reaper yarn.
hilo para bobinas | magnet wire.
hilo para crochet | crochet yarn.
hilo para encajes | lace yarn.
hilo para ganchillo | crochet yarn.
hilo para géneros de punto | hosiery yarn.
hilo para la costura (calcetería) | seaming thread.
hilo para orillos | list yarn.
hilo para orillos (tejidos) | border thread.
hilo para trama | filling yarn.
hilo para trama de yute | jute weft yarn.
hilo para urdimbre | warp yarn.
hilo para urdimbre de yute | jute warp yarn.
hilo perlé | bead thread.
hilo positivo (electricidad) | plus wire.
hilo que no tiende a retorcerse (hilados) | balanced yarn.
hilo quemado (textiles) | overtwisted yarn.
hilo raspado (defecto) | stripback.
hilo raspado (rayón) | abraded yarn.
hilo retorcido | doubled yarn | folded yarn.
hilo retorcido con exceso (textiles) | overtwisted yarn.
hilo rizado | frizzled yarn | curl yarn.
hilo saltado (tejeduría) | missed thread.
hilo semiestambre | semiworked yarn.
hilo separador (tejido punto) | draw thread.
hilo sin corriente | dead wire.
hilo sin torsión | untwisted yarn.
hilo sisal | baler twine.
hilo sólido | durable thread.
hilo telefónico revestido de neopreno | neoprene-jacketed telephone wire.
hilo telegráfico de extremo perdido | dead-ended wire.
hilo tenso | stretched string.
hilo teñido con reservas | resist dyed yarn.
hilo térmico | heating wire.
hilo testigo | pilot wire | tracer thread.
hilo testigo (hilo de reconocimiento - cables telefónicos) | distinguishing thread.
hilo texturizado | texturized yarn.
hilo tirador (tejido punto) | draw thread.
hilo torcido | doubled yarn.
hilo trefilado en húmedo | lacquer drawn wire.
hilo trenzado | braided wire.
hilo único | solid conductor.
hilo vegetal | vegetable yarn.
hilo vertical (anteojos) | vertical cross hair.
hilo vertical de la cruz filar | vertical cross hair.
hilo Vigoreux | melange yarn.
hilo voluminoso | bulked yarn.
hilófago (zoología) | hylophagous | wood-eating.

hilomórfico | hylomorphic.
hilomorfismo | hylomorphism.
hilos coloreados según código (electricidad) | code colored leads.
hilos continuos de fibras enteramente sintéticas | fully synthetic endless yarn.
hilos continuos de rayón viscosa | viscose rayon endless yarns.
hilos de cáñamo | hemp yarns.
hilos de cáñamo y de sisal para usos agrícolas | hemp and sisal binder twines for agricultural purposes.
hilos de caucho | rubber threads.
hilos de coser para la industria | sewing thread for the industry.
hilos de estadía | stadia wires.
hilos de estopa | tow yarns.
hilos de fibra de vidrio | roving.
hilos de seda | silk yarns.
hilos de sisal | sisal yarns.
hilos de termopar | thermocouple lead.
hilos de urdimbre rotos (defecto telas) | ends-out.
hilos del retículo | cross hair | cross wires.
hilos en cruz | cross threads.
hilos estadimétricos (nivel de precisión) | stadia hairs.
hilos finos | fine counts.
hilos mixtos de algodón/fibras sintéticas | cotton/synthetic mixed yarns.
hilos para bobinados | winding wires.
hilos para horticultura | twine for gardeners.
hilos para neumáticos | tire cords.
hilos para precintos de plomo | twines for lead seals.
hilos para segadoras | reaper's twine.
hilos para viticultura | grape-twine.
hilos por pulgada (tejeduría) | picks per inch.
hilos sacados (calcetería) | pull threads.
hilos taquimétricos desvanecedores | disappearing stadia hairs.
hilos trenzados | twisted wires.
hilos y torcidos de lana (textil) | wool yarns and twists.
hiloteismo | hylotheism.
hilótomo (insectos) | wood-cutting.
hilotomo (zoología) | hylotomous.
hilotropía | hylotropy.
hilozoismo | hylozoism.
hilván | tack.
hilvanado (costura) | tacking.
hilvanar | stitch (to) | tack (to).
himnario | hymn-book.
himnista | hymnist.
himno nacional | national anthem.
himnografía | hymnology.
himnógrafo | hymn-writer.
himnología | hymnology.
himnólogo | hymnologist.
himógrafo | hymograph.
himplar | bellow (to).
himplar (pantera, onza) | roar (to).
hinca | sinking.
hinca (de pilotes) | driving.
hinca de pilotes | pile sinking.
hinca de pilotes por medio de gatos hidráulicos | jacking.
hinca del cajón neumático | caisson sinking.
hincador de postes de cercas | fence-post driver.
hincadora de postes | post driver.
hincamiento | driving.
hincar | drive into (to) | stick (to).
hincar (pilotes) | drive (to) | ram (to) | knock down (to).
hincar a rechazo (pilotes) | drive home (to).
hincar con chorro de agua (pilotes) | jet (to).
hincar pilotes | drive piles (to) | pile (to) | spile (to).
hinchable | swellable.
hinchado | inflated.
hinchamiento | bulking | swelling.
hinchamiento (de las pieles) | plumping.
hinchamiento (fundición después de varias caldas repetidas) | growth.
hinchamiento (piso galería de mina) | heave.
hinchamiento por irradiación | irradiation swelling.
hinchar | inflate (to) | expand (to).
hinchar (velas) | belly (to).
hincharse | rise (to) | bulk (to).
hincharse (velas) | fill (to).
hinchazón | gathering | swelling | inflation | lump | intumescence.
hinchazón (de las pieles) | plumping.
hinchazón (pieza moldeada) | buckle.
hinchazón de las parótidas en los sopladores de vidrio | glassblower's mouth.
hinchazón dolorosa del pie generalmente con fractura del metatarso | march foot.
hinchazón en contacto con óxidos de hierro o vapores ferruginosos a elevada temperatura (ladrillos refractarios de cromo-magnesia) | bursting.
hinchazón grave de los belfos (caballos) | flaps.
hinchazón y contracción que alternativamente ocurre al variar la humedad del aire (maderas) | working.
hinduismo | hinduism.
hinterland | backland.
hipautomorfo | hypautomorphic.
hipenzimopraxia | hypenzymopraxia.
hiperacidez | hyperacidity | overacidity.
hiperácido | strongly acidic.
hiperacidular | overacidify (to).
hiperactividad | hyperactivity.
hiperacústica | hyperacoustics.
hiperagresivo | hyperaggressive.
hiperagudo | hyperacute.
hiperalcalinidad | hyperalkalinity.
hiperaleado | high-alloyed.
hiperalimentación | hyperalimentation.
hiperamortiguado | heavily damped.
hiperamortiguamiento | overdamping.
hiperapriete | overtightening.
hiperativo | hyperactive.
hiperbárico | hyperbaric.
hiperbarismo | hyperbarism.
hiperbásico | strongly basic.
hipérbola (geometría) | hyperbola.
hipérbola (matemáticas) | hyperbola.
hipérbola defectiva | deficient hyperbola.
hipérbola equilátera | rectangular hyperbola | equilateral hyperbola.
hipérbolas conjugadas | conjugate hyperbolas.
hipérbole | hyperbole | auxesis.
hiperbólico | hyperboloidal | hyperbolic.
hiperboloidal | hyperboloidal.
hiperboloide | hyperboloid.
hiperboloide de revolución | revolving hyperboloid.
hiperboloide de revolución de una hoja | single-shell hyperboloid.
hiperboloide de una hoja | hyperboloid of one sheet | one-sheeted hyperboloid.
hiperboloide de una hoja de hormigón armado | one-sheet concrete hyperboloid.
hiperboloide desarrollable | collapsible hyperboloid.
hipercompensación | overcompensation.
hipercomplejo | hypercomplex.
hiperconjugación | no-bond resistance | hyperconjugation.
hiperconmutación | overcommutation.
hipercontrol | overcontrol.
hiperconvergencia | overconvergence.
hipercorrección | hypercorrection | overcorrection.
hipercorrosivo | severely-corrosive.
hipercrítico | overcritical | hypercritical.
hipercromático | hyperchromatic.
hipercrómico | hyperchromic.
hiperdenso | overdense.
hiperdilatable | highly-expansible.
hiperdulia | hyperdulia.
hiperduro | intensely hard.
hiperemia (medicina) | engorgement.
hiperenvejecimiento (ablandamiento por prolongar la duración de la temperatura de curado) | overaging.
hiperenvuelta (matemáticas) | hypershell.
hiperestabilizado | overstabilized.
hiperestable | highly stable.
hiperestático (estructuras) | statically undeterminable.
hiperestereoscopia | hyperstereoscopy.
hipereutéctico | hypereutectic.
hiperexcitabilidad | hyperexcitability.
hiperexcitación | hyperexcitation.
hiperfino | hyperfine | ultrathin.
hiperfocal | hyperfocal.
hiperfragmento | hyperfragment.
hiperfragmentos | hyperfragments.
hiperfrecuencia | hyperfrequency | overfrequency | radiofrequency | superhigh frequency | high frequency | very high frequency | ultrahigh frequency.
hiperfrecuencia (30.000-300.000 hertzios) | extremely high frequency.
hiperfrecuencias (de 1 a 30.000 megahertzios/s) | microwave region.
hipergeometría | hypergeometry.
hipergeométrico | hypergeometric.
hipergólico | hypergolic.
hiperintenso | extremely strong.
hiperligero | extra light.
hiperlubricación | over oiling.
hipermaduración (ablandamiento por prolongar la duración de la temperatura de curado) | overaging.
hipermetropía | far sight.
hipermodulación | overmodulation.
hipermodulación del sonido | overshooting.
hipermodulación del sonido (cine) | overshooting.
hipermodular | overmodulate (to).
hiperneutralización | overneutralization | hyperneutralization.
hiperón | hyperon.
hiperón antisigma | antisigma hyperon.
hiperón Ξ | Ξ hyperon.
hiperón lambda | lambda hyperon.
hiperón omega | omega hyperon.
hiperón sigma | Σ hyperon | Σ hyperon | sigma hyperon.
hiperón sigma negativo | negative sigma hyperon.
hiperón sigma positivo | positive sigma hyperon.
hiperón sigma sin carga | neutral sigma hyperon.
hiperón xi negativo | negative xi hyperon.
hiperoxemia (medicina) | hyperoxemia.
hiperoxia de los tejidos (medicina aviatoria) | histohyperoxia.
hiperoxidación | hyperoxidation.
hiperoxidar | overoxidize (to).
hiperoxidosis (medicina) | hyperoxidosis.
hiperoxipatía | hyperoxypathy.
hiperpaginación (memoria) | thrashing.
hiperparalelepípedo | hyperparallelepiped.
hiperpasteurización | overpasteurizing.
hiperpermeabilidad | hyperpermeability.
hiperpresión | extra high tension | superhigh pressure | high top pressure | heavy pressure.
hiperpuro | hyperpure | ultrapure.
hiperqueratosis del ganado | X-disease.
hiperrápido | ultrarapid.
hiperreforzado | heavily reinforced.
hiperrefringente | high refractive.
hiperresistente | highly resistant.
hipersaturación | hypersaturation.
hipersemia | hyperbole.
hipersensibilidad | hypersensitivity.
hipersensibilización | supersensitization | hypersensitization.
hipersensibilizado | hypersensitized.
hipersensible | hypersensitive | supersensitive.
hipersensitivo | hypersensitive.
hipersil | hipersil.

hipersíncrono | hypersynchronous.
hipersomnolencia | hypersomnia.
hipersónico (número de Mach≥5) | hypersonic.
hiperesténico | hypersthene.
hipersteno | hypersthene.
hipersuperficie | hypersurface.
hipersuperficies | varifolds.
hipersusceptibilidad | hypersusceptibility.
hipersustentación | hyperlift.
hipersustentación (aviación) | increase of lift.
hipersustentador (aviones) | wing flap.
hipertardío | hypertardive.
hipertensión | hypertension.
hipertérmico | hyperthermic.
hipertirón | hyperthyrum.
hipertrofia (medicina) | enlargement.
hipertrofiado | enlarged.
hipertrofiar (medicina) | enlarge (to).
hipervacío | ultrahigh vacuum.
hipervacío lunar simulado | simulated lunar ultrahigh vacuum.
hipervacío parcial | very high vacuum.
hipervelocidad | hypervelocity.
hiperventilación | hyperventilation.
hipervibración | overvibration.
hipervirial | hypervirial.
hiperviscosidad | hyperviscosity.
hiperviscoso | heavily viscous.
hipervoltaje | hypervoltage | high top pressure | heavy pressure | extra high tension | supervoltage | very high tension | hi-voltage.
hipidimórfico | subhedral.
hipidiomorfo | hypidiomorphic | hypautomorphic.
hipnosis investigativa | investigative hypnosis.
hipnotizar | magnetize (to).
hipoabisal | hypabyssal.
hipoacidez | hypoacidity | hypacidity.
hipoactividad | hypoactivity.
hipoactivo | hypoactive.
hipoalcalinidad | hypoalkalinity.
hipoaleado | low-alloy | low-alloyed.
hipoalimentado | starved.
hipoapriete | undertightening.
hipobarismo (medicina) | hypobarism.
hipobolizar (gramática) | hypobolize (to).
hipobromuro | hypobromite.
hipocalórico (alimentos) | low-heat.
hipocapnia (medicina) | hypocapnia.
hipocausto | hypocaust.
hipocelómetro (cañón de fusil) | star gage.
hipocementado (aceros) | undercarburized.
hipocentro | hypocentrum | hypocenter.
hipocicloide | hypocycloid | prolate cycloid.
hipocicloide de cuatro retrocesos | hypocycloid of four cusps.
hipocicloide de tres picos | Steiner's tricusp.
hipoclorito | hypochlorite.
hipoclorito cálcico | chlorinated lime | bleaching powder.
hipoclorito de alta concentración | high-test hypochlorite.
hipoclorito de cal | hypochlorite of lime.
hipoclorito de litio | lithium hypochlorite.
hipoclorito sódico | sodium hypochlorite.
hipocompensado | undercompensated.
hipoconmutación | undercommutation.
hipocorismo | hypocorism.
hipocorístico | hypocoristic | pet name.
hipocorístico (nombres) | hypokoriston.
hipocorregido | undercorrected.
hipocrepiforme | hippocrepiform.
hipocristalino | hypocrystalline.
hipócrita | hypocritical.
hipocrítico | hypocritical.
hipocromático | hypochromatic.
hipodérmico | hypodermic.
hipodermis | hypodermis.
hipodermosis bovina | warble fly pest.
hipodesoxidado | underdeoxidized.
hipódromo | turf.
hipoenergético | low-level.
hipoestabilizado | understabilized.
hipoeutectoide | hypoeutectoid.
hipoexcitación | underexcitation.
hipofagia | hippophagy.
hipofagismo | hippophagism.
hipofásico | hypophasic.
hipofigio | hypophyge.
hipofobia | hippophobia.
hipofosfito de sodio | sodium hypophosphite.
hipofrecuencia | hypofrequency | low frequency | very low frequency.
hipofrenia (medicina) | feeble-mindedness.
hipógeno (geología) | hypogene.
hipohalito (química) | hypohalite.
hipohidratación | hypohydration.
hipohistodiabatismo (medicina) | hypohistodiabatism.
hipoide | hypoid | hippoid.
hipokinesia | hypokinesia.
hipolimnión | hypolimnion.
hipolubricación | underlubrication.
hipomodulación | undermodulation.
hipomóvil | horse-drawn | animal-drawn.
hiponeumonismo (medicina) | hypopneumonism.
hipopótamo | hippopotamus.
hipoptilo (pluma de ave) | aftershaft.
hiporesonancia | hyporesonance.
hiposaturar | undersaturate (to).
hiposcopio | hyposcope.
hiposensible | hyposensitive.
hiposincrono | hyposynchronous.
hiposintonizado | undertuned.
hiposograma (telefonía EE.UU.) | level diagram.
hipostasia | hypostasis.
hipóstasis | hypostasis.
hipostilo | hypostyle | pillared.
hiposulfito | hyposulphite.
hipoteca | lien | hypothec | encumbrance | mortgage | hypothecation.
hipoteca a cobrar | mortgage receivable.
hipoteca a pagar | mortgage payable.
hipoteca amortizable | refunding mortgage.
hipoteca aumentable | open-end mortgage.
hipoteca cancelada | closed mortgage.
hipoteca cerrada | closed mortgage.
hipoteca colectiva | blanket mortgage | general mortgage | blanket morgage.
hipoteca conjunta | participating mortgage.
hipoteca consolidada | consolidated mortgage | unified mortgage.
hipoteca convencional | conventional mortgage.
hipoteca de garantía | security mortgage.
hipoteca de participación | participating mortgage.
hipoteca del préstamo | loan mortgage.
hipoteca dotal | dowry mortgage.
hipoteca en participación conjunta | participating mortgage.
hipoteca en primer grado | first mortgage.
hipoteca equitativa | equitable mortgage.
hipoteca fiduciaria | trust mortgage | party mortgage.
hipoteca flotante | floating mortgage.
hipoteca garantizada por bienes | mortgage secured on property.
hipoteca garantizada por el Estado | government-insured mortgage.
hipoteca general | blanket mortgage.
hipoteca inferior en antigüedad | overlying mortgage.
hipoteca judicial | judicial mortgage.
hipoteca legal | tacit mortgage.
hipoteca limitada | closed-end mortgage.
hipoteca marítima | ship mortgage | maritime mortgage.
hipoteca naval | lien on a vessel.
hipoteca pagadera a plazos | instalment mortgage.
hipoteca para construcción | construction mortgage.
hipoteca para una parte del precio de compra | purchase-money mortgage.
hipoteca posterior | junior mortgage.
hipoteca preferente del buques | preferred ship mortgage.
hipoteca prendaria | chattel mortgage.
hipoteca prioritaria | senior mortgage.
hipoteca que puede ser ampliada para que abarque más | refunding mortgage.
hipoteca que se amortiza a la finalización del período | straight mortgage.
hipoteca refundente | refunding mortgage.
hipoteca sin límite de importe | open-end mortgage.
hipoteca sobre bienes muebles | chattels mortgage.
hipoteca sobre bienes raíces | real estate mortgage.
hipoteca sobre la carga (buques) | respondentia.
hipoteca sobre una parte del precio de compra | purchase money mortgage.
hipotecable | mortgageable.
hipotecado | mortgaged | bonded.
hipotecador | hypothecator.
hipotecar | mortgage (to) | hypothecate (to) | encumber with mortgage (to) | encumber (to) | burden with mortgage (to).
hipotecar inmuebles | hypothecate immovables (to).
hipotecario | hypothecary.
hipotecarista | hypothecarist.
hipotensión | hypotension.
hipotenusa | hypothenuse | hypotenuse.
hipotenusa de la cartela | free edge of the bracket | bracket free edge.
hipotenusa del cartabón | free edge of the bracket.
hipotenusal | hypotenusal.
hipotermal | hypothermal.
hipotermia | hypothermia.
hipotermia (medicina) | freezing.
hipotermia gástrica (medicina) | gastric freezing.
hipotérmico | hypothermal | hypothermic.
hipótesis | assumption | conjecture | hypothesis | idealization.
hipótesis aerodinámicas | aerodynamic assumptions.
hipótesis arbitraria | arbitrary assumption.
hipótesis bajo las que se estableció la ecuación | assumption underlying the equation.
hipótesis de la nulidad | null hypothesis.
hipótesis ergódica | ergodic hypothesis.
hipótesis no válida | invalid assumption.
hipotético | hypothetical.
hipotomía | hippotomy.
hipotónico (biología) | hypotonic.
hipotraquelión (columna dórica) | hypotrachelion.
hipotrocoide | hypotrochoid.
hipotrofia | hypotrophy.
hipoventilación | hypoventilation.
hipovoltaje | undervoltage.
hipoxenolito | hypoxenolith.
hipoxia | hypoxia.
hipoxidosis (medicina) | hypoxidosis.
hipoxiforemia (medicina) | hypoxyphoremia.
hipoxipatía (medicina) | hypoxipathy.
hipsobarómetro | hypsobarometer.
hipsocromía | hypsochromy.
hipsocromismo | hypsochromism.
hipsografía | hypsography.
hipsográfico | hypsographic | hypsographical.
hipsógrafo | level recorder.
hipsógrafo (telecomunicación) | hypsograph.
hipsograma | hypsogram | diagram level.
hipsometría | hypsometry.
hipsometría barométrica | barometric hypsometry.
hipsómetro | hypsometer | boiling point barometer | hipsometer | boiling-point thermometer | boiling-point barometer | height measurer.
hipsómetro para cohete meteorológico | rocket

sonde hypsometer.
hircina (mineralogía) | hircine.
hirviendo | boiling hot.
hisopo | sprinkler.
hispanicización | hispanicizing.
hispanicizar | hispanicize (to).
hispanismo | hispanicism.
hispanista | hispanist.
hispanizar | hispanize (to).
hispanoamericanista | latin americanist.
hispano-americano | Hispano-American.
hispanoárabe | Spanish-Arab.
hispanofonía | hispanophony.
hispanofonismo | hispanophonism.
hispanófono | Spanish-speaking.
hispanohablante | Spanish-speaking.
hispano-hebreo | Hispano-Hebrew.
hispanoleyente | Spanish-reading.
histamina (biología) | histamine.
histerésico | hysteresis.
histeresígrafo | hysteresigraph | hysterigraph.
histeresímetro | hysterisimeter | hysteresis meter | hysteresis tester | magnetic tester.
histeresis (electricidad) | hysteresis.
histéresis bilineal | bilinear hysteresis.
histéresis de la capacitancia de superficie | surface-capacitance hysteresis.
histéresis de sintonización electrónica | electronic tuning hysteresis.
histéresis dieléctrica | dielectric hysteresis.
histéresis dinámica | dynamic hysteresis.
histéresis elástica | elastic hysteresis | mechanical hysteresis | internal damping.
histéresis elástica (metales) | damping capacity.
histéresis estática | static hysteresis.
histéresis giratoria | rotational hysteresis.
histeresis magnética | retentivity | magnetic lag | magnetic hysteresis.
histéresis magnetomecánica | magnetomechanical hysteresis.
histeresis térmica | temperature interval.
histéresis torsional | torsional hysteresis.
histéresis viscosa | magnetic creeping | viscous hysteresis.
histéresis viscosa (electricidad) | creeping.
histerobase | hysterobase.
histerocristalización | hysterocrystallization.
histocompatibilidad | histocompatibility.
histoespectroscopia | histospectroscopy.
histograma | histogram | block diagram.
histograma de distribución de las frecuencias | frequency distribution histogram.
histograma de frecuencia | frequency histogram.
histograma de ionización | ionization histogram.
histograma de la distribución binomial | binomial-distribution histogram.
histograma de línea de probabilidad | probability line histogram.
histogramas de las cargas de rotura de probetas de hormigón | histograms of the breaking loads of concrete samples.
histohipoxia | histohypoxia.
histología | histology.
historia clínica | medical history.
historia geológica | geologic history.
historia oral | oral history.
historial | history sheet | service record.
historial (de un empleado) | records.
historial de accidentes (talleres) | safety record.
historial de actividades de una persona | curriculum vitae.
historial de fabricación | fabricating history.
historial de irradiación | irradiation history.
historial de la maquinaria y casco (buques de guerra) | material history.
historial de terremotos en España | earthquake history of Spain.
historial del aprovechamiento hidráulico de una región | hydro-history.
historial del solicitador | record of an applicant.
historial del sondeo | history of the borehole.
historial delictivo | criminal record.
historial hidráulico | hydraulical history sheet.
historial médico | medical history.
historial político | political record.
historial profesional | curriculum vitae.
historial térmico (metalurgia) | thermal history.
historial térmico del lingote | ingot thermal history.
h storicofilología | historicophilology.
historiografía | historiography.
historiográfico | historiographical.
historiógrafo | historiographer | historiographist.
historiología | historiology.
historiólogo | historiologist.
historiometría | historiometry.
historiosofía | historiosophy.
histrixita (mineralogía) |"porcupine ore.
hitérgrafo | hytergraph.
hito | hoar-stone | waypost | milestone | markstone | landmark | signpost | boundary | boundary stone | boundary mark.
hito de esquina | corner stake.
hito legal | legal post.
hitos (del progreso) | highlights.
hitos del progreso | highligshts of progress.
hitos para hoy y mañana | signposts for today and tomorrow.
hizo explosión | it went off.
hocico | flews.
hocico (animales) | nose.
hocino | bush-hook.
hociqueo (hidroaviones) | porpoising.
hodectron | hodectron.
hodógrafa (curva) | hodograph.
hodográfico | hodographic.
hodógrafo | hodograph | time-curve | time curve.
hodología | hodology.
hodometría | hodometry.
hodonimia | hodonymy.
hodoscopia | hodoscopy.
hodoscopio | hodoscope.
hogar | home | household | fire chamber.
hogar (de caldera) | furnace.
hogar (horno de reverbero) | fireplace.
hogar (hornos) | hearth.
hogar (para marineros) | rest.
hogar atirantado radialmente (calderas) | radially stayed firebox.
hogar caldeado con cok | coke-burning furnace.
hogar caldeado con coque | coke-fired furnace.
hogar cargado por debajo (calderas) | underfeed stoker.
hogar con ciclón (calderas) | cyclone furnace.
hogar de afino | fining forge hearth.
hogar de aireación (minas) | dumb furnace | dumb-furnace.
hogar de bóveda delantera | front-arch furnace.
hogar de bóveda posterior | rear-arch furnace.
hogar de caldera con eliminación de cenizas en estado líquido | slag tap boiler furnace.
hogar de cenizas fusibles | wet-bottom furnace.
hogar de cenizas pulverulentas | dry ash furnace.
hogar de cenizas pulverulentas (calderas) | hopper-bottom furnace.
hogar de combustible líquido | oil blast.
hogar de fusión | smelting hearth.
hogar de llama invertida | downdraught furnace.
hogar de parrilla | grate hearth.
hogar de tiro forzado | forced-draught furnace.
hogar de turbulencia (calderas) | cyclone furnace.
hogar del soldado | service club.
hogar interior (calderas) | internal furnace.
hogar interior cilíndrico (horno - calderas) | flue.
hogar interior de parrilla horizontal | box fire.
hogar mecánico | stoker.
hogar mecánico (calderas) | stocker.
hogar mecánico de alimentación inferior (calderas) | underfeed stoker.
hogar mecánico de alimentación superior | overfeed stoker.
hogar mecánico de carbón | coal flow stoker.
hogar ondulado (calderas) | corrugated furnace | corrugated firebox.
hogar para carbón | coal-furnace.
hogar para combustible líquido | liquid fuel furnace.
hogar para polvo de carbón | coal-dust furnace.
hogar universitario | home university.
hoguera | blaze | bonfire | pile.
hoja | ply | sheet | lamina | leaf.
hoja (armas, pala) | blade.
hoja (ballestas) | leaf.
hoja (cartones, papel) | ply.
hoja (curtidos) | bend.
hoja (de cereales) | flag.
hoja (de gramínea) | blade.
hoja (de oro o plata) | pan.
hoja (de sierra, de espada) | web.
hoja (defecto chapas) | lap.
hoja (defecto de chapas metálicas) | fold.
hoja (defecto en los bordes de las planchas de acero por exceso de azufre) | red shortness.
hoja (defecto forja) | shut.
hoja (defecto laminación chapas) | overlap.
hoja (hiperboloide, etc.) | shell.
hoja aserrada (hoja inglesa - caucho) | cut sheet.
hoja ayudadora (ballestas de coches) | helper leaf.
hoja basculante (ventanas) | pivot-hung sash.
hoja blanda (papel) | tender.
hoja cambiante | loose-leaf.
hoja clerical | church paper.
hoja con filo en hélice (sierra) | spiral-edge blade.
hoja con instrucciones sobre el servicio particular de cada persona (buques guerra) | billet slip.
hoja conductora (radio) | sheath.
hoja contigua | adjacent sheet.
hoja continua | endless sheet.
hoja cuadrícula | grid sheet.
hoja de aluminio | aluminum foil.
hoja de amianto | asbestos sheet.
hoja de análisis (estadística) | spread sheet.
hoja de análisis de ventas por productos | sales analysis sheet by products.
hoja de anuncios | advertiser.
hoja de apuntes | log sheet.
hoja de ballesta | spring plate.
hoja de báscula (ventanas de guillotina) | balance sash.
hoja de cargos | charge sheet.
hoja de cartón ondulado | corrugated sheet.
hoja de castigos | conduct-sheet.
hoja de castigos (milicia) | crime sheet.
hoja de caucho | sheet rubber.
hoja de cobre | copper foil.
hoja de comprobación | check list.
hoja de conexiones | running sheet.
hoja de contribuciones | demand note.
hoja de control | backing sheet | control sheet.
hoja de corte | bit.
hoja de cuchillo | knife blade.
hoja de declaración de ingresos | form of returns.
hoja de descomposición de fases de trabajo (talleres) | job breakdown sheet.
hoja de destajos | piece bill.
hoja de detalles (dibujos) | detail sheet.
hoja de dientes con escotaduras | scalloped-tooth blade.
hoja de dispersión | spread sheet.
hoja de embarque | consignment note.
hoja de empadronamiento | census-paper.
hoja de empuje | dozer.
hoja de empuje angular | roadbuilder.
hoja de empuje de cable | cable bulldozer.
hoja de estaño | tagger | beaten tin.
hoja de expedición | invoicing.
hoja de explanadora | bulldozer moldboard.

hoja de filiación | status card.
hoja de grabado | record sheet.
hoja de guarda | lining paper.
hoja de guarda (libros) | end paper.
hoja de inscripción | entry-form.
hoja de inyectar | injector blade.
hoja de jornales devengados | time sheet.
hoja de la tijera de tochos | bloom-shear blade.
hoja de las semillas | seed leaf.
hoja de limar sin picar | file blank.
hoja de metal formada por el caldo al caer en una cavidad entre el molde y otro sitio (defecto) | flash.
hoja de nenúcifar (botánica) | lily-pad.
hoja de palmera | frond.
hoja de papel colocada entre el cilindro impresor y el papel | tympan.
hoja de papel de aluminio | aluminum foil wrapping.
hoja de papel de dibujo | drawing sheet.
hoja de papel doblada por la mitad | folio.
hoja de papel impregnado de resina empleada para eliminar el alabeo (productos laminados) | balance sheet.
hoja de papel recrecida en el centro | baggy paper.
hoja de papel virgen | blind sheet.
hoja de pasta de madera húmeda | pulp lap.
hoja de pergamino vegetal para pastelería | pie tape.
hoja de plástico acrílico | acrylic plastic sheet.
hoja de plástico ondulado | corrugated plastic sheet.
hoja de plomo | lead sheet.
hoja de programa | program sheet.
hoja de prueba (propiedades físicas de la pasta-papel) | handsheet.
hoja de puerta | door wing | door leaf.
hoja de puerta cochera | gate wing.
hoja de rebote (ballesta de autos) | rebound leaf.
hoja de recambio | refill.
hoja de referencia | master answer sheet.
hoja de remisión | transmittal.
hoja de reservas para carga | engagement sheet.
hoja de ruta | traveller | maybill | route-sheet | invoicing.
hoja de ruta (ferrocarriles) | traffic report.
hoja de ruta (piezas en proceso de maquinado-talleres) | move ticket.
hoja de ruta (transportes) | waybill.
hoja de ruta de la inspección de la operación | operation inspection tag.
hoja de ruta de producción | production follow-up sheet.
hoja de salarios | pay-sheet.
hoja de servicios | statement of service | certificate of service | record of services | record | service record.
hoja de servicios (ejército) | curriculum vitae.
hoja de servicios (milicia, etcétera) | history sheet.
hoja de servicios matriz | master personnel record.
hoja de servicios militar | military personnel record.
hoja de sierra | sawblade.
hoja de sierra adiamantada | diamond-impregnated sawing blade | diamond-charged saw blade.
hoja de sierra adiamantada electroformada | electroformed diamond impregnated bandsaw blade.
hoja de sierra alternativa | reciprocable saw blade.
hoja de sierra circular | circular saw blade.
hoja de sierra continua | sawblade.
hoja de sierra de cinta | bandsaw blade.
hoja de sierra de cinta con canto abrasivo | abrasive-edge band sawblade.
hoja de sierra de fricción | friction-sawing blade.
hoja de sierra para metales templada en toda la hoja | all-hard hacksaw blade.
hoja de sierra para metales templada sólo en los dientes | flexible hacksaw blade.
hoja de tamaño no normalizado | nonstandard-sized sheet.
hoja de tiro | gunnery record.
hoja de tocino | flitch.
hoja de torbellinos planos | plane vortex sheet.
hoja de trabajo (maquinado de piezas) | operation drawing | operation schedule.
hoja de valoración del trabajo | job-rating sheet.
hoja de valoración del trabajo según el sistema de puntos | point-system job-rating sheet.
hoja de ventana | window sash.
hoja de ventana de hojas | casement sash.
hoja de vidrio | glass sheet | sheet glass | pane.
hoja del balance | balance sheet.
hoja del corazón (puros) | ratoon.
hoja del sueldo | wage bill.
hoja delgada de metal | foil.
hoja embudada (botánica) | pitcher.
hoja empujadora | dozer blade.
hoja empujadora sobre orugas | caterpillar bulldozer.
hoja en blanco | blank leaf.
hoja en blanco (libros) | flyleaf.
hoja en la superficie (defecto de lingotes) | teeming lap.
hoja enrollada | roller sheeting.
hoja exterior (contrachapado) | face veneer.
hoja fija (tijera templazo) | bar knife.
hoja fina de papel | flimsy.
hoja fofa (papel) | bulky sheet.
hoja guía | guide sheet.
hoja historial de laminación (acerías) | mill sheet.
hoja impresa | leaflet | print.
hoja impresa con errores que se sustituye por una escartivana | cancellandum.
hoja impresa con errores que se sustituye por una escartivana (libros) | cancelland.
hoja impresa que figura corcho molido | cork paper.
hoja impresa sólo por una cara | broadsheet.
hoja inferior | lower leaf.
hoja lanceolada | lanceolate leaf.
hoja longitudinal superficial (defecto de chapa laminada) | pinch.
hoja maestra (ballestas) | carrier plate | top plate | main leaf | main plate.
hoja maestra de ballesta | mainspring leaf.
hoja magnética (electricidad) | magnetic strate | magnetic shell.
hoja matriz de servicios (milicia) | status card.
hoja metálica | metalfoil paper.
hoja metálica antitermites | termite shield.
hoja móvil (ventana de guillotina) | sash.
hoja neutrónica | neutron foil.
hoja no impresa de un pliego (libros) | blank.
hoja padronal | census list.
hoja para ataludadora | sloper blade.
hoja para codificar | program sheet.
hoja para cortar metales | metal-shearing blade.
hoja para chapear | veneer.
hoja para ordinogramas | flowcharting worksheet.
hoja para tronzar (sierra circular) | flooring blade.
hoja penal | police record.
hoja perforada separable (libros) | perforated detachable sheet.
hoja plegadiza (mesas) | flap.
hoja plumosa (botánica) | feathered leaf.
hoja producida por forja (defecto) | hammer lap.
hoja producida por la forja (defectos) | forging lap.
hoja publicitaria | broadside.
hoja que no tiene su tamaño (resmas) | torn sheet.
hoja que se puede estirar y moldear en caliente (plásticos) | formable sheet.
hoja raspadora | doctor blade.
hoja segmentada adiamantada (sierras) | diamond segmented blade.
hoja silícea | silicium wafer.
hoja sobrepuesta (a un dibujo) | overlay.
hoja suelta | loose-leaf.
hoja suelta (libros) | flyleaf.
hoja suelta de una publicación | broadsheet.
hoja transparente sobre un mapa (sobre un plano) | overlay.
hoja volante | fly-bill | leaflet.
hojalata | white iron | tinned iron | tin | tinned sheet iron | tin sheet | tinplate.
hojalata al coque | coke.
hojalata con baño de aleación estaño plomo en vez de estaño puro | terne plate.
hojalata con ligeros defectos que no requieren arreglo posterior | seconds.
hojalata con orilla blanca | white-edged plates.
hojalata con revestimiento muy fino de estaño | coke.
hojalata con un peso de estaño de 1,65 libras por Base Box.
hojalata charolada | japanned tin.
hojalata de calidad inferior | waster.
hojalata de espesor mayor de 0,01 (pulgadas | crosses.
hojalata de primera calidad | primes.
hojalata de segunda calidad | wasters.
hojalata de tercera | waste-waste.
hojalata defectuosa | wasters.
hojalata defectuosa que no puede restaurarse | waste-waste.
hojalata electrolítica | electrolytic tinplate | electro-tinplate.
hojalata estañada por inmersión | hot-dipped tinplate.
hojalata mate | silver tin plate.
hojalata oxidada que ha perdido la capa de estaño | perished tinplate.
hojalata para techar | roofing tin.
hojalata que no presenta imperfecciones visibles | primers.
hojalatería | tin shop | tinsmithing | tinwork.
hojalatero | tinworker | tinker | tinman | tinsmith | tinner | whitesmith.
hojaldrado | flaky.
hojarango | hornbeam.
hojaranzo | horn.
hojarasca (agricultura) | forest litter.
hojarasca (hidráulica) | trash.
hojarasca caída | duff.
hojarasca del bosque | forest duff.
hojarasca del lenguaje | murk of verbiage.
hojarasca y desperdicios vegetales (suelo del monte) | duff.
hojas adicionales para obtener una resma de 516 hojas | perfectings.
hojas anticipadas (árboles) | spur leaves.
hojas cambiables | loose-leaf.
hojas con vaivén horizontal (sierras) | horizontally reciprocating blades.
hojas de embalaje | packing foils.
hojas de guarda (libros) | paste-downs | lining papers.
hojas de latón | brass-foil.
hojas de papel hechas a mano | handsheets.
hojas de pasta papelera | pulp sheets.
hojas de replanteo | pole diagram book.
hojas de trabajo | working papers.
hojas en blanco encartadas entre las hojas impresas (libros) | interleave leaves.
hojas en parejas paralelas (defecto laminación de chapas) | tramlines.
hojas exteriores averiadas (fardo de papel) | cassie.
hojas frontales para motoniveladoras | motor-grader blades.
hojas homómalas (botánica) | homomallous leaves.
hojas liminares (libros) | preliminary matter.
hojas longitudinales superficiales (defecto

laminado en paquete | pinches.
hojas móvibles | loose-leaf.
hojas móviles (libros) | changeable leaves.
hojas para darse polvos en la cara | papier poudré.
hojas para el autor (libros) | advance sheets.
hojas para escariador | reamer blades.
hojas para pruebas (industria papelera) | test sheets.
hojas plegadas de pasta húmeda para su transporte o almacenamiento (papel) | lap.
hojas preliminares (publicidad) | front matter.
hojas pubescentes (botánica) | downy leaves.
hojas recién cortadas | freshly-chopped leaves.
hojear (árbol) | tremble (to).
hojilla de erratas inserta al principio (libros) | errata slip.
hojilla de papel | leaflet.
hojosidad (petrología) | fissility.
hojoso | foliate | foliated | platy | laminated | laminate | laminar.
hojoso (botánica, zoología) | lamellose | lamellate.
hojoso (geología) | lamellar.
hojuela | lamella | flake.
hojuela de mica | splitting.
hojuelas de micas | splittings.
holanda (tejido) | Flemish linen.
holanda (tela lino) | holland.
holanda cruda | brown holland.
Holanda y Luxemburgo | Benelux.
holandés | Dutchman | Hollander.
holandesa (papel) | beater.
holandesa blanqueadora (fabricación papl) | potcher.
holandesa blanqueadora (papel) | bleaching engine.
holandesa lavadora (papel) | washer.
holándrico | holandric.
holding | interlocking stock ownership.
holgado | loose.
holgura | allowance | clearance.
holgura (vestidos) | looseness.
holgura de seguridad | safe clearance.
holgura lateral de rueda | shaking of wheel.
holgura longitudinal | end play.
holismo | holism.
holístico | holistic.
holmia | holmia.
holmio (Ho) | holmium.
holoártico | holartic.
holoaxial | holoaxial.
holoáxico | holoaxial.
holoblasto (geología) | holoblast.
holocausto atómico | atomic holocaust.
holocelulosa | holocellulose.
Holoceno | Holocene.
holocinético | holokinetic.
holocríptico | holocryptic.
holocristalino | holocrystalline.
holoedría | holosymmetry | holohedry | holohedrism.
holoédrico | holohedral.
holoédrico (cristalografía) | holosymmetric.
holoedrismo | holohedrism.
holoedro | holohedron.
holoestocástico | holostochastic.
holofélsico | holofelsic.
holofítico (biología) | holophytic.
holofoto (faros) | holophote.
holofotómetro | holophotometer.
holofrase | holophrase.
holofrasis | holophrasis.
holografía | holography.
holografía acústica | acoustic holography.
holografía en campo alejado | far-field holography.
holografía óptica | optical holography.
holografía tridimensional | tridimensional holography.
holografía ultrarrápida | high speed holography.
holografía ultrasónica | ultrasonic holography.
holográfico | holographic.
hológrafo | holograph.
holograma | hologram.
holograma por laser | laser hologram.
holograma tridimensional | tridimensional hologram.
holográmico | hologramic.
holohemiédral | holohemihedral.
holohialino | holohyaline | completely glassy.
holoisométrico | holoisometric.
hololeismos | hololeisms.
hololeucocrático | hololeucocratic.
holomáfico | holomafic.
holomelanocrático | holomelanocratic.
holómetro | holometer.
holomórfico | holomorphic.
holonomía | holonomy.
holonómico | holonomic.
holónomo | holonomic.
holosiderito | holosiderite.
holostérico | holosteric.
holoturia | holothurian | sea cucumber.
holozoico | holozoic.
hollar | tread (to).
hollejo | marc | husk | rind | peel | shuck.
hollín | soot.
hollín arsenical | arsenical soot.
hollín de chimenea donde se quema madera | bistre.
hollín de horno | grate-polish.
hollock (Terminalia myriocarpa) | hollock.
homalocefalo (zool.) | flat-headed.
hombre | man.
hombre ahogado | drowned man.
hombre de ciencia | scientist.
hombre de negocios | businessman.
hombre de paja | straw man | man of straw | dummy.
hombre de paz | man of worth.
hombre encargado de tensar | tension man.
hombre experimentado cuya misión es vigilar el muestreo (metalurgia) | moocher.
hombre fuerte | husky.
hombre importante | leading man.
hombre indispensable | key man.
hombre mono (australopitecus afarensis) | manape.
hombre muerto (alto horno) | stock hanging | sticking.
hombre muerto (masa de materia sólida en el centro de un alto horno) | pillaring.
hombre preeminente | leading man.
hombre que desea hacer carrera | career man.
hombre que hace de todo | odd-job man.
hombre que se disculpa siempre | if-I-had-known man.
hombre que sirve para todo | odd hand.
hombre-equipos por 1.000 toneladas | manshifts per 1,000 tons.
hombre-horas productivos | productive man-hours.
hombrera | shoulder loop.
hombre-rana (demoliciones submarinas) | frogman.
hombres que faltan | missing men.
hombres-horas por tonelada de acero | man-hours per ton of steel.
hombro (arcos) | level course.
hombro (convertidor de acero) | shoulder.
hombro (letra de imprenta) | shoulder.
hombro de espiga (carpintería) | relish.
hombro frontal del tipo | beard.
hombros lineales (viga recta de intradós poligonal) | linear haunches.
homenaje | memorial tribute.
homeoblástico | homeoblastic.
homeomorfia | homeomorphy.
homeomorfismo | homeomorphism.
homeomorfo | homeomorph.
homeópata | homeopathist.
homeostasia | homeostasy.
homeostático | homeostatic.
homeóstato | homeostat.
homeotáxico | homeotaxial.
homeotermo | homeotherm.
homeotropía | homeotropy.
homicidio criminal | felonius homicide.
homicidio impremeditado (muerte) | murder in the second degree.
homicidio involuntario | excusable homicide.
homicidio por imprudencia | excusable homicide.
homicidio por omisión | murder by omission.
homicidio premeditado (asesinato) | murder in the first degree.
homilético | kerygmatystic.
hominiforme | hominiform.
hominívoro | man-eating.
hominización | hominization.
hominoide | man-like animal | hominoid.
homoalélico | homoallelic.
homocentricidad | homocentricity.
homocerquia | homocercy.
homoclimas | homoclimes.
homoclinal | homoclinal | homocline.
homoclinales | homoclines.
homocromatismo | homochromatism.
homocromía | homochromy.
homocromo | homochromous | homochromatic.
homocronicidad | homochronicity.
homodético | homodetic.
homodinar | homodyne (to).
homodino | homodyne | zero beat.
homodonto | homodont.
homodromía | homodromy.
homódromo | homodromous.
homoedro | homohedral.
homoeoteleuton | homoeoteleuton.
homofase | homophase.
homofocal | homofocal | confocal.
homofonía | homophony.
homófono | homophonous | homophone.
homogamético | homogametic.
homogenado | homogenate.
homogeneidad | homogeneity | homogeneousness.
homogeneidad de la piedra de bola | boule homogeneity.
homogeneidad de la superficie (papel) | smoothness.
homogeneidad del campo | field homogeneity.
homogeneidad fotométrica | photometric homogeneity.
homogeneización viotópica | equilibration.
homogeneizado en helio seco durante | homogenized in dry helium for 24 hours at 1050 ºK.
homogeneizador (tratamiento de minerales, parque de materiales de acerías) | reclaimer.
homogeneizar | equalize (to).
homogeneizar la estructura (aceros) | normalize (to).
homogéneo | homogeneous.
homogéneo (papel o cartón) | solid.
homogéneo (sistema de unidades) | self-consistent.
homogéneo en la sección transversal | sectionally homogenous.
homogenización | homogenizing.
homogenización (aceros) | soaking.
homogenización (proceso térmico para disminuir la segregación química por difusión - metalurgia) | homogenization.
homogenización de la pasta (cerámica) | body homogenization.
homogenización de la radiación heterogena | heterogenous radiation homogenization.
homogenización de la textura (metalurgia) | normalizing.
homogenización de 1 hora por pulgada | homogenizing 1 hr per inch.
homogenización por enfriamiento brusco (aceros) | quench aging.
homogenizado durante 3 horas a 450 ºC | homogenized for 3 hours at 450 ºC.
homogenizador | homogenizer.
homogenizador de paletas | blade homogenizer.

homogenizar | normalise (to).
homogenizar (acero) | homogenize (to).
homogenizar la estructura del grano | homogenize the grain structure (to).
homóglota | homoglot.
homografía | homography.
homográfico | homographic.
homógrafo | homograph.
homolateralidad | homolaterality.
homólatra | homolater.
homolatría | homolatria.
homólisis | homolysis.
homolítico | homolytic.
homologación | certification.
homologación (contratos, documentos, etc.) | homologation.
homologación (testamentos) | proving.
homologación de armamento | armament homologation.
homologación sobre ruido (aviones) | noise certification.
homologado | homologated | qualified.
homologado por la Federación Aeronáutica Internacional | homologated by F. A. I..
homologar | certify (to) | qualify. (to)
homologar (contratos, pruebas motores, etc.) | homologate (to).
homologar un testamento | grant probate of a will (to).
homología | homology.
homología armónica | harmonic homology.
homología de las turbinas | homology of turbines | turbine homology.
homología geopolítica | geopolitical homology.
homología involutiva | involutorial homology.
homólogo | homolog.
homolografía | homolography.
homómalo | homomallous.
homomiario | homomyarian.
homomorfismo | homomorphism.
homoploide (genética) | homoploid.
homopolaridad | homopolarity.
homopolimerización | homopolymerization.
homopolímero | homopolymer.
homóptero | homopterous.
homoscedasticidad | homoscedasticity.
homósfera | homosphere.
homosísmico | homoseismic | coseismic.
homosista | coseismic.
homotalismo | homothallism.
homotaxia | homotaxis.
homotecia | homothety | radial expansion.
homotermia | homothermy.
homotérmico | homothermal.
homotermo | homothermous.
homotético | homothetic.
homotopía | homotopy.
homotropo | homotropat.
honcejo | handbill.
honda | sling.
hondanada | ravine.
hondero | slinger.
hondo | deep.
hondón (de estribo) | bottom.
hondonada | gully | basin | gap | lowland | bottom.
hondonada (topografía) | saddle.
hondonada anfiteatral (geología) | amphitheaterlike basis.
hondonada de tipo cráter | explosion pit.
hondura | depth.
honestidad de intención | honest intent.
hongo | mushroom | fungus.
hongo lignícola | lignicolous fungus.
hongos | fungi.
hongos comestibles | edible fungi.
hongos de la pudrición de la madera | woodrotting fungi.
hongos destructores de la madera | wood-destroying fungi.
hongos imperfectos | fungi imperfecti.
hongos patógenos | disease-causing fungi | pathogenic fungi.
hongos predadores | trapping fungi.
hongos que dan lugar a pudrición blanda (maderas) | soft rot.
hongos que provocan la pudrición de la raíz | root-rotting fungi.
hongos terrícolas | soil fungi.
hono de coque con aprovechamiento de subproductos | patent oven.
honorariado | honorary membership.
honorarios | retainer | retainer | fee | fees.
honorarios de abogados | legal fees.
honorarios de admisión | admission fee.
honorarios de clasificación | classification fees.
honorarios de consulta | call-in pay.
honorarios de enseñanza | tuition fee.
honorarios de inspección | inspection fees.
honorarios del abooado | lawyer's fees.
honorarios del autor | author's fees.
honorarios del consejo de administración | directors' fees.
honorarios del ingeniero asesor | consulting engineer's fees.
honorarios fijos | fixed fee.
honorarios legales | legal fees.
honorarios médicos | physician's fees.
honorarios pagados por adelantado a un abogado | retainer.
honorarios por servicios técnicos | technical society dues.
honorarios profesionales | professional fees.
honorarios suplementarios pagados a un abogado | refresher.
honorarios y gastos del sindicato | union fees and expenses.
honores (marina, ejército) | compliments.
honores a una autoridad o buques que pasan cerca del buque | passing honors.
honores de la guerra | honors of war.
honradamente | on the square | on the level.
honradez (negocios) | fair dealing.
honrado a carta cabal | fair and square.
honrosa acogida (efectos) | due honor.
hopa | execution hood.
hoplita | hoplite.
hoplomaquia | hoplomachy.
hora | hour | time.
hora (Dipterocarpus alatus) | hora.
hora aparente | apparent time.
hora aparente local | local apparent time | nautical time.
hora astronómica | astronomical time.
hora astronómica (buques) | navigational time.
hora británica | British Mean Time (B.M.T.) | British Standard Time (B.S.T.).
hora civil | standard time.
hora cobrásmica | cotidal hour.
hora constituyente | constituent hour.
hora crítica | zero hour.
hora de afluencia | rush hour.
hora de apertura | time on.
hora de aproximación | time to go.
hora de ataque | zero hour.
hora de carga (teléfonos, electricidad) | busy hour.
hora de cierre | closing time | time off.
hora de cierre (talleres) | knockoff | knockoff time.
hora de dar fuego (minas) | blasting hour.
hora de encendido (del alumbrado) | lighting-up time.
hora de entrada al trabajo | reporting time.
hora de Europa Central (una hora de avance sobre la hora media de Greenwich) | Central European time.
hora de Greenwich | Greenwich civil time | standard time.
hora de Greenwich (meridiano) | zebra time.
hora de iniciación de la marcha | get-away time.
hora de la pleamar | high water time.
hora de llegada al objetivo | time on target.
hora de máximo consumo (electricidad) | rush hour.
hora de mayor afluencia (tiendas) | busy hour.
hora de mayor tráfico | busy hour.
hora de mayor tráfico en un circuito (telefonía) | circuit busy hour.
hora de paso | transit time.
hora de paso por el meridiano | time of meridional transit.
hora de pegar (minas) | blasting hour.
hora de petición (telefonía) | filing time.
hora de principio de la conversación (telefonía) | time on.
hora de principio del ataque (milicia) | H-hour.
hora de punta (teléfonos, electricidad) | busy hour.
hora de recepción | time of receipt.
hora de registro | filing time.
hora de salida | time of origin.
hora de salida (de los obreros) | leaving-off time.
hora de salida del trabajo (oficinas, talleres) | quitting time.
hora de terminación de la conversación (telefonía) | time off.
hora de trabajo normal | standard hour.
hora de transmisión | time of delivery.
hora de verano (adelantada) | daylight saving time.
hora de vuelo en misión de combate | combat flying hour.
hora del despegue | takeoff time.
hora del día | time of day (TOD).
hora del horario (trenes) | booked time.
hora det huso horario | zone time.
hora del máximo | time of peak.
hora del meridiano 75-oeste de Grenwich (es cinco horas antes de la hora de Grenwich-America) | eastern time.
hora en que debe empezarse el rodaje preparatorio para el despegue | taxi time.
hora en que empieza el descenso de los paracaidistas | P-hour.
hora estimada de llegada sobre el objetivo | estimated time over target.
hora estimada de partida | estimated time of departure.
hora fija | stated time.
hora fijada para la salida | fixed starting hour.
hora indicada | scheduled time.
hora inversa | inhour.
hora legal | standard time.
hora límite de la redacción (periódicos) | closing hour for news | copy dead-line.
hora local legal | local standard time.
hora media de verano | mean summer time.
hora media local | local time | local mean time.
hora media solar | mean solar time.
hora oficial | standard time.
hora prevista autorizada para la aproximación de una aeronave | expected approach clearance time.
hora prevista de aproximación | expected approach time.
hora prevista de llegada | estimated time of arrival.
hora referida al meridiano 1 | Pacific time.
hora referida al meridiano 90º oeste de Greenwich. (Es 6 horas antes que la hora de Greenwich-América) | central time.
hora según las estrellas | time by the stars.
hora señalada | stated time.
hora sideral | sidereal time.
hora sidérea | sidereal time.
hora sidérea local | local sidereal time.
hora sinóptica intermedia | intermediate synoptic hour.
hora solar | sun time | solar time.
hora solar media | Greenwich Mean Time.
hora universal | universal time (U.T.).
hora Z | zebra time.
horadado | sunk.
horadar | penetrate (to) | punch (to) | bore (to) | break in (to) | perforate (to) | tunnel (to) | tap (to).

horadar (galerías, túneles) | drive (to).
horadar (túneles) | hole (to).
horadar un barril y ponerle espita | spile (to).
horadar un tunel | hole a tunnel (to) | tunnel (XTO).
hora-hombres | manhours.
horario | timetable | time schedule | scheduled order.
horario (trenes, buques, aviones) | schedule.
horario de circulación | traffic schedule.
horario de embarque | entraining table.
horario de enlaces | transmission schedule.
horario de enseñanza | training bill | training schedule.
horario de ferrocarriles | railway timetable.
horario de la aerolínea | airline timetable.
horario de marcha | running time-table | march schedule.
horario de programa | program schedule.
horario de salidas | sailing schedule.
horario de trenes | train timing | railway timetable.
horario en que no hay instrucción ni trabajo (buques de guerra) | holiday routing.
horario en que no hay instrucción ni trabajo (buques guerra) | holiday routine.
horario establecido | set schedule.
horario ferroviario | railway timetable.
horario fijo | fixed schedule.
horario flexible | flexible schedule.
horario funcional | operational schedule.
horario para votar | voting hours.
horario preciso | tight schedule.
horario preestablecido | prearranged schedule.
horario puntual | exacting schedule.
horario que se cumple con exactitud (trenes, etc.) | rigidly-met timetable.
horas activas (telefonía) | busy hour.
horas acumulativas | accumulative hour.
horas antes del alba | pre-dawn hours.
horas cargables a la cuenta de gastos pero no al pedido | nonsalable hours.
horas de afluencia del tráfico | peak hours.
horas de carga normal | off-peak hours.
horas de colocación (trabajo en máquinas) | setup hours.
horas de consulta | office-hours.
horas de débil trafico (G.B.) | slack hours.
horas de despacho en la aduana | customs hours.
horas de ensayo (aeronáutica) | experimental period.
horas de mano de obra especializada | skilled hours.
horas de mano de obra no especializada | unskilled hours.
horas de máxima carga (electricidad) | peak hours.
horas de oficina | office-hours.
horas de recreo | spare hours.
horas de reposo | idle hours.
horas de salida y puesta del sol | sunrise-sunset times.
horas de servicio | hours of attendance | hours of operation.
horas de trabajo | hours of work | attendance time.
horas de trabajo productivas | productive labor hours | productive work-hours.
horas de tráfico normal | off-peak hours.
horas desocupadas | idle hours.
horas efectivas por mes (talleres) | schedulable hours per month.
horas extraordinarias | after hours.
horas extraordinarias (de trabajo) | overtime.
horas extras | overtime hours.
horas extras no programadas | overtime unscheduled.
horas hábiles | legal hours.
horas libres | idle hours.
horas medias locales de salida y puesta de la luna | local mean times of moonrise and moonset.
horas ordinarias trabajadas | straight time.
horas punta | peak hours.
horas puntas | rush hours.
horas suplementarias | additional billable time.
horas suplementarias de trabajo | overtime.
horas voladas (aviación) | hours flown.
horas voladas por año y por avión | hours flown per annum per aircraft.
horas-hombre extras | extra man-hours.
horas-hombre perdidas por desacuerdos laborales | man-hours lost by disputes.
horca | pitchfork | gallows.
horca (para bueyes) | clog.
horca (zoología) | furca.
horca de cordelero (cordelería) | loper frame.
horcadura | fork.
horcajo | yoke.
horcas (zoología) | furcae.
horcas maxilares (zoología) | furcae maxillares.
horcate | fork | hame | bow | pitchfork.
horcocebil (Piptadenia communis) | horco-cebil.
horizontal | flat-lying | on the flat | horizontal.
horizontal (ferrocarril) | level ground.
horizontal local | local horizontal.
horizontalidad | levelness | horizontality.
horizontalización | horizontalization.
horizontalmente | horizontally.
horizontalmente extendido | horizontally-expanded.
horizontalmente saliente | horizontally salient.
horizonte | horizon | skyline | sky line.
horizonte (en la mar) | sea line.
horizonte A | A-horizon.
horizonte aparente | natural horizon | apparent horizon | local horizon.
horizonte artificial | false horizon | artificial horizon.
horizonte astronómico | celestial horizon.
horizonte B | B-horizon | illuvial horizon | enriched horizon.
horizonte carbonífero | coal horizon.
horizonte celeste horizonte sensible | rational horizon.
horizonte cuprífero | copper-bearing zone | cupriferous horizon.
horizonte de acumulación | illuvial horizon | enriched horizon.
horizonte de alteración superficial (mineralogía) | weathering horizon.
horizonte de comparación (geología) | key horizon.
horizonte de gas (geología) | gas horizon.
horizonte de la imagen (aerofotografía) | horizon trace.
horizonte de referencia | datum horizon.
horizonte de referencia (capa geológica de fácil identificación - geología) | marker.
horizonte de reflexión | reflecting horizon.
horizonte eluvial | leached horizon | eluvial horizon.
horizonte eluvial (bosques) | bleached layer.
horizonte fosilífero | fossiliferous horizon.
horizonte geográfico | geographical horizon.
horizonte geológico | geologic horizon | stratigraphic level.
horizonte giroscopico | flight indicator | gyro horizon | gyro-horizon.
horizonte imaginario | phantom horizon.
horizonte indurado (pedología) | hardpan | indurated horizon.
horizonte indurado en el suelo | soil harpan.
horizonte mercúrico | mercury-horizon.
horizonte mineralizado | ore horizon.
horizonte óptico | line of sight.
horizonte pedológico | soil horizon.
horizonte petrográfico | petrographic horizon.
horizonte petrolífero | oil-horizon.
horizonte productivo (parte inferior de un pozo petrolífero) | producing horizon.
horizonte racional | celestial horizon.
horizonte radioeléctrico | radio horizon.
horizonte radioóptico | radiooptical horizon.
horizonte real | true horizon.
horizonte sensible | sensible horizon | apparent horizon.
horizonte sensible (sextante) | bubble horizon.
horizonte verdadero | rational horizon | true horizon | real horizon.
horizonte visible | apparent horizon | local horizon.
horma | shape | model | form.
horma (bloque para dar forma) | form block.
horma (calzado) | last.
horma (de sombrero) | hood.
horma (ebanistería) | caul.
horma (prensa de conformar por estirado) | forming block.
horma (zapatos) | tree.
horma cerámica | ceramic former.
horma de madera para zapatos | boot tree.
horma de media | hosiery form.
horma de sombrerero | hatter's block.
horma de sombrero | hat-block | block.
horma giratoria | spinning mandrel.
horma para azúcar | bastard mold.
horma taladrada con plantilla | jig-drilled former.
hormado (medias) | boarding.
hormar (calcetería) | board (to).
hormero | laster.
hormero (de calzado) | last-maker.
hormiga blanca | termite.
hormiga de miel | honey ant.
hormiga melífera | honey ant.
hormiga mirmicina | myrmicine ant.
hormiga obrera | worker.
hormiga soldado (termitas) | soldier.
hormigón acelular | nonair-entraining concrete.
hormigón ácidorresistente por tratamiento con gas de fluoruro de silicio | ocrated concrete.
hormigón aireado | foamed concrete | gas concrete.
hormigón alveolar | foamed concrete | alveolar concrete.
hormigón alveolar de gran resistencia | high-resisting alveolar concrete.
hormigón amasado en fábrica y transportado a obra | ready-mixed concrete.
hormigón apisonado | stamped concrete.
hormigón apisonado a brazo | hand-compacted concrete.
hormigón apisonado a fondo | fully compacted concrete.
hormigón armado | ferroconcrete | reinforced concrete | steel concrete | concrete.
hormigón armado con gran proporción de hierro | heavily reinforced concrete.
hormigón armado prefabricado | precast reinforced concrete.
hormigón asfáltico | concrete asphalt.
hormigón asfáltico (formado por piedras mezcladas con un aglomerante bituminoso o asfáltico) | asphaltic concrete.
hormigón asfáltico mezclado en instalación central | plant-mixed asphaltic concrete.
hormigón asfáltico para mezcla en caliente | hot-mix asphaltic concrete.
hormigón averiado por las heladas | frost-damaged concrete.
hormigón bituminoso | bituminous concrete.
hormigón bituminoso de escorias | clinker-asphalt.
hormigón bombeado | pumped concrete.
hormigón celular | cellular concrete | foam concrete | aerated concrete | air entrainment cement | air entrainment concrete.
hormigón celular (con aire ocluido | air-entrained concrete.
hormigón centrifugado | centrifuged concrete | spun concrete.
hormigón ciclópeo | cyclopean concrete.
hormigón ciclópeo con piedras separadas unos 15 centímetros | rubble concrete.
hormigón ciclópeo formado inyectando mortero coloidal entre las juntas de una mampostería concertada en seco (presas) | prepact

concrete.
hormigón clavadizo | nailing concrete.
hormigón colado | heaped concrete.
hormigón coloidal | colcret.
hormigón compactado con pala | hand-spaded concrete.
hormigón compactado con vibrador interno | internal vibrator consolidated concrete.
hormigón compactado por presión atmosférica | vacuum concrete.
hormigón compactado por vibraciones de baja frecuencia | shock-concrete.
hormigón con agregado de barita | barite-aggregate concrete.
hormigón con agregado de un solo tamaño (es por lo tanto poroso) | no-fines concrete.
hormigón con agregados colocados en seco dentro del encofrado inyectando después el mortero | preplaced aggregate concrete.
hormigón con agregados de densidad mayor que la grava (barita, granalla de acero, mineral de hierro) | heavy concrete.
hormigón con aire ocluido | air entrainment concrete.
hormigón con capa asfáltica | asphalt-surfaced concrete.
hormigón con capilaridad casi nula | internally-sealed concrete.
hormigón con exceso de agua | wet concrete.
hormigón con gran proporción de bario | barium concrete.
hormigón con mucha arena | oversanded concrete.
hormigón con poca agua | dry concrete.
hormigón consolidado por un apisonado enérgico (España) | dry-packed concrete.
hormigón controlado | controlled concrete.
hormigón curado con vapor de agua a gran presión | autoclaved concrete.
hormigón curado en obra | site-cured concrete.
hormigón de agregados livianos | lightweight aggregate concrete.
hormigón de árido precolocado en seco en el encofrado que se inyecta con mortero posteriormente | prepact.
hormigón de asfalto | asphalt concrete.
hormigón de baritina | barytes concrete.
hormigón de buena calidad | sound concrete.
hormigón de cal | lime concrete.
hormigón de cantos rodados | rubble concrete.
hormigón de carbonilla | breeze concrete.
hormigón de cemento | cement concrete.
hormigón de dosificación precisa | accurately proportioned concrete.
hormigón de emulsión asfáltica | asphalt emulsion concrete.
hormigón de escombros molidos y pedazos de ladrillos | crushed brick-rubble concrete.
hormigón de escorias | cinder-concrete.
hormigón de escorias alveolar | foamed slag concrete.
hormigón de fraguado rápido | rapid-hardening concrete.
hormigón de grava | gravel concrete.
hormigón de grava al que se le ha añadido una cantidad apreciable de un material de peso atómico grande como granalla de hierro o plomo | loaded concrete.
hormigón de la parte central | hearting concrete.
hormigón de pequeño asentamiento | low-slump concrete.
hormigón de piedra partida | stone concrete.
hormigón de piedra pómez | pumice-concrete.
hormigón de polímero | polymer-concrete.
hormigón de polímero y cemento | polymer-cement concrete.
hormigón de protección | benching.
hormigón de revestimiento | facing concrete.
hormigón de uno de cemento por cuatro de agregado | four-to-one concrete.
hormigón de yeso | gypsum concrete.
hormigón de yeso con viruta de madera | gypsum-fiber concrete.
hormigón del núcleo | hearting concrete.
hormigón desconchado | spalled concrete.
hormigón deshidratado por vacío superficial | vacuum concrete.
hormigón empezado a meclar en instalación fija y terminado durante el transporte a obra | shrink-mixed concrete.
hormigón en masa | plain concrete | bulk concrete | massed concrete | massive concrete.
hormigón en que el agregado es mineral de hierro o granalla o barita (reactor nuclear) | heavy aggregate concrete.
hormigón endurecido | set concrete.
hormigón fabricado a pie de obra | in situ concrete.
hormigón fabricado con adición de ceras minerales o parafínicas | mineral wax-mixed concrete | internally-sealed concrete.
hormigón fabricado en el sitio de empleo | in situ concrete.
hormigón formado inyectando el mortero de cemento en el agregado ya colocado en el encofrado | grouted concrete.
hormigón fraguado | set concrete.
hormigón fraguando | green concrete.
hormigón grueso | harsh concrete.
hormigón gunitado | gunned concrete.
hormigón hidrotécnico | hydrotechnical concrete.
hormigón impregnado con ceras vegetales o cera montana | concrete impregnated with vegetal waxes or montana wax.
hormigón impregnado con polímeros vinílicos | concrete impregnated with vinyl polymers | vinyl polymer-impregnated concrete.
hormigón impregnado de polímero | polymer-impregnated concrete.
hormigón inyectado a presión | force-pumped concrete.
hormigón ligero químicamente celular | chemically-aerated lightweight concrete.
hormigón liviano | lightweight concrete.
hormigón mezclado en obra | job-mixed concrete.
hormigón mezclado en seco | dry-mix concrete.
hormigón mezclado en una instalación distribuidora | central-mixed concrete.
hormigón no armado | plain concrete.
hormigón ordinario con adición de granalla de hierro | iron-shot loaded concrete.
hormigón ornamental | architectural concrete.
hormigón para ser vertido por embudos metálicos (pilas de puentes) | tremie concrete.
hormigón patentado de poco peso y poroso | aerocrete.
hormigón pesado | heavy concrete | loaded concrete.
hormigón pobre | harsh concrete | poor concrete.
hormigón pobre apisonado | lean-rolled concrete.
hormigón poco armado | lightly reinforced concrete.
hormigón polimerizado | polymerized concrete.
hormigón prefabricado | precast concrete.
hormigón prefabricado postensado | precast posttensioned concrete.
hormigón prefabricado pretensado | prestressed precast concrete.
hormigón premezclado | premixed concrete.
hormigón pretensado | prestressed concrete.
hormigón pretensado liviano | lightweight prestressed concrete.
hormigón proyectado | gunned concrete.
hormigón recién echado | freshly placed concrete.
hormigón revestido de sillería | stone-faced concrete.
hormigón revibrado | revibrated concrete.
hormigón rico | high-grade concrete.
hormigón rico denso | rich dense concrete.
hormigón totalmente curado | fully aged concrete.
hormigón trabado con gran cantidad de fibras | steel fibrous concrete.
hormigón translúcido (con baldosines de cristal) | glass concrete.
hormigón tratado con aditivos | concrete doctored with additives.
hormigón tratado con vapor de agua | steam-cured concrete.
hormigón vertido in situ | situ-cast concrete.
hormigón vertido por embudos (obras portuarias) | tremie-poured concrete.
hormigón vertido por tolva | tremie concrete.
hormigón vibrado | vibrated concrete.
hormigón vibrado completamente controlado | fully-controlled vibrated concrete.
hormigón ya fraguado | precast concrete.
hormigón zunchado | stirruped concrete.
hormigonado | concreting | paved.
hormigonado de una vez | concreted in one operation.
hormigonado en invierno | winter concreting.
hormigonado en tiempo frío | cold weather concreting.
hormigonado in situ | poured-in-situ.
hormigonaje | concreting.
hormigonar | concrete (to).
hormigonera | concrete mixer | mixer | mixer | cement-mixer | batch mixer.
hormigonera basculante | tilting mixer.
hormigonera de tambor volcable | tilting-drum mixer.
hormigonera no basculable | nontilting mixer.
hormigonera pavimentadora | paving mixer.
hormona | hormone.
hormona adrenocorticotropa | acth.
hormona adrenocorticotropica | adrenocorticotropic hormone.
hormona adrenoglomerulotropina (bioquímica) | adrenoglomerulotropin hormone.
hormona antidiurética | antidiuretic hormone.
hormona del crecimiento humano (medicina) | human growth hormone.
hormona pituitaria (bioquímica) | pituitary hormone.
hormona radiactiva | radioactive hormone.
hormona tirotrópica | thyrotropic hormone.
hormona vegetal | phytohormone.
hormonagogo | hormonagogue.
hormonal | hormonal.
hormonas cinéticas | kinetic hormones.
hormonopoyético | hormone-producing.
hornabeque (fortificación) | hornwork.
hornablenda | hornblende.
hornada | batch | baking | heat.
hornada de mineral (para tostar) | roast of ore.
hornada de pan | batch of bread.
hornada identificable (metalurgia) | identifiable batch.
hornar | oven (to).
horneamiento (acción de meter en el horno) | ovening.
hornear | oven (to) | bake (to).
hornera (carbonera - para producir carbón vegetal) | meiler.
hornero | filler | furnace man.
hornero (encargado de un horno) | furnace-man.
hornero (horno pan) | peeler.
hornero (obrero) | heater.
hornero de horno de cok | ovenman.
hornero fundidor (hornos de crisoles) | setter-in.
hornfelsa | hornfelds.
hornija | oven-wood.
hornilla de gas | gas oven.
hornillo | fire pot | furnace | stove | oven.
hornillo de fotograbado para esmaltar planchas | burning-in stove.
hornillo de gas | gas stove | gas furnace.
hornillo de laboratorio | chemical furnace.
hornillo de mina | mine chamber | shothole | blasting hole | chamber.
hornillo de mina (milicia) | blasthole.

hornillo de mina (voladuras) | powder-mine | mining hole.
hornillo digestor | athanor.
hornillo portátil | portable furnace | salamander | devil.
hornito (volcán) | hornito.
hornito (volcanes) | blowing cone | driblet cone.
horno | flame tube | furnace | stove | kiln.
horno (calderas) | furnace tube | flue tube.
horno (craqueo catalítico) | kiln.
horno abierto para carbón | stall.
horno al coque (crisoles) | coke hole.
horno alimentado por el tiro (combustible pulverizado) | draught-fed furnace.
horno anular | ring kiln | ring oven | ring oven.
horno basculable giratorio | rotary tilting furnace.
horno basculador | tilter.
horno basculante | tilting furnace | rolling furnace.
horno basculante de arco | rocking arc furnace.
horno basculante de arco (electrotermia) | rocking arc furnace.
horno basculante de eje central | central-axis tilting furnace.
horno basculante de pico | nose-tilting furnace.
horno basculante de reverbero para fundir metales | reverberatory tilting metal-melting furnace.
horno básico de arco eléctrico | basic electric-arc furnace.
horno caldeado con combustible pulverizado | p.f-fired furnace.
horno caldeado con creosota de alquitrán | pitch creosote fired furnace.
horno caldeado con fueloil | fuel-heated furnace | fuel-fired furnace | oil-fuel furnace.
horno caldeado con gas | gas-fired kiln.
horno caldeado por resistores | resistor-heated furnace.
horno caldeado por tubos radiantes | radiant tube-heated furnace.
horno caldeado por un extremo | end-fired furnace.
horno calentado con polvo de cok | breeze oven.
horno cargado a mano | hand-fired furnace.
horno cargado a máquina | mechanically charged furnace.
horno cargado con metal frío | cold-metal charged furnace.
horno cargado con metal líquido | hot-metal charged furnace.
horno castellano | low-shaft furnace.
horno cerrado para recocer vidrio | lear.
horno cilíndrico giratorio | rotating tubular kiln.
horno cilíndrico rotativo (fabricación aluminio) | calciner.
horno circular | annular kiln.
horno circular (para carbonizar leña) | circular stall.
horno circular de llamas ascendentes | round-up-draught kiln.
horno circular intermitente (cerámica) | beehive kiln.
horno con caldeo por inducción trabajando en el vacío | vacuum-induction furnace.
horno con cámaras de regeneración | regenerative furnace.
horno con cinta transportadora de tela metálica | mesh-belt conveyor furnace.
horno con circulación de aire a presión | force-air circulation oven.
horno con circulación de aire caliente | air circulated oven.
horno con compartimentos | annular kiln.
horno con extracción de cenizas en estado líquido (calderas) | slag-tap furnace.
horno con extracción de cenizas en estado sólido | dry bottom furnace.
horno con hogar de carga mecánica | mechanical-stoker fired furnace.
horno con instrumentación completa | fully instrumented oven.
horno con inyección de aire caliente | hot-blast furnace.
horno con regulación totalmente automática | fully-automatically-controlled furnace.
horno con resistencia de grafito | graphite-resistor furnace.
horno con solera desplazable de carretón para colocar las piezas | bogie hearth furnace.
horno con soplado frío | cold blast furnace.
horno con transportador de cinta | belt-conveyor furnace.
horno con viento seco refrigerado precomprimido | precompression refrigerated dry-blast furnace.
horno cónico (para carbonizar leña) | conical stall.
horno continuo | continuous furnace.
horno continuo (de cal) | draw kiln.
horno continuo (la pieza entra por un extremo y sale por el otro) | straight-through furnace.
horno continuo caldeado con gas de población | city gas-fired continuous furnace.
horno continuo con caldeo multizonal | multizoned-fired continuous furnace.
horno continuo de recalentador tochos | continuous billet reheating furnace.
horno continuo de recocer de cadena transportadora (fabricación vidrio) | continuous belt lehr.
horno continuo de una plaza | continuous single hearth furnace.
horno continuo para normalizar chapas | continuous plate normalizing furnace.
horno Cowper | Cowper stove.
horno crematorio | crematory | incinerator.
horno cuádruple (pudelación) | double-double furnace.
horno cubierto | jacket furnace.
horno de afinación | finery furnace.
horno de afino | finery | melting refinery | alman | forehearth | refinery furnace | refiner | refining furnace | refinery.
horno de afino al carbón vegetal | charcoal finery.
horno de afino por fusión | melting-down refinery.
horno de aglomeración | agglomerating kiln.
horno de aire recirculante | recirculating-air-type furnace.
horno de aleación | alloying furnace.
horno de alimentación automática | base burning furnace.
horno de aludeles | aludel furnace.
horno de análisis (química) | combustion furnace.
horno de arco con atmósfera inerte | inert-atmosphere arc furnace.
horno de arco directo entre electrodos y la carga | direct-arc furnace.
horno de arco eléctrico | electric-arc furnace | arc furnace.
horno de arco eléctrico para fundir acero | arc steel melting furnace.
horno de ataque (química) | furnace for decompositions.
horno de atmósfera artificial | controlled-atmosphere furnace.
horno de atmósfera automática de tunel de calor radiante | radiant-tube automatic atmosphere furnace.
horno de atmósfera de hidrógeno | hydrogen furnace.
horno de atmósfera de vapor de agua | steam-atmosphere furnace.
horno de azufre | brimstone burner.
horno de baja temperatura para revenir hojas de sierras | low-temperature sawblade tempering oven.
horno de baño de sales | salt-bath furnace.
horno de basculación frontal | end-tilting furnace.
horno de bizcochar | biscuit-oven.
horno de caja | box-type furnace.
horno de cal | lime kiln.
horno de cal giratorio | rotary lime kiln.
horno de calcinación | roasting furnace | kiln | calciner | calcining kiln.
horno de calcinación (minerales) | roaster.
horno de calcinación de fangos | sludge calcining kiln.
horno de calcinar | burning kiln | burning house.
horno de calcinar - horno de calcinación (vidrio) | calcar.
horno de calcinar matas (metalurgia) | metal calciner.
horno de calcinar minerales | ore calcining furnace | ore roasting oven.
horno de caldear (lingotes) | heating furnace.
horno de caldeo plurizonal | multizone furnace.
horno de caldeo por rayos infrarrojos | infrared oven.
horno de caldeo radiante | radiant-fired furnace.
horno de caldera | boiler flue.
horno de calentar chapas para astilleros | shipyard plate furnace.
horno de calentar el aire | air furnace.
horno de calentar lingotes | ingot-soaking furnace | heated soaking pit.
horno de calentar tochos de solera giratoria | rotary hearth billet-heating furnace.
horno de cámaras | chambered furnace | transverse-arch kiln.
horno de cámaras de cocción múltiple (fabricación ladrillos) | chamber kiln.
horno de cámaras intermitentes | intermittent chamber oven.
horno de campana | top hat kiln | bell furnace | hood type furnace.
horno de campana de caldeo indirecto | indirect-fired bell-type furnace.
horno de carbón animal (azúcar) | char kiln.
horno de carbón vegetal | charcoal pit.
horno de carbonatar | black-ash furnace.
horno de carbonización | carbonizing dryer.
horno de carbonización (tejeduría) | baking oven.
horno de carbonizar | char oven.
horno de carga por arriba de tapa desplazable a un costado | swing-aside roof top-charge furnace.
horno de carga por lotes | batch type furnace.
horno de carro | bogie furnace.
horno de cementación | hardening furnace | converting furnace | cementing furnace | carburizing furnace.
horno de cementar caldeado con gas | gas-fired carburizing furnace.
horno de cementar de mufla | muffle carburizing furnace.
horno de cementar de túnel de calor radiante caldeado con gas | gas-fired radiant tube carburizing furnace.
horno de cemento por vía húmeda | wet-process cement kiln.
horno de cemento rotativo | rotary cement kiln.
horno de cianuración caldeado por convección | convection-heated cyaniding furnace.
horno de cinglado | knobbling furnace.
horno de cinglar | buschling furnace | shingling furnace.
horno de cinta transportadora | conveyor-type furnace.
horno de cocción | cooker.
horno de cocción continua | continuous kiln.
horno de cocer ladrillos | brick kiln.
horno de cocer pan | baking oven.
horno de cocina | burning oven | kitchen-range.
horno de cock que emplea el procedimiento Brennstoff-Techmik | B. T. oven.
horno de cochura | kiln.
horno de cochura (pulvimetalurgia) | sintering furnace.
horno de cok con recuperación de subproductos | by-product coke oven.

horno de colmena de descarga mecánica | machine-drawn beehive oven.
horno de combustión (química) | combustion furnace.
horno de combustión del azufre (fabricación ácido sulfúrico) | burner.
horno de conservación (acerías) | holding furnace.
horno de convección radiante | radiant convector furnace.
horno de copela | muffle | muffle furnace.
horno de copelación | assay furnace.
horno de copelar | cupelling furnace.
horno de copelar plomo | lead cupelling furnace.
horno de coque | pit kiln | coke oven.
horno de coque con recuperación de subproductos | recovery oven.
horno de coque de funcionamiento intermitente | intermittently operating coke oven.
horno de coque de tiro inferior | sole-flue coke oven.
horno de coque no continuo | intermittently operating coke oven.
horno de corriente monofásica | single-phase furnace.
horno de crisol | crucible furnace | skull furnace | pothole.
horno de crisol basculante motorizado | motorized tilting crucible furnace.
horno de crisol de recuperación caldeado por gas | gas-fired recuperative pot-arch.
horno de crisol delantero | fire hearth-furnace.
horno de crisol para fundir bronce | brass-melting crucible furnace.
horno de crisol pequeño | cupolette.
horno de crisol por hiperfrecuencia | high-frequency induction crucible furnace.
horno de crisoles (vidrio) | pot furnace | pot-furnace.
horno de crisoles con cámaras de recuperación de calor | regenerative crucible furnace.
horno de crisoles de caldeo directo | direct-fired pot furnace.
horno de cuba | kiln | shaft furnace.
horno de cuba baja | low-shaft furnace.
horno de cuba con tiro por aspiración | induced draft shaft furnace.
horno de cuba de regeneración (vidrio) | regenerative tank furnace.
horno de cuba para crisoles | shaft crucible furnace.
horno de cuba para tostación | roasting blast-furnace | roasting blast furnace.
horno de cuba para tostar minerales | shaft roasting furnace.
horno de cubilote de aire caliente | hot-blast cupola furnace.
horno de cúpula (cerámica) | hovel kiln.
horno de descarga a brazo | hand-drawn oven.
horno de desoxidar | scaling furnace | scaling oven.
horno de destilación | distilling furnace | topping furnace.
horno de doble caldeo con gas y electricidad (termotratamientos) | dual-fuel furnace.
horno de dos hogares | spectacle furnace.
horno de electrodo infungible | nonconsumable electrode furnace.
horno de electrodos | electrode furnace.
horno de electrodos para baño de sales | electrode-type salt bath furnace.
horno de electrofusión | electric melting furnace.
horno de elevador | elevator furnace.
horno de enfriamiento | lehr.
horno de enfriamiento brusco | quenching furnace.
horno de ensayos | assay furnace.
horno de esmaltar | gloss oven | muffle | glaze kiln | enamel kiln | enameling stove | enameling furnace.
horno de extender (vidrio) | flattening furnace.
horno de extracción de semillas | husking establishment | extractory kiln.
horno de forja | hearth furnace.
horno de forja de reverbero | reverberatory forging furnace.
horno de fosa caldeado con gas de horno de coque | coke-oven-gas-fired soaking pit.
horno de fosa caldeado por el fondo | bottom-fired soaking pit.
horno de fosa caliente (metalurgia) | live pit.
horno de fosa de circulación de aire caldeado por gas | gas-fired air-circulated pit-type furnace.
horno de fosa de llama invertida | one-way-fired soaking pit.
horno de fosa no calentado (metalurgia) | dead pit.
horno de fosa recuperador con caldeo unilateral | one-way-fired recuperative pit.
horno de frita | frit kiln.
horno de fueloil | oil furnace | oil-stove.
horno de fundir esmalte | enamel fusing furnace.
horno de fundir plomo | lead smelter.
horno de fundir vidrio | glass melting furnace.
horno de fusión | smelting furnace | smelter | flowing furnace.
horno de fusión caldeado con gas | gas-heated melting furnace.
horno de fusión de inducción sin núcleo magnético | coreless induction melting furnace.
horno de fusión de menas | ore hearth.
horno de fusión doble | duplex melting furnace.
horno de fusión por corrientes de inducción de hiperfrecuencia | high-frequency induction melting furnace.
horno de fusión rápida | sharp-working furnace.
horno de fusión sin recuperador ni regenerador | direct-fired furnace.
horno de galera | gallery furnace | tube furnace.
horno de galería | tunnel furnace.
horno de galerías | galley.
horno de galerías paralelas | longitudinal-arch kiln.
horno de gas | gas cooker | gas oven | gas furnace.
horno de gas carburado de horno de coque mezclado con polvo de carbón | coal-dust carburetted coke oven gas furnace.
horno de granular | nodulizing furnace.
horno de hacer carbón vegetal | charcoal furnace | charcoal oven.
horno de haz electrónico | electron-beam furnace.
horno de humero lateral | side flue furnace.
horno de imagen de arco eléctrico | arc image furnace.
horno de incineración de basuras | refuse destructor furnace.
horno de inducción | induction furnace.
horno de inducción de baja frecuencia | core-type induction furnace.
horno de inducción de frecuencias medias | medium frequency induction furnace.
horno de inducción de vuelco hidráulico | hydraulically tilted induction furnace.
horno de inducción para calentar palanquillas | billet heater.
horno de inducción para fundir metales | induction metal melting furnace.
horno de inyección directa | direct-fired furnace.
horno de ladrillos | cupola.
horno de ladrillos caldeado con gas | brick-built gas-heated oven.
horno de largueros móviles | walking-beam oven.
horno de libre dilatación | free-expansion oven.
horno de licuación | liquation hearth | liquating furnace.
horno de lupias | bloomery furnace | bloomer furnace | block furnace.
horno de lupias (hierro pudelado) | balling furnace.
horno de lupias de cuba alta | high-shaft bloomery furnace.
horno de llama | open-flame furnace.
horno de llama directa | up-draught kiln | flame-contact furnace | flame furnace.
horno de llama indirecta | indirect flame furnace.
horno de llama invertida | reversed flame kiln.
horno de llamas ascendentes | ascending flame kiln.
horno de llamas descendentes | downdraught kiln | descending flame kiln.
horno de maleabilizar | malleableizing furnace.
horno de manga | low-blast furnace.
horno de marcha continua | continuous oven.
horno de masa térmica reducida | low thermal mass furnace.
horno de microcombustión | microcombustion furnace.
horno de microondas | microwave oven.
horno de mufla | muffle furnace.
horno de mufla caldeado con gas | gas muffle-type kiln.
horno de mufla eléctrico de carga por lotes | batch-type electric muffle furnace.
horno de mufla para recocer vidrio | muffle lehr.
horno de mufla para tostar mineral sin contacto con los productos de la combustión | blind roaster.
horno de multiconductos | multitunnel kiln.
horno de nitrurar | nitriding furnace.
horno de nodular | nodulizing furnace.
horno de nodulización | pelletizing furnace.
horno de pan | bread oven.
horno de panadería-pastelería | electric baking oven.
horno de parrilla mecánica móvil | conveyorized furnace.
horno de paso de peregrino (acerías) | walking beam furnace.
horno de paso de peregrino (cerámica) | walking-beam kiln.
horno de plaza fija | stationary hearth furnace.
horno de plaza giratoria | rotary hearth furnace.
horno de plaza movible | moving-hearth furnace.
horno de plaza móvil | movable hearth furnace.
horno de pretostación | preroasting furnace.
horno de pudelar | bloomery | puddler.
horno de pudelar paquetes de viruta | swarfing furnace.
horno de quemadores transversales | cross-fired furnace.
horno de radiación solar | sun-powered furnace.
horno de rayos catódicos | cathode ray furnace.
horno de rayos extremos del infrarrojo | far-infrared oven.
horno de recalentar (lingotes) | reheating oven | heating furnace.
horno de recalentar (metalurgia) | mill furnace.
horno de recalentar a través del cual la carga es empujada continuamente | end pusher furnace.
horno de recalentar bandas | strip heating furnace.
horno de recalentar de doble llama invertida (desplazadas y opuestas) | two-way fired soaking pit.
horno de recalentar de fosa (metalurgia) | pit heating furnace.
horno de recalentar de triple zona de caldeo | triple-zone-fired reheat furnace.
horno de recalentar desbastes | bloom reheating furnace.
horno de recalentar lingotes | ingot soaking pit | ingot pit.
horno de recalentar paquetes | piling furnace.
horno de recalentar tochos | billet reheating furnace.
horno de recalentar zamarras (metalurgia) | muck bar reheating furnace.
horno de recirculación | recirculating furnace.
horno de recocer | arch | annealing oven.

horno de recocer (aceros) | annealing furnace.
horno de recocer bandas de acero inoxidable | stainless strip softening furnace.
horno de recocer con envolvente cilíndrica desplazable en sentido vertical | top hat annealing furnace.
horno de recocer continuo | continuous annealing furnace.
horno de recocer de solera sobre rodillos | roller-hearth annealing furnace.
horno de recocer de triple cámara | triple chamber annealing furnace.
horno de recocer vidrio | leer.
horno de recocido (vidrio) | cooling furnace.
horno de recocimiento | annealing lehr.
horno de recuperación | recuperative furnace.
horno de recuperación del calor | regenerative furnace.
horno de recuperador | regeneratory furnace | regenerative furnace.
horno de reducción | reduction furnace | reducing furnace | reduction-furnace | scaling furnace | scaling oven.
horno de refinación | refining furnace.
horno de refinar | finery | refinery furnace.
horno de refino | runout fire.
horno de refino (metalurgia) | running-out fire.
horno de reguera | cutter furnace.
horno de regulación pirométrica para relajación de esfuerzos | pyrometer-controlled stress-relieving furnace.
horno de relajación de esfuerzos caldeado por la parte alta y por el fondo | top-and-botton-fired stress relieving furnace.
horno de resistencias de carbón | carbon resistor furnace.
horno de resudar (para lingotes) | soaking-pit.
horno de retortas | retort oven.
horno de revenido (aceros) | drawing furnace.
horno de revenido con circulación de aire | air draw furnace.
horno de revenir | drawback furnace.
horno de revenir de solera móvil sobre carretones | bogie hearth tempering furnace.
horno de revenir en atmósfera de vapor de agua | steam tempering furnace.
horno de reverbero | reverberatory furnace | reverberatory | reverb | flaming furnace | galley | open-hearth furnace | draught-furnace | air furnace.
horno de reverbero (minas de plomo) | flowing furnace.
horno de reverbero caldeado con petróleo y gas de hornos de coque | coke-oven-gas-plus-oil-fired open-hearth furnace.
horno de reverbero con trabajo a mano | hand-raked reverberatory furnace.
horno de reverbero de solera | reverberatory hearth furnace.
horno de reverbero de solera plana | level hearth reverberatory furnace.
horno de reverbero de trabajo mecánico | mechanically-raked reverberatory furnace.
horno de reverbero para fundería | foundry air furnace.
horno de reverbero para fundir menas de cobre | copper reverberatory smelting furnace.
horno de reverbero para fundir plomo | lead reverberatory smelting furnace.
horno de reverbero para revenir | tempering flame furnace.
horno de reverbero para tostar blendas | blende-roasting reverberatory furnace.
horno de reverbero para tostar minerales | reverberatory roaster.
horno de reverbero para tratamiento de matas cobrizas | reverberatory matting furnace.
horno de revestimiento ácido | acid lined furnace.
horno de revestimiento básico (metalurgia) | basic furnace.
horno de sales (metalurgia) | pot-furnace | pot furnace.
horno de sales caldeado con gas | gas-fired salt bath.
horno de sales para cromar | chromizing furnace.
horno de secado | drying kiln.
horno de secar (cerámica) | cockle.
horno de secar machos de circulación de aire caldeado con fueloil | oil-fired air-circulated core-drying oven.
horno de secar madera con proyección de agua | water spray dry kiln.
horno de segunda fusión | remelting furnace.
horno de sinterización de óxido de plutonio | plutonium-oxide sintering furnace.
horno de sinterizar | sinterization furnace.
horno de sinterizar (pulvimetalurgia) | sintering furnace.
horno de solera | open hearth furnace.
horno de solera abierta | open-hearth furnace.
horno de solera anular | doughnut furnace.
horno de solera corrediza | car-bottom furnace.
horno de solera de sacudidas | shaker-hearth furnace.
horno de solera desplazable de carretón caldeado con fueloil | oil-fired bogey hearth furnace.
horno de solera fija | static-hearth furnace.
horno de solera giratoria caldeado con fueloil | oil-fired rotary hearth furnace.
horno de solera móvil | truck furnace | moving-hearth furnace.
horno de solera móvil sobre carretón que permite la carga o descarga fuera del horno | bogie-type furnace.
horno de solera móvil sobre carretones | bogie klin | bogie furnace.
horno de solera sobre bogie para piezas de artillería | ordnance bogie hearth furnace.
horno de solera sobre carretón | trolley-hearth furnace.
horno de tapa circular | round-top furnace.
horno de tapa móvil para cementar con gas | lift off gas carburizing furnace.
horno de tejas | tile kiln.
horno de templar | hardening furnace.
horno de templar hermético | sealed-quench furnace.
horno de termodifusión (acerías) | soaking furnace.
horno de termodifusión (para lingotes) | soaking-pit.
horno de termotratamiento caldeado con gas industrial | town gas-fired heat treatment furnace.
horno de tiro de viento frío | cold blast furnace.
horno de tiro forzado | forced-draught furnace.
horno de tiro inferior | downdraft kiln.
horno de tiro invertido | downdraft kiln.
horno de tiro natural | air furnace | natural-draught furnace.
horno de tostación | roasting furnace | roasting kiln | calcining kiln.
horno de tostación (minerales) | roaster.
horno de tostación con tiro forzado | blast-roasting furnace.
horno de tostación de lecho fluidificado | fluid-bed roaster.
horno de tostación de mufla | muffle roaster.
horno de tostación de trabajo mecánico | mechanically-rabbled roaster furnace.
horno de tostación de varias soleras | multi-hearth roaster.
horno de tostar de una solera (tostación) | single-hearth roaster.
horno de tostar de varias soleras | multiple-hearth roaster.
horno de tostar minerales menudos | fine-ore roasting kiln.
horno de tubo | tube furnace.
horno de tubos radiantes | radiant-tube furnace.
horno de tubos radiantes con transportador continuo en atmósfera artificial caldeado por gas | radiant-tube gas-fired controlled-atmosphere continuous-belt furnace.
horno de tubos radiantes de solera continua sobre rodillos | radiant-tube continuous roller-hearth furnace.
horno de túnel | tunnel oven.
horno de túnel de cinta transportadora de tela metálica | belt kiln.
horno de túnel de marcha continua caldeado con gas | continuous tunnel-type gas-fired kiln.
horno de túnel en que los productos cerámicos se colocan sobre losa que se mueve lentamente (cerámica) | walking-beam kiln.
horno de un solo nivel | single-level furnace.
horno de vacío caldeado por inducción | induction-heated vacuum furnace.
horno de vacío de paredes calientes | hot-wall vacuum furnace.
horno de varias cámaras | multichamber kiln.
horno de ventilación (minas) | air furnace.
horno de vidriado | burning-in kiln.
horno de vidriar | gloss oven | glaze kiln.
horno de viento | air furnace.
horno de viento seco | dry-blast furnace.
horno del cemento | cement kiln.
horno discontinuo | batch furnace | intermittent furnace.
horno eléctrico ácido (aceros) | acid electric furnace.
horno eléctrico básico | basic arc furnace.
horno eléctrico de hiperfrecuencia | high-frequency electric furnace.
horno eléctrico de media frecuencia revestido de cal fundida | fused-lime-lined medium-frequency furnace.
horno eléctrico de recocer | electric annealing furnace.
horno eléctrico en que el arco salta entre los electrodos (acero) | indirect-arc furnace.
horno eléctrico para cocer pan | electric baking oven.
horno eléctrico para obtener acero directamente del mineral | ore-to-steel electric furnace.
horno electrocaldeado | electrically-heated oven.
horno electrotérmico | electrothermic furnace.
horno empujador | pushing furnace.
horno en actividad | furnace in blast.
horno en que la carga se carga y descarga por el mismo extremo | in-and-out furnace.
horno en que las piezas se transportan sobre bandejas que se deslizan sobre aire soplado | hoverkiln.
horno en túnel | lehr | tunnel furnace.
horno en ventilación (minas) | dumb-furnace.
horno escocés para fundir galena | lead-ore hearth.
horno escocés para galena | blast hearth.
horno fusor | smelting furnace.
horno fusorio | melting furnace.
horno giratorio | revolving furnace | revolving kiln.
horno giratorio caldeado interiormente | internally fired rotary kiln.
horno giratorio de pudelar | rotator.
horno horizontal de paso (recocido de chapas sostenidas por los extremos) | catenary furnace.
horno intermitente | periodic kiln.
horno lateral de estribor (caldera de varios hornos) | starboard wing furnace.
horno magnetérmico | magnethermic furnace.
horno mantenedor de la temperatura (acerías) | holding furnace.
horno Martín caldeado con gas mixto | mixed-gas-fired open-hearth furnace.
horno Martín caldeado con gas pobre | producer-gas-fired open-hearth furnace.
horno Martín Siemens básico | basic open-hearth furnace.
horno Martin-Siemens | open-hearth furnace.
horno Martin-Siemens ácido | acid open-hearth furnace.
horno Martín-Siemens enteramente básico | all-basic open-hearth furnace.

horno metalúrgico | metallurgical furnace.
horno multicrisoles | multiple crucible furnace.
horno multigalerías | multitunnel kiln.
horno multiplaza | multiple-hearth furnace.
horno ondulado (calderas) | corrugated furnace.
horno oscilante basculante caldeado con petróleo | rocker-type oscillating oil-fired furnace.
horno oscilante caldeado con coque | oscillating coke-fired furnace.
horno para acero con inyección de oxígeno sobre la superficie del caldo (acerías) | oxygen steelmaking furnace.
horno para bandajes | bandage furnace.
horno para baño de sales licuadas | molten-salt bath furnace.
horno para bizcocho (cerámica) | bisque oven.
horno para calcinar | calcinatory.
horno para calentar el mosto (fabricación cerveza) | copper.
horno para calentar hierro con los gases de la combustión del coque | hollow fire furnace.
horno para calentar tochos | billet-heating furnace.
horno para calentar tubos cerrados (química) | tube furnace.
horno para carbón de huesos | bone-char kiln.
horno para carburo de calcio | carbide furnace.
horno para cobresoldar | copper-brazing furnace.
horno para cobresoldar brillante | bright brazing furnace.
horno para cocer arcilla | clay kiln.
horno para cocer bizcocho (cerámica) | glost oven.
horno para cocer cal | lime burning kiln.
horno para cocer ladrillos formado por una pila de ellos | scove kiln.
horno para cocer porcelana | porcelain oven.
horno para cuadernas | frame furnace.
horno para chapa fina | sheet furnace.
horno para charolar | japanning oven.
horno para decorar (cerámica) | decorating lehr.
horno para descarburar | decarbonizing furnace.
horno para desecar turba | peat dryer.
horno para desoxidar (cobre) | poling furnace.
horno para desperdicios de combustible | waste-fuel furnace.
horno para el precaldeo de crisoles (fabricación vidrio) | pot arch.
horno para esmaltar vidrio | burning-in kiln.
horno para estirado de cristales | crystal puller.
horno para extracción de bismuto | bismuth furnace.
horno para formación de cenizas líquidas (calderas) | slagging furnace.
horno para formación de cristales por crecimiento de monocristales | crystal-pulling furnace.
horno para fundir latón | brass furnace.
horno para fundir menas de cobre | copper smelting furnace.
horno para fundir metales | metal-melting furnace.
horno para hacer adobes | adoberia.
horno para incineración de basuras | destructor.
horno para lacar | japanning oven.
horno para lotes | batch-type oven.
horno para mantener la fusión | melting-maintaining furnace.
horno para menas de antimonio | antimony furnace.
horno para menas de cobre | copper furnace.
horno para mineral menudo | fine-ore furnace.
horno para obtener matas cobrizas | copper matting furnace.
horno para pan (buques) | bakery.
horno para piritas | desulfurizing furnace.
horno para pirólisis | pyrolysis furnace.
horno para pirólisis de hidrocarburos | cracking furnace.
horno para producción semiindustrial | semi-production furnace.
horno para pudelar chatarra | scrap furnace | busheling furnace.
horno para recalentar paquetes (hierro pudelado) | balling furnace.
horno para recocer alambres para formar torones (cables metálicos) | strand annealing furnace.
horno para recocer bandas | strip-annealing furnace.
horno para recocer chapa fina | sheet-annealing furnace.
horno para recocer vidrio | annealing arch.
horno para refinar metales preciosos | parting furnace.
horno para refinar zinc | ash's furnace.
horno para régulo | regulus furnace.
horno para revenir | draw furnace.
horno para secado de maderas | timber-seasoning kiln.
horno para secar cereales | grain dryer.
horno para secar ladrillos | brick drier.
horno para secar machos caldeado con gas | gas-fired core-drying oven.
horno para secar madera | lumber kiln.
horno para secar malta | malt kiln.
horno para secar moldes | drying stove.
horno para templar herramientas | tool-hardening furnace.
horno para templar limas | file-hardening furnace.
horno para templar muelles | spring-tempered furnace.
horno para termotratamientos | heat-treatment furnace.
horno para tostar cinabrio | mercury furnace.
horno para tostar menas | ore furnace.
horno para trabajos variados | jobbing furnace.
horno para tratamiento de matas | matting furnace.
horno para vacuocobresoldar | vacuum-brazing furnace.
horno para vidriar | glazing oven.
horno para vidriar loza | enamel firing kiln.
horno para zinc con cámara única de combustión | Borgenet furnace.
horno parado | furnace out of blast.
horno parado (sin viento) | damped-down furnace.
horno pequeño alimentado por otro mayor y donde el caldo se mantiene a una temperatura fijada (acerías) | holding furnace.
horno pequeño de espejo parabólico que recoge el calor solar (fundición de metales) | solar furnace.
horno portátil para calentar objetos de vidrio y darles forma | gloryhole.
horno que extrae la escoria por delante | front slagger.
horno que puede emplear dos combustibles | dual-fuel furnace.
horno rectangular para carbonizar leña | rectangular stall.
horno recuperador | regenerating-furnace.
horno reductor | reduction-furnace.
horno refusor | remelting furnace.
horno regenerador | regenerating-furnace.
horno regulado por célula fotoeléctrica | photoelectric-cell-controlled furnace.
horno revestido de grafito | carbon lined furnace.
horno rodado de campaña (ejército) | mobile field oven.
horno rotativo | revolving furnace | rotatory kiln.
horno rotativo (metalurgia) | rotating hearth furnace.
horno rotativo de pudelar | mechanical puddler.
horno rotatorio con basculación sobre un extremo | end-tilting rotary furnace.
horno rotatorio de retortas | rotating retort furnace.
horno secadero (fabricación alambres) | baker.
horno secador | kiln dryer.
horno semicontinuo para broncesoldar | semicontinuous brazing furnce.
horno sin parrillas (fabricación vidrio) | water-bottom furnace.
horno sin termorrecuperador | nonregenerative furnace.
horno solar | solar furnace | solar concentrator.
horno solar (fundición de metales) | solar furnace.
horno solar articulado | fully articulated plant.
horno vertical de cuba | pit furnace.
horno-horas | furnace-hours.
horno-túnel para vidriado (cerámica) | salt glazing tunnel kiln.
horología | horology.
horológico | horological.
horometría | horology | horometry.
horómetro | horometer.
horoscopista | horoscopist.
horóscopo | horoscope.
horquilla | yoke | yoke | wye | fourchette | fork | fish jaw | clevis | fork socket | pitchfork | pike.
horquilla (de biela) | jaw.
horquilla (en un árbol) | crotch.
horquilla (guantes) | forkett.
horquilla (pieza entre los dedos de un guante) | fourchette.
horquilla (sucesión de dos salvas para ahorquillar el blanco - tiro artillería) | bracket.
horquilla (tiro artillero) | straddle.
horquilla central de trama | center filling fork.
horquilla de anclaje | forked tie.
horquilla de anillo | clevis ring.
horquilla de articulación | yoke.
horquilla de biela | connecting-rod jaw.
horquilla de cambio (autos) | shifter yoke.
horquilla de cambio de trama (horquilla cambiacanillas-telares) | filling changing fork.
horquilla de carga | charging fork.
horquilla de desembrague (transmisión por correa) | belt fork.
horquilla de desplazamiento (tren de engranajes) | glut.
horquilla de doble muelle | duo sprung fork.
horquilla de embrague | clutch fork.
horquilla de empuje del eje delantero (autos) | front axle radius rod.
horquilla de la biela de la excéntrica | eccentric gab.
horquilla de lavado (minerales) | filtering board for buddling.
horquilla de mando del cambio | gear control fork.
horquilla de maniobra | control fork.
horquilla de seguridad | safety fork.
horquilla de sintonía | hairpin tuning bar.
horquilla de transmisión (cañón) | shipper yoke.
horquilla de trole | trolley harp.
horquilla del paratramas (telares) | weft fork.
horquilla del seguro | safety fork.
horquilla del tiratacos | picker fork.
horquilla del tren del flotador (hidros) | float chassis fork socket.
horquilla elástica | spring fork.
horquilla elevadora | lifting fork.
horquilla giratoria (pantógrafo de locomotora) | swivel harp.
horquilla grande (tiro artillería) | high bracket.
horquilla oscilante | swinging fork.
horquilla oscilante de la suspensión (suspensión autos) | wishbone.
horquilla para balasto | ballast fork.
horquilla para dirigir el rulo (apisonadora) | steering fork.
horquilla para el cabello | hairpin.
horquilla paraurdimbres (telar automático) | open-end drop wire.
horquilla pequeña (tiro de artillería) | low bracket.
horquilla portaaislador | insulated fork.

horquilla portacuchara | ladle carrier.
horquilla posterior | rear yoke.
horquilla roscada | cotter pin-bolt.
horquilla telescópica | telescopic fork.
horquilla telescópica delantera (motocicleta) | telescopic front fork.
horquilla universal | universal clevis.
horquillaje (tiro artillero) | straddle.
horquillaje del blanco (artillería) | bracketing.
horquillar el blanco (artillería) | bracket (to) | straddle (to).
horquilla-soporte | horn.
hórreo | garner.
horrescente | horrescent.
horst | horst.
horst (geología) | fault ridge.
horsteno (geología) | chert.
horsteno (variedad de cuarzo) | hornstone.
horsteno desintegrado | cotton rock.
hortaliza | vegetable.
hortalizas | greens | garden stuff | green stuff.
hortícola | horticultural.
horticultor | horticulturalist | horticulturist.
horticultura | horticulture | gardening | garden tillage.
horticultura comercial | commercial horticulture.
hospedar | quarter (to).
hospicio | hospital.
hospital | hospital.
hospital base (milicia) | fixed hospital.
hospital con estancia breve de los enfermos | short-stay hospital.
hospital de contagiosos | isolation hospital.
hospital de evacuación | clearing-hospital | evacuation hospital | casualty clearing station.
hospital de prisiones de guerra | prisoner-of-war hospital.
hospital de sangre | dressing-station.
hospital del interior | base hospital.
hospital electronificado | electronic hospital.
hospital móvil de campaña | hospitalization unit.
hospital para desastre nuclear o por terremotos | disaster hospital.
hospital para grandes desastres equipado para larga duración | packaged disaster hospital.
hospital pediátrico | pediatric hospital.
hospital quirúrgico | surgical hospital.
hospital remolcado (G.B.) | trailerised hospital.
hospitalización | hospitalization.
hospitalizado | detained in hospital.
hospitalizar | hospitalize (to).
hostigamiento | harassing.
hostigar | keep on the run (to).
hostil | hostile.
hostilidades | hostilities.
hotel | hotel.
hotel de ventas | auction mart.
hotón (en el hilo) | nub.
houdriforming (fabricación de aromáticos) | houdriforming.
hoya | pool | basin | pit.
hoya (ríos) | pothole.
hoya glacial | kettle hole.
hoya hidrográfica | watershed.
hoya tributaria | watershed.
hoyada | lowland | sink.
hoyo | hollow | pit.
hoyo (desnivelación - en el terreno) | dish.
hoyo de ataque químico | etchpit.
hoyo de explosión (sísmica) | shot hole.
hoyo de poste | posthole.
hoyo para siembra | seed hole.
hoyuelo (en la barbilla o mejilla) | dimple.
hoz | hook | sickle.
huacal | crate.
huacal (plátanso) | stem.
huate | wadding.
hubnerita (wolframato de manganeso) | huebnerite.
hucha | bin | money-box.
hueco | scoop | cavity | hole | concave | recess | empty | empty space | hollow.
hueco (arena, grava, etc.) | air space.
hueco (Bolivia, Ecuador) | pipe.
hueco (de puerta o ventana) | opening.
hueco (electrónica) | hole.
hueco (entre dientes ruedas) | space.
hueco (escaleras) | wellhole.
hueco (llaves) | broach.
hueco (nuclear) | void.
hueco (semiconductores) | valley.
hueco apoyapiés (fuselaje aeroplanos) | foothold.
hueco capturado | captured hole.
hueco de la concha (distribuidor plano máquina vapor alternativa | exhaust cavity.
hueco de la dentadura | dedendum.
hueco de las olas | trough of the sea.
hueco de puerta | door-opening.
hueco de puerta o ventana | flanning.
hueco de vacancia (aceros) | vacancy sink.
hueco de ventilación | opening light.
hueco del casco (caballos) | coffin.
hueco del tipo de imprenta (letras) | counter.
hueco en el centro de un rollizo que se extiende en toda su longitud | pipe.
hueco en el fondo del diente | root clearance.
hueco en la llanta | rim-bound recess.
hueco en un costado del tablero de instrumentos (autos) | cubby hole.
hueco entre barras del emparrillado | grate opening.
hueco exagonal (cabeza de tornillos) | hex socket.
hueco para descarga de la viruta (máquinas herramientas) | chip discharge chute.
hueco para los pies (mesas despacho, autos) | foot-well.
hueco y saliente | groove and land.
huecograbado | mezzotint | gravure | gravure-printing | intaglio printing process.
huecograbado en colores | colorgravure | color photogravure.
huecograbado en rotativas | rotogravure.
huecos (en la superficie) | pits.
huecos (gravas y arenas) | voids.
huecos de curación (árboles) | hollow corning.
huecos de curación (madera) | hollow-horning.
huecos en la toma de inventario | pitfall.
huecos inducidos por irradiación | irradiation-induced vacancies.
huecos negativamente ionizados | negatively ionized vacancies.
huecos para sectores de discos (telefonía) | wafer blanks.
huelga | strike | turnout.
huelga con ocupación de la fábrica | sit-in.
huelga contra su patrono | direct strike.
huelga de 4 días de duración | four-day old strike.
huelga de advertencia | token strike.
huelga de brazos caídos | turnout | go-slow | stay-in strike | slowdown | sit-in | sit-down strike.
huelga de compradores | buyer's strike.
huelga de hacer lo preciso con arreglo a las bases laborales | working to rule.
huelga de hambre | hunger strike.
huelga de obreros portuarios | docker's strike.
huelga de protesta | protest strike.
huelga de solidaridad | sympathetic strike | strike in sympathy.
huelga de trabajo lento | working to rule | go-slow strike.
huelga desautorizada | wildcat strike.
huelga fijada para el Primero de Mayo | strike set for May 1st.
huelga ilegal | wildcat strike | outlaw strike | illegal strike.
huelga inspirada | rigged-up strike.
huelga intergremial sobre jurisdicción | jurisdictional strike.
huelga laboral | walkout.
huelga no autorizada | wildcat.
huelga no sancionada sindicalmente | wildcat strike.
huelga para conseguir la rápida aprobación de una petición | token strike.
huelga pasiva (Argentina) | sit-down strike.
huelga política | political strike.
huelga por jurisdicción entre gremios | jurisdictional strike.
huelga por solidaridad | sympathetic strike.
huelga salvaje | lightning strike.
huelga simbólica | token strike.
huelga sin abandonar su sitio de trabajo | stay-in strike.
huelga sin aviso previo | lightning strike.
huelga solidaria | sympathetic strike.
huelga subsidiaria | secondary strike.
huelgas de guerrilla | guerrilla strikes.
huelgistas de vigilancia cerca de una fábrica | picket.
huelgo | ply | clearance space | clearance.
huelgo (de máquinas) | lash.
huelgo (engranajes) | shake.
huelgo (entre piezas) | slack | sluck.
huelgo (entre piezas de máquina) | backlash.
huelgo (máquinas) | looseness | lost motion | play.
huelgo (piezas máquinas) | free motion.
huelgo admisible | permissible clearance | admissible play.
huelgo angular | angular play.
huelgo axial | endshake | end play | axial clearance | free travel.
huelgo axial (de un eje) | float.
huelgo axial (ejes) | end float.
huelgo axial de los ejes motores para permitir la inscripción en curvas (locomotoras) | lateral traverse.
huelgo de funcionamiento | running clearance.
huelgo de la vía (ferrocarril) | gage clearance.
huelgo del agujero de la barrena (trépano) | auger-hole clearance.
huelgo del cojinete | bearing clearance.
huelgo del empujaválvula | tappet clearance.
huelgo del engranaje | gear play.
huelgo del macho (timón) | pintle clearance.
huelgo del pistón | piston play.
huelgo diametral | diametral clearance.
huelgo diametral de trabajo (pistones) | diametrical working clearance.
huelgo en caliente | hot clearance.
huelgo en caliente del balancín | hot rocker-arm clearance.
huelgo en el fondo de los dientes (engranajes) | top-and-bottom clearance.
huelgo en el movimiento del volante | flywheel side play.
huelgo en frío del balancín | cold rocker-arm clearance.
huelgo en la punta de las paletas del rotor | gap at the tip of the rotor blades.
huelgo entre dientes (rueda dentada) | clearing.
huelgo entre el carril y el motor (locomotora eléctrica) | motor-rail clearance.
huelgo entre el carril y la caja de engranajes (locomotora eléctrica) | gearcase-rail clearance.
huelgo entre la pestaña y el carril | play between flange and rail.
huelgo entre la pestaña y el carril (ruedas de vagones) | flange-to-rail clearance.
huelgo entre las caras de cierre para permitir la salida del exceso de material (moldeo por presión) | spew relief.
huelgo entre los dientes (engranajes) | side clearance.
huelgo interior | inside clearance.
huelgo lateral | side clearance | lateral float.
huelgo lateral entre un pivote y el agujero de su piedra (relojes) | shake.
huelgo longitudinal | end play.
huelgo máximo | maximum clearance.
huelgo mínimo | minimum clearance.
huelgo para la dilatación | expansion gap | allowance for heat expansion | gap.
huelgo para la dilatación (carriles de vía) |

gap extension.
huelgo pistón-cilindro | piston/bore clearance.
huelgo radial | radial clearance | tip clearance.
huelgo vertical | lift lost motion.
huelguista | striker.
huella | indent | impression | indentation | footprint | footstep | sign | mark | tread | trace | track | step | print.
huella (escalones) | run | tread.
huella antirresbaladiza (escalones) | safety tread.
huella cónica | conical impression.
huella dactilar | finger print.
huella de herradura | hoof-print.
huella del escalón de arranque (escaleras) | bullnose thread.
huella digital (dactiloscopia) | fingermark.
huella fosilizada de dinosaurio | dinosaur fossilized footprint.
huellas | vestige.
huellas dactilares sobre el diamante | fingerprinting of diamond.
huellas en el estañado producidas por aceite de palma (hojalata) | grease marks.
huellas impresas en arenisca | footprints impressed in sandstone.
huellas necrodactilares | necrodactilar print.
huerta | garden.
huerta casera | home fruit garden.
huerto | garden.
huerto de árboles frutales | fruit-garden.
huesecillo | bonelet.
huesecillos | ossicula.
hueso (de animal) | bone.
hueso (frutas) | stone.
hueso coxal | haunch-bone.
hueso cuadrado (zoología) | quadrate.
hueso cuboides (anatomía) | cuboid.
hueso de fruta | pyrene.
hueso de la pechuga (aves) | wishbone.
hueso del carpo | intermedium.
hueso descarnado | fished bone.
hueso frontal | frontal.
hueso ilíaco | haunch-bone.
hueso pisiforme | pisiform.
hueso trapezoide (anatomía) | trapezoid.
huesos | ossa.
huesos de albaricoques molidos | crushed apricot pits.
huesos de mataderos industriales | packer bones.
huesos molidos tratados con ácido sulfúrico | dissolved bone.
huesos óticos de ballenas | cetolith.
huesos procedentes de ganado de cortijos | camp bones.
huevas (peces) | spawn.
huevas de bacalao | cod-roe.
huevas de langosta | coral.
huevas de pescado | hard-doe.
huevo | egg | ovum.
huevo de reptil | reptile egg.
huevo en cáscara | shell egg.
huevo en polvo | egg powder.
huevos (peces, ostras, almejas) | roe.
huevos crudos | raw eggs.
huevos de aves | bird's eggs.
huevos de ostras y almejas | spawn.
huevos de rana | frog-spawn.
huevos demersales (peces) | demersal eggs.
huevos frescos de granja | farm-fresh eggs.
huevos fritos congelados | frozen fried eggs.
huida | flight | escape | abscondence.
huida (minas) | holing.
huida de capitales | flight of capital.
huir | fly off (to) | get off (to) | get away (to) | escape (to).
huir a la desbandada | escape pell mell (to).
huir en tropel | escape pell mell (to).
hule | enamel cloth | oilskin | oilcloth.
hule (México) | rubber.
hule acrilonitrilo | nitrile rubber.
hule butadieno-estireno | styrene-butadiene rubber.
hule butílico | butyl rubber.
hule fluoropreno (medicina) | fluoroprene rubler.
hule vulcanizado | vulcanized rubber.
hulla | hard coal | pit-coal | pit coal | coal.
hulla a granel | rough coal.
hulla aglutinada | cake coal.
hulla antracitosa | anthracitic coal | semianthracite.
hulla apizarrada | slate-coal.
hulla bituminosa | flaming coal.
hulla compacta muy rica en materias volátiles | cannel coal.
hulla de gas | gas coal.
hulla de grosor medio | cobbling.
hulla de llama corta | short burning coal.
hulla de llama larga | long-burning coal | long-flame coal.
hulla de turba | peat coal.
hulla en trozos gruesos | lump coal.
hulla grasa | run coal | close-burning coal | smoking coal | soft coal | bottle coal | fat coal | bituminous coal.
hulla grasa de llama larga | gas coal.
hulla magra | lean coal | dry-coal.
hulla papiracea | dysodyle.
hulla piciforme | parrot coal | pitch coal.
hulla pizarrosa | bone coal | foliated coal.
hulla pobre en volátiles | nongassing coal.
hulla residual de la industria química (potencia calorífica aproximada a la de la hulla entera - EE.UU.) | char.
hulla seca | nonbaking coal | nonbituminous coal | noncoking coal | dry-coal.
hulla seca aglutinante | baking cherry coal.
hulla seca de llama larga | splint-coal | sintering coal.
hulla semigrasa | open-burning coal | cherry coal.
hulla sin llama | nonflaming coal.
hulla subbituminosa | lignitic coal.
hulla terrosa blanda | mush.
hulla terrosa de mala calidad | smut.
hullera | colliery | coalery | coal mine.
hullero | coal.
hullificación | carbonization.
hullificarse | carbonize (to).
humanidades | humanities.
humanismo | humanism.
humanismo cristiano | Christian humanism.
humanista | humanist.
humano | human.
humanología | humanology.
humanólogo | humanologist.
humatos extraídos de turba | peat-based humates.
humazo (cavidad interior) | camouflet.
humazo (minas terrestres) | camouflet.
humeante | smoky | smoking | fuming.
humear | smoke (to) | fume (to).
humectabilidad | wettability.
humectable | wettable | moistenable.
humectación | moistening | humidifying | humectation | humidification | damping | dampening.
humectación (fabricación papel) | spray damper.
humectación antes de estirar (pieles) | damping-up.
humectación de diamantes por metales líquidos | wetting of diamonds by liquid metals.
humectación de la arena (moldería) | sand tempering.
humectación de la superficie por medio de una capa de agua represada por pequeños caballones de tierra | ponding.
humectación del algodón | cotton wetting.
humectado | wetted.
humectador | moistener | humidifier | dampener | dampening unit.
humectador de artesa | pan humidifier.
humectador de matrices (imprenta) | mat humidor.
humectador de pincel | brush dampener.
humectador del aire | air moistener.
humectador para aviones | aircraft humidifier.
humectador para husadas | cop moistener.
humectante | wetting | humectant.
humectante polialcohólico | polyalcoholic humectant.
humectar | wet (to) | dampen (to) | damp (to) | humidify (to) | moisten (to).
humedad | moisture | humidity | damp | dampness | wetness.
humedad absoluta | absolute humidity.
humedad almacenada en el suelo (agricultura) | carryover soil moisture.
humedad atmosférica | water vapor | atmospheric moisture | atmospheric humidity | air humidity.
humedad atmosférica relativa | relative atmospheric humidity.
humedad capilar | capillary moisture.
humedad combinada (carbones) | combined moisture.
humedad condensada | drip.
humedad crítica | critical moisture.
humedad de aire | air moisture.
humedad de canteras (piedras) | quarry-sap.
humedad de contacto | contact moisture.
humedad de los troceados de madera | chip moisture.
humedad del aire entrante | inlet air humidity.
humedad del suelo | vadose water | soil moisture.
humedad del suelo (agua subterránea) | suspended water.
humedad disponible | available moisture.
humedad específica | moisture content | humidity ratio.
humedad hidroscópica | hydroscopic moisture.
humedad higroscópica | hygroscopic moisture.
humedad regulable | controllable humidity.
humedad relativa | relative humidity.
humedad relativa de equilibrio | relative equilibrium humidity.
humedad retenida | entrained moisture.
humedecedor | moistener.
humedecer | moisten (to) | humidify (to) | dampen (to) | damp (to) | wet (to) | water (to).
humedecimiento | wetting | dampening.
húmedo | wet | moist | humid | oozy.
húmedo y frío (atmósfera) | clammy.
humero | breeching.
humero (chimenea) | flue.
humero lateral (hornos) | side flue.
húmico | humic.
humícola | humus-like.
humidificación | moistening | damping | humidifying | humidification.
humidificación regulada | controlled humidification.
humidificador | humidor | humidifier | damp air blower.
humidificador (textiles) | conditioner.
humidificar | damp (to) | humidify (to) | wet (to) | moisten (to).
humidifugacia | moisture resistance | moisture-resistance.
humidífugo | moisture-repellent | moisture repellent.
humidímetro | moistmeter | moisture indicator | humidity meter | moisture meter.
humidistatizado | humidistatted.
humidistatizar | humidistat (to).
humidistato | humidistat.
humidistato de la tubería de aire comprimido | airline moisture indicator.
humidorresistente | moisture resisting | moisture-resistant.
humidosensible | moisture sensitive.
humidostato | humidostat.
humificación | humification.
humillación | derogation.
humita berílica | beryllium-humite.

humo | smoke | fume.
humo carbonaceo | carbonaceous smoke.
humo de cortina | blanketing smoke.
humo de hielo | frost smoke.
humo de turba | peat-reek.
humo denso acre | dense pungent smoke.
humo rojizo | smoke.
humo sofocante | irritant smoke.
humor vitreo | eyewater.
humor vítreo (ojos) | vitreous body.
humos | vapour (G.B.) | vapor (EE.UU.).
humos arsenicales | arsenical fumes.
humos corrosivos | corrosive fumes.
humos del horno | furnace fume.
humos metalúrgicos | smelter smoke.
humos minerales industriales | industrial mineral fumes.
humos molestos | offensive fumes.
humos nocivos | obnoxious fumes.
humos producidos por el oxicorte | cutting fumes.
humos rosados (acerías) | iron oxide fume.
humoso | smoky | fumy | humous.
humus | humus | mould.
humus de superficie (terrenos) | mor.
humus estable | durable humus.
humus petroleoquímico | petrochemical humus.
hundible | sinkable.
hundido | sunken.
hundido (asientos) | dopped | dipped.
hundido (buques) | sunk | sunken.
hundido (minas) | stope up.
hundido (pavimento) | sagging.
hundido (terreno) | low-lying.
hundimiento | letting-down | downfall | sinking | sinkage | collapse | cave-in | caving-in | foundering | run of ground | fall.
hundimiento (del piso) | sagging.
hundimiento (del techo) | sag.
hundimiento (geología) | settling.
hundimiento (minas) | nip | draw | cover caving | cave | gob.
hundimiento (pliegue geológico) | pitch.
hundimiento brusco del techo o de la cara de trabajo (minas) | goth.
hundimiento de la superficie (minas) | crop fall.
hundimiento de los precios | heavy fall of price.
hundimiento del eje del pliegue (geología) | pitch of fold axis.
hundimiento del exterior (minas) | creeping.
hundimiento del suelo | land subsidence.
hundimiento del techo (minas) | fall of roof | blow.
hundimiento instantáneo del techo (minas) | rush.
hundimiento intencional (de un buque) | scuttling.
hundimiento isostático | isostatic settling.
hundimiento isostático (geología) | isostatic sinking.
hundimiento por la acción del agua | washout.
hundir | sink (to) | sink (to).
hundir (un buque) | scupper (to).
hundir por abordaje | run into (to).
hundirse | go down (to) | fall in (to) | founder (to).
hundirse (buques) | settle (to) | run (to).
hundirse (geología) | subside (to).
hundirse (minería) | pack (to).
hundirse de proa | go by the head (to).
hundirse de proa (buques) | nose-dive (to).
hundirse el pie en una materia blanda | slump (to).
huon (Dacrydium franklinii) | huon pine.
huracán | hurricane | twister.
hurgar | rake (to) | stir (to).
hurgón | slash bar | slice bar | nipple | iron rake | pricker | prick bar | coal rake | ash scraper | poker | beater | oven rake | clinkering tool | oven fork.
hurgón (hornos) | fire hook | ash rake.
hurgón para trabajar (horno de pudelar) | paddle.
hurogón de punta curva | rabble.
hurón | ferret.
hurón (aparato limpiador de canalizaciones) | rabbit.
hurón limpiador (tuberías de agua) | cleaning ferret.
huronera | creep hole.
hurtar | poach (to).
hurto | picking | pilferage | burglary | larceny.
hurto en gran cuantía | grand larceny.
hurto en pequeñas cantidades | pilfering.
husada | spinning package | spinning bobbin.
husada (tejeduría) | cop.
husada de capas cruzadas | cross-wound cop.
husada de desarrollo interior | solid cop.
husada de selfactina | mule cop.
husada de trama | filling cop | pin-cop.
husada de urdimbre | twist cop | warp bobbin.
husada gigante (selfactina) | giant package.
husada llena | full cop.
husada maciza | tubular cop.
husada tubular | tubular cop.
husillo | headstock spindle | worm | arbor | screw spindle | screw.
husillo (columna de laminador) | pin.
husillo (telares) | peg.
husillo (tornos) | feed shaft | feed screw | spindle | guide-screw | leading screw | lead screw.
husillo accionador de la fresa matriz | hob-driving spindle.
husillo con cromado duro | hard-chromed spindle.
husillo de alcances (cañones) | sight angle shaft worm.
husillo de arrastre (tornos) | lathe screw.
husillo de avance | feed screw.
husillo de avance (máquina herramienta) | feed spindle.
husillo de avance (tornos, etc.) | leader.
husillo de avance longitudinal | longitudinal feed screw.
husillo de avance transversal | surfacing screw.
husillo de bobina | bobbin skewer.
husillo de boquilla cónica | tapered spindle.
husillo de cilindrar (tornos) | feed rod.
husillo de cojinetes lisos | plain-bearing spindle.
husillo de derivas (alza de cañón) | sight deflection worm.
husillo de elevación (máquinas) | elevating spindle.
husillo de fileta | creel peg.
husillo de fileta (tejeduría) | skewer.
husillo de izado (grúas) | lifting screw.
husillo de la mesa | table spindle.
husillo de la válvula de toma de mar (buques) | inlet valve spindle.
husillo de mando | driving spindle.
husillo de prensa | press screw.
husillo de seguridad (laminadores) | breaking spindle.
husillo de torno | lathe lead screw.
husillo del avance transversal | cross-feed screw.
husillo del carro transversal | cross-slide screw.
husillo del contrapunto (tornos) | tail screw.
husillo del plato | chucking spindle.
husillo desplazable (válvulas) | rising stem.
husillo divisor | dividing spindle.
husillo elevador de la mesa | table elevating screw.
husillo giratorio | stud.
husillo hueco | hollow spindle.
husillo lapidado (tornos) | lapped leadscrew.
husillo móvil | live spindle.
husillo no desplazable | nonrising stem.
husillo para husada | cop skewer.
husillo para rectificar interiores | internal grinding spindle.
husillo para tuercas | nut arbor.
husillo planetario | planetary spindle.
husillo plurirrosca | multiple screw spindle.
husillo portamuela | grinding wheel spindle.
husillo reversible (máquinas) | reversible leadscrew.
husillo vertical | vertical spindle.
husillos (rueda linterna) | rounds.
huso | nacelle | fusee | spindle | spindle | spinner.
huso (arañas) | fusus.
huso (paño - de un paracaídas, de un globo esférico) | gore.
huso (telares) | peg.
huso de aleta | flyer spindle.
huso de araña | flyer spindle.
huso de bobina | spool spindle.
huso de caja | cap spindle.
huso de centrado automático | gravity spindle.
huso de centrado automático (tejeduría) | flexible spindle.
huso de estuche (tejeduría) | box peg.
huso de gancho | hooked spindle | neb peg.
huso de la canilla | pirn spindle.
huso de lanzadera | shuttle peg.
huso de retorcer | doubler spindle | doubling spindle.
huso de tubo giratorio | revolving tube spindle.
huso desnudo | bare spindle.
huso esférico | lune.
huso esférico (geometría) | spherical lune.
huso flexible para trama | flexible weft spindle.
huso horario | hour-zone | standard-time belt | zone time | time zone.
huso hueco (tejeduría) | hollow spindle.
huso madre (citología) | mother skein.
huso ovillador | balling spindle.
huso para continua de anillos | ring spindle.
huso para hilados de algodón | cotton-spinning spindle.
huso que gira a más velocidad que la bobina | spindle lead.
huso y cuenta (adorno de molduras) | spindle and bead.
husos (arañas) | fusi.
hutonita ($ThSiO_4$) | huttonite.

I

i griega | wye.
iatrón | iatron.
iberoamericanista | latin americanist.
iberoamericano | Ibero-American.
ibón | mountain lagoon.
icaquito (Licania hypoleuca) | caripe.
iceberg | iceberg | berg.
iceberg a ras de agua | sconce.
iceberg con cima cónica o redondeada | ice island iceberg.
iceberg con cima cónica o redondeador | dome-shaped iceberg.
iceberg con una abertura pasante en forma de arco en la flotación | arched iceberg.
iceberg de enorme tamaño | ice island.
iceberg desprendido de la banca de hielo | calved berg.
iceberg pequeño de color índigo difícil de ver por los buques | growler.
iceberg plano | flat berg.
iceberg tabular | barrier iceberg.
icewood (Flindersia acuminata) | silver silkwood.
icnito | ichnite.
icnografía | ichnography.
icnográfico | ichnographic.
icnograma | ichnogram.
icnolito | ichnite | ichnolite.
icnología | ichnology.
icnomancia | ichnomancy.
icono | icon.
iconoclasia | iconoclasm.
iconodulia | iconoduly.
iconódulo | iconodule.
iconografía | iconography.
iconografía médica | medical iconography.
iconografía numismática | numismatics iconography.
iconógrafo | iconographer.
iconograma | iconogram.
iconólatra | iconolater.
iconomático | iconomatic.
iconométrico | iconometer.
iconómetro | iconometer.
iconoplasta | iconoplast.
iconoscopio | storage camera | orthicon.
iconoscopio (sintonía de aparatos de radio) | electric eye.
iconoscopio (TV) | iconoscope.
iconostasio | iconostasis.
iconostasis | iconostasis.
iconotrón | iconotron.
icor | ichor.
icosaédrico | icosahedral.
icosaedro | icosahedron.
icosaesfera | icosasphere.
icositetraédrico | icositetrahedral.
icositetraedro | icositetrahedron | tetragonal trisoctahedron.
icositetraedros | icositetrahedra.
ictericia (medicina) | jaundice.
ictícola | ichthycolous | ichthyocolous.
ictiocola | isinglass.
ictiocolla | ichthyocolla.
ictiodonto | ichthyodont.
ictiodoruito | ichthyodoruite.
ictiófago | fish-eating.
ictiofauna | ichthyofauna.
ictiógeno | fish-producing | ichthyogenous.
ictioglipto | ichthyoglypt.
ictiografía | ichthygraphy | ichthyography.
ictioide | fish-like.
ictiolito | ichthyolite.
ictiología | ichthyology.
ictiólogo | ichthyologist.
ictiopatología | ichthyopathology.
ictiopatólogo | ichthypathologist.
ictiosaurios | ichthyosauria.
ictiosauro | ichthyosaurus.
ictioscopio (pesca) | fishgraph.
ictiotoxismo | ichthyotoxism.
ictismo | ichthyism.
ictómetro lineal | linear ratemeter.
ictómetro logarítmico | logarithmic ratemeter.
ictómetro medidor del número de impulsos eléctricos en la unidad de tiempo (electrónica) | counting ratemeter.
ida y vuelta | push and pull | two-way.
ida y vuelta (varillaje de sondeo) | round trip.
idea | contrivance | idea.
idea de valor comercial | commercially profitable idea.
idea madre | main idea.
idea matriz | original idea.
idea original | fresh idea.
idea que acelera la producción | production-speeding idea.
ideación | idea creation.
ideado | devised.
ideal convexo (matemáticas) | convex ideal.
ideal para climas templados | ideal for warm climates.
idealidad del gas | gas ideality.
idealización | idealization.
idear | devise (to) | plan (to).
idem (tipografía) | ditto.
idempotente | idempotent.
idempotente no nulo (álgebra) | nonzero idempotent.
idenfactor | idemfactor.
identidad | identity.
identidad (de gastos, etc.) | community.
identidad de los litigios (abogacía) | identity of cause of action.
identidades | identities.
identificabilidad | identifiability.
identificabilidad del blanco | target identifiability.
identificable | identifiable.
identificación | IFF | recognition.
identificación (de un circuito eléctrico) | tracing.
identificación cristalografía óptica | optical crystallographic identification.
identificación de amigo o enemigo | identification of friend or foe.
identificación de caracteres automáticamente | character recognition.
identificación de diamantes por topografía por rayos X | fingerprinting diamonds by X-ray topography.
identificación de figuras formas o sonidos de manera automática (informática) | pattern recognition.
identificación de maniobrabilidad del buque | ship maneuverability identification.
identificación de municiones | ammunition identification.
identificación de personas | person-matching.
identificación de tuberías | piping identification.
identificación del blanco | target identification.
identificación del circuito | circuit identification.
identificación del radiofaro | radiobeacon identification.
identificación del terreno | topographical identification.
identificación del terreno (por puntos fotogramétricos) | ground control.
identificación del usuario | user identification.
identificación electrográfica indestructiva | electrographic nondestructive identification.
identificación electrónica de trenes en marcha | electronic train indentification.
identificación fotográfica | photoidentification.
identificación general | catch all.
identificación microscópica | microscopic identification.
identificación óptica de un diamante | optical fingerprint of a diamond.
identificación por fotografía aérea | aerial photograph identification.
identificación y computación de radiactividad | radioactivity detection, identification and computation (R.A.D.I.A.C.).
identificado | tagged.
identificador | identifier.
identificador de empleo de datos | data use indentifier.
identificador de palabras | word recognizer.
identificar | recognize (to) | identify (to).
identificar o localizar con precisión un avión o una formación de aviones | pinpoint (to).
identificar por medio de su contenido radioactivo | label (to).
identificarse | log-on (to).
identifíquese | who are you | WRU.
ideófono | ideophone.
ideogenético | ideogenetic.
ideogenia | ideogeny.
ideografía | ideography.
ideografía del modelo | model ideograph.
ideograma | ideograph | ideogram.
ideograma cinético | kinetic ideogram.
ideología | ideology.
ideologías de problemas específicos actuales | issues.
ideológico | ideological.
idiociclofanía | idiocyclophany.
idiocromático | idiochromatic.
idioelectricidad | idioelectricity.
idioeléctrico | idioelectric.
idiofónico | idiophonic.
idiogénitos | idiogenites.
idiógeno | idiogenous.
idiógrafo | idiograph.
idiograma (cromosomático) | idiogram.
idiohiperoxidación | idiohyperoxidation.
idiohipoxidación | idiohypoxidation.
idiolecto | idiolect.
idiologismo | idiologism.
idioma | language | idiom.
idioma de empleo universal | universal language.
idioma polaco | Polish.
idiomorfismo | idiomorphism.
idiomorfo | idiomorphic | automorphic | euhedral.
idiomorfosis | idiomorphosis.
idioplasma | idioplasm.
idioplasmático | idioplasmatic.
idioscopio | idioscope.
idiosincrasias del aparato | idiosyncrasies of the apparatus.
idiosincrático | idiosyncratic.
idiostasia | idiostasy.
idiotermia | idiothermy.
idiotermo | idiothermous.
idiotez | feeble-mindedness.
idioticón | idioticon | dialect dictionary.
ido a pique (hundido - buques) | foundered.
idófono | videophone.
idoneidad | competency | fitness | suitability | adequacy.
idoneidad de despegue | takeoff ability.
idoneidad técnica | technical idoneity.
idóneo | qualified | skilled | fitted.
idóneo para | adapted for.
iglesia | church.
iglesia anglicana | anglican church.
iglesia nacional | establishment.
iglú | igloo.
ígneo | flame-colored | igneous.
ignición | ignition | igniting.
ignición (motores) | ignition | lighting.
ignición continua de la mezcla combustible-aire por medio de la llama en la cámara de combustión (estatorreactor) | self-piloting ignition.
ignición de los vapores del petróleo | oil vapor ignition.
ignición de polvos de carbón | coal-dust igni-

tion | coal dust igniting.
ignición doble (motores) | twin ignition.
ignición electrónica por la explosión de un hilo metálico delgado (vehículo espacial) | exploding bridge-wire electronic ignition.
ignición en una mina de carbón | coal mine ignition.
ignición espontánea (motores) | spontaneous ignition.
ignición espontánea por el simple contacto de los componentes del propulsante (cohetes) | hypergolic ignition.
ignición hipergólica (cohetes) | hypergolic ignition.
ignición piezoeléctrica (motor de combustión) | piezoelectric ignition.
ignición por compresión | compression ignition.
ignición por magneto (motores) | magneto ignition.
ignición por magneto y ruptor (motores) | magnetic make-and-break ignition.
ignición por presión | compressional ignition.
ignición por tubo incandcscentc | hot-tubc ignition.
ignición química | chemical ignition.
ignición retardada | retarded ignition.
ignición retrasada | delayed ignition.
ignición transistorizada (motor de automóvil) | transistorized ignition.
ignicolista | ignicolist.
ignicoloro | fire-colored.
igniextirpación | igniextirpation.
ignífero | igniferous.
ignifugacia | ignifugacy | fire-resisting power | fire resistance.
ignifugación | ignifugation | flame-resisting | fireproofing | fire resistant treatment | fire retardation.
ignifugación de la madera | timber fireproofing.
ignifugada (madera) | fire-retarded.
ignifugado | flame proof.
ignifugante | fireproofing | fire-resistant agent.
ignifugar | fireproof (to).
ignífugo | slow burning | nonignitable | noninflammable | antifire | fire-resistant | fireproof | fire extinguishing | fire-retardant | fire resisting | heat-resisting.
ignígeno | igneous.
ignimbrita | ash flow.
ignipotente | ignipotent.
ignipuntura | ignipuncture.
igniretardante | fire retardant.
igniscencia | ignescence.
igniscente | ignescent.
igniscer | ignisce (to).
ignisensible | fire-sensitive.
ignitibilidad | ignitability.
ignitible | ignitable.
ignitor | igniter | ignitor.
ignitor del estatorreactor | ramjet igniter.
ignitor eléctrico | electric ignitor.
ignitor electrónico | electronic ignitor.
ignitor pirotécnico | pyrotechnic igniter.
ignitrón (tubo electrónico) | ignitron.
ignitrón síncrono | synchronous ignitron.
ignívomo | ignivomous.
ignívomo (volcanes) | fire-emitting.
ignorancia no esencial (jurídico) | accidental ignorance.
ignorante | skilless.
ignorar | ignore (to).
ignorar (ordenador) | ignore (to).
igual | flush | match | like | level | even | equal.
igual a la imagen | equal to pattern.
igual a la muestra | equal to pattern | up to the mark.
igual probabilidad a priori | equal a priori probability.
igual remuneración por igual trabajo | equal pay for equal work.
igual y contrario | equal and opposite.
iguala | retainer.
iguala (medicina) | panel.
igualación | equating | matching | leveling | levelling (G.B.) | evening | equalization | equalizing.
igualación (de gastos e ingresos) | equation.
igualación (del teñido) | leveling | levelling (G.B.).
igualación de colores | color matching.
igualación de ecos | echo matching.
igualación de fuentes luminosas | matching of light sources.
igualación de gruesos | thicknessing.
igualación de impedancias | impedance matching.
igualación de impedancias de banda ancha | broadband impedance matching.
igualación de la presión | pressure equalization.
igualación del color (fotometría) | color match.
igualador | equalizer | evener | beam flattening filter | leveler | leveller.
igualador automático | auto-leveller.
igualador de atenuación | attenuation equalizer.
igualador de Bode | Bode equalizer.
igualador dc dicntcs dc sierra | saw jointer.
igualador de ganancia (electrónica) | gain equalizer.
igualador de la función de Laguerre | Laguerre function equalizer.
igualador de pendiente | slope equalising.
igualador de potencia | power equalizer.
igualador de potencial | equalizer.
igualador de retardo (radio) | phase corrector.
igualador de retardo de grupo | group-delay equalizer.
igualador de retraso (radio) | delay equalizer.
igualador en derivación (telegrafía) | parallel equalizer.
igualador químico (teñido) | leveler.
igualadora de cantos | edge setting machine.
igualamiento | equalization.
igualando los numeradores | putting the numerators equal.
igualar | true up (to) | trim (to) | lay level (to) | level (to) | equalize (to) | flush (to) | surface (to) | even (to) | make level (to) | balance (to) | equal (to) | smooth (to) | side (to).
igualar (agujeros que no coinciden) | drift (to).
igualar (colores) | hit (to).
igualar (el terreno) | level up (to).
igualar (sierras) | joint (to).
igualar a | match (to).
igualar al martillo | hammer even (to).
igualar la madera con azuela | dub (to).
igualarse | equal (to).
igualdad | evenness | equability | equality | par | levelness.
igualdad (de rango, etc.) | parity.
igualdad de capacidad entre los conductores y el forro (cable telefónico) | capacity balance.
igualdad de rango | level.
igualdad en la longitud de las líneas (tipografía) | justification.
igualdad obligatoria | enforced equality.
igualitarizar | equalize (to).
igualmente bueno | no less good.
igualmente distanciado | equally spaced.
igualmente ondulado | equiripple.
igualmente probable | equally likely.
iguana australiana | frilled lizard.
ijólita | ijolith.
ikatten | ikatten.
ilación (de ideas) | connectedness.
ilegal | lawless | unlawful | contrary to law.
ilegalidad | unlawfulness.
ilegalmente | under the table.
ilegibilidad | illegibility.
ilegítimo | unlawful.
ileso | safe.
ileso (comercio) | sound.
ilete sencillo | single thread.
ilícito | undue | contrary to law.
ilicitud | illicitness.
ilicitud penal | penal illicitness.
ilicuación | illicuation.
ilimitado | unconfined | endless | unqualified | dimensionless.
ilimitado (absoluto - poderes) | full-sailed.
ilión | haunch-bone.
iliquidez | illiquidity.
ilita (geología) | illite.
ilmenio | ilmenium.
ilmenita | ilmenite.
ilmenita con porcentaje de óxido titánico menor que lo normal | crichtonite.
ilmenita en escamas transparentes delgadas | ilmeniteglimmer.
ilomba (Pycnanthus kombo) | ilomba | pycnanthus.
ilomba (Pycnanthus Kombo - arb) | walele.
ilomba (Pycnanthus kombo - Warb) | akomu.
iluminación | illumination.
iluminación a contraluz | backlighting.
iluminación coherente | coherent illumination.
iluminación con arco de xenón pulsado | pulsed-xenón illumination.
iluminación con reflectores de luz directa | downlights illumination.
iluminación concentrada | spotlighting.
iluminación cónicooblícua | conical-oblique illumination.
iluminación de acceso (aeropuertos) | lead-in lighting.
iluminación de campos de fútbol | football floodlighting.
iluminación de intensidad regulable | variable-intensity illumination.
iluminación de las vías públicas | highway lighting.
iluminación de los instrumentos del automóvil | automotive instrument lighting.
iluminación de torre (faros) | tower lighting.
iluminación débil de la parte oscura de la luna por luz solar reflejada desde la tierra | earthlight.
iluminación del campo de batalla | battlefield illumination.
iluminación desigual del blanco sobre la superficie presentada al observador (triangulación topográfica) | phase.
iluminación excesiva | overlighting.
iluminación fluorescente | cold cathode lighting.
iluminación insuficiente | under lighting.
iluminación momentánea (de un blanco) | flick.
iluminación monocromática | monochromatic illumination.
iluminación perimétrica | perimetrical illumination.
iluminación por bovedilla del techo | cove lighting.
iluminación por luz negra | black lighting.
iluminación por rayos infrarrojos | infrared illumination.
iluminación proyectada (alumbrado intensivo por proyectores) | floodlighting.
iluminación reducida (por economía) | brownout.
iluminación sobre fondo oscuro | dark ground illumination.
iluminado | alight.
iluminado por el sol | sunlit.
iluminado profusamente | brilliantly-lit.
iluminador | luminator | illuminant | illuminator.
iluminador de filmes (para verlos por transparencia) | film illuminator.
iluminador de prisma | prism illuminator.
iluminador del campo óptico | optical field illuminator.
iluminador opaco | opaque illuminator.
iluminancia | illuminance.
iluminante | illuminant.
iluminar | illumine (to) | light (to) | lighten (to) | illuminate (to).
iluminar con proyectores | floodlight (to).
iluminómetro | illuminometer.
ilusión agrávica | agravic illusion.

ilusión agrávica (oftalmología) | oculogravic illusion.
ilusión autocinética | autokinetic illusion.
ilustración | icon | illustration | picture.
ilustración (libros) | figure.
ilustración de mayor tamaño que la página (tipografía) | oversize illustration.
ilustración que ocupa las dos páginas centrales (folletos) | center spread.
ilustraciones de un texto (imprenta) | artwork.
ilustrado (periódicos) | pictorial.
ilustrado (suplementos) | pictorial.
iluvial | illuvial.
illinio (química) | illinium.
imada (lanzamiento buques) | slipway.
imada curva (botadura buques) | cambered groundway.
imadas (botadura) | standing ways.
imadas (lanzamiento sobre la quilla) | launching ways.
imadas con guías (botadura buques) | hollow ways.
imagen | picture | icon | pattern | video | vision | image.
imagen (cine, televisión) | frame.
imagen (de televisión) | field.
imagen (sentido figurado) | edition.
imagen (televisión) | picture | display.
imagen ampliada | blowup image.
imagen aplanática acromática | achromatic aplanatic image.
imagen arquetípica | archetypal image.
imagen bien definida | sharp image.
imagen borrosa | blurring.
imagen centrada (cine) | panned picture.
imagen clara | sharp image | high-definition image.
imagen comática | comatic image.
imagen completa (televisión) | frame.
imagen con efecto de profundidad (imagen casi estereoscópica) | deep dimension picture.
imagen con gradaciones de tono oscuras (TV) | low-key picture.
imagen con gran contraste | contrasty image.
imagen con pocas gradaciones de tono (cine, televisión) | high key image.
imagen con poco contraste | flat image.
imagen consecutiva | after image.
imagen contrastada (fotografía) | contrast picture.
imagen cruzada formada por barras en que la línea diagonal se desplaza alternativamente a derecha y a izquierda (TV) | herringbone effect.
imagen de dispersión | diffusion image.
imagen de dos haces (radar) | two beam display.
imagen de estenoscopio | pinhole image.
imagen de la memoria | core image.
imagen de marca | industry image.
imagen de potencial (televisión) | charge image | image pattern.
imagen de prueba | resolution pattern.
imagen de televisión | tele-image.
imagen de televisión reproducida | reproduced televisión image.
imagen de ultrasonidos | ultrasound image.
imagen de un eco (radar) | pip.
imagen de un punto según una transformación | image of a point under a transformation.
imagen débil (espectrograma) | faint image.
imagen débil (TV) | soft picture.
imagen deformada | distorted image.
imagen del retículo | reticle pattern.
imagen descentrada del eje | off-axis image.
imagen desenfocada | out-of-focus image.
imagen desenfocada (fotografía) | fringing.
imagen difractada | diffracted image.
imagen difusa | ghost image.
imagen directa | virtual image.
imagen directa (óptica) | erect image.
imagen dura | hard image.
imagen eco | ghost image.
imagen eco (televisión) | echo | double image | multipath effect.
imagen en campo claro | bright field image.
imagen en cruz de hierro | iron cross image.
imagen en negativo (fotografía) | reverse image.
imagen en relieve | fat image.
imagen en tablero de ajedrez (televisión) | checker board pattern.
imagen en trapecio (TV) | trapezoidal pattern.
imagen en un radariscopio | paint.
imagen erecta (óptica) | erected image.
imagen estereoscópica | stereopicture.
imagen exacta | express image.
imagen explorada | scanned image.
imagen extrafocal | extrafocal image.
imagen falsa | false image.
imagen falsa (imagen fantasma - óptica) | ghost image.
imagen falsa (TV) | streaking.
imagen falta de afinidad para la tinta (litografía) | blind image.
imagen fantasma | echo image.
imagen fantasma (televisión) | double image | echo | multipath effect.
imagen fantasmal de retorno | retrace ghost.
imagen fiel | express image.
imagen fija | still image.
imagen focal | aerial image.
imagen fotografiada - fotograma (filmes) | frame.
imagen fotografiada de la pantalla radárica | radar photograph.
imagen fotográfica estrechada hacia arriba o hacia abajo | keystone picture.
imagen fotolitográfica impresa en prensa offset | offset.
imagen impresa | printed image.
imagen inmóvil (TV) | monoscope.
imagen invertida | inverted image | reversed image.
imagen luminosa | light image.
imagen luminosa (cine, televisión) | high key image.
imagen manchada (TV) | spottiness.
imagen mayor que lo normal | larger-than-normal image.
imagen microtelevisada | microtelevised image.
imagen móvil | monoscope.
imagen muy detallada (televisión) | busy picture.
imagen negativa | reversed image.
imagen nítida | sharp image | clear image.
imagen normal (cine) | middle-key picture.
imagen óptica | optical pattern.
imagen óptica amplificada | magnified optical image.
imagen oscura (cine) | low-key picture.
imagen partida | split image.
imagen patrón (comparador óptico) | master image.
imagen patrón (TV) | pattern.
imagen persistente | after image.
imagen profunda (fotografía) | deep picture.
imagen proyectada ópticamente | optically-projected image.
imagen que aparece en el radar | beacon presentation.
imagen radárica estereoscópica | stereoscopic radar image.
imagen rajada por la mitad y desplazada hacia ambos costados (TV) | split picture.
imagen real aérea | aerial image.
imagen recíproca (transformaciones) | inverse image.
imagen recíproca de un conjunto (tipología) | inverse image of a set.
imagen retenida | burned-in image | retained image | image burn.
imagen secundaria | after image | afterimage | ghost.
imagen secundaria negativa | negative after image.
imagen sin sombra | shadow-free image.
imagen sobre la pantalla (tubo de rayos catódicos) | radar screen picture.
imagen sobre la pantalla (radar) | scope.
imagen sobre sonido | vision on sound.
imagen televisada | televised image.
imagen tramada (imprenta-fotografía) | half-tone process image.
imagen ultrasónica | shadowgraph.
imagen vaga del diafragma sobre la placa (fotografía) | flare spot.
imagen válida | cleanpoint.
imagen virtual | virtual image | negative image.
imágenes (televisión) | pix.
imágenes asimétricas | asymmetric images.
imágenes de gran tamaño (TV) | big screen.
imágenes de neutrones térmicos | thermal neutron images.
imágenes de sombras (aerodinámica) | shadowgraphs.
imágenes de televisión | telepix.
imágenes dibujadas | animation.
imágenes especulares | mirror images.
imágenes por segundo (cine) | frames per second.
imágenes superpuestas | foldover.
imágenes superpuestas (imagen fantasma - defecto televisión) | fold-over.
imágenes tomadas por satélites artificiales | satellite pictures.
imágenes vesiculares (fotografía) | vesicular images.
imagiconografía | imagiconography.
imaginable | devisable.
imaginar | devise (to) | image (to).
imaginario | imaginary.
imaginarios conjugados | conjugate imaginaries.
imaginería aprovechable (lentes) | usable imagery.
imaginería óptica | optical imagery.
imago | imago.
imago joven | callow adult.
imán acorazado | pot magnet.
imán amortiguador | damping magnet.
imán anular (grúas) | ring magnet.
imán armado | armed magnet.
iman cerámico | ceramic magnet.
imán compensador | magnetic compensator.
imán corrector | controlling magnet | magnet corrector | correcting magnet | compensating magnet.
imán corrector del error de escora | heeling corrector.
imán de convergencia | convergence magnet.
imán de estructura semicolumnar | semicolumnar magnet.
imán de hoja supraconductora | superconducting foil magnet.
imán de pureza | purity magnet.
imán director | control magnet | directive magnet.
imán elipsoidal | ellipsoidal magnet.
imán en herradura | horseshoe magnet.
imán en pista de carreras (betatrón) | racetrack magnet.
imán especial para pescar pequeñas herramientas (sondeos) | hell raiser.
imán lamelar | laminated magnet.
imán laminado | compound magnet.
imán laminoso | lamellar magnet.
imán natural | loadstone | lodestone.
imán natural (física) | netural magnet.
imán neutralizador de campo | rim magnet.
imán para ojos | eye magnet.
imán permanente | magnet.
imán permanente anisótropo | anisotropic permanent magnet.
imán recto | stick magnet | bar magnet.
imán sostenedor | holding magnet.
imán supraconductor | supermagnet.
imanable | magnetizable.
imanación | magnetism | magnetization | mag-

netizing.
imanación anhisterésica | anhysteretic magnetization.
imanación anómala | anomalous magnetization.
imanación coherente (pulvimetalurgía) | coherent magnetization.
imanación del dominio | domain magnetization.
imanación incremental | incremental magnetization.
imanación por doble toque | magnetization by double touch.
imanación por impulsos | flash magnetization | pulse magnetization.
imanación remanente | remanence.
imanación remanente termoquímica | thermochemical remanent magnetization.
imanación residual | remanence | residual magnetization.
imanación solenoidal | circuital magnetization.
imanación superficial | flash magnetization.
imanado | magnetic.
imanador | magnetizer.
imanador por descarga del condensador | condenser-discharge magnetizer.
imanar | magnetize (to).
imanar (bobinas) | energize (to).
imanar una barra de acero | dipolarize (to).
imanar una barra de hierro | dipolarize (to).
imantación | magnetization.
imantado a saturación | magnetized to saturation.
imbaleable (residuos, chatarra, etc.) | unbaleable.
imbasculable | nontilting.
imbasculante | tripproof.
imbibición | soaking | impregnation | impregnating | imbibition.
imbibición en ácido | acid soaking.
imbornal | watercourse | scupper-hole | scupper.
imbornal (buques) | drain hole | limber hole.
imbornal (de varenga) | limber.
imbornal (marina) | scupper hole.
imbornal del muro | wall vent.
imbricación | scale work | imbrication.
imbricado | imbricate.
imbricar | imbricate (to).
imbrice (arqueología) | imbrex.
imbrífero | imbrifer.
imbrífugo | raintight | rainproof.
imbrífugo (al agua) | waterproof.
imbuya (Phoebe porosa) | imbuya.
imbuya (Phoebe porosa - Mez) | embuia.
imC (radiología) | ImC.
imcumplido | delinquent.
imida | imide.
imídico | imide.
imina | imine.
imínico | imine.
iminohalogenuro | iminohalide.
imitación | near | facsimile | imitation.
imitación crepé | flat crepe.
imitación de cuero | leather-like.
imitación de escarcha (metales) | frosting.
imitación de lapizlazuli coloreando jaspe con ferricianuro | German lapiz.
imitación de lo extranjero | foreignism.
imitación de tela forrada | imitation backed fabric.
imitación del pergamino vegetal | papyrine.
imitación fraudulenta | fraudulent imitation.
imitación raso | sateen.
imitaciones de diamantes | diamond substitutes.
imitado | dummy | dummy | artificial.
imitar el lino (fabricación papel) | linenize (to).
imitar el mármol | mimic marble (to).
imitativo | echoic.
imóscapo (arquitectura) | apophyge.
impacción | impaction.
impacción del rumen (veterinario) | mawbound.
impacción neumática | pneumatic impaction.
impactado | impacted.
impactito | impactite.
impactito meteorítico | meteoritic impactite.
impacto | impact.
impacto (artillería) | hitting | hit.
impacto (de un proyectil) | shot.
impacto (forja) | blow.
impacto (masa móviles) | augment.
impacto (sobre blancos) | shack.
impacto (sobre el blanco) | strike.
impacto (tiro) | impact.
impacto ambiental | environmental impact.
impacto con un casco de bomba o granada | fragment impact.
impacto de haz | spot.
impacto de una partícula | cut.
impacto del proyectil | projectile impact.
impacto dinámico (puentes) | dynamic augment.
impacto directamente sobre el blanco | direct hit.
impacto ecológico | environmental impact.
impacto económico | economic impact.
impacto en el espacio cósmico | impact in cosmic space.
impacto en el terreno de una bomba | bombfall.
impacto fuera de zona (tiro al blanco) | outer.
impacto hidrodinámico en cuerpos cuneiformes | slamming.
impacto social | social impact.
impacto visual | visual impact.
impactor | impactor.
impactos eficaces por metro^2 | efficacy impacts per sq. m.
impactos por tonelada de municiones gastadas | hits per ton of ammunition expended.
impactos por unidad superficial (artillería) | density of pattern.
impagado | unpaid.
impagar | not pay (to) | dishonor (to).
impagar un cheque | reject a cheque (to).
impagar una letra | dishonour a bill (to).
impaginación (tipografía) | making-up | makeup.
impaginador (tipografía) | maker-up | makeup hand.
impaginar (tipografía) | make up (to).
impago | nonpayment.
impalpabilidad | impalpability.
impalpable | impalpable.
impaludado | malaria-striken.
impar (matemáticas) | uneven.
impar (número) | uneven.
imparcial | even-handed | candid | fair | unbiased.
imparcialidad | evenness | evenhandedness.
imparcialmente | judicially | evenly.
imparidad | nonparity | odd-ones parity.
impartir | impart (to).
impartir una sentencia | mete out a sentence (to).
impávido | fearless.
impedancia | impedance | impedor.
impedancia (electricidad) | virtual resistance.
impedancia a media carga | mid-load impedance.
impedancia acústica | acoustical impedance | acoustic impedance.
impedancia acústica del diamante de 63×10^5 gramos × centímetros^{-2} segundo^{-1} | acoustic impedance of diamond of 63×10^{15} gm × cms^{-2} sec^{-1}.
impedancia acústica por unidad de superficie | unit-area acoustical impedance.
impedancia amortiguada | damped impedance.
impedancia anódica | plate impedance | anode impedance.
impedancia anódica de carga | anode load impedance.
impedancia antirresonante | antiresonant impedance.
impedancia bilateral lineal | linear bilateral impedance.
impedancia bloqueada | blocked impedance.
impedancia característica | characteristic impedance | wave impedance | matching impedance.
impedancia característica (telegrafía) | surge impedance.
impedancia característica de onda | characteristic wave impedance.
impedancia cargada | loaded impedance.
impedancia cinética (acústica) | motional impedance.
impedancia compleja | complex impedance.
impedancia concentrada | lumped impedance.
impedancia de alimentación de antena | aerial feed impedance.
impedancia de altavoz | loudspeaker impedance.
impedancia de avalancha | avalanche impedance.
impedancia de campo homopolar | zero-sequence field impedance.
impedancia de carga | burden impedance | load resistance.
impedancia de carga (electricidad) | load impedance.
impedancia de carga anódica | plate load impedance.
impedancia de carga de placa | plate load impedance.
impedancia de cortocircuito | short-circuit impedance.
impedancia de dispersión | leakage-impedance.
impedancia de dispersión del primario | leakage impedance of the primary.
impedancia de emisión | sending impedance.
impedancia de entrada | input impedance | sending-end impedance | driving-point impedance | driving point impedance.
impedancia de entrada de antena | antenna feed-impedance.
impedancia de entrada de una antena | antenna feed-point impedance.
impedancia de entrada en cortocircuito | short-circuit input impedance.
impedancia de entrada en los terminales de entrada | input impedance at the input terminals.
impedancia de equilibrio | matching stub.
impedancia de escucha | audio impedance.
impedancia de interacción | interaction impedance.
impedancia de intersincronización | transfer impedance.
impedancia de las ramificaciones de la red | network branches impedances.
impedancia de onda | wave impedance.
impedancia de radiación | radiation impedance.
impedancia de recubrimiento de cátodo | cathode coating impedance.
impedancia de ruptura | breakdown impedance.
impedancia de salida (transmisor acústico) | blocked impedance.
impedancia de salida emisor común (transistor) | common-emitter output impedance.
impedancia de sincronismo | synchronous impedance.
impedancia de sobrevoltaje | surge impedance.
impedancia de transferencia | transfer impedance.
impedancia de transferencia (acústica) | transfer mechanical impedance.
impedancia del ánodo | anode impedance.
impedancia del arco | arc impedance.
impedancia del cable | cable impedance.
impedancia del capacitor de paso | bypass capacitor impedance.
impedancia del circuito | loop impedance.
impedancia del diodo | diode impedance.
impedancia del extremo del receptor | receiving-end impedance.
impedancia del extremo libre | open-end impedance.
impedancia del extremo transmisor | sending end impedance.
impedancia del relé | relay impedance.
impedancia dinámica | rejector impedance.

impedancia dinámica (acústica) | motional impedance.
impedancia dinámica zener | dynamic zener impedance.
impedancia directa del diodo | diode forward impedance.
impedancia dispersora (cables) | dissipative impedance.
impedancia eléctrica mocional | motional electrical impedance.
impedancia electródica | electrode impedance.
impedancia en circuito abierto | open circuit impedance.
impedancia en cortocircuito | closed-end impedance | short-circuit impedance.
impedancia en el extremo transmisor | sending-end impedance.
impedancia en las bornas | terminal impedance.
impedancia en paralelo | shunt impedance.
impedancia en serie | series impedance.
impedancia en serie con la línea | line-series impedance.
impedancia en vacío del transductor | transducer blocked impedance.
impedancia equilibrada | balanced impedance | matched impedance.
impedancia final | terminal impedance.
impedancia impulsiva | surge impedance.
impedancia interna | internal impedance.
impedancia interna de la máquina (electricidad) | machine impedance.
impedancia interna propia | inherent internal impedance.
impedancia intersuperficial de cátodo | cathode layer impedance.
impedancia iterativa | iterative impedance.
impedancia magnetizante | magnetizing impedance.
impedancia mecánica | mechanical impedance.
impedancia mocional (acústica) | motional impedance.
impedancia mutua | mutual impedance.
impedancia mutua de onda | mutual surge impedance.
impedancia negativa | expedance.
impedancia normalizada | normal impedance.
impedancia propia | self-impedance | free impedance.
impedancia real | normal impedance.
impedancia reflejada | coupled impedance | reflected impedance.
impedancia regulada por derivación | shunt-regulated impedance.
impedancia resonante | resonant impedance.
impedancia reversible | bilateral impedance.
impedancia sin carga (electricidad) | blocked impedance.
impedancia sin núcleo magnético | air core choke.
impedancia sincrónica longitudinal | direct-axis synchronous impedance.
impedancia unilateral | unilateral impedance.
impedancias adaptadas | matching impedances.
impedancias asimétricas en serie | unsymmetrical series impedances.
impedancias conjugadas | conjugate impedances.
impedancias conjugadas (cuadrípolo) | conjugated impedances.
impedancias de imágenes (cuadripolos) | image impedances.
impedancias de malla | mesh impedances.
impedancias imaginarias conjugadas | conjugated impedances.
impedancímetro | z meter | Z-meter | impedance meter | impedometer.
impedancímetro acústico | acoustic impedance meter.
impedido para bornear por tener las cadenas el ancla muy tensas (buques) | girt.
impedido por la marea (navegación) | tide-bound.
impedidor | obstructor.
impedidor (soldeo por resistencia de tubos de aluminio) | impeder.
impedimental | impedimental.
impedimento | setback | obstacle | obstruction | disability | estopagge | hindrance | stop.
impedimento (jurisprudencia) | let.
impedimento (seguros) | impairment.
impedimento común | common bar.
impedimento dirimente | diriment impediment.
impedimento equitativo | equitable estoppel.
impedimento estérico | esteric hindrance | steric hindrance.
impedimento legal | estoppel | disablement.
impedimento para admitir trabajadores no jóvenes (de más de cuarenta años) | age barrier.
impedimento por acta (jurisprudencia) | technical estoppel.
impedimento técnico (jurisprudencia) | technical estoppel.
impedimentos | handicaps | impairments | impediments.
impedir | put a stop (to) | exclude (to) | preclude (to) | prevent (to) | obstruct (to) | disenable (to).
impedir (jurisprudencia) | estop (to).
impedir acercarse | keep off (to).
impedir el movimiento de | steady (to).
impedir entrar (cerrando con llave la puerta) | lock out (to).
impedir la entrada | shutoff (to).
impedir la fuga | prevent the flight (to).
impedir la utilización | impair the usefulness (to).
impedir la utilización (de un aparato) | lock out (to).
impedir que funcione la válvula de seguridad (calderas) | sit on the safety-valve (to).
impedir salir | keep in (to).
impelente | pressure | impellent | propellent | forcing.
impelente (bombas, ventiladores) | plenum | positive.
impeler | drift (to) | propel (to) | impel (to) | thrust (to) | drive (to).
impeler (bombas) | deliver (to).
impeler con fuerza | ram (to).
impeler con una pértiga (embarcaciones) | pole (to).
impendancia de dispersión | leak impedance.
impenetrabilidad al aire | impenetrability to air.
impenetrable | impervious.
impenetrable (al agua) | waterproof.
impenetrable al aire | impervious to air.
impenetrable al polvo | dustproof.
imperativo | must | mandatory | peremptory.
imperativo categórico | moral imperative.
imperativo herético | heretical imperative.
imperativo legal | legal imperative.
imperativo social | social imperative.
imperceptible (ruidos, etcétera) | inaudible.
imperceptible a simple vista | visually imperceptible.
imperceptibles a simple vista | indistinguishable to the naked eye.
imperdible (alfiler) | safety pin.
imperdibles de acero | steel safety pins.
imperecedero | nonperishable | fadeless.
imperfección | imperfection | flaw | cat eye | blemish.
imperfección (gemas) | inclusion.
imperfección (jurisprudencia) | defect.
imperfección en forma de cuerda (vidrio) | cord.
imperfección por impurezas | impurity imperfection.
imperfección relajante | relaxing imperfection.
imperfecciones | dropouts.
imperfecciones de la deposición | deposition imperfections.
imperfecciones en los cristales (metalografía) | imperfections in crystals.
imperfecciones importantes | serious imperfections.
imperfecciones superficiales (plásticos) | pulled surface.
imperfecto | imperfect | faulty.
imperforable | punctureproof | nonpuncturable.
imperial (de diligencia) | roof.
imperial (diligencias) | imperial.
imperial (ómnibus) | outside.
impericia | inexpertness.
imperio | empire | control.
impermanente | nonpermanent.
impermeabilidad | impermeability | imperviousness.
impermeabilidad a las grasas | greaseproofness.
impermeabilidad a las grasas (papeles) | grease resistance.
impermeabilidad al aceite | oil-tightness.
impermeabilidad al agua | watertightness.
impermeabilización | proofing | waterproofing treatments | waterproofing | dampproofing.
impermeabilización (fibras textiles) | hydrophobing.
impermeabilización de piezas fundidas | casting sealing.
impermeabilización por adición a la mezcla de un compuesto hidrófugo | integral waterproofing.
impermeabilización por membrana | membrane waterproofing.
impermeabilizador | waterproofer.
impermeabilizante (textiles) | rainproofer.
impermeabilizar | waterproof (to) | caulk (to) | seal (to).
impermeabilizar (telas) | proof (to) | pad (to).
impermeabilizar (textiles) | rainproof (to).
impermeable | impervious | impermeable | water tight | nonwettable | repellent.
impermeable (al agua) | waterproof.
impermeable (prenda de vestir) | raincoat.
impermeable a la grasa | greaseproof | fat tight.
impermeable a la humedad | dampproof.
impermeable a la lluvia | rainproof.
impermeable al agua | watertight.
impermeable de tela aceitada | oiled raincoat.
impermeable de tela encerada | slicker.
impermeable de tela fina | gossamer.
impertinencia (jurisprudencia) | impertinence.
imperturbativo | nonperturbative.
impetrante (de una patente) | grantee.
impetuosidad | elan.
ímpetus previos (pozo petróleo) | forerunners.
implacabilidad | relentlessness.
implantable | implantable.
implantación | layout.
implantación de iones | ion implantation.
implantación de iones en diamantes | ion implantation in diamond.
implantación por calculadora electrónica | computerized layout.
implantar | infix (to) | implant (to).
implantar (ideas) | plant (to).
implante | implant.
implante médico | medical implant.
implastificado | nonplastified | unplasticized.
implementación | implementation.
implemento | implement.
implementos (arqueología) | implements.
implementos neolíticos | Neolithic implements.
implicación | implication.
implicación del derecho | implication of law.
implicación económica | economic implication.
implicación social | social implication.
implicado en un crimen | involved in a crime.
implicante | implicant.
implicante primo (álgebra) | prime implicant.
implicar | involve (to) | carry (to).
implicar mala fé | involve bad faith (to).
implicar riesgos | involve risks (to).
implosión | implosion.
implosión (lingüística) | implosion.
implosionar (calderas, etcétera) | implode (to).
implosivo | implosive.
implotar (calderas, etcétera) | implode (to).

implume (aves) | unfledged.
impolarizable | impolarizable.
impolarizado | unbiased.
impolarizar | unpolarize (to).
impoluto | unpolluted.
imponderabilidad | imponderability.
imponderable | imponderable.
imponedor | imposer.
imponente (bancos) | investor.
imponer | impose to) | force on (to) | command (to) | lay down (to) | levy (to) | enforce (to).
imponer (cargas, tributos, obligaciones) | lay (to).
imponer (impuestos) | exact (to).
imponer (prensa tipográfica) | make ready (to).
imponer (trabajos) | entail (to).
imponer a | charge (to).
imponer contribución | excise (to).
imponer contribuciones | rate (to) | tax (to).
imponer impuestos | levy taxes (to).
imponer la censura | impose strict censorship (to).
imponer su voluntad a | enforce one's will on (to).
imponer un impuesto | impose a tax (to).
imponer un tributo | assess a tax (to).
imponer una multa | impose a fine (to) | estreat (to).
imponer una pena | penalize (to).
imponibilidad | taxability.
imponible | taxable | ratable | rateable | assessable | imposable | liable to tax | dutiable.
imponible (contribuciones) | excisable.
imponible (impuestos) | exactable.
imporosidad | imporosity.
imporoso | nonporous | imporous.
importable | importable.
importación | import | importing | importation.
importación de tabaco | tobacco import.
importación que no necesita permiso | licence free import | license free import.
importación temporal | temporary import.
importación temporal para procesar | temporary importation for processing.
importaciones | imports.
importaciones de mineral de hierro | iron-ore imports.
importaciones privadas | private imports.
importaciones restringidas | restricted imports.
importador | importer.
importador principal | major importer.
importancia | concern | consideration | matter.
importancia (sociedades) | standing.
importancia bioeconómica | bioeconomic importance.
importante | considerable | no mean.
importante (averías) | major.
importar (cuentas) | mount (to).
importar (mercancías) | import (to).
importe al contado | amount in cash.
importe amortizado | amount written off.
importe cargado con exceso | overcharge.
importe de billete de tren | carfare.
importe de la factura | amount of invoice | invoice amount.
importe de la mano de obra | labor bill | labor cost.
importe de la mano de obra en hombres-horas | labor cost in man-hours.
importe de la mercancía y flete | cost and freight.
importe de la prima | premium amount.
importe de los trienios | longevity pay.
importe de tasación de valores | appraised value of securities.
importe de una letra de resaca | re-exchange.
importe deducible | deduction.
importe del canon | rate of royalty.
importe del dividendo | dividend rate.
importe del documento más los gastos de cobranza (banca) | with exchange.
importe del fletamiento | rate of charterage.
importe del gasto | amount of expenses.
importe del pasaje (buques) | passage money.
importe fijo | flat amount.
importe íntegro | gross amount.
importe medio | average amount.
importe neto | net amount.
importe neto (pólizas) | face.
importe neto de devolución debida | net of refund due.
importe neto de la póliza | face of a policy.
importe que se reclama | amount claimed.
importe recuperable | amount recoverable.
importe total | full amount | gross amount.
importe trimestral | quarterage.
importe utilizado | utilized amount.
imposibilidad de anudar (homotopía) | unknotting.
imposibilidad de aterrizar en la zona deseada | overshoot and undershoot.
imposibilidad de cotizar precio en firme | inability to quote firm prices.
imposibilidad de recibir información a causa de tormentas ionosféricas | radio blackout.
imposibilidad de un radiorreceptor de captar cualquier señal (regiones árticas) | blackout.
imposibilitar | disable (to).
imposible de reparar | beyond repair.
imposición (impuestos, etc.) | laying-on.
imposición (tipografía) | imposition | makeup | stonework.
imposición acumulativa en cascada (economía) | cumulative multi-stage tax.
imposición de altura achaflanada | bevel.
imposición de contribuciones | tax assessment | taxing.
imposición de fondos | investment.
imposición de impuestos | taxation.
imposición de sociedades | business taxation.
imposición degresiva | degressive taxation.
imposición en régimen de evaluación global | presumptive taxation.
imposición excesiva | excessive taxation.
imposición múltiple | multiple taxation.
imposición proporcional | proportional taxation.
imposición sobre compañías | company taxation.
imposiciones (acciones) | holding.
imposiciones (tipografía) | furniture.
imposiciones a plazo (bancos) | time deposit.
imposiciones cuneiformes (para formar sesgadas - tipografía) | beveled furniture.
imposiciones en libreta de ahorro | savings deposit.
impositor | depositor.
imposta | dormant-tree | fascia | summer.
imposta (arcada) | impost.
imposta (arcos) | skewback | springer | spring | spring line | springing.
imposta (arquitectura) | facia.
imposta (columnas) | padstone.
imposta acristalada | fairlight.
imposta de coronación | coping.
impracticabilidad | impracticability.
impracticable | unfeasible | impracticable | unworkable.
imprecisión | indeterminateness.
imprecisión legal | legal loophole.
imprecisiones en la talla de engranajes | gear inaccuracy.
impreciso | dim | inexplicit.
impreciso (fotografía) | blurred.
impredictibilidad | unpredictability.
impregnación | permeation | loading | impregnating | impregnation | soaking | steeping | saturation.
impregnación con aceite o grasa para aumentar la flexibilidad (cueros) | fat-liquoring.
impregnación con caucho (telas) | frictioning.
impregnación con creosota | tar oil impregnation.
impregnación con cromo | chromium impregnation.
impregnación con grasa (cuero) | stuffing.
impregnación con mordiente (teñido) | padding.
impregnación con una solución | solutioning.
impregnación con vapores de cloruro de cromo (aceros) | chromizing.
impregnación de la emulsión fotográfica con deuterio | loading.
impregnación de las piezas de fundición permeables | permeable iron casting impregnation.
impregnación en foulard | padding.
impregnación por presión después del vacío (en autoclaves) | vacuum-pressure impregnation.
impregnado | impregnate | impregnated.
impregnado a presión | pressure impregnated.
impregnado con asfalto (cables eléctricos) | impregnated.
impregnado con humedad | drunken.
impregnado con partículas de diamante | diamond powder impregnated.
impregnado de aceite | oil-soaked | oil stained | oil soaked.
impregnado de aluminio | aluminum impregnated.
impregnado de caucho (telas) | rubber-processed.
impregnado de goma | gum-impregnated.
impregnado de óxido férrico | iron-stained.
impregnado de petróleo | oil stained | oil-soaked.
impregnado de polvo de diamante | diamond-impregnated.
impregnador | impregnating | impregnator.
impregnador de tejidos | cloth feller.
impregnante | impregnating | saturant.
impregnante barnizoso | varnish-like impregnant.
impregnar | impregnate (to) | soak (to) | steep (to) | saturate (to) | penetrate (to) | imbue (to) | imbibe (to).
impregnar con asfalto (aislantes eléctricos) | impregnate (to).
impregnar con mordiente (teñido) | pad (to).
impregnar con polvo de diamante (adiamantar - herramientas) | diamond (to).
impregnar con sales de cal | cretify (to).
impregnar con silicio (metalurgia) | siliconize (to).
impregnar con solución | solution (to).
impregnar con una resina fenólica | bakelize (to).
impregnar de | infiltrate (to).
impregnar de tinta | ink up (to).
impregnar en foulard | pad (to).
imprenta | printing | printery plant | printery works | printery house | printery office | print | printery | press.
imprenta del Gobierno | GPO.
imprenta para trabajos variados | job-house | job-office.
impreparado | nonprepared.
imprescriptibilidad | indefeasibility | imprescriptibility.
imprescriptible | indefeasible.
impresión | print | printing | print | stamping | impression | keystroke | printout.
impresión (de un libro) | printery | press.
impresión (imprenta) | presswork.
impresión (pruebas de imprenta) | pulling.
impresión (tipografía)
impresión a dedal (impresora) | thimble printer.
impresión a distancia | teleprint.
impresión a dos colores | two-color printing.
impresión a la cera (textil) | wax block print.
impresión a proyección (fotogrametría) | projection printing.
impresión ampliada o reducida (fotogrametría) | ratio print.
impresión anastática | anastatic printing | anastatic impression.
impresión borrosa | slurred impression.
impresión combinada (cine) | composite shot.

impresión con clisés de linóleo (tipografía) | block printing.
impresión con el cuño sobre la tela de la tapa (encuadernación) | blanking.
impresión con estarcido de seda | silk screen printing.
impresión con grabados xilográficos | block printing.
impresión con planchas | plate printing.
impresión con rotativa | rotary letterpress-printing.
impresión cromolitográfica | chromolithographic printing.
impresión cromotipográfica | color-print.
impresión de azufre (metalografía) | sulfur print.
impresión de billetes de banco | banknote printing.
impresión de ceros por la izquierda | left zero print.
impresión de desbaste (piezas forjadas) | blocking impression.
impresión de dibujos | pattern printing.
impresión de fondo | printing in background.
impresión de la superficie sobre una hoja de aluminio | surface impression on an aluminum foil.
impresión de listado y totales | list and total print.
impresión de los tejidos | textile printing.
impresión de realce | embossed printing.
impresión de un libro | impression of a book.
impresión de una línea entera de una vez (calculadoras) | line-a-time printing.
impresión del azufre con papel al bromuro de plata (metalografía) | sulfur printing.
impresión del contenido de la memoria (informática) | memory print-out.
impresión del reverso del pliego (imprenta) | backing-up | backing.
impresión del verso (tipografía) | backup | backing-up.
impresión digital | digital impression | fingerprint | finger print.
impresión digital con un punto decimal | digital printout with a decimal point.
impresión discográfica | pressing.
impresión electrográfica (pruebas de porosidad y grietas de metales) | electrographic printing.
impresión electrónica | electron printing.
impresión electrostática | electrostatic printing.
impresión en caliente | blind stamping.
impresión en colores | color-print | chromatic printing | color work | color printing | color dot printer.
impresión en dos colores | duotone printing.
impresión en entalle | intaglio printing.
impresión en entalle (tipografía) | intaglio printing.
impresión en escalera | ripple print.
impresión en fotocromía | autochrome printing.
impresión en hueco | intaglio printing | hollow impression.
impresión en la superficie (billetes de banco) | undertint.
impresión en oficinas | in-office printing.
impresión en oro | gold printing.
impresión en relieve | bas-relief printing.
impresión en seco | embossing | blind printing.
impresión espolvoreando purpurina sobre la impresión fresca de tinta (imprenta) | bronzing.
impresión fotocroma | color work process.
impresión fotográfica | printing.
impresión fotográfica de relieve | photorelief.
impresión fotomecánica | photomechanical printing.
impresión fototipográfica | photoprint.
impresión heliográfica | solar print.
impresión indirecta | offset impression.
impresión lateral | end print.
impresión literal | literal print.
impresión microfilmadora | computer output microfilm.
impresión móvil de la memoria | dynamic printout.
impresión multicolor | color printing.
impresión no nítida | blurred print.
impresión offset | offset impression.
impresión offset a bobina | web-fed offset.
impresión offset en seco | letterset | driography.
impresión para uso de ciegos | cecogram.
impresión plana | planographic printing.
impresión planográfica | planographic printing | surface printing.
impresión planográfica (planografía) | flat-surface printing.
impresión policroma | multicolor printing.
impresión por ambas caras (imprenta) | recto-verso printing.
impresión por cliché | stencil printing.
impresión por compresión | compression molding.
impresión por estampación | imprint.
impresión por hierro calentado eléctricamente | electric branding.
impresión por líneas | line printer.
impresión por máquina (tipografía) | machining.
impresión por offset | offset printing.
impresión por puntos | dot printing.
impresión por serigrafía | screen printing.
impresión por superficies en relieve | relief printing.
impresión por transferencia | offset impression.
impresión por transferencia (tipografía) | offset.
impresión realzada | raised printing.
impresión recto-verso | recto-verso printing.
impresión rotocalcográfica | offset process.
impresión sucia (tipografía) | foul impression.
impresión tipográfica | letterpress | inked indicia.
impresión xerográfica | xerographic printing | xeroprinting.
impresionabilidad (placa fotográfica) | sensitization.
impresionada (placa fotográfica) | exposed.
impresionado | impressed.
impresionar (filmes) | shot (to).
impresiones de gotas de lluvia | raindrop impressions.
impresiones por hora | impressions per hour.
impreso | impressed | imprinted | struck off | printed paper | printing | printed | print.
impreso (EE.UU.) | blank.
impreso a máquina | machine-printed.
impreso borrosamente (tipografía) | light-faced.
impreso cerrado que se envía por correo sin ponerle sobre | self-mailer.
impreso con licencia | printed with authority.
impreso continuo | endless form.
impreso de contribuciones | precept.
impreso de declaración de renta | tax return.
impreso de giro postal | postal transfer form.
impreso de pago fiscal | tax payment form.
impreso de pedido | order-blank | order form.
impreso de solicitud | proposal form.
impreso en blanco | listing form.
impreso en Braille | printed in Braille.
impreso en flexografía | flexographically-printed.
impreso en litografía | surface-printed.
impreso en rotograbado | rotogravure printed.
impreso enviado por el editor al autor junto con el manuscrito informando que no interesa | rejection slip.
impreso litográfico | lithoprint.
impreso por una sola cara | one-sided printing.
impreso reglamentario | army form.
impreso sólo por una cara (hojas de papel) | unilaterally printed.
impreso y editado por | produced and published by.
impresor | printer | imprinter | pressman | stamper.
impresor de cinta | tape printer.
impresor de datos | dataprinter.
impresor de salida para calculadora | computer output printer.
impresor directo | direct printer.
impresor en cadena | chain printer.
impresor Morse | Morse printer.
impresor sobre la marcha | on the fly printer.
impresor telegráfico | teletype.
impresor tipógrafo | letterpress printer.
impresor xerografico de datos | xerographic data printer.
impresora a chorro de tinta | ink-jet-printer.
impresora al vuelo | on the fly printer.
impresora auxiliar | auxiliary printer.
impresora carácter a carácter | character at-a-time printer.
impresora computerizada por laser (artes gráficas) | laser printer.
impresora de agujas | stylus printer.
impresora de barras | bar printer.
impresora de esfera | golfball printer.
impresora de formularios | form printing machine.
impresora de impacto | impact printer.
impresora de línea silenciosa | silent line printer.
impresora de líneas | line printer.
impresora de matriz de alambre | wire printer.
impresora de páginas | page printer.
impresora electrostática | electrostatic printer.
impresora en serie | serial printer.
impresora letra a letra | single action printer.
impresora línea a línea | line-at-a-time printer.
impresora magnética | videoprinter.
impresora matricial | matrix printer | wire printer.
impresora numérica | numeric printer.
impresora por caracteres | character printer.
impresora por contacto (fotografía) | contact printer.
impresora por páginas | page-at-a-time printer.
impresora por puntos | stylus printer.
impresora por renglones (ultrarrápida) | line printer.
impresora restituidora | restitution printer.
impresora serial | serial printer.
impresora sobre pantalla catódica | cathode ray tube display printer.
impresora-troqueladora | printer-slotter.
impresor-librero | printer and publisher.
impresor-traductor (telegrafía) | five unit printer.
impresos | printed papers | printed matter.
impresos comerciales | commercial printing.
impresos ilustrados | cutwork.
impresos postales | postal matter.
imprevisible | contingent | unpredictable.
imprevisto | contingency | unforeseen.
imprevistos (presupuestos) | contingencies.
imprimación | bottom coat | primer | priming | undercoat.
imprimación (pinturas) | ground.
imprimación de pretratamiento | pretreatment primer.
imprimación de pretratamiento (pinturas) | wash-primer.
imprimación para metales | metal primer.
imprimador asfáltico | asphalt primer.
imprimar | prime (to).
imprímase | let it be printed.
imprimibilidad (papel) | printery quality.
imprimibilidad (tipografía) | printability.
imprimible | printable.
imprimido | impressed.
imprimir | print (to) | type (to) | write (to) | strike (to) | strike off (to) | perfect (to) | stamp (to) | imprint (to) | impress (to) | engrave (to).
imprimir (libros) | runoff (to).
imprimir a máquina | machine-print (to).

imprimir a sangre | bleed (to).
imprimir el reverso de una hoja ya impresa por la otra cara | backup (to).
imprimir en letra bastardilla | italicize (to).
imprimir en salida | printout (to).
imprimir línea por linea | line printing | line-a-time printing.
imprimir los totales | tabulate (to) | print totals only.
imprimir mal | misprint (to).
imprimir más ejemplares que lo ordenado | overprint (to).
imprimir movimiento a | propel (to).
imprimir por ambas caras | print recto-verso (to).
imprimir por ambas caras (tipografía) | print the back of a sheet (to).
imprimir sin margen | bleed (to).
imprimir un heliotipo | heliotype (to).
imprimir un programa | trace (to).
improcedente | contrary to law.
improcedente en equidad | inequitable.
improductivo | nonproductive | nonproducing | unproductive.
improductivo (comercio) | wildcat.
improductivo (minas) | dead.
improductivo (negocios) | unsound.
impronosticable | unpredictable.
impronta | print.
impronta (de un troquel) | proof.
impronta (mecánica, forja) | impression.
impronta de hojas (geología) | leaf prints.
impronta de lepidodendron (geología) | dragon's skin.
impronta de un fósil (geología) | mold (EE.UU.).
impropio | unbecoming | unfit.
impropio para | not fit for.
impropio para navegar (buques) | unseaworthy.
improrrogable (plazos) | nonrenewable.
improvisación | ad lib | autoschediasm | makeshift.
improvisar (programas) | ad lib (to).
improvisar en el sitio | improvise on the spot (to).
imprudencia | carelessness.
imprudencia temeraria | rash negligence | wanton negligence.
imprudencia temeraria (abogacía) | culpable wantonness.
impuesto | rate | impost | imposition | tailage | tallage | tariff | tax | charge | laid down | duty | duty | assessment | levy.
impuesto a cuenta | prepayment of taxes.
impuesto a la propiedad inmobiliaria | tax on inmovable property.
impuesto a las rentas de capital | capital yield tax.
impuesto a las rentas ocasionales | tax on occasional income.
impuesto a las ventas | turnover tax.
impuesto a los buques que llevan un oficial extranjero (EE.UU.) | alien tonnage tax.
impuesto a los ingresos de las personas físicas | tax on income of individuals.
impuesto a los usuarios de carreteras de peaje | highway-user taxation.
impuesto a tanto alzado | composition tax.
impuesto a tanto por persona | capitation rate.
impuesto ad valorem | ad valorem tax.
impuesto adeudado y no pagado | delinquent tax.
impuesto adicional | tax surcharge | additional tax | supplementary tax | extra duty | surtax.
impuesto al capital | tax on capital.
impuesto al voto | poll tax.
impuesto anticipado | anticipatory tax.
impuesto anual | annual tax.
impuesto añadido | added taxation.
impuesto atrasado | back tax.
impuesto cedular | schedular tax.
impuesto compensatorio | compensatory duty.
impuesto comunitario | community tax.
impuesto con efecto retroactivo | retrospective tax.
impuesto concertado | compounded tax.
impuesto contra la competencia desleal | antidumping duty.
impuesto de | cognizant of.
impuesto de autorización | license duty.
impuesto de capitación | poll tax.
impuesto de circulación | road fund tax.
impuesto de consumo | consumption tax | excise taxes.
impuesto de consumos | excise.
impuesto de cooperación | levy.
impuesto de elaboración | processing tax.
impuesto de empleo o profesión | occupation tax.
impuesto de explotación | exploitation tax | royalty tax.
impuesto de fabricación | manufacturing tax | processing tax.
impuesto de habitabilidad | inhabited house duty.
impuesto de peso | metage.
impuesto de plusvalía | property-increment tax | land value tax.
impuesto de privilegio | franchise tax.
impuesto de radiodifusión | wireless tax.
impuesto de seguro social | social-security tax.
impuesto de sucesión | succession duties | probate duty.
impuesto de timbre | stamp tax.
impuesto de transferencia | transfer tax.
impuesto de utilidades | capital gains tax | income-tax.
impuesto de utilización de la naturaleza | severance tax.
impuesto debido | tax due.
impuesto degresivo | degressive taxation.
impuesto del sello | stamp tax.
impuesto del timbre | stamp-tax | stamp duty.
impuesto diferencial | differential duty.
impuesto diferido | deferred tax.
impuesto directo | assessed duty | direct tax.
impuesto disuasorio | repressive tax.
impuesto en etapa única | single stage tax.
impuesto en milésimos de dólar | millage.
impuesto en régimen global | presumptive tax.
impuesto especial | specific commodity sales tax | special assessment.
impuesto especial sobre las importaciones | import excise tax.
impuesto estatal | state tax.
impuesto estatal compensatorio | use tax.
impuesto estatal compensatorio interior (EE.UU.) | user tax.
impuesto excluido | tax excluded.
impuesto exigible | leviable tax | exigible tax.
impuesto federal sobre ingresos | federal income tax.
impuesto fijado | forfait tax.
impuesto fiscal | internal revenue tax.
impuesto graduado | graded tax.
impuesto ilegal | void tax.
impuesto indirecto | excise tax | excise.
impuesto local | local tax | rate.
impuesto minero | mine tax.
impuesto multifásico | cascade tax | multiple stage tax.
impuesto municipal | local tax | municipal tax.
impuesto no pagado a tiempo | delinquent tax.
impuesto pagable al propietario del exterior (minería) | surface royalty.
impuesto pagado | tax paid.
impuesto para conservación de caminos | road tax.
impuesto para la vejez | federal old age benefits tax.
impuesto para previsión social | social-security tax.
impuesto patrimonial | capital tax.
impuesto per capita | tax on head.
impuesto percibido sobre el peso bruto | duty levied on gross weight.
impuesto personal | poll tax | personal tax.
impuesto personal sobre la renta | individual income tax.
impuesto por | prescribed.
impuesto por apuestas hípicas legales | parimutuel tax.
impuesto por el sindicato | union-imposed.
impuesto por el uso de algo | toll.
impuesto por industrialización | processing tax.
impuesto por la transformación de un artículo en producto industrial | processing-tax.
impuesto por los tribunales | court-imposed.
impuesto por milla de recorrido | mileage tax.
impuesto por persona | capitation tax | head tax.
impuesto por signos exteriores | presumptive tax.
impuesto por transmisiones patrimoniales | capital transfer tax.
impuesto predial | land tax | real estate tax | real tax | real-estate tax.
impuesto progresivo | progressive tax | graduated taxation | progressive taxation.
impuesto progresivo anual | annual progressive tax.
impuesto progresivo sobre la renta | graduated income-tax.
impuesto proporcional a la fortuna | faculty tax.
impuesto protector de la industria nacional | compensatory duty.
impuesto público sobre el comprador | sales tax.
impuesto reembolsable | refundable tax.
impuesto referido a los ingresos por explotación (empresas) | tax on operating income.
impuesto regresivo | regresive tax.
impuesto regulador | regulatory taxation.
impuesto repercutido | rebound tax.
impuesto retenido | retained tax | withholding tax.
impuesto retenido al percibir la renta | pay-as-you-earn tax | pay-as-you-go.
impuesto sobre artículos de lujo | duty on luxuries.
impuesto sobre beneficios | tax on profits | profit tax.
impuesto sobre beneficios brutos | in lieu tax.
impuesto sobre beneficios de empresas | corporate income tax | corporation income tax.
impuesto sobre beneficios extraordinarios | excess-profits tax | excess profits tax.
impuesto sobre bienes | property tax.
impuesto sobre bienes raices | land tax.
impuesto sobre capital declarado | capital-stock tax.
impuesto sobre casas | house tax.
impuesto sobre compras | purchase tax.
impuesto sobre dividendo | dividend tax.
impuesto sobre donaciones (economía) | gift tax.
impuesto sobre el beneficio del capital | tax on increment value.
impuesto sobre el capital | capital tax | capital levy.
impuesto sobre el capital en acciones declaradas | capital-stock tax.
impuesto sobre el capital social | capital stock tax.
impuesto sobre el comprador | forward shifting tax.
impuesto sobre el consumidor | consumer tax.
impuesto sobre el consumo | tax on consumption.
impuesto sobre el exceso de utilidades | excess-profits tax.
impuesto sobre el flete (buques) | freight due.
impuesto sobre el gasto personal | spending tax.
impuesto sobre el lujo | sumptuary tax | luxury tax.
impuesto sobre el patrimonio | personal wealth

tax | net worth tax.
impuesto sobre el tráfico de empresas | turnover tax | gross receipt tax.
impuesto sobre el transporte | freight due.
impuesto sobre el valor agregado | tax on value added.
impuesto sobre el valor añadido | V.A.T. | tax on value added.
impuesto sobre el valor añadido (e IVA) | value added tax (VAT).
impuesto sobre el valor añadido (I.V.A.) | value added tax.
impuesto sobre el valor del terreno | land value tax.
impuesto sobre el valor imponible | rateable value charge.
impuesto sobre espectáculos | entertainment tax | admissions tax.
impuesto sobre extracción | severance tax.
impuesto sobre ganancias | tax on profits.
impuesto sobre herencias | estate tax | inheritance tax.
impuesto sobre herencias y donaciones | inheritance and gift tax.
impuesto sobre ingresos | income tax.
impuesto sobre inmuebles | house tax.
impuesto sobre la fortuna | estate duty.
impuesto sobre la ganancia porcentual | tax on allocated share of profits.
impuesto sobre la gasolina | petrol tax.
impuesto sobre la herencia | estate duty.
impuesto sobre la plusvalía | betterment tax.
impuesto sobre la plusvalía del capital | capital gains tax.
impuesto sobre la propiedad | property tax.
impuesto sobre la renta | revenue rate | income-tax | income tax.
impuesto sobre la renta de las personas físicas | personal income tax.
impuesto sobre la renta de sociedades anónimas | corporation income tax.
impuesto sobre la renta retenido | income tax withhold.
impuesto sobre la tierra | land tax.
impuesto sobre la transmisión gratuita de bienes | free transfer of property tax.
impuesto sobre la venta de valores mobiliarios | tax on income from securities.
impuesto sobre la venta íntegra | gross sales tax.
impuesto sobre las compras | purchase tax.
impuesto sobre las ganancias del capital | capital gains tax.
impuesto sobre las importaciones | import tax.
impuesto sobre las transmisiones del capital | capital transaction tax.
impuesto sobre las ventas | sales taxation.
impuesto sobre los beneficios extraordinarios | windfall benefits tax.
impuesto sobre los beneficios industriales y comerciales | tax on income derived from trade and manufacture.
impuesto sobre los bienes personales | personal wealth tax.
impuesto sobre los dividendos de un capital | irish dividend.
impuesto sobre los ingresos personales | personal income tax.
impuesto sobre patente | license tax.
impuesto sobre patente licencia fiscal | licence tax.
impuesto sobre productos o rendimientos del capital | tax on income from capital investments.
impuesto sobre publicidad | advertisement tax.
impuesto sobre rendimientos agrícolas | yield tax.
impuesto sobre rentas del capital | withholding tax.
impuesto sobre salarios | tax withheld on wages.
impuesto sobre sociedades | corporation tax | business tax.
impuesto sobre solares para edificar | development land tax.
impuesto sobre solares sin edificar | empty lot tax.
impuesto sobre solares yermos | empty lot tax.
impuesto sobre sucesiones | legacy tax | death tax.
impuesto sobre sueldos | salary tax.
impuesto sobre tierras no productivas | graded tax.
impuesto sobre transacciones | gross income tax.
impuesto sobre transferencia de acciones | stock-tansfer tax.
impuesto sobre transmisiones patrimoniales de acciones | security issue tax.
impuesto sobre un bien o servicio dentro del país (EE.UU.) | excise tax.
impuesto sobre utilidades | profits tax | profit tax | tax on profits.
impuesto sobre utilización de bienes | use tax.
impuesto sobre valores mobiliarios | stockholders' tax.
impuesto sobre ventas | sales tax | excise tax.
impuesto sucesorio | inheritance tax | estate tax | succession tax.
impuesto suntuario | luxury tax.
impuesto suplementario | late fee.
impuesto suplementario sobre la renta | super-tax | surtax.
impuesto sustitutivo de herencias | substitute inheritance tax.
impuesto único | single tax.
impuesto variable | variabe duty | variable duty.
impuesto vencido por pagar | tax due.
impuestos | taxes | dues.
impuestos a cuenta | prepaid taxes.
impuestos a la exportación | export taxes.
impuestos a las operaciones bursátiles | tax on exchange dealings.
impuestos a los usuarios de carreteras | road-user taxes.
impuestos a pagar | taxes payable.
impuestos acumulados | tax accruals | accrued taxes.
impuestos adelantados | prepaid taxes.
impuestos aduaneros | duties | customs duties.
impuestos al ingreso global de las empresas | tax on global income of enterprises.
impuestos atrasados | back taxes.
impuestos cedulares | schedule taxes.
impuestos de agentes de fletes | brokers award freight.
impuestos de extracción | extraction-tax.
impuestos de herencias y donaciones | estate and gild tax.
impuestos de inmigración | head tax.
impuestos de permanencia | nonresident tax.
impuestos de represalia | retaliatory tariff.
impuestos de sociedades | corporate tax.
impuestos de sucesión | death duties.
impuestos de transmisiones patrimoniales | estate duty.
impuestos del seguro social a pagar | old age benefit tax accrued.
impuestos hereditarios | death duty.
impuestos indirectos | excise revenue | indirect taxes.
impuestos locales | local taxes | rates.
impuestos locales y nacionales | rates and taxes.
impuestos municipales | municipal taxes.
impuestos para evitar el dumping | antidumping duties.
impuestos por cuenta del comprador | duties on buyer's account.
impuestos por pagar | accrued taxes.
impuestos por rendimientos de seguros (y) rentas vitalicias y pensiones | taxation of insurance proceeds (and) annuities and pensions.
impuestos protectores | safeguarding duties.
impuestos que gravan artículos importados | taxes levied on imported goods.
impuestos retenidos | tax retained | tax withholding.
impuestos sobre alcoholes | duty on spirits.
impuestos sobre consumos específicos | excise duties.
impuestos sobre el comercio exterior | taxes on foreign trade.
impuestos sobre entradas de espectáculos | tax on admissions.
impuestos sobre exportaciones e importaciones | great custom.
impuestos sobre la propiedad raíz | property taxes.
impuestos sobre la renta | taxes on income.
impuestos sobre las exportaciones | tax on exports.
impuestos sobre las ventas y el consumo | sales and excise taxes.
impuestos sobre los beneficios de las sociedades mercantiles | business corporations profits taxes.
impuestos sobre los dividendos | tax on dividends.
impuestos sobre operaciones interiores | internal revenue.
impuestos sobre productos del trabajo | tax on income from personal services.
impuestos sobre salarios | wage tax.
impuestos sobre sueldos y salarios | payroll taxes.
impuestos sobre transferencias de valores | transfer taxes on securities.
impuestos sobre transmisiones patrimoniales | estate and gild tax.
impuestos sucesorios | estate duty.
impuestos vencidos | tax arrears | accrued taxes.
impugnable | exceptionable.
impugnación | desaffirmance | impugnment.
impugnación de la validez | challenge to the validity.
impugnación de la votación | impugnation of the voting.
impugnación jurisdiccional | jurisdictional impugnation.
impugnar | impugn (to) | contest (to) | dispute (to) | take exception (to).
impugnar el cargo | contest the charge (to).
impugnar la jurisdicción | challenge jurisdiction (to).
impugnatorio | impugning.
impulsación mecánica | impulse.
impulsado | powered.
impulsado por aire comprimido | air actuated | air-actuated | air driven.
impulsado por máquina | engine-driven.
impulsado por motor | motor-propelled.
impulsador | impulse starter.
impulsar | actuate (to) | drive (to) | operate (to) | push (to) | impel (to) | propel (to).
impulsar dentro | drive into (to).
impulsar por correas | drive by beltings (to).
impulsativo | propellent.
impulsión | pumping | push | propulsion | actuation | drive | impetus | momentum | impulsion | impulsing | impulsive force.
impulsión (dada a un asunto) | push-off.
impulsión (descarga - bombas) | discharge.
impulsión a horquillas (locomotora eléctrica) | yoke drive.
impulsión angular | angular impulse.
impulsión de apertura del circuito (electricidad) | break impulse.
impulsión de gas disuelto (pozo petróleo) | dissolved gas drive.
impulsión de laser | laser burst.
impulsión de presión | pressure pulse.
impulsión eléctrica | electric drive.
impulsión hacia lo alto | driving up.
impulsión horizontal | horizontal drive.
impulsión mecánica | mechanical action | mass impact | shock motion.
impulsión por agua (pozo petróleo) | water drive.
impulsión por combustión | thermal thrusting.
impulsión por cuerda (husos) | band drive.

impulsión por disco | dial impulsing.
impulsión por vaina (tracción eléctrica) | quill drive.
impulsión por válvula | valve drive.
impulsión provocada por la ruptura de la corriente | break impulse.
impulsión rápida con la locomotora (clasificación de vagones) | kickback.
impulsión sísmica errante | errant seismic pulse.
impulsión sobre cuatro ruedas | all-wheel drive.
impulsiones auxiliares | challenge.
impulsiones codificadas | code pulses.
impulsiones de las bombas de combustible a un colector común de admisión para los cilindros (motor diesel) | common-rail deliveries.
impulsiones de los contadores de escintilación | scintillation counter pulses.
impulsiones de ruido de banda larga (propagación troposféricia) | sweepers.
impulsiones esféricas | spherical pulses.
impulsividad | impulsiveness.
impulsivo | impulsive | propulsive.
impulso | flick | slice | momentum | impulsion | impulse | moving | drive | movement | kick | bang | push | propulsion | thrust.
impulso (electricidad) | pulse | flash.
impulso (electrónica) | impulse.
impulso (pulsación de una tecla) | stroke.
impulso (sonar) | ping.
impulso (telegrafía) | dot.
impulso acelerante | accelerating impulse.
impulso activador | sensitizing pulse | trigger pulse | tripping impulse.
impulso actuador (corriente eléctrica) | firing pulse.
impulso angular | angular impulse.
impulso barrera | disabling pulse.
impulso bidireccional | bidirectional pulse.
impulso calorífico | heating pulse.
impulso con potencia de megavatios | megawatt pulse.
impulso con serraciones en la parte alta (televisón) | serrated pulse.
impulso corrector | correcting impulse.
impulso corto de gran amperaje | short high-current pulse.
impulso corto iniciador (de una sucesión de hechos) | trigger.
impulso cristalino | crystal thrust.
impulso de amperaje | current impulse.
impulso de apertura | break pulse.
impulso de apertura (telecomunicación) | trip impulse.
impulso de arranque | start impulse.
impulso de audiofrecuencia | beep.
impulso de bajo voltaje (electricidad) | low-tension pulse.
impulso de barrido por la exhaustación | exhaust scavenging impulse.
impulso de bloqueo | inhibit pulse.
impulso de borrado | reset pulse | blanking pedestal | blanking pulse | black-out pulse.
impulso de borrado de frecuencia de línea | line frequency blanking pulse.
impulso de brillo | brightening pulse.
impulso de cambio de recepción | receive shift pulse.
impulso de cebado | firing pulse | priming pulse.
impulso de cierre | make impulse.
impulso de cómputo | meter pulse.
impulso de conmutación (telefonía) | signaling impulse.
impulso de contaje | meter pulse.
impulso de control de tiempo (radar) | trigger timing pulse.
impulso de corriente de gran amperaje de escasa duración | short-duration heavy current pulse.
impulso de desconexión | trigger pulse | field trigger.
impulso de desconexión (televisión) | gating pulse.
impulso de desplazamiento | shift pulse.
impulso de Dirac | Dirac pulse.
impulso de disparo | tripping pulse.
impulso de eliminación de cuadro | vertical blanking pulse.
impulso de energía capacitiva | capacitive energy impulse.
impulso de energía de hiperfrecuencia (radar) | radar pulse.
impulso de entrada | input pulse.
impulso de escritura parcial | partial-write pulse.
impulso de fijación (radar) | gating pulse | strobe marker | strobe pulse | square wave.
impulso de forma rectangular | rectangular pulse.
impulso de forma sen | line-squared pulse.
impulso de frecuencia portadora | carrier frequency pulse.
impulso de frentes de subida y descenso bruscos | fast-rise fall pulse.
impulso de fuerza | power pulse.
impulso de gran duración | broad impulse.
impulso de gran intensidad (electricidad) | power pulse.
impulso de gran potencia | high-energy pulse.
impulso de hiperamplitud | radar blip.
impulso de hiperamplitud (TV) | spike.
impulso de identificación | challenging pulse | brightening pulse.
impulso de imagen (televisión) | frame impulse.
impulso de información | write pulse.
impulso de las olas | send of the sea.
impulso de llegada | input pulse.
impulso de mando | command pulse.
impulso de marcación con disco telefónico | dial pulse.
impulso de modulación de la luminosidad | brightness-modulation pulse.
impulso de nube | cloud pulse.
impulso de pequeña duración | short pulse.
impulso de pico | peak pulse.
impulso de potencia | power pulse.
impulso de presión acústica | acoustic pressure pulse.
impulso de puesta en marcha | start impulse.
impulso de recomposición | rest pulse | reset pulse.
impulso de reconexión | reset pulse.
impulso de referencia | strobe.
impulso de registro | white pulse.
impulso de réplica | fruit.
impulso de reposición | reset pulse.
impulso de respuesta | reply pulse.
impulso de retorno de línea | line flyback pulse.
impulso de selección | strobing pulse.
impulso de sensibilización | sensitizing pulse.
impulso de sensibilización (radar) | indicator gate.
impulso de sincronismo de línea | line synchronizing signal.
impulso de sincronización (radar, TV) | timing pulse.
impulso de sincronización de línea (televisión) | horizontal synchronizing impulse.
impulso de supresión del haz | blackout pulse | blanking pedestal.
impulso de supresión del haz electrónico (impulso de borrado - TV) | blanking pulse.
impulso de telemando | command pulse.
impulso de teletipo | mark impulse.
impulso de test | interrogating pulse.
impulso de tiempo | clock pulse.
impulso de voltaje | potential pulse | voltage pulse | voltage impulse.
impulso debido a la desconexión del circuito | break pulse.
impulso del circuito de desviación horizontal | horizontal deflection circuit pulse.
impulso desacelerante | deceleration pulse.
impulso electromagnético | electromagnetic pulse.
impulso electrónico de microsegundos | pulse.
impulso empleado para fines de temporización | clock pulse.
impulso en el despegue | take off thrust.
impulso en forma de semisinusoide | half-sine pulse.
impulso espaciador | spacing impulse.
impulso especial de identificación de posición (radar) | special position identification pulse.
impulso específico (cohetes) | specific impulse.
impulso específico propulsivo de 250 segundos | propellent specific impulse of 250 seconds.
impulso estroboscópico automático | automatic strobe pulse.
impulso excitador | driving impulse.
impulso fraccionado (televisón) | serrated pulse.
impulso identificador | marker pip.
impulso igualador | equalizing pulse.
impulso imanante | magnetizing pulse.
impulso iniciador (radar) | main bang.
impulso inicial | head pulse.
impulso intensificador (radar) | brightening pulse.
impulso interferente | interference pulse.
impulso lasérico | laser pulse | laser burst.
impulso lasérico incidente | incident laser pulse.
impulso limitador de otro impulso | retrigger pulse.
impulso lineal | linear impulse.
impulso luminoso | light pulse.
impulso mínimo de corriente para detonar (cebos eléctricos) | firing impulse.
impulso modulado | modulated pulse.
impulso motor | power stroke.
impulso motriz | driving pulse.
impulso oscilante | oscillatory surge.
impulso oscilatorio | oscillatory surge.
impulso para consulta | interrogating pulse.
impulso parásito | spike | interference pulse.
impulso parásito (radar) | pulse spike.
impulso piloto | main bang.
impulso por extracorriente de desconexión | break impulse.
impulso por pares | paired pulse.
impulso positivo | positive-going pulse.
impulso primario registrado por el sismógrafo | first arrival | initial kick.
impulso primero registrado por el sismógrafo | first impetus.
impulso principal | main pulse.
impulso radar | radar pulse.
impulso radioeléctrico | radio pulse.
impulso rectangular (radio) | gate.
impulso rectangular de voltaje | rectangular voltage pulse.
impulso reflejado | echoed pulse.
impulso registrado | count.
impulso regulador | governing impulse.
impulso reposicionador | resetting pulse.
impulso resistivo | resistive pulse.
impulso selector (radar) | gating pulse | strobing pulse.
impulso sincronizador de desconexión | tripping pulse.
impulso sincronizador de imagen | picture synchronizing impulse | picture synchronizing pulse.
impulso sincronizador de imagen (televisión) | frame-synchronizing impulse.
impulso sincronizador de línea | line synchronizing pulse.
impulso sincronizador vertical | vertical synchronizing pulse.
impulso sincronizante | time control pulse | synchronizing pulse.
impulso sísmico | seismic pulse.
impulso sonárico | sonar pulse.
impulso unitario (servosistemas) | step function.
impulso unitario (telecomunicación) | Dirac pulse.

impulsogenerador | pulsator.
impulsógeno | pulse-forming.
impulsor | pusher | propeller | thrustor | booster | impulsing | actuator | actuator | tappet | presser | impellent | impeller.
impulsor (de accionamiento) | operating.
impulsor (electricidad) | impulser.
impulsor de bobinas | bobbin presser.
impulsor de chorro (embarcaciones) | pump propeller.
impulsor de flujo mixto (bombas centrífugas) | mixed flow impeller.
impulsor de lanzadera | shuttle driver.
impulsor de las agujas | needle pusher.
impulsor de paletas alabeadas | warped vane impeller.
impulsor de paletas radiales | radial-vane impeler.
impulsor de pluripalas | multivane impeller.
impulsor del sistema de combustible de un motor de chorro | jet engine fuel system plunger.
impulsor del soplante | blower impeller.
impulsor del ventilador | fan impeller.
impulsor encerrado (compresor rotativo, bombas) | shrouded impeller.
impulsor giratorio | revolving impellor.
impulsor iniciador | trigger pulse.
impulsor magnético | magnetic impulser.
impulsor rotativo | rotating impeller.
impulsor sinusoidal | sinusoidal propeller.
impulsores electrotérmicos | electro-thermal thrusters.
impulsores opuestos | opposed impellers.
impulsos activadores | trigger points | triggering pulses.
impulsos acústicos | sonic pulses.
impulsos auxiliares | satellite pulses.
impulsos confluentes | confluent pulses.
impulsos de alto voltaje de duración de varios nanosegundos | nanosecond high voltage pulses.
impulsos de corriente-fotoestimulada por radiación infrarroja | infrared photostimulated current pulses.
impulsos de imagen invertidos | inverted frame pulses | inverted field pulses.
impulsos de línea | line impulses.
impulsos de luz | light impulses.
impulsos de luz concentrados | concentrated impulses of light.
impulsos de polaridad alternativa | alternate-mark-inversion.
impulsos de potencia | pulsed power.
impulsos de rayos gamma | gamma-pulses.
impulsos de retardo escalonado | stepped delay impulses.
impulsos de retorno | revertive-pulsing.
impulsos de ruidos | key click.
impulsos de semionda sinusoidal | half-sine-wave pulses.
impulsos de seno-cuadrado | sine-squared pulses.
impulsos de sincronización (TV) | sync pulses.
impulsos de tono fijo | tonal pulses.
impulsos de vibraciones sonoras | pulses of sound vibrations | pulses of sound vibration.
impulsos de voltaje de frente peraltado | steepfront voltage surges.
impulsos del viento | wind pulses.
impulsos eléctricos sincronizados | timed electrical impulses.
impulsos electromagnéticos | electromagnetic pulses.
impulsos emitidos | transmitted pulses.
impulsos emitidos por el disco (teléfono automático) | dialled impulses.
impulsos en el intervalo de extinción (TV) | blanking interval pulses.
impulsos eólicos | wind pulses.
impulsos equiespaciados | evenly spaced pulses.
impulsos estocásticos | stochastic pulses.
impulsos excitadores | energizing pulses.
impulsos generados electromagnéticamente | electromagnetically generated pulses.
impulsos generados electrónicamente | electronically-generated timing pulses.
impulsos instantáneos de corriente alta | short hight-current pulses.
impulsos interrogantes | interrogating pulses.
impulsos largos separados por cortos intervalos | box cars.
impulsos lógicamente controlados | logically controlled pulses.
impulsos luminosos breves | short light pulses.
impulsos medidores | metering impulses.
impulsos ópticos | optical pulses.
impulsos para electroimán de conmutadores | switch magnet driving pulses.
impulsos patrón no solapables | nonoverlapping clock pulses.
impulsos por segundo | pulses per second.
impulsos radáricos interrogantes | interrogating radar pulses.
impulsos radáricos lineales | line-type radar impulses.
impulsos rectangulares de duración variable | variable width rectangular pulses.
impulsos sincronizantes | synchronizing impulses.
impulsos sincronizantes de llegada | incoming synchronizing pulses.
impulsos sonoros ultraacústicos | ultrasonic sound pulses.
impulsos ultraacústicos | supersonic impulses.
impulsos visuales | video impulses.
impune | unpunished.
impunidad | impunity.
impureza donadora | donor impurity.
impureza estadística | statistical impurity.
impureza estequiométrica | stoichiometric impurity.
impureza o materia extraña (procesos químicos) | crud.
impureza perjudicial | deathnium.
impurezas | impurities | drossiness | dross | dirt.
impurezas (cuerpos extraños - fabricación papel) | contraries.
impurezas codepositadas | codeposited impurities.
impurezas de plaquetas N (diamantes) | N platelets impurities.
impurezas del diamante | glissile.
impurezas elementales | elemental impurities.
impurezas elementales seleccionadas | selected elemental impurities.
impurezas engendradas durante la elaboración | process-engendered impurities.
impurezas extraídas del mineral | brood.
impurezas insolubles | insoluble impurities.
impurezas ionizadas en modo múltiple | multiply-charged impurities.
impurezas no enmascarables | nonmaskable impurities.
impurezas poco profundas | shallow impurities.
impurezas quitadas por la limpieza (cereales) | scourings.
impurezas segregadas en los límites de los granos (metalurgia) | segregated impurities at grain boundaries.
impurezas sólidas (agua calderas) | drift.
impurificación aceptadora | acceptor doping.
impurificación de la atmósfera | air pollution.
impurificación de la base | base doping.
impurificación del colector (transistor) | collector doping.
impurificación por gas | gas doping.
impurificado con aluminio | aluminium-doped.
impurificado con neodimio | neodymium-doped.
impurificado por transmutación | transmutation doped | transmutation-doped.
impurificador | dopant.
impurificar | adulterate (to) | contaminate (to).
impuro | dirty | drossy | nonpure.
impuro (metales) | dry.
impuro (metales, agua, etcétera) | impure.
imputabilidad | attributability.
imputable | attributable | ascribable.
imputación | ascription | apportionment.
imputación de pagos | application of payments.
imputar | ascribe (to) | charge (to) | impute (to) | lay (to).
imputar (máquina) | charge time to (to).
imputar de | charge with (to).
imputrescible | rotproof | imputrescible | rot-resistant.
in situ | in situ | in place | on-the-spot | on the spot | on the job | on site.
in vitro | in vitro.
inabarquillable | warp-free.
inabollable | dentproof.
inabrasivo | nonabrasive.
inabrogable | irrepealable.
inabrogable (jurisprudencia) | indefeasible.
inabsorbencia | nonabsorbency.
inabsorbente | nonabsorbent.
inabsorbible | nonabsorbable.
inacabado | unfinished.
inaccesibilidad | inaccessibility.
inaccesibilidad óptica | optical inaccessibility.
inaccesible | irretrievable.
inacción | inaction.
inaceptabilidad | unacceptability.
inaceptable | unacceptable.
inaceptación | nonacceptance.
inacidez | inacidity.
inactínico | nonactinic | inactinic.
inactivación | inactivation | quiescing | lock.
inactivación de la espoleta | fuze neutralization.
inactivación fermentativa | fermentative inactivation.
inactivado | unoperated.
inactivador | inactivator.
inactivador (de minas) | sterilizer.
inactivador de enzimas | enzyme inactivator.
inactivar | inactivate (to).
inactivar (mina explosiva) | sterilize (to).
inactivar agujas (tejido de punto) | welt (to).
inactivar o inmovilizar (instrumento giroscópico en aviones) | cage (to).
inactividad | inactivity | stand.
inactividad (máquinas) | paralysis.
inactivo | in the off position | inactive | off | nonworking | idle | dead | dead | unactive | passive.
inactivo (cátodos, etc.) | poisoned.
inactivo (comercio) | lying idle.
inactivo (mina explosiva) | sterile.
inactivo (reactor nuclear) | cold.
inactivo (volcanes) | dormant.
inactuable | unactionable.
inacumulable | noncumulative.
inacuracidad (estadística) | inaccuracy.
inadaptable | unfit.
inadecuado | unfit | inappropriate | incongruent.
inadecuado para el servicio | unserviceable.
inadherencia | unadherence.
inadherente | unadherent | nonadhesive.
inadhesividad | nonadhesiveness.
inadhesivo | nonadhesive.
inadmisibilidad de prueba | inadmissibility of evidence.
inadmisible | rejectable.
inadmisible (jurisprudencia) | incompetent.
inadsorbente | nonadsorbing.
inaflojable | shakeproof.
inagarrotable | jamproof.
inaglutinable | noncaking.
inaglutinante | nonbaking.
inahmui (Ocotea barcellensis) | louro inamui.
inaislado | uninsulated.
inajenable | inalienable.
inalabeable (maderas) | nonwarping.
inalámbrico | wireless.
inalienable | inalienable.
inalterabilidad | unalterableness.
inalterable | unalterable | sound.
inalterable al sol (telas) | sun-proof | sun-fast.
inalterable por la lluvia | rainproof.

inalterado | unimpaired | unweathered.
inamalgable | nonamalgamable.
inamalgamable | nonamalgamable.
inamortizable | nonamortizable.
inamovible | immovable.
inamovible (pieza) | nondetachable.
inamovilidad (funcionarios) | tenure rights.
inanición | starvation.
inanidad | vacuity | inanity.
inanimado | dead.
inanublable | shadowproof.
inapelabilidad | unappealability.
inapelable | unappealable | without appeal.
inapelmazable (pintura preparada) | nonsetting.
inaplastable | crush-proof.
inaplazable | unpostponable.
inaplicabilidad | setback | inapplication.
inaplicación | inapplication.
inapropiado | unfit.
inaprovechable | unprofitable.
inarañable | scratchproof.
inargüible | unarguable.
inarrendable | untenantable.
inarrugable | wrinkle resistant | shrink-resist | creaseproof | creaseless | wrinkleproof.
inarrugable (telas) | crease-resisting | no-crush.
inarticulado | nonhinged.
inasegurable | noninsurable.
inasistencia | nonattendance.
inastático | nonastatic.
inastillable | shatterproof | nonsplinterable | nonshatterable | nonshutterable | unsplinterable | chip-proof.
inastillable (vidrio, plásticos) | splinterproof.
inatacabilidad | inertness.
inatacable (por ácidos) | impervious.
inatacable por aceite | oil proof.
inatacable por los agentes atmosféricos | weatherproof.
inatacable por los álcalis | alkali-resisting.
inatacable por los humos | fume-resistant | fumeproof.
inatascable | nonclogging | jamproof | obstruction-proof.
inatenuado | nonattenuated.
inatorable | unchokeable.
inaudibilidad | inaudibility | inaudibleness | unaudibleness.
inaudible | inaudible | unaudible.
inauguración | opening.
inauguración de una feria | opening of a fair.
inaugural | inaugural.
inaugurar | dedicate.
inaugurar (tiendas, etc.) | open (to).
inautorizado | unauthorized.
incaducable | nonforfeitable | nonforfeiting.
incalescencia | incalescence.
incalescente | incalescent.
incandescencia | incandescence | incandescency | glow.
incandescencia del aire (explosión atómica) | airglow.
incandescencia del cátodo | cathode glow.
incandescencia residual | afterglow.
incandescencia sin llama | flameless incandescence.
incandescencia sombría | dull incandescence.
incandescente | hot | incandescent.
incandescente (combustión, filamento, etc.) | glowing.
incandescer | incandesce (to).
incapacidad | disablement | invalidity | incapacity | ineptitude.
incapacidad absoluta temporal | temporary total disability.
incapacidad de heredar | incompetency to succeed.
incapacidad de jurisdicción (justicia) | demurrer.
incapacidad de la mano de obra | inefficiency of labor.
incapacidad física | physical disability.
incapacidad jurídica | civil disability.
incapacidad laboral | disability | incapacity to work.
incapacidad legal | disability.
incapacidad parcial | partial disablement | partial disability.
incapacidad parcial permanente | permanent partial disability.
incapacidad permanente | permanent disablement.
incapacidad total | total disability | total disablement | permanent disability.
incapacitación | disablement | incapacitation.
incapacitación parcial | partial incapacitation.
incapacitado | disabled | disqualified | superannuated.
incapacitar | disqualify (to) | disable (to).
incapacitivo (electricidad) | noncapacitive.
incapaz | disqualified | unfit | inept.
incapaz de maniobrar por avería (buques) | not under command.
incapaz de virar (buques) | in irons.
incapaz de volar | flightless.
incarceración (medicina) | incarceration.
incarcerado (medicina) | incarcerated.
incatalizado | uncatalyzed.
incatalizar (EE.UU.) | uncatalyze (to).
incatalizar (G.B.) | uncatalyse (to).
incatalogable | uncatalogable.
incautable | attachable.
incautación | commandeering | seizure | attachment.
incautar | attach (to).
incautar (mercancías) | impound (to).
incautar bienes | attach property (to).
incautarse | appropriate (to).
incautarse de | seize (to).
incendiar | fire (to) | kindle (to) | set on (to) | deflagrate (to).
incendiar (a una casa, etc.) | set (to).
incendiario | arsonist.
incendiarse | catch fire (to).
incendio | burning | fire.
incendio a nivel del suelo (bosques) | ground fire.
incendio ascendente | rising fire.
incendio avanzando en dirección del viento | head-fire.
incendio causado por el fogonazo térmico de un ataque nuclear | fire from the thermal flash of a nuclear attack.
incendio controlado contra el viento | backburn.
incendio de las copas de árboles | crown fire.
incendio de mina | pit fire.
incendio de petróleo | oil fire.
incendio de turbera | peat fire.
incendio del motor en vuelo (aviones) | engine in-flight fire.
incendio deliberado | incendiary fire.
incendio en buques | ship fire.
incendio en cámara de máquinas | machinery-space fire.
incendio en la fábrica | plant fire.
incendio en los escoriales (minas carbón) | tip fire.
incendio en los macizos de relleno (incendio en minados antiguos - minas) | gob fire.
incendio en masa por bombardeo aéreo | air attack mass fire.
incendio en montón de carbón a la intemperie | stockpile fire.
incendio en un avión de chorro | flame-out.
incendio espontáneo | breeding-fire.
incendio intencionado | fire-raising.
incendio intencionado o doloso | arson.
incendio latente | sleeping fire.
incendio masivo | mass fire.
incendio producido por cerillas o cigarrillos (bosques) | smoker.
incendio punible | actionable fire.
incendio que avanza en dirección contraria al viento (incendio forestal) | back-fire.
incendio que se extiende de un sitio a otro de una zona empapada de combustible | flash-back.
incendio que se propaga a ras del suelo (bosques) | ground-fire.
incendio rural | rural fire.
incendio saltador (bosques) | spotting fire.
incendio superficial (bosques) | surface fire.
incendio voraz | fast-spreading fire.
incendios en minas | mine fires.
incendividad | incendive power | incendivity.
incendivo | incendive.
incentivismo | incentivism.
incentivo | incentive | stimulus | challenge.
incentivo a la inversión | incentive to investment.
incentivo al ahorro | incitement to saving.
incentivo económico | economic incentive.
incentivo financiero | financial incentive.
incentivo fiscal | tax incentive.
incentivo para estimular la inversión | incentive taxation.
incentivo para invertir | inducement to invest.
incentivo progresivo | steepening incentive.
incentivos a la inversión | investment grants.
incentivos a la producción | production incentives.
incentivos monetarios | monetary incentives.
incentivos pecuniarios | pecuniary incentives.
incepción | inception.
incepción de la ventilación | ventilation inception.
inceptivo | alluringness.
incerteza | uncertainty.
incertidumbre | incertainty | uncertainty.
incertidumbre angustiosa | suspense.
incertidumbre de una medición del flujo | uncertainty of a flow-rate measurement.
incertidumbre estadística | statistical uncertainty.
incertidumbre experimental | experimental uncertainty.
incertitud | indeterminancy.
incertitud y riesgo | uncertainty and risk.
incesante | unremitting | constant | continual.
incidencia | impingement | incidence.
incidencia anual | annual incidence.
incidencia de la raíz | root incidence.
incidencia de las crestas de las olas con el casco (embarcación soportada por hidroplaneadores) | contouring.
incidencia de los reconocimientos | incidence of surveys.
incidencia del labio cortante (brocas) | lip clearance.
incidencia fiscal | tax incidence.
incidencia modificable | variable incidence.
incidencia nula | zero angle of yaw.
incidencia rasante | grazing incidence.
incidencia regulable | variable incidence.
incidental | incidental.
incidente | trouble | glancing | incident.
incidente (luz, etc.) | impinging.
incidente de avería en los fondos de un petrolero | tanker bottom damage incident.
incidente de perforación | punch alert.
incidente debido a la máquina | hardware failure.
incidente dilatorio | dilatory plea.
incidente fatal | fatal incident.
incidente técnico | technical hitch.
incidir | impinge (to) | cut in (to).
incidir (medicina) | incise (to).
incidir de regreso en la atmósfera terrestre (cosmonave) | reentry (to).
incidir en | fall into (to).
incidir en deudas | run into debts.
incierto | unpredictable.
incineración | incineration | ashing | cineration | tephrosis | ignition.
incinerador | incinerator.
incinerador de basuras | rubbish incinerator.
incinerador de carga intermitente | batch-fed

incinerator.
incinerador de desperdicios de cafetería | cafeteria refuse incinerator.
incinerador de fangos de alcantarilla | sewage sludge incinerator.
incinerar | incinerate (to) | ash (to) | burn to ashes (to).
incinerar (cadáveres) | cremate (to).
incinerar (química) | ignite (to).
incipiente | incipient.
incircunscripto | uncircumscribed.
incisar | incise (to).
incisiforme | incisor-shaped.
incisión | incision | incising | scoring | notch | cut.
incisión (en un árbol) | gouge-blaze.
incisión anular (árboles) | girdling | ringing.
incisión anular (en los árboles) | ring.
incisión anular alrededor del tronco (árboles) | girdle.
incisión circular | circular incision.
incisión circular (árboles) | girdle notch.
incisión en la corteza (árboles) | tapping.
incisión para recoger la miera (árboles) | resin-tapping.
incisión para recoger la resina (árboles) | resin tapping.
incisión partitura (música) | score.
incisión perimétrica | girdle notch.
incisivo | incisive.
incisivos medianos (caballos) | pincers.
inciso | incised | incise.
inciso (de una póliza, etc.) | parenthetic clause.
incitación a la descarga disruptiva | electrical breakdown incitation.
incitación a pleito | barratry.
incitar | incite (to).
incivismo | incivism.
inclasificado | ungraded | nongraded | nonsorted | unclassed | unclassified.
inclemencia (del tiempo) | roughness.
inclinabilidad | inclinability | tiltability.
inclinable | inclinable | tiltable.
inclinación | tip | tilting | tilt | shelving | steepness | skew | slant | slope | pitch | inclination | declension | declination | bending | ply | dip | dipping | taper | plunge | underlay | grade | gradient | canting | rake | lopsidedness | drooping | draft | lean | leaning | heel.
inclinación (buques) | list | listing.
inclinación (de frente de onda) | steepness.
inclinación (de la cabeza) | droop.
inclinación (de palos, etc.) | skew.
inclinación (de un filón) | pitching.
inclinación (de un techo) | pitch.
inclinación (filón) | angle of dip.
inclinación (geología) | rake.
inclinación (hojas de una sierra alternativa) | hang.
inclinación (Iberoamérica - hojas en una sierra alternativa) | overhang.
inclinación (magnetismo) | angle of dip | angle of inclination.
inclinación (palos buques) | rake.
inclinación angular de un sondeo | angular inclination of a borehole.
inclinación con la vertical del pivote de orientación de la rueda (automóviles) | kingpin angle.
inclinación de cualquier superficie exterior para que escurra el agua (muros) | weathering.
inclinación de la base | base tilt.
inclinación de la brújula | dip of the needle.
inclinación de la cámara tomavista en dirección longitudinal del avión | tip.
inclinación de la cubierta | roof-pitch.
inclinación de la hélice | pitch of coil.
inclinación de la mangueta con la horizontal (ruedas autos) | wheel spindle angle.
inclinación de la mangueta del eje (autos) | rake of the axle-pin.
inclinación de la onda de tierra | wave tilt.
inclinación de la órbita | orbit inclination.
inclinación de la quilla | drag of keel | keel grade.
inclinación de la quilla con relación a la flotación (buques)
inclinación de la tangente a la circunferencia en el punto C | slope of the tangent to the circle at point C.
inclinación de las caras laterales del molde (fundición) | draw taper.
inclinación de las imadas | declivity of the ways.
inclinación de los muñones del cañón | gun trunnion slope.
inclinación de los pies derechos (cuadro entibación de minas) | underlie.
inclinación de ondas | wave tilt.
inclinación de rejilla | grid dipping.
inclinación de un carácter | character skew.
inclinación de un palo (buques) | hang.
inclinación de una capa (geología) | rise.
inclinación de una falla sobre la vertical (complemento del buzamiento) | hade.
inclinación de 1 en 30 | rate of 1 in 30.
inclinación débil | flat dip.
inclinación del ala variable en vuelo | wing sweep variable in flight.
inclinación del borde de ataque del ala | wing leading-edge sweep.
inclinación del brazo (grúas) | pitch of boom.
inclinación del carnero (cepilladora) | tilt of ram.
inclinación del carril exterior (curvas) | runoff.
inclinación del carril hacia el interior (vía férrea) | cant of the rail.
inclinación del costado hacia dentro (buques) | tumblehome.
inclinación del costado hacia el plano diametral (buques) | falling home.
inclinación del cubo del rotor (autogiros, helicópteros) | hub tilting.
inclinación del eje de muñones | tilt of trunnions.
inclinación del eje delantero | caster.
inclinación del extremo | end tilt.
inclinación del extremo del ala sobre un plano horizontal | wingtip rake.
inclinación del flujo | flow angularity.
inclinación del frente del impulso | pulse front steepness.
inclinación del muro interior | inwall batter.
inclinación del techo del impulso | pulse tilt | pulse droop.
inclinación del vierteaguas (ventanas) | weathering.
inclinación en que las alas están muy inclinadas (aviones) | vertical bank.
inclinación hacia atrás (alas, borde de ataque o de salida) | sweepback.
inclinación hacia atrás de las palas de la hélice (aeronáutica) | propeller rake.
inclinación hacia atrás del palo (buques) | mast rake.
inclinación hacia delante | hang | overhang.
inclinación hacia el interior (castilletes de laminador) | kick-in.
inclinación lateral | heeling | side rake.
inclinación lateral (avión) | barrel roll.
inclinación lateral (escora - aeroplano) | bank.
inclinación lateral al tomar una curva (autos) | sway.
inclinación lateral de un modelo (para desmoldear) | draw.
inclinación límite | limiting batter.
inclinación longitudinal (cámara tomavistas) | pan down | pan up.
inclinación magnética | inclination | magnetic dip | magnetic inclination.
inclinación máxima de una correa transportadora | maximum belt slope.
inclinación o ángulo de un plano de falla con la vertical | underlie.
inclinación para que escurra el agua (superficie exterior de un muro) | weathering.
inclinación que tiende a hacer picar (aviones) | nose-down trim.
inclinación redondeada del costado (buques) | rounded side inclination.
inclinación respecto a la normal | inclination to the normal.
inclinación sobre la horizontal (herramientas) | rake.
inclinación transversal (aviones) | banking.
inclinación transversal del pivote (autos) | kingpin inclination.
inclinación verdadera | true slope.
inclinación vertical de la aguja (brújula) | dip.
inclinada (puertas) | sagging.
inclinado | pitched | slant | sloping | slanting | slanted | dipping | tapered | aslant | battered | oblique.
inclinado (muros) | overhanging.
inclinado (playas, fondos) | shelving.
inclinado a | inclinable.
inclinado angularmente hacia | angularly inclined toward.
inclinado de proa (aviones) | bowheavy.
inclinado en el sentido del giro (paletas ventiladores) | forward-sloping.
inclinado en sentido opuesto | oppositely inclined.
inclinado hacia abajo | downwardly-inclined | drooping.
inclinado hacia adelante | forward-sloping.
inclinado hacia arriba | acclivous.
inclinado hacia delante y arriba | forwardly and upwardly inclined.
inclinado hacia dentro | inwardly inclined.
inclinado hacia fuera | outward-sloping.
inclinado sobre un lado | lopsided.
inclinador de haz | beam tilting.
inclinar | cant (to) | edge (to) | lean (to) | incline (to) | droop (to) | pitch (to) | sway (to) | slant (to) | slope (to) | tilt (to) | tip (to) | tilt (to).
inclinar (la cabeza) | decline (to).
inclinar el rumbo al Norte | edge to the north (to).
inclinar hacia atrás | sweep back (to).
inclinar hacia delante | sweep forward (to).
inclinarse | bend (to) | plunge (to) | decline (to) | drop (to) | heel (to) | lean (to).
inclinarse (geología) | strike upon (to) | tilt (to) | nose in (to).
inclinarse con relación a la vertical (filones) | underlay (to).
inclinarse hacia abajo | dip (to).
inclinarse hacia atrás (palos buques) | be raked (to).
inclinarse hacia atrás (palos de buques) | rake (to).
inclinarse lateralmente (aviones) | tilt (to).
inclinarse lateralmente al virar (aviones) | bank (to).
inclinarse por el viento (árboles) | be beaten down (to).
inclinarse sobre el ala (aviones) | heel over (to).
inclinógrafo | inclinograph.
inclinógrafo giroscópico | gyro-inclinograph.
inclinómetro | tiltmeter | inclination compass | dip meter.
inclinómetro (medicina) | inclinometer.
inclinómetro (sondeos) | dipmeter.
inclinómetro electrónico | convectron.
incluido | included.
incluido el porte | including carriage.
incluido el servicio | attendance included.
incluido embalaje | packing included.
incluido en el precio de la máquina | included in machine price.
incluido en el precio del motor | included in the engine price.
incluido en la roca | imbedded in rock.
incluido gastos de puerto | including port charges.
incluidos los derechos | duty paid.
incluidos los gastos | charges included.
incluir | comprise (to) | contain (to) | enclose (to) | embody (to).

incluir en la lista de causas a ver en el día | docket (to).
incluir en un plan o programa | schedule (to).
incluir en una categoría o clase (organizaciones) | subsume (to).
incluir indebidamente a un demandado en un juicio donde no debe figurar | misjoin (to).
inclusión | incorporating | inclusion | imbedding.
inclusión (en una carta) | enclosing.
inclusión (en una categoría o clase) | subsumption.
inclusión (mineralogía) | enclosure.
inclusión cognática | cognate xenolith.
inclusión cristalina (en el vidrio) | stone.
inclusión cristalina (filones) | comb.
inclusión de aire (hormigones) | air entrainment.
inclusión de coesita euedral (diamantes) | euhedral coesite inclusion.
inclusión de conjuntos | set inclusion.
inclusión de escoria | cinder inclusión | slag inclusion.
inclusión de escoria (soldaduras) | slag trap.
inclusión de estériles (filones) | rider.
inclusión de forma redonda a irregular | round-to-irregular-shaped inclusion.
inclusión de granate isométrico (diamantes) | isometric garnet inclusion.
inclusión de piropos en diamantes (mineralogía) | pyropes in diamonds.
inclusión de roca en una capa de carbón (minería) | horseback.
inclusión epigenética de mineral | epigenetic mineral inclusion.
inclusión estéril (filones) | horse | horseback.
inclusión exógena | exogenous enclosure.
inclusión gaseosa | gas inclusion.
inclusión indebida de partes en un juicio | misjoinder.
inclusión líquida | liquid enclosure.
inclusión líquida en una amatista | amethystoline.
inclusión metalúrgica que aumenta la fatiga de una pieza | stress-raiser.
inclusión mineral | mineral spot.
inclusión no metálica (defecto de laminado) | reed.
inclusión singenética | syngenetic inclusion.
inclusión singenética policristalina | polycrystalline syngenetic inclusion.
inclusión sólida no metálica (metales) | sonim.
inclusión subeuedral de olivino (diamantes) | sub-euhedral olivine inclusion.
inclusión vítrea | glass inclusion.
inclusiones acintadas (metalurgia) | inclusion stringers.
inclusiones de fundente (soldadura) | flux entrapment.
inclusiones de gas | trapped gases.
inclusiones en los metales de productos finamente divididos de la combustión (hornos de solera abierta) | fly ash.
inclusiones en los metales de productos finamente divididos de la combustión (hornos de solera abiertos) | flyash.
inclusiones finas de pirita en una capa de carbón | scares.
inclusiones innocuas | innocuous inclusions.
inclusiones naturales (metales) | indigenous inclusions.
inclusiones pequeñas de mineral en la roca (minas) | sprinkling.
inclusiones rosáceas no metálicas (metalografía) | pink inclusions.
inclusive | inclusive.
incluso | enclosed | inclusive.
incluso (botánica) | included.
incoación | inchoation.
incoagulable | noncoagulable.
incoar (jurisprudencia) | enter (to).
incoar un juicio | file suit (to) | file a suit (to).
incoar una demanda | bring suit (to).
incobrable | uncollectable | uncollectible | noncollectable.
incobrable (deudas) | desperate.
incógnita | unknown quantity.
incoherencia | incoherency | disjointedness.
incoherente | cohesionless | incongruent.
incoherente (terrenos) | crumbly.
incohesión | incoherency | incohesion.
incohesivo | incohesive.
incohesivo (terrenos) | loose.
incokizable (carbones) | noncoking.
incolapsible | noncollapsible.
incolineal | noncollinear.
incoloración | colorlessness.
incoloro | colorless | achromatic.
incólume (comercio) | sound.
incolumidad | safety | soundness | wholeness.
incombinable químicamente | inert.
incombustibilidad | incombustibleness | incombustibility.
incombustibilización | fireproofing.
incombustibilizar | flameproof (to) | fireproof (to).
incombustible | incombustible | flameproof | nonignitable | fireproof | firesafe | apyrous | asbestine | self-extinguishing.
incomerciable | unmarketable.
incomodidad | discomfort | constraint.
incomparecencia | nonappearance.
incompatibilidad | confliction.
incompatibilidad de minerales | antipathy of minerals.
incompatibilidad tisular (cirugía) | tissue incompatibility.
incompatible | noncompatible.
incompatible con | conflicting.
incompatibles | conflicts.
incompatibles entre si | inconsistent with each other.
incompetencia | unfitness.
incompetente | disqualified | unfit.
incompletamente lleno (molde de plásticos) | short.
incompleto | broken | deficient.
incompleto (publicaciones) | all-published.
incomprensibilidad | incompressibility.
incomprimible | incompressible.
incomunicado | close | cutoff.
inconciliable (estadística) | inconsistent.
inconcluso | nonfinished | unconcluded | unfinished.
incondensable | noncondensable | incondesible.
incondicional | unconditional | unqualified.
inconel | inconel.
inconforme | dissenting.
inconformidad | nonapproval | disagreement | dissent.
inconformidad erosional | erosional unconformity.
incongelable | unfreezable | nonfreezable | frostproof.
incongruente | incongruent.
incongruente (álgebra) | incongruent.
incongruidad | malapropism.
inconmensurabilidad | incommensurateness.
inconmutable | immutable.
inconsecuente | inconsecuent.
inconsistencia (terrenos) | looseness.
inconsistencia en el diámetro | inconsistency in diameter.
inconsistente (terrenos) | loose.
inconspicuo (botánica) | hidden.
inconstancia de las frecuencias (magnetrón) | frequency sliding | mode shift.
inconstante | flexuose.
inconstitucional | unconstitutional.
inconstitucionalidad | unconstitutionality.
incontable | uncountable.
incontaminado | uncontaminated.
incontestación | nonanswer.
incontinentemente (derecho) | incontinenti.
incontrabalanceado (estadística) | unbalanced.
incontrolable | uncontrollable.
inconveniente | obstacle.
inconveniente principal | leading drawback.
inconvenientes del sistema | drawbacks of the system.
inconvenientes en la puesta en marcha | teething troubles.
inconversión | nonconversion.
inconvertibilidad | nonconvertibility | inconvertibility.
incordiar | bug (to).
incorfirmado | unconfirmed.
incorparar una tarea | attach a task (to).
incorporación | embodiment.
incorporación (de unidades) | attachment.
incorporación a filas (soldados) | drafting.
incorporación de una sociedad en nombre colectivo | incorporation of a partnership.
incorporación del tinte a la pasta de la fibra (fibras artificiales) | deep-dyeing | deep dyeing.
incorporado | inbuilt | built-in.
incorporado (máquinas) | self-contained.
incorporar | attach (to) | embody (to).
incorporar (unidades) | attach (to).
incorporar al servicio activo | activate (to).
incorporarse en un solo cuerpo | incorporate (to).
incorpóreo | asomatous.
incorrección | uncorrectness.
incorrecto | faulty.
incorregible (embriaguez) | confirmed.
incorrosibilidad | noncorrodibility.
incorrosible | noncorrodible.
incorrosivo | noncorrosive.
incoterms | incoterms.
incrasar | inspissate (to).
increible | unbelievable.
incrementar | build up (to) | boost (to).
incrementar la producción | boost the yield (to).
incrementar su poderío militar | increment his military power (to).
incremento | enlargement | enhancement | expansion | increment | increase | increasing | gain | rate of change | accretion | growth | step.
incremento anual | annual increment.
incremento anual acumulativo | cumulative annual rate.
incremento de corriente | growth of current.
incremento de deformación de 10^{-3}/minuto | strain rate of 10^{-3}/minute.
incremento de la carga | load growth.
incremento de la corrosión de
incremento de la deformación | strain rate.
incremento de la deformación de 1 pulgada/pulgada/segundo (prueba de tracción) | strain rate of 1 in/in/sec.
incremento de la potencia necesaria durante la deformación plástica (metales) | cold straining.
incremento de la producción de alimentos | expansion of food production.
incremento de la profundidad de inmersión debido a corrientes marinas (minas fondeadas) | dip.
incremento de la sustentación | lift increment.
incremento de la torsión | rate of twisting.
incremento de la velocidad | gathering of speed.
incremento de la ventilación para prevenir explosiones de gases (minería) | dashing.
incremento de la viscofluencia en régimen permanente | steady-state creep rate.
incremento de termofluencia menor de 10^{-4} hora | creep rate less than 10^{-4} hour.
incremento de valor | value increase.
incremento de volumen | increment of volume.
incremento de 30 °C hora | rate of 30 °C per hour.
incremento del avance | feed increment.
incremento del crecimiento de la grieta por ciclo | crack-growth rate per cycle.
incremento del descuento | accrual of discount.
incremento del diámetro | diameter growth.
incremento del empuje | thrust boost.
incremento del flujo de efectivo por el arren-

damiento | increasing cash flow through leasing.
incremento del retardo | retardation rate.
incremento dinámico | dynamic increment.
incremento en bruto | gross-increment.
incremento en los pedidos | flow of new orders.
incremento lento de la carga | slow loading rate.
incremento o decremento por unidad de tiempo (de un fenómeno) | rate.
incremento perceptible | difference limen.
incremento periódico anual | periodical annual increment.
incremento por condiciones meteorológicas | allowance for weather.
incremento radial (árboles) | radial increment.
incremento repentino (presión voltaje) | burst.
incremento y expansión | growth and expansion.
incrementos de deformación variando desde $1{,}2\times10^{-5}$ a $1{,}3\times10^{-3}$ por segundo | strain rates ranging from 1.2×10^{-5} to $1{,}3\times10^{-3}$ per second.
incrementos del avance | feed increments.
incrementos discretos | stepwise increments.
incrementos por revaluación | appraisal increments.
incriminar | criminate (to).
incrustabilidad (metales para cojinetes) | embeddability.
incrustable (antifricción) | embeddable.
incrustación | encrustation | scale | scale crust | incrustation | inlaying | inlay.
incrustación (calderas) | deposit | scale | fur.
incrustación (calderas, etc.) | fouling.
incrustación biológica | fouling.
incrustación biológica (fondos de buques) | biofouling.
incrustación de caldera | boiler scale.
incrustación de la caldera | boiler fur.
incrustación drúsica | drusy incrustation.
incrustación sobre rocas | sinter.
incrustaciones (joyería) | inlaid work.
incrustaciones (tubos, calderas) | furring.
incrustaciones de la corona del pistón (motores) | piston-crown deposit.
incrustaciones en las paredes internas de los tubos (calderas acuotubulares) | waterside deposits.
incrustado | inlaid | scaly | embedded.
incrustado (calderas) | scale coated.
incrustado de joyas | jewel-encrusted.
incrustador | inlayer.
incrustador sobre madera | marquetry inlayer.
incrustamiento | embedding.
incrustante | scale producing | scale forming.
incrustante (pozo, fuentes) | petrifying.
incrustar | inlay (to) | enchase (to) | encrust (to) | embed (to) | imbed (to).
incrustar (calderas) | fur (to).
incrustar en | recess (to).
incrustar una bola de acero en una roca | embed a steel ball in a rock (to).
incrustarse | fur (to).
incrustarse (calderas) | scale (to).
incuantizado | unquantized.
incuartación | inquartation | inquarting.
incuartación (de minerales) | quartation.
incuartar | inquart (to).
incubabilidad | hatchability.
incubación | latency | incubation.
incubación de huevos | egg hatching.
incubador | incubator.
incubador (piscicultura) | grille.
incubador anhidro | anhydric incubator.
incubador vibrante de reacción | shaking reaction incubator.
incubadora | couveuse | incubator | incubator.
incubadora para bebés | baby incubator.
incubadora para pollitos | poultry brooder.
incudiforme | anvil-shaped.
inculcar | force on (to).
inculcar (imprenta) | lock up types (to).
inculpabilidad del procesado | innocence of the defendant.
inculpación | indictment.
incultivable | inarable.
incumbencia | incumbency | concern.
incumbente (botánica, zoología) | incumbent.
incumplido | aborted | defaulted.
incumplimiento | failure to perform | breach | noncompliance | nonfulfillment | failure.
incumplimiento (contratos) | noncompletion.
incumplimiento (de una orden, de contratos, etc.) | nonperformance.
incumplimiento con el trámite | non-compliance with the procedure.
incumplimiento de contrato | breach of contract | default.
incumplimiento de las normas aduaneras | failure to comply with customs regulations.
incumplimiento de pago | default of payment.
incumplimiento del contrato | nonfulfilment of contract.
incumplimiento del deber | dereliction of duty.
incumplimiento en realizar el | failure to perform the.
incumplir | default (to).
incunable | incunabulum.
incunables | incunabula.
incuria | malpractice.
incurrir (en deudas) | run into (to).
incurrir en (gastos) | incur (to).
incursión | incursion | raid.
incurvación (sondeos) | deflection.
incurvación del haz | beam bending.
incurvación del sondeo | drillhole deflection.
incurvado | infracted.
incurvado (botánica) | inflexed.
indagable | searchable.
indagación | quest | research | searching.
indagación sobre los certificados de obras realizadas | progress chasing.
indagar | search (to) | pry (to) | prospect (to).
indagatoria | inquest.
indagatoria del médico forense | coroner's inquest.
indagatorio | investigatory.
indebido | undue.
indecente | unbecoming.
indecisa (batallas) | hollow.
indeciso | undecided.
indeciso (batallas) | drawn.
indecoroso | unbecoming.
indefectible | unfailing.
indefectible (activo monetario) | nonwasting.
indefectiblemente | unfailingly | without fail.
indefinición | undefinition.
indefinidamente | sine die.
indefinido | undefined.
indeformable | unbendable | nondistorting.
indeformable (aceros) | nonshrinking.
indeleble | fast | fadeless.
indelegable | nondelegable.
indemne | undamaged.
indemnizable | compensable.
indemnización | relief | reimbursement | compensation | restitution | claim.
indemnización (por viaje) | expenses.
indemnización a los que trabajan a destajo cuando están ociosos por cualquier causa | lying money.
indemnización adecuada | fair compensation.
indemnización compensatoria | compensatory damages.
indemnización correspondiente | due compensation.
indemnización de campaña | bat money.
indemnización de casa | living-out allowance.
indemnización de despido | severance pay.
indemnización de marcha | marching allowance.
indemnización de paro | dole.
indemnización de ropa | outfit allowance.
indemnización de siniestros | settlement of claims.
indemnización diaria | detention allowance.
indemnización ejemplarizante superior a los daños reales | punitive damages.
indemnización en metálico | monetary allowances.
indemnización familiar | dependency allowance | family allowance.
indemnización familiar por hijos | child allowance.
indemnización global | lump-sum compensation | lump-sum settlement.
indemnización por accidente laboral | compensation for injuries at work.
indemnización por alimentos | food allowance | chop allowance.
indemnización por alimentos (jurisprudencia) | board wages.
indemnización por averías | allowance for damages.
indemnización por cesantía | severance pay.
indemnización por comida | messing allowance | mess allowance.
indemnización por daños y perjuicios | compensation for damage.
indemnización por demora | indemnity for delay.
indemnización por depreciación | depreciation allowance.
indemnización por desahucio | severance pay.
indemnización por despido | severance pay | discharge indemnity | dismissal indemnity | dismissal wage | separation pay | terminal wage.
indemnización por expatriación (destinos en el extranjero) | expatriation allowance.
indemnización por fallecimiento | death benefit.
indemnización por pérdida de empleo | compensation for loss of office.
indemnización por rehusar los servicios del práctico (puertos marítimos) | half pilotage.
indemnización por retraso | indemnity for delay.
indemnización por rotura | breakage.
indemnización por roturas | compensation for breakage.
indemnización por sobreestadías (marina) | demurrage.
indemnización razonable | fair compensation.
indemnizaciones de guerra | war indemnity payments.
indemnizaciones por traslado | resettlement allowances.
indemnizaciones y gratificaciones al personal | indemnities and bonuses to personnel.
indemnizar | compensate (to) | make amends (to) | make good (to).
indemnizar (los daños) | indemnify (to).
indemnizar al demandado | indemnify the defendant (to).
indemnizar al principal de las pérdidas por incobrables | indemnify the principal for losses from bad debts (to).
indemnizar un siniestro | settle a claim (to).
indentación | indenting | indentation | dentating | dent | dentation | ragging.
indentación circular | circular indentation.
indentación con pérdida de material por oxidación (desgaste por causa química) | false brinelling.
indentación cónica | tapered indentation | conical indentation.
indentación cuadrada | square indentation.
indentación de la pirámide de diamante | diamond pyramid impression.
indentación de microdureza | microhardness indentation.
indentación de microdureza exenta de grietas | crack-free micro-hardness indentation.
indentación del medidor de durezas | hardness-meter indentation.
indentación en la superficie impresora de la mantilla causada por partículas extrañas (offset) | low spot.
indentación esférica | spherical indentation.
indentación estática | static indentation.

indentación marginal (defecto cordón soldadura) | undercutting.
indentación marginal (defecto soldaduras) | undercut.
indentación piramidal | pyramidal impression.
indentación plástica (deformación bajo carga en aceros cementados, pero con interior blando) | brinelling.
indentación polifacética | many-shaped indentation.
indentación por el picado del cordón (soldaduras) | chipping mark.
indentación por martillado (soldadura) | peening mark.
indentación superficial microscópica | microscopic surface indentation.
indentaciones en la superficie para el mejor agarre (rodillos de laminador) | raggings.
indentaciones mutuas | mutual indentations.
indentador | indenting unit | indentor.
indentador alargado | elongated indenter.
indentador de bola | ball indenter.
indentador de diamante para medir durezas | diamond hardness indenter.
indentador de pirámide cuadrangular | square-based pyramidal indenter.
indentador de pirámide triangular | triangular-based pyramidal indenter.
indentador de punta de diamante | diamond-pointed indenter.
indentador esférico | spherical indenter | ball-shaped indenter.
indentador hemisférico | hemispherical indenter | hemispherical indentor.
indentador para medida de la dureza | hardness indenter.
indentador piramidal Vickers | Vicker's pyramid indenter.
indentar | dent (to) | mar (to).
indentímetro | indentometer.
independencia | self-dependence.
independencia de camino (geometría diferencial) | independence of path.
independencia económica | self-sufficiency.
independencia respecto a los dispositivos | device independence.
independiente | separate | independant.
independiente (informática) | stand-alone.
independiente de | irrespective of | regardless of.
independiente de las variaciones de la corriente de entrada | irrespective of variations in the incoming current.
independiente de su disposición | regardless of arrangement.
independientemente | separately.
independientemente de la | without regard to the.
independientemente de la forma de la pieza | independently of the shape of the piece.
independientemente del material de que estén hechos | irrespective of the material from which they are made.
independientemente del orden de derivación | irrespective of the order of differentiation.
inderogable | unrepealable.
inderramable | spillproof | unspillable.
indescolorable (telas) | fadeless.
indescomponible | indecomposable.
indeseado | undesired.
indesgarrable | tearproof | unrippable.
indeshidratado | undehydrated.
indesmallable | undesired.
| run-resist **indesmallable (medias)** | ladderproof | nonladder.
indesmallable (tejidos punto) | run resist.
indesmontable | nondetachable.
indesmoronable | unravelled.
indestructibilidad | indestructibleness.
indestructivo | nondestructive.
indesviable | indivertible.
indetectabilidad | indetectability.
indeterminación | indeterminateness | indeterminancy | indeterminacy | nondetermination.
indeterminación estática | statical indeterminacy.
indetonable | nondetonable.
indetonante | nondetonating.
indetonante (mezclas) | nonexplosive.
indexacción | indexing.
indexación coordinada | coordinate indexing.
indexómetro (refracción) | indexometer.
indiado | indium-plated.
indiagnosticable | nondiagnosticable.
indiana | printed calico | printed cotton cloth | calico.
indiana (tela estampada) | print.
indianista | indianist.
indianizar | indianize (to).
indiar | indium-plate (to).
Indias Orientales | East Indies.
indicación | witness | entry | reading | pointing.
indicación (de un procedimiento) | drawing up.
indicación (electricidad) | annunciation.
indicación dada por una señal luminosa comparada con el brazo del semáforo (ferrocarriles) | aspect.
indicación de código | label coding.
indicación de fin de información | terminating symbol.
indicación de inclinación transversal (aviones) | bank indicator.
indicación de las cotas con sus tolerancias (planos) | tolerancing.
indicación de origen (jurisprudencia) | caption.
indicación de polaridad (pilas) | terminal marking.
indicación de rumbo de caza | pursuing course indication.
indicación de un criadero (minas) | prospect.
indicación de un instrumento de medida | reading.
indicación luminosa de ocupado | busy flash signal.
indicación óptica automática | optical automatic ranging (O.A.R.).
indicación visible del ordenador para que el operador responda | prompt.
indicación visual | blip.
indicación visual (radar) | blip.
indicación visual a un artista para que empiece su parte (estudios cine, TV, programas radio) | cue.
indicaciones | particulars.
indicado visualmente por | visually indicated by.
indicador | teller | telitale | telltale | telltale | marker | indicator | direction | display | gage (EE.UU.) | gauge (G.B.) | recorder.
indicador (cilindros) | indicator.
indicador (de salida o llegada de trenes) | describer.
indicador (máquinas) | telltale.
indicador acústico (radio) | ringing set.
indicador acústico de llamada | call announcer.
indicador aéreo de blanco móvil | airborne moving-target indicator.
indicador automático de altitud | automatic altitude indicator.
indicador automático de rumbo | offset-course computer.
indicador automático de ruta | homing device.
indicador automático visual | autocue.
indicador avisador de la disminución de la presión de frenado | brake-pressure warning indicator.
indicador azimutal automático (radar) | omnibearing indicator.
indicador catódico | tunoscope | magic eye.
indicador catódico de sintonía | tuning eye | cathode-ray tuning indicator.
indicador catódico de sintonía (ojo mágico) | tuning-indicator eye.
indicador coaxial de onda estacionaria | coaxial standing-wave indicator.
indicador conmutador de la toma del transformador | transformer tapping switch indicator.
indicador de acción del freno | brake action indicator.
indicador de aceptación o rechazo (recepción materiales) | pass-reject indicator.
indicador de acidez | acidic indicator.
indicador de adsorción | adsorption indicator.
indicador de adulteración | adulterant marker.
indicador de agujas múltiples | multipointer gage.
indicador de agujeros | hole spotter.
indicador de alargamiento | elongation tester.
indicador de alineación | alignment indicator.
indicador de alineación del cigüeñal | crankshaft alignment indicator.
indicador de altitud de las nubes | ceiling-height indicator.
indicador de altitud y posición | height-position indicator.
indicador de altura de techo | ceilometer.
indicador de altura del combustible (depósitos) | fuel depth gage.
indicador de altura y distancia | height-range indicator.
indicador de amplitud de vibración torsional | torsional vibration amplitude indicator.
indicador de ángulo de aproximación | visual approach slope indicator.
indicador de ángulo de despegue | takeoff angle indicator.
indicador de ángulos horizontales (artillería) | azimuth indicator.
indicador de apertura (válvulas) | travel indicator.
indicador de aproximación | width indicator.
indicador de asiento y estabilidad (buques) | stability and trim indicator.
indicador de avances | feed indicator.
indicador de avería en la línea | power-failure indicator.
indicador de averías | trouble indicator.
indicador de azimut | azimuth marker.
indicador de balance de la cámara de máquinas | engine room plumb bob.
indicador de balances | rate-of roll indicator.
indicador de basicidad | basic indicator.
indicador de busca de línea | line monitoring indicator.
indicador de cabeceo (aviación) | fore-and-aft level.
indicador de caída | drop-indicator.
indicador de calados (buques) | draft gage.
indicador de calidad de imagen radiográfica | penetrameter.
indicador de calidad de la imagen (radiografía) | penetrometer.
indicador de cambio de color | color-change indicator.
indicador de carga | charge indicator.
indicador de carga de acumulador | battery-charge indicator.
indicador de cero | null instrument.
indicador de cero (electricidad) | null indicator.
indicador de cobertura por radar | radar coverage indicator.
indicador de cometido | role indicator.
indicador de comienzo de información | beginning of information marker.
indicador de compensación | balance indicator.
indicador de «con corriente» | power-on indicator.
indicador de concentración | concentration indicator.
indicador de concentración de humos | smoke-concentration indicator.
indicador de concentración de humos (contaminación) | smoke-concentration indicating meter.
indicador de conexión correcta (cuadros control eléctrico) | healthy-trip indicator.
indicador de consistencia (hormigón) | consistency meter.
indicador de contaminación beta-gamma |

beta-gamma contamination indicator.
indicador de contaminación del aire | air contamination indicator.
indicador de corredor terrestre (astronáutica) | earth path indicator.
indicador de corriente cero | null detector.
indicador de corriente nula | zero current indicator.
indicador de cortocircuito | growler.
indicador de cotizaciones | stock ticker.
indicador de cuadrante | dial indicator | clock.
indicador de daño por radiación | radiation-damage indicator.
indicador de defecto de aislamiento | leakage indicator.
indicador de defectos de aislamiento | earth indicator.
indicador de deformación | strain indicator.
indicador de demanda máxima | demand indicator.
indicador de demora | right-left bearing indicator.
indicador de densidad de humos industriales | industrial smoke density indicator.
indicador de depresión en el hogar (calderas) | furnace draft indicator.
indicador de deriva | drift indicator.
indicador de deriva (radar) | deviation flag.
indicador de descenso de la carga (alto horno) | stockline gage.
indicador de desviación de la frecuencia | frequency-deviation meter.
indicador de desviación de la vertical (sondeos) | drift indicator.
indicador de desviación del rumbo | course deviation indicator.
indicador de diferencias de voltaje | differential voltage indicator.
indicador de dirección | direction indicator | direction finder | address indicator.
indicador de dirección (aeropuertos) | directional marker.
indicador de dirección de la corriente | current-direction indicator.
indicador de dirección de la corriente de aire | airstream-direction indicator.
indicador de dirección del aterrizaje | landing direction indicator.
indicador de disco de caída | drop annunciator.
indicador de distancia (por medida acústica y óptica) | monoray locator.
indicador de distancia y elevación | elevation-position indicator.
indicador de distancias | range indicator.
indicador de distancias (artillería) | range-dial.
indicador de distribución de la carga (buques) | lodicator.
indicador de encaminamiento | routing indicator.
indicador de equilibrado | balance indicator.
indicador de escora | heel indicator.
indicador de exploración | scanning indicator.
indicador de fases | electrogoniometer.
indicador de fin de conversación | clearing indicator.
indicador de fin de fichero | end of file marker.
indicador de final de datos | end of data marker.
indicador de foco de faro (autos) | beam-indicator light.
indicador de formación de hielo | ice-warning indicator.
indicador de fugas | leakage indicator.
indicador de fugas de aceite | oil-leak detector.
indicador de función | role indicator.
indicador de funcionamiento | performance indicator.
indicador de fusible | blown-fuse indicator.
indicador de gasto de vapor (calderas) | steam load indicator.
indicador de huelgos | play indicator.
indicador de humedad en la madera | moisture-in-timber meter.
indicador de inclinación | incline indicator | inclination gage.
indicador de inclinación lateral y viraje (aviones) | turn-and-bank indicator.
indicador de inclinación longitudinal y transversal | bank and pitch indicator.
indicador de inclinación transversal con una bola que oscila en un tubo curvo lleno de un líquido (aviones) | ball-bank indicator.
indicador de intensidad de haz neutrónico | neutron-beam intensity indicator.
indicador de intermitencia | winking indicator.
indicador de interrupción de circuito (electricidad) | power off indicator.
indicador de la actitud del fuselaje | fuselage attitude indicator.
indicador de la altura de las nubes | top indicator.
indicador de la carga levantada por la grúa | crane weight indicator.
indicador de la deformación | deformation indicator.
indicador de la dirección | sense indicator.
indicador de la dirección de la corriente a diferentes profundidades (oceanografía) | bifilar current indicator.
indicador de la dirección del soplo | blow direction indicator.
indicador de la estabilidad | stability indicator.
indicador de la gasolina (autos) | fuel gage.
indicador de la gasolina (contenida en el depósito) | gasoline gage.
indicador de la posición del aterrizador | undercarriage indicator.
indicador de la profundidad | depth indicator.
indicador de la proximidad de desplome (avión) | stall warning indicator.
indicador de la separación entre cilindros (tren de laminar) | roll gap indicator.
indicador de la velocidad angular (fonolocalizador) | rate indicator.
indicador de la velocidad de subida (aviones) | variometer.
indicador de la velocidad del avión con relación al aire (aviación) | airspeed indicator.
indicador de lámpara | answer lamp.
indicador de laser de altura de techo | laser ceilometer.
indicador de lectura rápida | at-a-glance indicator.
indicador de línea de la central (teléfonos) | exchange line indicator.
indicador de línea en curso | current line pointer.
indicador de los componentes del viento (balística) | wind-component indicator.
indicador de los timones de inmersión | hydroplane-angle indicator.
indicador de luces de navegación (buques) | navigating lights indicator.
indicador de medidas de varios fenómenos | logger.
indicador de mensajes en espera (telecomunicación) | message waiting indicator.
indicador de mercado | market indicator.
indicador de mira | sight recorder.
indicador de momentos | moment indicator.
indicador de movimiento en la superficie de un aeropuerto | aerodrome surface movement indicator.
indicador de neutralización (radio) | neutralizing indicator.
indicador de nivel | level gage | level indicator | bayonet gauge.
indicador de nivel (calderas) | water glass.
indicador de nivel de agua (calderas) | glass-gage.
indicador de nivel de gasolina | petrol gage | petrol gauge.
indicador de nivel de silo | bin level indicator.
indicador de nivel del agua en la caldera | boiler water level glass.
indicador de nivel sin flotador | floatless level indicator.
indicador de nivel sonoro | sound level meter.
indicador de onda estacionaria de banda ancha | SWR indicator.
indicador de óxido de carbono en el humo (calderas) | smoke indicator.
indicador de parada | halt indicator.
indicador de pasa o no pasa (recepción materiales) | go-no-go indicator.
indicador de pendiente | clinometer | slope meter.
indicador de pendientes (ferrocarril) | indicator.
indicador de pérdida a tierra a plena carga (cables eléctricos) | full-load earth tester.
indicador de pérdida de carga | loss-of-head gage.
indicador de pérdida de velocidad | stall warner | antistall indicator.
indicador de pérdida de velocidad (aviones) | stick-shaker.
indicador de pérdidas a tierra | ground meter | groundometer | leak detector.
indicador de pérdidas a tierra (electricidad) | fault detector.
indicador de peso del tren de sondeos | drillometer.
indicador de pH de lectura directa | direct reading pH indicator.
indicador de polaridad | pole indicator.
indicador de polos | current-direction indicator.
indicador de porcentaje | ratio gage.
indicador de posición | position-finder | bug.
indicador de posición (radar) | bug.
indicador de posición de la barra de control | control-rod position indicator.
indicador de posición de las barras de regulación (reactor nuclear) | regulating rod position indicator.
indicador de posición de los álabes (turbina hidráulica) | gate indicator.
indicador de posición de puntería en elevación | elevation position indicator.
indicador de posición de radar | P.P.I.
indicador de posición del eje giratorio | shaft-position indicator.
indicador de posición del flap | flap position indicator.
indicador de posición electrónica | electronic position indicator.
indicador de posición en el plano con estabilización azimutal | azimuth-stabilized P.P.I.
indicador de posición lineal | linear position indicator.
indicador de potencia | power indicator.
indicador de precisión de posición en el plano | precision plan position indicator.
indicador de presión | pressure indicator.
indicador de presión de aceite | oil pressure gage.
indicador de presión del viento (alto humo) | wind gage.
indicador de presión fiducial | fiducial pressure indicator | fiducial presure indicator.
indicador de presiones (electricidad) | load cell.
indicador de proa (radar) | heading marker.
indicador de profundidad | depth meter.
indicador de profundidad del avance | feed depth dial.
indicador de progresión de la llamada | call progress indicator.
indicador de proximidad por radiación | radiation proximity indicator.
indicador de puntería azimutal | training indicator.
indicador de pureza (gas) | purity meter.
indicador de pureza del hidrógeno | hydrogen purity indicator.
indicador de que las hélices están libres (y pueden girar) | propeller-clear indicator.
indicador de radiaciones beta y gamma | beta-gamma survey meter.
indicador de radiaciones iónicas | radioactive

gauge.
indicador de recorrido | mileage indicator.
indicador de recorrido aéreo | air log.
indicador de relación | ratio gage | relator.
indicador de resonancia | resonance indicator.
indicador de resultados (cálculo) | answer dial.
indicador de retardos | lagging indicator.
indicador de retroceso | recoil indicator.
indicador de revoluciones de la hélice | propeller speed indicator | propeller revolution indicator.
indicador de revoluciones del motor | engine revolution indicator.
indicador de rotura de cinta | broken tape indicator.
indicador de ruta de polilámparas | multilamp route indicator.
indicador de salto | skip flag.
indicador de sentido de corriente | polarity indicator.
indicador de si está armado el percutor | cocking indicator.
indicador de silbato de alarma (nivel agua calderas) | boiler alarm.
indicador de sincronismo | synchronism indicator.
indicador de sintonía | tuning eye.
indicador de sintonización de rayos catódicos | cathode ray tuning indicator.
indicador de sintonización por sombra | shadow tuning indicator.
indicador de sobretemperatura | overtemperature indicator.
indicador de superficie | surface marker.
indicador de taponamiento | plugging meter.
indicador de temperatura de la pólvora | powder temperature indicator.
indicador de temperatura de termómetro de resistencia de cabezas múltiples | multipoint resistance thermometer temperature indicator.
indicador de temperatura del estátor del generador | generator stator temperature indicator.
indicador de tensión | strain gauge.
indicador de termopar de puntas múltiples | multipoint thermocouple indicator.
indicador de tiempo de funcionamiento (máquinas) | elapsed-time indicator.
indicador de tiempos | pinger.
indicador de tierra | leakage indicator.
indicador de tierra (defectoscopio de aislamiento - electricidad) | ground detector | ground indicator.
indicador de tierras | earth indicator.
indicador de tiro (chimeneas) | blast meter.
indicador de tiro diferencial (chimeneas) | differential draught-gage.
indicador de tolerancias | limit bridge.
indicador de vacío | pressure vacuum gage.
indicador de vacío (condensador de vapor) | condenser gage.
indicador de velocidad | motion indicator.
indicador de velocidad (automóviles) | speedometer.
indicador de velocidad (cámara máquinas buques) | log.
indicador de velocidad admisible | speed-limit indicator.
indicador de velocidad con relación a tierra | ground speed indicator.
indicador de velocidad de aire | air speed indicator.
indicador de velocidad de alimentación proporcional | linear-feed-rate indicator.
indicador de velocidad de ascenso | vertical-speed indicator.
indicador de velocidad de extrusión | extrusion speed indicator.
indicador de velocidad de producción lineal (control industrial) | linear feed ratemeter.
indicador de velocidad del cable del torno de extracción | mine-hoist rope speed indicator.
indicador de velocidad supersónica | machmeter.
indicador de viraje | rate of-turn indicator.
indicador de viraje (grados por unidad de tiempo - aviones) | turn indicator.
indicador de zonas calientes | hotspot indicator.
indicador del ángulo de deriva | drift-angle indicator.
indicador del ángulo del timón | helm indicator.
indicador del calado (buques) | draught indicator.
indicador del caudal | flow indicator | flowmeter.
indicador del cursor (regla de cálculo) | hairline.
indicador del desplazamiento angular de un punto | troptometer.
indicador del esfuerzo | strain meter.
indicador del incremento de deformación (pruebas de tracción) | strain pacer | strain rate meter.
indicador del nivel de agua | water gage | altitude gage.
indicador del nivel de potencia | output meter.
indicador del nivel del líquido | liquid-level sensor | liquid-level gage | indicating liquid level meter.
indicador del nivel del líquido en el tanque | tank content indicator.
indicador del paso geométrico de la hélice | propeller-pitch indicator.
indicador del peso suspendido (sondeo pozo petróleo) | line scale.
indicador del pozo de extracción (minas) | indicator stand.
indicador del precio de la conferencia telefónica | call-charge indicator.
indicador del punto de rocío | dewpoint indicator.
indicador del recipiente | receiver gage.
indicador del sentido de caída del árbol (corta de árboles) | gun stick.
indicador del sentido de caída del árbol (corta forestal) | shotgun.
indicador del sentido de la corriente (electricidad) | direction indicator.
indicador del sitio de corriente nula (electricidad) | null indicator.
indicador del tiempo transcurrido durante un acontecimiento | time-of-event indicator.
indicador del tiro (calderas) | draught gage.
indicador del tiro (chimeneas) | draft gage | draught indicator.
indicador económico | economic indicator.
indicador eléctrico automático de cotizaciones (bolsa) | ticker.
indicador en elevación y en dirección (artillería) | azimuth and elevation indicator.
indicador exacto (máquinas) | fiducial indicator.
indicador fiducial | comparison indicator.
indicador fluorescente | fluorescent indicator.
indicador giroscópico | gyro indicator.
indicador hidroquímico | hydrochemical indicator.
indicador hidrostático del nivel de combustible | hydrostatic fuel gage.
indicador iluminado de nivel de agua | illuminated water level indicator.
indicador iluminado por dentro | internally illuminated indicator.
indicador integrador distancia-altitud | range height marker.
indicador lateral para cambio de dirección (autos) | trafficator.
indicador luminoso | light pencil.
indicador luminoso de dirección (autos) | direction indicator.
indicador luminoso de dirección del viento | lighted wind indicator.
indicador luminoso de energía en la línea | power-on indicator.
indicador luminoso de falta de circuito | power-off indicator.
indicador luminoso de llamada | call-indicator.
indicador luminoso de puesta en circuito | power-on indicator.
indicador luminoso en T de dirección del viento (aeropuertos) | lighted wind-tee.
indicador monocromo | one-color indicator.
indicador nucleónico de nivel | nucleonic level indicator.
indicador numérico | digital indicator.
indicador óptico | optical indicator.
indicador óptico de sintonización | magic eye.
indicador panorámico descentrado (radar) | offset-center P.P.I.
indicador para la medida del pH | pH indicator.
indicador piezoeléctrico de presión | piezoelectric pressure gage.
indicador que mide una centésima de pulgada | ten-thousandth indicator.
indicador químico para colorantes | dyestuff indicator.
indicador radiactivo | tracer element | radioactive gauge | tracer.
indicador radioactivo | radiotracer.
indicador registrador de demanda máxima | recording maximum demand indicator.
indicador repetidor | repeat indicator.
indicador social | social indicator.
indicador totalizador del combustible de todos los depósitos (aeroplanos) | fuel totalizer gauge.
indicador visivo de la trayectoria de planeo (aeropuertos) | visual-glide-path indicator.
indicador visual | visual indicator.
indicador visual de la pendiente de aproximación | visual approach slope indicator.
indicador visual de pendiente de aproximación | visual-approach-slope indicator.
indicador visual de posición | pictorial plotter.
indicador visual de reloj y calendario | calendar-clock visual indicator.
indicador visual del flujo | visual flow indicator.
indicador visual del flujo del líquido | liquid indicator.
indicar | mark (to) | set forth (to).
indicar (línea de conducta) | lay down (to).
indicar (termómetros) | register (to).
indicar con precisión | pinpoint (to).
indicar el plano de referencia (carta marina) | datum (to).
indicar las cotas con sus tolerancias de maquinado (planos) | tolerance (to).
indicar sobre un plano | mark on a map (to).
indicativo (comunicaciones) | answer-back code.
indicativo (telecomunicación) | housing code.
indicativo de acceso a un servicio determinado | service code.
indicativo de lugar | area code.
indicativo de llamada | call-sign.
indicativo de llamada informativa | assistance code.
indicativo de servicio restringido | barred code.
indicativo de una emisora | address call sign.
indicativo internacional | international code.
indicativo interno | actual key.
indicativo principal | major key.
indicatriz | indicatrix.
indicatriz óptica | index ellipsoid | optical indicatrix.
indicatriz uniaxial positiva | uniaxial positive indicatrix.
índice | pointer | pointer | pointer | factor | index ratio | ratio | suffix | content list.
índice (análisis químico) | number.
índice (aparatos) | indicator.
índice (coeficiente-matemáticas) | index.
índice (instrumentos) | finger.
índice (libros) | index.
índice acumulativo de libros | cumulative book index.
índice alfabético | alphabetical index.
índice antidetonante | border line method index.
índice binómico de dispersión | binomial index of dispersion.

índice bursátil oficial de la evolución de la bolsa (EE.UU.) | Dow Jones index.
índice colorimétrico | color index.
índice completo | full index | all-inclusive index.
índice con pestaña (libros) | thumb-index.
índice cromático | color index.
índice de absorción | absorption index | absorptive index.
índice de acetilo | acetyl value.
índice de acidez | acid number | pH value.
índice de acidez actual (química) | pH value.
índice de actividad solar | solar index.
índice de agostadero (pastizales) | proper stocking.
índice de agotamiento | burnup.
índice de ajuste | adjuster point.
índice de arrastre | pulling figure.
índice de artículos clasificados por cada palabra importante que aparece en su título (revistas técnicas) | permuted title index.
índice de avería instantánea | hazard rate.
índice de balanza | balance cock.
índice de bromo | bromine number.
índice de cal disponible | available lime index.
índice de calidad | quality index | quality factor | index of quality | merit index.
índice de capítulos | contents.
índice de capítulos (libros) | table of contents.
índice de carbonización (lubricantes) | carbonization value.
índice de carga (acumuladores) | charging rate.
índice de cavitación | cavitation index.
índice de cetano | cetane number.
índice de citas | citation index.
índice de clasticidad (sedimentos) | clasticity index.
índice de cloro (gramos de cloro absorbidos por 100 gramos de pasta seca de papel) | chlorine number.
índice de cobre (química) | copper number | copper value.
índice de cobros | collection ratio.
índice de cohesión (coque) | shatter index.
índice de color | color ratio | color index.
índice de combustión | burnup.
índice de compresión | compression ratio.
índice de comprobantes | voucher index.
índice de confiabilidad | reliability index.
índice de congelación | icing index.
índice de consistencia | consistency index.
índice de consunción | burnup.
índice de coquificación (carbones) | free-swelling index.
índice de coquización | P index.
índice de correlación | index of correlation.
índice de corrimiento atrasado | pushing figure.
índice de corrimiento avanzado (electrónica) | pulling figure.
índice de costo unitario | unit cost index.
índice de cotización de las acciones | share index.
índice de cotizaciones de títulos | index of stocks.
índice de crecimiento (cultivos) | buffer index.
índice de delincuencia | crime ratio.
índice de demulsificación | demulsification number.
índice de derivas | deflection index pointer.
índice de desagüe | dewatering rate.
índice de desarrollo (cultivos) | buffer index.
índice de desgaste volumétrico (muelas abrasivas) | volumetric grinding ratio.
índice de desmulsionamiento | demulsification number.
índice de detergencia | detergent index.
índice de detonación | knock rating.
índice de directividad | directivity index.
índice de directividad (transductor) | directional gain.
índice de disimilitud (estadística) | dissimilarity index.
índice de dispersión | dispersion index.
índice de distancias | range pointer.
índice de duración de la hoja | blade life index.
índice de eficacia de un radar | radar performance figure.
índice de eficacia laboral | utilization index.
índice de emulsión | emulsion number.
índice de entarquinamiento (embalses) | trap efficiency.
índice de escorrentía | runoff index.
índice de éster | ester value.
índice de éxitos de pozos exploratorios (sondeos de petróleo) | success ratio for exploratory wells.
índice de exposición (fotografía) | printing index.
índice de fisión lenta | neutron yield per absorption.
índice de flujo | flow index.
índice de fondo de maniobra | working capital ratio.
índice de formación pelicular (pinturas) | leafing value.
índice de frecuencia | frequency rate.
índice de frecuencia de las lesiones | injury frequency rate.
índice de frecuencia de utilización | activity ratio.
índice de friabilidad | friability index.
índice de gravedad | severity rate.
índice de gravedad de las lesiones | injury severity rate.
índice de huecos | pore index.
índice de huecos (hormigón) | voids ratio.
índice de humedad | moisture index.
índice de humos | smoke point.
índice de inflación | inflation rate.
índice de la escala azimutal | azimuth scale index.
índice de la escala del ángulo de situación | angle of site scale index.
índice de ligadura | packing fraction.
índice de limpieza (aceros) | inclusion count.
índice de local | room index.
índice de local (EE.UU.) | room cavity ratio.
índice de local (luminotecnia) | room index.
índice de localización | location index.
índice de maquinabilidad | machinability index.
índice de marchitez permanente | wilting point.
índice de materias | matters index | table of contents.
índice de mercurio | mercury number.
índice de molienda | grindability index.
índice de molturabilidad | grindability index.
índice de mortalidad | mortality range.
índice de neutralización | neutralization number | neutralization value.
índice de octano | octane number.
índice de oxhidrilo | hydroxyl value.
índice de palabras clave en el contexto | key-word-in-context index.
índice de panificación | index of panification.
índice de paralaje X | X-parallax index.
índice de pedidos en cartera | index of orders booked.
índice de pendiente | slope index.
índice de permanganato (número de centímetros cúbicos de permanganato potásico decinormal que es absorbido por un gramo de pasta para papel secada al horno) | permanganate number.
índice de permisibilidad | permissibility index.
índice de plasticidad | plasticity index.
índice de plasticidad (suelos) | flow index.
índice de polución | pollutional index.
índice de precios agrícolas | prices-received-by-farmers index.
índice de precios al consumidor | consumer price index | consumer's price index.
índice de precios al por mayor | commodity price index | index of wholesale prices.
índice de precios de artículos de comercio | commodity index.
índice de precios de mercancías de consumo | consumer's price index.
índice de precios pagados por los agricultores | prices-paid-by-farmers index.
índice de precipitaciones previas | antecedent-precipitation index.
índice de producción | output index.
índice de producción industrial | index of industrial production.
índice de productividad | productivity index.
índice de proximidad | closeness rating.
índice de pulsación | pulse number.
índice de quemado | burnup.
índice de refracción | refractive index.
índice de refracción (óptica) | index of refraction.
índice de refracción absoluto | absolute index of refraction.
índice de refracción radioeléctrico | radio refractive index.
índice de refracción relativa (optica) | relative refractive index.
índice de regulación | setting index.
índice de relaciones | relative index.
índice de remoción del primordio de 0,004 pulgadas/minuto | stock removal rate of 0.004 inch/min.
índice de remoción volumétrica (muela abrasiva) | volumetric removal rate.
índice de rentabilidad del fondo generado descontado | discounted cash-flow rate of return.
índice de repleción (embalses) | trap efficiency.
índice de riesgo | hazard rate.
índice de rotación de existencias | turnover rate.
índice de ruido | noise and number index (NNI) | noise index.
índice de salarios industriales | index of industrial wage rates.
índice de saturación | saturation index.
índice de sensibilidad a la entalla | notch sensitivity index.
índice de sequía | drought index.
índice de siniestralidad | loss ratio.
índice de sobrecarga | overcurrent factor.
índice de solvencia | rating of solvency.
índice de tenacidad | toughness index.
índice de triaxialidad | index of triaxiality.
índice de utilidad | serviceability ratio.
índice de utilidad bruta | gross profit ratio.
índice de utilización | safe yield.
índice de valores unitarios | unit value index.
índice de vida rural | rural standard of living.
índice de visibilidad | visibility index.
índice de yodo | iodine number.
índice de yodo casi nulo | near zero iodine number.
índice del color | color index.
índice del coste de construcción | construction cost index.
índice del coste de la vida | living index | cost of living index.
índice del micrómetro de elevación | elevation micrometer index.
índice del muelle (diámetro medio del muelle divido por el diámetro del alambre) | spring index.
índice demográfico | natural rate of increase.
índice detallado | full index.
índice diesel (petróleos) | diesel index.
índice dinámico | income-statement ratio.
índice Dow Jones de valores industriales | Dow Jones industrial index.
índice empalmado (estadística) | spliced index.
índice en cadena | link relative index number.
índice entre pasivo y activo neto | debt to net worth ratio.
índice espectral | spectral index.
índice extraordinario | extraordinary index.
índice grande de octano (gasolina) | high knock rating.
índice hidráulico | hydraulic index.
índice ideográfico | ideographic index.
índice inferior | subscript.
índice isoceraúnico | isoceraunic index.

índice kappa (pasta papelera) | kappa number.
índice letal (gases de guerra) | mortality product.
índice maestro | master index.
índice magistral de interrelación (publicación en varios volúmenes) | master index.
índice morfométrico | morphometric index.
índice móvil | floating mark.
índice no ponderado | weight-free index.
índice no ponderado (estadística) | unweighted index.
índice numérico acumulativo | cumulative numerical index.
índice PER (relación precio-beneficio) | PER index.
índice pluvial | pluvial index | rainfall index.
índice pluviométrico | pluviometric coefficient.
índice ponderado | weighted index.
índice por autores | author index.
índice por materias | classified index.
índice por rotación | rotated index.
índice por títulos (bibliotecas) | title index.
índice por títulos y autores | author-title index.
índice provisional de precios al pormenor | interim index of retail prices.
índice refractivo de una sustancia para luz de longitud de onda de la raya D del helio o la raya D del sodio | mean refractive index.
índice respiratorio | repiratory index.
índice superior | superscript.
índice unificado | consolidated index.
índice volumétrico del cieno | sludge volume index.
índices antropométricos | anthropometric indices.
índices de cotización | share indices.
índices de cualidad de mantener el rumbo (buques) | steering quality indices.
índices de la producción | production indices.
índices de las caras (cristalografía) | face indices.
índices de Miller (cristalografía) | Miller's indices.
índices de producción por hombre-hora | indices of output per man-hour.
índices de rendimiento (contabilidad de empresas) | operating ratios.
índices en coincidencia | matched indices.
índices en las fluctuaciones de precios (banca) | measurement of prices changes.
índices fitosociológicos | phytosociological indices.
índices mecanizados | mechanized indexes.
indicio | trail | signal | sign | clue | clew | trace | presumption.
indicio (química) | trace.
indicio de aceite superficial | seepage.
indicio de fraude | badge of fraud.
indicio de gas | gas-show.
indicio leve | light presumption.
indicios | signals | vestige | showings | traces.
indicios de agua | traces of water.
indicios de corrientes (geología) | current marks.
indicios de información visiva | visual information cues.
indicios de petróleo | shows of oil | oil shows | indications of oil | oil indications.
indicolita (turmalina azul o verde) | indicolite.
indígena (planta, animal) | native.
indigestión del ganado vacuno y lanar | hoove.
indigesto (alimentos) | heavy.
indigitación | indigitation.
indigno | unbecoming.
índigo | anil.
índigo de corte | common indigo.
indigometría | indigometry.
indigómetro | indigometer.
indilatable | inexpansible | nongrowing.
indio (In) | indium.
indio (química) | indium.
indio radiactivo | radioactive indium.
indios de Estados Unidos de América | american indians (USA).
indirecta (pruebas) | secondary.
indirecto (camino) | roundabout.
indirigible | out of control.
indiscopio | indiscope.
indiscriminación | nondiscrimination.
indiscutible | unarguable.
indisoluble | indissoluble | adamantine.
indispensable | requisite.
indispuesto | unwell.
indistinto | faint.
indistinto (al sonido) | flat.
indistinto (silueta, etc.) | looming.
indistorsionable | warp-free.
indistorsionado | undistorted.
individual | one-man.
individualidad del grano (metalurgia) | grain individuality.
individuo | person.
individuo alérgico a los alimentos | food sensitive individual.
indivisamente | jointly.
indivisibilidad | indivisibility.
indiviso | undivided.
indiviso (botánica) | entire.
indización | indexation.
indización automática | machine indexing | automatic indexing.
indización automatizada | automated indexing.
indización manual | manual indexing.
indización por asuntos | subject-indexing | subject-indexing.
indización por la palabra clave | key word indexing.
indización por palabras | word-indexing.
indizado por relaciones | relational indexing.
indizado por uniterminos | uniterm indexing.
indizado semántico por factores | semantic factoring.
indizar | index (to).
indol (bacteriología) | indole.
índole (cosas) | nature.
indomable | uncontrollable.
indomiciliado | undomiciled.
indómito | untamed.
indomusulmán | Indo-Moslem.
indoxilo | indoxyl.
inducción | induction.
inducción (de vapor en turbinas, etc.) | inducting.
inducción (electricidad) | induction.
inducción de la detonación | detonation induction.
inducción de saturación | saturation induction.
inducción de vapor (turbinas, etc.) | feeding-back.
inducción del combustible (aspiración por succión) | fuel induction.
inducción dinamoeléctrica | dynamoelectric induction.
inducción electroeléctrica | electroelectric induction.
inducción electronegativa | electronegative induction.
inducción electrostática | elesctrostatic induction | electrostatic induction.
inducción en el aire (electricidad) | air induction.
inducción en el entrehierro | air gap induction.
inducción en el hierro | iron induction.
inducción en el núcleo | core induction.
inducción gravitacional | gravitational induction.
inducción incremental | incremental induction.
inducción magnética | magnetoinduction.
inducción magnética máxima | saturation induction.
inducción magnética residual | residual magnetic induction.
inducción magnetoeléctrica | magnetoelectric induction.
inducción mutua | mutual induction.
inducción peristáltica | peristaltic induction.
inducción remanente | residual flux density | residual induction.
inducción residual | residual induction.
inducción telegráfica | crossfire.
inducido (dínamo, electromotor) | armature.
inducido (electricidad) | rotor.
inducido acústicamente | sonically-induced.
inducido bipolar trifásico conectado en triángulo | two-pole three-phase delta-connected rotor.
inducido bobinado con barras | bar-wound armature.
inducido cerrado | close coil armature.
inducido de agujeros | tunnel armature.
inducido de anillo | ring armature.
inducido de anillo (motor eléctrico) | slipring armature.
inducido de anillo plano | disc armature.
inducido de barras | strip-wound armature.
inducido de brazos dobles | double spoke armature.
inducido de corriente continua | direct current armature.
inducido de devanado cerrado | closed-coil armature.
inducido de devanado plano | disk armature.
inducido de disco (electricidad) | disk armature.
inducido de doble T | shuttle armature.
inducido de doble T (inducido Siemens) | H armature.
inducido de núcleo liso | smooth-core armature.
inducido de polos exteriores | external pole armature.
inducido de polos interiores | internal pole armature | radial coil armature.
inducido de tambor | drum-armature | cylindrical armature | cylinder armature.
inducido del alternador | alternator armature.
inducido del contador | meter armature.
inducido del generador | generator armature.
inducido del motor | motor armature.
inducido dentado (electricidad) | punchable armature.
inducido devanado para alto voltaje | intensity armature.
inducido en circuito abierto | open coil armature | open circuit armature.
inducido en cortocircuito | squirrel cage armature.
inducido en jaula de ardilla | squirrel cage armature.
inducido enmuescado con devanado en derivación | parallel winding slotted armature.
inducido equilibrado | balanced armature.
inducido fijo | fixed armature.
inducido fresado | milled armature.
inducido giratorio | revolving armature.
inducido Gramme | Gramme armature.
inducido monofásico | single-phase armature.
inducido por bombardeo electrónico | electron-bombardment-induced.
inducido por bombardeo neutrónico | neutron-induced.
inducido por colisión | collision-induced.
inducido por el flujo | flow-induced.
inducido por esfuerzo cortante | shear-induced.
inducido por impurezas (metalurgia) | impurity-induced.
inducido por la fatiga (metalurgia) | fatigue-induced.
inducido por la humedad | moisture-induced.
inducido por la presión | pressure-induced.
inducido por luz ultravioleta | ultraviolet-induced.
inducido por onda de choque | shock-induced.
inducido por radiación | radiation induced.
inducido por terremotos | earthquake-induced.
inducido por un campo eléctrico | electric-field-induced.
inducido por una tensión mecánica | strain-induced.
inducido radial | radial armature.
inducido rebobinado | rewound armature.

inducido Siemens | shuttle armature | girder armature.
inducir | abet (to).
inducir a contratar con otra compañía aseguradora | twisting.
inducir a error | deceive (to).
inductancia | electrical inertia | inductance.
inductancia con tomas intermedias | tapped inductance.
inductancia concentrada | lumped inductance.
inductancia de ánodo | anode reactor.
inductancia de arco | whistle box.
inductancia de clavija | plug-in inductance.
inductancia de dispersión | leakage inductance.
inductancia de dispersión del primario | primary leakage inductance.
inductancia de entrehierro variable | adjustable air-gap inductance.
inductancia de fuga | leakage inductance.
inductancia de núcleo ferromagnético de alto coeficiente de calidad | high-Q iron-cored inductor.
inductancia de regulación | regulating inductor.
inductancia de sintonización | syntonizing inductance.
inductancia de sintonización de antena | aerial tuning inductance | antenna tuning inductance.
inductancia de tomas variables | tapped-variable inductance.
inductancia del circuito oscilante | oscillating-circuit inductance.
inductancia del conductor de la base (electricidad) | base lead inductance.
inductancia del conductor del colector | collector lead inductance.
inductancia del conductor del emisor | emitter-lead inductance.
inductancia imanadora | magnetizing inductance.
inductancia mutua de compensación | mutual coil.
inductancia primaria | primary inductance.
inductancia propia | natural inductance.
inductancia protectora contra sobreintensidades | current-limiting reactor.
inductancia real | effective inductance.
inductancia regulable | self-inductor.
inductancia reguladora | regulating inductance.
inductancia repartida | distributed inductance.
inductancia y capacitancia concentradas | concentrated l and c.
inductancímetro | inductometer | inductance meter.
indúctil | nonductil | inductile.
inductilidad | inductibility.
inductímetro | inductometer | inductimeter.
inductivamente cargado | inductively loaded.
inductividad (constante dieléctrica) | inductivity.
inductividad eléctrica | electric inductivity.
inductófono | inductiphone | inductophone.
inductor | exciter | inductor.
inductor (electricidad) | primary.
inductor de fatiga de torsión cíclica (cigüeñal que se va a probar a la fatiga) | torque exciter.
inductor de micromódulo | micromodule inductor.
inductor de tierra | earth coil.
inductor heteropolar | heteropolar field magnet.
inductor regulable | variometer.
inductor variable | variable inductor.
inductosintonizador | inductuner.
inductosoldar | induction-weld (to).
inductotermia | induction heating | inductothermy.
inductotérmico | inductothermical.
indudable | certain.
indultado | pardonee.
indultador | pardoner.
indulto | pardon.
indulto gubernativo | gubernatorial pardon.
indulto incondicional | full pardon.
indulto pleno | full pardon.
indumentaria | clothing.
indumentaria aséptica | aseptic ware.
indumentaria extravehicular | extravehicular wear.
induración electroquímica (de rocas débiles) | electrochemical induration.
indurado | indurated.
indurar | hard (to) | indurate (to) | harden (to).
industralización | industrialisation (G.B.).
industria | manufacture | industry | trade.
industria aceitera | oil industry.
industria acerera | steel industry.
industria actual del diamante | today's diamond industry.
industria aeroespacial | aerospace industry.
industria aeronáutica | aircraft industry.
industria agraria | agrarian industry.
industria alimentaria | food engineering.
industria armamentista | armamentist industry.
industria arqueolítica | archeolithic industry.
industria automovilista | automotive industry.
industria avícola | poultry industry.
industria aziliense (geología) | azilian industry.
industria azucarera | sugar industry.
industria cangrejera | crab industry.
industria cárnica | livestock industry | meat industry | meat processing industry | meat packing industry.
industria casera | cottage industry.
industria cerámica | pottery industry.
industria conservera | preservation industry | food canning industry.
industria criógena | cryogenic engineering.
industria chacinera | pig industry.
industria de abrasivos artificiales | artificial-abrasive industry.
industria de accesorios de vehículos | vehicle-accessories industry.
industria de alambres para cardas | card wire industry.
industria de alimentos congelados | frozen food industry.
industria de armamento | ordnance industry.
industria de bienes de equipo | investment goods industry.
industria de botes para leche | milk can industry.
industria de centrales eléctricas | electric utility industry.
industria de colorantes | dyestuffs industry.
industria de colores artificiales | artificial color industry.
industria de confección de trajes para hombres | men's tailored clothing industry.
industria de conservas | canning industry.
industria de conservas cárnicas | meat-packing industry.
industria de conservas de salmón | salmoning.
industria de conservas del arenque | herring canning industry.
industria de construcción de casas | house-building industry | home-building industry.
industria de construcción de viviendas | house-building trade.
industria de construcciones aeronáuticas | aircraft manufacturing industry.
industria de desecación de huevos | egg-drying industry.
industria de deshidratación de alimentos | dehydration industry.
industria de desperdicios de seda | bourette industry.
industria de electrodomésticos | appliance trade.
industria de explosivos | explosives industry.
industria de fabricación de muñecas | doll industry.
industria de felpudos | matting industry.
industria de fomento de la ganadería | genetic industry.
industria de fundición (siderurgia) | iron works.
industria de huevos congelados | frozen egg industry.
industria de instrumentos nucleares | nuclear-instrument industry.
industria de joyería | jewellery industry.
industria de la alimentación | food industry.
industria de la celulosa | wood-pulp industry.
industria de la confección | needle industry | clothing industry.
industria de la construcción | building trade.
industria de la fundición que emplea metales de chatarras | secondary smelting industry.
industria de la ingeniería oceánica | ocean engineering industry.
industria de la leche condensada | condensed milk industry.
industria de la minería china | Chinese mining industry.
industria de la piedra | lithic industry.
industria de la piel | leather industry.
industria de laboreo de minas metálicas | metal-mining industry.
industria de labrar piedras naturales | stone-working industry.
industria de lentes para gafería | spectacle lens industry.
industria de los camarones | prawn industry.
industría de maquinaria | engineering industry.
industria de materiales lapídeos | stone industry.
industria de mejora ganadera | genetic industry.
industria de pieles para sombreros | hatters' fur industry.
industria de piensos compuestos | feed-mixing industry.
industria de preservación de alimentos | food preservation industry.
industria de productos semielaborados | preparages industry.
industria de ranguas sintéticas semielaboras (relojería) | preparages industry.
industria de relaminación del acero | steel rerolling industry.
industria de reproducción de sonidos | sound reproduction industry.
industria de salazón de carnes | meat-curing industry.
industria de temporada | season industry.
industria de transformación | converting industry | processing industry.
industria de transportes | carrying trade.
industria de vegetales deshidratados | dehydrated vegetable industry.
industria decreciente | declining industry.
industria del albaricoque en conserva | apricot-canning industry.
industria del alcohol de boca | beverage-alcohol industry.
industria del aserrío | sawmilling industry.
industria del calzado | shoe industry.
industria del camionaje | trucking industry.
industria del carbón | coal-mining industry.
industria del caucho | rubber's industry | rubber industry.
industria del corcho | cork industry.
industria del cuero | leather industry.
industria del diamante | stone industry.
industria del frío | cryogenic engineering | refrigeration industry.
industria del ganado vacuno | beef cattle industry.
industria del hierro esmaltado | enameled iron industry.
industria del jabón | soap industry.
industria del libro | book industry | book trade.
industria del mueble | furniture industry.
industria del plástico | plastics industry.
industria del transporte | trucking industry.
industria del transporte por carretera | carrying trade.
industria del vestido | apparel industry | clothing trade | dress industry.
industria derivada | down stream industry.

industria elastomérica | elastomeric engineering.
industria eléctrica | electroindustry.
industria en ciernes | infant industry.
industria encajera | lace industry.
industria energética | power industry.
industria escasa de acero | steel-hungry industry.
industria esencial | key industry.
industria extractiva | extractive industry.
industria fabril | manufacturing industry.
industria falta de medios | emasculated industry.
industria farmaceútica | pharmaceutical industry.
industria forestal | logging industry | forest-based industry | forest engineering.
industria hulera (Méjico) | rubber's industry.
industria incipiente | burgeoning industry.
industria juguetera | toy industry.
industria láctea | milk industry | dairy industry.
industria lanera | woollen industry.
industria lechera | dairy farming.
industria ligera | light industry.
industria lítica | lithic industry.
industria local | local industry.
industria maderera | lumber industry.
industria manufacturera | manufacturing industry.
industria marisquera | shellfish industry.
industria marmolera | marble industry.
industria metalúrgica | metal industry.
industria microeléctrica | microelectrical industry.
industria minera | mining | mining industry.
industria misílera | missile industry.
industria molinera | milling industry.
industria naciente | infant industry.
industria naval | shipping industry.
industria no manufacturera | nonmanufacturing industry.
industria nuclear | nuclear industry.
industria nucleoeléctrica | nucleoelectrical industry.
industria óptica | optical industry.
industria óptica actual | today's optical industry.
industria óptica oftálmica | ophthalmic optical industry.
industria papelera | paper industry.
industria peletera | fur-manufacturing industry | fur industry.
industria pesada | heavy industry | heavy-engineering industry | heavy engineering.
industria petrolera | oil industry.
industria petroquímica | petrochemical industry.
industria piscícola | aquaculture industry.
industria porcina | swine industry.
industria protegida | sheltered industry.
industria protegida contra la concurrencia extranjera | sheltered industry.
industria pulvígena no silicótica | nonsilicotic pulvigenic industry.
industria que consume mucho calor en el proceso de fabricación | heat-intensive industry.
industria que emplea máquinas | machine-using industry.
industria que trabaja el acero en caliente | hot steel trade.
industria que utiliza madera | wood-using industry.
industria que utiliza piezas diversas fabricadas en otras factorías | piece-part industry.
industria quesera | cheese industry.
industria relacionada con los puertos | waterfront industry.
industria relojera | watch and clock industry | horological industry.
industria salícola | salt industry.
industria salinera | salt industry.
industria satélite | down stream industry.
industria siderúrgica | iron and steel industry | steel industry.
industria sidrícola | cider-making industry.
industria sin trabajo | moribund industry.
industria sombrerera | hat-making.
industria tabaquera | tobacco industry.
industria textil | textile industry.
industria transformadora de la madera | woodworking industry | wood working industry.
industria turística | tourist industry.
industria viable | viable industry.
industria vidriera | glass industry.
industria vinícola | wine industry.
industria vital | essential industry.
industrial | manufacturer | man-made | technical | occupational | industrialist.
industrialismo | industrialism.
industrialista | industrialist.
industrialización | industrialization.
industrialización de la construcción | construction industrialization | building industrialization.
industrialización halieútica | halieutical industrialization.
industrialización rural | rural industrialization.
industrializar | industrialise (to) (G.B.) | industrialize (to).
industrias calientes | heat using industries | hot industries.
industrias clave | key industries.
industrias conexas | allied industries.
industrias de artículos de consumo | compsumption-goods industries.
industrias de bienes de capital | capital-goods industries.
industrias de los usuarios | user industries.
industrias de servicios | service industries.
industrias de servicios públicos | public utility industries.
industrias de transformación | process industries.
industrias explotadoras del trabajador | sweated industries.
industrias mineralúrgicas | minerallurgical industries.
industrias no metalúrgicas | nonmetal industries.
industrias petroleoquímicas | petrochemical industries.
industrias que emplean carbón | coal-burning industries.
industrias que emplean productos forestales | forest-product-using industries.
induvid (cristalografía) | induvid.
ineconómico | uneconomical.
inecuación | inequation.
inecuación polinómica | polynomial inequality.
inédito | unprinted | original.
inefectivo | noneffective.
ineficacia | ineffectivness.
ineficacia organizativa | organizational ineffectiveness.
ineficaz | ineffectual.
ineficiencia | inefficiency.
inejecución | nonexecution.
inejecución (contratos) | inexecution.
inelásticamente dispersos | inelastically scattered.
inelástico | nonelastic | nonrecoverable.
inelegible | nonelegible.
ineluctabilidad | ineluctability.
inempañable | nontarnishing.
inencogible | nonshrinkable | nonshrinking.
inencogible (telas) | shrinkproof | unshrinkable.
ineptitud | ineptitude | unfitness | unaptness.
ineptitud técnica | technical unfitness.
inepto | inept | unfit.
inequiaxialidad | inequiaxiality.
inequigranular | inequigranular.
inequilateralidad | inequilaterality.
inequilátero | inequilateral.
inequivalente | inequivalent.
inequívocamente | unequivocably | unequivocally.
inequívocamente demostrado | unequivocally demonstrated.
inequívoco | unequivocal | unambiguous | unmistakable.
inercia | inertia | sluggishness.
inercia (de mecanismos) | response.
inercia anticiclónica (meteorología) | anticyclonic inertia.
inercia aparente | virtual inertia.
inercia calorífica | heat inertia.
inercia de la masa oscilante (motores) | seismic mass inertia.
inercia de rotación | rotatory inertia | rotational inertia.
inercia de rotación asimétrica | rotationally unsymmetric inertia.
inercia del altímetro | altimeter lag.
inercia del engranaje | inertia of the gearing.
inercia del espín del nucleón | nucleon spin inertia.
inercia del material de la placa | plate material inertia.
inercia del rotor | rotor inertia.
inercia del tren alternativo (máquinas alternativas) | inertia of reciprocating parts.
inercia eléctrica | electric inertia.
inercia electromagnética | electromagnetic inertia.
inercia equivalente | equivalent inertia.
inercia giroscópica | gyroscopic inertia.
inercia hidráulica | hydraulic inertia.
inercia hidrodinámica | hydrodynamical inertia.
inercia magnética | magnetic inertia.
inercia química | chemical-inertia.
inercia química inherente | inherent chemical inertness.
inercia rotacional | rotary inertia.
inercia térmica | thermal lag | temperature delay | temperature lag | heat inertia.
inercias rígidas discretas | discrete rigid inertias.
inerosionable | nonerodable.
inertancia (acústica) | inertance | acoustic inertance.
inerte | dead | sluggish | passive | actionless | inactive | inert.
inertidad | inertness.
inertización | inerting.
inertización del tanque de gas licuado (buques) | tank inerting.
inertizar | inert (to).
inescarchable | nonfrosting.
inespecífico | nonspecific.
inestabilidad | fickleness | hunt | evanescence | instability | unsteadiness | wabble.
inestabilidad (aviación) | wallowing.
inestabilidad (circuitos) | pumping.
inestabilidad (de un sistema) | hunting.
inestabilidad (del aire) | bumpiness.
inestabilidad (sincronismo) | pulling.
inestabilidad aerodinámica | aerodynamic instability.
inestabilidad al encabritar (aviones) | nose-up instability.
inestabilidad al picado en espiral (aeroplanos) | spiral instability.
inestabilidad catastrófica | catastrophic instability.
inestabilidad cíclica | cyclical instability.
inestabilidad cinética | kinetic instability.
inestabilidad con dos grados de libertad | two degrees of freedom instability.
inestabilidad configuracional | configurational instability.
inestabilidad convectiva | interchange instability | convective instability.
inestabilidad convectiva (meteorología) | potential instability.
inestabilidad creciente | increasing instability.
inestabilidad crustal (geología) | crustal unrest.
inestabilidad de intercambio | flute instability | interchange instability.
inestabilidad de intercambio o de olas (cons-

tricción plasma electrónico) | flute.
inestabilidad de la base de tiempo | time jitter.
inestabilidad de la base de tiempos (tubos rayos catódicos) | jitter.
inestabilidad de la combustión | combustion instability.
inestabilidad de la combustión (motor cohético) | bumping.
inestabilidad de la imagen (tubos rayos catódicos) | jitter.
inestabilidad de la imagen (TV) | hunting.
inestabilidad de la oscilación generada | mode-jumping.
inestabilidad de la oscilación producida (tubos termiónicos) | mode-jumping.
inestabilidad de ondulación resistente | resistive rippling instability.
inestabilidad de retraso de paso (engranajes) | pitch-lag instability.
inestabilidad de torsión | kink instability.
inestabilidad de transistor | transistor outburst.
inestabilidad de veleta (aviones) | weathercock instability.
inestabilidad del arco | arc instability.
inestabilidad del efecto de torsión (nucleónica) | wriggle instability.
inestabilidad del equilibrio | equilibrium lability.
inestabilidad del mercurio (barómetros) | pumping.
inestabilidad del reactivo para ataque | etchant instability.
inestabilidad del sistema | system instability.
inestabilidad del tiempo | time flutter.
inestabilidad dinámica con la palanca de mando suelta durante el vuelo (aviones) | stick-free dynamic instability.
inestabilidad direccional | directional instability.
inestabilidad elástica | elastic instability.
inestabilidad en forma de inversión periódica de la corriente fluida (compresor axial) | surging.
inestabilidad en salchicha (reacción termonuclear) | sausage instability.
inestabilidad flexural | flexural instability.
inestabilidad fluida | fluid-type instability.
inestabilidad geométrica | geometric instability.
inestabilidad helicoidal (plasmas) | screw instability.
inestabilidad hidroelástica | hydroelastic instability.
inestabilidad horizontal de la imagen (televisión) | jitter | horizontal hunting.
inestabilidad inducida por balance | roll-induced instability.
inestabilidad inelástica | inelastic instability.
inestabilidad interfacial | interfacial instability.
inestabilidad intrínseca | intrinsic instability.
inestabilidad lateral de pequeño amortiguamiento (avión de gran velocidad) | snaking.
inestabilidad lateral inherente | inherent lateral instability.
inestabilidad lateral oscilatoria (aviones) | Dutch roll.
inestabilidad local | crippling.
inestabilidad longitudinal | longitudinal instability.
inestabilidad magnética | magnetic instability.
inestabilidad metalúrgica | metallurgical instability.
inestabilidad plástica a la tracción | tensile plastic instability.
inestabilidad por balance (buques, aviones) | rolling instability.
inestabilidad resistiva | resistive instability.
inestabilidad rotacional | whirl.
inestabilidad térmica | thermal runaway.
inestabilidad térmica del rotor (turbinas) | rotor thermal instability.
inestabilidad universal | universal instability.
inestabilidad vertical | vertical hunting.
inestabilidad vertical (imagen televisión) | bouncing jumping.
inestabilidades azimutales del flujo del reactor | reactor flux azimuthal instabilities.
inestabilización | destabilizing.
inestabilizante | destabilizing.
inestabilizar | unstabilize (to) | destabilize (to).
inestable | instable | fickle | unbalanced | labile | nonsteady | inconstant | unstable | unsteadfast.
inestable (atmósfera) | bumpy.
inestable (celoso - buques) | cranky.
inestable (colores) | fading.
inestable (metalurgia) | base.
inestable (moneda) | unsound.
inestable (precios) | unsettled.
inestable (sistemas) | springy.
inestadisticidad | nonrandomness.
inestirable | unstretchable.
inestirable (alambres) | undrawable.
inevacuables (leyes) | unvacatable.
inevitabilidad | unavoidableness | ineluctability.
inexactitud | inaccuracy.
inexacto | inaccurate.
inexigible | undemandable | illeviable.
inexistencia | nonexistence.
inexistencia de hecho | de facto nonexistence.
inexistente | nonexistent.
inexpansible | inexpansible.
inexperiencia | amateurishness | greenness.
inexperimentado | skilless | prentice.
inexperto | untrained | unskilled.
inexplicable | unexplainable.
inexplícito | inexplicit.
inexplosible | inexplosive | nonexplosive | explosionproof.
inexplosivo | inexplosive.
inexplotable | unworkable.
inexplotable (minas) | inexploitable.
inexpugnable a los ataques aéreos | impregnable to air attack.
inextensibilidad | inextensibility.
inextensible | stretchless | nonextensible | nonstretching.
inextensional | inextensional.
inextricabilidad | inextricableness.
infalibilidad | infallibleness.
infalsificabilidad | forgery-proofness.
infalsificable | forgery-proof.
infancia topográfica (geografía física) | topographic infancy.
infantería | infantry.
infantería aerotransportada | air infantry.
infantería de marina (EE.UU.) | marine corps.
infantería de marina de los Estados Unidos | United States marine corps.
infantería motorizada | truck-mounted infantry | motorized infantry.
infanzonazgo | feudal manor.
infarto miocardial (medicina) | myocardial infarct.
infatigabilidad | tirelessness.
infección | infection | infestation.
infección del plumaje de las aves (debida al género Cnemidocoptes) | feather rot.
infección del plumaje de las palomas (debida al Falenlifer rostratus) | feather-perforating mite disease.
infección latente | latent infection.
infección transmitida por las manos | handborne infection.
infección viral lenta (medicina) | slow virus disease.
infección vírica (biología) | virus infection.
infectado de hongos | fungus-infected.
infectar | infect (to) | inoculate (to).
infectivo y duro (mando avión) | soggy.
inferencia | inference.
inferencia estadística | statistical inference.
inferencia fiducial | fiducial inference.
inferencia probable | probable inference.
inferior | minor | low | common | second-rate.
inferior (calidades) | offgrade.
inferior a la calidad contratada | inferior to the grade contracted for.
inferior al precio de coste | below cost price.
inferioridad debido a la aleación | baseness.
inferioridad en la calidad | falling-off in quality.
inferir | conclude (to).
infermentado | unfermented.
infermentescible | nonfermenting | nonfermentable.
infero (botánica) | inferior.
infertilidad | infertility.
infertilidad del terreno | infertility of the soil.
infestación (medicina) | infestation.
infestación de cereales | grain infestation.
infestante (de telas, alimentos o líquidos) | infestant.
infidencia (acto legal hecho de una manera ilegal) | misfeasance.
infidente | misfeasor.
infiernillo de gas | gas-ring.
infijable | infixable.
infijar | infix (to).
infiltración | infiltrate | infiltration | inleakage | seepage | ooze | leak | permeation | percolation | leakage.
infiltración (canales de riego) | leaching.
infiltración (minería) | seepage.
infiltración de agua (minas) | zigger.
infiltración del aire exterior | outdoor air infiltration.
infiltración por presión | pressure infiltration.
infiltración subterránea | underseepage.
infiltrado | infiltrate.
infiltrado dentro de los poros de la matriz | infiltrated into the pores of the matrix.
infiltrante | infiltrant.
infiltrar | seep (to) | infiltrate (to) | percolate (to).
infiltrarse | filter (to).
infiltrometría | infiltrometry.
infiltrómetro | infiltrometer.
infinidad | infinity.
infinitamente numerosas | infinitely many.
infinitesimal | infinitesimal.
infinitesimalidad | infinitesimalness.
infinitésimo | infinitesimal | infiniteth.
infinito | infinity | endless.
infinitrón (microelectrónica) | infinitron.
infinitud | infinity.
inflable | inflatable | swellable.
inflable neumáticamente | pneumatically inflatable.
inflable por aire comprimido | pneumatically inflatable.
inflacción controlada | carefully dosed inflation.
inflacción dirigida | carefully dosed inflation.
inflacción galopante | runaway inflation.
inflacción violenta | runaway inflation.
inflación | inflation.
inflación (de un neumático) | blowing up.
inflación contenida | repressed inflation | pent-up inflation.
inflación de costes | cost-push inflation.
inflación dominada | pent-up inflation.
inflación en los costos | cost inflation.
inflación encubierta | hidden inflation.
inflación galopante | galloping inflation.
inflación incontrolada | runaway inflation.
inflación por sobreprecios | markup inflation.
inflación reprimida | repressed inflation | suppressed inflation.
inflacionista | inflationist.
inflado | bulgy | topping-up | inflated.
inflado (botánica, zoología) | inflated.
inflado (globos) | erected.
inflado (neumáticos) | pumped.
inflado con aire | air inflated.
inflado con aire a presión | pneumatically inflated.
inflado neumáticamente | pneumatically inflated.
inflamabilidad | flammability | inflammableness | inflammability | liability of fire | ignitability.
inflamabilidad de los tejidos | fabrics flamma-

bility.
inflamabilidad escasa | lean flammability.
inflamable | ignitable | flammable.
inflamable (EE.UU.) | flammable.
inflamable (gases) | fiery.
inflamación | inflammation | igniting.
inflamación (pólvoras) | ignition.
inflamación de la carga explosiva | putting in blast.
inflamación de la membrana mucosa del paladar detrás de los incisivos superiores (caballos) | lampas.
inflamación del grisú con retorno de la llama y contra la corriente de aire | tail-back (to).
inflamación eléctrica (cebos) | electric lighting.
inflamación electrolítica (cirugía ósea con chapas de acero inoxidable) | electrolytic inflamation.
inflamación electrolítica (cirujía ósea con chapas de acero inoxidable) | electrolytic inflammation.
inflamado | burning.
inflamado (medicina) | angry.
inflamador | ignitor | igniter.
inflamar | kindle (to) | inflame (to) | blaze (to) | fire (to).
inflamarse | ignite (to) | flame (to) | catch fire (to).
inflar | inflate (to) | blowup (to).
inflar (neumáticos) | pump up (to).
inflar a mano | hand inflate (to).
inflar con gas (globos, dirigibles) | erect (to).
inflar la ballena (con aire comprimido) | inflate the whale (to).
inflar la Bolsa | churning.
inflar las cuentas | pad accounts (to).
inflar por completo (balsa salvavidas) | top (to) | top off (to) | top up (to).
inflector | inflector.
inflesado | introflexed.
inflexado | inflexed | inflected.
inflexarse | curve inwards (to).
inflexarse (vigas) | deviate (to).
inflexible | hard.
inflexión | curvature | bend | bending | inflexion.
inflexión (curvas) | discontinuity | dip | jog | change of direction.
inflexión (vigas) | contraflexure.
inflexionado hacia arriba | upwelling.
inflexo (botánica) | inflexed.
infligir (castigos) | lay (to).
inflorescencia (botánica) | spike.
inflorescencia masculina en forma de borla | tassel.
influencia | influence.
influencia física nociva | injurious physical influence.
influencia incalculable | incalculable influence.
influencia mutua de las palas (hélices) | blade interference.
influencias ambientales | environmental influences.
influencias atmosféricas (balística) | error of the moment.
influencias cósmicas | cosmic influences.
influencias deteriorantes | deteriorating influences.
influencias dislocantes | dislocating influences.
influente (líquido que entra) | influent.
influir | impress (to).
inforjable | nonforgeable.
información | reporting | information | data | tip-off | knowledge | communication | report.
información (abogacía) | brief.
información a fondo | in-depth information.
información a tratar | working data.
información adecuada al uso de un bien | informative labelling.
información adicional | further information.
información aeronáutica | air information.
información al alcance de la mano | fingertip information.
información al consumidor | consumer information.
información alfabético-numérica | alpha-numeric information.
información antes de partir | predeparture briefing.
información basada en datos suministrados por | information based on data submitted by.
información bibliográfica | bibliographic information.
información bioquímica | biochemical information.
información categorizada | categorized information.
información clasificada | file information.
información codificada en impulsos | pulse data.
información comercial | trade reporting.
información comercial secreta | commercial intelligence report.
información computerizada de datos de buques | computerized shipping data.
información criptológica | cryptanalytic intelligence.
información de base | source data.
información de cómo hacerlo | how-to-do-it information.
información de fabricación | manufacturing information.
información de la bolsa | stock exchange intelligence.
información de las observaciones de la alta atmósfera | Raob.
información de las transmisiones | signal intelligency.
información de los hechos | factual information | factual report.
información de llamada (calculadora electrónica) | call word.
información de precios entre las empresas | open pricing.
información de proyectil | missile acquisition.
información de salida de máquina (informática) | product.
información de un sector de defensa antiaérea a otro sector | overlap telling.
información del problema | problem set.
información desfavorable | derogatory information.
información detallada a solicitud | full advice for the asking.
información directa | first-hand information.
información económica - técnica | economic-technical information.
información económica de prensa | financial columns.
información educativa | educational information.
información emisora | sending data.
información en código máquina | machine script.
información errónea | erroneous report | misdirection | misinformation.
información explícita | express information.
información factual | factual information.
información fija para actualizarla | computer records.
información fotográfica | photographic intelligence.
información genética | genetic information.
información genética enmascarada | repressed genetic information.
información gerencial | management information system.
información gratis | information free of charge.
información incidental | side light.
información industrial | industrial intelligence.
información inservible | garbage | hash.
información instrumental (radar) | meter display.
información invariable | invariable information.
información limitada a un sector (radar) | section display.
información masiva | mass data.
información meteorológica | weather report | weather.
información meteorológica previa al vuelo (de última hora) | meteorological briefing.
información meteorológica transmitida por globos sondas | sonde information.
información no confidencial | nonconfidential information.
información no publicada hasta ahora | hitherto unpublished information.
información no sólida | hash.
información no válida | garbage.
información noticiable | solid news.
información numérica (radar) | numerical display.
información obtenida por el estudio de casos de aterrizajes violentos | crash intelligence.
información obtenida por examen de documentos capturados o por interrogatorio de prisioneros o desertores o paisanos | capture intelligence.
información organizada | organized information.
información original | raw data.
información para el combate | combat intelligence.
información para el pedido | ordering information.
información parásita (cintas magnéticas) | drop-in.
información pertinente | pertinent information.
información perturbadora inyectada | injected disturbing information.
información pormenorizada | in-depth information.
información prenavegacional | prenavigational information.
información presentada transitoriamente | soft copy.
información privada | tip.
información pública (anuncios oficiales) | public hearing.
información que ha dejado de ser secreta | releasable information.
información que no debe ser tratada (informática) | nondata information.
información radárica | radar intelligence.
información radiotelegráfica sobre el viento en la alta atmósfera transmitida por globos sondas | rawin.
información receptora | receiving data.
información requerida legalmente | statutory information.
información reservada de la bolsa | tips.
información semántica | semantic information.
información sobre administración pública | public administration information.
información sobre fortificaciones enemigas | engineer intelligence.
información sobre la bondad de la recepción (hecha por los radiosescuchas de una estación) | rating report.
información sobre la declinación magnética (mapas) | isogonic information.
información sobre los blancos | target indication.
información sobre resultados | feedback.
información suplementaria al dorso | back up.
información tecnológica | engineering information.
información telemedida | telemetered information.
información topológica | topological information.
información transferida de un almacén secundario o externo al almacén interno (calculadoras electrónicas) | input.
información transferida del almacén interno a uno externo o secundario (calculadora electrónica) | output.
información transmitida durante el vuelo | in-flight report.

información usando auriculares para oír la grabación previa en cintas magnetofónicas | acoustiguide.
informaciones | particulars.
informaciones bajo forma de marcas | marked data.
informaciones fijas | permanent data.
informaciones parásitas | hash.
informaciones sobre la forma en que acaecen el siniestro y las averías | informations about the manner in which casualty and damages occurs.
informador | reporter.
informador (geólogo) | scout.
informal | informal.
informar | prime (to) | report (to) | let know (to).
informar al puente de navegación (buques) | report to bridge (to).
informar mal | misinform (to).
informar privadamente | tip (to).
infórmata | information scientist.
informática | data processing | informatics | computer science.
informática de gestión | administrative data processing | business data processing.
informática jurídica | judicial informatics | juridical informatics.
informática médica | medical computing | hospital data processing.
informatización | informatization.
informatizar | computerize (to) | informatize (to).
informe | inform | information | formless account | memorandum | statement | pleading | shapeless | record | report.
informe (folleto) | memoir.
informe aéreo inmediato | snap.
informe al jurado | summer up | address to the jury.
informe al terminar una recorrida (buques guerra) | departure report.
informe basado en un encuentro informativo | hearing.
informe breve | short-form report.
informe certificado de la circulación (periodismo) | audit report.
informe colectivo | joint report.
informe comprobado por el dueño | owner-verified report.
informe con reparos | qualified report.
informe confidencial | tip-off | tip | privity.
informe crediticio | credit report.
informe de auditoría | audit report.
informe de bolsa | stock exchange tip | market news.
informe de calidad secreta | security-graded report.
informe de correspondencia recibida | incoming mail report.
informe de crédito | credit report.
informe de datos generales | information reports.
informe de la acusación | brief for the prosecution.
informe de la inspección | report of survey | inspection report.
informe de la perforación | drill-log.
informe de la perforación (sondeos) | drilling record | drilling log.
informe de la situación | situation report.
informe de las actividades de una organización | activity report.
informe de las pruebas | report of tests.
informe de los auditores | auditor's report.
informe de los revisores | examiners' report.
informe de misión comercial | trade mission report.
informe de peritación | surveyor's report.
informe de presentación | presentence report.
informe de seguridad | safety analysis report (SAR).
informe de situación (economía) | status report.
informe de situación (proyecto) | progress report.
informe de trabajos en curso | project report.
informe de un jefe sobre sus subordinados | fitness report.
informe de valor crítico transmitido por radio desde un avión en vuelo | spot report.
informe del adelanto del trabajo | report of progress.
informe del avance (obras) | progress report.
informe del avance de la obra | report of progress | progress report.
informe del consejo de administración | directors' report.
informe del contacto (con el enemigo) | contact report.
informe del ejercicio | debriefing.
informe del equipo de estudio | study team's report.
informe del interventor | audit.
informe del presidente | chairman's review.
informe del vuelo | debriefing.
informe detallado | long-form report.
informe diario de la perforación | driller's log.
informe electrográfico del subsuelo (sondeos) | electric logging.
informe falso | misdirection.
informe financiero | financial report.
informe in situ | spot report.
informe justificativo | make-good reporting.
informe leal y exacto | fair and accurate report.
informe mantenido secreto | classified report.
informe mensual de existencias (almacenes) | inventory report.
informe meteorológico | meteorological report.
informe meteorológico especial | special meteorological report.
informe oficial | return.
informe pericial | expert's report | expertise | expert evidence | expertness.
informe pluviométrico | rainfall report.
informe posvuelo | postflight report.
informe preliminar de seguridad | preliminary safety analysis report.
informe preliminar emitido inmediatamente después de interrogar a la tripulación (avión al regresar de una misión) | snap report.
informe proforma | proforma statement.
informe que abarca toda la industria | industry-wide report.
informe que ha sido autorizado para conocimiento del público | declassified report | nonclassified report.
informe razonado comparativo | feedback.
informe reservado | privity.
informe resumido | short-form report | flash report.
informe sobre actividad | progress report.
informe sobre economía de operación | report of operating savings.
informe sobre el accidente | accident report.
informe sobre el caso | case report.
informe sobre el riesgo nuclear | hazards summary report.
informe sobre la cosecha | crop report.
informe sobre la industria | industry's brief.
informe sobre la masa hereditaria por el albacea | charge-and-discharge statement.
informe sobre la seguridad nuclear | safety analysis report.
informe sobre la varada en dique seco | docking report.
informe sobre pedidos incumplidos | backlog reporting.
informe suplementario | supplemental report.
informe técnico | transactions | technical report.
informes de cierre | interlocking reports.
informes en el intervalo de ejercicios | interim reporting.
informosoma (biología molecular) | informosome.
infraacústica | infrasonics.
infraacústico (menos de 15 hertzios) | infrasonic.
infraaudible | infraaudible.
infracción | infringement | entrenchment | misdemeanor | breach.
infracción aduanera | infringement of customs regulations.
infracción de las leyes federales (EE.UU.) | federal offense.
infracción del reglamento | breach of the regulations.
infracción fiscal | tax offence.
infracciones de la ley | lawbreaking.
infracciones de menor importancia | petty rule infractions.
infracciones reglamentarias (ferrocarril) | trespassing.
infraconsumo | underconsumption.
infracretáceo | lower cretaceous.
infractor | infringer | ordinance violator | misdemeanant.
infractor de la ley | lawbreaker.
infracturable | shatterproof.
infradino | infradyne.
infraescrito | undersigned.
infraestructura | underframe | infrastructure | subbase | substructure | ground services | framework | ground organization | groundwork.
infraestructura (carreteras, vías férreas) | roadbed | permanent way.
infraestructura (ferrocarril) | track.
infraestructura constituida por una placa de cimentación nervada | ribbed-mat substructure.
infraestructura hotelera | hotel infrastructure.
infraestructural | substructural.
infraglacial | infraglacial.
infrahumano | subhuman.
infrajurásico | black Jura.
infralitoral | infralittoral.
infraluminiscencia | infraluminescence.
infraluminiscente | infraluminescent.
inframedida | undersize.
inframicroscópico | inframicroscopical.
infrangibilidad | infrangibility.
infrangible | infrangible | unbreakable | shatterproof.
infranqueabilidad | impassableness.
infranqueable | unbridgeable.
infranqueable (ríos) | impassable.
infrarrojo | infrared.
infrarrojo (física) | extrared.
infrarrojo lejano | far-infrared.
infrarrojo próximo (zona inicial del infrarrojo) | near infrared.
infraseguro | under-insurance.
infrasónica | infrasonics.
infrasónico | ultrasonic | supersonic | subaudio.
infrasónico (menos de 15 hertzios) | infrasonic.
infrasonido | infrasound | infrasonic sound.
infratómico | infratomic.
infraudible | subaudio.
infrautilizar | underutilize (to).
infravaloración | infravaloration.
infrecuencia | infrequency.
infringir (leyes) | contravene (to).
infringir (privilegios, etcétera) | entrench (to).
ínfulas | haughtiness.
infundibuliforme | infundibuliform.
infundibuliforme (conoideo - botánica) | funnel-shaped.
infungible | nonexpendable.
infusibilidad | infusibility.
infusible | infusible | unmeltable | unsmeltable | nonfusible | nonfusing | nonmelting.
infusión | infusion.
infusión acuosa de carbón (minas de carbón) | water infusion of coal.
infusión del té | tea brewing.
infusión rectal continua (medicina) | seepage.
infusoriforme | infusoriform.
ingeniárselas | manage (to).
ingeniera | engineer woman.
ingeniería | engineering | engineership.
ingeniería acústica | acoustic engineering.

ingeniería administrativa | administration engineering | business engineering.
ingeniería aeronáutica | aeronautical engineering | aircraft engineering.
ingeniería agrícola | agricultural engineering.
ingeniería ambiental | environmetal engineering.
ingeniería arquitectural | architectural engineering.
ingeniería asísmica | aseismic engineering.
ingeniería astronáutica | astronautical engineering.
ingeniería biológica | biological engineering | bioengineering.
ingeniería civil | engineering | civil engineering.
ingeniería de conservación | maintainability engineering.
ingeniería de gabinete | headquarters engineering.
ingeniería de iluminación | illuminating engineering.
ingeniería de métodos | methods engineering.
ingeniería de minas | mining engineering.
ingeniería de oficina | headquarters engineering.
ingeniería de proyecto | design engineering.
ingeniería de sistemas | systems engineering | system engineering.
ingeniería electroóptica | electrooptical engineering.
ingeniería en las regiones polares | polar engineering.
ingeniería forestal | forestry | forest engineering.
ingeniería genética | genetic engineering.
ingeniería hidráulica | hydro-engineering.
ingeniería hidroeléctrica | hydroelectric engineering.
ingeniería marítima | maritime engineering.
ingeniería mecánica | mechanical engineering.
ingeniería papelera | paper engineering.
ingeniería protectora de playas | beach engineering.
ingeniería que inspecciona y analiza muestras de petróleo para corregir la contaminación | contamination engineer.
ingeniería radioeléctrica | radio engineering.
ingeniería sanitaria | sanitary engineering.
ingeniero | engineer.
ingeniero aeronáutico | aeronautical engineer.
ingeniero agrónomo | agricultural engineer.
ingeniero asesor | consulting engineer | engineering consultant | engineer-to-the-board.
ingeniero asesor en asuntos de propiedad industrial | patent engineer.
ingeniero auxiliar | asistant engineer.
ingeniero ayudante | assistant engineer.
ingeniero biológico | bioengineer.
ingeniero calculista | estimating engineer.
ingeniero calefactor | heating engineer.
ingeniero cerámico | ceramic engineer.
ingeniero colegiado | chartered civil engineer.
ingeniero con gran experiencia profesional | senior engineer.
ingeniero con práctica de talleres | factory-trained engineer.
ingeniero con práctica profesional | professionally-trained engineer.
ingeniero consejero en organización | management engineer.
ingeniero constructor | erecting engineer.
ingeniero constructor de aeródromos | aviation engineer | air engineer.
ingeniero consultor | consulting engineer.
ingeniero consultor de estructuras | consulting structural engineer.
ingeniero de armamento | armament engineer | ordnance engineer.
ingeniero de armas navales | naval ordnance officer.
ingeniero de automoción | automotive engineer.
ingeniero de aviónica | avionics engineer.
ingeniero de caminos | hightway engineer.
ingeniero de construcciones navales | naval constructor.
ingeniero de control de imagen | image control engineer.
ingeniero de distrito | district engineer.
ingeniero de estudios de métodos de fabricación y utillaje | methods engineer.
ingeniero de explotación | managing engineer | superintending engineer | field engineer.
ingeniero de fiscalización de la configuración | configuration control engineer.
ingeniero de garantía | guarantee engineer.
ingeniero de gran práctica | fully-trained engineer.
ingeniero de gran prestigio | engineer of high attainment.
ingeniero de instalación (de la factoría) | plant engineer.
ingeniero de la Armada | naval constructor.
ingeniero de la Armada (G.B.) | constructor.
ingeniero de la dirección | front-office engineer.
ingeniero de la división (ferrocarriles) | division engineer.
ingeniero de la explotación | engineer-in-charge.
Ingeniero de la Junta | Board's Engineer.
ingeniero de mantenimiento | engineer of maintenance.
ingeniero de mentalidad matemática | mathematically-minded engineer.
ingeniero de minas | mining engineer.
ingeniero de montajes | applications engineer.
ingeniero de montes | forester | forest engineer | forestry engineer.
ingeniero de normalización | standards engineer.
ingeniero de obra | resident engineer.
ingeniero de obras | site engineer.
ingeniero de pega | bogus engineer.
ingeniero de planeamiento de la verificación | inspection planning engineer.
ingeniero de producción | production engineer.
ingeniero de proyectos | projects engineer | project engineer.
ingeniero de proyectos de fabricación | product-design engineer.
ingeniero de proyectos de producción | generation design engineer.
ingeniero de redes eléctricas | power system engineer.
ingeniero de sector | area engineer.
ingeniero de sistemas de trabajo | methods engineer.
ingeniero de sonido | acoustical engineer.
ingeniero de trabajos | resident engineer.
ingeniero de tratamiento del aire | air-treatment engineer.
ingeniero de un Instituto asociado | chartered engineer.
ingeniero de vuelos | flight engineer.
ingeniero del servicio técnico | managing engineer.
ingeniero delegado | deputy engineer.
ingeniero diplomado | graduate engineer | professional engineer.
ingeniero director | engineering manager.
ingeniero director de obras | supervising engineer.
ingeniero director de una empresa industrial | industrial engineer.
ingeniero economista | engineer-economist.
ingeniero electricista | electric engineer | electrical engineer.
ingeniero electrónico | electronic engineer.
ingeniero eminente | engineer of high caliber.
ingeniero encargado | engineer-in-charge.
ingeniero encargado de la contrastación de la calidad | quality-control engineer.
ingeniero encargado de la lubricación (factorías) | lubrication engineer.
ingeniero encargado de la prevención de accidentes (talleres) | safety engineer.
ingeniero encargado de los dispositivos de seguridad (talleres) | safety engineer.
ingeniero encargado de ventas | engineer-in-charge of sales.
ingeniero encargado del entretenimiento de máquinas (de la factoría) | plant engineer.
ingeniero encargado del reglaje (ingeniero encargado del afinado - motores, mecanismos) | development engineer.
ingeniero encargado del tránsito viario | traffic engineer.
ingeniero especializado en alumbrado | lighting engineer.
ingeniero especializado en cohetes | rocket engineer.
ingeniero especializado en construcción de locomotoras | locomotive engineer.
ingeniero especializado en chimeneas | chimney engineer.
ingeniero especializado en dirigibles | airship engineer.
ingeniero especializado en el empleo de explosivos | explosives engineer.
ingeniero especializado en envases | package engineer.
ingeniero especializado en instalaciones frigorígenas | refrigerating engineer.
ingeniero especializado en la automatización de procesos | automation engineer.
ingeniero especializado en la producción (planificación, control de producción, estudio de tiempos, sistemas de salario - EE.UU.) | industrial engineer.
ingeniero especializado en lodos de perforación de campos petrolíferos | oilfield drilling mud engineer.
ingeniero especializado en lubricación | lubrication engineer.
ingeniero especializado en mecánica de los suelos | soils engineer.
ingeniero especializado en molienda | milling engineer.
ingeniero especializado en motores diesel | diesel-trained engineer.
ingeniero especializado en plásticos | plastic engineer.
ingeniero especializado en puentes | bridge engineer.
ingeniero especializado en racionalización y organización (EE.UU.) | management consultant.
ingeniero especializado en riegos | irrigation engineer.
ingeniero geógrafo | geographical engineer.
ingeniero herramentista (encargado de seleccionar el equipo de producción formado por la máquina herramienta, las herramientas y los calibres de comprobación) | tool engineer.
ingeniero hidráulico | hydraulic engineer.
ingeniero hidrógrafo | hydrographical engineer | hydrographer | hydrographic surveyor | nautical surveyor.
ingeniero incompetente | incompetent engineer.
ingeniero inspector | inspecting engineer | superintending engineer | engineer-inspector.
ingeniero inspector (aviación) | ground engineer.
ingeniero jefe | engineer-in-chief | principal engineer | chief engineer.
ingeniero jefe adjunto | deputy chief engineer.
ingeniero jefe de explotación (minas) | superintendent.
ingeniero jefe de proyectos de estructuras | chief structural designer.
ingeniero jefe delegado | deputy engineer-in-chief.
ingeniero jubilado | retired engineer.
ingeniero matriculado | licensed engineer.
ingeniero metalúrgico | metallurgical engineer.
ingeniero montador | installing engineer.
ingeniero municipal | city engineer.
ingeniero naval | naval constructor.
ingeniero naval del estado (G.B.) | constructor officer.
ingeniero no especializado | all-round engineer.

ingeniero nuclear | nuclear engineer.
ingeniero óptico | optical engineer.
ingeniero petrolero | petroleum engineer.
ingeniero planificador | planning engineer.
ingeniero planificador del entretenimiento de máquinas (talleres) | maintenance planning engineer.
ingeniero practicón | practicing engineer.
ingeniero principal | engineer-in-chief | head engineer.
ingeniero proyectista | engineer-designer | project engineer.
ingeniero proyectista de estructuras mecánicas | structural-design engineer.
ingeniero que ha terminado sus estudios | school-leaver.
ingeniero que pertenece al Instituto de Ingenieros Civiles | chartered civil engineer.
ingeniero que se preocupa de la economía | economy-minded engineer.
ingeniero que se preocupa del entretenimiento y conservación (de máquinas, etc.) | maintenance-conscious engineer.
ingeniero que trabaja por su cuenta | freelance engineer.
ingeniero recepcionario | acceptance test engineer.
ingeniero responsable de la continuidad del programa (radio) | continuity engineer.
ingeniero superior | senior engineer.
ingeniero superior de minas | senior mining engineer.
ingeniero tasador | valuation engineer.
ingeniero titulado | professional engineer | professionally-qualified engineer.
ingeniero trazador (de una carretera, ferrocarril) | locating engineer.
ingenieros divisionarios (milicia) | divisional engineers.
ingenieros matriculados | registered engineers.
ingenieros militares (G.B.) | royal engineers.
ingenio | plantation | ability | contrivance.
ingenio computador universal electrónico digital | digital electronic universal computing engine.
ingenio de azúcar | cane mill | sugarhouse | sugar mill.
ingenio de guerra | machine of war | piece of ordnance | engine of war.
ingenio espacial | space rocket.
ingenios balísticos | ballistic devices.
ingenios de guerra | enginery | appliances of war.
ingeniosidad | constructiveness | inventiveness.
ingenuo | candid.
ingerencia | meddling.
ingerido por el motor del avión | ingested by the aircraft engine.
ingerir | take in (to).
ingesos a cobrar | unrealized income.
ingestion de agua | water ingestion.
ingestión de agua salada de 0,05 partes por millón | salt ingestion of 0.05 PPM.
ingestión de aves (motor de chorro - aviones) | bird ingestion.
ingestión de materias extrañas que hay sobre la pista (motor de chorro durante el despegue) | debris ingestion.
ingestión opaca (medicina) | opaque meal.
ingle (región inguinal) | groin.
inglés | Britisher | English.
inglete | miter (EE.UU.) | mitre (G.B.) | miter.
inglete a tope | butt miter.
inglete circular | circular mitre.
inglete de cuña | spline miter.
ingleteación | mitring | mitering.
ingleteado | mitered | mitring operation.
ingleteadora | mitering machine.
ingletear | miter (to).
ingluvies (aves) | ingluvies.
ingobernable | out of control | uncontrollable.
ingoteable | dripless.
ingravable | nontaxable | nonassessable.
ingravidez | lightness | weightlessness.
ingrávido | weightless | agravic.
ingrediente | ingredient | agent | constituent.
ingrediente extraño | foreign ingredient.
ingrediente inactivo | inactive ingredient.
ingrediente para carga (caucho) | bulking agent.
ingrediente radiactivo | radioactive ingredient.
ingredientes de armas nucleares | nuclear weapons ingredients.
ingredientes de la matriz | ingredients of the matrix.
ingredientes de una mezcla de hormigón | ingredients of a concrete mix.
ingredientes formativos del esmog | smog forming ingredients.
ingresado en la cárcel | housed in jail.
ingresar en | enter (to).
ingresar en la prisión | enter jail (to).
ingresar en los libros | post (to).
ingresión (astronomía) | ingress.
ingreso | entrance | disability income | yield | entry | earnings | receipt.
ingreso anual | yearly income | annual return.
ingreso bruto | gross income | income gross.
ingreso de aduana | customs receipt.
ingreso de agua | water ingress.
ingreso de humedad | ingress of moisture.
ingreso de materia extraña | ingress of foreign matter.
ingreso de ruido estadístico | random noise input.
ingreso declarado | reported income.
ingreso del trabajo | labor income.
ingreso disponible | disposable income.
ingreso efectivo | take-home pay.
ingreso en especie | income in kind.
ingreso ganado | earned income.
ingreso imponible | taxable income.
ingreso íntegro por año por libra de peso de carga disponible (aviones) | gross revenue per annum per pound weight of disposable load.
ingreso nacional (México) | national income.
ingreso neto | income net | net return.
ingreso normal | normal income.
ingreso o ganancia gravable | income taxable.
ingreso pagado por adelantado | prepaid revenue.
ingreso personal | individual income.
ingreso por carga | freight receipt.
ingreso por persona | per capita income.
ingreso por primas | premium income.
ingreso probable | probable income.
ingreso unitario | unit revenue.
ingresos | takings | revenue | returns | moneys paid in | fees | incomings | income | receipts.
ingresos (ventas) | proceeds.
ingresos antes de deducir impuestos | pretax profit.
ingresos brutos acumulados | accrued gross receipts.
ingresos de explotación | operating revenues.
ingresos de explotación del puerto | port operating revenues.
ingresos de exportación | export earnings.
ingresos de la explotación | operating revenues.
ingresos declarados | declared earnings.
ingresos del ferrocarril | railway revenues.
ingresos del tráfico | traffic returns.
ingresos derivados del arrendamiento de inmuebles | income derived from lease of real estate.
ingresos devengados | accrued incomes | earned income.
ingresos diarios ferroviarios | railways' daily revenue | railways daily revenu.
ingresos diferidos | deferred income.
ingresos en metálico | cash income.
ingresos en periodos menores de un año | income for periods of less than one year.
ingresos extrínsecos | extraneous profits.
ingresos fiscales | revenue receipts.
ingresos impositivos | revenue from taxation.
ingresos íntegros | total receipts | gross receipts.
ingresos íntegros anuales por libra de carga rentable | gross revenue per annum per pound of payload .
ingresos netos | net income | net operating income.
ingresos no imponibles | nontaxable income.
ingresos operativos | operating income.
ingresos por aduanas | customs receipts.
ingresos por carga | freight receipts.
ingresos por hora | hourly earnings.
ingresos por impuestos sobre donaciones | gift tax returns.
ingresos por impuestos sobre herencias | estate tax returns.
ingresos por impuestos sobre la renta fiduciaria imponible | taxable fiduciary income tax returns.
ingresos por intereses | interest income.
ingresos por subarriendos | sublease revenue.
ingresos posibles por hora de 1800$ | potential revenue per hour of ^{8}00.
ingresos profesionales | occupational profits.
ingresos públicos | public revenue.
ingresos totales | total receipts | turnover | gross proceeds | operating revenues.
ingresos totales obtenidos | revenue earned.
ingresos varios | miscellaneous income.
ingresos vencidos | realized income.
ingresos y egresos | income and outgo | incomings and outgoings.
ingresos y gastos | income and expenditures | incomings and outgoings | income and outgo | receipts and expenditures.
ingresos y gastos indirectos | nonoperating expenses and income.
ingresos y pagos | receipts and disbursements.
ingustable | unpalatable.
inhábil | skilless.
inhabilidad | maladroitness.
inhabilitación | invalidity | debarment | disablement | superannuation | disability.
inhabilitado | disabled | unqualified.
inhabilitado para ejercer el cargo | debarred.
inhabilitar | disable (to) | disqualify (to) | shift out (to).
inhabitual | unusual.
inhalación | inhalation.
inhalación de polvos | dust inhalation.
inhalador | inhaler.
inhalador de oxígeno (aviación) | oxygen set.
inhalar | inhale (to).
inherente | resident.
inherente al cargo | inherent to charge.
inherentemente resistente | inherently resistant.
inhibición | restraint | inhibition | inhibiting.
inhibición anódica | anodic inhibition.
inhibición contra la corrosión | corrosion inhibition.
inhibición electroquímica | electrochemical inhibition.
inhibición por pigmentos | pigment inhibition.
inhibidor | sequestrant | inhibiting | inhibitor | inhibitant.
inhibidor ácido para decapado | pickling acid inhibitor.
inhibidor antiincrustante (calderas) | scale inhibitor.
inhibidor antioxidante | rust inhibitor.
inhibidor biógeno | biogenous inhibitor.
inhibidor catiónico | cation inhibitor.
inhibidor catódico | cathodic inhibitor.
inhibidor de aquebradización | embrittlement inhibitor.
inhibidor de arrastre | inhibitor of coprecipitation | hold-back agent | holdback carrier.
inhibidor de corrosión | inhibitor sweetening.
inhibidor de corrosión de usos múltiples | multipurpose corrosion inhibitor.
inhibidor de crecimiento de brotes (para las patatas) | sprout inhibitor.
inhibidor de emisión de rejilla | grid emission inhibitor.

inhibidor de la espuma | foam inhibitor.
inhibidor de la transpiración (plantas) | antitranspirant | transpiration suppressant.
inhibidor de oposición (química) | competitive inhibitor.
inhibidor de oxidación | oxidation inhibitor.
inhibidor de oxidación de aceites para turbinas | turbine-oil oxidation inhibitor.
inhibidor de oxidación de tipo polar | polar-type rust inhibitor.
inhibidor de senescencia (legumbres) | senescence inhibitor.
inhibidor de transpiración de las plantas | plant antitranspirant.
inhibidor del baño de decapado | pickling inhibitor.
inhibidor del crecimiento del grano (metalurgia) | growth inhibitor.
inhibidor inorgánico | inorganic inhibitor.
inhibidor moderador | restrainer inhibitor.
inhibidor oleosoluble | oil-soluble inhibitor.
inhibidor orgánico nitrogenado | nitrogen-containing organic inhibitor.
inhibidor para la protección contra la oxidación térmica | thermal-oxidation inhibitor.
inhibidor pasivante | passivating inhibitor.
inhibidores de crecimiento del grano (metales que dificultan el crecimiento de los cristalitos - aceros) | grain-growth inhibitors.
inhibir | blind (to).
inhibir la formación de la fase sigma (aceros) | inhibit formation of sigma (to).
inhigroscopicidad | nonhygroscopicity.
inhigroscópico | nonhygroscopic.
inhomogeneidad | unhomogeneity | heterogeneity | nonhomogeneity | inhomogeneity.
inhomogeneidad de la deformación | inhomogeneity of deformation.
inhomogeneidad electroforética | electrophoretic inhomogeneity.
inhomogeneidad en la humedad y temperatura producida por turbulencia en la atmósfera | blob.
inhomogeneidad espacial | spatial inhomogeneity.
inhomogeneidad estratificada | stratified inhomogeneity.
inhomogeneidades tabulares (rocas plutónicas) | schlieren.
inhomogéneo | inhomogeneous | nonhomogeneous | unhomogeneous.
inhomogoneidades tabulares (petrología) | streaky inhomogeneities.
inhumación | burial.
iniciación | incipiency.
iniciación (de un fenómeno) | birth.
iniciación de la explosión | explosion initiation.
iniciación de la fisuración por tensocorrosión | stress-corrosion-crack nucleation.
iniciación de la fractura | fracture incipiency.
iniciación de la grieta | crack starting.
iniciación de la rotura | fracture initiation.
iniciación de la rotura frágil | brittle fracture initiation.
iniciación de la separación del lingote fundido dentro de la lingotera | gap-formation.
iniciación de la soldadura | weld initiation.
iniciación de la termofluencia terciaria (metalurgia) | onset of tertiary creep.
iniciación de pasada | run in.
iniciación de seguimiento de radar | lock-on.
iniciación de su misión historica | start of their historic mission.
iniciación de un proceso cíclico de enfriamiento | initiation of a cooling cyclical process.
iniciación de una auditoria | starting an audit.
iniciación del arco para soldadura en arco sumergido | fuse-ball start.
iniciación del arco por un alambre puntiagudo (soldadura por arco sumergido) | point-wire start.
iniciación del desgaste | onset of wear.
iniciación del deslizamiento | onset of slip.
iniciación del flujo (pozo petróleo) | kickoff.
iniciación del picado (aviones) | push-over.
iniciación del programa | program initiation.
iniciación del sondeo | spudding.
iniciación y extensión del incendio | start and spread of fire.
iniciador | pioneer | originator.
iniciador de corrosión | initiator of corrosion.
inicial grande | cockup letter.
iniciales | initials.
inicialismo | initialism.
inicialización | initialization.
inicializar | initialize (to).
iniciar | initialize (to).
iniciar (en un documento) | initial (to).
iniciar (reacciones, explosiones) | induce (to).
iniciar (un barreno) | start (to).
iniciar (una reacción, etc.) | trigger (to).
iniciar acción contra | have recourse to (to).
iniciar el movimiento (buques) | gather way (to).
iniciar el registro | log-on (to).
iniciar el sondeo | spud (to) | hole-in (to).
iniciar la causa (jurídico) | proceed (to).
iniciar la comunicación | log-on (to).
iniciar la construcción (edificios) | found (to).
iniciar la perforación | hole-in (to).
iniciar la reacción (química) | induce the reaction (to).
iniciar procedimiento legal contra un deudor | institute legal proceeding against a debtor (to).
iniciar un proceso de fabricación | trip in (to).
iniciar una gira política | go on the husting (to).
iniciar una huelga | bring on a strike (to).
iniciativa | motion.
inicio | start.
inicio de encabezamiento | start of heading.
inicio de programa | bootstrap.
inidentificado | unidentified.
inigualable | hard-to-equal.
ininclinable | nontilting.
ininflamabilidad | nonflammability.
ininflamable | fireproof | nonflammable | noninflammable.
ininteligible (mensajes) | garbled.
inintemporizado | unweathered.
inintercambiable | incommutable.
inirradiado | unirradiated.
injerencia | interference.
injertar | imp (to) | graft (to).
injertar (imprenta) | strip-in (to).
injertar en las ramas principales (árboles) | frame-work (to).
injertar por aproximación | ablactate (to).
injertar por aproximación (botánica) | inarch (to).
injerto | stock | junction-piece | graft.
injerto (agricultura) | scion.
injerto (biología) | implant.
injerto (en una cuerda) | horseshoe.
injerto (horticultura) | incision.
injerto (horticultura y medicina) | grafting.
injerto (tuberías) | wet connection | takeoff.
injerto bajo presión | wet connection.
injerto cutáneo | skin graft.
injerto de canutillo | flute grafting | groove grafting.
injerto de coronilla (árboles) | bark-grafting.
injerto de escudete | imp.
injerto de piel mallado (cirugía) | mesh skin grafting.
injerto de raiz | root graft.
injerto de toma (tubería general de agua) | tap.
injerto dérmico | skin graft.
injerto dérmico estéril | sterile skin graft.
injerto en Y (tuberías) | wye.
injerto por aproximación | ablactation.
injuria | wrong | tort.
injuriador | tort-feasor.
injuriar | empair (to) | hurt (to).
injusticia | grievance.
injusto | inequitable | undue | unfair.
inlocalización | delocalization.
inmadurado | unaged.
inmaleable | unmalleable | inmalleable.
inmanejable | unwieldy.
inmaquinable | unmachinable.
inmediata (correlación) | short-term.
inmediatamente | out of hand | forthwith | on-the-spot | right | off the shelf | on the spot.
inmediato | near | immediate.
inmediato (química orgánica) | vicinal.
inmellable | dentproof.
inmensidad | vastness.
inmensidad extraterrestre | extraterrestrial vastness.
inmenso | huge.
inmergido | dipped | dopped.
inmergido en baño caliente | hot-dipped.
inmergir | plunge (to) | dip (to) | immerse (to).
inmergir en caliente | hot-dip (to).
inmersibilidad | immersibility.
inmersibilidad (matemáticas) | imbedding.
inmersible | immersible.
inmersión | immersion | immergence | plunging | submergence | submersion | dip.
inmersión (matemáticas) | embedding.
inmersión (submarinos) | diving.
inmersión (submarinos, buzos) | dive.
inmersión a gran profundidad de equipo pesado (oceanografía) | deep-sea lowering of heavy equipment.
inmersión a saturación (buceadores) | diving at saturation.
inmersión de la hélice (buques) | propeller draught | dip of the screw | propeller immersion.
inmersión de la mina submarina | mine depth.
inmersión de un conjunto | imbedding of a set.
inmersión de una solución química (filmes) | dunking.
inmersión de 3.000 metros | submergence of 3,000 meters.
inmersión dirigida (submarinista) | surface demand diving.
inmersión en agua | dousing.
inmersión en atmósfera estanca | dry diving.
inmersión en baño de metal licuado | molten-metal-bath immersion.
inmersión en caliente | hot dipping.
inmersión en cloroformo agitado | immersion in agitated chloroform.
inmersión en un líquido | dipping.
inmersión isométrica (matemáticas) | isometric imbedding.
inmersión libre (submarinista) | wet diving.
inmersión profunda | deep dive.
inmersión superficial | shallow dive.
inmersión topológica | topological embedding.
inmersiones equivariantes (matemáticas) | equivariant imbeddings.
inmerso en una matriz metálica | embedded in a metallic matrix.
inmersor | plunger.
inmetamorfoseado | unmetamorphosed.
inmigración | swap in.
inmigración (datos) | staging.
inminente | oncoming | at hand.
inmiscibilidad | immiscibility.
inmiscibilidad coloidal líquido-líquido | liquid-in-liquid colloidal immiscibility.
inmiscible | immiscible | nonmixing | nonmiscible.
inmiscuirse en | encroach (to).
inmiscuirse en política | mix into politics (to).
inmissión | immission.
inmitancia | immittance.
inmobiliario | real estate.
inmoderación | excess.
inmodulado | unmodulated.
inmodular | unmodulate (to).
inmoral | unethical.
inmovible | immobile | immovable.
inmóvil | immobile | still.
inmovilizable | interlockable.
inmovilización | standstill | freezing | sunk cost

| locking | hang-up.
inmovilización (de capitales) | locking up.
inmovilización de capitales | lockup.
inmovilización de las juntas del carril (vía férrea) | rail joints freezing.
inmovilización de vagones bien vacíos o cargados | stabling.
inmovilización del carretel | drum locking.
inmovilizaciones | fixed assets | capital expenditure.
inmovilizaciones financieras | financial assets.
inmovilizada por obstrucciones (herramientas) | stuck.
inmovilizado | stalled | fixed assets | locked.
inmovilizado (capital) | tied.
inmovilizado (dinero) | idle.
inmovilizado inmaterial | intangible assets.
inmovilizado intangible | intangible assets.
inmovilizado por el óxido (tuercas, etc.) | rust-frozen.
inmovilizador de la tuerca | nut retainer.
inmovilizador de tuerca | nut lock.
inmovilizar | tie up (to) | set (to) | clamp (to) | hold up (to) | lock (to) | immobilize (to).
inmovilizar (capitales) | lock up (to).
inmovilizar (fondos) | freeze (to).
inmovilizar (maquinaría) | sideline (to).
inmovilizar (tuercas) | lock (to) | pin (to) | safety (to).
inmovilizar (tuercas, etc.) | safe (to).
inmovilizar con fuego de cortina (artillería) | box in (to).
inmovilizar créditos | freeze credits (to).
inmovilizar el timón | chock the rudder (to).
inmueble | building | premises.
inmueble con sus servicios | appurtenance.
inmuebles | house-property | real estate.
inmuebles - terrenos y edificios | property.
inmuebles y edificios | land and buildings.
inmundicia | dirt.
inmundicias | litter | skim.
inmune | free.
inmune a la corrosión por frotamiento | impervious to the fretting corrosion.
inmune a radiaciones | rad-safe.
inmunidad | franchise | immunity | freedom.
inmunidad de arresto (abogacía) | privilege from arrest.
inmunidad de la línea a tierra | ground-line immunity.
inmunidad fiscal | tax immunity | inmunity for taxation.
inmunización | immunization.
inmunización (veterinaria) | salting.
inmunización a la corrosión | corrosion immunization.
inmunización de la cerveza a los cambios de temperatura | chill-proofing.
inmunizado contra ataques de termitas | immunized against termite attack.
inmunizador | immunizator | immunizer.
inmunizar | immunize (to).
inmunizar de un estado neurótico (medicina) | desensitize (to).
inmunizar los circuitos de la vía (ferrocarril) | immunize track circuits (to).
inmunología | amynology | immunology | inmunology.
inmunología animal | animal inmunology.
inmunología humana | human inmunology.
inmunológico | amynologic.
inmunólogo | inmunologist.
inmunoquímica | chemoimmunity.
innato | connate.
innavegabilidad | unseaworthiness.
innavegable | not navigable | unnavigable | nonnavigable | unseaworthy.
innecesario | unneeded.
innegociable | not negotiable | unnegotiable | nonnegotiable | nonassignable.
innocuidad | innocuity | innoxiousness | safety.
innocuo | safe.
innovación | innovation.
innovación cosmonaútica | cosmonautical innovation.
innovación tecnológica | technological innovation.
innovación tecnológica que inicia posibilidades nuevas | technological breakthrough.
innovativo | innovative.
innumerabilidad | innumerability.
innumerables usos | legion of uses.
innumerables veces | time and time again.
inobservancia | noncompliance.
inobservancia de las disposiciones | nonobservance of directions.
inobstruible | nonclogging | jamproof | unchokeable.
inobstruible (tubos, etc.) | nonchokable.
inocente | clean.
inoculación | inoculation.
inoculación (bacteriología) | seeding.
inoculación de carbono (aceros) | carbon inoculation.
inoculador | inoculator.
inoculante (metalurgia) | inoculant.
inoculante grafitizante | graphitizing inoculant.
inocular | inoculate (to).
inocular un gas inerte en un producto químico | seed (to).
inocuo | nonlethal | formolise.
inodoro | odorless.
inodoro con fondo de tolva | hopper closet.
inodoro de borde lavador | flushing-rim water closet.
inofensivo | nondangerous.
inoficiosidad | inofficiousness.
inol | ynol.
inoperación | inoperation.
inoperacional | nonoperational.
inoperancia administrativa | administrative inoperance.
inoperante | inoperative.
inoperativo | nonoperative.
inoportuno | unfit | ill-timed.
inorganicidad | unorganicity.
inosilicato | inosilicate.
inosita | muscle sugar.
inoxidabilidad | noncorrodibility | stainlessness.
inoxidable | corrosion-resisting | inoxidizable | noncorrodible | nontarnishing | stainless.
inoxidable (superficie de los aceros) | nonscaling.
inoxidación | inoxidizing.
inoxidante | nonoxidizing.
inoxidar | inoxidize (to).
inquebrantable | infrangible.
inquemado | nonburned.
inquietud | concern.
inquietud (de espíritu) | disturbance.
inquilinato | leasehold | lesseeship.
inquilinato conjunto | joint tenancy.
inquilino | renter | lessee | occupier | occupant | hirer | holder | tenant.
inquilino a término | tenant for years.
inquilino estipendiario | stipendiary tenant.
inquilino mancomunado | joint tenant.
inquiridor | inquirer.
inquirir | examine (to) | search (to) | seek (to).
inramificado | unbranched.
inrectificado | unground.
inrescindible | noncancellable.
inrompible (trajes, etc.) | hole-proof.
insaboreable | unpalatable.
insaciabilidad lingüística | linguistic insatiability.
insalificable | insalifiable.
insaluble | unweholesome.
insaponificable | unsaponifiable.
insatisfactorio | unsatisfactory.
insaturable | insaturable.
insaturación | nonsaturation.
insaturado | nonsaturated | unsaturated | insaturated.
inscribible | recordable.
inscribir | register (to) | enroll (to) | record (to) | enter (to).
inscribir (nombres) | list (to).
inscribir (sobre un efecto comercial) | enface (to).
inscribir como desaparecido un buque (seguros) | post (to).
inscribir en el registro | enter in a register (to).
inscribir en la lista (a un candidato) | slate (to).
inscribir en la lista de suspensos | post (to).
inscribir un jurado en la lista | empanel a juror (to).
inscribirse en el registro (hoteles, etcétera) | register (to).
inscripción | entering | register | registration | registry | registering | inscribing | inscription | lettering | legend | title | record | booking | posting | write-in | posting.
inscripción (en el libro mayor) | posting.
inscripción (en un registro oficial) | enrollment.
inscripción (en una lista) | entry.
inscripción (estadística) | enumeration.
inscripción circular | circumscription.
inscripción de las interrupciones | interrupt logging.
inscripción de peticiones de comunicación | recording of calls.
inscripción en dos lenguas | bilingual.
inscripción en el catastro | entry in the land register.
inscripción en el costado del carril de su historial térmico y metalúrgico | stamping of rails.
inscripción en la oficina de patentes | caveat.
inscripción forzosa | compulsory entry.
inscripción hipotecaria | hypothecation.
inscripción interurbana (telefonía) | toll recording.
inscriptible | inscribable.
inscriptor | recording | inscriber.
inscriptor (el que hace una inscripción) | registrant.
inscriptor-visitador (estadística) | canvasser.
inscrito | registered | entered | intrant | on record.
inscrito (para una carrera deportiva) | entrant.
inscrito dentro de una esfera | inscribed within a sphere.
insectario | insectary.
insecticida | insecticide | insect destroyer.
insecticida arsenical | arsenical insecticide.
insecticida biológico | biological insecticide.
insecticida de amplio espectro | broad-spectrum insecticide.
insecticida de contacto | contact insecticide.
insecticida de hidrocarburo clorado | chlorinated hydrocarbon insecticide.
insecticida endoterápico | systemic insecticide.
insecticida fosforado | phosphorus insecticide.
insecticida inorgánico | inorganic insecticide.
insecticida organoclorado | organochlorine insecticide.
insecticida organofosforado | organophosphorus insecticide.
insecticida petroleoquímico | petroleum-derived insecticide.
insectífugo | insect repellent.
insectil (que se puede cortar) | insectil.
insectívoro | entomophagous.
insecto | insect.
insecto baboso (Ecuador) | spittle bug.
insecto bibliófago | bibliophagous insect.
insecto cecidógeno | gall-producing insect | gall-making insect.
insecto de escupajo (Chile) | spittle bug.
insecto efímero | ephemeris.
insecto entomófago | entomophagous insect.
insecto fitófago | defoliating insect.
insecto hibernante (árboles) | perennial insect.
insecto libador | honey-gathering insect.
insecto perforador (bosques) | borer.
insecto perforador subcortical | subcortical borer.
insecto productor de enfermedades (zoología)

| blight.
insecto que vuela durante la toma de una fotografía (cine) | eagle.
insecto tricóptero (zoología) | caddisfly.
insecto xilófago | borer.
insectos | insecta.
insectos del tabaco almacenado | stored-tobacco insects.
insectos efímeros | ephemerons.
insectos en los productos almacenados | stored-product insects.
insectos nocivos | pest.
insectos que infestan los cereales | cereal infesting insects.
insectos que se desarrollan en cactus | cactus feeders.
insectos terebrantes | wood-boring insects.
insectovoracidad | entomophagy.
inseguro | unsafe.
inseguro (que funciona mal - máquinas) | cranky.
inseguro (tiempo) | ugly | unsettled.
inseguro para navegar | unseaworthy.
inseminación | seeding | insemination.
inseminación artificial | artificial insemination.
inseminada naturalmente (hembras de animales) | naturally mated.
inseminar (hembras de ganado) | sire (to).
insensibilidad | insensitivity | insensitiveness.
insensibilidad a la fisuración | crackproofness.
insensibilización (explosivos) | desensitization.
insensibilización térmica | thermal quenching.
insensibilizador (explosivos) | desensitizer.
insensibilizar | insensibilize (to).
insensibilizar (bombas, minas, explosivos) | desensitize (to).
insensible a la fisuración | crackproof.
insensible a las marcas de los dedos | fingerprinting proof.
insensible a los cambios de temperatura | insensitive to temperature changes.
insensible al medio ambiente | insensitive to the environment.
inseparabilidad | nonseparability.
inseparable | nondetachable.
inseparables (piezas) | interlocked.
inserción | running-in | appearance | entering.
inserción de documentos | line finding insertion.
inserción de la barra de control (reactor nuclear) | control-rod insertion.
inserción de la información | information insertion.
inserción de la trama (tejeduría) | picking.
inserción de reactividad en rampa | ramp insertion of reactivity.
inserción del libro cosido en sus tapas (encuadernación) | casing-in.
inserción en órbita | orbit insertion.
inserción en órbita de descenso (cosmonaves) | downward orbit insertion.
inserción en órbita lunar | lunar orbit insertion.
inserción metálica externa para extraer calor en un sitio determinado (moldes) | external chill.
inserción metálica interior para extraer calor en un punto determinado (moldes) | internal chill.
inserción metálica para extraer calor (moldes)m | metal chill.
inserción metálica para reparar grietas (piezas fundidas) | lock.
inserción-desinserción | on-off.
inserciones consecutivas | consecutive insertions.
insertable en el receptáculo | insertable in the receptable.
insertador | inserter.
insertador de tiras de papel | tab inserter.
insertar | cue (to) | fill in (to) | infix (to) | enter (to) | put in (to).
insertar en | slip (to).
insertar entre dos páginas | interpage (to).
insertar un grabado en el texto (tipografía) | break in (to).
insertar una clavija | plug (to).
inserto | cut-in.
inserto (botánica) | inserted.
inserto cilíndrico impregnado de polvo de diamante de 4 a 10 milímetros de diámetro y de 14 a 40 milímetros de longitud (reavivado de muelas abrasivas) | pencil.
inserto de aleación refractaria | heat-resisting alloy insert.
inserto de carburo | carbide insert.
inserto de carburo atornillado | screw-on carbide insert.
inserto filmado publicitario | spot.
inserto para el troquel | die insert.
inserto para la matriz | die insert.
inserto rotativo de carburo de tungsteno | tungsten carbide indexable insert.
inserto rotatorio | indexable insert.
inserto rotatorio de carburo de tungsteno | indexable tungsten carbide insert.
insertos electrónicos | inlay.
inservible | unfit | not seaworthy | out of commission | disabled.
insesgado (estadística) | unbiased.
insigne | conspicuous.
insignia | badge | ensign | rank badge.
insignia de clase (de tropa) | badge of rank.
insignia de proa (botes) | bow insignia.
insignia naval | naval insignia.
insimétrico (botánica) | unsymmetrical.
insipidez | flatness.
insípido | flat | tasteless.
insistencia | emphasis | pressing | pressing.
insistencia del gobierno | government's insistence.
insistentemente | pressingly.
insistir en | emphasize (to).
insistir sobre la calidad | clinch quality (to).
insito (estratigrafía) | in situ.
insobornable | unbribable | untouchable.
insolación | insolation | insolation | sunstroke | heatstroke.
insolación (actinometría) | insolation.
insolar | insolate (to).
insoldable | unweldable.
insolidificante | nonsolidifying.
insolílito | insolilith.
insolubilidad | insolubility.
insolubilidad (matemáticas) | unsolvability.
insolubilidad de los gránulos de diamante en la matriz del ligante | insolubility of diamond grits in the bond matrix.
insolubilización | insolubilization.
insolubilizar | insolubilize (to).
insoluble | indissoluble | nonsoluble.
insoluble (ecuaciones) | unsolvable.
insoluble (problema) | unsolvable | insolvable.
insoluble en agua fría | cold-water-insoluble.
insoluble en solventes orgánicos | insoluble in organic solvents.
insoluble por recurrencia | recursivedly unsolvable.
insoluto | in default | unpaid.
insolvencia | failing | insolvency.
insolvencia en bolsa | hammered.
insolvencia notoria | open insolvency.
insolvencias | bad debt.
insolvente (deudor) | defaulting.
insomnio | anypnia.
insonación | insonation.
insonoridad | insonority.
insonorizable | sound-absorbing.
insonorización | acoustic treatment | insonorization | sound deadening | noise quieting | deadening | soundproofing | noise damping | sound-absorption | sound insulation | sound-resisting | sound damping | sound absorption.
insonorizado | sound-insulated | sound-proofed | noiseless | sound-proof.
insonorizador | sound deadener | sound absorber | noise killer | deadener | deafener.
insonorizante | sound-absorptive.
insonorizar | dampen (to) | soundproof (to) | insulate (to).
insonorizar (pisos) | deaden (to).
insonorizar (pisos, etc.) | deafen (to).
insonoro | sound proof | sound-absorbing | nonsonorous | soundproof | insonorous | anacoustic.
insoportable | unbearable.
inspección | pry | surveyorship | overseeing | examination | surveillance | survey | supervision | superintendence | control | controlment.
inspección a domicilio | house-to-house inspection.
inspección a flote incluyendo obra viva | in-water survey.
inspección a las cincuenta horas de funcionamiento | fifty-hour inspection.
inspección a los bancos de hacienda | bank call.
inspección ambiental | environmental survey.
inspección antes de poner en servicio | precommissioning inspection.
inspección antes del vuelo | preflight inspection.
inspección anual | annual survey.
inspección automática | automatic inspection.
inspección con líquidos penetrantes (soldaduras) | dye-penetrant inspection.
inspección con luz negra | black light inspection.
inspección con radiografías y ultrasonidos y partículas magnéticas (soldaduras) | NDT inspection.
inspección con sustancia penetrante | penetrant inspection.
inspección confirmatoria | confirmatory survey.
inspección cuatrianual | quadrennial survey.
inspección de abastos | food controllership.
inspección de alcantarillas por medio de la TV | TV sewer inspection.
inspección de alimentos animales | animal foods inspection.
inspección de avería | damage survey.
inspección de cada fase del maquinado sobre la misma máquina (por un equipo móvil) | patrol inspection.
inspección de compras | procurement inspection.
inspección de la forma | shape inspection.
inspección de la soldadura | weld control.
inspección de la vía | track patrolling.
inspección de las primeras piezas terminadas de una serie (talleres) | first-piece inspection.
inspección de los libros | examination of books.
inspección de máquinas | engine survey.
inspección de muestras | sample survey | sampling inspection.
inspección de partes inaccesibles | inaccessible part inspection.
inspección de prendas (marina) | sea bag inspection.
inspección de prendas y equipo individuales | showdown inspection.
inspección de recepción | acceptance inspection.
inspección de serie | mass inspection.
inspección de toda la partida | cent-per-cent inspection.
inspección de una máquina desmontada | tear down inspection.
inspección del armador | owner's inspection.
inspección del disco de máxima carga (buques) | load-line survey.
inspección del estado de servicio (del estado en que se encuentra para ser vendido) | condition survey.
inspección del francobordo (buques) | load-line survey.
inspección del perfil | shape inspection.
inspección del proceso | quality control.
inspección del propietario | owner's inspection.
inspección dimensional | dimensional inspection.
inspección durante el funcionamiento | running attention.

inspección durante la fabricación | in-process inspection.
inspección eliminadora | screening inspection.
inspección en caliente | hot inspection.
inspección en crudo (al salir del telar) | raw inspection.
inspección en crudo (telas de lana y estambre) | perching.
inspección en el sitio | on-site inspection.
inspección estricta | tightened inspection.
inspección final | final inspection.
inspección fiscalizadora | supervisory inspection.
inspección fluoroscópica | fluoroscopic inspection.
inspección fotoelectrónica | photoelectronic inspection.
inspección general y recorrida de una instalación | turn-around.
inspección hecha de vez en cuando sobre las máquinas que están trabajando una pieza (por un equipo móvil) | patrol inspection.
inspección in situ | on-site inspection | on-the-spot inspection.
inspección indestructiva | nondestructive inspection.
inspección industrial | engineering inspection.
inspección inesperada | surprise auditing.
inspección interior | inside inspection.
inspección médica de la tripulación y carga (puertos) | boarding.
inspección micromagnética | micromagnetic inspection.
inspección muestral lote por lote | lot-by-lot sampling inspection.
inspección multidimensional | multidimensional inspection.
inspección obligatoria | obligatory inspection.
inspección parcial (sociedades clasificación de buques) | modified inspection.
inspección pendiente | due survey.
inspección periódica | periodic inspection.
inspección periódica en un hangar (aviones) | dock inspection.
inspección periscópica | periscopic inspection.
inspección por comparador óptico | optical comparator inspection.
inspección por corrientes de alta frecuencia | high-frequency inspection.
inspección por micrografía electrónica | electron-micrographic examination.
inspección por muestreo | sampling inspection.
inspección por partículas magnéticas | magnetic particle inspection | magnetic powder inspection | magnetoscopy.
inspección por penetrante fluorescente | fluorescent penetrant inspection.
inspección radiográfica | radiographic inspection.
inspección restringida | curtailed inspection.
inspección rígida | close inspection.
inspección sanitaria | sanitary survey.
inspección selectiva | screening inspection.
inspección sobre el terreno | on-the-spot survey.
inspección sónica | sonic testing | sonic inspection.
inspección técnica | engineering survey | customer engineer.
inspección total | screening inspection.
inspección ultrasónica automática | automatic ultrasonic inspection.
inspección ultrasónica de escansión continua | continuous-scan ultrasonic inspection.
inspección ultrasónica de soldaduras a tope | ultrasonic inspection of butt welds.
inspección ultrasónica por inmersión | immersion ultrasonic inspection.
inspección ultrasonoscópica | ultrasonoscopic inspection.
inspección visual por medio de un penetrante fluorescente | visual inspection by a fluorescent penetrant.
inspección visual por medio de una sonda óptica | visual inspection by an optical probe.
inspección y reparación general | general overhaul.
inspeccionable | surveyable.
inspeccionado indestructivamente | nondestructively inspected.
inspeccionado por la aduana (buques) | rummaged.
inspeccionado rigurosamente | rigorously controlled.
inspeccionado visualmente | ocularly inspected.
inspeccionado y admitido como estructuralmente sano | inspected and passed as structurally sound.
inspeccionar | runover (to) | audit (to) | view (to) | examine (to) | control (to) | search (to) | supervise (to) | survey (to) | oversee (to) | overlook (to).
inspeccionar de nuevo | re-inspect (to).
inspeccionar de vez en cuando las máquinas que están trabajando una pieza | patrol operations (to).
inspeccionar en el taller | shop-inspect (to).
inspeccionar en obra | site-inspect (to).
inspeccionar en tierra (aviación) | groundcheck (to).
inspeccionar por segunda vez | re-inspect (to).
inspecciones provisionales | interim inspections.
inspector | inspector | reviewer | surveyor | superintendent | supervisor | overlooker | examiner | overseer | superintendent.
inspector actuante | acting inspector.
inspector adjunto | assistant surveyor | assistant overseer.
inspector colegiado | chartered surveyor.
inspector comercial | commercial superintendent.
inspector de abastecimientos | supply inspector.
inspector de abastos | supply inspector | food controller.
inspector de almacén | floorwalker.
inspector de armamentos | armament inspector.
inspector de beneficencia | relieving officer.
inspector de buques | ship surveyor.
inspector de buques en Bilbao | ship surveyor at Bilbao.
inspector de cables de extracción de minas de carbón | colliery-rope examiner.
inspector de caminos | highway surveyor.
inspector de carga | freight superintendent.
inspector de carreteras | road surveyor.
inspector de compras | purchasing inspector | purchases' inspector.
inspector de cuarentena agrícola | agricultural quarantine inspector.
inspector de diques y esclusas | dike-reeve.
inspector de elaboración | process supervisor.
inspector de explotación (ferrocarril) | operating superintendent.
inspector de fabricación | line inspector.
inspector de factorías | factory-inspector.
inspector de fonda (compañía naviera) | superintending caterer.
inspector de fonda (compañías navieras y aéreas) | catering superintendent.
inspector de Hacienda | tax inspector | inspector of taxes | examiner (tax).
inspector de humos de chimeneas industriales (contaminación atmosférica) | smoke inspector.
inspector de incendios | fire marshal | firewarden | fire warden.
inspector de ingeniería eléctrica | electrical engineer surveyor.
inspector de laminación | mills superintendent.
inspector de máquinas | engineer surveyor.
inspector de materiales | surveyor for materials.
inspector de minas de carbón | colliery viewer.
inspector de montaje en el banco | bench-assembly inspector.
inspector de pérdidas en tránsito | transit loss surveyor.
inspector de pesas y medidas | assizer | scaleman.
inspector de practicaje (puertos) | pilot master.
inspector de procesos de fabricación | process controller.
inspector de provisiones para buques | inspector of ships' provisions.
inspector de puertos (marina) | inspector of ports.
inspector de ruta (ferrocarril) | routing inspector.
inspector de sanidad | health visitor | health officer.
inspector de servicio | inspector-in-attendance.
inspector de soldeo | welding supervisor.
inspector de termotratamientos (talleres) | heat-treatment superintendent.
inspector de trabajo | factory-inspector.
inspector de tránsito aéreo | air traffic controller.
inspector de útiles y montajes (talleres) | jig and fixture inspector.
inspector de ventas | sales supervisor.
inspector del armador | owners' surveyor.
inspector del comprador | purchaser's inspector.
inspector del contratista | contractor's inspector.
inspector del fabricante | manufacturer's inspector.
Inspector del Lloyd | Lloyd's surveyor.
inspector del material | material inspector.
inspector del trabajo | labor inspector.
inspector estatal | government inspector.
inspector exclusivo | exclusive surveyor.
inspector fiscal | tax examiner | examiner (tax).
inspector forestal | forest conservator.
inspector general de aeronáutica | aeronautical inspector-general.
inspector jefe | principal inspector | overinspector | chief superintendent.
inspector jefe adjunto de cascos | deputy chief ship surveyor.
inspector jefe adjunto de maquinaria | deputy chief engineer surveyor.
inspector jefe de máquinas | engineer surveyor-in-chief.
inspector no exclusivo | nonexclusive surveyor.
inspector para estimar las precipitaciones de nieve en una región | snow surveyor.
inspector permanente (en un taller) | floor inspector.
inspector principal | chief inspector | principal overseer | Principal Surveyor.
inspector principal de casco | chief ship surveyor.
inspector que hace el estado de dimensiones de una obra | quantity surveyor.
inspector residente | resident surveyor.
inspector residente a pie de obra | site surveyor.
inspector responsable | inspector-in-charge.
inspector senior | senior surveyor.
inspector técnico de proceso de datos | customer engineer.
inspectorado de buques mercantes | inspectorate of merchant vessels.
inspectores de la fábrica | firm's inspectors.
inspectoría | comptrollership | surveyorship.
inspectorial | supervisorial.
inspectoscopio (ampliador óptico para verificación) | inspectoscope.
inspectroscopio | inspectroscope.
inspiración | breathing.
inspiración (de aire, etc.) | inspiration.
inspirado (aire) | indrawn.
inspirador | mover.
inspirar (aire) | inspire (to).
inspisación | inspissation.
instalación | installation | setting | setup | setting up | assembly | mounting | layout | erecting | plant | shop | unit | system | equipment | equipping | erection.
instalación (agua, luz, etc.) | laying-on.

instalación (de alumbrado, etc.) | plant.
instalación (de una batería) | planting.
instalación (electricidad) | wiring.
instalación (para laminar, galvanizar, etc.) | line.
instalación (para quemar petróleo, etc.) | rig.
instalación (para un fin determinado) | facility.
instalación (telecomunicación) | construction assembly.
instalación a barbeta (cañones) | barbette carriage.
instalación a bordo de satélites | satellite-borne facilities.
instalación a prueba de explosivos | explosive safe facilities.
instalación aérea | overhead equipment.
instalación almacenadora de carbón | coal pocket.
instalación amortizada (industrias) | life-expired plant.
instalación automática de extinción por aspersor (incendios) | sprinkler.
instalación catalítica de desulfuración | catalytic sulfur-removal plant.
instalación cerca del piso | close-to-floor installation.
instalación cercana a la obra | jobsite plant.
instalación completa | integrated plant.
instalación con transportadores mecánicos | conveyorized plant.
instalación continua de estañado de chapas | tinning line.
instalación continua para cortar a medida (fabricación hojalata) | cut up line.
instalación continua para cortar chapas | sheet-shearing line.
instalación continua para empaquetar en cajas de cartón | cartoning line.
instalación continua para limpieza | cleaning line.
instalación contraincendios de anhídrido carbónico | carbon dioxide extinguishing plant.
instalación contraincendios de espuma | foam-extinguisher plant.
instalación de abastecimiento de agua | waterworks.
instalación de ablandamiento de aguas con permutita | permutit base exchange softening plant.
instalación de abonado con extensiones (telefonía) | subscriber's installation with extension stations.
instalación de abonado con supletorio (telefonía) | extension plan.
instalación de absorción (petróleo) | absorption plant.
instalación de aglomeración por vitrificación (minerales) | sintering plant.
instalación de agua dulce a presión | fresh-water pressure plant.
instalación de aire comprimido | compressed-air plant | pneumatic plant.
instalación de altavoces | loudhailing installation.
instalación de alumbrado para televisión | television lighting installation.
instalación de amasado (hormigón) | batching plant.
instalación de beneficio de carbones | coal-dressing plant.
instalación de bombas | pumping plant.
instalación de bombeo de alta presión y gran caudal | large-capacity high-pressure pumping plant.
instalación de bombeo neumática | air pumping plant.
instalación de bombeo por balancín (pozos)b | beam pumping unit.
instalación de cable subterráneo en tuberías | pipe-type cable installation.
instalación de caldeo doble | duplex firing plant.
instalación de calderas para combustible pulverizado | pulverized-fuel boiler plant.
instalación de cañerías | plumbing.
instalación de carga | loader.
instalación de carga neumática | pneumatic intake plant.
instalación de célula solar (convierte la radiación solar en energía eléctrica cuando el satélite está iluminado por el sol) | solar-cell plant.
instalación de clasificación | grading plant.
instalación de climatización accionada por el motor propulsor (buques) | main-engine-driven air-conditioning plant.
instalación de cloración (aguas) | chlorinating set.
instalación de concentración | concentrates-plant | concentrating mill.
instalación de concentración (minerales) | dressing plant | concentration plant.
instalación de condensación con torre enfriada con corriente de aire | dry cooling-tower condensing plant.
instalación de congelación de agua enfriada con aire | aircooled water chilling plant.
instalación de congelación rápida | rapid-freezing plant.
instalación de contacto con arcilla (petróleo) | clay contacting plant.
instalación de corriente continua | D. C. plant.
instalación de criba y de sinterización de minerales | ore screening and sinter plant.
instalación de cubas electrolíticas | electrolytic potline.
instalación de chorro de granalla sin aire | airless shot-blast plant.
instalación de decapado continuo de banda | continuous-strip pickling line.
instalación de depuración | purification plant | purifying plant.
instalación de depuración de aguas cloacales | sewageworks.
instalación de desalinación del agua de mar | desalination plant.
instalación de desalinación por destilación | distillation-type desalination plant.
instalación de desengrasar por álcalis | alkali degreasing plant.
instalación de despolvorear | dust-removal plant.
instalación de destilación de amoníaco | ammonia distillation plant.
instalación de destilación primaria (petróleo) | skimming plant.
instalación de destilar agua de mar para el relleno de calderas (buques) | makeup sea water distillation plant.
instalación de dirección de tiro | gunnery control installation.
instalación de distribución de hormigón por gravedad | concrete chuting plant.
instalación de dragado (dragas) | digging plant.
instalación de electropulido | electropolishing plant.
instalación de enclavamiento | interlocking plant.
instalación de energía solar | solar power plant.
instalación de ensacado | bagging plant.
instalación de ensayos | pilot plant.
instalación de ensayos de ondas de choque | impulse testing equipment.
instalación de expansión directa regulada automáticamente | direct-expansion automatically controlled plant .
instalación de extracción (minas) | set.
instalación de eyectores de aguas sucias (buques) | sewage ejector plant.
instalación de fermentación | fermenting plant.
instalación de flotación (minería) | flotation plant.
instalación de fortuna | rig-up.
instalación de frenos de dos circuitos | dual-circuit braking system.
instalación de fuerza | powerplant.
instalación de galvanización | plating plant.
instalación de galvanizado en caliente de alambre | hot-dip wire galvanizing installation.
instalación de galvanoplastia | plating plant.
instalación de galvanoplastia completamente automática | fully automatic electroplating plant.
instalación de grupos generadores estrechamente acoplados | close-coupled generator installation.
instalación de hilado con condensador del algodón | cotton condenser spinning plant.
instalación de hilos desnudos | open wiring.
instalación de hormigonado | concreting plant.
instalación de hornos de cok | coke oven plant.
instalación de irradiación | radiation facility.
instalación de laminación en caliente | hot-rolling mill plant.
instalación de laminación en caliente (acerías) | hot-rolling line.
instalación de las tuberías de gas (edificios) | carcassing.
instalación de lavar gases | gas washing plant.
instalación de limpieza electrolítica | electrolytic cleaning line.
instalación de lixiviación | lixiviation plant.
instalación de lixiviación de oro | gold leaching plant.
instalación de lixiviación de uranio | uranium leaching plant.
instalación de luz y fuerza | lighting and power plant.
instalación de machaqueo | crushing plant.
instalación de maquinaria de una sola caldera y con sobrecalentamiento del vapor entre expansiones (turbinas) | single boiler reheat machinery installation.
instalación de medición del transistor | transistor fixture.
instalación de motor y compresor combinados | combining engine-compressor set.
instalación de obtención de plutonio | plutonium fabrication utility.
instalación de pasteurización | pasteurizing plant.
instalación de pirólisis a presión | cracker.
instalación de precipitación de polvos | dust-precipitating plant.
instalación de prefusión | premelting unit.
instalación de preparación | preparation plant.
instalación de preparación mecánica (minerales) | dressing plant.
instalación de preparación y manejo de arenas (funderías) | sand-handling and preparing plant.
instalación de propulsión marina de recalentamiento del vapor de agua | marine reheat propulsion plant.
instalación de prueba | pilot installation | pilot plant.
instalación de pruebas | test facility.
instalación de pruebas (para motores, para estructuras, etc.) | rig.
instalación de pruebas sistemáticas | routiner.
instalación de radar en un puerto | port radar installation.
instalación de radar para exhibir el terreno circundante | radar display unit.
instalación de radiofaros | radiobeaconing.
instalación de radioteléfono (trenes) | railphone.
instalación de recuperación | recovery plant.
instalación de recuperación (de subproductos) | reclamation installation.
instalación de recuperación del calor residual | waste heat recovery plant.
instalación de reducción del aluminio | aluminum reduction plant.
instalación de reescuadreo para chapas laminadas en caliente | resquaring line for hot rolled sheets.
instalación de refinado de cobre en convertidores | copper converting plant.
instalación de refrigeración de combustible | fuel cooling installation.
instalación de regeneración | reprocessing

plant.
instalación de relés | relaying | relaying.
instalación de reparación | reconditioning plant.
instalación de servicios múltiples | multi-service facility.
instalación de sinterizar nódulos | pellet sintering plant.
instalación de socorro | standby plant.
instalación de soldar con arco en gas inerte | inert-gas arc welding plant.
instalación de sondeos | boreholing plant | boring plant.
instalación de supervivencia | environmental control system.
instalación de tambor para cromar | chromium plating barrel plant.
instalación de tarado de manómetros | manometer-testing plant.
instalación de tipo de una sola turbina de vapor y una sola caldera | one-boiler one-turbine type installation.
instalación de tolvas clasificadoras (machaqueo piedras) | batching plant.
instalación de torre y canaleta distribuidora (hormigón) | spouting plant.
instalación de tratamiento de agua | water plant | water treatment works.
instalación de tratamiento de aguas residuales | wastewater treatment works.
instalación de trituración | crushing plant.
instalación de tubería | pipelaying.
instalación de turbina de gas accionada por gasificadores de pistón libre | gasifier-turbine plant.
instalación de vacuoaspiración | pneumatic-suction plant.
instalación de ventilación deshidratante | dehydrating ventilating installation.
instalación de vertido por canaletas (hormigón) | chuting plant.
instalación definitiva (de luz) | permanent wiring.
instalación del montaje y comprobación de misiles | missile asembly checkout facility.
instalación desasfaltadora (petróleo) | deasphalting unit.
instalación desengrasadora de tricloroetileno | trichlorethylene degreasing plant.
instalación desparafinadora | dewaxing plant.
instalación destiladora caldeada por vapor de baja presión | low-pressure steam-heated distilling plant.
instalación destiladora de cuádruple efecto | quadruple effect distilling plant.
instalación detectahumos y de contraincendios | smoke-detecting and fire-extinguishing installation.
instalación distribuidora | distributing plant.
instalación dosificadora | batcher plant.
instalación eléctrica | electric plant.
instalación eléctrica al descubierto (edificios) | surface wiring.
instalación eléctrica de casas | residential wiring.
instalación eléctrica del automóvil | automobile wiring.
instalación eléctrica empotrada (edificios) | buried wiring.
instalación eléctrica en buques | ships' wiring.
instalación eléctrica enterrada (dentro de las paredes) | roughing in.
instalación eléctrica interior tomada como antena | mains antenna.
instalación electrógena | electricity-generating plant.
instalación electrogeneradora accionada por vapor de agua | steam-power electricity generating plant.
instalación electrostática de despolvorear | electrostatic dust-removal plant.
instalación elevadora por aire comprimido | pneumatic elevating plant.
instalación en edificios aislados (talleres) | cut up arrangement.
instalación ergógena portátil | portable power.
instalación evaporadora | evaporating plant.
instalación experimental | laboratory-scale plant | test rig | pilot plant.
instalación extractora de polvos de conductos de humos | flue-dust removal plant.
instalación extractora de polvos de descarga de agua | water-sluicing-type dust-removal plant.
instalación fija (electricidad) | fixed wiring.
instalación frigorífica | refrigerating plant | cooling-plant.
instalación generadora de gran potencia | high output power plant.
instalación generadora de vapor alimentada con combustible nuclear | nuclear fueled steam plant | nuclear-fired steam plant.
instalación generadora eólica | wind-type generating plant.
instalación generatriz | generating plant.
instalación hidráulica (aviones) | hydraulic system.
instalación hidroeléctrica con acumulación de agua bombeada | pumped storage hydro plant.
instalación hidroeléctrica de acumulación por bombeo | pumped storage hydroelectric plant.
instalación hidroeléctrica de salto grande | high-head hydroplant.
instalación lavadora de gases de combustión | flue-gas washing plant.
instalación ligera y compacta | light compact set.
instalación mecánica de filtración | mechanical filtering plant.
instalación medidora | batcher plant.
instalación mezcladora de arenas | sand mixing plant.
instalación mixta | mixed environment.
instalación motriz | powerplant.
instalación móvil | loose plant | portable plant.
instalación móvil para clasificar gravas para carreteras | mobile road metal plant.
instalación neumática (aviones) | pneumatic system.
instalación neumática para lavado de carbones | pneumatic coal-cleaning plant.
instalación neumática para transporte de cenizas | pneumatic ash-conveying plant.
instalación nuclear de ciclo directo | single-cycle reactor system.
instalación nuclear naval | marine nuclear plant.
instalación nuclear principal | principal nuclear facility.
instalación o laboratorio donde se efectuan experimentos críticos | critical facility.
instalación oculta (cablería oculta - electricidad) | concealed wiring.
instalación para acabado de metales | metal-finishing plant.
instalación para almacenar carbones | coal stocking plant.
instalación para arrancar turba | peat-winning plant.
instalación para aspiración de polvos | dust exhaust system.
instalación para bombear fangos | silt pumping plant.
instalación para briquetear ovoides de carbón | ovoid briquetting plant.
instalación para carga de carbones | coal loading plant.
instalación para carga de minerales | ore loading plant.
instalación para cargar acumuladores | accumulator charging set.
instalación para cargar con carbón los ténderes de locomotoras | locomotive coaling plant.
instalación para cascar huevos frescos | egg-breaking plant.
instalación para clasificar huevos | egg-grading plant.
instalación para clasificar minerales | ore grading plant.
instalación para concentración de zumos | juice concentration plant.
instalación para concentrar minerales | concentrator.
instalación para congelar carne | meat-freezing plant.
instalación para cortar la longitud deseada (fabricación continua de bandas metálicas) | cut-to-length line.
instalación para cortar tiras de chapas | slitting line.
instalación para cracking catalítico | cat cracker.
instalación para cribar gravas | gravel screening plant.
instalación para chapa negra (acerías) | hot-rolling line.
instalación para decapar | pickling plant.
instalación para desarenar | desanding plant.
instalación para descargar vagones de cereales | grain-car unloading installation.
instalación para desgangar | dressing plant.
instalación para deshidratar patatas | potato dehydration plant.
instalación para distribuir el aire de ventilación (minas) | coursing.
instalación para distribuir hormigón por gravedad | placing plant.
instalación para el beneficio de mineral de hierro | iron ore beneficiation plant | iron ore bonification plant.
instalación para el deshielo de vagones de carbón | coal car thawing installation.
instalación para el manejo de áridos (hormigón) | aggregate handling plant.
instalación para el preempaquetado | prepacking plant.
instalación para elaboración de explosivos | explosives processing plant.
instalación para elaboración de menas de plomo | lead-ore processing plant.
instalación para embotellación | bottling plant.
instalación para emplear hormigón amasado durante el transporte (desde una central distribuidora) | transit-mixed concrete plant.
instalación para encabezar pernos no maquinados | black-bolt heading plant.
instalación para enfriar coque | coke-cooling plant.
instalación para ensacar | bagging plant.
instalación para envasado de carnes | meat-packaging equipment.
instalación para estabilización de crudos | crude stabilization plant.
instalación para estañar | tinning unit.
instalación para etiquetar | labeling line.
instalación para evacuación de cenizas | cinder-disposal plant.
instalación para extracción de humos | fume exhaust plant.
instalación para extracción por disolventes | solvent extraction plant.
instalación para extraer aceite de algodón | cotton oiling plant.
instalación para extraer aceite de hígados (pesca) | liver extraction plant.
instalación para extraer agua por aire comprimido | airlift pump.
instalación para extraer ciertos productos indeseables de los combustibles para aviones de chorro y de gasolinas (refinería petrolera) | copper sweetening unit.
instalación para extraer el azufre del gasoil y dieseloil (refinerías petroleras) | hydrofiner.
instalación para extraer humos | fume extraction plant.
instalación para extraer polvos | dust-extracting plant.
instalación para fabricación continua de proyectiles | shell line.
instalación para fabricación de pilotes |

pile-making plant.
instalación para fabricar alambres rectangulares | wire flattening mill.
instalación para fabricar bidones | drum-making plant.
instalación para fabricar postes | pole-making plant.
instalación para hacer croquetas de pescado | fish-ball plant.
instalación para hervir hígados de pescados (buques) | liver boiling plant.
instalación para impeler productos de dragados | reclamation pumping plant.
instalación para impregnar a presión (maderas, etc.) | pressure impregnating plant.
instalación para incinerar basuras | refuse-incineration plant.
instalación para inspección - recorrida o entretenimiento (aviones) | dock.
instalación para irradiación de patatas | potato irradiation plant.
instalación para la circulación de vagonetas de minas | mine-car circulating plant.
instalación para la conversión de la energía nuclear | nuclear-power-conversion plant.
instalación para la desintegración catalítica (petróleo denso) | cracker.
instalación para la extrusión vertical (vaína de cable eléctrico) | vertical extrusion plant.
instalación para laminar bandas en caliente | hot strip mill plant.
instalación para laminar en frío | cold-rolling plant.
instalación para laminar fleje o banda en frío | cold-strip mill plant.
instalación para lavado de arenas auríferas | gold washings.
instalación para lavado de minerales | ore washing plant.
instalación para lavar a presión y cepillar (limpieza coches de ferrocarril) | solutioning plant.
instalación para lavar carbón | coal-cleaning plant.
instalación para limpiar cereales | grain-cleaning works | grain-cleaning plant.
instalación para limpieza de humos | fume-cleaning plant.
instalación para limpieza de semillas | seed-cleaning plant.
instalación para limpieza en seco | dry-cleaning plant.
instalación para manejo de cemento a granel | cement-handling plant.
instalación para manipulación de carbones | coal-handling plant.
instalación para manipular cemento a granel | bulk cement handling plant.
instalación para mezclar arenas de machos (moldería) | core-sand mixing plant.
instalación para mezclar hormigón | concrete-mixing plant.
instalación para nodulizar (siderurgia) | pelletizing plant.
instalación para obtención del hormigón | concrete plant.
instalación para obtener hielo | ice plant.
instalación para perforar pozos petroleros | oil-boring plant.
instalación para preparación de áridos | aggregate preparation plant.
instalación para preparación del carbón | coal-preparation plant.
instalación para producir gas rico | retort bench.
instalación para producir harina de pescado | fish meal plant.
instalación para producir hielo en bloques | block-ice plant.
instalación para pruebas con sobrevoltajes (cables eléctricos) | impulse-testing plant.
instalación para pruebas de cables | cable testing outfit.
instalación para pruebas de irradiación | irradiation test facility.
instalación para recocer hojalata | tinplate annealing line.
instalación para recoger partículas arrastradas por el humo (chimenea) | grit-arresting plant.
instalación para recogida de partículas | grit-collecting plant.
instalación para refinar cereales | corn-refinery plant.
instalación para refino de benzol | benzol refinery plant.
instalación para rellenar latas de conservas | can-filling line.
instalación para remover escombros | muck-shifting plant.
instalación para romper las borras de algodón | cotton waste-breaking plant.
instalación para secar carbón | coal-drying plant.
instalación para secar el aire | dry air plant.
instalación para separación de isótopos (nuclear) | separation plant.
instalación para separación de isótopos radioactivos | isotope separation plant.
instalación para trabajos diversos (no en serie) | jobbing plant.
instalación para transporte de carbón | coal-conveying plant.
instalación para transporte de cenizas | ash conveying plant.
instalación para tratamiento con disolventes | solvent-treating plant.
instalación para tratamiento con plumbito sódico (petróleos) | doctor-treatment plant.
instalación para tratamiento de desechos (preparación minerales) | tail house.
instalación para tratamiento de minerales | ore-treatment plant.
instalación para tratamiento de polvos | dust-conditioning plant.
instalación para tratamiento del efluente | effluent-treatment plant.
instalación para tratamientos de basuras | refuse-disposal plant.
instalación para tratar con fundentes (estañado) | fluxing plant.
instalación para tratar menas de plomo | bingstead.
instalación para vaciar los depósitos (aviones) | defueling facilities.
instalación para zarandear carbón | coal sifting plant.
instalación permanente en el fondo del mar | bathysystem.
instalación portátil de plano inclinado (minas) | go-devil.
instalación pra congelación rápida | quick freezing plant.
instalación productora de energía eléctrica | generating plant.
instalación propulsora por polimotores diesel | multidiesel-engined propelling installation.
instalación provisional | makeshift.
instalación provista de zonas afirmadas | hardstanding.
instalación que emplea aire comprimido | air-using plant | compressed air using plant.
instalación química para rociar con politeno | polythene-sprayed chemical plant.
instalación recogedora de aguas sucias con eyección submarina (buques) | underwater sewage disposal plant.
instalación recuperadora de ácido | acid restoring plant.
instalación reprográfica en oficinas | in-office reprographic center.
instalación reprográfica en talleres | in-plant reprographic center.
instalación sanitaria | plumbing.
instalación sanitaria enterrada (tubos dentro de paredes y pisos | roughing.
instalación semipermanente | semistatic installation.
instalación separadora de polvos | dust-removing plant.
instalación telegráfica | telegraph set.
instalación termorrecuperadora | heat-exchanging plant | heat-recovery plant.
instalación terrestre de desalinación | land-based desalination plant.
instalación totalmente insonorizada para pruebas de motores de chorro | fully-sound proofed jet engine test plant.
instalación transónica nacional | national transonic facility.
instalación transportable de energía nuclear | mobile nuclear power plant.
instalación uranoeléctrica | uranoelectric plant.
instalación vapogeneradora | steam-raising plant.
instalación visible | open wiring.
instalaciones | facilities.
instalaciones (buques) | equipping.
instalaciones anticongelantes de caucho para aviones | rubber defrosting equipment for aeroplanes.
instalaciones complementarias de la central | balance of plant.
instalaciones de calefacción con agua caliente | HTW installations.
instalaciones de seguridad | safety installations.
instalaciones de silos para cereales | granary facilities.
instalaciones de tratamiento de aguas negras | sewerage utilities.
instalaciones educativas y comerciales | educational and commercial facilities.
instalaciones exteriores | offsites.
instalaciones fijas | permanent fixtures.
instalaciones para el paso de peces (presas) | fish handling facilities.
instalaciones para estufar madera | steaming plants.
instalaciones para reparar buques de todos los tipos | facilities for dealing with repairs to vessels of all types.
instalaciones para secar madera | wood drying.
instalaciones portuarias | port facilities.
instalaciones sanitarias | plumbing system.
instalaciones sanitarias (edificios) | plumbing.
instalaciones y bienes de equipo | plan and equipment.
instalaciones y servicios aeroportuarios | airport facilities.
instalaciones y servicios de hangar | hangar facilities.
instalaciones y servicios de navegación aérea | air navigation facilities.
instalaciones y servicios de radio | radio facilities.
instalado | erected.
instalado en el cohete | rocket-borne.
instalado en obra | field-installed.
instalado en tierra | land-based.
instalado en un avión | airborne.
instalado en un globo libre | free-balloon-borne.
instalado en un remolque | trailer-housed.
instalado en un satélite artificial | satellite-borne.
instalado en una aeronave | aircraft mounted.
instalado sobre cojinetes | cushioned.
instalador | fitter.
instalador (electricidad) | wireman.
instalador autorizado (electricidad) | licensed wirer.
instalador de cables | rigger.
instalador de carriles | tracklayer.
instalador de gas | gas fitter.
instalador de líneas (electricidad) | lineman.
instalador de timbres | bell setter.
instalador de tuberías | pipelayer.
instalar | fix (to) | provide (to) | install (to) | plant (to) | mount (to) | set (to) | set up (to) | set up (to) | site (to) | erect (to) | equip (to).

instalar (agua, luz, etc.) | lay on (to).
instalar (aparatos) | rig up (to).
instalar (máquinas) | rig (to).
instalar (tuberías, etc.) | lay (to).
instalar cañerías | plumb (to).
instalar conductores eléctricos (tender cables eléctricos en aparatos, instalaciones, etc.) | wire (to).
instalar en un cargo | invest (to).
instalar las calderas | boiler (to).
instalar las roldanas (teleférico forestal) | rig (to).
instalar máquinas herramientas | tool (to).
instalar piquetes de huelga para impedir la entrada en una fábrica | picket a factory (to).
instalar tuberías | pipe (to).
instalar un accesorio como cosa permanente (equipos) | build in (to).
instalar un sistema de aspersión automática | sprinkler (to).
instalar una torre de perforación | erect a derrick (to).
instalarse en una posición ventajosa | effect a lodgement (to).
instancia | plea | aplication form.
instancia (documento) | memorial.
instancia de anulación | abater.
instancia de nulidad | abater | plea in abatement.
instancia por duplicado | application in duplicate.
instantánea (fotografía) | instantaneous exposure | snap | snapshot | snap shot.
instantánea (informática) | snapshot.
instantaneidad | immediacy | instantaneity.
instantáneo | momentary.
instantáneo (ráfagas viento) | sharp-edged.
instante | moment | minute.
instante de entrada | entry time.
instante de explosión | shot break.
instante de tiempo | moment of time.
instante en que un avión está flotando en el aire | liftoff.
instar | invite (to) | plead (to).
instigador | accessory before the fact | abettor | promoter | promotor.
instigador principal | chief instigator.
instigar | abet (to).
instilación | instillation.
instilar | instil (to).
instinto (zoología) | lapsed intelligence.
instinto de conservación | instinct of self-preservation.
institor (jurisprudencia) | institor.
institución | institution | establishment.
institución correccional | correctional institution.
institución cuasiestatal | quasigovernment institution.
institución de crédito | lending institution.
institución de educación musical | music education institution.
institución de formación profesional | training institution.
institución de un fideicomiso | trusteeship.
institución financiera de desarrollo | development financial institution.
institución financiera y fiduciaria | investment banking and trust co.
institución para el cuidado de niños | child-caring institution.
Institución para la Investigación de la Energía Atómica | Atomic Energy Research Establishment.
institución que confiere grados | degree-granting institution.
institución sin fines de beneficios | nonprofit institution.
institucionalismo | institutionalism.
institucionalizar | institutionalize (to).
instituir | found (to) | establish (to) | set up (to).
instituir (leyes, etc.) | lay down (to).
instituto | institution.
instituto agronómico | agricultural institute.
Instituto Americano | American Institute.
instituto de aseguradores | institute of underwriters.
instituto de ciencias de la educación | institute of education.
instituto de fabricantes de envases de vidrio | glass container manufacturers institute.
instituto de genética forestal | institute of forest genetics.
Instituto de la Vivienda | Housing Institute.
Instituto de Normas de los Estados Unidos de América | United States of America Standards Institute.
instituto de segunda enseñanza | high school.
Instituto de Tecnología de California | California Institute of Technology.
instituto demoscópico | demoscopic institute.
instituto federal de la vivienda (EE.UU.) | housing federal institute.
instituto fisicotécnico | physicotechnical institute.
instituto forestal | forestry institute.
instituto nacional de la salud mental | national institute of mental health.
Instituto Norteamericano de la Opinión Pública | American Institue of Public Opinion.
instrón (textil) | instron.
instrucción | drill | lesson | instruction | statement | training | education | lecture.
instrucción (de un sumario) | preliminary investigation.
instrucción (de una causa) | examination.
instrucción (milicia) | drill.
instrucción a caballo (tropas) | mounted drill.
instrucción a instrucción (calculadora) | one-for-one.
instrucción adaptadora | bootstrap.
instrucción asistida por ordenador | cai.
instrucción clave (programa) | key instruction.
instrucción colectiva | collective training | unit training.
instrucción de bifurcación | jump instruction.
instrucción de compañía (milicia) | company drill.
instrucción de decisión | discrimination instruction.
instrucción de dirección nula | zero-address instruction.
instrucción de dirección triple | three address instruction.
instrucción de extracción | extract instruction.
instrucción de gimnasia | monkey drill.
instrucción de llamada | call instruction.
instrucción de parada | halt instruction.
instrucción de parada opcional | optional stop instruction.
instrucción de puntería | pointing drill | marksmanship training.
instrucción de puntería (fusil) | snapping practice.
instrucción de reenvío | breakpoint instruction.
instrucción de salto | skip instruction.
instrucción de salto (computadora) | jump instruction.
instrucción de salvamento | escape training.
instrucción de tiro | gunnery training | musketry | aiming drill.
instrucción de transformación | information moving instruction.
instrucción de tres direcciones (informática) | three address instruction.
instrucción de una dirección | one-address instruction.
instrucción de unidad (ejércitos) | unit drill.
instrucción de vuelo que comprende maniobras | airwork.
instrucción del piloto | pilot's instruction.
instrucción elemental | basic training.
instrucción en coma flotante | flop.
instrucción en el tajo | on-the-job training.
instrucción en orden abierto | extended order drill.
instrucción en orden cerrado | close-order drill.
instrucción escrita por un programador | hand written instruction.
instrucción falsa | dummy instruction.
instrucción inefectiva | no-op instruction | waste instruction.
instrucción informativa | pilot instruction.
instrucción militar | military training.
instrucción no operativa | no operand.
instrucción pie a tierra | dismounted drill.
instrucción pie a tierra sin armas | instruction dismounted without arms.
instrucción posecundaria | post-secondary instruction.
instrucción preliminar | bootstrap.
instrucción premilitar | preparatory training.
instrucción prevuelo | preflight training.
instrucción programada | programmed instruction.
instrucción pública | education.
instrucción que origina la parada de la máquina (calculadora electrónica) | break point instruction.
instrucción real | actual instruction.
instrucción reconocida | approved training.
instrucción simulada | instructional constant.
instrucción sin armas | schooling without arms.
instrucción sin dirección | zero-address instruction.
instrucción técnica | engineering education | technical training.
instrucciones | directions | directives.
instrucciones adicionales | further instructions.
instrucciones anticipadas a una misión asignada (aviación) | prebriefing.
instrucciones breves antes del vuelo | flight briefing.
instrucciones codificadas | coded instructions.
instrucciones contradictorias | conflicting instructions.
instrucciones dadas con bastante anticipación antes de empezar la misión asignada (aviación) | prebriefing.
instrucciones dadas rápidamente | briefing.
instrucciones de envío | forwarding instructions.
instrucciones de funcionamiento (máquinas) | running instructions.
instrucciones de funciones automaticas y borrado (computador) | reset and auto-instructions.
instrucciones de manejo | operating instructions.
instrucciones de marcado | marking requirements.
instrucciones de regulación sobre cinta magnetofónica (automatismo) | magnetic tape controlling instructions.
instrucciones de servicio | instructions for use | service instructions.
instrucciones del fabricante | maker's instructions.
instrucciones digitales | digital instructions.
instrucciones fáciles de seguir | easy-to-follow instructions.
instrucciones generales (directivas) | general directions.
instrucciones introducidas a mano | manually inserted instructions.
instrucciones para clasificar (documentos) | filing instructions.
instrucciones para el atraque a muelle | docking instructions.
instrucciones para el montaje | assembly instructions | erection instructions | installation instructions.
instrucciones para la instalación | installation instructions.
instrucciones para la navegación | sailing orders.
instrucciones para su uso | instructions for use.
instrucciones precisas | to-the-point instructions.
instructor | instructor | monitor | teacher | trainer.
instructor (jurisprudencia) | examining.

instructor (milicia) | drillmaster.
instructor de tiro de fusil | instructor of musketry.
instructor telefónico | teletrainer.
instructores | cadremen.
instruido | trained.
instruido en la fábrica | factory-trained.
instruir | teach (to) | acquaint (to) | train (to).
instruir (abogacía) | draw up (to).
instruir (sumarios) | draw up (to).
instruir (una causa) | examine (to).
instruir reclutas | drill (to).
instrumentación aviatoria | aviation instrumentation.
instrumentación biomédica | biomedical instrumentation.
instrumentación de cámaras de máquinas (buques) | engineroom instrumentation.
instrumentación de la casa de calderas | boilerhouse instrumentation.
instrumentación de pruebas de vuelo | flight test instrumentation.
instrumentación de registro y control | recording-controlling instrumentation.
instrumentación del reactor | reactor instrumentation.
instrumentación del sistema de control | control system instrumentation.
instrumentación diagnóstica | diagnostic instrumentation.
instrumentación electrónica | electronic instrumentation.
instrumentación fotográfica | photographic instrumentation.
instrumentación incorporada al núcleo | incore instrumentation.
instrumentación industrial | industrial instrumentation.
instrumentación intranuclear | in-core fuel management.
instrumentación nuclear | nuclear instrumentation.
instrumentación nucleónica | nucleonic instrumentation.
instrumentación para hornos | furnace instrumentation.
instrumentación para instalaciones de calderas | boiler plant instrumentation.
instrumentación para investigación del espacio interestelar lejano | deep space instrumentation facility.
instrumentación para medir el flujo neutrónico | neutron flux instrumentation.
instrumentación para medir irradiaciones | radiation instrumentation.
instrumentación para micromensuración | micromeasurement instrumentation.
instrumentación radiológica | radiological instrumentation.
instrumentación sanitaria | health instrumentation.
instrumentado para observaciones meteorológicas | meteorologically instrumented.
instrumental | instrumental.
instrumental (cirugía) | kit of instrument.
instrumental termotécnico | thermotechnical instrumentation.
instrumentalización de la traducción | translation instrumentalization.
instrumentar | instrument (to) | instrumentalize (to).
instrumentar (música) | score (to).
instrumentista | instrument maker.
instrumentista (medicina) | scrub nurse.
instrumentista (música) | player.
instrumento | implement | tool | indenture.
instrumento (de cambio, etcétera) | medium.
instrumento absoluto | absolute instrument.
instrumento acanalado para guiar un bisturí (medicina) | director.
instrumento autocalibrador | self-measuring instrument.
instrumento calorimétrico | heat-measuring instrument.
instrumento cardaneado | gimballed instrument.
instrumento con cuadrante lateral | double-faced instrument.
instrumento con el cero en el centro de la escala | center-zero instrument.
instrumento con escala logarítmica | logarithmic scale instrument.
instrumento con horizonte artificial | baseball.
instrumento con un polo del imán rodeado por un anillo de cobre | shielded-pole instrument.
instrumento con varias escalas | multiscale instrument.
instrumento construido uno a uno | individually manufactured instrument.
instrumento cortante de cuatro aristas | quarrel.
instrumento de calibración | calibration instrument.
instrumento de cero suprimido | suppresser zero instrument.
instrumento de crédito | instrument of credit.
instrumento de crédito (letra o pagaré negociable) | paper.
instrumento de cuadrante | dialled instrument.
instrumento de cuadro móvil de imán permanente | permanent-magnet moving-coil instrument.
instrumento de desviación electrostática | electrostatically-deflected instrument.
instrumento de disección para aislar vasos y nervios (medicina) | tracer.
instrumento de dos escalas | two range instrument.
instrumento de empastar (odontología) | plugger.
instrumento de escala circular | circular scale instrument.
instrumento de gran precisión | high-grade instrument.
instrumento de gran precisión calibrado con un patrón internacional | substandard instrument.
instrumento de hierro móvil | iron-vane instrument.
instrumento de inducción para corriente alterna | alternating-current induction instrument.
instrumento de lectura directa | direct reading instrument.
instrumento de lectura rápida | instant-reading instrument.
instrumento de madera para ejercer una compresión (veterinario) | clam.
instrumento de manecillas cruzadas (en el cuadrante indicador) | cross pointer instrument.
instrumento de medida de gancho abrazador sobre el cable (electricidad) | hook-on instrument.
instrumento de medida de lectura directa | pointer instrument.
instrumento de medida para lectura directa de resistencias pequeñas (electricidad) | ducter.
instrumento de medida para mecánicos | engineers' measuring instruments.
instrumento de medida por contacto | end measuring instrument.
instrumento de medida registrador | grapher.
instrumento de medida según la ley cuadrática | square-law measuring instrument.
instrumento de medida sin cero inicial en la escala | stepup instrument | setup instrument.
instrumento de metal (música) | copper instrument.
instrumento de pasos por el primer vertical (astronomía) | prime vertical transit.
instrumento de pesca de ecosonda | echo fishing instrument.
instrumento de pilotaje al cero (pilotaje guiado) | zero reader.
instrumento de pluriindicadores | multiple shot instrument.
instrumento de poco espesor | slim instrument.
instrumento de ratificación | instrument of ratification.
instrumento de tono invariable (acústica) | fixed-pitch instrument.
instrumento de vuelo accionado por giroscopio | gyro-operated flight instrument.
instrumento detector de radiactividad en el aire | radioactivity air monitoring instrument.
instrumento dividido circularmente | circularly-divided instrument.
instrumento electrónico para averiguar la densidad de un líquido | electronic liquid density instrument.
instrumento electronoaccionado | electronically-operated instrument.
instrumento en que el cero no figura en la graduación normal | suppressed zero instrument.
instrumento en que la primera graduación es una fracción del máximo de la escala | inferred-zero instrument.
instrumento endoscópico | internal viewing instrument.
instrumento excepcionalmente preciso | exceptionally accurate instrument.
instrumento fácil de usar | easy-to-use instrument.
instrumento indicador | indicating instrument.
instrumento indicador de tipo de inducción con un polo del electroimán rodeado de un anillo de cobre | shaded-pole instrument.
instrumento indicador de voltaje de números discretos | discrete-digit voltage-indicating device.
instrumento indicador del valor medio de una cantidad variable | average responding instrument.
instrumento inscriptor | recorder.
instrumento inspector | inspecting instrument.
instrumento introducido en la uretra como guía para cortar (medicina) | staff.
instrumento medidor de gama amplia | multirange measuring instrument.
instrumento medidor de la redondez | roundness-measuring instrument.
instrumento medidor de radiaciones gamma | gamma-radiation survey instrument.
instrumento medidor eléctrico para corriente continua y alterna de gama amplia | multirange A. C./D. C. electrical measuring instrument.
instrumento microquirúrgico | microchirurgical instrument.
instrumento minuciosamente proyectado | carefully-thought-out instrument.
instrumento multirregistrador | multirecord instrument.
instrumento musical con trastes | fretted musical instrument.
instrumento musical electrónico | electronic musical instrument.
instrumento navegacional | navigation instrument | navegational instrument.
instrumento negociable por endoso del portador | bill to order.
instrumento negociable que es endosado por el portador | order paper.
instrumento óptico de medida | optical measuring instrument.
instrumento óptico médico | medical optical instrument.
instrumento óptico militar | military optical instrument.
instrumento óptico para talleres | workshop optical instrument.
instrumento óptico-electrónico | optical-electronic instrument.
instrumento para acodar plantas | layering instrument.
instrumento para administrar medicinas a caballos | balling gun.
instrumento para averiguar la solidez a la luz (colores) | fadometer.

instrumento para comprobar el paso (hélices) | pitch-checking instrument.
instrumento para cortar secciones delgadas (microscopio) | section cutter.
instrumento para determinar la falta de simetría en una red trifásica | asymmeter.
instrumento para determinar la velocidad del viento | airmeter.
instrumento para el registro automático de la contracción y pérdida en peso de la arcilla | barelattograph.
instrumento para estudiar in vitro los agregados de plaquetas sanguíneas | aggregometer.
instrumento para indicar que se ha alcanzado el fondo del mar por un dispositivo sacamuestras (oceanografía) | dynamometer.
instrumento para información de la función tiroidiana (medicina) | thyrimeter.
instrumento para marcar | brander.
instrumento para medidas interiores | internal measuring instrument.
instrumento para medir ángulos verticales y horizontales (artillería) | director.
instrumento para medir el volumen del líquido (tanques) | pneumercator.
instrumento para medir la altitud de las nubes | ceilometer.
instrumento para medir la aspereza de una superficie | surface-measuring instrument.
instrumento para medir la guiñada | yawmeter.
instrumento para medir la inclinación sobre la vertical | batter level.
instrumento para medir la velocidad lineal | linear-velocity-measuring instrument.
instrumento para obtener muestras del fondo del mar | bottom sampler.
instrumento para orientar con dos miras | pelorus.
instrumento para pruebas magnetoinductivas | durokawimeter.
instrumento para puntería de bombas (aviación) | bomb-aiming instrument.
instrumento para reconocimiento del personal (contra radiaciones) | personnel-monitoring instrument.
instrumento para registro continuo de polvo y concentraciones de gas y humos (ecología) | dust and fume monitor.
instrumento para sondeo sónico | sonic sounding instrument.
instrumento para tres medidas distintas | three-in-one instrument.
instrumento para varias medidas simultáneas | multiple measuring instrument.
instrumento patrón | standard instrument | reference instrument.
instrumento policontador | multipurpose counting instrument.
instrumento potente | powerful tool.
instrumento publicitario | advertising device.
instrumento puntiagudo | prod.
instrumento que ahorra espacio y tiempo | timesaving space-saving instrument.
instrumento que indica el porcentaje de carga de un generador (electricidad) | loadmeter.
instrumento que indica si se vuela hacia o en contra de una estación omnidireccional | to-from indicator.
instrumento que sobresale un poco del cuadro | semiflush instrument.
instrumento rastreador de señales | signal tracing instrument.
instrumento repetidor | reply instrument.
instrumento sin cero en la escala | suppressed zero instrument.
instrumento sin cero inicial | setup-zero instrument.
instrumento solista (música) | solo instrument.
instrumento tarador | standard instrument.
instrumento teleindicador | remote-indicating instrument.
instrumento térmico electrosensible | electro-responsive thermal instrument.
instrumento trazador | delineator.
instrumentología | instrumentology.
instrumentos autófonos (música) | autophon instruments.
instrumentos colocados en los satélites | payload.
instrumentos de a bordo | airborne instruments | shipborne instruments | board instruments.
instrumentos de control de procesos operatorios | process monitoring instruments.
instrumentos de corredera (música) | slide instruments.
instrumentos de crédito | documents of credit.
instrumentos de cuerdas (música) | stringed instruments.
instrumentos de dibujo | mathematical instruments | drafting instruments | drawing instruments.
instrumentos de dibujo de gran precisión | high-grade drawing instruments.
instrumentos de dosificación de radiactividad | radioactivity assay instruments.
instrumentos de jardinería | gardening tools.
instrumentos de lengüeta (música) | languet instruments.
instrumentos de llaves (música) | key instruments.
instrumentos de madera (música) | wood instruments.
instrumentos de percusión (música) | percussion instruments.
instrumentos de pistones (música) | piston instruments.
instrumentos de pistones o cilindros (música) | piston or cylinder instruments.
instrumentos de soplo (música) | wind instruments.
instrumentos de varas (música) | slide instruments.
instrumentos de viento | wind instruments.
instrumentos de vuelo | flight instruments.
instrumentos giroscópicos | gyro instruments.
instrumentos instalados en el cohete | rocket-borne instruments.
instrumentos musicales de madera (y) plástico y vidrio | windchimes.
instrumentos naturales (música) | natural instruments.
instrumentos náuticos | nautical instruments.
instrumentos negociables | commercial paper.
instrumentos polífonos (música) | polyphon instruments.
instrusión de roca ígnea (geología) | stock.
instrusión interlaminar (petrología) | lit-par-lit injection.
insubordinación | insubordination.
insubordinar | incite to unruliness (to).
insubsanable | irreparable.
insuficiencia | insufficiency | ineptitude | shortcomings | shortcoming | failure.
insuficiencia (del peso, etc.) | shortage.
insuficiencia cardíaca | heart failure | cardiac failure.
insuficiencia de capital circulante por ampliación | overtrading.
insuficiencia de ingresos | shortfall in receipts.
insuficiencia de mano de obra | shorthandedness.
insuficiente | insufficient | short.
insuficientemente equipado | inadequately equipped | light-handed.
insuflación | insufflation | inflation.
insuflación (cerámica) | spraying.
insuflado con oxígeno | oxygen-blasted.
insuflador | nose-sprayer | insufflator.
insuflar | insufflate (to) | blow in (to).
ínsula (anatomía) | island.
insularidad | insularity.
insulina | insulin.
insulso | flat.
insumergibilidad | insubmersibility | unsinkability.
insumergible | insubmersible | unsinkable | nonsinkable.
insumo | input.
insumo-producto | input-output.
insurgencia | insurgency.
insusceptible a la fisuración | nonsusceptible to embrittlement.
insusceptible a los virus | insusceptible to viruses.
intacto | safe | unimpaired.
intalación para transformar el crudo bajo en octano a gasolina alta en octano (refinerías de petróleo) | power-former.
intangibilidad | impalpability.
intarsia (calcetería) | split designs.
integrable sobre un conjunto cerrado y acotado (topología) | integrable on a bounded closed set.
integración | amalgamation.
integración a gran escala | large scale integration (L.S.I.).
integración a gran escala (circuitos) | large-scale integration.
integración a media escala | media scale integration.
integración alrededor de un punto de ramificación | integration around a branch point.
integración analítica | analytical integration.
integración circular de empresas | circular integration.
integración de contorno | contour integration.
integración de empresas de producción y de distribución | forward integration.
integración de escala media | medium scale integration (MSI).
integración de fotomosaicos | photomosaic integration.
integración definida | definite integration.
integración del radar Doppler con los sistemas de navegación hiperbólica Decca | Doppler integrated air navigation system | Dian-Doppler integrated air navigation system.
integración del transporte aéreo y el marítimo | air-sea integration.
integración económica europea | european economic integration.
integración horizontal | horizontal expansion.
integración industrial | integration of industry.
integración mecánica | mechanical integration.
integración no coherente | postdetection integration.
integración por partes | integration by parts.
integración por sustitución | integration by substitution.
integración posterior a la detección | postdetection integration.
integración término a término | termwise integration.
integración vertical | vertical integration.
integración vídeo | video integration.
integrado por partes | integrating by parts.
integrador | integrator.
integrador analógico | analogue integrator.
integrador analógico sin variación | driftless analog integrator.
integrador cartográfico | pictorial computer.
integrador de ruta (aviación) | course computer.
integrador del flujo luminoso | lumen integrator.
integrador fotométrico | photometric integrator.
integrador numérico y calculador | numerical integrator and computer.
integrador registrador | recording ratemeter.
integradora numérica | digital differential analyzer.
intégrafo | integraph.
intégrafo fotoeléctrico | photoelectric integraph.
integral | integral | integral | integrate.
integral algebraica | algebraic integral.
integral asociada | related integral.
integral columbiana | coulombic integral.
integral curvilínea | line integral.

integral de canje | exchange integral.
integral de carácter oscilatorio | oscillating integral.
integral de colisión | collision integral.
integral de contorno | contour integral.
integral de contorno de una función continua por intervalos | contour integral of a sectionally continuous function.
integral de la cantidad de movimiento | impulse.
integral de no ortogonalidad | nonorthogonality integral.
integral de probabilidad | error function.
integral de probabilidad función error | probability integral.
integral de respuesta de la placa | plate response integral.
integral de tres dimensiones | triple-dimensional integral.
integral de una forma de clase 1 | integral of a 1-form.
integral definida ordinaria | ordinary definite integral.
integral del camino | path integral.
integral del recorrido | path integral.
integral efectiva de resonancia | effective resonance integral.
integral elíptica | elliptic integral.
integral elíptica de primera especie | elliptic integral of the first kind.
integral elíptica incompleta | incomplete elliptic integral.
integral hiperelíptica | hyperelliptic integral.
integral impropia | improper integral.
integral impropia divergente | divergent improper integral.
integral indefinida | indefinite integral.
integral iterada | iterated integral.
integral multiple | iterated integral.
integral múltiple de tres dimensiones | triple-dimensional multiple integral.
integral múltiple invariante | invariant multiple integral.
integral normal bivariante | bivariate normal integral.
integral n-uple | n-fold multiple integral.
integral real curvilínea | real line integral.
integral real impropia | improper real integral.
integral simple repetida | singlefold integral.
integral singular | singular integral.
integral sobre una línea | line integral.
integrales curvilíneas | integrals over curves.
integrando | integrand.
integrando (cálculo automático) | integrant.
integrando continuo a intervalos | sectionally continuous integrand.
integrante | built-in.
integrante del atractivo estético | mobiles.
integrar | integrate (to).
integrar industrias | form allied industries into a vertical trust (to).
integrar la ecuación diferencial | solve the differential equation (to).
integrar por partes | integrate by parts (to).
integrar término a término (series) | integrate termwise (to).
integridad | wholeness.
integridad construccional | constructional integrity.
integridad de la superficie | surface integrity.
integridad de los mamparos | integrity of bulkheads.
integridad del buque en la mar | seaworthiness.
integridad del circuito | integrity of circuit.
integridad del forro del túnel (buques) | tunnel plating intactness.
integridad del sistema protector | protective system integrity.
integridad estanca (buques) | watertight integrity.
integridad estructural | structural integrity.
integridad territorial | territorial integrity.
integridad urbanística | urbanistic integrity.
integrímetro | integrometer | integrimeter.
íntegro | integral | entire | with all faults.
integrodiferencial | integrodifferential.
intelectual | intellectual.
intelectual (de la mente) | mental.
inteligencia | intelligence | brightness.
inteligencia artificial (informática) | artificial intelligence.
inteligente | expert | expert.
inteligibilidad de palabras | discrete word intelligibility.
intemperie | weather | weathering | exposure | elements.
intemperismo (geología) | weathering.
intemperismo esferoidal | concentric weathering.
intemperización | weathering.
intemperización (rocas) | weatherability.
intempestividad | inopportuness | untimeliness | unseasonableness.
intempestivo | ill-timed.
intemporizado | weathered.
intención delictuosa | malicious intent.
intención dolosa | criminal intent | malicious intent.
intencionalidad política | political intentionality.
intencionalmente | on purpose.
Intendencia de la Armada | Navy Commissariat.
intendencia militar | commissariat.
intendente | quartermaster | quatermaster.
intendente general del ejército | quartermaster-general | Commissary General.
intensamente corroído | intensely corroded.
intensamente cultivado | intensively farmed.
intensida luminosa media esférica | mean spherical candlepower.
intensidad | intensity | strength.
intensidad (amperaje - de corriente eléctrica) | current.
intensidad (corriente eléctrica) | quantity | strength.
intensidad (luminosa) | level.
intensidad (sonidos) | key | loudness.
intensidad absorbida (electricidad) | current intake.
intensidad acústica | sound loudness | sound intensity | loudness.
intensidad acústica de referencia | reference sound level.
intensidad calorífica | heat intensity.
intensidad constante (amperaje constante - electricidad) | constant current.
intensidad constante de la presión | constant-pressure intensity.
intensidad crítica | regulation drop-out | regulation pull-out.
intensidad de arranque en vacío (electricidad) | no load starting current.
intensidad de corriente admisible (electricidad) | carrying capacity.
intensidad de deriva | cross-wind force.
intensidad de descarga (acumuladores) | discharge rate.
intensidad de desexcitación (relés) | dropout current | dropout.
intensidad de fuente de sonido | strength of a sound source.
intensidad de fusión | fusing current.
intensidad de fusión (de un fusible) | blowing current.
intensidad de iluminación de 30 lúmenes por pie cuadrado | illumination level of 30 lumens per square foot .
intensidad de imanación | magnetization intensity.
intensidad de ionización | ionization level.
intensidad de irradiancia | irradiance level.
intensidad de la corriente | current strength | current intensity.
intensidad de la corriente de descarga | discharge current strength.
intensidad de la corriente de marea | strength of ebb current.
intensidad de la escorrentía | runoff rate.
intensidad de la fuente | source strength.
intensidad de la luz | light strength.
intensidad de la sensación sonora | loudness.
intensidad de la señal | signal strength.
intensidad de la voz | speech level.
intensidad de polarización magnética | magnetic pole strength.
intensidad de polo (magnetismo) | pole strength.
intensidad de ruido | noise grade.
intensidad de ruido de la hélice | propeller noise level.
intensidad de saturación magnética | magnetic saturation intensity.
intensidad del campo de recepción | received field.
intensidad del campo de 200 oerstedios | field strength of 200 oersted.
intensidad del campo de 40 oerstedios | field strength of 40 O^{e}.
intensidad del campo eléctrico | electric-field strength | electric field strength.
intensidad del campo imanante | magnetizing field strength.
intensidad del campo incidente | incident field intensity.
intensidad del campo inductor | field density | field intensity.
intensidad del campo magnético | magnetic intensity | magnetic field intensity | magnetomotive gradient | magnetic field strength.
intensidad del granallado | peening intensity.
intensidad del martillado | peening intensity.
intensidad del sonido | noise loudness | sound strength.
intensidad del tiro | volume of fire.
intensidad en el arranque | starting current.
intensidad en gaussios (gaussaje - magnetismo) | gaussage.
intensidad en milicuries | ImC.
intensidad equilibrada | balanced current.
intensidad equilibrial | equilibrial intensity.
intensidad iónica | ionic strength.
intensidad límite de desconexión (electricidad) | current-breaking capacity.
intensidad lumínica sobre un plano | zonal candlepower.
intensidad luminosa | light intensity.
intensidad luminosa en lúmenes | lumen output.
intensidad luminosa esférica media | mean spherical luminous intensity.
intensidad luminosa hemisférica superior | mean upper hemispherical candlepower.
intensidad luminosa horizontal | horizontal candlepower.
intensidad luminosa media | mean candlepower.
intensidad luminosa media hemisférica | mean hemispherical intensity.
intensidad luminosa media horizontal | mean horizontal candlepower.
intensidad luminosa media subhorizontal | mean lower hemispherical candlepower.
intensidad máxima | maximal intensity.
intensidad máxima de desconexión | interrupting capacity.
intensidad máxima pluvial | maximum rainfall intensity.
intensidad mínima de excitación (relés) | pickup current.
intensidad mínima de oscilación (klistron) | starting current.
intensidad nominal del esfuerzo | nominal intensity of stress.
intensidad por unidad de superficie | intensity per unit of area.
intensidad totalizada | integrated intensity.
intensidad vertical geomagnética | geomagnetic vertical intensity.

intensificación | boosting | fade in | enhancement | deepening.
intensificación (depresiones meteorológicas) | deepening.
intensificación de esfuerzos | stress concentration.
intensificación de esfuerzos cerca de las esquinas | intensification of stress near the corners.
intensificación de la imagen latente (fotografía) | latensification.
intensificación del capital | capital deepening.
intensificación súbita del incendio (bosques) | blow up.
intensificado hidráulicamente | hydraulically boosted.
intensificado hidráulicamente (servofreno) | hydraulically-boosted.
intensificador | booster | intensifier | enhancer.
intensificador (baño, pantalla) | intensifying.
intensificador de empuje | thrust augmenter.
intensificador de imagen | photomultiplier tube | image intensifier.
intensificador de luminosidad de la imagen por capas de material fotoconductor y electroluminescente | solid state image intensifier.
intensificador de presión de carrera progresiva | multistroke pressure intensifier.
intensificador del empuje por chorro | jet thrust augmenter.
intensificador fotoelectrónico de imágenes | photoelectronic image intensifier.
intensificador hidráulico | hydraulic booster | hydraulic intensifier.
intensificador magnético | magnetic intensifier.
intensificador para el remachado hidráulico | riveting intensifier.
intensificar | fade in (to) | deepen (to) | intensify (to).
intensímetro | intensimeter.
intensiostático | intensiostatic.
intensitómetro | intensitometer.
intenso | severe.
intenso (calor, color) | intense.
intenso (color) | hot | heavy | high | saturated.
intentar | attempt (to).
intentar (demandas) | exhibit (to).
intentar un arreglo | attempt a settlement (to).
intentar un proceso contra | process (to).
intento | attempt.
intento de ocupación (ordenador) | bid.
intento frustrado | abortive attempt.
intentona | rash attempt.
inteñible | nonstainable.
interacción | interaction | interrelationship | interplay.
interacción aerotermodinámica | aerothermodynamic interaction.
interacción átomo-átomo | atom-atom interaction.
interacción átomo-átomo repulsiva | repulsive atom-atom interaction.
interacción binaria | binary reaction.
interacción de campos cruzados | crossed-field interaction.
interacción de la capa límite de la onda de choque | shock wave boundary layer interaction.
interacción de onda progresiva | traveling wave interaction.
interacción de parejas de átomos | pairwise interaction of atoms.
interacción de retención de la carga | charge retention interaction.
interacción de sus componentes individuales | interaction of its individual components.
interacción electromagnética | electromagnetic interaction.
interacción electrón-fonón | electron-phonon interaction.
interacción en pozo cuadrado (matemáticas) | square-well interaction.
interacción entre el aire y el mar | air-sea interaction.
interacción entre estructuras líquidas | liquid-structure interaction.
interacción entre flúidos viscosos y flúidos no viscosos | viscid-inviscid interaction.
interacción entre laguna y laguna (electrónica) | vacancy-vacancy interaction.
interacción entre un pión y un nucleón | pi meson-nucleon interaction.
interacción espín-órbita | spin-orbit interaction.
interacción farmacológica | pharmacological interaction.
interacción gravitatoria | gravitational interaction.
interacción hiperfina | hyperfine interaction.
interacción intensa | strong interaction.
interacción inter e intramolecular | inter-and-intramolecular interaction.
interacción mutua entre electrones | electron-electron interaction.
interacción nuclear | nuclear interaction.
interacción por roce oblicuo | glancing interaction.
interacción repulsiva | repulsive interaction.
interacción rotor-estator | rotor-stator interaction.
interacciones nucleares provocadas por protones | proton-induced nuclear interactions.
interación de corto alcance | weak interaction.
interación débil | weak interaction.
interanual | inter-year.
interatómico | interatomic.
interaural | interaural.
interbancario | interbank.
interbloque | interblock.
interbloquear | interblock (to) | interlock (to).
interbloqueo | interlock | interlocking.
intercadencia | intercadence.
intercalación | sandwiching | interposition | collating | collation | intercalation | merging | embolism.
intercalación (de arcilla, de pirita) | scud.
intercalación (de una resistencia eléctrica) | cutting-in.
intercalación (filones) | break.
intercalación (geología) | intercalated bed | interlayer.
intercalación de arcilla | clay parting.
intercalación de arcilla (minas) | clay band.
intercalación de carbón | coal shed | shed coal.
intercalación de carbón esquistoso | black jack.
intercalación de carbón piritoso | brat.
intercalación de esquisto | dividing state.
intercalación de esquisto (minas) | bands.
intercalación de hojas de papel entre las hojas impresas tal como salen de la prensa para evitar que se manchen entre sí | slip-sheeting.
intercalación de impulsos | pulse interleaving.
intercalación de instrucciones (informática) | slating.
intercalación de roca (filones) | band.
intercalación de roca estéril | dirt-bed.
intercalación de roca estéril (minas) | dirt band.
intercalación estéril (minas) | drift-band.
intercalación estéril (minería) | parting.
intercalación estéril entre dos capas de carbón | middleman.
intercalación gasífera (geología) | gas streak.
intercalación impermeable | impervious break.
intercalación lenticular | interlensing.
intercalación micrográfica | micrographic intergrowth.
intercalado | collated | embedded | cut-off | sandwiched.
intercalado (geología) | interbedded.
intercalado (petrología) | intercalate.
intercalado (tipografía) | cut-in.
intercalado entre dos diafragmas de caucho | sandwiched between two rubber diaphragms.
intercaladora | collator | interpolator.
intercalar | interleave (to) | collate (to) | intercalate (to) | intercalary | intersperse (to) | medial | cue (to) | put in (to) | cut in (to) | merge (to).
intercalar (astronomía) | embolismic.
intercalar (en un circuito) | loop in (to).
intercalar (geología) | interpolate (to).
intercalar (resistencias) | plug-in (to).
intercalar en operaciones simultáneas | interleave (to).
intercambiabilidad | interchangeability | exchangeability | portability.
intercambiabilidad dimensional | dimensional interchangeability.
intercambiable | made to gage | exchangeable | fungible | interchangeable.
intercambiable (productos) | tailor-made.
intercambiables entre sí | interchangeable with each other.
intercambiador | exchanger.
intercambiador de calor en que los dos fluidos transferentes circulan entre placas corrugadas | plate heat exchanger.
intercambiador de circulación urbana sin cruzamientos | urban freeway interchange.
intercambiador de temperatura | thermic exchanger.
intercambiador térmico | heat interchanger.
intercambiar | interchange (to) | swap (to) | transfer (to) | exchange (to).
intercambio | interchange | intercourse | exchange.
intercambio (comercio) | countertrade.
intercambio automático de mensajes | automatic messenger exchange.
intercambio calorífico | heat-interchange | heat exchange.
intercambio comercial | commercial intercourse.
intercambio de acciones entre dos empresas | partial merger.
intercambio de bases | base exchange.
intercambio de calor del punto de remanso | stagnation-point heat-transfer.
intercambio de carga | charge exchange.
intercambio de cationes | base exchange.
intercambio de comunicados sobre crédito | credit interchange.
intercambio de controles (teleproceso) | handshaking.
intercambio de filmes científicos | interchange of scientific films.
intercambio de información | exchange of information.
intercambio de información atómica | exchange of atomic information.
intercambio de información entre periféricos (informática) | transfer of data of and from peripherals.
intercambio de iones | ion exchange.
intercambio de memorias | swapping.
intercambio de mercancías | barter.
intercambio de programas | roll in/roll out.
intercambio de tráfico en trébol (carreteras) | cloverleaf intersection.
intercambio en beneficio mutuo | interchange in mutual benefit.
intercambio entre los periféricos (informática) | data transfer to and from peripherals.
intercambio isotópico | isotopic exchange.
intercambio térmico | heat exchange.
intercara | interface | boundary surface.
intercara entre la roca y el trépano (sondeos) | bit-rock interface.
intercelular | intercellular.
intercensal | intercensal.
intercepción | interception.
intercepción radárica | radar interception.
interceptación | intercept | stoppage.
interceptación controlada desde tierra | ground controlled interception.
interceptación de área | broadcast-controlled air interception.
interceptación de aviones en vuelo | aircraft interception.
interceptación de emisora de radio | broadcast-controlled air interception.
interceptación de radiomensajes | radio inter-

cept | radio interception.
interceptación premeditada | willful intercept.
interceptación radiodirigida desde tierra | ground-controlled interception.
interceptado | cutoff | trapped.
interceptador | intercepter | interceptor.
interceptador de arenas (alcantarillas) | grit catcher.
interceptador de célula fotoeléctrica | photocell interceptor.
interceptador de grasas | grease trap.
interceptador de grasas (tuberías) | grease interceptor.
interceptador para todo tiempo de gran autonomía | long-range all-weather interceptor.
interceptador transónico de utilización múltiple | many-use transonic interceptor.
interceptar | trap (to) | intercept (to) | block (to) | stop (to) | cut off (to) | break (to) | head back (to) | shutoff (to).
interceptómetro (hidrología) | interceptometer.
interceptor (de grasas, de agua del vapor) | trap.
interceptor de chorro para todo tiempo de alas triángulares | delta-wing all-weather jet interceptor.
interceptor supersónico de pequeño radio de acción | short-endurance supersonic interceptor.
intercesión | expromission.
intercesor | pleader.
intercinesis | interkinesis.
interclasificación | merging.
intercolumnar | intercolumnar.
intercolumnio | intercolumniation.
intercolumnio aerostilo | aerostyle intercolumnation.
intercolumnio areostilo | areostyle intercolumniation.
intercolumnio eustilo | eustyle intercolumniation.
intercomparación | intercomparison.
intercomunicación | intercommunication.
intercomunicación electrónica automática | electronic automatic exchange.
intercomunicador | intercommunicator | interphone | talk-back.
intercomunicador de mensajes | message exchange.
intercomunicarse | intercommunicate (to).
intercondensador | intercondenser.
interconectado | syndetic | interconnected.
interconectado eléctricamente | interconnected electrically.
interconectador | interconnector.
interconectar | interconnect (to) | patch (to) | cross-connect (to) | attach (to) | hook up (to).
interconexión | interconnection | hook-up | switching | interlocking | interface.
interconexión (de circuitos eléctricos) | hookup.
interconexión (electricidad) | tieline.
interconexión a través de la frontera | cross-frontier interconnection.
interconexión cruzada | cross-strapping.
interconexión de redes de energía eléctrica | power system interconnection.
interconexión de terminales en circuito electrónico | tying.
interconexión de todas las partes metálicas (aviones) | earth system.
interconexión digital | digital interface.
interconexión discrecional | discretionary wiring.
interconexión eléctrica | electrical interconnection.
interconexión eléctrica entre partes metálicas | electrical bonding.
interconexión en frecuencia portadora | carrier frequency interconnection.
interconexión entre vías urbanas de tránsito rápido | urban freeway interchange.
interconexion graduada | grading.
interconversión | interconversion.
interconvertibilidad | interconvertibility.
interconvertible | interconvertible.
intercotidal | intertidal.
intercrecimiento simultáneo de cinco individuos (maclas repetidas) | fiveling.
intercrecimiento simultáneo de tres individuos | threeling.
intercrescencia | intercrescence.
intercristalino | intercrystalline.
intercristalino (metales) | intergranular.
intercristalización | intercrystallization.
intercultural | inter-cultural.
interdeformación | interstrain.
interdendrítico | interdendritic.
interdental | interdental.
interdepartamental | interdepartmental.
interdependencia | interrelationship.
interdependencia entre disyuntores de una línea | intertripping.
interdependientes | interrelated.
interdicción | restraint.
interdicción civil | deprivation of civil rights.
interdicción de los ferrocarriles enemigos | rail interdiction.
interdicto | temporary injunction | permanent injunction | injuction.
interdicto (jurisprudencia) | restraining order.
interdicto de despojo | writ of assistance.
interdicto de prohibición de algo | permanent injunction.
interdicto mandatario | mandatory injunction.
interdifundirse | interdiffuse (to).
interdifusión | interdiffusion.
interdigitación (geología) | interdigitation | interfingering.
interdigital | interdigital.
interdisciplinario | interdisciplinary | interdisciplinar.
interdiurno | interdiurnal.
intereje (vehículos) | axle base.
interelectrodo | interelectrode.
interenfriador | intercooler.
interenfriador hidroenfriado | water-cooled intercooler.
interenfriamiento con agua del mar | seawater intercooling.
interenfriar | intercool (to).
interés | share | concern | usance.
interés a cobrar | interest receivable.
interés acreedor | interest receivable.
interés atribuible al capital del empresario | implicit interest | imputed interest.
interés capitalizado | capitalized interest.
interés cargado por el corredor (bolsa) | carry charge.
interés compuesto | anatocism | compound interest.
interés creado | vested interest.
interés de aplazamiento | contango.
interés de capitalización | rate of capitalization.
interés de doble prórroga | contango.
interés de mora | interest for delay in payment.
interés desconocido | reserved interest.
interés deudor | debt interest.
interés devengado | accrued interest | earned interest.
interés devengado en operación conjunta | joint operation carried interest.
interés diferido | overdue interest.
interés dividendo | interest-dividend.
interés dominante | controlling interest.
interés efectivo | interest at effective rate.
interés establecido | absolute interest.
interés excedente | excess interest.
interés gemológico | gemmological interest.
interés hipotecario | mortgage interest.
interés interbancario en Londres (bolsa) | London's interbank interest.
interés legal | lawful interest | legal interest.
interés mínimo sobre préstamos | minimum lending rate.
interés moratorio | interest for delay in payment.
interés náutico | marine interest.
interés neto | pure interest.
interés no pagado al vencimiento | overdue interest.
interés no vencido | unearned interest.
interés pagado por anticipado | prepaid interest.
interés pasajero | transient interest.
interés pecuniario | money interest | insurable interest.
interés por mora (contratos) | penal interest.
interés predominante | control interest.
interés prestatario | interest on loans.
interés primordial del laboratorio | laboratory's prime interest.
interés punitorio (contratos) | penal interest.
interés recibido por adelantado | interest received in advance.
interés residual en una propiedad | remainder.
interés simple | simle interest.
interés sobre contrato a la gruesa | marine interest.
interés sobre el capital invertido | interest on capital invested.
interés sobre el mes | boston interest.
interés sobre préstamos | lending rate.
interesado (personas) | profit-seeking.
interesantísimo | awfully interesting.
interesarse por la legislación | sponsor legislation (to).
interescolástico | interscholastic.
intereses | interest.
intereses a pagar | interest payable.
intereses a recibir | interest receivable.
intereses acreedores | credit interest.
intereses acumulados | interest accrued | accrued interest.
intereses acumulados a pagar | accrued interest payable.
intereses acumulados pero no pagados | interest accrued but not paid.
intereses acumulados por cobrar | accrued interest receivable.
intereses atrasados | outstanding interest | arrears of interest.
intereses cobrados antes de su vencimiento | unearned interest collected.
intereses cobrados anticipadamente | unearned interest.
intereses cobrados sin devengar | unearned interest collected.
intereses creados | vested interests.
intereses de adelantos de bancos | interest on bank advances.
intereses de las obligaciones | debenture interest.
intereses de mora | interest payable in arrears | back interests.
intereses de títulos sin garantía | interest on debentures.
intereses de una colectividad | community.
intereses del bien comun | interests of the common good.
intereses del consumidor | user-interests.
intereses devengados | interest income | interest earned.
intereses devengados a cobrar | earned interest receivable.
intereses devengados sobre inversiones | interest on investments.
intereses en contra | red interest.
intereses en participación | joint interests.
intereses en participación y de terceros | joint and outside interest.
intereses en pugna | conflicting interests.
intereses encontrados | conflicting interests.
intereses exonerados de impuestos | interest free of tax.
intereses ganados | earned interest.
intereses habidos y por haber | interest accrued and to accrue.
intereses hasta la fecha | interest to date.
intereses libres de impuestos | interest free of

tax | interest free of duty.
intereses mancomunados | joint interests.
intereses marítimos | shipping fraternity.
intereses mayoritarios | majority interest.
intereses minoritarios | minority interest.
intereses moratorios | interest on arrears | penal interest | past due interest | arrears of interest | interest on overdue payments | interest payable in arrears.
intereses morosos | delinquent interest.
intereses no devengados | unearned interest.
intereses pagados | interest paid | interest expense.
intereses pagados por adelantado | prepaid interests.
intereses por falta de pago | default interest.
intereses por mora | interest for delay | interest for default.
intereses por préstamo a corto plazo | short-term lending rate.
intereses que se tocan | interests involved.
intereses recibidos | interest earned.
intereses recibidos por anticipado | unearned interest received.
intereses sobre anticipos (bancos) | interest on advances.
intereses sobre capital propio | interest on owned capital.
intereses sobre depósitos | interest on deposits.
intereses sobre fondos recibidos en préstamo | interest on borrowed funds.
intereses sobre préstamos | interest on loans.
intereses sobre reserva ordinaria (bancos) | ordinary reserve interest.
intereses vencidos | interest due | outstanding interest.
intereses y descuentos pagados | interest and discount paid.
interespacio | gap.
interespacio entre dos esferas | sphere-gap.
interespacio entre la roca y trépano (sondeos) | matrix-rock interspace.
interespecífico | interspecific.
interestadial | interstadial.
interestatal | interstate | intergovernmental.
interestelar | interstellar | intersidereal.
interestratificación | interlayer | interleaving | interstratification | interbedding.
interestratificado | interbanded.
interestratificado (geología) | interbedded.
interestratificar | interleave (to) | interlay (to).
interface periférico universal | universal peripheral interface.
interfaceta (metalografía) | interface.
interfacial | interfacial.
interfacies líquido-gas | liquid-gas interfaces.
interfase | interphase.
interfase (química) | interface.
interfase entre el núcleo y la capa exterior cementada (aceros) | case-core interphase.
interfaz (química) | interface.
interfaz de contabilidad de trabajos | job accounting interface.
interfaz híbrida | hybrid interface.
interfecto | murdered person.
interfenestración (edificios) | interfenestration.
interferencia | interference | noise | acoustic jamming | beat | squealing | spoofing | breakthrough.
interferencia (ajustes) | pinch.
interferencia (aparatos radio) | monkey chatter.
interferencia (de circuito telegráfico sobre telefónico) | thump.
interferencia (radio) | jam | QRM | blanking.
interferencia accidental | accidental jamming.
interferencia activa | active jamming.
interferencia atmosférica (radio) | sferics | strays | atmospherics.
interferencia causada por otro circuito (telegrafía, telefonía) | cross fire.
interferencia conductiva | conducted interference.
interferencia cruzada | crossfire.
interferencia de banda ancha | broadband interference.
interferencia de diafonía | crosstalk interference.
interferencia de exploración (televisión) | sweep interference.
interferencia de gran intensidad (radio) | wipeout.
interferencia de imagen por alimentación de la red (televisión) | hum.
interferencia de imagen por interferencias de dos oscilaciones de distinta frecuencia (TV) | beat frequency.
interferencia de imagen por variaciones de la red (televisión) | ripple.
interferencia de modulación cruzada | monkey chatter.
interferencia de radioemisora | radio station interference.
interferencia de torbellinos | vortex interference.
interferencia debida a la frecuencia de imagen | image interference.
interferencia debida al emplazamiento | site interference | site interference.
interferencia del canal adyacente (radio) | splatter | side splash.
interferencia del canal adyacente (TV) | monkey chatter.
interferencia del canal propio | co-channel interference.
interferencia destructiva | destructive interference.
interferencia eléctrica | electrical interference.
interferencia entre canales adyacentes | adjacent channel interference.
interferencia entre canales comunes de televisión | co-channel television interference.
interferencia entre los canales | crosstalk.
interferencia estadística | random interference.
interferencia fortuita | random interference.
interferencia industrial | man-made interference.
interferencia intencionada | active jamming.
interferencia intencionada (radar, radio) | jamming.
interferencia intercanálica (radio) | interchannel interference.
interferencia lenta (circuito) | slow crosstalk.
interferencia mecánica | mechanical jamming.
interferencia múltiple | babble.
interferencia pasiva | passive jamming.
interferencia perjudicial | harmful interference.
interferencia por agitación térmica (TV) | shot noise.
interferencia por aparatos de alta frecuencia (televisión) | jamming.
interferencia por diacromía | cross color interference.
interferencia por la ignición de motores (radio) | ignition interference.
interferencia por las bandas laterales | side splashing | sideband interference.
interferencia producida por máquinas de diatermia (TV) | diathermy interference.
interferencia rápida | fast crosstalk.
interferencia selectiva (radar) | selective jamming.
interferencia video sobre sonido | vision on sound.
interferencias alejadas del blanco | off-target jamming.
interferencias estáticas (parásitos) | Q.R.N.S.
interferencias semánticas | semantic interferences.
interferente | interfering.
interferir (radio) | jam (to).
interferograma | interferogram.
interferograma de haces múltiples | multiple beam interferogram.
interferometría de haces múltiples | multibeam interferometry.
interferometría de microondas | microwave interferometry.
interferometría de resolución de tiempos | time-resolved interferometry.
interferometría holográmica diferencial | differential hologramic interferometry.
interferometría por haces múltiples | multiple beam interferometry.
interferométrico | interferometric.
interferómetro | interferometer.
interferómetro acústico | acoustic interferometer.
interferómetro astronómico | astronomical interferometer.
interferómetro calibrador | gage interferometer.
interferómetro comparador de galgas | gage-comparing interferometer.
interferómetro de antena logarítmicamente periódica | log-periodic-aerial interferometer.
interferómetro de máser | maser interferometer.
interferómetro de rejilla de difracción | diffraction grating interferometer.
interferómetro de superficie líquida | liquid surface interferometer.
interferómetro electrónico | electron interferometer.
interferómetro fotoelástico | photoelastic interferometer.
interferómetro lasérico | laser interferometer.
interferómetro para prueba de objetivos de microscopio | microscope interferometer.
interferómetro para pruebas de ejes | shaft-testing interferometer.
interferómetro para pruebas de lentes | lens interferometer.
interferómetro radioeléctrico orientable | tracking radio interferometer.
interferón (medicina) | interferon.
interferón sintético (medicina) | synthetic interferon.
interferoscopio | interferoscope.
interfoliación | interfoliation.
interfoliado | interleaved.
interfoliar | interleave (to).
interfonía | interphony.
interfono | interphone | interphone | intercom | private-address system | inter-talkie | telephone intercom system.
interfono de órdenes | talkback.
interfusión | interfusion.
intergaláxico | intergalalaxical.
intergradación | intergradation.
intergranular | intergranular.
intergranularmente | intergranularly.
intergubernamental | intergovernmental.
interhemisférico | interhemispheric.
interino | temporary.
interino (destinos) | pro tem.
interior | inboard.
interior (lado, etc.) | inboard.
interior (mares) | landlocked.
interior (minas) | inby.
interior con acabado de espejo (cilindros) | mirror-finished bore.
interior con colores armonizados | color-tuned interior.
interior cromado (cilindros) | chromium plated bore | chrome-plated bore.
interior de acero aporcelanado | porcelain-on-steel interior.
interior de la cuba (alto horno) | inwall.
interior de las estrellas | stellar interior.
interior de un edificio | precinct.
interior del cilindro con cromado poroso | porous chromed cylinder bore.
interior del tubo | tube interior.
interior galvanoplastiado de cilindro | plated bore.
interior liso (cilindros) | smooth bore.
interior rectificado a medidas finales (cilindros) | finish-honed bore.

interiores sin columnas (edificios) | column-free interiors.
interioridad (topología) | interiority.
interlaminado | interlaminated.
interlaminar | interlamellar | interlaminar.
interlínea | row pitch | new line | pitch-row.
interlínea (música) | space.
interlínea (tipografía) | slug | white line | lead | line space | space.
interlínea muy estrecha (tipografía) | hair-lead.
interlineación | interlineation.
interlineado | spacing | leading-out.
interlineado (tipografía) | leads | leaded | leading.
interlineaje (tipografía) | line space.
interlineal | interlinear.
interlinear | interline (to).
interlinear (tipografía) | space (to) | lead (to).
interlíneas | leads.
interlíneas de latón | brasses.
interlocutoria | interlocutory decree.
intérlope | interloper.
interlunar | interlunar.
interlunio | change of the moon.
intermareal | intertidal.
intermareico | intertidal.
intermediación | intermediation.
intermediario | intermediate | standby | nonproducer | middleman | mesne | contact.
intermediario (persona) | intermediator | medium.
intermediario a comisión | functional middleman.
intermediario entre el emisor y la casa de inversiones | finder.
intermediario exportador | export middleman.
intermediario financiero | financial intermediary.
intermedio | mean | medium | mesne.
intermisor | intermitter.
intermitencia | intermittency | squeegging.
intermitencia (pozo petróleo) | intermitting.
intermitencia en la demanda | intermittent demand.
intermitente | intermittent | periodic | periodical | flasher | pulsating | discontinuous | start-stop | nonsteady | erratic.
intermitente (radio) | squegging.
intermitentemente | intermittently.
intermodal | intermodal.
intermodalidad | intermodality.
intermodalismo | intermodalism.
intermodillón | intermodillion.
intermodulación | intermodulation.
intermodulación (electricidad) | cross-modulation.
intermodulación (radio) | cross talk.
intermodulación de haces | beam intermodulation.
intermolecular | intermolecular.
intermotratable | nonheat-treatable.
interna (selfactina) | tin roller.
internación (de un loco) | restraint.
internacionalmente controlado | internationally-controlled.
internar | intern (to).
interno (médico) | resident.
interno (teleproceso) | in-plant.
interoperacional | interoperational.
interpenetración | interpenetration | intergrowth.
interpenetración dactilotípica | dactylotype intergrowth.
interpenetrante | interpenetrant.
interpenetrarse | interpenetrate (to).
interperete de transferencias | transfer interpreter.
interplanetario | interplanetary.
interpolable | interpolable.
interpolación | interpolating | interpolation | sandwiching.
interpolación de conversación por asignación de tiempos | time assignment speech interpolation.
interpolación de curvas de nivel | interpolation of contours.
interpolación hiperosculatoria | hyperosculatory interpolation.
interpolación lineal | linear interpolation.
interpolación lineal doble | double linear interpolation.
interpolación lineal inversa | inverse linear interpolation.
interpolación osculatriz | osculatory interpolation.
interpolación trigonométrica | trigonometric interpolation.
interpolación vocal | speech interpolation.
interpolado | sandwiched.
interpolador | interpolator.
interpolar | sandwich (to) | intercalate (to) | interpolate (to) | interleave (to).
interpolatorio | interpolatory.
interpolímero | interpolymer.
interpolo | interpole.
interponer | sandwich (to).
interponer (palabra, observación) | put in (to).
interponer apelación | file an appeal (to).
interponer recurso | resort to a remedy (to).
interponer recurso de alzada | make an appeal (to).
interponer un recurso (abogacía) | bring an action (to).
interponerse | break in (to) | interpose (to).
interportadora | intercarrier.
interposición | break-in | interposition | sandwiching | intervention.
interpretación | rendering | comment | interpretation.
interpretación (de hechos) | evaluation.
interpretación (de una obra literaria) | exposition.
interpretación (jurídica) | construction.
interpretación (música) | reading.
interpretación antropológica | anthropological interpretation.
interpretación capciosa | distortion.
interpretación de aerofotografías | airphoto interpretation | photointerpretation.
interpretación de fotografías | photo reading.
interpretación de imágenes | image interpretation.
interpretación de la prueba | test interpreting.
interpretación de la radiografía | interpretation of radiograph.
interpretación de los resultados | interpretation of results.
interpretación de los sondeos | interpretation of boreholes.
interpretación de sueños | dream interpretation.
interpretación de un acuerdo | construction of an agreement.
interpretación de un papel | reading.
interpretación declarativa | declaration interpretation.
interpretación errónea | faulty interpretation.
interpretación falsa | false pretences.
interpretación fotogeológica | photogeological interpretation.
interpretación fotográfica | photographic interpretation.
interpretación judicial | judicial construction.
interpretación petrogeométrica | petrogeometric interpretation.
interpretación radiográfica | radiographic interpretation.
interpretación restrictiva | restrictive interpretation.
interpretación restringida | restricted interpretation | limited interpretation.
interpretación vigorosa | full-blooded interpretation.
interpretador (de resultados) | interpreter.
interpretadora (tarjetas perforadas) | interpreter.
interpretar | render (to) | account (to) | translate (to).
interpretar (hechos) | evaluate (to).
interpretar el pasado | interpret past (to).
interpretar la información obtenida | interpret the information obtained (to).
interpretar los resultados | interpret the results (to).
interpretar una cláusula | construe a clause (to).
interpretar una tarjeta | interpret (to).
intérprete | interpreter.
intérprete (de lenguas) | interpreter.
intérprete (de un papel) | enactor.
intérprete (música, cantos) | reader.
intérprete femenino | interpretress.
interprovincial | interprovincial.
interpuesto | sandwiched.
interrecalentador | interheater.
interreferencia (en un libro) | cross reference.
interreflexión | interreflection.
interreflexión (iluminación) | interflectance | interflection.
interreflexión entre las superficies de lentes (óptica) | flare.
interregional | interregional.
interregno | interregnum.
interregnos | interregna.
interrelación | interrelation.
interresonancia | interresonance.
interrogable | testable.
interrogación | interrogation | query.
interrogación (líneas eléctricas) | polling.
interrogación de prisioneros en la línea de combate | tactical interrogation.
interrogación en la zona avanzada (prisioneros) | forward interrogation.
interrogado a distancia | remotely interrogated.
interrogador | questioner | interrogator | interrogator.
interrogador (radar) | interrogator.
interrogador-respondedor | interrogator-responsor | challenger.
interrogar | interrogate (to) | quiz (to) | query (to).
interrogar (testigos) | examine (to).
interrogar a la baliza radárica (aviones) | interrogate the radar beacon (to).
interrogar a la vuelta de una misión | debrief (to).
interrogar al globo sonda (meteorología) | interrogate the sonde (to).
interrogar al radiofaro respondedor | interrogate the transponder (to).
interrogar minuciosamente (a testigos) | examine closely (to).
interrogatorio (de un acusado) | examination.
interrogatorio de un testigo por la parte que lo ha citado | examination-in-chief.
interrumpible | interruptable.
interrumpidamente | off and on.
interrumpir | halt (to) | obstruct (to) | interrupt (to) | discontinue (to) | break-off (to) | break (to) | break (to) | cut off (to).
interrumpir (agua, vapor, etc.) | shutoff (to).
interrumpir (las comunicaciones) | break in (to).
interrumpir (trabajos) | intermit (to).
interrumpir (un combate) | break (to).
interrumpir comunicaciones | break-in (to).
interrumpir la aproximación para aterrizar | pull out (to).
interrumpir la circulación | block traffic (to).
interrumpir la comunicación | disconnect (to).
interrumpir la corriente (electricidad) | break (to).
interrupción | forbearance | stoppage | breaking in | breaking | break | interruption | nonsequence | dropout | tripping | switching | arrest | trap | cutting off | stopping | stopping up | stop.
interrupción (de trabajos) | discontinuance.
interrupción (de un combate) | break.
interrupción (de un filón) | breakthrough.
interrupción (de un servicio) | failure.
interrupción (del trabajo) | discontinuation.

interrupción accidental de la potencia | accidental power interruption.
interrupción automática | automatic break.
interrupción automática de llamada | automatic ring trip.
interrupción de atención (informática) | attention.
interrupción de banda | band-break.
interrupción de carencia de página | missing page interruption.
interrupción de la carga | load-shedding.
interrupción de la corriente | shutdown.
interrupción de la corriente (línea de transmisión) | tripout.
interrupción de la corriente (línea eléctricas) | line outage.
interrupción de la radiopropagación | radio blackout.
interrupción de las comunicaciones por reentrada en la atmósfera (nave espacial) | reentry blackout.
interrupción de máquina | machine interruption.
interrupción de prioridad | priority interrupt.
interrupción de señal | breakdown signal.
interrupción de urgencia | scram.
interrupción del circuito (electricidad) | rupture.
interrupción del flujo currentilíneo (alas aviones) | stall.
interrupción del servicio | fall back | breakdown.
interrupción del servicio (suministros eléctricos) | outage.
interrupción del trabajo | breathing time.
interrupción en el suministro de energía eléctrica | power cut.
interrupción enmascarada | maskable interrupts.
interrupción momentánea | damping.
interrupción para transmisión de prioridad (comunicaciónes) | break-in procedure.
interrupción pasajera | momentary interruption.
interrupción por error de programa | program error interrupt.
interrupción provocada artificialmente (central eléctrica) | forced outage.
interrupción provocada por el rayo (líneas eléctricas) | lightning outage.
interrupción temporal por reparaciones | shut down for repairs.
interrupir | breakup (to).
interruptor | circuit breaker | shutoff | breaker | switchgear | switch cutout | on-off.
interruptor (electricidad) | switch | release.
interruptor (líneas eléctricas) | mean of insulation.
interruptor accionado por flotador | float-switch gear.
interruptor aislado con fibra | fiber-insulated switch.
interruptor aislador (electricidad) | isolating switch.
interruptor al aire | air switch.
interruptor anódico | anode breaker.
interruptor anticapacitivo | anticapacitance switch.
interruptor antitransmisor-recibidor | anti-tr switch.
interruptor anulador (electricidad) | defeat switch.
interruptor automático | automatic circuit-breaker | automatic cut-out.
interruptor automático (electricidad) | contactor | automatic switch | circuit breaker.
interruptor automático de circuito | automatic circuit breaker.
interruptor automático de máxima de desconexión simultánea de los polos | linked overload circuit-breaker.
interruptor automático de mínima | no load cutout | no-load cutout.
interruptor automático de reglaje | timer.
interruptor automático de reloj | automatic time switch.
interruptor automático de sobrecarga (electrotecnia) | overload switch.
interruptor automático del campo inductor (electricidad) | automatic field break switch.
interruptor automático para falta de corriente | no-voltage cutout.
interruptor automático para sobrevelocidad (electromotores) | overspeed switch.
interruptor automático por caída de voltaje | pressure switch.
interruptor auxiliar | booster switch.
interruptor bipolar | double break switch | double-bladed switch | double-pole switch | d. p. switch.
interruptor bipolar de acción simultánea | double knife switch.
interruptor bipolar de acción simultánea (sobre los dos polos) | double-pole linked-switch.
interruptor bipolar de palanca | double-break knife switch | double-bladed knife switch.
interruptor bipolar de palanca (electricidad) | double bladed knife switch.
interruptor bipolar unidireccional | double-pole single-throw-switch.
interruptor blindado | enclosed switch.
interruptor blindado (con envuelta metálica puesta a tierra) | metalclad switchgear.
interruptor centrífugo | centrifugal switch.
interruptor cíclico | gate switch | chopper | gating switch.
interruptor colgante | pendant switch.
interruptor con cámara de contracción | contraction circuit-breaker.
interruptor con fusible sobre las barras colectoras | bus-fuse breaker.
interruptor con recipiente amortiguador | dead-tank circuit breaker.
interruptor con reconexión automática | recloser.
interruptor con volumen reducido de aceite | low-oil-content circuit breaker.
interruptor controlado por corriente | current-controlled switch.
interruptor cronométrico | automatic time switch.
interruptor de acción simultánea de las cuchillas | linked switch.
interruptor de acometida | service switch.
interruptor de aire comprimido | air blast switchgear | pneumatic switch | pneumatically-operated switch.
interruptor de aire comprimido para altos voltajes | high-voltage airblast breaker.
interruptor de alarma | alarm switch.
interruptor de alumbrado | lighting-switch.
interruptor de alumbrado bidireccional | landing-switch.
interruptor de ánima clara | bore clear switch.
interruptor de arranque | starting-switch.
interruptor de arranque (motor monofásico) | centrifugal switch.
interruptor de artefacto | appliance switch.
interruptor de autoconexión | autoreclose circuit breaker.
interruptor de baño de mercurio | dipper interrupter.
interruptor de batería | battery main switch.
interruptor de botón de presión | push-button switch.
interruptor de cambio | change-over switch.
interruptor de campo | field-discharge switch.
interruptor de capacitor de tipo de almacenamiento de energía | store-energy-type capacitor switch.
interruptor de cerradura | secret switch.
interruptor de cerradura (electrotecnia) | lock-up switch.
interruptor de cierre abierto | breechblock-down switch.
interruptor de cierre no automático | tie breaker.
interruptor de conexiones por detrás | back-connected switch.
interruptor de consola | bracket switch.
interruptor de contacto | tap switch | contact breaker.
interruptor de contacto de cuchilla | knife-contact switch.
interruptor de contacto momentáneo | start-stop switch.
interruptor de contactor | contactor switch.
interruptor de contactos de carbón | carbon break switch.
interruptor de contactos escalonados | step switch.
interruptor de contactos laminares | laminated-brush switch.
interruptor de cordón | pull switch.
interruptor de corona | cluster switch.
interruptor de corriente | current interrupter.
interruptor de corriente continua de fotocélula | photoelectric d-c chopper.
interruptor de cortocircuito | short-circuiting switch.
interruptor de cuchilla | knife-switch | chopper switch.
interruptor de cuernos | horn cutout.
interruptor de choque | impact switch.
interruptor de chorro de mercurio | mercury-jet break | jet interrupter.
interruptor de derivación | diverter switch | branch-switch.
interruptor de descarga | discharge switch.
interruptor de desconexión brusca (electricidad) | jumping switch.
interruptor de desconexión extrarrápida (electricidad) | snap switch.
interruptor de desconexión ultrarrápida | switch tumbler.
interruptor de doble ruptura | double break switch.
interruptor de doble tiro | doublethrow switch.
interruptor de dos direcciones | change-over switch.
interruptor de dos posiciones | double-throw switch.
interruptor de dos vías | double-throw switch | throw-out switch.
interruptor de emergencia | emergency switch.
interruptor de enclavamiento del fuego eléctrico (cañón) | electric firing interlock switch.
interruptor de excéntrica | cam switch.
interruptor de excitación | field discharge switch | field breaker.
interruptor de fin de carrera | limit switch.
interruptor de fin de carrera (jaula de minas) | track-limit switch.
interruptor de flotador | float switch.
interruptor de fondeo (minas) | mooring switch.
interruptor de fuego automático ondulado | automatic ripple firing switch.
interruptor de fusible en baño de aceite | oil-fuse cutout.
interruptor de gas soplado | gas-blast circuit breaker.
interruptor de graduación de la luz | dimmer switch.
interruptor de impulsos | impulse circuit breaker.
interruptor de inmersión (en un baño) | dip break.
interruptor de intervalos calibrado en segundos | interval timer calibrated in seconds.
interruptor de la batería | battery switch.
interruptor de la tolva | hopper switch.
interruptor de lámina vibrante | vibrating break.
interruptor de láminas | reed switch.
interruptor de leva (electricidad) | cam switch.
interruptor de líquido | liquid switch.
interruptor de los topes | kep switch.

interruptor de mando | control switch | control break switch.
interruptor de máxima | overload cutout | maximum circuit breaker | overcurrent circuit breaker.
interruptor de máxima (electricidad) | maxi-rruptor.
interruptor de mercurio | mercury switch | mercury break switch.
interruptor de mercurio en ampolla de vidrio | glass-enclosed mercury switch.
interruptor de mínima | no load release | no load circuit breaker | minimum circuit breaker.
interruptor de mínima (electricidad) | mini-rruptor.
interruptor de palanca | lever switch | toggle switch.
interruptor de palanca (electricidad) | lever tumbler.
interruptor de palanca (instalación eléctrica) | bat-handle switch.
interruptor de palanca de ruptura brusca | quick-break knife switch.
interruptor de palanca desmontable (que la guarda una persona) | detachable key switch.
interruptor de palanca rotativa | dial switch.
interruptor de palanca unipolar | single-pole knife switch.
interruptor de panel | panel switch.
interruptor de parada (ascensores) | landing-switch.
interruptor de pedal | toe switch | foot inte-rruptor.
interruptor de pera (luz eléctrica) | pear switch.
interruptor de portarreceptor (televisión) | hook switch.
interruptor de poste | pole switch | pillar switch.
interruptor de presión | press switch.
interruptor de puesta a tierra | earthing switch.
interruptor de puesta a tierra del circuito | earthing circuit breaker.
interruptor de puesta en marcha | on-off switch.
interruptor de pulsador | push-button switch.
interruptor de reconexión | reclosing breaker.
interruptor de reconexión automática | auto-reclose circuit-breaker.
interruptor de red | mains switch.
interruptor de reenganche | reclosing breaker.
interruptor de regularización | equalizer switch.
interruptor de relé para corriente alterna | alternating-current relay break.
interruptor de relojería | clock switch.
interruptor de relojería (electricidad) | contact making clock.
interruptor de reposición automática | auto-matic reclosing circuit breaker.
interruptor de resorte (electricidad) | snap switch | spring switch.
interruptor de resorte de llamada | spring return switch.
interruptor de retorno por resorte | spring-re-turn switch.
interruptor de ruptura brusca | switch tumbler | rapid-break switch | quick-break switch.
interruptor de ruptura brusca (electricidad) | snap switch.
interruptor de ruptura del campo inductor | field discharge switch.
interruptor de ruptura lenta | slow-break switch.
interruptor de ruptura neumática | airbreak switch.
interruptor de ruptura por aire comprimido | airbreak circuit breaker.
interruptor de ruptura rápida (electricidad) | snap switch.
interruptor de sección | branch-switch.
interruptor de seccionamiento | disconnecting switch.
interruptor de sector | sector switch.
interruptor de seguridad | safety switch.
interruptor de seguridad hidrostático | hydros-tatic safety switch.
interruptor de servicio | entrance switch.
interruptor de sobrecarrera | overtravel switch.
interruptor de sobreintensidad | maximum circuit breaker.
interruptor de soplado de aire | air blast circuit-breaker.
interruptor de tambor | drum switch.
interruptor de teja arriba (cargador de cañón) | tray-up switch.
interruptor de tiempos | time switch.
interruptor de triple acción | three-way switch.
interruptor de TV para imagen instantánea | instant-on switch.
interruptor de uso general | general-use switch.
interruptor de vacío (sin carga) | zero cutout.
interruptor de vía única | single-throw switch.
interruptor de vibración | vibraswitch.
interruptor del aire | air interrupter.
interruptor del campo inductor (electricidad) | field-break switch.
interruptor del campo magnético | field brea-ker.
interruptor del circuito | circuit interrupter.
interruptor del circuito de impulsión | impulse circuit breaker.
interruptor del combustible | fuel cut-off.
interruptor del combustible para nivel míni-mo del agua (quemador de calderas) | low water cutoff.
interruptor del encendido | ignition cutout.
interruptor del freno de puntería en dirección (cañón) | train brake switch.
interruptor del freno de puntería en elevación | elevation brake switch.
interruptor del motor | motor-switch.
interruptor del tiro en zonas peligrosas (ae-roplanos) | fire interrupter.
interruptor dentro de caja cerrada (sólo puede accionarse después de levantar la tapa) | locked-cover switch.
interruptor desimanante | demagnetizer switch.
interruptor direccional | directional circuit breaker.
interruptor distribuidor | make-and-break.
interruptor disyuntor | break-circuit.
interruptor electrolítico | electrolytic interrupter | electrolytic break.
interruptor electromagnético | electromagnetic switch.
interruptor electrosintónico | electrosyntonic switch.
interruptor embutido | flush switch.
interruptor en aceite | oil circuit-breaker.
interruptor en aire de desionización magnéti-ca | deion air circuit breaker.
interruptor en baño de aceite | oil-break switch.
interruptor en derivación | shunt switch.
interruptor en mercurio de desconexión re-tardada | delayed-break mercury switch.
interruptor general | service switch.
interruptor hermético de alto voltaje | airtight high-tension switch.
interruptor interior | wiring switch.
interruptor intermitente (electricidad) | ticker.
interruptor inversor | reversing-switch.
interruptor inyector | injector switch.
interruptor inyector de señales | signal injector switch.
interruptor limitador | limiting switch.
interruptor maestro | master switch.
interruptor magnético | magnetic circuit brea-ker.
interruptor magnético bipolar (electricidad) | two-pole magnetic switch.
interruptor magnético de martillo | magnetic hammer-break.
interruptor miniatura de gran capacidad de desconexión | high-rupturing capacity miniature circuit-breaker.
interruptor monopolar | single-pole switch.
interruptor motorizado | motorized switch.
interruptor multipolar | multipole throwover switch | multipole switch.
interruptor neumático de gran capacidad de desconexión | high rupturing-capacity air-break circuit-breaker.
interruptor oscilante | rocker switch.
interruptor para accionamiento a pequeña distancia | proximity switch.
interruptor para el cambio de marcha | reversing-switch.
interruptor para grandes amperajes | high-breaking switch.
interruptor por aceite | oil switch.
interruptor principal | major switch | main switch | master switch.
interruptor protector de circuito | circuit breaker.
interruptor pulsatorio | chopper.
interruptor pulsatorio de silicio | silicon chop-per.
interruptor rápido | quick switch.
interruptor rotativo | chopper | rotating inte-rrupter.
interruptor rotatorio de gran amperaje | high amperage rotary switch.
interruptor seccional | section blocking.
interruptor separado de la superficie de fijación (para que circule el aire) | feet-switch.
interruptor silenciador | muting switch.
interruptor telemandado | remote-operated switch.
interruptor temporal | time switch.
interruptor temporizado | time-delayed switch | stepping switch.
interruptor térmico | thrmal cutout.
interruptor térmico de acción rápida | quick-acting hot-wire switch.
interruptor termostático | thermal cut-out.
interruptor ultrarrápido | quick-break switch.
interruptor unipolar | single-break switch | single-pole switch | single-throw switch.
interruptor unipolar automático de máxima intensidad | single-pole overload circuit-breaker.
interruptor unipolar automático de sobrecar-ga | single-pole overload circuit-breaker.
interruptor unipolar de bajo voltaje | tumbler switch.
interruptor unipolar de dos posiciones | sin-gle-pole change-over switch.
interruptor unipolar de simple acción (elec-trónica) | single-pole single-throw switch.
interruptor unipolar del hilo de equilibrio | single-pole equalizer switch.
interruptores acoplados | coupled switches | gang switch.
interruptores de cambio de función | set up change switches.
interruptores enclavados mecánicamente | mechanically interlocked switches.
interruptores enclavados mecánicamente (electricidad) | mechanically interlocked swit-ches.
interruptores enlazados | linked switches.
interruptores solidarios | linked switches.
interruptor-fusible de expulsión | expulsion fuse-switch.
intersecar (geometría) | cross (to).
intersección | crossing | intersection | intersec-tion.
intersección a nivel | at-grade intersection.
intersección de conjuntos (matemáticas) | product of sets.
intersección de dos conjuntos | meeting of two sets.
intersección de dos planos (trabajos en minas) | plunge.
intersección de la rasante con el terreno (topografía) | grade point.
intersección de muros | wall crossing.
intersección de un filón inclinado con un plano horizontal | strike.

intersección del forro con roda (buques) | bearding line.
intersección del plano axial con la superficie de la tierra (pliegues) | axial trace.
intersección del trazado con una línea quebrada auxiliar (topografía) | meander corner.
intersección invisible (carretera) | blind intersection.
intersección lógica | and operation.
intersectado (arquitectura) | intersecting | interlacing.
intersectar | intersect (to) | intersect (to).
intersector | intersector.
intersector radial | radial intersector.
interseminarial | interseminary.
interseptal | interseptal.
intersocietario | intersociety.
intersolapar | interlap (to).
intersolubilidad | intersolubility.
intersticial | interstitial.
intersticio | interstice | space.
intersticio (turbinas) | clearance.
intersticio original (geología) | primary interstice.
intersticios | pore space.
intersticios capilares | capillary interstices.
intersticios originales | primary openings.
intertipo (imprenta) | linograph.
intertrabado | interconnected.
inter-unión | interfix.
interurbano | intercity.
interurbano (telefonía) | toll | intertoll | tandem outlet.
interusurio | delay interest.
intervalo | period | distance | interval | gap | relative spacing | stretch | step | time | space | range | break | discontinuity.
intervalo (de tiempo) | lapse.
intervalo (entre pozos) | spacing.
intervalo (máquina dinamoeléctrica) | clearance space.
intervalo (matemáticas) | point-pair.
intervalo (tiempo) | interspace.
intervalo abierto | extended interval.
intervalo angular | angular interval.
intervalo angular de ignición | firing angle.
intervalo armónico (música) | harmonic interval.
intervalo completo | whole step.
intervalo confidencial central | central confidence interval.
intérvalo crítico | critical-range.
intervalo crítico (metalurgia) | transformation range.
intervalo cronológico | cronological interval.
intervalo de aceleración (acelerador de partículas) | gap.
intérvalo de activación (electrónica) | turn-on time.
intervalo de agrupamiento | grouping interval.
intervalo de comprobación y reparación | test and repair interval.
intervalo de confianza | confidence interval.
intervalo de confianza bilateral | two-sided confidence interval.
intervalo de confianza imparcial | unbiased confidence interval.
intervalo de confianza insesgado (estadística) | unbiased confidende interval.
intervalo de confianza limitado | bounded length confidence interval.
intervalo de constante de tiempo | time constant range.
intervalo de cuantificación | quantizing interval.
intervalo de decadencia | decay time of a pulse.
intervalo de energía | energy gap.
intervalo de energía prohibido | forbidden energy gap.
intervalo de ennegrecimiento (fotografía) | contrast range.
intervalo de explosión (artillería) | burst interval.
intervalo de explosión (proyectiles) | bursting distance.
intervalo de fotogramas de 1 microsegundo | frame interval of 1 microsecond.
intervalo de frecuencia | frequency spacing.
intervalo de histéresis | hysteresis gap.
intervalo de impulsos | pulse spacing.
intervalo de la integración | interval of integration.
intervalo de manipulación (telegrafía) | spacing interval.
intervalo de marea | lunitidal interval.
intervalo de mayor error | range of the largest error.
intervalo de pago | payment interval.
intervalo de pH (análisis volumétrico) | pH differential.
intervalo de posicionamiento | seek time.
intervalo de potencia | power range.
intervalo de predicción | prediction interval | lead.
intervalo de quietud | interval of quietude.
intervalo de rectificado de manguitos | rebuffing cycle.
intervalo de recuento | counter range.
intérvalo de repetición | recurrence interval.
intervalo de reposo | period of rest | interval of quiescence | no-current interval | no current interval.
intervalo de reposo (telegrafía) | spacing interval.
intervalo de retorno (televisión) | retrace time.
intervalo de retroceso | flyback time retrace time.
intervalo de salidas (trenes, autobuses) | headway.
intervalo de sangría a sangría (alto horno) | tap-tap time.
intervalo de Sturm | interval of Sturm.
intervalo de supresión | blanking interval.
intervalo de temperatura | temperature interval.
intérvalo de temperatura en que el hierro alfa se transforma en hierro gamma (aceros) | critical-range.
intervalo de tiempo | time slice | time shared.
intervalo de tiempo de un impulso en la pantalla | ringtime.
intervalo de tiempo en que el avión permanece sobre el terreno esperando el despegue (avión carguero) | ground time.
intervalo de tiempo entre el crepúsculo matutino y el vespertino | dawn-to-dusk.
intervalo de tiempo entre el principio de un impulso radárico y el instante en que la energía del eco disminuye hasta el mínimo necesario para aparecer en la pantalla | ringtime.
intervalo de tiempo entre la aplicación de la presión y la aplicación de la corriente (soldadura por resistencia) | squeeze period.
intervalo de tiempo para recorrer una milla náutica y retorno con energía radárica (aproximadamente igual a 12,367 microsegundos) | radar nautical mile.
intervalo de tiempos de revelado (fotografía) | range of development times.
intervalo de trazado | plotting interval.
intervalo de 0,1% (análisis) | point.
intervalo de 3 minutos empezando 15 y 45 minutos después de cada hora en que los canales radio de emergencia sólo se usan para señales de socorro | international silence period.
intervalo decil | decile range.
intervalo diatónico | diatonic interval.
intervalo directo | root interval.
intervalo entre bloques | block gap.
intervalo entre canales | array pitch.
intervalo entre columnas en marcha | lead.
intervalo entre destellos | interval between flashes.
intervalo entre dígitos | interdigit pause.
intervalo entre dos olas (oceanografía) | trough of the sea.
intervalo entre el paso de la luna por el meridiano y la pleamar próxima | lunitidal interval.
intervalo entre explosiones en los diversos cilindros (motor policilíndrico) | firing interval.
intervalo entre impulsos | inter-pulse interval | interpulse period.
intervalo entre la hora de requisición y la hora en que se recibe el material | pipeline time.
intervalo entre la tensión de atracción y de desprendimiento (relés) | pull-in dropout gap.
intervalo entre las transmisiones de la estación magistral y los satélites (Lorán) | coding delay.
intervalo entre ordenadas (curvas) | interval between offsets.
intervalo entre registros | interrecord gap.
intervalo entre sangrías (alto horno) | tapping interval.
intervalo espigado-madurez (trigo) | heading-ripening interval.
intervalo fiducial | fiducial interval.
intervalo fundamental (música) | root interval.
intervalo graduable | adjustable dwell.
intervalo horizontal entre dos contrahuellas (escaleras) | go.
intervalo interceptado | intercept.
intervalo lunitidal | lunitidal interval.
intervalo medio ocupacional | average holding time.
intervalo melódico (música) | melodic interval.
intervalo mínimo (telefonía) | minimum pause.
intervalo mundial especial | special world interval (S.W.I).
intervalo nascencia - espigado (trigo) | emergence-heading interval.
intervalo no asegurado | unguarded interval.
intervalo no grabado | record gap.
intervalo piéstico | piestic interval.
intervalo por conducción | on period.
intervalo principal | main gap.
intervalo prohibido | forbidden gap.
intervalo reglamentario entre inspecciones sucesivas | statutory inspection interval.
intervalo resonante | resonant gap.
intervalo semiabierto | half-open interval.
intérvalo semicuartil | semiquartile range.
intervalo significativo | significant interval.
intervalo temperado (escala musical) | tempered interval.
intervalo térmico de transformación (metalurgia) transformation range.
intervalo unitario | signal interval.
intervalo unitario de un devanado | unit intervaling a winding.
intervalo vertical | vertical interval.
intervalómetro | interval regulator | timer | timing control.
intervalómetro (buques) | intervalometer.
intervalos | spread.
intervalos convenidos | agreed intervals.
intervalos cortos de tiempo | time shots.
intervalos de confianza más corta | shorter confidence intervals.
intervalos de recorridos tiempo o ciclos entre averías de conjuntos | mean time between.
intervalos de tiempos de acontecimientos estadísticos | random event time intervals.
intervalos disjuntos | disjoint intervals.
intervalos encajados sobre la recta | nested intervals on the line.
intervalos entre bloques | interblock gap.
intervalos estipulados | stipulated intervals.
intervalos exactamente espaciados | accurately timed intervals.
intervalvular | intervalvular.
intervarietal | intervarietal.
intervención | intervention | comptrollership | interference | auditing | auditorship.
intervención anterior | pre-audit.
intervención continua (de cuentas) | continuous audit.
intervención de caja | cash audit.

intervención de cuentas | auditing of accounts.
intervención de un operador (telegrafía) | operator recall.
intervención del balance | balance-sheet audit.
intervención detallada (cuentas) | detailed audit.
intervención fiscal | tax audit.
Intervención General | general auditing department.
intervención posterior | post-audit.
intervención quirúrgica grave | major.
intervención y comprobación de cuentas | audit.
intervencionismo | interventionism.
intervencionismo administrativo | administrative intervencionism.
intervenido | controlled.
intervenir | control (to) | break in (to) | audit (to) | intervene (to) | interpose (to) | intermediate (to).
intervenir cuentas | certify accounts (to).
intervenir judicialmente | attach (to).
interventor | receiver | controller | acceptor supra protest | auditor | scrutineer | commissioner | supervisor | superintendent.
interventor (de cuentas) | comptroller.
interventor auxiliar | junior auditor.
interventor de la quiebra (economía) | receiver in bankruptcy.
interventor de los bancos nacionales (EE.UU.) | controller of the currency.
interventor en caso necesario | referee in case of need.
Interventor General | Comptroller-General | auditor-general.
interventoría | comptrollership | controllership.
intervisibilidad | intervisibility.
interzonal | interzonal.
intestado (judicial) | intestate.
intestino | gut.
intestino delgado | small intestine.
intestino grueso | large intestine.
intestinos | inwards | bowels.
intimación (militar) | summons.
intimación a un juez para que suspenda un procedimiento | caveat.
intimidación | intimidation | bullying.
intimidar | intimidate (to) | concuss (to).
intimidar a los testigos | bully witnesses (to).
íntimo | confidential.
íntimo (amistad, etc.) | close.
íntimo (tratamientos térmicos) | through (G.B.).
intinción | intinction.
intitulado | entitled.
intitular | entitle (to) | title (to).
intolerabilidad | intolerableness.
intolerancia medicamentosa | medicine intolerance.
intolerante al calor | heat intolerant.
intonso (libros) | uncut.
intoxicación del cátodo | cathode poisoning.
intoxicación por alimentos | food intoxication.
intoxicación por respirar gases | gassing.
intoxicación profesional | occupational poisoning.
intoxicado con plomo | leaded.
intoxicado por gases asfixiantes (gaseado - milicia) | gassed.
intoxicado por un gas | gassed.
intoxicar con gas | gas (to).
intraanular | intra-annular.
intraatómico | intra-atomic.
intracavitario | intracavitary.
intracelular | intracellular.
intraclasto | intraclast.
intracortical | intracortical.
intracristalino | intracrystalline | transcrystalline.
intradós | intrados | reveal | wing bottom surface.
intradós (ala de avión) | lower surface | wing lower surface.
intradós (arcos) | soffit.
intrados de la cúpula | dome soffit.
intradós del muelle | spring intrados.
intradosal | intradosal.
intraespecífico | intraspecific.
intraestatal (EE.UU. y Canadá) | intrastate.
intrafax (facsímil - EE.UU.) | intrafax.
intraglaciar | intraglacial.
intraglaciar (geología) | englacial.
intragranular | intragranular.
intralamelar | intralamellar.
intralaminal | intralamellar.
intramagmático | intramagmatic.
intramorrénico | intramorainic.
intrancia | intrance.
intranquilidad social | social unrest.
intransferibilidad | nontransferability.
intransferible | nontransferable | nonnegotiable | nonassignable | not transferable | unassignable.
intransitabilidad | impassableness.
intransitable | impracticable.
intransitable (caminos) | impassable.
intransmisible | nontransferable.
intranuclear | intranuclear.
intrarreacción | inverse feedback.
intraseptal | intraseptal.
intratable | hard to deal.
intrincado | intricate.
intrínseco | intrinsic.
intrinsequedad | intrinsicalness.
introducción | coming in | entry | typing | letting-in.
introducción (de alguna cosa) | pressing in.
introducción (de una teoría, etc.) | curtain-raiser.
introducción (máquinas) | induction.
introducción de gas o vapor debajo de la superficie de un líquido | sparging.
introducción de sonidos o imágenes que no se producen en el estudio al tiempo de televisar | dub-in.
introducción de tapones metálicos en vez de piedras y substitución por estas una vez despachado de aduanas (comercio relojes) | upjeweling.
introducción de un muelle de acero pulido en el interior de un tubo delgado de cobre (curvado de tubos) | spring loading.
introducción de una secuencia de llamada | bootstrapping.
introducción de una sonda (medicina) | passage.
introducción desde teclado | keying.
introducción en la prensa de tecnología basada en el uso de computadores | introduction in the press of computer-assisted technology.
introducción en memoria central (informática) | swap in.
introducción frontal | front feed.
introducido bien a fondo | inserted fully home.
introducido desde el teclado | stroke written.
introducido en una cápsula metálica | encased in a metal capsule.
introducido por dentro | inserted from inside.
introducido por fuera | inserted from outside.
introducido por vía de reacción | introduced via reaction.
introduciendo los valores nominales | plugging nominal values.
introducir | take in (to) | put in (to) | cut in (to) | lodge (to) | enter (to) | stick (to) | run (to) | let in (to) | fill (to) | drive into (to) | drive in (to).
introducir (un líquido) | run in (to).
introducir (una moda) | bring in (to).
introducir a presión con el gato | jack down (to).
introducir con la pipeta | pipette (to).
introducir datos (informática) | enter (to).
introducir desde un teclado | key in (to).
introducir el modelo en la arena para obtener una impresión | bed (to).
introducir en | lead in (to).
introducir en la jaula de extracción (minas) | cage (to).
introducir en la recámara (el proyectil) | breech (to).
introducir en memoria | store (to).
introducir en memoria (informática) | move in (to) | usher in (to).
introducir en memoria (ordenador) | bring in (to).
introducir en memoria intermedia | buffer (to).
introducir gasolina en los cilindros | prime (to).
introducir información (calculadora electrónica) | write (to).
introducir paréntesis | insert parentheses (to).
introducir por intersección lógica | and into (to).
introducir por lectura (ordenador) | read in (to).
introducir un documento erróneamente | misfeed (to).
introducir un valor en memoria (informática) | toggle into (to).
introducir una clavija | plug-in (to).
introducir una secuencia de llamada | bootstrap (to).
introducir y extraer alternativamente | shuttle in and out (to).
introducirse | penetrate (to) | come in (to).
introductor frontal automático | automatic front feed.
introductor por lectura | read in.
introfacción (química) | introfaction.
introflexión | introflexion.
introgresión | introgression.
intromisión en la elección | interference in the election.
intromisión en los asuntos privados | invasion of privacy.
intromisión extraña | foreign interference.
intropulsivo | intropulsive.
introscopia (de tubos, cilindros, etcétera) | introscopy.
introscopio | introscope.
introscopio (cañones, interior de tubos o cilindros) | borescope.
introscopizar | introscopize (to).
introspección | introspection.
introvertido (personas) | withdrawn.
intruir | intrude (to).
intrusar | seize unlawfully (to).
intrusión | intrusion | encroachment.
intrusión abisal | abyssal intrusion.
intrusión de roca (dique - minas) | cog.
intrusión ígnea transgresiva inyectada (geología) | injected transgressive igneous intrusion.
intrusión plutónica | abyssal intrusion.
intrusión poiquilítica | poikilitic intrusion.
intrusiones diferenciadas | differentiated intrusions.
intrusiones plutónicas | abyssal intrusions.
intrusivo (geología) | irruptive.
intruso | intruder.
intubación | intubation.
intubación (medicina) | tubage.
intuición | feeling.
intuición de peligro | feeling of danger.
intuición física | physical intuition.
intumescencia | intumescence | swelling | overfall.
intumescencia (hidráulica) | solitary wave.
intumescer | intumesce (to).
inundabilidad | floodability.
inundable | floodable.
inundación | overflowing | overflow | inundation | drench | fresh | alluvion | flood | flooding.
inundación (de terrenos) | drowning.
inundación artificial defensiva | defensive artificial flooding.
inundación asimétrica (buques con averías) | asymmetric inundation.
inundación de avenida (ríos) | sheetflood.
inundación de la capa final para su curación (carreteras hormigón) | ponding.
inundación del mercado con artículos de bajo precio | dumping.

inundación del tanque principal de lastre (submarinos) | flooding of the main ballast.
inundación fluvial | flood flow.
inundación luminosa | high light.
inundación por acumulación de hielos (ríos) | ice flood.
inundado | flooded | awash.
inundado (buques) | waterlogged.
inundado (minas) | drowned.
inundado (terrenos) | flood-soaked.
inundado por el agua represada | dam-flooded.
inundador (aparato automático para inundar) | flooder.
inundador (medidor por inundación) | inundator.
inundador electrolítico (minas submarinas) | electrolytic flooder.
inundar | perfuse (to) | drown (to) | flood (to) | flush (to) | overflow (to).
inundar de luz | floodlight (to).
inundar el pañol de municiones (buques guerra) | flood the magazine (to).
inundar un compartimento para reducir la escora (buques con averías) | counter flood (to).
inuniformidad | nonuniformity.
inusado | nonused.
inusual | unconventional.
inutil | worthless.
inutilidades | useless things.
inutilizable | unserviceable | unusable.
inutilizable por desgaste | worn rough.
inutilizable por huelgo o desgaste | worn out.
inutilización | spoilage.
inutilizado | out of action | out of commission | unused | unserviceable.
inutilizado (material) | disabled.
inutilizando la pieza entera | ruining the entire piece.
inutilizar | spoil (to).
inutilizarse (máquinas) | fail (to).
inutilmente | to no avail.
invadeable | unfordable.
invadido por las aguas (buques) | waterlogged.
invadir | poach (to).
invadir (invasiones) | overrun (to).
invadir (minas) | encroach (to).
invadir (privilegios, etcétera) | entrench (to).
invadir una concesión vecina (minería) | encroach on a neighbouring concession (to).
invaginación | indigitation | invagination.
invaginación intestinal | intussusception.
invaginar | invaginate (to).
invalidación | invalidity | voidance | spoiling.
invalidar | void (to) | cancel (to) | declare void (to) | nullify (to) | invalidate (to) | override (to).
invalidar (documentos) | flaw (to).
invalidar (jurisprudencia) | irritate (to) | frustrate (to).
invalidez | invalidity | invalidism | disability | physical disability.
invalidez (incapacidad laboral) | disablement.
invalidez completa | total disablement.
invalidez mental | handicappedness.
invalidez parcial | partial disability | partial disablement.
invalidez permanente | permanent injury | permanent disability.
invalidez relativa | partial disability.
invalidez temporal | temporary disablement.
invalidez total | total disability.
invalidismo crónico | chronic invalidism.
inválido | invalid | disabled | physically disabled.
inválido (persona) | invalid.
inválido físico | physically handicapped.
invar | invar.
invariabilidad | unalterableness.
invariabilidad de la carga | charge invariance.
invariable | nonvariable | level | straight | constant.
invariable con el tiempo | time-invariant.
invariable en el tiempo | time-invariant.
invariancia | invariance.
invariancia cuadrática | quadratic invariance.
invariancia de dominio (topología) | invariance of domain.
invariante | monotonic quantity.
invariante adiabática | adiabatic invariant.
invariante algebraica | algebraic invariant.
invariante bilineal | bilinear invariant.
invariante de inercia | inertia invariant.
invariante de semisemejanza | semisimilarity invariant.
invarianza de conjugación partícula-antipartícula | particle-antiparticle conjugation invariance.
invarible | unchanging.
invasión | invasion | raid | encroachment.
invasión (de aguas, etc.) | encroachment.
invasor | invader | irruptive | incursionist.
invención | contrivance | device | finding.
invención (de una palabra) | mintage.
invendible | nonmarketable | unmerchantable | unmarketable | unsalable | not salable.
inventable | contrivable.
inventado (palabras) | coined.
inventar | fabricate (to) | devise (to) | design (to) | originate (to).
inventar (excusas, cuentos, etc.) | make up (to).
inventar (una frase o palabra) | mint (to).
inventariable | inventoriable.
inventariación | inventorying.
inventariado | inventoried.
inventariador | inventoryman.
inventarial | inventorial.
inventariar | inventory (to) | take the inventory (to) | mark down (to).
inventario | inventory | tally | return | list | stocktaking | schedule.
inventario a costos anteriores | last in first out.
inventario a costos mas viejos | last-in first-out inventory.
inventario a costos no actuales | last in first out.
inventario a precio fijo para existencias básicas | base stock method of inventory.
inventario a promedio compensado | weighed-average inventary.
inventario basado en un recuento actual | physical inventory.
inventario completo de la vida | biological classification and counting.
inventario contable | detailed account.
inventario continuo | perpetual inventory.
inventario de almacenes múltiples | multiwarehouse inventory.
inventario de árboles en pie (bosques) | enumeration (G.B.).
inventario de artículos usados | trade-in inventory.
inventario de contrato | contract schedule.
inventario de entrada | beginning inventory | opening inventory.
inventario de fin del ejercicio | accounts to the end of the fiscal year.
inventario de los materiales fértiles y fisionables (reactor nuclear) | metal inventory.
inventario de máquinas | schedule of machines.
inventario de materiales | material inventory.
inventario de mercaderías | stock taking.
inventario de recursos | survey of resources.
inventario de salida | closing inventory | ending inventory.
inventario detallado | itemized inventory.
inventario dinámico de horizonte infinito | infinite horizon dynamic inventory.
inventario extracontable | overhauling of stock.
inventario falseado (comercio) | faked balance-sheet.
inventario final | closing inventory | ending inventory.
inventario final a precio de venta | closing inventory at selling price.
inventario físico | physical inventory.
inventario físico (de mercancías) | physical stock-taking.
inventario forestal | forest inventory.
inventario inflado | padded inventory | swollen inventory.
inventario inicial | beginning inventory | opening inventory.
inventario nacional de desperdicios industriales | national industrial wastes inventory.
inventario oficial | opening inventory.
inventario permanente | running inventory | perpetual inventory | cyclical inventory.
inventario por últimos costes | first-in first-out inventory.
inventario promedio a precio de venta | average inventory at selling cost.
inventario según el libro | perpetual inventory.
inventario según los libros | book inventory.
inventario tácito | constructive inventory.
inventario valorado | inventory with valuation.
inventarios (concepto amplio) | income-long-run.
inventarios físicos | physical stocks.
invento | device.
invento patentable | patentable invention.
invento propiedad de la NASA (EE.UU.) | NASA-owned invention.
inventor | inventor.
inventor (de aparatos) | deviser.
inventor (de una frase) | coiner.
inventor de nacionalidad española | Spanish-born inventor.
inventora | inventress.
inventorial | inventorial.
invernáculo (jardines) | conservatory.
invernaderista | glass-house man | hothouse man.
invernadero | stove.
invernadero (jardines) | conservatory.
invernadero (para flores) | forcing house.
invernadero (plantas) | hotbed.
invernador (Argentina, Paraguay, Uruguay) | feeder.
inversa adiplicativa | addiplicative inverse.
inversa de la difluencia
inversa de la función potencial | inverse of the power function.
inversa de la función seno | inverse sine function.
inversa de la rigidez acústica | acoustic compliance.
inversa de una serie de potencias | reversion of a power series.
inversa principal | principal inverse.
inversamente | conversely | contrariwise.
inversamente proporcional a | inversely proportional to.
inversas de transformaciones | inverses of transformations.
inversión | capital spending | capital investment | switching | reversing | investment | inversion | recumbence.
inversión (anteojo de teodolito) | change-face.
inversión (de dinero) | expenditure.
inversión (fotografía) | reversion.
inversión (funderías) | rolling over.
inversión (geología) | bending | overturn.
inversión (telegrafía) | case shift.
inversión (volumen de obra - en moneda) | turnover.
inversión a fondo perdido | sinking investment.
inversión automática | automatic reversing | automatic reversal.
inversión autónoma | autonomous investment.
inversión comercial | trade investment.
inversión con propósitos de racionalización | rationalising investment.
inversión de conductores (líneas sobre postes) | poling.
inversión de corriente (telegrafía) | curbing.
inversión de empuje (aeronáutica) | thrust reverse.
inversión de fase | phase reversal.
inversión de fondos | investing | investment of funds.
inversión de ganancias en bienes de produc-

ción | plowing back.
inversión de la fuerza de control (aviones) | control force reversal.
inversión de la imagen por exposición excesiva (fotografía) | solarization.
inversión de la izquierda por la derecha (imágenes en espejos) | left-for-right reversal.
inversión de la marcha | plugging.
inversión de la población (máser) | population inversion.
inversión de la temperatura (meteorología) | temperature inversion.
inversión de letras | unshift.
inversión de los mandos (aviones) | control reversal.
inversión de los vientos alisios | trade-wind inversion.
inversión de polos | pole inversion.
inversión de renta fija | fixed interest investment.
inversión de temperatura entre los vientos alisios y el aire seco situado más arriba | trade inversion.
inversión de una serie (matemáticas) | reversion of a series.
inversión del ahorro íntegro | investing of the economy's savings.
inversión del empuje (avión) | jet deflection.
inversión del modo natural de actuar la palanca de mando (aerodinámica) | stick reversal.
inversión del par vibratorio | vibratory torque reversal.
inversión del positivo a negativo o viceversa por tratamiento químico (fotografía) | chemical reversal.
inversión del sentido de movimiento de la cinta (máquina escribir) | ribbon reverse.
inversión en bolsa a plazo largo | buying long.
inversión en ultramar | overseas investment.
inversión excesiva | overinvesment.
inversión exterior | international investment.
inversión extranjera | foreign investment.
inversión extrarrápida | instantaneous reverse.
inversión legal | legal investment.
inversión lenta | slow stall turn.
inversión lucrativa | profitable investment.
inversión mayoritaria | controlling interest.
inversión monoclínica tetragonal | monoclinic-tetragonal inversion.
inversión planeada | intended investment.
inversión planificada | planned investment.
inversión por cada línea horizontal de la matriz | row-by-row matrix inversion.
inversión presupuestada | budgeted investment.
inversión productiva | interest-bearing investment | productive investment.
inversión realizada | realized investment.
inversión total | aggregate investment.
inversión violenta del sentido de rotación (motores) | back-kick.
inversiones a largo plazo | permanent investments.
inversiones al precio de coste | investments at cost.
inversiones con cotización oficial | listed investments.
inversiones de capital | capital expenditure.
inversiones de cartera | portfolio investments.
inversiones de las instituciones | institutional investments.
inversiones directas | direct investments.
inversiones en acciones | investment in shares.
inversiones en bienes de equipo | investment in material assets.
inversiones en capital fijo | investment in fixed capital.
inversiones en compañías afiliadas | investment in affiliated companies.
inversiones en el extranjero | investments abroad | investments in foreign countries.
inversiones en empresas eléctricas | electric utility investment.
inversiones en valores | investment current.
inversiones en valores mobiliarios | investments in real estate.
inversiones extranjeras privadas | private foreign investments.
inversiones inmobiliarias | investment in real estate | investments in house property.
inversiones públicas | government capital expenditure | public investments.
inversiones sin cotización oficial | unquoted investments.
inversiones totales en activo fijo | gross investment in fixed assets.
inversionista | investor | inversionist.
inverso | reversed | converse | inverse | opposed.
inverso multiplicativo | multiplicative inverse.
inversor | alteration switch | reverser | change-over switch | reversing-switch | inverter | invertor.
inversor (telescopios) | erecting glass.
inversor de arco de mercurio | mercury-arc invertor.
inversor de capital | capital investor.
inversor de contactor | contactor reverser.
inversor de conversación | speech scrambler.
inversor de conversación telefónica | speech inverter.
inversor de corriente | current reverser | reversing-switch | reverser.
inversor de corriente (electricidad) | electrepeter.
inversor de corriente estatórica | stator reverser.
inversor de empuje de tipo cascada | cascade type thrust reverser.
inversor de fase | phase inverter.
inversor de fase de carga dividida | split-load phase inverter.
inversor de fase monoválvular | single-tube phase inverter.
inversor de fases | phase inverser.
inversor de frecuencias vocales | speech inverter.
inversor de imágenes (óptica) | erector.
inversor de marcha | reverser.
inversor de polaridad | pole changer.
inversor de polos | pole-reverser | pole-changer.
inversor de potencia | power inverter.
inversor de señal | signal inverter.
inversor de tiratrón | thyratron inverter.
inversor del empuje | thrust reverser.
inversor del tipo de vibrador | vibrator type inverter.
inversor electrónico | electronic inverter.
inversor estático de corriente continua a corriente alterna | static dc-to-ac power inverter.
inversor estático de diodo Esaki | tunnel diode static inverter.
inversor estático trifásico | three-phase static inverter.
inversor magnético | magnetic inverter.
inversor óptico | optical switch.
inversor telefónico (secreto) | speech inverter.
invertasa | saccharase.
invertasa (bioquímica) | invertase.
invertebrado con tentáculos | tentacled invertebrate.
invertibilidad | invertibility.
invertibilidad (de dinero) | expendability.
invertible | invertible | investible | reversible.
invertido | inverse | reversed | upside down.
invertido de cuaderna (buques) | reverse bar | reverse frame.
invertido de varenga | reverse angle | floor top bar.
invertidor | inverter | invertor | reverser.
invertidos de varengas | floor reverse angles.
invertir | invert (to) | overturn (to) | revert (to) | end for end (to) | turn over (to) | turn upside down (to).
invertir (dinero) | expend (to).
invertir dinero | invest (to).
invertir el anteojo (aparato topográfico) | reverse (to).
invertir el paso de la hélice para frenar el avión | reverse (to).
invertir el sentido de giro (máquinas) | reverse the engine (to).
invertir ganancias en bienes de producción | plow back (to).
invertir la marcha | reverse (to).
invertir la marcha (máquinas) | reverse the engine (to).
invertir las ganancias en el negocio | plow back (to).
invertir su espín de arriba abajo | flip its spin from up to down (to).
investido | conferee.
investido de autoridad | authorized | girt with authority.
investido de poderes | commissioned.
investidura | investment.
investidura como presidente | chairmanship.
investidura de la presidencia | office of the presidency.
investidura de presidente | investiture of president.
investigable | searchable.
investigable (causa judicial) | examinable.
investigación | search | canvass | checkup | investigation | research | survey | shooting | inquiry | enquiry.
investigación aeroespacial | aerospace research.
investigación antisubmarinos combinada | coordinated antisubmarine search.
investigación aplicada | engineering research.
investigación básica | basic research.
investigación colectiva | team investigation.
investigación con cohetes de la atmósfera superior | upper-atmosphere rocket research.
investigación cooperativa | team research.
investigación cuantitativa | quantitative investigation.
investigación de actividades al margen de la ley | crime probe.
investigación de averías | troubleshooting.
investigación de comercialización | marketing research.
investigación de documentos | information retrieval.
investigación de fines lucrativos | profit-oriented research.
investigación de la avería metódicamente | stage-by-stage trouble shooting.
investigación de mercados | market research.
investigación de motivaciones | motivation research.
investigación de salarios laborales | occupational wage survey.
investigación demográfica | population investigation.
investigación dirigida (con un plan ya establecido de antemano) | design research.
investigación econométrica | econometric research.
investigación empleando modelos hidráulicos | hydraulic model investigation.
investigación en curso | ongoing research.
investigación en el laboratorio | laboratory investigation.
investigación en estudio | on going research.
investigación en materiles fisionables o fusionables | high-energy research.
investigación enoquímica | enochemical investigation.
investigación estadística | statistical inquiry.
investigación evaluativa | evaluative research.
investigación exhaustiva e intensiva | exhaustive and intensive investigation.
investigación experimental | experimental research.
investigación financiada por el Estado | government-financed research.
investigación geotérmica europea | european geothermal research.

investigación gerontológica | gerontological research.
investigación hidrofóbica (medicina) | rabies investigation.
investigación in situ | in situ investigation.
investigación industrial | engineering investigation.
investigación informativa | pilot survey.
investigación instrumental | instrumental investigation.
investigación interdisciplinaria | interdisciplinary investigation.
investigación jurídica | juristic investigation.
investigación mancomunada | team research.
investigación mecanizada | mechanized searching.
investigación medicoespacial | space medical research.
investigación microrradiográfica | microradiographic investigation.
investigación oficiosa | informal investigation.
investigación operacional | operations research | operational investigation.
investigación operacional (talleres) | operational research.
investigación operativa | operational research | operational unit | operations research.
investigación para la prueba de un principio | proof-of-principle research.
investigación para obtener datos para el mando (milicia) | operational research.
investigación patrocinada por la industria | industry-sponsored research.
investigación patrocinada por la Marina | Navy-sponsored research.
investigación peligrosa | risky research.
investigación política de una persona | security investigation.
investigación por cohete-sonda de la alta atmósfera | high-altitude rocket research.
investigación por las empresas privadas | private enterprise research.
investigación por tablas | table look-at.
investigación posterior | after-inquiry.
investigación previa | preliminary investigation.
investigación previa a un juicio | pretrial investigation.
investigación relacionada con la salud | health-related research.
investigación sobre actividades personales | security clearance.
investigación social financiada federalmente | federally financed social research.
investigación subvencionada | fellowship.
investigación temporal del mercado | marketing.
investigación topológica | topological search.
investigación universitaria | university-based research.
investigación y corrección de averías | trouble-shooting.
investigación y desarrollo | R D.
investigaciones arqueológicas | antiquarian researches.
investigaciones sobre los recursos hídricos | water-resources investigations.
investigador | surveyor | searcher | investigator | researcher | research worker.
investigador aislado | individual investigator.
investigador científico | scientist.
investigador competente | able investigator.
investigador de ventas a plazos | credit man.
investigador eminente | eminent researcher.
investigador operacional | operations researcher.
investigar | examine (to) | pry (to) | inquire (to) | find out (to) | canvass (to).
investigar averías | troubleshoot (to).
investigar el reportero (periodismo) | cover (to).
investigar laboriosamente | dig (to).
investigativo | investigative.
investir | vesture (to) | vest (to) | indue (to).
investir (de una misión) | entrust with (to).
investir (plaza fuerte) | hem in (to).
investir con derechos legales | vest with legal rights (to).
investir de poderes | invest with powers (to).
investir de una dignidad | invest (to).
investir facultades | invest power (to).
inveterado (costumbres) | confirmed.
inveteradura | inveteracy.
inviable | nonviable.
invierno | winter.
invierno muy frío que origina formación de hielo en el mar | ice winter.
inviolabilidad (pactos) | infrangibility.
inviolabilidad de la correspondencia | inviolability of letter.
inviolable (ley) | irrefrangible.
inviolable (pactos) | infrangible.
inviscido | inviscid.
invisible | invisible.
invisible a simple vista | invisible to the naked eye.
invitación a transmitir | invitation to send.
invitado a pagar | called upon to pay.
invitar | invite (to).
invitar a preguntas por la audiencia (conferencias) | invite questions from the floor (to).
invitrificabilidad | invitrifiability.
invitrificable | invitrificable.
invocable (excusa) | pleadable.
invocar la regla de clausura | invoke cloture (to).
involátil | nonvolatile.
involcable | uncapsizable.
involución | involution.
involución de período 17 (matemáticas) | involution of period seventeen.
involución de rectas | line involution.
involucional | involutorial | involutional.
involucrado (botánica) | enveloping.
involucrar | involve (to).
involucro (botánica) | investment.
involumetría | involumetry.
involuntario | avolitional | unintentional.
involuta (curva) | involute | involute curve.
involutivo | involutorial.
inyección | pressing in | injection.
inyección (geología) | intrusion.
inyección (maderas) | impregnation.
inyección a base de arcilla | clay based grouting.
inyección a presión | pressure grouting.
inyección abisal | abyssal injection.
inyección auxiliar de combustible | pilot fuel injection.
inyección cíclica | timed injection.
inyección concordante | concordant injection.
inyección cristalífera (medicina) | crystalliferous injection.
inyección de agua (estimulación de la producción en pozos petróleo) | waterflood.
inyección de agua (estimulación pozos de petróleo) | waterflooding.
inyección de agua en un yacimiento petrolífero (pozo petróleo) | water drive.
inyección de aguas usadas en pozos profundos | deep well waste injection.
inyección de aire | air injection.
inyección de aire (petróleo) | air drive.
inyección de aluviones | alluvial grouting.
inyección de arcilla | clay grouting.
inyección de asfalto caliente debajo de la losa de hormigón (carreteras) | subsealing.
inyección de cemento | cement injection | injection of cement.
inyección de cemento por etapas | stage grouting.
inyección de cimentación | foundation grouting.
inyección de combustible en el aire disponible del gas producido en el generador de gas (turbina de gas de pistones libres) | afterburning.
inyección de combustible en los gases de exhaustación (motor de chorro) | afterburning.
inyección de combustible sólido pulverizado (alto horno) | solid fuel injection.
inyección de espuma | foam flooding.
inyección de gas (yacimiento petrolífero) | repressuring.
inyección de helio por irradiación de partículas del ciclotrón | cyclotron injection of helium.
inyección de lechada de cemento u otra sustancia | gunning.
inyección de lodo tixotrópico de bentonita | bentonite thixotropic slurry injection.
inyección de mortero de cemento | sand-cement grout.
inyección de mortero de cemento a presión | pressure grouting.
inyección de mortero de cemento en las minas (contra el agua) | mine grouting.
inyección de oxígeno y cal en polvo (alto horno) | oxygen-powdered-lime injection.
inyección de pasta de minio en una junta para hacerla estanca (buques) | gunning.
inyección de portadora luminosa | light carrier injection.
inyección de portadora minoritaria | minority carrier injection.
inyección de refrigerante a alta presión | high pressure coolant injection.
inyección de sentina | bilge injection.
inyección de un voltaje de antifase | injecting an antiphase voltage.
inyección de vapor | steaming.
inyección de vapor (fabricación gas de agua) | run.
inyección de vapor de agua (horno de destilación de hullas) | steaming.
inyección del combustible | fuel injection.
inyección del combustible (motores) | injection.
inyección directa (plásticos) | runnerless injection moulding.
inyección discordante | discordant injection.
inyección en dos fases | two-phase injection.
inyección en órbita lunar | injection into lunar orbit.
inyección forzada de cemento (pozo petróleo) | squeeze.
inyección hecha bajo el campo del microscopio | microinjection.
inyección hidráulica del combustible | hydraulic fuel injection.
inyección iniciadora de petróleo para inflamar la mezcla (motores diesel de dos combustibles) | pilot injection.
inyección interlaminar | interlaminar injection.
inyección inversa (petróleo) | reverse circulation.
inyección mecánica del combustible (motor diesel) | solid injection.
inyección múltiple (geología) | staccato injection.
inyección neumática | air injection.
inyección para consolidación | consolidation grouting.
inyección periférica | satellitic injection.
inyección por aire comprimido | air injection.
inyección por bomba (motor diesel) | solid injection.
inyección por bomba (motores) | airless injection.
inyección por bomba a un colector común (motores) | common-rail injection.
inyección por bomba pulsatoria (motores) | jerk-pump injection.
inyección por chorro de aire | air blast injection.
inyección preliminar | pilot injection.
inyección preliminar de combustible (motores) | fuel pilot injection.
inyección preliminar de fueloil | fuel-oil pilot injection.
inyección satelítica | satellitic injection.
inyección temporizada | timed injection.
inyección y extracción de electrones | electron injection and extraction.
inyecciones de asfalto | asphalt grouting.

inyecciones de cemento a gran presión | high-pressure grouting.
inyecciones de cemento para estabilización de terraplenes | embankment grouting.
inyecciones de colchón (presas) | blanket grouting.
inyecciones de enlechado | grouting.
inyecciones de mortero de cemento | mortar injections.
inyecciones de pantalla (impermeabilización de presas) | curtain grouting.
inyectabilidad | injectability.
inyectable | injectable.
inyectada (maderas) | impregnated.
inyectado | injected.
inyectado a presión | force-pumped.
inyectado a presión (maderas) | pressure-treated.
inyectado a presión (mortero) | pressure-grouted.
inyectado con lechada de cemento a presión de 10 kilos | injected with cement under a pressure of 10 kg.
inyectante | injectant.
inyectar | inject (to) | throw in (to).
inyectar (maderas) | impregnate (to).
inyectar (traviesas) | treat (to).
inyectar aire | blast (to) | blow (to).
inyectar la madera | impregnate wood (to).
inyectar lechada de cemento a presión | grout (to).
inyectar mortero de cemento a presión | pressure-grout (to).
inyectar nitrógeno licuado | inject liquid nitrogen (to).
inyectar oxígeno con la lanza (fabricación del acero) | lance (to).
inyectividad | injectivity.
inyector (calderas, motores) | injector.
inyector (de un líquido) | propeller.
inyector (motor diesel) | spray nozzle.
inyector (motores) | spray valve.
inyector (rueda Pelton) | turbine needle.
inyector (rueda Pelton, motor diesel) | nozzle.
inyector aspirante | lifting injector | inspirator.
inyector automático | automatic injector.
inyector con retorno | spill burner.
inyector con tobera poliagujeros (motores) | multihole nozzle injector.
inyector de abono | root injector.
inyector de autocebado | restarting injector.
inyector de cabezal rociador | shower-head type injector.
inyector de cemento | cement gun.
inyector de combustible (motores) | sprayer.
inyector de dos boquillas (motores) | two-spray atomizer.
inyector de electrones | electron injector.
inyector de encendido | torch igniter.
inyector de grasa lubricante | gun.
inyector de iones negativos de hidrógeno | negative hydrogen ion injector.
inyector de masilla de minio (costuras remachadas que pierden) | putty gun.
inyector de protones | proton injector | proton gun.
inyector de retorno | spill flow burner.
inyector de señales | signal injector.
inyector de sincrotrón electrónico | electron synchrotron injector.
inyector de turbulencia (motores) | swirl-type atomizer.
inyector de válvula de aguja accionado por resorte | spring-loaded needle valve injector.
inyector del combustible | fuel injector.
inyector del combustible (motores) | fuel needle valve.
inyector dosificador | dose injector.
inyector protónico para acelerador lineal | proton linear-accelerator injector.
inyector que ha quedado abierto por agarrotamiento (motores) | stuck-open injector.
inzozobrable | uncapsizable.
ioduro de plata | silver iodine.
iolita | cordierite.
iolita alterada | auralite.
ion | ion.
ion ácido | acid ion.
ión alumínico | aluminum ion.
ion anfotérico | zwitterion.
ión anfotero | dual ion | amphoteric ion.
ión básico | basic ion.
ion carbónio | carbonium ion.
ión con carga positiva y negativa | zwitterion.
ion de oxígeno entre dos iones de silicio | bridging oxygen.
ión del agente de adición | addition-agent ion.
ión doblemente cargado | doubly-charged ion.
ion electródico | electrodic ion.
ión electronegativo | electronegative ion.
ión electropositivo | electropositive ion.
ión enolato | enolate ion.
ion férrico | ferric ion.
ion hidrógeno | hydrogen ion.
ion hidrónico | hydronium ion.
ión hidróxilo | hydroxyl ion.
ión labil | adion.
ion macrorreticular | macroreticular ion.
ión metálico adsorbido | adsorbed metallic ion.
ion metálico pesado | heavy metal ion.
ion molecular | molecular ion.
ion molecular mésico | mesic molecular ion.
ión negativo desprovisto de electrones y convertido en ión positivo | stripped ion.
ion neutro | hybrid ion.
ion nitrato | nitrate-ion.
ion nucleófilo | electron-yielding ion.
ión o compuesto que emigra con preferencia a los huesos | bone seeker.
ión osmiamado | osmiamate ion.
ión sódico | sodion.
ion solvatado | solvated ion.
ion supratermal | suprathermal ion.
ion uninegativo | uninegative ion.
ion unipositivo | unipositive ion.
iones aromáticos | aromatic ions.
iones de gran velocidad que pueden ser acelerados continuamente por un campo eléctrico (plasma) | runaway ions.
iones de litio implantados | implanted lithium ions.
iones de plomo | lead ions.
iones de signos contrarios | unlike ions.
iones extraños | foreign ions.
iones pi | pi-ions.
ion-gramo | gramme ion.
ión-gramo (peso atómico de un ión expresado en gramos) | gram ion.
ionicidad | ionicity.
iónico | ion.
ionio | ionium.
ionita (California) | ionite.
ionizabilidad | ionizability.
ionización | ionization | electrolytic dissociation.
ionización (lámpara de radio) | gassiness.
ionización acumulativa | cumulative ionization | electron avalanche.
ionización acumulativa (proceso por el que un electrón produce más de uno adicional por choque) | avalanche.
ionización alineada con el campo | field-aligned ionization.
ionización atérmica | nonthermal ionization.
ionización atmosférica | atmospheric ionization.
ionización atómica | atomic ionization.
ionización auroral | auroral ionization.
ionización brusca | burst.
ionización electrónica | electronic ionization.
ionización en alud | electron avalanche.
ionización en cadena | electron avalanche.
ionización en cascada | cumulative ionization.
ionización en columna | columnar ionization.
ionización específica | specific ionization.
ionización instantánea por rayos cósmicos | burst.
ionización lineal | linear ionization.
ionización médica | medical ionization.
ionización meteórica | meteoric ionization | meteor burst.
ionización mínima | minimum ionization.
ionización múltiple | multiple ionization.
ionización por colisión | cumulative ionization | collision ionization | impact ionization.
ionización por hilo caliente | hot wire ionization.
ionización por radiación | radiation ionization.
ionización producida por meteoros (propagación de ondas) | meteor burst.
ionización producida por rayos gamma | gamma-produced ionization.
ionizado por choque | shock-ionized.
ionizador | ionizer | ioniser.
ionizar | ionize (to).
ionófono | ionophone.
ionofóresis | ionophoresis.
ionógeno | ionogen | ionogenic.
ionógrafo | ionograph.
ionograma | ionogram.
ionograma de la ionosfera superior | topside ionogram.
ionoluminescencia | ionoluminescence.
ionoluminiscente | ionoluminescent.
ionómetro (radiología) | ionometro.
ionopausa | ionopause.
ionoplastia | ionosplasty | ionoplasty.
ionosfera | ionosphere.
ionosfera de límites muy definidos | sharply bounded ionosphere.
ionosfera en calma | quiet inosphere.
ionosfera en su parte superior | topside ionosphere.
ionosfera irregular | random ionosphere.
ionosférico | ionospheric | ionosphere.
ionosonda | ionosonde.
ionoterapia | iontherapy | ionotherapy.
ionotropia | ionotropy.
ipé (Tabebuia guayacan) | ipe.
ipecacuana | ipecac.
iperita | mustard gas.
iperita (química) | yperite.
iperita pura | purified mustard gas.
ipsiliforme | γ-shaped.
ipsofonía | ipsophony.
ipsófono (telefonía) | ipsophone.
ir (bien o mal) | work (to).
ir a buscar | get (to) | fetch (to).
ir a casa | go home (to).
ir a gran velocidad (en coche o bicicleta) | scorch (to).
ir a la deriva | go adrift (to).
ir a la huelga | go on strike (to).
ir a la vela | sail (to).
ir a menos | diminish (to) | abate (to) | decline (to).
ir a remolque (buques) | be in tow (to).
ir a toda marcha | race (to).
ir a toda velocidad | race (to) | run at speed (to).
ir adelante | keep on (to).
ir al garete | break sheer (to).
ir al grano | come to the point (to).
ir al mismo paso que | keep pace with (to).
ir arrastrado por la corriente | drift (to).
ir atrás | sternway (to).
ir contra la pista (caza) | hunt counter (to).
ir de caza | go a-hunting (to).
ir de compras | go shopping (to) | shop (to).
ir de descubierta | go reconnoitering (to).
ir de tiendas | go shopping (to).
ir detrás de | follow (to).
ir en cabeza de | lead (to).
ir en coche | drive (to).
ir en cola | bring up the rear (to) | closeup the rear (to).
ir en decadencia | be on the decline (to).
ir en lastre (buques) | ballast (to).
ir en pos de | follow (to).
ir en tranvía | tram (to).
ir hacia el blanco como reacción a alguna

influencia (como calor, luz o ruido emitido por el banco) | seek (to).
ir largando cable | runout (to).
ir largando cuerda | runout (to).
ir más despacio | slowdown (to).
ir oblicuamente | slope (to).
ir paralelamente a | parallel (to).
ir por | fetch (to).
ir reduciendo el número de puntos (labores de punto) | narrow (to).
ir y venir al lugar del negocio | go to and from the place of business (to).
iranio | Iranian.
iranofonismo | iranophonism.
iraser | iraser.
irdomo (cubierta transparente al infrarrojo) | irdome.
iridación | iridation.
iridescencia (fotografía) | fringe.
iridescente (mineralogía) | pavonine.
iridiar | iridize (to).
iridio (Ir) | iridium.
iridiscencia | iridescence | irisation.
iridiscencia (óptica) | fringing.
iridiscencia metálica | metallic iridescence.
iridiscente | iridescent.
iridiscer | iridesce (to).
iridización | iridization.
iris | iris.
iris (ojo, cámara fotográfica) | iris.
iris abierto (fotografía) | iris-in.
iris cerrado (fotografía) | iris-out.
irisación | iridescence | irisation.
irisado | iridescent.
irisar | iridesce (to) | iris (to).
iroko (Clorophora excelsa - Bent & Hook'f) | abang.
iroko (Clorophora excelsa - Benth) | African teak.
iroko (Chlorophora excelsa) | ulono | iroko.
iroko (Chlorophora excelsa - Benth & Hook, f) | odoum.
iroko (Chorophora escelsa - Benth Hook, f) | tule.
irona (química) | irone.
irracional (número) | surd.
irracionalidad | irrationality.
irracionalismo | irrationalism.
irradiación | exposure | irradiation | irradiance | raying.
irradiación (con cuerpos radiactivos) | dosing.
irradiación (de partículas radioactivas) | radiation.
irradiación (nucleónica) | bombardment.
irradiación (topografía) | radiation.
irradiación aguda | acute exposure.
irradiación biológica de débil intensidad | low-flux biological irradiation.
irradiación con luz ultravioleta | U.V. irradiation.
irradiación con neutrones monoenergéticos | monoenergetic neutron irradiation.
irradiación con un haz lasérico hiperenergético | irradiation with a high-power laser beam.
irradiación crónica | chronic exposure.
irradiación de alimentos con isótopos | food radiation.
irradiación de aniquilación | annihilation radiation.
irradiación de descarga | discharge exposure.
irradiación de la cuchilla de metal duro | hardmetal bit irradiation.
irradiación de neutrones | neutron radiation.
irradiación de una parte | partial exposure.
irradiación dentro del reactor nuclear | reactor irradiation.
irradiación durante un período largo de tiempo | chronic exposure.
irradiación excepcional concertada | emergency exposure to external radiations.
irradiación externa | external exposure.
irradiación extracorpórea | extracorporeal irradiation.
irradiación gamma | γ-irradiation.
irradiación global | white body exposure | whole-body exposure | whole body exposure.
irradiación hacia abajo | downward irradiance.
irradiación interna | internal irradiation.
irradiación local | partial exposure.
irradiación modulada por la hélice (aviones) | propeller-modulated radiation.
irradiación natural | background exposure.
irradiación neutrónica | neutron irradiation.
irradiación nuclear | nuclear irradiation.
irradiación por neutrones | irradiation by neutrons.
irradiación por particulas pesadas | heavy particle irradiation.
irradiación residual (explosión nuclear) | residual radiation.
irradiación total | total exposure | spray radiation treatment.
irradiaciones por partículas cargadas | charged particles irradiations.
irradiado | irradiated.
irradiado con carbono 14 | C 14-labeled.
irradiado con deuterones | deuteron-irradiated.
irradiado con electrones hiperenergéticos | electron-irradiated.
irradiado con impulsos electrónicos de 10 MeV | irradiated with 10 MeV electron pulses.
irradiado con isótopos | irradiated.
irradiado con neutrones | neutron-irradiated | neutron irradiated.
irradiado con radioisótopo | radioisotope-tagged.
irradiado con rayos gamma | gamma-irradiated | γ-irradiated.
irradiado con rayos Roentgen | X-irradiated.
irradiado con rayos X | X-irradiated.
irradiado con un isótopo de carbono | carbon-labeled.
irradiado por fragmentos de fisión | fission fragment-irradiated.
irradiado por neutrones | neutron-damaged.
irradiado por neutrones rápidos | fast-neutron irradiated.
irradiador | irradiator | irradiation loop | irradiation rig.
irradiador de cesio-137 | cesium-137 irradiator.
irradiador de cobalto-60 | cobalt bomb.
irradiador de rayos gamma | gamma irradiator.
irradiancia | irradiance.
irradiar | irradiate (to) | radiate (to).
irradiar (con un cuerpo radioactivo) | dose (to).
irradiar (luz) | emit (to).
irradiar (nucleónica) | bombard (to).
irradiar con carbono-14 | carbon-14 label (to).
irradiar con isótopos | irradiate (to) | label (to).
irradiar con radioisótopo | radioisotope tag (to).
irradiar con rayos gamma | dose with γ-rays (to).
irradiar con rayos X | X-irradiate (to).
irradiar dentro del reactor nuclear | pile-irradiate (to).
irradiar por impulsos electrónicos | pulse irradiate (to).
irreal (física) | virtual.
irrecristalizado | unrecrystallized.
irrecuperable | nonrecoverable.
irrecuperativo | nonrecuperative.
irrecusable (testimonio) | incontestable.
irredimible (jurisprudencia) | irrepleviable.
irreemplazable | irreplaceable.
irreflexividad | irreflexivity.
irrefrangible | irrefrangible.
irrefrenable | uncontrollable.
irregulable | nonadjustable.
irregular | irregular | nonuniform | erratic | abnormal.
irregularidad | irregularity | anomaly.
irregularidad (de la superficie) | roughness.
irregularidad cíclica | cyclic irregularity.
irregularidad de forma (abogacía) | legal irregularity.
irregularidad de funcionamiento | erraticness.
irregularidad de funcionamiento a pocas revoluciones (motores) | hunting.
irregularidad de la correa | unevenness of the belt.
irregularidad de la superficie | surface irregularity.
irregularidad de marcha | erratic working.
irregularidad del hilo | unevenness of yarn.
irregularidad del surco (discos gramofónicos) | pinch effect.
irregularidad externa o interna en un recipiente de vidrio | dapple.
irregularidad periódica | cyclic irregularity.
irregularidad superficial del tornillo | screw surface irregularity.
irregularidades geométricas | geometrical irregularities.
irregularidades microgeométricas | microgeometric irregularities.
irregularidades producidas por el estilete de filos rectos al grabar discos matrices | horns.
irregularidades superficiales con separación mayor que la aspereza (acabado de superficies) | waviness.
irregularmente dispuesto | irregularly-arranged.
irregularmente orientada | irregularly orientated.
irregularmente redondeado | irregularly-rounded.
irremovible | nondetachable.
irremunerativo | unremunerative.
irrentable | nonprofitable.
irreparabilidad | irreparableness.
irreparable | unrepairable.
irresistible | compelling.
irresoluble (estrellas) | indecomposable.
irresoluble al microscopio | nonresolvable under the microscope.
irresolución | feeble-mindedness.
irrespirabilidad | irrespirability.
irresponsable | unbusinesslike.
irrestringido | unrestricted.
irreversibilidad | irreversibleness | irreversibility.
irreversible | nonreversible.
irreversible (máquinas) | one-way.
irreversible (reacciones) | frozen.
irreversible (tornillo sin fin) | self braking.
irreversiblemente adsorbido | irreversibly adsorbed.
irrevocabilidad | irrevocability | irreversibility | irreversibleness | indefeasibility.
irrevocable (jurisprudencia) | indefeasible.
irrigable | irrigatable.
irrigación | irrigation.
irrigación con aguas cloacales | sewage farming.
irrigación por charcos | basin irrigation.
irrigado | irrigated.
irrigado por aspersión | sprinkler-irrigated.
irrigador (medicina) | irrigator.
irrigar | irrigate (to).
irritación (de la piel) | chafing.
irritado (medicina) | angry.
irritante | irritant | irritating | pungent | acrid.
irritar | irritate (to).
írrito | null | null and void | void.
irrogar | entail (to).
irrogar gastos | entail expenses (to).
irrompibilidad | unbreakableness.
irrompible | nonbreakable | unbreakable | shatterproof | infrangible.
irrotación | irrotation.
irrotacionalidad | irrotationality.
irrumpir | break in (to).
irrupción | irruption | foray | surge | inburst | breaking | breaking in | inrush | eruption.
irrupción (de aguas) | incoming.
irrupción de agua (minas) | swallet | make of water.

irrupción del mar | sea break.
irruptivo | irruptive.
irse | clear off (to) | go (to) | leave (to).
irse a la empinada | rear (to).
irse a la ronza (buques) | sag (to).
irse a pique | go down (to) | go to the bottom (to) | sink bung (to) | sink (to) | wreck (to) | founder (to).
irse a pique (buque) | sink (to).
irse de (de la memoria) | slip (to).
isabela (color) | cream.
iságono | isagon.
isakaira | isakair.
isalobara (meteorología) | isallobar.
isalohipsa | isallohypse.
isaloterma | isallotherm.
isamétrico | isametral.
isanemona (vientos) | isanemone.
isatina | isatin.
iscórica | ischoric.
isentropía | isentropy.
isentrópico | isentropic.
isla | isle | island.
isla bordeada de arrecifes de coral | coral-fringed island.
isla de isomerismo | island of isomerism.
isla elevada (arrecifes) | elevated island.
isla unida a tierra por una barra de arena | land-tied island.
islamismo | Islamism.
islamización | islamization.
islamología | islamology.
islamólogo | islamologist.
Islas Malvinas | Falkland Islands.
islas y penínsulas sobre superficies de Riemann | islands and peninsulas on Riemann surfaces.
isleo (geología) | islet.
isleo mesozoico (geología) | Mesozoic islet.
isleta | islet | key.
isleta (en un río o lago) | eyot.
isleta (ríos) | ait.
isleta-atolónica | atoll islet.
islote | islet.
islote (anatomía) | islet.
islote (en un río o lago) | eyot.
islote de río | holm.
islote rocoso cerca de la costa | stack.
islotes de austenita retenida (metalurgia) | islands of retained austenite.
islotes separados de la orilla | off-lying islets.
isoalelo | isoallele.
isoalóbaro | isoallobar.
isoanomalía | isanomaly | isoanomaly.
isoanómalo | isanomalous.
isoazimut | isoazimuth.
isobara (meteorología) | isobar.
isobara anual | annual isobar.
isobárico (meteorología, química) | isobaric.
isobarismo | isobarism.
isobaro (meteorología, química) | isobaric.
isobaro (química) | isobare.
isóbaro nuclear (química) | nuclear isobar.
isóbaro nucleónico | nucleon isobar.
isobaros de pión | pion isobars.
isobase (geología) | isobase.
isóbata | isobath | fathom line | depth curve | depth contour | isobathic.
isobata (profundidad del mar) | isobath.
isobatia | isobath.
isobático | isobathic.
isobatiterma | isobathytherm.
isobela | isobel.
isoblabe | isoblabe.
isoblada | isoblade.
isobrío | isodynamous.
isobronta | isobront.
isobróntico | isobrontic.
isobutileno | isobutylene.
isocasma | isochasm.
isocásmico | isochasm.
isocatálisis | isocatalysis.
isocelular | isocellular.
isocentro (aerofotografía) | isocenter.
isoceráunico | isokeraunic.
isocinético | isokinetic.
isocitosis | isocytosis.
isoclina | isoclinal | isocline | aclinic.
isoclinal | isocline | isoclinal | isocline.
isoclinismo (álgebra) | isoclinism.
isoclino | isoclinic.
isocompuestos | isocompounds.
isocora (gas) | isochore.
isocora de reacción | reaction isochore.
isocorrosión | isocorrosion.
isocorrosivo | isocorrosive.
isocortical (medicina) | allocortex.
isocosma | isocosm.
isocromática | isochromatics.
isocromático | isochromatical | isochromatic | isochromous.
isocromatismo | isochromatism.
isocromo | isochromous | uniformly colored | equally tinted.
isocromosoma (genética) | isochromosome.
isócrona (física) | isochrone.
isócrona (tiempos iguales) | isochrone.
isocronía | isochrony | isochronism.
isocronismo | isochronism.
isocronizar | isochronize.
isocroo | isochromous.
isocuadrícula | isogriv.
isocúrtico (estadística) | isokurtic.
isodefa | isodef.
isodeformación | isostrain.
isodeformado | isostrainal.
isodepositado | evenly-deposited.
isodescendente | like-falling.
isodesviación del norte de la retícula (navegación aérea) | isogriv.
isodiabático | isodiabatic.
isodiafero | isodiaphere.
isodiaferos | isodiapheres.
isodiamétrico | isodiametric.
isodimorfo | isodimorphic.
isodina | isodynamic line.
isodínamo | isodynamous | equally acting.
isodinamógeno | isodynamogenic.
isodinamómetro
isodinamostacia | isodynamostacy.
isodino (radio) | isodyne.
isodisperso | isodisperse.
isodistribución | isodistribution.
isodomo | isodomon.
isodosis | isodose | isodosis.
isodosis (radiación) | isodose.
isodrosoterma (rocío) | isodrosotherm.
isoédrico | isohedral.
isoedro | isohedron.
isoedros | isohedra.
isoelasticidad | isoelasticity.
isoeléctrico | isoelectric.
isoelectrónico (átomos) | isoelectronic.
isoenergético | isoenergetic.
isoentálpico | isenthalpic.
isoentrópico | isoentropic.
isoespaciado | equally spaced.
isoespectral | isospectral.
isoespín | isospin.
isoestructura | isostructure.
isoestructural | isostructural.
isofacial (rocas) | isograde.
isófana | isophane.
isofena | isophene.
isófena migrante | migrant isophene.
isofenogamia | isophenogamy.
isofenomenal (meteorología) | isophenomenal.
isofónico | isophonic.
isófono | isophone.
isófono (telefonía) | isophonous.
isofotometría | isophotometry.
isofotométrica | isolux.
isofrecuencia | isofrequency.
isofrecuente | isofrequent.
isógala (gravimetría) | isogal.
isogama | isogam.
isogameto (biología) | isogamete.
isogamia (biología) | isogamy.
isogénesis | isogenesis.
isogenia (genética) | isogeny.
isógeno | isogene.
isogeoterma | isogeotherm.
isogeotermal | geisothermal.
isogeotérmico | isogeothermic.
isógiro | isogyre.
isógona | isogon.
isogónico | isogonic.
isógono | isogonous | isogone.
isogradiente | isogradient.
isografía | isography.
isógrafo | isograph.
isograma | isogram | isoline.
isogriva (reticular) | isogriv.
isohalina | isohaline.
isohelia | isohel | line of equal duration of sunshine.
isohidria | isohydria | isohydry.
isohídrica | isohydric.
isohieta | isohyet | isohyetal line | isopluvial line.
isohieta (lluvia) | isohyet.
isohietal | isohyetal.
isohiético | isohyetal.
isohipsa | isohypse | isohyp.
isohipsa (meteorología) | contour.
isohipsa absoluta | absolute isohypse.
isohipsa prevista | prontour.
isohipsométrico | isohypsometric.
isoidiomos | isoidioms.
isoiluminado | evenly illuminated.
isoinclinación | equiinclination.
isoionía | isoionia.
isolateral | isolateral.
isolateralidad | isolaterality.
isolátero | isolateral.
isolítico | isolithic.
isolito (circuito integrado) | isolith.
isología | isology.
isólogo | isolog.
isomagnetismo | isomagnetism.
isómera (meteorología) | isomer.
isomería | isomery | isomerism.
isomeria cis-trans | cis-trans isomerism.
isomería conforme | conformational isomerism.
isomería geométrica | geometric isomerism.
isomería nuclear | nuclear isomerism.
isomería óptica | optical isomerism.
isomería trans | trans-isomerism.
isomérico | isomeric.
isomerismo óptico | optical isomerism.
isomerización | isomeric change.
isomerización axial y ecuatorial | axial-equatorial isomerization.
isomerización cis-trans | cis-trans conversion.
isomerizado por álcali | alkali-isomerized.
isomerizar | isomerize (to).
isómero | isomeric | isomeride.
isómero (anatomía) | isomere.
isómero meso-cis | meso-cis-isomeride | meso-cis isomeride.
isómero nuclear | nuclear isomer.
isómero óptico | optical isomer | antimere.
isómeros | isomers.
isómeros estructurales | structural isomers.
isometría | isometry.
isométrico | isometric.
isométrico (cristalografía) | monometric.
isometrógrafo | isometrograph.
isomicroclina | isomicrocline.
isomorfia | isomorphy | isomorphism.
isomórfico | isomorphic.
isomorfismo | isomorphism.
isomorfo | isomorph.
isonimia | isonymy.
isónimo | isonym | isonymous.
isonorización | desonorization.
isooctano | isooctane.
isoóhmico | isoohmic.
isopaca | isopaque.
isópaca (espesores) | isopach.

isópaco | isopachic.
isopáquica (geología) | isopachyte.
isoparamétrico | isoparametric.
isopéctica (hielos) | isopectic.
isopentano | isopentane.
isopercentil | isopercentil.
isoperimétrico | isoperimetrical | isoperimetric.
isopermos | isoperms.
isopícnico | isopycnic.
isopicnoscopia | isopyknoscopy.
isopiécica | isopiestic line.
isopiécica (piezometría) | isopiestic.
isopiéstico | isopiestic.
isoplanacia | isoplanacy.
isoplanático (óptica) | isoplanatic.
isoplástico | isoplastic.
isopleta | isoline.
isopleta (meteorología) | isopleth.
isopleta de altura | altitude isopleth.
isopletas de la altura geodinámica (oceanografía) | isopleths of dynamic height.
isopluvial | isopluvial.
isópodo (zoología) | isopod.
isopolar | isopolar.
isopoliésteres | isopolyesters.
isopórico | isoporic.
isopreno (C_5H_8) | isoprene.
isoprobabilidad | isoprobability.
isopropanol | isopropanol.
isóptico | isoptic.
isoquímeno | isocheimal | isochimal.
isorrades (curvas del terreno) | isorads.
isorradial | isoradial.
isorradioactividad | isoradioactivity.
isorradiométrico | isorad.
isorreactivo | isoreagent.
isosafrol | isosafrole.
isósceles | isosceles.
isoscopio | isoscope.
isosíntesis | isosynthesis.
isosísmico | isoseismic | isoseismal.
isosista | isoseist.
isósmosis | isosmosis.
isosmótico | isosmotic.
isosonia | equivalent loudness.
isosquista | isoschist.
isostasia | isostasy.
isostática (estructuras) | just-rigid.
isostaticamente comprimido | isostatically pressed.
isostático | isostatic.
isóstera (meteorología) | isostere.
isostera de adsorción | adsorption isostere.
isostérico | isosteric.
isosterismo | isosterism.
isóstero (química) | isostere.
isotaca (línea que une puntos de igual velocidad del viento) | isotach.
isotaca (línea que une puntos en los que el hielo se derrite en la misma época del verano) | isotac.
isotaquia | isovel.
isotéctico | isotectic.
isotectónico | isotectonic.
isoteniscopio | isoteniscope.
isótera | isother.
isotérico | isotheral.
isoterma | isotherm.
isoterma anual | annual isotherm.
isoterma anual media | mean annual isotherm.
isoterma cero (meteorología) | freezing level.
isoterma de adsorción | adsorption isotherm.
isoterma de adsorción de Langmuir | Langmuir adsorption isotherm.
isoterma de adsorción física | physical-adsorption isotherm.
isoterma de congelación | freezing isotherm.
isoterma lineal | linear isotherm.
isotermas de dureza | hardness isotherms.
isotermas de enfriamiento | cooling isothermals.
isotermas del líquidus y solidus | liquidus and solidus isothermais.
isotermia | isothermy.
isotérmicamente recocido | isothermically annealed.
isotérmicamente transformado | isothermally transformed.
isotérmico | isothermal.
isotermo | isothermal | isothermous.
isotermobata | isothermobath.
isotermognosia | isothermognosis.
isótero | isotheral.
isotipo (biología) | isotype.
isotisma | isothismic line.
isotisma (orogenia) | isothism.
isotonicidad | isotonicity.
isotónico | isotonic.
isotonizar | isotonize (to).
isótono | isotone.
isótonos (núclidos con igual número de neutrones en sus núcleos) | isotones.
isotopía | isotopy | isotopism.
isotopiaccionado | isotope-powered.
isotopiactivado | isotope-energized.
isotópico | isotope | isotopic.
isótopo | isotope.
isótopo captor de neutrones | neutron-capturing isotope.
isótopo compartimentado | compartmentalized isotope.
isótopo con exceso de neutrones | neutron-excess isotope.
isótopo de emisión beta | beta emitter isotope.
isótopo de producto de fisión de gran longevidad | long-lived fission-product isotope.
isótopo de rayos gamma | gamma-ray source.
isótopo deficiente en neutrones | neutron deficient isotope.
isótopo deuterizado | deuterated isotope.
isótopo efímero | short-lived isotope.
isótopo emisor de partículas gamma | gamma-emitting isotope.
isótopo enriquecido electromagnéticamente | electromagnetically enriched isotope.
isótopo estable | stable isotope.
isótopo excitador | exciting isotope.
isótopo generado en el ciclotrón | cyclotron-generated isotope.
isótopo impar-impar | odd-odd isotope.
isótopo inactivo disminuidor de radionúclido | hold-back carrier.
isótopo inactivo reductor de radionuclidos | holder carrier.
isótopo inestable | unstable isotope.
isótopo infisionable que añadido a materia fisionable la hace no apta para armas nucleares | denaturant.
isótopo isobaro de helio | isobaric helium isotope.
isotopo marcador estable | stable tracer isotope.
isótopo natural | natural isotope.
isótopo originado en el ciclotrón | cyclotron-produced isotope.
isótopo producido artificialmente | artificially-produced isotope.
isótopo radiactivo | tracer | radio-isotope | radioactive isotope.
isótopo radiactivo de amplia longevidad | long-lived radiactive isotope.
isótopo radioactivo | isotope.
isótopo radioactivo longevo | long-lived radioactive isotope.
isótopo radioactivo que se encuentra en la naturaleza | naturally occurring radioactive isotope.
isótopo radiógeno | radiogenic isotope.
isótopo sin portador | carrier-free isotope.
isótopo transplutónico | transplutonium isotope.
isotopodiagnóstico | isotopodiagnosis.
isótopos del oxígeno de masa 17 ó 18 | heavy oxygen.
isótopos heterobáricos | heterobaric isotopes.
isótopos marcados | labeled isotopes.
isótopos producidos en el reactor nuclear | pile-produced isotopes | reactor-produced isotopes.
isótopos transcúricos | transcurium isotopes.
isotoposcopia | isotoposcopy.
isotoposcopizar | isotoposcopize (to).
isotopoterapia por telemanejo de fuentes de curios | telecurie therapy.
isotrausmático | isothrausmatic.
isotron (isótopos) | isotron.
isotrónica | isotronics.
isotrónico | isotronic.
isótropa | single refractive.
isotropía | isotropy | isotropism.
isotrópico | isotropic.
isótropo | isotrope | isotropic | isotropous.
isovector | isovector.
isovel (hidrología) | isovel.
isoviscosidad | isoviscosity.
isoviscoso | isoviscous.
isovolumétrico | isovolumetric.
isovoluminal | isovoluminal.
isoyeta (lluvia) | isohyet.
isoyético | isohyetal.
ístmico | isthmus.
istmo | isthmus | neck.
istmoide (matemáticas) | isthmoid.
itacolumita | flexible sandstone | articulite.
ítalogodo | Italo-Gothic.
item | item.
item de base | base item.
item de datos de índice | index data item.
item de grupo | group item.
items contiguos | contiguous items.
iteración | routine | cycling | looping | looping a line.
iteración (matemáticas) | iteration.
iteración lineal | linear iteration.
iteración matricial | matrix iteration.
iterado (matemáticas) | iterate.
iterador de caudales (ríos) | flood router.
iterante | iterant.
iterar | iterate (to) | cycle (to).
iterativo | iterative.
iterbia | ytterbia.
iterbio | ytterbium.
iterbio (Yb) | itterbium.
itineario selectivo (ferrocarril) | selective routing.
itinerante (equipo, biblioteca) | itinerant.
itinerario | routing | route | line of route | guidebook | itinerary.
itinerario (levantamiento-planos) | traverse line.
itinerario (topografía) | traversing | traverse line | traverse | traverse survey.
itinerario con brújula | compass traverse.
itinerario con el teodolito | transit transverse.
itinerario con el teodolito (topografía) | meandering with the theodolite.
itinerario de paso directo | route for through movement.
itinerario del tren | train route.
itinerario derivado (ferrocarril) | shunt route.
itinerario establecido para medir la precipitación de nieve | snow course.
itinerario jalonado | signed route.
itinerario subterráneo (topografía) | underground traverse.
itinerario vigilado | supervised route.
itria | yttria.
itrio | yttrium.
itrio (Y) | ittrium.
itro | itrol.
iva | V.A.T.
ixión (nuclear) | ixion.
ixodiología | ixodiology.
ixodiología veterinaria | veterinary ixodiology.
izabilidad | hoistability.
izable | hoistable.
izada | hoisting | hoist | lifting | heaving.
izada (motor extracción minas) | wind 11.
izada de gran peligro o de gran precisión (grúas) | critical lift.

izada por las esquinas superiores (contenedores) | top corner lifting.
izada que rompe por flexión la losa de piedra | back-braking lifting.
izado a su posición | lifted into position.
izado del poste (radio) | raising of the mast.
izar | raise (to) | heave (to) | heave up (to) | hoist (to) | lift (to).
izar (banderas) | run up (to).
izar (botes) | hook in (to).
izar (marina) | haul up (to) | sway (to).
izar (pesos) | sway (to) | hoist up (to).
izar (un peso) | pull up (to).
izar a besar (aparejos) | hoist home (to).
izar a reclamar (velas) | hoist a sail home (to).
izar alto (buques) | mast (to).
izar bandera | flag (to).
izar con torno | wind (to).
izar con un andarivel (marina) | whip (to).
izar con un aparejo de candeletón (marina) | whip (to).
izar la bandera | hoist the flag (to) | fly the colors (to) | fly the flag (to).
izar la bandera a media asta | hoist the flag at half mast (to).
izar la bandera nacional | hoist the colors (to).
izar un hidroavión | hoist a seaplane (to).
izar una señal a tope | hoist a signal right up (to).
izquierda | left.

J

jabalcanoamiento | strutting.
jabalcón | stiff leg | strut brace | brace | diagonal brace | collar beam | corner piece | knee brace | knee bracing | raking column | prop | radius arm.
jabalcón curvo | hammer brace.
jabalconado | strut-braced.
jabalconar | knee-brace (to).
jabalina | javelin.
jábega | seine net | draw-net | drag-seine | drag net.
jábega (red barredera) | sean.
jábega (red pescar) | drag.
jabeque (embarcación antigua) | xebec.
jabladera | croze.
jabladera (Uruguay) | crozer.
jable | croze.
jable (gárgol - tonelería) | chime.
jabón | soap.
jabón alcalino | alkaline soap.
jabón amoniacal | ammonia soap.
jabón blanco | hard soap.
jabón blando | potash soap.
jabón cargado | built soap.
jabón catiónico | saponium | cationic soap.
jabón con 19 a 26% de humedad | cold-made soap.
jabón de aceite | oil soap.
jabón de azúcar (decapante para pintura) | sugar soap.
jabón de batán | fulling soap.
jabón de bataneros | fulling soap.
jabón de cal | lime soap.
jabón de cal y agua | lime-base grease.
jabón de desengrasar | scouring soap.
jabón de espuma | free-lathering soap.
jabón de grano | grain soap.
jabón de metal alcalino | alkali metal soap.
jabón de miel | honey soap.
jabón de pintas | mottled soap.
jabón de plomo | lead soap.
jabón de potasa | potash soap | black soap | green soap.
jabón de sastre | soapstone | rock soap.
jabón de sosa | hard soap.
jabón de sosa para lavar con agua de mar | marine soap.
jabón de tocador flotante | floating toilet soap.
jabón de vidrieros | glass soap | pyrolusite.
jabón de vidrieros (bióxido de manganeso) | glass makers' soap.
jabón duro | hard soap | curd-ring soap.
jabón en escamas | chipped soap.
jabón en escamas (G.B.) | flaked soap.
jabón medicinal | medical soap.
jabón metálico | metallic soap.
jabón mineral (mineralogía) | mountain soap.
jabón obtenido cociendo colofonia con una solución de sosa cáustica | rosin size.
jabón obtenido moliendo y comprimiendo la mezcla para obtener un producto homogenizado | milled soap.
jabón para agua de mar | saltwater soap.
jabón para densificar lubricantes | oil pulp.
jabón silicatado | flint soap.
jabón verde | potash soap | green soap.
jabonadura | lather.
jabonaduras | suds.
jabonar | lather (to) | soap (to).
jaboncillo (caras de falla) | leather-coat.
jaboncillo de sastre | steatite | soap-chalk.
jabones para desengrasar | stain removing soaps.
jabonoso | soapy.
jaboti (Vochysia spp) | quaruba vermelha.
jacaranda (Dalbergia nigra) | jacaranda.
jacaranda pardo (Machaerium villosum) | jacaranda pardo.
jacaranda violeta (Dalbergia cearensis) | kingwood.
jacaranda violeta (Dalbergia cearensis - Duke) | violetta | violete.
jacareuba (Calophyllum brasiliense) | jacareuba.
jácena | main beam | girder | trimmer | bearing beam | bridging joist | beam.
jacinto (botánica) | jacinth.
jacinto (flor, gema) | hyacinth.
jacinto (mineralogía) | jacinth.
jacinto citrino | jargoon.
jack con contactos de ruptura (telefonía) | switch jack.
jack de enlace (cuadro telefónico manual) | spring jack.
jack de respuesta (comunicaciones) | answering jack.
jack de respuesta (telefonía) | local jack.
jack local | local jack.
jack sencillo | tip jack.
jack sin contacto de ruptura (telefonía EE.UU.) | bridging jack.
Jacobiano (matemáticas) | Jacobean.
jacobiano no nulo | nonvanishing jacobian.
jacquard | jacquard.
jacquard de calada de alza y baja | center-shed jacquard.
jacquard de calada de doble alza | double-lift jacquard.
jacquard de doble grifa | double-lift jacquard.
jacquard de paso central | center-shed jacquard.
jade (mineralogía) | jade.
jade birmano | Burma jade.
jade de Birmania | Burma jade.
jade del Transvaal | African jade.
jade imperial | emerald jade.
jade verde oscuro | Amazon stone | amazonite.
jadear | breathe (to).
jadear después de un acceso de tos | whoop (to).
jadeíta | Chinese jade.
jadeita birmana | Burmese jade.
jadeita de color esmeralda | emerald jade.
jadeita finísima de Birmania | Burmese jade.
jadeo (respiración) | puffing.
jafetita
jagua | black sand.
jagua (botánica) | inaja-palm | genip-tree.
jagua (Genipa americana) | jagua.
jagual | genip-tree plantation.
jaharrar | rough-plaster (to).
jaira del cepillo de carpintero | plane basil.
jalea | jelly.
jalea aromatizada con frutas | fruit-flavored jelly.
jalea de glicerina | glycerin jelly.
jalea real (colmenas) | royal jelly.
jaleificarse | jelly (to).
jaleización | jellying.
jalón | stake | sight rod | picket | object-staff | pole | marker | lining peg | peg | peg | range pole | rod.
jalón (topografía) | ranging pole.
jalón de agrimensura | levelling pole.
jalón de mira | leveling rod.
jalón de nivelación | boning rod.
jalón de puntería | aiming post | aiming stake.
jalón nivelador | level pole.
jalón pintado con bandas de diferentes colores y de una longitud determinada (topografía) | offset rod.
jalonado | ranging-out | staving off.
jalonador | picket man.
jalonador (topografía) | leader.
jalonamiento | ranging-out | pegging | marking setting out | marking-out | laying-out | stacking staking.
jalonar | stake out (to) | stake (to) | landmark (to) | mark off (to) | mark out (to) | peg out (to) | peg (to).
jalonero | staffman.
jamba | jamb post | jamb.
jamba (de chimenea) | lug.
jamba con derrame (puerta o ventana) | fluing jamb.
jamba de fuerza | force piece.
jamba de piedra | jamb stone.
jamba de puerta | gate pier | doorjamb | doorpost | door pier.
jamba de ventana | window post | window jamb.
jamba embutida (arquitectura) | recessed jamb.
jamba giratoria (puerta esclusa) | hanging post.
jambu (Xylia dolabriformis) | jambu.
jamesomita impura | bergzunderz.
jamesonita | feather ore.
jamete (tela seda) | samit.
jamón | ham.
jamuga | mule chair.
jane (Bolivia) | sapwood.
jane sano (Bolivia) | bright sap.
jangada | raft.
jangkang (Intsia bakeri) | jangkang.
jaque (ajedrez) | check.
jaquelado | chequee.
jaquelado (joyas) | square-faceted.
jar (unidad de capacidad) | jar.
jara | rock rose | cistus.
jarabe | syrup | sirup.
jarabe de fruta | fruit syrup.
jarabe de granada | grenadine.
jarabe de maíz | corn syrup.
jarabe de manzana | apple honey.
jaral | brake.
jaramago (botánica) | rocket.
jaramugo | young fish.
jaramugo (piscifactoría) | fry.
jarana (Chytroma jarana) | jarana.
jarcia | cordage | tackle.
jarcia acalabrotada | cable-laid cordage.
jarcia colchada de derecha a izquierda | left-handed rope.
jarcia colchada de izquierda a derecha | right-handed rope.
jarcia de abacá | Manilla rope.
jarcia de cable de acero | steel wire rigging.
jarcia de cáñamo | hemp rope.
jarcia de labor (buques) | running rigging.
jarcia firme (buques) | standing rigging | standard rigging | rigging.
jarcia muerta de hierros redondos (buques) | rod rigging.
jarcia trozada | junk.
jarcia trozada (marina) | jun.
jarcias (toldos de buques) | shark's mouth.
jardín | garden.
jardín (buques) | quarter gallery.
jardín (malformación de la esmeralda) | spot in an emerald.
jardín de claustro (arquitectura) | garth.
jardinería | gardening.
jardinería con plantas de colores brillantes en dibujos geométricos | carpet-bedding.
jardinería vegetal | vegetable gardening.
jardines botánicos | botanic gardens.
jardinista | landscape-gardener | landscape architect.
jareta | tuck | tuck.
jareta (marina) | catharpin.
jarosita (sulfato hidratado de hierro y potasio-España) | jarosite.
jarovización | iarovization.
jarovizar | iarovize (to).
jarra | jar.
jarrete | gambrel.
jarro | pitcher.
jarrón | vase.
jarrosa (lana, fibras) | kempy.
jarul (Lägerstroemia flos-reginae-Pers) | pyínma | jarul.
jaspágata | agate jasper.
jaspágata (jaspe agatídeo) | jaspagate.
jaspe | jasper | jasp.
jaspe acintado | banded jasper | stripped jasper.

jaspe agatídeo | jaspachate.
jaspe bandeado como el ágata | banded jasper.
jaspe con bandas concéntricas de rojo y amarillo | ball jasper.
jaspe con pequeños esferolitos de cuarzo incoloro | bird's-eye quartz.
jaspe negro | touchstone | lydite | Lydian stone.
jaspe porcelana | porcelain jasper.
jaspe rojo de Bolivia | Bolivian jasper.
jaspe sanguíneo | red-tinged jasper.
jaspe sanguíneo (heliotropo - mineral) | bloodstone.
jaspe veteado | riband jasper.
jaspe zonar | ribbon jasper | banded jasper.
jaspeado | speckled | jaspery | jasperizing | marble-colored | mottled.
jaspeado (canto de libros) | marbled.
jaspeado (superficie metálica) | flowering.
jaspeado (telas) | jaspé.
jaspeado americano (encuadernación) | american marble.
jaspeador (libros) | marbler.
jaspeadura | variegation.
jaspeadura (cantos de libros) | marbling.
jaspear | jasperize (to) | speck (to) | mottle (to).
jaspear (cantos de libros) | marble (to).
jaspear (libros) | marbleize (to).
jaspear (vidrio) | vein (to).
jaspear el metal | mottle metal (to).
jaspe-ónice | jasp onyx.
jasperina | jasperine.
jasperización | jasperization.
jaspoide | jaspidean.
jaula (garajes) | lockup.
jaula (minas) | drawing cage.
jaula (pozo de extracción minas) | drawing frame.
jaula colgante para que aniden las aves (bosques) | bird house.
jaula cúbica donde se introduce la cámara tomavistas con teleobjetivo | hide.
jaula de decapar chapas | cradle.
jaula de dos pisos (minas) | two-decker.
jaula de embalaje | crate.
jaula de extracción | cage box | hoisting cage | shaft bucket.
jaula de extracción (minas) | bucket | cage | pit cage.
jaula de extracción de dos pisos (minas) | gig.
jaula de Faraday | Faraday cup.
jaula de listones (embalajes) | lattice skip.
jaula de mimbres | creel.
jaula de mina | mine cage | mine gage.
jaula de pájaros | birdcage.
jaula de salvamento | rescue basket.
jaula de seguridad (minas) | safety cage.
jaula de tres pisos (minas) | three-decker cage.
jaula de varios pisos (minas) | multiple-deck cage.
jaula de vuelco automático (minas) | self-dumping cage.
jaula del pedal | pedal barrel.
jaula elevadora | lift.
jaula guiada (minas) | guided cage.
jaula para pozo | shaft cage.
jaula para transporte | bird-cage.
jaulas de embalaje que se pueden guardar una dentro de otra | interstackable crates.
jebeque | zebec.
jefa de enfermeras | principal chief nurse | nurse-governess.
jefatura | authority | department | headquarters.
Jefatura del Material | Matériel Command.
jefe | chief | leader | commander.
jefe (casa comercial) | principal.
jefe (de pieza de artillería) | captain.
jefe adjunto | vice commander.
jefe adjunto del Estado Mayor | vice chief of staff.
jefe administrativo | principal clerk | senior clerk | superintendent.
jefe combatiente | combat leader.
jefe comercial | business manager.
jefe de aeropuerto | airport manager.
jefe de almacén | head storekeeper | merchandise manager.
jefe de avisos (Argentina, Uruguay) | advertising manager.
jefe de boga (botes de remos) | stroke oar.
jefe de bomberos | fire chief.
jefe de cabina (aviación comercial) | purser.
jefe de cadena de montaje | assembly line supervisor.
jefe de campamento | field camp boss.
jefe de cocina | maître chef.
jefe de columna | column commander.
jefe de compras | buyer | chief purchasing officer | chief buyer.
jefe de contabilidad | accountant general | chief accountant.
jefe de cuerpo | commanding officer.
jefe de delineación | senior draftsman.
jefe de departamento | department head | head of department.
jefe de departamento (EE.UU.) | chairman.
jefe de depósito | storekeeper.
jefe de destacamento | detachment commander.
jefe de diseños | chief designer.
jefe de distrito | district manager.
jefe de equipo | gangsman | gang foreman | shifter | foreman | back-breaker | leadman | leading worker | overseer | shift foreman.
jefe de equipo (sondeos) | stud driller.
jefe de escritorio | managing-clerk | head clerk.
jefe de escuadra (marina) | flag-officer.
jefe de estación de clasificación (ferrocarril) | yardmaster.
jefe de estibadores | head stevedore.
jefe de estudios | director of studies.
jefe de explotación | superintendent.
jefe de explotación (ferrocarril) | traffic manager.
jefe de explotación (minas) | captain dresser.
jefe de explotación de la mina | mine manager.
jefe de fabricación | production manager.
jefe de familia | head of the household.
jefe de fila | file leader | leader.
jefe de fila (milicia) | fugleman.
jefe de grupo | group leader.
jefe de hiladura | spinning master.
jefe de información financiera (G.B.)
jefe de información local (EE.UU.) | city editor.
jefe de inspección | head of inspection.
jefe de instalaciones eléctricas | wire chief.
jefe de instaladores | head rigger.
jefe de la artillería de ejército | army artillery commander.
jefe de la base | base commander.
jefe de la batería | battery commander.
jefe de la ejecutiva | chief executive.
jefe de la pieza (artillería) | gun captain.
jefe de la retaguardia | rearguard commander.
jefe de lanzamiento (paracaídas) | jumpmaster.
jefe de las dos primeras secciones del E.M. de brigada de infantería (operaciones e información) | brigade major.
jefe de las fuerzas terrestres | ground commander.
jefe de los paracaidistas desde que entran en el avión hasta que se lanzan | stick commander.
jefe de mando unificado | unified commander.
jefe de maniobras (estación ferrocarril) | shunting-foreman.
jefe de maniobras del lomo de asno | hump-master.
jefe de máquinas (buques) | senior engineer.
jefe de máquinas del buque | chief engineer of the ship.
jefe de mecánicos | first engineer.
jefe de misión | chief of mission.
jefe de movimiento (ferrocarril) | traffic manager.
jefe de negociado | managing-clerk | departmental head | head of department.
jefe de nuestro laboratorio | head of our laboratory.
jefe de obras | construction manager | superintendent.
jefe de oficina | head clerk | managing-clerk.
jefe de operaciones de vuelo | flight operation officer | aircraft dispatcher.
jefe de perforación | tool pusher.
jefe de personal | staff manager | personnel manager.
jefe de personal de maniobras (ferrocarriles) | shunting master.
jefe de pieza (cañón) | mount captain.
jefe de playa (desembarcos) | beachmaster.
jefe de producción | labor foreman | production manager.
jefe de productos de hostelería | catering product manager.
jefe de publicidad | advertising manager | advertisement manager.
jefe de relaciones industriales | industrial relations manager.
jefe de servicio | superintendent | head of department | departmental manager | official in charge.
jefe de servicio (central eléctrica) | charge-engineer.
jefe de servicio (periódicos) | departmental chief | senior editor.
jefe de servicios generales (astilleros) | captain of the yard.
jefe de sondeo | master borer.
jefe de sondeos | boring master | foreman driller | drill foreman.
jefe de taller | head foreman | head workman | overseer | boss | foreman.
jefe de trabajos del astillero | yard manager.
jefe de tren | chief conductor | trainmaster | conductor | guard.
jefe de un negociado | head of a department.
jefe de un pelotón de fuego | fire team leader.
jefe de ventas | sales manager.
jefe de ventas (periódicos) | circulation manager.
jefe del departamento | departmental head.
jefe del departamento de moneda extranjera | controller of currency.
jefe del depósito de locomotoras | engine housekeeper | enginehouse keeper.
Jefe del Estado Mayor | Chief of Staff.
Jefe del Estado Mayor adjunto | Assistant Chief of Staff.
jefe del mando de combate | combat command commander.
jefe del movimiento de trenes (ferrocarril) | train dispatcher.
jefe del muelle | dockmaster.
jefe del negociado de patentes | commissioner of patents.
jefe del personal | director of personnel.
jefe del teatro de operaciones | theater commander.
jefe del tráfico de mercancías (ferrocarril) | goods manager (G.B.).
jefe electricista (estudios de cine) | gaffer.
jefe fundidor | foundry foreman.
jefe interino | acting commander.
jefe metalúrgico | chief metallurgist.
jefe montador | erection foreman | foreman erector.
jefe óptico | chief opticalman.
jefe perforador | boring master.
jefe perforista | master borer.
jefe torpedista | chief torpedoman.
jefe-coodinador publicitario | account manager.
jefe-coordinador publicitario | contact man | account director.
jeguitiba rosa (Cariniana legalis) | jequitiba rosa.
jelutong (Dyera costulata) | jelutong bukit.
jerarcología | hierarchology.
jerarcólogo | hierarchologist.
jerarquía | rank | rank order.
jerarquía académica | academic hierarchy.
jerarquía de datos | data hierarchy.

jerarquía del destinatario | rank of addressee.
jerarquizar | arrange hierarchically (to).
jerga aduanera | customhouse jargon.
jerga comercial | commercialese.
jerga de informática | computerese.
jerga de los mineros | miners' parlance.
jerga deportiva | sport slang.
jerga financiera | financial jargon.
jerga médica | medical slang.
jerga periodística | newspaper jargon.
jerga profesional | slang.
jerga técnica | technical jargon | engineering idioms.
jerga tecnológica | technological jargon.
jergón | mattress.
jerife (título árabe) | shereef.
jeringa | syringe.
jeringa de aceite | oil squirt.
jeringa de cristal | glass syringe.
jeringa de engrase (con grasa lubricante) | oil-gun.
jeringa de inyectar grasa lubricante | grease gun.
jeringa de irrigación | irrigation squirt.
jeringa de polipropileno para irrigaciones (medicina) | polypropylene irrigating syringe.
jeringa desechable | disposable syringe.
jeringa enteramente de cristal | all-glass syringe.
jeringuilla de plástico de un solo uso | throwaway plastic syringe.
jeringuilla de plástico para un sólo uso | plastic throw-away syringe.
jeroglífica (ciencia) | hieroglyphics.
jeroglífico | hieroglyph.
jeroglífico de origen biológico | hieroglyph of biologic origin.
jersey (tela) | jersey.
jifero (cuchillo de desollar) | flaying knife.
jigger de teñir | dye jig.
jigger de teñir (textiles) | jigger.
jigger de teñir a lo ancho | jig.
jiggers en serie (tejeduría) | progressive jigs.
jimelga de braceo (buques de vela) | parrel cleat.
jineta | genet.
jinetillo | rider.
jira | trip.
jirafa | giraffe.
jirafa (cine) | boom.
jirón | rag.
jirón (heráldica) | gyron.
jironado | gyronny.
jirones de niebla | fog patches.
jobo (Tapirira guianensis) | jobo | tapiri.
jónico (arquitectura) | Ionic.
jonkong (Pithecolobium confertum) | jonkong.
jopo (madera) | foxtail.
jopo de la cola (zorro) | chape.
jornada | stage | day's work | daytime | one-day march.
jornada controlada | measured day work.
jornada de horario imcompleto | part-time employment.
jornada de trabajo | day.
jornada de trabajo (minas) | shift.
jornada de trabajo habitual cuando el tiempo atmosférico la permite | weather working day.
jornada laboral | workday.
jornada laboral de ocho horas | eight-hour working day.
jornada partida | split shift.
jornal | daily wage | daily wages | day's pay | salary | rate.
jornal a causa de avería | down-time rate.
jornal base de la faena | rate for the job.
jornal básico (salario base) | basic wage.
jornal elevado | high wages.
jornal horario constante | straight time.
jornal proporcionado a la producción | efficiency wages.
jornalero | labourer (G.B.) | journeyman | wage-earner.
jornales | labor rates.
jornales contractuales | contractual wages.
jornales no productivos | outside labor.
jornales productivos | production labor | productive labor.
joroba | hump | boss.
joroba (de un filón) | hitch.
joya | jewel.
joya (cañón antiguo) | astragal.
joyería (tienda) | jewelry.
joyería falsa | mock jewelry.
joyero (persona) | jeweler.
joyero (receptáculo) | gemmary.
juanete de proa | fore-tapgallant.
juanillo (de martinete) | dolly.
juanillo (para el acuñado de la botadura) | wedge ram.
jubilable (empleos) | superannuable.
jubilación | retirement | retirement pensión | retreat | pension | superannuation.
jubilación anticipada | early retirement.
jubilado | retired | pensioner.
jubilado por edad | superannuated.
jubilar | retire (to) | superannuate (to).
jubilar (del servicio activo) | pension off (to).
jubilarse | retire (to) | retire (to).
judaismo | judaism.
judaizante | judaist.
judaizar | judaize (to).
judeo-español | Judeo-Spanish.
judía trepadora (botánica) | pole bean.
judicatura | judgeship | judiciary.
judicatura civil | civil judicature.
judicial | judicial | juridical.
judicialmente | judicially.
juega un papel predominante en este fenómeno | it plays a dominant part in this phenomenon.
juego | deck | match.
juego (de piezas) | kit.
juego (de planos, de piezas de repuesto, de velas, de escobillas, etc.) | set.
juego (surtido - de piezas) | set.
juego completo (de herramientas, etc.) | rig-out.
juego completo de conocimientos | full set bill of lading.
juego completo de documentos | full set of documents.
juego de azar | gambling game.
juego de azar legalizado | legalized gambling.
juego de bobinas | coil set.
juego de brocas | number drills.
juego de cabezas de lectura | yoke.
juego de colores vívidos (gemas) | vivid play of color.
juego de conocimiento de embarque | set of bills of lading.
juego de copias | set of copies.
juego de discos | pack.
juego de documentos de embarque | commercial set.
juego de escariadores | reamer set.
juego de estrategia | strategy game.
juego de fondo (órganos) | pipe-stop.
juego de herramientas | kit of tools | kit.
juego de la guerra | war game.
juego de letras sobre el exterior | foreign bills in a set.
juego de libros | set of books.
juego de lizos (telar) | stave.
juego de llaves | wrench assortment.
juego de llaves para tuercas | nut driver tool kit.
juego de machos roscadores | set of taps | tap set.
juego de manos | trick.
juego de matrices | die set.
juego de muela de afilar | grindstone set de amolar.
juego de pelota | pelota.
juego de pesas (balanzas) | set of weights.
juego de piezas de recambio | set of spare parts.
juego de piezas de repuesto | set of spare parts.
juego de piezas moldeadas obtenidas en una sola operación de la prensa | lift.
juego de planos | set of drawings.
juego de resortes (telefonía) | spring set.
juego de selectores (telefonía) | rank of selectors.
juego de semicojinetes | pair of brasses.
juego de suma cero | zero-sum game.
juego de suma no cero | nonzero-sum game.
juego de tamices | telescope nest.
juego de taqués | tappet clearance.
juego de válvulas (equipo electrónico) | tube kit.
juego de varias hojas pegadas por la parte superior | snap-out.
juego de varias hojas unidas por un mordido lateral (impreso formulario para odenadores) | crik-lok.
juego delantero (carruajes) | fore body.
juego escénico mudo | byplay.
juego herramental | repair kit.
juego híbrido | hybrid set.
juego múltiple de papel continuo | snap-out set.
juego operativo | working set.
juego para retoques | touchup kit.
juego parcial de caracteres | subset.
juego parecido al de bolos que se juega sobre el hielo (Escocia) | curling.
juego reducido de caracteres | reduced type font.
juego reducido de instrucciones | condensed instruction deck.
juego total de conocimientos de embarque | full set of bills of lading.
juego trasero (carruajes) | afterbody.
juegos de luz | play of light.
juegos de piezas | kits of parts.
juegos de simulación | simulation games.
juez | trier | overman.
juez ambulante | itinerant judge.
juez asesor | associate judge.
juez competente | judge having jurisdiction.
juez de alzadas | judge of appeals court | judge of appeals.
juez de audiencia | judge of assize.
juez de campo | referee.
juez de conducta | arbiter morum.
juez de controversia | amicable compounder | amicable referee.
juez de hecho | referee | lay judge.
juez de instrucción | police-court magistrate | examiner.
juez de la quiebra | referee in bankruptcy.
juez de línea | lineman.
juez de línea (fútbol) | flagman.
juez de paz | justice of the peace | police-court magistrate | committing magistrate.
juez de salida (carrera de caballos) | starter.
juez de tribunal de distrito | district judge.
juez de turno | acting judge | judge on duty.
juez de un tribunal de equidad | chancellor.
juez depuesto | deposed judge.
juez examinador | judge examiner.
juez imparcial | indifferent judge.
juez instructor | examining judge.
juez militar | military judge.
juez municipal | puisne judge.
juez pedáneo | junior judge | puisne judge.
juez ponente | reporting judge.
juez presidente | chief judge.
juez suplente | deputy judge.
jugador (deportes) | man.
jugador al alza (bolsa) | long.
jugador de curling | curler.
jugador de futuros | free-rider.
jugar a dos caras | double-cross (to).
jugar a la baja (bolsa) | bear (to).
jugar al alza | bull (to) | bull for the market (to).
jugo (carne, frutas) | juice.
jugo concentrado | concentrated juice.
jugo concreto | dry juice.

jugo espeso | concrete juice.
jugo nuclear (genética) | nuclear sap.
juguetero | toy maker.
juguetes de plástico para niños | plastic baby toys.
juicio | award | judgment | judgement | lawsuit | suit | trial.
juicio ab intestato | intestacy suit.
juicio civil | civil suit.
juicio con contumacia | judgment by default.
juicio con vicio de procedimiento | mistrial.
juicio contencioso administrativo | litigation against government decision.
juicio de abintestato | intestate proceedings.
juicio de amparo (México) | injuction.
juicio de conciliación | conciliation proceeding.
juicio de concurso de acreedores | insolvency proceedings.
juicio de desahucio | trespass to try title.
juicio de desahucio (jurídico) | eviction proceedings.
juicio de expropiación forzosa | condemnation proceeding.
juicio de faltas | proceedings in misdemeanor | grievance procedure.
juicio de jactancia | jactitation-action.
juicio de tercería | arbitration award.
juicio de testamentaría | probate | probate proceedings.
juicio de uno mismo | autometry.
juicio de valor | value judgment.
juicio declarativo | executive suit | ordinary suit | ordinary civil action.
juicio ejecutivo | executive process | attachment proceedings | attachment.
juicio ejecutorio | foreclosure proceedings.
juicio en materia inmobiliaria | judgment in rem.
juicio en rebeldía | contempt proceedings | judgment by default | judgment on the default.
juicio en rebeldía (jurídico) | action in default.
juicio en reivindicación de propiedad | petitory suit.
juicio erróneo | misjudgment.
juicio hipotecario | foreclosure.
juicio imparcial | fair trial.
juicio nulo | mistrial.
juicio oral | hearing | trial.
juicio oral en que se oye a una sola persona | ex-parte hearing.
juicio petitorio | petitory suit.
juicio por contumacia | judgment on the default.
juicio por faltas | judgment by default.
juicio por incumplimiento de contrato | assumpsit.
juicio por jurado | trial by jury.
juicio posesorio | possessory action.
juicio provisorio | decree nisi.
juicio público | public trial.
juicio sobre violación de patentes | patent suit.
juicio testamentario | probate proceeding.
juicios pendientes | pending lawsuits.
jujube (fruto del ziziphus jujuba) | chinese date.
julio (electricidad) | joule.
juliómetro | joulemeter.
jumbo (túneles, minas) | jumbo.
jumbo accionado hidráulicamente | hydraulically-operated jumbo.
jumbo de aguilón | boom jumbo.
jumbo de brazo | boom jumbo.
jumbo de perforadoras (túneles, minas) | drilling jumbo.
jumbo montado sobre orugas | crawler-mounted jumbo.
jumbo perforador (túneles) | drill jumbo.
jumbo sobre carriles | railborne jumbo.
junco | cane | sieve.
junco (embarcación) | junk.
jungla | jungle.
junquillo | reed | batten.
junquillo (botánica) | jonquil.
junquillo (ebanistería) | bead.
junquillo (moldura) | bowtell.
junquillo de trazar (sala de galibos) | spiling batten.
junquillo de trazar curvas | spline.
junquillo para determinar la curvatura del forro a proa o popa (buques madera) | spiling batten.
junquillo para enmaestrar (buques) | deck batten.
junquillo para marcar los agujeros para los remaches (cuadernas) | girth stick.
junta | union | clamping | committee | coupler | coupling | joint | assembly | assembling | meeting | seam | sitting.
junta (de caja de moldeo) | parting line.
junta (guarnición) de fieltro | felt gasket.
junta (moldería) | parting.
junta (vía férrea) | splice.
junta a espiga | doweled joint.
junta a inglete | miter joint.
junta a la Cardán | Hooke's joint | Hooke's coupling.
junta a media madera | rabbet joint.
junta a prueba de infiltraciones | infiltration-proof joint.
junta a rebajo | rabbeted-joint.
junta a solape de cordón en cada cabeza (soldadura) | double fillet lap joint.
junta a tope | straight joint | carvel joint | butt joint | abutting joint.
junta a tope cobresoldada | butt-brazed joint.
junta a tope con barbilla | rabbeted butt joint.
junta a tope con cubrejunta (remachado) | butt joint.
junta a tope con cubrejunta doble | fished joint.
junta a tope con cubrejunta exterior | butt-strap outside joint.
junta a tope con cubrejunta interior | butt-strap inside joint.
junta a tope con cubrejuntas | fish-joint.
junta a tope con doble cobrejunta | double-cover butt joint.
junta a tope con doble cubrejunta | double-trap butt joint | fishplate joint.
junta a tope con doble soldadura (por arriba y por debajo) | double-welded butt joint.
junta a tope con los extremos recalcados | jumped joint | plain butt joint.
junta a tope con una chapa con bisel doble (la otra chapa tiene el canto recto) | single-V butt joint.
junta a tope en V preparada (soldeo) | prepared vee butt joint.
junta a tope sin huelgo | closed butt joint.
junta a tope soldada por ambas caras | double welded butt type joint.
junta acodada | S bend.
junta aislante | splitter joint.
junta al aire (vía férrea) | suspended joint.
junta al tope | flush joint.
junta al tope (carpintería) | heading joint.
junta al tope con cubrejunta sencillo | single-strap butt joint.
junta al tope oblicua | oblique butt joint.
junta al tope soldada con arco metálico | metal-arc-welded butt joint.
junta al tope soldada por arco eléctrico en atmósfera inerte | submerged-arc-welded butt joint.
junta angular | edge joint.
junta aplazada | adjourned meeting.
junta arbitral | arbitration board.
junta articulada | swing joint | pin connection | knuckle-joint | knee-joint | elbow joint.
junta articulada (vigas) | deflection joint.
junta asesora nacional | national advisory council.
junta autoclave | autoclave joint.
junta biselada | sloping joint | scarf-joint.
junta broncesoldada con bordes separados | wide-gap-brazed joint.
junta broncesoldada con una suelda eutéctica | eutectic-brazed joint.
junta calafateada | caulked joint.
junta cardan de caucho | rubber universal joint.
junta cardan de rodillos de aguja | needle-roller universal joint.
junta cardánica | universal joint | universal coupling | spider | cardan joint | gimbal joint.
junta circunferencial | girth joint.
junta clasificadora para el ascenso | promotion board.
junta cobresaldada | copper welded joint.
junta cobresoldada | copper-brazed joint.
junta cobresoldada con soplete | flame brazed joint.
junta cobresoldada por corrientes de alta frecuencia | induction brazed joint.
junta con bordes separados | large-gap joint.
junta con bridas de surcos circunferenciales (tuberías) | gramophone joint.
junta con cierre de pestaña | closed lock joint.
junta con cordones múltiples (soldadura) | multirun joint.
junta con el adhesivo todavía sin endurecerse | green joint | wet joint.
junta con escape | leaky joint.
junta con guarnición estanca | gasketed joint.
junta con guía interior | internally-guided joint.
junta con lechada (muros) | dipped joint.
junta con limpieza de la raíz del primer cordón con soplete (soldadura) | flame-gouged joint.
junta con los cantos desportillados | spalled joint.
junta con llave de enlace | keyed joint.
junta con manguito de unión | sleeve joint.
junta con pasador | pin-joint.
junta conductora | collector plate.
junta consultiva | consulting board | advisory board.
junta consultiva metalúrgica | metallurgical advisory board.
junta consultiva técnica | scientific advisory board.
junta contrapeada | interlaced joint.
junta cosida | stitched joint.
junta de abastos | food board.
junta de aceite | oil seal.
junta de acreedores | meeting of creditors | creditor's meeting.
junta de admisión | board of entry.
junta de almohadillado (muros) | margin draft.
junta de aluminio estañosoldada | soldered aluminum joint.
junta de ángulo formada por lengüetas múltiples | combed joint.
junta de anillo y ranura | ring-and-groove point.
junta de apelación | appeal committee.
junta de arena | sand seal.
junta de bayoneta | faucet joint.
junta de brida | flange assembly.
junta de bridas | flange joint.
junta de bridas empernadas | bolted flanged joint.
junta de carril | rail gap.
junta de cartón | millboard joint.
junta de clavijas transversales | cross keyed connection.
junta de codillo | toggle joint.
junta de collarín | flange joint.
junta de combustibles | fuel board.
junta de conciliación | board of adjustment | conciliation board.
junta de construcción | construction joint.
junta de contracción | contraction joint.
junta de control de cambios | exchange-control board.
junta de cuero | leather packer.
junta de culata de cilindro | cylinder-head gasket.
junta de chapas (unión de chapas - buques) | commissure.
junta de charnela | folding joint | knuckle-joint.
junta de charnela (máquinas) | knuckle.
junta de chaveta | cotter joint.

junta de dilatación | slip-joint | expanding joint | dry joint | expansion gap.
junta de dilatación (hormigón) | contraction joint.
junta de dilatación aserrada (pavimentos de hormigón) | sawed contraction joint.
junta de dilatación de asfalto | asphalt expansion joint.
junta de dilatación de fuelle metálico de pared delgada de 8 ondulaciones | thin-wall bellows expansion unit of 8 corrugations.
junta de dilatación de guía interior | internally guided expansión joint.
junta de dilatación de mamparo | bulkhead expansion joint.
junta de dilatación de tipo de fuelle | bellows-type expansion joint.
junta de dilatación del carril | rail expansion gap.
junta de doble cobrejunta | double butt-strap joint.
junta de doble espiga | double-tenon joint.
junta de doble remachado | double-riveted joint.
junta de eclisas (carriles) | fish-joint.
junta de elecciones | election board.
junta de empalme | fitup.
junta de empotramiento (carpintería) | bridle joint.
junta de enchufe | faucet joint | bell butt joint | spigot-joint | inserted joint.
junta de enchufe y cordón | hub-and-spigot joint | spigot-and-faucet joint.
junta de enchufe y cordón (tuberías) | spigot and faucet joint.
junta de engatillado suelto | loose-lock seam.
junta de entrada | draw-in joint.
junta de escuadra | abutting joint.
junta de espiga y campana (tubería) | bell-and-spigot joint.
junta de espiga y muesca | cogging.
junta de estanqueidad | sealing gasket.
junta de estanqueidad (bombas, turbinas) | seal.
junta de estanqueidad para encristalados (edificios) | glazing sealant.
junta de estratificación (geología) | divisional joint.
Junta de Exportación de Armas | Arms-Exportation Board.
junta de fachada | face joint.
junta de férula y arandela | ferrule-and-washer joint.
junta de fuelle | sealing bellows.
junta de fuelle flexible | flexible bellows joint.
Junta de fundadores (Sociedad) | board of founders.
junta de gobierno | executive committee | governing council | steering committee.
junta de gobierno municipal (EE.UU.) | commission.
junta de guía de ondas | wave guide gasket.
junta de guiaondas | waveguide shim.
junta de hilo de plomo | lead wire joint.
junta de hormigonado | construction joint.
junta de inglete | diagonal joint.
junta de inserción | inserted joint.
junta de interrupción | construction joint.
junta de la tapa | cover gasket.
junta de laberinto | labyrinth joint.
junta de laberinto del rodete | runner labyrinth seal.
junta de labios | lip seal.
junta de manguito | sleeve coupling.
junta de manguito (cables) | ferruled joint.
junta de manguito largo | long sleeve coupling.
junta de mediación | conciliation board.
junta de medio solape (rebajando la mitad del grueso de cada chapa) | half lap joint.
junta de metales diferentes | dissimilar-metal joint.
junta de montaje | field joint.
junta de mortero | abreuvoir.
junta de mortero (albañilería) | mortar joint.
junta de mortero entre dos hiladas de ladrillos | coursing joint.
junta de movilización para la defensa | defense mobilization board.
junta de municionamiento | munitions board.
junta de nuez | swivel joint.
Junta de Obras del Puerto | Harbor Authority | Harbor Board | port authority | port commission.
junta de paramento | face joint.
junta de platos | flange joint.
junta de plegado saliente (chapistería) | standing seam.
junta de plomo retacado (tuberías) | lead joint.
junta de ranura y lengüeta | joggle-joint.
junta de recubrimiento | covering joint | lapped joint | step joint.
junta de revisión (economía) | board of audit.
junta de rótula | globe joint | swivel joint | cup joint | cup-and-ball joint | socket joint | spherical joint.
junta de rótula a hueso | metal-to-metal ball joint.
junta de rótula de metal contra metal | metal-to-metal ball joint.
junta de rótula esférica | ball-and-socket joint.
junta de rotura | joint of rupture.
junta de solape | lap-joint.
junta de solape (buques) | jump joint.
junta de subsistencias | food board.
junta de tapa de culata | cylinder-head-cover gasket.
junta de tarifas | rating board.
junta de tasas | rating board.
junta de tela metálica y minio | gauze wire-and-red lead-joint.
junta de tingladillo (botes) | soling | soleing.
junta de tingladillo (buques) | lap-joint.
junta de tramo (vía férrea) | block joint.
junta de transición | transition joint.
junta de transición cónica | tapered transition joint.
junta de transición soldada | welded transition joint.
junta de tubería | pipe joint.
junta de tubo broncesoldada | bronzewelded pipe joint.
junta de tubo de doble codo | double-swing pipe joint.
junta de un grupo de un partido político | caucus.
junta de vacío | vacuum seal.
junta de varias filas de remaches | multiple-riveted joint.
junta debida a falta de continuidad en la colocación (hormigón) | cold joint.
junta del alma (vigas) | web plate joint.
Junta del Puerto | Harbor Board.
junta deslizante | slip-joint | expanding joint.
junta directiva | committee of management | directorate | managing board | board | Board of Directors.
junta económica | signing officers.
junta elástica | elastic joint.
junta elástica (tapa motores) | gasket.
junta elástica de nonio (arrastre magneto de autos) | rubber vernier joint.
junta elastomérica | elastomeric seal.
junta eléctrica (carriles) | bonded joint.
junta electrosoldada | electric-welded joint.
junta eliminadora (para ascensos) | washout board.
junta embridada de caras planas | flat-faced flanged joint.
junta empernada | bolted joint.
junta empernada con gran apriete | high-pressure bolted joint.
junta empernada con gran rozamiento entre sus partes | friction grip joint.
junta empernada hecha rígida por el rozamiento de apriete | friction-held bolted joint.
junta emplomada | leaded joint.
junta en ángulo | corner joint.
junta en bisel | diagonal joint | bevel joint.
junta en el cordón superior del montante extremo inclinado (viga de celosía) | hip joint.
junta en falsa escuadra | cross joint.
junta en la clave | crown joint.
junta en la que una superficie convexa encaja en una cóncava (anatomía) | saddle joint.
junta en pico de flauta | sloping joint | scarf.
junta en T a tope | tee butt joint.
junta en T con alma vertical | square tee joint.
junta en V soldada en la fragua | bird mouth joint.
junta en voladizo (vía férrea) | suspended joint.
junta encolada | glue bond | glued joint.
junta encolada con resina sintética | resin-glued joint | resin-bonded joint.
junta encolada por testa | edge glued joint.
junta enchavetada | cottered end-joint.
junta enchufada soldada | sleeve weld joint.
junta engatillada | welted joint | grooved and locked seam | lock joint | locked seam joint.
junta engatillada y solapada | lock-and-lap seam.
junta enlechada | grouted joint.
junta entre cargas sucesivas en una prensa de extrusión (tubos plomo) | charge-tongue.
junta entre dos tubos uno de cuyos extremos es ensanchado y el otro rasgado para introducirlo en el anterior y soldando el conjunto | taft joint.
junta entre dovelas de la misma hilada | heading joint.
junta entre metales similares | similar-metal joint.
junta escalonada (ferrocarril) | compromise splice.
junta esférica | cup joint | socket joint.
junta esmerilada | ground joint | glass joint.
junta estanca | close joint | leak-tight joint | seal | stanch joint.
junta estanca al petróleo | oil-tight joint.
junta estanca de cubierta (torres de cañón) | deck weathering.
junta estanca obtenida por presión reactiva | reaction pressed seal.
junta estañosoldada | soldered joint | sweated joint.
junta examinada por detección magnética de grietas | magnetically crack detected joint.
junta exenta de grietas | crevice-free joint.
junta extraordinaria | special meeting | extraordinary meeting.
junta flexible | flexible joint.
junta general | general meeting.
junta general anual | annual general meeting.
junta general de accionistas | stockholders's meeting | general stockholders' meeting.
junta general extraordinaria | extra general meeting.
junta general ordinaria | ordinary general meeting.
junta hecha con mastique de fundición (tuberías) | rust joint.
junta hecha con suelda fuerte | brazed joint.
junta hermética | airtight joint | seal | vacuum seal | leakproof joint.
junta hermética a vapores y gases | vapor-sealed joint.
junta hermética soldada | weld-scaled joint.
junta hidráulica | hydraulic joint | liquid seal | sealing liquid | water seal | water joint.
junta hidrostática (tuberías de conducción de agua) | hydrostatic joint.
junta horizontal | horizontal joint.
junta horizontal (muros) | bed joint.
junta inglesa (carpintería) | bridle joint.
junta inspectora | committee of inquiry.
junta investigadora | committee of inquiry | fact-finding board.
junta limpia del fundente (soldadura) | defluxed joint.
junta líquida | sealing liquid.
junta lisa | flush joint.

junta longitudinal | edge lap | seam.
junta llagada en plano inclinado (mampostería ladrillo) | struck joint.
junta llagada en plano inclinado para escurrir el agua (muros ladrillos) | weather-struck joint.
junta llena (muros) | flush joint.
junta machihembrada | flush joint.
junta metálica | metallic gasket.
junta mixta | joint council.
junta nacional de relaciones laborales (EE.UU.) | national labor relations board.
junta neumática de cubierta (torre de cañón) | pneumatic deck weathering.
junta oblicua | skew joint.
junta obturadorajunta de estanqueidad | gasket.
junta ondulada de expansión | expansion bellows.
junta ordinaria | regular meeting.
junta oxidada | rust joint.
junta para elimirar tensiones internas | stress-relieving joint.
junta paralela a la estratificación | bedding joint.
junta paralela al buzamiento | dip joint.
junta plana | butt joint | abutting joint.
junta plegada | folded joint.
junta preparada (para soldar) | dressed joint.
junta principal | master joint.
junta quebrada | rebated-joint.
junta radial (arcos) | bed joint.
junta radiografiada con cobalto-60 | cobalt-60 radiographed joint.
junta recalcada | jump joint.
junta recién encolada | green joint | wet joint.
junta rectangular de expansión | rectancular expansion joint.
junta rectificada cónica | taper-ground joint.
junta rectora | board of managers.
junta reductora de enchufe | diminishing bell butt joint.
junta regional | area board.
junta reguladora de precios | price control board.
junta rehundida (muros) | rustic joint.
junta rellena de mortero | mortared joint.
junta remachada | lap riveting joint.
junta remachada en cadena | chain riveted joint.
junta retundida | recessed pointing.
junta retundida (mampostería ladrillo) | struck joint.
junta revestida con fundente (soldadura) | fluxed joint.
junta revisadora de avalúos | board of review.
junta rigida | rigid joint.
junta roscada | screwed joint.
junta saliente (muros) | saddle joint.
junta sellada | seal.
junta simulada | imitation joint.
junta sin chaveta | keyless coupling.
junta sindical (bolsa) | board of governors.
junta solapada | clinch joint | simple lap joint | lapped joint | lapped doubler.
junta solapada con doble soldadura en ángulo | double-filleted lap joint.
junta solapada con soldadura en cada extremo | double-welded lap joint.
junta solapada de doble soldadura | double-bead lap joint.
junta solapada de dos filas de remaches | double-riveted lap joint.
junta solapada de 4 filas de remaches | quadruple-riveted lap-joint.
junta solapada estañosoldada | lapped soldered joint.
junta solapada longitudinal | longitudinal lap joint.
junta solapada soldada por presión | pressure-welded lap joint.
junta solapada soldada sólo por un canto | single welded lap joint.
junta soldada | welded joint.
junta soldada a tope | butt-welded joint.
junta soldada a tope por presión y calentamiento eléctrico | flash-welded joint.
junta soldada con gases (acetileno, propano, etc.) | gas-welded joint.
junta soldada con soplete | blown joint | oxyacetylene-welded joint.
junta soldada de metales disimilares | dissimilar metal welded joint.
junta soldada en conjunción con junta mecánica | composite joint.
junta soldada radiografiada | radiographed welded joint.
junta soldada repasada con la muela | dressed joint.
junta sometida a grandes esfuerzos | high-duty joint.
junta telescópica | telescope joint | slip-joint.
junta térmica | heatseal.
junta tomada con mortero | mortared joint.
junta tórica | o-ring | o-ring seal | O-ring gasket.
junta transversal del forro de cubierta (buques) | deck plating butt.
junta transversal solapada con cinco filas de remaches | quintuple-riveted end lap.
junta transversal soldada a paño (buques) | flush-welded butt.
junta transversal soldada a recubrimiento | lap-welded butt.
junta unida por vibraciones supersónicas | ultrasonic vibration-bonded joint.
junta universal | cardan joint | hooke's coupling | Hooke's joint.
junta universal doble | double universal joint.
junta vertical (muros) | build.
juntado | collected.
juntamente | jointly | unitedly.
juntar | bind (to) | adjoin (to) | attach (to) | unite (to) | tie (to) | fay (to) | mass (to) | link (to) | gather (to) | splice (to) | pool (to) | coalesce (to) | close up (to).
juntar (dinero) | raise (to).
juntar a tope | butt (to) | join endways (to).
juntar los cilindros (laminadores) | line down (to).
juntarse | associate (to) | muster (to) | combine (to) | connect (to) | meet (to).
juntarse en masas | mass (to).
juntarse las palabras (tipografía) | run into one another (to).
juntas alternadas | break-joints | shift joints | staggered joints.
juntas contrapeadas | broken joints.
juntas corporativas | corporate meetings.
juntas de cáñamo para máquinas | stuffing-box hemp.
juntas de obturación | gasketry.
juntas directivas en que varios miembros lo son de juntas de empresas diferentes | interlocking directorates.
juntas incipientes | blind seams | incipient joints.
juntas intergranulares (metalurgia) | grain boundaries.
juntas longitudinales estajadas remachadas | riveted joggled seams.
juntas paralelas al buzamiento (rocas) | cutters.
juntas que atraviesan la roca (canteras) | backs.
juntas salteadas | break-joints.
juntas transversales del forro de cubierta | deck butts.
juntera | jointer | jointer | jointing-plane.
juntera (gralopa) | shooting plane.
junto | attached | linked.
junto con | along with.
juntos (unidos) | combined.
juntura | joint.
juntura de filetes (tipografía) | break joint.
Jura blanco (estratigrafía) | malm.
jura de bandera | oath of enlistment.
jurado | sworn | jury.
jurado de acusación | grand inquest.
jurado de apelación | traverse jury.
jurado de empresa | joint council | workers' council.
jurado de juicio | common jury.
jurado de la exposición | exhibition jury.
jurado de otro condado (EE.UU.) | foreign jury.
jurado de otro estado (federal) | foreign jury.
jurado en desacuerdo | deadlocked jury.
jurado en desacuerdo (derecho) | hung jury.
jurado encargado de una encuesta | quest.
jurado especializado para juicio importante | blue-ribbon jury.
jurado militar (junta de revisión) | board of review.
jurado que estudia las pruebas reunidas por un juez | Grand Jury.
jurado subrogante | alternate juror.
juraduría | jury service.
juramentación | swearing-in.
juramentado en forma legal | duly sworn.
juramentar | swear (to).
juramento | swear | oath.
juramento asertorio | assertory oath | oath of evidence.
juramento de carga | oath of office.
juramento de cargo (abogacía) | oath of office.
juramento de su cargo público | oath of office.
juramento de tasación | juramentum in litem.
juramento decisorio | decisory oath.
juramento del demandante | oath in item.
juramento falso | perjury.
juramento judicial | swearing | juramentum judiciale.
juramento militar | military oath.
juramento solemne | corporal oath | solemn oath.
jurar | swear (to).
jurar el cargo | be sworn in (to).
jurar la bandera (milicia) | swear allegiance to the flag (to).
jurásico (geología) | Jurassic.
Jurásico superior | white Jura.
Jurásico superior (estratigrafía) | malm.
jure gentium | by the law of nations.
jurero | false witness.
juriconsulto | legal expert.
jurídicamente | judicially.
jurídicamente válido | legally valid | legally-valid.
jurídico | judicial | juridical.
jurídico-laboral | juridico-labor.
jurisconsulto | lawyer | jurist | jurisprudent.
jurisdicción | jurisdiction | precinct | district | venue.
jurisdicción (jurisprudencia) | cognizance.
jurisdicción aduanera (EE.UU.) | collection district.
jurisdicción contenciosa | contentious jurisdiction.
jurisdicción de guerra | army court.
jurisdicción de marina | naval court.
jurisdicción de primera instancia | original jurisdiction.
jurisdicción de tribunal marítimo | maritime jurisdiction.
jurisdicción del mayordomo de palacio (Inglaterra) | verge.
jurisdicción del trabajo | labor jurisdiction.
jurisdicción fiscal | tax jurisdiction.
jurisdicción laboral | labor jurisdiction.
jurisdicción marítima | maritime jurisdiction | admiralty jurisdiction.
jurisdicción militar | military jurisdiction.
jurisdicción mixta | joint jurisdiction.
jurisdicción nacional | national jurisdiction.
jurisdicción subordinada | subordinate jurisdiction.
jurisdicción territorial | territorial jurisdiction.
jurisdicción territorial nacional | national territorial jurisdiction.
jurisdiccional | jurisdictional.
jurisdictivo | jurisdictive.

jurisperito | jurisprudent | legal consultant | jurisconsult.
jurisprudencia | jurisprudence | law | case law | body of laws | ruling | law reports.
jurisprudencia de tribunales | holding of the courts.
jurisprudencia equitativa | equity.
jurisprudencia rabínica | rabinical jurisprudence.
jurisprudencial | jurisprudencial.
jurista | lawyer | legal writer | jurist | law-writer.
justamente | duly | right.
justas | joustings.
justicia | justice.
justicia distributiva | distributive justice.
justicia social | social justice.
justiciable | actionable.
justificable | justifiable | warrantable.
justificación | warranty | plea | proof.
justificación certificada de cuentas | clearance.
justificación económica | economic justification.
justificación hidráulica (linotipia) | hydraulic justification.
justificada por la derecha | right justified.
justificado | excusable.
justificante | receipt slip | evidence | voucher.
justificante de depósito | trust receipt.
justificante de derecho de suscripción | stock warrant.
justificantes (documentos) | authoritative documents.
justificantes de las facturas de los acreedores | vouching of creditors invoices.
justificantes de los documentos de nómina | vouching of payroll records.
justificantes de ventas | vouching of sales.
justificar | vouch (to) | warrant (to) | make good (to) | make out (to) | justify (to) | evidence (to) | support (to).
justificar (deudas, daños) | prove (to).
justificar (tipografía) | justify (to).
justificar los hechos | whitewash (to).
justificar por la izquierda | left justify (to).
justificar su solvencia | justify bail (to).
justificar un siniestro | substantiate a loss (to).
justipreciador | appraiser.
justipreciar | rate (to) | appraise (to) | estimate (to).
justiprecio | rating | sound value | valuation.
justo | right.
justo valor | true value.
jutahy (Hymenaea stilbocarpa) | jutahy.
juzgable por procesamiento | triable by indictment.
juzgado | court | courthouse | court of appeals.
juzgado (jurisprudencia) | ruled.
juzgado consular | consular court.
juzgado correccional | correctional court.
juzgado de distrito | district court.
juzgado de guardia | night criminal court.
juzgado de instrucción | court of original jurisdiction | court of first instance | examining court | court of investigation.
juzgado de lo civil | ordinary civil court.
juzgado de menores | juvenile court.
juzgado de primera instancia | court of first instace | court of investigation | court of original jurisdiction | court of first instance | primary court | lower court.
juzgado de segunda instancia | superior court.
juzgado de sustentación (Venezuela) | trial court.
juzgado en ausencia | tried in absentia.
juzgado laboral | labor court.
juzgado municipal | district court | municipal court.
juzgado por un consejo de guerra | tried by a court martial.
juzgado y condenado | tried and condemned.
juzgar | award (to) | repute (to) | try (to).
juzgar a puerta cerrada | hear a case in private (to).
juzgar de nuevo | rejudge (to).

K

K | K.
kabrak (Anisoptera costata) | rengkong.
kabukalli (Goupia glabra) | tento.
kainosita | kainosite.
kakol | kakol.
kalemia (medicina) | kalemia.
kalitrón | kallitron.
kalofilum (Calophyllum tomentosum) | poon.
kalungi (Entandrophragma angolense) | kalungi.
kalungui (Entandrophragma angolense-C. DC) | abenbegne.
kalvar | kalvar.
kamap (Strombosia rotundifolia) | kamap.
kamassi (Gonioma kamassi) | kamassi | knysna boxwood.
kamassi (Staudtia gabonensis) | kamashi.
kambala (Clorophora excelsa - Bent & Hook'f) | abang.
kambala (Clorophora excelsa - Benth) | African teak.
kambalu (Albizzia procera) | white siris.
kanda (Tylostemon spp) | kanda.
kanluang (Sarcocephalus cordatus) | kanluang.
kaón | kaon.
kaón isovector (física) | isovector kaon.
Kapok | Java cotton.
kapong (Tetrameles nudiflora) | kapong | thitpok.
kapur (Dryobalanops aromatica) | kapur.
karahoro (Didymopanax morototosni) | yagrume.
kardex (fichero) | multiple-tray cabinet.
karri (Eucalyptus diversicolor) | karri.
karst (geología) | karst.
kárstico | karstic.
karstología (geología) | karstology.
katal (bioquímica - unidad enzimática) | katal.
katon (Sandoricum indicum - Cav) | thitto.
katon (Sandoricum indicum-Cav) | katon.
katsura (Cercidiphyllum japonicum) | katsura.
katus (Castanopsis spp) | katus | kata.
kauri (Agathis australis) | kauri pine.
kauri australiano (Agathis robusta) | Queensland kauri pine.
kauri de Nueva Zelandia (Agathis australis) | New Zealand kauri.
K-cadena (análisis matemáticas) | K-chain.
kedivato | khedivate.
kefe (Pterogota macrocarpa) | kefe.
kefe (Pterygota macrocarpa) | poroporo.
kelat (Eugenia spp) | kelat.
keledang (Artocarpus integrifolia) | jackwood.
keledang (Artocarpus lanceoefolia) | keledang.
keledang (Artocarpus lanceofolia) | tempunal | tampang.
kelifita | kelyphite.
kelvin (unidad de temperatura termodinámica) | kelvin.
kempas (Koompassia excelsa) | tualang | taulang | tapang.
kempas (Koompassia malaccensis) | kempas.
kenopliotrón | kenopliotrom | kenopliotron.
kenotrón (diodo termiónico) | kenotron.
kerandji (Dialium spp) | kerandji.
kerdómetro (telefonía) | kerdometer.
kerita (química) | kerite.
kerma (energía cinética) | kerma.
Kerma de primera colisión | first collision Kerma.
kermesita | antimony blende | antimony-blende | red antimony.
kerógeno | kerogen.
keroseno | kerosene.
keroseno de gran volatilidad | vaporizing oil.
keroseno industrial | power kerosine.
keroseno pesado | avcat.
kersantita sin feldespato | autosite.
kersey | kersey.
keruing (Dipterocarpus cornutus) | kruen.
kevatrón | kevatron.
K-forma en un conjunto abierto E (matemáticas) | K-form in an open set E.
kianización
kieselmagnesita | kieselmagnesite.
kilix (arqueología griega) | kilix.
kiloamperio | kilampere | kiloampere.
kiloárea | kilare.
kilobar | kilobar.
kilobario | kilobar.
kilobaudio | kilobaud.
kilobit | kilobit.
kilocaloría | kilocalorie | major calorie.
kilocaracteres | (BYTES.
kilociclo (10^3 ciclos) | kilocycle.
kilociclo por segundo | kilohertz.
kilocurie | kilocurie.
kilodina (física) | kilodyne.
kiloelectrón-voltios | keV.
kiloergio | kilerg.
kilogaussio | kilogauss.
kilográmetro | kilogrammeter.
kilogramo | kilogram.
kilogramo (G.B.) | kilogramme.
kilogramo patrón | standard kilogram.
kilohertzio | kilohertz.
kilohmio | kilohm.
kilojulio | kilojoule.
kilojulios/mol | KJ/mol.
kilolitro | kiloliter.
kilomaxwelio | kilomaxwell.
kilomega (giga) | kilomega.
kilomegabit | kilomegabit | billibit.
kilomegaciclo | billicycle | kilomegacycle.
kilometración | kilometering.
kilometraje | kilometrage | mileage.
kilómetro geodinámico | geodynamic kilometer.
kilómetro lanzado (carreras) | flying kilometer.
kilómetros volados | kilometers flown.
kilooceteto | (BYTES.
kilooctetos | k bytes.
kilooctetos (informática) | kilooctets.
kilooersted | kilo-oersted.
kiloohmio | kiloohm.
kilopondio | kilopond.
kiloton (10^{12} calorías) | kiloton.
kilotonelada cora | kiloton.
kilotonelada corta | kiloton.
kilovario | kilovar.
kilovatiaje | kilowattage.
kilovatímetro | kW meter.
kilovatio | kilowatt.
kilovatio de potencia eléctrica | kilowatt of electrical power.
kilovatio nuclear | nuclear kilowatt.
kilovatio térmico | kilowatt of heat.
kilovatio-hora | kilowatt-hour.
kilovatios-antena | kilowatts-aerial.
kilovatio-segundo | kilowatt-second.
kilovatios-hora/millón de Btu | power-generation factor.
kilovoltímetro | kilovoltmeter | kV meter.
kilovoltímetro electrónico para lectura de voltaje de pico | electronic peak-reading kilovoltmeter.
kilovoltio | kilovolt.
kilovoltio eficaz | kilovolt root mean square.
kilovoltio-amperio | kilovolt-ampere.
kilovoltioamperiohorímetro | kVAh meter.
kilovoltios-amperios-hora reactivos | reactive kilovolt-ampere-hours.
kimatograma | kymatograph.
kimberlita | blueground | kimberlite | blue stuff.
kimberlita anfibolitizada | amphibolitized kimberlite.
kimberlita brechada | brecciated kimberlite.
kimberlita carbonatizada | carbonatized kimberlite.
kimberlita de facies hipoabisal | hypabyssal-facies kimberlite.
kimberlita micácea | micaceous kimberlite.
kimografía | kymography.
kimógrafo | kymograph.
kindal (Terminalia paniculata) | kindal.
Kingston | sea injection valve.
Kingston (buques) | sea inlet.
kinkajú (zoología) | honey-bear.
kiosco de distribución (electricidad) | switch-hut.
kirikowa (Iryanthera hostmanní) | kirikowa.
kiriología | kyriology.
kiriológico | kyriological.
kit electrónico | electronic kit.
klistrón | inductive-output valve.
klistron (electrónica) | klystron.
klistrón (tubo de modulación de velocidad) | klystron.
klistron bicameral | two cavity klystron | two-cavity klystron.
klistron de amplificador en cascada | cascade-amplifier klystron.
klistrón de ánodo modulador | modulating anode klystron.
klistron de banda ancha | broadband klystron.
klistrón de deslizamiento | drift tube klystron.
klistrón de reflector | klystron reflex.
klistrón especial | monofier.
klistron multiplicador de frecuencia | frequency multiplier klystron.
klistrón para equipo radárico | radar klystron.
klistron reflejo | reflex klystron.
klystrón generador de armónicos | klystron harmonic generator.
kokko (Albiggia lebbeck-Benth) | kokko.
kokko (Albizzia acle) | akle.
kokko (Albizzia lebbeck Benth) | siris.
kokko (Albizzia xanthoxylon) | yellow siris | siris yellow.
kondo findo (Autranella congolensis) | kondo findo.
kopal (Copaifera coleosperma) | Rhodesian mahogany.
kosipo (Entandrophragma candollei - Harms) | heavy sapele.
krabak (Anisoptera costata) | sanai | sepah petri.
krabak (Anisoptera spp) | krabak.
kraft imitación | bogus kraft.
kraft no blanqueado tratado con resina sintética | resin-treated unbleached kraft.
krarupización | continuous loading | krarupization.
krarupización (cable submarino) | krarup loading.
krarupizar | krarupize (to).
krilio | krilium.
krístico | krystic.
K-simplex | K-simplex.
K-simplex rectilíneo (tipología) | rectilinear K-simplex.
K-simplex rectilíneo orientado | oriented rectilinear K-simplex.
kuarrie (Vochysia spp) | kwarie.
kulim (Scrodocarpus borneensis) | kulim.
kumbuk (Terminalia arjuna) | kumbuk.
kumiss | koumiss.
kumus (Shorea ciliata) | kumus.
kungkur (Pithecolobium confertum) | kungkur.
kunzita (variedad de espodumena) | kunzite.
kurajan (Acrocarpus fraxinofolius) | mundani.
kuranja (Acrocarpus fraxinofolius) | yetama.
kurtschatovio (elemento radioactivo artificial número atómico 104) | kurtschatovium (ku-U.R.S.S.).
kurtschatovio (U.R.S.S | unnilquadium (Unq - I.U.P.A.C.).
kusam (Schleichera trijuga) | kusam.

L

l | light spot.
la Bruja de Agnesi (curva algebraica) | the Witch of Agnesi.
la cifra 0 | naught.
la compra de una auditoría | on buying an audit.
la corriente está en retardo de 90º con respecto al voltaje | the current lags the voltage by 90º.
la demanda decrece | demand falls off.
la descarga y la estiba son por cuenta del cargador (buque) | free in out stowed.
la discreción se impone | discretion is imperative.
la emisión ha sido subscrita | issue was oversubscribed.
la ensambladura es instantanea | assembly is instantaneous.
la entrega tendrá lugar en | delivery is to be made in.
la escasez de acero es por falta de combustible | lack of steel is due to lack of fuel.
la explicación más probable es la siguiente | the most likely explanation is as follows.
la fila superior de barriles estibados (buques) | riders.
la fórmula es válida | the formula holds.
la función del controlador en la empresa | the job of the corporate controller.
la inflación al final del año subirá próximamente al 6% | inflation by year's end will be running at about 6%.
la integridad de las partículas de diamante depende en gran parte de los parámetros de procesamiento | the integrity of the diamond grits greatly depends on the processing parameters.
la letra L | ell.
la ley lo prohibe | the law stops it.
la longitud de onda mínima (espectro de rayos X) | boundary wavelength.
la masa experimenta una fuerza radial hacia fuera del eje | the mass experiences a radial force outwards from the axis.
la mejor oferta | best bid.
la mercancía mala es siempre cara | bad ware is never cheap.
la mínima distancia entre dos puntos para que puedan reconocerse como separados | minimum separable.
la mitad y otro tanto | half and as much more.
la muestra está de acuerdo con la garantía | the sample conforms to the guarantee.
la nota debe acentuarse | the note to be emphasized.
la orden del cheque expedido por una sociedad | interest warrant.
la palabra justa en su debido lugar | the right word in the just place.
la parte más rica de un criadero | ore shoot.
la parte que permanece de utilidades después de pagar los dividendos | net surplus.
la plancha no acepta bien la tinta (litografía) | the plate goes blind.
la práctica demuestra que | practice shows that.
la primera bomba atómica detonada el 16-julio-1945 en Alamogordo (Nuevo México) | Alamogordo bomb.
la producción subió y bajó el precio | production rose and price fell.
la productividad aumenta enormemente | the productivity is dramatically increased.
la redacción | editorial staff.
la redacción (personal de dirección) | editorial board.
la redondez debe ser menor de ±20 micrómetros | roundness to be within ±20 microns tolerance.
la responsabilidad queda a cargo de | the responsibility rest with.
la señal siguiente en libre (ferrocarril) | next signal clear.
la simple verdad | sober truth.
la tabla resume los resultados | the table summarizes the results.
la temperatura descenderá a menos de 196 ºK (−196 ºK) | the temperature will plummet to minus 196 ºK.
la temperatura y la densidad | pressure-temperature-density relationship.
la última cuaderna de popa | transom.
la última traca exterior del fondo (buque madera) | shutter strake.
la vista sera pública (abogacía) | hearing in court shall be public.
la voluntad de resistir | the will to resist.
la 360 ava parte del ángulo subtendido en el eje por un par de polos (máquinas eléctricas) | magnetic degree.
labela (zoología) | labellum | labela.
labeliforme | labelliform.
labelo (botánica) | labellum | label.
labeloideo | labelloid | labellum-like.
labelos (botánica) | labela.
laberintiforme | labyrinthiform.
laberinto | labyrinth | maze | maze-geometry MOS transistor.
laberinto acústico | acoustic labyrinth.
laberinto antirradiación (recinto) | radiation maze.
labiado (botánica) | lipped.
labial | labial.
labialización | labializing.
labializar | labialize (to).
labija (de molino) | millstone bridge.
lábil | labile.
labilidad | lability.
labilidad del equilibrio | equilibrium lability.
labilidad emocional (medicina) | emotional lability.
labilización | labilization.
labilizar | labilize (to).
labio | lip.
labio (de falla) | wall.
labio (fallas) | side | limb.
labio alto (fallas) | lifted side | high side.
labio cortante (brocas) | cutting edge.
labio de angular alrededor del agujero de un imbornal (buques) | sill.
labio de correción de la dispersión del campo magnético (piezas polares) | field-fringing correction lip.
labio de falla | fault wall.
labio de la soldadura | welding lip.
labio del cangilón | dipper lip.
labio del cráter | crater lip.
labio del cucharón | dipper lip.
labio del escobén | hawse bolster.
labio del umbral (presas) | lip of the sill.
labio hundido (fallas) | downcast side | downthrown side.
labio inferior (fallas) | down-side | dropped side | downthrown wall | downthrown side | downthrow | low wall | low-side | lowered side | bottom wall | footwall | underside.
labio inflable de la entrada de aire (motor de chorro) | inflatable air intake lip.
labio intermedio estirado (fallas) | drawn-out middle limb.
labio larvario | larval labium.
labio levantado (fallas) | heaved side.
labio remachado renovable (cangilones dragas) | riveted renewable lip.
labio superior (fallas) | upthrow side | hanging wall.
labioesternito | labiosternite.
labioestipito | labiostipite.
labiomancia | labiomancy.
labios eyectores del extractor | extractor ejecting lips.
labiotenáculo | labiotenaculum.
labor | task | work.
labor (a las tierras) | dressing.
labor (con el arado) | ploughing.
labor a cielo (minas) | top hole | rising.
labor a cielo (minas carbón) | rise-working.
labor a través (minas) | cross-working.
labor al aire libre (minas) | open cast.
labor amelgando | bed plowing.
labor atravesada (minas) | offset.
labor clausurada (minas) | sealed working.
labor con arado fijo | one-way plowing.
labor con arado reversible (agricultura) | two way plowing.
labor de acabado | finishing work.
labor de aguja | needlework.
labor de caballones | raftering.
labor de calado (costura) | draw-thread work.
labor de costura | sewing.
labor de frente escalonado (arranque por ataque frontal - minas) | breast stoping.
labor de macizos cortos (minas) | board-and-pillar work.
labor de punto | knitting.
labor de rapiña (minas) | robbing.
labor de realce (minas) | breaking up | overhand stoping.
labor de testeros (minas) | overhead stoping.
labor en grandes tajos (minas) | longwall method.
labor en lomos | raftering.
labor en pilares abandonados (minas) | pillar working.
labor escalonada (minas) | stope.
labor hecha con abalorios | beadwork.
labor minera | driftage.
labor por hundimiento (minas) | longwall method.
labor según el crucero (minas) | slyne.
labor tipográfica | case work.
laborabilidad | workability.
laborable | workable | improvable.
laborador | labourer (G.B.).
laborador (EE.UU.) | laborer.
laboral | occupational.
laborante | technician | laboratorian | laborant.
laboratorial | laboratorial.
laboratorio | laboratory.
laboratorio (de un horno) | work chamber.
laboratorio (horno reverbero) | charge chamber | hearth.
laboratorio (hornos) | chamber | iron chamber | hearth room | reverberatory chamber.
laboratorio (hornos Siemens) | kitchen.
laboratorio aeromédico | aeromedical laboratory.
laboratorio agrícola | farm laboratory.
laboratorio ártico flotante (buque para estudio de la climatología ártica) | floating arctic laboratory.
laboratorio astrofísico satelizado | orbiting astrophysical laboratory.
laboratorio de análisis | sampling works | analytical laboratory.
laboratorio de cálculos | computation laboratory.
laboratorio de campaña | field laboratory.
laboratorio de campo | field laboratory.
laboratorio de cementación de detritos radiactivos | radwaste cementation laboratory.
laboratorio de comprobación | control laboratory.
laboratorio de ensayos | testing laboratory | assay laboratory.
laboratorio de hidráulica de control de vuelo | flight control hydraulic laboratory.
laboratorio de homologación | homologation laboratory.
laboratorio de investigación | research laboratory.
laboratorio de investigaciones hidrodinámicas | hydromechanics research laboratory.
laboratorio de legalización | homologation laboratory.

laboratorio de mecánica de las máquinas | mechanics-of-machines laboratory.
laboratorio de metalografía | metallography laboratory.
laboratorio de normalización | standardization laboratory.
laboratorio de propulsión a chorro | jet propulsion laboratory.
laboratorio de pruebas | testing shop | test house.
laboratorio de recepción lunar | lunar reception laboratory.
laboratorio de restauración pictórica | pictoric restoration laboratory.
laboratorio de sanidad | medical laboratory.
laboratorio de subproductos | by-product plant.
laboratorio de vigilancia sanitaria | sanitary laboratory.
laboratorio del cielo | skylab.
laboratorio del horno | furnace chamber.
laboratorio didáctico | learning laboratory.
laboratorio docente | school laboratory.
laboratorio en la obra | field laboratory.
laboratorio escolar | school laboratory.
Laboratorio Europeo de Investigaciones Espaciales | European Space Research Laboratory.
laboratorio geocronométrico | geochronometric laboratory.
laboratorio geofísico volante | flying geophysical laboratory.
laboratorio hidromecánico | hydromechanical laboratory.
laboratorio mantenido por la industria | industry-supported laboratory.
laboratorio naval de investigación | naval research laboratory.
laboratorio nuclear financiado por empresas particulares | privately financed atomic laboratory.
laboratorio orbital (cosmos) | orbital laboratory.
laboratorio orbital tripulado | manned orbital laboratory.
laboratorio para determinar el valor económico de los minerales | assay office.
laboratorio para ensayo de tierras | soil testing laboratory.
laboratorio para fuentes radioactivas de más de 50 milicurios | hot laboratory | hot cell | hot cave.
laboratorio para inspección del estado sanitario del personal | health-monitored laboratory.
laboratorio para prueba de aptitudes | aptitude testing laboratory.
laboratorio para prueba de materiales | material testing laboratory.
laboratorio para pruebas acústicas | sound lab | sound laboratory.
laboratorio para pruebas de aisladores | insulator-testing laboratory.
laboratorio para pruebas de cables de transmisión (electricidad) | power-cable laboratory.
laboratorio para recorte y montaje del negativo (cine) | cutting room.
laboratorio pequeño | miniplant.
laboratorios de investigación balística | ballistic research laboratories.
laboratorista | laboratory operator | laboratorian | labworker.
laborear (aparejo) | reeve (to).
laborear (buque en mar agitada) | strain (to).
laborear con agua a presión (minas) | pipe (to).
laborear por cámaras aisladas (minas) | panel (to).
laboreo | reeving | plowing | running | processing.
laboreo (minas) | working.
laboreo a (minas) | shorthorn working | half-on working.
laboreo a cielo abierto | open-pit mining.
laboreo a cielo abierto (minas) | surfacing.
laboreo a media ladera por chorro de agua a presión (minería) | hushing.
laboreo al aire libre de criaderos de carbón en capas horizontales o inclinadas | coal stripping.
laboreo ascendente en gradas (minería) | raise-stoping.
laboreo con encastillado | square setting.
laboreo con encastillado y relleno | square-set-and-fill.
laboreo con entibado del techo (minas) | supported stopes.
laboreo con escantillado | square-set stoping.
laboreo con pilares y cámaras | pillar-and-stall mining.
laboreo con relleno (minas) | filling system.
laboreo de anchurón y pilar | rooming | pillar-and-stall mining.
laboreo de anchurón y pilar (minas) | chamber working.
laboreo de carbón o minerales a profundidades mayores de 1.600 metros | deep mining.
laboreo de carbones | coal getting.
laboreo de filones | lode mining.
laboreo de fliloneș delgados (minas) | thin-seam mining.
laboreo de metales | metal working.
laboreo de minas | mine working | mining | art of mining.
laboreo de minerales | ore mining.
laboreo de minerales metálicos | metal mineral mining.
laboreo de minerales metaloides | nonmetal mineral mining.
laboreo de pilares retrocediendo (minas) | drawing-back the pillars | drawback pillars.
laboreo de placeres | placer mining.
laboreo del ancla (buques) | working of the anchor.
laboreo en avance | working forwards | working outwards.
laboreo en avance (minas) | working in-bye | advancing system.
laboreo en filones de gran buzamiento (minería) | pitch working.
laboreo en profundidad (minas) | mining at depth.
laboreo en retirada | working out-bye.
laboreo en retirada (minas) | working homewards | retreating system.
laboreo en retroceso (minas) | retreating system.
laboreo en sentido ascendente (minas carbón) | rise-working.
laboreo escalonado (minas) | rill stoping.
laboreo hidráulico | hydraulicking.
laboreo hidráulico (minería) | spatter-work.
laboreo irregular (pirquinería - minas) | gophering.
laboreo irregular por pozos pequeños (minas) | coyoting.
laboreo mecánico (minería) | machine stoping.
laboreo por anchurón y pilar | room-and-pillar mining.
laboreo por arranques del filón entero (sin dejar pilares) | longwall system.
laboreo por cámaras aisladas (minas) | panelling.
laboreo por cámaras descendentes bajo bóvedas (minas) | underground milling | underground glory hole method.
laboreo por cámaras y hundimientos de pilares | stall-and-breast.
laboreo por cámaras y pilares | breast-and-pillar | bord-and-pillar mining.
laboreo por cámaras y pilares (minas) | bord-and pillar method | pillar-and-stall system | pillar-and-room system | pillar and stall | heading-and-stall method.
laboreo por cámaras-almacenes (minería) | magazine mining.
laboreo por cuadros (minas) | panelling.
laboreo por cuadros (minas carbón) | panel work.
laboreo por chimeneas de mineral (minas) | milling system.
laboreo por derrumbe (minas) | caving.
laboreo por desplome (minas) | subsidence-of-the-roof method.
laboreo por disgregación hidráulica con chorro de agua a presión | hydraulic mining.
laboreo por el método hidráulico (minas) | piping.
laboreo por el método retrógrado (minas) | homewards working.
laboreo por escalones (minas) | benching.
laboreo por escalones ademados (minas) | prop slicing.
laboreo por escalones laterales (minas) | side stoping.
laboreo por fajas aisladas (minas) | cut-and-fill method.
laboreo por galerías | drift stoping.
laboreo por galerías pequeñas irregulares (pirquinería - minas) | gophering.
laboreo por grada (roca) | resuing.
laboreo por grada (roca de respaldo) | resuing.
laboreo por grada inclinada con relleno (minas) | incline cut and fill.
laboreo por gradas (minas) | bench working | benching.
laboreo por gradas inclinadas con relleno | inclined cut-and-fill stoping.
laboreo por gradas invertidas (minas) | overstoping.
laboreo por grandes tajos (minas) | all-work.
laboreo por grandes tajos con frente escalonado (minas) | fence row method.
laboreo por huecos y pilares (mina carbón) | stoop-and-room system.
laboreo por huecos y pilares (minas) | widen work | widen work (to).
laboreo por hundimiento (minas) | English longwall.
laboreo por hundimiento (sin dejar pilares) | longwall system.
laboreo por lajas (minas) | slabbing.
laboreo por macizos cortos (minas) | post-and-stall method.
laboreo por macizos inferiores (minas) | dip working.
laboreo por pilares (minas) | square work.
laboreo por pozos vertederos (minas) | milling system.
laboreo por rebanadas ascendentes (minas) | ascending horizontal slicing.
laboreo por recortes transversales (minas) | transverse working.
laboreo por socavación y derrumbe | block-caving method.
laboreo por socavón | adit cut mining.
laboreo por subpisos (minas) | substoping.
laboreo por subpisos con hundimiento | subdrift caving.
laboreo por tajo único (minas) | single-unit system.
laboreo por tajos gemelos (minas) | double-unit working.
laboreo por tajos largos | longwall mining.
laboreo por testero horizontal | flat-back method.
laboreo por testeros (minas) | stepping.
laboreo por testeros horizontales con relleno | flat back cut and fill method.
laboreo por tramos horizontales (minas) | horizontal slicing.
laboreo por tramos horizontales con hundimiento (minas) | top slicing.
laboreo por tramos horizontales descendentes (minas) | descending horizontal slicing.
laboreo por tramos y hundimiento (minas) | slicing and caving.
laboreo retrocediendo (minas) | back-coming.
laboreo sin dejar pilares (sin dejar pilares) | longwall system.
laboreo térmico por rayos laser | thermic working by laser rays.
labores a roza abierta (minería) | open-cut

mining | open workings.
labores abandonadas (minas) | attle | attal.
labores agrícolas | cultivation.
labores antiguas (minas) | old man.
labores antiguas (minería) | old workings.
labores de cateo (minas) | exploratory workings.
labores de cultivo | tillage.
labores de fondo | bottom workings.
labores de reconocimiento (minas) | exploratory workings.
labores mineras | diggings | workings.
labores por cámaras y pilares (minas) | barrier system.
labores preparatorias (minas) | mine openings.
labores sin plan (minas) | wasting.
laborioso | fastidious | elaborate.
laborioso (trabajos) | uphill.
laborista (EE.UU.) | laborite.
laborista (G.B.) | labourite.
labra (de piedras) | hewing | working | nidging | nigging | dressing.
labra (piedras) | squaring.
labra bruta (cantera) | spalling.
labra de la piedra | stonecutting | stone dressing.
labra de media junta (sillares) | half bed.
labra de metales | metalworking.
labra de metales por electroerosión | electric-spark metalworking.
labra de piedras | stoneworking.
labra en surcos | ridge (to).
labra fina (sillares) | broached work.
labra rugosa (sillares) | vermiculation.
labra tosca (sillares) | rustication.
labrabilidad (materiales) | kindliness.
labrabilidad en caliente | hot-workability.
labrable (tierras) | plowable.
labrado | milled | dressed | wrought | machining | machined.
labrado (de la madera) | sizing.
labrado a escoda (sillares) | hammer-dressed.
labrado a mano | hand-tooled.
labrado a máquina | machine-cut.
labrado con buril | chequered.
labrado con escoda (martellinado) | bushhammered.
labrado con facetas | facetted.
labrado de chapas de figura en el horno (buques) | snying.
labrado de los metales | metalwork.
labrado de metales | metalworking.
labrado en basto (sillares) | rough stoned.
labrado en caliente | hot-worked.
labrador | farmer | farm-hand | tiller | husbandman | yeoman.
labrador granjero | acre man.
labradorita | Labrador feldspar.
labradorita con tinte negro | bull's eye.
labradorita cubierta de ortoclasa | orthoclase-mantled labradorite.
labral | labrum.
labranza | ploughing | farming.
labrar | face (to) | plow (to).
labrar (chapas, etc.) | fabricate (to).
labrar (piedra) | carve (to) | dress (to).
labrar (piedras) | nidge (to).
labrar (sillares) | scabble (to).
labrar a golpes de hacha | chop out (to).
labrar a mano | hand-tool (to).
labrar a máquina | machine-tool (to).
labrar a medida | dimension (to).
labrar a medida aproximada | rough (to).
labrar con buril al torno | chequer (to).
labrar con escoda (martellinar) | bushhammer (to).
labrar con la azuela | trim (to) | trim (to).
labrar con rueda de alfarero | wheel (to).
labrar de nuevo (un sillar) | regrate (to).
labrar en caballones | rafter (to) | ridge (to) | rib (to).
labrar en caliente | hot-work (to).
labrar en frío | cold-work (to).
labrar en lomos | rafter (to).
labrar la madera con hacha | axe (to).
labrar la piedra | spall (to).
labrar la piedra con pico | axe (to).
labrar la tierra | plough (to) | farm (to).
labrar toscamente | rough-hew (to) | rough (to).
labrar una piedra | hew a stone (to).
labriego | farm-hand.
labro (labio superior - zoología) | labrum.
labro (zoología) | labrus.
labros | labri.
laca | lacquer | lacker | lacquer.
laca (botánica) | lacquer | lac.
laca (pintura) | lake.
laca aislante | insulating lacquer.
laca aluminiada | aluminized lacquer.
laca amarilla transparente sobre plata bruñida | Dutch gilding.
laca carminada | fine lake.
laca cobriza | copper-tinted lacquer.
laca colorante (tintorería) | lake.
laca de cochinilla | cochineal lake.
laca de color | pulp color.
laca de endurecimiento en frío | cold-setting lacquer.
laca de esmaltar | enamel-lac.
laca de grana | kermes lake.
laca de resina acrílica | acrylic resin laquer.
laca de resina gliptálica | glyptal-resin lacquer.
laca de secado duro | hard-setting lacquer.
laca de silicona | silicone lacquer.
laca de tinte | lac dye.
laca en bastones | stick lac.
laca en escamas | shellac.
laca en hojas | flat lake.
laca en placas | shellac | lump lac.
laca en tablillas | shellac.
laca fenólica | phenolic lacquer.
laca fisurable (para determinar esfuerzos) | stress lacquer.
laca insecticida | insecticidal lacquer.
laca para evitar la deposición sobre ciertos sitios (galvanoplastia) | stop-off lacquer.
laca para pintado interior de lingoteras | ingot mold lacquer.
laca pigmentada con polvo de bronce | gold paint.
laca sintética de autosecado | synthetic air-drying lacquer.
lacado | varnishing.
lacado protector | stopping off | stopping-off.
lacadora en cuerda (trabajo en cuerda de telas) | rope washing machine.
lacas | gloss paints.
lacas fotosensibles (fotolitografía) | fotoresist.
lacayo | footman.
lacería | bow manufacture.
laciniación | laciniation.
laciniada (hojas) | jagged.
laciniado | fringed.
laciniado (botánica) | lacerate.
laciniado (hojas) | jaggy.
laciniforme | laciniform.
lacinofoliado (botánica) | laciniate-leaved.
lacolito | laccolith.
lacolito (geología) | plug.
lacolito asimétrico | asymmetric laccolith.
lacólito múltiple | cedar-tree laccolith.
lacrado | sealed.
lacrar | seal (to) | seal with wax (to) | seal up (to).
lacres para sellar | sealing wax.
lacrimógeno | lacrymating | lachrymatory | tear producing | eye-irritant.
lactato (química) | lactate.
lactato de plata | actol.
lácteo | milk | milky.
lactífero | milky.
lactina | lactin.
lactobacteriología | lactobacteriology.
lactobacteriólogo | lactobacteriologist.
lactología | lactology.
lactólogo | lactologist.
lactómetro | milk-tester | milk poise | milk gage | milk hydrometer.
lactosa | milk sugar | lactin | lactose.
lacustre | lacustrine.
lacustro-glaciar | glacial lake.
lada del pelo (cuero) | bloom side.
ladar (seguimiento de cohetes balísticos) | ladar.
laddics (información) | laddics.
ladeado | lopsided.
ladear | sway (to) | deflect (to) | cant (to) | tilt (to) | incline (to) | yaw (to) | tip (to).
ladearse | heel (to) | tilt (to) | lean (to).
ladeo | banking | tipping | tilt.
ladeo (estructuras) | sway.
ladeo vertical (aviación) | vertical bank.
ladera | slope | hillside | sloping ground.
ladera (montañas) | sidehill | side.
laderas de la resonancia | resonances sides.
ladertrón | laddertron.
ladilla | crab.
ladillo (tipografía) | side note.
ladillo intercalado en la composición (imprenta) | cut-in note.
ladino | Judeo-Spanish.
lado | side | face.
lado (cartabones) | heel.
lado (cuerpos geométricos) | edge.
lado (de la dirección) | hand.
lado (de un hierro angular) | arm.
lado (derecho o izquierdo) | hand.
lado (polígono funicular) | string.
lado (triángulo topográfico) | leg.
lado a lado | edgewise | side-by-side.
lado abrigado del viento | lee-side.
lado al abrigo del viento | leeward side.
lado anterior | front end.
lado anterior (escobillas) | entering face.
lado ascendente (vía férrea) | down-side.
lado cóncavo | concave side | hollowed side.
lado corto de una curva de madera (buque de madera) | root.
lado curvo (chimenea de habitación) | coving.
lado de afuera | right side.
lado de alta presión | high-pressure side.
lado de barlovento | weather side.
lado de bobina | coil section.
lado de conexión con la masa (motores) | earthed side.
lado de entrada | ingoing side | entry side.
lado de entrada (laminadores) | roller's side.
lado de guía (tipografía) | lay edge.
lado de la admisión (turbinas) | hot end.
lado de la carne (correas) | flesh-side.
lado de la cartela | bracket heel.
lado de la colada (convertidores) | steel side.
lado de la escena a la derecha de los actores (G.B.) | opposite prompter.
lado de la escena a la izquierda de los actores (EE.UU.) | opposite prompter.
lado de la gelatina (filmes) | coating side.
lado de la lona hacia abajo | canvas side downwards.
lado de la salida | exit side.
lado de la transmisión | driving-end.
lado de mejor calidad o acabado (cartones de varias hojas) | top.
lado de peor calidad o acabado (cartones de varias hojas) | back.
lado de salida | going-away side | outgoing side | outfeed.
lado de salida de la fresa | up side of the cutter | going-away side of the cutter.
lado de sotavento (cubiertas de edificios) | nonpressure side.
lado de un ángulo | leg of an angle.
lado del celuloide (filmes) | celluloid side.
lado del haber (contabilidad) | creditor | creditor side.
lado del motor opuesto a la hélice | antipropeller end.
lado del papel que estuvo en contacto con la tela metálica (fabricación papel) | wire side of paper.

lado del viento | weather side | quarter.
lado del viento (marina) | teeth.
lado derecho | right side | right-hand side.
lado derecho (caballo, automóvil) | offside.
lado expuesto a la intemperie | weather side.
lado expuesto al sol (árboles) | fair weather quarter.
lado exterior | offside.
lado fieltro del papel (fabricación papel) | felt side of paper.
lado frontal | front side.
lado inferior (fallas) | thrown side.
lado inferior del papel (fabricación a máquina) | paper wire side.
lado interior del mamparo longitudinal | inboard side of the longitudinal bulkhead.
lado izquierdo | near | nearside.
lado izquierdo (EE.UU.) | offside.
lado liso del clisé | plain side of plate.
lado malo | wrong side.
lado más próximo | hither side.
lado menor | short side.
lado menor (cartabón) | tongue.
lado no expuesto | nonexposed side.
lado oculto (objetos) | far side.
lado oculto de la luna | far side of the moon | reverse side of the moon.
lado opuesto (objetos) | far side.
lado pasa (calibrador) | go side.
lado por donde sale la chapa o barra (laminadores) | catcher's side.
lado posterior (escobilla eléctrica) | leaving edge.
lado que falta | missing side.
lado que tiene la mejor calidad de pasta (cartones) | top.
lado recibidor (laminadores) | catcher's side.
lado rectilíneo | rectilinear side.
lado recto (elipse) | latus rectum.
lado recto de un codo de tubería (codos de elementos soldados) | gore.
lado sometido a tracción | tensile side.
lado tela del papel | wire side of paper.
lado vivo (electrónica) | hot side.
lados (poliedros) | edges.
lados de cierre (polígono funicular) | closing strings.
lados de un poliedro | edges of a polyhedron.
lados homólogos | homologous sides.
ladrillal | brickyard | brick-field.
ladrillera | brick mold.
ladrillo | brick.
ladrillo acorazado (revestimiento hornos) | metal-cased brick.
ladrillo achaflanado en un lado | splay brick.
ladrillo adovelado | compass brick.
ladrillo agramilado | frog brick | pressed brick.
ladrillo alabeado | arch-burned brick.
ladrillo alfeizado | splay brick.
ladrillo aluminoso | aluminous brick.
ladrillo aplantillado | closer | checker brick | profiled brick | gage brick.
ladrillo asentado de canto | brick laid on edge.
ladrillo asentado de plano | brick laid flat.
ladrillo áspero | rough-face brick.
ladrillo básico | basic brick.
ladrillo básico ligado químicamente (no cocido) | chemically-bonded basic brick.
ladrillo blando | rubber.
ladrillo cocido | burned brick | stock.
ladrillo colocado sobre una abertura (hornos) | lintel brick.
ladrillo con cara texturada | texture brick.
ladrillo con cochura y color distinto en sus cabezas | flare header.
ladrillo con dos esquinas redondas | double bullnose brick.
ladrillo con gran proporción de alúmina | diaspore brick.
ladrillo con rebajos en la cara de asiento | frog brick.
ladrillo con una cara inclinada | slope.
ladrillo con una esquina redonda puesto de soga (soga de canto - muros) | bull stretcher.
ladrillo con una esquina redondeada | bullheader.
ladrillo cortado a la mitad de longitud | snapped header.
ladrillo cortado con alambre | side-cut brick.
ladrillo cortado longitudinalmente por su cara | split.
ladrillo crudo | unburnt brick | cob.
ladrillo de ángulo entrante redondo | internal bullnose brick.
ladrillo de arcilla | clay brick.
ladrillo de arcilla mezclada con bagazo picado | clay bagasse brick.
ladrillo de arcilla y cal | clay lime brick.
ladrillo de barita | baryta brick.
ladrillo de basalto fundido | cast basalt tile.
ladrillo de bauxita | bauxite brick.
ladrillo de bóveda | arch brick.
ladrillo de caja | king closer.
ladrillo de cal y arena | lime-sand brick.
ladrillo de campana | clinker brick.
ladrillo de cara cóncava | cove stretcher.
ladrillo de cemento y cenizas de cok | breeze brick.
ladrillo de corcho | cork brick.
ladrillo de corcho autoexpansible | self-expanding cork.
ladrillo de costado oblicuo | side-skew brick.
ladrillo de cromita | chrome brick.
ladrillo de cuello | neck brick.
ladrillo de cuña | compass brick | arch brick.
ladrillo de desecho | pecking.
ladrillo de dolomita | dolomite brick.
ladrillo de dolomita estabilizada | stabilized-dolomite brick.
ladrillo de enrasar | furring brick.
ladrillo de escorias | clamp.
ladrillo de escorias básicas | basic slag brick.
ladrillo de esquina redonda | bullnose brick.
ladrillo de extremo cóncavo | cove header.
ladrillo de extremo oblicuo | end-skew brick.
ladrillo de extremos cortados con alambre | end-cut brick.
ladrillo de fachada | front brick | face brick.
ladrillo de fachada de silicato cálcico | calcium silicate facing brick.
ladrillo de grafito | carbon brick.
ladrillo de gran tamaño | block brick.
ladrillo de longitud normal pero de menor sección transversal | pup | closer | soap.
ladrillo de longitud y anchura normal pero de menor espesor | split | scone.
ladrillo de magnesia | magnesia brick.
ladrillo de magnesita | magnesite brick.
ladrillo de magnesita con envuelta de acero | steel-cased magnesite brick.
ladrillo de mineral pulverizado mezclado con arcilla (minería) | sun-dried brick.
ladrillo de mitad de espesor | split brick.
ladrillo de mocheta | pallet brick.
ladrillo de mortero de cal | sand-lime brick.
ladrillo de mortero de cemento | sand-cement brick | concrete brick.
ladrillo de paramento | ornamental brick | facing brick | face brick | fancy brick.
ladrillo de paramento de acabado rústico | rustic-finish facing brick.
ladrillo de paramento liso | smooth-face brick.
ladrillo de pasta blanda (con 25% de agua) | soft-mud brick.
ladrillo de plomo | lead brick.
ladrillo de recuperador (horno metalúrgico) | regenerator brick.
ladrillo de sardinel | brick on edge.
ladrillo de sección transversal normal (pero de longitud 0,75 de la normal) | three-quarter brick.
ladrillo de sección transversal normal pero de mayor longitud | whelp.
ladrillo de segunda clase | gray stock brick.
ladrillo de sílice mezclado con cal | lime-bonded silica brick.
ladrillo de sílice moteado | colored silica brick.
ladrillo de sílice y alúmina | silicoalumina brick.
ladrillo de superficie rugosa y de distintos colores | tapestry brick.
ladrillo de testa | brick on end.
ladrillo de traba | kink closer.
ladrillo de vidrio | glass block.
ladrillo de yeso para tabiques | gypsum partition-tile.
ladrillo defectuoso para paramentos | waster.
ladrillo diaspórico | diaspore brick.
ladrillo entero | four quarters.
ladrillo esmaltado | enameled brick.
ladrillo fabricado con partes iguales de chamota y sílice | half-silica brick | half-chamotte brick.
ladrillo fabricado en molde humedecido con agua | water-struck brick.
ladrillo fácil de cortar | cutter.
ladrillo forrado de metal (revestimiento hornos) | metal-cased brick.
ladrillo hecho con pasta húmeda (con 25% de agua) | soft-mud brick.
ladrillo hecho interponiendo arena entre la pasta y el molde | sand struck brick.
ladrillo hipoaluminoso | low-alumina brick.
ladrillo holandés | clinker brick.
ladrillo hueco | cored brick | hollow brick.
ladrillo hueco dentro de un muro para permitir la circulación del aire | air brick.
ladrillo hueco para bóvedas | hollow gaged brick.
ladrillo inatacable por los ácidos | acidproof brick.
ladrillo ligeramente refractario | low-heat-duty firebrick.
ladrillo ligero | light brick.
ladrillo mal cocido | place brick | light brick | salmon brick | misfire.
ladrillo medianamente refractario (temperatura de fusión mayor de 1615 °C) | intermediate-heat-duty firebrick.
ladrillo molido | ground brick.
ladrillo muy cocido | crozzle | highly-baked brick.
ladrillo muy duro para pavimentos | pavior.
ladrillo oblicuo | edge-skew brick.
ladrillo para bovedillas del piso | flooring brick.
ladrillo para esquinas agudas | squint.
ladrillo para la solera del horno | oven-sole brick.
ladrillo para pavimentos | paver.
ladrillo para pulir | buff brick.
ladrillo partido longitudinalmente por su cara | split brick.
ladrillo perforado para reducir su peso | ballon brick.
ladrillo pintón | burnt brick | medium baked brick.
ladrillo poco cocido | pale brick.
ladrillo prensado | pressed brick.
ladrillo prensado a máquina | power-pressed brick.
ladrillo prensado en seco | dry-pressed brick.
ladrillo que cierra la hilada en una esquina | angle-closer.
ladrillo que está suelto (muros) | loose brick.
ladrillo radial (dovela - refractarisos) | circle brick.
ladrillo recocho | hard-burned brick | highly-baked brick.
ladrillo refractario | refractory brick | firebrick | fire lute | fire clay brick | kiln brick.
ladrillo refractario aluminoso | aluminous refractory brick.
ladrillo refractario con gran proporción de sílex | flint brick.
ladrillo refractario con temperatura de fusión mayor de 1.595 °C | moderate-heat-duty brick.
ladrillo refractario con temperatura de fusión mayor de 1675 °C | high-heat-duty brick.
ladrillo refractario de alúmina | alumina firebrick.

ladrillo refractario de cromita y magnesita | chrome-magnesite brick.
ladrillo refractario de paramento caliente | hot-face insulating brick.
ladrillo refractario de sílice | silica firebrick.
ladrillo refractario hueco | hollow refractory tile.
ladrillo refractario para cucharas (acerías) | ladle brick.
ladrillo refractario para grandes temperaturas (temperatura fusión mayor de 1.760 °C) | superduty firebrick.
ladrillo refractario plástico | plastic fire brick.
ladrillo refractario termoalmacenador | heat-storage insulating brick.
ladrillo requemado | clinker brick.
ladrillo resistente a las altas temperaturas (hornos) | fire tile.
ladrillo santo | hard burnt brick | hard-burned brick | samel.
ladrillo secado al aire | air dried brick.
ladrillo semiestable de dolomía | semistable dolomite brick.
ladrillo sin cocer | unburnt brick.
ladrillo sometido a un vacío parcial durante su fabricación | de-aired brick.
ladrillo tocando ladrillo casi a hueso | brick and brick.
ladrillo tubular | sleeve brick.
ladrillo vidriado | glazed brick.
ladrillo vitrificado | Hollander | burr brick.
ladrillos alquitranados | tar-bonded bricks.
ladrillos blandos | cutters.
ladrillos corrientes | stocks.
ladrillos de arcilla huecos | perforated clay bricks.
ladrillos de corcho comprimido | vibracork.
ladrillos de desecho | peckings.
ladrillos de gran carga de rotura | blue bricks.
ladrillos de menor grueso que el normal | splits.
ladrillos de paramento muy cocidos | facing pavior.
ladrillos de primera | best first | cutting bricks.
ladrillos de superficie rugosa | rustics.
ladrillos defectuosos | grizzle bricks.
ladrillos delgados | splits.
ladrillos detrás del paramento | backup brick.
ladrillos duros bien cocidos | Dutch clinker.
ladrillos embandejados | palletized bricks.
ladrillos ígneos (marcados por las llamas del horno de cocer) | fire-flash bricks.
ladrillos mal cocidos | grizzle bricks.
ladrillos molidos para mezclar con la arcilla (fabricación ladrillos) | grog.
ladrillos muy cocidos defectuosos de forma | shippers.
ladrillos muy cocidos y de mal aspecto | sandal bricks.
ladrillos muy duros de color casi negro | terrometallic clinkers.
ladrillos muy resistentes | iron bricks.
ladrillos para tratar la superficie de los cilíndros laminadores | roller scouring blocks.
ladrillos rajados | shuffs.
ladrillos recochos | stocks.
ladrillos rechazados por imperfecciones | culls.
ladrillos refractarios | fireproof bricks.
ladrillos refractarios que contienen gran proporción de polvo de ladrillos refractarios usados | grogged firebricks.
ladrillos resistentes prensados a máquina | engineering bricks.
ladrillos santos | sandal bricks.
ladrón (esclusas) | branch culvert.
ladrón con escalo | housebreaker.
ladrón de admisión (dique seco, esclusas) | filling culvert.
ladrón de buques naufragados | wrecker.
ladrón de desagüe (esclusas) | emptying culvert.
ladrón de despojos de un naufragio | wrecker.
laecho (ríos) | alveus.
lagar | pressroom | press-house.
lagar de aceitunas | olive press.
lagar de sidra | apple press.
lagar de tolva | hopper crusher.
lagarero de aceituna | olive presser.
lagartija | lizard.
lagarto | alligator | lizard.
lago | lake.
lago (Irlanda) | lough.
lago artificial | storage lake | reservoir.
lago cerrado | closed lake.
lago con gran cantidad de carbonatos alcalinos | alkaline lake.
lago consecuente | consequent lake.
lago consecuente primitivo | original consequent lake.
lago crateriforme | crater lake.
lago curvado de meandro (ríos) | oxbow lake.
lago de agua dulce | fresh water lake.
lago de barrera | barrier-lake.
lago de meandro cerrado (ríos) | mortlake.
lago de valle glaciar | glacial lake.
lago desecado | dried-up lake.
lago en cuenca de hundimiento | slump-basin lake.
lago eutrófico | eutrophic lake.
lago formado por acumulación de acarreos | drift dam lake.
lago formado por corrimientos de tierras | landslide lake.
lago glaciar | lakelet.
lago interior | inland lake.
lago meromíctico | meromictic lake.
lago morrénico | morainic lake.
lago pequeño | lakelet.
lago pequeño de montaña | tarn.
lago polimíctico | polymictic lake.
lago que se seca durante parte del verano | playa.
lago que sólo tiene emisario de entrada | closed lake.
lagópodo | feathery-footed.
lagópodo hembra de Escocia | moor hen.
lagos de poca profundidad (G.B.) | broads.
Lagrangiano | Lagrangian.
lagre (fabricación vidrio) | lagre.
lágrima | tear.
lágrima (moco - caldero de colada) | bug.
lágrima batávica | detonating bulb.
lágrima batávica.
lágrimas (acerías) | converter waste.
lágrimas de acero (acerías) | hot tears.
lagrimeo (extravasación de savia - plantas) | bleeding.
laguna | mere | void | vacancy | lagoon | lakelet.
laguna (cristales) | point defect.
laguna (cristalografía) | void.
laguna (Chile) | log pond.
laguna (Irlanda) | lough.
laguna (metalografía y semiconductores) | hole.
laguna (telegrafía) | split.
laguna atolónica | atoll lagoon.
laguna de ácido bórico | boric acid lagoon.
laguna de atolón | atoll-lagoon | atoll lagoon.
laguna de la banda de valencia | valence-band hole.
laguna doble (metalurgía) | divacancy.
laguna estratificada (geología) | lost record.
laguna estratigráfica | break in the succession.
laguna estratigráfica (geología) | stratigraphic break.
laguna para depositar y secar los fangos de alcantarillas | sludge drying lagoon.
laguna para verter las aguas cloacales | sewage lagoon.
laguna que separa un arrecife barrera de la costa (atolón) | barrier lagoon.
laguna reticular (metalografía) | vacancy.
laguna salada | salt pan | saltpan.
lagunar | lacunar.
lagunas aniónicas | anion vacancies.
lagunas catiónicas | cationic vacancies.
lagunas de la mecánica de fluidos | gaps of fluid mechanics.
lagunoso | lacunar.
lagunoso (botánica) | lacunate.
laicidad del estado | laicity of the state.
laicismo | laity | secularism | laicism.
laico | lay | layman.
laja | rock | flat stone | flagstone | flag.
laja de piedra | ledge | rag.
laja pequeña de piedra | spall.
lajación | spallation.
lajas de lingulas (geología) | Lingula flags.
lajosidad (rocas) | slabbiness.
lajoso | flaggy.
lama (tela) | lamé | tissue.
lámara fluorescente sin cebador | rapid-start fluorescent lamp.
lamarckismo | lamarckism.
lambel (heráldica) | lambel.
lambert (unidad de luminancia) | lambert.
lambertio | lambert.
lamé (tela) | tissue.
lamedura | lick.
lamedura (de un animal) | lapping.
lamelación | lamellation.
lamelar | slaty | flaky | foliated | laminate | laminated.
lamelar (botánica, zoología) | lamellate.
lamelibranquio | bivalve.
lamelífero | lamelliferous.
lameliforme | lamelliform | platelike | flaky.
lameloso (botánica, zoología) | lamellate | lamellose.
lamella | lamella.
lamentar | wail (to).
lamentar dar cuenta | regret to report (to).
lamentarse | complain (to).
lamento | complaint.
lamer | lap (to) | lick (to).
lamer (el agua a las rocas) | lip (to).
lametada | lapping.
lamia (ictiología) | lamna.
lámina | lamina | picture | sheet | plate | engraving.
lámina (algas) | frond | blade.
lámina (Argentina) | veneer.
lámina (de agua) | film.
lámina (de madera) | laminate.
lámina (libros) | plate.
lámina (meteorología, aerodinámica) | lamina.
lámina (tentáculo de un nautilo) | sail.
lámina (zoología) | plate.
lámina a todo color | full-color illustration.
lámina adherente (hidráulica) | clinging nappe.
lámina anegada (hidráulica) | wetted nappe.
lámina bimetal | bimetal strip.
lámina cilíndrica | cylindrical shell.
lámina cristalina semiconductora | wafer.
lámina de acero | steel strip.
lámina de adaptación (telecomunicación) | matching strip.
lámina de agua | film of water.
lámina de agua del vertedero | weir nappe.
lámina de agua que levanta verticalmente por detrás un flotador (hidros de flotador) | roach.
lámina de concha de tortuga | amber shell.
lámina de conexión | connector | connecter.
lámina de oro | leaf of gold.
lámina de oro con diamantes incrustados | diamond-set gold leaf.
lámina de plomo | lead lamina.
lámina de rascar | scraper blade.
lámina de raya (minerales) | streak plate.
lámina de seguridad (Ecuador) | riving knife.
lámina de superposición para enmascarar (fotomontaje) | acetate overlay | acetate sheet.
lámina de vidrio | scored sheet.
lámina de vidrio previamente rayada | prescored glass sheet.
lámina de vidrio rayada | scored glass sheet.
lámina de vidrio rayada por medio de un diamante o por rueda cortadora | scored sheet of glass.
lámina delgada de agua | water film.

lámina delgada de líquido | thin-liquid film.
lámina dieléctrica puesta a tierra | grounded dielectric slab.
lámina dieléctrica semirreflectora | half-reflecting dielectric sheet.
lámina doblada (libros) | folding plate.
lámina elástica | elastic lamina.
lámina elástica de contacto | contact spring.
lámina fusible | fuse strip.
lámina fusible (fusible de cinta) | fuse link.
lámina libre (hidráulica) | free nappe | free-falling nappe.
lámina libre de un líquido | free surface of a liquid.
lámina magnética (electricidad) | magnetic shell | magnetic strate.
lámina metálica | metalfoil.
lámina óptica | optical blade.
lámina piezoeléctrica | crystal plate.
lámina vertiente (hidráulica) | nappe.
lámina vertiente (presas) | overflowing nappe | falling sheet.
lámina vertiente (vertedero) | nappe.
lamina vertiente (vertedero de presa) | crest.
lámina vibrante | vibrating reed.
laminabilidad | rollability | rolling ability | plateability | platability.
laminabilidad de los plásticos | plateability of plastics.
laminabilidad en frío | cold rollability.
laminable | plateable | platable.
laminación | rolling.
laminación (defecto interno de metales) | lamination.
laminación a paso de peregrino (metalurgia) | pilgering.
laminación a temperaturas bajo cero | zerolling.
laminación circular | ring punching.
laminación con rodillos verticales para ajustar el ancho y producir cantos suaves | universal rolling.
laminación de bandas | strip rolling.
laminación de dos o más chapas finas al mismo tiempo | pack rolling.
laminación de flejes | strip rolling.
laminación de gránulos metálicos | powder rolling.
laminación de la corriente | current lamination.
laminación de tejidos | laminating of fabrics.
laminación de tubos | tube rolling.
laminación de un disco perforado sobre un mandril y forjado subsiguiente para obtener un anillo laminado continuo | saddling.
laminación en caliente | hot-rolling | rolling hot.
laminación en caliente en laminador planetario | planetary hot-mill rolling.
laminación en caliente seguida por laminación de acabado a 1.500 °F | hot-rolling followed by finish rolling at 1,500 °F.
laminación en paquete | pack rolling | packet rolling.
laminación en paquete caliente | hot-pack milling.
laminación en paquetes (hojalata) | hot-pack process.
laminación en rombo | diamond rolling.
laminado | rolling | rolled | plated | platy | foliate | foliated.
laminado a - 76 °C y termotratado a 425 °C | zerolled at - 76 °C and heat-treated at 425 °C.
laminado a base de papel revestido de resinas sintéticas | paper-base laminate.
laminado a productos de chapa gruesa y delgada | rolled to plate and sheet products.
laminado al tamaño definitivo | rolled to a finish.
laminado circular | collaring.
laminado conjunto de metales diferentes para formar una chapa compuesta | sandwich rolling.
laminado contrachapado tratado con resina fenólica | phenolic-resin-treated veneer laminate.
laminado de acrílico | acrylic laminate.
laminado de caucho | rubber laminate.
laminado de chapas | plate rolling.
laminado de desbastes planos | slabbing.
laminado de encargo | custom-rolled.
laminado de fibra de vidrio ligado con politetrafluoroetileno | PIFE-bonded fiber glass laminate.
laminado de fibra de vidrio ligado con resina sintética | resin bonded glass laminate.
laminado de fibra de vidrio ligado con silicona | silicone-bonded glass laminate.
laminado de lingotes | cogging.
laminado de madera densificada | densified wood laminate.
laminado de papel con papel metalizado | foil-to-paper laminate.
laminado de plástico a base de fibra de vidrio | glass-fiber-base plastics laminate.
laminado de plástico de calidad eléctrica con soporte de papel | paper-based electrical grade plastic laminate.
laminado de plástico reforzado | reinforced plastic laminate.
laminado de plástico y hoja metálica | plastic-to-foil laminate.
laminado de plástico y metal | plastic-clad sheet metal | metal-plastic laminate.
laminado de resina con fibra de vidrio | resin glass laminate.
laminado de resina fenólica con caucho | rubber-phenolic laminate.
laminado de silicona con base de fibra de vidrio | glass-base silicone laminate.
laminado de tela de fibra de vidrio | glass cloth laminate.
laminado de vinilo/metal | vinyl/metal laminate.
laminado diagonal | diagonal rolling.
laminado en basto | rough-rolled.
laminado en caliente | hot-rolled.
laminado en caliente en una sola dirección (metales) | one-direction hot rolled.
laminado en frío (alambres) | cold rectifying.
laminado en frío a diversas reducciones de espesor | cold-rolled to various reductions.
laminado en frío brillante | bright-cold-rolled.
laminado en frío en una pasada | one-pass cold-rolled.
laminado en hueco (manguitos de piñones) | hollow rolled.
laminado en planchas | straight-rolled.
laminado en que la dirección de cada pasada es a 90° de la anterior | cross-rolling.
laminado en una sola calda | rolled at one heat.
laminado encolado | glued lamination.
laminado entre cilindros troqueladores | die rolling.
laminado estampado de varias capas (electrónica) | multilayer etched laminate.
laminado fenólico | phenolic laminate.
laminado formado de plástico | plastics-based laminate.
laminado inorgánico | inorganic laminate.
laminado longitudinal | longitudinal rolling.
laminado melamínico reforzado con fibra de vidrio | glass melamine laminate.
laminado prensado a baja presión | low-pressure laminate.
laminado reforzado con manta de fibra de vidrio | glass mat laminate.
laminado transversal (aceros redondos) | reeling.
laminado y enfriado en agua | rolled and water-quenched.
laminador | rolling-mill | roller | roll | mill machine | mill | laminated rollers.
laminador acabador de chapa | chill mill.
laminador acabador reversible para banda | reversing cold strip mill.
laminador acabadorlaminador para reducir el diámetro exterior de tubos | sizing mill.
laminador alisador | smoothing mill.
laminador cerrado | close mill.
laminador cerrado sobre mandril | plug mill.
laminador cerrador sobre mandril (fabricación tubos estirados) | plug rolling mill.
laminador con el cilindro de trabajo más pequeño soportado por dos o más cilindros | cluster mill.
laminador con el cilindro superior accionado independientemente del inferior por medio de piñones separados | balanced mill.
laminador cortante (relaminación) | slitting mill.
laminador cuarto en frío reversible para banda | reversing four-high cold strip mill.
laminador de carriles | rail mill.
laminador de cilindros oblicuos | skew rolling mill.
laminador de chapa | plate rollers.
laminador de chapa fina | sheet rolling mill.
laminador de chapa gruesa | heavy plate mill.
laminador de chapas | plate mill.
laminador de chapas medias | medium plate mill.
laminador de desbastar | roughing cylinders.
laminador de desbastes planos | slabbing rolls.
laminador de endurecimiento (aceros) | skin pass mill.
laminador de guías (tren guía) | guide mill.
laminador de perfiles corrientes | merchant mill.
laminador de planchas de blindaje | armor-plate mill.
laminador de plomo | lead mill.
laminador de rodillos pendulares (acerías) | pendulum mill.
laminador de rodillos planetarios | planetary rolling mill.
laminador de rodillos planetarios para trabajos en caliente | planetary hot mill.
laminador de roscas | thread rolling machine.
laminador de tren intermedio | cogger.
laminador de tres rodillos superpuestos | three-high rolling mill.
laminador de tubos | tube rolling mill.
laminador de tubos de paso de peregrino | pilger mill.
laminador debastador | blooming rolling mill.
laminador debastador universal | universal slabbing mill.
laminador desbastador | puddle rolling mill.
laminador desbastador (pudelaje) | muck-roll.
laminador desbastador a forma próxima a la definitiva | pony roughing mill.
laminador desbastador de desbastes planos | slabbing blooming mill.
laminador desbastador en caliente | hot breakdown mill.
laminador desbastador inversor dúo | two-high reversing roughing mill.
laminador desbastador reversible | reversing breakdown mill.
laminador descascarillador (cascarilla de tochos recalentados) | scalebreaker.
laminador doble dúo en tándem | four-high tandem mill.
laminador duó | two-high mill | two-high train.
laminador dúo irreversible | pull-over mill.
laminador dúo para pasada con ligera reducción en frío | two-high skin pass mill.
laminador dúo reversible | two-high reversing mill.
laminador en frío | cold mill.
laminador en que el cilindro superior está arrastrado por fricción por el cilindro inferior | jump mill.
laminador, endurecedor (banda de acero) | temper mill.
laminador formador de perfiles | forming mill.
laminador frontal | head rolling mill.
laminador inversor en frío para latón | cold reversing brass mill.
laminador inversor para chapa de aluminio en caliente | hot reversing aluminum mill.

laminador irreversible de una caja para reducción de banda en frío | nonreversing single-stand cold strip reduction mill.
laminador para alambre | wire mill.
laminador para alambres | flatting mill.
laminador para aumentar la dureza por pasada ligera (banda de acero) | temper mill.
laminador para banda de acero inoxidable | stainless-steel strip mill.
laminador para banda en caliente | hot strip mill.
laminador para bandajes (de ruedas) | tire mill.
laminador para bandas de aluminio | aluminum foil mill.
laminador para chapa de sección cóncava | hollow mill.
laminador para chapa fina | sheet-mill.
laminador para chapa fina (laminador) | thin sheet mill.
laminador para enchapar una chapa con otra de distinto material | plating mill.
laminador para fleje | thin gage strip mill.
laminador para llantas | tire rolling mill.
laminador para pasada superficial en frío (chapas y bandas de acero) | temper pass mill.
laminador para perfiles | bar mill.
laminador para perfiles comerciales | merchant mill.
laminador para perfiles laminados | section mill.
laminador para redondos (laminador) | rod mill.
laminador para reducir en frío fleje o banda | cold-strip reduction mill.
laminador para relaminar carriles viejos | rail-slitting mill.
laminador para roscas | thread roller.
laminador para ruedas | wheel rolling mill.
laminador para ruedas de ferrocarril | rail-wheel rolling mill.
laminador para tochos y desbastes | slab-blooming mill.
laminador para tubos | tube mill.
laminador para tubos electrosoldados | electric weld pipe mill.
laminador para varilla | rod-rolling mill.
laminador planetario | planetary mill.
laminador preliminar | roughing mill.
laminador que produce chapas que hay que cortarlas en los cuatro bordes | sheared plate mill.
laminador reductor de diámetro de tubos | tube-reduction mill.
laminador reductor del diámetro (faricación tubos) | sinking mill.
laminador reversible | reversing mill.
laminador reversible para chapa | reversible plate-mill | reversible rolling mill.
laminador reversible para chapas | reverse plate mill.
laminador reversible trío para redondos de tres cajas | reversing three-stand three high bar mill.
laminador semicontinuo | semicontinuous mill.
laminador semicontinuo para laminar en caliente | semicontinuously hot rolling mill.
laminador trío | three high mill | three-high mill | three-high rolling mill.
laminador trío para chapa | three-high plate mill.
laminador universal | universal mill.
laminadora de perfiles en frío | cold roll forming machine.
laminadora para aros | ring roller.
laminadores de reducción | reductions rolls.
laminadores desbastadores (mecánica) | puddler rolls.
laminados de chapas encoladas | glued timber laminations.
laminados decorativos | decorative laminates.
laminados industriales | engineering laminates.
laminados plástico-metal | plastic-metal laminates.
laminar | draw (to) | roll (to) | flatten (to) | mill (to) | laminar | laminate | lamellar | foliate (to).
laminar (botánica, zoología) | lamellate.
laminar (el vapor) | wiredraw (to).
laminar (flujo) | nonturbulent.
laminar (minerales) | bladed.
laminar a temperaturas bajo cero (aceros) | zeroll (to).
laminar al tamaño final | roll to a finish (to).
laminar con rulos | roll form (to).
laminar chapas | reduce-plates (to).
laminar en bruto | rough-roll (to).
laminar en caliente | hot-roll (to).
laminar en frío | cold-roll (to).
laminar entre cilindros troqueladores | die-roll (to).
laminar lingotes (fabricación monedas) | planish (to).
laminarización | laminarization.
laminarizar (el flujo) | laminarize (to).
láminas | prints.
láminas (de la seta) | gill.
láminas de caucho natural enfardadas | baled rubber.
láminas de cristales de cuarzo | quartz crystal slicing.
láminas directoras del flujo (túnel aerodinámico) | cascades.
láminas entre maclas repetidas (geología) | twinning laminae.
láminas fijas (condensador variable) | stator.
láminas para superponer fondos en los negativos | background print-ins.
laminiforme | laminiform.
laminilla | lamella | film | leaflet | flake | scale.
laminilla (cristalografía) | platelet | platelet.
laminilla (telares) | dropper | drop wire.
laminilla de ajuste | laminated shim.
laminilla en forma de media luna | crescent-shaped platelet.
laminillas | lamellae.
laminillas de pirita en el carbón | coal scares.
laminografía | laminography | laminagraphy.
laminoso | platy | laminate | laminar | laminated | lamellar.
laminoso (botánica, zoología) | lamellate | lamellose.
lampacear (marina) | swab (to).
lámpara | lamp | bulb | tube.
lampara aflogística | aphlogistic lamp.
lámpara alcalina de casco (mineros) | alkaline cap lamp.
lámpara amplificadora | output tube.
lámpara asómbrica (quirófano) | shadowless lamp.
lámpara astral | astral lamp | astral.
lámpara avisadora de incendio | fire-warning lamp.
lámpara birrejilla (radio) | double-grid tube.
lámpara colgante | hanging lamp | drop-lamp.
lámpara compensadora (electricidad) | ballast lamp.
lámpara compleja (electrónica) | multiple valve | multiunit-tube.
lámpara con distribución espectral parecida a luz del día | daylight lamp.
lámpara con filamento acintado | ribbon-filament lamp.
lámpara con lentes en escalones (faros) | holophote.
lámpara cromofluorescente | colored fluorescent lamp.
lámpara de aceite | oil lamp.
lámpara de advertencia | warning light.
lámpara de alta intensidad (lámpara de gran amperaje) | floodlight.
lámpara de alto vatiaje | high-wattage lamp.
lámpara de alumbrado del tablero (autos) | dash-lamp.
lámpara de amplificación regulable (electrónica) | variable slope valve.
lámpara de arco con carbones en ángulo obtuso | scissors arc lamp.
lámpara de arco con depósito | magazine arc-lamp.
lámpara de arco de foco fijo | focusing arc lamp.
lámpara de arco eléctrico | arc lamp.
lámpara de arco eléctrico de foco fijo | fixed arc lamp.
lámpara de Argand | Argand lamp.
lámpara de atmósfera gaseosa | soft valve.
lámpara de bolsillo de dínamo | dynamo pocket torch.
lámpara de brazo | bracket lamp.
lámpara de cadmio | cadmium lamp.
lámpara de carga (electricidad) | ballast lamp.
lámpara de casco de minero | miners' cap-lamp.
lámpara de cátodo caliente (electrónica) | thermionic tube.
lámpara de cebado en frío | cold-start lamp.
lámpara de coeficiente de amplificación regulable | vari-mu tube.
lámpara de contraste | comparison lamp.
lámpara de cuarzo de vapor de mercurio | mercury-gas quartz lamp.
lámpara de cuarzo fundido | fused-quartz lamp.
lámpara de cuarzo y yodo | quartz-iodine light.
lámpara de cuatro tetones | four-prong tube.
lámpara de Davy (minas) | gauze-lamp.
lámpara de descarga | glow tube.
lámpara de descarga luminiscente | flashing valve.
lámpara de descarga luminosa | aeolight | luminous discharge lamp | discharge lamp.
lámpara de descarga luminosa (lámpara fluorescente) | gas-discharge lamp.
lámpara de destellos | glowlight | blinking lamp.
lámpara de destellos rítmicos | time-check lamp.
lámpara de dos contactos en el culote | double-contact lamp.
lámpara de efluvios | negative glowlamp.
lámpara de entrada (radio) | input tube.
lámpara de escaso vacío | soft tube.
lámpara de filamento de carbón | carbon lamp.
lámpara de filamento de volframio y yodo mezclado con el gas de relleno | tungsten-iodine light.
lámpara de fin de conversación | clearing lamp.
lámpara de flamear | fire lamp.
lámpara de flas (destellador-fotografía) | flashlamp.
lámpara de flash | photoflash.
lámpara de gas | gas lamp.
lámpara de globo | dome-lamp.
lámpara de gran luminancia | high brightness lamp.
lámpara de incandescencia | glow lamp.
lámpara de incandescencia de ampolla en forma de seta | mushroom lamp.
lámpara de incandescencia halogénica | tungsten iodine lamp.
lámpara de información válida (telecomunicación) | read lamp.
lámpara de iridio | iridium lamp.
lámpara de isótopo de cripton-86 | krypton-86 isotope lamp.
lámpara de larga duración | long-burning lamp.
lámpara de luminiscencia | glim lamp.
lámpara de luz de sodio | sodium-discharge lamp.
lámpara de luz inactínica | safelight lamp.
lámpara de luz puntual | point lamp.
lámpara de llamada | line lamp | calling lamp | call lamp.
lámpara de magnesio (fotografía) | flashlamp.
lámpara de mesa | standard lamp | desk lamp.
lámpara de mina | driver's lamp.
lámpara de minero | miners' lamp.
lámpara de neón | neon tube | glow lamp.
lámpara de pendiente variable (radio) | exponential tube | supercontrol tube.
lámpara de petróleo | oil lamp.

lámpara de pie | standard lamp.
lámpara de plasma | plasma ball.
lámpara de plomero | plumber's torch | fire lamp.
lámpara de propagación de ondas | T. W. tube.
lámpara de proyección (cine) | projector lamp.
lámpara de proyector | projector lamp.
lámpara de radio | radio valve | radio tube.
lámpara de rayos ultravioleta | uviol lamp.
lámpara de registro | recording lamp.
lámpara de rejillas alineadas | aligned-grid tube.
lámpara de resistencia (circuito eléctrico) | barretter.
lámpara de resonancia de gases raros | rare gas resonance lamp.
lámpara de salida (radio) | power valve.
lámpara de seguridad | guard lamp.
lámpara de seguridad (fotografía) | colored screen.
lámpara de seguridad (minas) | Davy-lamp.
lámpara de seguridad de acetileno | acetylene safety lamp.
lámpara de señal de encendido | ignition warning light.
lámpara de señal de ocupación (telfonía) | engaged lamp.
lámpara de señales | signal lamp | signal flasher.
lámpara de señalización | busy flash.
lámpara de señalización diurna | daylight signalling lamp.
lámpara de soldar | blowtorch | blow-lamp.
lámpara de soldar con alcohol o acetileno y con una boquilla para aspirar el aire.
lámpara de soldar de gasolina | gasoline torch.
lámpara de soplete | blowpipe lamp.
lámpara de techo | ceiling light | luster (EE.UU.).
lámpara de tubo fluorescente | discharge lamp | fluorescent tubing.
lámpara de tungsteno de pequeña superficie y gran brillo | high brightness small-area tungsten lamp.
lámpara de vacío | vacuum lamp.
lámpara de vapor al cadmio | cadmium mercury lamp.
lámpara de vapor de mercurio | mercury vapor lamp | mercury vapor tube | mercury discharge lamp.
lámpara de vapor de mercurio a alta presión | high pressure mercury lamp.
lámpara de vapor de mercurio a baja presión | low pressure mercury lamp.
lámpara de vapor de sodio | sodium vapor lamp.
lámpara de vapor de yodo con envuelta de cuarzo | quartz iodine lamp.
lámpara de vapor mercúrico | mercury lamp.
lámpara de varias luces | bunch light.
lámpara de xenón | xenon lamp.
lámpara de zirconio | zirconium lamp.
lámpara del casco (minería) | cap lamp.
lámpara descendente | downlight.
lámpara deslustrada interiormente | inside-frosted lamp.
lámpara detectora | detector valve.
lámpara detectora de reacción | regenerative detector.
lámpara eléctrica | electric bulb.
lámpara eléctrica con gancho | hanging lamp.
lámpara eléctrica con voltaje muy bajo | red hot hairpin.
lámpara eléctrica de bolsillo | torch | electric torch.
lámpara eléctrica de minero con turbina de aire comprimido | pneumatic miner's lamp.
lámpara eléctrica de techo | electric pendant.
lámpara eléctrica para señales con Morse | blinker.
lámpara eléctrica portátil | electric hand lamp.
lámpara electroluminiscente | electroluminescent lamp.
lámpara electrónica | vacuum tube | tube | electron tube | oscillion.
lámpara estabilizadora de tensión | barretter.
lámpara esterilizadora | sterilamp.
lámpara estroboscópica | stroboflash | stroboscopic lamp.
lámpara excitadora | exciter lamp.
lámpara flas (fotografía) | photoflash.
lámpara flas de argón explosivo | explosive argon flash lamp.
lámpara fluorescente | fluorescent lamp | electric discharge lamp | flashing valve.
lámpara fluorescente con cebador | switch start fluorescent lamp.
lámpara fluorescente de autoencendido extrarrápido | instant-self-starter fluorescent lamp.
lámpara fluorescente de encendido por campo electrostático | slimline.
lámpara fluorescente de gran emisión lumínica | high-output fluorescent lamp.
lámpara fluorescente de gran intensidad lumínica | high-intensity discharge lamp.
lámpara fluorescente de panel cuadrado | square panel fluorescent lamp.
lámpara fluorescente de poco brillo | low-brightness fluorescent lamp.
lámpara fluorescente direccional con reflector incorporado | aperture lamp.
lámpara fluorescente sin cebador | starterless fluorescent lamp | quick-start fluorescent lamp.
lámpara fónica (cine) | exciter lamp.
lámpara fotometrada | photometered lamp.
lámpara inactínica | dark-room lamp.
lámpara inactiva (radio) | dummy tube.
lámpara incandescente | incandescent lamp.
lámpara incandescente de neón | neon glow-lamp.
lámpara incandescente para imitar la luz solar (cine en colores) | sunspot.
lámpara incandescente trabajando con voltaje mayor que el normal | photoflood lamp.
lámpara indicadora | indicating lamp | pilot lamp.
lámpara indicadora (telefonía) | pilot signal.
lámpara indicadora de ocupación de la vía (ferrocarril) | track-occupancy indication lamp.
lámpara indicadora de pérdida a tierra | earth indicating lamp.
lámpara indicadora de tierra | earth indicating lamp.
lámpara indicadora del conmutador de grupos (telefonía) | group switch guard lamp.
lámpara indicadora para los encargados del cierre | breech worker's indicating lamp.
lámpara insectífuga | insect-repelling lamp.
lámpara leucodescente | leucodescent lamp.
lámpara llena de argón | argon-filled lamp.
lámpara miniatura | midget valve.
lámpara moduladora | modulator valve.
lámpara monorrejilla | single grid valve | one-grid valve.
lámpara multirrejilla | multigrid tube.
lámpara osciladora | oscillator tube.
lámpara para ampliador fotográfico | photoenlarger lamp.
lámpara para copiar | blue print lamp.
lámpara para detectar falsificaciones | document proofing lamp.
lámpara para efectos (cine) | spot.
lámpara para fotomecánica | photomechanical lamp.
lámpara para mirar huevos al trasluz | candling lamp.
lámpara para quemar pintura | blowtorch | blow-lamp.
lámpara para soldar | soldering lamp.
lámpara patrón | comparison lamp | control light.
lámpara portátil | hand lamp | flashlight.
lámpara portátil de enchufe | drop-lamp.
lámpara protegida contra el viento | hurricane-lamp.
lámpara puntual | point-light.
lámpara rectificadora (termiónica) | rectified tube.
lámpara reforzada (iluminación) | rough service lamp.
lámpara satélite | dimmer bulb.
lámpara suspendida a la Cardan | swinging lamp.
lámpara termiónica | electron tube.
lámpara termiónica (electrónica) | thermionic tube.
lámpara termiónica (radio) | valve.
lámpara testigo | control light | telltale lamp | indicating lamp | pilot lamp | pilot | pilot light | warning light.
lámpara testigo de bujía de precalentamiento | heater plug test lamp.
lámpara tetraelectródica | four-electrode valve.
lámpara tubular | tubular lamp | linear lamp.
lámpara tubular con descarga (alumbrado) | tubular discharge lamp.
lámpara ultravioleta | ultraviolet lamp.
lámpara ultravioleta bactericida | bacterical ultraviolet lamp.
lámpara-plomada (minas) | plummet-lamp.
lámparas de disparo | firing lamps.
lámparas fluorescentes | fluorescents.
lámparas marcadoras del contorno (camiones) | marker lamp.
lámparas para interiores (estudio cine) | broad.
lamparero | lamplighter.
lamparilla de soldar | plumber's torch.
lamparilla para ablandar la pintura vieja | painter's torch | paint-burning lamp.
lamparilla para estañosoldar | plumber's torch.
lamparilla para quemar pintura | devil.
lampas (tela) | lampas.
lampaset | silk damask.
lampatán (tela) | lampas.
lampazo | swab.
lampazo (botánica) | bur.
lampazo (tela) | lampas.
lampazo de goma | squeegee.
lampazos (Chile) | sidings.
lampazos (Chile - rollo de madera) | slabs.
lampista | lamplighter | lamptrimmer | lampist | trimmer.
lampista (minas) | davyman.
lampistería | lamp-locker | lamp-cabin | lamp station | lamp room.
lampistería (ferrocarriles) | lamp-house.
lampistería (minas) | relighter station.
lampistero | lamp-man.
lampistero (buques) | lamptrimmer.
lampo de la nieve | snow blink.
lampo del hielo | ice blink.
lamprea de mar | sea lamprey.
lampreilla | larval lamprey.
lamprofido | lamprophyre.
lamprostibiana (antimoniato anhidro de hierro y manganeso) | lamprostibian.
lana | wool.
lana (de borrego) | pile.
lana abierta | loose wool.
lana acidulada | acidulated wool.
lana achapada (por enfermedad de la oveja) | cotty wool.
lana afieltrada | felted wool | matted wool | stringy wool.
lana añina | lamb's-wool | hog | hog wool.
lana apelambrada | pelt wool | plucked wool | pulled wool.
lana apelambrada por el proceso de exudación | dead wool.
lana apelmazada | stringy wool | lockout wool | cotted feece | matted wool.
lana apelotonada (por enfermedad de la oveja) | cotty wool.
lana ardida | damp wool.
lana arenosa | gritty wool.
lana artificial | shoddy.
lana áspera | brashy wool | harsh wool.
lana atrófica | hunger wool.
lana baja | neck wool.
lana basta | coarse wool | low wool.

lana brillante | luster wool | brilliant wool.
lana burda | coarse wool | gare.
lana carbonizada | carbonized wool.
lana cardada | combed wool.
lana cardada superfina | best super | better super.
lana cargada con substancias vegetales | moity wool.
lana cargada de brozas | burry wool.
lana cargada de motas | moity wool.
lana cepillada | brushed wool.
lana cerrada | stringy wool.
lana clasificada | cased wool.
lana clorada | chlorinated wool.
lana con fibras largas apta para peinado | combing wool.
lana con motas | bur wool | moty wool.
lana con mucha suarda | sappy wool | greasy wool.
lana con partículas vegetales | shivy wool.
lana con puntas negras | black-topped wool.
lana corta | short staple wool.
lana corta de la parte inferior del costado (ovejas) | downright.
lana corta de las patas | shankings.
lana cruzada | crossbred wool.
lana curtiembre | pelt wool | pulled wool.
lana cheviot | cheviot wool.
lana churra | coarse wool.
lana de acero | steel wool.
lana de alpaca | alpaca hair.
lana de Angora | Angora wool.
lana de Angora en fibras cortas | kemp.
lana de animales muertos | dead wool.
lana de barrer | clipping | sweepings | peddler's wool.
lana de barriga | belly wool | bellies.
lana de Beluchistán empleada para alfombras | kelat.
lana de borra | mungo.
lana de bucles | knop-wool.
lana de cabra de Angora | mohair.
lana de caídas | long-staple wool | leg wool.
lana de cal | pulled wool | pelt wool.
lana de calidad inferior | kempy wool.
lana de calidad superior | super wool.
lana de campo | plucked wool.
lana de carda | inferior wool | carding wool.
lana de carda (fibra de lana de menos de 75 mm de longitud) | clothing wool.
lana de carnero | ram's wool.
lana de ceibo | kapok.
lana de copos | shoulder wool.
lana de cordero de un año | yearling wool | hog wool.
lana de curtidor | fellmongered wool | plucked wool | pelt wool.
lana de desecho | cast wool.
lana de escoria | cinder wool.
lana de escorias | slag wool | silicate cotton | mineral cotton | mineral wool.
lana de espinazo | rig wool.
lana de esquileo | shorn wool | clip wool | live wool | fleece wool.
lana de fibras finas | fine fiber wool.
lana de fibras que contienen sustancias minerales | steely wool.
lana de frigorífico | packing house wool.
lana de guanaco | guanaco wool.
lana de la cabeza | head-locks | wigging | poll wool.
lana de la cola (ovejas) | say-cast.
lana de la frente | topknot wool.
lana de la parte posterior (ovejas) | skirtings.
lana de las paletas | shoulder wool.
lana de las piernas | gare.
lana de madera | wood fiber.
lana de mala calidad y finura | oddments.
lana de mezcla | blending wool.
lana de muslos | britch wool.
lana de ovejas mal alimentadas | hunger wool.
lana de ovejas muertas | plucked wool.
lana de ovejas muertas hace tiempo | merrin wool | mortling wool.
lana de ovinos muertos | fallen wool.
lana de ovinos muertos por enfermedad | diseased wool.
lana de patas | leg wool.
lana de patas (ovejas de raza cruzada) | brown wool.
lana de peinado | combing wool.
lana de peine fina | fine-combing wool.
lana de pelo largo | long-staple wool.
lana de pellejo | fallen wool | plucked wool.
lana de pescuezo | neck wool.
lana de piel | plucked wool | pelt wool | fellmongered wool.
lana de pino | pine wool.
lana de primer esquileo | yearling wool.
lana de primera | prime wool.
lana de reses muertas | pelt wool.
lana de roca (mezcla de dolomita y arcilla silícea) | rock wool.
lana de segunda | after wool.
lana de segundo esqueleo | double-clip wool.
lana de vellón | live wool | fleece wool | shorn wool.
lana de vellón defectuosa | faulty fleece wool.
lana de vidrio | bat wool | spunglass | glass wool | spun glass.
lana del cuello | blue wool.
lana del lomo | choice wool | back wool.
lana del país | home-grown wool | native wool.
lana del vientre y de las patas delanteras | brokes wool.
lana del vientre y parte del pecho | apron wool.
lana delaine | delaine wool.
lana densa larga | shafty wool.
lana descolorada por la humedad | damp wool.
lana descolorida | cloudy wool.
lana desengrasada | scoured wool.
lana desgrasada | clean wool.
lana dura | brashy wool.
lana en borra | abb-wool | abb.
lana en bruto | natural wool.
lana escogida | prime wool | matching.
lana escogida de vellón | picklock.
lana esquilada | shorn wool.
lana esquilada en invierno | winter wool.
lana esquilada en primavera | spring wool.
lana fina de carda | supercloth wool.
lana fina hilada (estambre) | fine-carded wool.
lana fofa | mushy wool.
lana fondo fino | downy wool.
lana grasienta | heavy wool | sappy wool | greasy wool.
lana gris | greys | gray wool.
lana indígena | home-grown wool.
lana jarrosa | kemp.
lana larga (G.B.) | preparing wool.
lana larga y fuerte | shafty wool.
lana lavada | clear wool.
lana lavada en caliente | scoured wool.
lana lavada en fábrica | mill scoured wool.
lana lavada en pie | fleece-washed wool.
lana lavada en vellón | scoured wool.
lana lavada en vivo (en la oveja antes del esquileo) | hand-washed wool.
lana lustrosa | luster wool.
lana madre | picklock.
lana manchada con alquitrán sobre la oveja | laid wool.
lana manchada de amarillo | canary wool.
lana manchada por orina o estiércol | stained wool.
lana mecánica | remanufactured wool | wool extract.
lana merina | fullblood wool.
lana mestiza | half-bred wool | crossbred wool.
lana mineral | mineral wool.
lana mineral (mezcla de dolomita y arcilla silícea) | rock wool.
lana muerta | cod wool.
lana natural | animal wool.
lana negra | black wool.
lana no apta para peinar | tender wool.
lana no empacada | loose wool.
lana no ondulada | plain wool.
lana o rayón en polvo | flock.
lana ondulada | crimpy wool | waved wool.
lana ordinaria | inferior wool | broad wool.
lana para alfombras | carpet wool.
lana para mantas | blanketing.
lana para urdimbre | abb.
lana pegajosa | gummy wool | pitchy wool.
lana peinada | worsted | combed wool.
lana peladera | packing house wool.
lana peladiza | fallen wool.
lana perdida por las ovejas (en arbustos, cercas, etc.) | gathered wool.
lana perlada | crochet wool.
lana poco elástico | wiry wool.
lana prensada | squeezed wool.
lana prima | picklock.
lana primera de cordero | lamb's-wool.
lana pura | all wool.
lana quebradiza | harsh wool.
lana quebradiza (lana flaca) | brittle wool.
lana quemada | stained wool.
lana raquítica | hunger wool.
lana recarbonizada (lana regenerada) | extract wool.
lana recién esquilada | freshly sheared wool.
lana recuperada | recovered wool.
lana regenerada | rag-wool | shoddy | wool extract | mungo | regenerated wool | remanufactured wool | reworked wool.
lana regenerada de telas que no han llegado a las manos del consumidor | reprocessed wool.
lana regenerada de telas usadas | reusable wool.
lana rizada | crinkle wool.
lana sedosa | woozy wool.
lana separada del vellón | broken wool.
lana silvestre | pine wool.
lana sin lavar | in-the-grease.
lana suarda | in-the-grease | pitchy wool | grease wool.
lana suelta | brokes.
lana superfina | pickneck.
lana superior | picklock.
lana tiesa | wiry wool.
lana vegetal | silk cotton.
lana velluda | shaggy wool.
lana viva | fleece wool | shorn wool.
lanac | lanac.
lanado (botánica) | woolly.
lanar | woolly.
lanarkita (sulfato de plomo básico) | lanarkite.
lanas del país | domestic woollens.
lanas primeras | neat.
lance | affair.
lance con caña a dos manos (pesca de costa y mar) | surf casting.
lance con mosca y caña a dos manos (pesca) | casting.
lanceado (botánica) | lanceate.
lanceolado | lancet-shaped | lanceolate.
lanceta | lancet | lance.
lancha | launch | boat.
lancha arrojadiza de salvamento para aviones terrestres o hidros | air-sea rescue launch.
lancha blanco de bombardeos | bombing-target launch.
lancha blindada para tiro al blanco | armored target boat.
lancha cañonera | gunboat.
lancha contraincendios | fireboat.
lancha contraincendios (puertos) | fire-fighting launch.
lancha de motor | cruiser.
lancha de salvamento | retriever boat | lifeboat.
lancha de salvamento en el mar con ayuda de la aviación | air-sea rescue launch.
lancha de servicio acuático | water bus.
lancha de socorro (aviación) | crash launch | crash boat.
lancha motora | motor launch.
lancha para transporte de empleados (fábri-

cas) | staff launch.
lancha rápida para balizar los torpedos de ejercicios | torpedo spotter.
lancha remolcadora de (maniobras en dársenas) | launch tug.
lancha taller para reparaciones de buques en puertos | repairing launch.
lancha torpedera | patrol torpedo boat.
lanchada | boatload.
lanchaje | boatage.
lanchaje (puertos) | lighterage.
lanchaje (ríos) | ferriage.
lanchas de desembarco para tanques (ejército) | landing ship tanks.
lanchero | boatman.
lanchón | ark | scow | flatboat.
lanchón arrastratroncos (Iberoamérica) | pullboat.
lanchón de arrastre | pullboat.
lanchón de mar | coasting barge.
lanchón para suministro de combustible en puerto | bunkering barge.
landa | moor.
landa (Erythroxilum mannil) | landa.
langgadai (Bruguiera parviflora) | lenggaday.
langosta | lobster.
langosta de mar | crawfish.
langosta migratoria africana (Locusta migratoria migratorioides - R and F) | African migratory locust.
langosta viva congelada | frozen live lobster.
langostería | lobster-ground.
langostero (buque pesca) | lobster-boat.
langostero (embarcación de pesca) | langoustier.
languidecer | droop (to).
lanífero | lanigerous | woolly.
lanilla (tela) | lanille.
lanital (lana artificial de caseína) | lanital.
lanolina | lanolin | lanoline | degrass.
lanolina anhidra | wool fat.
lanolina hidratada | adeps lanae hydrosus.
lanoso (botánica) | woolly.
lantaca | gingall.
lantana | lanthana.
lantanía | lanthana.
lantánido | lanthanide.
lantánidos | rare earths.
lantánidos (tierras raras) | lanthanide elements.
lantanio | lanthanum.
lantano (La) | lanthanum.
lantanuro | lanthanide.
lantenones | lanthenons.
lanteón (buques) | runner.
lantia (aguja náutica) | compass lamp.
lantión | whip.
lantion de amante | Spanish burton.
lanudo | fleecy | woolly.
lanuginosidad (tejidos) | fluffiness.
lanuginoso (botánica) | woolly | downy.
lanza | lance | spear | nose-piece.
lanza (carruajes) | draft tree | pole | beam.
lanza (coches) | shaft.
lanza (de manguera) | jet | lance.
lanza (herramienta de horno) | fire slice.
lanza (lanzallamas) | nozzle.
lanza (manguera) | snout.
lanza (manguera riegos) | branch.
lanza con la punta arponada | barbed spear.
lanza contraincendios | fire monitor.
lanza de carruaje | carriage pole.
lanza de coche | perch.
lanza de incendios | branch pipe.
lanza de insuflación de oxígeno en la bóveda (hornos Martín) | roof lance.
lanza de manguera | hose nozzle.
lanza de oxígeno | oxygen lance.
lanza de regadera | spray nozzle.
lanza de remolque del carro | wagon tongue.
lanza de riego | nozzle.
lanza de sonda (sondeo) | pricker | probe.
lanza de torneo | blunt lance.
lanza deshollinadora que emite hasta 3.000 soplos por minuto (de vapor o de aire a presión) | percussion lance.
lanza hidráulica | monitor.
lanza limpiadora que funciona con una mezcla de aire comprimido y agua (limpieza interior de autobuses) | air-water lance.
lanza neumática para enlucidos de cemento | cement gun.
lanza para nebulizar el agua (contraincendios) | fog nozzle.
lanzable | shakeable | jettisonable.
lanzabombas | bomb-dropper | bomb-release slip | bomb thrower.
lanzabombas (aviación) | bomb-thrower.
lanzabombas para paquetes de bombas (bombardeo aéreo) | cluster adapter.
lanzacargas de profundidad | Y gun.
lanzacargas de profundidad (buques de guerra) | K-gun.
lanzacohetes | shoulder 75 | rocket projector | rocket pack | rocket launcher.
lanzacohetes bitubo | twin tube rocket launcher.
lanzacohetes de filamentos enrollados de fibra de vidrio empastado con resina sintética | resin-bonded wound glass filament rocket launcher.
lanzacohetes de señales | ground signal projector.
lanzacohetes multitubular | multiple-tube launcher.
lanzacohetes para artillería | artillery rocket launcher.
lanzacohetes pluritubular | multitube launcher.
lanzacohetes retractable | retractable launcher.
lanzadera | rabbit | push and pull.
lanzadera (catapultas) | shuttle.
lanzadera (telar de cintas) | swivel.
lanzadera de arco | bow shuttle.
lanzadera de cajón | box shuttle.
lanzadera de canilla | cop shuttle.
lanzadera de husada | cop shuttle.
lanzadera de huso | spindle shuttle.
lanzadera de mordaza | nipper shuttle | gripping shuttle.
lanzadera de ruedas | roller shuttle.
lanzadera espacial | space shuttle.
lanzadera expulsada | ejected huttle.
lanzadera impulsada (telares) | picked shuttle.
lanzadera mano derecha | right-hand shuttle.
lanzadera mano izquierda | left-hand shuttle.
lanzadera mecánica | loom shuttle.
lanzadera para paños | cloth shuttle.
lanzadera vacía | spent shuttle.
lanzadera volante | flying shuttle | fly shuttle.
lanzaderas (telar) | shuttle.
lanzadero (camino de saca forestal) | slideway.
lanzado desde buques (ataques aéreos) | seaborne.
lanzado desde el aire | airdropped.
lanzado desde tierra | earth-launched.
lanzado desde un avión en vuelo | air launched.
lanzado hacia adelante | forward-thrown.
lanzado por aire comprimido | air launched.
lanzado por el costado (torpedos) | side-launched.
lanzado por la proa | ahead thrown.
lanzador | launch vehicle | impulse starter | jettison gear | thrower | pelter.
lanzador (de cohetes, de proyectiles teleguiados) | launcher.
lanzador aéreo de interceptor balístico | ballistic interceptor air-launcher.
lanzador aéreo de misil balístico | ballistic missile air-launcher.
lanzador de bengalas cohéticas | rocket flare launcher.
lanzador de cosmonaves | spacecraft launcher.
lanzador de misiles colocado en un refugio subterráneo protejido | silo.
lanzador de misiles de doble rampa | twin missile launcher.
lanzador de naves cósmicas | spacecraft launcher.
lanzador de satélite | satellite booster.
lanzador de troncos | kicker.
lanzador de varios cohetes simultáneos | multiple rocket launcher.
lanzador espacial | space launcher.
lanzador neumático (pistolón neumático - para mortero de cemento, etc.) | gun.
lanzador neumático para parchear paredes refractarias (hornos) | refractory gun.
lanzadora de arena (moldería) | sandslinger.
lanzadra con rodillos | roller shuttle.
lanzaespuma | foam lance.
lanzagases | gas projector.
lanzagranadas | launcher | grenade thrower | grenade launcher.
lanzallamas | flame proyector | flame thrower | flamethrower | flame sprayer.
lanzamiento | dispatching | launch | launching | jettisoning | release | starting up.
lanzamiento (de un paracaídas) | release.
lanzamiento (de un planeador) | tow-off.
lanzamiento (de un proyectil) | floatation | projection.
lanzamiento (nave espacial) | blast-off.
lanzamiento (roda, etc.) | forerake.
lanzamiento a muy baja altura | paradrag drop.
lanzamiento aéreo | airdrop.
lanzamiento aéreo con paracaídas | paradrop.
lanzamiento de artículos pesados con paracaídas | heavy drop.
lanzamiento de bombas | bomb dropping | bomb-release | bomb casting.
lanzamiento de calibración (torpedos) | passing run.
lanzamiento de cometas | kite-flying.
lanzamiento de la popa (buques) | counter.
lanzamiento de la roda (buques) | rake.
lanzamiento de mensajes lastrados (aviación) | message dropping.
lanzamiento de paracaidistas | paratroop drooping.
lanzamiento de práctica (torpedos) | practice run.
lanzamiento de proa o popa (buques) | overhang.
lanzamiento de recalibración (torpedos) | repassing run.
lanzamiento de sonoboyas | spitting.
lanzamiento de tiras de papel metalizado antirradárico (aviación) | infection.
lanzamiento de torpedos desde un avión | torpedo bombing.
lanzamiento de una emisión de títulos | flotation of an issue.
lanzamiento de una viga | launch.
lanzamiento del codaste (buques) | afterrake.
lanzamiento del planeador | glider launching.
lanzamiento desde rampa | zero lenght launching.
lanzamiento desde un avión (paracaidistas o equipo) | airdropping.
lanzamiento fallido | unsuccessful launching.
lanzamiento por catapulta | catapult take off.
lanzamiento programado | launch scheduled.
lanzamiento sin paracaídas (víveres, etcétera) | freedrop.
lanzaminas.
lanzamisil con puntería por laser | laser-aimed missile thrower.
lanzamisiles | missile launcher | missile thrower.
lanzamisiles cohéticos instalado en aviones | aircraft rocket launcher.
lanzamisiles y radares de la defensa (aviación) | flak map.
lanzamortero neumático | pneumatic concretor.
lanzar | eject (to) | throw (to) | cast (to) | flip (to) | shake (to) | heave (to) | release (to) | trigger (to).
lanzar (bombas de avión) | release (to).
lanzar (desde aviones) | jettison (to).
lanzar (programa) | give control to (to).
lanzar (un negocio) | start (to).
lanzar (un programa) | initiate (to).

lanzar (un proyectil) | let fly (to).
lanzar (un sistema) | launch (to).
lanzar (una embarcación) | push out (to).
lanzar al aire | toss (to).
lanzar al mercado | put on the market (to) | throw on the market (to) | market (to).
lanzar bocanadas (de humo, vapor, etc.) | puff (to).
lanzar bombas empleando un conmutador eléctrico manual (aviación) | toggle (to).
lanzar bruscamente | jerk (to).
lanzar con paracaídas | paradrop (to).
lanzar chorros | gush (to).
lanzar desde un avión | air launch (to).
lanzar en chorro | jet (to).
lanzar mortero de cemento con pistolón neumático | gun (to).
lanzar nuevas emisiones | bring out new issues (to).
lanzar por la proa (armas antisubmarinos) | throw ahead (to).
lanzar sin paracaídas (aviación) | freedrop (to).
lanzar un chorro a presión (de agua, de gases, etc.) | jet (to).
lanzar un producto | introduce an article (to).
lanzar un producto al mercado para ver si tiene aceptación o no | test market (to).
lanzar un subprograma (informática) | enter (to).
lanzar una bomba sobre un blanco (aviación) | deliver (to).
lanzar una cortina de humo | make a smoke screen (to).
lanzar una emisión (economía) | launch an issue (to).
lanzar violentamente | hurl (to).
lanzarse a la política | engage in politics (to).
lanzarse al asalto | jump-off (to).
lanzatorpedos | torpedo launcher.
laña | holdfast | dog | dogbolt | clamper | clamp | brace | green coconut | cramp.
lañado | clamp-mended.
lañar | cramp (to) | clamp-mend (to) | dog (to) | clamp (to).
lapa | goose barnacle.
lapa (cirripedios - zoología) | barnacle.
lapa (zoología) | lappa.
lapa cuya concha esta unida a una superficie firme (Blanidos) | acorn barnacle.
lapacho (Tabebuia spp) | lapacho.
lapeación con micropartículas de diamante | diamond lapping.
lapeación con pasta adiamantada | diamond-paste lapping.
lapeación de pastillas de transistores | transistor slice lapping.
lapeación de un buje | bushing lapping.
lapeación maquinizada de partes cilíndricas | mechanized lapping of cylindrical parts.
lapeado | lapped | lapping.
lapeado con diamante | diamond lapped.
lapeado en ángulo | angle lapping.
lapeado final de 0,025 milimetros de espesor | finish lapped to 0.025 mm thick.
lapeado por segunda vez | relapped.
lapeador giratorio | rotatable lap.
lapeadora para planitud de superficies | surface flatness lapper.
lapeadora sin centros para superpulido | superfinish centerless lapping machine.
lapeamiento para acabamientos finos | lapping for fine finished.
lapear por segunda vez | relap (to).
lapiaz | lapies.
lapicero | pencil maker.
lapicero portaminas | propelling pencil.
lapicida | stone-cutter | lapicide.
lápida de mármol | marble tablet.
lápida funeraria | gravestone.
lapidación electroerosiva | electric-spark lapping.
lapidado | lapping.
lapidado a cara de espejo | lapped to mirror smoothness.
lapidado cilíndrico | cylindrical lapping.
lapidado con abrasivo suelto | loose abrasive lapping.
lapidado con líquido a presión | fluid pressure lapping.
lapidado con movimiento en forma de 8 | figure 8 motion lapping.
lapidado con polvo de diamante | diamond lapping.
lapidado con taco abrasivo | lapped.
lapidado con taco adiamantado | lapped with diamond charged lap.
lapidado con taco de guayacán adiamantado | lapped with diamond charged lignum vitae lap.
lapidado de curvas de unión | radius lapping.
lapidado de la piedra de lapidar | lap lapping.
lapidado de muñequillas de cigüeñales | crankshaft journal lapping.
lapidado de puntos de torno | center lapping.
lapidado de terminación a mano | freehand finish lapping.
lapidado del agujero | hole lapping.
lapidado en fino | finish-lapped.
lapidado en seco con poca presión | lapped dry with light pressure.
lapidado mecánico interno | internal machine lapping.
lapidado para acabado de espejo | lapping to mirror finish.
lapidado plano a menos de dos bandas de luz (de la luz empleada en el espectrómetro) | lapped flat to within two light bands.
lapidado por chorro electrónico | jet lapping.
lapidado por percusión | impact lapping.
lapidado seguido por acabado a la muela | lapping followed by stoning.
lapidadora | lapper.
lapidadora automática | automatic lapper.
lapidadora de eje oscilante | oscillating-spindle lapping machine.
lapidadora para cigüeñales | crank lapper | crankshaft lapper.
lapidadora para engranajes | lapping machine | gear lapper.
lapidadora para interiores | internal lapping machine.
lapidadora para interiores de cilindros | cylinder honing machine.
lapidadora para piñones | pinion lapping machine.
lapidadora para superficies planas | flat lapping machine.
lapidadora sin puntos | centerless lapping machine.
lapidar | stone (to) | stone to death (to).
lapidar a medidas aproximadas | rough lap (to).
lapidar a medidas finales | lap to size (to).
lapidar con piedras abrasivas | lap (to).
lapidar en basto | rough lap (to).
lapidar en fino | fine lap (to).
lapidario | gem-cutter | lapidary | diamond cutter | cameo-cutter | lapper.
lapidario (gemas) | lapidarist.
lapidario que talla facetas en diamantes | brilliandeer.
lapidarista | lapidarist.
lapídeo | lapidary.
lapidista de piedras naturales | stone processor.
lapilli (volcanes) | lapilli (plural de lapillus).
lapilliforme | lapilliform.
lapislázuli | azure | lapis lazuli | bluestone.
lápiz | pencil.
lapiz copiador soportado por una junta Cardan | gimballed copying pencil.
lápiz cuyos trazos se reproducen (offset) | reproducing pencil.
lápiz de carpintero | lumber crayon.
lápiz de color | colored pencil.
lápiz de copiar | indelible pencil.
lápiz de dibujo | drawing pencil.
lápiz de dureza (minerales) | hardness pencil.
lápiz de grafito | lead pencil.
lápiz de ocre rojo | red keel.
lápiz de pastel | crayon.
lápiz de tornillo | propelling pencil.
lápiz despuntado | blunt pencil.
lápiz electrónico | electronic pencil.
lápiz electrónico (informática) | fotostyle.
lápiz especial fotosensible | pen light.
lápiz fotosensible | light pen.
lápiz luminoso | photostyle.
lápiz luminoso (ordenador) | light pen.
lápiz marcador para averiguar la temperatura de una pieza (la marca se volatiliza cuando la temperatura alcanza el punto de fusión del lápiz) | tempilstik.
lápiz negro | blacklead or plumbago | blacklead.
lapiz óptico | bright pen.
lápiz para compás | compass lead.
lápiz para escribir sobre vidrio | glass-writing pencil.
lápiz para metalistas | metalworker's crayon.
lápiz rojo | red-lead pencil.
lápiz termoindicador | temperature-indicating crayon.
lápiz tinta | indelible pencil | ink pencil.
lápiz vitrificable (cerámica) | vitrifiable crayon.
lapizlázuli | Armenian stone | lazurite | azurestone.
lapizlazuli azul pálido con vetas de matriz blanca | chilean lapis.
laplaciano geométrico | geometric buckling.
laplaciano geométrico (matemáticas) | geometric buckling.
laplaciano material (nucleónica) | material buckling.
Laponia Rusa | Russian lapland.
lappet (tela) | lappet.
lapso | stretch | span.
lapso (de tiempo) | lapse.
lapso de tiempo | moment of time.
laque | vugh.
laque (de un filón) | vug.
laque (minas) | lough.
laqueación | laking.
laquearse (la sangre) | lake (to).
lardáceo | lardaceous.
lardoso | lardaceous.
larga (marina) | avaunt.
largable (depósito) | releasable.
largamente | largely.
largar | release (to) | start (to).
largar (cabos, cadenas) | ease (to) away.
largar (cadena, cables, etc) | veer (to).
largar (la cadena del ancla) | unbend (to).
largar (marina) | loose (to) | surge (to) | ease off (to) | dowse (to) | pay off (to) | pay out (to) | cast off (to).
largar (rizos de vela) | turn out (to).
largar (una amarra) | ease (to).
largar (velas) | spread (to) | unfurl (to) | loosen (to).
largar (velas, un rizo) | let out (to).
largar en banda (marina) | fly (to).
largar las amarras (buques) | unmooring | cast off (to).
largar las velas (embarcación) | loosen the sails (to).
largar más trapo (buques) | clap on canvas (to).
largar todo el trapo | crowd on sail (to).
largar un cabo (marina) | pay (to).
largar un rizo (velas) | shakeout (to).
largar una vela (buque) | loose out a sail (to).
largo | long | expansive | length.
largo (de cadena - buques) | length.
largo (movimiento muy despacio - música) | broad.
largo (viento) | large.
largo colocado (tuberías) | laying length.
largo de cadena (marina) | length of chain.
largo de tubo con igual resistencia al flujo que el accesorio correspondiente | fitting equivalent.
largo desarrollado | developed length.

largo necesario para formar la cabeza de cierre del remache | rivet clinch allowance.
largo plazo (economía) | long run.
largos corrientes de fabricación | standard lengths.
largos irregulares | random lengths.
larguerillo (estructura de chapa) | stringer.
larguerillo (fuselaje, alas) | stringer.
larguerillo de costilla (alas aviones) | cap strip.
larguero | running board | ribbon | bearing | sole | waler | stringpiece | purling | sleeper | stringer | ranger | rail | strongback | longitudinal | longitudinal sleeper | longitudinal bearer | longitudinal beam.
larguero (aeronáutica) | web.
larguero (ala avión) | nose-spar | spar.
larguero (autos - EE.UU.) | side rail.
larguero (aviones) | boom.
larguero (carpintería) | ledger.
larguero (de asiento) | bolster.
larguero (fuselajes) | longeron | corner member.
larguero (puentes) | stringer.
larguero (tablero de puente) | stringer.
larguero (vagones) | sill | side sill.
larguero (vagones, locomotoras) | side frame.
larguero alto principal (avión) | main top longeron.
larguero auxiliar | sub sill.
larguero auxiliar para auxiliar a los trenes descarrilados (puentes) | jack stringer.
larguero central (vagones) | center sill.
larguero de apoyo del carril (puentes ferrocarril) | rail-bearer.
larguero de asiento | skid.
larguero de duraluminio (avión) | duralumin spar.
larguero de escala | ladder side.
larguero de escalera | bridgeboard.
larguero de esfuerzo cortante | shear beam.
larguero de la cerradura (puertas) | shutting stile.
larguero de puerta | door cheek.
larguero de solera (encofrado de muros) | sole plate.
larguero de soporte de plano fijo (aviones) | outrigger.
larguero de techo (vagones) | deck sill.
larguero del ala | wing spar.
larguero del alerón | aileron spar.
larguero del bastidor (vagones) | solebar.
larguero del chasis (autos) | frame side member.
larguero del motor (aviones) | engine bearer.
larguero del techo (entibación de túneles y galerías) | crown bar.
larguero delantero (alas) | front spar.
larguero en U de acero estampado (chasis) | pressed-steel channel-section side member.
larguero estampado | pressed girder.
larguero horizontal de entibación | waling.
larguero inferior (encofrado de muro) | bottom plate.
larguero portador (puentes) | carrying-stringer.
larguero posterior (aviación) | rear spar.
larguero posterior portahilos (telares) | back rail.
larguero principal (ala avión) | main longeron.
larguero principal (locomotoras) | main frame.
larguero superior (encofrado de muros) | top plate.
largueros de asiento de la máquina | engine sleepers.
largueros de cola (aviones) | tail booms.
largueros para el revestimiento | sheeting rails.
laringe | larynx.
laringe artificial con transistores | transistorized artificial larynx.
laringe artificial electrónica | electronic artificial larynx.
laringe electrónica | electronic larynx.
laringe o tráquea | choking.
laringófono | laryngophone.
laringófono (medicina) | throat microphone.
laringógrafo | laryngograph.
larme (Haploromosia monophylla) | akoriko.
larva antes de transformarse en crisálida | prepupal larva.
larva de auricularia | auricularia larva.
larva de cifonautas | cyphonautes larva.
larva de cíprido | cyprid larva | cypris.
larva minadora | miner.
larva planctónica | planktonic larva.
larva planctónica de un erizo de mar | echinopluteus.
larva velígera (gastrópodos) | veliger.
larvado (medicina) | masked.
larvas antes de la primera muda | first-instar larvae.
larvas de simúlidos | black fly larvae.
larvas xilófagas | xylophagous larvae.
larvicida | larvae-destroying | larvicide.
larvícola | larvicolous.
larviforme | larva-shaped | larfivorm.
larvígero | larvigerous.
larviparidad | larviparity.
larvíparo | larviparous | larva-producing.
larvívoro | larvivorous | larva-eating.
lárvula | larvule.
las aplicaciones son muy numerosas | applications are legion.
las calidades ordinarias se obtienen fácilmente | fair qualities are easily obtained.
las clases obreras | labour (G.B.) | labor (EE.UU.).
las consultas se contestarán rápidamente | inquiries will receive prompt attention.
las dislocaciones no son desplazables en los diamantes | dislocations are not glissile in diamonds.
las dos direcciones en ángulo recto sobre las que es más fácil partir granito u otra roca ígnea | rift and grain.
las dos tracas altas del forro de madera (embarcación pequeña) | landing strake.
las dos traviesas de una junta (vía férrea) | shoulder ties.
las esquinas deben redondearse | corners are to be radiused.
las exportaciones han disminuido bastante | exports have visibly fallen off.
las investigaciones deben hacerse tanto in situ como en el laboratorio | investigations may be made both in situ and in the laboratory.
las juntas longitudinales ranuradas en la raiz hasta el metal sano antes de depositar el cordón espaldar | welded seams back gouged to sound metal before back welding.
las mediciones del tiempo se hicieron con cronómetro | time measurements were made by stopwatch .
las mercancías se enviarán a Vd. con gastos pagados | goods are delivered to you duty paid.
las ofertas se abrirán en público y se leerán en voz alta | bids will be publicly opened and read aloud.
las páginas impares son páginas de la derecha | odd-numbered pages are right-hand pages.
las piezas de repuesto serán enviadas a petición | extras will be furnished on application.
las recomendaciones descalifican | canvassing disqualifies.
las siete estrellas de la Osa Menor | Little Dipper.
las velocidades críticas entran bruscamente en resonancia | critical speeds are sharply tuned.
las velocidades críticas están alejadas de la gama de velocidades de servicio | criticals are placed well outside the running range.
las velocidades de servicio deben estar separadas de las velocidades críticas de resonancia | operating speeds should be clear of critical speeds.
las ventajas son evidentes | the advantages can be seen by everyone.
lasca | chipping.
lasca (de piedra) | spall | chip.
lasca (prehistoria) | flake.
lasca invertida | flip chip.
lasca tipo Levallois (prehistoria) | Levallois flake.
lascabilidad (rocas) | spallability.
lascable | spallable.
lascamiento (formación de lascas) | flaking.
lascar | pull back (to).
lascar (arriar poco a poco - marina) | collide (to).
lascar (cuerdas) | loose (to).
lascar (el cabrestante) | slip (to).
lascar (marina) | slack (to) | slacken (to) | dowse (to) | surge (to) | ease off (to).
lascar (un cabo - marina) | loosen (to).
lascar una estacha (buques) | veer-out (to).
lascas | flaky pieces.
lascas (talla del vidrio) | slivers.
lascas de cantera | quarry spalls.
lascas de vidrio | slivers of glass.
lascas diminutas de vidrio | tiny slivers of glass.
lascón | backlash.
lascón (marina) | fleeting.
láser | laser.
láser blando | soft laser.
laser bombeado químicamente | chemically pumped laser.
laser con salida de impulsos | pulsed output laser.
laser de adquisición | acquisition laser.
laser de alarma de terremotos | laser earthquake alarm.
laser de arseniuro de galio | semiconductor laser.
láser de baja potencia | soft laser.
láser de componentes sólidos | solid state laser.
laser de contacto | junction laser.
laser de cristal de neodimio | neodymium-glass laser.
láser de débil energía | soft laser.
láser de dióxido de carbono | carbon dioxide laser.
laser de efecto Doppler | Doppler laser.
láser de estado sólido | solid-state laser.
láser de estado sólido con reforzamiento de la emisión óptica | optically-pumped solid-state laser.
láser de estado sólido y funcionamiento continuo | continuous working solid state laser | CW solid-state laser.
láser de fibra óptica | optical fiber laser.
laser de gas bombeado eléctricamente | electrically-pumped gas laser.
laser de gas molecular | molecular gas laser.
laser de gases helio y neón | helium-gas neon-gas laser.
laser de gases helio-neón de modo uniforme | uniphase mode helium-neon gas laser.
laser de halogenuro no de plata | nonsilver halide laser.
láser de haz emisor reforzado | pumped laser.
laser de helio de baja potencia | low-power helium laser.
láser de helio y neón | helium-neon laser.
laser de helio-neón | neon-helium laser.
laser de inyección | injection laser.
laser de inyección de arseniuro de galio | gallium arsenide injection laser.
laser de onda persistente | continuous-wave laser.
laser de Q conmutada | Q-commuted laser.
laser de quelato | chelate laser.
laser de rubí de macroimpulsor | giant-pulse ruby laser.
laser de rubí de Q conmutado | Q-switched ruby laser.
laser de rubí pulsado | pulsed ruby laser.
láser de rubí toroidal | toroidal ruby laser.
láser de salida pulsatoria | pulsed output laser | pulsed-output laser.
laser de seguimiento a larga distancia | long-range tracking laser.
laser de semiconductores | semiconductor laser.
láser de tipo de emisión continua | continuous-

emission type laser.
laser de tungstato de neodimio-calcio | neodymium-calcium tungstate laser.
laser de unión | junction laser.
láser de vidrio de neodimio | neodymium glass laser | neodymium-glass laser.
laser del tipo de una pulsación por segundo | one-pulse-per-second type laser.
láser excitado por el sol | solar excited laser.
laser iónico de cripton | krypton ion laser.
laser líquido | liquid laser.
laser magnetoóptico | magnetooptical laser.
laser pulsatorio | pulsed laser.
lasergrabado | laser-gravure.
laseriapuntada (armas) | laser-aimed.
laseriperforado | laser-perforated.
laserista | laserist.
laserización | laserizing.
laserizar | laserize (to).
laserizar un agujero | laser a hole (to).
laserquirúrgico | laserchirurgical.
lasiocarpo | lasiocarpous.
lastimar | hurt (to).
lastra (herramienta de forja) | triblet.
lastrabarrena | drill collar.
lastrada (tubería submarina) | weight-coated.
lastrado | lighted | ballasted.
lastrado (proyectiles) | loaded | weighted.
lastraje | lastage.
lastrar (buques) | ballast (to).
lastrar (un anzuelo) | lead (to).
lastrar buques (para la estabilidad) | stiffen (to).
lastre | weight | lastage | dead cargo.
lastre (buques) | ballast.
lastre de agua (buques) | water ballast.
lastre de agua del mar | saltwater ballast.
lastre de anclaje (globos) | mooring drag.
lastre de estabilidad (buques) | stiffening.
lastre de grava (buques) | gravel ballast.
lastre limpio (petroleros) | clean ballast.
lastre necesario para obtener un calado a media carga (buques) | draft ballast.
lastre permanente de lingotes (buques) | kentledge.
lastre sucio (petroleros) | contaminated ballast.
lata | tin can | can | sealed tin.
lata con tapa que entra a presión | friction-top can.
lata con tapa roscada | screw top can.
lata de aluminio | aluminum can.
lata de conservas | tin | can.
lata de dos fondos postizos (conservas) | open-top can.
lata de embutición poco profunda | shallow drawn can.
lata de fruta en conserva | preserved-fruit tin.
lata de hojalata | tinplate can.
lata de sardinas | tin of sardines.
latebrícola | latebricolous | latebricole.
latencia | latency.
latencia de la semilla | seed dormancy.
latencia de las yemas | bud dormancy.
latente | potential | hidden.
latente (calor, imagen, etc.) | latent.
lateralidad | laterality.
lateralización | lateralization.
lateralización cruzada (medicina) | cross lateralization.
lateralización cruzada del ojo y de la mano (medicina) | cross lateralization of the eye and hand.
lateralmente | edgewise | sideways.
latericio | brick-red | brick color.
laterigradia | laterigrady.
laterígrado | laterigrade.
laterita | laterite.
laterita ferruginosa | ferruginous laterite.
laterización | lateritization.
lateroaccionado | side-operated.
lateroanterior | lateroanterior.
laterodesplazamiento | side shift.
laterodesviación | laterodeviation.
laterodispersión | lateral dispersion.
laterodisperso | sidescattered.
lateroducción | lateroduction.
lateroflexión | lateroflexión.
lateroperfil (sondeos) | laterologging.
lateroposición | lateroposition.
lateropulsión | lateropulsion.
laterotracción | lateral pull.
laterovibraciones críticas (ejes) | whirling vibrations.
látex | latex | milk sap | rubber gum.
latex acrílico | acrylic latex.
látex coagulado | natural rubber.
latex de caucho plastificado con cloruro de polivinilo | plastized polivinyl chloride rubber latex.
látex de goma preservado con amoníaco | ammonia-preserved rubber latex.
látex de la guta | gutta milk.
látex de primer refino | pale crèpe.
látex del Achras zapota | chicle.
látex vulcanizado | vulcanized latex.
latexímetro | latexometer.
látice rectangular | rectangular lattice.
latices de caucho estereoespecífico | stereo rubber latexes.
laticoide (álgebra) | latticoid.
latido | beating | throb | pulse | pulsation | beat.
latidos cardíacos | heartbeats.
latifundiano | latifundian.
latifundio | latifundium.
latifundios | latifundia.
latifundismo | latifundism.
latigazo (cable extracción minas, cables de grúas) | flapping.
latigazo (de presión, de la corriente, etc.) | rush.
latigazo (sacudida-cables extracción de minas, de grúas, etc.) | flopping.
látigo (telar) | picking arm.
latinoamericanista | latin americanist.
latión doble | double whip.
latir | pulse (to) | beat (to) | throb (to).
latir (corazón) | leap (to).
latirrostral (zoología) | broad-beaked.
latita cuarcífera (mineralogía) | quartz latite.
latitud | latitude | breadth.
latitud astronómica | astronomical latitude.
latitud autálica | authalic latitude.
latitud celeste | celestial latitude.
latitud de la línea AB (planimetría) | latitude of the course AB.
latitud de llegada | latitude in.
latitud del observador | observer's latitude.
latitud estimada | latitude by dead reckoning | reckoned latitude.
latitud geocéntrica | reduced latitude.
latitud geográfica | latitude | astronomical latitude.
latitud geomagnética | geomagnetic latitude.
latitud heliográfica | heliographic latitude.
latitud isométrica | isometric latitude.
latitud observada | latitude by observation.
latitud paramétrica | parametric latitude.
latitud por estima | latitude by account.
latitud por la Polar | latitude by Polaris.
latitud reducida | reduced latitude.
latitud subpolar | subpolar latitude.
latitud sur | latitude south | southing.
latitud templada | temperate latitude.
latitud templada subpolar | subpolar temperate latitude.
latitudes crecientes (carta de Mercator) | meridional part.
latitudes y desviaciones | latitudes and departures.
latitudinal | latitudinal.
latón | yellow copper | brass.
latón (tejeduría) | brass.
latón agrio | hard-drawn brass.
latón alfa inhibido | inhibited alpha brass.
latón amalgamado | amalgamated brass.
latón beta (latón con 51 a 55% de cobre y que sólo tiene cristales beta. Son muy duros y muy frágiles) | beta brass.
latón con (61,5 a 64%) de cobre y el resto cinc | basis brass.
latón con aluminio y manganeso | superbronze.
latón con gran proporción de fósforo | high-phosphorus brass.
latón con más de 30% de cinc | high brass.
latón con más de 64% de cobre y que normalmente sólo tiene cristales alfa | alpha brass.
latón con níquel y fósforo de baja temperatura de fusión | nickel-phosphorus low-melting-point brass.
latón con 1,8% de hierro añadido | delta metal.
latón crudo | hard-drawn brass.
latón de aluminio [aluminio (1 a 6%), cinc (24 a 4%), cobre (55 a 71%)] | aluminum brass.
latón de aluminio arsenical | arsenical aluminium brass.
latón de baja calidad formado con raspaduras de metal y cenizas de fundición de latones | ash metal.
latón de dorar (95% de cobre y 5% de cinc) | gilding.
latón de extrusión | extrusion brass.
latón de fácil maquinado | free-machining brass.
latón de fácil maquinización | free-cutting brass.
latón de grabador | engraver's brass.
latón de gran resistencia | high-strength brass.
latón dorado | gilding brass.
latón en chapas | latten brass | leaf brass.
latón en galápagos | block brass.
latón en hojas | latten brass | dutch gold.
latón en lingotes | block brass.
latón estampado | brass stamping.
latón exento de níquel | nickel-free brass.
latón forjable | high-strength brass.
latón fundido en molde permanente | permanent-mould-casting brass.
latón gamma | gamma brass | γ-brass.
latón naval plomoso (con 0,5 a 2 de plomo) | leaded naval brass.
latón niqueloso | nickel-bearing brass.
latón obtenido al calentar cobre con calamina (carbonato de cinc) y carbón vegetal | calamine brass.
latón para cartuchería | cartridge brass.
latón para cebos | primer brass.
latón para embutir | drawing brass.
latón para grifería | cock metal.
latón para pernios | butt brass.
latón para soldar | brazing brass.
latón para trefilado | drawing brass.
latón plomoso | leaded brass.
latón recocido | annealed brass.
latón repujado | brass repoussé.
latón resistente | high-strength brass.
latón rojo (15% de zinc) | red brass.
latón rojo con plomo | hardware bronze.
latonado | brass-plating | brass-coated | brazing | brassing.
latonado galvánico | electrobrassing.
latonado por inmersión | dip brazing.
latonaje | brassing.
latonar | brass (to) | braze (to) | brass-plate (to).
latonería | brasiery | brass shop | brasswork.
latonero | brazier | brassworker | brass maker | brasier.
latones con más de 30% de cinc | butt brasses.
latréutico | latreutic.
latría | latria.
latrocinio | larceny.
lauan amarillo (Shorea philippensis) | manggasinoro.
lauan blanco (Shorea eximia) | almon.
lauan rojo (Shorea leprosula) | red lauan.
lauan rojo (Shorea negrosensis) | bataan.
lauan rojo (Shorea polysperma) | tanguile.
lauan rojo (Shorea spp) | tangile.
lauan rojo y tanguile (Shorea polysperma Merr) | Philippine mahogany.

laud (buque) | craft.
laúd (embarcación) | cat-boat.
laudar | make an award (to) | decide (to).
laudar (dictar sentencia) | render a decisión (to).
laudatorio | applausive.
laudista (músico) | lutanist.
laudo | decision of an arbitrator | report.
laudo (abogacía) | award.
laudo arbitral | arbitrator's award | arbitral award | award of the arbitrators | award.
laudo arbitral (jurídico) | arbitration award.
laudo de arbitro (derecho) | umpirage.
laudo de los árbitros | findings of the appraisers.
laudo de obligado cumplimiento | award of legal obligation.
laudo del jurado | award of the jury.
laudo judicial | findings.
laudo por escrito | award in writing | award in writting.
lauegrama | lauegram.
laumontita | caporcianite.
lauratos | laurates.
laurel de condimento (Cordia gerascanthus) | laurel.
laurel de costa (Cordia alliodora - Oken) | Ecuador laurel.
laurel de costa (Cordia gerascanthus) | princewood | solero.
laurel índico (Terminalia alata) | sain.
laurel índico (Terminalia alata - Roth) | Indian laurel.
laurel índico (Terminalia tomentosa) | taukkyan.
laurelia (Laurelia aromatica - Juss) | Chilean laurel.
laurelia (Laurelia aromatica).
laurencio (número atómico = 103) | lawrencium.
lava | lava.
lava ácida | acid lava.
lava afrolítica | aa-lava | block-lava | aphrolithic lava.
lava al rojo blanco | white-hot lava.
lava almohadillada | pillow lava.
lava andesítica | andesitic lava.
lava barrosa | mud lava.
lava basáltica tholeiítica | deccan basalt.
lava básica de composición basáltica formando grandes mesetas | plateau-basalt.
lava celular | cellular lava.
lava cordada | corded lava | pahoehoe.
lava de flujo vesicular | froth flow lava.
lava de superficie rugosa | AA lava.
lava demolítica | pahoehoe.
lava dermolítica | dermolithic lava.
lava en que las cavidades han sido rellenadas con calcedonia | amygduler.
lava esmaltada | glazed lava | enameled lava.
lava fangosa | mud lava | aqueous lava.
lava potásica | potassic lava.
lava potásica ultrabásica | ultrabasic potassic lava.
lava solidificada formada por bloques dentellados | block-lava.
lavabilidad | washability.
lavabilidad de la pintura | paint's washability.
lavable | washable.
lavabo | sink.
lavadero | laundry | launder.
lavadero (artesa - minas) | buddle.
lavadero (de minerales) | washery.
lavadero (minas) | abac.
lavadero (minerales) | buddler.
lavadero de cajón (metalurgia) | German buddle.
lavadero de carbón | coal-washing plant.
lavadero de carbones de reolavadores | rheolaveur coal-washing plant.
lavadero de finos | slimes-washer.
lavadero de lanas | wool scouring plant.
lavadero de mineral | ore washer.
lavadero de pileta (metalurgia) | box-setter.
lavadero de plano inclinado | racking.
lavadero mecánico | power laundry.
lavadero por flotación en líquidos densos (minería) | sink and float.
lavado | scoured | wash | washing | rinse | stripping | flushing.
lavado (carbón) | dressed.
lavado (con detergentes) | scouring.
lavado (con jabón y detergentes) | boiling-off.
lavado (de minerales) | enriching.
lavado (gases) | scrubbing.
lavado a contracorriente | backwash.
lavado a gran agua (minería) | sluicing.
lavado a mano | hand washing.
lavado a presión | pressure-washed.
lavado con helio | helium flush.
lavado con sosa | sodawash.
lavado con sosa cáustica | caustic wash.
lavado de cerebro | brainwashing.
lavado de coches de viajeros | passenger car washing.
lavado de la lana | wool scouring.
lavado de mineral pequeño en un cedazo | dillueing.
lavado de minerales | buddling | ore bucking.
lavado de oro en bancos fluviales | bar diggings.
lavado de recuperación | salvage rinse.
lavado de terrenos auríferos por una corriente violenta de agua | booming.
lavado del carbón | coal-washing.
lavado del gas | gas washing.
lavado del mineral | clearing of ore | ore washing.
lavado del oro (minería) | flushing.
lavado del oro en la batea | panning.
lavado en agua caliente | hot-water rinsed.
lavado en canaletas (minería) | sluicing.
lavado en frío | cold-rinsed.
lavado en la batea (arenas auríferas) | pan washing.
lavado en la cuba (minerales) | tossing.
lavado en la tina | beck-washed.
lavado en lluvia de agua caliente | hot-water spray rinsing.
lavado en seco | dry-cleaning.
lavado en solución ácida | acidified rinse.
lavado en tina | tub-washed.
lavado estabilizador | stabilizing rinse.
lavado interior con vapor | washing out.
lavado mecánico | mechanical washing.
lavado por lluvia a presión | pressure spray washing.
lavado por un chorro de agua | washed-out by a flow of water.
lavado por venteo seco (metalurgía) | dry washing.
lavado previo (minerales) | ragging.
lavado químico | chemical washing.
lavado químico de la lana | chemical wool washing.
lavado sobre cribas de sacudidas (minería) | jigging.
lavado sobre mesas oscilantes (preparación minerales) | rocking.
lavado superficial por fusión de los óxidos | wash heat.
lavado-alisado (lana peinada) | backwashing.
lavador | bubbler | scrubber | cleaner.
lavador (de mineral o de carbón) | classifier.
lavador adiabático de aire | adiabatic air washer.
lavador centrífugo | centrifugal washer.
lavador cónico | cone washer.
lavador de aire con agua fría | chilled-water air washer.
lavador de arena | grit washer | sand washer.
lavador de benzol | benzol washer.
lavador de gas | gas purifier | gas scrubber | gas washer.
lavador de gas centrífugo | centrifugal gas washer.
lavador de gases | scrubber.
lavador de gases de cubilote | cupola gas scrubber.
lavador de humos | smoke washer.
lavador de mantilla y rodillo (offset) | blanket and roller wash.
lavador de minerales | ore dresser.
lavador de polvos con constricción de Venturi y entrada de agua en la garganta | Venturi scrubber.
lavador de pulverización | atomizing washer.
lavador de sacudidas (minería) | jig.
lavador de tambor | drum washer.
lavador del gas de combustión | flue gas scrubber | flue gas washer.
lavador por recirculación de agua | recirculating-water washer.
lavador rotativo | drum washer | rotary washer.
lavador seco (de gases) | dry scrubber.
lavadora | scouring machine | washer | washing machine | scrubber.
lavadora a lo ancho | open-width washing machine.
lavadora automática | automatic washer.
lavadora de aire | air washer.
lavadora de arena | drag washer.
lavadora de arena tipo de rastrillo | drag-scraper tank.
lavadora de compartimientos | compartment washer.
lavadora de cubetas (metalurgia) | trough washer.
lavadora de impresiones | print washer.
lavadora de lana suarda | fleece washing machine.
lavadora de lanas | wool washer.
lavadora de minerales | trunking engine.
lavadora de platos ultrasónica | ultrasonic dishwasher.
lavadora de raíces | root washer.
lavadora de telas | cloth washer.
lavadora en flojo por tendido ondulado (tejeduría) | slack loop washer.
lavadora en flojo por tendido ondulado (telas) | string washer.
lavadora para balasto (vía férrea) | ballast-washing machine.
lavadora para botes de conserva o jarras de leche | can washer.
lavadora para laboratorio | labwasher.
lavadora por agitación antes de desvenar y cocer (camarones en latas) | salmoner.
lavaje (lana) | scouring.
lavanda | lavender.
lavandería | washing | laundry (to) | laundry.
lavantar espuma | lather (to).
lavaplatos | dishwasher.
lavar | wipe off (to) | rinse (to) | eluate (to) | cleanse (to) | wash (to).
lavar (con detergentes) | scour (to).
lavar (el mineral) | clean (to).
lavar (gases) | scrub (to).
lavar (lana) | scour (to).
lavar (minerales) | wash (to) | enrich (to) | buddle (to).
lavar a la cuba (minerales) | dilute (to).
lavar a máquina | machine-wash (to).
lavar abundantemente | flush (to).
lavar con corriente fuerte de agua (minería) | sluice (to).
lavar con chorro de manguera | hose (to).
lavar con detergente | detergent-wash (to).
lavar con un chorro | scour (to).
lavar echando agua (albañilería) | slush (to).
lavar en agua (piezas decapadas, piezas niqueladas) | swill (to).
lavar en agua corriente | stream (to).
lavar en la batea | pan off (to).
lavar en la batea (grava aurífera) | pan out (to).
lavar en la batea (tierras auríferas) | pan (to).
lavar en tina | tub (to).
lavar minerales auríferos | chim (to).
lavar minerales en criba lavadora | cradle (to).
lavar momentáneamente (filtro de agua) |

bump (to).
lavar por contracorriente | backwash (to).
lavar por corriente de agua limpia (filtros) | backwash (to).
lavar y planchar | laundry (to).
lavarse con esponja | sponge (to).
lavatorio de la tripulación | seaman's head.
lavavasos | glasswasher.
laventamiento con la plancheta (topografía) | plane surveying.
lávico | lava-like.
laxante | laxative | evacuant.
laxativo | laxative.
laya | spade.
lazada | lacing | bow.
lazada (de carretera) | hook.
lazada (Iberoamérica) | choker.
lazada para evitar el desplazamiento | snotter.
lazareto | quarantine station.
lazo | lacing | bond | knot | bow | fast | loop | mesh.
lazo (de sangre, etc.) | privity.
lazo (de zapato) | lace.
lazo activo | active loop.
lazo arrojadizo | lasso.
lazo arrojadizo con bolas | bolas.
lazo autónomo (electricidad) | self-loop.
lazo corredizo | noose.
lazo corredizo del cable | choker.
lazo de cuerda | lariat.
lazo de enganche | lock-in loop.
lazo de goteo (bucle hecho en un conductor eléctrico al unirlo al aislador) | drip loop.
lazo de histéresis sensiblemente rectangular | markedly rectangular hysteresis loop.
lazo de iones | ion trap.
lazo de la curva | loop of the curve.
lazo de la rosácea (curva algebraica) | loop of the rose.
lazo de unión | connecting link.
lazo del folio de Descartes (curva algebraica) | loof of the folium of Descartes.
lazo del oscilograma | oscillograph loop.
lazo iterativo (ordenador) | iterative loop.
lazos (carreteras) | windings.
lazulita | blue-spar | false lapis lazuli | azure spar | false lapis | blue opal.
le rogamos nos indique su opinión sobre esto | please give us your views on this.
le ruego añada mi nombre en su lista de direcciones postales | please add my name to your mailing list.
le ruego me suscriba por un solo año | please enter my subscription for one year only .
le tendrá cuenta el comprarlo | it will pay you to buy it.
leal | on the level | safe.
lealmente | on the level.
lealtad en los negocios | fairness in trade.
lealtad por residencia de un extranjero | local allegiance.
leatherwood (Eucryphia billardieri) | leatherwood.
lebrel | hound | grayhound | greyhound.
lebrillo | pan.
lección | lesson.
lección de cosas | object-lesson.
lección objetiva | object-lesson.
lector | reader.
lector (catedrático) principal en física | senior lecturer in physics.
lector (en alta voz) | reader.
lector (informática) | reader.
lector (universidades) | lecturer.
lector acústico | sound box.
lector cargador | charger reader.
lector clasificador | sorter reader.
lector de caracteres | character reader.
lector de caracteres fotoeléctricos | photoelectric character reader.
lector de cartones (tejeduría) | reader-in | reader-off.
lector de cinta | sensing.
lector de cinta de control | tally roll reader.
lector de cinta de papel | paper-tape reader.
lector de cinta magnética | magnetic tape reader | tape player.
lector de cinta perforada | tape reader | perforated tape reader | punched tape reader.
lector de contacto | contact pickup.
lector de curvas | curve follower.
lector de diferentes tipos de caracteres | multi-font reader.
lector de documentos magnéticos | magnetic document reader.
lector de entrada | input reader.
lector de etiquetas | tag reader.
lector de fichas | badge reader | token reader.
lector de manuscritos (imprenta) | publisher's reader.
lector de marcas | magnetic recorder.
lector de microfichas | microfiche reader.
lector de micropelículas | microfilm reader.
lector de páginas | page reader.
lector de película | film reader.
lector de sonido | film reproducer.
lector de sonido (filmes) | sound reproducer.
lector de tarjetas de identificación | badge reader.
lector de tarjetas perforadas | card reader.
lector de textos que se graban en cassettes | bookteller.
lector del sonido (filmes) | soundhead.
lector electromagnético del sonido | pickup.
lector electrónico | electronic reader.
lector fónico | sound pickup.
lector fonográfico | cartridge.
lector fotoeléctrico | photoelectric reader.
lector fotográfico | photo reader.
lector óptico | optical scanner | optical reader.
lector óptico de caracteres | optical character reader.
lector óptico de la escala | optical scale reader.
lector óptico de marcas | optical mark reader.
lector óptico de páginas con signos | optical mark page reader.
lector óptico de películas | film optical sensing device.
lector óptico de sonido | optical sound reproducer.
lector profano | lay-reader.
lectora de caracteres magnéticos (informática) | magnetic ink character reader | magnetic character reader.
lectora de cinta | tape reader.
lectora de cinta de papel | paper tape reader.
lectora de cinta fotoeléctrica (ordenadores) | photoelectric tape reader.
lectora de cinta perforada | paper tape reader.
lectora de fichas | card reader.
lectora de tarjetas | card reader.
lectora de tarjetas marcadas | marked cards reader.
lectora del sistema | system reader.
lectora óptica alfanumérica | alphanumerical optical reader.
lectora perforadora de cinta perforada | parer tape recorder punch.
lectora perforadora de cinta perforada código ISO de 8 bitios | eight-bit ISO code parer tape reader/punch.
lectorado | readership.
lectorado (universidad) | lectureship.
lectoría | readership.
lector/intérprete | reader/interpreter.
lector-perforador | read/punch unit.
lectotipo | lectotype.
lectura | reading | read (to) | reproduction | sensing | pica.
lectura (calculadora magnética) | sensing.
lectura (de un instrumento) | setting.
lectura (proyecto de ley, topografía) | reading.
lectura adelante (topografía) | fore sight.
lectura al exterior | read out.
lectura al sonido (telegrafía) | acoustic reading.
lectura atrás (topografía) | back sight.
lectura automática | automatic readout.
lectura cero | null reading.
lectura con el índice en reposo (balanzas) | rest-point reading.
lectura con la brújula | needle reading.
lectura con ventilación (informática) | scatter read.
lectura de contadores numéricos | numerical counter readouts.
lectura de croquis de taller | blueprint reading.
lectura de datos | reading data.
lectura de datos en zonas de memoria no contiguas (informática) | scatter read.
lectura de grabación | playback.
lectura de la burbuja (nivelación) | bubble reading.
lectura de la distancia | range tracking.
lectura de la mira | rod reading.
lectura de marcas sensibles | mark sensing.
lectura de medios (máquinas electrónicas) | media reader.
lectura de planos | map reading.
lectura de salida (ordenador) | readout.
lectura de tarjeta magnética | read magnetic card.
lectura de zona primaria | primary zone read.
lectura del contador | register reading.
lectura del limbo (topografía) | circle reading.
lectura destructiva | destructive read.
lectura directa de la dureza Brinell (impresión) | dietert tester.
lectura directa en porcentaje | ratio readout.
lectura dispersa (informática) | scatter read.
lectura en libras (aparatos) | poundage.
lectura en milésimas en el microcuadrante | microdial reading in thousandths.
lectura escrita (informática) | read-write.
lectura hacia atrás | reverse reading.
lectura instantánea | snap reading.
lectura magnética | magnetic sensing.
lectura memoria | memory read.
lectura no destructiva | nondestructive readout.
lectura no destructiva de la información almacenada | nondestructive storage readout.
lectura óptica | optical scanning.
lectura óptica de caracteres | optical character sensing.
lectura óptica de marcas | mark reading | mark scanning.
lectura por haz electrónico | electron-beam readout.
lectura por ionización gaseosa | gas-ionization readout.
lectura por proyección | rear-projection readout.
lectura previa (informática) | presensing.
lectura regresiva | backward read.
lectura sin carga | no load reading.
lectura sonora (filme) | sound pickup.
lectura/escritura a la vez (informática) | read while write.
lectura-proceso-impresión (informática) | read-process-write.
lecturas acordes | consistent readings.
lecturas azimutales | azimuth readings.
lecturas de la mira (topografía) | readings of the rod.
lecturas vespertinas (aparatos topográficos) | evening readings.
lecythis (Lecythis spp) | monkey pot.
lecha (ictiología) | milt.
lecha (piscicultura) | seminal fluid of fishes.
lechada | whitening.
lechada (papel) | slurry.
lechada de cal | cream of lime | milk of lime | whitewash | lime wash | lime white.
lechada de cal con cola para blanquear paredes | calcimine.
lechada de cemento | grouting | cement grout | cement slurry | grout | slurry.
lechada de cemento que se forma sobre los morteros que se apisonan | laitance.
lechada de magnesia | milk of magnesia.

lechaza | seminal fluid of fishes.
lechaza (ictiología) | milt.
leche | milk.
leche anormal | abnormal milk.
leche comercializada | market milk.
leche con cultivos | cultured milk.
leche concentrada | evaporated milk.
leche de amianto | asbestos milk.
leche de cola (encuadernación) | size milk.
leche de montaña | liquid chalk | rock-milk.
leche desgrasada en polvo | nonfat dry milk.
leche desgrasada en polvo instantánea | instant nonfat dry milk.
leche desnatada | skimmed milk.
leche desnatada en polvo | nonfat dry milk.
leche en lata | canned milk.
leche en polvo | powdered milk | milk powder | desiccated milk.
leche en polvo no descremada | whole milk powder.
leche en polvo no desnatada | full milkpowder.
leche envasada en recipientes de cartón | paper milk.
leche evaporada | evaporated milk.
leche mezclada con grasa | filled milk.
leche multivitaminada y enriquecida con elementos minerales | multivitamin mineral milk.
leche no desnatada | full-cream milk.
leche pasterizada | pasteurized milk.
lechería | dairy.
lechino (cirugía) | dossil.
lecho | invert | runway.
lecho (cauce - ríos) | bottom.
lecho (filones) | country.
lecho (plano de junta de rocas) | cutter.
lecho (ríos) | course.
lecho (ríos, hornos, colada) | bed.
lecho (sillares) | cleaving grain.
lecho aireado de contacto | aerated contact bed.
lecho amortiguador (pie de presas) | tumble bay.
lecho compacto | packed bed.
lecho de arena (metalurgia) | sand-bed.
lecho de calcinación | roasting bed.
lecho de calcinar | area for roasting.
lecho de cantera | quarry-face | clearing grain.
lecho de cantera (rocas) | natural bed.
lecho de cenizas | cinder bed.
lecho de cimentación | footing.
lecho de colada | casting bed.
lecho de combustible | fuel bed.
lecho de contacto | contact bed.
lecho de coque | coke bed.
lecho de enfriamiento | cooling bed.
lecho de fermentación | fermentation bed.
lecho de fusión | bedding | batch | burden | fusion-area.
lecho de fusión (carga de fusión - metalurgía) | burthen.
lecho de fusión (metalurgia) | mixing bed.
lecho de grava | hardcore.
lecho de oxidación | oxidizing bed | oxidation bed.
lecho de partículas sólidas sopladas en la base (secadores) | spouted bed.
lecho de río | watercourse.
lecho de río antiguo | ancient river bed.
lecho de roca | ledge rock.
lecho de secado | drying bed.
lecho de tostación | roasting bed.
lecho del mar | sea bed.
lecho del río | riverbed | river sill.
lecho efervescente (secadores) | spouted bed.
lecho filtrante | filter bed.
lecho filtrante plástico | plastic media.
lecho fluidizado | fluosolids.
lecho fluidizado gaseoso | gaseous fluidized bed.
lecho fluidizado inerte | inert fluidized bed.
lecho granular | granular bed.
lecho inferior del sillar | lower bed of ashlar.
lecho mayor (ríos) | flood bed.
lecho mixto | mixed-bed.
lecho para la traviesa (vía férrea) | tie bed.
lecho percolador | trickle bed.
lecho rocoso | rock bed | bedrock.
lecho secador | drying bed.
lecho sobre el que se apila la madera | stack bottom.
lecho submarino | ocean basin.
lecho submarino (oceanografía) | sea bottom.
lecho superior (de sillar) | upper bed.
lechos de grava aurífera en los flancos de los valles | bench diggings.
lechoso | milky.
leemos (telegrafía) | we read (WR).
leer | read in (to) | sense (to).
leer (cartones de tejeduría) | read in (to).
leer (información) | read (to).
leer cartones (tejeduría) | read off (to).
leer de salida (informática) | read out (to).
leer hacia atrás | read backward.
leer ópticamente | mark scan (to).
leer sobre los caracteres (tipografía) | read in the metal (to).
leer y borrar | read and reset.
legable (disponible por testamento - bienes inmobiliarios) | devisable.
legacía | legateship.
legación | legation | envoyship.
legado | devisal | bequest | demise | heritage | legacy.
legado a persona concreta | specific legacy.
legado adicional (abogacía) | accumulative legacy.
legado anulado por muerte del legatario | lapsed legacy.
legado condicional | modal legacy.
legado de bienes | devise.
legado ejecutorio | executory bequest.
legado en fideicomiso | trust legacy.
legado incondicional | vested legacy.
legado incondicional (abogacía) | absolute legacy.
legado incondicional (jurídico) | absolute bequest.
legado preferencial con cargo a un fondo particular | demonstrative legacy.
legador | deviser.
legajo | file.
legajos (derecho) | judgment roll.
legal | right | standard | statutory | lawful.
legal (medicina) | forensic.
legal (moneda) | current.
legalidad (de una acción) | permissiveness.
legalístico | legalistic.
legalización | probate | legalization | legitimation | authority.
legalización (contratos, documentos, etc.) | homologation.
legalización (de firma) | attestation.
legalización (documentos) | execution.
legalización de la firma | legal verification of signature | verification of signature.
legalización de la póliza | execution of policy.
legalización de los documentos | authentication.
legalización de una firma | legalization of a signature.
legalización del cónsul | consul's authentication.
legalización ineluctable | ineluctable legalization.
legalización inevitable | ineluctable legalization.
legalizado | executed.
legalizar | legalize (to) | authenticate (to) | validate | validate (to).
legalizar (contratos, pruebas motores, etc.) | homologate (to).
legalizar (documentos) | execute (to).
legalizar por notario | notarize (to).
legalizar un documento | execute a document (to).
legalizar una copia (documentos) | exemplify (to).
legalizar una factura consular | legalize a consular invoice (to).
legalmente | legally | de jure.
legalmente autorizado | legally authorized.
legalmente habilitado | able.
legalmente incapacitado | legally disqualified.
legalmente obligatorio | legally obligatory.
legalmente poseído | lawfully possessed.
legalmente prescrito | statute expired.
legalmente procedente | legally sustainable.
legamo | ooze | loom | slime | slip.
légamo (ríos) | sullage.
legar | depute (to) | bequeath (to) | give a bequeath (to).
legar (bienes inmobiliarios) | devise (to).
legar (dejar en testamento) | demise (to).
legar bienes gananciales | dower (to).
legatario | devisee | legatee | legatary.
legatario residual | residuary devisee.
legatario universal | general legatee | residuary legatee.
legibilidad | readability.
legible | fair | readable.
legible por la máquina | machine readable.
legislación | legislation | lawgiving | law.
legislación anticomunista | anticommunist legislation.
legislación antimonopolios | antimonopoly work.
legislación arancelaria | tariff legislation.
legislación bancaria | banking laws.
legislación con fines electorales | pork-barrel legislation.
legislación contra humos industriales | antismoke legislation.
legislación derogativa | repeal legislation.
legislación espacial | space legislation.
legislación financiera | financial legislation.
legislación fiscal | tax laws.
legislación industrial | industrial legislation.
legislación internacional | international legislation.
legislación internacional del trabajo | international labor legislation.
legislación laboral | employment legislation | industrial legislation | labor legislation.
legislación laboral indiscriminada | fair employment practices legislation.
legislación mal elaborada | ill-digested legislation.
legislación nacional | internal legislation.
legislación para la emisión y venta de valores (EE.UU.) | blue-sky laws.
legislación que peca por exceso de celo | grandmotherly legislation.
legislación relativa a bibliotecas públicas | public library legislation.
legislación sobre construcciones | building regulations.
legislación sobre crédito personal | small loan acts.
legislación sobre la utilización de las aguas | water legislation.
legislación sobre tráfico carretero | road-traffic legislation.
legislación social | welfare legislation.
legislación tributaria | tax legislation.
legislación vigente | legislation in force.
legislador | lawgiver | legislator | lawmaker | lawmaker.
legislar | enact (to) | legislate (to).
legislatura | legislature.
legislatura bicameral | bicameral legislature.
legit (genética) | legit.
legítima (herencias) | legal share.
legitimación | legitimation.
legítimamente | de jure.
legitimidad | legitimacy | genuineness.
legitimidad dinástica | dynastical legitimateness.
legítimo | lawful | right.
legítimo (actos) | justifiable.
legítimo dueño | rightful owner.
lego | layman | lay.
legra (carpintería) | race-knife | racer.
legra (medicina) | scaler.

legua terrestre (EE.UU.) | land league.
leguaje mecanizado | machine language.
legumbres | garden stuff | pulse.
legumbres frescas | fresh vegetables.
legumbres secas | dry vegetables.
legumbres verdes | greens.
legumbres y frutas | green goods | greengrocery.
leguminosa | legume.
leguminosas (agricultura) | pulse crops.
leguminosas leñosas | woody legumes.
leído en muchos sitios | widely read.
lejanía | farness.
lejano | distant.
lejía | lixivium.
lejía (hidróxido de sodio, hidróxido de potasio) | lye.
lejía (industria papelera) | liquor.
lejía aluminosa | aluminous lye.
lejía cáustica | caustic alkali solution.
lejía de bisulfito | lye of bisulphite.
lejía de blanqueo | bleaching-lye | bleaching soda.
lejía de cenizas | ash lye.
lejía de lavado | scouring liquor.
lejía de óxido de cromo | lye of chromium oxide.
lejía de potasa | potassium hydrate.
lejía líquida | liquid lye | lye liquor.
lejía negra sulfítica (aguas residuales papeleras) | spent sulfite liquor.
lejía sódica | sodium lye.
lejía sulfítica residual (pasta papelera) | sulphite spent liquor.
lejiado | lixiviation.
lejiado (algodón) | boiling out.
lejiado químico | chemical leaching.
lejiadora | lixiviator.
lejiadora (fabricación papel) | digester.
lejiadora (papelería) | boiler.
lejiadora de pasta papelera | pulping digester.
lejiadora para pasta papelera | pulp digester.
lejiar | lixiviate (to).
lejías alcalinas papeleras | alkaline pulping liquors.
lejías blancas (industria papelera) | white liquors.
lejías negras de fábricas y pasta de celulosa | pulp mill black liquor.
lejías negras sulfíticas (papeleras) | sulfite spent liquors.
lejías negras sulfíticas fermentadas (fabricación papel) | fermented sulfite spent liquors.
lejías papeleras | pulping liquors.
lejías residuales (papel) | waste liquors.
lejías verdes (papel) | green liquors.
lejos de tierra (marina, aviación) | off the land.
lejos del calor de | away from the heat of.
lejura | farness.
lema | motto | lemma | slogan.
lema de Cauchy | Cauchy's lemma.
lemniscata | lemniscate.
lemniscata de Busch (óptica atmosférica) | neutral line | Busch lemniscate.
lemniscata esférica (astronomía) | spherical lemniscate.
lemnisco (anatomía) | fillet.
lenar | lapies.
lencería | linen goods | linen | linen-drapery | linen clothes.
lengua | language | tongue.
lengua aglutinante | agglutinative language.
lengua aislante | isolating language.
lengua analítica | analytic language.
lengua artificial | constructed language.
lengua china | Chinese.
lengua de tierra | slip | neck of land | tongue | spit.
lengua enrevesada | involved language | involved language.
lengua internacional monopolística | monopolistical international language.
lengua intrincada | involved language | involved language.
lengua materna | native language.
lengua puente | bridge language.
lengua vernácula | mother language | mother tongue.
lenguado (pez) | sole.
lenguaje | speech | idiom | language.
lenguaje absoluto (informática) | target language.
lenguaje algorítmico | algorithmic language.
lenguaje articulado | articulate speech.
lenguaje artificial | artificial language.
lenguaje artificial patentado | proprietary language.
lenguaje Basic (informática) | Basic language.
lenguaje biomédico | biomedical language.
lenguaje burocrático | bureaucratese.
lenguaje cifrado | code language | cipher.
lenguaje claro (comunicaciones) | plain language.
lenguaje COBOL (informática) | COBOL language.
lenguaje con sonido manipulado | scrambled speech.
lenguaje corriente | everyday language | plain language.
lenguaje chapurreado | broken language.
lenguaje de alto nivel (ordenador) | high level language.
lenguaje de bajo nivel | low level language.
lenguaje de ejecución | effective language.
lenguaje de funcionamiento de una calculadora | compiler language.
lenguaje de mandatos | command language.
lenguaje de manipulación de símbolos | list-processing language.
lenguaje de programación | programming language.
lenguaje de programación de alto nivel | Fortran.
lenguaje de tratamiento | problem solving language.
lenguaje empleado en el comercio | commercialese.
lenguaje ensamblador | assembly language.
lenguaje especial de grupos sociales | slang.
lenguaje especializado | specialized language.
lenguaje especificado por el utilizador (informática) | user-specified language.
lenguaje expositorio | expository language.
lenguaje fonomímico | lip-language.
lenguaje forense | legal language | law language.
lenguaje Fortran (informática) | Fortran language.
lenguaje humano/lenguaje máquina | human readable/machine readable.
lenguaje infinitario | infinitary language.
lenguaje jurídico | legal language.
lenguaje máquina | specific code.
lenguaje máquina (calculadoras) | computer language.
lenguaje máquina (ordenador) | machine language.
lenguaje mímico | sign-language.
lenguaje no técnico | lay language.
lenguaje normalizado | standard language.
lenguaje objeto | object language.
lenguaje para la referencia de la información | IR language.
lenguaje para un problema específico | problem oriented language.
lenguaje por instrucciones dirigidas al supervisor e introducidas por teclado (informática) | interactive control language.
lenguaje por signos de la mano | sign language.
lenguaje programado de diseño | program design language.
lenguaje revuelto (comunicaciones secretas) | scrambled speech.
lenguaje simbólico | symbolic languaje.
lenguaje simbólico (informática) | Fortran.
lenguaje simbólico de programas (informática) | assembly language.
lenguaje tabular | tabular language.
lenguaje técnico | engineering language.
lenguaje universal de programación | software implement friden translator.
lenguajes de programación | programming languages.
lenguajes orientados por sistemas | system-oriented languages.
lenguajes y programas (ordenador) | software.
lenguas germano-románicas | germanic-romanic languages.
lenguas mágicas (Algol o Cobol) | magic languages.
lenguas mecánicas | mechanical languages.
lenguas vivas | modern languages.
lenguas-fuentes | source languages.
lengüeta | cog | pallet | tongue | spline | tab | feather.
lengüeta (acústica) | reed.
lengüeta (anzuelo) | flue.
lengüeta (caja lanzadera) | swell.
lengüeta (carpintería) | joggle | fillet | feather tongue.
lengüeta (de encuadernador) | plow knife.
lengüeta (empalmes) | joint tongue.
lengüeta (en el canto de una tabla) | fin.
lengüeta (telar) | shuttle binder | binder.
lengüeta de arrastre | driving tongue.
lengüeta de cara | barefaced tongue.
lengüeta de conexión (electricidad) | lug.
lengüeta de contacto | contact tongue.
lengüeta de desenganche | releasing tongue.
lengüeta de desprendimiento (electricidad) | release tongue.
lengüeta de encuadernador | plough | plow.
lengüeta de resorte | spring tongue.
lengüeta de toque | assay slip.
lengüeta de toque (docimasía) | assay piece.
lengüeta de unión | dowel.
lengüeta guiadora | guide tongue.
lengüeta postiza (carpintería) | slip-tongue | spill.
lengüeta postiza (ensambladura) | loose tongue.
lengüeta suelta (carpintería) | slip feather.
lengüeta tensora (lanzadera) | tension pad.
lengüeta vibrante | vibrating reed.
lengüeta-freno | locking strip.
lengüetas de alineación | aligning tongues.
lengüetas de soporte | retaining clips.
lengüetas del plasma | plasma shreds.
lengüetas separadoras de las hojas de papel (máquina offset) | cat's whiskers.
lengüetazo | lap | lick.
lengüetería (órganos) | reedwork | reed stop.
lenidad | relaxation.
lenificación | assuaging.
lenificar | assuage (to).
lenítico | lentic.
lenización | assuaging.
lenizar | assuage (to).
lental (de la lente o del cristalino) | lental.
lentamente | inch by inch | slow.
lentamente variable | slowly varying.
lente (de objetivo) | component.
lente (instrumento óptica) | glass.
lente (óptica) | lens.
lente acromática | antispectroscopic lens | achromat | achromatic lens.
lente acromática de cuarzo y sal gema | quartz-rocksalt achromatic lens.
lente actínica | actinic lens.
lente acústica | acoustic lens.
lente amacrática | amacratic lens.
lente analática | anallatic lens.
lente anastigmática | anastigmat lens.
lente aniseicónica | aniseikonic lens.
lente anular | annular lens.
lente aplanática | aplanatic lens | aplanat.
lente aplanética | aplanetic lens | crossed lens.
lente bicilíndrica | bicylindric lens.
lente biconcava | negative lens | biconcave lens.
lente biconvexa | biconvex lens.
lente biesférica | bispheric lens.
lente bifocal doble | baseball bifocal.

lente cilíndrica | cylinder lens.
lente colectora | collecting lens | focusing lens.
lente colectora lente condensadora (microscopio) | condenser.
lente colimadora | collimating lens.
lente compuesta | compound lens.
lente compuesta acromática | achromatic compound lens.
lente con capa de película antirreflexiva | coated lens.
lente con revestimiento antirreflejante | coated lens.
lente cóncava | concave lens | negative lens | minus lens | dispersing lens.
lente cóncava divergente | diminishing glass.
lente cóncava esferoelíptica | spheroelliptic concave lens.
lente cóncava planohiperbólica | planohyperbolic concave lens.
lente cóncava reductora | reducing lens.
lente cóncavo-convexa de borde delgado | converging concavo-convex lens.
lente cóncavo-convexa de borde grueso | diverging concavo-convex lens | diverging meniscus.
lente concéntrica | null lens | concentric lens.
lente condensadora | condensing lens.
lente condensadora asférica | aspheric condensing lens.
lente constituida por una pareja de rejillas de hilo (antenas) | wire-grid lens.
lente convergente | converging lens | focusing lens.
lente convexa | convex lens | positive lens | plus lens | converging lens.
lente convexa acromática | achromatic convex lent.
lente correctiva | corrective lens.
lente correctora | correcting lens.
lente correctora del campo | field corrector lens.
lente de ángulo ancho | wide angle lens.
lente de ángulo angosto | narrow angle lens.
lente de antena (radar) | antenna lens.
lente de aumento | magnifying lens.
lente de cambio rapido de plano | zoom lens.
lente de contacto interrumpido | dialyte lens.
lente de cuarzo | quartz lens.
lente de dieléctrico artificial | artificial dielectric lens.
lente de enfoque | viewing lens.
lente de escalones | echelon lens | built-up lens.
lente de flint-glass | flint glass lens.
lente de foco regulable | zoom lens | vari-focal lens.
lente de guía de ondas | waveguide lens.
lente de inmersión | immersion lens.
lente de longitud focal variable | variable focal length lens.
lente de menisco convexo | positive meniscus lens.
lente de menisco negativo | negative meniscus lens.
lente de objetivo intercambiable con otros del mismo juego | casket lens.
lente de observación (cámara) | viewing lens.
lente de ocular | eyepiece lens.
lente de poner en foco | focusing glass.
lente de poner en foco (fotografía) | focusing magnifier.
lente de proyección | projection lens.
lente de prueba | essaying glass.
lente de rectificado | rectifying lens.
lente deflectora | roundel deflecting.
lente descentrada | decentered lens | decentred lens.
lente dieléctrica | dielectric lens.
lente dióprica | dioptric lens.
lente dióptrica (fotografía) | magnifying lens.
lente divergente | spreading lens | dispersing lens | dispersion lens | negative lens.
lente divergente (óptica) | divergent lens.
lente doble (óptica) | doublet.
lente electromagnética | electromagnetic lens | magnetic lens.
lente electrónica | electron lens | electronic lens.
lente electrónica (televisión) | aperture lens.
lente electrónica de doble apertura | two-aperture electron lens.
lente electrónica eléctrica | electric electron lens.
lente electrostática | electrostatic lens | E. S. lens.
lente enfocadora | viewing lens.
lente escalonada | step lens.
lente esférica convergente | plus sphere.
lente esférica divergente | minus sphere.
lente esferocilíndrica | spherocylindrical lens.
lente esferocilíndrica cóncava | concave spherocylindrical lens.
lente esferocilíndrica convexa | convex spherocylindrical lens.
lente especial para cámara de efecto zoom | zoomar.
lente filtradora | filter lens.
lente focostática | focostat lens.
lente fotográfica | photographic lens.
lente fototrópica | phototropic lenses.
lente Fresnel plana | flat Fresnel lens.
lente gravitacional (astrofísica) | gravitational lens.
lente hecha de una lasca de cuarzo cortada paralelamente a su eje óptico (gafas) | axis-cut pebble.
lente hemiesférica | bull's eye condenser.
lente hiperbólica biconvexa | double-convex hyperbolic lens.
lente interior (telescopio o microscopio) | field-glass.
lente inversora | erector mirror.
lente inversora de imagen | erector lens.
lente Luneberg (lente en que el índice de refracción varía a lo largo de un radio) | Luneberg lens.
lente magnética | magnetic lens.
lente magnetostática | magnetostatic lens.
lente multifocal | multifocal lens.
lente negativa colocada cerca del plano focal para corregir la curvatura del campo (objetivos) | field flattener.
lente objetivo | taking lens.
lente ocular | eyepiece.
lente ocular (anteojos) | eye lens.
lente ocular de un ocular | eyelens of an eyepiece.
lente oftálmica | ophthalmic lens | lens.
lente oftálmica multifocal | multi-focal ophthalmic lens.
lente opticoelectrónica | electron optical lens.
lente ortoscópica | rectilinear lens.
lente para cámara aérea (aviación) | aerial lens.
lente para producir luz convergente | condensing lens.
lente plana | plano-lens.
lente planocilíndrica | planocylindrical lens.
lente planocilíndrica cóncava | concave planocylindrical lens.
lente planocilíndrica convexa | convex planocylindrical lens.
lente planocóncava | planoconcave lens.
lente planoconvexa | planoconvex lens.
lente planoconvexa de foco corto | bull's eye lens | bull's-eye lens.
lente planoconvexa de poco aumento | low-power planoconvex lens.
lente planotórica | planotoric lens.
lente polifocal | multifocal lens.
lente prismática de Fresnel | corrugated lens.
lente radioeléctrica escalonada | zoned lens.
lente resultante | resultant lens.
lente retrasadora | delay lens.
lente retroscópica | retroscopic lens.
lente telescópica | telescopic lens.
lente televisiva de foco variable | television zoom lens.
lente tórica | spherocylindroid lens.
lente tratada con película antireflectora para aumentar la transmisión de luz | bloomed lens.
lente trifocal | trifocal.
lente variable | zoom lens.
lente visor | viewfinder.
lenteja | lenticle.
lenteja (geología) | lentille | lentil.
lenteja (péndulo) | ball.
lenteja de péndulo (reloj) | pendulum ball.
lenteja del péndulo | pendulum bob.
lentejón (depósito sedimentario) | lens.
lentejón (geología) | lentil | lentille.
lentejón (mineralogía) | lenticle.
lentejón alargado de mineral (geología) | pod.
lentejón de arena petrolífera (geología) | oil lens.
lentejuela | spangle.
lentes | glasses | eyeglasses | spectacle.
lentes bifocales | bifocal spectacles.
lentes coaxiales | coaxial lenses.
lentes con defectos | flawed lenses.
lentes convexas descentradas | decentered convex lens.
lentes de cuadripolo | quadrupoles lenses.
lentes embutidas | embossing.
lentes Fresnel para tecnología de energía solar | Fresnel lenses for solar energy technology.
lentes globulares cortadas de esferas de vidrio soplado | globs.
lentes graduadas | trial lenses.
lentes metálicas | metal lenses.
lentes oftálmicas | ophthalmic lens.
lentes oftálmicas no redondas | nonround ophthalmic lenses.
lentes ópticas electrónicas electrostáticas de simetría irrotacional | nonrotationally symmetrical electrostatic electron optical lenses.
lentes para visión submarina | diving spectacles.
lentes reproductoras (microscopio electrónico) | imaging lenses.
lentes trifocales | trifocal lenses.
lentícula | lenticle.
lenticulado | lens-shaped.
lenticular | lens | lenticular | lens-shaped.
lenticularidad | lenticularity.
lentiforme | lens-shaped.
lentilla | lensless.
lentilla (óptica) | lenslet.
lentilla corneal bifocal | bifocal corneal lens.
lentilla corneal no terminada (oftalmología) | uncut.
lentilla de contacto de plástico | plastic contact lenses.
lentilla de contacto hidrófila | hydrophilic contact lens.
lentilla de contacto hidrófoba | hard contact lens.
lentilla de contacto multifocal | multifocal contact lens.
lentilla de uso permanente | permanent-wear lens.
lentilla globular soplada con una radio de curvatura=9 centímetros | mi-coquille lens.
lentillas corneales de contacto | corneal contact lenses.
lentillas de contacto corneal | contact lenses.
lentillas de contacto de plástico (oftalmología) | plastics contact lenses.
lentillas de contacto hidrófilas | soft contact lenses.
lentillas de contacto tóricas | toric contact lenses.
lentillas microcorneales | microcorneal lenses.
lentímetro | lensmeter.
lentiprisma | prismatic lens.
lentiprisma (óptica) | prismatic glass.
lentisco | mastic.
lentitud | tardiness.
lento | tardy | inching.
lento (movimiento) | slack.
lento (música) | largo.
lento (preciso-movimientos) | fine.
lento en reaccionar (mandos de avión) |

sluggish.
lento en virar por avante (buque de vela) | slack in stays.
leña | wood | cordwood | firewood | staple.
leña (madera para quemar) | burning wood.
leña cortada en monte vedado | closed wood.
leña de poda | lopping litter.
leña menuda | twig litter.
leñador | lumberjack | fagot-maker | woodman | axe-man | log-man | woodcutter.
leñas de barbecho (agricultura) | bush fallow.
leño | log | stock.
leño (botánica) | wood.
leño frenador | holding boom.
leño primario (botánica) | old wood.
leñosidad | ligneous quality.
leñoso | woody | ligneous.
leñoso (botánica) | lignose.
leopardo de las nieves | ounce.
leotrópico | laeotropic.
leótropo | laeotropic.
lepidoblástico (geología) | lepidoblastic.
lepidolita | lithia mica.
lepídopo | frost-fish.
lepídopo (pez) | garter-fish.
lepidóptero | lepidopteron.
lepidópteros | lepidoptera.
lepidópteros defoliadores | foliage-feeding lepidoptera.
lepisma | bristletail.
lepisma (insecto) | silverfish.
leprólogo | leprologist.
leptoclasa | leptoclase.
leptocurtosis | leptokurtosis.
leptodermo | thin-skinned.
leptogénesis (geología) | leptogenesis.
leptómetro | leptometer.
leptón (nuclear) | lepton.
leptonización | leptonization.
leptotena | leptotene.
leptotérmico | leptothermal.
lesión | wound | trouble | injury.
lesión bioquímica in vivo e **in vitro** | biochemical lesion **in vivo** and **in vitro**.
lesión causada por radiación | radiation damage.
lesión de trabajo | occupational injury.
lesión indemnizable | compensable injury.
lesión no inhabilitante | nondisabling injury.
lesión ocular por rayos infrarrojos | eclipse blindness.
lesión por descompresión rápida (cajones aire comprimido) | decompression injury.
lesión por irradiaciones | radiation injury.
lesión por quemadura | burning injury.
lesión por radiación | radiation sickness.
lesión provocada por irradiaciones | radiation-induced injury.
lesionado en su derecho | injured in his rights.
lesionar los derechos de | encroach (to).
lesiones laborales que incapacitan | disabling work injuries.
lesiones oculares | eye hazards.
lesiones por accidente de automóvil | automobile accident injuries.
lesiones por millón de hombres-horas (estadística) | injuries per million man-hours.
lesiones producidas por el rebufo | blast injuries.
lesiones producidas por la onda explosiva | blast injuries.
lesividad | injuriousness.
letal | deadly.
letalidad | lethality | deadliness.
letargia (nuclear) | lethargy.
letargia neutrónica | lethargy.
letargo | lethargus.
letargo (medicina) | lethargy.
letargo estival (zoología) | estivation.
letificar | cheer (to).
letológico | lethological.
letra | character | letter | demand bill.
letra a corto plazo | bill of short date | short bill.
letra a la orden | sola bill | bill payable to order.
letra a la vista | sight draft | demand draft | demand bill | cash order | sola bill | draft at sight | bill payable at sight.
letra a la vista (economía) | sight bill | sight draft.
letra a largo plazo | long-dated bill | bill of long date.
letra a noventa días | ninety-day bill.
letra a pagar | bill payable.
letra a plazo
letra a plazo corto | shop bill.
letra a plazo vista | bill after sight | term bill.
letra a plazos | time bill.
letra a presentación | bill on demand | demand draft.
letra a sesenta días fecha | date draft sixty days.
letra a su propio cargo | note of hand.
letra acentuada (imprenta) | accented sort.
letra aceptada | honored bill | due bill | acceptance bill | accepted draft.
letra acompañada de documentos | documentary bill.
letra al cobro | collection draft.
letra al portador | bill payable to bearer.
letra antigua (tipografía) | grotesque.
letra atendida | honored bill.
letra autocargada con una sola firma | individual note.
letra avalada | guaranteed bill.
letra bancaria | bank-bill | banker's bill.
letra bastardilla | oblique | italics.
letra cambial sin firma | single-name paper.
letra capitular | chapter letter.
letra capitular embutida en el primer párrafo | cut-in letter.
letra cifrada en divisa | bill in foreing currency.
letra comercial | trade bill.
letra comprada para inversión | investment bill.
letra con intereses | interest bearing draft.
letra con varios ejemplares | bills in a set.
letra con vencimiento aplazado | time draft.
letra con vencimiento el 10 de mayo | bill due on the 10th May.
letra con vencimiento fijo | bill after date.
letra contra documentos | document bill | documentary draft.
letra cruzada | windmill | kite.
letra cursiva | italics.
letra cursiva (tipografía) | script.
letra de acomodación (comercio) | kite.
letra de cambio | bill of exchange | bill | draft | exchange draft | remittance.
letra de cambio a domicilio | house bill.
letra de cambio a plazo fijo | time bill.
letra de cambio al uso | usance bill.
letra de cambio avalada por el banco | bank post remittance.
letra de cambio de improbable pago | third-class paper.
letra de cambio domiciliada | domiciled bill of exchange.
letra de cambio en que el librado es el librador bajo otro nombre | pig-on-bacon.
letra de cambio girada a sí mismo y endosada en blanco | open market paper.
letra de cambio girada por un banco a una sucursal | house bill.
letra de cambio pagadera en dólares | dollar exchange.
letra de cambio sobre el extranjero | foreign bill of exchange.
letra de cola inferior (tipografía) | descending.
letra de complacencia | accommodation bill.
letra de crédito | credit bill.
letra de crédito (México) | letter of credit.
letra de cuerpo tres (tipografía) | brilliant.
letra de favor | accommodation draft | windbill.
letra de favor (sin compensación) | accommodation bill | accommodation draft.
letra de firma única | single-name paper.
letra de garantía | guaranteed bill of exchange | bill given as security.
letra de identificación del canal | channel identification letter.
letra de imprenta | type.
letra de latón | brass type.
letra de lectura cómoda | easily-read type.
letra de plaza | local draft.
letra de presentación rápida al cobro | shop bill.
letra de remesa | outward bill.
letra de resaca | redraft.
letra de tesorería | Treasury bill.
letra de una sola firma | single-name paper.
letra del embarcador | shipper's draft.
letra descontada (comercio) | discounted draft.
letra distintiva | indicating letter.
letra documentaria | documentary draft.
letra domiciliada en | bill domiciled in.
letra en blanco | blank bill.
letra en circulación | bill in course.
letra en descubierto | bill unprovided for.
letra en relieve | raised letter.
letra endosada a tercero | made bill.
letra endosada por un tercero | made bill.
letra falsa (efecto falsificado - comercio) | forged bill.
letra financiera | finance bill.
letra gótica (caracteres góticos - tipografía) | German type.
letra grande | bold hand.
letra gruesa | heavy-faced type.
letra impagada | bill unpaid.
letra impagada por falta de aceptación | bill dishonoured by non acceptance.
letra labial | labial.
letra larga con trazo alto | ascender.
letra limpia | clean bill.
letra manuscrita | handwriting.
letra mayúscula | capital letter.
letra muda | aphonic letter.
letra muerta | dead letter.
letra negra (negrilla - tipografía) | full-faced.
letra negrilla | fat type.
letra negrilla (tipografía) | boldfaced type.
letra negrilla minúscula (tipografía) | lowercase blackface.
letra negrita (imprenta) | black face.
letra negrita (tipografía) | boldface.
letra no atendida | dishonored bill.
letra no documentaria | clean draft.
letra o palabra introducida para confundir (criptografía) | null.
letra pagada | honored bill.
letra pagadera a la llegada del cargamento | arrival draft.
letra pagadera a la presentación | bill payable at presentation | bill payable on demand.
letra pagadera antes de entregar los documentos | payment bill.
letra pagadera contra documentos | documentary draft or bill of exchange.
letra pagadera en el domicilio de un tercero | bill payable at the domicile of a third party.
letra pagadera en el domicilio del | bill payable at the domicile of.
letra pagadera en Europa continental | continental bill.
letra para compraventa de productos | commodity draft.
letra para entrega futura | forward exchange.
letra para transferencias de fondos generales (bancos) | finance bill.
letra pignorada (comercial) | pawned bill of exchange.
letra por cobrar | bill receivable.
letra por vencer | running bill.
letra protestada | noted bill | dishonored bill.
letra protestada (economía) | protested bill.
letra que sobresale de las demás | cockup letter.
letra rechazada | dishonored draft | dishonored bill.
letra renovada | renewal bill | redraft.

letra rota | filled-in letter.
letra sobre el exterior | foreign bill.
letra sobre el extranjero | foreign bill.
letra sobre el interior | inland bill.
letra sobre el interior (de una nación) | domestic bill.
letra sobre interior (economía) | domestic bill.
letra sobre la plaza | local bill.
letra T | tee.
letra titular (tipografía) | display type.
letra V | vee.
letra vencida | overdue bill | bill falling due | fallen bill | due-bill.
letra volada para abreviatura | cockup letter.
letrada | woman lawyer.
letrado | advocate | lawyer.
letrado asesor | legal adviser.
letrado militar | military lawyer.
letras (comercio) | payables.
letras a cobrar | bills receivable.
letras a pagar | notes payable | bills payable.
letras a plazos escalonadas | instalment drafts.
letras con partes salientes debajo del cuerpo (g, j, p, etc.) | descenders.
letras de caja baja (imprenta) | low-case letters.
letras de cambio al exterior | foreign exchange.
letras de identificación (telegrafía) | call letters.
letras de llamada de urgencia | pan.
letras de plazos escalonados | installment drafts.
letras de señales | signal letters.
letras descontadas | bills discounted.
letras distintivas | signal letters.
letras distintivas para llamadas por radio (buques) | radio-call letters.
letras en circulación | bills in circulation.
letras mayúsculas | large caps.
letras para entrega futura | foreign-exchange futures.
letras pintadas con pintura reflectora | reflective letter.
letras por cobrar | incoming bills.
letras por llegar | incoming bills.
letrero | sign | lettering | legend | inscription.
letrero (dibujos) | title.
letrero de oficina | shingle.
letreros para el tránsito | traffic markers.
letrina | cesspool | cesspit | latrine.
letrina (buque de guerra) | head.
letrina con cubos debajo de los asientos | bucket-type latrine.
leucemia (medicina) | leukemia | leukaemia.
leucita amónica | ammonium-leucite.
leucitoedro | leucitohedron | tetragonal trisoctahedron.
leucitófido | leucitophyre.
leucocombinación (teñido) | leuco compound.
leucócrata (petrografía) | leucocrate.
leucoderivado (química) | leuco compound.
leucodescencia | leucodescence.
leucófido | leucophyre.
leucófilo | leucophyllous.
leucomelánico | leucomelaneous.
leucompuesto (química) | leuco compound.
leucopetrita (resina fósil) | leucopetrite.
leucorrea (medicina) | whites.
leva | wipe | cam | cog | lifter | lift | toe | tappet | levying.
leva (de controlador) | wiper.
leva (reclutamiento forzoso) | levy.
leva acodada | bell crank.
leva acorazonada | heart-cam.
leva anual de 3 dólares | annual levy of 3 dollars.
leva calada en un eje | lifter cog.
leva cilíndrica | cylindrical cam.
leva circular de velocidad constante | constant-speed circular cam.
leva con perfil espiraliforme | snail.
leva cónica | conical cam.
leva correctora | correcting cam.
leva de acción rápida | quick-action cam.
leva de admisión | admission cam.
leva de admisión (motores) | inlet cam.
leva de ángulo vivo | sharp-nose cam.
leva de apertura del cierre (cañón) | breech opening cam.
leva de apertura rápida | quick-lift cam.
leva de bocarte | stamp-mill cam.
leva de caracol | snail cam.
leva de cierre de la depresión (cañones) | depression cutoff cam.
leva de cilindro | barrel cam | drum cam | cylinder cam.
leva de cilindro con ranura | grooved cylinder cam.
leva de corazón | heart-shaped cam.
leva de descerrojar y encerrojar (cañón) | unlatch-and-lock cam.
leva de descompresión (motores) | half-compression cam | relief cam | relieving cam.
leva de desconexión automática | knockoff cam.
leva de desembrague | knockoff cam.
leva de deslizamiento | plate cam | sliding cam.
leva de disco | edge cam | plate cam.
leva de disco de retorno asegurado | positive-return disk cam.
leva de disco oscilante | oscillating disk cam | toe-and-wiper cam.
leva de disparo automático | toe plate.
leva de doble acción | double-acting cam | positive-motion cam.
leva de dos ensanchamientos | double-rise face cam.
leva de embrague | clutch cam.
leva de encendido (motores) | ignition cam.
leva de enclavamiento | interlock cam.
leva de escalones | compound cam.
leva de escape | releasing cam | exhaust cam | rocker arm.
leva de escape (motores) | outlet cam.
leva de espiral | scroll cam | involute cam.
leva de evolvente de círculo | involute cam.
leva de exhaustación | exhaust cam.
leva de expulsión (telares) | picking cam.
leva de impresión (telegrafía) | printing cam.
leva de imprimir | printery cam.
leva de impulsión (telefonía - G.B.) | impulse cam.
leva de impulsión (telefonía automática - EE.UU.) | pulsing cam.
leva de la palanca elevadora | lifting lever cam.
leva de la válvula de combustible del colector general de admisión (motor diesel) | common-rail fuel-valve cam.
leva de lóbulo redondeado | broad-nose cam.
leva de lóbulo vivo | sharp-nose cam.
leva de maniobra | operating cam.
leva de par constante | constant torque power cam.
leva de parada de puntería en elevación (cañones) | elevation cut-off cam.
leva de perfil brusco | quick-action cam.
leva de plato | radial cam | peripheral cam | plate cam.
leva de ranura | face cam.
leva de rearmar (mecanismos) | reset cam.
leva de regulación | adjusting cam.
leva de reposición | resetting cam.
leva de resaltes | lobed cam.
leva de retardo (telefonía) | slipping cam.
leva de ruptor | contact breaker cam | interrupter cam | breaker cam.
leva de sectores circulares | circular arc cam.
leva de superficie inclinada | bossed cam.
leva de tambor | drum cam | cylinder cam | cylindrical cam.
leva de trinca y destrinca (cañón) | unlatch-and-lock cam.
leva del cilindro | cylinder cam.
leva del eje del embrague | clutch shaft cam.
leva del látigo (telares) | picking cam.
leva del seguro de salvas (cañón) | salvo latch cam.
leva empujatelas (tejido punto) | pull-down cam.
leva en masa | levy in mass.
leva en masa (milicia) | levée en masse.
leva en que el eje del empujador no pasa por el eje de giro de la leva | offset cam.
leva excentrada | eccentric cam.
leva formando parte del eje | integral cam.
leva forzosa (marina) | pressing.
leva forzosa (milicia) | dragooning.
leva forzosa de marineros | impressment.
leva forzosa de personas (marina) | pressing.
leva graduable | adjustable cam.
leva inversa (la leva es accionada por el empujador) | inverse cam.
leva invertida | inverse cam.
leva lineal (telar rectilíneo de tejido de punto) | slurcock.
leva matriz | master cam.
leva oscilante | rocker cam.
leva para la subida | lifter cam.
leva patrón | master cam.
leva plana | plate cam.
leva pulsatoria | pulsing cam.
leva retardadora | retarding cam.
levadura | rising | starter | yeast | yeast starter | leaven.
levadura alimenticia | feed yeast | food yeast.
levadura alta | high-fermentation yeast.
levadura artificial | cultivated yeast | cultured yeast | baking powder.
levadura baja | low yeast | low-fermentation yeast | sedimentary yeast.
levadura de cerveza | barm | brewer's yeast.
levadura de cerveza desamargada | debittered brewer's yeast.
levadura de depósito | bottom-yeast.
levadura de flor (vinicultura) | flor yeast.
levadura de fondo | low yeast | bottom-yeast | sedimentary yeast.
levadura granulada | granulated yeast.
levadura madre | mother yeats.
levadura prensada | compressed yeast.
levadura prensada y secada | pressed and dried yeast.
levadura procedente de lejias negras sulfíticas (pasta papelera) | yeast from sulfite spent liquors.
levadura química (panificación) | baking powder.
levanco | mallard.
levantacarriles | rail lifter.
levantacoches (garajes) | lift.
levantacristales (ventanilla de autos) | window raiser.
levantada (de un gato) | stroke.
levantado | standing.
levantado con gato | jacked up.
levantador | lifter.
levantador de la compuerta de la tolva | bin gate-lifter.
levantador de la sierra | saw lifter.
levantador del muelle de válvula | valve-spring remover.
levantaherramienta (cepillos) | tool-lifter.
levantamiento | lifting | heaving | heave | rise | hoist | breaking up | raising.
levantamiento (curvas) | plotting.
levantamiento (de planos) | survey.
levantamiento (del telón) | rising.
levantamiento (del terreno) | heavage.
levantamiento (geología) | uplift | elevation.
levantamiento aéreo | air survey | aerosurvey.
levantamiento aerofotográfico | photography mapping | photosurvey.
levantamiento aeromagnético | aeromagnetic survey.
levantamiento armado | armed revolt.
levantamiento batimétrico | bathymetric survey.
levantamiento capilar | capillary rise.
levantamiento catastral | cadastral survey.
levantamiento con aparatos (topografía) | instrumental survey.
levantamiento con el teodolito | theodolite surveying.
levantamiento con la brújula (minas) | dialing.

levantamiento con la brújula (plano de una mina) | latching.
levantamiento con la cadena (topografía) | chain survey.
levantamiento con la estadia | stadia surveying.
levantamiento con la plancheta | plane tabling.
levantamiento con la plancheta (topografía) | plane-table surveying.
levantamiento de alta precisión | high-class survey.
levantamiento de caminos (topografía) | route survey.
levantamiento de carreteras con colocación de mojones | monumented highway survey.
levantamiento de deslindes | boundary survey.
levantamiento de detalle (topografía) | detailed survey.
levantamiento de embargo | discharge of attachment.
levantamiento de fronteras | boundary survey.
levantamiento de interdicto | discharge of injunction.
levantamiento de la proa o popa por desplazamiento de la carga hacia el centro (buques) | tipping.
levantamiento de límites | boundary surveying.
levantamiento de plano de mina | mine survey.
levantamiento de planos | surveying.
levantamiento de planos con brújula | compass survey.
levantamiento de planos mediante radar | radar surveying.
levantamiento de planos topográficos desde aeronaves | airborne surveying.
levantamiento de protesto | note noting.
levantamiento de rutas (carreteras, ferrocarriles, canales, líneas de transporte eléctrico, etc.) | route surveying.
levantamiento de trazado (topografía) | location survey.
levantamiento de un plano | lining.
levantamiento del modelo | pattern draw.
levantamiento del piso (minas) | creeping.
levantamiento del plano | plotting.
levantamiento del plano (de un terreno) | protraction.
levantamiento del plano (de una mina) | latch.
levantamiento del plano de una costa | coast survey.
levantamiento del poligonal (topografía) | meander survey.
levantamiento del protesto | noting.
levantamiento del suelo por la helada | soil frost heaving.
levantamiento electrónico de planos | electronic surveying | electron surveying.
levantamiento eustático | eustatic rise.
levantamiento fotográfico | photosurveying | photographic survey.
levantamiento fotográfico aéreo | aerial photographic surveying.
levantamiento fotogramétrico | photogrammetric survey.
levantamiento geodésico | geodetic survey.
levantamiento geoeléctrico | geoelectric survey.
levantamiento geográfico | geographical survey.
levantamiento geológico del terreno | geological ground survey.
levantamiento geológico que produce montañas abovedadas rendondeadas | ballon.
levantamiento gradual del piso por subpresiones (minas) | creep.
levantamiento gravimétrico | gravity survey.
levantamiento hidráulico de la herramienta (cepillos) | hydraulic tool lift.
levantamiento hidrográfico | hydrographic survey | marine surveying.
levantamiento magnético | magnetic survey | magnetic surveying.
levantamiento magnético geofísico | magnetic geophysical survey.
levantamiento para variante (ferrocarril) | betterment survey.
levantamiento planimétrico de una superficie irregular tomando como base una alineación (topografía) | offset.
levantamiento poligonal por medidas de ángulos externos entre alineaciones (topografía) | deflection survey.
levantamiento por congelación (terrenos) | frost heave.
levantamiento por rodillo (puente levadizo) | rolling lift.
levantamiento previo (topografía) | preliminary survey.
levantamiento rápido (topografía) | rapid survey.
levantamiento taquimétrico | tachymeter survey | tachymetric survey.
levantamiento topográfico | topographic survey | topographic plot | topographic surveying | contour survey | land survey.
levantamiento topográfico de la zona de asentamiento | position area survey.
levantamiento topográfico en ciudades | city survey.
levantamientos topográficos | field engineering.
levantamientos topográficos de gran extensión | large surveys.
levantar | heave (to) | lift (to) | hoist (to) | upgrade (to) | move upwards (to) | pull up (to) | push up (to) | raise (to) | elevate (to) | cock (to).
levantar (caza) | raise (to).
levantar (el timón, la hélice) | reship (to).
levantar (la casa, el campo) | breakup (to).
levantar (las orejas) | prick up (to).
levantar (pesos) | sway (to).
levantar (planos) | take (to) | get out (to).
levantar (sesiones) | dissolve (to).
levantar (tienda de campaña, etc.) | set up (to).
levantar (una perpendicular) | erect (to).
levantar (una sesión) | breakup (to) | close (to).
levantar acta | draw up (to).
levantar acta notarial | notarize (to).
levantar aproximadamente un plano con instrumentos de mano (topografía) | cruise (to).
levantar con cuñas | quoin up (to).
levantar con la grúa | crane (to).
levantar con la palanca | lever up (to).
levantar el embargo | take off the sequestration (to) | take off embargo (to).
levantar el embargo (abogacía) | release from an attachment (to).
levantar el perfil transversal de | cross section (to).
levantar el plano de | plot (to) | survey (to) | plat (to).
levantar el velo | unveil (to).
levantar estructuras mediante gatos | jackblock process (to).
levantar falsos testimonios | accuse falsely (to).
levantar la caña (timón) | ease the helm (to).
levantar la caña (timón buque) | right (to).
levantar la censura | lift the censorship (to).
levantar la cerviz | grow proud (to).
levantar la garantía | release a guaranty (to).
levantar la restricción | lift the restriction (to).
levantar la sesión | rise (to) | leave the chair (to) | dissolve the meeting (to) | recess (to).
levantar la sesión (jurídico) | adjourn (to).
levantar la voz | rear (to).
levantar las curvas de nivel (planos) | contour (to).
levantar planos | map (to).
levantar por levas | cam-up (to).
levantar por medio de una tiravira | parbuckle (to).
levantar presión | put on steam (to).
levantar presión (calderas) | raise steam (to).
levantar protesto de una letra | have a bill noted (to).
levantar un edificio | set up (to).
levantar un ejército | rear (to).
levantar un embargo | lift an embargo (to).
levantar un mástil | point up a mast (to).
levantar un nuevo plano | resurvey (to).
levantar un plano | draw a plan (to) | make a survey (to) | get out a plan (to).
levantar un plano con la brújula (minas) | dial (to).
levantar un protesto | raise a protest (to).
levantar una hipoteca (economía) | raise a mortgage (to).
levantar una pila | unstack (to).
levantar una torre para pozos petrolíferos | rig (to).
levantar verticalmente | set up (to).
levantarse | stand up (to) | stand (to).
levantarse (viento) | get up (to) | rise (to).
levantarse de un salto | jump up (to).
levantarse en la ola (buques) | scend (to).
levantarse hasta | come up to (to).
levantarse la embarcación sobre las aletas hidrodinámicas | raise the vessel into the foils (to).
levantarse sobre las olas (buques) | heave (to).
levantarse viento | spring up (to).
levantaválvula | valve lifter | tappet.
levantaválvula (motores) | cam lifter | valve tappet.
levantaventana embutido | flush sash lift.
levante de la vía | track raising.
levantina (tela) | levantine.
levantino | levantine.
levar | heave up (to).
levar (anclas) | heave (to).
levar el ancla | weigh (to).
levar el ancla (buques) | heave anchor (to).
levar el ancla (con el molinete o cabrestante) | purchase (to).
levar el ancla con fango del fondo adherido | foul the fluke (to).
levar rápidamente (el ancla) | rattle up (to).
levar una de las dos anclas con que está fondeado (buques) | unmoor (to).
leve | light.
levé (relojería) | pallet jewel.
levé (relojes) | pallet stone.
levedad | levity.
levigación | levigation | levigating | elutriation.
levigado | levigate.
levigador | levigator | elutriator.
levigador de aire | air elutriator.
levigador de corriente descendente | downblast elutriator.
levigar | levigate (to) | elutriate (to).
levita | coat.
levitación | weightlessness | levitation.
levitación de metales licuados | molten metal levitation.
levitación de sólidos | solid levitation.
levitación electromagnética | electromagnetic levitation.
levitación magnética | magnetic levitation.
levitación por reacción de aire comprimido sobre el suelo (vehículos) | air levitation.
levitado por campo magnético alternativo | levitated by ac field | levitated by alternating current field.
levogiración | levogyration.
levogiralidad | levogyrality.
levógiro | levogyrous | left-handed | levorotatory | levogyre | levogyrate.
levogiro (óptica) | negative.
levoglucosa | levoglucosan.
levorrotación | left-hand rotation | levorotation.
levotorsión | left-hand twist | left twist | levotorsion.
levulosa | levulose.
lexema | lexeme.
lexemático | lexematical.
lexicalización | lexicalization.
léxico | lexicon | glossary.
lexicoestadística | lexicostatistics.
lexicografía | lexicography.
lexicógrafo | lexicographer.

lexicología | lexicology.
lexicólogo | lexicologist.
lexiconista | lexiconist.
lexiconizar | lexiconize (to).
lexifánico | lexiphanic.
lexifanismo | lexiphanism.
lexigrafía | lexigraphy.
lexigráfico | lexigraphic.
ley | law | regulation | bill | ordinance | act | statute.
ley (del oro) | degree of purity | title.
ley (del oro o la plata) | standard.
ley (metales) | fineness.
ley (mineral) | content.
ley (minerales) | tenor | tenure | grade.
ley (oro o plata) | standard fineness.
ley (parlamento británico) | act of parliament.
ley (proporción) | grade.
Ley Adicional | adjective Law.
ley administrativa | administrative law.
ley agraria | agrarian law | farm act.
ley antimonopolista | antitrust law.
ley antisubversiva | antisubversive law.
ley arancelaria | tariff law.
ley bancaria | national bank act.
ley británica para oro y plata | British Standard Fine (B.S.F.).
ley caída en desuso | dormant law.
ley castrense | military law.
ley cero (termodinámica) | zeroth law.
ley coactiva | compulsory law.
ley conmutativa | conmutative law.
ley de accidentes del trabajo | compensation act | workmen's compensation act.
ley de aduanas | custom law.
ley de aguas | water legislation.
ley de amnistía | amnesty law.
ley de atracción de la inversa del cuadrado | inverse-square law of atraction.
ley de bebidas alcohólicas | liquor law.
ley de clausura de la adición | closure law of addition.
ley de comercio exterior (EE.UU.) | trade act.
ley de conservación de la masa | conservation-of-mass law.
ley de contribuciones indirectas | customs and excise act.
ley de créditos suplementarios (EE.UU.) | deficiency bill.
ley de derechos extralaterales (minería) | apex law.
ley de desintegración | decay law.
ley de enjuiciamiento | law adjective.
ley de enjuiciamiento civil | law of civil procedure.
ley de enjuiciamiento criminal | law of criminal procedure.
ley de expropiaciones | expropriation law.
ley de finanzas | money-bill.
ley de formación de un campo minado | pattern laying.
ley de formación profesional y desarrollo del potencial humano | manpower development and training act.
ley de garantía de la propiedad | homestead act.
ley de Gay-Lussac | Charles law.
ley de gravitación universal | inverse-square gravitational law.
ley de hacienda | money-bill | exchequer act.
ley de Hooke | Hooke's law.
ley de juramento de prueba (empleados públicos) | test act.
ley de la cruz de hierro (maclas) | iron cross law.
ley de la inversa del cuadrado | inverse square law.
ley de la legislatura | act of the legislature.
Ley de la Marina Mercante | Merchant Marine Act.
ley de la media | law of the mean.
ley de la radiación | radiation law.
ley de la velocidad de una reacción | rate law of a reaction.
ley de Lanchester | n-squared law.
ley de las medias | law of averages.
ley de las proporciones definidas | law of definitive proportions.
ley de las proporciones equivalentes | equivalent proportion law.
ley de las proporciones múltiples | law of multiple proportions.
ley de las pruebas repetidas | repeted trial law.
ley de libertad condicional (EE.UU.) | parole law.
ley de los cosenos | cosine law.
ley de los grandes números | law of large numbers.
ley de los índices | index law.
ley de los índices racionales | law of rational indices.
ley de los mínimos cuadrados | law of least squares.
ley de los rendimientos decrecientes | law of diminishing returns.
ley de los senos (óptica) | sine condition.
ley de Mendel | Mendel's law.
ley de Mendeléeff | Mendeleeff's law.
ley de no caducidad (que prohibe la pérdida completa del seguro de vida por falta de pago) | nonforfeiture law.
ley de normas cerealistas | grain standard act.
ley de ohm | ohm's law.
ley de Planck | radiation law.
ley de propagación del error | law of propagation of error | error propagation law.
ley de proporción | rate law.
ley de protección del niño (G.B.) | children's act.
ley de quiebra | act of bankruptcy | bankruptcy law.
ley de recurrencia | recursive rule.
ley de responsabilidades de patronos | employers' liability law.
ley de seguros marítimos | marine insurance law | marine insurance act.
ley de sintonía | tuning law.
ley de sociedades anónimas | law relating to joint stock companies | company law.
ley de suspensión de métodos judiciales | stay law.
ley de un metal | finess.
ley de una aleación de oro | fineness of a gold alloy.
ley de una función (álgebra) | rule.
ley de variación (de alcances, de distancias - balística) | rate.
ley de variación de distancia del buque propio | own ship range rate.
ley de variación empírica | empirical rate law.
ley de variación lineal | linear law | linear rate law.
ley de variación parabólica | parabolic rate law.
ley de variación relativa del blanco | relative target rate.
ley decreciente del mineral | dwindling grade of the ore.
ley decretada por el Congreso | law passed by Congress.
ley del Congreso | act of congress.
ley del coseno (trigonometría) | generalized pythagorean theorem.
ley del Delfinado (maclas) | Dauphiné law.
ley del embudo | one-side law.
ley del medio excluso (tautología) | law of the excluded middle.
ley del mineral | grade of ore.
ley del Parlamento | act of parliament.
ley del timbre | stamp act.
ley ex-post facto | ex-post facto law.
ley federal | federal statute.
ley fiscal | revenue law.
ley forestal | forest laws.
ley hipotecaria | mortgage law.
ley internacional | jus inter gentes.
ley laboral | labor code.
ley logarítmica izquierda (potenciómetro) | left-hand logarithmic taper.
ley marcial | martial law.
ley natural | jus naturale.
ley orgánica | constitution | organic act.
ley parabólica de segundo grado | quadratic parabolic law.
ley parabólica que liga la carga con el tiempo | parabolic strain-time law.
ley parlamentaria | parliamentary law.
ley presupuestaria | budget law.
ley privada | by-law.
ley promulgada | statute law.
ley que permite al descubridor de un afloramiento explotar todo el filón en su profundidad | apex law.
ley que requiere por escrito para probar contratos | statute of frauds.
ley recientemente promulgada | recently-enacted law.
ley reglamentando el laboreo de minas metálicas | metalliferous mines regulation act.
ley remuneradora del mineral | pay-grade of ore.
ley sobre accidentes del trabajo | factory acts.
ley sobre accidentes industriales | industrial injuries act.
ley sobre contratos de cosechas | grain futures act.
ley sobre el empleo de marcas comerciales | merchandize marks act.
ley sobre la contaminación atmosférica | clear air act (EE.UU.).
ley sobre la enseñanza | education act.
ley sobre la navegación | shipping bill.
ley sobre la propiedad intelectual | copyright law | law of copyright.
ley sobre las sociedades (G.B.) | companies act.
ley sobre los piquetes de huelga | picketing bill.
ley sobre productos suntuarios | sumptuary law.
ley sobre transporte marítimo | carriage of goods by sea act.
ley vetada | vetoed bill.
ley-decreto | decree-law.
leyenda | lettering | legend.
leyenda (grabados) | cutline | caption.
leyenda (planos) | key.
leyenda de colores (planos) | color code.
leyenda de una divisa | motto.
leyenda de una ilustración (libros) | caption.
leyes administrativas | civil services laws.
leyes agrarias | land laws.
leyes arancelarias de cereales | corn laws.
leyes consuetudinarias | mores.
leyes de beneficiencia | poor laws.
leyes de escala de la explosión | blast scaling laws.
leyes de extranjería | alien laws.
leyes de Kepler | Kepler's laws.
leyes de la semejanza | scaling laws.
leyes de los circuitos | circuital laws.
leyes del azar | laws of change.
leyes del presupuesto | appropriation laws.
leyes fiscales | tax laws | revenue laws.
leyes marítimas | law of the sea.
leyes mercantiles | commercial acts.
leyes municipales por zonas de la ciudad | zoning laws.
leyes penales | penal laws.
leyes sobre juegos de azar prohibidos | gambling laws.
leyes sobre la seguridad nacional | internal security laws.
leyes sobre la sodomía | sodomy laws.
leyes sobre libertad laboral | right-to-work laws.
leyes sociales | labor laws.
leyes vigentes | existing laws.
leyes y usos de la guerra | laws and usages of war.
leza (Lagerstroemia tomentosa) | salso | sao baw.

leza (Lagerstroemia tormentosa) | leza.
lezna | broach | pricker | elsin | awl | stabbing awl | bradawl.
lezna (carpintería) | bradant.
lezna de encuadernación | bodkin.
lezna de encuadernar | stabbing awl.
lezna de estaquillar | pegging-awl.
lezna de marcar | scratch awl.
lezna de ojo | drawing awl.
lezna de silleros | drawing awl.
lezna de talabarteros | diamond-shaped awl.
lezna de velero de tres cortes | stabber.
lezna para correa | belt awl.
liado (paquetes) | rolled.
liar | strap (to) | bundle (to) | bundle up (to) | tie up (to) | parcel out (to).
lias | dregs.
Liásico | black Jura.
libelo difamatorio | pamphlet.
liber | bast | blea.
liber (botánica) | bass.
liberable | extricable.
liberación | delivery | deliverance | release | relieving | releasing | setting free.
liberación (ciudad sitiada) | relieving.
liberación (de un gas) | extrication.
liberación de calor | disengagement of heat.
liberación de control gubernamental | decontrol.
liberación de derechos | release of rights.
liberación de energía | release of energy.
liberación de información | declassify.
liberación de información mantenida secreta | declassification.
liberación de las dislocaciones (cristales) | dislocation unpinning.
liberación del vacío parcial | vacuum relief.
liberación fiscal | tax exemption.
liberación regulada | regulated liberation.
liberación seccional del itinerario (ferrocarril) | sectional route release.
liberado | paid-up.
liberado de responsabilidad | freed from liability.
liberado por solenoide | selenoid-released.
liberalismo | liberalism.
liberalización | liberalization.
liberar | set free (to) | release (to) | disengage (to) | uncage (to) | run out (to) | release (to).
liberar (acciones) | pay up (to).
liberar (gases) | extricate (to).
liberar (periférico) | deallocate (to).
liberar de esfuerzos | destress (to).
liberar del control gubernamental | decontrol (to).
liberar una acción | pay up a share (to).
liberar una garantía | discharge a surety (to).
liberarse (hipotecas) | clear off (to).
libertad | liberty | freedom.
libertad bajo fianza | bailment | release on bail.
libertad bajo fianza (abogacía) | freedom on bail.
libertad bajo fianza (jurídico) | admit to bail.
libertad bajo fianza por buena conducta | good conduct bail.
libertad con fianza | out on bail.
libertad condicional | parole | parole.
libertad de cultos | freedom of worship.
libertad de diseñar | freedom in design.
libertad de emisión del pensamiento | freedom on thought and expression.
libertad de huelga | freedom of strike.
libertad de la navegación comercial | free flow of shipping.
libertad de movimientos | freedom of movement.
libertad de presos (por el juez) | setting at liberty.
libertad de reunión | freedom of assembly.
libertad de volar | air freedom.
libertad del comercio marítimo | free flow of shipping.
libertad individual | individual freedom.
libertad para maniobra | liberty to maneuvre.
libertad provisional | parole.
libertad sin fianza | freedom without bail.
libertad tarifaria | rate freedom.
libertad vigilada | parole.
libertador | liberator.
libertar | free (to) | let loose (to) | loosen (to) | loose (to).
libertarasestar (un golpe) | deliver (to).
libocedro (Libocedrus craigiana) | incense cedar.
libocedro de California (Libocedrus craigiana) | post cedar.
libra (astronomía) | balance.
libra por libra de empuje y por hora (motores chorro) | pound per pound-thrust per hour.
librable (comercio) | deliverable.
libración (astronomía) | libration.
libración de la elipse | libration of the ellipse.
libración en latitud | libration in latitude.
libración latitudinal | latitudinal libration.
librado | rid.
librado (de una letra) | drawee.
librado en bancarrota | bankrupt drawee.
librado por | drawn by.
librador (de un cheque) | maker.
librador (de una letra) | drawer.
librador de un cheque | drawer of a check.
librador de un pagaré | maker of a promissory note.
libramiento | draft | warrant | order of payment | order.
libramiento de cheques de viaje | issue of travellers' checks.
libramiento de letras cruzadas | kite-flying.
libramiento de pago | order for payment.
libranza | order of payment | order.
libranza postal.
librar | draw (to) | release (to) | release (to) | loose (to).
librar (comercio) | deliver (to).
librar (valores) | issue (to).
librar de la carga | relieve of load (to).
librar un cheque | issue a check (to).
librar una batalla | fight a battle (to).
librarse | come off (to) | get off (to).
libras manométricas por pulgada cuadrada | pounds per square inch gage.
libras por pulgada cuadrada | pounds per square inch (psi).
librascopio | librascope.
libre | unattached | free | loosed | loose | unconstrained.
libre (botánica) | solute.
libre (electricidad) | idle.
libre (jurisprudencia) | quit.
libre (pasos) | patent.
libre (telefonía automática) | idle.
libre (traducciones) | liberal.
libre (vía) | go-as-you-please.
libre (vía férrea o aeropuertos o línea telefónica, etc.) | clear.
libre - no combinado | free.
libre a bordo | F.O.B.
libre a bordo de camiones (comercio) | F.O.T.
libre acceso a cualquier hora a los talleres | free access at all times to the mills.
libre al costado vapor | F.A.S. vessel.
libre albedrío | free will | freedom of the will.
libre cambio | fair trade | free trade.
libre comercio | free-tradish.
libre constitución de bancos | free banking.
libre de | clear of.
libre de accidentes | accident free.
libre de agua (minas) | in fork.
libre de avería particular (seguros) | FPA.
libre de avería simple | free of particular average.
libre de averías | free of all average (F.A.A.).
libre de averías particulares | free particular average.
libre de carbono | carbon-free.
libre de carga | free from encumbrances.
libre de cargos | free of charges.
libre de derechos | duty-free | duty-free.
libre de derechos (franco - aduanas) | customs-free.
libre de derechos de entrada | free of duty.
libre de exfoliación (refractarios) | freedom from spalling.
libre de fallos | fail-safe.
libre de flete | free of freight | freight free.
libre de gastos | free of expense | cost free | no expenses | F.O.C.
libre de gravamen | unemcumbered.
libre de gravamen (economía) | free of incumbrance.
libre de gravámenes | free and clear | free from encumbrances.
libre de impuestos | free of duty | free of tax | duty-free | nondutiable | tax-free-exchange | tax-free | tax free | tax-exempt.
libre de pago | free of collection.
libre de pirógenos | pyrogen-free.
libre de porte | free of freight.
libre de riesgos | secure.
libre de servicio | off duty.
libre de sujeciones | unrestrained.
libre de todo gasto | clear of all expenses.
libre elección de médico | free choice of medical practitioner.
libre paso de un cabo por un aparejo (buques) | render.
libre plática | free pratique.
libre plática (marina) | pratique.
libre sobre muelle | F.O.Q. (free on quay).
libre sobre vagón | F.O.C.
libre tránsito | free transit.
libre uso de | freedom.
librecambismo | free-tradish.
librecambista | free trader.
libremente | freely.
libremente disponible | freely-available.
libremente suspendido | freely suspended.
librepensador | freethinker.
librería | bookseller's shop | bookstore | bookshop.
librería (EE.UU.) | book shop.
librería (G.B.) | book store.
librería (mueble) | bookcase.
librería anticuaria | antiquarian bookshop.
librería circulante | rental library.
librería de préstamo | rental library.
librería empotrada | built-in bookcase.
librería universitaria | university library.
librero | bookseller.
librero anticuario | antiquarian bookman.
librero de libros antiguos | antiquarian bookseller.
librero-editor | bookseller and publisher | publisher.
libreta | book.
libreta bancaria | deposit passbook.
libreta de ahorro | saving account | pass book.
libreta de ahorros | bank-book.
libreta de ajustes | acquittance roll.
libreta de banco | pass book.
libreta de caja de ahorro | savings pass-book.
libreta de castigos (milicia) | conduct book.
libreta de cuentacorrentista | passbook.
libreta de cheques | check book.
libreta de depósito (economía) | passbook.
libreta de depósitos (banco) | pass book.
libreta de depósitos en el banco | bank-book.
libreta de jornales | time book.
libreta de jornales devengados diariamente por cada tripulante | portage book.
libreta de la caja postal de ahorro | postal saving account.
libreta de la tripulación (buques) | enlistment record.
libreta de medición de troncos (corta árboles) | scale book.
libreta de nivelación | leveling book.
libreta de panes de oro | gold leaves.
libreta de prendas (milicia) | clothing and

equipment record.
libreta de soldado | small book.
libreta topográfica | notebook.
libretista | libretist.
libreto | libretto.
libreto (teatros) | book.
libretos | libreti.
libriforme | libriform.
libro | book.
libro abarrotado de ideas | idea-packed book.
libro abarrotado de información | information packed book.
libro acabado de salir | recently-issued book.
libro auxiliar de caja | auxiliary cashbook.
libro auxiliar de gastos | expense ledger.
libro auxiliar del mayor | auxiliary ledger.
libro bellamente terminado | beautifully produced book.
libro borrador | blotter.
libro borrador (contabilidad) | tickler.
libro canónico | canonical book.
libro catalogable | filable book.
libro clásico | class book.
libro clasificable | filable book.
libro con grabados | picture book.
libro con grabados en colores | color-book.
libro con índice | indexed book.
libro con interreferencias | cross-referenced book.
libro copiador | blotting-case | copybook.
libro copiador de cartas | letter copying book.
libro de | elephant folio | atlas folio.
libro de a bordo | journey log book.
libro de a bordo (aviones) | journey logbook.
libro de actas | minute book.
libro de almacén | inventory record | stock book | store book.
libro de apuntes | notebook.
libro de asientos | book of entries.
libro de caja | cash book | cashbook.
libro de carga | cargo book.
libro de cargas (metalurgia) | charge-book.
libro de claves | code-book.
libro de comercio | blank book.
libro de compensaciones en la cámara (de un banco) | out-book.
libro de contabilidad | book.
libro de cortes igualados | trimmed edge book.
libro de cuenta y razón (comercio) | passbook.
libro de cuentas | bill book.
libro de cuentas (comercio) | passbook.
libro de cuentas corrientes | account book.
libro de detenidos en comisaría | blotter.
libro de devoluciones | returns book.
libro de direcciones telefónicas | phone book.
libro de documentación del proceso | run book.
libro de entradas de caja | cash receipts journal.
libro de entregas | delivery book.
libro de escantillones de barras y perfiles (buques) | molding book.
libro de estampas impreso en tela | rag-book.
libro de existencias | store ledger.
libro de facturas | invoice book.
libro de heráldica | armorial.
libro de hojas para contabilidad | blank book.
libro de honor | gold book.
libro de inventario | stock book.
libro de inventarios | inventory-book.
libro de letras | bill-book.
libro de letras a cobrar | bills receivable book.
libro de lomo plano | flat back book.
libro de medidas | dimension book.
libro de mercancías desembarcadas | landing book.
libro de notas | notebook.
libro de pedidos | orders book | order book.
libro de pedidos de fabricante | producers' order book.
libro de presentación agradable | attractively produced book.
libro de referencias | rating book.
libro de registro de enfermos | sick book.
libro de remesas | delivery book.
libro de salidas de caja | cash disbursement journal.
libro de tarifa de primas de seguro | manual rating.
libro de vencimientos | tickler.
libro de visitantes distinguidos | gold book.
libro de vuelo (aviación) | logbook.
libro de vuelo de una aeronave | aircraft log book.
libro de vuelos | flying log.
libro de vuelos (aviación) | log.
libro de 37 cm de alto en la encuadernación | folio.
libro defectuoso | imperfect book.
libro diario | tickler file.
libro diario (contabilidad) | tickler | daybook | waste book | journal.
libro diario de gastos | disbursements journal.
libro difícil de obtener | difficult to-get-at book.
libro documentado | documented book.
libro elemental | ABC book.
libro elemental (sobre un asunto) | primer.
libro elemental sobre electrónica | primer of electronics.
libro empastado | bound book | hard-bound book.
libro en estuche | cased book.
libro en pasta | book in paper covers.
libro en rama | unbound book.
libro en rústica | book in paper covers | paperback.
libro en rústica lujosa | trade paperback.
libro encuadernado | bound book.
libro encuadernado a la rústica | paperback | soft bound book.
libro encuadernado con espiral de plástico | plastic-spiral bound book.
libro encuadernado con pastas duras | hard-bound book.
libro escolar | class book.
libro estampado en oro | gold-stamped book.
libro fontal | sourcebook.
libro fontanal | source book.
libro genealógico (zoología) | pedigree.
libro genealógico de razas bovinas | herd-book.
libro hablado (disco) | talking book.
libro ilustrado | picture book.
libro impreso con grabados xilográficos | block book.
libro impreso en España | Spain-printed book.
libro indispensable | must.
libro indizado | indexed book.
libro iniciador | ground-breaking book.
libro mayor (contabilidad) | ledger.
Libro Mayor auxiliar | subledger.
libro mayor de compras | goods-bought ledger | creditor's ledger | accounts payable ledger.
libro mayor de costos | factory ledger.
libro Mayor de cuentas personales | personal ledger.
libro mayor de ventas | customer's ledger | goods-sold ledger | accounts receivable ledgar.
libro mayor general | general ledger.
libro mayor principal | general ledger.
libro multilingüe | multi-lingual book.
libro muy pequeño | miniature book.
libro para distribución entre particulares solamente | privately printed book.
libro para enseñanza programada | scrambled book.
libro para especialistas de ingeniería | senior-level textbook.
libro para estudiar en casa | self-teacher.
libro para repaso | refresher.
libro parcelario con sus planos | track book.
libro que indica cómo hay que hacer una cosa | how-to-do-it book.
libro que tiene cuatro páginas por hoja de papel | folio.
libro reencuadernado | rebind.
libro registro | record book | log.
libro registro de acciones | transfer book.
libro registro de cheques a reembolsar | in-clearing book.
libro registro de las firmas | specimen book.
libro registro de planos de parcelas | tract book.
libro registro diario de entradas y salidas | day book.
libro restaurado | repaired book.
libro sinológico | sinological book.
libro talonario | counterfoil book.
libro xilográfico | block-book.
libros a montones | books galore.
libros a punta de pala | books galore.
libros amatorios | erotica.
libros clásicos | academical books.
libros con precio especial según pedidos | nonnet books.
libros contables | accounting records.
libros de fondo | furniture.
libros de minutos | minute book.
libros obligatorios (contabilidad) | books required by law.
libros para la juventud | juvenile books.
libros pornográficos | erotica.
libros que no tienen precios fijos | nonnet books.
libros relacionados con toda América | all--Americana.
libros seleccionados | selected books.
libros sobre principios básicos | background books.
libros xilográficos | xylographica.
licantropía | lycanthropy.
licántropo | lycanthrope.
licencia | liberty | leave of absence | leave | franchise | furlough | release | licence | license (EE.UU.) | permit | license | licence (G.B.) | licensing.
licencia absoluta (milicia) | full discharge | discharge papers.
licencia caducada | off-license.
licencia comercial | trading certificate.
licencia de adquisición | acquisition licence.
licencia de aduana para embarcar alimentos | victualling bill.
licencia de aterrizaje | landing license.
licencia de caza | gun licence | shooting license.
licencia de comercio | business licence.
licencia de construcción | construction licence.
licencia de exploración | exploration licence.
licencia de exportación | export license.
licencia de exportación temporal | temporary export license.
licencia de fabricación | production licence | manufacturing licence.
licencia de importación | import licence | import permit | import license.
licencia de obras | building permit.
licencia de patente | patent license.
licencia de patente no exclusiva | bare patent license.
licencia de piloto | pilot license.
licencia de primera categoría (radioaficionado) | advanced class licence.
licencia de producción | production licence.
licencia de uso de armas | gun licence.
licencia de venta | selling licence.
licencia exclusiva | exclusive licence.
licencia exenta de aduana | duty free licence.
licencia exenta de aduanas (importaciones) | duty-free licence.
licencia exenta de canon | royalty-free licence.
licencia fiscal | occupation tax.
licencia ilimitada | extended leave of absence | terminal leave.
licencia no exclusiva | nonexclusive licence.
licencia para despachar bebidas alcohólicas fuera del establecimiento | off-license.
licencia para ejercer el comercio | trading certificate.
licencia personal de importación | individual import licence.
licencia por enfermo | sick leave.
licenciación | licentiation.
licenciado (con título) | licentiate.

licenciado (milicia) | ex-service man.
licenciado (tropas) | discharged.
licenciado en administración de empresas | master of business administration.
licenciado en derecho | bachelor of laws.
licenciamiento | paying off.
licenciamiento (tropas) | discharge.
licenciar (del ejército) | discharge (to).
licenciar (tropas) | pay off (to) | discharge (to).
licenciar por reducción de efectivos | rif (to).
licenciar tropas | disarm (to).
licenciatario | licensee | license-holder.
licenciatura con honores | honors degrees.
licencioso | lawless.
licitación | competitive bidding | offering | bidding | bid | request for proposals.
licitación internacional | international competitive bidding.
licitación limitada | limited submission.
licitación privada | direct giving of contract.
licitación pública | public letting.
licitación sobre un conjunto de valores | basket bidding.
licitador | bidder | tenderer | offerer.
licitante | tendering | tenderer.
licitante ficticio | by-bidder.
licitar | tender for (to) | put in a bid (to).
licitar (jurídico) | take bids (to).
lícito | lawful.
licor | liqueur.
licor (química, farmacia, fisiología) | liquor.
licor agrio para inflar las pieles | plumping liquor.
licor amoniacal | gas liquor.
licor colorante | dye liquor.
licor craso (curtición de cueros) | fat liquor.
licor curtiente | tan liquor.
licor de blanqueo | bleaching-liquor.
licor de cocción (pasta Kraft) | cooking liquor.
licor de cocción al sulfito (papel) | sulphite cooking liquor.
licor de cocción al sulfito (pasta papelera) | sulfite cooking liquor.
licor de cocción sódico (papel) | soda-type cooking liquor.
licor de lixiviación | leached liquor.
licor de zupia | lees liquor.
licor fecundo | pregnant liquor.
licor madre (nucleónica) | feed.
licor negro (fabricación papel) | black liquor.
licor para fulardeo | padding liquor.
licor residual | residual liquor.
licor residual de la cocción (pasta papelera) | spent cooking liquor.
licor rico en uranio | aqueous liquor.
licorera | bottle case.
licores puros | raw spirits.
licores residuales (papel) | waste liquors.
licoroso (vinos) | liqueur.
licuable | liquefiable.
licuación | liquefaction | melting.
licuación (aleaciones) | eliquation.
licuación (conversión en líquido) | liquidation.
licuación de la zona afectada por el calor | heat-affected-zone liquation.
licuación del contorno del grano (metalurgia) | grain-boundary liquation.
licuación del gas | liquefaction of the gas.
licuación del grano | grain liquation.
licuación del subsolidus (diagrama metalúrgico) | sub-solidus liquation.
licuación del tocino | lard rendering.
licuación por segunda vez en cámara de vacío parcial | vacuum-arc remelting.
licuado | liquefied.
licuado (gases) | liquid.
licuado en vacío parcial | vacuum-melted.
licuador | liquefier.
licuador para helio | helium liquefier.
licuadora | disintegrator.
licuar | liquefy (to) | liquate (to).
licuar (convertir en líquido) | liquidate (to).
licuar (metales) | eliquate (to).
licuar de nuevo | re-liquefy (to) | remelt (to).
licuarse | deliquesce (to) | liquefy (to).
licuarse congruentemente | melt congruently (to).
licuefacción | liquification | liquefaction.
licuefacción napiforme | napiform liquefaction.
licuefaciente | liquefacient.
licuefactor | liquefier.
licuescencia | liquescence | liquescency.
licuescente | liquescent.
licuoscopio | liquoscope.
lidar (óptica-meteorológica) | lidar.
lidita | lydite | Lydian stone.
lidita (piedra de toque) | touchstone.
liebiguita | liebigite.
liebre macho | buck-hare.
liebre marina | sucker.
lienza | marking line.
lienzo | linen | linen cloth.
lienzo (de muro) | pane.
lienzo (pintura) | canvas.
lienzo adamascado | figured linen.
lienzo crudo | greys.
lienzo de pintor | roman canvas.
lienzo delgado | scrim.
lienzo glaseado | glazed linen.
liga | consociation.
liga (de tabaco) | blend.
liga (metales) | league.
liga agraria | land league.
liga y título de la moneda | alloy and standard of money.
ligación | ligature.
ligada | stop | seizing.
ligada a la portuguesa (marina) | rose lashing | rose seizing | sheer's lashing | racking seizing.
ligada cruzada | cross-seizing.
ligada de acollador (marina) | lanyard seizing.
ligada de cruz (marina) | throat-seizing.
ligada de flechastes | ratline seizing.
ligada de pecho de muerto | snaking.
ligada en cruz | cross-seizing.
ligada llana (nudo) | gross seizing.
ligada plana | flat seizing.
ligada redonda (nudos) | round seizing.
ligadas a la portuguesa (marina) | racking turns.
ligadas cruzadas (marina) | racking turns.
ligadísimo (música) | very smooth and connected.
ligado | coherent | linked | bonded | bound | alloyed | tied | knit.
ligado (música) | the note to be connected | bind | slur.
ligado con adhesivo | adhesive bonded.
ligado con arena (carreteras) | sand-sealed.
ligado con esmalte | enamel-bonded.
ligado con resina | resin-bonded.
ligado con tierra | soil-bound.
ligado coordinante | coordinating ligand.
ligado expresivo (música) | slurred.
ligado picado (música) | glide from one note to another.
ligado por vitrificación | vitrified-bonded.
ligador | binder.
ligador (acústica) | binder.
ligadura | bind | binding | constraint | leash | stop | ligate | ligature | bond | tie-up | tie.
ligadura (cinemática) | constrained movement.
ligadura (música) | slur.
ligadura (sistemas mecánicos) | restraint.
ligadura (tejeduría) | binder.
ligadura con trama doble | double weft binding.
ligadura con un resinoide (muela abrasiva) | resinoid bond.
ligadura de retención | dead-end tie.
ligadura de sujeción | dead-end tie.
ligadura para doble pelo (tejeduría) | double-pile binding.
ligadura por par de electrones | electron-pair bond.
ligadura transversal | cross-link.
ligaduras de varias vueltas de cable que pasan por debajo del buque y atirantan los gigantones de proa y popa (botadura buques) | frapping.
ligamentario | ligamental.
ligamento | ligament | link | bond | bonding.
ligamento calado | open weave.
ligamento cruzado (tejeduría) | diamond.
ligamento de doble trama | double weft weave.
ligamento de fantasía | novelty weave.
ligamento de fondo | ground weave.
ligamento de gasa de vuelta | gauze weave.
ligamento de granito | momie weave.
ligamento de granitos | granite weave | grainy weave.
ligamento de los hilos (tejeduría) | interlacing.
ligamento de maquinita | dobby weave.
ligamento de panal | honeycomb weave.
ligamento de pelo | pile weave.
ligamento de sarga interrumpida inversa | broken twill weave.
ligamento de tripa | honeycomb weave.
ligamento del hilo (tejeduría) | weave.
ligamento diagonal | elongated twill.
ligamento en forma de sarga | rib-like interlacing.
ligamento esfumado | shaded weave.
ligamento esterilla.
ligamento esterilla (tejeduría) | basket weave | hopsack weave.
ligamento esterilla sencilla | Panama weave.
ligamento formando copos | nap cloth weave.
ligamento fundamental | foundation weave.
ligamento granito | crepe weave.
ligamento interno | internal ligament.
ligamento ligero | filling effect weave.
ligamento ligero (tiraje) | overshot.
ligamento madrás (tomo 2 dejo 2) | common twill weave.
ligamento panamá | dice weave | Panama weave.
ligamento panamá (tejeduría) | mat weave | basket weave | hopsack weave.
ligamento para damasco | damask weave.
ligamento para doble tela | double cloth weave.
ligamento para peluche mohair | mohair luster binding.
ligamento pesado | warp face weave.
ligamento por amalgama (tejeduría) | dovetail weave.
ligamento por superposición | insertion of weaves.
ligamento radiado | mat weave | dice weave.
ligamento radiado (tejeduría) | basket weave | hopsack weave.
ligamento radiado (telas) | rayed weave.
ligamento radiado mixto por oposición (tejeduría) | mixed hopsack weave.
ligamento radiado por oposición a cuadros | check pattern hopsack weave.
ligamento raso | satin weave.
ligamento sarga batavia de 4 | shalloon twill.
ligamento sarga curvada | curved twill weave.
ligamento sarga de espiguillas | broken twill weave.
ligamento sarga de tres | prunella twill weave.
ligamento sarga levantina | prunella twill weave.
ligamento sarga simple | ordinary twill weave | common twill weave.
ligamento sombreado | shaded weave.
ligamento tafetán | calico weave | tabby | cotton weave | plain weave.
ligamentos combinados (tejeduría) | combined weaves.
ligamentos de esterillas diagonales | twilled basket weaves.
ligamentos de refuerzo | reinforcing ligaments.
ligamentos diagonales (telas) | diagonal weaves.
ligamentoso | ligamental.
ligamiento con el sexo (genética) | sex linkage.
ligamiento genético | genetic linkage.
ligando (química) | ligand.

ligando conteniendo nitrógeno (aleaciones) | nitrogen-containing ligand.
ligando orgánico | organic ligand.
ligante | bonding medium | binder.
ligante (aleaciones) | alloying element.
ligante (química) | ligand.
ligante asfáltico | asphalt binder.
ligante bituminoso | bituminous binder.
ligante cerámico | ceramic binder.
ligante de agua de melazas | molasses-water binder.
ligante de brea | pitch binder.
ligante de cereales | cereal binder.
ligante hidrodispersible | water dispersible binder.
ligante metalocerámico | metal-ceramic bond.
ligante metalúrgico | metallurgical bond.
ligante para arenas de moldeo | foundry sand-binder.
ligante para machos de resina fenólica (funderías) | phenolic-resin core binder.
ligante para productos de amianto-cemento | asbestos-cement binder.
ligante plasticizante | plasticising binder.
ligante resinoso | resinous binder.
ligante resinoso orgánico | organic resinous binder.
ligante volátil | volatile binder.
ligantes | binders.
liganto (botánica) | few-flowered.
ligar | bind (to) | lash (to) | blend (to) | trice (to) | alloy (to) | attach (to) | tie (to).
ligar (arterias) | secure (to).
ligar (química) | bond (to).
ligar con resina sintética | resin bond (to).
ligar las notas | slur (to).
ligas de tabaco | tobacco blends.
ligatura | ligature.
ligazón | tie | binding | linkage | linking | bonding | bond | cross-over | attaching.
ligazón de aleta (buques de madera) | quarter timber.
ligazón de la limera del timón (buques madera) | horn timber.
ligazón del codillo (buques madera) | knuckle timber.
ligazón por fusión | fusion bonding.
ligazones | fastenings.
ligazones de escobén | hawse timbers.
ligeramente aguzado | acutate.
ligeramente engomado | tacky.
ligeramente forrado | lightly-coated.
ligeramente ondulado | gently-rolling.
ligeramente oxidado (aceros) | lightly scaled.
ligero | lightweighted | fast | light.
ligero (aceites alquitrán) | sharp.
ligero (tejidos) | frothy.
ligero aumento del diámetro interior durante la elaboración (tubos sin costuras) | reeling.
ligero de peso | featherweight.
ligero temblor en la superficie del terreno (rebufo de la bomba nuclear) | ground roll.
lignano | lignan.
lignicida | lignicidal.
lignífero | ligniferous.
lignificación | lignification.
lignificado | lignified.
lignificar | lignify (to).
lignificarse | run to wood (to).
ligniforme | ligniform.
lignina (botánica) | lignin.
lignina enzímicamente liberada | enzymatically liberated lignin.
ligniscencia | lignescence.
ligniscente | lignescent.
lignita (química) | lignite.
lignítico | lignitic.
lignitífero | lignite bearing | lignitiferous.
lignitizar | lignitize (to).
lignito | brown coal.
lignito (carbón) | lignite.
lignito bituminoso | bituminous lignite | pitch coal.
lignito con gran proporción de sales | salt coal.
lignito de turbera | bog coal.
lignito en láminas delgadas | paper coal.
lignito sub-bituminoso | black lignite.
lignocelulosa | lignocellulose.
lignocelulósico | lignocellulosic.
lignosa (química) | lignose.
lignosulfito | lignosulfite.
ligote fundido en vacío con electrodo consumible | consumable-electrode vacuum-melted ingot.
ligroina | ligroin.
lígula (botánica) | strap | tongue | strap | ray.
lija | shagreen.
lijado | sandpapering | sanded.
lijado de la madera | sanding.
lijadora | sandpapering machine | sander.
lijadora de cinta | band sander.
lijadora de cinta sin fin | belt sander.
lijadora de columna | column sander.
lijadora de disco | disc sander | disk sander.
lijadora de dos platos | double-disc sandpapering-machine.
lijadora de plato | disc sander.
lijadora de rodillos | roll sander.
lijadora para cantos biselados | featheredge sander.
lijadora para pisos de madera | floor sander.
lijadura con tela de esmeril | emery cloth papering.
lijar | smooth (to) | sandpaper (to) | sand (to).
lila (color) | heliotrope.
lima | file.
lima (cubiertas) | hip.
lima (fruta) | lime.
lima achaflanada | slitting file | screwhead file.
lima adiamantada | diamond file.
lima algo cónica para afilar herramientas | reaper file.
lima alméndrica | oval file.
lima almendrilla | almond-shaped file | thin file.
lima angular | angular file.
lima basta | bastard file | rough file.
lima bastarda de media caña | half-round bastard file.
lima bastarda de punta cónica y curvada | bastard riffler.
lima bastarda plana | flat bastard file.
lima carleta delgada | pillar file.
lima carleta delgada estrecha | narrow pillar file.
lima carleta fina | pillar smooth file.
lima carleta pequeña de doble extremo y bruñidora | double-ended pivot file and burnisher.
lima carleta plana | cotter file.
lima carleta plana pequeña | pivot file.
lima carrelera | hand file.
lima carreleta | pottance file.
lima carreleta gruesa | rubber file.
lima carretela gruesa | arm file.
lima cilíndrica | gullet | round file.
lima cola de rata | round tapering file.
lima con caras de curvatura diferente | crossing file.
lima con dientes fresados | milled file.
lima con dos superficies convexas de diferentes radios | crossing file.
lima con un canto liso | file with one safe edge.
lima cuadrada | rubber | four-edged file.
lima cuadrada puntiaguda | entering file | square taper file.
lima cuadrada rectangular | pillar file.
lima cuchillo | knife-shaped file.
lima curva de chapista | shell file.
lima curva para superfcies cóncavas | rifler.
lima de acanalar | frame saw file.
lima de aguja | wire file | needle file | French file.
lima de aguja de sección triangular curvada en una cara | pippin needle file.
lima de ajustador | adjusting file.
lima de ajustar | joint file.
lima de alisar | planing file.
lima de bruñir | polishing file.
lima de cantos lisos | side file.
lima de cantos redondeados | round-edge file.
lima de cerrajero | key file.
lima de codillo | crank file.
lima de cola de milano | dovetail file.
lima de cola de rata | oval file | gulleting saw file | rattail file.
lima de cola de rata (sierras) | gulleting file.
lima de cola de ratón | round file.
lima de conformar | molding file.
lima de cortar | slitting file.
lima de corte | featheredge file.
lima de cuchilla | hack file.
lima de cuchillo | slitting file | knife file | knife-edge file.
lima de deslustrar | tarnishing file.
lima de dientes romos | blunt file.
lima de doble bisel | shouldering file.
lima de doble picadura | double-cut file.
lima de dos colas | double tang file.
lima de ebanista | cabinet file.
lima de esmaltador | enameler's file.
lima de espada | slitting file.
lima de filos (cerraduras) | bit file.
lima de garfio | bridle file.
lima de grabador | engraver's file.
lima de guardas | key file.
lima de gusano | endless screw file.
lima de hender | blade file.
lima de hueso | bone file.
lima de igualar | equaling file | equalizing file | planing file.
lima de lengua de pájaro | entering file.
lima de marquetería | inlaying file.
lima de media caña | piercing file | bow file.
lima de media caña de doble picadura | double-half-round file.
lima de media caña no picada la punta | pit saw file.
lima de picadura basta | rubber.
lima de picadura cruzada | double-cut file | double file | crosscut file.
lima de picadura diagonal | diagonal cut file.
lima de picadura irregularmente espaciada | increment cut file.
lima de picadura sencilla | single cut file.
lima de picadura simple (no cruzada) | float-cut file.
lima de pivotes (relojería) | rose cutter.
lima de precisión (para joyería o relojería) | precision file.
lima de pulir | finishing file.
lima de punta curva | bent file | crooked file.
lima de ranurar | notching file.
lima de relojero | clock maker's file.
lima de sección en triángulo obtusángulo con picadura solamente en la cara plana más ancha | barrette file.
lima de sierra | mill saw file.
lima de talla curva | curved-cut file.
lima de tornero | lathe file.
lima de un solo corte | mill file.
lima delgada | slim file.
lima doble | checkering file.
lima dulce | fine-toothed file | fine file | potence file.
lima dulce de media caña | half round smooth file.
lima embotada (que no corta bien) | pinned file.
lima encorvada | bow file.
lima escariadora | broach file.
lima espada | cant-file | slot-file | featheredge file.
lima exagonal picada en una cara solamente | lock file.
lima extradulce | extra smooth file.
lima gruesa | rough file.
lima hecha con aleación de cobre y estaño | composition file.
lima hendedora | slitting file.

lima hoja de savia | riffler.
lima lateral (sierras) | side file.
lima musa | single cut file | bent rasp.
lima muza | fine file | fine-toothed file | crosscut file.
lima oval puntiaguda | crossing file.
lima ovalada | double-half-round file.
lima para colas de milano | cant-file.
lima para colas de milano (cuyos lados forman un ángulo de 108 grados) | lighting file.
lima para colas de milano cuyos lados forman un ángulo de 120 grados | six-canted file.
lima para gargantas (sierras) | gulleting file.
lima para grabadores de troqueles | diesinkers' riffler.
lima para latón | brass file.
lima para muescas de paletones (cerraduras) | bit file.
lima para paletones | lock warding file | warding file.
lima para refrentar bridas | flange smoother.
lima para sierra circular | circular saw file.
lima para torno | lathe file.
lima paralela | blunt file.
lima paralela con un canto liso | pillar file.
lima paralela de picado sencillo | mill file | lathe file | float file.
lima paralela ligeramente combada | equaling file.
lima plana con picadura curva | vixen file.
lima plana de bordes redondeados | crochet file.
lima plana de costados lisos | pillar file.
lima plana de mano | pottance file | hand file.
lima plana de media caña | flat half-round file.
lima plana para sierra | mill file.
lima plana pequeña | potence file.
lima plana puntiaguda | flat file.
lima plana puntiaguda muy fina | crochet file.
lima plana triangular | banking file.
lima ranuradora | cotter file.
lima rectangular | equaling file | equalizing file.
lima redonda | circular file | round file.
lima redonda cónica | round taper file.
lima redonda para afilar sierras | gulleting saw file | gulleting file.
lima redonda pequeña | joint file.
lima rotativa | rotatory file.
lima semibastarda | semibastard.
lima semidulce | middle cut file.
lima semirredonda doble | crochet file.
lima sorda | dead-smooth file | dead file | noiseless file.
lima tabla | hand file.
lima triangular | lightning file.
lima triangular achatada | barrette file.
lima triangular curvada en una cara | pippin file.
lima triangular de bordes muy agudos | three-square file.
lima triangular isósceles | cant-file.
lima triangular para afilar dientes de sierra | saw file.
lima triangular pequeña abombada por una cara | auriform file.
limable | capable of being filed.
limacoide | limacoid.
lima-cuchillo | knife file.
limado (acción de limar) | filing.
limado a lo largo | drawfiling.
limado con cinta abrasiva continua | band filing.
limado en dirección transversal a la lima | drawfiling.
limado en el torno | filing in the lathe.
limado sobre plantilla | jig filing.
limador | filer.
limadora | filing machine | shaping-machine | shaving machine | shaper.
limadora accionada por biela | crank shaping machine.
limadora con corte en el retroceso (que corta cuando el carnero va hacia la máquina) | drawcut shaper.
limadora controlada por plantilla | pattern-controlled shaping machine.
limadora de carnero móvil | traverse shaper | traveling-head shaper | traversing-head shaper.
limadora de columna | pillar shaper.
limadora de dos carneros | double-headed shaping machine.
limadora de manivela | crank shaper.
limadora de mesa fija | traveling-head shaper.
limadora de mesa móvil | pillar shaper.
limadora hidráulica | hydraulic shaper.
limadora vertical | slotting machine.
limaduras | grit | dust | scobs | filings | file dust.
limaduras briqueteadas | briquetted borings.
limaduras de acero | steel grit.
limaduras de aluminio | aluminum filings.
limaduras de cobre | copper filings.
limaduras de hierro | iron filings.
limaduras de hierro (pirotecnia) | iron sand.
limaduras de latón pulverizadas | brass powder.
lima-fresa | milled file | milling file.
lima-fresa de mano | circular-cut file.
limahoya (arquitectura) | valley.
limar | file (to).
limar (sierras) | fit (to).
limar a lo largo | drawfile (to).
limar a paño | file flush (to).
limar con el mango en la mano izquierda (limado en el torno) | file left handed (to).
limar con la escofina | file with the rifler (to).
limar con lima atravesada | drawfile (to).
limar con precisión | file true (to).
limar de nuevo | file again (to).
limar diferencias | smooth out differences (to).
limar para acabado | drawfile (to).
limas para mecánicos | engineers' files.
limatesa | hip head | arris.
limatesa (cubiertas) | hip.
limatón | big file | coarse file | rasp.
limatón cuadrado | heavy-square file.
limatón redondo | coarse round file.
limba (Terminalia superba) | limba.
limba (Terminalia superba - Engl. & Diels) | afara.
limba blanca (Terminalia superba - Engl. Diels) | white afara.
limba obscura (Terminalia superba) | dark limba.
limbali (Macrolobium dewevrei) | limbali | ligundu.
limbali (Macrolobium dewevrei - de Wild) | wete.
límbico | limbic.
limbo (aparatos) | dial.
limbo (aparatos topográficos) | circle.
limbo (botánica) | lamina.
limbo (de hoja o pétalo) | blade.
limbo (de un instrumento) | limb.
limbo (del volante) | rim.
limbo (instrumentos) | plate.
limbo (matemáticas, astronomía, botánica) | limb.
limbo azimutal | azimuth circle.
limbo de roscar (tornos) | chasing dial.
limbo graduado | graduated limb.
limbo graduado horizontal | horizontal graduated circle.
limbo vertical (teodolitos, etc.) | vertical circle.
limbostato (ortopedia médica) | limbostate.
limen | limen.
limera | tiller hole.
limera del timón | rudderhole.
limera del timón (buques) | helm port | trunk of the rudder.
limero (árbol) | lime.
limícola | mud-living.
liminar (óptica, sicología) | liminal.
limitable | confinable.
limitación | limit | limiting | limitation | confinement | narrowing.
limitación (por ciertas condiciones) | conditionality.
limitación (relojes) | banking.
limitación al libre comercio | restraint of trade.
limitación de armamentos | limitation of armaments.
limitación de la ganancia de corriente | current-gain cut-off.
limitación de la oportunidad para exportar | limitation of opportunity for export.
limitación de la producción en función de la capacidad productiva (petróleo) | proration.
limitación de observaciones (estadística) | censoring.
limitación de tiempo y recursos | limitation of time and resources.
limitación de velocidad de los portadores | carrier speed limitation.
limitación del pico de potencia | power peak limitation.
limitación doble | double limiting.
limitación finita | finite clipping.
limitación lineal (electrónica) | linear clipping.
limitación por emisión | emission limitation.
limitaciones | shortcomings.
limitaciones de diseño | design limitations.
limitaciones del empaquetado | packaging constraints.
limitaciones en los cultivos agrícolas | acreage restrictions.
limitaciones portuarias | port limitations.
limitado | narrow | short | short | close | tied.
limitado por carga espacial | space-charge-limited.
limitado por dos radios | bounded by two radii.
limitado por el computador | computer-limited.
limitado por el procesador | processor-bound.
limitado por la difusión | diffusion-limited.
limitado por la velocidad de los periféricos | peripheral bound.
limitado por la velocidad del periférico | output bound.
limitado por temperatura | temperature-limited.
limitador | stop | surgistor | restricter.
limitador (reactor) | gag.
limitador (telefonía) | slicer.
limitador automático de amplitud | compandor.
limitador automático de la amplitud (telefonía) | compressor.
limitador con acoplamiento catódico | cathode-coupled limiter.
limitador de abertura de los álabes (turbinas) | gate-limit device.
limitador de admisión (presiones) | boost control.
limitador de amplitud | amplitude limiter.
limitador de avance | feed limiter.
limitador de banda estrecha | narrowband limiter.
limitador de carga | load limiter.
limitador de carrera vertical | lift stop.
limitador de cascada | cascade limiter.
limitador de corriente | peak clipper.
limitador de corriente (alumbrado) | flickerer.
limitador de corriente (electricidad) | demand limiter.
limitador de crestas de audiofrecuencia | audio peak limiter.
limitador de desplazamiento | travel limiter.
limitador de diodo | diode limiter.
limitador de doble efecto | double-ended clipper.
limitador de dos etapas | cascade limiter.
limitador de emergencia | emergency limit switch.
limitador de esfuerzo de par | torque limiter.
limitador de fase sin distorsión | phase-distortionless limiter.
limitador de ferrita de hilo delgado | fine-wire ferrite limiter.
limitador de grietas | crack stopper.
limitador de impulsos | pulse clipper.

limitador de la señal | signal limiter.
limitador de la velocidad de embalamiento (turbinas) | runaway speed limiter.
limitador de máximo de audiofrecuencia | audio peak limiter.
limitador de máximos de audio | audio peak limiter.
limitador de movimientos | stop-off piece.
limitador de onda inversa | inverse suppressor.
limitador de pico de blanco (TV) | white peak limiter.
limitador de picos audibles | audio peak limiter.
limitador de picos de audiofrecuencia | audio-frequency peak limiter.
limitador de potencia | output limiter.
limitador de potencia consumida (electrohornos) | load anticipator.
limitador de potencia de radiofrecuencia | r-f output limited.
limitador de ruido | noise limiter.
limitador de sobrecarga torsional | torque overload limiter.
limitador de sobreintensidad | current limiter.
limitador de velocidad | overspeed preventer.
limitador de voltaje | discharge switch | limiting device | voltage restricter.
limitador del campo (visual o eléctrico) | field stop.
limitador del par motor | torque limiter.
limitador del valor máximo | peak limiter.
limitador desmodulador | demodulator-limiter.
limitador oscilante de extinción de la oscilación por la señal de entrada | signal-squelched osillating limiter.
limitador para evitar que se rebasen los enganches (jaula minas) | overwind preventer.
limitador por diodo | diode clipper.
limitador zonal | limiter.
limitador-recortador | clipper limiter.
limitante | limiting.
limitar | narrow (to) | shorten (to) | confine (to) | mark out (to) | cut down (to) | limit (to) | slice (to) | restrict (to) | restraint (to) | bound (to).
limitar el desplazamiento de una persona | restrict (to).
limitar el tiempo concedido para el debate (reuniones científicas, etc.) | cloture (to).
limitar la competencia | restrict competition.
limitar la velocidad en una carretera | restrict a road (to).
limitativo | qualifying | limiting.
límite | deadline | precinct | term | range | edge | limit | boundary line | border | boundary | boundary | border-line | margin.
límite (acústica) | top.
límite (costes) | marginal.
límite (matriz) | bound.
límite aparente | apparent boundary.
límite aparente de elasticidad | yield limit | yield strength | apparent elastic limit | yield point.
límite aparente de elasticidad con deformación remanente de 0,2% | yield strength, 0.2% offset.
límite aparente de fluencia (resistencia de materiales) | yield strength.
límite bilateral | two-sided limit.
límite convencional de elasticidad (en la región plástica | proof stress.
límite de absorción crítico | critical absorption limit.
límite de absorción cuántica | quantum absorption yield.
límite de adherencia | limiting friction.
límite de alargamiento | yield ratio.
límite de alargamiento proporcional | proportional elongation limit.
límite de asimilación | assimilation limit.
límite de calidad media de salida | average outgoing quality limit.
límite de caracteres | character boundary.
límite de carga | maximum load.
límite de cizallamiento | ultimate shearing strenght.
límite de crédito | credit limit | lending limit.
límite de crédito concesible (a una persona) | credit rating.
límite de diseminación (semillas) | flight limit.
límite de distancia de transporte contractual (movimiento de tierras) | free haul limit.
límite de ebullición nucleada | critical heat flux.
límite de edad | age limit.
límite de elasticidad | lower yield point | yield point | yield ratio | elastic limit | stretch limit.
límite de esponjamiento | swell limit.
límite de estabilidad (buques) | range of stability.
límite de estabilidad (del flujo) | surge limit.
límite de estabilidad en régimen permanente | steady-state stability limit.
límite de estabilidad en régimen transitorio | transient stability limit.
límite de estirado | upper yield point | yield point.
límite de estirado (metalurgia) | flow limit.
límite de estricción | yield point.
límite de explosibilidad | limit of explosivity.
límite de explosibilidad del carbón | explosibility limit of the coal.
límite de fatiga | fatigue range | fatigue limit.
límite de fatiga (materiales) | endurance.
límite de fatiga a flexiones alternadas | flexural endurance limit.
límite de fatiga con flexión alternada | rotating-bend endurance limit.
límite de fatiga de 30×10^6 inversiones | endurance limit of 30×10^6 reversals.
límite de fatiga sin entalla | unnotched endurance limit.
límite de fatiga superficial | surface endurance limit.
límite de flexión | elastic limit in bending.
límite de fluencia | yielding strength.
límite de fluencia (aceros) | yield point.
límite de fluencia inferior | lower yield point.
límite de flúidez | liquid limit.
límite de frecuencias audibles | pitch frequency limit | pitch limit.
límite de garantía | limit of cover.
límite de hidratación | hydration limit.
límite de iluminación (de la luna o un planeta) | terminator.
límite de impresión (lectora) | bleed.
límite de indemnización | limit of indemnity.
límite de la calidad resultante | outgoing quality limit.
límite de la concesión | concession's boundary.
límite de la construcción | building line.
límite de la embutición profunda | drawing limit.
límite de la facultad para reconocer el contorno de un cuerpo | minimum cognizable.
límite de la hoja (planos) | sheet line.
límite de la pista de aterrizaje | threshold of runway.
límite de la resistencia a esfuerzos alternos cíclicos | endurance limit.
límite de la serie | series edge.
límite de la vegetación arbórea | tree-line | timber-line.
límite de las deformaciones elásticas | proportional limit.
límite de longitud de onda larga | long-wavelength cutoff.
límite de planos gemelos | twin-plane boundary.
límite de plasticidad (resistencia de materiales) | plastic limit.
límite de potencia | power limit.
límite de préstamo para valores | collateral value.
límite de proporcionalidad | limit of proportionality | proportional limit.
límite de protección primaria | primary protection limit.
límite de reponsabilidad | limit of liability.
límite de resistencia | yield point.
límite de resistencia a altas temperaturas (aceros) | high-temperature endurance limit.
límite de resistencia a la compresión | compressive yield strength.
límite de resistencia a la entalla | notched endurance limit.
límite de resistencia a la fatiga | endurance limit.
límite de resistencia al fuego | fire endurance limit.
límite de resolución (microscopios) | limit of resolution | resolution limit.
límite de rotura | breaking point.
límite de saturación | assimilation limit | boundary of saturation.
límite de temperatura para imanación | magnetic limit.
límite de tensión inversa en sobrecarga transitoria | transient-overload reverse-voltage limit.
límite de un macizo de mineral | ore body edge.
límite de validez | limit of validity.
límite definido | defined boundary.
límite del carbón explotable | crop line.
límite del estirado | drawing limit.
límite del permiso (tránsito aéreo) | clearance limit.
límite del plazo fijado | deadline.
límite del Plioceno y del Pleistoceno | Pliopleistocene boundary.
límite del relleno (a lo largo de un puerto) | bulkhead line.
límite del sector de tiro (cañones) | limit of fire.
límite económico de las aguas marítimas costeras | economical limits of coastal maritime waters.
límite elástico | limit of elasticity | yield stress | yield strength | yield strength | elastic limit | elastic strength | ultimate yield strength | yielding.
límite elástico a la temperatura normal del interior | room-temperature yield strength.
límite elástico aparente | yielding point | useful limit point | relative elastic limit | breaking-down point.
límite elástico comercial | breaking-down point | commercial elastic limit.
límite elástico con deformación plástica | plastic yield.
límite elástico de 40 toneladas por pulgada cuadrada con 0,2 por 100 de alargamiento remanente | minimum yield strength at 0.2 per cent offset of 40 tons/sq. in.
límite elástico de flexión | bending elastic limit.
límite elástico de 480 meganewtonios/metro^2 | elastic limit of 480 MN/m^2.
límite elástico de 55 HBAR a - 160 °C | elastic limit of 55 HBAR at -160 °C.
límite elástico de 63 Kg/mm^2 con alargamiento remanente de 0,2 por 100 de la distancia entre puntos de la probeta de tracción | 0.2 percent offset yield strength of 63 Kg/mm^2.
límite elástico dinámico | dynamic elastic limit.
límite elástico inferior mínimo especificado | specified minimum lower yield stress.
límite elástico Johnson (punto en que la relación de deformación es 50% mayor que en el origen) | Johnson elastic limit.
límite elástico minorado | minor elastic limit.
límite elástico proporcional | proportional elastic limit | proportional limit | yielding strength.
límite elástico superior | upper yield point | upper yield stress.
límite elástico superior mínimo | minimum upper yield stress.
límite elástico superior mínimo especificado | specified minimum upper yield stress.
límite elástico verdadero | proportional elongation limit | proportional limit.
límite exterior de la zona de silencio (radio) | skip distance.
límite extrapolado | extrapolated boundary.
límite fiducial | fiducial limit.

límite finito definido | definite finite limit.
límite fiscal | tax limit.
límite geohidrológico | geohydrologic boundary.
límite inferior | low limit.
límite inferior (conjunto de números) | lower bound.
límite inferior de aceptación | lower confidence limit.
límite inferior de frecuencia audible | audible pitch lowest frequency.
límite inferior explosivo | lower explosive limit.
límite inferior fijado por la autoridad (precios | floor.
límite inferior máximo | greatest lower bound.
límite intergravitatorio | inter gravitational boundary.
límite iterado | iterated limit.
límite lateral del grano | lateral grain boundary.
límite legal | statutory ceilling.
límite máximo | ceiling.
límite mediano de tolerancia (biología) | median tolerance limit.
límite perimetral | perimetral limit.
límite permitido por el reglaje | set limit.
límite por la derecha | right-hand limit.
límite remunerable (minería) | pay-line.
límite salarial superior | wage ceiling.
límite subsecuencial | subsequential limit.
límite superior | ceiling | high limit | upper boundary.
límite superior (conjunto de números) | upper bound.
límite superior de la atmósfera pasado el cual la proporción de oxígeno es insuficiente para los motores o el aire está tan enrarecido que no reacciona sobre las superficies de un avión | altitude barrier.
límite superior de la cavidad pélvica (anatomía) | inlet.
límite superior de una matriz | upper bound.
límite superior del glaciar | bergschrund.
límite superior más pequeño | least upper bound.
límite superior mínimo | least upper bound.
límite único | unique limit.
límite unilateral | one-sided limit.
límites | brackets | abutment | compass | ambit.
límites (campo de juego) | boundary line.
límites (concesión minera) | fines.
límites confusos | indistinct boundaries.
límites cuasilineales | piecewise-linear bounds.
límites de audibilidad | limits of human hearing.
límites de clase | class limits.
límites de confianza | confidence limits.
límites de error (instrumentos) | range of precision.
límites de esfuerzo vibratorio | vibratory stress limits.
límites de fatiga en flexión rotativa | rotating-bending fatigue limits.
límites de frecuencias | frequencies range | frequency rate.
límites de funcionamiento | region of operation.
límites de la carga espacial | space-charge boundary.
límites de la fabricación | factory limits.
límites de la tolerancia | limits of tolerance.
límites de peso | weight zone.
límites de regulación | setting range | settling range.
límites de tolerancia | go and no go limits.
límites del error | error bounds.
límites del seguro contra incendio | fire coverages.
límites en el infinito | limits at infinity.
límites geométricos | geometrical boundaries.
límites imprecisos | obscured limits.
límites intragranulares | intragranular boundaries.
límites municipales para poder construir casas de madera | fire limits.
límites superpequeños | extremely fine limits.
límites y longitudes ajustables | adjustable bounds and lengths.
limítrofe | adjacent | bordering | bounding.
limívoro | mud-eating.
limnético | lymnetic.
limnígrafo | limnigraph.
limnímetro | water-level gauge | depth gage | limnimeter | level meter | stream gage | staff gage.
limnímetro (ríos) | staff gage.
limnímetro de alturas máximas del río | crest-stage gage.
limnímetro de cable y peso | wire-weight gage.
limnímetro de peso suspendido (ríos) | suspended-weight gage.
limnobiología | limnobiology.
limnobiólogo | limnobiologist.
limnobios | limnobios.
limnófilo | limnophilous.
limnófilo (zoología) | fresh-water-marsh living.
limnología | limnology.
limnólogo | limnologist.
limnoplanctón | limnoplankton.
limo | silt | loam | loom | slip | slime | ooze.
limo arcilloso | clayed silt.
limo dejado por una crecida del río | warp.
limo depositado por las crecidas (ríos) | sullage.
limo en suspensión en el agua turbia | dredge.
limo pobre en caliza (geología) | lehm.
limón | citrus.
limonera (carruajes) | thill | shaft.
limoniforme | lemon-shaped.
limonita | limonite | bog ore | brown iron ore | brown hematite | meadow ore.
limonita (geología) | bog-iron ore.
limonita en cubos | devil's dice.
limonita silícea | avasite.
limonitizado (geología) | limonitized.
limoso | silty | oozy | slimy.
limpia | picking.
limpia con chorro de granalla | shot (to).
limpia de bejucos (Panamá) | climber cutting.
limpia de lianas (México) | climber cutting.
limpia de un terreno | aberruncation.
limpia por descarga de agua | scour.
limpiabilidad | cleansability.
limpiacuchillos | knife-cleaner.
limpiado con aire a presión | air cleansed.
limpiado con chorro de arena | sandblasted.
limpiado de agua salada | cleaned from seawater.
limpiado en agua regia hirviente y lavado en agua tridestilada | cleaned in boiling aqua regia and washed in trippily distilled water.
limpiado por aire a presión | air flushed.
limpiado ultrasónicamente | ultrasonically cleaned.
limpiador | cleaner | cleanser | clearer | purger | wiper.
limpiador (obrero) | cleaner.
limpiador (pozo petróleo) | stripper.
limpiador (preparación de minerales) | cleaner.
limpiador (tejeduría) | doctor.
limpiador automático del cristal de la ventana | window wiper.
limpiador centrífugo | centricleaner.
limpiador de balasto | ballast cleaner.
limpiador de barrenos | sludger | slusher | scraper.
limpiador de chorro | jet cleaner.
limpiador de la piel (pesca bacalao) | skinner.
limpiador de parabrisas | windshield wiper.
limpiador de tanques (petroleros) | scrubber.
limpiador de tinta | ink remover.
limpiador de tuberías | go-devil.
limpiador de tubos | pipe-cleaner | swabber.
limpiador del cable (sondeos) | line wiper.
limpiador del cilindro alimentador | feed roller cleaner.
limpiador del cilindro arrancador | detached roller cleaner.
limpiador electrostático de bordes con pintura descolgada (pintura) | electrostatic detearing.
limpiador facial | wash-off cleanser.
limpiador para metales | metal cleaner.
limpiador ultrasónico | ultrasonic cleaner.
limpiadora | scouring machine.
limpiadora de algodón | cotton cleaner.
limpiadora de chapas | sheet-scrubbing machine.
limpiadora de granalla en tambor giratorio | barrel shot blaster.
limpiadora de granos | grain-cleaning machine.
limpiadura | wipe.
limpiametales | metal polishing products.
limpiaparabrisas | windscreen wiper.
limpiaparabrisas interior del vaho (autos) | demister.
limpiar | wipe off (to) | mop (to) | cleanse (to) | clean out (to) | clean (to) | clear (to) | absterge (to).
limpiar (alcantarillas) | purge (to).
limpiar (avivar - muelas abrasivas) | deglaze (to).
limpiar (edificios) | char (to).
limpiar (el trigo) | scour (to).
limpiar (piezas fundidas) | dress (to).
limpiar abrigos (aniquilar a los ocupantes - milicia) | clear dug-outs (to).
limpiar botellas con perdigones | shot (to).
limpiar catódicamente | clean cathodically (to).
limpiar completamente | cleanup (to).
limpiar con agua muy caliente | scald (to).
limpiar con aire comprimido (canalizaciones) | blow through (to).
limpiar con aire comprimido (piezas) | blowout (to).
limpiar con arena | sand (to).
limpiar con cadenas (barriles) | chain (to).
limpiar con esponja | sponge (to).
limpiar con la lima (una superficie) | file up (to).
limpiar con lampazo (marina) | swab (to).
limpiar con taco (pozo petróleo) | pig (to).
limpiar con una descarga de agua | flush (to).
limpiar con vapor | steam (to).
limpiar de troncos el fondo (ríos) | snag (to).
limpiar el frente de trabajo (minas) | flitch (to).
limpiar el fundente | deflux (to).
limpiar el terreno de matas | grub (to).
limpiar en la tina | vat-clean (to).
limpiar en seco | dry clean (to).
limpiar fondos (buques) | hog (to).
limpiar fregando | scrub (to).
limpiar frotando | wipe (to).
limpiar la parrilla (hogares) | prick (to) | prick the fire-bars (to).
limpiar la pista de aterrizaje | tidy up the runway (to).
limpiar las trincheras | mop up (to).
limpiar los astiales (minas) | resue (to).
limpiar los objetos de latón | do the brass (to).
limpiar por aspiración | vacuum (to).
limpiar por chorro de arena | sandblast (to).
limpiar por chorro de granalla cortante | gritblast (to).
limpiar por descarga de agua | scour (to).
limpiar un campo de minas | clear a mine field (to).
limpiar un cepillo de alambre | wire brush (to).
limpiar una posición (milicia) | comb out a position (to).
limpiar y parchear las paredes y solera entre carga y carga (hornos Siemens) | fettle (to).
limpias y claras (bosques) | thinning out.
limpiasemillas | seed cleaner.
limpiasuelos | scrubber.
limpiatubos | pipe wiper.
limpiatubos (calderas) | scraper | flue cleaner.
limpiatubos (sondeos) | swab.
limpiatubos de cadena | chain tube cleaner.
limpiavarillas (pozos) | pipe wiper.
limpiavia | cowcatcher.

limpiavías (locomotoras) | rail-guard.
limpidez | limpidity.
límpido | liquid.
limpieza | scrubbing | cleansing | cleanup | scouring | stripping.
limpieza (de alcantarillas) | purging.
limpieza (de caballos) | dressing.
limpieza (de pozos de petróleo) | swabbing.
limpieza (de trincheras) | combing out.
limpieza alcalina anódica | anodic alkaline cleaning.
limpieza anódica | reverse-current cleaning.
limpieza antes de soldar | preweld cleaning.
limpieza catódica | direct-current cleaning | cathodic cleaning.
limpieza clínica | clinical cleanliness.
limpieza con ácido | acid cleaning.
limpieza con aire comprimido (soplado) | blow-through.
limpieza con arena | sanding.
limpieza con cadenas (barriles) | chaining.
limpieza con chorro de agua a presión | water lancing | jetting.
limpieza con chorro de aire | air lancing.
limpieza con chorro de arena | sandblasting.
limpieza con chorro de arena mezclada con agua y un inhibidor de corrosión | wet sand-blasting.
limpieza con chorro de granalla cortante | griting cleaning | gritblasting cleaning.
limpieza con chorro de granalla cortante (superficies) | gritblasting.
limpieza con chorro de un líquido a presión que lleva en suspensión un abrasivo | liquid blasting.
limpieza con chorro de vapor de alta presión mezclado con un detergente | steam gunning.
limpieza con la manguera | hosing-down.
limpieza con llama oxiacetilénica con pulvi-hierro inyectado (tochos) | powder frame cleaning.
limpieza con manguera de agua | water lancing.
limpieza con solvente emulsionable | emulsible solvent cleaning.
limpieza de campos de minas | mine clearance.
limpieza de cereales | grain cleaning.
limpieza de cunetas | ditching.
limpieza de excedentes de metal o de protu-berancias locales | hogging.
limpieza de la parrilla (calderas) | pricking.
limpieza de las paredes del hogar | furnace-wall cleaning.
limpieza de las pieles | fleshing.
limpieza de los fondos (buques) | hogging.
limpieza de los fuegos (extracción de cenizas - calderas) | deashing.
limpieza de piezas en el tambor con agua jabonosa | water rolling.
limpieza de piezas en el tambor por agitación con sustancias varias | media tumbling.
limpieza de piezas forjadas en el tambor giratorio | rumbling.
limpieza de piezas fundidas | fettling.
limpieza de piezas por agitación en un tambor | tumbling.
limpieza de piezas por agitación entre sí en un tambor | self-tumbling.
limpieza de semillas | seed cleaning.
limpieza de superficies por chorro de vapor de alta presión que lleva en suspensión un polvo abrasivo | liquid honing.
limpieza de trincheras (aniquilamiento de los ocupantes) | mopping up.
limpieza de trozos desprendidos del techo (minas) | scaling.
limpieza del campo de batalla | battlefield clearing.
limpieza del casco con flameo por sopletes múltiples (buques) | shell flame clening.
limpieza del fondo durante la reparación (hornos) | rabbling.
limpieza del grisú acumulado por medio de una corriente de aire (galería de mina) | flushing.
limpieza del recuperador de calor (horno Siemens) | checker cleaning.
limpieza después de soldar | postweld cleanup.
limpieza electrolítica | electrolytic cleaning.
limpieza electrolítica por inversión de corriente (el metal a limpiar es el ánodo) | anode cleaning.
limpieza en tambor giratorio | rattling.
limpieza entre fases de fabricación (talleres) | inter-run cleaning.
limpieza intermitente por todo o nada (hollín de calderas) | hit-or-miss intermittent blow-down.
limpieza ligera | rough-cleaning.
limpieza mecánica del balasto (ferrocarril) | mechanical ballast-cleaning.
limpieza mecánica o electrolítica de metales en equipo rotatorio | barrel cleaning.
limpieza mediante aspersión de arena | sand blasting.
limpieza por aire comprimido (tuberías sucias) | compressed-air flushing.
limpieza por choque mecánico | mechanical-impact cleaning.
limpieza por chorreo de arena | sanding.
limpieza por chorro a presión | pressure-blast cleaning.
limpieza por chorro de arena | impact cleaning.
limpieza por descarga de agua | flushing.
limpieza por energía sónica | sonic cleaning.
limpieza por flameo con el soplete de chorros múltiples (antes de pintar) | flame priming.
limpieza por flameo con soplete | flame blasting.
limpieza por hidrochorro abrasivo | hydroblast cleaning.
limpieza por inversión de corriente (fangos anódicos) | reverse current cleaning.
limpieza por ultrasonidos | ultrasonic cleaning.
limpieza química de la maquinaria marina | ships' machinery chemical cleaning.
limpieza química de vestidos | dry cleaning of clothes.
limpieza ultrasónica | ultrasonic cleaning.
limpio | clean | bright | clear.
limpio de óxido | freed of scale.
limpio de polvo | dust-free.
limpio según normas quirúrgicas (misiles) | cleaned to surgical standards.
limpión | wipe.
limpísimo | sparkling clean.
límulo | horseshoe.
linac | linac.
linac de iones pesados | heavy-ion linac.
linaje | pedigree | family | lineage.
linaje (biología) | line.
linar | flax plot | flax field.
linaza | linseed | flaxseed.
lindante | bordering.
lindar | abut (to) | confine (to) | march (to) | bound (to) | border (to).
lindar con | border (to).
linde | boundary line | boundary | border | partition | edge | mere | margin | abuttal | limit | property line | landmark.
linde del bosque | fringe of the forest.
linde interior | inner edge.
lindero | boundary line | margin | mere | boundary | limit.
lindero común | common boundary.
lindero del rodal (bosques) | stand margin.
linderos | abuttals | property lines.
lindes | property lines | metes and bounds.
lindes de la tolerancia | tolerance limits.
línea | row | streak | line | path | communication link.
línea (conductor de ida más el de vuelta) | loop.
línea (electricidad, telefonía, telegrafía) | route.
línea (tarjeta de perforación) | line row.
línea (tarjeta perforada) | row.
línea (teléfonos) | line.
línea a dos hilos (telecomunicación) | two-wire route.
línea a recorrer (tipografía) | overrun.
línea a reportar (tipografía) | overrun.
línea a tierra (electricidad) | ground line.
línea abierta (telefonía) | open wire line.
línea aclínica | aclinic line | dip equator | magnetic equator.
línea acodada | offset line.
línea activa (calculadora) | active line.
línea adiabática | adiabat.
línea adicional | boosting main.
línea adicional (pentagrama) | leger line.
línea aduanera | customs line.
línea aérea | airline | aerial line | open wire | overhead-line | overhead line.
línea aérea (aviación) | air-route | route.
línea aérea (conductores) | open-wire line.
línea aérea de alambres desnudos sobre postes de madera (telefonía) | open-wire pole line.
línea aérea de transporte de energía eléctrica | overhead electric power transmission line.
línea aérea en postes de madera (telefonía) | open wire pole line.
línea aérea poligonal | polygonal overhead line.
línea aérea que admite fletamento para carga | cargo-carrying chartered airline.
línea aérea sobre postes de madera | pole line.
línea aeropostal | airmail route.
línea agatina (para medida de altura de columna de periódicos-14 líneas agatinas = 1 pulgada de columna) | agate line.
línea agónica | agonic line.
línea alámbrica | open wire | landline.
línea alquilada (telefonía) | leased line.
línea anotadora | recording trunk.
línea arresonante | nonresonant line.
línea artificial | dummy line.
línea artificial calibrada | slotted line.
línea artificial complementaria | line building out network | line simulator.
línea ascendente | ascending line.
línea atmosférica (diagramas máquinas) | atmospheric line.
línea auxiliar | boosting main | spur line.
línea auxiliar (ferrocarril) | relief line.
línea auxiliar (telefonía automática) | trunk.
línea auxiliar corta (radio) | stub.
línea auxiliar de dos hilos (telefonía) | two-wire trunk.
línea auxiliar de enlace (entre centrales telefónicas) | junction.
línea auxiliar de mantenimiento (telefonía automática) | holding trunk.
línea auxiliar de ocupación (telefonía) | guarding trunk.
línea auxiliar de sintonía | tuning stub.
línea auxiliar entre dos centrales | interoffice trunk.
línea auxiliar intercentrálica (telefonía) | interoffice trunk.
línea auxiliar para enlace de anotaciones (telefonía) | record circuit.
línea base (mapa militar) | thrust line.
línea bifilar | double wireline | parallel-wire line | twin line | two-wire line.
línea bifilar apantallada | screened pair.
línea bifilar resonante | parallel-wire resonator.
línea bisectriz | halving line.
línea blanco-puesto de observación | OP-target line.
línea blindada | shielded line.
línea cañón-blanco | gun-target line.
línea cardinal | cardinal.
línea cargada con inductancia | loaded line.
línea catenaria (electricidad) | catenary construction.
línea catenaria compuesta (electricidad) | compound catenary construction.
linea central | middle line | middle-line | centerline | center line.
línea central (tren de laminación) | pitch-dia-

meter.
línea central de trazo | stroke centerline.
línea coaxial | coaxial line.
linea coaxial con dieléctrico compuesto | composite-dielectric coaxial line.
línea coaxial hendida | trough line.
línea cobrásmica | cotidal line.
línea colectiva | line party.
línea comercial | branch of business.
línea compartida (telefonía) | rural party line | party line.
línea compensada | balanced line.
línea común para varios abonados (teléfonos) | party line.
línea con avería | line in trouble.
línea con circuitos situados en planos paralelos | flat-spaced parallel-circuit line.
línea con corriente | hot line.
línea con corriente (electricidad) | hot line | live line.
línea con derivación (telecomunicación) | leaky line.
línea con fuga de onda | leaky line.
línea con perdida | lossy line.
línea con repetidores (telecomunicación) | repeatered line.
línea con secciones eléctricas equivalentes | periodic line.
línea con tracción por vapor (ferrocarril) | steam worked line.
línea con varias puestas a tierra (electricidad) | multigrounded line.
línea con varios puntos terminales | multipoint.
línea conductora asimétrica | asymmetric strip line.
línea conmutada | dial line.
línea conmutada (telefonía) | switched line.
línea continua | continuous line.
línea continua (dibujo) | solid line.
línea corta | stub.
línea corta a principio de columna (tipografía) | widow.
línea corta a principio de la columna (tipografía) | bad break.
línea corta de fin de párrafo (tipografía) | break line | broken line.
línea corta de nexo de unión entre líneas mayores de composición (tipografía) | catch line.
línea cortocircuitada | short-circuited line.
línea cosísmica | coseismic line.
línea costera madura (geología) | mature shore line.
línea cotéctica (sistemas ternarios) | cotectic line.
línea curva | crooked line | bent line | curve line | inflected line.
línea curva sin resaltos | sweet line.
línea de abatimiento | folding line.
línea de abonado | local loop | subscriber's line.
línea de acceso | access line.
línea de acción (engranajes) | pressure line.
línea de acometida (telefonía) | subscriber drop.
línea de acoplamiento | tie line.
línea de acoplamiento (telecomunicación) | coupling line.
línea de acuerdo (mapas) | connecting line.
línea de adaptación (telefonía) | transforming section.
línea de aduanas | customs line.
línea de afloramiento de un filón | line of outcrop.
línea de agua (plano buques) | waterline.
línea de agua de extremos llenos (plano de formas del buque) | full-ended waterline.
línea de ajuste | lining up mark.
línea de ajuste de fase | phase line.
línea de ajuste óptima | best-fitting line.
línea de alambre único | single wire line.
línea de alarma a gran distancia | dew line.
línea de alimentación | feeder.
línea de alimentación de corriente | main line.
línea de alta frecuencia | plumbing.
línea de altísima tensión | EHV-line.
línea de alto voltaje | power line | high-tension line.
línea de alturas piezométricas (flujo en tuberías) | hydraulic grade line.
línea de alturas totales (flujo) | energy grade line.
línea de anotación (telefonía) | record line.
línea de anotadora (telefonía) | record circuit.
línea de arranque (arcos) | springing line.
línea de arrufo (buques) | sheer line.
línea de atraque (muelles) | wharfage line.
línea de baja tensión | low-tension line.
línea de bajo voltaje | low-tension line.
línea de balizas iluminadas separadas unos 18 kilómetros (aviación) | light-line.
línea de base | baseline.
línea de base aguas abajo (presas) | toe.
línea de bisección | bisector.
línea de borde (dibujos) | border-line.
línea de bordillos | curb line.
línea de burbujas (vidrio) | skim.
línea de cantos glaciales que se extiende en dirección del movimiento del hielo | boulder train.
línea de carga | load line.
línea de carga de corriente alterna | AC load line.
línea de centros | center line.
línea de centros de remaches | gage line.
línea de cero | neutral line.
línea de cero (ajustes) | reference line.
línea de cierre | closing line.
línea de cierre (arcos) | abutment line.
línea de cierre provisional (topografía) | cutoff line.
línea de cilindros (motores) | bank.
línea de cinta | microstrip | strip line.
línea de cinta (radio) | strip-line.
línea de colimación | axis of collimation | index line | transit line.
línea de combate | fighting line.
línea de comparación | datum line.
línea de compensanción | equalizing line.
línea de complemento de una instrucción | continuation line.
línea de comprobación (topografía) | cutoff line.
línea de comunicación | line.
línea de comunicación de audiorrespuesta (telecomunicación) | audio communication line.
línea de conducta | guideline | course of action.
línea de conductores paralelos | parallel-wire line.
línea de conexión | tie line.
línea de conexión (telegrafía) | station line.
línea de conexión interurbana (telecomunicación) | toll connecting trunk.
línea de construcción isotérmica entre dos fases equilibradas | conode.
línea de consulta (centralitas) | call back.
línea de consulta (telefonía) | call-back line.
línea de contacto aéreo (ferrocarril eléctrico) | overhead equipment.
línea de contacto entre rodillos (calandras) | nip.
línea de contorno de la cubierta (buques) | deck line.
línea de convergencia | convergence line.
línea de corriente (electricidad)
línea de corriente alterna | alternating-current line.
línea de corrimiento (cristalografía) | slipline.
línea de costa | coastline.
línea de cota (dibujos) | dimension line.
línea de crédito | credit line | line of credit.
línea de crédito (economía) | credit rating.
línea de chubasco | line squall.
línea de debil tránsito | light-traffic line.
línea de deformación (cristalografía) | slipline.
línea de demarcación | boundary line.
línea de derivación | spur line.
línea de descubierto en cuenta (economía) | overdraft facility.
línea de descuento | line of discount.
línea de desimanación | recoil line.
línea de deslizamiento (cristalografía) | slipline.
línea de dirección | line of direction.
línea de dirección (filones) | line of strike.
línea de discontinuidad | trailing front.
línea de discontinuidad (meteorología) | shear line.
línea de discontinuidad superficial (plásticos) | flow line.
línea de dislocación (geología) | fault line.
línea de distribución | distribution line.
línea de doble curvatura | space curve | double-curved line.
línea de doble vía | double-track road | double-track line.
línea de dosis igual radiactiva | dose rate contour line.
línea de edificación | frontage line.
línea de edificación (municipal) | building line.
línea de ejes | line of sight.
línea de ejes (buques) | shafting | propeller shafting | line of shafting.
línea de ejes flexible | flexible shafting.
línea de ejes para buques | marine propeller shafting.
línea de empalme | junction line.
línea de empuje de la trama | fell of the cloth.
línea de energía | power line.
línea de enlace | tie line | subfeeder | connection.
línea de enlace directo (telecomunicación) | direct trunk.
línea de enlace entre punto de enganche y el abonado | service loop.
línea de enlace interurbano (telecomunicación) | intertoll trunk.
línea de enlace interurbano (telefonía) | toll switching trunk.
línea de entumecimiento (compresores aerodinámicos) | surge line.
línea de equilibrio (torres enfriadoras) | tie line.
línea de escoria (acero al crisol) | flux line.
línea de escuadra (labra de sillares) | pitch-line.
línea de espera (telefonía) | waiting line.
línea de evacuación de heridos | line of drift.
línea de exploración | scouting line | scanning line.
línea de exploración (TV) | scansion.
línea de extensión (centralitas) | extension line.
línea de fachada | building line | frontage line.
línea de falla (geología) | fault line.
línea de fallo | fault trace.
línea de fé | fiducial mark | halving line.
línea de fe (compás marino) | lubber line | lubber's line.
línea de fé (óptica) | zero alignment | axis of collimation.
línea de ferrocarril | railway line.
línea de fila (marina) | line-ahead.
línea de filigrana (papel) | water line.
línea de flotación | line of flotation.
línea de flotación (buques) | floating line.
línea de flujo | flux tube | streamline.
línea de forma (curva de nivel aproximada) | form line.
línea de fractura | fracture line | line of fracture.
línea de fractura predeterminada | predetermined line of fracture.
línea de frente (marina) | line-abreast.
línea de fuego | fighting line | firing line.
línea de fuerza | line of force.
línea de fuerza (magnetismo) | line of induction.
línea de fuerza magnética | magnetic path.
línea de fuerza motriz (electrotecnia) | power mains.
línea de fuga (dibujo) | vanishing line.
línea de fuga (electricidad) | leakage path.
línea de fuga (perspectiva) | base line.
línea de giro (dibujo) | folding line.
línea de graduación (mapas) | graduation tick.

línea de gran tráfico | heavy line.
línea de horizonte | horizon | sea line.
línea de horizonte (perspectiva) | horizon | horizontal line.
línea de igual contenido de azufre | isothei.
línea de igual declinación magnética | isogon.
línea de igual declinación reticular (navegación aérea) | isogriv.
línea de igual densidad fotográfica (sensitometría) | isopaque.
línea de igual duración de la insolación | isohel.
línea de igual inclinación magnética | isocline.
línea de igual pendiente (topografía) | grade contour.
línea de inclinación constante (en un plano) | contour gradient.
línea de inducción | induction line.
línea de inestabilidad horizontal | snivet.
línea de influencia | influence line.
línea de influencia de la deformación | deflection influence line.
línea de influencia de las reacciones | influence line of reactions.
línea de influencia de los esfuerzos cortantes | influence line for shear.
línea de influencia de los momentos | influence line of moments.
línea de influencia del esfuerzo cortante | shear influence line.
línea de influencia del momento flectante | bending moment influence line.
línea de información (informática) | trunk.
línea de intercesión de las reacciones | reaction locus.
línea de intersección del forro con la roda y codaste (buques) | bearding.
línea de intersección entre dos superficies (casco hidros) | cove.
línea de isofluorescencia | isofluor.
línea de isorradioactividad | isorad.
línea de la costa | coastal line.
línea de la cubierta en el costado | deck line at side.
línea de la cumbrera (edificios) | ridge-line.
línea de la discontinuidad en la velocidad del viento | surge line.
línea de la dislocación (cristalografía) | pinning.
línea de la raíz (engranajes rectos) | root line.
línea de la sombra arrojada | shadow line.
línea de las S | S-line.
línea de lectura | read line.
línea de lectura/escritura | read/write line.
línea de levantamiento (geología) | line of upheaval.
línea de linotipia | slug | type bar | type slug.
línea de longitud eléctrica variable | line stretcher.
línea de los ápsides | apse line | line of apsides.
línea de llamada (dibujos) | setting line.
linea de llegada | finishing line.
línea de Mach | Mach line.
línea de maniobra (electricidad) | control-line.
línea de marcación | line of bearing.
línea de máxima pendiente | full-line dip | full dip | line of swiftest descent | line of steeper descent.
línea de máxima pendiente (topografía) | valley line.
línea de menor resistencia | least resistance line | line of weakage.
línea de metal defectuoso en la superficie (aceros) | roak.
línea de mínima resistencia de un barreno (voladuras) | burden.
línea de mira | line of sight.
línea de mira del instrumento de alza (artillería) | line of sighting of the sighting instrument.
línea de montaje (fabricación en serie) | line | production line.
línea de montaje (talleres) | mounting line.
línea de montaje alimentada por varias cintas sin fin | conveyor-linked line.
línea de montaje de conjuntos (fabricación en serie) | component-assembly line.
línea de montaje sobre cinta sin fin | conveyorized assembly line.
línea de montaje totalmente automatizada | fully-automated line.
línea de movimiento a lo largo de la cual se desplazan personas o cosas | pipeline.
línea de navegación | shipping line.
línea de nivel | level line | contour.
línea de nivel mínimo | low-water mark.
línea de nivel mínimo del agua (calderas) | low-water line.
línea de nivelación | line of levels.
línea de operaciones (ejércitos) | line of operations.
línea de órdenes | order-wire.
línea de órdenes (telecomunicación) | order-wire circuit.
línea de órdenes de la cámara | camera talk-back.
línea de ordenes dividida (telecomunicación) | split order-wire.
línea de pago (excavaciones) | pay-line.
línea de partición vertical | vertical partitioning line.
línea de partida | line of departure.
línea de pauta | line.
línea de pedazos de hielo flotando en el mar | ice stream.
línea de pendiente máxima (topografía) | thalweg.
línea de penetración de la helada (terrenos) | frost line.
línea de perforación fuera de texto | zone row.
línea de personas lado a lado | rank.
línea de playa | beach line.
línea de pleamar sobre una playa | shoreline.
línea de plegado (chapas) | break line.
línea de posición (navegación) | Sumner line.
línea de posición determinada por observación de cuerpos celestes | celestial line of position.
línea de posición obtenida por observación de la altitud angular del sol | sunline.
línea de postes | poles toll line.
línea de presión cero (diagrama indicador) | absolute line.
línea de presión constante | constant-pressure line.
línea de presión nula | no-pressure line.
línea de presiones | line of resistance.
línea de presiones (arcos) | resistance-line | linear arch | pressure line.
línea de presiones máximas (arcos, bóvedas) | maximum pressure line.
línea de presiones mínimas | least pressure line.
línea de previo pago | coin box line.
línea de primera categoría (aviación).
línea de producción | assembly line | production line.
línea de producción (fabricación en serie) | line.
línea de programa (telecomunicación) | program line.
línea de proyección (balística) | line of departure.
línea de puesta en fase | phasing line.
línea de puntería | line of aim.
línea de puntería (anteojos) | line of sight.
línea de punto triple | triple-point line.
línea de puntos (dibujo) | dotted line.
línea de puntos y rayas | dot-and-dash line.
línea de radares de alarma pronta distante | distant early warning radar line.
línea de rayas | dash line.
línea de rayas y puntos | chain dotted line | dash and-dot line | dash-dotted-line.
línea de rebaba (forjas) | parting line.
línea de referencia | check line | grade line | reference line | datum line | detective line | base line.
línea de referencia (compás marino) | lubber's line.
línea de referencia auxiliar | auxiliary reference line.
línea de referencia para reglaje (aviones) | rigging datum line.
línea de registro (geofísica) | trace.
línea de registro de llamadas (telefonía) | recording trunk.
línea de regresión | regression line.
línea de regresión mínimo-cuadrática | least-squares regression line.
línea de relación de carga (acondicionamiento de aire) | load-ratio line.
línea de relés | stick circuit.
línea de remaches | line of rivets.
línea de remanso del ala | wing stagnation line.
línea de remetido (urdimbre) | looming line.
línea de resistencia | line of defense.
línea de retardo | delay line.
línea de retardo (TV) | sweep load.
línea de retardo a magnetoestricción | magnetostrictive delay line.
línea de retardo acústica magnetostrictiva | magnetostrictive acoustic delay line.
línea de retardo acústico | acoustic delay line.
línea de retardo artificial | artificial delay line.
línea de retardo continuamente variable | continuously variable delay line.
línea de retardo de cuarzo | quartz delay line.
línea de retardo de elementos concentrados (telecomunicación) | lumped delay line.
línea de retardo de inductancia-capacitancia | resistance capacitance delay line | inductance-capacitance delay line.
línea de retardo de inductancia-resistencia | inductance-resistance delay line.
línea de retardo de parámetros localizados | lumped delay line.
línea de retardo electromagnética | electromagnetic delay line.
línea de retardo electromagnética de constantes concentradas | lumped-parameter electromagnetic delay line.
línea de retardo en hilo níquel | nickel delay line.
línea de retardo en la mayor parte | bulk delay line.
línea de retardo magnético | magnetic delay line.
línea de retardo numeral en vidrio | glass digital delay line.
línea de retardo poligonal | polygon-type delay line.
línea de retardo ultrasónico | ultrasonic delay line.
línea de retención | nip line.
línea de retirada (ejércitos) | line of retreat.
línea de retorno | flyback line | return line | return line | retrace line.
línea de retorno (televisión) | retrace line.
línea de retraso acústico | sonic delay line.
línea de retroceso | retrace | return line | retrade.
línea de rotura de la vena gaseosa (compresores aerodinámicos) | surge line.
línea de rotura del flujo (compresores aerodinámicos) | surge line.
línea de rumbo | on course line | course line | rhumb-line | rhumb line.
línea de rumbo (localizador) | on-course line.
línea de ruta de un radiolocalizador | localizer on-course line.
línea de saque (tenis) | service line.
línea de saturación | saturation line.
línea de seguridad nuclear | nuclear safety line.
línea de separación | line of severance | parting line | border-line.
línea de separación de dos imágenes (cine) | frame line.
línea de separación entre capas (geología) | seam.
línea de separación entre las piezas de un modelo | parting line.
línea de separación entre los semitroqueles (forjas) | part.

línea de servicio | recording trunk.
línea de servicio (telefonía) | order-wire circuit.
línea de servicio entre estaciones repetidoras (telefonía) | plant order wire.
línea de simple curvatura | single-curved line.
línea de simple polaridad | single-current line.
línea de situación | line of sight.
línea de socorro (electricidad) | boosting main.
línea de sombra (banda con contenido de carbono menor que en la capa adyacente - metalografía) | ghost line.
línea de sombra (metalografía) | shadow line.
línea de sondear | fathom line.
línea de Sumner (navegación) | Sumner line.
línea de tarifa especial | toll line.
línea de telegobierno (electricidad) | supervisory wiring.
línea de tierra | datum line | earth line.
línea de tierra (descriptiva) | ground line.
línea de tierra (geometría descriptiva) | groundline.
línea de tierra (perspectiva) | base line.
línea de tiradores | line of skirmishers.
línea de tiro | line of fire.
línea de tiro (balística) | line of elevation.
línea de torbellino | vortex line.
línea de torbellinos | vortex trailing.
línea de trabajo (talleres) | machining line.
línea de trama (televisión) | screened line.
línea de transmisión | line of shafting.
línea de transmisión (telecomunicación) | program loop.
línea de transmisión abierta | open-transmission line.
línea de transmisión adaptada | matched transmission line.
línea de transmisión coaxial | concentric transmission line.
línea de transmisión con impedancia característica variable | tapered transmission line.
línea de transmisión con transposiciones | transposed transmission line.
línea de transmision cortocircuitada | shorted-end transmission line.
línea de transmisión de datos | data line.
línea de transmisión de energía eléctrica | electric power transmission line.
línea de transmisión de estrías | stripline.
línea de transmisión de placas paralelas | pillbox line.
línea de transmisión de placas paralelas (radar) | pillbox.
línea de transmisión de torres metálicas | steel tower transmission line.
línea de transmisión fotoincisa para microonda | photoetched microwave transmission line.
línea de transmisiones tácticas | operational line.
línea de transporte aéreo de hipervoltaje | H. V. overhead transmission line.
línea de transporte de energía | power transmission line | energy transporting line | power wiring | power line | power line | transmission line.
línea de transporte de energía a 460 Kv de conductores múltiples por fase | bundled-conductor 460 Kv transmission line.
línea de transporte de fuerza de alta tensión | high-voltage power line.
línea de transporte de fuerza de alto voltaje | high-tension power transmission line.
línea de trazo con interrupción (dibujo) | broken line.
línea de trazos | dash line.
línea de trazos cortos | pecked line.
línea de trazos gruesos | heavy broken line.
línea de turbonada (aeronáutica) | line squall.
línea de turbonada (meteorología) | vortex-line | line squall.
línea de turbonada fuerte (meteorología) | severe line squall.
línea de un cuarto de longitud de onda (ondas ultracortas) | tank line.
línea de un título o encabezamiento | crossline | bar line.
línea de una columna por millón de ejemplares (publicidad) | milline.
línea de unión | connecting line | seam.
línea de unión (telefonía) | trunk.
línea de universo | world line.
línea de vacío previo | roughing line.
línea de vaguada (meteorología) | trough line.
línea de vía (telefonía) | routing line.
línea de vigilancia | stationary screen | outguard.
línea de visión del espectador | spectator line of vision.
línea de vivac | picket line.
línea de vórtices | vortex trailing.
línea de vuelo | reading | line of flight.
línea de vuelo (avión) | flight line.
línea de vuelo (trayectoria de vuelo-aviación) | flight path.
línea de vuelo con un ángulo en ella | dogleg course.
línea de vuelo normalmente seguida en condiciones visuales antes de aterrizar o después de despegar (aeropuertos) | traffic pattern.
línea de vuelta | return line.
línea del cuadriculado (mapas) | grid line.
línea del gradiente de energía | energy-gradient line.
línea del itinerario (topografía) | traverse line.
línea del mismo contenido en carbono (metalurgia) | isocarb.
línea del mismo contenido en fósforo | isophos.
línea del pie (páginas) | bottom line.
línea del puente en crujía | deck line at center.
línea del sonido (filmes) | slit.
línea del sonido activo | real slit.
línea delimitadora de obstáculos | obstruction clearance line.
línea demarcadora (tráfico) | barrier line.
línea derivada | branch line.
línea descendente | down line.
línea desde donde la infantería se lanza al ataque | jump-off line.
línea desequilibrada | unbalanced line.
línea desplazada | misplaced line.
línea directa | reporting line.
línea directa (telefonía) | individual line.
línea disponible | available line.
línea divisoria | bar time | barline | dividing line.
línea divisoria de vientos catabáticos | windshed.
línea divisoria entre la corona y el pabellón (gemas) | girdle.
línea doble | dual in-line.
línea doble (telecomunicación) | H pole-line.
línea elástica (elástica - vigas) | curve of deflection.
línea elástica (resistencia materiales) | elastic line.
línea eléctrica | electric line.
línea eléctrica con transposición de los conductores | transposed power line.
línea eléctrica monofásica de 60 hertzios | single-phase 60-cycle power line.
línea eléctrica rural | rural line.
línea en blanco (imprenta) | blank line.
línea en derivación | shunt line.
línea en el terreno delante de los blancos para indicar donde se debe disparar (prácticas de artillería aérea) | foul line.
línea entintada | inked-in line.
línea entre el punto de impacto de la bomba al punto en el terreno directamente debajo del avión en el momento del lanzamiento | trail.
línea equidistante de los dos extremos de la superficie del agua (ríos) | thread of stream.
línea equinoccial | equinoctial line.
línea equinocial | equinoctial.
línea equipotencial | equipotential line.
línea equiprobable del 50 por ciento | equiprobable line of the 50 percent.
línea especializada | leased line | private line.
línea estabilizada (televisión) | smoothline.
línea exploradora (TV) | picture strip.
línea exterior de entrada de corriente | outer lead.
línea exterior del muro arriba del zócalo | ashlar line.
línea férrea | railway line.
línea física (circuito) | physical line.
línea física (telecomunicación) | hardline.
línea fluvial | river line.
línea focal (lente cilíndrica) | focal line.
línea formada por cables trenzados | composite-conductor line.
línea fronteriza | boundary line.
línea generadora de un impulso (radar) | pulse forming line.
línea geodésica | geodesic.
línea gruesa (dibujo) | heavy line.
línea hasta donde se permite llevar luces | light-line.
línea helicoidal | helical line.
línea homoclima | homoclime.
línea horizontal | horizontal line.
línea horizontal correspondiente a la superficie del vidrio fundido (interior horno de vidrio) | flush line.
línea horizontal de molduras | ledgement.
línea horizontal más corta | shortest level line.
línea horizontal tangente al disco visible (de sol, luna) | limb.
línea impresa | line.
línea inclinada por la amura | bow line.
línea inferior | page footing line.
línea interdigital múltiple | multiple interdigital line.
línea intermedia (telefonía) | trunk junction.
línea internacional de cambio de fecha | international date line.
línea interrumpida | broken section line.
línea interurbana (telefonía) | trunk line | trunk connection | toll line.
línea isanómala (meteorología) | isanomal.
línea isoacústica | isacoustic line.
línea isoanómala | isanomalic.
línea isobara | isobaric line.
línea isobárica | isobaric line.
línea isobática | water-table isobath | depth curve.
línea isocala (carbón) | isocal line.
línea isoclina | magnetic parallel.
línea isoclinal | isoclinic.
línea isocora | isochore.
línea isocórica | isochore.
línea isocrima | isocrymal line.
línea isocroma | isochrome.
línea isocromática | isochromatic.
línea isodina | isodyne.
línea isodinámica | isodynamic line.
línea isófota | isophotal line | isophot curve.
línea isógena | isogenic line.
línea isogeotérmica | isogeothermal line.
línea isógona | isogonic line | isogonic.
línea isogonal | isogonal.
línea isogradiental | isograd.
línea isohélica | isohelic line.
línea isohiética | isohyetal line.
línea isomagnética | isomagnetic line.
línea isonefa (nubes) | isoneph.
línea isoopaca | isopaque curve.
línea isópaca (espesores) | isopach.
línea isópaca (prospección carbonífera) | isopachyte line (G.B.).
línea isópaga (hielos) | isopag.
línea isopícnica | isopycnic.
línea isopícnica (densidades) | isopycnal.
línea isóplera | isopleric.
línea isopluvial | isopluvial line | isohyet.
línea isópora | isopor.
línea isóptera | isopter.
línea isoquímena | isochime | isochimal line | isochimonal | isocheim | isochimal.
línea isosísmica | isoseismal line.
línea isóstata | isostath.

línea isotéctica | isotectic line | isotectic.
línea isótera | isother | isotheral.
línea isoterma | isotherm | isothermal.
línea isotísmica | isothismic line.
línea larga | long line.
línea lateral | sideline.
línea libre (telefonía) | idle line | spare line | disengaged line | idle trunk.
línea límite | fence line | limit line.
línea límite (engranaje recto) | clearance line.
línea limítrofe | boundary line.
línea litoral | shoreline.
línea longitudinal | pump line.
línea loxodromica | rhumb line | rhumb-line.
línea llena (dibujo) | solid line.
línea llena (trazo lleno - dibujo) | full line.
línea magistral (fortificación) | master line | magistral line.
línea marcada de separación | hard line of separation.
línea marítima interoceánica (tráfico contenerizado) | feeder.
linea media | middle line.
línea medial | middle-line.
línea mediana (contabilidad) | bulk line.
línea monofásica bifilar | two-conductor single-phase line.
línea multipolar | multidrop line.
línea neutra (electricidad) | neutral axis.
línea neutra (imán) | equator | indifferent line.
línea no compartida | exclusive exchange line.
línea no conmutada | nonswitched line.
línea no resonante | flat line.
línea numérica | digit row.
línea oblicua | oblique.
línea ocupada (telefonía) | line busy | line engaged.
línea ómnibus de datos (informática) | bus data line.
línea paralela | parallel.
línea paralela (levantamiento planos) | offset line.
línea partida (telecomunicación) | split line.
línea pasada a tinta | inked-in line.
línea perdida (topografía) | random line.
línea piezométrica en régimen permanente | pressure line for steady flow.
línea plana | single-curved line.
línea plana (microondas) | stripline.
línea pluriviaria | multiple-track line.
línea podal | podal line.
línea poligonal de retardo | polygonal delay line.
línea poligonal inscrita | inscribed polygonal line.
línea primitiva (engranajes) | pitch curve.
línea primitiva (levas) | pitch line.
línea principal | trunk | main line | mains.
línea principal (ferrocarril) | trunk line.
línea principal de navegación | leading shipping line.
línea principal de resistencia (ejércitos) | main line of resistance.
línea principal de transmisión | trunk transmission line.
línea privada | tieline | tie line | inter-switchboard line.
línea privada (comunicación) | leased line.
línea privada entre centrales (telefonía) | tie line.
línea producida en el espectro por átomos que han perdido 1 ó 2 electrones | enhance line.
línea propia (comunicaciones) | privately owned line.
línea proyectante | projection-line.
línea proyectante (descriptiva) | projector.
línea pupinizada | loaded line.
línea que aparece después de rebarbado (forjas) | flash line.
línea que conecta el transmisor a la antena | feed lines.
línea que corta a un plano | line piercing a plane.
línea que indica la forma aproximada de un rasgo del terreno (mapas) | form line.
línea que indica un punto peligroso (aparatos) | redline.
línea que marca la zona que debe bombardearse (aviación) | bombline.
línea que pasa por lugares que tienen la misma hora de marea | cocurrent line.
línea que resalta | display line.
línea que rodea a un grabado (grabado) | border line.
línea que une el cénit y nadir de un obervador | zenith-nadir axis.
línea que une lugares de igual amplitud de la marea | corange line.
línea que une puntos donde la pleamar ocurre a la misma hora | cotidal line.
línea quebrada | broken line.
línea quebrada (topografía) | angle line.
línea quebrada auxiliar (topografía) | meander line.
línea quebrada de puntos | dotted broken line.
línea radial | radiant.
línea radial de suministro (electricidad) | radial circuit.
línea ranurada | slotted line.
línea real | side circuit.
línea real (telefonía - EE.UU.) | real line.
línea real (telefonía - G.B.) | physical line.
línea reclamo (periódicos) | advertising line.
línea reconstruida | rehabilitated line.
línea recta | airline | air line | ray | bee line | direct line | line | straight line.
línea recta (radiotransmisión que sigue la curvatura terrestre) | line of sight.
línea recta que pasa por el origen | ray through the origin.
línea referencial de los impulsos | baseline.
línea reforzada | enhanced line.
línea remota (telecomunicación) | remote line.
línea retardadora de cuarzo (electrónica) | quartz delay line.
línea retardadora de difracción perpendicular | perpendicular diffraction delay line.
línea roja de óxido sobre las incrustaciones que recubren a una corrosión (calderas) | bleeding.
línea rumbo-loran | lorhumb line.
línea rural compartida | rural party line.
línea sangrada (tipografía) | indented line.
línea secante | intersecting line.
línea secundaria | branch line.
línea secundaria (aviación) | feeder-line.
línea secundaria (electricidad) | offset.
línea secundaria (ferrocarril) | minor line.
línea secundaria de transporte | feeder line.
línea sencilla | single circuit line.
línea seudoadiabática | pseudoadiabat.
línea sin corriente (electricidad) | deadline.
línea sin distorsión (telecomunicación) | distortionless line.
línea sin pérdida | dissipationless line.
línea sin pérdidas | lossless line.
línea sobre torres metálicas | tower line.
línea sólida | solid line.
línea sónica | sonic line.
línea subterránea (electricidad) | underground line.
línea superior de la componedora (fotocomposición) | upperrail.
línea sustentadora | lift line.
línea sustentadora (hélice marina) | lifting line.
línea telefónica | recording-completing trunk | telephone line.
línea telefónica (TV) | pipe.
línea telefónica compartida con varios abonados | party line.
línea telefónica con soportes | overhead line.
línea telefónica con transposición de los conductores | transposed telephone line.
línea telefónica directa | hot line.
línea telefónica interior | private line.
línea telefónica sin transposición de los conductores | untransposed telephone line.
línea telefónica tendida sobre el terreno | surface line.
línea telegráfica con postes | overhead line.
línea telegráfica de abonado (telefonía) | loop telegraph.
línea terrestre (telecomunicaciones) | land line.
línea transversal | traverse | crossing line.
línea tridimensional | double-curved line | space curve.
línea trifásica de doble circuito | three-phase double-circuit line.
línea trifásica de un solo circuito | single-circuit three-phase line.
línea unifilar (telefonía) | single wire line.
línea urbana | local line.
línea urbana (electricidad) | town mains.
línea útil (facsímile) | useful line.
línea vigía de radares | radar picket.
linea visual | level | line of sight.
líneado | lineated.
lineado (botánica) | lined.
lineaje (tipografía) | lineage.
lineaje publicitario | advertising lineage.
lineal | linear.
lineal (sin saltos) | steplessly variable.
linealidad (fenómenos) | linearity.
linealidad de exploración | scannig linearity | scannning linearity.
linealidad de la regresión | linearity of regression.
linealidad de la respuesta | linearity of response.
linealidad del receptor de radioastronomía | radioastronomy receiver linearity.
linealidad del sistema | system linearity.
linealidad del sistema de la máquina | linearity of the machine's system.
linealizabilidad | linearizability.
linealización | linearization.
linealizar | linearize (to).
linealmente decreciente | linearly decreasing.
linealmente dependiente | linearly dependent.
lineámetro | lineameter.
lineamiento | lineament.
linearizar | linearizate (to).
líneas adiabáticas | adiabatic paths.
líneas adicionales a las cinco de la pauta (música) | supplementary lines.
líneas aéreas (electricidad) | overhead mains.
líneas aéreas de gran tráfico | heavily used airlines.
líneas auxiliares con terminales abiertos | open end stubs.
líneas auxiliares cortas de sintonía | tuning stubs.
líneas codireccionales | codirectional lines.
líneas compartidas (telefonía) | multiparty working.
líneas con caracteres más pequeños intercaladas entre el texto (libros) | interlinear matter.
líneas con retardo variable | tapped delay lines.
líneas contradireccionales (cristalografía) | contradirectional lines.
líneas currentilíneas | fair lines.
líneas de comunicaciones | communication lines.
líneas de configuración de terreno (croquis) | form lines.
líneas de contorno | boundary edging.
líneas de corriente | flow-net.
líneas de corriente del flujo | streamlines of the flow.
líneas de crucero (mineralogía) | cleavage-lines.
líneas de deslizamiento (cristalografía) | slip steps.
líneas de despiezo (arco visto de frente) | sommering lines.
líneas de dispersión | leakage lines.
líneas de empalme | junctions.
líneas de equidepresión | equidepression lines.
líneas de equiinductancia | equiinductance

lines.
líneas de estriación (fluidos viscosos) | streak lines.
líneas de exploración | scanning lines.
líneas de fluencia (líneas de orientación - metalurgia) | flow lines.
líneas de fluencia de la forja | forging flow lines.
líneas de fuerza del campo magnético | magnetic field lines.
líneas de fuerza magnética | magnetic lines of forces.
líneas de igual ennegrecimiento (placa fotográfica) | equidensities.
líneas de igual intensidad magnética terrestre | isodynamic lines.
líneas de igual intensidad sonora | equivalent loudness contours.
líneas de intensidad de campo constante | contours of constant field intensity.
líneas de isoactividad | isoactivity lines.
líneas de isoconcentración | isoconcentrate lines.
líneas de la carrocería (autos) | body styling.
líneas de larga distancia | long lines.
líneas de Lüders | stretcher strain marks | Luder's lines.
líneas de Neumann | slip-band.
líneas de retorno de imagen | frame return lines.
líneas de retraso dispersivas | dispersive delay lines.
líneas de rotura del hormigón | yield lines.
líneas de ruptura (hormigón) | yield-lines.
líneas de telecomunicación | telecommunication lines.
líneas de transmisión variables (telecomunicación) | nonuniform transmission lines.
líneas de Wallner (diamantes) | Wallner lines.
líneas del flujo | flow-net.
líneas en conexión | connecting routex.
líneas en equicuadratura | equiquadrature lines.
líneas en uso | active lines.
líneas estroboscópicas | strob lines.
líneas ferroviarias importantes | great railways track.
líneas fuseladas | fair lines.
líneas generales | main lines.
líneas interiores (telefonía) | subset.
líneas isoanómalas | isanomalous lines.
líneas isobáricas | equal pressure lines.
líneas isobáticas | isobathic lines.
líneas isocásmicas (auroras) | isochasmic lines.
líneas isoclinas | isoclinic lines | isoclinal lines.
líneas isocromáticas | isochromatic lines.
líneas isodinámicas | isodynamic lines.
líneas isoecoicas | isoechoic lines.
líneas isofases | constant-phase lines.
líneas isoflexas | isoflex lines.
líneas isofónicas | equivalent loudness contours.
líneas isóteras | isotheral lines.
líneas isotermas | isothermal lines.
líneas justificadas (tipografía) | justified lines.
líneas paralelas equiespaciadas | equal-spaced parallel lines.
líneas por minuto | lines per minute.
líneas que no se cortan ni son paralelas | nonintersecting nonparallel lines.
líneas que no se cruzan | nonintersecting lines | nonintersecting nonparallel lines.
líneas rectas que se cruzan | skew lines.
líneas separadas logarítmicamente | logarithmically spaced lines.
líneas sin carga | nonloaded lines.
líneas telefónicas interconectadas | switched telephone lines.
linero | flax-grower | flax breeder.
linfocito | lymphocyte.
linfología | lymphology.
lingo | lingo.
lingotar (acerías) | ingot (to).
lingote | ingot | fob.
lingote (de plata) | bar.
lingote (hierro) | sow.
lingote (imprenta) | clump.
lingote adherido a la lingotera | sticker.
lingote afinado con aluminio | aluminum refined ingot.
lingote al que se le ha desprendido en una cara la cascarilla (horno de termodifusión) | white-sided ingot.
lingote alto en silicio | softener.
lingote cavernoso | blown ingot.
lingote colado por el fondo | bottom-poured ingot.
lingote colado por el pie | uphill-poured ingot.
lingote colgado (defectos) | eared ingot.
lingote combustible | slug.
lingote compuesto | compound ingot.
lingote con el extremo de más sección hacia arriba | big-end-up ingot.
lingote con gran cantidad de cavidades | blown ingot.
lingote con mazarota refractaria | hot-topped ingot.
lingote con rechupe | piped ingot.
lingote corto (último de una colada) | butt ingot.
lingote de acero | steel ingot.
lingote de acero de aleación calmado | killed alloy steel ingot.
lingote de acero efervescente | rimmed-steel ingot.
lingote de acero para carriles | rail-steel ingot.
lingote de acero totalmente calmado | fully-killed steel ingot.
lingote de acero trabajado en prensa hidráulica | hydraulically pressed ingot steel.
lingote de afino | steel iron | converter pig | conversion pig.
lingote de aluminio de pureza comercial | commercially pure aluminum ingot.
lingote de aluminio para chapas | aluminum sheet ingot.
lingote de calidad de acuerdo con una especificación | specification-grade ingot.
lingote de cobre | copper pig.
lingote de cobre de sección rectangular | cake.
lingote de cobre electrolítico para fabricar alambre | electrolytic wirebar.
lingote de cuarzo fundido | fused quartz ingot.
lingote de fundición | kentledge.
lingote de hierro | iron | iron sow | pig.
lingote de hierro al carbón vegetal con soplado en caliente | hot-blast charcoal iron.
lingote de hierro maleable | malleable pig iron.
lingote de latón | brass ingot.
lingote de metal precioso (utilizado en la compraventa internacional) | bullion.
lingote de oro | bar of gold | gold billet | gold ingot.
lingote de oro fino | fine bullion.
lingote de reducción directa | ingot.
lingote de segunda fusión | secondary ingot.
lingote de uranio | uranium ingot.
lingote decapitado | decapitated ingot.
lingote desbastado | cogged ingot.
lingote desbastado en el laminador | cogged bloom.
lingote desbastado en el martillo pilón | hammer-cogged ingot.
lingote deslingotado | stripped ingot.
lingote empalmado a tope | butted slug.
lingote fundido al aire libre | air-melted ingot.
lingote fundido al arco eléctrico | arc-cast ingot.
lingote fundido con entalladuras | notched ingot.
lingote fundido de forma semicontinua | semicontinuously cast ingot.
lingote fundido en lingotera | chill-mold ingot.
lingote fundido en molde redondo achatado | stub ingot.
lingote fundido extruido | cast extruded ingot.
lingote glaseado | blazed pig.
lingote hueco para extrusión con el corazón escariado | reamed extrusion ingot.
lingote incandescente (metalurgia) | loop.
lingote para chapa | slab ingot.
lingote para extruir | extrusion lingot.
lingote para extrusión maquinado en la superficie exterior | scalp extrusion ingot.
lingote para palanquilla | billet size ingot.
lingote para piezas maleables | malleable iron.
lingote para relaminar | ingot for re-rolling.
lingote para tubo de cañón | gun-tube ingot.
lingote pegado a la base de la lingotera | stool sticker.
lingote pequeño | waffle ingot.
lingote perfilado | shape ingot.
lingote quemado | dry ingot | bony ingot.
lingote refundido | remelted ingot.
lingote refundido en el vacío | vacuum remelted ingot.
lingote relicuado en vacío parcial en horno de arco eléctrico | acuum-arc-remelted ingot.
lingote reventado (en la lingotera) | bled-ingot.
lingote sangrado (con grietas) | fissured ingot.
lingote sano | solid ingot.
lingote semidesoxidado | rimming ingot.
lingote sin termotratar | green ingot.
lingote tapado | capped ingot.
lingote testigo (metalurgia) | pilot ingot.
lingote tosco de colada | as-cast ingot.
lingotera | foss | casting mold | chill-mold | ingot mold | mold (EE.UU.).
lingotera abotellada | bottle top mold.
lingotera colocada con el extremo de menor sección hacia arriba | narrow-end-up ingot mould.
lingotera con el extremo de más sección hacia abajo | big-end-down ingot mold.
lingotera con el extremo más grande en la parte alta | wide-end-up ingot mold.
lingotera de acería | steelworks'ingot mold.
lingotera de extremos abiertos | open-ended ingot mold.
lingotera de fondo abierto | open-bottomed mold.
lingotera exagonal acanalada con el extremo mayor hacia arriba | hexagonal fluted big-end-up ingot mold.
lingotera invertida | wide-end-up ingot mold.
lingotera normal | narrow-end-up ingot mould.
lingotera octogonal con mazarota refractaria | hot-topped octagonal mold.
lingotes de hierro | pig iron.
lingotes de pie (para periódicos - tipografía) | beveled foot slugs.
lingotes fundidos simultáneamente de un bebedero central | multiple ingots.
lingotiforme | ingot-shaped.
lingotillo (fundérías) | piglet.
lingotillo cilíndrico de semiconductor | semiconductor ingot.
lingotismo (formación de estructuras macrocristalinas con planos paralelos a los costados y fondo de la lingotera o crisol) | ingotism.
lingualismo | lingualism.
lingue (Persea lingue) | lingue.
linguete | drop pawl | click | stop | safety catch | keeper | pallet | pall | pawl.
linguete de accionamiento | actuating pawl.
linguete de bloqueo | locking pawl.
linguete de enganche | latching pawl.
linguete de la rueda de trinquete | ratchet wheel click.
linguete de presión | pressing pawl.
linguete de retención | retaining pawl | holding pawl.
linguete de retenida | finger-bar.
linguete de sujeción | holding pawl.
linguete impulsor | propelling pawl.
lingüista | linguist.
lingüista algebraica | algebraic linguist.
lingüista antropológico | anthropological linguist.
lingüística | linguistics.
lingüística cartesiana | cartesian linguistics.
lingüística computacional | computational linguistics.

lingüística contrastiva | contrastive linguistics.
lingüística discrónica | dyschronous linguistics.
lingüística en la documentación | linguistics in documentation.
lingüística estadística | statistical linguistics.
lingüística ibero-románica | ibero-romanic linguistics.
lingüística indoeuropea | Indoeuropean linguistics.
lingüística matemática | mathematical linguistics.
lingüístico | linguistic.
Lingulense (geología) | Lingula flags.
linimento oleocalcario | carron oil.
linneita | cobalt pyrites.
lino | lint | flax.
lino adamascado | linen damask.
lino de fibras largas | long flax.
lino enriado en prado | grassed flax.
lino largo | long line.
lino limpio | clean flax.
lino oleaginoso | oil flax.
lino tardío | late flax.
linofídico (petrografía) | linophyric.
linografía | linography.
linóleo | linoleum | floor-cloth.
linóleo con respaldo de arpillera | hessian-backed linoleum.
linóleo conductor de electricidad estática | static-conductive linoleum.
linóleo granitado | granité linoleum.
linóleo impreso | oilcloth.
linóleo incrustado | inlaid linoleum.
linóleo jaspeado | jaspé linoleum.
linoleum | floor cloth.
linolizar (fabricación papel) | linenize (to).
linón | lawn.
linón (tela) | crinoline.
linón claro | veiling.
linón de algodón | cotton lawn | French lawn.
linoso | flaxy | flaxen.
linotipia (máquina de componer y fundir líneas enteras) | linotype.
linotipia destinada a la composición de líneas de corrección (tipografía) | ring machine.
linotipista | linotypist.
linotipo | linotype.
linotrón | linotron.
linterna | spider | lamp | mangle wheel | lantern.
linterna (selfactina) | cylinder.
linterna (válvulas motores diesel) | casing.
linterna de acumuladores para casos de emergencia (buques guerra) | battle lantern.
linterna de Aristóteles (zoología) | lantern of Aristotle.
linterna de aumento | condenser enlarger.
linterna de bolsillo | pocket-torch.
linterna de destellos | blinker lantern.
linterna de devanadera (tejeduría) | birdcage bobbin.
linterna de fibra de vidrio (hélice avión) | fiberglass spinner.
linterna de válvula (motor diesel) | valve casing.
linterna del inducido (electromotor) | armature spider.
linterna eléctrica de bolsillo | flashlight.
linterna eléctrica de bolsillo con lente hemiesférica | bull's eye lantern.
linterna para machos (fundición) | core barrel.
linterna señal de posición de las agujas (cambio de vía) | target lamp.
linterna sorda | bull's eye | bull's eye lantern.
linternón (cupulas) | lantern light.
linternón con costados de celosía para la ventilación (cubiertas de talleres) | femerell.
linternón corrido (cubierta de talleres) | monitor roof.
linternón corrido (cubiertas talleres) | monitor top.
linternón de una cúpula (arquitectura) | skylight turret.
linters | linters.
linters de algodón | cotton linters.
liño (surco, hilera de árboles, etc.) | row.
liñuelo (zapateros) | lingel.
lío | pack.
lío al catalogar | filing muddle.
liofilización | freeze-drying | cryodehydration.
liofilización (criogenia) | lyophilizing.
liofilización (ultracongelación en el vacío) | lyophilization.
liofilización de productos alimentarios (criogenia) | food freeze drying.
liofilización por aspersión en el vacio | vacuum spray freeze-drying.
liofilizador | lyophilizator | freeze dryer.
liofilizar | freeze-dry (to).
liofilizar (criogenia) | lyophilize (to).
liófilo (química) | lyophil.
liógela | lyogel.
liólisis | lyolysis.
lipasa (bioquímica) | lipase.
lipídico | lipid.
lípido | lipid.
lípidos de la leche | milk lipids.
lípidos del trigo | wheat lipids.
lipoclástico | lipoclastic | fat-breaking.
lipocromático | lipochromatic.
lipocromo | lipochrome.
lipófugo | lipofuge | oil-repellent.
lipógeno | fat-producing.
lipoide | fat like.
lipoide (bioquímica) | lipoid.
lipoide (geología) | lipoid.
lipoideo | adipoid.
lipoimpermeable | greaseproof.
lipólisis | lipolysis.
lipolítico | fat-cleaving | fat-splitting | fat-reducing.
lipolizable | lipolyzable.
lipopalingénesis | lipopalingenesis.
lipoproteína | lipoprotein.
lipoproteína del cacahuete | peanut lipoprotein.
lipoquímica | lipochemistry.
liporrepelente | oil-repellent.
liporresistente | grease-resistant.
liposoluble | fat-dissolving | grease-soluble | fat-soluble.
lipotéctico | lipotectic.
lipotimia por sudoración excesiva en lugares calientes y húmedos | heat fag.
lipotrópico | lipotropic.
liptobiolito | liptobiolith.
liquefacción anaeróbica | anaerobic liquefaction.
liquen (botánica) | lichen.
liquen arborícola | tree-moss.
liquenina | moss-starch.
liquenología | lichenology.
liquenólogo | lichenologist.
liquidación | payment | paying off | bargain sale | close-out | settlement | selling off.
liquidación (comercio) | clearance.
liquidación (conversión en líquido) | liquidation.
liquidación (de averías) | adjustment.
liquidación (de deudas) | satisfying.
liquidación (de una sociedad) | winding-up | liquidation.
liquidación (deudas) | paying.
liquidación (disolución - empresas) | dissolution.
liquidación (saldo - comercio) | clearing off.
liquidación con exceso | overassessment.
liquidación de avería | average adjusting | average statement.
liquidación de averías | average adjustment.
liquidación de balances | clearing.
liquidación de contratos antes de su terminación | ringing out.
liquidación de fin de mes | end month settlement.
liquidación de impuestos | tax demand | tax assessment | tax pay | tax levy.
liquidación de la avería | adjustment of average.
liquidación de saldos o cuentas | clearing.
liquidación de un déficit de compensación | settlement of a clearing deficit.
liquidación del activo | liquidation of the assets.
liquidación del comisionista de venta | account sales.
liquidación del contrato | contract settlement.
liquidación del daño (seguro) | claims adjustment.
liquidación del flete | freight balance.
liquidación del impuesto | tax bill.
liquidación del porte | freight balance.
liquidación final | final settlement.
liquidación forzosa | compulsory winding up.
liquidación intercristalina | intercrystalline liquidation.
liquidación judicial | winding-up subject to supervision of court | official liquidation.
liquidación mensual | monthly settlement.
liquidación por terminación de servicios | severance pay.
liquidación presuntiva | presumptive assessment.
liquidación proporcional | proportional assessment.
liquidación provisional | provisional assessment.
liquidación quincenal | mid account.
liquidación total | full settlement.
liquidación voluntaria | voluntary winding-up.
liquidado | sold up | paid in full | paid off | settled.
liquidador | trustee in bankruptcy | receiver.
liquidador (de averías) | stater | settler.
liquidador de averías | adjuster of averages | average adjuster | settling agent.
liquidador de averías marítimas | marine average adjuster.
liquidador de pérdidas por incendio | fire losses adjuster.
liquidador de reclamaciones | adjuster of claims.
liquidador de una quiebra | receiver in bankruptcy.
liquidador judicial | receiver.
liquidador oficial | official receiver.
liquidador oficial (bolsa) | official assignor.
liquidambar (Liquidambar styraciflua) | sweetgum | red gum.
liquidar | satisfy (to) | discharge (to) | dissolve (to) | assess (to) | pay off (to) | liquidate (to) | liquefy (to).
liquidar (cuentas) | settle (to).
liquidar (deudas) | liquidate (to) | clear off (to) | satisfy (to).
liquidar (deuddas) | pay up (to).
liquidar (negocios) | wind up (to) | fold (to).
liquidar artículos comerciales | run out of stock (to).
liquidar cuentas | clear (to) | even (to).
liquidar el haber social | liquidate the assets (to).
liquidar existencias | clear the stock (to).
liquidar géneros | clear goods (to).
liquidar impuestos | levy taxes (to).
liquidar la deuda | discharge the obligation (to).
liquidar un arbitraje | backspread (to).
liquidar un préstamo | pay a loan (to).
liquidar una avería | adjust an average (to).
liquidar una deuda | discharge a debt (to).
liquidar una empresa | liquidate a company (to).
liquidar una operación (comercio) | settle a business (to).
liquidar una posición | liquidate a position (to).
liquidarse | liquefy (to) | deliquesce (to).
liquidez | liquidity | cash.
liquidez (de valores) | liquidity.
líquido | liquid | aquiform | net.
líquido a presión | pressure liquid | pressure fluid.
líquido amalgamante | amalgamating liquid.
líquido anhidro | nonaqueous liquid.

líquido anticongelante | antiicer fluid.
líquido antihielo | deicing fluid.
líquido apolar | nonpolar liquid | hydrophobic liquid.
líquido arrastrado | entrained liquid.
líquido biestratificado (dos líquidos de diferente densidad) | two-layer liquid.
líquido bombeado | pump-circulated liquid.
líquido borrador | deletion fluid.
líquido borrador (clisés) | image remover.
líquido carburante | carburetting liquid.
líquido cargado con partículas de nitruro de boro | liquid loaded with boron nitride particles.
líquido cargado de sólidos | solid-laden liquid.
líquido claro | clear liquid.
líquido cloacal | sewage liquid.
líquido colorante | dye liquor.
líquido compensador | buffer body.
líquido con abrasivo en suspensión | abrasive-laden liquid.
líquido con superficie libre | free-surface liquid.
líquido concentrado | thick liquor.
líquido condensado | condensate.
líquido corrector | image remover | corrector fluid.
líquido de cierre | sealing liquid.
líquido de decapado | pickle liquor.
líquido de gran densidad | high-gravity liquid.
líquido de reposición | make-up liquid.
líquido de rociar | spray.
líquido de solución regenerada | regenerated leach liquor.
líquido decapante | pickling liquor.
líquido decapante usado | waste pickling liquor.
líquido decapante ya usado | pickle liquor waste.
líquido del freno | buffer liquid.
líquido denso | heavy liquid | dense liquid | gravity solution.
líquido descongelante | deicing fluid.
líquido deshidratante | dewatering fluid.
líquido dieléctrico | dielectric liquid.
líquido en curso de procesos industriales | process liquid.
líquido en que se empapa alguna cosa | soak.
líquido endurecedor | tempering liquid.
líquido enfriador de aceite mineral | mineral oil coolant.
líquido excitador | exciting liquid.
líquido excitador (electricidad) | active liquid.
líquido exfluyente | effluent liquid.
líquido exprimido | pressing.
líquido eyectado por aire | air-ejected liquid.
líquido filtrado | filtrate.
líquido frigorígeno | refrigerating liquid.
líquido fuerte para revelar (fotografía) | dynamite.
líquido gelatinoso | gelatinous-like liquid | gelatinous liquid.
líquido hidráulico | hydraulic fluid.
líquido hidráulico ininflamable | noninflammable hydraulic fluid.
líquido hidrófilo | polar liquid | hydrophilous liquid.
líquido hidrófobo | hydrophobic liquid | nonpolar liquid.
líquido hiperviscoso | extremely viscous liquid.
líquido humectador de superficies | surface wetting liquid.
líquido impregnante | pregnant liquor.
líquido industrial | industrial liquid.
líquido inerte | inert liquid.
líquido insecticida | antipest liquid.
líquido irradiado por fuera | externally liquid.
líquido madre separado de la parte sólida (metalografía) | open sea.
líquido magnético (aceite ligero con polvo de hierro en suspensión) | magnetic fluid.
líquido metálico | metallic liquid.
líquido newtoniano | liquid that obeys the Hagen-Poiseuille equation.
líquido obliterante | obliterating fluid | deletion fluid.
líquido obturador | packing liquid | sealing liquid | seal.
líquido obturante | sealant.
líquido para afilar | grinding fluid.
líquido para aparatos hidráulicos | hydraulic fluid.
líquido para atacar ligeramente las paredes pulimentadas interiores del cilindro | deglazer.
líquido para cementar | hardening liquid.
líquido para circuitos hidráulicos ininflamable | nonflammable hydraulic fluid.
líquido para curtir | drench.
líquido para desmontar (tuercas agarrotadas por el óxido, etc.) | dismantling fluid.
líquido para el freno | recoil fluid.
líquido para frenos hidráulicos | hydraulic brake fluid.
líquido para herramientas de corte reforzado con un aditivo | additive fortified cutting fluid.
líquido para limpiar metales | brass polish.
líquido para lubricar las lingoteras por el interior | mold dressing.
líquido para obturar | sealant.
líquido para pintar moldes | mold wash.
líquido para pulir | liquid polish.
líquido para rectificar | grinding fluid.
líquido para retocar | spotting-out solution.
líquido para soldar | soldering fluid.
líquido para solidificar terrenos | soil-solidifying liquid.
líquido para sondeos cargado con abrasivo ferroso | drilling liquid laden with ferrous abrasive.
líquido para templar | hardening liquid.
líquido pesticida | antipest liquid.
líquido polar | hydrophilous liquid | polar liquid.
líquido que emite partículas radiactivas | active liquor.
líquido que fluye libremente | free-flowing liquid.
líquido que queda adherido a las piezas (baños de tratamiento) | dragout.
líquido que se evapora rápidamente | flashing liquid.
líquido refinado obtenido por extracción con un disolvente | raffinate.
líquido refrigerante | cooling liquid | freezing liquid.
líquido refrigerante aireado | aerated coolant.
líquido refrigerante de los rodillos (laminadores) | mill coolant.
líquido refrigerante de metal licuado (reactor nuclear) | liquid-metal coolant.
líquido refrigerante para rectificar | grinding coolant.
líquido refrigerante primario (reactor nuclear) | primary coolant.
líquido regenerante | regenerant.
líquido residual alcalino con escasa proporción de sílice | silica-poor alkalic residual liquid.
líquido residual de obtención de la pasta química de madera | black liquor.
líquido rotatorio | rotating fluid.
líquido saturado | flashing liquid.
líquido sinovial (medicina) | joint oil.
líquido subenfriado | subcooled liquid.
líquido testigo | test liquid.
líquido usado | old liquid.
líquido valorado | titrated solution.
líquido viscoso | heavy liquid.
liquidoide | liquidoid.
líquidos a granel | in bulk liquids.
líquidos alcohólicos | alcoholics.
líquidos biológicos | biological fluids.
líquidos con superficies libres (buques) | free-surface liquids.
líquidos de lavado | washings.
líquidos inmiscibles | nonassociated liquids.
líquidos que vehiculan sólidos en suspensión | solids-carrying liquids.
líquidos sobreenfriados (vidrio, plásticos) | supercooled liquids.
líquidos-no volcar | liquids-do not tilt.
liquidus (diagrama metalúrgico) | liquidus.
lira (colector de arco - locomotora eléctrica) | bow trolley.
lira (música) | lyre.
lira (toma corriente trenes eléctricos) | bow.
lira (torno) | lathe swing plate | tangent plate.
lira (torno de roscar) | quadrant.
lira (torno roscar) | radial plate | quadrant-plate | radial arm.
lira (tornos) | sweep | swing frame.
lisera | berm.
lisiado | lame | crippled.
lisiar | cripple (to) | lame (to).
lisimetría | lysimetry.
lisimétrico | lysimetric.
lisímetro | lysimeter.
lisina (bioquímica) | lysine.
lisina (medicina) | lysin.
liso | even | flat | terse | fault | smooth | smooth | slick.
liso (geología) | slip.
liso (sin dibujos - telas) | plain.
liso por ambas caras (contrachapados) | sanded on both sides.
liso y transparente (hielos) | glair.
lista | muster | repertory | roll | roll | list | list | table | schedule | register | bill | stripe | streak | string.
lista (urdido) | cut.
lista actualizada | updated list.
lista clasificada | marshalled list.
lista colectiva | union list.
lista común | aligned list.
lista con dimensiones de la madera necesaria (edificios) | cutting list.
lista con entrada por la parte alta | pushdown list.
lista con los nombres de la tripulación indicando lo que debe hacer cada uno en caso de emergencia (buques) | stations bill.
lista de accesorios para control de averías y su situación y funcionamiento (compartimientos del buque) | compartment check-off list.
lista de acusaciones | charge-book.
lista de agencias o unidades a las que hay que distribuir una publicación | distribution formula.
lista de aprobados | passing list.
lista de arrendatarios | rent roll.
lista de bienes gravables | tax roll.
lista de bultos | packing list.
lista de buques a punto de salir | sailings.
lista de buques esperando muelle para cargar | stemming list.
lista de cambios | list of foreign exchange rates.
lista de candidatos | ticket.
lista de causantes | taxpayer roll.
lista de causas alzadas (abogacía) | calendar of appeals.
lista de causas o pleitos | court calendar.
lista de consultantes | panel of consultants.
lista de contenidos | packing list.
lista de contribuyentes | tax roll | tax list.
lista de control | checklist | audit list.
lista de desplazamiento ascendente | push up list.
lista de desplazamiento descendente | push down list.
lista de dibujos | schedule of drawings.
lista de direcciones | mailing list.
lista de direcciones de licitadores | bidder's mailing list.
lista de direcciones postales para envío gratis | free mailing list.
lista de distribución | distribution list.
lista de documentos archivados indicando su vigencia | records retention schedule.
lista de documentos por asuntos | topical list of documents.
lista de embarque | shipping document.
lista de embarque (buques) | shipping statement.
lista de embarque (navegación) | roster.

lista de encabezamiento de materias | subject authority file.
lista de enfermos | sick list.
lista de enfermos (buques guerra) | binnacle list.
lista de enfermos graves (hospitales) | danger list.
lista de espera | standby list | waiting list.
lista de eventos | schedule of events.
lista de excepciones en la responsabilidad del asegurador | memorandum.
lista de exenciones | freelist.
lista de expositores | list of exhibitors.
lista de faltas | shortage list.
lista de faros (navegación) | light list.
lista de gastos | schedule of charges.
lista de géneros entrados en la aduana | bill of entry.
lista de inscritos (depósitos) | entry.
lista de instrucciones (ordenador) | vocabulary.
lista de inventario | contents list.
lista de jornales | pay list.
lista de jurados suplentes | tales.
lista de la tripulación | crew list.
lista de las causas a ver en el día (jurisprudencia) | docket.
lista de los precios de las piezas | parts price list.
lista de llamada (terminales) | polling list.
lista de materiales | list of materials | bill of materials | building list | parts list.
lista de mercancías importadas con franquicia de aduanas | freelist.
lista de mercancias para comprobar el conocimiento de embarque | cargo sheet.
lista de mercancías por cargar | cargo list.
lista de mercancías por declarar (aduanas) | entry summary.
lista de miembros | membership list.
lista de muertos | death roll.
lista de nombres | roll of names.
lista de obras en curso | order book.
lista de oficiales en activo | active list.
lista de oficiales en comisión | detached officers' list.
lista de palabras | word list.
lista de parámetros | parameter list.
lista de pasajeros | passenger list | passenger manifest.
lista de personas designadas para un servicio | panel.
lista de personas que tienen entrada gratis | freelist.
lista de piezas | parts list | schedule of parts.
lista de piezas (de un conjunto) | part sheet.
lista de piezas (dibujo) | parts list.
lista de piezas (dibujos) | bill of materials.
lista de piezas de recambio | spare parts list.
lista de piezas de repuesto | part list | parts list.
lista de planos | drawing record.
lista de precios | price-list | price list.
lista de precios de repuestos | parts price list.
lista de presentes | attendance list.
lista de prioridad | priority list.
lista de productos exentos de derechos | free list.
lista de puestos para casos de incendio (buques) | fire bill.
lista de rechazo | push down list.
lista de referencias | citation index | list of references | source list.
lista de referencias cruzadas | cross reference list.
lista de retirados por incapacidad temporal | temporary disability retired list.
lista de revista | muster-roll.
lista de selección | polling list.
lista de socios | roster.
lista de sondeo a terminales de una red (teleproceso) | polling list.
lista de términos | term list.
lista de toda la maquinaria a excepción de la electrónica (buques) | machinery list.
lista de turnos | rotation roll.
lista de valores permitidos por las compañías aseguradoras para cobertura de reservas | commissioners' values.
lista de valuaciones | valuation roll.
lista de votantes | registry of voters.
lista del cargamento cargado por una escotilla determinada | hatch list.
lista del pasaje | passenger manifest | passenger list.
lista del personal | roster.
lista detallada de modelos | full list of models.
lista detallada del contenido | contents in detail.
lista directa | push up list.
lista divisoria (urdido) | marking band.
lista impresa | printed output.
lista indicadora de las áreas de memoria ocupadas (informática) | map.
lista informativa | source list.
lista negra de los comerciantes | unfair list.
lista no secreta | open list.
lista nominal | calling over the roll.
lista nominativa | nominal roll.
lista oficial | official list.
lista ordenada de un asunto | index.
lista ordinaria | routine list.
lista por antigüedad | lineal list.
lista por orden de méritos | class-list.
lista por tipos de todos los vehículos terrestres cargados en un buque | consolidated vehicle table.
lista puesta al día | updated list.
lista salarial | payroll.
lista selectiva | select list.
lista suplemental | supplemental list.
listado | table | zoned | streaky | striped.
listado (informática) | listing.
listado a lo ancho (telas) | cross-striped.
listado a lo largo (tejidos) | long-striped.
listado a través (telas) | cross-striped.
listado de artículos según un método | push-down list.
listado de contribuyentes | taxpayer roll.
listado de detalle | detail printing.
listado de etiquetas | list.
listado de índices de cambio | table on exchange rates.
listado de programa | program listing.
listado de prueba | proof listing.
listado de referencia | reference listing.
listado impreso | output listing.
listado por su nombre | listed by name.
listados | ruled.
listaje | listing.
listar | list (to) | streak (to).
listar (pieles) | stripe (to).
listas a lo ancho | cross stripes.
listas de faros | light lists.
listas de laminación (materiales) | mill sheets.
listas de piezas de recambio | lists of parts.
listas electorales | electoral rolls.
listas recargadas (telas) | crammed stripes.
listas transversales | cross stripes.
listel | list | fillet.
listel (arquitectura) | listel.
listel (columnas) | facet.
listería (ferrocarril) | central office.
listero | timekeeper | list-keeper.
listín | list.
listo (buques) | taut.
listo (estudios cine) | dressed.
listo para cargar o descargar (buques) | on the berth.
listo para disparar | ready for firing.
listo para el combate | combat-ready.
listo para empezar el trabajo | ready for orders.
listo para funcionar | in running order | ready-to-operate.
listo para funcionar (motores, etc.) | ready-to-run.
listo para hacer | ready.
listo para la botadura (buques) | readied for launch.
listo para salir el viernes | bound to start on Friday.
listo para ser instalado | ready for fitting place.
listo para ser puesto en ejecución (proyecto) | ripe for execution.
listo para ser usado | ad manum.
listo para todo | ready for anything.
listo para volar (aviones) | on the line.
listo para zarpar | ready for sea.
listo para zarpar en la próxima marea (buques) | on a tide sail.
listón | strip | rung | lath | ribbon | waist rail | slat | ferret | riband.
listón (arquitectura) | bandlet.
listón (de peine) | rib.
listón (de revestimiento) | lag.
listón (paleta rascadora-cinta transportadora) | flight.
listón achaflanado para esquina interior | cant strip.
listón ancho y poco grueso (respaldo sillas) | splat.
listón clavado en un tablón que sirve de escala (del muelle al buque) | cleat.
listón cubrejunta | splat.
listón cubrejunta (carpintería) | astragal.
listón cubrejuntas | beading.
listón de alza (telar) | jack stick.
listón de cielorraso | raglin | rag land.
listón de cielorraso (construcción) | raglan.
listón de cubrejunta | roll.
listón de encruzamiento | lease rod.
listón de enrasar | furring strip.
listón de fileta | creel stick.
listón de los lizos (telares) | shaft stave.
listón de madera | batten | fillet.
listón de madera portátil que va de proa a popa para sujetar la funda (botes salvavidas) | strongback.
listón de presión | press bar.
listón de renvalso (ventanas) | stop.
listón de sección circular | arris fillet.
listón de vidriera | glazing bead.
listón del peine (tejeduría) | baulk of reed.
listón delgado de madera empotrado en la pared | slip.
listón horizontal de nivelación | sight rail.
listón para clavar | nailer.
listón para clavar (en paredes) | nailing strip.
listón para dar pendiente (tejados) | gage lath.
listón para enmaestrar (buques) | fairing batten.
listón posterior (puerta de tablas) | ledge.
listón retienetela (telar) | cloth holding bar.
listón separador | parting strip.
listón separador (contrapeso ventanas) | parting slip.
listón separador (entre troncos o tablas) | sticker.
listón separador de contrapesos (ventana guillotina) | pendulum.
listón tapajunta | cover fillet | cover strip.
listón vertical que separa los cristales adyacentes (ventanas) | mullion.
listonaje | lathing.
listonero | lather.
listones | dunnage.
listones de cielorraso | bracketing.
listones de espesor variable que se clavan sobre las viguetas de madera del techo para obtener las pendientes deseadas | firring.
listones de la cimbra | centering strips.
listones de madera de anchura constante y altura variable que se clavan sobre las vigas del techo para obtener la pendiente deseada | furring.
listones de madera fijados a la cubierta (buques para transporte de ganado) | footlocks.
listones para clavar frisos de madera (muros) | grounds.
listones para enlucidos | firring.
listones sujetos al muro para clavar arrima-

deros | backing.
listos para atacar (milicia) | in readiness.
listos para disparar (dotación de un cañón) | manned and ready.
listos para radiar un programa (orden al personal) | standby.
lístrico (geología) | listric.
lisura | flatness | smoothness | evenness.
lisura de la pista de despegue | runway smoothness.
lisura del papel | paper smoothness.
litargirio | lead ochre | litharge.
litargirio (pintura) | massicot.
litargirio levigado | levigated litharge.
lite pendiente | lis pendens.
litera | berth.
litera (buques) | bunk.
litera (marina) | rack.
litera (vehículo) | litter.
litera con cajones en la parte inferior (buques) | transom.
litera extensible | extension berth.
litera inferior (coches camas) | lower.
litera metálica (buques) | metal berth.
litera superior (coche cama) | upper.
literal (variables alfanuméricas) | literal.
literalidad | literality.
literatura | literature.
literatura de revistas técnicas | magazine literature.
literatura médica | medical literature.
literatura promocional | promotional literature.
litia (monóxido de litio) | lithia.
litiasis (medicina) | gravel.
lítico | lithium.
litificación | lithification.
litificar | lithify (to).
litigable | pleadable.
litigación | litigation.
litigación sobre un testamento | will contest.
litigante | suitor | litigator | litigant.
litigante temerario | malicious litigant | rash litigant.
litigar | litigate (to) | plead (to) | contest (to) | contend (to).
litigar entre sí varios demandantes para determinar su mayor derecho a la demanda | interplead (to).
litigio | litigation | plea | suit | lawsuit | dispute.
litigio ante los tribunales | suit at law.
litigio bajo derecho marítimo | maritime cause.
litigio de mala fé | vexatious suit.
litigio internacional | international dispute.
litigio judicial | judicial action.
litigio por accidente de automóvil | automobile accident litigation.
litigio por embargo | injunction litigation.
litigio por usurpación | infringement litigation.
litigio temerario | vexatious suit.
litigios entre autoridades | disputes between authorities.
litigiosamente | pleadingly.
litigioso | contentious.
litio (Li) | lithium.
litis pendens | lis pendens.
litisconsorcio | joint litigation.
litisconsorte | associate in suit | joint litigant.
litiscontestación | litiscontestation.
litiscontestacional | litiscontestational.
litiscontestar | litiscontest (to).
litispendencia | lis pendens | pendency | litispendency.
litispendencia (jurisprudencia) | dependence.
litocálamo | fossil reed.
litoclasa | rock fracture.
litoclasta | lithoclast.
litocola | lapidary's cement.
litocromía | lithochromics | lithochromy | lithochromatics.
litocrómico | lithochromatic.
litoestratigrafía | lithostratigraphy.
litofacies | lithofacies.
litófago | rock-burrowing.
litófago (aves) | stone-eating.
litofanía | lithophany.
litófilo de grandes iones (geología) | large-ion lithophile.
litofisa | lithophyse.
litofotografía | lithophotography.
litofotográfico | lithophotographic.
litogénesis | lithogenesis | rock formation.
litogénico (geología) | palingenetic.
litógeno | rock-building.
litoglíptica | lithoglyptics.
litoglíptico | lithoglyptic.
litognosia | lithognosis.
litognóstico | lithognotic.
litografía | lithoprinting | lithoglyptics | chemical printing.
litografía (arte) | lithography.
litografía bimetálica | bimetallic lithography.
litografía fototécnica | phototechnic lithography.
litografía offset | offset lithography.
litografía por calcomanía | decalcomania lithography.
litografiado | lithoprinting.
litografiado de copia a máquina | lithoprinted from typed copy.
litografiar | lithograph (to).
litógrafo | lithoprinter | lithographer.
litoidal | lithoidal.
litoideo | lithoidal.
litología (rocas) | lithology.
litológico | lithological.
litólogo | lithologist.
litólogo-geoquímico | lithologo-geochemical.
litometeoro | lithometeor.
litopón (mezcla de sulfato bárico y sulfuro de cinc) | lithopone.
litoral | littoral | coastline.
litoral acantilado | cliffed shore line.
litoral atlántico | Atlantic seaboard.
litoral inhóspito | inhospitable coastline.
litoral marino | seaboard.
litoral marítimo | seacoast | maritime fringe.
litosfera | lithospere | geosphere.
litosiderito (meteorito) | lithosiderite.
litosol | lithosol.
litotipografía | lithotypy.
litotomía | lithotomy.
litotomo (zoología) | stone-boring.
litótopo | lithotope.
lituo (curva algebraica) | lituus.
liturgia del proceso de negociación | liturgy of the process of negotiation.
liviano | light | lightweighted.
livingstonita (metal antiomonioso) | livingstone.
lixiviabilidad | lixiviability.
lixiviable | lixiviable.
lixiviación | lixiviation | lixivation | lixiviating | leaching | leach.
lixiviación ácida | acid lixiviation.
lixiviación al amoníaco | ammonia leaching.
lixiviación al vapor | steaming.
lixiviación bacterial (minerales) | bacterial leaching.
lixiviación de minerales | ore leaching.
lixiviación en montón | heap leaching.
lixiviación en pila | heap leaching.
lixiviado | lixiviate.
lixiviado (sustantivo) | leachate.
lixiviado de sólidos gruesos | coarse solids leaching.
lixiviado en ácido | acid leached.
lixiviador | leacher | lixiviator.
lixiviar | leach (to) | lixiviate (to).
lixivio | lixivium.
liza electoral | electoral arena.
lizo | leaf | heald.
lizo (telar) | harness | shaft.
lizo (telares) | leash | heddle.
lizo ascendente | rising shaft.
lizo con mallón | eyed heddle.
lizo con ojal | eyed heald | mail heald.
lizo con ojal (hilaturas) | mailed heald.
lizo de alza | lifting heald.
lizo de alza (telares) | raising shaft.
lizo de baja (telar) | lowering heald | lowering shaft.
lizo de calotas | doup harness.
lizo de conteras | nosed heald.
lizo de conteras (telares) | noosed heald.
lizo de mallas metálicas | mail heald.
lizo de nudo sencillo | link heald.
lizo de orillo | selvage harness.
lizo de vuelta (tejido de gasa de vuelta) | back standard harness.
lizo fijo (tejido gasa de vuelta) | ground harness.
lizo gaseado | singed heald.
lizo inglés (gasa de vuelta) | front standard harness.
lizo libre | empty heddle.
lizo metálico | lino heald.
lizo para adamascados | damask heald.
lizo para el dibujo (tejidos) | figuring shaft.
lizo para orillos | selvedge heald.
lizo superior | bow.
lo anteriormente mencionado | foregoing.
lo antes posible | at the shortest notice.
lo esencial para un buen producto es un análisis químico exacto | the key to a good product is exact chemical analysis.
lo más a popa | aftermost | sternmost.
lo más a proa | foremost.
lo más alejado de sotavento | leewardmost | leemost.
lo más atrás | aftermost.
lo más exáctamente posible | as accurately as possible.
lo más solicitado | most-asked.
lo mejor de uno mismo | one's better self.
lo mismo | the same thing.
lo mismo de siempre | the same old story.
lo mismo que | along with.
lo que debe hacerse cuando hay dificultades (aparatos, mecanismos) | what to do when things go wrong.
lo que falta para completar una cosa | short.
lo que falta para cumplir una obligación | short.
lo que hay que hacer y cómo debe hacerse | what to do and how to do it.
lo que los solicitantes deben hacer (marcas de fábrica) | what applicants must do.
lo que no debe hacerse en la soldadura oxiacetilénica | don'ts in gas welding.
lo que no queda separado por flotación (decantación) | underflow.
lo que pasa por la criba | undersize.
lo que queda | remainder.
lo que se paga por abatanar (paños) | fullage.
lo substancial de un proceso | subject-matter.
loba (alto horno) | shadrach.
loba (masa de material no fundida en los hornos) | old horse.
loba (para sillares) | louvre.
loba de tres piezas | double lewis.
loba de tres piezas (para levantar sillares) | lewis.
loba para levantar pesos | scissors.
lobar | lobar.
lobina (pez) | bass.
lobo | willow.
lobo (alto horno) | bear.
lobo (convertidor metalúrgico) | kidney.
lobo (crisol) | horse.
lobo (cuchara de colada) | skull.
lobo (cuesco - alto horno) | freeze.
lobo (metalurgia) | sow.
lobo alrededor de la sangría (horno Siemens) | dog-collar.
lobo de cuchara (acerías) | ladle skull | ladle button.
lobo de sangría (alto horno) | chestnut.
lobo de trapos | tearing machine | devil | shoddy picker | rag grinder | rag-tearing machine | rag devil | ragpicker.

lobo gris grande (EE.UU.) | timber-wolf.
lobos (cuescos - alto horno) | furnace accretions.
lobulado | chambered | foliated.
lobulado (angrelado - arcos) | cusped.
lobulado (arcos) | foiled.
lobular | lobar.
lóbulo | lobe.
lóbulo (arquitectura) | cusp | foil.
lóbulo (de la oreja) | lug.
lóbulo (diagrama de irradiación) | lobe.
lóbulo (saco acuífero - hepáticas) | clapper.
lóbulo cuadrado | quadrate.
lóbulo de rotor de soplante | blower rotor lobe.
lóbulo lateral de irradiación | sidelobe.
lóbulo menor (radiación) | minor lobe.
lóbulo posterior | back lobe.
lóbulos móviles | moveable lobes.
loca (rueda, etc.) | out of gear.
local alquilado | leased department.
local de exposición | booth.
local de negocios | place of business.
local expositor | stand.
locales comerciales | business premises.
localidad | place | spot.
localidad periférica | peripheral locality.
localidades donde se forma hielo en verano y cuya temperatura es mayor que la de los alrededores en invierno | ice mine.
localizabilidad (mecánica ondulatoria) | localizability.
localización | position finding | position-finding | spotting | location | localization | indication.
localización (de un estímulo) | locality.
localización acústica | sound ranging.
localización aleatoria | randomizing.
localización auditiva | auditory location.
localización cortical | cortical localization.
localización de averías | trouble finding | fault location | fault finding.
localización de averías metódicamente | stage-by-stage trouble shooting.
localización de averías punto por punto (electricidad) | signal tracing.
localización de defectos | defect location.
localización de errores | troubleshooting.
localización de estaciones | station siting.
localización de estaciones de radio | radio position finding.
localización de fichero (informática) | file addressing.
localización de la información | information retrieval.
localización de la instrucción | location of instruction.
localización de la pérdida a tierra (electricidad) | ground-fault location.
localización de un cortocircuito | short-circuit localizing.
localización de una emisora | logging.
localización de una interrupción del circuito | open-circuit localizing.
localización dinámica de un haz (física nuclear) | tracking.
localización documentaria | information retrieval.
localización geográfica | geographical location.
localización instantanea (electrónica) | real-time tracking.
localización mecanizada | mechanized retrieval.
localización mediante el sonido | sound ranging.
localización por burbujeo | bubble leak test.
localización por ecos | echo ranging.
localización por el eco | echo location.
localización por el fogonazo | flash ranging.
localización por inferencia | inference retrieval.
localización por los fogonazos (artillería) | flash spotting.
localización por radio | radio fix.
localización precisa | exact localization.
localización radárica | radiolocation.
localización radioacústica | radioacustic position-finding.
localización radiogoniométrica terrestre | ground direction finding.
localización selectiva y extracción de datos (de una memoria electrónica) | retrieval.
localización selectiva y extracción de datos (de una memoria magnética) | retrieving.
localización submarina | subaqueous ranging.
localización ultrasonora | echo ranging.
localización y corrección de errores | debugging.
localización y reparación de averías | troubleshooting.
localizador | localizer.
localizador de averías | fault finder | faultfinder.
localizador de averías en la línea de transmisión de energía eléctrica | transmission-line-fault locator.
localizador de averías supersónico | supersonic fault locator.
localizador de centros | center head.
localizador de comparación de fase | phase comparison localizer.
localizador de emisoras | intercept receiver.
localizador de haz | beam finder.
localizador de la interrupción (electricidad)b | break locator.
localizador de programas | run locator.
localizador de radioisótopos | radioisotope locator.
localizador de ruta del blanco aéreo | target plotter.
localizador de señal | range finder.
localizador de trayectoria | path finder.
localizador de trayectoria de planeo | glide-path localizer.
localizador de trayectoria de planeo en aterrizaje (aviones) | glide path localizer.
localizador de un reglón (impresora) | line finder.
localizador del punto de corriente mínima (circuito de alta frecuencia) | nodalizer.
localizador equiseñal de pista | equisignal runway localizer.
localizador gráfico | graphic locator.
localizador por defasaje | phase localizer.
localizar | plot (to) | plot (to) | locate (to) | pinpoint (to) | take a radio bearing (to).
localizar (averías) | detect (to).
localizar un incendio (bosques) | corral a fire (to).
localmente templado | zone-hardened.
localmente univalente | locally univalent.
locatario | leaseholder.
locativo | tenantable.
locelado | locellate.
locelo | locellus.
loción limpiadora | cleansing lotion.
loción refrescante | skin freshener.
loco (mecánica) | idle.
loco (persona) | mental.
loco (poleas, etc.) | mounted free | loose.
loco sobre el eje | loose on the shaft.
locolito (geología) | floored intrusive.
locomoción | locomotion.
locomoción aérea | aerial locomotion.
locomoción extraviaria | land locomotion.
locomoción fuera de caminos | land locomotion.
locomotividad | locomotivity.
locomotor | locomotor | locomotive | locomotory.
locomotora | locomotive engine | loco | locomotive.
locomotora (EE.UU.) | engine.
locomotora aerodinámica | streamlined locomotive.
locomotora articulada | articulated locomotive.
locomotora caldeada con fueloil | oil-fired locomotive.
locomotora con cabrestante | crab locomotive.
locomotora con carretón | bogie engine.
locomotora con condensación del vapor de escape | condensing locomotive.
locomotora con depósito de vapor a presión (minas) | fireless locomotive | dummy engine.
locomotora con diesel sobrealimentado | turbodiesel locomotive.
locomotora con rectificador de ignitrones | ignitron rectifier locomotive.
locomotora con transmisión hidromecánica | hydromechanical locomotive.
locomotora con turbina de gases utilizando gases del diesel | diesel cum-gas-turbine locomotive.
locomotora de adherencia | adhesion engine.
locomotora de adherencia y cremallera | rack-and-adhesion locomotive.
locomotora de aire comprimido | air locomotive | compressed-air locomotive.
locomotora de bogie motor | power-bogie locomotive.
locomotora de bogies | bogie locomotive.
locomotora de caldeo por fueloil | oil-burning locomotive.
locomotora de corriente continua | continuous current locomotive.
locomotora de corriente continua para líneas principales | direct current main-line locomotive.
locomotora de corriente monofásica | single-phase current locomotive.
locomotora de cremallera | rack engine.
locomotora de dos ejes acoplados | four-coupled locomotive | four-wheeled engine.
locomotora de inversión del sentido de marcha | direct-reversing locomotive.
locomotora de maniobra | yard locomotive | yard engine | pug-engine | switch locomotive | switch engine.
locomotora de maniobra diesel con transmisión hidráulica | diesel hydraulic shunter.
locomotora de maniobra diesel-eléctrica | diesel-electric shunter.
locomotora de maniobra para acerías | steelworks locomotive.
locomotora de maniobra para interiores de fábricas | inter-works shunter.
locomotora de maniobras | pony-engine | pony engine | locotractor | shunting engine | gathering locomotive | drill engine.
locomotora de maniobras (EE.UU.) | switching engine.
locomotora de maniobras (ferrocarril) | road switcher.
locomotora de maniobras (minas) | gathering loco.
locomotora de maniobras con transmisión hidráulica | hydraulic switcher.
locomotora de mina | pit locomotive.
locomotora de mina de acumuladores | battery-operated mining locomotive.
locomotora de pasajeros para vía métrica | meter-gage railway passenger locomotive.
locomotora de petróleo | oil-burning locomotive.
locomotora de refuerzo para subida de rampas | helper-engine.
locomotora de refuerzo para subida de rampas (ferrocarril) | banker | bank engine.
locomotora de reserva | emergency locomotive.
locomotora de seis ruedas acopladas | six-wheeled engine.
locomotora de socorro | relief engine.
locomotora de socorro (ferrocarril) | helper.
locomotora de transmisión termoneumática | thermopneumatic transmission locomotive.
locomotora de tren de mercancías | goods engine | freight engine.
locomotora de turbina de combustión | gas generator locomotive.
locomotora de turbina de gas | gas turbine locomotive.
locomotora de turbina de gases por combustión de carbón en polvo | coal-burning gas turbine locomotive.
locomotora de un solo eje motor | bicycle locomotive.
locomotora de vapor | steam locomotive |

steamer.
locomotora de vapor de cilindros exteriores | outside cylinder locomotive.
locomotora de vapor de cilindros interiores | inside cylinder locomotive.
locomotora de vapor marchando con la cabina por delante | cab-ahead steam locomotive.
locomotora de vapor que quema petróleo | oil-burning locomotive.
locomotora de vía estrecha | narrow-gage locomotive.
locomotora decauville | dinkey.
locomotora diesel con transmisión hidráulica | diesel-hydraulic locomotive.
locomotora diesel con transmisión mecánica | diesel-mechanical locomotive.
locomotora diesel para maniobras | diesel shunter | oil-engined shunting locomotive.
locomotora diesel-eléctrica | diesel-electric locomotive | oil-electric locomotive.
locomotora diesel-eléctrica para tráfico mixto | mixed-traffic diesel-electric locomotive.
locomotora eléctrica | electromotive | electric locomotive.
locomotora eléctrica de seis ejes y de dos bogies | double-bogie six-axle type electric locomotive.
locomotora eléctrica de tambor (minas) | cable-reel locomotive.
locomotora eléctrica de turbina de combustión | gas turboelectric locomotive.
locomotora eléctrica que puede funcionar con redes de características eléctricas diferentes (de voltajes o frecuencias) | multisystem electric locomotive.
locomotora exploradora | pilot engine.
locomotora guardada en el depósito de máquinas | stabled locomotive.
locomotora para mamiobras | shunter.
locomotora para maniobras | switcher.
locomotora para movimientos de vagones | bulldozer.
locomotora para romper el hielo y regar con anticongelantes el carril conductor | sleet locomotive.
locomotora para servicio de línea y de maniobras | switcher.
locomotora para tren de mercancías | freight locomotive.
locomotora para tren de viajeros | passenger loco.
locomotora pequeña para maniobras | dolly.
locomotora pequeña para minas o canteras | dinkey.
locomotora pesada de mercancías | heavy freight locomotive.
locomotora propulsada por batería de acumuladores | battery locomotive.
locomotora sin hogar (minas) | dummy engine.
locomotora ténder | tank locomotive | tank engine.
locomotora trasera (doble tracción) | pusher locomotive.
locomotora trasera de refuerzo en rampas | pusher.
locomotora tuboeléctrica | steam-turbine-electric locomotive.
locomotora-grúa | crane locomotive.
locomotora-hora | loco-hour.
locomotoras de mercancías | freight power.
locomotora-tender para maniobras | saddle-tank shunting locomotive.
locomotorial | locomotorial.
locomotriz | locomotor.
locomóvil | locomotive | locomobile.
locopropulsor | locopropeller.
locotractor | locotractor.
locotractor de mina | mine locomotive.
loculación | loculation.
loculado | loculate.
locular | locular.
lóculo | loculus.
locura | vesania.
locura por comer pan elaborado con trigo con cornezuelo | bread madness.
locutor (radio, TV) | announcer | speaker.
locutor de doblaje (cine-video) | voice actor.
locutor de radio | broadcaster.
locutora (radio y TV) | speakerine.
locutorio | call room | call box | parlour.
locutorio (conventos) | auditorium.
locutorio (teléfonos) | call-box.
locutorio telefónico | telephone call.
loda | lodar.
lodar (radiogoniómetro) | lodar.
lodar (rellenar de arcilla - barrenos) | clay (to).
lodazal | slough | mire.
lodevita | lodevite.
lodo | sludge | mud | mire.
lodo (de minerales) | slime.
lodo (Méjico, Panamá, Perú, Paraguay) | puddle.
lodo (sondeos) | slush.
lodo a la cal (sondeos) | lime mud.
lodo ácido | acide sludge.
lodo activado | active sludge.
lodo al aceite (sondeos de pozos petroleros) | oil mud.
lodo coloidal | colloidal mud.
lodo coloidal de perforación (sondeos) | colloidal drilling mud.
lodo de arcilla emulsionada (sondeos) | emulsion clay mud.
lodo de cal | lime sludge.
lodo de circulación (sondeos) | mud solution.
lodo de circulación para la perforación (sondeos) | drilling clay.
lodo de corrosión | crud.
lodo de emulsion (sondeos) | emulsion mud.
lodo de gran alcalinidad | high pH mud.
lodo de inyección (sondeos) | drilling mud | mud fluid | mud flush | mud.
lodo de lavado (de minerales) | washery slurry.
lodo de nafta | naphta sludge.
lodo de perforación | drilling fluid | bailing mud | drilling mud.
lodo de perforación (agua mezclada con bentonita y otros materiales como barita, petróleo, etc) | drill mud.
lodo de perforación (sondeos) | sludge | mud.
lodo de perforación de barro mezclado con sosa caústica (sondeos) | lime-base drilling mud.
lodo de perforación de pozos de petróleo | oil well-drilling mud.
lodo de sondeo cargado de detritus | detritus laden drilling fluid.
lodo estuarino | estuarine mud.
lodo glutinoso | silt.
lodo inhibido | inhibited mud.
lodo ordinario | conventional mud.
lodo orgánico | muck.
lodo para perforar de emulsión a base de petróleo (sondeos) | oil-base-emulsion drilling fluid.
lodo para sondeos | drilling fluid | drilling mud.
lodo pútrido gelatinoso producido por maceración de restos orgánicos | sapropel.
lodo tratado con extracto de quebracho (sondeos) | red mud.
lodos (minería) | slurry.
lodos de aguas cloacales | sewage sludge.
lodos de carbón | smudge.
lodos de perforación | drill sludge.
lodos estuarinos | estuarine muds.
lodoso | muddy.
lods (probabilidades) | lods.
loes | löss.
loes arcilloso | loessic loam.
loésico | loessic.
loess | loess.
lofar (submarinos) | lofar.
logaritmación | logarithmation.
logarítmicamente periódico | logarithmically periodic.
logarítmico | logarithmical.
logarítmico normal | lognormal.
logaritmo | log | logarithm.
logaritmo común | denary logarithm.
logaritmo de la tasa de cuenta | logarithm of the count rate.
logaritmo del logaritmo (de un número) | lolog.
logaritmo del recíproco de la concentración de iones hidroxilos | pOH.
logaritmo hiperbólico | natural logarithm.
logaritmo iterado | iterated logarithm.
logaritmo natural | natural logarithm.
logaritmo Neperiano | natural logarithm.
logaritmo vulgar | common logarithm.
logaritmos | artificial numbers.
logaritmos neperianos | Napier's logarithms.
logaritmos ordinarios | Brigg's or common logarithms.
logátomo (acústica) | logatom.
logia (arquitectura) | lodge | loggia.
Lógica (ciencia) | logic.
lógica asíncrona | asynchronous logic.
lógica axiomática de decisión mayoritaria | axiomatic majority-decision logic.
lógica booleana | simbolic logic.
lógica con elementos de decisión mayoritaria | majority-decision logic.
lógica con transistor acoplado | transistor coupled logic.
lógica de acoplamiento para emisores | emitter coupled logic.
lógica de conmutación | switching logic.
lógica de control | control logic.
lógica de doble vía | double rail logics.
lógica de establecimiento (telefonía) | step-up logic.
lógica de inyección integrada | integrated injection logic.
lógica de la adición de suma condicional | conditional-sum addition logic.
lógica de la computadora | logic of the computer.
lógica de la máquina | machine logic.
lógica de la regulación | control logic.
lógica de las normas | deontical logics.
lógica de lectura | reader logic.
lógica de modo corriente | current mode logic.
lógica de perforación | punch logic.
lógica de reconocimiento de los diagramas | pattern recognition logic.
lógica de recuperación de portadora | carrier-recovery logic.
lógica de una infinidad de valores (matemáticas) | infinitary logic.
lógica de votación | voting logic.
lógica del diodo de transistores | transistor diode logic | transistor-diode logic.
lógica del ingreso lineal | linear-input logic.
lógica del no | nor logic.
lógica deóntica | deontical logics.
lógica diodo-transistor (circuitos integrados) | diode-transistor logic.
lógica matemática | mathematical logic.
lógica nanosegundo | nanosecond logic.
lógica n-aria | n-valued logic.
lógica positiva | positive logic.
lógica resistor-transistor | resistor transistor logic.
lógica secuencial asíncrona | sequential asynchronous logic.
lógica secuencial de registro de tiempos | clocked sequential logic.
lógica simbólica | simbolic logic.
lógica simbólica (matemáticas) | symbolic logic.
lógica ternaria | ternary logic.
lógica transistor de acoplo directo | direct coupled transistor logic.
lógica transistor-resistor | transistor-resistor logic (TRL).
logicalidad | logicality.
logicalizar | logicalize (to).
lógicamente interconectado | logically interconnected.

lógicas anilladas | ring logics.
lógico | logical.
lógico adaptable | adaptive logic.
lógico de emisores acoplados (electrónica) | emitter-coupled logic.
lógico de impulsos patrón multifase | multiphase clocked logic.
lógico temporizado | clocked logic.
lógico-matemático | logico-mathematical.
logigrama | logigram.
logística (ciencia) | logistics.
logística aérea del teatro de operaciones | theater air logistics.
logística de la supresión de incendios | logistics of fire suppression.
logística naval | naval logistics.
logístico (persona) | logistician.
logit (unidad logarítmica) | logit.
lognormalidad del tamaño del grano | lognormality of the grain-size.
logografía | logography.
logográfico | logographic.
logógrafo | logographist.
logograma | logogram.
logogramático | logogrammatic.
logómetro | ratiometer | quotient meter.
logonio (telecomunicación) | logon.
logopeda | logopedist.
logopedia | logopedics | logopedia.
logosilábico | logosilabic.
logotecnia | logotechnics.
logoterapia | logotherapy.
logotipo | logotype.
logotipo (imprenta) | adcut.
logotipo de moneda conmemorativa | logotype of commemorative money.
logotipos (tipografía) | logos.
lograr | achieve (to) | compass (to) | get (to).
lograr con esfuerzo | make shift to (to).
lograr el control | gain control (to).
lograr el objetivo | attain the objective (to).
lograr irse | get away (to).
lograr obtener con trabajo | pick up (to).
lograr por la fuerza | exact (to).
lograr salir | get out (to).
logro | gain.
logros | attainments.
lolio | ryegrass.
loliondo (Olea hochstetteri) | loliondo.
lollingita | arsenic iron.
loma | hill.
loma submarina | rise.
lombriz | worm | worm.
lombriz de cebo (pesca) | lugworm.
lombriz del ganado lanar | fluke.
lombriz solitaria | tapeworm.
lomera | backband.
lomera (libros) | back.
lometa (encuadernación) | back reinforcement.
lomo | spud | chine | rib | ridge | ridge.
lomo (agricultura) | rest-balk.
lomo (animales) | back.
lomo (cuchillos, sierras) | back.
lomo (de colina) | saddleback.
lomo (doble pendiente - vía férrea) | cat's back.
lomo (geología) | hogback.
lomo (herramientas) | heel.
lomo (libros) | spine | shelfback | backbone.
lomo de agua freática | ground water ridge.
lomo de asno (clasificación) | hump.
lomo de asno (clasificación vagones) | summit yard.
lomo de asno (estación clasificación por gravedad - ferrocarriles) | hump.
lomo de caballo | horseback.
lomo de desviación (riegos) | water bar.
lomo de la hélice (avión) | propeller back.
lomo de lima | file guard.
lomo de presión | pressure ridge.
lomo de sierra | back of saw.
lomo de ternera añoja | baby beef.
lomo de un cuchillo | back of a knife.
lomo del cuchillo | knife shoulder.
lomo pegado (libros de contabilidad, etc.) | springback.
lona | canvas | tarpaulin | sailcloth | duck.
lona alquitranada | tarpaulin.
lona con una mano de pintura | primed canvas.
lona de acarreo | carry cloth.
lona de algodón | cotton canvas.
lona de salvamento (incendios) | jumping-sheet.
lona de ventilación (minas) | drop-sheet | damp sheet | curtain.
lona en que cada hilo de urdimbre pasa alternativamente por encima y por debajo del hilo de la trama | single-play canvas.
lona encerada | belting duck | pauling.
lona fina | duck canvas.
lona impermeable | paulin | manta.
lona impregnada de minio que se coloca dentro de la junta para hacerla estanca | stopwater.
lona imprimada | primed canvas.
lona oscura | raven's duck.
lona para aforrar (marina) | parcelling.
lona para correas de balata | balata duck.
lona para tabiques de ventilación (minas) | brattice cloth.
lona para toldos de ventanas | marquee stuff.
lona para yates | duck.
lonas impermeabilizadas para caballerías | horse rain covers.
lonas para techos de automóviles | special tent for fitting to car-roof.
lonchas de grasa de ballena | book.
londsdaleita (polimorfo de diamante) | londsdaleite.
loneta | raven's duck | duck | duck canvas.
loneta de algodón impregnada de resina fenólica | phenolic impregnated cotton duck.
loneta para cinchos | belting duck.
longa (música) | breve rest.
longarina corrediza (perforación túneles) | drawing bar.
longevidad | long life.
longevidad (de un isótopo, etc.) | longevity.
longevidad (nuclear) | lifetime.
longevidad a la fatiga de 5×10^5 ciclos (metalurgia) | fatigue life of 5×10^5 cycles.
longevidad a la fatiga del paletaje de la turbina | fatigue life of turbine blades.
longevidad a la fatiga en la gama de deformación constante | constant-strain-range fatigue life.
longevidad a la fatiga térmica de un disco con entalla | notched-disk thermal-fatigue life.
longevidad a la flexión (caucho) | flex life.
longevidad a la rotura por esfuerzos de hasta 205 horas a 735 °C | stress-rupture life of up 205 hours at 735 °C.
longevidad de la portadora minoritaria | minority carrier lifetime.
longevidad del aislamiento | insulation life.
longevidad del muón | lifetime of the mu-meson.
longevidad del troquel | die life.
longevidad mecánica | mechanical longevity.
longicorne | longicorn.
longifoliado (botánica) | long-leaved.
longímano | long-handed.
longímetro | longimeter.
longípedo | long-footed.
longipenne | long-winged.
longirrostro | long-billed.
longisección (botánica) | longisection.
longitud | long | longitude.
longitud (de bloque) | length.
longitud (de cruzamiento de vía) | lead 11.
longitud (de una bandera) | fly.
longitud (lona para velas) | warp.
longitud (pulsación) | width.
longitud a lo largo de su cresta (olas) | crest width | crest length.
longitud a medida | cut length.
longitud activa | active length.
longitud activa del combustible | active fuel length.
longitud aproximada con menos tolerancia que la normal de fabricación (tubos) | about length.
longitud areocéntrica (astronomía) | areocentric longitude.
longitud arrollada en el carretel (cables) | reel length.
longitud astronómica | astronomical longitude.
longitud atesada | length stretched.
longitud barrenada por hombre-equipo | footage drilled per man-shift.
longitud cabeza comprendida (tornillos y pernos) | length over all.
longitud cabeza no comprendida (tornillos y pernos) | length under head to point.
longitud calibrada | gaged length | gage length.
longitud característica | characteristic length.
longitud característica de la cámara de combustión (cohetes) | characteristic chamber length.
longitud celeste | celestial longitude.
longitud clavada (pilotes) | embedment.
longitud con las espiras juntas (muelles) | solid height.
longitud constante | fixed length.
longitud consumida de electrodos | electrode footage.
longitud corta (brocas) | jobber's length.
longitud cortada (de una hoja de papel continuo) | chop.
longitud cuyo peso es igual a la carga de rotura (textiles) | breaking length.
longitud de absorción | absorption mesh.
longitud de aeródromo para despegar | takeoff aerodrome length.
longitud de ánima (cañones) | length of bore.
longitud de arco | arc length.
longitud de atenuación | attenuation length.
longitud de aterrizaje después del paso de un obstáculo de 15 metros | landing distance from 50 feet screen.
longitud de atraque (muelles) | berthage.
longitud de atraque (puertos) | quay frontage.
longitud de cadena | length of chain.
longitud de cadena desde el escoben al ancla fondeada | scope.
longitud de calado (parte extrema del eje dentro del cubo de la rueda) | wheel seat.
longitud de camino magnético | path length.
longitud de carga (vagones) | loading length.
longitud de célula | cell-size.
longitud de colapso equivalente | equivalent buckling length.
longitud de colocación | laying-out length.
longitud de construcción | construction length.
longitud de contacto con el terreno | ground contact length.
longitud de difusión | diffusion length.
longitud de electrodos consumidos por pie de soldadura | footage electrode per foot weld.
longitud de fabricación | manufacturing length.
longitud de fabricación (tubos, cables, etc.) | factory length.
longitud de frotamiento (reostatos) | creepage.
longitud de frotamiento (reóstatos, combinadores, etc.) | creepage distance.
longitud de frotamiento (reóstatos, controlador, etc.) | creeping distance.
longitud de fuera a fuera | overall length | length over all.
longitud de la arista de la célula | cell edge length.
longitud de la arista de la célula unitaria de 6,6 angstroms | unit cell edge length of 6.6Å.
longitud de la caja (vagones) | length of body.
longitud de la carrera (herramientas) | stroke length.
longitud de la carrocería | length of body.
longitud de la coronación (presas) | crest length.
longitud de la cuerda (geometría) | chord length.

longitud de la fibra | staple ength.
longitud de la línea ab (levantamiento de planos) | departure of the course AB.
longitud de la meseta | plateau length.
longitud de la pala | blade length.
longitud de la pila (puentes) | towerspan.
longitud de la presa | length of dam.
longitud de la quilla (buques) | tread.
longitud de la trayectoria | path length.
longitud de la urdimbre | length of warp.
longitud de la visual (topografía) | length of sight.
longitud de línea de exploración (facsímile) | length of scanning line.
longitud de línea de impresión | print span.
longitud de línea impresa (tipografía) | appearing.
longitud de mechón | staple ength.
longitud de mezcla | mixing length.
longitud de mezcla de Prandtl | Prandtl mixing length.
longitud de onda | wavelength.
longitud de onda complementaria | complementary wavelength.
longitud de onda crítica | critical wavelength.
longitud de onda crítica (espectro de rayos X) | quantum limit.
longitud de onda crítica (guía de ondas) | cutoff wavelength.
longitud de onda de guía de ondas | waveguide wavelength.
longitud de onda de servicio | operational wave-length.
longitud de onda dominante | hue wave length | dominant wavelength.
longitud de onda fundamental | fundamental wave length.
longitud de onda máxima o mínima registrable (aparato eléctrico) | wavelength cutoff.
longitud de onda predominante en la luz reflejada de un cuerpo coloreado | hue.
longitud de onda propia | natural wavelength.
longitud de plató | plateau length=200 volt.
longitud de prueba (probeta de torsión o de compresión) | gage length.
longitud de referencia | gage length.
longitud de registro | register length.
longitud de relajación (radio) | relaxation length.
longitud de rotura (longitud de una tira que se rompe por su propio peso - papel) | breaking length.
longitud de salto | skip length.
longitud de un hilo aislado (entre el punto de conexión y la punta) | skinner.
longitud de una verga (buques) | squaring.
longitud de una vuelta (circuitos de carreras) | lap.
longitud de vía antes de una señal y que es cubierta por ésta (ferrocarril) | approach.
longitud de vía más allá de una señal y que es cubierta por ésta (ferrocarril) | advance.
longitud del cateto de la soldadura (soldadura en ángulo) | weld leg length.
longitud del cateto de un cordón en ángulo (soldadura ortogonal) | leg length.
longitud del corazón de la punta real al final de las ramas | heel length.
longitud del corte (barrenas) | gauge (G.B.) | gage (EE.UU.).
longitud del cuadro de distribución (electricidad) | panel frontage.
longitud del chapón | flat length.
longitud del diente (engranaje cónico) | face width.
longitud del entrehierro (motores eléctricos) | axial core length.
longitud del salto (fallas) | apparent slip.
longitud desarrollada | developed length.
longitud desde el freno de boca al argollón de contera (cañones) | muzzle brake.trail eye length.
longitud desde el tocón hasta un punto con un diámetro especificado (tronco de árbol) | height to a fixed top.
longitud desde la boca al argollón de contera (piezas artillería) | muzzle-to-lunette length.
longitud desde la perpendicular de popa al final del cuerpo cilíndrico (buques) | length of run.
longitud desde la perpendicular de proa al principio del cuerpo cilíndrico (buques) | length of entrance.
longitud eclíptica | celestial longitude.
longitud económica de los tramos (puentes) | economic span-length.
longitud eléctrica (antenas) | electric length.
longitud en blanco | leader.
longitud en calibres (cañones) | length in calibers.
longitud en cíceros de una línea o columna (tipografía) | measure.
longitud en grados (geografía) | longitude in arc.
longitud en horas y minutos (geografía) | longitude in time.
longitud en metros | metrage.
longitud en millas | mileage.
longitud en pies | linear footage | footage.
longitud en radianes | angular length.
longitud en yardas | yardage.
longitud entre ejes de las ruedas acopladas de la locomotora | engine coupled wheelbase.
longitud entre las ruedas acopladas centrales (locomotoras) | length over center coupler.
longitud entre perpendiculares (buques) | construction length.
longitud entre puntos (distancia entre trazos - probeta de tracción) | gage length.
longitud entre topes | length over buffers.
longitud entre topes (vagones) | length over bumpers.
longitud estirada | length stretched.
longitud exacta | cut length.
longitud exacta (chapas, tubos, etc.) | dead length.
longitud extralarga (tubos) | extra long length.
longitud focal del objetivo | objective focal length.
longitud focal del ocular | eyepiece focal length.
longitud focal equivalente | equivalent focal length.
longitud generatriz del cono complementario (engranaje cónico) | back cone distance.
longitud geocéntrica | geocentric longitude.
longitud geodésica | geodetic length.
longitud geográfica | astronomical longitude.
longitud geomagnética | geomagnetic longitude.
longitud heliocéntrica (astronomía) | heliocentric longitude.
longitud inducida | induced length.
longitud inducida (electricidad) | active length.
longitud inicial | original length.
longitud instalada (tuberías) | laying length.
longitud libre | unsupported length.
longitud máxima absoluta | absolute maximum length.
longitud máxima admisible | maximum-permitted length.
longitud máxima del retroceso | maximum length of recoil.
longitud máxima para rectificar | maximum grinding length.
longitud media de las espiras de los devanados | mean length of turn of the windings.
longitud media de las fibras (de una partida de algodón) | cotton staple.
longitud mínima de una barra para que tenga adherencia con el hormigón | grip length.
longitud modal | modal length.
longitud óptica | optical length.
longitud perforada | drilled footage.
longitud perforada (sondeos) | hole footage.
longitud por unidad de peso (cuerdas) | yardage.
longitud primitiva | original length.
longitud que puede arrollarse en el tambor | coiling length of drum.
longitud tensa | length stretched.
longitud teórica del viaje (aviones) | stage length.
longitud total | length over all | extreme length | overall length.
longitud total (longitud de fabricación - muelle espiral) | free-length.
longitud total de atraque (puertos) | quayage.
longitud útil | working length.
longitud útil (muelle espiral) | active length.
longitud útil de vía | usable length of track.
longitud utilizable (electrodos) | wearing depth.
longitud utilizable del tronco (árboles) | merchantable bole.
longitud verdadera | true length.
longitud vertical de la copa (árboles) | crown depth.
longitud virtual | time length.
longitudes de fabricación | random lengths.
longitudes más cortas que las especificadas (metalurgia) | cutdowns.
longitudes sucesivas de trabajo de un tubo que se va a curvar en caliente | throws.
longitudes tal como salen de fábricalongitudes prácticas de laminación | mill lengths.
longitudes variadas | random lengths | multiple lengths.
longitudinal | lengthways | linear | longitudinal.
longitudinal de cubierta de tipo de llanta (buques) | slab type deck longitudinal | flatbar-type deck longitudinal.
longitudinal de la tapa del doble fondo (buques) | inner bottom longitudinal.
longitudinal de llanta (buque) | slab type longitudinal.
longitudinal de tipo de llanta (buques) | flat bar type longitudinal.
longitudinal del costado | side longitudinal.
longitudinal del costado de la toldilla (buques) | poop side longitudinal.
longitudinal del costado del rasel de proa | fore peak side longitudinal.
longitudinal del fondo (buques) | bottom longitudinal.
longitudinal del fondo más cerca del costado (buques) | outboard bottom longitudinal.
longitudinal del forro (buques) | shell longitudinal.
longitudinal inferior del costado | lowest side longitudinal.
longitudinal más inferior del pantoque (buques) | lowest bilge longitudinal.
longitudinales de pantoque | bilge longitudinals.
longitudinales del forro interior | inner bottom longitudinals.
longitudinalmente | lengthwise | endwise | longwise | end-ways.
longitudinalmente estriado | longitudinally striated.
longrina (ferrocarril) | longitudinal member.
longrina (vagones) | longitudinal sill.
longuitud del brazo de la consola | bracket arm length.
longulitas | longulites.
Lonja | bourse | exchange | organized exchange.
lonja de contratación | commodity exchange | produce-exchange.
lonja de frutas | fruit exchange.
lonja de paños | cloth-hall.
lonja de productos (Chicago) | Board of Trade.
lonja de víveres | produce-exchange.
lopolito | lopolith.
loquete | dome.
loquético | lochetic.
loran | long range navigation | loran.
loran sincronizado de onda espacial | sky-wave-synchronized loran.
lordosis | saddleback.
loricación | lorication.

loriga | lorica | horse armor.
los aseguradores pagan los impuestos | charterers paying taxes.
los barrenos del fondo explosionan primero | the bottom charges fired first.
los cantos bien a tope | edges tight-butted.
los colegios se abren (elecciones) | the polls open.
los daños por apagar un incendio van incluidos en el seguro | civil authority clause.
los desacuerdos de toda naturaleza serán sometidos al abitraje de | disputes of whatever nature to be referred to the arbitration of.
los experimentos confirman esta ecuación | experiments uphold this equation.
los experimentos demuestran que esto es verdad | experiments show this to be true.
los futuros candidatos se dirigirán por escrito | intending candidates should apply in writing.
los gastos serán por cuenta de ambas partes | costs to be borne by both parties.
los honorarios del inspector son de cuenta del usuario | inspector's fees are for customer's account.
los intereses corren desde el 1.° de julio | interest runs from the 1st of July.
los litigantes (las partes, el demandante y el demandado) | party and party.
los métodos de producción deben estar automatizados | the production methods must be automated.
los negocios están en calma | there is a lull in business.
los números cantan | these figures speak for themselves | figures speak for themselves.
los pedidos se facturarán a los precios vigentes en la fecha del envío | orders will be invoiced at prices in effect at time of shipment.
los precios bajan | prices decline.
los precios continuan subiendo | costs continue to rise.
los precios pueden variar sin aviso previo | prices are subject to change without notice.
los precios son moderados | prices are agreably low.
los resultados deben aplicarse con precaución | caution is needed in applying the results.
los términos de la serie se anulan entre sí | the series telescopes.
los tiempos han cambiado y se necesita una nueva forma de iniciativa | the times have changed and a new form of initiative is needed.
los usos de la tubería de pequeño diámetro son innumerables | uses of fine tubing are legion.
losa | tile | flag | paver | slab | pan | paving-flag | dale.
losa (de cimentación) | raft.
losa (para pavimentar) | dalle.
losa afieltrada con lana de escorias | mineral-wool felted slab.
losa armada en dos direcciones (hormigón) | two-way slab.
losa armada en una sola dirección | one-way slab.
losa continua de cimentación (hormigón) | mat | raft.
losa de apoyo para repartir la carga (vigas) | template.
losa de azotea | roof slab.
losa de cemento | concrete slab.
losa de cimentación | foundation slab | foundation raft.
losa de comprobación (para ladrillos) | bedding stone.
losa de construcción | building slab.
losa de entrada (puertas) | door-stone.
losa de forjado (hormigón) | floor slab.
losa de granito | granite slab.
losa de hormigón | concrete slab.
losa de hormigón celular armado | reinforced foam concrete slab.
losa de hormigón no soportada por vigas | flat slab.
losa de paramento (presas) | face slab.
losa de piedra | flat stone.
losa de piedra para repartir la carga (pilar de ladrillo) | pier template.
losa de piso de hormigón pretensado | prestressed floor slab.
losa de protección a la entrada | apron slab.
losa de recubrimiento | covering slab.
losa de refuerzo (piso hormigón) | drop panel.
losa de repartición de cargas (vigas sobre muros ladrillos) | padstone.
losa de revestimiento | floor stone.
losa de tapa (piedra plana que cierra un vano pequeño) | bridge stone.
losa de vibrofibra ligada con resina sintética | resin-bonded fiberglass slab.
losa delgada de material refractario | bat.
losa en nido de abeja (hormigón armado) | waffle-type slab.
losa grande de embaldosar | flagstone.
losa nervada | ribbed slab.
losa nervada continua de cimentación | ribbedmat.
losa para carreteras | road slab.
losa para soportar productos cerámicos durante su cochura | batt.
losa para techos | roof slab.
losa plana con nervadura en una sola dirección (hormigón) | one-way waffle slab.
losa plana con nervaduras cruzadas | grid flat-slab.
losa plana de doble nervadura (hormigón) | two-way waffle slab.
losa superior (de un pedestal) | entablement.
losanje (heráldica) | lozenge.
losanjeado (heráldica) | lozenged.
losas cerámicas para edificios | building ceramic slabs.
losas grandes de yeso para tabiquería | gypsum partition tiles.
losas para embaldosar | flagging.
loseta | floor tile.
loseta (para pisos) | tile.
loseta acústica | acoustical tile.
loseta antisonora | acoustical tile.
loseta cerámica con brillo durable | extra-duty glased tile.
loseta de asfalto | asphalt tile.
loseta de hormigón | concrete paving-block.
loseta de mármol | marble tile.
loseta de piso | flooring tile.
loseta de revestimiento | facing tile.
loseta de vidrio | quarry | glass tile.
loseta no resbaladiza | nonslip tile.
loseta rectangular | abacus.
loseta romboidal | quarrel.
loseta vítrea para pavimentos | vitreous floor tile.
loseta vitrificada | vitrified tile.
losetas cerámicas del piso que disipan las cargas electroestáticas | antistatic tiles.
losetas de terrazo para pavimentos industriales | terrazzo flooring tiles.
lote | parcel | portion | allotment | deck | set.
lote (Bolivia) | circle.
lote (de mercancía) | lot.
lote (de mercancías) | parcel.
lote (de programas) | package.
lote (petrolífero) | tender.
lote (transporte por oleoducto de los productos petrolíferos) | batching.
lote aislado | stray lot.
lote completo | lay-up.
lote de acciones | block of stocks.
lote de acciones menor al fijado | odd lot.
lote de discos | disk pack.
lote de lana no mayor de tres balas | star lot.
lote de mercancías | job lot | lot of goods.
lote de mercancías vendidas | bill of goods.
lote de mineral | dole.
lote de modificación | modification kit.
lote de papel fabricado bajo pedido y guardado esperando instrucciones de envío del comprador | make and hold order.
lote de producción | production run.
lote de programa (informática) | program deck.
lote de prueba | pilot lot.
lote de reanudación (calculadores) | restart deck.
lote de saldos | job-lot.
lote de tarjetas en lenguaje máquina | object deck.
lote de terreno | ground-plot | tract of land | plat.
lote de trabajo | job batch.
lote de vagón | carload lot.
lote escogido | star lot.
lote especial | star lot.
lote limitado (Ecuador) | hurdle plot | panel plot.
lote para la inspección | inspection lot.
lote pequeño | short run.
lote por tren entero | trainload lot.
lote suelto | broken lot | odd lot.
lotear | lot (to).
lotes | sortes.
lótico (ecología) | lotic.
louro pardo (Cordia trichotoma Vell. spp) | peterebi.
louro rojo (Ocotea rubra) | red louro.
louro rojo (Ocotea rubra - Mez) | determa.
lox | lox.
loxoclasa | loxoclase.
loxodromia | loxodrome.
loxodromía (ciencia) | loxodromics.
loxodrómica | rhumb-line.
loxodrómico | loxodromic.
loza agrietada | dunted ware.
loza bizcochada pero no vidriada | biscuit ware.
loza con reflejos metálicos | luster ware.
loza corriente plumbífera | common plumbiferous ware.
loza de barro | earthenware.
loza de barro cocido | redware.
loza de berilia | beryllia ware.
loza esmaltada | glost ware.
loza fina | faience.
loza hecha con mezcla de arcillas coloreadas | solid agate.
loza hueca (no plana) | holloware.
loza lustrada | smeared pottery.
loza magnética | magnetic pottery.
loza marmolizada | marbled ware.
loza melada | dipped earthenware.
loza muy fina | eggshell china.
loza para hoteles | hotel china.
loza plana | flatware.
loza porcelánica | chinaware.
loza que es porosa y absorbe agua | biscuit earthenware.
loza sanitaria | sanitary ware.
loza vidriada | enameled pottery | glazed earthenware | glazed ware.
loza vidriada de color rojizo | terracotta.
lozano (flor, planta, etc.) | fresh.
lubricación | greasing | oiling | lubricating | lubrication.
lubricación a presión | forced lubrication | forced feed | force feed lubrication | pressure-fed lubrication.
lubricación centralizada | one-shot lubrication.
lubricación clásica | conventional lubrication.
lubricación con aerosol de aire-grafito | graphite-air mist lubrication.
lubricación con alimentación a presión | force-feed lubrication.
lubricación con engrasadores de copa | pressure-grease-gun lubrication.
lubricación con grafito | graphite lubrication.
lubricación con las caras en contacto separadas por una película de lubricante | fluid lubrication.
lubricación con niebla de aire-grafito | graphite-air mist lubrication.
lubricación constante | constant oiling.

lubricación cuasihidrodinámica | quasihydrodynamic lubrication.
lubricación defectuosa | imperfect lubrication.
lubricación del cilindro | cylinder lubrication.
lubricación del estampado (forja) | swabbing.
lubricación elastohidrodinámica | elastohydrodynamic lubrication.
lubricación elastohidrostática | elastohydrostatic lubrication.
lubricación en cascada | cascade lubrication.
lubricación en circuito cerrado | loop lubrication.
lubricación en la capa límite | partial lubrication | thin-film lubrication | boundary lubrication | imperfect lubrication.
lubricación forzada | forced lubrication.
lubricación hidrodinámica | fluid-film lubrication | fluid lubrication | fluent-film lubrication | hydrodynamic lubrication | perfect lubrication | full-film lubrication.
lubricación hidrostática | hydrostatic lubrication.
lubricación inadecuada | indequate lubrication | improper lubrication.
lubricación insuficiente | poor lubrication.
lubricación libre de fallos | fail-to-safety lubrication.
lubricación magnetohidrodinámica | magnetohydrodynamic lubrication.
lubricación manual | hand-fed lubrication.
lubricación metálica | metallic lubrication.
lubricación por barboteo | splash lubrication.
lubricación por borboteo | bath-lubrication.
lubricación por capa sólida | solid film lubrication.
lubricación por circulación de aceite | circulatory oil lubrication.
lubricacion por cuentagotas | drip lubrication.
lubricación por gases estables térmicamente | gas lubrication.
lubricación por goteo | drop-feed oiling | drip-fed lubrication.
lubricación por gravedad | gravity lubrication.
lubricación por lubricante nebulizado | oil-fog lubrication.
lubricación por medio de engrasadores | nipple lubrication.
lubricación por neblina de aceite | oil-mist lubrication.
lubricación por polvo de vidrio | glass-powder lubrication.
lubricación por salpicadura | splash lubrication.
lubricación por vidrio fundido (extrusión) | glass lubrication.
lubricación termo-elastohidrodinámica | thermal-elastohydrodynamic lubrication.
lubricación viscoplástica | viscoplastic lubrication.
lubricado | oiled.
lubricado a presión | pressure-lubricated | force feed-lubricated.
lubricado con grafito | dry-lubricated.
lubricado con neblina de lubricante | oil-mist lubricated.
lubricado ocasionalmente | occasionally lubricated.
lubricado por anillo | ring-oiled | ring-lubricated.
lubricado por bomba | pump-lubricated.
lubricado por circulación forzada de aceite | forced-circulation-oil lubricated.
lubricado por nebulización | spray-oiled | spray lubricated.
lubricado una sola vez (engranajes) | lubricated for life.
lubricador | greaser | lubricator.
lubricador a presión | pressure lubricator.
lubricador accionado por trinquete | ratchet-driven lubricator.
lubricador automático | licker.
lubricador cuentagotas | spot-by-spot lubricator | drop oiler.
lubricador de aguja | needle lubricator.
lubricador de alimentación regulable | adjustable feed lubricator.
lubricador de anillo | ring oiler.
lubricador de cuentagotas | drip-feed lubricator.
lubricador de fondo flexible | squirt can.
lubricador de gota visible | sight-feed lubricator.
lubricador de gotas | drop-lubricator.
lubricador de mecha | oil syphon.
lubricador del cilindro | cylinder lubricator.
lubricador nebulizador | microfog lubricator.
lubricador para alimentar diversos circuitos | multipoint lubricator.
lubricador para la pestaña de la rueda (curvas ferrocarril) | wheel flange lubricator.
lubricadores de mecha | wick-feed oiler.
lubricadores montados en batería (lubricación centralizada) | battery-mounted lubricators.
lubricante | lubricant | antifriction compound | greaser.
lubricante anhidrogénico | anhydrogenous lubricant.
lubricante antiagarrotador | antiseize lubricant.
lubricante anticongelante | antifreezing lubricant.
lubricante compuesto para motores de gran potencia | heavy-duty compounded oil.
lubricante con aditivo | doped lubricant.
lubricante con aditivos (para grandes presiones) | fortified lubricant.
lubricante con aditivos para grandes presiones | high-duty oil.
lubricante con gran proporción de aditivo | highly additive treated oil.
lubricante con humedad normal | air dry lubricant.
lubricante con polvo de plomo en suspensión | lead lubricant.
lubricante con un aditivo para grandes cargas unitarias | heavy-duty compounded oil.
lubricante de bisulfuro de molibdeno | molysulfide lubricant | molybdenum disulfide lubricant.
lubricante de calidad para invierno | winter grade oil.
lubricante de calidad para verano | summer grade oil.
lubricante de empleo general | all-round lubricant.
lubricante de gran calidad | premium-quality oil.
lubricante de gran lubricidad | high lubricity oil.
lubricante de gran viscosidad | bright stock.
lubricante de película en seco | dry-film lubricant.
lubricante de película sólida | solid-film lubricant.
lubricante de petróleo residual | bright stock.
lubricante de poca viscosidad | flushing oil.
lubricante de silicona para cojinetes de bolas | silicone ball-bearing lubricant.
lubricante derivado del petróleo | oil-base lubricant.
lubricante detergente | detergent lube oil.
lubricante fluido | fluid lubricant.
lubricante fluorado | fluorine lubricant | fluorinated lubricant.
lubricante grafitado | graphite-oil | graphited lubricant | graphite-containing lubricant.
lubricante hidráulico a base de ricino | castor-based hydraulic oil.
lubricante hidrocarbonado | hydrocarbon lubricating oil.
lubricante incongelable | antifreezing lubricant.
lubricante inhibido para turbinas | inhibited turbine oil.
lubricante inhibidor de la corrosión | corrosion-inhibiting oil.
lubricante jabonoso | soap lubricant.
lubricante metalocoloidal | metallocoloid lubricant.
lubricante mineral con antioxidantes y anticorrosivos (tiene más precio) | premium oil.
lubricante mineral sin aditivo químico | regular oil.
lubricante molecular | molecular lubricant.
lubricante multígrado | multigrade lubricant.
lubricante muy fluido | spindle oil.
lubricante no emulsionable | nonemulsion lubricant.
lubricante no graso | nongreasy lubricant.
lubricante para aparatos eléctricos | electrical oil.
lubricante para articulaciones | joint oil.
lubricante para automóviles | automotive oil.
lubricante para cilindros | cylinder oil.
lubricante para compresores | compressor oil.
lubricante para cuchillas | cutting oil.
lubricante para embutición | pressworking lubricant | drawing lubricant.
lubricante para embutición profunda | deep-drawing lubricant.
lubricante para extruir | extruding lubricant.
lubricante para forja | forging lubricant.
lubricante para fusibles | gun oil.
lubricante para grandes presiones | H. D. oil.
lubricante para herramientas de corte | cutting tool coolant | cutting lubricant.
lubricante para herramientas de corte (máquinas herramientas) | cutting compound.
lubricante para hiperpresiones (con un aditivo que se descompone a altas temperaturas y reacciona con el acero) | extreme-pressure oil.
lubricante para instalaciones de energía nuclear | atomic power lubricant.
lubricante para matrices | die lubricant.
lubricante para motores | engine lube oil.
lubricante para motores de chorro | jet lubricant.
lubricante para rectificar con piedra abrasiva | honing oil.
lubricante para sistemas hidráulicos | hydraulic oil.
lubricante para taladrar | drilling oil.
lubricante para tapones metálicos | metallic-plug lubricant.
lubricante para tiempo frío y caluroso | multigrade oil.
lubricante para trazados en embutición en prensa | drawing compound.
lubricante para trefilado en caliente (alambres) | hot-drawing lubricant.
lubricante para usos corrientes | miscellaneous oil.
lubricante plomoso | lead lubricant.
lubricante puro (sin aditivos) | straight lubricant.
lubricante que mantiene su viscosidad entre amplios límites de temperatura | multigrade lubricant.
lubricante que se extiende lentamente | creeping lubricant.
lubricante reforzado en la lubricidad | lubricity-fortified oil.
lubricante resistente a las irradiaciones (vehículos espaciales) | radiation-resistant lubricant.
lubricante silicónico | silicone lubricant.
lubricante sintético de glicol y polialkileno | polyalkylene glycol synthetic lubricant.
lubricantes para cárteres | crankcase oils.
lubricantes para engranajes | gear lubes | gear oils.
lubricantes para grandes presiones de trabajo | E P lubricants.
lubricantes para labra de metales | metalworking lubricants.
lubricantes para motores | motor-oils.
lubricantes para transmisiones | machinery oils.
lubricantes para turbinas de vapor inhibidos contra el vapor ambiente | vapor space-inhibited steam turbine oils.

lubricar | oil (to) | lubricate (to) | grease (to).
lubricar a mano | hand lubricate (to).
lubricar a presión | flood lubricate (to) | flow lubricate (to).
lubricar con silicona | silicone-lubricate (to).
lubricar de nuevo | relubricte (to).
lubricar el motor | oil motor (to).
lubricar por barboteo | splash lubricate (to).
lubricar por chapoteo | splash lubricate (to).
lubricar por chorro | flood lubricate (to).
lubricidad (aceites, lubricantes) | slipperiness.
lubricidímetro (para hilos) | lubricity tester.
lubrificación | lubrication.
lubrificación de muelles | spring oiling.
lubrificar | lubricate (to).
lucarna | dormer.
lucerna | louver.
lucerna (arquitectura) | fanlight | light shaft.
lucerna para sótanos | basement light.
lucernario | jack roof | lantern light | luthern | skylight.
lucernario (cubiertas edificios) | monitor.
lucernario a cuatro aguas | hipped skylight.
lucernario de dos aguas | gable skylight.
luces | lumina.
luces (anatomía) | lumina (plural de lumen).
luces (de un diamante) | flash.
luces (diamantes) | play of light | fire.
luces acromáticas patrón | specified achromatic lights.
luces amortiguadas | blockout lights.
luces automáticas para la circulación | traffic robots | robot traffic-lights.
luces de alineación | range lights.
luces de ángulo de aproximación | angle of approach lights.
luces de aproximación del aeropuerto | airport approach lights.
luces de aterrizaje unidireccional (aeropuertos) | unidirectional touch-down lights.
luces de bambalinas (teatros) | border-lights.
luces de Bengala | bengals.
luces de canal | channel lights.
luces de enfilación (puertos marítimos) | leading lights.
luces de estacionamiento | parking lights.
luces de la gema | fire of the gem.
luces de la pista de rodamiento (aeropuertos) | taxitrack lights.
luces de limitación de la pista (pistas de aeródromos) | threshold lights.
luces de navegación (buques) | navigation lamps.
luces de navegación (buques, aviones) | running lights | navigation lights.
luces de navegación de destellos (aviones) | flashing navigation lights.
luces de pesca (pesqueros) | working lights.
luces de pista | runaway lights | runway lights.
luces de posición | range lights.
luces de situación | range lights.
luces de situación (aviones, buques) | night-lights | position lights.
luces de situación (torre de submarinos) | Christmas tree.
luces de umbral | threshold lights.
luces de umbrales de pista (aeródromos) | threshold lights.
luces del diamante | fire of the diamond | diamond fire.
luces direccionales del eje de la pista (aeropuertos) | bidirectional center-line lights.
luces empotradas de pista | runway surfe lights.
luces en las dovelas | coving lights.
luces indicadoras | tally lights.
luces indicadoras de los límites longitudinales (pistas de aeródromos) | threshold lights.
luces marcadoras del contorno (camiones) | gauge lights.
luces muy brillantes (estudio cine y TV) | incandescents.
luces o reflejos del prisma (al descomponer la luz) | prismatic lights.
luces para alumbrado intensivo de tipo de proyector (teatros, etc.) | projector-type flood-lights.
luces para el contacto con la pista (aeropuertos) | touch-down lights.
luces para la carga | loading lights.
luces portátiles (estudio cine) | lost world.
luces reglamentarias de situación (buques, aviones) | regulation lights.
luces rojas para indicar que no se puede gobernar (buques) | breakdown lights.
luces y brillo del diamante | fire and brilliance of the diamond.
luces y sombras empleadas para dar la sensación de dimensiones en la imagen (televisión) | specific light.
luceta de techo | louver.
lucianita | auxite.
lúcido | lucid.
luciérnaga | fire-fly | glow-worm.
luciferasa (bioquímica) | luciferase.
lucífilo | luciphilous.
lucífugo | lucifugal | lucifugous | light-avoiding.
lucímetro | lucimeter.
lucir | glitter (to).
lucir a intervalos | glimpse (to).
lucratividad | lucrativeness | profitability.
lucrativo | profit-making | revenue-earning.
lucrífero | profit-yielding | lucriferous.
lucriferosidad | lucriferosity.
lucro | profit | gain | money-making | lucre.
lucro cesante | loss of profit.
luctuación de la radiorrecepción | radio flutter.
lúcula | lucule.
lucha | match | conflict | encounter | fight.
lucha a la cuerda | tug of war.
lucha antiparasitaria | pest control.
lucha antisubmarinos | antisubmarine work.
lucha contra el incendio en puntos esenciales (bosques) | hot-spotting.
lucha contra incendios | fire fighting.
lucha contra la esclavitud | fight against slavery (to).
lucha contra los incendios | fire fight.
lucha cuerpo a cuerpo | hand-to-hand fighting | close fighting.
lucha cuerpo a cuerpo (boxeo) | clinch.
lucha de clases | class struggle.
lucha encarnizada | dog-eat-dog struggle | close struggle.
lucha por mayoría de votos | proxy fight.
lucha sin cuartel | no-holds-barred fight.
luchadero | slider.
luchadero (de vela) | tabling.
luchadero (remo) | chafing.
luchadero de bocina (codaste buques) | stern-bush.
luchadero de pujamen | foot tabling.
luchador | combatant.
luchar | contend (to) | conflict (to) | encounter (to) | meet (to).
luchar con desventaja | fight against odds (to).
luchar con dificultades | contend with difficulties (to).
luchar con la competencia | repel competition (to).
luchar contra | combat (to).
luchar contra el paro | fight unemployment (to).
luchar contra el viento al ancla (buque anclado) | ride to the wind (to).
luchar contra fuerzas superiores en número | fight against odds (to).
luchar contra la corriente al ancla | ride to the tide (to).
luchar en una buena lid | fight a good fight (to).
ludión | cartesian diver.
ludoteca (establecimiento que presta juguetes a los niños) | ludotheca.
luego | straight.
lugar | stand | spot | space.
lugar abierto (bosques) | open.
lugar conspicuo | conspicuous place.
lugar de aterrizaje | landing spot.
lugar de cargamento | loading place | loading point.
lugar de desove (oceanografía) | spawning ground.
lugar de ejecución | place of fulfilment | place of performance.
lugar de explotación | processing area.
lugar de inscripción | registration place.
lugar de la entrega | place of delivery.
lugar de la plantación | planting site.
lugar de lanzamiento desde avión de mensajes lastrados | dropping ground.
lugar de pago | place of payment.
lugar de pago (efectos comerciales) | place of fulfilment.
lugar de recogida | pick-up point.
lugar de reproducción de peces (oceanografía) | spawning ground.
lugar de residencia | place of residence.
lugar de residencia permanente | permanent home.
lugar de reunión | meeting point.
lugar de salida | place of departure.
lugar de suscripción | place of signature.
lugar donde se sestea | lounge.
lugar geométrico | locus.
lugar geométrico anarmónico | anharmonic locus.
lugar geométrico de la corriente del primario | primary-current locus.
lugar geométrico de las raíces (polinomio cuadrático) | root locus.
lugar geométrico de los centros aerodinámicos de todas las secciones del ala | wing axis.
lugar geométrico de los estados de velocidad sónica | locus of sonic-velocity states.
lugar geométrico del centro instantáneo de rotación | centrode.
lugar geométrico del disparo de la ruptura secundaria | second-breakdown trigger-point locus.
lugar geométrico descrito por el centro instantáneo de rotación (cuerpo en movimiento) | body centrode.
lugar geométrico descrito por el centro instantáneo de rotación en el plano del movimiento | space centrode.
lugar geométrico en el espacio | space locus.
lugar para enterrar residuos radiactivos | burial ground.
lugar para fijar carteles | hoarding site.
lugar rodeado de un murete protector (zona de dispersión) | dispersal pen.
lugar solitario | forlorn place.
lugar y fecha | place and date.
lugares comunes | topics.
lugares de adelantamiento seguro (carreteras) | safe passing opportunities.
lugares geométricos | loci.
lugares geométricos algebraicos | algebraic loci.
lugares geométricos conjugados | conjugate loci.
lugares geométricos de la formación de grietas anulares | loci of ring crack formation.
lugares geométricos en el espacio | space loci.
lugares vacantes en la red (redes cristalinas) | vacancies.
lugarteniente | deputy.
luge (trineo pequeño) | luge.
lugre | lougre | chasse maree.
lugre (buque) | lugger.
luición | lease redemption.
luir | redeem a lease (to).
luma (Myrtus luma) | luma.
lumaquela | lumachelle | lumachel | shell rock | fire marble.
lumbayao (madera del Tarrietia javánica) | lumbayao.
lumbergio (unidad de energía luminosa) | lumberg.
lumbre | fire.

lumbre del agua | water surface.
lumbrera | louver.
lumbrera (buques) | skylight | light shaft.
lumbrera (máquinas) | port | porthole.
lumbrera de admisión | induction port | admission port | steam port | intake port.
lumbrera de admisión (máquinas) | admitting port.
lumbrera de admisión del cilindro | cylinder admission port.
lumbrera de barrido | scavenge port.
lumbrera de cubierta (buques) | deck light.
lumbrera de descarga | expansion port.
lumbrera de escape | eduction port.
lumbrera de escape (máquinas) | exhaust opening.
lumbrera de escape (motores) | relief port.
lumbrera de escape del distribuidor cilíndrico | piston valve exhaust port.
lumbrera de escape del vapor (cilindro) | steam exhaust port.
lumbrera de escape regulada por el pistón (motores) | piston-controlled exhaust port.
lumbrera de exhaustación (motores) | exhaust port.
lumbrera de la cámara de máquinas | engine room skylight.
lumbrera de techo (vagones, autobuses) | deck light.
lumbrera de transferencia (motor de dos tiempos) | transfer port.
lumbrera del cepillo (carpintería) | plane hole.
lumbrera sangradora | bleeder port.
lumbrera semianular | semmiannular port.
lumbreraje (motor de dos tiempos) | porting.
lumbreraje de admisión (motores) | inlet porting.
lumbreraje de exhaustación (motores) | exhaust porting.
lumbreras (máquinas de vapor) | steam parts.
lumbreras de toma | intake openings.
lumbreras del cilindro | cylinder apertures | cylinder ports.
lumbreras provisionales (construcción de presas) | diversion openings.
lumen | lumen.
lumen por vatio | lumen per watt.
lúmenes después de 1.000 horas de encendido (lámparas eléctricas) | lumens after 1,000 hours burning.
lúmenes por vatio | lumens per watt.
lumen-hora | lumen-hour.
lumenímetro | lumen meter | lumeter.
lumergio | lumerg.
luminancia | brightness.
luminancia (brillo fotométrico) | luminance.
luminancia aparente | apparent luminance.
luminancia de adaptación | brightness level | adaptation illuminance | adaptation brightness.
luminancímetro | luminance meter.
luminaria | luminaire.
luminaria de plástico (alumbrado) | plastic luminaire.
luminaria empotrada | regressed luminaire.
luminaria encastrada | troffer.
luminaria fluorescente | fluorescent luminaire.
luminaria para alumbrado viario | streetlighting luminaire.
luminaria suspendida | suspended luminaire.
luminarias fluorescentes para alumbrado de calles | fluorescent street lighting luminaires.
luminescente | luminescent.
luminescer | luminesce (to).
luminímetro | luminometer.
luminiscencia | luminescence.
luminiscencia anormal | abnormal glow.
luminiscencia azul | blue glow.
luminiscencia del cielo diurno | day airglow.
luminiscencia del cielo nocturno | night airglow.
luminiscencia infrarroja | infrared luminescence.
luminiscencia negativa | negative glow.
luminiscencia por contacto | junction luminiscence.
luminiscencia química | chemical luminiscence.
luminiscencia residual | afterglow | postluminescence.
luminiscente | luminescing | glowing.
luminizar | luminize (to).
luminóforo | luminophorous | luminophore.
luminóforo activado con estaño | tin-activated phosphor.
luminóforo activado con plomo-147 | Pm 147-activated phosphor.
luminóforo de centelleo sensible a los neutrones | neutron-sensitive scintillation phosphor.
luminóforo de plástico para centelleo | plastic scintillation phosphor.
luminóforo excitado por luz ultravioleta | ultraviolet-excited phosphor.
luminóforo sensible al infrarrojo | infrared-sensitive phosphor.
luminóforos para escintilómetros | scintillation counter phosphors.
luminografía ultrasónica | ultrasonic luminography.
luminosidad | emittance | airglow | brilliance | brilliancy | brightness.
luminosidad (física) | luminosity.
luminosidad (lentes) | relative aperture | F number.
luminosidad (óptica) | speed | aperture ratio.
luminosidad ambiental | ambient lighting.
luminosidad anódica | anode glow.
luminosidad azul | blue glow.
luminosidad de fondo (TV) | background.
luminosidad de la lente (óptica) | lens speed.
luminosidad débil emitida por la atmósfera durante la noche (ionosfera) | airglow.
luminosidad excesiva del punto luminoso | blooming.
luminosidad negativa | negative glow.
luminosidad ondulante | streamer.
luminosidad remanente | afterglow.
luminoso | bright | lucid | luminous.
luminotecnia | lighting engineering | illuminating engineering.
luminotécnico | lighting expert | lighting engineer | illumination specialist | illuminating engineer.
lumitipia | lumitype.
luna | plate | moon.
luna (de espejo, de escaparate) | plate glass.
luna creciente | crescent moon | horned moon.
luna llena | full moon | full-orbed moon.
luna llena de cráteres | cratered moon.
luna menguante | decrescent moon.
luna nueva | change of the moon | new moon.
lunación (astronomía) | moon.
lunado | crescent-shaped.
lunambulación | lunambulation.
lunambular | lunambulate (to).
lunar | mole | fleck | speckle.
lunar (lasca hecha con la azuela-árboles) | flaw piece.
lunar que presenta la imagen (plancha metálica) | comet.
lunaria (botánica) | satin.
lunauta (cosmonaves) | lunaut.
luneta | rest.
luneta (anillo acanalado que sostiene el cristal - relojes) | bezel.
luneta (collarín sujetador - tornos) | cathead.
luneta (fortificación) | lunette.
luneta (torno) backrest | collar plate | work rest.
luneta (tornos) | steady | rest.
luneta de cojinetes (tornos) | jaw steady-rest.
luneta de guía (tornos) | jig-iron.
luneta de rodillos | roller backstay.
luneta de rodillos (tornos) | roller back rest.
luneta de rodillos de tres puntos | three-point roller steady.
luneta de tres apoyos regulables (tornos) | three-paw steady.
luneta fija | steadyresting.
luneta fija (soporte intermedio - tornos) | center rest.
luneta fija (torno) | steady rest.
luneta fija (tornos) | steadyrest | stationary stay | fixed steady-rest.
luneta móvil | following steadyrest.
luneta móvil (tornos) | follow rest | follower rest.
luneta para tallar roscas | screw-cutting back rest.
luneta seguidora | following steadyrest.
luneto (arquitectura) | groin | lunette.
luneto cilíndrico | cylindrical groin.
luneto cónico | conoid groin.
luneto elíptico | elliptical groined arch.
luneto esférico | domical groin.
luneto formado por intersección de dos bóvedas cilíndricas de distinta altura | Welsh groin.
luneto formado por la intersección de dos bóvedas de cañón de distinta altura | underpitch groin.
luniforme | crescent-shaped.
lunik | lunik.
lunimoto | lunar quake.
lunisolar | solilunar.
lunisticio | lunistice.
lunitidal | lunitidal.
lúnula (anatomía, geometría, zoología) | lunule.
lunula (de las uñas) | half moon | moon.
lúnula (geometría) | lune.
lúnula circular | circular lune.
lunulado | moon-shaped.
lunular | moon-shaped.
lupa | loupe | lens | glass | magnifier | magnifying glass | siple microscope.
lupa acromática | achromatic loupe.
lupa aplanacromática | aplanachromatic loupe.
lupa aplanática | aplanatic loupe.
lupa binocular | binocular loupe.
lupa corregida de aberración acromática | achromatic triplet.
lupa de joyero | jeweler's loupe.
lupa de mano | hand-glass.
lupa para leer | reader.
lupa para uso industrial | industrial magnifier.
lupa portátil (compás marino) | spider.
lupia | puddled ball | puddle ball | ball.
lupia (metalurgia) | balling | loupe.
lupia (pudelado) | lump | bloom.
lupia para forjar | forge bloom.
lupuleo (cerveza) | hopping.
lupulina | hop-clover.
lupulización | hopping.
lupulizar | hop (to).
lúpulo | hop plant | hop.
lusamba (Turraeanthus africanus) | lusamba.
lusambya (Markhamia platycalyx) | n'sambya.
lustradas (botas) | clean.
lustrado | calendering | lustering | glazed | glossing.
lustrado (telas) | lustring.
lustrador | rolling-machine | mangler | polisher | glazer | glosser.
lustradura al vapor | hot-pressing.
lustrar | gloss (to) | polish (to) | surface (to).
lustrar (botas) | clean (to).
lustrar (telas, cerámica, etc.) | luster (to).
lustre | glossiness | gloss | luster | brilliance | brightness | glaze | luster (EE.UU.) | lustre (G.B.).
lustre arábigo (loza) | Arabian luster.
lustre brillante | glittering lustre.
lustre cerámico con iridiscencia verde y azul | canthorid luster.
lustre de Burgos (cerámica) | Burgos lustre.
lustre grasiento | greasy luster.
lustre graso | fatty luster.
lustre mate | dim luster.
lustre mate argenteo | dull silvery luster.
lustre metaloidal (EE.UU.) | metalloidal luster.
lustre nacarado | pearly lustre.

lustre para metales | metal polish.
lustre perlino | pearly lustre.
lustre piceo | pitchy luster.
lustre suave (hierro fundido) | armor bright.
lustre submetálico | submetallic luster.
lustre superficial de un metal | surface luster of a metal.
lustre terroso | earthy luster.
lustre terroso mate | dull earthy luster.
lustrina | paper muslin.
lustrina (telas) | lustring | lutestring.
lustrina de lana | lustrine | alpaga.
lustro | luster (EE.UU.) | lustre (G.B.) | pentad.
lustrómetro | glossimeter.
lustroso | glossy | lustrous.
lusus naturae | sport.
lutáceo | lutaceous.
lutación | lutation.
lutar | seal (to).
lutecio | lutecium.
lutecio (Lu) | lutetium.
luten (pasta para tapar junturas) | lute.
lutenación | luting.
lutenado | luted.
lutenar | lute (to).
lutoide | lutoid.
lutolita | mudstone.
lutulencia | lutulence.
lutulento | lutulent.
lux (unidad de intensidad luminosa) | lux.
luxación (anatomía) | dislocation.
luxímetro | foot-candle meter.
luxmetro | illumination meter.
luxómetro | luxmeter.
luz | light.
luz (cepillo de carpintero) | throat.
luz (de un tramo) | throw.
luz (de una viga) | bearing distance.
luz (paso de laminador) | size.
luz (puentes, etc.) | span.
luz (tubos) | bore.
luz (vigas) | clear span.
luz actínica | actinic light.
luz aeronáutica de superficie | aeronautical ground light.
luz al descubierto | naked light.
luz alta de mastil de antena | obstruction light.
luz amarilla | amber light.
luz ambiente (fotografía) | available light.
luz anódica | positive glow.
luz anódica (gases) | positive glow | anode glow.
luz antizodiacal | antizodiacal light.
luz azul | blue light.
luz biológica | biological light.
luz blanca del palo de popa (buques) | range light.
luz brillante | blaze.
luz catadióptrica | catadioptric light.
luz catódica | negative glow.
luz catóptrica | catoptric light.
luz cegadora | blinding light.
luz cenicienta (reflejo de la tierra que permite ver la parte de la luna no iluminada por el sol) | earthshine.
luz coherente | coherent light.
luz coherente visible | visible coherent light.
luz cometaria | cometary light.
luz con destellos isocronos | single flashing light.
luz concentrada | spotlight.
luz concentrada (estudios) | hot light.
luz continua (sin ocultaciones-faros) | fixed light.
luz crepuscular | half-light.
luz de acceso | approach light.
luz de acosamiento (antiaeronáutica) | carry light.
luz de aeronave | aircraft light.
luz de alarma | alarm light.
luz de aproximación | approach light.
luz de arco voltaico | arc light.
luz de aterrizaje | landing light | approach light.
luz de avería | warning light.
luz de avería en el procesador | processor check light.
luz de aviso | warning light.
luz de aviso para los artistas | cue light.
luz de babor (roja-buques) | port light.
luz de balizaje de pista | runway marker.
luz de balizamiento | range light.
luz de brillo variable | undulating light.
luz de calcio | calcium light.
luz de cálculo | design span.
luz de cálculo (vigas) | effective span.
luz de carretera (autos) | country beam.
luz de cola | tail light.
luz de contacto | contact light.
luz de cruce (autos) | passing beam | traffic beam.
luz de demarcación | boundary light.
luz de destellos | rudder winking light | flare-up light | chopped light | blinking light | intermittent light.
luz de destellos (faros) | revolving light | flashlight.
luz de destellos (más de 60 destellos por minuto) | blinker light.
luz de día | daylight.
luz de encendido automático al cesar el día (boyas) | unwatched light | unattended light.
luz de enfilación (navegación) | range light.
luz de enfilación (puertos) | leading light.
luz de entrada al puerto | port light.
luz de error | idle light.
luz de estar anclado (buques, hidro) | anchor light.
luz de estar parado (automóvil) | warning light.
luz de estribo (autos) | courtesy light | spotlight.
luz de estribor (verde) | starboard light.
luz de excitación (fotocélula) | priming illumination.
luz de extremidad (aeropuertos) | boundary light.
luz de flas | flashlight.
luz de fondeadero (buques, hidro) | anchor light.
luz de fondeo (buques) | riding light.
luz de fortuna | flare-up light.
luz de frenado (autos) | braking signal light.
luz de gas | gaslight.
luz de guarda del ala | wing clearance light.
luz de identificación (aviación) | identification light.
luz de inundación | flood light.
luz de la bocana (puertos) | pierhead light.
luz de la luneta fija | steadyrest opening.
luz de la pista de rodaje | taxilight.
luz de lámpara infrarroja (luz cerca del ultravioleta con longitud de onda de 3.200 a 4.000 Angstroms) | black light.
luz de magnesio | flashlight.
luz de marcha atrás (autos) | backing light.
luz de matrícula (autos) | license-plate light.
luz de navegación (buques) | lamp.
luz de navegación de emergencia alimentada por acumulador (buques) | electric-battery emergency navigational lantern.
luz de navegación del ala de babor | port wing navigation light.
luz de navegación indicando que no se puede maniobrar por avería (buques) | not-under-command light.
luz de ocultaciones | occult light | occulting light.
luz de pedestal | pedestal light.
luz de pista | runway light.
luz de pista de aterrizaje (aeropuertos) | contact light.
luz de posición | sidelamp.
luz de posición (submarino en superficie) | top light.
luz de posición auxiliar (aviones) | courtesy light.
luz de positivado (cine) | printer light.
luz de proa (buques) | bow light.
luz de puerto (buques) | sea light.
luz de punto de espera | holding point light.
luz de recalada | approach light.
luz de salvavidas | water light.
luz de sector | sector light.
luz de sentido de aterrizaje (aeropuertos) | landing direction light.
luz de señales | marker light.
luz de señales en el palo manipulada desde el puente (buques) | yardarm blinker.
luz de señalización | recognition light | trouble light.
luz de situación (buques) | side light.
luz de situación (buques, aviones) | riding light.
luz de techo (autos) | dome light.
luz de tope (buques) | masthead light | steaming light.
luz de vapor de mercurio | cold light.
luz de vela | candlelight.
luz del arco | arch span.
luz del cielo diurno | sunlit sky.
luz del cilindro | cylinder bore.
luz del día que permite visibilidad para operaciones aéreas | operational light.
luz del puente | bridge opening.
luz del rigidizador | stiffener span.
luz del sol | sun.
luz diámetro interior (anatomía) | lumen.
luz difusa | stray light | spill light.
luz difusamente reflejada | diffusely-reflected light.
luz dióptrica | dioptric light.
luz dispersa en los ojos de un observador por suspensoides atmosféricos | airlight.
luz eléctrica | electric light.
luz eléctrica portátil para colocar sobre el piso | floor standard.
luz electrosensitiva interna y externa | electro-light-sensitive-internal-external.
luz entrante | entrant light.
luz entre alambres adyacentes paralelos (telas metálicas) | space.
luz equidispersa | evenly dispersed light.
luz excitadora | activating light.
luz excitante polarizada en el plano | plane-polarized exciting light.
luz fija | fixed light.
luz fluorescente | cold light.
luz fotosférica | photospheric light.
luz fría | cold light.
luz giratoria | revolving light.
luz inactínica para revelar (fotografía) | safe-light.
luz incidente reflejada | reflected incident light.
luz incoherente | incoherent light | noncoherent light.
luz indicadora | marker light | indicating light | cue light.
luz indicadora de alto el fuego (cañón) | firing cutout indicator light | fire cutout indicator light.
luz indicadora de error | check light.
luz indicadora de exposición | film feed indicator light.
luz indicadora de fuego (cañones) | fire indicator light.
luz indicadora de funcionamiento sin carga | running light.
luz indicadora de ingobernable | not-under-command light.
luz indicadora de que hay corriente en el circuito de la puntería en elevación (cañón) | elevation power-on light.
luz indicadora de que la máquina funciona | running light.
luz indicadora del aterrizador (aviones) | landing gear light.
luz indicadora del funcionamiento del cargador (cañón) | loader action indicator light.
luz indicadora del interruptor de desconexión | disconnect-switch indicator light.
luz intermitente | period light | intermittent light.
luz lasérica | laser light.
luz lateral | side light.
luz libre | clear span.

luz lineal | linear light.
luz marcadora | marker light.
luz máxima | maximum span.
luz mínima que puede detectar el ojo humano | minimum visible.
luz modulada | modulated light.
luz modulada de hiperfrecuencia | microwave modulated light.
luz modulada por fases | phase-modulated light.
luz monocromática | homogeneous light.
luz monocromática colimada | collimated monochromatic light.
luz mostrada intermitentemente por embarcaciones de prácticos | flare-up light.
luz natural | daylight.
luz negativa | negative glow.
luz negra | dark light | near-ultraviolet light.
luz negra (luz cerca del ultravioleta con longitud de onda de 3.200 a 4.000 Angstroms) | black light.
luz no coherente | noncoherent light.
luz oxídrica | oxyhydrogen light | oxy-calcium light.
luz pálida | fading light.
luz para iniciar el salto en paracaídas (aviones) | jumping light.
luz para lectura | reading light.
luz parásita | stray light.
luz polarizada | polarized light | polarized lighting.
luz polarizada (óptica) | plane-polarized light.
luz polarizada convergente | convergent polarized light.
luz polarizada paralela | parallel polarized light.
luz polarizada paralela en el plano | plane-parallel polarized light.
luz polarizada transmitida | transmitted polarized light.
luz positiva | positive glow.
luz posterior | back-light.
luz proyectada al techo | ceiling light.
luz puntual | point-light.
luz que da sombras de contornos netos | hard light.
luz que indica el funcionamiento de una máquina (cuadros de maniobra) | running light.
luz que indica la velocidad del buque a los del convoy | speed light.
luz que no deslumbra | glareless light.
luz que no interviene en la formación de la imagen (instrumentos ópticos) | stray light.
luz real (vigas) | effective span.
luz reflejada difusivamente | diffusively-reflected light.
luz refractada | refracted light.
luz roja (a babor) | red light.
luz roja de precaución | red warning light.
luz roja que indica a los actores que la cámara tomavistas está radiando (TV) | red light.
luz roja trasera | red rear light.
luz segura | safelight.
luz sin fanal | naked light.
luz sobre el avión para usarla en el rodaje | taxilight.
luz sobre el suelo (autos) | ground-clearance.
luz superior de torre de antena. | obstruction light.
luz tamizada | subdued light.
luz tenue | faint light.
luz testigo | pilot light.
luz testigo del aterrizador | landing-gear telltale light.
luz transcidente | transcident light.
luz trasera | taillight.
luz trémula | glimmer.
luz ultravioleta filtrada (luz cerca del ultravioleta con longitud de onda de 3.200 a 4.000 Angstroms) | black light.
luz verde | green light.
luz verde que anuncia a los actores que la cámara tomavistas va a empezar a radiar (televisión) | green light.
luz visible | visible light.
luz viva | bright light.
luz y fuerza | light and power.
luz zodiacal | zodiacal ligth | zodiacal light.

LL

llaga | fester | blain.
llaga cóncava (muro ladrillo) | rodded joint.
llaga rehundida (muros ladrillos) | weather joint.
llagado en plano inclinado (juntas ladrillo) | struck-joint pointing.
llagado retundido (juntas ladrillo) | struck-joint pointing.
llama | flame.
llama (animal) | llama.
llama ácroma | colorless flame.
llama auxiliar | pilot flame.
llama azul | blue flame.
llama blanca por reducción del carbono | white carbon flame.
llama carburante | carburizing flame.
llama con exceso de acetileno (llama cementante - soplete) | carburizing flame.
llama con mezcla de oxígeno y gas del alumbrado | oxygen-town gas flame.
llama controlada por un proceso de mezcla difusivo | diffusion flame.
llama de aire e hidrógeno | air/hydrogen flame.
llama de alcohol | alcohol flame.
llama de chorro producida por combustión de petróleo con oxígeno | rocket flame.
llama de encendido | pilot light | pilot flame.
llama de explosión | explosion flame.
llama de gas | gas flame.
llama de gas pobre y oxígeno | oxycoal-gas flame.
llama de oxígeno con un gas | oxy-gas flame.
llama de oxígeno e hidrógeno | oxygenhydrogen flame.
llama de petróleo oxigenado | oxypetroleum flame.
llama de plasma | plasma flame.
llama de pudelado | puddler's candles.
llama de quemador de reacción | reaction burner flame.
llama del escape (motores) | exhaust flame.
llama desnuda | naked light | naked flame | free flame.
llama desoxidante | reducing flame.
llama dirigida hacia abajo | downward-directed flame.
llama estable | stable flame.
llama flabeliforme (arco de hidrógeno atómico) | arc fan.
llama hiperoxidante | strongly oxidizing flame.
llama hiperreductora | strongly-reducing flame.
llama luminosa | luminous flame.
llama no luminosa | nonluminous flame.
llama no radiante | nonradiant flame.
llama oscilante | flickering flame.
llama oxidante | oxidizing flame | oxidizing fire.
llama oxidante (fabricación vidrio) | sharp fire.
llama oxidante (soplete oxiacetilénico) | excess-oxygen flame.
llama oxidante (sopletes) | nonluminous flame.
llama pequeña de gas | peep.
llama perforante | jet-piercing flame.
llama plana | ribbon flame.
llama puntiaguda (dardo) | pointed flame.
llama radiante | radiant flame.
llama reductora | carburizing flame | reducing flame.
llama reductora (fabricación vidrio) | soft fire.
llama reductora (soplete oxiacetilénico) | excess-acetylene flame | three-cone flame.
llama turbulenta | turbulent flame.
llama vacilante | flicker.
llamada | call | call | calling.
llamada (para las notas de pie de página) | reference-mark.
llamada (programa) | call.
llamada (telefonía) | signaling.
llamada (teleselección de un abonado - telefonía) | dialing.
llamada a larga distancia (telefonía) | long distance call.
llamada al pie (libros) | footnote reference.
llamada armónica | harmonic ringing.
llamada armónica infrasintonizada | undertuned harmonic ringing.
llamada armónica sintonizada (comunicaciones) | tuned harmonic ringing.
llamada automática | automatic call | autocall | machine ringing.
llamada automática con conmutador manual (telefonía) | keyless ringing.
llamada automática nacional | nationwide automatic call.
llamada codificada | code ringing.
llamada con código (telefonía) | reverting-type call.
llamada con espera | camp-on-busy.
llamada de aviso (teléfono) | report call.
llamada de corriente | current draw.
llamada de doble conmutación | double switch call.
llamada de frecuencia vocal (telefonía) | voici-frequency ringing.
llamada de frecuencia vocal accionada por pulsador (telefonía automática) | touch-tone calling.
llamada de grupos (telecomunicación) | group hunting.
llamada de magneto | generator signalling.
llamada de nuevo | repeated call.
llamada de posición | position keysending.
llamada de preaviso | preavis call.
llamada de reversión (telefonía) | reverting call.
llamada de servicio (telefonía) | service call.
llamada de socorro | distress call.
llamada de socorro radiotelefónica | radiotelephone distress call.
llamada de timbre | ringing.
llamada de tránsito (telefonía) | transit call.
llamada de una central urbana a una central automática remota | dialling-in.
llamada de una subrutina | subroutine call.
llamada diferida | delayed call.
llamada directa a distancia | direct distance dialling.
llamada en clave | code ringing.
llamada en código | code ringing.
llamada en corriente alterna | AC/DC ringing.
llamada en espera (telefonía) | waiting call.
llamada equivocada (telefonía) | permanent loop.
llamada equivocada (telefonía - EE.UU.) | wrong-number call.
llamada fónica | audible call.
llamada general | general call.
llamada informativa | assistance traffic.
llamada interna (telefonía) | power ringing.
llamada interrumpida | interrupted ringing.
llamada interurbana (telefonía) | trunk dialling.
llamada manual (telecomunicación) | ring-down.
llamada manual (telefonía) | manual hold | ring down.
llamada múltiple (telefonía) | conference call.
llamada nacional (telefonía) | nationwide call.
llamada por disco | dial signaling.
llamada por impulsos de frecuencia audible | voice-frequency keysending.
llamada por magneto | magnet ringing.
llamada por repetidor (telefonía) | relayed ringing.
llamada por tacto (telefonía) | touch call.
llamada por teclas | touch-tone dialing.
llamada por zumbador | buzzer call.
llamada que origina varias operaciones del contador | multimetered call.
llamada selectiva | selecting | poll | polling | polling.
llamada selectiva (telefonía) | selective ringing.
llamada selectora | selective calling.
llamada semiselectiva | semiselective ringing.
llamada sucesiva (telecomunicación) | follow-on call.
llamada telefónica | buzz | phone call | telephone call | call | reverting call.
llamada telefónica internacional | nationwide toll dialing.
llamada telefónica repetida | interrupted ringing.
llamadas directas entre centralitas | tie-line calls.
llamadas revertidas (telefonía) | reverting calls.
llamado a atestiguar | called to take the stand.
llamar | ring (to) | call (to) | summon (to).
llamar (calificar de) | call (to).
llamar (la cadena del ancla) | ride (to).
llamar a filas | muster in (to).
llamar a filas (milicia) | call up (to) | draft (to).
llamar a licitación | call for bids (to).
llamar a un buque | hail (to).
llamar a un reservista al servicio activo | recall (to).
llamar con el pito (contramaestre de buques) | pipe (to).
llamar en una dirección (acción de una cadena, etc.) | tend (to).
llamar por teléfono | call up (to).
llamar por teléfono con cobro revertido | call collect (to).
llamarada | burst of flame | flash | blaze.
llamarada (tubo de escape de motores) | backflash.
llamarada solar | solar flare.
llamas que brotan | leaping flames.
llamas surgentes | leaping flames.
llamativo (color) | glaring.
llameado (cerámica) | flambé.
llameante | flaming.
llamear | flame-out (to).
llana | trowel.
llana (albañilería) | drawknife | drawing-knife.
llana acodada | angle trowel.
llana de albañil | plastering-trowel.
llana de ángulo (albañilería) | angle float.
llana de esquinar | corner trowel.
llana de rascar | devil float.
llana de repasar | finishing trowel.
llana para canalones | gutter tool.
llana para enlucir | plastering-trowel.
llana para enlucir cunetas | gutter tool.
llanca | llanca.
llano | plane | level | flatland | flat | plain | even.
llanta | strap | wheel band | hoop iron | tire | flat bar | flat | flatiron.
llanta (de cilindro triturador) | slugger.
llanta (de rueda de madera) | jaunt.
llanta (rueda carro) | hoop | shoe.
llanta (rueda neumáticos) | beadlock.
llanta (ruedas) | tread | tyre (G.B.) | tire (EE.UU.).
llanta (ruedas, poleas) | rim.
llanta acanalada | channel flat | grooved rim.
llanta acanalada del malacate de tuberías | calf wheel rim.
llanta ancha | flat billet.
llanta articulada | crawler belt.
llanta cilíndrica (ruedas) | straight tread.
llanta con bulbo | plain bulb.
llanta con cantos biselados | bevel-edge flat.
llanta con nervio | ribbed flat bar.
llanta con reborde | beaded rim.
llanta cónica | tapered rim.
llanta cónica (ruedas) | taper tread | coned thread.
llanta de aluminio | aluminum rim.
llanta de anillo cilíndrico | flat base rim.
llanta de bicicleta | cycle rim.
llanta de canal excéntrico | eccentric base rim.
llanta de canal profunda | well base rim.
llanta de caucho | rubber tire.
llanta de coche | carriage tire.

llanta de desmontaje rápido | Q D.rim.
llanta de fundición endurecida | chilled tire.
llanta de oruga | crawler belt.
llanta de rueda | wheel rim.
llanta de rueda dentada | cogwheel rim.
llanta de rueda endurecida | chilled wheel rim.
llanta de rueda endurecida por acritud (vagones) | work-hardened wheel tread.
llanta de talón | clincher rim.
llanta del ala del transversal (buques) | face bar of the transverse (ships).
llanta del malacate de las herramientas (sondeos) | bull wheel cant.
llanta del malacate de tuberías | calf wheel cant.
llanta del volante | flywheel rim.
llanta delgada de acero | steel slat.
llanta desmontable | detachable rim.
llanta embutida (ruedas) | pressed-on tire.
llanta lisa (ruedas) | smooth rim.
llanta maciza (neumáticos) | solid tire.
llanta neumática | pneumatic tire.
llanta para hojalata | tin bar | tinplate bar.
llanta postiza | detachable rim | built-up rim.
llanta puesta con la prensa (ruedas) | pressed-on tire.
llanta que forma el ala (vigas) | face bar.
llanta rectificada con muela abrasiva | ground flat.
llanta renovable (ruedas) | replaceable tire.
llanta sin pestaña | blind tire.
llanta sin pestaña (ruedas) | plain tire | blank tire.
llanta sobre el canto de la cartela de la ménsula | cantilever bracket face bar.
llanta soldada sobre el borde superior de la varenga (buques) | face bar on the upper edge of the floor.
llanta soldada sobre el canto de la plancha | face flat.
llanta soldada sobre el canto del alma (vigas) | face flat.
llanta superior del cintón de madera (buques) | upper flatbar of wood belting.
llantas | flats.
llantas gemelas | twin tires.
llantas para bandajes de ruedas | tire iron.
llantón | flatbar.
llantón ancho | broad flat bar.
llantón llanta para chapa fina | sheet bar.
llantones | flats.
llanura | flat | flatland | plain.
llanura aluvial a pie de monte (geología) | piedmont alluvial plain.
llanura de aluvión (geología) | outwash plain.
llanura inundada | flooded plain.
llanura pantanosa | curragh.
llar | pot hanger | pot hook.
llave | stop | key | spigot.
llave (arma de fuego) | dog.
llave (ensambladuras) | assembling piece.
llave (grada de construcción) | spur.
llave (instrumento musical) | piston.
llave (instrumentos de viento) | key.
llave (minas) | stook | spurn.
llave (música) | clef.
llave (para unir piezas de madera o sillares) | joggle.
llave (timón de buques) | locking pintle.
llave acodada | bent wrench | bent spanner.
llave aforadora | meter cock.
llave aprietatubos | pipe-wrench.
llave ciega | key blank.
llave con cabeza de muletilla | tee head key.
llave con espigas al frente (para tuercas) | face spanner.
llave con limitador del par de apriete (tuercas) | torque wrench | torquer.
llave de admisión de aire | air inlet cock.
llave de agarre automático (tuercas) | snap wrench.
llave de aguja (ferrocarril) | key switch.
llave de ajustador | machine wrench.
llave de anclaje (muros) | cramp.
llave de anillo | ring spanner.
llave de anillo exagonal (para tuercas) | hexagon ring spanner.
llave de apretar tuercas | spanner.
llave de apriete de trinquete | ratchet wrench | ratchet-spanner.
llave de apriete indicadora del par torsor (se predetermina a voluntad) | tension wrench.
llave de apriete prefijado | torque-limiting wrench.
llave de apriete prefijado (tuercas) | torque wrench.
llave de apriete tarado (tuercas) | torque wrench.
llave de arco (arquitectura) | keystone.
llave de berbiquí | brace wrench.
llave de boca (para tuercas) | open-end wrench.
llave de boca abierta | open-jawed spanner.
llave de bola | ball cock.
llave de cadena (para tubos) | chain wrench.
llave de cadena para tubos | chain pipe wrench | pipe tongs.
llave de cañón (cerraduras) | pipe-key | piped-key.
llave de carraca para tuercas de boca abierta | open-end ratchet wrench.
llave de cebar | priming cock.
llave de cierre | shutoff cock | cut-off valve | curb cock.
llave de cierre de la acometida | service stop.
llave de cincha para tubos | girth pipe wrench.
llave de cola (para tuercas) | spud wrench.
llave de combinación | combination key.
llave de comprobación | monitoring key.
llave de conexión entre posiciones de operadora | position coupling key.
llave de conmutación | rocking key.
llave de conmutación de báscula (teléfono) | lever key.
llave de conversación (telefonía) | talking key.
llave de correa | strap wrench.
llave de cortocircuitar | taper.
llave de cremallera | monkey wrench.
llave de cremallera (tuercas) | rack-spanner.
llave de cubo | bridge wrench.
llave de cubo (para tuercas) | socket-spanner.
llave de cuña | taper key.
llave de desagüe | petcock.
llave de destornillar | dog iron.
llave de dientes | hook wrench.
llave de dientes (para tuercas) | prong key.
llave de dientes (tuercas) | pin wrench.
llave de enclavamiento | locking key.
llave de enganche | assembly key.
llave de escucha | listening key.
llave de escucha (telefonía) | monitoring key.
llave de espiga (cerraduras) | pin key | pinned key.
llave de fuego | firing lock.
llave de fuente | stopcock.
llave de gancho | hook spanner | hooked key.
llave de gancho con espiga (tuercas) | pin wrench.
llave de gancho con espigas | pin spanner.
llave de gancho para tuercas | radius key.
llave de graduar espoletas | fuze key.
llave de grifo | cock handle.
llave de guardas | house key.
llave de horquilla (para tuercas) | crowfoot spanner.
llave de incendios | fire cock.
llave de inyección | injection cock.
llave de la lámpara del techo (autos) | interior light switch.
llave de lámpara del tablero | panel light switch.
llave de lanzamiento (buques) | dagger.
llave de lanzamiento (grada de construcción) | dogshore.
llave de lengüeta (electricidad) | tapping key.
llave de liberación | release key.
llave de lógica (informática) | sense switch.
llave de llamada | ringing key.
llave de llamada (telefonía) | key-sending.
llave de llamada y conversación | talk-ringing key.
llave de llamada y conversación (telefonía) | speaking and ringing key.
llave de llamada y de conversación | speaking-and-ringing key.
llave de madera (entibación minas) | pigsty.
llave de madera (minas) | cribwork.
llave de mandíbulas | alligator wrench.
llave de mango cilíndrico para tuercas | rattail spanner.
llave de maniobra (sondeos) | tiller | brace head.
llave de martillo para tuercas | screw hammer | slugging wrench.
llave de moleta | clyburn spanner | adjustable spanner.
llave de montador | construction wrench.
llave de mordaza | bulldog wrench.
llave de mordaza para tubos | pipe grip.
llave de mordazas móviles | shifting spanner.
llave de muletilla | box key.
llave de muletilla (para tuercas) | socket-spanner.
llave de observación | monitoring key.
llave de paletón | bit key.
llave de pasador | pin spanner.
llave de paso | shutoff cock | shut-off valve.
llave de paso (tuberías) | stop.
llave de pata | crowfoot wrench.
llave de picaporte | check key.
llave de pico (cerraduras) | nose-key.
llave de pinzas (química) | pinchcock.
llave de pipa (para tuercas) | elbowed wrench.
llave de pitones | pin spanner.
llave de pitones (tuercas) | pin wrench.
llave de protección | pentice.
llave de prueba | monitoring key.
llave de puesta a tierra | grounding key.
llave de purga | blowoff cock | blowoff valve | pet cock | petcock.
llave de regulación de la profundidad | depth-adjusting key.
llave de reposición | reset key.
llave de retención (sondeos) | nipping-fork.
llave de retenida (catenaria) | rod support.
llave de retenida (sondeos) | resting-fork | supporting fork | tiger | nipping-fork | catch wrench | lye-key.
llave de sangrar el arce azucarero | spile.
llave de seguridad (válvula de alivio) | relief cock.
llave de separación (telefonía) | splitting key.
llave de suspensión (sondeos) | lifting-dog.
llave de tetones | pin spanner | hook spanner | hook wrench | hooked key.
llave de trinquete | ratchetting end wrench.
llave de trinquete (tuercas) | rack-spanner.
llave de tubería (perforación) | lay tong.
llave de tubo acodado | bent socket wrench.
llave de tuerca (buques) | bow key.
llave de tuerca de boca tubular | socket wrench.
llave de tuercas | wrench | screw wrench | nut wrench.
llave de tuercas ajustable.
llave de tuercas de boca abierta | open-end wrench.
llave de tuercas de media luna de tetones | face spanner.
llave de tuercas de reacción nula para empleo por los astronautas (vuelos cósmicos) | zero reaction space wrench.
llave de tuercas de trinquete | ratchet wrench.
llave de una sola boca | end wrench.
llave de una sola mordaza móvil | clyburn spanner.
llave de vaso | box key | box spanner.
llave de vaso (para tuercas) | socket-spanner.
llave de verificación | monitoring key.
llave del contador | meter cock.
llave del freno (locomotoras) | engineer's valve.
llave del plegador (telar) | beam pike.
llave del timón | rudder lock.

llave dinamométrica (tuercas) | torque wrench.
llave en forma de T para apretar las formas (tipografía) | quoin key.
llave en mano (instalado totalmente) | turnkey.
llave española (para tuercas) | open-end wrench.
llave falsa | picklock.
llave giramachos | tap key | tap-wrench.
llave giramachos (para roscar) | tap wrench.
llave inglesa | monkey wrench | coach wrench | adjustable spanner | screw spanner.
llave inglesa acodada | elbowed spanner | offset wrench.
llave inglesa ajustable | shifting spanner.
llave inglesa con boca acodada | skew spanner.
llave inglesa curvada en S | S wrench.
llave inglesa de boca ajustable | shifter.
llave inglesa de boca cerrada | ring spanner | boxhead wrench.
llave inglesa de cola | fitting-up wrench.
llave inglesa de dogle boca en martillo | double-bar coach-wrench.
llave inglesa de dos bocas | double-ended spanner | double jaw spanner.
llave inglesa de horquilla | fork wrench | single-ended spanner | gap spanner.
llave inglesa de mordazas móviles | turnscrew.
llave inglesa de par de apriete prefijado | torque spanner.
llave inglesa de tubo | box spanner | tubular spanner.
llave inglesa dentada | claw wrench.
llave inglesa jaspeada | mottled finish spanner.
llave inglesa para el motor | motor spanner.
llave inglesa para tuercas | wrench.
llave inglesa que no levanta rebabas en las caras de la tuerca | nonburring spanner.
llave inglesa torsiométrica | torque spanner.
llave inversora doble (electroctenia) | double-pole-double throw.
llave maestra | pass key | corporation cock | skeleton key.
llave maestra (que sirve para varias puertas) | pass-key.
llave neumática | percussion wrench.
llave oculta (arquitectura) | secret joggle.
llave óptica | optical switch.
llave para apretar las tuercas de la cama | bed-key.
llave para automóviles | motor spanner.
llave para bridas roscadas | flange wrench.
llave para cerrar el gas | gas shut-off cock.
llave para conectador de manguera | hose wrench | hose spanner.
llave para contratuercas | locking nut spanner.
llave para dar cuerda | winder.
llave para desconectar (pozo de petróleo) | breakout tongs.
llave para eclisas | track wrench.
llave para ejes | axle wrench | axle spanner.
llave para el indicador (cilindros máquinas) | indicator cock.
llave para graduar espoletas | fuze-setting key.
llave para grifos | cock wrench.
llave para mandrín | mandrel wrench.
llave para martillar sobre su mango (apriete de grandes tuercas) | sledging wrench.
llave para perro de torno | dog wrench.
llave para plato (tornos) | chuck wrench.
llave para tirafondos (ferrocarriles) | track wrench.
llave para tubos | cylinder wrench | grip pipe wrench | pipe-twister | pipe dog | pipe-wrench | bulldog wrench | alligator wrench.
llave para tuercas | nut driver.
llave para tuercas circulares con agujeros | hook wrench.
llave para tuercas circulares de agujeros | hook spanner.
llave para tuercas de ejes | hub wrench.
llave para tuercas de radios (ruedas) | nipple key.
llave para tuercas en rincones | obstruction wrench.
llave para tuercas redondas con entallas (tuercas) | pin wrench.
llave para tuercas redondas de entallas | pin spanner.
llave registradora del par de apriete | torque-recording spanner.
llave torsiométrica (tuercas) | torquer | torque wrench.
llavero para colgar llaves | key-rack.
llaves de ayuste (ensambladuras) | joint dowels.
llaves de enroscar | drilling tongs.
llaves de servicio | all-necessary spanners.
llaves de tuberías | pipe tongs.
llaves manuales de selección de direccionamiento | manual address switch.
llavín | bolt key | latchkey.
llegada | arrival.
llegada (buques, trenes, aviones) | due.
llegada de la jaula al enganche (pozo minas) | banking.
llegada de la jaula al exterior (minas) | landing.
llegada del viento (soplante alto horno) | air inlet.
llegada sísmica | cable break.
llegadas de estructura binomial | binomial arrivals.
llegar | come in (to).
llegar (información) | flow in (to).
llegar a | come up to (to) | attain (to).
llegar a (precios) | realize (to).
llegar a (sumas, ediciones, etc.) | run into (to).
llegar a buen puerto (buques) | arrive safely (to).
llegar a entender (EE.UU.) | get on to (to).
llegar a la fase supercrítica (reactor nuclear) | runaway (to).
llegar a la madurez | come to maturity (to).
llegar a pleno desarrollo | come to maturity (to).
llegar a puerto | make port (to).
llegar a ser | turn out (to).
llegar a su destino (envíos) | come to hand (to).
llegar a un acuerdo | come to terms (to) | reach an agreement (to) | reach an understanding (to) | enter an agreement (to) | settle amicably (to).
llegar a un acuerdo con los acreedores | come to a composition with the creditors (to).
llegar a un arreglo (convenir) | bring to terms (to).
llegar a un arreglo comercial | come to a composition (to).
llegar a una decisión | reach a decision (to).
llegar al fondo del proceso | get to the bottom of the process (to).
llegar hasta | come up to (to).
llegar la luna al plenilunio | full (to).
llegar sano y salvo | arrive safely (to).
llenado con gas inerte | rare-gas filling.
llenado de lingoteras | teeming.
llenado de valle desértico | desert-valley filling.
llenadora de latas | can filler.
llenar | fill (to) | replenish (to) | make out (to).
llenar (espacio) | take up (to).
llenar (un vacío) | bridge (to).
llenar a tope | bumper (to).
llenar completamente | fill up (to).
llenar completamente
llenar con ripio | pin in (to).
llenar de barro (barrenos) | bull (to).
llenar de nuevo | refill (to).
llenar de puntas | stick (to).
llenar el cilindro (motores) | charge (to).
llenar el terreno de embudos (bombardeos) | crater (to).
llenar hasta el borde | fill brim-full (to).
llenar hasta rebosar | bumper (to).
llenar la caldera con agua | prime the boiler (to).
llenar los requisitos | qualify (to).
llenar por completo (tanques) | top up (to).
llenar un depósito | top out.
llenar un formulario | fill out a form (to).
llenarse de agua y hundirse (embarcaciones) | swamp (to).
lleno | full | full.
lleno (pulso) | large.
lleno (tacto de tejidos) | lofty.
lleno (vaso sin colmo) | even full.
lleno a presión | hard-filled.
lleno completo (teatros) | full house.
lleno de aceite | oil-filled.
lleno de aire | air filled.
lleno de arbustos | bushy.
lleno de baches (aviación) | pockety.
lleno de bultos | knobbed.
lleno de errores | foul.
lleno de errores (libros) | gag-loaded.
lleno de escollos (navegación) | shelvy.
lleno de escombros | rubishy.
lleno de faltas | fault-ridden | flawy.
lleno de gas | gas-filled.
lleno de gases | gassy.
lleno de hidrógeno | hydrogen-filled.
lleno de incrustaciones (tuberías) | furred-up.
lleno de manantiales | springy.
lleno de nudos | knotty.
lleno de nudos (madera) | knotted.
lleno de picaduras | punctured.
lleno de proa (buques) | bluff-headed.
lleno de púas | spiky.
lleno de rasguños | scored.
lleno de rodadas (caminos) | rutty.
lleno de salientes (superficies) | knobbed.
lleno de savia | sappy.
lleno de terrones (suelo) | cloddy.
lleno de troncos flotantes (ríos) | snaggy.
lleno hasta el borde | brimmed.
lleno hasta los topes | full up.
lleno por completo (tanques de buques) | tight-topped.
lleno y enrasado (sin colmo) | level full.
lleva de paletón | warded key.
llevabarrenas (minas) | nipper.
llevado a bordo | shipborne.
llevado en el cohete | rocket-borne.
llevado por expreso | express.
llevado por las aguas | waterborne.
llevador de anillos (cardas) | ring doffer.
llevando el paso (milicia) | in step.
llevar | drift (to) | carry (to) | conduct (to) | lead (to).
llevar (asuntos) | manage (to).
llevar (cañones) | mount (to).
llevar (corriente eléctrica) | lead in (to).
llevar (la contabilidad, la caja) | keep (to).
llevar (premio, etc.) | get (to).
llevar a buen término | carry through (to).
llevar a cabo | fill out (to) | execute (to) | make good (to) | turn off (to).
llevar a cabo (proyectos, construcciones) | target (to).
llevar a cuenta nueva | place to new account (to).
llevar a cuenta nueva (balances) | carry forward (to).
llevar a efecto (un acuerdo) | implement (to).
llevar a hombros | carry shoulder-high (to).
llevar a la comisaría | pull in (to).
llevar a la posición de equilibrio (química) | bring back (to).
llevar a mano | hand-carry (to).
llevar a sincronismo | pull into synchronism (to).
llevar a una altitud más baja (aviones) | bring (to).
llevar a una trayectoria horizontal de vuelo (avión) | level off (to) | level out (to).
llevar al campo (en coche) | drive down (to).
llevar al máximo | climax (to).
llevar atado (perros) | lead (to).
llevar de una parte a otra | lead away (to).
llevar el carbón | heave coal (to).
llevar el compás | time (to) | beat time (to) | beat (to).

llevar en bote el extremo de un cabo (atraque a muelle de un buque) | lay out (to).
llevar en equilibrio | poise (to).
llevar hacia | lead out (to).
llevar hacia atrás | move back (to).
llevar hacia la vía (timón) | ease the helm (to).
llevar hasta el máximo | maximize (to).
llevar la batuta | lead (to).
llevar la contabilidad | keep books (to) | keep the books (to).
llevar la contabilidad al día | keep the books up to date (to).
llevar la cuenta | tally (to) | tally (to).
llevar la cuenta de los bultos en la carga o descarga (buques) | tally (to).
llevar la derecha (sentido de circulación) | keep to the right (to).
llevar la peor parte | get the worse (to).
llevar la sirga (embarcaciones fluviales) | track (to).
llevar metido el timón (buques) | carry rudder (to).
llevar por | pilot (to).
llevar postizos (trajes) | pad (to).
llevar puestas las gafas protectoras | bespectacle (to).
llevar sobre un caballo | horse (to).
llevar sobre una carta marina | chart (to).
llevar tropas de un sitio a otro | deliver (to).
llevar un caballo | horse (to).
llevar un control | keep track (to) keeping track.
llevar un proyecto de ley a buen fin | navigate a bill (to).
llevar una cuenta | score (to).
llevar una marcación a la carta (marina) | prick a bearing (to).
llevar una marcación a la carta (navegación) | lay off a bearing (to).
llevar una suma a otra cuenta (contabilidad) | bring forward (to).
llevar ventaja | overbalance (to).
llevarse la mejor parte en un trato | shave (to).
llevaruna marca | bear (to).
lloro (acústica) | wow.
llover a cántaros | pour (to).
llovizna | drizzling | drizzle.
lloviznar | drizzle (to) | mist (to) | sprinkle (to).
lloviznoso (tiempo) | drizzling.
lluvia | shower | rain.
lluvia (de proyectiles) | storm.
lluvia artificial | artificial rain | artificial rainfall | rainmaking.
lluvia batiente | driving rain.
lluvia caída | precipitation.
lluvia caída sobre una estación pluviométrica | point rainfall.
lluvia de cenizas volcánicas | ash fall | ash shower.
lluvia de cenizas volcánicas transportadas por el viento | rain of airborne volcanic ash.
lluvia de enfriamiento | cooling spray.
lluvia de estrellas fugaces | meteoric shower.
lluvia de polvo | dust fall.
lluvia de polvo (geología) | blood rain.
lluvia de rayos cósmicos | cosmic ray shower.
lluvia en un punto | point rainfall.
lluvia fina | drizzling rain.
lluvia gélida | frozen rain.
lluvia meteórica | meteoric shower.
lluvia nebulizada | micronized spray.
lluvia o nieve que se evapora antes de llegar a tierra (meteorología) | virga.
lluvia orográfica | orographic rain.
lluvia radiactiva | fallout | rainout | radioactive fallout.
lluvia sobre nieve reciente | rain-on-fresh snow.
lluvia sobrefundida | freezing rain.
lluvia torrencial | torrential rain.
lluviosidad | showeriness.
lluvioso | wet | imbrifer | pluvial | hyetal.

M

m | maintainer.
macaco (de martinete) | dolly.
macaco (martinete) | striking plate.
macádam | macadam.
macadam (carreteras) | metalling.
macadam amasado en seco | dry-bound macadam.
macadamizado | metaled.
macadamizar | metal (to) | macadamize (to).
macadán | macadam.
macadan asfáltico | asphalt macadam.
macadán con riego asfáltico | bitumen-grouted macadam.
macadán ligado con lechada de cemento | cement macadam.
macaluba | paint pot | mud volcano.
macanismo eyector | ejection mechanism.
macareo | eagre | bore | tidal bore.
macareo (ríos con mareas) | mascaret.
macarrón (aislamiento eléctrico) | spaghetti.
macarrón (electricidad) | circular loom.
maceración | steeping | soaking | pulping | macerating.
maceración (curtidos) | bating.
maceración (refractarios) | souring.
macerado | macerative.
macerador | macerator | mash tun.
macerador de desechos | waste pulper.
maceral perhidroso | perhydrous maceral.
macerales | macerals.
macerante | steeping agent.
macerar | sour (to) | steep (to) | mash (to) | soak (to) | macerate (to) | squash (to).
macerarse | macerate (to).
maceta | beater.
maceta (martillo) | club hammer.
maceta (minas) | ringer.
maceta de calafate (cubierta de madera) | reaming beetle.
maceta de calafatear | hawsing mallet | hawsing beetle.
maceta de cantero | mallet.
maceta de escultor | martelline hammer.
maceta sin fondo (Argentina, Paraguay) | planting tube.
macillo (piano) | jack | hammer.
macizado (de bóveda, arco) | backing.
macizado (galería de mina) | packing.
macizado (muros) | backing-up.
macizar (muros) | pack (to).
macizo | solid | massif | massive.
macizo (de flores) | clump.
macizo (de mineral) | mass.
macizo (mina de carbón) | stoop.
macizo (minas) | pillar.
macizo (no hueco) | uncored.
macizo antiguo (geología) | old landmass.
macizo antiguo (minería) | oldland.
macizo autóctono (geología) | terrane.
macizo de anclaje | anchorage-block | dead man | deadman.
macizo de cimentación | main foundation | foundation block.
macizo de inyección granítica (geología) | granitic boss.
macizo de jardín | bed.
macizo de mineral | mass of ore | orebody | metal ridge | body.
macizo de protección (minas) | boundary pillar.
macizo de protección dejado en el fondo de un pozo que se está profundizando | pentice.
macizo de protección del pozo (minas) | bottom pillar.
macizo de relleno (minas de carbón) | gob.
macizo de rocas rodeados de fallas | fault block.
macizo magmático (geología) | stock.
macizo montañoso | massif.
macizos desviadores de la lámina vertiente (pie de presa) | deflector blocks.
macizos en reserva (minas) | reserve-pillars.
macla | hemitrope | chestolite.
macla (cristalografía) | macle | twin | twin crystal.
macla (diamantes) | naat.
macla cíclica | cyclic twin.
macla cíclica con cuatro partes individuales que han girado 180 grados | fourlings.
macla cíclica con seis partes individuales que ha girado 180 grados | sixlings.
macla cordiforme | heart-shaped twin.
macla cruciforme | cross-shaped twin.
macla de Baveno (cristalografía) | Baveno twin.
macla de Brasil | chiral twin.
macla de Carlsbad (feldespato alcalino) | Carlsbad twin.
macla de celosía | lattice twin.
macla de cinco ramas | fiveling.
macla de crecimiento | growth twin.
macla de cuatro ramas | fourling.
macla de Dauphiné (sistema exagonal) | Dauphiné twin.
macla de hierro de lanza | arrowhead twin.
macla de inversión | inversion-twinning.
macla de la albita | albite twin.
macla de la cruz de hierro | iron cross twin.
macla de penetración | penetration twin.
macla de recristalización (metales) | annealing twin.
macla de segundo orden | second-order twinning.
macla de tres ramas | trilling.
macla de tres ramas (maclas repetidas) | threeling.
macla de yuxtaposición (mineralogía) | contact-twin.
macla en cruz | cruciform twin.
macla en cruz de San Andrés | cruciform twin, crossing at 60°.
macla en cruz griega | cruciform twin, crossing at 90°.
macla en espina | herringbone twin.
macla estriada | grooved twin.
macla mecánica (cristalografía) | mechanical twin.
macla natural | congenital twin.
macla pateliforme | knee-shaped twin.
macla polisintética | polysynthetic twin.
macla por contacto (mineralogía) | contact-twin.
macla por juxtaposición | juxtaposition wind.
macla por penetración | penetration-twin.
macla por yuxtaposición | juxtaposition twin.
macla tipo Dauphiné | Dauphiné type twinning.
macla triangular | triangular macle.
maclación (metalografía) | twinning.
maclación combinada | combined twinning.
maclación de Dauphine | electrical twinning.
maclación eléctrica | orientational twinning | electrical twinning.
maclación múltiple | multiple twinning.
maclación orientacional | orientational twinning | electrical twinning.
maclación polisintética | repeated twinning | polysynthetic twinning.
maclado | hemitropic | twin.
maclado eléctrico (cristales) | electrical twinning.
maclaje (metalografía) | twinning.
maclaje combinado | combined twinning.
maclaje cruzado | gridiron twining.
maclaje repetido | repeated twinning.
maclarse | twin (to) | macle (to).
maclas cíclicas del rutilo | ciclic twins of rutile.
maclas de contacto | contact twins.
maclas de interpenetración | interpenetration twins.
maclas de inversión (metalurgia) | reversal twins.
maclas de yuxtaposición | contact twins.
maclas en cruz | plus-shaped twins.
maclas polisintéticas | polysinthetic twins.
macle (heráldica) | mascle.
macondo (Cavanillesia platanifolia - H. B. K) | quipo.
macramé | macramé.
macroactivar | macroactivate (to).
macroacústica | macrosonics.
macroanálisis | macroanalysis.
macroaspereza | macroroughness.
macroatacar (atacar profundamente - con reactivos) | deep-etch (to).
macroatacar al ácido | macroetch (to).
macroataque al ácido (metalografía) | macroetching.
macroataque por ácido (metalografía) | macroetch.
macrobiología | macrobiology.
macrobiólogos | macrobiologists.
macrobiosis | macrobiosis.
macrobiótico | macrobiotic.
macrobiótico (biología) | long-lived.
macrobipirámide | macrobipyramid.
macroblasto | macroblast.
macrocantidad | macroamount.
macrocarpo | large-fruited.
macrocéfalo | large-headed.
macrocinematografía | macrocinematography.
macrocirculación | macrocirculation.
macrocirculación cerebral | brain macrocirculation.
macrocito | macrocyte.
macroclasificación | macroclassification.
macroclástico | macroclastic.
macrocohete | macrorocket.
macrocontracción | macroshrinkage.
macrocristalino | macrocrystalline.
macrocristalografía | macrocrystallography.
macrodefectos | macrodefects.
macrodeformación | macrostrain | macroscopic strain.
macrodiagonal | macrodiagonal.
macrodomo | macrodome.
macrodureza | macrohardness.
macroeconomía | macroeconomy.
macroeconómico | macroeconomic | macroeconomical.
macroeje | macroaxis.
macroesfuerzos | macrostresses.
macroestadística | macrostatistic | macrostatistics.
macroestado | macrostate.
macroestado de energía mínima | lowest-energy macrostate.
macroestado no degenerado | nondegenerate macrostate.
macroestructura | macrostructure | gross structure.
macroestructura doble | duplex macrostructure.
macroestructura inversa | inverse macrostructure.
macrofagocito | macrophagocyte.
macrofisurado | coarse-cracked.
macrofisuras | major cracks.
macrofito (botánica) | macrophyte.
macrofloro | large-flowered.
macrogénesis | macrogenesis.
macrogloso | large-tongued.
macrografía | print | macrography.
macrografía (aumento mayor de 10 veces) | macrograph.
macrografía de azufre | sulphur print.
macrografía de la soldadura | weld macrograph.
macrograma | print | macrogram.
macroimpresión | macroprint.
macroimpulso | giant-pulse.
macroinclusión no metálica | nonmetallic macroinclusion.
macroinestabilidad | macroinstability.
macroinspección | macroinspection.
macroinstrucción | macro instruction | macroinstruction.

macroinstrucción de cierre (archivos) | close.
macroinstrucción de espera | wait macro-instruction.
macroinstrucción de salida | exit macro-instruction.
macroinstrucción interna | inner macroinstruction.
macrología | macrology.
macromecánica | macromechanics.
macrometalografía | macrometallography.
macrómetro | macrometer.
macromolécula | macromolecule.
macromolécula cateniforme orientada | orientated chain-like macromolecule.
macromuestra | macrosample | macrospecimen.
macronotal | large-thoraxed.
macroonda | macrowave.
macroparámetro | macroparameter.
macropartícula | particulate.
macropedia | macropaedia.
macropétalo | large-petalled.
macropinacoide | macropinacoid.
macropirámide | macropyramid.
macroporfídico | macroporphyritic.
macroporo | macropore.
macroporosidad | macroporosity.
macroporoso | macroporous.
macroprogramación | macroprogramming.
macróptero | large-fined | long-winged | large-winged.
macroquímica | macrochemistry.
macroquiste | macrocyst.
macrorreactivo | macroetchant.
macrorrugosidad | macroroughness.
macrosciano | macroscian.
macroscopia | macroscopy.
macroscópicamente amorfo | macroscopically amorphous.
macroscopicamente mensurable | macroscopically measurable.
macroscópico | macroscopic.
macrosección | macrosection.
macrosegregación | macrosegregation.
macroseismo | macroseism.
macrosépalo | large-sepalled.
macrosísmico | macroseismic.
macrosismo | macroseism.
macrosocial | macrosocial.
macrosoma | megasoma.
macrosónica | macrosonics.
macrospora | macrospore.
macrostilo | large-styled.
macrostomo | large-mouthed.
macrotemporal | macrotemporal.
macrotesauro | macrothesaurus.
macroto | large-eared.
macrotomo | macrotome.
macrotopografía | macrotopography.
macruro (crustaceos) | long-tailed.
mactación (muerte sacrificial) | mactation.
mácula | macule | blemish | stain | speckle | spot.
mácula (medicina) | macule.
maculado (botánica) | spotted | blotched.
maculado (libros) | spotted.
maculaje (tipografía) | offset.
macular | spot (to) | macle (to).
macular (tipografía) | offset (to).
macularse | macle (to).
maculatura (tipografía) | macle | macule | blurring | blurred impression.
maculífero (botánica) | spotted.
maculoso | maculose.
mach | mach.
mach 2 | Mach 2.
macha de cal (enlucidos de cemento, hormigones) | scum.
machacado | crushed.
machacado (del lino) | piling.
machacado para que pase el 90% por la criba de 1/8 pulgada | crushed to 90% minus 1/8 in mesh.
machacador (minería) | spaller.
machacador (operario fragua) | striker.
machacador de fragua (persona) | beetler.
machacadora | rock crusher | stone breaker | breaker | mill | crushing machine | stone mill | stone crusher.
machacadora de impactos | impact breaker.
machacadora de mandíbulas | alligator crusher.
machacadora de martillos oscilantes | swing hammer crusher.
machacadora de mordazas | jaw crusher | jawbreaker.
machacadora de piedra | rock crusher | rock-breaker.
machacadora de quijadas | jawbreaker.
machacadora de rodillos pendulares | roller mill.
machacadora giratoria | rotary crusher | gyratory crusher.
machacamiento | stamping.
machacar | crush (to) | hammer (to) | stamp (to) | pound (to).
machacar (el lino) | pill (to).
machaqueo | pounding action | spalling.
machaqueo (de piedra) | crushing.
machero (funderías) | patternmaker.
machero (moldería) | coremaker.
machetazo del buque | lunge of the ship.
machete | bush knife.
machete (Puerto Rico) | slasher.
machete para cortar caña | cane knife.
machete resinador (árboles) | cupping axe.
machetear | hack (to).
machetear (buques) | send (to).
machetear isipó (Argentina) | climber cutting.
macheteo (buque en la mar) | oilcanning.
macheteo (buques) | pitching.
machiembrado | grooving and tonguing.
machiembrado a cola de milano | dovetailed grooving and tonguing.
machiembrado en el centro del canto (tablas) | center-matched.
machiembrado por testa (tablas para pisos) | end-matched.
machiembrar | groove and tongue (to) | feather (to).
machihembrada y rebajada (tablas) | matched and plowed.
machihembrado | socketing | matched | tongue jointing | tonguing.
machihembrado defectuoso | mismatching.
machihembradora | tonguing and grooving machine | matching machine.
machihembrar | tongue (to) | groove (to).
machina | marine legs | sheer legs | shears.
machio | Mach.
machio (unidad de aerodinámica) | mach.
Machmetro | Machmeter.
macho (bisagras) | pintle.
macho (cilindro laminador) | closer.
macho (de cualquier ave) | cock.
macho (de grifo) | plug.
macho (de tubo) | spigot.
macho (funderías) | core.
macho (fundición) | nucleous.
macho (imanes) | plunger.
macho (martillo de fragua) | about-sledge.
macho (timón buques) | pintle.
macho acabador | third tap.
macho acabador (de roscar) | sizer tap.
macho aglutinado con aceite | oil-bonded core.
macho alto (timón) | top pintle.
macho alto (timón de buques) | locking pintle.
macho aterrajado (moldería) | swept up core.
macho aterrajador | tapper tap.
macho aterrajador de espiga curva | bent shank tapper tap.
macho centrador | pilot.
macho cilíndrico | bottoming tap.
macho cilíndrico (grifos) | parallel plug.
macho cilíndrico para calderas | straight boiler tap.
macho con conductos para gases (fundición) | chambered core.
macho con punta de estrías en espiral | spiral pointed tap.
macho con rosca cónica para calderas | taper boiler tap.
macho cónico | entering tap.
macho cónico (grifos) | tapered plug.
macho cuadrado (moldes) | angular core.
macho de acabar | plug tap.
macho de acero (barra de diámetro menor que el diámetro interior del tubo - fabricación tubos estirados) | triblet.
macho de ahondar | bottoming tap.
macho de algunos animales (ciervo, antílope, liebre, conejo, etc.) | buck.
macho de arcilla (moldería) | loam core.
macho de arena ligada con resina sintética (funderías) | resin-bound sand core.
macho de arena mezclada con un 8% de cemento | cement-sand core.
macho de arena verde (moldería) | cod.
macho de aterrajado preliminar | entering tap.
macho de aterrajar | screw tap.
macho de carbón (moldería) | carbon core.
macho de dientes alternados | staggered tooth tap.
macho de dos sectores roscados | two-flute tap.
macho de escariar | rimer tap.
macho de espiga acodada | bent-shank tap.
macho de espiral de paso largo | quick-spiral tap.
macho de expansión | collapsible tap.
macho de fragua | sledge | forehammer | drummer.
macho de fragua (fragua) | sledge hammer.
macho de garganta (funderías) | neck core.
macho de grifo | cock plug | cock body plug.
macho de herrero | drummer.
macho de husillo para roscar virotillos | spindle staybolt tap.
macho de la coz (timón buques) | heel pintle.
macho de molde | hollow of a mould.
macho de ramificación (moldería) | branch core.
macho de rosca cuadrada | square theread tap.
macho de rosca fresada | cut thread tap.
macho de rosca interrumpida | interrupted-thread tap.
macho de roscar | tap.
macho de roscar a izquierdas | left-hand tap.
macho de roscar a mano | hand tap.
macho de roscar a mano rectificado con la muela | ground thread hand tap.
macho de roscar a máquina | machine tap.
macho de roscar cilíndrico | parallel tap.
macho de roscar con rosca rectificada | ground thread tap.
macho de roscar de dentadura interrumpida | interrupted-tooth tap.
macho de roscar de dientes postizos | inserted-land tap.
macho de roscar de peines insertados | inserted-chaser tap.
macho de roscar estays de calderas | boiler stay tap.
macho de roscar final plug tap | bottoming tap.
macho de roscar para calderas | boiler tap.
macho de roscar segundo (EE.UU.) | second tap.
macho de roscar tuercas | screw tap.
macho de terrajar desmontable | collapsible tap.
macho de tierra (moldería) | loam core.
macho de tres vías (grifos) | three-port plug.
macho del enchufe | connector pin.
macho del talón (timón buques) | heel pintle | bottom pintle.
macho del timón | rudder pintle.
macho desbastador | taper tap.
macho destalonado a máquina | machined-relieved tap.
macho en verde (no seco) | green core.
macho ensanchado | bellied core.
macho ensanchado en el centro | chambered

core | belly core.
macho ensanchado en el centro (moldería) | roach-belly core.
macho escariador | reaming-tap.
macho extensible de terrajar | collapsible tap.
macho frágil (fundición) | brittle core.
macho grande (moldería) | nowel.
macho helicoidal para roscar | helical tap.
macho hueco para roscar | shell tap.
macho intermedio para roscar | plug tap.
macho intermedio para roscar (EE.UU.) | second tap.
macho largo para calafatear o quitar remaches | beetle.
macho maestro de roscar | hob tap.
macho maestro para peines de roscar | hob.
macho mamposteado (moldería) | bricked-up core.
macho mecánico (moldeo) | machine coring.
macho para agujeros poco profundos | stub tap.
macho para roscar a máquina | machine screw tap.
macho para roscar agujeros de limpieza | mud tap.
macho para roscar agujeros de limpieza (calderas) | mud plug tap.
macho para roscar interiores a máquina | tapper tap.
macho para roscar manguitos | coupling tap.
macho para roscar tuberías | pipe tap.
macho para roscar tuercas | nut tap.
macho para tuercas | tapper tap.
macho patrón de roscar | master tap.
macho patrón de roscar final | plug-size master tap.
macho perdido (fundición) | lost sand core.
macho pescador (sondeos) | fishing tap.
macho principal (modería) | body core.
macho refrigerado con agua (funderías) | water core.
macho roscado de acoplamiento | nipple.
macho roscador a derechas | right-hand tap.
macho roscador acabador | serial tap.
macho roscador cilíndrico | third tap | straight tap.
macho roscador con anchura de cresta uniforme | swaging tap with uniform crest width.
macho roscador cónico | taper tap.
macho roscador cónico para tubos | taper pipe tap | pipe tap.
macho roscador corto | stub tap.
macho roscador corto (para agujeros poco profundos) | stunted tap.
macho roscador de acabar | oversized tap.
macho roscador de cuatro ranuras | four-flute tap.
macho roscador de estrías rectas | straight tap | straight-fluted tap.
macho roscador de mango largo | pulley tap.
macho roscador de punta en espiral | gun tap.
macho roscador de punta espiral | chip-driver tap.
macho roscador de ranuras helicoidales | twist tap.
macho roscador de serie (talleres) | serial tap.
macho roscador desbastador | roughing tap.
macho roscador escalonado | step tap.
macho roscador inicial (juego de machos de mano) | taper tap.
macho roscador largo para máquinas | long machine tap.
macho roscador matriz | finishing tap.
macho roscador para agujeros ciegos | bottoming tap.
macho roscador para agujeros de limpieza | washout tap.
macho roscador para calderas con rosca paralela | straight boiler tap.
macho roscador para tornillos de cabeza embutida | machine-screw tap.
macho sacaprisionero | back-out tap.
macho secundario (moldería) | branch core.
macho semicónico para roscar | plug tap.
macho y hembra (sondeos) | box and pin.
machón | prop | horse | buttress.
machota | maul.
machucar | maul (to).
machuelo ajustable | adjustable tap.
machuelo arrancasondas (sondeos) | taper type screw grab.
machuelo cónico | taper tap.
madeja | skein | hank | ley.
madeja de
madeja de algodón | cotton drill.
madeja de seda | silk skein.
madera | wood.
madera a canto vivo | square-edged timber.
madera abarquillada | warped wood.
madera acabada de serrar | freshly-converted timber.
madera aceitosa | oily wood.
madera acorchada (Uruguay) | punky wood.
madera agatizada | silicified wood | agatized wood.
madera apilada al aire libre | yard-piled lumber.
madera apolillada | wormy.
madera apta para corta | fellable timber.
madera artificial | artificial wood | artificial board.
madera aserrada | stuff | prepared timber | broken down timber | sawn timber.
madera aserrada a lo largo del corazón | box-hearted timber.
madera aserrada a mano | hand-hewn timber.
madera aserrada a máquina | machine-hewn timber.
madera aserrada de sección rectangular sin alabeo | square-sawn timber.
madera aserrada en basto | rough-sawed wood.
madera aserrada en forma radial | rift sawn.
madera aserrada en tamaños corrientes | dimension lumber.
madera aserrada y unida en paquetes | unit-packaged lumber.
madera auxiliar naval | timber.
madera azumagada (Chile, Ecuador) | punky wood.
madera barnizada con muñequilla | French-polished timber.
madera barnizada en su color (botes) | brightwork.
madera basta (Méjico) | rough timber | undressed timber.
madera blanca y limpia del pino canadiense (Pinus strobus) empleada para modelos | cork pine.
madera blanda preparada para construcción | soft cut timber.
madera borne | hardwood.
madera borneadiza | bendable wood.
madera boza (Colombia) | punky wood.
madera brava | hardwood.
madera canteada | square-edged lumber.
madera canteada (Uruguay) | square-edged timber.
madera cañacal | easily-cleft wood.
madera cepillada | dressed stuff | planed wood.
madera cepillada (por una o más caras) | wrought timber.
madera cepillada por todas sus caras | S 4 S lumber.
madera cepillada sin nudos | clear stuff | clear timber.
madera clasificada por su resistencia | stress-grade lumber.
madera comercialmente seca | commercially dry lumber.
madera compacta | close-grain wood | close-grained wood.
madera comprimida | compressed wood.
madera con acebolladura | colty wood.
madera con el corazón rajado | quaggy timber.
madera con fibra en espiral | spiralled grain wood.
madera con humedad aproximada a la atmósfera | air dry timber.
madera con inserción de aluminio | plymetal.
madera con manchas amarillas y negras | doaty timber.
madera con propiedades modificadas (por métodos físicos o químicos) | modified wood.
madera con separación entre anillos anuales | rolled lumber.
madera conformada | formed wood.
madera conformada a raja | cleft timber.
madera contrachapada | plywood | madeup wood | panelling board | veneer plywood.
madera contrachapada con resina sintética | resin-bonded plywood.
madera contrachapada de más de tres hojas | multiply.
madera contrachapada exenta de burbujas superficiales | boil-proof plywood.
madera contrachapada impregnada | preg-wood.
madera contrachapada revestida de chapa metálica | metal-faced plywood.
madera contrachapada revestida de plástico | plastic-faced plywood.
madera contrachapada sin alma | all-veneer plywood.
madera contrachapeada curva | formed plywood.
madera contraplacada | plywood.
madera correosa | tough wood.
madera corta de un cargamento usada para mejor estiba | short stowage.
madera cortada a la medida | dimension timber.
madera cortada por derecho de uso (bosques) | right timber.
madera creosotada a contrahilo | end grain creosoted wood.
madera creosotada a presión | pressure-creosoted timber.
madera cruda | plain unvarnished wood.
madera curada | seasoned timber.
madera curva | knee-timber.
madera curvada | bent wood | compass timber.
madera curvada durante su desarrollo en el árbol | compass-timber.
madera curvada naturalmente | crooked timber.
madera chamosa | punky wood.
madera chapada de acero | steel-faced timber.
madera de álamo | aspen wood.
madera de angélica (Dicorynia paraensis) | angelique.
madera de árbol frutal (ebanistería) | fruit-wood.
madera de aserrio | wood for sawing | saw timber | saw-timber.
madera de cabeza | capping.
madera de calidad de gran resistencia | stress-grade lumber.
madera de calidad inferior | dunnage.
madera de coníferas | soft timber | softwood timber | softwood.
madera de construcción | lumber | construction timber | timber | dram timber | builder's timber | building timber.
madera de cuasia | bitter-wood.
madera de derribos | old timber | old wood.
madera de desecho | offal timber | offal | refuse wood.
madera de duración | durable timber.
madera de duración media | moderately durable timber.
madera de empleo general | general utility wood.
madera de encina americana | live oak wood.
madera de encofrar | shuttering.
madera de enconfrar | falsework.
madera de eng (dipterocarpus tuberculatus) | eng teak.
madera de estiba | broken stowage.
madera de fibras rectas | flat-grained lumber.

madera de fibras torcidas | interweave wood.
madera de fresno | ash.
madera de fresno para artículos deportivos | sports ash.
madera de frondosas | hardwood lumber.
madera de guayacán | guaiacum.
madera de hilo | grain wood | long wood | long-cut wood.
madera de la copa (árboles) | top-and-lop.
madera de la parte inferior de una rama o de troncos inclinados | compression wood.
madera de la parte superior de ramas o de troncos inclinados | tension wood.
madera de lanza (Oxandra lanceolata) | asta.
madera de los bosques del Estado | crown timber.
madera de mala calidad | low-rate timber.
madera de nogal | burl.
madera de obispo (Bischofia javanica) | bishopswood.
madera de olmo | elm-wood.
madera de pino | deal | pine | pine-wood | fir.
madera de primera (Iberoamérica) | uppers.
madera de primera calidad | crown wood.
madera de raja | split timber.
madera de ramas | branch timber.
madera de relleno | filler | filler slip | filler block.
madera de relleno (buques madera) | deadwood.
madera de revestimiento | lagging | facing board.
madera de roble | oak | oak wood.
madera de rosa (Convolvulus scorparius) | rhodium.
madera de Rusia | crown deals.
madera de testa | end grain wood | end wood.
madera de trepa | dappled wood.
madera de una corta (bosques) | harvested lumber.
madera de verano (árboles) | autumn wood.
madera defectuosa atacada por el Trametes pini | ring shake.
madera del Norte | Baltic timber.
madera del país | plain wood | home-grown wood | native timber.
madera del Rhus cotinus (tinte) | young fustic.
madera del tronco (árboles) | stem wood.
madera densa | heavy wood.
madera densificada con impregnación de resinas sintéticas | densified impregnated wood.
madera densificada por presión | densified wood | compressed wood.
madera desbastada al hacha o con la azuela | rough-hewn timber.
madera descortezada | barked timber | disbarked wood.
madera desfibrada (pasta papelera) | groundwood.
madera deslignificada | delignified wood.
madera dura | foundering timber | hardwood.
madera dura revestida de contrachapado | lumber-core plywood.
madera e escuadrías anormales | scantling.
madera en cuartones | quartered wood.
madera en general | stock.
madera en la que la dirección de los anillos anuales es paralela al ancho del tablón | slash-sawn timber.
madera en la que la dirección de los anillos anuales es perpendicular al ancho del tablón | rift-sawn timber.
madera en lonjas (Argentina) | slat.
madera en pie | stumpage.
madera en pie (árboles sin cortar) | standing timber.
madera en rollo | lumber | log | rough log | rough timber | round timber | rough lumber.
madera en tablones | flat-sawed lumber.
madera en troncos | round timber | logs.
madera enchapada con alma maciza | lumber-core plywood.
madera entresacada | seasonal lumber.
madera escuadrada | baulk | square timber | sided timber | converted timber.
madera escuadrada (con azuela o hacha) | hewing timber.
madera escuadrada (Ecuador) | square-edged timber.
madera estufada | kiln-seasoned timber | kiln-dried lumber.
madera exenta de sustancias extractivas | extractive freed wood.
madera explotable (bosques) | ripe timber.
madera fibrosa | grain wood.
madera flotada | raft-wood.
madera flotada (transporte por río) | floated timber.
madera flotante | driftwood.
madera fofa (Argentina) | punky wood.
madera forestal | forest timber.
madera fósil | fossil wood.
madera hecha (forestal) | adult wood.
madera hormiga (Triplaris guayaquilensis - Wedd) | Fernan-Sanchez | long john | tassi.
madera ignifugada | fireproof timber | fire-retarded wood.
madera impregnada con resina sintética y comprimida | compregnated wood.
madera impregnada prensada | compreg.
madera labrada | dressed stuff.
madera lamelar | laminate.
madera lamelar (madera contrachapada en que las diversas capas tienen las fibras paralelas) | laminated timber | laminated wood.
madera laminada clavada | nail-laminated timber.
madera laminada en que las diversas chapas están encoladas y tienen su grano paralelo | glued laminated wood.
madera laminada en que las diversas chapas se unen mecánicamente y tienen sus fibras paralelas | built-up laminated wood.
madera laminada encolada | glue-laminated timber.
madera laminada impregnada | pregwood.
madera laminada para muros | wallboard.
madera laminada sin alma | all-veneer plywood.
madera laminar para paredes | wallboard.
madera limpia (madera sin nudos) | clear lumber.
madera limpia y sana | clear stuff.
madera liviana (poco densa) | lightwood.
madera manoxílica | manoxylic wood.
madera marcadamente olorosa | distinctly scented wood.
madera mejorada | improved wood.
madera menuda (diámetro menor de 7 cm en el extremo más grueso) | small wood.
madera metalizada | metalized wood.
madera modificada de enchapados transversales | cross-laminated modified wood.
madera modificada de laminados paralelos | parallel-laminated modified wood.
madera mojada | damp wood.
madera moldeada | patterned lumber.
madera nativa | indigenous timber.
madera no cepillada | rough timber.
madera no seca | unseasoned wood.
madera nudosa | knaggy wood | knotty timber.
madera o metales no pintados | brightwork.
madera para ademas | mining-timber.
madera para apeas | prop wood | mine timber | pit timber | mining-timber.
madera para cajonería | packing-case wood.
madera para carpintería | structural lumber.
madera para carretería | wheelwright wood | cartwright's wood.
madera para clavijas | dowel-wood.
madera para construcciones navales | ship timber.
madera para cubiertas (buques) | decking timber.
madera para destilación | acid wood | chemical wood.
madera para duelas | staffwood.
madera para ebanistería | joinery wood | furniture-wood.
madera para elaborar | factory lumber.
madera para embalajes | wrack.
madera para embalar | boxing.
madera para encofrados (hormigón) | form lumber.
madera para enhuacalar (México) | dunnage.
madera para estructura (maderamen - edificios) | carcassing timber.
madera para minas | mining-timber | mine timber | pit timber.
madera para montura de clisés (imprenta) | blocking lumber.
madera para monturas de clisés | backing wood.
madera para pasta papelera | pulpwood.
madera para tapines | dowel-wood.
madera para todos los usos | general utility wood.
madera pelada rotativamente | rotary peeled timber.
madera pesada | heavy wood.
madera petrificada | silicified wood.
madera plástica | plimber.
madera plástica (por estufado prolongado) | plastic wood.
madera podrida | punky wood | foxed timber | decayed wood.
madera podrida circularmente | colty wood.
madera policromada | polychrome wood.
madera por elaborar | shop lumber.
madera preaserrada | pre-sawn timber.
madera prensada | hardboard.
madera que arde fácilmente | lightwood.
madera que no está seca | green wood.
madera que se hiende con facilidad | easily-cleft wood.
madera quebradiza | brittle timber.
madera quemada (incendio de bosques) | fire-killed timber.
madera quemada por el incendio | fire killed wood.
madera rajada | shaked timber.
madera recién cortada | fresh-cut timber | green wood.
madera repelosa | rough wood | interweave wood.
madera resinosa | lightwood | pitchy wood.
madera resistente de por sí | naturally resistant timber.
madera rociada con mortero de cemento | concrete-sprayed timber.
madera rosa de Brasil (Dalbergia species) | Brazilian tulipwood.
madera sana sin descoloración | bright timber.
madera sangrada (pinos) | bled timber.
madera seca | desiccated wood | seasoned timber.
madera secada al aire | air-seasoned timber | yard lumber.
madera secada al horno | dry-kilned lumber | kiln dried wood.
madera selecta | uppers.
madera silicificada | silicified wood.
madera silificada | agatized wood.
madera sin cepillar | unplaned timber | undressed timber | rough lumber.
madera sin labrar | rough lumber | rough timber.
madera sin nudos | clean timber | knot-free wood.
madera sonora | sounding timber | resonant wood.
madera suficientemente seca para el transporte | shipping-dry timber.
madera sumergida | waterlogged wood | bobber.
madera sumergida (Iberoamérica) | sinker.
madera tintórera | dye wood.
madera usada | old timber.
madera verde | green wood.

madera vergina | tough wood.
madera veteada | figured wood | raise grain wood | burled wood | veined wood | mottled wood.
madera vetisegada | interweave wood.
madera vieja | old wood.
madera vieja (árboles) | autumn wood.
madera violada (Dalbergia cearensis - Ducke) | violetwood.
maderable (árboles) | fit to be sawed.
maderada | drift-wood | raft-wood | raft | timber float.
maderaje | timberwork | timbering | timber | lumber.
maderamen | timbering | timberwork | timber | carcass.
maderas afines | allied timbers.
maderas para apeos | shoring.
maderas para construcción de botes | boat-building woods.
maderas preciosas | fancy woods.
maderear (Chile - bosques) | log (to).
maderería | lumber-yard | timber yard.
maderero | lumber operator | lumberman | lumber dealer | lumberjack | logger | logging dealer.
maderista | lumber operator | lumberman | lumber dealer.
maderista (minas) | wooder | timberer | timber-man.
madero | lumber | wood | timber | abattoir | tree | plank.
madero al final de un deslizadero (corta forestal) | frog.
madero colocado encima de las cuñas (lanzamiento buques) | wedge rider.
madero de ademado (minas) | cog.
madero de anclaje | crib brace.
madero de entibación | spile | nog.
madero en forma de cono truncado (minas) | churn-shaped timber.
madero fijador de una pila | anchoring branch.
madero horizontal de gran sección colocado en un cantil (muelles de madera) | bull rail.
madero horizontal para apuntalar dos muros | flyer.
madero horizontal para apuntalar dos muros entre sí | flying shore.
madero horizontal provisional para el arbolado de las cuadernas (buques) | cross spall.
madero inclinado de deslizamiento | skid.
madero largo | stretcher.
madero pintado de blanco o amarillo que se remolca en tiempo cerrado (buques en convoy) | towing spar | fog buoy.
maderos de estibar | dunnage.
maderos horizontales de cierre (ataguía ranurada de entrada de dique seco) | stop logs.
madistor (semiconductor) | madistor.
madrás | shalloon twill.
madrás (tela) | bandana.
madrasa | madrasah.
madrastra (alto horno) | mantle supporting ring | mantle carrier ring | lintel plate.
madrastra (cuba alto horno) | mantle ring.
madre | parent | mother.
madre (del vino) | dregs.
madre (hembra semental - ganadería) | dame.
madre (moldeo) | matrix.
madre (palo de buques) | stump.
madre (reactor nuclear) | highly-enriched element.
madre (ríos) | channel | alveus.
madre (timón) | spindle.
madre (timón de buques) | mainpiece.
madre de colada (colada en fuente del acero) | trumpet.
madre de esmeralda | emerald-like stone.
madre del río | river sill.
madre del timón | rudder main piece | main piece of rudder.
madre del timón (buques) | rudder mainpiece.
madre dominante | domineering mother.
madreña | sabot.
madreperla | nacre | mother-of pearl.
madreperla de un caracol marino | Antilles pearl.
madrépora | madrepore.
madres que trabajan fuera del hogar | working mothers.
madreselva | honeysuckle.
madriguera | lie | den.
madriguera (de conejo) | barrow.
madrina de botadura | sponsor.
madrinazgo | godmothership.
maduración | ripening | maturity | ageing | aging | mellowing.
maduración (aceros, vinos, etc.) | seasoning.
maduración (crisoles, metales) | season.
maduración (rayón) | ripening.
maduración a la intemperie | weather aging | outdoor weather aging.
maduración de cienos | sludge ripening.
maduración de la cerveza | beer maturation.
maduración de un absceso | pointing.
maduración del acero por reposo | steel aging.
maduración del diseño | project maturation.
maduración del fruto después de recogido del árbol | ripening.
maduración del fruto en el árbol | maturation.
maduración del producto ensilado | silage maturing.
maduración durante 8 horas a 800 °C | stress relieve and solution anneal for 1 hour at 950 °C, age for 8 hours at 800 °C.
maduración interrumpida | interrupted aging.
maduración magnética (aceros) | magnetic aging.
maduración mecánica | strain-ageing.
maduración natural | aging | natural aging.
maduración progresiva | progressive aging.
madurada en el árbol (frutas) | tree-ripened.
madurado (aceros) | seasoned.
madurado durante un año (metalurgia) | aged for one year.
madurado en la planta (tomates) | vine-ripened.
madurado por deformación plástica | stress-aged.
madurado por esfuerzos exteriores | stress-aged.
madurador | forcing.
madurador (refino) | soaker.
madurante | ripening.
madurar | mature (to) | grow ripe (to) | mellow (to) | ripen (to).
madurar (abscesos) | head (to).
madurar (el vino) | season (to).
madurar (frutos) | come in (to).
madurar en el árbol (frutas) | orchard-ripen (to).
madurar por deformación plástica | strain age (to).
madurez | maturity.
madurez avanzada (geología) | late maturity.
madurez del hormigón | concrete maturity.
madurez intelectual | intellectual maturity.
madurez política | political maturity.
maduro | matured | full-bloom | full-grown.
maduro (frutas) | mellow.
maduro (letras) | mature.
maduro (vinos) | seasoned.
maestra | teacher.
maestra (albañilería) | lath-rule | draft | rod.
maestra (buques) | midship section.
maestra (enlucidos) | guide line.
maestra (para enlucir) | floating screed.
maestra (para enrasar enlucidos) | screed.
maestra (pisos continuos) | gage (EE.UU.) | gauge (G.B.).
maestra de construcción (buques en grada) | ribband.
maestra de chimenea | parging | pargeting.
maestra del pantoque (plano formas buques) | bilge ribband.
maestra para correr una terraja (molduras edificios) | running screed.
maestra para enrasar con el reglón (enlucidos) | running screed.
maestranza | ordnance depot | ordnance shop | arsenal | labor strength.
maestranza (buques) | petty officers.
maestranza de artillería | artillery workshop.
maestranza del arsenal | dockyard staff.
maestrar | lop (to).
maestrear | rod (to).
maestría | foremanship.
maestría aérea | airmanship.
maestría industrial | industrial mastership.
maestril (apicultura) | queen-cell.
maestro | master | teacher | trainer.
maestro (arcos, vigas, etc.) | principal.
maestro (contramaestre - talleres) | gaffer.
maestro (de un oficio) | master.
maestro albañil | foreman mason | master mason.
maestro artificiero (artillería) | fire master.
maestro carpintero | master carpenter.
maestro carretero | cartwright.
maestro de capilla (iglesias) | director of music.
maestro de carpinteros de ribera (astilleros) | head foreman shipwright.
maestro de ceremonias | marshal | emcee.
maestro de coro | choirmaster.
maestro de forja | forgemaster.
maestro de formación profesional | boss.
maestro de fragua | ironmaster.
maestro de galvanoplastia | master plater.
maestro de horno (alto horno) | keeper.
maestro de montaje | erection foreman.
maestro de obras | master builder.
maestro de taller | master mechanic | chief foreman.
maestro del taller de chapas (astilleros) | foreman plater.
maestro dragador | dredge-master.
maestro encargado del taller de fundición | melting-shop manager.
maestro fundidor | master-smelter | foreman founder | head melter.
maestro herrero | master blacksmith.
maestro hilandero | spinning master.
maestro impresor | master printer.
maestro pintor | master painter.
maestro plomero | master plumber.
maestro relojero | master watchmaker.
maestro relojero-diplomado | certified master watchmaker.
maestro sondeador | foreman driller.
maestro tejedor | boss weaver.
maestro velero (astilleros) | sails.
mafélsico (petrología) | mafelsic.
máfico | mafic.
mafu (Fagaropsis angolensis) | mafu.
maga (Thespesia gandifolia) | maga.
magirología | magirology.
magisterio | teaching profession | teachers.
magistrado | magistrate.
magistrado de tribunal itinerario | circuit judge.
magistrado del Tribunal de Hacienda (G.B.) | baron.
magistrado ponente | reporting magistrate.
magistrado que dicta el auto de procesamiento | committing magistrate.
magistrado saliente | outgoing magistrate.
magistral (metalurgia, farmacia, fortificación) | magistral.
magistratura | judiciary.
magistratura (EE. UU.) | judgeship.
magistratura de trabajo | industrial-relations Court.
magistratura del trabajo | labor court.
magma (petrología) | magma.
magma ácido | acid magma.
magma agresivo | aggresive magma.
magma agresivo (geología) | invasive magma.
magma amorfo | amorphous magma.
magma consolidado | consolidated magma.

magma de basalto simático | simatic basalt magma.
magma de consolidación (geología) | paste.
magma de consolidación (matriz - geología) | groundmass.
magma floculento | flocculent magma.
magma invasivo | aggresive magma.
magma invasivo (geología) | invasive magma.
magma líquido | molten magma.
magma madre | parent magma.
magma máfico ultrapotásico | ultrapotassic mafic magma.
magma oceánico (petrografía) | oceanic magma.
magma parcialmente cristalizado | crystal mush.
magma primario | parental magma | parent magma.
magma radiógeno | radiogenic magma.
magma residual | rest magma.
magma residual (geología) | residual liquor.
magma ultrapotásico | ultrapotassic magma.
magma volcánico | igneous magma.
magmas ricos en hierro y magnesio y calcio | basic magmas.
magmático | consanguinous.
magmático (geología) | magmatic.
magmático-migmático | magmatic-migmatic.
magmatismo | magmatism.
magmatismo ultrabásico | ultrabasic magmatism.
magmatista | magmatist.
magmatización | magmatization.
magmatógeno | magmatogene.
magnanoepidota | manganese epidote.
magnascopio | magnascope.
magnate industrial (EE.UU.) | tycoon.
magnesia | magnesia | bitter earth.
magnesia de agua de mar | seawater magnesia.
magnesia fundida en borbotina y después sinterizada | sintered slip-cast magnesia.
magnesiano (química) | magnesian.
magnésico (química) | magnesian.
magnesio | magnesium.
magnesio colado | cast magnesium.
magnesio electro fundido | electro melted magnesium.
magnesio silicotérmico | silicothermic magnesium.
magnesio virgen | virgin magnesium.
magnesiotermia | magnesothermy | magnesiothermy.
magnesita | magnesite.
magnesita amorfa | massive magnesite.
magnesita de endurecimiento rápido | basifrit.
magnestato | magnestat.
magnetérmico | magnethermic.
magnéticamente saturado | magnetically saturated.
magnético | magnetic.
magnetismo | magnetism.
magnetismo a temperaturas bajo cero | subzero temperature magnetism.
magnetismo animal | aura.
magnetismo fósil | fossil magnetism.
magnetismo inducido | induced magnetism.
magnetismo pasajero | temporary magnetism.
magnetismo piezorremanente | piezoremanent magnetism.
magnetismo remanente | residual magnetism.
magnetismo retentivo (buques que están en una dirección por algún tiempo) | retentive magnetism.
magnetismo terrestre | earth magnetism.
magnetista | magnetician.
magnetista (especializado en magnetismo) | magnetist.
magnetita | magnetic iron | magnetic ore | black oxide of iron | ferrosoferric oxide | netural magnet | loadstone | lodestone | magnetic oxide of iron | magnetite | black iron ore.
magnetita poco fusible | poorly reducible magnetite.
magnetita titanífera | titaniferous magnetite.
magnetizabilidad | magnetizability.
magnetizable | magnetizable.
magnetización | magnetizing.
magnetización (hipnotismo).
magnetización óptima | ideal magnetization.
magnetización química | crystallization magnetization.
magnetizador | magnetizer.
magnetizar | magnetize (to).
magnetizar en sentido transversal | cross-magnetize (to).
magneto | magneto | magnet.
magneto accionada por palanca con engranajes | lever-cum-gear-driven generator.
magneto de aleta giratoria | shuttle type magneto.
magneto de arranque | booster magneto.
magneto de audiofrecuencia | musical frequency magneto.
magneto de imán giratorio | rotating-magnet magnet.
magnetoacústica | magnetoacoustics.
magnetoaerodinámica | magnetoaerodynamics.
magnetoatenuación | magnetoattenuation.
magnetocerámico | magnetoceramic.
magnetocristalino | magnetocrystalline.
magnetodefectograma | magnetodefectogram.
magnetodilatómetro | magnetodilatometer.
magnetodinámica de los flúidos | magnetofluiddynamics.
magnetodinámica de los gases | magnetogasdynamics.
magnetodinámico (altavoz de radio) | moving-coil.
magnetoelasticidad | magnetoelasticity.
magnetoeléctrico | magnetoelectric.
magnetoestricción | magnetostriction.
magnetoestricción inversa | magnetostriction converse.
magnetoestrictivo | magnetostrictive.
magnetoestrictor | magnetostrictor.
magnetofón de doble pista | double track tape recorder.
magnetófono | magnetophone | tape recorder | magnetic recorder.
magnetofotofóresis | magnetophotophoresis.
magnetogasodinámica | magnetogasdynamics.
magnetogasodinámico | magnetogasdynamic.
magnetógiro | magnetogyric.
magnetógrafo | magnetograph.
magnetograma | magnetogram.
magnetogravitacional | magnetogravitational.
magnetohidrodinámica | hydromagnetics | magnetohydrodynamics.
magnetohidrodinamicista (persona) | magnetohydrodynamicist.
magnetohidrodinámico | magnetohydrodynamic | magneto hydrodynamic.
magnetoide | magnetoid.
magnetoiónico | magnetoionic.
magnetología | magnetology.
magnetometalurgia | magnetometallurgy.
magnetometría | magnetometry.
magnetómetro | magnetometer | field balance.
magnetómetro aéreo | aerial magnetometer.
magnetómetro amagnético | nonmagnetic magnetometer.
magnetómetro astático de punto cero | null astatic magnetometer.
magnetómetro de avión | airborne magnetometer.
magnetómetro de magnetoestricción | magnetostriction magnetometer.
magnetómetro de núcleo saturado | saturated core type magnetometer.
magnetómetro de protones | proton magnetometer.
magnetómetro de rotación | spinner magnetometer.
magnetómetro de saturación | fluxgate magnetometer.
magnetomotor | magnetomotor | magnetomotive.
magnetomotriz | magnetomotive.
magnetón | magneton.
magnetón de Rabi | nuclear magneton.
magnetón electrónico de Bohr | electronic Bohr magneton.
magnetón nuclear | nuclear magneton.
magnetoóptica (ciencia) | magnetooptics.
magnetoplasma | magnetoplasma.
magnetoplasmadinámica | magnetoplasmadynamics.
magnetoplasmadinámico | magnetoplasmadynamic.
magnetoquímica | magnetochemistry | magneto chemistry.
magnetoresistor | magnetoresistor.
magnetorreflexión | magnetoreflection.
magnetorresistencia | magnetoresistor | magnetoresistance.
magnetorresistividad | magnetoresistivity.
magnetorrotación | magnetorotation.
magnetoscopia | magnetoscopy.
magnetoscópico | magnetoscopical.
magnetoscopio | video tape recorder | videotape recording | magnetoscope.
magnetósfera | magnetosphere.
magnetosféricamente | magnetospherically.
magnetostática (ciencia) | magnetostatics.
magnetostático | magnetostatic.
magnetostibiana | magnetostibian.
magnetostricción de saturación | saturation magnetostriction.
magnetostricción positiva | positive magnetostriction.
magnetoteodolito | magnetotheodolite.
magnetotermiónico | magnetothermionic.
magnetotermoelasticidad | magnetothermoelasticity.
magnetotermoeléctrico | magnetothermoelectric.
magnetotorsión | magnetotorsion.
magnetotropismo | magnetotropism.
magnetrón | magnetron | disk-seal tube.
magnetrón con doble jaula de ardilla | double squirrel-cage magnetron.
magnetrón de ánodo cilíndrico ranurado | multisegment magnetron.
magnetrón de ánodo dividido | split-anode magnetron.
magnetrón de ánodo hendido | split-anode magnetron.
magnetrón de ánodo liso | smooth-anode magnetron.
magnetrón de cavidad | cavity magnetron.
magnetrón de cavidad multiplicadora | multiplying-cavity magnetron.
magnetrón de cavidades | multicavity magnetron.
magnetrón de cavidades de sección trapezoidal | rising-sun magnetron.
magnetrón de cavidades en derivación | strapped magnetron.
magnetrón de cavidades resonantes | resonant-cavity magnetron.
magnetrón de cilindro coaxial | coaxial-cylinder magnetron.
magnetrón de construcción especial | turbator.
magnetrón de doble frecuencia | rising-sun magnetron.
magnetrón de microondas | microwave magnetron.
magnetrón de multiresonadores | multicavity type magnetron.
magnetrón de onda de retorno | backward wave magnetron.
magnetrón de onda progresiva | travelling-wave magnetron | traveling-wave magnetron.
magnetrón de ondas continuas | continuous-wave magnetron.
magnetrón de placas extremas | end plate magnetron.
magnetrón de pluricavidades | multiple-cavity magnetron.

magnetrón de resistencia negativa | negative resistance magnetron.
magnetrón de segmentos múltiples | multisegment magnetron.
magnetrón de sol naciente | rising-sun magnetron.
magnetrón interdigital | interdigital magnetron.
magnetrón iónico | ion magnetron.
magnetrón lineal | linear magnetron.
magnetrón modulado por impulsos | pulsed modulated magnetron.
magnetrón monoanódico | single-anode magnetron.
magnetrón oscilador de tiempo de tránsito | transit time magnetron oscillator.
magnetrón plurirresonador | multiresonator magnetron.
magnetrón plurisectoral | multisegment magnetron.
magnetrón preajustado | packaged magnetron.
magnetrón regulable | donutron.
magnetrón sintonizable | tunable magnetron.
magnetrón unimodal | unimode magnetron.
magnetrones pulsados resistentes | rugged pulsed magnetrons.
magnificación del efecto estereofónico | enhanced stereo.
magnífico | top-ranking.
magnistor | magnistor.
magnitud (de un desplazamiento) | range.
magnitud alineal monodrómica | single-valued nonlinearity.
magnitud bolométrica (estrellas) | bolometric magnitude.
magnitud cuántica | quantum magnitude.
magnitud de flujo | flow rate.
magnitud de la aceleración | magnitude of the acceleration.
magnitud de la intensidad (electricidad) | level.
magnitud de la perturbación | amount of disturbance.
magnitud de los riesgos | size of risks.
magnitud de movimiento | range.
magnitud despreciable | magnitude negligible.
magnitud escalar | scalar quantity | product quantity.
magnitud escalar absoluta | absolute scalar.
magnitud finita | finite magnitude.
magnitud física | physical quantity.
magnitud infinitesimal | infinitesimal quantity.
magnitud neta | net extension.
magnitud ondulatoria | pulsating quantity.
magnitud oscilante | oscillating quantity | pulsating quantity.
magnitud pulsatoria | pulsating quantity.
magnitud radiométrica | radiation magnitude.
magnitud sometida a medición | measurand.
magnitud vectorial | vector quantity.
magnitud y signo del esfuerzo | kind and amount of stress.
magnofídico (petrografía) | magnophyric.
magnolia (Magnolia acuminata) | magnolia.
magnolia americana (Magnolia acuminata) | sweet bay.
magnón | magnon.
magnox (nuclear) | magnox.
magro de la carne | lean.
magslip (motor síncrono) | magslip.
magullado (clisé de grabado) | chewed.
magullamiento en tránsito (frutas) | transit bruising.
magullar | squash (to).
mahometismo | Mohammedanism.
mahón (meclilla - tela) | denim.
mahón (tejido) | nankeen.
maidu (Pterocarpus pedatus) | maidu.
mainel (carpintería) | angle bar.
mainel (puerta o ventana) | mullion.
mainelar (puerta, ventana) | mullion (to).
maíz | maize.
maíz (EE. UU.) | ear-corn.
maíz (Estados Unidos) | corn.
maíz azucarado | sweet corn | sweet maize | sugar maize.
maíz desgranado | shelled corn.
maíz híbrido | hybrid corn.
maíz tierno | sweet corn.
maizal | corn field.
majada | bed ground.
majada (Venezuela) | woodlot.
majadeo (Ecuador) | bedding-out.
majadero | nincompoop.
majador (offset) | dampening unit.
majar | pound (to) | mash (to) | pestle (to).
majestuoso | stately.
majestuoso (música) | with majesty.
makoré (Mimusops heckelii) | makore.
makore (Mimusops heckelii - Hutch & Dalz) | abaku.
makoré (Minussops heckelii) | cherry mahogany.
mal (de fortuna) | badly off.
mal (en sus negocios) | badly off.
mal abastecido | ill-supplied.
mal absorción | mal-absortion.
mal acondicionado | ill-conditioned.
mal acoplamiento | mismatch.
mal aislado (electricidad) | leaky.
mal ajustado | out of adjustment | improperly adjusted | poorly fitted.
mal ajuste | bad fit.
mal alineada (pala de una hélice en movimiento) | out of track.
mal archivado | misfiled.
mal aspecto (personas) | bad looking.
mal aterrizaje | one wing low.
mal calibrada (chapas) | off-gage.
mal cariz (tiempo, cielo) | bad looking.
mal cartografiada (zonas) | poorly-mapped.
mal clasificado | missort | ill-assorted.
mal cocido (ladrillo, teja ,etc.) | samel.
mal cocido (pan) | clammy.
mal colado | faint run.
mal colocado | off-side | misplaced.
mal conductor (electricidad) | poor conductor.
mal conductor (física) | onconductor.
mal conectado | improperly connected.
mal consolidado (firmes carreteras) | loosely bonded.
mal cristalizado (petrología) | dycrystalline.
mal cultivado | bad-farmed.
mal de altura | airsickness.
mal de buzo (embolia de nitrógeno | diver's paralysis.
mal de la vista (persona) | visually impaired.
mal de montañas | mountain sickness.
mal definido | ill-defined.
mal dimensionado | incorrectly dimensioned | wrongly dimensioned.
mal diseñado por errores de cálculo (estructuras) | underdesigned.
mal elaborado | off-processed.
mal embalado (paquetes) | poorly packed.
mal empleo (de dinero, etc.) | misuse.
mal empleo del dinero | misuse of funds.
mal encaminamiento | misrouting.
mal equipado (soldados) | ill-accoutred.
mal estado (carreteras) | heaviness.
mal estibado (buques) | out of trim.
mal funcionamiento | runout | failure.
mal funcionamiento (máquinas) | crankiness.
mal graduado | poorly graded.
mal hecho | gimcrack.
mal llevado (publicidad) | ill-balanced.
mal manejo | ill-usage | maladministration.
mal negocio | losing bargain.
mal olor | off-odor | malodor.
mal persistente | enduring evil.
mal planteado (asuntos) | ill-balanced.
mal proceder | misdemeanor.
mal protegido | inadequately-guarded.
mal relleno (minas) | poor pack.
mal remetido (hilatura) | false draft.
mal riesgo (seguros) | bad risk.
mal situado (terrenos) | bad-lying.
mal soldado | ill-welded.
mal surtido | badly provided | ill-assorted.
mal tenedero (marina) | bad holding ground.
mal tiempo | bad weather | dirty weather | foul weather.
mal tiempo (marina) | press of weather.
mal tintaje (impresión desagradable por mala repartición de la tinta en la máquina - tipografía) | bad color.
mal trato (hoteles) | bad do.
mal unido | loosely bonded.
mal uso | misuse.
mal uso de palabras técnicas | malapropism.
mal uso del soldeo | welding misuse.
mal ventilado | stuffy | close.
mala adaptación | mismatch.
mala administración | malversation | maladministration.
mala agrupación (de electrones) | overbunching.
mala alineación | malalignment.
mala calidad | poor quality.
mala colocación | misplacing | misplacement.
mala colocación de dos cosas | mismatch.
mala conducta | misdemeanor.
mala cosecha | crop failure.
mala estiva | bad stowage.
mala fusión | bad melt.
mala linealidad | poor linearity.
mala linealidad (televisión) | poor linearity.
mala memoria | elusive memory.
mala orientación | misorientation.
mala visibilidad | poor visibility.
mala voluntad | ill-will.
malabsorción | malabsorption.
malacate | gin | windle | capstan | horse-whim | horse gear | crab | slubbing skewer | bullock gear.
malacate (minas) | whim.
malacate (sondeos) | drawworks.
malacate de arrastre (corta forestal) | yarding engine.
malacate de cono de fricción | cone friction hoist.
malacate de farol | mule-whim.
malacate de la cuchara (sondeos) | sand reel.
malacate de las herramientas (sondeos) | bull wheel.
malacate de molinete | spool donkey | dolbeer.
malacate de molinete (manejo troncos) | gypsy yarder.
malacate de pozo | shaft hoist.
malacate de torno doble | double-drum engine.
malacate de tractor | tractor donkey.
malacate de tractor para explotación forestal | tractor yarder.
malacate de tres tambores montado sobre trineo | bull donkey.
malacate neumático | air winch.
malacate neumático (para elevar cargas) | air hoist.
malacate para equipo rotativo (sondeos) | rotary drawwork.
malacate para tuberías (pozo entubado) | casing spool.
malacate para tuberías (sondeos) | calf wheel.
malacate portátil | donkey.
malacate situador | spotting winch.
malacate sobre trineo (explotación forestal) | roader.
malacatero (minas) | hoisting engineer | hoistman.
malacatero (sondeos) | hoist runner.
malacatero de martinete | pile-driver engineer.
malaccionado | maloperated.
malacofílico (de hojas blandas) | malacophyllous.
malacófilo | malacophilous.
malacón (mineralogía) | malacon.
malagangai (Eusideroxylon malagangai - Sym) | malagangai.
malajuste | maladjustment.
malajuste visual | visual misjudgment.

malalineación | misalinement | misalignment.
malalineación (faros autos) | misaim.
malalineación paralela | parallel misalignment.
malalineado | misaligned.
malalinear | misalign (to).
malaplicación de las fórmulas | misapplication of formulas.
malaquina | malakin.
malaquita | green copper ore.
malaquita (cobre carbonatado verde) | malachite.
malaquita azul | azurite.
malaquita zincífera | cuprozincite.
malariología | malariology.
malariólogo | malariologist.
malas hierbas | weed.
malasignación | malassignment.
malaxacín | malaxage.
malaxación | malaxating | malaxing.
malaxador | masticator | malaxing | malaxator.
malaxar | malax (to) | malaxate (to) | masticate (to).
maleabilidad | malleability | drawing property | ductility.
maleabilidad natural | congenital malleableness.
maleabilidad posgenital (aceros) | postgenital malleableness.
maleabilización | malleableizing | malleablizing | malleabilizing.
maleabilización en horno de atmósfera regulada (fundições) | gas malleabilizing.
maleabilización gaseosa | gaseous malleabilizing.
maleabilizar | malleableize (to).
maleable | ductile | soft | hammerable.
malecón | embankment | dyke | bulkhead | jetty | seawall | quay | floodwall | dike | pier.
malecón (ríos) | levee.
maleiforme | hammer-shaped.
maleolar | hammer-shaped.
maléolo | malleolus.
malestar causado por la radiación | radiation sickness.
malestar industrial | industrial malaise.
maleta de fibra | fiber trunk.
maleta para ropa | footlocker.
maletero posterior (autos) | boot.
maletín de grupa (silla de montar a caballo) | saddlebag.
malevolencia | ill-will.
maleza | underbrush | illweeds | brake | weed.
maleza del monte | forest weed.
maleza perjudicial y sin valor | absolute weed.
malformación | dysmorphosis.
malfunción fisiológica | physiological malfunction.
malfunción sicológica | psychological malfunction.
malfuncionamiento | malfunctioning | malfunction | misoperation.
malfuncionamiento (máquinas) | maloperation.
malfuncionamiento de la bomba | pump malfunction.
malfuncionamiento de la espoleta | fuse failure.
malfuncionamiento de un sistema | system malfunctioning.
malfuncionamiento del fusible | fuse failure.
malicia premeditada | malice prepense.
malidentificación | misidentification.
malignidad | malignancy.
malignización | malignization.
malignizar | malignize (to).
malm (estratigrafía) | malm.
malnutrición | malnutrition.
malnutrido | malnourished.
malo | ill.
malo (tiempo) | severe.
maloclusión | malocclusion.
malodorante | malodorant.
malogrado | aborted.
malograrse | miss (to) | miscarry (to) | come to nothing (to).
maloláctico | malolactical.
maloliente | ill-smelling.
malorientación intergranular | intergranular misorientation.
malos antecedentes | bad character.
malpaís (suelo de lavas modernas) | malpais.
malrellenado | misfilled.
mal-rotación | malrotation.
malsano | noxious | unweholesome.
malta | malt.
malta de elevado poder diastásico | highly diastasic malt.
malta fermentada | fermented malt.
malta germinada | moist malt.
malta húmeda germinada | green malt.
malta molida (cerveza) | grist.
malta tostada | malt dye | black malt.
malta tostada en un tambor (cervezas) | crystal malt.
malta verde | green malt.
maltaje sobre el piso (cerveza) | floor malting.
malteador | maltster.
maltear | malt (to).
maltería | malt house | malting plant | malt factory | maltery.
maltha | maltha.
maltosa | malt sugar.
maltosa (bioquímica) | maltose.
maltratamiento | maltreatment.
maltratar | maltreat (to) | abuse (to) | handle roughly (to) | maul (to) | ill-use (to).
maltratar (aparatos) | ill-treat (to).
maltratar (máquinas) | manhandle (to).
maltratar (materiales de construcción) | punish (to).
maltrato | maltreatment | bullying.
maltrato (a personas, aparatos, máquinas) | abuse.
maltrato (de máquinas) | misuse.
maltrato (motores) | misuse.
maltrato de obra | assault and battery | physical abuse.
malunión | malunion.
malversación | malfeasance | malpractice | embezzlement | breach of trust | malversation.
malversación de fondos | misappropriation.
malversación de fondos (economía) | misappropriation of funds.
malversador | peculator.
malversar | misappropriate (to).
malvís (zoología) | throstle.
malla | heald | netting.
malla (cota de malla) | ring.
malla (cristalografía) | pattern | lattice.
malla (de red, de tamiz) | mesh.
malla (estructuras cristalinas) | unit cell.
malla (lizos) | mail.
malla (tejeduría) | filet.
malla (tejido de punto) | link | loop.
malla (telares) | heddle.
malla ancha | coarse mesh.
malla bidireccional (telecomunicación) | two-way link.
malla caída | dropped stitch.
malla cerrada | closed loop.
malla ciega (tejeduría) | eyeless heddle.
malla con ojo | eyed heddle.
malla cristalográfica | crystallographic mesh.
malla de barras | bar mat.
malla de claros anchos | open mesh.
malla de fondo | ground heddle.
malla de fondo (telar) | ground harness.
malla de gasa (telares) | crossing harness.
malla de jacquard | coupling.
malla de lizo | leno heddle | heald eye | standard heddle.
malla de lizo de vuelta | back-standard heddle.
malla de lizo inglés | front standard heddle.
malla de punta (urdidor) | point shaft.
malla de refuerzo (tejido punto) | reinforcing stitch.
malla de sondeo | bore-hole pattern.
malla de varillas | rod mat.
malla en L | mid-shunt termination.
malla en T | mid series termination.
malla jacquard | jacquard coupling.
malla metálica | rib mesh.
malla para cinchos | belting heddle.
malla para felpa y terciopelo | plush and velvet heddle.
malla para orillo | selvage heddle.
malla plana de acero | flat steel heddle.
malla provisional | repair heddle.
malla rígida | rigid heddle.
malla rómbica | diamond mesh.
malla saltada (medias) | drop-stitch.
malla suelta (medias) | ladder.
malla suelta (meias) | mending link.
malla suelta (tejido de punto) | runner.
malla triangular | delta mesh.
malla unidireccional | one-way link.
malla vuelta (tejido de punto) | backstitch.
malla y contramalla | two-ply.
mallado | meshy | mat | mesh.
mallado de refuerzo (hormigón armado) | reinforcement mat.
mallar | reticulate (to).
mallas (de una red) | meshing.
mallas libres (telefonía) | links free.
mallas vueltas (revés a revés - tejido punto) | purl stitch.
mallas vueltas (tejido punto) | pearl knitting.
mallazo | welded wire fabric.
mallazo (hormigón armado) | mesh.
mallo | mallet.
mallo de calafate | beetle.
mallón | rod mat | ring.
mallón (de malla) | eye.
mallón (jacquard) | harness eye.
mallón (lizos) | mail.
mallón de cristal | glass mail.
mallón de metal | metal eye.
mallón jacquard | jacquard harness eye.
mamador succionador | sucker.
mamatocirro | mammato-cirrus.
mamatocúmulo | mammato-cumulus.
mamatocúmulo (nube) | pocky cloud.
mambarklac (Eschweilera spp) | mambarklac.
mamelón | boss.
mamelón (botánica) | mamelon.
mamelonación | mamelonation.
mamífero | mammal.
mamífero hervívoro acuático | aquatic herbivorous mamal.
mamífero marino fósil | fossil marine mammal.
mamífero ovíparo | egg-laying mamal.
mamíferos arcaicos | archaic mammals.
mamiforme | breast-shaped.
mammatocúmulo | festoon cumulus.
mamón (Melicocca bijuga) | mamon.
mampara | partition | draught-screen | screen.
mampara de chimenea | fire board.
mampara divisoria | bulkhead.
mamparaje | bulkheading.
mamparas | screens of wood.
mamparo (buques) | bulkhead.
mamparo axial | center line bulkhead.
mamparo balístico | ballistic bulkhead.
mamparo blindado | armor bulkhead.
mamparo circundante | boundary bulkhead.
mamparo con canalones verticales | vertically troughed bulkhead.
mamparo con ondulaciones longitudinales | longitudinally-fluted bulkhead.
mamparo con ondulaciones verticales | vertically corrugated bulkhead | vertically fluted bulkhead.
mamparo contra balances (EE.UU.) | swash bulkhead.
mamparo cortafuego | screen bulkhead.
mamparo cortafuegos | fireproof bulkhead.
mamparo cortafuegos (avión, buques) | fire division.
mamparo cortafuegos (buques) | fire-screen bulkhead | firewall.

mamparo de balance con perforaciones (tanques de carga de petroleros) | wash bulkhead.
mamparo de callejón | alleyway bulkhead.
mamparo de carbonera | bunker bulkhead.
mamparo de colisión (buques) | collision bulkhead.
mamparo de cruía no estanco (petroleros) | nontight centerline bulkhead.
mamparo de crujía | center line bulkhead.
mamparo de cubetas | troughed bulkhead.
mamparo de cubetas (buques) | cranked plate bulkhead.
mamparo de chapas rigidizadas por medio de depresiones estampadas (buques) | swedged bulkhead.
mamparo de división (buques) | divisional bulkhead.
mamparo de espacios de maquinaria (buques) | machinery-space bulkhead.
mamparo de la cámara de bombas (buques) | pumproom bulkhead.
mamparo de la cámara de calderas | boiler-room bulkhead | stokehold bulkhead.
mamparo de la cámara de máquinas | engine room bulkhead.
mamparo de la cola (aviones) | rear bulkhead.
mamparo de la rueda delantera debajo del morro (aviones) | nosewheel bulkhead.
mamparo de ondulaciones horizontales | horizontally-fluted bulkhead.
mamparo de pantalla | screen bulkhead.
mamparo de popa de la cámara de máquinas | after engine-room bulkhead.
mamparo de popa del espacio de la maquinaria refrigeradora | after bulkhead of the refrigerating machinery space.
mamparo de proa de la cubierta de saltillo | raised quarterdeck break bulkhead.
mamparo de proa de la toldilla | poop fore end bulkhead | poop front.
mamparo de proa del tanque vertical | forward deep tank bulkhead.
mamparo de sustentación (buques) | support bulkhead.
mamparo de tanque de carga | cargo-tank bulkhead.
mamparo del fuselaje | fuselage bulkhead.
mamparo del prensaestopas | after peak bulkhead | stuffing box bulkhead.
mamparo del puerto posterior (aviones)
mamparo del rasel de popa | after peak bulkhead.
mamparo del rasel de proa | forepeak bulkhead.
mamparo diametral (buques) | centerline bulkhead | centreline bulkhead (G.B.).
mamparo divisorio | partition bulkhead.
mamparo estructural | structural bulkhead.
mamparo frontal del saltillo (buques) | break bulkhead.
mamparo ignífugo | fire-retardant bulkhead | fire-retarding bulkhead | fireproof bulkhead.
mamparo ignífugo de la clase A (buques) | A class fire-resisting división.
mamparo incombustible | incombustible bulkhead.
mamparo longitudinal | longitudinal bulkhead.
mamparo longitudinal en crujía | centerline bulkhead.
mamparo longitudinal en crujía (buques) | centreline bulkhead (G.B.).
mamparo no estanco que separa calderas de máquinas (buques) | screen bulkhead.
mamparo ondulado | fluted bulkhead.
mamparo pirorresistente | fire-resisting bulkhead.
mamparo protector | bulkhead shield.
mamparo retardador de incendios (buques) | fire-retarding division.
mamparo transversal corrugado horizontalmente (buques) | horizontally corrugated transversal bulkhead.
mamparo transversal estanco al petróleo | oil-tight transverse bulkhead.
mamparo transversal ondulado verticalmente | vertically corrugated tansverse bulkhead.
mamparos de cerramiento | enclosure bulkheads.
mampirlán (escalones) | nosing.
mamposta (minas) | prop.
mampostar (pozos de mina) | mason (to).
mampostear | mason (to) | brick (to) | brick up (to).
mampostería | walling | masonry | rubblework | mason work.
mampostería (minas) | stonework.
mampostería aparejada | coursed rubble | coursed work | course work | block-in-course | bound masonry.
mampostería careada | snecked masonry.
mampostería con cadenas (hiladas de ladrillo de trabazón-muros) | bonded masonry.
mampostería con paramento de sillería y relleno de cascote con mortero de cal | emplecton.
mampostería concentrada | polygonal rubble.
mampostería concertada | rubble | rubble work.
mampostería concertada con hiladas de igual altura | range work.
mampostería de etalajes (altos hornos) | bosh brickwork.
mampostería de hormigón | concrete masonry.
mampostería de la pila (puentes) | pier masonry.
mampostería de ladrillo | bricklaying.
mampostería de mampuestos de distintos tamaños | broken ashlar.
mampostería de piedra sin labrar | block rubble.
mampostería de piedras con tamaño indicado en la especificación | dimension work.
mampostería de piedras de diversas alturas | broken-range masonry.
mampostería de piedras escuadradas a escoda | block-in-course masonry.
mampostería de sillarejo | ashlar.
mampostería de sillarejos | rck-faced masonry | rck-faced masonry | block-in-course masonry.
mampostería de sillarejos de alturas variadas (muros) | random-range masonry.
mampostería de sillares | cut-stone masonry.
mampostería del pozo (minas) | shaft walling.
mampostería detrás de la sillería | backing.
mampostería en hiladas | range masonry.
mampostería en seco | dry walling | loose laid wall | dry-laid | dry masonry | laid dry.
mampostería enripiada en seco | dry-packed masonry.
mampostería ordinaria | random rubble | roughstone.
mampostería por hiladas | coursed rubble | coursed work.
mampostero | rubble worker | mason | packwaller | rough mason | roughsetter.
mampostero (minas) | packbuilder | packer.
mampuesto | rubble stone | rubble | rough ashlar | plum | moellon.
manación | effluence.
manada | drove | flock.
manada (de animales) | pack.
manada (de ballenas, focas) | pod.
manadero sonoro | sound source.
manager (deportes) | manager.
manantial | fountain | fountain head | spring.
manantial (de energía) | source.
manantial anticlinal | anticlinal spring.
manantial artesiano | artesian spring.
manantial burbujeante | bubbling spring.
manantial calcáreo | calcareous spring.
manantial caliente | thermae.
manantial de agua salada | brine spring.
manantial de borde | borde spring.
manantial de corriente (electricidad) | supply.
manantial de depresión | depression spring.
manantial de difusión de nitruro de boro | boron-nitride diffusion source.
manantial de energía | power supply.
manantial de fisura (geología) | fissure spring.
manantial de fractura | fracture joint spring.
manantial de gravedad | gravity spring.
manantial de infiltración | filtration spring.
manantial de silicio | silicon source.
manantial descendente | depression spring.
manantial geotérmico | geothermal spring.
manantial geotérmico subterráneo | subterranean geothermal spring.
manantial hirviente | boiling spring.
manantial pequeño | seep.
manantial permanente | constant spring.
manantial resurgente | contact spring.
manantial submarino | drowned spring.
manantial sulfuroso | sulfur spring.
manantial térmico | hot spring.
manantial volcánico | volcanic spring.
manar | flow (to) | stream (to).
manar (líquidos) | spring (to).
manatí (vaca marina con cola ancha y redonda) | manatee.
manatí (zoología) | sea cow.
mancera | stilt.
mancera (agricultura) | plow tail.
mancera (arado) | plowtail.
mancera del arado | plough-tail.
manco | armless | single-handed | one-handed.
mancomunada e individualmente | in solidum | jointly and severally.
mancomunada o separadamente | jointly or severally.
mancomunada y solidariamente | joint and several.
mancomunadamente | conjointly | jointly.
mancomunado | conjoint | pooled.
mancomunar ganancias | pool earnings (to).
mancomunar intereses | pool (to).
mancomunar pérdidas | pool losses (to).
mancomunarse | associate (to) | team (to) | unite (to).
mancomunidad de compañías | intercompany pool.
mancomunidad de empresas | pool.
mancomunidad de producción | output pool.
mancha | patch | fleck | mole | speckle | smut | tarnish | soil | stain | spot | mark | macule | blur | bluff.
mancha (de color) | gout.
mancha (de luz, de color) | patch.
mancha (en un pliego impreso) | pick.
mancha (medicina) | macule.
mancha (piedras preciosas) | cloud.
mancha (tinta o pintura) | dab.
mancha aceitosa (en el agua) | slick.
mancha azul | blue stain.
mancha brillante (en una superficie metálica) | star.
mancha brillante (fracturas) | scab.
mancha caliente | hotspot | hot spot.
mancha candescente (cátodos) | candescent spot.
mancha catódica | cathode spot.
mancha central (fotografía) | flare spot.
mancha con el dedo | fingermark.
mancha de aceite (autopistas) | oil pool.
mancha de aceite flotando en el agua | oil slick.
mancha de arcilla (geología) | clay gall.
mancha de deslumbramiento | flare spot.
mancha de difracción (defecto de fundición) | mottling diffraction.
mancha de estaño (bronces) | tin spot.
mancha de forma de cometa (plancha offset) | comet.
mancha de grasa | grease-spot.
mancha de hierro | iron stain.
mancha de humedad | damp stain.
mancha de humedad durante el almacenamiento | humid storage stain.
mancha de iones | ion spot.
mancha de la letra (tipografía) | face.
mancha de la piel | stigma.
mancha de mineral | bunny.
mancha de óxido | iron mold.

mancha de reflexión (óptica) | flare ghost.
mancha de tinta | extraneous ink.
mancha debida a larvas horadadoras (maderas) | pith fleck.
mancha ferruginosa | iron stain.
mancha focal | focal spot.
mancha foliar | leaf spot.
mancha hiperluminosa (TV) | flare spot | womp.
mancha iónica (descoloración del centro de la pantalla fluorescente por el choque de iones negativos - tubo rayos catódicos) | ion burn | ion spot.
mancha local por contacto (chapas apiladas) | kisser.
mancha luminosa | flare | light spot.
mancha oculiforme | eye spot.
mancha oscura | dark spot.
mancha oscura de materia extraña (laminados) | hull.
mancha oscura debida a partículas de hierro (ladrillos) | iron spot.
mancha pequeña | pip.
mancha por el calor del maquinado | machine burn.
mancha por luz excesiva (fotografía) | hotspot.
mancha por oxidación del cobre contenido (plata de ley) | fire stains.
mancha roja | plaque.
mancha rojiza por pulido (defecto vidrio) | burn.
mancha rojiza por volatilización de cinc durante el recocido o por redeposición del cobre durante el decapado (latones) | red stain.
mancha solar | sunspot | sun spot | facula.
mancha solar que produce fulguraciones | flare-active sunspot.
manchado | spotted | speckled | foxy.
manchado con los dedos | finger-stained | fingermarking.
manchado con óxido | oxide-soiled.
manchado de hierro (ropa) | iron-stained.
manchado de tinta | ink-stained.
manchado de tiza | chalky.
manchar | pollute (to) | taint (to) | stain (to) | moil (to) | soil (to) | dapple (to).
manchar con los dedos (chapas, etc.) | fingerprint (to).
manchar de humedad (papel) | mildew (to).
manchar una hoja impresa a otra al salir de la prensa (tipografía) | offset (to).
mancharse | spot (to).
mancharse de grasa | grease (to).
manchas (televisión) | grass.
manchas azuladas sobre superficies pintadas con azul de Prusia | blueing.
manchas blancas en la capa de níquel (cobre electropulido niquelado) | white-washing effect.
manchas brillantes (fractura aceros) | lemon spots.
manchas de aceite en el mar | slick.
manchas de agua con burbujas de aire que aparecen en el mar al sumergirse una ballena | blow-wakes.
manchas de apilado (pilas de madera - Argentina) | sticker stain.
manchas de color (defecto papel) | dye spots.
manchas de hierro (maderas) | ink stain.
manchas de humedad (velas de buques) | mildew.
manchas de pez | pitch stains.
manchas duras (cristales primarios de compuestos intermetálicos duros-aluminio) | hard spots.
manchas en la carne congelada debidas al hongo (cladosporium herbarum) | black spot.
manchas en la superficie de juntas soldadas de aceros inoxidables | floaters.
manchas grises o negras producidas por crecimientos fungales de la pasta (papel) | slime spots.
manchas luminosas electródicas | luminous electrode spots.
manchas por cristales de sulfuros metálicos (electrocincado) | crystal spots.
manchas por exudación | stain spot.
manchas por exudación de poros (electroplastia) | stain spots.
manchas por impurezas químicas (papel) | foxing.
manchas transparentes en la superficie (papel) | grease.
manchas transparentes producidas por la parafina (papel) | wax spots.
manchón | abutment.
manchón (de mineral) | splash.
manchón (Iberoamérica) | bluff.
manda | preference legacy | devisal | devise | bequest.
mandadero | messenger.
mandado (movimientos) | positive.
mandado (organos de máquinas) | positively connected.
mandado (ruedas, ejes, poleas) | driven.
mandado con diodo | diode-steered.
mandado por cable | cable operated.
mandado por diodo | diode steered.
mandado por leva | cam-actuated.
mandamiento | warrant | command | injunction.
mandamiento convocador del jurado | venire.
mandamiento de desalojo | writ of delivery | writ of ejectment.
mandamiento de detención | warrant of arrest.
mandamiento de ejecución | writ of execution.
mandamiento de embargo (abogacía) | writ of attachment.
mandamiento de entrada y registro | search-warrant.
mandamiento de entredicho | garnishment.
mandamiento de lanzamiento | writ of assistance.
mandamiento de registro (abogacía) | search warrant.
mandamiento ejecutivo (jurídico) | writ of execution.
mandamiento final (abogacía) | final injunction.
mandamiento judicial | writ | court order | labor injunction | execution | subpoena.
mandamiento judicial (de un tribunal) | mandamus.
mandamiento por agente judicial para cumplirse la sentencia | sequestration.
mandante | principal | mandator | constituent.
mandante y mandatario | principal and agent.
mandar | sway (to) | enjoin (to) | command (to) | control (to) | lead (to) | order (to).
mandar (un batallón, etc.) | officer (to).
mandar (un ejército) | conduct (to).
mandar archivar | order on file (to).
mandar pagar | have paid (to).
mandarria | forge hammer | mall | iron maul | beater | maul | slogging hammer.
mandarria (fragua) | sledge hammer.
mandatario | proxy holder | proxy | attorney | attorney-in-fact | mandatary | mandatory.
mandatario judicial | judicial mandatory.
mandatario legal | legal agent.
mandatario matrimonial | proxy at wedding.
mandatario mercantil | commercial mandatary.
mandatario real y verdadero | true and lawful attorney.
mandatario verbal | agent by parole authority.
mandato | mandate | decree | writ | letters of procuration | power | power of attorney | precept | command | proxy | order | word.
mandato de canal | channel command.
mandato de cese de actividades ilegales | cease and desist orders.
mandato de consentimiento | consent injunction | consent injuction.
mandato de cumplimiento de sentencia | facias.
mandato de interdicto | garnishment.
mandato de pago | warrant for payment.
mandato de proceder (quiebras) | receiving-order.
mandato de prueba (telecomunicación) | test command.
mandato de restitución | writ of restitution.
mandato de una sentencia | scire facias.
mandato electoral | electoral mandate.
mandato imperativo | imperative mandate.
mandato judicial | injuction | justice's warrant.
mandato judicial de revisión | writ of error.
mandíbula | jaw.
mandíbula (de trituradora) | crusher jaw.
mandíbula (lanzadera de mordazas) | gripping jaw.
mandíbula (machacadoras) | crushing plate.
mandíbula de la machacadora | rock-breaker jaw.
mandíbula oscilante (quebrantadora) | swing jaw.
mandil de caucho con plomo | lead-rubber apron.
mandil de cuero | leather apron | dashing leather.
mandil de herrero | blacksmith's apron.
mandio (Qualea spp) | mandio.
mandioqueira (Qualea spp) | mandioqueira.
mando | lead 11 | monitoring | action | driving | control | command | commandership.
mando (aviones) | control.
mando (de máquinas) | operation.
mando (de una máquina) | operating.
mando (máquinas) | operating controls.
mando (mecanismo) | controlling.
mando (por correa, cadena, etc.) | drive.
mando a distancia | pilot relaying | remote control | distance control.
mando a distancia (cañones) | automatic control.
mando a distancia por ondas electromagnéticas | radiocontrol.
mando a la izquierda | left-hand control.
mando a la izquierda (autos) | left drive.
mando a mano de emergencia | emergency hand control.
mando a motor de las punterías en elevación y dirección (cañón) | train and elevation power drive.
mando accionado por válvula | valve-actuated control.
mando aéreo interceptador de la aviación enemiga | interceptor command.
mando articulado | link.
mando automático (cañones) | automatic control.
mando automático de preselección | automatic preselection control.
mando bloqueado | locked control.
mando central | center driving.
mando centralizado | centralized control.
mando cíclico del paso del rotor (helicóptero) | azimuthal control.
mando combinado (aparato radio) | gang control.
mando con regulación electrónica | electronically-controlled drive.
mando de aire comprimido | pneumatic control.
mando de ajuste de altura de impresión (offset) | plate cylinder position knob.
mando de alabeo (aviones) | lateral control.
mando de alimentación | feed control.
mando de altura (aviones) | elevator control.
mando de bombardeo | bomber command.
mando de carburador | carburetter control gear.
mando de contactos | contact operate.
mando de cooperación | cooperation command.
mando de costas | coastal command.
mando de descodificador | decoder driver.
mando de dirección (aviones) | rudder control.
mando de ensanche | expand control.
mando de la caza (aviación) | fighter command.
mando de la corriente de la base (electricidad) | base current drive.
mando de la exploración vertical (televisión) | vertical hold control.

mando de la palanca de mandos | control-stick grip.
mando de la rotación de imagen | turn picture control | picture-rotative control.
mando de la variación periódica del paso del rotor (helicóptero) | cyclic pitch control.
mando de la ventanilla de ventilación | scuttle ventilation control.
mando de levas | tappet gear.
mando de los avances (máquinas herramientas) | feed control.
mando de los faros | headlamps control.
mando de parada de emergencia (nuclear) | emergency shutdown rod.
mando de profundidad (aviones) | elevator control.
mando de profundidad (cargas antisubmarinas) | depth gear.
mando de profundidad y de alabeo (aviación) | elevator and aileron control.
mando de puesta a cero (aparatos) | zero set control.
mando de puesta en marcha | on-off control.
mando de relación regulable | variable-ratio drive.
mando de traslación del carro (puente-grúa) | crab runaway.
mando de trenes por radio | radio train control.
mando de vuelo | flying control.
mando de vuelo por servomando | power-operated control.
mando del acercamiento rápido (máquinas) | quick-approach drive.
mando del alerón | aileron control | aileron gear.
mando del anegador del carburador | choke control.
mando del escalón inferior | lower-echelon command.
mando del freno | brake control.
mando del husillo | spindle drive.
mando del sistema | system command.
mando del timón de profundidad (submarinos) | elevator control.
mando del tren | train control.
mando desmodrómico | positive drive | positive action.
mando desmultiplicador | screwdown drive.
mando diferencial sin engranajes | no-gear differential drive.
mando directo | positive control | local control.
mando doble | dual-drive.
mando doble acolado (aviones) | side-by-side dual control.
mando doble desconectable | disconnectable dual control.
mando eléctrico enclavado | interlocked electrical control.
mando enclavado | locked control.
mando fluídico | fluidic control.
mando giroestabilizado para torreta (aviones) | gyrostabilized turret control.
mando graduador del entintado | ink feed volume control.
mando graduador del mojado | damping feed volume control.
mando hidráulico | hydraulic drive.
mando incorporado | built-in drive.
mando individual | one-man control.
mando integrado | integrated command.
mando irreversible | irreversible steering.
mando irreversible del timón (aviones) | irreversible elevator control.
mando local antiaéreo | local AA control.
mando magnético de velocidad regulable | adjustable speed magnetic drive.
mando manual | manual control.
mando manual del rodillo del tintero (offset) | ink duct roller manual control.
mando mecánico | powering control | power control | machine drive.
mando motorizado | power-operated control.
mando motorizado para puntería horizontal (cañón) | power azimuth drive.
mando neumático | pneumatic control.
mando numérico | numerical control | digit control.
mando numérico de posición | digital position control.
mando numérico para máquina-herramienta | machine-tool digit control.
mando para bascular el horno | furnace-tilting control.
mando para cinta magnética | tape handler.
mando para detección automática | automatic aiming.
mando por cable | rope drive | cable control.
mando por cable único | single-cable control.
mando por conmutador colgante | pendent push-button control.
mando por conos de fricción | cone drive.
mando por engranajes | gear drive.
mando por palanca deslizante | sliding lever control.
mando por palanca única | one-lever control.
mando por pulsador | push-button control.
mando por rueda hiperbólica | hyperbolic wheel drive.
mando por servomotor | power operation.
mando por tensión | voltage drive.
mando por tornillo sin fin colocado encima del piñón | overmounted worm drive.
mando por trinquete | pawl actuation.
mando por un solo hombre | one-man operation.
mando progresivo infinitamente variable | infinitely-variable stepless control.
mando proporcional (soldeo por puntos) | slope control.
mando que responde bien | responsive control.
mando regional | regional comand.
mando reversible | double-end control.
mando reversivo | reversive control.
mando sensible | responsive control.
mando sensible de funcionamiento suave | finger-light sensitive control.
mando separado | individual control.
mando servoasistido (aviones) | power-boosted control.
mando servomotriz | powered control.
mando subordinado | subcommand.
mando supremo | top command.
mando temporizado | timing control.
mando único | group operation.
mando unificado | unified command.
mando unipersonal | one-man control.
mando usado para girar el timón a la derecha (aviones) | right rudder.
mandos conjugados | interconnected controls.
mandos de enfoque | focusing controls.
mandos del motor | engine controls.
mandos interconectados | interconnected controls.
mandos intermedios | middle management.
mandos irreversibles (aviones) | irreversible controls.
mandos mecánicos (aviones) | powered flying controls.
mandos preestablecidos y almacenados | stored settings.
mandril | pin | barrel pin | master | work holder | mandrel | mandril | broach.
mandril (fabricación tubos estirados) | plug.
mandril (máquina montamanguitos - hilatura) | tailstock.
mandril abierto por medio de una espiga cónica | arbor expanded by taper plug.
mandril abocardador (tubos de plomo) | turnpin.
mandril cilíndrico | cylindrical mandrel.
mandril cobreado electropulido | electropolished copper-plated mandrel.
mandril cónico | cone mandrel.
mandril cónico (torno) | taper mandrel.
mandril cortador | cutting drift.
mandril de arrastre de torno | lathe driver.
mandril de berbiquí | brace jaws.
mandril de broca | drill chuck.
mandril de centrado automático | self centering chuck.
mandril de centrar (tornos) | centering chuck.
mandril de curvar | bending mandrel.
mandril de chaveta | key chuck.
mandril de diámetro regulable | expanding mandrel.
mandril de ensanchar | driftpin.
mandril de expansión | cone mandrel | expanding mandrel | expander.
mandril de expansión de la piedra abrasiva | honing expansion mandrel.
mandril de forma | squashing mandrel.
mandril de los rollos de papel (rotativas) | core.
mandril de pinza | collet chuck.
mandril de pinzas | collet.
mandril de rebordear (tubos) | flange chuck.
mandril de resorte | spring expander.
mandril de sujeción | gripping mandrel.
mandril de taladro | drill chuck.
mandril de tornillo | screw chuck.
mandril de tornillos (tornos) | bell chuck.
mandril destructible | destructible mandrel.
mandril ensanchador | turn pin.
mandril ensanchador (tubos de plomo) | turnpin.
mandril escalonado | stepped mandrel.
mandril excéntrico | eccentric chuck.
mandril expansible | expansion mandrel.
mandril fileteado | nut arbor.
mandril flotante | floating chuck.
mandril fotoresistente | photoresist mandrel.
mandril hueco | hollow arbor chuck.
mandril macizo | solid arbor.
mandril para múltiples piezas | gang mandrel.
mandril para rebordear tubos | beader.
mandril para tornear | lathe arbor.
mandril para tubos | flue roller | flue expander.
mandril para tubos (enderezatubos - entubación pozos) | casing swedge.
mandril para tubos de caldera | boiler tube expander.
mandril para tuercas | nut mandrel.
mandril portafresa | milling arbor.
mandril porta-muelas | grinding wheel arbor.
mandril roscado | threaded mandrel.
mandril roscado (tornos) | nut arbor.
mandril universal | universal chuck.
mandrilado (de tubo) | expanding | drifting.
mandrilado para ensanchar agujeros | drifting to enlarge holes.
mandrilador de tubos | gudgeon tube expander.
mandriladora de tubos | tube beading machine.
mandriladora de tubos (calderas) | tube beader.
mandriladora para tubos | tube expander.
mandrilar | enlarge with drift (to) | bore out (to) | ream (to) | mandrel (to).
mandrilar (rebordear - tubos) | flue (to) | flange (to).
mandrilar (tubo) | drift (to) | widen (to) | expand (to).
mandrilar un tubo de caldera | expand a boiler tube (to).
mandrín | mandril | arbor.
mandrín (para tubos de plomo) | core.
mandrín (tornos) | mandrel.
mandrín acanalado (para terminar mortajas) | mortise bolt.
mandrín cónico para ensanchar (tubos) | thimble.
mandrín elástico | spring drift.
mandrín extensible | elastic chuck.
mandrín para ranuras | groove drift.
mandrinado | boring | broaching.
mandrinado (de tubos) | rolling | expansion.
mandrinadora | boring machine.
mandrinadora de montante fijo | fixed upright boring machine | fixed standard borer.
mandrinadora en ángulo | angle borer.
mandrinadora horizontal | horizontal boring

machine.
mandrinadora horizontal de avance hidráulico | horizontal hydraulic feed boring machine.
mandrinadora horizontal de bancada en cruz | planer type horizontal boring machine.
mandrinadora horizontal para el barrenado de los agujeros de manivela en las parejas de ruedas motrices (locomotoras) | quartering machine.
mandrinadora para motores con cilindros en V | angular borer.
mandrinadora vertical | vertical boring mill.
mandrinar | bore (to) | broach (to) | mandrel (to).
mandrinar (tubos) | roll in (to).
mandrinar (tubos calderas) | roll (to).
mandrino (tornos) | mandrel.
mandrino con movimiento axial | traversing mandrel.
mandrino de barrenado | boring bar.
mandrino de columna móvil sobre placa de basada | traveling column floorplate-type horizontal boring machine.
mandrino del torno | lathe mandrel.
mandrino guiado | piloted boring bar.
manecilla | lever | pointer | key.
manecilla (de reloj) | pointer | hand.
manecilla (relojes) | finger | handle.
manecilla (tipografía) | fist.
manecilla de admisión de gases (motores) | throttle lever.
manecilla de avance (máquinas herramientas) | feed handle.
manecilla de avance transversal a mano (máquinas herramientas) | handle for cross-hand feed.
manecilla del controlador | wiper.
manejabilidad | workability | maneuverability | manageability.
manejabilidad (aviones) | controllability.
manejabilidad (buques, aviones) | handiness.
manejabilidad (hormigón) | placeability.
manejabilidad por varillado | rodability.
manejable | controllable | handleable | easy to handle | operable | workable | maneuvrable | manageable.
manejable (mar, tiempo) | moderate.
manejable desde fuera | externally operable.
manejablemanuable | handy.
manejar | man (to) | manage (to) | conduct (to) | run (to) | control (to) | handle (to) | manipulate (to).
manejar (caballos) | drive (to).
manejar (fondos) | finance (to).
manejar (máquinas) | run (to) | operate (to).
manejar (negocios) | run (to).
manejar (un buque) | handle (to).
manejar a brazo | manhandle (to).
manejar brutalmente los mandos (aviones) | horse the controls (to).
manejar por control remoto | operate by remote control (to).
manejar sin cuidado | mishandle (to).
manejar una herramienta | handle a tool (to).
manejárselas | manage (to).
manejo | operation | manipulation | manual | handling | working | use | managing | management | control | driving.
manejo (de fondos) | handling.
manejo (de una máquina) | operating.
manejo a brazo | manhandling.
manejo automático de datos | automatic data handling.
manejo completamente embandejado | all-palletized handling.
manejo con un solo hombre | one-man driving.
manejo de armas (milicia) | manual exercise.
manejo de campo (Chile) | bedding-out.
manejo de cargamentos | cargo handling.
manejo de datos | data management.
manejo de la carga | load handling.
manejo de la máquina | machine operation.
manejo de la máquina herramienta | machine tool operation.
manejo de las armas (milicia) | manual of arms.
manejo de las existencias de almacén | inventory management.
manejo de lomas (Venezuela) | hill-culture.
manejo de los cuantificadores | manipulation of quantifiers.
manejo de mercancías | freight handling.
manejo de mercancías embandejadas | palletized handling.
manejo de señales (ascensores) | signal operation.
manejo de un remo | pulling.
manejo del brazo (grúas, palas) | booming.
manejo del instrumento | instrument operation.
manejo del material ensilado | silage handling.
manejo descuidado | careless handling.
manejo en tierra | ground handling.
manejo entre pisos | interfloor handling.
manejo por conmutador del camarín (ascensores) | car-switch operation.
manejo por presión continua del botón (ascensores) | continuous-pressure operation.
manejo y ajuste de la cabuyería (buques) | marlinespike seamanship.
manejo y transporte de materiales | handling.
manera | sort.
manera afable | engaging manner.
manera de comportarse | behaviour.
manera de expresarse (compositor de música) | idiom.
manera de manejar el arco de violín | bowing.
manera de resolver un asunto determinado | handling.
manera rotunda | conclusive way.
maneta | handle.
maneta de codo | offset handle.
manetas directoras de itinerarios (ferrocarril) | route levers.
manga | sleeve.
manga (alto horno) | tuyere sack.
manga (buques) | breadth | beam.
manga (del eje) | bearing.
manga (eje de ruedas) | journal.
manga (ejes) | neck.
manga (termiónica) | baffle.
manga (Venezuela) | isolation transect.
manga ancha (trajes) | full sleeve.
manga clasificadora (Argentina - madera flotada) | sorting jack.
manga cónica usada como veleta (aeródromos) | windsock.
manga de acero | axle quill.
manga de agua | waterspout.
manga de aire | wind cone.
manga de aire (meteorología) | jet stream.
manga de arqueo (buques) | registered breadth | register beam.
manga de construcción (buques) | extreme breadth | molded breadth.
manga de eje | axle neck.
manga de estiraje | drawing apron.
manga de evacuación | chute.
manga de frotación (manuar) | rubbing leather | rubbing apron.
manga de fuera a fuera (buques) | extreme breadth.
manga de fuera a fuera de cuadernas (buques) | molded breadth.
manga de pescar | purse-seine.
manga de trazado (buques) | molded breadth | breadth molded.
manga de trazado máxima (buques) | greatest moulded breadth.
manga de trazado máxima (manga en la maestra fuera de cuadernas - buques) | greatest molded breadth.
manga de ventilación | vent.
manga del eje | axle journal.
manga elevada al cubo (buques) | beam cubed.
manga en la entrada (dique seco) | width at entrance.
manga marina | waterspout | waterspout.
manga máxima (buques) | molded breadth.
manga para filtrar | filter bag | bag filter.
manga para indicar la dirección del viento en el aterrizaje | landing tee.
manga para tuberías subfluviales | river sleeve.
manga remolcada (aviación) | towed target.
manga remolcada como blanco (aviación) | sleeve target | target sleeve.
manga tubular (fabricación botellas de plásticos) | tubular parison.
mangana | lariat.
manganato de bario | barium manganate.
manganesa negra | pyrolusite.
manganesífero | manganiferous.
manganeso | manganese.
manganeso electrolítico | elctromanganese.
manganiferroso | manganiferrous.
manganina | manganin.
manganita | grey manganese ore | gray manganese ore.
manganita (mineralogía) | manganite.
manganito (química) | manganite.
manganoepidota | mangan epidote.
manganosis (enfermedad laboral) | manganosis.
mangas de aire comprimido | high-pressure hoses.
mangas de cáñamo cauchutado | gummed hemp hoses.
mangas de pliegues huecos | gaged sleeves.
mangas para bomberos | fire hoses.
mangas para filtrar de tejidos sintéticos | filtering hoses of synthetic fabrics.
mangas y paños para máquinas de encolar | sizing jackets and cloths.
manglar | mangrove forest.
manglar (ecología) | mangrove swamp.
mangle | mangrove | mangling machine | mangle | mangler | quetch | quetsch.
mangleado (telas) | mangling.
manglear | mangle (to).
mango | gripe | shank | handle | staff | stock | holder.
mango (de látigo) | crop.
mango (de sierra o de azadón) | tiller.
mango (destornillador) | shank.
mango (fragua) | stock.
mango (herramienta) | shaft.
mango (herramientas) | helve.
mango (látigo, etc.). | butt.
mango (Mangifera índica) | mango.
mango (remos) | arm.
mango (sierra) | pad.
mango acanalado | fluted shank.
mango acodado | offset handle.
mango articulado | toggle handle.
mango cilíndrico | parallel shank.
mango completamente aislado (herramientas) | all-insulated holder.
mango con dos caras planas (herramientas) | flatted shank.
mango con rótula | joystick.
mango con virola (herramientas) | ferruled handle.
mango de apriete | clamping handle.
mango de armar (percutor) | cocking handle.
mango de armar la varilla del percutor | striker rod cocking handle.
mango de cacerola | panhandle.
mango de desmontaje | pull-out handle.
mango de disparo (telar) | shipper handle.
mango de herramienta | toolholder.
mango de limpieza | cleaning staff.
mango de madera trabado con la hoja metálica | bonded wood handle.
mango de maniobra (sondeos) | pole-turner | tiller | turning tool | rod-turning tool | brace key.
mango de maniobras (sondeos) | rod wrench.
mango de manivela de tornillo (sondeos) | screw tiller.
mango de muletilla | crutched handle.
mango de muletilla (palas) | crutch handle.
mango de ojo (palas) | eye handle.

mango de parada de la bobina | bobbin stop handle.
mango de pico | pick handle.
mango de pisón | beetle stock.
mango de protección | booting.
mango de sección poligonal | polygon-sided handle.
mango de serrucho | saw pad.
mango del cazo | kettle-holder.
mango del cerrojo (fusiles) | bolt handle.
mango del cucharón | dipper arm.
mango del eje portafresa | milling arbor shank.
mango del electrodo | electrode shank.
mango estriado | fluted shank.
mango hueco roscado interiormente | hollow threaded shank.
mango largo | shaft.
mango largo para manipular válvulas | reach rod.
mango moleteado | knurled handle.
mango rectificado (herramientas) | ground shank.
mango recto (herramientas) | straight shank.
mango regulador | control handle | adjusting handle.
mangona (Khaya anthotheca) | acajou.
mangos de herramientas | tool handles.
mangual | flail.
manguar | wane (to).
mangudo (buques) | beamy.
mangudo (de mucha manga - buques) | broad in the beam | broad-beamed.
manguera | hose | hose | hose.
manguera (aviación) | sleeve.
manguera a prueba de reventones | burstproof hose.
manguera armada | armored hose.
manguera de acoplamiento | coupling hose pipe.
manguera de acoplamiento de la cañería de aire (locomotora) | air-signal hose.
manguera de acoplamiento de la cañería del freno (trenes) | brake hose.
manguera de aire comprimido | air hose.
manguera de algodón trenzado | cotton braided hose.
manguera de aspiración reforzada con espiral de alambre | spiral-wire suction hose.
manguera de carga | filling hose.
manguera de comunicación interior (dirigibles) | interconnecting sleeve.
manguera de conexión rápida | ready-coupled hose.
manguera de desahogo del ballonet | ballonet vent sleeve.
manguera de descarga | delivery hose.
manguera de incendios | fire hose.
manguera de lino | linen hose.
manguera de lona | canvas hose.
manguera de llenado | filling hose.
manguera de neopreno | neoprene hose.
manguera de succión | suction hose.
manguera de vapor para quitar el hielo (cubiertas de buques) | steam lance.
manguera flexible | flexible pipe.
manguera flexible de metal ondulado | corrugated flexible metal hose.
manguera flotante | buoyant hose.
manguera metálica | metal hose.
manguera metálica de ventilación (buques) | airshaft.
manguera metálica flexible sin costuras | seamless flexible metal hose.
manguera o alambre para reparar averías (buques) | jumper.
manguera para abastecer en vuelo (avión nodriza) | flying boom.
manguera para aceite | oil hose.
manguera para agua a presión | hydraulic hose.
manguera para descargar petróleo | oil hose.
manguera para equipo rotatorio (sondeos) | rotary hose.
manguera para herramientas neumáticas | pneumatic tool hose.
manguera para soldadura oxiacetilénica | oxyacetylene hose.
manguera para soldadura por acetileno | acetylene welding hose.
manguera reforzada con espiral exterior de alambre | wire-strengthened hose.
manguerista | hoseman.
manguerote de aspiración (buques) | downcast ventilator.
manguerote de carbonera | bunker pipe.
manguerote de carbonera (buques) | coal bunker pipe.
manguerote de cenizas (buques) | ash hose.
manguerote de lona para ventilación (bodegas de buques) | windsail.
manguerote de ventilación (buques) | downtake | air duct | ventilator.
mangueta | soil pipe | strut | iron spur.
mangueta (cerchas) | queen-post.
mangueta (eje de ruedas) | journal.
mangueta (pieza adicional para soportar el tirante - cerchas de madera de gran luz) | princess post.
mangueta (rueda autos) | wheel spindle.
mangueta (rueda delantera autos) | stub axle | spindle | steering knuckle spindle.
mangueta lisa para soportar eje de balancín | rocking shaft plain journal.
mangueta portadora (ejes autos) | carrying sleeve.
manguito | bootleg | collar | quill | quill | sleeve | spool | thimble | socket | sheath | shuttle | bushing ring | bushing.
manguito (cañones) | jacket.
manguito (electricidad) | sleeving.
manguito (estiraje de tejidos) | cot.
manguito (forro para cilindros de estiraje) | roll covering.
manguito (guía de radar) | slug.
manguito (laboratorio) | thimble.
manguito aislador | insulating sleeve.
manguito amortiguador | buffer sleeve.
manguito broncesoldado | brazed-on sleeve.
manguito cambiable | renewable sleeve.
manguito cilíndrico | cylinder sleeve.
manguito cónico | coned socket | taper sleeve.
manguito cónico (sondeos) | horn socket.
manguito de acoplamiento | muff-coupling.
manguito de acoplamiento con pernos de cabezas ocultas (no salientes) | shrouded coupling.
manguito de acoplamiento de garras | dog coupling sleeve.
manguito de agujas (tejido de punto) | sheath.
manguito de algodón | cotton sleeving.
manguito de apriete | grip socket | collet sleeve.
manguito de cable | cable thimble.
manguito de calefacción | heating muff.
manguito de corcho | cork cot.
manguito de cuero (para cilindros) | leather covering.
manguito de desembrague | disconnecting clutch | declutch sleeve.
manguito de detención | locking sleeve.
manguito de dilatación | expansion coupling.
manguito de ebonita | ebonite bushing.
manguito de embrague | clutch box | clutch catch box.
manguito de empalme | fixing muff | splicing sleeve | jointing sleeve | jointer.
manguito de empalme (cables) | ferrule.
manguito de empalme de tubos | conduit-coupling | conduit-elbow.
manguito de empuje | thrust gland.
manguito de enfriamiento (toberas) | jumbo.
manguito de entrada de canalización | duct edge shield.
manguito de estrangulación | choker sleeve.
manguito de fijación | adapter sleeve.
manguito de fijación del cojinete | bearing lock sleeve.
manguito de fricción | friction coupling | friction socket.
manguito de guía | guide sleeve | guide bush.
manguito de hielo (sobre cables aéreos) | icicle.
manguito de la leva receptora | receiving cam sleeve.
manguito de la palanca universal para la puntería azimutal (cañones) | joystick training sleeve.
manguito de la raíz de la pala de la hélice | propeller-blade cuff.
manguito de la regulación del avance de la inyección | injection timing sleeve.
manguito de pesca (pozo) | die nipple.
manguito de piñón (rueda dentada) | pinion sleeve.
manguito de rearmar (cañones) | cocking sleeve.
manguito de reducción | swedged nipple.
manguito de refuerzo | cathead.
manguito de regulación | setting sleeve | adjusting sleeve.
manguito de regulación del aire | air control sleeve.
manguito de salida | socket-outlet.
manguito de soporte | bracket bush.
manguito de tornillo | screw box.
manguito de transición | safe-end.
manguito de tubería de hincar (sondeos) | drive coupling.
manguito de tubería de revestimiento (sondeos) | drive coupling.
manguito de tuerca | barrel-nut.
manguito de unión | coupling | box coupling | splicing sleeve | union nipple | nipple.
manguito de unión para cables | cable coupling socket.
manguito de unión rápida | quick-fastening connection.
manguito del cañón | gun jacket.
manguito del colector | commutator bush.
manguito del eje | axle sleeve.
manguito del eje de unión | junction bolt bush.
manguito del pie de rey (herramienta) | thimble.
manguito del pistón | piston sleeve.
manguito desplazable | sliding sleeve.
manguito dilatable | lap.
manguito directo | junction coupling.
manguito en flecha | swept-back.
manguito estrecho | close nipple.
manguito excéntrico | offset coupling.
manguito incandescente para gas | gas mantle.
manguito interconectador | interconnecting sleeve.
manguito interior | inner sleeve.
manguito loco | loose sleeve | loose bush.
manguito oscilante inferior del pivote del muñón (ruedas autos) | swivel link lower bush.
manguito para cable | cable-conduit | cable shackle.
manguito para el percutor (sondeos) | jar socket.
manguito para tubos | pipe-coupling.
manguito portabroca | drill chuck.
manguito portador | carrying sleeve.
manguito portaherramienta | chuck.
manguito portahilera | die holding collet.
manguito puesto en caliente (cañones) | shrunk-on jacket.
manguito ranurado | keyed sleeve.
manguito reductor | reduction sleeve | reducing socket.
manguito reductor (tubería) | reducer.
manguito roscado | barrel-nut | nipple | threaded sleeve | screw socket.
manguito roscado con trinquete | steam boat ratchet | steamboat ratchet.
manguito roscado de apriete | right-and-left coupling.
manguito soporte | bracket sleeve.
manguito tensor roscado | sleeve-nut.
manguito terminal para cables | cable end coupling | cable terminal coupling.

manguito tubular | pipe sleeve.
manguito-guía de la barra de tracción | drawbar guide sleeve.
manguito-tope | abutment cradle | abutment sleeve.
maní | ground-nut.
manía por la automatización | automania.
maniatado | manacled | hands-tied.
maniatado y amordazado | shackled and gagged.
maniatar | tie the hands (to) | manacle (to) | hand-cuff (to).
manierismo (arte) | manierism.
manifestación | statement | exhibition.
manifestación callejera | street demonstration.
manifestación de queja | complaint demostration.
manifestación de simpatía con la huelga | show of sympathy with the strike.
manifestación estudiantil | student demonstration.
manifestación falsa | misstatement.
manifestación falsa bajo juramento | false statement on oath.
manifestación falsa deliberadamente hecha | deliberate misstatement.
manifestación ilógica de propiedad | illogical ownership declaration.
manifestación jurada | sworn statement.
manifestación popular | popular demonstration.
manifestación pública | demonstration.
manifestación testimonial | testimonial demonstration.
manifestante | demonstrator.
manifestante político | political demonstrator.
manifestar | declare (to) | evidence (to) | express (to).
manifestar la edad | state age (to).
manifestarse | come out (to).
manifiesto | conspicuous | declaration | public notice.
manifiesto de aduana | customs manifest.
manifiesto de buque | ship's manifest.
manifiesto de carga | air-bill | shipping document | way-bill | cargo manifest | ocean manifest | bill of lading (B/L).
manifiesto de carga importada (aduana) | inward manifest.
manifiesto de carta | waybill.
manifiesto de entrada | inward entry.
manifiesto de la carga (aduanas) | cargo summary.
manifiesto de salida (navegación) | outward manifest.
manifiesto del cargamento (buques) | manifest of cargo.
maniforme | hand-shaped.
manigueta | gripe | handle lever | handle | holder | holdfast | hand lever.
manigueta (para abrir ventanas) | lift.
manigueta de cierre (puerta estanca de buques) | snib.
manigueta de fiador | catch handle.
manigueta de la válvula de freno | brake valve handle.
manigueta para inmovilizar el husillo (tornos) | spindle-locking handle.
manija | handhold | gripe | stock | holdfast | clasp | holder.
manija de ajuste del tintero (telegrafía) | inkpot adjusting knob.
manija de cierre (puerta coches) | pull-to handle.
manija de enganche | attachment-link.
manija de posición del carnero | ram-positioning shaft.
manija del cerrojo | bolt knob.
manijero | farm overseer.
manil (Symphonia globulifera) | waika chewstick.
Manila | Manilla | Manila.
manilla | knob.
manilla de | bunch of 20 sheets.
manilla de avance transversal (torno) | cross-feed knob.
manillar (bicicleta) | handle bar | handle bar bend.
manillar de bicicleta | cycle handlebar.
manillar invertido (bicicletas) | dropped handle-bar.
manimiento (carnes) | hanging.
maniobra | run | handling | trip | evolution | maneuver (EE.UU.) | switching | operation | servicing | manipulation | manoeuvre (G.B.) | operating procedure.
maniobra (buques) | moving | movement.
maniobra (de una máquina) | operating.
maniobra aérea | aerial maneuver.
maniobra antiabordaje (marina) | anticollision maneuver.
maniobra atrevida | daring move.
maniobra bien hecha (aviación) | good show.
maniobra controlada (aviones) | checked maneuver.
maniobra de cambio de dirección (avión) | reversement.
maniobra de frenado | stopping manoeuver.
maniobra de fuerza | heavy-duty work.
maniobra de hacer un medio tonel y después picar o enderezar a un rumbo invertido (aviación) | split S.
maniobra de parada | stopping manoeuver.
maniobra de perturbación grande (aeroplanos) | large-disturbance maneuver.
maniobra de tirón (aviones) | pull out manoeuvre.
maniobra dilatoria en un órgano legislativo | filibuster.
maniobra electrohidráulica | electrohydraulic control.
maniobra en que describe una S en un plano horizontal (aviación) | S turn.
maniobra en que el avión mantiene contacto táctico con un submarino pero permanece fuera del campo del periscopio | gambit.
maniobra en vuelo (avión) | air maneuver.
maniobra envolvente | encircling maneuver.
maniobra evasiva | evasive manoeuvre.
maniobra hábil | clever manoeuver.
maniobra manual | manual operation.
maniobra para cambiar de dirección (aviones) | renversement.
maniobra para cambiar el rumbo | course-changing manoeuver.
maniobra para colocar la aeronave desde la pista de rodadura hasta la cabecera de la pista de despegue | back-track.
maniobra para la reunión (cosmonaves) | rendezvous manoeuver.
maniobra para separarse de una formación (aviones) | peel off.
maniobra por botón de presión | push-button control.
maniobra por volante de mano | hand-wheel control.
maniobra que infunde confianza al alumno (aviación) | confidence maneuver.
maniobrabilidad | steerability | maneuvrability | controllability | handiness | handling | manageability | maneuverability.
maniobrabilidad longitudinal (aviones) | fore-and-aft maneuvrability.
maniobrable | manageable | maneuvrable | steerable | operable | controllable.
maniobrable por personal inexperto | operable by personnel without skill.
maniobrado a mano | hand-pushed | hand-operated.
maniobrado desde el puente (buques) | bridge-controlled.
maniobrado desde la plataforma de mando | manipulated from the manoeuvring platform.
maniobrado por grupos | group-operated.
maniobrado por mando remoto y equipo de control automático | operated by remote and/or automatic control equipment.
maniobrado sin personal en la cámara de máquina | operated with the machinery spaces unattended .
maniobrar | manipulate (to) | manage (to) | maneuver (to) | operate (to) | control (to).
maniobrar (a un enemigo) | maneuver into (to).
maniobrar (buques) | move (to) | work (to).
maniobrar (ferrocarril) | drill (to).
maniobrar (máquinas, mecanismos) | actuate (to).
maniobrar (una palanca, etc.) | shift (to).
maniobrar (veleros) | sail (to).
maniobrar clasificar (ferrocarril) | shunt (to).
maniobrar con aparejos (marina) | bouse (to).
maniobrar constantemente el volante de dirección (autos) | fight the steering wheel (to).
maniobrar eléctricamente | control electrically (to).
maniobrar para coger viento (buque velas) | jockey for the breeze (to).
maniobrar sus buques (combate naval) | fight one's ships (to).
maniobrar un buque en combate | fight a ship (to).
maniobras | drilling | enginery | manoeuvring.
maniobras (de vagones) | drilling.
maniobras (trenes) | shunting.
maniobras acrobáticas | aerobatic maneuvers.
maniobras combinadas | combined maneuvers.
maniobras conjuntas | joint exercises.
maniobras culpables | malfeasance.
maniobras de corrección de trayectoria | trajectory correction maneuvers.
maniobras de fuerza | shifts.
maniobras de repostaje durante la marcha (buques) | underway replenishment maneuvers.
maniobras en vuelo | manoeuvres in the air.
maniobras entre estaciones terminales (ferrocarril) | interterminal switching.
maniobras interplanetarias | interplanetary maneuvers.
maniobras navales | naval exercises.
maniobras orbitales (vehículo cósmico) | orbital manoeuvres.
maniobras para el cambio de órbita (naves cósmicas) | orbit changing maneuvers.
maniobras para el combate | combat maneuvers.
maniobratraslado | move.
maniobreo | maneuvering | manhandling.
maniobrero (buques) | handy.
maniotar | hobble (to).
manipulable | manipulable.
manipulación | operation | trick | manipulation | handling | servicing | keying | process.
manipulación (radio, telegrafía) | keying.
manipulación (telegrafía) | key-sending.
manipulación anódica | anode keying.
manipulación catódica (radio) | center-tap keying.
manipulación con dos tonos | two-tone keying.
manipulación con receptor activo (radio) | break-in keying.
manipulación conjunta | conjoined manipulation.
manipulación contable por operaciones | window dressing.
manipulación de abrir y cerrar | on-off keying.
manipulación de datos | data handling.
manipulación de datos radáricos | radar data handling.
manipulación de definiciones | manipulation of definitions.
manipulación de dos fuentes de energía | two-source frequency keying.
manipulación de dos fuentes de frecuencias | two-source frequency keying.
manipulación de instrucciones en lenguaje máquina | bit fiddling.
manipulación de la carga | load handling.
manipulación de la información | information manipulation.
manipulación de la información clasificada |

manipulation of file information.
manipulación de papel | paper handling.
manipulación de placa | plate keying.
manipulación de punto nodal | nodal point keying.
manipulación de símbolos | symbol manipulation.
manipulación de supresión de onda portadora | back-shunt keying.
manipulación de todo o nada | on-off keying.
manipulación de tono único | single-tone keying | single tone keying.
manipulación de valores | rigging the market.
manipulación del combustible | fuel handling.
manipulación del mercado | rigging the market.
manipulación del soplete | torch manipulation.
manipulación del tráfico (mensajes) | message handling.
manipulación electrónica | electronic keying.
manipulación en circuito catódico | cathode keying.
manipulación en circuito de ánodo | high-tension keying.
manipulación en el primario de alimentación | primary keying.
manipulación en el punto nodal | nodal point keying.
manipulación en serie | serial transmission.
manipulación equilibradora | back-shunt keying.
manipulación interpuesta (radio) | break-in keying.
manipulación ligera (telegrafía) | light keying.
manipulación manual | manual manipulation.
manipulación peligrosa (aparatos) | tampering.
manipulación por bloqueo de rejilla | blocked-grid keying.
manipulación por cátodo | cathode keying.
manipulación por desplazamiento de frecuencia | frequency shift keying.
manipulación por desplazamiento diferencial de fase | differential phase shift keying.
manipulación por desviación de fase | phase shift keying.
manipulación por interrupción de la onda portadora | on-off keying.
manipulación por inversión de corriente (comunicaciones) | double keying.
manipulación por placa | plate keying.
manipulación por rejilla | grid keying.
manipulación por relé | relay keying.
manipulación por relé (telecomunicación) | relay keying.
manipulación por toma central | center-tap keying.
manipulación por tubo de vacío | vacuum-tube keying.
manipulación por variación de polarización (telegrafía) | blocked grid keying.
manipulación telegráfica por rejilla | grid keying.
manipulador | signaling key | manipulator | handler | tapper.
manipulador (comunicaciones) | keyer.
manipulador (radio) | keyset.
manipulador (telegrafía) | sender | transmitter key | transmitter | keyer.
manipulador (telégrafo) | key.
manipulador ajustable | adjustable manipulator.
manipulador basculante (soldadura) | rocking manipulator.
manipulador bipolar | double-pole tapping key.
manipulador con muñones | trunnion manipulator.
manipulador dactilográfico | keyboard sender.
manipulador de alta velocidad | speed key.
manipulador de datos numéricos | digital data handler.
manipulador de errores de máquina | machine check handler.
manipulador de forja | forge manipulator.
manipulador de forjas | forging manipulator.
manipulador de lingotes | ingot manipulator.
manipulador de mensajes | message handler.
manipulador de papel y carbón | converter.
manipulador de radio | fist.
manipulador de rodillos | roller manipulator.
manipulador de servomecanismo | servomanipulator.
manipulador de sonido | sounder key.
manipulador de zumbador | buzzer key.
manipulador diferencial | differential keying.
manipulador electrónico | electronic bug.
manipulador fónico | sounder.
manipulador giratorio sobre carretón | revolving trolley manipulator.
manipulador móvil para piezas de forja | mobile forging manipulator.
manipulador para manejo de materiales radioactivos o peligrosos a través de una barrera biológica | master-slave manipulator.
manipulador por teclas (telegrafía) | keysender.
manipulador rápido | bug key.
manipulador semiautomático | bug.
manipulador sobre carriles | rail-borne manipulator.
manipulador telegráfico | telegraphic key.
manipulador telemandado | master-slave manipulator.
manipulados de papel | paper products.
manipular | manipulate (to) | manage (to) | operate (to) | handle (to).
manipular el mercado de valores | rig the stock market (to).
manipular indebidamente (aparatos) | tamper (to).
manipuleo | handling.
manipuleo de la carga (Argentina) | load handling.
manípulo | handful.
maniqueismo ideológico | ideological manicheism.
maniquí | figure.
maniquí (de sastre) | dress form.
maniquí (radiología) | phantom.
manir (carnes) | hang (to).
maniú (Podocarpus guatamalensis - Standl) | British Honduras yellowwood.
manivela | winch | handle | cranked handle | crooked handle.
manivela a mano para el arranque de tipo de seguridad (motores) | nonreturn handle.
manivela alzacristal (autos) | window regulator.
manivela de alcances (cañón) | range handwheel | sight angle handwheel.
manivela de arranque (motores) | hand starter.
manivela de cabria | gin lever.
manivela de derivas (cañones) | sight deflection handwheel.
manivela de hombre muerto (locomotora eléctrica) | deadman's handle.
manivela de maniobra | operating crank.
manivela de platillo | disk crank.
manivela de plato | disc crank | wheel crank.
manivela de puntería en elevación | elevation handle.
manivela de trépano | cross handle.
manivela de volante | wheel handle.
manivela del alza (cañones) | sight control handle.
manivela del freno | brake crank.
manivela del freno de tornillo | brake screw handle.
manivela divisora | index crank.
manivela en voladizo | overhung crank.
manivela para subir los cristales (ventanilla autos) | window winder.
manivela para trabajo rápido | speed handle.
manivela retráctil | retracting crank.
mano | hand.
mano (de almirez) | stamper.
mano (de ballesta) | body loop.
mano (de pintura) | skin.
mano (de una puerta) | hand.
mano (juegos) | lead 11.
mano alzada | hand raised.
mano con los dedos extendidos | flat hand.
mano con que se manipula (radiotelegrafía) | fist.
mano contraria | opposite hand.
mano de almirez | pestle.
mano de ballesta | dumb iron | scroll iron | spring carrier arm | spring shackle.
mano de imprimación | ground coat.
mano de imprimación de cromato de cinc | coat of zinc chromate primer.
mano de león (Tabebuia pentaphylla) | mayflower.
mano de mortero | stamp.
mano de obra | labour (Inglaterra) | labor (EE. UU.) | manpower.
mano de obra buena | fine workmanship.
mano de obra cara | high-cost labor | high-paid labor.
mano de obra civil | civilian labor.
mano de obra contratada a largo plazo | indentured labor.
mano de obra dedicada a la recolección a mano (frutos) | picking labor.
mano de obra defectuosa | imperfect workmanship.
mano de obra deficiente | green labor | low-grade labor.
mano de obra directa | productive labor | direct labor.
mano de obra disponible | available manpower.
mano de obra esmerada | high-quality workmanship.
mano de obra especializada | skiller labor | skilled labor force | skills.
mano de obra eventual | casual labor.
mano de obra experta | skilled labor.
mano de obra femenina | female labor.
mano de obra improvisada | dilutee labor.
mano de obra indirecta | indirect labor | nonproductive labor.
mano de obra inexperimentada | inexperienced labor.
mano de obra irreprochable | irreproachable workmanship.
mano de obra mal pagada | sweated labor.
mano de obra mala | bad workmanship.
mano de obra masculina | male labor.
mano de obra migratoria | migratory labor.
mano de obra negra | black labor.
mano de obra no especializada | common labor.
mano de pintura dada en el taller | shopcoating.
mano de pintura de fondo | priming coat.
mano de pintura en el taller | shopcoat.
mano de resorte | spring hanger.
mano del volante (motores horizontales) | hand of engine.
mano enguantada | gloved hand.
mano fija de la ballesta trasera | rear spring bracket.
mano izquierda | left-hand.
mano muerta | dead hand.
mano o capa (pintura) | coating.
mano tapaporos (pintura) | filler coat.
manocontrolador | pressure controller.
manocriómetro | manocryometer.
manógrafo | recording gage | manograph | pressure recorder.
manógrafo estrobocatódico | strobocathodic manograph.
manógrafo fotoeléctrico | photoelectric manograph.
manoimpregnación | pressure impregnation.
manointensificador | pressure intensifier.
manojo | fascicle | bunch | hank | handful | bundle.
manometría | manometry.
manómetro | gage (EE.UU.) | gauge (G.B.) | pressure indicator | pressure gage | pressure measuring apparatus | pressure meter | pressu-re-tester | air gauge | manometer | vacuum gauge.

manómetro avisador eléctrico | electric alarm pressure gage.
manómetro balístico | pressure gage.
manómetro Bourdón | pressure gage.
manómetro contrastado | calibrated pressure gage.
manómetro de aceite | oil gage.
manómetro de alarma | alarm gage.
manómetro de Bourdon | Bourdon tube gage.
manómetro de campana invertida | inverted-bell manometer.
manómetro de combustible | fuel pressure gauge.
manómetro de compresión | compression gage.
manómetro de cuadrante | dial pressure gage.
manómetro de diafragma | diaphragm gage | diaphragm-type pressure gage.
manómetro de fibra de cuarzo | quartz fiber manometer.
manómetro de gas absoluto | absolute manometer.
manómetro de ionización | ionization manometer | ionization gage | ionization gauge.
manómetro de ionización constituido por un magnetrón de cátodo caliente | hot-cathode magnetron ionization gage.
manómetro de ionización de magnetrón de cátodo frío | cold-cathode magnetron ionization gage.
manómetro de la presión de admisión (motor sobrealimentado) | boost gage.
manómetro de lectura fácil | easily-read gage.
manómetro de mercurio | mercury pressure gage | mercurial gage | mercury gage.
manómetro de mercurio con tubo en U | mercury U-tube manometer.
manómetro de pistón | piston gage.
manómetro de presión de admisión | manifold pressure gauge.
manómetro de profundidad | depth gage.
manómetro de purga de aire | vent gage.
manómetro de resistencia eléctrica | wire gage.
manómetro de resorte | spring pressure gage.
manómetro de sobrealimentación (motores) | boost-pressure gage.
manómetro de tubo elástico | spring pressure gage.
manómetro de tubo en U | U-tube manometer.
manómetro de vapor | steam gage.
manómetro del aceite | oil-pressure gage.
manómetro del aire | air manometer | air gage.
manómetro del combustible | fuel pressure indicator.
manómetro del evaporador | evaporator gage.
manómetro del gas | gas pressure gage.
manómetro del pistón | piston pressure-gage.
manómetro del viento (máquina soplante) | blast gage.
manómetro diferencial | differential gage | differential manometer.
manómetro diferencial de dos líquidos | two-liquid differential manometer.
manómetro diferencial teleindicador | remote-indicating differential-pressure meter.
manómetro dosificador | doser manometer.
manómetro electrónico | electronic manometer.
manómetro hidráulico | hydraulic gage.
manómetro hipersensible | high-sensitivity manometer.
manómetro marcador | recording gage.
manómetro metálico | spring pressure gage.
manómetro óptico | optical pressure indicator.
manómetro para freno neumático | air brake gage.
manómetro para medir la intensidad de detonación (motores) | bouncing pin.
manómetro para medir la presión absoluta | absolute manometer.
manómetro para medir la presión de los neumáticos | tire meter.
manómetro patrón | master gage.
manómetro piezoeléctrico | piezoelectric pressure-gage | piezoelectric gage.
manómetro registrador | recording gage | recording gauge.
manómetro tipo de cápsula | capsule type gage.
manómetros (pozo petróleo) | Christmas tree.
manopla | gauntlet | hand-leather.
manoregulador | pressure governor.
manorreducción | pressure reduction.
manorregistrador | pressure recorder.
manorregulador | pressure-adjusting device.
manos metidas en mitones | mitten-cased hands.
manosa (química) | mannose.
manoscopia (gases) | manoscopy.
manoscopio | manoscope.
manosear | paddle (to).
manosensible | pressure-responsive | pressure-sensitive.
manóstato | manostat | pressurestat.
manotransformador | pressure transformer.
manotransmisor | pressure element.
manovariador | pressure variator.
manoxílico | soft-wooded.
manoxílico (maderas) | manoxylic.
mansarda | French roof.
mansarda (estampado telas) | back dryer.
mansonia (Mansonia altissima) | mansonia.
manta de caballo | horse-cloth | horse-rug.
manta de fibra de vidrio | glass mat | fiberglass mattress | glass blanket | glass fiber mat.
manta de lana de vidrio ligada con asfalto | bitumen-bonded glass wool mat.
manta eléctrica | electric warming pad | electric blanket | electric heating pad.
manta eléctrica sin los conductores | blankets-hell.
manta retenedora de pilas secas | battery retainer mat.
manta termófuga (para tuberías de vapor) | heat-insulating blanket.
mantas para militares | military blankets.
manteca (de vaca) | butter.
manteca de cerdo | lard.
manteca de primera calidad | bladder lard.
manteca fabricada industrialmente | creamery butter.
manteca para mezclar con la masa (pastelería) | shortening.
manteca plastificada | plasticized butter.
manteca que se encuentra en las turberas | bog-butter.
manteca sin salar | fresh butter.
mantecoso | fat | butter-like | butyraceus.
mantel | cloth | tablecloth.
mantelería | piece of linen | napery.
mantelería adamascada | damask table linen.
mantelete | set-shield | manlet.
mantelete (artillería naval) | gunhouse.
mantelete (cañones) | covering.
manteminiento periodico | routine maintenance.
mantenedor | holder.
mantener | make good (to) | support (to) | keep on (to) | nurse (to) | operate (to).
mantener (su palabra) | keep (to).
mantener a alta temperatura para eliminar o disminuir la segregación química por difusión (aceros) | homogenize (to).
mantener a distancia | keep off (to).
mantener a una temperatura determinada durante un cierto tiempo para que se difunda la temperatura por toda la masa | soak (to).
mantener bajos los precios | keep prices down (to).
mantener constante el potencial de oxidación-reducción por adición de un compuesto apropiado (química) | poise (to).
mantener dentro | keep in (to).
mantener el contacto | follow-on-contact (to).
mantener el interior a presión atmosférica normal (aviones) | pressurize (to).
mantener el negocio en marcha | keep the business going (to).
mantener el rumbo (buques) | keep one's course (to) | hold the course (to) | stand on (to) | stand (to).
mantener en actividad (fábricas) | keep agoing (to).
mantener en custodia (a un acusado) | remand (to).
mantener en movimiento | keep going (to).
mantener en un plano horizontal por medio de un giromecanismo (artillería naval) | stabilize (to).
mantener en vigor | retain in force (to).
mantener firme un cabo sobre el capirón (chigres) | surge (to).
mantener firme una sentencia | uphold a sentence (to).
mantener firmes los precios | keep prices up (to).
mantener la atención | hold in play (to).
mantener la dirección | keep the direction (to).
mantener la fianza | continue the bail (to).
mantener la posición en una formación (aviación) | hold position (to) | hold station (to).
mantener la presión | keep up steam (to).
mantener la reacción (química) | keep the reaction going (to).
mantener la temperatura final (hornos) | kiln off (to).
mantener la velocidad | keep the speed (to).
mantener la ventaja | keep the upper hand (to).
mantener seco | keep dry (to).
mantener secreto | hush up (to).
mantener secreto (informes, experiencias, etc.) | classify (to).
mantener separado del muelle por defensas de rollizos (buques) | boom off (to).
mantener su inocencia | mantain his innocence (to).
mantener su palabra | keep his word (to).
mantener tenso | keep taut (to).
mantener vertical el agujero de sondeo | keep the borehole true (to).
mantenerse | stand (to) | support one's self (to).
mantenerse (precios, tiempo) | keep up (to).
mantenerse (tiempo) | hold (to).
mantenerse a flote | keep afloat (to).
mantenerse a la escucha (radio) | listen (to).
mantenerse a la vista de las señales | keep within signal distance (to).
mantenerse a rumbo (buques) | hold one's course (to).
mantenerse a un tipo (comercio) | rule (to).
mantenerse afuera (navegación) | keep an offing (to).
mantenerse al alcance de la voz | keep within hail (to).
mantenerse alejado | stand clear (to).
mantenerse cerca de tierra | keep close to land (to).
mantenerse firme | keep the field (to).
mantenerse firmeponer derechoresitir | stand (to).
mantenerse fuera (navegación) | keep in the offing (to).
mantenerse inmediato a la costa | keep the land aboard (to).
mantenerse lejos de un escollo | keep aloof from a rock (to).
mantenerse mar afuera | keep the sea (to).
mantenerse por la proa (buques) | keep ahead (to).
mantenerse proa a la mar | keep end to sea (to).
mantenga limpio el puesto de trabajo (talleres) | care of the workplace.
mantenible | tenable.
mantenido | kept.
mantenido al día | kept up to date.
mantenido en posición obturadora | sealingly held in position.
mantenido por la presión | pressure hold.
mantenido secreto (que no es del dominio público - documentos, informes, etc.) | classified.
mantenimiento | keeping | attendance | mainte-

nance | maintaining | servicing | upkeep.
mantenimiento (de temperatura, presión, etc.) | holding.
mantenimiento a flote por sí mismo | drownproofing.
mantenimiento a temperatura prefijada | time at temperature.
mantenimiento a temperatura prefijada (hornos metalúrgicos) | soak.
mantenimiento automático | automatic holding.
mantenimiento corriente del avión | aircraft servicing.
mantenimiento de archivo | file deck.
mantenimiento de archivos | file maintenance.
mantenimiento de campamentos | camp maintenance.
mantenimiento de carreteras | road maintenance.
mantenimiento de la altura de caída (hidráulica) | head maintenance.
mantenimiento de la aprobación del diseño | maintenance of design approval.
mantenimiento de la dirección | direction maintenance.
mantenimiento de la forma | shape-holding.
mantenimiento de la órbita de un satélite | satellite orbit sustaining.
mantenimiento de la paz | peace keeping.
mantenimiento de la presión atmosférica normal | pressurizing.
mantenimiento de la producción | production holdup.
mantenimiento de liberación (telefonía) | release guard.
mantenimiento de los precios | price support.
mantenimiento de orbita | station keeping.
mantenimiento de póliza | keeping up the policy.
mantenimiento de una diferencia de frecuencia constante (circuitos electrónicos) | tracking.
mantenimiento de una posición económica | holding the line.
mantenimiento del equilibrio en la balanza de pagos | maintenance of equilibrium in the balance of payments.
mantenimiento del orden público | maintenance of public order.
mantenimiento del precio al detalle | retail price maintenance.
mantenimiento del rumbo (buques) | path keeping.
mantenimiento en órbita (satélite artificial) | station keeping.
mantenimiento en posición | station keeping.
mantenimiento fiel del perfil | accurate maintenance of the profile.
mantenimiento isotérmico | isothermal holding.
mantenimiento preventivo | preventive maintenance.
mantenimiento programado | scheduled maintenance.
mantenimiento reparador | remedial maintenance.
mantenimiento y puesta al día de ficheros | updating.
mantenimientos de los precios | preservation of prime stability.
manteo (geología) | inclination.
mantequera amasadora de manteca | working churn.
mantequería (fábrica) | creamery.
mantequilla líquida | butter oil.
manterse al día con los perfeccionamientos | keep pace with developments (to).
mantilla (imprenta) | blanket.
mantilla (tipografía) | press-blanket.
mantilla de respaldar (offset) | blanket creep.
mantilla del caballo | horse-cloth.
mantilla litográfica | lithographical screen.
mantilla litográfica para offset | offset lithographical screen.
mantilla para moldear clisés (imprenta) | molding blanket.
mantillo | duff | leaf mold | mold (Estados Unidos) | mould (Inglaterra) | mantle | humus.
mantisa | fraction.
mantisa (matemáticas) | mantissa.
mantisa normalizada | normalized mantissa.
manto | cloak | seam | blanket vein.
manto (biología) | mantle.
manto (de chimenea) | summer.
manto (filón horizontal) | blanket.
manto (geología) | bed vein | sill | occurrence.
manto (minas) | ledge.
manto (moluscos) | mantle.
manto (tambor de memoria magnética) | mantle.
manto acuífero | water-bearing stratum.
manto carbonífero | carboniferous bed.
manto con buzamiento de 45º | half-edge seam.
manto de agua (geología) | water horizon.
manto de bloques artificiales | enrockment.
manto de carbón | coal-bed.
manto de corrimiento | nappe de charriage.
manto de corrimiento (geología) | nappe.
manto de escollera | enrockment.
manto de lava | coulee.
manto de sobreescurrimiento (geología) | overthrust mass.
manto freático | freatical mantle | phreatical mantle.
manto inclinado (geología) | inclined seam.
manto intrusivo | intrusive sheet.
manto petrolífero (geología) | oil measure.
manto poco inclinado (geología) | flat seam.
manto potente (geología) | thick bed | heavy layer.
manto rocoso | rock blanket.
manto rocoso (geología) | bedrock.
manto superficial (geología) | callow.
manto superior (corteza terrestre) | upper mantle.
manto terrestre | earth's mantle.
mantón de Manila | Oriental shawl.
mantos (geología) | flots.
manual | hand-operated.
manual (libro) | manual | primer.
manual de campaña de la infantería de marina | fleet marine field manual.
manual de consejos de guerra | manual for courts-martial.
manual de funcionamiento | operation manual.
manual de ingeniería | engineering handbook.
manual de instrucción sin maestro | self-instructor.
manual de instrucciones | instruction manual.
manual de intrucciones para la construcción de carreteras | manual of instructions for construction of roads.
manual de navegación giroscópica para uso de marinos | mariner's gyronavigation manual.
manual del instructor | instructor's manual.
manual histórico (de información) | historical manual.
manual para el instructor | instructor handbook.
manual para estudiantes | teaching level manual.
manual para ingenieros | engineering handbook.
manual para poner en marcha | how-to-get-started handbook.
manual para usuarios principiantes | primer for end-users.
manual reglamentario | army book.
manualera (operaria) | drawing frame tenter.
manualera (operaria tejeduría) | drawer.
manualera de algodón (obrera) | cotton drawer.
manualismo | manualism.
manualista | manualist.
manualización | manualization.
manualizar | manualize (to).
manualmente | manually.
manuar | draw frame.
manuar acabador | finishing drawing machine.
manuar de estiraje con igualador | evener drawing frame.
manuar de estiraje regulado | controlled draft drawing frame.
manuar de napas | ribbon lapper | ribbon lap machine.
manuar de telas | ribbon lap machine | ribbon lapper.
manuar de un pasaje | single-head drawing frame.
manuar de una sola cabeza | single-head drawing frame.
manuar de una sola entrega con mecanismo igualador (tejeduría) | railway head.
manuar estirador | drawing frame.
manuar para borrillas de seda | bourrette drawing frame.
manubriado | manubriated.
manubrial | handlelike.
manubrio | crank.
manubrio (máquina calculadora) | crank.
manubrio de anteridio (botánica) | handle.
manubrio de cordelero | laying hook.
manuducción | manuduction.
manufactura | manufacture | fabric.
manufactura de bienes durables | durable manufacture.
manufacturación | manufacturing.
manufacturado a gran presión | high-pressure manufactured.
manufacturarresolver (un problema) | work (to).
manufacturas de lana | woollens.
manufacturas en proceso | work in process.
manumisión | manumission.
manumiso | emancipated.
manumisor | manumitter.
manumitir | free (to).
manumotriz | manumotive | hand-moved.
manupulido | hand-polished.
manupulimento | hand-polishing.
manuscribir | write by hand (to).
manuscrito | manuscript | script.
manuscrito o copia difícil de leer | bad copy.
manuscritos medievales | medieval manuscripts.
manuseleccionado | hand-picked.
manutención | support | upkeep.
manzana | apple.
manzana (de casas) | block.
manzana de casas | block | square.
manzanas deshidratadas congeladas | dehydrofrozen apples.
manzaneta (joyas) | apple-shaped ornament.
manzano (Pyrus malus) | apple.
manzano silvestre | crab.
mañana de permiso | morning off.
mañoso | handy.
mapa | map | chart.
mapa (de un proceso o experimento) | pattern.
mapa a escala comprendida entre 1/200.000 a 1/500.000 (aviación) | intermediate-scale map.
mapa a escala 100.000 ó mayor (aviación) | large-scale map.
mapa administrativo | plat.
mapa aeromagnético | aeromagnetic map.
mapa aeromagnético de intensidad total | total intensity aeromagnetic map.
mapa altimétrico cuyo relieve se representa coloreando las zonas entre curvas de nivel según un código previsto | layered map.
mapa astrográfico | astrographic chart.
mapa basado en datos de períodos de 5 a 10 días | composite chart.
mapa batimétrico | bathymetric chart | bathymetrical chart.
mapa bihemisférico | bihemispherical map.
mapa catastral | real-estate map | cadastral map | land map.
mapa con curvas de nivel | contour map.
mapa con líneas isogónicas | declination map.
mapa con proyección conforme | onformal map.
mapa con relieve sombreado | shaded-relief

map.
mapa corográfico | general map.
mapa cromosómico | cromoso pattern.
mapa cromosómico (biología) | chromosome map.
mapa cuadriculado | grid map | gridded map.
mapa de biofacies | biofacies map.
mapa de carga | load map.
mapa de combate | map chart.
mapa de corrientes | current chart.
mapa de Estado Mayor | ordnance-survey map | ordnance map.
mapa de flujo | flowchart | flux map.
mapa de isoclinas | isoclinic map.
mapa de isócoras | convergence map.
mapa de isogravedad | isogravity map.
mapa de isohietas | isohyetal map.
mapa de isópacas | isopach map.
mapa de isoyetas | isopluvial map | isohyetal chart.
mapa de la memoria | memory map.
mapa de la situación | situation map.
mapa de la zona útil (televisión) | contour map.
mapa de línea aérea | airway map.
mapa de nubes | cloud map.
mapa de operaciones | operations map.
mapa de precisión | controlled map.
mapa de pronóstico meteorológico | meteorological forecast map.
mapa de pronósticos (geología) | prognostic map.
mapa de referencia | base map | index map.
mapa de rendimiento (prueba de calidad) | yield map.
mapa de riesgo de terremotos | earthquake risk map.
mapa de topografía dinámica (oceanografía) | dynamic topography chart.
mapa de transitabilidad | trafficability map.
mapa de trazos | hachure map.
mapa de una carretera (aviación) | strip map.
mapa de una faja estrecha del terreno | strip map.
mapa de una zona bombardeada indicando los impactos | bomb plot.
mapa de zona útil | contour map.
mapa del tiempo | weather chart.
mapa deslizante | roller map.
mapa empleado como guía para tomar aerofotografías | flight map.
mapa en escala de una pulgada por milla | one-inch-to-the mile map.
mapa en escala de 1/100.000 a 1/1.000.000 | medium-scale map.
mapa en escala grande | large-scale map.
mapa en escala pequeña | small-scale map.
mapa en forma de luna que se puede colocar sobre una esfera sin distorsión sensible | gore globe.
mapa en gran escala | tactical map.
mapa en la esquina de uno grande (para aclarar un detalle) | inset map.
mapa en relieve | relief map | embossment map | embossment-map.
mapa enrollable para sistema Decca | roller map.
mapa enrollable sobre un palo | roller-map.
mapa estadístico | spot map.
mapa estereográfico | stereographic map.
mapa étnico | ethnic map.
mapa fitoclimático | phytoclimatic map.
mapa fotogeológico | photogeologic map.
mapa fotogramétrico con intérvalos pequeños entre curvas de nivel | small-contour-interval photogrammetric map.
mapa fotogramétrico de España | Spain's photogrammetrical map.
mapa freático | watertable map.
mapa geodésico | geodetic map.
mapa geológico | geology map.
mapa geológico indicando las extensiones de capas minerales superficiales | aeral map.
mapa geológico regional | areal geologic map.
mapa geoquímico | geochemical mapping.
mapa geotectónico | geotectonic map.
mapa gravimétrico | gravity map.
mapa hidrogeológico | hydrogeological map.
mapa hidrogeoquímico | hydrogeochemical map.
mapa hidrográfico | hydrographical map.
mapa hidrológico | hydrologic map.
mapa hipsográfico | hypsographic map.
mapa improvisado | map substitute.
mapa indicando la posición de la artillería antiaérea (aviación) | flak map.
mapa indicando la situación y potencia de las fuerzas amigas (aviación) | operation map.
mapa isobárico | isobaric chart | isobarometric chart.
mapa isofórico | isophoric chart | isophoric map.
mapa isogónico | isogonic chart.
mapa isohiético | isohyetal chart.
mapa isolítico | isolithic map.
mapa isomagnético | isomagnetic chart.
mapa isopórico | isoporic chart.
mapa isoquímeno | isochimal chart.
mapa isorradiométrico | isorad map | radiometric map.
mapa isotérmico | isothermal chart.
mapa isótero | isotheral chart.
mapa itinerario | circulation map | itinerant map | route map.
mapa litológico | lithological map.
mapa logístico | logistic map.
mapa magnético | magnetic map.
mapa metalogenético | metallogenetic map.
mapa meteorológico | meteorological map | weather chart | weather map.
mapa militar | military map | ordnance map.
mapa minerogenético | minerogenetic map.
mapa mudo | outline map | blank map.
mapa no del dominio público | copyrighted map.
mapa original | master map.
mapa orográfico | orographic map.
mapa oroscópico | oroscopic map.
mapa paleogeográfico | paleogeographic map.
mapa paleogeológico | paleogeologic map.
mapa panorámico | panoramic map.
mapa para empleo en el aire y en tierra | air-ground map.
mapa para la navegación aérea | aerial navigation map.
mapa pedológico | soil map.
mapa pictográfico | pictomap.
mapa piezométrico | isopiestic map | piezometric map.
mapa planimétrico | planimetric map | line map.
mapa plegado (en un libro) | fold-in map.
mapa pluviométrico | hyetograph | hyetograph | rainfall chart | rain chart.
mapa que indica la distribución geográfica de un producto determinado | distribution map.
mapa rompecabezas | dissected map.
mapa selenoquímico (de la Luna) | selenochemical map.
mapa sin relieve | line map.
mapa táctico | tactical map | maneuver map.
mapa topográfico | profile map | topographical map | contour map.
mapa topográfico lunar | lunar topographic map.
mapa topográfico por rayos Roentgen | X-ray topographic map.
mapa único para empleo en el aire y en tierra | single air-ground map.
mapache | raccoon.
maparo ondulado (buques) | corrugated bulkhead.
mapas sobrepuestos | overlapping maps.
mapoteca (Argentina) | map library.
maqueta | mockup | model set | scale layout | maquette | pattern | miniature | miniature model.
maqueta (cine, TV) | diorama.
maqueta (de libro) | layout.
maqueta (libros) | dummy.
maqueta a escala | scale model.
maqueta de la parte publicitaria | advertisement page plan.
maqueta de tamaño natural | full size mock-up.
maqueta de un periódico | page plan of a paper.
maqueta del buque | ship model.
maqueta del libro | layout of the book.
maqueta del terreno de operaciones | theater combat model.
maquetas de madera para fundición y construcción de máquinas | wooden patterns for foundries and machine construction.
maquetas para arquitectos | models for architects.
maquila | miller's fee | toll.
maquillador | makeup man.
maquillaje | making-up.
maquillarse | make up (to).
máquina | machine | engine | mill | unit.
máquina a gran velocidad | high machine.
máquina abancaladora (movimiento de tierras) | terracer.
máquina abierta | open type machine.
máquina abrasiva de cinta sin fin | endless belt grinding machine.
máquina abrehoyuelos para plantaciones | dibbler.
máquina abrezanjas | trencher.
máquina acabadora | finishing machine | finisher.
máquina acabadora de la capa superficial (carreteras) | resurfacer.
máquina acabadora de superficies | dresser.
máquina acabadora de superficies de hormigón | concrete-surfacing machine.
máquina accionada hidráulicamente | hydraulically powered machine.
máquina accionada por aire comprimido | pneumatic machine.
máquina accionada por cable | rope-driven machine.
máquina accionada por hidroturbina | hydroturbine-driven machine.
máquina adaptable a muchos usos | highly adaptable machine.
máquina agavilladora (agricultura) | bander.
máquina agrafadora (latas de conservas) | sideseaming machine.
máquina alimentadora de materiales secos | dry-feed machine.
máquina alternativa | reciprocating engine.
máquina alternativa con biela de retorno | steeple engine.
máquina alternativa de vapor de alta velocidad | high-speed steam reciprocator.
máquina alternativa de vapor de ciclo sobrerrecalentado | reheat reciprocating engine.
máquina alternativa de vapor en que la exhaustación del cilindro de alta se recalienta antes de ser admitido en el cilindro de media presión | reheater engine.
máquina alternativa de vapor sobrecalentado entre las expansiones | reheated steam reciprocator.
máquina alternativa de vapor totalmente cerrada de carrera corta de gran velocidad con lubricación a presión | steam motor.
máquina ambulante telemandada | lunar-tic.
máquina amortizada | life-expired machine.
máquina ampliadora (fotografía) | enlarger.
máquina anticuada | aged machine.
máquina anudadora | knotting machine.
máquina apiladora de maderas | lumber piler.
máquina aprestadora | finishing machine.
máquina asincrona | induction machine.
máquina astilladora de rollizos | chipper.
máquina atadora | tying machine.
máquina autodidacta | learning machine.
máquina autográfica para prueba de materiales | autographic testing machine.
máquina automática | self actor | push-button machine | robot.
máquina automática con ciclo de trabajo

preestablecido | programmed machine.
máquina automática de dibujar | plotter.
máquina automática gobernada por cinta magnetofónica | automatic record-controlled machine.
máquina automática para enrollar muelles | automatic spring coiling machine.
máquina automática para equilibrar cigüeñales | automatic crankshaft balancing machine.
máquina automática para fabricar cuerpos de latas de conserva | automatic can body maker.
máquina automática para hacer botellas | automatic bottle machine.
máquina automática para hacer cajas de cartón | auto-box.
máquina automática para lavar botellas | automatic bottle-washing machine.
máquina automática para tallar engranajes de dentadura recta | automatic spur gear cutting machine.
máquina automática para tejidos de punto | auto-hosiery machine.
máquina automática para vidrio soplado (botellas, etc.) | blowing machine.
máquina autorregistradora | autorecording machine.
máquina autoventilada | self-ventilated machine.
máquina auxiliar | assistant engine | feed-engine | auxiliary.
máquina auxiliar de alimentación | feed donkey.
máquina auxiliar pequeña | jack engine.
máquina averiada | disabled engine.
máquina barrenadora | drilling engine.
máquina barrenadora vertical | vertical boring mill.
máquina basada en la experiencia | experience-engineered machine.
máquina bateadora (balasto) | ballaster.
máquina bitérmica | two-T heat engine.
máquina calculadora impresora | printery calculating machine.
máquina calibradora | rating machine.
máquina cargadora | charging machine | loading machine | loader.
máquina cargadora de cintas de cartuchos (para ametralladora) | link-loading machine.
máquina cargadora de troncos | jammer | steam jammer.
máquina centrífuga | centrifuge.
máquina cibernética antropomorfa | cybernetic anthropomorphous machine.
máquina clasificadora contabilizadora | accounting and sorting machine.
máquina clasificadora por tamaños | size assorting machine.
máquina combinada (maquinaria agrícola) | combine.
máquina completamente automática sin personal | fully automatic non-attended machine.
máquina con circulación de circuito cerrado | machine with closed-circuit ventilation.
máquina con control por botones coloreados (máquina herramienta) | color-controlled machine.
máquina con distribución por válvulas | valve engine.
máquina con el motor en la bancada (tornos, etc.) | motor in-base machine.
máquina con equipo variado de herramientas | fully-tooled machine.
máquina con motor potente | highly powered machine.
máquina con potencia máxima continua | continuous maximum rated machine.
máquina con regulación de velocidad | governed-speed engine.
máquina conformadora de piezas por impulsos magnéticos | magnetic-pulse forming machine.
máquina congeladora | froster.
máquina conmutatriz | commutator machine.
máquina conservadora (carreteras) | patrol.
máquina construida para un trabajo determinado | engineered-to-the-job machine.
máquina contabilizadora | posting machine.
máquina contable | accounting machine | machine.
máquina contable de resta directa | direct-subtraction accounting machine.
máquina continua de hilar | continuous spinning machine.
máquina continua de retorcer | continuous doubling frame.
máquina continua de retorcer (tejeduría) | continuous doubler.
máquina copiadora | tracer.
máquina copiadora con leva | cam copying machine.
máquina copiadora de documentos | document-copying machine.
máquina copiadora por humectación con alcohol | alcohol-moistened duplicating machine.
máquina copiadora regulada por palpador | feeler-controlled copying machine.
máquina coronadora (laboratorios) | capper.
máquina cortacarriles | rail-cutting machine.
máquina cortadora | shear machine.
máquina cortadora por haz lasérico | laser cutting machine.
máquina cortahilachas (telas de seda) | picking machine.
máquina cribadora | riddle | riddler.
máquina cultivadora | cultivator.
máquina curvacarriles | rail-bender.
máquina curvadora | bending machine.
máquina curvadora de carriles | rail-bender.
máquina curvadora de serpentines | coiling machine.
máquina de abatanar | fulling machine.
máquina de aboquillar | joggling machine.
máquina de abrillantar el cuero | leather glazing machine.
máquina de abrir hoyos | earth-boring machine.
máquina de abrir las puertas (hornos metalúrgicos) | door extractor.
máquina de abrir rozas (canteras) | bar-channeler.
máquina de abrir y limpiar el algodón | cotton opener.
máquina de abrir zanjas | ditching machine | ditcher.
máquina de acanalar | groove cutting machine | grooving machine | quarrying machine.
máquina de acanalar (canteras) | channeling machine.
máquina de achaflanar | beveling machine | edge milling machine.
máquina de adamascar | figuring machine.
máquina de afilar | pointing machine | grinder | grinding machine.
máquina de afilar cuchillos | knife-blade grinding machine.
máquina de afilar de una muela | one-wheel grinding machine.
máquina de afilar fresas matrices | hob grinder.
máquina de aglomerar | roaster.
máquina de agotamiento (minas) | pumping engine.
máquina de aguzar | pointer.
máquina de ahusar (chapistería) | jennying machine.
máquina de aireación | air machine.
máquina de alcance grande de brazo | deep-throat machine.
máquina de alinear | aligner.
máquina de alta frecuencia para templar engranajes por corrientes inducidas | high-frequency induction gear-hardening machine.
máquina de amalgamación | amalgamator.
máquina de amasar | malaxator.
máquina de amolar | grinding machine.
máquina de amortiguamiento torsional | torsional-damping machine.
máquina de anestesiar (medicina) | anaesthetic machine.
máquina de anudar (tejeduría) | knotter.
máquina de apagar cok | coke quenching machine.
máquina de apelambrar | fur cutter.
máquina de apisonar | tamper | ramming machine.
máquina de apisonar carbón | coal-stamping machine.
máquina de apisonar por sacudidas | jar-ramming machine.
máquina de aplanar de cuatro cilindros (aplanadora tetracilíndrica) | four roller flattening machine.
máquina de arrancar carbón | coal getter.
máquina de arrancar raíces | grubbing machine.
máquina de arranque | barring engine.
máquina de arrastrar troncos | snaking machine.
máquina de arrollar telas | rolling-machine.
máquina de arrollar y desenrrollar (telas) | batching machine.
máquina de aserrar al hilo | ripping machine.
máquina de aserrar con cable adiamantado | cable-type diamond sawing machine.
máquina de aserrar en frío de corte frontal | front cutting cold sawing machine.
máquina de aserrar y trocear | sawing and cutting machine.
máquina de babor | port engine.
máquina de baja (telar) | bottom shedding machine.
máquina de balancín | beam engine | lever engine.
máquina de balancín libre | grasshopper engine.
máquina de barrena para abrir agujeros en el terreno | soil borer.
máquina de barrenar | boring machine | drilling-machine.
máquina de barrenar cilindros | cylinder boring machine.
máquina de biela invertida | back-acting engine.
máquina de biselar | angle beveler | angle planer.
máquina de bobinar | bobbin-winder.
máquina de bordados y vanicados (calcetería) | wrap reverse machine.
máquina de bordar | embroidering machine.
máquina de bracear (cerveza) | mash machine.
máquina de bruñir metales | metal planishing machine.
máquina de buen rendimiento | efficient machine.
máquina de cablear | wire wrapper.
máquina de calandrar | mangler | mangle | calendering machine.
máquina de calibrar huevos | egg grader.
máquina de campo inductor pulsatorio | pulsating-field machine.
máquina de campo variable | pulsating-field machine.
máquina de cantear pinas | felloe dresser.
máquina de cardar | scribbler | jig | carder.
máquina de carga del combustible | fuel charging machine.
máquina de carga pulsátil unidireccional | unidirectional pulsating-load machine.
maquina de cargar (hornos) | charger.
máquina de cargar bandejas | palletizer.
máquina de cargar lingotes y tochos | ingot and bloom charger.
máquina de centrar | centering machine.
máquina de cepillar por las cuatro caras (madera) | four-sided planer.
máquina de cepillar y sacar a gruesos (carpintería) | planing and thickening machine.
máquina de cifrar | ciphering machine | code converter.
máquina de cilindro invertido | inverted cylinder engine.

máquina de cilindros oscilantes | oscillating engine.
máquina de cinglar | blooming machine.
máquina de cizallar | cutting press | shears.
máquina de cizallar y cepillar simultáneamente | planoshearing machine.
máquina de clasificar electrónica | electronic sorting machine.
máquina de clasificar frutos cítricos | citrus-fruit sorting machine.
máquina de colchar | rope layer | cord laying machine.
máquina de colchar (cuerdas) | cordelier | laying machine.
máquina de colchar (cuerdas y cables) | layer.
máquina de colector de corriente alterna | alternating-current commutator machine.
máquina de colocar aros (toneles) | hoop driving machine.
máquina de colocar aros de toneles | claw trussing machine.
máquina de columna móvil y mesa fija | fixed-table moving-column machine.
máquina de combustión externa del combustible | external-combustion engine.
máquina de componer (tipografía) | typecasting machine | composing machine.
máquina de componer fotográficamente (tipografía) | filmsetter.
máquina de conformar | shaper.
máquina de conformar muelles | spring shaper.
máquina de conformar perfiles en frío por laminación o con rodillos | cold rollforming machine.
máquina de conificar la rangua del rubí | watch stone oliving machine.
máquina de contabilidad de teclado numerado | numerical keyboard accounting machine.
máquina de contabilidad por tarjetas perforadas | punchable card accounting machine.
máquina de control numérico | numerical control machine.
máquina de copiar cartones | card repeating machine.
máquina de corriente enderezada | commutating machine.
máquina de cortar | cutter | shearing machine | knifing machine.
máquina de cortar a bisel | beveler.
máquina de cortar bandas en rollo | coil slitter.
máquina de cortar cigarrillos | cigarette cutting machine.
máquina de cortar con ruedas abrasivas | abrasive wheel cut-off machine.
máquina de cortar chapas | plate-ripping machine.
máquina de cortar de disco abrasivo | abrasive cutting-off machine.
máquina de cortar en línea recta y en círculo | straight line and circle cutting machine.
máquina de cortar en tiras (metales) | slitting machine | slitting mill.
máquina de cortar hierros en U | channel bar cutting machine.
máquina de cortar ingletes | mitring-machine.
máquina de cortar los pies de las fibras de yute | jute-root hackling machine.
máquina de cortar papel | paper cutter.
máquina de cortar y desbastar árboles | paring machine.
máquina de cortar y punzonar | shearing and punching-machine.
máquina de cortar y ranurar cajas de cartón | creaser and slotter.
máquina de coser industrial | industrial sewing machine.
máquina de coser los cartones (jacquard) | card lacing machine.
máquina de cuadricular | grating ruling engine.
máquina de curvar angulares | angle bender.
máquina de curvar baos | beam bending machine.
máquina de curvar perfiles laminados | bar bender.
máquina de curvar tangente | tangent bender.
máquina de curvar tubos | pipe bender.
máquina de curvar tubos por estampa curvada desplazable a presión | pressure-die-type bending machine.
máquina de curvar vigas | beam bending machine.
máquina de curvar zapatas de freno | brake shoe bender.
máquina de chorreado de perdigones de tambor giratorio sin aire comprimido | airless rotary barrel shot-blast machine.
máquina de chorro de arena o de perdigones | blasting machine.
máquina de dar figura a perfiles laminados | section forming machine.
máquina de dentar cintas | pinking cutter.
máquina de desagüe (minas) | pumping engine.
máquina de desagüe para minas | mine engine.
máquina de desbarbar | flash trimmer | deburring machine.
máquina de desbarbar engranajes con cepillos de alambre | gear brushing machine.
máquina de desbastar metales | burring machine.
máquina de descargar cereales | devil.
máquina de descascarar | hulling machine.
máquina de descortezar | bark stripping machine | flaying machine | disbarking machine.
máquina de descuajar terrenos | grubber.
máquina de deshilachar trapos en seco | dry rag-tearing machine.
máquina de deshornar (de lingotes, etc.) | draw machine.
máquina de desincrustar calderas | boiler scaling machine.
máquina de desincrustar tubos de caldera | boiler tube descaling machine.
máquina de deslingotar | stripper.
máquina de desmoldear | pattern draw machine | draught machine.
máquina de desmoldear (funderías) | draw machine.
máquina de desmoldear de inversión | roll-over draft-machine.
máquina de desmoldear de inversión (funderías) | rock-over draft machine.
máquina de desmoldear de palanca | lever draft machine.
máquina de desmotar | burring machine.
máquina de despelusar | scalper.
máquina de desplumar (de aves) | picker.
máquina de dibujar | draughting conditions machine.
máquina de dictar | dictation machine.
máquina de dictar para oficinas | office dictating machine.
máquina de dividir | dividing-engine.
máquina de doblar | folding machine.
máquina de doblar flejes | hoop bending machine.
máquina de doble efecto | double-acting engine.
máquina de doble expansión | double-expansion engine.
máquina de dos tambores | double-drum engine.
máquina de duplicar cartones (Jacquard) | repeater.
máquina de ejes múltiples para hacer colas de milano | multispindle dovetailer.
máquina de electrodo informado | shaped electrode machine.
máquina de electroerosión | electroeroder.
máquina de electrograbar | electrical etching machine.
máquina de elevación | elevating engine.
máquina de elevar peso | hoisting machine.
máquina de elevar pesos | hoisting engine.
máquina de embalar botellas | bottle-crating machine.
máquina de embutir | squeezer.
máquina de encabezar pernos | bolt header.
máquina de encanillar | weft winder.
máquina de encapsular | encapsulating machine.
máquina de encapsular·automática | automatic capping machine.
máquina de encapsular botellas | bottle-capping machine.
máquina de encartuchar moneda | money rolling machine.
máquina de encolar | dressing machine.
máquina de encolar y exprimir madejas | hank sizing and wringing machine.
máquina de encorvar y plegar | bending and folding machine.
máquina de encuadernar | bookbinding machine | binder.
máquina de enderezar | facing machine | straightener.
máquina de enderezar angulares | angle iron straightening machine.
máquina de enderezar chapas | leveler.
máquina de enderezar y curvar de rodillos | roller bending and straightening machine.
máquina de energía solar | solar energy engine.
máquina de enfaldillar | flanging machine.
máquina de engarzar (cartuchería) | crimper.
máquina de engarzar (proyectiles) | choking machine.
máquina de enjablar | crozing machine.
máquina de enjullos | beaming machine.
máquina de enlomar (encuadernación) | backing machine | barking machine.
máquina de enllantar ruedas | upsetter.
máquina de ensacar | bagger.
máquina de enseñar | teaching machine.
máquina de envasar en porciones | portioning machine.
máquina de equilibrar | balancer | poising machine.
máquina de equilibrar de péndulo | pendulum balancing machine.
máquina de equilibrar electrodinámica | electrodynamic balancing machine.
máquina de escariar | reamer.
máquina de escoplear | gaining machine.
máquina de escribir | typewriter.
máquina de escribir (automática) | autotypist.
máquina de escribir con tipos perforadores | pinpoint typewriter.
máquina de escribir eléctrica | electric typewriter.
máquina de escribir en línea | on-line typewriter.
máquina de escribir fonética | phonetic typewriter.
máquina de escribir perforadora de cinta | typewriter tape punch | tape punch typewriter.
máquina de escritorio | desk-top machine.
máquina de esculpir | sculping machine.
máquina de escurrir | wringer.
máquina de eschereinización (telas de algodón) | schreiner.
máquina de esmerilar | superfinition honing machine | grinding machine.
máquina de espadillar | braking machine | batting machine.
máquina de esquilar | flock machine.
máquina de estado mínimo | minimal-state machine.
máquina de estados finitos en cascada (información) | cascaded finite-state machine.
máquina de estajar | joggling machine.
máquina de estampar | stamper.
máquina de estampar (tejeduría) | beetling machine.
máquina de estampar cueros | leather embossing machine.
máquina de estampar discos del núcleo | core-plate stamping machine.
máquina de estampar en relieve | embossing machine.
máquina de estampar por ambas caras | duplex printing machine.

máquina de estampar telas | printery machine | figuring machine.
máquina de estampillar sellos | date-stamping machine.
máquina de estañar (chapas) | patents.
máquina de estenotipia | stenograph.
máquina de estirar | drawing-machine | drawing frame.
máquina de estirar alambre | wiredrawing machine.
máquina de estribor | starboard engine.
máquina de expansión | expansive engine.
máquina de expansiones múltiples de condensación | compound condensing engine.
máquina de exprimir ropa lavada | wringer.
máquina de extracción (minas) | hoisting machine | hoister | gig | mine winder | bank engine | winder | winding engine | draught-engine | drawing-engine | brakesman | hoist | hoisting engine.
máquina de extracción accionada eléctricamente directamente acoplada (minas) | direct-coupled electrically driven winder.
máquina de extracción accionada por motor asincrono (minas) | induction-motor driven winder.
máquina de extracción accionada por pulsador (minas) | push-button-controlled winder.
máquina de extracción alimentada por convertidor | converter fed mine winder.
máquina de extracción automática de corriente alterna (minas) | automatic a. c. winder.
máquina de extracción con polea Koepe (minas) | Koepe-pulley winder.
máquina de extracción de corriente alterna (minas) | A. C. winder.
máquina de extracción de doble tambor cilindrocónico (minas) | double-drum cylindroconical winder.
máquina de extracción de fricción de cables múltiples | multirope friction winder.
máquina de extracción de tambor (minas) | drum winder.
máquina de extracción de vapor (minas) | steam winder.
máquina de extracción eléctrica (minas) | electric hoist.
máquina de extracción Ward-Leonard directamente acoplada | direct-coupled Ward-Leonard winder.
máquina de extraer pipas o huesos (frutas) | stoning machine.
máquina de extruir | extruding machine.
máquina de fabricar alambres | wire-fabricating machine.
máquina de fabricar bloques | block-making machine.
máquina de fabricar tubos soldados por resistencia | resistance-weld tube mil.
máquina de fieltrar | felting machine.
máquina de filtrar por rotación y gravedad | rotary-gravity-type screeening machine.
máquina de firmar cheques | cheque signing machine.
máquina de flotación por subaireación | subaeration flotation machine.
máquina de foliar | numbering-machine.
máquina de forjar horizontal | horizontal forging machine | upsetter.
máquina de forjar por choque simultáneo en ambas caras del troquel | impacter.
máquina de formar la cinta (tejeduría) | piecing machine.
máquina de franquear cartas | postmarkmeter machine | franker.
máquina de fresar chaveteros | keyway cutting machine | key-groove cutting machine.
máquina de fresar engranajes | hobber.
máquina de fresar los aterrajos largos | long thread milling machine.
máquina de fresar matrices | die sinker.
máquina de fresar y grabar en hueco troqueles | milling and diesinking machine.
máquina de funcionamiento mecánico | power-propelled machine.
máquina de fundir (monotipia) | caster.
máquina de fundir a presión | die caster.
máquina de fundir a presión de cámara fría | cold-chamber die-casting machine.
máquina de fundir material en tiras (imprentas) | strip casting machine.
máquina de fundir matrices | die caster.
máquina de fundir tipos de imprenta (tipografía) | composing machine.
máquina de gasear | gassing machine.
máquina de grabar | engraver | rose engine | etcher.
máquina de grabar en hueco matrices | diesinking machine.
máquina de graduar | dividing engine.
máquina de gran capacidad | large-capacity machine.
máquina de gran potencia | high-power engine.
máquina de gran producción | manufacturing machine | high production machine.
máquina de gran rendimiento | large-capacity machine.
máquina de granear pólvoras | powder-granulating machine.
máquina de granelar | graining mill.
máquina de granelar (cueros) | boarding machine.
máquina de hacer acanaladuras en las brocas | drill-fluting machine.
máquina de hacer alfileres | pinmaking machine.
máquina de hacer astillas | firewood splitting machine.
máquina de hacer cabezas en frío (pernos, clavos, etc.) | heading machine.
máquina de hacer cabezas en frío (pernos o remaches) | cold-heading machine.
máquina de hacer cajas | boxmaking machine.
máquina de hacer carretes de trama | pirn winding machine | spool winder.
máquina de hacer cigarrillos | cigarette machine.
máquina de hacer chaveteros | key-seater | key seat cutter.
máquina de hacer el vacío | air exhausting pump.
máquina de hacer escotaduras para los dientes (sierras) | sawtooth notching machine.
máquina de hacer espigas de cola de milano | dovetailing machine.
máquina de hacer fondos de barriles | barrel-head cutter.
máquina de hacer fósforos | matcher.
máquina de hacer hielo | ice-maker.
máquina de hacer incisiones | incising machine.
máquina de hacer juntas | jointing machine.
máquina de hacer ladrillos | brick machine.
máquina de hacer machos | coremaking machine | core machine.
máquina de hacer pan | bread machine | baking machine.
máquina de hacer perfiles | profiler.
máquina de hacer pernos | boltcutter.
máquina de hacer pinceles | brushmaking machine.
máquina de hacer ranuras de lubricación | oil-grooving machine.
máquina de hacer sacos | bag machine | bagging machine.
máquina de hacer sobres | envelope machine.
máquina de hacer tornillos | screw machine.
máquina de hacer trocas | knotting machine.
máquina de hilar | jenny | spinner | spinning machine | spinning frame.
máquina de hilar algodón | spinning jenny | cotton jenny.
máquina de hilar de doble torsión | double twist spinning machine.
máquina de hilar intermitente | mule.
máquina de imprimir | printery machine | printery press.
máquina de imprimir con papel continuo | web machine.
máquina de imprimir direcciones | addressograph.
máquina de imprimir planocilíndrica | flat-bed cylinder press.
máquina de imprimir planográfica | flatbed printing machine.
máquina de inducción | induction machine.
máquina de inserción | inserting machine.
máquina de insertar alambres (cardas) | setting-machine.
máquina de inyectar lechada de cemento a presión | grouting machine.
máquina de laminar metales | metal-rolling machine.
máquina de lapidar | lapper.
máquina de lavar | washer | washing machine.
máquina de lavar con lejía | lixiviator.
máquina de lavar y alisar la lana | backwasher.
máquina de lijar de cinta | belt sandpapering machine.
máquina de limpiar | cleaning machine.
máquina de limpiar alfombras | carpet cleaning machine.
máquina de limpiar desperdicios de carda | card waste cleaning machine.
máquina de limpiar suelos | floor scrubbing machine.
máquina de limpieza en seco | dry cleaner.
máquina de machihembrar | bead router | matcher.
máquina de mandrinar | borer.
máquina de maniobrar las agujas (ferrocarriles) | point-operating machine.
máquina de marcar | stamping machine.
máquina de marcha intermitente | intermittent-running engine.
máquina de mayor duración | longer-lived machine.
máquina de mesa móvil | moving-table machine.
máquina de meter libros en sus tapas | casing-in machine.
máquina de mina | mining engine.
máquina de moldear | molding machine | moulding machine.
máquina de moldear a presión | squeezing molding machine.
máquina de moldear a presión de cámara fría completamente hidráulica | full hydraulic cold chamber diecasting machine.
máquina de moldear con extracción del molde por sacudidas | jolt-rollover-pattern draw molding machine | jolt-squeeze molding machine | jolt-squeezer stripper molding machine.
máquina de moldear con mesa de inversión | turnover molding machine.
máquina de moldear de sacudias | jar-ram molding machine.
máquina de moldear de sacudidas | jolting molding machine.
máquina de moldear ladrillos | brickmaking machine | brick-molding machine.
máquina de moldear machos | core molding machine.
máquina de moldear por impulsos magnéticos | magnetic molding machine.
máquina de moldear por inyección | extruding machine | injection molder.
máquina de moldear por inyección completamente hidráulica | all-hydraulic injection molding machine.
máquina de moldear por sacudidas | jolt-ram machine | jolt molding machine.
máquina de moldear ruedas dentadas | gear wheel molding machine.
máquina de moldeo por extrusión | extruder.
máquina de moldeo por inyección | extruder.
máquina de moldurar | dado machine | molding machine.
máquina de moldurar (carpintería) | moulding machine.

máquina de moler | milling machine.
máquina de montaje | assembly machine.
máquina de montaje en línea | in-line assembly machine.
máquina de montar | assembling machine.
máquina de mortajar y taladrar | mortising and boring machine.
máquina de muelas de esmeril | emery-grinder.
máquina de numerar | numbering-machine.
máquina de oficina | business machine.
máquina de ondular | crimping machine.
máquina de ordeñar | cow milker.
máquina de ovillar | balling machine.
máquina de oxicortar | gas cutting and profiling machine.
máquina de oxicorte | gas cutting-machine | oxygen-cutting machine | flame-cutter | burning-off machine.
máquina de oxicorte automática con regulación fotoeléctrica | photoelectrically controlled automatic oxygen cutter.
máquina de oxicorte con plantilla | oxygen profile-cutting machine.
máquina de oxicorte controlada por calculadora | computer-controlled flame profiling machine.
máquina de oxicorte de mando por coordenadas | coordinate gas-cutting machine.
máquina de oxicorte de multisopletes | multitorch cutting machine.
máquina de oxicorte de plurisopletes | multinozzle cutting machine.
máquina de oxicorte electronorregulada | electronically-controlled oxygen cutter.
máquina de oxicorte por plantilla | oxygen profiler | oxygen-cutting profiling machine | profiler.
máquina de palanca para determinar la fluencia residual estática | lever-type static-creep machine.
máquina de palanca para la determinación de la fluencia residual dinámica | lever-type dynamic-creep machine.
máquina de pedal | foot-power machine | foot-powered machine.
máquina de pedal de cabezal sencillo | single-head foot-operated machine.
máquina de pegar y plegar cajas de cartón | carton closing machine.
máquina de pelar (patatas, tomates, etc.) | peeler.
máquina de péndulo para pruebas de resiliencia | pendulum impact machine.
máquina de pequeña potencia | low-capacity machine.
máquina de perfilar | profiling machine.
máquina de perforar | stamping machine | drilling machine | drilling-machine.
máquina de pesar continua | continuous weigher.
máquina de picar (costura) | perforating machine.
máquina de picar carne | mincing-machine | mincer | meat chopper.
máquina de pistón | piston engine.
máquina de pistón rotatorio | rotary piston machine.
máquina de planchar dobladillos | hem leveling machine.
máquina de planchar ropa | ironing machine.
máquina de platina para secar papel | platen drier.
máquina de plegar | folding machine.
máquina de plegar (encuadernación) | book folding machine.
máquina de plegar en encuadernación | book-folding machine.
máquina de plegar periódicos | journal folding machine.
máquina de pluriexpansión (de vapor) | compound engine.
máquina de poliexpansión | multiple expansion engine | multiexpansion engine.
máquina de polos macizos | solid-pole machine.
máquina de poner a gruesos (carpintería) | thicknessing machine.
máquina de precio razonable | conservatively priced machine.
máquina de preformar plásticos | plastic preforming machine.
máquina de prensar cuero | leather pressing machine.
máquina de preparar cantos de chapa (para soldar) | edging machine.
máquina de probar recipientes a choques | container shock tester.
máquina de producción | production machine.
máquina de producir máscaras (semiconductores) | mask-making engine.
máquina de proyectar arena (moldería) | sandslinger.
máquina de prueba de dureza por indentación | indentor.
máquina de prueba de resiliencia torsional | torsional-impact machine.
máquina de pruebas autográficas | self-indicating testing machine.
máquina de pruebas de fatiga en viga giratoria | rotating-beam fatigue-testing machine.
máquina de pruebas de fatiga por cargas cíclicas | pulsator fatigue machine.
máquina de pruebas de fatiga por flexiones invertidas | reversed-bending fatigue machine.
máquina de pruebas de flexión en sentidos contrarios | forward-and-backward-bending tester.
máquina de pruebas de materiales | tester.
máquina de pruebas de materiales del tipo de cuadrante indicador | indicator type testing machine.
máquina de pruebas de palanca | lever testing machine.
máquina de pruebas de palancas combinadas | compound lever testing machine.
máquina de pruebas de resistencia al doblado repetido | folding endurance tester.
máquina de pruebas de termofluencia con una relación de 9/1 entre la palanca y el brazo | creep tester with a 9:1 lever/arm ratio.
máquina de pruebas del tipo de balancín | beam type testing machine.
máquina de pruebas universal autográfica | self-indicating universal testing machine.
máquina de pulimentar | lapping machine.
máquina de pulir | superfinition honing machine | glazing mill | grinding machine.
máquina de punto inglés con un solo alimentador | single feed rib machine.
máquina de punto inglés para puños | rib top machine.
máquina de punzonar y cizallar | punching and shearing machine.
máquina de punzonar y cortar perfiles laminados y barras | metalworker.
máquina de puños elásticos | rib top machine.
máquina de quemadores múltiples | multiburner machine.
máquina de quitar rebabas | deburrer.
máquina de ranurar | grooving machine | keyseater | keyway cutting machine | fluting machine.
máquina de ranurar (carpintería) | jointer.
máquina de ranurar sierras circulares | saw gulleting machine.
máquina de rayar | ruling machine.
máquina de rayar (cañones) | grooving machine.
máquina de rayar cañones | gun-rifling machine.
máquina de rayar cañones (armas) | rifling bench.
máquina de rayar de disco | disc ruling machine.
máquina de rebajar cantos de discos | disk edge deburring machine.
máquina de rebarbar | fettling machine.
máquina de rebordear | crimping machine | crimper | flanging machine.
máquina de recalcar | forging machine.
máquina de recortar | routing machine.
máquina de rectificación | lapping machine.
máquina de rectificar | grinder.
máquina de rectificar cilindros | cylinder reboring machine.
máquina de rectificar cilindros con piedra abrasiva | cylinder honing machine.
máquina de rectificar con muela abrasiva | grinding machine.
máquina de rectificar interiormente | internal grinder.
máquina de rectificar las correderas (locomotoras vapor) | link grinder.
máquina de rectificar las válvulas | valve grinding machine.
máquina de rectificar ovalada | oval grinding machine.
máquina de rectificar y bruñir interiores con barretas abrasivas (cilindros) | honing machine.
máquina de rectificar y bruñir interiores con tacos abrasivos | honer.
máquina de redondear esquinas (imprenta) | round corner machine | cornering machine.
máquina de refrentar bridas de tubos | pipe-flange facing machine.
máquina de regar | irrigator.
máquina de rellenar sacos | bag-filling machine.
máquina de remachar | riveter.
máquina de repasar bordes | side trimmer.
máquina de repasar cantos de chapa | edge conditioner.
máquina de repasar los hilos duros de la borra | thread picker | thread extractor.
máquina de retorcer (tejeduría) | doubling-frame.
máquina de revelar (fotografía) | processor.
máquina de revelar películas | film developing machine.
máquina de revestir hilos de caucho | rubber covering machine.
máquina de roscar | threader.
máquina de roscar de gran velocidad | flash tapper.
máquina de roscar tuercas | nut tapper.
máquina de roscar tuercas de pluricabezales | multispindle nut tapping machine.
máquina de roscar y aterrajar | screwing and tapping machine.
máquina de roscar y cortar tubos | pipe screwing and cutting machine.
máquina de sacar astillas | woodchopping machine.
máquina de sacar cajos (encuadernación) | backer.
máquina de sacar copias | duplicating machine.
máquina de sacar punta | pointer.
máquina de sacudidas | jar machine.
máquina de sacudidas longitudinales | ends-hake machine.
máquina de satinar (tejeduría) | beetling machine.
máquina de secar | drying machine.
máquina de secuencia mínima | minimal sequence machine.
máquina de segar | harvester.
máquina de serie | production-line machine.
máquina de serrar de hojas múltiples | gang sawmill.
máquina de serrar metales en frío | cold metal sawing machine.
máquina de sierra de cinta | band machine.
máquina de simple expansión | single-expansion engine.
máquina de sobar (pieles) | stretching machine.
máquina de soldar a tope por presión y calentamiento eléctrico | flash-butt welder.
máquina de soldar latas de conserva | can soldering machine.

máquina de soldar por arco | arc welder.
máquina de soldar por resistencia a través de salientes estampados que tienen las piezas | projection welder.
máquina de soldar simultáneamente dos cordones ortogonales (chapa vertical sobre una horizontal) | twin-fillet welding machine.
máquina de sondar (sondador - buques) | flying sounder.
máquina de sondear | boring machine.
máquina de soplar machos | coreblowing machine.
máquina de sopletes múltiples | multiburner machine.
máquina de sumar | adding machine.
máquina de sumar con mecanismo de impresión | listing machine.
máquina de taladrar | boring machine | drilling-machine | drilling-mill.
máquina de taladrar con avance manual por palanca | lever feed drilling machine.
máquina de taladrar de columna | drilling-pillar.
máquina de taladrar fija | drilling bench.
máquina de taladrar lasérica | laser drilling machine.
máquina de taladrar múltiple en que cada cabezal se acciona separadamente | gang-drilling machine.
máquina de taladrar por electroerosión | excising machine.
máquina de taladrar vertical exahusillo | six-spindle vertical boring machine.
máquina de taladrar y escoplear | boring and tenoning machine.
máquina de taladrar y fresar carriles | rail milling and drilling machine.
máquina de taladrar y roscar (para hacer tomas en la tubería del agua) | drilling-and-tapping machine.
máquina de taladrar y roscar la tubería principal de agua (tomas para casas) | tapping machine.
máquina de tallar cremalleras | rack cutting machine.
máquina de tallar engranajes | shaper | gear cutter | gear tooth cutter.
máquina de tallar engranajes con cuchilla | gear shaper.
máquina de tallar engranajes con fresa generadora | hobbing machine.
máquina de tallar engranajes conicohelicoidales | spiral bevel gear generator.
máquina de tallar engranajes cónicos de dentadura espiral | spiral-tooth bevel-gear cutting machine.
máquina de tallar engranajes helicoidales | helical-gear cutting machine.
máquina de tallar engranajes por fresa generatriz | gear hobber.
máquina de tallar engranajes por fresa matriz para grandes diámetros | heavy-duty gear-hobber.
máquina de tallar engranajes por fresa-disco | gear milling machine.
máquina de tallar fresas | cutter-making machine.
máquina de tallar los engranajes de perfil de envolvente | involute gear cutter.
máquina de tallar piñones | pinion cutting machine.
máquina de taponar | corking machine.
máquina de tejer sin lanzadera | shuttleless weaving machine.
máquina de teleterapia por cobalto-60 | cobalt-60 teletherapy machine.
máquina de templar engranajes por flameo con soplete oxiacetilénico | gear wheel flame-hardening machine.
máquina de templar redondos por caldeo de alta frecuencia | H. F. bar stock hardening machine.
máquina de templar redondos por corrientes inducidas | induction-bar-hardening machine.
máquina de teñido continuo | open-box dyeing machine.
máquina de teñir a presión | pressure dyeing machine.
máquina de teñir al ancho (textiles) | jigger.
máquina de termofluencia por torsión | torsion creep machine.
máquina de terrajar | bolt-and-pipe machine.
máquina de terraplenar | backfilling machine.
máquina de tiro forzado (para calderas) | forced-draught engine.
máquina de tornear husillos (relojería) | fusee engine.
máquina de tornear por chispeo eléctrico | electroturning machine.
máquina de tornear por electroerosión | electroturning machine.
máquina de tornillo helicoidal para moldeo por inyección | screw injection machine.
máquina de toronar (cables) | quadding machine.
máquina de tracción para cortar tiras de chapas | pull-thru slitter.
máquina de transferencia | transfer machine | transfer unit.
máquina de transferencia giratoria de seis estaciones | six-station rotary transfer machine.
máquina de tratamiento electrónico de datos | electronic data processing machine.
máquina de trazar graduaciones | graduator | graduating machine.
máquina de trenzar | stranding machine.
máquina de triturar | grinding machine.
máquina de trocear | cutoff machine.
máquina de trocear de oxicorte | flame-type cutting-off machine.
máquina de trocear de sierra oscilante (tren laminación) | flying shear cutoff machine.
máquina de trocear tubos | pipe cutting-off machine.
máquina de troquelar | blanking machine.
máquina de troquelar tuercas | nut shaping machine.
máquina de tundir | cloth shear.
máquina de urdir | beaming machine.
máquina de vapor alternativa policilíndrica | multicylinder reciprocating steam engine.
máquina de vapor cerrada con lubricación forzada | totally enclosed forced-lubricated steam engine.
máquina de vapor con condensación | condensing steam engine.
máquina de vapor con turbina de exhaustación | turbocompound steam engine.
máquina de vapor de agua | steam engine.
máquina de vapor de cuádruple expansión | quadruple-expansion engine.
máquina de vapor de doble efecto de monoexpansión | simple expansion double-acting steam engine.
máquina de vapor de doble expansión en torre (el cilindro de alta encima del de baja) | steeple-compounded engine.
máquina de vapor de dos expansiones | compound steam engine.
máquina de vapor de triple expansión | triple expansion engine.
máquina de vapor de triple expansión tetracilíndrica | four-cylinder triple expansion steam engine.
máquina de vapor horizontal con distribuidor de plato oscilante | wobble plate engine.
máquina de vapor locomóvil | portable steam engine.
máquina de vapor recalentado | superheater steam engine.
máquina de vapor sin condensación | atmospheric engine | noncondensing steam engine.
máquina de vapor sin condensación (con exhaustación al aire) | atmospheric steam engine.
máquina de vapores combinados | binary heat engine.
máquina de vapores de amoníaco para revelar en seco | ammonia dry-developing machine.
máquina de vender accionada por introducción de monedas | coin-operated vending machine.
máquina de verificar perfiles de engranajes | profile testing machine.
máquina de voltear baos (construcción naval) | bulldozer.
máquina de zunchar inducidos | armature banding machine.
máquina derribaárboles | tree feller.
máquina descargadora | unloading machine.
máquina descargadora de cemento a granel | cement unloader.
máquina descarnadora de huesos | boner.
máquina desherbadora (agricultura) | weeder-mulcher.
máquina desmotadora | picker.
máquina despellejadora | peeler.
máquina destructora de documentos | shredder.
máquina detectora de signos escritos | mark-sensing machine.
máquina diseñada y construida por el contratista | contractor-designed-and-built machine.
máquina divisora fotográfica | photographic dividing machine.
máquina dobladora | bending machine.
máquina dobladora para trabajos de chapa | all steel box and pan brake machine.
máquina dosificadora | dosing machine.
máquina eficaz | efficient machine.
máquina elaboradora | processor.
máquina eléctrica accionada independientemente | individually electrically operated machine.
máquina electroestática | static electrical machine.
máquina electromagnética para pruebas de fatiga | electromagnetic-type fatigue testing machine.
máquina electromecánica para pruebas | electromechanical testing machine.
máquina electroneumática | air-electric machine.
máquina electrónica de contabilidad por tarjetas perforadas | electronic punched card accounting machine.
máquina electrónica para dictar | electronic dictating machine.
máquina electrónica para escoger moneda | electronic coin-sorting machine.
máquina electrónica para pruebas de vibración | electronic vibration tester.
máquina electrostática de inducción | induction electrostatic machine.
máquina elevadora | raising machine.
máquina empacadora de sacos | bag baler.
máquina empaquetadora | packing machine.
máquina empujadora | pusher.
máquina en que el material que se trabaja sigue un camino recto | straight-through type machine.
máquina encapsuladora (de botellas) | crowning machine.
máquina encarretadora | spooler.
máquina enfriada con agua | water-cooled machine.
máquina engatilladora | lock-former.
máquina engatilladora (latas de conservas) | sideseaming machine.
máquina enrolladora-cortadora de paso automático | cutoff winder.
máquina eólica | wind machine.
máquina equipada con su herramental | tooled machine.
máquina escarbadora | scraper.
máquina escombradora elevadora | scraper hoist.
máquina esencial | key-machine.
máquina especializada | special-purpose machi-

ne | single-duty machine.
máquina espigadora | dowel setter.
máquina esquiladora | clippers.
máquina estabilizadora de suelos con una sola pasada | single-pass soil-stabilizing machine.
máquina estiradora | jigging tenter.
máquina etiquetadora | labeling machine.
máquina europea (con excepción de Inglaterra) | continental machine.
máquina expendedora automática (de sellos, cigarrillos, etc.) | vending machine.
máquina expendedora de billetes (tren, metro) | ticket dispensing machine.
máquina explanadora | road grader | grader | pull grader.
máquina exploradora | pilot engine.
máquina exploradora (ferrocarril) | pilot.
máquina exprimidora de pistón | piston expression machine.
máquina extendedora | spreader | spread board.
máquina extirpadora | extirpator.
máquina facturadora | invoicing machine | toll biller | billing machine.
máquina facturadora analítica | analytical billing machine.
máquina fija de remachar | bull riveter.
máquina fijadora del tejido (telas de lana) | crabbing machine.
máquina firmadora de cheques | check-writing machine.
máquina foliadora | numbering machine.
máquina formadora de dientes | gear roller.
máquina fotocopiadora | photocopying machine.
máquina fotográfica con impresión de imagenes en un disco magnético de video | magnetic video camara.
máquina fotográfica con pie | field camera.
máquina fotográfica de foco fijo | fixed-focus camera.
máquina fotográfica de fuelle | bellows camera.
máquina fotográfica de placas | plate-camera.
máquina fotográfica del almacén | magazine camera.
máquina fototipográfica | photocomposing machine.
máquina franqueadora | franking machine.
máquina fresadora | miller.
máquina fresadora para esculpir chapas gruesas (se rebaja el espesor en secciones determinadas - industria aeronáutica) | skin milling machine.
máquina frigorífica | freezer.
máquina frigorífica de anhídrido carbónico | carbonic anhydride refrigerating machine.
máquina frigorígena | refrigerator.
máquina fuente de agua en la oficina | water cooler.
máquina funcionando en carga | loaded machine.
máquina generadora de energía | prime mover.
máquina gobernada con ciclo electromécanico | electromechanical-cycle machine.
máquina gobernada por ciclo mecánico | mechanical-cycle machine.
máquina gobernada por cinta perforada | tape-controlled machine.
máquina golpeadora (para matar animales en mataderos) | stunner.
máquina Harper (papel) | flying Dutchman.
máquina herramienta | machine tool.
máquina herramienta automática | auto | automatic.
máquina herramienta complicada | engine tool.
máquina herramienta con accionamiento separado para cada movimiento | multimotor-drive machine tool.
máquina herramienta de arranque de viruta | chip-producing machine tool.
máquina herramienta de control numérico | numerically controlled machine tool.
máquina herramienta de gran velocidad de corte y gran sección de corte | hogger.
máquina herramienta de mando numérico | numerically controlled machine tool.
máquina herramienta gobernada numéricamente | numerically controlled machine tool.
máquina herramienta gobernada por cinta magnética | magnetic tape governed machine tool.
máquina herramienta gobernada por registrador magnético | recorder-controlled automatic machine tool.
máquina herramienta para barrenar interiores | internal.
máquina herramienta reconstruida | rebuilt machine-tool.
máquina herramienta regulada por un diagrama | pattern controlled machine tool.
máquina hidráulica | water engine.
máquina hidráulica de eschreinerización | hydraulic schreiner.
máquina horizontal | horizontal engine.
máquina horizontal para tallar con fresa matriz dentaduras de piñones de turbinas | horizontal type turbine pinion hobbing machine.
máquina impresora | printer.
máquina inactiva | standing engine.
máquina infernal | infernal machine | disguised bomb.
máquina inservible | disabled engine.
máquina inteligente (información semántica) | understanding machine.
máquina lanzaarena (moldería) | sandslinger.
máquina lapidadora | lapping machine.
máquina lapidaria industrial | industrial lapidary machine.
máquina lavabotellas | bottlewasher.
máquina licuanieve de chorro de gases de combustión de propano (carreteras nevadas) | propane-gas snow-melter.
máquina limpiacanillas | bobbin cleaning machine.
máquina limpiadora (fabricación hojalata) | branner.
máquina limpiatubos | pipe-cleaning machine.
máquina locomóvil | portable engine | locomotive engine.
máquina lógica | logical machine.
máquina lógica de información | informational-logical machine.
máquina lógica secuencial síncrona | synchronous sequential logic machine.
máquina maceadora | beetling machine.
máquina magnetoeléctrica | magneto | magneto-generator.
máquina manipuladora | handler.
máquina manipuladora automática | robot-handler.
máquina manual de oxicorte con copiador (para chapas) | hand router.
máquina marchando en vacío | empty machine.
máquina marina | marine engine.
máquina mezcladora | blender.
máquina minerva | minerva machine.
máquina monocilíndrica | single-cylinder engine.
máquina monoexpansional | single-expansion engine.
máquina monofásica | single-phaser.
máquina monohusillo de bruñir interiores con taco abrasivo | single-spindle honing machine.
máquina montamanguitos | cot assembling machine.
máquina montamanguitos neumática (tejeduría) | pneumatic cot assembling machine.
máquina motriz | prime mover | motor engine.
máquina multicopista | manifolding machine | manifolder.
máquina múltiple automática | processing machine.
máquina multisopletes para oxicorte con plantilla | multiburner profiling machine.
máquina nebulizadora de insecticidas | insecticide fogger.
máquina neumática | aspiring pump | air exhausting pump.
máquina neumática (de hacer el vacío) | pneumatic machine.
máquina neumática (física) | pneumatic pump.
máquina neumática cuyo compresor está accionado por motor eléctrico | air-electric machine.
máquina neumohidráulica para el moldeo en cáscara | shell molding pneumohydraulic machine.
máquina niveladora | grader | levelling machine.
máquina niveladora (de terrenos) | skimmer.
máquina niveladora de la vía (ferrocarril) | surfacer.
máquina numérica de contabilidad | numerical accounting machine.
máquina o dispositivo para decapar | pickler.
máquina o dispositivo que ahorra jornales | money saver.
máquina oscilante | jerking machine.
máquina ovilladora | baller.
máquina para abrir galerías (minas) | miner.
máquina para abrir la piquera (alto horno) | tapper.
máquina para abrir la piquera de colada (alto horno) | jet tapper.
máquina para abrir rozas a muros | wall chasing machine.
máquina para abrir rozas profundas en la roca (canteras) | channeler.
máquina para acabado a la plancha (fabricación papel) | plater.
máquina para acabado de las superficies bituminosas de carreteras | road finisher.
máquina para acondicionar pavimentos | pavement conditioning machine.
máquina para achaflanar los cantos de lentes para gafas | spectacle lens-edging machine.
máquina para afilar brocas | drill sharpener | drill grinding machine.
máquina para agitar botes de pintura con objeto de que ésta no quede posada | paint-reconditioning machine.
máquina para agujerear cartones (textiles) | pricking machine.
máquina para alisar el pavimento | bump cutter.
máquina para alzar pliegos doblados por orden numérico de signaturas | gatherer.
máquina para amasar pan | dough-kneading machine.
máquina para apilar | stacker.
máquina para apilar bandejas | pallet stacker.
máquina para aplicar un revestimiento | coater.
máquina para arar y sembrar simultáneamente | lister drill.
máquina para armar cables | armoring machine.
máquina para arrancar árboles | treedozer.
máquina para arrollar cintas | ribbon lap machine.
máquina para asegurar con armellas (oficinas) | stapler.
máquina para astillar madera | shredder.
máquina para atar con alambre (cajas, etc.) | wire-tying machine.
máquina para avellanar la extremidad de la piedra para reloj | watch stone oliving machine.
máquina para barrenar cubos de ruedas | nave boring machine.
máquina para barrenar pistones | piston-boring machine.
máquina para batir capullos | cocoon beating machine.
máquina para bobinar | coil winding machine.
máquina para cablear | stranding machine.
máquina para cablear torones metálicos | wire-stranding machine.
máquina para calentar a la temperatura de

trabajo el filamento y obtener el vacío (lámpara eléctrica) | flash-aging machine.
máquina para calibrar surtidores | jet-calibrating machine.
máquina para cambiar moneda (en fraccionaria) | change giving machine.
máquina para capsular botellas | capper.
máquina para cargar cartuchos | cartridge filling machine.
máquina para cargar desbastes | slab charger.
máquina para cargar perdigones (cartuchos) | shotting machine.
máquina para cargar pólvora (cartuchos) | powdering machine.
máquina para cargar y descargar desbastes y palanquillas | slab and billet charging and drawing machine.
máquina para cargar y descargar los elementos de combustible nuclear (reactor nuclear) | fuel element charge-discharge machine.
máquina para cazar la langosta terrestre | hopper dozer.
máquina para centrar lentes ópticas | lenscentring machine.
máquina para cepillar madejas | hank brushing machine.
máquina para cerrar bolsas | bag sealing machine.
máquina para cerrar cajas | case sealing machine.
máquina para cerrar sacos | bag closer.
máquina para clasificar bolas | ball sorting machine.
máquina para clavar cajas | box nailing machine.
máquina para clavar clisés | plate nailing machine.
máquina para coger puntos de media | laddermender.
máquina para colada continua de arrabio en moldes metálicos | pig-casting machine | pig machine.
máquina para colocar aros de forzamiento en proyectiles | shell bander.
máquina para colocar la vía prefabricada (carriles con sus traviesas) | tracklaying machine.
máquina para colocar los aros de refuerzo (bidones) | swedger.
máquina para colocar tapones metálicos roscados | screwcap-closing machine.
máquina para colocar tubos (en estanterías) | stacker.
máquina para componer tipos | typesetter.
máquina para compresión del aire | air compressing engine.
máquina para comprobar perfiles de dientes de evolvente de círculo | involute measuring machine.
máquina para confección de trajes | garment making machine | garment manufacture machine.
máquina para contar resmas | ream-counter.
máquina para contornear la curva de unión | radiussing machine.
máquina para corregir pequeñas desigualdades superficiales de la vía (ferrocarril) | surfacer.
máquina para cortar cáñamo | hemp snipper.
máquina para cortar contornos | contour machine.
máquina para cortar chapa con copiador | router.
máquina para cortar chapas en tiras | sheet slitter.
máquina para cortar discos y aros | circle cutting machine.
máquina para cortar en círculo | circle cutting machine.
máquina para cortar hojas de vidrio | glassbreaking machine.
máquina para cortar lonchas de carne | meat-slicing machine.
máquina para cortar los huecos (dentadura de sierras) | saw doctor.
máquina para cortar papel continuo | slitter.
máquina para cortar pastillas | wafering machine.
máquina para cortar perfiles laminados | section-cropping machine.
máquina para cortar rebanadas verticales del montón donde están colocados los minerales por tongadas (parque de sinterización - acerías) | reclaiming machine.
máquina para cortar tacos de madera | chopper.
máquina para cortar telas | cloth cutting machine.
máquina para cortar tiras de cinta metálica antirradárica | lawn mower.
máquina para cortar vidrio | glass severing machine.
máquina para coser calzado | shoe-stitching machine.
máquina para coser libros con hilo | booksewing machine.
máquina para costuras de refuerzo de bolsillos (trajes) | pocket barring machine.
máquina para curvar (tubos, viguetas) | bender.
máquina para curvar aros | ring-bending machine.
máquina para curvar chapas de quilla | keel-plate bender.
máquina para curvar pinas | felloe bending machine.
máquina para curvar tubos | pipe-bending machine.
máquina para curvar tubos aislantes | conduit bender.
máquina para dar brillo sedoso (telas de algodón) | schreiner.
máquina para dar escantillón | beveling machine.
máquina para dar forma a objetos huecos de loza | holloware presser.
máquina para dentar el tocho donde se forja el cigüeñal | crankshaft forging-gashing machine.
máquina para desarraigar malas hierbas | eradicator.
máquina para descarga y carga consecutiva (reactor nuclear) | charge-discharge machine.
máquina para desescombrar | mucker.
máquina para desinfección de semillas | seed dressing machine.
máquina para desnudar cables (electricidad) | cable stripper.
máquina para desprender la carne de los huesos | boning machine.
máquina para desterronar arenas (fundерías) | muller.
máquina para destroncar (árboles) | forest-devil.
máquina para destruir documentos de tiras de pequeña anchura | shredding machine.
máquina para determinar el tamaño y recuento de los granos abrasivos | sizer and counter.
máquina para determinar la resistencia y calidad de las fibras textiles (EE.UU.) | turbo-stapler.
máquina para devanar hilo en una bobina de latón con tensión uniforme | one-at-once wheel.
máquina para dibujar automáticamente | automatic drafting machine.
máquina para dibujar en perspectiva | perspective draughting machine.
máquina para dividir limbos | circle-dividing engine.
máquina para dosificación de sustancias químicas | proportioneer.
máquina para el laboreo de rocas naturales (marmol, etc.) | stone working machine.
máquina para el manipuleo de cereales | grain-handling machine.
máquina para el pulido interno de tubos | internal tube-polishing machine.
máquina para el superacabado de rodillos de laminadores | mill-roll superfinisher.
máquina para elaborar grandes series | production machine.
máquina para elaborar un producto | processor.
máquina para embalar y atar desperdicios de papel (imprenta) | baling press.
máquina para embutir tubos | pipe socketing machine.
máquina para empanar (pescado, filetes de carne) | breader.
máquina para encapsular botellas | crown corking-machine.
máquina para encintar | tape winding machine.
máquina para encolar blocks (imprenta) | tipping machine.
máquina para encolar por testa | edge-gluing machine.
máquina para encolar por testa de corrientes de radiofrecuencia | radiofrequency edge-gluing machine.
máquina para enderezar perfiles laminados | bar reeler.
máquina para enfriar la llanta (ruedas) | rim chilling machine.
máquina para enfurtir (tejeduría) | beetling machine.
máquina para engarzar (proyectiles) | chocking machine.
máquina para engarzar cartuchos en la cinta | belt filler.
máquina para engomar marbetes | label gumming machine.
máquina para enrollar alambre | wire spooling machine.
máquina para enrollar muelles | spring coiling machine.
máquina para ensacar | bag-packing machine.
máquina para equilibrado dinámico | dynamic balancing machine.
máquina para equilibrar cigüeñales | crankshaft balancing machine.
máquina para escarchar (con azúcar) | icing machine.
máquina para escarificar carreteras | ripper.
máquina para escoplear cubos de ruedas | nave mortising machine.
máquina para escuadrar los extremos del tocho caliente y desprender la cascarilla (tochos para tubos estirados) | staver.
máquina para escurrir el cuero | sammier.
máquina para escurrir el cuero (curtición) | samming machine.
máquina para esmaltar discos del núcleo (inducidos) | core-plate enamelling machine.
máquina para estampar en relieve (papel) | embosser.
máquina para esterilizar botellas | bottle-sterilizing machine.
máquina para estirar chapas de aluminio | stretcher.
máquina para estirar y ablandar cuero | staking machine.
máquina para extender abonos | manure spreader.
máquina para extender gravilla (engravilladora - carreteras) | gritter.
máquina para extraer las llantas (ruedas) | tire remover.
máquina para extruir plásticos | plastics-extrusion machine.
máquina para extruir plomo | lead-extrusion machine.
máquina para extrusión continua de plomo | continuous lead extrusion machine.
máquina para fabricar cadenas | chainmaking machine.
máquina para fabricar lizos | heald knitting frame.
máquina para fabricar muelles | spring maker.
máquina para fabricar papel | paper machine.
máquina para fabricar traviesas de hormigón

armado (ferrocarril) | tie -casting machine.
máquina para fabricar troqueles | diesinker.
máquina para fabricar tubos de hormigón | concrete-pipe machine.
máquina para facturar los servicios (informática) | toll biller.
máquina para fermentar | fermenter.
máquina para fines didácticos | tutorial machine.
máquina para forjar pernos | bolt forging machine.
máquina para formación de perfiles por estiraje | stretch-forming machine.
máquina para formar costuras (latas conservas) | seamer.
máquina para formar curvas de unión entre dos superficies | radii-forming machine.
máquina para formar hojas de pasta papelera | wet machine.
máquina para formar perfiles por laminación o con rodillos | roll-forming machine.
máquina para formar roscas por laminado a presión | thread-rolling machine.
máquina para formar taludes | sloper.
máquina para formar tubo de chapa | circling machine.
máquina para fotocopias | photocopycamera.
máquina para fresar dientes (torno - odontología) | burring-engine.
máquina para fresar vaciamientos en piezas planas | router.
máquina para granular plásticos | plastics-granulating machine.
máquina para hacer astillas | log-splitting machine | chipper.
máquina para hacer botellas | bottle-making machine.
máquina para hacer cartuchos de monedas | coin-wrapping machine.
máquina para hacer cepillos | brushmaking machine.
máquina para hacer clavos de un golpe | single-blow nail-making machine.
máquina para hacer colas de milano | dovetailer.
máquina para hacer copias en Ozalid | ozaprinter.
máquina para hacer costuras (plásticos) | seamer.
máquina para hacer costuras de cajas de cartón | box seamer.
máquina para hacer ejercicios corporales | exercising machine.
máquina para hacer el bisel para clavar los clisés (grabado) | beveler.
máquina para hacer envases de cartón | carton forming machine.
máquina para hacer listas | listing machine.
máquina para hacer listas (tejidos) | bagging machine.
máquina para hacer los ojos (a las agujas) | eyeing machine.
máquina para hacer orillos (tejeduría) | listing machine.
máquina para hacer punta (a barras, etc.) | pointer.
máquina para hacer remaches | rivet making machine.
máquina para hacer ristras de salchichas | linker.
máquina para hacer tallarines | noodle machine.
máquina para hacer torones | stranding machine.
máquina para hacer tubos espirales (envasado) | convolute tube winder.
máquina para hacer tuercas | nut former.
máquina para hacer y meter tapas de libros | case making and casing-in machine.
máquina para hilar algodón | cotton mill.
máquina para impresión heliográfica | blueprinting machine.
máquina para imprimir fajas y enfajillar | wrapper printing and wrapping machine.
máquina para inspeccionar bolas de rodamientos | bearing ball inspection machine.
máquina para juntar las esquinas de cajas | corner stayer.
máquina para juntar las esquinas de cajas de cartón | quad stayer.
máquina para la enseñanza | learning machine.
máquina para la fabricación de tubo continuo | continuous tube-making machine.
máquina para la formación y soldadura continua de tubos | continuous tube-forming and welding machine.
máquina para la inversión de marcha (máquinas vapor) | reversing engine.
máquina para la recarga del combustible (reactor nuclear) | refuelling machine.
máquina para lavar alfombras en su sitio | carpet shampooing machine.
máquina para lavar huevos | egg-washing machine.
máquina para lavar las manos (sólo con detergentes) | waterless washstation.
máquina para lavar vellones | fleece washing machine.
máquina para licuar in situ la nieve (carreteras) | snow melter.
máquina para lijar suelos de madera | floor surfacer.
máquina para limpiar alcantarillas | sewer-cleaning machine.
máquina para limpiar balasto | ballast-cleaning machine.
máquina para limpiar botellas | bottle brushing machine.
máquina para limpiar cereales | grain-cleaning machine.
máquina para limpiar cubiertos plateados (cocina) | silver-burnishing machine.
máquina para limpiar cuchillos | knife-machine.
máquina para limpiar piezas de fundición | casting cleaning machine.
máquina para lustrar | lustring machine.
máquina para llenar botellas | bottle-filler.
máquina para mandrinar seguido las chumaceras de la bancada (motores) | bedplate-boring machine.
máquina para maniobra de vagones | wagon shunter.
máquina para marcar con fuego | branding machine.
máquina para medir el diámetro (hélices) | diameter measuring machine.
máquina para medir el paso (hélices) | pitch-measuring machine.
máquina para medir irregularidades del paso de la dentadura (engranajes) | lead-measuring machine.
máquina para mezclar en el sitio | mix-in-place machine.
máquina para mezclar la nieve y apisonarla | pulvimixer.
máquina para mezclar pasta (cerámica) | blunger.
máquina para montar cintas de carda | card mounting machine.
máquina para montar varillas de calendarios | tin-edging machine.
máquina para movimientos de tierras | earth-mover.
máquina para nivelar pavimentos | pavement levelling machine.
máquina para parchear interiormente la solera (hornos) | fettling machine.
máquina para pesar | weighing machine.
máquina para pesar el material que pasa por una correa transportadora | belt weigher.
máquina para pesar suspendida del gancho de una grúa | crane weigher.
máquina para picar limas | file-cutting machine | file cutter.
máquina para plastificar (documentos) | plastic coating machine.
máquina para plegar urdimbre en ovillos | ball warp beaming machine.
máquina para poner aislamiento al alambre (electricidad) | spinning machine.
máquina para poner cinchos a las cajas | strapper.
máquina para poner tapas (botes de conservas) | lidding machine.
máquina para poscalentar la soldadura | postheater.
máquina para prensar libros | book compressor.
máquina para prensar progresivamente (pulvimetalurgia) | rolls.
máquina para preparar bordes de chapas (soldadura) | plate edge preparation machine.
máquina para preparar el algodón | cotton-dressing machine.
máquina para presofusión de aire comprimido y cámara caliente móvil | gooseneck diecasting machine.
máquina para probar a la torsión alternativa (ejes) | torture tester.
máquina para probar a la tracción cables o cuerdas | rope testing machine.
máquina para probar aceites | oil tester.
máquina para probar cadenas | chain tester.
máquina para probar engranajes rodando con un engranaje patrón | rolling tester.
máquina para probar estructuras terminadas | structure-testing machine.
máquina para probar telas | fabric tester.
máquina para prueba de desgaste | wear-testing machine.
máquina para pruebas a la tracción de microprobetas o para medir microesfuerzos | microtensile testing machine.
máquina para pruebas de cemento | cement testing machine.
máquina para pruebas de ductilidad | ductility tester.
máquina para pruebas de dureza por indentación | indenter.
máquina para pruebas de esfuerzos alternados | alternating stress testing machine.
máquina para pruebas de fatiga | fatigue tester | fatigue machine.
máquina para pruebas de fatiga a temperaturas elevadas | elevated-temperature fatigue testing machine.
máquina para pruebas de fatiga de flexión alternada | alternating-bend fatigue-testing machine.
máquina para pruebas de fatiga dinámica | dynamic fatigue-testing machine.
máquina para pruebas de fatiga por esfuerzos combinados | combined-stress fatigue-testing machine.
máquina para pruebas de fatiga por flexión invertida de pequeña frecuencia | low-frequency reversed-bending fatigue machine.
máquina para pruebas de fatiga por torsión alternada | alternating torsion fatigue testing machine.
máquina para pruebas de materiales con microprobetas | microtesting machine.
máquina para pruebas de resiliencia alternada | alternating impact testing machine.
máquina para pruebas de resiliencia en probetas entalladas | notched-bar impact tester.
máquina para pruebas de termofluencia | creep testing machine.
máquina para pruebas de tracción | tensile tester.
máquina para pulir hileras | die polishing machine.
máquina para pulverizar carbón | coal pulverizer.
máquina para puños elásticos (calcetería) | ribber.
máquina para quitar la beta (langostinos) | deveiner.

máquina para quitar las plumas del ala (aves) | wing picker.
máquina para rafar y partir y cargar carbón (minas) | mechanical miner.
máquina para ranurar patas de araña | oil-grooving machine.
máquina para ranurar pavimentos | pavement slotting machine | pavement grooving machine.
máquina para ranurar rejillas de difracción | ruling engine.
máquina para rayar papel | paper ruling machine.
máquina para rebanar tocino | bacon slicing machine.
máquina para recantear con soplete oxiacetilénico | oxyplane machine.
máquina para rectificar brochas | broach-grinding machine.
máquina para rectificar el borde de copas de vidrio | drinking-glass rim grinding machine.
máquina para rectificar puntas de brocas | drill pointing machine.
máquina para recubrir con cinta | tape winding machine.
máquina para recubrir con vaina de caucho (cables) | rubber sheating machine.
máquina para redondear el lomo (encuadernación) | book back rounder.
máquina para redondear el pie del diente (engranajes) | tooth rounder.
máquina para redondear esquinas | round cornering machine.
máquina para reducir el diámetro de la punta (tubos estirados en frío) | pointer.
máquina para regar con alquitrán | tar sprayer.
máquina para registrar la redondez de las piezas | roundness recording machine.
máquina para rellenar ampollas | ampule filling machine | ampoule filling machine.
máquina para remover arenas (fundерías) | mullor.
máquina para renovar las traviesas (vía férrea) | sleeper renewal machine.
máquina para restaurar | reconditioning machine.
máquina para reunir cintas | ribbon lap machine.
máquina para revestir cardas | fillet winding machine.
máquina para riegos asfálticos | bitumen-spraying machine.
máquina para secar arena | sand dryer.
máquina para soplar botellas (fabricación) | bottle-blowing machine.
máquina para suavizar la periferia | rim-smoothing machine.
máquina para tallar engranajes con fresa generatriz | hobber.
máquina para tallar engranajes de turbina con fresa matriz | turbine gear hobber.
máquina para tallar engranajes en estado blando (antes de cementar) | shaver.
máquina para tallar gemas | gem processing machine.
máquina para tapar la piquera (alto horno) | notch gun.
máquina para tejidos de punto | knitting machine.
máquina para templar barras | bar-hardening machine.
máquina para temple a la llama | flame hardener.
máquina para tendido de vía | railway track-relaying machine.
máquina para terminar en frío las cabezas hechas parcialmente por otra máquina (pernos, remaches, etc.) | reheader.
máquina para tornear muñequillas (cigüeñales) | pin turning machine.
máquina para trabajos duros | heavy-duty machine.
máquina para trabajos no en serie | jobbing machine.
máquina para trepanar por electroerosión | electrospark trepanning machine.
máquina para triscar sierras de cinta | band-saw setting machine.
máquina para trocear barras | slitting machine.
máquina para trocear redondos | bar cutting-off machine.
máquina para trocear tubos | pipe cutter.
máquina para tundir (lino) | cropping machine.
máquina para unir dos o más hojas de papel | paster.
máquina para vaciar | emptier.
máquina para ventilar (minería) | air machine.
máquina para vibrar bloques de cemento | jolting block machine.
máquina para zunchar inducidos | bander.
máquina parada | idle engine | standing engine.
máquina pavimentadora | paver.
máquina pequeña auxiliar | donkey engine.
máquina pequeña de corriente alterna para transmisión de informaciones angulares de posición de ejes (fabricado con diversos nombres comerciales como asynn, autosyn, magslip, selsyn, telesyn, teletorque) | synchro.
máquina perfiladora | profiler.
máquina perforadora | drilling rig | puncher.
máquina perforadora de cartones (tejeduría) | card cutting machine.
máquina perforadora de teclado para cartones | piano card cutting machine.
máquina picadora | masticator.
máquina pilón | inverted cylinder engine | overhead cylinder engine | overhead engine.
máquina plana (tipografía) | flat-bed press.
máquina planetaria para contorneo de esquinas | planetary radiussing machine.
máquina plegadora (tejidos) | lapping machine.
máquina polifásica de inducción | polyphase induction machine.
máquina pra pruebas balísticas | ballistic testing machine.
máquina prensapasta (fabricación papel) | presse-pâte.
máquina principal | main engine.
máquina probada en la producción | production-proved machine.
máquina probadora de briquetas | briquet-testing machine.
máquina propulsora de la pasta (cerámica) | expresser | expression machine.
máquina pulidora | lapping machine | buffing machine.
máquina pulidora de hilo | thread dresser.
máquina pulimentadora | lapper.
máquina punteadora | jig borer.
máquina punzonadora y cizalladora | punching and shearing machine.
máquina purgadora (tejeduría) | cleaner.
máquina purgadora (telares) | cleaning machine.
máquina que ahorra trabajo | laborsaver.
máquina que funciona con tarjetas perforadas | punched card machine.
máquina que funciona mal | malfunctioning machine.
máquina que funciona sin calentarse | cool-running machine.
máquina que no cumple las condiciones de seguridad (talleres) | offending machine.
máquina que no necesita entretenimiento | maintenance-free machine.
máquina que trabaja encima de la mesa | desk top machine.
máquina que trabaja por abrasión | abrasive machine.
máquina quitanieves | snow plow | snow plough.
máquina radial de oxicorte por plantilla | radial-arm oxygen profiling machine.
máquina radial de taladrar | radial.
máquina rafadora | holing machine.
máquina rafadora de barra | bar coal-cutting machine.
máquina rafadora de carbón | miner.
máquina rafadora para carbón | coal cutter | coal-cutting machine.
máquina ranuradora | slotting machine.
máquina rápida | quick-run machine.
maquina rayadora (carreteras) | striping machine.
máquina rebanadora | veneer slicer.
máquina rebanadora de pan y para untar con manteca | bread buttering and slicing machine.
máquina rebordeadora | edging machine.
máquina reconstruida de fábrica | factory rebuilt machine.
máquina recortadora de setos | hedge-trimming machine.
máquina rectificadora-lapeadora | grinding-lapping machine.
máquina reforzadora de esquinas (cajas) | stayer.
máquina refrigerada por agua | watercooled machine.
máquina refrigeradora | chiller.
máquina refrigeradora cerrada de simple efecto de dos cilindros horizontales | horizontal enclosed twin single-acting refrigerating machine.
máquina refrigeradora de absorción | absorption refrigerating machine.
máquina refrigeradora del pañol de viveres (buques) | provision store refrigerating machine.
máquina registradora de cobros | cash-till machine.
máquina registradora de operaciones de cobro y pago (banca) | teller.
máquina regulada por cinta magnética | tape-controlled machine.
máquina rellenadora | stuffer | filler.
máquina rellenadora (minas) | backfiller | goaf stower | gob stower.
máquina rellenasacos | sack filling machine.
máquina remetedora del peine | reeding machine.
máquina reproductora de planos | plan printer.
máquina retorcer seda) | guide bar.
máquina revestidora | trimmer.
máquina revestidora (canales, túneles, etc) | lining machine.
máquina Rockwell motorizada | motorized Rockwell machine.
máquina rotativa de hacer machos (funderías) | rotary core making machine.
máquina rotativa para enderezar perfiles laminados | flyer.
máquina rotativa para offset | rotary offset machine.
máquina rotativa para pruebas de fatiga | rotary fatigue tester.
máquina rotatoria ultrasónica para taladro | rotary ultrasonic drilling machine.
máquina rotodinámica | rotodynamic machine.
máquina rotuladora | lettering machine.
máquina rozadora (minas) | ironman.
máquina sacamachos (funderías) | core-stripping machine.
máquina segadora | header | reaper | mower.
máquina segadora de heno | haymaker.
máquina segadora-atadora | reaper and binder.
máquina semiautomática | semiautomatic machine | partial automatic machine.
máquina semiautomática para termotratamiento de espigas cilíndricas (brocas) | semiautomatic straight-shank heat-treatment machine.
máquina síncrona asincronizada | asynchronized synchronous machine.
máquina sincrona homopolar | homopolar synchronous machine.
máquina síncrona lineal oscilante | oscillating synchronous linear machine.
máquina sobre orugas | fully-tracked machine.
máquina solar | solar engine.
máquina soldadora de CA | AC welder.
máquina soplante | blowers | blower.

máquina soplante de gas | gas blowing engine.
máquina soplante de pistón | piston blowing engine.
máquina taladora | feller.
máquina taladradora | drilling engine.
máquina tejedora de la pierna (calcetería) | legger.
máquina tejedora del pie (calcetería) | footer.
máquina teleescribiente | teletypewriter.
máquina tendedora de rieles | rail layer.
máquina tendedora de vía prefabricada | rail layer.
máquina térmica | heat engine.
máquina térmica electrónica | electronic heat engine.
máquina térmica regenerativa | regenerative thermal machine | caloric engine.
máquina terminadora de la superficie del hormigón | concrete finisher.
máquina tituladora de anuncios (imprenta) | ad machine.
máquina tosca | crude machine.
máquina tractora | mover.
máquina traductora | translating machine.
máquina tragaperras | penny-in-the-slot machine.
máquina transportadora | conveyor.
máquina tricilíndrica | triplex engine | three-cylinder engine.
máquina trilladora | thrasher.
máquina triple en tándem para fijar el tejido (telas de lana) | three series crab.
máquina turbotérmica | turbothermal machine.
máquina ultrasónica para taladrado por movimiento vertical alternativo | ultrasonic reciprocating drilling machine.
máquina universal | general-purpose machine | multipurpose machine | all-round machine.
máquina universal de labrar madera | universal woodworker.
máquina universal para tallar engranajes de columna móvil | moving column universal gear cutting machine .
máquina vapor de triple expansión tetracilíndrica | four-crank triple expansion engine.
máquina vendedora (de sellos, cigarrillos, etc.) | vending machine.
máquina ventilada | aircooled machine.
máquina vertical | vertical engine.
máquina vibradora | paving spreader.
máquina virtual (ordenador) | virtual machine.
maquinabilidad | machinability.
maquinabilidad (materiales) | kindliness.
maquinabilidad (metales) | freecutting.
maquinabilidad de las aleaciones duras | machinability of hard alloys.
maquinabilidad de los cermetales | machinability of cermets.
maquinabilidad de revestimientos resistentes al desgaste | machineability of wear-resistant coatings.
maquinabilidad en caliente | hot-workability.
maquinabilidad estado de recocido | as-annealed machinability.
maquinable | machineable | machinable.
maquinaciones | enginery.
maquinado | machined | machining.
maquinado a dimensiones finales | machined to finished dimensions.
maquinado a dimensiones normalizadas del British Standards | machined to B. S. dimensions.
maquinado a escuadra | machined square.
maquinado a medidas finales | finish-machining | sizing.
maquinado a próximamente el tamaño definitivo | machining to nearly final size.
maquinado brillante | bright machined.
maquinado con ángulo variable | variable-axis machining.
maquinado con arco eléctrico intermitente | arc machining.
maquinado con calor intenso local en el punto de ataque de la herramienta | hotspot machining.
maquinado con corte con chorro de oxígeno (metales férricos) | flame machining.
maquinado con herramienta de cuchillas de cerámica | machining with ceramic-tipped tool.
maquinado con micromáquina | micromachining.
maquinado con precisión | machined to close tolerances | accurately machined.
maquinado con precisión a las medidas finales | precision machining to final dimensions.
maquinado contorneando con sierra de cinta | contour band machining.
maquinado de copia | copy-machining.
maquinado de festones | incutting.
maquinado de precisión | precision machining | close-tolerance machining.
maquinado de serie | production machining.
maquinado de vaciados | incutting.
maquinado defectuoso | defective machining.
maquinado electroabrasivo | electroabrading machining.
maquinado electroerosivo | electroerosive machining | arc machining | electromechanical machining | electric-spark machining | electroerosive cutting | electrical discharge machining.
maquinado electroerosivo (temperatura chispa=12.000 grados C) | electrospark machining.
maquinado electrolítico | electrolytic machining.
maquinado electromecánico | electromechanical machining.
maquinado electrónico | electronic machining.
maquinado en basto (a medidas aproximadas) | rough machined.
maquinado en caliente | hot-worked | hot-working | hot-machining.
maquinado en fino | smooth-machined.
maquinado en todas sus partes | machine finished all over.
maquinado en una pieza con su eje | machined integral with its shaft.
maquinado excavando en un tocho macizo | machined out of solid billet.
maquinado mecánico anódico | anodic mechanical machining.
maquinado multigradual | multistage machining.
maquinado ortogonal | orthogonal machining.
maquinado poligonal | polygonal machining.
maquinado por arco eléctrico | spark machining.
maquinado por arranque de viruta | chip-producing machining.
maquinado por bombardeo electrónico | electron bombarding machining.
maquinado por cinta magnética | magnetic tape machining.
maquinado por completo de una forja maciza | machined all over from a solid forging.
maquinado por chispa eléctrica | electric-spark machining.
maquinado por chisporroteo eléctrico (temperatura chispa=12.000 grados C) | electrospark machining.
maquinado por disolución anódica | anodic dissolution machining.
máquinado por electroaerosión | electro-arcing machining.
maquinado por electrodisgregación (temperatura chispa=12.000 grados C) | electrospark machining.
maquinado por electroerosión | spark machining | electroerosion cutting.
maquinado por electrofragmentación | electroerosive machining.
maquinado por electrólisis | electrolysis machining.
maquinado por erosión electrónica | electron erosion machining.
maquinado por fragmentación electrónica | electron erosion machining.
maquinado por fragmentación por electroerosión | spark cutting.
maquinado por fresa generatriz | hobbing.
maquinado por fulguración | electric-spark machining.
maquinado por partículas abrasivas de gran velocidad | ultrasonic machining.
maquinado por vibración ultrasónica | ultrasonic machining.
maquinado químico | chemical machining.
maquinado sin arranque de viruta | chipless machining.
maquinado sumamente preciso | extremely accurate machining.
máquina-herramienta de construcción modular | modular-built machine tool.
máquina-horas | machine-hours.
maquinar | machine (to) | machine-tool (to) | tool (to) | plan (to).
maquinar a dimensiones finales | finish-machine (to).
maquinar a dimensiones próximas a los finales | machine to near-final dimensions (to).
maquinar a medidas definitivas | size (to).
maquinar en basto | rough machine (to).
maquinar en caliente | hot-work (to).
maquinar mal | mismachine (to).
maquinar por electroerosión | spark machine (to) | electrical-discharge machine (to).
maquinaria | works | machinery | enginery.
maquinaria agrícola | farm machinery.
maquinaria automática | labour saving machinery.
maquinaria automatizada | automated machinery.
maquinaria auxiliar de cubierta | deck machinery.
maquinaria auxiliar de cubierta (buques) | deck auxiliaries.
maquinaria auxiliar diesel | auxiliary oil engines.
maquinaria de construcción | construction plant.
maquinaria de construcción nacional | home-produced machinery.
maquinaria de cubierta del buque | ship's gear.
maquinaria de extracción para minas | mine winding machinery.
maquinaria de gobernar de vapor (buques) | steam steering gear.
maquinaria de molino | millwork.
maquinaria de turbina monobloque | packaged turbine machinery.
maquinaria desmontada | dismantled machinery.
maquinaria diesel engranada de gran potencia | high-powered geared-diesel machinery.
maquinaria diesel turboalimentada de dos tiempos | two-stroke turbocharged diesel machinery.
maquinaria eléctrica | electric machinery.
maquinaria eléctrica de cubierta (buques) | electrically-driven deck machinery.
maquinaria elevadora | elevating machinery.
maquinaria empaquetadora | packaging machinery.
maquinaria hidráulica | hydraulic machinery.
maquinaria hidráulica de cubierta (buques) | hydraulic deck machinery.
maquinaria manipuladora | handling machinery.
maquinaria marina caldeada con petroleo | oil-fired marine machinery.
maquinaria monobloque | packaged machinery.
maquinaria motriz | driving machinery.
maquinaria para colchar cables | cable-laying machinery.
maquinaria para elaboración | processing machinery.
maquinaria para elaborar plásticos | plastics-processing machinery.
maquinaria para envolver y empaquetar | wrapping and packaging machinery.

maquinaria para extruir | extruding machinery.
maquinaria para fabricar botellas | glass-forming machinery.
maquinaria para fabricar lámparas eléctricas | electric lamp-making machinery.
maquinaria para fabricar objetos de vidrio | glass-forming machinery.
maquinaria para hacer calzado | shoe machinery.
maquinaria para hacer macarrones | macaroni machinery.
maquinaria para henificar | haying machinery.
maquinaria para la industria conservera | canning machinery.
maquinaria para labra de metales | metalworking machinery.
maquinaria para lavanderías | laundry machinery.
maquinaria para maltear (cerveza) | malting machinery.
maquinaria para manejo de cereales | grainhandling machinery.
maquinaria para moldear plásticos | plastics molding machinery.
maquinaria para moler cereales | grain-milling machinery.
maquinaria para molienda | milling machinery.
maquinaria para molinos de harina | flour mill machinery.
maquinaria para pulir latón | brassfinishing machinery.
maquinaria para recortar agujeros ovalados | oval hole cutting-out machinery.
maquinaria para riegos | irrigating machinery.
maquinaria para servicios de fonda (transatlánticos) | hotel machinery.
maquinaria para tallar gemas | gemstone working machinery.
maquinaria para tendido de cables | cable-laying machinery.
maquinaria para trabajar arcilla | clay-working machinery.
maquinaria para trabajos con microgránulos de diamantes | machinery to work on diamonds.
maquinaria para troquelar por inyección | extruding machinery.
maquinaria para uso forestal | logging machinery.
maquinaria productiva obsoleta | obsolete production machinery.
maquinaria propulsora | propelling machinery | driving machinery.
maquinaria propulsora con motores en V sobrealimentados | pressure-charged vee-type propelling machinery.
maquinaria propulsora de turbina de gases | gas-turbine propulsive machinery.
maquinaria propulsora de turbina engranada | geared turbine propelling machinery.
maquinaria propulsora nuclear (buques) | nuclear-powered propulsion machinery.
maquinaria ruidosa | loud machinery.
maquinaria turbogeneradora | turbogenerating machinery.
maquinaria vacuosuccionadora de granos | pneumatic grain elevating machinery.
maquinaria y equipo | machinery and equipment.
máquinas auxiliares (buques) | auxiliaries.
máquinas auxiliares de la propulsión (buques) | propelling auxiliaries.
máquinas auxiliares marinas | marine auxiliaries.
máquinas auxiliares para servicios del buque | ship's auxiliaries.
máquinas de embalar | wrapping machines.
máquinas de fluidos | fluid machinery.
máquinas de recolección de forrajes | hay machines.
máquinas elevadoras | lifting machinery.
máquinas franqueadoras y selladoras | postage and sealing machines.
máquinas geométricamente semejantes | geometric machines.
máquinas herramientas pesadas para construcción naval | heavy shipbuilding machine tools.
máquinas motrices hidráulicas | hydraulic prime movers.
máquinas para oficinas | business machines | office machinery.
máquinas que ayudan a la realización de la obra (transportadores, etc.) | job-easer.
máquinas síncronas interconectadas | interconnected synchronous machines.
maquinilla | winch | jack engine.
maquinilla de carga electrohidráulica | electrohydraulic cargo winch.
maquinilla de dos capirones (buques) | double-barrelled winch.
maquinilla de fondeo (buques) | mooring winch.
maquinilla de izar botes accionada a brazo | hand-operated boat-hoisting winch.
maquinilla de maniobra | manoeuvring winch.
maquinilla de vapor para carga de una sola velocidad | single-geared steam cargo winch.
maquinilla eléctrica (buques) | electric winch.
maquinilla eléctrica de carga de engranaje por tornillo sin fin | electrically-driven worm-geared cargo winch.
maquinilla eléctrica para carga | electric cargo winch.
maquinilla eléctrica para espiar | electric warping winch.
maquinilla para botes | boat-winch.
maquinilla para cortar el pelo | hair clipper | clipper.
maquinilla para el movimiento de la escala (dragas de rosario) | ladder-hoist winch.
maquinilla para la maniobra de las vertederas (dragas) | chute winch.
maquinilla para levantar el cuartel de escotilla (de una pieza) | hatch-raising winch.
maquinilla para pescar (guinche para pescar-buques pesqueros) | fishing winch.
maquinilla pequeña para izar redes (pesqueros) | line hauler.
maquinillero (buques) | winchman.
maquinismo | mechanism.
maquinista | engine runner | driver | operator.
maquinista (locomotora) | engine driver.
maquinista (locomotora o buque) | engineer.
maquinista (teatros) | flyman.
maquinista de alta mar (buques) | seagoing engineer.
maquinista de extracción | hoisting engineman.
maquinista de extracción (minas) | hoisting engineer | hoistman.
maquinista de garantía (buques) | guarantee engineer.
maquinista de grúa | crane operator | derrick operator.
maquinista de guardia | watch-keeping engineer | engineer-on-watch.
maquinista de guardia (buques) | watchkeeper.
maquinista de guardia en la sala de máquinas | engineroom watchkeeper.
maquinista de la mezcladora | mixer operator.
maquinista de locomotora | footplate grade | locomotive engineman.
maquinista de locomotora (EE.UU.) | locomotive engineer.
maquinista de máquina de coser (calzado) | sewing machinist.
maquinista de máquina de extracción (minas) | brakeman.
maquinista de pala mécanica | shovel runner.
maquinista del torno de izar (sondeos) | hoist runner.
maquinista encargado del buen funcionamiento de la maquinaria de cubierta y del servomotor del timón | deck engineer.
maquinista inspector | engineer-inspector | superintending engineer.
maquinista inspector (de una empresa naviera) | engineer superintendent | port engineer.
maquinista inspector jefe | chief superintendent engineer.
maquinista jefe más antiguo (compañía naviera) | commodore chief engineer.
maquinista naval | marine engineer | naval engineer.
maquinista no patentado (marina) | uncertificated engineer.
maquinista patentado (marina) | certificated engineer.
maquinista práctico en motores diesel | diesel-trained engineer.
maquinita | dobby | dobbie.
maquinita de calada abierta | open shed dobby | double-lift dobby.
maquinita de calada cerrada | close shed dobby.
maquinita de calada de alza y baja | center shed dobby.
maquinita de doble cuchilla | double-index dobby.
maquinita de doble grifa | double-index dobby.
maquinita de lizos | dobby.
maquinita de una sola grifa (tejeduría) | single lift dobby.
maquinita para lizos | dobbie | heald machine.
maquinita para lizos de alza y baja | double-lift dobby.
maquinizabilidad | machineability.
maquinizable | machineable.
maquinización | machining.
maquinización a medidas finales | dimensional machining.
maquinización brillante | bright machining.
maquinización calentando la pieza en el punto de ataque de la herramienta | hot spot machining.
maquinización con acabamiento especular | mirror-finish machining.
maquinización con formación de virutas | chip-forming machining.
maquinización con haz electrónico | electron beam machining.
maquinización con herramental adiamantado | diamond-tooled machining.
maquinización con herramienta adiamantada | diamond machining.
maquinización con herramienta de cuchillas cerámicas | ceramic-tipped tool machining.
maquinización con micromáquina | micromachining.
maquinización con muelas adiamantadas (industria del vidrio plano y hueco) | milling.
maquinización con refrigerante a temperatura bajo cero | cold machining.
maquinización de aros de pistón partidos (motores) | split-piston ring machining.
maquinización de corte de metales controlada numéricamente | numerically controlled metal-cutting machining .
maquinización del pistón | piston machining.
maquinización dimensional | dimensional machining.
maquinización electroerosiva | spark machining.
maquinización electrolítica por contacto | contact-electrolytic machining.
maquinización electroquímica | electrochemical machining.
maquinización electroquímica de metales | electrochemical metal machining.
maquinización en seco | dry machining.
maquinización final | finish machining.
maquinización micrométrica | micrometric machining.
maquinización por descarga eléctrica | electrical discharge machining.
maquinización por haz lasérico | laser machining.
maquinización por microondas electromagnéticas | electromagnetic microwave machining.
maquinización por partículas abrasivas arras-

tradas por un fluido | air-abrasion machining.
maquinización preliminar del sensor | slicing of sensor.
maquinización que no produce esfuerzos internos en la pieza | stress-free machining.
maquinización superficial del vidrio por medio de muelas abrasivas adiamantadas | surface milling of glass.
maquinización ultrasónica rotatoria | rotary ultrasonic machining.
maquinizado a medidas finales | finished-machined.
maquinizado con herramienta de diamante | diamond machined.
maquinizado con ultraprecisión | ultraprecision machined.
maquinizado electroquímicamente | electrochemically machined.
maquinizado en seco | dry machined.
maquinizado por segunda vez | re-machined.
maquinizar | machine (to).
maquinizar otra vez | re-machine (to).
mar (de la luna) | mare.
mar a contraviento | countersea.
mar abismal | abysmal sea.
mar adyacente | adjacent sea.
mar alborotada | rippling.
mar aleatorio (oceanografía) | random seaway.
mar algoso | algal sea.
mar ampollada | chopping sea | cockling sea.
mar antiguo (oceanografía) | relict sea.
mar arbolada | grown sea.
mar bella | smooth sea.
mar bravío | full sea.
mar cavada | hollow sea | sea hollow.
mar como un espejo | glassy sea.
mar como un plato | glassy sea.
mar con agitación eólica totalmente desarrollada | fully developed sea.
mar con olas de flancos muy pendientes | short-crested sea.
mar con olas de flancos poco inclinados | long-crested sea.
mar con olas montañosas y vientos de fuerza 10 a 12 | heinous sea.
mar confusa | overfalls.
mar confusa generada por trenes de olas intersectantes | cross sea.
mar continental | inland sea.
mar contraria | cross sea.
mar corta | cockling sea | chopping sea | choppy sea | steep sea | short sea | lumpy sea.
mar corta con olas de flancos muy pendientes | short steep sea.
mar cubierto de hielo | ice-covered sea.
mar de costado (buques) | beam seas.
mar de enormes olas encontradas | confused sea.
mar de fondo | ground-sea | ground swell.
mar de hielo | ice-field.
mar de leva | surgy sea | swell | ground-sea | ground swell | heaving sea.
mar de popa | following sea.
mar de proa | head sea | sea counter.
mar de proa (navegación) | counter.
mar de través | beam sea | abeam sea | athwart sea.
mar de través (navegación) | oblique seas.
mar dura | seaway.
mar encontrada | cross sea.
mar encrespada | angry sea.
mar epicontinental | epeiric sea | epicontinental sea.
mar epírico | epeiric sea.
mar furiosa | rogue sea | precipitous sea.
mar gruesa | rolling sea | high sea | high running sea | heavy sea | grown sea | seaway | angry sea.
mar gruesa de popa | heavy following sea.
mar gruesa de proa (buques) | heavy head-sea.
mar hueca | hollow sea.
mar inmisericorde | heinous sea.
mar interior | landlocked sea | inland sea.
mar larga | long sea.
mar libre | open sea.
mar llana | fine sea | smooth sea.
mar lleno de algas | algal sea.
mar marginal | adjacent sea.
mar marginal epicontinental | epicontinental marginal sea.
mar mediterráneo | inland sea.
mar muy gruesa | precipitous sea.
mar oblicua en oleaje regular | regular oblique sea.
mar picada | choppy sea | chopping sea | cockling sea.
mar por la aleta | quartering sea.
mar que entra a bordo (navegación) | green sea.
mar relicto (oceanografía) | relict sea.
mar rodeado de cabos | closed sea.
mar tendida | rolling sea | long sea.
mar tormentosa (mar confusa - n.º 9 de escala Douglas) | confused sea.
marabú | argala.
marabú (tela seda) | marabou.
maragizado a (
maragizar (aceros) | marage (to).
maranggo (Azadirachta integrifolia) | maranggo.
maranggo (Melia indica) | neem.
maraña | matting | ravel.
maraña de alambres | maze of wiring.
maraña de dislocaciones (aceros) | dislocation tangle.
maraña de las líneas de dislocación (cristalografía) | dislocation lines kink.
marásmico | marasmatic.
marasmo | marcov.
marasmo económico | economical stagnation.
marbete | label | ticket | tag.
marbete (equipajes) | check.
marbete de destino | destination label.
marbete metálico | metal tag.
marbeteado de los conductores de un cable multifilar | tagging.
marbeteador | labeler | ticketer.
marbeteaje | labeling.
marbetear | ticket (to) | tag (to).
marca | record | token | print | marking | landmark | character | ticket | stamp | marking tab | marker | imprint | march | mark.
marca (de algo) | record.
marca (de comercio) | stamp.
marca (numismática) | mintage.
marca a fuego | block stamping.
marca al agua (papel) | water-mark.
marca con hierro caliente | branding.
marca con tiza | chalk.
marca corriente | standard make.
marca de aduana | duty mark.
marca de agua (papel) | watermark.
marca de altura | height record.
marca de bloque | block mark.
marca de calidad | guaranty seal.
marca de cinta | tape mark.
marca de clase | class mark.
marca de clase del primer intervalo | mid-point of the first interval.
marca de comienzo (defecto de telar) | startup mark.
marca de comienzo de cinta magnética | beginning of tape.
marca de contraste | plate-mark.
marca de corte (encoladora de telas) | cut mark.
marca de corte (urdimbres) | dresser line.
marca de cotejo de renglones (comercio) | check mark.
marca de distancia (radar) | range mark | distance mark.
marca de distancia o de alineación (topografía) | crowfoot.
marca de fábrica | brand name | brand | trade-mark.
marca de fábrica nacional | national brand.
marca de fábrica registrada | registered trade mark.
marca de fe | index mark.
marca de guía (muebles, estructuras metálicas, etc.) | matchmark.
marca de identificación | identification mark.
marca de imprenta | bug.
marca de la bajamar | low-water mark.
marca de la casa | house-brand.
marca de la edad (dientes de ganado) | mark of mouth.
marca de lanzadera (defecto cabos urdimbre) | shuttle mark.
marca de ordenación de pliegos (libros) | collating mark.
marca de origen orgánico | abiogliph.
marca de prueba | proof-mark.
marca de referencia | guide mark | line-up mark | index mark.
marca de referencia (muebles, estructuras metálicas, etc.) | matchmark.
marca de referencia de la cremallera | rack index line.
marca de registro | record mark.
marca de sincronización | timing mark.
marca de soldadura | weld mark.
marca de tiempo | timing mark.
marca de verificación | certification mark.
marca dejada por una herramienta en la pieza que se trabaja | scar.
marca del comercio | merchant's mark.
marca del comienzo (defecto de trama) | set mark.
marca del contraste (metales preciosos) | hall mark.
marca del fabricante | maker's mark | maker's trade mark | brand marking.
marca del propietario y número de la serie | owner's mark and serial number.
marca del taller monetario (numismática) | mint-mark.
marca del verano del Lloyd | Lloyd's summer freeboard.
marca dendrítica en la superficie del antimonio cristalizado | antimony star.
marca distintiva | earmark | distinguishing mark.
marca distintiva del fabricante | manufacturer's distinguishing marking.
marca dorada a fuego (impresión en oro - encuadernación) | gold-blocking.
marca en el terreno para orientar a los aviones | air marker.
marca en el tránsito | traffic marking.
marca en la oreja | earmark.
marca estroboscópica | step.
marca estroboscópica (radar) | gate.
marca estroboscópica (tubo rayos catódicos) | strobe.
marca fiducial | collimating mark.
marca final | end mark.
marca impresa a máquina (papel) | machine-imprinted.
marca índice | witness mark.
marca inferior | low mark.
marca local | local brand.
marca luminosa | spot.
marca para armar (muebles, estructuras metálicas, etc.) | matchmark.
marca por unión incompleta de dos chorros de plástico que fluyen juntos (plásticos) | weld-mark.
marca producida por la guía | guide shearing | guide mark | guide scratch.
marca registrada | registered trade-mark.
marcación | marking | bearing | labeling | dial.
marcación a través de teclas | push-button dialing.
marcación al origen | datum bearing.
marcación con punzón | hard stamping.
marcación con seis números (telefonía) | six-digit dialing.
marcación con vuelta por tierra (telefonía) | battery dialing.
marcación cruzada | cross-bearing.

marcación de blanco por cursor | cursor target bearing.
marcación de bombardeo por radar | radar bomb scoring.
marcación de interceptación | intercept bearing.
marcación de la brújula | compass bearing.
marcación de la caída del disparo (en grados) | bearing of fall of shot.
marcación de la calidad | grade marking.
marcación de las posiciones de puntería en elevación | elevation spotting.
marcación de los tubos por el fabricante | marking of tubes by the manufacturer.
marcación de llegada | inbound bearing.
marcación de salida | back bearing.
marcación de sentido único | unilateral bearing.
marcación del blanco | target marking | bearing of the target | target bearing.
marcación del peso neto | net-weight marking.
marcación directa | direct bearing.
marcación en bucle (telefonía) | loop dialling | loop dialing.
marcación en el reloj de entrada | timekeeping.
marcación en la carta (navegación) | pricking.
marcación en la pala (hélices) | blade station.
marcación geográfica | true bearing.
marcación loxodrómica | mercatorial bearing.
marcación manual | dial-up | manual dialing.
marcación ortodrómica | great circle bearing.
marcación peligrosa (navegación) | danger bearing.
marcación por disco giratorio | rotary dialing.
marcación por multifrecuencias | touch-tone dialing.
marcación por multifrecuencias (telefonía) | tone dialing.
marcación por pulsación (telefonía) | push-down dialing.
marcación por pulsadores | pushbutton dialing.
marcación por teclado | key-sending.
marcación por teclas | pushbutton dialing.
marcación radárica | radar plotting.
marcación radiogoniométrica | radio bearing.
marcación recíproca | reciprocal bearing | back bearing.
marcación relativa | relative bearing.
marcación sónica | acoustic bearing.
marcación tomada más o menos 180 grados | reciprocal bearing.
marcación verdadera | true bearing | true bearing.
marcaciones cruzadas | cross bearings.
marcaciones del escandallo | marks and deeps.
marcaciones muy precisas | highly accurate bearings.
marcaciones que dan la posición del buque | cut.
marcaciones radiogoniométricas | directional findings.
marcacortes (encoladora de telas) | cut marker.
marcado | marking | tagged | labelled | distinct.
marcado (con el punzón del inspector) | branding.
marcado (de chapas, etcétera) | laying-out.
marcado a fuego por el fabricante | maker-branded.
marcado clara y distintamente | plainly and conspicuously marked.
marcado con asterisco | asterisked.
marcado con el nombre del fabricante | branded with the maker's name.
marcado con el punzón de la inspección | branded.
marcado con lápiz especial (tarjetas perforadas) | mark sensing.
marcado con martillo | hammer-marked.
marcado con plantilla | lifting.
marcado con un círculo rojo | ringed in red.
marcado de cajas | marking of cases.
marcado de chapas (astilleros) | plate-marking.
marcado de chapas para indicar donde deben cortarse (laminación de chapas) | sketching.
marcado de la expedición | shipping marks.
marcado de la lista (tejeduría) | cut mark.
marcado de puntos | plotting of points.
marcado durante el termotratamiento por mala colocación en el recipiente (defecto) | pan marked.
marcado en caliente | branded.
marcado fuerte | hard stamped.
marcado isotópicamente | isotopically labeled.
marcado óptico | optical tracing.
marcado óptico (astilleros) | optical marking-off.
marcado para armar | matchmarked.
marcado por proyección óptica (astilleros) | optical projection marking.
marcado radiactivamente | radioactively-labelled | radiactively labelled.
marcador | spotter.
marcador (de una máquina de imprimir) | feeder.
marcador (obrero de astillero) | marker-off.
marcador (pizarra) | marking-board.
marcador (telefonía) | marker switch.
marcador automático de urdimbre (textil) | automatic keeler.
marcador de alcance | range marker.
marcador de astrágalos | beading tool.
marcador de barrido de televisión | television sweep marker.
marcador de chapas (astilleros) | plating marker.
marcador de chapas (obrero de astillero) | marking-off plater.
marcador de desechos | waste pulper.
marcador de etapa final | final stage marker.
marcador de fecha y hora | time recorder.
marcador de fin de cintas magnéticas | end-of-tape marker.
marcador de grupo central | central group marker.
marcador de juntas (muros) | jointer.
marcador de objetos | target marker.
marcador de rumbo | bearing plotter.
marcador de sincronización | timing marker.
marcador de taller (obrero de astillero) | layer-out | liner-off.
marcador de tiempos | printery timer | time-keeper.
marcador de urdimbre (tejeduría) | keeler.
marcador del rumbo | bearing marker.
marcador directo de larga distancia | direct distance dialing.
marcador en abanico | fan marker.
marcador exterior | outer marker.
marcador intermedio | middle marker.
marcador trazador de demoras | bearing plotter.
marcadores conectadores de baja velocidad | markerlow-speed-drivers.
marcadores de sincronización | timing markers.
marca-guía escalonada para el alzado (imprenta) | collating mark.
marca-guía para el registro de los colores (imprenta) | color guide.
marcaje | labeling | tagging.
marcaje de tiempos | camb marker.
marcapasos | pacemaker.
marcapasos cardíaco | cardiac pacemaker.
marcapasos implantable | implantable pacemaker.
marcar | tag (to) | score (to) | label (to) | mark (to) | note (to) | set out (to) | impress (to) | plot (to) | scribe (to) | ticket (to).
marcar (carpintería) | line (to).
marcar (instrumentos) | record (to).
marcar (planos) | lay down (to).
marcar (sobre un plano) | spot (to).
marcar (teléfonos) | dial (to).
marcar (termómetros) | register (to).
marcar (termómetros, manómetros, etc.) | read (to).
marcar a cordel (carpintería) | lash (to).
marcar a la llegada | clock-on (to).
marcar a la salida (reloj registrador) | clock off (to).
marcar a un precio más bajorebajar el precio | mark down (to).
marcar ángulos (planos) | lay off angles (to).
marcar cajas | mark cases (to).
marcar con almagre | reddle (to).
marcar con el gramil | mark (to).
marcar con el punzón de garantía | punch (to) | hall-mark (to).
marcar con el punzón de garantía (inspección materiales) | mark (to).
marcar con el punzón de garantía (lingotes de metales preciosos) | coin (to).
marcar con el punzón del inspector (inspecciones) | punch (to).
marcar con estarcido | stencil (to).
marcar con grafito | mark sense (to).
marcar con hoyos | pit (to).
marcar con isótopos trazadores | label (to).
marcar con lápiz | pencil (to).
marcar con lápiz azul | blue-pencil (to).
marcar con letras | letter (to).
marcar con placa por el doblez para el plegado | crease.
marcar con plantilla | stencil (to) | mark with a stencil (to).
marcar con puntos | dot (to) | point (to).
marcar con punzón de la inspección | brand (to).
marcar con radioisótopos | radioisotope label (to).
marcar con rayas | rib (to).
marcar con tiza | chalk (to).
marcar con una raya roja | redline (to).
marcar el compás | beat time (to).
marcar el número (telefonía) | wind up the dial (to).
marcar el número (telefonía automática) | dial the number (to).
marcar el paso | stamp and go (to).
marcar el rumbo (navegación) | shape the course (to).
marcar el terreno con señales visibles desde el aire | airmark (to).
marcar en caliente con marca de fábrica | brand (to).
marcar en el plano | map out (to).
marcar en el reloj de entrada (talleres) | punch (to).
marcar en el reloj registrador | clock (to).
marcar en la oreja (ovejas) | earmark (to).
marcar las juntas (muros ladrillo, mampostería concertada) | point (to).
marcar lo que se confronta (cuentas) | tick (to).
marcar para renovar (traviesas) | spot (to).
marcar por coordenadas | plot (to).
marcar por pulgadas | inch (to).
marcar un documento en una esquina | earmark (to).
marcar un número (teléfono) | dial a number (to).
marcar un punto en la carta (navegación) | prick (to).
marcar una línea recta con un hilo tenso blanqueado con tiza | snap the line (to).
marcar una posición | plot a position (to).
marcas cinceladas de calados (buques) | draft marks.
marcas de abrasión | abrasion marks.
marcas de ajuste (estampado telas por molde) | pitch pin dots.
marcas de arranque (defecto de telar) | starting marks.
marcas de arroyos (geología) | rill marks.
marcas de auditoría | tick-marks.
marcas de calado | Plimsoll lines.
marcas de coincidencia | register marks | registration marks.
marcas de deformación por estriado | stretcher-strain markings.
marcas de embarque | shipping marks.

marcas de francobordo | freeboard marks.
marcas de graduación de la espoleta | fuze setting marks.
marcas de guía (para montaje) | leading marks.
marcas de la superficie del planeta | planet's surface markings.
marcas de manejo con la mano (chapa aluminio) | abrasion marks.
marcas de matrícula | registration marks.
marcas de máxima carga | freeboard marks.
marcas de montaje | erection marks.
marcas de origen | marks of origin.
marcas de parada (defecto de urdimbre) | stop marks.
marcas de secado | drying marks.
marcas de seguridad (demora sobre una carta marina) | clearing marks.
marcas del embalador | leading marks.
marcas del menguado (medias) | fashion marks.
marcas del peine | reed marks.
marcas discriminantes | indicia.
marcas en las cuadernas que señalan donde van los cantos de las chapas del forro (buques) | shell landings.
marcas glaciáricas | glacial scratching.
marcas guías | assembly marks.
marcas naturales en la superficie producidas por el color o la fibra (maderas) | figure.
marcas para montaje | assembly marks.
marcas por la estampa | die lines.
marcas por vibración de la herramienta | chatter marks.
marcas producidas al retirar la herramienta (barrenado) | tool-withdrawal marks.
marcas producidas al saltar las chapas al entrar en el laminador | whip marks.
marcas producidas por burbujas de aire (papel hecho a máquina) | snailing.
marcas producidas por grietas en la superficie del cilindro del laminador (chapas) | firecracking cracks.
marcas que denotan el sitio de origen (pieles) | section marks.
marcas superficiales acocodriladas (lingotes) | crazing.
marcas superficiales producidas por la hilera (estirado de alambres) | die lines.
marcas y números de los bultos | marks and numbers of packages.
marcasita | cellular pyrite | marcasite | fool's gold | radiated pyrites.
marcasita (mineral) | white iron.
marcelina (mineral) | marceline.
marcelina (tela) | florentine.
marceline (tejido de seda) | marceline.
marco | framing | platform | cradle | mounting | setting | setting | chassis casing.
marco (bastidor - puertas y ventanas) | frame.
marco (de mapa) | border.
marco (de puerta o de ventana) | boxing.
marco (de ventana o puerta) | casing.
marco (dimensiones) | scantling.
marco (minas) | square set.
marco (moneda) | mark.
marco (pantalla) | mask.
marco (para galería de mina) | durn.
marco (sierras) | bow.
marco (tipografía) | border.
marco adaptador | adapting frame.
marco ajustable (sierra alternativa mecánica) | extension frame.
marco armado | rafter set.
marco arriostrado | braced rectangular frame.
marco circular de la boca del hogar | fire hole ring.
marco compensador (distribuidor de vapor) | relief frame.
marco completo de entibación (minas) | four-stick set.
marco completo de entibar (minas) | full set.
marco con cremallera (telar cintería) | rack housing.
marco con hilos para determinación de la velocidad (balística) | velocity frame.
marco con ranuras | notched frame.
marco con un solo pie derecho (entibación) | half set.
marco de angulares | angle iron frame.
marco de barnizar | polisher frame.
marco de compuerta (esclusas) | shut-frame.
marco de cuadro (pinturas) | picture frame.
marco de cumbrera y dos pies (minas) | ordinary set.
marco de encofrado (minas) | Dutch case.
marco de entibación (minas) | set | timber set | frame | frame set.
marco de entibación de un solo pie derecho | half frame.
marco de entrada (galería minas) | soldier frame.
marco de fogonadura (buques) | partners.
marco de fundición | addition.
marco de galería (minas) | drift set | drift frame.
marco de guía | guide frame.
marco de hélice de acero forjado | forged steel stern frame.
marco de la hélice (buques) | screw aperture | screw race | propeller frame | sternframe | stern frame.
marco de la parrilla | grate bearing.
marco de la pinza (telar) | nipper frame.
marco de la superficie (pozo de minas) | sinking ead-frame.
marco de madera | timber frame.
marco de mallas (telares) | harness frame.
marco de mina | timbering frame | sett | mining case.
marco de mina (minas) | set.
marco de molde (para papel hecho a mano) | deckle.
marco de muestreo | sampling frame.
marco de perforadora | boring trestle.
marco de porta (buques) | port frame.
marco de portillo de luz | scuttle frame.
marco de pozo (minas) | shaft-frame | shaft-set.
marco de presión | push frame.
marco de puerta | doorframe | doorcasing.
marco de referencia | pattern.
marco de soporte (minas) | bearing set.
marco de soporte de chimenea (minas) | chute set.
marco de superficie (pozo de minas) | shaft collar.
marco de superficie (pozos de minas) | head-frame.
marco de telar | lathe.
marco de tender | tenter.
marco de tubos | tubular frame.
marco de un solo montante (entibación minas) | post-and-bar.
marco de un solo pie derecho | post-and-cap.
marco de una decoración (teatros) | profile.
marco de vantana de aluminio extruido | extruded aluminium alloy racing plates aluminium window frame.
marco de ventana | window frame | sash.
marco de ventana de acero galvanizado | galvanized steel window frame.
marco de ventana de dos hojas | casement.
marco de vitrina | enclosure.
marco del cargador (telares) | battery frame.
marco del exterior (pozos minas) | collar.
marco del hogar (locomotoras) | mud ring.
marco del mármol de la mesa de imposición | coffin.
marco económico | economic framework.
marco formado de cumbrero (entibación) | four-piece set.
marco general | framework.
marco giratorio sobre el carretón (locomotoras) | bolster.
marco incompleto de entibación (minas) | gears.
marco inferior (caja de moldería) | bottom flash.
marco interior del chasis (fotografía) | kit.
marco intermedio | intermediate frame.
marco intermedio de entibación (minas) | jump set.
marco lateral | side frame.
marco legal | legal framework.
marco móvil (ventana de guillotina) | sash.
marco ordinario (entibación minas) | double timber.
marco para fijación del cristal | glass rim.
marco portabolas del cojinete | ball bearing cage.
marco portador (entibación) | bearer set.
marco portador (entibación minas) | carrying set.
marco portador (pozo minas) | sinking-frame.
marco portaoriginal (fotograbado) | copy board.
marco portaoriginal (fotografía) | copyboard.
marco portasierra | saw frame | saw gate.
marco que se coloca cada quince o veinte metros para evitar el desplazamiento de la entibación y aguantar su peso (pozo minas) | bearer.
marco que soporta el techo en el frente de trabajo (minas) | force piece.
marco rebajado de puerta | rabbeted door frame.
marco reforzado con nervios | ribbed frame.
marco repartidor | distribution frame.
marco rígido | rigid frame | stiff frame.
marco soportacartones | card frame.
marco sostén (pozo minas) | sinking-frame.
marco total de entibación (minas) | durns.
márcola | pruning-hook.
marcos calados para serigrafía | screen frames for graphic arts.
marcha | course | march | process | process | movement.
marcha (alto horno) | state.
marcha (cronómetros) | rate.
marcha (de hornos) | working.
marcha (de los negocios) | run.
marcha (de un buque) | headway | sailing.
marcha (de un horno metalúrgico) | heat pattern.
marcha (de un vehículo) | riding.
marcha a expansión (locomotoras vapor) | expansive working.
marcha a pocas revoluciones (motores) | idling.
marcha a seguir | file of proceedings | line of proceeding | course to be followed | procedure.
marcha a toda potencia | full-load running.
marcha a toda velocidad | full-speed running.
marcha alternada a pie y vehículos | shuttle marching.
marcha armónica | sequence.
marcha armónica (música) | harmonic progression.
marcha atrás | reverse running | reverse motion | reverse | astern running.
marcha atrás (autos) | running back.
marcha atrás (locomotoras, autos) | backing.
marcha avante | going ahead | ahead running.
marcha caliente (alto horno) | hot-working.
marcha con escoria ácida (alto horno) | acid slag practice.
marcha con los motores sin corriente y los frenos sin apretar (locomotora eléctrica) | coasting.
marcha con motor muy acelerado (vehículos) | railroading.
marcha con poca carga (motores) | light-load running.
marcha con pocos gases (motores) | throttled down running.
marcha con rueda libre | freewheeling.
marcha con sobrecarga (motores) | overload running.
marcha con unidades múltiples | multiple unit running.
marcha continua | continuous operation.

marcha continua (electrohorno) | tapping process.
marcha cruda (alto horno) | poor working | irregular working.
marcha de aproximación | approach march.
marcha de concentración | concentration march.
marcha de las operaciones | procedure.
marcha de los negocios | drift.
marcha de prueba | test run.
marcha de prueba (máquinas) | experimental run.
marcha de prueba (motores) | trial run.
marcha de regularidad | reliability run.
marcha del alto horno | blast-furnace working.
marcha del proceso | process flow.
marcha discontinua (horno eléctrico) | block process.
marcha diurna (cronómetros marinos) | daily rate.
marcha dura (con traqueteo) | hard running.
marcha económica | economical running.
marcha en paralelo | parallel running.
marcha en paralelo (electricidad) | running in multiple | parallel operation.
marcha en vacío | no-load operation | no-load | no-load run | free motion | idle running | no load run.
marcha en vacío (contador de inducción) | creeping.
marcha en vacío (máquina) | run-free.
marcha en vacío (máquinas) | idling.
marcha en vacío (motores) | light running.
marcha estable | stable running.
marcha fría (alto horno) | cold working.
marcha hacia adelante | ahead running | moving forward | onward march.
marcha hacia el campo de batalla | advance the battlefield.
marcha intermitente | discontinuous running.
marcha irregular (alto horno) | irregular working.
marcha irregular (motores) | jerquing.
marcha lenta | idle | jogging | inching.
marcha lenta (motores) | idling.
marcha lenta de aproximación (aviación) | approach idling conditions.
marcha lenta en tierra (motor avión) | ground idling conditions.
marcha lenta en vacío | slow idle.
marcha libre | free-running.
marcha normal | regular steady working.
marcha normal (alto horno) | regular working | steady working.
marcha ordinaria | average march.
marcha por el centro de la carretera (autos) | crown-of-the-road driving.
marcha por inercia (motores) | running out.
marcha progresiva | progressiveness | onward march.
marcha progresiva (música) | sequence.
marcha rápida | high speed.
marcha rápida (alto horno) | driving.
marcha rápida en vacío | fast idle.
marcha regresiva | working back.
marcha regular | smooth motion | smooth running.
marcha serpenteante | zigzagging.
marcha silenciosa | smooth motion | quiet running.
marcha silenciosa (máquinas) | noiseless running.
marcha sin chispas en las escobillas | sparkless running.
marcha sin sacudidas (coches) | smooth ride.
marcha sin vibraciones | vibrationless running.
marcha suave | quiet running | smooth running | smooth working.
marcha suavemente (motores) | it runs smoothly.
marchando en horizontal (ferrocarril) | running on the level.
marcha-paro | on-off.
marchapié | footboard.
marchapié (de verga) | horse.
marchapié (vergas) | footrope.
marchapié de boga (bote de remos) | foot spar.
marchapié de boga (botes de remos) | stretcher.
marchapié de penol (archapié de extremo de verga-buque de vela) | Flemish horse.
marchar | start (to) | operate (to) | move off (to) | move (to) | march (to).
marchar (bien o mal) | work (to).
marchar (trenes) | travel (to).
marchar a toda fuerza (máquinas) | run all out (to).
marchar con el motor muy poco revolucionado (autos) | chug along (to).
marchar con irregularidad (motores) | hammer (to) | run untrue (to).
marchar con regularidad | run true (to).
marchar con rueda libre | freewheel (to).
marchar con sobrecarga | run on overload (to).
marchar desembragado | freewheel (to).
marchar en carga | run under load (to).
marchar en hilera | file (to).
marchar en paralelo (electricidad) | run in multiple (to).
marchar en vacío (máquinas) | run light (to) | run idle (to).
marchar en vacío (motores) | run free (to).
marchar hacia atrás (autos) | go in reverse (to).
marchar parejo con | keep pace with (to).
marchar pesadamente | clump (to).
marchar por inercia (máquinas) | coast (to).
marchar por inercia o gravedad | drift (to).
marchar rápidamente (buques) | bowl along (to).
marcharse | clear off (to).
marcharse de | quit (to).
marchita (flores) | drooping.
marchitamiento | wilting | fading.
marchitar | fade (to) | blight (to) | sear (to).
marchitarse | perish (to) | fade (to) | decay (to) | drop (to).
marchitarse (flores) | droop (to).
marchitez | witheredness.
marchitez (plantas) | drought form.
marchito | marcid.
marchito (agricultura) | sere.
marchito (hojas) | sear.
marchito (hojas, árboles) | dead.
mare clausum | territorial waters.
marea | tide.
marea a favor (navegación) | fair tide.
marea alta | flood-tide | high water | high tide.
marea ascendente | rising tide.
marea astronómica | equilibrium tide | astronomic tide | astronomical tide.
marea atmosférica | atmospheric tide | atmospheric oscillation.
marea atmosférica lunar | lunar atmospheric tide.
marea atmosférica solar | solar atmospheric tide.
marea baja | low water.
marea barométrica | barometric tide.
marea componente (oceanografía) | component tide.
marea compuesta | compound tide.
marea con una sola pleamar y una sola bajamar cada día lunar | diurnal tide.
marea contraria al viento | weather-tide | weather tide.
marea creciente | flow tide.
marea de apogeo | apogean tide.
marea de cuadratura | neap tide | neap.
marea de origen eólico | wind tide.
marea de sicigia | spring tide.
marea del perigeo | perigean tide.
marea descendente | ebb tide | falling tide | receding tide.
marea directa | direct tide.
marea en contra (navegación) | head tide | foul tide.
marea en la dirección del viento | leeward tide.
marea en la misma dirección que el viento | lee tide.
marea entrante | inset | flood | flood-tide | incoming tide | influent tide.
marea equinocial | spring tide.
marea gravimétrica | tidal gravity.
marea gravitacional | gravitational tide.
marea media | mean tide.
marea menguante | ebb tide | low-tide.
marea montante | flood tide.
marea muerta | dead water | apogean tide | neap | neap tide.
marea que arrastra a barlovento | weather-tide.
marea roja | red water.
marea trópica | tropic tide.
marea viva | spring water.
marea viva equinoccial | equinoctial spring tide.
mareado en el aire | airsick.
mareal | intertidal | corange line | tidal.
mareas ecuatoriales | equatorial tides.
mareas en cuadratura | neap tides.
mareas muertas | neap tides.
mareas oceánicas | ocean tides.
marejada | after tossing | short sea | swell | surge | surf.
marejada (desembocadura de un río) | salts.
marejada (marina) | lipper.
maremoto. | tsunami | eagre | submarine earthquake | seaquake | tidal wave.
marengo | Oxford gray.
mareógeno | tide-producing.
mareográfico | marigraphic.
mareógrafo | tide register | tide gage | marigraph | mareograph.
mareógrafo registrador | registering tide-gage.
mareograma | tidal curve | tide curve | marigram.
mareología | tidology.
mareómetro | tide gage | mareometer.
mareómetro de flotador dentro de una caja larga vertical | float gage | box gage.
mares (de la Luna) | maria.
mares lunares | lunar maria.
mares transgredientes | transgressing seas.
marfanilo | marfanil.
márfega (tela) | dowlas.
marfil | ivory.
marfil artificial | artificial ivory.
marfil en bruto | live ivory.
marfileño | ivory-like | ivory-colored | ivory.
marfilista | ivory carver.
marga | loam | marl | malm.
marga aluvial | silty loam.
marga arcillosa | clayey marl | clay grit.
marga arenosa rojiza | red sandy marl.
marga blanca | pipe-clay.
marga calcárea | lime marl.
marga caliza | lime marl | marly limestone.
marga conchífera | conchiferous marl.
marga de origen glacial | beechleaf marl.
marga gris | cushat marl | cowshut.
marga límica | bog lime.
marga marina fosilífera | fossiliferous marine marl.
marga ostrífera | oyster-bearing marl.
margal | marlpit.
margar | marl (to).
margarita (impresora) | daisy wheel.
margarita (mineralogía) | margarite | pearl-mica.
margarita (para acortar un cabo) | sheepshank.
margarita mayor (botánica) | moon.
margaritáceo | margaritaceous.
margaritífero | margaritiferous.
margarito (cristalografía) | margarite.
margas y pizarras rojas del Paleozoico (G.B.) | calamanco.
margen | side | acies | permissible deviation | margin | edge | verge | border | skirt (to) | skirt | rim | allowance | margin.
margen (comercial) | mark-on.

margen (de esfuerzos) | range.
margen acumulativo | built-in margin.
margen amplio | high allowance.
margen amplio (de seguridad) | comfortable margin.
margen audible | audio range.
margen aumentado sobre el coste | markon.
margen bruto | gross margin.
margen comercial de créditos recíprocos (convenios bilaterales) | swing.
margen cóncava del río | concave stream bank.
margen continental | continental margin.
margen continuo (cambios) | maintenance margin.
margen de acabado | allowance for machining.
margen de amplitud | amplitude range.
margen de apagado | shutdown margin.
margen de aplicabilidad | range of applicability.
margen de beneficio | margin of profit.
margen de beneficio (economía) | profit margin.
margen de beneficio neto | net profit margin.
margen de cabeza (páginas libros) | head margin.
margen de captación de señales de sincronización (televisión) | lock-in range.
margen de cebado (circuito telefónico) | singing margin.
margen de contraste | contrast range.
margen de control relativo | relative control range.
margen de cultivo | margin of cultivation.
margen de divergencia | time constant range.
margen de enfriamiento | cooling range.
margen de enganche | lock-in range.
margen de error | margin of error.
margen de error compensado | balance error range.
margen de frecuencia portadora de un transmisor | carrier frequency range of a transmitter.
margen de ganancia | markup.
margen de intereses | interest differential.
margen de la fuente | source range.
margen de la prima | loading of the premium.
margen de la tapa del doble fondo | tank side.
margen de medida de un instrumento | range of an instrument.
margen de potencia | power margin.
margen de potencia en servicio | service power margin.
margen de previsión | conservative allowance.
margen de recepción (telegrafía) | receiving margin.
margen de referencia del documento | document reference edge.
margen de ruido | noise margin.
margen de ruido de corriente alterna | AC noise margin.
margen de seguridad | clearance | margin of safety | safety margin | security margin.
margen de sintonía electrónica (telecomunicación) | electronic tuning range.
margen de sobrecarga | overload margin.
margen de temperatura funcional | operating temperature range.
margen de tolerancia | margin of allowance.
margen de un río donde cesa la vegetación | bank of stream.
margen de utilidad | profit margin | markup | mark up.
margen de variación | spread.
margen de venta | spread.
margen del lomo (página de libro) | back margin.
margen dinámico (radar) | maximum grid drive | dynamic range.
margen en los aparatos arrítmicos | margin of start-stop apparatus.
margen erróneo compensado | range of balanced error.
margen exacto | express margin.
margen exterior (de una página) | foreedge.
margen inferior (página de libro) | tail margin.
margen interior | inner margin.
margen lateral | shoulder.
margen lateral (carreteras) | wayside.
margen medianil entre páginas (imprenta, encuadernación) | binding margin | binding space.
margen mercantil | mark-up.
margen oculto | built-in margin.
margen para emergencias | cushion for emergencies.
margen superior (páginas libros) | head margin.
márgenes de la carretera | road verges.
márgenes de salario | rate ranges.
marginador | margin stop.
marginador (tipografía) | nipper gage | layer-on.
marginador rápido | express margin.
marginadora (obrera imprenta) | layer-in girl | layer-on girl.
marginal | marginal | limbic.
marginalidad | marginality.
marginar | margin (to).
marginar (tipografía) | lay on (to).
margoso | marlaceous | marly.
maricangalla (buques vela) | ringsail.
maridaje | matching.
marilla (hongo) | morel.
marimba (México) | corduroy road.
marina (cuadro) | marine | seapiece.
marina (cuadro pintado) | seascape.
marina de guerra | Navy.
Marina de Guerra (G.B.) | Royal Navy.
marina de guerra dividida en dos partes para operar cada una en un océano distinto | two-ocean navy.
marina de los Estados Unidos | United States navy.
marina mercante | marine | merchant shipping | merchant navy | mercantile marine.
marinación (geología) | marination.
marinado (de una presa) | manning.
marinado (heráldica) | marined.
marinaje | sailoring.
marinar (un buque) | man her (to) | season (to).
marinar (un buque, presas, etc.) | man (to).
marinar un buque | man a ship (to).
marinaro salar (pescado) | marinate (to).
marineramente | shipshaped.
marinería | mariners | sailoring.
marinero | gob | sailor.
marinero (de buque de guerra) | bluejacket.
marinero ayudante del patrón (buque pesca) | secondhand.
marinero corriente (buques) | deck boy.
marinero de cubierta | deck utility.
marinero de primera | leading seaman | able seaman.
marinero del puerto | docker.
marinero encargado de esparcir cebo sobre la superficie del mar (buque de pesca) | chummer.
marinero encargado del bichero (botes) | bow hook.
marinero especializado (buques) | rating.
marinero que abre el pez y lo desentraña (buque pesquero) | gibber.
marinero que reparte el rancho | portioner.
marinero sin experiencia | general duty hand.
marineros de cubierta | deck ratings.
marineros dedicados a la pesca de arrastre | driftermen.
marineros y especialistas (dotación de un buque) | ratings.
marinismo | marinism.
marinista | seascapist.
marinista (cuadros) | marinist | marine painter.
marinita (aislante constituido por mezcla de amianto, tierra de infusorios y un ligante inorgánico) | marinite.
marinización | marinization.
marino | mariner | marine | sailor.
marinos | seamen.
mariposa | butterfly.
mariposa con manchas blancas | miller.
mariposa de la admisión del ventilador | fan inlet damper.
mariposa de toma del aire (carburadores) | air strangler.
mariposa de válvula | throttle.
mariposa del aire (carburador) | air choke.
mariposa del tiro (chimeneas) | revolving damper.
mariscal | marshal.
mariscos | shellfish.
marisma | marsh | polder | tideland | swamp | swampland.
marisma litoral (geología) | tidal marsh.
maritata | hand-jig.
marítimo | nautical.
marjal | swamp | swampland | moorland | moor | morass.
marketing | marketing.
marlí (tela algodón) | marly | scotch gauze.
marmelero (Ruprechtia spp) | viraru.
marmita | boiler | boiling kettle | kettle.
marmita (de soldado) | dixie.
marmita (geología) | kettle.
marmita de gigantes (geología) | pothole.
marmita de hierro | iron pot.
marmita eléctrica | electric boiling pan.
marmita para cocer pescado | fish boiler.
marmita torrencial (geología) | pothole.
marmitón | galley boy.
mármol | marble.
mármol (bloque de fundición o de piedra sobre el que se moldea el vidrio - trabajo a mano) | marver.
mármol (prensa imprimir) | press-stone.
mármol artificial | imitation marble.
mármol brechado | brecciated marble.
mármol cerámico (talleres) | ceramic surface plate.
mármol comercial | commercial marble.
mármol compuesto de fragmentos angulares | breccia marble.
mármol con rayas micáceas | mica-streaker marble.
mármol conglomerado | conglomerate marble.
mármol coralino | corallite.
mármol de aguas | onyx marble.
mármol de ajustador | plane.
mármol de ajustador (talleres) | surface plate | engineers' surface plate.
mármol de alisar | lap.
mármol de diabasa (herramienta de talleres) | diabase surface plate.
mármol de enderezar | dressing plate.
mármol de enderezar (talleres) | plate bench | laying-out bench | planometer.
mármol de fundición de ajustador (talleres) | cast-iron surface plate.
mármol de grano grueso | sparry limestone.
mármol de losa de granito (herramienta de talleres) | granite surface plate.
mármol de losa de granito pulimentado (talleres) | granite layout plate.
mármol de pulimentar | lap plate.
mármol de repasar superficies planas | lapping plate.
mármol de taller | master flat | faceplate.
mármol de trazado (taller de maquinaria) | marking-off table.
mármol de trazado (talleres) | bench plate | surface plate.
mármol de trazar | plate | surface table.
mármol de trazar (talleres) | laying-out bench | leveling bench | surface plate | layout block.
mármol dendrítico | landscape-marble.
mármol estaturario con nerviaciones grises | second statuary.
mármol florido | landscape-marble.
mármol griota | cannes marble | griotte.
mármol lumaquela | shell marble.
mármol ónice | onyx marble | branded marble.
marmol onix | onyx marble.
mármol pálido o verde-amarillento moteado

con mármol blanco | campan marble.
mármol para el equilibrado estático | balancing ways.
mármol para enderezar (taller ajuste) | bench face plate.
mármol pulimentado | polished marble.
mármol ruiniforme | ruin marble.
mármol serpentino | lizard-stone.
mármol serpentinoso verde | verde antique.
marmol silíceo negro con vetas amarillo-doradas (Italia) | black and gold marble.
mármol verde oscuro moteado con mármol rojo | campan rouge.
marmolado | marbling.
marmolear (distribuidor de vapor, etc., en el mármol de trazar - talleres) | surface (to).
marmolear (talleres) | surface plate (to).
marmolería | marmoration.
marmolina | marble dust | marble flour.
marmolista | marble setter | marbler | marble cutter.
marmolizar | marbleize (to).
marmoración (cantos de libros) | marbling.
marmorización | marmorization | marmarization.
marmorizar | marmorize (to) | marmarize (to).
marmosete | vignette.
marocaín | marocain.
maroma | rope.
marquesa | marquise.
marquesina | hood | awning | canopy | marquise | marquee.
marquesina (de andén) | roof.
marquesina (de estación) | concourse.
marquesina (de tienda de campaña) | fly.
marquesina (hotel, teatro, etc.) | carriage awning.
marquesina (locomotoras) | cab.
marquesina de andén | railway-platform roof.
marquesina de puerta | door canopy.
marquesina del andén | platform roof.
marquesina en voladizo | cantilevered canopy.
marquesina para dar sombra (edificios) | ante-venna.
marquetería | marquetry | marquetry inlay | marqueterie | inlaid work.
marquetería de dibujos geométricos | parquetry.
marquiseta (gasa) | marquisette.
marrano (metalurgia) | sow.
marrar (la pelota) | mull (to).
marrazo | bush-hook.
marrón | brown.
marroquí (cuero) | morocco.
marroquinaje | morocco tanning.
marroquinaje (del cuero) | pebble.
marroquinar | morocco-dress (to) | morocco-tan (to).
marroquinar (cuero) | pebble (to).
marroquinería | morocco-dressing | morocco manufacture.
marroquinidad | moroquinity.
marroquinista | morocco dresser | morocco tanner.
marsopa | sea hog.
marsopa (Phocaena communis) | porpoise.
marsopa (zoología) | porpoise.
marsopear (hidroaviones) | porpoise (to).
marsopeo (hidroaviones) | porpoising.
marsupial (zoología) | pouch-bearer.
marta cibellina | sable.
Marte (astronomía) | Aries.
martellina | roughing hammer | crandall | drag | bushhammer | millstone hammer | millstone pick | marteline.
martemplar | martemper (to).
martemple (temple escalonado para que la transformación de austenita a martensita se haga lentamente y no produzca distorsión) | martempering.
martensita | martensite.
martensita acicular | needle-shaped martensite.
martensita atérmica (martensita presente en el acero antes del tratamiento isotérmico) | athermal martensite.
martensita baja en carbono | low-carbon martensite.
martensita emulsionada | nonacicular martensite.
martensita estabilizada | aged martensite.
martensita formada a partir de una austenita deformada plásticamente por laminación | martensite formed from cold-worked austenite .
martensita lamelar | lamellar martensite.
martensita no revenida | untempered martensite.
martensita recocida | secondary troostite.
martensita revenida | tempered martensite.
martensita tetragonal | tetragonal martensite.
martensita virgen | virgin martensite.
martensitización | martensitization.
martensitizar | martensitize (to).
martillado | peening.
martillado (batido - metales) | hammered.
martillado (papel) | cockle finish.
martillado con la peña (del martillo) | peened.
martillado de la chapa de la sierra circular antes del afilado final de los dientes | tensioning | smithing.
martillado del metal depositado | weld-metal peening.
martillado del techo para comprobar su solidez (galería minas) | drumming.
martillado en estado caliente | peened while hot.
martillado en frío | hammering cold | cold beaten.
martillado en frío (batido en frío - metales) | hammer hardening.
martillar | anvil (to) | hammer (to).
martillar (metalurgia) | bloom (to).
martillar (soldadura eléctrica) | peen (to).
martillar con la peña | peen-hammer (to) | peen (to).
martillar con un mazo | sledge (to).
martillar durante la prueba hidráulica | hammer during the hydraulic test (to).
martillar en caliente | hot-hammer (to).
martillazo | hammer blow | hammer stroke.
martillear | knock in (to).
martilleo | hammering.
martilleo (de la vía) | hammer blow.
martilleo (de las herraduras) | clatter.
martillete de fragua | lift hammer.
martillo | hammer | beater | striker.
martillo aplanador | flatting hammer | flattening iron.
martillo burilador | chipping hammer | chipper | scaling hammer.
martillo cincelador | chipper.
martillo con boca de peña | cross peen hammer.
martillo con boca recta | straight peen hammer.
martillo con cabeza de cuero crudo | rawhide faced hammer.
martillo con cotillo de metal antifricción | babbit hammer.
martillo con cotillo revestido de cuero | hide-faced hammer.
martillo de acanalar | chasing hammer.
martillo de acoplar | plying hammer.
martillo de acuñar | keying hammer.
martillo de agramilar ladrillos | schutch.
martillo de agua (explosión del torpedo) | water hammer.
martillo de aire comprimido | compressed-air hammer.
martillo de ajustador | mechanist 's hammer | locksmith's hammer | engineer's hammer | fitter's hammer.
martillo de ajuste | cross pane hammer | bench hammer.
martillo de alisar | planishing hammer.
martillo de aplanar | flatter | planisher | planishing hammer | enlarging hammer | catch hammer.
martillo de asentar (yunque) | set hammer.
martillo de boca convexa.
martillo de boca hendida | clinch hammer.
martillo de bola | plying hammer | peen hammer.
martillo de bola (una cabeza plana y otra de bola) | ball-peen hammer.
martillo de bruñir | polishing hammer.
martillo de caldereros | boilermakers' hammer.
martillo de cara blanda | soft-face hammer.
martillo de caras planas | flat-faced hammer.
martillo de carpintero | nail hammer.
martillo de cateador | prospecting hammer.
martillo de cincelar | chipping hammer.
martillo de corte | chop hammer.
martillo de cotillo plano | face hammer.
martillo de chapista | ding hammer | dinging hammer | blackjack | raising hammer.
martillo de desincrustar (calderas) | furring hammer | pick.
martillo de dos cotillos | double-faced hammer.
martillo de dos manos | forehammer.
martillo de dos manos (fragua) | sledge hammer.
martillo de dos manos que pesa menos de 4 kilos | quarter hammer.
martillo de embutir | hollowing hammer | chasing hammer.
martillo de encarrujar | facing hammer.
martillo de enladrillar | brick hammer.
martillo de ensayador | assayer's hammer.
martillo de escalada (alpinismo) | ice-hook.
martillo de escogido | ragging-hammer.
martillo de estampa | snap hammer.
martillo de forja | forge hammer.
martillo de forja neumático | pneumatic forging hammer.
martillo de forja para desbastar | cogging hammer.
martillo de fragua | forge hammer.
martillo de fundidor | flogging hammer.
martillo de geólogo | pocket-hammer.
martillo de herrador | farrier's hammer.
martillo de hierro | iron hammer.
martillo de igualar | planishing hammer.
martillo de mango de hierro | fid hammer.
martillo de mano | hand hammer.
martillo de mano (forja) | blacksmith's hammer.
martillo de mecánico | fitter's hammer.
martillo de mecánico (una cabeza plana y otra de bola) | ball-peen hammer.
martillo de orejas | clench hammer | kent hammer | claw hammer.
martillo de palanca horizontal | lift hammer.
martillo de pedal (chapistería) | oliver.
martillo de peña blanda | soft-faced hammer.
martillo de peña de plástico | plastic-tipped hammer.
martillo de peña doble (cantería) | ax.
martillo de peña redonda | roundnosed hammer.
martillo de picapedrero | chipping hammer.
martillo de picapedrero con dos cabezas pulidas | napping hammer.
martillo de picar (minas) | jadding pick.
martillo de picar calderas | scaling hammer | boiler pick.
martillo de picar óxido | chipping hammer.
martillo de picar piedra | braying hammer.
martillo de picar piedras | pounding hammer.
martillo de piqueta | mane.
martillo de pizarrero | sax.
martillo de plisar (chapa fina) | creasing hammer.
martillo de profundización | sinker.
martillo de pulimentar | burnishing hammer.
martillo de punta | cavil | pointed hammer.
martillo de realzar | raising hammer.
martillo de tría | spalling-hammer.
martillo de triscar | blocking hammer.
martillo de triturar minerales | ore hammer.
martillo de uña | nail hammer.
martillo de uña hendida | claw hammer.

martillo de uña para clavos | eye nail hammer.
martillo de uña recta | ripping hammer.
martillo de vaciar las cajas (funderías) | frame tapper.
martillo de zapatero | cobler's hammer.
martillo del paratramas | weft hammer.
martillo del péndulo (prueba Izod) | pendulum hammer.
martillo desabollador | pecking hammer | bumping hammer | dinging hammer | ding hammer.
martillo desincrustador | scaling hammer.
martillo electromagnético | electromagnetic hammer.
martillo electromecánico | electromechanical hammer.
martillo golpeador (sondeos) | bumper sub.
martillo igualador de uniones metálicas | seam hammer.
martillo impresor | print hammer.
martillo impulsador (telares) | transfer hammer | transferer.
martillo mecánico de forja | hammer.
martillo mecánico para desrebabar | mechanical chipper.
martillo neumático | air gun | compressed-air hammer | jack hammer | air hammer.
martillo neumático de demolición | demolition tool.
martillo neumático de pala | clay spade.
martillo neumático de rebarbar | fettling hammer.
martillo neumático de remachar | riveting hammer.
martillo neumático de repelar | chipper | chipping hammer.
martillo neumático para calafatear | caulker | pneumatic caulker.
martillo neumático para clavar | spike driver.
martillo neumático para cortar cabezas de remaches | rivet buster.
martillo neumático para forja | air forging hammer.
martillo neumático para tapar el agujero de colada (cañón tapapiquera - alto horno) | clay gun.
martillo neumático rompemachos | core buster.
martillo neumático rompepavimentos | paving breaker.
martillo neumático romperremaches | buster.
martillo numerador (para madera) | numbering mallet.
martillo para clasificar | picker.
martillo para clavar grapas | stapling hammer.
martillo para cortar ladrillos | scutch.
martillo para desbastar piedra | hack hammer.
martillo para desprender la escoria (soldaduras) | slag hammer.
martillo para machacar piedra | rock hammer.
martillo para marcar | marking hammer.
martillo para partir mineral | bucking iron.
martillo para partir minerales | bucker.
martillo para picar el granito | dunter.
martillo para picar incrustaciones | scaling prick.
martillo para picar la escoria (soldadura) | deslagging hammer.
martillo para profundizar pozos | sinking hammer.
martillo para rebatir bordes | lap hammer.
martillo para rebordear tubos | flue-beading hammer.
martillo para redondear lomos (encuadernación) | backing hammer.
martillo para remachar a mano | plying hammer.
martillo para señales | knocker.
martillo para señalización (minería) | rapper.
martillo para tachuelas | tacker.
martillo percutor | plexor.
martillo perforador | percussive drill | hammer drill | miner's hammer | rock hammer.
martillo perforador (minas) | bully | plugger drill | drilling-machine | jackhammer | jack.
martillo perforador con avance automático | automatic feed drifter.
martillo perforador con inyección de agua | waterfed drill.
martillo perforador con inyección de agua (minería) | wet drifter.
martillo perforador con soporte | air drifter drill.
martillo perforador de aire comprimido | pneumatic hammer-drill.
martillo perforador de inyección de agua | water drill.
martillo perforador de percusión | percussion drill.
martillo perforador de roca | rock drill.
martillo perforador neumático | piston-drill.
martillo perforador neumático para roca | pneumatic rock drill.
martillo pesado de carpintero | framing hammer.
martillo picador | pick hammer.
martillo picador (minas) | pneumatic pick | bull set | jackhammer.
martillo pilón | power hammer | forge hammer | drop-hammer | block hammer | hammer | stamper.
martillo pilón con amortiguamiento por aire | air cushioned hammer.
martillo pilón de aire comprimido con maza guiada de gran superficie y un yunque grande de acero fundido | cecostamp.
martillo pilón de caída amortiguada | drop press.
martillo pilón de cruceta | guided-ram hammer.
martillo pilón de montante doble | arch type steam hammer.
martillo pilón de vapor con exhaustación al aire | atmospheric hammer.
martillo pilón monomontante | overhanging-type steam hammer.
martillo pilón para forjar planchas de blindaje | plating hammer.
martillo portátil de aire comprimido | pneumatic hammer.
martillo quebrantador | paving breaker.
martillo rebatidor | lap hammer.
martillo rebordeador | lap hammer.
martillo remachador de golpe único | snap riveter.
martillo remachador de golpe único (para aluminio) | pop riveter.
martillo remachador de un golpe | one-shot pneumatic riveter.
martillo remachador neumático de carrera larga | long-stroke pneumatic hammer.
martillo remachador neumático de gran número de golpes por minuto (2.500 a 5.000) | fast-hitting pneumatic hammer.
martillo remachador neumático para esquinas | right-angle pneumatic hammer.
martillo remachador neumático para trabajos en rincones | corner-type pneumatic hammer.
martillo remachador para sitios estrechos o difíciles | jam riveter.
martillo remachador percusivo | percussion riveter.
martillo rompedor | breaking hammer.
martillo rompedor de hormigón | buster.
martillo rompepavimentos | concrete buster | concrete breaker.
martillo sufridor neumático | air holding-on hammer.
martillo-pilón de puente | double-frame hammer.
martillo-pilón de un montante | single-frame hammer.
martillo-pilón de vapor | steam hammer.
martín pescador | dipper.
martín pescador (ave) | kingfisher.
martinete | power hammer | beetle | driver | drop weight | stamp | ram engine | pestle | pile engine | gin.
martinete (aviones) | ram.
martinete (clavicordio) | jack.
martinete (forja) | tilter.
martinete (hinca de pilotes) | ram.
martinete (hinca pilotes) | gravity hammer | rammer.
martinete a la inglesa (metalurgia) | helve hammer.
martinete con motor diesel | diesel pile driver.
martinete de aire comprimido | pneumatic hammer.
martinete de báscula | helve hammer.
martinete de caída | fly hammer.
martinete de caída libre | board drop hammer | drop-hammer | drop-stamp | drop press.
martinete de caída libre (hinca de pilotes) | drop hammer.
martinete de contragolpe (sube el yunque al mismo tiempo que baja la maza) | counterblow hammer.
martinete de correa de fricción | friction roll drop hammer.
martinete de forja | drop-forging hammer | drop-hammer | drop-stamp | hammer.
martinete de forja de contragolpe | counterblow forging-hammer.
martinete de forja de palanca accionada por leva | tilt hammer.
martinete de forja pequeño con el yunque formando parte del bastidor | self-contained hammer.
martinete de fragua | stamper.
martinete de fricción | friction hammer.
martinete de leva | cam hammer.
martinete de mano (hinca de pilotes) | monkey.
martinete de palanca | shaft hammer | lever hammer.
martinete de resorte | spring power hammer | dead-stroke hammer | spring hammer.
martinete de vapor | steam pile driver | rammer | ram.
martinete eléctrico | electric hammer.
martinete en T (fraguas) | nose helve.
martinete especial empleado en la fabricación de cadenas | oliver.
martinete flotante | floating pile-driver.
martinete forjador | drop press.
martinete frontal (metalurgia) | helve hammer.
martinete hidráulico | hydraulic hammer.
martinete mecánico para hinca de pilotes | pile-driving machine.
martinete para conformar aproximadamente antes de la forja final | dummy hammer.
martinete para hinca de pilotes | pile-driver.
martinete para hincar tablestacas | sheeting hammer.
martinete para pilotes montado en pontón flotante | floating pontoon-mounted pile frame.
martinete pequeño | ringer.
martinete pequeño (para pilotes) | ringing engine.
martinete retractor | retraction ram.
martinete vibratorio para hinca de pilotes | vibratory pile driver.
martinete vibratorio sónico para hinca de pilotes | sonic pile drive.
martinetero | drop-stamper.
martingala (caballos) | martingale.
martingala (estadística) | martingale.
martirolatría | martyrolatry.
martizo de peña | peen hammer.
marupa (Picraena officinalis) | bitterwood.
marupa (Simaruba amara) | marupa | simarupa.
marupa (Simaruba amara - Auble) | simaruba.
marxismo | marxism.
marxistización | marxistization.
más | still | plus | add.
más abajo | hereinafter.
más adelante | hereinafter.
más alejado de crujía (buques)
más alejado del plano diametral | outboard.
más alto | top.

más allá del alcance óptico | over-the-horizon | out-of-sight.
más allá del horizonte | transhorizon.
más allá del límite elástico | outside the elastic limit.
más ancho que alto | lying.
más barato | lower-priced.
más cerca de crujía (buques) | inboard.
más cerca del plano diametral | inboard.
más cero (tolerancias) | plus nothing.
más de | above 20 mm up to and including 32 mm thick | above.
más deprisa (música) | more swiftly.
más estrecho en la base que arriba | undercut.
más fácil de instalar | easier to install.
más intereses acumulados | aggregate principal amount.
más lejano hacia atrás | farthest to rear.
más ligero que el aire | lighter-than-air.
más los intereses acumulados | at par plus accrued interests.
más o menos | more or less.
más o menos 3% | plus or minus 3%.
más pesado que el aire | heavier-than-air.
más próximo al frente | closest to front.
más seguro y menos complicado | safer and less complicated.
más separado a la derecha | farthest tc right.
más vale prevenir que curar | it's better to be safe than sorry.
más y menos | plus and minus.
más 0 grado menos 1/2 grado | plus 0 degree minus 1/2 degree.
masa | mash | mass.
masa (agregado - de bacterias) | clump.
masa (circuito eléctrico del automóvil) | ground.
masa (de pan) | dough.
masa (eléctrica) | ground.
masa (para pan) | duff.
masa ablativa evaporada (cosmonaves) | evaporated ablative mass.
masa activa | contact mass.
masa acústica | acoustic mass | acoustical mass.
masa adicional aparente | apparent additional mass | additional apparent mass.
masa aglutinada de coque | coke cake.
masa aislada de hielo de banca | ice raft.
masa aislada de hielo de banco | ice float.
masa anisométrica | anisometric mass.
masa antipolar (acumuladores) | antipolar mass.
masa añadida | added mass.
masa asociada | added mass.
masa atómica | atomic mass.
masa atómica relativa | relative atomic mass.
masa coalescida | coalesced mass.
masa coalescida de polvo sin prensar (pulvimetalurgia) | cake.
masa cocida (fabricación azúcar) | massecuite.
masa compacta de limonita con impurezas arcillosas | brown clay ironstone.
masa compacta policristalina con micropartículas de diamante | polycrystalline diamond compact.
masa compensadora | balancing mass.
masa compensadora (amortiguador de vibraciones torsionales de cigüeñales) | seismic mass.
masa concentrada | concentrated mass.
masa concrecionaria de caliza cristalina | ballstone | woolpack.
masa coposa | flaky mass.
masa crítica (física) | critical mass.
masa crítica del reactor nuclear | reactor critical mass.
masa de acreedores | body of creditors.
masa de acreedores (quiebras) | creditor's state.
masa de agua del fondo de la Antártida | Antarctic bottom water.
masa de agua en la parte más profunda de la columna de agua (oceanografía) | bottom water.
masa de agua entrante en la costa | inshore water mass.
masa de agua fría rodeada totalmente por agua templada | cold pool.
masa de aire frío | cold air mass.
masa de aire húmedo | parcel of moist air.
masa de aire que circula por unidad de tiempo (turbinas combustión) | mass flow.
masa de algas flotantes | kelp raft.
masa de árboles protectores (bosques) | nurse crop.
masa de cantos rodados acumulados al pie de una montaña | scree.
masa de contacto | contact mass.
masa de contacto lenticular | lenticular contact mass.
masa de cúmulos que aparecen antes de una tempestad | thunderhead.
masa de equilibrado estático (superficies control aviones) | mass-balance weight.
masa de equilibrio | balance mass | counterpoise.
masa de escoria o mineral imperfectamente fundida | brouse.
masa de gases ardientes (motor de chorro) | flame.
masa de hielo que penetra en el mar (costas polares) | ice foot.
masa de hielo que penetra en el mar (mares polares) | bellicatter.
masa de huevos que la langosta lleva bajo la cola | berry.
masa de la quiebra | assets of a bankrupt.
masa de la quiebra (economía) | estate of bankrupt.
masa de la unidad de volumen | density.
masa de material comprimido de forma y espesor dado | pellet.
masa de mineral aislada | bonney.
masa de mineral o escorias imperfectamente fundida | browse.
masa de mineral tostado imcompletamente | slug.
masa de neviza que no forma parte de un glaciar | firn field.
masa de niebla | fogbank.
masa de protoplasma en la que están embebidas las terminaciones nerviosas motoras (anatomía) | soleplate.
masa de recubrimiento (geología) | recumbent mass.
masa de reposo (física) | rest mass.
masa de roca dentro de un filón (geología) | horse.
masa de roca desprendida de las paredes de una falla y encajonada entre los labios de ésta (geología) | horse.
masa de un diamante que sobresale de la matriz metálica de donde está inserto (sondeos) | diamond exposure.
masa de una partícula medida a pequeña velocidad con relación al observador (física) | rest mass.
masa de vidrio fundido | bloom.
masa del chasis | chassis ground.
masa del electrón en reposo | rest mass of the electron.
masa del neutrón en reposo | neutron rest mass.
masa del protón en reposo | proton rest mass.
masa del universo | mass of the universe.
masa del volante | flywheel mass.
masa desequilibrada equivalente | equivalent unbalanced mass.
masa desequilibrada equivalente permisible al máximo | maximum allowable equivalent imbalance mass.
masa desplazable | running gear.
masa discoidal redonda de barita en una arenisca | barite dollar.
masa efectiva anisótropa | anisotropic effective mass.
masa en reposo | rest mass.
masa en reposo perdida | rest-mass lost.
masa en seco | dry mass.
masa específica | specific mass.
masa específica aparente (nucleónica) | packing.
masa estacionaria | stationary mass.
masa finamente difundida | finely-diffused mass.
masa floculada rellena de gas | flocculated gas-filled mass.
masa flotante de (de hielo, etc.) | raft.
masa forestal | woodland | woods.
masa fundida | molten mass | melt.
masa gelatinosa | spawn.
masa granular amorfa | amorphous granular mass.
masa gravitatoria | gravitational mass.
masa gutiforme de vidrio fundido (fabricación de botellas) | gob.
masa hereditaria | heritable mass | estate of inheritance.
masa hereditaria (herencias) | estate corpus.
masa impar | odd-mass.
masa impermeable maciza | voidless impermeable mass.
masa inactiva de la carga en el centro de la solera (alto horno) | deadman.
masa incandescente | glowing mass.
masa incolora amorfa | amorphous stainless mass.
masa inercial | inertial mass.
masa inicial (misil cohético) | initial mass.
masa interior | bulk.
masa intrusiva | intrusive mass | intruding mass.
masa intrusiva tabular (geología) | sill.
masa irregular (filones) | corbond.
masa irregular de filones que se entrecruzan (geología) | stockwork.
masa isotópica | isotopic mass.
masa lacolítica | laccolithic mass.
masa límite | limiting mass.
masa lineica (textiles) | titre.
masa media de los fragmentos | fragments medium mass.
masa mesónica | meson mass.
masa metálica pastosa | pasty metallic mass.
masa molal de | molal mass of 20 g/gmol.
masa molal de la mezcla | molal mass of the mixture.
masa molar | molar mass.
masa molecular | molecular mass.
masa monetaria | money supply.
masa montuosa de hielo de banca | floeberg.
masa nuclear | nuclear mass.
masa nucleídica | nucleidic mass.
masa nucleídica relativa | relative nuclidic mass.
masa nuclídica | nuclidic mass.
masa orientadora | training mass.
masa oscilante | oscillating mass | seismic mass.
masa oscilante (cañones) | recoiling mass.
masa para la puntería en elevación. | elevating mass.
masa pasiva (quiebras) | liabilities.
masa piroclástica de lava líquida (volcanes) | driblet.
masa polar | yoke.
masa polar (electricidad) | pole piece.
masa por unidad de longitud | linear density.
masa por unidad de longitud (textiles) | titre.
masa propia (atómica) | rest mass.
masa puntual | point mass.
masa reculante | recoiling mass.
masa refractaria para apisonar (hornos industriales) | ramming material.
masa refractaria plástica (hornos) | plastic refractory.
masa relativista | relativistic mass.
masa seca | dry mass.
masa segura | safe mass.
masa sísmica | seismic mass.
masa solidificada | solidified mass.
masa solidificada pétrea | stony solidified mass.
masa terminal | tip mass.

masa toroidal que rodea la base de la columna vertical producida por la explosión (explosión atómica submarina) | base surge.
masa total no nula | nonzero total mass.
masa total sobre la que se trabaja (forja) | platter.
masa unitaria de materia | unit mass of matter.
masa virtual (masa actual de un cuerpo más su masa adicional aparente en movimiento) | virtual mass.
masa volúmica | voluminal mass.
masa volúmica absoluta | true density.
masa volúmica de 3,3 g/cm^3 | volume mass of 3.3 g/cm^3.
masada (fabricación hormigón) | batch.
masaje cardiaco | heart massage.
masaje con la punta de los dedos (medicina) | pointillage.
masajista | kneader.
masandarusi (Trachylobium verrucosum) | masandarusi.
masas alternativas | reciprocating masses.
masas arriñonadas | nodular masses.
masas calcáreas que contienen fragmentos de plantas fósiles (minas de carbón) | bullions.
masas calizas con fragmentos de plantas fósiles (minas carbón) | plant bullions | seam nodules.
masas calizas que contienen fragmentos de plantas fósiles (minas de carbón) | coal-balls.
masas de calizas formadas por organismos coralígenos | reef knolls.
masas de cuarzo fundido de origen meteórico | silica glass.
masas fundidas calientes | hot melts.
masas hojosas (geología) | leafy masses.
masas mamilares | mamillary masses.
masas mamilares radiales | radial mammillary masses.
masas nodulares | nodular masses.
masas planas de mineral | cakes of ore.
masas redondeadas de coral | batch cakes.
masas reniformes redondeadas de mineral resultantes de precipitación coloidal | colloform.
mascal (Anisoptera spp) | mascal wood.
mascar | chew (to) | masticate (to).
máscara | front.
máscara (careta) | mask.
máscara antigás | gas mask.
máscara contra el polvo | dust mask.
máscara cortada por laser | laser-cut mask.
máscara de aislamiento | isolation mask.
máscara de compaginación | edit mask.
máscara de contacto | in-contact mask.
máscara de emulsión (fotolitografía) | emulsion mask.
máscara de oxígeno | oxygen mask.
máscara de programa | program mask.
máscara de sombra | shadow mask | aperture mask.
mascara de sombra (televisión) | planar mask.
máscara de sombra (TV en color) | shadow-mask.
máscara de televisión en color | color television mask.
máscara directa | in contact mask.
máscara facial con sus correajes | face mask with head harness.
máscara fotográfica | photographic mask.
máscara fotográfica invertida químicamente | chemically-reversed photomask.
máscara lógica | logical mask.
máscara para gases | canister respirator.
máscara para gases y humos nocivos | gas-fume respirator.
máscara por evaporación en red de alambre | wire-grille evaporation mask.
máscara protectora | face guard.
máscara respiradora con admisión de aire a presión | air line respirator.
máscara soldada | solder mask.
mascarilla de respiración (para pintor, etc.) | respirator.
mascarilla para inhalar oxígeno | oxygen mask.
mascarilla para la nariz y la boca | oral-nasal mask.
mascarilla respiratoria | box respirator.
mascarón de proa | figure-head.
mascones | mass concentrations.
mascones (sismología) | mascons.
máser | microwave amplifications by stimulated emission of radiation.
máser (amplificación de microondas por emisión estimulada de radiación) | maser.
maser acústico | acoustical maser.
máser con reforzamiento de emisión | pumped maser.
máser con reforzamiento de la emisión óptica | optically pumped maser.
máser de amoníaco | ammonia-beam maser.
maser de cristal de rubí | ruby maser.
máser de cuarzo de fonones ópticos | quartz optical phonon maser | quartz optical-phonon maser.
máser de dos niveles | two level maser.
máser de estado sólido | solid-state maser.
maser de haz molecular | beam maser | molecular beam maser.
máser de hidrógeno | hydrogen maser.
máser de hidrógeno atómico | atomic hydrogen maser.
máser de impulsos | pulsed maser.
maser de infrarrojo | iraser.
maser de infrarrojo lejano | far-infrared maser.
máser de microondas | microwave maser.
maser de onda progresiva | traveling wave maser | traveling-wave maser.
máser de onda submilimétrica | submillimeter wave maser.
maser de relajación cruzada | cross-relaxation maser.
maser de rubí de banda L | ruby L-band maser.
máser de rubí modulado por impulsiones | pulsed ruby maser.
máser de tres niveles | three-level maser.
máser en el estado sólido de tres niveles | three-level solid state maser.
maser fonónico | phonon maser.
maser gaseoso | gas maser.
máser óptico | laser | optical maser.
maser óptico de cavidad | optical cavity maser.
maser óptico de estado sólido | solid state optical maser.
máser óptico de gas | gaseous optical maser | gas optical maser.
maser óptico de semiconductor | semiconductor optical maser.
máser sintonizable para la banda L | tunable L-band maser.
maser submilimétrico | submillimeter maser.
masía | farmhouse.
masicote | yellow lead | lead ochre.
masicote (mineralogía) | massicot.
masilla | putty | filler | lute | mastic | spaddle.
masilla botadora (goma de silicona) | bouncing putty.
masilla de aceite | putty.
masilla de asiento | bedding putty.
masilla de cal dolomítica | dolomitic lime putty.
masilla de fontanero | grummet.
masilla de hierro | rust putty.
masilla de hierro (mezcla de óxido férrico y aceite de linaza cocido) | iron putty.
masilla de madera | wood putty.
masilla de minio (para juntas de tubería) | putty.
masilla de minio y albayalde | red lead puty.
masilla de pintores | painter's putty.
masilla de vidriero | glazing putty.
masilla de vidriero con adición de sebo | thermoplastic putty.
masilla de vidrieros | putty.
masilla hermética | sealing cement.
masilla mezclada con linaza para emplastecer arcilla figulina | fat-lute.
masilla para electrotecnia | putty for electrotechnics.
masilla para rellenar defectos (madera) | stopping.
masilla termoplástica | thermoplastic putty.
masita | commutation of clothing.
masivo | massive | massing.
masivo (tiro) | massed.
maslo (animales) | dock.
masón | mason.
masón de grado tres | master mason.
masonería | masonry.
masonita (blindaje de reactores) | masonite.
masoterapia (medicina) | massotherapy.
massaranduba (Mimusops spp) | massaranduba.
mastelerillo desmontable (buques) | housable topmast.
mastelero de juanete de proa | fore-tapgallant.
mástic | compound.
masticabilidad | masticability.
masticación | mastication.
masticador | masticator | masticator.
masticar | chew (to) | masticate (to).
masticar (caucho) | masticate (to).
mástil | spar | pole.
mástil (cureñas) | trail.
mástil (de violín y guitarra) | neck.
mástil (música) | handle.
mástil (pluma de ave) | shaft.
mástil (sondeos) | mast.
mástil (violín o guitarra) | finger board.
mástil biflecha (cañones) | split trail.
mástil bípode | bipod mast.
mástil bípode autoportante | self-staying bipod mast.
mástil con argollón de contera (cañón) | lunette trail.
mástil con argollón por tracción (cañones) | drawbar lunette trail.
mastil con cruceta para señal (ferrocarril) | bracket mast.
mástil de acero | steel mast.
mástil de antena | radio mast.
mástil de caja (cañones) | box trail.
mástil de celosía | lattice mast.
mástil de celosía de acero | steel lattice mast.
mástil de celosía de acero para montaje de estructuras | lattice steel erection mast.
mástil de pórtico (buques) | pair masts.
mástil de pórtico con mastelerillo en el centro de la cumbrera (buques) | goalpost mast.
mástil de tubos soldados | tubular welded mast.
mástil desmontable | collapsible mast.
mástil inferior | lower mast.
mástil laminado | compound mast.
mástil o palo compuesto de varias piezas | made mast.
mástil para bandera | flagstaff.
mástil para montajes de estructuras | erection mast.
mástil para soportar el rotor (helicóptero) | rotor mast.
mástil para soportar el rotor (motor eólico, helicópteros) | rotor pylon.
mástil radiante | radiating tower.
mástil sin vientos | unstayed mast.
mástil telescópico | telescope mast.
mástil telescópico de tubos de acero | telescopic tubular steel mast.
mástil tubular con varios puntales de carga (buques) | samson post.
mástil vertical para levantar pesos (montaje estructuras) | gin pole.
mástiles (montaje en candelero de cañones antiaéreos) | outriggers.
mástiles detectores | sensor booms.
mástil-grúa (montaje estructuras) | gin pole.
mástique | mastic | putty | cement | spaddle | lute | luting agent | filling | filler.
mástique aplicado con pistola | gun-applied mastic.

mástique asfáltico | asphaltic mastic | asphaltic cement | asphalt mastic.
mástique bituminoso | bituminous cement.
mástique de amianto | asbestos plaster.
mástique de asfalto | asphalt cement.
mástique de cal | putty | lime putty.
mástique de emulsión (agua como disolvente) | emulsion mastic.
mastique de fundición | cast-iron cement | fake.
mastique de fundición (limaduras de hierro con sal amoníaco en polvo) | rust cement.
mástique de hierro | iron cement.
mastique de hierro (limaduras de hierro con sal amoníaco en polvo) | rust cement.
mástique de hierro (mezcla de óxido férrico y aceite de linaza cocido) | iron putty.
mastique de limadura de hierro | rust putty.
mástique de limaduras de hierro | putty rust | iron cement.
mastique de minio | red lead putty | red-lead putty | red lead cement.
mástique infusible | fire lute.
mástique para calafatear cubiertas | deck caulking compound.
mástique para hierro | iron mastic | iron stopper.
mastique para juntas | sealing compound | jointing compound.
mástique para juntas (motores) | gasket cement.
mastique para sellado de juntas | joint-sealing compound.
mástique para tapar defectos (en madera o metales) | beaumantage.
mástique para tapar defectos (en madera o piedra) | badigeon.
mástique que emplea como disolvente una solución inflamable | cutback mastic.
mástique sin plomo | lead-free luting.
mastiqueación | luting.
mastiquear | lute (to).
mata (botánica) | shrub.
mata (metalurgia) | matt | mat | matte.
mata apretada (metalurgia) | close metal.
mata cobriza | copper matte.
mata concentrada (con 77 a 79% de cobre) | matte extra | high-grade matte.
mata cruda (cobre) | raw matte.
mata cruda (metalurgia) | crude matte | rough mat.
mata cuprosa con 74% de cobre | sparkle metal.
mata de cobre | copper metal | copper matte.
mata de cobre bruto | copper rust.
mata de cobre calcinada | calcined copper metal.
mata de cuproníquel | cupronickel matte.
mata de hierro y cobre que contiene azufre | coarse metal.
mata de plomo | lead matte.
mata de primera fundición | first matte.
mata descarburada | bessemerized matte.
mata ferrífera | iron matte.
mata roja (cobre) | red metal.
mata sinterizada | sintered matte.
mata tostada | roasted matte.
mata vesiculosa (cobre) | pimpled metal.
mata vesiculosa (cobre impuro conteniendo óxido de cobre - metalurgia) | pimple metal.
matadero | abattoir | packing house.
matadero industrial | packing plant.
matado (sellos de correos) | overprint.
matado del brillo | matting.
matadura (veterinaria) | raw.
mataduras (caballos) | flanks.
matafión | gasket.
matafión (toldo de buques) | crowfoot.
matafiones del toldo (buques) | awning crowfoots.
matai (Podocarpus spicatus) | matai.
matalote de popa | ship next astern | bringer-up.
matalote de proa | ship next ahead.
matanza | massacre.
matanza con calor seco (crisálidas) | stoving.
matar (animales) | destroy (to).
matar (inutilizar - sellos correos) | cancel (to).
matar (sellos) | overprint (to).
matar a pedradas | stone to death (to).
matar a tiros | shoot to death (to).
matar el brillo | mat (to).
matar estrangulando | choke the life out of (to).
matar las aristas | trim edges (to) | smooth edges (to).
matar las esquinas | remove edges (to).
matar los cantos | sharp edges to be removed | break corners (to).
matar por atropello (autos) | rundown (to).
matar un pozo (sondeos) | kill a well (to).
matar un reborde | break an edge (to).
matarse trabajando | hump (to).
matasellado (correos) | postmarking.
matasellos | canceling stamp | letter stamp.
matasellos de barras cruzadas | grill.
mate | frosted | flatted | mate | lustreless | lusterless | dull.
mate (color) | dead | matt.
mate (colores) | dim.
mate (papel) | dull finish | unglazed.
mate (papel, metal) | mat.
mate (pintura) | flat.
mateado (superficies pintadas o barnizadas) | saddening down.
mateador para vidrio | froster.
matear | matt (to).
matear (el vidrio) | rough (to).
matemática (ciencia) | mathematics.
matemática intuicionista | intuitionist mathematics.
matemática pura | abstract mathematics.
matemáticas actuariales | actuarial mathematics.
matemáticas aplicadas | mixed mathematics | applied or mixed mathematics.
matemáticas de primer grado | linear mathematics.
matemáticas para principiantes | junior mathematics.
matemáticas para talleres | vocational mathematics.
matemáticas superiores | advanced mathematics.
matemático | mathematician.
matematizar | mathematize (to) | mathematize (to).
matergia | mattergy.
materia | matter | department | stuff | object.
materia (periódicos) | press-matter.
materia activa (acumuladores) | paste.
materia adhesiva añadida a la pasta en la batidora | beater additive.
materia aglomerante | agglomerative material.
materia aglutinante | agglutinative material | binding material.
materia aislante | compound | insulating stuff.
materia aislante afibrosa | nonfibrous insulating material.
materia aislante hidrófoba | nonabsorbent insulating material.
materia amilácea | amylaceous matter.
materia amorfa vítrea | glassy shapeless material.
materia aplástica para desengrasar la arcilla (cerámica) | opening material.
materia blanda de la que procede el esmalte | enamel jelly.
materia bruta | raw materials | staple.
materia calcinada (química) | ignited material.
materia carbonosa | carbonaceous matter | coaly matter.
materia colorante | coloring matter | color (EE.UU.) | dyestuff | dye | pigment.
materia colorante ácida | acidic dyestuff.
materia colorante básica | basic dyestuff.
materia colorante disuelta en alcohol metilado (colorante para maderas) | spirit stain.
materia criptocristalina intersticial | interstitial cryptochrystalline matter.
materia de aportación | addition agent.
materia de extrema reserva (estados) | top secret.
materia de partículas radiactiva | radioactive particulate matter.
materia descendente | fallback.
materia difusa | diffuse matter.
materia extractiva | extractive matter.
materia extraña | foreign matter.
materia fértil (reactor nuclear) | blanket.
materia filoniana | lodestuff | lode matter.
materia filoniana (minerales) | veinstuff.
materia filtrante obstruida | choked filtering material.
materia fisionable | fissile material (Inglaterra).
materia fotógena | photogenic material.
materia granular fluyente | free-flowing granular material.
materia granulosa | particulate matter.
materia grasa | fatty matter.
materia hidrogenada | hydrogenous material.
materia inactiva isotópica con un núclido radioactivo dado | carrier.
materia inerte | inactive matter | dead matter | inert material.
materia inerte (carga-de jabones, plásticos, etc.) | filling.
materia inerte muy fina para dar consistencia (aglomerados, asfaltos, etc.) | filler.
materia inerte que se añade a la materia activa para que no se contraiga la mezcla (placa acumuladores) | expander.
materia inorgánica acústica | inorganic acoustical material.
materia inorgánica biológicamente mineralizada | biologically mineralized inorganic matter.
materia inorgánica con carga de zinc | zinc-filled inorganic material.
materia interestelar | interstellar matter.
materia intermedia | intermediate.
materia interplanetaria | interplanetary matter.
materia intersticial | interstitial material.
materia mineral | mineral matter.
materia mineral disuelta | dissolved mineral matter.
materia muerta | dead letter.
materia nitrogenada | nitrogenized matter.
materia no fibrosa para carga (textiles) | filling.
materia orgánica | organic matter.
materia orgánica carbonizada | carbonized organic matter.
materia para cementar | cementing material.
materia para evitar la adherencia de partes durante la elaboración | parting compound.
materia particulada | particulate matter.
materia plástica incorrosible | noncorroding plastic material.
materia plástica piezoeléctrica | piezoelectric plastic material.
materia porógena (hormigón, pulvimetalurgia) | pore-forming material.
materia preliminar (libros) | preliminary matter.
materia prima | primary product | staple | starting material | raw material | stuff.
materia prima animal | animal raw material.
materia prima de importancia estratégica | strategic commodity.
materia prima esencial | key commodity.
materia prima para producción de cola | glue stock.
materia protectora aislante | resist.
materia radioactiva en recipiente adecuado embebida permanentemente en un tejido (radiograma) | radium seed.
materia refractaria para localizar el arco de ruptura (disyuntores) | barrier.
materia resistente a los ácidos de grabar | etching resist.
materia sapropélica | sapropelic matter.
materia sulfuroso | sulphidic material.

materia textil | textile.
materia tintórea | dyestuff.
materia vegetal muerta sobre el suelo | forest floor.
materia vítrea formada durante la fusión (soldeo por arco sumergido) | fused melt.
material | stuff | store | apparatus | matter | equipment.
material (chapas, angulares, tubos, etcétera) | stock.
material (sustantivo) | matériel.
material ablativo | ablative material | ablating material.
material abrasiorresistante a base de boro | boron-base abrasion resistant material.
material abrasivo pulverizado deshidratado | powdered dehydrated abrasive material.
material absorbente | dope.
material absorbente de las vibraciones | vibration-absorbing material.
material absorbente poroso (acústica) | porous absorber.
material acabado de forjar | as-wrought material.
material acústico absorbente | acoustic absorbing material.
material afibrógeno | nonfiber-forming material.
material aglutinante | binder agent.
material aislante (electricidad) | barrier.
material aislante (refrigeración, calor, acústica) | insulant.
material aislante acústico | plugging.
material aislante ignífugo | nonignitable insulating material.
material aislante para la electrotecnia | insulating material for electrotechnics.
material almacenado en exceso | excess stock.
material alquilado | rental equipment.
material alveolar | foam.
material anexo | auxiliary equipment | ancillary equipment.
material anisótropo | aelotropic material.
material antiacústico | antiacoustic material.
material anticarro | antitank materiel.
material antiferromagnético | antiferromagnetic material.
material antiplástica (fabricación ladrillos) | thinning material.
material añadido a una solución sobresaturada para nuclear la precipitación (metalurgia) | seed charge.
material aplastado y extendido | splatted material.
material apropiado | likely material.
material apto para la formación de pegotes (alto horno) | scaffold forming material.
material arcilloso (mineral filoniano) | douk.
material arrancado (no cortado) | lugging material.
material asfáltico bituminoso | bituminous asphaltic material.
material autidisturbios | riot control equipment.
material autorreflejante | retro-reflecting material.
material autosecante | self-drying material.
material averiado | spoilage.
material base (soldadura) | parent material.
material básico (derecho nuclear) | source material.
material bibliográfico | bibliographical tools.
material biológico | biological material.
material bituminoso generalmente líquido usado para ablandar otros materiales bituminosos | flux.
material blando maquinable | soft machinable material.
material calorífugo | heat-lagging material.
material calorífugo e insonorizante | sound-and-heat insulating material.
material carbonaceo pulverulento | powdered carbonaceous material.
material carbono-grafítico antifricción | antifriction carbon-graphitic material.
material celulósico impregnado con un plástico | plastic-impregnated cellulose material.
material cerámico crudo | unfired ceramic material.
material científico | payload.
material cobresoldado | hard-soldered material.
material colado en su emplazamiento | poured-in-place material.
material coleccionado | collected material.
material colocado entre los electrodos (caldeo por radiofrecuencia) | load.
material con ancho cortado a medida | slit-to-width stock.
material con ancho de laminación | mill width stock.
material con base de asfalto | bitumen-based material.
material con factor de abultamiento pequeño | low-bulking-factor material.
material con fibras incorporadas dentro de una matriz | fiber composite material.
material con los átomos orientados | orientated material.
material con mucha carga | highly-grogged material.
material con pequeñas pérdidas dieléctricas | low-dielectric-loss material.
material con que se rellena una cosa | stuffing.
material con retículo atómico cúbico centrado en las caras | face-centred-cubic material.
material con variación proporcional de la viscosidad | linearly viscous material.
material conductor eléctricamente | electrically conductive material.
material corrosio-resistente de gran resistencia a la tracción | high-tensile corrosion resisting material.
material criogénico | cryogenic material.
material chapado de aluminio | aluminum-clad material.
material dado en préstamo | material loaned.
material de ablación que forma en la superficie calentada una capa carbonácea | charring ablator.
material de acondicionamiento que se añade al lodo de perforación | ada mud.
material de agotamiento | pumping plant.
material de aislamiento acústico | sound probing material.
material de albañilería | stonework.
material de apoyo (hidráulica) | propping agents.
material de artillería | artillery materiel.
material de atenuación | lean material.
material de base (soldadura) | base material.
material de blindaje | shield material.
material de buena calidad pero sin especificaciones químicas o mecánicas | commercial quality.
material de carga (como caolín, etc.) | filler.
material de cestería | cratewood.
material de cobertura (carreteras) | sealing.
material de cubrición (construcción) | roofing.
material de defensa | defense materiel.
material de desecho | scrap material.
material de dragados | dredging equipment.
material de enlaces (milicias) | liaison materiel.
material de enseñanza | training aid.
material de entibación (minas) | propping material.
material de estibaje (buques) | stowage material.
material de explotación (ferrocarril) | working stock.
material de gran integridad que puede soportar grandes sobrecargas | material of high integrity that can really take abuse.
material de gran permeabilidad y pequeña histéresis y pequeña coercividad | soft magnetic material.
material de gran remanencia y coercividad magnética de unos 100 oerstedios | hard magnetic material.
material de granos diversos | multigranular material.
material de guerra | military stores.
material de hormigón polímero | concrete polymer material.
material de ingenieros (milicia) | engineer stores.
material de la corona de la rueda (engranajes) | wheel rim material.
material de la corteza que se solidifica antes que el centro (lingotes) | edge steel.
material de la superficie de la luna | lunar dust.
material de labranza | plowing equipment.
material de minas | mining outfit | mining plant | mining appliances.
material de oficinas | office materials.
material de perforación | sinking equipment.
material de plástico muy polimerizado | high-polymerized plastics material.
material de poca solubilidad | low-solvency material.
material de práctica | assignment material.
material de préstamo | borrowed fill.
material de propaganda | advertising matter | advertising material.
material de puentes | bridging stores.
material de recubrimiento (geología) | overburden.
material de relleno | sealing material | expletive | filling material.
material de relleno (periodismo) | canned copy.
material de reproducción (tipografía) | reproducibles.
material de reserva | lay-up.
material de revestimiento | jacketing material | surfacing | facing.
material de ribetear | welting.
material de servicio (perforación pozos petrolíferos) | servicing.
material de sílice pura | all-silica material.
material de temperatura de fusión elevada | high fusing point material.
material del casquillo (lámparas eléctricas) | base material.
material delgado (para suplementos, etcétera) | shim stock.
material densificado por presión en frío | cold-pressed compacted material.
material dental restaurativo adhesivo | adhesive restorative dental material.
material descarburado | decarburized material.
material desechado | off-quality material | rejected material.
material desperdiciado | scrap material.
material didáctico visual | visual aid.
material difícil de maquinar | hard-to-machine material.
material difractante | scattering material.
material duradero | long-lived material.
material duro pero frágil | hard but brittle material.
material duro y frágil | brittle hard material.
material elásticamente isótropo | elastically isotropic material.
material elástico afieltrado | felt-like resilient material.
material elástico con bloqueo | elastic-locking material.
material elasticoplástico inviscido | inviscid elastic-plastic material.
material elastoplástico infinito | infinite elastoplastic material.
material eléctrico | electrical stores.
material electrónico susceptible a las averías | damage-prone electronic material.
material embarcado | shipborne equipment.
material emisor de electrones | electron emissive material.
material empleado como germen de formación (lluvia artificial) | nucleating material.
material empleado para rellenar un molde | load.

material empleado para tapar un agujero | stopping.
material en bruto | slack material | raw.
material en exceso | surplus material.
material en proceso de fabricación | goods in process.
material en que una parte de las células están interconectadas | foam.
material en rama | stock.
material en rama (textiles) | raw stock.
material endurecido por la soldadura | weld-hardened material.
material enriquecido | enriched material.
material entre dos excavaciones | balk.
material escaso (por dedicarse a otros fines) | critical material.
material escolar | school furniture.
material estabilizador | admixture.
material estanco a la presión | pressure-tight material.
material estructural con agentes reforzadores | composite material.
material excavado por la pala sin clasificar | shovel-run.
material exótico | exotic material.
material explosivo que puede moldearse o fundirse | composition.
material extensible | expandable material.
material extraído por excavación | excavation.
material ferroeléctrico | ferroelectric material.
material ferromagnético | ferromagnet.
material ferroviario | plant railroad equipment.
material fértil (reactor nuclear) | breeder material | source material | fertile material.
material fértil infisionable | nonfissionable fertile material.
material fiable | fiable material.
material fibrógeno de celulosa no regenerada | nonregenerated cellulose fiber-forming material .
material fibroso suelto | loose fibrous material.
material fisil irradiado | irradiated fissile material.
material físil mezclado artificialmente con elementos de productos de fisión para simular el material resultante de la fisión | fissium.
material fisionable | active material.
material fisionable en forma semifluida (reactor nuclear) | slurry.
material fisionable especial | special fissionable material.
material fluorescente protonosensible | proton-sensitive fluorescent material.
material fluviomarino | fluviomarine material.
material formado por hojas de papel impregnadas de resina sintética y unidas por calor y presión | prapeg.
material fotográfico que se emplea en televisión | still.
material fracturado que marca la dirección de la falla | trail.
material geológico no consolidado que se ha movido del sitio de meteorización | drift.
material glaciárico | glacial drift.
material granular | powder.
material heliorresistente | sunlight resistant material.
material higiénico estable | stable hygienic material.
material higrosensible | humidity sensing material.
material imanable | magnetizable material.
material impermeable | waterproofing.
material incombustible para revestimientos | incombustible boarding material.
material inerte (hormigón) | aggregate.
material inerte no metálico | inert nonmetallic material.
material infiltrante | infiltering material.
material inorgánico refractario coloidal | colloidal refractory inorganic material.
material inorgánico refractario coloidal poroso | porous colloidal refractory inorganic material.
material insonorizante | deafening | felt.
material intercalado | interband material.
material irradiado con rayos gammas de cobalto-60 | material irradiated by cobalt-60 gamma rays.
material irradiado por bombardeo neutrónico | neutron-irradiated material.
material irradiafugo | radiation-repelling material.
material irregenerado | unregenerated material.
material laminar | laminate.
material ligador | bonding material.
material ligante | binder agent.
material lunar | lunar dust.
material macerado | macerated material.
material macromolecular | macromolecular material.
material magmático líquido eyectado por un volcán | essential ejecta.
material magnéticamente blando | magnetically soft material.
material magnéticamente duro | magnetically hard material.
material magnético de ciclo de histéresis rectangular | rectangular loop magnetic material.
material magnético estampado | molded magnetic material.
material magnético fluorescente | fluorescent magnetic material.
material más potente (de la serie) | top-of-the-range equipment.
material militar | military property.
material monocristalino | single crystal material.
material móvil | railway rolling stock.
material móvil (ferrocarril) | rail stock | equipment.
material móvil (ferrocarriles) | rolling stock.
material móvil de mercancías | freight rolling stock.
material móvil de poco peso (ferrocarriles) | lightweight rolling stock.
material móvil para viajeros | passenger rolling stock.
material nitrocolorante | nitrocoloring matter.
material no endurecible por reposo | nonage-hardenable material.
material no flexible | obdurate material.
material nuclear | nuclear matter.
material nuclear fisionable reservado para ciertos fines | reserved material.
material obturador | sealing material.
material original | parent material.
material originario | source material.
material oxicerámico | oxide ceramic material.
material para absorber las vibraciones (cimentación máquinas) | isolator.
material para atraque (barrenos) | stemming.
material para carriles | railing.
material para detectar fugas | leak-probing material.
material para discos | stock.
material para el combate próximo | close-combat materiel.
material para empapelar habitaciones | hanging.
material para encartuchar los elementos del combustible (reactor nuclear) | canning material.
material para encuadernar | bookbinder's material.
material para enfoscar | parget.
material para enguatar | quilting.
material para evitar la electrodeposición en partes elegidas | smudge.
material para férulas | ferrule stock.
material para forjar | forging stock.
material para hacer canales de colada (metalurgia) | spouting.
material para juntas | insertion joint.
material para mamparos | bulkheading material.
material para núcleos con ciclo de histéresis rectangular | square-loop core material.
material para paletaje (turbinas) | blading material.
material para pavimentación mezclado en frío | cold-mixing paving material.
material para pavimentos | flooring.
material para puesta a tierra (electricidad) | earthing material.
material para reducir el coste o modificar la viscosidad (pinturas, resinas sintéticas) | extender.
material para rellenos | infilling.
material para revestimientos | facing material.
material para revestir interiormente el molde | mold dressing.
material para soleras de hornos de pudelar | puddler's mine.
material para techos | roofing.
material para tejados y techos | roofing material.
material para trabajar a altas temperaturas | high-temperature material.
material para trabajos de fortificación | field-work stores.
material para vainas de elementos combustibles (reactor nuclear) | fuel-element-sheathing material.
material particulado | particulate.
material peinado (hilatura) | top.
material peligroso | hazardous material.
material pendiente de clasificar | backlog.
material penetrado | penetrated material.
material periférico autónomo | off-line equipment.
material pesado | heavy stock.
material piezoeléctrico | piezoelectric material.
material plástico acidorresistente microporoso | microporous acid-resisting plastic material.
material plástico polaroide | polaroid plastic material.
material plastificado | plastic faced material.
material poco resistente | free material.
material por labrar | stock.
material preimpregnado (plásticos) | preimpregnate.
material procedente del desfonde (excavaciones) | rippable material.
material pulverizado | powder.
material pulverizado por bombardeo iónico | sputtered material.
material pulverulento | powdered material.
material puzolánico | pozzolanic material.
material que conserva la humedad | moisture-conserving material.
material que da viruta corta | crumbly material.
material que da viruta larga | long-chip material.
material que lleva una corriente de agua (geología) | stream load.
material que no absorbe neutrones | nonneutron-absorbing material.
material que no cumple con la especificación | subspecification material.
material que no pasa por la criba | plus mesh.
material que no tiene el espesor requerido | off-gage material.
material que produce gran caída de voltaje | lossy material.
material que puede soportar elevadas temperaturas | high-temperature-withstanding material.
material que queda en la criba | plus mesh.
material que reduce la reactividad (reactor nuclear) | poison.
material que sale del orificio para inyectar al sacar la pieza (moldeo por inyección) | gate.
material que se añade al baño electrolítico | cell feed.
material que se encuentra en todos los sitios | ubiquitous material.
material que se mezcla con el carbón vegetal

para aumentar la profundidad de la cementación (metalurgia) | energizer.
material que siempre está en déficit (para las necesidades de un país, etc.) | deficit material.
material que sigue la ley de Hook | Hookean material.
material quirúrgico | surgical supplies.
material radiactivo | active material.
material recrecido | regrown material.
material recuperable de la basura | salvable waste material.
material recuperado | salvaged material.
material rechazado | waster.
material reflectante | backing material.
material reformado (ejército, marina) | produce.
material refractario | high-heat-resisting material.
material refractario aislante | moler.
material refractario aplástico que se añade al ladrillo para reducir la concentración en el secado y cochura | grog.
material refractario fundido en horno eléctrico | electro-cast refractory material.
material refractario resistente a la abrasión | abrasion resistant refractory material.
material reglamentario | standard item.
material reglamentario (milicia) | stores.
material remolcador (ferrocarriles) | hauling stock.
material reparado | junk reclaimed.
material reservado | reserved material | earmark.
material resistente a las plagas | pest-resistant material.
material resistente a las ratas | rat-resistant material.
material resistente a temperaturas elevadas | high-heat-resisting material.
material rígido | obdurate material.
material rodante | railway rolling stock.
material rodante (ferrocarriles) | rolling stock.
material rompible | breakable material.
material sanitario | medical supplies.
material sedimentario que se acumula muy lentamente | condensed deposit.
material semielaborado | worked material.
material separador (acústica) | stripping agent.
material sintético preparado por polimerización de una emulsión | latex.
material sobrante | surplus material.
material sobrante propiedad del Estado | government-owned surplus material.
material solidificado direccionalmente | directionally-solidified material.
material sólido que constituye el tejido leñoso (maderas) | wood substance.
material sólido que obstruye un río o canal | gorge.
material sólido semiconductor | solid semiconductor material.
material sublimable | sublimable material.
material sulfídico | sulfidic material.
material superduro | high-hardness material.
material técnico | technical materiel.
material termoadhesivo | thermoadhesive material.
material termoendurecible | thermosetting material.
material termorresistente de pequeña densidad | low-gravity heat-resistant material.
material termorresistente resistente al desgaste | heat-resistant wear-resisting material.
material tomado a préstamo | material borrowed.
material tractor | motive power.
material transmisivo de la presión | pressure-transmissive material.
material vario | miscellaneous equipment.
material vegetal exento de agentes patógenos | pathogen-free planting stock.
material vendido a otro fabricante | OEM equipment.
material vibroabsorbente | vibration-absorbing material.
material volante (aviación) | fleet.
materiales | materials | stuff | supplies.
materiales ablativos | ablative materials.
materiales abrasivos flexibles (papel y tela abrasiva) | flexible abrasive materials.
materiales afines | related materials.
materiales auxiliares | factory supplies.
materiales cauchotosos | rubbery materials.
materiales clasificados por tamaños | graded materials.
materiales compuestos reforzados con monocristales filiformes | whisker-reinforced composite materials.
materiales conducidos por transportador | conveyor routed materials.
materiales de aleación para aceristas | steelmaker's alloying materials.
materiales de biblioteca | library materials.
materiales de conservación | engineering supplies.
materiales de construcción | construction supplies.
materiales de construcción porosos húmedos | moist porous building materials.
materiales de consumo | operating supplies.
materiales de desecho | waste materials.
materiales de desperdicios industriales | industrial waste materials.
materiales de envase | packaging materials.
materiales de esclusa | lockage.
materiales de fracturación (pozo petróleo) | fracturing materials.
materiales de fricción de cermetal | cermet friction materials.
materiales de lectura y de lectura prolongada | reading and follow-up materials.
materiales de mezcla de suelo-agregado para carreteras | soil-aggregate road materials.
materiales de oficina | office supplies.
materiales de relleno | back filling materials.
materiales depositados más abajo de la morrena terminal | valley train.
materiales detríticos (geología) | land waste.
materiales didácticos | materials on education.
materiales disponibles en la localidad | locally-available materials.
materiales dosificados en peso | gaged-by-weight materials.
materiales elaborables | processable materials.
materiales eléctricos | electrical goods.
materiales empleados como guarniciones para embalajes | package-cushioning materials.
materiales en contacto | mating materials.
materiales en curso de fabricación | in-process materials.
materiales en general | stock.
materiales en tránsito | materials in transit.
materiales enumerados | listed materials.
materiales estratégicos | critical materials.
materiales estratégicos prohibidos | prohibited strategic materials.
materiales faltantes en el embarque | shorshipment.
materiales ferromagnéticos de ciclo de histéresis rectangular | square hysteresis-loop ferromagnetics.
materiales ferrosos fundidos | molten ferrous materials.
materiales fototérmicos | solar collector materials.
materiales fotovoltaicos | solar conversion materials.
materiales fungibles | consumable supplies | consumables.
materiales hiperduros a base de nitruro de boro | boron nitride-base superhard materials.
materiales intervenidos | controlled materials.
materiales metálicos | metal stock.
materiales neutroniabsorbentes que se introducen deliberadamente para reducir la reactividad (reactor nuclear) | nuclear poison.
materiales no bituminosos para carreteras | nonbituminous highway materials.
materiales no metálicos | nonmetallics.
materiales no metálicos duros | hard nonmetallic materials.
materiales para asientos (de sillas) | seating.
materiales para bajantes de agua y canales de recogida (edificios) | rain goods material.
materiales para cercas | fencing.
materiales para consumo | consumables.
materiales para equipos marinos | marine materials.
materiales para hacer fieltro | felting.
materiales para juntas | gasketing materials.
materiales para la formación de imágenes | image forming materials.
materiales para redes de pesca | netting materials.
materiales para techar | roofage.
materiales para techumbres | roofing materials.
materiales polarizados eléctricamente por inducción | dielectrics.
materiales producidos en un reactor nuclear que absorben neutrones y reducen progresivamente la reactividad | nuclear poison.
materiales protectores de las irradiaciones nucleares | nuclear shielding materials.
materiales protectores de las radiaciones | barrier materials.
materiales que no pasan por la criba (preparación mecánica minerales) | skimpings.
materiales que pasan por la criba | machine returns.
materiales que se comparan | candidate materials.
materiales reforzados por infusión de partículas estables en su masa (metales) | dispersion-strengthened materials.
materiales sobrantes | odds and ends.
materiales técnicos fungibles | consumable technical supplies.
materiales ultraduros sintéticos | synthetic superhard materials.
materiales viscoelásticos de variación lineal | linear viscoelastic materials.
materiales y jornales | material and labor.
materiales y mano de obra | material and labor.
materialización física | embodiment | physical embodiment.
materias | stuff.
materias brutas | staples.
materias consumibles (víveres, forrajes, combustible, alumbrado y desinfectantes - ejércitos) | supplies.
materias elaboradas | process materials.
materias estériles (minas) | levies | gang soil | attle | addle.
materias extrañas (cereales) | dockage.
materias fecales (medicina) | stool.
materias filonígenas | vein-forming materials.
materias fluorescentes | active materials.
materias fulminantes | explosives.
materias indigestas | roughage.
materias lipoides | lipoidal matter.
materias macromoleculares | macromolecular materials.
materias primas | raw materials | staples | primary materials.
materias primas (la mezcla de los diversos constituyentes del papel o cartón) | furnish.
materias primas artificiales | artificial raw materials.
materias primas esenciales | critical raw materials.
materias primas estratégicas | strategic raw materials.
materias primas nacionales | indigenous raw materials.
materias primas papeleras | paper's raw materials.
materias que no pasan por la criba | riddlings | oversize.

materias tamizadas | iftage.
materias termoplásticas para fundición en coquilla | thermoplastic materials for die casting.
materias vomitadas | ejectamenta | ejecta.
matices de una palabra | nuances of a word.
matices del gris (TV) | shades of gray.
matidez (sonidos) | dullness.
matilla (botánica) | shrub.
matiz | nuance | shading | tinge | shade.
matiz (color) | tone.
matiz (colores) | hue.
matizado (baño de teñir) | shading.
matizado de colores | color matching.
matizar | shade (to) | tint (to).
matizar (teñido) | shade (to).
matoomba (Diospyros mespiliformis) | West African ebony.
matoomba (Diospyros mespilliformis) | uhu.
matorral | brush | brake | bush | scrub | moor.
matoso | bushy.
matraca | black jack | flapper.
matraz | flask | balloon flask | boiling bulb | globular flask | bulb.
matraz (química) | balloon.
matraz de aforación | volumetric flask.
matraz de cuello largo | long-necked ballon | long-necked balloon.
matraz de destilación | distilling-flask | distillating flask.
matraz de destilación fraccionada | fractionating flask.
matraz de destilación fraccionada (química) | fractional distillation flask.
matraz de ensayador | assayer's matrass.
matraz de fondo redondo | round-bottomed flask.
matraz de gas (química) | gas balloon.
matraz de lavado | wash bottle.
matraz Erlenmeyer | conical flask.
matraz graduado | graduate | measuring flask.
matraz graduado (química) | graduated flask.
matraz tarado | tared flask.
matriarquía | matriarchy.
matricero | mould maker.
matrices centroalabeadas | centroskew matrices.
matrices centrosimétricas | centrosymmetric matrices.
matrices conformables | conformable matrices.
matrices de amplitud cuadrática | mean-square amplitude matrices.
matrices de barras cruzadas | crossed-rod matrices.
matrices de clasificación en cadena | chain list matrices.
matrices de codificación | encoding matrices.
matrices de cuaterniones | quaternion matrices.
matrices de espín | spin matrices.
matrices de la corona de diamantes (trépano de sondeo) | crown matrices.
matrices de madera para la industria del calzado y del papel | wooden punching blocks for the shoe and paper industry.
matrices de permutación | permutation matrices.
matrices de puntos de cruce formados por relés sellados | reed cross point matrices.
matrices de señales de entrada (calculadoras) | triggering matrices.
matrices de tránsito intercalado (calculadora electrónica) | woven-screen matrixes.
matrices de un conjunto cerrado | loop-set matrices.
matrices del espín de Pauli | Pauli spin matrices.
matrices desarrolladas (matemáticas) | expanded matrices.
matrices doblemente estocásticas | doubly-stochastic matrices.
matrices electromoldeadas | electroformed matrices.
matrices en V | V-shaped dies.
matrices escalonadas | echelon matrices.
matrices espectrales | spectral matrices.
matrices holomórficamente semejantes | holomorphically similar matrices.
matrices infinitas asociativas | associative infinite matrices.
matrices infinitas teniendo un número finito de líneas y columnas | row-and-column finite infinite matrices.
matrices lambda (matemáticas) | lambda matrices.
matrices modales | modal matrices.
matrices no negativas | nonnegative matrices.
matrices para discos gramofónicos | gramophone record matrices.
matrices para las coronas de perforación adiamantadas | matrices for diamond drill crowns.
matrices traslativas | translative matrices.
matrices triangulares infinitas | infinite triangular matrices.
matrices unimodulares | unimodular matrices.
matricial | array type.
matrícula | licence | registry | register | roll.
matrícula de una aeronave | registration of aircraft.
matriculable | registrable.
matriculación | registering.
matriculación (de estudiantes) | enrollment.
matriculado | registered | sequentially numbered | serially numbered | licensed.
matricular | register (to) | register number (to) | list (to) | enroll (to).
matricular (buques) | register (to).
matricularse | matriculate (to).
matricularse para un curso | enroll for a course (to).
matriculatorio | matriculatory.
matriherital | matriherital.
matrilocal | matrilocal.
matrimonio | marriage.
matripotestal | matripotestal.
matriz | matrix | matrix | stamper | master form | form | former | swage | die mold | array | host crystal | die | hollow die | bottoming die.
matriz (biología) | matrix.
matriz (circuitos impresos) | master.
matriz (copias, etcétera) | master.
matriz (cheques, etc.) | stub.
matriz (de perforación) | punching die.
matriz (de punzón) | bolster.
matriz (litografía) | mat.
matriz (matemáticas, metalurgia) | matrix.
matriz (medicina) | womb.
matriz (para fundir tipos de imprenTA) | mould (G.B.).
matriz (para tipos de imprenta) | mold (EE.UU.).
matriz (tipografía) | font.
matriz acicular | acicular matrix.
matriz adjunta | adjoint of a matrix | adjugate matrix.
matriz adjunta de una matriz | adjoint matrix of a matrix.
matriz aleatoria | random matrix.
matriz anular para fabricar tubos de grés | dod.
matriz arcillosa | argillaceous matrix.
matriz bruñidora | burnishing die.
matriz caliza | calcareous matrix.
matriz casi martensítica | quasi-martensitic matrix.
matriz cero | zero matrix | null matrix.
matriz cerrada | closed array.
matriz circuital | circuit matrix.
matriz codificada en binario | binary coded matrix.
matriz colega | colleague matrix.
matriz compañera de la ecuación | companion matrix of the equation.
matriz compuesta | sectional die.
matriz con partículas | particulated matrix.
matriz conformadora | forming matrix | forming die.
matriz cristalina | crystalline matrix.
matriz cúbica de caras centradas con muchas fallas (aleaciones, cristalografía) | highly faulted face centred cubic matrix.
matriz curadora | curing matrix.
matriz de acero endurecible por descomposición austenítica | matrix of steel hardenable by austenitic decomposition.
matriz de adyacencia | adjacency matrix.
matriz de aluminio reforzada con fibras de boro | boron fiber-aluminum matrix.
matriz de aprendizaje | learning matrix.
matriz de barras cruzadas (calculadora analógica) | crossbar.
matriz de cobalto | cobalt matrix.
matriz de conmutación (telefonía) | switching matrix.
matriz de correlación | correlation matrix.
matriz de corte | cutoff die.
matriz de creación | creation matrix.
matriz de curvar | bending die.
matriz de diamantes | bit-crown metal.
matriz de dispersión | dispersion matrix | scattering matrix.
matriz de dispersión de polarización | polarization scattering matrix.
matriz de embutir | drawing die.
matriz de ensanchar | bulging die.
matriz de entrada cónica | conical-entry die.
matriz de estereotipia | flong.
matriz de estructuras | array of structures.
matriz de ganancia | payoff matrix.
matriz de grano grueso (petrología) | coarse-grained matrix.
matriz de Hermite | hermitian matrix.
matriz de hilo soldado | welded-wire matrix.
matriz de identidad | identity matrix.
matriz de intercorrelación (matemáticas) | intercorrelation matrix.
matriz de labios | lipped die.
matriz de ligazón | bonding matrix.
matriz de líneas finitas | row-finite matrix.
matriz de masa | mass matrix.
matriz de masa asociada | added mass matrix.
matriz de memoria | memory array.
matriz de memoria tejida | woven memory matrix.
matriz de momentos | moment matrix.
matriz de núcleos magnéticos | magnetic core matrix.
matriz de orden N | N × N matrix.
matriz de pagos | payoff table | payoff matrix.
matriz de pagos de utilidad | utility payoff table.
matriz de parámetros de impedancia a circuito abierto | open-circuit impedance-parameter matrix.
matriz de parámetros Z | Z-parameter matrix.
matriz de perlita | pearlite matrix.
matriz de permutación (informática) | permutation matrix.
matriz de pesadumbre | regret matrix.
matriz de punzón | plunger die.
matriz de punzonar | blanking die.
matriz de recortar | trimming die.
matriz de recurrencia | recurrence matrix.
matriz de registros asociativos | associative array registers.
matriz de rigidez | stiffness matrix.
matriz de tipo | type die.
matriz de tipo de puerta | gating matrix.
matriz de toros | core matrix.
matriz de tráfico de estación a estación | station to station traffic matrix.
matriz de tráfico de haz a haz | beam to beam traffic matrix.
matriz de transición | transition matrix.
matriz de trefilar (alambres) | die.
matriz de triple diagonal (matemáticas) | triple diagonal matrix.
matriz de un nudo (matemáticas) | knot matrix.
matriz de una sola fila | single-rowed matrix.
matriz de varianza-covarianza (estadística) | variance-covariance matrix.

matriz de yeso | plaster mould.
matriz de 3 × 3 distinta de cero (álgebra) | nonzero 3 × 3 matrix.
matriz decodificadora | decode matrix.
matriz del cheque | voucher cheque.
matriz del ligante | bond matrix.
matriz del recorrido | path matrix.
matriz del trépano | bit-crown metal.
matriz densa prensada en caliente | dense hot pressed matrix.
matriz descifradora | decoding matrix.
matriz descifradora de operación | operation decoding matrix.
matriz desgastable | wearable matrix.
matriz desintegrante | disintegrating matrix.
matriz diagonal | diagonal matrix.
matriz dinámica | dynamical matrix.
matriz dominante | dominant matrix.
matriz en laca | lacquer master.
matriz en que una potencia es positiva | power-positive matrix.
matriz escalar | scalar matrix.
matriz estampa | bed die.
matriz ferrítica | ferritic matrix.
matriz formada de un cierto número de submatrices (álgebra) | partitioned matrix.
matriz formadora | forming matrix.
matriz gamma prima (aleaciones) | matrix gamma-prime.
matriz granofídica | granophyric matrix.
matriz guía de perforación | punch stripper.
matriz hemisimétrica | skew-symmetric matrix | skew matrix.
matriz hermitiana | hermitian matrix.
matriz Hermítica | self-adjoint matrix.
matriz infiltrada | infiltrated matrix.
matriz inversa | matrix inverse.
matriz involutiva | involutory matrix.
matriz jacobiana | jacobian matrix.
matriz lodosa | muddy matrix.
matriz lógica programable | programmable logic array.
matriz martensítica | martensitic matrix.
matriz metálica | metallic matrix | metal matrix.
matriz negativa | master.
matriz no singular | nonsingular matrix.
matriz oblicua | skew matrix.
matriz operativa | operational matrix.
matriz para alfarería | dod.
matriz para colada a presión | die-casting die.
matriz para duplicación por alcohol | image master for spirit duplication.
matriz para estampar en caliente | swaging die.
matriz para extraer remaches | rivet cup.
matriz para fundir (tipografía) | casting matrix.
matriz para fundir tipos | type mold.
matriz para mimeógrafo | stencil.
matriz pentadiagonal | pentadiagonal matrix.
matriz perlítica | pearlitic matrix.
matriz positiva (electroplastia) | positive matrix.
matriz principal | paramount matrix.
matriz propia | eigenmatrix.
matriz rebordeadora (chapas) | curling die.
matriz recíproca | inverse matrix | reciprocal matrix.
matriz reforzada | backed stamper.
matriz superior | paramount matrix.
matriz térmica | thermal stencil.
matriz termográfica al alcohol | thermographic spirit master.
matriz test (cálculo matricial) | test matrix.
matriz transformada martensíticamente | martensitically transformed matrix.
matriz transpuesta | transposed matrix.
matriz tres × tres | three-by-three matrix.
matriz triangular (matemáticas) | triangular matrix.
matriz tridiagonal | tridiagonal matrix.
matriz unidad | unit matrix.
matriz unidad de segundo orden | unit matrix of size 2.
matriz vítrea | glassy matrix.
matriz vitrolitoidal | glassy-lithoidal matrix.
matriz zoogleal | zoogleal matrix.
matrizar | die out (to) | die-forge (to) | matrix (to) | drop-forge (to).
matroclinia | matrocliny.
matrona (aduanas) | matron.
maula | malingerer.
mauler | mauler.
mavar (microondas) | mavar.
maxilar | maxilla.
maxilares | maxillae.
maxilífero (zoología) | maxilla-bearing.
maxilofacial | maxillofacial.
máxima (música) | maxime.
máxima admisión (reguladores vapor) | all-out.
máxima avenida (hidráulica) | peak discharge.
máxima avenida (ríos) | high water flood | peak discharge.
máxima carga permitida (máquinas) | rating.
máxima distancia de transporte sin sobreprecio (tierra de excavaciones) | free haul.
máxima elevación (cañón) | elevation limit.
máxima pendiente admisible | limiting gradient.
máxima percepción de impuestos | highest scale of taxation.
máxima postura | outbidding.
máxima presión en el momento crítico | peak overpressure.
máxima tensión progresiva del ánodo | peak forward anode voltage.
máxima velocidad | full bore.
maximalidad (matemáticas) | maximality.
maximalismo | maximalism.
maximalista | maximalist.
maximín (estadística) | maximin.
maximización | maximization.
maximizar | maximize (to).
máximo | high.
máximo (geología petrolera) | high.
máximo (hidrogramas) | crest segment.
máximo (mecánica) | ultimate.
máximo accidente previsible | maximum credible accident | design basis accident.
máximo aprovechamiento de | making the best of.
máximo común divisor | greatest common divisor | highest common divisor | highest common factor.
máximo de concentración | concentration maximum.
máximo de intensidad (electricidad) | current loop.
máximo de todos los tiempos pasados | all-time high.
máximo error posible de lectura | maximum possible readout error.
máximo error probable de lectura | maximum probable readout error.
máximo histórico | all-time high.
máximo magnético | magnetic high.
máximo relativo (funciones) | local maximum.
máximo retroceso | recoil limit.
máximo sobreimpulso | maximum overshoot.
máximo y mímino (calibres de tolerancias) | go in and not go in.
máximo y mínimo (calibre de tolerancia) | go on and not go on.
máximo y mínimo (calibres de tolerancia) | go and not go.
máximos de avenidas probables de 30 años (ríos) | probable 30-yr flood peaks.
maxvelio (unidad de flujo magnético) | maxwell.
maxwell | maxwell.
maxwelliano | Maxwellian.
mayal | flail.
mayeútica | maieutics.
mayólica | majolica.
mayor | major.
mayor de clientes | customers' ledger.
mayor de edad | major.
mayor de proveedores | suppliers ledger.
mayor dentro que fuera | higher inside than out.
mayor error | largest error.
mayor espesor en eje medio que en los bordes (chapas) | crown.
mayor que lo normal | larger-than-normal.
mayoral | head shepherd | overseer | foreman.
mayorante (matemáticas) | majorant.
mayorante estrellado (matemáticas) | starlike majorant.
mayorazgo | entailed estate | entail.
mayorazgos | entailed state.
mayordoma (buques) | stewardess.
mayordomia | butlerage | stewardship.
mayordomía (oficina) | steward's office.
mayordomo | butler.
mayordomo (buques) | steward.
mayordomo de oficiales | officers' steward.
mayoría absoluta | bare majority | clear majority.
mayoría de compradores | buyers over.
mayoría de edad | lawful age.
mayoría de votos abrumadora | landslide.
mayoría de 1 voto | one-vote majority.
mayoría simple (votaciones) | simple majority.
mayorista | jobber | wholesaler | wholesale dealers.
mayorista (comercio) | merchant middleman.
mayorista de diamantes que vende directamente a los consumidores | diamond dealer | diamond broker.
mayorista de estanterías | rack jobber.
mayorista en una amplia serie de productos | full function wholesaler.
mayorista independiente | independent wholesaler.
mayoristas turísticos | tours operators.
mayorización (matemáticas) | majorization.
mayormente | largely.
mayúsculas y versalitas | cap and small caps.
maza | club | iron hammer | beetle | beating beater.
maza (arma) | maul.
maza (de trapiche) | grinding roll.
maza (de trituradora, de trapiche) | roll.
maza (martillo pilón) | tup | hammer-head hammer tup.
maza (martillo pilón, martinete) | ram.
maza (para clavar pilotes) | monkey.
maza (zoología) | clava.
maza alimentadora (caña de azúcar) | feed-roll.
maza bagacera | bagasse roll.
maza cañera (azúcar) | cane roll.
maza de descarga (maza bagacera - azucar) | discharge roll.
maza de hierro | mallet.
maza de martinete | hammer.
maza de trapiches | mill roll.
maza del martinete | beetle-head.
maza desmenuzadora | crusher roll.
maza fusiforme (zoología) | fusiform clava.
maza para empedrar | commander.
maza para enderezar carriles | gag.
maza trituradora | breaking head | bucking hammer | crushing head.
maza trituradora (triturador) | muller.
mazar (la leche) | churn (to).
mazarota | rising head | riser | feeding head | deadhead | shrink-head | head | sinking-head descard head | header | settling head | sprue | runner | runner head | shrinkage head | feedhead | feeder head | feeder | sullage head | lost head.
mazarota (lingotes) | discard.
mazarota (metalurgia) | sinkhead.
mazarota caliente (lingoteras) | hot top.
mazarota caliente caldeada con gas | gas-heated hot-top.
mazarota ciega | blind riser.
mazarota de cámara depuradora | whirl-gate head.

mazarota de mayor tamaño que el normal | special discard.
mazarota esponjosa (lingotes) | spongy top.
mazarota porosa (lingotes) | rising top.
mazarota refractaria | hot-top sink head.
mazarota refractaria (lingoteras) | hot top.
mazarota refractaria de lingotera | ingot mold hot top.
mazarotaje | hot topping.
mazarotaje (metalurgia) | risering.
mazarotaje (moldería) | gating.
mazo | maul | bundle | mall | stamper | striker | hammer.
mazo (bocartes) | lifter.
mazo (de plomero) | bat.
mazo acanalado para aforrar cables (marina) | serving mallet.
mazo con cabeza de hierro | driving-iron.
mazo de alambres | wiring harness.
mazo de almadeneta | stamp shoe.
mazo de billetes | pack of notes.
mazo de cables | cable package.
mazo de calafate | hawsing beetle | hawsing mallet | caulking mallet.
mazo de calafatear | reeming beetle.
mazo de cara acanalada (para majar el lino) | bott hammer.
mazo de conductores (electrotecnia) | bundle conductor.
mazo de cuero | hide mallet.
mazo de doblador | doubling hammer.
mazo de embutir (cerradura) | inlay hammer.
mazo de engastar | chasing mallet.
mazo de madera | beetle.
mazo de madera con caras revestidas de caucho | rubber-faced mallet.
mazo de madera forrado de plomo | leaden-headed mallet.
mazo de madera zunchado | ironbound mallet.
mazo de moldeador | caster's mallet.
mazo de pintarrasear | setting maul.
mazo de plomero | lead-dresser | dresser.
mazo de plomo | lead hammer.
mazo de quebrantadora | crusher head.
mazo de sombrerero | beater.
mazo de velero | commander.
mazo para chapistas | panel beaters' mallet.
mazo repujador | bossing mallet.
mazo y cincel | mallet and chisel.
mazorca | ear.
mazorca de maíz | cob.
mazorca de maíz verde | green corn.
mazorra | block beetle.
mazudo | clavate.
mchenga (Isoberlinia globifera) | m'chenga.
meandriforme | meandriform.
meandro | bend-nose | meander.
meandro (ríos) | bend | loop.
meandro divagante | flood-plain meander.
meandro en forma de herradura | oxbow | crescentic lake.
meandro encajonado | intrenched meander | entrenched meander.
meandro encajonado (ríos) | incised meander.
meandro profundizado por rejuvenecimiento | entrenched meander.
meandro profundizado por rejuvenecimiento (ríos) | incised meander.
meandro recortado | cutoff meander.
meandros (ríos) | links | windings.
meatal | meatal.
meato | meatus | passage.
mecadamizada (carreteras) | metalled.
mecánica (ciencia) | mechanics.
mecánica anatómica | anatomical mechanics.
mecánica aplicada | applied mechanics.
mecánica celeste | celestial mechanics.
mecánica cuántica | quantum mechanics.
mecánica cuántica probabilística | probability-based quantum mechanics.
mecánica de automóviles | auto mechanics.
mecánica de fracturas rápidas | fast fracture mechanics.
mecánica de la técnica de la reentrada | re-entry engineering mechanics.
mecánica de las rocas | rock mechanics.
mecánica de suelos | soil mechanics.
mecánica del plano | plane mechanics.
mecánica dinámica de las rocas | dynamic rock mechanics.
mecánica estadística del equilibrio | equilibrium statistical mechanics.
mecánica fisicoquímica | physicochemical mechanics.
mecánica matricial | matrix mechanics.
mecánica ondulatoria | wave mechanics.
mecánica orbital | orbital mechanics.
mecánica plana | plane mechanics.
mecánica racional | analytic mechanics | abstract mechanics | pure mechanics | rational mechanics.
mecánicamente frágil | mechanically fragile.
mecánicamente robusto | mechanically-rugged.
mecanicismo | mechanicism.
mecanicista | mechanist.
mecánico | mechanical.
mecánico (de avión, de taller) | engineer.
mecánico (obrero) | mechanic.
mecánico ajustador | fitter | artificer.
mecánico automovilista | motor mechanic.
mecánico de a bordo | flight engineer.
mecánico de a bordo (aviones) | flight mechanic.
mecánico de a bordo con su cuadro de instrumentos (aviones) | panel operator.
mecánico de astillero | yard mechanic.
mecánico de aviación | mechanic | aircraft mechanic.
mecánico de aviación (G.B.) | fitter.
mecánico de avión | ack emma.
mecánico de dirigible | airship engineer.
mecánico de entretenimiento de aeronaves | aircraft maintenance engineer.
mecánico de telares | loom fixer.
mecánico del interior (minas) | pitman.
mecánico dentista | dental mechanic.
mecánico en tierra (aviación) | grease monkey.
mecánico en vuelo | flight engineer.
mecánico especializado | skilled mechanic.
mecánico que atiende al buen servicio de trépanos y herramientas | drill doctor.
mecánico que instala y maneja las armas de un avión | aviation ordnanceman.
mecánico que trabaja en un campo de aviación | lineman.
mecánico relojero | horological engineer.
mecánico reparador | repair mechanic.
mecánico-ametrallador (aeroplanos) | engineer-gunner.
mecánico-jefe | master mechanic.
mecanimso para arriar botes | boat-releasing gear.
mecanismo | mechanism | work | system | action | movement | gadget | device | gearing | gear | gear.
mecanismo (de reloj) | movement.
mecanismo (de transmisión, de funcionamiento) | drive.
mecanismo a brazo | hand-power gear.
mecanismo a brazo de la puntería azimutal (cañones) | hand-operated training gear.
mecanismo a brazo de la puntería en elevación | hand elevating gear.
mecanismo accionador | drive mechanism.
mecanismo accionador de la barra reguladora | control-rod drive mechanism.
mecanismo accionador de la mesa | table-actuating mechanism.
mecanismo accionador del receptor de puntería azimutal | training receiver operative gear.
mecanismo activado (por paso de corriente eléctrica o por magnetismo) | live mechanism.
mecanismo afinante del grano (metalurgia) | grain-refining mechanism.
mecanismo aforador | meter mechanism.
mecanismo alimentador automático | automatic feeding motion.
mecanismo alimentador automático de la trama (tejeduría) | automatic weft supply mechanism.
mecanismo alimentador de canillas | bobbin feed gear.
mecanismo alimentador hidromecánico | hydromechanical feed mechanism.
mecanismo alimentatrama | weft-replenishing device.
mecanismo analizador del paralaje | parallax-analyzing mechanism | parallax analyzing mechanism.
mecanismo antidistorsión | antidistortion device.
mecanismo antirrastra (rastreo minas) | antisweeping device.
mecanismo aplicador de la carga | load-applying mechanism.
mecanismo arrancador | drawing-off motion | detached motion.
mecanismo arrancador (peinadora Heilmann) | piercing-up motion.
mecanismo arrollador de la mecha (cardas) | balling head.
mecanismo arrollador del tejido (telares) | takeup motion.
mecanismo arrollador directo (telares) | direct take-up motion.
mecanismo arrollador oscilante | oscillating draw-off motion.
mecanismo arrollador positivo (telar) | positive takeup motion.
mecanismo articulado | linkage | link mechanism | mechanical linkage.
mecanismo articulado abierto | open linkage.
mecanismo articulado cruzado | crossed linkage.
mecanismo articulado de paralelas | parallel linkage.
mecanismo articulado isósceles | isosceles linkage.
mecanismo atacador (cañón) | rammer mechanism.
mecanismo autoconectador | autosetting mechanism.
mecanismo automático | automaton.
mecanismo automático de desembrague | automatic disengaging motion.
mecanismo automático de transmisión de señal horaria | automatic time signal transmitting mechanism.
mecanismo automático del comercio exterior por libre circulación de las divisas | price specie-flow mechanism.
mecanismo autorreconectador | auto-setting mechanism.
mecanismo autorreposicionador | auto-setting mechanism.
mecanismo barrelizador para torneo de pistones | barreling mechanism for piston turning.
mecanismo basculador | tilting mechanism | tripping mechanism.
mecanismo batirregulador | depth-controlling mechanism.
mecanismo buscablancos | target-seeking device.
mecanismo calculador | computing gear.
mecanismo cardánico | gimballing mechanism.
mecanismo cargador | loading gear.
mecanismo compensador | relieving gear.
mecanismo compensador del desgaste | wear compensating mechanism.
mecanismo comprobador | testing gear.
mecanismo concoidal | conchoidal mechanism.
mecanismo contador | counter | counting mechanism | meter mechanism | measuring motion.
mecanismo contador del número de ejes que pasan por un sitio | axle-counting device.
mecanismo contra la pérdida de velocidad (aviones) | antistall gear.
mecanismo controlado por programa | program-controlled mechanism.
mecanismo controlador de la variación |

rate-controlling mechanism.
mecanismo copiador hidráulico | hydraulic-copying mechanism.
mecanismo corrector | corrector gear.
mecanismo corrector de inclinación de la plataforma | tilt correction gear.
mecanismo corrector del centrado (aviones) | trim-correcting mechanism.
mecanismo cronometrador | time-marking mechanism.
mecanismo de abertura de las valvas del cucharón | dipper trip mechanism.
mecanismo de accionamiento de la bomba | pump-control gear.
mecanismo de accionamiento de la bomba de presión del aceite | pressure-oil pump-drive gear.
mecanismo de accionamiento del cerrojo (cañon) | gate operating mechanism.
mecanismo de accionamiento del cierre | breech operating gear.
mecanismo de accionamiento del eje de levas | camshaft driving gear.
mecanismo de acciones solidarizadas | interlocking gear.
mecanismo de aferramiento | grip gear | griping gear.
mecanismo de ajuste | setworks.
mecanismo de ajuste de la chumacera de empuje | thrustblock adjusting gear.
mecanismo de ajuste preciso del paso (hélice paso modificable) | pitch-fining mechanism.
mecanismo de alarma | alarm.
mecanismo de alcances | range gear.
mecanismo de alimentación | feed work | feed motion | feed gear | feed mechanism | infeed mechanism.
mecanismo de alimentación de botones (hilos con botones) | knopping motion.
mecanismo de alimentación micrométrico | micrometer workfeed mechanism.
mecanismo de alimentación reversible | reversing feed motion.
mecanismo de alta presión | high-pressure gear.
mecanismo de alza | sighting gear.
mecanismo de alza (tejeduría) | lifting motion.
mecanismo de alza (telares) | raising motion.
mecanismo de amantillado | luffing gear.
mecanismo de amantillar (mecanismo para variar la inclinación del brazo - grúas) | derricking mechanism.
mecanismo de angulación (giroscopio, torpedos) | angling gear.
mecanismo de antivibración | antivibration gear.
mecanismo de apriete | gripping mechanism.
mecanismo de armado (de espoletas, de minas, etc.) | arming device.
mecanismo de armar (el percutor) | cocking mechanism.
mecanismo de arranque | drawing-out motion.
mecanismo de arranque (motores) | manoeuvring gear.
mecanismo de arranque del giroscopio | gyro starting gear.
mecanismo de arranque por contactor | contactor starting gear.
mecanismo de arrastre de barra de control | control rod drive.
mecanismo de arrastre de la cinta | tape feedout mechanism.
mecanismo de arrastre del cuadrante | dial driver.
mecanismo de arrastre del papel | automatic carriage.
mecanismo de arrastre magnético | magnetic-drag mechanism.
mecanismo de aspiración | induction gear.
mecanismo de autoinversión | automatic reversing gear.
mecanismo de avancarga (cañones) | muzzle charging gear.
mecanismo de avance | feed gear | traveling gear | travel mechanism | let off motion.
mecanismo de avance (máquina herramienta) | infeed mechanism.
mecanismo de avance (máquinas) | pacing device.
mecanismo de avance (máquinas herramientas) | feed mechanism | feed control.
mecanismo de avance de la barra | bar-feeding mechanism.
mecanismo de avance de la cadena | chain feed motion.
mecanismo de avance de la tela (telar) | drawoff motion.
mecanismo de avance del electrodo (electrohornos) | electrode feed mechanism.
mecanismo de avance máquinas herramientas) | feed work.
mecanismo de avance mecánico (tornos) | power-traversing gear.
mecanismo de avance por cremallera (máquina herramienta) | rack feed gear.
mecanismo de avance transversal (torno) | surfacing gear.
mecanismo de báscula | trip gear.
mecanismo de báscula (mechera) | reversing motion.
mecanismo de biela y balancín | crank-and-rocker mechanism.
mecanismo de biela y manivela | slider-crank mechanism.
mecanismo de biela y patín | crank gear.
mecanismo de cambio | change-over mechanism.
mecanismo de cambio de cajas | change box motion.
mecanismo de cambio de lizos | harness change gear.
mecanismo de cambio de marcha | reversing gear | reversing motion | reverse gear.
mecanismo de cambio de marcha de engranajes cónicos | bevel wheel reversing gear.
mecanismo de cambio de marcha electromagnético | electromagnetic reversing gear.
mecanismo de cambio de marcha neumático | pneumatic reversing gear.
mecanismo de cambio de marcha por engranajes | wheel reversing gear.
mecanismo de carga (cañón) | loader.
mecanismo de carga automático | automatic loading mechanism.
mecanismo de carga del cañón | gun loading-gear.
mecanismo de caza (telar) | picking mechanism.
mecanismo de caza con látigo (tejeduría) | overpicking mechanism.
mecanismo de centrado de puntería en dirección (cañón) | train centering mechanism.
mecanismo de cerrojo | bolt mechanism.
mecanismo de ciclo regulado | controlled-cycle mechanism.
mecanismo de cierre | closing mechanism.
mecanismo de cierre (armas) | breech action.
mecanismo de cierre (cañones) | breech mechanism.
mecanismo de cierre (electricidad) | gate operator.
mecanismo de cierre automático | auto-lock device.
mecanismo de cierre de bloque de superficie lisa (cañones) | plain surface block type breech mechanism.
mecanismo de cierre de cuña vertical (cañón) | sliding block type breech mechanism.
mecanismo de cierre de tornillo troncónico (cañón) | ogival breech mechanism.
mecanismo de compuerta | gate gear.
mecanismo de conos de fricción | cone gear.
mecanismo de contramanivela | drag-link mechanism.
mecanismo de control | control rod drive (CRD) | control drive.
mecanismo de control para la guía automática al blanco (cohetes) | go-getter.
mecanismo de corrección de deriva (artillería) | deflection gear.
mecanismo de corrección del balance (tiro naval) | antiroll correction gear.
mecanismo de corte de la potencia de elevación (cañones) | elevation cut-off gear.
mecanismo de crecimiento por capas | layer-growth mechanism.
mecanismo de cremallera | rack work.
mecanismo de cruz de Malta | Geneva mechanism | Maltese cross mechanism.
mecanismo de cuadrilátero articulado | four-link mechanism.
mecanismo de cuña | wedge gear.
mecanismo de dar ángulo (giroscopio, torpedos) | angling gear.
mecanismo de dar fuego | firing switch | firing gear.
mecanismo de dar fuego (cañón) | firing mechanism.
mecanismo de defensa biológica | biological defense mechanism.
mecanismo de desahogo de la válvula de seguridad | safety valve easing gear.
mecanismo de desconexión | releasing mechanism | relieving mechanism | releasing gear | disconnecting gear.
mecanismo de desconexión automática | knockoff motion.
mecanismo de desconexión para sobrevelocidad | overspeed trip mechanism.
mecanismo de desconexión ultrarrápida | snap action mechanism.
mecanismo de desembrague | releasing mechanism | disconnecting gear | disengaging gear.
mecanismo de desembrague (prensas) | kickoff mechanism.
mecanismo de desenganche | kick-out mechanism | trip gear | trip mechanism.
mecanismo de desenganche automático retardado | delayed automatic tripping device.
mecanismo de desplazamiento excéntrico | coulier brake mechanism.
mecanismo de desplazamiento lateral | offset.
mecanismo de desplazamiento lateral del bastidor (aserraderos) | carriage receder.
mecanismo de desprendimiento de la mina submarina | mine-release mechanism.
mecanismo de despuntado (selfactina) | backing-off motion.
mecanismo de despuntado (selfactinas) | back-off motion.
mecanismo de dirección (autos, cañones, etc.) | steering gear.
mecanismo de dirección (vehículos) | operational gear.
mecanismo de dirección de cremallera y piñón cónico | helical rack-and-pinion steering gear.
mecanismo de disparar giroscópico | gyro-firing gear.
mecanismo de disparo | firing mechanism | kick-out mechanism | snap action mechanism | trigger action | firing gear | firing switch | releasing gear | release.
mecanismo de disparo de montaje automático (del percutor) | automatically-cocked firing mechanism.
mecanismo de disparo de pedal | foot pedal firing mechanism.
mecanismo de disparo montado | armed firing mechanism.
mecanismo de disparo por inercia | inertia type firing mechanism.
mecanismo de disparo por percusión | percussion firing mechanism.
mecanismo de disparo vuelto a montar | recocked firing mechanism.
mecanismo de distribución | distribution gear.
mecanismo de distribución por impulsor | tappet motion.
mecanismo de distribución por válvulas | valve gear.
mecanismo de echazón | jettison gear.

mecanismo de embrague a prueba de falsas maniobras | foolproof clutching mechanism.
mecanismo de empuje (palas mecánicas) | crowding gear.
mecanismo de enclavamiento | interlocking gear.
mecanismo de enclavamiento del atacador mecánico | power rammer interlock gear.
mecanismo de endurecimiento por orden (cristalografía) | order-strengthening mechanism.
mecanismo de enganche | latch gear.
mecanismo de engrane | engaging gear.
mecanismo de entintar | inking apparatus.
mecanismo de entrada | taking-in motion | drawing-up motion.
mecanismo de entrada del carro (selfactina) | drawing-in motion.
mecanismo de entrada en batería (cañones) | runout gear.
mecanismo de entrega | delivery motion.
mecanismo de espesamiento | thickening mechanism.
mecanismo de espulsión | ejection mechanism.
mecanismo de estirado | drawing mechanism.
mecanismo de estiraje | drawing mechanism.
mecanismo de evacuación | eduction gear.
mecanismo de excéntrica | eccentric gear.
mecanismo de expansión | expander.
mecanismo de expansión variable | adjustable expansion gear.
mecanismo de expulsión (telares) | picking motion.
mecanismo de expulsión de manivela | crank picking motion.
mecanismo de expulsión neumático (tejeduría) | pneumatic picking motion.
mecanismo de extracción | extracting mechanism.
mecanismo de extracción de la barra de regulación (reactor nuclear) | control-rod winding mechanism.
mecanismo de extracción de minas de carbón | colliery winder gear.
mecanismo de eyección de la cabina (avión de caza) | canopy ejection mechanism.
mecanismo de falso orillo (telares) | split motion.
mecanismo de fiador de carga y desenganche del émbolo-válvula (máquina-herramienta) | latch-and-fire mechanism | load-and-fire latch mechanism.
mecanismo de fijación (máquinas herramientas) | locating mechanism.
mecanismo de frenaje | arresting gear.
mecanismo de freno | brakegear.
mecanismo de freno totalmente compensado | fully-compensated brake gear.
mecanismo de fuego (artillería) | firing unit.
mecanismo de fuego accionado por la presión | pressure-actuated firing device.
mecanismo de fuego eléctrico | electrically-operated firing gear.
mecanismo de fuego montado | cocked firing unit.
mecanismo de fuelle | bellows device.
mecanismo de giro | sluing gear | bull gear | swinging gear.
mecanismo de giro (brazo grúa) | swinger.
mecanismo de giro (grúas) | slewing gear | slue gear.
mecanismo de giro del brazo | boom swinger.
mecanismo de gobierno | control gear.
mecanismo de gobierno (buques) | steering gear.
mecanismo de gobierno del buque | ship-steering gear.
mecanismo de gobierno desde cubierta (buques) | deck control gear.
mecanismo de gobierno hidráulico a mano (buques) | hand-hydraulic steering gear.
mecanismo de husillo para el avance transversal | screw-type traversing mechanism.
mecanismo de impulsión | driving gear.
mecanismo de iniciación | initiation mechanism.
mecanismo de inserción y recuperación | insertion retrieval mechanism.
mecanismo de introducción | induction gear.
mecanismo de inundación | drowning gear.
mecanismo de inversión | changer | reversing gear.
mecanismo de inversión de marcha | change gear.
mecanismo de inversión del cartón | card reversing motion.
mecanismo de inversión del paso | pitch-reversing mechanism.
mecanismo de inyección | injection gear.
mecanismo de izada | hoisting gear.
mecanismo de izada de la almeja | grab hoisting gear.
mecanismo de izada de la almeja (grúas, dragas) | grabbing hoist gear.
mecanismo de la bomba | pump-gear.
mecanismo de la distribución en el mercado | marketing.
mecanismo de la excéntrica de media presión | intermediate pressure eccentric gear.
mecanismo de la lanzadera | picking motion.
mecanismo de la picada (telares) | picking motion.
mecanismo de la puerta del cenicero (calderas) | damper gear.
mecanismo de la zapata del freno | shoe gear.
mecanismo de las mordazas | nipper motion.
mecanismo de las teclas (piano, órgano) | key-action.
mecanismo de las válvulas | valve action.
mecanismo de lizos de cárcolas perpendiculares (telares) | vertical shedding motion.
mecanismo de los disparadores de la botadura | launching-triggers mechanism.
mecanismo de los excéntricos (telares) | tappet motion.
mecanismo de llamada | retracting gear.
mecanismo de llamada a la posición neutra | return-to-neutral mechanism.
mecanismo de mando | control gear | actuating gear | power unit.
mecanismo de mando de los álabes de la turbina | turbine blade-operating mechanism.
mecanismo de mando del avance | feed-actuating mechanism.
mecanismo de mando del distribuidor | valve gear.
mecanismo de mando del huso | spindle driving gear.
mecanismo de mando del regulador | regulator control gear.
mecanismo de maniobra | rig | actuating gear | manoeuvring gear.
mecanismo de maniobra (de frenos, etc) | rigging.
mecanismo de maniobra (sondeos) | rig.
mecanismo de maniobra de la parrilla (calderas) | grate shaking rigging.
mecanismo de movimiento a mano | hand gear.
mecanismo de movimiento de los hierros (telar para peluches) | pile wire motion.
mecanismo de movimiento intermitente | intermittent motion mechanism.
mecanismo de orientación | training gear.
mecanismo de orientación del oscilador | oscillator training gear.
mecanismo de orillo central (telares) | split motion.
mecanismo de palanca | lever-action | toggle mechanism.
mecanismo de parada | cut-out mechanism | stop gear.
mecanismo de parada automática de término (batán) | full-lap stop motion.
mecanismo de parada automático | automatic stop motion.
mecanismo de parada para caso de rotura del hilo (hilatura) | broken end stop motion.
mecanismo de parada para husada llena | full cop stopping motion.
mecanismo de parada para la husada llena | full cop stop motion.
mecanismo de parada y arranque | stopping-and-starting gear.
mecanismo de paro | arresting gear.
mecanismo de pequeña complejidad | low-complexity mechanism.
mecanismo de piano | piano action.
mecanismo de picada del látigo | pick-over motion.
mecanismo de picada por debajo | pick-under motion.
mecanismo de picada por encima | pick-over motion.
mecanismo de picada por espada | pick-under motion.
mecanismo de precisión | fine mechanism.
mecanismo de presión del portaescobillas | brushgear pressure mechanism.
mecanismo de puesta a cero | return-to-zero gear.
mecanismo de puesta en marcha | starter.
mecanismo de puntería | sighting gear.
mecanismo de puntería del cañón | gunsight gear.
mecanismo de puntería en altura | elevating gear.
mecanismo de puntería en altura de sector dentado | arc-type elevating gear.
mecanismo de puntería en dirección | traversing gear.
mecanismo de puntería en dirección (cañones) | training gear.
mecanismo de puntería en elevación | elevating mechanism.
mecanismo de puntería en elevación (cañones) | laying gear.
mecanismo de puntería estereoscópico (cañones) | stereoscopic trainer.
mecanismo de punterías peligrosas (cañones en buques y aviones) | fire interrupter mechanism.
mecanismo de punterías peligrosas (torres de cañones) | safety firing gear.
mecanismo de reajuste | readjusting mechanism.
mecanismo de regulación de la bomba | pump-control gear.
mecanismo de regulación de la válvula auxiliar | pilot valve control gear.
mecanismo de regulación del electrodo por amplidino | amplidyne electrode regulation gear.
mecanismo de regulación por máquina automática | robot control gear.
mecanismo de relojería | clockwork.
mecanismo de relojería (contadores) | counting train.
mecanismo de relojería para los emisores automáticos (radio) | pip-squeak.
mecanismo de repetición | repeat mechanism.
mecanismo de reposición rápida | quick-make mechanism.
mecanismo de retardo | retardation mechanism.
mecanismo de retracción | retraction gear.
mecanismo de retracción rápida | quick-withdraw mechanism | quick-retracting mechanism.
mecanismo de retroceso | receding mechanism | backup motion | back-off motion | backing-off motion | return gear.
mecanismo de retroceso (cañones) | recoil gear.
mecanismo de retroceso hidráulico de muelle | hydrospring recoil mechanism.
mecanismo de rotación | slewing gear.
mecanismo de rotación a mano | hand turning gear.
mecanismo de rueda con cámaras | chamber-wheel mechanism.
mecanismo de salida | delivery motion | drawing-out motion.
mecanismo de seguridad con aceleración suplementaria | artificially accelerated safety

mechanism.
mecanismo de seguridad para fuego | safety firing gear.
mecanismo de servomando más duro de manejar a medida que aumenta la velocidad (aviones) | feel mechanism.
mecanismo de servorregulación electrónico | electronic servocontrol mechanism.
mecanismo de sondeo | rigging.
mecanismo de succión Venturi | Venturi suction device.
mecanismo de suelta | releasing mechanism.
mecanismo de sujeción del molde (fundición) | pallet.
mecanismo de sujeción extrarrápido | instantaneous clamping mechanism.
mecanismo de telemando | remote control gear.
mecanismo de tijera | scissoring mechanism.
mecanismo de toma de corriente | current collector gear.
mecanismo de toma de profundidad por escandallo | plummet depth taking mechanism.
mecanismo de tornillo sin fin | screw gear.
mecanismo de tornillo y tuerca | screw-and-nut mechanism.
mecanismo de tracción | hauling gear.
mecanismo de tracción (vagones) | draw-gear.
mecanismo de tracción rotatoria | rotary drawworks.
mecanismo de transmisión | actuating gear | driving gear.
mecanismo de transporte de carretón | bogie haulage mechanism.
mecanismo de traslación de la grúa | crane traveling gear.
mecanismo de trinquete | ratchet-motion | ratchet-and-pawl motion | pawl mechanism.
mecanismo de trinquete de palanca | lever ratchet motion.
mecanismo de trinquete del sumergidor | sinker pawling mechanism.
mecanismo de trinquete por leva de fricción | friction cam ratchet motion.
mecanismo de vaivén | back-and-forth motion.
mecanismo de vuelco | tipple.
mecanismo de zafada rápido (remolques) | carpenter stopper.
mecanismo del asdic | asdic gear.
mecanismo del cerrojo (fusiles) | bolt assembly.
mecanismo del distribuidor de alta presión | high-pressure valve gear.
mecanismo del distribuidor de baja presión | low-pressure valve gear.
mecanismo del distribuidor de expansión | expansion valve gear.
mecanismo del distribuidor de expansión (máquinas alternativas de vapor) | expansion gear.
mecanismo del distribuidor de media presión | intermediate pressure valve gear.
mecanismo del esmerilaje (cardas) | grinder motion.
mecanismo del eyector | ejector gear.
mecanismo del freno de mano | hand brake gear.
mecanismo del mando de la inversión | reversing control mechanism.
mecanismo del pulsador | feeler motion.
mecanismo del registro del tiro (chimeneas) | damper gear.
mecanismo del sector | quadrant mechanism.
mecanismo del torno del electrodo (horno eléctrico) | electrode winch gear.
mecanismo dentado | cog mechanism.
mecanismo desarrollador (plegador) | let off motion.
mecanismo desconectador | trip mechanism.
mecanismo desmotador para cardas | card burring motion.
mecanismo detector | detecting gear.
mecanismo detenedor | arresting gear.
mecanismo disparador | striker mechanism.
mecanismo disparador manual | hand trip gear.
mecanismo distribuidor | distributor gear.
mecanismo divisor | indexing device.
mecanismo divisor automático | automatic dividing mechanism.
mecanismo economizador de cartones (telar) | card saving motion.
mecanismo economizador de energía | power-saving gear.
mecanismo eléctrico de disparo | electric firing gear.
mecanismo eléctrico de fuego | electric firing unit.
mecanismo eléctrico para la puntería en altura (cañón) | electrically-driven elevating mechanism.
mecanismo electrocopiador | electric tracing mechanism.
mecanismo elevador | lifting gear | elevating mechanism.
mecanismo elevador de la canilla | bobbin lifting motion.
mecanismo enfriador de recirculación | recirculating cooling device.
mecanismo entrinquetador | pawling mechanism.
mecanismo equilibrador | balancing-gear.
mecanismo espulsor | ejecting mechanism.
mecanismo expulsador | ejector gear.
mecanismo extractor | extracting gear | drawing-out motion.
mecanismo eyector de la bobina | coil ejector gear.
mecanismo eyector de leva | cam ejector mechanism.
mecanismo eyector neumático | air operated ejector mechanism.
mecanismo fijador | clamping gear.
mecanismo flotante de mando | operating float gear.
mecanismo formador | builder motion.
mecanismo formador (de la bobina) | shaper motion.
mecanismo formador de la canilla | copping motion.
mecanismo formador de olas | wavemaker.
mecanismo frenador de cohete | rocket-retaining mechanism.
mecanismo golpeador | rapping gear.
mecanismo graduable | graduable gear.
mecanismo graduador | adjustor.
mecanismo hidráulico | hydraulic gear.
mecanismo hidráulico de avance | hydraulic feed mechanism.
mecanismo hidráulico de disparo | hydraulic firing gear.
mecanismo hidráulico de muelle | hydrospring mechanism.
mecanismo hidráulico para el cambio de paso (hélices) | hydraulic pitch change device.
mecanismo hidráulico para levantar la lumbrera (buques) | hydraulic skylight lifting gear.
mecanismo hidroneumático de retroceso | hydropneumatic recoil mechanism.
mecanismo impresor | printery mechanism.
mecanismo impulsador de cinta | tape drive.
mecanismo impulsador de discos | disk drive.
mecanismo impulsor | drive mechanism | actuating mechanism.
mecanismo impulsor (contadores) | jumper mechanism.
mecanismo inclinador | tilt works.
mecanismo indicador de cuadrante con aguja | clock-face indicating mechanism.
mecanismo indicador de los componentes del viento | wind-resolving mechanism.
mecanismo inferior | undergear.
mecanismo inmunológico | inmunological mechanism.
mecanismo interceptor | shutoff gear.
mecanismo interruptor | interrupting assembly.
mecanismo inversor | shift mechanism.
mecanismo inversor del husillo | spindle-reversing mechanism.
mecanismo Jacquard a paso abierto | open shed jacquard machine.
mecanismo Jacquard a paso oblícuo | clean shedding Jacquard machine.
mecanismo Jacquard de alza sencilla a paso abierto | open shed single lift jacquard machine.
mecanismo jurídico-administrativo | juridical-administrative mechanism.
mecanismo lanzador | throwing mechanism | discharge gear.
mecanismo limitador | overriding mechanism.
mecanismo limitador del sector de tiro (buques) | firing stop mechanism.
mecanismo mandado para la formación de la calada (tejeduría) | positive shedding motion.
mecanismo marcador | marking motion.
mecanismo mezclador | rabbling mechanism.
mecanismo moderador de velocidad al final de la carrera (jaula minas) | overwinder.
mecanismo monocanálico | single-channel mechanism.
mecanismo motor | driving gear.
mecanismo motor articulado | articulated driving mechanism.
mecanismo motor auxiliar | auxiliary driving gear.
mecanismo motorizado de accionamiento de la puerta | motor-operated door-control gear.
mecanismo motorizado de enfoque | motorized focusing mechanism.
mecanismo movido a mano | hand-power gear.
mecanismo multicausal | many-causes mechanism.
mecanismo multiplicador de palanca | lever multiplying mechanism.
mecanismo napador | lap delivery.
mecanismo neumático de cruz de Malta | pneumatic Geneva mechanism.
mecanismo obturador del tragante del alto horno | blast-furnace head-gear.
mecanismo oleoaccionado | oil-operated gear.
mecanismo oleoinversor | oil reversing gear.
mecanismo para abrir puertas | door-opening gear.
mecanismo para arriar botes | boat lowering gear | boat-lowering gear.
mecanismo para bascular a mano | hand-tipping mechanism.
mecanismo para cambiar el paso (hélices) | pitch-changing mechanism.
mecanismo para cambio de tubo (cañones) | hauling back gear.
mecanismo para cerrar la admisión del petróleo combustible (calderas) | fuel-oil shut-off gear.
mecanismo para colocar con los extremos hacia arriba (tubos, etc.) | upender.
mecanismo para compensar el desgaste de la muela abrasiva (rectificadoras) | microsizer.
mecanismo para cortar la potencia de puntería en azimut | training cutoff gear.
mecanismo para dar ángulo al giroscopio (torpedos) | gyro setting gear.
mecanismo para dar bombeo al cilindro (laminadores) | roll cambering mechanism.
mecanismo para dar bombeo en el centro (torno para rodillos de laminador) | cambering mechanism.
mecanismo para descargar una matriz (linotipia) | verge.
mecanismo para el descenso | lowering gear.
mecanismo para el manejo de los elementos combustibles | fuel-element handling gear.
mecanismo para el movimiento transversal | surfacing gear.
mecanismo para evitar que se rebasen los enganches (jaula minas) | overwinding gear.
mecanismo para extraer la pieza troquelada | knockout.
mecanismo para fondear minas (minadores) | laying gear.
mecanismo para impedir la formación de bucles (tejeduría) | antisnarling motion.

mecanismo para izar botes | boat-hoisting gear.
mecanismo para izar el mástil | mast-raising gear.
mecanismo para izar el mástil del esnorkel | snorkel mast raising gear.
mecanismo para la mudada | doffing motion.
mecanismo para levantar el eje | shaft raising motion.
mecanismo para levantar la válvula de seguridad (calderas) | easing gear.
mecanismo para movimientos lentos | creep mechanism.
mecanismo para orientar las palas (turbinas hidráulicas) | blade-feathering gear.
mecanismo para poner de pie una cosa (tubos, etc.) | upender.
mecanismo para poner en fase (motores) | phasing gear.
mecanismo para rearmar el percutor (cañón) | firing pin cocking mechanism.
mecanismo para recuperación de estemples (minas) | sylvester.
mecanismo para retirar la herramienta (torno automático) | tool-relief mechanism.
mecanismo para rociar el carbón | coal sprinkler gear.
mecanismo para roscar cónico | taper chasing mechanism.
mecanismo para tensar una amarradura | lashing gear.
mecanismo para transmisión de potencia | power transmission gear.
mecanismo para variar en carga la relación de transformación (transformadores) | on-load tap-changing gear.
mecanismo para variar la amplitud del movimiento | breakup motion mechanism.
mecanismo paralelizador (telares) | parallel motion.
mecanismo percursor de la carga de profundidad | depth charge pistol.
mecanismo percutor | pistol unit.
mecanismo percutorespoleta (torpedos) | pistol.
mecanismo plano | plane mechanism.
mecanismo portasierras | saw buckle.
mecanismo predictor | predicting mechanism.
mecanismo propulsor de balancín para bote salvavidas | lifeboat hand-propelling gear.
mecanismo protector de sobrecargas | overload protective device.
mecanismo que acciona en vuelo los aparatos electrónicos | aviation electronicsman.
mecanismo que evita el disparo de una ametralladora cuando la pala de la hélice está en la línea de mira (aviones) | interrupter gear.
mecanismo que impide la salida de líquido si no hay debajo un bote dispuesto a recibirlo | no-can-no-fill mechanism.
mecanismo que produce un impulso de salida cuando se han registrado un número predeterminado de impulsos de llegada (electrónica) | scaler.
mecanismo que reacciona a las variaciones meteorológicas | weather-responsive device.
mecanismo receptor | receptor mechanism.
mecanismo recogedor de muestras | sample collecting mechanism.
mecanismo recuperador | counterrecoil mechanism | arrestor gear.
mecanismo reductor de los cartones (tejeduría) | cross-border motion.
mecanismo reductor-inversor | reducing-reversing gear | reversing reducing gear.
mecanismo registrador | clockwork recording | register mechanism.
mecanismo registrador de la posición | position-recording mechanism.
mecanismo registrador de manecilla | index register mechanism.
mecanismo registrador de tinta (telegrafía) | inker.
mecanismo regulador | adjustor | adjustment mechanism | setting mechanism.
mecanismo regulador de la herramienta | toolsetting mechanism.
mecanismo regulador de la profundidad | depth-controlling mechanism | depth setting gear | depth-regulating gear.
mecanismo regulador de la profundidad (cargas antisubmarinas) | depth gear.
mecanismo regulador de la tensión de la urdimbre (telar) | warp letoff motion.
mecanismo rellenador | replenisher mechanism.
mecanismo repetidor (relojes) | repeating work.
mecanismo resistente de resorte (balanzas) | spring resistant mechanism.
mecanismo retardador | retarding gear.
mecanismo retardador (selfactina) | ease-up motion.
mecanismo retractor | retracting gear | hauling back gear.
mecanismo retrocesor | backspacer.
mecanismo sacudidor de la parrilla | grate shaking rig.
mecanismo salvaobstáculos (tiro de torres de buques de guerra) | obstruction clearing gear.
mecanismo seguidor de la aguja | follow-the-pointer mechanism.
mecanismo selector de código | code-selector mechanism.
mecanismo selector teleaccionado | remote control selector mechanism.
mecanismo sercocorrector | servocorrecting mechanism.
mecanismo servomotor | follow-up system.
mecanismo servomotorizado | servomotorized mechanism.
mecanismo sincronizador (tiro a través de la hélice) | interruptor gear.
mecanismo sujetador | clamping gear | gripping mechanism.
mecanismo superior | head-gear.
mecanismo telerrepetidor | telerepeating device.
mecanismo tensor | tension motion.
mecanismo tensor de la cadena | chain tension motion.
mecanismo tirador y arrollador (máquina tejido punto) | takeup motion.
mecanismo tiralizos (telares) | shaft raising motion.
mecanismo tiravira | parbuckling gear.
mecanismo torsiométrico | torque weighing device.
mecanismo totalizador | counter | register | integrating gear.
mecanismo tractor | pulling mechanism.
mecanismo tranportador | conveyor gear.
mecanismo transportador | creeper motion.
mecanismo tridimensional | space mechanism.
mecanismo unicanálico | single-channel mechanism.
mecanismo virador accionado por electromotor | electric-motor-driven barring gear.
mecanismo volcador de tornillo sin fin | screw-tipping gear.
mecanismos | works.
mecanismos de avance y retardo | advance-and-retard mechanism.
mecanismos para evitar pequeños errores cíclicos (talla engranajes) | creep mechanism.
mecanizable | computerizable.
mecanización | computerization | mechanization.
mecanización administrativa | office automation.
mecanización agrícola | farm mechanization.
mecanización de embarcaciones de pesca | mechanization of fishing craft.
mecanización de escotaduras | incutting.
mecanización de la cara de trabajo (minas) | face mechainzation.
mecanización de la documentación | mechanization of documentation.
mecanización de la expedición de billetes | ticket issue mechanization.
mecanización de la playa de clasificación | marshalling-yard mechanization.
mecanización de la producción | mechanization of production.
mecanización del frente de arranque del carbón | coal-face mechanization.
mecanización del servicio postal | postal mechanisation.
mecanización por corte de virutas | chip cutting machining.
mecanización por ultrasonido | ultrasonic machining.
mecanización postal | postal mechanization.
mecanizado | mechanical | machine work | automated.
mecanizado basto | rough machining.
mecanizar | mechanize (to) | computerize (to) | tool (to).
mecanoaccionado | mechanically-operated | mechanically-geared | power-operated | power-assisted | power-actuated.
mecanoaccionamiento | mechanical drive.
mecanoagitador | mechanical shaker.
mecanoatizador (hornos) | mechanical poker.
mecanodetección | mechanical detection.
mecanoeléctrico | mechanoelectrical.
mecanoelectrónico | mecanotronic | mechanoelectronic.
mecanoelectrostático | mechanoelectrostatic.
mecanoenclavamiento | power locking.
mecanoestabilidad | mechanical stability.
mecanoestabilizado | mechanically stabilized.
mecanogenerador de niebla | mechanical fog generator.
mecanografía | typing.
mecanografía al tacto | touch typing.
mecanografiado | typed.
mecanografiado en la máquina de escribir | cut in the typewriter.
mecanografiar | do the typing (to) | typewrite (to) | type (to).
mecanografiar por segunda vez | re-type (to).
mecanógrafo y estenógrafo | typist and stenographer.
mecanógrafo/a | typist.
mecanoguiado | mechanically guided.
mecanoinflador para cámaras | mechanical tire inflator.
mecanolimpiador para tubos | mechanical tube cleaner.
mecanolimpieza | mechanical cleaning.
mecanología | mechanology.
mecanólogo | mechanologist.
mecanomagnético | mechanomagnetic.
mecanomecanismo de cierre | power-closing mechanism.
mecanomórfico | mechanomorphic.
mecanomorfismo | mechanomorphism.
mecanomotriz | mechanomotive.
mecanopulverización | mechanical pulverizing.
mecanoquímico | mechanochemical.
mecanoreceptor | mechanoreceptor.
mecanorregulado | mechanically controlled.
mecanoterapia | mechanotherapy.
mecanotermia | mechanothermy.
mecanotipista (imprenta) | compositor.
mecanotransportador | mechanical conveyor.
mecanotropismo | mechanotropism.
mecanoventilado | mechanically-ventilated.
mecedora | rocker.
mecer | swing (to).
mecerse | sway (to).
mecometría | mecometry.
mecómetro (aparato medidor de distancias) | mecometer.
meconio | meconium.
meconología | meconology.
mecha | fuse | fuze | lighter | match cord | wicking | tenon | match.
mecha (cabrestante) | spindle.
mecha (de fibras textiles) | sliver.

mecha (de hilatura) | roping.
mecha (hilatura) | roving | rove.
mecha (minas) | squib.
mecha (minería) | reed.
mecha (palo de buques) | stump.
mecha Bickford | common fuse | blaster fuse | blasting fuse.
mecha de algodón (tejidos) | cotton roving.
mecha de amianto | asbestos roving.
mecha de engrase | oiling wick | lubricating wick.
mecha de fibra de vidrio | glass roving.
mecha de lámpara | lamp wick.
mecha de lana peinada | worsted roving.
mecha de lino | flax roving.
mecha de seguridad | safety fuse.
mecha de timón de acero forjado | forged steel rudder stock.
mecha de yute | jute roving.
mecha de yute (tejeduría) | jute rove.
mecha del puntal de carga (buques) | derrick gooseneck.
mecha del timón | main piece of rudder | rudder main piece.
mecha del timón (buques) | rudderstock.
mecha detonante | cordeau | detonating fuse | instantaneous fuse.
mecha detonante conteniendo tetranitrato de pentacritritol | cordex.
mecha detonate | primacord.
mecha estirada | drawn-out roving.
mecha fina | fine roving.
mecha gruesa | slubbing.
mecha hueca llena de pólvora | core fuse.
mecha incendiaria fumígena | fumigenic incendiary fuse.
mecha lenta | blasting fuse.
mecha lenta (mecha Bickford) | safety fuse.
mecha ordinaria | common fuse.
mecha rápida | primacord.
mecha sin sacudidas | jerkless running.
mecha tejida | woven roving.
mecha trenzada | wick.
mechazo (barrenos) | miss fire.
mechera (hilatura) | speed frame.
mechera (operaria) | speeder | fly-frame tenter.
mechera (tejeduría) | fly frame.
mechera de bobina adelantada | bobbin lead roving frame.
mechera de gran estiraje | long draft roving frame.
mechera de seda | silk roving frame.
mechera en fino | fine roving frame | fine frame.
mechera en fino (estambre) | dandy rover.
mechera en fino (obrera) | jack-frame tenter.
mechera en fino (operaria) | roving-frame tenter.
mechera en fino (serie de mecheras) | speeder.
mechera en fino (tejeduría) | roving frame | rover.
mechera en fino y superfino | roving jack frame.
mechera en grueso | slubbing head.
mechera en grueso (operaria) | slubber.
mechera en grueso (textil) | slubbing frame.
mechera en grueso de transmisión por conos (lana peinada) | cone finisher.
mechera intermedia | intermediate frame | intermediate roving frame.
mechera para borrilla | bourrette flyer.
mechera para borrilla de seda | bourrette roving frame.
mechera para cáñamo | hemp roving frame.
mechera para gruesos (tejeduría) | slubbing frame.
mechera para lana | billy.
mechera reductora (estambre) | reducer box | reducer.
mechera superfina | jack frame.
mechero (lámparas) | burner.
mechero auxiliar | pilot burner.
mechero cola de paloma | batch wing burner.
mechero de aire o gas (quemadores) | spud.
mechero de Bunsen | Bunsen burner.
mechero de encendido (faroles, etc.) | pilot-jet.
mechero de gas | gas burner | gaslight | gas jet.
mechero de gas de dos agujeros (mechero de cola de pescado-alumbrado) | fishtail burner.
mechero de gas en abanico | fantail.
mechero de inyección de aire | air injection burner.
mechero de lámpara | lamp burner.
mechero de marcha lenta (automóviles) | pilot-jet.
mechero de mariposa | butterfly burner.
mechero de pulverización por aire comprimido | air atomizing burner.
mechero de vapor de petróleo | petroleum-vapor burner.
mechero múltiple oxiacetilénico para desoxidar chapas | flame cleaner.
mechero múltiple oxiacetilénico para desoxidar superficies metálicas | flame brush.
mechero para acetileno | acetylene burner.
mechero para cerrar ampollas | ampoule sealing burner.
mechero para petróleo pulverizado | atomized-oil burner.
mechero para pruebas de características de combustión de gases comerciales | aeration test burner.
mechinal | columbary | putlog.
mechinal (muro de contención) | weephole.
mechinal (muros) | weeper.
mechinal (para viga) | beam aperture.
mechón | slub.
mechón (lana) | lock.
mechón (moldería) | swab.
mechón abierto | open staple.
mechón acodado | bent staple.
mechón afieltrado | felty staple.
mechón claro | clear staple.
mechón con superficie aglutinada | boardy staple.
mechón despuntado | blunt staple.
medalla | medal.
medalla colectiva | group medal.
medalla conmemorativa | memorial medal.
medalla contorniata | contorniate.
medalla de identidad | identity disc.
medalla extranjera | foreign decoration.
medalla incusa | incuse loin.
medalla militar | military medal.
medallero | medal cabinet.
medallista | medallist.
medallón | medallion.
medang (Pithecolobium spp) | medang.
medano | down | dune | sand flood | sand dune.
media | mean.
media (término medio) | medium.
media a priori (estadística) | prior mean.
media anual | annual mean.
media aritmética | arithmetical mean | mean | average.
media aritmética del tamaño de las partículas | particle-size median.
media armónica | harmonic mean.
media armónica ponderada | weighted harmonic mean.
media caña | trochilus.
media caña (arquitectura) | canal.
media caña (cilindro de laminación) | shoulder.
media caña maciza | solid convex bar.
media cercha | half-principal.
media columna que soporta un arco de bóveda | respond.
media consecutiva | running mean | overlapping mean | consecutive mean | moving average.
media contraarmónica | contraharmonic mean.
media cuadrática | quadratic mean | root mean square.
media cúpula | conch.
media de conjunto | ensemble average.
media de la muestra aleatoria | mean of the random sample.
media de la raíz media cuadrada | R.M.S. average.
media de la raíz media cuadrática | RMS average.
media de las diferencias (raíz cuadrada de la media de los cuadrados de las diferencias) | standard deviation.
media de las medias | mean of means.
media de los errores | mean of the errors.
media de números índices relativos | average of relatives index numbers.
media de todos los errores positivos y negativos | average error.
media de trabajo (estadística) | working mean.
media elástica | elastic stocking.
media entibación (marco de un solo pie derecho) | half timbering.
media filiación (de un soldado) | enlistment record.
media frecuencia (300−3.000 kilohertzios) | medium frequency.
media funcional | working mean.
media general | grand mean.
media geométrica | geometric average | geometric mean | mean proportional.
media horaria | hourly average.
media labra (sillería) | rough-hewn.
media ladera | hillside.
media logarítmica | logarithmic means.
media luna (fortificación) | half moon | horning.
media luna contornada (heráldica) | decrescent moon | moon in decrement.
media luna para la mudada (aspado de hilos) | doffing ring.
media malla | gauze heddle.
media malla (calota - tejeduría) | half heddle.
media malla (tejido de gasa de vuelta) | doup.
media malla (tejido gasa de vuelta) | leno heddle.
media mensual de las medias mensuales | monthly average of the monthly averages.
media mezcla (extractor de aceites de semillas) | half miscella.
media móvil | moving average.
media muestral | sample mean | mean of the random sample.
media nacional | national average.
media no ponderada | unweighted mean.
media observada | observed mean.
media palabra (fotocomposición) | half-word.
media pasta (papel) | first stuff.
media ponderada | mean weighted | weighted mean | weighed mean | weighted average.
media portada | post-and-cap.
media portada (entibación minas) | post-and-bar.
media portada (urdidor) | half porter.
media proporcional | mean proportional | geometric mean | proportional mean.
media proporcional aritmética | arithmetical proportion.
media proporcional geométrica | geometrical proportion.
media superior | upper mean.
media supuesta | assumed mean.
media talla (escultura) | half relief.
media tapa (cerámica) | smear.
media total de las pruebas | grand mean of the trials.
media tres cuartos | knee-high stocking.
media velocidad | half-speed.
media vuelta | reversing | half-turn.
media vuelta (milicia) | face about.
media vuelta (tejido gasa de vuelta) | half crossing | half twist.
mediacaña | round.
mediacaña (estría - arquitectura) | furrow.
mediación | intervention | brokerage | arbitration.
mediación ilegal en un pleito de persona indebida | champerty and maintenance.
mediador | composer | compounder.
mediador amigable | amicable compounder.
mediador-defensor de los ciudadanos cerca de la administración del estado | ombudsman.

medial | medial.
mediana | median value | median.
mediana (estadística) | median.
mediana (geometría) | median.
mediana de la distribución muestral | sampling distribution median.
mediana de una serie de lecturas | median of a series of readings.
mediana muestral | sample median.
medianamente resistente a los ácidos | fairly resistant to acids.
medianas en áreas rurales (carreteras) | medians in rural areas.
medianería | party wall | partition wall.
medianería (de un muro) | joint ownership | joint use.
mediánico | medianic.
medianidad | medianity.
medianímico | medianimic.
medianimidad | medianimity.
mediano | medium | mean.
mediante | by means of.
mediante (música) | mediant.
mediante canon | on royalty.
mediante la presión | via pressure.
mediante pago de | on payment of.
medias | stockings | hosiery.
medias con espiga | clocked stockings.
medias de falsa costura | mock seam hose.
medias de hilo | lisle stockings.
medias de lino | linen hosiery.
medias de nilón | nylon hosiery | nylon stocking.
medias de punto | knit stockings.
medias listadas | ribbed hose.
medias menguadas (medias cotton) | full-fashioned hosiery.
medias sin costura | seamless hosiery.
mediatinta | mezzotint.
mediatriz | median line | perpendicular bisector.
mediatriz (matemáticas) | midperpendicular.
medible | gageable.
medicamentar | medicine (to).
medicamento | drug.
medicamentos de libre adquisición | over the counter.
medicamentos inorgánicos | inorganic materia medica.
medicamentos naturalistas | natural remedies.
medicina abierta | open medicine.
medicina aeroespacial | space medicine | aeroastromedicine | aerospace medicine | aviation medicine.
medicina aplicada a la navegación | nautical medicine.
medicina ártica | arctic medicine.
medicina cosmonáutica | aerospace medicine.
medicina dada a un animal vertiéndosela por la boca | drench.
medicina de colectivos | group medicine.
medicina de grupo | group medicine | team medicine.
medicina de los vuelos astronáuticos | space medicine.
medicina física | physical medicine.
medicina laboral | industrial medicine | occupational medicine.
medicina legal | forensic medicine.
medicina molecular | molecular medicine.
medicina nuclear | nuclear medicine.
medicina preparada por el empleo de radioisótopos | atomic medicine.
medicina preventiva | preventive medicine.
medicina relacionada con los problemas de las armas atómicas | atomic medicine.
medicina social | social medicine | socialized medicine.
medicina socializada | state medicine.
medicina veterinaria | theriatrics.
medicinado | medicated.
medicinar | medicine (to).
medición | measuring | measurement | gaging (EE.UU.) | survey | meterage | mensuration | metering.
medición a distancia | remote metering.
medición a escala | scaling.
medición absoluta | absolute measurement.
medición con cuatro puntas de pruebas | four-point probe measurement.
medición con dos sondas | two-probe measurement.
medición con el contador | meterage.
medición con la cinta métrica (topografía) | taping.
medición de comprobación | check measurement.
medición de comprobación (topografía) | tie.
medición de contaminación atmosférica | air contamination meter.
medición de distancias | ranging.
medición de la aniquilación del positrón | positron-annihilation measurement.
medición de la calidad del vapor de agua | steam quality measuring.
medición de la corriente mínima de aire necesario para mantener el cok ardiendo después de su encendido | critical air blast test.
medición de la ganancia en peso | weight-gain measurement.
medición de la línea de base | base-line measurement.
medición de la potencia en el eje | shaft power measurement.
medición de las rugosidades del perfil longitudinal de la pista (aeropuertos) | runway profile measurement.
medición de pérdidas a tierra | ground testing.
medición de piezas redondas | round work measurement.
medición de referencia (topografía) | tie.
medición de todos los ángulos de una estación (vuelta de horizonte - topografía) | closing the horizon.
medición de vibraciones del buque | shipboard vibration measurement.
medición de vida por compensación de desviación (semiconductor) | lifetime measurement by phase-shift compensation.
medición del caudal | discharge measurement.
medición del descentramiento | offset gaging.
medición del espesor | gaging (EE.UU.).
medición del espesor del revestimiento | film thickness gaging.
medición del flujo neutrónico (reactor nuclear) | flux scanning.
medición del tiempo | timing.
medición del trabajo por intervalos cortos | short interval scheduling.
medición electrónica de distancia | electronic distance measurement.
medición electrónica de la humedad | electronic moisture metering.
medición electroóptica | electrooptical measure.
medición en corte (movimiento de tierra) | place measurement.
medición estereoscópica | stereomeasurement.
medición euleriana de la corriente (oceanografía) | eulerian current measurement.
medición exacta | accurate measurement.
medición fotométrica de las tensiones (resistencia de materiales) | photostress.
medición Kelvin | Kelvin measurement.
medición lasérica | laser measuring.
medición microscópica de las indentaciones del probador de durezas | microscopic measurement of hardness tester indentations.
medición por contador de orificio | orifice metering.
medición por cuerda de leña (leña) | cord measuring.
medición por sonda | probe measurement.
medición radárica de distancias | radar distance measuring.
medición radárica de la velocidad (buques) | radar speed measurement.
medición sin contacto físico | noncontacting measurement.
medición torsiográfica | torsiographic measurement.
medición y registro continuo (de una variable) | logging.
mediciones de la reflectancia de incidencia casi normal | near-normal incidence-reflectance measurements.
mediciones de propagación sónica | sonic propagation measures.
mediciones del caudal en las estaciones de aforo | discharge measurements at gaging stations.
mediciones eléctricas | electric metering.
mediciones geodésicas | geodetic surveys.
mediciones geomecánicas | geomechanical measures.
mediciones repetidas | repeatable measurements.
médico | doctor | practitioner | physician.
médico adiestrado para lanzarse con paracaídas | paradoctor.
médico de aviación | flight surgeon.
médico de empresa | company physician.
médico del cuerpo de paracaidistas | paramedic.
médico del seguro de enfermedad | panel doctor.
médico del seguro social | doctor on the panel.
médico general | practitioner.
médico jefe | physician-in-chief.
médico militar | surgeon | medical officer.
médico militar o naval | surgeon.
médico que asiste a una consulta | consultant.
médico que tiene iguala | panel doctor.
médico reconocedor del seguro | insurance examiner.
medida | gauge (G.B.) | size | provision | metering | dimension | mensuration | measuring | measurement | measure | standard.
medida a pasos | pacing.
medida aceptable internacionalmente | internationally-acceptable measure.
medida agraria | land measure.
medida agraria de superficie | township.
medida angular | angular measurement.
medida antiinflacionaria | antiinflationary measure.
medida aritmética ponderada | weighted mean.
medida compensatoria (economía) | countervailing measures.
medida completa | through measurement.
medida con colmo | heaped measure.
medida con el método del puente (cables eléctricos) | loop test.
medida con el radar del ángulo de llegada | radar angle-of-arrival measurement.
medida continua de la temperatura | continuous temperature measurement.
medida de | Riga last.
medida de acidez o alcalinidad de una solución | pH.
medida de altitud igual a mil pies (aviación) | angel.
medida de áridos | dry measure.
medida de capacidad | cubic measure.
medida de capacidad de almacenamiento (1.024 bits - informática) | k-bits.
medida de capacidad para líquidos | liquid measure.
medida de deformaciones | strain gaging.
medida de flete = 0,4645 metros cúbicos | barrel-bulk.
medida de la adherencia | bond measurement.
medida de la altura llena con líquido (depósitos) | innage measurement.
medida de la altura vacía de un depósito (para deducir el contenido real) | outage measurement.
medida de la difusión de la antena | antenna-scattering measurement.
medida de la dispersión de un cristal | abbe value.
medida de la frecuencia | measure of frequency.

medida de la información | measure of information.
medida de la ley de variación | rate measurement.
medida de la longitud en pendientes por cadenadas horizontales (topografía) | stepping.
medida de la microdureza | microhardness measurement.
medida de la presión | measurement of pressure.
medida de la resistencia de un ladrillo a la congelación y descongelación en agua | C/B ratio.
medida de la temperatura del metal licuado | molten metal temperature measurement.
medida de la tendencia central | measure of central tendency.
medida de la variabilidad | measure of variability.
medida de la velocidad | speed measuring.
medida de líquido | puncheon.
medida de líquidos | gill.
medida de longitud | linear measure | long measure.
medida de madera para pasta = 100 pies cúbicos de madera con corteza (papel) | cunit.
medida de peso igual a 2 cwt. | basket.
medida de posición | measure of location.
medida de profundidad | fathom.
medida de protección (electricidad) | fusing.
medida de seguridad | security measure.
medida de superficie | square measure.
medida de tiempos por diferencial | differential timing.
medida de torcimiento (estadística) | measure or skewness.
medida de voltaje (electricidad) | measurement of pressure.
medida de volumen | cubic measure.
medida de 60.000 yardas de hilo | bundle.
medida del abatimiento por electrodos remolcados (navegación marítima) | towed-electrodes wind-current measurement .
medida del alfabeto de una póliza de tipos o matrices (imprenta) | alphabet length.
medida del caudal | flow rate.
medida del caudal inyectando en un líquido en movimiento otro líquido de conductividad eléctrica diferente y observando la variación de la resistencia en dos pares de electrodos sumergidos en la corriente principal | salt-velocity flow measurement.
medida del gasto | flow rate.
medida del pH con electrodo de vidrio | glass electrode pH measurement.
medida del porcentaje | ratio metering.
medida del potencial de escobillas | brush potencial measurement.
medida del tiempo (telefonía) | time metering.
medida del tiempo que tarda en funcionar el freno | brake timing.
medida dilatométrica | dilatometric measurement.
medida electrónica de la longevidad | electronic lifetime measurement.
medida en exceso de lo calculado | gaining dimension.
medida en radianes (ángulos) | circular measure.
medida escasa | short measure.
medida espectrobolométrica | spectrobolometric measurement.
medida exagerada | overmeasure.
medida = 405,4 kilos | bing.
medida = 50 ristras de envase de 50 pies cada una (salchichería) | caddy.
medida igual a
medida igual a (,
medida igual a metro³/segundo | cumec.
medida igual a 300 yardas por libra (fibras textiles) | count.
medida igual al cancho del dedo | digit.
medida isopiéstica de la presión del vapor | isopiestic vapor-pressure measurement.
medida justa | full measure | admeasurement.
medida legal | standard measure.
medida lineal | long measure.
medida máxima | high limit.
medida menor que la calculada | lossing dimension.
medida mínima | low limit.
medida nominal | nominal size.
medida opticoquímica | opticochemical measure.
medida para aceite | oil measure.
medida para cereales | grain gage.
medida para lana (número de yardas que entran en 1 onza de peso) | American run.
medida para líquidos usada en farmacia | apothecary's measure.
medida para maderas escuadradas | board measure.
medida para muros ladrillos = (16 $^1/_2$ pies × 16 $^1/_2$ pies) × grueso de 1 $^1/_2$ ladrillo = 306 pies³ = 10 metros cúbicos | rod.
medida peso = 8 toneladas inglesas | cord.
medida ponderada | weighted mean.
medida precautoria | precautionary move.
medida preventiva | precautionary measure | precautionary move.
medida proporcional (matemáticas) | proportion.
medida protectora de rentabilidad de una obligación | times interest earned.
medida provisoria | stop-gap measure.
medida que vale como norma | standard gauge.
medida rasa | bare measure | full measure.
medida real | actual size.
medida represiva | punitive action.
medida resinera igual al 10.000 pies abiertos con una cara | crop.
medida vertical (velas o banderas) | hoist.
medidas | provision.
medidas aditivas contables | countably additive measures.
medidas antipolucionales | antipollution measures.
medidas antirradar | antiradar measures.
medidas antituberculosas | antituberculosis measures.
medidas cautelares | preventive measures.
medidas contra el contrabando | antismuggling measures.
medidas contra el estraperlo | anti-black market measures.
medidas contra el fraude | antideceptive practices.
medidas contra el frío | anticold arrangements.
medidas contra el polvo | dust prevention.
medidas contra la peste bubónica | antipest measures.
medidas contra las charlas indiscretas | antichatter measures.
medidas contra las minas | antimining measures.
medidas contra raterías (puertos) | antipilferage measures.
medidas correctivas | corrective measures.
medidas de conductividad del terreno | ground-conductivity measures.
medidas de defensa pasiva contra elementos motorizados | static antimechanized measures.
medidas de fiabilidad | reliability measurements.
medidas de la gravedad en la superficie del mar | sea-surface gravity measurements.
medidas de planeamiento antes del ataque | preattack planning measures.
medidas de precaución | provision.
medidas de presión-altitud | pressure-altitude measurements.
medidas de seguridad | safety precautions.
medidas disciplinarias dentro de la compañía | company punishment.
medidas elastodinámicas | dynamic-elastic measures.
medidas fotoeléctricas de la altura de un techo de nubes | ceiling height indicator.
medidas geostáticas | geostatic measurements.
medidas limitativas de producción por hora trabajada para aumentar el empleo | makework activities.
medidas límites | limits.
medidas microtérmicas | microthermal mesurements.
medidas para combatir las inundaciones | flood-fighting measures.
medidas para evitar incendios | burning-off measures.
medidas para preservar buques inmovilizados (deshumidificación de compartimientos y protección de superficies exteriores por pintura o envueltas protectoras plásticas dentro de las cuales hay sustancias desecantes) | packaging.
medidas para prevenir accidentes en las minas | mine accident-prevention measures.
medidas para suprimir el polvo | dust-suppression measures.
medidas pirheliométricas | pyrheliometric measures.
medidas pluviométricas | pluviometric measures.
medidas por zona y duración (telefonía) | time-zone metering.
medidas preparatorias | preliminary steps.
medidas preventivas contra el fraude | fraud preventatives.
medidas que afectan a la liquidez | measures affecting liquidity.
medidas raticidas | rat-repressive measures.
medidas remediadoras | remedial measures.
medidas reológicas de la textura | texture-rheological measurements.
medidas serializadas | serial measures.
medido | gaged.
medido con bomba | pump-metered.
medido con precisión | accurately surveyed.
medido desde la perpendicular de proa (buques) | measured from the forward perpendicular.
medido eléctricamente | electrically gaged.
medido en las cántaras (dragados) | measured in the hoppers.
medido en obra | measured-in-place.
medido en sentido dextrorso desde la proa (lanzamiento torpedos) | gyro angle.
medido entre paramentos interiores (muros) | measured in the clear.
medido indirectamente | indirectly measured.
medidor | measurer | sizer | meter (EE.UU.) | tester | teller | probe | gager.
medidor (instrumentos) | teller.
medidor (tejidos) | yarder.
medidor (téxtil) | yarder.
medidor automático de durezas | automatic hardness tester.
medidor B-H | B-H meter.
medidor con la cinta (topografía) | tapeman.
medidor de acuidad | acuity meter.
medidor de ángulos | bevel protractor.
medidor de ángulos de inclinación con la horizontal | tilt meter.
medidor de área variable | variable-area meter.
medidor de asentamiento (hormigón) | consistency meter.
medidor de aspereza superficial | topograph.
medidor de audiofrecuencia | audiometer.
medidor de azufre contenido en hidrocarburos | sulfur content meter for hydrocarbons.
medidor de banda (radio) | expander.
medidor de buzamiento | dip meter.
medidor de cantidades de obra | quantity surveyor.
medidor de carga variable | variable-head meter.
medidor de cargas (hormigonera) | batcher.
medidor de concentración radioactiva | radiac survey meter.
medidor de conductividad | conductimeter.
medidor de consistencia | consistency meter.

medidor de consumo máximo y mínimo | meter master.
medidor de contaminación | contamination meter.
medidor de corrientes | current meter.
medidor de cos ϕ | power factor meter.
medidor de deformación | strain gage.
medidor de densidad fotográfica | densitometer.
medidor de desgaste por frotamiento | abrader.
medidor de desplazamiento positivo (da indicación del movimiento de un líquido en un sentido determinado) | positive displacement meter.
medidor de diafragma | orifice meter.
medidor de diferencia de voltaje entre dos puntos | potentiometer.
medidor de diferencias de alturas | differential-height meter.
medidor de distorsión y sonido | distortion and noise meter.
medidor de dosis unitaria | dose-rate meter.
medidor de dureza al rayado | scratch tester.
medidor de dureza con microcarga | low-load hardness tester.
medidor de dureza de rayos X | penetrometer | qualimeter.
medidor de dureza de tipo de huella de bola | Brinell-type pressure gage.
medidor de dureza por huella de diamante | diamond-indentation hardness tester.
medidor de dureza por rayado de una punta de zafiro sobre un cristal de una muestra atacada (la anchura de la raya se determina por un microscopio) | micro-character.
medidor de dureza por rebote | rebound hardness tester | dynamic hardness tester.
medidor de dureza sin contacto con la pieza a medir (por variación de la fuerza retentiva magnética) | noncontact hardness tester.
medidor de durezas | hardness test | hardometer.
medidor de durezas con carga previa | preload hardness tester.
medidor de ecos | echo meter.
medidor de energía | energy meter.
medidor de espesores por retrodispersión | backscattering thickness gage.
medidor de fase | phase meter.
medidor de finura del molido | grindometer.
medidor de floculación | flocculation meter.
medidor de flujo de la masa | massometer.
medidor de flujo de neutrones lentos | slow neutron fluxmeter.
medidor de flujo de neutrones rápidos con escintilador | scintillator fast neutron fluxmeter.
medidor de flujo de neutrones rapidos con tubo contador | counter tube fast neutron fluxmeter.
medidor de flujo de partículas | particle fluxmeter.
medidor de flujo magnético de electroimanes | magnet tester.
medidor de frecuencia de resonancia | tuned-reed frequency meter.
medidor de fugas | leakage meter.
medidor de huelgos | gapper.
medidor de humedad (arena de moldeo) | moisture teller.
medidor de humedad de cereales | moisture-in-grain meter.
medidor de humedad en la lana | moisture-in-wool tester.
medidor de humedad en textiles | moisture-in-textile meter.
medidor de identificación del pasillo (decca) | lane-identification meter.
medidor de impedancia del circuito total puesto a tierra | earthometer.
medidor de inductancia | L-meter.
medidor de integración | integrating meter.
medidor de intensidad | intensitometer.
medidor de intensidad de campo de las interferencias de radiofrecuencia | radio-interference field intensity meter.
medidor de intensidad de señal | signal strenght meter.
medidor de intensidad luminosa | brightness meter.
medidor de interferencia de radiofrecuencia | R F I meter.
medidor de intervalos | interval timer.
medidor de intervalos de cargas de profundidad (buques) | intervalometer.
medidor de intervalos de tiempo | timer | time interval meter.
medidor de intervalos entre impulsos | pulse-interval meter.
medidor de intervalos muy cortos de tiempo | micro-timer.
medidor de ionización | ionization gage | ionization gauge.
medidor de la altura piezométrica | head meter.
medidor de la atenuación de equilibrado de impedancias | impedance imbalance measuring set.
medidor de la atenuancia | attenuance meter.
medidor de la carga límite | limit-load gage.
medidor de la concentración de gas | gas-concentration meter.
medidor de la dirección en dos planos (medición del flujo) | yawmeter.
medidor de la distorsión (de un sistema de comunicación) | distortion set.
medidor de la dureza en caliente | hot-hardness tester.
medidor de la fluctuación de la velocidad | fluttermeter.
medidor de la humedad del terreno | soil moisture meter.
medidor de la infiltración | seepage meter.
medidor de la intensidad del campo magnético o inductor | field meter.
medidor de la intensidad del campo radioeléctrico | radio field-strength meter.
medidor de la intensidad del ruido | noise-intensity meter.
medidor de la radiactividad del aire | radioactivity air sampler.
medidor de la relación entre dos magnitudes | ratiometer.
medidor de la resistencia del terreno | foundation tester.
medidor de la temperatura de fusión de compuestos orgánicos | thermotester.
medidor de la temperatura de inflamación | flash tester.
medidor de la tensión superficial por el número de gotas | guttamer.
medidor de la transmitancia del haz | beam transmittance meter | beam attenuance meter.
medidor de la velocidad de recuento | ratemeter.
medidor de las corrientes reflejadas | reflection measuring set.
medidor de las desigualdades de la superficie (pavimentos) | bumpometer.
medidor de maderas escuadradas | dimension gage.
medidor de mechas (tejedurías) | roving tester.
medidor de microabrasión | microabrasion tester.
medidor de microdesplazamiento sin contacto | noncontact microdisplacement meter.
medidor de microdureza con proyección óptica aumentada de la indentación | micro-reflex hardness tester.
medidor de microdureza en caliente | micro-hot-hardness tester.
medidor de nivel de audio | audio level meter.
medidor de nivel de ruido | kerdometer.
medidor de nivel de ruidos | noise-level meter.
medidor de nivel de transmisión (hipsómetro) | transmission level meter.
medidor de nivel estático | static level meter.
medidor de ondas estacionarias | standing wavemeter.
medidor de orificio | orifice meter.
medidor de pendientes | gradienter.
medidor de pérdidas | lossmeter.
medidor de período (reactor) | period meter.
medidor de pH | hydrogen ion meter | pH meter.
medidor de potencia de salida del sonido | audio power output meter.
medidor de presiones (cilindro especial de cobre de 95,9% de pureza colocado entre el pistón y el fondo del manómetro para medir por su deformación la presión-bomba manométrica) | crusher.
medidor de presiones en el ánima (cañones) | crusher gage.
medidor de presiones precomprimido | precompressed crusher.
medidor de profundidad | depthometer.
medidor de propagación acústica para el cálculo del número de Mach | acoustic Mach meter.
medidor de prospección de berilio | beryllium prospecting meter.
medidor de Q | Q-meter.
medidor de radiación | radiation meter.
medidor de radiación de prospección | prospecting radiation meter.
medidor de radiación de sonda múltiple | multiprobe radiation meter.
medidor de radiactividad | radioactivity meter.
medidor de radiancia | radiance meter.
medidor de reactividad | reactivity meter | reactimeter.
medidor de relaciones (electricidad) | ratiometer.
medidor de resiliencia Izod | Izod impact-tester.
medidor de roentgens por unidad de tiempo | roentgen-rate meter.
medidor de ruido del circuito | circuit-noise meter.
medidor de ruidos | noise meter.
medidor de salida | output meter.
medidor de sensibilidad de niveles de burbuja | level trier.
medidor de temperatura y humedad relativa (aire ambiente) | thermohygrometer.
medidor de tensiones de cables | tautness-meter.
medidor de tensiones por variación de la resistencia eléctrica | electrical resistance strain gage.
medidor de troncos | scaler.
medidor de vibración | vibrometer.
medidor de visibilidad | hazemeter | visibility meter.
medidor de voltaje medio | flux voltmeter.
medidor del aislamiento | insulation set.
medidor del ancho | widthmeter.
medidor del brillo | brightness meter.
medidor del campo eléctrico | electric field meter.
medidor del campo inductor | induction field locator.
medidor del caudal | rate recorder.
medidor del dentellado (filatelia) | perforation gage.
medidor del desgaste por abrasión | abraser.
medidor del empuje | thrust meter.
medidor del empuje (motores de chorro) | thrust weigher.
medidor del espesor galvanoplástico | plating thickness meter.
medidor del espesor por resonancia ultraacústica | ultrasonic resonance thickness measurer.
medidor del factor de calidad | Q-meter.
medidor del factor de potencia | power factor meter.
medidor del flujo calorífico | heat flow meter.
medidor del par | torquemeter.
medidor del período en segundos (reactor nuclear) | period meter.
medidor del porcentaje (magnetismo) | ratio meter.

medidor del porcentaje de bruma (atmósfera) | haze-meter.
medidor del potencial cementador de una atmósfera artificial | carbon gage.
medidor del punto de rocío | dew-point meter.
medidor del valor medio de secuencia de impulsos | count-rate meter.
medidor eléctrico | electric meter.
medidor electromagnético de caudal | electromagnetic flowmeter.
medidor electrónico del espesor | electronic thickness gage.
medidor fotoeléctrico de brillo (papel-pintura) | photoelectric glossmeter.
medidor lineal de cuentas por unidad de tiempo | linear ratemeter.
medidor logarítimico de la intensidad de irradiación | logarithmic dose-rate meter.
medidor magnético de espesores | magnetic thickness measurer.
medidor múltiple | multimeter.
medidor óptico del desplazamiento angular | angle dekkor.
medidor para canalizo | flume meter.
medidor para reconocimiento | survey meter.
medidor piezorresistivo de presión | piezoresistive pressure gage.
medidor Q | Q meter.
medidor r de condensador | condenser r-meter.
medidor telemétrico de lectura directa | direct-relation telemeter.
medidor transistorizado | transistorized meter.
medidor vu | vu meter.
medievalismo | medievalism.
medievalista | medievalist.
medio | vehicle | mean | median | expedient.
medio (de cambio, etcétera) | medium.
medio (expediente) | medium.
medio (habitante de Media) | Median.
medio (sustancia que transmite impulsos de luz, de calor, etc.) | medium.
medio absorbente | absorbing medium.
medio ácido oxidante | oxidizing acid medium.
medio ambiente | environment | element | entourage | atmosphere | surroundings.
medio ambiente controlado | controlled environment.
medio anisótropo | anisotrope medium.
medio auxiliar de la producción | production aid.
medio auxiliar para la enseñanza | teaching aid.
medio auxiliar para radionavegación | radionavigational aid.
medio auxiliar radárico para la navegación | radar navigation aid.
medio bao no soportado (escotillas buques) | overhanging beam.
medio bruñidor | lapping medium.
medio camino | mid way | mid-course.
medio capturante | capturing medium.
medio circulante | circulating medium | circulation medium.
medio conductor | conducting medium.
medio cuadratín | en-quad.
medio cuadratín (tipografía) | nut.
medio de acoplamiento | coupling medium.
medio de aislamiento | mean of insulation.
medio de almacenamiento | storage medium.
medio de cambio | currency.
medio de comunicación | mean of communication.
medio de comunicación al público | public facility.
medio de comunicación alquilado | leased facility.
medio de comunicación secreto | back channel.
medio de contención | restraining apparatus.
medio de contraste radiológico | X ray contrast medium.
medio de cultivo | culture broth.
medio de cultivo (biología) | culture medium.
medio de expresión | medium.
medio de fortuna | make-do expedient | makes-hift.
medio de inflamación | firing agent.
medio de pago diferido | standard of deferred payment.
medio de registro | recording medium.
medio de registro (facsímile) | record medium.
medio de soporte en blanco | blank medium.
medio de transporte a través de un río | ferry.
medio denso | dense medium.
medio día de permiso | half-day off.
medio difundente | scattering medium.
medio dispersante | dispersing agent.
medio dispersivo | dispersive medium | dissipative medium.
medio dotado de pérdida | lossy medium.
medio entibado (minería) | half-timbered.
medio escintilador | scintillator medium.
medio excepcional | accidental means.
medio excluso (tautología) | excluded middle.
medio extractor de calor | heat-removal medium.
medio fuertemente dispersivo | highly dispersive medium.
medio hostil | hostile medium.
medio impregnante | impregnating medium.
medio improvisado | makeshift | make-do expedient.
medio inhóspito | hostile medium.
medio ionizado | ionized environment.
medio ladrillo | half bat.
medio lapeante | lapping medium.
medio lino | cotton linen.
medio líquido estratificado | layered liquid medium.
medio looping (aviación) | half loop.
medio lumínífero | luminiferous medium.
medio magnetoiónico | magnetoionic environment.
medio marco de entibar (minas) | gallows.
medio mecanizable | machinable medium.
medio modelo del casco para indicar las líneas de agua (construcción naval) | builder's model.
medio multiplicador | active core.
medio multiplicador (nucleónica) | active core.
medio nudo | overhand-knot.
medio óptico (sustancia que transmite la luz)
medio para controlar las fases de un proceso (informática) | audit trail.
medio para extinguir el arco | arc-quenching medium.
medio para rápido enfriamiento | quenchant.
medio para transmitir datos | data medium.
medio que modifica la propagación de la luz | redirecting medium.
medio refrigerante | cooling medium.
medio refringente | refractor.
medio retardador (deflagración de pólvoras) | deterrent.
medio rizo invertido (aviación) | bunt.
medio rollizo | half-round timber.
medio senoverso (matemática) | haversine.
medio sin pesantez | weightless environment.
medio tintante | tinting medium.
medio tizón | snapped header.
medio tizón (aparejo muros) | false header.
medio tonel (aviación) | half roll.
medio tonel por autorrotación (aviación) | half-snap roll.
medio tono fino | fine half-tone.
medio transmisor de la presión | pressure medium.
medio transportador | carrier medium.
medio vacío | partly empty.
mediocre | second-rate | medium.
mediocre (trabajo) | moderate.
mediocridad | mediocrity.
mediodía | meridian.
mediodía aparente | apparent noon.
mediodía aparente local | local apparent noon.
mediodía local | local noon.
mediodía solar | chronometer noon.
mediofídico (roca porfídica) | mediophyric.
mediopensionista | day boarder.
medios | aid | means.
medios aritméticos (progresión aritmética) | arithmetic means.
medios audiovisuales | audiovisual media.
medios auxiliares | aerial top-dressing.
medios auxiliares de cálculo | computational aids.
medios compensadores del desgaste de la muela abrasiva | wheel wear compensating means.
medios de acceso | means of ingress.
medios de cierre | closing appliances.
medios de compaginación | editing facilities.
medios de comunicación de masas | mass media.
medios de comunicación para sus clientes | public facility.
medios de comunicación social | mass media.
medios de contraste de propiedades radiográficas | radiographic properties contrast media.
medios de crédito a plazo fijo | dated securities.
medios de enseñanza | instruction means.
medios de fortuna | emergency means.
medios de grabación | recording media.
medios de impregnación | impregnation media.
medios de inserción de canales | insert facilities.
medios de molturar | grinding media.
medios de pago | means of payment.
medios de producción | means of production | productive equipment.
medios de programación | programming facilities.
medios de propulsión | motive power.
medios de salvamento | means of escape.
medios de subsistencia | living.
medios de sujeción | securing appliances.
medios de tránsito de masas de población | mass transit media.
medios de transporte | means of transport | transportation media.
medios de transporte de masas de población | mass transit media.
medios densos | heavy media.
medios dilatorios | sham plea.
medios dispersivos en el tiempo y en el espacio | time-and-space-dispersive media.
medios escasos | scarce means.
medios financieros | financial opinions.
medios girotrópicos | gyrotropic media.
medios granulosos | particulate media.
medios hipercorrosivos | severely-corrosive media.
medios informativos | mass media | news media.
medios inhomogéneos isotropos | inhomogeneous isotropic media.
medios legales | legal means.
medios legales de pago | legal tender.
medios mecánicos | power.
medios para alcanzar un fin | means to an end.
medios para disminuir la pérdida por chatarra (talleres) | scrap salvaging.
medios para poner en práctica las recomendaciones | implementing the recommendations.
medios para prevenir los movimientos no deseados | backlash preventing means.
medios porosos no consolidados | unconsolidated porous media.
medios publicitarios | advertising media.
medios y arbitrios | ways and means.
mediosilícico | mediosilicic.
medir | gauge (to) | mark off (to) | measure (to) | meter (to) | proportion (to).
medir (un terreno) | survey (to).
medir a distancia | telemeter (to).
medir a escala | scale off (to).
medir a ojo | gage by the eye (to).
medir a palmos | span (to).
medir con cinta (topográfica) | tape (to).
medir con colmo (capacidad) | measure heaped (to).
medir con escala (dibujos) | scale (to).
medir con la pipeta | pipette (to).

medir el diámetro | caliper (to).
medir el error de refracción de un ojo | refract (to).
medir el riesgo | gauge the risk (to).
medir la altura (de un astro) | shoot (to).
medir la altura del sol con el sextante | shoot the sun (to).
medir la composición hecha por el cajista (imprenta) | cast up (to).
medir la leña | cord (to).
medir la velocidad con la corredera (buques) | log (to).
medir por ordenadas | offset (to).
medir raso (medir sin colmo) | measure straight (to).
medir una superficie | square (to).
medium | medium.
medo (habitante de Media) | Median.
medrar | get on (to).
medrosidad | fearfulness.
médula | marrow.
médula (anatomía, botánica) | pith.
médula (fibras de pelo animal) | medulla.
médula del argumento | gist of the argument.
médula espinal | cord.
médula espinal (medicina) | spinal cord.
médula inferior (troncos) | boxed pith.
médula ósea | bone marrow.
medulación (fibras) | medullation.
medusa (zoología) | blubber.
medusas fósiles | graptolite.
meg | meg.
mega (millón) | M.
megabacteria | megabacterium.
megabar | megabar.
megabario | megabar.
megabarnio | megabarn.
megabidígito | megabit.
megabit | megabit.
megabuque (buque con desplazamiento mayor de 100.000 toneladas) | supership.
Megacaloría | M cal.
megacéfalo | megacephalic.
megaciclo (10^6 ciclos por sg) | megacycle.
megacristal (geología) | megacryst.
megacurio | megacurie.
megadeformación | macroscopic strain.
megadígito binario | megabit.
megadonto | megadont.
megaelectrón-voltio | megaelectron volt.
megaelectronvoltio-curio=0,0054 vatios | MeV-curie.
megaelectrón-voltios | mev.
megaergio | megerg.
megaevolución | megaevolution.
megafaradio | megafarad.
megáfilo | large-leaved.
megafonear | megaphone (to).
megafonía | megaphony.
megáfono | megaphone.
megáfono eléctrico | bullhorn.
megáfono eléctrico potente | bull horn.
megáfono electrónico | electronic megaphone.
megáfono portátil | bullhorn.
megafósil | megafossil.
megagausio-oerstedio | megagauss-oersted.
megahercio | megaherth.
megahertzio | megahertz.
megahertzio = 10^6 Hz | MHz.
megajulios-segundo por grado eléctrico | megajoule-seconds per electrical degree.
megakilómetro=10^6 kilómetros | megakilometer.
megalito | megalith.
megalofónico | megalophonic.
megalófono | megalophonous.
megalópico (zoología) | large-eyed.
megalorrizo | large-rooted.
megaloscopio | megaloscope.
megámetro (observación de estrellas) | megameter.
megamolécula | macromolecule.
meganewtonio | meganewton.
megaocteto | megabyte.
megaóhmetro (probador de aislamiento) | megger.
megaohmímetro | megohmmeter.
megaohmio | megohm | megogm.
megaonda | macrowave.
megaoperaciones con coma decimal flotante | megaclops.
megapascalio | megapascal.
megápodo | large-footed.
megápodo (aves) | mound-builder.
megaporo | macropore.
megaquílidos | megachilidae.
megaquirópteros | megachiroptera.
megaroentgen | megaroentgen.
megarrizo | large-rooted.
megascópico | macroscopic.
megascopio | megascope.
megasismo | macroseism | megaseism.
megasoma | megasoma.
megaterios | megatheria.
megatón | megaton.
megatón equivalente | megaton equivalent.
megatonelada | megaton.
megatonelaje (bomba atómica) | megatonnage.
megatrón (válvula) | megatron.
megavares | megavars.
megavario | megavar.
megavatímetro | megawatt meter.
megavatio | megawatt.
megavatio eléctrico | MW (e).
megavatio térmico | MW (t).
megavatio-día | megawatt-day.
megavatio-día de energía | megawatt-day of energy.
megavatios por tonelada | megawatts per ton.
megavatios por tonelada de uranio | megawatts per ton of uranium.
megavatios-día por tonelada | megawatt-days per ton.
megavatios-días térmicos por tonelada de combustible | MW-days of heat per ton of fuel.
megavatios-hora térmicos | megawatt-hour-thermal.
megavoltio | megavolt.
megavoltioamperio | megavoltampere.
megger | megger.
megnetrón de voltaje anódico variable entre cero y el valor al que se inicia la oscilación | cutoff magnetron.
megóhmetro | megger.
megómetro | megger.
mejicana (tela listada) | Mexican.
mejilla | cheek.
mejillón | escallop.
mejillones cultivados | cultivated mussels.
mejor licitador | highest bidder.
mejor postor | low bidder | lowest bidder | highest bidder.
mejora | improving | upgrade.
mejora (de precios) | upswing.
mejora de la política fiscal | improving fiscal policy.
mejora de la producción | production betterment.
mejora de la vivienda | home improvements.
mejora de métodos de trabajo | methods improvement.
mejora de rendimiento | betterment of the yield.
mejora de tierras | land development.
mejora del suelo | land reclaiming | soil improvement.
mejora ganadera | animal breeding | cattle breeding.
mejora interna | internal improvement.
mejorabilidad | improvability.
mejorable | improvable.
mejorado | improved.
mejorador | dope | ameliorator.
mejorador de terrenos | soil improver.
mejorador del pan (producto químico) | bread improver.
mejorador del suelo | soil conditioner.
mejoramiento | upgrading | improvability | improvement.
mejoramiento de beneficios | profit improvement.
mejoramiento de la calidad | upgrading.
mejoramiento de la resistencia a la fatiga sometiendo el metal a esfuerzos débiles seguidos de un aumento progresivo de la intensidad del esfuerzo alternativo | coaxing.
mejoramiento de la superficie por laminación | planishing.
mejoramiento de las tierras | land improvement.
mejoramiento del salario por asignación de tareas más retribuidas | upgrading.
mejoramiento por cruce (animales) | grading.
mejorar | improve (to) | perfect (to).
mejorar (la calidad) | upgrade (to).
mejorar (precios) | edge up (to) | look up (to).
mejorar (una prima) | load (to).
mejorar el factor de potencia | improve the power factor (to).
mejorar el negocio de usted | earn your business (to).
mejorar el nivel de vida | raise the living standard (to).
mejorar el rendimiento | improve the output (to).
mejorar la maquinabilidad | promote machinability (to).
mejorar los métodos | sharpen the methods.
mejorar por cruce (animales) | grade (to).
mejorar por cruce (cruzar - animales) | grade up (to).
mejoras | improvements.
mejoras (en un inmueble) | embellishments.
mejoras autorizadas | improvements authorized.
mejoras en arrendamientos | leasehold improvements.
mejoras en propiedades arrendadas | improvements on leased properties.
mejoras sorprendentes | dramatic improvements.
mejoría de la instalación | plant improvement.
mejoría de las plantas (botánica) | plant improvement.
mejoría de precios | rally.
mejoría momentánea | rally.
mel | mel.
melado | claircé.
meladura (azúcar) | clear.
melamina | melamine.
melanismo industrial (ecología) | industrial melanism.
melanocomo | dark-haired.
melanocrático | melanocratic.
melanocroísmo | melanochroism.
melanográfico | melanographical.
melanoscopio | melanoscope.
melanotrico | dark-haired.
melanterita | green vitriol.
melanterita (mineral) | copperas.
melanterita con 4,40% de cobre y 4,29% de magnesio | cuprojaroste.
melanterita con óxido de magnesio (Eslovaquia) | jarosite.
melar (azúcar) | boil the clear (to).
melawis (Gonystylus warburgianus Gilg) | melawis.
melaza | sugar syrup.
melazas | molasses.
melazas comestibles | treacle.
melazas de caña de azúcar | cane-molasses.
melazas de remolacha | beet molasses.
melazas residuales (fabricación azúcar) | blackstrap.
meldometría | meldometry.
meldómetro | meldometer.
melena | mop-head.
melífago | honey-feeding.
melífero | honey-producing.
melificación | honey-making.

melífico | honey-making.
melindroso | fastidious.
melinita | melinite.
melino | Canary-yellow.
melio (unidad de altura del sonido) | mel.
melio (unidad de medida del tono - acústica) | mel.
melismas | melismata.
melismática | melismatics.
melita | honeystone.
melito | honey preparation.
melitología | melittology.
melitólogo | melittologist.
melívoro | honey-feeding | honey-eating.
melocotón | peach.
melocotonero | peach.
meloextractor | honey-extractor.
melofonía | melophony.
melofónico | melophonic.
meloso | honeyed.
meloterapia | melotherapy.
meltón | melton.
mella | dent | indent | indentation | nicker | nick | tooth | notch.
mellado | notched | dented | jaggy | jagged.
mellado (corte de una herramienta) | ragged.
melladura | tooth.
mellar | tooth (to) | jag (to) | notch (to) | dint (to) | indent (to) | dent (to).
membrana | velamen | membrane | membrane | diaphragm | film.
membrana (botánica) | wall.
membrana aniónica | anionic membrane.
membrana bituminosa | bituminous membrane.
membrana de asfalto | asphalt membrane.
membrana de Descemet (anatomía) | elastic lamina.
membrana de reflexión (telefonía) | reflecting membrane.
membrana de tímpano (oído) | drumhead.
membrana envolvente | investing membrane.
membrana estanca al agua | watertight membrane.
membrana filtrante | filtration membrane.
membrana inflamatoria (medicina) | buff.
membrana interdigital (palmípedos) | web.
membrana ioniselectiva | ion selective membrane.
membrana obturadora | obturator membrane.
membrana osmótica | osmotic membrane.
membrana permeable a los aniones | anion-permeable membrane.
membrana permeable a los cationes | cation-permeable membrane.
membrana permeable a los iones | ion-exchange membrane.
membrana permiónica | Permionic membrane.
membrana semipermeable | semipermeable membrane.
membranofonía | membranophony.
membranófono | membranophonous.
membranoso | filmy.
membrete | label | note | notehead | heading | letterhead.
membrete bibliográfico | manchette.
membrete de carta | letter-heading.
membrete identificador (aparatos) | foical.
membrete impreso en el ángulo izquierdo superior (cartas, sobres) | corner card.
memistor (resistor) | memistor.
memorando | memo | memorandum.
memorandum de acuerdo | memorandum of agreement.
memoria | store | statement | mneme | paper | register.
memoria (calculadoras electrónicas) | memory | storage.
memoria (economía) | annual report and accounts.
memoria (folleto) | memoir.
memoria (jurídica) | brief.
memoria (ordenador) | core.
memoria a corto plazo (informática) | scratch-pad memory.
memoria acústica | acoustic store.
memoria adicional (calculadoras) | backing store.
memoria analógica | analog store.
memoria anexa | bump.
memoria anual | annual report.
memoria aritmética | arithmetic memory.
memoria asociada | cache.
memoria asociativa | content addresable memory | parallel search storage.
memoria auxiliar | blackboard storage.
memoria auxiliar de cartucho magnético | magnetic cartridge auxiliary memory.
memoria borrable (ordenador) | erasable storage.
memoria buscadora en paralelo | parallel search storage.
memoria central | main memory.
memoria central (ordenador) | main storage.
memoria científica | memoir.
memoria común | shared storage.
memoria con acceso rápido (informática) | fast access storage.
memoria con contenido direccionado | content-addressed storage.
memoria con línea de retardo acústico | sonic delay-line store.
memoria con n toros por bit | n-core-per-bit storage.
memoria con regeneración | regenerative storage.
memoria con tiempo de acceso nulo | zero-access memory.
memoria con tiempo de acceso nulo (informática) | zero-access storage.
memoria controlada | controlled storage.
memoria de acceso al azar | ram memory.
memoria de acceso al azar (informática) | random access storage.
memoria de acceso aleatorio | random access memory (RAM).
memoria de acceso aleatorio (informática) | ram.
memoria de acceso casi casual | quasirandom access memory.
memoria de acceso directo | direct memory access | random access memory (RAM) | ram.
memoria de acceso estadístico | random access memory.
memoria de acceso estadístico expansible | expandable random access memory.
memoria de acceso inmediato | immediate access store.
memoria de acceso rápido | rapid-access memory | high-speed store | high-speed memory.
memoria de acceso rápido (calculadora electrónica) | rapid memory.
memoria de acceso rápido (informática) | quick access storage.
memoria de banda magnética | magnetic tape memory.
memoria de capa delgada (informática) | thin film storage.
memoria de capa delgada supraconductora | supraconducting thin film storage.
memoria de cifra intercalada (calculadora electrónica) | interleaved-digit store.
memoria de cinta de emergencia (telefonía) | tape back-up store.
memoria de circuito integrado | scratch-pad store.
memoria de circulación | circulation register.
memoria de contenido direccionable | content addresable memory.
memoria de control espacial | space control store.
memoria de conversación (telefonía) | speech store.
memoria de coordenadas | coordinate storage.
memoria de diodo túnel para calculadora electrónica | tunnel-diode computer store.
memoria de ferrita | ferrite store.
memoria de ficha magnética | magnetic card store.
memoria de flujos coincidentes | coincident-flux memory.
memoria de fosforescencia (informática) | phosphorescence store.
memoria de gran capacidad | mass memory | bulk data storage facilities.
memoria de hilo magnético | magnetic wire store.
memoria de hilos chapados | palted wire memory.
memoria de histéresis del electrodo | hysteresis-electrode memory.
memoria de la empresa | annals of the firm.
memoria de lectura únicamente | read only storage | read only memory (R.O.M).
memoria de línea de retardo | delay line memory | circulating register | circulating memory.
memoria de línea de retardo a mercurio | mercury storage.
memoria de línea de retardo magnetoestrictiva | magnetostrictive delay-line memory.
memoria de malla | woven-screen storage.
memoria de maniobra | scratch storage.
memoria de máquina calculadora | computer memory.
memoria de matriz | matrix memory.
memoria de nucleo de ferrita | ferrite core memory.
memoria de núcleo magnético | core memory.
memoria de núcleos (informática) | core storage.
memoria de núcleos de ferrita | ferrite bead memory.
memoria de pantalla tejida alternativamente con hilos desnudos y aislados | woven-screen memory.
memoria de película cilíndrica | cylindrical-film storage.
memoria de película fina sobre hilo | plated wire memory.
memoria de placa de ferrita | waffle-iron store.
memoria de precios | price memory.
memoria de primero en entrar y primero en salir | first in, first out memory.
memoria de programación | delay line store.
memoria de rayos catódicos | cathode ray storage.
memoria de reserva (ordenador) | extended memory storage.
memoria de selección matricial | coordinate storage.
memoria de sólo tectura (informática) | ROM memory.
memoria de teclado | keyboard buffer.
memoria de trabajo | working storage.
memoria de tránsito (calculadora electrónica) | buffer | buffer storage.
memoria de tubos catódicos | cathode-ray-tube store.
memoria de ultrasonidos de tipo de línea de retardo | ultrasonic delay-time store.
memoria de varillas | rod storage.
memoria del programa | program storage.
memoria del usuario | user's memory.
memoria dinámica | buffer.
memoria eléctricamente modificable de lectura únicamente | electrically alterable read only memory.
memoria electrónica | electronical memory | electronic memory.
memoria electrostática | electrostatic store.
memoria en paralelo | parallel memory.
memoria en serie | serial memory.
memoria en serie por detección del eco del espín electrónico | electron spin echo serial memory.
memoria estable | nonvolatile memory.
memoria estática | static storage.
memoria externa (informática) | external storage.

memoria externa de páginas | external page storage.
memoria fija (ordenador) | fixed storage | nonerasable storage.
memoria fotoelectrónica | photoelectronic storage tube.
memoria fugaz | elusive memory.
memoria hasta | memory till 256 KB.
memoria helicoidal | twistor memory.
memoria hexadecimal (informática) | hexadecimal memory.
memoria imborrable | nonerasable storage.
memoria inalterable | read only memory (R. O.M).
memoria indeleble | nonerasable store | fadeless memory.
memoria indestructiva | nondestructive memory.
memoria intermedia | buffer.
memoria intermedia (informática) | data buffer.
memoria intermedia con correspondencia (informática) | mapped buffer.
memoria intermedia de entrada | input buffer.
memoria intermedia de perforadora de fichas | card punch buffer.
memoria intermedia de salida | output buffer.
memoria intermedia de tratamiento | processing buffer.
memoria intermedia periférica | peripheral buffer.
memoria interna | internal memory.
memoria jerarquizada | nesting store.
memoria laser | laser memory.
memoria lectora no destructiva toroidal | toroidal nondestructive read memory.
memoria lineal | linear storage | linear store | linear memory.
memoria magnética | storage tube | magnetic store.
memoria magnética (calculadora electrónica) | store.
memoria magnética asociativa | magnetic associative memory.
memoria magnética de acceso lento | slow memory.
memoria magnética de corriente coincidente | coincident-current magnetic memory.
memoria magnética de registro en paralelo | parallel storage.
memoria magnética de registro en serie | serial storage.
memoria magnética de toros con un ciclo de 750 nanosegundos (informática) | magnetic core memory with 750-nanosecond cycle time.
memoria magnética espín-eco | magnetic spin-echo store.
memoria matricial | matrix storage.
memoria mercurial | mercury storage.
memoria microimagen fotocrómica | photochromic microimage memory.
memoria no direccionadora | hidden buffer.
memoria no volátil | nonvolatile memory.
memoria numeral | digital memory.
memoria numérica | digital store.
memoria óptica | optical memory.
memoria organizada por palabras | word-organized storage.
memoria permanente | permanent storage | permanent memory.
memoria permanente (computadora) | read only store.
memoria permanente (informática) | dead storage.
memoria permanente (ordenador) | nonvolatile memory.
memoria por cilindro magnético | magnetic drum memory.
memoria principal | main memory | main storage.
memoria principal (informática) | primary storage.
memoria profesional | professional paper.
memoria programable de lectura solamente | programmable read only memory (PROM) | erasable programmable read-only memory.
memoria programable que no puede borrarse (informática) | PROM memory.
memoria programable y que puede borrarse (informática) | EPROM memory.
memoria PROM | PROM.
memoria RAM dinámica (informática) | dynamic ram.
memoria RAM estática | static RAM.
memoria real | real storage.
memoria referenciable | addressable memory.
memoria remanente | nonvolatile storage.
memoria ROS (ordenadores) | ROS.
memoria secundaria (ordenador) | secondary memory.
memoria solamente de lectura | read only memory (R.O.M).
memoria solamente de lectura (ordenador) | ROM.
memoria superconductora de corriente coincidente (calculadoras) | coincident current superconductive memory.
memoria tampón (calculadora) | buffer.
memoria tampón (ordenador) | buffer storage.
memoria virtual (calculadora electrónica) | virtual memory.
memoria volátil (ordenador) | volatile memory.
memoria y almacenamiento (máquinas electrónicas) | memory and storage.
memorial | record.
memorial (documento) | memorial.
memorias | records.
memorias asociativas | associative stores.
memorias de burbuja magnética (informática) | magnetic bubble memories.
memorias de ferrita | ferrite memories.
memorias de investigación paralela | parallel-search memories.
memorias de láminas delgadas | thin film memories.
memorias magnéticas que permiten solamente la lectura | read-only memories.
memorias originales presentadas (a una corporación científica) | proceedings.
memorias técnicas presentadas (sociedades científicas) | transactions.
memorización | memorization.
memorización electrónica | electronic storage.
memorización electrostática | electrostatic information storage.
memorización magnética de coincidencia múltiple | multiple coincidence magnetic storage.
memorizado | stored.
memorizador | storage device.
memorizador (calculadora electrónica) | storage system.
memorizador (calculadoras electrónicas) | memory.
memorizador de la calculadora electrónica | electronic computer memory.
memorizador de línea de retardo de cuarzo fundido funcionando con ultrasonidos | fused-quartz ultrasonic delay-line memory.
memorizador de tambor magnético (calculadoras) | magnetic drum storage device.
memorizador del filtro | memory of the filter.
memorizador magnético | magnetic memory.
memorizador magnético (calculadora electrónica) | magnetic store.
memorizador magnético de tambor | drum magnetic storage.
memorizador para calculadora numérica | digital computer store.
memorizar | memorize (to) | read in (to) | bump (to) | save (to).
memorizar (calculadora electrónica) | store information (to).
memorizar (calculadoras) | store (to).
memorizar (registro) | safe storage.
memorizar en el registro | copy into a register (to).
memotrón (rayos catódicos) | memotron.
mempisang (Mezzettia leptopada Otio) | pisang pisang.
mena | ore.
mena (cuerdas) | girth.
mena (de un cable) | size.
mena (perímetro - de una cuerda) | grist.
mena ácida | acid ore.
mena antimoniada | antimonical ore.
mena bruta | raw ore.
mena clorurada | chloridized ore.
mena de baja ley | lean ore.
mena de hierro | iron mine.
mena de mercurio | quicksilver ore.
mena de níquel arsenical | arsenical nickel ore.
mena de níquel laterítica | lateritic nickel ore.
mena de plata | silver ore.
mena de plata pobre | low-grade silver ore.
mena de plomo | lead ore.
mena de sulfuro de antimonio | crude antimony | antimony crude.
mena explotable | pay rock.
mena férrica prerreducida | prereduced iron ore.
mena monometálica | single ore.
mena poco fusible | refractory ore.
mena que contiene de 0,18 a 1% de fósforo | high-phosphorus ore.
mena recia | massive ore.
mena rica | high-grade ore.
mena terrosa (minería) | muddy ore.
menadismo | maenadism.
menaje | house stuff | movables.
menas de hierro beneficiadas | beneficiated iron ores.
menas de primer orden (minería) | bonanza ores.
menas oxigenadas | oxygen-containing ores.
mención | reference.
mención de los responsables de la edición y del contenido (periódicos) | imprint.
mención honorífica | honorable mention.
mencionar | name (to).
mendelevio (elemento num. 101) | mendelev.
mendelevio (Md) | mendelevium.
mendeliano | Mendelian.
menear | stir (to).
meneo (barcos en la mar) | buffeting.
menestral | artisan.
menestralía | artisanship.
menfitismo | mephitism.
mengua | wane | decrease.
menguado | impaired.
menguado (géneros de punto) | fashioned.
menguado (tejido de punto) | shaping | full-fashioned.
menguado (tejidos de punto) | narrowing.
menguante | ebb.
menguante (de la luna) | wane.
menguar | fall (to) | abate (to) | lower (to).
menguar (haciendo calceta) | narrow (to).
menguar la marea | ebb (to).
menhir | menhir.
meninge | velamen.
meniscal
menisco | meniscus.
menisco acromatizado | achromatized meniscus.
menisco cóncavo | concave meniscus.
menisco convergente | converging meniscus.
menisco divergente | diverging meniscus.
meniscoide | meniscoid.
menocopsis | blue poppy.
menor (de edad) | minor.
menor (más pequeño) | minor.
menor en tutela | ward.
menor que | less than.
menor tiempo que lo estipulado | underlap time.
menos | minus | except.
menos acero (tolerancias) | minus nothing.
menos de descuento corriente | less usual discount.

menos de un vagón completo | less-carload.
menos el descuento | less discount.
menos las cantidades amortizadas | less amounts written off.
menoscabo del capital de la sociedad | impairment of the capital of the corporation.
menospreciar | depreciate (to) | contemn (to).
menospreciar las garantías | tamper with warranties (to).
menospreciar los letreros del camino | disregard road signs (to).
menosprecio | depreciation.
menosprecio a la justicia | contempt of court.
menosprecio de la ley | disregard of the law.
menosprecio de los tribunales de justicia | contempt of court.
menosprecio de mercancías | undervaluation of goods.
menosprecio de mercancías (comercio) | disparagement of goods.
mensaje | message.
mensaje administrativo aeronáutico | aeronautical administrative message.
mensaje alfabético | alpha type-in.
mensaje cifrado | encoded message | coded message | cipher message.
mensaje cifrado con la dirección sin cifrar en el encabezamiento | plaindress.
mensaje colectivo | collective message.
mensaje con direcciones múltiples | multiple address message.
mensaje con la dirección dentro del texto cifrado | codress.
mensaje de advertencia | warning message.
mensaje de aviso | warning message.
mensaje de cancelación | cancellation message.
mensaje de comprobación de funcionamiento (teletipos) | fox message.
mensaje de diálogo | handshake message.
mensaje de la Corona | king's speech.
mensaje de operador | operator message.
mensaje de partida | departure message.
mensaje de posición (aviones) | position report.
mensaje de reserva de plazas | reservation message.
mensaje de servicio | functional message | procedure message.
mensaje de socorro | distress message.
mensaje de teleproceso | teleprocessing message.
mensaje de verificación | fox message.
mensaje del plan de vuelo y salida | flight plan/departure message.
mensaje descifrado | decoded mesage.
mensaje diferido | deferred message.
mensaje en cinta (telegrafía) | tape copy.
mensaje en código | code message.
mensaje en texto no cifrado | clear-text message.
mensaje enviado equivocadamente | missent message.
mensaje enviado por heliógrafo | heliograph | helio.
mensaje falso | fake message.
mensaje ilegible | illegible message.
mensaje importante con prioridad de transmisión y distribución | redline message.
mensaje inicial de dirección | initial address message.
mensaje lastrado (arrojado desde avión) | drop message.
mensaje meteorológico | meteorological message.
mensaje meteorológico en clave | code weather report.
mensaje por radio | radio message.
mensaje por telex | telex message.
mensaje relacionado con la regularidad de los vuelos | flight regularity message.
mensaje relacionado con la seguridad de vuelo | flight safety message.
mensaje retransmitido | relayed message | relay message.
mensaje RQ (telegrafía) | RQ message.
mensaje saliente | outgoing message.
mensaje secreto | classifier inform.
mensaje simulado | dummy message.
mensaje sinóptico | synoptic report.
mensaje táctico urgentísimo | flash message.
mensaje telegráfico | telegraph message.
mensaje transmitido por vía indebida | misrouted message.
mensajera (palomas) | homing.
mensajero | messenger | dispatch bearer.
menstruo alcohólico | alcohol menstruum.
mensual | monthly.
mensualidad | monthly instalment | monthly pay.
mensualmente | monthly.
ménsula | bracket | jetting-out | cantilever | knee | haunch | perch | corbel | console.
ménsula con paramento interior inclinado | sloping corbel.
ménsula de escuadra | bracket angle.
ménsula de repisa | shelf nog.
ménsula de unión | tie bracket.
ménsula del mástil (grúa derrick) | mast bracket.
ménsula escalonada | stepped corbel.
ménsula para andamio de techar | roofing bracket.
mensura del tiempo | time-measuring.
mensurabilidad | measurableness | mensurability.
mensurable | mensurable.
mensuración | mensuration | measuring.
mensuración del tamaño de la partícula | particle size measurement.
mensural | mensural.
mensurar | measure (to).
mental (de la mente) | mental.
mentalidad elemental | horse-and-cart mentality.
mentalidad forestal | forest mindedness | tree consciousness.
mentalidad histórica | historical mind.
mentalidad rústica | horse-and-cart mentality.
mentalismo | mentalism.
mentalmente retrasado | mentally retarded.
mentar | name (to).
mentatífero | mentatiferous.
mentir | lie (to) (lied, lying)
mentira | lie.
mentira enorme | bang.
mentón | chin.
mentoniano (anatomía) | mental.
menudillo (cerdo, vaca, etc.) | fetlock.
menudo de carbón | carbon granules | small | coal slack.
menudo de coque | coke dross | carbon granules.
menudo de mineral | smalls.
menudos | smalls.
menudos (carbón) | fines | mean coal.
menudos de carbón | gum | duff | slack coals.
menudos de carbón producidos durante el lavado | barings.
menudos de cok | coking smalls.
menudos de coque | coke breeze.
menudos de criba | undersize.
menudos no clasificados (minería) | mine slack.
meollar | ratline | ratling.
meollar (hilo de tres o más filásticas) | spun yarn.
meollar fino | fine-spun yarn.
meollo | marrow.
meranti (Shorea leprosula - Shorea pauciflora) | red meranti.
meranti amarillo (Shorea faguetiana - Herm.) | yellow meranti.
meranti rojo (Shorea pauciflora King) | dark red meranti.
meranti rojo claro (Shorea leprosula Miq) | tiaong.
meranti rojo oscuro (Shorea curtisii Dyer) | timah.
merawan (Hopea spp) | merawan.
merbau (Intsia bakeri) | wormia | shoondul.
merbau (Intsia bakeri - Prain) | merbau | mirabow.
mercacías empaquetadas | packed goods.
mercadeo | marketing.
mercader | merchant | trader.
mercadería | commodity.
mercaderías | wares | commodities | merchandise.
mercaderías a caja (contabilidad) | goods to cash.
mercaderías y servicios | goods and services.
mercado | fair | market | marketplace | staple.
mercado a plazo | futures market | forward market.
mercado a plazo fijo | transaction for future delivery during specified periods.
mercado a plazos | terminal market | trading in futures | futures trading.
mercado a término | futures market | option market | time bargain.
mercado abierto | open market.
mercado activo | brisk market.
mercado actual de la libra | spot sterling.
mercado agitado | unsettled market.
mercado al contado | cash outlet | cash market | spot market | physical market.
mercado al contado de divisas | foreign exchange spot market.
mercado al por mayor | wholesale market.
mercado al por menor | retail market.
mercado algodonero | cotton market.
mercado bursátil | money market | stock market.
mercado bursátil alcista | bull market.
mercado bursátil que tiende a la baja | bear market.
mercado cambiante | shifting market.
mercado casi nulo | nominal market.
mercado cerrado | one-man market.
mercado colonial | colonial market.
Mercado Común | Common Market.
Mercado Común Europeo | European Common Market.
mercado con casi igualdad de precios de oferta y demanda (bolsa) | close market.
mercado con precio continuo para un producto | continuous market.
mercado con tendencia al alza | rising market.
mercado corchero | cork market.
mercado de abastos | provision market.
mercado de capitales | capital market.
mercado de cereales | corn market | grain market.
mercado de compra libre | freely buying market.
mercado de consumo en fresco (frutas, hortalizas) | fresh market.
mercado de descuentos | discount market.
mercado de desguaces | breaking-up market.
mercado de disponible | spot market.
mercado de divisas (bolsa) | foreign-exchange market.
mercado de emisión | primary market | issuing market.
mercado de emisión (economía) | issue market.
mercado de eurodólares | eurodollar market.
mercado de fletes aéreos | air charter market.
mercado de fletes de aviación | aviation charter market.
mercado de frutas | fruit exchange.
mercado de futuros | forward market | futures market | settlement market.
mercado de ganado | cattle market | livestock market.
mercado de inversión | investment market.
mercado de la mano de obra | labor-market.
mercado de la vivienda | housing market.
mercado de mayor demanda que oferta | seller's market.
mercado de metales | metal market.
mercado de minoristas | retail market.
mercado de obligaciones de renta fija | bond market.

mercado de poca fluctuación | steady market.
mercado de primeras hipotecas | primary mortgage market.
mercado de productos | produce exchange.
mercado de productos coloniales | colonial produce market.
mercado de reaseguros | reinsurance market.
mercado de seguros del casco | hull insurance market.
mercado de títulos | security market.
mercado de ultramar | overseas market | offshore market.
mercado de valores | stock market | security market.
mercado de valores exterior | over-the-counter market.
mercado de valores ya emitidos | secondary market.
mercado del comprador | buyer's market.
mercado del consumidor | buyer's market.
mercado del oro | gold pool.
mercado del vendedor | seller's market.
mercado dinerario | money market.
mercado en baja | declining market.
mercado en calma | flat market.
mercado exportador | export market.
mercado exterior | overseas market.
mercado favorable | cheerful market.
mercado financiero y monetario | money and capital market.
mercado firme | steady market.
mercado flojo | dull market | sagging market.
mercado hipotecario | mortgage market.
mercado inactivo | dull market | quiet market.
mercado indeciso | hesitant market.
mercado inestable | disturbed market.
mercado inmediato | ready market | spot market.
mercado interbancario (bolsa) | interbank market.
mercado interior | home market.
mercado laboral | labor market.
mercado lánguido | flat market.
mercado libre | spot market | unofficial market.
mercado libre (bolsa) | open market.
mercado libre (comercio) | free market.
mercado libre de divisas | free currency market.
mercado maderero | lumber market.
mercado mayorista | wholesale market.
mercado minorista | retail market.
mercado monetario | money market.
mercado negro | black market.
mercado oligopolista | oligopolist market.
mercado oligopsonístico | oligopsonist market.
mercado para agentes unicamente | broker's market.
mercado parado | dull market.
mercado paralelo | parallel market.
mercado paralizado | flat market | heavy market | quiet market.
mercado poco activo con gran cambio de precios | thin market.
mercado poco dinámico | buyer's market.
mercado postrado | heavy market.
mercado primario | primary market.
mercado público | open market.
mercado sin casi operaciones (bolsa) | narrow market.
mercado sin movimiento | flat market.
mercado sostenido | easy market | buoyant market.
mercado superbajista (bolsa) | superbear market.
mercado terminal oficial (de cereales) | contract market.
mercado vendedor | market is a seller.
mercado vinícola | wine market.
mercadodiagnosis | marketing.
mercadología | marketing.
mercadólogo | marketeer.
mercados intermediarios | jobbing markets.
mercadotecnia | marketing.
mercadotecnia administrativa | managerial marketing.
mercancía | commodity.
mercancía a entregar en posterior fecha | goods deliverable at a later date.
mercancía a granel | loose goods.
mercancía a porte pagado | goods delivered free.
mercancía con marca de fábrica | trademarked merchandise.
mercancía de calidad inferior | second-rate goods.
mercancía de superior calidad | top-quality merchandise.
mercancía delicada | tender commodity.
mercancía despachada | cleared goods.
mercancía devuelta al vendedor | goods delivered buyer.
mercancía exportada | export.
mercancía frágil | fragile merchandise | fragile goods.
mercancía in situ | spot stock.
mercancía incorrecta | incorrect merchandise.
mercancia internacional | international commodity.
mercancía lista para envío | good ready for dispatch.
mercancía no embarcada | short-outs.
mercancía no pignorada | merchandise not pledged.
mercancía no solicitada | unordered merchandise.
mercancía obsoleta | obsolete stock.
mercancía pendiente de despacho | goods in the process of clearance.
mercancía pesada | heavy goods.
mercancías | wares | commodities | goods | traffic | merchandise.
mercancías a bordo | floating goods.
mercancías a entregar | goods to be delivered.
mercancías admitidas bajo fianza | bonded goods.
mercancías almacenadas | stock.
mercancías averiadas | damaged goods.
mercancías básicas | capital goods | basic commodities.
mercancías con devolución de derechos de importación cuando se reexporten | debentured goods.
mercancías corruptibles | perishable goods.
mercancías de contrabando | run goods.
mercancías de ocasión | job-line.
mercancías de precios tasados | price-controlled goods.
mercancías de salida lenta | slow-moving goods.
mercancías dejadas de cuenta | goods left on hand.
mercancías dejadas de cuenta (buques) | oddments.
mercancías descoloridas | faded goods.
mercancías deteriorables | perishables.
mercancías deterioradas | damaged goods.
mercancías devueltas | merchandise returned.
mercancías disponibles | goods on hand | stock-in-trade | spot goods.
mercancías embaladas | packed goods.
mercancías embargadas | goods under arrest.
mercancías en almacén | stock-in-trade | goods on hand.
mercancías en camino | goods on order.
mercancías en depósito (mercancías desembarcadas sin haber pagado derechos de aduanas) | bonded goods.
mercancías en existencias | inventory on hand.
mercancías en tránsito | transit goods | goods in transit.
mercancías enfardadas | pack-goods.
mercancías entrefinas | middlings.
mercancías enviadas en consignación | consignment out.
mercancías exentas de aduanas | freelisted commodities.
mercancías exentas de derechos | free goods.
mercancías exportables | exportable commodities.
mercancías expuestas en almacenes | open stock.
mercancías fabricadas de encargo | customed goods.
mercancías fáciles de vender | fast-moving goods.
mercancías fungibles | consumable goods.
mercancías gancho | merchandise stunts.
mercancías garantizadas | bonded goods.
mercancías hipotecadas | goods under a bill of sale.
mercancías importadas | imported goods.
mercancías inflamables | fire-goods.
mercancías inmovilizadas | dead storage.
mercancías invendibles | dud stock.
mercancías liberalizadas | liberalized goods.
mercancías ligeras | light goods.
mercancías líquidas (líquidos en barriles o botellas) | wet goods.
mercancías mal embaladas | badly-packed goods.
mercancías monopolizadas por el gobierno | government monopolized goods.
mercancías no declaradas | undeclared goods.
mercancías no embarcadas | shutouts.
mercancías no perecederas | durable goods | durables.
mercancías para embarque | futures for shipment.
mercancías para entregar | futures | arrivals.
mercancías para la venta | marketable goods.
mercancías para vender a bordo (buques) | saloon stores.
mercancías peligrosas | dangerous cargo.
mercancías pendientes de embarque | short outs.
mercancías perecederas | nondurable goods.
mercancías pesadas entibadas en el sollado | kentledge goods.
mercancías que faltan (descarga de buques) | short-landed goods.
mercancías que no se pueden exportar y se reservan para el consumo interior | frustrated exports.
mercancías que pagan más flete y que se estiban según instrucciones especiales (buques) | specials.
mercancías que se descargan en un puerto que no es el debido por mala estiba de la carga | overcarriage.
mercancías que tienen algún desperfecto | job-goods.
mercancías readquiridas | repossessed goods.
mercancías recibidas en consignación | consignment in.
mercancías recibidas sin factura | goods received not invoiced.
mercancías recogidas | repossessed goods.
mercancías rescatadas | repossessed goods.
mercancías sujetas a impuestos | dutiable goods.
mercancías tarifadas por grupo | measurement goods.
mercancías tiradas al mar con un boyarín para reconocerlas | lagan.
mercancias transportadas a granel | bulk cargo.
mercancías transportadas por camión | truck freight.
mercancías varias | miscellaneous commodities.
mercancías varias por establecimientos | scrambled merchandise.
mercancías vendidas | goods sold.
mercancías voluminosas | measure goods | measurement goods | bulky goods.
mercante | cargo vessel.
mercantil | mercantile | commercial | trading.
mercantilidad | mercantility.
mercantilismo | commercialism.
mercantilista | mercantilist.
mercaptano | mercaptan.

mercenario | free lance.
mercería | smallwares.
mercerización | mercering | mercerization.
mercerización sin tensión (algodón) | slack mercerization.
mercerizado | mercerizing.
mercerizado (tejido) | mercerization.
mercerizadora (máquina) | mercerizer.
mercerizar (hilos de algodón) | mercerize (to).
mercilda (tejido) | limbric.
mercurial | mercurial.
mercurial (planta) | mercury.
mercúrico | mercurial.
mercurífero | quicksilver-bearing.
mercurificación | mercurification.
mercurificar | mercurify (to).
mercurimetría potenciométrica | potentiometric mercurimetry.
mercurio | mercury | quicksilver.
mercurio argental | amalgam | argental mercury.
mercurio contaminado | sick mercury.
mercurio córneo | horn quicksilver | horn mercury.
mercurio dulce | horn quicksilver | horn mercury.
mercurio finamente dividido | sickened mercury.
mercurio hepático | liver ore.
mercurio solidificado | frozen mercury.
mercurizado | quicking.
merdivoro | dung-eating.
merece citarse | it is worthwhile to mention.
merece destacarse el que | it is worth emphasising that.
merece leerse | it is worth reading.
merece tenerse en cuenta | it is worth considering.
merecimiento | desert 11.
meridiana (línea) | meridian line.
meridiano | meridian.
meridiano acircular | noncircular meridian.
meridiano astronómico | astronomical meridian.
meridiano celeste | celestial meridian.
meridiano central vertical | vertical central meridian.
meridiano cero | primer meridiam.
meridiano de cambio de fecha (meridiano 180 grados) | date line.
meridiano de origen | zero meridian | first meridian | prime meridian.
meridiano de referencia | guide meridian.
meridiano de una lente plano-cilíndrica en el que su potencia es cero | cylinder axis.
meridiano del cuadriculado | grid meridian.
meridiano elíptico | elliptical meridian.
meridiano en ángulo recto con el meridiano que contiene el eje (lente cilíndrica) | power meridian.
meridiano geográfico | true meridian.
meridiano magnético | magnetic meridian.
meridiano terrestre | astronomical meridian.
meridiano terrestre sobre el que se mide la latitud | circle of latitude.
meridional | southern | meridional.
meridionalidad | meridionality.
merino (tejido lana) | twilled bombazet.
meristema | meristem.
meristemo (botánica) | meristem.
meritar | merit (to).
mérito | consideration.
mérito marítimo | sea-worthiness.
meritoriaje | probationership | nonsalaried work.
meritorio | meritorious | junior clerk | nonsalaried employee.
merlán (pez) | whiting.
merlín | housing | houseline.
merluza salada y curada con humo de turba | finnan.
merma | dwindle | tare | shrinkage | shortage | leakage | decretion | deficiency | wantage | wastage.
merma (cantidad que falta para llenar del todo) | outage.
merma (comercio) | shrinkage.
merma (de la moneda) | abrasion.
merma (líquidos) | ullage.
merma (peso) | loss.
merma de devanado | reling waste.
merma de la moneda (por el uso) | abrasion of coin.
merma de vicio propio | natural wastage.
merma en efectivo | cash leakage.
merma natural | natural wastage.
mermar | cut down (to) | lessen (to) | waste (to) | dwindle (to) | reduce (to).
mermas | waste.
mermas (pérdida de peso durante el desengrasado - lana) | sinkage.
mermas en el peso base (transporte por ferrocarril) | underweights.
mermelada | conserve.
mero | mere.
merocigoto (genética) | merozygote.
merocristalino | merocrystalline.
merodear (explotar los pilares - de minas abandonadas) | fossick (to).
meroleismo | meroleims.
meropodio | meros.
meropótido | meros.
meroscopio | meroscope.
meroxeno | meroxene.
mersawa (Anisoptera costata) | mersawa.
merubong (Dactylocladus stenostachys) | merubong.
mes anomalístico (luna) | anomalistic month.
mes de crédito | month's credit.
mes de entrega | contract month.
mes de entrega (comercio) | position.
mes embolismal | embolismic month.
mes lunar (astronomía) | moon.
mes lunar medio (29,53 días) | lunation.
mesa | table.
mesa (cilindro laminador) | body.
mesa (de moldear ladrillos) | banker.
mesa (de yunque) | face.
mesa (de yunque o de máquina herramienta) | plate.
mesa (geología) | mesa.
mesa (máquina herramienta) | traveling table | platen.
mesa (máquina taladrar) | drilling-table.
mesa (máquinas herramientas) | plateen.
mesa (yunque) | crown.
mesa acanalada | riffled table.
mesa ascendente | raising table.
mesa atadora | binding table.
mesa caliente eléctrica (cocina) | electrically-heated hot press.
mesa caliente electrocaldeada | electric hotbed.
mesa caliente para fábricas | industrial hotplate.
mesa con profusión de refuerzos transversales | liberally cross-ribbed table.
mesa con rodillos en la parte alta | roller-topped table.
mesa con tapa de cristal | glass-topped table.
mesa concentradora | concentrating table.
mesa cónica fija (preparación minerales) | round buddle.
mesa cónica giratoria (metalurgia) | revolving round-buddle.
mesa continua (metalurgia) | vanner.
mesa continua de tratar fangos | continuous slime-table.
mesa convexa giratoria para fangos (minería) | revolving convex slime table.
mesa curvada de arrollado (carda de tiras transversales) | roll box.
mesa de acero para colocar las chapas entre operaciones intermedias (hojalata) | hob.
mesa de alas abatibles | drop-leaf table.
mesa de alimentación | feed table.
mesa de alineación y registro (sala de composición) | lineup and register table.
mesa de amalgamación (minería) | amalgamating table.
mesa de anotadora (telefonía) | record table.
mesa de aparatos | operating-table | apparatus table.
mesa de bayeta (preparación minerales) | blanket table.
mesa de búsqueda | search plotting board.
mesa de cierre enrollable | roll-top desk.
mesa de clasificación (minería) | picking table.
mesa de cocina | dresser.
mesa de colada | casting slab | teeming table.
mesa de comprobación | monitoring board.
mesa de concentración | concentration table.
mesa de concentración (preparación minerales) | table classifier.
mesa de consola | angle table.
mesa de contrastación | monitoring board.
mesa de control | control desk.
mesa de control (telefonía) | service observing desk.
mesa de control principal | master control panel.
mesa de cortar | cutting table.
mesa de corte (telecomunicación) | test rack.
mesa de costados abatibles | lift-up table.
mesa de cuatro resbaladeras (tornos) | four-shear bed.
mesa de descarga (de una máquina) | delivery table.
mesa de despacho | desk.
mesa de diagramado | layout table.
mesa de dibujo | drafting table | drawing table.
mesa de distribución | desk switchboard.
mesa de embudo (metalurgia) | concave round-buddle.
mesa de empapelador | paper-hanger table.
mesa de enclavamiento | locking table.
mesa de enclavamiento eléctrico | electric interlocking machine.
mesa de enfriaminto del laminador para varillas | rod mill cooling bed.
mesa de ensayo (telefonía) | test deck.
mesa de entrada | ingoing table.
mesa de entrada (laminador) | entry table.
mesa de escoba (metalurgia) | sleeping-table.
mesa de escogido (minería) | picking table.
mesa de escribir con tablero abatible | hinged writing table.
mesa de escucha (telefonía) | monitor desk.
mesa de esmaltador | enameller's table.
mesa de faldón | lift-up table.
mesa de faldones | gate-legged table.
mesa de fijación | cramping table.
mesa de glaciar | glacier table | mesa.
mesa de guarnición (buques) | channel.
mesa de guía ortogonal (máquinas) | compound table.
mesa de inspección | inspecting table.
mesa de inversión (fundería) | roll-over table.
mesa de la cocina (buques) | galley dresser.
mesa de la fresadora con fresa matriz (talla de engranajes) | hobber table.
mesa de limadora | shaper knee | shaper table.
mesa de limpiar y concentrar (minerales) | dressing table.
mesa de mando | keyboard.
mesa de mando del control centralizado de tráfico | centralized traffic control machine.
mesa de manipulación | operating-table.
mesa de máquina (cepilladoras, fresadoras) | platen.
mesa de máquina de cepillar | planing machine table.
mesa de máquina de taladrar | boring table.
mesa de marginar (tipografía) | laying-on table.
mesa de montaje (imprenta-cine) | editing table.
mesa de operaciones | operating-table.
mesa de percusión (metalurgia) | percussion table.

mesa de percusión (minería) | jig table.
mesa de preparación de finos | slimer.
mesa de preparación de finos (metalurgia) | slime table.
mesa de pruebas | test desk | test-desk.
mesa de pruebas (telefonía) | trunk test rack.
mesa de pulir | polishing bed.
mesa de ranuras | riffled table.
mesa de ranuras (máquina-herramienta) | slotted box table.
mesa de reclamaciones (telefonía) | monitor's position.
mesa de recogida (de una máquina) | delivery table.
mesa de redacción (periódicos) | copy desk | copyboard.
mesa de regulación | regulating switchboard | control desk.
mesa de revisión de telas | cloth inspection table.
mesa de rodillos | roll table.
mesa de rodillos de entrada | ingoing roller table.
mesa de rodillos de salida (laminador) | runout table.
mesa de rotación | rotatory table.
mesa de sacudidas | concussion table | jolter | joggling table | percussion jig | shakeout | shaking-table.
mesa de sacudidas (metalurgía) | bumping table.
mesa de sacudidas para funderías | foundry shake-out.
mesa de sacudidas transversales | side-jerk table.
mesa de salida | outgoing table.
mesa de salida (de una máquina) | delivery table.
mesa de salida (laminadores) | exit table.
mesa de sierra de cinta | bandsaw table.
mesa de sujeción | cramping table.
mesa de trabajo | record | operating-table.
mesa de trabajo giratoria | rotatable worktable.
mesa de trabajo manual | bench.
mesa de tratamiento | treatment table.
mesa de trazado | lofting table | tracing table.
mesa de troquelar flotante (prensas) | floating die table.
mesa de vibrado mecánico | mechanically-vibrated table.
mesa de vigilancia | monitoring board | monitoring desk.
mesa de voltear (astilleros) | bending floor.
mesa del horno | dead plate.
mesa del operador (telefonía) | toll board.
mesa del pedestal | pedestal table.
mesa del tribunal | court bench.
mesa del yunque | anvil face | anvil plate.
mesa despejada | shiny desk top.
mesa donde se aplanan los libros (encuadernación) | bench block | beating stone.
mesa durmiente (metalurgia) | framing table | sleeping-table.
mesa elevadora | lifting table.
mesa extendedora | spread board.
mesa giratoria | turntable.
mesa giratoria anular | annular revolving table.
mesa giratoria basculante | tilting turntable.
mesa giratoria en cualquier sentido | multiway turntable.
mesa giratoria inclinable | inclinable rotary table.
mesa giratoria óptica | optical rotary table.
mesa guíacintas (reunidora de cintas) | Derby back.
mesa guianapas (hilatura) | lap guide plate.
mesa inclinable | tilting table.
mesa inclinable (máquina herramienta) | inclinable table.
mesa inclinable (máquina-herramienta) | swiveling worktable.
mesa inclinable (máquinas) | canting table.
mesa inclinable motorizada | powered tilting table.
mesa inclinada | inclined table.
mesa inclinada de superficie plana (preparación mecánica minerales) | plane-table.
mesa inferior (prensas) | ground platen.
mesa lavadora de sacudidas (metalurgia) | percussion frame.
mesa lavadora de vaivén (metalurgia) | percussion table.
mesa neumática (minería) | air table.
mesa oscilante | reciprocating table | oscillatable table | oscillating table.
mesa para alzar pliegos (tipografía) | collating table.
mesa para anestesia | anaesthetic table.
mesa para colocar las piezas a trabajar (máquinas) | locator table.
mesa para entintar | ink-up table.
mesa para juntas del consejo | directors' table.
mesa para marcado | marking-off table.
mesa para oxicortar bordes de chapas | plate-edge burning table.
mesa para tener cerca la herramientas de forja | stopper.
mesa para tener cerca las herramientas de forja | peg.
mesa pequeña (geología) | butte.
mesa pequeña de escritorio | davenport.
mesa plana elevadora | plain elevating table.
mesa plastisolada | plastisoled table.
mesa portapieza | worktable.
mesa portapieza (máquina herramienta) | work plate | workholding table.
mesa portapieza giratoria (máquina-herramienta) | swiveling worktable.
mesa receptora de los productos ya laminados (laminador) | runout table.
mesa recibidora (laminador) | runout table.
mesa recogedora | catcher table.
mesa redonda | circular table | panel discussion.
mesa redonda de una pata con faldón | drum table.
mesa relavadora (minerales) | rewash table.
mesa rotativa | revolving table.
mesa rotatoria | rotary table.
mesa rotatoria soportada hidrostáticamente | hydrostatically-supported rotary table.
mesa sacudidora | shaking-table.
mesa sin papeles | shiny desk top.
mesa sin trabajo pendiente | shiny desk top.
mesa terapéutica | therapeutic table.
mesa transbordadora | transfer table.
mesa trazadora | plotting board.
mesa trazadora (estereoplanígrafo) | plotting table.
mesa trepidadora | vibration table.
mesa trepidante | shaking-table.
mesa vibradora electromagnética | electromagnetic vibrating table.
mesa vibrante | shake table.
mesa vibrante motorizada | mechanically-vibrated table.
mesa volteachapas | plate turning table.
mesa-caballete | bank.
mesadenia (insectos) | mesadenion.
mesadenias | mesadenia.
mesas de glaciar | ice tables.
mesas de radiodiagnóstico | fluoroscopy tables.
mesas glaciáricas | glacier tables.
mescolanza | mixture.
meses de ablación (glaciar) | melting months.
meses fecha | months after date.
meses vista | months after sight | months sight.
meseta | plain | table.
meseta (electrónica) | plateau.
meseta (geología) | plateau.
meseta árida | dry tableland | arid plateau.
meseta baja | low plain.
meseta con valles de erosión | dissected plateau.
meseta continental | continental plateau.
meseta costera | coastal plateau.
meseta cubierta de grava | gravel-capped terrace.
meseta de acumulación | plateau of accumulation.
meseta subacuática | subaquatic plateau.
meseta submarina | undersea plateau.
mesetas intermontañosas | intermontane plateaux.
mesión (anatomía) | meson.
mesita redonda | roundel.
meso | meso.
mesoanálisis | mesoanalysis.
mesoanticiclón | mesohigh.
mesoclimatología | mesoclimatology.
mesocrático | mesocratic.
mesocúrtico | mesokurtic.
mesocurtosis | mesokurtosis.
mesoda | mesode.
mesodevoniano | Mesodevonian.
mesodevónico | middle Devonian.
mesoescala (escala intermedia) | mesoscale.
mesófilo | mesophile.
mesohidria | mesohydry.
mesología | mesology.
mesomería | mesomerism.
mesómero | mesomere.
mesometeorología | mesometeorology.
mesomorfismo | mesomorphy.
mesón | X-particle.
mesón (electrón pesado) | meson.
mesón (partícula radioactiva) | meson.
mesón chi (chion) | chi-meson.
mesón de espín integral | meson of integral spin.
mesón de período corto | short-lived meson.
mesón de rayos cósmicos | cosmic-ray μ meson.
mesón emergente | emerging meson.
mesón estrellígeno | star-forming meson.
meson eta | eta meson.
mesón experimental | laboratory-produced meson.
mesón fotónico | photonic meson.
mesón intermedio de espín 1 | spin-1 intermediate meson.
mesón K | K-meson.
mesón k positivo | positive k meson.
mesón kappa | kappa-meson.
mesón mu | mu-meson | M meson.
mesón pesado | K-meson.
mesón pi | pion | pi-meson.
mesón pi negativo | negative pi meson.
mesón pi positivo | positive pi meson.
mesón producido en el laboratorio | laboratory-produced meson.
mesón rho | rho meson.
mesón seudoescalar | pseudoscalar meson.
mesón seudoescalar neutro | neutral pseudoscalar meson.
mesón sigma | sigma meson.
meson tau | tau meson.
mesón vectorial | vector meson.
mesones de espines isobáricos enteros | integral isospin mesons.
mesones de partículas cósmicas | cosmic-ray mesons.
mesopausa polar | polar mesopause.
mesopotámico (situado entre dos ríos) | mesopotamic.
mesoscafo | mesoscaph | mesoscaphe.
mesósfera | mesosphere.
mesostasia | mesostasis.
mesostasis (petrología) | interstitial material.
mesoterio | mesotherium.
mesoterios | mesotheria.
mesotermal | mesothermal.
mesotorio | mesothorium.
mesotrón (nuclear) | mesotron.
mesozoico | mesozoic.
mesozona | mesozone.
mesquite (prosopis juliflora - botánica) | mesquite.
messassa (Brachystegia spiciformis) | muputu.
mestizaje | race crossing | miscegenation.
mestizar | crossbreed (to).
mestizo de primer cruce | high-grade.
meta | objective point | tee.

meta (deportes) | winning post.
metabiosis | metabiosis.
metabólico | energy-yielding | energy yielding.
metabolismo | metabolism.
metabolismo (biología) | metastasis.
metabolizar | metabolize (to).
metaborato de cobre | cupric borate.
metacentro (EE.UU.) | metacenter.
metacentro (G.B.) | metacentre.
metacentro longitudinal | longitudinal metacenter.
metacentro transversal | latitudinal metacenter | transverse metacenter.
metacinabarita | aethiops mineral.
metaclinia | metakliny.
metaclorito (química) | metachlorite.
metacrilato | methacrylate.
metacrilato de metilo | methyl methacrylate.
metacrilato de polimetilo | perpex.
metacrilato polimetílico | polymethyl methacrylate.
metacrílico | methacrylic.
metacristal | metacryst.
metacromatismo | metachromatism.
metacromía | metachromy.
metacronismo | metachronism.
metacuarcita | metaquarzite.
metadiabasa | metadiabase.
metadiálisis | metadialisis.
metadialítico | metadialitic.
metadínamo | metadyne.
metadino | metadyne | metadyne.
metadona | methadon.
metaestabilidad | metastability.
metaestable | metastable.
metaestablemente pasivo | metastable passive.
metafase en estrella (genética) | star metaphase.
metafísica (ciencia) | metaphysics.
metafísico | metaphysician.
metafisiquear | metaphysicize (to).
metafonizar (EE.UU.) | metaphonize (to).
metafonizar (G.B.) | metaphonise (to).
metáfora | metaphor.
metafórico | metaphorical | figurative.
metaforismo | metaphorism.
metaformismo cinético | kinetic metamorphism.
metagalaxia | metagalaxy.
metaglifo | metaglyph.
metagnomia | metagnomy.
metagrafía | metagraphy.
metal | metal.
metal activo (corrosión) | busy metal.
metal adherente para diamante | bonding metal for diamond.
metal afinado | washed metal.
metal agitado | wild metal.
metal alcalino | alkali-metal.
metal alcalinotérreo | alkali-earth metal.
metal amalgamado | amalgamated metal.
metal amorfo | amorphous metal.
metal anodizado en color | anodized colored metal.
metal antifricción | antifriction metal | bearing metal | white metal.
metal antifricción (antimonio 8%) | babbit metal.
metal antifricción blando composición aproximada sodio (0,04%) y el resto plomo | bahnmetal.
metal antifricción para cojinetes | antifriction bearing metal.
metal antirresbaladizo | antislip metal.
metal aportado | added metal.
metal Babbit | babbit metal | B metal.
metal babbit (cojinetes) | babbit.
metal base (soldaduras) | parent metal.
metal bien electrodepositado | reguline deposit.
metal blanco | Argentine plate.
metal blanco (antimonio 8%) | babbit metal.
metal blanco (maillechort) | German silver.
metal calichoso | felspathic ore.
metal caliente | hot metal.
metal combustible (reactor nuclear) | fuel metal.
metal compuesto (por ejemplo aluminio chapado en cobre) | composite.
metal común (metal no noble) | base metal.
metal con (99,75%) de cobre | best selected copper.
metal con alma celular | sandwich metal.
metal con cantidad excesiva de inclusiones no metálicas | dirty metal.
metal con el grano desorientado (metalurgia) | disarrayed metal.
metal con granos abrasivos fundidos en el metal | antislip metal.
metal con potencial de electrodo negativo | base metal.
metal contrachapado | ply metal.
metal corrosible | corrodible metal.
metal cuyo óxido está clasificado como una tierra | earth metal.
metal chapado (con otro metal) | clad metal | composite metal.
metal chapado con otro | dual metal.
metal chapador | cladding metal.
metal chorreado con pistola | sprayed metal.
metal de adición final | finishing metal.
metal de aportación (soldadura) | feeding metal | filling metal | filler metal | adding material.
metal de ayuda (metalurgia) | ore-flux.
metal de cardenillo | proustite.
metal de grano fino | grained metal.
metal de la soldadura que se adhiere a la chapa (soldadura por puntos) | slug.
metal de la soldadura tal como está depositado y sin haber sufrido postratamiento | as-welded weld metal.
metal de las partes que van a soldarse (soldadura)
metal de mazarota | head metal.
metal de origen | parent metal.
metal de peso atómico pequeño | low-atomic-weight metal.
metal de poca densidad (aluminio, etc.) | light metal.
metal de red cúbica (cristalografía) | cubic metal.
metal de relleno | backing metal.
metal de relleno de alambre desnudo (soldadura) | bare-wire filler metal.
metal de segunda fusión | secondary metal.
metal de temperatura de fusión más baja | lower-melting-point metal.
metal de título legal | metal of legal fineness.
metal de transición cúbica de caras centradas | face-centered cubic transition metal.
metal delta | delta metal.
metal depositado | deposited metal.
metal depositado (soldadura) | deposit | added metal.
metal depositado (soldaduras) | weld metal.
metal depositado en la soldadura | deposited weld metal | weld deposit.
metal depositado por arco eléctrico | arc-deposited metal.
metal derretido | run metal.
metal desgaseado | gas-free metal.
metal deshidrogenado | hydrogen-removed metal.
metal desoxidado de carbono y relicuado en vacío parcial por arco eléctricov | vacuum-arc-remelted carbon deoxidized metal.
metal destruido por cavitación | cavitated metal.
metal difícil de deformar | difficult-to-deform metal.
metal difícil de obtenr | hard-to-get metal.
metal dúctil | soft metal.
metal duro | hardmetal.
metal duro de aleación de varios carburos | multicarbide hard metal.
metal duro refractario | refractory hard metal.
metal duro refractario sinterizado | sintered refractory hard metal.
metal electrodepositado | electrodeposited metal.
metal embutido | deep-drawn metal.
metal en barras | bar stock.
metal en bruto | coarse metal.
metal en estado líquido | liquid metal.
metal en filamentos muy finos | whiskers.
metal en fusión | molten metal.
metal en granalla | shotted metal.
metal en lingotes | ingot metal.
metal en planchas | plate-metal.
metal en suspensión (electrolitos) | metal mist | metal-fog.
metal en suspensión coloidal | colloidal metal.
metal enchapado | laminated metal.
metal endurecido por infusión en su masa de partículas estables no metálicas | dispersion strengthened metal.
metal exótico | exotic metal.
metal extrapuro | extra pure metal.
metal exudado | exuded metal.
metal fácil de fundir | easily-melted metal.
metal fácilmente extractable | cold-extractable metal.
metal fenestrado empleado en calzadas de cemento | mattress.
metal foraminado | expanded metal | sparred metal.
metal foraminado empleado como base para enlucido de paredes | metal lathing.
metal foraminoso | foraminous metal.
metal formador de boruros | boride-forming metal.
metal frío (arrabio) | dull metal.
metal fundido | molten metal | hotmelt.
metal fundido en coquilla sin deformación | chilled stiff metal.
metal fundido frío | dead metal.
metal fundido que cae (soldadura) | metal run-out.
metal fundido que se cuela muy frío y se solidifica antes de llenar el molde | misruns.
metal galvanoplastiado | electrodeposited metal.
metal hipomadurado | underaged metal.
metal infiltrado | infiltrated metal.
metal inoculado | inoculated metal.
metal insensible a la propagación de grietas | notch-insensitive metal.
metal laminable | plateable metal.
metal licuado | liquid metal | run metal.
metal líquido | hotmelt.
metal líquido (acerías) | hot metal.
metal líquido que exuda por una grieta de la superficie del lingote (defecto lingote colado de pie) | double skin.
metal litográfico | lithographic metal.
metal liviano (aluminio, etc.) | light metal.
metal madre | mother metal.
metal madre (colada alto horno) | sow metal.
metal madre (lingotes) | segregans.
metal magnetógeno | magnetogenic metal.
metal más grueso de los componentes (chapas enchapadas) | base metal.
metal matriz | matrix metal.
metal moldeado por centrifugación | spun metal.
metal monovalente | monovalent metal.
metal nativo | virgin metal.
metal no aleado | unalloyed metal.
metal no calmado | wild metal.
metal no segregado (lingotes) | segregans.
metal noble | noble metal.
metal óxido-silicio | metal-oxide-silicon.
metal para cojinetes | box metal | bearing metal | lining metal | bushing metal.
metal para cojinetes colado en coquilla | chill-cast bearing metal.
metal para cojinetes de aleación de aluminio y estaño | aluminum-tin bearing metal.
metal para estatuaria | monumental metal.
metal para rellenar la cajera del sujetador del extremo del cable | rope capping metal.
metal para trabajos de monturas de gafas |

optical metal.
metal para tubos de órgano | pipe metal.
metal parental | parent metal.
metal pasivado | passified metal.
metal permeable | permeable metal.
metal pesado (de gran densidad) | heavy metal.
metal plaqueado (con otro metal) | clad metal.
metal plomoso | leady ore.
metal poco dúctil | brittle metal.
metal policristalino de caras centradas | polycrystalline face-centred metal.
metal poligranudo | polygrained metal.
metal poroso impregnado de politetrafluoroetileno | polytetrafluoroethylene-impregnated porous metal.
metal precioso | noble metal.
metal predeformado | prestrained metal.
metal puro | unalloyed metal.
metal que empieza a solidificarse | dropping metal.
metal que forma carburos propios al añadirse a una mezcla fundida (aceros) | carbide-former.
metal que funde bien | metal that pours well.
metal que no tiene la composición química deseada | offgrade metal.
metal que queda en el bebedero | gate.
metal que se corta o suelda | base metal.
metal que se echa al caldo para controlar el tamaño del grano (metales) | grain-size controller.
metal que se galvanoplastia | base metal.
metal reactivo | reactive metal.
metal recubridor de otro | cladding metal.
metal recuperado de chatarras | secondary metal.
metal refinado | finer's metal | fine metal.
metal reforzado con fibras embebidas | fiber-reinforced metal.
metal reforzante | reinforcing metal.
metal resistente | enduring metal.
metal revestido de amianto | asbestos-protected metal.
metal semiplástico | semiplastic metal.
metal sensible a la iniciación de grietas | notch-sensitive metal.
metal sin consistencia | metal without body.
metal solidificado en la canal de colada | drain metal.
metal solidificado que queda en la canal de colada después de colar | git.
metal sometido a desgaste o trabajo intenso | busy metal.
metal tal como está depositado (soldadura) | as-deposited metal.
metal templado a la llama | flame-hardened metal.
metal templado con soplete | flame-hardened metal.
metal tenaz | cohesive metal.
metal tenaz a la formación de grietas | notch tough metal.
metal terroso | earth metal.
metal tipográfico | type metal.
metal tipográfico (aleación de plomo-antimonio-estaño) | typographic metal.
metal trabajado | metalwork.
metal traza (bioquímica) | trace metal.
metalación | metalation.
metaldehido | metaldehyde.
metales | metals.
metales alcalinos | alkaline metals.
metales como cobre | base metal.
metales consolidados (metalografía) | strengthened metals.
metales constituyentes (aleaciones) | constituent metals.
metales de fundición | smelting ores.
metales de relleno compatibles (soldadura) | compatible filler metals.
metales de tierras raras | lanthenons.
metales del grupo de platinuros | platinide metals.
metales del grupo 5B de la tabla periódica | group 5B metals.
metales férricos | ferrous metals.
metales finamente divididos | finely divided metals.
metales formadores de aleaciones | alloy-forming metals.
metales impregnados con triquitas (metalografía) | whiskered metals.
metales muy duros y muy resistentes | space age metals.
metales para construcciones | structural metals.
metales para construcciones aeronáuticas | aircraft metals.
metales para productos lácteos | dairy metals.
metales reforzados por triquitas | whisker reinforced metals.
metales regulinos | reguline metals.
metales semejantes | like metals.
metales semielaborados | masic metals.
metales susceptibles a la oxidación | oxidation-susceptible metals.
metalescencia | metallic luster | metallescency.
metalescente | metallescent.
metalicidad | metallicity | metalleity.
metálico | metal-made | specie.
metálico (dinero) | metallic currency.
metálico (sonido) | brassy.
metalífero | metalliferous | ore-bearing | metal-bearing.
metalificar | metallify (to).
metaliforme | metalliform.
metalista | metalworker | metalsmith.
metalistería | metal industry | metalwork.
metalistería artística | artistical metalwork.
metalitografía | metalithography.
metalitografiar | metalithograph (to).
metalitos (geología) | arites.
metalización | metallization | plating | metallizing | metalizing | metalization.
metalización (de una superficie) | metalling.
metalización (fotografía) | bronzing.
metalización al vacío | vacuum metallizing.
metalización catalizada | catalyst spraying.
metalización con pistola | metal spraying.
metalización con polvo de metal por medio del soplete | flame plating.
metalización cromo-oro | chromium-gold metallising.
metalización de ejes | shaft metallizing.
metalización de los plásticos | plastics metallization.
metalización de microdiamantes | diamond grit metallizing.
metalización de superficies por aspersión con metal fundido | flame spraying.
metalización del nylón por vaporización de carbonilos de hierro o de níquel | gas plating of nylon with nickel.
metalización en caliente | hot-sprayed metal coating.
metalización galvánica (electrodeposición sobre una superficie metálica de una capa de metal más duro) | electrofacing.
metalización multicapa | multiple-layer metallization.
metalización por aspersión | metalization by projection.
metalización por aspersión de metal licuado | metal spraying.
metalización por chorro de polvo metálico | blast metallizing.
metalización por el método Schoop | schoopage.
metalización por empleo de un metal fundido en una corriente de gas ionizado | plasma flame-spraying.
metalización por pistolete pulverizador | spray-gun metallization.
metalización por proyección | spraying.
metalización por proyección con pulvimetal | powder frame spraying.
metalización por rociadura | spraying.
metalización superficial | surface metallizing.
metalización superficial en la que partículas de carburo de tungsteno se incrustan en la superficie de la pieza | flame-plating process.
metalizado | clad | metal coated | metalclad.
metalizado al vacío | sputtering.
metalizado con acero inoxidable | stainless-steel metallized.
metalizado con carburo de tungsteno | flame-plated with tungsten carbide.
metalizado con una pistola de plasma (revestimientos) | plasma-sprayed.
metalizado por aspersión con metal fundido y rectificado con diamante | flame-sprayed and diamond-ground.
metalizado por corrientes de alta frecuencia | high-frequency plated.
metalizado por electrólisis | electroformed.
metalizador de pulvimetal | powder metalizer.
metalizar | metalize (to) | metal (to) | metallize (to) | plate (to).
metalizar (G.B.) | metalise (to).
metalizar (revestimientos) | wash (to).
metalizar con pistola | spray (to) | spray-treat (to).
metalizar con polvo metálico | flame-plate (to).
metalizar con soplete | flame-spray (to).
metalizar con zinc | zinc-spray (to).
metalizar por aspersión | metal spray (to) | flame-spray (to).
metalizar por bombardeo iónico | sputter (to).
metalizar por chorreo | spray-coat (to).
metalizar por fusión | fuse-metallize (to).
metalizar por vaporización de compuestos metálicos gaseosos (fibras) | gas plate (to).
metalizarse (fotografía) | bronze (to).
metaloceno | metallocene.
metalocerámica | metal ceramics.
metalocerámico | metalloceramic | metal-ceramic.
metalocompuesto | metallocompound.
metalocromía | metallochromy.
metalocromo | metallochrome.
metaloderivado | metalloderivative.
metalogenético | metallogenetic.
metalogenia | metallogeny.
metalogénico | metallogenetic.
metalografía | metallography | metallography.
metalografía de la capa de óxido | scale metallography.
metalografía electrónica | electron metallography.
metalografía macroscópica | macroscopic metallography.
metalografía microscópica | microscopic metallography.
metalografista (persona) | metallographist.
metalógrafo | metallograph.
metalógrafo (instrumento) | metallographer.
metalógrafo de platina caliente | hot-stage metallograph.
metaloide | metalloid | semimetal | nonmetal.
metaloides | nonmetallics.
metaloídico | nonmetallic.
metalología | metallology.
metalomecánico | metallomechanical.
metalometálico | metallometallic.
metalometría | metallometry.
metaloorgánico | metalloorganic.
metaloplástico | metalloplastic.
metalóptrica | metalloptrics.
metaloscopia | metalloscopy.
metaloscopio | metalloscope.
metalotecnia | metallotechnics.
metaloterapia | metallotherapy.
metalotermia | metallothermy.
metal-óxido-semiconductor | metal oxide semiconductor (MOS) | mos.
metalurgia | metallurgy | metalcraft.
metalurgia adaptiva | adaptive metallurgy.
metalurgia de extracción de metales de sus menas | production metallurgy.
metalurgia de materiales formados por fibras metálicas cortas unidas entre sí | fiber meta-

llurgy.
metalurgia extractiva | extractive metallurgy.
metalurgía física | physical metallurgy.
metalurgia industrial | engineering metallurgy.
metalurgia química | chemical metallurgy | process metallurgy.
metalúrgicamente estable | metallurgically fixed.
metalúrgicamente inestable | metallurgically unstable.
metalúrgico | ironmaster | smelter.
metalúrgico (persona) | metallurgist.
metalúrgico-tecnológico | metallurgico-technological.
metamero (zoología) | segment.
metámetro de respuesta (estadística) | response metameter.
metamíctico | metamict.
metamictización | metamictization.
metamorfismo | metamorphism.
metamorfismo constructivo | constructive metamorphism.
metamorfismo de dislocación | dynamic metamorphism.
metamorfismo de presión | static metamorphism.
metamorfismo dinámico | kinetic metamorphism.
metamorfismo dinamotérmico | dynamothermal metamorphism.
metamorfismo en condiciones de grandes temperaturas y presiones (geología) | high-rank metamorphism.
metamorfismo endomorfo | endomorphic metamorphism.
metamorfismo exomorfo | exomorphic metamorphism.
metamorfismo exomorfo de contacto | contact exomorphic metamorphism.
metamorfismo geotermal | geothermal metamorphism.
metamorfismo hidrotermal | hydrothermal metamorphism.
metamorfismo metaquímico | metachemical metamorphism.
metamorfismo por contacto | thermometamorphism.
metamorfismo retrogresivo | diaphthoresis.
metamorfismo termal | thermometamorphism.
metamorfizable | metamorphosable.
metamorfizado térmicamente | thermically metamorphosed.
metamorfizar | metamorphose (to).
metamorfosear | metamorphose (to) | metamorphize (to).
metamorfosis | metamorphosis | metastasis.
metanero | methane tanker | methane-carrying ship.
metanífero | methane-bearing.
metaniobiato de plomo | lead metaniobate.
metanización | methanization.
metano | marsh gas.
metano (química) | methane.
metano licuado | liquid methane.
metanoducto | methane pipeline | pipeline.
metanófono | methanophone.
metanoia | metanoia.
metanol | methyl alcohol | wood alcohol | wood spirit | methanol.
metanometría | methanometry.
metanómetro | methanometer.
metanómetro acústico | acoustic methanometer.
metanómetro catalítico | catalytic methanometer.
metapepsis | metapepsis.
metaquímica (química subatómica) | metachemistry.
metaquímico | metachemical.
metas parciales | sub-goals.
metas sociales | social goals.
metascopio | metascope.
metasedimento (geología) | metasediment.
metasoma | guest mineral.
metasomatismo | metasomatism.
metasomatismo (geología) | carbonation.
metasomatismo del boro | boron metasomatism.
metasomatizar | metasomatize (to).
metástasis (medicina y geología) | metastasis.
metatesis | metathesis.
metatesizar | metathesize (to).
metatético | metathetic.
metatopología | metatopology.
metatropía | metatropy.
metautunita | meta-autunite.
metavolcánico | metavolcanic.
metazoico (zoología) | metazoa.
metazoo (zoología) | metazoan.
metehojas | feeder.
metempsicosista | metempsychosist.
metemptosis (calendario) | metemptosis.
meteorina (hierro meteórico) | meteorin.
meteorismo | meteorism.
meteorítica (ciencia) | meteoritics.
meteorito | meteorite | aerolite.
meteorito condrítico | condritic meteorite.
meteorito hallado | find.
meteorito incandescente | shooting-star.
meteorito metálico-silíceo | siderolite.
meteorito pétreo | stony meteorite.
meteorito pétreo cristalino de bronzita y olivino | crystalline chondrite.
meteorito visto | fall.
meteorización (del suelo) | weathering.
meteorización (indigestión del ganado caracterizada por cantidad anormal de gases en el primer estómago) | bloat.
meteorización de las rocas | rock weathering.
meteorización diferencial | differential weathering.
meteorización esferoidal | spheroidal weathering.
meteorización laminosa | platy weathering.
meteorización profunda | mature weathering.
meteorización química | chemical weathering.
meteorizado | weathered.
meteoro | meteor.
meteorógrafo | meteorograph.
meteoroide | meteoroid.
meteorología | meteorology.
meteorología aeronáutica | aeronautical meteorology.
meteorología agrícola | agricultural meteorology.
meteorología artillera | artillery metereology.
meteorología dinámica | dynamic meteorology.
meteorología física | atmospheric physics | physical meteorology.
meteorología local | microweather.
meteorología náutica | nautical meteorology.
meteorología sinóptica | synoptic meteorology.
meteorólogo | meteorologist.
meteorómetro | meteorometer.
meteoropatía | meteoropathy.
meteoropatología | meteoropathology.
meteoros esporádicos | sporadic meteors.
meteoroscopio | meteoroscope.
meteotrón | meteotron.
meter | drive into (to) | drive (to) | drive in (to) | imbed (to) | stick (to) | put into (to) | enter (to) | thrust (to).
meter a besar | drive home (to).
meter a bordo | hoist in (to).
meter a fondo | drive home (to).
meter a golpe de martillo | drive in (to).
meter a martillazos | drive into (to).
meter a presión | intrude (to) | press-in (to).
meter con el punzón | punch in (to).
meter dentro (remos) | unship (to).
meter el cartucho (cañones) | enter the charge (to).
meter en máquina (tipografía) | impose (to).
meter en página (imprenta) | page (to).
meter en páginas (tipografía) | make up (to) | make up into pages (to).
meter en prisión | prison (to).
meter en tubos | tubulate (to).
meter en un agujero | hole (to).
meter en un apartadero (trenes) | sidetrack (to.
meter en un entrante | recess (to).
meter la caña a babor (buques) | port the helm (to).
meter la caña al costado opuesto (timón de buques) | meet (to).
meter la palanca a la derecha (aviones) | right bank (to).
meter la proa en la ola (machetear - buques) | dive into it (to).
meter la proa en las olas (buques) | pound along (to).
meter la regala en el agua (buques) | roll gunwale under (to).
meter libros en sus tapas | case-in (to).
meter mano a la obra | begin the work (to).
meter por la fuerza (cañones) | ram (to).
meter soplando | blow in (to).
meter toda la caña (buques) | give full helm (to).
meter un cartucho en la recámara | chamber (to).
meter un libro en la prensa entre dos tablas | cord (to).
meter un tornillo | pull in (to).
meter una clavija | plug (to).
meter vagonetas (en la jaula de minas) | deck (to).
meterse en el monte (caza) | lodge (to).
metido a besar | home-driven.
metido a fondo | home-driven.
metido con la prensa | pressed.
metido de popa | by the stern.
metido de popa (buques) | sternheavy | down by the stern.
metido de proa | laden by the head | by the head.
metido de proa (buques) | down by the head | bowheavy.
metido dentro de la envuelta | skin -cased.
metido en aceite | oil-immersed.
metido en carnes | plump.
metido por completo | home-driven.
metiendo toda la caña (buques) | giving full helm.
metilato | methylate.
metileno | methylene.
metilésteres | methylesters.
metil-etil-cetona | methyl-ethyl-ketone.
metílico | methyl.
metilo (química) | methyl.
metilociclo-hexanol | methylcyclohexanol.
metimetilo cetona | methymethyl ketone.
metódico | systematic | regular.
método | method | system | way | procedure | process.
método a libre distribución | distribution-free method.
método a través (minas) | side benching.
método abrasivo mecánico | mechanical abrasive method.
método abreviado | shortcut | compressed method.
método aproximado | rough method | rule of the thumb.
método automático de calibración | automatic gaging method.
método auxiliador de la memoria | aided recall method.
método avanzado | top method.
método básico de acceso en telecomunicaciones | basic telecommunications access method.
método bien estudiado | cut and dried method.
método calibrador | gaging method.
método compleximétrico | compleximetric method.
método comprobante de validez matemática de un número índice | factor reversal test.
método contra la deformación | antideformation method.
método crioscópico | freezing-point method.

método dactilográfico inequívoco (identificación diamantes) | unequivocal fingerprinting method.
método de abcisas y ordenadas (levantamientos topográficos) | plus-and-offset method.
método de abscisas y ordenadas (topografía) | line-offset method.
método de acceso de memoria virtual | virtual storage access method.
método de acceso para telecomunicaciones | telecommunications access method.
método de acceso virtual en teleprocesos | virtual teleprocessing access method.
método de ademado en V invertida (túneles) | crutch system.
método de alfabetización de adultos | adult literacy method.
método de alteración | cutback method.
método de amortización de cuota fija | stright line method of depreciation.
método de amortización de porcentaje constante | constant percentage depreciation method.
método de aproximación | relaxation method.
método de aproximaciones sucesivas | trial-and-error method | method of approaches.
método de aproximaciones sucesivas de Hartree (física cuántica) | self-consistent method.
método de arbitraje (pruebas de materiales) | referee method.
método de arranque del carbón | coal mining method.
método de asegurar una lente en un aro metálico | bezelling.
método de avance por testeros inclinados (minas) | rill stoping.
método de avance y banco (túneles) | heading-and-bench method.
método de baño único (teñido en tina) | dye bath reduction method.
método de bordillo (surcos de una excavación con mototraílla) | space and straddle.
método de cálculo | method of calculation.
método de captura de peces | fish catching method.
método de captura-recaptura | capture-recapture method.
método de categorías | ranking method.
método de cero (electricidad) | balanced method.
método de cianidación de minerales de oro | Diehl process.
método de ciclorreformación | cycloversion process.
método de cienos activos | activated sludge process.
método de clasificación de rendimientos | performance rating method.
método de compensación | balanced method | zero method.
metodo de compensación libre | free-trim method.
método de compensación por diferencias (rectificación de curvas) | relaxation method.
método de comprobación radiológico | radiological monitoring method.
método de construcción en serie | flow method.
método de contaje de polvos | dust counting method.
método de corta preferible silviculturalmente (bosques) | silviculturally-desirable cutting method.
método de corte que emplea dos sopletes | rip-and-trim method.
método de coste de producción | original cost standard.
método de coste original | original cost standard.
método de dar forma aproximada a los diamantes frotando uno con otro | bruting.
método de deposición de cordones sucesivos (soldadura) | build-up sequence.
método de depreciación con cargos decrecientes | reducing-charge method.
método de desviación de nodo | node shift method.
método de determinación de la velocidad echando una sustancia colorante en el agua (ríos) | dye-velocity method.
método de dilución isotópica | isotopic dilution method.
método de diseño de Lumen | coefficient of utilization method.
método de dispersión de neutrones | neutron-scattering method.
método de distribución de momentos | moment distribution method.
método de distribución libre (estadística) | nonparametric method.
método de eliminación etapa por etapa | stage-by-stage elimination method.
método de eliminaciones sucesivas | method of exhaustions.
método de eliminaciones sucesivas (ecuaciones) | exhaustive method.
método de encaminamiento de ángulos (topografía) | angle-offset method.
método de enderezar sondeos desviados de la vertical | hole straightening method.
método de enseñanza por televisión | television teaching technique.
método de entrevista | canvasser method.
método de espera | queuing method.
método de estampación (telas) | printery method.
método de estudio | approach.
método de evaluación de personal según modelo | forced distribution rating.
método de explotación | operational procedure | land use system.
método de explotación (minas) | working method.
método de explotación de minas | method of mining.
método de explotación por cámaras y pilares (minas) | board-and-pillar method.
método de fabricación | method of processing.
método de fabricación progresiva | progressive processing method.
método de fabricación y utillaje | engineering method.
método de fijar la posición (navegación) | position method.
método de fraude del vendedor dejando solamente en el filón mineral de buena calidad | dressing a mine.
método de funcionamiento | mode.
método de fundir en reina (metalurgia) | hen and chicken method.
método de galvanización en caliente | hot galvanizing method.
método de giros y traslaciones de los nudos (cálculo de vigas) | slope deflection method.
método de imanar imanes | method of magnetizing magnets.
método de impregnación | impregnation method.
método de impresión | printery method.
método de impresión cuantitativa (segregaciones en aceros) | quantitative printing method.
método de inercia (motores) | coasting method.
método de información gerencial | M.I.S..
método de integración múltiple | multistep integration method.
método de interferencia con polvo de cristal | crystal powder interference method.
método de irradiación (plancheta) | radiation method.
método de iteración | routing.
método de iteración para el cálculo de caudales (ríos) | streamflow routing.
método de la caída del brazo (máquina prueba materiales) | beam-drop method.
método de la coma fluctuante | floating-decimal method.
método de la contabilidad de caja | recording on a cash basis.
método de la gota pendiente (metalurgia) | pendant drop method.
método de la regula falsi | method of regula falsi.
método de la utilidad bruta | gross profit method.
método de laboreo a lo largo (minas) | flat-back stoping method.
método de laboreo de minas | method of mining.
método de lana helada (desuardado) | frosted wool process.
método de las características (ecuación diferencial) | method of characteristics.
método de las deformaciones (análisis de vigas) | method of consistent deformation.
método de las eliminaciones sucesivas de Gauss | Gauss's method of succesive elimination.
método de las partes alícuotas (aritmética) | practice.
método de los armónicos esféricos | spherical harmonics method.
método de los armónicos esféricos dobles | dual spherical harmonics method.
método de los círculos en parejas | paired circle method.
método de los cuadrados diferenciales | method of small squares.
método de los cuadrados mínimos (estadística) | least squares method.
método de los macizos cortos (mina carbón) | stoop-and-room system.
método de los macizos largos | room-and-pillar system.
método de los polvos electrostáticos | powder pattern method.
método de los puntos seleccionados (estadística) | selected points method.
método de macizos largos (minas) | pillar-and-room system.
método de macizos prolongados (minas) | pillar-and-stall system.
método de martensitización | martensitizing method.
método de medida en un sitio | point method of measurement.
método de molienda | grounding method.
método de mostrador para estudiar las ventas | customer frontage.
método de muesca (fabricación cigüeñales) | gapping method.
método de muestreo representativo | representative method of sampling.
método de orientación Laue | Laue method of orientation.
método de parcelas subdivididas (estadística) | split plot method.
método de penetración y estirado | piercing and drawing method.
método de pilares y galerías (minas) | pillar-and-stall system | post-and-stall method.
método de pilares y galerías (minas carbón) | board-and-pillar system.
método de planificación y control de proyectos | project evaluation and review technique (PERT).
método de plantación | planting method.
método de polarización | biasing method.
método de predicción económica | early-warning system.
método de preguntas a los compradores | conversational mode.
método de probabilidad | presumptive method.
método de producción en serie | flow-production method.
método de prueba (estadística) | test procedure.
método de prueba bipartida (estadística) | split half method.
método de prueba empírico | empirical test method.
método de radiomando vehicular aéreo | beeper.
método de rastreo | tracer technique.

método de recortes de curvas de nivel | contour-sawing method.
método de reducción a cero | null method | zero method.
método de reembolso de obligaciones por intercambio de análogas | roll-over.
método de registro | recording mode.
método de registro musical | scoring system.
método de relajamiento | relaxation method.
método de replicación en dos fases | two-stage replication method.
método de resección (plancheta) | resection method.
método de respiración artificial | method of resuscitation.
método de saldo decreciente | reducing-balance method of depreciation.
método de salidas en orden inverso al de compra (almacenes) | last-in first-out.
método de sedimentación por pipeta | sedimentation pipette method.
método de separación por tobera | separation nozzle method.
método de tanteo | trial-and-error method.
método de tanteos | trial and error | cut-and-try-method.
método de técnica avanzada | advanced technics method.
método de teñido pigmentario en foulard (telas) | pigment pad process.
método de teñido sobre mordentado preliminar | bottom chrome method.
método de teñido sobre mordentado preliminar (telas) | bottoming.
método de tina madre (teñido) | stock vat method.
método de trabajo | plan of working | working method.
metodo de vacío (vapores) | dew method.
método de venta | merchandising method.
método decorativo | decorating method.
método del abandono de macizos (minas) | chambers-and-permanent-pillars method.
método del cambio de posición | change-of-position method.
método del camino crítico | critical path method (CPM) | critical path method (C.P.M.).
método del cero | null method.
método del cristal oscilante (metalografía) | oscillating crystal method.
método del haz lasérico para perforar rocas | laser beam method of piercing rocks.
método del plano secante | cutting-plane method.
método del puente de Wheastone | zero point.
método del rango medio | midrank method.
método del simplex | simplex method.
método del término medio | averaging method.
método depilares y galerías (mina carbón) | stoop-and-room system.
método desincrustador cáustico | caustic descaling method.
método didáctico | didacticism.
método electrogeofísico | electrical geophysical method.
método empírico | rule of the thumb.
método en que la sierra adiamantada toca al material y lo raya y se retira sin avanzar | plunge-cut method.
método en seco | dry method.
método enteramente numérico | all-numerical method.
método estratificado de muestreo | sampling stratified method.
método estrioscópico (óptica) | striae method.
método exhaustivo | exhaustive method.
método fácil de aprender | easy-to-learn method.
método fluorofotométrico | fluorophotometric method.
método fotocatódico | photocathodic method.
método gastoso | money-wasting method.
método geométrico de coordenadas libres | coordinate-free geometric treatment.
método gravimétrico de hélice de cuarzo | quartz-helix gravimetric method.
método grosero | rough method | rough-and-ready method.
método Holger-Nielsen (respiración artificial) | H. N. method.
método húmedo | wet process.
método impracticable | unworkable method.
método inaplicable | inapplicable method.
método indirecto | indirect method | roundabout method.
método inductivo | inductive method.
método instrumental | instrumental method.
método isótipo | isotype method.
método isotópico para la datación | isotopic method for dating.
método lineal (matemáticas) | straight-line basis.
método lógico | organum.
método magnetoacústico | magnetoacoustic method.
método matricial | matrix method.
método microscópico analítico | microscopic analytical method.
método Monte-Carlo de simulación | Monte-Carlo simulation method.
método Neilsen de respiración artificial | push-pull resuscitation method.
método no paramétrico (estadística) | nonparametric method.
método numérico gráfico | graphical numerical method.
método numericográfico | numerical-graphical method.
método para inventario por coste estandar | standard cost method of inventory.
método para las pruebas de plegado | procedure for bend tests.
método para marcar agujeros con precisión | boxing.
método para mejorar la calidad | quality-improving method.
método para planificar y controlar proyectos | pert.
método para situar agujeros | hole-locating method.
método para tomar la curvatura con un listón y transferirlo a la pieza que hay que labrar (botes de madera) | spiling.
método permanente de riego por aspersión | permanent sprinkler method.
método permeamétrico (textiles) | permeametric method.
método pesimista | pessimistic method.
método pirognóstico cualitativo | qualitative blowpipe method.
método ponderométrico | ponderometric method.
método por arbitración | referee method.
método por etapas | step-by-step method.
método por pipeta | pipette method.
método por rebote de la bola (medida durezas) | drop-ball method.
método por recortes transversales (minas) | crosscut method.
método por reducción previa (colorantes de tina) | reduced method.
método por tanteos | cut-and-dry method.
método por variación de resistencia (medición de temperatura) | resistance method.
método práctico | expedient method.
método primitivo | crude method | rough-and-ready method.
método programado | scheduling method.
método que consiste en segar la hierba en el prado y llevarla al ganado estabulado en vez de que éste vaya a pastar al prado | zero-grazing method.
método que estudia casos concretos | case method.
método radar para navegación de aviones | oboe system.
método radiactivo | radioactivity technique.
método radiogeoquímico | radiogeochemical method.
método reajustador de la prima segun pérdidas efectuadas en el período asegurado | reprospective rating.
método recomendado | recommended practice.
método reductor del ruido | noise reducing method.
método reprográfico | reprographic method.
método retrógrado (minas de carbón) | homewards method.
método retrógrado (minería) | retreating method.
método rudimentario | crude method.
método serológico | serological method.
método simplex de programación lineal | simplex method in linear programming.
método simplista | simplist method.
método sintetizante | synthesizing method.
método sísmico | seismic method.
método sistemático | schedule method.
método socrático | maieutics.
método térmico para deshielo de aviones | aircraft de-icing thermal method.
método topológico algébrico | algebraic topological method.
método trazador en radar | raplot.
método ultrasónico indestructivo | ultrasonic nondestructive method.
método ventajoso | expedient method.
metodología | methodology.
metodología bibliotecológica | bibliothecological methodology.
metodología de los juegos de guerra | war gaming methodology.
metodología del trabajo con isótopos | isotope working methodology.
metodología estadística | statistical methodology.
metodológico | methodological.
metodólogo | methodologist.
métodoplan | plan.
métodos agresivos de venta | high-pressure selling.
métodos de comprobación de cuentas | auditing methods.
métodos de financiación | methods of financing.
métodos de fiscalización | audit techniques.
métodos de gestión | management methods.
métodos de memorización | store-and-forward methods.
métodos de polarización espontánea (prospección geofísica) | self-potential method.
métodos de reproducción de documentos | documentary reproduction methods.
métodos de sedimentación o centrifugación o elutriación para separar microgránulos de diamantes | Stoke's law methods.
métodos de valuación de inventarios | inventory pricing methods.
métodos estadísticos | statistical approaches.
métodos mecánicos de transmisión de mensajes | mechanical methods for transmitting written messages.
métodos para determinar la rentabilidad | methods used in determining the rate of return .
métodos para enfriar las muelas abrasivas | methods for cooling grinding wheels.
métodos para poner en marcha | star-up procedures.
métodos para reducir los riesgos al mínimo | methods of minimizing risk.
metopa | metope | boss.
metopomancia (adivinación por la cara o frente - persona) | metopomancy.
metracrilato de etilo | ethyl methacrylate.
metraje | metrage.
metraje (cine) | film length.
metralla (de bomba, proyectil) | pellet.
metralla de la cabeza de combate | fragments from warhead.
metralla preformada (proyectiles) | preformed

fragments.
metralleta | submachine gun | tommy gun.
metralleta de cañón separable | detachable barrel submachine gun.
metrecón (radar y TV industrial) | metrechon.
métrica (matemáticas) | metric.
métrica cuadrática | quadratic metric.
métrico | metrical.
metrizabilidad (topología) | metrizability.
metrizable | metrizable.
metrización | metrization.
metro | metre (G.B.) | tube | subway | meter (EE.UU.).
metro agrimensor | tape line.
metro articulado de carpintero | zigzag rule.
metro de medir (telas, etc.) | measuring-rod.
metro geodinámico | geodynamic meter | dynamic meter.
metro plegable | folding steel rule.
metro-amperio | meter-ampere.
metrocromo | metrochrome.
metrógrafo | metrograph.
metrología | metrology.
metrología de engranajes | gear metrology.
metrología de la superficie | surface metrology.
metrología de las galgas industriales | engineering gage metrology.
metrología dimensional | dimensional metrology.
metrología dimensional industrial | engineering dimensional metrology.
metrología extraterrestre | extraterrestrial metrology.
metrología industrial | engineering metrology | industrial metrology.
metrología informática | computing evaluation.
metrología mecanoóptica | mechanooptic metrology.
metrólogo | metrologist | meter specialist.
metrómetro | metrometer.
metronio (telecomunicación) | metron.
metrónomo (música) | metronome | time-beater.
metronoscopio | metronoscope.
metropolinato | metropolinate.
metroscopio | metroscope.
metrotecnia | metrotechnics | metrotechny.
metrotécnico | metrotechnical.
mev | mev.
mexcladora para emulsionar colores | spinning top mixer.
meyótico (genética) | meiotic.
mezcla | mixture | mixing | admixture | mingling | blend | combination | interblending | slurry | commixture | composition | interfuse | mash | mashing.
mezcla (caucho) | stock.
mezcla (fabricación caucho) | compounding.
mezcla a brazo | hand mixing.
mezcla aditiva | additive mixing.
mezcla aire-vapor de agua | air-water-vapor mixture.
mezcla aluminiante | aluminiumizing mixture.
mezcla anticongelante para motores | engine antifreeze.
mezcla árida | meagre mixture.
mezcla azeotrópica | constant-boiling mixture | azeotropic mixture | azeotrope.
mezcla binaria sólido-líquido | solid-liquid binary mixture.
mezcla burbujosa | bubbly mixture.
mezcla caburante | fuel-air mixture.
mezcla colable (metalurgia) | pourable mix.
mezcla combustible correcta | free burning mixture.
mezcla con burbujas | bubbly mixture.
mezcla con exceso de agua (hormigón) | wet mix.
mezcla cremosa de materiales refractarios (cerámica) | slip.
mezcla cruda (mezcla no vulcanizada de caucho y varios ingredientes) | compound.
mezcla de aceite de cacahuete y un solvente | half miscella.
mezcla de aceite de oliva (y) ácido graso y grasa | slurry of olive oil fatty acid and fat.
mezcla de aceites | oleo blending.
mezcla de aceites minerales y vegetales | compound oil.
mezcla de ácido chorhídrico y ácido nítrico | aqua-regia.
mezcla de ácidos | conjugated acid.
mezcla de agua dulce y salada (ríos) | fresh.
mezcla de aire-combustible | mixture.
mezcla de algodón y lana | cotton-wool blend.
mezcla de alquitrán y creosota | pitch creosote mixture.
mezcla de alquitrán-betún | tar-bitumen mixture.
mezcla de apresto | size mixture.
mezcla de arcilla y grava mojada apisonada para hacerla impermeable | puddle.
mezcla de arena fina y arcilla con agua | bull's liver.
mezcla de arena ordinaria y cenizas volcánicas | ashy grit.
mezcla de áridos con agua que se congela por el frío (regiones polares) | icecrete.
mezcla de asfalto con agregados | asphalt-aggregate mixture.
mezcla de asfalto y queroseno | medium curing cutback.
mezcla de basuras caseras pulverizadas y fangos activados de aguas cloacales | refuse composting.
mezcla de basuras caseras pulverizadas y fangos activados de aguas negras de alcantarilla | composting.
mezcla de betún asfáltico con varios disolventes (riego asfáltico) | cutbacks.
mezcla de bicarbonato sódico y fosfato tricálcico | flour bland.
mezcla de calidades de carbón | all-ups.
mezcla de calpuzolana y agregado | lime-pozzolan-aggregate mixture.
mezcla de carbón grueso y menudo en partes iguales | thro' and thro' coal.
mezcla de carbón y coque | coal-coke mix.
mezcla de carbonato potásico y carbón | black flux.
mezcla de carbones de diversas clases | all ups.
mezcla de cemento seco con dieseloil | diesel squeeze.
mezcla de cemento y agua | neat cement.
mezcla de cemento y polvo de piedra para pintar bloques de hormigón | face mix.
mezcla de ceras con jabones metálicos (registro gramofónico) | wax.
mezcla de colofonía y alquitrán y pez negra | bastard pitch.
mezcla de colores | color blending.
mezcla de cuarcita y cuarzo | alosca.
mezcla de dos masas de agua de igual densidad y distintas temperaturas y salinidad | caballing.
mezcla de fases | phase-mixing.
mezcla de fluoruros de antimonio y sodio | antimony salt.
mezcla de frecuencias altas | by-passed mixed highs.
mezcla de frita molida con arcilla y agua (cerámica) | slip.
mezcla de fundiciones (metalurgia) | blending.
mezcla de gases después de una explosión de grisú | afterdamp.
mezcla de gases después de una explosión de grisú (minería) | aftergases.
mezcla de gasolina con alcohol industrial | power alcohol-petrol mixture.
mezcla de gasolina y aire (motores) | gas mixture.
mezcla de gasolinas en la canalización | in-line gasoline blending.
mezcla de grava | gravel-sand-clay mixture.
mezcla de grava y cemento | rubble.
mezcla de gravilla y arcilla (para pavimentar senderos) | hogging.
mezcla de greda y arcilla para imitar marga natural (fabricación ladrillo) | malm.
mezcla de impulsos | pulse mixing.
mezcla de isómeros de cresol | cresylic.
mezcla de litargirio y óxido de estaño | ashes of tin.
mezcla de magnesio (1 parte) | flashlight powder.
mezcla de magnetita e ilmenita asociada al oro (placeres auríferos) | black sand.
mezcla de masilla | luting.
mezcla de minio con carbonato de plomo | white lead.
mezcla de mortero de cal con pelos | coarse stuff.
mezcla de nitrato sódico (y) carbón vegetal y azufre | soda blasting powder.
mezcla de nitrato sódico con carbón vegetal y azufre (minería del carbón) | B blasting powder.
mezcla de oro y plata con impurezas | bullion.
mezcla de oxígeno e hidrógeno en las mismas proporciones que si fuera obtenido por electrólisis del agua | knall-gas.
mezcla de polímeros | polymer mixture.
mezcla de polvo de aluminio con óxido de hierro | plain thermit.
mezcla de polvo de carbón con cloruro cálcico extendido sobre la superficie de caminos | dust consolidation.
mezcla de polvo de cinc metálico y óxido de cinc que contiene de (recuperación de la destilación del cinc) | blue powder.
mezcla de pólvora negra con nitroglicerina | low powder.
mezcla de polvos (pulvimetalurgia) | powder blending.
mezcla de pulvimetal con una sustancia cerámica | metal powder-ceramic mixture.
mezcla de punto de ebullición constante | constant-boiling mixture.
mezcla de reactivos | reagent mixture.
mezcla de residuos de pinturas | smudge.
mezcla de residuos sólidos de carne de ballena y líquidos gelatinosos (extracción de aceite de ballena) | grax.
mezcla de sangre (pesca ballenas) | dreenings.
mezcla de senioridad (nucleónica) | seniority mixing.
mezcla de sonidos | dubbing.
mezcla de sonidos (cine) | mixing.
mezcla de sosa caústica y cal | cardoxide.
mezcla de sostén | crutcher mix.
mezcla de temperatura de ebullición constante | azeotropic mixture.
mezcla de un metal en polvo con una resina epoxídica que se endurece por adición de un agente endurecedor | plastic metal.
mezcla de varios minerales de cobre | copper-ore germ.
mezcla de varios sonidos en pista única | mix.
mezcla de vinos o licores | vatting.
mezcla deflagrante | deflagrating mixture.
mezcla del aire entrante con aire caliente o gases de exhaustación para evitar la formación de hielo (aviación) | hot-gas bleedback.
mezcla detonante | knall-gas | fuse composition | explosive mixture | explosible mixture.
mezcla detonante pobre | lean detonating mixture.
mezcla distéctica | dystectic mixture.
mezcla empobrecida (motores) | leaned-out mixture.
mezcla en frío | cold mix.
mezcla en seco | dry mixing.
mezcla equimolar | equimolar mixture.
mezcla equivoluminal | equivoluminal mixture.
mezcla estequiométrica | stoichiometric mixture.
mezcla estequiométrica de cuerpos reaccionantes (química) | stoichiometric mixture of reactants.
mezcla eutéctica | eutecticum | eutectic mixture.

mezcla eutéctica aluminio-silicio | aluminium-silicon eutectic mixture.
mezcla eutéctica de 5
mezcla explosiva | mixture | explosive mixture.
mezcla explosivamente combustible | deflagrating mixture.
mezcla flúida (hormigones) | thin mix.
mezcla fosforescente | phosphorescing mixture.
mezcla frigorífica | cooling mixture | frigorific mixture | freezing mixture.
mezcla frigorígena de sal con hielo | salt-in-ice freezing mixture.
mezcla gaseosa | gas mixture.
mezcla gaseosa protectora | protective gaseous mixture.
mezcla heterogénea de minerales | brood.
mezcla inflamable | ignitable mixture | flammable mixture.
mezcla insonorizante (edificios) | pugging.
mezcla íntima | intimate mixture.
mezcla íntima de 5 a 15% de cemento con el suelo natural | soil-cement.
mezcla ligante compactada en frío | cold compacted bond mixture.
mezcla madre (industria del caucho) | master batch.
mezcla mal dosificada | poorly graded mixture.
mezcla mecánica | mechanical mixing.
mezcla metalocerámica | metal-ceramic mixture.
mezcla multifase | multiphase mixture.
mezcla natural de látex de caucho | natural rubber latex.
mezcla no reaccionante | nonreacting mixture.
mezcla normal (fabricación vidrio) | running batch.
mezcla oleosa | slop.
mezcla oxiargón | oxyargon mixture.
mezcla para colocar en frío | cold-lay mix.
mezcla para pavimentar | paving mixture.
mezcla para sinterizar | sinter mix.
mezcla pobre | poor mixture.
mezcla pobre (carburador) | lean mixture.
mezcla pobre automática | auto lean mixture.
mezcla porosa | open mix.
mezcla preespumada | prefoamed mix.
mezcla preliminar | premix.
mezcla preparada de antemano | premix.
mezcla preparada para moldería | foundry-prepared mixture.
mezcla propulsante con empuje específico de 260 | propellant mixture with a specific thrust of 260 .
mezcla pulverulenta | pulverulent mixture.
mezcla pulverulenta con tamaño de las partículas menores de 10 micrómetros | pulverulent mixture with particle size under 10 microns.
mezcla que contiene poca agua | dry mix.
mezcla que puede extenderse y compactarse en caliente | hot-laid mixture.
mezcla reaccionante | reactive mixture.
mezcla refrigerante | freezing mixture.
mezcla rica automática | auto rich mixture.
mezcla seca | dry mixing.
mezcla seca (hormigones) | thick mix.
mezcla sin vacíos | closed mix.
mezcla viscosa | soupy mixture.
mezclado | assorted | mixed | mixed up.
mezclado a mano con espátula | hand-spatulated.
mezclado con alcohol | alcohol-blended.
mezclado con cuidado | carefully blended.
mezclado con tierra | soil-bound.
mezclado durante el transporte | transit-mixed.
mezclado en instalación central (hormigones) | plant mix.
mezclado favorecido (isotópico) | promoted mixing.
mezclado multiplicador (televisión) | multiplicative mixing.
mezclador | compounder | masticator | blender | mixing device | mixing impeller | mashing machine | mixer.
mezclador (aparato) | agitator.
mezclador (cerveza) | mashman.
mezclador (fabricación caucho) | mill.
mezclador (inyector) | chamber.
mezclador (metalurgia) | receiver.
mezclador (quemador petróleo) | inspirator.
mezclador asimétrico (electrónica) | single-ended mixer.
mezclador de aire comprimido | air agitator | compressed-air stirrer.
mezclador de arenas (funderías) | mix-muller.
mezclador de asfalto | asphalt mixer.
mezclador de asfalto con un mástique | mastic asphalt mixer.
mezclador de audio | audio mixer.
mezclador de caldos de revestimiento básico (metalurgia) | basic-lined hot-metal mixer.
mezclador de coincidencia | coincidence mixer.
mezclador de cristal | crystal mixer.
mezclador de diodo de cristal | crystal-diode mixer.
mezclador de imagen | vision mixer.
mezclador de imágenes | video mixer | video-mixer.
mezclador de imagen-sonido | vision/sound mixer.
mezclador de materias bituminosas | bituminous batcher.
mezclador de metal licuado | metal mixer.
mezclador de microondas | microwave mixer.
mezclador de mortero | mortar mixer.
mezclador de muelas verticales | mixing runner.
mezclador de paletas | pug-mill | paddle mixer.
mezclador de pasta (fabricación cemento) | slurry mixer.
mezclador de regeneración | regenerative mixer.
mezclador de sonido | audio mixer | sound mixer.
mezclador de sonido de programa (radio) | programme sound.
mezclador de tierras (moldeo) | loam mixer.
mezclador de tinte (obrero) | dyemixer.
mezclador de tromel | trommel mixer.
mezclador de vapor | vapor blender.
mezclador de vídeo | vision mixer | video mixer.
mezclador del quemador | burner inspirator.
mezclador dosificante | proportioning mixer.
mezclador equilibrado | balanced mixer.
mezclador estabilizado en amplificación (electrónica) | gain-stabilized mixer.
mezclador heterodino | heterodyne mixer.
mezclador instantáneo | flash mixer.
mezclador para arrabio | pig-iron mixer.
mezclador para mortero (albañilería) | mortar mill.
mezclador polifuncional | multiple-function mixer.
mezclador potenciométrico | potentiometric mixer.
mezclador supresor de señal de imagen | image reject mixer.
mezcladora | mixer | mixer.
mezcladora (cerámica) | blunger.
mezcladora basculante | tilting mixer.
mezcladora basculante de tipo de cucharón | bowl-type tilting mixer.
mezcladora de arena ligada con aceite | oil sand mixing machine.
mezcladora de arenas (funderías) | muller.
mezcladora de caída libre | gravity mixer.
mezcladora de la superficie bituminosa | blacktop paver.
mezcladora de materiales bituminosos | roadbuilder | road pug.
mezcladora de tromel giratorio | rotary trommel mixer.
mezcladora no basculante | nontilting mixer.
mezcladora para materiales húmedos | pugmill.
mezcladora pavimentadora | retread paver | paver.
mezcladora pavimentadora (construcción) | retread paver.
mezcladora tipo de gravedad | gravity mixer.
mezcladora trituradora | pugmill mixer.
mezclador-sedimentador | mixer-settler.
mezclador-transportador | conveyor-mixer.
mezcladura | blending | mixing.
mezclar | combine (to) | admix (to) | commingle (to) | commix (to) | compound (to) | mash (to) | blend (to) | interfuse (to).
mezclar (criptografía) | scramble (to).
mezclar con especias (vino o cerveza) | mull (to).
mezclar con fibras | fiberize (to).
mezclar con matequilla la masa (pastelería) | shorten (to).
mezclar con negro de humo | lampblack (to).
mezclar con yeso mate | gauge (to) | gage (to).
mezclar en proporciones determinadas varios ingredientes para formar un compuesto | formulate (to).
mezclar en seco | dry blend (to).
mezclar la arcilla | puddle (to).
mezclar la malta con agua | liquor (to).
mezclar la pasta (cerámica) | blunge (to).
mezclar por completo | blunge (to).
mezclar por volumen | volume batch (to).
mezclar según proporciones determinadas (pinturas, etc.) | temper (to).
mezclar un correctivo (a un medicamento) | guard (to).
mezclarse con | commix (to).
mezclarse en los asuntos de | interfere with the affairs of (to).
mezclarse en negocios de otros | break in (to).
mezclas betún-caucho | rubber bitumens.
mezclas de gas helio | helium mixtures.
mezclas de nitrato amónico y trinitrotolueno (explosivo) | AN-TNT slurries.
mezclas descoloradas | off-color mixes.
mezclas e inclusiones en diamantes sintéticos | admixtures and inclusions in synthetic diamonds.
mézclese | misce.
mezclilla | grizzle.
mezclilla (tela) | grandill.
mezclilla moteada (tejido de algodón) | pin checks.
mezla de un ingrediente al polvo para facilitar la presión (pulvimetalurgia) | lubricating.
mho | siemens | mho.
mi representado (comercio) | my principal.
miargirita | miargyrite.
mica | mica | isinglass | isinglass stone | glist | specular stone.
mica aluminoalcalina | alumina-alkali mica.
mica amarilla | amber mica | cat gold.
mica blanca | cat silver.
mica calidad eléctrica | electrical-grade mica.
mica de cuarto de onda | quarter-undulation mica.
mica de litio | lithia mica.
mica de tinte rojizo en bloque | ruby mica.
mica de tinte verdoso en bloque | green mica.
mica en hojas | sheet mica.
mica en que sus láminas no han sido separadas en hojas finas | booked mica.
mica ferrosa | iron mica.
mica fluorínica | fluorine mica.
mica hidratada en placas estrechas | davreuxite.
mica impregnada con resina silicónica | silicone-resin-impregnated mica.
mica laminada | sheet mica.
mica ligada con asfalto | bitumen-bonded mica.
mica ligada con vidrio (aislante) | glass-bonded mica.
mica litinífea | lithia mica.
mica magnesiana | amber mica.
mica para moldeo en caliente | hot moulding mica.
mica sintética que se hincha en el agua | water-swelling synthetic mica.

mica sódica | soda mica.
mica trioctaedral | trioctahedral mica.
micáceo | micaceous.
micacífero | mica-bearing.
micaesquisto | mica schist.
micáfido (pórfido que contiene ferrocristales de mica) | micaphyre.
micanita | built-up mica | micanite.
micarta (aislante) | micarta.
micasquisto | mica slate.
micatización | micatization.
micatizar | micatize (to).
micela iónica | ionic micelle.
micelar | micellar.
micelas | micelles.
micelial | mycelial.
micelio rizomorfo | rhizomorph.
micenología | micenology.
micenólogo | micenologist.
micetobionte | mycobiont.
micetofagia | mycetophagy.
micetófago | mycetophagous.
micetoideo | fungus-like.
micobacteriología | mycobacteriology.
micobacteriólogo | mycobacteriologist.
micógeno | fungi-producing.
micología | mycology | micology.
micología industrial | industrial mycology.
micólogo | mycologist | micologist.
micorriza (botánica) | mycorhyzae.
micosis (medicina) | mycoses.
micra | micron.
microabrasión | microabrasion.
microacabado | microfinish | microfinishing | microfinished.
microacabado interior | internal microgrinding.
microacabador para herramientas calzadas | tipped tool microfinisher.
microacabamiento | microfinishing.
microacabamiento de muñequillas de cigüeñales (motores) | microfinishing of crankpins of crankshafts.
microactivación | microactivation.
microacústica (ciencia) | microacoustics.
microaerófilo | microaerophile.
microagujero | microhole | extremely fine hole.
microajustable | microadjustable.
microajuste | microadjustment.
microajuste motorizado | motorized microadjustment.
microaleación | microalloy | microalloying.
microaleado | microalloyed | microalloy.
microalear | microalloy (to).
microamperímetro | microammeter.
microamperímetro con escala de cero central | zero-center microammeter.
microamperímetro de índice móvil | moving-pointer microammeter.
microamperímetro electrónico | electronic microammeter.
microamperio | microampere.
microamperio por lumen | μA per lumen.
microanálisis | microanalysis.
microanálisis cualitativo | qualitative microanalysis.
microanálisis cuantitativo (química) | quantitative microanalysis.
microanálisis cuantitativo por sonda electrónica | quantitative electron probe microanalysis.
microanálisis por sonda electrónica | electron probe microanalysis.
microanalista | microanalyst.
microanalítico | microanalytic.
microanalizador | microanalyzer.
microanalizador de rayos X | X-ray microanalyzer.
microanalizador de sonda electrónica | electron probe microanalyser | electron-probe microanalyzer.
microanatomía | microanatomy.
microanatómico | microanatomical.
microanillo rozante | subminiature slip ring.
microaparato eléctronico | subminiature electronic device.
microaspereza | microroughness.
microautomatización | micromation.
microautorradiografía | microautoradiography.
microavance (máquinas) | microfeed.
microbacteria | microbacteria.
microbalanza | micrometric scales | micrometer balance | microbalance | microscale.
microbalanza de fibra de cuarzo | quartz fiber microbalance.
microbalanza de fibra de cuarzo gobernada magnéticamente | magnetically controlled quartz fiber microbalance.
microbalanza de hilo de cuarzo | quartz microbalance.
microbalanza de resorte helicoidal | helical spring microbalance.
microbalanza sin caballero | riderless microbalance.
microbanda | microstrip.
microbar (acústica) | microbar.
microbaria | microbar.
microbarográfico | microbarographic.
microbarógrafo | microbarograph.
microbarograma | microbarogram.
microbiano | microbial.
microbibliografía | microbibliography.
microbibliográfico | microbibliographic.
microbicida | microbicide | germicide.
microbio | microbe.
microbiología | microbiology.
microbiología del carbón | coal microbiology.
microbiología del petroleo | petroleum microbiology.
microbiología geológica | geological microbiology.
microbiología industrial | technical microbiology.
microbiología química | chemistry microbiology.
microbiólogo | microbiologist.
microbios predadores | predatory microbes.
microbolas (capa de resinas fenólicas) | microballoons.
microbroca | microbit.
microbroca a 411.000 revoluciones por minuto | microdrill at 411.000 rpm.
microbrochado | microbroaching.
microbruñido | microhoning.
microbruñidora | microhoning machine.
microbruñidura | microhoning.
microbruñir | microhone (to).
microburbujas de sílice | silica microbubbles.
microbureta | microburette.
microbureta capilar | capillary microburette.
microcalcáreo | microcalcareous.
microcalorímetro | microcalorimeter.
microcalorímetro adiabático | adiabatic microcalorimeter.
microcalorímetro de microonda | microwave microcalorimeter.
microcampo | microfield.
microcanónico | microcanonical.
microcantidades | microquantities.
microcapilar | microcapillary.
microcatarómetro | microkatharometer.
microcavidad | microcavity.
microcedazo | microsieve.
microcedencia | microyielding.
microcina | microcin.
microcinematografía | microcinematography | microkinematography.
microcinematografía de muy baja frecuencia | time-lapse microcinematography.
microcinta | microstrip.
microcircuitería (electrónica) | microcircuitry.
microcircuito | microcircuit.
microcircuito embebido en plástico | plastic-embedded miniature circuit.
microcircuito híbrido | hybrid microcircuit.
microcircuitos especiales | silicon-chips.
microcirculación | microcirculation.
microcirugía | microsurgery.
microclima | microclimate.
microclimatología | microclimatology.
microclino (mineral) | microcline.
microcodificación | microcoding.
microcodificado (informática) | microcoded.
microcódigo | micro-code.
microcohete | miniaturized rocket.
microcojinete | microbearing | tiny bearing.
microcojinete (máquinas) | miniature bearing.
microcolorímetro | microcolorimeter.
microcombustión | microcombustion.
microcomparador | microcomparator.
microcomponente | microcomponent.
microcomprobador de arcadas (telares) | harness microtester.
microcomputador | microcomputer.
microcomunidad | microcommunity.
microcondensador de ajuste | padder.
microconmutador | microswitch.
microconstituyente responsable de la sensibilidad a la entalla (aceros) | microconstituent responsible for the notch sensitivity.
microcontacto | microcontact.
microcontacto de precisión | precision snap-acting switch.
microcontracción | microshrinkage.
microcopia | microcopy | microcopying | microsheet | microfiche.
microcopiaje | microcopying.
microcopiar | microcopy (to).
microcorte | microcut.
microcristalinidad | microcrystallinity.
microcristalino | microcrystalline | micromeritic.
microcristalito | microcrystallite.
microcristalografía | microcrystallography.
microcronógrafo electrónico | electronic microtimer.
microcronómetro | microchronometer.
microcubo | tiny cube.
microcultivo | microculture.
microcurio | microcurie.
microcurio por litro | microcurie per liter.
microdefectos | microdefects.
microdefectos controlados químicamente | chemistry-controlled microdefects.
microdeformación | microdeformation | microstraining.
microdeformación interna | internal microstrain.
microdensímetro | microdensimeter.
microdensitómetro | microdensitometer.
microdepresión de fondo plano | flat-bottomed pit.
microdeslizamiento | microslip.
microdetección | microdetection.
microdeterminación | microestimation | micromethod.
microdiamante de calidad para gema | gem quality microdiamant.
microdiamantes | diamond particles.
microdiente | microtooth.
microdifracción | microdiffraction.
microdifracción electrónica | electronic microdiffraction.
microdifusión | microdiffusion.
microdiscos sobre la cara (diamantes) | microdisks on (111) face.
microdispersión | microdispersion.
microdistribución | microdistribution.
microdisyuntor | miniature circuit-breaker.
microdocumentación | microdocumentation.
microdosaje | microdosage.
microdosimetría | microdosimetry.
microdosimétrico | microdosimetrical.
microdureza | microhardness.
microdureza a la indentación | indentation microhardness.
microebullometría | microebulliometry.
microeconómico | microeconomic.
microeléctrico | microelectrical.
microelectrodeposición | microelectrodeposition.

microelectrodo | microelectrode.
microelectroforesis | microelectrophoresis.
microelectrónica | microelectronics | micronics.
microelectrónico | microelectronic.
microelemento | chip.
microelemento sensor | sensing microelement.
microelemento sensor de película delgada | thin-film sensing microelement.
microelevación (cristalografía) | hillock.
microelevación sobre la superficie de un cristal (cristalografía) | growth hillock.
microelevaciones en la superficie (cristalografía) | positive sculptures.
microelevaciones y microdepresiones sobre la superficie del cristal (cristalografía) | sculpture of a crystal.
microemisor espía | bug.
microencapsulación | microencapsulation.
microencapsular | microencapsulate (to).
microendurecimiento | microhardening.
microenganche | microlock.
microequilibrador | microbalancer.
microescala | microscale.
microesclerómetro | microsclerometer | microhardness tester.
microescritura | microwriting.
microescultura superficial (cristalografía) | surface sculpture.
microesfera | microsphere.
microesferas huecas | hollow microspheres.
microesfuerzo | microstrain | microstress.
microesfuerzos internos | internal microstresses.
microespectro | microghost.
microespectrofotometría | microspectrophotometry.
microestabilidad | microstability.
microestadística | microstatistics.
microestado | microstate.
microestructura | microstructure.
microestructura (geología) | microfabric.
microestructura bainítica | bainitic microstructure.
microestructura bifásica | duplex structure.
microestructura de grano columnar | columnar-grained microstructure.
microestructura perlítica | slack-quenched microstructure.
microestructura predominantemente martensítica | predominantly martensitic microstructure.
microestructura sinterizada por reacción | reaction-sintered microstructure.
microestructura sorbítica | sorbitic microestructure.
microestructural | microstructural.
microextensímetro | microextensometer.
microfactor | microfactor.
microfaradímetro | microfaradmeter.
microfaradio | microfarad.
microfase | microstage.
microferrografía | microferrography.
microficha | microfiche | microsheet.
microficha (documentación) | sheet microfilm.
microficha (microfotografía sobre papel en tamaño de tarjeta postal de 3×5 pulgadas) | microcard.
microfilm | microfilm.
microfilmabilidad | microfilmability.
microfilmación | microfilming.
microfilmado | microfilming.
microfilmaje | microfilmage.
microfilmar | microfilm (to).
microfilmes | microfilms.
microfilmoteca | microfilmoteca.
microfiltración | microfiltration | microstraining.
microfiltro | microfilter.
microfiltro rotativo | microstrainer.
microfísica (ciencia) | microphysics.
microfísica de los aerosoles | aerosol microphysics.
microfisura | microcrack | microfissure.
microfisuración | microfissuring.
microfisuración de la matriz (metalurgia) | matrix micro-cracking.
microfisuración en o debajo de la superficie (plásticos ópticos) | crazing.
microfisurar | microfissure (to) | microcrack (to).
microfisuras | cat's eyes.
microfisuras (aceros) | fish-eyes.
microfisuras de las nubes | microfissures of clouds.
microflora | microflora.
microflujo | microstreaming.
microfonía | microphony.
microfónica (ciencia) | microphonics.
microfonicidad | microphonicity | microphonism.
microfonicismo | microphonism.
microfonismo (tubo electrónico) | microphonics.
micrófono | transmitter | microphone | telephone transmitter.
micrófono abierto | live microphone.
micrófono antirruido | antinoise microphone.
micrófono colocado sobre la garganta | throat microphone.
micrófono con dos elementos microfónicos defasados 180 grados | push-pull microphone.
micrófono con pulsador | push-mike.
micrófono de bobina móvil | moving-coil microphone | dynamic microphone.
micrófono de cantacto de carbón | carbon transmitter.
micrófono de capacitor | condenser transmitter.
micrófono de cinta | ribbon microphone.
micrófono de contacto con los labios | lip microphone.
micrófono de discos de carbón | carbon disc microphone.
micrófono de granalla | granular microphone.
micrófono de granalle de carbón | carbón dust microphone.
micrófono de inserción en el canal auditivo | ear-insert microphone.
micrófono de mezcla (cine) | mixing mike.
micrófono de órdenes del mezclador de sala de control | mixed control room talkback.
micrófono de pastilla única | single-inset microphone | single-button microphone.
micrófono de reluctancia variable | variable reluctance microphone.
micrófono de solapa | lapel microphone.
micrófono de voz baja | close-talking microphone.
micrófono desconectado | dead mike.
micrófono discriminador de ruidos | noise-discriminating microphone.
micrófono electrodinámico | moving-coil microphone | electrodynamic microphone.
micrófono electrostático | condenser microphone | capacitor microphone | electrostatic microphone | condenser transmitter.
micrófono electrostatico de electrodo laminar | electret-foil capacitor microphone.
micrófono equilibrado | push-pull microphone.
micrófono estático | diaphragmless microphone.
micrófono granular | granular microphone.
micrófono inalámbrico | radio microphone.
micrófono inalámbrico para la banda de FM | wireless microphone for FM band.
micrófono magnético | magnetic microphone.
micrófono móvil | following microphone.
micrófono pequeño de solapa | lap microphone.
micrófono piezoeléctrico | piezo-microphone | crystal microphone.
micrófono sensible al gradiente de presión | pressure gradient microphone.
micrófono simétrico | push-pull microphone.
micrófono sin hilos de transistor | transistorized wireless mike.
micrófono sonda | sound probe | probe microphone.
micrófono supresor de ruido | noise-cancelling microphone.
micrófono térmico | hot-wire microphone.
micrófono tipo corbata | lavalier microphone.
micrófono torácico | breast transmitter.
microfonoscopio | microphonoscope.
microforma | microform.
microformato | microform.
microfósil resinoso | resinous microfossil.
microfotoelasticidad | microphotoelasticity.
microfotografía a gran aumento (muy amplia-da) | high-power microphotograph.
microfotografía electrónica | electron microphotograph.
microfotografía en película | microphotography | microfilming.
microfotografiar | microrecord (to).
microfotografiar en película | microfilm (to).
microfotograma | microphotograph | photomicrograph.
microfotograma a pequeño aumento | low-power microphotograph.
microfotómetro | microphotometer.
microfotómetro de haz dividido | split-beam microphotometer.
microfotómetro explorador | scanning microphotometer.
microfotómetro fotoeléctrico | photoelectric microphotometer.
microfotómetro fotomultiplicador | photomultiplier microphotometer.
microfractografía | microfractographic | microfractography.
microfractograma | microfractograph.
microfracturación | microfracturing.
microfragmentos espiculares curvados de la fractura (diamantes) | fracture shards.
microfricción | microfriction.
microgalvanómetro | microgalvanometer.
microgeometría | microgeometry.
microgeometría de puntas de herramientas cortantes | microgeometry of cutting tool tips.
microgeometría de superficies | microgeometry of surfaces.
micrognática | micrognathia.
microgoniometría | microgoniometry.
microgonioscopio | microgonioscope.
micrograđo sexagesimal (millonésima parte de grado sexagesimal) | microdegree.
micrografía | micrography | micrograph.
micrografía de una réplica de la superficie | micrograph of a replica of the surface.
micrografía electrónica | electron micrograph.
micrografía electrónica de reflejo del haz sobre el especimen | scanning electron micrograph.
micrografía estereoscópica | stereoscopic micrograph.
micrografía óptica | optical micrograph.
micrografía óptica por contraste de interferencia según el sistema Nomarski | optical Nomarski interference contrast micrograph.
micrografía por contraste de interferencia | interference contrast micrograph.
micrográficamente distinguible | micrographically distinguishable.
micrografista (persona) | micrographist.
micrógrafo | micrographer.
micrógrafo electrónico | electron micrograph.
micrograma | microgram.
micrograma electrónico de réplica | replica electron micrograph.
microgramo | microgram.
microgranítico | microgranular.
micrgranito | microgranite.
microgranofírico | microgranophyric.
microgranudo | microgranular.
microgránulo de diamante | grit.
microgránulo de diamante no revestido de capa metálica | unclad grit.
microgránulo filiforme de diamante | threadlike diamond crystal.
microgránulo friable | friable grit.
microgránulo no metalizado | unclad grit.
microgránulos | powder | micron powder.

microgránulos clasificados por tamaños | mesh-sized grit.
microgránulos de cobalto ultrafinos | ultrafine cobalt powder.
microgránulos de diamante | diamond powders | diamond grains | diamond particles.
microgránulos de diamante embebidos | embedded diamond grains.
microgránulos de diamante formados por onda de choque generada por explosión | shock-formed diamond powder.
microgránulos de diamante graduados con precisión | precision graded diamond powder.
microgránulos de diamante recuperados (muelas abrasivas, etc) | reclaimed diamonds.
microgránulos de diamante sintético formados por explosión | synthetic shock-formed diamond powder.
microgránulos de diamante sintético siliconizados | silicone-coated synthetic diamond grits.
microgránulos espiculares curvados (diamantes) | shards.
microgránulos submicrométricos de diamante | submicron diamond powder.
microgrieta | microflaw.
microgrietas | tiny cracks.
microhaz | microbeam.
microhaz de rayos Roentgen | X-ray microbeam.
microhaz de rayos X | X-ray microbeam.
microherramienta | microtool | subminiature tool | miniature tool.
microherramienta sujeta por el micromanipulador | micromanipulator-held microtool.
microheterogeneidades | microinhomogeneities.
microimpurezas | microimpurities.
microincineración | microincineration.
microincineración fraccionaria | fractional microincineration.
microinclusiones en rubíes y zafiros que producen un tinte blancuzco | silk.
microindentación | microindentation.
microinducción | microinduction.
microinformática | micro DP.
microinstrucción | microinstruction.
micro-instrucción (informática) | firmware.
microinterferograma | microinterferogram.
microinterferometría | microinterferometry.
microinterferómetro | microinterferometer.
microinterruptor | microswitch.
microinterruptor temporizado | time-delayed microswitch.
microinyección | microinjection.
microirregularidades | microirregularities.
microjeringuilla | microsyringe.
microlaguna (metalurgia) | microvoid.
microlámpara | miniature lamp.
microlámpara de haz eléctrico filiforme | pen light.
microlámpara de haz eléctrico filiforme (oftalmología) | muscle light.
microlascas de diamante | diamond flakes.
microlimado | microfiling.
microlisura | microsmoothness.
microlita (mineralogía) | microlite.
microlito | microlith.
microlito (cristalografía) | microlite.
microlito acicular | acicular microlite.
microlitotipo | microlithotype.
microlitotipo de carbón (minería) | coal microlithotype.
microlitro (millonésima parte del litro) | microliter.
micrología | micrology.
micrológico | micrologic.
micromandos del piloto (aviones) | miniature pilot's controls.
micromanipulación | micromanipulation.
micromanipulador | micromanipulator.
micromanipulador pantográfico | pantograph micromanipulator.
micromanómetro | micromanometer.
micromanómetro de gancho | hook-gage micromanometer.
micromanómetro de Hodgson | displacement micromanometer.
micromáquina | micromachine.
micromáquina criogénica | miniature cryogenic engine.
micromáquina herramienta | micromachine tool.
micromaquinado | micromachining.
micromaquinización | micromachining.
micromaquinizado | micromachined.
micromecánica (ciencia) | micromechanics.
micromecánico | micromechanical.
micromecanismo | micromechanism.
micromensuración | micromeasurement.
micromerítica (tecnología de las partículas finas) | micromeritics.
micromerítico | micromeritic.
micromerógrafo | micromerograph.
micrometeorología | micrometeorology.
micrometeorólogo | micrometeorologist.
micrométodo | micromethod | microprocedure.
micrometría | micrometry.
micrómetro | micrometer | micron.
micrómetro azimutal | azimuth micrometer.
micrómetro circular | circular micrometer.
micrómetro de hilos | filar micrometer.
micrómetro de inducción | induction micrometer.
micrómetro de lectura Braille (para ciegos) | Braille-reading micrometer.
micrómetro del ángulo de situación | angle-of-site micrometer.
micrómetro del portaobjetos | stage micrometer.
micrómetro dióptrico | dioptric micrometer.
micrómetro electrónico | electronic micrometer.
micrómetro flotante | floating micrometer.
micrómetro fotometrador | photomeasuring micrometer.
micrómetro graduado en diezmilésimas de pulgada | ten-thousandth micrometer.
micrómetro lineal | linear micrometer.
micrómetro neumático | pneumatic micrometer.
micrómetro nivelador | leveling micrometer.
micrómetro ocular | ocular micrometer | eyepiece micrometer.
micrómetro óptico | optical micrometer.
micrómetro oscilante | floating micrometer.
micrómetro para calibrar interiores | internal gaging micrometer.
micrómetro para interiores | internal micrometer.
micrómetro para interiores de tres puntos de contacto | internal tri-point micrometer.
micrómetro para medir el diámetro interior (tubos) | bore-measuring micrometer.
micrómetro para medir interiores | inside micrometer.
micrómetro para observación de asientos (muros) | crack micrometer.
micrómetro que elimina el efecto de la ecuación personal (observaciones sobre la hora) | impersonal micrometer.
micrómetro registrador | registering micrometer.
micrómetro verificador y registrador del espesor durante la elaboración (tren de bandas metálicas) | flying micrometer.
micrómetros de mercurio (vacío) | microns Hg.
micromicrocurio | micromicrocurie.
micromicrofaradio | micromicrofarad.
micromicrómetro | micromicron.
micromicrón (millonesima parte de la micra) | micromicron.
microminiatura | microminiature.
microminiaturización | microminiaturization.
micromoción a pequeñas velocidades | memomotion.
micromodelo | micromodel.
micrómodo | micromode.
micrómodo de la fractura | micromode of fracture.
micromodular | micromodular.
micromódulo | micromodule.
micromolienda | microgrinding.
micromonografía | micromonography.
micromorfo | micromorph.
micromotor | micromotor | subfractional horsepower motor.
micromovimiento | micromotion.
micromuestra | microspecimen | microsample.
micromuestreo | microsampling.
micrón | mikron.
micronegativo (fotografía) | micronegative.
microniebla (dispersión con tamaño del grano entre 1 y 100 micrómetros) | micromist.
micronivelación magnética | magnetic micronivelation.
micronización | micronization | micronizing.
micronizador (molino circular con chorros internos de fluido dispuestos tangencialmente a la periferia) | micronizer.
micronizar | micronize (to).
micronómetro | micronometer.
micronutriente | micronutrient.
microobjetivo (fotografía) | microobjetive.
microobjetivo (óptica) | microlens.
microobjetivo reflector de campo plano | flat-fielded reflecting micro-objective.
microohmio | microhm.
microonda | quasi-optical wave | quasi optical wave | microwave.
microonda de alarma previa | microwave early warning.
microonda de frecuencia modulada | frequency-modulated microwave.
microonda guiada | guided microwave.
microonda modulada por onda cuadrada | square-wave modulated microwave.
microordenador.
microordenador microprogramable | microprogrammable microcomputer.
microorganismo | bug | germ.
microorganismo marino | marine microorganism.
microorganismos purificantes empleados en la depuración de aguas negras | activated sludge floc.
microorganismos termófilos | thermophilic microorganisms.
microorganismos terrícolas | soil microorganisms.
micropaleontología | micropaleontology.
micropaleontología zoológica | zoological micropaleontology.
micropaleontológico | micropaleontological.
micropaleontólogo | micropaleontologist.
microparámetro | microparameter.
micropartícula friable (diamantes) | friable grit.
microparticulas de diamante | diamond powders | microdiamond powder.
micropartículas de diamante natural sin usar | virgin natural diamond powder.
micropartículas de diamantes | diamond stones.
micropartículas de titanio hidrogenadas | hydrogenated titanium powder.
micropastilla | microwafer.
micropastilla volante (circuito integrado) | flip chip.
micropecilítico | micropoecilic.
micropedia (G.B.) | micropaedia.
micropegmatítico | microgranophyric.
micropelícula | microfilm.
microperfilómetro | microprofilometer.
microperforación | microperforation.
microperforado | microperforated.
microperforar | microperforate (to).
micropertita | microperthite.
micropetrológico | micropetrological.
micropipeta | micropipette.
micropirómetro óptico de filamento desvanecedor | disappearing-filament optical micropy-

rometer.
microplaqueta | chip | wafer.
microplaquetas de transistor | transistor chips.
microplaquetas especiales | silicon-chips.
microplasticidad | microplasticity.
microplastrón | breast-plate transmitter.
microplastrón (telefonía) | microplastron.
micropoikilítico | micropoikilitic.
micropoluante | micropolluant.
micropolución | micropollution.
micropolvo | micropowder | microdust.
microporo (diámetro menor de 10^{-6} centímetros) | micropore.
microporosidad | microporosity.
micropotenciómetro | micropotentiometer.
microprecisión | microprecision.
micropreparación | micropreparation.
microprobeta | microsample.
microprocesador | microprocessor | microcomputer.
microprocesamiento | microcomputing.
microproducción | microproduction.
microprograma | microprogram.
microprogramación | microcoding | microprogramming.
microprogramación cableada | firmware.
microprogramado lógicamente | logically micro-programmed.
micropropiedades | microproperties.
micropublicaciones (películas de bobina, casetes, microfibras) | micropublications.
micropulimentación | micropolishing.
micropulir | micropolish (to).
micropulsación | micropulsation.
micropulverizador | micropulverizer.
micropulvimetal | micropowder.
micropunta | micropoint.
microquímica | microchemistry | trace chemistry.
microquirúrgico | microsurgical.
microrectificado | microgrinding.
microrectificado interior | internal microgrinding.
microrem | microrem.
microreproducción | microreproduction.
microrradiografía | microradiography.
microrradiografía de absorción | absorption microradiograpy.
microrradiografía metalúrgica | metallurgical microradiography.
microrradiográfico | microradiographic.
microrradiómetro | microradiometer.
microrreceptor | midget receiver.
microrrechupe (aceros) | micropipe.
microrrefrigerador | microrefrigerator.
microrregistrador | miniature recorder.
microrrelieve | microrelief.
microrrelieve periglaciar | periglacial microrelief.
microrreproducción legible sin auxilio de aparatos ópticos | minicard.
microrretrognatia (medicina) | microrrectrognatia.
microrrugosidad | microroughness.
microrrugoso | microrough.
microrutina | microroutine.
microscopia | microscopy.
microscopía con luz ultravioleta monocromática | monochromatic ultraviolet microscopy.
microscopia de fase | phase microscopy.
microscopia de luz polarizada | polarized-light microscopy.
microscopia electrónica | electron microscopy.
microscopia electrónica con barrido | scanning electron microscopy.
microscopía electrónica de hoja delgada | thin-foil electron microscopy.
microscopia electrónica de réplica de extracción | extraction-replica for electron microscopy.
microscopia electrónica de transmisión a traves del especimen | transmission electron microscopy.
microscopia electrónica de transmisión de una réplica de la superficie | T.E.M. of a replica of the surface.
microscopia en campo oscuro | darkfield microscopy.
microscopia explorativa | scanning microscopy.
microscopia óptica | optical microscopy | light microscopy.
microscopia óptica por luz incidente | incident light optical microscopy.
microscopia por contraste de fase | phase microscopy.
microscopia por electrones de transmisión | transmission electron microscopy.
microscopia por interferencia | interference microscopy.
microscopía por luz reflejada | reflected-light microscopy.
microscopía por luz transmitida | transmitted light microscopy.
microscopia química | chemical microscopy.
microscópica por emisión termiónica | termionic emission microscopy.
microscópicamente detectable | microscopically detectable.
microscopio binocular | binocular microscope.
microscopio binocular con prisma enderezador | corneal microscope.
microscopio binocular estereoscópico | stereoscopic binocular microscope.
microscopio cinematográfico | ciné microscope.
microscopio compuesto | compound microscope.
microscopio con iluminación de haz electrónico e imagen en pantalla | electronic microscope.
microscopio de comparación | comparison microscope.
microscopio de doble observación simultánea | simultaneous viewing microscope.
microscopio de inmersión | dipping microscope.
microscopio de interferencia electrónica | electron interference microscope.
microscopio de interferencia polarizante | polarizing interference microscope.
microscopio de luz incidente | incident-light microscope.
microscopio de luz incidente de contraste de fase | phase-contrast incident-light microscope.
microscopio de luz polarizada | polarizing microscope.
microscopio de ocular reticulado | filar microscope.
microscopio de perfil de luz (superficies metálicas) | light-profile microscope.
microscopio de platina caliente | hot-stage microscopy.
microscopio de poco aumento | low-power microscope.
microscopio de proyecciones | projection microscope.
microscopio de punto explorador | flying-spot microscope.
microscopio de rayos infrarrojos | infrared microscope.
microscopio de reflexión | engyscope.
microscopio de reflexión biesférico | bispherical reflecting microscope.
microscopio de rendija de luz | light slit microscope.
microscopio de retículo | graticule microscope.
microscopio de televisión traduciendo el ultravioleta en color | ultraviolet color-translating television microscope.
microscopio electrónico | electron microscope.
microscopio electrónico de barrido | sweep microscopy.
microscopio electrónico de reflexión | reflexion electron microscope.
microscopio electrónico electrostático | electrostatic electronic microscope.
microscopio electrónico en que el haz electrónico se refleja sobre el especimen | scanning electron microscope.
microscopio electrónico en que el haz electrónico se transmite a través del especimen | transmission electron microscope.
microscopio electrónico para examen minucioso | scanning electron microscope.
microscopio en campo opaco | opaque-stop microscope.
microscopio estereoscópico | stereoscopic microscope.
microscopio fotoeléctrico | photoelectric microscope.
microscopio interferencial | interference microscope.
microscopio interferométrico por polihaces | multiple beam interference microscope.
microscopio lucernal | lucernal microscope.
microscopio luminiscente | luminescent microscope.
microscopio metalográfico | metallograph.
microscopio metalúrgico | metallurgical microscope.
microscopio micrométrico | micrometer microscope.
microscopio monocular | monocular microscope.
microscopio monocular para metalurgistas | monocular metallurgist's microscope.
microscopio numérico | digital microscope.
microscopio óptico | light microscope.
microscopio óptico de gran aumento | high-powered optical microscope.
microscopio para análisis cuantitativo de polvos | dust counting microscope.
microscopio para distinguir perlas verdaderas de perlas cultivadas | endoscope.
microscopio para investigaciones | research microscope.
microscopio para lecturas del cuadrante | dial reader.
microscopio para medidas en el plano | chart measuring microscope.
microscopio para puntas de broca (afilado) | drill point microscope.
microscopio petrográfico | petrographic microscope.
microscopio petrológico | petrological microscope.
microscopio polarizante | petrological microscope.
microscopio protónico | proton microscope.
microscopio reflector asférico | aspheric reflecting microscope.
microscopio televisivo | television microscope.
microscopista (persona) | microscopist.
microsección (metalurgia) | microslice.
microsegregación | coring.
microsegregación de elementos aleantes | microsegregation of alloying elements.
microsegundo (millonésima de segundo) | microsecond.
microsimetría | microsymmetry.
microsimulador de tornados | tornadose's microsimulator.
microsismo | microseism | microtremor | peneseism | earth tremor.
microsismógrafo | microseismograph.
microsismometrógrafo | microseismometrograph.
microsistema informático | informatical microsystem.
microsoldadura | microwelding.
microsolidez | microsolidity.
microsoliflucción | microsolifluction.
microsoma | microsome.
microsonda de haz electrónico | electron-beam microprobe.
microsonda electrónica | electron-probe | electron microprobe.
microsopio para lectura de limbos (aparatos topográficos) | circle reader.
microspectroscopio | microspectroscope.
microsubdivisión | microsubdivision.
microsurco | microgroove.

microtaladradora | microdrilling machine.
microtaladrar | microdrill (to).
microtamiz | microscreener | microstrainer.
microtarjeta | microprint | microcard.
microteca | microthec.
microtécnica de inmersión | immersion microtechnique.
microtectónica | microtectonics.
microteléfono | microtelephone | handset earphone | telephone handset.
microteleindicador | miniature remote indicator.
microtelescopio | microtelescope.
microtelevisar (EE.UU.) | microtelevize (to).
microtelevisar (G.B.) | microtelevise (to).
microtemporal | microtemporal.
microtensímetro | microtensiometer.
microtermómetro que puede medir hasta 1.000 °C | templug.
microtomía | microtomy.
microtomización (metalografía) | microtoming.
microtomizar | microtome (to).
micrótomo | wafering machine | microtome.
microtomo (microscopio) | section cutter.
microtomo de hoja oscilante | oscillating blade microtome.
microtomo-criostato | microtome-cryostat.
microtopografía | microtopography.
microtorno | micro-lathe.
microtorno de precisión | miniature precision lathe.
microtractor | midget tractor.
microtransformador | miniaturized transformer.
microtransistor | midget transistor.
microtrón (acelerador de electrones hasta pequeñas potencias) | microtron.
microtubo (electrotecnia) | midget tube.
microvaloración | microtitration.
microvaloración fotométrica | photometric microtitration.
microvatio | microwatt.
microvibración | microtremor.
microvideo | microvideo.
microviga | microbeam.
microviscosidad | microviscometry.
microviscosímetro | microviscometer.
microviscosímetro de placa deslizante | sliding plate microviscometer.
microvoltaje | microvoltage.
microvoltímetro | microvoltmeter.
microvoltio | microvolt.
microvolumetría | microvolumetry.
microzoarios | microzoaria.
microzona | microzone.
microzona de un fragmento | microzone of a fragment.
microzonación | microbanding.
miculito | miculite.
miedo | fearfulness.
miel centrifugada | extracted honey.
miel de abejas | genuine honey.
miel de descarga (panales) | dripping.
miel de purga | final molasses.
miel deshidratada | dried honey.
miel exudada (plantas) | honey-dew.
miel sacada del panal por centrifugación | extracted honey.
miembo titular | regular member.
miembro | limb | part.
miembro (de una comisión) | commissioner.
miembro (de una ecuación) | side.
miembro (de una sociedad) | member.
miembro (de una sociedad científica) | fellow.
miembro (del cuerpo) | member.
miembro (ecuaciones) | member.
miembro activo | active member.
miembro adjunto | assistant member.
miembro articulado en sus dos extremos y sometido a carga de tracción o de compresión entre sus extremos | three-force member.
miembro asocial | asocial member.
miembro autorizado de la Reserva Federal para depósitos | limited depositary.
miembro cargado longitudinalmente | longitudinally stressed member.
miembro con articulación inferior | pin-supported member.
miembro con orificio | orificed member.
miembro con sus dos extremos articulados y no sometido a carga alguna entre sus extremos (vigas de celosía trianguladas) | two-force member.
miembro con todos los derechos (comunidades) | full member.
miembro correspondiente (de una institución) | corresponding member.
miembro correspondiente elegido | elected corresponding member.
miembro de control de ajuste aproximado de la reactividad (reactor nuclear) | coarse control member.
miembro de control de ajuste preciso de la reactividad (reactor nuclear) | fine control member.
miembro de la Cámara de los Comunes (G.B.) | commoner.
miembro de la cámara de los Lores que sólo aparece cuando hay que votar (G.B.) | backwoodsman.
miembro de la dotación (avión) | aircrewman.
miembro de la junta municipal (EE.UU.) | commissioner.
Miembro de la Real Sociedad Geográfica | fellow of the Royal Geographical Society.
miembro de la Sociedad Geográfica Norteamericana | fellow of the American Geographical Society.
miembro de las fuerzas aéreas que no vuela | dodo.
miembro de mérito (asociaciones) | fellow of merit.
miembro de un colegio | collegian.
miembro de un jurado | juror.
miembro de una bolsa | seat on the exchange.
miembro de una cuadrilla de reparación de carreteras | gangster.
miembro de una mesa electoral | poll-clerk.
miembro de una sociedad | associate.
miembro de varenga intercostal | intercostal floor member.
miembro del congreso | member of the congress.
miembro del consejo | committeeman.
miembro del consejo de administración (colegios) | governor.
miembro del cordón (viga de celosía) | boom member.
miembro del Instituto de Ingenieros Civiles | Associate of the Institute of Civil Engineers.
miembro del Instituto de Química | associate of the Institute of Chemistry.
miembro del jurado de acusación | grand juror.
miembro del jurado de juicio | petty juror.
miembro del parlamento | member of the parliament.
miembro del Real Instituto de Arquitectos Británicos | Associate of the Royal Institute of British Architects.
miembro distinguido (asociaciones) | distinguished fellow.
miembro docente | active member.
miembro electivo | elected member.
miembro elegido por votación (por los demás miembros) | co-opted member.
miembro estructural colocado diagonalmente | dagger.
miembro estructural que sólo soporta cargas de tracción | tie.
miembro femenino de Guardas de Costas (EE.UU.) | spar.
miembro fundador | charter member | founder fellow.
miembro horizontal (estructuras) | stringer.
miembro horizontal del bastidor (puertas) | impage.
miembro inerte (estructruras) | unstrained member.
miembro longitudinal | longitudinal member | fore-and-aft member.
miembro longitudinal resistente | longitudinal load-carrying member.
miembro más moderno | junior member.
miembro nato | ex-officio member | ex officio member.
miembro obturador | sealing member.
miembro por derecho propio | ex officio member.
miembro por razón de su cargo | ex-officio member.
miembro proponente | proposing member.
miembro que contribuye a soportar la carga (estructuras) | load-resisting member.
miembro que no trabaja (estructruras) | unstrained member.
miembro que sólo trabaja parte del día (en un instituto, etc.) | part-time member.
miembro que soporta carga | load-carrying member.
miembro que soporta carga (estructuras) | load-bearing member.
miembro que trabaja (estructuras) | load-resisting member.
miembro que trabaja a la tracción pretensado | prestressed tensile member.
miembro representativo | elected member.
miembro resistente transversaltransversal | transverse.
miembro rígido | rigid member.
miembro sin flexión | two-force member.
miembro sometido a torsión y tensión | torsion-tension member.
miembro sometido a tres o más fuerzas (estructuras) | multiforce member.
miembro sometido solamente a tracción o compresión | two-force member.
miembro titular | ordinary member.
miembro trabajando a la flexión (vigas) | flexural member.
miembro tubular (estructuras) | tubular member.
miembro vertical que termina el fuselaje (aviones) | stern post.
miembro visitador | itinerant member.
miembro vitalicio | life membership | member for life.
miembros de la judicatura | members of the judiciary.
miembros de la tripulación | crewmembers.
miembros de profesiones liberales | professional classes.
miembros designados | nominative members.
miembros en U | channel-section members.
miembros estatutorios | standing-request members.
miembros inscritos | enrolled members.
miembros interpuestos | interposed members.
miembros natos del consejo | ex-officio members of the council.
mientras | pending.
mientras el convenio esté en vigor | during the currency of the agreement.
mientras está funcionando | while in use.
mientras está girando | whilst it is rotating.
mientras está moviéndose (tochos al salir del laminador) | on the fly.
mientras no se diga lo contrario | unless stated to the contrary.
miera | resin pitch.
mieses | grain-fields.
miga (de pan) | crumb.
migma | migma.
migmatita | migmatite | composite gneiss.
migmatita arterítica | arteritic migmatite.
migmatización | migmatization.
migración | wandering | migration.
migración (aves) | passage.
migración (de aves) | flight.

migración (de divisorias , de valles) | shifting.
migración (de petróleo) | drainage.
migración capilar | capillary flow | capillary migration.
migración de iones | ion migration.
migración de la humedad | moisture migration.
migración de las divisorias (geografía física) | migration of divides.
migración de los carburos (aceros) | migration of the carbides.
migración de los iones | migration of the ions.
migración de los polos | polar wandering.
migración de mano de obra | migration of labor.
migración de personal científico | brain drain.
migración del carbono | carbon migration.
migración del plano de exfoliación inducida por tensión mecánica | strain-induced grain-boundary migration.
migración electroforética | electrophoretic migration.
migración estacional | seasonal migration.
migración intersticial | interstitial migration.
migración recíproca | intermigration.
migración vertical diurna (plancton) | diurnal vertical migration.
migraciones periódicas | periodic migrations.
mijo ceburro (trigo candeal) | white wheat.
mijo de col agreste | corn-cromwell.
mil | mill.
mil horas-hombre | kilo-man-hour.
mil millones | milliard.
mil millones (EE.UU.) | trillion.
mil millonésimo (EE. UU.) | billionth.
mil puntos (tejido de algodón) | pin checks.
mil puntos (telas) | petit point.
mil rayas (tela) | pin stripes.
mil toneladas de T.N.T. | kiloton.
mil veces | thousandfold.
milaguate | maize reed.
milano (ave) | kite.
milano (zoología) | kite.
mildiú | brown rot | mildew.
milefolio (botánica) | milfoil.
milenio | millennium.
milésima | millesimal.
milésima angular (artillería) | millieme.
milésima circular | circular mil.
milésima de dólar | mill.
milésima de pulgada | thou.
milésimo | thousandth.
miliacre | milliacre.
miliamperaje | milliamperage.
miliamperímetro | milliammeter | milliamperimeter | milliampere meter.
miliamperio | milliampere.
milibar | milibar.
milibar (física) | millibar.
milibarnio | millibarn.
milicaloría | millicalorie.
milicurio | millicurie.
milicurio-hora (radiología) | millicurie hour.
milidarcio (permeabilidad) | millidarcy.
miliequivalente | milliequivalent.
miliequivalentes de anión | milliequivalents of anion.
miligalio (pesantez) | milligal.
miligrado | milligrade.
miligramo | milligram.
milihenrio | millihenry.
milijulio | millijoule.
milímetro | millimeter.
milímetro de mercurio (barométrico) | torr.
milimicra | billionth.
milimicroamperio | millimicroampere.
milimicrocurio | millimicrocurie.
milimicrosegundo | millimicrosecond.
milimol | millimole.
milinilo (unidad para la medida de reactividades) | millinile.
miliohmímetro | milliohmmeter.
miliohmio | milliohm.
milipulgada | mil.
milipulgada circular (área de un círculo cuyo diámetro es 0,001 pulgadas) | circular mil.
miliradian | milliradian.
miliremio | millirem.
miliremio/hora | millirem/hour.
miliroentgenio por hora | milliroentgen per hour.
milisegundo | millisecond.
milisón | millisone.
militancia | militancy.
militancia política | political-militancy.
militancia subversiva | subversive militancy.
militar | serviceman.
militar en la oposición | fight in the opposition (to).
militar retirado | army pensioner.
militarada | militar revolt | military revolt.
militarismo | militarism.
militarización de oficio | impressment.
militarización del espacio cósmico | space militarization.
militarización del espacio exterior | exterior space militarization.
militarizar (EE.UU.) | militarize (to).
militarizar (G.B.) | militarise (to).
milivatio | milliwatt.
milivoltaje | millivoltage.
milivoltímetro | millivoltmeter.
milivoltio | millivolt.
milonita | mylonite.
milonitización | mylonitization.
milla de 6.0
milla geográfica (Inglaterra) | Admiralty knot.
milla marina | geographic mile.
milla marina (EE.UU.-1852 m; G.B. 1853 m) | nautical mile.
milla medida (pruebas velocidad buques) | measured course | measured mile.
milla náutica volada | air mile.
milla ponderada de vía (ferrocarril) | equated track mile.
milla terrestre | statute mile.
millaje | milage | mileage.
millaje aéreo | airline mileage.
millaje de locomotora por avería mecánica | locomotive mileage per mechanical fault.
millas por día por motor | miles per day per engine.
millas voladas | miles flown.
millerita | capillose | capillary pyrites.
millón | million.
millón de voltios | megavolt.
millones de instrucciones por segundo | mips.
millonésima parte del metro | micron.
millonésimo | millionth.
mimbre | withe.
mimbrera | water-willow | osier.
mimbreral | osiery.
mimeografía | mimeograph (to).
mimeógrafo | mimeograph | mimeograph machine | stencil duplicator.
mimeógrafo (Iberoamérica) | duplicator.
mimesis conflictiva | conflictive mimesis.
mimético | mimetic.
mimetizar (buques) | dazzle paint (to).
mimetría (maclas) | mimicry.
mimo (cómico) | mugavu.
mimo a la máquina (que trabaje a un régimen menor que el normal) | engine nursing.
mimología | mimology.
mimólogo | mimologist.
mimosa mejicana (Leucaena pulveralenta) | lead tree.
mina | mine | adventure.
mina a cielo abierto | strip mine | daylight mine | surface mine | surface working | open mine.
mina abandonada | gotten | abandoned mine.
mina activada | live mine | activated mine.
mina acústica | acoustic mine.
mina aérea submarina detonada por influencia magnética o de otra clase | ground influence mine.
mina agotada | gotten mine.
mina anticarro | antitank mine | tank mine | tank-killing mine.
mina antidragante | antisweep mine.
mina bonanza | mine in bonanza.
mina colindante | adjacent mine.
mina con tracción mecánica | motor-haulage mine.
mina contra tropas | antipersonnel mine | personnel mine.
mina de aluvión | alluvial mine.
mina de antena | antenna mine.
mina de arcilla | clay pit.
mina de arena | sand pit | ballast pit.
mina de asfalto | asphalt mine.
mina de capacho | patchy mine.
mina de carbón | coalery | coal mine | colliery.
mina de carbón (G.B.) | pit.
mina de carbón mecanizada | mechanized colliery.
mina de carbón o mineral para uso de la misma empresa | captive mine.
mina de carbón que vende su producción al consumo local | land-sale colliery.
mina de contacto | contact mine.
mina de contacto flotante | buoyant contact mine.
mina de estaño | stannary | ball | lode-works.
mina de fondo | bottom mine.
mina de fondo (mina submarina pudiendo ser detonada por influencia magnética o de otra manera) | groundmine.
mina de fondo fondeada desde avión | aircraft-laid ground mine.
mina de fondo magnética | magnetic ground mine.
mina de grava o arena | deposit.
mina de hierro | iron mine | iron ore mine.
mina de influencia (magnética o acústica) | influence type mine.
mina de lapa (mina pequeña que manualmente se sujeta al fondo del buque por hombres ranas) | limpet mine.
mina de lápiz | lead.
mina de menas de hierro de aluvión | ironstone quarry.
mina de minerales de hierro de aluvión | iron placer.
mina de oro | auriferous mine | gold mine.
mina de plomo | lead mine.
mina de plomo argentífero | lead-silver mine.
mina de producción escasa | substandard mine.
mina de recambio (lapiceros) | refill.
mina de una sociedad que utiliza su producción | captive mine.
mina denunciada | denounced mine.
mina desprovista de agua | dry mine.
mina disimulada | booby-trapped mine.
mina dura (lápices) | hardlead.
mina en explotación (minería) | active mine.
mina en mantos | fletz.
mina explosionada eléctricamente | electrically-detonated mine.
mina explosiva submarina | submarine mine.
mina explosiva teleaccionada | raven.
mina explotada por pozos | shaft-mine.
mina explotada subterráneamente | mine worked underground.
mina flotante | floating mine.
mina flotante a la deriva | drifting mine.
mina fondeada | moored mine.
mina fondeada de antenas | buoyant antennas mine.
mina fondeada desde avión | aircraft-laid mines.
mina fondeada desde submarino | submarine laid mine.
mina fondeada magnética | buoyant magnetic mine.
mina fondeada mecánicamente | mechanically laid mine.
mina fusionada | amalgamated mine.
mina grisuosa | gaseous mine.
mina improductiva | duffer.
mina inactivada | inactivated mine.

mina inundada | inundated mine.
mina lanzada con paracaídas | parachute mine.
mina magnética | magnetic mine | magnetically actuated mine.
mina marina | sea mine.
mina marina de explosión sin contacto | noncontact firing mine.
mina metálica | ore mine.
mina no grisuosa | gas-free mine.
mina no silicótica | nonsilicotic mine.
mina para compás (dibujo) | compass lead.
mina productiva | producing mine.
mina que da mechazo (voladura) | miss hole.
mina que falla (voladura) | miss hole.
mina que genera metano en gran cantidad | hot mine.
mina que ha explotado por influencia de otra (campo de minas) | countermined mine.
mina reconocida | proved mine.
mina saltadora (mina contra tropas que consiste en un mortero que lanza un proyectil que estalla a 1 ó 1,50 metros sobre el suelo) | bounding mine.
mina sensibilizada acústicamente | acoustically actuated mine.
mina silicótica | silicotic mine.
mina submarina | buoyant mine | egg | mine.
mina submarina a la deriva | free-floating mine.
mina submarina de observación | controlled submarine mine.
mina submarina y sumergidor | mine and sinker.
mina terrestre | mine | land mine | ground torpedo.
minable (que se puede minar) | mineable.
minado | mined.
minado aéreo | aerial mining.
minado antiguo | gob.
minado desde aviones | aerial mining.
minado desde el aire | air mining.
minado desde los tubos lanzatorpedos (submarinos) | tube laying.
minado desde submarinos | submarine laying.
minado hacia arriba (minas) | breakup.
minador | minelayer | miner | planter.
minador (soldado) | demolition man.
minador de superficie | surface minelayer.
minados antiguos (minas) | old man | hollows.
minados antiguos (minería) | old workings.
minados antiguos (parte ya explotada - minas) | goaf.
minar | burrow (to) | excavate (to) | undermine (to) | mine (to).
minas contra la invasión | antiinvasion mines.
minas lanzadas por la aviación | aircraft-laid mines.
minas metálicas | metal mine.
minera | surface mine | surface working.
mineragrafía | mineragraphy.
mineral | mineral | ore | stone | mine stone.
mineral a la vista | developed ore | ore in sight.
mineral accesorio | accessory mineral.
mineral alocromático | allochromatic mineral.
mineral amarillo muy radiactivo | strongly radioactive yellow mineral.
mineral anédrico | anhedral mineral.
mineral antes de la concentración | value.
mineral arcilloso micáceo | mica clay mineral.
mineral arcilloso triforme dioctaédrico | triformic diactahedral clay mineral.
mineral arrancado | broken down ore | blocked out ore.
mineral arrancado (minas) | muck.
mineral asociado | accompanying mineral.
mineral autígeno | authigenic mineral.
mineral autocalcinante | self-roasting ore.
mineral autofundente | self-going ore.
mineral bajo en silicio | dry ore.
mineral blanducho | softish mineral.
mineral bocarteado | crushed ore | milled ore.
mineral bocarteado con agua | wet-crushed ore.
mineral bruto | feed | rude ore | crudes | raw ore.
mineral calcinado | roasted ore.
mineral característico | index mineral.
mineral carbonáceo | carbonaceous mineral.
mineral carbonáceo sólido | solid carbonaceous mineral.
mineral carbonatado | carbonate ore.
mineral cargado a mano (en la vagoneta-minas) | hand-mucked ore.
mineral coloforme | colloform mineral.
mineral coloforme isótropo | isotropic colloform mineral.
mineral complejo | complex ore.
mineral componente de la roca | rock making mineral.
mineral comprobado | proved ore.
mineral con cavidades que contienen agua | enhydrite.
mineral concentrado en basto | roughly concentrated ore.
mineral crudo | raw ore.
mineral cuproniquelífero | copper-nickel ore.
mineral cuproplumbífero | lead-copper mineral.
mineral cuyo metal es completamente amalgamable | free milling ore | free-milling ore.
mineral de acarreo | secondary ore | derived ore.
mineral de alta ley | high ore.
mineral de aluvión | diluvial ore | alluvial ore.
mineral de baja ley | base-ore | low-tenor ore | poor ore | dradge.
mineral de bolsada | bunchy ore.
mineral de calidad inferior | dredge.
mineral de cobre | copper ore.
mineral de cocardas | crust ore.
mineral de contacto porfidoblástico | porphyroblastic contact mineral.
mineral de desecho | halvan ore | halvans.
mineral de enriquecimiento primario | primary enrichment ore.
mineral de estaño | tin ore.
mineral de estaño bueno para la fusión | crop.
mineral de estaño concentrado (estaño negro) | black tin.
mineral de filón | lodestone | lode ore.
mineral de ganga fusible | self-going ore | fluxing ore.
mineral de hierro | iron ore.
mineral de hierro arcilloso | ironstone | clay ironstone | clay iron ore | clay band ironstone | ball iron | gubbin | band clay.
mineral de hierro con la ganga de carbonato cálcico | calcareous ore.
mineral de hierro de pantanos | morass ore.
mineral de hierro de primera calidad | mush.
mineral de hierro estalactiforme | brush ore.
mineral de hierro fosilífero de color rojo (EE. UU.) | flaxseed ore.
mineral de hierro nodular | ball mine | ball ironstone.
mineral de hierro pisolítico | bean ore.
mineral de hierro pisolítico con óxido de hierro hidratado | bean iron ore.
mineral de hierro pobre | low-grade iron ore | lean iron ore.
mineral de hierro tostado | burnt mine.
mineral de ley alta | high-grade ore.
mineral de litio | lithium ore.
mineral de maquila | custom ore.
mineral de muy baja ley | impoverished ore.
mineral de oro o plata con poco plomo y mucha sílice | dry ore.
mineral de óxido de manganeso utilizable para pilas secas | battery ore.
mineral de plata muy rico | real silver ore.
mineral de plomo | booze.
mineral de plomo aluminoso | aluminous lead ore.
mineral de plomo argentífero | argentiferous lead ore.
mineral de plomo argentífero de color amarillo | Canary ore.
mineral de plomo de alta ley | bing.
mineral de plomo no refinado | bouse.
mineral de plomo pulverulento | belland.
mineral de riqueza constante | ore constant in grade.
mineral de riqueza variable | ore varying in grade.
mineral de tría | spalls.
mineral de uranio fosfático | phosphate-bearing uranium mineral.
mineral de valor comercial | economic mineral.
mineral del país | indigenous ore | domestic ore.
mineral desacreditado (terminología) | discredited mineral.
mineral descargado (minas) | drawn ore.
mineral diagnóstico | diagnostic mineral.
mineral dicroico | dichroic mineral.
mineral diexagonal polar | dihexagonal polar mineral.
mineral diseminado | disseminated ore | powder ore.
mineral dócil | docile ore.
mineral dulce | iron spar.
mineral duro | refractory ore.
mineral elástico | elastic mineral.
mineral en bocamina | ore on the bank.
mineral en bolsadas | pockety ore.
mineral en capas | bedded ore.
mineral en cocardas | cocarde ore | ring ore | ring ore.
mineral en criadero | mineral in place.
mineral en granos | beans and nuts ore.
mineral en la superficie | ore at grass.
mineral en pedazos | knocking.
mineral en polvo | ore slime.
mineral en prismas cortos | short columnar mineral.
mineral en reserva | ore in reserve.
mineral en riñones | nodular ore.
mineral en roca | rock ore.
mineral en terrones | lump ore.
mineral en trozos | lump ore | firsts | coarse ore.
mineral enriquecido | digested ore.
mineral entre dos pisos que debe ser extraido desde el nivel inferior | back of ore.
mineral escogido | bucked ore | culled ore | spalls.
mineral escogido a mano | hand-sorted ore | cobbed ore.
mineral esencial | essential mineral.
mineral explotable | pay-ore.
mineral extraído | mineral raised | mineral gotten | raised ore.
mineral extraído (minas) | drawn ore.
mineral extraído del montón donde están colocados por tongadas (parque de minerales para sinterización) | reclaimed ore.
mineral fácilmente reducible | easily reducible ore.
mineral ferrocuprífero | copper-iron ore.
mineral ferrocuproso | ferrocuprous ore.
mineral filoniano | gangue mineral.
mineral flexible | flexible mineral.
mineral fluidizado | slurry mineral.
mineral formado con aumento de volumen | plus mineral.
mineral formado con reducción de volumen (su volumen molecular es menor que la suma de los volúmenes moleculares de los óxidos constituyentes) | minus mineral.
mineral formado por metamorfismo de contacto | contact mineral.
mineral fundente | fluxing ore.
mineral fundido de una hornada | blow.
mineral gastado (maleabilización) | burnt ore.
mineral homogenizado (sinterización) | bedding.
mineral imperfectamente calcinado | incompletely roasted ore.
mineral in situ | solid ore.
mineral incrustado en la roca | blanch.
mineral individualizado | individualized mine-

ral | specified mineral.
mineral inexfoliable | noncleavable mineral.
mineral laterítico | lateric ore.
mineral lavado en la criba | jigged ore.
mineral limpio | cobbed ore.
mineral manganífero alto en azufre | high-sulfur manganiferous ore.
mineral metalífero | metalliferous mineral.
mineral metamíctico | metamict mineral.
mineral modal | modal mineral.
mineral molido mezclado con agua | pulped ore.
mineral monoclínico tabular | tabular monoclinic mineral.
mineral nativo | ground ore.
mineral no flotante | sunk mineral | depressed mineral.
mineral no uranífero | nonuraniferous mineral.
mineral nodulizado | pelletized ore.
mineral normativo | standard mineral.
mineral o carbón no lavado | grena.
mineral oculto | occult mineral.
mineral oolítico | flaxseed ore.
mineral oxidado | oxide ore.
mineral oxidado del afloramiento | blossom rock.
mineral para arreglar la solera (horno pudelar-G.B.) | fix.
mineral para el procedimiento Thomas | cold-short ore.
mineral para fabricar acero pudelado | ore of steel.
mineral para fundición maleable | annealing ore.
mineral para fusión | melting ore.
mineral parafínico con un 60% de ozoquerita (Lago Baikal) | baikerite.
mineral pirogénico | pyrogenetic mineral.
mineral pisiforme | pea-ore.
mineral pobre | halvings | halvans | low-tenor ore | raff ore | lean ore | base-ore.
mineral polar ditrigonal | ditrigonal polar mineral.
mineral posible (minería) | future ore.
mineral predominante | dominant mineral.
mineral preparado | blocked-out ore.
mineral primitivo | protore.
mineral probable | probable ore.
mineral producido por acción química y bioquímica | authigenic mineral.
mineral productivo | pay-ore.
mineral pulverizado | slick.
mineral puro obtenido por lavado | heads.
mineral puro obtenido por lavado (preparación minerales) | headings.
mineral que contiene de (Kazakhtan) | dzhezkazganite.
mineral que contiene una inclusión | host.
mineral que contiene varios metales difíciles de extraer | complex ore.
mineral que da oro o plata sin calcinación o tratamiento químico | free milling ore.
mineral que queda después del lavado | washing.
mineral quebrantado | broken ore.
mineral radiactivo | radioactive mineral | radioactive ore.
mineral reductible | reducible ore.
mineral reemplazante | proxy mineral.
mineral refractario | refractory ore | stubborn ore.
mineral rico | high ore | bucked ore | best work ore | shipping ore | high-grade ore.
mineral rico en estaño | crop ore.
mineral rubio (de hierro) | red ore.
mineral seccionable | sectile mineral.
mineral seco | dry ore.
mineral seleccionado a mano | hand-sorted ore.
mineral silicoaluminoso | silicoaluminous ore.
mineral similar a bastita
mineral sintético | artificial mineral | manufactured mineral.
mineral sobre el montón | ore on the dump.
mineral sulfurado de plata y antimonio | black silver.
mineral superficial que indica la presencia de un filón subyacente | briol.
mineral terroso | glebe.
mineral translúcido | translucent mineral.
mineral transportado y depositado por el agua | alluvial stone.
mineral triturado con agua | wet-crushed ore.
mineral triturado fino | overflow.
mineral ultrabásico de tipo alpino | alpinotype ultrabasic mineral.
minerales accesorios | accessory minerals.
minerales accesorios (rocas) | minor minerals.
minerales aluminosos | aluminous ores.
minerales arcillosos usados en medicina | bole.
minerales asociados | associated minerals.
minerales colgados (minería) | ore reserves.
minerales constituyentes | constituent minerals.
minerales de bario comerciales | commercial barium minerals.
minerales de boro | borates.
minerales de hierro con ganga de alúmina | aluminous ores.
minerales de hierro en que la ganga es materia carbonosa | bituminous ores.
minerales de manganeso ferroso (con 10 a 35% de manganeso) | ferrous manganese ores.
minerales esenciales a la defensa nacional | critical minerals.
minerales estratégicos | critical minerals.
minerales ferromagnésicos | ferromagnesian minerals.
minerales finos que flotan al lavarlos | float.
minerales indicadores de kimberlita | kimberlite indicator minerals.
minerales metamórficos debidos a acciones termales y a presiones hidrostáticas | antistress minerals.
minerales para combustibles nucleares | nuclear-fuel ores.
minerales primarios | original minerals.
minerales que contienen cloro | chlorine minerals.
minerales que contienen de 10 a 35% de manganeso | ferruginous manganese ores.
minerales recuperables del aluvión | alluvial values.
minerales silíceos | acid ores.
minerales sintomáticos | diagnostic minerals.
minerales submarginales | submarginal ores.
minerales teñidos artificialmente para imitar otros de más valor | dyed stones.
mineralización | mineralizing | mineralization.
mineralización endógena | endogenic mineralization.
mineralización húmeda (cerveza) | wet ashing.
mineralizador | mineralizer | ore-carrying.
mineralizante | ore-bearing.
mineralizar | mineralize (to).
mineralocerámico | mineraloceramic.
mineralógeno | mineral-forming.
mineralogía | mineralogy.
mineralogía descriptiva | descriptive mineralogy.
mineralogía determinativa | determinative mineralogy.
mineralogía química | chemical mineralogy.
mineralógico | mineralogical.
mineralogista | mineralogist.
mineralografía | mineralography.
mineraloide | mineraloid.
mineralurgia | minerallurgy.
minería | mining | mining industry.
minería a cielo abierto | open pit mining.
minería de cámara y pilar | bord-and-pillar mining.
minería de placeres del fondo marino | underwater placer mining.
minería del carbón | coal mining.
minería del fondo del mar | undersea mining.
minería del suelo submarino | undersea mining.
minería hidráulica | hydraulic mining | hydraulicking.
minería lunar | lunar mining.
minería metalífera | ore mining.
minería por escalones | prop slicing.
minería submarina | offshore mining | submarine mining.
minero | pitman | miner.
minero (mina de oro) | drifter.
minero (obrero) | mine digger.
minero contratista | boss miner.
minero de contracielo | raiseman.
minero de equipo de salvamento (minas) | draeger-man.
minero de mina de carbón | collier.
minero de realce | raiseman.
minero de una rafadora | cutterman.
minero empleado en reparación de pozos | pitman.
minero encargado de una rafadora | cutterman.
minero encargado del enganche de vagonetas (minas) | hanger-on.
minero encargado del tráfico animal entre la cara de trabajo y la galería de arrastre mecánica | gaffer haulier.
minero que acompaña un tren de vagonetas (minas) | patcher.
minero que arrastra vagonetas | barrow-man.
minero que carga vagonetas y las empuja hasta la galería de extracción | filler and drawer.
minero que da fuego a la pega de barrenos (minería) | shot firer.
minero que empuja las vagonetas (minas) | trammer.
minero que empuja vagonetas | hurrier.
minero que engancha y desengancha vagonetas de un cable sin fin | clipper.
minero que extrae el carbón que ha quedado adherido al piso por una rafadora | pug lifter.
minero que frena las vagonetas en un plano inclinado | dukey rider.
minero que lleva las vagonetas a la jaula y da la señal de izar (minas) | hanger-on.
minero que por sus condiciones anormales de trabajo tiene un plus de peligrosidad | consideration miner.
minero que quita piedras del techo de una capa de carbón de poco espesor para hacer sitio a la máquina rafadora | pelter.
minero que rellena cilindros de papel con arcilla | dummy maker.
minero que rescata madera de entibación (minas) | stripper.
minero que trabaja en el exterior (minas) | grass worker.
minero que trabaja en la roca (minas carbón) | metal man.
minero que trabaja en roca | mullocker.
minero que trabaja por su cuenta | matter.
minero sepultado (bajo un desplome del terreno) | entombed miner.
mineroceanología | mineroceanology.
minerogenético | minerogenetic.
mineros que trabajan en el interior de la mina | day pair.
mineros que trabajan en minas de minerales de uranio | uranium miners.
minerva (imprenta) | bed and platen press.
minerva (tipografía) | platen press.
minerva de prensa a bisagra (imprenta) | sliding-type platen press | clamshell platen press.
mineta (mineral) | minette.
miniado | miniature-painted.
miniador (obrero que pinta con minio) | red-leader.
miniatura | miniature.
miniatura (fotografía) | midget.
miniaturado | miniature-painted.
miniaturización | miniaturization.
miniaturización electrónica | electronic miniaturization.
miniaturizado | tiny.
miniaturizar | miniaturise (to) | miniaturize (to).

minicalculadora electrónica | minicomputer.
minicasete | mini-cassete.
minicomputador | minicomputer.
minidisco | minidisk.
minidisquete | mini-disk.
minidisquete flexible | mini floppy.
minificación | minification.
minificar | minify (to).
minifundio | minifundium.
mínima (utilidad) | marginal.
mínima acción | least action.
mínima distancia de acercamiento (radar marino) | close quarter situation | nearest approach.
mínima distancia de seguridad | minimum safe distance.
mínima frecuencia empleada | lowest usable frequency.
mínima frecuencia útil | lowest useful high frequency.
mínima velocidad de crucero (aviones) | cruising threshold.
minimax (criterio de Hurwicz - estadística) | minimax.
minimización | minimizing | minimization | minimality.
minimización de los daños | damage minimization.
minimización del tiempo | time minimization.
minimizar (EE.UU.) | minimize (to).
minimizar (G.B.) | minimise (to).
minimizar la descoloración de | minimize discoloration of (to).
minimizar la posibilidad de la avería | minimize the possibility of the failure (to).
mínimo | lowest.
mínimo (calibre de tolerancias) | not go | not go in.
mínimo (de presiones) | low.
mínimo (meteorología) | trough.
mínimo absoluto | absolute minimum.
mínimo común denominador | lowest common denominator.
mínimo común múltiplo | least common multiple.
mínimo de corriente | dip.
mínimo de interrupción | minimum of interruption.
mínimo de la razón del flujo crítico | minimum critical heat flux ratio.
mínimo garantizado | guaranteed minimum.
mínimo magnético | magnetic low.
mínimo número superior | smallest upper number.
mínimo número superior a N | smallest upper number of N.
mínimo segmento horizontal que une dos rectas que se cruzan | shortest horizontal line connecting to skew lines.
mínimo sonoro | aural null.
mínimos cuadrados | least squares.
mínimos de visibilidad | visibility minima.
mínimos irreductibles | irreducible minima.
mínimos meteorológicos | meteorological minima.
mínimos meteorológicos de nubes y visibilidad para aterrizar (aeropuertos) | weather minimums.
mínimos meteorológicos publicados para una pista o campos de aterrizaje | published minimums.
mínimos meteorologícos que gobiernan el aterrizaje de aviones | landing minimums.
mínimos metereológicos del aerodromo | aerodrome metereological minima.
minimotorización | minimotoring.
minio | red lead | red lead oxide.
minio (de plomo) | minium.
minio de alta dispersión (es física y químicamente estable en una pintura) | nonsetting minium.
minio de plomo (Pb_3O_4) | true red lead.
minio naranja | orange minium.
miniordenador | minicomputer.
miniordenador principal | minimainframe.
ministerial | departmental.
ministerio | government office.
Ministerio de Asuntos Exteriores | State Department | Foreign Office.
Ministerio de Comercio | Board of Trade (G.B.).
ministerio de comercio (G.B.) | Board of Trade.
Ministerio de Hacienda | Treasury Department | the Exchequer.
Ministerio de Hacienda (G.B.) | Exchequer.
Ministerio de la Gobernación | Home Office.
Ministerio de Marina (EE.UU.) | Navy Department.
Ministerio de Obras Públicas | Department of Public Works.
ministro de asuntos exteriores (EE.UU.) | Secretary of State.
ministro de bosques | minister of forestry.
ministro de hacienda | secretary of the treasury | Exchequer.
Ministro de Hacienda (G.B.) | Chancellor of the Exchequer.
ministro de Justicia | attorney general | Lord High Chancellor.
ministro de justicia que actúa como abogado de la nación (EE.UU.) | attorney-general.
ministro de Justicia que actua como abogado de la nación (EE.UU.) | attorney general.
ministro de la defensa | Secretary of Defence.
ministro de marina (EE.UU.) | Secretary of the Navy.
ministro del aire | Secretary of the Air force.
ministro del ejército | Secretary of the Army.
Ministro del Trabajo | Labor Secretary.
ministro federal | federal minister.
ministro provincial (Canadá) | provincial minister.
ministro residente | resident.
ministro sin cartera | minister without portfolio.
minitrack (comunicación con satélites) | minitrack.
mini-válvula | bantam tube.
minneápolis | Minnie.
minofídico (petrología) | miniphyric.
minómetro | minometer.
minoría | minority.
minoría discrepante | discrepant minority.
minoridad | minority | nonage.
minorista | tradesman | retailer.
minorista (comercio) | retailer.
minorista a precio bajo | low price retailer.
minuciosamente comprobado | painstakingly checked.
minuciosamente diseñado | carefully-thought-out.
minuciosidad | circumstantiality.
minucioso | fastidious | exhausted | exhaustive | split-degree | elaborate | up-to-the-minute.
minuendo | minuend.
minúscula (paleografía) | minuscule.
minúsculo | minuscule | tiny.
minusvalía | capital loss.
minusvalidez | handicappedness.
minusválido | handicapped | disable.
minusválido físico | physically disabled.
minusválido mental | defective | mentally handicapped.
minuta | docket | fee note | draft | draught | retainer.
minuta (contratos, etc.) | minute.
minuta (de carta, etc.) | rough draft.
minuta de acta de requerimiento notarial | minute of the act of notarial notification.
minuta de estatutos | draft articles.
minuta de los empleados | list of employees.
minuta de nombres | roll of names.
minuta de un documento | draft of a deed.
minutar | minute (to) | make a draft of (to).
minutario | minute book.
minutas de las vistas del gran jurado | minutes of the grand jury.
minutería (relojes) | motion work.
minuto | minute.
minuto centesimal | centigrad.
miocénico | Miocene.
mióceno | Miocene.
mioenzimismo | mioenzymism.
miógrafo | myograph.
mión | myon.
miopía | near sight | near-sight.
miopía por ausencia de objetos a mirar (vuelos a gran altitud) | empty-field myopia.
miosis (biología) | meiosis.
miosis (medicina) | meiosis.
mira | staff | gunsight head | resolution pattern | leveling rod | station rod | sight.
mira (de nivelación) | hub.
mira (televisión) | pattern.
mira (topografía) | sight | rod | ranging pole | pole.
mira (TV) | test pattern.
mira angular | angle target.
mira cuadriculada | checkboard pattern.
mira de anillo óptico | optical ring sight.
mira de bombardeo | bombing sight.
mira de corrección | infinity bar.
mira de doble imagen | double-image staff.
mira de infrarrojo para rifle | sniperscope.
mira de nivel (topografía) | leveling staff.
mira de noche (armas) | gloaming sight.
mira de pinula | bead sight.
mira de precisión (topografía) | precise rod.
mira de pruebas sobre linealidad (TV) | linearity test chart.
mira de puntería | aiming post.
mira de ranura | open sight.
mira de referencia (alineación) | reference boresight.
mira de registro (TV) | registration test chart.
mira de reglaje | infinity bar.
mira de tablilla | target leveling rod.
mira dióptica (cañón) | peep sight.
mira electrónica | electronic sight.
mira extendida | high rod.
mira giroscópica | gyro sight.
mira graduada (agrimensura) | leveling rule.
mira micrométrica | micrometer target.
mira óptica | optical sight | peep-sight.
mira óptica ajustable | adjustable peep sight.
mira para determinar la lecha de los hilos | dip gage.
mira para nivelación de minas | mining target.
mira para nivelación geodésica | geodetic leveling rod.
mira parlante | self-reading rod.
mira parlante (agrimensura) | speaking rod.
mira parlante (topografía) | speaking rod.
mira parlante con escala centimétrica en una cinta de invar | invar rod.
mira revestida de lámina de acero (topografía) | steel-faced rod | steel cladding rod.
mira taquimétrica | stadia pole | stadia-rod | stadia rod.
mira telescópica | telescopic staff | telescopic sight | sniperscope.
mira tipo réflex | reflex sight.
mira topográfica | ranging rod.
mirada | flection | peep | glance.
mirada furiosa | glaring.
mirada penetrante | glare.
miradero | observatory.
miradero (geología) | inlier.
mirador | jut window | bay-window | observatory.
mirador (edificios) | veranda.
mirador de planta curva (edificios) | bow-window.
miraguano | kapok.
miran (seguimiento de proyectiles autopropulsados) | miran.
mirando a popa | looking aft.
mirando a proa (buques) | looking forward.
mirando al centro | center-facing.
mirando el asunto desde otro punto de vista

| looking at the matter from another angle.
mirar | glance (to).
mirar a (edificios, ventanas, etcétera) | open on (to).
mirar desde lo alto | overlook (to).
mirar lo interior de alguna cosa | introspect (to).
mirar por encima de | overlook (to).
miras colocadas en la cubierta para averiguar la deformación durante la botadura (buques) | breaking sights.
miras compensadas | compensating sights.
miras topográficas | leveling staves.
miriada | myriad.
miriámetro | myriameter.
miriavatio | myriawatt | myriawat.
mirilla | sigthole | sight hole | observation window | inspection hole | observation-aperture | viewing window | observation port | drafthole | eye | peephole | peep.
mirilla (carro asalto) | vision slit.
mirilla (hornos) | gloryhole | wicket | spy-hole.
mirilla (tobera alto horno) | eye.
mirilla (topografía) | observation slit.
mirilla de comprobación del nivel del lubricante | oil sight gage.
mirilla de inspección | inspection window.
mirilla para el nivel del aceite | oil sight.
mirilla telescópica | starlight.
mirmecocoro | myrmecochore.
mirmecofagia | myrmecophagy.
mirmecófago | ant-eating | myrmecophagous.
mirmecofóbico | myrmecophobic.
mirmecología | myrmecology.
mirmecosimbiosis | myrmecosymbiosis.
mirmekita | myrmekite.
mirmequita | myrmekite.
miro (Podocarpus ferrugineus) | miro.
mirto | myrtle.
misa de campaña (milicia) | drumhead service.
misce (fórmula) | misce.
miscelánea | miscellanea.
miscelánea matemática | mathematical miscellanea.
miscibilidad | miscibility | mixibility | mixability.
miscibilidad isomorfa | isomorphous miscibility.
miscible | miscible | consolute | mixable | mixible.
misidaceo | mysid.
misil (vehículo autopropulsado sin personal a bordo que se mueve sobre la superficie terrestre) | missile.
misil aerobalístico | aeroballistic missile.
misil aerodinámico | aerodynamic missile.
misil aire-submarino | air-to-underwater missile.
misil aire-tierra | air-to-surface missile.
misil alar guiado | aircraft weapon.
misil alojado en un silo subterráneo | silo-housed missile.
misil antiaéreo | antiaircraft missile.
misil antiaéreo radioguiado | radio-controlled antiaircraft missile.
misil antibalístico | antiballistic missile (ABM) | anti-ballistic missile.
misil anticarro teleguiado a través de un conductor que lo une a la persona que lo maneja | wire-guided antitank missile.
misil anticarro teleguiado montado sobre un vehículo | vehicle-mounted antitank guided missile.
misil anticarro transportable a brazo | manportable antitank missile.
misil antimisil | antiballistic missile (ABM).
misil antimisil tierra-aire | anti-missile surface-to-air.
misil antimisílico | antimissile missile | missile killer.
misil antirradar | antiradiation missile.
misil antirradiación | antiradiation missile.
misil autodirigido buscador del blanco | homing missil.
misil autoguiado por radar propio | radar self-guided missile.
misil axisimétrico | axisymmetric missil.
misil balanceándose | roll oscillating missile.
misil balístico | free-flight missile | ballistic missile.
misil balístico antitáctico | anti-tactical ballistic missile.
misil balístico intercontinental | intercontinental ballistic missile.
misil balístico interplanetario | interplanetary ballistic missile.
misil balístico lanzado desde el mar | sea launched ballistic missile.
misil balístico nuclear | nuclear ballistic missile.
misil balístico para la flota | fleet ballistic missile.
misil balístico termonuclear | thermonuclear ballistic missile.
misil balístico transportable de alcance medio | mobile medium range ballistic missile.
misil blanco teledirigido | unmanned air target.
misil buscablanco con auxilio de la televisión | television weapon.
misil buscablanco por recepción de los rayos infrarrojos del blanco | infrared homing missile.
misil buscablancos | target seeker.
misil cohético | rocket-propelled missile | rocket missile | rocket-powered missile | boost-glide missile | boost glide missile.
misil cohético con una sola carga propulsora | single-stage missile.
misil cohético de propulsiones sucesivas | multiple-step rocket missile.
misil cohético para ser lanzado desde aviones | aircraft rocket.
misil con aletas sustentadoras | winged missile.
misil con cabeza atómica | atomic armed missile.
misil con dos pares de aletas en ángulo recto (puede moverse lateralmente en cualquier dirección sin necesidad de balancearse) | cruciform missile.
misil con piloto automático | robot aircraft.
misil con solamente un par de alas que requiere el balancearse antes de moverse lateralmente en una dirección | polar missile.
misil con solamente un par de aletas y que requiere el balancearse antes de moverse lateralmente en una dirección | twist-and-steer missile.
misil con un explosivo | bomb.
misil contra los satélites artificiales | antisatellite missile.
misil de alcance atlántico | Atlantic missile range.
misil de ataque | attack missile.
misil de avión a avión | air-to-air missile.
misil de avión a superficie (es decir, a tierra o mar) | air-to-surface missile.
misil de avión a tierra | air-to-ground missile.
misil de cabeza buscadora de infrarrojos | missile with infrared homing head.
misil de cabeza buscadora por infrarrojo | heat seeking missile.
misil de cabezas nucleares múltiples maniobrado desde su base para alterar su trayectoria | maneuverable re-entry vehicle.
misil de combustible criógeno | cryogenic-fueled missile.
misil de defensa | defense missile.
misil de defensa antiaérea a baja altitud | low altitude air defence weapon.
misil de defensa de tierra al aire | surface-to-air defense missile.
misil de doble objetivo superficie-aire y aire-superficie | dual-purpose surface-air and air-surface missile .
misil de dos fases con propulsante sólido | two-stage solid-propellent missile.
misil de exploración | exploration missile.
misil de fases múltiples | composite missile | multiple-stage missile.
misil de gran alcance | cruise missile.
misil de largo alcance | long-range missile.
misil de más alcance | longer range missile.
misil de ojiva redondeada | bluntnose missile.
misil de perseguimiento | pursuit course missile.
misil de submarino | submarine missile.
misil de subterfugio | subterfuge missile.
misil de tierra a tierra | ground-to-ground missile.
misil de trayectoria a gran altitud | highflying missile.
misil de trayectoria rasante | skimmer missile.
misil de vuelo rápido | fast-flying missile.
misil desde debajo del mar a un blanco aéreo | underwater-to-air missile.
misil desde debajo del mar a un blanco de superficie | underwater-to-surface missile.
misil desde el avión a debajo del mar | air-to-underwater missile.
misil dirigido | flying bomb.
misil dirigido aire-aire | air-to-air guided missile.
misil dirigido aire-tierra | air-to-surface guided missile.
misil dirigido por haz electrónico | beam-rider missile.
misil disparado desde tierra | ground-fired missile.
misil disparado en pruebas | test fired missile.
misil disuasivo | deterrent missile.
misil dotado de dispositivo buscador del blanco | instinct-provided missile.
misil en servicio | operational missile.
misil estratégico | strategic missile.
misil explosivo | explosive missile.
misil fijo con base en tierra | fixed land-base missile.
misil filodirigido | wire guided missile.
misil guiado antiaéreo | antiaircraft guided missile.
misil guiado automáticamente | automatically-guided missile.
misil guiado buscador de motores o instalaciones que irradian calor | heat seeker.
misil guiado cohético lanzado desde un aeroplano | guided aircraft rocket.
misil guiado cohético lanzado por un avión | guided rocket.
misil guiado con alas | pilotless bomber.
misil guiado contracarros | antitank guided weapon.
misil guiado durante toda la trayectoria | guided-all-the-way missile.
misil guiado por dos radares | command-guided missile.
misil guiado por el haz de un radiodetector | beam-rider missile.
misil guiado por haz radárico | beam-rising missile.
misil guiado que se dirige al blanco por medio de un haz radárico | beam-riding missile.
misil guiado que sigue el haz de radar que va al blanco | beam-rider guided missile.
misil guiado radiogobernado | radio-command-guided missile.
misil guiado sufriendo pruebas de aceptación | service-test guided missile.
misil interceptador disparado desde tierra al avión | ground-to-air interceptor missile.
misil interceptor | interceptor missil | interceptor missile.
misil intercontinental | intercontinental missile.
misil lanzado verticalmente | vertically launched missile.
misil mar-mar | surface to surface antiship missile.
misil móvil de base en tierra | mobile land-base missile.
misil no giratorio | nonrotating missile.
misil nuclear | nuclear rocket | atomic missile.
misil propulsado por cohete | rocket-powered

missile.
misil propulsado por estatorreactor | ramjet-powered missile.
misil propulsado por motor de chorro | jet-propelled missile.
misil propulsado por turborreactor | turbojet-powered missile.
misil radiocontrolado cuadridireccional | razon.
misil radiodirigido | radioguided missile.
misil radiodirigido controlado por televisión | radioguided television-controlled missile.
misil radioguiado | muff.
misil radioguiado desde tierra | ground-guided missile.
misil radioguiado sobre haz electrónico | electromagnetic beam flown missile.
misil simulado | decoy missile.
misil submarino | submarine launched missile.
misil superficie-aire | surface to air missile.
misil superficie-superficie | surface to surface missile.
misil supersónico | supersonic missile.
misil supersónico teleguiado | supersonic guided missile.
misil táctico | tactical missile.
misil teledirigido | guided missile | robot weapon.
misil teledirigido de trayectoria curva | high-trajectory guided missile.
misil teledirigido del buque al aire | ship-to-air missile.
misil teledirigido lanzado de buque a buque | ship-to-ship missile.
misil teledirigido supersónico | faster than sound guided-missile.
misil teleguiado | pilotless missile | missile.
misil teleguiado con propulsión cohética | guided rocket.
misil teleguiado de bombardeo | bombardment-type guided missile.
misil teleguiado de buque a buque | surface-to-surface guided missile.
misil teleguiado de mando visual | visual command guided missile.
misil teleguiado de propulsión por cohete | jet-propelled guided missile.
misil teleguiado de tierra a tierra | surface-to-surface guided missile | regulus.
misil teleguiado desde tierra (o mar) al aire | surface-to-air guided weapon.
misil tierra-aire | hawk.
misil volante | flying missil.
misilería | missilery.
misilero | missilier.
misiles montados sobre consolas | rack-mounted missiles.
misiles teledirigidos intercontinentales | intercontinental guided missiles.
misión | mission | rôle | legation | duty | commission.
misión abortada | abort.
misión aérea abortada | air abort.
misión cancelada por el astronáuta | astronaut-actuated abort.
misión comercial | trade mission.
misión con escala (astronáutica) | stopover mission.
misión condenada al fracaso | fool's errand.
misión de abastecimiento en viaje redondo sin demora | turn-around mission.
misión de aprovisionamiento | supply mission.
misión de asesoramiento militar | military training mission.
misión de bombardeo | bombing mission.
misión de escolta | escort mission.
misión de escolta de convoy | escort-of-convoy duty.
misión de fuegos (ejércitos) | fire mission.
misión de hostigamiento (aviación) | heckling mission.
misión de interceptación | intercept mission | intercept | interception mission.
misión de patrulla | patrol mission.
misión de penetración (aviación) | penetration mission.
misión de repostaje aéreo | air-refueling mission.
misión de repostaje en vuelo | refueling mission.
misión de seguridad | security rôle.
misión de tiro de contramortero | countermortar mission.
misión de transporte | transport mission.
misión en la luna con piloto humano | manned lunar mission.
misión fotográfica (aviación) | photo mission.
misión fotográfica lunar | lunar photographic mission.
misión frustrada causada por las condiciones meteorológicas (aviación) | weather abort.
misión hecha por un solo avión | sortie.
misión inútil | fool's errand.
misión lunar abortada | aborted lunar mission.
misión ofensiva de los cazadores | fighter sweep.
misión ofensiva sobre territorio enemigo (aviación) | sweep.
misión orbital | orbiter mission.
misión periodística | assignment.
misión principal | chief duty | primary mission.
misión radárica frustrada | radar abort.
misiones a otros planetas (astronáutica) | outer planets missions.
misiones de bombardeo de gran precisión | high-performance bomber duties.
misiones de combate | battle missions.
misiones del personal | personnel duties.
misionología | missionology.
misionólogo | missionologist.
mispickel | arsenopyrite.
mispikel | arsenical pyrite.
mispíquel (mineralogía) | mispickel.
mistagogo | mystagogue.
misterio del rosario (un padrenuestro y diez avemarías) | decade.
misticeto | baleen while | whalebone whale.
místico (embarcación) | setee.
mitad anterior de | anterior half of.
mitad central de la distancia entre puntos (probetas) | middle half of gage length.
mitad de la caja circular de aceleración (ciclotrón) | dee.
mitad de la carrera | mid stroke.
mitad de la cuerda focal paralela a la directriz (curvas cónicas) | semi-latus-rectum.
mitad de la distancia entre centros de dos átomos contiguos | atomic radius.
mitad de la longitud de fabricación (tubos) | half random length.
mitad de la semianchura | quarter width.
mitad de la velocidad nominal de bitios | half-bit rate.
mitad de tiempo | half time.
mitad de un ladrillo | brickbat.
mitad de un meridiano terrestre de polo a polo situado en el mismo lado de la Tierra que el observador (navegación aérea) | upper branch.
mitad del meridiano celeste que pasa por el cénit del observador | upper branch.
mitad del modelo | pattern half.
mitad del semiespesor | quarter thickness.
mitad del senoverso de un ángulo | haversine.
mitades que coinciden bien | perfectly mated halves.
mite (acárido) | mite.
miticida | miticide.
mitigación | allaying.
mitigación de calor | relief.
mitigación de la corrosión | mitigation of corrosion.
mitigación de la corrosión intercristalina | intergranular corrosion mitigation.
mitigación de pena | mitigation of sentence.
mitigación del paro obrero | labor unemployment mitigation.
mitigador | abater.
mitigar | palliate (to) | extenuate (to) | relieve (to).
mitigar (leyes, penas) | relax (to).
mitiliforme | mytiliform.
mitin | meeting.
mitin de protesta | indignation meeting.
mitinización | mitinizing.
mitografía | mythography.
mitógrafo | mythographist | mythographer.
mitón | muffler.
mitón con dedo para el dedo gordo | first-finger mitt.
mitosis premiótica | premiotic mitosis.
mitosis somática | somatic mitosis.
mitótico | meiosis | mitotic.
mitra | miter.
mitrón | mitron.
mixocromosoma (genética) | mixochromosoma.
mixomicetos | slime fungi.
mixoscopia | mixoscopy.
mixotrofia (bioquímica) | mixotrophy.
mixtilíneo | mixtilinear.
mixtión (mordiente para el dorado) | mixtion.
mixto | mixed | composite | combined.
mixto (de bala trazadora) | tracer.
mixto (espoletas) | composition ring.
mixto de espoleta | fuse composition.
mixto de fibra conteniendo lana | fiber blended with wool.
mixtos (minerales) | middles | middlings.
mixtura | compound | admixture | blend | mixture.
mixtura de alcoholes de cadena recta | lorol.
mixtura discreta | discrete mixture.
mixtura eutéctica | eutectic mixture.
mjombo (Brachystegia boehmii) | m'jombo.
mnema | mneme.
mnemotecnia | mnemonics.
mnemotécnico | mnemonic.
moabi (Mimusops djave) | moabi.
moabi (Mimusops djave - Engl) | African pearwood.
moaré | moiré.
mobiliario | movables | fixtures | movable | equipment | furniture | suit of furniture.
mobiliario de laboratorio | laboratory furniture.
mobiliario de oficinas | office furniture.
mobiliario modular | modular mobiliary.
mobiliario y equipo | furniture and fixtures.
mobilidad difusional | diffusional mobility.
mocasín (abarca de piel de gamo) | moccasin.
mocasín (serpiente venenosa) | moccasin.
moción | motion.
moción aprobada | carried motion.
moción dilatoria | dilatory motion.
moción para levantar la sesión | motion to adjourn.
mocional | motional.
moco (de vela) | thief.
moco de bauprés (buque de vela) | dolphin boom.
moco del bauprés (buque de vela) | dolphin striker.
mochar (Chile) | butt (to).
mocheta | flanning | recess | rebate | quoin.
mocheta con derrame (puertas) | fluing.
mochila | pack | knapsack.
mocho | shorn.
mocho (taco de billar) | butt.
mochuelo | horn-owl.
mod M | residue class A mod M.
moda | fad.
moda de chapa (buques) | fashion plate stem.
moda masculina | men's wear.
modal | modal.
modalidad | modality | mode | clause.
modalidad conversacional | conversational mode.
modalidad de almacenamiento | storage mode.
modalidad de bloqueo | lock mode.
modalidad de círculo y punto | circle-dot mode.

modalidad de control ampliado | extended control mode.
modalidad de datos | data mode.
modalidad de edición | edit mode.
modalidad de entrada | input mode.
modalidad de la base imponible (economía) | mode of assessment.
modalidad de ráfagas (por registro - informática) | burst mode.
modalidad de retención de mensajes | message lock mode.
modalidad de texto | text mode.
modalidad de transferencia en ordenadores | move mode.
modalidad de transmisión | transmittal mode.
modalidad octeto a octeto | byte mode.
modalidad real | real mode.
modalmente distinguido de | modally distinguished from.
modelación | modeling.
modelación por inyección de cintas termoplásticas | injection moulding of thermoplastic ribbons.
modelado | forming | shaping | modeling.
modelado de onda | wave shaping.
modelado del relieve (geología) | relief molding.
modelado en barro | clay modelling.
modelado plástico | plastic moulding.
modelado por alargamiento | stretch-forming.
modelado positivo | positive patterning.
modelador | modeler | patternmaker.
modelaje | patternmaking.
modelar | model (to) | shape (to) | mould (to) | shape (to) | mold (to) | form (to) | pattern (to).
modelería | patternmaking.
modelismo (teoría de los modelos) | modeling.
modelista | modelist | modelmaker | modeler | molder | pattern molder | patternmaker.
modelización geométrica | geometrical modelization.
modelizar el costado de babor (hidrodinámica) | modelize the portside (to).
modelo | model | shape | picture | templet | template | mould (Inglaterra) | fugleman | pattern | format | standard | scheme | specimen | mold (Estados Unidos).
modelo (comercio) | design.
modelo (costura) | pattern.
modelo (dibujo) | copy.
modelo (funderías) | pattern.
modelo a escala de fibra de vidrio | scale glassfiber model.
modelo a escala de una playa | sand table.
modelo a escala reducida | scale model | reduced-scale model.
modelo agregativo (Econometría) | aggregative model.
modelo aleatorio | stochastic model.
modelo autoelevador | bootstrap model.
modelo bloque de transistor de difusión | diffusion-transistor lumped model.
modelo con bebederos (funderías) | gated pattern.
modelo con escala distinta para abscisas y ordenadas | distorted model.
modelo cosmológico | cosmological model.
modelo de actuación | performance pattern.
modelo de anillo con halo | halo-ring pattern.
modelo de bordado (sobre cañamazo) | sampler.
modelo de buque (canal hidrodinámico) | form.
modelo de capas | shell model.
modelo de capas electrónicas (núcleo atómico) | shell model.
modelo de cara plana (moldería) | flat lack.
modelo de cera o aleación fusible para moldeo a la cera perdida | investment pattern.
modelo de circuito | land pattern.
modelo de circulación en fila | follow-the-leader model.
modelo de cola | queueing model.
modelo de cola con una sola estación de servicio | single-station queueing model.
modelo de contrato | standard contract.
modelo de cuares | quark model.
modelo de choques y errores (estadística) | shock and error model.
modelo de decisión descriptivo | descriptive decision model.
modelo de diodo con concentraciones múltiples | many-lump diode model.
modelo de distribución | illustrative distribution.
modelo de dos factores | bifactor model.
modelo de elementos concentrados | lumped model.
modelo de esferas y varillas (química orgánica) | ball-and-stick model.
modelo de inscripción | entry-form.
modelo de instancia | application form | form of application.
modelo de la gota líquida | liquid drop model.
modelo de madera hueca | boxed-up work.
modelo de mercurio congelado (fundición) | mercury pattern.
modelo de mercurio solidificado | frozen mercury pattern.
modelo de oferta | form of tender.
modelo de partes sueltas de varias piezas | multiple-piece loose-part pattern.
modelo de proposición | proposal form.
modelo de pruebas (televisión) | test chart.
modelo de publicidad | advertising model.
modelo de recorrido aleatorio | random walk model.
modelo de solicitud | form of application.
modelo de torbellinos libres | free vortex model.
modelo del bebedero (moldería) | gate pin.
modelo del buque | ship model.
modelo del buque de tablas encoladas | bread-and-butter model.
modelo eléctrico del caracol del oído (acústica) | cochlear electrical model.
modelo embutido (funderías) | rapping-in mold.
modelo en capas (nuclear) | shell model.
modelo en la distribución | model in marketing.
modelo en madera en escala natural | full-scale wooden mock-up.
modelo en madera maciza | solid model.
modelo en relieve del terreno | terrain model.
modelo en tamaño natural | full-sized pattern.
modelo en una pieza (buques) | block model.
modelo en varias piezas (funderías) | sectional pattern.
modelo equivalente concentrado | abstracted lumped model.
modelo estadístico lineal | linear statistical model.
modelo estocástico | stochastic model.
modelo experimental | pilot model.
modelo facilitado por el cliente | customer-furnished pattern.
modelo factorial | factorial model.
modelo fluvial de fondo móvil | moving-bed river model.
modelo fusible | fusible pattern.
modelo galáctico | galactic model.
modelo geométrico | geometrical configuration | space pattern.
modelo giratorio (moldería) | sweep board.
modelo grande | large size.
modelo hecho de plástico (moldería) | plastics pattern.
modelo magnético coloidal (metalurgia) | magnetic etching.
modelo matemático | mathematical model.
modelo matemático fluvial | mathematical river model.
modelo metálico con chapa más gruesa que el vehículo espacial | boilerplate model.
modelo mixto | mixed model.
modelo moiré rotacional | rotational moire pattern.
modelo monobloque de diodo | one-lump diode-model.
modelo movido por elástico (aeromodelismo) | rubber-driven model.
modelo multigrupo | multigroup model.
modelo muy complicado | sophisticated model.
modelo neogramático | neogrammatic model.
modelo no enterizo (funderías) | sectional pattern.
modelo nuclear alfa | alpha-particle model.
modelo para demostraciones | demonstration model.
modelo para el forro (buques) | plating model.
modelo para fundición | foundry pattern.
modelo para hacer el molde | pattern for the mold.
modelo para informe de vuelo (aviones) | yellow sheet.
modelo para matriculación (para un curso) | enrollment form.
modelo para ser probado en el tunel aerodinámico | wind tunnel model.
modelo partido | close mold.
modelo probabilístico | probabilistic model | probability model.
modelo probabilístico binomial | binomial probability model.
modelo probabilístico binomial negativo | negative binomial probability model.
modelo probabilístico de Poisson | Poisson probability model.
modelo probabilístico hipergeométrico | hypergeometric probability model.
modelo probabilístico polinomial | multinomial probability model.
modelo que puede funcionar | working model.
modelo remolcado (hidrodinámica) | towed model.
modelo reológico | rheological model.
modelo socioeconómico | socioeconomic model.
modelo topográfico | terrain model.
modelos analíticos para análisis nuclear | analytical models for nuclear analysis.
modelos aprobados | approved makes.
modelos de buques de guerra | mock-ups of war vessels.
modelos de copiar para matrices | printing models for matrices.
modelos de dominios magnéticos | magnetic domain patterns.
modelos de juegos operativos | operational gaming models.
modelos de máquinas de escribir | makes of typewriters.
modelos de planes de estudios del idioma inglés | curriculum patterns in English.
modelos dinámicamente semejantes | dynamically similar models.
modelos económicos | economic models.
modelos geométricamente semejantes | geometrically similar models.
modelos normativos | normative patterns.
modelos para cartas de cobranzas | pattern in collection letters.
modelos y planos | patterns and drawings.
modem | subset | modem | data set.
modem digital | digital subset.
modems a distancia | remote subsets.
móden de subcanales | channelized modem.
moderación | slowing-down | compass | moderation.
moderación con grafito | graphite moderation.
moderación continua | continuous slowing-down.
moderación neutrónica modificable | variable neutron moderation.
moderación por agua pesada | heavy-water moderation.
moderación por fluidos orgánicos (reactor nuclear) | organic moderation.
moderadamente translúcido | moderately translucid.
moderado | medium.

moderado (música) | easily | without haste.
moderado (precios) | reasonable.
moderado con agua pesada (reactor nuclear) | heavy-water moderated.
moderado con óxido de deuterio (reactor nuclear) | heavy-water moderated.
moderadomódico (precio) | moderate.
moderador | moderator | damper | restrainer | retarder.
moderador (baño de decapado) | inhibitor.
moderador de agua pesada | heavy-water moderator.
moderador de entrada en bateria (cañón) | check buffer.
moderador de entrada en batería (freno - cañones) | buffer.
moderador de grafito | graphite moderator.
moderador de la combustión | fire check.
moderador de neutrones rápidos | fast-neutron moderator.
moderador de sobrevelocidad | overspeed-gear.
moderador de velocidad | overspeeder | overspeed.
moderador de velocidad de fin de carrera (jaula minas) | overwinding gear.
moderador del equipo (persona) | moderator of panel.
moderador enfriador | coolant-moderator.
moderando el movimiento (músico) | diminish the time.
moderar | slow (to) | slowdown (to) | slow down (to).
moderar (la velocidad) | slacken (to).
moderar con grafito (reactor nuclear) | graphite-moderate (to).
moderar el viento | kill the wind (to).
moderar la temperatura | attemperate (to).
moderar la velocidad | brake up (to).
modernización | bringing up to date | modernization | retrofit.
modernización de las fábricas | plant modernization.
modernización del equipo | modernization of equipment.
modernización del equipo (fábrica) | plant modernization.
modernización en gran escala | major modernization.
modernizar | modernize (to).
modernizar (fábricas, procesos, etc.) | revamp (to).
modernizar el material rodante | modernize rolling stock (to).
moderno | advanced | today's.
modicidad (precios) | lowness.
módico | low.
módico (precios) | reasonable.
modificable | modifiable | variable | alterable.
modificable por tarjeta perforada (calculadoras) | card-changeable.
modificación | modification | amendment.
modificación alotrópica | allotropic modification.
modificación de dirección | address control.
modificación de una dirección (informática) | address modification.
modificación de una pieza que incorpora cambios efectuados durante su producción en serie | retrofit.
modificación del autor | author's alteration.
modificación del ritmo de ataque por óxido | oxide-etch-rate modification.
modificación del trazado (carreteras, etc) | relocation.
modificación en la explotación para continuar su tratamiento | fallback.
modificación hecha en la base | depot modification.
modificación pictorial de una decoración (televisión) | synthetic distortion.
modificación por índice | indexing.
modificación química | chemical change.
modificación retroactiva | retrofit.
modificaciones (física) | damage.
modificaciones composicionales | compositional modifications.
modificaciones cualitativas | qualitative modifications.
modificaciones por irradiación | irradiation damage.
modificado | modified.
modificado estructuralmente | structurally modified.
modificado para ser utilizado por el estado mayor | staff-modified.
modificado por neutrones | neutron-damaged.
modificado por un termoplástico | thermoplastic-modified.
modificador | modifier | spoiler.
modificador de fase (que suministra voltios-amperios reactivos en avance de fase) | phase advancer.
modificador de la forma dominante (cristalografía) | habit modifier.
modificador de longitud de onda | wavelength shifter.
modificante (gramática) | adjunct.
modificar | rectify (to) | alter (to) | modify (to) | patch (to) | change (to).
modificar el proyecto | redesign (to).
modificar las disposiciones de la póliza | waive policy provisions (to).
modillón | mutule | ancon | offset.
modillón (arquitectura) | modillion.
modillón de cornisa | cornice-modillion.
modismo | idiomatic expression.
modo | form | sort.
modo (composición cuantitativa en porcentajes del peso - mineralogía) | mode.
modo ácido | acid mode.
modo adaptado al recorrido | path-adaptive mode.
modo alineal | nonlinear manner.
modo aritmético de coma flotante | noisy mode.
modo azimutal | azimuthal mode.
modo conversacional | conversational mode.
modo de acceso | access mode.
modo de actuar | line of action.
modo de afrontar un accidente | accident preparedness.
modo de captura | trapped mode.
modo de carga | mode of loading.
modo de control | control phase.
modo de desintegración (nucleónica) | decay mode.
modo de empleo | instructions for use.
modo de espacio diferenciado de dos posiciones | two-position differential gap mode.
modo de hacer el ensayo | method of test.
modo de impulso (telecomunicación) | pulse mode.
modo de interpretación de los resultados | mode of interpretation of results.
modo de liquidación | mode of settlement.
modo de montaje | assembling procedure.
modo de obrar | line of action.
modo de operar | mode of operation.
modo de pago | method of payment | mode of payment.
modo de pensar | way of thinking.
modo de proceder | line of action | mode of proceeding | course to be followed.
modo de proceder en escena (teatros) | acting.
modo de rotura transgranular | transgranular mode of rupture.
modo de ruptura intergranular | intergranular mode of rupture.
modo de ser | behaviour.
modo de tiempo de tránsito | transit-time mode.
modo de vibración (máquinas) | mode of vibration.
modo de vibración del cigüeñal | crankshaft mode of vibration.
modo del primer armónico | first-overtone mode.
modo desvaneciente | evanescent mode.
modo dipolar de la ferrita | dipolar ferrite mode.
modo eléctrico circular | circular electric mode.
modo eléctrico y magnético transversal | transverse electric and magnetic mode.
modo magnetostático | magnetostatic mode.
modo mayor (música) | major mode | major key.
modo menor (música) | minor mode.
modo multiplex | multiplex mode.
modo normal de vibración | characteristic mode.
modo operatorio | procedure | know-how.
modo propio | eigenmode.
modo transcristalino de fractura | transcrystalline mode of failure.
modorra (carneros) | gid.
modorra (veterinaria) | goggles.
modos de ondas magnetoacústicas | magnetoacoustic wave modes.
modos de orden superior | higher-order modes.
modos de pandeo (columnas) | modes of buckling.
modos de transporte | modes of transport.
modos de un guiaondas | wave guide modes.
modos de vibración acoplados | coupled modes.
modos de vibración de la línea de ejes (buques) | shafting modes of vibration.
modos dominantes del movimiento de dislocación | dominant modes of dislocation motion.
modos normales del filtro | normal modes of the filter.
modos parásitos (modos fantasmas - guía ondas) | ghost modes.
modos y medios para combatir la polución por petróleo | ways and means to dealing with oil pollution.
modulabilidad | modulability | expansibility.
modulable | modulable.
modulación | sweeping | modulating.
modulación (EE.UU.) | modulation keying.
modulación (paso de una tonalidad a otra - música) | modulation.
modulación a voltaje constante | series modulation.
modulación amplificadora | amplifier modulation.
modulación analógica de impulsos | pulse modulation.
modulación catódica | cathode modulation.
modulación con intervalos sin emisión | quiescent-carrier modulation.
modulación con portadora controlada | controlled carrier modulation.
modulación con supresión de la onda portadora en los silencios | quiescent-carrier modulation.
modulación cruzada | monkey chatter.
modulación cruzada (electricidad) | cross-modulation.
modulación cuantificada de frecuencia | quantized frequency modulation.
modulación de alto nivel | high level modulation.
modulación de amplitud | amplitude modulation (A.M.) | amplitude modulation.
modulación de amplitud (modulación por portadora flotante) | floating carrier modulation.
modulación de bajo nivel | low-level modulation.
modulación de brillantez (televisión) | intensity modulation.
modulación de brillantez (tubos rayos catódicos) | brilliance modulation.
modulación de corriente constante | Heising modulation.
modulación de densidad | density modulation.
modulación de fase | phase modulation.
modulación de frecuencia | frequency modulation.

modulación de frecuencia con realimentación | frequency-modulation feedback.
modulación de frecuencia del impulso | pulse frequency modulation.
modulación de frecuencia por defasaje | indirect frequency modulation.
modulación de impulsos | pulse modulation.
modulación de impulsos en amplitud | pulse-amplitude modulation.
modulación de impulsos en código | pulse count modulation.
modulación de impulsos en duración | pulse width modulation.
modulación de impulsos en posición | pulse position modulation | pulse-time modulation.
modulación de impulsos en tiempo (radio) | pulse time modulation.
modulación de impulsos por variación de tiempos (radar) | pulse position modulation.
modulación de intensidad (tubos rayos catódicos) | brilliance modulation.
modulación de la amplitud polar (motor inducción) | pole-amplitude modulation.
modulación de la anchura de la base | base-width modulation.
modulación de la corriente anódica | anode current modulation.
modulación de la difusividad | diffusivity modulation.
modulación de la intensidad | intensity modulation.
modulación de la luz (TV) | light modulation.
modulación de la pendiente del impulso | pulse-slope modulation.
modulación de potencia | power modulation.
modulación de potencial constante | constant-potential modulation.
modulación de rejilla | grid modulation.
modulación de tonos alejados (música) | extraneous modulation.
modulación de tubo de inductancia | inductance tube modulation.
modulación de una portadora pulsada | pulsed carrier modulation.
modulación de velocidad | velocity modulation.
modulación de video | video modulation.
modulación de visión | vision modulation.
modulación del aire de enfriamiento | cooling air modulation.
modulación del ánodo | anode modulation.
modulación del arco | arc modulation.
modulación del circuito de rejilla | grid-circuit modulation.
modulación del reactor nuclear | pile modulation.
modulación del voltaje de placa | anode voltage modulation.
modulación doble (telecomunicación) | dual modulation.
modulación en el ánodo de la etapa final | high-power modulation | high-level modulation.
modulación en el ánodo de una etapa intermedia | low-power modulation | low-level modulation.
modulación en el ánodo final de la etapa de salida | power modulation.
modulación en la etapa final | direct modulation.
modulación en que varía el ángulo de la portadora de onda sinusoidal | angle modulation.
modulación exterior | outer modulation.
modulación ionosférica | ionospheric modulation.
modulación lineal (radio) | line modulation.
modulación múltiple | multiple modulation.
modulación negativa | negative modulation.
modulación negativa (TV) | negative transmission | negative light modulation.
modulación ponderada de impulsos codificados | weighted PCM.
modulación ponderada de impulsos en código (telecomunicación) | weighted pulse code modulation.
modulación por absorción | absorption modulation.
modulación por anchura del impulso | pulse-duration modulation.
modulación por cambio de frecuencia entre dos valores distintos | two-tone keying.
modulación por cantidad de impulsos | pulse count modulation.
modulación por circuito de placa | Heising modulation.
modulación por control de impedancia | choke control modulation.
modulación por corriente constante (ánodo) | choke control.
modulación por corriente constante (radio) | choke modulation.
modulación por corriente de rejilla | grid current modulation.
modulación por corrimiento de frecuencia | frequency-shift modulation.
modulación por chispa | spark-gap modulation.
modulación por defasaje | phase-shift modulation | phase-time modulation.
modulación por defasamiento | outphasing modulation.
modulación por desplazamiento de audiofrecuencia | audiofrequency shift modulation.
modulación por impulsos | pulse modulation | time modulation.
modulación por impulsos a tiempo | pulse-time modulation.
modulación por impulsos codificados | pulse-code modulation (P.C.M.) | pulse-code modulation.
modulación por impulsos cuantificados | pulse count modulation.
modulación por impulsos de duración variable | pulsewidth modulation | pulse-time modulation.
modulación por la palabra | voice control | speech modulation.
modulación por portadora regulada | controlled-carrier modulation.
modulación por portadora suprimida | suppressed-carrier modulation.
modulación por portadora variable | variable carrier modulation.
modulación por posición de los impulsos (radar) | pulse position modulation.
modulación por reactancia | choke modulation | reactance modulation.
modulación por tiempos de impulsión (radar) | pulse position modulation.
modulación por tubo de bloqueo | clamp-tube modulation.
modulación por variación de la polarización de rejilla | grid-bias modulation.
modulación por variación de voltaje de rejilla | grid-voltage modulation.
modulación por variación del voltaje de placa (radio) | choke modulation.
modulación reflex del foco | focus reflex modulation.
modulación seudoestadística | pseudorandom modulation.
modulación sobre banda lateral única | vestigial sideband modulation.
modulación video negativa | negative video modulation.
modulación virtualmente aleatoria | virtually random modulation.
modulada en frecuencia por una onda cuadrada | frequency-modulated by a square wave.
modulado angularmente | angle modulated.
modulado en amplitud | amplitude-modulated.
modulado en ánodo | plate-modulated.
modulado en brillo | brightness-modulated.
modulado en conductividad | conductivity-modulated.
modulado en frecuencia por microondas | microwave-frequency-modulated.
modulado en placa | plate-modulated.
modulado por efecto Doppler | Doppler modulated.
modulado por impulsiones | pulsed.
modulado por la anchura del impulso | pulse-width modulated.
modulado por la desviación | deflection-modulated.
modulado por la voz | speech-controlled | speech-modulated.
modulado por manipulador | telegraph-modulated.
modulado por placa | anode-modulated.
modulador | modulator | coder.
modulador (cine) | mixer.
modulador (radar) | keyer.
modulador accionado por la voz | voice-actuated modulator.
modulador de absorción | absorption modulator.
modulador de banda lateral única | single-sideband modulator.
modulador de cambio de frecuencia | frequency-changing modulator.
modulador de campos cruzados magnéticos | magnetic cross field modulator.
modulador de dos válvulas en contrafase | push-pull modulator.
modulador de fase de microonda | microwave phase-modulator.
modulador de frecuencia | frequency modulator | wobbulator.
modulador de impulsos radáricos | radar pulse modulator.
modulador de línea de descarga | line-type modulator.
modulador de luz | light modulator.
modulador de luz de onda progresiva | traveling-wave light modulator.
modulador de tubo de baja corriente inversa | hard-tube modulator.
modulador de tubo de reactancia | reactance modulator.
modulador de tubo de vacío | vacuum tube modulator.
modulador de tubo fotomultiplicador | phototube modulator.
modulador de tubos de alto vacío | hard-valve modulator.
modulador del haz de neutrones | neutron chopper.
modulador equilibrado | balanced modulator.
modulador magnético | magnettor.
modulador magnético con bajo nivel de la segunda armónica | low-level second-harmonic magnetic modulator .
modulador magnético de campos cruzados | magnetic cross-field modulator.
modulador magnético de segunda armónica | second harmonic magnetic modulator.
modulador sensible a la inductancia | inductance responsive modulator.
modulador-demodulador | modem.
modulador/demodulador digital | digital subset.
moduladores/demoduladores a distancia (telecomunicación) | remote subsets.
modular | undulate (to) | tune (to) | modular.
modular (frecuencia o fase - onda eléctrica) | modulate (to).
modular (radio) | wobble (to).
modular (variar la velocidad de los electrones - haz electrónico) | modulate (to).
modular en frecuencia | frequency modulate (to).
modularidad | modularity.
modularización | modularization.
modularizado (dotado de bloques funcionales) | modularized.
modularizar (EE.UU.) | modularize (to).
modularizar (G.B.) | modularise (to).
modulímetro | modulation monitor | modulation factor meter.
módulo | bay | slice | one day's supply | building block | diametral pitch.

módulo (arquitectura) | modulation.
módulo (arquitectura, hidráulica, engranajes) | module.
módulo (matemáticas) | modulus.
módulo aparente de elasticidad | virtual modulus of elasticity.
módulo apiñado | cordwood module.
módulo aterrizador | lander.
módulo cálcico | lime modulus.
módulo de apoyo de la vía | track-support modulus.
módulo de circuito lógico | logic circuit module.
módulo de circuito moldeado | potted circuit module.
módulo de compresibilidad | bulk modulus | coefficient of volume elasticity.
módulo de construcción | building module.
módulo de cooperación | index of cooperation.
modulo de descenso | descent stage.
módulo de descenso (exploración cósmica) | lander.
módulo de elasticidad | elastic stiffness | coefficient of elasticity | modulus of elasticity | stretch modulus | Young's modulus | E modulus.
módulo de elasticidad cúbica | bulk modulus.
módulo de elasticidad de 10^4 newtonios/milímetro^2 | E-modulus of 10^4 Nmm^2.
módulo de elasticidad volumétrico | bulk modulus of elasticity.
módulo de enfriamiento termoeléctrico | thermoelectric cooling module.
módulo de esbeltez (columnas) | slenderness modulus | slenderness ratio.
módulo de excursión lunar (cosmonave) | bug.
módulo de excursión lunar (cosmonaves) | lunar excursion module.
modulo de exploración lunar | lunar exploration module.
módulo de finura | fineness standard.
módulo de finura (cementos) | fineness modulus.
módulo de flexión | flexion modulus | flexual modulus | flexural modulus.
módulo de interfax terrestre | terrestrial interface module.
módulo de la integral de difusión | diffusion kernel.
módulo de la integral de moderación (matemáticas) | slowing-down kernel.
módulo de mando | control modulus.
módulo de microcircuito | microcircuit module.
módulo de programa | module program.
módulo de propulsión | boost element.
módulo de recubrimiento (informática) | overlay module.
módulo de rigidez | shearing modulus of elasticity | torsional elastic modulus | modulus of stiffness | rigidity modulus.
módulo de rotura | cross-breaking strength.
módulo de ruptura | cross-breaking strength.
módulo de salida (cosmonaves) | sortie module.
módulo de servicio (cosmonave) | service modulus.
módulo de servicio (cosmonaves) | control modulus.
módulo de un sistema de logaritmos | modulus of a system of logarithms.
módulo de volumen | bulk modulus.
módulo de Young | stretch modulus.
módulo del edificio | building module.
módulo elástico aparente | apparent modulus of elasticity.
módulo elástico de cizallamiento | shearing modulus of elasticity.
módulo elástico de tercer orden | third-order-elastic modulus.
módulo electrónico encapsulado | encapsulated module.
módulo en pulgadas (inversa del diametral pitch).
módulo filtrado (álgebra) | filtered module.
módulo hidráulico | hydraulic modulus.
módulo lunar (naves espaciales) | lunar module.
módulo métrico | metric module.
módulo microminiatura | microminiature module.
módulo orbital | orbital element.
módulo orbitante | orbiter.
módulo plástico de la vigueta | joist plastic modulus.
módulo prefabricado | prefabricated unit.
módulo que permanece en órbita (exploración cósmica) | orbiter.
módulo resistente de la bulárcama (buques) | web frame section modulus.
módulo resistente de la sección | section modulus.
módulo resistente de la sección transversal en la maestra (buques) | midship section modulus.
módulo resistente de sección de torsión | polar section modulus.
módulo resistente del palmejar (buques) | stringer section modulus.
módulo secante | secant-modulus.
módulo superconjunto | superset module.
módulo termoeléctrico | thermoelectric module.
módulo tubular corto de acero soldado para formar tubos de diámetro variable hasta de 2 metros y nudos de unión | can.
módulo volumétrico (coeficiente de estabilidad volumétrico) | bulk modulus.
módulo volumétrico de elasticidad | volumetric modulus of elasticity.
módulos de acoplamiento | patching modules.
módulos de instrumentos nucleares | nuclear instrument modules.
módulos lógicos numéricos | digital logic modules.
módulos para plataformas de producción | modules for production platforms.
módulos para plataformas de prospección submarina de petróleo | modules for oil platforms.
módulus de rigidez | transverse modulus.
modus vivendi | live-and-let-live compromise.
mofeta | mofette | afterdamp.
mofeta (anhídrido carbónico) | black damp.
mofeta (minas) | chokedamp | gas-spring.
mogador (tejeduría) | rib for ties.
mogote | butte | bluff.
mogote (ciervos) | first antler.
mogote (geología) | mogote.
mohair (tejido) | mohair.
mohatrero | sham sale maker.
moho | hoar | fungus | mold (EE.UU.) | moss | mould (G.B.) | rust.
moho (queso, pan) | mildew.
moho que aparece en los huevos mal acondicionados (cámaras frigoríficas) | fuss.
moho que realza el aroma (vinos) | edfaul.
moho termorresistente | heat-resistant mold.
mohos (galvanoplástia) | stain spot.
mohos viscosos | lime moulds.
mohosidad | mustiness.
mohoso | rusty | hoary | moldy.
mohoso (botánica) | foggy.
mohwa (Mimusopps littoralis) | mohwa.
mojabilidad | wettability.
mojable | wettable.
mojado | damped | soggy | wet | wetted.
mojado (terrenos) | saturated.
mojado de aceite | oil-wetted.
mojado y suelto | moist and loose.
mojadura | dampening | drench.
mojadura (de mercancías) | wettage.
mojadura de agua de mar | seawater wetting.
mojar | quench (to) | irrigate (to) | wet (to) | water (to).
mojar con rocío | dew (to).
mojar la pluma (en la tinta) | dip (to).
mojel (de boza) | lanyard.
mojón | waypost | boundary stone | cornerstone | boundary | boundary mark | peg | signpost | hub | markstone | landmark.
mojón de frontera | hoar-stone | boundary monument.
mojón fronterizo | frontier landmark.
mojón kilométrico (carreteras) | kilometer stone.
mojón permanente | monument.
mojones | metes and bounds.
mol | mol | gram molecule.
mol (molécula-gramo) | mole.
mol (química).
mol de fotones | mole of photons.
mol en la escala física | mole on the physical scale.
mol en la escala química | mole on the chemical scale.
mola (medicina) | mole.
molal (química) | molal.
molalidad | molality.
molalidad iónica media | mean ionic molality.
molano (Milvus regalis) | glede.
molar (dientes) | grinding.
molar (química) | molar.
molaridad | molarity.
molasa (yacimiento de areniscas blandas terciarias y margas arenosas) | molasse.
moldavita | false chrysolite | bottle-stone | bohemian crysolite.
molde | matrix | shape | former | form | frame | print | mould (G.B.).
molde (encofrado - hormigón) | form.
molde (fundición) | print | mold (EE.UU.).
molde (para queso) | hoop.
molde (pulvimetalurgia) | die.
molde (sastrería) | protractor.
molde abierto en arena | sand-bed.
molde al descubierto | open sand mold.
molde ARN (biología) | template RNA.
molde caldeado por corrientes de inducción | induction-heated mold.
molde central que sirve de bebedero | git mold.
molde cerámico permanente | permanent ceramic mold.
molde cerrado por arriba | close-top mold.
molde combinado (plásticos) | composite mould.
molde con enfriamiento directo | direct-chill mold.
molde con pasos para los elementos de calefacción (resinas) | cored mold.
molde con pestaña | flangeform.
molde con superficie plana de separación | flat back.
molde de alimentación en grupo | git mold.
molde de alimentación por reina | git mold.
molde de ampolla (electrónica) | bulb mold.
molde de arcilla | loam mold.
molde de arena | sand mold.
molde de arena aglutinada con resinas termoendurecibles | shell mold.
molde de arena al descubierto | open sand mold.
molde de arena estufada | dry sand mold.
molde de arena ligada con cemento | cement-bonded sand mold.
molde de arena silícea mezclada con silicato sódico | silica sand/sodium-silicate mold | silica and mold bonded with sodium silicate.
molde de arena sin secar | greensand mold.
molde de arena sin secar (funderías) | green mold.
molde de barro | loam mold.
molde de briqueta | briquet mold.
molde de carburo de silicio mezclado con silicato sódico | silicon carbide/sodium silicate mold.
molde de cáscara | shell mold.
molde de caucho que se insufla con aire comprimido (fabricación botellas de plásticos) | blown parison.
molde de curvar | bending form.
molde de escayola | gypsum cement mold.
molde de fundición | cast-iron mold | box.
molde de fundición (fundición) | chill-mold.
molde de grafito | graphite mold.

molde de gran longitud | longform.
molde de hierro fundido | iron mold.
molde de lingote | pig mold.
molde de mazarota | dead head mould.
molde de níquel electroconformado | electroformed nickel mold.
molde de paredes finas | shell mold.
molde de pasta (vidrio) | paste-mold.
molde de queso | cheese-tub.
molde de rebaba | flash mould.
molde de una sola pieza | block mold.
molde de vaina | shell mold.
molde de yeso | plaster mould.
molde desarmado | broken down mould.
molde elástico insuflado con aire caliente o vapor (termoplásticos) | blowing mold.
molde en dos partes que se carga con exceso de material (que es expulsado al cerrarse aquél) | flash mold.
molde enchaquetado | jacketed mold.
molde encharnelado | book mold.
molde espiral para pruebas de fluidez (aceros) | fluidity mold.
molde exterior (fosilografía) | mold (EE.UU.) | mould (G.B.).
molde fijo | permanent mold.
molde fijo de arena | sand-made static mold.
molde formado por punzón | hobbed mold.
molde hembra con envuelta de circulación de agua | female jacketed mold.
molde hembra de madera contrachapada | female plywood mold.
molde hembra de plástico | plastic female mold.
molde inflable para formar conductos huecos (hormigón) | inflatable void form.
molde interno (fosilografía) | cast.
molde macho | male mold.
molde matriz | master mold.
molde medidor (fabricación vidrio) | parison mold.
molde metálico (fabricación objetos huecos de vidrio) | mold (Estados Unidos).
molde metálico (fundición) | chill-mold.
molde metálico revestido de arena | sand-lined metal mold.
molde múltiple (plásticos) | gang mould.
molde no permanente | expendable mold.
molde para adobes | encallow.
molde para colada por arriba | open-top mold.
molde para chapas de figura (buques) | horse.
molde para chapas de reviro | mocked-up mold.
molde para chapas de reviro (buques) | mock mold.
molde para desabollar tubos | casing mandrel.
molde para estampar (telas) | block.
molde para estampar libros | binder's block.
molde para estampar libros (encuadernación) | blocking plate.
molde para fundir | casting frame.
molde para hacer ladrillos de adobe | adobera.
molde para ladrillos | brick mold.
molde para lingote | ingot mould.
molde para soldadura | solder mould.
molde para vidrio | glass mold.
molde para vidrio soplado | blowing mold.
molde partido (plásticos) | split mould.
molde perdido | waste mold.
molde perdido de yeso | plaster waste mold.
molde permanente | permanent mould.
molde portátil | loose mold.
molde que no se deshace (moldería) | permanent mould.
molde que pierde por las grietas | running mold.
molde que produce más de una pieza por ciclo de moldeo | multiimpression mold.
molde que produce una pieza por ciclo de moldeo | single impression mold.
molde que se destruye después de su empleo | waste mold.
molde semipermanente | semipermanent mold.
molde vibrado | jarred mold.
moldeabilidad | castability | moldability.
moldeable | plastic | moldable | mouldable.
moldeado | molded.
moldeado centrífugamente | centrispun.
moldeado con placa intermedia | plate moulding.
moldeado de encargo | custom-molded.
moldeado en basto | rough-moulded.
moldeado en el terreno | molded-in situ.
moldeado en frío | cold-molded | cold molded | cold-forming.
moldeado en la pieza | molded-in.
moldeado en molde de arena aglutinada con resinas termoendurecibles | shell molded.
moldeado en su sitio | molded-in situ | molded-in place.
moldeado in situ (hormigón armado) | cast in place.
moldeado in situ (pilotes) | poured-in-place.
moldeado mecánico | mechanical molding.
moldeado plástico | plastic molding.
moldeado por inyección | injection-molded.
moldeador | molder | caster.
moldeador (cerámica) | batting block.
moldeador en arena | sand-molder.
moldeador que trabaja sobre el banco | bench molder.
moldeadora | molding press.
moldeadora a presión | press molding machine.
moldeadora basculante de sacudidas | roll over machine.
moldeadora de extracción del molde por sacudidas | jolt-pattern-draw molding machine.
moldeadora de mantequilla | shaping unit.
moldeadora de percusión | jolt ramming molder | jarring machine.
moldeadora mecánica por vibración | jolt ramming machine.
moldeadora neumática | pneumatic molding machine.
moldeadora por proyección de arena | sandrammer.
moldear | mould (to) | found (to) | cast (to) | mold (to) | model (to).
moldear (crisoles) | spin up (to).
moldear a máquina | machine-mold (to).
moldear a presión | extrude (to).
moldear al torno con terraja (cerámica) | jigger (to).
moldear en arena seca | dry-mold (to).
moldear en caliente | hot-mold (to).
moldear en cáscara | shell mold (to).
moldear en cera | mold in wax (to).
moldear en forma de ladrillos | briquette (to).
moldear en hueco | recess (to).
moldear en vaina | shell mold (to).
moldear por compresión | compression mold (to).
moldear por chorro | jet mold (to).
moldear por insuflación de aire (plásticos) | blow-mold (to).
moldear por inyección | injection mold (to) | extrude (to).
moldeo | shaping | modeling | molding | casting | founding.
moldeo a la cera perdida | lost wax process | lost-wax casting.
moldeo a la prensa | pressing | pressing.
moldeo a mano | hand molding.
moldeo a máquina | machine molding.
moldeo a presión | injection molding | transfer moulding.
moldeo a presión en troquel | die-casting.
moldeo al barro | loam molding | loamwork.
moldeo al descubierto | hearth molding.
moldeo al plástico perdido | lost-plastic casting.
moldeo al torno (cerámica) | molding by jigger.
moldeo al torno con terraja (cerámica) | jolleying | jiggering.
moldeo centrífugo del metal líquido | centrispinning.
moldeo con arena mezclada con 8% de cemento | cement-sand molding.
moldeo con bolsa (plásticos) | bag moulding.
moldeo con lubricación por agua (ladrillos) | slop molding.
moldeo con macho | hollow casting.
moldeo con modelos | pattern molding.
moldeo con molde de cáscara de mercurio solidificado por congelación | mercast process.
moldeo con terraja | templet molding.
moldeo con terraja (moldería) | striking.
moldeo de estratificado (plásticos) | laminated moulding.
moldeo de machos (moldería) | coring.
moldeo de plásticos | plastic molding.
moldeo de presión por contacto (plásticos) | contact pressure moulding.
moldeo de tierra (funderías) | floor work.
moldeo de transferencia a baja presión | low-pressure transfer moulding.
moldeo de un objeto hueco sumergiendo un molde macho en un líquido adhesivo muy plastificado | dip moulding.
moldeo en arcilla | loam molding | loamwork | loam moulding.
moldeo en arcilla (fundición) | loam casting.
moldeo en arena | sand-casting.
moldeo en arena seca | dry casting | dry sand moulding.
moldeo en arena verde | moulding in green sand.
moldeo en barbotina (refractarios) | slip casting.
moldeo en cajas | box molding | moulding in flasks.
moldeo en cajas (fundición) | molding between flask.
moldeo en caliente | hot forming.
moldeo en cáscara | shell molding.
moldeo en cáscara (en arena-resina) | C-process.
moldeo en cáscara de yeso | plaster molding.
moldeo en concha | die-casting.
moldeo en coquilla | chill moulding.
moldeo en dos fases | transfer molding.
moldeo en estado pastoso | dough molding.
moldeo en fosa | bedding-in.
moldeo en foso | hearth molding.
moldeo en paquete | stack molding.
moldeo en seco | dry shaping | dry pressing.
moldeo en tierra | loam molding.
moldeo en tierra (moldeo sin modelo - fundición) | free molding.
moldeo en una operación (plásticos) | one shot moulding.
moldeo en vaina | shell molding.
moldeo mecánico a presión | die-casting.
moldeo mecanizado | mechanical molding | mechanized molding.
moldeo mixto (plásticos) | composite mould.
moldeo múltiple | multiple molding.
moldeo no en serie | jobbing molding.
moldeo plástico | plastic replics.
moldeo por cáscara congelada | freeze casting.
moldeo por centrifugación | centrifugal moulding.
moldeo por compactación | compaction molding.
moldeo por compresión | compression molding.
moldeo por compresión (plásticos) | compression moulding.
moldeo por extrusión | extrusion molding.
moldeo por extrusión (plásticos) | extrussion moulding.
moldeo por eyección | extrusion molding.
moldeo por insuflación de aire comprimido (objetos huecos de plástico o vidrio) | blow molding.
moldeo por inyección | injection-moulding | injection moulding | pressure casting | injection molding | jet molding | extruding.
moldeo por inyección-soplado (plásticos) | injection blow moulding.
moldeo por recalcado | extrussion moulding.
moldeo por saco de goma | bag-molding.
moldeo por vaciado | cast moulding.

moldeo postconformado (plástico) | postformed moulding.
moldeo sobre placa modelo | plate-molding.
moldeo sobre placa-modelo | card molding.
moldería (G.B.) | mould making.
moldería de acero | steel foundry.
moldes electroconformados para plásticos | electroformed moulds for plastics.
moldes y dados | patterns and dies.
moldes y planos | patterns and drawings.
moldura | molding.
moldura (arquitectura) | mold (EE.UU.) | mould (G.B.) | dressings.
moldura (de plinto) | cap.
moldura acalabrotada | cable molding.
moldura acanalada | grooved molding | hollow molding | hollow bead.
moldura aplicada (carpintería) | planting.
moldura aplicada (muebles) | planted molding.
moldura biselada | cant molding.
moldura cerca del techo para colgar los cuadros | picture rail.
moldura cilíndrica labrada en forma de cuerda (arquitectura) | rudenture.
moldura circular | coil molding.
moldura cobrejunta | covering molding.
moldura común de curvatura inversa | cyma.
moldura con óvolos y áncoras (arquitectura) | eggand anchor.
moldura con óvolos y dardos | eggand dart.
moldura con salientes piramidales (arquitectura normanda) | dog-tooth molding.
moldura con una pequeña canal | quirk molding.
moldura cóncava | cove molding | trochilus.
moldura convexa | quadrant | bead | beading.
moldura cubrejunta | cover-joint molding | covering bead.
moldura de ángulo | corner fillet.
moldura de dos curvas unidas en forma de corchete | accolade.
moldura de filete | cincture.
moldura de guía (ventanas) | stop.
moldura de junquillos (arquitectura) | baguette cabling.
moldura de lecho | bed molding.
moldura de madera | wood casing.
moldura de perlas (arquitectura) | chaplet.
moldura de rosario | bead-molding.
moldura de zócalo | dado capping.
moldura dentellada | denteled molding.
moldura en la parte alta de la pared para colgar cuadros | picture-molding.
moldura en rosario (carpintería) | reeds.
moldura en talón recto (arquitectura) | heel molding.
moldura encajada | laid-in molding.
moldura entre marco y albañilería | brick mold.
moldura escurridora (ventanas) | drip molding.
moldura funiforme (arquitectura) | rope-molding.
moldura lisa | plain molding.
moldura oval | echinus.
moldura ovalada | gadroon.
moldura para conductores (instalaciones eléctricas) | wooden raceway.
moldura para esquinas | angle-bead | angle-staff.
moldura para tomacorrientes | plug-in strip.
moldura pasante (molduras) | bolection molding.
moldura pequeña similar al astrágalo | baguette.
moldura plana (de columna) | bandelet.
moldura rectangular plana y estrecha (arquitectura) | reglet.
moldura redonda | round | bastoon.
moldura redonda (base columnas) | baston.
moldura redonda (columnas) | astragal.
moldura reversa | reversed molding.
moldura saliente | risen molding.
moldura saliente (arquitectura) | balection.
moldura saliente de dintel (puerta o ventana) | label.
moldura saliente lateralmente sobre una superficie | bolection.
moldura saliente sobre un arco | hood mold.
moldura sobre un hueco (edificios) | head molding.
moldura sobre una ventana para protegerla de la lluvia | hood mold.
moldura sobrepuesta (carpintería) | planting.
moldura sobrepuesta (muebles) | planted molding.
moldura superior del zócalo (paredes) | dado rail.
moldura tapajunta | cover mold.
moldura vierteaguas (ventanas) | drip molding.
moldurado (carpintería) | sticking.
moldurar | mould (to) | mold (to).
moldurar (carpintería) | stick (to) | profile (to).
molduras | patterned lumber.
molduras convexas (carpintería) | beadwork.
molduras del arquitrave | architrave moldings.
molduras en la popa (buques) | foot rails.
molduras hechas | patterned lumber.
molduras o decoración tallada en proa o popa | gingerbread.
moldurería | patterned lumber.
molectrónica | molectronics.
molécula | molecule.
molécula constituida por una combinación de átomos iguales | elementary molecule.
molécula fotorreactiva | photoreactive molecule.
molécula homopolar | homopolar molecule.
molécula marcada | labelled molecule | labeled molecule | tagged molecule.
molécula nucleófila | nucleophilic molecule | electron-yielding molecule.
molécula poliatómica | polyatomic molecule.
molécula poliatómica lineal | linear polyatomic molecule.
molécula reaccionante | reactant molecule.
molécula reevaporada | re-evaporated molecule.
molécula resonante | resonating molecule.
molécula-gramo | mol | gram-molecule.
molécula-gramo (química) | gram-molecula.
molecular | molecular.
molecularidad | molecularity.
molecularización de la medicina | molecularization of medicine.
moléculas absorbidas | adsorbed molecules.
moléculas efundentes | effusing molecules.
moléculas irregulares | odd molecules.
moléculas que contienen un trazador isotópico | labeled molecules.
moledor | mill.
moledora | attritor.
moledora de bolas | ball grinder.
moledora de finos | fine grinder.
molena (botánica) | mullen.
moler | meal (to) | pestle (to) | crush (to) | kibble (to) | pound (to) | beat (to) | grind (to) | mill (to).
moler (arena) | roll (to).
moler (cereales) | flour (to).
moler conjuntamente | intergrind (to).
moler en molino de bolas | ball-mill (to).
moler en seco | dry-grind (to).
moles de sustancia por unidad de volumen de solución | moles of substances per unit volume of solution .
moles iniciales (reacciones) | moles at start.
molesquín | Lancaster cloth.
molesquina (pana) | moleskin.
molestia de los humos | fume hazard.
molestia por el polvo | dust bother.
molestias producidas por los olores | odor nuisances.
molesto (ruidos) | irritating.
moleta | muller | loper | rowel | knurling-tool | knurl | cutter wheel | cutter.
moleta (tipografía) | brayer.
moleta cortante | cutting wheel.
moleta cruzada | diamond knurl.
moleta de diamante (para rectificar muelas abrasivas) | diamond dresser.
moleta de diamantes para rectificar muelas | truer.
moleta de picadura paralela | knurling roll.
moleta de redondear (para muelas abrasivas) | crusher.
moleta de tornero | nurl.
moleta para colores | color grinder.
moleta para reacondicionar | truing roller.
moleteado | knurling | knurled | knurl | milled | milling | graining.
moleteado al torno | lathe knurling.
moleteado para que tenga agarre | knurled for a grip.
moleteado radial | spot knurling.
moleteadora | tool knurling.
moletear | knurl (to) | mill (to).
moletear (tuercas) | nurl (to).
moletón | milled flannel | duffel | cotton flannel.
moletón (tejido) | molleton | duffle | mollitan.
moletón de algodón | beaver fustian | swansdown.
mol-gramo | gram mole | molar mass.
molibdato | molybdate.
molibdato de litio | lithium molybdate.
molibdena | molybdena.
molibdenizar (tratar con bisulfuro de molibdeno) | molybdenize (to).
molibdeno (aceros ultrarresistentes) | maraging.
molibdeno (Mo) | molybdenum.
molibdeno (No es necesario el temple y se consiguen cargas de rotura a la tracción de 152-224 Kg/mm^2 y límites elásticos de 144-216 Kg/mm^2 - Se pueden maquinar y conformarse en frío) | maraging steels.
molibdeno chapado con acero inoxidable | stainless steel-clad molybdenum.
molibdeno fundido al arco eléctrico | arc-cast molybdenum.
molibdenoso | molybdenous.
molibdina | molybdic ochre.
molido | crushed | grounded | ground | milled | milling.
molido a mano | hand-ground.
molido de minerales | ore crushing.
molido en basto | coarsely-powdered | rough ground.
molido en fino | finely-crushed.
molido en húmedo | wet-milled.
molido en tránsito | milling-in-transit.
molido semifino | medium ground.
molido y graduado | crushed and graded.
molienda | milling | grist | grounding | mealing | crushing | grindability | grinding | kibbling.
molienda autógena (minería) | autogenous grinding.
molienda en húmedo | wet milling | wet grinding.
molienda en seco | dry crushing | dry-crushing | dry milling.
molienda excesiva | overgrinding.
molienda fina | fine-crushing | fine grinding.
molienda húmeda | wet crushing.
molienda por energía de un fluido | fluid energy grinding.
molienda por impacto ultrasónico | ultrasonic impact grinding.
molienda por vía seca | dry grinding.
molienda preliminar | preliminary crushing.
molienda primaria | primary crushing | primary grinding.
molienda secundaria | secondary crushing.
molienda terciaria | tertiary crushing.
molinador (de seda) | thrower.
molinaje (corta de árboles) | throwing.
molinaje (seda o rayón) | throwing.
molinaje del rayón | rayon throwing.
molinar (tejeduría) | throw (to).

moliné (tejeduría) | clud.
molinería | flour milling | milling industry | milling | millery.
molinero | millworker | miller | grist-miller | grinder.
molinero (hilado de seda o rayón) | throwster.
molinero de rayón (obrero) | rayon throwster.
molinete | reel | vane | windmill | turnstile.
molinete (esgrima) | moulinet.
molinete (máquina extracción) | spool.
molinete (molino viento) | flyer.
molinete accionado por sinfín | worm-geared capstan.
molinete acústico | acoustic current meter.
molinete de vapor | steam windlass.
molinete de vapor con cilindros inclinados | diagonal winch.
molinete del ancla | anchor windlass.
molinete dentado | cog hoist.
molinete dinamométrico | air brake dynamometer | air friction dynamometer | fan dynamometer.
molinete eléctrico | electric vane | electric whirl.
molinete hidráulico | current meter | water-current meter.
molinete hidráulico para el ancla (buques) | hydraulic anchor windlass.
molinete hidrométrico | current meter.
molinete magnético (hidráulica). | electric current meter.
molinete para espiar | gipsy capstan.
molinete para hacer la hilera | swathboard.
molinete para mover vagones | car hauler.
molinete regulador | air wing.
molinete regulador de paletas | fly.
molinillo | grinder | mill.
molinillo de café | hand-mill | coffee grinder.
molinillo para batir manteca | churn.
molino | mill | grinder.
molino (pozo casi vertical - glaciar) | moulin.
molino a brazo | hand-mill.
molino a brazo (para cereales) | quern.
molino aceitero | oil-mill.
molino agrícola | feed grinder.
molino autógeno húmedo (tratamiento de menas) | wet autogenous mill.
molino basado en la aplicación de pequeñas fuerzas con mucha frecuencia empleando como medio de molienda bolas de acero o cilindros de alúmina sinterizada | vibratory-energy mill.
molino bicónico (cementerías) | biconical mill.
molino centrífugo | centrifugal crushing-mill | centrifugal mill.
molino con rotor provisto de martillos móviles | hammer mill.
molino cónico de barras | conical rod mill.
molino cónico de bolas | conical ball mill.
molino chileno | edge mill.
molino chileno (molino de muelas verticales) | Chile mill.
molino de aceite | olive-oil mill | oil-press | oil-crusher | oil-mill | oil-works.
molino de amalgamación | grinding pan | amalgamating mill.
molino de amasar arcillas | pug-mill.
molino de apisonar cáñamo | hemp softener.
molino de arcilla | clay mill.
molino de barras | rod crusher.
molino de bocartes | stamping mill | stamp mill.
molino de bocartes para amalgamar oro | gold-amalgamating stamp mill.
molino de bolas | globe mill | ball crusher.
molino de bolas con barrido de aire | air-swept ball mill.
molino de bolas cuya longitud es mayor que el diámetro | tube mill.
molino de bolas moliendo con agua | wet tube-mill.
molino de bolas moliendo en seco | dry tube-mill.
molino de bolas para molienda por vía seca | dry-grinding ball-mill.
molino de bolas revestidas de carburo metálico | carbide-lined ball mill.
molino de bolos (minería) | pebble mill.
molino de carbón | coal mill.
molino de cemento (horno giratorio) | cement kiln | cement mill.
molino de cilindros | crushing mill | rolls.
molino de cilindros anulares
molino de cilindros de gran velocidad | high-speed rolls.
molino de cilindros oscilantes | oscillating rolls.
molino de conos | cone mill.
molino de crudos (fabricación cemento) | slurry mill.
molino de cuarzo | quartz crusher.
molino de cuba móvil | bowl mill.
molino de discos | disc mill.
molino de guijarros | pebble mill.
molino de martillos sin cedazo | sieveless hammer mill.
molino de muelas | stone mill | grindstone mill | grinding mill.
molino de muelas de piedra | buhrstone mill.
molino de muelas horizontales | roller mill.
molino de muelas radiales | radial roller mill.
molino de muelas verticales | edge mill | edge-runner mill.
molino de muestras (minería) | sample-grinder.
molino de piedras de sílex | pebble mill.
molino de pilones | pillow mill.
molino de pimentón | pepper quern.
molino de pisones | beetle | beating mill | stamping mill | stamp mill.
molino de pólvora | powder-mill.
molino de pulpa | pulp mill.
molino de raíces | root pulper.
molino de rodillos | ring roll mill | roll grinder.
molino de rulos | roll crusher | roller mill.
molino de rulos con fondo perforado (molienda en seco) | dry pan.
molino de rulos para trabajar en húmedo | wet-pan.
molino de rulos verticales | edge roller mill.
molino de trigo | grist mill.
molino de triturar casca | bark mill.
molino de tubo cilíndrico | cylindrical tube-mill.
molino de viento | windmill.
molino desintegrador | disintegrator mill | disintegrator.
molino desleidor | wash mill.
molino glaciárico | glacier mill | glacial poy hole.
molino graneador | grinding mill.
molino harinero | flour mill | grist mill | fluor mill | corn mill.
molino machacador | grinding mill | mill and corn bruiser.
molino mezclador | mixing-mill.
molino motorizado para trabajos varios | multiple-duty motorized mill.
molino movido por las mareas | tidal mill.
molino para cáñamo | hemp crushing mill.
molino para colores de vidriado | glaze-grinding machine.
molino para malta | malt bruising mill.
molino para minerales | ore mill.
molino para moler en seco con descarga por succión de aire | aerofall mill.
molino para oro | gold mill.
molino para pasta (papel) | beater.
molino para pasta kraft | kraft pulp mill.
molino para plásticos | plastic grinder.
molino para pulverizar carbón | coal-pulverizing mill.
molino para pulverizar coque | coke mill.
molino para triturar grafito | bark mill.
molino para vidrio | glass-grinder.
molino planetario de bolas | planetary ball mill.
molino planetario de bolas (minería) | planetary mill.
molino por turbulencia de corriente de aire | turbomill.
molino preliminar | roughing mill.
molino pulverizador con extracción por chorro de aire | air-swept mill.
molino radial de rulos | radial roller mill.
molino triturador | pulverizer mill | kibbling-mill | crusher.
molino triturador de mazas de trozos de varillas de acero | rod mill.
molino tubular | tube mill.
molino tubular con guijarros de pedernal | flint mill.
molinos de rulos centrífugos | centrifugal roller mill.
molinos glaciares | glacier mills.
molinos glaciares (geología) | moulins.
molturabilidad | grindability | millability.
molturable | grindable | millable.
molturación | grinding | milling.
molturación de harinas | provender milling.
molturador (de harinas) | trieur.
molturadora de granos | feed grinder.
molturar | mill (to).
molturar (trigo, etc.) | grind (to).
molusco | mollusk | molluscum.
molusco béntico | benthic mollusk.
moluscos | mollusca.
moluscos perlíferos | pearl-bearing molluscs.
momentáneo | momentary | transient | temporary.
momento | moment | momentum | minute.
momento (de código) | level.
momento (de fuerzas) | moment.
momento acelerador | accelerating moment.
momento angular | angular moment.
momento angular de rotación | rotational angular momentum.
momento angular del espín | spin angular moment.
momento angular nuclear | nuclear angular momentum.
momento aplicado exteriormente | externally-applied moment.
momento bruto | raw moment.
momento central de inercia | centroidal moment of inertia.
momento cinético | angular momentum | moment of momentum.
momento compensador | trimming moment.
momento con relación a la charnela (superficie de mando) | hinge moment.
momento con relación al eje neutro | moment about the neutral axis.
momento contra el vuelco | moment against tipping.
momento contra la arfada (buques) | moment against tipping.
momento contra la arfada (lanzamiento de buques) | antitipping moment.
momento crítico | turning point.
momento cuántico | quantum momentum.
momento de arrufo (buques) | sagging moment.
momento de cabeceo (buques, aviones) | pitching moment.
momento de cuadrípolo eléctrico nuclear | nuclear electric quadruple moment.
momento de cuadrípolo nuclear | nuclear quadrupole moment.
momento de despegar del suelo (aviones) | taking-off.
momento de efectuar un pedido | order point.
momento de empotramiento | fixing-in moment | fixed-end moment | restrained moment | restraint moment.
momento de escoramiento (buques) | heeling moment.
momento de flexión | bending moment.
momento de flexión en aguas tranquilas (buques) | S.W.B.M. | still water bending moment.
momento de flexión negativo máximo | maximum negative bending moment.
momento de flexión permitido en aguas tranquilas (buques) | permissible still water bending moment.

momento de flexión pésimo | worst bending moment.
momento de flexión por quebranto | hogging bending moment.
momento de flexión sobre la ola (buques) | wave bending moment.
momento de giro centrífugo | centrifugal turning moment.
momento de giro del buque (botaduras) | ship-turning moment.
momento de giro hidrodinámico | hydrodynamic turning moment.
momento de guiñada | yawing moment.
momento de impulsión | driving-moment.
momento de inclinación debido al velamen (buques) | sail moment.
momento de inercia | second moment | moment of rotation | polar second moment | quadratic moment.
momento de inercia (de un sólido) | flywheel effect.
momento de inercia con relación a un punto | polar moment of inertia.
momento de inercia con relación al eje neutro | equatorial moment of inertia.
momento de inercia de la hélice | propeller moment of inertia.
momento de inercia de un área | second moment of an area.
momento de inercia del área | second moment of area.
momento de inercia del cordón | boom moment of inertia.
momento de inercia del volante (motores) | WK^2.
momento de inercia diametral | diametral moment of inertia.
momento de inercia ecuatorial | axial moment of inertia.
momento de inercia efectiva de la hélice | effective inertia of the propeller.
momento de inercia longitudinal | longitudinal moment of inertia.
momento de inercia polar | polar moment of inertia | polar quadratic moment | second polar moment.
momento de inercia polar con relación al centro de gravedad | centroidal polar moment of inertia.
momento de inercia×velocidad angular | moment of momentum.
momento de inversión | overturning moment | tilting moment.
momento de la cantidad de movimiento | moment of momentum.
momento de la fuerza | moment of force.
momento de primer orden | first moment.
momento de primer orden del área | first moment of the area.
momento de rotación | rotating moment | turning moment.
momento de segundo orden | second moment.
momento de tocar el suelo (aviones) | touchdown.
momento de torsión | torque | wringing moment | twisting moment.
momento de torsión aerodinámica de la pala | aerodynamic blade twisting moment.
momento de torsión antagónico | countertorque.
momento de torsión desviador | deflecting torque.
momento de torsión equivalente | equivalent twisting moment.
momento de torsión mecánico | mechanical torque.
momento de un par | turning moment | moment of a couple.
momento de una fuerza | torque.
momento de vuelco | overthrow moment | overturning moment | tilting moment.
momento de vuelco (buques) | capsizing moment.
momento debido a la carga móvil | live-load moment.
momento debido al rozamiento | friction moment.
momento del área | area moment.
momento del cuadrípolo eléctrico | electric quadrupole moment.
momento del empuje | moment of the thrust.
momento del nucleón | nucleon momentum.
momento del par de fuerzas | moment of couple.
momento del peso | moment of the weight.
momento del tren de cargas (prueba de puentes) | truck-load moment.
momento del velamen (buque de vela) | moment of sail.
momento dextrorso | right-handed moment.
momento dinámico de torsión | torque.
momento ejecutivo del programa | object time.
momento eléctrico nucleónico | nucleon electric moment.
momento en el apoyo (vigas) | support moment.
momento en el empotramiento (ala avión) | hinge moment.
momento en la cabeza (vigas) | boom moment.
momento enderezador | righting moment.
momento enderezador (contra el vuelco) | restoring moment.
momento escorante | listing moment.
momento estabilizador | stabilizing moment.
momento estabilizador giroscópico | gyroscopic stabilizing moment.
momento estabilizante (aeronáutica) | restoring moment.
momento factorial | factorial moment.
momento flector | bending moment.
momento flector (vigas) | resisting moment.
momento flector de empotramiento | end bending moment.
momento flector debido al peso propio | dead-load bending moment.
momento flector del encastre (aviones) | overhung moment.
momento flector en el centro | central bending moment.
momento flector máximo absoluto | absolute maximum bending moment.
momento flector sobre la ola (buques) | wave bending moment.
momento magnético | magnetic moment.
momento magnético atómico | atomic magnetic moment.
momento magnético del neutrón | neutron magnetic moment.
momento magnético del protón | proton magnetic moment.
momento magnético dipolar por unidad de volumen | magnetic-dipole moment per unit of volume.
momento magnético nuclear | nuclear magnetic moment.
momento máximo absoluto | absolute maximum moment.
momento máximo de flexión | maximum bending moment.
momento máximo de torsión | maximum twisting moment.
momento máximo debido a la carga movil en los puentes | maximum live-load moment.
momento mesónico | meson momentum.
momento mínimo contra la arfada (botadura) | minimum antitipping moment.
momento mínimo contra la arfada (botadura buques) | least moment against tipping.
momento motor | driving-moment | working moment.
momento para asentar una pulgada (buques) | moment to trim 1 in.
momento para variar el asiento una pulgada (buques) | inch-trim moment.
momento para variar la diferencia de calados 1 pulgada (buques) | moment to trim 1 in.
momento perturbador | disturbing moment.
momento perturbador periódico | periodic disturbing moment.
momento positivo | right handed moment.
momento producido por un par de fuerzas | torque produced by a couple.
momento resistente | moment of resistance | momental strength | resisting moment.
momento resistente (vigas) | stress moment.
momento resistente de la sección transversal (vigas) | section modulus.
momento resistente del área (resistencia materiales) | first moment of area.
momento resistente interno (vigas) | internal resisting moment.
momento restablecedor (aeronaútica) | restoring moment.
momento resultante del sistema | moment resultant of the system.
momento sinistrorso | left-handed moment.
momento torsional | twist moment.
momento torsional de ajuste a sincronismo (motor eléctrico) | pull-in torque.
momento torsional de régimen (electricidad) | rated torque.
momento torsional de un eje | shaft torque.
momento torsional dinámico | dynamic torsional moment.
momento torsional no uniforme | nonuniform torsional moment.
momento torsional normal | rated torque.
momento torsional útil | effective torsional moment.
momento torsor | torque | twisting moment.
momento torsor de arranque | static torque.
momento torsor de parada | stalled torque.
momificación | mummification.
monádico | monadic.
monadnock (geología) | monadnock.
monante quicial (esclusas, dique seco) | heelpost.
monazita (mineral) | monazite.
monda | picking | sledging.
monda (agricultura) | trimming.
monda (carpintería) | flogging.
mondada (arroz, cebada) | hulled.
mondado | stripped.
mondador | picker | peeler.
mondadora de semilla de algodón | cotton-seed cleaner.
mondadura | peeling.
mondaduras | pickings.
mondar | peel (to) | husk (to) | trim (to).
mondar (fruta) | pare (to).
mondón | peeled tree trunk.
moneda | coin | monies | money | moneys.
moneda acuñada | specie | coinage.
moneda acuñada con la efigie de | coinage bearing the effigy of.
moneda alabiada | lipped coin.
moneda blanda | soft money.
moneda bloqueada | blocked currency.
moneda con desplazamiento controlado | blocked money.
moneda controlada | managed currency | controlled currency.
moneda convertible | convertible currency.
moneda corriente | legal tender | currency | current coin.
moneda de aleación de níquel | nickel alloy coinage.
moneda de base metálica | normative currency.
moneda de cambio | circulating medium.
moneda de cobre | brass money.
moneda de curso forzoso | legal tender.
moneda de curso legal | legal tender.
moneda de oro | gold coin.
moneda de poca ley | base coin.
moneda de valor inestable | soft currency.
moneda débil | soft currency.
moneda decimal | decimal currency.
moneda depreciada | soft currency | depreciated currency.
moneda desmonetizada | demonetized coinage.

moneda deteriorada | defaced coin.
moneda divisionaria | token coin.
moneda emitida por una potencia ocupante y declarada legal para el territorio ocupado | occupation currency.
moneda extrajera | currency.
moneda extranjera | foreign exchange | foreign currency | foreign money.
moneda falsa | bad coin | base coin | base money | counterfeit money.
moneda falta de peso | light coin.
moneda feble | light coin | token money.
moneda fiduciaria | fiat money | token money | printery-press money.
moneda firme | firm exchange.
moneda fraccionaria | limited legal tender | money of small denominations | minor coin | coins.
moneda fuerte (de más peso que el legal) | overweight coin.
moneda legal | legal currency | currency.
moneda metálica | coined money.
moneda no intervenida | uncontrolled money.
moneda obsidional | obsidional coin.
moneda pequeña (12$^1/_2$ centavos) | bit.
moneda preparada por un invasor y declarada legal en el territorio invadido (guerras) | invasion currency.
moneda revalorizada | appreciated money.
moneda sobrevalorada | overvalued currency.
moneda suelta | loose cash | change.
monedaje (derecho de acuñar moneda) | brassage.
monedas de plata | silver denominations.
monedero falso | coiner.
Monel | Monel.
monera | moneron.
monergol | monopropellant.
monetario | nummular | financial | coin cabinet.
monetarista | monetarist.
monetizabilidad | monetizability.
monetizable | monetizable.
monetización | monetization.
monetizar (EE.UU.) | monetize (to).
monetizar (G.B.) | monetise (to).
monetization | monetization.
mongolia (peletería) | goat.
moniliforme | necklace-shaped.
monitor | monitor | video.
monitor (buque de guerra) | monitor.
monitor (educador) | trainer.
monitor (laboreo hidráulico de minas) | giant.
monitor continuo del aire (medida radiaciones) | continuous air monitor.
monitor de alarma | alarm assembly.
monitor de alerta | warning monitor.
monitor de ambiente | air monitor.
monitor de cámara | preview monitor.
monitor de contaminación | contamination monitor.
monitor de contaminación de muestreo cada ocho horas | eight hour sampling monitor | eight hours sampling monitor.
monitor de control | performance monitor.
monitor de control de la cámara | camera control monitor.
monitor de criticidad | criticality monitor.
monitor de descarga | effluent activity meter.
monitor de emisión | on-the-air monitor.
monitor de fallo de elementos | failed element monitor.
monitor de forma de onda | waveform monitor.
monitor de funcionamiento | performance monitor.
monitor de imagen | image monitor | picture monitor.
monitor de imagen de gran claridad (televisión) | high-definition picture monitor.
monitor de ionización | ionization-type monitor.
monitor de la contaminación inducida en el medio ambiental | induced environment contamination monitor.
monitor de la forma de onda de fijación | strobe waveform monitor.
monitor de modulación | modulation monitor.
monitor de pies y manos | hand-and-foot monitor.
monitor de plutonio en la atmósfera | plutonium-in-air monitor.
monitor de pórtico | door monitor.
monitor de potencia | power monitor.
monitor de programa | program monitor.
monitor de prospección (portátil) | prospecting indicator.
monitor de radiación | radiation monitor.
monitor de radio protección | health monitor.
monitor de ropa (radiactividad) | clothing monitor.
monitor de rotura de vaina | burst can monitor | failed element monitor | burst cartridge monitor.
monitor de rotura de vaina de captura electrostática | electrostatic collector failed element monitor.
monitor de rotura de vaina por detección de neutrones retardados | delayed neutron failed element monitor.
monitor de rotura de vaina por separación de los productos de fisión | fission product separator failed element monitor.
monitor de salida (televisión) | actual monitor.
monitor de salida (TV) | output monitor.
monitor de señal de vídeo | video signal monitor.
monitor de televisión en circuito cerrado | closed circuit television monitor.
monitor de tensiones diastólica y sistólica (medicina) | systolic /diastolic pressure monitor.
monitor de tritio | tritium monitor.
monitor de video | video monitor.
monitor del agua (radiactividad) | water monitor.
monitor del sistema de satélites | satellite system monitor.
monitor fisiológico (clínica) | physiological monitor.
monitor fotoeléctrico para determinar la densidad de humos | photoelectric smoke density monitor.
monitor maestro de control | master control monitor.
monitor para aerosol de plutonio (química) | plutonium aerosol monitor.
monitor para comprobar la forma de la onda | waveform monitor.
monitor para detectar o medir los niveles de radiación | area monitor.
monitor para muestreo continuo | continuous sampling monitor.
monitor principal | master monitor.
monitorar | monitor (to).
monitoreo | monitoring.
monitrón (nuclear) | monitron.
mono antropoide | anthropoid ape.
monoácido | mono-acidic.
monoacuoso | monaqueous.
monoamarre columnar (boyas) | single anchor leg mooring.
monoaminaoxidasa | monoamine oxidase.
mono-araña | spider-monkey.
monoarticular | monarticular.
monoatómico | monatomic | monatomic.
monoaural | monaural.
monoauricular | monaural.
monoaxial | uniaxial.
monobase (cristalografía) | monobasal.
monobloque | monobloc | one-piece.
monoboruro de cobalto | cobalt monoboride.
monocable (cucharón grúas) | single line.
monocanal | single-channel.
monocarburo de uranio | uranium monocarbide.
monocarril | monorail | monowheels.
monocarril colocado a gran altura | high-slung monorail.
monocarril transportador con ganchos pendulares (talleres) | pendulum conveyor.
monocíclico | single-cycle.
monocigótico (genética) | monozygotic.
monoclinal (geología) | monoclinous.
monoclínico | clinorhombic.
monoclino (botánica) | monoclinous.
monoclinoédrico | monoclinohedral.
monoclonal | monoclonal.
monocloruro de benzol | monochlorobenzene.
monococción | single-fire.
monocolor | solid-colored.
monocomponente | one-component.
monocompresional (compresores) | single-stage.
monocordio | single-ended cord circuit | monocord.
monocordio (acústica) | single cord.
monocristal | monocrystal | boule | single crystal.
monocristal (cristalografía) | single crystal.
monocristal filamental | filamentary monocrystal.
monocristal hiperduro | superhard monocrystal.
monocristal metálico | metal single crystal.
monocristal sin deformaciones | whisker.
monocristalizado | single-crystallized.
monocromador | chopper | monochromator.
monocromador de cristal curvo | bent-crystal monochromator.
monocromador de incidencia rasante | grazing-incident monochromator.
monocromador de rayos infrarrojos | infrared monochromator.
monocromador de rejilla giratoria | rotating grating monochromator.
monocromador fotoeléctrico de gran definición | high-resolution photoelectric monochromator.
monocromador óptico | optical monochromator.
monocromaticidad | monochromaticity.
monocromático | monochromatic | monochrome.
monocromático (rayos Roentgen) | homogeneous.
monocromatización | monochromating.
monocromatizar | monochromatize (to).
monocromía | monochrome | monotint.
monocromo | single-colored | one-colored | monochrome | monochromic.
monocromo derivado | bypassed monochrome.
monóculo | eyeglass.
monóculo de aumento para joyeros | jeweler's magnifying glass.
monocultivo | monoculture | single cropping.
monocultura | one-crop economy.
monodia | monody.
monodimensional | one-dimensional | unidimensional.
monodinamismo | monodynamism.
monodireccional | monodirectional.
monódomo (zoología) | monodomous.
monodromía | monodromy.
monodrómico (matemáticas) | monodromic | one-valued.
monoedro | monohedron.
monoedro (cristalografía) | hemidome.
monoedros | monohedra.
monoeje | single shaft.
monoestable | monostable | single-shot.
monoestratificado | monostratified.
monoestrato | monolayer.
monoetápico | single-stage | one-step.
monoexpansivo (turbinas vapor, etc.) | single-stage.
monófago (zoología) | monotrophic.
monofase | monophase.
monofásico | monaural | single-phase | monophasic | one-phase.
monofier | monofier.
monofilamento | monofilament.
monofilamento (hilo sintético de un solo filamento) | monofil.

monofilamento de nilón | nylon monofilament.
monofilar | unifilar | single core.
monofocal | monofocal.
monofonía | monophony.
monofónico | monophonical.
monoforma | monoform.
monoformismo | monoformism.
monofosfato de adenosina | adenosine monophosphate (AMP).
monofosfuro de uranio | uranium monophosphide.
monogen (genética) | monogene.
monogeneidad | monogeneity.
monogénesis | monogenesis.
monogenético | monogenetic.
monógeno | monogenetic.
monóglota (persona) | monoglot.
monoglotismo | monoglottism.
monogradual | one-step.
monografía | monography.
monografía en lengua rusa | Russian-language monograph.
monografía tecnológica | engineering monograph.
monografista | monographist.
monograma | monoscope | monogram | alignment chart | self-computing chart.
monograma (G.B.) | monogramme.
monograma para cálculo de esfuerzos | stress chart.
monogramado | monogrammed.
monogramar (EE.UU.) | monogram (to).
monohíbrido | monohybrid.
monoico | monoecious.
monoimpulso | monopulse.
monoiónico | monionic.
monolingüe | monolingual.
monolingüismo | monolinguism.
monolítico | monolithic.
monolitismo | monolithism.
monolito | monolith.
monolito (arqueología) | sarsen stone.
monolocular | one celled.
monómero (química) | monomer.
monómero no polimerizante | nonpolymerizing monomer.
monómero reactivo | reactive monomer.
monometálico | monometallic.
monometalismo | monometallism.
monométrico | monometric.
monómetro | monometer.
monomicta | monomineralic rock.
monomio | monomial.
monomorfo | monomorphous.
monomotor | one-motor | single-engined | single-motored.
mononiquio | mononychous.
monooperativo | monoperational.
monopieza | monopiece.
monoplano | monoplane.
monoplano bimotor de ala alta | twin-engine high-wing monoplane.
monoplano bimotor de ala media | twin-engined mid-wing monoplane.
monoplano biplaza | two-seater monoplane.
monoplano cuatrimotor de ala alta | high-wing four-engined monoplane.
monoplano de ala alta tornapuntada | strut braced high-wing monoplane.
monoplano de ala baja en ménsula | low-wing cantilever monoplane.
monoplano de ala en ménsula | cantilever monoplane.
monoplano de ala en parasol | parasol-wing monoplane.
monoplano de ala larga | long-winged monoplane.
monoplano de ala media en ménsula | midwing cantilever monoplane.
monoplano de cabina monomotor de ala alta para enlace y carga | liaison-cargo highwing single-engine cabin monoplane.
monoplano de enlace monomotor de ala alta | high-wing single-engine liaison monoplane.
monoplano metálico de ala cantilever | all-metal cantilever wing monoplane.
monoplano monomotor de doble mando de ala baja | low-wing single-engine dual-control monoplane .
monoplano monoplaza metálico | all-metal single seater monoplane.
monoplano para vuelos a gran altitud completamente presurizado | fully-pressurized high-altitude monoplane.
monoplano presurizado de ala alta | high-wing pressurized monoplane.
monoplano tetramotor de ala alta presurizado | four-engined pressurized high-wing monoplane.
monoplaza | single-seated | single-seat | single-place.
monópodo (zoología) | one-footed | one-legged.
monopolar | monopole | single-polar | single pole.
monopolio | combine | cartel.
monopolio de demanda | monopsony.
monopolio de emisión de billetes | monopoly of bank-note issue.
monopolio del comprador | monopsony.
monopolio del Estado | national monopoly.
monopolio estatal | governmental monopoly.
monopolio regional | regional cartel.
monopolismo | monopolism.
monopolista | engrosser | monopolist.
monopolístico | monopolistic.
monopolización | monopolization.
monopolizador | monopolist.
monopolizar el mercado | corner the market (to).
monopolizar el transporte | monopolize the transportation (to).
monopolo | monopole.
monopolo replegado | folded monopole.
monopropulsante | monopropellant.
monopsonio | monopsony.
monopsonístico | monopsonistic.
monorrail aéreo | runway.
monorraíl suspendido del techo (talleres) | suspended monorail.
monorraíl transportador | runaway.
monorranurado | single slotted.
monorrefrigencia | monorefringence.
monorrefringente | simple-refracting.
monoscopio | phasmajector | monoscope.
monoseñal | single-signal.
monosilabismo | monosyllabism.
monosimétrico | monosymmetrical.
monosustitución | monosubstitution.
monoterminal | monoterminal.
monotipia (imprenta) | monotype.
monotipia (tipografía) | monotype.
monotipista | monotype operator.
monotipo | monotype.
monotonía (matemáticas) | monotonicity.
monotonía (series) | monotonicity.
monotonía (topología) | monotoneity.
monotonía del timbre de la voz o canto | mono-pitch.
monotonicidad | monotonicity.
monótrico (bacteriología) | monotrichous.
monotrófico | monotrophic.
monotrón | phasmajector.
monotrópico | monotropic.
monotubo | one-pipe.
monotungsteno | monotungsten.
monovariante | univariant.
monovibrador | univibrator.
monóxido de cobre (química) | cupric oxide.
monóxido de plomo | lead protoxide.
monóxido de plomo (química) | lead oxide.
monóxido de silicio | silicon monoxide.
monoxima | monoxime.
monstruoso | gigantic.
monta | mating.
monta-ácidos | acid egg.
montable | mountable.
montacarga de freno de fricción | friction brake hoist.
montacarga de horquilla | forklift.
montacarga para vagones | wagon elevator.
montacargas | goods lift | hoist | lift | freight elevator | elevator | windlass | lifter | lift.
montacargas a brazo | hand elevator | hand lift.
montacargas de cable de tracción | rope lift.
montacargas de cadena | chain hoist.
montacargas de cajón de vía inclinada (minas) | skip hoist.
montacargas de cangilones | skip hoist.
montacargas de cubetas | bucket elevator.
montacargas de hospital | hospital elevator.
montacargas de motor | power-lift.
montacargas de muelle | shore elevator.
montacargas de proyectiles | shell hoist.
montacargas del horno | furnace hoist.
montacargas eléctrico | electric elevator | electric hoist | electric lift.
montacargas eléctrico para servicio de cocinas | dumbwaiter.
montacargas hidráulico | hydraulic goods lift | hydraulic lift.
montacargas inclinado | inclined lift | inclined hoist.
montacargas neumático | pneumatic lift.
montacargas para edificación | builder's hoist.
montacilindros (laminadores) | roll mounting press.
montacorreas | belt shifter.
montada sobre bridas | flange-mounted.
montadas al aire (gafas) | rimless.
montado | set | erected | assembled | fitted | fixed.
montado (amartillado - armas) | full cock.
montado (el percutor) | in the cocked position.
montado (espoleta, cerrojo, fusil) | armed.
montado a corredera | gibbed.
montado a charnela | pivotally mounted.
montado a horcajadas | straddle-mounted.
montado a hueso | loose-laid | dry-laid.
montado a la Cardan | gimbal-mounted.
montado a paño | flush-mounted.
montado a pequeña altura | low-mounted.
montado a popa (buques) | aft-mounted.
montado a presión hidraúlica | press-fitted.
montado a proa | forward-mounted.
montado a prueba de sacudidas | shock-mounted.
montado al aire (fresas) | shank mounted.
montado al aire (herramienta) | shank-mounted.
montado con carretilla elevadora | lift-truck-mounted.
montado con desplazamiento angular | angularly displaceably mounted.
montado con movimiento de vaivén | reciprocatively mounted.
montado debajo del chasis (autos) | undercar-mounted.
montado delante | forward-mounted.
montado desplazablemente | displaceably mounted.
montado detrás | rear-mounted.
montado detrás del cuadro de distribución (electricidad) | back-of-board.
montado en bronce | bronze-mounted.
montado en cojinetes antifricción | antifriction bearing mounted.
montado en el bastidor | frame-mounted.
montado en el centro | centrally mounted | mid-mounted.
montado en el costado | side mounted.
montado en el cubo | hub-mounted.
montado en el eje | shaft-mounted | axle-mounted.
montado en el fondo | bottom-mounted.
montado en el fuselaje | fuselage-mounted.
montado en el misil | missile-mounted.
montado en el piso | floor-mounted.
montado en el taller | shop erected | shop-assembled.

montado en el techo | roof-mounted.
montado en el techo (aparatos) | ceiling-mounted.
montado en fábrica | factory-assembled.
montado en fábrica sobre largueros metálicos y listo para funcionar (calderas, motores, etc.) | factory-packaged.
montado en forma desplazable | slidable mounted.
montado en la caja | frame-mounted.
montado en la cola (aviones) | aft-mounted.
montado en la fábrica | factory assembled | factory-erected.
montado en la pared | wall-mounted.
montado en la parte anterior | forward-mounted.
montado en la parte delantera | front-mounted.
montado en la prensa | press-fitted.
montado en la torreta (aviones) | turret-mounted.
montado en la usina (Argentina, Bolivia, Paraguay) | factory-assembled.
montado en la varenga (buques) | floor-mounted.
montado en obra | set in place.
montado en puente | straddle-mounted.
montado en su emplazamiento | field-erected.
montado en tándem | tandem-mounted.
montado en tanden | mounted in tandem.
montado en torre (cañones) | turret-mounted.
montado en triángulo | mesh-connected.
montado en un revólver (microscopios) | turret-mounted.
montado en voladizo | cantilevered.
montado entre dos soportes | straddle-mounted.
montado exteriormente a los cojinetes | mounted outboard of the bearing.
montado flexiblemente | flexibly-mounted.
montado giratoriamente | rotatably mounted.
montado in situ | set in place.
montado lateralmente | side mounted.
montado longitudinalmente sobre eje de acero | parallel-fitted to steel shaft.
montado para usar | madeup.
montado por dentro | internally mounted.
montado por fuera | externally-mounted.
montado rotatoriamente sobre un eje | rotatably mounted on a shaft.
montado según pedido | assembled to order.
montado sobre | mounted.
montado sobre bogie | truck-mounted.
montado sobre camión | lorry-mounted | van-mounted.
montado sobre carretón | bogie-mounted.
montado sobre carriles | rail-mounted.
montado sobre cojinetes de bolas | ball-bearing mounted.
montado sobre el bastidor del bogie | bogie-frame-mounted.
montado sobre el borde de salida | trailing-edge-mounted.
montado sobre el carretón | bogie-housed.
montado sobre el casco | hull-mounted.
montado sobre giroscopio | gyro-mounted.
montado sobre la caldera | fixed on boiler.
montado sobre las barras colectoras | bus mounted.
montado sobre ménsulas | bracket-mounted.
montado sobre muñones | trunnion-mounted.
montado sobre orugas | crawler-mounted | caterpillar-tracked | caterpillar-mounted.
montado sobre patines | skid-mounted.
montado sobre pedestal | foot-mounted | pillar-mounted.
montado sobre pivote | pivotally mounted | pivot-mounted.
montado sobre plomo (cliché) | mounted on metal.
montado sobre pórtico | gantry-mounted.
montado sobre resortes | sprung | spring-mounted | hung on springs.
montado sobre rodillos de pivote | pivot-roller mounted.
montado sobre roldanas pivotantes | caster mounted.
montado sobre rubíes (relojes) | jeweled.
montado sobre tablero | panel-mounted.
montado sobre tacos de caucho | rubber-mounted.
montado sobre trineo | sled-mounted.
montado sobre un bastidor de hierros perfilados (máquinas) | packaged.
montado sobre un eje | mounted on a shaft.
montado sobre un pivote e inclinable | pivotably and tiltably mounted.
montado sobre un vehículo | vehicle-mountable.
montado uno tras otro | tandem-mounted.
montado verticalmente sobre bridas | vertically flange-mounted.
montador | fitter | linkage editor | setter | splicer | machine fitter.
montador (cine) | editor.
montador (de aviones) | fitter-rigger.
montador (obrero) | mounter.
montador a bordo | shipfitter.
montador aeronáutico | rigger.
montador ajustador | erector.
montador de calderas y tuberías de vapor | steam fitter.
montador de cardas | card mounter | card dresser.
montador de chapas (buques) | plate erector.
montador de diamantes | diamond setter.
montador de escena (estudio cine) | set dresser.
montador de estructuras metálicas | steelworker.
montador de joyas | jewellery mounter.
montador de máquinas | engine fitter | erecting machinist.
montador de recubrición | overlay linkage editor.
montador de telares | frame fixer.
montador de tuberías | pipe fitter.
montador electricista | erector | electrical fitter | installing electrician | electrician | electrical technician.
montador especializado | erector.
montador inspector | examining fitter.
montador jefe | chief fitter | chief erector.
montador que regla el avión | rigger.
montados en conjunto (múltiples - herramientas) | ganged.
montadura | mounting.
montagnac (paño de lana) | montagnac.
montaje | makeup | circuitry | erecting | fixing | fitment | fitting | mounting | mount | mounting installation | setting up | setting | setup | assembly | assemblage | assembling | assembling | connection | making.
montaje (artillería) | equipment | mount.
montaje (cine, radio, televisión) | montage.
montaje (de máquinas) | erection.
montaje (de una función teatral) | putting on.
montaje (de una máquina) | rigging.
montaje (de válvulas, de escobillas) | seating.
montaje (filmes) | editing.
montaje (máquinas) | fit.
montaje (tejeduría) | gait.
montaje a corredera | gibbing.
montaje a frotamiento dulce | push-fit.
montaje a frotamiento duro | drive fit.
montaje a frotamiento suave | snug fit.
montaje a mano | hand-fitting.
montaje a martillo | force fit.
montaje accionado por giroscopio | gyro-operated mounting.
montaje al aire (tornos) | faceplate mounting.
montaje alineado con precisión | accurately aligned mounting.
montaje antiaéreo de ametralladora | antiaircraft machine gun mount.
montaje antigolpes | shock mount.
montaje antivibratorio | antivibration mounting | resilient mounting | vibration mount.
montaje automático | no hands assembly.
montaje automóvil | automotive mount.
montaje cardánico | gimbal mounting.
montaje colocando simultáneamente dos bloques prefabricados de puesta de quilla cada uno en zonas distintas y que actuan como núcleos de crecimiento en varias direcciones (buques) | two-island erection.
montaje combinado de registro (grabación) | dubbing.
montaje contra los vibraciones | vibration mount.
montaje cuádruple (artillería) | quadruple mounting.
montaje de aeroplano (para ametralladora, cañón, etc.) | aircraft mount.
montaje de aterrajado | die template.
montaje de candelero (cañones) | pedestal mount.
montaje de cañón antiaéreo naval | naval antiaircraft gun mount.
montaje de cañón lanzacohetes | rocket firing gun mounting.
montaje de cañón motorizado | power-worked gun mounting.
montaje de circuitos impresos | printed-circuit assembly.
montaje de clisés con adhesivo (fotograbado) | adhesive mounting.
montaje de comprobación en el taller (estructuras) | trial assembly.
montaje de costa (cañones) | seacoast mount.
montaje de cuna (cañones) | cradle mounting.
montaje de disyuntores de tensión extraalta | extrahigh voltage breakers assembly.
montaje de dos elementos simétricos en oposición de fase (Se emplea para reduir la distorsión armónica) | push-pull circuit.
montaje de dos rotores en paralelo | side-by-side twin rotor configuration.
montaje de elementos perpendicularmente al diametral (buques en grada) | horning.
montaje de equipo imprescindible | payload build up.
montaje de la cuna | cradle mounting.
montaje de la husada | cop setting.
montaje de la máquina | fitting up of the machine.
montaje de la maquinaria propulsora | engining of vessels.
montaje de la urdimbre | gaiting up the warp.
montaje de las herramientas (en una máquina) | tooling setup.
montaje de las varengas | flooring out.
montaje de líneas (electricidad) | hookup.
montaje de los componentes en la factoría constructora | packaging.
montaje de los rubíes (relojes) | jeweling.
montaje de muelas abrasivas | assembly of grinding wheels.
montaje de película | film assemby.
montaje de película sonora | sound-film cutting.
montaje de piezas | assembly of parts.
montaje de planos | map compilation.
montaje de prueba (para alas de aviones, motores, etc.) | test-rig.
montaje de sujeción | fixture.
montaje de termistancia | thermistor mount.
montaje de transmisores | transmitter assembly.
montaje de trípode | tripod mount.
montaje de tubos acoplados por el cátodo | long-tailed pair.
montaje de un entrante (máquinas) | pocketing.
montaje de un motor | engine assembly.
montaje de una gema que permite ver su pabellón | à jour.
montaje de una máquina | fitting up of a machine.
montaje de una pieza sobre el plato (tornos) | chucking.
montaje de unos vagones sobre otros (choque trenes) | telescoping.

montaje de verificación | checking fixture.
montaje del cañón | gun mount.
montaje del motor de chorro en una barquilla colgante del ala | jet engine pod mounting.
montaje del muelle | spring assembly.
montaje del receptor de balance | roll receiver mounting.
montaje doble (cañones) | twin mount.
montaje elástico | spring mounting | resilient mounting.
montaje en báscula (electrónica) | trigger pair.
montaje en bucle (electricidad) | ring connection | loop connection.
montaje en cadena | in-line assembly | progressive assembly.
montaje en candelero de armas automáticas antiaéreas | flak tower.
montaje en curva | curve pull-off.
montaje en derivación (electricidad) | bridge.
montaje en el banco | bench assembly.
montaje en el emplazamiento de la obra | field assembly.
montaje en el sitio | on-the-spot assembly.
montaje en estrella | Y-connection.
montaje en estrella (electricidad) | wye | star grouping.
montaje en fábrica | assembly in the works.
montaje en flotación (electrotecnia) | float power scheme.
montaje en la prensa | pressing on.
montaje en ménsula (puentes) | cantilevering erection.
montaje en paralelo | paralleling.
montaje en paralelo (transformadores) | banking.
montaje en puente (electricidad) | bridge connection.
montaje en serie | mass assembly | nest.
montaje en torre | turreted mounting.
montaje en triángulo | delta connexion | mesh grouping.
montaje en triángulo (electricidad) | mesh connection.
montaje entre puntos (tornos) | mounting between centers | chucking between centres.
montaje equilibrado | quiescent push pull.
montaje escénico | scenic installation.
montaje estabilizado (cañones) | stabilized mount.
montaje experimental | bread construction | breadboarding.
montaje fijo | static equipment.
montaje flexible | resilient mounting | flexible mounting.
montaje fotográfico | photomounting.
montaje giratorio (ametralladoras) | skate mount.
montaje hermético de la ventana | air-tight mounting of the window.
montaje in situ | on-the-site assembly.
montaje incorrecto | improper assembly.
montaje magistral | master mounting.
montaje múltiple | multiple connection.
montaje óptico del filme mudo | silent film cutting.
montaje óptico estrioscópico | schlieren setup.
montaje ordinario | rough assembling.
montaje para brochar | broaching jig.
montaje para escariar | reaming fixture.
montaje para fresado | milling fixture.
montaje para inyectar aceite a la temperatura de régimen y presión correspondiente y comprobar la estanqueidad de circuitos (motores) | pre-oil rig.
montaje para maquinado | machining setup.
montaje para mortero | mortar mount.
montaje para pruebas | test setup | test fixture.
montaje para pruebas de duración (aviones) | life-testing rig.
montaje para rectificar curvas de unión (ejes) | radius dressing fixture.
montaje para rellenar cojinetes de metal antifricción | babbitting jig.
montaje para sujetar la pieza a trabajar | workholding fixture.
montaje parcial de un aparato | subassembly.
montaje por clavija | plug-in mounting.
montaje por el sistema semiequilibrado (vigas de puente) | semicantilevering erection.
montaje por presión en frío | force fit.
montaje principal | master mounting.
montaje provisional | breadboard.
montaje resistente a choques | schock mount.
montaje rotativo | rotating fixture.
montaje semisaliente | semiprojecting mounting.
montaje simétrico (Se emplea para reduir la distorsión armónica) | push-pull circuit.
montaje sincronizador | synchro-type mounting.
montaje sobre columna | column mounting.
montaje sobre muelles | spring mounting.
montaje sobre muelles antivibratorio | vibration-muffling spring mounting.
montaje sobre pivote | pivotal mounting.
montaje sobre plataforma de viguetas con extremos troncocónicos para facilitar la carga sobre camiones dotados con tornos potentes (equipos de fuerza para sondeos) | skid mounting.
montaje sobre platina | strip-mounted set.
montaje sobre soportes | mounting on fixtures.
montaje sonoro del filme | sound film cutting.
montaje trincado | locked mounting.
montaje triple de tubos lanzatorpedos | triple torpedo tube mounting.
montaje y desmontaje | fitting and removing.
montajes para máquinas de superficie adherente al piso (talleres) | adhesive coated machine mounts.
montajugos | juice pump.
montajugos automático | automatic montejus.
montanera | acorn-season | ground mast | hog grazing | pannage.
montante | bearer | amount | link strap | soldier beam | quarter | stanchion | standard | stay | stemple | jamb | pillar | stud | post.
montante (aviones) | strut.
montante (columna) | column.
montante (de escala) | string.
montante (de prensa) | kingpost.
montante (encofrado para hormigón) | soldier.
montante (escala) | upright.
montante (estructuras) | montant.
montante (hilatura) | samson post.
montante (máquina cepillar) | upright.
montante (máquina herramienta) | housing.
montante (marco de entibación) | leg piece.
montante (marco entibación) | leg.
montante (minas) | spur timber.
montante (puertas) | style.
montante aerodinámico | streamlined strut.
montante amortiguador (aterrizador) | shock strut.
montante auxiliar | jury strut.
montante central | center pillar.
montante con rangua (esclusas, dique seco) | heelpost.
montante de batayola | bulwark stanchion.
montante de celosía | latticed stanchion.
montante de colgar (montante del que está colgada una puerta) | hinge-post | hinging post.
montante de colgar (puerta o ventana) | hinge stile.
montante de colgar (puertas) | hanging stile.
montante de compresión (aeronáutica) | drag strut.
montante de encuentro | meeting stile.
montante de escalera de mano | ladder beam.
montante de esquina | cornerpost | end stanchion | end pillar.
montante de esquina para unir los marcos de entibación (pozo minas) | studdle.
montante de giro (pieza vertical donde gira una hoja de una compuerta - esclusas, dique seco) | quoin-post.
montante de guía (ascensor) | guide rail.
montante de la cerradura (puertas) | lock stile.
montante de máquina | machine cheek.
montante de puerta | doorpost | doorjamb.
montante de puerta de acero clavable | nailable steel doorpost.
montante de puerta de hangar | hangar-door pylon.
montante de refuerzo | stiffener | stiffener angle.
montante de toldo (buques) | awning stretcher.
montante de ventana | stay bar.
montante de vigueta de enlace | tail boom strut.
montante del ala | wing strut.
montante del batán | slay sword.
montante del batán (telares) | lay sword.
montante del castillete de extracción | headframe post.
montante del castillete de extracción (minas) | poppet-leg.
montante del cierre de la cuna | cradle lock strut.
montante del flotador (hidros) | float strut.
montante del saldo a nuestro favor | amount of the balance in our favour.
montante del yugo (máquina circular tejido punto) | yoke post.
montante diagonal (barra diagonal - estructuras) | diagonal.
montante en A | A shaped | A-shaped standard.
montante entre planos | interplane strut.
montante exterior anterior | front outer strut.
montante extremo | end post.
montante extremo (viga celosía) | end vertical.
montante interior anterior | front inner strut.
montante intermedio | intermediate post.
montante intermedio (hoja de puerta o ventana) | munting.
montante lateral | lateral standard | side-upwright.
montante móvil | traveling housing.
montante neto recibido | net realization.
montante para dar sustentación adicional (aviones) | lift strut.
montante principal | principal post.
montante provisional | jury strut.
montante quicial (puertas) | hanging stile.
montante rigidizador de las paredes laterales del encofrado (muros) | strongback.
montante sobre el que cierra una puerta | slamming stile.
montante sobre el que gira una puerta | heelpost.
montante tubular | box-section upright.
montante tubular carenado (aviones) | faired tubular strut.
montante vertical (carpintería) | stile.
montante vertical extremo (viga celosía) | hip vertical.
montante y solera (minas) | prop and sill.
montantes cortos en el ángulo inferior del techo | ashlaring.
montantes de compuerta (deslizadores de compuerta) | gate guides.
montaña | hump | mountain | mount.
montaña (África del Sur) | berg.
montaña de bloques de falla | block-faulted mountain.
montaña de dislocación (geología) | fault mountain.
montaña de domos | domed mountain.
montaña de hielo flotante | iceberg.
montaña de plegamiento | folded mountain.
montaña de pliegues de corrimiento | thrust-faulted mountain.
montaña formada por denudación de una meseta | relict mountain.
montaña o pico submarino | seamount.
montañas boscosas | timbered mountains.
montañismo (deporte) | mountaineering.
montañoso | mountainous | knobbed | montiform | hilly.
montaplatos | service hoist.

montar | set up (to) | set (to) | set up (to) | get on (to) | fit (to) | erect (to) | mount (to).
montar (amartillar - fusil, pistolas) | cock (to).
montar (aparatos) | rig up (to).
montar (armar - el percutor) | cock (to).
montar (cañones) | mount (to).
montar (cuentas) | mount (to).
montar (fábricas) | equip (to).
montar (filmes) | edit (to).
montar (gemas) | set out (to).
montar (joyería) | mount (to).
montar (máquinas) | assemble (to) | put together (to) | fit up (to) | rig (to).
montar (máquinas, etc.) | build (to).
montar (máquinas, lentes, etc.) | set (to).
montar (que pueden unirse por remachado o soldadura) | fabricate (to).
montar (timón, remos, palos) | ship (to).
montar a (sumas) | run (to).
montar a caballo | mount (to) | horse (to).
montar a corredera | gib (to).
montar a horcajadas | straddle (to).
montar a la ligera (aparatos) | knock together (to).
montar clisés en madera a la altura del tipo (imprenta) | block (to).
montar contramarcos (puertas, ventanas) | trim (to).
montar de nuevo | reasemble (to).
montar de nuevo (joyería) | reset (to).
montar de nuevo (máquinas) | refit (to).
montar el ataque (ejércitos) | mount the attact (to).
montar el carril (ruedas de vagones) | climb the rail (to).
montar el inducido (electromotor) | armature (to).
montar el libro | mount the book (to).
montar el percutor | cock the pistol (to) | retract the needle (to).
montar el rotor (electromotor) | armature (to).
montar el timón (buques) | hang the rudder (to).
montar en caliente (llantas, etc.) | shrink on (to).
montar en el taller para comprobar (antes de su expedición) | trial-assemble (to).
montar en la fileta | creel (to).
montar en la parte alta | top-mount (to).
montar en ranuras | gib (to).
montar en un hueco | pocket (to).
montar la bobina en la fileta | creel the bobbin (to).
montar la guardia | mount guard (to).
montar la pistola | cock the pistol (to).
montar la torre de sondeo | rig up (to).
montar las máquinas (buques) | engine (to).
montar las vergas (revistas, etc.) | man the yards (to).
montar máquinas | fitup (to).
montar perpendicularmente al diametral (montaje en grada de buques) | horn (to).
montar sobre monocarril | monorail-mount (to).
montar sobre muñones | trunnion-mount (to).
montar sobre pivote | pivot (to).
montar sobre rubíes (relojes) | jewel (to).
montar sobre un eje | pivot (to).
montar sobre una plantilla | jig-align (to).
montar un cabo (navegación) | round (to).
montar una función | get up (to).
montar una guardia | post a guard (to).
montar una herramienta | clamp a tool (to).
montar una máquina | fit up an engine (to).
montar una obra | mount (to).
montar una pieza (sobre una máquina herramienta) | grip a work.
montar una trampa | bait a trap (to).
montar y poner en funcionamiento | set up (to).
montaraz | wild.
montarrollizos | log haul-up rig.
montarse | override (to).
montarse (huesos fracturados) | ride (to).
montarse (un extremo sobre otro) | override (to).
montasacos | sack elevator | bag elevator.
montavagones | car elevator.
monte | mount.
monte (anatomía) | mound.
monte adehesado con pastos | grazed forest.
monte alto | high forest.
monte alto (agricultura) | closed forest.
monte bajo | underbush | coppice wood | pole-wood.
monte bajo (bosques) | underwood | coppice.
monte de piedad | pawnshop | government pawnshop.
monte de propiedad particular | private forest.
monte de utilidad pública | institution forest.
monte distrital | county forest.
monte estatal | state forest.
monte herbáceo (agricultura) | herbland.
monte sobreexplotado | cut-over forest.
monte tallar | copse.
monte testigo (geología) | monadnock.
monte xerófilo | xerophilous woodland.
montea | working drawing.
monteador | loftsman.
montera | mould.
montera (geología, minería) | overburden.
montera (minas) | strippings.
montera (terreno de recubrimiento - minas) | cap.
montera de cristales (cubiertas edificios) | monitor.
montera de hierro (minas) | oxidized cap.
montera del patio | patio roof.
montera soportada por muretes de relleno (minas) | wall piece.
montería | huntsmanship.
monterilla (vela) | moonraker | moonsail.
montículo | eminence | mote | hummock | knoll | knob | hill | hillock.
montículo (anatomía) | cumulus.
montículo (anatomía, zoología) | monticule.
montículo (topografía) | monticule.
montículo aislado | butte.
montículo artificial | mound.
montículo cilíndrico de nieve | snow roller.
montículo continuo de material de la playa situado detrás de ésta | beach ridge.
montículo continuo detrás de la playa | full.
montículo de crecimiento | growth hillock.
montículo de crecimiento aterrazado | terraced growth hillock.
montículo de hielo | hummock.
montículo sinuoso de grava y arena estratificados (glaciar) | esker.
montículo triangular | triangular hillock.
montmorillonita | montmorillonite.
montón | handful | heap | stack | dump | lump | pile.
montón de árboles caídos (bosques) | deadfall.
montón de calcinación | clamp.
montón de carbón | coal-stack | coal dump.
montón de carbón para coquificar | clamp.
montón de chatarra | faggot.
montón de escombros | brash.
montón de escombros a la entrada de una galería abandonada (minas) | gaging (EE.UU.).
montón de estiércol | midden.
montón de hielo flotante | pack ice.
montón de hojas | sheet rock.
montón de ladrillos para su cocción al aire libre | clamp.
montón de mineral | fell heap | paddock.
montón de mineral para tostar | clamp.
montón de pescado para curarlo | faggot.
montón de tierra | mound.
montón de tostación (metalurgia) | open heap.
montón de una mezcla de cenizas y arcilla expuesto a la intemperie | kerf.
montón para tostar | roast heap.
montones de desperdicios de comida y basura (prehistoria) | kitchen-middens.
montuoso | hummocky | mountainous | hilly.
montura | mount | mount | fitment | holder | setting.
montura (de gafas) | frame.
montura (de sierra) | handle.
montura (de telar) | mounting.
montura (del telar jacquard) | gaiting.
montura (joyas) | mounting.
montura a la inglesa (jacquard con relación al telar) | straight tie.
montura a la lionesa (jacquard) | London tie | crosstie.
montura al aire (joyería) | ajour mounting.
montura antivibración | antivibration mounting.
montura de caucho unida a metal | rubber-bounded-to-metal mounting.
montura de jacquard | jacquard tie.
montura de la turbina (hidráulica) | turbine setting.
montura de lentes sin patillas (gafas) | arch bridge.
montura de lizos | loom harness.
montura de los selectores (telefonía) | shelf.
montura de plástico o concha (gafas) | library frame.
montura de una rejilla de difracción cóncava | eagle-mounting.
montura del clisé | block.
montura del electrodo | electrode mount.
montura del objetivo | lens mount.
montura dorada | mat.
montura normal | ordinary setting | ordinary mount.
montura para sujetar la pieza (tornos) | work steady.
monturas (calderas) | mountings.
monturas para clisés (imprenta) | bases.
monumentalidad | monumentality.
monumento | monument.
monumento conmemorativo | memorial.
monumento funerario | monument.
monzón | monsoon.
monzón de invierno | dry monsoon.
monzonal | monsoonal.
monzónico | monsoonal.
monzonita | monzonite.
monzonita cuarzoza | adamellite.
moña | rosette.
moña (de cinta) | puff.
moñudo (aves) | crested.
mopaani (Copaifera mopane) | mopaani.
moqueta | mock velvet | moquette.
moqueta de algodón | cotton moquette.
moqueta de dos pasadas | double weft moquette.
moqueta de tres pasadas | double moquette.
moqueta doble | double moquette.
moqueta estampada | printed moquette.
moqueta rizada | rough pile moquette.
mora | forbearance | indulgence.
mora (contratos) | delay.
mora (jurisprudencia) | mora.
mora (Mora excelsa) | mora.
morado (Peltogyne porphyrocardia) | morado.
morador | tenant.
moral (de un ejército, etc.) | moral.
moral de la compañía | morale of the company.
moral del enemigo | enemy's morale.
moral industrial | industrial morale.
moral profesional | professional ethics.
moralista | ethicist.
moratoria | respite (to) | moratorium | extension of time | indulgence | moratory.
moratoria (de acreedores) | letter of license.
moratoria fiscal | fiscal moratorium | tax holiday.
moratoria nuclear | nuclear moratorium.
moratoria para la construcción y puesta en funcionamiento de nuevas centrales electroatómicas | nuclear moratorium.
moratorias | moratoria.

morcajo | meslin.
morcilla (alto horno) | hot-air main | hot-blast circular main | horseshoe main | horseshoe main.
mordaza | gripper | grab | clip | holdfast | holder plate | dog head | gag | gripping device | grip | holder | jaw.
mordaza (Argentina) | clamp.
mordaza (máquina prueba de materiales) | clamp.
mordaza (tejeduría) | nipper.
mordaza (tornillo banco) | cheek.
mordaza (tornillo de banco) | chap.
mordaza articulada | hinge jaw.
mordaza cojeproyectiles | shell grab.
mordaza con tensor | clevis.
mordaza de amarre del cable (jaula de extracción) | cage bail.
mordaza de apriete | gripping pad | gripping jaw.
mordaza de arrastre (cable extracción minas) | grip.
mordaza de ayustador | rigger's vise.
mordaza de boca lisa | flat-lipped jaw.
mordaza de contacto | contact jaw | contact clip.
mordaza de cremallera | rack vise.
mordaza de enganche | haulage clip.
mordaza de fijación | hold-down clip.
mordaza de freno | brake gripper | brake cheek.
mordaza de interrupción | break jaw.
mordaza de la rastrilladora | hackle clamp.
mordaza de molde | mold clamp.
mordaza de pasador | pin grip.
mordaza de seguridad | safety gripper.
mordaza de sujeción | gripping jaw | grip.
mordaza de tornillo | vise jaw.
mordaza de tornillo (carpintería) | screw clamp.
mordaza de tracción (banco de estirar, etc.) | gripper.
mordaza de unión | connecting clamp.
mordaza de varillaje (sondeo) | casing clamp.
mordaza del micrómetro | micrometer anvil.
mordaza del plato (torno) | faceplate dog.
mordaza dentada con resorte | crocodile spring grip.
mordaza doble de la junta de agujas | needle joint double jaw.
mordaza estacionaria (peinadora Heilmann) | nipper plate.
mordaza estriada | meshing jaw.
mordaza fija (tornillo de mordazas) | solid jaw.
mordaza giratoria | rotatable jaw | swivel jaw.
mordaza inferior | bottom nipper.
mordaza inferior (peinadora Heilmann) | nipper plate.
mordaza móvil (peinadora Heilmann) | nipper knife.
mordaza neumática | air clamp.
mordaza para cable metálico (cable extracción - minas) | cappel.
mordaza para cable metálico (cable extracción minas) | capel.
mordaza para cable retenedor | guy clamp.
mordaza para doblar | bending jaws.
mordaza para el cable del ancla (hidros) | come along.
mordaza para pruebas de compresión | compression shackle.
mordaza para sujetar y apoyar la gema sobre el platillo giratorio (pulido de diamantes) | dop.
mordaza superior (peinadora Heilmann) | nipper knife.
mordaza tensadora de alambres | come-along clamp.
mordazas (de tornillo de banco) | grips.
mordazas (tornillo banco) | chops.
mordazas (tornillo de banco) | chaps.
mordazas acanaladas | corrugated jaws.
mordazas de arranque | detached nippers.
mordazas de plomo para tornillo de banco | lead vice-jaws.
mordazas de retención | nippers.
mordazas postizas (tornillo de banco) | inserted jaws.
mordazas ranuradas de tornillo de banco | grooved jaw vice.
mordazas sujetaprobetas | probe jaws.
mordedor (animales) | biting.
mordedura a lo largo del pie (defecto soldaduras) | undercut.
mordentabilidad | etchability.
mordentación | mordanting.
mordentado | etching | mordanted | mordanting.
mordentado al ácido | acid etched.
mordentado al aldehído | aldehyde mordanting.
mordentar | mordant (to) | etch (to).
mordente | mordant.
mordente (música) | mordent.
morder (tornillos) | hold fast (to).
morder (un cable) | nip (to).
morder con la herramienta la pieza que se está maquinando (tornos) | hitch (to).
morderse (guarne de aparejo) | ride (to).
mordido | etched.
mordido (cuerdas) | jammed.
mordido (libros) | gnawed.
mordiente | mordant | base | etching medium | etching material | etching | gripping | binder | biting.
mordiente (pinturas, etcétera) | holder.
mordiente alumínico | aluminum mordant.
mordiente aluminoso | aluminous mordant.
mordiente de cromo | chrome mordant.
mordiente férrico | iron mordant.
mordiente metacrómico | metachrome mordant.
mordiente para dorar | goldsize.
mordiente por corrosión | corrosion etching.
mordiente que da aspecto mate | matte dip.
mordientes | leather drenches.
mordiscar | gnaw (to).
morena (zoología) | moray.
morendo (música) | morendo.
moreno | dark | brown.
moreno (color) | morel.
morera (Mora excelsa - Benth) | pracuuba.
morera (Mora gongrijpii) | morabukea.
morfema (gramática) | morpheme.
morfismo inyectivo (matemáticas) | injective morphism.
morfobiología | morphobiology.
morfobiólogo | morphobiologist.
morfofonémico | morphophonemic.
morfografía | morphography.
morfografista | morphographist.
morfología | morphology.
morfología de la cascarilla de óxido | scale morphology.
morfología de la fisuración por tensocorrosión | stress-corrosion crack morphology.
morfología de la rotura (metalurgia) | fracture morphology.
morfología de la superficie | surface morphology.
morfología de la superficie de fractura | fracture surface morphology.
morfología de las galaxias | galaxies morphology.
morfología de las grietas | morphology of cracks.
morfología de las inclusiones (aceros) | inclusion morphology.
morfología de las partículas | morphology of the particles.
morfología de los polvos | dust morphology.
morfología del cristal | crystal morphology.
morfología estructural | structural morphology.
morfología interfásica sólido-líquido (metalurgia) | solid-liquid interphase morphology.
morfología urbana | urban morphology.
morfología vegetal | plant morphology.
morfología y anatomia de la madera | morphology and anatomy of wood.
morfólogo | morphologist.
morfometría | morphometry.
morfométrico | morphometrical.
morfoscopia | morphoscopy.
morfosintáctico | morphosyntactic.
morfotipo | morphotype.
morfotrópico | morphotropic.
morga | dregs of oil.
morilla (hongo) | morelle.
morillo | andiron | dog iron.
morillos (chimenea de leña) | andirons.
moriograma | moriogram.
morión (variedad de cuarzo pardo oscuro) | morion.
morisco | mauresque | moorish | Moresque.
morosidad (comercial) | delinquency.
morosidad (en los pagos) | forbearance.
moroso | in arrears | in default | tardy | slow-payer.
moroso (deudor) | unsafe.
moroso (economía) | slow-pay.
moroso (en el pago) | delinquent.
moroso (en los pagos) | slow.
morototo (Didymopanax morototoni) | morototo.
morototo (Jacaranda copaia - D. Don) | parapara.
morral (bolsa con correaje para el hombro) | musette bag.
morralla | by-catch.
morralla (de peces) | fry.
morrena | moraine | glacial till | glacial drift.
morrena (geología) | drift | boulder-wall.
morrena asociada con depósitos deltaicos | delta moraine.
morrena cubierta de loess (geología) | paha.
morrena de fondo | basal moraine | ground moraine.
morrena de lava | scoria moraine.
morrena de material empujado por delante de un glaciar (geología) | push moraine.
morrena glacial formada por cantos | boulder wall.
morrena inferior | ground moraine.
morrena lateral | lateral moraine.
morrena lateral (geología) | marginal moraine.
morrena marginal | border moraine.
morrena periférica | peripheral moraine.
morrena profunda | bottom moraine.
morrena recesional (geología) | recessional moraine.
morrena ribereña | lateral moraine of retreat.
morrena terminal con material de glaciales | dump moraine.
morrena viajante (geología) | push moraine.
morrénico | moraine | morainal | morainic | morainial.
morrillo | boulder | rubble.
morrillo (de chimenea de calefacción) | fire dog.
morrión | morion.
morro (aviones) | nose.
morro (minas) | clump.
morro (rompeolas) | jetty-head | bluff.
morro basculado hacia abajo (avión) | drooped nose.
morro del avión | aircraft's nose.
morro del dique (puertos) | pierhead.
morro del fuselaje | fuselage nose.
morro en posición agachada | nose in the drooped position.
morro en posición basculada hacia abajo (avión supersónico) | nose in the drooped position.
morro engoznado (avión que carga por el morro) | swinged nose.
morro muy afilado (aviones) | sharp-pointed nose | supersonic nose.
morros (buey, vaca) | muffle.
morsa | sea horse.
mortaja | scope | peg hole | mortising | mortice | mortise | mortise hole.
mortaja (carpintería) | joggle | slot.
mortaja (unión a espiga - carpintería) | cogging.
mortaja a cola de milano | dovetail hole.

mortaja abierta en un extremo | barefaced tenon.
mortaja ciega | blind mortise.
mortaja ciega (carpitería) | stub mortise.
mortaja de tope | chase-mortising.
mortaja del bloque de cierre (cañones) | breech recess.
mortaja para bisagra (hojas de puertas) | hinge butt mortise.
mortaja y filete | dado and rabbet.
mortajado | slotting.
mortajado (carpintería) | grooving.
mortajadora | gaining machine | paring machine | vertical shaper | slot drilling machine | slotting machine | mortising machine.
mortajadora (carpintería) | mortiser | slotter.
mortajadora de cadena (carpintería) | mortise chain set.
mortajadora de cadena de cuchillas | chain mortiser.
mortajadora de chaveteros | keyway planer.
mortajadora para muescas | keyway cutting machine.
mortajadora plurihusillos | multispindle tenoning machine.
mortajadora-limadora | slotting and shaping machine.
mortajar | slot (to) | spline (to) | gain (to).
mortajar (carpintería) | slot-drill (to) | mortice (to).
mortajar (cerraduras, cerrojos) | mortise (to).
mortalidad | mortality | fatality | death rate.
mortalidad de la camada (animales) | litter mortality.
mortalidad de las ramas (árboles) | branch mortality.
mortalidad de los plantones | seedling mortality.
mortalidad de todas las edades | all-age death rate.
mortalidad esperada (seguros) | tabular mortality.
mortalidad infantil | infant mortality.
mortalidad másica de la vida marina | mass mortality of marine life.
mortalidad neonatal | neonatal mortality.
mortalidad perinatal | perinatal mortality.
mortalidad por mil | death rate per 1.000 persons.
mortalidad prevista | tabular mortality.
mortandad | mortality.
mortandad piscícola causada por polución de las aguas | fish kill caused by pollution.
morterear | mortar (to).
morterista | mortarman.
mortero | mortar | slurry | plaster.
mortero (albañilería) | mortar.
mortero (artillería, bocartes) | mortar.
mortero (bocarte) | mortar box.
mortero (construcción) | slurry.
mortero antisubmarino de varios tubos | multibarreled antisubmarine mortar.
mortero antisubmarinos (erizos) | antisubmarine mortar.
mortero antisubmarinos de tres tubos | three-barrelled antisubmarine mortar.
mortero antisubmarinos del calamar | squid antisubmarine mortar.
mortero árido (con mucha arena) | short mortar.
mortero arrojado con fuerza con el palustre sobre la pared | troweled mortar.
mortero asfáltico | sand carpeting.
mortero balístico | ballistic mortar.
mortero bituminoso pobre | sand asphalt.
mortero bituminoso rico | sheet asphalt.
mortero coloidal | colcrete | colgrout.
mortero con cenizas de fragua en vez de arena | black mortar.
mortero de Abiche (química) | percussion mortar.
mortero de agarre (cemento) | key mortar.
mortero de asfalto | bleeding.
mortero de asiento | bed mortar.
mortero de barro | cob-mortar.
mortero de cal (enlucidos) | lime mortar.
mortero de cal y arena | sand-lime mortar.
mortero de cal y cemento | lime-and-cement mortar.
mortero de cal y cemento (mortero bastardo) | cement-lime mortar.
mortero de cal y pelos | lime-and-hair mortar.
mortero de cal y puzolana | lime-pozzolan mortar.
mortero de cemento | concrete | compo | larry | cement mortar.
mortero de cemento colocado con pistolón neumático | gunned concrete.
mortero de cemento con polvo de ladrillo finamente molido
mortero de cemento con yeso mate | gage stuff.
mortero de cemento curado con vapor de agua | steam-cured mortar.
mortero de cemento fluido | sanded grout.
mortero de cemento mezclado con un polímero líquido de polisulfuro | polysulphide mortar.
mortero de cemento modificado con látex | latex-modified mortar.
mortero de cemento muy líquido | grout.
mortero de cemento vuelto a amasar después de empezar el fraguado | retempered mortar.
mortero de endurecimiento al aire | air-setting mortar.
mortero de fraguado al aire | air-setting mortar.
mortero de fraguado en caliente | heat-setting mortar.
mortero de infantería | infantry mortar.
mortero de la aguja (marina) | compass-bowl.
mortero de pozolana | pozzolana mortar.
mortero de trinchera | Minnie.
mortero de una parte de cemento y tres de arena | one to three cement mortar.
mortero de yeso | gaged stuff.
mortero del bocarte | stamp mortar.
mortero estable | nonshrink mortar.
mortero hidráulico | hydraulic mortar.
mortero lanzabombas | bomb-thrower.
mortero lanzacargas de profundidad | Y-gun | thrower | depth charge thrower.
mortero lanzaerizos de tres tubos (marina guerra) | triple-barrelled squid mortar.
mortero lastado | lime-and-cement mortar.
mortero líquido | fluid mortar.
mortero metido a presión | intruded mortar.
mortero para enlucir | stuff.
mortero para juntas | jointing mortar.
mortero para rejuntar | jointing mortar.
mortero pastoso | wet mix.
mortero que se lanza con el cañón lanzacemento (enlucidos) | dash.
mortero quimiorresistente de resina sintética | resin-type chemical resistant mortar.
mortero refractario | fireproof mortar.
mortero resinoso (mezcla de un cuerpo inerte con una resina líquida) | resinous mortar.
mortero resistente a los productos químicos | chemical-resistant mortar.
mortero rico (para rejuntar) | fat.
mortero rico de cal | rich lime mortar.
mortero rico reforzado con varias capas de tela metálica de acero | ferrocement.
mortero sin amalgamación interior (bocartes) | concentration mortar.
mortífero | deadly.
mortinato | still-born.
morueco | ram | tup.
mosaicidad | mosaicity.
mosaicista | tile setter.
mosaico | mosaic.
mosaico (conjunto de aerofotografías solapadas) | mosaic.
mosaico (trabajo) | mosaic.
mosaico aerofotográfico | airphoto mosaic.
mosaico aerofotográfico de reconocimiento | reconnaissance strip.
mosaico artístico | art tile.
mosaico cerámico | ceramic mosaic.
mosaico compensado (mosaico regulado - aerofotogrametría) | controlled mosaic.
mosaico de aerofotografías | photomosaic.
mosaico de células ópticas | optical cells mosaic.
mosaico del iconoscopio | iconoscope mosaic.
mosaico en colores | colored mosaic.
mosaico fotoemisor | photoemitting mosaic.
mosaico no regulado (fotogrametría) | uncontrolled mosaic.
mosaico político | political mosaic.
mosaico radar | radar mosaic.
mosaico sin punto de referencia (aerocartografía) | uncontrolled mosaic.
mosaista | mosaicist | mosaic-worker.
mosaísta (pisos) | tile layer.
mosasaurio | mosasaur.
mosca | fly.
mosca artificial (pesca) | dry-fly | fly.
mosca artificial (pesca de trucha) | coachman.
mosca coprófaga | dung-frequenting fly.
mosca de fuego | fire-beetle.
mosca para pescar (mosca artificial) | hackle.
mosca verde | green fly.
moscas criadas en el laboratorio | laboratory-raised flies.
moscas volantes | muscae volitantes.
moscatelina | moschatel.
moscovita | common mica | muscovite.
moscovita (geología) | mirror stone.
mosqueado | spotted.
mosquete de rueda | firelock.
mosquetería | musketry.
mosquetón | spring hook | spring catch | snaphook.
mosquetón (gancho) | safety hook.
mosquicida | flyicide.
mosquitocida | mosquito destroyer | mosquitocide.
mosquitos vectores de la malaria | malaria-carrying mosquitos.
mostacilla (perdigones) | mustard seed.
mostacilla (perdigones de caza) | dust-shot.
mostachos del bauprés (buques) | gob-lines.
mostachos del bauprés (buques de vela) | gaub-line.
mosto | must | grape mash.
mosto (antes de fermentar) | grape milk.
mosto (cerveza) | wort.
mosto (malta y agua caliente - cerveza) | mash.
mosto de primera presión (elaboración de champagna) | couvée.
mosto en fermentación (cerveza) | gyle.
mosto lupulizado (fabricación cerveza) | hopped wort.
mostrador | stand | wicket | over-counter.
mostrador (almacenes) | counter.
mostrador (persona que muestra) | shower.
mostrador (tienda de licores) | bar.
mostrador para depositar el equipaje (aeropuertos) | check-in desk.
mostrar | exhibit (to) | lay out (to) | expose (to) | mark out (to).
mostrar el mundo del trabajo a una persona impedida o inexperta | open up the world of work to a handicapped person (to).
mostrar la caza (perros) | point out (to).
mostrar un beneficio | show a profit (to).
mostrar una imagen en un radariscopio | paint (to) | paint (to).
mostrenco | ownerless.
mostrenco (biénes) | masterless.
mota (lana) | burr.
mota (pelusa - tejidos) | fluff.
mota (tejeduría) | mote | moit.
mota (tejidos) | burl.
mota barbuda (algodón) | bearded mote.
mota carbonizada (lana) | carbonized bur.
mote | motto.
moteado | mottled | freckled | spotty | spotted.
moteado (con lunares) | speckled.
moteado (TV) | spottiness.
moteado de las manzanas | bitter pit of apples.

moteado de pintas circulares (tapa relojes) | spotting.
motear | spot (to) | freckle (to) | cloud (to) | dapple (to) | mottle (to) | speckle (to) | speck (to).
motear (cerámica) | spattle (to).
motel | motel.
motilidad | motivity.
motín | outbreak | riot.
motín de presos | prison riot.
motivación | motivation.
motivación de lucro | profit motive.
motivación del personal de ventas | sale force motivation.
motivación humana | human motivation.
motivar | lead (to) 11.
motivo | force | moving | score.
motivo (telas) | pattern.
motivo de desacuerdo | motive of disagreement.
motivo de despido | reason for dismissal.
motivo de queja | ground for complaint.
motivo decorativo | motif.
motivo musical | motto.
motivo principal de una acción legal | gist.
motivo suficiente (jurídico) | adequate cause.
motivo,proceso (jurisprudencia) | cause.
motivos (telas) | design effect.
motivos del fraude | reasons for fraud.
moto pequeña | scooter.
motoarado | motor-cultivator | motor plough.
motobomba de gran rendimiento | high-duty pumping engine.
motobuque | motor ship.
motobuque cuatrihélice | quadruple-screw motorship.
motobuque de pasage y carga general y refrigerada | refrigerated and general cargo and passenger carrying motorship.
motobuque de pasajeros | passenger motorship.
motobuque tetrahélice | quadruple-screw motorship.
motocarretilla apiladora | stacking truck.
motocarrillo para mover vagones | mule.
motocicleta | motorcycle.
motocicleta con sidecar | combination.
motociclismo | motocycling.
motocultivo | motorized farming | power agriculture.
motocultor | garden tractor.
motón | block | block | block pulley | pulley | hoisting tackle.
motón con cajera hierro | ironbound block.
motón con gancho no giratorio | stiff-hook block.
motón corredizo | buggy block.
motón de amantillar (brazo de grúa) | topping block.
motón de amantillo de verga | lift block.
motón de aparejo | tackle pulley.
motón de cabria | gin block.
motón de candaliza (buques) | inhaul block.
motón de compensación (corta de árboles) | heel block.
motón de cuerpo cerrado | secret block.
motón de chafaldete | butterfly block.
motón de dos poleas | sister block.
motón de driza de ala | span block.
motón de escota (buques) | quarter-block.
motón de escotín | sheet block.
motón de lantia | girt-line block.
motón de los guardines (timón) | steering chain block.
motón de penol (buques) | jewel-block.
motón de rabiza | tail block.
motón de una gualdera (marina) | clamp.
motón de vaciar (cucharón de pala mecánica) | dumping block.
motón del amante (buques) | span tackle.
motón del gancho (grúas) | load block.
motón encontrado | leg and fall block.
motón giratorio | monkey block | swivel block.
motón herrado | ironbound block.
motón para apilar troncos | decking block.
motonáutica | motonautics.
motonave fluvial de carga | river cargo motorship.
motonave frutera | fruit-carrying motorship.
motonave monohélice de dos cubiertas | single-screw two-deck motor vessel.
motonave para carga refrigerada | refrigerated cargo motorship.
motonería (buques) | rigger's work.
motonero | blockmaker.
motones alargados de balasto a lo largo de la vía férrea | windrow.
motoneta | scooter.
motoniveladora | motorgrader | motor grader | angledozer | power grader | patrol grader.
motoniveladora (carreteras) | autopatrol.
motopala | tractor shovel.
motopesquero | motor trawler.
motopetrolero | motor-tanker | oil-tank motorship.
motor | motor | mover | driver | engine | impellent | power unit.
motor (de una acción) | prime mover.
motor accionado por correa | belted motor.
motor accionado por petróleo de calderas | boiler oil operated engine.
motor acelerador | boost motor.
motor acoplado directamente (sin engranaje reductor) | ungeared motor.
motor acorazado | covered motor | ironclad motor.
motor acorazado de ventilación interna por ventilador | fan-cooled totally-enclosed motor.
motor acorazado enfriado por ventilador y montado elásticamente | resilient-mounted totally-enclosed fan-cooled motor.
motor aerorrefrigerado | aircooled engine | aircooled motor.
motor alternativo | piston-powered engine.
motor alternativo con turbina de gases de escape (aviones) | compound engine.
motor alternativo de cilindros opuestos | opposed engine.
motor alternativo de combustión interna | reciprocating internal combustion engine.
motor antideflagrante de ventilación interna | fan-cooled flameproof motor.
motor apoyado en el eje | axlehung motor.
motor aprobado para su empleo en aviación civil | civil-approved engine.
motor asincrónico compensado | compensated asynchronous motor.
motor asíncrono | asynchronous motor.
motor asíncrono compensado | compensated induction motor.
motor asincrono de histéresis | hysteresis motor.
motor asíncrono polifásico | asynchronous polyphase motor.
motor asíncrono sincronizado | syncronized asynchronous motor | synchronous induction motor.
motor atómico | atomic engine.
motor autosincrono | autosynchronous motor.
motor auxiliar | pony motor.
motor aviónico de gran potencia | high-output aircraft engine.
motor bicilíndrico | two cylinder engine | duplex engine | double cylinder engine.
motor bicilíndrico de carrera corta enfriado por aire | flat-twin air-cooled engine.
motor bicilíndrico de dos tiempos autoenfriado | two-cylinder two-stroke air-cooled engine.
motor bicilíndrico en V | vee-twin engine.
motor bifásico | two-phase motor.
motor blindado | enclosed motor.
motor calado | killed motor.
motor cercano al fuselaje (avión tetramotor) | inboard engine.
motor cerrado | enclosed motor.
motor cerrado con ventilación | enclosed ventilated motor.
motor cohético | rocket motor | rocket engine | jet | jet motor | reaction motor.
motor cohético acelerador | boost rocket motor.
motor cohético acelerador (misiles) | boost.
motor cohetico acelerador colocado detrás y coaxial con el misil | tandem boost.
motor cohético auxiliar para el despegue | rato bottle.
motor cohético cardaneado | gimballed-rocket engine.
motor cohético de hidrógeno líquido | liquid-hydrogen rocket engine.
motor cohético de líquido encerrado | packaged liquid rocket motor.
motor cohético montado coaxialmente en el frente abierto de un estatorreactor | ram rocket.
motor cohético que continúa dando empuje después que los aceleradores han terminado y que no se separa del misil | sustainer rocket motor.
motor colgado del eje de suspensión por un extremo | nose-suspended axle-hung motor.
motor colocado debajo del bastidor (autobús) | motor housed in underframe.
motor colocado en el exterior (minas) | bank engine.
motor completo | engine assembly.
motor compresor de estribor | starboard compressor motor.
motor con acoplamiento de fluido | fluid-shaft motor.
motor con barrido en U invertida | loop-scavenged engine.
motor con barrido por soplante | blower-scavenged engine.
motor con ciclo diesel puro | straight oil engine | straight diesel engine.
motor con cilindros cromados interiormente | chrome-bore engine.
motor con cilindros en V | V-bank engine.
motor con cilindros en X | X-type engine.
motor con circuito de refrigeración cerrado | closed-air-circuit motor.
motor con conducto de ventilación | pipe-ventilated motor.
motor con devanado de estabilidad en serie | series stability wound motor.
motor con devanado dividido | split-wound motor.
motor con devanado en derivación | shunt wound motor.
motor con devanados en cortocircuito | shaded-pole motor.
motor con diámetro igual a la carrera | square engine.
motor con diámetro igual a la carrera (autos) | square motor.
motor con diámetro mayor que la carrera | over-square engine.
motor con doble jaula de ardilla | double squirrel-cage motor.
motor con el inducido montado en el eje impulsado (locomotoras eléctricas) | gearless motor.
motor con el volante a la derecha (motor horizontal) | right-hand engine | right-hand engine.
motor con el volante a la izquierda (motor horizontal) | left-hand engine.
motor con enfriamiento natural | surface-cooled motor.
motor con engranaje reductor | gearmotor.
motor con engranajes reductores | back geared motor.
motor con exhaustación negra apestosa por mala combustión de la mezcla | smelly engine.
motor con funcionamiento discontinuo | short-run duty motor.
motor con poco consumo másico de aire | nonairbreathing motor.
motor con polos de conmutación | interpole motor.
motor con porción de las caras polares blin-

dadas | shaded-pole motor.
motor con reductor de velocidad | geared engine | geared down engine.
motor con regulación por todo o nada | hit-and-miss-governed engine.
motor con rotor montado directamente sobre el eje de la máquina accionada | shaftless motor.
motor con ruidos disonantes | dissonant motor.
motor con ruidos sonantes | sonant motor.
motor con su compresor y turbina sobre un mismo eje que acciona la hélice (aviones) | solid shaft propeller turbine.
motor con su lubricante y el combustible que está en su interior (aviación) | wet engine.
motor con sus accesorios ya instalados o dispuestos para ser instalados (aviación) | built-up engine.
motor con todas sus piezas desmontadas | stripped down engine.
motor con tres filas de cilindros encima del cigüeñal | W engine.
motor con válvulas en la culata | valve-in-head engine.
motor con varias filas de cilindros en línea | multibank engine.
motor con velocidad desmultiplicada | geared down engine.
motor con velocidad mitad de la normal | half-speed motor.
motor con ventilación forzada | force-ventilated motor.
motor con ventilador para el radiador | radiator-fan motor.
motor construido según especificación del cliente | tailor-built motor.
motor de
motor de accionamiento | drive motor.
motor de accionamiento de la máquina auxiliar | auxiliary-drive motor.
motor de accionamiento del cargador (cañón) | loader drive motor.
motor de accionamiento del eje de la muela abrasiva | wheel-spindle motor.
motor de agua oxigenada | navol cycle engine.
motor de aire caliente | air engine.
motor de aire comprimido | air consuming engine | compressed-air motor | air motive engine | pneumatic motor.
motor de aire comprimido para arranque de motores | air starting motor.
motor de aire comprimido sin cigüeñal | crankless air motor.
motor de aire rarificado | atmospheric engine.
motor de ala (aviación) | wing motor.
motor de alcohol | alcohol-driven motor.
motor de alimentación de la varilla (tornos) | rod feed motor.
motor de alto voltaje | high-voltage motor.
motor de anillo colector | slipring motor.
motor de arranque | starting motor | starter.
motor de arranque (motores) | pony-engine.
motor de arranque accionado por acumuladores | battery-operated starting motor.
motor de arranque con bobina de reactancia | reactor-start motor.
motor de arranque con capacitor | condenser-start motor.
motor de arranque con capacitor con par motor pequeño | low-torque capacitor motor.
motor de arranque con resistor | resistance-start motor.
motor de arranque por capacitor | capacitor start motor.
motor de arranque por pulsador | push-button-started motor.
motor de arranque por reostato | resistance-start motor.
motor de ascensión | ascending motor.
motor de ascensor | lift motor | elevator motor.
motor de aspiración directa | atmospherically-charged engine.
motor de aspiración natural | nonpressure-charged engine.
motor de aspiración natural (sin sobrealimentación) | naturally-aspirated engine.
motor de aspiración normal | nonturbocharged engine.
motor de aspiración normal de aire (no sobrealimentado) | normal-induction engine.
motor de avance del cabezal horizontal | horizontal head feed motor.
motor de avance del cepillado | planing feed motor.
motor de aviación | aeronautical motor | aeroengine | aircraft engine.
motor de aviación alternativo | piston aeroengine | piston-type aircraft engine.
motor de aviación de hélice de turbina de combustión | gas-turbine propeller aircraft engine.
motor de aviación de pistones | piston-type aircraft engine.
motor de aviación de turbina de combustión | gas-turbine aeroengine.
motor de aviación mixto diesel/turbina de combustión | diesel/gas turbine aeroengine.
motor de balancín | beam engine.
motor de bola caliente | semidiesel engine.
motor de bola caliente (semidiesel) | surface-ignition engine.
motor de bujía incandescente (motor semidiesel) | glow-plug engine.
motor de cámara de precombustión | air cell engine.
motor de cámara de precombustión con mezcla rica cuya energía se emplea en explosionar una carga más pobre en la cámara principal | stratified charge engine.
motor de carrera larga | long-stroke engine.
motor de cilindros en línea | in-line engine.
motor de cilindros en línea en dos filas | double-bank in-line engine.
motor de cilindros en línea en que éstos están colocados debajo del cigüeñal | inverted engine.
motor de cilindros en línea en una fila | single bank in-line engine.
motor de cilindros en tándem horizontales | horizontal vis-a-vis type engine.
motor de cilindros en V | vee engine | angle engine.
motor de cilindros opuestos | opposed-cylinder engine | vis-à-vis engine.
motor de circuito estampado | printed-circuit motor.
motor de colector (electricidad) | commutator motor.
motor de colector de corriente continua | direct current commutator motor.
motor de colector excitado en derivación | shunt commutator motor.
motor de columnas de acero | steelp-frame engine.
motor de combustión | motor.
motor de combustión interna | internal combustion engine | oil engine | I.C. engine.
motor de combustión interna de pistones rotatorios | rotary-piston internal combustion engine.
motor de condensador (motor de inducción monofásico que puede arrancar como bifásico disponiendo de un capacitor en serie con devanado de arranque auxiliar) | capacitor motor.
motor de contramarcha | reversing motor.
motor de corriente alterna | alternating-current motor.
motor de corriente alterna con devanado para dos velocidades (una la máxima y otra la mitad con potencias respectivas de 150 y 38 HP) | two-speed 150/38 HP full-and half-speed alternating current motor.
motor de corriente alterna enfriado por ventilación interna | fan-cooled A. C. motor.
motor de corriente alterna monofásico de velocidad regulable | variable-speed single-phase A. C. motor.
motor de corriente continua | continuous current motor | D. C. motor.
motor de corriente continua alimentado por rectificador metálico | metal rectifier energized d.c. motor.
motor de corriente continua con excitación mixta en que el devanado está diseñado para que aumente la velocidad al aumentar la carga | overcompounded motor.
motor de corriente continua de excitación mixta | compound d-c motor.
motor de corriente continua de velocidad constante | direct current constant speed motor.
motor de corriente continua de velocidad regulable | adjustable speed direct current motor.
motor de corriente continua de velocidad variable | multispeed direct current motor | direct current variable speed motor.
motor de corrientes parásitas de velocidad modificable | variable speed eddy current prime mover.
motor de cruceta | crosshead engine.
motor de cruceta de cuatro tiempos | four stroke crosshead engine.
motor de cruceta de dos tiempos | two-stroke crosshead engine.
motor de cruceta de simple efecto de cuatro tiempos | four-stroke single-acting crosshead-type engine .
motor de cuatro cilindros horizontalmente opuestos | flat-four engine.
motor de cuatro tiempos | four-cycle engine | two-revolution engine.
motor de cuatro tiempos de aspiración normal (no sobrealimentado) | four-stroke normally aspirated engine.
motor de cuatro tiempos de doble efecto | double-acting four stroke engine.
motor de cuatro tiempos de gran potencia | high-powered four-stroke engine.
motor de cuatro tiempos de simple efecto | single-acting four-stroke engine.
motor de cuatro tiempos exacilíndrico | six-cylinder four stroke engine.
motor de cuatro tiempos muy sobrealimentado | highly supercharged four-stroke engine.
motor de cuatro tiempos rápido muy sobrealimentado | highly supercharged high-speed four-stroke engine.
motor de cuatro tiempos sobrealimentado | pressure induction four-stroke engine.
motor de cuatro tiempos sobrealimentado de simple efecto | single-acting supercharged four-cycle motor.
motor de cuatro tiempos tetracilíndrico | four-cylinder four-stroke engine.
motor de chorro | jet engine.
motor de chorro con impulsión adicional por chorro de aire comprimido que no circula por el sistema motor | bypass jet-engine.
motor de chorro con su compresor accionado por motor alternativo de gasolina | motorjet.
motor de chorro de eyección de gases calientes | jet.
motor de chorro de flujo axial | axial-flow-turbojet.
motor de chorro intermitente | aeropulse engine.
motor de chorro montado en un receptáculo colgante del ala (avión) | pod-mounted jet engine.
motor de chorro pulsante (es análogo a un motor de dos tiempos en que el pistón es una columna de aire) | pulsejet engine.
motor de chorro suspendido debajo del ala | jet pod.
motor de chorro sustentador (despegue vertical) | lift-jet engine.
motor de descenso | descending motor.
motor de devanado mixto aditivo | cumulative compound motor.
motor de devanado mixto diferencial | diffe-

rential compound motor.
motor de devanado mixto sin polos auxiliares | noninterpole compound-wound motor.
motor de devanados compensados | compensated winding motor.
motor de diámetro mayor que la carrera | oversquare motor.
motor de dirigible | airship engine.
motor de doble colector | double commutator motor.
motor de doble efecto | double-acter.
motor de doble estrella | double-row radial engine.
motor de doce cilindros opuestos de 6 muñequillas | six-crank twelve-cylinder vis-a-vis engine.
motor de dos cilindros aeroenfriado | aircooled twin.
motor de dos cilindros en V | V-twin engine.
motor de dos cilindros horizontalmente opuestos | flat-twin motor | horizontally-opposed twin engine.
motor de dos cilindros verticales | vertical twin.
motor de dos filas de cilindros en línea con dos cigüeñales que engranan en un eje único de salida | twin-bank engine.
motor de dos sentidos de rotación | reversible motor.
motor de dos tiempos | one-revolution engine | two-stroke-cycle engine | two-cycle engine.
motor de dos tiempos con barrido en bucle | loop-scavenged two-stroke engine.
motor de dos tiempos con barrido en el cárter | crankcase-scavenged two-cycle engine.
motor de dos tiempos con barrido longitudinal | longitudinally-scavenged two-stroke engine.
motor de dos tiempos con válvulas en la culata | valve-in-the-head two-cycle engine.
motor de dos tiempos de barrido uniflujo | two-stroke uniflow scavenge engine.
motor de dos tiempos de cuatro cilindros en línea | four-in-line two-stroke engine.
motor de dos tiempos de doble efecto | double-acting two stroke engine.
motor de dos tiempos de simple efecto directamente reversible | directly reversible single-acting two-stroke engine.
motor de dos tiempos policilíndrico | multicylinder double-acting engine.
motor de dos tiempos rápido de cilindros en V | high-speed Vee-type two-stroke-cycle engine.
motor de dos tiempos sobrealimentado | pressure-charged two-stroke engine.
motor de dos tiempos tetracilíndrico | four-cylinder two-stroke engine.
motor de dos tiempos tetracilíndrico de pistones opuestos | four-cylinder opposed-piston two-stroke engine .
motor de dos tiempos y doble efecto con barrido transversal | T-scavenging double-acting two-stroke engine.
motor de eje hueco | quill drive motor.
motor de elevación del carro transversal | cross-slide elevating motor.
motor de empuje de la cuchara | crowding engine.
motor de empuje lateral a proa | bow thrust engine.
motor de empuje orientable (aviones) | vectored thrust engine.
motor de encendido por compresión | c. i. engine.
motor de energía permanente (por muelles, etc.) | prime mover.
motor de engranaje | geared engine.
motor de entrehierro axial | axial air-gap motor.
motor de excitación mixta (electricidad) | compound motor.
motor de excitación mixta de polos auxiliares compensados | compensated compole compound-wound motor .
motor de explosión | explosion engine.
motor de extracción (minas) | hoisting engine | hoist.
motor de extracción Ward-Leonard de engranaje (minas) | geared Ward-Leonard winder.
motor de funcionamiento mixto que puede trabajar como diesel puro o como diesel con gas (pobre, del alumbrado, etc.) y una inyección pequeña de petróleo para inflamar el gas | oil-cum-gas engine.
motor de funcionamiento mixto que puede trabajar como diesel puro o como diesel con gas (pobre, del alumbrado, etcétera) y una inyección pequeña de petróleo para inflamar el gas | dual-fuel diesel engine.
motor de funcionamiento mixto que puede trabajar como diesel puro o como motor de gas de gran compresión con encendido por chispa | alternative-fuel engine.
motor de gas | gas engine | gas-fueled engine.
motor de gas con inflamación por inyección de fueloil | fuel-oil injection ignited gas engine.
motor de gas con inyección de petróleo para el encendido | gas-oil engine.
motor de gas con inyección pequeña de petróleo para producir la combustión | gas-cum-oil engine.
motor de gas de alta compresión con encendido por chispa | high-compression spark ignition gas engine.
motor de gas de alto horno | blast-furnace gas engine.
motor de gas industrial | gas motor.
motor de gas pobre | producer gas engine.
motor de gas radial con encendido por chispa | spark fired gas burning radial engine.
motor de gas sin mezcla | straight gas engine.
motor de gas sobrealimentado | pressure-charged gas engine.
motor de gasoil | oil motor | heavy oil engine.
motor de gasolina | gasoline motor.
motor de gasolina con arranque por pedal | kick-start petrol engine.
motor de gasolina con inyección de combustible por bomba | petrol injection engine.
motor de gasolina de cuatro tiempos | petrol four-stroke engine.
motor de gran gasto másico de aire | air swallowing engine.
motor de gran número de revoluciones | high revving engine.
motor de gran potencia | highly-rated engine | high-power engine.
motor de gran rendimiento | high-efficiency engine.
motor de grupo | group motor.
motor de ignición por compresión | compression-ignition engine.
motor de impulsión | driving-motor.
motor de impulsión del eje | axle driving motor.
motor de impulsión en apogeo | apogee kick motor.
motor de impulsión en apogeo (satélites) | apogee booster motor.
motor de impulsión en perigeo | perigee kick motor.
motor de inducción | induction motor.
motor de inducción con arranque por repulsión | repulsion-start induction motor.
motor de inducción con rotor devanado | wound-rotor induction motor.
motor de inducción de colector | commutator induction motor.
motor de inducción de gran par de pequeña inercia | low-inertia high-torque induction motor.
motor de inducción de repulsión | repulsion induction motor.
motor de inducción de rotor bobinado | wound-rotor induction motor.
motor de inducción de rotor cilíndrico de gran espesor | thick-cylinder induction machine.
motor de inducción de varias velocidades | multispeed induction motor.
motor de inducción de velocidad variable | speed-changing induction motor.
motor de inducción en que los polos pueden cambiarse en una cierta relación | pole-changing induction motor.
motor de inducción monofásico | single phase induction motor.
motor de inducción monofásico compensado | compensated single-phase induction motor.
motor de inducción polifásico | polyphase induction motor.
motor de inducción polifásico con devanado entre polos consecuentes | consequent-pole polyphase induction motor.
motor de inducción polifásico de anillo rozante | polyphase slip-ring induction motor.
motor de inducción sincrono | autosynchronous motor.
motor de inducción sincrono de histéresis | hysteresis-synchronous induction motor.
motor de inducción síncrono de polos salientes | salient-pole synchronous-induction motor.
motor de inducción síncrono polifásico autoexcitado | polyphase self-excited synchronous induction motor.
motor de inversión directa | direct reversing motor.
motor de inyección por bomba | mechanical injection engine | airless injection machine.
motor de inyección por bomba de alta compresión | high-compression airless-injection engine.
motor de inyección por bomba de los tiempos de simple efecto | single-acting two-stroke airless-injection engine .
motor de inyección por compresor | blast-injection engine.
motor de iones de cesio | cesium-ion engine.
motor de izada de la grúa de almeja (dragas) | grab-crane hoisting motor.
motor de la alimentación | feed motor.
motor de la bomba de aceite del servomotor | servo oil pump motor.
motor de la bomba impelente del combustible | fuel booster-pump motor.
motor de la mesa de rodillos (laminadores) | roller-table motor.
motor de laminador de ventilación forzada excitado en derivación | shunt-wound forced-ventilated mill motor.
motor de levas | cam engine.
motor de maniobra | control motor.
motor de máquina soplante | blowing engine.
motor de núcleo atraído | attracted-iron motor.
motor de número variable de polos | pole-change motor.
motor de ocho cilindros en línea | straight eight.
motor de orientación | training motor.
motor de par | torquer.
motor de par constante | even-torque motor.
motor de par limitador de corriente | current-limit torque motor.
motor de pequeña velocidad | slow-speed motor.
motor de pequeña velocidad angular | slow revving engine.
motor de petróleo lampante | petroleum engine | kerosene engine | paraffin-operated engine | lamp oil engine | paraffin engine.
motor de pistón libre | free-piston engine.
motor de pistón tubular | trunk engine.
motor de pistón tubular de cuatro tiempos con inyección por bomba | four-stroke trunk piston airless injection engine .
motor de pistón tubular de dos tiempos | two-stroke trunk piston engine.
motor de pistón tubular de inyección por bomba | airless injection trunk-piston engine.
motor de pistones | reciprocating engine.
motor de pistones libres | gasifier.
motor de pistones opuestos (motor en que las culatas de los cilindros están sustituidas por

un pistón de pequeña carrera accionado por excéntricas caladas en el cigüeñal) | coverless engine.
motor de pistones opuestos de simple efecto y dos tiempos | two-stroke-cycle single-acting opposed-piston engine.
motor de pistones opuestos excéntricos | eccentric-opposed-piston engine.
motor de pistones opuestos y culata móvil de doble efecto y dos tiempos | two-stroke double-acting coverless engine.
motor de plasma de inducción magnética | magnetic induction plasma engine | magnetic induction plasma motor.
motor de plasma para cohete | plasma rocket engine.
motor de plato | face-type motor.
motor de polos auxiliares | commutating-pole motor.
motor de polos variables | change-pole motor.
motor de potencia amplia | conservatively rated engine.
motor de potencia discontinua | power stepping motor.
motor de potencia menor de un caballo | fractional horsepower motor.
motor de potencia semihoraria | half hour rated motor.
motor de potencia unihoraria | one hour rated motor.
motor de propulsión por chorro | jet-propulsion engine | jet-propelled engine.
motor de pulsión monofásico bipolar | two-pole single-phase repulsion motor.
motor de puntería (cañón) | follow-up motor.
motor de puntería azimutal | training motor.
motor de puntería en elevación | elevating motor.
motor de reacción | aerojet | reaction engine | reactor | reaction motor.
motor de reacción directa | jet-propulsion engine.
motor de reacción por chorro de gases | jet.
motor de repulsión compensado | compensated repulsion motor.
motor de repulsión con escobillas fijas | fixed brushes repulsion motor.
motor de repulsión con excitación por el inducido | rotor repulsion motor.
motor de repulsión de arranque por capacitor | capacitor split phase motor.
motor de rotor bobinado | slipring motor.
motor de rotor en cortocircuito | squirrel-cage motor.
motor de separación del cohete auxiliar (satélites) | booster separation motor.
motor de simple efecto de cilindros opuestos | single-acting opposed-piston engine.
motor de subida | ascending motor.
motor de sustentación y de empuje (avión de despegue vertical) | lift thrust engine.
motor de sustitución | replacement engine.
motor de telar | loom motor.
motor de tensión ondulante | undulating-voltage motor.
motor de tobera orientable | vectoring nozzle engine.
motor de tracción | hauling engine.
motor de tracción alimentado por acumuladores de poco peso | lightweight battery-driven traction motor.
motor de tracción con el bastidor fundido en una sola pieza | box-frame motor.
motor de tracción de corriente continua | continuous-current traction motor.
motor de tracción en serie de corriente continua | direct current series-wound traction motor.
motor de tracción suspendido del eje | axle-hung traction motor.
motor de traslación del carro | crab traversing motor.
motor de turbina con hélice entubada | ducted-fan turbine engine.
motor de turbina de combustión con hélice entubada | turbofan.
motor de turbina de combustión que acciona un ventilador colocado en un conducto | turbofan.
motor de turbina de combustión que acciona una hélice colocada en un conducto | ducted-fan turbine engine.
motor de turbohélice (aviones) | turbine-propeller engine | turbocompound engine.
motor de turbohélice para aviación | turbo-compound aircraft engine.
motor de turbohélice sobrealimentado | supercharged turboprop.
motor de turbohélice supersónico | supersonic turbojet engine.
motor de un cohete de combustible líquido | chemical-rocket engine.
motor de uso general para servicio continuo | continuous-duty general purpose motor.
motor de válvulas laterales | F-head engine.
motor de velocidad ajustable por desplazamiento de las escobillas | brush-shift adjustable-speed motor.
motor de velocidad constante | constant-speed motor.
motor de velocidad constante equilibrado con precisión | precision-balanced constant speed motor.
motor de velocidad gradual (motor eléctrico) | stepper motor.
motor de velocidad regulable | varidrive motor | variable speed motor.
motor de velocidad regulada | governed motor.
motor de velocidad variable | polyspeed motor.
motor de ventilador montado sobre brida con lubricación por anillo | ring oiling flange mounting fan motor.
motor de 1 | twin-six engine.
motor decacilíndrico | ten-cylinder engine.
motor del aparato de gobierno con lubricación por anillo y protegido contra salpicaduras | dripproof ring oiling steering gear motor.
motor del avance | feed motor.
motor del chigre de popa (buques) | motor of aft winch.
motor del limpiaparabrisas | wiper motor.
motor del malacate (sondeos) | drawworks engine.
motor del módulo de servicio (cosmonaves) | control modulus motor.
motor del péndulo del regulador | governor pendulum motor.
motor del sincronizador (ametralladora aéra) | trigger motor.
motor del ventilador extractor | motor of the extraction ventilator.
motor del virador (motores) | pony-engine.
motor devanado en espiral | spring-wound motor.
motor diesel | oil engine | internal combustion engine | diesel | diesel engine | C.I. engine | I. C. engine | compression-ignition engine.
motor diesel alimentado con carbón pulverizado | pulverized coal-burning diesel engine.
motor diesel alternativo en que el cigüeñal gira en el sentido del reloj mirando desde la parte posterior | right-hand engine | right-hand engine.
motor diesel auxiliar marino sobrealimentado | pressure-charged marine auxiliary oil engine.
motor diesel bicilíndrico | twin diesel engine.
motor diesel combinado con turbina accionada por gases del escape | compounded compression-ignition gas-turbine engine.
motor diesel con arranque por inyección de gasolina | petrol-starting diesel engine.
motor diesel con cilindros de gran diámetro | large -bore oil engine.
motor diesel con compresión en el cárter | crankcase compression diesel engine.
motor diesel con enfriamiento por evaporación | evaporative-cooled diesel engine.
motor Diesel con inyección por compresor | blast-operated diesel engine.
motor diesel con recuperación del calor | diesel engined with heat recovery.
motor diesel con turbina de gases de exhaustación | compound diesel-gas turbine engine.
motor diesel de aspiración normal | normally-aspirated diesel engine.
motor diesel de cruceta de cuatro tiempos de inyección por bomba | four-stroke crosshead type airless-injection diesel engine.
motor diesel de cruceta de dos tiempos y simple efecto de seis cilindros | single-acting six-cylinder two-stroke crosshead diesel engine.
motor diesel de cuatro tiempos monocilíndrico de enfriamiento por aire y arranque en frío | cold-starting air-cooled single cylinder four-stroke diesel engine.
motor diesel de dos tiempos con barrido de lazo | two-cycle loop-scavenging oil engine.
motor diesel de dos tiempos de alimentación por pulsación | pulse-charged two-cycle diesel engine.
motor diesel de dos tiempos de cilindros opuestos | opposed-piston two-stroke oil engine.
motor diesel de dos tiempos de simple efecto directamente reversible | direct-reversible single-acting two-stroke diesel engine.
motor diesel de dos tiempos que puede funcionar con gas o con petróleo | oil and gas burning two-cycle diesel engine.
motor Diesel de inyección neumática | air injection oil engine.
motor diesel de inyección por bomba | compressorless motor.
motor diesel de poca compresión | low-compression oil engine.
motor diesel del grupo generador de babor (buques) | diesel engine of the port generating set.
motor diesel directamente acoplado y directamente reversible | directly-coupled direct-reversing diesel engine.
motor Diesel en que después de la combustión de la mezcla hay seis o más inyecciones de combustible mezclado con aire | airgoing Diesel engine.
motor Diesel enfriado por aire | aircooled Diesel engine.
motor diesel engranado | geared diesel engine.
motor diesel horizontal | horizontal diesel engine.
motor diesel liviano de alto rendimiento | lightweight high efficiency diesel engine.
motor diesel monocilíndrico autoenfriado | single-cylinder air-cooled diesel engine.
motor diesel monocilíndrico de inyección por bomba de cuatro tiempos completamente cerrado | single-cylinder totally enclosed four-cycle direct-injection oil engine.
motor diesel no sobrealimentado | normally-aspirated diesel engine.
motor diesel para ferrocarriles | rail traction diesel engine.
motor diesel para locomotoras | locomotive diesel engine.
motor diesel puro | full-scale diesel engine | pressure ignition engine | full-diesel motor.
motor diesel rápido | high-speed compression ignition engine.
motor diesel rápido de gran potencia | high-powered high-speed diesel engine.
motor diesel rápido de poca potencia | low-powered high-speed diesel engine.
motor diesel refrigerado por el combustible líquido | fuel-cooled engine.
motor diesel sin sobrealimentar directamente reversible de simple efecto | single-acting directly reversible naturally aspirated diesel engine.
motor diesel sobrealimentado | highly pressure charged diesel engine | turbodiesel.

motor diesel sobrealimentado de cuatro tiempos | supercharged four-stroke diesel engine.
motor dodecacilíndrico | twelve cylinder engine.
motor eléctrico con embrague (funciona el motor continuamente) | clutch motor.
motor eléctrico de jaula de ardilla con par de resbalamiento elevado | high slip-torque squirrel cage electric motor.
motor eléctrico estanco ventilado | ventilated drip-proof electric motor.
motor en cascada | concatenated motor.
motor en derivación sin polos auxiliares | noninterpole shunt motor.
motor en doble jaula de ardilla | double-squirrel-cage motor.
motor en estrella | radial engine.
motor en estrella aeroenfriado | radial air-cooled engine.
motor en estrella de dos planos de cilindros | twin row radial engine.
motor en jaula de ardilla de pequeña intensidad de arranque y gran par | high-torque low-starting-current squirrel cage motor.
motor en que la turbina que acciona la hélice no está acoplada mecánicamente al compresor (aviones) | free-running turbine engine.
motor en serie | cascade motor.
motor en serie compensado | compensated series motor.
motor en serie compensado conductivamente | conductively compensated series motor.
motor en serie compensado inductivamente | inductively compensated series motor.
motor en serie tetrapolar de ventilación forzada | four-pole series-wound force-ventilated motor.
motor en V invertida | inverted Vee engine.
motor eneacilíndrico | nine cylinder motor.
motor enfriado con agua dulce (buques) | fresh-water-cooled engine.
motor enfriado por agua y aire | air-water cooled motor.
motor enfriado por aletas | flange-cooled motor.
motor enfriado por depósito propio de agua | hopper cooled engine.
motor eólico | wind motor.
motor equilibrador bifásico de dos sentidos de rotación | reversible two-phase balancing motor.
motor equipado con inyección de combustible a un colector general de admisión | common-rail equipped engine.
motor estanco acorazado | totally enclosed watertight motor.
motor exacilíndrico | six-cylinder engine.
motor exapolar de corriente continua | six-pole direct corrent motor.
motor excitado en serie | series motor.
motor excitado por metadino | metadyne-excited motor.
motor exterior del ala de babor (avión cuatrimotor) | port outer.
motor fácil de poner en marcha | ready-to-operate engine.
motor fijo con refrigeración por aire | air-cooled stationary engine.
motor fónico | phonic motor.
motor fotónico | photon engine.
motor frío (que no arranca por el frío) | cold soaked engine.
motor fuera borda | outboard motor.
motor generador de excitación | motor generator exciter.
motor hermético | hermetic motor.
motor hidráulico | hydraulic engine | water motor.
motor hidráulico con inversión del sentido de giro | reversible hydraulic motor.
motor hidrostático de pistones radiales | radial-piston hydrostatic motor.
motor horizontal | horizontal engine.
motor horizontal policilíndrico de cilindros opuestos | multicylinder horizontal vis-a-vis engine.
motor interior (avión tetramotor) | inboard engine.
motor interior del ala de babor (avión cuatrimotor) | port inner.
motor iónico | ionic engine.
motor iónico de cesio | cesium ion engine.
motor irreversible | unidirectional engine.
motor irreversible polifásico de jaula de ardilla | polyphase nonreversing squirrel cage motor.
motor lateral | wing motor.
motor lento directamente acoplado | low-revolution directly-coupled engine.
motor liviano | lightweight engine.
motor locomóvil | locomotive engine.
motor logarítmico (electricidad) | logarithmic motor.
motor marino | marine motor | marine engine.
motor marino de propulsión nuclear | atomic-powered marine engine.
motor más alejado del fuselaje (avión tetramotor) | outboard engine.
motor misílico de propergol sólido | solid-propellant missile motor.
motor monocilíndrico | one-cylinder engine | single-cylinder engine.
motor monocilíndrico de dos tiempos aeroenfriado | one-cylinder two-stroke air-cooled engine.
motor monofásico | single-phase motor.
motor monofásico con devanado auxiliar de arranque | split-phase motor.
motor monofásico de campo dividido | split-field motor.
motor monofásico de colector | single-phase commutator motor.
motor monofásico de tres conductores | split-phase motor.
motor monofásico excitado en derivación | single-phase shunt motor.
motor monofásico excitado en serie | single-phase series motor.
motor montado elásticamente | flexibly mounted engine.
motor montado en el bogie | bogie-mounted motor.
motor montado en la caja (coche ferrocarril) | frame-mounted motor.
motor montado en una basa | pedestal-mounted motor.
motor montado en una plataforma | platform-mounted motor.
motor montado sobre soporte de escudo | endshield-mounted motor.
motor montado sobre una basada listo para funcionar | packaged power unit.
motor muy revolucionado | quick-revolution engine | high-speed motor | high-revving engine.
motor no sobrealimentado | unsupercharged engine | atmospherically-charged engine | nonsupercharged engine | nonturbocharged engine.
motor no ventilado | nonventilated motor.
motor octocilíndrico de dos tiempos | eight cylinder two-stroke engine.
motor octocilíndrico en V | eight-cylinder V engine.
motor oscilante lineal (electricidad) | linear oscillating motor.
motor para amantillar el brazo (grúas) | luffing motor.
motor para amantillar plumas de carga (buques) | derrick topping unit.
motor para dos voltajes | dual-voltage motor.
motor para el alerón | aileron booster.
motor para el avance del cabezal vertical | vertical head feed motor.
motor para el giro (grúas) | slueing motor | slewing motor.
motor para el horno (fábrica cemento) | kiln motor.
motor para exploración rápida (radar) | slewing motor.
motor para izar | hoisting motor.
motor para la aproximación de los cilindros (laminadores) | screwdown motor.
motor para la dirección | steering engine.
motor para la rotación del brazo (grúas) | swinging engine.
motor para laminador | mill motor.
motor para laminadores | mill type motor.
motor para lanchas | launch engine.
motor para punterías en elevación y azimutal (cañones) | laying and training motor.
motor para telares de gran par de arranque | high-starting torque loom motor.
motor para trabajar en condiciones tropicales de calor y humedad | tropical-rated motor.
motor para usos generales | general-purpose motor.
motor para vehículos automóviles | automotive engine.
motor parado | dead engine.
motor paramétrico | parametric motor.
motor paso a paso | stepper motor.
motor paso a paso de reluctancia variable | variable-reluctance stepper motor.
motor pentacilíndrico | five-cylinder engine.
motor pequeño de gasolina | put-put.
motor poco revolucionado | slow revving engine.
motor policilíndrico | multiple cylinder engine.
motor policilíndrico en línea | multicylinder in-line engine.
motor policombustible | all-fuel engine.
motor polifásico compensado excitado en derivación | compensated polyphase shunt motor.
motor polifásico de colector | polyphase commutator motor.
motor polifásico de colector con devanado mixto | compound-wound polyphase commutator motor.
motor polifásico de colector de velocidad variable | polyphase variable speed commutator motor.
motor polifásico de velocidad regulable | varying-speed polyphase motor.
motor polifásico en derivación | stator-fed shunt motor.
motor polifásico excitado en derivación | polyphase shunt motor.
motor polifásico excitado en serie | series polyphase motor.
motor polifásico sin conmutador | multiphase commutatorless motor.
motor portátil de pequeña potencia | power mule.
motor portátil que se coloca exteriormente a popa (embarcaciones) | outboard engine.
motor primario | prime mover.
motor principal | main engine.
motor principal de propulsión | main propulsion motor.
motor principal de un cohete | booster.
motor probado a toda su potencia | power-tested engine.
motor propulsor | pusher engine | propulsion motor | propeller motor.
motor propulsor (buques) | main engine.
motor propulsor de reserva para caso de avería del motor propulsor principal (buques) | take-home motor.
motor protegido contra goteos | drip-protected motor.
motor protegido contra goteras | drippoof motor.
motor protegido contra salpicaduras | drippoof motor.
motor que arranca directamente de la línea (sin reóstato) | direct-on-line starting motor.
motor que funciona con gas industrial y una inyección pequeña de petróleo | oil-cum-town's gas engine.
motor que funciona irregularmente | rough

engine.
motor que ha cumplido el plazo (para reparar o ser reconocido) | due engine.
motor que lleva en sí el mando de todos los accesorios necesarios para su funcionamiento (como bomba de agua de enfriamiento, bomba de lubricación, bomba de barrido, etc.) | self-contained motor.
motor que necesita una recorrida por haberse cumplido el plazo | time-expired engine.
motor que no gira con facilidad | stiff motor.
motor que puede funcionar con dos combustibles | convertible engine.
motor que puede funcionar con petróleo o con gas | dual-fuel gas-oil engine.
motor que puede funcionar indistintamente con varios combustibles | multifuel engine.
motor que todavía no ha funcionado en vuelo (aviones) | green engine.
motor que utiliza el calor de la combustión para precalentar el aire o el combustible que aspira | regenerative engine.
motor radial de multicoronas de cilindros | multirow radial engine.
motor radial de varias coronas de cilindros | multibank radial engine.
motor rápido | quick-revolution engine | high-speed motor.
motor rápido de cuatro tiempos muy sobrealimentado y de gran potencia | high-powered highly pressure-charged fast-running four-stroke engine.
motor rápido de gran compresión | high-compression high-speed engine.
motor reacondicionado | reconditioned motor.
motor recalentado | hotted-up engine.
motor reconstruido | rebuilt motor.
motor reforzador | booster motor.
motor regulado reostáticamente | rheostatically controlled motor.
motor reparado | reconditioned motor.
motor repasado | overhauled engine.
motor rodado en tierra (aviación) | ground-run engine.
motor seccionado en tamaño natural | full size sectioned engine.
motor seccionado para fines de enseñanza | instructional-sectioned engine.
motor seguro | reliable engine.
motor semidiesel | semidiesel engine.
motor sensible a la calidad del combustible empleado | fuel-sensitive engine.
motor sin accesorios | bare engine | powerplant.
motor sin colector | commutatorless motor.
motor sin cruceta | trunk engine.
motor sin cruceta de dos tiempos | two-stroke trunk piston engine.
motor sin cruceta de inyección por bomba | airless injection trunk-piston engine.
motor sin inversión del sentido de giro | unidirectional engine.
motor sincrónico polifásico | polyphase synchronous motor.
motor sincrónico por histéresis | hysteresis synchronous motor.
motor sincronizador síncrono | synchronous timing motor.
motor síncrono de anillos rozantes | synchronous slip-ring motor.
motor síncrono de gran par de arranque | high-torque sychronous motor.
motor síncrono de polos laminares salientes | salient laminated-pole synchronous motor.
motor síncrono de reluctancia | reluctance motor.
motor síncrono monofásico
motor síncrono vertical con rangua inferior | umbrella-type vertical synchronous motor.
motor síncrono-asíncrono | synchronous-asynchronous motor.
motor situado en el fondo de la perforación (sondeos) | downhole motor | bottom-hole motor.
motor sobre resortes montado en el bastidor (locomotoras) | frame-mounted spring-born motor.
motor sobrealimentado | forced-induction engine | supercharged motor | pressure-charged engine.
motor sobrealimentado con reductor de velocidad | geared supercharged motor.
motor sobrealimentado de cuatro tiempos | four-stroke supercharged engine.
motor sobrealimentado para locomotoras diesel | pressure-charged rail traction engine.
motor sobrealimentado rápido | fast-running boosted engine.
motor sólido | robust engine.
motor sumergible | submersible.
motor suspendido (locomotora eléctrica) | hung motor.
motor suspendido de un resorte | spring-borne motor.
motor suspendido por un extremo (locomotora eléctrica) | nose-suspended motor.
motor suspendido por un extremo y apoyado en el eje (ferrocarril) | axlehung nose-suspended motor.
motor térmico | heat engine.
motor termoelectrónico | thermoelectron engine.
motor termopropulsor | thermal jet engine.
motor tetracilíndrico | four-cylinder motor.
motor textil hermético a las borras | lintfree textile motor.
motor tipo nonio (motor de tipo síncrono de reluctancia en que un débil desplazamiento del rotor produce un gran desplazamiento de los ejes de permeancia) | vernier motor.
motor toroidal (pistón curvado trabajando en un cilindro toroidal) | toroidal engine.
motor totalmente cerrado inexplosible | explosionproof fully closed motor.
motor totalmente despiezado | stripped down engine.
motor trifásico | three-phase motor.
motor trifásico con volante muy pesado que almacena energía para la propulsión (autobús, etc.) | gyro-generator.
motor trifásico conectado en triángulo | delta-connected three-phase motor.
motor trifásico de colector | three-phase commutator motor.
motor trifásico de colector en derivación | three-phase commutator-shunt motor.
motor trifásico de jaula de ardilla con cambiador del número de polos | pole-changing three-phase squirrel-cage motor .
motor turboalimentado por impulsiones | pulse-turbocharged engine.
motor turbohélice | turboprop engine.
motor turborreactor | turbojet engine.
motor turborreactor a postcombustión | turboramjet engine.
motor turbosobrealimentado | turbosupercharged engine.
motor turbosobrealimentado por los gases de exhaustación | exhaust turbopressure-charging engine | exhaust-turbocharged engine.
motor ventilado | ventilated motor.
motor ventilado por corriente de aire a presión | forced-draught-ventilated motor.
motor ventilado y blindado | enclosed ventilated motor.
motor vertical | vertical engine.
motor y al aire | pull-up.
motor-convertidor | cascade converter.
motores acoplados en cascada | concatenated motors.
motores alternativos acoplados | coupled piston engines.
motores animados | hand-power.
motores auxiliares accionados por la línea de ejes (cámara máquinas de buques) | propeller shaft-driven auxiliaries.
motores cohéticos aceleradores colocados en grupo alrededor de la periferia (misiles) | wrap-around booster motors.
motores cohéticos aceleradores colocados exteriormente alrededor de la periferia (misiles) | wrap-round boosts.
motores de velocidad media de la tercera generación | third-generation medium-speed engines.
motores diesel engranados a un eje propulsor único | single-screw diesel machinery.
motores en barquillas debajo del ala (aeronaves) | underwing podded engines.
motores idénticos dispuestos en forma tal que tienen los accesorios como árbol de levas (es decir enfrente unos de otros - motores marinos) | mirror-handed engines.
motores inanimados | mechanical power.
motores montados en las alas | wing-mounted engines.
motores pareados | paired engines.
motorismo | motoring.
motorista | motor mechanic.
motorista (el que conduce un auto o una moto) | motorist.
motorización | motorization | mechanization.
motorizado | motor-actuated | motorized | motor-driven | motorized | motor-operated | self-propelled | power-actuated | power-operated | powered | power-driven.
motorizar | mechanize (to) | power (to) | motor-power (to).
motorizar (columnas) | motor (to).
motorizar (EE.UU.) | motorize (to).
motorizar (G.B.) | motorise (to).
motorpropulsado | motor-propelled.
motosegadora | self-propelled mower.
motoserrista | power saw operator.
motosierra | power saw.
mototractor | tractor-scraper.
mototraílla | tractor-scraper.
mototrilladora | motor thresher.
motoviticultura | motoviticulture.
motricidad | motricity | motivity.
motriz | motory.
movedizo | moveable | movable.
movedizo (arenas, pizarras) | heaving.
movedizo (terrenos) | floating | yielding | running.
movedizo (terrenos, etc.) | quick.
mover | operate (to) | drive (to) | transfer (to) | transmit (to) | concuss (to) | actuate (to).
mover (máquinas herramientas) | feed (to).
mover a mano la hélice (aviones) | swing a propeller (to).
mover con aparejo | purchase (to).
mover con corriente de agua | sluice (to).
mover con el gato | jack (to).
mover con exceso las superficies de mando en una dirección y contrarrestar con un movimiento mayor en dirección opuesta (aviones) | overcontrol (to).
mover con intermitencia | jog (to).
mover con pala de arrastre (minas) | slush (to).
mover de sitio (buques) | shift (to).
mover de un fondeadero a otro (buques) | shift (to).
mover de un muelle a otro a través de un río (buques) | haul (to).
mover el cebo sobre la superficie del agua (pesca) | dap (to).
mover el timón de un lado al otro (aviones) | walk the rudder (to).
mover el vientre | move (to).
mover en azimut (cañón) | drive in train (to).
mover en dirección (cañón) | drive in train (to).
mover gradualmente | step (to).
mover la carga | spot (to).
mover la cola de un lado a otro para perder velocidad antes de aterrizar (aviones) | fishtail (to).
mover la estiba para descubrir mercancías de contrabando (buques) | rummage (to).
mover las alas hacia arriba y hacia abajo

(avión en vuelo) | waggle (to).
mover las compuertas (turbinas) | gate (to).
mover lateralmente | traverse (to).
mover muy rápidamente la manecilla de gases (motores) | rumble (to).
mover o girar una pequeña cantidad (máquinas) | inch (to).
mover rectilíneamente | move rectilinearly (to).
mover un buque por medio de estachas (hechas firmes en boyas, norays, etc.) | warp (to).
mover un cabo para igualar su desgaste (buques) | freshen the nip (to).
mover una carga suspendida de un andarível | telegraph (to).
moverse a saltos | hitch (to).
moverse a tirones | jerk (to).
moverse bruscamente a causa del huelgo (mecanismos) | jump (to).
moverse con sacudidas suaves | joggle (to).
moverse de un lado a otro | traverse (to).
moverse por medio de una pértiga que se apoya sobre el fondo (navegación fluvial) | prick (to).
moverse rápidamente | jerk (to).
moverse sobre el agua con ayuda de los motores (hidroavión) | water-taxi (to).
moverse sobre la pista (sobre las ruedas del aterrizador) | roll (to).
movibilidad | moveability.
movible | mobile | movable | moveable.
movida | drive.
movido a brazo | manually operated.
movido a mano | hand-pushed.
movido eléctricamente | electrically operated.
movido hacia abajo | downthrown.
movido por acumuladores | battery-powered.
movido por cremallera | rack-operated.
movido por motor | motor-operated.
movido por motor (máquina) | motor.
movido por vapor | steam-actuated.
moviéndose activamente | actively-moving.
moviéndose curvilíneamente | arcuately movable.
moviéndose en un campo alineado | moving in an aligned field.
moviéndose lentamente | slowly moving.
moviéndose sin cesar | continuously moving | ever-moving.
moviéndose sobre un monocarril | monorail-riding.
móvil | force | mobile | nonstationery | body in motion | displaceable | moveable | motile | movable | travelling.
móvil (blanco) | fleeting.
móvil (cargas) | live.
móvil (de una acción) | prime mover.
móvil (grúas) | walking.
móvil (poleas, etc.) | loose.
móvil (puerta) | removable.
móvil (substantivo) | driving-power.
móvil en una o en las dos direcciones | movable in only one or both directions.
móvil lateralmente | laterally-movable.
movilidad | movability | motility.
movilidad (de la tela) | drapability.
movilidad de deriva electrónica | electron-drift mobility.
movilidad de desplazamiento | drift mobility.
movilidad de la mano de obra | labor mobility | labor turnover.
movilidad de la pared del dominio | domain wall mobility.
movilidad de los electrones del antimoniuro de galio | gallium-antimonide electron mobility.
movilidad de los electrones del antimoniuro de indio | indium-antimonide electron mobility.
movilidad de un ion | ion mobility.
movilidad electroforética | electrophoretic mobility.
movilidad electrónica | electron mobility.
movilidad geográfica de la mano de obra | geographic labor mobility.
movilidad iónica | ionic mobility.
movilidad laboral | labor mobility.
movilidad laboral interindustrial | interindustry labor mobility.
movilidad molecular | molecular motivity.
movilidad social | social mobility.
movilización | mobilization | mobilization.
movilización (de capitales) | liberation | liquidation.
movilización (del finero) | setting free.
movilización industrial | industrial mobilization.
movilización parcial | limited mobilization | partial mobilization.
movilizar | mobilize (to).
movilizar (capitales) | liberate (to).
movilizar (EE.UU.) | muster in (to).
movilizar capitales | liquidate (to).
movimiento | movement | movement | moving | move | action | activity | running | traffic | motion | flow.
movimiento (corriente eléctrica, fluidos) | flow.
movimiento (de reloj) | movement.
movimiento (de un vehículo) | riding.
movimiento (mercado) | feeling.
movimiento (relojería) | action.
movimiento (relojes) | motion work.
movimiento a mano lento | fine hand motion.
movimiento a paso de peregrino | intermittent return motion.
movimiento absidal (astronomía) | apsidal motion.
movimiento absoluto | absolute motion.
movimiento acelerado | increasing motion | accelerated motion.
movimiento acreedor | total of credit entries.
movimiento activo | operative motion.
movimiento adquirido | impressed motion.
movimiento al azar | chance move.
movimiento alcista de los precios | upward price movement.
movimiento alternativo | reciprocating motion | alternating motion | alternate motion.
movimiento alternativo ascendente y descendente | reciprocating vertical movement.
movimiento angular | angular motion.
movimiento angular armónico simple | simple angular harmonic motion.
movimiento angular indeseable del haz radárico guiador (misiles teleguiados) | beam jitter.
movimiento anormal | irregular-looking motion.
movimiento aparente | apparent motion.
movimiento aperiódico | nonperiodic motion.
movimiento armónico simple | simple harmonic motion.
movimiento arrastrando los pies | crawl.
movimiento ascendente | ascending motion.
movimiento automático | power traverse | automatic movement | power.
movimiento automático y hacia arriba de la información en una pantalla (ordenador) | scrolling.
movimiento autónomo | autogenic movement | autonomous movement.
movimiento axial | endlong movement.
movimiento basculante | rolling motion | tilting motion.
movimiento bidimensional | plane motion.
movimiento browniano | pedesis.
movimiento browniano rotacional | rotational Brownian motion.
movimiento campesino | peasant movement.
movimiento casi cónico | quasi-conical motion.
movimiento circular | circling movement.
movimiento componente | individual motion.
movimiento comunicado | communicated movement.
movimiento continuo en hielo (buque) | continuous motion in ice.
movimiento contrario | countermovement.
movimiento cuspidal | cuspidal motion.
movimiento de agricultores | granger movement.
movimiento de aleteo (helicópteros) | flapping motion.
movimiento de almacenes (entradas y salidas) | inventory turnover.
movimiento de amantillado (grúas) | derricking action.
movimiento de amantillar (grúas) | luff motion.
movimiento de aproximación de la muela (rectificadora) | run-in motion.
movimiento de arranque brusco | impulsively started motion.
movimiento de arriba abajo y de derecha a izquierda (cámara tomavistas) | tonguing.
movimiento de avance | feed motion | forward motion | infeed movement | feeding motion.
movimiento de avance (máquina herramienta) | feed movement.
movimiento de avance automático | automatic feeding motion.
movimiento de avance autoselectivo | self-selecting feed motion.
movimiento de avance hacia abajo | downward-feeding motion.
movimiento de avance intermitente | intermittent forward movement.
movimiento de avance longitudinal (tornos) | sliding.
movimiento de avance transversal (máquina herramienta) | surfacing.
movimiento de avance y retroceso | forward-and-backward movement | back-and-forth motion | backward-and-forward motion.
movimiento de bajada | lowering movement | downward-travel.
movimiento de balance | rolling motion.
movimiento de balance (buques) | rocking motion.
movimiento de balanceo (buques) | swaying motion.
movimiento de báscula | bascule movement | rocking motion.
movimiento de basculación | tilting movement.
movimiento de batido | churning motion.
movimiento de cabeceo (locomotora) | lurching.
movimiento de cambio de velocidad (autos) | catch motion.
movimiento de ciar (buques) | astern motion.
movimiento de cierre de la mordaza | nipper closing movement.
movimiento de cilindrado (tornos) | traversing motion.
movimiento de datos | data transfer.
movimiento de desarrollo positivo de acción directa | direct-acting positive let-off motion.
movimiento de desarrollo positivo de acción indirecta | indirect acting positive let-off motion.
movimiento de descenso | lowering movement.
movimiento de dislocación coplanar | coplanar dislocation motion.
movimiento de dislocación viscoso | viscous motion of dislocation.
movimiento de entrada del carro (selfactina) | reengaging motion.
movimiento de galope (locomotoras) | pitch | hunting | pitching | pitching motion.
movimiento de ida y vuelta (vaivén) | come-and-go.
movimiento de inserción de la trama (telares) | picking movement.
movimiento de inversión | turning motion.
movimiento de iones superficial | surface ion motion.
movimiento de izada | lifting movement.
movimiento de la carga entre el buque y el muelle | transfer.
movimiento de la corriente eléctrica | electromotion.
movimiento de la corteza terrestre | earth crustal movement.

movimiento de la pala sobre su encastre de la raíz en el plano de rotación (generador eólico) | dragging.
movimiento de la pala sobre su encastre hacia fuera de la torre de sustentación (generador eólico) | coning.
movimiento de la silleta portafresa generatriz | hob-saddle motion.
movimiento de lanzadera (locomotora) | nosing effect.
movimiento de lanzadera (locomotoras) | hammering | nosing | out-of-plane effect.
movimiento de las alas hacia arriba y hacia abajo (avión en vuelo) | waggle.
movimiento de las compras | routine of purchasing.
movimiento de lazo | wobbling.
movimiento de lazo (ferrocarril) | hunting.
movimiento de lazo (vagones) | rocking motion | rocking.
movimiento de los lizos por excéntrico | cam harness motion.
movimiento de llamada | back motion.
movimiento de manivela | hand drive.
movimiento de materiales | materials handling.
movimiento de mercancías | cargo turnover | goods traffic.
movimiento de origen hidráulico | hydraulically produced motion.
movimiento de oscilación del rotor en el plano de rotación alrededor de la charnela (helicóptero) | lagging motion.
movimiento de oscilación lateral (buques) | yawing.
movimiento de oscilación vertical | heaving.
movimiento de parada regulable | adjustable stop motion.
movimiento de precios del mercado de materias primas | primary market price movement.
movimiento de prehensión | grasping movement.
movimiento de puntería azimutal del director de tiro | director training movement.
movimiento de puntería en elevación del director de tiro | director-elevating movement.
movimiento de relojería | clockwork movement | horological movement | clockwork.
movimiento de retirada (milicia) | retrograde movement.
movimiento de retorno rápido | quick-return motion.
movimiento de retracción | retracting movement | off movement.
movimiento de retroceso | receding motion | recoiling motion | recoil | retrograde motion.
movimiento de rodadura | rolling movement.
movimiento de rotación | turning motion.
movimiento de rotación de una persona alrededor del eje cabeza-pies (medicina de aviación) | pirouette movement.
movimiento de rotación sobre sí mismo (electrones) | spin.
movimiento de rueda dentada y trinquete | pawl-and-ratchet motion.
movimiento de seguridad (relojería) | safety action.
movimiento de separación de la muela abrasiva (rectificadoras) | runback movement.
movimiento de subida | lifting movement.
movimiento de subida y bajada | rising and falling.
movimiento de subida y bajada (olas o el buque) | heave.
movimiento de tenaza (estrategia) | pincer movement.
movimiento de tierras | dirt moving | earthmoving | earthworking | earthwork | earth removal | earthworks.
movimiento de traslación del carro sobre el puente-grúa | cross travel.
movimiento de traslación del puente-grúa | long travel.
movimiento de trenes | arrivals and departures.
movimiento de tropas en tránsito de una zona a otra | staging.
movimiento de un alud | avalanching.
movimiento de un líquido en el interior de un tanque (buques) | sloshing.
movimiento de una partícula al ser alcanzada por una partícula rápida o un fotón (nucleónica) | knock-on.
movimiento de una radioonda desde su origen a la ionosfera y retorno a tierra (electrónica) | hop.
movimiento de vaivén | forward and reverse motion | back and forth motion | reciprocating motion | alternating motion | alternate motion | shuttle action | forward-and-backward movement | reciprocatory motion.
movimiento de vaivén horizontal | horizontal swinging movement.
movimiento de vaivén vertical de una capa delgada de hielo | bending.
movimiento de volteo | turning motion.
movimiento de volteo automático | automatic turning motion.
movimiento del aire a lo largo del modelo de avión | motion of air past aeroplane model.
movimiento del brazo (grúas) | jib movement.
movimiento del centro de masas | center-of-mass motion.
movimiento del grisú entre los estratos (minería) | firedamp migration.
movimiento del haz radárico al buscar un blanco | radar scan.
movimiento del haz radárico en el espacio | sweep.
movimiento del hielo (de un glaciar) | flowage.
movimiento del metal en el punzonado (chapas) | crowding.
movimiento del puente | bridge drive.
movimiento descendente | downward-motion.
movimiento desmodrómico | positive movement.
movimiento desordenado | random walk.
movimiento diapason-transistor | tuning fork-transistor movement.
movimiento diario de población | dayly migration.
movimiento diferencial entre la vaina y el combustible nuclear (reactor nuclear) | ratchetting.
movimiento dirigido | constrained movement.
movimiento disyuntivo | disjunctive movement.
movimiento diurno medio | mean daily motion.
movimiento en el agua antes de levantarse sobre el rediente (hidros) | plowing.
movimiento en gran escala | large-scale motion.
movimiento en que la rueda exterior de delante apoya contra el carril mientras que la de atrás se inscribe en la curva (locomotoras) | spear-flight movement.
movimiento en varios planos | multiplane motion.
movimiento en zigzag | tack.
movimiento envolvente | encircling movement | outflanking movement.
movimiento envolvente (ejércitos) | turning movement | envelopment | enveloping movement.
movimiento epeirógeno | plateau building movement.
movimiento epirogenico | epeirogenic movement.
movimiento errático | random motion.
movimiento espontáneo | impulse.
movimiento eustático | eustatic movement.
movimiento excéntrico | eccentric motion.
movimiento fluctuante | floating motion.
movimiento fluyente del agua | running down.
movimiento forzado | forced movement | guided motion.
movimiento giratorio | swiveling.
movimiento giratorio oscilante | oscillating rotary motion | oscillatory rotary motion.
movimiento giroscópico (proyectil) | yawing motion.
movimiento glaciárico | glacial flowage.
movimiento gobernado con precisión | precisely controlled motion.
movimiento guiado | guided motion.
movimiento hacia abajo | roll-down.
movimiento hacia adelante | ongoing | ahead motion | ahead running.
movimiento hacia arriba | roll-up.
movimiento hacia atrás (buques) | sternway.
movimiento hacia atrás del avión después de parado en la cubierta de vuelos (mal funcionamiento del aparato de parada) | walk back.
movimiento hidrocrático | hydrocratic movement.
movimiento huelguístico | strike movement.
movimiento impelente de las olas | send of the sea.
movimiento inminente | impending motion.
movimiento interestratal | interstratal movement.
movimiento inuniformemente acelerado | irregularly-accelerated motion.
movimiento inverso | back-action.
movimiento irregular | break up movement.
movimiento laminar | steady flow | streamline flow.
movimiento lateral | lateral motion | traversing.
movimiento lateral de la imagen | lateral image movement.
movimiento latitudinal | latitudinal movement.
movimiento lento de izada (grúas) | inching.
movimiento lento de la aguja (galvanómetro) | drifting.
movimiento lento de una parte de una estructura o pieza metálica con relación a otra parte | creep.
movimiento lento del pistón por válvulas que pierden (prensa hidráulica) | creep.
movimiento limitado | limited movement.
movimiento localmente induci do | locally induced motion.
movimiento longitudinal | sliding motion | traversing motion.
movimiento longitudinal automático | automatic longitudinal movement.
movimiento longitudinal de los carriles (vías de una sola dirección) | rail creeping.
movimiento longitudinal del carro (tornos) | traverse.
movimiento mandado | constrained movement | positive movement.
movimiento mecánicamente sincronizado | mechanically synchronized movement.
movimiento mecánico | power motion.
movimiento mecánico rápido | rapid power traverse.
movimiento mecánico transversal lento | fine power traverse.
movimiento micrométrico entre dos partes | micrometric movement between two parts.
movimiento micrométrico relativo entre dos partes | relative micrometric movement between two parts.
movimiento militar antes de empezar las hostilidades | sneak.
movimiento muy lento | creep.
movimiento no deseado (sistema de control) | backlash.
movimiento no oscilatorio | deadbeat motion.
movimiento no uniformemente acelerado | nonuniformly accelerated motion.
movimiento no uniformemente retardado | nonuniformly retarded motion.
movimiento nutacional | nutational motion.
movimiento oblicuo | skew.
movimiento oblicuo (milicia) | oblique.
movimiento ondulante | snaking motion.
movimiento ondulatorio | porpoise | wave motion.
movimiento ondulatorio al hidroplanear (hidroaviones) | porpoising.
movimiento orogénico | mountain-making mo-

vement | mountain-forming movement.
movimiento oscilante | pendulous motion | rocking motion | rocker movement.
movimiento oscilante de corta duración | short-stroke oscillating movement.
movimiento oscilante de la mordaza | nipper oscillating movement.
movimiento oscilante en el plano del disco del rotor alrededor de la charnela (helicópteros) | in-plane motion.
movimiento oscilatorio | oscillatory motion.
movimiento pantográfico | pantograph motion.
movimiento para dejar libre (mecanismo, herramientas) | releasing motion.
movimiento peculiar (astronomía) | motes peculiares.
movimiento pendular | hunting.
movimiento péndulo-circular | circular pendulum movement.
movimiento perdido (máquina herramienta) | lost motion.
movimiento periódico amortiguado | damped periodic motion.
movimiento periódico de la corteza terrestre causado por las fuerzas de atracción del sol y de la luna | earth tide.
movimiento permanente | steady flow.
movimiento planetario | planetary motion.
movimiento plástico | plastic flow.
movimiento por cruz de Malta | Geneva-Cross movement.
movimiento por diente | claw movement.
movimiento por impulsión en el plano | plane impulsive motion.
movimiento por trinquete | ratchet-drive.
movimiento predominante | predominant movement.
movimiento propagacional | propagational movement.
movimiento propio (astronomía) | real movement.
movimiento provocado | induced movement.
movimiento pulsatorio | throb.
movimiento punto por punto regulado por relé | relay-controlled point-to-point movement.
movimiento rápido (máquinas, tornillos) | coarse motion.
movimiento rápido a mano | coarse hand motion.
movimiento rápido del cabezal vertical | vertical head rapid traverse.
movimiento rápido del timón de dirección (aviones) | kicking the rudder.
movimiento recíproco | reversible motion.
movimiento rectilíneo | linear motion | rectilinear motion.
movimiento relativo | apparent motion | relative movement | relative motion.
movimiento reptante | creeping movement.
movimiento retardado | lagging.
movimiento retractivo | retractive movement.
movimiento retrógrado | regress | retrocession | retrogressive movement | retrograde motion | retrograde movement.
movimiento rotatorio (témpano de hielo) | screwing.
movimiento selectivo | selected movement.
movimiento semicircular de la punta del electrodo (electrosoldadura manual) | weaving.
movimiento separante | separating movement.
movimiento separativo | separating movement.
movimiento sinusoidal | harmonic motion.
movimiento sísmico | seismic shock.
movimiento submarino | submarine motion.
movimiento talasocrático | thalassocratic motion.
movimiento transportador | creeper motion.
movimiento transversal | cross-sliding motion | crosswise movement | transversing motion | traversing.
movimiento transversal accionado a mano (máquina herramienta) | hand-operated cross traverse.
movimiento transversal automático | automatic transverse movement.
movimiento transversal de la herramienta (tornos) | surfacing motion.
movimiento transversal de un cable al irse arrollando en su tambor | fleet.
movimiento turbulento | eddying motion.
movimiento turbulento anisotropo | nonisotropic turbulent motion.
movimiento uniforme | equable motion.
movimiento uniformemente acelerado | uniformly accelerated motion.
movimiento variado | nonuniform motion | irregular motion | variable motion.
movimiento vertical (buques) | heaving.
movimiento vertical (radar) | tilting.
movimiento vertical alternativo | rock.
movimiento vertical ascendente | upward motion.
movimiento vertical de la imagen | picture jump.
movimiento vertical de las juntas de carriles (al pasar las ruedas) | pumping.
movimiento vertical descendente | downward motion.
movimiento vertical diario | daily vertical movement.
movimiento vertical rápido (máquina herramienta) | rapid vertical traverse.
movimiento vinculado | restricted motion.
movimiento vorticoso (hidráulica) | whirling motion.
movimiento vorticular | vorticular movement.
movimientos (de despegue o de aterrizaje-aeropuertos) | movements.
movimientos acrobáticos efectuados por una persona sobre un avión | aerial acrobatics.
movimientos alternativos | up-and-down movements | nodding.
movimientos angulares alrededor de un eje vertical (buques) | yaw.
movimientos anormales de oscilación y levantamieno de las ruedas delanteras (automóviles) | shimmy.
movimientos balísticos bilaterales | bilateral ballistic movements.
movimientos bruscos del propulsante líquido en los depósitos (misiles) | sloshing.
movimientos conjugados | conjugate movements.
movimientos de la caldera debidos a la temperatura y presión | breathing of the boiler.
movimientos de natalidad | movements in birth.
movimientos de precios a lo largo del año | price movements over the year.
movimientos demográficos | movement of population.
movimientos eustáticos | eustatic movements.
movimientos forzosos | compulsory movements.
movimientos lineales en dirección proa-popa (buques) | surge.
movimientos lineales en dirección transversal (buques) | sway.
movimientos lineales en dirección vertical (buques) | heave.
movimientos negativos del nivel del mar | negative movements of the sea level.
movimientos populares | civil commotions.
movimientos sacádicos | saccadic movements.
movimientos sobre rubíes (relojes) | jeweled movements.
movimientos vertical y transversal | rising and cross movements.
movimientos verticales y transversales de accionamiento manual (máquina herramienta) | hand-operated cross and vertical traverses.
movingui (Distemonanthus benthamianus - Baill) | ayan.
moviola | moviola.
moyuclo | corn grits.
moyuelo | pollard | grudgeons | coarse meal | grit | middlings.
mozárabe | mozarabic.
mozo de cuerda | odd-job man.
mozo de máquinas (buques) | engine utility.
mozo de mudanzas | moving man.
muanza (Albizzia zygia - Macbride) | nongo.
muarado | moiré finish.
muarado (papel, telas) | watered.
muaré | muare | tabby | mohar.
muaré (fotografía) | moire.
muaré (papel, telas) | watered.
muaré (tela) | moreen.
muaré (telas) | clouded.
muaré antiguo | large watered silk.
muaré de algodón | moreen cloth.
muaré francés | French watered silk.
muaré metálico | tin moirée.
muaré que hace aguas (telas) | intershot.
mucedíneas | mould-fungi.
muceta | cloak | mozetta.
mucilaginosidad | mucilaginousness.
mucilaginoso | mucilaginous.
mucílago | mucilage.
mucílago vegetal | vegetable gum.
mucoide | glairy.
mucosa muscular (medicina) | muscularis mucosae.
mucoso | slimy.
mucrón (zoología) | mucro.
mucrones | mucrones.
muchedumbre | mass | drove | cloud.
mucho | largely.
mucho menos | far less.
muda (aves, crustáceos) | exuviation.
muda (de la piel, de la pluma) | moulting.
muda (de pluma) | molding.
muda (de plumas, etcétera) | shedding.
muda (letra) | silent.
muda larvaria (zoología) | larval molt.
mudable | changeable | alterable.
mudada (carda) | doffing.
mudador (obrero tejeduría) | doffer.
mudador de bobinas (obrero) | bobbin doffer.
mudanza | moving | move | change.
mudanza de la husada | cop doffing.
mudar | turn into (to) | change (to).
mudar (la piel) | cast (to) | throw (to).
mudar (la piel, etc.) | shed (to).
mudar (la pluma, etc.) | cast off (to).
mudar (las plumas, la piel) | exuviate (to).
mudar (quitar - la bobina del huso) | doff (to).
mudar de casa | remove (to).
mudar de lugar o de postura | move (to).
mudar de posición u opinión | turn (to).
mudar la piel (zoología) | slough (to).
mudarse (de casa) | move (to).
mudéjar | Moresque.
mudez | word deafness.
mudo | dummy.
mudo (filme) | silent.
mueble | movable.
mueble (economía) | chattel.
mueble de cajonería | chiffonier.
mueble de madera contrachapada | plywood furniture.
mueble de tubo metálico | metal tube furniture.
mueble fácil de construir | easy-to-build furniture.
mueble para almacenar ficheros | card index cabinet.
mueblería | furnitures | furniture factory.
muebles | furniture | movable furnishings.
muebles de metal estampado | pressed-metal furniture.
muebles dorados | gilt furnitures.
muebles metálicos | metal-made furniture.
muebles y enseres | furniture & fixtures | office furniture and fixtures | fixtures | housefurnishings.
mueblista | furniture maker | furniture dealer.
muela | millstone | mill | grinder.
muela (geología) | butte.
muela (molinos) | wheel.

muela (triturador) | muller.
muela abrasiva | grinding disc | wheel | glazing mill.
muela abrasiva (de afilar, de rectificar) | grinding wheel.
muela abrasiva (para afilar o rectificar) | grindstone.
muela abrasiva adiamantada ligada con un resinoide | resinoid-bond diamond-impregnated wheel.
muela abrasiva adiamantada ligada usando el revestimiento metálico de los gránulos de diamante | metal-bonded diamond wheel.
muela abrasiva adiamantada
muela abrasiva autoenfriada | self-cooled grinding wheel.
muela abrasiva bicónica | tapered-on-both sides wheel.
muela abrasiva cilíndrica | straight wheel.
muela abrasiva colada en frío | cold set abrasive grinding wheel.
muela abrasiva compensada en desgaste durante su trabajo | wear compensated abrasive wheel.
muela abrasiva con aglomerante orgánico | organic-bonded grinding wheel.
muela abrasiva con componentes fibrosos | fibrous abrasive wheel.
muela abrasiva con revestimiento electrolítico | electroplated wheel.
muela abrasiva con una sola capa de micropartículas de diamante | single-layer diamond wheel.
muela abrasiva de acabado | finishing wheel.
muela abrasiva de afilar | sharpening-wheel.
muela abrasiva de alúmina ligada con resina sintética | resin-bonded aluminium oxide wheel.
muela abrasiva de alúmina vitrificada | vitrified aluminum oxide wheel.
muela abrasiva de cazuela | saucer wheel.
muela abrasiva de cazuela para afilar sierras | saw gummer.
muela abrasiva de copa con superficie plana adiamantada con estructura vítrea | vitreous bonded diamond abrasive flat surface cup wheel.
muela abrasiva de copa cónica | tapered cup wheel.
muela abrasiva de cubeta | dished wheel.
muela abrasiva de desbarbar | fettling wheel.
muela abrasiva de desbastar | roughing-wheel | reducing-wheel.
muela abrasiva de forma | molding wheel.
muela abrasiva de gránulos no sinterizados | green-grit abrasive wheel.
muela abrasiva de ligante cerámico con pozos impregnados de un plástico termoestable | plastics impregnated vitreous grinding wheel.
muela abrasiva de núcleo entrante | tub wheel.
muela abrasiva de óxido de aluminio preformado | preformed aluminun oxide grinding wheel.
muela abrasiva de perfiles múltiples | multiprofile grinding wheel.
muela abrasiva de poliuretano celular | foamed polyurethane abrasive wheel.
muela abrasiva de rectificar | hone.
muela abrasiva de rectificar vítrea impregnada de plástico | plastics impregnated vitreous grinding wheel.
muela abrasiva de segmentos | segmental abrasive wheel.
muela abrasiva de taza cilíndrica | straight cup wheel.
muela abrasiva de taza cónica | flared-cup grinding wheel.
muela abrasiva de tronzar | cutting-off wheel.
muela abrasiva de tronzar aglomerada con caucho | rubber cut-off wheel.
muela abrasiva de vaso ensanchado | flaring cup wheel | flaring cup shape wheel.
muela abrasiva de vaso recto | straight-cup wheel.
muela abrasiva dura | hard wheel.
muela abrasiva embotada con partículas de acero | steel-loaded wheel.
muela abrasiva empastada (que no corta) | glazed wheel.
muela abrasiva equilibrada cuando está montada en la máquina | shop floor balanced grinding wheel.
muela abrasiva hecha en moldes | puddled wheel.
muela abrasiva ligada con bronce | bronze bonded grinding wheel.
muela abrasiva ligada con caucho | rubber wheel.
muela abrasiva ligada con resina termoendurecible | thermoset resin-bonded grinding wheel.
muela abrasiva magnéticamente permeable | magnetically permeable grinding wheel.
muela abrasiva más gruesa en el cubo que en la cara | tapered wheel.
muela abrasiva moldeada | molded abrasive wheel | moulded grinding wheel.
muela abrasiva muy pequeña montada en el extremo de un eje que se puede montar en una herramienta mecánica de mano | mounted point.
muela abrasiva para rectificar plantillas | template grinder.
muela abrasiva para rectificar plantillas accionada por cinta magnética | tape-controlled template grinder.
muela abrasiva para rectificar roscas teniendo la forma de rosca en su borde | single-ribbed wheel.
muela abrasiva plana | plain wheel | straight wheel.
muela abrasiva plana de acción tangencial | tangentially acting flat grinding wheel.
muela abrasiva plana vaciada en una cara | recessed-on-one-side straight grinding wheel.
muela abrasiva preformada | preformed grinding wheel.
muela abrasiva que emplea el costado para rectificar (y no el canto) | disc wheel.
muela abrasiva que trabaja por la cara | face grinding wheel.
muela abrasiva reforzada con fibra afieltrada | felted-fiber reinforced abrasive grinding wheel.
muela abrasiva semiflexible | semiflexible wheel.
muela abrasiva sucia | loaded wheel.
muela acoplada | cup wheel.
muela adiamantada | diamond-impregnated wheel | diamond grinding wheel | diamond particles grinding wheel | diamond wheel.
muela adiamantada ayudada electrolíticamente (rectificación) | electrolytically assisted diamond wheel.
muela adiamantada con diamantes revestidos de metal antes de ligarlos | armored diamond wheel.
muela adiamantada con liga de níquel electrodepositado | electroplated nickel bond diamond wheel.
muela adiamantada con liga vitrificada | vitrified-bonded diamond wheel.
muela adiamantada con ligante de grafito | graphite bonded diamond wheel.
muela adiamantada con ligante metálico | metallic bonded diamond wheel | metal-bonded diamond wheel.
muela adiamantada con ligante resinoide | resinoid bonded diamond wheel.
muela adiamantada con periferia discontinua | segmented diamond wheel.
muela adiamantada con revestimiento electrolítico | electroplated diamond wheel.
muela adiamantada electrodepositada | electrometallic diamond wheel | electrodeposited diamond wheel.
muela adiamantada electrometalizada | electrometallic diamond wheel.
muela adiamantada en que las partículas no sobresalen suficientemente de la liga | blunt diamond wheel.
muela adiamantada ligada con bakelita | bakelite-bonded diamond wheel.
muela adiamantada ligada con un resinoide | resinoid-bonded diamond wheel.
muela anular | grinding cylinder.
muela carnicera (zoología) | sectorial.
muela con bastidor pendular | swing grinder.
muela cónica | conical wheel.
muela convexa | crowned wheel.
muela de afilar | knife-grinder.
muela de afilar de gres | grindstone.
muela de alúmina ligada con resina sintética | resin-bonded aluminium oxide wheel.
muela de alúmina vitrificada | vitrified aluminum oxide wheel.
muela de bruñir | buffing disc.
muela de carborundo | carborundum grinding wheel.
muela de carburo de silicio | silicon carbide wheel.
muela de carburo de silicio ligado con resina sintética | resin-bonded silicon carbide wheel.
muela de conformar adiamantada | diamond form grinding wheel.
muela de copa cilíndrica | cup grinding wheel.
muela de copa de llanta cónica | tapered-rim cup wheel.
muela de cubeta | cup wheel.
muela de desbastar | abrading-wheel.
muela de esmeril | emery wheel.
muela de esmerilar | hone.
muela de forma | form wheel.
muela de forma rectificada con diamante | formed diamond-trued wheel.
muela de grano grueso | coarse-grained wheel.
muela de molino | grinder.
muela de óxido de aluminio autorectificable | self-dressing aluminum oxide wheel.
muela de rectificar | wheel.
muela de rectificar adiamantada ligada con resina sintética | resin-bonded diamond grinding wheel.
muela de rectificar de coronas segmentadas | segmented face grinding wheel.
muela de rectificar de forma | profiled grinding wheel.
muela de rectificar de perfil helicoidal | helical profiled grinding wheel.
muela de rectificar de perfiles múltiples | multiprofile grinding wheel.
muela de rectificar de un corte | single-edged grinding wheel.
muela de rectificar de una rectificadora | grinding wheel of a grinding machine.
muela de rectificar de varios cantos | multiedged grinding wheel.
muela de rectificar frustocónica | frustoconical grinding wheel.
muela de rectificar helicoidal | helically-ribbed grinding wheel.
muela de rectificar moldeada centrífugamente | centrifugally moulded grinding wheel.
muela de rectificar moldeada de carburo de boro | boron carbide molded grinding wheel.
muela de rectificar no reavivada con diamante | nondiamond trued grinding wheel.
muela de rectificar rectificada con diamante | diamond-trued grinding wheel.
muela de superficies curvas | contoured wheel.
muela de talla | stone grinder.
muela de tambor | cup wheel.
muela del juicio | wisdom tooth.
muela desbarbadora con amortiguamiento por cartón de fibra vulcanizada | fiber-cushioned snagging wheel.
muela desbastadora (funderías) | snagging wheel.
muela desrebarbadora | trimming wheel.
muela diamantada en forma de V | V-form diamond wheel.
muela dura | hard-wheel.
muela hueca cilíndrica | cylinder grinding

wheel.
muela lapidaria | lapidary's mill | lapidary lathe | face wheel.
muela para hacer cantos en V (lentes) | V-edging wheel.
muela para pulir asientos cónicos de válvulas | conical valve seat polishing wheel.
muela para pulverizar | abrasive wheel.
muela para rectificar cigüeñales | crank wheel.
muela para rectificar ligada con silicato sódico | silicate bonded grinding wheel.
muela para rectificar matrices | die grinder.
muela para rectificar puntos (torno) | center-grinding wheel.
muela para rectificar roscas | thread grinding wheel.
muela perfilada | crushed wheel.
muela plana | straight wheel.
muela pulidora | lap.
muela ranuradora | spline grinder.
muela rebarbadora | trimming wheel.
muela rectificada con diamante | diamond-dressed wheel.
muela rectificada con muela perfilada o con rodillo a presión | crush-trued wheel.
muela sin refrigeración | dry wheel.
muela solera (molinos) | bed-stone.
muela superior (molinos) | runner.
muela vertical | edge runner | edge wheel.
muela vertical (molinos) | edge stone.
muela vitrificada | vitrified wheel.
muelas de fundición (molino triturador) | muller.
muelebasuras (cocinas) | waste disposer.
muellaje | dock charges | dockage | quay dues | wharfage.
muellaje (buques) | quayage.
muellaje (derechos de muelle) | pierage.
muelle | wharf | quay | dock | bank | pier | jettee | jetty | jetee | waterfront.
muelle (de compás) | bows.
muelle (de estación) | platform.
muelle (de ruptor) | whip.
muelle (espigón) | mole.
muelle (mecánica) | spring.
muelle (terrenos) | mellow.
muelle accionador del cierre | breechblock actuating spring.
muelle activante | energizing spring.
muelle amortiguador | cushioning spring | damping spring | concussion spring.
muelle antagonista | reactive spring | creep spring | counter spring | counterspring | resisting spring | tearing-off spring | check spring | back spring.
muelle antihuelgo | antibacklash spring.
muelle antirrebote | rebound spring.
muelle anular | ring-type spring.
muelle arrollado concéntricamente | concentrically-coiled spring.
muelle arrollado en caliente | hot-coiled spring.
muelle auxiliar | auxiliary spring.
muelle Belleville apto para trabajos entre temperaturas extremas | wide-temperature-range Belleville spring.
muelle blando | weak spring.
muelle capaz de funcionar con deflexión constante en una amplia gama de temperaturas | wide-temperature-range spring.
muelle compensador | compensating spring | equalizing spring.
muelle compensador del huelgo | takeup spring.
muelle comprimido a mano | hand-charged spring.
muelle comprimido por la carga | solid coil.
muelle con almacenes (puertos) | warehouse berth.
muelle con espiras próximas | close-wound spring.
muelle con parachoques | fendered quay.
muelle con un frente de atraque | single-berth pier.
muelle cónico de sección ovalada | oval section volute spring.
muelle de acero laminado en frío | cold-rolled steel spring.
muelle de alambre | wire spring.
muelle de alambre en espiral plana | flat wire spiral spring.
muelle de apoyo del brazo del balancín | rocker-arm set spring.
muelle de armado de inercia (espoletas) | inertia arming spring.
muelle de armamento (astilleros) | fitting-out berth | outfitting dock.
muelle de atraque | quay.
muelle de atraque (para transbordadores) | slip.
muelle de balizamiento | buoyage berth.
muelle de bloques | block-bonded pier.
muelle de cajón de acero de autolevantamiento de la plataforma sobre cilindros huecos de chapa | self-raising steel dock.
muelle de cajón metálico con patas de anclaje autónomas (la plataforma se iza sobre las patas una vez que están clavadas) | self-spudding dock.
muelle de carenaje | careening wharf.
muelle de carga | loading berth | loading wharf.
muelle de centrado | centring spring.
muelle de cierre | latch spring.
muelle de contacto | contact spring.
muelle de choque | buffer spring.
muelle de desarmamento (reparación de buques) | lay-up berth.
muelle de descarga | lighterage quay.
muelle de descarga de mineral (puertos) | ore discharge berth.
muelle de desembrague | release spring.
muelle de disco | disc spring.
muelle de disco cónico (muelle Belleville) | dished plate spring.
muelle de disparo | firing spring.
muelle de equilibrio de la aguja | needle balancing spring.
muelle de expulsión | ejector spring.
muelle de ferrocarril | railway-platform.
muelle de fijación del sincronizador | synchromesh locking spring.
muelle de forma hiperbólica | hyperbolic form spring.
muelle de fricción | friction spring.
muelle de gran calado | deep water berth.
muelle de guía del papel | paper guide spring.
muelle de hélice cilíndrica | spiral spring.
muelle de hélice cilíndrica (EE.UU) | helical spring.
muelle de hélice cónica | conical spiral spring | volute spring.
muelle de hojas | plate-spring | laminated spring.
muelle de hojas (ballesta) | coach spring.
muelle de hormigón armado | reinforced-concrete jetty.
muelle de la aduana | legal quay.
muelle de la aguja | needle spring.
muelle de la guía delantera del papel | front paper guide spring.
muelle de la válvula de exhaustación | exhaust-valve spring.
muelle de lámina | leaf spring.
muelle de llamada | pull-off spring | creep spring | drawback spring | draw-spring | return spring | retracting spring.
muelle de montaje de la maquinaria (astilleros) | engine-fitting quay.
muelle de obturación del flotador | float check spring.
muelle de pasaje y carga | passenger cum-cargo pier.
muelle de paso variable de gran frecuencia | high-frequency variable pitch spring.
muelle de pontones flotantes | floating pontoon dock.
muelle de portaescobilla | brush-holder spring.
muelle de puerto franco | sufferance wharf.
muelle de recuperador | recuperator spring.
muelle de reloj | horological spring.
muelle de reposición a cero | zero recentring spring.
muelle de retención | retainer spring | latch spring.
muelle de retenida | retaining spring | check spring.
muelle de retenida del cargador | magazine catch spring.
muelle de retorno | retraction spring | retracting spring.
muelle de retracción | retraction spring.
muelle de somier | hourglass spring | spool-spring.
muelle de suspensión | bearing spring | supporting spring.
muelle de suspensión de la caja de grasas | journal spring | journal box spring.
muelle de telar | loom spring.
muelle de tensión constante | constant-tension spring.
muelle de tope | buffer spring.
muelle de torsión | ribbon spring | torsion spring | mousetrap spring.
muelle de tracción | draw-spring | draft spring.
muelle de usos múltiples | unique pier.
muelle de variación no proporcional | soft spring | nonlinear spring.
muelle deformado por falta de resistencia | settled spring.
muelle del alimentador | follower spring.
muelle del carbón (puertos) | coal wharf.
muelle del expulsor | ejector spring.
muelle del extractor | extractor spring.
muelle del fiador | detent spring.
muelle del inyector | nozzle spring.
muelle del picaporte | handle latch spring.
muelle del recuperador (cañones) | running out spring.
muelle del regulador | adjuster spring.
muelle del retén | detent spring.
muelle del soporte | stand spring.
muelle del transportador | follower spring.
muelle del trinquete | pawl spring.
muelle del trinquete (relojes) | click spring.
muelle del trinquete de retenida | check pawl spring.
muelle delantero | front spring.
muelle duro | hard spring | rigid spring.
muelle electrochapado | electroplated spring.
muelle en ángulo recto | right-angled quay.
muelle en espiral | volute spring | coil spring.
muelle en espiral (pelo - reloj) | hairspring.
muelle en espiral cilíndrica | cylindrical spiral spring.
muelle equilibrador | counterbalance spring.
muelle espiral autocompensador | self-compensating spiral.
muelle espiral doble | double coil spring.
muelle espiral para reloj | watch hairspring.
muelle frotador | drag spring.
muelle graduador | graduating spring.
muelle helicoidal | coil spring | spiral spring | helical spring.
muelle helicoidal de alambre de sección rectangular | rectangular wire helical spring.
muelle helicoidal de alambre redondo sometido a compresión | round-wire helical compression spring.
muelle helicoidal de elasticidad variable | multirate helical spring.
muelle helicoidal de paso pequeño | closely-coiled helical spring.
muelle helicoidal del balancín compensador del bogie motor | motor truck equalizer spring.
muelle helicoidal para medidas de tensión | helical tension measuring spring.
muelle helicoidal que trabaja a torsión | helical torsion spring.
muelle hidrostático | hydrostatic spring.
muelle interruptor | break spring.
muelle isócrono | isochronous spring.
muelle isoelástico | isoelastic spring.

muelle metálico de dedo | finger-type metal spring.
muelle para atraque de buques | ship-berthing pier.
muelle para carga general (puertos) | general cargo pier.
muelle para carga y descarga de contenedores (puertos) | container berth.
muelle para carga y descarga de petróleo | oil jetty.
muelle para descarga de petróleo | oil berth.
muelle para elementos combustibles (reactor nuclear) | fuel-element spring.
muelle para gabarras | lighter berth.
muelle para manipulación del petróleo | oil jetty.
muelle para montura de la maquinaria (astilleros) | engining quay.
muelle para muebles | furniture spring.
muelle para pasaje y carga (puertos) | passenger-cum-cargo pier.
muelle para petrolear (buques) | oiling berth.
muelle para servicio en una amplia gama de temperaturas | wide-temperature-range spring.
muelle para tracción | extension spring.
muelle parachoque | buffer spring.
muelle petrolero (en el mar) | dolphin pier.
muelle plano (resorte de lámina) | flat spring.
muelle plano helicoidal | flat helical spring.
muelle prefabricado transportable | mulberry harbor.
muelle que trabaja a compresión | compression spring.
muelle que trabaja a extensión | extension spring.
muelle real | mainspring | driving-spring.
muelle real amagnético (relojes) | nonmagnetic-hair-spring.
muelle real del percutor | firing striker spring.
muelle recuperador | return spring | runout spring | recoil spring.
muelle recuperador (cañones) | counterrecoil spring.
muelle recuperador del freno (cañón) | buffer returning spring.
muelle recuperador del pistón | piston return spring.
muelle regulador | adjuster spring.
muelle retenedor de la puerta | door retaining spring.
muelle serpenteante | serpent spring.
muelle sin elasticidad | dead spring.
muelle sobre pilotaje | pile-supported wharf.
muelle sujetador | locking spring.
muelle suspendedor | suspension spring.
muelle tensor | tension adjuster spring.
muelle tipo pinza | marcel type spring.
muelle toroidal (muelle de hélice cilíndrica alrededor de un toro) | garter spring.
muelle trapezoidal | trapezoidal spring.
muelle-cajón flotante | box dock.
muelleo | springing.
muelles (puertos marítimos) | wharves.
muelles para amortiguar los socollazos de la tracción ejercida por el chigre de pescar (buques de pesca) | winch springs.
muelles para muebles | furnishings springs.
muelles y estacadas | wharfing.
mueri (Pygeum africanum) | mueri.
muermo | farcy | glanders.
muerta (madera) | dry-fallen.
muerte | expiration | death | demise | fade-away.
muerte civil | attainder.
muerte de peces causada por la contaminación | pollution-caused fish kill.
muerte de peces causada por la polución | pollution-caused fish kills.
muerte en acto de servicio | service-connected death.
muerte en el puesto de trabajo | on-the-job fatality.
muerte por accidente | accidental death | washout.
muerte repentina | sudden death.
muerto | casualty | dolphin | dead | dead.
muerto (boya de anclaje) | deadman.
muerto (boya grande) | mooring-buoy.
muerto (comercio) | lying idle.
muerto de amarre | anchor buoy.
muerto de amarre para descarga de petroleros lejos de la costa | offshore discharge moorings.
muerto de dos anclas | two-leg mooring.
muesca | jagging | rest | groove | nick | notch | notching | recess | mortise | slot | furrow | gage-mark | gage notch | scope | chase | cutout | tally | housing | indentation | indent | incision | hack.
muesca (carpintería) | indent | dap | sinkage.
muesca (de flecha o de arco) | nock.
muesca (de un bastidor) | slide.
muesca (espera - carpintería) | gain.
muesca con bordes curvados | curved-sided notch.
muesca cuadrada | jog.
muesca de ajuste | adjustment notch.
muesca de choque (electrónica) | ditch.
muesca de enganche (corta forestal) | dee.
muesca de engrane | engaging scarf.
muesca de expansión | expansion notch.
muesca de guía (corta de árboles) | undercut.
muesca de la mira (armas) | sight notch.
muesca de mira móvil (cañones) | moveable notch.
muesca de parada | off notch.
muesca de referencia | guide notch.
muesca de sección en D alrededor del extremo de un tronco (corta forestal) | dee.
muesca de sección en T | T-slot.
muesca de seguridad | safety catch.
muesca de seguridad (hojas de navaja) | lock-back.
muesca de signos | figures notch.
muesca de tumba (apeo de árboles - Venezuela) | scarf.
muesca de tumba (para indicar que el árbol debe cortarse) | fall-notch.
muesca del estator | stator slot.
muesca del percutor | cocking notch.
muesca del rotor | rotor slot.
muesca del seguro (armas) | safety catch.
muesca en cola de milano | dovetailed jag.
muesca en la roca o filón para sostener una apea (minas) | hitch.
muesca en V | V notch | V-notch.
muesca hecha con la sierra | saw cut.
muesca helicoidal | spiral groove.
muesca indicadora de error | error notch.
muesca para el aro (pistones) | ring-groove.
muesca para que caiga en un sentido determinado (corta de árboles) | undercut.
muesca para unir dos piezas | bevel shoulder.
muesca plana | plain slot.
muesca resinadora (árboles) | resin blaze.
muesca sin devanado (electricidad) | dummy slot.
muescado | notched.
muescador (corta de árboles) | undercutter.
muescadora | notcher.
muescadora para apeas (minas) | hitch cutter.
muescar | notch (to) | gain (to).
muescas del timón | pintle scores.
muestra | piece | sample | specimen | test piece | sign | print | cutting.
muestra (de tela, vinos, etc.) | cutting.
muestra (telas) | swatch.
muestra agrupada | grouped sample.
muestra al azar | random sample.
muestra aleatoria (estadística) | random sample.
muestra aleatoria de una población | random sample from a population.
muestra austenitizada | austenitized specimen.
muestra autoclaveada | autoclaved specimen.
muestra autoponderada | self-weighted sample | self-weighting sample.
muestra calcinada (química) | ignited sample.
muestra clasificada por tamaños | size-graded sample.
muestra comparadora | contrasting sample.
muestra compensada | balanced sample.
muestra compuesta | aggregate sample | compound sample.
muestra compuesta de varias para formar una sola muestra | compound sample.
muestra con objeto fijado (estadística) | purposive sample.
muestra contaminada | contaminated sample.
muestra controlada | controlled sample.
muestra cualquiera probabilística | probability sample.
muestra curada en obra (hormigón) | job-cured sample.
muestra de activación | activation sample.
muestra de aire | air sample.
muestra de control | check-sample.
muestra de encabezamientos | bank heading.
muestra de ensayo | assay sample | assay.
muestra de ensayo (terrenos auríferos) | prospect.
muestra de firma | specimen of signature.
muestra de la colada | pit sample.
muestra de material para pruebas (saliente sobrante que se corta para hacer la probeta - tubos, piezas acero moldeado) | coupon.
muestra de mercancía | sample of merchandise.
muestra de perforación | core | bore sample.
muestra de referencia | reference sample.
muestra de sondaje | borer test.
muestra de trépano (sondeos) | bit sample.
muestra de una colada de acero | heat test.
muestra del caldo de la cuchara | ladle test.
muestra del caldo para análisis (alto horno) | drop test.
muestra del material del fondo del océano | bottom sample.
muestra del sondeo | core sample.
muestra del suelo | soil sample.
muestra dirigida | judgement sample | purposive sample.
muestra disecada | dissected specimen.
muestra doble | two-sample.
muestra elegida | picked sample.
muestra en grupo | cluster sample.
muestra en polvo no orientada | unoriented powdered specimen.
muestra estratificada | stratified sample.
muestra extraída con cuidado | fairly drawn sample.
muestra fija | fixed sample.
muestra grande | large sample.
muestra gratuita | free sample.
muestra intencional | purposive sample.
muestra labrada | figured pattern.
muestra lunar | lunar sample.
muestra metalográfica no metálica de multifase | multiphase non-metallic metallographic sample.
muestra no aleatoria | nonrandom sample.
muestra no centrada | biased sample.
muestra no curada | nonaged specimen.
muestra no irradiada | nonirradiated sample.
muestra normal | average specimen.
muestra obtenida vertiendo acero líquido en un molde especial delgado | pencil.
muestra para prueba | test sample.
muestra patrón | master sample.
muestra pedológica | soil sample.
muestra piloto | pilot sample.
muestra ponderada | weighted sample.
muestra por zona | area sample.
muestra preparada | dressed sample.
muestra previa | preliminary test.
muestra previa antes de sangrar (hornos) | tapping test.
muestra previamente pesada | weighed sample.
muestra probabilística | probabilistic sample.
muestra promedio | all-level sample.
muestra radiactiva | active sample.
muestra representativa | representative sample

| adequate sample.
muestra secada al aire | air-dried sample.
muestra seleccionada | picked sample.
muestra sesgada | biased sample.
muestra simple | simple sample.
muestra sin valor (correos) | sample post.
muestra sistemática | systematic sample.
muestra sucesiva | sequential sample.
muestra testigo | check-sample | control blank.
muestra tipo | representative sample.
muestra tomada al azar | grab sample.
muestra tomada de un tanque (buques) | thief sample.
muestra tomada del horno (metalurgia) | bath sample.
muestra truncada | truncated sample.
muestra universal | general purpose sample.
muestradora seleccionadora del tamaño | size-selecting sampler.
muestrario | line of samples | sample-book | sample line | sample book | sampling | pattern book | specimen book | collection of samples.
muestrario (de telas) | swatch.
muestrario de colores | color chart.
muestras (correos) | fourth-class matter.
muestras acabadas de martillar (soldaduras) | as-peened specimens.
muestras agrupadas | grouped samples.
muestras analizadas espectrométricamente | spectrometrically analyzed samples.
muestras correlacionadas (estadística) | correlated samples.
muestras de corrosión | corrosion coupons.
muestras de formaciones (geología) | cuttings.
muestras de la superficie de Marte | specimens of the Martian surface.
muestras discordantes | discordant samples.
muestras extraídas al azar | samples drawn randomly.
muestras extraídas aleatoriamente | samples drawn randomly.
muestras interpenetrantes | interpenetrating samples.
muestras lunares | lunar specimens.
muestras sin valor | samples post | samples no value.
muestras sin valor (correo) | samples only.
muestreador | sampleman | sampler.
muestreador de aerosoles | aerosol sampler.
muestreador de gases | gas sampler.
muestreador de planchas múltiples | multiple-plate sampler.
muestreador de terrenos | soil sampler.
muestreador submarino | subsampler.
muestreadora lineal de doble carril | linear twin-rail sampler.
muestrear | sample (to).
muestrear isocinéticamente | sample isokinetically (to).
muestreo | sampling | drawing samples | canvassing | test specimens | putting up into samples.
muestreo al azar | random sampling.
muestreo al azar estratificado | stratified random sampling.
muestreo aleatorio | random sampling.
muestreo analógico | analog sampling.
muestreo asecuencial | nonsequential sampling.
muestreo automático compuesto | automatic composite sampling.
muestreo censado | censored sampling.
muestreo compuesto | composite sampling.
muestreo con propósito fijo | purposive sampling.
muestreo con reposición | sampling with replacement.
muestreo cronométrico | work sampling.
muestreo cuasialeatorio | quasirandom sampling.
muestreo de aceptación | acceptance sampling.
muestreo de agua del mar | seawater testing.
muestreo de aguas para usos industriales | industrial water sampling.
muestreo de autocorrección | self-correcting sample.
muestreo de carbones | coal sampling.
muestreo de cuadrícula | grid sampling.
muestreo de importancia | importance sampling.
muestreo de interiores de balas de lana | core sampling.
muestreo de lote por lote | lot-by-lot sampling.
muestreo de nubes contaminadas por explosión nuclear | cloud sampling.
muestreo de opinión | sampling judgment.
muestreo de opinión (auditor) | judgement sample.
muestreo de productos en bloque | bulk sampling.
muestreo de recepción | acceptance sampling.
muestreo de sangre | blood to be sampled.
muestreo de telemedida | telemetering sampling.
muestreo de trabajo | work sampling | ratio-delay.
muestreo de verificación | audit sampling.
muestreo de yacimientos aluviales | alluvial deposits sampling.
muestreo de zona | area sampling.
muestreo del fondo del pozo | bottom-hole sampling.
muestreo del mineral | ore sampling.
muestreo del terreno | soil sampling.
muestreo discontinuo | batch sampling.
muestreo doble | double sampling.
muestreo en camino (estadística) | route sampling.
muestreo en una etapa | single sampling.
muestreo estratificado | stratified sampling.
muestreo guía | pilot sampling.
muestreo instantáneo | instantaneous sampling.
muestreo intencional | purposive sampling.
muestreo intensivo | intensive sampling.
muestreo irrestrictamente aleatorio | unrestricted random sampling.
muestreo limitado | curtailed sampling.
muestreo mecánico (metalurgia) | mechanical sampling.
muestreo metalométrico | metallometric sampling.
muestreo mixto | mixed sampling.
muestreo monoetápico | single-stage sampling.
muestreo monofásico | single-phase sampling.
muestreo múltiple | multiple sampling.
muestreo neutrónico | neutronic logging | neutronic logging.
muestreo para detectar la contaminación radiactiva | radiactive contamination sampling.
muestreo para encuestas | survey sampling.
muestreo para la determinación de la contaminación radiactiva | radioactive contamination sampling.
muestreo polietápico | multistage sampling | multiphase sampling.
muestreo polifásico | multiphase sampling.
muestreo por áreas | area sampling | area sample.
muestreo por conglomerados | cluster sampling.
muestreo por cuotas (estadística) | quota sampling.
muestreo por el método de lotería | lottery sampling.
muestreo por etapa única | unit stage sampling.
muestreo por grandes cantidades | chunk sampling.
muestreo por grupos naturales | chunk sampling.
muestreo por líneas | line sampling.
muestreo por tubo hincado | drive sampling.
muestreo por universos | cluster sampling.
muestreo por zonas (estadística) | zone sampling.
muestreo probabilístico | probability sampling.
muestreo proporcional | proportional sampling.
muestreo reiterado | replicated sampling.
muestreo repetido | resampling.
muestreo reticular | lattice sampling.
muestreo secuencial | sequential sampling.
muestreo sencillo | single sampling.
muestreo serial | sequential sampling.
muestreo sesgado | biased sampling.
muestreo simple | simple sampling.
muestreo simple aleatorio (estadística) | simple random sample.
muestreo sin base probabilística | chunk sampling.
muestreo sistemático | systematic sampling.
muestreo tipificado | patterned sampling.
muestreo unitario | unitary sampling.
muestreo y análisis atmosférico | atmospheric sampling and analysis.
muestreo zonal | zonal sampling.
mufla | block and tackle | muffle | hoisting block | crucible furnace | tackle | inner cover.
mufla para esmaltar | enameler's furnace.
mufumbi (Entandrophragma utile) | mufumbi.
muga (peces) | roe fecundation.
mugaita (Repanea rhododendroides) | mugaita.
mugido (de sirena) | hoot.
mugido (olas, viento) | rut.
mugiencia | mugience.
mugonga (Adina microcephalia) | mugonga.
mugongo (Ricinodendron rautanenii) | mugongo | Rhodesian balsa.
mugonyone (Apodytes dimidiata) | white pear.
mugre | ingrained dirt.
mugrón (botánica) | layer.
muhuhu (Brachilaena hutchinsii) | watho.
mujer casada (jurisprudencia) | femme covert.
mujer de la nobleza (Cámara de los Lores - G.B.) | peeressc.
mujer mora | Moresque.
mujer piloto | pilotess.
mukangu (Sideroxylon altissimum) | mukangu.
mukarati (Burkea africaa - Hook) | siri.
mukeo (Dombeya mastesii) | mukeo.
mukinduri (Croton megalocarpon) | mukinduri.
mukuli (Sideroxylon altissimum) | osan.
mukulungu (Antranella congolensis) | mukulungu.
mukumari (Cordia holstii) | mukumari.
mukumari (Cordia platythrysa) | Puli.
mukurue (Albizzia coriaria)ladrón que ahoga para robar | mugavu.
mukusu (Entandrophragma angolense) | mukusu.
mula | mule.
mula de arrastre | haulage mule.
muladar | dunghill.
mulatismo | mulattism.
mulero (yacimientos petrolíferos) | teaming contractor.
muleta | leg | stilt.
muleta para izar postes | deadman.
muletada | drove of mules.
muletilla (grifos) | crutch key.
muletón | swan-skin.
muletón (tejido) | mollitan | molleton.
mulga (Acacia aneura) | mulga.
mulo | mule.
mulo de carga | draft mule | cargo-mule.
multa | penalty | forfeit | forfeiture | fine.
multa a discreción del juez | amercement.
multa de aduana | customs fine | custom fine.
multa de compensación | compensation penalty.
multa por el doble de derecho de muellaje | double wharfage.
multa por exceso de carga | overweight fine.
multa por retardo (contratos) | delayage.
multa por retraso | penalty for delay.
multa por uso privado | penalty for private use.
multa y bonificación | bonus and penalty.
multar | fine (to) | amerce (to).
multas por anulación del contrato | cancellation penalties.
multiabertural | multiaperture.

multiacoplamiento | diplexing.
multiadaptabilidad | versatility.
multiagricultura | mixed farming.
multiangular | multiangular.
multiarriostrado (estructura) | multibraced.
multiarticulado | multiarticulate.
multiasurcado | much-furrowed.
multiaxialidad | multiaxiality.
multicanal | multichannel.
multicapsular | multicapsular.
multicelular | multicellular.
multicolor | pluricolor | multicolored.
multicomponente | multicomponent.
multiconmutadores miniatura de barras cruzadas | miniature crossbar multiswitches.
multicopiadora | mimeograph machine.
multicopias | multi-copying.
multicopista | multicopier | mimeograph | stencil duplicator | duplicator | mimeograph machine.
multidentado | multidentate.
multidimensional | multidimensional.
multidimensionalidad | multidimensionality.
multidireccional | polydirectional.
multidisciplinario | multidisciplinary.
multidivisa | multicurrency.
multiescalonado | multiposition.
multiesferas | multispheres.
multiestriar | multispline (to).
multifactorial | multifactorial.
multifilamentoso (hilos sintéticos) | multifilament.
multifilar | multiwired.
multifocal | multifocal.
multífono | multiphone.
multífono accionado por energía acústica | sound-powered multiphone.
multifonon | multiphonon.
multiforme | multiform.
multiformidad | multiformity.
multifuncional | multiple-purpose.
multigradual | cascade | multistep.
multigradual (turbinas, amplificadores, etc.) | multistage.
multigrafiar | multigraph (to).
multígrafo | multigraph.
multilaminar | multilaminar.
multilateral | multilateral.
multilateralidad | multilaterality.
multilateralismo | multilateralism.
multilateralización | multilateralization.
multiláteropolifacético | many-sided.
multilingüe | multilingual.
multilobulado
multilocular | multilocular.
multímetro | multimeter.
multímetro digital | digital multimeter.
multimodal | multiple-peaked | multimodal.
multinacional | multinational.
multinodal | multinodal.
multinucleado | much-nucleated.
multiorificial | multiorifice.
multiperforadora | gang punch.
multiperforar | gangspunch (to).
multiplaje por división de frecuencia | frequency-division multiplexing | frequency divisor multiplexing.
multiplano | multiplane.
multiplaza | multiplace.
múltiple | multiple.
múltiple (electrotecnia) | ganged.
múltiple (frutos) | collective.
multiple (telefonía) | grading.
múltiple de cinta (telefonía) | ribbon multiple.
múltiple parcial (telefonía) | partial multiple.
múltiple parcial (telefonía automática) | grading.
múltiple total (telefonía) | full multiple.
múltiplemente conectado | multiply-connected.
múltiplemente conexo (matemáticas) | multiple-connected.
múltiplemente difuso | multiple-scattered.
múltiples de enlace (telefonía) | trunk multiples.
multiplete (espectrografía) | multiplet.
multiplete de carga | charge multiplet | load multiplet.
multiplete nuclear | nuclear multiplet.
multiplex | multiplet.
multiplex de división de tiempo | time-division multiplex.
multiplex de impulsos en tiempo compartido (telecomunicación) | pulse time multiplex.
multiplex de modo de impulsos | pulse-mode multiplex.
multiplex de tiempo | time multiplex.
multiplex de tiempo compartido | time division multiplex.
multiplex por división de frecuencia | frequency division multiplex.
multiplex por división de frecuencias | frequency-division multiplex.
multiplex por división de tiempo | time division multiplex.
multiplexación | multiplexing.
multiplexión por división del tiempo | time division multiplexing.
multiplexor | multiplexer | multiplexor.
multiplicabilidad | multiplicability.
multiplicable | multiplicable.
multiplicación | multiplication | multiplying.
multiplicación (de la palanca) | leverage.
multiplicación (palancas) | advantage.
multiplicación abreviada | abbreviated multiplication.
multiplicación de la palanca | lever advantage.
multiplicación de neutrones | neutron multiplication.
multiplicación de toma directa | direct gear ratio.
multiplicación del eje | axle ratio.
multiplicación deslizante (comunicaciones) | slip multiple.
multiplicación en alud | avalanche multiplication.
multiplicación escalar | scalar multiplication.
multiplicación matricial | matrix multiplication.
multiplicación o desmultiplicación (por engranajes) | gear.
multiplicación o desmultiplicación (velocidad) | gearing.
multiplicación pequeña (engranajes) | low gear.
multiplicación rápida de neutrones (reactor nuclear) | burst.
multiplicación regulable (palanca) | varying leverage.
multiplicado (de gran velocidad) | geared-up.
multiplicado en frecuencia a 50 megahertzios | frequency-multiplied to 50 megacycles.
multiplicado por cincuenta | fiftyfold.
multiplicador | multiplier.
multiplicador (explosivos) | gaine.
multiplicador analógico subdivisor del tiempo | time sharing analog multiplier.
multiplicador constante | constant multiplier.
multiplicador de cuatro cuadrantes | four-quadrant multiplier.
multiplicador de electrones | electron multiplier.
multiplicador de emisión secundaria (electrónica) | secondary emission multiplier.
multiplicador de escala (aparatos) | meter multiplier.
multiplicador de frecuencia (electricidad) | harmonic generator.
multiplicador de frecuencias (elevador de frecuencias) | frequency multiplier.
multiplicador de fuerza de vacío | vacuum booster.
multiplicador de función analógica de banda amplia | wideband analog function multiplier.
multiplicador de funciones | function multiplier.
multiplicador de muestreo | averaging multiplier.
multiplicador de neutrones | neutron booster.
multiplicador de oscilador de cristal piezoeléctrico | crystal-oscillator multiplier.
multiplicador de pic a pic (telar de cajones) | pick and pick multiplier.
multiplicador de presión | pressure transmitter.
multiplicador de presión hidráulico | intensifier.
multiplicador de sensibilidad | range multiplier.
multiplicador de tipo cuadrático | quarter-square multiplier.
multiplicador de velocidad | overdrive.
multiplicador de voltaje | voltage multiplier.
multiplicador disector | dissector multiplier.
multiplicador electrónico | augetron | electron multiplier.
multiplicador electrónico de campo transversal dinámico | dynamic crossed-field electron multiplier.
multiplicador electrónico de trayectorias circulares | orbital beam tube.
multiplicador finito | finite multiplier.
multiplicador fraccionario | fractional multiplier.
multiplicador logarítmico | logarithmic multiplier.
multiplicador magnético de frecuencia | magnetic frequency multiplier.
multiplicando | multiplicand.
multiplicar | multiply (to).
multiplicar término a término | multiply term by term (to).
multiplicativamente recurrente | multiplicatively recurring.
multiplicidad | multiplicity.
multiplicidad de fisuras | multiplicity of fissures.
multiplicidad de superficies esféricas | multiplicity of spherical surfaces.
multiplicidad idiomática | linguistic multiplicity.
multiplicidad proteica | proteical multiplicity.
multiplicidad vectorial | vector-manifold.
multiplidad | multeity.
múltiplo | multiple.
múltiplo par | even multiple.
múltiplos impares | odd multiples.
multipolar | multipolar.
multipolaridad | multipolarity.
multipolaridad lingüística | linguistic multipolarity.
multipolarizar (EE.UU.) | multipolarize (to).
multipolarizar (G.B.) | multipolarise (to).
multipolo multipole.
multiponderado | multiweighted.
multiposicional | multiposition.
multiprocesador | multiprocessor.
multiproceso | multiprocessing.
multiproceso con memoria principal compartida | shared main storage multiprocessing.
multiprogramación | multiprogramming | multiprogrammation.
multipropulsante (con dos o más propulsantes no mezclados que se inyectan separadamente en la cámara de combustión) | multipropellant.
multipunto | multistation | multipoint.
multirracial | multiracial.
multirramoso | much-branched.
multirreincidencia | multirecidivism.
multiscopio | multiscope.
multiselector miniatura | miniswitch.
multiseriado | multiserial.
multisistema | multisystem.
multitarea | multitasking.
multitareas | multi-tasking.
multiterminal | multiterminal | multidrop | multistation.
multitratamiento | multiprocessing.
multitud | cloud | mass.
multitud de aplicaciones de ingeniería | multitude of engineering applications.
multitud de componentes | multitude of components.
multitud de comportamientos | multitude of

behaviors.
multitud de tensiones nerviosas no usuales (aviadores) | multitude of unusual stresses.
multitud de usos | legion of uses.
multivador | multivator.
multivalente | multivalent | multiple valued | multivalued.
multivaluación | multiple-valuedness.
multivaluado | multivalued.
multivariado | multivariate.
multivariante | multivariate.
multivibrador | multivibrator | flip-flop.
multivibrador biestable | bistable multivibrator.
multivibrador biestable regulado por impulsos | impulse-controlled bistable multivibrator.
multivibrador de período simple | single-shot multivibrator | start-stop multivibrator | one-cycle multivibrator.
multivibrador de relajación monoestable | monostable multivibrator | flip-flop generator.
multivibrador estable | free-running multivibrator.
multivibrador monoestable | univibrator | one-shot flip-flop | one-shot multivibrator.
multivibrador patrón dependiente | master-slave D flip-flop.
multivibrador sincronizado con el voltaje de la red | line-voltage-synchronized multivibrator.
multívoca | many-to-one.
mullido | fluffy.
mullido del suelo | soil softening.
mullidora (de tierras) | mellowing.
mullidora (máquina agrícola) | mulcher.
mullidora de tallos | stalk mulcher.
mullidura (tierras) | loosening.
mullir (tierras) | loosen (to) | fluff (to) | mellow (to).
mullir la tierra | loosen the soil (to).
mullita | mullite.
mullitización de las arcillas | mullitization of clays.
mullo (Hispanoamérica) | bead.
mumetal (aleacción magnética) | mumetal.
mundo (heráldica) | mond | mound.
mundo de la electrónica | world of electronics.
mundo económico | economical world.
mundo sensible | tangible world.
mundo submarino | undersea world.
mundovisión | world television.
mungo | mungo.
munición | ammunition.
munición antiaérea | aircraft ammunition | antiaircraft round.
munición anticarro de energía química | chemical energy antitank ammunition.
munición atacada con el atacador (cañón) | rammed ammunition.
munición cargada | live ammunition.
munición con carga propulsora separada del proyectil | loose ammunition.
munición con carga separada en saquetes | bag ammunition.
munición con espoleta de proximidad | proximity-fuzed ammunition.
munición contra blancos resistentes | resistant-target ammunition.
munición de adiestramiento | dummy ammunition.
munición de alto explosivo | high-explosive ammunition.
munición de artillería | artillery ammunition.
munición de bala con carga reducida | guard ammunition.
munición de cabeza aplastada (munición anticarros) | squash head ammunition.
munición de cartucho y proyectil separados | two-piece ammunition.
munición de combate | service ammunition.
munición de culote troncónico | boat-tailed ammunition.
munición de demolición atómica | atomic demolition munition.
munición de ejercicios | dummy ammunition | drill ammunition | practice ammunition.
munición de fogueo | practice ammunition.
munición de guerra | live ammunition.
munición de hipervelocidad | hypervelocity ammunition.
munición de instrucción | training ammunition.
munición de pruebas | test ammunition.
munición de vaina (proyectil con su vaina) | fixed-ammunition.
munición de vaina metálica o de plástico | case ammunition.
munición en cargador de cinta (ametralladora) | linked ammunition.
munición en cinta | belted ammunition.
munición incendiaria | incendiary ammunition.
munición incendiaria perforante | A. P. I. ammunition.
munición no perforante con proyectil macizo | ball ammunition.
munición para aviones | aircraft ammunition.
munición para cañones sin retroceso | recoilless ammunition.
munición para pistola | pistol ammunition.
munición para tiro de demostración | demonstration ammunition.
munición perforante | armor-piercing ammunition | armor-defeating ammunition.
munición perforante de gran velocidad inicial | H. V. A. P. ammunition.
munición perforante del hormigón | concrete-penetrating ammunition.
munición preparada cerca del cañón y lista para ser utilizada | ready service ammunition.
munición química | chemical ammunition.
munición reglamentaria | service ammunition | authorized ammunition.
munición separada (proyectil y su saquete) | separate ammunition.
munición sin espoleta o sin carga explosiva | inert ammunition.
munición subcalibre | subcaliber ammunition.
munición trazadora | tracer ammunition.
municionar | store (to) | ammunition (to).
municionero | ammunition carrier.
municioneros (personas) | ammunition handlers.
municiones | stores | ammunition.
municiones de cohete | rocket ammunition.
municiones disponibles | available ammunition.
municiones para fotografías nocturnas | photoflash munition.
municiones pirotécnicas | pyrotechnic ammunition.
municipalidad | corporate town | municipality | township.
municipalidad (ciudad administrada por un ayuntamiento) | incorporated town.
municipalización | municipalization.
municipalizado | city-owned | municipally owned.
municipalizar | municipalize (to).
municipio | township.
municipio (EE.UU.) | borough.
muninga (Pterocarpus angolensis) | muninga | kiaat.
munipalizar | munipalize (to).
muñeca (anatomía) | wrist.
muñeca inclinable (fresadoras) | swiveling overhanging arm.
muñequilla (caja moldeo) | trunnion.
muñequilla (cigüeñal) | crankwrist | maneton | manneton | pin.
muñequilla (cigüeñales) | wrist pin.
muñequilla (del cigüeñal) | crankpin.
muñequilla de acero forjado | forged steel crankpin.
muñequilla de estarcir | pouncing-bag.
muñequilla de la cruceta | crosshead pin.
muñequilla de la cruceta (máquinas alternativas) | pin of cross head.
muñequilla del cigüeñal | crankshaft crankpin | crankshaft journal.
muñequilla del cigüeñal de media presión (máquina vapor) | intermediate crankshaft journal.
muñequillos (nódulos calizos en los aluviones o en el loess) | kankar.
muñequitos del loess | loess dolls.
muñequitos del loess (concreciones calizas nodulosas) | löss püppchen.
muñidor electoral | electioneerer.
muñidor electoral (EE.UU.) | canvasser.
muñón | trunnion | stup | lug | wrist.
muñón (brazo o pierna) | stump.
muñón (cigüeñal) | manneton.
muñón (de manivela) | crankpin.
muñón (de pie de biela) | wrist pin.
muñón (del cigüeñal) | crankpin.
muñón (ejes) | gudgeon | journal.
muñón (pie de biela) | wrist.
muñón centrador | centering gudgeon.
muñón cónico | tapered journal | conical journal.
muñón cónico de cilindro (laminador) | tapered roll journal.
muñón de acoplamiento (cilindro de laminadores) | wobbler.
muñón de ala (avión) | wingstub.
muñón de ala (aviones) | stubwing.
muñón de biela | connecting-rod pin | connecting-rod gudgeon | connecting-rod journal.
muñón de cabeza | end journal.
muñón de dirección (dirección autos) | steering knuckle.
muñón de dirección (ejes ruedas) | steering swivel.
muñón de empuje | thrust journal.
muñón de impresión | print dog.
muñón de la rueda | wheel pivot | wheel spindle.
muñón de pie de biela | piston pin.
muñón de pie de biela (muñequilla del pistón - motores) | gudgeon pin.
muñón del ala (aviones) | stub plane.
muñón del cilindro oscilante | oscillating cylinder trunnion.
muñón del convertidor | converter trunnion.
muñón del eje | axle journal | axle neck | shaft journal.
muñón del eje de la palanca | lever shaft journal.
muñón del pistón (muñequilla del pistón - motores) | gudgeon pin.
muñón esférico | ball gudgeon | ball-journal.
muñón extremo | end journal.
muñón flotante del pistón | floating gudgeon pin.
muñón frontal | end journal.
muñón hueco | hollow trunnion.
muñón hueco del pistón totalmente flotante | fully floating hollow-type gudgeon pin.
muñón interior del pistón | wrist pin.
muñón intermedio | neck collar journal.
muñonera | gudgeon socket | trunnion bearing | journal box.
muñones del alza | sight trunnions.
muñones del malacate de tuberías | calf wheel gudgeons.
muñones empernados desmontables | bolt-on demountable type trunnions.
muñones inclinados | out-of-level trunnions.
muón | mu-meson | muon | M meson.
muón artificial | man-made μ-meson.
muón escalar (atómica) | scalar negative meson.
muonio | muonium.
muraje | walling.
muraje de galerías | walling.
muralla | wall.
muralla (cordillera) | scar.
muralla almenada | battlement.
murar | wall (to).
murciélago | bat.
murete de contención en la parte inferior (taludes) | toe wall.
murete de ladrillo | brick veneer.
murete de piedra (minas) | road pack.
murete de piedra en seco (minas) | building |

pack.
murete de piedra en seco para relleno (minas) | packwall.
murete de piedra para relleno | packwall.
murete de piedra para relleno (galería de mina) | packing case.
murete de protección | guard wall.
murete de tierra o sacos terreros para proteger un emplazamiento | revetment.
murete deflector | deflector barrier.
murete separador | barrier.
murgón | par.
muriatos (química) | muriates.
múrice (zoología) | murex.
muriforme | muriform | brick-shaped.
murmullo | murmur.
murmullo confuso (telefonía) | babble.
murmurar sonidos inarticulados | burble (to).
muro | wall.
muro (capa de hulla) | bottom.
muro (de una capa de carbón) | pavement.
muro (filones) | ledger-wall | ledge wall | lying wall | ledger.
muro (galería mina) | underlier.
muro (minas) | pit botton | low wall | lying side | seat | seat rock.
muro (piso - galería minas) | floor.
muro a plomo | plumb wall.
muro aislado | self-supporting wall.
muro aislante | cutoff | insulating wall.
muro anular | ring wall.
muro arcilloso (de capa de carbón) | poundstone.
muro ataludado | battering wall.
muro cajón de sostenimiento formado con piezas prefabricadas | crib wall.
muro calado (sotanos) | sleeper wall.
muro circular | circular wall.
muro colgado de horno | suspended furnace wall.
muro con cámara de aire | air-wall.
muro con contrafuertes | buttressed dam wall | counterforted wall.
muro con entrantes o salientes | wall with offsets.
muro con pandeo | bulging wall.
muro con talud muy fuerte | ramp wall.
muro con voladizo | wall with corbel.
muro contrafuegos | firewall.
muro cortafuego | fire wall.
muro cortafuegos | fire division | fire stop.
muro de a pie | one brick wall.
muro de abrigo de espaldera | coping.
muro de acompañamiento | headwall.
muro de adobe | mud-wall | mud wall.
muro de aleta | alette.
muro de aleta (estribo de puentes) | wing wall.
muro de apoyo | breast-high wall.
muro de arcilla construido para evitar la entrada de aire o salida de grisú (minas) | wax wall.
muro de arriostramiento en edificio de varios pisos | multistory building bracing wall.
muro de asta | brick wall 1 brick thick | one brick wall.
muro de asta y media | brick wall 1 $^1/_2$ bricks thick.
muro de bloques de hormigón en masa | mass-concrete blockwall.
muro de cabecera | headwall.
muro de caída (esclusas) | forebay | lift-wall.
muro de caja de escalera | stringer.
muro de carga | load-bearing wall | bearing wall | main wall.
muro de carga (cubiertas, etc.) | weight bearing wall.
muro de cerca | enclosure wall | containing wall | ring wall | fence-wall | close wall.
muro de cerca de piedra en seco | dike.
muro de cerramiento | enclosure wall.
muro de cierre | close wall | facing wall | curtain wall.
muro de cierre (presas) | cutoff wall.
muro de cimentación | foundation wall.
muro de cimentación corrido | continuous foundation wall.
muro de cimientos | foundation wall.
muro de contención | bearing wall | retain wall | retaining wall.
muro de contención con contrafuertes interiores | counterforted retaining wall.
muro de contención de gravedad | gravity wall.
muro de contención de hormigón armado en forma de T | T-shaped reinforced-concrete retaining wall.
muro de contención de hormigón en masa | mass-concrete retaining wall.
muro de contención de tierras | bund.
muro de contención del río | river-wall.
muro de contención del terraplén (obras públicas) | embankment wall.
muro de contención inclinado de hormigón armado | battered reinforced concrete retaining wall.
muro de contención sin los contrafuertes | stem.
muro de contención sobre pilotaje | pile-supported retaining wall.
muro de contrafuertes | counterfort wall.
muro de cortina | curtain wall.
muro de cortina celular (presas) | cellular core wall.
muro de costado (muro de acompañamiento-estribos puentes) | flank wall.
muro de defensa | protecting wall.
muro de defensa (arquitectura) | wingwall.
muro de defensa del talud | slope wall.
muro de detención de gravas (ríos) | shingle trap.
muro de doble asta | brick wall 2 bricks thick.
muro de encauzamiento | training wall.
muro de encauzamiento de riadas | flood wall.
muro de encauzamiento del río | river-wall.
muro de escarpa (fortificación) | scarp wall.
muro de espalderas | fruit-wall.
muro de estribo (alcantarillas) | bench wall.
muro de fachada | facing wall | outwall | front wall.
muro de fondo (dique seco) | headwall.
muro de guarda (presas) | cutoff wall.
muro de ladrillo sin revestir | unlined brick wall.
muro de media asta | brick wall $^1/_2$ brick thick.
muro de media cítara | tier.
muro de muelle | bulkhead | seawall.
muro de obstrucción | baffle wall.
muro de paneles de vidrio de doble acristalado | double-glazed glass wall.
muro de parapeto | breast-high wall | breast wall.
muro de pie (presas) | cutoff wall.
muro de pie (terraplenes) | dwarf wall.
muro de pie de terraplén | embankment wall.
muro de piedra en seco | mortarless wall | loose-laid wall | dry wall | dry rubble.
muro de piedra seco | dry stone wall.
muro de piedra sin mortero | dry rubble.
muro de protección | bund wall.
muro de protección (minas) | barrier.
muro de recinto | bail.
muro de retorno | return-wall.
muro de retorno (muro de acompañamiento-estribos puentes) | flank wall.
muro de revestimiento | face wall | chemise | face-wall | facing wall | curtain wall | breast-wall | lining wall.
muro de revestimiento (zanjas, pozos) | curb wall.
muro de salto (pie de presas) | deflector.
muro de seguridad (minas) | chain.
muro de separación | dividing wall.
muro de sostén | pack | bulkhead.
muro de sostenimiento | retaining wall | breast wall.
muro de sostenimiento con aletas de retorno | angular retaining wall.
muro de sostenimiento con contrafuertes | counterfort retaining wall.
muro de sostenimiento de hormigón armado | reinforced-concrete retaining wall.
muro de sostenimiento de pilotes y tablones | camp-shedding.
muro de sostenimiento de pilotes y tablones (márgenes de ríos) | camp-shot.
muro de sostenimiento de pilotes y tablones (orillas ríos) | camp shedding.
muro de sostenimiento de tierras | retain wall | revetment.
muro de sostenimiento en ménsula | cantilever retaining wall.
muro de sostenimiento en voladizo | cantilever retaining wall.
muro de sotano | cellar wall | basement wall.
muro de tablestacas anclado | anchored sheet-pile wall.
muro de zócalo | plinth wall.
muro deflector | deflector wall.
muro del manto (geología) | seam floor.
muro del manto (piso del manto-geología) | floor of seam.
muro del muelle | quaywall.
muro delgado de ladrillos | parpen wall.
muro diseñado para la buena ventilación de locales (climas húmedos calurosos) | breathing wall.
muro en ala | wing wall.
muro en esviaje | oblique wall.
muro en seco | laid-dry.
muro entre las puertas de un horno | jamb.
muro estanco al agua y al aire (minas) | stank.
muro frontal | face wall | front wall.
muro grueso de mampostería paramentado con sillería | coffer work.
muro hastial | gable wall.
muro hecho con lajas de piedra | rag work.
muro hueco | hollow wall.
muro impermeabilizador de la presa | dam core wall.
muro inferior | lower wall.
muro interceptador | cutoff.
muro interceptor (presas) | cutoff wall.
muro interior de impermeabilización (presa de tierra) | core.
muro interior de impermeabilización de arcilla plástica (presas de tierra) | puddle corewall.
muro lateral | aisle wall | side wall.
muro lateral (esclusas) | chamber-wall.
muro lateral formado por material suelto (hielo de lagos) | ice rampart.
muro maestro | main wall.
muro medianero | dividing wall | party wall | midwall | party wall | common wall.
muro medianero de carga (sotanos) | sleeper wall.
muro medianero hueco | cavity party wall.
muro medianero sordo | cavity party wall.
muro nervado | buttressed dam wall.
muro no portante entre pies derechos | panel wall.
muro no revestido | unfaced wall.
muro o tabique de entramado de madera | brick nogging.
muro parallamas | flash wall.
muro piñón | gable end | gable wall.
muro piñón en escalones | corbie-gable.
muro piñón en rediente | crowstep gable.
muro piñón escalonado | crowstep gable.
muro que amenaza ruina | falling wall.
muro que soporta pesos (cubiertas, etc.) | weight bearing wall.
muro revestido de ladrillo | brick panel wall.
muro ribereño de contención | bulkhead.
muro sesgado | oblique wall.
muro sin carga (que sólo soporta su propio peso) | nonbearing partition.
muro sin huecos | dead wall.
muro sin huecos (sin puertas o ventanas) | blind wall.
muro sordo | dead wall | dual masonry wall.

muro sordo con paramentos ligados con tiras de metal | caving wall.
muro sordo de ladrillo | cavity brick wall.
muro testero | headwall.
muro transversal | cross wall.
muro transversal sumergido (canales) | groundsill.
muros de galerías | manhole walls.
muros laterales de la albañilería de la caldera | boiler sidewall setting.
murtón | myrtle berry.
musa | poetic genius.
musaizi (Cassipourea elliotii) | pillarwood.
muscicida | fly-destroying.
muscología | muscology.
muscólogo | muscologist.
muscovita | India mica.
muscovita hidratada | damourite.
muscovita transparente | clear mica.
músculo cuadrado | quadrate.
músculo depresor (anatomía) | depressor.
músculo erector | erector.
músculo extensor | tensor | protractor.
músculo extensor del dedo índice | indicator.
músculo flexor | flexor.
músculo inversor | invertor.
músculo radial | radial.
músculo retractor | retractor.
músculo rotador | rotator.
músculos intercostales | intercostales.
músculos intercostales (anatomía) | intercostals.
musculoso | husky.
museística | museistics.
muselina | muslin | mousseline.
muselina crespón | crepe muslin.
muselina de encuadernador | binding muslin.
muselina de encuadernar | mull.
muselina de lana | muslin-de-laine | delaine.
muselina estirada al sesgo | bias stitched muslin.
muselina fina | mull.
muselina fuerte | foundation net | foundation muslin.
muselina para tímpano (imprenta) | automatic muslin tympan cloth.
muselina tornasol | glazed muslin.
museo de arte | gallery.
museografía | museography.
museología | museology.
museológico | museological.
museólogo | museologist.
muserola | nose-piece | backstay | head strain | nose-strap | nose-band.
muserola (de brida) | bridle noseband.
musgo | moss.
musgosidad | muscosity.
musgoso | moss-clad | mossy.
musibi (Capaifera arnoldiana) | Rhodesian copalwood.
musibi (Copaifera mopane) | sanya.
música algorítmica | algorithmic music.
música de cuerda | string music.
música de fondo | noodling | background music.
música de fondo (cine) | title music.
música de plectro | plectrum music.
música electrónica | electronic music.
música electrosónica | electrosonic music.
música en discos | canned music.
música grabada | canned music.
música impresa | printed music.
música monofónica | monophonic music.
música polifónica | polyphonic music.
música sicofisiológica (música a la par estimulante y relajante) | psychophysiological music.
musicalidad | musicality.
musicar | set to music (to).
músico mayor (milicia) | director of music.
musicología | musicology.
musicólogo | musicologist.
musizi (Maesopsis eminii) | musizi.
musmón | moufflon.
musofobia | musophobia.
mutabilidad | mutability.
mutación | mutation.
mutación (biología) | break | saltation.
mutación (genética) | sport.
mutación consónantica | consonant shifting.
mutación energética | energetical mutation.
mutación estructural | structural mutation.
mutación genética | genetic mutation.
mutación letal | lethal mutation.
mutación masal (genética) | mass mutation.
mutación nueva (biología) | fresh mutations forward.
mutación política | political mutation.
mutación por agrandamiento gradual | wipe.
mutación semántica | semantic mutation.
mutación tautomérica | tautomeric shift.
mutador | static converter | inverter.
mutador (biología) | mutator.
mutador para tensión sinusoidal | sinusoidal inverter.
mutafaciente | mutafacient.
mutagénico | mutagen.
mutágeno | mutagen.
mutante | mutant.
mutante de flor funcionalmente estéril (botánica) | functionally-sterile flower mutant.
mutante fenotípico | phenotypic mutant.
mutantes aberrantes | nontrue-breeding mutants.
mutantes del maíz | maize mutants.
mutar | mutate (to).
mutenye (Copaifera arnoldiana) | African rosewood.
mutenye (Copaifera spp) | mutenye.
mutilación | mutilation.
mutilación (estatuas) | defacement.
mutilación de la señal | signal mutilation.
mutilación de señales (telefonía) | clipping.
mutilación del pasaporte | mutilation of passport.
mutilación voluntaria | self-inflicted wound.
mutilado | crippled | physically disabled.
mutilado (persona) | invalid.
mutilado de guerra | disabled ex-service man | invalid through the war.
mutilar | mutilate (to) | cripple (to) | mangle (to).
mutilar (estatuas) | deface (to).
mutilar un escrito | bowdlerize (to).
mutoscopio | mutoscope.
mutua | pension pool.
mutua de primas de depósito | deposit premium mutual.
mutua de seguros | mutual insurance company.
mutualidad | mutuality | friendly society.
mutualidad de las señales (estereofonía) | signal mutuality.
mutualidad de seguros | mutual society | mutual insurance society.
mutualidades | friendly societies.
mutualismo | mutualism.
mutualista | mutualist | mutual policyholder.
mutualización | mutualization.
mutualizar | mutualize (to).
mutuamente acoplado | mutually coupled.
mutuamente excluyente | mutually exclusive.
mutuamente ortogonal | mutually orthogonal.
mutuamente soldable | mutually weldable.
mutuamente soluble o miscible en todas proporciones | consolute.
mutuante | mutuant.
mutuatario | mutuary | loanee.
mútulo | mutule.
mútuo | common.
muy | right.
muy abierta (flores) | overblown.
muy ácido | high-acid.
muy adelantadas (obras) | well in hand.
muy adherente | close-adhering.
muy agudo (dolores) | subtle.
muy aislado (electricidad) | heavily-insulated.
muy ajustado | tight.
muy alto (aviación) | upstairs.
muy amortiguado | heavily damped.
muy apagado (volumen del sonido) | in the mud.
muy apisonado | hard-rammed.
muy apretado | overtight.
muy armado | heavily reinforced.
muy artillado | overgunned.
muy atareado | up-to-the-minute.
muy atrasada (cuentas) | long overdue.
muy averiado | badly damaged.
muy bien hecho | topnotch.
muy bombeada (carreteras) | high-crowned.
muy boscoso | densely wooded | heavily-timbered | heavily forested | heavily wooded.
muy capacitado | fully-trained.
muy cerca de tierra (buques) | land-sick.
muy cocido | hard-burnt.
muy coloreado | highly colored.
muy combustible (telas) | flammable.
muy curvado | sharply curved | curly.
muy deformado (estructuras) | highly-strained.
muy desenfocado | grossly unfocused.
muy desmultiplicado (muy lenta - velocidad) | geared very low.
muy despacio | dead slow.
muy distanciado del segundo puesto | far from being second.
muy empleado | widely used.
muy enterado del uso de las computadoras | conversant in the use of computers.
muy escaso | critically short.
muy escorado (buques) | heavily-listing.
muy estirado | tightly-stretched.
muy estratificado | crudely stratified.
muy estudiado | elaborate.
muy fallado (con abundancia de fallas - geología) | badly faulted.
muy fino (polvos) | subtle.
muy frágil | easily breakable.
muy frecuentada (carreteras) | heavily traveled.
muy frío | icy.
muy frito | deep-fried.
muy inclinado | heavily pitching | heavily-raked.
muy inclinado (faldones de una cubierta) | overpitched.
muy inclinado (techos) | high-pitched.
muy inferior | no class.
muy inflamable | highly inflammable.
muy interesante | fruity.
muy ligeramente (música) | very lightly.
muy manejable | highly maneuvrable.
muy oxidado (aceros) | heavily scaled.
muy peligroso | extrahazardous.
muy pendiente | heavily-graded.
muy polucionado | badly polluted.
muy próximo | closely-spaced.
muy pulimentado | highly polished.
muy rápido | too-rapid.
muy rarificado | highly-evacuated | highly-exhausted.
muy reforzado | heavily reinforced | heavily ribbed | heavily reinforced.
muy refrigerado | highly cooled.
muy reservado | strictly private.
muy revolucionado (motores) | high speed.
muy secreto | top secret.
muy sobrealimentado (motores) | highly supercharged.
muy subvencionado | heavily-subsidized.
muy viscoso | tough.
muziga (Warburgia ugandensis) | sok.
myall (Acacia pendula) | myall.
mylar | mylar.

N

nabina | rapeseed | rape.
nabo (escalera caracol) | kingpost.
nácar | mother-of pearl | nacre | pearl.
nacarado | pearly | nacreous.
nacarino | pearly | nacreous.
nacela | nacelle.
nacer (plantas, ríos) | rise (to).
nacer (ríos) | rise (to).
naciente | nascent | incipient.
nacimiento | birth.
nacimiento (ríos) | rise.
nacimiento del río | river head.
nación | nation.
nación acreedora | lending country.
nación anfitriona | host country.
nación beneficiaria | recipient country.
nación competidora comercialmente | commercially competitive nation.
nación de registro (de un avión o buque) | country of registration.
nación debilitada | effete nation.
nación deudora | debtor nation.
nación importadora de capitales | capital importing coutry.
nación marítima | seafaring nation.
nación perteneciente a la Commonwealth | commonwealth country.
nación productora de madera | lumber-producing nation.
nación receptora de inmigrantes | immigrant-receiving nation.
nacional | domestic | national | State-wide.
nacionalidad | nationality | national status | citizenship.
nacionalización | nationalization.
nacionalizado | nationally-owned.
nacionalizar | nationalize (to) | put under government control (to).
nacionalizar una empresa privada | transfer to state ownership (to).
naciones de la zona de la libra esterlina | scheduled territories.
nacrina (mineralogía) | nacrine.
nacrita (mineralogía) | nacrine.
nacrita (variedad de kaolinita) | nacrite.
nacrita (variedad de margarodita) | nacrite.
nada | naught | null | zilch.
nadador que hace la plancha | floater.
nadar | float (to).
nadie ha ejercitado este derecho | no one has exercised this right.
nadie presenció el accidente | nobody witnessed the accident.
nadir | nadir.
nadir fotográfico | photograph nadir.
nafta | naphtha.
nafta apropiada para fines de extracción | extraction naptha.
nafta de alta temperatura de inflamación | high-flash naphtha.
nafta de petróleo sin refinar | crude naphtha.
naftaleno | naphthalene.
naftol | naphthol.
naga (Brachystegia eurycoma - Hutch) | okwen.
nagiagita | leaf tellurium.
ñagulo de incidencia (alas aviones) | striking angle.
nagyagita (teluro hojoso) | nagyagite.
naife | naife diamond.
naipe | card.
nak (aleación de sodio y potasio líquido para uso de refrigerante nuclear) | nak.
nanandrio (botánica) | dwarf male.
nanocurio | nanocurie.
nanofaradio | nanofarad.
nanofosil (geología) | nannofossil.
nanógramo | nanogram.
nanoide | nanoid. **ofossil.**
nanómetro | nanometer.
nanoplanctón | nannoplankton.
nanosegundo | nanosecond | NSEC | ns.
nanovatio | nanowatt.
nanquín (tejido) | nankeen.
nanzú (tela) | nainsook.
naos (templo griego) | naos.
naos hipetra | hypaethral naos.
napa | sacs | picker lap.
napa (conjunto de varias pieles cosidas entre sí - peletería) | plates.
napa (de pieles) | linings.
napa (tejeduría) | lap.
napa de batán acabador | finisher lap.
napa uniforme (batán) | even lap.
napalm (jalea de gasolina - jabón de aluminio hecho con mezcla de ácidos nafténicos, oleico y ácidos grasos de coco y palma) | napalm.
napas (telas de batán) | lappings.
napolitano | Neapolitan.
naranjas artificialmente coloreadas | artificially-colored oranges.
narcoadicto | narcotic addict.
narcoanálisis | narcoanalysis.
narcosis por respirar nitrógeno | compressed-air intoxication.
narcótico | narcotic | drug | dope.
narcotizar | dope (to) | narcotize (to).
narcotrón | narcotron.
nargusta (Terminalia amazonia) | nargusta.
nargusta (Terminalia amazonia - Exell) | white olivier.
nargusta (Terminalla amazonia - Exell) | coffee mortair.
naricorne | naricorn.
narig (Vatica manggachapoi) | narig.
nariz | nose.
nariz (de picaporte) | nosing | catch.
nariz (geología) | nose.
nariz (parte roscada del husillo del cabezal - tornos) | nose.
nariz arqueada del anticlinal | anticlinal bowing nose.
nariz con brida | flanged nose.
nariz de corrimiento (de una viga de puente) | launching nose.
nariz de husillo roscada | threaded spindle nose.
nariz de la platina (tejedura de punto) | nose of the sinker.
nariz de la presa (presas-vertederos) | dam nose.
nariz del husillo | spindle nose.
nariz del pestillo | bolt toe.
nariz del picaporte | latch pin | bolt toe | latch catch.
narración | recording.
narración cinematográfica | narration.
narrador | narrator.
narradora | narratrix.
narrar (locutores) | off (to).
narria | log boat | lorry | sledge | drag | road drag.
narria (explotación forestal) | jumper.
narria (transporte troncos de árboles) | barwheels.
nartex | narthex.
nasa | bag net | creel.
nasa (para anguilas) | pod.
nasa (pesca) | pocket.
nasa (red) | bow net.
nasa de pescar | pound net.
nasa para coger anguilas | buck.
nasa para salmón | cruive.
nasardo (música) | nasard.
nata | skim.
nata (de leche, de cal) | cream.
nata de fundición (metal fundido) | sullage.
nata espumosa (aguas cloacales) | scum.
natalidad | birth rate | natality.
natátil | natant.
naterón | cottage cheese.
natimortalidad | natimortality.
natividad de Jesús | Christmas.
nativo (geología) | native.
nativo de una nación extranjera | foreign national.
nato (Mora excelsa - Benth) | nato.
nato (vocales, representantes, etc.) | ex officio.
natrón (carbonato de sosa nativo) | natron.
natural (colores) | self.
natural (minería) | native.
naturaleza | nature | character.
naturaleza arcillosa (terrenos) | heaviness.
naturaleza cretácea | chalkiness.
naturaleza de la pobreza obrera | nature of mass poverty.
naturaleza del fondo | character of the bottom | nature of the bottom.
naturaleza del trabajo | work nature.
naturaleza emprendedora | go-aheadness.
naturaleza especulativa | speculative nature.
naturaleza incultivable (tierras) | intractableness.
naturaleza inofensiva de | innoxiousness.
naturaleza muerta (arte) | still life.
naturaleza perjudicial | harmfulness.
naturaleza turboestrática | turbostratic nature.
naturalización | naturalization.
naturalizar | endenizen (to).
naturalizarse (un extranjero) | nationalize (to).
naufragar | wreck (to) | sink (to).
naufragio | wrecking | shipwreck | sinking.
náufrago salvado | survivor.
naugfragio | wreck.
nauropómetro (marina) | nauropometer.
nauseabundo (olores) | offensive.
náutica | navigation | nautics.
náuticas (cualidades) | weatherly.
náutico | nautical.
nautófono | nautophone.
navaja | knife | folding knife.
navaja barbera | cutthroat razor.
navaja de mango | cutthroat razor.
navar (radar y control) | navar.
nave | bottom | sail.
nave (arquitectura) | nave.
nave (talleres) | bay.
nave central (catedrales) | middle aisle.
nave central (talleres) | middle bay.
nave cónica de cuerpo sustentador | lifting body spacecraft.
nave cósmica nuclear | nuclear spacecraft.
nave cósmica nucleopropulsada | nuclear spacecraft.
nave cósmica sin alas | wingless spacecraft.
nave de almacenado | storing hall.
nave de colada | casting bay | pouring hall.
nave de convertidores | converter shed.
nave de cristalización (salinas) | salt room.
nave de chatarra | scrap hall.
nave de desbarbado | fettling bay.
nave de deslingotado | stripper bay | ingot stripper bay.
nave de deslingotado del taller de fundición | melting shop stripper bay.
nave de estampación (talleres) | stamping room.
nave de fabricación de paneles y forros (astilleros) | panel shop.
nave de fabricación de piezas cortadas (astilleros) | fabrication shop.
nave de galvanoplastia | plating room.
nave de laminar desbastes planos | slabbing bay.
nave de machos (funderías) | core bay.
nave de montaje | erection bay | assembly shop.
nave de montaje de máquinas (talleres) | machinery assembly shop.
nave de montaje del forro (buques) | shell assembly shop.
nave de prensas | pressroom.
nave de recepción | reception bay.
nave de recorrida en entretenimiento (hangares de aeropuertos) | engineering hall.

nave de salina | salt pan | saltpan.
nave de secado (trefilería) | dry house.
nave de tornos (fábricas) | lathe bay.
nave espacial | space vehicle.
nave espacial nuclear | nuclear space craft.
nave espacial satelizada | satellized spacecraft.
nave lateral (edificios) | wing bay.
nave para limpieza de chapas con granalla (astilleros) | shot-blast building.
nave para preparación de moldes (funderías) | mold preparation bay.
navecilla de difusión (química) | diffusion boat.
navecilla de grafito (química) | graphite boat.
navecilla de platino (química) | platinum boat.
navecilla de porcelana (química) | porcelain boat.
navecillas de carga (horno continuo de cinta transportadora) | charging boats.
navegabilidad | seaworthiness | navigableness | navigability.
navegable | seaworthy | navigable.
navegación | shipping | navigation.
navegación a la estima | dead-reckoning navigation.
navegación a velocidad reducida | reduced-velocity navigation.
navegación aérea | avigation | air navigation | airshipping | aeronautics.
navegación aérea astronómica | celestial air navigation.
navegación aérea de gran precisión | pinpoint navigation.
navegación aérea o marítima por referencia a puntos de comprobación | pilotage.
navegación aérea polar | polar air navigation.
navegación astronómica | astronomical navigation.
navegación astronómica automática | automatic celestial navigation.
navegación astronómica en la mar | astronomical navigation at sea.
navegación con el viento de costado (buque vela) | reaching.
navegación con equipo electrónico | navigation mode.
navegación con mapas cuadriculados | grid navigation.
navegación con referencia a cuerpos celestes | automatic celestial navigation.
navegación contra el viento | beating.
navegación cósmica por correlación | space navigation by correlation.
navegación costera | coastal navigation | coasting.
navegación de acercamiento | approach navigation.
navegación de altura | distant trade | sea navigation | foreign navigation | high-seas navigation.
navegación de cabotaje | domestic shipping | coastwise shipping | intercoastal navigation.
navegación del Atlántico | Atlantic trade.
navegación electrónica | electronic navigation.
navegación en dirección del viento (buque vela) | running.
navegación en zigzag | Z-steering.
navegación esferográfica | spherographical navigation.
navegación espacial | space navigation.
navegación fluvial | arterial navigation.
navegación fluvial (por ríos y canales) | inland navigation.
navegación fluvial por el interior | domestic shipping.
navegación giroscópica | gyro-steering.
navegación giroscópica automática | gyro-autosteering.
navegación hiperbólica | hyperbolic navigation.
navegación instrumental (aviación) | blind navigation.
navegación interplanetaria | interplanetary navigation.
navegación isobárica | pressure pattern flying.
navegación logarítmica | logarithmic navigation.
navegación loxodrómica | rhumb line navigation | plane sailing.
navegación mixta por círculo máximo y por paralelos | composite sailing.
navegación oblicua | oblique sailing.
navegación observada | visual flight.
navegación ortodrómica | circular sailing | great circle navigation.
navegación polar | polar navigation.
navegación por bordadas | oblique sailing.
navegación por bordadas (buque de vela) | traverse.
navegación por observaciones de satélites | satellite navigation.
navegación por pilotaje | landmark navigation.
navegación por pilotaje (aviación) | contact navigation.
navegación por radar y televisión | television radar navigation.
navegación por situación sobre lineas hiperbólicas
navegación por sondeos o por señales visibles en tierra | piloting.
navegación por televisión y radar | television-radar navigation | teleran.
navegación por un paralelo | parallel sailing.
navegación radiogoniométrica | radionavigation.
navegación según la meridiana | meridian sailing.
navegación sobre el Ártico | arctic navigation.
navegación sobre las aletas hidrodinámicas | foilborne mode of navigation.
navegación terrestre | land navigation.
navegación tranquila | plain sailing.
navegación transpolar | transpolar navigation.
navegación y exploración sónica | sound navigation and ranging.
navegación y telemetría por sonido | sound navigation and ranging.
navegacional | navigational.
navegador aerotransportado experimental digital | digital experimental airborne navigator.
navegando (buques) | underway.
navegando dentro de la curva de 100 brazas (buques) | in soundings.
navegando en aguas poco profundas | feeling the bottom.
navegando sobre las aletas hidrodinámicas en 25 segundos a 17 nudos (embarcación de aletas hidrodinámicas sustentadoras) | foil-borne in 25 sec at 17 knots.
navegante (aeroplanos) | navigator.
navegante aéreo | aerial navigator | air navigator | flight navigator.
navegante especializado en navegación radárica | radar navigator.
navegante marino | marine navigator.
navegante radarista | radar navigator.
navegante-bombardero (aviación) | navigator-bombardier.
navegantes | mariners.
navegar | navigate (to) | travel (to) | sail (to) | log (to).
navegar (buques) | be at sea (to) | steam (to).
navegar a barlovento (marina) | weather (to).
navegar a gran velocidad | foot it (to).
navegar a toda vela | stretch (to) | boom (to).
navegar cerca de la costa | hug the land (to) | hug the shore (to).
navegar con pabellón español | run under Spanish flag (to).
navegar con todo el trapo | stretch (to).
navegar con viento de aleta (buques) | quarter (to).
navegar contra viento y marea (buques) | stem (to).
navegar de bolina | keep the wind (to) | reach (to).
navegar de conserva | navigate in company (to).
navegar en convoy | sail in convoy.
navegar en grupo | sail in group.
navegar en mar ancha (buques) | have searoom (to).
navegar en submarino | submarine (to).
navegar en vuelta de afuera | stand for the offing (to).
navegar más que (yates) | outsail (to).
navegar por la costa | coast (to).
navegar por todos los mares | sail the seven seas (to).
navegar sin maquinista de guardia en sala de maquinas durante la noche (buque automatizado) | sail without engine room watcher at night (to).
navicert | navicert.
navicular | boat-shaped.
naviculiforme | canoe-shaped.
naviero | owner | shipping operator | shipowner | shipper.
navieros | shipping managers.
naviforme | naviform.
navígrafo | navigraph.
navío perseguido al que se le da caza | chase.
naviplano | hydrofoil ship | hydrofoil-supported craft.
navisferio | navisphere.
neblina | haze | haze | mist | damp haze | fog.
neblina de aceite lubricante en el carter (motor diesel) | oil mist.
neblina de gotas cargadas electrostáticamente (limpieza tanques petroleros) | electrostatically charged mist.
neblina de humo | gauze.
neblina metálica | metal-fog | metallic fog.
neblina refrigeradora | mist coolant.
neblinoso | nebulous | soupy | foggy.
nebula (arquitectura) | nebule.
nébula (medicina) | nebula.
nebular | nebular.
nebulas (arquitectura) | nebuly molding.
nebulización | nebulization | spray dropping.
nebulización hídrica | waterfog.
nebulizador | spray-producer | spray device | spray | nebulizer | mist sprayer | atomizer | fogger | fog nozzle | fog-forming.
nebulizador de agua | water sprayer | water atomizer | mist projector.
nebulizador de líquidos | sprayer.
nebulizar | mist (to) | vaporize (to) | spray (to).
nebulizar (agua a presión) | fog (to).
nebulizar (EE.UU.) | nebulize (to).
nebulizar (G.B.) | nebulise (to).
nebulosa (astronomía) | nebula.
nebulosa brillante | bright nebula.
nebulosa extragaláctica | extra galactic nebula | extragalactic nebula.
nebulosa gaseosa | gaseous nebulae.
nebulosa oscura | dark nebula.
nebulosa planetaria | planetary nebula.
nebulosas difusas | irregular nebulae | diffuse nebulae.
nebulosas extragalácticas | star colonies.
nebulosas galácticas | galactic nebulae.
nebulosidad | fogginess | nebulosity | cloud amount.
nebulosidad orográfica | orographic nebulosity.
nebuloso | nebulous | hazy | thick | nebular.
necesario | requisite.
neceser de marinero | ditty box.
neceser de viaje | dressing-case.
necesidad | must | requirement | want.
necesidad auténtica | actual want.
necesidad del paciente | recipient's need.
necesidad no satisfecha | unmet need.
necesidad urgente | emergency.
necesidadades de calorías diarias del cuerpo humano | body's daily calorie need.
necesidades | requirements.
necesidades agrícolas | farming needs.
necesidades alimentarias | food needs.
necesidades biotécnicas | bioengineering needs.
necesidades de agua de lixiviación | leaching requirement.

necesidades de capital | capital requirements.
necesidades de consumo | consumptive demand.
necesidades de financiación | capital requirements.
necesidades de los usuarios | user needs.
necesidades de mano de obra | manpower requirements.
necesidades de recursos humanos | manpower requirements.
necesidades de refrigeración (central térmica) | cooling demand.
necesidades del ejército | army requirements.
necesidades energéticas | energy needs.
necesidades preferentes | merit wants.
necesidades totales de material | total material requirement.
necesitado de luz (plantas) | light demanding.
necesitar (tiempo) | take (to).
necrosis (plantas) | rot.
necrosis por presión (cirugía) | pressure necroses.
necrotipo | necrotype.
néctar (apicultura) | nectar.
nectarinia (zool) | honeysucker.
nectario (botánica) | honey-cup | nectary.
nectarios (botánica) | honey-leaves.
nectópodo | nectopod.
nedun (Pericopsis mooniana) | nedun.
neem (Melia indica) | neem.
neemie (número racional que posee una representación bajo la forma de una fracción) | neemie.
nefelígeno | nepheligenous.
nefelina | fat stone.
nefelinita olivínica | ankaratrite.
nefelognosia | nephelognosy.
nefeloide | cloud-like.
nefeloideo | nepheloid.
nefelometría | nephelometry.
nefelómetro | nephelometer.
nefelómetro (óptica) | nephelometer.
nefelorómetro | nephelorometer.
nefoanálisis | nephanalysis.
nefocolorímetro | nephocolorimeter.
nefogénesis | cloud-forming.
nefogénesis (formación de nubes) | nephogenesis.
nefograma | nephogram.
nefología | cloud study | clouds study.
nefólogo | clouds student.
nefoscopia | nephoscopy.
nefoscopio | nephoscope.
nefoscopio de reflexión | reflecting nephoscope.
nefrita | greenstone | kidney-stone.
nefrita del Transvaal | African nephrite.
negable | traversable.
negación crediticia | refusal of credit.
negación del aterrizaje a un avión que se aproxima | waveoff.
negaentropía | average information content.
negar | traverse (to) | disaffirm (to).
negar crédito a cualquiera | refuse credit to someone (to).
negar en rotundo | deny blankly (to).
negarse | deny oneself (to).
negarse a pagar | withhold payment (to).
negarse a recibir visitantes | deny oneself to the callers (to).
negarse uno a sí mismo | deny oneself (to).
negastoscopio | negatoscope.
negativa | declination.
negativamente ionizado | negatively ionized.
negatividad | negativeness | negativity.
negativista | negativist.
negativo | negative.
negativo (fotografía) | cliché.
negativo (grabación) | peeling.
negativo artificial (fotografía) | automatic negative.
negativo compuesto (tipografía) | composite negative.
negativo de contacto (fotográfia) | contact negative.
negativo de gran contraste (fotografía) | high-contrast negative.
negativo de línea | line negative.
negativo de medio tono | halftone negative.
negativo duplicado (filmes) | dupe.
negativo en blanco (fotografía) | unprinted negative.
negativo galvanoplastiado | electrodeposited negative.
negativo galvanoplástico | galvanoplastic negative.
negativo invertido (fotografía) | reversed negative.
negativo mecánico de texto mecanografiado | mechanical negative of typed test.
negativo monocromo | chromogram.
negativo para estarcidos | stencil negative.
negativo para hacer discos (gramófono) | stamper.
negativo para matrices | stencil negative.
negativo patrón | photo mat.
negativo patrón (linotipia) | fotomat.
negativo que se toma del film positivo | dupe.
negativo reticulado | halftone negative.
negativo sobre película | film negative.
negativo tramado | halftone negative.
negativos individuales de cada color (tricromías) | separation negatives.
negatrón (electrón negativo) | negatron.
negentropía | negentropy.
negligencia | negligence | default | carelessness | malpractice.
negligencia (en el deber) | dereliction.
negligencia contributoria | contributory negligence.
negligencia cooperante | contributory negligence.
negligencia en el servicio | neglect of duty.
negligencia en la profesión | malpractice prevention.
negligencia sin excusa | attractive nuisance.
negligencia temeraria | gross negligence | laches | crash negligence.
negligencias | laches.
negó de plano todo lo que se le imputaba | flatly denied the charge.
negociabilidad | marketability | negotiability | assignability.
negociabilidad (efectos comerciales) | discountability.
negociable | negotiable | assignable.
negociable (efectos comerciales) | discountable.
negociable en Bolsa | bankable.
negociación | bargaining | bargain | management | deal | dealings | procuration.
negociación (de un empréstito) | procuration.
negociación colectiva | collective bargaining.
negociación de documentos sin valor | kite-flying.
negociación del voto | logrolling.
negociación laboral sobre pautas | pattern bargaining.
negociación salarial | wage bargaining.
negociaciones para la rendición | surrender negotiations.
negociado | division | department | bureau | branch | section.
negociado de aduanas | bureau of customs.
Negociado de Aeronáutica Naval | Navy's Bureau of Aeronautics.
negociado de armas navales | bureau of naval weapons.
negociado de autorización de contratos | contracts authorization division.
negociado de carreteras | highways department.
negociado de carreteras públicas | bureau of public roads.
negociado de informaciones | information bureau.
negociado de ingeniería | engineering branch.
negociado de libertad condicional | parole board.
negociado de metrología | metrology division.
negociado de normas biológicas | division of biological standars.
negociado de objetos perdidos | lost property office.
negociado de operaciones (milicia) | operations division.
negociado de personal naval | bureau of naval personnel.
negociado de ventas | merchandizing division.
negociado del personal | establishment.
negociador | negotiator.
negociante | dealer | monger | merchant | trader.
negociante de aceptaciones | acceptance dealer.
negociante de arbitraje | arbitrager.
negociante de paños | cloth-merchant.
negociante de salazones | salter.
negociante en carbones | coaldealer | coal-factor.
negociante en cereales | corn dealer.
negociante en maderas | lumber operator | lumberman.
negociar | deal (to) | bargain (to) | traffic (to) | trade (to).
negociar (efectos comerciales) | discount (to).
negociar (letras) | negotiate (to).
negociar en acciones | trading on the equity.
negociar las condiciones de trabajo | bargain (to).
negociar un efecto | discount a bill (to).
negociar un empréstito | negotiate a loan (to).
negociar un tratado | treat (to).
negociar una letra | negotiate a bill (to).
negociar una letra de cambio | negotiate a bill of exchange (to).
negociarhacer efectivo | negotiate (to).
negociarse en bolsa | be dealt in on the sock exchange (to).
negocio | matter | dealing | concern | business | trading.
negocio a plazo | time bargain | business in future.
negocio agrícola | agribusiness.
negocio auxiliar | by-business.
negocio bancario | deposit function.
negocio bursátil | exchange business.
negocio conveniente | desirable business.
negocio cooperativo | cooperative venture.
negocio costeable | paying proposition.
negocio de alquiler | livery business.
negocio de extractos técnicos | abstracting bureau.
negocio de gran importancia | long-range business.
negocio de la juguetería | toy business.
negocio de varios millones de dólares | multi-million dollar business.
negocio de venta fácil | ready-selling line.
negocio editorial de libros | book publishing business.
negocio en explotación | going business.
negocio en participación | joint transaction | joint business.
negocio fabril | manufacturing business.
negocio fuera de la bolsa | off-board transaction.
negocio incidental | sideline.
negocio industrial | manufacturing business.
negocio que deja pérdidas | losing business.
negocio remunerador | money-making business | paying proposition.
negocio secundario | sideline.
negocio semiestatal | government-partnered business.
negocios | transactions | commerce.
negocios de fletamento | freighting business.
negocios de fletamento aéreo | air chartering business.
negocios de fletes aéreos | cargo-by-air business.
negocios de futuros | contract trading.
negocios de ventas a plazos | installment houses.
negocios en participación | joint venture.
negocios en plaza | local business.
negocios hereditarios | probate affairs.
negocios inmobiliarios | real state businesses.

negocios orientados hacia la tecnología | technological oriented businesses.
negocios por correspondencia | mail-order business.
negocios que radican en sitio distinto del país donde se originan (seguros marítimos) | affaires déplacées.
negocios sobre futuros | forward business.
negrilla (tipografía) | boldface.
negritud | blackness.
negro (heráldica) | sable.
negro al cromo sólido | chrome-fast black.
negro animal | animal black | abaiser | bone-black.
negro azabache | jet-black.
negro como el azabache | atrous.
negro como el carbón | coal-black.
negro charolado | japanned black.
negro de acetileno de tipo grafítico | acetylene black.
negro de antimonio | antimony black.
negro de carbón | coal-black.
negro de carbón muy molido usado como pigmento | color black.
negro de corcho | cork black.
negro de espolvorear (moldería) | face dust.
negro de estufa (funderías) | wet blacking | liquid facing.
negro de fundición | blacking | paint.
negro de fundición (fundición) | blackening.
negro de fundición de mezcla de sílice y harina de cerales | silica-flour wash.
negro de humo | satin-gloss black | diamond black | soot | lampblack.
negro de humo de acetileno | acetylene black.
negro de humo de acetileno fabricado en Canadá | Shawinigan black.
negro de humo de gas natural | carbon black.
negro de humo de residuos de la pasta de madera (fabricación papel) | vegetable black.
negro de humo de sarmientos de vid | vine black.
negro de humo en pastillas | satin rouge.
negro de humo por carbonización de gas natural | gas-black.
negro de marfil | abaiser | ivory black | blue jack.
negro de paladio | palladium-black.
negro de platino | platinum black.
negro de refinería (fábrica de azúcar) | sugar-house black.
negro de tintoreros | dyer's black.
negro detrás de blanco (defecto televisión) | black after white.
negro grisáceo | grayish black.
negro ligeramente teñido con otro color | off-black.
negro líquido (mezcla de polvo de carbón con agua arcillosa - fundición) | blackwash.
negro mate | matt black.
negro mineral | slate black.
negro mineral (funderías) | mineral blacking.
negro o mestizo (personas) | colored.
negro óptico | optical black.
negro para fundición | founder's black | foundry black.
negro para pinturas | black for paints.
negro reducido (extracto de campeche) | steam black.
negrura | blackness.
negrura (de la tinta) | inkiness.
negrura (tipografía) | weight.
negrura de la letra impresa (tipografía) | typeface weight.
neis | gneiss.
neis augítico | augite-gneiss | augen-gneiss | eyed gneiss.
neis biotítico | biotite gneiss.
neis de inyección | injection gneiss.
neis feldespático | feldspathic gneiss.
neis fundamental (neis gris) | basal complex.
neis glanduloso | augen gneiss | eye gneiss | eyed gneiss.
neis grafítico | graphite gneiss.
neis granatífero | garnet gneiss.
neis granítico | granite-gneiss.
neis granítico precambriano | pre-Cambrian granite gneiss.
neis inyectado | vein-gneiss.
neis lenticular | augen gneiss | eyed gneiss.
neis micáceo | mica gneíss.
neis mícaceo veteado | venite.
neis ojoso | eye gneiss | augen gneiss.
neísico | gneiss.
neisoso | gneissose.
neiss anfibólico | amphibole gneiss.
nematicida | nematicide.
nematocida | nematocide.
nematodiasis | nematodiasis.
nemátodo | nematode.
nematodo parásito de las raíces vegetales
nematodología | nematodology.
nematología | nematology.
nematólogo | nematologist.
nemonizar | mnemonize (to).
nemoral | silvicolous.
nemotaxia | mnemotaxis.
nemotecnia | mnemotechnics | mnemonics.
neoaislacionismo | neoaislationism.
neocapitalismo | neocapitalism.
neodimio (Nd) | neodymium.
neofobia | neophobia.
neogénico | neogenic.
neogramático | neogrammarian.
neoliberalismo | neoliberalism.
neología | neology.
neológico | neological.
neólogo | neologist.
neomanoscopio | neomanoscope.
neomodernismo | neomodernism.
neomoderno | neomodern.
neomorfo (genética) | neomorph.
neón (Ne) | neon.
neonatal | neonatal.
neonatología (medicina) | neonatology.
neonatólogo | neonatologist.
neónico | neon.
neopecblenda (óxido negro) | sooty pitchblende.
neoplasma | neoplasm.
neoplasma benigno | benign neoplasm.
neoplástico | neoplastic.
neopositivismo | neopositivism.
neopositivista | neopositivist.
neoprenado | neoprene-coated | neoprene lined.
neopreno | neoprene.
neopreno (policloropreno) | neoprene.
neopreno de calidad resistente a la humedad | moisture-resistance grade neoprene.
neopreno insertado en la tela | cloth-inserted neoprene.
neopreno pigmentado con aluminio | aluminum-pigmented neoprene.
neopreno termocurado | heat-cured neoprene.
neostenosis | pneostenosis.
neotron (electrónica) | neotron.
neozoico | Neozoic.
neperio (8,686 decibelios) | neper.
neptunio (Np) | neptunium.
nerítico | neritic | shallow-sea.
nervación pequeña transversal (hojas árboles) | crosstie.
nervado (chapas) | ribbed.
nervadura | stiffening | bead | band | purling | ribbing.
nervadura (arquitectura) | rib.
nervadura (avión) | rib.
nervadura (botánica) | rib.
nervadura (bóveda gótica) | branch.
nervadura (impresión cóncava para rigidizar - chapa) | beading.
nervadura (nervio transversal - bancadas tornos) | girth.
nervadura de arco (bóvedas) | arch rib.
nervar (chapas) | rib (to).
nervar en la prensa (chapa delgada) | bead (to).
nerviación de las alas (zoología) | wing venation.
nerviación de refuerzo | ribbing.
nerviación media de una hoja | pen.
nervio | ridge | nerve | sinew | feather.
nervio (arquitectura) | rib.
nervio (botánica) | rib.
nervio (botánica, zoología) | vein.
nervio (bóveda gótica) | lierne rib.
nervio (de vela) | horse | stay.
nervio (filones) | rider.
nervio (geología) | horse.
nervio (minas) | parting.
nervio (pieza de refuerzo) | stiffener.
nervio (tambor de chigre, etc.) | whelp.
nervio (tejeduría) | rib.
nervio de aristón | groin rib.
nervio de aristón (bóvedas) | ridge rib.
nervio de defensa | chafing lip.
nervio de guía | guide rib.
nervio de la cubierta (autos) | tire bead.
nervio de la envuelta | casing rib.
nervio de refuerzo | reinforcing web | reinforcing rib.
nervio de toldo (buques) | spreader.
nervio de una vela (buques) | horse of a sail.
nervio del estátor | casing rib.
nervio del forjado | joist.
nervio del tambor (torno de izar) | drum spider.
nervio excitador (anatomía) | excitor.
nervio intermedio (bóveda gótica por arista) | tierceron.
nervio longitudinal | longitudinal rib.
nervio o vena mediana (anatomiá) | median.
nervio óptico | optic nerve.
nervio radial | radial.
nervio rigidizador | stiffening rib.
nervio saliente | projecting rib.
nervio secundario (bóveda crucería) | lierne.
nervio transversal | transverse rib | cross rib.
nerviofiliado (botánica) | ribbed.
nervios (encuadernación) | giggering | raised bands.
nervios en abanico (bóvedas) | fan-vaulting | fan-tracery.
nervios planos (encuadernación) | flat cords.
nervios raquídeos posteriores (anatomía) | horsetail.
nerviosidad (motores) | responsiveness.
nervioso (motores) | responsive | peppy.
nervosidad (caucho) | liveliness.
nesistor (semiconductor de resistencia negativa) | nesistor.
nesistor (transistor) | nesistor.
nesocratón (geología) | nesocraton.
neto | net.
neto (líquido) | clear.
neto al contado | net cash.
neumática | compressed-air driven.
neumática (ciencia) | pneumatics.
neumático | pneumatic tire | tire | tyre | air driven.
neumático (autos) | rubber tire.
neumático (de aire comprimido) | pneumatic.
neumático (lleno de aire) | pneumatic.
neumático a prueba de pinchazos (ruedas autos) | puncture-proof tire.
neumático acanaldo | grooved tire.
neumático acordonado | corded tire.
neumático con refuerzo de alambre | wire guarded cover.
neumático con superficie acanalada transversalmente | ribbed tire.
neumático con tejido de rayón | rayon-cord tyre.
neumático conductor de la electricidad | electrically-conducting tire.
neumático de aeroplano | aeroplane tire.
neumático de aviación | aero tire.
neumático de baja presión | balloon tire.
neumático de baja presión de base ancha | wide-base low-pressure tire.

neumático de dos bandas de contacto en el suelo | twin contact tire.
neumático de la rueda | wheel tread.
neumático de tacos | lug tire.
neumático de talón | beaded tire | clincher tire | bended end tire.
neumático de talones | flanged tire.
neumático desinflable | deflatable tire.
neumático desinflado | deflated tire | flat tire.
neumático doble | dual tires.
neumático esculpido | studded tire.
neumático fabricado de caucho con negro de humo | conductive tire.
neumático gigante | giant tire.
neumático inflado bajo carga | inflated-underload tire.
neumático para bicicleta (tubular) | cycle tire.
neumático para coches de carrera | racing-car tire.
neumático reconstruido | rebuilt tire.
neumático sin cámara | tubeless tire.
neumático sin cámara de aire | tubeless tire.
neumático sin talón | bald tire | blank tire.
neumáticos ardiendo | flaming tires.
neumáticos del avión | plane's tires.
neumáticos gemelos | dual tires.
neumáticos para automóvil | motor tires.
neumáticos para campotraviesa | off-road tires.
neumatofanía | pneumatophany.
neumatofonía | pneumatophony.
neumatóforo (botánica) | pneumatophore.
neumatóforo (botánica y zoología) | float.
neumatógrafo (aparato) | pneumatograph.
neumatógrafo (persona) | pneumatographer.
neumatólisis | pneumatolysis.
neumatología | pneumatology.
neumatomaquia | pneumatomachy.
neumatómetro | pneumatometer.
neumatomorfo | pneumatomorphic.
neumatosis | pneumatosis.
neumatoterapia | pneumatotherapy | pneumotherapy.
neumoacumulador | pneumatic accumulator.
neumocalibración | air gaging.
neumocalibración del ánima (tubos, cilindros) | air gaging of the bore.
neumocalibrado | pneumatic gaging.
neumocomparador | pneumatic comparator.
neumoconcentrador | pneumatic concentrator.
neumoconiosis | pneumoconiosis.
neumoconiosis de los sombrereros | hatter's disease.
neumoconmutador | pneumatic switch.
neumoedema (medicina) | pneumoedema.
neumoextractor | pneumatic extractor.
neumoeyector | pneumatic ejector.
neumoeyector automático | pneumatic automatic ejector.
neumoeyector de aguas negras | pneumatic sewage ejector.
neumohidráulico | pneudraulic | pneumohydraulic | air hydraulic.
neumohifimenia (medicina aviatoria) | pneumohyphymenia.
neumohiperoxia (medicina aviatoria) | pneumohyperoxia.
neumohiperoxipatía | pneumohyperoxypathy.
neumohipoxia | pneumohypoxia.
neumomedidor de la planeidad | pneumatic flatness tester.
neumomotor | pneumatic motor.
neumonectasia (medicina aviatoria) | pneumonectasis.
neumonía tóxica | toxical pneumonia.
neumopaquimenia | pneumopachymenia.
neumorregulación | pneumatic governing.
neumorregulador | pneumatic governor.
neumorregulador regulado por tubo Venturi | Venturi-controlled pneumatic governor.
neumoservomecanismo | pneumatic servo.
neumosincronizador | pneumatic timing mechanism.
neumosujetador | pneumatically-operated clamp.
neumoterapia | pneumotherapy.
neural | neural.
neuristor | neuristor.
neuritis industrial | occupational neuritis.
neuritis laboral | occupational neuritis.
neuroanatomía | neuroanatomy.
neurobiólogo | neurobiologist.
neurocibernética | neurocybernetics.
neurocirugía | neurosurgery.
neurocirujano | neurosurgeon.
neurodiagnóstico y galvanopalpación | neural diagnosis and galvanopalpation.
neuroelectricidad | neuroelectricity.
neurofarmacología | neuropharmacology.
neurofisiología | neurophysiology.
neurofisiólogo | neurophysiologist.
neurohistología | neurohistology.
neurohistólogo | neurohistologist.
neurona (medicina) | neuron.
neuropterista | neuropterist.
neuróptero | neuropteron.
neuropterología | neuropterology.
neurosicofarmacología | neuropsychopharmacology.
neurosiquiatría | neuropsychiatry.
neurosis de los jugadores de beisbol | glass arm.
neurosis liminar (medicina) | borderline.
neurotransmisor | neurotransmitter.
neurovascular | neurovascular.
neutralidad | neutrality.
neutralidad (química) | adiaphory.
neutralidad eléctrica | electrical neutrality.
neutralidad eléctrica (plasmas) | charge neutrality.
neutralidad factual | real neutrality.
neutralidad impositiva | tax neutrality.
neutralismo | neutralism.
neutralista | neutralist.
neutralización | neutralizing | neutralization | transposition | disabling | offset.
neutralización (radio) | balancing.
neutralización automática | automatic counteraction.
neutralización de la imanación (de una masa magnética) | degaussing.
neutralización de la intensidad del campo magnético de un buque por medio de bobinas eléctricas instaladas permanentemente | degaussing.
neutralización del campo magnético (de una masa magnética) | degaussing.
neutralización del circuito anódico | plate neutralization.
neutralización del xenón | xenon override.
neutralización masiva | massive neutralization.
neutralización por aire | air blanketing.
neutralización por telemando | command override.
neutralización teledirigida | teleguided neutralization.
neutralizado (ácidos) | killed.
neutralizador | neutralizer.
neutralizador (química) | neutralator.
neutralizador de ácidos | acid neutralizer.
neutralizador de cianuro | cyanide neutralizer.
neutralizador de impresiones digitales (chapas terminadas de aluminio, etc.) | fingerprint neutralizer.
neutralizador de la pérdida a tierra | ground-fault neutralizer.
neutralizador de pérdidas a tierra | earth-fault neutralizer.
neutralizador electrostático | electrostatic neutralizer.
neutralizador magnético automático | automatic degausser.
neutralizar | override (to) | disable (to) | offset (to) | balance out (to).
neutralizar (ácidos) | kill (to).
neutralizar (EE.UU.) | neutralize (to).
neutralizar (G.B.) | neutralise (to).
neutralizar la acidez del terreno | neutralize soil acidity (to).
neutrino (partícula eléctricamente neutra) | neutrino.
neutrino hiperenergético | neutrino of high-energy | high-energy neutrino.
neutrino que acompaña al muón | muon's neutrino.
neutro | acid free.
neutro (electricidad) | uncharged.
neutro (geología) | intermediate.
neutro (química, etc.) | indifferent.
neutro flotante | floating neutral.
neutro permanentemente puesto a tierra | permanently-earthed neutral.
neutro puesto a tierra permanentemente | solidly grounded neutral.
neutrodinar | neutrodyne (to).
neutrodino | neutrodyne.
neutrón | neutron.
neutrón con energía mayor de 0,5 MeV | fast neutron.
neutrón cuasitérmico | near-thermal neutron.
neutrón de energía discreta | discrete energy neutron.
neutrón de fisión | fission neutron.
neutrón de fisión inmediato | prompt fission neutron.
neutrón epicádmico | epicadmium neutron | epicadmic neutron.
neutrón epitermal | epithermal neutron.
neutrón epitérmico | epithermal neutron.
neutrón excedentario | surplus neutron.
neutrón hipoenergético | low-energy neutron | slow neutron.
neutrón hipotérmico | cold neutron.
neutrón lento | slow neutron.
neutrón nacido por fisión | fission-produced neutron.
neutrón pulsado | pulsed neutron.
neutrón rápido | fast neutron.
neutrón rápido emitido al fusionarse el núcleo | prompt fast-neutron.
neutrón rápido isótropo | isotropic fast neutron.
neutrón retardado | delayed neutron.
neutrón subcádmico | subcadmium neutron.
neutrón subtérmico | cold neutron.
neutrón térmico (neutrón con energía menor de 0,025 eV) | thermal neutron.
neutrón termonuclear | thermonuclear neutron.
neutrón virgen (antes de una colisión) | virgin neutron.
neutrones de fisión | fission neutrons.
neutrones de fisión que no han tenido una colisión | virgin fission neutrons.
neutrones de partículas cósmicas | cosmic-ray neutrons.
neutrones de resonancia | resonance neutrons.
neutrones difusos | scattered neutrons.
neutrones dispersos | stray neutrons.
neutrones emitidos lentamente por los núcleos excitados formados durante el proceso de fisión | delayed neutrons.
neutrones en equilibrio térmico con su moderador | thermal neutrons.
neutrones escapados | escaped neutrons.
neutrones generados en el ciclotrón | cyclotron-generated neutrons.
neutrones inmediatos | prompt neutrons.
neutrones instantáneos neutrones emitidos casi inmediatamente después de la explosión atómica | prompt neutrons.
neutrones irradiantes | bombarding neutrons.
neutrones por centímetro cuadrado por segundo | neutrons per square centimeter per second.
neutrones por fisión | neutrons per fission.
neutrones producidos por la fusión propiamente dicha | prompt neutrons.
neutrones retardados | delayed neutrons.
neutrones termalizados | termalized neutrons.
neutrones útiles | useful neutrons.

neutrones vagabundos | stray neutrons.
neutrongrafía | neutrongraphy.
neutrónica | neutronics.
neutrónico | neutronic.
neutronideficiente | neutron-deficient.
neutronífago | neutron-absorbing.
neutronigráfico | neutronographic.
neutronirradiado | neutron irradiated | neutron-irradiated.
neutronirradiar | neutron-irradiate (to).
neutronisensible | neutron-sensitive.
neutroniterapia | neutron therapy.
neutronitransparente | neutron-transparent.
neutrósfera | neutrosphere.
neutroterapia | neutron therapy.
nevada | snow fall.
nevera | refrigerator | ice-house | home freezer.
nevera (mueble) | ice-safe | ice-box | ice-chamber | ice-chest | ice-pit.
nevio hueco de refuerzo obtenido por estampación (chapas) | stiffening bead.
neviza | firn snow.
neviza (nieve granular) | firn.
nevo | mole.
newtoniano | Newtonian.
newtonio | newton.
nexo | nexus.
nexo contractual | contractual tie.
ni alto ni bajo | neither low nor high.
ni que decir tiene | needless to say.
niacina (bioquímica) | niacin.
niangon (Tarrietia utilis) | niangon.
niangon (Tarrietia utilis - Sprague) | wishmore | nyankom.
niaouli (Eugenia spp) | gelam.
niara | stack | rick.
niara (Iberoamérica) | rick.
nicol | Nicol.
nicol analizador | analyzing nicol.
nicoles cruzados | crossed nicols.
nicolita | copper nickel | arsenical nickel.
nictálope | day blind.
nictalopía | night blindness.
nictalopía (visual) | nyctalopia.
nictanta (botánica) | night-flowering.
nictómetro | nictometer.
nicho | bell hole | housing | recess.
nicho (en un muro) | scarcement.
nicho (túneles) | manhole.
nicho ahuecado por las olas (costas) | cove.
nicho con bóveda de concha (arquitectura) | shell-headed niche.
nicho con cubierta esférica | spherical-headed niche.
nicho de colisión (buques) | collision niche.
nicho de despumar | skimming pocket.
nicho de la caldereta (buques) | donkey boiler recess.
nicho de refugio (túneles) | refuge | refuge-hole.
nicho del empuje (buques) | thrust recess.
nicho ecológico | ecological niche.
nicho esférico | conch.
nicho estanco al agua (buques) | watertight recess.
nidatorio | nidatory.
nidícola | nidicolous.
nidificación | nidification.
nidificar | nidify (to).
nidífugo | nidifugous.
nidilogía | nidilogy.
nidílogo | nidilogist.
nido (rotura de hilos urdimbre en el telar) | smash.
nido de abeja (tela) | waffle cloth.
nido de águila | aery.
nido de carros (carro enterrado para hacer fuego) | tank fire nest.
nido de pollo (carreteras) | pitch-hole.
nidulante | nidulant.
niebla | vapor (EE.UU.) | vapour (G.B.) | fog | mist.
niebla a ras de tierra | ground fog.
niebla barométrica | barometric fog.
niebla con agujas de hielo | blizzard.
niebla de advección | advection fog.
niebla de espuma | foam fog.
niebla de polvo | dust-fog.
niebla de radiación (meteorología) | radiation fog.
niebla de radiación formada de cristales de hielo | ice fog.
niebla de un frente (meteorología) | frontal fog.
niebla en banco | fog patch.
niebla espesa | thick fog | dense fog.
niebla espesa amarillenta | pea-souper.
niebla espesa mezclada con humo de fábricas | smog.
niebla formada por aire frío moviéndose sobre agua caliente | frost smoke | steam fog | sea smoke.
niebla formada por aire frío moviendose sobre agua caliente dentro de hielo de mar | Arctic sea smoke.
niebla formada por cristales de hielo | frost smoke | arctic smoke.
niebla formada por el aire húmedo que sube por una ladera | upslope fog.
niebla gelante | gelid mist.
niebla helada | ice fog | frost fog | rime.
niebla húmeda | wet fog.
niebla marítima | sea fog.
niebla negra | black fog.
niebla orográfica | orographic fog.
niebla prefrontal | prefrontal fog.
niebla que avanza a ras del suelo | creeping fog.
niebla rastrera | creeping fog.
niebla roja | red fog.
niebla urbana | city fog.
niel | niello.
nielar | inlay with enamel | niello (to).
nielista | niellist.
nielsbohrio (elemento radiactivo artificial de número atómico 105) | nielsbohrium (Ns - U.S.S.R.).
nielsbohrio (URSS) | hahnium (Ha - EE.UU.) | unnilpentium (Unp - I.U.P.A.C.).
nieve | snow.
nieve apelusada | fluffy snow.
nieve apisonada | snowcrete.
nieve carbónica | carbon dioxide snow | carbon dioxide | carbon ice | dry ice.
nieve compactada | snowcrete.
nieve compactada cubierta con serrín | sawdust-cover compacted snow | sawdust-covered compacted snow.
nieve de glaciar | glacier snow.
nieve de helero | glacier snow.
nieve de ventisquero | glacier snow.
nieve en fusión | melting snow.
nieve en polvo | powder snow.
nieve fangosa | slush.
nieve fundida | sleet.
nieve granulada | snow pellets | granular snow.
nieve granular | snow sand.
nieve granular formada por rehielo después de fundirse | corn.
nieve granular seca | corn.
nieve granulosa | snow sand.
nieve granulosa friable | soft hail | graupel.
nieve húmeda parcialmente derretida | slush.
nieve o hielo | hydrocopter.
nieve o partículas de polvo (radiocomunicaciones) | precipitation static.
nieve penitente (Andes) | penitent snow.
nieve penitente (glaciares Andinos) | nieve penitente.
nieve pulverulenta | powder snow | powdery snow.
nieve reciente | fresh snow.
nieve remanente | snow residuum.
nieves perpetuas | ice-cap | ice cap.
nifablepsia | ice-blindness.
nifotiflosis | ice-blindness.
nigua (insecto) | jigger.
nilestable (álgebra) | nilstable.
nilo (medida de la reactividad en reactores) | nile.
nilón | nylon.
nilón impermeabilizado | proofed nylon.
nilón impermeabilizado con poliuretano | polyurethane-proofed nylon.
nilón laminado | laminated nylon.
nilón revestido con cloruro de polivinilo | PVC-proofed nylon.
nilonizar | nylon-coat (to).
nilpotencia (álgebra) | nilpotency.
nilpotente (matemáticas) | nilpotent.
nilvariedad (álgebra) | nilmanifold.
nilvariedad (matemáticas) | nilmanifold.
nimbar | halo (to).
nimbo | nimbus | curl cloud | halo.
nimbo (de un santo) | gloria.
nimbo (nube) | nimbus.
nimboestrato | nimbostratus.
nimónico | nimonic.
ninfeo (arquelogía) | nympheum.
ningún material tendrá menor espesor de 5 milímetros | no material shall be of less thickness than 5 mm.
ninguna parte será menor de | no part shall be less than.
niña | child.
niño | child.
niño de edad preescolar | preschooler.
niño realengo | waif.
niños de edad preescolar | preschool children.
niños de inteligencia retrasada | feeble-minded children.
niños faltos de escolaridad | educationally disadvantageous children.
niobato de cadmio (electrocerámica) | cadmium niobate.
nióbico | columbium.
niobio | niobium | columbium.
nioburo | niobide.
nioré (Staudtia gabonensis - Warb) | susumenga.
niové (Staudtia gabonensis) | sunza.
niové (Staudtia gabonensis - Warb) | niove | wanga.
niové (Staudtia stipitata) | umaza.
niple articulado | articulated nipple.
niple de asiento | seating nipple.
niple de surgencia (pozo petróleo) | flow nipple.
niple elevador (sondeos) | lifting nipple.
niple giratorio para tubos | casing swivel.
niple reductor (pozo petróleo) | bean.
niple reductor del gasto (pozo petróleo) | flow bean | flow nipple.
NIPO (circuito de entrada negativa y salida positiva) | NIPO (negative input-positive output).
níquel | nickel.
níquel aluminiado | aluminiumized nickel.
níquel arsenical | kupfernickel.
níquel borado | boronized nickel.
níquel chapado con zirconio | zirconium-clad nickel.
níquel de gran pureza | high-purity niquel.
níquel depositado por vía química | electrolessly-deposited nickel.
niquel deuterizado | deuterized nickel.
níquel electroconformado | electroformed nickel.
níquel electrolítico | electrolytic nickel | sheet nickel.
níquel en granalla o cubos pequeños | shot nickel.
níquel en lingotes | ingot nickel.
níquel endurecido por dispersión de óxido de torio | TD nickel.
níquel endurecido por dispersión de toria | thoria-dispersion-hardened nickel.
níquel fosfórico | phosphor nickel.
níquel para cátodo activado con magnesio | magnesium-activated cathode nickel.
níquel poligonizado por predeformación |

prestrain-polygonized nickel.
níquel puro o con pequeñas cantidades de elementos aleados | electronic niquel.
níquel reducido | reduced nickel.
níquel reforzado con dispersión de alúmina | alumina-dispersion-strenghthened nickel.
níquel tetravalente | quadrivalent nickel.
níquel toriado | thoriated nickel.
níquel y cobalto | alnico.
níquel y hierro de gran permeabilidad magnética y poca pérdida por histéresis | mu-metal.
niquelación | nickel plating | nickeling.
niquelado | plated.
niquelado (adjetivo) | nickel-plated.
niquelado con micropicaduras que dan el aspecto de acabado satén | satin nickel coating.
niquelado de plásticos | nickel-plating of plastics.
niquelado duro | hard-nickel plating.
niquelado mate | dull nickel finish | matt nickel-plated.
niquelado negro | black nickel-plating.
niquelado oscuro | dark nickeling.
niquelado por inmersión | immersion nickel plating.
niquelado por reducción química | electroless nickel plating.
niquelado por vía química | electroless nickel plating.
niquelado semibrillante | semibright nickel-plating.
niquelado semibrillante recubierto de cromado | double-layer nickel-plating.
niqueladura | nickeling | nickel plating.
niqueladura brillante | bright-nickel plating.
niqueladura especular | bright-nickel plating.
niquelar brillante | bright nickel plate (to).
niquelar rápidamente | nickel-flash (to).
niquelina | copper nickel | kupfernickel.
niquelinta (mineral de níquel arfeniacal) | niccolite.
niqueluro | nickelide.
niqueluro de tierras raras | rare-earth nickelide.
nistagmo (medicina) | nystagmus.
nistagmo de los mineros | miners' nystagmus.
nítida (imágenes) | sharp.
nitidez | neatness.
nitidez (acústica) | articulation.
nitidez (claridad de detalle o de contorno en una reproducción - televisión, fotografía, etcétera) | definition.
nitidez (de imagen) | sharpness.
nitidez (óptica) | sharpness.
nitidez (telecomunicación) | articulation.
nitidez de imagen (periscopio) | resolving power.
nitidez de la imagen | image sharpness.
nitidez de sonido | sound articulation.
nitidez del contorno (TV) | edge definition.
nitidez fonética | articulation.
nitidez para las palabras | discrete word intelligibility.
nitidez vocálica | vowel articulation.
nítido (en orden - habitaciones) | neat.
nitrable | nitrable.
nitración (química) | nitration.
nitrado (pólvoras, etc.) | nitrated.
nitrador | nitrating apparatus | nitrator.
nitradora | nitrator.
nitral | nitrate-field | nitre-bed.
nitrar (química) | nitrate (to).
nitrasa | nitrase.
nitrato | nitrate.
nitrato amónico tratado para hacerlo flúido | prilled ammonium nitrate.
nitrato básico de bismuto | bismuth white.
nitrato cálcico | lime nitrate.
nitrato de bario | nitrobarite.
nitrato de Chile | Chile saltpeter | Chilean nitrate.
nitrato de plata | infernal stone.
nitrato de plomo | lead nitrate.
nitrato de potasa | nitrate of potassium.
nitrato de uranilo | uranyl nitrate.
nitrato potásico | niter | nitre | saltpetre | saltpeter.
nitrato potásico fundido | fused potassium nitrate | crystal mineral.
nitrato sódico | cubic niter.
nitrera | nitrate-field | nitrate deposit | niter bed | nitre-bed.
nitrería | nitrate works | niter factory.
nitridación | nitridation.
nitrificante | nitrifying.
nitrificar | nitrify (to).
nitrilo | nitrile | nitroxyl.
nitrilo del ácido oléico | oleic acid nitrile.
nitrito cobaltopotásico | cobalt-potasium nitrite.
nitrito de sodio | sodium nitrite.
nitritobacterias (bacterias que transforman los compuestos de amoníaco en nitritos) | nitrite bacteria.
nitro | nitre | niter | nitrate | saltpeter | saltpetre.
nitro de Chile | soda niter.
nitro del comercio | commercial saltpeter.
nitro potásico para conservas | preserving nitre.
nitroalmidón | nitrostarch.
nitroanilina | nitraniline.
nitroanisol | nitroanisole.
nitrobacterias | nitrifying bacteria.
nitrobacterias (bacterias que convierten los nitritos en nitratos) | nitrate bacteria.
nitrobenceno | nitrobenzene | mirbane oil.
nitrobenzol | nitrobenzene.
nitrocelulosa | nitrocellulose.
nitrocompuesto | nitro-compound.
nitroexplosivo | nitro-explosive.
nitrofenol | nitrophenol.
nitrogenabilidad | azotizability.
nitrogenación | nitrogenization | azotization | azotification.
nitrogenación (absorción del nitrógeno atmosférico) | azotation.
nitrogenado | nitrogenous | azotic.
nitrogenado (siderurgia) | nitrogen-bearing.
nitrogenante | nitrogen-fixing.
nitrogenar | azotize (to) | azotate (to) | nitrogenize (to).
nitrogenión | nitrogenion.
nitrogenización del suelo por bacterias | azofication.
nitrógeno | nitrogen | azote.
nitrógeno albuminoide | albuminoid nitrogen.
nitrógeno amoniacal | ammonia nitrogen.
nitrógeno atmosférico | atmospheric nitrogen | aerial nitrogen.
nitrógeno de calidad apropiada para alimentos | food-grade nitrogen.
nitrógeno disponible | available nitrogen.
nitrógeno gaseoso | gaseous nitrogen.
nitrógeno mineralizable | mineralizable nitrogen.
nitrógeno substitucional disperso | dispersed substitutional nitrogen.
nitroglicerina | nitroglycerin.
nitroguanidina microcristalina | microcrystalline nitriguanidine.
nitrólisis | nitrolysis.
nitrometano | nitromethane.
nitrometría | nitrometry.
nitrómetro | azotometer.
nitroparafina | nitroparaffin.
nitrosado | nitrated.
nitrosulfinización (aceros) | nitrosulphinizing.
nitrotolueno | nitrotoluene.
nitruración | nitrogenation | nitrogen hardening | nitrogenization | nitriding.
nitruración (aceros) | nitridation | nitrogen case-hardening.
nitruración en baño de sales | liquid nitriding | salt-bath nitriding.
nitruración por descarga luminiscente (aceros) | glow discharge nitriding.
nitrurado (aceros) | nitrated.
nitrurado después del postallado con fresa generatriz (engranajes) | nitrided after post-hobbing.
nitrurado en fase gaseosa (aceros) | gas-phase nitrided.
nitrurador | niturator.
nitrurar (metalurgia) | nitride (to) | nitrify (to) | nitrate (to).
nitruro | nitride.
nitruro de boro anisótropo | anisotropic boron nitride.
nitruro de boro cúbico metalizado | metal-clad cubic boron nitride.
nitruro de boro isótropo | isotropic boron nitride.
nitruro de boro pirolítico | pyrolytic boron nitride.
nitruro de boro sintetizado | borazon.
nitruro de boro trusboestrático | turbstratic boron nitride.
nitruro de galio | gallium nitride.
nitruro de plomo | lead nitride.
nitruro de silicio | silicon nitride.
nitruro de silicio prensado en caliente | hot-pressed silicon nitride.
nitruro de silicio sinterizado por reacción | reaction-sintered silicon nitride.
nitruros y siliciuros (cementados) | hardmetal.
nivación (glaciar) | nivation.
niveal | niveal.
nivel | grade | bracket | levelness | level.
nivel (aparatos topográficos) | bubble.
nivel (calculadora) | tier.
nivel (instrumento) | level.
nivel (sentido general) | water level.
nivel (valor límite) | level.
nivel a caballo (aparato topográfico) | axis-level.
nivel a caballo (teodolitos) | striding level.
nivel aceptable de fiabilidad | acceptable reliability level.
nivel aceptador | acceptor level.
nivel aceptador próximo | shallow acceptor level.
nivel acústico de tiempo de tránsito (tubo electrónico) | transit-time noise level.
nivel aparente | apparent level.
nivel aparente del agua | apparent water level.
nivel basculante (aparato tipográfico) | tilting level.
nivel básico de aislamiento | base isolation level.
nivel caballero (teodolitos) | striding level.
nivel circular de burbuja | circular spirit level.
nivel con anteojo reversible | reversible level | wye level | Y-level.
nivel con péndulo invertido para obtener la dirección de la gravedad | pendulum level.
nivel con tres tornillos nivelantes (topografía) | three-leveling screw level.
nivel constante | self-filling level | constant-level.
nivel crítico | breaking margin.
nivel crítico de escape (exosfera) | critical level.
nivel crítico de escape (ionosfera) | level of escape | critical level of escape.
nivel crítico de significación | critical level of significance.
nivel cuyo anteojo se apoya en dos soportes en forma de U o Y | wye level.
nivel cuyo tubo está más bajo que los soportes | hanging level.
nivel de abastecimientos disponible para uso futuro | reserve level.
nivel de absorción de energía | energy-absorption level.
nivel de actuación (radiofaro respondedor) | triggering level.
nivel de agrimensor | engineer's level.
nivel de agua | water level.
nivel de agua de telelectura | distant-reading water-level gage.
nivel de agua freática | ground water level.
nivel de agua micrométrico | micrometer water level.

nivel de agua primitivo (presas) | old water line.
nivel de agua represada | banked-up water level.
nivel de agua subterránea | ground water level.
nivel de aguas abajo | lower water level | downstream level.
nivel de aguas abajo (hidráulica) | tailwater.
nivel de aguas arriba | upper water level | headwater | headwater level.
nivel de aguas colgadas | perched water table.
nivel de aguas medias | mean water level.
nivel de aislamiento | insulation level.
nivel de albañil | plumb-rule | plumb and level | plummet-level | plumb level | vertical level | frame level.
nivel de alcohol en sangre (prueba de etilismo) | blood alcohol level.
nivel de aliviadero (presas) | spillway level.
nivel de alturas (teodolito) | altitude level.
nivel de anteojo | surveyors' level | leveling instrument | engineer's level.
nivel de anteojo basculable | tilting dumpy level.
nivel de anteojo fijo | dumpy level.
nivel de anteojo móvil con apoyos en forma de horquilla | Y-level.
nivel de aplomar | plumbing level.
nivel de audición | sensation level.
nivel de bajamar | low-water mark | low-water level.
nivel de bit mínimo | minimum bit level.
nivel de borrado | blank level.
nivel de burbuja | bubbling tube.
nivel de burbuja de aire | level vial | spirit level | bubble level | air level.
nivel de burbuja de ampolla compartimentada | chambered level vial.
nivel de calidad aceptable | acceptable quality level.
nivel de carga (alto horno) | throat line.
nivel de centrado rápido | quick-setting level.
nivel de círculo vertical | gradienter.
nivel de colada | pouring level.
nivel de color | chroma.
nivel de collares | wye level.
nivel de comparación | match level.
nivel de comparación (de ofertas) | denomination level.
nivel de comprobación | calibration level.
nivel de confianza escogido para el experimento | confidence level chosen for the experiment.
nivel de congelación | freezing level.
nivel de congelamiento | icing level.
nivel de control | control level.
nivel de coronamiento (muros) | cope level.
nivel de coronamiento (presas) | coping level.
nivel de crecida (ríos) | high water level.
nivel de cuantificación | quantization level.
nivel de demarcación (electrónica) | demarcation level.
nivel de desconexión | triggering level.
nivel de desenganche | triggering level.
nivel de direccionamiento | level of addressing.
nivel de discriminación | discriminator threshold value.
nivel de disparo | trigger level.
nivel de donadores | donor level.
nivel de emergencia admisible | permissible emergency level.
nivel de empobrecimiento | strip level.
nivel de energía | quantum state.
nivel de energía atómica | atomic energy level.
nivel de energía nuclear | nuclear energy level.
nivel de ensayo | test level.
nivel de equilibrio | equilibrium level.
nivel de equilibrio (pozos de agua) | standing level.
nivel de estiaje | low water level | low-water level.
nivel de estiaje (ríos) | summer level.
nivel de excitación | drive level.
nivel de exposición | exposure level.
nivel de fatiga de funcionamiento | operating strain level.
nivel de Fermi de régimen | steady-state Fermi level.
nivel de flotador | float gage.
nivel de fondo (minas) | sill floor.
nivel de funcionamiento de un supresor de eco | operate level of an echo suppressor.
nivel de hormigonado (en los encofrados) | fill plane.
nivel de iluminación | light level | foot-candle level.
nivel de iluminación de 18 lúmenes | illumination level of 18 lumens.
nivel de impurezas | impurity level.
nivel de impurezas admisible | permissible impurity level.
nivel de impurificación básica | background doping level.
nivel de intensidad | intensity level.
nivel de intensidad acústica respecto al umbral de audibilidad | sensation level.
nivel de intensidad sonora | loudness level.
nivel de isofonía | isophony level.
nivel de jerarquización | nesting level.
nivel de la carga (alto horno) | stockline.
nivel de la carga en el alto horno | blast-furnace stock level.
nivel de la coronación (presas) | crest level.
nivel de la demanda interior | home demand level.
nivel de la descarga | tailwater level.
nivel de la escoria | slag line.
nivel de la marea alta (línea de la pleamar) | flood mark.
nivel de la marea baja (playas) | shoreline.
nivel de la pleamar | high water level.
nivel de la portadora | carrier level.
nivel de la señal | signal level.
nivel de la solera | invert level.
nivel de los picaderos (dique seco) | level of docking blocks.
nivel de los terraplenes (ferrocarril) | formation level.
nivel de luminancia | luminance level.
nivel de mano | hand level | flying level.
nivel de mira | rod level.
nivel de modulación | modulation level.
nivel de negro (facsímil) | picture black.
nivel de nonio | vernier level.
nivel de pendientes | slope level | gradiograph.
nivel de peralte de la vía (en curvas) | track level.
nivel de perpendículo | plummet-level | plumb-rule.
nivel de plomada | pendulum level | plumb level | vertical level | perpendicular | plummet-level.
nivel de polarización | bias level.
nivel de potencia | output level | power level.
nivel de potencia acústica | sound-power level.
nivel de potencia de señal | energizing signal level.
nivel de potencia del reactor nuclear | reactor power level.
nivel de potencia en servicio | operating power level.
nivel de precios | price level.
nivel de precios nacionales | internal price level.
nivel de presión acústica | sound pressure level.
nivel de presión de banda | band pressure level.
nivel de presión del sonido | sound pressure level.
nivel de prioridad | priority level.
nivel de prueba adaptado (telefonía) | terminated level.
nivel de prueba no adaptado | through level.
nivel de puesta en estación rápida | quick-setting level.
nivel de puntería (artillería) | quadrant sight.
nivel de puntería en elevación (artillería) | range quadrant.
nivel de recepción (telefonía) | listening level.
nivel de referencia | datum | reference level | reference datum.
nivel de reflexión | reflecting level.
nivel de relleno (botella de vidrio) | filling point.
nivel de relleno (minas) | waste floor.
nivel de repuestos | accounting unit.
nivel de resonancia | resonance state.
nivel de respiración (climatización del aire) | breathing line.
nivel de ruido de imagen | video noise level.
nivel de ruido de la cabina | cabin noise level.
nivel de ruido de portadora | carrier noise level.
nivel de ruido de vídeo | video noise level.
nivel de ruido del gas de prueba | search gas background.
nivel de ruido en la modulación de amplitud | amplitude-modulation noise level.
nivel de salida | output level.
nivel de sensibilidad | threshold of response.
nivel de señal de facsímil | facsimile-signal level.
nivel de significación (estadística) | level of significance.
nivel de sincronización | sync level.
nivel de sobrecarga | overload level.
nivel de sonoridad | loudness level | loudness equivalent.
nivel de taludes | batter level.
nivel de transición (aviación) | transition level.
nivel de transmisión | transmission level.
nivel de vida | standard of living | standing | living standard.
nivel de vida en el campo | rural standard of living.
nivel de vidrio plano para el agua (calderas) | flat-glass water gage.
nivel degenerado | degenerate level.
nivel del aceite | oil level.
nivel del aceite lubricante | lubricating-oil gage.
nivel del aerodromo | aerodrome level.
nivel del agua | stage | water level | watermark.
nivel del agua (calderas) | waterline.
nivel del agua embalsada | storage level.
nivel del baño (horno de vidrio) | metal level | flux line.
nivel del blanco (televisión) | bright level.
nivel del blanco de la portadora (TV) | picture white.
nivel del blanco máximo | carrier-reference white level.
nivel del blanco máximo (TV) | picture white.
nivel del círculo de puntería (cañón) | aiming circle level.
nivel del embalse | pool elevation.
nivel del escalón del pantoque (dique seco) | bilge altar-level.
nivel del espectro de presión | pressure spectrum level.
nivel del fondo | bottom level.
nivel del hormigonado | lift line.
nivel del líquido | liquid head.
nivel del líquido interior (depósitos) | innage level.
nivel del negro (ausencia de imágenes transmitidas - televisión) | black level.
nivel del negro más profundo que haya que transmitir (televisión) | picture black.
nivel del petróleo | oil level.
nivel del río | river stage.
nivel del ruido inherente | inherent noise level.
nivel del socavón (minas) | adit level.
nivel del sonido | sound level.
nivel del suelo | ground level.
nivel discreto de energía | discrete energy level.
nivel doblemente degenerado | doubly degenerate level.
nivel en el caz (fábrica hidroeléctrica) | upper water level.
nivel en el socaz | tailwater level.
nivel energético | energy level.
nivel energético inducido por irradiación | radiation-induced energy level.
nivel esférico | box level.

nivel esférico de burbuja de aire | circular level.
nivel espectral elemental | spectrum pressure level.
nivel Fermi del metal | Fermi level of the metal.
nivel fónico | voice level.
nivel freático | ground water table.
nivel general de precios | general price level.
nivel general de salarios | general wage level.
nivel giroscópico | gyro-level.
nivel hidrostático (geología) | water table | water level.
nivel inferior | base-level.
nivel inferior del agua | minimum water level.
nivel isopícnico | isopycnic level.
nivel isostático | isostatic level.
nivel jerárquico | nesting level.
nivel límite | overload level.
nivel límite de fiabilidad | rand level.
nivel luminoso | luminous level.
nivel mantenedor del voltaje | voltage withstand level.
nivel más alto | summit level.
nivel más allá del negro (radio) | blacker-than-black level.
nivel máxima de la señal | peak-signal level.
nivel máximo de crecida | maximum flood level.
nivel máximo de crecidas (ríos) | flood level.
nivel máximo de la corriente de corto circuito de 50 MVA | maximum fault level of 50 MVA.
nivel medio de la marea | mean range of the tide | mean tide level.
nivel medio del agua | mean water level.
nivel medio del mar | mean sea level (M.S.L.) | mean sea level.
nivel mínimo (calderas) | low water.
nivel mínimo (precios) | floor.
nivel nuclear | nuclear level.
nivel óptimo de servicio | optimal service level.
nivel para aceite | oil-gage.
nivel para asentadores de vía | platelayer's level.
nivel para constructor | builder's level.
nivel para el petróleo (fueloil, gasóleo, etc.) | oil-gage.
nivel para observar la latitud astronómica | latitude level.
nivel patrón desclasificado | derated standard level.
nivel peligroso | danger level.
nivel perfecto | dead level.
nivel permanente (hidráulica) | dead level.
nivel perturbador (acústica) | blur level.
nivel piezométrico | piezometric level | hydraulic gradient.
nivel por encima del umbral | level above threshold.
nivel principal (teodolitos) | striding level.
nivel probador de ángulo recto | quartering level.
nivel profundo | deep level.
nivel promedio de ruido | average noise level.
nivel real del agua | actual water level.
nivel relativo de potencia aparente | relative power level.
nivel relativo de pruebas | relative test level.
nivel rentable (sondeos petróleo) | payable level.
nivel requerido de inspección | required standard of inspection.
nivel resistente utilizable máximo | maximum usable strength level.
nivel saturado (orbitales) | filled level.
nivel selectivo en un banco de contactos de un selector | selection level.
nivel sónico reverberante | reverberant sound level.
nivel sonoro | sound level | volume level.
nivel sonoro máximo | peak sound pressure.
nivel superior del agua | maximum water level | highest water level.
nivel teleindicador | remotely indicating level.
nivel telescópico | dumpy level.
nivel telescópico (topografía) | telescopic surveyors level.
nivel topográfico | engineer's level.
nivel triangular | A level.
nivel triplemente degenerado | threefold degenerate level.
nivel vacante en selector de grupo | spare group selector level.
nivel vacío | empty level.
nivelación | grading | grading | evening | levelling | leveller | levelling-off | levelment | plaining.
nivelación (topografía) | levelling (G.B.) | leveling | boning.
nivelación astrogeodésica | astrogeodetic levelling.
nivelación astronómica | astronomical levelling.
nivelación barométrica | barometric leveling.
nivelación clinométrica | clinometric leveling.
nivelación compuesta | compound leveling.
nivelación con altímetro | altimeter leveling.
nivelación con niveletas | boning-in.
nivelación con relación a una superficie de agua tranquila | water leveling.
nivelación de alta precisión | high precision leveling.
nivelación de la bancada | bed leveling.
nivelación de la vía (ferrocarril) | surfacing.
nivelación de las minas | mine leveling.
nivelación de precisión | precise leveling.
nivelación de precisión de un solo hilo | single-wire precise leveling.
nivelación de primer orden | first-order leveling.
nivelación de primer orden (geodesia) | precise leveling.
nivelación de segundo orden | second-order leveling.
nivelación de tercer orden | third-order leveling.
nivelación de zona | zone leveling.
nivelación geodésica | geodetic leveling.
nivelación longitudinal | rise-and-fall leveling.
nivelación por tubos comunicantes | U-tube leveling.
nivelación rápida | flying level.
nivelación recíproca | reciprocal leveling.
nivelación recursiva de los datos de los mínimos cuadrados | recursive least squares data smoothing.
nivelación trigonométrica | trigonometric leveling | indirect leveling.
nivelada (topografía) | observation.
nivelada adelante (nivelación) | front shot.
nivelada de cierre | closing sight.
nivelada hacia adelante | fore observation.
nivelada hacia adelante (nivelación topográfica) | minus sight.
nivelada hacia adelante (topografía) | foresight.
nivelada hacia atrás (nivelación) | plus sight.
nivelada hacia atrás (topografía) | back observation.
nivelado | flush.
nivelado (letra o carácter de imprenta) | on its feet.
nivelado mecánicamente | machine-laid.
nivelado por la erosión | leveled by erosion.
nivelador | leveler | evener.
nivelador de caña (fábrica azúcar) | kicker.
nivelador de la caña (azúcar) | cane kicker.
nivelador de lizos | heald leveler.
niveladora | leveling machine | leveling staff | grading machine | land leveller.
niveladora cargadora | elevating grader.
niveladora de arrastre | drawn grader.
niveladora de empuje angular | bullgrader.
niveladora de hoja frontal | blade grader.
niveladora de precisión | finegrader.
niveladora de remolque | trail grader.
niveladora de rueda recta | straight-wheel grader.
niveladora de ruedas inclinables | leaning wheel grader.
niveladora elevadora | elevating grader.
nivelar | flush (to) | even (to) | make level (to) | level (to) | level out (to) | grade (to) | smooth (to) | true up (to) | level off (to).
nivelar (explanar) | grade (to).
nivelar (ferrocarril) | surface (to).
nivelar (máquinas) | line (to) | make true (to).
nivelar (topografía) | bone (to).
nivelar aproximadamente | rough level (to).
nivelar con calzos la forma (imprenta) | bring up (to).
nivelar con hoja empujadora | bulldoze (to).
nivelar con reglón | straightedge (to).
nivelar el instrumento (topografía) | level the instrument (to).
nivelar el presupuesto | balance the budget.
nivelar la forma | build up (to).
nivelar por segunda vez (instrumentos) | relevel (to).
niveles de ruidos en los buques | noise levels in ships.
niveles de salida normalizados | standard output levels.
niveles de sueldo | salary brackets.
niveles dispares | disparate levels.
niveleta | sighting board | leveling rod | leveling staff | level board | boning staff | boning stick | boning rod.
niveleta (de mina) | lining sight.
niveletas | leveling staves.
niveliscopio (calderas) | levelscope.
nivelista (el que maneja el nivel topográfico) | levelman.
nivelista (el que usa el nivel y apunta en el cuaderno de campo - topografía) | leveler.
níveo | snowy.
nivometría | nivometry.
nivómetro | snow gage.
no a escala (dibujos) | not to scale.
no a mano | mechanical.
no a prima | not on bonus.
no abonado en cuenta | uncredited.
no abrigado | exposed.
no acabado | unfinished.
no accionado mecánicamente | nonpower-driven | nonmechanically-driven.
no aceptación | refusal of acceptance.
no aceptación de una solicitud | rejection of an application.
no aceptar (comercio) | dishonor (to).
no aceptar un giro | dishonor a draft (to).
no aclarado (bosques) | unthinned.
no acumulable | tax free.
no acumulado | unaccrued.
no adecuado para | not fit for.
no adherente (botánica) | solute.
no admitir los productos | refuse to accept the goods (to).
no afectado | unimpaired.
no afectado por la crisis laboral | free from labor troubles.
no afilado | unset.
no aflojar | hold on (to).
no aforado | ungaged.
no aforado (ríos) | ungaged.
no ahumado | unsmoked.
no ajustado | loose fitting.
no alabeada (maderas) | out of wind.
no aleado (metales) | unalloyed.
no alimentado | unfed.
no amortiguado | undamped.
no ampliado | nonmagnified.
no analítico en cualquier punto | nowhere analytic.
no anclado | unanchored | floating.
no antes de 30 minutos | not within 30 minutes.
no apareado | unpaired.
no aprobado (mensajes navales) | negative.
no aprobar (enmiendas, etcétera) | negative (to).
no apto | rejectee.

no apto para navegar | unseaworthy.
no archivado | unrecorded.
no armado (cable eléctrico) | unarmored.
no arreglado | undressed.
no atacado (por ácidos, óxidos, etcétera) | unacted-upon.
no atacado por los ácidos | not acted on by acids.
no aterrajado | untapped.
no autodescamante | nonself-descaling.
no automático | manual.
no autorizado | unlicensed.
no autosincronizante | nonself-synchronizing.
no blanqueado | unbleached.
no blindado | unarmored.
no borrable | nonresettable.
no borrado | unerased.
no bruñido | unpolished.
no calandrado (tejidos) | dull-finished.
no calandrado (telas) | dull finish.
no cálcico | noncalcic.
no calibrado | uncalibrated.
no calificado (obrero) | unskilled.
no cancelado | unrepelled.
no cancelado (deudas) | undischarged.
no capilar | noncapillary.
no carburado | uncarburized.
no cepillado (madera) | undressed.
no cernida (harina) | unsifted.
no cerrado | unconfined.
no clásico | unconventional.
no clasificado | unrated | ungraded | unclassed.
no climatizado | nonclimate | unconditioned.
no cocido | unannealed.
no cocido (refractarios) | unfired.
no codificado | uncoded.
no coherente (terrenos) | loose.
no coincidente | nonconcurrent.
no combinado (química) | loose.
no combinado con el blanco (colores) | saturated.
no compactado | uncompacted.
no comparecer | default (to).
no completamente desembolsado (capital) | partly paid up.
no completamente liberada (acciones) | partly paid up.
no comprendidos derechos | duties extra.
no comprobado | unchecked.
no conductor (electricidad) | nonconductive.
no conectado a masa (electricidad) | insulated.
no confirmado | unconfirmed.
no confrontado | unchecked.
no congelable | non icing.
no conservación de la paridad | parity nonconservation.
no consolidada (deuda) | unfunded.
no continuo | noncontinuous.
no controlado | unchecked.
no cortado | uncut.
no cribada (arena) | unsifted.
no cribado | unscreened.
no cronoendurecible (aleaciones) | nonage-hardenable.
no cuantizado | unquantized.
no cubriendo avería particular | free from particular average (F.P.A.).
no cumple la especificación | it fails to meet the specification.
no curado | unaged.
no dañino a la piel | noninjurious to the skin.
no de acuerdo con las costumbres de los Estados Unidos | un-American.
no de serie | nonstandard.
no debe haber goteos | no leakage is permissible.
no debido (letra comercial) | undue.
no declarado | unstated | unreported | undeclared.
no declarar un dividendo | pass a dividend (to) | passing a dividend.
no decolorado | unbleached.
no decreciente | nondecreasing.
no deformado | unstrained.
no deja nada al azar | it leaves nothing to chance.
no depositado en un banco | unbanked.
no descascarillado después del recocido (acero inoxidable) | black softened.
no descortezado | undecorticated.
no desembolsado | unexpended | not paid up.
no desmoronamiento del borde de corte (herramientas) | unravelling.
no desplazado | unshifted.
no devengado (intereses) | unmatured | unearned.
no diferenciable en ninguna parte | nowhere differentiable.
no dilatable | nongrowing.
no diseñado para su empleo en combate (material) | noncombat.
no disipado | dissipationless.
no dispuesto en hiladas (muros de mampostería) | uncoursed.
no distribuido | undistributed.
no divulgable (comunicación) | privileged.
no domiciliada (persona) | undomiciled.
no domiciliado | nonresident.
no dude en escribirnos | don't hesitate to write us.
no ejecutado todavía | executory.
no elaborado | unwrought | unprocessed.
no electrolítico | electroless.
no embarcar mercancías) | shutout (to).
no embargado | unattached | unattached.
no emitido | unissued.
no empleado comercialmente | commercially unused.
no empotrado (carpintería) | planted.
no en paquetes | unbundled.
no encajar | misfit (to).
no encausable | nonindictable.
no encuadernado | unbound.
no encuadernado (libros) | in sheets | in quires.
no enfaldillado | unflanged.
no engastado (diamantes, etc.) | unset.
no enlazado | unlinked.
no enlazado (química) | nonbonded.
no entallada (probetas) | unnotched.
no enterizo | made.
no entibado (minería) | open.
no entintado | uninked.
no entregado | undelivered.
no enumerable (conjuntos topológicos) | denumerable.
no es remunerador | it does not pay.
no es rentable | it does not pay.
no es sensible a la descarburización durante el termotratamiento | it is not sensitive to decarburization during thermal treatment.
no escorar mucho (buques vela) | stand up (to).
no espumoso (vino) | still.
no estabulado (ganado) | on range.
no estanco | leaky.
no estañado | tinless.
no estañosoldado | solderless.
no estar en caja | feel out of sorts (to).
no estriado (zoología) | estriate.
no examinado exhaustivamente (informes) | unsifted.
no exigible | undemandable.
no explotable (capa carbón muy delgada) | unworkable.
no explotado (concesiones mineras) | unoperated.
no expuesto al fuego | unfired.
no finiquitado | unextinguished.
no flamear (velas) | stand (to).
no fondeado (buques) | underway.
no fracturable | nonbreakable.
no fracturado | unbroken.
no frágil | nonembrittling.
no frenada (tuercas) | unsafetied.
no fritado | unfritted.
no funcionamiento (máquinas) | paralysis.
no galvanizado (metales) | ungalvanized.
no ganado | unearned.
no garantizado | unsecured.
no gaseoso | nongaseous.
no gastado | unspent.
no girado (letras) | undrawn.
no gobernado | unruled.
no gobernado (durante el vuelo - misiles) | unguided.
no graduados en enseñanza superior | noncollege graduates.
no grisuosa (minas) | sweet.
no grisuoso (minas) | nongaseous | nongassy | nonfiery.
no guiado (durante el vuelo - misiles) | unguided.
no ha aparecido en el mercado (libros) | not out.
no ha lugar | foreign plea | nonsuit.
no ha lugar (jurisprudencia) | action does not lie.
no habiendo sido pagada la primera (letras) | first unpaid.
no hay alternativa | it is Hobson's choice.
no hay lugar | nonsuit.
no hecho público | uncommunicated.
no holónomo (matemáticas) | nonholonomic.
no hubo heridos | no one was injured.
no identificado | unidentified.
no igualado por ningun otro método | unequalled by any other method.
no iluminado | unlit.
no imantado | unmagnetized.
no imponible | nontaxable | nondutiable.
no importa | no matter.
no impresionado (fotografía) | unexposed.
no inductivo | noninductive.
no inflarse al ser desplegado (paracaídas) | stream (to).
no inhibido | uninhibited.
no inmovilizada (tuercas) | unsafetied.
no inscrito en la lista electoral | unpolled.
no interrumpido | straight.
no intervenida (moneda) | uncontrollable.
no irradiado | unirradiated.
no labrado | self-faced.
no labrado (piedras) | undressed.
no legalizado | unauthenticated.
no liquidado | unliquidated | unsettled | unextinguished.
no liquidado (comercio) | unsatisfied.
no líquido | illiquid.
no lucrativo | unprofitable.
no maclado | untwinned.
no maquinizado | unmachined.
no marcado en la carta (marina) | uncharted.
no mejorado | unimproved.
no metálico | nonmetallic.
no metalífero (filones) | hungry-looking.
no metalizado (diamantes) | unclad.
no metódico | unbusinesslike.
no mezclado (colores) | self.
no modulado | unmodulated.
no molido | nongrounded.
no montado (diamantes, etc.) | unset.
no muestra signos de desgaste | it shows no sign of wear.
no muy cocido | medium.
no natural | artificial.
no necesita pintarse | needs no painting.
no necesitado (mensajes navales) | notal.
no negociable | nonnegotiable.
no neutralizado | unneutralized.
no normalizado | nonstandard.
no nulidad (matemáticas) | nonvanishing.
no numerable (topología) | uncountable.
no obligatorio | unenforceable.
no obrado | unprocessed.
no obstante | still.
no operacional | nonoperational.
no operacional por reparaciones o falta de partes (motores, aviones, etc.) | out of commission.
no orbitó (satélite artificial) | it failed to orbit.

no orientado | unoriented.
no pagado | not paid | uncostumed | unpaid | undischarged | in default.
no pagado (cuentas) | outstanding.
no pagar (efectos comerciales) | dishonor (to).
no pagar por falta de fondos (cheques) | refer to drawer (to).
no paralelas (cabezas viguetas en U) | out of parallel.
no paralelo | out-of-parallelism.
no paramétrico (estadística) | distribution-free.
no pegajoso (pintura) | tack free.
no peligroso | nondangerous.
no peraltada (curvas) | unbanked.
no poder volar por mal tiempo (aviación) | sock (to).
no polar | nonpolar.
no ponderado (matemáticas) | unweighted.
no poner a tierra (electricidad) | float (to).
no prioritario | overridable.
no probado | utested.
no proliferación de armas atómicas | nonproliferation of nuclear weapons.
no proliferación de la energía nuclear | nonproliferation of nuclear energy.
no protegido contra contactos accidentales (aparatos) | unscreened.
no provista de memoria intermedia | nonbuffered.
no publicable | off the record.
no publicado hasta ahora | hitherto unpublished.
no puede ser analizado matemáticamente | it can not be analysed mathematically.
no puesto a la venta (libros) | not out.
no puesto a tierra | insulated.
no puesto en los planos | uncharted.
no punitivo | nonpunitive.
no quebradizo y frágil | nonbrittle and fragile.
no ramificado | unbranched.
no rastrillado | unraked.
no rayado | unruled.
no rebajado de servicio (milicia) | medicine and duty.
no recambiable (accesorios) | nonrenewable.
no recepcionado | utested.
no recocido (metales) | unannealed.
no reconocidos (niños) | unowned.
no rectificado | unground.
no recubriente | nonblanketing.
no recuperado | unrecorded.
no registrado | unposted.
no reglamentario (milicia) | nonstandard.
no rehabilitado (fallido de una quiebra) | undischarged.
no rellenado (minería) | open.
no remachado | rivetless.
no remunerador | unpayable | nonpayable.
no renovable (accesorios) | nonrenewable.
no rentable | unpayable | unproductive.
no rentable (minería) | unworkable.
no repartido | undistributed.
no requiere atención | it needs no attention.
no requiere tiempo de precalentamiento | no warm-up time required.
no residente | nonresident.
no resuelto | unanswered.
no resuelto (problema) | unsolved.
no retirable | noncallable.
no reutilizable | nonreusable.
no revelación (de un crimen) | misprision.
no revestido | unfaced.
no revestido con una capa metálica | unclad.
no rígido | nonrigid.
no saliente (asas, etc.) | flash-mounted.
no satinado (papel) | dull-finished | dull finish.
no se admiten postores | no offerers.
no se ajusta a las condiciones del pliego de condiciones | it does not comply with the bidding requirements.
no se atenderá ningún pedido si no viene acompañado de su importe | no order will receive attention unless accompanied by cash.
no se devuelven los envases vacíos | empties-finish.
are not taken back.
no se garantizan los precios | prices cannot be guaranteed.
no se indican más detalles | no further details are given.
no se observó fase sigma (metalografía) | no sigma was observed.
no se paga (sistema de enseñanza) | no pass, no fee.
no se permite el traspaso | not transferable.
no se pudre (maderas) | it is not subject to rotting.
no se puso en órbita (satélite artificial) | it failed to orbit.
no se raja al clavar (maderas) | it nails without splitting.
no se realiza trabajo | no work is done.
no se sabe con certeza qué nombre tiene prioridad al aplicarlo a | it is not clear which name has priority as applied to.
no se utilice antes de 24 horas | leave for 24 hours before use.
no se venden los volúmenes por separado (obras en varios volúmenes) | sold in sets only.
no se vislumbra un acuerdo | an agreement is not yet in sight.
no secante | nondrying.
no secativo | nondrying.
no seclusión en el hogar | nonhouse confinement.
no seco por completo | green.
no sentar bien | misfit (to).
no ser declarado apto para el ascenso | pass over (to).
no será un obstáculo para llegar a un acuerdo | it will not be an obstacle for reaching an agreement.
no serán acumulables | income excluded from accumulation.
no sinterizado | unsintered.
no sinterizado (pulvimetalurgia) | green.
no sirve para nada | it serves no purpose.
no sobrealimentado (motores) | normally-aspirated.
no solapante | nonoverlapping.
no sometido a carga | unstressed.
no sometido a fuerza alguna | force-free.
no sometido a tensión | unstressed.
no soportado por tirantes (calderas) | unstayed.
no sorteado | undrawn.
no sujeto (poleas, etc.) | loose.
no sujeto a impuesto | noncontributory.
no sujeto al control estatal | decontrolled.
no sujeto contra pérdida o aflojamiento por vibración (tuercas, etc.) | unsafetied.
no superponible (geometría) | incongruent.
no suspendido | unsprung.
no tallada (gemas) | uncut.
no tamizada (azúcar) | unsifted.
no tarifario (comercio) | nontariff.
no tasado (libre - precios) | decontrolled.
no técnico | nontechnical.
no tenido en cuenta hasta ahora | hitherto-neglected.
no teñido | untinctured.
no terminación (de un trabajo) | noncompletion.
no termotratable | nonheat-treatable.
no tiende a ningún límite (serie divergente) | it approaches no limit.
no tingible | nonstainable.
no titulado (personal) | unlicensed.
no tocar o peligro de muerte (línea eléctrica) | keep clear of the wires.
no tocar un asunto | sidestep (to).
no trabajado | unwrought.
no tradicional | unconventional.
no trae cuenta | it does not pay.
no transpuesto | untransposed.
no trasegado | unraked.
no tratado | unprocessed.
no trate de excusar su mala fe | do not try to excuse his insincerity.
no tripulado | crewless.
no unido (botánica) | distinct.
no uniforme | nonuniform.
no usen ganchos | no hooks.
no utilizado | unused.
no válido | noneffective.
no vencido | unmatured.
no vencido (intereses) | unearned.
no vencido (letra comercial) | undue.
no vendido | unsold.
no ventilado (minas) | dead.
no verificado | unchecked.
no verificado (contabilidad) | unaudited.
no volcar | do not tilt.
no yuxtaposición de las líneas (TV) | underlap.
no zincado | ungalvanized.
nobatrón | nobatron.
nobelio | nobelium | element 102.
noble (minerales) | noble.
nobleza del acero | steel nobility.
noción | concept.
noción previa | prior notion.
nocional | notional.
nociones | elements.
nociones sobre compresión | briefing in compression.
nocividad | harmfulness | deleteriousness.
nocividad radiactiva | radioactive nocivity.
nocivo | ill | noxious | harmful.
nocivo para la piel | injurious to the skin.
noctilucente | noctilucent.
noctiluciente | night-shining.
noctiluminoso | noctiluminous.
noctógrafo | noctograph.
noctovisión (TV) | noctovision.
noctovisor | noctovisor.
noche (primeras horas) | evening.
nodal | nodic.
nodalizador (circuito de alta frecuencia) | nodalizer.
nódico | nodic.
nodo | vertex | branch point.
nodo (astronomía, geometría, física, electricidad) | node.
nodo (ondas estacionarias) | point of no vibration.
nodo ascendente (astronomía) | northbound node | ascending node.
nodo ascendente (de la luna o planeta) | dragon's head.
nodo de intensidad (electricidad) | current node.
nodo de presión | pressure node.
nodo de salida | emergence node.
nodo de tensión (ondas estacionarias) | voltage node.
nodo de voltaje | potential node.
nodo descendente (luna o planeta) | dragon's tail.
nodo fuente (electricidad) | source node.
nodo imperfecto | partial node.
nodo troposférico | tropospheric node.
nodriza (motores) | auxiliary tank.
nodulación | nodulization | nodulizing.
nodulación de finos de mineral de hierro | iron ore fines pelletizing.
nodular | nodular | nodulize (to).
nodularidad | nodularity.
nodularización | nodularizing.
nodularizar | nodularize (to).
nodulización | pelletizing | pelleting.
nodulización (siderurgia) | pelletization.
nodulización de fangos de lavado (carbones) | slurry pelleting.
nodulizadora | pelletizer.
nodulizar | pelletize (to) | pellet (to).
nódulo | nodule | kernel | node.
nódulo (geología) | ball | knot.
nódulo atómico | atomic kernel.
nódulo de arenisca de grano grueso en piza-

rras | cat's-head.
nódulo de consolidación | consolidation nodule.
nódulo de hierro carbonatado | ball ironstone.
nódulo de la integral de moderación | slowing down kernel.
nódulo incluido | included nodule.
nódulo pisiforme | pea-shaped nodule.
nódulo polimetálico oceánico | oceanic polymetallic nodule.
nódulo puntual | point kernel.
nódulos acrecionarios de limonita | accretionary limonite nodules.
nódulos coprolíticos (mineralogía) | beetle-stones.
nódulos de alúmina estabilizados | stabilized alumina pebbles.
nódulos de alumina platinada | platinized alumina pellets.
nódulos de hierro carbonatado | ball mine.
nódulos de menas de hierro prcrrcducidas | prereduced iron ore pellets.
nódulos de pirita en pizarras | bull's-eyes.
nódulos discretos | megacryst.
nódulos en forma de quesos | cheeses-shaped nodules.
nódulos fosfáticos | phosphatic nodules.
nódulos lunares que alteran la gravedad lunar | mascons.
nódulos septarios | septarian nodules.
nódulos silíceos o calcáreos duros encontrados en pizarras | boilum.
noduloso | nodular | maculose.
noduloso (geología) | knotted.
nogal | walnut | walnut tree.
nogal americano (Juglans nigra) | American walnut.
nogal blanco (Carya tomentosa Nutt) | hickory.
nogal blanco americano (Juglans cinerea) | butternut | white walnut.
nogal de Africa (Lovoa klaineana - Pierre) | African walnut.
nogal de América (Carya tomentosa Nutt) | hickory.
nogal de Perú (Juglans neotropica) | nogal | tocte.
nogal europeo (Juglans regia) | European walnut.
nogal índico (Albizzia lebbeck - Benth) | East Indian walnut.
nogal inglés (Juglans regia) | english walnut.
nogal satinado (Liquidambar stryraciflua) | satin walnut.
nomadismo pastoral | transhumance.
nombradía | conspicuity.
nombrado de común acuerdo | mutually appointed.
nombrado por el Gobierno | governmentally-appointed | government-appointed.
nombramiento | commission.
nombramiento de administrador judicial | letter of administration.
nombramiento de capitán (buques) | master's certificate.
nombramiento de maquinista (marina) | engineer's certificate.
nombramiento del primer oficial (buques) | mate's certificate.
nombramiento para un mando | commissioning | posting.
nombramiento provisional | temporary appointment.
nombrar | name (to) | commission (to) | call (to).
nombrar concesionario en el extranjero | appoint a licensee abroad (to).
nombrar el origen y propiedad del material empleado en el programa (TV) | give credits (to).
nombrar para un mando | commission (to).
nombrar un árbitro | name an arbitrator (to).
nombrar un experto | assign an expert (to).
nombre | name.
nombre asociado a un archivo | file identifier.
nombre calificado | qualified name.
nombre comercial | brand name | trade name.
nombre de datos | data name.
nombre de fábrica (papelería) | mill brand.
nombre de la cuenta | name of account.
nombre de pila | first name.
nombre del beneficiario | name of the payee.
nombre del consignatario | consignee's name.
nombre del destinatario (telegrafía) | name to.
nombre del fabricante de loza estampado en su reverso | backstamp.
nombre del impresor (en la última página) | printer's imprint.
nombre del oficio | occupational name.
nombre especificado | qualified name.
nombre figurado (en una lista) | faggot.
nombre local de fangos secos de los tanques sépticos empleados como abono | native guano.
nombre no sujeto a una nomenclatura sistemática (mineralogía) | trivial name.
nombre registrado | copyrighted name.
nombre social | name of a firm.
nombre y apellido | name in full.
nombre y apellidos | full name.
nombre y dirección postal del destinatario | addressee's name and address.
nombre y dirección postal del expedidor | sender's name and address.
nombres de los accidentes del suelo submarino | undersea feature names.
nomenclador | nomenclator.
nomenclatura | nomenclature | parts list.
nomenclatura adoptada | adopted nomenclature.
nomenclatura arancelaria | tariff nomenclature.
nomenclatura arancelaria de Bruselas (comercio) | Brussels tariff nomenclature.
nomenclatura binomia | binary nomenclature.
nomenclatura internacional | international nomenclature.
nomenclatura virológica | virological nomenclature.
nómina | roll | wage bill | pay-sheet | payroll | pay list.
nómina acumulada | accrued payroll.
nómina de pago | payroll.
nómina de salarios | pay bill.
nómina de sueldos | payroll.
nómina del personal | personnel roster.
nómina devengada | accrued payroll.
nómina diaria | daily payroll.
nominal | rated.
nominativo (acciones) | registered.
nominativo (conjugación) | nominative.
nomografía | nomography.
nomográfico | nomographical | nomographic.
nomografización | nomographization.
nomógrafo | nomograph.
nomograma | nomographic chart | nomogram | abac | nomograph.
nomograma de planos superpuestos | multiple-plane nomogram.
nomogramista | chartist.
nomología (leyes de una ciencia) | nomology.
nomólogo | nomologist.
nomon | gnomon.
nomónica (ciencia) | gnomonics.
nonágono | nonagon.
nonalátero | nine-sided.
nonario | nonary.
noneto | nonet.
nongo rojo (Albizzia zygia - Macbride) | red nongo.
nónica | nonic.
nonillón | nonillion.
nonio | vernier | sliding gage | nonius.
nonio con el cero en la mitad de su longitud | folded vernier.
nonio de precisión | precision vernier.
nonio de sintonización | balancer.
nonio del limbo horizontal | horizontal circle vernier.
nonio del limbo vertical | vertical circle vernier.
nonio directo | direct vernier.
nonio en que n divisiones corresponden a (n-1) divisiones de la escala | direct vernier.
nonio en que una división suya es mayor que la de la escala a medir (n+1) divisiones de la escala) | retrograde vernier.
nonio en que una graduación suya es menor que la de la escala a medir (n-1) divisiones de la escala | direct vernier.
nonio horizontal | horizontal vernier.
nonio óptico | optical vernier.
nonio retrógrado (n+1) divisiones de la escala) | retrograde vernier.
nónuplo | ninefold | nunuple.
noque | vat | handler | tan pit.
noque (curtiduría) | lime pit.
noque (tenerías) | liming vat.
noquear (boxeo) | k. o. (to) | out (to) | knock out (to).
noray | bollard | post.
nórdico-islandés | norse-icelandic.
noria | noria | elevator | scoop wheel | flush wheel | scoop chain | bucket chain | paternoster elevator.
noria de bateas | trayveyor.
norma | pattern | STD | principle | line | standard | yardstick | regulation | rule.
norma (estadística) | norm.
norma británica | British standard specification.
norma de calidad | grade standard.
norma de calidad del aire | air quality standard.
norma de procedimiento | point rule.
norma de radioprotección | radiation protection guide.
norma declarativa | declarative norm.
norma empleada por toda la industria | industry-wide standard.
norma euclideana | euclidean norm.
norma evaluadora de servicios públicos | yardstick.
norma imperativa | imperative norm.
norma impositiva | rule of taxation.
norma industrial universal | world industrial standard.
norma internacional | international standard.
norma legislativa para restringir los períodos de los debates (EE.UU.) | gag rule.
norma limitadora de acumulación de ingresos en fideicomiso | rule against unreasonable accumulatios.
norma monótona | monotonic norm.
norma no obligatoria | tentative standard.
norma procedimental | procedural standard.
norma prohibitiva | prohibitive norm | forbidding norm.
norma provisional | recommended standard | tentative standard.
norma recomendada | tentative standard.
norma unificada | unified standard.
normado (estadística, grupo topológico) | normed.
normal | plain-key | standard | conventional.
normal (motores) | rated.
normal al crucero (minas) | on plane.
normal al eje | traverse to axis.
normal común a los perfiles (engranajes) | line of action.
normal de contacto (engranajes) | line of action.
normal duración de la tarea | bogey.
normal en el punto de incidencia | incidence normal.
normal óptico | optic normal.
normal polar | polar normal.
normalidad (gramos equivalentes por litro) | normality.
normalidad de la disolución | normality of the solution.
normalidad de la solución (química) | normality of the solution.
normalidad de un soluto | normality of a solute.
normalizabilidad | normalizability.

normalizable | normalizable.
normalización | rationalization.
normalización (aceros) | normalizing | soaking.
normalización (EE.UU.) | standardization.
normalización (G.B.) | standardisation.
normalización (metalurgia) | homogenizing.
normalización (termotratamiento a baja temperatura para eliminar la segregación química por difusión - aceros) | homogenizing.
normalización armamentista | armamentist normalization.
normalización de isótopos radiactivos | radioactive isotopes standardization.
normalización de los envases | package standardization.
normalización de soldaduras | weld normalizing.
normalización del acero forjado | rationalizing of forging steel.
normalización entre fases de maquinado | interstage normalizing.
normalización escalonada | step normalizing.
normalización internacional | international standardization.
normalización nomenclatural | nomenclatural standardization.
normalización para relajar las tensiones internas | stress relieving normalizing.
normalización térmica (aceros) | aging.
normalizado | ready-made.
normalizado a 9 | normalized at 925 °C austenitized at 845 °C and oil quenched.
normalizado dos veces y revenido | double-normalized-and-tempered.
normalizado y revenido | normalized and tempered.
normalizador de pulsaciones | pacemaker.
normalizar | standardize (to) | standardize (to) | normalise (to) | unitize (to) | rationalise (to) (G.B.).
normalizar (acero) | homogenize (to) | normalize (to).
normalizar (con arreglo a normas) | rationalize (to) (EE.UU.).
normalizar (someter a normas) | normalize (to).
normalmente distribuido | normally-distributed.
normalmente distribuido con media cero y varianza unidad | normally distributed with zero mean and unit variance.
normando | Norman.
normando antiguo (lengua) | old norse.
normas | procedure | guidelines | grades.
normas americanas | american standards.
normas aprobadas | accepted standards.
normas contables internacionales | international accounting standards.
normas de aceptación | acceptance standards.
normas de adquisiciones | procurement regulations.
normas de auditoría | auditing standards.
normas de auditorías aprobadas | approved auditing standards.
normas de calidad para los materiales de las instalaciones nucleares | nuclear quality standards.
normas de explotación | operating practices.
normas de frecuencia de los Estados Unidos | United States frequency standards.
normas de parachoques | bumper standards.
normas de procedimiento | rules of procedures | rules of procedure.
normas de tráfico (aviación) | traffic pattern.
normas dimensionales | dimensional standards.
normas electorales | electoral norms.
normas en vigor | regulation in force.
normas fiscales | tax regulation.
normas fundamentales | basic policies.
normas impositivas | tax regulation.
normas industriales | engineering standards.
normas internacionales | international standards.
normas obligatorias | enforceable standards.
normas oficiales para comercio de granos |TTERN. áPofficial grain standards.
normas para fijar precios | pricing policies.
normas para las comunicaciones de inteligencia | cirvis.
normas para proteger la salud pública | sanitation.
normas permanentes de transmisiones | standing signal instructions.
normas portuarias | harbour regulations.
normas profesionales ajenas a las de auditoría | nonauditing standards.
normas radiográficas | radiographic standards.
normas relativas a la ejecución del trabajo | standards of field work.
normas sobre la competencia leal | codes of fair competition.
normas sobre mínimos precios de venta | price floor laws.
normatividad | normativity.
normativismo | normativism.
normativo | normative.
normógrafo | plastic template | lettering guides | alignment chart.
normógrafo para trazar organigramas | charting template.
normotermia | normothermy.
normotipo | normotype.
noroeste | northwest.
norte | north.
norte arbitrario del cuadriculado (mapas militares) | grid north.
norte asumido | assumed north.
norte cuarta noroeste | north by west.
norte cuarta oeste | north by east.
norte geográfico | true north.
norte magnético | compass north | magnetic north.
norte verdadero | true north.
norte verdadero (aviación) | north.
nos reservamos el derecho de modificar los precios sin previo aviso | prices subject to change without notice.
nota | note | minute | slip | slip.
nota (exámenes) | mark.
nota aguda | high-pitched note.
nota al pie (de una página) | footnote.
nota alterada (música) | inflected note.
nota armónica (acústica) | overtone.
nota bemolizada (música) | flattened note.
nota característica (música) | characteristic note.
nota de abono | credit slip.
nota de abono (comercio) | credit note.
nota de adorno | grace note.
nota de adorno (música) | ornament.
nota de anticipos | advance note.
nota de aviso | advice note.
nota de aviso de pago | prompt note.
nota de batido | beat note.
nota de caja | sales slip.
nota de calidad relativa | relative performance score.
nota de cargo | note debit | debit memorandum | debit advice | debit note.
nota de crédito | credit memorandum.
nota de débito | debit note.
nota de depósito (comercial) | paying-in-slip.
nota de entrega | delivery note | receiving note.
nota de envío | delivery bill | dispatch note.
nota de expedición | dispatch note.
nota de gastos | account of expenses.
nota de gastos de acarreo | cartage note.
nota de pago | promissory note.
nota de pedido | memorandum order | order form.
nota de pedido (comercio) | order ticket.
nota de percusión (acústica) | strike note.
nota de peso | weight note.
nota de referencia (acústica) | reftone.
nota de tono alto | high-pitched note.
nota de venta | sales slip.
nota del Gobierno | government note.
nota del timbre | stamp tax voucher.
nota editorial | publisher's advertisement.
nota falsa (canto) | break.
nota final (libros) | postface.
nota fundamental | root note.
nota grave (música) | low note.
nota impresa en la esquina alta (de una página) | shoulder note.
nota intercalada en el texto | center note.
nota interpretativa | interpretative note.
nota marginal | apostil.
nota marginal (ladillo - tipografía) | cut-in note.
nota marginal (tipografía) | side note.
nota modal (música) | mediant.
nota musical | note.
nota natural | natural.
nota preacentuada | preemphasized note.
nota punteada (música) | dotted note.
nota pura (acústica) | note pure.
nota que da a conocer la fuente de lo que se publica (libros) | credit line.
nota resultante (radio) | beat note.
nota saliente | outstanding feature.
nota sincopada (música) | syncopation.
notabilidad | leading man.
notable | considerable.
notacanto | notacanthous.
notación | notation.
notación abreviada | shorthand notation.
notación básica | radix notation.
notación binaria | binary-numbered system | binary notation.
notación biquinaria | biquinary notation.
notación científica | scientific notation.
notación con doble subíndice | double-subscript notation.
notación de base fija | fixed radix notation.
notación de base mixta | mixed radix notation.
notación de la base | radix notation.
notación de las coordenadas | coordinates labeling.
notación de números primos (A′, B′, C′...) | primed notation.
notación de par ordenado | ordered pair notation.
notación decimal | decimal notation.
notación diádica | dyadic notation.
notación duodecimal | duodecimal notation.
notación empleada | employed notation.
notación en el original para identificar el artículo (periódicos) | catch line.
notación marcada | labelled notation.
notación matricial | matrix notation.
notación polaca inversa | reverse Polish notation.
notación por infinitos | infix notation.
notación por prefijos | prefix notation.
notación posicional | positional notation.
notación prefijada | prefix notation.
notación sin multiplicado | unmultiplied notation.
notación sumatoria | summation notation.
notacional | notational.
notam | NOTAM.
notar la falta de | miss (to).
notaría | notaryship | notary's office.
notariado | notarized.
notario | notary public | notary.
notario certificador | attesting notary.
notas aclaratorias | informative disclosures.
notas de orientación | guidance notes.
notas de paso (música) | passing notes.
notas ligadas (música) | notes to be connected.
notas modales (música) | modal notes.
notas tonales (música) | tonal notes.
notas y encabezamientos marginales | marginalia.
nothofagus (Nothofagus menziesii) | southland beech.
nothofagus (Nothofagus moorei) | negrohead beech.
nothofagus de Australia (Nothofagus cunning-

hamii) | evergreen beech | Tasmanian myrtle.
Nothofagus neozelandés (Nothofagus menziesii) | New Zealand silver birch.
noticia | notice | report.
noticia biográfica | memoir.
noticia falsa | hoax.
noticias anticipadas que influyen en las cotizaciones | discounting the news.
noticias comunicadas antes que las de la competencia (periódicos) | scoops.
noticias de última hora | late news.
noticias ficticias | fake.
notificación | summon | summons | notice | reporting.
notificación (de una sentencia) | legal notice.
notificación de avería | notice of damage.
notificación de despido | bust | pink up.
notificación de remesas | remittance advices.
notificación de siniestro | notice of claim.
notificación efectiva | actual notice.
notificación escrita | written notice.
notificación general | general call.
notificación legal | legal notice.
notificación para comparecer en juicio | distringas.
notificación sobre-entendida | constructive notice.
notificar | communicate (to) | advice (to) | advise (to) | post (to).
notificar un auto | serve a writ (to).
notificar una acusación | serve an indictment (to).
notificar una citación | serve a summons (to).
notificar una orden | serve a writ (to).
notocordio (zoología) | notochord.
notonecta (zoología) | boatman.
notorio (botánica) | patent.
nova galáctica | galactic nova.
novación | novation.
novaculita | whet-slate | razor stone | razor-stone.
novachequita | novacekite.
novalente | nonvalent.
novaminasulfona | dipyrone.
novar | novate (to).
novar (tubo de potencia de haz electrónico de nueve patillas) | novar (beam power tube).
novar (tubo electrónico) | novar.
novas enanas | dwarf novae.
novas recurrentes (astronomía) | repeating novae.
novatadas | bullying.
novato | raw | tyro.
novedad | newness | fad.
novela barata con tapas de papel | paperback.
novela de hechos reales | roman á clef.
novena potencia | cubo-cubo-cube.
noventa días fecha | ninety days date.
novilla | young cow.
noy (unidad de ruido de aviación) | noy.
n-tuple | n-tuple.
nubarrón | thundercloud | cloud.
nube | cloud.
nube (cuarzo, etc.) | nebula.
nube a lo largo de la cresta de una cordillera | crest cloud | helmet cloud.
nube ardiente (volcanes) | nuée ardente | Peléan cloud.
nube atómica | atomic cloud.
nube baja | low-lying cloud.
nube cargada de humedad | oisture-bearing cloud.
nube compuesta de bandas paralelas isoespaciadas de nubes densas con claros entre las bandas | billow cloud | wave cloud | windrow cloud.
nube cósmica oscura | obscure cosmic cloud.
nube de base | base surge.
nube de cenizas | ash-cloud.
nube de cristales de hielo | frost cloud | ice cloud.
nube de gas en contracción autogravitante | self-gravitating gas cloud.
nube de la explosión | explosion cloud.
nube de la explosión (proyectiles) | bursting cloud.
nube de masas onduladas cerca de una montaña y paralela a una nube de cresta | riffle cloud.
nube de partículas | particulate cloud.
nube de polvo dinámico | dynamical dust cloud.
nube de tormenta | thunder-cloud.
nube desprendida del fondo de la columna de una explosión nuclear | base surge.
nube en forma de coliflor | cauliflower cloud.
nube en formación | developing cloud.
nube en la cresta (montañas) | helm cloud.
nube en los ojos | nebula.
nube en un ojo | speckle.
nube en yunque | anvil cloud.
nube estacionaria en la falda de barlovento formada por la condensación del aire ascendente (montañas) | foehn cloud.
nube formada en el ojo de un tornado | funnel cloud.
nube fragmentada | broken cloud.
nube incudiforme | anvil cloud.
nube interestelar | interstellar cloud.
nube iónica | ion cluster | ionic cloud.
nube ionizada | ion cloud.
nube iridiscente | iridescent cloud.
nube lenticular | lenticular cloud.
nube ligera de hielo que se forma en la parte superior de un cúmulonimbo | false cirrus.
nube luminosa | nimbus.
nube magallánica (astrofísica) | Magellanic cloud.
nube magallánica (astronomía) | coal sack.
nube mamiforme | mammiform cloud.
nube megallánica | nubecula.
nube meteórica | meteor cloud.
nube metroluciente | metrolucent cloud.
nube noctilucente | noctilucent cloud.
nube noctiluminosa | nacreous cloud.
nube nuclear | nuclear cloud.
nube pequeña | rack.
nube que cubre todo el cielo | ten-tenths cloud.
nube que flota sobre el pico de una alta montaña | banner cloud.
nube que rodea la parte alta y costados de un cúmulo | scarf cloud.
nube rasgada | ragged cloud.
nube tornadógena | tornado-producing cloud.
nube turbulenta | turbulence cloud.
nubécula | nubecula.
nubes cumuliformes | heap clouds.
nubes de desarrollo vertical | heap clouds.
nubes de gases solares | solar gas clouds.
nubes de libración | libration clouds.
nubes de Magallanes | Magellanic clouds.
nubes estivales | summer clouds.
nubes estratiformes | layer clouds.
nubes lenticulares | lenticular clouds.
nubes nacaradas | mother-of-pearl clouds.
nubes rápidas | scud.
nublado | overcast | cloudy | clouded | cloud.
nublar | cloud (to).
nublarse | cloud up (to) | cloud (to).
nubosidad | cloudiness.
nuboso | cloudy | soupy | nepheloid.
nuboso (cielo) | overcast.
nuca | scruff.
nucamentáceo (botánica) | nucamentaceous.
nucífero | nut-bearing.
nuciforme | nut-shaped.
nucíforo | nut-yielding.
nucívoro | nut-eating.
nucleación | nucleation.
nucleación casual | random nucleation.
nucleación del dominio (metalurgia) | domain nucleation.
nucleación isotérmica | isothermal nucleation.
nucleación orientada | oriented nucleation.
nucleación por grieta de fatiga | fatigue crack nucleation.
nucleación por ruptura de depresiones (soldadura) | dimple-rupture nucleation.
nucleación preferente | preferential nucleation.
nucleado | nucleate | nucleated.
nucleador | nucleator.
nuclear | nuclear.
nuclearmente seguro | eversafe.
nucleido | nucleid.
nucleido artificial | artificial isotope.
nucleido blindado | shielded nuclide.
nucleido especularmente simétrico | mirror nuclide.
nucleido hijo | daughter product.
nucleido impar-impar | odd-odd nuclide.
nucleido impar-par | odd-even nuclide.
nucleido inestable | unestable nuclide.
nucleido mágico | magic nucleide.
nucleido padre | nuclear parent.
nucleido par-impar | even-odd nuclide.
nucleido par-par | even-even nuclide.
nucleido radiactivo | radioactive nuclide.
nucleido-espejo | mirror nuclide.
núcleo | nucleous | core | kernel | slug | hub | nucleus.
núcleo (Chile, México) | centre.
núcleo (electroimán) | armature.
núcleo (hélice marina) | fairwater cone.
núcleo (laboreo de rollizos) | core.
núcleo (matemáticas) | kern.
núcleo abierto (circuito magnético) | open core.
núcleo aislado | pocket.
núcleo anticlinal | core of anticline.
núcleo anular | ring core.
núcleo atómico | atomic nucleus.
núcleo bombardeado (nucleónica) | struck nucleus.
núcleo brillante (barra de cementación) | raw.
núcleo celular | karyon.
núcleo central | kern.
núcleo central (resistencia materiales) | core.
núcleo central de la sección | core of section | kernel of section.
núcleo central impermeable de arcilla compactada (presas de tierra) | rolled clay core.
nucleo cerrado (electrotecnia) | gapless core.
núcleo compactado | puddled core.
núcleo compuesto | compound nucleus.
núcleo con enriquecimiento por zonas | seed core.
núcleo con número impar de protones y número par de neutrones | odd-even nucleus.
núcleo con un número par de protones y un número par de neutrones | even even nucleus.
núcleo de aberturas múltiples | multiapertured core.
núcleo de aire | air core.
núcleo de arcilla | puddle core.
núcleo de condensación (meteorología) | kern.
núcleo de chapas | iron-plate core.
núcleo de chapas adosadas | laminated core.
núcleo de chapas adosadas de hierro | laminated iron core.
núcleo de difusión | diffusion kernel.
núcleo de ferrita | ferrite core | magnetic core.
núcleo de ferrita con ciclo de histéresis rectangular | square-loop ferrite core.
núcleo de ferrita de varias aberturas | multiaperture ferrite core.
núcleo de ferrita de varios circuitos magnéticos | multipart ferrite core | multipath ferrite core.
núcleo de gran permeabilidad (magnetismo) | high-permeability core.
núcleo de helio | helium nucleus.
núcleo de hierro | iron core.
núcleo de hierro pulverizado | powedered iron core.
núcleo de inducido de tambor | drum armature core.
núcleo de la hélice | propeller hub | fairwater cap.
núcleo de la hélice (hélice buque) | propeller cap.
núcleo de láminas individuales de hierro | laminated iron core.

núcleo de masa impar | odd-mass nucleus.
núcleo de memoria magnética de tres agujeros | three-hole memory core.
núcleo de moderación | slowing down kernel.
núcleo de neutrones impares | odd-neutron nucleus.
núcleo de orificios múltiples | multiple aperture core.
núcleo de pliegue (geología) | arch core.
núcleo de plomo (de una bala) | slug.
núcleo de Poisson | Poisson kernel.
núcleo de polvo cementado | dust core.
núcleo de polvo de hierro comprimido | compressed iron-powder core.
núcleo de polvo magnético | magnetic powder core.
núcleo de protones impares | odd-proton nucleus.
núcleo de pulvimetal | powder core | dust core.
núcleo de pulvimolibdeno de forma toroidal | toroidal-shaped powdered molybdenum core.
núcleo de retardación | slowing down kernel.
núcleo de retroceso | recoil nucleus.
núcleo de rodete (turbina hidráulica) | hub.
núcleo de sublimación | sublimation nucleus.
núcleo de tierra (prensa de escollera) | earth core.
núcleo de traslación (matemáticas) | translation kernel.
núcleo de tritio | triton.
núcleo de un homomorfismo | kernel of a homomorphism.
núcleo deformado impar-impar | odd-odd deformed nucleus.
núcleo del carrete | bobbin core.
núcleo del electroimán | magnet core.
núcleo del estator | stator core.
núcleo del inducido | armature core.
núcleo del resistor | resistor core.
núcleo desnudo | bare core.
núcleo enrollado de cinta | tape wound core.
núcleo excindido | fissioned nucleus.
núcleo ferromagnético de chapas adosadas | laminated ferromagnetic core.
núcleo fisionable | fissile nucleous.
núcleo fisionado | fissioned nucleus.
núcleo forjado | forged center.
núcleo hendido | fissioned nucleus.
núcleo imanado por incrementos | incrementally magnetized core.
núcleo impar-par | odd-even nucleus.
núcleo impermeable | impervious core.
núcleo iniciador | initiating nucleus.
núcleo irradiado con deuterones | deuteron-bombarded nucleus.
núcleo macizo forjado | solid forged center.
núcleo magnético | core | magnetic core | pole shank | pole core.
núcleo magnético biestable | bistable magnetic core.
núcleo magnético binario | binary magnetic core.
núcleo magnético binario de corriente coincidente | coincident-current magnetic core.
núcleo magnético de tipo cerrado (transformadores) | lock-wound core.
núcleo magnético hidroenfriado que se coloca dentro del tubo para impedir que la corriente se separe de la zona de soldadura y produzca calentamiento local indeseable (soldeo por resistencia de tubos de aluminio) | impeder.
núcleo moderador (reactor nuclear) | slowing-down kernel.
núcleo móvil | plunger.
núcleo multicanálico | multipath core.
núcleo multivial | multipath core.
nucleo par-impar | even-odd nuclide.
núcleo par-par | even even nucleus | even-even nuclide.
núcleo plegadizo | collapsible core.
núcleo polar | pole core.
núcleo polar (imanes) | limb.
núcleo reactor | reacting core.
núcleo rectangular de ferrita | square loop ferrite.
núcleo rectangular enrrollado en espiral | spirally wound rectangular core.
núcleo repulsivo | repulsive core.
núcleo repulsivo infinito | infinite repulsive core.
núcleo rigidizador | regidizing core | regidizing core.
núcleo sembrado (reactor nuclear) | seed core.
núcleo sin cementar (acero de cementación) | sap.
núcleo sin desintegrar | undecayed nucleus.
núcleo sin reflector (reactor nuclear) | bare core.
núcleo tipo acorazado (transformadores) | sell-type core.
núcleo tórico | toroidal core.
núcleo toroidal devanado con cinta metálica | tape-wound toroidal core.
núcleo toroidal envuelto con cinta | tape-wound toroidal core.
núcleo toroide | toroid core.
núcleo urbano | community.
nucleoeléctrico | nucleoelectric.
nucleofílico | nucleus-loving.
nucleófilo | nucleophilic.
nucleófugo | nucleofugal.
nucleofusión | nucleofusion.
nucleogénesis | nucleogenesis.
nucleógeno | nucleogen.
nucleolisis | nucleolysis.
nucléolo | nucleolus.
nucleón (nuclear) | nucleon.
nucleón (partícula nuclear) | nucleon.
nucleón apareado | paired nucleon.
nucleón de colisión | recoiling nucleon.
nucleón eyectado | ejected nucleon.
nucleón impar | odd nucleon.
nucleónica (ciencia) | nucleonics.
nucleónico | nucleonic.
nucleópeto | nucleopetal.
nucleopropulsado | nuclear-powered.
nucleor (núcleo de un nucleón) | nucleor.
núcleos alineados a baja temperatura | nuclei aligned at low temperature.
núcleos de Aitken | Aitken nuclei.
núcleos de antifase | antiphase nuclei.
núcleos de condensación | condensation nuclei.
núcleos de congelación | freezing nuclei.
núcleos de deformación (diamantes) | strain nuclei.
núcleos de número atómico impar | odd-A nuclei.
núcleos de números mágicos (núcleos atómicos) | magic number nuclei.
núcleos de recristalización | recrystallization nuclei.
núcleos deformados de masa impar | odd-mass deformed nuclei.
núcleos en colisión | colliding nuclei.
núcleos excitados par-par | even-even excited nuclei.
núcleos exóticos (radiactividad) | exotic nuclei.
núcleos isobaros | isobaric nuclei.
núcleos magnéticos para radio | radio cores.
núcleos no axiales | nonaxial nuclei.
núcleos orientados | oriented nuclei.
núcleos orientados preferentemente | preferentially-oriented nuclei.
núcleos piónicos | pionic nuclei.
nucleos polarizados | polarized nuclei.
nucleosíntesis | nucleosynthesis.
nucleotecnia | nucleotechnics.
núclido | nuclide.
núclido de captura electrónica | electron capture nuclide.
nuclido de neutrones impares | odd-neutron nuclide.
núclido en espejo | mirror nuclide.
nuclido estable | stable nuclide.
núclido estable que es el miembro final de una desintegración radiactiva | end-product.
núclido físil | fissile nuclide.
núclidos betatópicos | betatopic nuclides.
núclidos isotópicos | isotopic nuclides.
núclo celular de papel tratado con resina sintética | resin-treated paper honeycomb core.
núcula (botánica) | pyrene.
nuda propiedad | ownership without possession | bare ownership | direct ownership | naked possession | mere possession.
nuda propiedad (abogacía) | estate in remainder.
nuda propiedad (economía) | remainder estate | estate in remainder.
nuda propiedad efectiva (economía) | vested remainder.
nuda propiedad en dominio | fee simple.
nudicaudado (zoología) | hairless-tailed.
nudillo | joint.
nudillo (anatomía) | knuckle.
nudillo (manos) | knuckle-joint.
nudípodo (zoología) | nudiped.
nudo | nude | knot | injuction.
nudo (árbol o madera) | gnarl.
nudo (árboles) | knob.
nudo (botánica) | joint.
nudo (cable) | kink.
nudo (de un árbol) | burr.
nudo (estructuras) | joint | structural joint | corner.
nudo (hilados) | knot.
nudo (maderas) | knurl | burl | knag | knar | snub | snag.
nudo (papel, pasta de papel) | knot.
nudo (red eléctrica) | junction point.
nudo (red eléctrica - estructuras) | node.
nudo (resistencia de materiales, botánica) | node.
nudo (telecomunicación) | branch point.
nudo (tronco árboles) | knur.
nudo (viga de celosía triangulada) | panel point.
nudo (vigas de celosía) | panel point.
nudo acartelado de viga de celosía | gusset-plate truss joint.
nudo adherente (madera) | tight knot.
nudo ahorcaperros doble | double black wall hitch.
nudo apretado | fast knot | hard knot.
nudo artificial (en hilos) | knop.
nudo aserrado a lo largo de su eje mayor (canto de tablón) | spike knot.
nudo aserrado a lo largo de su eje mayor (maderas) | splay knot.
nudo blando (maderas) | rotten knot.
nudo corredizo | slipknot | noose | loop | bowknot.
nudo corredizo doble | double running knot.
nudo cuadrado | bowtie.
nudo cuyas fibras están entrelazadas con las de la madera | live knot.
nudo de acollador | Matthew Walter knot.
nudo de ahorcaperro | running bowline.
nudo de ahorcaperro sencillo | blackwall hitch.
nudo de algodón (hilos) | cotton knop.
nudo de alimentación primario | primary feed point.
nudo de barrilete | crown knot.
nudo de bobina sencillo | outside clinch.
nudo de boca de lobo | cat's paw.
nudo de boca de lobo doble | double black wall hitch.
nudo de bolina doble | inner clinch | inside clinch.
nudo de burrita (tejeduría) | twisted knot.
nudo de cabeza de alondra | lark's-head knot.
nudo de comunicaciones | junction.
nudo de conmutación de tránsito (telecomunicación) | transit switching point.
nudo de culo de puerco | crown knot.
nudo de culo de puerco para arriba | French shroud knot.
nudo de dislocación (metalurgia) | dislocation node.
nudo de escota | hawser-bend.

nudo de escota doble | double sheet bend | double becket bend.
nudo de estructura rígida | rigid-frame corner.
nudo de galera | galley hitch.
nudo de lana (tejeduría) | mote.
nudo de orinque | buoy rope knot.
nudo de pata de perro (para acortar un cabo) | sheepshank.
nudo de Persia (alfombras) | senna knot.
nudo de piña | diamond knot.
nudo de piña doble | double wall knot.
nudo de piña doble con barrilete | double wall and crown knot.
nudo de rama (maderas) | branch knot.
nudo de red (topografía) | junction.
nudo de red de distribución (electricidad, etc.) | feeding-point.
nudo de red de pesca | mesh knot.
nudo de tejedor | sheet bend | weaver's knot.
nudo de unión | assemblage point.
nudo de unión (tubería de plomo) | butt joint.
nudo de urdimbre | twist.
nudo de vuelta de escota | blackwall | sheet knot.
nudo de vuelta de escota doble | double bend.
nudo de vuelta redonda | midshipman's hitch.
nudo de vuelta redonda y dos cotes | rolling hitch | magnus hitch.
nudo del cordon inferior (vigas) | bottom chord joint.
nudo del fuselaje | fuselage joint.
nudo doble de piña | double diamond knot.
nudo doble plano | carrick bend.
nudo duro (tejidos) | fast knot.
nudo encajado (de huesos) | encased knot.
nudo encerrado por los anillos anuales (árboles) | intergrown knot.
nudo externo (árboles) | burl.
nudo flojo (hilos) | slub.
nudo flojo (madera) | loose knot.
nudo hecho a mano | hand-tied knot.
nudo llano | overhand-knot | reef-knot.
nudo mal atado que no sujeta | lubber's knot.
nudo mal hecho | lubber's knot.
nudo oculto (maderas) | enclosed knot.
nudo pacto | nudum pactum.
nudo para dar tortor | marling-spike hitch.
nudo plano | reef-knot.
nudo podrido (árboles) | punk knot.
nudo principal (red eléctrica) | major node.
nudo propietario | remainderman | mere owner | direct owner.
nudo que se ve longitudinalmente (canto de tablón) | spike knot.
nudo retorcido (tejeduría) | twisted knot.
nudo rígido (viga de celosía) | rigid joint.
nudo sano (árboles) | red knot.
nudo sano (madera) | fast knot | tight knot | sound knot.
nudo sano con médula al centro (maderas) | pith knot.
nudo sencillo | overhand-knot.
nudo suelto (madera) | falling-out knot | loose knot.
nudo tipo esmirna (alfombras orientales) | ghiordes knot.
nudo vicioso (maderas) | unsound knot | dead knot.
nudo=milla náutica por hora | knot.
nudos de pasta (defecto del papel) | lumps.
nudosa (madera) | snaggy | branchy | knurled.
nudosidad | knottiness.
nudosidad (artríticos) | knot.
nudosidad (defecto madera) | catface.
nudosidad (medicina) | node.
nudoso | knotty | gnarly | jointered.
nudoso (árboles) | knarled | knobbed.
nudoso (madera) | knotted | knaggy | burly | gnarled.
nudum pactum | naked pact | nude contract.
nuestro sincero pésame a la viuda (y) niños y familia de los fallecidos | we offer sincere condolences to the wives (and) children and families of the deceased.
nueva adaptación | fresh adjustment.
nueva audiencia | rehearing.
nueva colocación | relaying.
nueva colocación de los cables | recabling.
nueva comprobación | rechecking.
nueva concensión de patente | reissue.
nueva construcción (edificios, buques, aviones) | newbuilding.
nueva dirección | redirection.
nueva edición | reissue | fresh issue.
nueva emisión (de billetes) | reissue.
nueva emisión comprendida (títulos) | cum new.
nueva emisión de títulos | reissue.
nueva fabricación | new production.
nueva fusión a presión subatmosférica | remelting in vacuo.
Nueva Orleans (EE.UU.) | crescent city.
nueva posición | fresh position.
nueva presentación | re-presentation.
nueva redacción (documentos) | redraft.
nueva revisión | recheck.
nueva tasación de una propiedad | property reappraisal.
nuevas construcciones | new buildings.
nuevas emisiones | new issues.
nuevas señas | redirection.
nuevas tendencias en el capital de riesgo | new trends in venture capital.
nuevo | fresh | first hand | raw.
nuevo apresto (pieles) | redressing.
nuevo artículo de un fichero | addition record.
nuevo batido de la pasta papelera | repulping.
nuevo de fábrica | brand new.
nuevo dibujo | redraft.
nuevo ensayo | retest.
nuevo examen | reexamination.
nuevo levantamiento (topografía) | resurvey.
nuevo material impreso sobre un mapa existente | overprint.
nuevo plan de acción | tack.
nuevo proceso (abogacía) | retrial.
nuevo termotratamiento | re-heat treatment.
nuevo tratamiento térmico | re-heat treatment.
nuevos arribos | fresh arrivals.
nuevos edificios | new buildings.
nuevos pedidos (comercio) | further orders.
nuevos saldos acreedores del balance general | new balance sheet credit balances.
nuez | nut.
nuez (de huso) | whirl | whorl | wherve.
nuez (del disparador) | sear.
nuez (husos) | warve.
nuez (polea para la cinta impulsahusos) | spindle whorl.
nuez cenicienta | oil-nut.
nuez de agalla surtida | galls in sorts.
nuez de areca | Indian nut.
nuez de eslabón giratorio | nut of swivel.
nuez del expulsor | ejector nose.
nuez del huso | spindle wharve.
nuez del huso (tejeduría) | wharve.
nuez del mandrín (tornos) | mandrel nose.
nuez del percutor | striker nut.
nulidad | voidness | cypher | invalidity | nullify | nullity.
nulidad (jurisprudencia) | abatement.
nulidad de forma (abogacía) | nullify of form.
nulidad de juicio (por error o desacuerdo del jurado) | mistrial.
nulidad de pleno derecho | absolute nullity.
nulidad de un contrato | nullity of a contract.
nulificar el contrato | break the contract (to).
nulificar un testamento | nullify a testament (to) | break a will (to).
nuliplexo | nulliplex.
nulíporo | nullipore.
nulivalente | nulvalent.
nulivante | nulvalent.
nulo | naught | zero | null.
nulo (contratos) | inept.
nulo de pleno derecho | devoid of legal force.
nulo e ineficaz | nulo et irrito.
nulo y sin efecto | invalid | null and void.
nulo y sin valor | void.
nulo y sin valor alguno | null and void.
nulla bona | no goods upon which to levy.
numerabilidad | numerableness | countability.
numerable (conjuntos topológicos) | countable.
numeración | numbering | quantitizing | figuring.
numeración automática | automatic numbering.
numeración con base múltiple | mixed radix notation.
numeración consecutiva | crash numbering | consecutive numbering.
numeración de abonado (telefonía) | numbering scheme.
numeración de base binaria | digital.
numeración decimal | decimal notation.
numeración del activo | numbering of assets.
numeración inglesa (Jacquard) | English pitch.
numeración internacional para cada libro (compuesta de 10 dígitos - I.S.B.N.) | standards book numbering.
numeración mediante corriente alterna | alternating current pulse.
numeración no continua | skip numbering.
numerado | serially numbered.
numerado al azar | randomly-numbered.
numerador | dividend | numerator | numbering-machine | register unit.
numerador de un quebrado | numerator of a fraction.
numerador decimal | decimal register unit.
numeral (buques) | signal letters.
numeral de dureza (metalurgia) | hardness numeral.
numeral del barco (código de banderas) | ship's pendants.
numeral del equipo | equipment numeral.
numerales cardinales | cardinal numerals.
numerar | number (to) | foliate (to) | folio (to).
numerar (tipografía) | page (to).
numerar de nuevo | reserialize (to).
numerario | money.
numerario (banca) | specie.
numerario (valor) | numerary.
numérica (señal) | numerary.
numéricamente | digitally.
numéricamente evaluable | numerically evaluable.
numéricamente generado (matemáticas) | countably generated.
numéricamente infinito | countably infinite.
numéricamente mayor | numerically greatest.
numérico | digital.
numerización | digitizing.
numerizador de disco codificado | coded disk digitizer.
numerizador de entrada mecánica | mechanical-input digitizer.
numerizador electromecánico | electromechanical digitizer.
numerizador fotoeléctrico de código decimal | photoelectric decimal-coded digitizer.
numerizador óptico | optical digitizer.
numerizar | digitize (to).
numerizar (traducir en números - EE.UU.) | digitize (to).
número | cypher | number | figure.
número (de hilos) | grist.
número (de un periódico) | copy.
número (guarnición de carda) | count.
número absoluto | absolute number.
número abstracto | abstract number.
número aleatorio | random number.
número aleatorio para muestreo | random sampling numbers.
número árabe | digit.
número asignado a cada soldado para efectos administrativos | service number.
número atómico | atomic number.
número atómico efectivo | effective atomic number.

número áureo | golden number.
número autorizable de asientos ocupados en vuelo | allowable cabin load.
número bariónico | baryon number.
número básico | basic number.
número cardinal | cardinal number.
número complejo | compound | compound number.
número complejo (matemáticas) | complex number.
número compuesto | composite number.
número con comunicación pagada | enterprise number.
número con puntos entre grupos de cifras (clasificación decimal universal) | coloned number.
número con su correspondiente signo (álgebra) | signed number.
número concreto | concrete number.
número convertido (hilatura) | converted count.
número correlativo | rotation number.
número cuántico | quantum number.
número cuántico asignado | assigned quantum number.
número cuántico azimutal | azimuthal quantum number.
número cuántico de espín | spin quantum number.
número cuántico de espín isobárico | isobaric spin quantum number.
número cuántico de momento angular | angular-momentum number.
número cuántico de rotación | rotational quantum number.
numero cuántico del momento angular | angular-momentum quantum number.
número cuántico magnético | magnetic quantum number.
número cuántico orbital | orbital quantum number.
número cuántico principal | main quantum number.
número cuántico secundario | secondary quantum number.
número cuántico vibratorio | vibrational quantum number.
número cúbico | cubic number.
número de Abbé (óptica) | aspersivity.
número de abonado (de la lista de teléfonos) | directory number.
número de acceso casual | random number.
número de aceptación cero | zero acceptance number.
número de alambre | gage of wire.
número de almacen | shop-number.
número de alumnos por profesor | work-load.
número de aparatos que pueden prepararse simultáneamente para despegue en la cubierta (portaaviones) | deck load.
número de arranques por hora | number of starts-per-hour.
número de átomos fisiles producido por átomo fisil de la misma clase destruido | breeding ratio.
número de avances | number of feeds.
número de averías en un tiempo dado | failure in time.
número de averías por unidad de tiempo o por unidad de recorrido | failure rate.
número de aviones que puede llevar (portaaviones) | aircraft capacity.
número de Avogadro | Avogadro constant.
número de bajas (milicia) | casualty load.
número de Beaufort | Beaufort number.
número de Beaufort (vientos) | Beaufort force.
número de Biot (resistencia al choque térmico) | Biot number.
número de caldas para forjar a medidas finales | number of reheats to forge to shape.
número de camarotes | berthage.
número de cañones (de un buque) | gunnage.
número de cápsulas | can count.
número de caracteres impresos por pulgada | escape.
número de casos posibles | number of possible cases.
número de celda | frame number.
número de cinco cifras | five-figure number.
número de circuitos lógicos | fan out.
número de clasificación | designating number.
número de clasificación (libros de bibliotecas) | pressmark.
número de código | code number.
número de colisiones por segundo | collision rate.
número de colocación en la fila (buques guerra) | sequence number.
número de coma fija | fixed point number.
número de coordinación | coordination number.
número de cordones (soldadura) | number of passes.
número de cosas que hay que hacer antes de la fecha límite | target figure.
número de cota | contour number.
número de cuatro dígitos para identificar una ciudad (bombardeo aéreo) | city control number.
número de chapas por tonelada | sheetage per ton.
número de cheques expedidos | number of checks written.
número de días por año que la caldera trabaja continuamente | boiler availability.
número de distrito | zone number.
número de distrito postal | postal zone number.
número de dureza | hardness number.
número de dureza de Brinell | Brinell hardness number.
número de ejemplares que deben venderse antes de obtener beneficio (libros) | get-out.
número de estrellas en un volumen de un millón de parsecs cúbicos | density function.
número de explosiones (tiro antiaéreo) | dispersion volume.
número de extrañeza (nucleónica) | strangeness number.
número de fábrica | factory number.
número de fabricación | serial number | shop number | shop-number.
número de fabricación del lote de municiones | ammunition lot number.
número de factura | invoice number.
número de finura del grano | grain fineness number.
número de fotogramas por segundo (cámara fotográfica) | taking speed.
número de frentes de arranque que están bajo la dirección de un deputy (minas) | flat.
número de granos por unidad superficial de sección (metalografía) | grain size.
número de hilos de trama por pulgada de tejido | pick count.
número de hojas de cartulina necesarias para formar un paquete de 50 libras | count.
número de hojas necesarias para formar un peso dado (papel) | count.
número de identificación | distinctive number.
número de identificación (perfiles extruidos, estampas, etc.) | section number.
número de identificación de un cheque | transit number.
número de impulsos en un período de tiempo especificado | count.
número de impulsos o vibraciones durante una revolución (máquinas) | order number.
número de la alimentación (tejeduría) | feed count.
número de la banda de frecuencia | frequency band number.
número de la colada | melt number.
número de la colada (aceros) | heat number.
número de la construcción (astilleros) | hull number.
número de la fibra | fiber number.
número de la mecha (telar) | hank.
número de la munición | ammunition number.
número de la picadura (limas) | cut number.
número de la póliza | policy number.
número de la tirada | printery number.
número de las bandas de Lüders | Lüders front number.
número de lazos (electrónica) | number of loops.
número de línea relativo | relative line number.
número de llamada | call number | call numeral.
número de llamadas simultáneas (telefonía) | traffic flow.
número de Mach | Mach.
número de Mach (física) | Mach number.
número de Mach $\geq$ 1 | supersonic Mach number.
número de Mach a la entrada | inlet Mach number.
número de Mach crítico | critical Mach number.
número de Mach indicado | indicated Mach number.
número de Mach subsónico en la entrada | subsonic inlet Mach number.
número de Mach supercrítico | supercritical Mach number.
número de madejas de 840 yardas que hay en 1 libra | count of cotton yarn.
número de mallas | number of loops.
número de mallas por pulgada lineal (cedazos) | number of meshes per linear inch.
número de masa | nucleon number | nucleon numbrer.
número de matrícula | accession number | accession number | registered number.
número de matriculación | consecutive numbering | sequence numbering.
número de meses asignados para un servicio (aviones) | service tour.
número de modo (magnetrón) | mode number.
número de moléculas que experimentan un cambio químico especificado por cada 100 electronvoltios absorbidos de radiación ionizante | G-factor.
número de moles por litro de disolución | molarity.
número de muertos en combate | body count.
número de muestra | sample number.
número de obreros por unidad de producción | number of workers per unit of output.
número de octano (gasolinas) | antiknock value.
número de ocupantes | number of occupants.
número de ondulaciones por unidad lineal (fibras) | crimp.
número de orden | consecutive number | serial number.
número de orden del mensaje (milicia) | message serial number.
número de palabras transmitidas (telegrafía) | wordage.
número de paradas por hora | number of stops per hour.
número de pasadas (soldadura) | number of passes.
número de pasajeros transportados para que los gastos igualen a los ingresos | passengers for break-even.
número de pedidos colocados | number of orders placed.
número de permutaciones de n objetos tomados de m en m | number of permutations of n things taken m at a time.
número de personas del grupo | crew size.
número de piezas de la serie a fabricar | lot size.
número de pistas por pulgada | tracks per inch (TPI).
número de platos teóricos | number of theoretical plates.
número de propaganda (periódicos) | publicity copy.
número de puestas en estación (topografía) | number of setups.
número de raciones (comidas) | number of

servings.
número de ramas por verticilo (pinos) | number of branches per whorl.
número de referencia | file number | accession number | re-order number | reference number.
número de referencia del expedidor | sender's reference number.
número de referencia del remitente | sender's reference number.
número de registro | registration number.
número de registro del fabricante | manufacturer's record.
número de Renard | Renard numbers.
número de reusos | number of reuses.
número de Reynolds | aircraft performance.
número de ruido | noise figure.
número de sangrías por semana (hornos acero) | number of taps per week.
número de secuencia (filme en varios rollos) | footage number.
número de segundos que adelanta o atrasa diariamente el cronómetro | chronometer's rate.
número de serie | serial number | shop number.
número de serie del constructor | manufacturer's serial number.
número de socios (de una sociedad) | membership.
número de soldadores | welding strength.
número de subrutina (programa) | operation number.
número de títulos poseidos por el individuo | amount of stock owned by the individual.
numero de títulos que se poseen (cartera de valores) | holding.
número de tractores (de un país) | tractor population.
número de transporte | transport number.
número de transporte de los iones (electroquímica) | transport number.
número de una página | folio.
número de unidades producidas mensualmente (talleres) | throughput.
número de vagones cargados (ferrocarril) | carloadings.
número de velocidades del husillo | number of spindle speeds.
número de víctimas | body count.
número de vuelos abortados dividido por el número de salidas (aviación) | abort rate.
número de vueltas (curvas algebraicas cerradas) | winding number.
número decimal indefinido | endless repeating decimal.
número decimal periódico | recurring decimal.
número del apartado de Correos | box number.
número del archivo | file number.
número del artículo | stock number.
número del casco (astilleros) | hull number.
número del casco del construcctor (astilleros) | builder's hull number.
número del filamento | filament number.
número del hilo (medida de la densidad lineal) | yarn number.
número del hilo de seda | silk titer.
número del lote | lot number.
número del orden de la armónica | harmonic order number.
número del pedido | order number.
número del rendimiento básico | basic-output figure.
número del tamaño del grano | grain size number.
número denominado | denominate number.
número desproporcionado de individuos de casi la misma edad (escalafones) | age hump.
número directo del hilo (densidad lineal específica del hilo - seda, yute y fibras artificiales) | direct yarn number.
número en la primera página de un pliego (libros) | signature mark.
número entero | whole number | integer.
número entero congruente | congruent integer.
número entero más próximo a X | nearest integer to X.
número entero negativo | negative whole number.
número entero no divisible por una potencia de K | K-free integer.
número entero positivo | positive integer.
número escrito en notación binaria | binary number.
número explícito | explicit number.
número fino (hilados) | fine count.
número formativo | formative number.
número fraccionario | mixed number.
número fundamental | fundamental number.
número grueso (hilados) | coarse count | coarse number.
número grueso (tejidos) | low count.
número hablado | spoken digit.
número imaginario puro | pure imaginary number.
número impar | odd number.
número impar perfecto | odd perfect number.
número indicador (comercio) | index-number.
número indicativo de estación | station index number.
número índice | index-number.
número índice (estadística) | index number.
número índice agregativo | aggregative index number.
número índice cromático | color index number.
número índice de base fija | fixed-base index.
número índice de precios al por menor | index-of-retail-prices figure.
número índice de tenacidad | toughness index number.
número índice del coste de vida | cost-of-living index figure.
número índice ponderado | weighted index number.
número indirecto del hilo (recíproca de la densidad lineal específica) | indirect yarn number.
número internacional (hilados) | international count.
número irracional | irrational number.
número leptónico (número de leptones menos el número de antileptones) | lepton number.
número Mach de la punta de la pala (hélice) | tip Mach number.
número Mach subsónico (número Mach <1) | subsonic Mach number.
número marcador (teléfono automático) | dialled digit.
número másico (química) | mass number.
número máximo de horas autorizable a un motor antes de ser cambiado (aviones) | allowable engine operating time.
número métrico (hilados) | metrical count.
número métrico (textiles) | metric count.
número mixto | mixed number.
número muestral promedio | average sample number.
número muónico | muon number.
número neutrónico | neutron number.
número no numerable de puntos | noncountable number of points.
número no primo | composite number.
número nucleónico | nucleon number.
número numerable de puntos | countable number of points.
número o peso de piezas tratadas en un tiempo dado | throughout.
número o tamaño del hilo (tejeduría) | count.
número óptimo | best number.
número par | even number.
número para lana peinada | worsted count.
número polivalente | polyvalent number.
número primo | prime number | prime.
número primo impar | odd prime.
número primos entre sí (matemáticas) | relatively prime numbers.
número progresivo | pro number.
número progresivo (documentación) | current number.
número proporcional | rate.
número puesto en la vela (yates) | sail number.
número que expresa el peso molecular medio (mezclas) | number average molecular weight.
número que indica el volumen de la producción | volume figure.
número racional | rational | rational number.
número racional máximo | largest rational number.
número real | real number.
número real racional | real rational number.
número Renard de raíz 40 de 10 | R 40.
número Renard de raíz 5 de 10 | R 5.
número residuo | residue number.
número restringido | limited number.
número rojo (contabilidad) | red product.
número significante de dígitos | significant numbers of digits.
número sin divisores cuadrados | square-free number.
número standard internacional de libros | international standard book number (I.S.B.N.).
número suelto (revistas) | odd number.
número superior a α | upper number of α.
número superior mínimo | smallest upper number.
número tachado con barra diagonal | scratch figure | canceled figure.
número total de chapas | sheetage.
numerología | numerology.
numerólogo | numerologist.
números | figures.
números aleatorios | random numbers.
números amigos (matemáticas) | amicable numbers.
números arábigos | Arabic figures.
números ciclotómicos | cyclotomic numbers.
números complejos conjugados | conjugate complex numbers.
números con subfijos | tagged numbers.
números congruentes | congruent numbers.
números consecutivos | consecutive numbers.
números de Bernoulli | Bernoullian numbers.
numeros de Euler | Euler's numbers.
números de la serie de máquinas | machine serial numbers.
números de órdenes | job numbers.
números de referencia | key numbers.
números de Renard | standardized numbers | preferred numbers.
números de Reynolds de túneles aerodinámicos | wind tunnels' Reynolds numbers.
números enteros consecutivos | consecutive integers.
números enteros positivos primos entre sí | relatively prime positive integers.
números escuetos | bald figures.
números figurados | figurate numbers.
números grandes para anuncios | advertising figures.
números hipercomplejos | hypercomplex numbers.
números inconmensurables | incommensurable numbers.
números literales | literal numbers.
números mágicos (nucleónica) | magic numbers.
números naturales inversos | inverse natural numbers.
números normales aleatorios | random normal numbers.
números normalizados | standardized numbers | preferred numbers | Renard numbers.
números piramidales | pyramidal numbers.
números preferentes | preferred numbers.
números primádicos (álgebra) | P-adic numbers.
números racionales | rationals.
números redondeados hasta la próxima centena | figures rounded to the nearest hundred.
números ridículamente bajos | farcical figures.
números romanos | roman numerals.

números seudoaleatorios | pseudorandom numbers.
números 1 a 9 | digit.
numiforme | coin-shaped.
numismaccionado | coin-actuated.
numismata (persona) | numismatist.
numismática | numismatics.
numismatista | numismatician.
numismatografía | numismatography.
numuláceo | nummular.
numular | nummular | coin-shaped.
numulítico | nummulite.
numulito | nummulite.
nuncupativo (jurisprudencia) | oral.
nupcialidad | marriage rate.
nutación | nutation | nodding.
nutación del eje de la tierra | earth's axis nutation.
nutación lunar | lunar nutation.
nutación quincenal | fortnightly nutation.
nutación quincenal lunar | lunar fortnightly nutation.
nutar | nutate (to).
nutria de mar | sea-ape | sea-beaver.
nutricio | nutrient.
nutrición autótrofa | autotrophic nutrition.
nutrición durante el vuelo cósmico | spaceflight nutrition.
nutrición mineral | mineral nutrition.
nutrición mixotrófica | mixotrophic nutrition.
nutrición quimioautotrófica | chemoautotrophic nutrition.
nutrición quimiotrófica | chemotrophic nutrition.
nutricionista | nutritionist.
nutricionista de sanidad pública | public health nutritionist.
nutricultivo | nutriculture.
nutriente | nutrient.
nutriente esencial | key nutrient.
nutriente mineral | mineral nutrient.
nutrientes disponibles (suelos) | available nutrients.
nutrimento | nutriment.
nutrimiento cultural | cultural nutriment.
nutriología | nutriology.
nutriólogo | nutriologist.
nutrir | feed (to).
nutritivo | alible | nutritional | nutritious | nutritive.
nutritivo (alimentos) | satisfying.
nuvistor (tubo electrónico) | nuvistor.
nuvistor (válvula electrónica) | nuvistor.
nyatoh (Payena spp) | nyatoh.
nylón cauchotado | rubberized nylon.
nylon con fibra de vidrio dispersa en su interior | glass-filled nylon.
nylon poroso | porous nylon.
nylon soluble en alcohol | alcohol-soluble nylon.

O

O binario | binary O.
O lógico | or logic.
o relativo a las determinantes | determinantal.
o tomarlo o dejarlo | it is Hobson's choice.
oasítico | oasitic.
oba (Shorea paucifolia) | oba suluk.
obeche (Triplochiton scleroxylon - K. Schum) | obeche.
obedecer (al timón) | feel (to).
obedecer (la ley) | keep (to).
obedecer a los mandos | respond to the controls (to).
obedecer al timón | steer (to).
obedecer al timón (buques) | feel the rudder (to) | obey the helm (to) | answer the helm (to) | answer (to) | yield to the helm (to).
obelisco | needle | obelisk.
obelisco (tipografía) | obelisk.
obelisco doble (imprenta) | double dagger.
obelo | obelisk.
obelo (imprenta) | obeli.
obencadura (buques) | rigging | standing rigging.
obencadura del palo macho (buques) | lower rigging.
obencadura del palo mayor | main rigging.
obenque (buques) | shroud.
obenque (palo de buque) | guy.
obenque del palo macho | lower shroud.
obenques (buques) | rigging.
obenques (palos de buques) | cranse.
obertura (música) | overture.
obituarista | obituarist.
objeción | question | challenge.
objeción legal | traverse.
objeciones perentorias | decisive objections.
objetante | demurrant | objector.
objetar | demur (to) | contest (to) | except (to) | plead (to).
objetivación | objectivation.
objetivar | objectivate (to).
objetividad | outwardness | objectiveness.
objetivismo | objectivism.
objetivo | policy | objective | aim | target.
objetivo (anteojos) | target | lens.
objetivo (lente) | objective.
objetivo (milicia) | objective point.
objetivo (óptica) | object-glass | object-lens | objective lens | lens assembly.
objetivo acromático | achromat | achromatic objective.
objetivo algebraicamente acromático | algebraically achromatic objective.
objetivo anacromático | anachromatic lens | diffused-focus lens | soft-focus lens.
objetivo anamorfósico (óptica) | anamorphote lens.
objetivo anastigmático | anastigmatic objective.
objetivo anastigmático epidiascópico | epidiascope anastigmat.
objetivo anastigmático fotográfico | photographic anastigmat.
objetivo antiplanático | antiplanat | antiplanat lens.
objetivo aplanático | aplanatic lens.
objetivo apocromático | apochromatic objective | color corrected lens.
objetivo asférico | aspherical objective.
objetivo astigmático | astigmatic lens.
objetivo astrofotográfico | astrophotographic objective.
objetivo astronáutico | astronautical objective.
objetivo ciclóptico | cycloptic objective.
objetivo con distancia focal variable (fotografía) | transfocator.
objetivo concéntrico | concentric lens.
objetivo condensador | condensing lens.
objetivo convexo | convex object-glass.
objetivo corregido fotográficamente | photographically corrected objective.
objetivo de aviación | air objective.
objetivo de combinaciones (óptica) | convertible lens | separable lens.
objetivo de corta distancia focal | shor-focus objective.
objetivo de descentramiento en altura (fotografía) | rising front.
objetivo de distancia focal regulable | zoom lens.
objetivo de exportación | export target.
objetivo de foco largo | long-focus lens.
objetivo de foco regulable | zoom lens.
objetivo de foco variable | zoom lens.
objetivo de gran abertura | high-speed lens | large aperture lens | fast lens.
objetivo de gran resolución (óptica) | high-acuity objective.
objetivo de inmersión | immersion lens.
objetivo de inmersión en aceite | oil-immersion lens.
objetivo de lentes separadas | air spaced lens.
objetivo de lentes unidas con bálsamo | cemented lens.
objetivo de microscopio | microscope objective.
objetivo de microscopio de reflexión | reflection microscope objective.
objetivo de pequeño campo | narrow angle lens.
objetivo de poco aumento | low-power objective.
objetivo de proyección | projecting lens.
objetivo de reenfoque | refocusing lens.
objetivo de una lente | objective lens.
objetivo defendido | defended target.
objetivo desmontable | detachable lens.
objetivo dialítico | air spaced lens.
objetivo diascópico | diascopic objective.
objetivo doble (óptica) | doublet.
objetivo económico | economic goal.
objetivo episcópico | episcope lens.
objetivo estratégico | strategic objective.
objetivo fotográfico | photographic lens.
objetivo gran angular | wide angle object lens | wide-angle lens.
objetivo industrial | industrial objective.
objetivo luminoso | fast lens.
objetivo microscópico | microscopic objective.
objetivo militar | military objective.
objetivo monocéntrico biesférico | bispherical monocentric objective.
objetivo naval | naval target.
objetivo panorámico | landscape lens | wide-angle lens.
objetivo para la mano de obra | manpower target.
objetivo para reproducción fotomecánica (óptica) | process lens.
objetivo parfocal | parfocal objective.
objetivo pequeño angular | narrow angle lens.
objetivo periscópico (fotografía) | periscope.
objetivo policromático | polychromat objetive.
objetivo principal | primary target.
objetivo refractor acromático | achromatic refracting objetive.
objetivo seco (microscopio) | dry lens.
objetivo semi-granangular | medium angle lens.
objetivo sin coma | coma-free objective.
objetivo técnico | technical objective.
objetivo teleanastigmático | teleanastigmat lens.
objetivo telefotográfico | telephoto lens.
objetivo terrestre | ground objective.
objetivo totalmente corregido | fully corrected objetive.
objetivos animados | living targets.
objetivos no cumplidos | unmet objectives.
objeto | end | object | objective.
objeto (propósito) | object.
objeto abandonado | derelict.
objeto anastigmático desdoblable | convertible anastigmat.
objeto arqueológico | artifact.
objeto arrojado al agua como punto de referencia para medir la deriva (aviación) | drift float.
objeto asegurado | object insured.
objeto buscado (radar) | rabbit.
objeto buscador | rabbit.
objeto construido en escala mayor que la natural | magni-scale.
objeto curioso | curio.
objeto cuya finalidad es dar en un blanco | missile.
objeto de cuerno | horn.
objeto de forma variada izado por un buque pescando | shape.
objeto de interés | object of interest.
objeto de la compraventa | subject matter of a sale.
objeto de la inversión | investment outlet.
objeto de propiedad personal | chose.
objeto de X pulgadas de largo o diámetro | X-incher.
objeto enorme (EE.UU.) | sockdolager.
objeto expuesto (en una vitrina) | exhibit.
objeto fijo | stationary object.
objeto fotografiado | subject.
objeto llevado por una corriente | drift.
objeto mobiliario | chose transitory | personalty.
objeto o masa de forma cilíndrica | bole.
objeto producido por la industria | industrial design.
objeto radiante | radiant.
objeto simulado | dummy.
objeto volante | flying object.
objeto volante no identificado (OVNI) | unidentified flying object (UFO).
objetor de conciencia | conscientious objetor.
objetos cayentes | falling objects.
objetos de cobre | brasswork.
objetos de madera | woodenware.
objetos de talabartería | saddlery goods.
objetos de unión | fixtures.
objetos de valor | valuables.
objetos en desorden | litter.
objetos extra-atmosféricos | object beyond the atmosphere.
objetos frágiles | breakables.
objetos que flotan | flotage.
objetos voladores identificados | identified flying objets (I.F.O.).
oblea | sealing wafer | cachet | chip.
oblea de germanio | germanium wafer.
oblea de silicio | silicium wafer.
obleera | wafer-case.
obleero | wafer-man.
oblicua | oblique.
oblicuamente | on the skew | aslant | skew | slantingly | slantwise.
oblicuángulo | oblique-angled.
oblicuar | oblique (to) | skew (to) | slant (to).
oblicuar a la derecha | edge to the right (to).
oblicuidad | obliquity | biasness | tape skew | skewing | skew | slant | skewness | skew.
oblicuidad de la biela | angularity of the connecting rod.
oblicuidad de la biela (mecanismo de biela y manivela) | angularity.
oblicuidad de la biela (motores) | connecting rod angularity.
oblicuidad de la eclíptica | obliquity of the ecliptic.
oblicuidad de las ranuras | skewing of slots.
oblicuidad del tren del pistón | angularity of piston linkage.
oblicuo | skewed | oblique | warped | angled | slanting | slant | skew.
oblicuo (golpe) | glancing.
oblicuo (prisma, cilindro) | slantwise.
obligación | engagement | obligations | debt | debenture | warranty | privity | indebtedness | bond.
obligación (sociedades mercantiles) | debentu-

re | bond.
obligación a plazo cercano | current liability.
obligación accesoria (jurídico) | accessory obligation.
obligación al portador | bearer debenture.
obligación amortizable | refunding bond | redeemable bond.
obligación amortizada por sorteo | drawn bond.
obligación con beneficios | participating bond.
obligación con garantía hipotecaria | general mortgage bond.
obligación con garantía preferente | prior-lien bond.
obligación conjunta | joint obligation.
obligación contra los ingresos futuros | anticipation warrant.
obligación de avería | average agreement.
obligación de declarar | obligation to disclose.
obligación de empréstito | loan bond.
obligación de ingresos variables | variable-yield debenture.
obligación de probar (jurisprudencia) | burden of proof.
obligación de renta fija | fixed-interest bearing bond.
obligación de sacar a concurso | obligation to invite tenders.
obligación de una sociedad | corporate bond.
obligación del contrato | obligation of contract.
obligación del Estado a corto plazo | Treasury note.
obligación emitida por bajo de la par | yield bond.
obligación escrituraria | duly attested obligation.
obligación hipotecaria | mortgage debenture.
obligación irrevocable | binding agreement.
obligación legal | perfect obligation.
obligación límite | basic limit.
obligación mancomunada | several obligation.
obligación no amortizable | irredeemable bond.
obligación no hipotecaria | debenture bond.
obligación no liberada | deferred bond.
obligación penal | penal obligation.
obligación perpetua | perpetual bond | irredeemable bond.
obligación preferente | preference bond | priority bond.
obligación provisional | interim bond.
obligación que no se paga hasta pagarse las deudas | subordinated debenture.
obligación que prima sobre las demás | prior obligation.
obligación que se paga por ingresos | revenue bond.
obligación secundaria | secondary liability.
obligación sin garantía | naked debenture.
obligación solidaria | joint obligation.
obligación única | single obligation.
obligación vencida | matured liability.
obligaciones | equities | duties | liabilities.
obligaciones a la vista | sight obligations.
obligaciones a plazo | time obligations.
obligaciones a plazo breve | short term liabilities.
obligaciones a título gratuito | honorary duties.
obligaciones al portador | bearer paper.
obligaciones amortizadas | redeemed debentures.
obligaciones bien situadas (economía) | digerted bonds.
obligaciones con asignación especial | special assessment bonds.
obligaciones con garantía hipotecaria | real estate mortgage bonds.
obligaciones con garantía prendaria | special assessment bonds.
obligaciones con ordenes de pago | bonds with warrants.
obligaciones con prima | premium bonds.
obligaciones con vencimiento escalonado | serial bonds.
obligaciones contra dos firmas o personas | two-name paper.
obligaciones contractuales | contractual obligations.
obligaciones convertibles | convertible bonds.
obligaciones cotizables | marketable bonds.
obligaciones de interes fijo | fixed interest bearing debentures.
obligaciones de municipalía | obligations of municipalities.
obligaciones de prioridad | preference bonds.
obligaciones de renta variable | variable yield debentures.
obligaciones del vendedor | seller's duties.
obligaciones en cartera | unissued bonds | portfolio bonds.
obligaciones en circulación | outstanding bonds.
obligaciones en participación | participating bonds.
obligaciones hipotecarias | debenture mortgage.
obligaciones imprevistas (comercio) | contingent liabilities.
obligaciones industriales (finanzas) | industrial debentures.
obligaciones liberadas | paid-up bonds.
obligaciones municipales | municipal bond | municipal bonds.
obligaciones negociadas en bolsa (economía) | bonds dealt in on the stock exchange.
obligaciones no amortizables | irredeemable bonds.
obligaciones no pagadas | honorary duties.
obligaciones por arrendamientos capitalizadas | capitalised lease obligations.
obligaciones por pagar | bonds payable.
obligaciones por pedidos pendientes | purchase commitments.
obligaciones privilegiadas | preference bonds.
obligacionista | debenture holder | bond holder | holder of debentures.
obligado | committed | indebted.
obligado (música) | obliged.
obligado (persona que se compromete mediante fianza) | obligor.
obligado a compensar | liable to compensation.
obligado a cumplir sus promesas | obligated to fulfil their promise.
obligado a liquidar con pérdida por el estado del mercado o por falta de fondos (comercio) | squeezed out.
obligado al pago | responsible for payment | liable to pay.
obligado solidariamente | bound in solido.
obligante in sólido | obligee in solido.
obligante solidario | obligee in solido.
obligar | coerce (to) | constraint (to) | put (to).
obligar a abrir (tapas) | force off (to).
obligar a bajar | force off (to).
obligar a combatir | force an action (to).
obligar a soltar | force off (to).
obligar al fiador | obligate the surety (to).
obligar por fianza | bond (to).
obligarse | engage oneself (to).
obligarse a pagar | bind to pay (to).
obligatario (persona que ha recibido una fianza) | obligee.
obligatoriedad | forcing.
obligatoriedad de hacer señales audibles cuando dos buques están a menos de media milla | half-mile rule.
obligatoriedad judicial | judicial enforcement.
obligatorio | mandatory | enforceable | compulsory.
obligatorio por buena fe | binding in honor.
obligatorio por disposición legal | enforceable by law.
obliteración (de sellos) | defacement.
obliteración (sellos de correos) | overprint.
obliterar (sellos) | overprint (to) | deface (to).
obliterar con el fechador (sellos correos) | date cancel (to).
obliterar las marcas | obliterate marks (to).
oblongo | oblong.
oboe (música) | hautboy.
oboe (sistema navegación radar) | oboe system.
oboista | oboist.
oboto (Ochorocarpus africanus - Oliv) | African apple | African mammee-apple | African apricot.
oboto (Ochrocarpus africanus) | ologbumidu.
oboto (Ochrocarpus africanus - Oliv) | oboto | abor'zok.
obra | work | fabric | construction | job | piece of work | piece.
obra a destajo | piece.
obra apócrifa | pseudograph.
obra con juntas solapadas | clincher work.
obra de acero | steelwork.
obra de arte (ferrocarril) | permanent structure.
obra de campaña (fortificación) | fieldwork.
obra de carpintería | woodwork | carpentry.
obra de celosía | openwork | latticing.
obra de conjunto | general work.
obra de consulta | reference work.
obra de contención | deadmen.
obra de chapa | platework.
obra de chapa formada por elementos remachados o soldados entre sí | fabricated platework.
obra de excavación y relleno (minas) | cut-and-cover work.
obra de hierro (edificios) | ironwork.
obra de ingeniería | piece of engineering.
obra de ladrillo cuyo paramento no es plano | skintled.
obra de malla | mesh.
obra de mampostería | masonry work.
obra de maquetería | checkerwork.
obra de repujado | repoussé | repoussé work.
obra de sillería | masonry work.
obra de tierra | earthwork.
obra defensiva | defensive work.
obra destacada (fortificación) | outwork.
obra en construcción | incomplete construction | construction in progress.
obra en curso | work-in-progress.
obra en curso de cumplimentación | construction in progress.
obra en escalones | sloping coffing.
obra en guilloquis | guilloche work.
obra en la que no se reconocen los sindicatos obreros | nonunion job.
obra en realce | raised work.
obra entrelazada | lapwork.
obra esgrafiada | sgraffito.
obra exterior | outwork.
obra gruesa | building frame.
obra gruesa (edificios) | rough work.
obra hecha a mano | handwork.
obra hecha con diversos trozos | patchwork.
obra hecha copiando de otras | scissors-and-paste production.
obra improvisada | hasty works.
obra iniciadora | pioneer work.
obra manual | handiwork.
obra muerta | ship's sides.
obra muerta (buques) | deadworks | floatage | upper works.
obra muerta (costados de buques) | upper hull.
obra muerta (tanques almacenar petróleo) | deadwood.
obra no terminada (literatura) | fragment.
obra pirata | scissors-and-paste production.
obra policroma | polychrome.
obra por contrata | contract work.
obra portuaria | harbor structure.
obra rechazada | rejected work | rejected work.
obra sin acabar | rough-cast.
obra social | welfare work | project.
obra viva | ship's botton.
obra viva (buques) | quickwork | underwater hull.
obra viva del casco (buques) | underwater portion of the hull.
obrabilidad | workability.
obrador | workhouse.

obrando en calidad de apoderado | acting pursuant to power of attorney.
obrar | move (to) | do (to).
obrar (un remedio) | work (to).
obrar por sí mismo | act in one's own behalf (to).
obrar recíprocamente | interact (to).
obras abandonadas (minas) | addle.
obras accesorias | outworks | appurtenant features.
obras artificiales (vistas desde el avión) | culture.
obras de arte (ferrocarriles) | constructive works.
obras de cabecera (ríos, canales) | headworks.
obras de cabecera del canal | canal headworks.
obras de construcción de diques | jetty works.
obras de defensa contra el mar | sea defence works.
obras de fortificación | entrechment works.
obras de protección contra inundaciones | flood-protection works.
obras de protección contra las crecidas | flood protection works.
obras de regadío | irrigation works.
obras de toma (presas) | intakes.
obras de toma de agua | intake works.
obras extras | variations.
obras fluviales | river works.
obras hechas para mitigar el paro | labor saving works.
obras marítimas | maritime structures.
obras para mitigar el paro obrero | relief works.
obras para reducir el desempleo | relief works.
obras públicas | public works.
obras públicas para absorber el desempleo | work relief.
obras públicas para mitigar el paro obrero | work relief.
obras realizadas para disminuir el paro | laboursaving works.
obras simuladas (fortificación) | dummy works.
obrera | workwoman.
obrera de fábrica de hilados | mill-girl.
obrero | workman | worker | yardman | employee | operator | labourer (G.B.) | millhand | man | workingman | handworker.
obrero (forja) | tilter.
obrero a destajo | payment-by-results worker | jobber | jobbing workman.
obrero a domicilio | outside worker.
obrero a jornal | wageworker | shifter.
obrero abridor (tejeduría) | opener tenter | picker hand.
obrero antiguo | old-timer.
obrero armador (talleres astilleros) | millwright.
obrero asentador de vía-horas por kilómetro (vía férrea) | platelayer-hours per kilometer.
obrero batidor de oro (batihoja) | gold beater.
obrero calificado | skilled worker.
obrero cruzador (urdido) | leaser.
obrero de acería | steelworker.
obrero de extracción (minas) | hoistman.
obrero de fábrica | factory-hand.
obrero de fábrica de coque | coker.
obrero de fábrica de hilados | millhand.
obrero de hornos de colmena para coque | coke-puller.
obrero de jornal alto | high-priced worker.
obrero de la construcción | construction worker.
obrero de la cuadrilla de entretenimiento | repairman.
obrero de plantilla del Gobierno | government worker.
obrero de rendimiento mínimo admisible | marginal worker.
obrero de salina | salter.
obrero de una cantera | quarryman.
obrero de una instalación de cianuración | cyanider.
obrero del arsenal | dockyard man.
obrero del exterior (minas) | braceman.
obrero del muelle | docksman.
obrero del servicio de maniobras (ferrocarriles) | shunter.
obrero descortezador (árboles) | rosser.
obrero despedido por falta de trabajo | redundant worker.
obrero desrebabador | trunker.
obrero dragador | dredger | dredgerman.
obrero encargado de abrir y cerrar las puertas antes y después del paso de un tren de vagonetas (minas) | door tender.
obrero encargado de asegurar y zafar las amarras de buques (muelles) | dockman | wharfman | pierman.
obrero encargado de enderezar y curvar y enfaldillar chapas (astilleros de EE.UU.) | flange turner.
obrero encargado de la cepilladora | planer.
obrero encargado de la desecadora | drierman.
obrero encargado de la perforadora | drillman.
obrero encargado de las puertas de ventilación (minas) | trapper.
obrero encargado de los explosivos en una obra (minas, túneles) | powder monkey.
obrero encargado de los timbres | bell tender.
obrero encargado de sujetar el cabezal estirador (banco de estirar) | dogger.
obrero encargado de vaciar vagonetas | dumpman.
obrero encargado del banco de trefilar | drawer.
obrero encargado del basculador | tipper.
obrero encargado del cambio de vía | switchman.
obrero encargado del laminador | metal roller.
obrero encolador | sizeman.
obrero enderezador de carriles | gagger.
obrero enganchador (minas) | hitcher.
obrero enganchador de trenes (minas) | shackler.
obrero enlistonador | lather.
obrero entregahilos (urdidor) | reacher.
obrero enviado desde la central para arreglar instalaciones eléctricas en las casas | troubleshooter.
obrero especializado | skilled worker.
obrero especializado en afinar un motor | engine tuner.
obrero especializado en apeos (de muros) | shorer.
obrero especializado en cubiertas (edificios) | roofer.
obrero especializado en curvar tubos | pipe bender.
obrero especializado que coloca bien las chapas sobre las cuadernas sujetándolas con 4 ó 6 tornillos (buques) | plate hanger.
obrero estampador | stamper.
obrero experimentado | old hand.
obrero ferroviario (EE.UU.) | railroader.
obrero flotador de maderas | rafter.
obrero forestal | bucheron.
obrero fundidor | foundryman | furnacer.
obrero halador de troncos (almacenados en un estanque) | boom-man.
obrero industrial | industrial worker.
obrero inexperimentado | greener.
obrero joven | junior operative.
obrero laminador | millhand | mill man.
obrero laminador (metalurgia) | billeting man.
obrero lavador (metalurgia) | washerman.
obrero lesionado | injured workman.
obrero manual | production worker.
obrero mecánico | engineering employee.
obrero metalúrgico | metalworker.
obrero migratorio | casual worker | floater.
obrero montador | fitter-driver.
obrero montador (astilleros) | rigger.
obrero montador de urdimbre | beamer.
obrero no agrícola | nonagricultural employee.
obrero no de plantilla | temporary.
obrero no especializado (industria petrolera) | roustabout.
obrero no sindicado | nonunion man.
obrero no sindicado que se beneficia del sindicato de su empresa (EE.UU.). | free-rider.
obrero papelero | papermaker.
obrero para maniobra de vagones | wagon shifter.
obrero permanente | regular.
obrero plegador de urdimbres | beamer.
obrero portuario | docksman | dockworker.
obrero preparador de lizos | heald knitter.
obrero propenso a los accidentes | accident-prone employee.
obrero pulimentador de hormigones | concrete rubber.
obrero que abre la almeja y saca la carne (fábrica conservas) | shucker.
obrero que abre válvulas del pozo y sitios bajos de gaseoductos y petroleoductos para extraer la gasolina natural | drip blower.
obrero que abre zanjas | trencher | ditcher.
obrero que alimenta hoja a hoja la máquina de imprimir | feeder.
obrero que almacena herramientas y no las devuelve al pañol | tool collector.
obrero que apunta con soldadura | tacker.
obrero que atiende a la cuchara (metalurgia) | ladleman.
obrero que atiende a un tunel de secado | dry-kiln operator.
obrero que atiende en el exterior la jaula de extracción (minas) | banksman.
obrero que coloca correctamente los elementos estructurales puestos por los montadores (astilleros EE.UU.) | regulator.
obrero que coloca diagonalmente llantas de hierro para atar cuadernas o baos (buques de madera) | strapper.
obrero que coloca la vía | platelayer.
obrero que comprime retales de cobre para formar balas | copper compress operator.
obrero que construye pilares de piedra en seco para entibar el techo (minas) | packer.
obrero que construye y repara hornos de colmena | coke-oven mason.
obrero que descañona las plumas después del escaldado (proceso elaboración de aves) | pinner.
obrero que desde abajo indica al gruísta con ademanes lo que debe hacer | craneman.
obrero que desde abajo indica al gruísta con ademanes lo que debe hacer (astilleros) | crane rigger.
obrero que engancha las vagonetas al cable sin fin (galería minas) | lasher-on.
obrero que ennegrece (fundición) | blackener.
obrero que entiba galerías en dirección contraria a la cara de trabajo (minas) | backbye deputy.
obrero que equipa la máquina con las herramientas necesarias (talleres) | machine setter.
obrero que equipa un conjunto de 4 ó 5 máquinas automáticas con el herramental adecuado | tool setter.
obrero que extiende el asfalto en caliente | asphalt raker.
obrero que extrae lingotes del horno | drawer-out.
obrero que falta con frecuencia | absence-prone worker.
obrero que hace incisiones en árboles (para recoger látex, miera, etc.) | tapper.
obrero que hace los morteros (albañilería) | mortar mixer.
obrero que hace o coloca suplementos (construcción buques) | packer.
obrero que limpia el frente de trabajo de una rafadora y apuntala el techo (mina carbón) | back-end man.
obrero que lleva una máquina (periódicos) | pressman.
obrero que maneja las puertas de ventilación

(minas) | door tender.
obrero que maneja una micromáquina | micromachinist.
obrero que recibe la jaula en el exterior (minas) | lander.
obrero que recorre y repara máquinas herramientas y equipos de un taller | millwright.
obrero que regula la temperatura del horno de vidrio | metal tender.
obrero que remueve los materiales con chorro de agua a presión y después los carga (cajones de cimentación de aire comprimido) | sand hog.
obrero que retira rocas después de una voladura (minas) | lasher.
obrero que saca el crisol (hornos) | puller out.
obrero que terraplena | cogger.
obrero que tiene a su cargo un horno | melter.
obrero que trabaja a prima | pieceworker.
obrero que trabaja en el banco | benchman.
obrero que trabaja en el exterior (minas) | outside laborer.
obrero que trabaja en el torno de entallar | spinner.
obrero que trabaja en la bodega durante la carga o descarga (buques) | holdman.
obrero que trabaja en la carretera | road maker.
obrero que trabaja las cuadernas y chapas de figura (buques) | furnaceman.
obrero que trabaja por cuenta propia | garret-craftsman | garret-master.
obrero que transporta con carretilla (minas) | ruller.
obrero remetedor (de urdimbres) | drawer-in.
obrero remetedor de urdimbres | healder.
obrero remetedor del peine | reed drawer in | reeder.
obrero reparador (de líneas, etc.) | repairman.
obrero reparador de crisoles | potmender.
obrero sin trabajo | disengaged man.
obrero sindicado | unionized employee.
obrero sondeador | drillman.
obrero temporal | transient labor.
obrero temporero | force-account employee.
obreros calentadores (metalurgia) | warmers.
obreros de fuera | outside labor.
obreros del ramo de la alimentación | foodstuffs workers.
obreros despedidos | laid-off workers.
obreros en paro | unworking men.
obreros especializados | skilled labour.
obreros eventuales | casually employed men.
obreros ferroviarios | railroad employees.
obreros fijos que cobran jornal trabajen o no | on-cost men.
obreros migrantes | migrant workers.
obreros no especializados | unskilled labour.
obreros o contramaestres de taller especializados en resolver rápidamente las dificultades presentadas en un proceso de laboración | troubleshooter.
obreros parados | redundancy.
obreros portuarios | port personnel.
obreros que limpian tanques de petróleo | tank scalers.
obreros que sólo trabajan parte de la jornada | part-time employees.
obreros que trabajan en el exterior (minas) | surface hands | above ground hands.
obreros que trabajan por contrato | bargain men.
obreros sindicados | organized labor.
obreros temporeros | emergency hands.
obsecuente (geología) | obsequent.
observable con telescopio | telescopically observable.
observable visualmente | visually noticeable.
observación | watching | comment | observation | monitoring | patrol.
observación (de una regla) | keeping.
observación (física) | event.
observación aérea del tiro | aerial spotting.
observación astral (navegación) | astral sights.
observación astronómica | sight | celestial observation.
observación bilateral | bilateral observation.
observación central | axial spotting.
observación codificada | coded observation.
observación con un aparato como sextante (astronomía) | shot.
observación conoscópica | conoscopic observation.
observación conoscópica biaxial | biaxial conoscopic observation.
observación de impactos | spotting.
observación de las erupciones solares | flare patrol.
observación de las paredes de una espora con diferentes aumentos en el microscopio | lo-analysis.
observación de los desvíos (artillería | sensing.
observación de los desvíos en alcance (artillería) | range spotting.
observación de los hábitos de las aves | bird watching.
observación de los vientos por globos sondas con emisores de radio | radiowind observation.
observación de un astro (astronomía) | starsight.
observación de un blanco móvil | tracking.
observación del sol con un aparato (astronomía) | sun shot.
observación del tiro | spotting.
observación en campo oscuro por luz reflejada | reflected-light dark-field observation.
observación errónea | malobservation.
observación ficticia | dummy observation.
observación lateral | flank spotting.
observación nefoscópica | nephoscopic observation.
observación ocular | eye observation.
observación por mapa estelar | stellar map watching.
observación radárica | radar surveillance.
observación radioeléctrica solar | solar radio observation.
observación sinóptica principal | main synoptic observation.
observaciones apareadas | pairing observations | paired observations.
observaciones circummeridianas | ex-meridian observations.
observaciones de la corona cuando no hay eclipse (sol) | noneclipse coronal observations.
observaciones de los vientos en la alta atmósfera | winds-aloft observations.
observaciones de último momento | last-second observations.
observaciones meteorológicas por globos sonda | sonde working.
observaciones por ecos radioeléctricos | radio-echo observations.
observaciones radioeléctricas solares | solar radio observations.
observado recientemente | freshly-observed.
observador | observer | sentinel.
observador (en un avión) | spotter.
observador adapatado a la oscuridad | dark-adapted observer.
observador aéreo | air observer.
observador aéreo que localiza aviones enemigos | aircraft spotter.
observador de artillería | artillery observer.
observador de piques (artillería naval) | spotter.
observador de señales pirotécnicas | rocket sentinel.
observador del tiro | spotter.
observador invitado | guest observer.
observador meteorológico | weather observer.
observador meteorológico en vuelo | weatherman.
observador que mira por la parte superior (aeroplanos) | dorsal observer.
observador que puede tomar los mandos si fuese preciso (aviación) | safety pilot.
observador y seguidor de un blanco móvil | tracker.
observador-navegante | observer-navigator.
observador-piloto (aviación) | observer-pilot.
observador-radiotelegrafista (aviones) | radio observer.
observancia forzosa | enforcement.
observante de la ley | law abiding | law-abiding.
observar | watch (to) | behold (to).
observar (una regla) | keep (to).
observar el tiro (artillería) | spot (to).
observar las lecturas de uno o más instrumentos | take a reading (to).
observar los piques (artillería naval) | spot (to).
observar o seguir un blanco móvil | track (to).
observar una escena por medio de la televisión | teleview (to).
observatorio | observation station | spotting station | observatory.
observatorio astrofísico | astrophysical observatory.
observatorio astrofísico en órbita | orbiting astrophysical observatory.
observatorio astronómico de alta energía | high energy astronomic observatory.
observatorio astronómico orbital | orbiting astronomical observatory.
observatorio astronómico orbital automatizado | automated orbital astronomical observatory.
observatorio astronómico orbitante (satélite artificial) | orbiting astronomical observatory.
observatorio de la marina | naval observatory.
observatorio espacial manipulado desde la tierra | earth-manipulated spatial observatory.
observatorio geofísico | geophysical observatory.
observatorio geofísico en órbita | orbiting geophysical observatory.
observatorio meteorológico | weather bureau | meteorological observatory.
observatorio para artillería | artillery O. P's.
observatorio para localizar incendios forestales | fire lookout.
observatorio solar en órbita | orbiting solar observatory.
observatorio solar orbital | orbiting solar observatory.
observatorio solar satelizado | orbiting solar observatory.
observatorios geofísicos orbitantes | orbiting geophysical observatories.
observatorios para determinar la variación de latitud | variation-of-latitude observatories.
obsidiana | obsidian | volcanic glass | Iceland agate.
obsidiana con bandas de diferentes colores | banded obsidian.
obsidiana riolítica | rhyolitic obsidian.
obsolescencia | obsolescence.
obsolescencia de la maquinaria | machinery obsolescence.
obsolescencia planificada | planned obsolescence.
obsolescencia técnica | technical obsolescense.
obsolescente | obsolescent.
obsoletismo | obsoletism.
obsoleto | obsolete.
obstaculizar | damper (to).
obstáculo | stop | obstacle | let | hindrance | obstruction.
obstáculo (concurso hípico) | fence.
obstáculo curvilíneo | curvilinear obstacle.
obstáculo oculto | snag.
obstáculo piramidal submarino (playas) | tetrahedron.
obstáculo poligonal | polygonal obstacle.
obstáculo submarino en la playa para rajar cascos de embarcaciones (desembarcos) | horned scully.
obstáculo sumergido en la playa y formado por barras de acero con su extremo embebido en hormigón | hedgehog.

obstáculos al libre curso del tráfico | hindrances to free flow of traffic.
obstetricia (G.B.) | midwifery.
obstetricia (medicina) | maieutics.
obstrucción | obstruction | engorgement | clogging | tie-up | blocking-up | choking | stop | stopping.
obstrucción (alto horno) | hang.
obstrucción (en tuberías, etcétera) | build-up.
obstrucción (tamices) | blinding.
obstrucción de fichas | card wreck.
obstrucción de la lubricación | lubrication blockage.
obstrucción de la tobera | nozzle blocking | nozzle choking.
obstrucción de los poros (filtros) | blinding.
obstrucción de un horno | engorgement.
obstrucción de válvula (bomba de minas) | gag.
obstrucción del agujero | hole clogging | hole choking | hole blocking.
obstrucción del crisol (alto horno) | hearth blocking.
obstrucción del quemador | burner choking.
obstrucción del suelo | soil clogging.
obstrucción del tubo | pipe choking.
obstrucción en la carretera defendida con el fuego propio | road block.
obstrucción mecánica de la glotis | choking.
obstrucción por burbujas (tubería hidráulica) | vapor lock.
obstrucción por el hielo | ice gorging.
obstrucción por materia orgánica y humus (aguas negras) | ponding.
obstrucción por pedazos de hielo | ice jam.
obstrucción por pedazos de hielo (ríos) | ice gorge.
obstrucción por vapores del líquido (tubería) | vapor lock.
obstrucción total por pedazos de hielo (ríos) | dry jam.
obstruccionismo | obstructionism.
obstruccionismo (política) | filibustering.
obstructor | obstructor.
obstruida (bombas minas) | starved.
obstruido | foul | stopped | choked | clogged.
obstruido con barro (carreteras) | mud-clogged.
obstruido por la grasa | grease-choked.
obstruir | wring (to) | stop up (to) | stop (to) | choke (to) | choke up (to) | block up (to) | obstruct (to).
obstruir el plan | torpedo the plan (to).
obstruir la circulación | blockade (to).
obstruirse | get plugged up (to).
obstruirse (alto horno) | hang (to).
obstruirse con escorias | clinker (to).
obstruirse con pegotes (alto horno) | scaffold (to).
obstruirse con sedimentos | silt (to).
obstruirse por el óxido (fugas de líquidos en tuberías, etc.) | rust up (to).
obstruyente | obstruent.
obtención | securing | processing | production | procurement | procuration.
obtención (de un resultado) | achieving.
obtención de concentrados | dilluing.
obtención de datos (calculadora) | read (to).
obtención de datos de una tabla.
obtención de fondos | putting up of money.
obtención de fondos monetarios | raising of funds.
obtención de licencia de importación | import licensing.
obtención de mano de obra | procurement of mampower.
obtención de minerales de sus menas | process metallurgy.
obtención de pedidos por los viajantes | outdoor salesmanship.
obtención de respuesta en investigación documental | hit.
obtención de superficies planas en la prensa (piezas forjadas) | ironing.
obtención de un flujo neutrónico casi uniforme en la región central (reactor nuclear) | flattening | flux flattening.
obtención de una finca por prescripción | squatter's right.
obtención de una superficie brillante por tratamiento con ácido fluorhídrico concentrado (vidrio) | acid polishing.
obtención del abayalde en pilas de plomo metálico donde fermenta corteza de roble en presencia del ácido acético | Dutch process.
obtención del personal | personnel procurement.
obtención del puesto de trabajo con carácter vitalicio después de un cierto período de docencia | tenure.
obtención directa | straight run.
obtener | compass (to) | get (to) | secure (to).
obtener beneficios | make a profit (to).
obtener combustible | fuel (to).
obtener el ascenso | get promotion (to).
obtener información | extract information (to).
obtener informaciones | get a line on (to).
obtener permiso para aterrizar (aeropuertos) | get a green light (to).
obtener permiso para utilizar una selección musical particular (televisión) | clear a number (to).
obtener por fuerza | force out (to).
obtener por la fuerza | extort (to).
obtener su rehabilitación (quiebras) | get one's discharge (to).
obtener un beneficio | realize a profit (to) | turn a profit (to).
obtener un crédito | obtain a loan (to) | secure a credit (to).
obtenga la carta de representación (certificado del cliente) | obtain general representation letter.
obtenible de los editores (libros) | in print.
obtenido con la calculadora | computer generated.
obtenido por destilación | straight run.
obtenido por pulverización iónica (películas, etc.) | sputtered.
obtenido por vacío parcial | vacuum-quality.
obtentor | obtainer.
obtentor (floricultura) | obtainer.
obturable | sealable.
obturación | obturation | plugging | stopping | stopping up | filling | packing | sealability | seal | sealing-in | sealing.
obturación (cine) | obscurance.
obturación (de un diente) | cementing.
obturación (tamices) | blinding.
obturación al paso de gases | vapor seal.
obturación con arena | sand packing.
obturación con zulaque | mastic sealing.
obturación contra el agua | waterproof packing.
obturación de las latas de conservas | can-sealing.
obturación eficaz | positive sealing.
obturación por calor | heatseal.
obturación por detritos de la perforación | drilling debris clogging.
obturación por fluido | fluid sealing.
obturación ultrahermética | ultratight sealing.
obturado | closed.
obturado con plomo (juntas) | lead-sealed.
obturado hidráulicamente | liquid-sealed.
obturado por aire | air locked | airbound.
obturado por laberinto | labyrinth-sealed.
obturador | abutment | seal | packer | pack off | obturator | lock | stop | stopper | preventer | thimble | cutoff | plug.
obturador (entubación) | control head.
obturador (fotografía) | shutter set | flap-shutter.
obturador (fotografía, etcétera) | shutter.
obturador (perforación pozos) | cap.
obturador (pozo petróleo) | packoff.
obturador (sondeos) | packer.
obturador antierupción | blow out preventer.
obturador antipolvo | dust shield.
obturador combinado | combination packer.
obturador con cierre líquido | liquid-sealed trap.
obturador con muelle | springback gland.
obturador contra el polvo | dust-guard | dust seal.
obturador de acción retardada | self timer.
obturador de aceite del soplante | blower oil seal.
obturador de aire | air-shutter | air seal.
obturador de anillo | cup obturator.
obturador de anillo de fieltro | felt-ring seal.
obturador de anillo en V para el eje | V-ring shaft seal.
obturador de bordes dentados | dissolver.
obturador de cadmio | cadmium shutter.
obturador de caras radiales | radial-face seal.
obturador de caucho | rubber seal.
obturador de celosía | louvre shutter.
obturador de cemento (sondeos) | cementing plug.
obturador de cierre líquido | liquid seal.
obturador de circulación | circulation packer.
obturador de cortinilla | louver shutter.
obturador de cortinilla (fotografía) | fly-up shutter.
obturador de cortinilla para el desvanecimiento gradual | lap dissolve shutter.
obturador de estanqueidad al lubricante (para que éste no se corra a lo largo del eje) | oil seal.
obturador de gas | gas check.
obturador de gases (cañones) | gas check.
obturador de laminillas radiales | radial leaf shutter.
obturador de lanza (rueda Pelton) | spear valve.
obturador de líquido | fluid sealing device.
obturador de objetivo | lens shutter.
obturador de persiana | louver shutter.
obturador de persiana (fotografía) | venetian-blind shutter.
obturador de plano focal | focal plane shutter.
obturador de plástico grafitado | graphited-plastic seal.
obturador de plomo | lead seal.
obturador de polvos de la caja de grasas | journal box dust guard.
obturador de producción (pozo petróleo) | production packer.
obturador de pulsómetro | clapper valve.
obturador de sentina con cierre líquido y válvula de retención (buques) | liquid-sealed non-return bilge trap | liquid sealed nonreturn bilge trap.
obturador de traslado (pozo petróleo) | crossover packer.
obturador de vacío | vacuum seal.
obturador del aceite | oil-guard.
obturador del aceite (juntas) | oil flinger.
obturador del cojinete | bearing seal.
obturador del eje con relleno por líquido | liquid-buffered floating bushing shaft seal.
obturador del flujo (pozo petróleo) | flow packer.
obturador del lubricante (ejes) | oil retainer.
obturador del tubo | pipe seal.
obturador dentro del objetivo | between-the-lens shutter.
obturador elástico | spring wad.
obturador electroóptico | electro-optical shutter.
obturador entre lentes (fotografía) | diaphragm shutter | between-the-lens-shutter.
obturador equilibrado hidráulicamente | hydraulically-balanced seal.
obturador espiral para revestimiento (pozo petrolífero) | spiral casing packer.
obturador estanco de cabina de cosmonave | space vehicle cabin seal.
obturador focal | slotted shutter.
obturador fotográfico | photographic shutter.
obturador giratorio | rotary shutter.

obturador hermético | airtight seal.
obturador hidráulico | water gland.
obturador laberíntico | labyrinth-type seal.
obturador laberíntico del eje (turbinas vapor) | shaft seal.
obturador longitudinal | stringer.
obturador magnético | magnetic seal.
obturador mecánico | mechanical seal.
obturador mecánico hidrodinámico | hydrodynamic mechanical seal.
obturador mecánico para ejes | mechanical shaft seal.
obturador neutrónico | neutron chopper.
obturador óptico | optical shutter.
obturador para ejes | shaft seal.
obturador para ejes en rotación | rotary shaft seal.
obturador para el desvanecido (filmes) | dissolving shutter.
obturador para vistas que se desvanecen (cine) | dissolver.
obturador plástico (cañones) | pad obturator.
obturador rotatorio | rotating seal.
obturador sin empaquetadura para ejes | packless shaft seal.
obturador traslente (fotografía) | behind-the-lens-shutter.
obturar | pack off (to) | seal up (to) | seal (to) | block up (to) | obturate (to) | plug (to) | choke (to) | cut off (to) | stop (to).
obturar (pozos) | cap (to).
obturar (un diente) | cement (to).
obturar con broncesoldadura | braze-seal (to).
obturar con líquido | liquid-seal (to).
obturar con lodo (sondeos) | mud (to).
obturar por fuelle | bellows-seal (to).
obtusamente (botánica) | bluntly.
obtusángulo | amblygonal | obtusangular | obtuse-angled | oblique-angled.
obtusilingüe | obtusillingual.
obtuso | obtuse.
obtuso (ángulo) | blunt.
obtuso (botánica) | blunt.
obús (artillería) | howitzer.
obús (cañón corto) | howitzer.
obús a lomo | pack howitzer.
obús de gran ángulo de tiro | high-angle howitzer.
obús de gran calibre | heavy howitzer.
obús de la válvula (cámara de aire) | valve core.
obús fumígeno | smoke shell.
obuses y cañones hasta 105 milímetros de calibre | light artillery.
obverso (botánica) | obverse.
obviación de la necesidad del precalentamiento | obviation of the need for preheating.
obviar | prevent (to).
ocasión | juncture.
ocasionar | cause (to).
ocasionar daños | cause damage (to).
ocasionar daños a su reputación | injure his reputation (to).
ocasionar pérdidas (economía) | inflict losses (to).
ocaso | sunset | setting | fall.
ocaso del sol | sunset.
ocaso helíaco | heliacal setting.
occidentalista | occidentalist.
oceanario | oceanarium.
oceanarios | oceanaria.
oceánico | oceanic.
océano | ocean.
Océano Antártico | Antarctic Ocean.
Océano Atlántico Ártico | Arctic-Atlantic Ocean.
océano baroclínico | baroclinic ocean.
océano continental | continental ocean.
oceanografía | oceanography | thalassography.
oceanografía biológica | biological oceanography | biologic oceanography.
oceanografía dinámica | dynamical oceanography | dynamic oceanography.
oceanografía médica | medical oceanography.
oceanografía radioisotópica | radioisotopic oceanography.
oceanográfico | oceanographic.
oceanógrafo | thalassographist | oceanographer.
oceanógrafo de la oficina oceanográfica naval | naval oceanographic office oceanographer.
oceanología | oceanology.
oceanólogo | oceanologist.
océanos | hydrospace.
ocelado | eye-like | eyed.
ocelo | facet | eye spot.
ocelo (alas insectos) | eyelet.
ocelo (plumas del pavo real) | eye.
ocelote | leopard cat.
ocle (algas) | kelp.
ocluido | occluded | trapped.
ocluidor | seal.
ocluir | seal (to) | seal up (to).
ocluir (química) | occlude (to).
oclusión | trapping | occlusion | stopping | stopping up | shutoff.
oclusión de heridas (árboles) | callousing.
oclusión fría | cold occlusion.
oclusión gaseosa (sopladura - aceros) | gas pocket.
oclusiones de hidrógeno (manchas blancas por absorción de hidrógeno-soldadura eléctrica) | fish eye.
ocotea (Ocotea bullata) | stinkwood.
ocotea (Ocotea usambarensis) | East African camphorwood.
OCR (reconocimiento óptico de caracteres) | OCR.
ocráceo | ochreous | ochry.
ocre | ocher | ochre.
ocre carmelita | brown ochre.
ocre de cromo (anagenita) | chrome ochre.
ocre de hierro | paint rock.
ocre de plomo | lead ochre.
ocre de uranio | uranium ocher.
ocre mezclado con amarillo de cromo | golden ochre.
ocre pardo | brown ocher.
ocre rojo | yellow earth | earthy hematite | red ochre | raddle | red iron ore | redding | reddle.
ocreación | ochring.
ocrear | ochre (to).
ocroso | ochreous | ochrey | ocherous.
octada (con ocho núcleos) | octad.
octadecileno | octadecylen.
octaedrita | anatase.
octaedro | octahedron.
octaedro de caras lisas | smooth-faceted octahedron.
octaedros de pirita cobaltífera (linneita) | cobalt pyrites.
octaetérida (astronomía) | octaeterid.
octágino | eight-styled.
octagonal | octagonal.
octágono | octagon.
octal | octal.
octametil pirofosforamida | octamethyl pyrophosphoramide.
octanaje (gasolina) | octane rating | antiknock value.
octándrico (botánica) | eight-stamened.
octano | octane.
octante | octant.
octante anticentro | anticenter octant.
octarquía | octarchy.
octava (verso) | octet.
octava de nivel de presión | octave-band pressure level.
octavilla | leaflet.
octavín (música) | piccolo flute.
octavos | eighths.
octecto | eight bit byte.
octete (química) | octet.
octeto | bite | byte.
octeto (conjunto de ocho dígitos binarios) | octet.
octeto (música) | octet.
octeto bajo | low byte.
octeto direccional (informática) | byte of addressing.
octeto señalizador | flag byte.
octetos de alineación | slack bytes.
octetos de control | control bytes.
octetos de detección | sense bytes.
octileno | octylene.
octilo | octyl.
octillo (música) | octolet.
octillón | octillion.
octingentenario | octingentenary.
octingentésimo aniversario | octingentenary.
octodo | eight-electrode vacuum-tube.
octodo (tubo electrónico) | octode.
octogino | eight-pistilled.
octogonal | eight-angled.
octogonal (química) | eight-membered.
octohidrato de bario | barium octohydrate.
octolingüe | octolingual.
octolocular | eight-celled.
octonario | octonary.
octonión | octonion.
octopétalo | eight-petalled.
octopolar | octopolar | eight-pole.
octopolo | octopole.
octospermo (botánica) | eight-seeded.
octosporo | eightspored.
octovalente | octovalent.
óctuplo | eightfold.
ocular | ocular | viewing eyepiece.
ocular (óptica) | eyeglass | eyepiece.
ocular ajustable | pancratic eyepiece.
ocular autocolimador | Gauss eyepiece.
ocular compensador | compensating eyepiece | compensating ocular.
ocular con retículo | webbed eyepiece.
ocular concéntrico | concentric eyepiece.
ocular convergente | convergent eye lens.
ocular convertidor de imagen | image converting eyepiece.
ocular corrector | correction eyepiece.
ocular cuadriculado (retículo) | graticule.
ocular de enfoque | focusing eyepiece.
ocular de Gauss | Gauss eyepiece.
ocular de gran angular | wide-angle eyepiece.
ocular de gran aumento | high-power eyepiece.
ocular de Huygens | negative ocular.
ocular de Huygens (óptica) | negative eyepiece.
ocular de Huyghens | Huyghenian eyepiece.
ocular de Huyghens (telescopio) | huyghenian ocular.
ocular de microscopio | microscope reader.
ocular de poco aumento | low-power ocular | low-power eyepiece.
ocular de Ramsden | positive ocular.
ocular de retículo | eyepiece with cross wires.
ocular del telescopio | eye of the telescope.
ocular diagonal (telescopio prismático) | diagonal eyepiece.
ocular enderezador (anteojos) | terrestrial eyepiece.
ocular enderezador (óptica) | erecting eyepiece.
ocular erector (telescopios) | erecting glass.
ocular erector de imágenes | image-erecting eyepiece.
ocular filar micrométrico | filar micrometer eyepiece.
ocular fluorescente | fluorescent eyepiece.
ocular goniométrico | goniometer eyepiece.
ocular holoscópico | holoscopic eyepiece.
ocular inversor de imagen (óptica) | erecting eyepiece.
ocular medidor del tamaño del grano | grain size measuring eyepiece.
ocular monocéntrico | monocentric eyepiece.
ocular negativo | negative ocular.
ocular ortoscópico | orthoscopic eyepiece.
ocular pancrático | pancratic eyepiece.
ocular positivo | positive eyepiece | positive ocular.
ocular que produce una doble imagen de cada partícula | image splitting eyepiece.

ocular terrestre (anteojos) | terrestrial eyepiece.
ocular terrestre (óptica) | erecting eyepiece.
oculífero | eye-bearing.
oculista | oculist.
ocultable | concealable.
ocultación | occultation.
ocultación (de objetos robados) | resetting.
ocultación (de un crimen o delito) | misprision.
ocultación de utilidades | concealment of profits.
ocultación lunar | lunar occultation.
ocultador | concealer.
ocultador fotográfico | safe edge.
ocultamente | underground.
ocultar | cloak (to) | conceal (to).
ocultar (la niebla) | blot out (to).
ocultar (objetos robados) | reset (to).
ocultar defectos | obscure defects (to).
ocultar los defectos de una cosa | fake (to).
ocultarse | occult (to).
oculto | concealed | masked | hidden.
oculto (secreto) | close.
oculto por la bruma | enveloped in mist.
ocupación | occupation | function | job | employment | lay.
ocupación (de una casa) | occupancy.
ocupación de circuitos (telecomunicaciones) | hold.
ocupación de la memoria (informática) | core usage.
ocupación de los bienes de una herencia | livery of seisin.
ocupación del terreno | land-use.
ocupación en memoria (programa) | memory requirements.
ocupación hasta la liberación total (telefonía) | extended engaged condition.
ocupación interurbana (telefonía) | trunk congestion.
ocupación local (telefonía) | local busy.
ocupación media (telefonía automática) | average occupancy.
ocupación previa | preoccupancy.
ocupación total (telefonía) | last trunk busy.
ocupación única | exclusive occupation.
ocupada (línea telefónica) | engaged | busy.
ocupado | engaged.
ocupado (telefonía) | busy.
ocupado en los preparativos de | engaged on the preparations of.
ocupado por el dueño | owner-occupied.
ocupado por el enemigo | enemy-held.
ocupado totalmente (telefonía) | all-trunk busy.
ocupador | occupant.
ocupancia (telefonía) | occupancy.
ocupante | occupier | possessor | occupant | tenant.
ocupante ilegal (Iberoamérica) | forest squatter.
ocupar (buena o mala posición) | stand (to).
ocupar (espacio) | take up (to).
ocupar (tiempo) | occupy (to).
ocupar (un cargo) | hold (to).
ocupar los puestos de combate | clear for action (to).
ocupar n bytes en memoria (informática) | inhabit n bytes (to).
ocuparse de | manage (to).
ocuparse de las facturas | handle invoices (to).
ocuparse en | engage (to).
ocuparse en operaciones financieras | finance (to).
ocurre a veces que | it occasionally happens that.
ocurrir | meet (to).
ochavado | octagonal.
ochavar (carpintería) | eightsquare (to).
odenanzas | regulations.
odógrafo | odograph.
odoko (Scottellia coriacea - A. Chev) | odoko.
odometría | odometry.
odómetro | odometer | viameter | distance indicator | cyclometer.
odón (Fagara macrophylla - Engl.)
odontocetos | toothed whales.
odontografía (engranajes) | odontograph.
odontógrafo para dientes de engranajes | odontograph.
odontoide | tooth-like.
odontolito (hueso fósil) | odontolite.
odontolito (hueso o diente fósil coloreado por fosfato de hierro) | bone turquoise.
odontología | odontology | dentology.
odontólogo militar | dental officer.
odoración | odoration.
odorífero | odorous.
odorígeno | odor-producing | odor-causing.
odorimetría | odorimetry.
odorización | odorization.
odorizante | odorizing.
odre | goatskin | winebag | wineskin.
odre (para vino, aceite, etc.) | leather bottle | skin.
odrero | wineskin maker.
odrina | ox-skin winebag.
oersted (unidad de intensidad magnética) | oersted.
oerstedio (electricidad) | oersted.
ofender | hurt (to).
ofensiva | offensive.
ofensiva aérea | air offensive.
ofensiva en todo el frente | all-out offensive.
ofensiva múltiple | many-pronged offensive.
ofensiva total | all-out offensive.
ofensivamente armado | offensively armed.
oferente | offeror | profferer | bidder.
oferta | offer | bidding | bid | proposal | proffer.
oferta (permiso de exploración) | tender.
oferta a bajo precio | undercutting.
oferta a la baja | underbid.
oferta a precio favorable | low priced offer.
oferta a precio fijo | firm tendering | fixed price bid.
oferta a precios unitarios | unit-price bid.
oferta a suma alzada | lump-sum bid.
oferta a una subasta | tender.
oferta abierta | open bid.
oferta adicional (comercio) | additional supply.
oferta al contado | cash offer.
oferta aproximada | close bid.
oferta baja | underbid.
oferta bajo sobre | closed bid.
oferta compuesta | composite supply.
oferta con muestras | offer with samples.
oferta conjunta | joint tender.
oferta de bonos | offering of bonds.
oferta de compensación | tender of amends.
oferta de compra | offer to purchase.
oferta de duración limitada | offer for a fixed time | offer for a fixed period.
oferta de empleos | situations vacant | positions offered.
oferta de exportación | export offer.
oferta de pago | tender of payment.
oferta de precios | price offered.
oferta de prueba sin compromiso con devolución del dinero caso no convenga | no-risk money back trial offer.
oferta de reclamo | box-top offer.
oferta de servicios | offer for services.
oferta de transferencia | transfer offer.
oferta de tres años por el precio de dos (suscripciones) | three years for the price of two offer.
oferta de venta | offer to sell | offer for sale | sales offer.
oferta elástica monetaria | elastic money supply.
oferta en baja | underbid.
oferta en firme | firm offer.
oferta en pliego cerrado | sealed tender.
oferta firme | positive offer.
oferta generosa | liberal offer.
oferta hecha a través de un sindicato | syndicate bid.
oferta lacrada | sealed bid.
oferta lacrada (sellado) | sealed tender.
oferta más alta | highest tender.
oferta monetaria | money supply | money stock | quantity of money.
oferta no vinculante | unbinding offer.
oferta original | original tender.
oferta por milla lineal (carreteras) | linear mile bid.
oferta pública | open bidding | public bid.
oferta pública (de valores) | publicity issued.
oferta pública de compra | takeover bid.
oferta retirada | withdrawn bid.
oferta sellada | sealed tender | sealed bid.
oferta semejante y pérdida por mínimo margen | matched and lost.
oferta sin compromiso | free offer | offer without engagement.
oferta total | overall offer.
oferta total de mano de obra | aggregate supply of labor.
oferta ventajosa | fair offer.
oferta verbal | verbal offer | oral offer.
oferta y aceptación de modificación | accord and satisfaction.
oferta y demanda | inquiry and offer | supply and demand.
ofertable | tenderable.
ofertante | bidder | tendering | tenderer | offerer.
ofertar | bid (to) | tender (to) | offer (to).
ofertar en baja | underbid (to).
ofertar en firme | offer firm (to).
ofertas a precio fijo | fixed-price tendering.
ofertas de competencia | competitive bids.
ofertas de empleo | positions vacant.
ofertas en competencia | competitive bidding.
ofertas públicas de compra (bolsa) | take-over.
offset | offset process | offset.
offset a bobina | web offset.
offset monocolor (imprenta) | single-color offset.
offsetista | offset operator.
oficial | formal.
oficial alumno | student officer.
oficial antisubmarinos | A/S control officer.
oficial aposentador | quartering officer.
oficial asimilado (ejército) | warrant officer.
oficial auxiliar (marina) | junior officer.
oficial combatiente | line officer.
oficial de aduanas | customs officer.
oficial de aduanas encargado del cabotaje | coast-waiter.
oficial de Aduanas que visita el buque al llegar a puerto (EE.UU.) | boarding inspector.
oficial de aprovisionamiento (ejército) | supply officer.
oficial de armamento | armament officer.
oficial de asentamiento | emplacement officer.
oficial de cifra | cipherer.
oficial de clase de tropa | limited-duty officer.
oficial de cuarto (marina) | captain of the watch.
oficial de cubierta | deck officer.
oficial de cuentas | fiscal officer.
oficial de derrota | navigating officer | conner.
oficial de derrota (buques) | navigation officer | conning officer.
oficial de derrota (buques de guerra) | navigator.
oficial de derrota del Estado Mayor a flote y encargado de la derrota de la flota (marina de guerra - G.B.) | master of the fleet.
oficial de día | orderly officer.
oficial de embarque ferroviario | entrainment officer.
oficial de enlace | liaison officer.
oficial de enlace antiaéreo | antiaircraft liaison officer.
oficial de enlace de aviación | air liaison officer.
oficial de enlace de espionaje aéreo | air intelligence liaison officer.
oficial de enlace técnico | technical liaison officer.
oficial de estado mayor | staff officer.
oficial de Estado Mayor (ejército) | brass hat.

oficial de etapas | communication officer.
oficial de evacuación | evacuating officer.
oficial de guardia | officer of the guard.
oficial de guardia (buque de guerra) | officer of the deck.
oficial de guardia en el puente de navegación | bridge watchkeeper.
oficial de ingenieros | engineer officer.
oficial de intendencia | quartermaster | commissary.
oficial de la compañía (milicia) | company officer.
oficial de mar | petty officer.
oficial de marina | naval officer.
oficial de marina con alguna especialidad en aviación o submarinos | middle-roader.
oficial de marina especializado en armamento | smooth-bore gunner.
oficial de mayor graduación | highest-ranking officer.
oficial de municionamiento | munitions officer.
oficial de operaciones del batallón | battalion plans and training officer.
oficial de puente (buques de guerra) | executive officer.
oficial de puente (marina guerra) | deck officer.
oficial de reclamaciones | claims officer.
oficial de reserva | reserve officer.
oficial de sala (jurisprudencia) | actuary | chief clerk.
oficial de sanidad | health officer.
oficial de secretaría | clerk.
oficial de seguridad (servicio) | safety officer.
oficial de seguridad del polígono de tiro o de lanzamiento de misiles | range safety officer.
oficial de semana (milicia) | orderly officer.
oficial de servicio | orderly officer.
oficial de servicio (de un batallón, etc.) | officer of the day.
oficial de tiro (artillería) | range officer.
oficial de un centro de control e información responsable de la dirección de los cazadores y de la defensa de su zona | fighter director.
oficial de vigilancia (marina de guerra) | provost marshal.
oficial del correccional | correctional official.
oficial del cuerpo general de la Armada | navy officer.
oficial del cuerpo jurídico | law-officer.
oficial del montaje (cañones) | officer-of-quarters.
oficial del servicio de recuperación (ejércitos) | salvage officer.
oficial del servicio de subsistencias (ejército) | supply officer.
oficial depurador de las informaciones recibidas | filterer.
oficial desmovilizado | demobbed officer.
oficial director de aterrizajes (portaaviones) | batsman.
oficial duro | martinet.
oficial en activo | regular officer.
oficial en funciones | acting official.
oficial encargado | officer in charge.
oficial encargado de hacer señas al piloto para aterrizar (cubierta vuelo portaaviones) | cut.
oficial encargado de inspeccionar el faenado de la ballena (buque ballenero) | spectioner.
oficial encargado de la estiba (carga y descarga - buques) | master of the hold.
oficial encargado de las alzas | sight officer.
oficial encargado de los desembarcos | military landing officer.
oficial encargado del almacenamiento y cuidado del equipo personal | personal equipment officer.
oficial encargado del aterrizaje en la cubierta (portaaviones) | deck-landing officer.
oficial encargado del control de averías (buques de guerra) | damage control officer.
oficial encargado del protocolo | protocol officer.
oficial encargado del tiro (buques guerra) | gunnery officer.
oficial encargado del transporte ferroviario | railway traffic officer.
oficial especializado (en algún ramo) | certificated officer.
oficial general | general officer.
oficial guía (de una columna en marcha) | control officer.
oficial inspector | inspecting official | inspecting officer.
oficial maquinista | engineer officer.
oficial más antiguo | senior officer | senior.
oficial más moderno | junior officer.
oficial médico | medic.
oficial médico que pasa el reconocimiento (buques) | boarding officer.
oficial meteorológico (de un estado mayor) | weather officer.
oficial navegante (yates) | sailing master.
oficial no recomendado para el ascenso | deferred officer.
oficial notarial | commissioner of deeds.
oficial orientador (milicia) | orientation officer.
oficial pagador | agent officer | paymaster | disbursing officer.
oficial patentado (marina) | commissioned officer.
oficial que da las distancias (artillería) | range officer.
oficial que designa las misiones del personal | detail officer.
oficial que hace cumplir con rigor | martinet.
oficial que manda una brigada de marinería (buques de guerra) | division officer.
oficial que trabaja en chapas (astilleros) | plater.
oficial receptor | receiving officer.
oficial reclutador | recruiting officer.
oficial regulador | regulating officer.
oficial responsable | accountable officer.
oficial responsable de la limpieza y arreglo de cubiertas (buques de guerra) | first lieutenant.
oficial responsable de prevención y protección contra incendios (base aérea) | fire marshal.
oficial responsable del armamento (buques) | gunnery officer.
oficial señalero para aterrizaje (portaaviones) | landing signal officer.
oficial subalterno | inferior officer | junior officer.
oficial subalterno (capitán y tenientes) | junior-grade officer.
oficial superior (marina) | brass hat.
oficial torpedista | torpedist officer.
oficiales con mando (marina de guerra) | line officers.
oficiales de cuerpos auxiliares de la Armada | marine officers.
oficiales y clases | officers and ratings.
oficiales y tropa | all ranks.
oficialía industrial | industrial clerkship.
oficialía mayor | chief clerk's office.
oficialidad | commissioned personnel | commissioned ranks.
oficialidad del buque | ship's staff.
oficialidad titulada del buque | licensed ship officers.
oficialmente inaugurado | formally opened.
oficina | bureau | business premises.
oficina (Bolivia, Chile, Paraguay-corta forestal) | wanigan.
oficina aduanera | customs office.
oficina bancaria | banking office.
oficina central | depot | central office | headquarters | head-office.
oficina central (ferrocarriles) | clearinghouse.
oficina central de presupuestos | central estimating office.
oficina de admisión | admitting office.
oficina de aduana | customs station | bureau of customs.
oficina de cálculos de esfuerzos | stress office.
oficina de cambio | exchange office.
Oficina de Ciencias Aeroespaciales de las Fuerzas Aéreas | Air Force Office of Aerospace Sciences.
oficina de colocaciones | labor-bureau | labor-exchange | employment bureau.
oficina de compras | procurement office.
oficina de contabilidad | countinghouse.
oficina de contribuciones indirectas | excise office.
oficina de control de aproximación | approach control office.
oficina de dibujo | drawing-office.
oficina de dirección | director's office.
oficina de empleo | placement office.
oficina de enlace interurbana | toll office.
oficina de enrolamiento de marineros (G.B.) | shippig office.
oficina de entradas | receiving office.
oficina de estudios | drawing office.
oficina de estudios y proyectos | engineering service.
oficina de expediciones | dispatch.
oficina de explotación (interconexión redes eléctricas) | load dispatching.
oficina de información | intelligence bureau | inquiry office | intelligence department.
oficina de información pública | public information office.
oficina de informaciones | inquiry department.
oficina de informes | enquiry office.
oficina de intervención | audit office.
Oficina de Investigación Aeroespacial de las Fuerzas Aéreas | Air Force Office of Aerospace Research.
oficina de la administración territorial | estate office.
oficina de la compañía (cuarteles) | orderly room.
oficina de la feria (comercio) | trade fair office.
oficina de liquidación | clearing office.
oficina de liquidación de divisas | foreign exchange clearing office.
oficina de los prácticos (en el muelle) | pilot-office.
oficina de los prácticos (puertos) | pilotage.
oficina de material | property office.
oficina de mensajerías (correos) | receiving-office | receiving-house.
oficina de muestras | sampling works.
oficina de operadores de bolsa | member's office.
oficina de origen (correos) | office of dispatch.
oficina de paquetes (correos) | receiving-house.
oficina de paquetes postales (correos) | receiving-office.
oficina de pasaportes y visado | passport and visa office.
óficina de patentes | patent office.
oficina de patentes industriales | patent office.
oficina de patentes y marcas | patent and trademark office.
oficina de planificación | planning agency.
oficina de planificación en la Unión Soviética | Gosplan.
oficina de proyecto al pie de obra | project field office.
oficina de proyectos | estimating office | design agency | designing department | drawing office | consulting engineers.
oficina de redacción | editor's office.
oficina de registro | booking office | office of records | registry office | register office.
oficina de registro (aduanas) | booking-office.
oficina de registro de publicaciones | copyright receipt office.
oficina de servicios | computer service bureau.
oficina de supervisión | supervisory bureau.
oficina de vigilancia meteorológica | meteorological watch office.
oficina del catastro | land office | land-office.
oficina del censo | census bureau.
oficina del Estado | government office.
oficina del fiel contraste | assay office.

oficina del plan | planning agency.
oficina del presupuesto | bureau of the budget.
oficina del registro | registration office.
oficina del Registro Civil (EE.UU.) | bureau of vital statistics.
oficina electrónica | electronical office.
oficina exclusiva | exclusive office.
oficina expedidora | forwarding office | despatching office.
oficina federal de hacienda | income tax division.
oficina liquidadora | disposal board.
oficina liquidadora de transportes por carreteras | road haulage disposal board.
oficina matriz | home office.
oficina mercantil | trading station.
oficina meteorológica | weather bureau.
oficina meteorológica central | main meteorological office.
oficina meteorológica subalterna | dependent meteorological office.
Oficina Nacional de Normas | Standards National Bureau.
oficina no exclusiva | nonexclusive office.
oficina oceanográfica naval | naval oceanographic office.
oficina principal | head office | head-office | head-establishment.
oficina pública | general office.
oficina pública de ensayos | assay office.
oficina recaudadora de impuestos | tax office.
oficina recaudatoria de contribuciones | collector's office.
oficina receptora (radio) | receiving-office.
oficina regional | field unit | regional office.
oficina sucursal | field office.
oficina técnica | engineering department.
oficinal (medicina) | official.
oficinas bancarias con una red de instalaciones electrónicas automatizadas | bank offices with a mesh of automated electronic instalations.
oficinista | clerk.
oficio | trade | craft.
oficio (buques) | pantry.
oficio (comunicación oficial) | dispatch.
oficio calificado | skilled trade.
oficio de mecánico | machinist's trade.
oficio de molinero | milling.
oficio de remesa | letter of transmittal.
oficio del plomero | plumbing.
oficios de la construcción | building trades.
oficioso | informal.
ofidiología | ophidiology.
ofidiólogo | ophidiologist.
ofimática | office automation.
ofimática (automatización de oficinas) | ofimatics.
ofimoteado | ophimottling.
ofisauro | glass-snake.
ofita | ophite.
ofitron (electrónica) | ophitron.
ofrecen trabajo | employment offered.
ofrecer | make a bid (to) | tender (to) | proffer (to) | provide (to) | provide with (to).
ofrecer (ventas) | expose (to).
ofrecer a precio inferior | underquote (to).
ofrecer como especialidad (comercio) | feature (to).
ofrecer demasiado | overbid (to).
ofrecer el trabajo de puerta en puerta | hawking of labor from door to door.
ofrecer en pago | tender (to).
ofrecer facilidades de pago | offer easy terms (to).
ofrecer más del valor | overbid (to).
ofrecer precios más bajos | undercut (to).
ofrecer resistencia | drag (to).
ofrecer una bebida a un invitado | set up (to).
ofrecer una firma | offer firm (to).
ofrecer una satisfacción | apologize (to).
ofrecido en emisión continua (bonos del Tesoro) | tap.
ofrecimiento (bolsa) | offer.
ofrecimiento de acciones al público | go public.
ofrecimiento público de una emisión de títulos | public offering.
oftalmia periódica (veterinaria) | pink.
oftálmico | ophthalmic.
oftalmodinamometría | ophthalmodynamometry.
oftalmología | ophthalmology.
oftalmología laboral | industrial ophtalmology.
oftalmólogo | ophthalmologist | oculist.
ofuscación acústica | acoustic dazzle.
ofuscamiento acústico | acoustic dazzle.
ohia (Celtis soyauxii) | shiunza.
ohia (Celtis soyauxii - Engl) | ohia.
óhmetro | continuity tester | ohmmeter.
ohmiaje | ohmage.
óhmico | ohmic.
ohmímetro | ohmmeter | insulation resistance meter.
ohmímetro numérico | digital ohmmeter.
ohmio | ohm.
ohmio acústico | acoustical ohm.
ohmio recíproco | MHO.
ohmio-faradio (producto de la resistencia de aislamiento en megaohmios y la capacitancia en microfaradios) | ohm-farad.
oicocristal (petrología) | oikocry[illegible].
oidio | oidium.
oído | ear.
oído (bomba centrífuga) | eye.
oído (de un cebo) | priming hole.
oído (ventilador, bomba centrífuga) | intake | inlet.
oído (ventiladores) | ear.
oído del rodete (bomba centrífuga) | impeller eye.
oído externo (concha - anatomía) | concha.
oír o entender con claridad a una persona (radiocomunicación) | read (to).
oír una señal | read (to).
oiticica (Clarisia racemosa - Ruiz & Pavón) | oiticica.
oiticica amarilla (Clarisia racemosa) | moral bobo.
oity (Licania hypoleuca) | oity.
ojal | eye | boutonniere | loop.
ojal (de malla) | eye.
ojal (en una barra) | split.
ojal (para cable) | grommet.
ojal de hacha | axe hole.
ojal del caballero (urdidor) | drop pin eyelet.
ojal del pico (para el astil) | pick box.
ojal guiahilos | eyelet.
ojal metálico | eyelet.
ojalar | buttonhole (to).
ojeada | peep | flection | glance | glimpse.
ojear | glance (to) | glimpse (to).
ojeras (alrededor de los ojos) | ring.
ojereta | ear.
ojete | eye | eyelet hole | eyelet | loop | oillet.
ojete (costura) | eyehole.
ojete de cristal | glass eyelet.
ojete metálico | metal eyelet.
ojeteador | eyelet punch | eyeleteer.
ojeteadora | eyeletting machine.
ojetear | eyelet (to).
ojienjuto | dry-eyed.
ojiva | lancet-arch | ogee | ogive.
ojiva (aviones) | spinner.
ojiva (proyectil) | ogival head | head | nose.
ojiva cónica | conical ogive.
ojiva del rodete (hidroturbina) | runner cap.
ojiva del rodete (turbina hidráulica) | runner hub.
ojiva nuclear | nuclear warhead.
ojiva puntiaguda | pointed ogive.
ojiva secante | secant ogive.
ojiva taladrada | ducted ogive.
ojivación de proyectiles | shell nosing.
ojival | ogival.
ojival (arcos) | Gothic.
ojivar (embutición de proyectiles) | nose (to).
ojivas múltiples | multiple warheads.
ojizarco (zoología) | walleye.
ojo | eye.
ojo (capitel corintio) | flower.
ojo (de cerradura) | keyhole.
ojo (de cúpula, de aguja, de tormentas, ciclones, de quesos, etcétera) | eye.
ojo (de escalera espiral) | hollow newel.
ojo (de lazo corredizo) | bow.
ojo (de malla) | eye.
ojo (de un puente) | arch.
ojo (del hierro de un martillo, pico, etcétera) | helve-ring.
ojo (escaleras) | wellhole.
ojo (llamada) | notice.
ojo (llaves) | bow.
ojo (tipo de imprenta) | face | counter.
ojo a barlovento (navegación a vela) | weather-eye.
ojo adaptado a la luz | light-adapted eye.
ojo ciclópeo | binoculus | biunial eye.
ojo ciclópeo (visión binocular) | cyclopean eye.
ojo compuesto (insectos) | multilensed eye.
ojo compuesto (zoología) | facetted eye.
ojo con que se mira (aparato topográfico) | fixing eye.
ojo con que se mira (aparatos ópticos) | fixing eye.
ojo de ballesta | spring eye.
ojo de buen cubero | by thumb rule.
ojo de buey | ox-eye.
ojo de buey (arquitectura) | oeil-de-boeuf.
ojo de gato (crisoberilo) | sunstone.
ojo de gato (mineralogía) | star-stone.
ojo de hacha | axe hole.
ojo de la calota | doup eye.
ojo de la cúpula | lantern opening.
ojo de la hélice (buques) | screw aperture | screw race.
ojo de la lanzadera | shuttle eye.
ojo de letra (letras) | counter.
ojo de malla | heddle eye | ring.
ojo de metal | metal eye.
ojo de plástico acrílico | acrylic eye.
ojo de una tempestad en curso de desarrollo | storm developing eye.
ojo de vidrio | glass eye.
ojo del ancla | anchor eye.
ojo del cubo (ruedas) | nave bore.
ojo del martillo | hammer eye.
ojo del yunque | spud hole.
ojo eléctrico | electric eye.
ojo facetado | facetted eye.
ojo guiahilos (ojal de guía - tejeduría) | guide eye.
ojo mágico (radio) | tuning eye.
ojo multioculado (insectos) | multilensed eye.
ojo tensor a la primera pasada (lanzadera) | first pick tension eye.
ojo tipo de azuela | adz eye.
ojo-guía (máquina de coser) | looper.
ojos de la imago | imago eyes.
ojos de pescado (soldaduras) | fish-eyes.
okan (Cylicodiscus gabunensis - Harms) | okan | denya | African greenheart.
Oklahoma (EE.UU.) | Okla.
okumé (Aucoumea klaineana - Pierre) | Gaboon | zouga.
okumi (Aucoumea klaineana - Pierre) | okoumé.
okuro (Albizzia zygia) | uwowe.
okuro (Albizzia zygia - Macbride) | okuro.
ola | wave.
ola arbolada causada por la marea entrante | bore.
ola cicloidal | cycloidal wave.
ola cnoidal | cnoidal wave.
ola de ataque (milicia) | advancing wave.
ola de calor | heat wave | hot wave.
ola de diseño (puertos) | design wave.
ola de fondo | ground swell | ground roller.
ola de frío | cold spell.
ola de marea | eagre | bore.
ola de marea (ríos) | bore.

ola de marea entrante (ríos) | eagre.
ola de pequeña amplitud y gran período que aparece en la orilla en períodos de calma después de una tempestad | ground swell.
ola de prosperidad | boom.
ola dependiente (canales inclinados) | roll-waves.
ola oceánica que se desplaza paralela a una costa con crestas normales al litoral | edge wave.
ola pavorosa | freak wave.
ola pequeña | lop.
ola pequeña que rompe sobre la batayola | lipper.
ola producida por la proa (buques) | bow wave.
ola que arbola rápidamente y rompe violentamente | plunging breaker.
ola que arbola rápidamente y rompe violentamente (playas) | plunging wave.
ola que avanza | roller.
ola que lame la playa | rift.
ola que lame la playa al romper | swash.
ola que rompe | combing wave.
ola que rompe en la playa | pounding surf.
ola reflejada (puertos) | windlop.
ola representativa (oceanografía) | significant wave | characteristic wave.
ola rompedora | breaker.
ola rompiente | curler | roller.
ola rompiente (playas) | comber.
ola rompiente cuya cresta rompe gradualmente sobre una distancia considerable | spilling breaker.
ola rompiente que surge sobre la playa | surging braker.
ola sísmica marina | tidal wave.
ola sobre un bajo | land-swell.
olán | linen cambric.
olas artificiales (canales hidrodinámicos) | machine-made waves.
olas ciclónicas | storm surges.
olas constructivas | constructive waves.
olas de aguas profundas | deepwater waves.
olas de asalto | assault waves.
olas de flancos muy pendientes | chop.
olas de fondo | blind rollers.
olas de incidencia oblicua | oblique incidence waves.
olas de pendiente (canal inclinado) | rolls-waves. | slug-flow.
olas de popa (buques) | waves of replacement.
olas de un canal hidrodinámico | machine made waves.
olas divergentes | diverging waves.
olas eólicas | wind-generated waves.
olas errantes | random waves.
olas generadas por desplazamiento de capas submarinas (terremotos) | waves generated by submarine landslides.
olas intersectantes | intersecting waves.
olas locas | rollers.
olas marinas inducidas por terremotos | seismic sea waves.
olas que aumentan de altura por acción eólica | wind waves.
olas rompientes (oceanografía) | rollers.
olas superficiales con oscilación vertical producidas por el encuentro de corrientes opuestas (oceanografía) | current rips.
olas transversales | transverse waves.
oleada de la multitud | crowd's surge.
oleaginosidad | oiliness.
oleaginoso | oily | oleaginous | oil-producing | oil-bearing | oil-yielding.
oleaje | swell | surge.
oleaje regular oblicuo | oblique regular waves.
olefinas | olefins.
olefinas vegetales por extracción física | acid oil.
oleicultor | olive grower | olive-grower.
oleífero | oil-producing | oleiferous | oil producing | oil-bearing | oil-yielding.
oleífero (semilla) | fatty.
oleína | olein.
óleo | oil.
oleoabsorbencia | oil absorbency.
oleoaccionado | oil-operated.
oleoamortiguador | oleo-shock absorber | oil dashpot | oil-filled dashpot.
oleobromía | oleobrom process.
oleoducto | pipeline | line.
oleoducto de crudos | crude oil pipeline.
oleoducto limpiado con pistón rascador | godevilled line.
oleoducto para transporte de crudos | crude line.
oleoducto submarino | offshore pipeline | sea line | sea-loading line | submarine pipeline.
oleoducto transdesierto | trans-desert pipeline.
oleoenfriamiento | oil-cooling.
oleófilo | oleophilic.
oleófobo | oleophobic.
oleofugacia | oil-repellency.
oleófugo | oil-repellent.
oleógeno | oleogenous.
oleografía | oleography.
oleohidráulico | oleohydraulic.
oleoimpulsado | oil-operated.
oleómetro | oil hydrometer | oilometer | oilmeter | oil-gage | oleometer | acrometer.
oleopuerto | oilport.
oleorrefractómetro | oleorefractometer.
oleorrepelencia | oil-repellency.
oleorrepelente | oil-repellent.
oleorresistente | oil-resisting.
oleosaturado | oil-saturated.
oleosidad | oleosity | oiliness.
oleoso | oleous | oily.
oleosoluble | oil-soluble.
oler | smell (to).
olfateador | sniffer gear.
olfateadora de suelo | soil sniffer.
olfatología | olfactology.
olfatómetro | olfactometer.
oligarca | oligarch.
oligarquía | oligarchy.
oligoaleado | low-alloy.
Oligoceno Superior | Chattian.
oligoclasa | oligoclase.
oligoclasa albítica (contracción de albite-oligoclase) | albiclase.
oligocromemia | oligochromemia.
oligodinámica | oligodynamics.
oligoelemento | minor element.
oligoelemento (suelos) | micronutrient.
oligoelementos | trace elements.
oligofagia | oligophagy.
oligófago | oliogophagous.
oligófilo (botánica) | few-leaved.
oligoléctico | oligolectic.
oligomerización | oligomerization.
oligómero | oligomer.
oligonucleótido | oligonucleotide.
oligopólico | oligopolic.
oligopolio | oligopoly.
oligopolista | oligopolistic | oligopolist.
oligopolización | oligopolization.
oligopsonio | oligopsony.
oligopsonístico | oligopsonistic.
oligosacáridos | oligosaccharides.
oligospermo (botánica) | few-seeded.
oliva | olive.
oliva (arquitectura) | olive-molding.
olivar | olive garden.
olivenita | olive-ore.
olivicultura | oliviculture.
olivillo (Aextoxicon punctatum) | tique | tegue.
olivillo (Aextoxicon punctatum - Ruiz & Pav) | olivillo.
olivina | night emerald.
olivinita | olive copper ore.
olivino | olivine.
olivino de un meteorito | celestial precious stone.
olivo | olive tree.
olivo (Olea europea) | olive.
olivo africano (Olea hoschtetteri) | musheragi.
olmedo | elm-grove.
olmo americano (Ulmus americana) | American elm.
olmo blanco americano (Ulmus americana) | white elm.
olmo de monte (Ulmus glabra) | wych elm | wych hazel.
olmo de tres hojas | hop-tree.
olmo holandés (Ulmus hollandica) | ulmus major | Dutch elm.
olmo índico (Ulmus wallichiana) | thalé | Indian elm.
olmo japonés (Ulmus spp) | Japanese elm.
olmo montano (Ulmus glabra) | ulmus montana | scotch elm.
olmo negrillo (Ulmus procera) | English elm.
olmo rojo americano (Ulmus thomasi) | rock elm.
olmo Vegeta (Ulmus vegeta) | Huntingdon elm.
olofonía | olophonia.
olor | scent | odor (EE.UU.) | odour (G.B.) | odour | odor.
olor a sulfuro de hidrógeno | fetid odor.
olor agrio | sour odor.
olor aliáceo | alliaceous odor | garlic odor.
olor amoniacal | ammoniacal odor.
olor animalizado | animal odor.
olor de la exhaustación de motores diesel | diesel exhaust odor.
olor de los metales | odor of metals.
olor desagradable | offensive odor.
olor desagradable producido por la caseína en mezclas (papel) | sour.
olor empireumático | empyreumatic odor.
olor fétido | fetid odor.
olor ligeramente ácido | faint acidic odor.
olor meloso | honey odor.
olor mohoso | musty smell.
olor picante | irritating odor.
olor pungente | punget odor.
olor que indica la combustión espontánea o incendio en un macizo de relleno (minas) | gob stink.
olor que se nota cuando un fuego es inminente (minas) | fire stink.
olor repulsivo | off-odor.
olor suave | bland odor.
olor terroso | earthy odor.
olor urinoso | urinose odor.
olorizabilidad | smellability.
oloroso (Humiria spp) | tauroniro.
oloroso (vinos) | full flavored | full-flavored.
olvidar (la hora, etc.) | overlook (to).
olla | kettle | boiler.
olla (oceanografía) | road.
olla a presión para legumbres | vegetable steamer.
olla cuecehuevos | egg cooker.
olla de barro | crock.
olla de campaña | camp kettle.
olla de cierre hermético para cocinar al vapor | pressure cooker.
olla exprés | self-cooker | pressure cooker.
olla glaciar | kettle-hole.
olla para cocer huevos | egg boiler.
ollao | eyelet grommet | eyelet hole | eyelet.
ollaos de la culebra del toldo (buques) | awning lacing-holes.
ollejo | skin.
omaso (zoología) | manifold.
ombligo | navel.
ombligo (escudo de armas) | nombril.
ombrófilo (botánica) | rain-adapted.
omegatrón | omegatron.
omegoide | omegoid.
omisión | omission | default | defection | shortcoming.
omisión (tipografía) | out.
omisión de cargar por falta de espacio (transportes) | shutout.
omisión de impulsos del radiofaro al radar interrogante | beacon skipping.

omisión de señalar un accidente | failing to report an accident.
omisión intencional | intentional omission.
omitido | lapsed.
omitir | omit (to) | except (to) | drop out (to) | miss (to).
omitir el pago de un dividendo | pass a dividend (to).
ómnibus | omnibus.
ómnibus automóvil | autobus.
omniclimático | omniclimatic.
omnícola (líquenes) | omnicolous.
omnidemora | omnibearing.
omnidireccional | omnidirectional.
on nidireccional (antenas) | universally steerable.
omnificar | all-do (to).
omnígrafo (código Morse) | omnigraph.
omnimetría | omnimetry.
omnímetro | omnimeter.
omnímodo | unqualified.
omniorientación | omnibearing.
omnivoridad | omnivorousness.
omnivorismo | omnivorism.
omnívoro | omnivorous.
omo (Cordia millenii) | omo.
omofagia | omophagy.
omófago | omophagist.
onagra (botánica) | onagra.
onagráceo (botánica) | onagraceous.
onagro (equus onagros) | onager.
onagro (máquina de guerra antigua) | onager.
onanismo | self-pollution.
oncnoide | onchnoid.
oncología | oncology.
oncómetro | oncometer.
onda | wave.
onda (del agua) | ripple.
onda (hidráulica) | roller.
onda (sobre la arena) | ridge.
onda acoplada | C-wave.
onda acústica | speech wave.
onda acústica polarizada elípticamente | elliptically polarized sound wave.
onda aérea | air wave.
onda amortiguada | damped wave.
onda atmosférica (antena) | downcoming wave.
onda atmosférica vagabunda | vagrant atmospheric wave.
onda auxiliar | pilot.
onda balística | mach wave | ballistic wave.
onda balística (proyectiles) | bow wave.
onda barométrica | barometric wave.
onda barotrópica | barotropic wave.
onda calorífica | heat wave.
onda capilar | capillary wave | capillary ripple.
onda ciclogenética | cyclogenetic wave.
onda ciclotrónica | cyclotron wave.
onda cilíndrica | cylindrical wave.
onda completa | full wave.
onda componente magnetoiónica | magnetoionic wave component.
onda compresional | compressional wave | compression wave | push wave.
onda común | shared channel.
onda condensacional | condensational wave.
onda continua | continuous wave.
onda continua fraccionada | interrupted continuous wave.
onda continua interrumpida | interrupted continuous wave.
onda creciente | rising wave.
onda creciente monoclinal | monoclinal rising wave.
onda cuadrada rectificada de onda completa | full-wave-rectified square wave.
onda de aire | air wave.
onda de Alfrén | magnetohydrodynamic wave.
onda de Alfvén | Alfvén wave.
onda de alta frecuencia | carrier wave.
onda de baja frecuencia | low-frequency wave | wave.
onda de combustión | combustion wave.
onda de compensación | compensation wave.
onda de compensación (radio) | spacing wave.
onda de compresión plástica | plastic compression wave.
onda de compresión que parte del lugar de la explosión | pioneering-wave.
onda de contracción | contraction wave.
onda de contramanipulación (telegrafía) | back wave | spacing wave.
onda de corte | shear wave.
onda de crecida | flood wage.
onda de choque | chopped wave | mach wave | steepfronted wave | step shock | blast wave | impulse wave | shock | shock-wave.
onda de choque (física) | shock wave.
onda de choque adherida del borde de ataque (alas) | attached leading edge shock.
onda de choque condensacional | condensation shock.
onda de choque curvada | bow shock wave | curved shock wave.
onda de choque de gran presión dinámica | strong shock wave.
onda de choque del morro (aviones) | nose shock-wave.
onda de choque desprendida | detached shock wave.
onda de choque engendrada por una explosión | explosively generated shock wave.
onda de choque esférica | spherical shock wave.
onda de choque normal | normal shock wave.
onda de choque oblicua | oblique shock wave.
onda de choque oblicua o cónica en contacto con el morro de un cuerpo (campo de flujo supersónico) | attached shock wave.
onda de choque paraboloidal | paraboloidal shock wave.
onda de choque plana | normal shock | plane shock wave.
onda de choque por explosión eléctrica | electrical explosion shock wave.
onda de depresión (explosiones) | return wave.
onda de deriva | drift wave.
onda de detonación | detonation wave.
onda de detonación magnetohidrodinámica | magnetohydrodynamic detonation wave.
onda de dilatación | dilatational wave.
onda de eco | reflected wave.
onda de enlace de servicio | cue channel.
onda de entrada | input wave.
onda de entrada trapezoidal | trapezoidal input wave.
onda de espaciamiento | spacing wave.
onda de estiraje (textiles) | drafting wave.
onda de excitación | excitation wave.
onda de expansión | expansion wave.
onda de explosión | blast | blast wave.
onda de flexión | flexural wave | bending wave.
onda de frente escarpado | steepfronted wave | surge.
onda de hiperfrecuencia | r-f wave.
onda de impulsión | pulsing wave.
onda de impulso | surge.
onda de la crecida | flood wave.
onda de llamada (radio) | calling wave.
onda de Mach | mach stem | Mach wave | Mach front.
onda de manipulación | keying wave | marking wave.
onda de marca.
onda de marcación | marking wave.
onda de marea | canal wave | tidal wave | tide rip.
onda de modulación | modulation wave.
onda de oscilación | gregarious wave | oscillating wave.
onda de percusión | percussion wave.
onda de polarización levógira | anti-clockwise polarized wave.
onda de polarización plana | linearly polarized wave.
onda de presión del aire que precede a la llama de una explosión de polvo de carbón (minería) | advance wave.
onda de presión impulsiva | step wave.
onda de rarefacción | suction wave.
onda de recepción | received wave.
onda de referencia | reference pilot.
onda de reposo | answering wave | compensating wave.
onda de reposo (radio) | back wave.
onda de reposo (telegrafía) | spacing wave.
onda de resalto traslacional | abrupt translatory wave.
onda de respuesta | answering wave.
onda de retorno (radio) | compensation wave.
onda de retroceso (explosión minas) | retonation-wave.
onda de solicitación (elasticidad) | stress wave.
onda de sonido (TV) | sound wave.
onda de succión | suction wave | rarefaction wave.
onda de tensión del tubo | tube voltage waveform.
onda de tierra | pilot pulse.
onda de tierra (radar) | main bang.
onda de trabajo (radio) | signal wave.
onda de tráfico (radio) | signal wave.
onda de transmisión | carrier wave.
onda de traslación de frente escarpado | steep-fronted translation wave.
onda de vuelta (al receptor de la estación emisora) | sidetone.
onda difractada | diffracted wave.
onda dinámica | shock wave.
onda dirigida | beam | directive wave.
onda distorsionada | distorted wave.
onda distorsional | distorsional wave.
onda elástica propagada en un canal sonoro | channel wave.
onda eléctrica empleada para regular la exploración (TV) | sawtooth.
onda electromagnética | E. M. wave | electromagnetic wave | electric wave.
onda electromagnética híbrida | hybrid electromagnetic wave.
onda electromagnética polarizada elípticamente sinistrorsa | left-handed polarized wave | counterclockwise polarized wave.
onda electromagnética radiada por una antena transmisora | marking wave.
onda emitida | outgoing wave.
onda en punta | spindle wave.
onda en que la dirección de propagación es normal a los desplazamientos del medio | transverse wave.
onda entretenida (radio) | sustained wave.
onda entretenida (telegrafía) | A1 wave.
onda entretenida amortiguada | I. C. wave.
onda errante | transient | migrating wave.
onda errante (electricidad) | surge.
onda espacial | sky wave | sky wave.
onda estacionaria | standing wave | stationary wave.
onda evanescente | evanescent wave.
onda excitadora | excitatory wave.
onda exclusiva | clear channel.
onda exploradora en diente de sierra | sawtoothed scanning wave.
onda explosiva | detonation wave | detonating wave | burst wave | explosion wave.
onda extendida (radio) | mush.
onda extraordinaria | X-wave.
onda freática | phreatic wave.
onda frontal | bow wave.
onda fundamental | ordinary wave | o-wave.
onda hacia adelante | forward wave.
onda hertziana | radio wave | electric wave.
onda impresional | dilatational wave.
onda impulsiva | impulse wave.
onda impulsiva bloqueada frontalmente | front-dopped impulse wave.
onda incidente | incoming wave.
onda inframilimétrica | submillimeter wave.
onda infrarroja | infrared wave.
onda infrasónica | infrasonic wave.

onda intercalada | insert wave.
onda interportadora | intercarrier.
onda ionosférica | sky wave | space wave.
onda ionosférica (radio) | ionospheric wave.
onda irruptiva | surge.
onda larga | macrowave.
onda limítrofe | boundary wave.
onda longitudinal | irrotational wave | longitudinal wave | compressional wave.
onda luminosa | light wave.
onda magnética transversal | transverse magnetic wave.
onda magnetodinámica | magnetodynamic wave.
onda magnetoiónica | magnetoionic wave.
onda magnetosónica | magnetosonic wave.
onda manipulada | keyed wave | telegraph-modulated wave.
onda marina sísmica | tsunami.
onda mesónica | meson wave.
onda migrante | moving wave.
onda milimétrica | millimeter wave.
onda modulada | interrupted continuous wave | modulated wave.
onda modulada de frecuencia audible | tone-modulated wave.
onda modulada de hiperfrecuencia | high-frequency modulated wave.
onda modulada en ángulo | angle modulated wave.
onda modulada en baja frecuencia | tone-modulated wave.
onda modulada en frecuencia o en fase | F wave.
onda modulada exteriormente | externally modulated wave.
onda modulada por frecuencia acústica | sound-modulated wave.
onda modulada por impulsos | pulse-modulated wave.
onda modulada por impulsos (telegrafía) | P1 wave.
onda modulada por impulsos en amplitud (telefonía) | P3d wave.
onda modulada por impulsos en amplitud (telegrafía) | P2d wave.
onda modulada por impulsos en duración (telefonía) | P3e wave.
onda modulada por impulsos en duración (telegrafía) | P2e wave.
onda modulada por impulsos en fase (telegrafía) | P2f wave.
onda monocanálica modulada en amplitud | single-channel amplitude-modulated carrier wave.
onda móvil transitoria | transient wave.
onda muy amortiguada (radio) | broad wave.
onda muy apuntada | sharply rising wave.
onda no sinusoidal | distorted wave.
onda ordinaria | ordinary wave.
onda parásita de intervalo (radio) | spacing wave.
onda parásita de superficie | ground roll.
onda persistente (onda no amortiguada - radio) | continuous wave.
onda piloto | pilot wave.
onda piloto (telecomunicación) | pilot tone.
onda piloto de conmutación | switching pilot | switching control pilot.
onda piloto de grupo primario | group pilot.
onda plana ortogonalizada | orthogonalized plane wave.
onda plana progresiva | travelling plane wave | traveling plane wave.
onda planal | plane wave.
onda plástica | plastic wave.
onda polarizada | polarized wave.
onda polarizada en línea | linearly polarized wave.
onda polarizada en plano | plane-polarized wave.
onda polarizada en sentido dextrorso | clockwise polarized wave.
onda polarizada en sentido siniestrorso | counterclockwise polarized wave.
onda polarizada rectilíneamente | linearly polarized wave.
onda portadora | frequency carrier | carrier wave | carrying wave.
onda portadora acentuada | exalted carrier.
onda portadora aumentada | augmented carrier.
onda portadora de imagen | picture carrier | video carrier wave | image carrier.
onda portadora de radio | radio carrier.
onda portadora desvanescente | fading carrier.
onda portadora electrizada | charge carrier.
onda portadora incrementada | exalted carrier.
onda portadora intermedia | subcarrer.
onda portadora interrumpida | interrupted carrier wave.
onda portadora modulada | modulated carrier wave.
onda portadora modulada por impulsos (radar) | radiofrequency pulse.
onda portadora multicanal (radio) | multichannel carrier.
onda portadora sin modular | unmodulated carrier.
onda portadora sinusoidal | sinusoidal carrier wave.
onda portadora sobre línea alámbrica (telecomunicación) | open-wire carrier.
onda portadora sobre línea de energía | power-line carrier.
onda portadora vídeo | visual carrier frequency.
onda portadora visual | visual carrier.
onda posterior (aviones) | tail wave.
onda progresiva | forward swing.
onda progresiva (física) | traveling wave.
onda progresiva de campo transversal | crossed-field traveling wave.
onda progresiva de cinta helicoidal | tape-helix traveling wave.
onda prolongada (explosión minas) | collision wave.
onda pulsatoria | pulsing wave | pulse wave.
onda que debe modularse | carrier wave.
onda que en un ciclo corta más de dos veces el eje cero | reentrant wave.
onda que se desplaza a lo largo de la superficie terrestre (radio) | surface wave.
onda radioeléctrica | radio wave.
onda Rayleigh | R-wave.
onda rectangular | flattopped wave | square wave | square waveform.
onda reflejada | indirect wave | reflected wave | atmospheric wave | echoed wave.
onda reflejada (explosiones minas) | reflection-wave.
onda reflejada (radio) | ionospheric wave.
onda reflejada desde la ionosfera (radio) | sky wave.
onda reflejada en la ionosfera | sky wave.
onda reflejada por la ionósfera | ionospheric wave.
onda refractada | refracted wave.
onda repentina | abrupt wave.
onda resconstituida (en su forma) | restored wave.
onda residual (radio) | back wave | spacing wave.
onda restaurada (en su forma) | restored wave.
onda retrógrada (explosión minas) | retonation-wave.
onda rotacional | rotational wave.
onda rotacional (física) | shear wave.
onda rotatoria | swashing.
onda secundaria o reflejada (radio, radar) | echo.
onda senoidal | sine wave.
onda seudosónica | pseudosonic wave.
onda sin distorsión | undistorted wave.
onda sinusoidal | sinusoidal wave | pure wave.
onda sinusoidal rectificada de onda completa | full-wave-rectified sine wave.
onda sísmica | earth wave.
onda solar de doble impulso | double impulse solar probe.
onda solitaria | standing wave.
onda solitaria (hidráulica) | solitary wave.
onda solitaria irrotacional | irrotational solitary wave.
onda sonora | swell | sound wave | acoustic wave.
onda sonora polarizada en un plano | plane polarized sound wave.
onda sostenida | sustained wave.
onda submilimétrica | submillimeter wave.
onda subportadora | subcarrier wave.
onda superficial | surface wave.
onda superficial (geofísica) | ground roll.
onda superficial de incidencia oblicua | obliquely incident surface wave.
onda supersónica | supersonic wave.
onda telepática | brain-wave.
onda telúrica | ground wave.
onda térmica | thermal pulse.
onda terrestre | ground wave.
onda TM | T M wave.
onda transmisora | carrier wave.
onda transversal | rotational wave | distortional wave | distorsional wave | transverse wave.
onda transversal (acústica) | shear wave.
onda troposférica | tropospheric wave | troposphere wave.
onda ultracorta | microwave.
onda ultrasonora de mezcla | supersonic bias.
onda vagante (hidráulica) | traveling wave.
onda vectriz | carrying wave | carrier wave | frequency carrier.
onda viajera | travelling wave.
ondámetro | wave meter | wavemeter.
ondámetro coaxial | coaxial wavemeter.
ondámetro de absorción | absorption wavemeter | absorption frequency meter | grid-dip meter.
ondámetro de cavidad resonante | resonant cavity wavemeter | resonator wavemeter | cavity wavemeter.
ondametro de resonador de cavidad | cavity resonator wavemeter.
ondámetro de resonancia | resonator wavemeter.
ondámetro heterodino de cristal piezoeléctrico | heterodyne crystal wavemeter.
ondámetro homodino | zero-beat indicator wavemeter.
onda-P | dilatational wave.
ondas acústicas iónicas | ion acoustic waves.
ondas acústicas submarinas | underwater acoustic waves.
ondas atómicas | atomic waves.
ondas aurorales | auroral waves.
ondas baroclínicas | baroclinic waves.
ondas centimétricas | superhigh frequency | cm-waves | centimetric waves.
ondas centrales | core waves.
ondas cerebrales (medicina) | brain waves.
ondas continuas controladas por el manipulador (radio) | key controlled continuous waves.
ondas continuas interrumpidas | chopped continuous waves.
ondas cortas dirigidas | directional short waves | directed short waves.
ondas curvadas por el terreno | ground-deflected waves.
ondas de carga espacial progresivas | traveling space-charge waves.
ondas de cizallamiento del manto (geología) | mantle shear waves.
ondas de compresión (sismología) | P waves.
ondas de cresta ondular | undular surge waves.
ondas de choque de implosión | imploding shock waves.
ondas de choque de ley exponencial | power-law shocks.
ondas de choque hidromagnéticas | hydromagnetic shock waves.
ondas de choque hipoenergéticas | weak shock

waves.
ondas de choque que se propagan por la explosión de hilos metálicos | exploding-wire-driven shock waves.
ondas de deformación plástica | plastic strain waves.
ondas de entropía | entropy waves.
ondas de girofrecuencia | gyrowaves.
ondas de gravedad | gravity waves.
ondas de impulso truncadas | chopped impulse waves.
ondas de polarización vertical | vertically polarized waves.
ondas de Rayleigh producidas por explosiones | explosion-generated Rayleigh waves.
ondas de solicitación (elasticidad) | stress waves.
ondas decamétricas | decametric waves.
ondas decimétricas | decimeter waves.
ondas dirigidas | guided waves.
ondas divergentes | diverging waves.
ondas elásticas dispersivas | dispersive elastic waves.
ondas elásticas transmitidas por el suelo | earthborne elastic waves.
ondas elastoplásticas planas | plane elastoplastic waves.
ondas electromagnéticas | electromagnetic waves | hyperfrequency waves.
ondas electromagnéticas milimétricas | dwarf waves.
ondas extracortas | extreme short waves.
ondas guiadas | guided waves.
ondas hectométricas | hectometric waves.
ondas hertzianas | radio waves | hertzian waves.
ondas hertzianas extragalácticas | extragalactic radio waves.
ondas hertzianas solares | solar radio waves.
ondas hipercortas | extreme short waves.
ondas inamortiguadas ininterrumpidas | uninterrupted undamped waves.
ondas infrarrojas | infrared waves.
ondas kilométricas (30-300 kilohertzios) | kilometric waves.
ondas magnetohidrodinámicas | magnetohydrodynamic waves.
ondas microbarográficas | microbarographic waves.
ondas miriamétricas | myriametric waves.
ondas no cuánticas | nonquantum waves.
ondas noidales (olas) | cnoidal waves.
ondas parásitas | interfering waves.
ondas planas ortogonalizadas | orthogonalized plane waves.
ondas que se transmiten por el interior del cuerpo | body waves.
ondas radáricas | radar rays.
ondas radáricas de guiancia | radar guidance waves.
ondas radio de baja frecuencia | LF radio waves.
ondas radio de frecuencia extremadamente baja | ELF radio waves.
ondas radioeléctricas | radio waves.
ondas radioeléctricas galácticas | galactic radio waves.
ondas radioeléctricas radioondas | radio rays.
ondas sinusoidales | singing.
ondas sinusoidales o combinación simple de ondas sinusoidales (sismogramas) | singing.
ondas sísmicas | earthquake waves.
ondas sísmicas producidas por una explosión | explosion-generated seismic waves.
ondas sonoras | sound rays.
ondas sonoras de alta frecuencia hiperamortiguadas | highly-damped high-frequency sound waves.
ondas sonoras de descarga | discharge sound shocks.
ondas sonoras polarizadas circularmente | circularly-polarized sound waves.
ondas sonoras pulsatorias de hiperfrecuencia | high-frequency pulsating sound waves.
ondas spin-ferrimagnéticas | ferrimagnetic spin waves.
ondas submilimétricas | submillimeter waves.
ondas tipo Ay facsímil | tipe Ay facsimile waves.
ondas transversales | transverse waves.
ondas transversales (geofísica) | equivolumnar waves.
ondas transversales (prospección geofísica, sismos) | shear waves.
ondas transversales (sismología) | S-waves | equivolumnar waves.
ondas transversales (sismos, prospección geofísica) | S-waves.
ondas ultracortas | very short waves.
ondas ultrasonoras | supersonic waves | ultrasonic waves.
ondeado | wavy.
ondeante | wavy.
ondear | undulate (to) | ripple (to) | curl (to).
ondear como un globo fláccido (paracaídas) | balloon (to).
ondígeno | wave gathering.
ondógrafo | ondograph.
ondograma | ondogram.
ondómetro | ondometer.
ondoscopio | ondoscope.
ondulación | wave | undulation | corrugation | crinkle | crimping | flute | ripple.
ondulación (arquitectura) | strigil.
ondulación (de la trama o urdimbre) | crimp.
ondulación (del agua) | popple.
ondulación (del pelo) | fuzziness.
ondulación (fibra de la madera) | curl.
ondulación (firmes de carreteras) | waviness.
ondulación (olas, chapas) | curling.
ondulación (radio) | wobbling.
ondulación de arcos grandes | meshy crimps.
ondulación de la corriente | current ripple.
ondulación de la corteza terrestre que escapa de la observación ordinaria | earth pulsation.
ondulación de la muela abrasiva de rectificar | grinding-wheel undulation.
ondulación de la superficie (secado de maderas) | crimps.
ondulación del colector | commutator ripple.
ondulación del chorro | jet billowing.
ondulación del impulso | pulse ripple.
ondulación del mar | roll.
ondulación del terreno | swell.
ondulación permanente | permanent wave.
ondulación regular (telas) | even-running crimps.
ondulación residual | ripple.
ondulación superficial (defecto productos planos metálicos) | buckling.
ondulación uniforme | balanced crimp.
ondulaciones | rippling | waviness | waves.
ondulaciones (carreteras, vidrio) | washboard.
ondulaciones (planchas abolladas, etcétera, de buques) | reefs.
ondulaciones coincidentes | mating serrations.
ondulaciones de la base de tiempos (radar) | grass.
ondulaciones de la carretera | road undulations.
ondulaciones de la curva | curve undulations.
ondulaciones del campo debidas a los dientes | tooth ripples.
ondulaciones del montacargas | hoist bubbles.
ondulaciones desplazables en la superficie del glaciar | traveling waves on glacier.
ondulaciones en los bordes (chapas o bandas) | riffles.
ondulaciones en los cantos (chapas) | cockles.
ondulaciones en los dientes de engranajes | gear tooth undulations.
ondulaciones en sedimentos marinos por olas o acción de corrientes | ripple marks.
ondulaciones geoidales | geoidal undulations.
ondulaciones irregulares en forma de media luna (cordón de soldadura) | fingernailing.
ondulaciones producidas por desprendimiento de hidrógeno (galvanoplastia) | gas grooves.
ondulaciones sobre la periferia de la muela abrasiva | grinding wheel waviness.
ondulaciones transversales en la superficie (lingotes) | rippled surface.
ondulaciones transversales superficiales (lingotes) | washmarking.
ondulada (alma) | wandering.
ondulado | wave shaped | wavy | wave-shaped | crinkle-finish | corrugated | fluted.
ondulado (Argentina) | pleat.
ondulado (terreno) | rolling | downy.
ondulado irregularmente | irregularly-waved.
ondulador | undulator.
ondulador magnético | magnetic undulator.
ondulante | undulating | wavy | billowy.
ondular | undulate (to) | ripple (to) | roll (to) | loop (to) | wriggle (to) | crisp (to).
ondular (agua, ríos) | popple (to).
ondular (chapas) | corrugate (to).
ondular (el cabello) | crimp (to).
ondular (telas) | crimp (to).
ondular al viento (campo de trigo) | feather out (to).
ondulatorio | pulsatory.
onerosidad | onerousness.
ónice (mineralogía) | onyx.
ónice con bandas alternas blanca y negra | black and white onyx.
ónice con capas de jaspe | jasponyx.
ónice negro | black onyx.
onimático | onymatic.
onimia | onymy.
onimizar | onymize (to).
ónimo | onym.
onix calcáreo | Algerian onyx.
onolatría | ass worship | onolatry.
onomástico | onomastic.
onomatología | onomatolgy.
onomatopéyico | echoic.
onomatoplasma | onomatoplasm.
ontímetro | omtimeter.
ontogenia (genética) | ontogeny.
ontología | ontology.
ontología cibernética | cybernetic ontology.
ontólogo | ontologist.
ontonomía | ontonomy.
onza | ounce.
onza (zoología) | mountain panther.
onzas fluidas | fluid ounces.
oocástico (geología) | oöcastic.
oociste (biología) | oöcyst.
oocito | oocyte.
oolita | oolite | ammite | egg-stone.
oolita ferruginosa | roestone.
oolito (geología) | oolite.
oología (zoología) | oology.
oólogo | oologist.
oosfera | ovum.
opacar ciertas partes del negativo (fotografía) | block out (to).
opacar ciertas partes del negativo para modificar o impedir su impresión (fotografía) | stop out (to).
opacidad | opaqueness | cloudiness.
opacidad (colores) | deadness.
opacidad (óptica) | opacity.
opacidad (pinturas) | flatness.
opacidad (placa fotográfica) | density.
opacidad (química) | milkiness.
opacidad a la impresión | printery opacity.
opacidad a las radiaciones | radiopacity.
opacidad actínica | actinic opacity.
opacidad de la llama | flame opacity.
opacidad de la pintura | paint opacity.
opacidad estelar | stellar opacity.
opacidad nuclear | nuclear opacity.
opacificación | opacification | dulling.
opacificación durante el recalentamiento (vidrio) | striking.
opacificado con titania | titania-opacified.
opacificador | opacifier.
opacificante | opaquing.
opacificante (pintura) | dimming.

opacificar | opaque (to) | dull (to).
opacimetría | opacimetry.
opacímetro | opacimeter.
opacímetro (fotografía) | plate-tester.
opacización | dulling.
opaco | opaque | nontransparent | adiaphanous | dull | lightproof | lighttight | faint.
opaco (a las radiaciones) | black.
opaco (al color) | flat.
opaco (colores) | dim.
opaco (intenso - negativo fotográfico) | dense.
opaco a la radiación calorífica de la llama | opaque to heat radiation from the flame.
opaco a las radiaciones | radioopaque | radiopaque.
opactizar | dull (to).
opal (tela) | opal | opaline.
opalescencia | opalescence.
opalescente | opalescent.
opalescer | opalesce (to).
opalina | opal glass | opaline.
opalina (cristal) | milk-glass.
opalino | opaline | opalescent.
opalizar | opalize (to).
ópalo | opalite | opal.
ópalo acuoso | aqueous opal.
ópalo arlequín | harlequin opal.
ópalo coloreado con níquel | chrysopal.
ópalo común parecido a la porcelana blanca | china opal.
ópalo con inclusiones arborescentes | dendritic opal.
ópalo con inclusiones de crocidolita | corcidolite opal.
ópalo de fuego | fire opal.
ópalo de tinte negro | black opal.
ópalo encajonado en su ganga | opal-matrix.
ópalo hidrófano | hydrophanous opal.
ópalo menilítico | bulb opal.
ópalo noble | precious opal.
ópalo perlado | pearl sinter.
ópalo precioso | firmament stone.
ópalo sin juego de colores | common opal.
ópalo-jaspe | opal-jasper.
opción | option | choice.
opción (bolsa) | privilege.
opción a la póliza | policy option.
opción a vender | put.
opción a vender al doble | put of more.
opción al titular del seguro de vida | extended term insurance.
opción de canal dedicado | dedicated channel option.
opción de compra (petróleo) | call on oil.
opción de compra de acciones | stock option.
opción de comprar según la renta pagada (apartamentos) | rental-purchase option.
opción de comprar y vender | put and call.
opción de liquidación | settlement option.
opción de tiempo compartido | time sharing option.
opción de valores garantizados | nonforfeiture option.
opción de venta | put | put option.
opción del comprador | buyer's option.
opción implícita | assumed option.
opción para cobrar por peso o volumen (transporte marítimo) | ship's option.
opción para comprar acciones | call option.
opción saldada | paid-up option.
opción sistemática | assumed option.
opcional | optional.
opcionario (bolsa) | giver of an option.
opciones de contestaciones | question length.
opciones de liquidación de una póliza (seguros) | settlement options.
opciones de respuesta | question lenght.
opciones diversas sobre los dividendos a recibir un poseedor de un seguro de vida | dividend options.
opdar (sistema lasérico para seguir cohetes) | opdar.
opeidoscopio | opeidoscope.
operable | operable.
operación | operation | actuation | process | working | dealing.
operación (cirugía) | operating.
operación (metalurgia, etc.) | process.
operación a deshora | off-hour operation.
operación a plazo | forward transaction.
operación a plazo (comercio) | forward business.
operación a término | business in future | forward transaction.
operación abierta | overt operation.
operación aérea | air operation.
operación al contado | spot trading | cash business | cash transaction.
operación al convertidor (metalurgia) | blow.
operación ambos o uno | either-or operation.
operación arseniurante | arsenizing operation.
operación automatizada | automated operation.
operación bancaria | banking business.
operación bolsista bajo cuerda | under the rule.
operación bolsista cuya liquidación se retrasa | for the account.
operación bolsista que se líquida en el momento de la transacción | for money.
operación bursátil | exchange dealing.
operación cerrada | closed trade.
operación comercial por medio de un tercer país | switch transaction.
operación con acciones | stock deal.
operación con dos variables | binary operation.
operación con entrada inmediata | spot business.
operación con riesgos (argot) | show.
operación con variables binarias | binary operation.
operación conjunta aeroterrestre | joint airground operation.
operación coordinada aeromarítima para detectar y destruir submarinos | hunter-killer operation.
operación cuidadosamente preparada | close-focussed operation.
operación de acabado antes del pulido final (lentes ópticas) | fining.
operación de avivar las llagas (muros de ladrillo) | raking-out.
operación de bolsa a precio superior que el anterior | up tick.
operación de Bolsa con opción a compra o venta | straddle.
operación de Bolsa efectuada a un precio superior que una anterior | plus tick.
operación de buscar y marcar los centros geométricos y óptico de un cristal (gafas) | centrig.
operación de búsqueda | searching process.
operación de cambiar los quemadores | burner-changing operation.
operación de cambio | currency deal.
operación de cambio (comercio) | exchange business.
operación de carga cíclica | cyclic charging operation.
operación de cargar el lingote (hornos) | pigging.
operación de clasificación | polling operation.
operación de clavar clavos en la madera para que agarre el enlucido | brandering.
operación de cobro | collection business.
operación de coincidencia de los índices | match-the-pointer operation.
operación de consolidación | funding operation.
operación de contado | spot transaction.
operación de crédito | credit transaction | credit business.
operación de dar forma a las pieles para su empleo | squaring.
operación de descarga periódica | periodic discharge operation.
operación de descuento | discount transaction.
operación de desmoldeo | stripping operation.
operación de divisas | foreign exchange deal.
operación de dosificación múltiple | multiple-dosage operation.
operación de enderezar en una prensa (barras, tubos, etc.) | gagging.
operación de extracción | stripping operation.
operación de forjar con el martinete a una forma sencilla preliminar de la final | dummying.
operación de forjar un lingote hasta convertirlo en tocho | cogging.
operación de levar anclas | anchor housing operation.
operación de limpieza de la obra viva estando el buque a flote | in-water cleaning operation.
operación de maquinización mas rápida | speedier machine operation.
operación de memoria (computadora) | memory operation.
operación de O exclusivo | exclusive OR operation.
operación de pasar un alambre alrededor de la rótula fracturada (medicina) | tiring.
operación de pesca (sondeos) | fishing job.
operación de plegar una tela para su manejo | cuttling.
operación de prensar | pressing job.
operación de quitar las raíces de los pelos y sales de cal antes de curtir (pieles) | scudding.
operación de raspar la primera capa para que agare la segunda (enlucidos) | pricking-up.
operación de reciprocidad | reciprocal transaction.
operación de reemplazo de un elemento por elemento equivalente (cristalografía) | covering operation.
operación de separación | splitter operation.
operación de servicio | bookkeeping operation | red tape operation.
operación de trámite | red tape operation.
operación de transporte | freight business.
operación de unir los diversos miembros de una estructura | framing.
operación de volver a remachar la cabeza después que se ha enfriado un poco (remachado buques) | hardening up.
operación diádica | dyadic operation.
operación directa | on line operation.
operación en canales múltiples | multichannel operation.
operación en que el agente de bolsa sólo cobra comisión del comprador | special bid.
operación en red (telefonía) | networking.
operación en tiempo real | real time operation.
operación estudiada por cronocinematografía | motion-studies operation.
operación fiscal | government operation.
operación fuera de línea | off-line operation.
operación gravada | taxable transaction.
operación horizontal | crossfoot.
operación llave en mano | turnkey operation.
operación menor (cirugía) | minor operation.
operación mercantil | commercial operation.
operación no finalizada | open trade.
operación Nor | Nor operation.
operación OR exclusivo | exclusive OR operation.
operación para abrir una roza en la parte inferior (capas de carbón) | holing operation.
operación para mantenerse fijo arrojando lastre o soltando gas (globos) | ballasting-up.
operación por teclado | key driven operation.
operación poscurtiente (cueros) | posttanning operation.
operación simultánea | parallel running.
operación sin circulación de datos | nondata operation.
operación unitaria | unit operation.
operación Y | and operation.
operacional | operational.
operaciones a prima (Bolsa) | option dealings.
operaciones anexas | housekeeping operations.
operaciones antisubmarinos | A/S operations.
operaciones con acciones sin estar en circula-

ción | when issued.
operaciones con coma decimal flotante | glops.
operaciones con divisas | exchange transactions.
operaciones con pequeños beneficios (Bolsa) | scalping.
operaciones con primas dobles | put and call.
operaciones con valores | stock and share transactions.
operaciones con valores no cotizados | unlisted trading.
operaciones contra embarcaciones menores enemigas (operaciones anfibias) | flycatcher operations.
operaciones contra tropas mecanizadas | antimechanized operations.
operaciones correlativas | sequence operations.
operaciones de abastecimiento sobre la playa | over-the-beach supply operations.
operaciones de aduana | custom clearance.
operaciones de aire a aire | air-against-air operations.
operaciones de cambio a término | exchange for future delivery.
operaciones de compraventa | trading.
operaciones de desmoldeo | knockout operations.
operaciones de dragado | dragging operations.
operaciones de exportación | export transactions.
operaciones de futuros | trading in futures.
operaciones de guerra antisubmarinos | antisubmarine warfare operations.
operaciones de limpieza después de cobresoldar | postbrazing cleaning operations.
operaciones de mantenimiento de la paz | peace keeping operations.
operaciones de montaje | assembly operations.
operaciones de opción | option dealings.
operaciones de plusvalía | value-added operations.
operaciones de puesta en forma | set-up operations.
operaciones de rastreo | dragging operations.
operaciones de reporte | contango dealings.
operaciones de terceros | outside operations.
operaciones de una elaboración | processing.
operaciones de valores realizadas fuera de la bolsa | over the counter.
operaciones del mercado libre | open market operations.
operaciones distintas de lo normal | other-than-normal operations.
operaciónes diversas desde que sale de la máquina hasta el empaquetado (papel) | finishing.
operaciones en curso | current operations.
operaciones en gran escala | major operations.
operaciones en puertos terminales | terminal operations.
operaciones entre países de moneda fuerte y depreciada | switch.
operaciones entre sucursales | inter-branch transactions.
operaciones finales | making-up.
operaciones financieras para garantizar precio fijo a la moneda durante un corto plazo | swap.
operaciones invisibles (economía) | invisible transactions.
operaciones lógicas | logical operations.
operaciones mercantiles | transactions.
operaciones para enumerar (y) analizar y diagnosticar un conjunto de dificultades | sorting out.
operaciones periféricas simultáneas | spooling.
operaciones posteriores después de terminar la ejecución de un trabajo | put-away.
operaciones previas | housekeeping operations.
operaciones que comprende el cosido (encuadernación) | forwarding.
operaciones realizadas por personal de la propia bolsa | insider dealing.
operaciones trifibias | triphibious operations.
operacionismo | operationism.
operador | signaler | engine runner | operator.
operador (cinematógrafos) | projectionist.
operador (matemáticas) | operator | operand.
operador (topografía) | instrument man.
operador afecto al registro sonoro | recordist.
operador causal | causal operator.
operador cinematográfico | cameraman.
operador de Bolsa con opción de compra o venta | straddler.
operador de cabina adscrito a la reproducción sonora | sound projectionist.
operador de conjugación de la carga | charge conjugation operator.
operador de cuadratura | quadrature operator.
operador de diferencias finitas | finite-difference operator.
operador de esperanza condicional | conditional expectation operator.
operador de grúas | crane operator.
operador de isoespín | isospin operator.
operador de la instalación | plant operator.
operador de ley cuadrática (electrónica) | squarer.
operador de linterna de proyección | lanternist.
operador de máquina | machine operator.
operador de máquinas de oficina | office machine operator.
operador de mesa de enclavamiento | leverman.
operador de paridad de la carga | charge-parity operator.
operador de perforadora | key punch machine operator.
operador de radio (aviones) | radioman.
operador de respuesta para movimiento de oscilación vertical | response amplitude operator for heave motion.
operador de salto (matemáticas) | jump operator.
operador de senioridad (matemáticas) | seniority operator.
operador de taxi aéreo | air taxi operator.
operador de telex | telex operator.
operador de transmisiones (milicia) | teller.
operador del molino de bolas | ball mill operator.
operador del proyector | maypole.
operador del reactor nuclear | reactor operator (RO).
operador del registro de discos | pancake turner.
operador del sonido (cine) | mixer | monitorman | recordist.
operador diferencial | differentiation operator | differential operator.
operador espectral en espacio de Hilbert | spectral operator on Hilbert space.
operador identidad | identity operator.
operador inexperto | inexperienced operative.
operador integral | integral operator.
operador intermedio | middleman.
operador J | J operator.
operador lineal | linear operator.
operador lineal invertible | invertible linear operator.
operador lineal regular | invertible linear operator.
operador lógico | connector.
operador lógico (informática) | logical connective.
operador lógico exclusivo | exclusive OR operation.
operador lógico variable (ordenador) | variable connector.
operador poliarmónico | polyharmonic operator.
operador que dispara un cohete de combustible líquido | valve man.
operador que trabaja cumpliendo las órdenes dadas para evitar accidentes | safe operator.
operador simetrizable | symmetrizable operator.
operador tensor | tensor operator.
operador totalmente convexo (matemáticas) | totally convex operator.
operador variacional | variational operator.
operador vectorial | vector operator.
operador vectorial lineal | linear vector operator.
operadora de la cabina (cine) | projectionette.
operadores de creación y aniquilamiento (física) | creation and annihilation operators.
operadores de serie de dígitos binarios | bit string operators.
operadores tradicionales | traditional operators.
operando | operand.
operando de palabra clave | keyword operand.
operanteefectivo | operative.
operar | operate (to) | transact (to).
operar (un remedio) | work (to).
operar con cheques de valor dudoso | kite checks (to).
operar la catarata con la aguja | needle (to).
operaratia (tejeduría) | tenter.
operaria | workwoman.
operario | workman | worker | operator.
operario adicional | extra hand.
operario apilador (laminación chapa fina) | matcher.
operario calador | pinker.
operario calador (telas, cueros, etc.) | pinker.
operario de carretilla elevadora | fork lift operator.
operario de cepilladora | planer hand.
operario de la tobera (alto horno) | nozzleman.
operario de máquina | machine operator.
operario de organcín | organziner.
operario del cribón | grizzlyman.
operario encargado de la chorreadora | sandblaster.
operario encargado de las retortas en las fábricas de gas | retortman.
operario encargado de recuperadores de calor (alto horno) | hot-blast man.
operario encargado del torno | winchman.
operario engrasador (de ejes) | fatter.
operario experto | trained operator.
operario formador | former.
operario preparador | preparer.
operario que coloca herramientas en las máquinas herramientas | tool setter.
operario que extiende el asfalto (pavimentos) | spreader.
operario que extrae el coque (hornos de cock) | puller.
operario que golpea demasiado la forma al asentarla (imprenta) | anvil-beater.
operario que maneja el platillo pulidor para distribuir el abrasivo sobre su superficie | scaife-cleaner.
operario que maneja mordientes | mordanter.
operario que maniobra la compuerta del colector de polvos (alto horno) | dustman.
operario que mira por el interior de un cañón de fusil para ver si está derecho | shade setter.
operario que saca muestras para que las analicen (hornos metalúrgicos) | sample passer.
operario que toma la pasta con el molde (fábrica papel) | vatman.
operario que trabaja en el departamento de secado (papeleras) | dry worker.
operatividad | operativity.
operatividad del helicóptero | helicopter operativity.
operativo | operative.
operculado | lidded.
opercular | cover-like.
operculiforme | lid-shaped | lid-like.
opérculo | flap | operculum.
opérculo (botánica) | cover | lid.
opérculo de caucho | rubber seal.
opérculo de plomo | lead seal.
opérculo desprendido al perforar un agujero | chad.
opérculo para cierre de la parte superior de

la lingotera | hot topping.
opinar (EE.UU.) | opine (to).
opinión | viewpoint | judgment.
opinión accesoria | obiter dictum.
opinión autorizada | opinion of value.
opinión aventurada | guesstimate.
opinión de todo el tribunal | per curiam.
opinión disconforme | dissenting opinion.
opinión generalizada | catch-all opinion.
opinión pública | public opinion.
opisómetro | opisometer | map measurer.
oploteca | museum of ancient or rare weapons | oplotheca.
oplotecario | oplothecary.
opoide | opoid.
oponente (músculo) | opponent.
oponer | offset (to).
oponer un ala (ejércitos) | refuse a wing (to).
oponer una excepción | estop (to).
oponer una excepción (jurisprudencia) | demur (to).
oponerse | traverse (to).
oponerse (deberes) | concur (to).
oponerse a | obstruct (to).
oponerse a una investigación con tácticas dilatorias | stonewall (to).
oportunidad | convenience | conjuncture | challenge.
oportuno | expedient | convenient | sortable.
oposición | conflict | controlment | challenge | opposition.
oposición (a una cátedra, etc.) | opponency.
oposición (concurso) | contest.
oposición (de puntos de ligamentos) | cutting.
oposición (exámenes) | competitive examination.
oposición (tejeduría) | stitching | locking.
oposición aérea por los cazadores enemigos | fighter opposition.
oposición de circuitos (electricidad) | bucking.
oposición de fase | phase opposition.
oposición de puntas (guarnición de carda) | point against point.
opositor | opposer.
opositor (a una cátedra, etc.) | opponent.
opossum (zoología) | opossum.
opresión (abogacía) | hardship.
opresor | extortioner.
oprimir | ride (to) | quast (to).
oprimir el botón | depress the button (to).
oprimir el disparador | pull the trigger (to).
oprimir el gatillo | pull the trigger (to).
optante | optant.
optante (bolsa) | taker of an option.
optar | opt (to).
optatividad | optativity.
optativo | optative.
óptica (ciencia) | optics.
óptica (conjunto de lentes de un faro) | optic.
óptica alineal | nonlinear optics.
óptica atmosférica | atmospheric optics.
óptica con corrector de distorsión geométrica en forma de girasol (TV en colores) | sunflower optics.
óptica con revestimiento antirreflexivo (aparatos ópticos) | coated optics.
óptica cristalográfica | crystal optics.
óptica curvilínea | nonlinear optics.
óptica de alta presión | high pressure optics.
óptica de fibra | fibre optics.
óptica de fibras fotoconductoras | fiber optics.
óptica de proyección (televisión) | projection optics | reflective optics.
óptica de transmisión de la luz en los cristales | crystal optics.
óptica electrónica | optoelectronics | optronics | optoelectronics | electro optics | electron optics.
óptica física | physical optics.
óptica fisiológica | physiological optics.
óptica fotográfica | photographic optics.
óptica fotogramétrica | photogrammetric optics.
óptica geométrica | Gaussian optics | geometrical optics.
óptica industrial | engineering optics.
óptica infrarroja de fibras | infrared fiber optics.
óptica iónica | ion optics.
óptica meteorológica | atmospheric optics.
óptica microscópica | microscopical optics.
óptica neutrónica | neutron optics.
óptica ondulatoria electrónica | electron wave-optics.
óptica quemando vapor de petróleo (faros) | petroleum-vapor-burning optics.
óptica reflectora | reflective optics.
óptica relativista | relativity optics.
óptica subacuática | underwater optics.
óptica submarina | underwater optics.
óptica televisiva | television optics.
ópticamente | optically.
ópticamente isótropo monorrefringente | optically isotropic.
ópticamente plano | optically flat.
ópticamente plano con error menor de 1/4 de banda de luz | optically flat within 1/4 of a light band.
opticidad | opticity.
óptico | optician | optic | visual.
óptico-acústico | audible and visible.
opticoelectrónico | optoelectronic.
opticomecánico | opticomechanical.
optígrafo | optigraph.
óptima capacidad del cable | optimum cable size.
optimalidad | optimality.
optímetro | optimeter | optometer.
optimización | optimisation | optimizing | optimization.
optimización de la central energética | power station optimization.
optimización de la puesta en fases (cohetes) | staging optimization.
optimización de las trayectorias estocásticas | stochastic trajectories optimization.
optimización de los servicios del puerto | optimizing of port facilities.
optimización de una trayectoria de descenso | descent trajectory optimization.
optimización en la recuperación de petróleo | enhanced oil recovery.
optimización no lineal | nonlinear optimization.
optimizado matemáticamente | mathematically optimized.
optimizador | optimizer.
optimizador de busca de los máximos (procesos) | peak-seeking optimizer.
optimizar | optimize (to).
optimizar las propiedades de las matrices de enlace | optimize the properties of bond matrices (to).
óptimo | most beneficial | topnotch.
optiscopio | optiscope.
optoelectrónica | optoelectronics.
optoelectrónico | optoelectronic.
optófono | optophone.
optófono (acústica) | optophono.
optograma | optogram.
optómetra | optometrist.
optometría | optometry | optometric | eye-testing.
optometrista | optometrist | optist.
optotipos | optotypes.
opuestamente colocado | oppositely disposed.
opuesto | opposed | reverse | contrary.
opuesto a | conflicting | hostile.
opuesto a la dirección de la corriente de aire (minería) | against the air.
opuestos (derechos) | concurrent.
opúsculo | booklet | pamphlet | tract.
oquedad | recess | cavity.
oquedad (defectos metales) | air hole.
oquedad en la caliza | shake.
oquedades (hormigones, etc.) | air voids.
orador y auditor | talker and listener.
oral | oral.
oralidad | orality.
oratorio | chapel.
orbiculación | orbiculation.
orbicular | orbicular.
órbita | orbit | path.
órbita (astronomía) | orbit.
órbita (planeta) | circle.
órbita accidentada (haz electrónico) | slalom orbit.
órbita atómica | atomic orbit.
órbita centrada sobre Marte | Mars-centered orbit.
órbita circunlunar | circumlunar orbit.
órbita circunlunar con cosmonave tripulada | manned lunar orbit.
órbita circunterrestre | circumterrestrial orbit.
órbita cislunar | cislunar orbit.
órbita cometaria | cometary orbit | comet orbit.
órbita de aparcamiento (satélites) | parking orbit.
órbita de baja altitud | low-altitude orbit.
órbita de Clarke | Clarke's orbit.
órbita de descenso (cosmonaves) | downward orbit.
órbita de espera | circular orbit.
órbita de espera (cosmonave) | parking orbit.
órbita de estabilización | parking orbit.
órbita de liberación | escape orbit.
órbita de pequeña excentricidad | low-eccentricity orbit.
órbita de reconocimiento (satélites) | reconnaissance orbit.
órbita del ojo (anatomía) | eyehole.
órbita dinámicamente estable | dynamically stable orbit.
órbita ecuatorial circular | circular equatorial orbit.
órbita electrónica | electronic orbit.
órbita elíptica de gran excentricidad | highly elliptical orbit.
órbita elíptica heliocéntrica | heliocentric elliptical orbit.
órbita elíptica inclinada | elliptic inclined orbit.
órbita elíptica muy aplastada | highly elliptical orbit.
órbita externa | outer orbit.
órbita geocéntrica | geocentric orbit.
órbita geoestacionaria | geostationary orbit.
órbita geosíncrona circular ecuatorial (satélite de comunicaciones) | Clarke's orbit.
órbita geosincrónica | geosynchronical orbit.
órbita inercial | inertial orbit.
órbita lunar | lunar orbit.
órbita muy excéntrica | high-eccentric orbit.
órbita osculatriz | osculating orbit.
órbita planetaria de satélites | planetary satellite orbit.
órbita polar circular | circular polar orbit.
órbita prevista | nominal orbit.
órbita programada | programmed orbit.
órbita satelitaria | satellite orbit.
órbita selenocéntrica | selenocentric orbit.
órbita sincrónica | stationary orbit | twenty-four hour orbit.
órbita sincrónica inclinada | inclined synchronous orbit.
orbitación | orbiting.
orbitador | orbiter.
orbital atómico | atomic orbital.
orbital atómico de valencia | valence atomic orbital.
orbital atómico normalizado | normalized atomic orbital.
orbital de enlace (física) | bond orbital.
orbital de onda estacionaria | standing-wave orbital.
orbital de valencia | valence orbital.
orbital esférico simétrico | spherically-symmetric orbital.
orbital híbrido | hybrid orbital.
orbital molecular | molecular orbital.
orbital molecular antienlazante | antibonding molecular orbital.
orbital molecular de simetría axial | axially

symmetrical molecular orbital.
orbital molecular de simetría esférica | spherically-symmetrical molecular orbital.
orbital molecular enlazante | bonding molecular orbital.
orbital P del hidrógeno | hydrogen P orbital.
orbital tetraédrico con una fuerza de Pauling de 2 | tetrahedral orbital with a Pauling strength of 2.
orbitales digonales | digonal orbitals.
orbitales hibridizados | hybridized orbitals.
orbitales moleculares antisimétricas | antisymmetric molecular orbitals.
orbitales moleculares ortogonales | orthogonal molecular orbitals.
orbitales trigonales | trigonal orbitals.
orbitando alrededor de la tierra | earth-orbiting.
orbitante | orbiting.
orbitar | orbite (to) | orbit (to).
órbitas circulares coplanares | coplanar circular orbits.
órbitas compatibles para la reunión (cosmonaves) | rendezvous compatible orbits.
órbitas de campos centrales variando según la inversa del cuadrado | inverse square central-field orbits.
órbitas para un empuje óptimo | optimum thrust orbits.
orbitómetro (astrología) | orbimeter.
orbitómetro (astronomía) | orbimeter.
orca (orcinus orca) | killer-whale.
orceína | orcein.
orchilla | archil.
orden | arranging | arrangement | word | commission | rank | method | mandate | order | order | range.
orden a cambio fijo (bolsa) | good until cancelled order.
orden a un especialista a través de un agente | give-out order.
orden básica de transmisiones | communication operation instructions.
orden cero | zeroeth order.
orden cerrada | closed indent.
orden cerrado (milicia) | close formation.
orden compradora (bolsa) | buy order.
orden compradora de un importador | indent.
orden confirmatoria | confirmatory order.
orden conjunta | order in common.
orden cronológico-alfabético | chronologic-alphabetical order.
orden cursada al banco para pagos periódicos | banker's order.
orden de abandonar el avión en vuelo y saltar en paracaídas | abandon airplane.
orden de abandonar el buque | abandon ship order.
orden de allanamiento | search warrant.
orden de aproximación | approach sequence.
orden de arresto | escape warrant.
orden de ataque | attack order.
orden de batalla | battle-array.
orden de batalla aérea | air order of battle.
orden de campaña | field order.
orden de captura | body execution.
orden de cobro | order to collect.
orden de combate | order of battle.
orden de combustión de los cilindros (motor diesel) | firing order.
orden de complejidad creciente | evolutionary order.
orden de compra | purchase order.
orden de compra a un precio concreto (bolsa) | open order.
orden de compra abierta | blanket order.
orden de compra o venta a precio corriente | market order.
orden de compra o venta a precio límite (bolsa) | limit order.
orden de compra o venta cuando la cotización alcance una cifra determinada | stop order.
orden de compra y venta de acciones idénticas | cross order.
orden de comprar o vender a precios no medianos | resting order.
orden de comprar o vender a un precio concreto (Bolsa) | at or better.
orden de comprar o vender acciones a partir de un límite cotizador | stop-loss order.
orden de comprar o vender sin tope en el precio | no-limit order.
orden de comprobación del signo menos (calculadora digital) | test-for-minus command.
orden de confrontación | collating sequence.
orden de desahucio | dispossess notice.
orden de desahucio (abogacía) | certificate of eviction.
orden de desembarco | landing order.
orden de desembarque (marina) | discharge note.
orden de despegue | takeoff order.
orden de despegue (aviación) | clearing.
orden de despido | discharge note.
orden de despido (fábricas) | marching order.
orden de destino | appointing order.
orden de detención | detainer | warrant.
orden de dspliegue (milicia) | development order.
orden de ejecución | order of completion.
orden de ejecución (abogacía) | order for enforcement.
orden de embargo | distress-warrant.
orden de embargo de crédito | garnishment.
orden de embarque | shipping order.
orden de encendido empezando por detrás 1, 5, 3, 6, 2, 4 (motores) | firing order for rear, 1, 5, 3, 6, 2, 4.
orden de entrada y registro | search-warrant.
orden de entrega | delivery order.
orden de entretenimiento | maintenance order.
orden de escala corta | short-range order.
orden de expedición | shipping order | loading order.
orden de exploración | scan.
orden de fabricación | job order.
orden de fabricación para el taller | shop manufacturing order.
orden de facetas | facet order.
orden de fusión | merge order | order of merge.
orden de giro | order for remittance | remitance order.
orden de hormigonado | concreting sequence.
orden de ignición de cilindros (motor policilíndrico) | firing order.
orden de importación | import order.
orden de inspección | inspecting order.
orden de intercalación | order of merge.
orden de la gestión | control record.
orden de liquidación | order for the settlement.
orden de los asientos | sequence of entries.
orden de marcha | marching order.
orden de marcha (aviones) | in running order.
orden de marcha (marina guerra) | order of sailing.
orden de marcha (milicia) | line of march.
orden de montaje | order of completion | assembling sequence | erection order | erection sequence.
orden de nobleza (electroquímica) | order of nobility.
orden de operaciones | operation order | combat order | operations order.
orden de operaciones (militar) | field order.
orden de operar al término de la sesión (Bolsa) | at the close order.
orden de pago | payment order | debenture | money order | draft | certificate of issue | order for payment | order of payment.
orden de pago a recepción de la mercancía | arrival draft.
orden de pago documentario | documentary payment order.
orden de pago simple | clean payment order.
orden de pasada de la tabla de arcadas (jacquard) | tie-up.
orden de pasado de la tabla de arcadas (jacquard) | cording | harness mounting | harness tie.
orden de pérdida limitada | stop-loss order.
orden de precedencia | order of precedence.
orden de preferencia para liquidar la deuda | marshalling of assets.
orden de prioridad | order of precedence.
orden de prisión | warrant.
orden de producción | order production.
orden de reacción | order of reaction.
orden de realización de una función | command.
orden de registro | search warrant.
orden de remetido | space draft.
orden de remetido en el peine | reeding order.
orden de reparación | repair order.
orden de retención de pagos | garnishment.
orden de retroceso | step-back sequence.
orden de salida | sailing orders.
orden de suministro | delivery order.
orden de suspensión | stop-loss order | stop order | freeze order.
orden de suspensión (jurisprudencia) | injunction.
orden de suspensión de la huelga | injunction to stop the strike.
orden de suspensión de un pago | stoppage.
orden de trabajo | job order | job or shop order | job-lot.
orden de trabajo (fabricación de piezas) | work order.
orden de trabajo para el taller | shop order.
orden de trabajo que va atrasada en su fabricación | overdue order.
orden de transferencia | transfer order.
orden de venta o compra de títulos según cotización | scale order.
orden decreciente | descending order.
orden decretal | decretal order.
orden del armónico espacial | order of space harmonic.
orden del día | resolution | docket | agenda for the meeting | agenda paper | agenda | order of the day.
orden del día (abogacía) | trial docket.
orden del día (jurídico) | trial docket.
orden del día (milicia) | dispatch | details.
orden del día (reuniones) | agenda.
orden del día de la conferencia | conference agenda.
orden del extranjero | export order.
orden disperso (milicia) | loose order.
orden ejecutiva | executive order | execute.
orden ejecutora de las instrucciones | control sequence.
orden en ángulo de retirada (marina) | order in two bow-lines.
orden en determinadas condiciones de vender o comprar | do not reduce order.
orden en firme | positive order.
orden en que se deben conectarse los tramos de un cable (electricidad) | factory length allocation.
orden en vigor | standing order.
orden escrita | written order.
orden general | general order.
orden inmediata de comprar o vender o no efectuarlo (bolsa) | fill or kill.
orden invertido | reverse skip.
orden judicial | precept | court order | judge's order.
orden judicial controladora de la información periodística (EE.UU.) | gag order.
orden judicial para cuestiones previas | interlocutory decree.
orden logística | administrative order.
orden nueva | fresh order.
orden o contrato para efectuar ciertos trabajos que no están incluidos en el entretenimiento corriente | project order.
orden operativa en bolsa cuando se venden en número de acciones | percentage order.

orden par | even order.
orden para cobro | collection order.
orden para compra y venta al mismo precio | matched order.
orden para empezar a filmar (estudios) | roll it.
orden para empezar la escena (cine, televisión) | give.
orden para emplear luces rojas en el interior (submarinos) | rig for red.
orden para preparar el comedor para comer | mess gear.
orden para que la cámara siga siempre al ejecutante en la escena (estudio cine) | follow.
orden para romper el fuego (artillería) | initial fire order.
orden para vender acciones en lotes y de variables precios | split order.
orden por carta | letter-order.
orden por escrito | writing order | order in writing.
orden postal de pago | postal order.
orden preestablecido | sequence.
orden preferente (para construir) | rated order.
orden que caduca después de un día (compra de valores) | day order.
orden secuente | sequent order.
orden sobre el Tesoro en cheque | Treasury warrant.
orden válida mensual (bolsa) | month order.
orden verbal | oral order.
orden verbal confirmada por escrito | verbal order confirmed in writing.
orden vigente | standing order.
orden y limpieza | housekeeping.
ordenación | ordering | management | scheduling | array.
ordenación (cálculo automático) | data processing.
ordenación a gran distancia | long-range order.
ordenación celular | cellular array.
ordenación de datos estadísticos | arrangement of statistical data.
ordenación de diodos | diode array.
ordenación de trabajos pequeños y variados (talleres) | job scheduling.
ordenación direccional | directional ordering.
ordenación inducida por esfuerzos (metalurgia) | stress-induced ordering.
ordenación inducida por laguna reticular (metalurgia) | vacancy-induced ordering.
ordenación por rangos | ranking.
ordenada | Y axis.
ordenada (geometría) | ordinate.
ordenada (persona) | neat.
ordenada (topografía) | offset | perpendicular offset.
ordenada desde la tangente (trazado de curvas) | tangent offset.
ordenada en el origen | intercept.
ordenadas (curvas) | offsets.
ordenadas desde la cuerda prolongada (replanteo de curvas) | prolonged chord offsets.
ordenadas desde la tangente (replanteo de curvas) | tangent offsets.
ordenadas en el origen | intercept.
ordenadas pares | even ordinates.
ordenadas verticales de la tangente a la curva | vertical offsets from tangent to curve.
ordenado | prescribed | right.
ordenado cronológicamente | chronologically ordered.
ordenado de nuevo | re-ordered.
ordenador | data processing machine | marshaller.
ordenador (informática) | computer.
ordenador analógico | analog computer.
ordenador auxiliar computador satélite | satellite computer.
ordenador basado en sensores | sensor based computer | sensor-based computer.
ordenador científico | scientific computer.
ordenador con dos sitemas de tratamiento | dual processor computer.
ordenador con más de una unidad central de proceso | multiprocessor.
ordenador con memoria intermedia | buffered computer.
ordenador con soporte visible | visible record computer.
ordenador contable | billing computer.
ordenador de bolsillo | pocket computer.
ordenador de circuitos de estado sólido | solid state computer.
ordenador de compilación | source computer.
ordenador de desviación de rumbo | offset-course computer.
ordenador de doble procesador (informática) | dual processor computer.
ordenador de envenenamiento | poisoning computer.
ordenador de funcionamiento en paralelo | parallel computer.
ordenador de gestión | business computer.
ordenador de gran potencia | super-scale computer | large-scale computer.
ordenador de gran velocidad | high-speed computer.
ordenador de la producción (persona) | production planner.
ordenador de la segunda generación | second generation computer.
ordenador de mesa | desk top computer.
ordenador de palabra de longitud variable | variable word length computer.
ordenador de palabras de longitud fija | fixed word length computer.
ordenador de procesos | process computer.
ordenador de pupitre | desk top computer.
ordenador de reserva | standby computer.
ordenador de secuencia (calculadoras) | sequencer.
ordenador de secuencia consecutiva | consecutive sequence computer.
ordenador de secuencia controlada automáticamente | automatic sequence-controlled calculator.
ordenador de secuencia cronológica | sequential computer.
ordenador de teclado | keyboard computer.
ordenador de turno | alloter.
ordenador de uso general | all-purpose computer.
ordenador digital | digital computer.
ordenador doméstico | home computer.
ordenador explotado en tiempo real | real time computer.
ordenador familiar | familiar computer.
Ordenador General de Pagos | Paymaster General.
ordenador híbrido | hybrid computer.
ordenador individual | personal computer.
ordenador medio | mid computer.
ordenador no fiable | kludge.
ordenador numérico | numerical computer.
ordenador objeto | target computer.
ordenador para aficionado | hobby computer.
ordenador para enseñanza | instructional computer.
ordenador para uso militar | military computer.
ordenador para usos especiales | special purpose computer.
ordenador para usos generales | general purpose computer.
ordenador personal | personal computer.
ordenador personalizado | personalized computer.
ordenador por tarjetas | tabulating card computer.
ordenador principal | host computer.
ordenador principal (sistema) | back end.
ordenador profesional | professional coumputer.
ordenador secuencial | sequential computer.
ordenador sincrónico | synchronous computer.
ordenadores maestro y periférico | master and slave computers.
ordenamiento | filing | arrangement.
ordenamiento (química) | order.
ordenamiento de frecuencias | frequency array.
ordenamiento de frecuencias (estadística) | frequency array.
ordenamiento de inventario | inventory ordering.
ordenamiento de reacción (química) | reaction order.
ordenando de nuevo | rearranging.
ordenando los términos que quedan | rearranging the remaining terms.
ordenando según las potencias descendentes de X | arranging in descending powers of X.
ordenanza | messenger boy | statute | orderly.
ordenanza (jurídico) | ordinance.
ordenanza (milicia) | man.
ordenanza (oficinas) | messenger.
ordenanza ciclista | cycle orderly.
ordenanza contra la suciedad (municipios) | antismudge ordinance.
ordenanza en el medio | middle ordinate.
ordenanza montado (milicia) | orderly.
ordenanza municipal para la edificación | building code.
ordenanza municipal sobre edificación | zoning laws.
ordenanza sanitaria | sanitation ordinance.
ordenanzas | regulation | law.
ordenanzas de construcción | zoning laws.
ordenanzas de la construcción | building bylaws.
ordenar | order (to) | sequence (to) | set (to) | file away (to) | regulate (to) | range (to) | assort (to) | arrange in sequence (to) | program (to) | store away (to) | command (to) | class (to) | enjoin (to) | enact (to).
ordenar al timonel las maniobras a hacer | conn (to).
ordenar jerárquicamente | rank (to).
ordenar la retención de pagos | garnishee (to).
ordenar por rangos (estadísticas) | rank (to).
ordenar por segunda vez | rearrangement.
ordenar que no vuele un avión | ground (to).
ordenar resultados | plant (to).
órdenes | jobs | directions.
órdenes al maquinista (buques) | engine commands.
órdenes al personal (por altavoces) | personnel paging.
órdenes al timonel | steering commands.
órdenes contrarias | instructions to the contrary.
órdenes de producción y/o proceso | types of cost system.
órdenes de trabajo de taller | shop job orders.
órdenes en contra | instructions to the contrary.
órdenes lacradas | sealing order.
órdenes pendientes | backlog.
órdenes por el gesto (milicia) | control signals.
ordeñador | milker.
ordeñadora mecánica | mechanical milker | milking machine.
ordeñar | milk (to).
ordeño | milking.
ordeño mecánico | machine milking.
ordinario | conventional.
ordinograma | flowchart.
ordinograma (informática) | flowchart.
ordinograma de fallos | fault-tree.
ordinograma de programación | programing flowchart | process chart.
ordinograma de un programa | program flowchart.
ordinograma lógico (informática) | logical flowchart.
ordir (radar) | ordir.
ordoviciano | ordovician.
oreadora de heno | hay tedder.
oreadora para heno | tedder.
orear | weather (to).
orear (minerales) | weather (to).
oreja | ear.

oreja (ancla) | palm.
oreja (de campana) | cannon.
oreja (de muelle) | eye.
oreja (de pieza) | lobe.
oreja (de zapato) | flap | tab.
oreja (periódicos) | ear space.
oreja (tuercas) | wing.
oreja de anclaje (electricidad) | outrigger.
oreja de martillo | hammer-claw.
oreja de muelle forjada | forged spring eye.
oreja del muelle | spring eye.
oreja del resorte | spring eye.
oreja marina (molusco) | abalone | ear-shell.
orejera | ear-protector.
orejera (arado) | earth-board.
orejeta | tab | snug.
orejeta (de pieza) | lobe.
orejeta (de suspensión) | nose.
orejeta (tuercas) | wing.
orejeta con taladro | eyed lug.
orejeta de alimentación | feed-in ear.
orejeta de alimentación (electricidad) | feeder ear.
orejeta de amarre | anchor ear.
orejeta de bisagra | hinge lug.
orejeta de empalme | splicing ear.
orejeta de escotilla | hatch lug.
orejeta de fijación | fastening lug | attaching lug.
orejeta de la brida | yoke ear.
orejeta de la llanta | rim lug.
orejeta de situación | locating lug.
orejeta de sujeción | anchor ear.
orejeta de suspensión | suspension eye.
orejeta de tracción | grouser.
orejeta de unión | fixing lug.
orejeta del gato | jack lug.
orejeta del sillín | seat lug.
orejeta indicial (libros) | index tab.
orejeta indicial marginal (libros) | marginal index tab.
orejeta para izar | lifting lug.
orejeta para suspender | slinging point.
orejeta que viene con la pieza fundida para sacar la probeta | test lug.
orejeta saliente | projecting lug.
orejeta terminal | terminal-lug | lug.
orejetas de fijación del cárter | housing lugs.
orejetas de fijación del motor | engine mounting lugs.
orejetas de montaje | mounting lugs.
orejetas de reglaje | adjusting lugs.
orejón (fortificación) | orillon.
orejón (fortificación antigua) | orillon.
oreo | airiness | airing.
oreo (minerales) | weathering.
oreo de banderas izándolas (buques) | air bunting.
orfebre | goldsmith | silversmith.
orfebrería | goldsmith's art.
orfebrería de la plata | silversmithery.
orfebrería del oro | goldsmithery.
orfeón (música) | choir | orpheon.
organcín | organzine | orsey.
organdí | mull | organdy.
organicidad | organicity.
organicismo | organicism.
orgánicos biodegradables | biodegradable organics.
organigrama | organizational chart | organization chart | process chart | functional chart | flow diagram | flowchart | flowchart.
organigrama administrativo | administrative chart.
organigrama central | main line flowchart.
organigrama de datos | data flow diagram.
organigrama de explotación | run chart.
organigrama de sistemas | system flowchart.
organigrama del software | organigram of software.
organigrama general | overall block diagram | process flowchart.
organigrama lógico (informática) | logical flowchart.
organismo | agency | organ | authority.
organismo acidificante | acid-forming organism.
organismo amonificante | ammonifying organism.
organismo autónomo | authority.
organismo bioluminiscente | bioluminescent organism.
organismo central | central organ.
organismo conservacionista | conservationist organism.
organismo de control | regulatory agency.
organismo director de la política | policy-making body.
organismo director de la política científica | science policy-making body.
organismo dominante (ecología) | dominant organism.
organismo estatal | state agency.
organismo legislador | law making body.
organismo planificador | planning agency.
organismo que ensucia los fondos (buques) | fouler.
organismos directores de la política científica | science policy-making bodies.
organismos fotosintéticos | photosynthetic organisms.
organismos incrustantes | fouling organism.
organismos marinos protegidos por oxígeno | oxygen-shielding marine organisms.
organismos productores de la fragancia (vinos) | flavor-producing organism.
organismos que habitan en el fondo del mar | bottom dwelling organisms.
organismos que originan la bioincrustación (calderas, condensadores de vapor) | fouling organism.
organismos que originan la suciedad de los fondos (buques) | fouling organisms.
organismos relacionados con los muertos | death dealing organisms.
organización | setup | management | organization | planning.
organización (de oficinas, etc.) | administration.
organización asesora | staff.
organización central de ventas | central selling organization.
organización comercial | marketing organization.
organización consultiva marítima | maritime consultative organization.
organización consultiva marítima internacional | intergovernmental maritime consultative organization.
organización de factorías | factory management.
organización de ficheros | file organization.
organización de gran fama por encima de cualquier crítica | sacred cow.
organización de investigación por cuenta de otras sociedades | sponsored research organization.
organización de la defensa civil | planning of civil defense.
organización de la eliminación de los desperdicios | waste management.
organización de la gestión de las empresas | management engineering.
organización de la planificación de utilidades | organizing for profit planning.
Organización de las Naciones Unidas para la Agricultura y la Alimentación | Food and Agriculture Organization of the United Nations (F.A.O.).
organización de las ventas | marketing.
organización de oficinas | office management.
Organización de Productores de la Commonwealth | Commonwealth Producers' Organization.
organización de socorro en el mar | safety of life at sea (S.O.L.A.S).
organización de un archivo determinado unívocamente por un índice | index sequential file organization.
organización del archivamiento | record management.
Organización del Tratado del Atlántico Norte (O.T.A.N.) | North Atlantic Treaty Organization (N.A.T.O.).
organización delictiva | delictual organization | criminal organization.
organización estatal | state-operated organization.
Organización Europea de Investigación Espacial | Europ. n Space Research Organization (E.S.R.O.).
organización exenta de impuestos | tax-exempt organization.
organización exterior | field organization.
organización funcional | staff organization.
organización funcional asesora pero sin facultad para decidir | staff-line.
Organización Internacional de Aviación Civil | International Civil Aviation Organization.
Organización Internacional de Normalización | International Standard Organization (ISO).
Organización Internacional de Unificación de Normas | International Organization for Standardization.
organización internacional no gubernamental | international non-governmental organization.
organización lineal | line organization.
organización matriz | parent organization.
Organización Meteorológica Mundial | World Meteorological Organization.
organización mixta con asesores y ejecutivos | staff and line organization.
Organización Mundial de la Salud | World Health Organization.
organización no combatiente | noncombatant organization.
organización no ganancial | nonprofit organization.
organización no lucrativa | nonprofit organization.
organización operativa | task organization.
organización para el arreglo de reclamaciones | claims settling organization.
Organización para la Educación | UNESCO.
organización que se preocupa del progreso | growth-minded organization.
organización secuencial de archivo (informática) | sequential file organization.
organización sin ánimo de beneficio | nonprofit organization.
organización solvente | organization of standing.
organización subversiva | subversive organization.
organización teórica | paper organization.
organización transnacional | transnational organization.
organización vertical de jefe a subordinados a través de mandos intermedios | line.
organización y asignación del personal | organizing and staffing.
organizaciones colaboradoras | collaborative organizations.
organizador | planner.
organizador (EE.UU.) | organizer.
organizador (G.B.) | organiser.
organizar | quarterback (to) | plan (to) | organize (to) | schedule (to) | operate (to).
organizar la huelga | engineer the strike (to).
organizar un programa de sondeos | engineer a drilling program (to).
organizar una feria | organize a fair (to).
organizar y preparar para el embarque una unidad combatiente | mount (to).
órgano | organ | part.
órgano (de máquina) | component.
órgano (del cuerpo) | member.
órgano (máquinas) | member.
órgano (minas) | battery stulls.

órgano activo (máquinas) | working part.
órgano adaptador (zoología) | adjustor.
órgano colegiado | associated body.
órgano colegiado superior | superior associated body.
órgano de absorción (Gnetaceas) | feeder.
órgano de bloqueo | locking device.
órgano de cálculo | arithmetic unit.
órgano de cámara (música) | chamber organ.
órgano de cañones | pipe organ.
órgano de conexión | controller.
órgano de detección | detecting element.
organo de entrada (electrotecnia) | input device.
órgano de fijación | anchoring organ | attachment member | attachment organ | attaching organ.
órgano de flautas | pipe organ.
órgano de mando | control | driving member.
órgano de máquina | unit.
órgano de publicidad | advertising medium.
órgano de salida (telecomunicación) | output device.
órgano de soporte | bearing member.
órgano de sujeción | anchoring organ | attachment organ | attaching organ.
órgano de tratamiento | processor.
órgano deliberativo | deliberative body.
órgano detector | sensing element.
órgano ejecutivo | governing body | executive committee.
órgano electrónico | electronorgan.
órgano electrónico (música) | electronic organ.
órgano fijo (máquinas) | rigid member.
órgano hilandero (arañas y gusanos de seda) | spinneret.
órgano intromitente | intromittent organ.
órgano locomotor | motile organ.
órgano luminoso de proyección mural (música) | wall-projection color organ.
órgano motor | power unit | driving member | driver.
órgano oscilante (máquinas) | rocking member.
órgano portátil (estudios cine) | groan box.
órgano publicitario | advertising medium.
órgano receptor | driven member.
órgano regulador | adjusting member.
órgano theremin | theremin.
órgano transmisor | driving part.
organoborano | organoborane.
organoclorado | organochlorated | organochlorine.
organogenia (biología) | organogeny.
organografía | organography.
organografía musical | musical organography.
organoléptico | organoleptic.
organolitio | organolithium.
organometálico | organometallic.
organometaloide | organometalloidal.
órganos (de máquinas) | parts.
órganos análogos | analogues.
órganos de maniobra | working gear.
órganos de rodadura | running gear.
órganos de transmisión | driving parts.
órganos vitales | vitals.
organosilanos | organosilanes.
organosilicio | organosilicon.
organosiloxano | organosiloxane.
organoterapia | organotherapy.
orgatrón | orgatron.
oriascopio | oriascope.
orictogeología | oryctogeology.
orictognosia | oryctognosy.
orictognóstico | oryctognostic.
orientabilidad | orientability.
orientabilidad de las paletas estatóricas | stator-blade control.
orientable | adjustable | swinging.
orientable en todas direcciones | universally steerable.
orientación | training | prospect | grid bearing | heading | bearings | position-finding | situation.
orientación (aerofotogrametría) | heading.
orientación (artillería) | bearing.
orientación (de cordilleras, etc.) | run.
orientación (de las velas) | trim.
orientación (edificios) | exposure | facing | fronting.
orientación aleatoria del grano (metalurgia) | random grain orientation.
orientación astronómica por radio | celestial radio tracking.
orientación con relación al viento (generador eólico) | weather-cocking.
orientación cristalográfica | crystallographic orientation.
orientación de base | basal orientation.
orientación de dominio predominante | preferred domain orientation.
orientación de la imagen en un sistema óptico con elementos prismáticos | attitude of image.
orientación de las velas (buques) | trim of the sails.
orientación del blanco (sonar) | aspect of the target.
orientación del dominio | domain orientation.
orientación del empuje | thrust steering.
orientación del espín nuclear | nuclear spin alignment.
orientación del grano (flujo del grano - metalurgia) | grain flow.
orientación del grano (metalurgia) | grain orientation.
orientación del haz | beam switching.
orientación del indentor de diamante | diamond indentor orientation.
orientación del tubo | bearing of tube.
orientación del velamen (buque de vela) | sailing trim.
orientación desordenada | random orientation.
orientación dimensional (petrología) | dimensional orientation.
orientación espacial | proprioception.
orientación ideológica | ideological orientation.
orientación norte (edificios) | northern aspect.
orientación nueva | fresh orientation.
orientación predominante | predominant orientation | preferred orientation.
orientación predominante del grano | preferred grain orientation.
orientación preferencial | preferred orientation.
orientación profesional | vocational guidance | occupational guidance.
orientación y enclavamiento mecánico del eje de giro con relación a una posición de referencia (giroscopios) | caging.
orientado | oriented.
orientado a la exploración del cosmos | space-oriented.
orientado al azar | randomly oriented.
orientado al norte (edificios) | northlighted.
orientado desordenadamente | randomly oriented.
orientado hacia el asunto | subject-oriented.
orientado hacia el sol | solar-oriented.
orientado paralelamente con relación a la dirección principal del laminado (probeta de tracción) | longitudinally oriented.
orientado positivamente | positively oriented.
orientado transversalmente con relación a la dirección principal del laminado (probetas de tracción) | transversally-oriented.
orientador | orientator.
orientador de carro de combate | car navigator.
oriental (gemas) | true.
orientalista | orientalist.
orientar | orient (to) | orientate (to) | point (to).
orientar (dar inclinación) | caster (to).
orientar (las velas) | trim (to).
orientar (planos) | set (to).
orientar (velas) | brace in (to) | fill (to).
orientar el grano (aceros) | grain-orient (to).
orientar el grano (orientar los cristalitos metálicos - metalurgia) | grain orientate (to).
orientar el vector duro (diamantes para trépanos de sondeo) | orient the hard-vector (to).
orientar la antena | steer the aerial (to).
orientar la caída del árbol | gun (to).
orientarse | find one's bearings (to).
oriente (de las perlas) | lustre (G.B.).
oriente (de perlas) | luster (EE.UU.).
Oriente (Países del Asia) | Orient.
oriente fino (perlas) | fine orient.
orificación (dientes) | gold inlay.
orificador (odontología) | plugger.
orificial | orificial.
orificio | orifice | mouth | aperture | hole | opening | throat.
orificio (de corola gamopétala) | throat.
orificio (máquinas) | port | porthole.
orificio abierto en la parte superior (vertedero de aforo) | notch.
orificio aforador | orifice meter.
orificio alargado de la ostiola (líquenes) | fundus.
orificio anegado (hidráulica) | orifice under water.
orificio anterior | anterior opening.
orificio biselado | beveled opening.
orificio con borde en cuarto de círculo | quadrant edge orifice.
orificio de admisión | intake port | inlet | steam port | admission port.
orificio de admisión (máquinas) | steam way.
orificio de aristas vivas | sharp-edged orifice.
orificio de aspiración | induct vent.
orificio de carga con cierre por caucho | rubber-sealed charging inlet.
orificio de casquillo | bushing barrel.
orificio de colada (metalurgia) | set.
orificio de colada de escorias | peek hole | pee-pee.
orificio de desagüe | delivery tap.
orificio de desagüe del aceite | oil drain.
orificio de descarga | outlet | eduction port.
orificio de dilatación | expansion port.
orificio de distribución (turbinas) | waterspout.
orificio de emisión | outlet | eduction port.
orificio de entrada | inlet.
orificio de entrada de gas o aire a la cámara de combustión (horno de cok) | nostril.
orificio de entrada del aire (quemadores) | airport.
orificio de entrada redondeada (hidráulica) | rounded-approach orifice.
orificio de escape | venthole | eduction port.
orificio de escape (motores) | exhaust port.
orificio de estrangulamiento | buffing passage.
orificio de evacuación | eduction port.
orificio de exhaustación | evacuation orifice.
orificio de grandes dimensiones | large orifice.
orificio de inyección | injection orifice.
orificio de lubricación | oil filler.
orificio de llegada (depósitos) | infall.
orificio de llenar | filling hole.
orificio de mina | drill hole.
orificio de paso | opening passage.
orificio de paso (ventilación minas) | reduced opening.
orificio de paso del aceite | oilport.
orificio de rebosadero | drain.
orificio de relleno | filler neck.
orificio de relleno por gravedad | gravity filling orifice.
orificio de salida | emissary | outlet | tail gate | ejection orifice.
orificio de salida de gases (armas automáticas) | port.
orificio de salida en forma de triángulo invertido | inverted triangular outlet.
orificio de surgencia (pozo petróleo) | flow bean.
orificio de toma de agua de la mar (buques) | bilge inlet.
orificio de toma en la vena contracta | vena-contracta tap.
orificio de vaciamiento | exit.
orificio de ventilación | airing hole | venthole.
orificio del vapor | steam port.

orificio dosificador | metering orifice.
orificio elástico | elastic orifice.
orificio en pared delgada (hidráulica) | standard orifice | sharp-edged orifice.
orificio en pared gruesa | opening in thick wall | orifice in thick wall.
orificio equivalente | equivalent orifice.
orificio franjeado (zoología) | fringed aperture.
orificio guía | lead hole | pilot hole.
orificio guiador | pilot hole.
orificio o entrante para colocar el pie | foot hole.
orificio obstruido (por otro cuerpo que se le pone delante) | blanked hole.
orificio ojalado | latching hole.
orificio para comprobar la posición del pistón (motores) | piston position gage hole.
orificio para el eje | spindle hole.
orificio para inyectar (moldeo por inyección) | gate.
orificio para la llave (tuercas) | hole for spanner.
orificio para limpieza (calderas) | mudhole.
orificio para lubricar el embrague | clutch weep hole.
orificio pequeño | perforation.
orificio que descarga al aire libre | free discharge orifice.
orificio reductor (bombas) | restricting orifice.
orificio soplado (cuevas marinas - EE.UU.) | spouting horn.
orificio taladrado | drilled passage.
orificios de descarga de la válvula de seguridad | relief-valve outlet-ports.
orificios de experimentación | experimental openings.
orificios de ventilación | airing holes.
origen | fountain head | initial point | root.
origen (de una palabra) | pedigree.
origen atmosférico | atmospheric origin.
origen de referencia | zero datum.
origen de un vector | tail.
origen del Universo | origination of the Universe.
origen del vector | initial point of the vector.
origen disontogénico | dysontogenic origin.
origen endohidatógeno | endohydatogene origin.
origen explosivo | explosional origin.
origen físico del sistema solar | physical origin of the solar system.
origen fulgurítico | fulguritic origin.
origen-destino de fondos (contabilidad) | flows of funds.
orígenes de los diamantes naturales | origins of natural diamonds.
originado por el flujo | flow-induced.
originado por la recesión | recession-bred.
original | fundamental.
original (copias, etcétera) | master.
original (facturas, cuadros) | original.
original (imprenta) | manuscript.
original agotado (imprenta) | all out.
original de difícil lectura (imprenta) | bad copy.
original definitivo (publicidad) | comprehensive layout.
original enviado por los periodistas que hacen información (periódicos) | copy.
original impreso (periódicos) | clipsheet.
original para reproducción fotomecánica | art copy.
original reproducible | reproducible copy.
originalidad (conservación de la forma primitiva) | originality.
originalpara la impresión (tipografía) | copy.
originar | originate (to).
orilla | margin | edge | rim | side | skirt | border | shore | brim.
orilla (Colombia) | slabs.
orilla (telas) | listing.
orilla amiga (ríos) | near bank | river line.
orilla ancantilada | cliffed shore.
orilla calada | lace border.
orilla de caída a un puño (velas) | after leech.
orilla de caída sobre el palo (vela triangular o trapezoidal envergada o izada en un palo) | luff.
orilla de la envergadura (vela triangular envergada en un estay) | luff.
orilla del agua | waterside.
orilla del lago | lakeshore.
orilla del lomo (encuadernación) | binding edge.
orilla del río | riverbank.
orilla erosionable | erodible bank.
orilla llana (ríos) | holm.
orilla negra (hojalata) | snake edge | smoky edge.
orilla opuesta (ríos) | far bank.
orilla que no se emplea como camino de sirga (canales) | heel path.
orillado con punto de surjete (costura) | serging.
orillas (Columbia) | sidings.
orillo | edge.
orillo (de paño) | selvage.
orillo (telas) | selvedge | border | list.
orillo (telas terciopelo o seda) | leisure.
orillo central | doup edge.
orillo central (telas) | center selvage.
orillo con picos (telas) | looped selvedge.
orillo de tela | cloth list.
orillo flojo (telas) | loose selvage.
orillo por hilo de arrastre | draw-thread selvedge | runner selvedge.
orillo tubular | hollow selvedge.
orinque | buoy rope | tripping line.
orinque (del ancla) | weighing line.
orinque (minas submarinas) | mooring rope. | mine mooring rope.
orinque de profundidad (minas submarinas fondeadas) | depth wire rope.
orioscopio | orioscope.
orismología | orismology | technical definition.
orismólogo | orismologist.
oriundez | nativeness.
orla | bordering | edging | trimming | skirt | cartouche | hem | list.
orla (arquitectura, heráldica) | orle.
orla (de encaje) | purl.
orla (fotografías) | fringe.
orla (libros) | ornamental border.
orla de color | color edging.
orla de combinación (tipografía) | combination border.
orla de encaje | picot edge.
orla de página | border of page.
orlar | hem (to) | border (to).
ornamentación | ornamentation | ornamental work | figuration.
ornamentación (encuadernación) | finishing.
ornamentación (techos) | fretwork | fretting.
ornamentación con molduras (arquitectura) | enrichment.
ornamentación con molduras o filetes | filleting.
ornamentación en forma de gancho (arquitectura gótica) | crocket.
ornamentación en rombos (arquitectura) | diaper.
ornamentación floreal (arquitectura gótica) | crocket.
ornamentación mudéjar | Mudejar ornamental work.
ornamentado | fretted.
ornamental | decorative.
ornamentar con baquetones o junquillos | reed (to).
ornamentar con ganchos | crocket (to).
ornamentista | ornamentist.
ornamento | decoration.
ornamento (tipografía) | adornment.
ornamento en forma de concha | scallop.
ornamento foliado | foliated ornament.
ornamento funicular (arquitectura) | godroon.
ornamento o ilustración al final de un capítulo | tailpiece.
ornar con motivos | pattern (to).
ornar con un listel | fillet (to).
ornitofagia | ornitophagy.
ornitófago | ornithophagous.
ornitófilo | ornithophilous.
ornitoide | birdlike.
ornitología | ornithology.
ornitología marina | marine ornithology.
ornitólogo | ornithologist.
ornitomancia | ornithomancy.
ornitonimia | ornithonymy.
ornitónimo | bird-name.
ornitóptero | ornithopter.
ornitorrinco | duck-billed platypus.
ornitotomía | ornithotomy.
oro | gold.
oro acicular | acicular gold.
oro aleado | alloyed gold.
oro aluvial | gulch gold.
oro amonedado | gold specie.
oro argental | argental gold.
oro batido | beaten gold | gold-leaf.
oro blanco (aleación de oro con níquel o con paladio) | white gold.
oro coloidal | collarum | collaurum.
oro con (5%) de berilio | beryllium gold.
oro corrido | placer-gold.
oro chapado | rolled gold.
oro de | pure gold.
oro de aluvión | placer-gold. | alluvial gold.
oro de baja ley | gold below the standard.
oro de copela | refined gold | cupelled gold | fine gold.
oro de espuma | float gold.
oro de ley | genuine gold | gold of standard fineness | fine gold | standard gold.
oro depositado en otra nación | earmarked gold.
oro en barras | bar gold | gold bullion | physical gold | ingot gold | bullion.
oro en estado nativo (oro libre - geología) | free gold.
oro en grandes granos | coarse quartz gold | coarse gold.
oro en hojas | leaf gold.
oro en lingotes | gold bullion.
oro en moneda | physical gold.
oro en pajuelas | gold sand.
oro en panes | gold-leaf | leaf gold.
oro en pepitas | nuggety gold.
oro en polvo | gold dust.
oro esponjoso | cake of gold.
oro evaporado | retorted gold.
oro falso | cat gold | simile gold.
oro falso en hojas | leaf-metal.
oro filoniano | reef-gold.
oro fino | fine gold | standard gold.
oro flotante | flour gold | float gold.
oro flotante (espuma de oro) | floating gold.
oro fulminante | gold fulminate.
oro granular | shotty gold.
oro herrumbroso | rusty gold | rush gold.
oro impuro | brown gold.
oro libre en pepitas | free milling gold.
oro libre en tesorería (EE.UU.) | free gold.
oro mate | frost gold | matted gold.
oro metálico | physical gold.
oro molido para dorar | shell gold | ormolu.
oro mostaza (Australia) | mustard gold.
oro musivo | mosaic gold.
oro muy fino | dust gold.
oro nativo encontrado en la zona de oxidación alta con ganga de cuarzo blanco | picture rock.
oro negro | rusty gold.
oro o plata bruta | bullion.
oro o plata de baja ley | billon.
oro o plata de ley en lingotes o pasta | bullion.
oro potable | potable gold.
oro precipitado en finas partículas | cement gold.
oro que flota al lavar el mineral | float gold.
oro quemado | retorted gold.

oro refinado | refined gold | parting gold.
oro semifino | twelve carat gold.
oro verde (oro con 10 al 25% de plata) | green gold.
orobatimétrico | orobathymetric.
orogénesis | mountain making | mountain building.
orogénesis herciniana | hercynian orogenesis.
orogenia | orogeny | orogenesis.
orogenía acadiense | acadian orogeny.
orogenia geosinclinal | geosynclinal orogeny.
orogénico | mountain-forming.
orografía | orography.
orógrafo | orograph.
orohidrografía | orohydrography.
orología | orology.
orometría | orometry.
orómetro | orometer.
oropel | imitation gold-leaf | tinsel | Dutch brass | foil | leaf brass.
oropel (cobre, 80%, y zinc, 20%) | Dutch gold.
oropimente | king's yellow | yellow arsenic.
orquesis | orchesis.
orquestación | scoring.
orquestar (música) | score (to).
orticón | orthicon | orthiconoscope.
orticón de imagen (TV) | image orthicon.
orticonoscopio | orthiconoscope | orthicon.
ortiga (veterinaria) | draining rowel | rowel.
ortigas | nettles.
orto | rising | sunrise.
orto del sol | sunrise.
orto helíaco | heliacal rising.
orto y ocaso | rising and setting.
ortoarseniato de cobalto | cobalt orthoarsenate.
ortoarsénito cúprico | copper orthoarsenite.
ortobárico | orthobaric.
ortocentro (G.B.) | orthocentre.
ortocentro (triángulos) | orthocenter.
ortocinesis | orthokinesis.
ortoclasa | orthoclase.
ortoclasa pertítica | perthitic orthoclase.
ortoclástico | orthoclastic.
ortocromática (ciencia) | orthochromatics.
ortocromaticidad | orthochromaticity.
ortocromático | orthochromatic | color-sensitive.
ortocromatismo | orthochromatism.
ortocromatizar | orthochromatize (to).
ortócrono | orthochronous.
ortoderivado | orthoderivative.
ortodescenso | orthodescent.
ortodiagonal | orthodiagonal.
ortodoncia (ciencia) | orthodontics.
ortodoncia (medicina) | orthodontia.
ortodoxia actuarial | actuarial soundness.
ortodromía | orthodromics | great circle route | orthodromy.
ortodrómico | great circle.
ortodromo | orthodrome.
ortoeje del cristal (cristalografía) | orthoaxis of the crystal.
ortófido (pórfido sin cuarzo) | orthophyre.
ortofonía | orthophony.
ortoformiato de etilo | ethyl orthoformate.
ortofosfato tricálcico | tricalcium orthophosphate.
ortofotografía | orthophotography.
ortofotografía electrónica | electron orthophotography.
ortofotoscopia | orthophotoscopy.
ortofotoscopio (aparato para transformar las fotografías clásicas en fotografías de escala uniforme) | orthophotoscope.
ortogonal (geometría) | orthographic.
ortogonal y normalizado | orthonormal.
ortogonales que se cortan | crossed orthogonals.
ortogonalidad | orthogonality | squareness.
ortogonalizar (EE.UU.) | orthogonalize (to).
ortogonalizar (G.B.) | orthogonalise (to).
ortogonante | orthogonant.
ortógono | orthogon.
ortogradia (zoología) | orthogrady.
ortogrado (zoología) | orthograde.
ortografía | spelling.
ortografía (gramática) | orthography.
ortografía fonética | phonetic orthography.
ortográfico (gramática) | orthographic.
ortógrafo | orthographist.
ortohelio (química) | orthohelium.
ortohidrógeno | orthohydrogen.
ortoisomero | o-isomeride.
ortología | orthology.
ortólogo | orthologist.
ortomagmático | intramagmatic.
ortómetro | orthometer.
ortomodular | orthomodular.
ortoneis | orthogneiss.
ortonormal | orthonormal.
ortopeda | orthopedist.
ortopedia | orthopedia.
ortopédico | orthopaedist.
ortopinacoide | orthopinacoid.
ortopiroxeno | orthopyroxene.
ortopositronio | orthopositrony.
ortopositronio (química) | orthopositronium.
ortopraxia | orthopraxy.
ortoproyector | orthoprojector.
orto-rocas | ortho rocks.
ortorradiografía | orthoradiography.
ortorrómbico | orthorhombic.
ortoscopio | orthoscope.
ortosilicato de cinc | zinc orthosilicate.
ortosiquiátrico | orthopsychiatric.
ortosismómetro | orthoseismometer.
ortostato (arqueología) | orthostat.
ortostilo | orthostyle.
ortosustitución | o-substitution.
ortotelémetro | orthotelemeter.
ortotista | orthotist.
ortotomía | orthotomy.
ortotómico | orthotomic.
ortotómico (geometría) | orthotomic.
ortotrón | orthotron.
ortotropía | orthotropy.
ortotrópicamente reforzada | orthotropically reinforced.
ortótropo | orthotropous.
ortotropo (botánica) | straight.
ortoxi | o-hydroxy.
oruga | worm | caterpillar.
oruga (tractor) | cat.
oruga (tractor oruga) | track.
oruga (tractores) | crawler track | crawler tread.
oruga podadora | cutworm.
orugas de bolsón | bagworms.
orujo | dregs of crushed olives | dregs | marc | oil greaves.
orujo de cerveza (residuo insoluble que queda en las cubas de fermentación) | brewer's grains.
orujo de manzanas exprimidas | pomace.
orujo molido | oil-meal.
orza (vasija) | gallipot.
orza a la banda | luff round.
orza central en deriva (balandros) | centerboard.
orza de deriva | leeboard.
orza desplazable verticalmente | dagger board.
orza todo (timón) | luff round.
orzada | luff.
orzada (marina) | luffing.
orzar (buque vela) | make leeway (to).
orzar (buques) | gripe (to) | scant (to).
orzar (marina) | come round (to) | luff (to).
orzar (navegación) | rounding to.
orzar a la banda | luff round (to).
orzar demasiado (marina) | steer too near the wind (to).
orzar hasta que las velas flameen | luff round (to) | luff a lee (to).
orzar todo | luff round (to).
Osa Menor (astronomía) | Little Bear.
osario | ossarium | bone-yard.
osatura | ossature.
osbstrucción con cable | cable block.
oscilabilidad | oscillatability | swingability | rockability | weavability.
oscilable | rockable | weavable.
oscilable por medio de una palanca acodada | oscillatable by a bell crank.
oscilación | oscillation | cycling | pendulation | sway | swinging | rocking | fluttering | fluctuation | libration | bob | beat | hunting.
oscilación (de la luz eléctrica por variación de la tensión de la red) | flicker.
oscilación (mecánica) | rock.
oscilación (precios) | swing.
oscilación aerodinámica | aerodynamic oscillation.
oscilación aeroelástica de hipofrecuencia (aviones) | judder.
oscilación amortiguada | damped oscillation | deadbeat.
oscilación angular periódico de las ruedas delanteras (autos) | wheel wobble.
oscilación anual | annual oscillation.
oscilación atmosférica | atmospheric tide | atmospheric oscillation.
oscilación autosostenida | self-sustained oscillation.
oscilación azimutal | hunting.
oscilación betatrónica | betatron oscillation.
oscilación constante | stable oscillation.
oscilación de fase | phase swinging.
oscilación de la fase de rejilla | grid phase shift.
oscilación de la frecuencia | frequency swing.
oscilación de la lámina vertiente (hidraúlica) | nappe oscillation.
oscilación de la mesa de 60 oscilaciones por minuto | table oscillation of 60 double strokes per min.
oscilación de la muela abrasiva de 65 oscilaciones dobles por minuto | wheel oscillation of 65 double oscillations per minute.
oscilación de los precios | price swing.
oscilación de mareas vivas | spring range.
oscilación de pequeña amplitud | dither.
oscilación de rejilla | grid swing.
oscilación de relajación | tilting oscillation.
oscilación de relajamiento (TV) | trip oscillation.
oscilación decadente | decadent oscillation.
oscilación decreciente | dying oscillation | dying-out oscillation.
oscilación del cero (aparatos) | zero wander.
oscilación del eje de la tierra | earth's wobble.
oscilación del haz | beam swinging.
oscilación del líquido en un tanque | standing wave.
oscilación del muelle | spring play | spring range.
oscilación del resorte | spring range | spring play.
oscilación del sonido (filmes) | flutter.
oscilación diurna | diurnal range.
oscilación eléctrica | hunting.
oscilación en el plano de la rotación alrededor de la charnela (palas de helicóptero) | hunting.
oscilación flexural | flexural oscillation.
oscilación forzada | forced vibration | constrained oscillation.
oscilación fugoide (aviones) | phugoid oscillation.
oscilación fundamental | fundamental swing | natural oscillation.
oscilación hipercríticamente amortiguada | overcritically damped oscillation.
oscilación independiente que se produce espontáneamente (circuito de válvula tríodo) | overlap.
oscilación lateral débilmente amortiguada (aviones) | Dutch roll.
oscilación lenta del centro de gravedad del misil en su trayectoria | weave motion.
oscilación longitudinal de largo periodo (aviación) | phugoid oscillation.
oscilación longitudinal de largo período (aviones) | phugoid oscillation.
oscilación máxima | peak swing.
oscilación mecánica | hunting.
oscilación momentánea | transient.

oscilación parásita | parasitic | singing.
oscilación pendular | phase swinging | hunting.
oscilación periódica compuesta | compound periodic oscillation.
oscilación persistente | continuous oscillation.
oscilación posible máxima | peak possible swing.
oscilación propia | self oscillation | natural oscillation.
oscilación rápida del eje longitudinal sobre el centro de gravedad respecto a una dirección con actitud establecida (misiles) | weathercock oscillation.
oscilación rítmica | hunting.
oscilación rotatoria alrededor de un eje vertical pasando por el centro de gravedad (buques, aviones) | yawing.
oscilación sinusoidal | pure oscillation.
oscilación termoacústica | thermal-acoustical oscillation.
oscilación tranquila | gentle oscillation.
oscilación transversal de la punta del electrodo durante la deposición (soldadura) | weaving.
oscilaciones amortiguadas | ringing | damped oscillations.
oscilaciones anamortiguadas | sustained oscillations.
oscilaciones antisimétricas | antisymmetric oscillations.
oscilaciones cíclicas | swing in the business cycle.
oscilaciones coherentes | coherent oscillations.
oscilaciones de baja frecuencia y gran amplitud (vibración que se propaga a lo largo del cable - líneas eléctricas aéreas) | galloping.
oscilaciones de cabeceo | pitching oscillations.
oscilaciones de cabeceo longitudinales durante el despegue (hidroaviones) | porpoising.
oscilaciones de descenso | sinking oscillations.
oscilaciones de descenso sinusoidales | sinusoidal sinking oscillations.
oscilaciones de flexión alterna (puentes colgantes) | galloping.
oscilaciones de frecuencia acústica | audiofrequency oscillations.
oscilaciones de relajación (rozamiento a pequeña velocidad) | stick slip.
oscilaciones de resaca (olas) | surf beats.
oscilaciones de un cable en movimiento vertical al arrollarse en un torno | surging.
oscilaciones del plasma (nucleónica) | plasma oscillations.
oscilaciones del rotor (motor eléctrico) | hunting.
oscilaciones eoloinducidas | wind-excited oscillations.
oscilaciones forzadas | pulled oscillations.
oscilaciones gobernadas por cristal de cuarzo | quartz-controlled oscillations.
oscilaciones inamortiguadas (radio) | undamped oscillations.
oscilaciones inamortiguadas de una superficie de control aerodinámico | buzz.
oscilaciones incesantes del regulador (pendulo del regulador) | governor dancing.
oscilaciones indeseables (altoparlante) | motor-boating.
oscilaciones inducidas por el viento | wind-excited oscillations.
oscilaciones intermitentes (amplificador de varias fases) | motor-boating.
oscilaciones lentas de cabeceo | slow pitching oscillation.
oscilaciones libres (radio) | framing oscillations.
oscilaciones luminosas | flicker.
oscilaciones magnetosónicas | magnetosonic oscillations.
oscilaciones mensuales | calendar variations.
oscilaciones no amortiguadas | undamped oscillations | sustained oscillations.
oscilaciones parásitas | singing.
oscilaciones parásitas (baliza respondedora) | squitter.
oscilaciones pendulares | hunting oscillations.
oscilaciones periódicas sin amortiguar (electricidad) | pumpage.
oscilaciones persistentes (radio) | undamped oscillations.
oscilaciones pulsatorias | pulsed oscillations.
oscilaciones sinusoidales | sine oscillations.
oscilaciones sostenidas | entrained oscillations.
oscilaciones sostenidas (radio) | undamped oscillations.
oscilaciones transitorias | ringing.
oscilaciones ultrasónicas | ultrasonic oscillations.
oscilador | vibrator | undulator | rocker | oscillator | exciter | flip-flop.
oscilador a cristal | crystal oscillator.
oscilador anarmónico | anharmonic oscillator.
oscilador armónico | harmonic oscillator.
oscilador armónico isótropo | isotropic harmonic oscillator.
oscilador armónico monodimensional | one-dimensional harmonic oscillator.
oscilador autopulsante | squegger.
oscilador coherente | coherent oscillator.
oscilador compensador de rozamientos | antistiction oscillator.
oscilador con barrido en frecuencia | frequency-swept oscillator.
oscilador con enganche de fase | phase locked oscillator.
oscilador con sintonía en serie | clapp oscillator.
oscilador continuo | free-running oscillator.
oscilador continuo controlado por cristal | free-running crystal controlled oscillator.
oscilador controlado por cristal de cuarzo | crystal-controlled oscillator.
oscilador controlador de reactancia periódica | squegging oscillator.
oscilador de acoplamiento electrónico | electron-coupled oscillator.
oscilador de acoplo catódico | electron-coupled oscillator.
oscilador de acoplo de espacio | space-linked oscillator.
oscilador de amplitud constante | constant-amplitude oscillator.
oscilador de ánodo pulsado | anode pulsing.
oscilador de arco | arc oscillator.
oscilador de audiofrecuencia | audio frequency oscillator | audio measurements | audio oscillator.
oscilador de base de tiempos | timing axis oscillator.
oscilador de bloqueo con disparado paralelo | parallel-triggered blocking oscillator.
oscilador de bloqueo controlado por tensión | voltage-controlled blocking oscillator.
oscilador de bloqueo de ciclo simple | single-shot blocking oscillator.
oscilador de cambio de frecuencia | frequency-change oscillator.
oscilador de campo de frenado | retarding-field oscillator.
oscilador de campo retardador | retarding-field oscillator.
oscilador de cavidades resonantes | pot oscillator.
oscilador de contrarreacción | feedback oscillator.
oscilador de cristal de cuarzo | quartz oscillator | quartz vibrator.
oscilador de cuarzo | quartz oscillator.
oscilador de cuarzo con compensación de temperatura | temperature-compensated quartz-oscillator.
oscilador de cuarzo con modo de vibración en flexión | flexure mode quartz oscillator.
oscilador de cuarzo multicanálico | multichannel crystal oscillator.
oscilador de chispas | spark-gap oscillator.
oscilador de descarga | relaxation oscillator.
oscilador de diapason | tuning-fork oscillator.
oscilador de diodo estabilizado por cristal de cuarzo | crystal diode oscillator.
oscilador de diodo tunel sintonizado por dispositivo YIG | YIG-tuned tunnel-diode oscillator.
oscilador de dos cristales de cuarzo | dual crystal oscillator.
oscilador de exploración de imagen (televisión) | framing oscillator.
oscilador de exploración horizontal (televisión) | flyback generator.
oscilador de extinciones | squegging oscillator.
oscilador de fase bloqueada | phase locked oscillator.
oscilador de fijación en circuito | locked-in oscillator.
oscilador de frecuencia acústica | beat-frequency oscillator | audio oscillator.
oscilador de frecuencia de batido | beat frequency oscillator | beat-frequency oscillator.
oscilador de frecuencia estable | frequency stable oscillator.
oscilador de frecuencia heterodina | beat oscillator.
oscilador de frecuencia regulable | variable-frequency oscillator.
oscilador de frecuencia subacústica | subaudio oscillator.
oscilador de frecuencia variable | signal shifter | signal shifter.
oscilador de frecuencia variable de gran estabilidad | high-stability variable frequency oscillator.
oscilador de gran precisión | high-accuracy oscillator.
oscilador de haz molecular | molecular-beam oscillator | molecular beam oscillator.
oscilador de impulsiones luminosas | light pulser.
oscilador de interrupción | quenching oscillator | quench oscillator.
oscilador de lámpara | valve oscillator.
oscilador de lámparas estabilizadas por cristal de cuarzo | crystal valve oscillator.
oscilador de línea | line oscillator.
oscilador de línea de resonancia | resonant line oscillator.
oscilador de línea estabilizada | line stabilized oscillator.
oscilador de líneas paralelas | parallel-line oscillator | parallel-rod oscillator.
oscilador de luz coherente | coherent light oscillator.
oscilador de mando | driving oscillator | control oscillator.
oscilador de mando (radio) | driven oscillator.
oscilador de mariposa | butterfly oscillator.
oscilador de microonda con sintonía por variación de voltaje | voltage-tuned microwave oscillator.
oscilador de microondas | microwave oscillator.
oscilador de microondas de diodo túnel | tunnel-diode microwave oscillator.
oscilador de microondas de electrón transferido | transferred-electron microwave oscillator.
oscilador de modulación de fase | phase-shift oscillator.
oscilador de neón | neon oscillator | neon oscilator.
oscilador de nota | note oscillator.
oscilador de onda corta | short wave oscillator.
oscilador de onda de retorno | backward-wave oscillator.
oscilador de onda reflejada | backward-wave oscillator.
oscilador de ondas amortiguadas (del infrarrojo lejano) | mass radiator.
oscilador de ondas asinusoidales | nonsinusoidal wave oscillator.
oscilador de ondas sinusoidal | sinusoidal wave oscillator.
oscilador de parámetro concentrado | lumped-parameter oscillator.
oscilador de parrilla | grate rocker.
oscilador de placa sintonizada | tuned plate

oscillator.
oscilador de potencia | power oscillator.
oscilador de puente de reacción | bridge feedback oscillator.
oscilador de pulsaciones | beat-frequency oscillator | beating oscillator.
oscilador de radiofrecuencia manipulada | keyed radiofrequency oscillator.
oscilador de reacción | feedback oscillator.
oscilador de reacción por capacidad | capacity feedback oscillator.
oscilador de red en derivación | parallel-network oscillator.
oscilador de reflexión | reflex oscillator.
oscilador de rejilla positiva | positive grid oscillator.
oscilador de rejilla sintonizada | tuned-grid oscillator.
oscilador de relajación | relaxor.
oscilador de relajación (circuito que oscila periódicamente | relaxation oscillator.
oscilador de relajamiento (radio) | blocking oscillator.
oscilador de resistencia negativa | negative resistance oscillator.
oscilador de sincronización de fase | phase-locked oscillator.
oscilador de sintonización de voltaje | voltage-tunable oscillator.
oscilador de subarmónicos con enganche de fase | phase-locked subharmonic oscillator.
oscilador de superreacción monovalvular | self-quenched oscillator.
oscilador de transconductancia negativa (electrónica) | negative transconductance oscillator.
oscilador de transistor estabilizado en amplitud | amplitude-stabilized transistor oscillator.
oscilador de triodo de microondas | microwave triode oscillator.
oscilador de tríodo estabilizado por cristal de germanio | transistor oscillator.
oscilador de tubos por modulación de velocidad | transit-time oscillator.
oscilador de ultrafrecuencia | UHF oscillator.
oscilador de un reactor | reactor oscillator.
oscilador de un reactor (nuclear) | pile oscillator.
oscilador de válvula | valve oscillator.
oscilador de válvula de vacío sintonizado en rejilla y en placa | vacuum-tube tuned-grid tuned-plate oscillator.
oscilador de visión | video oscillator.
oscilador del filamento del rectificador | rectified filament oscillator.
oscilador dinatrón | dynatron oscillator.
oscilador eléctrico regenerativo | regenerative electrical oscillator.
oscilador electrónicamente sintonizable | electronically tunable oscillator.
oscilador electrónico | electronic oscillator | electron oscillator.
oscilador en contrafase | push-pull oscillator.
oscilador en dientes de sierra | sweep oscillator.
oscilador enganchado | locked oscillator.
oscilador equilibrado | balanced oscillator.
oscilador estabilizado con cristal de cuarzo | quartz-stabilized oscillator.
oscilador estabilizado por cristal piezoeléctrico | crystal-controlled oscillator.
oscilador estabilizado por resistencia | resistance-stabilized oscillator.
oscilador estabilizador por cristal de cuarzo | quartz stabilized oscillator.
oscilador explorador | sweep oscillator.
oscilador generador de oscilaciones de relajación | squegging oscillator.
oscilador gobernado por cristal de cuarzo y modulado por impulsos | pulse-modulated crystal-controlled oscillator.
oscilador heterodino | heterodyne oscillator | beat note oscillator.
oscilador klistrón | klystron oscillator.
oscilador lineal de onda regresiva | linear backward wave oscillator.
oscilador local estable (radares) | stalo.
oscilador magnetoestrictivo | magnetostrictive oscillator.
oscilador magnetrón | magnetron oscilator.
oscilador masérico | maser oscillator.
oscilador masérico óptico | optical maser oscillator.
oscilador modulado en velocidad | velocity-modulated oscillator.
oscilador molecular sintonizable a la onda milimétrica | tunable millimeter wave molecular oscillator.
oscilador multicanálico de control de fase | phase-controlled multichannel oscillator.
oscilador para hiperfrecuencias de fase sincronizada | phase-locking microwave oscillator.
oscilador para la prueba del acoplamiento mecánico del mando de sintonía de varios circuitos | ganging oscillator.
oscilador paramétrico con enganche de fase | parametric phase-locked oscillator.
oscilador paramétrico subarmónico | parametric subharmonic oscillator.
oscilador patrón | master oscillator.
oscilador patrón de cristal de cuarzo | quartz master-oscillator | quartz master oscillator.
oscilador patrón del transmisor | transmitter master-oscillator.
oscilador patrón termoestabilizado por cristal piezoeléctrico | crystal-mantained thermally-stabilized master oscillator.
oscilador piezoeléctrico | piezoelectric oscillator | piezooscillator.
oscilador por cristal de cuarzo | quartz crystal oscillator.
oscilador por desplazamiento de fase | phase-shift oscillator.
oscilador por desplazamiento de fase RC con tres transistores | three-transistor RC phase-shift oscillator.
oscilador por hiperfrecuencias | microwave oscillator.
oscilador por trenes de impulsos lineales | linear-pulsed oscillator.
oscilador principal-amplificador de potencia | master oscillator-power amplifier.
oscilador que bate frecuencias | beat-frequency oscillator.
oscilador que genera impulsos de corta duración | blocking oscillator.
oscilador R.C | reactive-capacitive oscillator.
oscilador regulado en amplitud | amplitude-regulated oscillator.
oscilador regulado por la caída de corriente de la rejilla | grid-dip oscillator.
oscilador regulado por oscilaciones de relajación | squegger.
oscilador reversible | reversible oscillator.
oscilador servoaccionado | servoed oscillator.
oscilador simétrico | push-pull oscillator.
oscilador simétrico de líneas coaxiales | push-pull coaxial line oscillator.
oscilador sintonizado en inductancia-capacitancia | inductance-capacitance tuned oscillator.
óscilador sintonizado por resistencia eléctrica | resistance-tuned oscillator.
oscilador sintonizado por resistencia y capacitancia | resistance capacitance tuned oscillator.
oscilador subarmónico | subharmonic oscillator.
oscilador telecontrolado | labile oscillator.
oscilador telemandado | labile oscillator.
oscilador termiónico | thermionic oscillator.
oscilador termistorizado | thermistored oscillator.
oscilador transistor | transistor oscillator.
oscilador transitrón | transitron oscillator | negative transconductance oscillator.
oscilador transversal del haz | transverse-beam oscillator.
oscilador ultra-audión | ultra-audion oscillator.
oscilador ultrasónico | ultrasonic oscillator.
oscilador ultrasónico con estabilización de puente | bridge-stabilized ultrasonic oscillator.
oscilador utilizando el tiempo de trayecto | transit-time oscillator.
oscilador variable de gran estabilidad | high-stability variable oscillator.
osciladora | shaker.
oscilando axialmente | axially oscillating.
oscilando horizontalmente | horizontally oscillating.
oscilando pivotalmente en un plano horizontal | pivotally swung in the horizontal plane.
oscilante | pendulous | teetering | rolling | rocking | oscillatory | fluctuating | swinging | swing.
oscilar | pendulate (to) | swing (to) | wag (to) | librate (to) | sway (to) | oscillate (to) | reciprocate (to).
oscilar (pantalla de radar) | hunt (to).
oscilar (péndulos) | swing (to).
oscilar al unísono | oscillate in unison (to).
oscilar alrededor de | fulcrum (to).
oscilar entre | range (to).
oscilar flexando hacia arriba y hacia abajo (puentes colgantes) | gallop (to).
oscilar lentamente | sway (to).
oscilar sobre la charnela de la resistencia (pala de rotor de helicóptero) | hunt (to).
oscilatorio | oscillatory | semirotary.
oscilatorio (movimientos) | libratory.
oscilatrón | oscillatron.
oscilistor (electrónica) | oscillistor.
oscilófono | oscillophone.
oscilografía interferencial | interferential oscillography.
oscilográfico | oscillographic.
oscilógrafo | oscillograph | ondograph | pendulum wheel.
oscilógrafo (marina) | nauropometer.
oscilógrafo de alto voltaje de vacío continuo | continuously-pumped high-voltage oscillograph.
oscilógrafo de dientes de sierra rectos | linear saw-tooth oscillator.
oscilógrafo de doble haz | double beam oscillograph.
oscilógrafo de escritura directa | direct-inking oscillograph.
oscilógrafo de espejo | mirror oscillograph.
oscilógrafo de espejo amortiguado por aceite | oil-damped mirror oscillograph.
oscilógrafo de espejo móvil | moving-mirror oscillograph | moving mirror oscillograph.
oscilógrafo de onda pulsante | recurrent surge oscillograph.
oscilógrafo de rayos catódicos | cathode-ray oscillograph | cathode ray oscillograph | c.r. oscillograph.
oscilógrafo de rayos catódicos de triple barrido | triple sweep scope.
oscilógrafo de rayos catódicos de vacío permanente | sealed-off cathode-ray oscillograph.
oscilógrafo de registro fotográfico | photographically-recording oscillograph.
oscilógrafo de traza múltiple | multiple-trace oscillograph.
oscilógrafo electromagnético | electromechanical oscillograph.
oscilógrafo electrostático | electrostatic oscillograph.
oscilógrafo magnético | magnetic oscillograph.
oscilógrafo policanálico | multichannel oscillograph.
oscilógrafo rápido de rayos catódicos | high-speed cathode-ray oscillograph.
oscilógrafo registrador | recording oscillograph.
oscilógrafo registrador (geofísica) | camera.
oscilograma | cyclogram | oscillogram | oscillograph | oscillographic record | oscilloscope recording.
oscilograma (tubo rayos catódicos) | cathode ray trace.
oscilómetro | oscillometer.
osciloperturbógrafo | oscilloperturbograph.
osciloscopia por impulsos | impulse oscillos-

copy.
osciloscopio | oscilloscope | ondoscope | oscillograph.
osciloscopio catódico | oscilloscope tube | oscillograph tube.
osciloscopio comprobador | monitoring oscilloscope.
osciloscopio de coordenadas polares | polar coordinate oscilloscope.
osciloscopio de imágenes | video oscilloscope.
osciloscopio de impulsos cíclicos | recurrent surge oscilloscope.
osciloscopio de rayos catódicos | cathode-ray oscilloscope | B-scope | cathode-ray indicator.
osciloscopio de vacío continuo | continuously-evacuated oscilloscope.
osciloscopio del receptor de contrastación | monitor oscilloscope.
osciloscopio discriminador | sampling oscilloscope.
oscilosincroscopio | oscillosynchroscope.
oscilotopo | oscillotope.
oscina | frit-fly.
osculación (geometría) | osculation.
osculador (geometría) | oscular | osculatory.
oscular (anatomía) | oscular.
oscular (geometría) | osculate (to).
osculatriz (geometría) | osculatrix.
ósculo (zoología) | osculum.
oscura (fotografía) | low key.
oscurecer | overcast (to) | extinguish (to) | overlay (to) | obscure (to) | dim (to) | shadow (to) | shade (to) | cloud (to).
oscurecer (colores) | sadden (to).
oscurecer (el cielo) | blacken (to).
oscurecer las luces (en tiempo de guerra) | blackout (to).
oscurecerse | shadow (to) | cloud up (to) | cloud (to).
oscurecerse (vista) | grow dim (to).
oscurecido | dimmed.
oscurecimiento | blackout | darkness | dimming.
oscurecimiento (iluminación) | end loss.
oscurecimiento de las esquinas (televisión) | corner cutting.
oscurecimiento del borde | limb darkening.
oscurecimiento fotométrico | photometric obscuration.
oscurecimiento parcial | brownout | dimout.
oscuridad | obscurity | darkness | dark | murkiness | murk | shadow.
oscuridad (de estilo) | cloudiness.
oscuridad anticiclónica | anticyclonic gloom.
oscuridad en la que la visibilidad es menor de 600 metros | security darkness.
oscuro | shady | obscure | dark | dim | dull | noteless | murky | nonluminous.
oscuro (color) | morel.
óseo | osseous | osteal.
osículos del ramo distal (crinoides) | finials.
osificarse | harden (to).
osmia | osmia.
osmógrafo | osmograph.
osmolalidad | osmolality.
osmómetro | osmometer.
osmorregulación | osmoregulation.
ósmosis | osmosis.
osmosis de las lenguas | language osmosis.
osmosis eléctrica | electro-osmosis.
ósmosis inversa | reverse osmosis.
ósmosis invertida | reverse osmosis.
osmótico | osmotic.
oso lavador (zoología) | raccoon.
oso marsupial (zoología) | koala.
osófono (acústica) | osophone.
osófono (receptor de conducción ósea) | osophone.
osta | topping gear | vang.
osta (puntal de carga de buques) | guy.
osta del puntal de carga | derrick guy.
ostaga | tye.
ostaga (buques) | runner.
ostensible | ostensible.
ostentación | exhibition.
ostentar (un cargo) | hold (to).
osteófilo | bone seeker.
osteofima | osteophyma.
osteógeno | bone producing.
osteopetrosis (medicina) | marble bone disease.
osteotropo | bone seeker.
ostra perlífera (Princtade vulgaris - Schum) | pearl oyster.
ostraka (egiptología) | ostraka.
ostrero | oyster-park | layer | oyster bed.
ostrero flotante | flotsam.
ostricultor | oyster grower | oyster-breeder | ostreicultor.
ostricultura | ostreiculture.
OTAN | North Atlantic Treaty Organization (NATO).
otero | knob.
otoco (zoología) | egg-laying.
otófono | hearing-aid.
otolito (oceanografía) | earbone.
otoño | fall.
otorgable | executable.
otorgador de la patente | patentor.
otorgador de un reconocimiento | recognizer.
otorgamiento | granting.
otorgamiento (de documentos) | execution.
otorgamiento (de licencia) | licensing.
otorgante | grantor | licensor | concessory | maker | granter.
otorgante (de una patente) | licenser.
otorgante de licencia | licenser.
otorgante de una cesión | releaser.
otorgar | grant (to) | sign and deliver (to) | award (to).
otorgar (documentos) | execute (to).
otorgar amplios poderes | give full powers (to).
otorgar ante notario | notarize (to).
otorgar fianza | furnish a bond (to).
otorgar licencia de importación | deliver an import licence.
otorgar un contrato | draw up a contract (to).
otorgar un crédito | grant a credit (to).
otorgar un descuento | allow a discount (to).
otorgar un permiso | grant a license (to).
otorgar un poder | give procuration (to).
otorgar un reconocimiento | recognize (to).
otorgar una concesión | grant a concession (to).
otorgar una patente | grant a patent (to).
otorgar una prórroga de pago | grant an extension of the term of payment (to).
otoscopio | otoscope.
otras partidas de conciliación | other reconcilement items.
otros activos | other assets.
otros beneficios líquidos (contabilidad) | net other incomes.
otros gastos por entrega de mercancías | other delivery expenses.
otros impuestos y derechos | other taxes and licenses.
otros ingresos | other revenue.
otrosí (jurisprudencia) | furthermore.
otu (Cleistopholis patens - Engl & Diels) | otu.
ova | fresh-water alga.
ova (arquitectura) | egg.
oval | egg-shaped.
oval o elíptica | rolling.
ovalado | egg-shaped | oval.
ovalado (agujeros) | out-of-round.
ovalarse (pistones) | splay (to).
ovalidad | ovalness | ovality.
ovalidad admisible | permissible ovality.
ovalidad constante | constant ovality.
ovalidad de la pista (cojinetes de bolas) | track ovality.
ovalidad progresiva (pistones) | progressive ovality.
ovalillo | burr.
ovalización | unroundness | ovalling | ovalization.
ovalización (tubos, cilindros, etc.) | out-of-roundness.
ovalización de las ruedas | running out of true of wheels.
ovalizado (agujeros) | slotted.
ovalizar | ovalize (to) | oval (to) | make oval (to).
ovalizarse | become ovalized (to) | wear oval (to).
óvalo | oval.
óvalo pentacéntrico | five-centered oval.
ovario (arquitectura) | egg moulding.
ovas (peces, ostras, almejas) | roe.
ovas embrionadas | fecundated roe.
oveja | sheep.
oveja de cola gruesa (ovis platiyura) | fat tailed sheep.
oveja de Frisia | frisian sheep.
oveja de montaña | mountain sheep.
oveja de vientre | breeding sheep.
oveja desechada por la cría | culled sheep.
oveja frisona | frisian sheep.
oveja llena | ewe with lamb.
oveja machorra | barren ewe.
oveja preñada | ewe with lamb.
oveja rica en lana | heavily fleeced sheep.
ovejas | sheep.
ovejas de lana de calidad inferior | low-wool sheeps.
ovejeta plana | flat lug.
ovicida | egg killer.
oviforme | egg-shaped.
ovillado | ball winding.
ovillado (plegado en ovillos) | balling.
ovillador | slubber.
ovillador (operarios tejidos) | baller.
ovillador sobre cartón | card winder.
ovilladora | clew winder.
ovilladora (máquina) | ball winder.
ovilladora de varias testas | multiple balling machine.
ovillar | clew up (to) | spool (to) | wind (to) | wind up (to).
ovillar (tejeduría) | ball (to).
ovillo | reel | clew | bobbin.
ovillo (de hilo o cordel) | ball.
ovillo (hilo) | hank.
ovillo cónico | conical cheese.
ovillo cruzado | cross ball.
ovillo cruzado (tejeduría) | cheese.
ovillo de algodón | cotton ball.
ovillo de plegado cruzado | cross-wound cheese.
ovillo de tendido de cable telefónico | wire dispenser.
ovíparo | egg-producing.
ovíparo (zoología) | egg-laying.
ovipositor (zoología) | ovipositor.
oviscapto (entomología) | borer.
ovívoro | egg-eating.
ovnis | ufos.
ovoga (Poga oleosa - Pierre) | ovoga.
ovoide | egg-shaped | oviform | ovaloidal | ovoid.
ovoide pequeño | boulet.
óvolo | ovolo | ovolo molding | quirk.
óvolo (capitel dórico) | ovum | egg.
óvolos y dardos (adorno de una moldura) | egg and tongue.
ovoproducto | ovoproduct.
ovoscopio | egg tester.
ovulación | ovulation.
óvulo | ovule.
owyheelita | silver-jamesonite.
oxácido | oxygen-acid | oxyacid.
oxalato | oxalate.
oxalato ceroso | cerium oxalate.
oxalato de etilo | ethyl oxalate.
oxalato ferroamónico | iron-ammonium oxalate.
oxálico | oxalic.
oxazolina | oxazolin.
oxhidrilo | hydroxyl.
oxiacetileno (química) | oxyacetylene.
oxiácido | oxyacid.
oxiácido fosforescente | oxyacid phosphor.
oxianión | oxyanion.

oxibitumen | oxy-bitumen.
oxibromuro | oxybromide.
oxibromuro de plomo | oxybromide lead.
oxicefalia | steeple head.
oxicloruro de bismuto | pearl-white.
oxicloruro de plomo y cobre | cumengeite.
oxicortado | torch cut | gas-cut.
oxicortado a medida | flame-cut to shape.
oxicortado a su tamaño | flame-cut to size.
oxicortado sobre plantilla | flame-cut to profile.
oxicortadora con plantilla | profile burning machine.
oxicortadora gobernada fotoeléctricamente | photoelectrically-controlled flame cutting machine.
oxicortar | gas-cut (to) | oxycut (to) | flame cut (to) | torch cut (to).
oxicortar los cantos de chapa | flame-plane (to).
oxicorte | oxycutting | flame cut | flame-cutting.
oxicorte (corte por llama oxiacetilénica) | gas cutting.
oxicorte a espejo | mirror cutting.
oxicorte a máquina | machine flame-cutting.
oxicorte con fundente | flux-oxygen cutting.
oxicorte con inyección de fundente | flux-injection oxygen cutting.
oxicorte con inyección de un fundente químico | flux-injection cutting.
oxicorte con polvo rico en hierro | iron-rich powder gas cutting.
oxicorte con simetría especular | mirror cutting.
oxicorte con una corriente de polvo de hierro | oxyacetylene powder cutting.
oxicorte cubriendo la pieza con una capa de agua de unos 6 milímetros para eliminar la distorsión | underwater cutting.
oxicorte de acero al níquel cubriendo la pieza con chapas de acero bajo en carbono | flux cutting.
oxicorte de cantos de chapa | flame profiling.
oxicorte mecánico | mechanical flame-cutting.
oxicorte mecanizado | mechanized gas cutting.
oxicorte por arco (electrotecnia) | oxy-arc cutting.
oxicorte por gas con fundente químico | chemical-flux gas cutting.
oxicorte según plantilla | oxygen profiling.
oxicorte submarino | underwater cutting.
oxidabilidad | oxidizability | oxidability.
oxidable | oxidable | oxidizable.
oxidación | oxidizing | oxidizement | scale | scaling | oxygenation.
oxidación (reacción química) | deelectronation.
oxidación anódica | anodic oxidation.
oxidación atmosférica | atmospheric oxidation.
oxidación biológica | biological oxidation | biologic oxidation | biooxydation.
oxidación bioquímica | biochemical oxidation.
oxidación catastrófica | catastrophic scaling | catastrophic oxidation.
oxidación catastrófica inducida por escoria | slag-induced catastrophic oxidation.
oxidación controlada por difusión | diffusion-controlled oxidation.
oxidación controlada por reacción | reaction-controlled oxidation.
oxidación de ácidos grasos | fatty acid oxidation.
oxidación de aleaciones de níquel en atmósferas industriales de aire húmedo con bióxido de azufre | fogging.
oxidación de impurezas por vertimiento del caldo para exponerlo al aire (refino del estaño) | tossing.
oxidación de la turba húmeda por oxígeno o aire a 170-200 ºC y presión de 15 a 30 Kgs./cm^2 | wet combustion.
oxidación de microgránulos de diamante | oxidation of diamond powder.
oxidación degradativa | degradative oxidation.
oxidación electroquímica | electrochemical oxidation.
oxidación en atmósfera quieta | stagnant air oxidation.
oxidación energética | energetic oxidation.
oxidación enérgica | strong oxidation.
oxidación enzímica | enzymatic oxidation.
oxidación esponjosa | spongy oxidation.
oxidación esponjosa a altas temperaturas (aceros con gran proporción de molibdeno) | piecrust oxidation.
oxidación heterogénea (cascarilla) | heterogeneous scale.
oxidación intergranular rápida a altas temperaturas (aleaciones de cromoníquel y ferrocromoníquel) | green-rot.
oxidación interior | internal oxidation.
oxidación interna (aleaciónes) | subscale formation.
oxidación logarítmica | logarithmic oxidation.
oxidación luminiscente | luminescent oxidation.
oxidación para extracción de electrones en reacciones químicas | de-electronation.
oxidación parabólica | parabolic oxidation.
oxidación por calentamiento (metalurgia) | heat-tinting.
oxidación por mojadura después del decapado (varillas) | rusting.
oxidación preferente | preferential oxidation.
oxidación producida por el arco eléctrico | arc-causing oxidation.
oxidación progresiva | eremacausis.
oxidación química | chemical oxidation.
oxidación radiolítica | radio-oxidation.
oxidación rápida (lubricantes) | gumminess.
oxidación selectiva | selective oxidation.
oxidación térmica superficial (metalurgia) | fire coat.
oxidado | rusty | oxidized.
oxidado en la masa | internally oxidized.
oxidado interiormente | internally oxidized.
oxidado por corriente de aire (aceites) | blown.
oxidado por frío (aceros) | cold wild.
oxidante | oxidant | oxidizer | oxifier.
oxidante (llama) | sharp.
oxidante fotoquímico | photochemical oxidant.
oxidante para el propulsor cohético | rocket motor oxidant.
oxidante triturado | crushed oxidizer.
oxidar | oxidate (to) | oxidize (to) | tarnish (to) | oxygenate (to).
oxidarse (chapas) | pit (to).
oxidarse (espesarse - aceites) | gum (to).
oxidarse catastróficamente | oxidize catastrophically (to).
oxidarse en su agujero (clavos, tornillos) | rust in (to).
oxidasa | oxidase.
oxidasa-indofenol | indophenol-oxidase.
oxidiometría | oxidiometry.
óxido | oxide.
óxido ácido | acidic oxide.
óxido anfotérico | intermediate oxide.
óxido arsenioso | white arsenic | arsenic | arsenic blanc.
óxido básico | basic oxide.
óxido bórico | boron oxide.
óxido cálcico | quicklime.
óxido cobáltico | cobaltic oxide.
óxido cobaltocobáltico | tricobalt tetroxide.
óxido colorante | ceramic colorant.
óxido cúprico hidratado | blue verditer.
óxido cuproso | red copper oxide.
óxido cuproso (química) | copper suboxide.
óxido de aluminio elutriado | elutriated aluminum oxide.
óxido de aluminio fundido | alowalt.
óxido de aluminio granular y poroso | activated alumina.
óxido de azufre | sulfur oxide.
óxido de bario | baryta.
óxido de bario (química) | barytes.
óxido de berilio | beryllia | beryllium oxide.
óxido de berilio calentado a alta temperatura | high-fired beryllium oxide.
óxido de calcio | caustic lime | burned lime.
óxido de carbono | carbonic oxide gas | white damp.
óxido de cerio | ceri-rouge.
óxido de cinc | zinc oxide.
óxido de cinc en polvo | putty-powder.
óxido de cinc impuro | tutty.
óxido de cobalto | cobalt black.
óxido de cobalto reducido por hidrógeno | hydrogen-reduced cobalt oxide.
óxido de cobre | copper oxide.
óxido de cobre rojo | cuprous oxide.
óxido de cromo pasivo | passive chromium oxide.
óxido de deuterio | deuterium oxide | heavy water.
óxido de disprosio | dysprosia.
óxido de erbio | erbia.
óxido de estaño | tin-oxyde.
óxido de estaño (pulimento del vidrio) | putty-powder.
óxido de estaño levigado | levigated tin oxide | mild polish.
óxido de etileno | ethylene oxide.
óxido de etileno estéril | sterile ethylene oxide.
óxido de europio | europia | europium oxide.
óxido de germanio | germanium oxide | germania.
óxido de hierro | iron oxide.
óxido de hierro carbonatado | iron spar.
óxido de holmio | holmia.
óxido de lantano | lanthana.
óxido de litio | lithium oxide.
óxido de magnesio (MgO) | magnesium oxide.
óxido de manganeso | black wad.
óxido de plomo | red lead oxide | litharge.
óxido de plutonio | plutonium oxide.
óxido de silicio | silicon oxide.
óxido de silicio sin impurificar | undoped silicon oxide.
óxido de tierras raras | rare-earth oxides.
óxido de titanio | titanium oxide | anatase.
óxido de uranio | urania.
óxido de uranio ligeramente enriquecido | low-enriched uranium oxyde.
óxido de zinc | zinc white.
oxido de zinc hidratado | zinox.
óxido exfoliado | exfoliated oxide.
óxido férrico | iron buff | iron rust | jeweler's rouge | purple oxide | ferrugo | crocus.
óxido férrico hidratado | hydrohematite | needle ironstone.
óxido ferrosoférrico | magnetic oxide | ferrosoferric oxide.
óxido fritado | fritted oxide.
óxido hidratado | hydrous oxide.
óxido hidratado de manganeso | cobaltiferous wad.
óxido interno | subsurface oxide.
óxido magnético | magnetic oxide.
óxido magnético de hierro | magnetic oxide of iron.
óxido metálico o no metálico empleado para dar color a cerámicas | color oxide.
óxido metálico sinterizado | ceramic metal.
óxido mezclado | mixed oxide.
óxido mixto | mixed oxide.
óxido natural | self oxide.
óxido negro de cobre | black copper oxide.
óxido niquélico | black nickel oxide.
óxido nitroso | nitrous oxide.
óxido petrógeno | rock-forming oxide.
óxido pulverizado | sputtered oxide.
óxido rojo de plomo | orange red | orange mineral.
óxido salino | mixed oxide | oxysalt.
oxidorreducción | oxidation-reduction | oxido-reduction.
oxidorresistente | oxidation-resistant | rust-resisting | scale-resisting.
óxidos de metales de transición | transition metals oxides.
óxidos globulares (aceros) | globular oxides.
óxidos y sales de tungsteno | oxides and salts

of tungsten.
oxídulo | lower oxide.
oxienlaces | oxy-bonds.
oxigenación | oxygenation.
oxigenado | oxygenous | oxygenated.
oxigenado (viento alto horno) | oxygenated.
oxigenar | oxygenize (to) | oxygenate (to).
oxigenar la colada de acero inoxidable al níquel | sweeten the melt (to).
oxígeno | oxygen.
oxígeno biológico | biological oxygen.
oxígeno de conexión (química) | bridging oxygen | bridge oxygen.
oxígeno de precalentamiento | preheating oxygen.
oxígeno de puente (química) | bridging oxygen.
oxígeno de pureza media | tonnage oxygen.
oxígeno disuelto | dissolved oxigen (do).
oxígeno industrial | tonnage oxygen.
oxígeno industrial en gran cantidad (acerías) | tonnage oxygen.
oxígeno intergranular | intergranular oxygen.
oxigeno liquido | lox.
oxígeno ozonizado | ozonized oxygen.
oxígeno puente (química) | oxygen-bridge.
oxígeno quimioadsorbido | chemisorbed oxygen.
oxígeno residual en el lingote | residual ingot oxygen.
oxígeno salino | compound oxide.
oxigenólisis | oxygenolysis.
oxigenoterapia | oxygenotherapy | oxygen therapy.
oxigeófilo (botánica) | humus-dwelling.
oxígrafo | oxygraph.
oxihemoglobina | oxyhaemoglobin.
oxihidrógeno | oxyhydrogen.
oxilófilo (botánica) | humus-loving.
oxiluminiscencia | oxiluminescence.
oxiluminiscencia (tejidos de algodón) | oxyluminescence.
oxímetro (medicina aviatoria) | oximeter.
oxina | oxine.
oxiniobato | oxyniobate.
oxiquinolina | carbostyril.
oxisal | acid salt.
oxisoldar | flame-weld (to).
oxisulfato de plomo | lead oxysulphate.
oxitaladrado | flame drilling.
oxoalcohol | oxo-alcohol.
oyente | listener.
ozacromo | ozachrome.
ozigo (Pachylobus buttneri - Engl) | ozigo.
ozocerita | ozocerite | native paraffin.
ozokerita extraída del lignito | lignite wax.
ozokerita refinada | ceresin.
ozonador | ozonizer.
ozoniado | ozonic.
ozónico | ozonic.
ozonida | ozonide.
ozonífero | ozone-producing.
ozonización | ozonizing | ozonation | ozonization.
ozonizador | ozonier | ozonizor | ozonator | ozonizer | ozonizator.
ozonizar | ozonize (to).
ozono | ozone | activated oxygen.
ozono líquido | liquid ozone.
ozonólisis | ozonolysis.
ozonómetro | ozonometer.
ozonoscopio | ozonoscope.
ozonosfera | ozone layer or ozonosphere | ozone stratum | ozonosphere | ozone layer.
ozonoterapia | ozonotherapy.
ozoquerita | ozokerite | montan wax | earth wax.
ozoriga (Saccoglottis gabonensis - Urban) | tssoua.
ozotipia (fotografía) | ozotype.

P

p | dub (to).
pabellón | ensign.
pabellón (arquitectura, heráldica, anatomía, joyería) | pavilion.
pabellón (de embudo) | flare.
pabellón (de la oreja) | conch.
pabellón (de libros, flores, máquinas, etc.) | stand.
pabellón (receptor telefónico) | earcap.
pabellón (ventilador) | stack.
pabellón de armas | pile.
pabellón de fusiles | stack.
pabellón de oficiales | officer's mess.
pabellón del almirante | admiral's flag.
pabellón nacional | flag.
pabellón para libros | bookstand.
paca | bale.
paca (de paja) | bale.
paca de lana | woolpack.
pacer en un campo | eat off a field (to).
paciente | sufferer.
paciente anciano | aged patient | elderly patient.
paciente geriátrico | elderly patient | aged patient.
paciente no hospitalizado | outpatient.
paciente que requiere ser transportado en camilla | litter patient.
pacífico | peaceable.
pacotilla (de un marinero) | private cargo.
pactar en daño de tercero | collude (to).
pacto | agreement | contract | contract | dealings | deal.
pacto de adición | better purchaser agreement.
pacto de desarme | disarmament pact.
pacto de mejor comprador | better purchaser agreement.
pacto de no agresión | nonagression pact.
pacto de retro | redemption agreement.
pacto de retroventa | repurchase agreement.
pacto en contrario | agreement to the contrary.
pacto entre caballeros | gentlemen's agreement.
pacto laboral | labor pact.
pacto oral | assumpsit.
pacto salarial | salary pact.
pacto social | partnership agreement.
pacto socioeconómico | socioeconomical pact.
pacto solidario (abogacía) | separate covenant.
pacto verbal | verbal lease.
pacto verbal cumplido por ambas partes | executed oral agreement.
pactos entre alcistas y bajistas | accommodation trades.
pactos usuales | usual covenants.
pachuca (tratamiento de minerales de uranio) | pachuca.
padauk (Pterocarpus indicus - Wild) | narra.
padauk (Pterocarpus indicus - Willd) | padauk.
padauk (Pterocarpus macrocarpus - Kurz) | Burma padauk.
padauk (Pterocarpus marsupium) | vengai.
padauk índico (Pterocarpus dalbergioides) | yoma-wood | Andaman padauk.
padauk índico (Ptrerocarpus delbergioides - Roxb) | Andaman redwood.
pader del oscilador | oscillator padder.
padouk (Pterocarpus macrocarpus - Kurz) | pradoo | pradu.
padre | parent.
padre (precursor radioactivo) | parent.
padre nuclear (nucleónica) | nuclear parent.
padre putativo | reputed father.
padrinazgo | sponsorship.
padrón | registry | poll | taxpayer roll.
paga | earnings | pay.
paga adelantada | dead horse.
paga con descuento por sanción | docking.
paga de beneficios | wage dividend.
paga en especie (no en metálico) | store pay.
paga extra de Navidad | Christmas bonus.
$paga extraordinaria | extra pay.
paga por horas extraordinarias | call-back pay.
paga por servicio en ultramar | overseas pay.
paga total percibida a excepción de las deducciones | take-home pay.
pagable | disbursable | payable.
pagable (deudas) | dischargeable.
pagable en moneda local | payable in local currency.
pagadera por | be paid by (to).
pagadero | payable | due.
pagadero (letras) | mature.
pagadero a la orden | payable to order.
pagadero a la orden de | payable to the order of.
pagadero a la presentación | due on demand.
pagadero a la vista | due on demand | payable at sight | payable on demand.
pagadero a mí mismo (cheques) | pay self.
pagadero a nosotros mismos | pay selves.
pagadero a plazo vencido | payable in arrear.
pagadero a su destino | payable at destination.
pagadero a su presentación | payable at sight.
pagadero al portador | made out to bearer | payable to bearer.
pagadero al portador (comercio) | payable to bearer.
pagadero al vencimiento | payable at maturity.
pagadero con el pedido | cash with order.
pagadero contra entrega | payable on delivery.
pagadero contra reembolso | be paid cash on delivery (to).
pagadero en (efectos) | domiciled in | domiciled at.
pagadero por adelantado | payable in advance | prepayable.
pagadero por bancos | due from banks.
pagadero por cheque | payable by cheque.
pagado | paid-up | paid up | paid | settled.
pagado (G.B.) | honoured.
pagado a | to whom paid.
pagado de más | overpaid.
pagado íntegramente | paid in full.
pagado parcialmente | part-paid.
pagado por adelantado | prepaid.
pagado por completo | completely paid up.
pagado por el patrono | employer-paid.
pagado por el remitente (correos) | prepaid.
pagado puntualmente | duly paid.
pagador | payer | parter | disburser | disbursing clerk | paymaster | purser.
pagador (banco) | teller.
pagador a plazos | reliquary.
pagador a su debido tiempo | prompot payer.
pagador de ventanilla (bancos) | paying teller.
pagador seguro | good pay.
pagaduría | pursership | pay office | paymaster's office | disbursable office.
pagaduría militar | finance department.
pagamento | payment | paying.
pagamento en especies (no en dinero) | truck system.
pagar | pay (to) | return (to) | cash (to) | liquidate (to) | discharge (to) | disburse (to) | effect payment (to) | meet (to) | pay out (to) | pay off (to).
pagar (deudas) | satisfy (to).
pagar (efectos comerciales) | honor (to).
pagar (letras) | take up (to).
pagar a cuenta | pay on account (to).
pagar a escote | club (to).
pagar a la entrega | pay on delivery (P.O.D.) (to).
pagar a plazos | pay by installments (to) | pay in installments (to) | pay by instalments (to).
pagar a prorrateo | club (to).
pagar adelantado | prepay (to).
pagar al contado | pay in cash (to).
pagar al vencimiento | pay when due (to) | take up (to).
pagar anticipadamente | prepay (to).
pagar através de cheque | send a cheque in settlement (to).
pagar con cheque | pay by cheque (to).
pagar con exceso | overpay (to).
pagar daños y perjuicios | pay damage (to) | pay damages (to).
pagar demasiado | overpay (to).
pagar el derecho | toll (to).
pagar el precio total a plazos mensuales | pay off the price in monthly instalments (to).
pagar el total en mensualidades | pay off the price in monthly instalments (to).
pagar la letra a su vencimiento | meet the bill when due (to).
pagar la suma íntegra (bancarrotas) | pay twenty shillings in the pound (to).
pagar los cupones | redeem coupons (to).
pagar los derechos de aduana | pay duty on (to) | custom (to).
pagar menos de lo que vale | underbuy (to).
pagar por adelantado | pay in advance (to) | prepay (to) | advance (to).
pagar por completo | pay up (to) | pay off (to).
pagar puntualmente | pay promptly (to).
pagar rescate | pay ransom (to).
pagar rigurosamente | pay promptly (to).
pagar totalmente | pay in full (to).
pagar un cheque | pay a check (to).
pagar un efecto | meet a bill (to).
pagar una cuenta | pay an account (to).
pagar una deuda | acquit (to).
pagar una letra | pay a bill (to) | meet a bill (to) | honor a bill (to) | take up a bill (to).
pagar una letra antes de su vencimiento | retire a bill (to).
pagar y despedir a un empleado | pay off (to) | pay off an employee (to).
pagaré | i.o.u (I owe you) | I.O.U. | I owe you | promissory note | promissory note | bond | note of hand | note.
pagaré a la vista | demand note.
pagaré a largo plazo | long-term note.
pagaré comercial | trade note.
pagaré con derecho de ejecución | judgment note | judgement note.
pagaré con garantía | collateral note.
pagaré con opción de pago adelantado | acceleration note.
pagaré con opción de pago anticipado | acceleration note.
pagaré con resguardo | collateral note.
pagaré de favor | accommodation bill | accommodation note.
pagaré del Tesoro | Treasury note.
pagaré del Tesoro a corto plazo | Treasury bill.
pagaré en pago de una deuda | bill of debt.
pagaré especial | ballon.
pagaré garantizado en acciones | stock note.
pagaré garantizado por acciones | stock note.
pagaré hipotecario | mortgage note.
pagaré hipotecario al portador | bearer mortgage note.
pagaré librado judicialmente | receiver's certificate.
pagaré para compra de material móvil (ferrocarril - EE.UU.) | equipment note.
pagaré prendario | collateral note.
pagaré sin endoso | single-name paper | single-name paper.
pagaré sin garantía | unsecured note.
pagaré sin interés | noninterest bearing note.
pagaré solidario | joint promissory note.
pagaré vencido | due-bill | due bill.
pagarés a cobrar | notes receivable.
pagarés a cobrar a largo plazo | long-term notes receivable.
pagarés descontados | notes discounted.
pagarés garantizados | secured promises.
pagarés no aceptados a su vencimiento | notes dishonored at maturity.
pagarés renovados | renewed notes.
pagarés vencidos no cobrados al vencimiento | notes dishonored at maturity.
pagaya (remo) | paddle.

pagaya doble (remo) | double paddle.
página | page | folio.
página apaisada | broad page.
página comprobante (anuncios) | tear sheet.
página con la esquina doblada | dog's eared page.
página con letras más pequeñas que lo especificado | short page.
página con los márgenes cortados muy estrechos (libros) | bled-off page.
página con numeración par | back page.
página de continuación (formulario) | overflow page.
página de guarda (libros) | blank page.
página de la derecha | odd-numbered page | right-hand page.
página de la izquierda (libros) | even-numbered page | even page.
página de texto apretado | closely-packed page.
página de título | title page.
página delante de una sección (libros) | divisional title.
página doblada en forma apaisada (más ancha que alta) | broad fold.
página en blanco (imprenta) | blank page.
página entera | full page.
página impar | right-hand page | odd-numbered page.
página izquierda del libro | back page.
página par | reverse page.
página par (libros) | even-numbered page | even page.
página par (verso) | verso.
paginación | paging.
paginación (ordenadores) | memory paging.
paginación discrecional | demand paging.
paginación por bloques | block paging.
paginar | number pages (to).
páginas claramente impresas | distinctively tinted pages.
páginas empasteladas (imprenta) | broken matter.
páginas que preceden al texto (libros) | front matter.
pagmatita | Cornish stone.
pago | repayment | acquittal | honouring | payment | paying.
pago (cancelación - deudas) | discharge.
pago (de cuenta) | settlement.
pago (de deudas) | satisfying | satisfaction.
pago a buena cuenta | in part payment.
pago a buena cuenta (obras) | progress payment.
pago a cuenta | payment on account | in part payment | remittance on account | advance cash | advanced payment | part payment | progress payment.
pago a destajo | piece wage rate | lump-sum payment.
pago a la entrega | cash on delivery.
pago a plazo vencido | payment in arrear.
pago a plazos | payment by installments | periodic payment | installment payments | installment plan.
pago a su entrega | payment on delivery.
pago a tanto alzado | lump-sum payment.
pago adelantado | advancement.
pago al contado | pay cash down | spot cash | prompt cash | prompt payment | cash | down payment.
pago al contado con transporte a cargo del comprador | cash and carry.
pago al contado y transporte por el comprador | cash-and-carry payment.
pago al realizar el pedido | cash with order.
pago antes de la entrega | C.B.D. (cash before delivery) | cash before delivery.
pago antes de su vencimiento | prepaying | payment before maturity.
pago anticipado | payment in advance | prepayment | advance payment | imprest.
pago bajo protesto | payment under protest.
pago complementario | extra payment.
pago completo | full payment.
pago con productos (comercio) | clearing.
pago contra conocimiento de embarque | cash against bill of lading.
pago contra documentos | payment against documents | cash against documents | documents against payment.
pago contra entrega documentaria | documents against payment (D/P).
pago contra envíos parciales | payment against part shipments.
pago de aranceles | payment of duties.
pago de asistencia | assistance payment.
pago de ayuda | assistance payment.
pago de compromiso | ex gratia payment.
pago de entrada | down payment | in-payment.
pago de facturas | settlement of accounts.
pago de gastos | defrayment.
pago de gratificaciones por horas extras | pyramiding.
pago de lo que no se debe | payment of what not is due | solutio indebiti.
pago de los derechos de aduana | payment of duties.
pago de prima | payment of premium.
pago de sueldos atrasados | retroactive payment.
pago de transferencia | transfer payment.
pago de un juicio legal | payment of legal suit.
pago de una reclamación | adjustment of a claim.
pago de una reclamación sin ser obligatoria | ex gratia payment.
pago de una vez | single payment.
pago del impuesto por el contribuyente al recibir los ingresos | pay-as-you-go policy.
pago del saldo | payment of the balance.
pago del usuario | user charge.
pago después del protesto | payment supra protest.
pago diferido | postpayment | overdue payment | deferred payment.
pago efectivo con pedido | C.B.D. (cash before delivery).
pago eléctronico | electronic payment.
pago en cuenta corriente | payment on open account.
pago en dinero | money payment.
pago en dólares | dollar payment.
pago en efectivo y entrega al instante | cash basis delivery.
pago en especie | income in kind | payment in kind.
pago en exceso | overpayment.
pago en libras esterlinas | sterling payment.
pago en mercancías o géneros a los obreros | truck.
pago en metalico | specie payment.
pago en numerario | money payment.
pago en partes (impuestos) | pay-as-you-go policy.
pago en producción (pozos) | production payment loan.
pago en señal | token payment.
pago escalonado | deferred payment | progress payment | periodic payment.
pago fiatorio | bail payment.
pago global | lump-sum payment | single payment.
pago ilegal para incumplir condiciones laborales | kick-back.
pago incompleto | underpayment.
pago inicial | inpayment | down payment.
pago inmediato | down payment.
pago íntegro | full payment | in full settlement.
pago mediante trabajo personal de una deuda | indenture servant.
pago mensual | monthly fee.
pago para cubrir un déficit | deficiency payment.
pago parcial | instalment | installment | partial payment | part payment.
pago parcial (obras) | progress payment.
pago parcial en señal de una obligación | token payment.
pago por adelantado | payment in advance | cash in advance | prepaid | prepay.
pago por carta de crédito | payment by letter of credit.
pago por carta de crédito irrevocable | payment by irrevocable letter of credit.
pago por cuotas | installment plan.
pago por entrega de bienes | payment in kind.
pago por fletamento | charter money.
pago por letra | draft payment.
pago por seguridad social | social security payment.
pago previa aceptación | payment by acceptance.
pago retrasado | overdue payment.
pago según el volumen extraído (minas) | fathom tale.
pago sobre la marcha (impuestos) | pay-as-you-go.
pago suplementario del flete | extra freight.
pago sustitutivo de la tasa | equivalent tax.
pago vencido | due payment | overdue payment.
pagoda de tostado (elaboración whisky) | toasting pagoda.
pagos | moneys paid out.
pagos a cuenta | ex-gratia payments.
pagos a cuenta de impuestos (economía) | interim tax payments.
pagos a título gracioso | ex-gratia payments.
pagos adicionales por mano de obra y compensaciones | labor allowances and make up.
pagos al contado | money's.
pagos bilaterales | bilateral settlements.
pagos cuantiosos | considerable payments.
pagos de compra a plazos | hire-purchase payments.
pagos de consideración | considerable payments.
pagos de la seguridad social | welfare payments.
pagos del principal (préstamos) | principal payments.
pagos diferidos | accrued expenses | accrued charges.
pagos efectuados | outward payment.
pagos en especie | payments in kind.
pagos escalonados | progress payments.
pagos fiscalizados | taxable pay.
pagos gravables | taxable pay.
pagos marginales | side payments.
pagos parciales | installments.
pagos parciales deudores con sus intereses hasta su liquidación | merchant's rule.
pagos por reclamaciones | claims payments.
pagos por subvención | deficiency payment.
pagos preferentes | preference payments.
pagos recibidos | inward payments.
pagos retrasados | accrued charges.
pagos trimestrales | quarterly payments.
pagos y cobros | payment and collection.
pague según gane (impuestos) | pay-as-you-earn.
páguese a la orden de | pay to the order of.
páguese al portador | pay to bearer.
paibelote | fore and after | fore-and-aft schooner.
paila | caldron | pan | boiler | copper cauldron | cauldron.
paila (fábrica azúcar) | teache.
paila de clarificar (clarificadora - azúcar) | clearing pan.
paila de hierro | iron pan.
pailebot | pailebot.
paillón (esmalte sobre metales) | paillon.
painel (puerta de madera) | mullion.
painel de identificación (tropas terrestres) | panel.
painel de señales (milicia) | marking panel.
painel marcador de sectores de playa (desembarcos) | beach marker.
pairear (buques) | heave to (to).
país | land | nation.
país abundante en bosques | forest-rich country.

país accidentado | intersected country.
país acreedor | creditor country.
país algodonero | cotton-growing country.
país árido | arid country.
país asilante | asylum-granting country.
país caro | dear country.
país cerealista | grain-producing country.
país comprador | purchasing country.
país constructor | country of build.
país cubierto | enclosed country.
país de construcción | country of build.
país de destino | country of destination.
país de monocultivo | single crop country.
país de origen | country of origin | origin country | source country.
país de tránsito | transit country.
país desarrollado | developed country.
país en vía de desarrollo | developing country.
país exportador | country of exportation.
país exportador de carne | meat-exporting country.
país fronterizo | border-land.
país ganadero | cattle-raising country.
país hispanófono | Spanish-speaking country.
país hispanohablante | Spanish-speaking country.
país importador de cereales | grain-importing country.
país importador de combustible | fuel importing country.
país llano | flat country | plain country.
país muy industrializado | highly-industrialized country.
país neutralista | neutralist country.
país no apto para movimientos de carros de combate | nontank country.
país notificante | notifying country.
país productor | producing country.
país que prefiere los motores diesel | oil engine-minded country.
país que tiene el mapa hecho | mapped country.
país retrasado industrialmente | industrially-backward country.
país subdesarrollado | less developed country.
país suministrador | supplying country.
paisaje | landscape.
paisaje (cuadro) | landscape.
paisaje de guerra | warscape.
paisaje esculpido glaciarmente | glacially sculptured landscape.
paisaje pedológico | soil landscape.
paisajismo | landscape work.
paisano | civilian | civvy | fellow-countryman.
países anglohablantes | English-speaking countries.
países del bloque Oriental | eastern bloc countries.
países económicamente retrasados | economically underdeveloped countries.
países fronterizos | contiguous countries.
países participantes | participating countries.
países productores de materias primas | primary producing countries.
países que emplean el sistema métrico | metric-using countries.
paja | straw.
paja (para sombreros) | pedal.
paja centenaza | rye straw.
paja de centeno | rye straw.
paja de cereales | cereal straw.
paja de trigo | wheat straw.
paja menuda | chaff.
paja para chupar un líquido | oat.
paja trenzada | braid.
pajaril (navegación a vela) | passaree.
pájaro | bird.
pájaro bobo | auk | penguin.
pájaro cantor | warbler.
pájaro de vuelo bajo | low-flyer.
pajaro matamoscas | fantail.
pájaro melifago | honey bird.
pájaro velero | long-flight bird.
pajizo (Colombia) | mulch.
pajoso (hierro) | flawy | flawed.
pajuela | flake.
pajuela (de oro) | particle.
pajuelas de oro | float gold | float.
pajuelas metálicas | float mineral.
pajuzo (agricultura) | mulch.
pakuri (Platonia insignis) | tataré.
pakuru (Platonia insignis) | bacury.
pala | shovel | spade | spade | slice | muck-stick.
pala (caballos, herbívoros) | nipper.
pala (calzado) | wamp.
pala (cuchara - excavadoras) | dipper.
pala (de calzado) | upper.
pala (de remo) | float | broad.
pala (fabricación hierro al carbón vegetal) | staff.
pala (hélice) | blade.
pala (remos) | peel | blade.
pala (zapato) | vamp.
pala automática | crab | grab.
pala carbonera | coal scoop.
pala cargadora (tractor) | loader.
pala cargadora de ataque frontal | front-end loader.
pala cargadora descargando hacia atrás por encima del chasis | overloader.
pala con puño de asa | D handle shovel.
pala currentilínea (hélices) | streamline blade.
pala curvada anticlásticamente | anticlastically curved blade.
pala de amasar (arena moldeo) | bat.
pala de arrastre | pulls hovel | scraper drag | dish.
pala de arrastre (agricultura) | skidding pan.
pala de arrastre de volteo | dump scraper.
pala de arrastre giratoria | rotary scraper.
pala de bisagra | hinge plate | hinge blade.
pala de cable de arrastre | drag scraper | boom dragline | cable scraper | dragline excavator | dragline.
pala de camión | motoshowel | motoshovel.
pala de cargar chatarra a mano (horno Siemens) | peel.
pala de cuchara | scoop shovel.
pala de cuchara de arrastre | slip scraper.
pala de cucharón | bucket grab.
pala de cucharón rascador | scraper drag.
pala de dientes | pronged shovel.
pala de empuje | dozer shovel.
pala de enhornar (panadería) | battledore.
pala de fogonero | firing shovel | fire shovel.
pala de forja | scoven.
pala de hélice | screw blade | propeller blade.
pala de hélice de madera lamelar | laminated-wood propeller blade.
pala de irrigación | Dutch scoop.
pala de madera de 1 metro^2 al final de un palo de unos 3 metros de longitud y empleado para remover el mosto en la cuba de fermentación (fabricación cerveza) | horse.
pala de mano | scoop.
pala de media rotación | half-swing shovel.
pala de moldeador | molder's peel.
pala de peleteros | furrier's bat.
pala de plantar (Argentina, Costa Rica) | planting mattock.
pala de punta redonda | round-point shovel.
pala de rable | rabble plate.
pala de recoger la basura | dust-pan.
pala de remo | oar float.
pala de remo (G.B.) | wash.
pala de revés liso | plain-back shovel.
pala de rotación completa | full revolving shovel.
pala de rotor (helicópteros) | wing.
pala de rotor semirrígida | teetering rotor blade.
pala de tela metálica (salinas) | colander shovel.
pala de tiro | dragshovel.
pala de tractor | dozer shovel | front-end shovel.
pala de un hacha | bit.
pala de vapor de brazo largo | long-boom steam shovel.
pala del estator | stator blade.
pala del rotor que retrocede (helicópteros) | retreating rotor blade.
pala electroaccionada | electric-powered shovel.
pala escavadora | shovel excavator.
pala estatórica de incidencia regulable | variable-incidence stator blade.
pala excavadora | loading dig | diggster | digger.
pala hidráulica de arrastre | hydraulic scraper.
pala hueca de acero (hélice aviones) | hollow steel blade.
pala inclinada hacia atrás (hélices) | skewed-back blade.
pala mecánica | power shovel | dredging-machine | loader | navvy excavator | shovel | shovel dredger.
pala mecánica de volteo | conway shovel | tip shovel.
pala mecánica excavadora (minas a cielo abierto) | stripping shovel.
pala mecánica montada sobre orugas | crawler-mounted shovel.
pala mecánica remolcable | traction shovel.
pala neumática | spader | clay spade.
pala niveladora | skimming shovel.
pala ojival (hélices marinas) | ogival blade.
pala para balasto | ballast shovel.
pala para barro | mud-shovel.
pala para carbón | scoop shovel.
pala para enhornar (panadería) | oven-peel.
pala para fango | mud-shovel.
pala postiza de hélice | detachable propeller blade | movable propeller blade.
pala rascadora | scraper.
pala recogedora (de topadora angular) | angling blade.
pala retrocavadora | back digger | backdigging shovel.
pala rotórica hidroenfriada | water-cooled rotor blade.
pala separable | detachable blade.
pala sobre tractor | tractor shovel.
pala transportadora | hauling scraper.
pala zanjadora | ditching shovel.
palabas parónimas por la pronunciación | paronymous words by the pronuntiation.
palabra | word | speech.
palabra acronimizada | acronymized word.
palabra anticuada | disused word.
palabra artificial | logatom.
palabra clave | descriptor | master-word | codeword | catchword | key-word | keyword.
palabra clave en el contexto | kwic | key-word-in-context.
palabra clave fuera del contexto | key word out of context.
palabra comprimida respecto al tiempo | time-compressed speech.
palabra compuesta | compound.
palabra dada | parole.
palabra de almacenamiento (informática) | storage word.
palabra de compaginación | edit word.
palabra de dirección en canal | channel address word.
palabra de doble entonación | double-stressed word.
palabra de edición | edit word.
palabra de estado (programa) | status word.
palabra de honor | parole.
palabra de llamada | call word.
palabra de máquina | machine word.
palabra de ordenador | computer word.
palabra de paso | password.
palabra de uso corriente | word in every use.
palabra deformada (televisión) | scrambled speech.
palabra derivada | derivative.
palabra extrangera naturalizada | denizen.
palabra extranjera | foreignism.
palabra fantasma (diccionarios) | ghost word.
palabra grupo | group item.
palabra homófona | homophone.

palabra hueca | word empty of meaning.
palabra índice en la cabecera de columna para indicar el artículo de comienzo o fin de página | catchword.
palabra inusitada | unused word.
palabra monosemántica | monosemantic word.
palabra muy usada | word in every use.
palabra numérica | numeric word.
palabra o frase abreviada | proword.
palabra optativa | optional word.
palabra parámetro | parameter word.
palabra polisemántica | polysemantic word.
palabra prestada (de otra lengua) | loan-word.
palabra reservada | key word.
palabra subrayada | underscored word.
palabra técnica mal empleada | malapropism | malaprop.
palabra vacía de sentido | word empty of meaning.
palabras congéneres | cognate words.
palabras del mismo origen | cognate words.
palabras en paralelo (telefonía) | word-parallel.
palabras injuriosas | abusive language.
palabras inscritas (en el recto de un efecto comercial) | enfacement.
palabras isónimas | isonyms words.
palabras parónimas por el acento | paronymous words by the accent.
palabras por minuto | WPM.
palabras tomadas de otra lengua | borrowed words.
palacio de Justicia | courthouse.
palada (de remo) | stroke | pull.
paladiado | palladium plating | palladium-coating.
paladiar | palladium-coat (to).
paladiar (tratar con paladio) | palladinize (to).
paladinizar (tratar con paladio) | palladinize (to).
paladio (Pd) | palladium.
paladio (química) | palladium.
palafito | palaffite.
palagonitización (geología) | palagonitization.
palanca | bar | lever | pry | pry bar.
palanca acodada | bell-crank lever | bent lever | bell-crank | elbow lever | knee-lever | joint lever | toggle lever | quadrant lever | L-shaped lever | toggle | angle lever.
palanca acodada de extremos redondos | cranked ball-ended lever.
palanca acodada de horquilla | forked angle lever.
palanca ahorquillada | forked-shaped lever | double eye.
palanca alimentadora | carrier lever.
palanca angular | gab lever.
palanca angular de compensación | bell-crank equalizer.
palanca aritmética | arithmetical lever.
palanca articulada | hinged lever.
palanca basculante | hanging lever.
palanca buscadora | seeker.
palanca compuesta | compound lever.
palanca con cadena (para troncos) | samson.
palanca con quijada para dar escantillón a las cuadernas | weeze bar.
palanca con trinquete | pawl lever.
palanca cuantitativa | quantity lever.
palanca curvada | bent crank.
palanca de acción de los lizos (telar para algodón) | jack lever.
palanca de accionamiento de la alimentación | feed operating lever.
palanca de accionamiento de la bomba | pump actuating lever.
palanca de accionamiento de profundidad | joystick.
palanca de accionamiento del avance | feed operating lever.
palanca de accionamiento del embrague | clutch operating lever.
palanca de accionamiento del timón de altura | elevator operating lever.
palanca de accionamiento suave | finger-light lever.
palanca de acoplamiento | engaging lever.
palanca de acoplamiento de las ruedas delanteras (autos) | steering swivel arm.
palanca de admisión de gases (motores) | throttle lever.
palanca de alimentación | feed lever.
palanca de alza | lifting lever.
palanca de alza (jacquard) | jack lever.
palanca de alza de canillas (textil) | bobbin lifter.
palanca de anulación del rodillo alimentador-mojador (offset) | water ductor yoke latch.
palanca de apoyo | boom sheet.
palanca de apriete rápido | quick clamping lever.
palanca de armar el percutor (armas) | cocking lever.
palanca de arranque | starting lever.
palanca de arranque del ciclo automático | automatic cycle starting lever.
palanca de arrastre (engranajes) | arm.
palanca de ataque (dirección autos) | steering-knuckle arm.
palanca de avance (máquinas herramientas) | feed lever.
palanca de avance rápido (máquina-herramienta) | quick-traverse lever | quick traverse lever.
palanca de balancín | beam lever.
palanca de báscula | balanced lever.
palanca de bloqueo | locking lever | detent.
palanca de bloqueo del carro (tornos) | carriage lock.
palanca de bomba | pump brake.
palanca de brazo variable | adjustable lever.
palanca de caída | drop lever.
palanca de cambio de color de la cinta (máquina escribir) | color control.
palanca de cambio de marcha | reversing arm.
palanca de cambio de marcha (locomotoras vapor) | link lever.
palanca de cambio de placa guía (máquina herramienta) | gate-change lever.
palanca de cambio de rótula | ball gear change lever.
palanca de cambio de velocidades | gear change lever.
palanca de cambio del avance | feed-changing lever.
palanca de cebado | priming lever.
palanca de cierre | cutoff lever.
palanca de cierre del eje | axle lock lever.
palanca de contramarcha | reverse lever.
palanca de contrapeso | balance lever.
palanca de control de la placa frontal (tornos) | apron-control handle.
palanca de desahogo (válvula de seguridad) | easing lever.
palanca de desbloqueo | releasing lever | unclamping lever | unlocking lever.
palanca de descompresión | compression-release lever.
palanca de desconexión | releasing lever.
palanca de desembrague | desconnecting lever | releasing lever | stop lever.
palanca de desenganche | trip lever.
palanca de destrinca | releasing lever.
palanca de destrincar | releasing lever.
palanca de dirección (autos) | track arm.
palanca de dirección (dirección autos) | spindle-arm.
palanca de disparo | firing lever | starting lever | releasing lever.
palanca de disparo (telar) | shipping lever.
palanca de disparo de la uña del mecanismo de cierre | breech mechanism catch releasing lever.
palanca de distribución | distributing lever.
palanca de doble brazo | double-armed lever.
palanca de dos direcciones | double-throw lever.
palanca de elevación | elevating lever.
palanca de embrague | clutch-engaging lever | engaging lever.
palanca de embrague (máquina - herramienta) | operative lever.
palanca de embrague (máquina herramienta) | operating-lever.
palanca de embrague y desembrague | gear lever | gear-engaging lever.
palanca de enclavamiento | arresting lever | blocking lever.
palanca de engrane del avance transversal | cross-feed engagement lever.
palanca de equilibrio | balancing lever.
palanca de excéntrica | gab lever.
palanca de expulsión (telar) | picking lever.
palanca de fijación del cabezal | head clamping lever.
palanca de fijación del carnero (limadora) | ram clamp.
palanca de freno | catch lever.
palanca de funcionamiento | operative lever.
palanca de gancho | peavy | hooked lever | hook lever.
palanca de gancho (manejo de troncos) | cant dog.
palanca de gancho (Venezuela) | cant hook.
palanca de gatillo | ratchet-lever.
palanca de hierro | crow | gablock.
palanca de humedecimiento y entintado | dampening and inking lever.
palanca de incidencia | tilt lever.
palanca de inmovilización | clamping lever.
palanca de interlineación (máquina escribir) | line-spacer.
palanca de interruptor | dolly.
palanca de inversión | shift lever.
palanca de inversión de avances (torno) | feed reverse lever.
palanca de inversión del avance | feed-reserve lever.
palanca de itinerario (enclavamiento ferrocarril) | itinerary lever.
palanca de itinerario (ferrocarril) | route lever | track lever.
palanca de la mariposa (motores) | throttle lever.
palanca de la tecla | key lever.
palanca de las teclas (pianoforte) | grasshopper.
palanca de leva | cam lever.
palanca de levantamiento (válvula de seguridad) | easing lever.
palanca de los ganchos (telares) | hook lever.
palanca de llave de luz eléctrica | dolly.
palanca de mando | actuating lever | control lever | operating-lever.
palanca de mando (aviación) | joystick.
palanca de mando (aviones) | yoke | control column | stick.
palanca de mando de la aguja | needle control lever.
palanca de mando de la barra impulsodora | catchbar actuating lever.
palanca de mando de la dirección | steering arm.
palanca de mando de la dirección (autos) | drop arm.
palanca de mando de la leva | cam drive arm.
palanca de mando de los gases (motores) | throttle lever.
palanca de mando del deflector | deflector control lever.
palanca de mando plurifuncional | multifunction control lever.
palanca de mandos | joystick.
palanca de mandos (aviones) | control stick.
palanca de mango de bola | ball-handled lever.
palanca de mango plano en su extremidad (para accionarla con la palma de la mano) | palm lever.
palanca de maniobra | control lever | operating-lever | hand lever | handspike | heaver | controlling lever.

palanca de maniobra (ferrocarril) | switch lever | switch stand.
palanca de maniobra de agujas (ferrocarriles) | switch lever.
palanca de maniobra de la aguja | point lever.
palanca de maniobra de las agujas (cambio de vía) | pointer.
palanca de mano | tommy bar | hand lever.
palanca de montar el percutor | cocking dog.
palanca de parada | sprag.
palanca de paro | stop lever.
palanca de paro (telares) | knockoff lever.
palanca de pedales | rudder bar.
palanca de pie de cabra | crowbar | nail claw | spike bar | nail drawer | nail-wrench | Jim Crow | claw bar | clawed spike-lever | claw lever | iron crow | miner's pinching bar | pinch bar | lifting spike.
palanca de pie de cabra para separar bloques de pizarra | splitted crow bar.
palanca de pie de cabra y con punta | pick-and-claw crowbar.
palanca de platina (tejido de punto) | jack.
palanca de presión | weight lever | locking lever.
palanca de puesta a cero | re-set lever.
palanca de punta de espolón | pinch-point crowbar.
palanca de puño de bola | ball-ended lever.
palanca de quijada para voltear | wheeze bar.
palanca de quijadas para curvar cuadernas (mesa de curvar) | winding wease.
palanca de rearmar (cañón) | cocking lever.
palanca de regulación | adjusting lever.
palanca de regulación de la admisión | quantity lever.
palanca de regulación del avance de la inyección | injection timing lever.
palanca de regulación del avance del encendido (motor) | timing control lever.
palanca de regulación del retardo | tarry regulating lever.
palanca de retención | hold-down lever.
palanca de retenida | notch lever.
palanca de rótula | ball lever.
palanca de selección del itinerario (ferrocarril) | route selection key.
palanca de suelta | releasing lever.
palanca de suelta del aterrizador | undercarriage release lever.
palanca de timón (aeronáutica) | rudder bar.
palanca de timón de profundidad (avión) | elevator lever.
palanca de tracción del mecanismo de enclavamiento del cierre | breech interlock mechanism pull rod.
palanca de transferencia | transfer lever.
palanca de tres posiciones | three-position lever.
palanca de trinca | catch lever | hold-down lever.
palanca de trinquete | ratchet-lever.
palanca de tumba (cambio de vía) | ground lever.
palanca de unión | link lever.
palanca de velocidades | speed lever.
palanca de velocidades (autos) | gear lever | gear-engaging lever.
palanca de volteo | shift lever.
palanca del aire | air lever.
palanca del bloque de cierre (cañones) | breechblock lever.
palanca del cambio de marchas | gearshift lever.
palanca del cerrojo (armas) | bolt lever.
palanca del cierre | breech mechanism lever.
palanca del cierre (armas de fuego) | operating-lever.
palanca del cierre (cañones) | B. M. lever.
palanca del compensador del freno | brake compensator lever.
palanca del conmutador de luces | light switch lever.
palanca del desviador de cambio (bicicleta) | derailleur hand lever.
palanca del disparador (cañón) | sear lever.
palanca del eje de los distribuidores | weighbar lever.
palanca del encendido | spark lever.
palanca del extractor | extractor lever.
palanca del freno de mano | hand brake lever.
palanca del interruptor (electricidad) | switch lever.
palanca del manipulador (telegrafía) | key lever.
palanca del plegador | beam holder.
palanca del protector (telares) | dagger.
palanca del regulador (locomotora de vapor) | throttle lever.
palanca desconectadora | desconnecting lever.
palanca detenedora | check lever.
palanca directriz | directing lever.
palanca disparadora | actuating lever.
palanca disparadora de la retenida de la palanca del cierre | breech mechanism lever catch releasing lever.
palanca electrónica | electron lever.
palanca empujadera | sampson.
palanca empujadora | kilhig.
palanca en escuadra | bell-crank lever.
palanca equilibrada por contrapesos | counterbalanced lever.
palanca espaciadora | spacing lever.
palanca excéntrica | cam lever.
palanca flexible | breakback lever.
palanca hidráulica | hydraulic lever.
palanca impresora | printery lever.
palanca impulsora | actuating lever | push lever.
palanca impulsora de la espada (telar) | picking sweep arm.
palanca inmovilizadora | locking lever.
palanca inmovilizadora de la palanca del cierre | breech mechanism lever locking lever.
palanca intermedia | link.
palanca inversora | reverse lever.
palanca levantadora | lifting lever.
palanca mandada | dead lever.
palanca motriz | live lever.
palanca omnidireccional | joystick.
palanca óptica | optical lever.
palanca óptica autográfica | autographic optical lever.
palanca oscilante | rocker-arm | rock-level | rocker lever | floating lever | swivel lever.
palanca oscilante (balancín) | beam.
palanca oscilante del avance de la mesa | bed motion oscillating lever.
palanca oscilante del mando | control oscillating lever.
palanca oscilante sobre muñones | trunnioned floating lever.
palanca oscilatoria (manuar) | rocking rod.
palanca palpadora | feeling lever.
palanca para aplicar la carga | weighing lever.
palanca para cambiar el paso de las paletas del rotor (helicóptero) | pitch stick.
palanca para dar escantillón (astilleros) | beveling lever.
palanca para desentrinquetar | pawl stowing lever.
palanca para deshacer embalajes | crate opener.
palanca para el calado de escobillas | brush adjusting lever.
palanca para el redondeo en más o menos de decimales | decimal round-up/round-off switch.
palanca para la echazón | jettisoning lever.
palanca para tubos (sondeos) | pipe tiller.
palanca para varillas (sondeos) | rod tiller.
palanca para voltear (astilleros) | beveling lever.
palanca para voltear cuadernas (astilleros) | beveler.
palanca pivotante | fulcrumed lever.
palanca principal | king lever.
palanca propulsora | trip lever.
palanca reguladora de las agujas (jacquard) | needle adjusting lever.
palanca reguladora del mojado (offset) | water quantity control lever.
palanca retractora | retracting lever.
palanca seleccionadora | setting lever.
palanca selectora | seeker.
palanca selectora (máquina circular tejido de punto) | jack.
palanca selectora para cambiar a movimiento motorizado o a mano | power-manual selector lever.
palanca sobre soporte de cuchilla | knife-edged fulcrum.
palanca sueltapapel (máquina escribir) | paper release lever.
palanca tiralizos (maquinita) | harness lever.
palanca tiralizos (telares) | shaft lifting lever.
palanca transportadora | carrier lever.
palanca triangular o en forma de L para cambiar la dirección de cables o tren de varillas | bellcrank.
palanca tumbadora | kilhig.
palanca tumbadora (corta de árboles) | sampson.
palanca universal de rótula.
palancas gemelas de la horquilla delantera | front fork-shackles.
palangre | bottom line | ground line.
palangre (pesca) | boulter.
palanqueo | levering.
palanquera | stockade | log stockade | palank.
palanqueta | ball stang | jimmy bar.
palanquilla (aceros) | billet.
palanquilla
palanquilla de aleación de aluminio | aluminum alloy billet.
palanquilla plana | flat billet.
palanquilla punzonada | pierced billet.
palanquín | clue garnet.
palanquita | horn.
palanquita recta (maquinita) | jack.
palas agitadoras | rabble blades.
palas del zapato | uppers.
palatalizar (una consonante) | front (to).
palaustre (albañilería) | heart trowel.
paldao (Dracontomelum dao) | paldao.
palea (botánica) | pale.
paleable | spadable.
paleáceo | paleaceous.
paleador (minas) | putter.
paleadora mecánica | loader.
palear | spade (to) | shovel (to).
palenque | paling.
paleoantropología | paleoanthropology.
paleoarqueología | paleoarcheology.
paleobiología | paleobiology.
paleobotánica | fossil botany | geologic botany | paleobotany.
Paleoceno inferior | Danian.
paleoclimatología | paleoclimatology.
paleocorrientes (geología) | paleocurrents.
paleocronología | paleochronology.
paleodrenaje | paleodrainage.
paleoecología | paleoecology.
paleoecológico | paleoecological.
paleoeconomía | paleoeconomy.
paleoetnología | paleoethnology.
paleogeografía | paleogeography.
paleogeográfico | paleogeographic.
paleografía | paleography.
paleografía músical | musical paleography.
paleógrafo | paleographer | paleographist.
paleógrafo (G.B.) | palaeographist.
paleolatitud | paleolatitude.
paleolimnología | paleolimnology.
paleolítico inferior | lower paleolithic.
paleolito | paleolith.
paleología | paleology.
paleólogo | paleologist.
paleomagnético | archeomagnetic.
paleomagnetismo | paleomagnetism.
paleontografía | paleontography.
paleontología | paleontology.
paleontología (G.B.) | palaontology.
paleontología de yacimientos de homínidos |

hominid deposit paleontology.
paleontólogo (G.B.) | palaeontologist.
paleopatología | paleopathology.
paleopatólogo | paleopathologist.
paleopedología | paleopedology.
paleoplanicie | paleoplain.
paleopolos (de la tierra) | paleopoles.
paleornitología | paleornithology.
paleosol (fondo marino) | hard ground.
paleosuelo | paleosoil.
paleotemperatura | paleotemperature.
paleotipala (geología) | paleotypal.
paleotipo (geología) | paleotypal.
paleovolcánico | paleovolcanic.
paleozoico | primary.
paleozoogeografía | paleozoogeography.
paleozoología | paleozoology.
palero | coal-trimmer | shovel runner | getter | trimmer.
palero (calderas de carbón) | coal passer.
palero (minas) | mucker.
palero de carbón | coal backer.
palestesia | pallaesthesia.
paleta | catch | paddle | paddle-board | trowel | flapper | scoop.
paleta (de mezclador) | plow.
paleta (de pintor) | palette.
paleta (de pintor, dorador, de reloj) | pallet.
paleta (de reloj) | pawl.
paleta (egiptología) | palette.
paleta (para cemento) | spade.
paleta (placa conchosa en un sifón bivalvo - zoología) | pallet.
paleta (relojes) | pallet.
paleta (rueda hidráulica) | float-board | float.
paleta (ruedas) | paddle float.
paleta (turbina o rueda) | bucket.
paleta (turbinas) | vane.
paleta a caballo (turbinas) | straddling blade.
paleta amortiguadora | damping vane.
paleta antivibratoria | antiflicker blade.
paleta batidora | beater blade.
paleta cerámica (turbina de gases) | ceramic blade.
paleta colocada en la vena del chorro | blast vane | jet vane.
paleta colocada individualmente | individually-fitted blade.
paleta con enfriamiento interior | internally cooled blade.
paleta con punta frotadora (turbina vapor) | rubbing tip blade.
paleta con raíz cónica endentada (turbinas) | fir-tree root blade.
paleta con refrigeración interna de aire | internally air-cooled blade.
paleta con serrátil (turbina vapor) | unshrouded blade.
paleta curvada | curved vane.
paleta de amasar | gaging trowel.
paleta de carbono | carbon fin.
paleta de entalla (turbina) | notch bucket | notch blade.
paleta de estátor fundida | cast stator blade.
paleta de la tobera | nozzle blade.
paleta de moldeador para alisar superficies | sleek.
paleta de motor de chorro | jet engine blade.
paleta de paredes porosas | porous-walled blade.
paleta de rueda móvil (bombas) | impeller blade.
paleta de turbina | turbine bucket | turbine blade.
paleta de turbina de acero forjada en tosco | rough-forged steel turbine blade.
paleta de turbina de combustión | gas-turbine bucket.
paleta de turbina de combustión aeroenfriada | aircooled gas turbine blade.
paleta de turbina de granos monocristalinos columnares largos | single-crystal turbine blade.
paleta de turbina enfriada interiormente | internally cooled turbine blade.
paleta de ventilador | fan blade.
paleta del mezclador | mixer plow.
paleta del rodete (turbinas) | runner blade.
paleta del rotor (turbinas) | runner blade.
paleta despumadora | foam scraper.
paleta directriz | guide bucket | wicket gate | directing vane.
paleta directriz (álabe de la rueda directriz - turbinas) | guide blade.
paleta directriz (álabe giratorio - turbina hidráulica) | gate.
paleta directriz (turbina) | stationary blade | stationary vane.
paleta directriz fija (turbina hidráulica) | stay vane.
paleta distribuidora (turbinas) | nozzle blade.
paleta en arco de círculo | circular-arc blade.
paleta en espiral | involute vane.
paleta en forma de sigma | sigma blade.
paleta enfriada | cooled blade.
paleta estatórica | compressor blade.
paleta estatórica (turbina) | stator blade.
paleta fija (álabe de la rueda directriz - turbinas) | guide blade.
paleta fija (rueda paletas) | radial float.
paleta fija (turbina) | stator blade | stationary blade | stationary vane.
paleta fija (turbinas) | nozzle blade.
paleta forjada en matriz | die-forged blade.
paleta guía de la tobera | nozzle guide vane.
paleta guía-lanzadera (cajón de lanzadera) | shuttle deflector.
paleta hueca enfriada por aire | hollow air-cooled blade.
paleta inclinable | nutating vane.
paleta integrante de turbina con pasos interiores para enfriamiento | integral-cooling-passage turbine blade.
paleta maquinada (turbinas) | machined blade.
paleta mezcladora | mixing scoop | mixing blade.
paleta movible de control | control vane.
paleta móvil | moving blade.
paleta móvil (turbinas) | runner blade.
paleta orientable | feathering blade.
paleta para armar | arming vane.
paleta para mantequilla | butter-pat.
paleta para segunda mano (llana de jaharrar) | browning trowel.
paleta para servir pescado | fish server.
paleta plana | flat pallet.
paleta receptora (turbina) | moving blade | runner blade | moving vane.
paleta retroinclinada | backward-sloping vane.
paleta rotórica | compressor blade.
paleta transportadora | conveying blade.
paleta troquelada | die-forged blade.
paletada | greenness | scoop.
paletador (de hormigón) | spader.
paletaje (turbinas) | blading.
paletaje austenítico (turbina vapor) | austenitic blading.
paletaje cerámico para turbinas de gases | ceramic gas turbine blades.
paletaje colocado por segmentos (turbinas vapor) | segmentally-fitted blading.
paletaje con apriete por el extremo (turbina vapor) | end-tightened blading.
paletaje de acción (turbinas vapor) | impulse blading.
paletaje de impulsión (turbinas vapor) | impulse blading.
paletaje de la última expansión (turbinas vapor) | last-stage blading.
paletaje de reacción (turbinas) | reaction blading.
paletaje de torbellino libre | free vortex blading.
paletaje de turbina con solidificación direccional | directionally cast turbine blades.
paletaje de turbina de aleación de níquel de granos monocristalinos | single-crystal nickel-alloy turbine blades.
paletaje de turbina de gases | gas-turbine blading.
paletaje de vórtice libre (compresor y turbina de combustión) | vortex blading.
paletaje del compresor de la turbina de gases | gas-turbine compressor blading.
paletaje del rotor de turbina de gas | gas-turbine rotor blades.
paletaje estatórico | stator blading.
paletaje vorticial (compresor y turbina de combustión) | vortex blading.
paletas amortajadas (turbinas vapor) | shrouded blades.
paletas de compresor muy decaladas unas con relación a las otras | high stagger compressor blades.
paletas de la primera expansión (turbinas) | first-stage blades.
paletas de turbina de combustión enfriadas por transpiración | traspiration-cooled gas-turbine blades.
paletas de turbina Kaplan | Kaplan turbine blades.
paletas deflectoras (motor de chorro) | cascades.
paletas del inversor de empuje (aviones) | thrust reverser buckets.
paletas del mezclador | mixer paddles.
paletas directrices (turbina hidráulica) | shutes.
paletas directrices (turbinas) | turbine nozzle blades.
paletas entreabiertas (turbinas) | part gate.
paletas estatóricas de la primera expansión (turbinas) | first-stage stator blades.
paletas estatóricas de la turbina de gas | stator gas-turbine blades.
paletas estatóricas del compresor que preceden a la primera fila de paletas del rotor (turbinas de combustión) | prestator blades.
paletas fijas (turbinas) | turbine nozzle blades.
paletas fijas direccionales (en un codo) | cascades.
paletas guías de abertura regulable | variable-inlet guide vanes.
paletas integrantes | integral blades.
paletas móviles (turbina hidráulica) | runner vanes.
paletas porosas | porous blades.
paletas predistribuidoras (turbinas de combustión) | prestator blades.
paletas radiales para conseguir un flujo rectilíneo del aire (ventiladores) | fan straighteners.
paletas refractarias para turbinas | refractory turbine blades.
paletas rotóricas de la primera expansión (turbinas) | first-stage rotor blades.
paletas sinterizadas para turbinas | sintered turbine blades.
paletilla (reses) | crop.
paletín (muros) | jointer.
paletín cuadrado | square trowel.
paletín de rejuntar | pointing trowel.
paletín de rejuntar (muros) | jointing tool.
paletín para rejuntar | filling trowel.
paletización | palletization.
paletizar | pallet (to).
paletón (llave) | web | bit.
paletón de llave | key bit.
paletrón (electrónica) | paletron.
palia | pall.
paliación | palliation.
paliador | palliator.
paliar | palliate (to) | alleviate (to).
paliar las pérdidas | palliate the loss (to) | alleviate-the loss (to).
paliativo de polvo | dust palliative.
paliatorio | palliatory.
palicnología | palichnology.
palidecer | fade (to).
palidez extrema (de la cara) | chalkiness.
pálido | pale | faint.

pálido (tinte) | fleecy.
palificación de un terreno (con pilotes) | piling.
palilogia | palilogy.
palillo | stick.
palillo de dientes | pick.
palillo de hacer encajes | lace bobbin.
palillos (para limpiar ranguas de pivotes - relojes) | pegwood.
palimpsesto en el que por dos veces ha sido borrado el texto | double palimpsest.
palindromía | palindrome.
palindromista | palindromist.
palíndromo | palindromic.
palingénesis (zoología, geología) | palingenesis.
palingénico (geología) | palingenetic.
palingenista | palingenist.
palinodia (verso) | palinode.
palinología (botánica) | palinology.
palio | pall.
palisandro | palisander.
palisandro de Asia (Dalbergia cultrata) | Burma blackwood | yindiak.
palisandro de Birmania (Dalbergia oliveri) | Burma tulipwood.
palisandro de Honduras (Dalbergia stevensonii) | Honduras rosewood.
palisandro de India (Dalbergia latifolia) | Indian rosewood | Bombay blackwood.
palisandro de Rio (Dalbergia nigra) | Brazilian rosewood.
palisandro de Rio (Dalbergia nigra - Fr) | Brazil rosewood.
palisandro de Siam (Dalbergia cochinchinensis) | payung.
palisandro índico (Dalbergia latifolia - Roxb) | East Indian rosewood.
palista | shovel runner.
palizada | palisade | paling | paling fence | palisading | pile work | pale fence | palisado.
palizada (botánica) | palisade.
palizada (de viaducto) | trestle bent.
palizada (puentes) | pier.
palizada de protección y apoyo | starling.
palma | palm.
palma (cara plana - conexiones) | palm.
palma (de la mano) | palm | ball.
palma (ensanchamiento final de una pieza) | palm.
palma del escarpe | palm of scarp.
palma soldada (estructuras) | fabricated palm.
palmar | palm grove.
palmeado (zoología) | fin-footed.
palmear (tipografía) | plane down (to).
palmejar | side stringer.
palmejar (buques) | stringer.
palmejar de apoyo (buques) | supporting stringer.
palmejar de refuerzo de los raseles | panting stringer.
palmejar de tanque vertical | deep tank side stringer.
palmejar intercostal | intercostal side stringer.
palmejar intercostal del costado | side intercostal stringer.
palmejar no enfaldillado (buques) | unflanged stringer.
palmera | palm.
palmera africana | palmyra.
palmera enana setígera | bristly palmetto.
palmeta apagafuegos hecha de ramajos (incendio forestal) | flail.
palmeta de ramajos apaga fuegos (incendio forestal) | fire flail.
palmilla (zapatos) | inner sole.
palmito | palmetto.
palmo | palm | span.
palmo a palmo | inch by inch.
palmoscopia | palmoscopy.
palmotear | clap (to).
palmoteo | clap | clapping.
palo | spar | perch | stick | tree | pole.
palo (telar con picada de látigo) | pickerstick.
palo alto | ascender.
palo amarillo (Chrorophora tinctoria) | Cuba wood.
palo amarillo (Terminalia januarensis DC.) | acara.
palo atesador de cadena | binder.
palo bípode autoportante (buques) | self-supporting bipod.
palo blanco (Tabebuia donnellsmithii - Rosa) | palo blanco.
palo Brasil | peachwood.
palo brasil (Caesalpinia echinata) | Pernambuco wood.
palo con regatón que se usa en vez de trípode (topografía) | Jacob's-staff.
palo d'arco (Tabebuia spp) | bowwood.
palo de acero (buques) | mast | steel mast.
palo de águila | aspalathus.
palo de Cuba | yellow wood.
palo de Cuba (madera tintórea) | old fustic.
palo de chapa (buques) | metal mast | plated mast.
palo de enganchador (sondeos) | finger board.
palo de escobilla para lavar el suelo | mophead.
palo de guía (exploración forestal) | dutchman.
palo de hierro de Borneo (Eusideroxylon malagangai-Sym) | Borneo ironwood.
palo de hierro de Borneo (Eusideroxylon zwageri) | samak.
palo de letras (Brosimum aubletii) | snakewood.
palo de letras (Piratinera guianensis) | letterwood.
palo de madera (buques) | mast.
palo de madera dura para el entallado (tornos) | wedge.
palo de madera para frenar vagonetas (minas) | sprag.
palo de maniobra para hacer girar la pieza a forjar | bat stick.
palo de Nicaragua | limawood.
palo de oro (Brosimum paraense - Hub) | satiné | satiné rubane.
palo de popa (barca de cuatro palos) | jigger mast.
palo de popa (buques) | after mast.
palo de popa (velero de 4 o más palos) | jigger.
palo de sangre (Virola koschnyi) | tapsava.
palo de sangre (Virola koschnyi - Warb) | sangre.
palo de tinte | dye wood.
palo de tubo de acero chapado con metal Monel (submarinos, yates) | Monel-clad mast.
palo de vaca (Brosimum galactodendron) | cow-tree.
palo desmontable (buques) | housable mast.
palo electroaislado (para electrodos) | hook stick.
palo enterizo (buques) | pole mast.
palo ferro (Peltogyne porphyrocardia) | pau ferro.
palo fustete (tinte) | young fustic.
palo grueso del ojo (tipo de imprenta) | thick stroke | stem | body mark.
palo macho (buques) | standing mast | lower mast.
palo marfim (Balfourodendron riedelianum) | pau marfim.
palo más cerca de la roda (buques) | foremast.
palo mayor (buques) | mainmast | main.
palo mayor popel (buque de 4 ó 5 palos) | mizzenmast.
palo mesana | mizzenmast.
palo naranjo (Chlorophora tinctoria - Gaud) | fustic.
palo no enterizo | made mast.
palo para atortorar | heaver | Spanish windlass.
palo puntiagudo | picket.
palo regulafuerza (telares) | powerstick.
palo rojo | peachwood.
palo rojo (Pterocarpus soyauxii Táub) | barwood.
palo rosa de Brasil (Dalbergia spp) | pinkwood.
palo sin obencadura (buques) | self-stayed mast | unstayed mast.
palo tortor | Spanish windlass.
palo trinquete | fore mast | foremast.
palo trinquete (buques) | fore.
palógrafo (instrumento medidor de vibraciones del buque) | pallograph.
paloma colipava | broad-tailed pigeon.
paloma de cola en abanico | fantail.
paloma mensajera | carrier pigeon | homer.
palomar | columbary.
palomar de origen | home loft.
palomero | pigeoneer.
palomilla (de estantería) | shelf nog.
palomilla (electrotecnia) | bracket.
palomilla de barandilla | handrail bracket.
palonier (aeronaútica) | rudder bar.
palos para frotar y hacer nervaduras | band and rubbing up sticks.
palos para frotar y hacer nervaduras (lomo de libros) | bandstick.
palosapsis (Anisoptera sp) | palosapsis.
palpabilidad | palpability.
palpable | palpable.
palpación | feel.
palpación del hígado (medicina) | dipping.
palpación interna | internal palpation.
palpado fuera de chip | off-chip sensing.
palpador | test probe | testing spike | plunger | pecker | tracerlever.
palpador (barra de sondeo) | junk feeler.
palpador (copiadora) | tracer point.
palpador (de copiador) | pointer.
palpador (máquina copiadora) | stylus.
palpador (máquinas copiadoras) | feeler.
palpador calibrador | gaging plunger.
palpador corrector | correcting feeler.
palpador de la leva | cam follower.
palpador de la plantilla | template follower.
palpador de la plantilla de contorno | contour template follower.
palpador de punta de zafiro | sapphire point feeler.
palpador del cambiador de alimentación (cargador de cañón) | shipper slide bar.
palpador electrónico para guiar la pistola a lo largo de la junta (soldeo) | seam-tracker.
palpador hidráulico (máquinas) | hydraulic feeler.
palpador para micropruebas | microfeeler.
palpador turgescente | turgescent feeler.
palpar | feel (to) | touch (to).
palpatorio | palpatory.
palpicorne | palpicorn.
palpitación | throb.
palpitación (del corazón) | fluttering.
palpitación (medicina) | flutter.
palpitante (corazón) | fluttering.
palpitar | throb (to) | beat (to).
palpo | palpus.
palpo labial | labial palpus.
paludizar | marialize (to).
palustre | marsh | trowel | boggy.
palustre biselado | twitcher.
palustre de esquinar (esquinas entrantes) | square corner trowel.
palustre de redondear esquinas | edging trowel.
palustre para esquina | cornering trowel.
palustre para suelos | flooring trowel.
palustre rectangular | margin trowel.
palustrillo (albañilería) | angle float.
palustrín | gaging trowel.
palustrín con punta | pointing trowel.
palustrín de hoja de laurel (moldería) | leaf | leaf-shaped trowel.
palletaje de defensa (buques) | fendering.
pallete | mat.
pallete (buques) | paunch.
pallete (madero, rollo de cuerdas, etc.) | fender.
pallete de carga | cargo mat.
pallete de defensa (buques) | pudding.

pallete de defensa (buques, muelles) | mat fender.
pallete de estay (buque de vela) | baggy wrinkle.
pallete de estay (buques vela) | bag wrinkle.
pallete para puerta (buques) | door mat.
palletear (marina) | pudding (to).
palletes de protección del casco de madera (buques en aguas polares) | quilting.
pallón (copeles) | bead.
pampa | pampa.
pampa (Argentina) | grassland.
pampero (meteorología) | pampero.
pan | bread.
pan (acústica) | blank.
pan (de cera) | cake.
pan de abejas | beebread.
pan de aluminio (encuadernación) | aluminum leaf.
pan de fangos (metalurgia) | slime-cake.
pan de hielo (mares) | pan.
pan de licuación (cobre) | liquation cake.
pan de molde | tinned loaf.
pan de munición | munition bread | ammunition bread.
pan de oro | gold-leaf | gold-foil.
pan de oro o plata | foil.
pan de tierra (Colombia) | puddle.
pan de trigo integral | whole wheat bread.
pan integral | real bread.
pana (de corcho) | slab.
pana (tela) | velour.
pana abigarrada | partridge cord.
pana bordón | ribbed velveteen.
pana de corcho (tal como se desprende del árbol) | cork slab.
pana de cordoncillo | corduroy.
pana de cordoncillo (encuadernación) | corduroy.
pana de escotilla (buques) | hatch plug.
pana de seda | panne.
pana de sentina (buques) | limber.
pana del entablonado de bodega | ceiling hatch.
pana desmontable (empanados de bodega) | limber board.
pana doble cara | double face velveteen.
pana labrada | figured velveteen.
pana lisa | velveteen.
panacea | cure-all.
panadería de campaña | field bakery.
panaka (Pleurostylia wightii) | panaka.
panal (aviones) | honeycomb.
panal (de miel) | comb.
panal de aluminio revestido de fibra de vidrio | glass-faced aluminum honeycomb.
panal de lámina soldado | welded foil honeycomb.
panal de miel | honeycomb.
panal de papel impregnado con resina sintética | resin-impregnated paper-honeycomb.
panamá (tela) | matt-weave cloth.
panaplanático | panaplanatic.
panarabismo | panarabism.
pancarta de publicidad | display poster.
pancarta de señalización (calles) | road sign.
panclimático | panclimatic.
pancomunismo | pancomunism.
pancósmico | pancosmic.
pancosmismo | pancosmism.
pancrático | pancratic.
pancromático | panchromatic.
pancromatismo | panchromatism.
panda (Panda oleosa) | panda.
pandeado (muros) | bulgy.
pandeado (Panamá) | cup.
pandear | belly (to).
pandear (columnas) | buckle (to).
pandear (muros) | sag (to).
pandeo | curving | sag | bulginess.
pandeo (columnas) | outward bulging | buckle | buckling | collapsing.
pandeo (mecánica) | collapse.
pandeo (muros) | sag.
pandeo brusco (estructuras) | snap buckling.
pandeo de las fibras por aplastamiento (maderas) | upset.
pandeo de viscofluencia torsional | torsional creep buckling.
pandeo inelástico | inelastic buckling.
pandeo lateral (pies derechos) | sidewise buckling.
pandeo plástico (columnas) | plastic buckling.
pandeo por cizalladura (almas de vigas) | shear buckling.
pandeo por fluencia | creep buckling.
pandeo térmico | thermal buckling.
pandeo torsioflexural | torsional-flexural buckling.
pandeo torsional | torsional buckling.
pandero (música) | timbrel.
pandiculación | yawing.
paneidad | paneity.
panel | panel | plugboard.
panel abatible | drop panel.
panel absorbente del calor | heat absorbent panel.
panel acústico | acoustic panel.
panel acústico de aluminio perforado | perforated aluminum acoustic panel.
panel acústico resonante | resonant acoustic panel.
panel alar | wing panel.
panel alar enterizo (aviones) | solid wing panel.
panel alar esculpido | sculptured wing panel.
panel alveolar de aluminio | honeycomb-type aluminum panel.
panel antisonoro (estudios cine) | gobo.
panel apanalado | pegboard.
panel calefactor | heater panel.
panel calefactor colocado en la parte baja de la pared | skirting heater.
panel celular | cavitied panel.
panel celular de acero | cellular-steel panel.
panel con dispositivo de escucha múltiple | circuit-splitting panel.
panel con marcas de las fibras (contrachapado) | figured panel.
panel con nervaduras integrantes | integrally stiffened panel.
panel con varias tomas | multigang face plate.
panel de acero inoxidable de color azul oscuro | dark blue stainless steel panel.
panel de acoplamiento | patch-bay.
panel de alimentación (electricidad) | power panel.
panel de alma alveolar | honeycomb panel.
panel de alma apanalada | honeycomb panel.
panel de aluminio estriado | striated aluminum panel.
panel de alvéolos | pegboard.
panel de bastidor (electrónica) | rack panel.
panel de cables alimentadores | feeder panel.
panel de calefacción eléctrico | electric panel heater.
panel de cierre hermético | hatch.
panel de clavijas | plug-board.
panel de conexiones | patch board.
panel de conmutación | jack field | switchboard.
panel de conmutación de antenas | antenna control board.
panel de control | patch panel | control panel.
panel de control (electricidad) | bus board.
panel de control del circuito | circuit-control panel.
panel de control del radar | radar control panel.
panel de cubierta con refuerzos longitudinales | longitudinally framed deck panel.
panel de encofrado (hormigón) | form panel.
panel de excitación | drive panel.
panel de fachada (edificios) | façade panel.
panel de fachada de altura igual a la del piso | full-storey height panel.
panel de fachada perforado que proporciona ventilación y evita el calentamiento por irradiación del exterior (edificios en climas cálidos) | brise-soleil.
panel de filtro de cuarzo | crystal filter pannel.
panel de forro forjado (aviones) | forged skin-panel.
panel de hormigón prefabricado tipificado | standard prefabricated concrete panel.
panel de hormigón pretensado | prestressed concrete panel.
panel de identificación | identification panel.
panel de información de datos radáricos | radar data display board.
panel de inspección | inspection panel.
panel de la carrocería | body panel.
panel de la pared del horno | furnace-wall panel.
panel de mando | control panel.
panel de materia plástica | laminate.
panel de medición | measuring board.
panel de plástico translúcido | translucent plastics panel.
panel de problemas | problem frame.
panel de prueba de circuitos interurbanos (telefonía) | trunk test panel.
panel de pruebas interurbanas (telefonía) | toll test panel.
panel de puerta | door panel.
panel de regulación de la dínamo | dynamo-control panel.
panel de sentina (buques) | limber.
panel de señales | liaison panel | signaling panel.
panel de señales (milicia) | signal panel.
panel de tela plegada | linen-fold panel.
panel del forro exterior | outer lining panel.
panel del forro interior | inner lining panel.
panel deprimido (piso hormigón) | drop panel.
panel estampado | die-formed panel.
panel experimental | breadboard model.
panel fácilmente preparado | ready-prepared panel.
panel fotocrómico | photochromic panel.
panel híbrido | hybrid panel.
panel igualador | equalizer panel.
panel impreso de cableado multicapa | multilayer printed-wiring board.
panel indicando el sitio donde debe arrojarse (desde un avión) | drop panel.
panel insonoro | sound-absorbing screen | sound panel.
panel interlaminar de hormigón prefabricado | precast concrete sandwich panel.
panel laminar nervado | thin-shell rib panel.
panel lateral | quarter panel.
panel lumínico | persistron.
panel metálico aporcelanado | porcelain metal panel.
panel mixto | hybrid panel.
panel modulador del rectificador | rectified modulating panel.
panel modular | modular panel.
panel para carenado del costado (aviones) | side-fairing panel.
panel para indicación del tráfico | flow-indication panel.
panel para revestimiento exterior de estructuras metálicas soportado por la misma estructura (edificios) | curtain wall.
panel para revestimiento resistente (aviones) | skin panel.
panel prefabricado de la altura del piso (fachadas de edificios) | prefabricated storey-high panel.
panel prefabricado de ladrillos | prefabricated brick panel.
panel prefraguado de refuerzos delgados | thin-ribbed precast panel.
panel principal de fusibles | main fuse-panel.
panel radiante | radiant panel.
panel recubierto por circuito impreso | clad printed-circuit board.
panel reforzado con nervios | skin-stringer panel.
panel reforzado por rigizadores delgados | skin-stiffener panel.
panel rigidizado de ala (aviones) | railed skin

panel.
panel solar | solar collector | solar panel.
panel translúcido reforzado con vitrofibra | fiberglass-reinforced translucent panel.
panela (escudo heráldico) | poplar leaf.
panela (heráldica) | panel.
paneles de aislamiento acústico | noise-proof ceiling panels.
paneles de extracción (electricidad) | draw-out panels.
paneles de muros premoldeados | precast wall sections.
paneles de plegamiento hidráulico automatizado (escotillas) | automated hydraulic folding covers.
paneles transparentes | transparencies.
panel-membrana (calderas) | membrane panel.
panera del agricultor | farmer granary.
panes de hielo | lily-pad ice.
panes de oro para dorar (oro en hojas - encuadernación) | binding gold.
panestereorama | panstereorama.
paneuropeo | paneuropean.
panfletista | pamphleteer.
panfleto | pamphlet.
panga - panga (Millettia stuhlmannii) | panga panga.
pánico en la Bolsa | scare on the stock exchange.
pánico vendedor | stampede.
panicongrafía | panicongraphy | gillotype.
panícula terminal | tassel.
panidiomórfico (cristalografía) | panidiomorphic.
panificación | panification | bakery | breadmaking.
paniforme | feltlike.
panisaj (Terminalia myriocarpa) | sunlock.
panívoro | panivorous.
panizo | millet.
panmíctico (genética) | panmictic.
panmixia | panmixia | panmixy.
panorama | panorama.
panorama completo | big picture.
panorama del año | panorama of the year.
panorama del desarrollo tecnológico durante | mirror of engineering development for 20 years.
panorama económico | economic picture.
panorama electoral | election panorama.
panoramagrama | panoramagram.
panorámica | pan shot | vista.
panorámica (cine) | panning shot | pan.
panorámica horizontal (cámara tomavistas) | panning.
panorámica rápida de transición (entre dos escenas - TV, cine) | blur pan | zip pan.
panorámica vertical (cine) | tilting.
panorámico | landscape.
panoramización | panoraming.
panoramización (cámara tomavistas) | panning.
panoramización (cine y TV) | tilting.
panoramizar | pan (to).
panoramizar (cine, televisión) | pan (to).
panoramizar (cine y TV) | tilt (to).
pansofismo | pansophism.
pantagamia | pantagamy.
pantalán | approach | dock.
pantalón | bag | trousers.
pantalón de bifurcación de la tubería de toma de vapor (locomotora) | steam head.
pantalón de bifurcación de tubería de toma de vapor (locomotora de vapor) | steampipe tee piece.
pantalón de franela gris | greys.
pantalón de mecánico | dungarees.
pantalones | trousers.
pantalones (tuberías forzadas) | wye-pipe.
pantalla | cutoff wall | sunshade | concealer | shielding | apron | screen | tube | cathode ray tube | video | deck.
pantalla (de chimenea) | firescreen.
pantalla (de lámpara) | shade.
pantalla (de presa) | frame.
pantalla (de radar, de tubo de rayos catódicos) | scope.
pantalla (electricidad) | shield.
pantalla (muro interior de impermeabilización-presas de tierra) | core wall.
pantalla (válvula termiónica) | screen.
pantalla absorbente | dark-trace screen.
pantalla actínica | actinic screen.
pantalla acústica | acoustic baffle | acoustic screen | sounder screen.
pantalla acústica (altavoces) | baffle.
pantalla acústica (de altavoz) | baffle board.
pantalla acústica elíptica | elliptical horn.
pantalla acústica infinita | infinite baffle.
pantalla aisladora | insulating barrier.
pantalla aluminizada | aluminized screen.
pantalla amortiguadora de ruidos de escape de motores de chorro (aeropuertos) | blast screen.
pantalla anclada (empuje tierras) | anchored bulkhead.
pantalla antiarco | antiarcing screen.
pantalla antideslumbrante | antiglare screen | glare shield | antidazzling screen | anti-glare shield.
pantalla antidifusora | antidiffusing screen | spill shield.
pantalla antisonora (radio) | gobo.
pantalla antisonora portátil | gobo.
pantalla apagafuegos (proyector de cine) | dowser.
pantalla blindada | apron shield.
pantalla capacitativa | capacitive screen.
pantalla capacitiva | capacitive screen | electrostatic shield.
pantalla cerámica contra la radiación térmica | ceramic radiative heat shield.
pantalla cerrada (México) | connected dots.
pantalla coloreada | color screen.
pantalla con exposición numérica | digital display.
pantalla contra corona | corona shield.
pantalla contra el deslumbramiento (autos) | antidazzle shield.
pantalla contra incendios | fire-buckler.
pantalla contra la radiación | radiation shield.
pantalla correctora de la forma de onda (guía de ondas) | sheath-reshaping converter.
pantalla cortafuegos | backfire screen.
pantalla cortafuegos (proyector de cine) | douser.
pantalla cortafuegos enrrollable (incendio forestal) | roller fire screen.
pantalla de agua | waterwall.
pantalla de arcilla | clay blanket.
pantalla de cine | big screen.
pantalla de color | color screen.
pantalla de conductividad infinita (electricidad) | infinite conducting screen.
pantalla de control | monitor.
pantalla de choque | impact baffle.
pantalla de enfoque | focus screen.
pantalla de Faraday | Faraday screen.
pantalla de fondo para efecto visual aéreo (fotografía) | aerial screen.
pantalla de frenado a popa (botadura de buques) | braking shield.
pantalla de hormigón (presa tierra) | concrete core wall.
pantalla de humo | screening smoke.
pantalla de imagen | video screen.
pantalla de impermeabilización (presas) | curtain | face slab.
pantalla de intensificación | intensifying screen.
pantalla de inyecciones (pantalla de impermeabilización - presas) | grouting curtain.
pantalla de la luz de navegación (buques) | lamp screen.
pantalla de lámpara | lamp screen.
pantalla de lámpara eléctrica | lampshade.
pantalla de larga persistencia | long-persistence screen | persistence screen.
pantalla de las luces de navegación (buques) | light board | lamp board.
pantalla de llamas de mecheros de gas situados detrás de la puerta y que se encienden cuando se abre ésta (hornos caldeados con gas) | gas screens.
pantalla de mallas finas | fine wire scattering.
pantalla de papel opaco | opaque paper screen.
pantalla de plomo | lead shield.
pantalla de presentación visual (radar) | viewing scope.
pantalla de proyección | projection screen.
pantalla de radar | radarscope | radar screen | radar scope.
pantalla de radar marino completamente estanca al agua | completely waterproof marine radar display.
pantalla de rayos catódicos | cathode ray screen.
pantalla de representación visual | visual display.
pantalla de sales | salt screen.
pantalla de seguridad (proyector de cine) | douser | cutoff.
pantalla de semáforo | spectacle.
pantalla de tubo de rayos catódicos | target of cathode ray tube.
pantalla de tubo de rayos catódicos de modulación de intensidad | intensity-modulated CRT screen.
pantalla de tubos de agua (calderas) | waterwall.
pantalla de tungstato cálcico | salt screen.
pantalla de vidrio deslustrado | diffusing glass screen.
pantalla de vidrio lenticulada | lenticulated glass screen.
pantalla de visualización | viewing screen.
pantalla del conferenciante | lecturer's screen.
pantalla difusora | diffusion screen.
pantalla difusora (cine) | butterfly.
pantalla difusora translúcida | diffusing screen | scrim.
pantalla digital | digital display.
pantalla direccional | shadow bar.
pantalla eléctrica | electric screen.
pantalla electrostática | electrostatic screen | electrostatic shield.
pantalla exhibidora del radar | radar screen | radarscope.
pantalla exploradora | monitor screen.
pantalla filtro (fotografía) | filter screen.
pantalla fluorescente | mosaic | phosphor screen | screen.
pantalla fluorescente que tiene fosforescencia (TV) | delay screen.
pantalla fluoroscópica | fluoroscopic screen.
pantalla fosforescente | phosphorescent screen.
pantalla fosforescente transparente | transparent phosphor screen.
pantalla fotométrica | Bunsen screen.
pantalla fotoopaca | light-opaque screen.
pantalla fotosensible | photosensitive screen.
pantalla fraccionada | split screen.
pantalla grande | big screen.
pantalla hueca (presas) | cellular core wall.
pantalla ignífuga | firescreen | fireproof screen.
pantalla impermeable (presas de tierra) | impervious core.
pantalla inactínica | safelight.
pantalla indicadora (radar) | plan-position indicator.
pantalla insonora | sound-absorbing screen.
pantalla intensificadora | intensification screen.
pantalla interior de arcilla (presas de tierra) | puddle core.
pantalla interior de impermeabilización de arcilla (presas de tierra) | puddled-clay core-wall.
pantalla interior de tierra (prensa de escollera) | earth core.
pantalla luminiscente | luminescent screen.
pantalla luminosa | display.
pantalla magnética | magnetic shield.

pantalla metalizada | metal backing.
pantalla obturadora de humos | smoke shutter.
pantalla opaca | opaque screen.
pantalla opaca (cine) | barn door | cheese cutter | flag.
pantalla ortocromática | color screen.
pantalla ortocromática (fotografía) | rayfilter.
pantalla panorámica (radar) | plan-position indicator.
pantalla para evitar que la luz del alumbrado alto penetre en la cámara (cine) | goesover.
pantalla para fuego | fire shutter.
pantalla para proyecciones | lantern-screen.
pantalla permeable a los electrones | electron-permeable screen.
pantalla plana | plane screen.
pantalla protectora | faceshield | protective screen.
pantalla radar | radarscope.
pantalla radárica | PPI screen.
pantalla radioscópica | fluoroscopic screen.
pantalla reductora (iluminación) | reducing screen.
pantalla reflectora | reflex baffle.
pantalla refleja | bass reflex.
pantalla reforzada (presas) | braced-arch deck.
pantalla reticular (fotografía) | grain screen.
pantalla separadora | baffle.
pantalla térmica | heat shield | heat screen.
pantalla térmica de cátodo | heat-shield.
pantalla tipo B | B-scope.
pantalla translúcida | gelatine.
pantalla transonora (cine) | sound screen.
pantalla trazadora | plotting screen.
pantalla trazadora iluminada de costado (radar) | edge-illuminated plotting screen.
pantalla visora | viewing screen.
pantalla visual | video screen.
pantalla-filtro (fotografía) | filter.
pantallas aisladoras | insulating barriers.
pantallas de las luces de navegación | side light screens.
pantallas de proyección | projection shades and screens.
pantallas finales | end shields.
pantano | marsh | bog | swamp | mire.
pantano de flujo | flow bog.
pantano en que se refugia la caza | soil.
pantano palúdico | fever-swamp.
pantano salado | saltpan | salt pan.
pantanoso | moorish | boggy | swampy.
pantarquía | pantarchy.
pantascopio | pantascope.
pantécnico | pantechnic.
panteismo | pantheism | hylotheism.
panteista | pantheist.
panteología | pantheology.
pantisocracia | pantisocracy.
pantógrafo | lazy-tongs | pantograph.
pantógrafo (de toma de corriente) | sliding collector.
pantógrafo (locomotora eléctrica) | pantograph.
pantógrafo abatido sobre el techo (locomotora eléctrica) | pantograph housed.
pantógrafo inversor | inversor pantograph.
pantógrafo para grabar mecánicamente líneas geométricas | cycloidal engine.
pantógrafo para incisiones eléctricas | electric etcher.
pantómetro | pantometer.
pantonalidad | pantonality.
pantoque (aviación) | chine.
pantoque (buques) | bilge.
pantoque de gran radio | easy bilge | slack bilge.
pantoque muy curvo | hard bilge | sharp bilge.
pantorrilla | calf.
pantoscopio | pantoscope.
panúrgico | panurgic.
panza | paunch.
panza (aviones) | underbelly.
panza (superficie inferior del fuselaje - aviones) | belly.
panzoismo | panzoism.
panzoótico | panzootic.
pañería | drapery | woollens.
pañero | draper.
pañete | friezed cloth.
pañete (tela) | dreadnought | fearnought.
paño | stuff | fabric | cloth.
paño (de diamantes) | silk.
paño (de paracaídas) | panel.
paño (de tela) | breadth.
paño (en un vestido) | panel.
paño (gemas) | flaw.
paño (trozo de una vela) | cloth.
paño afieltrado | felted cloth.
paño ancho de lana | broadcloth.
paño asargado (sarga de lana) | tweed.
paño azul marino | pilot cloth.
paño burdo | coarse cloth.
paño con urdimbre de algodón | cotton warp cloth.
paño de ampliar (fotografía) | bolting cloth.
paño de Arras | Arras tapestry.
paño de billar | billiard cloth.
paño de chapas (buques) | panel of plating.
paño de decatizadora | decating apron.
paño de estambre | botany worsted cloth.
paño de fieltro | felt cloth.
paño de forro (para forro de cilindros de máquina estampar telas) | lapping.
paño de lana cardada | woollen cloth.
paño de lana madre | Saxony wooollen cloth.
paño de lana pura | cheviot woollen cloth.
paño de limpieza | cleaning patch.
paño de muro entre ventanas | pier.
paño de oro | cloth of gold.
paño de regenerado | low woollen cloth.
paño de seda | black-corded silk.
paño de uniformes | army cloth.
paño estrecho (de menos de 132 centímetros de ancho) | narrow cloth.
paño fino de lana | doeskin.
paño fuerte inglés | lambskin.
paño fuerte para pantalones | doeskin.
paño inferior de las máquinas de rayar | apron.
paño italiano | Italian cloth | imperial sateen.
paño lavable de cara estriada (estampadora de telas) | embossed-face washable blanket.
paño liso para trajes | plain cloth | plain coating.
paño media lana | cotton warp cloth | union cloth.
paño meltón | melton.
paño merino | merino.
paño mezcla (telas) | mixed cloth.
paño mezclilla | Oxford gray.
paño negro fino para vestidos de hombre | broadcloth.
paño no batanado | rough cloth.
paño para limpiar vasos | glass cloth.
paño sin fin (máquina estampar telas) | blanket.
paño superior de la máquina de rayar | blanket.
paño tupido | close cloth.
pañol | locker.
pañol de cables (buques) | cable locker.
pañol de cargos (buques) | storeroom.
pañol de carnes (buques) | meat-handling room.
pañol de cereales (buques) | bonded store.
pañol de efectos de consumo (buques) | consumable store.
pañol de entrega de municiones (buques) | ammunition handing room.
pañol de entretenimiento del radar (buques) | radar maintenance room.
pañol de equipajes (buques) | baggage room.
pañol de herramientas | tool house.
pañol de jarcias (buques) | cable tier.
pañol de luces (buques) | lamp room | light room.
pañol de manipulación | handing room.
pañol de máquinas | engineers' storeroom.
pañol de maquinistas | engineers' storeroom.
pañol de municiones | ammunition chamber.
pañol de municiones (buques) | magazine.
pañol de patatas (buques) | potato room.
pañol de pinturas (buques) | paint locker.
pañol de pólvora (buques) | magazine | powder room | powder magazine.
pañol de proyectiles | shellroom.
pañol de proyectiles (buques) | projectile room.
pañol de respetos de la cámara de máquinas | engine room storeroom.
pañol de ropa limpia (buques) | clean linen room.
pañol de suministros (talleres) | issue room.
pañol de valores (buques) | bullion-room.
pañol de velas (buques) | sail-locker | canvas room.
pañol de vinos (cocina buques) | still room.
pañol de víveres | storeroom.
pañol de víveres (buques) | issue room | provision room.
pañol del carpintero (buques) | carpenter's store room.
pañol del condestable (buques guerra) | gunner's store.
pañol del contramaestre | boatswain's store room.
pañol del contramaestre (buques) | boatswain's locker | bosun's store | bos'n store.
pañol del hielo (buque pesquero) | ice-room | ice pound.
pañol del pan (buques) | bread-room | bread locker.
pañol donde hay siempre comida disponible (buques pesca) | shack locker.
pañol para el control de averías (buques) | damage control room.
pañol para herramientas (talleres) | tool crib.
pañolero (buques) | storekeeper.
pañolero del pañol de herramientas | tool-crib attendant.
pañoles especialmente preparados para el transporte de balas de seda (buques) | silk room.
pañoleta | scarf | scarf.
pañolón | kerchief.
paños | woollens.
paños de cocina | kitchen linen.
paños de fieltro para filtrar (de lana y de media lana) | woollen and half-woollen filters.
paños quirúrgicos | surgical drapes.
pañuelo para el cuello | scarf.
papa | potato.
papandujo | nincompoop.
paparquía | paparchy.
papárquico | paparchical.
papayo (árbol) | papaya tree.
papel | paper.
papel (parte - teatros) | character.
papel (teatros) | part.
papel a corto plazo (bolsa) | short-dated stocks | long-term paper.
papel a largo plazo (comercio) | long-term note.
papel a largo plazo (finanzas) | long paper.
papel abrasivo | glass paper | abrasive paper | rubbing paper | sandpaper | grinding paper | polishing paper.
papel abrasivo de carburo de silicio (industria del cuero) | tanning paper.
papel abrasivo revestido de polvo de granate | garnet-coated paper.
papel absorbente que se coloca entre el linóleo y el piso | linoleum lining.
papel acanillado | cream-laid paper.
papel aceitado | grease paper | oil-paper | oiled paper.
papel aceitado para juntas | gasket paper.
papel acondicionado (en humedad) | stabilized paper.
papel activo | active role.
papel adherido (endosos de letras) | allonge.
papel afiligranado | chagreen paper.
papel aislante | insulating paper.
papel aislante eléctrico | electrical insulating

paper.
papel al bromuro de plata (fotografía) | gas-light printing paper.
papel al carbón (fotografía) | carbon paper | carbon tissue.
papel al ferroprusiato | blue paper.
papel albuminizado (fotografía) | albumen paper.
papel amarillo de pasta kraft | kraft manila.
papel amortizable | redeemable stock.
papel antiasmático | niter paper.
papel antimanchas | antitarnish paper.
papel antiséptico | antiseptic paper.
papel apergaminado | vegetable-sized paper.
papel apto para la impresión en color | polychrome paper.
papel arrugado a máquina | machine-creped paper.
papel asfaltado (saturado, revestido o laminado con asfalto) | asphalt paper.
papel aterciopelado (papel recubierto con polvo de algodón, lana o rayón) | flock paper.
papel autocopiativo | self-copying paper | carbonless paper.
papel avenizado (engomado con harina de avellana) | avenized paper.
papel avitelado | woven paper.
papel azul celeste avitelado | azure laid | azufre wove.
papel azulado para envolver algodón hidrófilo | cotton-batting paper.
papel bancable | bank paper.
papel baritado | baryta paper.
papel barnizado con resina sintética | resin varnished paper.
papel Biblia | Bible paper.
papel blanco | white paper | clean paper.
papel blando de imprimir que no cruje al manejarlo (conciertos musicales, teatros, etc.) | program paper.
papel brillante (fotos) | glossy paper.
papel bristol | ivory paper.
papel buscapolos (electricidad) | pole-finding paper.
papel calandrado | calendered paper.
papel calco | tracing paper | flax paper.
papel carátula delgado | manuscript cover.
papel carbón | pigment paper.
papel carbón para copias | carbon paper.
papel cargado | loaded paper.
papel cargado con parafina | wax-sized paper.
papel cebolla | pelure | onion-skin.
papel cianográfico | blueprint paper.
papel cilindrado en caliente | hot-rolled paper.
papel clave | key role.
papel coloreado con ocre | ocher brown.
papel comercial | trade paper.
papel con abscisas y ordenadas logarítmicas | log-log paper.
papel con acabado imitación a telas | linen paper.
papel con apresto resinoso | rosin-sized paper.
papel con diferente acabado en cada cara | duplex finish paper.
papel con fibras desplazadas por exceso de presión en el calandraje | calender crushed paper.
papel con filigrana | water-marked paper.
papel con igual resistencia en ambos sentidos | square sheet.
papel con la superficie revestida de corcho en polvo mezclado con cola | cork paper.
papel con los cantos rotos | clipped cuts.
papel con manchas | foxy paper.
papel con marca hecha con estilete metálico | metallic paper.
papel con nombre en la marca | named paper.
papel con olor desagradable por la rancidez de la caseína | sour sized paper.
papel con perforación para cortar | snap-apart form.
papel con poca o ninguna carga | spongy paper.
papel con rayas que sirven de falsilla | linear paper.
papel con superficie dura más difícil de imprimir que el ordinario para libros | hard paper.
papel con tono pardo | drab paper.
papel con tono rosado | apricot paper.
papel con una cara blanca y la otra en color | split-color paper.
papel con una cara recubierta de estaño metálico | foiled paper.
papel con una cara revestida de hoja de aluminio y el conjunto perforado para permitir el paso del aceite (cables eléctricos) | H-paper.
papel continuo | continuous stationery | paper in reels | paper web | machine-made paper | endless paper | fanfold paper.
papel continuo impreso | output form.
papel continuo múltiple | unburst.
papel continuo perforado en márgenes | continuous sprocket-holed stationery.
papel contra falsificaciones | cheque paper.
papel corriente | plain paper.
papel cortado a un ángulo con la dirección de la máquina | angular paper.
papel couché | coated paper | calendered paper | baryta paper.
papel crema | cream-laid paper.
papel crepé | elastic paper.
papel crepé para forrar (macetas, etc) | florist crepe paper.
papel crepé para forrar macetas | flower-pot covering paper.
papel cristal | glassine.
papel cuadriculado | point paper | chart paper | sectional paper | rectilinear paper | quadrille finish | graph paper | plotting paper | cross-section paper | cross section paper | chartpaper.
papel cuadriculado con coordenadas estandar | standard coordinate graphpaper.
papel cuadriculado doblemente logarítmico | log-log graph paper.
papel cuadriculado logarítmico | logarithmic coordinate paper | log-log paper | logarithmic cross-section paper.
papel cuadriculado para el trazado de la integral de probabilidad de Gauss | probability integral graph paper.
papel cuadriculado semi-logarítmico | semilogarithmic graph paper.
papel cuché | art paper.
papel cuero | leatherette | leather paper.
papel curado al vapor | steam seasoned paper.
papel de abacá | rope paper.
papel de algodón hidrolizado con cloruro de cinc | fish paper.
papel de aluminio | aluminum foil.
papel de amianto | asbestos paper.
papel de amianto para diafragmas (procesos electrolíticos) | electrolytic paper.
papel de amianto para proteger las piezas a soldar | welding paper.
papel de apresto duro | hard-sized paper.
papel de bambú | Chinese paper | India paper.
papel de buena calidad | good-quality paper.
papel de calcar aceitado | oiled tracing paper.
papel de calco | transfer paper.
papel de celulosa | cellulose paper.
papel de citrato de plata (fotografía) | printery paper.
papel de color | colored paper.
papel de color amarillento o pajizo claro | Manila-colored paper.
papel de color cercano al blanco | toned paper.
papel de color parafinado | florist tissue.
papel de contrastes (fotografía) | contrasty paper | hard paper.
papel de copiar a lápiz | pencil carbon paper.
papel de culebrilla | onion-skin.
papel de cúrcuma | turmeric paper.
papel de China | rice paper.
papel de desecho recuperado | salvaged waste paper.
papel de dibujo | drawing paper.
papel de dibujo al carboncillo | charcoal paper.
papel de dibujo fuerte de alta calidad | etching paper.
papel de dibujos para pegar sobre cristales (ventanas) | diaphanic paper.
papel de doble calandrado | double calendered paper.
papel de embalaje | brown paper | packaging paper.
papel de embalaje hecho de cuerdas viejas | rope brown.
papel de embalar alquitranado | pitch-paper.
papel de embalar impermeable y resistente a la humedad | waterproof and humidity-proof packing papers .
papel de empacar | baling paper.
papel de empapelar | wallpaper.
papel de empapelar lavable | sanitary wallpaper.
papel de empapelar recubierto de serrín fino | oatmeal paper.
papel de encaje | lace paper.
papel de entapizar (para empapelar) | paper-hangings.
papel de envolver | wrapping paper | wrapper.
papel de envolver antimohoso | mold-inhibiting wrapper.
papel de envolver dispuesto en paquetes de hojas sueltas | flat wrappers.
papel de envolver hecho con cuerdas viejas | hemp brown.
papel de envolver impermeable e higrófugo | ordnance paper.
papel de envolver negro | black wrapping paper.
papel de envolver para usos en el mercado | market paper.
papel de envolver que no oxida el metal | antirust paper.
papel de escribir con encabezamiento | headed paper.
papel de escribir de trapos o pasta química | bank paper.
papel de escribir en cajas | papeterie paper.
papel de estaño | tinfoil.
papel de estraza | kraft paper | cap paper | rag paper.
papel de fantasía para guardas | art paper.
papel de fibra suelta | loose-fibred paper.
papel de filtrar | filter paper.
papel de filtro cuantitativo | quantitative filter paper.
papel de filtro impregnado con hidrato taloso que vira al pardo al contacto con el ozono | ozone paper.
papel de filtro impregnado con yoduro potásico y almidón que vira al azul al contacto con el ozono | ozone paper.
papel de filtro para análisis | analytical filter paper.
papel de forma circular para aparatos registradores | meter paper.
papel de fumar | cigarette tissue.
papel de fumar impregnado con un nitrato para acelerar su combustión | combustible paper.
papel de gran sensibilidad (fotografía) | high-speed paper.
papel de hilo | rag content paper | rag paper.
papel de imagen directa (fotografía) | printing-out paper.
papel de imagen latente (papel al bromuro de plata - fotografía) | gaslight paper.
papel de imprenta | print | printery paper.
papel de impresión | printings.
papel de impresión blanco sobre negro | negative haloid papel.
papel de imprimir con gran carga de carbonato cálcico | carbonate paper.
papel de imprimir de esparto | alpha printing paper.
papel de la administración de personal | role of personnel management.

papel de la flota auxiliar de la Marina de Guerra (G.B.) | RFA'S role.
papel de larga duración | long-wearing paper.
papel de lija | glass paper | sandpaper | abrasive paper.
papel de lija fina | fine sandpaper.
papel de lija flexible | finishing paper.
papel de luto | black-edged paper.
papel de luto (cartas) | mourning paper.
papel de mapas | atlas paper.
papel de marcar que no se ensucia | nonfinger marking paper.
papel de más gramaje que el pedido | overweight paper.
papel de material de oficina | stationery paper.
papel de mica | mica paper | mica mat.
papel de oficio | legal paper.
papel de paja | straw paper.
papel de paja de arroz | rice paper.
papel de pasta de madera | wood paper.
papel de pasta de madera de fibra larga revestido de una mezcla que no se cuartea al doblarse | folding stock.
papel de pasta grafitada | graphite paper.
papel de pasta química | wood-free paper | chemical fiber paper.
papel de pasta química de madera | fiber paper.
papel de pasta química solamente | free sheet.
papel de pasta sulfítica no blanqueada (calidad eléctrica) | electrical grade unbleached sulfate paper.
papel de pauta (música) | music paper.
papel de pergamino | paper parchment.
papel de plata | tinfoil.
papel de plomo con | tea lead.
papel de poco gramage | flimsy paper.
papel de primer orden (comercio) | prime bills.
papel de probabilidad extrema | extreme probability paper.
papel de reactivo (química) | standard paper.
papel de realce | embossed paper.
papel de relleno | backing paper.
papel de revestir | lining paper.
papel de seda | cambric paper | tissue paper.
papel de seda para difuminado de impresiones | cepa paper.
papel de segundo orden (teatros) | boot-jack.
papel de seguridad para talonarios de cheques | safety paper for cheques.
papel de superficie blanda | soft paper.
papel de superficie dura | hard-surfaced paper.
papel de superficie granuda | grained paper.
papel de tina | vat paper.
papel de tornasol (química) | litmus paper.
papel de tornasol azul | blue litmus paper.
papel de trapos | rag-book | rag paper.
papel de trapos de hilo | linen paper.
papel de valor dudoso | dubious paper.
papel de varios colores | chromatic paper.
papel de yute | jute wrapping.
papel del Estado | government bonds.
papel del gobierno | role of government.
papel delgado usado para revestir cartones | pastings.
papel desengrasado | fat-extracted paper.
papel distinto del de escribir y de imprimir | mechanical paper.
papel doblado en acordeón | fan-fold paper.
papel duplex con alma de lino o lona | cloth-centered paper.
papel editorial | book paper.
papel electrosensible | electrosensitive paper.
papel embreado | tar paper.
papel embreado o asfaltado | mulch paper.
papel empaquetado en recipientes sellados | sealed paper.
papel empleado al empastar las placas de acumuladores | battery paper.
papel en bobinas | roll paper.
papel en existencias | stock.
papel en general | stock.
papel en hojas para periódicos | flat news.
papel encolado a máquina | engine-sized paper.
papel endurecido | hard paper | hardened paper.
papel engomado | gummed paper | adhesive paper.
papel escarchado | ice paper.
papel esencial | key role.
papel esmaltado | coated paper.
papel esmeril basto impregnado con colofonía (limpieza carrocería autos) | tack rag.
papel estampado en seco | embossed paper.
papel estucado | art paper | coated paper.
papel estucado con barita | baryta coated paper.
papel exento de ácidos | antiacid paper.
papel exento de humedad | oven-dry paper.
papel extraopaco | opaque circular paper.
papel fabricado con pasta batida con exceso | greasy paper.
papel fabricado de papeles viejos y que imitan calidades mejores | bogus paper.
papel fabricado de una suspensión de pasta que chorrea agua | free sheet.
papel facial | crinkled tissue | facial tissue.
papel ferrogálico | ferrogallic paper.
papel ferroprusiato | ferroprussiate paper.
papel fibroso | fiber paper.
papel fieltro | carpet felt.
papel filigranado | watermarked paper.
papel filtro grueso | filterboard.
papel filtro para cerveza | filter masse.
papel fino de celofán | cellophane tissue.
papel fino de color rojo o azul para sacar discos redondos empleados en billetes con objeto de proteger contra falsificaciones | planchette paper.
papel fino para copias de cartas escritas | copying paper.
papel fino para envolver saturado con aceite mineral | oiled paper.
papel fluorescente | fluorescent paper.
papel formado por la unión de dos hojas | duplex paper.
papel formado por varias capas superpuestas unidas entre sí | laminated paper.
papel fosforescente | phosphorescent paper | luminous paper.
papel fotográfico | photographic paper | developing paper.
papel fotográfico al clorobromuro | gaslight.
papel fotográfico con emulsión de sales de hierro y platino | platinum paper.
papel fotográfico rápido | actinometer paper.
papel fuerte de envolver hecho de abacá o una mezcla de abacá y pasta química | rope wrapping.
papel fuerte para empaquetar piezas de tela | textile wrappers.
papel fuerte para envolver | basket cap.
papel fuerte para envolver paquetes grandes y voluminosos | express paper.
papel fuerte tratado con aceite de linaza cocido o con una mezcla de aceite y trementina | oiled paper.
papel gelatinado para calcar | gelatine tracing paper.
papel granito | granite paper | ingrain paper.
papel grueso opaco | plate paper.
papel grueso para álbumes | album paper.
papel grueso para cubrir balas (de algodón, etc.) | baling paper.
papel hecho a mano | vat paper | deckle-edged paper | vat.
papel hecho con mezcla de pasta de esparto y pasta química de madera | esparto paper.
papel hecho de fibras de abacá o cuerdas viejas | Manilla paper.
papel hecho en una máquina de cilindros (G.B.) | vat paper.
papel heliográfico | ferrocyanate paper | photoprinting paper | heliographic paper | printery paper | blue paper.
papel heliográfico positivo | black line paper.
papel hidrolizado | fishpaper.
papel higiénico en rollo | roll tissue.
papel hilo | bond paper.
papel imitación cuero | calf paper.
papel imitación de los de superior calidad | bogus filler.
papel imitación lagarto | alligator imitation paper.
papel imitación piel de cocodrilo | crocodile leather paper.
papel imitación tafilete | morocco paper.
papel imperfecto pero aprovechable | diamonds.
papel impermeabilizado con brea | tar paper.
papel impregnado | impregnated paper.
papel impregnado con añil empleado en las lavanderías | laundry blue paper.
papel impregnado con cera vegetal mezclada con un colorante (empleado por dentistas) | articulating paper.
papel impregnado con materia colorante de la dalia (vira al rojo con ácidos y al verde con álcalis) | dahlia paper.
papel impregnado con resina fenólica | hard paper.
papel impregnado con solución de rojo Congo (los alcalis viran al rojo y los ácidos viran al azul) | Congo blue paper.
papel impregnado con una resina fenólica | bakelite paper.
papel impregnado de látex | latex-impregnated paper.
papel impregnado en nitro que arde lentamente al ser tocado por una chispa (pirotecnia) | combustible paper.
papel impregnado químicamente corrosioinhibidor | rust inhibiting paper.
papel impreso | imprinted paper.
papel impreso para diagramas y máquinas registradoras | diagram and recording printed paper.
papel imprimible | printable paper.
papel inarrugable | noncreasing paper.
papel incombustible | noncombustible paper.
papel indicador | indicator paper.
papel indicador (química) | test paper.
papel indicador del pH (acidez) | litmus paper.
papel insecticida | insecticide paper.
papel inspeccionado sobre una máquina | pie fed paper.
papel inútil que proviene de las diversas fases de acabado (fabricación papel) | finishing broke | finishing waste.
papel iridescente | nacreous paper.
papel iridiscente | iridescent paper.
papel isótropo | isotropic paper.
papel kraft | kraft paper | kraft.
papel kraft asfaltado | asphalting paper.
papel kraft con fibras de sisal | sisalkraft paper.
papel Kraft impregnado con resina artificial | hard paper.
papel kraft muy satinado | express paper.
papel kraft resistente al moho | moldproof kraft paper.
papel lavado | extracted paper.
papel ligero de mucho cuerpo | featherweight paper.
papel litográfico de impresión | lithographic printing paper.
papel logarítimico con coordenadas según la ley de Gauss | probability paper.
papel lustroso | enamel paper.
papel manchado de aceite | oiled paper.
papel manila | Manilla paper.
papel manila para envolver carnes | packer oiled manila.
papel marquilla | Bristol paper.
papel mecánico | machine-made paper.
papel mediosatinado | dull-coated paper.
papel membretado | letter heads.
papel metálico | tinsel | metalfoil.
papel metálico laminado | laminated foil.
papel metalizado | metal paper | foil.
papel milimetrado | plotting scale paper | millimeter paper | plotting scale.
papel milimétrico | coordinate paper | scale

paper.
papel ministro (para escribir) | brief-paper.
papel mohorresistente | mold-resistant paper.
papel moneda | bank paper | soft money | currency paper.
papel moneda inconvertible | free currency | inconvertible paper currency.
papel moneda no invertible | paper standard.
papel montado sobre tela | cloth-mounted paper | mounted paper.
papel muaré | moiré paper.
papel muy cargado con arcilla | clay-filled paper.
papel muy denso (con densidad cerca de 1) empleado para hacer plásticos | express paper.
papel nacarado | nacreous paper.
papel negociable | negotiable paper.
papel negociable de valor dudoso | kite.
papel no encolado | waterleaf.
papel normal | plain paper.
papel offset (papel satinado medio) | offset paper.
papel oficio | foolscap.
papel oleográfico | oleographic paper.
papel ondulado | crinkled paper.
papel opaco | opacity paper.
papel oro | paper gold.
papel oscuro para respaldo antihalo (fotografía) | backing paper.
papel para acciones de sociedades | loan paper.
papel para alzas mecánicas (imprenta) | chalk overlay paper.
papel para aparatos registradores de precisión | precision recording paper.
papel para billetes de banco | banknote paper | bank stock | currency paper.
papel para billetes de banco y valores | papers for bank-notes and securities.
papel para bobinas (tejeduría) | cone paper.
papel para bobinas o carretes | tube paper.
papel para botes de papel (conservas, etc.) | paper-can paper.
papel para calcar | tracing paper.
papel para calcografía | plate paper | intaglio paper.
papel para calcomanías sobre loza | pottery tissue.
papel para canillas (tejeduría) | cop paper.
papel para capacitores | condenser paper | condenser tissue.
papel para carteles de anuncios | outdoor sign paper.
papel para cartuchos de dinamita | blasting paper.
papel para cerillas | match-stem stock.
papel para cintas de Morse | Morse paper.
papel para copias (máquina escribir) | manifold tissue.
papel para copias múltiples | manifold paper.
papel para copias reproducibles (dibujo) | transfer paper.
papel para cromolitografía | chromolitho paper.
papel para cubicaciones de obra (proyectos) | dimensions paper.
papel para cubiertas (libros) | cover paper.
papel para cubrir (prensa) | tympan.
papel para cubrir el apio durante su crecimiento | celery-bleaching paper.
papel para diagramas (máquinas alternativas) | indicator card.
papel para dibujo al carboncillo | crayon paper.
papel para dieléctrico de capacitores | capacitor paper.
papel para dieléctricos | dielectric paper.
papel para documentos de valor | security paper.
papel para el asma (papel embebido en nitrato potásico) | asthma paper.
papel para el estado de dimensiones (proyectos) | dimensions paper.
papel para embalar maquinaria y cueros | burlap-lined paper.
papel para embalar resmas | mill wrapper.
papel para empaquetar | packaging paper.
papel para envolver | packing tissue.
papel para envolver agrios | orange wrapper.
papel para envolver aves | poultry wrapper.
papel para envolver carne (carnicerías) | meat wrapper.
papel para envolver carne de cerdo | bacon wrapper.
papel para envolver drogas | pharmaceutical paper.
papel para envolver frutas | fruit tissue | apricot paper.
papel para envolver mantequilla | butter wrapper.
papel para envolver muebles | furniture-wrapping paper.
papel para envolver pan | bread wrappers | opaque wrapping.
papel para envolver pescado | fish wrapper.
papel para envolver y limpiar vidrios ópticos | lens tissue.
papel para esmerilar colectores | commutator polishing paper.
papel para estereotipia (tipografía) | matrix paper.
papel para fabricación de billetes | fraud-proof paper.
papel para fabricar petardos (ferrocarriles) | fusee paper.
papel para fajas de paquetes (de calcetines, piezas de tela, etc) | band stock.
papel para fajas de periódicos | address label paper.
papel para forrar cajas | box cover paper.
papel para forro interior de bolsas (de té, café, etc) | bag liner paper.
papel para fotolitografía | photolitho paper.
papel para frasqueta | frisket paper.
papel para galeradas | proofing paper.
papel para gráficos | chart paper | chartpaper.
papel para guarnecer | fly-sheet paper.
papel para hacer pajas para beber líquidos | drinking straw paper.
papel para hilar | fabric tissue.
papel para impresión en hueco | intaglio paper.
papel para impresión en huecograbado | rotogravure printing papers.
papel para impresión en relieve | relief paper.
papel para impresión litográfica | plate paper.
papel para impresión tipográfica | letterpress paper.
papel para imprimir en gelatina | gelatin-printing paper.
papel para joyeros | jeweler's tissue.
papel para letras de cambio | bill paper.
papel para litografía | lithograph paper | litho paper.
papel para litografías | lithopaper.
papel para mapas | plan paper | geography paper | chart paper.
papel para matrices (tipografía) | matrix paper.
papel para monotipia | monotype paper | keyboard paper.
papel para negativos | photographic paper.
papel para patrones | pattern tissue.
papel para patrones (sastrería) | pattern paper.
papel para patrones de trajes | jute tissue.
papel para pegar fotografías | facing paper.
papel para periódicos | newsprint.
papel para pliegos de cartas o sobres o impresos comerciales | bond paper.
papel para plisados | pleating tissue.
papel para productos transformados | converting paper.
papel para programas (conciertos musicales, teatros, etc.) | program paper.
papel para proteger las plantas del sol o de las heladas | plant-cap paper | plant-protector paper.
papel para pruebas de grabados | proofing paper.
papel para pulir | dusting paper.
papel para refuerzos (estereotipia) | backing paper.
papel para sacos | bag paper.
papel para sacos de cemento | cement-sack paper.
papel para sacos hecho de mezcla de pasta mecánica y química y que tiene un color amarillento o pajizo | Manila bag paper.
papel para saquetes de guardar ropa | garment-bag paper.
papel para saquetes interiores de las latas de la basura | garbage-bag paper.
papel para sellos de correos | postage-stamp paper.
papel para ser impreso | stock.
papel para servilletas | napkin tissue.
papel para tapas | cover paper.
papel para tapas de folletos | pamphlet cover.
papel para tazas | cup paper.
papel para telegramas | message blank.
papel para tímpanos (imprenta) | tympan paper.
papel para toallas y servilletas | towelings.
papel para transferencia | transfer paper.
papel para usos faciales | cleansing tissue.
papel para usos industriales | industrial tissue.
papel para visillos o manteles | paper cloth.
papel parafinado | waxed paper | paraffin-paper | wax paper.
papel parafinado haciéndolo pasar por un baño de parafina e inmediatamente después por un baño de agua fría | wet-waxed paper.
papel pautado | ruled paper.
papel pegado sobre percalina | muslin-backed paper.
papel pergamino | cotton parchment | imitation parchment.
papel pergamino de calcar | parchment tracing paper.
papel pergamino imitando metal repujado | parchment repoussé.
papel pergamino para forrar interiormente botes de conservas | parchment liner.
papel pergamino vegetal empleado como membrana en dialización | dialyzing parchment.
papel pergamino vegetal para envolver las pencas de apio | celery wrapper.
papel pigmento (fotografía) | carbon tissue.
papel pintado | wallpaper.
papel pintado (para empapelar) | paper-hangings.
papel plateado | silver paper | aluminum dusted paper.
papel plegable impermeable para emplear debajo de las sábanas | crib sheet.
papel plegado en zig-zag | Z-fold paper.
papel plegado por sectores (teleimpresor) | multifold paper.
papel plisado | corrugated paper | crepe paper.
papel pluma | featherweight paper.
papel plúmbico | lead paper.
papel presensibilizado | presensitized paper.
papel principal de la infantería | infantry's chief task.
papel probabilístico | probability paper.
papel probabilístico binómico | binomial-probability paper.
papel que no hace ruido al doblarse | nonrattle paper.
papel que no hace ruido al doblarse (para manuscritos de radio y TV, programas musicales, etc.) | noiseless paper.
papel que no hace ruido al manejarlo (para programas de música) | silent paper.
papel que no se mancha con la grasa | oilproof paper.
papel que puede doblarse sin rajarse | folding paper.
papel que se abarquilla y forma un tubo | tubed paper.
papel que se emplea en pastelería | pan liner.
papel que seca rápidamente después de im-

primir | dry printing.
papel que viene de fábrica en hojas sin doblar | flat paper.
papel rayado en azul claro | feint-ruled paper.
papel reactivo | reaction paper | reactive paper.
papel reactivo (química) | test paper.
papel recuperado que ha sido desintegrado | pulper stock.
papel redescontable | eligible paper.
papel registro | register paper.
papel registro para libros de contabilidad | ledger paper.
papel reprográfico | reprographic paper.
papel resinado (con resina sintética) | resined paper.
papel resistente a la grasa | grease-proof paper.
papel resistente a los ácidos o humos ácidos | acid resistant paper.
papel revestido | enameled paper.
papel revestido con emulsión fotográfica | photographic paper.
papel revestido con mica en polvo mezclado con caseína | mica paper.
papel revestido con polvo de piedra pómez | pouncing-paper.
papel revestido con silicato sódico | silicated paper.
papel revestido con sustancias metálicas | metallic paper.
papel revestido con una capa de laca de piroxilina | pyroxilin-coated paper.
papel revestido con una capa de óxido de zinc | zinc-oxide coated paper.
papel revestido de aluminio en polvo | aluminum paper.
papel revestido de bronce metálico | gold paper.
papel revestido de hoja metálica | metal-lined paper.
papel revestido de sílex pulverizado (papel de lija) | flint paper.
papel revestido de sulfato de bario | baryta paper.
papel revestido de tela | cloth paper.
papel rígido de yute empleado como ballenas (corsetería) | whalebone paper.
papel satinado | plated paper | glazed paper | satin paper | calendered paper | glossed paper | glossy paper.
papel satinado por rozamiento | friction glazed paper.
papel secado a máquina | cylinder-dried paper.
papel secado al horno | bone-dry paper.
papel secado con exceso (es frágil) | burnt paper.
papel secante | blotter | absorbent paper.
papel secante gris para llevar muestras de plantas | plant dryer.
papel secante grueso | blotting board.
papel sellado | stamped paper | official stamped paper.
papel semilogarítmico | semilog paper.
papel sensibilizado con sales de plata | silver paper.
papel sensible (fotografía) | sensitized paper.
papel siliconizado | siliconized paper.
papel similitela | duxeen.
papel simple | plain paper.
papel sin defectos | perfect paper.
papel sin imprimir (aunque sea de color) | white paper.
papel soporte para fabricar papeles abrasivos | flint backing paper.
papel surtido | paperstock.
papel tafilete | leather paper.
papel tamaño legal | legal cap.
papel tela | linen-faced paper.
papel tela (para dibujo) | tracing cloth.
papel tela con los bordes cogidos con papel | paper-frayed tracing cloth.
papel tela para dibujar con lápiz | pencil cloth.
papel teñido con colores resistentes a los ácidos o humos ácidos | acid resistant paper.
papel teñido en la calandra | calender dyed paper.
papel teñido en la calandria | padding.
papel teñido en rama | ingrain.
papel teñido moteado | granite paper.
papel terminado a máquina | M. F. paper.
papel termosellable | heat seal paper.
papel termosensible | heat-sensitive paper.
papel testigo (explosivos) | standard-tint paper.
papel timbrado | bill stamp | stamped paper.
papel tornasol | turnsole | indicator paper.
papel transparente | oiled paper | tracing paper.
papel tratado con alquitrán de pino para envolver muebles | pine-tar paper.
papel tratado con cedreleon | cedarized paper.
papel tratado con laca | shellac-treated paper.
papel tratado con un inhibidor | inhibitor-treated paper.
papel valorado (Latinoamérica) | stamped paper.
papel V.C.I. anticorrosivo | VCI anti-rusting paper.
papel vegetal | tracing paper.
papel verjurado | fiber paper.
papel verjurado blanco | cream-laid paper.
papel verjuradopapel acanillado | laid paper.
papel vitela satinado | parchment deed paper.
papel voluminoso y compresible | spongy paper.
papel yute para sobres | jute envelope paper.
papeleo | paperwork | red tape.
papeleo (administración) | red tape.
papelera | apron file | paper factory | paper mill | paper works.
papelera de pasta al bisulfito | sulfite mill.
papelería | stationery.
papelero | papermaker | stationer | paper manufacturer.
papeles | documents.
papeles aislantes para usos electrotécnicos | insulating papers for electrical purposes.
papeles bastos | coarse papers.
papeles de embalaje | wrappings.
papeles de escribir | writing papers.
papeles de identidad | credentials.
papeles de imprenta | printing paper.
papeles de negocios | commercial document.
papeles de negocios (correos) | printed paper rate.
papeles esmaltados | bright enamels.
papeles especiales (industria del papel) | specialty papers.
papeles fabricados con gran proporción de pasta mecánica mezclada con pasta química de madera | groundmass papers.
papeles hectográficos | hectographing papers.
papeles metalizados | metallic papers.
papeles negros | blacks.
papeles para envasar alimentos | food-packaging papers.
papeles para escribir o imprimir | fines | fine papers.
papeles para fines culturales con inclusión del de escribir y de imprimir | cultural papers.
papeles para sacos de varias hojas | multiwall bag papers.
papeles para usos industriales | technical tissues.
papeles pintados | wall paper.
papeles recubiertos para artes gráficas | coated art papers.
papeleta | letter | card | slip.
papeleta para votar por carta | letter-ballot vote.
papel-moneda | paper credit.
papelote | paper stock.
papelote (imprenta) | waste paper.
papialbillo (zoología) | genet.
papila (botánica) | peg | nipple.
papilla explosiva | explosive jelly.
papillote (cocina) | buttered paper.
papiráceo | papery.
papirocromatografía | paper chromatography.
papirografía | papyrography.
papirología | papirology | papyrology.
papirotamia | papyrotamia.
papolatría | papolatry.
papra (Gardema latifolia) | Indian boxwood.
pápula | patch.
paquete | block | bundle | pack | packet | package | parcel | tie-in | slab bloom.
paquete (de acciones) | portion.
paquete (de agujas) | paper.
paquete (hierro pudelado) | fagot.
paquete (laminación de chapas) | pack.
paquete (pudelado) | faggot.
paquete (tarjetas) | deck.
paquete certificado | registered packet.
paquete con valor declarado | insured parcel | registered parcel.
paquete contra reembolso | cash on delivery parcel.
paquete de acciones | parcel of shares.
paquete de agujas | book of needles.
paquete de alambre fino que pesa unos 5 kilos | stone.
paquete de archivo | file deck.
paquete de cables | cable package.
paquete de carriles | rail cluster.
paquete de cura individual | first-aid packet.
paquete de cura individual (milicia) | first field dressing.
paquete de cura individual (soldados) | field dressing.
paquete de cura individual llevado en el bote | boat box.
paquete de chapas | pack of plates | plate bundle | stack.
paquete de chapas sin doblar (laminación chapa) | single iron.
paquete de discos cambiables | removable disk pack.
paquete de dos hojas (laminación) | double iron.
paquete de duelas | shook.
paquete de experimentación supercial lunar | surface lunar experimental package.
paquete de guías ondas | wave guide packet.
paquete de hojas de papel entre chapas pulidas de cobre o cinc | plater book.
paquete de hojas puestas a secar en un palo (papel) | spur.
paquete de láminas del núcleo | core stacking.
paquete de papel continuo perforado en los márgenes | marginally punched set.
paquete de papel trepado | snap-out set.
paquete de programas | program package.
paquete de redondos para formar un redondo final (hierro pudelado) | pile.
paquete de seda natural de 4 a 4,5 libras de peso | book.
paquete de tablillas para cajonería | shook.
paquete de tarjetas binarias | binary deck.
paquete de tarjetas en lenguaje simbólico (informática) | source deck.
paquete de tarjetas para imprimir un estado | report deck.
paquete de trozos de hierro (pudelado) | faggot.
paquete de tubos | tube bundle.
paquete del impulso (radar) | pulse packet.
paquete dotado con paracaídas | parachute-fitted bundle.
paquete en línea doble | dual in-line package.
paquete en línea simple | single-in-line package.
paquete instrumental para experimentos científicos lunares | lunar scientific experiment package.
paquete o fardo con su paracaídas | parapack.
paquete o fardo dispuesto para poder unirle un paracaídas | parapack.
paquete postal | post parcel | postal parcel.
paquete quemado (horno para chapas) | rashed pack.
paquete rectificador | rectifier stack.
paquetería | parcels.

paquetería (tejeduría) | fingering.
paquetes postales para el interior | inland parcels.
paquidermo fósil | fossil pachyderm.
paquímetro | pachymeter.
paquitena | pachytene.
paquítico (medicina) | pachytic.
paquiusis | pachyusis.
par | even-numbered | pair | par.
par (cerchas) | cruck | principal rafter.
par (número) | even.
par acelerador | accelerating torque.
par aislado | lone pair.
par aislado (química) | lone pair.
par al freno | locked-rotor torque.
par al freno (máquinas) | locked rotor torque.
par amortiguador | damping torque.
par antagonista | controlling couple | opposing couple | opposing torque | countertorque | restoring torque.
par antagonista (llamada) | restoring torque.
par apantallado (telecomunicación) | shielded pair.
par armónico de excitación (motores) | harmonic exciting torque.
par asíncrono | asynchronous torque.
par astático | astatic couple.
par cargado (telecomunicación) | loaded pair.
par cinemático | pair | kinematic pair.
par cinemático elemental | lower pair.
par cinemático helicoidal | twisting pair.
par cinemático prismático | sliding pair.
par cinemático rotoidal | turning pair.
par cinemático superior | higher pair.
par coaxial | coaxial pair.
par compensador (electrotecnia) | friction compensation.
par concéntrico (telefonía) | concentric pair.
par corrector | controlling couple.
par crítico (motor eléctrico) | pull-out torque.
par de abonado | subscriber's loop.
par de abonado (telefonía) | subscriber's drop | drop subscriber's.
par de amortiguamiento propulsor | propelling damping torque.
par de apriete | grip-torque | tightening torque.
par de arranque con pleno voltaje | full-voltage starting torque.
par de arranque de la bomba | pump starting torque.
par de arranque elevado | high-starting torque.
par de arranque máximo (motores inducción) | pull-out torque.
par de brazo pequeño | close pair.
par de carga que pararía un motor eléctrico | standstill torque.
par de contratorsión | countertorque.
par de cuchillas para separar la pieza forjada de la barra | cutoffs.
par de derrape | yawing couple.
par de desenganche | pull-out torque.
par de electrones | duplet | electron pair.
par de empotramiento | fixing couple.
par de entrada | input torque.
par de equilibrio (electricidad) | restoring force torque.
par de estabilidad de formas | form-stability couple.
par de excitación del motor | engine exciting torque.
par de frenado | braking couple | retarding torque.
par de fuerzas | force couple | couple.
par de giro | turning torque.
par de guiñada | yawing couple.
par de hilos aéreos (telecomunicación) | overhead-wire pair.
par de histéresis | hysteresis torque.
par de impulsión | impulsive couple.
par de inercia | inertia torque.
par de la hélice | propeller torque.
par de luces o boyas que marcan una enfilación | navigational range.
par de llamada | restoring torque.
par de objetivos acromáticos | achromatic couple.
par de pequeño intervalo | close pair.
par de piezas en contacto (estructuras) | mating pair.
par de reacción (hélices) | torque reaction.
par de régimen | rated torque.
par de reposición (electrotecnia) | restoring torque.
par de reserva (telefonía) | spare pair.
par de resistencia | long tail pair.
par de resistencia (eletricidad) | resisting torque.
par de resonancia (ejes) | vibration forcing torque.
par de rozamiento | friction torque.
par de ruedas dentadas de evolvente | pair of involute gears.
par de sobrecarga (motores) | excess torque.
par de sobrecarga de parada (motor polifásico) | stalled torque.
par de terminales | terminal pair.
par de torsión | torque.
par de torsión del timón | rudder torque.
par de valores | pair of values.
par de válvulas electrónicas acopladas en forma tal que sólo una es conductora | flip-flop.
par deslizante rectilíneo (mecanismos) | sliding rectilinear pair.
par desviador | deflecting couple.
par donador-aceptador | donor-acceptor pair.
par eléctrico | electric moment.
par electromagnético | electromagnetic torque.
par electrón-positrón | electron-positron pair.
par en autorrotación (hélices) | windmill torque.
par en régimen de molinete (hélices) | windmill torque.
par enganchado | locked pair.
par estereoscópico | stereopair.
par flector | bending couple.
par galvánico | galvanic couple.
par giratorio | turning pair.
par giroscópico | gyroscopic torque.
par girostático | gyrostatic torque.
par gravitacional | gravitational torque.
par hueco-electrón | hole-electron pair.
par inclinante | inclining couple.
par iónico | ion pair.
par límite | stalled torque.
par maestro | main couple.
par magnético | magnetic torque | magnetic couple.
par máximo | stalled torque.
par máximo (motores) | breakdown torque.
par máximo constante en carga | pull-in torque.
par máximo constante en vacío | pull-out torque.
par máximo de montaje (semiconductores) | mounting torque.
par máximo de torsión | breakdown torque.
par máximo en el arranque | pull-up torque.
par máximo en servicio continuo (motor inducción) | pull-out torque.
par mecánico | mechanical torque | shaft torque.
par mínimo | switching torque | static torque.
par motor | driving moment | driving torque | output torque | engine torque | turning effort | torque | operating torque.
par motor (electricidad) | power torque.
par motor (máquina) | turning pair.
par motor a plena carga | full-load torque.
par motor aplicado | impressed torque.
par motor con carga nominal (motores) | torque at rated load.
par motor crítico | pull-out torque.
par motor crítico (motores de inducción) | breakdown torque.
par motor de la manivela | crank effort.
par motor del inducido | armature torque.
par motor en vatios síncronos | torque in synchronous watts.
par motor límite (motor eléctrico) | pull-out torque.
par motor máximo al arrancar | maximum torque at starting.
par motor medio a plena carga | full load mean torque.
par motor medio de la hélice a la velocidad crítica (buques) | mean propeller torque at critical speed.
par motor necesario para la laminación (motor laminadores) | rolling torque.
par motor por amperio | torque per ampere.
par motriz (instrumentos) | deflecting torque.
par ordenado de números reales | ordered pair of real numbers.
par oscilante | oscillating torque.
par que hace calarse al motor | stalled torque.
par regulado sensitivamente | sensitivity controlled torque.
par resistente | torque | resisting torque.
par resistente de la carga | load torque.
par resistente de la hélice | propeller resistance torque.
par resultante del sistema | resultant couple of the system.
par retardador | retarding torque.
par sintonizado con realimentación | tuned feedback pair.
par térmico | thermocouple.
par terminal mínimo de aceleración | pull-up torque.
par termoeléctrico | thermocouple | thermojunction.
par torsional de rotura | breaking torsional couple.
par torsional dinámico | dynamical torsional couple.
par torsor | twisting torque.
par torsor de entrada | input torque.
par torsor del eje del mezclador | mixer shaft torque.
par torsor desviador | deflecting torque.
par torsor estático | steady torque.
par torsor excitante (motores) | exciting torque.
par torsor impulsor | input torque.
par torsor neto | net torque.
par torsor reactivo | reactive torque.
par torsor síncrono | synchronous torque.
par torsor sobre el trépano (sondeos) | torque on bit.
par torsor vibratorio | vibratory torque.
par transitorio (electromecánica) | transient torque.
par transpuesto (telefonía) | transposed pair.
par virtual de la hélice (buques) | propeller water torque.
para aplicaciones diversas | general-purpose.
para completar el peso | as a make-weight.
para concluir | conclude (to).
para coser | sewing.
para defender | ad defendendum.
para economizar gastos | in order to save expenses.
para el año entrante | for the ensuing year.
para el buen orden | for order's sake.
para el caso | ad hoc.
para el fin propuesto | for the purpose intended.
para el porvenir | for the way ahead.
para el proceso | ad litem.
para embarcar municiones (buques de guerra) | readiness for sea period.
para entrega inmediata | for immediate delivery.
para entregar | for delivery.
para evitar discontinuidades bruscas | in order to avoid abrupt discontinuities.
para exposición en todos los vagones o tranvías (anuncios) | full-run.
para fomentar las ventas | sales-building.
para grandes amperajes | heavy-duty.
para grandes amperajes (interruptores) | high-breaking.

para grandes cargas | high-duty.
para hacer frente a nuestros compromisos | in order to fulfil our engagements.
para la buena regla | for order's sake | for regularity's sake.
para la mano derecha (herramientas) | right-handed.
para la subasta servirá de tipo el de la tasación | for the auction the amount appraised shall serve as the rate.
para llamar la atención | attention-getting.
para más seguridad | for safety's sake.
para mayor seguridad | in order to make assurance double sure.
para motor | couple.
para móvil de la horquilla delantera | front fork-slider.
para no ser publicado | off-the-record.
para nombrar a unos pocos | name but a few (to).
para oír y determinar | ad audiendum et determinandum.
para órdenes | for orders (F.O.).
para que el propietario quede indemne | make the owner whole (to).
para siempre | for good | forever.
para su archivo | for your own file.
para subsanar este inconveniente | to overcome this disadvantage.
para todas las condiciones atmosféricas | all-weather.
para todas las corrientes (aparatos eléctricos) | all-mains.
para todas ondas (aparatos radio) | all-wave.
para todo uso | general purpose (G.P.) | general.
para trabajos fuertes | heavy-duty.
para trabajos ligeros | light-duty.
para trabajos pesados (máquina-herramienta) | heavy-duty.
para trabajos varios (máquinas) | miscellaneous.
para una presión de trabajo de 250 libras/pulgadas^2 (válvulas y accesorios) | extra heavy.
para uso en otra parte | for use elsewhere.
para usos pacíficos | for peaceful uses.
para varios usos | versatile.
para vender | for sale | on offer.
parabalas (espaldón) | bullet-catcher.
parabarros (del guardabarros de una rueda) | mud flap.
parabiótico | parabiotic.
parábola (geometría) | parabola.
parábola cilíndrica | cylindrical parabola.
parábola cúbica | cubic parabola.
parábola semicúbica | semicubical parabola.
parábola torcida | twisted parabola.
parabolágrafo | parabolagraph.
parábolas confocales | confocal parabolas.
paraboliforme | paraboliform.
parabolista | parabolist.
parabolocilíndrico | parabolocylindrical.
paraboloidal | paraboloidal.
paraboloide | paraboloid.
paraboloide cóncavo | concave paraboloid.
paraboloide hiperbólico | hyperbolic paraboloid.
paraboloide truncado | truncated paraboloid.
parabrisas | wind screen.
parabrisas (automóvil) | windscreen.
parabrisas (autos) | draught-screen.
parabrisas (EE.UU.) | windshield.
parabrisas curvo (autos) | bowed windshield.
paracaídas | parachute | chute.
paracaídas (ascensores) | safety clutch | safety device.
paracaídas (ascensores y jaula de minas) | grip gear.
paracaídas (jaula de extracción) | holding apparatus.
paracaídas (jaula minas) | safety catch.
paracaídas abierto (argot) | umbrella.
paracaídas antibarrena (aviones) | antispin parachute.
paracaídas auxiliar | pilot parachute.
paracaídas auxiliar para caso de fallo del paracaídas principal | reserve parachute.
paracaídas auxiliar unido al paracaídas principal | pilot chute.
paracaídas barométrico | barometric parachute.
paracaídas con aspas giratorias | rotochute.
paracaídas de apertura automática | automatically opening parachute.
paracaídas de apertura mandada | free parachute.
paracaídas de asiento | seat-type parachute | seat-pack parachute | chair chute.
paracaídas de bandas circulares (para frenar al aterrizar) | ribbon parachute.
paracaídas de cola (aviones) | tail parachute.
paracaídas de cola decelerador (aterrizajes) | drag-chute.
paracaídas de cola frenante (aterrizaje de aviones) | braking parachute.
paracaídas de deceleración | drag parachute.
paracaídas de deceleración (aterrizaje aviones) | parachute brake | parachute drag.
paracaídas de deceleración (cola de aviones) | landing parachute.
paracaídas de desaceleración (aterrizaje de aviones) | deceleration parachute.
paracaídas de excéntricas (jaulas minas) | cam safety-catch.
paracaídas de mochila | back-pack parachute.
paracaídas de nilón | nylon chute.
paracaídas de pecho | chest-pack parachute.
paracaídas de varios casquetes | compound parachute.
paracaídas en forma de tronco de cono | drogue chute.
paracaídas frenante (aviones) | tail parachute.
paracaídas frenante de cola (aviones) | parabrake.
paracaídas lastrado con boya superficial (medición de corrientes oceánicas) | parachute drogue.
paracaídas no inflado por completo cuando está desplegado | streamer.
paracaídas para arrojar carga | cargo chute.
paracaídas para bengalas | flare chute.
paracaídas para colocárselo a un paquete ya preparado para este fin | parapack parachute.
paracaídas para retrasar la velocidad de descenso de la bomba y evitar el rebote (bombardeos a baja altura) | antiricochet parachute.
paracaídas portamuniciones | ammunition sling.
paracaídas que se abre por tracción voluntaria sobre una cuerda | free fall parachute.
paracaídas unido a un radiosonda | radiosonde parachute.
paracaidismo | parachuting | parachutism.
paracaidista | parachute-jumper | parachutist | paratrooper | chutist | jumper.
paracaidista de salvamento | pararescuer.
paracaidizable | airdroppable.
paracaidización | parachuting.
paracaidizado | airdropped.
paracaidizar | parachute (to).
paracaidizar (tropas o equipo) | airdrop (to).
paracascos | splinter screen.
paracascos (pruebas de tiro) | parados.
paracéntesis (medicina) | tapping.
paracentral | paracentral.
paracéntrico | paracentric.
paracesta (cesta arrojada con paracaídas) | paracrate.
paraclasa | fault fissure.
paracompacidad | paracompactness.
paraconcordancia | paraconformity.
paracor atómico | atomic parachor.
paracorteza de la lana | wool paracortex.
paracristal | paracrystal.
paracromático | parachromatic.
paracromatismo | parachromatism.
paracronismo | parachronism.
paracronístico | parachronistic.
parachispas | firescreen | fireguard | spark catcher | spark guard | arrester.
parachispas (locomotora) | spark-consumer | bonnet.
parachoque neumático | air spring.
parachoques | bumper | hurter.
parachoques (madero, rollo de cuerdas, etc.) | fender.
parachoques de cuerdas (muelles, buques) | rope fender.
parachoques de la entrada | entrance buffer.
parachoques de muelle | spring-loaded bumper.
parachoques elástico (muelles de puertos) | spring fender.
parachoques elástico para muelles (puertos) | resilient wharf fender.
parachoques fijo (extremo de una vía) | bumping post.
parada | holdup | standstill | catch | arrest | arresting | shutdown | stand | check | breakpoint | rest | stopping | stop | stopping up | stoppage | breathing time.
parada (coche, bicicleta, etc.) | pull-up.
parada (coches) | drawing up.
parada (de una máquina) | laying-off.
parada (de una transmisión) | countering.
parada (Ecuador) | lay-by | turn-out.
parada (electricidad) | outage.
parada (esgrima) | counter.
parada (hornos, máquinas, etc.) | outage.
parada (máquinas) | stopping.
parada (reactor nuclear) | shutdown.
parada arbitraria | request stop.
parada automática | self-stopping | self-catching | self stopping | self-locking.
parada blanda (máquina) | soft fail.
parada caliente | hot shutdown.
parada codificada | coded stop.
parada crítica | hard halt.
parada de aplicación de la presión antes del cierre del molde para permitir el escape de gases | dwell.
parada de emergencia | emergency shut-down.
parada de la guardia | guard-mounting.
parada de la reacción en cadena (reactor nuclear) | shutdown.
parada de máquina imprevista | hang-up.
parada de urgencia | kick off | emergency trip.
parada del alto horno | blast-furnace stoppage.
parada del reactor nuclear | reactor shut-down.
parada del seguidor (levas) | dwell.
parada desordenada (ordenadores) | disorderly close-down.
parada en seco | dead stop.
parada en una imagen (cine) | still.
parada facultativa (ferrocarril) | flag stop.
parada forzada | forced outage.
parada fría | cold shutdown.
parada imprevista del motor en vuelo (aviones) | conk.
parada inmediata | dead halt.
parada intermedia | intermediate stop.
parada involuntaria | idleness.
parada irreversible | drop dead halt | dead halt.
parada momentánea | damping.
parada momentánea (alto horno) | damping.
parada momentánea (máquinas-herramientas) | tarry.
parada momentánea del laminador | mill delay.
parada no programada | forced outage.
parada nupcial (zoología) | courtship.
parada odenada (ordenadores) | orderly close-down.
parada para recorrida de entretenimiento (alto horno, etc.) | maintenance shutdown.
parada por agotamiento del formulario | form stop.
parada por avería | breaking down.
parada por error | error stop.
parada programada | planned outage | coded stop | scheduled outage.

parada programada (informática) | programmed halt.
parada rápida debida a una sobrecarga excesiva (máquinas) | overload knock.
parada reglamentaria (trenes) | booked stop.
parada secundaria | secondary shutdown.
parada sobre bucle de iteración | loop stop.
parada súbita | dead stop.
parada temporal cerrando las entradas de aire (alto horno) | damping down.
paradas durante el funcionamiento normal (máquinas herramientas) | routine stoppages | routine stoppages.
paradas para repostar | refuelling stops.
paradera (de caz) | penstock.
paradera (minas) | safety dog | devil.
paradiafonía | near-end crosstalk.
parado | stalled | off | nonworking | stopped | idle.
parado (buques) | dead in the water.
parado (telas) | sized.
paradoja | paradox.
paradoja del reloj | clock paradox.
paradoja hidrostática | hydrostatic paradox.
paradoxista | paradoxist.
paradrímico | side by side.
paradrómico | paradromic.
parafase | paraphase.
parafina | paraffin wax | paraffin | wax.
parafina amorfa empleada en la fabricación de jabones | soapstock.
parafina insuflada | blower wax.
parafina líquida | liquid parafin.
parafinación | waxing.
parafinado | paraffining | wax-treated.
parafinaje | waxing.
parafinar | wax (to) | paraffin (to).
parafinas extractibles (química) | extractable waxes.
parafinicidad | paraffinicity.
parafínico | paraffin.
parafisis | paraphysis.
parafuegos limpio de vegetación (montes) | cleared firebreak.
paragénesis (petrografía) | paragenesis.
parageosinclinal | parageosyncline | parageosynclinal.
paragnosia | paragnosia.
paragolpe de vía | scotch block.
paragolpes de empuje | push bumper.
paragón (diamante) | paragon.
paragonita | soda mica.
paragrietas | crack stopper.
paragrietas remachado (buques soldados) | riveted crack arrestor.
paraguas | umbrella.
paraguas de algodón | gingham.
paraguas protector (militar) | umbrella cover.
paraguta (cables) | paragutta.
parahelio | parahelium.
parahidrógeno | parahydrogen.
parahidrógeno licuado | liquid parahydrogen.
parahilos (hilatura) | trap motion.
parahilos de manguito (hilatura) | sleeve trap motion.
paraíso fiscal | tax heaven.
paraje | spot.
paral | stud.
paral (carpintería) | back post truss.
paral (de andamio) | imp.
paral de andamio | scaffolding pole | scaffold-pole.
paralaje | parallax | parallax.
paralaje (óptica) | azimuth difference.
paralaje (tiro atillería) | offset.
paralaje acústico | sound lag.
paralaje angular | angular parallax.
paralaje anual | annual parallax | heliocentric parallax.
paralaje astronómico | astronomical parallax.
paralaje cruzado | crossed parallax.
paralaje de espacio (acústica) | space parallax.
paralaje de la batería (artillería) | battery parallax.
paralaje debido a la posición del observador con relación a las marcas fiduciales del aparato | personal parallax.
paralaje del blanco (artillería) | target offset.
paralaje del cañón | gun parallax.
paralaje del punto de puntería | aiming point offset.
paralaje dinámico | dynamical parallax.
paralaje directo | homonymous parallax.
paralaje diurno | geocentric parallax.
paralaje espectroscópico (astronomía) | spectroscopic parallax.
paralaje fotográfica | photographic parallax.
paralaje geocéntrico | diurnal parallax | geocentric parallax.
paralaje heliocéntrico | annual parallax.
paralaje heterónimo | crossed parallax.
paralaje homónimo | direct parallax.
paralaje horizontal (fotografía) | X-parallax.
paralaje horizontal ecuatorial | equatorial horizontal parallax.
paralaje instrumental | instrumental parallax.
paralaje óptico | optical parallax.
paralaje solar (unidad astronómica de longitud) | solar parallax.
paralaje-segundo (astronomía) | parsec.
paralaurionita | rafaelite.
paralax | parallax.
paraldehido | paraldehyde.
paralela | parallel.
paralela (fortificación) | parallel.
paralela angular | angular parallel.
paralela media | mid-parallel.
paralelamente | side-by-side.
paralelamente espaciado | parallely-spaced.
paralelepipédico | parallelopipedic.
paralelepípedo | parallelepiped.
paralelidad | parallelity.
paralelismo | parallelism.
paralelismo de las líneas de mira y del eje del ánima (cañón) | bore sighting.
paralelismo de las superficies rectificadas | parallelism of ground surfaces.
paralelismo de ruedas | wheels alignment.
paralelismo de unos 5 minutos de arco | parallelism of about 5 minutes of arc.
paralelismo entre las caras extremas menor de 10 segundos de arco | parallelism between the end faces within 10 seconds of arc.
paralelismo final de 2 segundos de arco | end parallelism of 2 seconds of arc.
paralelizabilidad | parallelizability.
paralelización | parallelization.
paralelización de las fibras | straightening.
paralelizador (telar) | parallel.
paralelizar | parallel (to) | parallelize (to).
paralelo (de latitud) | parallel.
paralelo a la costa (navegación) | along the coast.
paralelo al plano de laminación (plásticos laminados) | edgewise.
paralelo astronómico | astronomical parallel.
paralelo celeste | parallel of declination.
paralelo de altitud | circle of equal altitude | almucantar | altitude circle.
paralelo de base | base parallel.
paralelo de declinación | circle of equal declination.
paralelo de latitud (esfera celeste) | circle of longitude.
paralelo de referencia | standard parallel.
paralelo medio | mid-parallel.
paralelo terrestre | parallel of latitude.
paralelográmico | parallelogrammic.
paralelogramo | parallelogram.
paralelogramo articulado | parallel motion | articulated parallelogram.
paralelogramo articulado (máquina alternativa vapor) | motion.
paralelogramo de Watt | parallel motion.
paralelogramo equilátero | equilateral parallelogram.
paralelos entre sí | parallel to each other.
paralelos límites (mapas) | limiting parallels.
paralepípedo unitario (estructuras cristalinas) | unit cell.
paralepsis | paraleipsis.
parálisis | paralysis.
parálisis de los buzos | diver's palsy | decompression injury | caisson disease.
parálisis de los buzos (enfermedad de los cajones de aire comprimido - cimentaciones) | diver's paralysis.
parálisis progresiva | creeping paralysis.
parálisis saturnina | lead-paralysis.
parálisis temblorosa de obreros que trabajan plomo o mercurio (medicina) | metallic tremor.
paralización | paralysis | stagnation | breakdown | stalemate.
paralización (comercio) | depression.
paralización (de los negocios) | standstill | deadness.
paralización (industria, tráfico, etc.) | tie-up.
paralización (minas) | lagging.
paralización (nuclear) | shutdown.
paralización de los negocios | business stagnation.
paralización del tráfico | tieup.
paralización nuclear | nuclear stalemate.
paralización rápida (de un reactor nuclear) | scram.
paralizado (comercio) | lying idle.
paralizado (mercados) | heavy.
paralizado (negocios) | suspended.
paralizado por la huelga | strike-bound.
paralizar | paralyze (to) | stop (to).
paralizar (la industria) | cripple (to).
paralizar el transporte | tie up transportation (to).
paralizar por órdenes administrativas | freeze (to).
paralogismo | paralogism.
parallamas | flame arrester | flame-trap | flame check.
parallamas (puerta de caldera) | baffle plate.
paramagnético | paramagnetic.
paramagnetismo | paramagnetism.
paramagnetismo nuclear | nuclear paramagnetism.
paramediano | paramedian.
paramentado con bujarda (sillería) | tooled finish.
paramentado con ladrillos prensados | faced with pressed bricks.
paramentado de ladrillo (muros) | brick-faced.
paramentar con chapa de sillería | ashlar (to).
paramentar con ladrillos | brickline (to).
paramentar de sillería (edificios) | ashlar (to).
paramento | surface | facing.
paramento (muros) | mantle | face.
paramento (presas) | deck.
paramento (sillar) | panel.
paramento de aguas abajo | downstream face.
paramento de aguas abajo de la presa | dam downstream facing.
paramento de aguas arriba (presas) | upstream face.
paramento de la pila (puentes) | pier surface.
paramento de ladrillo | brick facing.
paramento de losas de yeso | gypsum-board facing.
paramento de piedra artificial | artificial-stone facing.
paramento de sillería | stone facing | dressed-stone facing | ashlar facing | ashlaring.
paramento del muelle (puertos) | pier surface.
paramento exterior (edificios) | case.
paramento exterior (presa hueca) | apron.
paramento exterior del vertedero (presas) | spillway apron.
paramento inclinado | battered face.
paramento interior (de un muro) | inwall.
paramento interior (muros) | inner side.
paramento mojado (presas) | upstream face.
parameterización | parameterization.

parametraje | parameterization.
parametral | parametral.
parametría | parametry.
paramétrico | parametric.
parametrización | parametrization.
parametrizar | parameterize (to).
parametrizar (EE.UU.) | parametrize (to).
parametrizar (G.B.) | parametrise (to).
parámetro | parameter.
parámetro adimensional | dimensionless parameter.
parámetro adimensional independiente | independent dimensionless parameter.
parámetro comercial | commercial variable.
parámetro concentrado | lumped parameter.
parámetro de agrietamiento (aceros de baja aleación) | cracking parameter.
parámetro de agrupamiento | bunching parameter.
parámetro de colisión | collision parameter.
parámetro de Coriolis (2 × velocidad angular de la tierra × seno de la latitud) | Coriolis parameter.
parámetro de dispersión | straggling parameter.
parámetro de excentricidad | eccentricity parameter.
parámetro de fluctuación del alcance | range straggling parameter.
parámetro de impacto | impact parameter.
parámetro de inyección lunar | lunar injection parameter.
parámetro de la red cristalina | lattice parameter.
parámetro de la textura | texture parameter.
parámetro de moderación | average logarithmic energy decrement.
parámetro de reciprocidad | reciprocity parameter.
parámetro de retículo | lattice constant.
parámetro de semejanza (hélices aéreas) | advance diameter ratio.
parámetro definido previamente | preset parameter.
parámetro del retículo | lattice pitch.
parámetro del sondeo | drill parameter.
parámetro extensivo | extensive parameter.
parámetro físicamente significativo | physically meaningful parameter.
parámetro geométrico | geometric buckling | geometric parameter.
parámetro intensivo | intensive parameter.
parámetro principal | major parameter.
parámetro significativo | meaningfull parameter.
parámetro variable con el tiempo | time-varying parameter.
parametrón | parametron.
parámetros (cristalografía) | axial ratios.
parámetros cristalográficos | intercepts.
paramétros críticos (seminconductor) | critical parameters.
parámetros de deformación de la entalla | notch-deformation parameters.
parámetros de fractura macroscópica | macroscopic fracture parameters.
parámetros de funcionamiento | operating parameters.
parámetros de funcionamiento del sondeo | drill operating parameters.
parámetros de la capa (árboles) | crown parameters.
parámetros de la red (cristalografía) | lattice parameters.
parámetros de la trayectoria del vuelo | flying path parameters.
parámetros de maquinización | machining parameters.
parámetros del proceso | process parameters.
parámetros del soldeo | welding parameters.
parámetros del transistor | transistor parameters.
parámetros directores de la recta | direction numbers of the line.
parámetros eléctricos | electrical parameters.
parámetros ferromagnéticos | ferromagnetic parameters.
parámetros geométricos de la hélice | geometrical parameters of the propeller.
parámetros híbridos del transistor | transistor hybrid parameters.
parámetros orbitales | orbital parameters.
parámetros orbitales del satélite | satellite orbital parameters.
parámetros reticulares (cristalografía) | lattice parameters.
parámetros significativos | significant parameters.
parametros significatnes del reactor nuclear | reactor significant parameters.
parámetros técnicos y económicos | technical and economic parameters.
parámetros termofísicos | thermo-physical parameters.
paramilitar | paramilitary.
páramo | wilderness.
páramo arenoso | links.
paramorfismo | paramorphosis.
paramorfo | paramorph.
parangonación | alignment | alinement.
parangonar | parallel (to) | align (to).
paranieves | snowbreak | snow fence.
parante (Paraguay) | dunnage.
parantelio | paranthelion.
parantelios | paranthelia.
parantihelio | counterparhelia.
parapeto | breastwork | parapet | mantlet.
parapeto (puente) | rail.
parapeto (puentes) | railing.
parapositronio | parapositronium.
parapraxia | parapraxis | parapraxia.
parapsicología | parapsychology.
parar | layby (to) | hold up (to) | shutdown (to) | stop (to) | cut off (to) | halt (to).
parar (buques) | lay by (to).
parar (motor de aeroplano) | cut (to).
parar (telas) | dress (to).
parar (tipografía - México) | compose (to).
parar (trabajos) | intermit (to).
parar atacando (esgrima) | riposte (to).
parar bruscamente (su auto) | pull up (to).
parar el baño (horno Siemens) | hold the heat (to).
parar el viento (alto horno) | bank (to).
parar la máquina | switch off machine (to).
parar la producción por escasez de ventas | fold (to).
parar momentáneamente (alto horno) | damp (to).
parar por maniobra de velas (buques de vela) | bring to (to).
parar rápidamente (reactor nuclear) | scram (to).
parar un buque | lie to (to).
parar un buque (por el ancla o por varada) | bring up (to).
parar un proceso de fabricación | trip off (to).
pararrayos | lightning arrester | lightning discharger | safety gap | arrester.
pararrayos aéreo | elevation rod.
pararrayos colocado en el poste | pole lightning arrester.
pararrayos con espacio de aire | air gap lightning arrester.
pararrayos con fusible de expulsión | expulsion lightning arrester.
pararrayos con fusible de expulsión (líneas eléctricas) | expulsion arrester.
pararrayos con intervalo activo | active-gap lightning arrester.
pararrayos de antena | arrester horn.
pararrayos de capa de óxido | oxide-film arrester.
pararrayos de cuchilla | knife lightning arrester.
pararrayos de cuernos | horn-shaped lightning arrester | horn-gap arrester | horn arrester.
pararrayos de cuernos con soplador magnético | magnetic blowout horn arrester.
pararrayos de cuernos del aislador | insulator arcing horn.
pararrayos de distancia explosiva múltiple | multigap arrester.
pararrayos de entrehierro múltiple (pararrayos de peine) | gap arrester.
pararrayos de expulsión (líneas eléctricas) | expulsion arrester.
pararrayos de gas rarificado | vacuum lightning arrester.
pararrayos de multicuernos | multiple horn arrester.
pararrayos de peine | comb-type lightning arrester | discharger.
pararrayos de placas | plate lightning arrester.
pararrayos de placas de carbón | carbon plate lightning protector.
pararrayos de punta | point lightning arrester.
pararrayos de puntas | notched lightning arrester | comb.
pararrayos de seguridad (en la base de antena) | anchor gap.
pararrayos de soplador magnético | magnetic blowout lightning arrester.
pararrayos de válvula automática | autovalve lightning arrester.
pararrayos electrodinámico | electrodynamic arrester.
pararrayos electrostático | electrostatic arrester.
pararrayos en baño de aceite | oil-break arrester.
pararse | tarry (to).
pararse (aguja oscilante) | damp out (to).
pararse (máquinas) | give out (to).
pararse (motores) | stall (to).
pararse en minucias | split hairs (to).
pararse en seco | stop short (to).
pararse por falta de gasolina (autos) | peter out (to).
parartria | pararthria.
paraselene | paraselene.
paraselenes | paraselenae.
parasicólogo | parapsychologist.
parasigmatismo | parasigmatism.
parasita (boracita alterada - mineral) | parasite.
parasitar (EE.UU.) | parasitize (to).
parasitar (G.B.) | parasitise (to).
parasitario | parasitic.
parasiticida | pesticide.
parasitismo | parasitism.
parásito | parasite | sporious.
parásito (circuito telefónico, televisión) | noise.
parásito (conos volcánicos) | subordinate.
parásito (radio) | interfering.
parásito ascotoracideo | ascothoracidan parasite.
parásito de corta duración (radio) | impulse noise.
parásito inquilino | inquilin parasite.
parásito intermitente | random noise.
parasitología | parasitology.
parásitos (plantas) | pest.
parásitos (radar) | running rabbits.
parásitos (radar, TV) | snow.
parásitos (radio) | strays | hash | interference.
parásitos atmosféricos | strays | atmospheric parasites.
parásitos atmosféricos sibilantes | whistling atmospherics.
parásitos causados para caída de la nieve (radio, TV) | snow static.
parásitos electrostáticos (radio) | statics.
parásitos industriales (radio) | man-made statics.
parásitos industriales (radio, TV) | power parasitics.
parasocial | parasocial.
parasol (aviones) | parasol.
parasolero (Musanga smithii) | aga.
parasómero | p-isomer.
parastático | parastatic.

parataxis | parataxis.
paratesis | parathesis.
paratónico | paratonic.
paratramas | weft stop motion | filling stop motion.
paratríptico | paratriptic.
paratropas | paratroops.
paratungstato | paratungstate.
paraván | paravane | otter gear.
paravan (dragaminas) | Oropesa float.
para-xilol | paraxylol.
parcela | plat | piece.
parcela (de terreno) | parcel.
parcela de ensayo de un metro cuadrado | quadrat.
parcela de experimentación | sample plot.
parcela de prueba en la que se ha conseguido por lo menos un árbol | stocked quadrant.
parcela de terreno | tract of land | plot | piece of land | patch.
parcela del mercado marino | segment of the marine market.
parcela forestal | woodlot.
parcela para construir | building-plot.
parcelación | parcelling | plotting.
parcelamiento (de la propiedad) | comminution.
parcelar | bound (to) | parcel out (to).
parcelar (fincas) | comminute (to).
parcelario | parcellary.
parcial (sonido) | partial.
parcialmente ajustable | partly-adjustable.
parcialmente circular | part-circular.
parcialmente esférico | part-spherical.
parcialmente formado | part-formed.
parcialmente húmedo | partially-wetted.
parcialmente maquinado | partly-machined.
parcialmente miscible | partially miscible.
parcialmente ordenado | partially ordered.
parcialmente protegido | semiprotected | semienclosed.
parcialmente refrigerado | part-refrigerated.
parcialmente repartido | partially distributed.
parcialmente secado (refractarios) | leather-hard.
parcialmente sumergido | partially-submerged.
parcialmente terminado | partly completed.
parche | plaster.
parche (a una pieza) | dutchman.
parche (rutina de ordenador) | patch.
parche acanalado (globo cometa) | channel patch.
parche cruzado (globos) | croisillon patch.
parche de abanico (globo cometa) | eta patch.
parche de refuerzo (de chapa, de lona, etc.) | patch.
parche de rozamiento | chafing patch.
parche de tambor | drumhead.
parche en caliente (hornos metalúrgicos) | hot patch.
parche o brazal insignia (milicia) | patch.
parche para reparar pinchazos de cámaras (neumáticos) | gaiter.
parche para tuberías averiadas (buques) | jubilee pipe patch.
parche remachado y calafateado | hard patch.
parchear | patch (to) | doctor (to).
parchear (informática) | patch (to).
parchear en frío | cold patch (to).
parcheo | patch | patching up | patching.
parcheo de la bóveda (hornos metalúrgicos) | roof patching.
parcheo del plateado | doctor silver (to).
parcheo en el sitio | in situ patching.
parcheo galvanoplástico | doctoring.
parcheos por campaña (alto horno) | patches per campaign.
pardeamiento | browning.
pardo | brown.
pardo de Bismarck (colorante) | Bismarck brown.
pardo de manganeso | raw umber.
parduzco | grizzly.
pareado | paired | coupled.
pareados ópticamente | optically matched.
parecido | like | near.
parecido a (colores, etc.) | approaching.
parecido a la muestra | up to sample.
parecido al coque | coky.
parecido al papel | papery.
pared | wall.
pared (de falla) | wall.
pared (de filón) | side.
pared (de pozo) | side.
pared (del estómago) | coating.
pared (fondo de horno) | breast.
pared (tubos) | shell.
pared acristalada desde el pavimento hasta el techo | floor-to-roof glass wall.
pared adiabática | adiabatic wall.
pared adiatérmica | nonconducting wall.
pared agujereada (grano tubular de propulsante de cohete) | web.
pared aislada interiormente | inside insulated wall.
pared aislante | cutoff.
pared celular | cell wall.
pared circular que soporta una cúpula | drum.
pared compuesta de multicapas | multilayer wall.
pared con friso | dadoed wall.
pared construida con cantos tomados con mortero | boulder-wall.
pared curva | curved wall.
pared de antepecho (ventanas) | spandrel.
pared de antepechos | spandrell.
pared de calcita parecida al hierro corrugado | Chinese wall.
pared de cerramiento | enclosure wall.
pared de cierre | panel wall.
pared de entramado | frame wall | stud wall.
pared de la caja | casing shell.
pared de ladrillos | brick wall.
pared de mampostería paramentada de chapa de sillería | ashlared masonry wall.
pared de relleno | curtain wall | panel wall.
pared de rollizos | log wall.
pared de silo | bin wall.
pared de tablestacas | sheet-pile wall.
pared de tapial | cob-wall.
pared de troncos | log wall.
pared de tubos de agua (calderas) | waterwall.
pared del canal | channel wall.
pared del hogar | firebox wall.
pared del horno formada por haces de tubos de agua (calderas) | water-tube furnace wall.
pared del recipiente | vessel wall.
pared del surco | furrow-wall.
pared del tubo | pipe wall.
pared delgada construida adyacente a una nueva dejando un hueco de 1 a 2 centímetros que se rellena de un material aislante contra la humedad | retention wall.
pared desviadora | baffle wall.
pared diatérmica | diathermial wall.
pared divisoria | division wall | partition wall.
pared ecoica (acústica) | live end.
pared en el extremo de carga (horno vidrio) | gable wall.
pared enfriada (horno solera) | chill wall.
pared exterior | outwall.
pared forrada | insulating wall.
pared frontal de la caja | body end wall.
pared hueca | hollow wall | cavity wall.
pared hueca con trabas metálicas | dual masonry wall.
pared hueca de ladrillos a la sardinel | rowlock wall.
pared hueca de ladrillos a sardinel | rolock wall.
pared hueca rellena de granalla de plomo | lead-shot wall.
pared inferior | lower wall.
pared insonorizada | dead wall.
pared interior | inwall.
pared interior (cilindros) | bore.
pared interior (hornos) | ring wall.
pared lateral | side wall.
pared lateral de la caja | bodyside wall.
pared lindera | property wall.
pared maestra | main wall.
pared más alta de una cavidad | hanging wall.
pared medianera | mean wall | common gable wall | party wall.
pared no soportante entre pies derechos (edificios) | filler wall.
pared o terraplén de arcilla | wax dam | wax wall.
pared periclinal | pericline.
pared posterior | backwall.
pared posterior (respaldo-hornos) | fireback.
pared que rodea una cavidad (dientes) | cavity wall.
pared reflectora (estudios de TV) | live end.
pared reverberante (acústica) | live end.
pared revestida | faced wall.
pared revestida de plástico | plastic-faced wall.
pared revestida de plomo | lead wall.
pared revocada | masonry wall.
pared rompible por presión | pressure-rupturable wall.
pared sin carga | panel wall.
pared sin decorar | blank wall.
pared sin huecos | blank wall.
pared sin vanos | dead wall.
pared soporte | bearing wall.
pared sorda | cavity wall.
pared superior (fallas) | hanging wall.
pared vertical formada por paneles de tubos de agua adosados que después se aislan y forran (hornos calderas acuotubulares) | membrane wall.
paredes adyacentes convergentes | adjacent convergent walls.
paredes bombeadas (alto horno) | belly walls.
paredes del sondeo | borehole walls.
paredes móviles de separación | mobile partition walls.
paredes pasivas del captador de energía solar | passive solar walls.
pareja | pair | match.
pareja (de baile) | partner.
pareja de aceptor de aluminio y donante de nitrógeno | nitrogen-donor aluminium-acceptor pair.
pareja de aerofotografías del mismo asunto | stereo-pair.
pareja de alelomorfos | couplet.
pareja de conductores (cables) | pair of wires.
pareja de conductores que transmite la corriente de la conversación (telefonía automática) | speaking pair.
pareja de cuartas (tiro de caballos) | swing.
pareja de cuñas colocadas una encima de otra | married wedges.
pareja de iones | ion pair.
pareja de lentes con la misma longitud focal equivalente (instrumentos estereoscópicos) | matched lenses.
pareja de motores colocados en imagen de espejo (uno frente a otro) | handed pair of engines.
pareja de motores que giran en el mismo sentido (uno frente a otro) | handed pair of engines.
pareja de tronco (caballos) | wheel team.
pareja móvil de lámparas de incandescencia (estudios cine) | deuce.
pareja nucleón-antinucleón | nucleon-antinucleon pair.
parejo | flush.
paremiógrafo (EE.UU.) | paremiographer.
paremiología (EE.UU.) | paremiology.
paremiológico | paremiological.
paremiólogo | proverbialist | paremiologist.
parenesis | paraenesis.
parénquima (agricultura) | soft tissue.
paréntesis de Poisson (física) | Poisson brackets.
paréntesis en U | square bracket.

paréntesis rectangular | bracket | square bracket.
paréntesis redondo | round bracket.
paréntesis redondo (tipografía) | parenthesis.
pareo | pairing.
parergon | parergon.
pares cableados en estrella | pairs cabled in quad-pair formation.
pares de fragmentos correlacionados | correlated fragment pairs.
pares de torsión opuestos | opposing torques.
pares equivalentes | equivalent couples.
pares ordenados | ordered pairs.
parestesia | paresthesia.
parhelio | parhelion.
parhilera | ledge beam | ridgepole | ridge-tree | ridgepiece | ridgeplate.
parhilera (armaduras tejados) | ridge beam.
parida (mujer) | parity.
paridad | par | par value | parity | equivalence | equality | evenness.
paridad arbitraria | operational par.
paridad del cambio | equivalence of exchange | par rate of exchange | par exchange rate.
paridad del cambio (bolsa) | par of exchange.
paridad del poder de compra | purchasing power parity.
paridad fija | fixed par value | fixed parity.
paridad impar | odd parity.
paridad intrínseca (monedas) | mint par.
paridad nominal del oro | nominal gold par.
paridad nuclear | nuclear parity.
paridad oro | gold parity.
paridad par | even ones parity | even parity.
paridad teórica (monedas) | mint par.
pariente más próximo | next of kin.
parihuela | barrow | stretcher | hand barrow | litter | ranking bar.
parihuelas | hand-trolley.
parileno | parylene.
par-impar | even-odd.
parir | deliver (to) | bear (to).
parir (animales) | litter (to) | drop (to).
parir carámbanos (fragmentación de un iceberg) | calve growlers (to).
parisilábico | parisyllabic.
parisón (globo hueco que resulta al soplar el vidrio - fábrica botellas) | parison.
parlamentar | parley (to).
parlamentarismo | parliamentarism.
parlamento | parliament | parley.
Parlamento Europeo | Parliament of Europe | European parliament.
parlante | talking.
paro | deadlock | unemployment.
paro (de trabajo) | stop.
paro cíclico | cyclical unemployment.
paro de una máquina por falta de corriente eléctrica | outtage.
paro estacional | seasonal unemployment.
paro forzoso | lay off | layoff.
paro forzoso (huelgas) | lockout.
paro impuesto por patrones | lockout.
paro laboral | work stoppage.
paro profesional | permanent unemployment.
paro tecnológico | technological unemployment.
paromologético | paromologetic.
paromólogo | paromologist.
parón | momentum.
paronimia | paronymy.
parónimo | paronym.
parónimo (adjetivo) | paronymous.
paronomasia | paronomasia.
paronomástico | paronomastic.
parontofobia (horror al presente) | parontophobia.
parontófobo | parontophobous.
paróptesis (petrología) | paroptesis.
parosmia | parosmia.
parósmico | parosmic.
parpadear | blink (to).
parpadear (luces) | flicker (to).
parpadeo | flickering | glitter.
parpadeo (centelleo-de luces, televisión, etcétera) | flicker.
parpadeo (de la luz) | fluttering.
parpadeo (estrellas) | scintillation.
parpadeo (luz eléctrica) | blinking | blink.
parpadeo acústico (océanos) | acoustic twinkling.
parpadeo de cromaticidad | chromaticity flicker.
parpadeo de línea | line flicker.
parpadeo entre puntos (televisión en colores) | interdot flicker.
parpadeo interlineal | interline flicker.
párpado | eyelid | lid.
párpado inferior transparente (serpientes) | lunette.
par-par | even-even.
parque | yard | parking.
parque (de langostas, tortugas) | crawl.
parqué (piso) | parquet.
parque avanzado (de material) | forward park.
parque de arrabio | pig-iron yard.
parque de autobuses (número de autobuses) | bus fleet.
parque de balizamiento | buoy store.
parque de bogies | bogie park.
parque de carbón | coalyard | coal depot.
parque de coches | fleet of cars.
parque de coches (ferrocarriles, autobuses, etc.) | fleet.
parque de coches de viajeros | passenger rolling stock.
parque de coches de viajeros (ferrocarril - EE.UU.) | passenger cars.
parque de coches de viajeros (ferrocarril - G.B.) | coaching stock.
parque de chatarra | junk yard.
parque de chatarra (acerías) | scrapyard.
parque de desguace | scrap yard.
parque de enfriamiento | cooling park.
parque de estacionamiento en centros de negocios (ciudades) | shopping center parking.
parque de grandes reparaciones | heavy maintenance unit.
parque de homogenización de minerales (sinterización) | bedding plant.
parque de la cubierta de vuelos (portaaviones) | deck park.
parque de lingotes (acerías) | ingot store | ingot yard.
parque de locomotoras (número total) | motive power.
parque de mantenimiento (aviación) | maintenance depot.
parque de máquinas instaladas | field installed machine | installed base.
parque de materiales | stockyard.
parque de materiales de acero (astilleros) | steel-stacking yard.
parque de mineral | ore-yard.
parque de motores | motor park.
parque de municiones de cuerpo de ejército | corps ammunition park.
parque de reparaciones | maintenance park.
parque de tractores (de un país) | tractor population.
parque de vagones | fleet of cars.
parque de vehículos de motor | motor park.
parque de vehículos motorizados para uso común | motor pool.
parque de viguetas laminadas (acerías) | girder store.
parqué en mosaico | inlaid floor | inlaying.
parque mancomunado de vagones | wagon pool.
parque mitilícola | mussel-bed | mussel-farm.
parque móvil | motor pool | vehicular pool | ordnance field park.
parque nuclear | nuclear park.
parque ostrífero | oyster bed.
parque para rodamientos (ferrocarril) | wheel yard.
parque para ruedas (ferrocarril) | wheel yard.
parque público | public grazing land | garden.
parque zoofitográfico | zoophytographic park.
parquedad creativa | creative sparingness.
parquet (bolsa) | trading floor.
párrafo | par.
párrafo (documentación) | paragraph.
párrafo sangrado | indented paragraph.
párrafo suprimido | deletion.
parragón | standard silver bar for assayers.
parrilla | grid | grid | hot-plate.
parrilla (de horno) | griller.
parrilla (de un restorán) | grill.
parrilla articulada en el centro | rocking grate.
parrilla basculante | rocking grate.
parrilla clasificadora vibrante | vibrating classifying screen.
parrilla de barrotes basculantes | dumping grate.
parrilla de barrotes fijos | dead grate.
parrilla de báscula | drop bars.
parrilla de hogar | fire grate | grate.
parrilla de rayos infrarrojos | infrared rays grill | infra-grill.
parrilla de sacudidas | shaking-grate | jigging grate.
parrilla de salida (carreras autos) | starting grid.
parrilla de secado en caliente | hot drying hearth.
parrilla de seguridad (carreras de autos) | provisional grid.
parrilla de tiro forzado por chorro de vapor | steam-jet grate.
parrilla de tiro forzado por ventilador | fan-forced draught grate.
parrilla de vaivén | shaking-grate.
parrilla del hogar | furnace grate.
parrilla extendedora de carbón | spreader stoker.
parrilla mecánica (aparato automático para carga del hogar) | automatic stoker.
parrilla mecánica de alimentación inferior de retortas múltiples | multiple-retort underfeed stoker.
parrilla mecánica plana | spreader stoker.
parrilla móvil | sliding grate.
parrilla móvil (hogares) | extension grate.
parrilla oscilante | shaking-grate | rocking grate.
parrilla para escorias | clinker grate.
parrilla para separar los minerales brutos del menudo (minería) | ore grizzly.
parroquia | community.
parroquiano | customer.
parsec (astronomía) | parsec.
parsec (unidad de distancia estelar) | parsec.
parsonita | parsonite.
parte | bulletin | part | lot | portion | area | piece | proportion | share | report.
parte (milicia) | message.
parte activa (de un sistema móvil) | operator.
parte actora | suitor | impleader | plaintiff | prosecutor | claimant.
parte adjudicatoria (subastas) | purchasing party.
parte aérea de un atolón | atoll land.
parte afilada (barrena de mina) | lip.
parte agraviada | injured party.
parte ajustada de la mancera (arados) | drail.
parte alicuota | pro rate share | aliquot part.
parte alta (puertas) | overdoor.
parte alta de criadero (minería) | ore-apex.
parte alta de un codaste con abertura (buques) | bridge piece.
parte alta del codaste (buques) | rudderpost.
parte alta del diente (fresas) | land | land of the tooth.
parte alta hundida (lingotes) | top hat.
parte alta inclinada hacia atrás (no normal a su eje - chimeneas de buques) | cutback top.
parte angular del orbital | angular part of the orbital.
parte anterior | fore.
parte anterior derecha (animales) | off fore.

parte baja del escenario (teatros) | rigging-loft.
parte básica de un conjunto después de quitar los subconjuntos y detalles | bare unit.
parte beneficiada | accommodated party.
parte central | mid-part | midbody.
parte central (buques) | waist.
parte central (caja de moldeo) | cheek.
parte central (corchete tipográfico) | cock.
parte central (rotor de helicóptero) | hub.
parte central del fuselaje (aviones) | waist.
parte cerca de la cola (aviones) | rear.
parte cilíndrica (buques) | square body | parallel body.
parte cilíndrica (con la misma sección que la muestra-buques) | dead flat.
parte cilíndrica (proyectiles, convertidor para acero) | body.
parte cilíndrica debajo del tragante (alto horno) | stockline.
parte componente | component.
parte componente de un modelo de madera | split.
parte con corriente | live part.
parte cónica de la llama pirométrica | cone.
parte cónica del cabirón (cabrestante) | surge.
parte contraria | adversed party.
parte correspondiente de presa (marina) | prize money.
parte cortada de un tocho y suficiente para hacer un número determinado de piezas forjadas | stock.
parte curva de cada extremo (corchete tipográfico) | hen.
parte dada al personal de los beneficios | poundage.
parte dañada (abogacía) | party aggrieved.
parte de acomodación | accommodation party.
parte de atrás | tail end.
parte de atrás del | back of.
parte de beneficios (pesca) | lay.
parte de cheque donde se indica la cantidad | filling.
parte de fuera | outside.
parte de ganancias | lay.
parte de la cámara de fusión donde se introduce la carga (hornos de vidrio) | doghouse.
parte de la carga total que produce beneficios (aviones, etc.) | payload.
parte de la cubierta principal entre el castillo y la todilla | waist.
parte de la cubierta superior reservada a la oficialidad (buques de guerra) | quarterdeck.
parte de la guardia (milicia) | guard report | guard log.
parte de la llanta en contacto con el suelo | tread.
parte de la mesa de rodillos entre cajas (laminadores) | roller.
parte de la obra viva que está expuesta alternativamente al aire por el balanceo (buques) | between wind and water.
parte de la playa que descubre la bajamar | foreshore.
parte de la potencia consumida para mantener la instalación en condiciones de tomar una carga repentina (central eléctrica) | standby losses.
parte de la proa donde están los escobenes | hawse.
parte de la señal dedicada a la sincronización y que no aparece en la pantalla (televisión) | blacker-than-black.
parte de la superficie de la tierra que esta helada permanentemente | cryosphere.
parte de la superficie que une el flanco al fondo de la dentadura (diente engranaje) | fillet.
parte de la superficie separada del resto por una capa de óxido y plegada sobre sí durante su estampado (pieza forjada) | cold shut.
parte de la tierra debajo de la disconformidad de Mohorovicic | crust of the earth.
parte de la trayectoria de aterrizaje justamente antes de la aproximación final | base leg.
parte de la tripulación que facilita armas y municiones a los aviones (buque portaaviones) | arming crew.
parte de la viruta que queda adherida al filo de la herramienta | build-up edge.
parte de la zona de contacto de las caras que impide la salida del material (moldes) | flash land.
parte de máquina | piece.
parte de mayor sección transversal con longitud mayor que su diámetro (forjas) | barrel.
parte de playa ordinariamente seca y sólo mojada por las grandes mareas | backshore.
parte de popa de la cubierta | quarterdeck.
parte de popa que sobresale de la quilla (buques) | afterrake.
parte de propietario | landowner royalty.
parte de relevo (milicia) | report of change.
parte de un buque inmediatamente detrás de las bitas | bitter end.
parte de un filón dejado por antiguos mineros | cranch.
parte de un filón no explotado | arch.
parte de un molde que funciona por compresión | force.
parte de un placer donde ocurre la máxima concentración de oro | pay-streak.
parte de un programa (informática) | segment.
parte de una bomba que permite el acceso a las válvulas (minería) | door piece.
parte de una capa de carbón remplazada por pizarra o arenisca | wash fault.
parte de una célula muy sensible a las radiaciones | sensitive volume.
parte de una línea entre dos puntos | intercept.
parte de una máquina que se rompe primero cuando hay sobrecarga | breaking piece.
parte de una muestra de polvo retenido en un tamiz de dimensión dada | plus mesh.
parte de una rotura que se observa en la superficie (tablones) | shell shake.
parte débil del compás (música) | arsis.
parte del accidente | accident report.
parte del ala que se extiende más allá de un montante exterior (monoplano de ala alta) | overhang.
parte del año en que la superficie está cubierta de hielo (ríos) | ice period.
parte del área de contacto de las caras que impide la salida de material (moldes) | cutoff.
parte del arnés de aparcamiento (aviones sobre cubierta de vuelo) | bungee.
parte del aterrizador que está colocado en el morro (aviones) | nose gear.
parte del balaustre donde se apoya el pasamanos | abacus.
parte del blanco que retorna los ecos (radar) | echo area.
parte del caballo enfrente del jinete | forehand.
parte del cable unido a la polea del castillete (pozo extracción minas) | lifting point.
parte del caldo que queda en el crisol al sangrar (alto horno) | lie-back.
parte del cuerpo de la que salen influencias organizadoras para otras regiones del embrión humano | organizer.
parte del escenario no visible por los espectadores | flies.
parte del estudio que tiene la mayor absorción del sonido (cine) | dead end.
parte del forro que ha quedado sin pintar (buques) | holiday.
parte del fuselaje cerca de la cola | rear fuselage.
parte del intradós cerca de la clave (arcos) | soffit.
parte del motor cohético que mantiene el propulsante sólido en su sitio | trap.
parte del ojo de la letra que sobresale por arriba o abajo | kerning.
parte del paracaídas que mantiene desinflado el velamen hasta que todas las cuerdas están libres | deployment bag.
parte del receptor que convierte señales de frecuencia modulada en señales acústicas | discriminator.
parte del sistema operativo (informática) | monitor.
parte del superávit de las empresas públicas que retorna al Tesoro | recapture of earnings.
parte del tronco sin ramas (árboles) | clear bole.
parte del troquel que distribuye el metal en la forma necesaria para rellenar (forja estampada) | edger.
parte delantera de la tienda | shopfront.
parte delantera del cilindro (locomotoras) | head-end.
parte desde la roda hasta donde empieza la región central cilíndrica y si ésta no existe hasta la cuaderna maestra (buques) | entrance.
parte desmontable interior de la válvula | valve core.
parte despegada de la emulsión (bordes placa fotográfica) | frill.
parte destinada a la exportación | portions allotted to export.
parte dirección de una instrucción | address part.
parte diseñada para un montaje específico | fit-and-function part.
parte dura (filón) | bont.
parte dura de una veta (minería) | bont.
parte ejecutiva de la instrucción (informática) | function.
parte ensanchada (río o canal navegable) | layby.
parte ensanchada de la caña por donde pasa el cepo (anclas) | bossing.
parte entre largueros (alas aviones) | interspar section.
parte esencial del mecanismo (proyector cinematográfico) | movement.
parte esquelética (del calamar) | pen.
parte estrecha (aspilleras) | neck.
parte estrecha de un filón | twitch.
parte expuesta a la intemperie | portion exposed to the weather.
parte exterior de la armazón (cimbras) | felloe.
parte exterior de la centrosfera | akthosphere.
parte exterior de la tierra o del mar (pero no de la atmósfera) | surface.
parte facultativo | medical report.
parte fija del molde (pulvimetalurgia) | die body.
parte final curva (bajante de aguas) | shoe.
parte final de una pista no dispuesta para su empleo regular pero que debe estar libre de obstrucciones (aeropuertos) | overrun.
parte física de un ordenador | hardware.
parte formada por las cuadernas reviradas a proa y a popa (buques) | cant body.
parte fraccional de una acción (bolsa) | stock scrip.
parte frontal cónica | chamfer.
parte ganadora | winning side.
parte homóloga de un miembro (anatomía) | isomere.
parte horizontal (antena) | flattop.
parte horizontal (curva de diagramas de equilibrio) | hold.
parte horizontal del impulso | pulse tilt.
parte húmeda (máquina fabricar papel) | wet end.
parte imaginaria de un número | imaginary part of a number.
parte inculpable | innocent party.
parte inductora | inducing part.
parte inferior | heel | bottom.
parte inferior (de molde de compresión) | bottom force.
parte inferior de la caja de grasas | axlebox cellar.
parte inferior de la caña (anclas) | trend.
parte inferior de la popa (buques) | tuck.
parte inferior de la vuelta del pantoque | lower

turn of bilge.
parte inferior de popa | after lower portion | aft lower portion.
parte inferior de proa | forward lower portion.
parte inferior de un modelo despiezado | drag.
parte inferior del borde de salida del ala | wing trailing-edge lower side.
parte inferior del elevador | elevator foot.
parte inferior del fuselaje (aviones) | underbelly.
parte inferior del pico (aves) | gonys.
parte inferior del separador de polvos (gases altos hornos) | dust leg.
parte inferior del tubo de aspiración | snorepiece.
parte inferior del velamen (paracaídas) | skirt.
parte inferior delantera | forward lower portion.
parte inferior o parte más gruesa (coz - postes, rollizos) | foot.
parte inferior posterior | after lower portion.
parte inmóvil de la tierra de gran tamaño | craton.
parte insolvente | defaulting party.
parte integrante de | integral part of.
parte interesada | party in interest | party | interested party.
parte interior (alcantarillado) | invert.
parte interior no cementada (de una pieza cementada) | core.
parte interior que ha sido rebajada para darle la forma requerida (troqueles) | impression.
parte legal | legal share.
parte legítima hereditaria | lawful share.
parte macho móvil (de una estampa) | punch.
parte mal maquinada | mismachined part.
parte manante (glaciares) | defluent.
parte más baja de una tubería | invert.
parte más inferior donde se recoge el agua (minería) | dibhole.
parte más rica de un criadero | pay-streak.
parte mate | dead spot.
parte media inferior | mid-under.
parte media superior | mid-upper.
parte médico | medical report.
parte meteorológico | meteorological report | weather message | metro message.
parte meteorológico para aviación | aviation weather report.
parte móvil | live part.
parte móvil (máquinas) | working part.
parte móvil (puente giratorio) | swing.
parte móvil del molde (pulvimetalurgia) | die insert.
parte muerta de las vueltas (devanados dínamos) | dead wire.
parte muy dura (filones) | burk.
parte navegable (río o bahía) | fairway.
parte no explotada (pilares minas) | back end.
parte no grabada (disco gramófono) | land.
parte no sometida a esfuerzo (cuerdas) | slack.
parte no unida directamente al emisor o receptor (antena direccional) | passive antenna | parasitic antenna.
parte no vital | nonvital part.
parte oficial | official report.
parte operacional | operation part.
parte operante crítica (mecanismo) | critical operating part.
parte perjudicada | aggrieved party.
parte plana de entrada | entry-flat.
parte plana entre acanaladuras (pistones, brocas, rayado de cañones) | land.
parte plana para permitir poner una tuerca | wrench flat.
parte plana producida por el desgaste | wear-flat.
parte posterior | back | afterpart.
parte posterior (de un edificio) | back premises.
parte posterior del cilindro (máquinas vapor fija horizontal) | head-end.
parte posterior del fuselaje | fuselage afterbody.
parte posterior en forma de culo de pato | fast back.
parte preconstruida | preconstructed portion.
parte previamente unida | previously-assembled part.
parte prorrateada | pro rate share.
parte que pasa por la criba o tamiz | minus mesh.
parte que recibe el movimiento (máquinas) | follower.
parte que se enfría la última | last-to-cool part.
parte querellante | accuser.
parte rebajada | recessed portion | offset.
parte recta entre dos curvas (río o canal) | reach.
parte rectilínea del programa | linear program part.
parte roscada del eje cuadrado | square spindle screwed part.
parte rozada (del frente de arranque - minas) | loose end.
parte saliente | projecting part.
parte saliente (de un edificio) | jetty.
parte saliente de un edificio | jutty.
parte saliente de una estampa de forja | peg.
parte sin maquinar | black.
parte socavada (del frente de arranque - minas) | loose end.
parte socavada del frente de arranque (minas) | belly.
parte sujetadora en forma de estrella (inducido máquinas eléctricas) | spider.
parte sumergida de un montículo de hielo flotante (oceanografía) | bummock.
parte superior | header | top.
parte superior (aviones) | top.
parte superior (filones) | apex.
parte superior (fuselaje) | back.
parte superior (mástil de perforación) | head block.
parte superior de la herramienta para desrebabar (forjas) | punch.
parte superior de la memoria | upper memory.
parte superior de la pila de papel | top of paper stack.
parte superior de popa | aft upper portion.
parte superior de proa (buques) | forward upper portion.
parte superior de un filón | apex of vein.
parte superior de un molde de compresión | top force.
parte superior de un motor cohético de combustible líquido | motor head.
parte superior de una columna de destilación | head.
parte superior del bastidor | frame top.
parte superior del elevador | elevator head.
parte superior del mástil de perforación (sondeos) | derrick masthead block.
parte superior delantera | forward upper portion.
parte superior despejada | unobstructed top.
parte superior en forma de T | T-like top.
parte transparente | window.
parte trasera | afterpart.
parte troncónica detrás de un cuerpo cilíndrico (aerodinámica) | boat tail.
parte última cercana al río de una excavación en la orilla | flywall.
parte vacía de un recipiente parcialmente lleno de líquido | wantage.
parte vertical de un antena | lead-in.
parte ya explotada (minas) | goave.
parteluz (puerta o ventana) | mullion.
partenogénesis masculina (genética) | male parthenogenesis.
partenolatría (adoración de la Virgen María) | parthenolatry.
partes (de máquinas) | parts.
partes averiadas superior e inferior (resma de papel) | cassie.
partes coincidentes | mating parts.
partes colocadas fuera del carruaje | off-carriage parts.
partes colocadas sobre el carruaje | on-carriage parts.
partes compradas fuera (es decir, no hechas en la factoría) | bought-outside items.
partes con corriente eléctrica | live parts.
partes contratantes | contractual parties | contracting parties.
partes contratantes (judicial) | contracting.
partes copiadas al torno | repetition turned parts.
partes de la maquinaria | items of machinery.
partes de la prensa que sostienen el molde (pulvimetalurgia) | die set.
partes de maquinaria textil hechas de nilón | nylon textile machinery parts.
partes de mayor brillo (artículos pulidos) | highlights.
partes de mineral lavado | creases.
partes defectuosamente presentadas | imperfectly abutted parts.
partes del fundador | deferred shares.
partes desoxidadas | derusted parts.
partes en contacto | mating parts.
partes esenciales (de instalaciones) | key items.
partes fuera de tolerancia | out-of-tolerance parts.
partes hechas en el torno de copiar | repetition turned parts.
partes inspeccionadas panorámicamente | panoramically inspected parts.
partes interdependientes | interdependent parts.
partes interesadas | parties concerned.
partes interferentes | interfering parts.
partes laterales inferiores (curva de resonancia) | skirt.
partes levantables y descendibles | liftable and lowerable parts.
partes litigantes | litigant parties.
partes maquinadas con precisión | close-toleranced parts.
partes maquinizadas (máquinas) | bright parts.
partes necesarias para sujetar el punzón y las chapas (prensas) | punchout rigging.
partes no digestibles (alimentación) | roughage.
partes planas (llantas de ruedas) | flat spots.
partes planas entre las acanaladuras del pistón | piston lands.
partes por billón | parts per billion (ppb).
partes por mil (oro o plata) | fineness.
partes por mil (pureza) | fineness.
partes que casan entre sí | mating parts.
partes que en él intervienen | parties thereto.
partes que no quedan endurecidas por estar recubiertas de cascarilla de óxido (temple del acero) | soft spots.
partes que no retroceden | nonrecoiling parts.
partes que se ajustan una en otra | mating parts.
partes que se armonizan entre sí (colores, etc.) | mating parts.
partes que soportan la carga | load-holding parts.
partes retrocedentes | recoiling parts.
partes solidarias | interdependent parts.
partes suministradas por contratistas (montajes industriales) | bought-out parts.
partes terrosas separadas por lavado del mineral | casualty.
partes titulares de la acción | parties to a suit.
partición | partition | severance.
partición (química) | cleavage.
partición de acciones | share split.
partición de alta prioridad | foreground.
partición de matrices | matrix partitioning.
partición en dos | halving.
partición para piano (música) | piano score.
partición romboédrica | rhombohedral parting.
particionamiento | partitioning.
participación | impartment | share | sharing.
participación accionaria (economía) | shareholding.

participación ciudadana | citizen participation.
participación de bandera (transportes marítimos) | flag participation.
participación de la cobranza | contingent fee.
participación de la compañía matriz | parent's equity.
participación de la mayoría | majority interest.
participación de la minoría | minority interest.
participación de los empleados | share of employees.
participación de los obreros en los beneficios | industrial partnership.
participación de una sociedad en otra | trade investment.
participación dominante controladora | controlling interest.
participación en beneficios | profit sharing.
participación en cuenta | carried interest.
participación en las ganancias | profit sharing.
participación en las pérdidas | loss sharings.
participación en las utilidades | income share | gain sharing.
participación en los beneficios | share of the profits | profit-sharing.
participación en un mercado | market share.
participación en una sociedad | partner's investment.
participación eventual | carried interest.
participación extranjera | foreign shareholding.
participación mayoritaria | controlling interest.
participación minoritaria | minority holding.
participación obrera | worker participation.
participación obrera en la gerencia | employee participation in management.
participación política | political participation.
participación simple en los beneficios | straight profit share.
participación simultánea de frecuencias | simultaneous frequency sharing.
participaciones personales | personal calls.
participar | partake (to).
participar del botín | share in the loot (to).
participar en Bolsa | scalp (to).
participar en la defensa civil | participate in civil defence (to).
participar en los beneficios | participate in the profits (to).
participar en un combate entre cazadores opuestos (aviación) | dogfight (to).
partícipe | part-owner | sharer.
partícula | particle | speck.
partícula aberrante (metalografía) | artifact.
partícula alfa | alpha.
partícula bombardeada | target particle | bombarded particle.
partícula bombardeante | colliding particle.
partícula compuesta de | alpha ray.
partícula constituyente | constituent particle.
partícula de acero | grain of steel.
partícula de diamante revestida con una capa metálica | metal-clad grit.
partícula de retroceso de fisión | fission recoil.
partícula elemental | elementary particle | ultimate particle.
partícula elemental hipotética sin carga | neutrino.
partícula emisora de rayos beta | beta-emitting particule.
partícula emitida | ejected particle.
partícula en movimiento por colisión o por eyección de otra partícula | recoil-particle.
partícula escalar neutra | neutral scalar particle.
partícula expletiva | expletive.
partícula extrarrelativística | extra relativistic particle.
partícula filamentaria | filamentary particle.
partícula gamma degradada | degraded gamma.
partícula guarnecida | dressed particle.
partícula irradiada | bombarded particle.
partícula lamelar | plate-like particle.
partícula ligera | light particle.
partícula metálica indeseable en una tubería para líquidos | stray metal.
partícula minúscula | minute particle.
partícula neutra | uncharged particle.
partícula no relativista | nonrelativistic particle.
partícula nuclear | projectile.
partícula producida | product particle.
partícula PSI | psi particle.
partícula radiactiva transportada por el aire | radioactive airborne particle.
partícula revestida | coated particle | jacketed particle.
partícula sigma menos (nucleónica) | sigma minus particle.
partícula subnuclear | subnuclear particle.
partícula testigo | test particle.
partícula virtual | virtual particle.
particulado | particulate.
particularidad | particular.
particularizar | single (to).
partículas aciculares (pulvimetalurgia) | acicular powder.
partículas albedo de rayos cósmicos | cosmic-ray albedo particles.
partículas apelotonadas transversalmente a la dirección del flujo (defecto de briquetas sinterizadas) | bridging.
partículas atrapadas magnetosféricamente | magnetospherically trapped particles.
partículas cilíndricas de polvo metálico un poco más largas que su diámetro (pulvimetalurgia) | sprills.
partículas coherentes homogeneamente nucleadas | homogenously-nucleated coherent particles.
partículas compactas | blocky particles.
partículas con igual velocidad terminal de caída | equal-falling particles.
partículas confinadas | confined particles.
partículas cósmicas | cosmic rays.
partículas de aluminiuro de uranio | uranium aluminide powder.
partículas de carburo de hierro (fundición gris) | hard spots.
partículas de carburo de tamaño apreciable | sizeable carbide particles.
partículas de combustible nuclear recubiertas de cerámica | ceramic coated nuclear fuel particles.
partículas de diamante coloreadas | colored diamond powder.
partículas de diamante manufacturadas a gran presión | high pressure manufactured diamond particles.
partículas de diamante manufacturadas explosívamente | explosively manufactured diamond particles.
partículas de dominio múltiple | multidomain particles.
partículas de hielo debajo de la superficie del mar | depth ice.
partículas de igual densidad aparente | equal-falling particles.
partículas de la superficie de la pieza que se adhieren a los electrodos o viceversa (soldadura) | pickup.
partículas de largo recorrido | long-range particles.
partículas de las altas latitudes | high latitude particles.
partículas de los humos | flue dust.
partículas de magnesio | magnesium powder.
partículas de magnesio recubiertas con níquel | nickel-coated magnesium powder.
partículas de mármol | marble dust.
partículas de más de 1 micrómetro | plus micron particles.
partículas de masa 3 | particles of mass 3.
partículas de materia en suspensión en el aire hechas radioactivas (explosión nuclear) | fallout.
partículas de minerales en suspensión en un vehículo líquido | mineral slurry.
partículas de nieve flotando en el aire y brillando a la luz solar | diamond show.
partículas de óxido submicrométricas | fume oxide particles.
partículas de polvo | specks.
partículas de tamaño micrométrico | micron-sized particles.
partículas del ambiente lunar | lunar particles.
partículas densamente ionizantes | densely ionizing particles.
partículas discretas | discrete particles.
partículas electrizadas u otras radiaciones nucleares | bombardment with neutrons, charged particles or other nuclear radiation.
partículas en suspensión en el aire | airborne particles.
partículas equidescendentes | equidescendent particles.
partículas extrañas | strange particles.
partículas flotantes en el aire | flying particles.
partículas fragmentarias microscópicas | microscopical fragmental particles.
partículas friables aciculares | needle-shaped friable particles.
partículas indiscernibles | indistinguishable particles.
partículas individuales de abrasivo de diamante | individual grit particles.
partículas interactivas | interacting particles.
partículas ionizantes | ionizing rays.
partículas isódromas | isodrome particles.
partículas líquidas ultramicroscópicas | ultramicroscopic liquid particles.
partículas mal orientadas | misoriented particles.
partículas medidas en el espectrómetro | spectrometer-measured particles.
partículas menores de 10 micrómetros | superfines.
partículas metálicas con estructura dendrítica (pulvimetalurgia) | dendritic powder | arborescent powder.
partículas metálicas discontinuas bien dispersas | well-dispersed discrete metallic particles.
partículas metálicas esféricas (pulvimetalurgia) | shot.
partículas meteoríticas | meteoroid particles.
partículas molidas y clasificadas a límites superpequeños | particles crushed and graded to extremely fine limits.
partículas muy pequeñas de carbón que son arrastradas por el humo de la combustión | grit.
partículas no interactivas | noninteracting particles.
partículas orientadas al azar de nucleación heterogénica | heterogeneously-nucleated randomly-oriented particles.
partículas pasadas por la criba | sieved powder.
partículas penetrantes | penetrating particles.
partículas pequeñas de metal oxidado que se adhieren a la superficie (extrusión) | pickup.
partículas plásticas suspendidas en agua | latex.
partículas pulverulentas | pulverulent particles.
partículas que pasan pore el tamiz de 325 mallas (pulvimetalurgia) | subsieve fraction.
partículas respirables | respirable particles.
partículas retenidas | trapped particles.
partículas sin espín | spinless particles.
partículas subatómicas hiperenergéticas | extremely high-energy subatomic particles.
partículas submicrométricas | submicron powders.
partículas ultrasónicamente dispersas | ultrasonically dispersed particles.
partida | entry | going off | parcel | match | record | item | heading | lot | party.
partida (comercio) | entry.
partida (contabilidad) | item.
partida (de campo) | party.
partida a cobrar | collection item.

partida aislada | stray lot.
partida armada | armed band.
partida compensatoria | balancing item.
partida de caza | shoot.
partida de defunción | death record | death certificate.
partida de material | batch.
partida de nacimiento | birth record.
partida defectuosa | rummage.
partida del arancel | tariff item.
partida del costo | expense item.
partida doble | double entry.
partida en suspenso | suspense account.
partida global | lump item.
partida no sentada en los libros contables | omnitted entry.
partida o suma cargada en cuenta | charge.
partida presupuestaria | budget item.
partida simple | single entry.
partidario | retainer.
partidario de la teoría de la plasticidad | plastician.
partidario de las centrales nucleares | nuke.
partidario del bosque | tree conscious.
partidario del régimen feudal | feudalist.
partidas a cobrar | receivables.
partidas a cobrar pendientes | outstanding receivables.
partidas compensadas mutuamente | mutually offseting entries.
partidas compensatorias | offsetting entries.
partidas de caja sin cobrar | uncollected cash items.
partidas de lento movimiento | slow moving items.
partidas invisibles (economía) | invisible.
partidas invisibles de comercio exterior | invisible items of foreign trade.
partidas pagadas por adelantado | prepaid items.
partidas para elevación de precios | lifts apps.
partidas pendientes | outstanding items.
partidas por cobrar | collection items.
partidas principales | main items.
partido | split | broken.
partido (político, etcétera) | party.
partido a tomar | line to be taken.
Partido Comunista | Communist Party.
partido judicial | judicial district.
partido pluralista | pluralistic party.
partido por (A over B = A dividido por B) | over.
partido verticalmente por la mitad | vertically split.
partidor | splitter | divider.
partidor de aguas (riegos) | box.
partidor de corriente líquida en dos corrientes de distinto caudal | liquid flow divider | ratio-flow unit.
partidor de la tensión impulsiva | impulse voltage divider.
partidor de minerales | splitter.
partidor de testigos (sondeos) | core splitter.
partidor de voltaje | voltage divider.
partidor del fango (minas) | splitter.
partir | split (to) | divvy (to) | depart (to) | get under way (to) | leave (to) | part (to) | partition (to) | move off (to) | take off (to).
partir (buques) | put forth (to).
partir (piedra) | pound (to).
partir a la deriva | breakaway (to) | break adrift (to).
partir a la deriva (vagones) | run wild (to).
partir el puño | luff (to).
partir la guardia (con otra persona) | dog (to).
partir un leño con cuña | maul (to).
partirse | cleave (to).
partirse en dos (por quebranto o por arrufo-buques) | break her back (to).
partitura | score.
parto | birth | deliverance | accouchement | delivery.
parto (instrumental de) | instrumental labour.
partón (física) | parton.
parvipotente | parvipotent.
parvisciente | parviscient.
pasa moscatel | muscatel.
pasa por el tamiz nº 200 (partículas) | pass sieve N 200.
pasable | passable | on the line.
pasacorreas (transmisiones) | striker.
pasada | passage | pass | passing.
pasada (avión en vuelo) | fly-past.
pasada (de un avión) | run.
pasada (de un programa) | running.
pasada (de una herramienta) | run.
pasada (en el laminador) | drafting.
pasada (fotografía) | burned-up.
pasada (frutas) | mushy.
pasada (laminación) | draft.
pasada (laminadores) | nip.
pasada (laminadores, máquinas herramientas, vuelo de un avión) | pass.
pasada (madera) | punk | honeycombed.
pasada (maquinado) | cut.
pasada (máquinas herramientas) | going over.
pasada (rectificado) | traverse.
pasada (tejeduría) | draw | shot | shoot | pick.
pasada (tejido punto) | course.
pasada (tela) | rotten.
pasada (tormenta) | overblown.
pasada (vuelo de avión) | runup.
pasada abierta (tejido punto) | pull course.
pasada abierta (trabajo en ristra - tejido de punto) | tearing course.
pasada con calado (calcetería) | lace course.
pasada con estirado ligero (banco de estirar) | light-draw pass.
pasada con poca presión | sparkout pass.
pasada con reducción muy pequeña de sección (laminación) | pinch pass.
pasada de acabado (última pasada-máquina herramienta) | finishing cut.
pasada de acabamiento (torno) | finishing run.
pasada de afinado | refining pass.
pasada de calado corrido (tejido punto) | lockstitch course.
pasada de canto (laminadores) | edging pass.
pasada de clasificación | sort pass.
pasada de compilador (informática) | one pass compiler.
pasada de comprobación | trial run.
pasada de control | test run.
pasada de desbaste (tornos) | roughing cut.
pasada de endurecimiento superficial (laminación chapas) | skin pass.
pasada de fusión | merge pass.
pasada de hierro (terciopelo por urdimbre) | wire pick.
pasada de intercalación | merge pass.
pasada de máquina | machine run.
pasada de pelo (tejeduría) | pile pick.
pasada de rectificación (máquinas herramientas) | truing cut.
pasada de relleno (soldadura) | filler run.
pasada de remallar (calcetería) | looper's course.
pasada de retoque final (en el torno) | skim.
pasada de retorno (tejeduría) | double-pointed tie-up.
pasada de terminación | finishing pass.
pasada de un aeroplano sobre otro | crossover.
pasada de una aeroplano por debajo de otro | crossunder.
pasada de varios cuerpos (jacquard) | grouped tie.
pasada defectuosa (telar) | mispick.
pasada del derecho (tejeduría) | face weft.
pasada del envés (telar) | back pick.
pasada del peine | combing.
pasada del revés (tejeduría) | backing weft.
pasada del revés (telar) | back pick.
pasada desbastadora (laminadores) | blooming mill pass.
pasada doble (tejeduría) | double tie-up.
pasada en frío (para reducir un alargamiento excesivo en el límite elástico - chapa fina) | skin passing.
pasada en frío con ligera reducción (laminación chapas) | skin pass.
pasada en frío para evitar cocas durante la manipulación (bandas) | killing.
pasada en la hilera de estirar (trefilería) | drawing pass.
pasada en la recalcadora | shot.
pasada en máquina | run.
pasada en máquina (ordenador) | pass.
pasada en vacío (laminador) | dead pass.
pasada en vacío (laminadores) | dummy pass.
pasada en vuelo bajo ametrallando al enemigo | strafing run.
pasada excesiva (trefilado) | overdrawing.
pasada floja (tejido punto) | loose course.
pasada inferior | ground pick.
pasada irregular (tejeduría) | irregular pick.
pasada ligera (máquina herramienta) | light cut.
pasada mixta (tejeduría) | mixed tie up.
pasada múltiple | compound tie-up.
pasada para disparar (aviación) | firing pass.
pasada para previo control | vetting run.
pasada para puesta a punto (ordenador) | data vetting run.
pasada penetrante para rehundir (tornos) | plunge cut.
pasada perdida (tejido punto) | loose course.
pasada por debajo hacia el costado de un avión enemigo | low-side pass.
pasada por la hilera (trefilado de alambre) | hole.
pasada por rodillos acabadores (fabricación de tubos) | sizing.
pasada por un punto dado a baja altura (avión en vuelo) | fly-fly.
pasada profunda (máquinas herramienta) | hogging cut.
pasada rota (telares) | broken pick.
pasada rota (tisaje) | pick-out.
pasada separadora | clearing course.
pasada separadora (tejido punto) | pull course.
pasada separadora (trabajo en ristra - tejido de punto) | tearing course.
pasada sobre el costado (blanco aéreo) | high side-pass.
pasada suave (muela abrasiva) | sparkout pass.
pasada suplementaria (tejeduría) | backing pick | extra filling | extra pick | extra weft.
pasadas anticarrerillas (calcetería) | run stop.
pasadas duplicadas (defecto de tisaje) | double picks.
pasadas visibles (de un satélite artificial con relación al sol para el recargue de sus baterías solares) | visible passes.
pasadera | running board | walking way | walkway | access board | passerelle.
pasadera de popa (buques) | warping bridge.
pasadero | passable.
pasadizo | passageway | runway | connecting passage.
pasadizo de baja altura y estrecho por el que hay que circular de rodillas o arrastrándose | crawlway.
pasado (telares) | tie-up.
pasado (telas) | tender.
pasado a los libros contables | post.
pasado a punta y retorno (tejeduría) | crosstie up.
pasado al haber | credited.
pasado automático de hilos (tejeduría) | automatic threading.
pasado de contrabando | run.
pasado de la tabla de arcadas de jacquard | jacquard tie.
pasado de moda | obsolete.
pasado de orden compuesto (jaquard) | compound tie.
pasado de orden de retorno (jacquard) | centered tie | point tie.
pasado de orden de retorno (pasado de orden

en punta - jacquard) | diamond tie-up.
pasado de orden en punta (jacquard) | point tie.
pasado de orden mixto (jacquard) | mixed tie.
pasado de orden seguido múltiple (Jacquard) | repeat tie | lay-over tie.
pasado el límite elástico | beyond the elastic range.
pasado el rulo | rolled.
pasado en orden en punta (jacquard) | centered tie.
pasado inglés (tejeduría) | open tie-up.
pasado para orillos (telas) | border tie.
pasador | fastener | stud bolt | key | iron pin | dowel | peg | bolt | gudgeon | pin | sneck.
pasador (caja de reloj) | pushpin.
pasador (de cadena articulada) | link-pin.
pasador (de correa) | keeper.
pasador (de eje) | linchpin.
pasador (de medalla) | clasp.
pasador (de pie de biela) | wrist pin.
pasador (de una condecoración) | ribbon.
pasador (para hacer coincidir agujeros de chapas) | driftpin.
pasador (remetido de los hilos) | crossbar.
pasador (telar tejido punto por urdimbre) | sley point.
pasador (unión articulada) | knuckle pin.
pasador abierto | cotter.
pasador acanalado | grooved pin.
pasador ajustado | fitting pin.
pasador central | center pin.
pasador con cabeza semiesférica | ball stake.
pasador cónico | podger | taper drift | taper pin | driftpin.
pasador cónico (para ensanchar agujeros en chapas) | drift.
pasador cónico de madera para ajustar calabrotes | cringle fid.
pasador cónico de madera para ayustar calabrotes (buques) | monument.
pasador cónico de punta hendida | split taper pin.
pasador corto | stud.
pasador de acero | steel pin.
pasador de acoplamiento del varillaje del freno | brake linkage clevis.
pasador de aletas | split pin | cotter pin.
pasador de arrastre | driving-pin.
pasador de bisagra | hinge pin | joint pin.
pasador de cadena | chain bolt | chain pin.
pasador de coincidencia | registering pin.
pasador de conexión | lockpin.
pasador de conexión de la cadena | chain connecting pin.
pasador de cruceta del vástago del pistón | crosshead bolt.
pasador de chaveta | cotter pin | tommy.
pasador de detención | detent pin.
pasador de empalmar | marlinespike.
pasador de espiga | shank pin.
pasador de fijación | mounting pin | steady pin.
pasador de giro | pivot bolt.
pasador de grillete | shackle bolt.
pasador de horquilla | clevis pin.
pasador de inversión | banking pin.
pasador de la biela de suspensión | hanger-pin.
pasador de la biela maestra (motor en estrella) | knuckle pin.
pasador de la gemela de la ballesta posterior (autos) | rear spring shackle bolt.
pasador de la oruga (tractores) | track pin.
pasador de muñón del cañón | gun trunnion pin.
pasador de parada | stop pin.
pasador de placa de volteo (astilleros) | slab pin.
pasador de placas offset | plate maker.
pasador de portazapata de freno | brake head pin.
pasador de posicionar | dowel pin.
pasador de referencia | locator | position pin.
pasador de registro | registering pin.
pasador de resorte | spring peg.
pasador de retención | check pin | retainer pin | locking stud.
pasador de retenida | hold-down cotter.
pasador de retenida del cebo | shutter stop pin.
pasador de seguridad | safety pin.
pasador de seguridad (de una pulsera, alfiler, etc.) | safety catch.
pasador de seguridad (para que no se rompa una pieza importante) | shear pin.
pasador de seguridad (tuercas) | keeper pin.
pasador de seguridad que se rompe al exceder un cierto valor el par transmitido (transmisiones) | shear pin.
pasador de sujeción | set-pin.
pasador de suspensión del muelle | spring hanger pin.
pasador de tracción | draw pin.
pasador de trinca (cañones) | lock pin.
pasador de unión | driftpin.
pasador del cangilón (dragas) | bucket pin.
pasador del castillete (laminador) | housing pin.
pasador del cierre (cañones) | breech bolt.
pasador del cuadrante del timón (buques) | locking pin.
pasador del enganche | coupling pin.
pasador del eslabón de dilatación | expansion-link pin.
pasador del manguito | spool pin.
pasador del pistón | piston pin | wrist pin.
pasador del pistón lubricado a presión | force-lubricated gudgeon pin.
pasador del pivote del bisel | pony-truck pivot pin.
pasador del tornillo de punteo | box of the elevating screw.
pasador embutido (cerrojo embutido - cerradura) | flush bolt.
pasador empujador | pusher-pin.
pasador en bisel (cerraduras) | bevel-headed bolt.
pasador en la parte inferior (puertas) | lift latch.
pasador extractor | knockout pin.
pasador fiador | pull pin.
pasador hendido | spring-cotter | split pin.
pasador horizontal de la mecha (timón buques) | norman.
pasador insertado a presión | pressed-fit pin.
pasador limitador | stop pin.
pasador macho | male pin.
pasador para abrir respiraderos (fundería) | riser pin | riser stick.
pasador para ayustar cables | splicing fid.
pasador para casar agujeros (chapas que se van a remachar) | rivet drift.
pasador para cono Morse | Morse taper pin.
pasador para fijar las hojas sueltas en las tapas (libros) | binding post.
pasador para remachar (para que coincidan agujeros de las chapas) | rose punch.
pasador para sacar remaches | backing-out punch.
pasador posicionador | locator pin.
pasador prisionero | captive fastener.
pasador protector | preventer pin.
pasador remachado | riveted-in pin.
pasador retenedor | anchor pin.
pasador roscado | grub-screw | clevis bolt | screw pin.
pasador vertical de enclavamiento | vertical locking pin.
pasadores de cintas de medallas (milicia) | ribbons of decorations.
pasador-pivote | pivot pin.
pasahilos (obrero) | smash hand.
pasahilos (tejidos punto por trama) | yarn carrier.
pasaje | fare | pass | passage.
pasaje abovedado | groined passage | archway.
pasaje de ida y vuelta | return ticket.
pasajero | passenger | short lived | transient | traveller.
pasajero clandestino | stowaway.
pasajero consular (enviado a país natal por cuenta del cónsul) | consular passenger.
pasajero de entrepuente (sin cabina) | deck passenger.
pasajero de pago-milla | revenue passenger-mile.
pasajero que no paga | free passenger.
pasajero-asiento por milla | passenger-seat per mile.
pasajero-locomotora milla | passenger-locomotive mile.
pasajeros de primera (buques) | saloon passengers.
pasajeros de tercera | steerage.
pasajeros de tránsito | in-line travelers.
pasajeros no de tránsito (aeropuertos) | origination-destination travelers.
pasajeros que empiezan o terminan el viaje (aeropuertos) | origination-destination travelers.
pasajeros que no pueden partir (avión) | trapped passenger.
pasajeros transportados gratis | nonrevenue passengers.
pasamanar | gimp (to).
pasamanería | lace-work | lace trimming | smallwares | soft furnishing | passementerie.
pasamanero | lace-maker | laceman.
pasamano | gimp.
pasamano (tejeduría) | trimming.
pasamanos | breast rail | handrail | handrailing | railing | braid.
pasamanos (buques) | bay stall.
pasamanos (escalera) | rail.
pasamanos (escaleras) | banister.
pasamanos de balances (buques) | storm rail.
pasamanos de cable (candeleros de cubierta) | ridgerope.
pasamanos de la caja de humos (locomotora) | arch hand-rail.
pasamanos de la máquina | engine guard rail.
pasamanos de mal tiempo (buques) | storm rail.
pasamanos de protección | protection rail.
pasamanos de sección casi circular (escaleras) | mopstick rail.
pasamanos de seguridad a lo largo de un tangón o plancha de desembarco (buques) | grab rope.
pasamanos de tubos (buques) | open rail.
pasamuniciones (cañones) | ammunition passers.
pasante (cuadrilla de remachado) | passer.
pasante (de un abogado, médico o profesor) | assistant.
pasante (heráldica) | passant.
pasante aislante (paso de muros, electricidad) | bushing.
pasante de condensador (electricidad) | condenser-bushing.
pasante de remaches | rivet passer.
pasantía | assistantship.
pasaporte | passport | pass.
pasaporte de buque | passport.
pasaporte de marinero | certificate of identification.
pasaporte de viaje | travelling passport.
pasaporte nacional | inland passport.
pasapurés (cocina) | ricer.
pasar | pass (to) | overblow (to) | get over (to) | clear (to) | put up (to).
pasar (contabilidad) | carry (to).
pasar (el tiempo) | wear (to) | lapse (to).
pasar (entre los torones) | tuck (to).
pasar (pedidos) | place (to).
pasar (programa) | run (to).
pasar (techo galería de mina) | hang heavy (to).
pasar (un río, la mar) | cross (to).
pasar (una cosa) | hand (to).
pasar (una señal) | overrun (to).
pasar a barlovento | weather (to).
pasar a cero (contador) | roll over to zero (to).

pasar a la reserva | retire (to).
pasar a nueva cuenta | place to new account (to).
pasar a otra cuenta o página | carry over (to).
pasar a ser de plantilla (dejar de ser temporero) | decasualize (to).
pasar a tinta (dibujos) | ink in (to) | ink over (to).
pasar a través de | penetrate (to).
pasar a un abogado el cobro de un crédito | place an account with and attorney for collection (to).
pasar a un lado todos los términos (ecuaciones) | collect terms (to).
pasar al cobro | send for collection (to).
pasar al estado natural (pudelado) | bring to nature (to).
pasar al haber de | credit with (to).
pasar al lado de | flank (to).
pasar arrasando | sweep (to).
pasar como un relámpago | flash (to).
pasar de una cuenta a otra | charge off (to).
pasar dejando un rastro de luz | stream (to).
pasar el anillo de | pass 2-in ring (to).
pasar el meridiano (cuerpos celestes) | dip (to).
pasar el rastrillo | rake (to).
pasar en claro | omit any mention (to).
pasar en compuertas o balsas (ríos) | ferry (to).
pasar en tránsito | pass in transit (to).
pasar factura | invoice (to) | render an account (to).
pasar la barra (navegación) | cross the bar (to).
pasar la cinta alternativamente en ambos sentidos | rock the tape back and forth (to).
pasar la cuerda (relojes) | overwind (to).
pasar la estación (trenes) | run past the station (to).
pasar la prueba | pass the test (to).
pasar lista | muster (to) | call the roll (to) | call (to).
pasar los asientos al libro mayor | post (to).
pasar o deslizarse rápidamente | sweep (to).
pasar por (puertas, etc.) | negotiate (to).
pasar por alto | oversee (to) | overlook (to) | miss (to).
pasar por dentro de (cables por dentro de tubos, etc.) | poke up (to).
pasar por el meridiano (astros) | culminate (to).
pasar por encima (de un asunto) | glance off (to).
pasar por fulard | pad (to).
pasar por grados | grade (to).
pasar por las armas | shot (to).
pasar por su apogeo | peak (to).
pasar por un punto determinado | clear (to).
pasar por una prueba de selección (personas) | screen (to).
pasar rápidamente | flick (to).
pasar revista | muster (to).
pasar rozando | shave (to).
pasar saltando | spring (to).
pasar sin | miss (to).
pasar un cabo alrededor de (marina) | pass a line (to).
pasar un conductor por una tubería tirando de un alambre | fish (to).
pasar un contrato a | enter in a contract (to).
pasar un pedido a | enter into an agreement with (to).
pasar un río en balsa | raft (to).
pasar una cuerda por una polea | reeve (to).
pasar una señal (ferrocarril) | ignore a signal (to).
pasarela | cat walk | aisle | footbridge | gantry | passageway | runway | walkway.
pasarela (buques) | monkey bridge.
pasarela (de estación ferrocarril) | line bridge.
pasarela alta (para pasar sobre vías) | flyover.
pasarela de navegación (techo del puente de navegación donde se coloca el compás magistral - buques) | compass-platform.
pasarela de servicio | catwalk.
pasarela telescópica | telescopic passageway.
pasarela telescópica para aviones (aeropuertos) | jetways.
pasarremaches (cuadrilla de remachado) | rivet-catcher.
pasarse (la carne) | taint (to).
pasarse de la posición de puntería (cañones) | overshoot (to).
pasarse de los topes (pozo extracción de mina) | overrun (to).
pasarse de los topes de fin de carrera (jaula pozo minas) | pulley (to).
pasarse la rosca (tuercas) | strip (to).
pasarse por ojo | founder (to).
pasarse por ojo (buques) | founder head down (to).
pasatiempo | hobby.
pasaurdimbre | detector.
pasavante | sea brief.
pasavante (aduanas) | transire.
pascal (unidad de presión) | pascal.
pascua de Navidad | Christmas.
pase | pass | transit | ticket.
pase (para circular) | permit.
pase a la cuenta T | post to T account.
pase de libre circulación | Annie Oakley | free pass.
pase de un artículo de una página o columna a otra (periódicos) | break.
pase para poder entrar en el buque después de la visita de Sanidad | dock pass.
pase para poder pasar bienes propios (marineros) | property pass.
pase para tener acceso a material o información secreta | security clearance.
pasear | walk (to).
paseo cubierto | lounge.
paseo espacial | space walk.
paseo público | mall.
paseos en canoa automóvil | motor-boating.
pases al mayor (contabilidad) | posting the ledger.
pasigrafía | pasigraphy.
pasillo | access | walkway | passageway | passage | aisle.
pasillo (aviación) | funnel.
pasillo (decca) | lane.
pasillo (dirigibles) | catwalk.
pasillo (minas) | bolthole.
pasillo aereo | route lane | air corridor | lane.
pasillo blindado (instalaciones radioquímicas) | canyon.
pasillo central | central corridor.
pasillo cubierto de intercomunicación entre dos coches (trenes) | vestibule.
pasillo chaf (radar) | corridor chaff.
pasillo de caldeo (calderas buques) | firing aisle.
pasillo de inspección (alas aviones) | crawlway.
pasillo decca | decca-lane.
pasillo entre chivaletes (imprenta) | alley.
pasillo entre dos habitaciones | enterclose.
pasillo limpio | clear channel.
pasivación | passification | passivation.
pasivación (metales) | immunization.
pasivación (tratamiento de la superficie con soluciones ácidas para quitar las partículas de hierro y producir una película pasiva en la superficie - acero inoxidable) | passivating.
pasivación alcalina | alkaline passivation.
pasivación anódica | anodic passivation.
pasivación catódica | cathodic passivation.
pasivación química | chemical passivation.
pasivado anódicamente | anodically-passivated.
pasivado de vidrio | glassivation.
pasivador | passivator.
pasivador anódico | anodic passivator.
pasivar (aceros) | passify (to).
pasivar (hacer neutro) | passivate (to).
pasividad (química) | passivity.
pasividad anódica | anode passivity.
pasividad de la corrosión metálica | metallic corrosion passivity.
pasividad de la línea de separación (metales) | border-line passivity.
pasividad electrolítica | electrolytic passivity.
pasivo | indebtedness | passive | debt | liability | liabilities.
pasivo a corto plazo | current liabilities | short term liabilities.
pasivo a largo plazo | long-term debt | long-term liabilities | long-term liabilities | funded debt.
pasivo acumulado | accrued liabilities | accrued liability.
pasivo bruto global | aggregate gross liabilities.
pasivo circulante | current liabilities.
pasivo consolidado | fixed liability.
pasivo consolidado (economía) | funded debt.
pasivo corriente | current liability | floating liability.
pasivo de capital | capital liability.
pasivo declarado | stated liabilities.
pasivo estimado de impuesto sobre la renta | estimated income tax liability.
pasivo eventual | contingent liabilities.
pasivo exigible | counts payable | current liabilities.
pasivo fijo | fixed liabilities | capital liability | capital liabilities | funded liability.
pasivo monetario | monetary liabilities.
pasivo no exigible | funded liability | capital liabilities | fixed liability | fixed liabilities.
pasivo no monetario | nonmonetary liabilities.
pasivo permanente | capitalization.
pasivo social | company's liabilities.
pasivo total a capital contable | total debt to net worth.
pasivo transitorio | deferred liabilities | accrued liability.
pasivo vencido | liabilities matured.
pasivo y capital líquido | liabilities and net worth.
pasivos contingentes | contingent liabilities.
pasivos no garantizados | unsecured liabilities.
pasivos no registrados | unrecorded liabilities.
pasmo (que rompe sin astillarse - maderas) | brashness.
paso | spacing | vent | throat | switching | aperture | stage | pace | march | gang | ford | passage | pass | tread | gat | gate | way | step.
paso (anatomía) | lumen.
paso (de montañas) | crossing.
paso (de un río) | crossing.
paso (entre los torones) | tuck.
paso (filmes) | gauge (G.B.) | gage (EE.UU.).
paso (hélices, rayado de cañones) | twist.
paso (mecánica) | pitch.
paso (minas) | pass.
paso (montañas) | saddle.
paso (para circulación de peatones) | lane.
paso (por un agujero) | getting through.
paso (remachado) | pitch.
paso (ríos) | ferry.
paso (rutina) | step.
paso (tejeduría, urdimbre) | lease.
paso (tornillo) | thread.
paso (tornillos, hélice) | lead.
paso (tornillos, hélice, engranajes) | pitch.
paso (torones de cables) | lay.
paso (un sitio por donde se pasa) | crossing.
paso a derecha | right handed (R.H.).
paso a la radiofrecuencia deseada (estación emisora) | patching.
paso a nivel | level crossing | railroad crossing.
paso a nivel (ferrocarril) | highway grade crossing.
paso a nivel (ferrocarril-EE.UU.) | grade crossing.
paso a nivel (ferrocarriles) | highway crossing.
paso a nivel (vía férrea) | crossing at grade.
paso a paso | step-by-step | inchmeal.
paso a paso (programa) | step by step | single stepping.
paso a viva fuerza (ríos) | forced crossing.
paso abovedado | vault.
paso acelerado | scuttle.
paso aerodinámico (hélices) | aerodynamic

pitch.
paso al | pitch at 25 per cent radius.
paso amortiguador | buffer stage.
paso amortiguador (radio) | buffer stage.
paso angular (pala de hélice) | sweep.
paso angular de la pala (hélices) | blade sweep.
paso angular negativo (pala de hélice aérea) | trailing sweep.
paso aparente (hélices) | apparent pitch.
paso aparente (tornillos) | divided pitch.
paso automático de estación en ángulo (teleféricos) | automatic negotiation of angle station.
paso axial (engranaje de tornillo sin fin) | linear pitch.
paso bastardo | bastard pitch.
paso bastardo (tornillos) | fractional pitch | odd pitch.
paso circular (paso circunferencial - engranajes) | circular pitch.
paso circular transversal | transverse circular pitch.
paso circunferencial (engranajes) | arc-pitch.
paso circunferencial (paso circular - engranajes) | circumferential pitch.
paso con incremento radial | radially increasing pitch.
paso cónico | tapered passage.
paso constante (tornillos) | even pitch.
paso controlado | controlled crossing.
paso creciente (hélices) | expanding pitch.
paso cubierto | covered way.
paso de aire | air passage.
paso de amplificación | amplification stage.
paso de andadura | pacing.
paso de arrastre | feed pitch.
paso de audio | audio stage.
paso de banda | bandpass.
paso de bobina (electricidad) | coil-span.
paso de carrera alargado (deportes) | lope.
paso de cátodo | cathode by-pass.
paso de conmutación | switching stage.
paso de costado (equitación) | passage.
paso de empuje nulo (hélices) | experimental mean pitch.
paso de ensanchamiento suave | gently-expanding passage.
paso de escala por un pozo (buques) | trunked ladder way.
paso de exploración (facsímil) | scanning pitch.
paso de frenado (hélice aviones) | braking pitch.
paso de guía (TV) | front end.
paso de hélice | convolution.
paso de hélice aérea | airscrew pitch.
paso de hombre | manhole.
paso de hombre enfaldillado (buques) | flanged manhole.
paso de integración (matemáticas) | step of integration.
paso de la cadena | chain pitch.
paso de la cara (pala de hélice) | face pitch.
paso de la dentadura (engranajes) | tooth spacing.
paso de la hélice | kneck | screw pitch.
paso de la hélice del colchado (cables) | length of lay.
paso de la hélice geométrica | lead of the helix.
paso de la imagen (cine) | frame gage.
paso de las perforaciones | perforation pitch.
paso de las perforaciones (filmes) | perforation gage.
paso de listones | duck-board.
paso de los álabes (turbinas) | blade spacing | blade pitch.
paso de los dientes (ruedas dentadas) | pitch.
paso de malla de sondeo | bore-hole spacing.
paso de municiones (buques) | ammunition lobby.
paso de muro (electrotecnia) | leadout.
paso de par nulo (hélices) | aerodynamic pitch.
paso de pared (instalación eléctrica) | leadout.
paso de portadora doble (televisión) | intercarrier system.
paso de programa | program step.
paso de puesta en bandolera (aviones) | feathering pitch.
paso de puesta en bandolera (hélices) | feathered pitch.
paso de pupinización (telecomunicación) | load coil spacing.
paso de radiofrecuencia con su sintonizador (TV) | front end.
paso de rayos luminosos | passage of luminous rays.
paso de registro | registering hole.
paso de rotación | rotary step.
paso de salida | output stage.
paso de selección (telefonía) | selecting stage.
paso de un engranaje | tooth pitch.
paso de un registro a otro (música) | break.
paso del agua entre pontones (puente de pontones) | cut.
paso del aire (motor chorro) | air swallowing.
paso del bobinado | spacing.
paso del cableado (cables) | twist pitch.
paso del devanado en el extremo más alejado del colector | back pitch.
paso del material por una máquina u operación (textiles) | passage.
paso del rayado (armas) | turn of rifling | length of rifling.
paso del rayado (cañones) | pitch of the rifling.
paso del tornillo | screw pitch.
paso del torsor | pitch of the wrench.
paso del tresbolillo (remachado) | staggered pitch.
paso dental | tooth pitch.
paso diagonal (remachado al tresbolillo) | diagonal pitch.
paso diametral (engranajes) | diametral pitch.
paso diametral normal | normal diametral pitch.
paso dinámico (hélices) | zero-thrust pitch.
paso eléctrico estanco | electrical seal.
paso elevado | overhead crossing.
paso en barca (ríos) | ferrying across.
paso en el ángulo mínimo de la pala (hélices) | flat pitch.
paso en laberinto | radiation maze.
paso entre canales | track pitch.
paso entre dos líneas de tiendas de campaña (milicia) | gangway.
paso estrecho | gut | creep hole.
paso estrecho por el que hay que arrastrarse | cat run.
paso experimental (hélices) | zero-thrust pitch.
paso fijo | fixed pitch.
paso final (radio) | output.
paso general del rotor | collective rotor pitch.
paso geométrico | geometric pitch.
paso geométrico (ruedas dentadas) | pitch.
paso geométrico de la hélice | prop pitch.
paso geométrico tomado a una cierta distancia prefijada a lo largo del radio (hélices) | standard pitch.
paso gimnástico (milicia) | double-quick.
paso gradual de la luz a la oscuridad (cine) | fade-out.
paso igual | even pace.
paso inferior | underpass | fly under.
paso inferior (astronomía) | lower transit | lower culmination.
paso inferior (ferrocarril) | undergrade crossing | subway | railway underbridge | bridge under.
paso inferior (vía férrea) | underbridge.
paso inobstruido | patent passage.
paso interportadoras (televisión) | intercarrier system.
paso invariable (hélices) | uniform twist.
paso invertido (palas con ángulo de ataque negativo - hélices) | reverse pitch.
paso largo (hélice avión) | coarse pitch.
paso lento (caballos) | foot pace.
paso libre | patent passage.
paso libre (ferrocarril) | clearance.
paso ligero (milicia) | double-quick.
paso lineal (cremalleras) | linear pitch.
paso longitudinal | array pitch | row pitch.
paso máximo (hélices de paso modificable) | high pitch.
paso métrico (tornillos) | metric pitch.
paso modificable | vari-pitch.
paso modulado (emisor) | modulated stage.
paso modular (engranajes) | modulus pitch.
paso multiplicador de frecuencia | frequency multiplication stage.
paso navegable (hielos) | lane.
paso navegable (regiones polares) | lead.
paso navegable estrecho con una sola salida | lane.
paso navegable estrecho con una sola salida (hielos) | pucket | blind lead | channel.
paso navegable que se ha cerrado al final (hielos) | blind lead.
paso nominal (hélice) | standard pitch.
paso normal | normal pitch.
paso normal (filmes) | standard gage.
paso oblícuo del tornillo sin fin | linear pitch of worm.
paso obligado (tiro de artillería) | salvo point.
paso para el eje de distribución (motores) | camshaft way.
paso para la manivela de arranque (autos) | crankway.
paso para la rueda (carrocería autos) | wheelhouse.
paso para los hombres (minas) | manhole.
paso para los peces | fish pass.
paso para rollizos (presas) | log chute.
paso pequeño (paso corto-tornillos, hélices) | fine pitch.
paso pesado | clump.
paso polar del colector (electromotor) | commutator pitch.
paso por batán (hilatura) | picking | lapping.
paso por calandria (telas) | mangling.
paso por el meridiano | transit.
paso por gill (lana peinada) | gilling.
paso por máquina preparadora (estambre) | preparing.
paso por mechera | roving.
paso progresivo | step size.
paso progresivo (devanados) | forward pitch.
paso progresivo de la luz a la oscuridad (cine) | fading out.
paso progresivo de la oscuridad a la imagen con su mayor visibilidad (televisión) | fade-in.
paso progresivo de la oscuridad a la luz (cine) | fading in | fade-in.
paso que da el mínimo de resistencia de la hélice con el motor parado (aviones) | feathering pitch.
paso rápido (cadencia de 120 pasos por minuto) | quick time.
paso rastreado de minas (marina) | swept way.
paso real | true pitch.
paso real (tornillos) | total pitch.
paso relativo (hélice avión) | pitch-diameter ratio.
paso retrógrado | backward pitch.
paso según la cuerda (paso rectilíneo - engranajes) | chordal pitch.
paso seis-ocho (engranajes de dientes cortos) | six-eight pitch.
paso subterráneo | underpass | driftway | subway crossing passage.
paso subterráneo para peatones | subway.
paso superior | overhead crossing | overpass.
paso superior (carreteras) | overpass | overbridge.
paso superior (ferrocarril) | overcrossing.
paso superior (ferrocarriles) | bridge over.
paso superior (minas) | overcast.
paso superior para peatones (cruce de calles) | flyover.
paso superior sobre carretera | highway overpass.
paso superior sobre la vía férrea | railroad overpass.
paso único | single step.
paso y corto (radio) | over and out.

pasómetro | passometer.
pasos | lumina.
pasos (anatomía) | lumina (plural de lumen).
pasos a nivel (ferrocarriles) | level crossing.
pasos amplificadores en cascada | cascaded amplifier stages.
pasos de aves | flyway.
pasos para distribuir el líquido | fluid-distributing passages.
pasos para el enfriamiento de la paleta de turbina | turbine blade cooling passages.
pasos para peces (presas) | fishways.
paspartú | passe-partout | cut mount | white open mount.
pasta | paste | mash.
pasta (cerámica) | pâte | body.
pasta (fabricación caucho) | dough.
pasta (fabricación de cementos) | slurry.
pasta (geología) | base | cement | paste.
pasta (matriz - geología) | groundmass.
pasta (petrología) | magma | matrix.
pasta (pólvora) | mill-cake.
pasta a la sosa (papel) | sodium pulp | soda pulping.
pasta abrasiva | grinding-paste | grinding-compound.
pasta abrasiva de carburo de silicio | silicon carbide abrasive paste.
pasta abrasiva para pulimentar | abrasive cleaning compound.
pasta acuosa | aqueous paste.
pasta adiamantada | diamond paste.
pasta adiamantada para pulimentación de agujeros en partes cerámicas después del taladrado | diamond paste for polishing holes in ceramic parts after drilling.
pasta afieltrada (petrología) | felted groundmass.
pasta al bisulfito (papel) | sulfite pulp | sulphite pulping.
pasta al sulfato | kraft pulp.
pasta al sulfato (papel) | kraft pulp.
pasta al sulfito de coníferas | softwood sulfite pulp.
pasta al sulfito no blanqueada (papel) | unbleached sulfite pulp.
pasta amorfa (mineralogía) | amorphous ground-mass.
pasta analcítica | analcitic groundmass.
pasta antideslizante para correas | belt dressing.
pasta arcillo-alcalina fusible | fusible argillaceous alkaline body.
pasta arcillo-calcárea fusible | fusible argillaceous calcareous body.
pasta arcillosa (arcilla batida) | clay puddle.
pasta arcillosa fusible | fusible argillaceous body.
pasta basáltica hemicristalina | hemicrystalline basaltic groundmass.
pasta batida con exceso | dead beaten pulp.
pasta batida con exceso (papel) | greasy pulp.
pasta blanda (cerámica) | soft paste | soft body.
pasta carbonosa | carbonaceous groundmass.
pasta cobresoldante | brazing paste.
pasta cocida (cerámica) | fired body.
pasta coloreada (cerámica) | colored body.
pasta compacta | heavy dough.
pasta con gran contenido de lignina residual (papel) | hard pulp.
pasta contra el rayado de dientes (lubricación engranajes) | antiscuffing paste.
pasta corrosiva (estampación telas) | discharge paste.
pasta cristalina (mineralogía) | crystalline groundmass.
pasta cristalina afanítica | aphanitic crystalline groundmass.
pasta de alquitrán y pelos (calafateo de botes) | blare.
pasta de borra de algodón (papel) | cotton linters pulp.
pasta de cal | lime putty | lime paste | plasterer's putty.
pasta de cal blanca para la última mano (enlucidos) | finishing hydrate.
pasta de cartón | papier-mâché.
pasta de cemento | cement paste.
pasta de cemento Portland | Portland-cement paste.
pasta de cemento puro | neat cement paste.
pasta de cemento puro parcialmente hidratada | partially hidrated neat cement paste.
pasta de color más oscuro que el normal (papel) | burnt pulp.
pasta de esmeril | emery paste.
pasta de esparto | alfa pulp.
pasta de lapear de microgránulos de diamante | diamond lapping paste.
pasta de madera | wood pulp.
pasta de madera (papel) | pulp.
pasta de madera a la sosa | soda pulp.
pasta de madera al sulfato | kraft process.
pasta de madera con color distinto del natural del papel | pulp tint.
pasta de madera con fibra larga | long stock.
pasta de madera de consistencia adecuada para poder ser bombeada (papel) | slush.
pasta de madera desfibrada (papel) | groundwood pulp.
pasta de madera desfibrada en caliente (papeleras) | hot-ground pulp.
pasta de madera lista para fabricar papel | stock.
pasta de madera mecánica | asplund.
pasta de neutralización proviniente del refinado alcalino (aceites vegetales) | soapstock.
pasta de paja (papel) | straw stuff.
pasta de paja blanqueada | bleached straw pulp.
pasta de paja sin blanquear (papel) | yellow pulp.
pasta de papel | papier-maché | paper stuff | paper stock.
pasta de papel destintado | deinked-paper stock.
pasta de papeles viejos | chip stock.
pasta de papelote con nudos de fibras por rapidez en la agitación | pillbox stock.
pasta de piroxilina mezclada con polvo de aluminio | cold solder.
pasta de polvo de diamante | diamond dust paste.
pasta de relleno para roscas | thread filler.
pasta de tafilete (libros) | morocco binding.
pasta de tela (encuadernación) | muslin binding.
pasta de trapos (fábrica de papel) | rag pulp.
pasta de trapos y cuerdas o yute (papel) | hard stock.
pasta depilatoria | hair remover.
pasta desfibrada | defibrated pulp.
pasta desfibrada en frío (papel) | cold-ground pulp.
pasta desvitrificada (geología) | devitrified groundmass.
pasta disgregada (papel) | slushed pulp.
pasta dura (cerámica) | pâte dure.
pasta dura (papel) | low-boiled pulp.
pasta en cartón (encuadernación) | half-cloth.
pasta espesa de un pigmento con la menor cantidad posible de aceite (pinturas) | pugging.
pasta feldespática holocristalina | holocrystalline feldspathic groundmass.
pasta flexible (libros) | flexible binding.
pasta fluida de mezcla de arcilla con agua | blunging.
pasta formada con minio y aceite de linaza | reddle.
pasta fosforada | phosphor composition.
pasta hecha con papel de periódicos y de libros | magazine stock.
pasta húmeda en cualquier fase de elaboración (papel) | stock.
pasta kraft (papel) | kraft pulping | kraft pulp.
pasta líquida | liquid body.
pasta líquida (cerámica) | liquid boby | slip.
pasta líquida abrasiva de carburo de boro y agua | abrasive slurry of boron carbide and water.
pasta litoidea (geología) | lithoidal groundmass.
pasta lustrametales | metal polishing paste.
pasta mecánica (maderas) | mechanical pulp.
pasta mecánica (papel) | groundwood pulp | mechanical pulp.
pasta mecánica (pasta papelera) | groundwood.
pasta microcristalina | microcrystalline groundmass.
pasta microdiorítica | microdioritic groundmass.
pasta micrograntítica | microgranitic groundmass.
pasta oleosa | soapstock.
pasta opaca coloreada | colored opaque body.
pasta ortofídica | orthophyric groundmass.
pasta papelera | wood pulp | stock | stuff | paper pulp.
pasta papelera blanqueada | bleached wood pulp.
pasta papelera diluida | stock.
pasta para acumuladores | accumulator paste.
pasta para cables | cable dressing.
pasta para conservar correas | belting cream.
pasta para estañosoldar | soldering fat.
pasta para juntas | sealing product.
pasta para limpiar cristales | glazing compound.
pasta para limpiar metales | metal polish.
pasta para papel | pulp wood.
pasta para pulir metales | rubbing compound.
pasta para suelda fuerte | brazing mixture.
pasta para untar la varilla de sondeo de tanques y averiguar el nivel del líquido | thieving paste.
pasta pobre en hierro | iron-poor groundmass.
pasta porosa | porous filling paste.
pasta pura | neat paste.
pasta química (papel) | chemical pulp.
pasta química de coníferas | softwood chemical pulp.
pasta química maderera | chemical wood pulp.
pasta refinada (papel) | whole stuff.
pasta seca (cerámica) | dry body.
pasta semifirme (cerámica) | half-stiff body.
pasta semihúmeda (cerámica) | stiff body.
pasta semiquímica (papelera) | semi-chemical pulp.
pasta semiquímica de madera | semicellulose pulp.
pasta sin mezcla (cal, cemento) | neat paste.
pasta soldante | paste solder.
pasta tierna (cerámica) | pâte tendre | soft paste.
pasta virgen (papel) | prime pulp | virgin stock.
pasta vítrea | glass matrix.
pastadero (agricultura) | range.
pastadero cultivado (Argentina) | food patch.
pastar | graze (to).
pastas alimenticias | paste products.
pastas de cerámica fina | white-ware bodies.
pastas de harina | flour doughs.
pastas dentífricas | toothpastes.
pastas fibrosas (papel) | fibrous stock.
pastas papeleras | furnishes.
pasteca | leading block | lead block | return-block | return-pulley | guide block.
pasteca grande | bull block.
pastel | cake.
pastel (pintura) | pastel.
pastel (tipografía) | pie.
pastelillo | pâte.
pasterización por irradiación electrónica | electron radiation pasteurization.
pasterizador | pasteuriser.
pasteurización | pasteurizing | pasteurization.
pasteurización antes de embotellar | prebottling pasteurization.
pasteurización de corta duración a alta temperatura | high-short pasteurization.
pasteurización excesiva | overpasteurizing.
pasteurización por altas temperaturas en tiempo muy corto | high temperature short time.
pasteurización por irradiación | radiation

pasteurization.
pasteurización rápida | flash pasteurization.
pasteurizador | pasteurizer.
pasteurizador para leche | milk pasteurizer.
pasteurizar | pasteurize (to).
pastiche | pastiche | pasticcio.
pastilla | pastille | pellet | tablet | drop | dice | cartridge.
pastilla (acumulador) | cake.
pastilla (farmacia) | lozenge.
pastilla (prueba de cementos) | pat.
pastilla (pulvimetalurgia) | compact.
pastilla abrasiva autorrectificable | self-trueing stick.
pastilla de abrasivo | abrasive stick.
pastilla de catalizador | catalyst pellet.
pastilla de combustible | fuel pellet.
pastilla de combustible nuclear (reactor nuclear) | pellet.
pastilla de germanio | germanium wafer.
pastilla de mezcla de polvo de teflón y polvo de acero inoxidable (pulvimetalurgia) | teflon/stainless steel compact.
pastilla de polvo de bronce | bronze compact.
pastilla de silicio | silicon wafer | chip.
pastilla fulminante | pellet primer.
pastilla impregnada con aleación de cobre | copper alloy-infiltrated compact.
pastilla microfónica | microphone button.
pastilla pesada con precisión | accurately weighed tablet.
pastilla purificadora del agua | water purification tablet.
pastilla sinterizada de níquel/cobre | sintered nickel/copper compact.
pastilla soluble | soluble plug.
pastilla terminada (pulvimetalurgia) | nib.
pastillaje (cerámica) | pastillage.
pastillas de germanio (transistor) | germanium wafers.
pastillas metálicas de torio más uranio 235 | thorium-plus-uranium 235 metal pellets.
pastizal | pasture | pasture ground | rangeland | sward | grazing land | grazing ground | grassland | food patch | ley.
pastizal de exclusión (Chile, México) | isolation transect.
pastizal de regadío | irrigated pastures.
pastizal maduro | range readiness.
pasto | grass | grass.
pastoralista | pastoralist.
pastoreo | depasturage.
pastoreo (ganadería) | grazing.
pastoreo comunal | community use.
pastoreo cooperativo (Iberoamérica) | community use.
pastoreo en bandas | strip-grazing.
pastoreo excesivo | overgrazing.
pastoreo libre (Iberoamérica) | trailing.
pastoreo por rotación | rotational grazing.
pastos | paddock | grazing | graze | herbage.
pastosidad | pastiness.
pastoso | soft.
pastoso (pan) | clammy.
pasturaje | agistment.
pata | leg | foot | peg.
pata (de compás) | branch.
pata (de gafas) | side.
pata (de tortuga o de foca) | flipper.
pata (dragas) | spud.
pata (muebles) | leg.
pata amortiguadora | spring leg.
pata con amortiguador de aceite y caucho | oleo-rubber leg.
pata con amortiguador de aceite y muelles (avión) | oleo-spring leg.
pata con amortiguador neumático y resortes (aterrizador) | air-spring strut.
pata con base doblada | dogleg.
pata de apoyo (placa de acumulador) | feet.
pata de apoyo (remolques carreteras) | jack feet.
pata de apriete | jack feet.
pata de araña | oil-channel | oil-way.
pata de araña (máquinas) | abrid | oil tackle.
pata de aterrizador con resorte de líquido (aviones) | liquid spring undercarriage leg.
pata de cabria | gin pole.
pata de corredera (trípodes) | sliding leg.
pata de draga | dredge spud.
pata de eslinga | dog hook | sling-dog.
pata de gallina (maderas) | radial cracks.
pata de gallo (ojos de la cara, cordaje sujeción barquilla de globos) | crowfoot.
pata de ganso | goose foot.
pata de ganso (mecánica, aerostación, etc.) | goose foot.
pata de la aleta hidrodinámica | foil leg.
pata de libre (cruzamiento de vías) | frog toe.
pata de liebre (corazón del cambio) | toe.
pata de liebre (cruzamientos) | wing rail.
pata de perro (sondeos) | dog leg.
pata de sujeción | lug | fixing lug | clamp dog.
pata del amortiguador oleoneumático (aviones) | oleopneumatic shock-absorber strut.
pata del ancla | anchor blade.
pata del aterrizador | undercarriage leg.
pata del cilindro | cylinder foot.
pata del vibrador (para hormigones) | vibrator spud.
pata delantera | forefoot.
pata delantera (caballos) | hand.
pata eclipsable por aire comprimido | pneumatically retracted leg.
pata en forma de destral (lamelibranquios) | hatchet-shaped foot.
pata oleoneumática | oleo strut.
pata oleoneumática (aterrizador) | oleo leg | air oil strut.
pata prensil (zoología) | grasping leg.
pata telescópica | stretching leg.
patache | tender.
patada | kick.
patagón (ornitología) | gnome.
patalear | tread (to).
patalla electrostática (transformadores) | Faraday shield.
patas | feet.
patas (montaje en candelero de cañones antiaéreos) | outriggers.
patas de araña (cojinetes) | oil-tracks.
patas de araña (máquinas) | grease channels.
patas de celosía inclinadas | canted lattice legs.
patas de extensión neumática | pneumatically extending legs.
patas de gallo (arrugas, cordaje de sujeción) | crow's foot.
patas de la cabria | gin cheek.
patas de muebles | furniture legs.
patas del eje delantero | front axle lugs.
patas deslizantes | sliding feet.
patas metálicas con revestimiento de nilón (sillones) | nylon-dipped metal legs.
patas niveladoras | leveling feet.
patas plegables | retractable legs.
patas plumosas (aves) | feathered feet.
patata | potato.
patata forrajera | fodder potato.
patatar | potato set.
patatar desinsectizado desde helicóptero | helicopter-sprayed potatoes area.
patatas de siembra | seed potatoes.
patatas deshidratadas | dehydrated potatoes.
patatas irradiadas | irradiated potatoes.
patatas que pueden guardarse mucho tiempo (sin que se pudran) | long-keeping potatoes.
patatas rizadas | escalloped potatoes.
patatocultor | potato grower.
patavinidad (término dialectal) | patavinity.
patear | tread (to).
pateca de una sola quijada | cheek block.
patela (botánica, zoología, arqueología) | patella.
pateliforme | knee-pan-shaped | pan-shaped.
patentabilidad | patentability.
patentado | patented | patentor | licensed | registered.
patentado (persona) | patentee.
patentar | patent (to) | take out a patent (to) | take a patent (to) | license (to).
patentar un invento | patent an invention (to).
patente | licence | licence (G.B.) | license (EE.UU.) | license | franchise | commission.
patente (botánica) | patent.
patente (privilegio de invención) | patent.
patente (pruebas) | striking.
patente caducada | expired patent.
patente de capitán de altura (navegación) | extra master's certificate.
patente de corso | commission.
patente de invención | patent | letters patent.
patente de maquinista (marina) | engineer's certificate.
patente de navegación | registry.
patente de práctico de puerto | branch.
patente del capitán (buques) | master's certificate.
patente en tramitación | patent pending | patent applied for.
patente limpia de sanidad | clean bill of health.
patente nacional | home patent.
patente original | basic patent.
patente pendiente | patent pending.
patente sanitaria | bill of health.
patente sucia de sanidad | foul bill of health.
paternidad dudosa | disputed parentage.
paternidad literaria | authorship.
patilla | pin | lug.
patilla (de gafas) | curl side | temple.
patilla compatible (circuitos integrados) | pin compatible.
patilla de base | base pin.
patillas de contacto | cat's whiskers.
patillas de la montura (gafas) | bows.
patillas de válvulas | base prongs.
patín | skid | runner | pan | collector-shoe.
patín (carriles) | flange.
patín (cola aviones) | skid.
patín (cruceta del pistón) | gib.
patín (de trineo) | hob | bob.
patín (del pantógrafo de electrolocomotora) | pan.
patín (máquinas alternativas de pistón) | slipper.
patín (motor de cruceta) | slide block.
patín (pistón) | shoe.
patín (trineo, aterrizador de avión) | runner.
patín (zapata - carriles) | foot.
patín de arco (aviación) | tail rotor guard.
patín de arrastre | grip slipper.
patín de aterrizaje (aviones) | landing skid.
patín de aterrizaje (planeadores) | central runner.
patín de cola (aviones) | tail skid.
patín de cola retráctil | retractable tail wheel.
patín de deslizamiento | rubbing piece.
patín de frenado (vagones) | skate.
patín de freno | brake slipper.
patín de hoja recurvada (para patinar) | rocker.
patín de la cruceta | crosshead shoe | crosshead gib.
patín de máquina | block.
patín de pantógrafo | pan.
patín de resorte | spring pad.
patín de ruedas (deportes) | roller skate.
patín del pantógrafo | pantograph pan.
patín interior | inner shoe.
patín plano | flat slipper.
pátina | patina.
pátina maligna (bronces antiguos) | malignant patina.
pátina ocrácea | ochreous patina.
pátina que se adhiere al bronce antiguo | aerugo.
patina verde manzana | apple green patina.
patinación | patination.
patinación lateal (autos) | sideslipping.
patinaje (ruedas) | slippage.

patinaje (ruedas autos) | spinning.
patinaje de la rueda | wheelspin.
patinaje de la rueda (locomotoras) | wheel slip.
patinamiento | slip.
patinamiento (de ruedas) | spin.
patinamiento (rueda de locomotora) | spinning.
patinar | slip (to) | slide (to) | skid (to) | patinize (to).
patinar (autos) | spin (to) | sideslip (to).
patinar (bronce, etc.) | patinate (to).
patinazo (automóviles) | sideslip.
patinazo (autos) | skid.
patinazo (ruedas autos) | skidding.
patinazo de la ruedas traseras | back wheel skid.
patinazo en tiempo húmedo (autos) | wet weather skid.
patines de la cruceta (máquina alternativa) | guide shoes.
patio | yard.
patio (arquitectura) | quadrangle.
patio (edificios) | patio.
patio con columnata | colonnaded court.
patio cricular para servicios (edificios) | service core.
patio de acopio de materiales | material yard.
patio de amalgamación (minería) | amalgamation court.
patio de cajas (funderías) | box yard.
patio de carga | loading yard.
patio de carga (estaciones) | freight yard.
patio de clasificación de chatarras | scrap marshalling yard.
patio de conexiones de centrales eléctricas | power switchyard.
patio de curado | curing-yard.
patio de descarga (ferrocarril) | delivery yard.
patio de doblado (armaduras de hormigón armado) | bending yard.
patio de expedición | forwarding yard.
patio de expediciones | despatch yard.
patio de limpieza de coches (ferrocarril) | coach-cleaning yard.
patio de limpieza de piezas (funderías) | fettling yard.
patio de limpieza de vagones (ferrocarril) | car-cleaning yard.
patio de recuperación de metales | metal recovery yard.
patio de retención (ferrocarriles) | hold yard.
patio de salida | advanced yard.
patio de salida (ferrocarril) | advance yard | departure yard.
patio de salida de mercancías (ferrocarril) | forwarding yard.
patio de tanques | tank farm.
patio interior | back yard.
patio para animales (mataderos) | lairage yard.
patio para el pretensado | prestressing bed.
patituerto | bowlegged.
pato hembra | duck.
pato marino | garrot.
pato silvestre | mallard.
patogenia del acero | steel pathogeny.
patogenicidad | pathogenicity.
patógeno | pathogen | disease producing | disease-causing.
patógrafo de una zapata | single-shoe pantograph.
patohistología | pathohistology.
patología (medicina) | pathology.
patología de las esctructuras | structures pathology.
patología de los accidentes aéreos | aircraft accident pathology.
patología del acero | steel pathology.
patología del aluminio | aluminum pathology.
patología del arrabio | cast-iron pathology.
patología del concreto | concrete pathology.
patología del hormigón | concrete pathology.
patología del hormigón armado | reinforced-concrete pathology.
patología del lenguaje | language pathology.
patología externa (medicina, metalurgia, etc) | external pathology.
patología forestal | forest pathology.
patología molecular | molecular pathology.
patología vegetal | plant pathology.
patología veterinaria | veterinary pathology.
patologías de curvas planas (geometría) | plane curve pathologies.
patológico | pathological.
patólogo | pathologist.
patólogo veterinario | veterinary pathologist.
patraña | fake.
patria potestad | patria potestas | paternal authority | parental authority.
patrilinealismo | patrilinealism.
patrimonial | demesne.
patrimonialidad | birth-right.
patrimonio | patrimony | proprietorship | property.
patrimonio arqueológico nacional | national treasures possessing archaeological value.
patrimonio artístico internacional | international artistical patrimony.
patrimonio común | common inheritance.
patrimonio cultural | heritage.
patrimonio de quiebra | bankrupt estate.
patrimonio estatal | crown lands.
patrimonio fideicomisario | trust estate.
patrimonio genético | gene pool.
patrimonio histórico nacional | national treasures possessing historic value.
patrimonio imponible | taxable estate.
patrimonio inmobiliario | real property holding.
patrimonio judicial | total assets.
patrimonio neto | equity | shareholders' funds.
patrimonio residual | residuary estate.
patrimonio sindical acumulado | accumulated syndical patrimony.
patrimonio sindical histórico | historical syndical patrimony.
patrimonio social | capital of a company | corporate capital.
patriolatría | patriolatry.
patrística (iglesia) | patrology.
patrocinado conjuntamente por | sponsored jointly by.
patrocinado por el Estado | government-sponsored | State-sponsored.
patrocinado por la empresa | company-pioneered.
patrocinador | protector | sponsor.
patrocinio | sponsorship.
patrología | patrology.
patrón | pattern | stencil | standard | mold (Estados Unidos) | model | mould (G.B.) | master | chief | templet | template.
patrón (bordado o tela) | device.
patrón (de embarcación) | shipmaster.
patrón (de medida) | gage (EE.UU.) | gauge (G.B.).
patrón (de peso o medida) | archetype.
patrón (de un bote) | coxswain.
patrón (instrumento) | reference.
patrón absoluto (metrología) | absolute standard.
patrón atómico de longitud | atomic standard of length.
patrón atómico de tiempo | atomic standard of time.
patrón bimetálico de acuñación restringida | limping standard.
patrón calibrador prototipo | primary calibrating standard.
patrón cambio-oro (sistema monetario) | gold exchange standard.
patrón cardioide | cardioid pattern.
patrón de bote | boat's coxswain.
patrón de buque de pesca (G.B.) | skipper.
patrón de capacidad eléctrica | electric capacity gage.
patrón de comprobación | calibrating standard | reference master gage.
patrón de conductividad del cobre | copper conductivity standard.
patrón de contenido de gases en aleaciones metálicas | gas-in-metal standard.
patrón de costura (costura) | pattern.
patrón de draga | dredge-master.
patrón de embarcación | waterman.
patrón de embarcación (EE.UU.) | skipper.
patrón de frecuencia | frequency gage | frequency standard.
patrón de frecuencia atómica | atomic frecuency standard.
patrón de frecuencia de haz atómico | atomic-beam frequency standard.
patrón de frecuencia por haz atómico | atomic beam frequency standard.
patrón de gabarra | bargemaster.
patrón de inductancia eléctrica | electric inductance gage.
patrón de longitud de onda | wave normal.
patrón de longitud en que la distancia se mide entre dos rayas grabadas sobre la barra | line standard.
patrón de longitud en que la distancia se mide entre los extremos de la barra | end standard.
patrón de luz | light standard.
patrón de luz con una temperatura del color de 2.848 °K | illuminant A.
patrón de luz con una temperatura del color de 4.800 °K | illuminant B.
patrón de luz con una temperatura del color de 6.500 °K | illuminant C.
patrón de medida | metre (G.B.) | meter (EE.UU.) | standard.
patrón de oro en pasta | gold bullion standard.
patrón de pesca (buques pesqueros) | fisherman boss.
patrón de precisión | accuracy master.
patrón de radiactividad | radioactivity standard.
patrón de radioactividad | radioactivity standard.
patrón de referencia | reference gage.
patrón de reflectancia | reflectance standard.
patrón de remolcador | tugmaster.
patrón de resistencia | resistance gage | resistance standard.
patrón de resolución | resolution chart.
patrón de sincronización | synchronization pattern.
patrón de velero | sailsman.
patrón espectrográfico de emisión | emission spectrographic standard.
patrón estacional típico (estadísticas) | typical seasonal pattern.
patrón fotométrico | luminator.
patrón horario | time standard.
patrón industrial | commercial standard.
patrón monetario | standard of coin | monetary standard.
patrón neutrónico | neutronic-standard.
patrón oro | gold standard.
patrón oro internacional | international gold standard.
patrón para curvas | curve gage.
patrón para duplicación | stencil.
patrón primario | primary standard.
patrón prototipo (medidas) | prototype standard.
patrón prototipo (metrología) | primary standard.
patrón secundario de masa | dead-weight | dead mass.
patronato | board of trustees | trustee | committee of patronage | foundation | board of governors.
patronazgo | sponsorship.
patrones de color | color standars | color standards.
patrones de color pareados ópticamente | optically matched color standards.
patrones de tipos de roturas (metalurgia) | fracture standards.
patrones monetarios | monetary standards.
patrones químicamente puros (metales, sales

y óxidos) | H. S. substances.
patrono | gaffer | occupier | protector | master | employer | employer of labour.
patrulla | party | patrol.
patrulla (formación-de aviones) | flight.
patrulla antisubmarinos | antisub patrol.
patrulla contraincendios de bosques | forestry fire-fighting patrol.
patrulla de enlace | visiting patrol | contact patrol.
patrulla de exploración (ejército) | reconnaissance party.
patrulla de oleoductos (averías) | pipeline patrol.
patrulla de seguridad | security patrol.
patrulla de seguridad en los espacios de maquinaria (buque con maquinaria parada) | cold iron watch.
patrulla encargada de descubrir incendios (bosques) | fire patrol.
patrulla motorizada | motor patrol.
patrulla que se desplaza más o menos constantemente | standing patrol.
patrulladora de entretenimiento (carreteras) | patrol.
patrullar | patrol (to).
patrullero | patrol man.
patrullero antisubmarinos | submarine scout | blimp.
patrullero contra buques posadores de minas | anti-E-boat patrol.
pau rosa (Rhamnus zeyheri) | red ivory wood | umnini | umgoloti.
paucifloro | few-flowered.
paucifolio | few-leaved.
pauciloquia | pauciloquy.
paulopostiano (petrología) | paulopost | penecontemporaneous.
pauperización | pauperization.
pauperización progresiva | progressive pauperization.
pausa | pause | standstill | stand | respite | wait | break | stop | stoppage.
pausa (música) | bar's rest | staff.
pausa de corchea (música) | quaver rest.
pausa de identificación de emisora | station break.
pausa de negra (música) | crotchet rest.
pausa de redonda (música) | semibreve rest.
pausa de transmisión | transmit standby.
pausa inversa | reverse break.
pausado (música) | sustained.
pause mínima | minimum pause.
pausterizador para cerveza | beer pasteurizer.
pauta | key | standard | model.
pauta (música) | stave.
pauta cuadriculada | checkboard pattern.
pauta de colores | color guide.
pauta de ventas | sales pattern.
pauta meteorológica | weather pattern.
pavesas | embers | flaky ashes.
pavidez | fearfulness.
pávido | fearful.
pavimentación | paving.
pavimentación asfáltica | asphalt paving.
pavimentación con mezcla de cemento con el suelo natural | soil-cement paving.
pavimentador | floor layer | blocklayer | paver | pavior.
pavimentadora de encofrado deslizante | guided slipform paver.
pavimentadora de encofrado deslizante guiada electrónicamente (carreteras) | electronically guided slipform paver.
pavimentadora para asfalto | bituminous paver.
pavimentadora para hormigón | concrete paver.
pavimentadora para la colocación de la capa de rodadura | retread paver.
pavimentar | pave (to) | floor (to).
pavimentar (calles) | cube (to).
pavimentar de nuevo | repaving.
pavimento | paving | pavement | floor.
pavimento bitulítico | bitulithic pavement.
pavimento bituminoso | bituminous pavement.
pavimento bituminoso de autopista | bituminous motorway paving.
pavimento bituminoso que rezuma por el calor | bleeding pavement.
pavimento con cemento asfáltico | vulcanite pavement.
pavimento con resaltos alisados | bump cut pavement.
pavimento continuo | sheet pavement | jointless flooring.
pavimento de aeródromo militar | military airfield pavement.
pavimento de aeropuerto | airfield pavement.
pavimento de asfalto | sheet pavement | asphalt pavement.
pavimento de cantos rodados | cobble paving.
pavimento de cemento | cementitious pavement.
pavimento de hormigón | concrete paving.
pavimento de hormigón asfáltico | asphaltic concrete pavement.
pavimento de la pista de despegue | runway pavement.
pavimento de ladrillos | brick paving.
pavimento de losas irregulares de distintos tamaños | crazy paving.
pavimento de losetas | tiling.
pavimento de lositas de madera dura en forma de mosaico | mosaic-parquet hardwood slat flooring.
pavimento de morrillo | pebble paving.
pavimento de morrillos | boulder paving.
pavimento de refuerzo | overlay pavement.
pavimento de resina epoxídica | epoxy flooring.
pavimento de riego asfáltico | penetration pavement.
pavimento de tablones | plank floor.
pavimento de una capa | one-course pavement.
pavimento del hangar | hangar floor.
pavimento encachado | sett paving.
pavimento flexible | flexible pavement.
pavimento monolítico | jointless flooring.
pavimento para cargas pesadas | heavy-duty pavement.
pavimento para tráfico intenso | heavy-duty pavement | heavy traffic flooring.
pavimento para tránsito intenso | high-traffic flooring.
pavimento rígido | rigid pavement.
pavimiento industrial de gran tráfico | heavy-duty industrial flooring.
pavipollo | turkey poult.
pavo congelado | deep-frozen turkey.
pavo real ruante (heráldica) | peacock spreading its tail.
pavonado | bluing | blued.
pavonado (pólvoras) | glazing.
pavonado en azul | blueing.
pavonado pardo | browning.
pavonador | blueing tool | glowing tool.
pavonar | blue (to) | brown (to).
pavonar (pólvoras) | glaze (to).
pavonazo | pavonazzo.
pavonazo (arquitectura) | pavonazetto.
pavorosidad | fearfulness.
paxilado (botánica, geología) | paxillose.
paxiloso (botánica, geología) | paxillose.
peaje | pike | peage | road toll | toll | transit toll.
peaje (carreteras) | toll.
peaje de esclusa | lockage.
peaje de paso (ríos) | ferriage.
peaje del puente | bridge-toll.
peajero | pikeman | toll collector.
peana | bracket | pedestal.
peana (marco de ventana) | sill | cill.
peatón | pedestrian.
peatonizado | for pedestrian only.
peca de seguro | it errs on the side of safety.
pecblenda (óxido de uranio) | pitchblende.
peces de estanques | pond fishes.
peces exóticos | exotic fishes.
peces para la alimentación | food fishes.
peces que viven en el fondo | demersal fish.
pecilítico (petrografía) | poecilitic.
pecio | flotage.
pecio (marina) | wreckage.
pecio (objetos sumergidos atados a una boya) | ligan.
peciolo (botánica) | shank | stalk.
peciolo de hoja espatulada (botánica) | haft.
pecoso | freckled.
pectinado | comby | comb-like.
pectinado (pectiniforme - zoología) | comb-shaped.
pectiniforme | comb-like.
pectización | pectization.
pectólisis | pectolysis.
pectoral de cartonaje | cartonnage pectoral.
peculador | peculator.
peculio | private means.
peculio adventicio | adventia bona.
pechblenda | pitchblende | pitch ore | pechblende.
pechera | front.
pechina | panache.
pechina (arquitectura) | pendentive | squinch.
pecho | chest | breast.
pecho (caballos) | counter.
pedagogía | teaching | education.
pedagogía idiomática | idiomatic pedagogy.
pedagogía músical | musical pedagogy.
pedagógico | professorial.
pedagogo | educationalist.
pedal | treadle | pedal | foot treadle | foot-lever | footboard.
pedal (bicicleta) | crank gear.
pedal (música) | pedal | organ-point.
pedal (telar) | treadle.
pedal celeste (órganos) | soft pedal.
pedal conmutador de luces de cruce | dimmer pedal | antidazzle switch pedal.
pedal de acoplo (órganos) | coupler.
pedal de alimentación | feed pedal.
pedal de combinaciones | composition pedal.
pedal de control del rotor de cola (helicóptero) | tail rotor pedal.
pedal de dientes (bicicleta) | rat-trap pedal.
pedal de dirección | rudder bar.
pedal de disparo | firing pedal.
pedal de expresión (órganos) | swell.
pedal de freno | brake pedal.
pedal de gobierno del timón | rudder bar.
pedal de luces de cruce (autos) | dip-switch pedal.
pedal de mando de gases (autos) | gas-control pedal.
pedal de parada | stop pedal.
pedal del acelerador | accelerator pedal.
pedal del embrague | clutch pedal.
pedal del freno (autos) | service brake.
pedal interruptor neumático | pneumatic footswitch.
pedales de gobierno del timón de dirección (aviones) | rudder pedals.
pedalférico | pedalferic.
pedalfero (suelos) | pedalfer.
pedarquía | paedarchy.
pedazo | section | shred | mammock | piece | fragment | slip | cantle | cut.
pedazo corto y grueso | chunk.
pedazo de acero al manganeso desprendido de la cuchara de la pala y mezclado con mineral arrancado | tramp iron.
pedazo de cabo o cable unido a otro más resistente con objeto de que se rompa aquel primero | parting strap.
pedazo de chapa soldada o remachada a una pieza | pad.
pedazo de escoria (G.B.) | dander.
pedazo de ladrillo | brickbat.
pedazo de mantequilla moldeada | butter print.
pedazo de mineral muy rico en oro (minería) | specimen.
pedazo de roca sólida arrancada del basamen-

to subvolcánico | accidental block.
pedazo de tela metálica aplanado y con las puntas selladas para que no se deshilache | sealedged wire cloth.
pedazo delgado de relleno | dutchman.
pedazo grande (de pan, etc.) | chunk.
pedazo grande de carbón | cob.
pedazo grueso (zoquete - de madera) | chunk.
pedazo pequeño de hielo de mar | bit.
pedazos de arroz | binlid.
pedazos de menor tamaño que pasan por la criba de clasificación | cripples.
pedazos de metal embebidos en la masa metálica (alambre de cobre) | spill.
pedazos de vidrio fracturado | cullet.
pedazos sueltos de hielo de 1 a 4 metros de diámetro (mares) | pan.
pedernal | flint stone | flint | silex | chert | fire-stone.
pedestal | pad | tower | base | shoe | foot | pedestal | shelf | footing | stand | bracket | carriage | floor-base.
pedestal (botánica) | pedestal.
pedestal ataludado | battered pedestal.
pedestal con caras inclinadas | battered pedestal.
pedestal de cimentación de un turbogenerador | turbogenerator pedestal.
pedestal de control en la cabina (áeronaves) | cockpit control pedestal.
pedestal de controles | control pedestal.
pedestal de cuna | cradle-type pedestal.
pedestal de chumacera | bearing pedestal.
pedestal de maniobra | operating stand.
pedestal de oscilación (apoyo vigas de puente) | rocker.
pedestal de toma de aire para neumáticos (estaciones de gasolina) | air tower.
pedestal para el lanzamiento (misiles) | launch pad.
pedestal sujetador | gripping pedestal.
pediatar | tie the legs (to).
pediatra | pediatrician.
pediatra (G.B.) | paediatrician.
pediatría | paediatrics | pediatrics.
pedida de información | overrun.
pedido | order.
pedido a un exportador sin determinar proveedor | open indent.
pedido abierto (cuyo alcance original puede continuar ampliándose dentro de los términos convenidos) | blanket order.
pedido al contado | cash order.
pedido anulado | give-up order.
pedido cancelado | give-up order.
pedido compensatorio | offset order.
pedido con exceso | overordered.
pedido confirmatorio | confirmatory order.
pedido de confirmación | confirmation order.
pedido de continuación (anuarios) | standing order.
pedido de dimensiones óptimas | optimum size lot.
pedido de exportación | export order.
pedido de importación | import order.
pedido de materiales | ordering of materials.
pedido de muestra | trial order | sample order.
pedido de prueba | trial order.
pedido de reposición | replenishment requisition.
pedido del contratista principal a un proveedor (contratos de obras) | suborder.
pedido directo | direct order.
pedido directo a fábrica | Do order.
pedido en ejecución | orders in hand.
pedido en firme | firm order | positive order | definite order.
pedido especificando el fabricante | closed indent.
pedido fuerte | big order.
pedido hecho por correo | mail-order.
pedido hecho según las especificaciones del comprador | making order.
pedido individual | individual order.
pedido inicial | opening order | first order.
pedido no despachado | unfilled order.
pedido no entregado | unfulfilled order.
pedido no preferente | unrated order.
pedido no servido en parte | back order.
pedido nuevo | fresh order.
pedido pendiente | standing order | outstanding order.
pedido por correo | ordering by mail.
pedido preferente | rated order.
pedido preliminar | advance order.
pedido recibido | order received.
pedido repetido | repeat order.
pedido sin compromiso | no-risk order.
pedido suplementario | repeat order.
pedido urgente | rush order.
pedido verbal (comercio) | oral order.
pedidos de máquinas complicadas que se hacen para que las fábricas siempre estén preparadas en personal y maquinaria | educational orders.
pedidos de pequeña importancia a nuevos fabricantes para que vayan poniendo a punto la fabricación de una cosa | educational orders.
pedidos en cartera | orders in hand.
pedidos englobados | lumped orders.
pedidos no cumplidos | backlog.
pedidos para la defensa | defense orders.
pedidos periódicos | periodic ordering.
pedidos por servir | backlog.
pedidos regulares | periodic ordering.
pedidos ulteriores | further orders.
pedimentación (geología) | pedimentation.
pedimento (acantilados) | rock fan.
pedimento (puertas) | overdoor.
pedimento sobre un pórtico (arquitectura) | fastigium.
pedimiento | motion.
pedio (zoología) | pedal.
pedión | pedion.
pedión (cristalografía) | hemidome.
pedipulación | pedipulation.
pedipulador | pedipulator.
pedipular | pedipulate (to).
pedir | request (to) | requisition (to).
pedir (mercancías) | order (to).
pedir asilo político | ask for political asylum (to).
pedir en garantía | vouch (to).
pedir identificación | challenge (to).
pedir informaciones | make inquiries (to).
pedir la revisión de un proceso | demand a retrial (to).
pedir mercancías | order goods (to).
pedir ofertas | invite tenders (to).
pedir prestado | borrow from (to).
pedir un aumento de sueldo | ask for a raise (to).
pedir una intervención | request control (to).
pedobautismo | paedobaptism.
pedobiología | pedobiology.
pedocal (suelo calcáreo) | pedocal.
pedocálcico | pedocalcic.
pedodoncia | paedodontia.
pedogénesis | soil formation | soil genesis.
pedogénesis (formación y desarrollo del suelo-geología) | pedogenesis.
pedogénesis (reproducción en estadios jóvenes o larvales-biología) | paedogenesis.
pedogenético | soil-forming.
pedogeobotánico | pedogeobotanic.
pedogeoquímica | pedogeochemistry.
pedogeoquímico | pedogeochemical.
pedógrafo | pedograph.
pedología | paedology | soil science | earth science.
pedología (ciencia del suelo) | pedology.
pedología (medicina) | pedology.
pedología forestal | forest soil science | forestry pedology.
pedológico | pedological.
pedologista | pedologist.
pedólogo | earth scientist.
pedólogo (de suelos) | pedologist.
pedometrista | pedometrist.
pedómetro | pedometer.
pedomotor | pedomotor.
pedomotriz | pedomotive.
pedonímico | paedonymic.
pedósfera | pedosphere.
pedosicólogo | paedopsychologist.
pedotrofia | paedotrophy.
pedraplén | stone mound | riprap | rockwork | rockfill.
pedraplenar | riprap (to).
pedregal | stonebrash | bouldery ground.
pedregosidad | stoniness.
pedregosidad del suelo | soil stoniness.
pedregoso | flinty | rocky.
pedregoso (terrenos) | gravel.
pedrera | stone pit.
pedrería | gemmery.
pedrisco | hail | hailstorm.
pedúnculo | stem.
pedúnculo (botánica) | stalk.
peforar en seco | dry drill (to).
pega (barrenos) | shotfiring.
pega (de barrenos) | blast-firing.
pega (de los barrenos) | spitting.
pega (de los barrenos - minas) | shooting.
pega (de un barreno) | firing.
pega (minas) | volley.
pega (minería) | blasting.
pega (serie de barrenos para cada voladura) | drill round.
pega (voladuras) | round.
pega de barrenos (canteras, minas) | shotfiring.
pega de barrenos (minería) | round of shots.
pega de barrenos de 8 a 10 metros de profundidad rellenos con agua (minas carbón) | pulsed infusion shotfiring.
pega de multibarrenos (minería) | multishot firing.
pega de varios barrenos en secuencia | delay firing.
pega eléctrica (de barrenos) | electric blasting.
pega por rotación (voladuras rocas) | rotation firing.
pega simultánea (barrenos) | volley firing | volley blasting | volley shooting.
pegada (válvulas motores, aros pistón) | stuck.
pegadizo | attachable.
pegado | attached.
pegado (pistones) | gummed.
pegado (tipografía) | baked.
pegado con adhesivo | adhesive bonded.
pegado por el óxido | rust-bound.
pegado por el óxido (tuercas, etc.) | rust-frozen.
pegador (el que da fuego a los barrenos) | shooter.
pegador (minas) | blaster.
pegadora | splicer.
pegadora de esquinas de cajas | box stayer.
pegadura | stick | freezing.
pegadura (de un pistón con el cilindro) | gumming.
pegadura de los aros (pistones) | ring sticking.
pegadura de los aros del pistón al cilindro | piston-ring sticking.
pegadura del aro al pistón | ring's sticking.
pegadura del lingote (al fondo de la lingotera) | ingot sticking.
pegajosidad | tackiness | clinginess | viscidity | stickiness | gumminess.
pegajosidad (barnices, pinturas) | tack.
pegajoso | sticky | slimy | viscous | limy | fitchery | tenacious | clammy | viscid | tacky | adherent | adhesive.
pegamento | lute.
pegamento con adhesivo orgánico | resin bonding.
pegamento para pegar tejidos (cirugía) | tissue adhesive.
pegar | stick (to) | glue (to) | bond (to).

pegar (barrenos) | shoot (to).
pegar (carteles) | post (to).
pegar anuncios sobre la pared | fly-post (to).
pegar carteles | post bills (to).
pegar con cola | glue (to).
pegar con goma | gum (to).
pegar con solución de caucho | solution (to).
pegar fuego | ignite (to).
pegargo común (Haliaëtus albicilla) | white-tailed eagle.
pegarse | adhere (to) | cling (to) | attach (to).
pegarse a las paredes del cilindro (pistones) | gum (to) | gum up (to).
pegatina | sticker.
pegmatita | giant granite.
pegmatita (mineralogía) | pegmatite.
pegmatita gráfica | runite.
pegmatitoide | pegmatitoid.
pegmatización | pegmatization.
pegoestilito | pegostylite.
pegote | coarse patch.
pegote (alto horno) | hanging.
pegote frío (colgadura fría - alto horno) | cold scaffold.
pegotes (desprendimiento del revestimiento interior formando enormes bolsones - alto horno) | scaffold.
pegotes en anillo (alto horno) | ring | ring scaffold.
pegunta (sobre las ovejas) | pitch mark.
peguntar (ovejas) | mark with pitch (to).
peinado | combed.
peinado (borra de seda) | dressing.
peinado (cardadura - textiles) | combing.
peinado (de la estopa) | picking.
peinado (roscado - en el torno) | chasing.
peinado (tejidos) | combed material.
peinado (textiles) | combed.
peinado a mano | hand-hackled.
peinado a máquina | machine-hackled.
peinado cardante (tejidos) | napping.
peinado de lana pura | worsted.
peinado del cáñamo | hemp hackling.
peinado del lino | flax hackling.
peinado del yute | jute hackling.
peinado dos veces (textiles) | double-combed.
peinado en el gill (lana peinada) | gilling.
peinado en fino | fine-hackled.
peinado en grueso | coarse-hackled.
peinado mecánico | machine hackling.
peinado por cuenta de tercero | commission combing.
peinado rectilíneo del algodón | rectilinear cotton combing.
peinador (obrero) | comber.
peinador de algodón (obrero) | cotton comber.
peinador de lino (obrero) | flax hackler.
peinador de máquina (obrero) | combing-machine tenter.
peinador en grueso | rougher.
peinador o peinadora (obrero) | comb hand.
peinador o peinadora (operario tejeduría) | comb tenter.
peinadora circular | circular comber.
peinadora en basto (lino) | ruffer.
peinadora Lister | nip comb.
peinadora mecánica | comber.
peinadora mecanica (cardadora mecánica - tejeduría) | combing machine.
peinadora mecánica para lino | flax hackler.
peinadora para algodón | cotton comber.
peinadora rectilínea (seda) | rectilinear dressing machine.
peinados mixtos | blended worsted.
peinaje de lana | wool combing.
peinar | comb (to).
peinar (cáñamo, etc.) | hatchel (to).
peinar (lino, cáñamo, lana) | gill (to).
peinar a mano | hand hackle (to).
peinar el cáñamo | hackle the hemp (to).
peinar en basto (lino) | ruff (to).
peinazo (puertas) | rail | ledge.
peinazo alto (puertas) | frieze rail.
peinazo central (puertas) | middle rail.
peinazo de cerradura (puertas) | lock rail.
peinazo inferior (puertas) | bottom rail.
peinazo intermedio (puertas) | crossrail.
peine | comb.
peine (cargador de fusil) | clip.
peine (del telar) | sley | slay.
peine (para cáñamo) | hatchel.
peine (para cáñamo o lino) | gill 11.
peine (para cartuchos) | cartridge clip.
peine (peinadora de estambre) | pin bar.
peine (trefilería) | sinker.
peine (urdidor) | reed.
peine aclarador para plegar urdimbre | beaming wraith.
peine circular | comber cylinder | circular comb.
peine con dientes de latón | brass dent reed.
peine de agujas | needle comb.
peine de cardar | carding comb.
peine de carga (peinado a mano) | holding comb.
peine de cojinete de roscar | die land.
peine de cruces (urdido) | leasing reed | lease reed.
peine de dado de roscar | die land.
peine de decorador | graining-comb.
peine de doble campo de agujas (lana) | gill intersecting.
peine de encoladora (tejeduría) | wraithe.
peine de encolar de expansión positiva | positive expansion slasher comb.
peine de encruzamiento | crossing reed.
peine de encruzamiento (urdido) | lease reed | leasing reed.
peine de enjablar | croze iron.
peine de entrecruce (gill) | intersecting faller.
peine de ganchos | hook reed.
peine de guía | guide comb.
peine de inversión | drop-reed.
peine de paso (urdido) | lease reed.
peine de pintor | graining-comb.
peine de retroceso (máquina roscar) | receding die land.
peine de roscar | die chaser | screw tool | screw chaser | comb.
peine de roscar (tornos) | chasing tool.
peine de roscar con dientes hechos con macho maestro | hobbed chaser.
peine de roscar tangencial | tangential chaser.
peine de tejedor | weaver's comb.
peine de varillas (tejeduría) | gill.
peine desborrador con movimiento de retroceso | receding stripping comb.
peine descargador (abridoras) | stripper comb.
peine descargador (cardas) | doffing comb | vibrating comb.
peine descargador de estopa (rastrilladoras) | tow catcher.
peine descargador de la borra | noil stripping comb.
peine descargador de los chapones | flat comb.
peine desplazable | fly reed.
peine distribuidor (tejeduría) | ravel | dividing comb.
peine distribuidor (urdidores) | raddle.
peine divergente | divergence reed.
peine embreado (tejeduría) | pitch band reed.
peine en grueso | coarse hackle | long rougher | keg.
peine en grueso (textiles) | long ruffer.
peine extensible | expanding reed.
peine extensible (textil) | wraithe.
peine extensible (urdidores) | raddle.
peine fijo (peinado a mano) | holding comb.
peine gill (lana peinada) | gill-bar.
peine guía (telares) | guide reed.
peine guía (urdido) | leasing hake | leasing heck.
peine hembra de roscar | inside chaser | inside screw tool.
peine igualador | evener comb.
peine igualador oscilante | oscillating evener comb.
peine macho (para roscar) | outside chaser.
peine menguador | narrowing finger.
peine móvil | fly reed.
peine móvil (telar) | yielding reed.
peine móvil (urdidor de conos) | wraithe.
peine para cardar | nap-raising comb.
peine para cartuchos (de fusil) | magazine.
peine para lino | flax comb.
peine para roscar (machos o tornillos) | chaser.
peine para telares | loom comb.
peine recogedor | collecting comb.
peine repartidor (tejeduría) | ravel.
peine roscador con dientes hechos con macho | tapped chaser.
peine roscador de abertura | retractable chaser.
peine y carda | reed and comb.
peine-rastrillo | heavy dent comb.
peines (herramientas de torno) | back tools.
peines para encuadernar | binding strips.
peineta | comb.
peineta de proa (buques) | bow chock plate | apron plate.
peineta de proa (buques acero) | spirketting plate.
peiroglifo | peiroglyph.
pejesapo | goosefish.
pelable | peelable.
peladero (de cueros lanares) | pullery.
pelado | stripped.
pelado (montes) | bald.
pelado al vapor (patatas, tomates) | steam-peeled.
pelador | peeler.
pelador (forestal) | rosser.
peladora (patatas, tomates, etc.) | peeler.
peladora de patatas | potato peeler.
peladora por chorro de aire caliente (tomates, etc.) | hot-air-blast peeler.
peladura | peeling.
peladura (telas) | peeling.
peladura del revestimiento (electroplastia) | peeling.
pelágico | free-swimming.
pelágico (fauna) | oceanic.
pelagita | pelagite.
pelaje (aminales) | coat.
pelaje (animales) | jacket.
pelambre (curtición) | lime liquor.
pelambrero (de pieles) | limer.
pelar | hull (to) | husk (to) | peel (to) | shell (to) | pull (to) | scale (to) | peel (to) | skin (to).
pelar (fruta) | pare (to).
pelar (patatas, etc.) | pare (to).
pelar (pieles) | depilate (to).
pelar con lejía (patatas, tomates) | lye-peeling.
pelarse | scale off (to).
pelarse (piel) | peel off (to).
peldaño | stair | rundle.
peldaño (de escala) | rung.
peldaño (de escalera) | spoke | step.
peldaño de carruaje | footplate.
peldaño de escala | dog.
peldaño de escalera de mano | rime.
peldaño de piedra artificial | artificial stone step.
peldaño de vuelta (escaleras) | angular step.
pelea general | dogfight.
pelear | engage (to).
pelear con | meet (to).
pelecípodo | bivalve.
peletería | fur trade | furriery | fur-making.
peletero | skinner | fur-dresser | fellmonger.
peletero (comerciante en pieles) | furrier.
pelícano | pelican.
película | moving picture | movie | skin | pellicle.
película (capa delgada) | film.
película aceitosa (sobre el agua) | sleek.
película anódica anodic film.
película anódica teñida | dyed anodic film.
película antirreflectora (óptica) | bloom.
película aporosa de cromo | nonporous chromate film.
película autocroma | alticolor | mosaic screen film.

película bacterial | bacterial film.
película base | base film.
película captadora | film pickup.
película colada (plásticos) | cast film.
película con registro de sonido | sound film.
película con relieve | embossed film.
película contaminadora | contaminating film.
película contra la reflexión | antireflection film.
película daltónica | color blind film.
película de aceite para evitar la formación de niebla de ácido durante la carga (acumuladores) | antispray film.
película de aire | air film.
película de cine sensible a los rayos infrarrojos | infrared-sensitive motion picture film.
película de color sensible a los rayos infrarrojos | camouflage detection film.
película de doble capa sensible | sandwich film.
película de doble emulsión | duplitized film.
película de dos capas | bipack.
película de fósforo depositado químicamente | chemically deposited phosphor film.
película de grano fino de alto contraste | high-contrast fine-grain film.
película de infrarrojos | infrared film.
película de instrucción | training film.
película de metal entre dos partes contiguas (de un molde) | flash.
película de metal que queda después de verter el metal fundido (cuchara de colada) | skull.
película de níquel colocada en vacío parcial | vacuum-coated nickel film.
película de nitruro de silicio | silicon nitride film.
película de óxido | oxide film.
película de óxido de tantalio | tantalum-oxide film.
película de óxido de tántalo por crecimiento anódico | anodically-grown tantalum-oxide film.
película de óxido reducido | reduced-oxide film.
película de plástico | pellicle.
película de poliester | polyester film.
película de poliester revestida con una sustancia que proporciona agarre o traba | key-coated polyester film.
película de poliéster vacuoaluminizado | vacuum-aluminized polyester film.
película de polímero | polymer film.
película de un aleante que rodea los cristales de otro aleante (aleaciones) | boundary film.
película de 1000 angstroms de espesor | film of 1000Å thick.
película delgada de líquido | thin-liquid film.
película delgada de material cerámico-metal | cermet thin film.
película delgada de metal imperfectamente unida a la superficie (aceros) | shell.
película delgada de oro | gold thin film.
película delgada magnética | thin film.
película delgada superconductora | superconducting thin film.
película depositada por evaporación | evaporated film.
película dieléctrica anodizada | anodized dielectric film.
película dieléctrica evaporada | evaporated dielectric film.
película dosimétrica | dosemeter film | film badge.
película educativa | educational filmstrip.
película en bobina (fotografía) | roll film.
película en carrete (fotografía) | roll film.
película en positivo directo | right-reading film positive.
película en rollo (fotografía) | roll film.
película epitaxial (transistores) | epitaxial film.
película estratificada (plásticos) | laminated film.
película fina depositada | thin film.
película fluida cuneiforme | fluid wedge-shaped film.
película fotoabsorbente | light-absorbent film.
película fotocroma | colorfilm.
película fotocrómica | photochromical film.
película fotográfica no impresionada (cine) | stock.
película fotosensible | light-sensitive film.
película gaseosa | gas film.
película gruesa | thick film.
película impermeable para evitar la absorción de humedad por un cuerpo aislante | vapor barrier.
película inerte | passive film.
película intensificadora de la reflectancia | reflectance-increasing film.
película litográfica alimentada por rodillo | roll-fed lithographic film.
película magnética delgada | magnetic thin film.
película microbiana | microbial film.
película microporosa | microporous film.
película mineralizada (proceso de flotación) | mineralized film.
película monocristalina | single crystal film.
película monomolecular | monomolecular film | monolayer film.
película monomolecular de alcohol de cadena larga | long-chain alcohol monomolecular film.
película múda | silent film.
película muy fina evaporada | evaporated thin film.
película Mylar | Mylar film.
película oleosa (en el agua) | slick.
película ortocromática de gran contraste | high-contrast orthochromatic film.
película pancromática | panchromatic film.
película para enmascarado (imprenta) | photo-masking film.
película para radiofotografía | fluorographic film.
película para toma de vistas nocturnas | night film.
película pasiva | passive film.
película pasivante | pasivating film.
película plástica con un sistema de hilos superpuestos (antenas para cosmonaves) | wire film.
película prensada entre dos superficies (lubricación cojinetes) | squeeze film.
película pretramada | autoscreen film.
película rápida (fotografía) | high film.
película reductora de la evaporación | evaporation suppressing film.
película rígida (fotografía) | cut film.
película semiconductora heteroepitaxial | heteroepitaxial semiconductor film.
película sin pantalla | nonscreen film.
película sin poros | pin-hole-free.
película sobre una superficie metálica producida por la acción del calor | firecoat.
película solidificada próxima a la paredes de la lingotera | skull.
película sonora | sound film.
película subexpuesta | underexposed film.
película superconductora obtenida por evaporación | evaporated superconducting film.
película superficial impermeable | impervious surface film.
película unimolecular | monomolecular film.
película virgen (cine) | raw stock | stock.
película-barrera debida a productos de corrosión inertes (corrosión) | barrier-film.
peliculación (formación de una película metálica de escamas en el vehículo de la pintura) | leafing.
peliculado | filmy.
pelicular | film (to) | filmy | pellicular.
películas | movies.
películas pardo-amarillentas depositadas por minerales arcillosos | clay stains.
peliculígeno | film-forming.
peliculización (de ánodo, etcétera) | filming.
peliculización del ánodo | filming of the anode.
peliculizado | filmy.
peliculizarse | film (to).
peligotita | peligotite.
peligro | jeopardy | hazard | danger | MAYDAY | emergency.
peligro biológico | biohazard.
peligro de acuaplaneo (pistas de aeropuertos) | aquaplaning hazard.
peligro de colisión aérea | airmiss.
peligro de chocar con hielos flotantes (buques) | ice hazard.
peligro de deslizamiento | aquaplaning hazard.
peligro de gas | danger of gas.
peligro de radiación | radiation hazard.
peligro inminente | impeding danger | close call.
peligro latente (trampa) | pitfall.
peligro para la navegación | menace to navigation.
peligros biológicos de las microondas | biological microwave hazards.
peligros de irradiación para los obreros | employee radiation hazards.
peligros de las irradiaciones (de cuerpos radioactivos) | radiation hazards.
peligros del manejo de sales de cianuro | cyanide hazards.
peligros del mar (seguro) | perils of the sea.
peligros radiológicos | radiological hazards.
peligrosidad | dangerousness | hazardousness.
peligroso | dangerous | risky | hazardous | unsafe.
pelita | clay rock.
pelmanismo | pelmanism.
pelmecrita | pelmecrite.
pelo | hair.
pelo (alfombras, telas) | pile.
pelo (de camello, etc.) | pile.
pelo (defectos de tipos, clisés) | burr.
pelo (defectos metales) | air hole.
pelo (paja-piezas fundidas) | flaw.
pelo (piezas fundidas) | hair crack.
pelo (telas) | nap.
pelo a pelo | even-handed exchange.
pelo canijo | kemp.
pelo de cabra | goat's hair.
pelo de cabra de Angora | mohair.
pelo de cabra de Cachemira | cashmere hair.
pelo de camello | mohair.
pelo de manta | blanket pile.
pelo de óxido metálico (metalurgia) | whisker.
pelo de seda | single.
pelo espiral (relojes) | spiral hair spring.
pelo ganchudo (botánica) | hooked hair.
pelo largo (algodón, fibras) | long staple.
pelo protector (fibras textiles) | binder.
pelo protector (lana) | binding hair.
pelo punzante (botánica) | stimulus.
pelo rojo | foxy hair.
pelo suplementario (tejidos) | extra pile.
pelo táctil que transmite estímulos al tejido sensitivo (botánica) | stimulator.
pelo táctil que transmite estímulos sensitivos (botánica) | simulator.
pelo vegetal | plant hair.
peloros | dumb compass.
pelos (fibras de animales que no sean ovinos) | hair fibers.
pelos de semillas | seed hairs.
pelos frontorbitarios (zoología) | front-orbital bristles.
pelos que detienen los insectos visitadores (botánica) | eel-trap hairs.
pelota | ball.
pelota a toda velocidad | full-pitched ball.
pelote | goat's hair.
pelote para rehenchir muebles | wad.
peloteo de letras (comercio) | collusion.
pelotero (operario tejeduría) | ball winder.
pelotilla | pellet.
pelotón | party | lump.
pelotón (milicia) | platoon.
pelotón de ejecución | firing party | firing squad.
pelotón de fusilamiento | firing squad.
pelotón de los torpes | awkward squad.
pelotón de pieza (artillería) | manning detail.
pelotón de policías | platoon of policemen.
pelotón de salvas | firing party.

pelotón de tendido de alambrada | wiring party.
peltógeno | peltogen.
peltre | latten ware.
peltrería | pewtercraft.
pelucidad | pellucidity.
peluche | peluche | plush.
peludo | bushy.
peludo (defecto telas) | fuzzy.
peludo (hilo, fibra) | fluffy.
peludo (telas) | napped.
pelusa | flue.
pelusa (frutas, papel) | fuzz.
pelusa (plantas) | nap.
pelusa (telas) | ooze.
pelusa de fichas | card fluff.
pelusa del cuero | leather dust.
pelusa del fruto | fruit hair.
pelusa metálica | metal whiskers.
pelusilla | flock | floss.
pelusilla (frutas y hojas) | bloom.
pelusilla del papel | paper fluff.
pelviforme | basin-shaped.
pelvis (anatomía) | basin.
pelvis del riñón | calyx.
pella | silver amalgam | pellet.
pella (Chile) | pellet.
pella de mantequilla | butter-pat.
pella natural | native amalgam.
pellejo | peel | pelt | hide.
pellejo (para vino, aceite, etc.) | leather bottle | skin.
pellejo ovino | sheepsking.
pellejo para vino | wineskin | winebag.
pellejos salados | brined hides.
pellizcar | pinch (to).
pellizco | pinching.
pena | penalty.
pena capital | extreme penalty | capital punishment.
pena contractual | penalty under a contract.
pena de confinamiento | ne exeat.
pena de muerte | extreme penalty | capital punishment | death penalty.
pena de privación de libertad | flat time sentence.
pena discrecional (jurídico) | arbitrary punishment.
pena incurrida | retribution.
pena máxima | maximum punishment.
pena mitigada | modified penalty.
penacho | chaplet | brush discharge | crest.
penacho (cabellera - botánica) | coma.
penacho (de humo, chimeneas, etcétera) | plume.
penacho (del maíz) | floss.
penacho (meteorología) | plume.
penacho (telas de pelo) | cut loop.
penacho de humo | smoke plume.
penacho de humo de un incendio incipiente (bosques) | smoke.
penacho de vapor y ceniza volcánica (volcanes) | plume of steam and volcanic ash.
penachos efluentes (contaminación del aire) | effluent plumes.
penados que redimen sus penas por el trabajo | convict labor.
penal | penal.
penalidad | penalty.
penalidad (contratos) | forfeiture.
penalidad económica | economic penalty.
penalidad fiscal | fiscal penalty.
penalidad por estar más tiempo que el contratado atracado a un muelle (buques) | penalty dockage.
penalidades sobre el precio convenido (cuando el mineral no cumple las estipulaciones del contrato) | royalty.
penalista | criminologist | criminal lawyer | penologist.
penalización | penalization.
penalización mínima del consumo de combustible | minimum fuel consumption penalty.
penalizar (EE.UU.) | penalize (to).
penalizar (G.B.) | penalise (to).
penalti (fútbol) | penalty.
penca (de apio, etc.) | stalk.
pendencia | pendency.
pendentif | pendent.
pender | drop (to) | hang (to).
pendiente | declension | declivity | declination | downward-gradient | slant | incline | steep | descending grade | inclination | grade | gradient | falling gradient | fall | aweigh | drop | in abeyance | pitch | pendent | pendent | pendulous | pending | pending | slope | slip | slope.
pendiente (cuentas) | unadjusted | outstanding.
pendiente (de cobro) | outstanding.
pendiente (de curvas matemáticas) | rise.
pendiente (de una curva) | steepness.
pendiente (geología) | cohade | inclination | rake.
pendiente (radio) | mutual conductance.
pendiente (válvula termoiónica) | anode conductance.
pendiente abrigada del viento (cubiertas) | leeward slope.
pendiente ascendente | acclivity | adverse grade | upslope | ascent.
pendiente ascensional | gradient of climb.
pendiente asistente | assisting gradient.
pendiente convexa | convex slope.
pendiente crítica | critical grade.
pendiente de arcén (carreteras) | shoulder slope.
pendiente de buzamiento | dip slope.
pendiente de cobro | uncollected | float.
pendiente de conversión (radio) | conversion transconductance.
pendiente de firma | awaiting signature.
pendiente de igual tracción | grade of equal traction.
pendiente de juicio | awaiting trial.
pendiente de la curva | slope of the curve.
pendiente de la elástica (vigas) | slope of the elastic curve.
pendiente de la evoluta | slope of the evolute.
pendiente de la imada (botadura buques) | launching grade.
pendiente de la solera | botton slope.
pendiente de llegada | due in.
pendiente de meseta normalizada | normalized plateau slope.
pendiente de pago | unsettled | unliquidated.
pendiente de salida | due out.
pendiente de solución | in abeyance.
pendiente de sotavento (cubiertas) | leeward slope.
pendiente de una trayectoria | grade of a path.
pendiente de 7 milésimas | grade of 7‰.
pendiente débil | mild slope.
pendiente del patio de butacas (teatros) | rake.
pendiente del plató para recuento de rayos beta (nucleónica) | plateau slope for beta counting.
pendiente del tejado | fall of roof.
pendiente deposicional | depositional slope.
pendiente descendente | descending grade | downgrade | downward-slope | down.
pendiente dura | excessive gradient.
pendiente en alineación recta (ferrocarril) | straight gradient.
pendiente en lo que son iguales la componente del peso y la resistencia a la rodadura | floating grade.
pendiente frontal | frontal slope.
pendiente fuerte | excessive gradient | steep gradient.
pendiente hidráulica | hydraulic slope | surface curve | flow line | surface slope.
pendiente inversa | reverse dip.
pendiente limitadora | limiting gradient.
pendiente límite | ruling gradient.
pendiente límite de frenado | maximum braking gradient.
pendiente lineal | linear grading.
pendiente máxima (carreteras) | ruling grade.
pendiente máxima admitida (de un trayecto) | ruling grade.
pendiente máxima de equilibrio | grade of repose.
pendiente máxima escalable | maximum gradient climbable.
pendiente máxima que se puede subir | maximum gradient climbable.
pendiente media (geología) | average hade.
pendiente natural del terreno | repose.
pendiente normalizada de meseta | normalized plateau slope.
pendiente opuesta | adverse slope.
pendiente para marcha sin motor (carreteras) | coasting grade.
pendiente pequeña | flat slope.
pendiente piezométrica | hydraulic gradient.
pendiente que exige frenado (ferrocarril) | braking incline.
pendiente reguladora (de un trayecto) | ruling grade.
pendiente relativa de la meseta | relative plateau slope.
pendiente suave | light grade | easy grade | low gradient | mild slope | flat slope.
pendiente transversal (carreteras) | crossfall.
péndol (buques) | parliament heel | heaving down.
péndola | dropper.
péndola (cerchas) | queen-post.
péndola (puente colgante) | vertical suspension rope | suspension hanger | suspender.
péndola (relojes) | pendulum.
péndola de catenaria | catenary hanger.
péndola de hierro (cerchas) | queen bolt.
péndola en forma de V invertida (el vértice en el cable - puentes suspendidos) | triangulated hanger.
péndolas (de catenaria de suspensión) | dropper wires.
pendolista | engrosser.
pendolón | hanger | hanging tie | king-piece | crown post | kingpost | king-rod | joggle-post.
pendolón (arquitectura) | truss post.
pendolón (cerchas) | antisag bar | suspension rod | broach-post | pointal.
pendolón (cerchas madera) | joggle-piece.
pendón | standard | pennant.
pendón de una cercha | joggle piece.
pendulación | hunting | hunting | hunt | pendulation | swinging.
pendular | hunt (to) | pendular | pendulate (to).
pendular (movimientos) | pendulous.
penduleo de la vena fluida (compresor axial) | surging.
penduleo de la vena fluida (compresores) | pumping.
penduleo del flujo (compresor axial) | surging.
péndulo | pendulous | pendulum.
péndulo (botánica) | pendulous.
péndulo (motor síncrono) | surging.
péndulo (torpedos) | balancer.
péndulo actuador (turbina hidráulica) | actuator pendulum.
péndulo aperiódico | aperiodic pendulum.
péndulo balístico | ballistic pendulum.
péndulo bifilar | bifilar pendulum.
péndulo cicloidal | cycloidal pendulum.
péndulo compensado | compensated pendulum.
péndulo compuesto | compound pendulum.
péndulo compuesto reversible | compound reversible pendulum.
péndulo con oscilador de anillo de cuarzo | quartz-ring-oscillator clock.
péndulo con una masa que se mueve horizontalmente | horizontal pendulum.
péndulo de compensación | compound pendulum.
péndulo de lenteja | lenticular bob.
péndulo de libre oscilación | free-swinging pendulum.
péndulo de mando (telescopios) | driving-clock.
péndulo de motor fónico | phonic-motor clock.

péndulo de parrilla | gridiron pendulum.
péndulo del mecanismo de profundidad | depth gear pendulum.
péndulo distribuidor (sistema de relojes eléctricos) | journeyman.
péndulo ecuatorial | equatorial clock.
péndulo elástico | elastic pendulum.
péndulo eléctrico | electric pendulum.
péndulo esférico | spherical pendulum.
péndulo fijo para determinar la temperatura del péndulo de trabajo | dummy pendulum.
péndulo físico | phisical pendulum.
péndulo gobernado por anillo de cuarzo | quartz-ring controlled clock.
péndulo gobernado por cristal de cuarzo | quartz crystal clock | quartz clock.
péndulo hidrométrico | hydrometric pendulum.
péndulo magistral | master pendulum clock | master clock.
péndulo para medir la fuerza de la gravedad | gravity pendulum.
péndulo simple torsional | simple torsional pendulum.
péndulo torsional | torsional pendulum.
péndulo vertical | bouncing.
pénduloaccionado | pendulum-operated.
pendulocontrolado | pendulously controlled.
pene de roscar radial | radial thread chaser.
pene de terrajar | comb screwing tool.
penecontemporáneo (petrología) | penecontemporaneous | paulopost.
peneplanización | baseleveling.
penesísmico | peneseismic.
penesismo | peneseism.
penetrabilidad | penetrability.
penetrabilidad (radiología) | hardness.
penetrable | penetrable | fathomable | permeable.
penetración | penetration | permeatio | carry-through | breakthrough | piercing | indenting | sinkage | permeation.
penetración (de alguna cosa) | pressing in.
penetración (de un misterio) | fathoming.
penetración (electrodos) | impact value.
penetración (pilotes) | set.
penetración capilar de gas | capillary gas penetration.
penetración de gammas primarios | primary gammas penetration.
penetración de la cementación | hardening depth.
penetración de la corrosión | corrosion penetration.
penetración de la distorsión | distortion penetration.
penetración de la fusión | fusion penetration.
penetración de la fusión (soldadura) | depth penetration.
penetración de la helada | frost penetration.
penetración de la luz del día (oceanografía) | daylight penetration.
penetración de la oxidación interna | subscale penetration.
penetración de un líquido en una hoja de papel | strike-in.
penetración del adhesivo a través de las diversas hojas hacia el exterior (tablero contrachapado) | bleed-through.
penetración del carbono (cementación) | carbon penetration.
penetración del metal licuado (en machos y moldes de arena) | metal penetration.
penetración del metal líquido en la arena (moldeo) | veining.
penetración del temple | hardening depth.
penetración del vehículo de la tinta a través de la hoja originando una mancha en la cara opuesta (libros) | strike-through.
penetración en blindajes (proyectiles) | armor penetration.
penetración en el mercado americano | foot-hold on the American market.
penetración en el metal | metal penetration.
penetración en la atmósfera terrestre (regreso de una cosmonave) | atmospheric entry.
penetración entre cordones (soldadura) | inter-run penetration.
penetración eventual | eventual penetration.
penetración excesiva | overpenetration.
penetración excesiva (de la herramienta en la pieza a trabajar) | hogging out.
penetración incompleta de la raíz (soldadura) | incomplete root penetration.
penetración inconsistente de la soldadura | inconsistent weld penetration.
penetración máxima (partícula ionizante) | range.
penetración mesónica | meson penetration.
penetración monomolecular | monolayer penetration.
penetración poco profunda | shallow penetration.
penetración por pasada | infeed per pass.
penetración por revolución | penetration per revolution.
penetración por revolución del trépano (sondeos) | feed.
penetración profunda | deep penetration.
penetración uniforme del calor en toda la masa | soaking.
penetrador | penetrator | indentor | indenter | piercer | piercer point | piercing point.
penetrador cónico | conical penetrator | conical indenter.
penetrador de bola (medida de durezas) | ball penetrator.
penetrador de bola metalocerámica | metalloceramic ball indenter.
penetrador de diamante cónico | conical diamond penetrator.
penetrador de diamante esferocónico | Brale penetrator.
penetrador de diamante para dureza Rockwell | brale.
penetrador de diamante piramidal | pyramidal diamond indentor.
penetrador de punta de diamante | diamond penetrator.
penetrador esferocónico | spheroconical penetrator.
penetrador Knoop | Knoop indenter.
penetrador piramidal | pyramidical indenter | pyramid-shaped indenter.
penetrador piramidal (durómetro) | pyramidal indenter.
penetrador piramidal (medición de dureza) | pyramid indenter.
penetrámetro | qualimeter.
penetrámetro (dispositivo con elementos de opacidad de radiación diferentes - radiografía) | penetrameter.
penetrámetro (rayos X) | image quality indicator.
penetrámetro de cuña escalonada | step wedge penetrameter.
penetrámetro magnético | magnetic penetrameter.
penetrancia | penetrance.
penetrante | penetrant | penetrative | pervasive.
penetrante (herramienta, mirada, grito, etc.) | piercing.
penetrante (mirada, olores) | searching.
penetrante (oído, vista, espíritu) | keen.
penetrante (sonido, frío) | keen.
penetrante para detección de grietas | flaw detection penetrant.
penetrante que tiñe de rojo | red dye penetrant.
penetrar | probe (to) | pierce (to) | intrude (to) | enter (to) | break in (to) | penetrate (to).
penetrar en | perforate (to) | infiltrate (to) | fathom (to).
penetrar en el metal (herramientas) | gouge (to).
penetrascopio | penetrascope.
penetratividad | penetrativeness.
penetrometría | penetrometry.
penetrométrico | penetrometrical.
penetrómetro | penetrometer.
penetrómetro (instrumento para medir consistencias de grasas, betunes, nieve, etc.) | penetrometer.
penetrómetro cónico rotatorio | rotary cone penetrometer.
penetrómetro de cono | cone penetrometer.
penicilina | penicillin.
penillanura (geología) | peneplain.
península | peninsula.
península Antártica | Antarctic peninsula.
península artificial | man-made peninsula.
peniplanación | peneplanation.
peniplanicie | peneplain | peneplane | plain of erosion.
penique de plata | denier.
penitenciaría | penitentiary.
penitenciaría del Estado | State prison.
penitenciaria militar | military penitentiary.
penitenciario | penal.
penninita | penninite.
penol | yardarm.
penol (vergas) | peak.
penología | penology.
penólogo | penologist.
penolón (cerchas) | middle post.
penosidad | fatiguing.
penosidad en puestos de trabajo (talleres) | workplace fatiguing.
penosidad laboral | labour fatiguing.
penroseita | penroseite.
pensamiento creador | creative thinking.
pensión | annuity.
pensión a la vejez | old-age pension.
pensión alimentaria (EE.UU.) | alimony.
pensión alimenticia | alimony.
pensión de invalidez | disablement annuity | disability pension.
pensión de orfandad | orphan's pension.
pensión de retiro | superannuation | contributory pension | retirement allowance | retirement annuity.
pensión de vejez | old age pension.
pensión familiar | family allowance.
pensión proporcional | graduated pension.
pensión vitalicia | life pension.
pensionable | pensionable.
pensiones vitalicias variables | variable annuiies.
pensionista | pensioner.
pensionista del ejército | army pensioner.
pentaangular | quinquangular.
pentaborano | pentaborane.
pentacámero | five-chambered.
pentactinal (zoología) | five-rayed.
pentada | pentad.
pentadáctilo (zoología) | five-toed.
pentadecágono | fifteen-sided polygon.
pentadodecaedro | hemitetrahexahedron | pyritohedron.
pentaedro | pentahedron.
pentáfilo (botánica) | five-leaved.
pentafolio | cinquefoil.
pentagonal | pentagonal | five-cornered | five-sided | five-angled | five-angular | pentangular.
pentagonal (escariador, etc.) | five-square.
pentagonalidad | pentagonalty.
pentágono | pentagon.
pentágrama | staff | musical staff.
pentagrama (música) | stave.
pentagramo | pentalpha | pentacle | pentagram.
pentaleno | pentalene.
pentano | pentane.
pentanol | butylcarbinol.
pentapétalo | five-petalled.
pentapolar | five-pole.
pentáptero | five-winged.
pentasépalo (botánica) | five-sepalled.
pentaspermo (botánica) | five-seeded.
pentastilo | pentastyle.
pentasulfuro de antimonio | antimony orange.
pentatrón | pentatron.

pentavalencia | quinquevalence.
penteno | amylene.
pentiazolinas | penthiazolines.
péntodo | pentagrid tube | five-electrode electron tube | pentode.
pentodo conectado como triodo | triode-connected pentode.
pentodo de amplificación regulable | variable-mu pentode.
pentodo de carga espacial | space-charge pentode.
pentodo de radiofrecuencia de gran pendiente | high-slope radiofrequency pentode.
péntodo de un frente | single-ended pentode.
péntodo pulsatorio | pulsed pentode.
pentosana bruta extraída de materias celulósicas | wood gum.
pentóxido de vanadio | vanadium pentoxide.
pentrinita | penthrinite.
pentriodo | pentriode.
pentrita | penthrite.
penumbra | twilight | half-light | penumbra.
penumbra (eclipse de luna) | adumbra.
penumbral | penumbral.
penumbras de las manchas solares | sunspot penumbras.
penuria | dearth | stringency.
peña | rock.
peña (martillo) | pane.
peña (martillos) | peen.
peña falsa (minas) | false bed-rock.
peñascal | rocky place.
peñasco | rock.
peñasco aislado | rock island.
peñasco movedizo | loggan stone | logging rock | logan-stone.
peñón | rock.
peón | journeyman | laborer | labourer | labourer (Inglaterra).
peón (ajedrez) | man.
peón (astilleros) | lumper.
peón (juego de damas) | draughtsman.
peón (minas) | roustabout.
peón (puntal muy grueso) | vertical stull.
peón agregado a un obrero especializado (para que aprenda) | dilutee.
peón caminero | lengthsman | road-mender | roadman | road laborer.
peón de albañil | tender | mason's laborer | bricklayer laborer | hodman | mason tender.
peón de almacén de cemento | cement handler.
peón de carga | freight handler.
peón de vaciadero | dumpman.
peón empujador (túneles) | trammer.
peón especializado (taller) | machine hand.
peón excavador en roca | rockman.
peonaje | common labor.
peonza | gig.
pepel químicamente gelificado | chemically gelled paper.
pepinar | cucumber patch.
pepino marino | beche-de-mer.
pepita | seed | almond.
pepita (de punzonado, de mineral) | slug.
pepita (enfermedad de las aves) | pip.
pepita (frutas) | pip.
pepita (mineral) | prill.
pepita de oro | scad | nugget | heavy gold | pickup.
pepita de soldadura (soldadura por resistencia) | weld nugget.
pepita de uva | grape stone.
pepitas de oro | gold nuggets.
pepitas de punzonado (de chapas) | punchings.
pepitas de punzonado de tuercas | nut punching.
pepitas y pulpa de la uva (elaboración de vinos) | grape pomace.
pepsina | pepsin.
péptido | peptide.
péptido cíclico homodético | homodetic cycle peptide.
peptización | peptization.
peptización elastomérica | elastomer peptization.
peptizador | peptizing agent | peptizer.
peptizante | peptizing.
peptizar | peptize (to).
peptizar (EE.UU.) | peptize (to).
peptizar (G.B.) | peptise (to).
peptoide | peptoid.
pequeña bomba de achique portátil | handy billy.
pequeña distancia | short range.
pequeña explotación agrícola | small farm.
pequeña fuga de agua (calderas) | dripping.
pequeña moldura de sección cuadrada | fillet.
pequeña pieza refractaria para separar la loza decorada antes y durante la cochura | printer's bit.
pequeña plataforma portátil | stillage.
pequeña potencia | low-power | low rate.
pequeña recorrida | minor overhaul.
pequeña superficie compensada en el extremo de un plano de mando (aviones) | horn balance.
pequeña vela encima de la otra (buques) | saveall.
pequeña velocidad | low speed.
pequeña ventana de un tejado | storm window.
pequeñas abrasiones en la superficie (laminación de chapas en paquete) | pack marks.
pequeñas burbujas de aire que quedan aprisionadas en la masa (vidrio fundido) | seed.
pequeñas canales curvas dejadas en las caras del corte (oxicorte de chapas gruesas) | drag lines.
pequeñas modificaciones | minor modifications.
pequeñas ondulaciones (vidrio plano) | bloaches.
pequeñas ondulaciones superficiales (vidrios pulidos) | waves.
pequeñas zonas de pantalla con figuras de letras o dibujos | pixels.
pequeñas zonas sin protección | miss-runs in the coating.
pequeñez | shortness | lowness.
pequeñez en tamaño y en peso | smallness in size and weight.
pequeñísimo | ultra-small.
pequeño | minor | short | little | tiny.
pequeño alcance | short range.
pequeño anuncio (periódicos) | card.
pequeño brazo de mar | armlet.
pequeño calado (buques) | light draught.
pequeño calibre | low caliber.
pequeño cultivador | home-crofter.
pequeño cultivo | cottage farming.
pequeño espacio | slot.
pequeño fragmento | chip.
pequeño jurado (que juzga y sentencia-EE.UU.) | petty jury.
pequeño montaje de prueba | small test jig.
pequeño recipiente propulsado a través de un tubo para exponer sustancias a las radiaciones (reactor nuclear) | rabbit.
pequeño remolcador fluvial por empuje | ram.
pequeño timón a proa de la hélice (embarcación de desembarcos) | maneuvering rudder | pilot rudder.
pequeño utillaje | millwright work.
pequeños diamantes naturales en bruto | diamond grit.
pequeños envíos (paquetería) | goods smalls.
pequeños glóbulos de metal en las escorias | prills.
per capita | per capita.
pera (bocina, máquina fotográfica) | bulb.
pera de aspiración | aspirating bulb.
pera de goma | ball.
pera de otoño | fall pear.
pera del disparador | bulb.
pera granujienta | gritty pear.
pera mosqueruela | muscatel pear.
pera para partir chatarra | scrap breaker.
pera para trocear chatarra de fundición | cracker.
peral (Pyrus communis) | pear.
peral común (Pyrus communis) | wild pear.
peraleda | pear-trees plantation.
peraltada (curvas) | steep.
peraltado | high-arched.
peraltado (arcos) | raised.
peraltado del carril exterior (curvas) | canting.
peraltar (curvas) | bank (to).
peraltar una carretera (en una curva) | bank a road (to).
peralte | camber | devers.
peralte (carreteras) | crossfall.
peralte (carril vía férrea) | superelevation.
peralte (curvas) | bank.
peralte (del carril exterior) | elevation.
peralte de la vía (curvas ferrocarril) | cant gradient.
peralte desequilibrado (curva de ferrocarril) | unbalanced superelevation.
peralte en curva | curve superelevation.
perbituminoso | perbituminous.
perborato de sodio | sodium perborate.
perca (pez) | bass.
perca americana (pez) | black bass.
perca negra americana | black-bass.
percal | cambric muslin | Indian calico | percale | calico.
percal listado | plain cord stripe | corded percale.
percalina | long cloth | percaline.
percalina (lustrina de algodón) | glazed calico.
percalina para forros | linings.
percalina plegada a manera de libro | book muslin.
percalinas estampadas | printed linings.
perca-trucha | black-bass.
percebe | goose barnacle.
percentil | percentile | centile.
percentila (estadística) | percentile.
percentiles | percentage points.
percepción | feeling | feel | sensing.
percepción (de impuestos) | levying.
percepción bruta | gross earnings.
percepción de comisiones | collection of fees.
percepción de formas tridimensionales | voluminal form perception.
percepción de gran número de ecos (acústica) | rattle.
percepción de impuestos | receipt.
percepción del relieve | depth perception.
percepción en profundidad | depth perception.
percepción espacial | spatial perception.
percepción estereoscópica | depth perception.
percepción extrasensorial | extrasensory perception.
percepción monocular de cavidades | cavities monocular perception.
perceptibilidad | perceptiblity.
perceptibilidad en los detalles | detail perceptibility.
perceptible | noticeable.
perceptivo | discriminating.
perceptor | payee.
perceptrón (cibernética) | perceptron.
perceptual | perceptual.
percibido | collected.
percibir | realize (to) | receive (to) | earn (to) | collect (to) | feel (to) | smell (to).
percibir a cuenta | receive on account (to).
percipiente | percipient.
perclorato de plomo | lead perchlorate.
percolable | percolable.
percolación | percolation | seepage | trickling filtration.
percolación (filtración - hidráulica) | creep.
percolación (movimiento del agua dentro del terreno) | percolation.
percolación de la lubricación | lubrication percolation.
percolación efluente | effluent seepage.
percolación inducida | induced percolation.
percolado | leachate.
percolado (sustancia) | percolate.
percolador | percolator.

percolar | leach (to) | percolate (to).
percristalización | percrystallization.
percusión | percussion | impact | pin-fire.
percusión digital | finger percussion.
percusión rápida | quick blow.
percusión superficial | light percussion.
percusionista (músico) | percussionist.
percusor | percussor | striker.
percutiente | percussive.
percutor | percussor | firing pin | striker | plunger | needle.
percutor (armas) | hammer | firing needle.
percutor (sondeos) | jar.
percutor de la bomba | bomb pistol.
percutor defectuoso (armas) | hung striker.
percutor del pistolete | igniter striker.
percutor eléctrico | electric firing needle.
percutor para cizallas de cable (sondeos) | rope knife jar.
percha | perch | staff | rack | spar.
percha (buques) | mast.
percha (para colgar) | hanger.
percha (sondeos) | stacking board.
percha de inspección (examen telas a la salida del telar) | perch.
percha del muelle (eje de automóvil) | spring pad.
percha para anodizar | anodizing rack.
percha para baño galvánico | plating rack.
percha para tubería | pipe hanger.
perchado (heráldica) | perched.
perchado (tejidos) | napping | napped.
perchado (telas) | fleeced | raised.
perchado con carda de cardencha | teaseling.
perchado con carda de cardencha (cardón) | gigging.
perchado con cardas de cardencha (tejidos de lana) | raising.
perchado en húmedo | moist napping.
perchado en seco | dry napping.
perchadora (máquina de perchar) | napper.
perchadora (tejidos) | napping machine.
perchadora de cardas de cardencha | gig.
perchadora de doble efecto | double-acting napper.
perchadora francesa | French napper.
perchadora unidireccional | straight-away napper.
perchar (telas) | raise the nap (to) | nap (to) | raise (to).
perchar con cardas (paños) | teasel (to).
perchas de estabilidad (embarcaciones) | stiffening booms.
perchas de respeto (buques de vela) | booms.
perchería (conjunto de palos enterizos de madera para buques) | masting.
percherón | percheron.
perder | lose (to).
perder (crisoles) | run (to).
perder (el tren, la función, etc.) | miss (to).
perder (juntas) | bleed (to).
perder (marina) | carry away (to).
perder (negocios) | be out of pocket (to).
perder (parte de un buque) | spend (to).
perder (tuberías) | leak (to).
perder (un flete) | loose (to).
perder altura (globos) | fall off (to).
perder brillo (superficies) | sadden (to).
perder clientes | lose customers (to).
perder de vista la tierra (buque navegando) | lay the land (to).
perder el brillo | tarnish (to).
perder el color | lose color (to).
perder el derecho a | forfeit (to).
perder el derecho a la paga (milicia) | forfeit (to).
perder el equilibrio | overbalance (to).
perder el hilo del discurso | lose the run (to).
perder elasticidad (muelles) | run dry (to).
perder estabilidad | tumble (to).
perder flexibilidad (resortes) | rundown (to) | rundown (to).
perder la calma | fly off the handle (to).
perder la fianza | forfeit bail (to).
perder momentáneamente la sincronización (filmes) | flutter (to).
perder momentáneamente la visión (aviadores) | gray out (to).
perder peso | lighten (to).
perder por confiscación | forfeit (to).
perder potencia (motores) | balk (to).
perder rigidez en los nudos (estructuras metálicas) | work (to).
perder sustentación (aviones) | stall out (to) | stall (to).
perder terreno | lose ground (to).
perder un palo (buques) | carry away a mast (to).
perder un pleito | fail in a suit (to).
perder velocidad | lose speed (to) | lose way (to).
perder velocidad (aviones) | pay off (to).
perderse (aguas) | run to waste (to).
perderse (líquidos) | leak away (to).
pérdida | decrement | expense | wastage | missing | damage | losing.
pérdida (bombas) | slip.
pérdida (circuito hidráulico o eléctrico) | leak.
pérdida (circuitos de agua, aceite, gas) | leaking.
pérdida (comercio) | shrinkage.
pérdida (de bombas) | slippage.
pérdida (de energía) | drain.
pérdida (de la vida, etc.) | forfeiture.
pérdida a la entrada | entrance loss.
pérdida a la salida | discharge loss.
pérdida a masa de una fase (sistema trifásico) | earth fault on one phase.
pérdida a plena carga | full-load loss.
pérdida a tierra | ground leak.
pérdida a tierra (circuitos eléctricos) | earth fault.
pérdida a tierra (electricidad) | earth leakage | earth.
pérdida a tierra de una línea monofásica | single-phase-to-ground fault.
pérdida absoluta | absolute loss.
pérdida accidental | drop-out.
pérdida aceptable (no demasiado alta para el resultado obtenido) | acceptable loss.
pérdida ajustada | adjusted loss.
pérdida al fuego | loss on ignition.
pérdida al fuego (química) | burn off | ignition loss | deads.
pérdida almacenado (comestibles) | stack loss.
pérdida anual | loss per annum.
pérdida brusca de sustentación por separación del flujo de aire al paso de una onda de choque (aerodinámica) | shock stall.
pérdida calorífica por convección forzada | forced-convection heat loss.
pérdida catastrófica | shock loss.
pérdida contaminante (de una tubería, etc.) | contaminating leakage.
pérdida contingente | attendant loss.
pérdida de ácido | acid leakage.
pérdida de actividad | activity loss.
pérdida de acuracidad (estadística) | loss of accuracy.
pérdida de almacenamiento | loss due to storage.
pérdida de brillo (imagen televisión) | bloom.
pérdida de brillo (pinturas) | bloom.
pérdida de brillo (superficies pintadas) | blooming.
pérdida de brillo (superficies pintadas o barnizadas) | saddening down.
pérdida de brillo por voltaje bajo (lámparas eléctricas) | brownout.
pérdida de calor | abstracting of heat | loss of heat.
pérdida de capacidad | capacity loss.
pérdida de carga | pressure head loss.
pérdida de carga (hidráulica) | pressure drop | loss of pressure | pressure loss.
pérdida de carga (sistemas de presión negativa) | draft loss.
pérdida de carga (tuberías) | loss of head.
pérdida de carga debido a los codos | loss of head due to bends.
pérdida de carga del orificio calibrado | calibrated orifice head loss.
pérdida de carga en la tubería | pipe resistance.
pérdida de carga por causas ajenas a la ionización de la radiación que se va a medir | natural leak.
pérdida de carga por ensanchamiento brusco de la sección (tuberías) | enlargement loss.
pérdida de carga por rozamiento | friction head | friction drop.
pérdida de contacto | contact loss.
pérdida de contraste por sobreexposición (fotografía) | flatness.
pérdida de cuentas | counting loss.
pérdida de desequilibrio de salida | output mismatch loss.
pérdida de diamantes por metro perforado (sondeos) | diamond loss per meter drilled.
pérdida de eficacia del frenado a altas temperaturas (frenado repetido) | brake fade.
pérdida de eficacia del frenado cuando se tienen sin funcionar los frenos (después de haberlo hecho a altas temperaturas) | delayed brake fade.
pérdida de ejercicio (economía) | losses of prior period.
pérdida de ejercicios anteriores | losses of prior years.
pérdida de empleo | loss of office.
pérdida de empuje | loss of thrust.
pérdida de energía por la radiación fotónica de enfrenamiento | bremsstrahlung energy loss.
pérdida de energía por par de iones | energy loss per ion pair.
pérdida de estabilidad | tumbling.
pérdida de estabilidad transversal | loss of transverse stability.
pérdida de exactitud | loss of accuracy.
pérdida de fuerza sustentadora | wing drop.
pérdida de grabación | recording loss.
pérdida de grado (clases de tropa) | reduction to the ranks.
pérdida de humedad por acondicionamiento | conditioning loss.
pérdida de imagen | display loss.
pérdida de información (cintas magnéticas) | drop-out.
pérdida de inserción (electrónica) | insertion loss.
pérdida de la alineación | getting out of alignment.
pérdida de la calibración por recristalización del platino a altas temperaturas (termopares) | contamination.
pérdida de la estructura granular | puddling.
pérdida de lectura (acústica) | playback loss.
pérdida de lechada (química) | leakage.
pérdida de lodo (sondeos) | loss of circulation.
pérdida de magnetización porcentual | percentage magnetization loss.
pérdida de masa no catastrófica | noncatastrophic mass-loss.
pérdida de material por escamación en procesos calientes (aceros) | heat waste | fire waste.
pérdida de material por exceso de anchura del coste de la sierra (aserrado) | kerf loss.
pérdida de metal por recalentamiento a alta temperatura | flash.
pérdida de neutrones por absorción de xenón | neutron loss by xenon absorption.
pérdida de odorización | fading.
pérdida de oportunidad esperada | expected opportunity loss.
pérdida de paralelismo de las ruedas (autos) | askew of wheels.
pérdida de peso | loss of weight | rate of wear.
pérdida de peso de una mercancía | shrinkage.
pérdida de peso por erosión por cavitación (hélices) | cavitation erosion weight loss.

pérdida de potencia | power loss | power drop.
pérdida de potencia (motores) | balking.
pérdida de potencia aparente en una derivación | tapping loss.
pérdida de potencia en decibelios (electricidad) | reflection loss.
pérdida de presión | loss of pressure.
pérdida de presión en el difusor | diffuser pressure loss.
pérdida de puenteo | bridging loss.
pérdida de recuento | counting loss.
pérdida de reflexión | reflection loss.
pérdida de refracción | refraction loss.
pérdida de representación | display loss.
pérdida de retorno | return loss.
pérdida de retorno (radio) | return loss.
pérdida de retorno (telecomunicación) | return loss.
pérdida de salida (hidráulica) | exit loss.
pérdida de sección por los agujeros de los remaches (chapa remachada) | rivet loss.
pérdida de suspensión | stall.
pérdida de sustentación (aviones) | stall | stalling.
pérdida de sustentación del rotor (helicóptero) | rotor stall.
pérdida de sustentación en el extremo del ala | wingtip stalling.
pérdida de sustentación en los extremos (alas avión) | tip stall.
pérdida de trabajo | lost motion.
pérdida de transductor | transducer loss.
pérdida de un canal por filtración | canal seepage loss.
pérdida de un derecho | forfeit.
pérdida de valor por partes averiadas (transporte marítimo del algodón) | pickings.
pérdida de velocidad | slowing down | stalling.
pérdida de velocidad (correa de transmisión) | creep.
pérdida de velocidad al aterrizar | pancake in landing.
pérdida de velocidad debida al resbalamiento | slippage.
pérdida de velocidad del proyectil | shell velocity degeneration.
pérdida de velocidad después de recuperarse de una pérdida de velocidad (aviones) | secondary stall.
pérdida de visión e inconsciencia momentánea por aceleración centrífuga (aviadores) | blackout.
pérdida de vitalidad | lowering of physical stamina.
pérdida de voltaje (electricidad) | line drop.
pérdida debida a contracción brusca | sudden contraction loss.
pérdida del borde de ataque (alas) | leading-edge stall.
pérdida del bucle de recepción (telefonía) | receiving-loop loss.
pérdida del contaje | counting loss.
pérdida del ejercicio | trading loss.
pérdida del embalse | reservoir leakage.
pérdida del minimax | minimax regret.
pérdida del rastreo por un radar debido a señales de interrogación de otro radar | beacon stealing.
pérdida del sincronismo (dínamos en paralelo) | step breaking.
pérdida del uso de una facultad | loss of use of a faculty.
pérdida dieléctrica | dielectric loss.
pérdida efectiva | direct loss.
pérdida efectiva (comercio) | actual loss.
pérdida eléctrica | electric loss | electric leakage.
pérdida en cambios | loss on exchange.
pérdida en el compresor | compresor stall.
pérdida en el extremo del ala | tip loss.
pérdida en el hierro del inducido | armature iron loss.
pérdida en el núcleo | core loss.
pérdida en la conducción del gas | gas-conduction loss.
pérdida en la sensibilidad por no estar el haz radárico dirigido constantemente al blanco (escansión de un blanco) | scanning loss.
pérdida en las bornas finales (circuitos) | terminal return loss.
pérdida en los álabes | losses.
pérdida en lúmenes del tubo fluorescente | tube lumen fall-off.
pérdida en peso | loss in weight.
pérdida en peso en quilates del conjunto de diamantes (trépano de sondeo) | carat loss.
pérdida en peso por el lavado | scouring loss.
pérdida en polarización directa | forward loss.
pérdida en realización | loss on realization.
pérdida en tránsito | loss in transit.
pérdida en vacío | no load loss.
pérdida en vatios para B = 10.000 y frecuencia = 60 | W 10/60.
pérdida en venta de valores | loss on sale of securities.
pérdida fuerte | serious loss.
pérdida histerésica | hysteretic loss | hysteresis loss.
pérdida importante | heavy loss.
pérdida inevitable | unavoidable loss.
pérdida invisible | concealed loss.
pérdida irreversible | irreversible loss.
pérdida legal de derechos adquiridos | forfeiture.
pérdida logarítmica media | average logarithmic energy decrement.
pérdida mínima de prematuros (medicina) | minimal premature loss.
pérdida natural (durante el transporte) | loss in transit.
pérdida neta | net loss.
pérdida neta mínima de funcionamiento | minimum working net loss.
pérdida óhmica | ohmic loss.
pérdida óhmica de voltaje | ohmic voltage loss.
pérdida parcial | partial loss.
pérdida pasajera de la visión (aviadores) | amaurosis fugax.
pérdida pasajera de la visión por deficiencia de oxígeno (aviadores) | grayout.
pérdida pasajera por aumento de temperatura (amortiguador hidráulico) | temperature fade.
pérdida pecuniaria | loss of money.
pérdida per diem | per diem loss.
pérdida por ablación | loss by removal.
pérdida por absorción | absorption loss.
pérdida por absorción acústica | acoustic absorption loss.
pérdida por ajuste del inventario | inventory losses.
pérdida por avería simple | particular average.
pérdida por borboteo (caja de cambio) | churning loss.
pérdida por calcinación | loss by calcination | loss on ignition.
pérdida por cambio de dirección de la corriente | flow-turning loss.
pérdida por capacidad desperdiciada | idle capacity loss.
pérdida por carbón incombusto | unburnt carbon loss.
pérdida por cocción | burning loss.
pérdida por cojinetes | bearing loss.
pérdida por confiscación | forfeiture.
pérdida por conmutación inversa | reverse switching loss.
pérdida por contacto | contact loss.
pérdida por contracción brusca de la sección (tuberías) | contraction loss.
pérdida por corona en kilovatios por fase y por milla | corona loss in kilowatts por phase per mile.
pérdida por corriente parásitas | parasitic loss.
pérdida por corrientes parásitas (electricidad) | eddy loss.
pérdida por chisporroteo | spatter loss.
pérdida por choque | shock loss | impact loss.
pérdida por derrame | loss by leakage.
pérdida por descarga luminosa | corona loss.
pérdida por destilación | distillation loss.
pérdida por desviación angular | angular deviation loss.
pérdida por difusión | scattering loss.
pérdida por dispersión (electricidad) | leaking.
pérdida por dispersión (máquinas eléctricas) | stray loss.
pérdida por divergencia | divergence loss.
pérdida por efecto de corona | corona loss.
pérdida por efecto Joule | J^2R loss | I^2R loss | resistance loss | Joulean loss | ohmic loss.
pérdida por efecto rasante | grazing loss.
pérdida por el aire (electricidad) | air leak.
pérdida por el aislador | insulator leakage.
pérdida por el pelado (patatas, etc.) | peel loss.
pérdida por energía residual del fluido al salir del álabe (turbinas) | leaving loss.
pérdida por escorificación y arrugamiento (funderías) | cropping loss.
pérdida por evaporación | evaporation loss.
pérdida por excitación | excitation loss.
pérdida por falta de ajuste en entrada | input mismatch loss.
pérdida por fondos de cucharas (acerías) | skulling loss.
pérdida por fugas | leakage loss.
pérdida por golpes | loss by shocks.
pérdida por goteo | dragout | drip loss.
pérdida por histéresis | hysteresis loss.
pérdida por histéresis del núcleo | hysteresis core loss.
pérdida por histéresis incremental | incremental hysteresis loss.
pérdida por humedad | wetness loss.
pérdida por hurto | pilferage.
pérdida por incineración (química) | ignition loss.
pérdida por incumplimiento | forfeiture.
pérdida por infiltración | seepage.
pérdida por la chimenea | stack loss.
pérdida por la empaquetadura | gasket leakage.
pérdida por la forma de haz | beam-shape loss.
pérdida por la junta | gasket leakage.
pérdida por la válvula de escape | exhaust-valve leakage.
pérdida por merma | loss by leakage.
pérdida por radiación en líneas (telecomunicación) | radiation loss of lines.
pérdida por recirculación (bomba centrífuga) | recirculation loss.
pérdida por reflexión | return loss.
pérdida por remolinos | eddy loss | loss by whirling.
pérdida por resistencia aerodinámica (aviación) | windage loss.
pérdida por resistencia de la atmósfera contenida en el estator al movimiento del rotor | fanning loss.
pérdida por resistencias pasivas | friction and windage loss.
pérdida por retiro de activos fijos | loss on retirement of fixed assets.
pérdida por roturas | breakage loss.
pérdida por rozamiento con el aire (máquina eléctrica) | windage loss.
pérdida por rozamiento de los cojinetes más pérdida por rozamiento del aire | friction and windage loss.
pérdida por rozamiento líquido entre los piñones y el aceite de lubricación (caja de cambio) | churning loss.
pérdida por salpicaduras | spatter loss.
pérdida por tiempo muerto | dead time loss.
pérdida prematura de microgranulos de diamante | premature diamond grits loss.
pérdida producida por el gasto de carbón necesario para mantener los fuegos respaldados (calderas) | banking losses.
pérdida proporcional | linear leakage.
pérdida que reduce las ganancias | profit-stea-

ling loss.
pérdida radiacional | radiational loss.
pérdida real per diem por suspensión total | actual per diem loss by total suspension.
pérdida real sufrida | actual loss sustained.
pérdida reputada total (seguro marítimo) | constructive total loss.
pérdida seca | clear loss.
pérdida seca (química) | dead loss.
pérdida sensible | material loss | heavy loss.
pérdida sin carga | no-load loss.
pérdida sufrida por el conjunto de la flota por año | loss incurred by whole fleet per annum.
pérdida superficial del aislador | insulator surface leakage.
pérdida supuesta | presumptive loss.
pérdida total | absolute total loss | sheer loss | total loss.
pérdida total (telecomunicación) | overal loss.
pérdida total absoluta | absolute total loss.
pérdida total constructiva | technical total loss.
pérdida total efectiva | absolute total loss.
pérdida total inevitable (seguro marítimo) | constructive total loss.
pérdida total real | actual total loss.
pérdida total supuesta | presumed total loss.
pérdida transductiva | transducer loss.
pérdida traspasada al año anterior | carry-back.
pérdida traspasada al año siguiente | carry-over.
pérdidas | losings | write-offs.
pérdidas abonadas en | losses made good in.
pérdidas acumuladas | walk down | accumulated losses.
pérdidas adicionales | additional losses.
pérdidas de carga lineales en conductos forzados (hidraúlica) | linear penstock head losses.
pérdidas de cierres | seal leakage.
pérdidas de desbloqueo (tiristores) | turn-on losses.
pérdidas de explotación | operation waste.
pérdidas de explotación no contabilizadas | unrecorded operating losses.
pérdidas de personal | personnel attrition.
pérdidas debidas a frecuencias mayores que la fundamental (motor corriente alterna) | incremental iron losses.
pérdidas debidas a resistencias pasivas (electromotor de inducción) | friction and windage.
pérdidas del combustible | fuel dribble.
pérdidas dieléctricas | dielectric losses.
pérdidas dispersivas de carga | stray-load losses.
pérdidas durante el transporte | transport loss.
pérdidas en cuentas malas | losses on bad notes and accounts.
pérdidas en el cobre (electricidad) | copper losses.
pérdidas en el hierro (electricidad) | iron losses.
pérdidas en la explotación agrícola | farm losses.
pérdidas en la línea | line losses.
pérdidas en las escobillas | brush losses.
pérdidas en las paletas (turbinas) | blade losses.
pérdidas en las piezas polares | pole-shoe losses.
pérdidas en los álabes (turbinas) | blade losses.
pérdidas en los codos (tuberías) | loss in bends.
pérdidas en tránsito | losses in transit.
pérdidas en valor debidas al cambio de precio | losses in value due to pricing change.
pérdidas enormes | untold losses.
pérdidas grandes | fast-flowing leaks.
pérdidas imprevistas | windfall loss.
pérdidas incalculables | untold losses.
pérdidas intangibles | intangible losses.
pérdidas magnéticas | magnetic losses.
pérdidas o daños en tránsito | loss or damages in transit.
pérdidas ocultas de mano de obra | hidden labor losses.
pérdidas permanentes experimentadas por una unidad (aviación) | aircraft attrition.
pérdidas por corrientes parásitas | eddy-current losses.
pérdidas por deformación en frecuencia (filmes) | scanning losses.
pérdidas por diferencias de cambios | exchanges losses.
pérdidas por embalaje no apropiado | packing losses.
pérdidas por escurriduras (baños tratamiento) | dragout losses.
pérdidas por fluctuaciones del cambio | exchange losses.
pérdidas por goteo de las piezas (baños tratamiento) | dragout losses.
pérdidas por histéresis | hysteresis losses.
pérdidas por huelgos (mecanismos) | clearance losses.
pérdidas por mal apilado del carbón en terreno ondulado | carpet loss.
pérdidas por marchar en vacío | idling losses.
pérdidas por pegadura del hormigón a la hormigonera | stikage.
pérdidas por rebarbado | fettling losses.
pérdidas por rozamientos en las escobillas | brush friction losses.
pérdidas por torbellinos | eddy loss.
pérdidas por transmisión | driving losses | driver losses.
pérdidas por venta de bienes | capital losses.
pérdidas previsibles | foreseeable losses.
pérdidas previstas | anticipated losses.
pérdidas recuperadas en | losses made good in.
pérdidas tangibles | tangible losses.
pérdidas tangibles e intangibles | tangible and intangible losses.
pérdidas y cargos diversos | losses and sundry charges.
pérdidas y ganancias | losses and gains | profit and loss.
perdido | lost.
perdido de vista (buque en la mar) | hull down.
perdido durante mucho tiempo | long-lost.
perdido en la guerra | missing in action.
perdido en su integridad | lost in its entirety.
perdigón | pellet.
perdigonada | hail of shot.
perdigoneado de la costura (soldaduras) | seam peening.
perdigones | bird-shot.
perditancia | leak conductance.
perditancia (recíproco de la resistencia de aislamiento) | leakance.
perdómetro (instrumento para determinar la pérdida exacta de sangre en una operación quirúrgica) | perdometer.
perdón | condoning | pardon.
perdonador | pardoner.
perdonar | condone (to).
perdurabilidad | perdurability.
perdurable | for-life | long-lasting.
perdurar | last (to) | stand (to) | wear (to).
perecederibilidad | perishability.
perecedero | perishable | frangible | expendable.
perecer ahogado | be drowned (to).
perecer por exceso de humedad (semillas) | damp off (to).
perención | peremption | peremptory proceedings.
perenne | perennial.
perentorio | peremptory.
perfección | perfectness | flawlessness | thoroughness.
perfección del depósito electrolítico de níquel | squareness of the nickel deposit.
perfeccionado | improved.
perfeccionado (contratos) | complete.
perfeccionador | ameliorator.
perfeccionamiento | improvement | improving.
perfeccionamiento del contrato de seguro | perfecting the insurance contract.
perfeccionamiento profesional | professional development.
perfeccionar | perfect (to) | eke (to) | follow-up (to) | improve (to).
perfeccionar (contratos) | complete (to).
perfeccionar (la calidad) | upgrade (to).
perfeccionar el pago | complete payment (to).
perfeccionar un circuito (telecomunicación) | upgrade a circuit (to).
perfeccionar un endoso | execute an endorsement (to).
perfeccionar un recurso | perfect an appeal (to).
perfeccionar una sentencia | perfect judgment (to).
perfeccionista | perfectionist.
perfectamente | right.
perfectamente alineado | dead in line.
perfectamente cocido | burned off.
perfectamente liso | dead-smooth.
perfectamente válido | of full value | up to standard.
perfectamente vertical | perfectly vertical.
perfecto | perfect | clean.
perfélsica (rocas) | perfelsic.
perfil | outline | structural shape | profile | skyline | section | mould (Inglaterra) | contour | mold (Estados Unidos).
perfil (de carretera) | configuration.
perfil (de dientes engranaje) | shape.
perfil (de dientes, engranajes, de leva, etc.) | profile.
perfil (del terreno) | profile.
perfil (hierros laminados) | profile.
perfil (sondeos) | log.
perfil (vista en la pantalla del comparador óptico) | shadow.
perfil aerodinámico | profile | aerofoil profile | streamlining.
perfil alar (aviones) | wing profile | wing contour.
perfil altimétrico (topografía) | profile.
perfil antidepresión (presas) | antivacuum profile.
perfil compensado | balanced profile.
perfil compuesto | compound section.
perfil conjugado (engranajes) | corresponding profile.
perfil de acero laminado | steel shape.
perfil de ala (aeronáutica) | airfoil section.
perfil de ala ancha con anchura de ala igual a la altura | bearing pile.
perfil de ala de flujo laminar para gran velocidad | high-speed laminar-flow wing section.
perfil de ala de régimen laminar | laminar-flow wing section.
perfil de ala delgada | aerofoil section.
perfil de ala delgada con flap de chorro | jet flapped thin airfoil.
perfil de alas | airfoil.
perfil de diente (mecánica) | shape of gear tooth.
perfil de equilibrio (geografía física) | grade.
perfil de exploración | batter gauge.
perfil de gola | ogee.
perfil de gravedad (presas) | gravity section.
perfil de la densidad del plasma | plasma density profile.
perfil de la distribución en caja (semiconductor) | box-distribution profile.
perfil de la llanta (ruedas) | flange gauge.
perfil de la perforación (sondeos) | log of borings.
perfil de la rasante | grade profile.
perfil de la temperatura de aleación | alloying-temperature profile.
perfil de las temperaturas de las diversas capas del terreno (sondeos) | temperature log.
perfil de leva | cam curve | cam profile | cam outline.
perfil de ola en agua poco profunda | cnoidal wave.

perfil de pendiente adversa | adverse-slope profile.
perfil de pendiente crítica | critical-slope profile.
perfil de playa formado por las olas | wave-formed beach profile.
perfil de refracción sísmica | seismic refraction profile.
perfil de resistividad | resistivity profile.
perfil de succión (alas aviones) | suction profile.
perfil de textura (productos alimentarios) | texture profile.
perfil de una profundidad obtenido por ecosondeo | fathogram.
perfil de una superficie aerodinámica | airfoil profile.
perfil de ventas | sales contour.
perfil del ala | wing section.
perfil del avance del trabajo | progress profile.
perfil del cordón de soldadura | weld-bead profile.
perfil del diente | tooth outline.
perfil del diente de engranaje | gear tooth outline.
perfil del flujo neutrónico del reactor | reactor-flux profile.
perfil del sondeo | drill-log | log of boring | borehole logging | borehole log.
perfil del sondeo (pozo petrolífero) | well log.
perfil del terreno | soil profile | contour.
perfil diabático del viento | diabatic wind profile.
perfil doble T de ala ancha con reborde en el borde de las alas | lipped H-section.
perfil en T con alma de bulbo | bulb leg tee.
perfil en T de piezas ensambladas | built-up T-section.
perfil en U con reborde en el canto de las alas | lipped channel.
perfil en U estampado de acero al carbono | channel-section carbon-steel pressing.
perfil en Z con reborde al final de las alas | lipped Z-sections.
perfil esquemático | generalized section.
perfil estratigráfico (sondeos) | stratigraphic logging.
perfil extruido de forro y rigidizadores combinados | extruded section of combined plating and stiffeners.
perfil extruido de gran resistencia | high-strength extruded shape.
perfil extruido hueco con salientes exteriores | pinion hollow shape.
perfil extruido retorcido a lo largo | helical extruded shape.
perfil extruidoso hueco de aleación de aluminio | hollow aluminum alloy extruded section.
perfil formado por rodillos | roll formed shape.
perfil fresado | hobbed shape.
perfil funicular (arcos) | funicular profile.
perfil geológico | geological column | geological section | geological record.
perfil gravimétrico | gravity meter profile.
perfil hídrico (capa freática) | moisture profile.
perfil hidrodinámico | hydrofoil.
perfil hidrodinámico con hendiduras | vented hydrofoil.
perfil hueco con protuberancia maciza o hueca paralela al eje longitudinal | lip hollow shape.
perfil inactivo (levas) | quieting contour.
perfil interior | inboard profile.
perfil laminado | rolled channel section.
perfil laminado en forma de sombrero de copa | hat section.
perfil laminado en U con alas enfaldilladas | hat section.
perfil laminado en Z | zee.
perfil laminado o estirado | shape.
perfil laminar | laminar profile.
perfil litoral | beach profile.
perfil longitudinal | lengthwise section | profile chart | longitudinal section.
perfil longitudinal (dibujos) | profile view.
perfil longitudinal (ferrocarril) | grade profile.
perfil longitudinal (ferrocarriles, etc.) | grade line.
perfil longitudinal (movimiento de tierras) | mass-haul curve.
perfil longitudinal (sondeos) | logging.
perfil longitudinal cóncavo (carreteras, ferrocarril) | sag vertical.
perfil macizo | solid shape.
perfil ondulado | waviness.
perfil óptimo | ideal shape.
perfil para brochar | broaching profile.
perfil para chavetas | key section.
perfil piezométrico | hydraulic gradeline.
perfil poroso para forro alar (aviones) | porous wing skin section.
perfil radiométrico (sondeos) | radiometric logging.
perfil recortado | shaping.
perfil rectangular o cuadrado de gran longitud en relación con su espesor | flat product.
perfil semihueco | semihollow shape.
perfil sustentador | lifting profile.
perfil sustentador anular | ring airfoil.
perfil transversal | cross sectional shape | cross section | cross-sectional profile.
perfil tubular con una abertura longitudinal no mayor del 25% del diámetro exterior | open seam tube.
perfil vertical continuo | continuous vertical profile.
perfilación continua (sondeos) | continuous profiling.
perfilado (hierros) | sectional.
perfilado (soportes, ladrillos, desbastes, etcétera) | shaped.
perfilado a la muela | form-grinding.
perfilado a medidas finales | finish-profiling.
perfilado al torno | contour turning.
perfilado con muela de rectificar | grinding wheel profiling.
perfilador | truer.
perfilador sísmico | seismic profiler.
perfiladora-niveladora (carreteras) | road grader | grader.
perfilaje de activación (pozos) | activation logging.
perfilaje eléctrico (sondeos) | electric logging | electrical coring | electric coring.
perfilar | profile (to) | rout (to).
perfilar a medidas finales la forma aerodinámica de las palas | finish profile the aerofoil form of the blades (to) .
perfilar la curva de unión | radius true (to).
perfiles comerciales de laminación | mill shapes.
perfiles de aluminio | aluminum shapes.
perfiles del fondo sumbarino | subbottom profiling.
perfiles diversos (hierros) | miscellaneous sections.
perfiles eléctricos (sondeos) | electric logs.
perfiles en U adosados por el alma | back-to-back channel sections.
perfiles estampados (acero) | molded sections.
perfiles estructurales comrrientes (angulares, ues, zetas) | standard structural shapes.
perfiles extruidos | extruded sections | extruded shapes.
perfiles laminados | profiled material | shapes | rolled sections | structurals | steel sections.
perfiles laminados (incluye angulares, tes e hierros en U) | shapes.
perfiles laminados bonificados | quenched and tempered structural shapes.
perfiles laminados de acero | steel sections | steel shapes.
perfiles laminados de bandas | strip-rolled sections.
perfiles laminados de menos de 75 milímetros de altura | bar-size sections.
perfiles laminados de poco peso | steel lumber.
perfiles laminados en general | stock.
perfiles laminados templados y revenidos | quenched and tempered structural shapes.
perfiles preformados | preformed shapes.
perfiles que relacionan la viscosidad con la profundidad (geología) | viscosity-depth profiles.
perfiles que se laminan a intervalos irregulares (por su poca demanda) | special sections.
perfiles transversales (topografía) | profile levels.
perfilometría | profilometry.
perfilométrico | profilometric.
perfilómetro | contour follower.
perfilómetro electrodinámico | electrodynamic profilometer.
perfilómetro fotográfico | photographic profilograph.
perfilómetro para agujeros (hileras de estirar) | bore profilometer.
perfluorocarburo | perfluorocarbon.
perforabilidad | drillability.
perforabilidad de la roca | rock drillability.
perforable | drillable | pierceable.
perforación | drilling | piercing | holing | boring | bore | tunneling | puncture | punching | breakthrough | breaking through | perforation | punch hole | punched hole.
perforación (cribas) | hole.
perforación (dieléctricos) | breakdown.
perforación (galería de mina) | driving.
perforación (transistores) | punch-through.
perforación (túneles) | driving.
perforación acoplada | gang punch.
perforación al diamante | diamond drilling.
perforación cegada | blind perforation.
perforación con cable de pozos poco profundos | spudding.
perforación con chorro hidráulico | hydraulic jet drilling.
perforación con dirección controlada (sondeos) | directional drilling | controlled directional drilling.
perforación con extracción de testigos (sondeos) | core drilling.
perforación con haz lasérico | laser drilling.
perforación con inyección de agua | water-flush drilling.
perforación con laser | laser perforation.
perforación con lodo mezclado con aire | aerated mud drilling.
perforación con mezcla de pulvihierro y pulvialuminio mezclado con oxígeno | powder lancing.
perforación con pistola (sondeos) | gun firing.
perforación con pistolete | jump drilling.
perforación con trépano de diamantes para la exploración de masas rocosas | diamond drilling used for the exploration of rock masses.
perforación controladora | control punching.
perforación de agujeros de pequeñísimo diámetro (de 70 a 90 mm - sondeos) | ultraslim-hole drilling.
perforación de alimentación | feed hole.
perforación de arrastre | sprocket hole | line hole.
perforación de avance | feed hole.
perforación de blindajes | armor penetration.
perforación de cartones | card perforating | card punching.
perforación de cavidades | hole sinking.
perforación de cavidades por vía electrolítica | electrolytic hole sinking.
perforación de clichés | stencil punch.
perforación de coladeros (minas) | winzing.
perforación de coladeros (minería) | raise drilling.
perforación de control | control hole.
perforación de chiflones (minas) | winzing.
perforación de enlechado | grout hole.
perforación de galerías en dirección al filón (minas) | drifting.
perforación de galerías transversales (minas) | crosscutting.

perforación de indización | indexing hole.
perforación de insectos | borehole.
perforación de inyección | grout hole.
perforación de límite | line drilling.
perforación de matrices | stencil punch.
perforación de paridad | parity hole.
perforación de poca profundidad | low-level drilling.
perforación de pozos | drilling of wells.
perforación de pozos de exploración | exploratory well drilling.
perforación de pozos de pequeño diámetro (sondeos) | slimhole drilling.
perforación de pozos petrolíferos | oil well drilling.
perforación de pozos profundos | long-hole drilling.
perforación de pozos submarinos | underwater well drilling.
perforación de roca | rock drilling.
perforación de salto | slew hole.
perforación de 1 a 9 (informática) | underpunch.
perforación del diodo | diode punch-through.
perforación del frente total de ataque (túneles) | full-face drilling.
perforación del túnel con frente entero | full-face tunnel-driving.
perforación desviada (al lado de una herramienta rota que se queda en el pozo) | sidetracking.
perforación desviada de la vertical | deflecting hole.
perforación dieléctrica | dielectric breakdown | puncture.
perforación difícil de piedra o carbón | dour holing.
perforación direccional gobernada (sondeos) | controlled directional drilling.
perforación en caliente | hot piercing.
perforación en sentido opuesto | back-piercing.
perforación enfrentada (sondeos) | offset.
perforación estéril (sondeo petróleo) | barren well.
perforación explorativa | exploratory drilling.
perforación exploratoria | wildcatting.
perforación geotérmica | geothermal drilling.
perforación guía | guide holes.
perforación hacia arriba (minería) | dry hole.
perforación inclinada | oblique perforation.
perforación inicial | spudding in.
perforación intencionadamente desviada de la vertical (sondeos) | controlled directional drilling.
perforación mecánica | machine holing.
perforación múltiple | gang punching | multiple punching.
perforación no válida | off punch.
perforación numérica | numeric punching.
perforación numérica (fichas) | underpunch.
perforación para encuadernar | bindery punching.
perforación para ventilación | air hole.
perforación petrolífera en mar abierto | offshore drilling.
perforación petrolífera submarina | offshore drilling.
perforación por aire comprimido | air drilling.
perforación por chorros de aire o agua a gran presión | jetting.
perforación por electroerosión | spark piercing.
perforación por fusión de la roca mediante un soplete | jet piercing.
perforación por gas | gas drilling.
perforación por haz lasérico | laser piercing.
perforación por lectura de marcas | mark sensing punching.
perforación por llama de quemador de reacción | rocket flame drill.
perforación por marcado electrosensible | mark-sensed punching.
perforación por percusión | percussive boring or drilling.
perforación profunda del subsuelo marino | subsea deep drilling.
perforación recapitulativa | summary punching.
perforación reducida | slim hole.
perforación rotopercutiente | rotary percusion drilling.
perforación significativa | intelligence hole.
perforación sismográfica con exploraciones correcionales (prospección petróleo) | correlation shooting.
perforación sónica (sondeos) | sonic drill.
perforación sónica del pozo | sonic well drill.
perforación subacuática | underwater drilling.
perforación submarina (sondeos) | submarine borehole.
perforación subsuperficial para las misiones post-Apollo | subsurface drill for post-Apollo missions.
perforación superprofunda | super-deep borehole.
perforación térmica | thermic boring.
perforación Y | Y-punch.
perforaciones | punchings.
perforaciones (filmes) | sprocket holes.
perforaciones alabiadas | lipped perforations.
perforaciones de arrastre | feed holes.
perforaciones de arrastre (telegrafía) | centre holes.
perforaciones de código | code holes.
perforaciones de exploración | scanning apertures.
perforaciones de función | function holes.
perforaciones de reconocimiento | borings.
perforaciones en los pliegos para coserlos (libros) | stab marks.
perforaciones marginales | marginal punching.
perforaciones parcialmente hechas | partially severed perforations.
perforacorchos | borer | cork borer.
perforado | holed | perforate.
perforado con chorro | jet perforated.
perforado con inclinación | directionally drilled.
perforado en seco | blind perforating.
perforado en sentido opuesto | counter-pierced.
perforado por haz lasérico | laser-pierced.
perforado sin tintaje | blind perforating.
perforador | notcher | puncher | perforator | perforating machine | driller | drillman.
perforador (motor) | gun.
perforador (sondeos) | drill runner.
perforador columna a columna | column punch.
perforador de cartones | card cutter.
perforador de cartones jacquard | jacquard card cutter.
perforador de entubado (sondeos) | casing gun.
perforador de llegada (telegrafía) | receiving perforator.
perforador de teclado | keyboard perforator.
perforador de tubos (pozo petróleo) | casing perforator.
perforador línea a línea | row punch.
perforador para etiquetas | micropunch.
perforador para papel | paper-punch.
perforadora | drilling-mill | drilling-machine | driller | drill | key puncher | borer | boring machine | bit drilling | punching device | perforator | puncher.
perforadora (de datos) | keypunch.
perforadora a mano | hand drill.
perforadora accionada directamente por motor | direct motor-driven drilling machine.
perforadora con bolsa de extracción | sack borer.
perforadora con inyección inversa (petróleo) | reverse circulation drilling.
perforadora con teclas (máquinas) | key operated card-punch.
perforadora de aire comprimido | pneumatic drill | compressed-air drill | air drill.
perforadora de alimentación manual | hand feed punch.
perforadora de avance (minas) | drifter drill.
perforadora de barrena | pole drill.
perforadora de carretilla | wagon drill.
perforadora de cinta de papel | paper tape punch.
perforadora de columna | pillar drilling machine | column drill | drill-press | post drill | drilling-pillar.
perforadora de columna (minas) | drifter drill.
perforadora de diamantes | diamond rock-drill | diamond borer.
perforadora de estarcidos | stencil cutter.
perforadora de exploración (sondeos) | formation drill.
perforadora de fichas | punch | card punch.
perforadora de fichas con memoria intermedia | buffered card punch.
perforadora de hoyos para postes | pole-hole digger.
perforadora de inyección de agua | wash drill.
perforadora de mano | gad picker.
perforadora de percusión | rock hammer drill | hammer drill | percussive drill.
perforadora de percusión a brazo | hand hammer drill.
perforadora de percusión a mano | plugger | plug drill.
perforadora de percusión por aire comprimido | wagon drill.
perforadora de puntos de diamante | diamond drill.
perforadora de rotación | rotary drill.
perforadora de rotación automática | automatic-rotating drill.
perforadora de soporte neumático | air leg drill.
perforadora de tarjetas de gran velocidad | high-speed punched-card machine.
perforadora duplicadora | duplicating perforator | duplicating punch.
perforadora eléctrica | electric rock drill | electric punch.
perforadora electroneumática | air electric drill.
perforadora hidráulica | hydraulic piercing machine.
perforadora impresora | printing punch.
perforadora impresora duplicadora | duplicating printing punch.
perforadora inicial (sondeos) | spudding unit | spudder.
perforadora lasérica | laser drilling machine.
perforadora mecánica | machine drill.
perforadora montada sobre caballete (minas) | cradle mounted drill.
perforadora montada sobre carrillo | drill rig.
perforadora móvil | drilling machine.
perforadora múltiple | gangpunch | gang drill.
perforadora neumática | air operated hammer drill | compressed-air drill | compressed air drill | pneumatic drilling machine.
perforadora neumática de diamantes | pneumatic diamond-drill.
perforadora para barrenos profundos | shaft sinker | deep-hole boring machine | deep-hole driller.
perforadora para barrenos verticales (minas) | stoper.
perforadora para realces (minas) | stoper.
perforadora para roca | rock drill | rock borer.
perforadora portátil | portable drilling-machine.
perforadora radial de precisión | precision radial drill.
perforadora reproductora | reproducing punch.
perforadora rotativa | auger drill | crown borer | rotary jack hammer.
perforadora rotativa para carbón | coal drill.
perforadora rotatoria | rotary rig.
perforadora sobre ruedas | wagon drill.
perforadora telescópica | air feed stoper.
perforadora telescópica (minas) | hammer drill

stoper.
perforadora verificadora | verifying punch.
perforadora-duplicadora | duplicating card punch.
perforadora-ranuradora | perforator-slitter.
perforador-impresor | printing-keyboard perforator | typing reperforator.
perforador-impresor de cinta | typing tape punch.
perforador-receptor de cinta | tape reperforator.
perforador-verificador | perforator-checker.
perforalatas | can piercer.
perforante (proyectiles) | armor piercing.
perforar | perforate (to) | tap (to) | pierce (to) | hole (to) | cut (to) | cut holes (to) | drill (to) | puncture (to) | punch (to) | write (to) | breakthrough (to) | bore through (to) | bore (to).
perforar (dieléctricos) | breakdown (to).
perforar (galerías, túneles) | drive (to).
perforar (pilotes) | spud (to).
perforar (pozo petróleo) | shoot (to).
perforar (túneles) | drift (to).
perforar (un pozo) | bore out (to).
perforar con broquel (túneles) | shield-drive (to).
perforar con escudo (tuneles) | shield (to) | shield-drive (to).
perforar con inyección de agua | wet drill (to).
perforar con laser | laser pierce (to).
perforar en cadena (fichas) | lace (to).
perforar en caliente | hot-pierce (to).
perforar en serie | gang punch (to).
perforar encadenadamente | lace (to).
perforar la formación productiva (petróleo) | drill-in (to).
perforar los pliegos para coserlos (libros) | stab (to).
perforar por teclado | keypunch (to).
perforar profundamente | gun-drill (to).
perforar un pozo | sink (to).
perforar un pozo de mina | blast a hole (to).
perforar una galería horizontal (minas) | drift (to).
perforar zonas | overpunch (to).
perforista | drill runner | driller | drillman | puncher | punch girl.
perforista (informática) | punch operator.
perforista (minas) | machine driller.
perforista de barrenos verticarles | stoperman.
performación | preformation.
performancia de corte | cutting performance.
perfumar (el aire, etc.) | embalm (to).
perfume | flavor (EE.UU.) | flavour (Inglaterra) | odor (EE.UU.).
perfundir (medicina) | perfuse (to).
perfusado | perfusate.
perfusor (medicina) | infusion set.
pergaminería | parchment-works.
pergamino | parchment | sheepsking.
pergamino de honor | honor scroll.
pergamino de piel de carnero | forel.
pergamino transparente (papel) | glassine.
perhidroso | perhydrous.
periapsis | periapsis.
periapsis de la órbita | periapsis of the orbit.
periastro | periastron.
periastrón (astronomía) | periastron.
periaxial | periaxial.
pericardio | heart sac.
pericia | workmanship | ability | expertness.
pericia marinera | seamanship.
pericia mecánica | engineering ability.
pericia periodística | journalistic skill.
pericia técnica | technical skill.
pericial | expert.
pericicloide | pericycloid.
pericintio | pericynthian.
periclasa | periclase.
periclino (cristalografía, botánica) | pericline.
periclitar | decline (to).
pericompuesto (química) | peri-compound.
peridoto | bastard emerald.
periductal | periductal.
periferia | periphery.
periferia (de una población) | outskirts.
periferia con esquinas cóncavas | concave radiused periphery.
periferia contorneada | contoured periphery.
periferia de perfil en forma de V | V-form profile periphery.
periferia en la parte más ancha de una gema tallada | girdle.
periferia interior | inner periphery.
periférico | peripheral.
periférico (salida) | output device.
periférico de salida | output unit.
periférico de telegestión | remote peripheral.
periférico lento | slow speed peripheral.
periférico para introducción | input device.
periférico que depende de otro | slave.
perifrástico | circumlocutory | periphrastic.
perigallo de racamento (buques) | nave line.
perigeo | perigee.
perigeo cónico (satélites) | conic perigee.
perigeo lunar | lunar perigee | moon perigee.
periglacial | periglacial.
perigonio (ángulo de 360 grados) | perigon.
perihelio | perihelion.
peri-informática | peri-informatics.
perilunio (luna) | pericynthian.
perilla | knob | mast head.
perilla (arquitectura) | pommel.
perilla (asta de bandera o palo de buque) | ox ball.
perilla (palo de buque) | pillow | truck.
perilla de ajuste de la altura de tablero de alimentación | feedboard height adjusting knob.
perilla de grimpola (palo de buques) | acorn.
perilla de mando | knob.
perilla de mando de la cantidad de agua | water quantity control knob.
perilla de trabazón | locking knob.
perilla del palo (buques) | mast truck.
perimetral | perimetric.
perimetría | perimetry.
perimétrico | perimetric.
perímetro | perimeter | girth | circumference | peripheral length.
perímetro (de un cable) | size.
perímetro (de un rollizo) | girt.
perímetro a la mitad de la altura (árboles) | mid-timber girth.
perímetro a mitad de la longitud de la troza | mid-timber girth.
perímetro alcanzado por un incendio en un instante determinado | fire edge.
perímetro cortante de la broca | cutting perimeter of the drill.
perímetro de defensa | defense perimeter.
perímetro de la sección a la altura del pecho (árboles) | breast height girth.
perímetro de la sección transversal | peripheral length of the cross-section.
perímetro del agujero | perimeter of the hole.
perímetro del forro exterior (buques) | skin girth.
perímetro del tronco | trunk girth.
perímetro en el extremo superior (troncos de árboles) | top girth.
perímetro mojado | wetted perimeter | wet perimeter.
perímetro torácico | chest measurement.
perinatal | perinatal.
perinuclear | perinuclear.
periódicamente | from time to time.
periódicamente variable en el tiempo | periodically time-varying.
periodicidad | periodicity | rhythm | rhythm | recurrence frequency.
periodicidad anual | annual periodicity.
periodicidad de las cortas de mejora (bosques) | tending rotation.
periodicidad diurna | diurnal periodicity.
periodicidad en los compromisos de pago | timing of the cash commitment.
periodicidad endógena | endogenic rhythm.
periodicidad irregular | irregular periodicity.
periodicidad lunar | lunar periodicity.
periodicidad oculta | hidden periodicity.
periodicidades en la voz humana | voicing periodicities.
periódico | intermittent | cyclic | recurring | print | journal | periodic | periodical | paper | pulsating | sequential | regular.
periódico con fecha adelantada | antedated paper.
periódico de a bordo (buques) | ship's newspaper.
periódico de cuatro planas de gran tamaño | blanket sheet.
periódico de empresa | employee magazine.
periódico de la tarde | evening paper.
periódico electrónico | integrated newspaper | electronic newspaper.
periódico electrónico transmitido por televisión | television-transmitted electronic newspaper.
periódico en imágenes | tabloids.
periódico humorístico | comic journal.
periódico integrado | integrated newspaper.
periódico muerto | dropped paper.
periódico para niños | children's periodical.
periódicos | press.
periódicos no vendidos en los puestos de venta | folded news.
periódicos que no han salido de la imprenta (para ser vendidos) | overissue news.
periodicucho | rag.
periodímetro | period meter | periodometer | periodmeter.
periodismo de investigación | investigative journalism.
periodismo electrónico | electronic journalism | electronic news gathering.
periodista | pressman | columnist | newspaperman | journalist | reporter.
periodista (EE.UU.) | newsman.
periodista independiente (no de plantilla de un periódico) | freelance.
periodista investigativo | investigative journalist.
periodista que recoge noticias en la calle | field man.
periodización | periodization.
período | periodic time | stadium | stage | time | range | period | run | oscillation time | term | space.
período (de una enfermedad) | stage.
período (electricidad, geología) | cycle.
período (fracción decimal) | repetend.
período a revisar | period to be covered.
período anomalístico (satélites) | anomalistic period | perigee-to-perigee period.
periodo anual a partir de la fecha de la póliza | policy year.
período biológico | biological halt-life.
período biológico de una sustancia radiactiva | biologic half-life of a radioactive substance.
período carbonífero | coal period | carbonic period.
período cíclico | recurrent period.
periodo contable | accounting period.
período contagioso (medicina) | communicable period.
período corto de tiempo muy frío | cold-snap.
período de | radio day.
período de aceleración | acceleration period.
período de aceleración (aceleradores cíclicos) | duty cycle.
período de actividad | working life | boom period.
período de admisión | induction period.
período de admisión (motores) | charging period.
período de admisión (motores combustión) | charging.
período de admisión del concurso | contest period.

período de amortización | amortization period | payback period | payoff period.
período de arranque | startup time | start-up period.
período de aspiración (motores) | intake period.
período de atenuación del eco | hangover time.
período de atenuación del eco (supresor de ecos) | operating time.
período de auge | boom.
período de baja sindicalista | escape period.
período de balance (buques) | period of rolling.
período de balance de banda a banda | out-to-out rolling period.
período de balance en aguas tranquilas | rolling period in calm water | still-water rolling period.
período de bloqueo (telefonía) | off period.
período de boga | boom.
período de cabeceo (buques) | pitching period.
período de calentamiento | warming-up period.
período de calma | flatness.
período de caracteres | character period.
período de carga | charging period.
período de carga reducida y elevado factor de potencia | off-peak high power-factor period.
periodo de cierre de fábrica por reparaciones o reformas | down period.
período de compra de futuros con entrega de lo disponible | cease-trading period.
período de conducción | on period.
período de corte | off period.
período de crecimiento renovado (plantas leñosas) | flush.
período de descarburación (convertidor Bessemer) | boil period.
período de descenso | lowering time.
período de desembrague | release-period.
periodo de desintegración | decay time.
período de diseño | development period.
período de dos horas de servicio (timonel) | trick.
período de ebullición (pudelado) | stewing.
período de enfriamiento | cooling period | cooling-down period.
período de entrega | period of delivery.
período de escape (máquinas) | release.
período de escape (motores) | release-period.
período de espera | waiting period.
periodo de exploración | scanning stage.
período de forjadura antes de recalentar de nuevo | heat.
período de funcionamiento por la batería (arranque motores) | cranking period.
período de garantía | guarantee period | period of guarantee.
período de gestación | gestation period.
período de gracia (deuda) | grace period.
periodo de gracia (economía) | grace period.
período de gran consumo | peak period.
período de guardia alternado con uno de descanso | heel-and-toe.
período de inactividad | lie-up | off-spell.
período de incumplimiento | period of default.
período de instrucción corto | brief period of instruction.
período de integridad | integrity lifetime.
período de la crisis | apprehension period.
período de la traza (rayos catódicos) | trace period.
período de latencia | latent period.
período de libertad vigilada | probationary period.
período de luz amarilla en las luces del tránsito | traffic lights amber period.
período de marcha | run-in period.
período de marcha a potencia reducida | off-peak period.
período de marcha continua | run.
período de máxima demanda | peaking.
período de máximo consumo | peaking.
período de moda | boom.
período de números | number period.
período de ocupación | tenure.
período de oreo | breathing time.
período de oscilación libre en dirección vertical en aguas tranquilas (buques) | dipping period.
período de oscurecimiento (cine) | cutoff period.
período de parada | lay-up | layoff.
periodo de parada en un extremo de su movimiento de vaivén | dwell period at one end of its reciprocating movement.
período de paralización | period of stagnation.
período de paralización de trabajo (por avería o arreglo de una máquina) | downtime.
periodo de paralización por avería | down time.
período de paralización por recorrida | overhaul layoff period.
período de perforación (sondeo con trépano) | break-in period.
período de poco consumo (electricidad) | off-peak period.
período de poco tráfico (telecomunicación) | slack hours.
período de precios máximos | peak period of prices.
período de presión (antes de aplicar la corriente - soldadura de resistencia) | squeeze time.
período de prueba | probationary period | probation period | time of probation.
período de quince días antes del despido de un obrero | escape period.
período de recuperación | payout period | playback period.
período de recuperación del capital | payoff period.
período de reembolso | payback period.
período de reparaciones | off-hire period.
periodo de reposo | quiescent period.
período de reposo de la semilla | seed dormancy.
período de restitución | payback period.
período de retención | retention period.
período de retorno | return period.
período de retorno medio verdadero | true average return period.
período de retorno real | actual return period.
período de reverberación | reverberation time.
período de rodaje | shake down period | break-in period.
período de rodaje (motores) | limbering up period.
período de semidesintegración | half life.
período de semidesintegración (cuerpos radioactivos) | halflife.
periodo de semidesintegración radiactiva | radioactive half-life.
período de sensibilidad | sensitive time.
período de separación de los electrodos (soldadura) | off time.
período de sequía | dry spell.
periodo de silencio radio internacional | international radio silence.
período de surgencia (pozo petróleo) | flowing life.
periodo de suspensión (seguros) | idle period.
período de tiempo efectivo de trabajo (máquinas) | up-time.
período de tiempo que transcurre hasta recibir lo comprado | procurement lead time.
período de tiempo requerido para transmitir un bitio | bit rate.
periodo de tramas (telefonía) | frame period.
período de traza de señalización | signaling frame period.
período de una sola cifra (fracciones periódicas) | single repetend.
período de unos 5 días con características de humedad especiales (meteorología) | wet spell.
período de validez | retention period | period of validity | validity period.
período de validez del pronóstico | period of forecast.
período de vigencia | period of validity.
periodo de 10 años | decade.
período de 10^6 milenios | aeon.
período de 10^7 siglos | aeon.
período de 10^9 años | aeon.
período de 4 ó 5 minutos de trabajo continuo muy intenso antes de un descanso | rally.
período débil en las ventas | period of dull sale.
período del gótico florido | decorated period.
período del reactor | E-folding time | reactor period.
período difícil o crítico | hump.
período dilatorio | delay time.
período durante el cual se evaporan los solventes volátiles (pinturas) | flash period.
periodo económico | accounting period.
periodo efectivo (biológico) | effective half-life.
periodo efusivo (geología) | effusive period.
período en que los ingresos se ajustan a la inversión | payback.
período en que se apagan los fuegos para limpieza y reconocimiento (calderas) | outage.
período entre impulsiones sucesivas de la corriente (soldadura) | cool time.
período entre los 39 y los 50 años | forties.
período entre recorridas sucesivas (buque guerra) | training cycle.
período estable de precios | flation.
período final | final period.
periodo final de un insecto | imago.
período fiscal | accounting period | fiscal period.
período fuera de puntas | off-peak period.
período geocrático (geología) | geocratic period.
período glacial | ice-age.
período glaciar | boulder period | ice age | ice period.
período medio de cobranzas | average colletion period.
periodo mesolítico | Mesolithic period.
período multiplicado por dos (reactor nuclear) | doubling time.
período necesario después de una recorrida (buques de guerra) | readiness for sea period.
periodo preestablecido | preset period.
período propio | natural period.
período radiactivo | half-value period.
período recurrente | recurrent period.
período seco | dry spell.
período sotíaco (astronomía) | sothic period.
período superior al desgaste | wear-out period.
periodo tasable (comunicaciones) | bookable period.
período transcurrido después de una gran reparación hasta que el buque está en plenas condiciones de servicio | shakedown.
período transitorio | dying-out time.
período undecenal | eleven-year period.
periodo válido del crédito | credit period.
periodógrafo | periodograph.
periodograma | periodogram.
períodos de tasación (telefonía) | charge periods.
períodos próximos | closely-following periods.
períodos sin peso | weightlessness.
peripecia | incident.
periplanático | periplanatic.
peri-posición (química) | peri-position.
peripteria (templo) | peripteros.
periscopio | periscope.
periscopio binocular | binocular periscope.
periscopio de espejo | mirror-type periscope.
periscopio de la estación de control | conning tower periscope.
periscopio de la torre de cañones (buques de guerra) | turret periscope.
periscopio de mira astral | star sighting periscope.
periscopio de ocular fijo | fixed-eyepiece periscope.
periscopio de reactor atómico | atomic reactor periscope.
periscopio del carro | tank periscope.
periscopio industrial | industrial periscope.

periscopio para examinar el interior de los agujeros | borehole periscope.
periscopio para observar el interior del horno | furnace-scanning periscope.
periselenio | pericynthian.
periselenio de 160 kilómetros | pericynthian of 160 kilometers.
peristilo | cloisters.
peritable | surveyable.
peritación | connoisseurship | survey | expertness | surveying.
peritación de daños | ascertainment of damage.
peritación de daños (seguros) | loss assessment.
peritación del daño | damage appraisal.
peritador.
peritaje | survey | expert testimony.
peritaje profesional | professional expertise.
peritar (seguros) | survey (to).
peritéctico | peritectic.
peritectoide | metatectic | peritectoid.
perito | valuer | surveyer | surveyor | master | expert.
perito adjunto | assistant surveyor.
perito arqueador | measuring officer | ship gager.
perito arqueador (marina) | port warden.
perito arqueador de buques | inspector for tonnage.
perito calígrafo | handwriting expert.
perito contador | expert accountant.
perito de averías | averia adjuster.
perito de buques | ship surveyor.
perito de contabilidad | auditor.
perito mecánico | engineer surveyor.
perito mercantil | auditor | expert accountant.
perito oficial de contabilidad | chartered accountant.
perito tasador | expert estimator | expert appraiser | experte stimator.
perjudicado | overdue.
perjudicado en su tiro (por otro buque) | blanketed.
perjudicar | wrong (to) | damage (to) | hurt (to).
perjudicar el tiro (de sus propios buques) | blanket (to).
perjudicar el tiro de un horno | interfere with the draught of a furnace (to).
perjudicar los movimientos de | narrow (to).
perjudicar los trabajos | interfere with the work (to).
perjudicar por esfuerzo excesivo | strain (to).
perjudicial | harmful.
perjudicial o ilegal | malpractice.
perjuicio | tort | detriment | injury | damage | loss.
perjuicio a otros | injury to others.
perjuicio de capital | capital impairment.
perjuicio material | real injury.
perjuicio moral (abogacía) | moral damages.
perjuicio procesable | actionable nuisance.
perjuicio sin acción legal | damnum absque injuria.
perjuicios | implications | prejudice.
perjuicios por demora | damages for delay.
perjurio | false swearing | oath breaking | perjury.
perjuro | perjurer.
perla | pearl.
perla (arquitectura) | bead.
perla (química, análisis) | bead.
perla (soldaduras) | bead.
perla abovedada con una cara casi plana | button pearl.
perla aisladora (electricidad) | bead.
perla artificial | artificial pearl | cultured pearl.
perla cultivada | artificial pearl | cultured pearl | cultivated pearl.
perla cultivada taladrada | drilled cultured pearl.
perla de aspecto blanco mate | dead pearl.
perla de bórax | borax bead | borax head.
perla de borax azul | blue borax bead.
perla de cobalto | cobalt bead.
perla de ensayo | assay-bead.
perla de ensayo (química) | assay button.
perla de laca | shellac bead.
perla de las Antillas | blister pearl.
perla de sal de fósforo | salt of phosphorus bead.
perla de vidrio | glass bead.
perla dorada | gold bead.
perla formada en la epidermis del molusco | ampullar pearl.
perla genuina taladrada | drilled genuine pearl.
perla magnética (mineralogía) | magnetic bead.
perla metálica (mineralogía) | metallic bead | metal bead.
perla natural genuina | accidental pearl.
perla negruzca muy pequeña | black seed pearl.
perla pequeña de vidrio | dewdrop.
perla piriforme o campaniforme | bell pearl.
perla tornasolada | girasol pearl.
perla vedadera situada en una bolsa que está dentro de un molusco | cyst pearl.
perla verdadera (perla no cultivada) | real pearl.
perla vítrea | glassy bead.
perlado | margaritaceous | pearled | pearly.
perlado (química) | beaded | beady.
perlar | pearl (to).
perlas barruecas | baroque pearls.
perlas con imperfecciones sobre la superficie | bird's-eyes.
perlas cultivadas | cultured pearls.
perlas de Baily (astronomía) | Baily's beads.
perlas de Bayly (eclipse de sol) | Bayly pearls.
perlas de coque (explosión polvos minas carbón) | globular coke.
perlas de estaño que aparecen en la superficie de piezas de bronce cuando el caldo contiene cantidades apreciables de hidrógeno (fundición de bronce con hidrógeno) | tin sweat.
perlasa | pearl ash.
perlífero | pearl-bearing.
perlificar | pearl (to).
perlino | pearly | margaritaceous | margaritiferous.
perlita | cryocarbide.
perlita (metalografía) | pearlite.
perlita (mineralogía) | pearl stone | perlite.
perlita arrosariada | necklace pearlite.
perlita con cementita esferoizada por recocido | divorced pearlite.
perlita globular | beaded pearlite | balling up pearlite.
perlita granular | divorced pearlite.
perlita laminar | laminated pearlite.
perlita sorbítica | sorbitic pearlite.
perlítico | pearlitic.
perloide | pearloid.
permáfico (rocas ígneas) | permafic.
permagélido (terrenos) | ever-frost.
permahielo | permafrost.
permaloy (aleación de níquel y hierro) | permalloy.
permanecer | lie (to) (lay, lain, lying) | last (to) | stand (to).
permanecer al largo (buques) | lay off (to) | lie off (to).
permanecer en calma (viento, mar) | keep down (to).
permanecer en fase (electricidad) | remain in step (to).
permanecer en posición fija a una determinada altitud (dirigibles, helicópteros) | hover (to).
permanecer en tierra (aviones) | stand down (to).
permanecer en tierra a causa del mal tiempo (aviación) | be weathered in (to).
permanecer en vigor | remain effective (to).
permanecer encendido | keep in (to).
permanecer entre sus referencias (burbuja nivel de aire) | keep its center (to).
permanecer inculto (terrenos) | lie waste (to).
permanecer parado a corta distancia (buques) | lie off (to).
permaneciendo constantes las demás condiciones | all other conditions being constant.
permanencia | demurrage | permanence.
permanencia del color | color permanence | colorfastness.
permanencia del color en el papel | color fastness.
permanente | steady.
permanente (indesteñible - colores) | colorproof.
permanentemente fijo en la factoría | permanently stationed in the factory.
permanentemente puesto a tierra | solidly earthed.
permanganato | permanganate.
permanganato potásico | potassium permanganate.
permanganimetría | permanganimetry.
permatrón | permatron.
permeabilidad | permeability | specific permeance | perveance.
permeabilidad (presas) | seepage.
permeabilidad (un órgano) | patency.
permeabilidad a las ondas radáricas | radar wave permeability.
permeabilidad a las ondas ultrasonoras | ultrasonic wave permeability.
permeabilidad adicional | incremental permeability.
permeabilidad al aire (telas) | air permeability.
permeabilidad al hidrógeno | hydrogen permeability.
permeabilidad cultural | cultural permeability.
permeabilidad de la deposición galvanoplástica | electrodeposit permeability.
permeabilidad de los metales al hidrógeno | permeability to hydrogen of metals.
permeabilidad del cuero | leather breathing.
permeabilidad del hormigón en masa | mass concrete permeability.
permeabilidad del lecho del sinterizado | sinter bed permeability.
permeabilidad del papel | permeation of paper.
permeabilidad del papel a la tinta impresora | printing ink permeation of paper.
permeabilidad equivalente | recoil permeability.
permeabilidad específica | absolute permeability.
permeabilidad hidráulica | hydraulic permeability.
permeabilidad horizontal de los estratos | horizontal permeability of the strata.
permeabilidad intrínseca | intrinsical permeability.
permeabilidad magnética | magnetic permeability.
permeabilidad osmótica | osmotic permeability.
permeabilidad relativa | space permeability.
permeabilidad reversible (electricidad) | reversible permeability.
permeabilímetro | permeabilimeter.
permeable | permeable | meable | leaky.
permeable (terrenos) | leachy.
permeación | permeation | permeatio | permeance | seepage.
permeación de isótopos de hidrógeno | hydrogen-isotope permeation.
permeación del gas | gas permeation.
permeación del hidrógeno a través del níquel | permeation of hydrogen through nickel.
permeación del hidrógeno en el acero inoxidable | permeation of hydrogen through stainless steel .
permeametría (textiles) | permeametry.
permeamétrico | permeametric | permeametrical.
permeámetro | permeability bridge | permeater | vectometer | magnetic tester.
permeámetro (permeabilidad de suelos) | permeameter.
permeámetro de carga constante | constant-head permeameter.
permeámetro de carga variable | falling-head

permeameter.
permeámetro de corriente ascendente | upward-flow permeameter.
permeámetro de hiperfrecuencia | radiofrequency permeameter.
permeancia (magnetismo) | permeance.
permeancia del entrehierro | gap permeance.
permeancia magnética | magnetic permeance.
permiano | Permian.
pérmico | Permian.
permineralización | permineralization.
permio (unidad de permeancia) | perm.
permisible | licensable.
permisionario | permittee.
permisionario (México) | forest squatter.
permisividad | permissivity.
permiso | leave | licence | liberty | licence (G.B.) | license (EE.UU.) | furlough | leave | leave of absence | permit.
permiso (acuñación moneda) | tolerance.
permiso (desviación del peso exacto-monedas) | remedy of the mint.
permiso (milicia) | pass.
permiso (para vender o comprar) | authority.
permiso aduanero de retirada de las mercancías | transire.
permiso anual | annual leave.
permiso cobrando sueldo | paid permit.
permiso como compensación por horas extra de trabajo | compensatory leave.
permiso con sueldo entero | leave on full day | full-pay leave.
permiso de aterrizaje | landing permit.
permiso de cambio | exchange permit.
permiso de carga | loading permit.
permiso de cargar | lading permit.
permiso de circulación | free pass | pass.
permiso de circulación (autos) | car-license.
permiso de circulación de vehículos | licence plates.
permiso de descarga | landing permit.
permiso de desembarco (buques) | request note.
permiso de despegue o aterrizaje (aeropuertos) | clearance.
permiso de embargue | broker's agent order.
permiso de embarque | loading permit.
permiso de embarque (del consignatario) | broker's order.
permiso de entrada | entry permit | clearance inward.
permiso de exportación | export permit | export license.
permiso de importación | import permit | import licence.
permiso de la aduana para descargar (buques) | permit to unlade.
permiso de lastrado (buques - G.B.) | stiffening order.
permiso de navegación | sea letter.
permiso de navegación a un buque neutral | sea pass | sea brief | sea letter.
permiso de prospección | discovery claim.
permiso de remoción | removal permit.
permiso de salida (buques) | clearing.
permiso de tránsito | transit permit.
permiso de tránsito en cabotaje | transire.
permiso del consignatario | broker's agent order.
permiso del control de tránsito aéreo | air traffic control clearance.
permiso en feble (acuñación de monedas) | minus remedy.
permiso en fuerte (acuñación de monedas) | plus remedy.
permiso en tierra | shore leave.
permiso escrito | pass.
permiso especial para descargar ciertas mercancías antes de despachar el permiso de aduanas (buques) | request note.
permiso exclusivo | exclusive licence.
permiso marginal | edge lease.
permiso para aterrizar (aeropuertos) | leave to land.
permiso para continuar en un proyecto especificado | green light.
permiso para descansar | rest allowance.
permiso para desembarcar | leave to land.
permiso para embarcar determinadas mercancías | sufferance.
permiso para ir a tierra (marina) | liberty-ticket.
permiso para operar con divisas | foreign-exchange permit.
permiso para transportar petróleo (buques pasaje) | oil permit.
permiso para volar | flight clearance.
permiso para volar sobre una zona de tránsito aéreo controlado | traffic-control clearance.
permiso por adelantado | advance leave of absence.
permiso por enfermo | sick leave.
permiso por un cierto período de tiempo que no se tiene en cuenta para el cómputo de permiso | liberty pass.
permiso preliminar para descargar (buques) | entry.
permiso provisorio (aduanas) | bill of sight.
permitancia | electrostatic capacity.
permítanos aconsejarle cuál es el mejor | let us advise you which is the best.
permitido | permissible | permissive | free | allowable.
permitir | make possible (to) | license (to) | let (to) | enable (to).
permitir la publicación de una noticia | release (to).
permitir que caduque una patente | permit a patent to lapse (to).
permitir que la moción quede sobre la mesa | table the motion (to).
permitir un ligero movimiento (ejes) | float (to).
permitirse gastar | afford to spend (to).
permitividad | permittivity | dielectric constant | specific inductive capacity.
permitividad (inductividad) | permittivity.
permitividad dieléctrica | dielectric permittivity.
permotriásico | permotriassic.
permuta | trade-ins | interchange | exchange.
permuta de destino | exchange of post.
permuta de tierras | excambion.
permuta de viviendas | home trade-in.
permutabilidad | commutability | exchangeability.
permutable | interchangeable | exchangeable | commutable.
permutacationes | cation exchanger.
permutación | exchange | changeover.
permutación (matemáticas) | arrangement.
permutación aniónica | anion exchange.
permutación catiónica | cationic exchange.
permutación catiónica (propiedad de ciertos minerales como las zeolitas, que pueden permutar átomos de sodio, por ejemplo, por calcio) | base-exchange.
permutación cíclica | cyclic change.
permutación circular | circular permutation.
permutación de la dirección | direction permutation.
permutación de N cosas tomando R a la vez | permutation of N things taken R at a time.
permutación de transmisores (radioenlaces) | transmitter changeover.
permutador | exchanger | permutator | changing switch | interchanger | changer.
permutador (de un destino) | exchanger.
permutador aniónico de fenolformaldehido aminado | aminated-phenol-formaldehyde anion exchanger.
permutador de aniones | anion exchanger.
permutador de cationes | cation exchanger.
permutador de hidrogeniones | hydrogen ion exchanger.
permutador de iones | ion exchanger.
permutar | exchange (to) | barter (to) | change over (to) | interchange (to) | swap (to) | reciprocate (to).
permutatriz | commutator rectifier.
permutatriz (electricidad) | permutator | transverter | rectifying commutator.
permutita | permutit.
pernil | haunch | ham.
pernio | pin hinge | hinge strap | hinge | butt hinge.
pernio de escuadra | angle hinge.
pernio de T | cross-tailed hinge | garnet hinge.
pernito para zapatos | shoe tree.
perno | gudgeon | pin | bolt | fastener | dog stay | iron pin.
perno (unión articulada) | knuckle pin.
perno abrazadera | bolt clevis.
perno ajustado | fitted-through bolt | template bolt.
perno ajustado (sin huelgo) | reamed bolt.
perno arponado | fang bolt | lewis bolt | bat bolt | rag-bolt | jag bolt | bar bolt | barbed bolt | swedge bolt | swedged bolt | fagged bolt.
perno articulado | swing bolt.
perno axial | axle bolt.
perno capuchino | cap bolt.
perno con cabeza de muletilla | tee-bolt | T-bolt.
perno con cabeza en forma de saliente cuadrado | feather-necked bolt.
perno con cabeza en T | T-bolt | clip bolt | hook bolt.
perno con cuello de aletas | fin-neck bolt.
perno con chaveta | cotter bolt.
perno con fiador de muelle | spring toggle bolt.
perno con incisiones | hacked bolt.
perno con patilla | hooked bolt.
perno con reborde en la cabeza | collar bolt.
perno con salientes en la cara inferior de la cabeza | seat bolt.
perno con topes | shouldered bolt.
perno con tuerca cuadrada y cabeza avellanada | plow bolt.
perno con tuerca de uñas (para unir madera a metal) | fang bolt.
perno con tuercas en ambas cabezas | stud bolt.
perno cónico | taper bolt.
perno de acero sin pulir | black steel bolt.
perno de acoplamiento | coupling bolt | drawbolt.
perno de ajuste | drawbolt.
perno de anclaje | hook bolt | lewis bolt | rag-bolt | anchor bolt | holding-down bolt | stay bolt.
perno de anclaje arponado | sprig-bolt.
perno de anclaje pasante | crab bolt.
perno de anilla | eye headed bolt | eyebolt.
perno de apriete | drawbolt | clamping bolt.
perno de apriete (prensaestopas) | packing bolt.
perno de argolla | ringbolt | ring bolt.
perno de arriostamiento | distance bolt.
perno de arriostramiento | spacer bolt.
perno de articulación | pin-joint.
perno de base aflojado | loose foundation bolt.
perno de brida (carriles) | track bolt.
perno de bronce | bronze bolt.
perno de cabeza avellanada con tuerca cuadrada o exagonal y una longitud roscada de 1,5 a 2 veces el diámetro | tire bolt.
perno de cabeza avellanada teniendo encima una pequeña cabeza cuadrada | patch bolt.
perno de cabeza baja | low head bolt.
perno de cabeza con hueco poligonal (para introducir la llave de apriete) | internal wrenching bolt.
perno de cabeza con tope | snug-head bolt.
perno de cabeza cuadrada | square-head bolt.
perno de cabeza de hongo y cuello cuadrado (tornillo de carruaje) | carriage bolt.
perno de cabeza embutida | countersunk bolt | flush bolt.
perno de cabeza en forma de saliente cuadrado | feather bolt.
perno de cabeza esférica | ball bolt.

perno de cabeza exagonal | hexagonal-headed bolt.
perno de cabeza hemisférica | roundhead bolt.
perno de cabeza ovalada con la parte alta del fuste de sección cuadrada | loom bolt.
perno de cabeza perdida | flush bolt.
perno de cabeza ranurada | stove bolt.
perno de cabeza redonda | boss bolt | roundhead bolt.
perno de cáncamo | swivel bolt.
perno de cangilón del elevador | elevator bolt.
perno de castañuela | lewis bolt.
perno de cierre | clamping bolt.
perno de cierre de las flechas (cureña) | trail lock pin.
perno de cimentación | foundation bolt | holding-down bolt.
perno de cobre | copper bolt.
perno de codillo | knuckle pin.
perno de cojinete del cigüeñal | main bearing bolt.
perno de collar | collar pin.
perno de consolidadición del techo (rocas descompuestas en túneles o minas) | roof bolt.
perno de cosederos (buques madera) | spirketting bolt.
perno de costilla recortada | interrupted rib bolt.
perno de cruceta de la barra del pistón (motor con cruceta) | piston rod bolt.
perno de cubrejunta | fishbolt.
perno de cuchilla | knife bolt.
perno de cuello cuadrado y cabeza redonda | roundhead square neck bolt.
perno de cuello ovalado y cabeza semiesférica | buttonhead oval neck bolt.
perno de culata del cilindro | cylinder-head bolt.
perno de curva llave (buques de madera) | knee bolt.
perno de charnela | swing bolt.
perno de chaveta | joint bolt | key bolt | forelock bolt | collar pin.
perno de chumacera del cigüeñal | main bearing bolt.
perno de doble tuerca | double-nutted bolt.
perno de eclisa (carriles) | fishbolt | track bolt.
perno de empalme | joint bolt | connecting bolt | in-and-out bolt.
perno de empotramiento | stone bolt.
perno de empotrar | fang bolt.
perno de encoramentar (buque madera) | frame bolt.
perno de escarpe | scarp bolt.
perno de escarpe de la quilla (buque madera) | keel scarp bolt.
perno de fiador excéntrico | tumbling toggle bolt.
perno de fijación | attach bolt | holding-down bolt.
perno de fuste cuadrado | square bolt.
perno de fuste liso recalcado | reduced-shank bolt.
perno de fuste sin roscar | full-shank bolt.
perno de fuste torneado | turned barrel bolt.
perno de gancho | clutch bolt | hook bolt | hooked bolt.
perno de gancho para techo | roofing hookbolt.
perno de gran apriete para obtener gran rozamiento de las partes que une (estructuras metálicas) | friction grip bolt.
perno de grillete | shackle bolt.
perno de grillete de ancla | anchor shackle bolt.
perno de guía | guide pin.
perno de hembra del timón | rudder brace bolt.
perno de horquilla | fork bolt | shackle bolt.
perno de la brida | flange bolt.
perno de la cruceta | crosshead pin.
perno de la cruceta (máquina vapor) | gudgeon pin.
perno de la palma del timón | rudder palm bolt.
perno de lengüeta | jag.
perno de llanta | tire bolt | rim bolt.
perno de mariposa | fly bolt.
perno de montaje | holdup bolt.
perno de ojo para retenidas | guy-eye bolt.
perno de orejetas | fly bolt.
perno de pala | spade bolt.
perno de palomilla | wing bolt.
perno de pasador | pinned bolt.
perno de peralte (relojes) | banking pin.
perno de pie de biela | bottom end bolt.
perno de pivote | fulcrum bolt.
perno de presión | thrust stud.
perno de punta | pointed bolt.
perno de punta oval | oval point bolt.
perno de punta perdida | dump bolt.
perno de reborde | lip bolt.
perno de retención | gage pin | retaining bolt.
perno de retenida | lock bolt.
perno de rosca | nut bolt.
perno de seguridad | shear bolt.
perno de seguridad (vagoneta de mina) | ears.
perno de separación | forcing-off bolt.
perno de sombrerete | cap screw.
perno de sombrerete (cojinetes) | keep bolt.
perno de sujeción | tie bolt | holding-bolt | holding-down bolt | fixing bolt | attachment bolt | locking bolt.
perno de sujeción de la cuna | cradle locking bolt.
perno de sujeción del cárter | crankcase tie-bolt.
perno de suspensión | hanging bolt.
perno de tolerancias muy pequeñas | close-tolerance bolt.
perno de tope | shoulder bolt.
perno de tracción | drawbolt | drag bolt.
perno de unión | driftbolt | assembling bolt | connecting bolt | holding-bolt | stitch bolt.
perno de unión de hojas de ballesta | spring assembly bolt.
perno de unión entre dos sillares asegurado con plomo | lewis bolt.
perno de uña | dogbolt.
perno de vaqueta (relojes) | curb pin.
perno del grillete del estay | stay eye bolt.
perno del macho del timón | rudder pintle bolt.
perno del muñón de la cuna | cradle trunnion pin.
perno del ojo de la ballesta | spring bolt.
perno del pedal | pedal pin.
perno del sillín | seat bolt.
perno electrocincado | electrogalvanized bolt.
perno en U con rosca en ambos extremos | U bolt.
perno fabricado en frío | cold-made bolt.
perno formando pivote | kingbolt | kingpin.
perno galvanizado | galvanized bolt.
perno hecho a máquina | machine bolt.
perno hendido | fox bolt.
perno hendido de anclaje | fang bolt.
perno inaflojable | relaxation-resisting bolt.
perno maquinado | turned bolt.
perno montado a martillo | force-fit bolt.
perno nervado | rib bolt.
perno oxidado y agarrotado | frozen bolt.
perno para cruceta | crossarm bolt.
perno para dos crucetas (de rosca en cada cabeza, poste telegráfico) | double-arming bolt.
perno para empotrar | rag-bolt.
perno para evitar el aflojamiento | relaxation-resisting bolt.
perno para forzar los tablones de la tracas sobre las cuadernas (buques madera) | wring-bolt.
perno para máquinas agrícolas (el fuste tiene ranuras helicoidales) | agricultural bolt.
perno para tablón de cubierta (con cuello cuadrado) | deck bolt.
perno pasante | through bolt | bed bolt | in-and-out bolt.
perno pasante horizontal | horizontal thru bolt.
perno pinzote | bolster bolt | pintle | pintail | main pin.
perno pinzote (carruajes) | main bolt.
perno pinzote de avantrén | limber bolt.
perno portaescobilla | brush-holder stud.
perno prisionero (maquinaria) | stud bolt.
perno provisional | stitch bolt.
perno pulido | bright bolt.
perno puntiagudo | pointer bolt.
perno remachable | patch bolt.
perno rompible | shear bolt.
perno roscado a todo lo largo | tap bolt.
perno roscado en los dos extremos | double-end bolt.
perno roscado para poste | double-arming bolt.
perno sin cabeza | drove bolt | stud.
perno sin roscar | blank bolt.
perno sometido a tracción y cortadura | tension and shear bolt.
perno sujetador | clamping bolt | tie bolt.
perno tensado para unión de chapas o elementos estructurales (en vez de remaches) | grip bolt.
perno tensor | stay bolt.
perno termotratado de cabeza recalcada en frío | cold-headed heat-treated bolt.
perno torneado | turned bolt | machined bolt | machine bolt.
perno trinca para la cuna | cradle locking bolt.
perno-guía | guide bolt.
perno-guía del estator (turbinas) | casing guide bolt.
pernos de acero cadmiado | cadmium plated steel bolts.
pernos de gran resistencia a la tracción | high-grade bolting.
pernos de montaje | fitting-up bolts | erection bolts.
pernos de refuerzo | bracing bolts.
pernos de 3 a (túneles, galería de minas) | rockbolts.
pernos para bridas sometidas a grandes temperaturas | high-temperature flange bolts.
pernos y tornillos prisioneros | bolting material.
pernos y tuercas de la cruceta del vástago del pistón | piston rod bolts and nuts.
perno-tope | bumper bolt.
pero no es necesario que exceda de | but need not exceed that.
pero poco potente | bunny.
pero sin picaderos (buques) | hang (to).
peroba blanca (Paratecoma peroba - Kuhlm) | white peroba.
peroba de campos (Paratecoma peroba - Kuhlm) | peroba de campos.
peroba rosa (Aspidosperma peroba - Fr) | red peroba | peroba rosa.
perol | pan.
perolero | kettle maker.
peroné (fíbula-anatomía) | fibula.
peróxido de acetilo | acetyl peroxide.
peróxido de hidrógeno | hydrogen peroxide | peroxide.
peróxido de nitrógeno | nitrogen peroxide.
peróxido de plomo | brown lead oxide | anhydrous plumbic acid | lead peroxide.
peróxido de sodio | sodium peroxide.
perpendicular | perpendicular | normal.
perpendicular (topografía) | offset.
perpendicular a | at right angles to.
perpendicular a la dirección del laminado (chapas) | transverse to the direction of rolling.
perpendicular a la esquistosidad | perpendicular to schistosity.
perpendicular a las fibras | across the grain.
perpendicular al plano de laminación (plásticos laminados) | flatwise.
perpendicular común a dos rectas que se cruzan | common perpendicular to two skew lines.
perpendicular de popa (buques) | after perpendicular.
perpendicular de proa | forward perpendicular.
perpendicular de proa (buques) | fore perpendicular.
perpendicular media | mid perpendicular.
perpendículo | plummet.

perpetración | committal | commission.
perpetración (de un delito) | commitment.
perpetrar (crímenes) | commit (to).
perpetuación (de la especie) | continuance.
perpetuar (la raza, etc.) | continue (to).
perpetuidad | perpetuity.
perpetuo | diuturnal.
perplejidad | maze | demur.
perra | bitch.
perrénico | perrhenic.
perrera | doghouse.
perrera (furgón ferrocarril) | dog-box.
perrillo | draw-tongs.
perrillo (escopetas) | hammer.
perrillo atensador | lion's claw.
perrillo de inversión de marcha | reverse dog.
perrillo tensaalambre | wire stretcher.
perrillo tensor | come-along clamp.
perrillo tensor de mano (alambres telefónicos - EE.UU.) | wire grip.
perro | dog.
perro (Chile, México, Venezuela) | grab | dog.
perro (filones) | pug.
perro (poesía) | hound.
perro (pozo petróleo) | load binder.
perro basculante de sujeción (sierra para troncos) | drop dog.
perro centinela | sentry dog.
perro de apriete (mesa de volteo - astilleros) | slab dog.
perro de apriete (puerta estanca de buques) | snib.
perro de apriete (puertas estancas y mesa volteo de cuadernas) | dog.
perro de apriete de puerta (calderas) | door crossbar.
perro de arrastre | engaging dog.
perro de arrastre (tornos) | carrier | lathe clamp | lathe carrier | driving dog | driver | lathe dog.
perro de arrastre horizontal (tornos) | bent-tail carrier.
perro de banco | bench dog.
perro de caza | gun dog.
perro de cojinete (tornos) | jaw dog.
perro de detención del avance | feed-stop dog.
perro de guardia | watchdog.
perro de guerra | army dog.
perro de muestra | setter.
perro de sujeción (para troncos) | gripping dog.
perro de sujeción (placa volteo cuadernas) | holding-down dog.
perro de torno | lathe-bearer | dog.
perro esquimal | husky.
perro estafeta | message-carrying dog | messenger dog.
perro lebrero | whippet.
perro mudo | raccoon.
perro para determinar el recorrido de avance de la fresa | feed-trip dog.
perro perdiguero | setter.
persal | persalt.
persálico (rocas ígneas) | persalic.
persecución | pursuit | chase.
persecución (misil antisubmarinos) | trailing.
persecución entre sí de dos o más aviones | rat race.
perseguido por la justicia | fugitive from justice.
perseguidor | chaser.
perseguidor direccional | azimuth tracker.
perseguimiento | pursuit.
perseguir | chase (to) | follow (to) | dog (to).
perseguir judicialmente | bring suit (to).
perservante (heráldica) | pursuivant.
persiana | screen | luffer-board | blind | window blind | louver | louvre.
persiana (autos) | shutter.
persiana de celosía | jalousie shutters.
persiana de cierre (muebles) | roll-shutter.
persiana de hojas giratorias | rotating-leaf shutter.
persiana de madera de torre de enfriamiento con hielo acumulado | iced-up cooling-tower louver.
persiana del radiador | radiator shutters.
persiana enrollable | roller blind.
persiana móvil | climbing shuttering.
persianas del aire de enfriamiento | cooling air shutters.
persianas en el linternón del techo para ventilación | roof ventilating shutter.
persilícico (ácido - rocas ígneas) | persilicic.
persimmon (Diospyros virginiana) | persimmon.
persistencia | persistency | continuance | retentivity | ceaselessness.
persistencia (ecos) | hangover.
persistencia (tubo rayos catódicos) | tailing | trail.
persistencia de imagenes (retina) | retention of images.
persistencia de la combustión durante el período de expansión (motores) | afterburning.
persistencia de la pantalla (televisión) | persistence of the screen.
persistencia de la retina | lag of the retina.
persistencia del eco | echo hang-over time | hang-over time of the echo.
persistencia del eco (radar) | tail.
persistencia lumínica | after-glow.
persistencia luminosa | afterglow.
persistente | undamped | long-lived.
persistente (gases) | persistent.
persistente (perfumes) | lasting.
persistir | hold on (to).
persistor | persistor.
persistrón (tablero luminiscente) | persistron.
persona | man | person.
persona a cuyo favor se otorga una escritura de cesión | releasee.
persona afectada con ataxia locomotriz | stamper.
persona aforada (leyes) | privileged person.
persona agradecida por un servicio | obligee.
persona agresora | tortfeasor.
persona anotadora de las cotizacones de la bolsa | marking clerk.
persona asentada en el bosque sin derecho ni permiso | forest squatter.
persona ausente sin permiso | absentee.
persona colacionada | collatee.
persona con derecho de prioridad en la adquisición de terrenos | preemptor.
persona con traba física | handicapped people.
persona con vestimenta de amianto (salvamento de tripulaciones de aviones incendiados) | hot suitman.
persona condenada (justicia) | loser.
persona condenada a cadena perpetua | lifer.
persona consultada | consultee.
persona contribuyente | corporate taxpayer.
persona cuyas costas de un pleito son abonadas por el Estado | assisted person.
persona de cualidades brillantes (en negocios, estudios, fútbol, etc.) | star.
persona de éxito fulminante (EE.UU.) | blockbuster.
persona de experiencia | old hand.
persona de un equipo de trabajo | panelist.
persona depositaria de títulos | person having custody of titles.
persona disminuida físicamente | handicapped.
persona elegida sin previo consentimiento | draftee.
persona eliminada (concursos) | washout.
persona eminente | high person.
persona en libertad bajo palabra de honor | parolee.
persona encargada de cargar o descargar un petrolero | tankerman.
persona encargada de cifrar | cipherer.
persona encargada de establecer las fórmulas de las mezclas (industria del caucho) | compounder.
persona encargada de la reparación | repairman.
persona encargada de que casen colores | matcher.
persona encargada del entretenimiento (de una máquina o aparato) | maintenance man.
persona especializada en mecánica | mechanician.
persona física | natural person.
persona grata | persona grata.
persona impedida | handicapped person.
persona importante | high person.
persona indigente culturalmente | disadvantaged.
persona inexperta | handicapped person.
persona influyente | contact.
persona inmune a la infección | resister.
persona inútil | washout.
persona inútil para el servicio militar normal por enfermedad o heridas | noneffective.
persona jurídica | juristic person | body corporate | corporate body | legal person | fictitious person | conventional person.
persona lanzada en paracaídas para combatir incendios forestales | smoke jumper.
persona lesionada | injured person.
persona moral | juridical person | moral person.
persona natural | natural person.
persona natural de un país determinado | native national.
persona no especializada en un asunto determinado | nonmajor.
persona non grata | persona nongrata.
persona perjudicada | injured person.
persona ponderada | sobersides.
persona práctica | practitioner.
persona propietaria de acciones de varias empresas | interlocking stock ownership.
persona puntual | prompt person.
persona que acelera o busca una pieza durante las diversas fases de su fabricación (talleres) | shop expediter.
persona que activa una bomba nuclear antes de lanzarla sobre el blanco (avión en vuelo) | weaponeer.
persona que arregla cosas (estilográficas, paraguas) | doctor.
persona que arregla las carrerillas de las medias | ladder-mender.
persona que asiste a una convención | conventioneer.
persona que busca empleo | job-seeker.
persona que contrata tiempo de máquina con una sociedad (ordenador) | computer coordinator.
persona que da la orden (ordenador) | order-giver.
persona que desde el suelo dirige un vuelo | flight leader.
persona que destaca en cualquier especialidad | front-ranker.
persona que ejerce control radárico sobre un avión o misil guiado | radar controller.
persona que entrega una citación | process server.
persona que envía una cosa | entrant.
persona que está en reserva para actuar en el caso de un cambio de programa | fill-in.
persona que figura como director para prestigiar una empresa (figurón) | front.
persona que ha cruzado el Ecuador | shellback.
persona que ha desmostrado la falsedad de algo (teoría, etc.) | exploder.
persona que ha estado a bordo desde que el buque entró en servicio | plankowner.
persona que ha recibido una promesa | promisee.
persona que hace toda clase de trabajos | footler.
persona que hace trabajos pequeños | odd jobber.
persona que incinera los cadáveres | cremator.
persona que lanza las bombas empleando un conmutador eléctrico manual (aviones) | togglier.
persona que lanza un negocio | floater.

persona que maneja el avión sobre la cubierta de vuelo (portaaviones) | plane pusher | plane handler.
persona que manipula el compás forestal | gager.
persona que manipula el compás forestal (bosques) | caliper man.
persona que marca | brander.
persona que marcha en la proximidad del ala para evitar colisiones (aparcamientos) | wing-walker.
persona que mide la capacidad de los tanques | tankstrapper.
persona que nada teme | fearnought.
persona que no termina sus estudios (EE.UU.) | drop-out.
persona que no tiene oficio | layman.
persona que obtiene un mandato de entredicho | garnisher.
persona que otorga un acta de cesión | releasor.
persona que paga por las culpas de otro | scapegoat.
persona que pone en explotación un negocio | developer.
persona que predice el estado del tiempo | weatherman | weather forecaster.
persona que recibe un mandato de entredicho | garnishee.
persona que recluta trabajadores (gancho) | crimp.
persona que recoge huevas | spawner.
persona que reconoce desde un avión | air scout.
persona que repasa el equipo óptico | optical-man.
persona que se aparta de algún grupo social | drop-out.
persona que se deja sobornar | on the take.
persona que se instruye para ser piloto (aviación) | pilot trainee.
persona que sufre de acromatismo | achromat.
persona que supervisa el lanzamiento de los paracaidistas | dispatcher.
persona que supervisa la descarga de un avión | dispatcher.
persona que tiene negocio propio | self-employed person.
persona que tiene un empleo de jornada completa y además otro de jornada parcial | moonlighter.
persona que toma los datos censales | census taker.
persona que trabaja en su casa | homemaker.
persona que turna | rotated person.
persona que usa el nivel y apunta en el cuaderno de campo | leveller.
persona que vuela en un vuelo meteorológico | weatherman.
persona relacionada con el servicio médico | medic.
persona relevante | high person.
persona responsable de las pruebas (pruebas de cohetes) | test sponsor.
persona sin empleo | jobless.
persona sospechosa | suspect.
persona testificadora judicialmente a favor de uno de los litigantes | character witness.
persona trasladada de un destino a otro | transferee.
persona u oficina encargada de la predicción meteorológica | weather.
personado (botánica) | masked.
personaje | very important person.
personaje (teatros, etc.) | person.
personaje central | anchor man.
personaje público | public personage.
personajes preeminentes en la investigación | major figures in research.
personal | staffing | establishment | manpower | manning | strength | personnel | force.
personal (billetes) | nontransferable.
personal (de una imprenta) | chapel.
personal (documentos) | nontransferable.
personal (fábricas) | manpower.
personal (invitaciones) | not transferable.
personal a contrata | pieceworker.
personal a jornal | hourly-paid men.
personal administrativo | clerical staff | executive staff.
personal afecto a la limpieza de la obra viva (buques) | side cleaners.
personal al completo | full force of men.
personal asesor | consulting staff.
personal aviador | aircraft personnel.
personal calculista | computer staff.
personal combatiente | combat crew | fighting personnel.
personal con dedicación plena | full-time personnel.
personal de antiaeronáutica | antiaircraftmen.
personal de asesoramiento | staff people.
personal de carga | loading hands.
personal de categoría superior | senior personnel.
personal de cifra | cryptoboard.
personal de clases y marineros (buques) | lower deck ratings.
personal de cocina | kitchen staff.
personal de complemento | filler replacement.
personal de detección de submarinos | S. D. personnel.
personal de dirección | staff.
personal de enfermeras (hospital) | nursing staff.
personal de enseñanza | educational manpower.
personal de entretenimiento | maintenance staff.
personal de explotación | development personnel.
personal de explotación (ferrocarril) | operating staff.
personal de fonda (buques) | catering staff | caterer.
personal de fonda femenino (buques) | female catering staff.
personal de grado superior | senior staff.
personal de guardería | guard staff.
personal de guardia en el puente de señales (buques guerra) | signal watch.
personal de ingenieros | engineering staff.
personal de la administración del estado | service personnel | servicemen.
personal de la defensa radiológica | radiological defense personnel.
personal de la embajada | embassy staff.
personal de la repostería | pantry staff.
personal de la sala de proyectos (astilleros) | ship-design staff.
personal de laboratorio (refinerías petroleras) | testers.
personal de laboratorios radioactivos | hot lab personnel.
personal de las agencias (seguros) | field forces.
personal de las fuerzas armadas | servicemen | armed forces personnel.
personal de las fuerzas armadas en servicio activo | active duty armed forces personnel.
personal de limpieza | cleaning staff.
personal de locomotoras | footplatemen.
personal de locomotoras (maquinistas y fogoneros) | footplate staff.
personal de mando del misil teleguiado | missile-master crew.
personal de maniobra (aeropuertos) | ground crew.
personal de mantenimiento | maintenance crew.
personal de máquinas | engine-room staff.
personal de máquinas (buques) | engineering staff | engineering personnel | engine room ratings | engine room complement.
personal de oficina | clerical staff | office staff.
personal de oficinas | officeworkers.
personal de operaciones de vuelo | flight operations personnel.
personal de plana mayor (cocineros, escribientes, médicos, camilleros, etc.) | overhead personnel.
personal de plantilla | regular staff | established staff.
personal de producción | production personnel.
personal de recorrida de locomotoras (depósito de locomotoras) | running shed staff.
personal de redacción | editorial staff.
personal de reparación de averías | damage control personnel.
personal de reparaciones | repair personnel.
personal de servicios | service personnel.
personal de servicios técnicos del hotel (electricista, carpintero, pintor) | hotel engineering staff.
personal de soldadura | welding strength.
personal de talleres | workshop personnel | workroom staff.
personal de tierra | ground crew.
personal de una empresa de salvamento | salvage personnel.
personal de ventas | salespersons | sales force.
personal de vigilancia | supervisory personnel.
personal dedicado a medidas de protección | conservancy staff.
personal del buque | ship-staff.
personal del exterior (minas) | surface staff.
personal del jurado | array.
personal del tren | train staff.
personal desmobilizado | demobilized personnel.
personal directivo | executive personnel | directing personnel.
personal dirigente | supervisory staff.
personal disponible (para agregarlo a otros cuerpos) | seconded personnel.
personal docente | teaching staff.
personal encargado de la recuperación (fábricas) | salvage personnel.
personal encargado del entretenimiento | maintaniners.
personal esencial | key personnel.
personal fijo | regular staff.
personal impresor | printery staff.
personal industrial | engineering manpower.
personal inspector | supervisory personnel.
personal interino | temporary staff.
personal interventor interior | internal audit staff.
personal laboral | workshop personnel | labor force.
personal legal | legal staff.
personal mal instruido | poorly trained personnel.
personal militar retirado | retired military personnel.
personal muy especializado | highly-trained personnel.
personal navegante | navigating personnel.
personal necesario | indicated staff | manning detail.
personal no combatiente | service personnel.
personal no de plantilla que recibe un sueldo especial (estudios TV) | freelance.
personal no navegante (aviación) | nonflying personnel.
personal no navegante (personal de tierra - aviación, marina) | ground personnel.
personal no profesional | nonprofessional personnel.
personal o material para una tarea determinada | functional component.
personal obrero | labor force.
personal operativo | operations staff.
personal orgánico no combatiente (cocineros, escribientes, médicos, camilleros, etc.) | overhead personnel.
personal organizador | staff.
personal para combatir incendios | fire suppression forces.
personal paramédico | paramedical personnel.
personal propio de la compañía | company's own personnel.
personal puesto a las órdenes de otra persona

| seconded personnel.
personal que desengancha los aviones del cable retenedor (portaaviones) | hookmen.
personal que interviene en una instalación de proceso de datos | human resources.
personal que interviene en una instalación de proceso de datos (EE.UU.) | people ware.
personal que maneja las máquinas | machine-operating personnel.
personal que maneja las máquinas de lavar platos (marina) | scullery maids.
personal que maneja los calzos (aviones) | chokmen.
personal que pasa a través de un centro | pipeline personnel.
personal que periódicamente sonda los tanques (buques) | sounding patrol.
personal que se desplaza hacia un destino permanente | pipeline personnel.
personal que tiene escalonadas sus horas de salida | staggered staff.
personal que trabaja durante toda la jornada | full-time staff.
personal que trabaja en la informática | people ware.
personal reclutado | drafted personnel.
personal relacionado con la perforación de pozos petrolíferos | oil related personnel.
personal sin formación | untrained.
personal sin mando (médico, capellán, dentista, etc.) | staff.
personal subalterno (buques) | lower deck ratings.
personal subalterno (marina) | lower deck.
personal técnico | technical personnel | engineering personnel.
personal técnico competente | experienced engineering staff.
personal técnico de tierra (aviación) | ground engineering staff.
personal técnico de tierra (compañía naviera) | shore staff.
personal técnico muy calificado | highly qualified staff.
personal titulado | licensed personnel.
personal y herramental y material de equipo | attendants.
personalidad jurídica | legal status.
personalidad política | political personality.
personas con un cociente de inteligencia de 135 | people with an I. Q. of 135.
personas conocedoras de la técnica del laminado | rollermen.
personas de audición defectuosa | hearing impaired people.
personas desplazadas | displaced persons.
personas empleadas por año | persons employed per annum.
personas inexpertas en un oficio determinado | handicapped people.
personas inhábiles | handicapped people.
personas que ganan un salario | gainfully-occupied persons.
personas relacionadas profesionalmente con | people professionally concerned with.
personería | solicitorship.
personificación | embodiment.
personificar | personate (to).
persorbción | persorption.
perspectiva | perspective | setup | vista | outlook | prospective | prospect | lookout.
perspectiva aérea | aerial perspective.
perspectiva angular | angular perspective.
perspectiva auditoria | depth localization.
perspectiva biauricular | auditory perspective.
perspectiva caballera | cabinet | isometric projection | isometric perspective | aerial perspective.
perspectiva cónica | conical perspective.
perspectiva de dos puntos | angular perspective.
perspectiva de lejanía | aerial perspective.
perspectiva económica | economic outlook.
perspectiva halagadora | encouraging outlook.
perspectiva industrial | engineering outlook.
perspectiva isométrica | isometric perspective.
perspectiva lineal | conical perspective | linear perspective.
perspectiva oblicua | oblique perspective.
perspectiva paralela | parallel perspective | one-point perspective.
perspectivas de cosecha | harvest prospects.
perspectivas de empleo | employment outlook.
perspectivas de la coyuntura | economic prospects.
perspectividad | perspectivity.
perspectivismo | perspectivism.
perspectivista | perspectivist.
perspectógrafo | perspectograph.
perspectógrama | perspectogram.
perspicacia | foresight.
persuasor (persona) | persuader.
persulfato de potasio | anthion.
pert | pert.
pertenecer a la competencia de | come within (to).
pertenecer a un conjunto igual | rank with (to).
pertenecer a un grupo común | rank with (to).
perteneciente a (jurisprudencia) | appurtenant.
perteneciente a Celsius | celsian.
perteneciente a la membrana media (anatomía) | medial.
perteneciente a la vez a la atmósfera y al espacio | air-space.
perteneciente a la vez a las fuerzas del aire y de superficie | air-surface.
perteneciente a una mola (medicina) | molar.
perteneciente a una nación extranjera | foreign.
perteneciente al aire | aerial.
perteneciente al aurea | auric.
perteneciente al cuerpo | systemic.
perteneciente al plan de estudios | curricular.
perteneciente al sistema decimal | decadic.
perteneciente al territorio bajo una simple jurisdicción o propiedad | domanial.
pertenencia | holding | property | tenure | proprietary.
pertenencia minera | mining claim | mining area.
pertenencia minera sin valor | bull pup.
pértiga | pole | staff | rod.
pértiga (tren de sondeo) | spring-pole.
pértiga con gancho (manejo de trozas flotadas) | peavey.
pértiga de bambú | bamboo pole.
pértiga de fresno | ash bar.
pértiga de remolque | tow boom.
pértiga de vitrofibra | fiberglass pole.
pértiga del micrófono | microphone boom.
pértiga para embarcación de río | quant.
pértiga para medir la velocidad de la corriente del agua superficial desde un buque anclado (oceanografía) | current pole.
pértiga probadora del aislamiento de aisladores de cadena | buzz stick.
pertiguería | vergership.
pertinencia | relevancy.
pertinente | relevant.
pertítico | perthitic.
pertrechar | store (to) | equip (to).
pertrechos | outfit | stores | accouterment | supplies.
pertrechos de guerra | military stores | munitions of war | ordnance supplies | ordnance stores.
pertrechos navales | nautical stores | naval stores.
perturbabilidad | perturbability.
perturbable | perturbable.
perturbación | interference | disturbance | disturbing | nuisance.
perturbación (acústica) | masking | blur | blur.
perturbación (aguja imanada) | hunting.
perturbación (en la brújula) | deviation.
perturbación (radar, radio) | jamming.
perturbación aerodinámica | wash.
perturbación aerodinámica causada por la hélice (aviones) | propeller wash.
perturbación alejada del blanco | off-target jamming.
perturbación analógica intencionada | analog scrambling.
perturbación atmosférica | atmospheric disturbance.
perturbación atmosférica de corta duración (radio) | click.
perturbación atomosférica | air disturbance.
perturbación balística | ballistic perturbation.
perturbación barotrópica | barotropic disturbance.
perturbación con impulsos electrónicos | sweep jamming.
perturbación de multifrecuencias | barrage jamming.
perturbación de una frecuencia o canal determinado | spot jamming.
perturbación debida a erupción solar | solar-flare disturbance.
perturbación decreciente sin oscilaciones | subsidence of aircraft.
perturbación del orden público | breach of the peace.
perturbación eléctrica (circuito telefónico, televisión) | noise.
perturbación electromagnética | electromagnetic disturbance.
perturbación en el servicio | disturbance in the service.
perturbación en el servicio (electricidad) | breakdown.
perturbación en forma de líneas negras | stutter.
perturbación en la alimentación | supply disturbance.
perturbación en la salida | output perturbation.
perturbación errática | random disturbance.
perturbación geomagnética | geomagnetic disturbance.
perturbación impulsiva (acústica) | click.
perturbación inyectada | injected perturbation.
perturbación ionosférica itinerante | travelling ionospheric disturbance.
perturbación ionosférica súbita (meteorología) | sudden ionospheric disturbance.
perturbación magnética | magnetic disturbance.
perturbación momentánea | momentary disturbance.
perturbación momentánea en la línea (telefonía) | hit on the line.
perturbación muy repulsiva | strongly repulsive perturbation.
perturbación ocasional | accidental jamming.
perturbación polar | polar outbreak.
perturbación por interferencia de ondas extrañas | jamming.
perturbación provocada | jamming interference.
perturbación que aumenta sin oscilación (aviones) | divergence.
perturbación que decrece sin oscilación (aviones) | subsidence.
perturbación radárica producida por mar agitado | radar sea clutter.
perturbación silbante | whistler.
perturbación televisora | tearing.
perturbación transitoria | transient.
perturbación tropical (meteorología) | tropical disturbance.
perturbaciones a media escala | mesoscale disturbances.
perturbaciones aeroelásticas | aeroelastics.
perturbaciones cósmicas | cosmic statics.
perturbaciones debidas a las auroras | auroral disturbances.
perturbaciones económicas | disturbances in the economy.
perturbaciones eléctricas atmosféricas | atmospheric electric disturbances | atmospherics.
perturbaciones en el circuito | line hit.
perturbaciones industriales | man-made fli-

kers | industrial flikers.
perturbaciones industriales (radio) | man-made statics.
perturbaciones oscilatorias | jitter.
perturbaciones premonitorias | precursor disturbancies.
perturbaciones producidas por los hielos | ice troubles.
perturbaciones provocadas | jaff.
perturbado (personas) | unsettled.
perturbado al azar | randomly perturbed.
perturbado estadísticamente | statistically perturbed.
perturbador | interfering | undesired.
perturbador automático (radio) | broom.
perturbador de conversación | scrambler.
perturbador de filetes de aire (alas aviones) | spoiler.
perturbador radárico | radar-jammer.
perturbar | disturb (to) | disrupt (to).
perturbar (radio) | jam (to).
perturbar la radiodifusión con una estación muy potente | hog the ether (to).
perturbar la recepción (radio) | blanket (to).
perturbógrafo | disturbance recorder | perturbograph.
pervaporación | pervaporation.
perveancia | perveance.
perveancia (electrónica) | perveance.
perveancia de triodo | triode perveance.
pesa | weight.
pesa corrediza | jockey weight.
pesa de alimentación de fichas | card pressure weight.
pesa de plomo | lead weight.
pesa para que descienda el motón del gancho (grúas) | downhaul ball.
pesa trasera | back weight.
pesa-ácidos | acidimeter | acid densimeter | acidometer | acid hydrometer.
pesaálcalis | alkali hydrometer.
pesable | weighable.
pesacartas | mailing scale | letter-scales.
pesada | weighing.
pesada de los ingredientes | ingredient scaling.
pesada eléctrica | electric weighing.
pesada electromagnética | electromagnetic weighing.
pesada hidrostática | direct weighing method.
pesada por medios electrónicos | electronic weighing.
pesadamente armado | heavy-armed.
pesadas desde 0,01 a 0,99 gramo | weighings ranging from 0.01 to 0.99 g.
pesadas en serie | series weighing.
pesadez (minerales) | heft.
pesado | massive | heavy | weighed.
pesado (buques) | laborsome.
pesado de cola (aviones) | tailheavy.
pesado de culata (cañón) | breech-heavy.
pesado de morro (aviones) | nose heavy.
pesado de popa (avión) | sternheavy.
pesado de proa (aviones) | nose heavy.
pesado del ala derecha | right wing heavy.
pesado del ala izquierda (aviones) | left wing heavy.
pesado por lotes | batch-weighed.
pesador | scaleman | weighmaster | weighman.
pesador (persona) | weigher.
pesador de masadas (hormigón) | batch weigher.
pesador jurado | sworn weigher.
pesador oficial | public weight master.
pesadora | weighgear | weighing machine.
pesadora automática | automatic weigher.
pesadora automática para sacos | automatic sack-weighing machine.
pesadora para suspender en el gancho (pesadas en las grúas) | hook suspension weigher.
pesadora suspendida (de gancho de grúa) | suspended weighing machine.
pesaflemas | low-wines hydrometer.
pesaje | weighing.
pesaje (carreras caballos) | weight-out.
pesaje de vagones acoplados y en marcha | coupled-in-motion weighing.
pesaleches | milk gage | milk hydrometer | milk-tester | milk poise.
pesalejías | lye hydrometer.
pesamelazas | molasses hydrometer.
pesamostos | must hydrometer.
pesantez | gravity | heaviness | weight.
pesar | weight out (to) | weight (to) | balance (to).
pesar (dirigibles) | top up (to).
pesar (impuestos) | press (to).
pesar (tener peso) | weigh (to).
pesar (un paquete, etc.) | weigh (to).
pesar antes del vuelo (pasajeros, equipajes) | weigh in (to).
pesar de nuevo | re-weigh (to).
pesar electrónicamente | weigh electronically (to).
pesar en báscula o balanza | scale (to).
pesas de chapa de cobre (balanzas) | fractional weights.
pesas para balanzas de laboratorio | analytical weights.
pesasales | salt gage | salimeter.
pesavagones | wagon balance.
pesca | fishing | fishing | fishery.
pesca a la rastra | aimed trawling.
pesca con anzuelo cargado de plomo | jigging.
pesca con arte de arrastre | seining.
pesca con lámpara | jack fishing.
pesca con mosca artificial | fly-fishing | dry-fly fishing.
pesca con palangre | long lining.
pesca con red de arrastre | drift net fishing.
pesca con redes de arrastre | drift fishery.
pesca con sedal | long lining | lining.
pesca con sedal a gran profundidad | great lining.
pesca con sedal y anzuelo | line-fishing.
pesca costera | coastal fishing | inshore fishery.
pesca de alta mar | offshore fishery.
pesca de altura | long-line fishing | deep-sea fishery | pelagic fishing | distant-water fishing | high-sea fishery.
pesca de arrastre | dragging | aimed trawling.
pesca de arrastre por popa | stern trawling.
pesca de bajura | near-water fishing | inshore fishery | coast fishery.
pesca de cangrejos | crabbing.
pesca de caña | angling.
pesca de herramientas (sondeos) | tool salvage.
pesca de herramientas perdidas (sondeos) | fishing.
pesca de la ballena | whaling.
pesca de la ballena en alta mar | pelagic whaling.
pesca de la ballena por electrocución | electric whaling.
pesca de la foca | sealing.
pesca de litoral | coast fishery.
pesca de noche | night-fishing.
pesca del arenque | herring-harvest.
pesca del entubado (pozos) | liner fishing.
pesca del salmón con camarones como carnada | prawning.
pesca deportiva | sport fishing.
pesca depreciada que no se aprovecha | by-catch.
pesca desde el bote con varios sedales | shack fishing.
pesca eléctrica | electric fishing.
pesca en alta mar | pelagic fishing.
pesca en las aguas comunitarias | communal waters fishing.
pesca extractiva | extractive fishing.
pesca fluvial | inland fishery.
pesca neritica | demersal fishing.
pesca pelágica | pelagic fishing.
pesca por arrastre | trawling.
pesca por cacea | trolling.
pesca por copo | seining.
pesca por curricán | trolling.
pesca por enmalle | gill-netting.
pesca por parejas | pair-fishing.
pesca por succión | suction fishing.
pesca que se dedica a conservas | cannery fish.
pesca recreativa | recreational fishing.
pesca reservada | fish preserve.
pesca sobre la plataforma continental | demersal fishing.
pesca sublitoral | demersal fishing.
pescacables (sondeos) | rope-grab.
pescacuchara (sondeos) | boot-jack.
pescadería | fishmonger's shop.
pescado | fish.
pescado congelado | frozen fish.
pescado congelado rápidamente | quick-frozen fish.
pescado congelado vivo en hielo | ice-stored fish.
pescado de ahumado caliente | hot-smoked fish.
pescado de ahumado en frío | cold-smoked fish.
pescado de carne blanca | white fish.
pescado de fondo | ground-fish.
pescado elaborado | processed fish.
pescado en conserva | tinned fish.
pescado en latas | tinned fish.
pescado en polvo | fish powder.
pescado fresco conservado en hielo | fresh-iced fish.
pescado no aprovechable para la pesca | nongame fish.
pescado no salado | green fish.
pescado para venta en fresco | market fish.
pescado salado y secado al sol | sun-dried salted fish.
pescado salado y seco | hard fish.
pescador | fisherman.
pescador (sondeos) | jar socket.
pescador a la rastra | drifter.
pescador con cerrojo (sondeos) | latch jack.
pescador de caña | rodman.
pescador de eperlanos | smelter.
pescador de focas | sealer.
pescador de herramientas (sondeos) | pickup grab.
pescador de hierros sueltos (sondeos) | cherry picker.
pescador de mordazas (pozos) | overshoot.
pescador de perlas | pearler.
pescador de pestillo (sondeos) | boot socket.
pescador de pestillos (sondeos) | jack latch.
pescador de rastra | dredger.
pescadora de despojos (herramienta sondeo) | mousetrap.
pescadores | fisher-folk.
pescados y mariscos comestibles | seafood.
pescaespigas (sondeos) | pin socket.
pescaherramienta abocinado (sondeos) | horn socket.
pescaherramientas | junk catcher.
pescal | muslin.
pescalina | muslin.
pescante (carros) | box.
pescante (coches) | driver's seat.
pescante (grúas) | jib.
pescante abatible (buques) | hinged davit.
pescante de aluminio (buques) | aluminum davit.
pescante de amura | bumkin.
pescante de amura (buques) | bumpkin.
pescante de bote (buques) | gooseneck.
pescante de botes | boat davit.
pescante de grúa | crane jib | crane beam | crane boom | crane arm.
pescante de sector (para botes) | quadrantal davit.
pescante del ancla (buques) | anchor davit.
pescante inclinable por gravedad (buques) | gravity davit.
pescante inclinable por gravedad (para botes) | gravity lowering davit.
pescante oscilante (buques) | luffing davit |

radial davit.
pescante para botes (buques) | davit.
pescante para cargar (cañones) | ammunition hanger.
pescante para manejo de la manguera (petroleros) | hose-handling davit.
pescar | fish (to) | catch (to).
pescar (ballenas) | chase (to).
pescar (sacar del agua un objeto, etcétera) | fish-up (to).
pescar (un cable submarino) | pick up (to).
pescar a la rastra | trawl (to).
pescar con anzuelo de cebo artificial | spoon (to).
pescar con anzuelo emplomado | jig (to).
pescar con caña | angle (to).
pescar con exceso | overfish (to).
pescar con la fisga | gig (to).
pescar con mosca artificial | fly-fish (to).
pescar con potera | grain (to).
pescar herramientas perdidas (sondeos) | fish (to).
pescar perlas | pearl (to).
pescar un pez | land a fish (to).
pescar un pez por las agallas | gill (to).
pescasondas (sondeos) | socket.
pescasondas de enchufe (sondeos) | slip socket.
pescasondas de media vuelta (sondeos) | half-turn socket.
pescatestigos para formaciones blandas (sondeos) | soft formation core catcher.
pescatubo de fricción (campana de pesca por fricción - sondeos) | friction socket.
pescatubos | tubing catcher.
pescatubos (campana - sondeos) | bell socket.
pescatubos de resorte (sondeos) | spring type catcher.
pescavarillas (sondeos) | box bill.
pescuezo | neck.
pesebre | hay-rack | feeding trough.
pesebre (de cuadra) | horse-box.
pesebrera para forraje | heck.
pesimal | pessimal.
pésimo | pessimum.
peso | heaviness | weight | weighing.
peso (carreras caballos) | weight-out.
peso (jacquard) | lingoe | lingo.
peso a facturar (textiles) | commercial weight | conditioned weight.
peso absoluto (textiles) | moisture-free weight | oven-dry weight.
peso absoluto en estado seco | absolute dry weight.
peso acabado de fundir | as-cast weight.
peso acondicionado (hilos) | final weight.
peso acondicionado (textiles) | commercial weight.
peso adherente | adhering weight | adhesive weight.
peso al desembarque | landed weight.
peso al embarque | shipping weight.
peso antes de parafinar | dewaxed weight.
peso aparente | apparent weight.
peso apisonado | compacted weight.
peso aproximado | rough weight | rough weight | approximate weight.
peso aproximado embalado | approximate weight boxed.
peso arrojable | dischargeable weight.
peso atómico | atomic weigth | atomic weight.
peso atómico del elemento expresado en gramos | gram atom.
peso atómico dividido por la valencia | combining weight.
peso atómico-gramo | gram-atomic weight.
peso básico | base weight.
peso bruto | Gr. w. (gross weight) | gross weight (GR.WT.).
peso bruto del estaño empleado para hacer un basis box = 20,2325 metros cuadrados hojalata | pot yield.
peso bruto para fabricar una pieza forjada | cut weight.
peso calorífico | heat weight.
peso colocado sobre muelles o resortes | sprung weight.
peso comercial | commercial weight.
peso completo | good weight.
peso con un grillete que se deja correr por el cabo del ancla hasta que llega al fondo y sirve para aumentar el agarre del ancla | sentinel.
peso contrastado (con el punzón del fiel contraste) | stamped weight.
peso cuántico | level degeneracy.
peso cursor (romana) | bob.
peso de acero del casco | hull steel weight.
peso de alambres de acero | sinket.
peso de ataque (proyectiles estratégicos) | throw weight.
peso de aterrizaje | landing weight.
peso de botadura | launching weight.
peso de cálculo para el aterrizaje | design landing weight.
peso de cálculo para el despegue | design takeoff weight.
peso de cola por unidad superficial | glue spread.
peso de combinación | combining weight.
peso de descarga | landing weight.
peso de despegue autorizado | licensed take-off weight.
peso de diseño | design weight.
peso de embarque | shipping weight.
peso de embarque embalado | shipping weight boxed.
peso de embarque para el interior | domestic shipping weight.
peso de entrega | delivery weight.
peso de factura | invoice weight.
peso de hierro que se cuelga del cable para que éste descienda cuando no tiene las herramientas (sondeos) | cow sucker.
peso de hormigón o fundición para fondear un muerto | mooring clump.
peso de inercia | inertia weight.
peso de la andanada (buques de guerra) | metal.
peso de la batalla | brunt of the battle.
peso de la caja tipo (hojalata) | substance.
peso de la caldera con agua | wet weight of boiler.
peso de la caldera sin agua | dry weight of the boiler.
peso de la carga (hornos metalúrgicos) | heat size.
peso de la carga de pólvora | powder charge weight.
peso de la carga normal (hornos) | capacity.
peso de la chapa | plate weight.
peso de la unidad de volumen | specific weight.
peso de lanzamiento | launching weight.
peso de los gastos | brunt of expense.
peso de material introducido en el molde en cada operación (moldeo por inyección) | shot.
peso de organismos una vez deshidratados pero no incinerados (oceanografía) | dry plankton | dry weight | dried weight.
peso de tara | tare weight.
peso de 1 litro de hidrógeno = 0,073 gramos | crith.
peso débil | rightmost.
peso deficiente | short weight | lightweight.
peso del avión equipado | equipped airframe weight.
peso del buque en lastre | lightship weight.
peso del contrapeso | counterbalance weight.
peso del disparo completo | complete round weight.
peso del envase | open tare.
peso del follage de la copa (árboles) | crown foliage weight.
peso del follaje por acre de 7.500 Kilos | foliage weight per acre of 7,500 Kg.
peso del metal depositado (soldaduras) | deposit weight.
peso del motor más el combustible | engine-plus-fuel weight.
peso del proyectil | projectile weight.
peso del recubrimiento | coating weight.
peso del vapor en gramos por pie^3 de aire (gas de gasógeno) | steam/air ratio.
peso del varillaje (frenos, etc.) | rigging deadweight.
peso del vehículo en estado de servicio | complete vehicle weight.
peso del volante | flywheel weight.
peso del volumen acotado del dibujo (piezas forjadas) | shape weight.
peso descargable | dischargeable weight.
peso descendente | falling weight.
peso despiezado | weight breakdown.
peso después de apisonado | rodded weight.
peso después de rebarbado (piezas fundidas) | fettled weight.
peso efectivo | real weight | outturn weight.
peso elástico | elastic weight.
peso en canal (animales) | eviscerated weight.
peso en el despegue | takeoff weight.
peso en el despegue (cohetes) | liftoff weight.
peso en el extremo de una antena colgante (aviones) | fish.
peso en el vacío | absolute weight.
peso en el vacío incompleto | weight in vacuo.
peso en estado acabado | finished weight.
peso en gramos de 1 kilómetro de hilo | tex unit.
peso en gramos de 10 kilómetros de hilo | grex unit.
peso en gramos que corresponde a la fórmula de la sustancia (química) | formula weight.
peso en granos (sistema inglés) | grainage.
peso en libras | poundage.
peso en libras de 14.400 yardas | count of jute yarn.
peso en marcha | working weight.
peso en orden de combate | combat weight.
peso en orden de marcha (autos) | kerb weight.
peso en orden de vuelo (aviones) | all-up weight.
peso en orden de vuelo autorizable para despegar | allowable gross takeoff weight.
peso en rosca (buques) | lightweight.
peso en seco del follaje (árboles) | dry weight of foliage.
peso en servicio | working weight.
peso en vacío | deadweight | weight empty | lightweight.
peso en vivo (animales) | live weight.
peso en vuelo | flying weight.
peso equilibrador del cañón | gun balance weight.
peso equivalente | equivalent weight.
peso equivalente-gramo | gram-equivalent weight.
peso escaso | short weight | false weight | meagre weight.
peso escurrido | drained weight.
peso específico | specific gravity | specific gravity | specific weight.
peso específico (líquidos) | weight-density.
peso específico aparente | apparent specific gravity.
peso específico de la masa | bulk specific gravity | mass specific gravity.
peso específico del vapor de agua | specific gravity of water vapor.
peso específico real | absolute specific gravity.
peso estadístico | statistical weight | level degeneracy.
peso estructural | structural weight.
peso estructural (peso sin propulsante y carga - cohete) | construction weight.
peso exacto | correct weight.
peso excedente | excess weight.
peso final | final weight.
peso fórmula | formula weight.
peso giratorio equivalente | equivalent revolving weight.
peso justo | just weight.

peso legal | standard weight.
peso máximo al aterrizar | maximum landing weight.
peso máximo autorizado en el despegue | maximum authorized takeoff weight.
peso máximo autorizado para el despegue | takeoff weight.
peso máximo autorizado para el despegue (aviones) | maximum licenced takeoff weight.
peso máximo de cálculo | design maximum weight.
peso máximo de despegue (aviones) | maximum takeoff weight.
peso máximo de material que se puede inyectar por ciclo en un molde (moldeo por inyección) | shot capacity.
peso medio | average load.
peso medio del follaje de la copa (árboles) | average foliage weight of the crown.
peso miliequivalente | milliequivalent weight.
peso miliequivalente-gramo | gram-milliequivalent weight.
peso molar-gramo | gram-mole weight.
peso molecular | molecular mass.
peso molecular determinado experimentalmente | experimentally determined molecular weight.
peso molecular expresado en gramos | gram-molecular weight.
peso molecular-gramo | gram-molecular weight.
peso motor | driving-weight.
peso móvil para equilibrar alguna parte móvil (máquinas) | bob-weight.
peso muerto | dead weight | deadweight | deadweight tonnage.
peso neto | net weight.
peso neto aproximado | approximate net weight.
peso neto escurrido | drained weight.
peso neto legal | net weight without taring.
peso neto real | net net weight.
peso neto seco | net dry weight.
peso normal | service weight.
peso o cubicaje (transporte marítimo) | weight or measurement.
peso o volumen | weight or mesurement.
peso para equilibrar | balance.
peso para frenar | stop weight.
peso para sondar (marina) | lead 00.
peso patrón | standard weight.
peso por caballo | weight per horsepower.
peso por caballo (motor de avión) | specific weight.
peso por litro | liter-weight.
peso por longitud unitaria | weight per length.
peso por pie cúbico de volumen de la estructura | weight per cubic foot of volume of the structure .
peso por unidad de área del bizcocho de porcelana | dry weight.
peso por unidad de longitud | weight per unit length.
peso por unidad de volumen | unit weight.
peso por unidad de volumen de un comprimido no cocido (pulvimetalurgia) | pressed density | green density.
peso probatorio | probatory weight.
peso propio | own weight | sole weight | self-weight | dead load.
peso propio por nudo (vigas) | dead load per node.
peso real | actual weight.
peso seco (aviones) | dry weight.
peso seco con el volante (motores) | dry weight with flywheel.
peso sin carga disponible en misión normal (aviones) | basic operational weight.
peso sin combustible | zero fuel weight.
peso sin combustible (cohetes) | structural weight.
peso sin combustible y lubricante (aviones) | dry weight.
peso sin motores (aviones) | structural weight.
peso sofométrico | psophometric weight.
peso suplementario | added weight.
peso total | gross weight | all-up weight | full load.
peso total cargado | gross laden weight.
peso total de la andanada (buques guerra) | gunpower.
peso total en kilos o toneladas que se aplica al trépano cuando trabaja | drill weight.
peso total en quilates de los diamantes de un trépano | bit weight.
peso total necesario para hacer una pieza forjada | rough weight | rough weight.
peso transportable total (buques) | dead weight.
peso unitario | unit weight.
peso unitario de cálculo | design unit weight.
peso usado en farmacia | apothecary's weight.
peso útil | useful load | live weight.
peso vacío | empty weight.
peso vacío equipado (aviones) | empty weight.
peso verdadero | actual weight.
peso y tipo normales de moneda | weight and standard of coins.
pesón de resorte | spiral balance.
pesos altos (buques) | top-hamper.
pesos corrientes del material en existencia | stock weights.
pesos de chapa de latón | brass fractional weights.
pespunte | rickrack | backstitching | stitching.
pespunte (costura) | backstitch.
pespunte de refuerzo (cosido a máquina) | barring stitch.
pespuntear (cosido) | fell (to).
pesquera | kiddle.
pesquería | fishery | fishing.
pesquería perlera | pearl fishery.
pesquería sedentaria | sedentary fishering.
pesquería sedentaria (ostras perlíferas, esponjas, etc.) | sedentary fishery.
pesquerías | fisheries.
pesquero | fishing-boat.
pesquero aislado que hace una marea de una semana | single boater.
pesquero aparejado con velas al tercio | lug-rigged fishing boat.
pesquero atunero | tuna purse seiner | tunny catcher.
pesquero de altura | long-line fishing vessel | long-liner | distant-water fishing vessel.
pesquero de arrastre (buque) | drifter trawler.
pesquero de arrastre con popa cortada | transom stern trawler.
pesquero de arrastre con rampa de izada por la popa | stern fishing trawler.
pesquero de arrastre para pesca del bacalao | cod-fishing trawler.
pesquero de bajura | near-water fishing ship | near water trawler.
pesquero de litoral | near-water fishing ship.
pesquero de sardinas | purse seiner | purse seine fishing vessel.
pesquero para pescar con sedales | liner.
pesquero que conserva el pescado en hielo | ice trawler.
pesquero que conserva el pescado en sal | salt trawler.
pesquero que pesca con sedales echados desde la cubierta | deck hand-liner.
pesquero que transporta la pesca en fresco (sin elaborar) | fresh fish trawler.
pesqueros | flare-up light.
pesquisa | hunt | quest | searching.
pesquisidor | coroner | searcher.
pestaña | shoulder | rim | pipe flange | rib.
pestaña (neumáticos) | bead | beading.
pestaña (ojos) | lash.
pestaña (ruedas) | flange.
pestaña de asiento del cilindro | cylinder flange.
pestaña de guía (rueda) | leading flange.
pestaña de la llanta (ruedas) | tire lip.
pestaña de la rueda | wheel flange.
pestaña de la rueda izquierda delantera de bogie | left leading bogie-wheel flange.
pestaña del cerrojo de contera (cañón) | rear gate latch.
pestaña postiza (ruedas) | false flange.
pestaña saliente de paleta (rueda hidráulica) | swanneck.
pestañadora | flanging machine | flanger | beading machine | cornice brake | brake.
pestañas (telas) | fag-end.
pestañas del ancla | anchor flukes | anchor palms.
peste | pest.
peste (del ganado) | plague.
peste aviaria | fowl pest.
peste bovina | cattle plague.
peste bubónica | plague.
peste neumónica (medicina) | pneumonic plague.
peste porcina | hog plague.
pesticida (ganado) | plague killer.
pesticida inorgánico | inorganic pesticide.
pesticida organoclorado | organochlorated pesticide.
pesticida organofosforoso | organophosphorus pesticide.
pesticidas a base de hidrocarburos clorados | chlorinated hydrocarbon pesticides.
pestilencia | pest.
pestillo | slip bolt | check lock | plunger | bolt | catch bolt | latch | locking bolt.
pestillo (cerradura) | hasp.
pestillo (de puerta) | heck.
pestillo acodado | elbw catch.
pestillo de ánima clara (cañón) | bore clear interlock latch.
pestillo de centrar | centering catch.
pestillo de golpe | falling latch.
pestillo de la palanca de desenganche | release lever latch.
pestillo de media vuelta | half turning bolt.
pestillo de puerta | door latch.
pestillo de ventana | sash bolt.
pestillo del cierre | breech catch.
pestillo del extractor | extractor latch.
pestillo retenedor | retaining catch | latch plunger.
pestillo trinca del péndulo (torpedos) | weight locking catch.
pestillos soportes de proyectiles (cargador de cañón) | shell support latches.
pestología | pestology.
petaca | slab bloom | slabbing.
petaca (metalurgia) | slab.
pétalo | petal.
pétalo (diagrama de irradiación) | lobe.
pétalo fimbriado | fringed petal.
pétalos | foliature.
petardear (automóviles) | backfire (to).
petardear (motores) | cut out (to).
petardeo (explosión en el carburador - automóviles) | backfire.
petardo | petard | detonating cartridge | cracker.
petardo (ferrocarril) | fusee | detonating signal.
petardo (ferrocarril, pozo petróleo) | torpedo.
petardo (ferrocarriles) | fog tin | fog signal.
petardo (pirotecnia) | bomb | firecracker.
petardo de señales (ferrocarril) | detonating fog signal | fuse.
petate | luggage | mat | pack.
petaurista (zoología) | flying phalanger.
petición | motion | petition | inquiry | suit | claim.
petición (comercio) | requisition.
petición (documento) | memorial.
petición (jurisprudencia) | prayer.
petición admitida | motion granted.
petición anterior (telefonía) | prior call.
petición de aumento de salarios | wage-hike demand.
petición de comunicación | booking of a call.
petición de comunicación en serie (telefonía) | sequence calls.
petición de comunicación télex | telex call

booking.
petición de conferencia (telefonía) | call booking.
petición de confirmación telegráfica (bancos) | wire fate.
petición de consulta | inquiry request.
petición de cotización | quotation request.
petición de entrega de la mercancía depositada en el almacén aduanero | dandy note.
petición de informes | information request.
petición de informes sobre crédito | credit inquiry | status inquiry.
petición de instrucciones | famished.
petición de línea (teleproceso) | line bid.
petición de mandato judicial | injunction petition.
petición de nuevo juicio | bill for a new trial | motion for new trial.
petición de oferta (economía) | invitation to bid.
petición de ofertas | advertisement for bids.
petición de quiebra | petition in bankruptcy.
petición de tiro de contención | SOS.
petición del albacea para ajuste judicial de deudas | bill of conformity.
petición indeterminada de volumen | nonspecific volume request.
petición para destituir a un juez | ad-dress.
petición verbal | oral request.
peticionar | move (to).
peticionario | petitioner.
peticionario (de una patente) | claimant.
peticiones de libros (bibliotecas) | requisitions for books.
petifoque | flying jib.
petir (Sindora coriacea - Prain) | petir.
petitorio de medicamentos | drug book.
peto | pad.
peto (armadura) | breast.
peto (aviación) | transom.
peto de popa | stern frame.
peto de popa (buque de madera) | transom.
peto de popa (buques) | sternframe.
petoscopio (electrónica) | petoscope.
petral | breastband.
pétreo | rocky.
petrificable | petrifiable.
petrificación | petrification | petrescense | lithification.
petrificante | petrescent | petrifying.
petrificar | lithify (to) | petrify (to) | fossilize (to).
petrífico | petrifactive.
petril (puentes) | guardrail.
petrinita | needle ore.
petrocervisia (incrustación dura formada en las paredes de tinas y alambiques y compuesta de oxalato y fosfato cálcico y albúmina) | beerstone.
petrodólar | petrodollar.
petrofísica | petrophysics.
petrofractor (explosivos) | petrofracteur.
petrogénesis | petrogenesis | rock formation.
petrogenético | petrogenetic.
petrogenia | petrogeny.
petrogeotérmico | petrogeothermical.
petroglifo | petroglyph.
petrografía | petrography.
petrografía del carbón | anthracology.
petrográfico | petrographic.
petrógrafo | petrographer.
petrolado | petrolatum.
petrolato | petroleum jelly | mineral jelly.
petrolato líquido | petrolatum liquidum.
petrolear (buques) | oil (to).
petrolenos | petrolens.
petróleo | petrol | oil | mineral oil | mineral naphtha | bunkering | rock oil | paraffin oil.
petróleo absorbente | absorbing oil | fat oil.
petróleo agrícola | tractor vaporizing oil (T.V.O.).
petróleo al que por lavado se le han extraído los compuestos de sodio | washed oil.
petróleo ardiendo | flaming oil.
petróleo asfáltico | asphaltic oil.
petróleo bruto | petroleum | crude | crude fuel | crude oil | black oil.
petróleo bruto que no fluye del fondo de la perforación | tight oil.
petróleo clandestino | hot oil.
petróleo combustible (petróleo para calderas - mazut) | fueloil.
petróleo combustible para buques | bunker oil.
petróleo con temperaturas de inflamación alta | high-flash oil.
petróleo crudo | crude mineral oil | crude oil | base oil.
petróleo crudo con gran proporción de residuos asfálticos | asphalt-base petroleum.
petróleo crudo de base parafínica | paraffin-base crude.
petróleo crudo emulsionado con agua | roil oil.
petróleo crudo parafínico | wax-laden crude oil.
petróleo de abastecimiento entre factorías | shuttle tanker.
petróleo de base asfáltica | asphaltic base petroleum | asphalt-base oil.
petróleo de calderas | boiler oil.
petróleo de calderas con viscosidad de 3.500 segundos Redwood núm. 1 | fuel-oil viscosity of 3,500 secs Redwood n.° 1.
petróleo de calderas de calidad inferior | lower-grade fuel oil.
petróleo de esquisto bituminoso | shale oil.
petróleo de fisuras | crevice oil.
petróleo de las Barbadas | green tar.
petróleo de temperatura de inflamación baja | low-flash oil.
petróleo del propietario | farmer's oil.
petróleo denso | high gravity oil.
petróleo dulce | sweet oil.
petróleo emulsionado (pozos) | cut oil.
petróleo en cantidad suficiente para ser remunerador | payable oil.
petróleo en grietas de pizarra | crevice oil.
petróleo encontrado a 600 metros | oil struck at 600 meters.
petróleo lampante | paraffin oil | paraffinic oil | kerosene | lamp oil | paraffin-oil | petroleum | illuminating oil | burning oil | paraffin.
petróleo lampante
petróleo lampante con temperatura de destilación entre 150° y 250 °C | vaporizing oil.
petróleo lampante para lámparas | long-time burning oil.
petróleo ligero | straw oil.
petróleo negro de las islas Barbados | barbados tar.
petróleo para ayudar a la ignición del gas (diesel de dos combustibles) | pilot oil.
petróleo para calderas (fueloil-calderas) | oil-fuel.
petróleo para desintegración | cracking stock.
petróleo para pirolizar | cracking stock.
petróleo para repostar | bunkering oil.
petróleo pretratado | pretreated crude oil.
petróleo pulvenizado | atomized oil.
petróleo que arde en aire mezclado con oxígeno | oxygenated oil.
petróleo que contiene parafina y asfalto | mid-continent petroleum.
petróleo que ha sido otra vez destilado | rerun oil.
petróleo que produce asfalto por destilación | asphalt base.
petróleo quemado por pie cuadrado proyectado de la superficie de caldeo radiante | oil burned per projected sq. ft. of radiant heat surface.
petróleo quemado por pie cúbico de cámara de combustión | oil burned per cu. ft. of combustion chamber.
petróleo rectificado | rectified petroleum.
petróleo sin mercaptanes | sweet oil.
petróleo sintético | synthetic oil.
petróleo soplado | blowout petroleum | blown oil.
petróleo tal como se extrae de la tierra | crude oil.
petróleo verde (crudo californiano) | green oil.
petroleoducto de crudos | crude oil pipeline.
petroleogénico | petroleum-forming.
petroleognómico | petroleognomic.
petroleoquímica | petrochemistry | petroleum chemistry.
petroleoquímico | petrochemical.
petroleorresistente | petroleum-resisting | oil-resisting.
petroleosaturado | oil-saturated.
petroleosoluble | oil-soluble.
petrolero | petroleum tanker | tanker | oil tanker.
petrolero con lastrado independiente | segregated ballast tanker.
petrolero con motor diesel | diesel tanker.
petrolero con propulsión por motor diesel | diesel-driven tanker.
petrolero de cabotaje | coastal tanker | coasting tanker.
petrolero de estructura longitudinal | longitudinally-framed tanker.
petrolero de estructura transversal | transverse-framed tanker.
petrolero de gran desplazamiento para transporte de crudos petroleros | very large crude carrier.
petrolero de motor | motor-tanker | oil-tank motorship.
petrolero de propulsión nuclear | nuclear tanker.
petrolero de turbina | turbine-driven tanker.
petrolero monohélice de motor | single-screw motor driven tanker.
petrolero monohélice de turbina de vapor engranada | single-screw geared-turbine oil-tank steamship .
petrolero para repostar en la mar (marina de guerra) | replenisher tanker.
petrolero para transporte de crudos | crude carrier.
petrolero para transporte de productos refinados | products carrier.
petrolero para transporte de refinados de petróleo | oil product carrier.
petrolero que transporta crudos | dirty ship.
petrolero que transporta sólo gasolina y otros derivados | clean tanker.
petrolero soldado | welded tanker.
petrolero-mineralero (buque) | ore-cum-oil carrier.
petroleros (personas) | oilmen.
petrólico | petrolic.
petrolífero | oil-yielding | oil-producing | petroleum-bearing | petroleum-producing | oil bearing.
petroliferosidad | petroliferosity.
petrolítico | petrolithic.
petrolización | petrolization.
petrolización (de charcas) | paraffining.
petrolización (de una charca) | oiling.
petrolizar (charcas) | petrolize (to) | paraffin (to) | oil (to).
petrolizar la capa inferior (carreteras) | subsoil (to).
petrología | petrology.
petrología del carbón | coal petrology.
petrología esctructural | structural petrology.
petrología ignea | igneous petrology.
petrología metamórfica | metamorphic petrology.
petrólogo | petrologist.
petromorfología | petromorphology.
petroquímica | petrochemistry | petroleum chemistry.
petrosilex | apobsidian.
petrótomo | petrotome.
petthan (Heterophragma adenophyllum) | petthan.
petuncé (barniz para porcelana) | petuntse.

pez | fish.
pez anádromo | anadromous fish.
pez batipelágico | bathypelagic fish.
pez blanca | refined galipot.
pez carnívoro | carnivorous fish.
pez catádromo | catadromous fish.
pez de alquitrán de huesos | bone-tar pitch.
pez de alquitrán de hulla | coal tar pitch.
pez de Borgoña | refined galipot.
pez de petróleo | petroleum pitch | asphalt oil.
pez de plata | silverfish.
pez de zapatero | cobler's wax.
pez demersal | demersal fish.
pez dulciacuícola | fresh-water fish.
pez griega | colophony.
pez hembra | spawner.
pez heterognato | heterognathous fish.
pez larvívoro | larvivorous fish.
pez manta (Manta birostris-Walbaum) | devilfish.
pez martillo (zoología) | hammer-head.
pez melanotenino | melanotaeniin fish.
pez mineral | maltha.
pez negra | black pitch | common pitch.
pez pelágico | pelagic fish.
pez planctófago | planctophagous fish.
pez plateado | bit.
pez rana | frog-fish.
pez rubia | pitch | resin | rosin | rosin pitch.
pez seca | hard pitch.
pez venenoso | poisonous fish.
pez volador | exocoetus.
pezón | pap | teat.
pezón (ejes) | arm.
pezón (telares) | peg.
pezón del cubo (ruedas) | nave linch.
pezonera (ejes) | linchpin.
pez-rana | fishing frog.
pezrubia | fiddler's rosin.
pezuña | toe | hoof.
pF del agua del suelo | pF of soil water.
pH | pH.
pH de la solución galvanoplástica | pH of the plating solution.
pian (medicina) | yaws.
piano (instrumento) | piano.
piano cuarto de cola | baby-grand piano.
piano de cuerdas cruzadas | overstrung piano.
piano vertical | upright piano.
pianotrón (acústica) | pianotron.
piara | drove.
pic a pic (tejeduría) | pick-and-pick.
pica | pike | lance | jumper bar | jumping bar.
pica (martillo perforador) | hammer bit.
pica (minas) | jadding.
pica (para perforar) | steel.
pica con gancho | hookaroon.
pica chuzo | pike pole.
pica de gancho de grapa | clip peavy.
picacho | poll-pick.
picada | dry road.
picada (Argentina) | ride.
picada (Argentina-bosques) | tote road.
picada (tejeduría) | picking.
picada (telar) | pick.
picada a voluntad (telar) | pick-at-will.
picada de espada (telares) | underpick.
picada de garrote (telar) | overpick.
picada de látigo (telar) | overpick.
picada de rollizos (bosques) | fore-and-aft road.
picada de rollizos (corta forestal-Iberoamérica) | plank road.
picada por debajo (telares) | underpick.
picada por encima (telar) | overpick.
picadero (astilleros) | stock.
picadero (construcción naval) | block.
picadero (dique seco) | angle block.
picadero alto encima de los cuñones (grada construcción buques) | cap block.
picadero de arena (astilleros) | sand jack.
picadero de pantoque | bilge block.
picadero de quilla | keel block.
picaderos de arena (astilleros) | sand blocks.
picaderos de arena de la quilla | keel sand blocks.
picaderos de dique | docking blocks.
picaderos de grada | stocks.
picaderos de pantoque y escoras de construcción (buque en grada) | blocking.
picaderos de varada | docking blocks.
picado | chopped | chipped | stipple.
picado (agriado - vinos) | foxed.
picado (aviación) | dive | diving.
picado (aviones) | pitching.
picado (cañón de fusil) | honeycombed.
picado (corrosión metales) | pitted.
picado (de la pintura, del óxido) | chipping.
picado (de la tierra) | picking.
picado (del enlucido) | scraping.
picado (dibujo para lizos) | pegging plan.
picado (libros) | wormholed.
picado (minas) | hewing.
picado (motores) | pinging.
picado (música) | detached | the notes to be detached.
picado (para lizos) | lifting plan.
picado (telas) | pinking out | pinking.
picado (vino, etc.) | sour.
picado (vinos) | stale.
picado a la velocidad límite | terminal nose dive.
picado a velocidad límite (avión) | terminal nose-drive.
picado casi vertical (aviones) | nose-dive.
picado con motor en marcha (aviones) | power dive.
picado de la biela (por exceso de avance al encendido) | wild ping.
picado de la pintura | paint chipping.
picado de las bielas (por exceso de avance de la chispa - motores) | spark ping | spark knock | rumble.
picado de pérdida (avión) | stall dive.
picado de poca inclinación (aviación) | flat dive.
picado de pulgas | flea-bitten.
picado de un paramento de ladrillo para que agarre el enlucido | stabbing.
picado del enlucido (paredes) | hacking-off.
picado del óxido (de chapas, etc.) | rust chipping.
picado en espiral | spiral dive.
picado por el óxido | rust-pitted.
picador (de calderas) | scaler.
picador (mina carbón) | hewer.
picador (minas) | stooper | clearer | pickman.
picador (minero que trabaja en el frente de arranque) | faceman.
picador (obrero de mina) | driver.
picador (obrero de minas) | digger.
picador de calderas | scurfer.
picador de carbón (lámparas eléctricas) | getter.
picador de carbón (minas) pikeman | header | holer.
picador de carbón (minero) | coal hewer | coal digger.
picador de carbón (obrero) | heaver | coal getter.
picador de carbón (obrero de mina) | coal cutter.
picador de carbón (obrero minas) | picksman.
picador de cartones | card cutter.
picador de fuegos (obrero) | pricker.
picador de limas | file cutter.
picadora | chipper.
picadora cargadora | cutter-loader.
picadora-ensiladora | ensilage blower.
picadura | bite | prod | perforation | pricking | prick | pitting | puncture.
picadura (calderas) | pit.
picadura (cañón de fusil) | honeycombing.
picadura (costura) | pink.
picadura (de tubos, etc.) | pinhole.
picadura (de viruelas) | pitting.
picadura (limas) | cut.
picadura (metales) | pit | pitting.
picadura (telas) | pinking.
picadura (vidrio) | sand hole.
picadura basta (limas) | rough cut.
picadura bastarda (limas) | bastard cut.
picadura circular (cristalografía) | round pit.
picadura cruzada | double-cut.
picadura de escofina | rasp-cut.
picadura de paredes muy inclinadas (corrosión) | steep-walled pit.
picadura de tabaco | cut tobacco | shortcut | tobacco in powder.
picadura de viruelas | pit.
picadura del extremo del tubo | tube-end pitting.
picadura doble | double-cut.
picadura doble (limas) | crosscut.
picadura dulce (limas) | smooth cut.
picadura erosiva | erosive pitting.
picadura fina | fine cut.
picadura gruesa (tabaco) | coarse-cut.
picadura inicial | initial pitting.
picadura interior | inner pit.
picadura por erosión (diamantes) | erosion pit.
picadura simple (limas) | single cut.
picadura superfina (limas) | dead-smooth cut.
picaduras (electroquímica) | pits.
picaduras pequeñísimas en la superficie (papel artístico) | pinholes.
picaduras poco profundas de fondo redondo | shallow round-bottomed pits.
picaduras profundas (oxidación) | severe pits.
picafuegos | prick bar | pricker.
picafuegos (herramienta) | slice.
picafuegos (hogar de locomotora) | poker.
picafuegos (orificio de gasógenos, etc.) | poking-hole.
picahua (Embothrium coccineum - Forst) | notro | ciruelillo.
picamaderos (pájaro) | flicker.
picante | pungent | acrid | hot.
picante (cuentos) | full-flavored.
picante (sabor) | fiery.
picante (sabor, olor) | irritating.
picapedrero | stone breaker | scabbler | knapper | hewer.
picapleitos | litigious person | law-monger.
picaporte | basquill bolt | door latch | drop-latch | catch bolt | latch.
picaporte (de puerta) | hasp.
picaporte (puertas) | draw-latch | lock handle.
picaporte de latón | brass door handle.
picaporte de puerta | lever door handle | gate latch.
picaporte de puerta del hogar | firedoor latch.
picar | hew (to) | stick (to) | hash (to) | bite (to) | prick (to) | dab (to) | shred (to) | punch (to) | puncture (to).
picar (ácidos) | pit (to).
picar (aviación) | dive (to) | buzz (to) | dart (to).
picar (aviones) | nose-down (to) | dip (to).
picar (billetes ferrocarril) | clip (to).
picar (calderas, chapas) | chip (to).
picar (con el pico) | pickax (to).
picar (desincrustar - calderas) | chip off (to).
picar (el pez) | take (to).
picar (los palos de madera de un buque de vela) | fell (to).
picar (paramentos) | roughen (to).
picar (telas, cueros, etc.) | pink (to).
picar (un muro) | rough (to).
picar a la entrada | clock-on (to).
picar a la salida | clock off (to).
picar carne | chop (to).
picar casi vertical (aviones) | nose-dive (to).
picar casi verticalmente (aviación) | dart downward (to).
picar cruzado (limas) | crosscut (to).
picar el cable (marina) | cut the cable (to).
picar el casco (buques) | chip the hull (to).
picar el motor (por autoencendido) | pink (to).
picar en el reloj de control al entrar al trabajo | punch in (to).

picar en el reloj registrador a la salida (talleres) | punch out (to).
picar la boga (bote de remos) | stretch out (to).
picar la hora (buques) | strike (to).
picar la retaguardia (ejércitos) | pursue closely (to).
picar la retaguardia del enemigo | follow hot upon the enemy (to).
picar las cadenas (buque anclado) | cut the cable (to).
picar los cabos (picar las estachas - buques) | cut and run (to).
picar los cartones (telares) | puncture the cards (to).
picar los fuegos (hogares) | clinker (to).
picar piedra (picapedreros) | knap (to).
picar un dibujo (sobre tela, etc.) | prick up (to).
picarse (agriarse - vino, cerveza) | fox (to).
picarse (chapas) | pit (to).
picarse (sidra, cerveza) | deaden (to).
picarse (vinos) | become flat (to).
picarse la cara con viruelas | pit (to).
picea alba | Norway spruce.
picea de Afganistán (Picea canadensis) | Himalayan spruce.
picea de Canada (Picea rubra) | Canadian spruce.
picea de Engelmann (Picea engelmanii Engelm) | white spruce.
picea de Engelmann (Picea engelmannii) | Engelmann spruce.
picea de Servia (Picea omorika) | serbian spruce.
picea de Sitka (Picea sitchensis) | sitka spruce | silver spruce.
picea de Sitka (Picea sitchensis Carr) | tideland spruce.
picea excelsa) | white deal | Norway spruce.
picea negra (Picea mariana) | black spruce.
picea negra americana (Picea mariana) | Saint John spruce.
picea roja del Canada (Picea rubra) | red spruce.
piclaje (curtición cueros) | pickling.
picnometría | pycnometry.
picnométrico | pycnometrical.
picnómetro | specific gravity flask | density bottle.
picnómetro (densidades) | pycnometer.
picnoscopia | pyknoscopy.
picnosis | pycnosis.
picnospora | pycnospore.
picnostilo | pycnostyle.
picnótico (genética) | pycnotic.
picnoxílico | compact-wooded.
picnoxílico (maderas) | pycnoxylic.
pico | beak | top | peak | mattock.
pico (ave) | bill.
pico (cafetera, jarro, etc.) | nose.
pico (cafetera, vasijas, etc.) | spout.
pico (central eléctrica) | peak load.
pico (cosa que falta para completar) | makeup.
pico (de montaña) | pike.
pico (de teja plana) | cog.
pico (de un fenómeno) | spike.
pico (herramienta) | pick.
pico (minas) | slitter.
pico (para picar) | pike.
pico (telar tejido punto por urdimbre) | sley point.
pico (tobera) | nose.
pico (vergas) | peak.
pico cangrejo (buques) | gaff.
pico con martillo | poll-pick.
pico con punta y corte | clay pick.
pico de carga (palos de buques) | outrigger.
pico de colada (convertidor Bessemer) | nose.
pico de cuervo (calafateo de madera) | reef hook.
pico de cuervo (moldura) | bird's beak.
pico de descarga (hornos, recipientes) | lip.
pico de descarga del horno | furnace lip.
pico de dos cortes | mill pick.
pico de dos puntas | double-pointed pick | double pick.
pico de dos puntas (mina carbón) | maundril.
pico de dos puntas (minas) | flang | mandril.
pico de estaño (mineral) | beak of tin.
pico de fuga | leakage peak.
pico de hoja de salvia | miners' pick.
pico de jarro | lip.
pico de la absorción por óxido de siliceo | silicon-oxide absorption peak.
pico de la cuchara | ladle lip.
pico de mano | handbill.
pico de martillo | hammer pick.
pico de minero | miners' pick | picker | hack.
pico de minero con dos puntas | beele.
pico de minero de dos puntas (minas) | mandrel.
pico de picar (minas) | hewing-pick.
pico de plantar (Puerto Rico) | planting mattock.
pico de potencia de la envolvente (de modulación) | envelope power peak.
pico de rafadora | puncher pick.
pico de resonancia | resonance peak.
pico de roca | poll-pick.
pico del convertidor (acerías) | nose of the converter.
pico del cucharón de colada | pouring lip.
pico máximo de corriente directa | maximum peak forward current.
pico neumático (minería) | jack hammer.
pico para hielo (alpinistas) | ice-pick.
pico para laboreo del carbón de forma romboidal | double-ended pick.
pico para labrar (piedras) | scabble axe.
pico vertedero en cuello de cisne (bombas) | gooseneck spout.
picocondensador (radio) | billi-condenser.
picoconductibilidad | pyroconductivity.
picoculombio | picocoulomb.
picolete | staple.
picón (volcanes) | lapilli (plural de lapillus).
picor | itching.
picos de corta duración (electricidad) | short bursts.
picos de frotamiento | friction peaks.
picosegundo (pseg) | picosecond.
picotita (espinela cromífera) | chrome spinel.
picovatio | picowatt.
picovatio ponderado sofométricamente | picowatt psophometrically weighted.
picramato sódico | sodium picramate.
picrato de plata (química) | silver picrate.
picrita micácea (geología) | micaceous picrite.
picrocurio | picrocurie.
pictografía | pictography | picture-writing | pictograph.
pictografía meteorítica | meteoritic pictograph.
pictográfico | pictographic.
pictograma | pictograph | pictogram.
pictorial | pictorial.
pictórico | pictorial.
picturización (adaptación al cine - de una novela) | picturization.
picudo | bill-headed | billed.
pichón artificial | clay-bird.
pichón volteador (zoología) | tumbler.
pie | toe | support | stand | standard | foot.
pie (de biela) | little end.
pie (de copa) | stalk | stem.
pie (de montaña) | base.
pie (de muro) | footing.
pie (de página) | tail.
pie (de perpendicular) | end.
pie (montes) | bottom.
pie (muebles) | leg.
pie (páginas) | bottom.
pie (palos, roda, timón) | heel.
pie (talud) | toe.
pie (tipo de imprenta) | feet | base.
pie ajustable de las varillas de los portaaros (telares) | adjustable poker foot.
pie articulado (trípodes) | fold-over leg.
pie Atico = 327 mm | attic foot.
pie cuadrado (medida de superficie) | superficial foot.
pie de amigo (buques) | stay | prop.
pie de amigo de amurada | bulwark stay.
pie de amigo de chapa enfaldillada (buques) | flanged plate stay.
pie de anuncio | ad signature.
pie de batayola | bulwark stay.
pie de biela | connecting-rod foot | connecting-rod small end | connecting-rod top end | crosshead | wrist pin end | connecting-rod little end | connecting top end | small end | connecting-rod bottom end | bottom end.
pie de carrillo para aparato tomavistas (cine) | perambulator.
pie de cartabón de cuaderna | frame bracket toe.
pie de cuaderna | frame leg.
pie de esfera (relojes) | dial foot.
pie de imprenta | printer's mark | footprint.
pie de imprenta (en la última página) | printer's imprint.
pie de imprenta (libros) | imprint.
pie de la mira (topografía) | rod shoe.
pie de la presa | dam toe.
pie de lámpara | lamp-stand.
pie de media sin reforzar | sandal foot.
pie de montaje integrado | built-in mounting feet.
pie de montante | leg of standard.
pie de obra | site.
pie de página | page footing.
pie de paz | peace footing.
pie de poste de madera | pole butt.
pie de refuerzo escalonado (medias) | cradle foot.
pie de rey | calliper square | caliper-square | sliding caliper | scale callipers | slide-gage | slide-calipers.
pie de rey (instrumento) | vernier caliper.
pie de rey para ciegos | blind persons' vernier caliper.
pie de roda (buques) | forefoot.
pie de roda (pieza curva de madera que une la quilla a la roda - buque de madera) | gripe.
pie de roda a 90 grados (buques) | deep forefoot.
pie de roda bulboso | bulbous forefoot.
pie de roda bulboso (proa de bulbo) | club-foot.
pie de roda formando ángulo obtuso con la quilla (sobre el resto de la quilla) | cutaway forefoot.
pie de roda levantado (sobre el resto de la quilla) | cutaway forefoot.
pie de seguridad (grúa de brazo móvil) | life-preserver.
pie de seguridad (grúa derrick) | headache post.
pie de soporte | bracket dog.
pie de talud | base.
pie de talud (carreteras) | toe of slope.
pie de un grabado | underline.
pie del diente (engranaje) | tooth root.
pie del elevador | elevator boot.
pie del hombro (caracteres de imprenta) | bevel.
pie del libro (encuadernación) | bottom edge.
pie del mástil | mast heel.
pie del palo (buques) | mast heel.
pie del portal | portal leg.
pie del puntal (buques) | heel of pillar | pillar heel.
pie del tajo (minas) | delivery end.
pie del talud de aguas abajo (presas) | downstream toe.
pie dentado | serrated foot.
pie derecho | stud | stud | bearer | pillar | post | upright | puncheon | compression member | standard.
pie derecho (arcos) | pier.
pie derecho (arquitectura) | piedroit.
pie derecho (entramados) | nogging-piece.

pie derecho (marco de entibación) | drift post | leg piece.
pie derecho (marco entibación) | leg.
pie derecho (marco minas) | arm.
pie derecho (minas) | stanchion.
pie derecho corto | footer.
pie derecho de andamio | staging standard.
pie derecho de tablones adosados | spaced column.
pie derecho de tunel | tunnel abutment.
pie derecho intermedio (entramados de edificios) | prick post.
pie derecho para recalzar muros | needle.
pie derecho que soporta el balancín de una bomba o sonda (sondeos) | samson post.
pie elevado a la cuarta potencia | quadric foot.
pie en forma de herradura (microscopios) | horseshoe foot.
pie firme | foothold.
pie francés (calcetería) | French foot.
pie lineal | foot run.
pie liso | sandal foot.
pie liso (calcetería) | shell foot.
pie separado (calcetería) | English foot.
pie sin refuerzo (calcetería) | shell foot.
pie telescópico | stretching leg.
pie zambo | club-foot.
piedra | stone | boulder | rock.
piedra abrasiva | lap.
piedra abrasiva con ligante vitrificado | vitrified-bonded abrasive stone.
piedra abrasiva de rectificar | stone.
piedra abrasiva lubricada | lubricated abrasive stone.
piedra angular | foundation stone | headstone | cornerstone.
piedra arcillosa (arcilla endurecida) | clay stone.
piedra arenisca | sandstone.
piedra arenisca blanda para limpiar cubiertas de madera (buques) | holystone.
piedra artificial | reconstructed stone | cast stone | patent stone | artificial stone.
piedra áspera | ragstone.
piedra azul (química) | bluestone.
piedra azul usada para escalones | culver.
piedra azulada para construcción de edificios | anvil stone.
piedra brillante | daze.
piedra bruta | rubble.
piedra caliza | stone | limestone.
piedra caliza de grano fino con manchas o tubos de calcita | bird's-eye limestone.
piedra cilíndrica del fuste | drum.
piedra cincelada | chisel-dressed stone.
piedra compacta dura en capas de carbón (minas) | dun whin.
piedra de aceite | hone stone | oilstone.
piedra de aceite para repasar filos | honing stick.
piedra de afilar | hone | whetstone | drawing-off stone | rubbing stone.
piedra de afilar guadañas | rifle.
piedra de águila | aetites | eaglestone.
piedra de albardilla | saddle stone.
piedra de albardilla (muros) | cope stone'.
piedra de alumbre | alum stone.
piedra de amolar | whetstone | ragstone | hone.
piedra de anclaje (albardilla inclinada) | kneeler | kneestone.
piedra de asentar filos | hone | razor-stone.
piedra de asfalto | rock asphalt.
piedra de batir el cuero | lapstone.
piedra de bordillo | curbstone.
piedra de bruñir | agate burnisher | burnishing stone.
piedra de caballete | cap stone.
piedra de cal | limestone.
piedra de cal hidráulica (caliza arcillosa) | cement stone.
piedra de construcción | building stone.
piedra de cruz | cross stone.
piedra de chimenea | hearthstone.
piedra de chispa | flint stone.
piedra de dimensiones especificadas | dimension stone.
piedra de dorar | agate burnisher.
piedra de esmeril | emery wheel.
piedra de espárrago | asparagolite.
piedra de facetas (geología) | sandblasted pebble | gibber | dreikanter.
piedra de facetas pulimentadas por acción eólica (gliptolito) | glyptolith.
piedra de fundición para lapidar | cast-iron lap.
piedra de grandes dimensiones por hormigón ciclópeo | plum.
piedra de granito finamente labrada | finely axed granite stone.
piedra de grano fino para pulimentar el mármol | Scotch stone.
piedra de igualar | jointer stone.
piedra de imán | netural magnet.
piedra de imponer (imprenta) | marble.
piedra de jabón | soapstone.
piedra de las Amazonas | amazonite | Amazon stone.
piedra de lascas (prehistoria) | flint-flake.
piedra de luna | moonstone.
piedra de molino | millstone | burr-stone | grinder.
piedra de paramento | facing stone.
piedra de pipas | meerschaum.
piedra de pulimentar | lap.
piedra de remate | coping stone.
piedra de repasar filos | hone stone | oilstone.
piedra de repasar filos de herramientas | whetstone.
piedra de rustina | filling place.
piedra de sapo | talc.
piedra de sentar filos a mano | hand hone.
piedra de talla | broad stone.
piedra de toque | lydite | Lydian stone.
piedra de toque de varias aleaciones | star form touchstone.
piedra de yeso | crude gypsum | plaster stone.
piedra del bordillo | kerbstone.
piedra diamantina | diamantine stone.
piedra dura | rag.
piedra dura con poco contenido de cuarzo | low-quartz content hard stone.
piedra en laja | self-faced stone.
piedra escultural | sculptural stone.
piedra esquistosa | ragstone.
piedra fabricada mezclando corcho molido con una substancia mineral | cork stone.
piedra falsa | artificial gem.
piedra falsa (joyería) | foil stone.
piedra figurada | figure stone.
piedra filtrante | dripstone.
piedra fina | real stone | gemstone.
piedra franca | liver rock.
piedra fría | arsenic silver.
piedra fundamental | foundation stone.
piedra grande en el hormigón | displacer.
piedra grande que sirve de ancla | killick.
piedra gruesa para cimientos | hardcore | spall.
piedra imán | loadstone | magnet | lodestone.
piedra labrada | cut-stone.
piedra labradasillar | hewing stone.
piedra machacada | ballast | ballast stone | crushed stone | rubble.
piedra machacada que no pasa por la criba | tailings.
piedra machacada sin cribar | crusher run.
piedra manejable por un hombre | one-man stone.
piedra manejable sólo por grúa | derrick stone.
piedra meteórica | meteoric stone.
piedra moldeada | cast stone.
piedra moleña | millstone grit.
piedra moleña para moler pasta de madera | pulpstone.
piedra natural decorativa | decorative natural stone.
piedra ornamental | ornamental stone.
piedra palo | actinolite.
piedra para afilar gubias | gouge slip.
piedra para asentar filos | slip stone.
piedra para encendedores | lighter flint.
piedra para fines arquitectónicos (piedra comercial - canteras) | dimension stone.
piedra para lapidar (taco metálico o de madera dura impregnada con abrasivos) | lapping stone.
piedra para mecheros de cigarrillos | flint.
piedra para relojes | watch stone | horological bearing.
piedra partida clasificada | graded crushed stone.
piedra partida sin clasificar por tamaño | crusher-run stone.
piedra perfilada | profiled stone.
piedra plana | flat stone.
piedra pómez | pumice.
piedra porosa | dripstone.
piedra preciosa | gemstone | gem | precious stone | jewel stone | real stone | jewel | stone.
piedra preciosa de dos facetas | table.
piedra que forma albardilla | factable.
piedra que no necesita labra por salir de la cantera en losas | self-faced stone.
piedra radiante | actinolite.
piedra recién extraída de cantera - piedra con el agua de cantera | greenstone.
piedra refractaria | fire-stone.
piedra sepulcral | stone.
piedra silícea para limpiar cuchillos | Bristol brick.
piedra sin desbastar | roughstone.
piedra triangular en el remate de un muro piñón | saddle stone.
piedra triangular en el vértice (muro piñón) | apex stone.
piedra tumular al pie de la sepultura | foot-stone.
piedras con marcas naturales semejantes a dibujos | graptolite.
piedras de acarreo (glaciares) | erratic blocks.
piedras de arcilla (geología) | clay galls.
piedras de los escalones laterales (dique seco) | altar stones.
piedras de relojes | olived hole.
piedras de zafiro artificial (relojes) | sapphire jewels.
piedras igniscentes | ignescent stones.
piedras imitación (joyería) | paste.
piedras para cojinetes de contadores | meter jewels.
piedras para relojes | horological stones.
piedras pesadas | kentledge.
piedras silícicas (joyería) | pebble.
piel | skin | leather | fur | hide.
piel agamuzada | chamoised skin.
piel apelambrada | limed pelt.
piel atafiletada | imitation Morocco leather.
piel blanca (encuadernación) | law calf.
piel cortada | damaged pelt.
piel curtida de cordero | budge.
piel curtida de tiburón | olcotrop leather.
piel chagrinada de poco espesor (encuadernación) | buffing.
piel de ante | buckskin | shammy leather.
piel de becerro | kip leather.
piel de becerro (cuero) | kipskin.
piel de becerro con terminación agamuzada | ooze-leather.
piel de búfalo | buff leather | buffalo.
piel de búfalo (taco de telar) | rawhide.
piel de caballo | horse-hide.
piel de cabra | goat | cabretta | goatskin | kid | kid-skin.
piel de cabra curtida al cromo | vici kid.
piel de cabra curtida en la India | Persian goat.
piel de cabritilla | suede.
piel de castor | beaver.
piel de cerdo | pigskin | hog skin.
piel de cibelina | sable.
piel de cisne (tela de seda) | peau de cygne.

piel de cocodrilo | alligator leather.
piel de conejo imitación de foca | electric seal.
piel de conejo imitando foca | arctic seal | northern seal.
piel de conejo simulando nutria o castor | French beaver.
piel de conejo teñido de oscuro | beaver coney.
piel de cordero | lamb pelt | peluche.
piel de chinchilla | chinchilla.
piel de estanqueidad (reactor) | steel liner.
piel de foca | sealskin.
piel de foca joven | pin seal.
piel de gamuza | chamois | shammy leather.
piel de la nuca | scruff.
piel de marta | marten.
piel de morsa | sea-cow hide.
piel de naranja (estampación) | stretcher strains.
piel de naranja (pulimentación del vidrio) | orange peel | drag.
piel de nutria (peletería) | sealskin.
piel de oso | bearskin.
piel de oveja | woolskin.
piel de pelo | fur pelt.
piel de pelo lustroso rizado | curly lustrous fur pelt.
piel de seda (tela de seda) | peau de soie.
piel de topo | moleskin | musquash.
piel de un mamífero con el pelo | pelt.
piel de vaca curtida | cowhide.
piel de vaca nacida muerta | deacon hide.
piel de verano del armiño | roselet.
piel de visón | mink.
piel de zapa | shagreen | embossed leather.
piel del carnero curtida y tratada con compuestos de celulosa para impermeabilizarla | clothing leather.
piel entera curtida | crop | crop-hide.
piel estanco (reactor nuclear) | liner.
piel imitación nutria | coney seal.
piel jaspeada | mottled skin.
piel sin adobar | rawhide.
piel sin curtir | green hide | pelt.
piel sin pelo | hairless skin.
piel suave (animal de pelo) | fluff.
piel vascular blanda que cubre la cornamenta durante el crecimiento (ciervos) | velvet.
piel verde | market hide.
pie-lambert (luminancia) | foot-lambert.
pielecilla | film.
pieles bien curtidas | backs.
pieles con pelo oscuro | darks.
pieles de animales capturados en primavera | spring skins.
pieles de conejo | rabbit pelts | coney fur.
pieles de las que se han cortado las partes no necesarias | solid skins.
pieles lanares | sheepskins.
pieles para hilaturas | roller skins.
pieles saladas | salted hides.
pieles saladas en seco | dry salting skins.
pie-libra (física) | foot-pound.
pielografía | pielography | pyelography.
pienso | forage | fodder | feed.
pienso (animales) | food.
pienso para ganado | livestock feed.
piensos compuestos | mixed feeds.
piensos con arreglo a una fórmula preestablecida | formula feed.
pierde su brillo | it loses its sheen.
pierna | peg | limb | leg | shank.
pierna (calcetería) | leg.
pierna (tenazas, tijeras, cizallas, etc.) | arm.
pierolita | bastard asbestos.
pies | feet.
pies cúbicos por acre y por año (crecimiento de un bosques) | cubic feet per acre per year.
pies cúbicos por segundo | cubic feet per second.
pies del pórtico | frame legs.
pies del terraplén | toes of earth embankment.
pies derechos | studding.
pies derechos (marcos minas) | side trees.
pies derechos de viguetas laminadas | rolled-steel uprights.
pies perforados por hora (sondeos) | footage drilled/hour.
pies por segundo | foot seconds.
pieza | fitting | piece | part | part | component.
pieza (de artillería) | piece.
pieza (de máquina) | detail.
pieza (heráldica) | charge.
pieza (máquinas) | member.
pieza a cuatro manos (piano) | duet.
pieza a trabajar de varios diámetros | multiple diameter workpiece.
pieza adicional para el roce | chafing piece.
pieza aneja | enclosure.
pieza añadida | insert.
pieza autozunchada (cañón) | expanded piece.
pieza auxiliar | adopted item.
pieza base (tiro de batería) | directing gun.
pieza bruta (antes de maquinarla) | blank stock.
pieza bruta de fundición | rough casting.
pieza central | center-piece.
pieza central para broches (joyería) | centre-piece for brooches.
pieza cilíndrica | parallel work.
pieza cilíndrica de volumen apropiado (fabricación bolas de cojinetes) | slug.
pieza colocada entre los dedos de un guante | fourchet.
pieza colocada para conseguir un flujo laminar | streamlining.
pieza comprimida | compression member.
pieza con brazos radiales | spider.
pieza con escalones | shouldered work.
pieza con varios diámetros | multidiameter work.
pieza conformada en el torno | spinning.
pieza cónica de unión para unir dos tubos de distinto diámetro | increase.
pieza cónica de unión para unir un tubo grande a uno pequeño (tuberías) | increaser.
pieza cónica hueca de arcilla refractaria para apoyar la loza durante la cochura (hornos cerámicos) | pip.
pieza corrediza | sliding block.
pieza corta para conexión | link.
pieza cuadrada de madera apta para hacer un palo (buques) | inch mast.
pieza de acero colado | steel casting.
pieza de acero estampado | steel stamping.
pieza de acero forjado | steel forging.
pieza de acero fundido | steel casting.
pieza de acero moldeado | steel casting.
pieza de acero moldeado de una semicaja de turbina | half-turbine case steel casting.
pieza de acero muy deformada que hay que retirar de la laminación | cobble.
pieza de ajuste | fitting piece.
pieza de artillería | piece of ordnance.
pieza de artillería de varios cañones | organ gun.
pieza de balanceo | rocking bolt.
pieza de bifurcación (calzón - tuberías) | breech.
pieza de bronce forjado | bronze forging.
pieza de centrado | spider.
pieza de cerámica sanitaria | ceramic sanitary ware.
pieza de conexión (tuberías) | adapter.
pieza de conexiones | tie piece.
pieza de contorno (huecos de entramado de piso) | trimmer.
pieza de convicción | incriminating evidence | exhibit | evidence.
pieza de distancia | spacer.
pieza de empalme | joining piece.
pieza de enganche (minas) | grip.
pieza de enlace | connecting-rod.
pieza de enlace entre las cuchillas de un interruptor multipolar (electricidad) | interphase connecting-rod.
pieza de fácil recambio que se rompe antes que los elementos principales (mecanismos) | breaking piece.
pieza de fijación | connector.
pieza de fijación que impide los movimientos horizontal y vertical (sujeción a cubierta y entre sí de contenedores-buques) | twist lock.
pieza de forja grande | heavy forging.
pieza de forja para máquinas | engine forging.
pieza de forja para rotor de generador | generator-rotor forging.
pieza de forja para turbina de combustión | gas-turbine forging.
pieza de forja termotratada | heat-treated forging.
pieza de forma cónica | taper.
pieza de forma irregular | lump.
pieza de fundición | iron casting | founding.
pieza de fundición con nervios | ribbed casting.
pieza de fundición de bronce | bronze casting | bronze founding.
pieza de fundición enteriza | monopiece iron casting.
pieza de fundición maleable | hard casting | malleable casting.
pieza de fundición para buques | ship casting.
pieza de fundición para máquinas | machine casting | engine casting.
pieza de fundición porosa | porous casting.
pieza de fundición sana | sound casting.
pieza de hierro forjado o laminado con la cascarilla | blackwork.
pieza de hierro fundido | iron casting.
pieza de inflexión con transición a 22,5 grados | eight-bend offset.
pieza de madera acanalada donde resbala otra | cullis.
pieza de madera aserrada por las cuatro caras | scantling.
pieza de madera cortada a un tamaño y forma determinada | blank.
pieza de madera de tres lados aserrados y el cuarto redondo | billet.
pieza de madera para construir un palo (buque) | stick.
pieza de madera para la estanqueidad (busco de puerta de dique seco) | clapping piece.
pieza de magnesio fundida a presión | magnesium die casting.
pieza de material perfectamente elástico cuyo límite de elasticidad es mayor que el de la probeta (aparato registrador autográfico) | spring-piece.
pieza de metal de forma triangular (soldadura a tope) | glut.
pieza de metal maquinada en forma sencilla antes de dar otro maquinado | blank.
pieza de metal rechazada (inspecciones) | cull.
pieza de papel o cartón colocada en el fondo de la forma para conseguir la altura necesaria para la impresión (tipografía) | underlay.
pieza de papel que se pone sobre el tímpano para dar más impresión a una línea o grabado (prensa imprimir) | overlay.
pieza de pescado congelado | piece of frozen fish.
pieza de plástico moldeada de varias capas | laminated molding.
pieza de protección | pad piece.
pieza de recambio | spare part.
pieza de reducción | reducing piece.
pieza de refuerzo | force piece | filling-in piece | filing-in piece | stiffening piece | truss.
pieza de refuerzo (gimelga-vergas) | fish.
pieza de refuerzo clavada a otra | fluor.
pieza de relleno | filler.
pieza de repuesto | reserve piece | spare part | part.
pieza de retaque (minas) | glut.
pieza de retenida | detent piece.
pieza de separación | divider | spreader | spacer.
pieza de separación (espaciador) | distance-block | distance-bar.
pieza de tela de longitud mayor que lo normal | lump.

pieza de transición | transition piece.
pieza de transición (turborreactor) | fishtail.
pieza de un adobo (agricultura) | boom stick.
pieza de unión | interlinked piece | adapting piece | adaptor piece | junction-piece | jointing piece | makeup piece | makeup length.
pieza de unión (tuberías) | making-up length.
pieza defectuosa | out | waster | defective.
pieza defectuosa de fundición | foundry waster.
pieza dental | plate.
pieza desbastada | roughing.
pieza desmontable | loose piece.
pieza difícil de sujetar | hard-to-hold piece.
pieza directriz (tiro de batería) | base gun.
pieza electroformada | electroform.
pieza elevadora | lifting piece.
pieza embutida | punching | drum-forging | drawn shell | pressing.
pieza embutida exenta de arrugas | corrugation-free pressing.
pieza embutida hueca | hollow-drawn piece.
pieza en forma de diábolo | diabolo-shaped piece.
pieza en forma de U para unir la polea al amarre (forestal) | shackle.
pieza en tosco (para hacer un engranaje, un perno, una broca, etc.) | blank.
pieza en tosco antes de la extrusión | slug.
pieza en tosco de aluminio | slug.
pieza encolada | glue-on.
pieza entallada en caliente | hot-spun piece.
pieza entallada en el torno | spinning.
pieza enteriza de forja | solid forging.
pieza estampada | punched piece | forging | drum-forging | stamping | punching.
pieza estampada de acero al carbono | carbon-steel drop forging.
pieza estampada de acero aleado | alloy-steel drop forging.
pieza estampada de acero de aleación al cromomolibdeno | chromium-molybdenum alloy-steel stamping.
pieza estampada de embutición somera | shallow-draw stamping.
pieza estampada de forma irregular | irregular-shaped pressing.
pieza estampada de latón | brass pressing.
pieza estampada de latón en caliente | hot brass pressing.
pieza estampada de resina fenólica | phenolic stamping.
pieza estampada en caliente | hot forging.
pieza estampada en caliente en la prensa | press-forging.
pieza estampada en frío | die stamping.
pieza estampada en frío y forjada en caliente después | cold-drawn hot-forged part.
pieza estampada en la prensa (chapas) | pressing.
pieza estampada prototipo | prototype stamping.
pieza estándar | standard part.
pieza estructural transversal que sirve para dar forma o contorno (aeroplanos) | former.
pieza excepcional | exceptional piece.
pieza final | end-piece.
pieza forjada | forged work | forging.
pieza forjada a martinete | drop forging.
pieza forjada con eje integral (ruedas dentadas) | forging with integral journal.
pieza forjada con estampa | drop forging.
pieza forjada con macho | cored forging.
pieza forjada con rotura de las fibras por exceso de martillado | ruptured metal.
pieza forjada con tolerancias amplias | wide-limit forging.
pieza forjada constituida por diversas piezas separables | multiple forging.
pieza forjada de superaleación | superalloy forging.
pieza forjada en caliente entre rodillos | hot-roll-forged piece.
pieza forjada en la fragua | smith forging.
pieza forjada enteriza de acero | seamless steel forging.
pieza forjada hecha en la máquina de recalcar | forging-machine forging.
pieza forjada maciza | solid-steel forging.
pieza forjada para calderines | drum-forging.
pieza forjada para coronas (engranajes) | rim forging.
pieza forjada para electrogenerador | generator rotor forging.
pieza forjada para rotor | rotor forging.
pieza forjada por presión | pressing.
pieza forjada que incluye varias piezas en bruto (que después se separan) | multiple forging.
pieza forjada refundida por arco eléctrico | slag-arc-remelted forging.
pieza forjada sin estampa | hand forging | hammered forging | smith forging.
pieza forjada templada en toda su masa | through hardened forging.
pieza forjada trabajada en la prensa hidráulica | hydraulic pressed forging.
pieza formada de acero y caucho para limpiar tuberías de petróleo (haciéndola desplazarse por medio de aire comprimido) | mole.
pieza formada por elementos soldados | weldment.
pieza fundida | casting.
pieza fundida a presión | die-casting | shot.
pieza fundida con lados ligeramente inclinados para laminar en caliente | wedge cake.
pieza fundida de acero inoxidable maquinable | freecutting stainless steel casting.
pieza fundida de aluminio estanca en la prueba hidráulica | leakproof aluminum casting.
pieza fundida de encargo | one-off casting.
pieza fundida de gran sección transversal | thick-sectioned casting.
pieza fundida de hierro en una pieza reforzada con nervios | one-piece rib-reinforced iron casting.
pieza fundida del estator de la turbina | turbine cylinder casting.
pieza fundida en arena | sand-casting.
pieza fundida en coquilla | permanent-mold casting.
pieza fundida en forma de horquilla | eye-casting.
pieza fundida en molde secado en estufa | dry casting.
pieza fundida en que por exceso de velocidad de alimentación se han separado las medias cajas produciéndo rebabas salientes | strained casting.
pieza fundida hiperaleada | high alloy casting.
pieza fundida horizontalmente | horizontal casting.
pieza fundida hueca | hollow casting.
pieza fundida hueca hecha en molde metálico | slush-casting.
pieza fundida imperfectamente formada | misrun.
pieza fundida moldeada centrífugamente | centrispun casting.
pieza fundida muy reforzada | heavily ribbed casting.
pieza fundida no de serie | one-off casting.
pieza fundida no termotratada | nonheat-treated casting.
pieza fundida pulida con abrasivo | bobbed casting.
pieza fundida sana | defect-free casting.
pieza fundida sin los bebederos | trimmed casting.
pieza fundida templada | hardened casting.
pieza fundida terminada a medida prensádola en frío con una estampa de la forma necesaria | cold-pressed casting.
pieza fundida termotratada por solubilización y precipitación (aluminio) | solution-and-precipitation heat-treated casting.
pieza guía (guía de la herramienta) | pilot.
pieza impulsada | follower.
pieza innominada | gadget.
pieza insertada de hierro austénico fundido con la pieza | cast-in austenitic iron insert.
pieza intercalada | insert.
pieza intermedia | pass piece.
pieza justificativa | document in proof | voucher.
pieza maciza | solid.
pieza maciza de fundición | solid casting.
pieza maestra | hub.
pieza maestra de ingeniería | masterpiece of engineering.
pieza más importante | main piece.
pieza matrizada | drop forging.
pieza metálica con corriente | live metal.
pieza metálica para sujetar la arena o el macho (moldería) | gagger.
pieza metálica que se coloca en el molde y aparece como parte estructural de la pieza fundida | insert.
pieza moldeada | molding | shell.
pieza moldeada con macho | cored casting.
pieza moldeada en troquel | die-casting.
pieza moldeada escasa de dimensiones | short molding.
pieza moldeada formada de pasta de papel y resina termoendurecible | pulp molding.
pieza moldeada prototipo | prototype casting.
pieza nasal del yelmo | nose-piece.
pieza no autozunchada (cañón) | unexpanded piece.
pieza no redonda | lobed piece.
pieza ocular | eyepiece.
pieza para hacer sobrecosturas (máquina de coser) | feller.
pieza para sobrecoser (máquina de coser) | feller.
pieza para su despiece posterior | cant.
pieza perdida (sondeos) | fish.
pieza plana | flatwork.
pieza plana de metal de forma definida producida en la prensa | blank.
pieza polar (electricidad) | pole piece.
pieza polar (generadores eléctricos) | pole shoe.
pieza postiza que se clava a una viga de madera para aumentar su altura | backing.
pieza principal | main piece | mainpiece | principal member.
pieza prismática (estructuras) | prismatic bar.
pieza prototipo | prototype piece.
pieza que ha de fabricarse | stock.
pieza que se está trabajando | workpiece being worked.
pieza que se está trabajando (máquinas herramientas) | work.
pieza que se trabaja en la máquina | workpiece.
pieza que se va a maquinar | work.
pieza que trabaja a compresión | compression member.
pieza que trabaja a tracción | tension member.
pieza rechazada | out.
pieza rechazada (inspecciones) | reject | offscouring.
pieza rechazada por defectuosa | discard.
pieza refractaria de forma de L empleada para homogenizar el vidrio óptico | thimble.
pieza refractaria en el extremo de descarga (horno rotativo de cemento) | nose-ring block.
pieza rotatoria | rotatable work.
pieza sin perforaciones | solid.
pieza sobrante | odd piece.
pieza sobre la que se monta el altavoz (radio) | baffle board.
pieza soldada | weldment.
pieza subsidiaria | submember.
pieza suelta | independent piece | loose piece.
pieza sujeta hidráulicamente | hydraulically clamped work.
pieza sujetafustes (silla de montar) | witherband.
pieza tallada de cristal | crystal blank.

pieza terminada de acuerdo con el plano | true-to-shape finished workpiece.
pieza termoformada (metalurgia) | thermoform.
pieza tosca de estampación | rough stamping.
pieza tosca de forja o de fundición | blank.
pieza tosca recalcada para formar una forja | biscuit.
pieza troquelada | punching.
pieza troquelada en basto | dummy.
pieza troquelada en que la dirección de la fibra está en ángulo recto con las caras del troquel | upend forging.
piezas a máquina | workpieces.
piezas a soldar por resistencia | workpieces.
piezas anulares forjadas en prensa | ring forging.
piezas bastas de vidrio óptico | chunk glass.
piezas de acero forjado tratadas en el vacío | vacuum-treated steel forgings.
piezas de forja terminadas | finished forgings.
piezas de forma especial | specials.
piezas de guía perfiladas (pozos de mina) | bunton.
piezas de las esquinas superiores (contenedores) | top corner fittings.
piezas de madera que protegen los escobenes (buques de madera) | naval hoods.
piezas de prueba cerámicas extraídas del horno a distintas temperaturas | draw trials.
piezas de recambio | duplicates | parts | duplicate parts | repair parts | replacements | spare gear | spares.
piezas de recambios | replacement parts.
piezas de repuesto | replacement parts.
piezas de repuesto para motores de aeroplanos | aeroplane engine parts.
piezas de respeto | spare gear | replacements | spares.
piezas de respeto garantizadas | genuine spares.
piezas de transmisión de un movimiento | bobs.
piezas de una acusación | counts of an indictment.
piezas de unión | fastenings.
piezas elementales | elementary pieces.
piezas embutidas de acero suave | mild steel pressings.
piezas especiales | specials.
piezas estampadas de aleación liviana | light-alloy pressings.
piezas forjadas | drop forging stock.
piezas forjadas de acero al carbono | ingot steel forgings.
piezas forjadas de acero de aleación trabajadas en caliente y en frío | hot-cold-worked alloy steel forgings.
piezas forjadas de aleación de magnesio | magnesium alloy forgings.
piezas forjadas para el casco (buques) | hull forgings.
piezas forjadas tubulares | tubular forgings.
piezas forjadas tubulares de acero | steel tubular forgins.
piezas formadas en la plegadora | press-brake-formed pieces.
piezas fundidas de alta calidad | high-performance casting.
piezas fundidas de altas características | high-duty castings.
piezas fundidas de cubierta (buques) | deck castings.
piezas fundidas industriales | engineering castings.
piezas fundidas para aviación | aircraft castings.
piezas fundidas para el casco | hull castings.
piezas fundidas para empleos generales | general-engineering castings.
piezas fundidas para grandes esfuerzos | high-duty castings.
piezas fundidas para hornos | furnace castings.
piezas fundidas sin cajas | open sand casting.
piezas intercambiables | interchangeable parts.
piezas medias (fundición) | average castings.
piezas normalizadas | standard parts.
piezas pequeñas de fundición | light castings | fine castings.
piezas polares del campo guiador | guide-field pole pieces.
piezas prefabriadas | prefabs.
piezas prensadas | molded parts.
piezas recuperadas de un desguace | arisings.
piezas rechazadas | rejections.
piezas rechazadas del taller de galvanoplastia | plating shop rejects.
piezas torneadas | lathe products.
piezas toscas de forja | rough forgings.
piezas triangulares de zinc para fijar vidrios (ventanas) | sprigs.
piezobirrefringencia | piezobirefringence.
piezocaptador | pressure pickup.
piezocerámica | piezoceramics.
piezoclasa | piezoclase.
piezoclasa (geología) | compression joint.
piezocontrolador | pressure controller.
piezocristal mecánicamente precomprimido | mechanically prestressed piezocrystal.
piezocristalización | piezocrystallization.
piezocromía | piezochromy.
piezodestilación | compression distillation.
piezodieléctrico | piezodielectric.
piezodinámica | piezodynamics.
piezoelectricidad | piezoelectricity | crystal electricity.
piezoeléctrico | piezoelectric.
piezógrafo | piezograph.
piezoignición | compressional ignition.
piezoimpreganación | pressure impregnation.
piezoindicador | piezoindicator.
piezoindicador balístico | ballistic piezoindicator.
piezomagnetismo | piezomagnetism.
piezometamorfismo | piezometamorphism | pressure metamorphism | load metamorphism.
piezometría | piezometry.
piezométrico | piezometer.
piezómetro | pressure measuring apparatus | pressure gage.
piezómetro (física) | piezometer.
piezómetro (hidraúlico) | piezometric tube.
piezomoldear | compression mold (to).
piezoóptica | piezooptics.
piezoóptico | piezooptical | stress-optic.
piezooscilador | piezooscillator.
piezopiroaglutinación | sinterization.
piezopirólisis | piezopyrolisis.
piezopirólisis catalítica | cracking.
piezopirólisis catalítica en que se introduce con la carga los hidrocarburos propano y butano (técnica gasolinas) | polyforming.
piezopirólisis del amoníaco | ammonia piezopyrolisis.
piezoquímica | piezochemistry.
piezoquímico | piezochemical.
piezoregulado | pressure-controlled.
piezoregulador | pressure governor.
piezoresistencia | piezoresistor.
piezorreducción | pressure reduction.
piezorregulador | pressure-adjusting device.
piezorresistencia | piezoresistance | resistance to pressure.
piezorresistente | piezoresistent.
piezorresistividad | piezoresistivity.
piezorresonador | piezo-resonator.
piezorrigidizado | pressure-stiffened.
piezosensibilidad | pressure sensitivity | piezosensibility.
piezosensible | pressure-responsive | pressure-sensible | pressure-sensitive | piezosensible.
piezosinterización | pressure sintering.
piezostato | pressurestat.
piezotérmico | piezothermal.
piezotransmisibilidad | piezotransmissibility.
piezotrón | piezotron.
piezotrónica | piezotronics.
piezotropismo | piezotropism.
piezovariador | pressure variator.
piezóxido (material cerámico a base de zirconato de titanato de plomo) | piezoxide.
pífano (música) | fife.
pifia (actor teatral) | fluff.
pigargo de cabeza blanca (haliaetus leucocephalus-emblema nacional de EE.UU.) | Pallas's sea-eagle.
pigmentación | pigmentation.
pigmentación de la fibra | fiber pigmentation.
pigmentar con capa de carbón | carbonize (to).
pigmentario | pigmentary.
pigmento | pigment | color (EE.UU.).
pigmento (barnices) | base.
pigmento amarillo transparente obtenido tiñendo blanco de España con tintura de corteza de quercitrón | Dutch pink | Italian pink | English pink.
pigmento antiherrumbroso | antirust pigment.
pigmento antioxidante | antirust pigment.
pigmento azul o verde | bice.
pigmento básico | body pigment.
pigmento compuesto de óxido de cinc y sulfato básico de plomo | leaded zinc oxide.
pigmento de aluminio peliculante | leafing aluminum pigment.
pigmento de color | color pigment.
pigmento de color (pinturas) | stainer.
pigmento de extensión | extender.
pigmento de origen mineral | earth color.
pigmento de pasta de aluminio | aluminum paste pigment.
pigmento de tierras naturales | earth color.
pigmento fotosensible | photosensitive pigment | photosensible pigment.
pigmento gris purpúreo | French grey.
pigmento impuro de óxido férrico rojo | crocus martis.
pigmento inhibidor | inhibitive pigment.
pigmento inorgánico | inorganic pigment.
pigmento lamelar | flake pigment | lamellar pigment.
pigmento micronizado | micronized pigment.
pigmento orgánico (pinturas) | toner.
pigmento para frescos | pigment for frescoes.
pigmento para pastel (pintura) | pastel pigment.
pigmento resinoso negro | toner.
pigmento seco en polvo | dry powdered pigment.
pigmento térreo | earth pigment.
pigmento vendido en pasta | pulp color.
pigmentógeno | pigment-forming.
pigmentos de mezclas de amarillo de cromo y azul de hierro (pinturas y esmaltes) | chrome greens.
pigmentos metálicos para fábricas de colorantes | metal pigments for dyestuff factories.
pigmentos molidos en un vehículo untuoso | tempera.
pignorabilidad (acciones comerciales) | pledgeability.
pignorable | pledgeable.
pignoración | collateral security | business liability | pignoration | pledging | hypothecation | hypothecation.
pignoración (economía) | pledge.
pignorado | lienee.
pignorador | pledger | hypothecator | pawner.
pignorar | paw (to) | pawn (to) | give collateral security (to) | give in guaranty (to) | pledge (to) | affect (to) | hypothecate (to).
pignoraticio | pignorative | pledgeable.
pihuela | lash.
pijama | pajama.
pila | stack | trough.
pila (de carbón, proyectiles, de monedas) | pile.
pila (Iberoamérica) | rick.
pila (puentes) | tower | pier.
pila agotada (electricidad) | dead cell.
pila apoyada en pilotes (puentes) | pile-suppor-

ted pier.
pila articulada | hinged pier.
pila articulada (puentes) | rocking pier.
pila atómica | atomic pile | atomic battery.
pila atómica transportable | axpatron.
pila autorregeneradora (nuclear) | breederpile.
pila blanqueadora (fabricación papl) | potcher.
pila cargada lateralmente | laterally loaded pile.
pila con diferentes concentraciones iónicas | concentration cell.
pila con el despolarizante aislado del electrolito por papel | paper-lined cell.
pila de aire | air cell.
pila de aire (carbón, cinc y electrolito de NaOH) | breather battery.
pila de algodón mezclado para hilar | bink.
pila de amalgama de sodio y oxígeno | sodium-amalgam-oxygen cell.
pila de anclaje (puentes) | anchorage pier.
pila de balas | bale stack.
pila de bicromato potásico | dichromate cell | bichromate battery.
pila de cadmio | cadmium cell.
pila de carbón (electricidad) | carbon cell.
pila de carbón y cinc | carbon-zinc cell.
pila de celosía (puentes) | braced pier.
pila de cobre y cinc | copper-zinc cell.
pila de combustible de amalgama de sodio-oxígeno | sodium-oxygen fuel cell.
pila de combustión hidrógeno-oxígeno | hydrogen-oxygen fuel cell.
pila de concentración (química) | concentration cell.
pila de concentración de iones metálicos | metal ion concentration cell.
pila de chapas | pack of plates.
pila de dar fuego | firing battery.
pila de densidad | gravity-cell.
pila de despolarización por aire (carbón, cinc y electrolito de Na OH) | air cell.
pila de discos | disk pack.
pila de discos de residencia del sistema | system residence pack.
pila de discos magnéticos | pack.
pila de dos líquidos | double-fluid cell | concentration cell.
pila de duelas | rick.
pila de electrolito de cera sólida | wax-electrolyte battery.
pila de electrólito único | one-fluid cell.
pila de enhornar | bung.
pila de espera (conjunto de aviones en el aire esperando órdenes para aterrizar) | holding stack.
pila de estériles (minas) | barrow.
pila de estribación (de puente) | abutment pier.
pila de gravedad (electricidad) | crowfoot cell.
pila de hormigón (puentes) | concrete pier.
pila de hormigón armado introducido en un cilindro de acero | steel-encased concrete pier.
pila de ladrillos de turba para secar al aire libre | footing.
pila de ladrillos dentro del horno | bung.
pila de líquido | fluid cell.
pila de madera (minas) | cog | clog pack | brattice | brettis.
pila de madera elaborada colocada sobre rastreles | stack.
pila de mampostería (puentes) | mole.
pila de materiales | stockpile.
pila de mercurio | mercury battery.
pila de óxido de plata | silver oxide cell.
pila de óxido de plata y cadmio | cadmium-silver oxide cell.
pila de óxido de plata y zinc | zinc-silver oxide cell.
pila de papel | paper stack.
pila de papel con los costados más altos que el centro | dishing pile.
pila de pilotes (puentes) | pile bent.
pila de pilotes en H (puentes) | H-pile bent.
pila de planos de memoria | memory stack.
pila de polarización | bias cell.
pila de puente basculante | bascule pier.
pila de recambio | refill.
pila de recipientes rellenos de productos cerámicos (hornos) | bung.
pila de rollizos entre la corta y el cargadero (bosques) | hot deck.
pila de selenio | selenium cell.
pila de sosa cáustica (pila Ladande) | caustic-soda cell.
pila de tipo de cimentación troncocónica | bell-type pier.
pila de toma (abastecimiento de agua) | intake pier.
pila de tubo de acero relleno de hormigón (puentes) | concrete-filled steel pipe pile.
pila de vaso poroso | porous-cup cell.
pila de Volta | galvanic pile.
pila de yoduro de litio | lithium iodide battery.
pila desfibradora (papel) | beater.
pila elástica (puentes) | elastic pier.
pila eléctrica | cell | galvanic battery | pile | battery | electric cell.
pila eléctrica atómica | atomic battery.
pila eléctrica con alimentación de hidrógeno y oxígeno a dos electrodos porosos de níquel en una solución de hidróxido potásico | hydrogen-oxygen cell.
pila eléctrica con diversos puntos de toma | plug-in battery.
pila electroquímica con electrolito de sales fundidas | molten-salt fuel cell.
pila electroquímica rellena de bacterias o de ciertos microorganismos biológicos | bug battery.
pila fotoeléctrica tipo óxido de cobre | blocking-layer cell.
pila galvánica | galvanic pile.
pila gastada | weak cell.
pila hidroeléctrica | wet cell.
pila holandesa (fabricación papel) | Hollander.
pila hueca de concreto (puentes) | hollow concrete pier.
pila hueca de hormigón | hollow concrete pier.
pila hueca de hormigón pretensado (puentes) | hollow prestressed concrete pier.
pila húmeda | wet cell.
pila impolarizable | impolarizable battery.
pila isotópica | isotopic pile.
pila metálica | steel pier.
pila metálica (puentes) | bent.
pila metálica de celosía | braced steel pier.
pila para deshilachar (fábrica de papel) | rag-engine.
pila para deshilachar (fabricación papel) | Hollander.
pila para el cuerno (minas submarinas) | horn battery.
pila para lámpara eléctrica portátil | torch battery.
pila patrón | control cell.
pila patrón (nuclear) | standard pile.
pila piezoeléctrica (cambia la presión en corriente eléctrica) | load cell.
pila primaria de dióxido de plomo | lead dioxide primary cell.
pila rectangular (puentes) | rectangular pier.
pila rectangular de madera (entibación minas) | square set.
pila rectangular de maderos horizontales colocados de plano con el interior relleno de escombros (entibación minas) | nog.
pila rectangular de maderos horizontales colocados de plano unos sobre otros desde el muro al techo con el interior relleno de escombros (entibación minas) | pigsty.
pila refinadora | beater.
pila regenerable | regenerable cell | regenerative cell.
pila regenerada | regenerated cell.
pila rellena de hormigón armado y revestida de granito | granite-faced concrete-filled pier.
pila revestida de sillería (puentes) | masonry-faced pier.
pila seca | drycell | electronic cell | dry battery | dry cell.
pila seca de manganeso | manganese dry battery.
pila seca miniatura | miniature battery.
pila seca recargable con agua | inert cell.
pila sin transporte (electroquímica) | cell without-transference.
pila sobre pilotaje (puentes) | pile pier.
pila solar | solar cell.
pila solar de película delgada | thin film solar cell.
pila solar de silicio | silicon-coated solar cell | silicon solar cell | silicon solar cell.
pila solar silícea | silicon solar cell.
pila termoeléctrica | thermopole | thermopile | thermocouple.
pila termoeléctrica solar | thermoelectric solar cell.
pila testigo | control cell.
pila Weston | cadmium cell.
pilada (batanadora de mazos) | fulling load.
pila-estribo | standing pier.
pilar | standard | stanchion | column | pillar | post | abutment.
pilar (de mampostería) | pier.
pilar (galería de mina) | stub.
pilar (geología) | fault ridge.
pilar (horno cerámico) | prop.
pilar (macizo de protección - minas) | craunch.
pilar (minas) | cramp | stump | pillar.
pilar (zoología) | pila.
pilar abrigo (minas) | sheet-pillar.
pilar central | center pillar.
pilar de asiento | bed pile.
pilar de balaustrada | rail post.
pilar de bóveda (minas) | arch-pillar.
pilar de carbón (mina de carbón) | stoop.
pilar de carbón (minas) | stander | entry pillar | entry stump | broken | coal pillar | heel of coal.
pilar de carbón (minas de carbón) | cob.
pilar de carbón de 4 yardas^2 (minas) | stook.
pilar de cimentación | foundation pillar.
pilar de erosión (geología) | erosion column | erosion outlier.
pilar de esquina | corner column | corner pillar.
pilar de galería (minas) | entry pillar | entry stump.
pilar de haz de tubos de gran diámetro que actuan como flotadores (plataforma de prospección submarina) | bottle leg.
pilar de hormigón precargado | preloaded concrete pillar.
pilar de ladrillo | brick pier.
pilar de límite | barrier pillar.
pilar de madera (minas) | cribwork.
pilar de mineral | ore pillar.
pilar de mineral (minas) | cranch.
pilar de mineral abandonado «in situ (minas) | remnant.
pilar de protección (minas) | stoop.
pilar de protección de galerías (minas) | chain pillar.
pilar de protección debajo de la galería (minas) | arch-pillar.
pilar de protección del pozo (minas) | shaft-pillar.
pilar de relleno (minas) | cog.
pilar de sección en L | L-shaped column.
pilar de seguridad (galería minas) | rib.
pilar de seguridad (minas) | wall pillar | barrier pillar | barrier.
pilar de sillería | ashlar pier.
pilar de sostén | pack.
pilar de viaducto | viaduct column.
pilar del muro (minas) | wall pillar.
pilar en forma de columna (puentes) | columnar pier.
pilar entre dos fallas (geología) | horst.
pilar fasciculado | bundle pillar.
pilar macizo de mineral o carbón (minas) | post.

pilar nervado | multiple rib pillar.
pilar protector de carbón (minería) | coal barrier.
pilar que une el esquí al avión | pedestal.
pilar rectangular | rectangular pier.
pilar sosteniendo un arco de bóveda | respond.
pilar tectónico | horst.
pilar tectónico (geología) | heaved block.
pilares de la torre de perforación | derrick legs.
pilarote | spindle.
pilas bajas de sacos terreros (puentes militares) | sandbag islands.
pilas rectangulares de madera (minas) | square timbering.
pilaster (anatomía) | pilaster.
pilastra | pier | allette | anta | pilaster.
pilastra de la carrocería | body pillar.
pilastra jónica | Ionic pilaster.
pilastra que forma pareja con otra | respond.
pilato farolero (argot) | hot pilot.
pilato pretencioso (argot) | hot pilot.
pilbarita | pilbarite.
píldora | pill | dragée.
píldora grande (veterinaria) | ball.
píldora radioemisora (tubo digestivo) | radio pill.
pileo (botánica) | cap.
pileolas | pileoli.
pileos (aves) | pilea.
pileos (botánica) | pilei.
pileta | basin.
pileta (Argentina, México) | log pond.
pileta (colector de agua - minas) | sump.
pileta de clasificación (Iberoamérica - madera flotada) | sorting gap.
pileta de patio | cesspool.
pileta salada (Iberoamérica - conservación de rollizos) | salt chuck.
piliforme | hair-like.
pilión (anatomía) | pillion.
pilista (encargado de las pilas) | battery attendant.
pilón | trough | basin.
pilon (Hieronyma alchorneoides - Fr) | suradonni.
pilon (Hieronyma alchornoides - Fr.) | pilon.
pilón (portada de templo egipcio) | pylon.
pilón de azúcar | cone.
pilón de caída libre (bocartes) | free-falling stamp.
pilón de forja | anvil block.
pilón de fuente | fountain trough.
pilono | lattice tower.
pilotable (avión) | controllable.
pilotado | piloted.
pilotaje | piloting | spilling | grillage.
pilotaje (cimentaciones) | pile work.
pilotaje (de pilotes) | piling | spiling.
pilotaje al tope (muy cerca) | close piling.
pilotaje al tresbolillo | staggered piling.
pilotaje de buques (puertos) | pilotage of ships.
pilotaje de hormigón | concrete piling.
pilotaje de la grada (astilleros) | slip piling | sett piling.
pilotaje de un avión | flying.
pilotaje en hoyos con la parte inferior ensanchada | underreamed bored piling.
pilotaje observando en el radariscopio la imagen de puntos conocidos del terreno (aviación) | radar pilotage.
pilotar (aviones) | pilot (to).
pilotar (un avión) | fly (to) | navigate (to).
pilote | pile.
pilote amortiguador | fender pipe.
pilote cilíndrico de acero rellenado con hormigón | steel-shell concrete-filled pile.
pilote cilíndrico de hormigón pretensado | prestressed-concrete cylinder pile.
pilote clavado en medio de una zanja ancha para apoyar el apuntalado de sus paredes | king-pile.
pilote con una susperficie saliente helicoidal en la punta | screw pile.
pilote cónico de sección octogonal | tapered octagonal pile.
pilote corto para hincar el principal | punch.
pilote cuya caja ha sido hecha con perforadora | bored shaft pile.
pilote de acero | steel pile.
pilote de amarre en un río | ryepeck.
pilote de anclaje | stay pile.
pilote de arena | sand-pile.
pilote de arena (taladro en el terreno relleno de arena) | sand pile.
pilote de bulbo | bulb pile | button-bottom pile.
pilote de carga | bearing pile.
pilote de cimentación | foundation pile.
pilote de columna | end bearing pile.
pilote de consolidación | consolidation pile.
pilote de defensa | fender pile | guard-pile.
pilote de defensa (muelles) | pile fender.
pilote de desplazamiento | displacement pile.
pilote de disco helicoidal en la punta (terrenos fangosos) | disk pile.
pilote de enfilación | range pile.
pilote de entibación | guide pile | stay pile.
pilote de guía | guide pile.
pilote de hormigón armado | concrete pile.
pilote de hormigón cerrado | cased pile.
pilote de hormigón comprimido en obra | cast-in-place compressed concrete pile.
pilote de hormigón moldeado en su sitio | cast-in-place concrete pile.
pilote de hormigón prefabricado | madeup pile.
pilote de hormigón premoldeado | madeup pile.
pilote de hormigón vertido en obra dentro de una envuelta ligera | cast-in-place light-shelled concrete pile.
pilote de madera | spile.
pilote de madera atacado por el teredo | infested wood pile.
pilote de pedestal | bulb pile.
pilote de pie abultado | pedestal pile.
pilote de protección | fender pile.
pilote de prueba | gage pile.
pilote de puente | bridge pile.
pilote de rozamiento | friction pile.
pilote de seta | button-bottom pile.
pilote de seta inferior | bulb pile.
pilote de tornillo | screw pile.
pilote de tubo de acero | steel pipe pile.
pilote golpeador | striking post.
pilote hincado con inclinación | raking pile.
pilote hincado con la base mayor hacia abajo | upside-down-driven pile.
pilote hincado por medio de gatos hidráulicos | jacked pile.
pilote hueco | tubular pile.
pilote in situ con bulbo terminal | pedestal pile.
pilote inclinado | raker pile | brace pile | spur pile | batter pile.
pilote maestro | king-pile | bearer pile | gage pile.
pilote mal hincado | misdriven pile.
pilote metálico de disco helicoidal en la punta (pilotaje en fango o arena) | disc pile.
pilote metálico de sección redonda o exagonal | boxpile.
pilote octogonal | octagonal pile.
pilote para sostener el tablestacado (coferdanes) | filling pile.
pilote para subpresión | tension pile.
pilote perforado y hormigonado en su sitio | cast-in-situ bored pile.
pilote prefabricado de hormigón armado | reinforced-concrete precast pile.
pilote redondo con corteza | unpeeled pile.
pilote redondo de rollizo sin corteza exterior | rough-peeled pile.
pilote redondo sin corteza exterior o por lo menos sin el 80% de la corteza exterior | clean-peeled pile.
pilote resistente por punta | end-bearing pile.
pilote tubular | pipe pile.
pilote tubular de hormigón armado de gran diámetro | caisson pile.
pilote tubular relleno de hormigón | concrete-filled pipe pile.
pilote-columna | end-bearing pile.
pilotes colocados próximos para consolidar terrenos | pinch piles.
pilotes de anclaje | anchor pile | deadmen piles.
pilotes de cimentación de hormigón pretensado | prestressed-concrete bearing piles.
pilotes del extremo de grada (astilleros) | breast piles.
pilotes hincados juntos | pile cluster.
pilotes inclinados de un caballete | bent batter piles.
pilotes octogonales de hormigón armado pretensado | octagonal prestressed concrete piling.
pilotes para muelles (puertos) | wharf piles.
pilotín | apprentice-pilot.
pilotín (buques) | mate assistant.
piloto | operator.
piloto (aviones) | steerer.
piloto (de globo libre, de avión) | pilot.
piloto (hidros) | navigator.
piloto acostumbrado a volar sin ayudas navegacionales ni campos de aviación preparados | bush pilot.
piloto aéreo | air pilot.
piloto al mando (aeronaves) | pilot-in-command.
piloto asociado con otro en un combate aéreo | wing mate.
piloto automático | mechanical pilot | robot pilot | automatic pilot | autopilot.
piloto automático (aviones) | pilot aid.
piloto automático para navegación automática | gyropilot for automatic steering.
piloto autorizado (aviación) | licensed pilot.
piloto catapultado (aviones) | slingshot pilot.
piloto con no menos de cinco victorias | ace.
piloto cualificado para el vuelo instrumental | instrument pilot.
piloto de acrobacias | aerobat.
piloto de avión | plane's pilot | skipper.
piloto de avión bimotor | twin-engine pilot.
piloto de avión de caza | pursuit pilot.
piloto de avión monomotor | single-engine pilot.
piloto de caza | fighter pilot.
piloto de globo | balloonist.
piloto de globo cautivo y de dirigible | balloon pilot.
piloto de globo libre | balloon driver.
piloto de helicóptero | helicopter pilot.
piloto de línea (aviación) | airline pilot.
piloto de línea aérea | airline transport pilot.
piloto de mayor graduación (aviación) | command pilot.
piloto de planeador (velovelista) | glider pilot.
piloto de primera clase | senior pilot.
piloto de pruebas (aviación) | test pilot.
piloto de reactor | jet pilot.
piloto del avión remolcador | tow pilot.
piloto echado sobre el vientre (avión de reacción) | prone-positioned pilot.
piloto electrónico | electropilot.
piloto electrónico automático | robot pilot.
piloto en prácticas | cadet officer | pilot-in-training.
piloto experto (aviación militar) | ace.
piloto jefe (aeronaves) | pilot-in-command.
piloto jefe de la escuadrilla (aviación) | squadron leader.
piloto jefe de la formación | flight leader.
piloto jefe de pruebas adjunto | deputy chief test-pilot.
piloto navegante | pilot navigator.
piloto no combatiente (aviación) | service pilot.
piloto privado | private pilot.
piloto que acaba de aprender a volar | fledgling.
piloto que hace acrobacias en un avión de chorro | acrojet.
piloto que vuela al costado de una formación | wingman.

piloto que vuela en un avión con equipos automáticos y que puede intervenir si éstos fallan | safety pilot.
piloto sentado normalmente (aviones caza) | normally-seated pilot.
pillar | rifle (to).
pimentiera (Trichilia alta) | pimentiera.
pimentón | paprika.
pimienta | pepper.
pina (de rueda de madera) | felly.
pina (ruedas de madera) | felloe.
pinabete | fir.
pinabeto (Abies alba) | silver fir.
pinacoidal | pinacoid.
pinacoide | pinacoid.
pinacoide basal | basal pinacoid.
pinacoide paralelo a la ortodiagonal | orthopinacoid.
pináculo (arquitectura) | finial | pinnacle.
pináculo con ornamentación de ganchos | crocketed pinnacle.
pinada | pine-wood | fir plantation.
pinar | pine-wood | fir plantation.
pinaza (embarcación) | pinnace.
pincel | paint-brush | brush.
pincel acabador | trim brush.
pincel blando | soft brush.
pincel de dibujante | artist brush.
pincel de dorar | gilding brush.
pincel de veso | fitch-hair brush.
pincel fino | pencil.
pincel luminoso | light gun.
pincel para negro de humo (funderías) | dusty brush | dusting brush.
pincel para quitar el polvo a las placas (fotografía) | plate-duster.
pincel para retorcar | trim brush.
pincel pequeño de cerda en bisel para terminación fina (pintura) | fitch.
pincel trazador (pintura) | liner.
pincelar | brush (to) | portray (to).
pincelar (medicina) | pencil (to).
pincelería | brush-ware.
pincelero | pencil maker.
pinceles de cerda | bristle pencils.
pinchado | punctured | prodding.
pinchar | puncture (to) | prick (to) | prod (to).
pinchar (neumáticos) | nip (to).
pinchazo | prod | puncture.
pinchazo (autos) | puncturing.
pinchazo (neumáticos) | nipping | blowout.
pinche | lad.
pinche (cuadrilla de remachado) | rivet heater.
pinche vagonero (minas) | hodder | carting boy.
pincho | spur | prod | prick.
pincho (alambre espinoso) | barb.
pincho de pruebas (electricidad) | test prod.
piney (Hardwickia pinnata) | kolavu.
pingüino | penguin | auk.
pinjante (arcos) | pendant.
pinjante (arquitectura, joyería) | pendant.
pinjante (dovelas) | drop ornament.
pino | pine | fir.
pino asiatico (Pinus longifolia) | chir pine | khasia pine | tinya.
pino australiano (Araucaria cunninghamii) | hoop pine.
pino ayucahuite (Pinus ayucahuite) | slash pine.
pino banksiano (Pinus banksiana) | princess pine.
pino banksiano (Pinus banksiana Lamb) | British Honduras pitch pine | jack pine.
pino blanco americano (Pinus monticola) | Idaho white pine | western white pine.
pino bunya (Araucaria bidwillii) | bunya pine.
pino canadiense (Pinus strobus) | Weymouth pine | yellow pine | tonawanda pine.
pino cembro de Siberia (Pinus cembra) | Siberian yellow pine.
pino cembro europeo (Pinus cembra) | Cembrian pine.
pino contorcido (Pinus contorta - Douglas) | lodgepole pine.
pino de América central (Pinus caribaea) | Caribbean pine.
pino de América central (Pinus caribaea Morelet)
pino de Austria (Pinus nigra) | black pine.
pino de Brasil (Araucaria brasilensis) | Brazilian pine.
pino de Burdeos | cluster pine.
pino de Córcega (pinus nigra. var. calabrica Schneid | Corsican pine.
pino de corea (Pinus cembra). | Korean pine.
pino de Chiapas (Pinus strobus) | yellow deal.
pino de Chile (Araucaria araucana - K, Koch) | Chilean pine.
pino de Chili (Araucaria araucana) | monkey puzzle tree.
pino de hojas largas | broom pine.
pino de incienso (Pinus rigida) | loblolly pine.
pino de Monterey (Pinus insignis) | Monterey pine.
pino de Nicaragua (Pinus caribaea) | Nicaraguan pine.
pino de Noruega | Norway spruce.
pino de Oregón (Pseudotsuga douglassii) | Oregon pine | Douglas fir.
pino de Tasmania (Phyllocladus rhomboidalis) | celery top pine.
pino excelso (Pinus excelsa) | Himalayan pine.
pino excelso (Pinus wallichiana) | blue pine.
pino gigantesco (Pinus lambertiana) | sugar pine.
pino klinki (Agathis klinki) | klinki pine.
pino marítimo | cluster pine.
pino Mugho (Pinus cembra) | swiss pine.
pino negral (Pinus pinaster) | maritime pine.
pino negro (Pinus nigra) | black pine.
pino noruego (Pinus resinosa) | Norway pine.
pino ocote (Pinus caribaea) | ocoté.
pino Oregón | Bristish Columbian pine.
pino pantano (Pinus echinata) | southern yellow pine | southern pine.
pino pantano (Pinus palustris) | longleaf pitch pine.
pino Paraná (Araucaria angustifolia O'Kize) | Paraná pine.
pino piñonero (Pinus cembra) | stone pine.
pino ponderoso (Pinus ponderosa) | western yellow pine | ponderosa pine.
pino ponderoso (Pinus ponderosa Dougl) | British - Columbia pine.
pino real (Pinus ponderosa Dougl) | British - Columbia pine.
pino real blanco de las sierras (Abies lasiocarpa) | alpine fir.
pino resinoso | fatwood.
pino rodezno | duster pine.
pino rojo (Pinus sylvestris) | red deal.
pino rojo americano (Pinus resinosa) | Canadian red pine.
pino silvestre (Pinus sylvestris) | scots pine | scots fir.
pino silvestre (Pinus taeda) | field pine.
pino tea americano (Pinus echinata) | shortleaf pine.
pinta | speckle | speck.
pintabilidad | paintability.
pintadas a lápiz | graffitti.
pintado | painted.
pintado a mano | hand-painted.
pintado con alquitrán | coal tar-lined.
pintado con aluminio | aluminum-painted.
pintado con bitumástico | bitumastic-coated.
pintado con la capa final | finish-painted.
pintado con lápiz | pencilling.
pintado con pintura luminosa | luminous paint-painted.
pintado con rulo extendedor | roller painting.
pintado con zonas de diversos colores | multicolor painting.
pintado de cualquier modo | roughly painted.
pintado en caliente | hot painting.
pintado en el taller | shop-painted.
pintado en fábrica por las dos caras | factory-coated both sides.
pintado en negro | black-painted.
pintado imitando madera o mármol | grained.
pintado por aspersión | flow-coating.
pintado por dentro y barnizado por fuera | painted inside and varnished outside.
pintado por el interior | inside-color-sprayed.
pintado por electroforesis | electrophoretic coating.
pintado por inmersión | dipping.
pintar | coat (to) | paint (to).
pintar a la cola | distemper (to).
pintar al temple | distemper (to).
pintar con barniz (telas aviones) | dope (to).
pintar con brocha | brush (to).
pintar con pistola | spray-paint (to) | spray (to) | spray paint (to).
pintar con pistola neumática | pistol-spray (to) | pistol (to).
pintar en colores | color paint (to).
pintar en el taller | shopcoat (to).
pintar en esmalte | enameling.
pintar imitando mármol | grain (to).
pintar la superficie encerrado | back-paint (to).
pintar o teñir de verde | green (to).
pintar por inmersión | dip-paint (to).
pintar sobre otra pintura | overpaint (to).
pintor | painter.
pintor de carruajes | carriage painter.
pintor de letreros | sign painter.
pintor de marinas | seascapist.
pintor de marinas (cuadros) | marine painter | marinist.
pintor decorador | decorator.
pintor esmaltador | enamel painter.
pintor imitador de madera o mármol | grainer.
pintor sobre vidrio | glass painter | glass stainer.
pintoresca (descripción) | pictorial.
pintura | paint | picture.
pintura a base de una grasa no oxidante | grease paint.
pintura a la aguada | gouache.
pintura a la cera | encaustic paint.
pintura a la cola | size painting | cold-water paint.
pintura a mano | man-sized painting.
pintura a pistola | spray painting.
pintura ácroma | nonchromatic paint.
pintura acromática | nonchromatic paint.
pintura adhesiva dada antes de la capa de imprimación | wash primer.
pintura al aceite | oil paint | oil-color | oil-bound paint | oil-painting | oil bound paint.
pintura al aceite blanca mate | flat white oil paint.
pintura al agua | cold-water paint | thinned paint.
pintura al esmalte | enamel painting | enamel | enamel work.
pintura al fresco | fresco.
pintura al óleo | oil-painting | oil paint | oil painting | oil-color.
pintura al pastel (pintura) | pastel.
pintura al temple | size painting | glue color | absorbent grounds | distempering | distemper painting.
pintura al temple con cola | kalsomine.
pintura alumínica | aluminium paint.
pintura antiácida | acid resisting paint | acid-proof paint.
pintura anticondensación | anticondensation paint.
pintura anticontaminante | anticontaminant paint.
pintura anticorrosiva | rustproof paint.
pintura antideslumbrante | glare-reducing paint.
pintura antigalvánica | antigalvanic paint.
pintura antigalvánica (buques) | antigalvo composition.
pintura antioxidante | rust-preventing paint | antirusting paint.

pintura antiposante | antidrumming paint.
pintura antirradar | radar paint.
pintura antivegetativa | antifouling coating.
pintura antivegetativa (obra viva de buques) | antifouling paint.
pintura aplicada con rulo | roller-applied paint.
pintura aplicada directamente sobre el metal (sin capa de imprimación) | direct-to-metal paint.
pintura aplicando una nueva capa antes de que esté seca la anterior | wet on wet.
pintura aterciopelada | velveting.
pintura bituminada | bituminized paint.
pintura bituminosa | bituminous paint.
pintura bituminosa que no mancha el agua | nonwater-staining bituminous paint.
pintura bronceada | bronze paint.
pintura celulósica | cellulose paint.
pintura cementífera | cementiferous paint.
pintura cerámica | pottery painting | ceramic paint.
pintura con efectos moteados | spotted paint.
pintura con pigmento de mica | lamellar paint.
pintura con pigmento metálico | metal-pigmented paint.
pintura con pistola rociadora | spray painting.
pintura conductora | conductive paint.
pintura contra la condensación del vapor de agua | vapor barrier paint.
pintura contra las salpicaduras | antispatter paint.
pintura criorresistente | cold temperature resistant paint.
pintura de alquitrán con polvo de aluminio | tar-aluminum paint.
pintura de alquitrán mineral | coal tar paint.
pintura de aluminio | aluminum paint.
pintura de aluminio con cromatos de tintes apagados | low-tint chromate aluminum paint.
pintura de aluminio silicónico | silicone-based aluminum paint.
pintura de apresto de polvo de zinc | zinc dust primer.
pintura de base | paint anchoring.
pintura de camuflaje | baffle painting.
pintura de capas gruesas | high-build paint.
pintura de caucho clorada | chlorinated-rubber paint.
pintura de caucho coloreada | colored rubber paint.
pintura de caucho oxidado | oxidized rubber paint.
pintura de cemento | cement paint.
pintura de color opaco | opaque color paint.
pintura de contornos irregulares (mimetización) | pattern painting.
pintura de emulsión | emulsion paint.
pintura de emulsión bituminosa | bituminous emulsion paint.
pintura de emulsión de resina sintética | resin-emulsion paint.
pintura de enmascaramiento | pattern painting.
pintura de fondo | filler paint | prime.
pintura de gran calidad | high-performance paint.
pintura de gran duración | long-life paint.
pintura de imprimación | primer | prime | priming paint.
pintura de imprimación a base de plomo | lead-base priming paint.
pintura de imprimación adelgazada con agua | water-thinned primer.
pintura de imprimación anticorrosiva | anticorrosive primer.
pintura de imprimación anticorrosiva con diluyente ácido | wash primer | etch primer.
pintura de imprimación anticorrosiva vinílica | vinyl anticorrosive primer.
pintura de imprimación con gran proporción de cinc y ligada con resina sintética | resin-based zinc-rich primer.
pintura de imprimación con gran proporción de zinc | zinc-rich primer.
pintura de imprimación con pigmento de plomo | lead-pigmented primer.
pintura de imprimación de cianamida de plomo | lead cyanamide primer.
pintura de imprimación de cromato de cinc con base alkídica | alkyd-base zinc chromate primer.
pintura de imprimación de cromato de zinc | zinc-chromate primer.
pintura de imprimación de minio | red lead primer.
pintura de imprimación de minio en aceite | oil-bound red-lead primer.
pintura de imprimación de plomo | lead priming paint.
pintura de imprimación de resina alkídica y cromato de zinc | zinc chromate-alkyd resin primer.
pintura de imprimación estufada | oven baked primer.
pintura de imprimación hecha con un plástico (pinturas) | wash primer.
pintura de imprimación marina | marine primer.
pintura de imprimación para estufar | stoving primer.
pintura de imprimación que puede aplicarse sin que las superficies estén tratadas (aluminio) | wash primer.
pintura de interiores | indoor paint.
pintura de la primera mano que seca sin brillo | flatting.
pintura de látez con pigmento de zinc | zinc-pigmented latex paint.
pintura de mineral de hierro micáceo | mica iron ore paint.
pintura de mineral de hierro micaceo mezclado con cianamida de plomo | lead cyanamide/micaceous iron ore paint.
pintura de minio con aceite de linaza | red leadlinseed oil paint.
pintura de minio y barniz sintético | red lead/synthetic varnish paint.
pintura de miniol | red-lead paint.
pintura de óxido de hierro | iron oxide paint.
pintura de piezas pequeñas en tambor giratorio | rumbling.
pintura de plástico | plastic paint.
pintura de plástico para fondos (buques) | plastic bottom paint.
pintura de poliestireno | polystyrene paint.
pintura de secado rápido | rapid drying paint.
pintura de talleres | color conditioning.
pintura de tipo epoxídico | epoxy type paint.
pintura después del montaje en obra | field painting.
pintura detectora | detector paint.
pintura diluible en agua | water thinnable paint.
pintura electroconductora que contiene plata | electrically conducting silver-containing paint.
pintura emulsoplástica | emulsioplastic paint.
pintura en pasta | paste paint.
pintura en polvo | ground paint.
pintura en tabla | table.
pintura encáustica | encaustic paint.
pintura enlacada | lacquer.
pintura epóxida | epoxid paint.
pintura esmalte | paint enamel | gloss paint | enamel paint.
pintura esmalte de superficie dura | hard gloss paint.
pintura facilitada por el armador | owner's paint.
pintura fosforescente | phosphorescent paint.
pintura fotorreflectora | light reflecting paint.
pintura fresca | fresh paint.
pintura gasolinorresistente | petrol-resisting paint.
pintura grafitada | graphite paint.
pintura gris naval | battleship grey paint.
pintura ignífuga | fireproof paint | fire-resisting paint | fire-retarding paint.
pintura imitando mármol | marbling.
pintura indicadora (de un fenómeno) | indicator paint.
pintura indicadora de fugas (tuberías) | leak-indicating paint.
pintura indicadora de la temperatura | color indicator paint.
pintura inorgánica con gran proporción de cinc | inorganic zinc-rich paint.
pintura intumescente | intumescent paint.
pintura luminosa | luminous paint.
pintura luminosa (para rayas del tráfico) | reflectorized paint.
pintura magra (pintura con gran proporción de disolvente) | sharp paint.
pintura mate | lusterless paint.
pintura medieval | medieval painting.
pintura metálica de pasta de acero inoxidable | stainless steel paint.
pintura mezclada con serrín de corcho | cork paint.
pintura mimética | camouflage paint.
pintura mural | wall painting | tablatura | mural painting | mural.
pintura muy pigmentada | heavily pigmented paint.
pintura no plúmbica | nonlead-base paint.
pintura para cemento | cement paint.
pintura para cubiertas (buques) | deck paint.
pintura para después de la imprimación | surfacer.
pintura para fondos de buques | ship's composition.
pintura para la capa final | top-coater.
pintura para la flotación (buques) | boot-topping.
pintura para la intemperie | outdoor paint.
pintura para la mano de imprimación | priming coater.
pintura para la obra viva (buques) | bottom composition.
pintura para la segunda mano | second-coater.
pintura para la última mano | top-coater.
pintura para mantenimiento de la obra viva (buques) | underwater maintenance paint.
pintura para metales | metallic paint.
pintura para moldes (funderías) | liquid blacking.
pintura para objetos calientes (calderas, chimeneas) | hot service paint.
pintura parietal (pintura rupestre) | wall painting.
pintura pigmentada con bióxido de titanio | titanium dioxide pigmented paint.
pintura pirorresistente | fire-resisting paint.
pintura plástica con efecto de relieve | textured paint.
pintura plástica para fondos (buques) | plastic antifouling paint.
pintura por inmersión | dip finishing.
pintura por inmersión seguida de centrifugación | whirling.
pintura preparada | ready-mixed paint | prepared paint.
pintura pulverizada | atomized paint.
pintura que no se posa | nonsetting paint.
pintura que se adhiere mal | bad-adhering paint.
pintura quimiorresistente de caucho isomerizado | isomerized rubber base chemical resistant paint .
pintura reciente | fresh paint.
pintura resistente a ácidos y álcalis | acid alkali-resistant paint.
pintura resistente a la intemperie | exposure-resistant paint.
pintura resistente al calor rojo | red-heat resisting paint.
pintura roja de minio teñido con eosina | vermilionette.
pintura semibrillante | semigloss paint.
pintura sin plomo | lead-free paint.
pintura sin secar | fresh paint.
pintura termorreflectora | heat-reflecting paint.

pintura tixotrópica | thixotropic paint.
pintura tratada con aditivos | additive treated paint.
pintura vidriada | enamel painting | enamel paint.
pintura vinílica | vinyl paint.
pinturas de óxido de titanio | titania paints.
pinturas hidrófugas | hydrofuge colours.
pinturas ignífugas | fire resisting paint.
pinturas para cascos de buques | ship bottom paints.
pinturas para la obra viva | ship bottom paints.
pínula | cross staff | sight vane.
pínula (alidada) | vane.
pínula (alidada, zoología) | pinnule.
pínula (brújula de agrimensor, etc.) | sight.
pínula (óptica) | light aperture.
pínula de charnela | folding sight.
pinula de deriva | drift sight.
pínula de 75 a 100 milímetros de altura colocada sobre la tapa de cristal de la aguja para determinar el azimut del sol (buques) | shadow pin.
pinula del colimador | collimator sight.
pinulas para nivelar | level sights.
pinza | clip.
pinza (de electrodo) | clamp.
pinza (quela - zoología) | chela.
pinza (zoología) | pincers.
pinza ahusada (tornos) | draw-in collet.
pinza de alimentación | feed collet.
pinza de apriete (tornos) | holding collet.
pinza de arrastre | gripper.
pinza de conexión | alligator clip.
pinza de conexión rápida | quick-connect clip.
pinza de contacto | clip | contact clip.
pinza de correciones (imprenta - G.B.) | nipper.
pinza de enganche (arrastre por cables) | rope clip.
pinza de ensayo de circuitos integrados | integrated-circuit test clip.
pinza de estirado | draw crip.
pinza de fijación | holding collet.
pinza de Mohr | screw clip.
pinza de Mohr de tornillo (química) | pinch-cock.
pinza de resortes | spring chuck | spring collet.
pinza de soldar | gunwelder.
pinza de sutura | suture clamp.
pinza de tracción (tornos) | draw-in collet.
pinza del transistor | transistor clip.
pinza elástica | spring collet.
pinza hendida (tornos) | split collet.
pinza maestra (plato tornos) | master collet.
pinza para piezas grandes (tornos) | oversize collet.
pinza para torno | lathe collet.
pinza para tubos de goma | clamp.
pinza partida | split collet.
pinza portafresa | mill collet.
pinza portaherramienta (torneado de piezas pequeñas) | wire chuck.
pinza reguladora | adjusting nipper.
pinza sujetadora en forma de U para sujetar plantillas (sobre las chapas) | mold clamp.
pinzadas por minuto | nips per minute.
pinzado | nipping action.
pinzado (acción de sujetar) | nipping.
pinzamiento | nipping.
pinzar (tornos) | collet (to).
pinzas | gripper | pincers | pinchers | tongs | forceps | pliers.
pinzas (para coger letras) | tweezers.
pinzas con puntas adiamantadas | diamond tipped forceps.
pinzas cortantes | hypers.
pinzas de arranque | detached nippers.
pinzas de compresión (medicina) | clamp.
pinzas de corte | cutting forceps.
pinzas de cubreobjetos | cover-glass forceps.
pinzas de curación | dressing forceps.
pinzas de ensayo | essayer's tongs.
pinzas de guía | grippers.
pinzas de marcar | prick punch.
pinzas de palanca | fulcrum forceps.
pinzas de pico curvo | bit pinchers.
pinzas de resorte (química) | spring clamp.
pinzas de retención | nippers | holding nippers.
pinzas del cilindro impresor (máquina offset) | tumbler grippers.
pinzas escalonadas | step collets.
pinzas para arterias | artery forceps.
pinzas para botones (copelación) | button pliers.
pinzas para comprimir los vasos (medicina) | serrefine.
pinzas para el despinzado | picking tongs.
pinzas para microscopio | stage forceps.
pinzas para placas fotográficas | dipper.
pinzas para soldeo | welding yoke.
pinzas para sujetar el papel (prensa tipográfica) | grippers.
pinzas planas | straight pincers.
pinzas reguladoras de la altura del pelo (telas) | pile adjusting nippers.
pinzas romas | blunt forceps.
pinzote (puntal de carga - buques) | Pacific iron.
pinzote (puntal de carga-buques) | gooseneck.
pinzote de la arraigada del aparejo del amante (pluma de carga - buques) | span tackle eyeplate pin.
pinzote del puntal de carga (buques) | derrick gooseneck.
piña | cone | pineapple.
piña de acollador | Matthew Walter knot.
piñón | cogwheel.
piñón (bicicleta) | gear-wheel.
piñón (de piña del pino) | kernel.
piñón (edificios) | gable.
piñón (muros) | boundary gable.
piñón (pluma y último huesecillo del ala) | pinion.
piñón (rueda dentada de menor número de dientes de un engrane) | pinion.
piñón central (engranaje planetario) | sun wheel.
piñón con espiga | stem pinion.
piñón conducido | countershaft drive gear | driven pinion.
piñón conductor | driving gear.
piñón cónico | bevel pinion.
piñón cónico de entrada | input bevel gear.
piñón cónico de entrada de alcances (alza de cañón) | sight angle input bevel gear.
piñón cónico de mando | bevel driving pinion.
piñón cónico del eje de salida de derivas (cañones) | deflection pinion shaft output bevel gear.
piñón cónico satélite | spider bevel gear.
piñón conjugado | mating pinion.
piñón de arrastre | driving gear.
piñón de ataque | driver | driving-pinion.
piñón de ataque cónico | bevel drive pinion.
piñón de brida | shrouded pinion.
piñón de cadena | rag-wheel | chain pinion | chain wheel.
piñón de cadena de llanta recambiable | renewable-rim sprocket.
piñón de caja de velocidades (autos) | gear-pinion.
piñón de cambio | change pinion | driven pinion.
piñón de cambio de marcha | reversing pinion.
piñón de corona (relojes) | castle wheel.
piñón de doble reducción de dentadura helicoidal angular | double-helical double-reduction pinion.
piñón de escape | escape pinion | scape pinion.
piñón de estiraje (hilatura) | draft pinion.
piñón de estiraje (manuar) | draft wheel.
piñón de fibra vulcanizada | fiber pinion.
piñón de la cremallera | rack-wheel.
piñón de la distribución | distribution bevel pinion | distribution pinion.
piñón de la rueda de linterna | mangle wheel pinion.
piñón de laminador | rolling mill pinion.
piñón de mando de la cremallera | rack pinion.
piñón de mando de la distribución | distribution gear.
piñón de marcha atrás | reverse speed pinion.
piñón de primera velocidad | first motion pinion.
piñón de tensión de la cadena | chain tensioner roll.
piñón de toma constante | constant-mesh gear.
piñón de toma mandada | positively engaged pinion.
piñón de transmisión | idler.
piñón del cigüeñal | crankshaft pinion.
piñón del diferencial (mechera) | jack wheel.
piñón del eje de levas | camshaft sprocket | camshaft gear wheel.
piñón del minutero (relojes) | minute pinion.
piñón del motor | motor pinion.
piñón del tintero | inkpot pinion.
piñón del venterol (relojes) | fly pinion.
piñón diferencial | pinion gear.
piñón enchavetado en una ranura | spline-keyed pinion.
piñón engranado sobre la cremallera (locomotora de cremallera) | rack pinion.
piñón engranando con una cremallera | pinion meshing with a rack.
piñón escalonado (muros) | corbie.
piñón grande (bicicleta) | chain wheel.
piñón helicoidal rasurado | shaved helical pinion.
piñón loco | idle-wheel | idler pinion | idler.
piñón loco de marcha atrás | reverse idler gear.
piñón macho | male pinion.
piñón montado exterior a los cojinetes | outboard-mounted pinion.
piñón motor | motor pinion | driving-pinion.
piñón movil | slip gear.
piñón para cadena | sprocket-wheel.
piñón para cadena Galle | sprocket-wheel.
piñón para la propulsión de la cinta del carro | tank drive sprocket.
piñón planetario | spider pinion | spider-pinion.
piñón planetario del diferencial | differential sun gear.
piñón propulsor | drive pinion.
piñón recto | spur pinion.
piñón recto de engrane directo | clash gear.
piñón satélite | idler pinion | spider pinion | planet-pinion | loose pinion | spider-pinion | planetary wheel.
piñón satélite (autos) | differential pinion.
piñón satélite del diferencial | differential planetary pinion | differential planet gear.
piñón tensor de cadena | chain stretcher.
piñón transmisor de cadena | output sprocket.
piñón tubular | cartridge gear.
piñón y cremallera | rack and pinion.
piñonear | cry (to).
piñoneo | crying.
piñones del eje de levas (motores) | layshaft pinions.
piocha | pick.
piógeno | pyogenic.
piola | houseline | housing | jack-line.
piola para abarbetar (marina) | racking | frapping gear.
piola para coser relingas (velas) | roping twine.
piola para ligadas | hambroline | hamber.
piolet (montañismo) | piolet.
pión | pion | pi-meson | $\pi-$ meson.
pion (nuclear) | pion.
pión de carga positiva | positively charged π meson.
pión negativo | negative pion | π^-.
pión neutro | π^o.
pión positivo | π^+.
pión positivo fotoproducido | photoproduced π meson.
piónico | pionic.
piorrea de los perros (veterinaria) | mouth rot.

pip (radar) | pip.
pipa | butt | hogshead | puncheon | tun.
pipa (de frutas) | pit.
pipa (de vino) | pipe.
pipa (instalación eléctrica) | leadout | duct.
pipa aislante (paso de muros) | leading-through insulator.
pipa corta para tabaco | cutty pipe.
pipa de barro corta | short clay.
pipa de entrada (instalación eléctrica) | leading-in tube.
pipa de roble (vinos) | oaken butt.
pipa del distribuidor (encendido por Delco) | distributor arm.
pipa pasamuros | wall tube insulator.
piperino | piperno.
pipeta | drop meter | pipette | pipet | burette | graduated pipette.
pipeta aforada | calibrated pipet.
pipeta cuentagotas | dropping tube | dropper | dropping pipet | dripping-tube.
pipeta de absorción | absorption pipette.
pipeta de Andreasen | Andreasen pipette.
pipeta de bola | bulb pipette.
pipeta de cilindro | cylindrical pipet.
pipeta de paso | leading-in bush.
pipeta de protrombina | prothrombin pipette.
pipeta filtrante | filtering pipette.
pipeta medidora | measuring pipet.
pipeta mezcladora | mixing pipet.
pipeta muestreadora | sampling pipet.
pipeta ultramicroscópica | ultramicropipette.
pipetada | pipetful | pipetfull.
pipetar | pipette (to) | pipet (to) | pipet off (to).
pique (proyectil al caer en el agua) | splash.
pique (proyectil en el agua) | spot.
piqué (tela) | pique | marseilles.
piqué (telas) | quilting.
piqué de ojo de pájaro | bird's-eye piqué.
pique interior (minas) | jack head pit.
piquera | jet | drawhole | down-runner.
piquera (alto horno) | metal outlet | taphole.
piquera (hornos metalúrgicos) | runner.
piquera de colada | metal notch.
piquera de colada (alto horno) | discharge aperture.
piquera de escoriar | slag eye.
piquera de escoriar (alto horno) | slag-notch.
piquera de hierro (alto horno) | iron notch.
piquera de la escoria (hornos pudelar) | floss hole.
piquera de tonel | cask bunghole.
piquera mal tapada | short hole.
piquera para la escoria | monkey.
piquera para la escoria (alto horno) | slag-notch.
piquera para la escoria (orificio de salida de escorias - alto horno) | cinder notch.
piquero | pikeman.
piqueta | acisculis.
piqueta (albañilería) | breaking iron | jedding axe.
piqueta de albañil | mason's hammer.
piqueta de doble punta | mortar pick.
piquete | pole | peg | picket | picket.
piquete (milicia) | picket.
piquete (topografía) | pin | plug.
piquete de acero | steel pin.
piquete de anclaje | anchor peg | anchor rod | deadman.
piquete de cuatro soldados | picket of four soldiers.
piquete de hierro en ángulo | angle iron picket.
piquete de honores en el portalón (buques guerra) | side boy.
piquete de identificación (topografía) | recovery peg.
piquete de obreros | picket.
piquete de puesta a tierra | earth-pin.
piquete de puesta en estación (topografía) | station peg.
piquete de retenida | anchor-stake.
piquete de salida (deportes) | starting peg.
piquete de talud (carreteras) | slope stake.
piquete de toma de tierra | ground rod.
piquete de tornillo | screw post.
piquete de trazado | setting out peg.
piquete indicador | guard stake.
piquete indicador (vía férrea) | clearance post.
piquete indicador (vías de maniobra convergentes) | clearance point.
piquete indicador de rasante | grade stake.
piquete para combatir incendios | fire squad.
piquete que hace las salvas | firing party.
piqueteado | staking.
piqueteado (de curvas) | pegging out.
piqueteado de una concesión minera | staking a mining claim.
piquetear | stake (to) | stake out (to) | peg out (to).
piquetear una curva | lay out a curve (to).
piqueteo | staking out.
piquetes contrarios | cross picketing.
piquetes de huelguistas | mass picketing.
piquetes de nivelación | grade pegs.
piquiá (Caryocar brasiliense camb) | piquia.
pira | pile | stake.
pirafrólita (geología) | pyraphrolith.
piragua | dugout | canoe.
piragua de balancín | balance canoe.
piragüista | canoeist.
pirámide | pyramid.
pirámide achatada | stubby pyramid.
pirámide cuadrangular | square pyramid.
pirámide de gran altura | low-angle pyramid | low angled pyramid.
pirámide de tercera especie | tritopyramid.
pirámide de tierra (geología) | sand pinnacle | rain pillar.
pirámide del rotor | rotor pylon.
pirámide dihexagonal en cristales de berilo (cristalografía) | beryloid.
pirámide ecológica | ecological pyramid.
pirámide exagonal | hexagonal pyramid.
pirámide fotográfica (fotogrametría) | photograph pyramid.
pirámide romboédrica de diamante | rhomb-based diamond pyramid.
pirámide terminada por los dos extremos | doubly-terminated pyramid.
pirámide triangular de diamante | triangular diamond pyramid.
pirámide triangular equilátera | equilateral triangular pyramid.
pirámide trilateral | trilateral pyramid.
piranógrafo | pyranograph.
piranómetro | pyranometer.
pirargirita | pyrargyrite | argyrythrose | red silver | antimonial red silver | antimonial silver blende | ruby silver ore | silver ruby | dark red silver ore.
piratería | hijacking.
piratería de proyectos | design piracy.
piratería de ríos (geología) | stream piracy.
pirca | dry wall.
pireno (botánica) | pyrene.
pireno (química) | pyrene.
pirgeométrico | pyrgeometrical.
pirgeómetro | pyrgeometer.
pirgeometro de Ångström | Ångström pyrgeometer.
pirheliometría | pyrheliometry.
pirheliométrico | pyrheliometric.
pirheliómetro | pyrheliometer.
pirhelíometro de compensación de Ångström | Ångström compensation pyrheliometer.
piriculariosis (arroz) | bruzone.
piridoxina | pyridoxine.
piriforme | onchnoid | pear-shaped.
piriscopio similar al cono pirométrico | calorite.
pirita | copperas stone | pyrites.
pirita arsenical | arsenical pyrite | arsenopyrite.
pirita arsenical (mineralogía) | mispickel.
pirita blanca | marcasite.
pirita blanca (mineral) | white iron.
pirita capilar | harkise.
pirita capilar (millerita) | fibrous pyrites.
pirita carbonífera | scud.
pirita cuprosa oxidada | black ore.
pirita de cobre | copper pyrites.
pirita de hierro | pyrite | pyrites | iron pyrites | fire-stone.
pirita de hierro arcillosa | clay band.
pirita de hierro aurífera | auriferous iron pyrites.
pirita de hierro descompuesta | brownstone.
pirita de hierro en capa de carbón | coal brass.
pirita de hierro o cobre | fool's gold.
pirita de manganeso | hauerite.
pirita magnética | pyrrhotite | magnetic pyrites.
pirita prismática | marcasite.
pirita tostada | roasted pyrites.
pirita tostada (fabricación ácido sulfúrico) | blue billy.
piritas | pyrites.
piritas de hierro en el carbón | brass | brazzil.
piritífero | pyritiferous.
piritización | pyritization.
piritizar | pyritize (to).
piritoedro | pyritohedron.
piritoedros | pyritohedra.
piritoso | pyritaceous | pyritiferous.
piritoso (carbón) | drossy.
piroafinación | pyrorefining.
piroafinar | pyrorefine (to).
piroaglutinación | sinterization.
piroaglutinar | sinterize (to).
pirobetún asfáltico | asphaltic pyrobitumen.
pirobitumen asfáltico | asphaltic pyrobitumen.
pirobituminoso | pyrobituminous.
pirocatequina | catechol.
pirocerámico | pyroceram.
piroclástico | pyroclastic | fire-broken.
piroclasto | pyroclast.
pirocloro (geología) | pyrochlore.
pirocondensación | pyrocondensation.
pirocondensado | pyrocondensate.
piroconductividad (electrometalurgia) | pyroconductivity.
piroconductor | pyroconductive.
pirocontracción | fire-shrinkage.
pirocromatográfico | pyrochromatographic.
pirodesintegración (petróleo) | thermal cracking.
pirodesintegración catalítica | catalytic cracking.
piroelectricidad | thermal electricity | pyroelectricity.
piroeléctrico | pyroelectric.
piroelectrólisis | pyroelectrolysis | igneous electrolysis.
piroescindir (química) | crack (to).
piroescisión catalítica | cat cracking.
piroescisión por catálisis | catalysis cracking.
piroestereotipo | pyrostereotype.
pirófano | pyrophanous.
pirofilita | pyrophyllyte.
pirófilo | pyrophilous.
pirófobo | pyrophobous.
pirófono | pyrophone.
piroforicidad | pyrophoricity.
piróforo | fire-beetle.
piróforo (mezcla heterogénea de 38 de cerio y 73 de tierras raras) | pyrophor.
pirofosfato (química) | pyrophosphate.
pirofosfato de sodio | sodium pyrophosphate.
pirofosfato de tetraetilo | tetraethyl-pyrophosphate.
pirofotografía | pyrophotography.
pirofotómetro | pyrophotometer.
pirófovo | gas harmonicon.
pirogálico | pyrogallic.
pirogenación | pyrogenation | dry distillation.
pirogénesis | pyrogenesis.
pirogénico | pyrogenous.
pirógeno | pyrogenous.
pirognómico | pyrognomic.
pirognosia (ciencia) | pyrognostics.

pirognosis | pyrognosis.
pirograbado | poker picture | poker work | pyrograph.
pirograbado (arte) | pyrography | pyrogravure.
pirograbador | pyrographer | pyrographist.
pirografía | pyrograph | poker work.
pirografía (arte) | pyrography | poker drawing | poker painting.
pirógrafo | pyrographer.
piroheliógrafo | pyreheliograph.
pirohidrólisis | pyrohydrolysis.
piroide (curva en forma de pera) | pearoid.
pirolignito de hierro | iron pyrolignite.
pirólisis | pyrolysis | pyrolytic process.
pirólisis (química) | thermal decomposition.
pirólisis aromatizante | aromatizing cracking.
pirólisis catalítica a presión | cracking.
pirólisis de hidrocarburos | hydrocarbon pyrolysis.
pirólisis del carbón | coal pyrolisis.
pirólisis dieléctrica | dielectric pyrolisis.
pirolítico | pyrolitic.
pirolizable | pyrolyzable.
pirolización | pyrolization.
pirolización hidrogenante | thermal hydrocracking.
pirolizado | pyrolyzate.
pirolizador | pyrolyzer.
pirolizar | pyrolyze (to).
pirolusita | pyrolusite.
piromagnético | pyromagnetic.
piromagnetismo | pyromagnetism.
pirometalurgia | igneous metallurgy | pyrometallurgy.
pirometalúrgico | pyrometallurgical.
pirometamorfismo | pyrometamorphism.
pirometría | pyrometry.
pirometría fotográfica | photographic pyrometry.
pirometría por el color | color pyrometry.
pirometría por rayos infrarrojos | infrared pyrometry.
pirometría termoeléctrica | thermoeletric pyrometry.
pirométrico | pyrometric.
pirometrista | pyrometrist.
pirómetro | pyrometer.
pirómetro actinométrico | actinometric pyrometer.
pirómetro basado en la circulación o presión del aire o vapor | job pyrometer.
pirómetro bicromático | bichromatic pyrometer.
pirómetro calorimétrico | calorimetric pyrometer.
pirómetro colorimétrico | color brightness pyrometer.
pirómetro de absorción | absorption pyrometer.
pirómetro de aguja indicadora | needle pyrometer.
pirómetro de caña disolvente | dissolving-tube pyrometer.
pirómetro de dilatación | expansion pyrometer.
pirómetro de flujo sónico | sonic-flow pyrometer.
pirómetro de inmersión | dipping pyrometer | immersion pyrometer.
pirómetro de la exhaustación (motores) | exhaust pyrometer.
pirómetro de lecturas múltiples | multipoint pyrometer.
pirómetro de penumbra | semishadow pyrometer.
pirómetro de resistencia | resistance pyrometer.
pirómetro de resistencia eléctrica | electrical resistance pyrometer.
pirómetro de succión | suction pyrometer.
pirómetro de termopar | thermocouple pyrometer.
pirómetro de tubo enfriado por líquido | cooled-tube pyrometer.
pirómetro fotoeléctrico óptico | photoelectric optical pyrometer.
pirómetro fotométrico | photometric pyrometer.
pirómetro fotrónico | photronic pyrometer.
pirómetro óptico | optical pyrometer.
pirómetro óptico monocromático | monochromatic optical pyrometer.
pirómetro para inmersión prolongada | period immersion pyrometer.
pirómetro para motor diesel | diesel engine pyrometer.
pirómetro potenciométrico electrónico | electronic potentiometer pyrometer.
pirómetro reflector | reflecting pyrometer.
pirómetro registrador | recording pyrometer | pyrotron.
pirómetro regulador | controlling pyrometer.
piromorfita | pyromorphite.
piromorfita (plomo verde) | green lead hore.
piromotor | pyromotor.
pirón (unidad de medida de radiación electromagnética) | pyron.
pironafta | pyronaphta.
pironiobato de ytrio y uranio | uranium-yttrium pyroniobate.
piropífero (mineralogía) | pyrope-bearing.
piroplástico | pyroplastic | pyroclastic.
piropo (granate) | Cape ruby.
piropo (granate de Bohemia) | pyrope.
piropo (química) | pyrope.
piroquímica | pyrochemistry.
pirorradiólisis | pyroradiolysis.
pirorresistencia | pyroresistance | fire resistance.
pirorresistente | pyroresistant | refractory | fire-resistant | fire resisting.
pirorretardante | fire-retardant.
pirorretardante (de combustión lenta) | flame retardant.
piroscopia | pyroscopy.
piroscopio | pyroscope.
pirosensible | pyrosensitive | fire-sensitive.
pirosíntesis | pyrosynthesis.
pirosis | heart burn.
pirostato | pyrostat.
piróstato de radiación | radiation pyrostat.
pirotecnia | pyrotechnics | fireworks.
pirotécnicamente activo | pyrotechnically active.
pirotécnico | fireworks-maker | pyrotechnist.
pirotecnología | pyrotecnology.
pirotrón (nuclear)
piróxeno dialágico | diallagic pyroxene.
piroxenos monoclínicos | clinopyroxene.
piroxilina | pyroxilin | soluble cotton | nitrocellulose | guncotton.
pirquinería (minas) | wasting | coyoting.
pirrotina | pyrrhotite.
pirrotita | magnetic pyrites.
pirrotita (mineral) | pyrrhotite.
pisa de alfarero | potter's beetle.
pisacostura (máquina de coser) | presser foot | presser-bar.
pisada | trail | track | tread | step | footstep | footprint.
pisaderas estriadas (escalas de buques) | nonslipping treads.
pisanita | cuproferrite.
pisapapel | office-lead.
pisar | tread (to).
pisar de nuevo | retread (to).
pisasfalto | earth pitch.
pisatelas (máquina de coser) | foot.
piscatología | piscatology.
piscatorio | piscatory.
piscícola | ichthyocolous | ichthycolous.
piscicultor | fish farmer | pisciculturist.
piscicultura | pisciculture | farming of the sea | aquaculture | fish farming | fish culture | aquabusiness.
piscifactoría | breeding-pool | fish ranch | fish cultural station | fish hatchery | fish-breeding station | piscifactory | hatchery.
pisciforme | fishy | pisciform.
piscina | pool.
piscina con cubierta de paseo (buques) | swimming pool with lido.
piscina de desactivación | spent fuel pit | cooling pond.
piscina de natación | swimming pool.
piscina en que siempre se hace pie | wading pool.
piscina revestida de azulejos | tile swimming pool.
piscívoro | fish-eating.
pisé (hornos industriales) | ramming material.
piseleo (bitumen fétido - geología) | pisselaeum.
pismirismo | pismirism.
piso | pavement | floor | flat | flooring.
piso (de galería) | pavement.
piso (dique seco) | apron.
piso (filones) | ledger-wall | ledge wall | lying wall.
piso (galería mina) | underlier.
piso (galería minas) | underside.
piso (geología) | division.
piso (geología, minas) | stage.
piso (jaula extracción minas) | deck.
piso (mina de carbón) | thill.
piso (minas) | lying side | bottom wall | lift | larry | flat wall | low wall | sill.
piso (minas, geología) | level.
piso (tablero - puentes) | deck | decking.
piso (túneles) | bench.
piso bajo | grade floor.
piso calentado por la cara inferior | hot floor.
piso con efectos marmóreos | marble-effect floor.
piso con paneles de calefacción embebidos | embedded-heating panel floor.
piso con pavimento de losetas de corcho | cork-tile surfaced floor.
piso conductor de electricidad estática | conductive flooring.
piso de arena | sand floor.
piso de asfalto | asphalt floor.
piso de asfalto mezclado con un mástique | mastic asphalt flooring.
piso de áticos | attic storey.
piso de bloques huecos | hollow-block floor.
piso de caldeo (calderas) | fire flooring.
piso de caldeo (locomotoras) | footplate.
piso de calderas (buques) | stokehold | fire room | floorplates.
piso de calderas (cámara de calderas) | boiler flat.
piso de cargar | plat.
piso de caucho | rubber floor.
piso de cemento monolítico | integral cement flooring.
piso de cemento no monolítico | bonded cement floor.
piso de colada | runner-basin.
piso de chapa | plate floor.
piso de chapa de acero clavable (vagones ferrocarril) | nailable steel flooring.
piso de chapa foraminada | open steel flooring.
piso de descarga del pozo de extracción (minas) | drawing shaft bank.
piso de desmoldeo | knocking-off floor.
piso de enjaretado | grating floor.
piso de forjado plano sin vigas | waffle-type floor.
piso de forjados nervados | pan-and-joist-type floor.
piso de germinación (maltaje) | germinating floor.
piso de hormigón | concrete floor.
piso de hormigón armado | reinforced-concrete floor.
piso de hormigón de gran tráfico | heavily traveled concrete floor.
piso de hormigón de losas | flat-slab concrete floor.
piso de hormigón para grandes cargas | heavy-duty concrete floor.
piso de hormigón texturado | texture concrete floor.
piso de la caja de cadenas (buques) | manger.

piso de la cámara de máquinas | engine flooring.
piso de látex de caucho con cemento | cement rubber-latex flooring.
piso de losa muy delgada | waffle-slab floor.
piso de losas | slab flooring.
piso de losetas de asfalto | asphalt tile floor.
piso de madera asentada sobre hormigón | stuck-down floor.
piso de maniobra (minas) | shaft-brace | bracket | brace.
piso de maniobras (minas) | battery.
piso de mástique de brea | pitch mastic flooring.
piso de montaje | erection shelf.
piso de mosaico | mosaic floor.
piso de muestra | pilot story.
piso de oxicloruro de magnesio | magnesium oxychloride flooring.
piso de parrillas (minas) | grizzly level.
piso de planchas de acero soldadas sobre las alas superiores de vigas doble T | battle-deck floor.
piso de reposo (minas) | stage.
piso de secado | drying floor | drying bed.
piso de sótano | basement floor.
piso de sótanos | basement flat.
piso de tablas canteadas | square-edged strip flooring.
piso de tablas machihembradas por testa que se coloca sobre un entablonado | overlay flooring.
piso de tablero contrachapado | plywood flooring.
piso de tablones | plank floor.
piso de tablones colocados de canto y próximos entre sí | laminated floor.
piso de tablones colocados de plano y juntos | mill floor.
piso de tablones de madera | planked wood floor.
piso de tablones gruesos sin viguetas soportantes | mill floor.
piso de tarugos de madera embebidos en hormigón | solid floor.
piso de tierra apisonada | dirt floor.
piso de trabajo | derrick floor.
piso de trabajo (funderías) | jobbing floor.
piso de un pozo (minas) | level of a pit.
piso de unión de la locomotora al tender | running board.
piso de vidrio | pavement light.
piso de viguetas | joisted floor.
piso de viguetas de hormigón armado con conductos interiores para la cablería eléctrica | electrified concrete joist floor.
piso del compartimiento de combate | fighting compartment floor.
piso del manto (geología) | seam floor.
piso del muelle | wharf decking.
piso del tablero (puentes) | roadway decking.
piso del taller de fundición | foundry floor.
piso del techo | roofdeck.
piso del valle | bottomland.
piso entarimado | boarded floor.
piso entresuelo | mezzanine.
piso forestal (bosques) | forest floor.
piso franco | safe house.
piso inferior (minas) | deep level.
piso insonorizado | dead floor.
piso insonoro | dead floor.
piso insonoro con capa de aire | floating floor.
piso intermedio (minas) | blind level | by-level.
piso metálico celular | cellular metal floor.
piso monolítico | integral flooring.
piso paleolítico inferior | Lower Paleolithic stage.
piso para casados | married quarters.
piso para germinar la malta | malt floor.
piso para pruebas de motores | test berth.
piso que se hincha (minas) | heaving bottom.
piso sin apoyos intermedios | single floor.
piso sin cielo raso | open floor.
piso sin juntas | continuous floor.
piso sobre el terreno | soil-supported floor.
piso sordo | dead floor.
piso subterráneo (edificios) | subsurface level.
piso superior (coche ferrocarril) | dome.
piso testigo (edificios) | pilot story.
pisolita | cave pearl | mud ball | peastone | pea-grit.
pisolita (variedad de oolita) | pisolite.
pisolitas | accretionary lapillus.
pisolito | pisolite.
pisón | faller | ramming-block | ram | punner | tamping bar | tamper | stamp | stamper | beater | beetle.
pisón de aire comprimido | pneumatic rammer.
pisón de alfarero | potter's beetle.
pisón de almadeneta (bocarte) | stamp head.
pisón de empedrador | rammer.
pisón de la guillotina | clamp.
pisón de mano | hand rammer.
pisón de mano (funderías) | floor rammer.
pisón de punta (funderías) | pegging pean.
pisón de punta (moldería) | pegging rammer.
pisón neumático | pneumatic compactor | air rammer.
pisón para arena | sandrammer.
pisón para moldes | form tamper.
pisón plano | dalle.
pisón vibratorio | vibratory tamper.
pisos de sótanos (edificios) | subsurface level.
pisos para aparcar en rampa continua | continuous-ramp parking floors.
pisos para cubiertas (buques) | deck surfacing.
pisotear | tread (to).
pisoteo del ganado | trampling.
pissasfalto | maltha.
pista | trail | track | tip-off | clue | course | clew | path | path | race track | tracing | trail | tract.
pista (abogacía) | clue.
pista (aeropuertos) | flightway.
pista (aviación) | mats.
pista (corona de rodadura) | path.
pista (de tobogán) | coast.
pista (disco, lector) | track.
pista (electrónica) | racetrack.
pista (lanzadera de telar) | race plate.
pista (tobogán) | chute.
pista alimentadora | feed track.
pista alternativa | alternate track.
pista artificial para patinar | glaciarium.
pista circular para pruebas | circular test track.
pista comprensible | squeeze track.
pista compresible (acústica) | squeezable track.
pista con recirculación | regenerative track.
pista cortafuego | fire trail.
pista de alimentación | loading tray.
pista de alineación | aligner area.
pista de área bilateral | bilateral-area track.
pista de área unilateral (acústica) | unilateral area track.
pista de área variable | variable-area track.
pista de aterrizaje | airstrip | landing lane | landing strip.
pista de aterrizaje de nieve apisonada | snow-compacted landing strip.
pista de aterrizaje iluminada | flare path.
pista de aterrizaje sin firme | unmetalled airstrip.
pista de auditoría (ordenador) | audit trail.
pista de bolas (cojinete de bolas) | ball-race.
pista de cemento (aeródromos) | cement runway.
pista de césped (aviación) | turf strip.
pista de circulación (aeropuerto) | taxiway.
pista de control | control track.
pista de control de movimiento | card lever strip.
pista de despegue | flight strip | take-off runway.
pista de despegue (aeródromos) | runaway.
pista de despegue con resaltos (aviación) | bumpy runway.
pista de despegue de asfalto recien pavimentada | newly-paved asphalt runway.
pista de despeque (aeropuertos) | runway.
pista de direcciones | address track.
pista de excéntrico | cam race.
pista de eyección | ejection track.
pista de ficha magnética | magnetic band.
pista de hielo | ice arena.
pista de hielo para trineos | ice run.
pista de hormigón (aeródromos) | concrete runway.
pista de la lanzadera (telar) | race board | sley race | shuttle race.
pista de lanzamiento | starting run | starting course.
pista de lectura | playback track.
pista de longitud conocida empleada para determinar la velocidad en el suelo (aviones) | speed course.
pista de malla metálica (aviación) | mat (landing).
pista de malla metálica (campo improvisado de aviación) | landing mat.
pista de pruebas de ruido (cine) | buzz track.
pista de registro sonoro | sound track.
pista de remolque de aviones (aeropuertos) | tow-way.
pista de rodadura | roller track | treadway | track.
pista de rodadura (aeropuerto) | taxiway.
pista de rodadura rellena de grasa (cojinete de bolas) | grease-packed ballrace.
pista de rodaje (aeropuerto) | taxiway | tailtrack | taxitrack.
pista de rodaje ciega | stub-end taxiway.
pista de rodaje estrecha (aeropuertos) | taxi strip.
pista de rodamiento | roller path.
pista de rodamiento del director de tiro | director roller path.
pista de rodamiento del montaje (cañón) | mount roller path.
pista de rodillos | racer plate.
pista de salida | runway.
pista de seguridad | clear band.
pista de sincronismo | synchronizing track.
pista de situación | sprocket channel.
pista de sonido | sound track.
pista de sonido magnético | magnetic sound track.
pista de sustitución | alternate track.
pista en contrafase | push-pull track.
pista estriada de despegue | grooved runway.
pista fluctuante (aerodromos) | floating runway.
pista forestal | ride.
pista individual (carreras) | lane.
pista interior (cañón sobre la cubierta de un buque) | stand.
pista interna abombada (cojinetes de rodillos) | convex inner race.
pista magnética (filme sonoro) | magnetic stripping.
pista magnética (tarjeta) | magnetic stripe.
pista magnética de película sonora | magnetic striping.
pista múltiple (acústica) | multiple sound track.
pista óptica de sonido | optical sound track.
pista para aterrizaje instrumental | instrument runway.
pista para aterrizajes y despegues | live runway.
pista para caballos | gallop.
pista para calentar motores (aeropuertos) | warmup apron.
pista para patinar sobre hielo | ice skating ring.
pista pavimentada | paved runway.
pista perimétrica (aeródromos) | perimeter track.
pista principal | primary track | main runway.
pista principal de despegue del aeropuerto | airport's main runway.
pista sobre hielo | ice-ring.
pista sonora (filme sonoro) | sound record.
pista sonora (filmes) | soundtrack.
pista sonora de anchura variable y densidad

constante (filme) | squeeze track.
pista sonora de área variable | variable area sound track.
pista sonora de densidad variable (registro de sonido) | variable-density sound track.
pista sonora de densidad y anchura variables (cine - EE.UU.) | matted track.
pista sonora de densidad y anchura variables (filmes - G.B.) | squeeze track.
pista sonora en contrafase clase A | class A push-pull sound track.
pista sonora en contrafase clase C | class C push-pull sound track.
pista sonora múltiple | multiple sound track.
pista sonora óptica | optical sound track.
pista superior (montaje de cañón) | base ring.
pista tangencial | tangential runway.
pista única | single track.
pista utilizable (aeródromos) | active runway.
pistas (filme sonoro) | striping.
pistas conductoras (electricidad) | conductor tracks.
pistas de aterrizaje (aeropuertos) | landing gear.
pistas gemelas | dual runways.
pisteología | pisteology.
pistiología | pistiology.
pistola | gun.
pistola (de pintar, etc.) | gun.
pistola (huso de aletas) | long collar.
pistola ametralladora | tommy gun.
pistola automática | automatic pistol.
pistola de aire caliente | heat gun.
pistola de engrase de tornillo | oil screw gun.
pistola de lavar (con agua a presión) | flushing gun.
pistola de metalización | metalizer.
pistola de perforación (sondeos) | gun perforator.
pistola de pintar | air brush | puff can.
pistola de pintor | pistol.
pistola de reglamento | regulation pistol.
pistola de señales | signal pistol.
pistola de señales luminosas | flare-pistol.
pistola de señales pirotécnicas | pyrotechnic pistol.
pistola de soldar por puntos | welding gun.
pistola detonadora | blank pistol | cap pistol.
pistola electrosoldadora en gas inerte | sigma welding gun.
pistola engrasadora | grease gun.
pistola metalizadora | powder gun | metal sprayer.
pistola metalizadora alimentada con alambre | wire gun.
pistola metalizadora de alambre metálico | metal-wire spraying gun.
pistola metalizadora de arco eléctrico | electric-arc pistol.
pistola montada | cocked pistol.
pistola neumática para revestir con productos refractarios (hornos) | refractory throwing gun.
pistola para aplicar asfalto fundido | flame gun.
pistola para engrase | alemite gun.
pistola para limpieza de piezas por chorro de aire comprimido | blow gun.
pistola para matar reses (mataderos) | humane killer.
pistola para metalizar | metalizing gun.
pistola para metalizar por aspersión | flame-spraying gun.
pistola para pintar | paint gun | aerograph.
pistola para pintar con pulvimetal | powder pistol.
pistola para pintar por metalización | flame gun.
pistola para retocar (pintura) | touch-up gun.
pistola para rociado electrostático | electrostatic spray gun.
pistola para soldar espárragos | gun welder.
pistola para sueldas | soldering gun.
pistola raciadora | spraygun.
pistola rociadora | sprayer.
pistola rociadora electrostática de polvo de plástico | electrostatic powder sprayer.
pistola soldadora de espárragos | stud welder.
pistola sopladora | blow gun.
pistolear (pintura, mortero de cemento, etc) | pistol (to).
pistolera | pistol case.
pistolero | gunfighter.
pistoletazo | pistol shot | gunshot.
pistolete | percussion drill | moil | percussion borer.
pistolete (perforadoras) | hard-drill.
pistolete (torpedos) | igniter | igniter firing gear.
pistolete aspersor | spray gun.
pistolete de dar fuego (cañón) | firing key.
pistolete de mina | borer | jumping drill | jumping bar | jumper bar | drill.
pistolete de pulverización | spray gun.
pistolete neumático de percusión (para marcar tochos, cabezas de tablones, etc.) | pneumatic percussion gun.
pistolete para tiro local antiaéreo (cañón) | local AA firing key.
pistolón para depositar un revestimiento laminar por detonación controlada de gases | detonation gun.
pistón | mover | percussion cap | beating | sucker | piston.
pistón (bomba impelente) | forger.
pistón (bombas hidráulicas, prensas) | plunger.
pistón (instrumento musical) | piston.
pistón (instrumentos de viento) | key.
pistón (máquina de extrusión - molde de transferencia) | pommel.
pistón (prensa hidráulica, bomba impelente) | ram.
pistón accionador (aviones) | ram.
pistón agarrotado hidráulicamente | locked piston.
pistón amortiguador | damping piston.
pistón compensador | dummy piston | balancing piston | balance piston.
pistón con aros nuevos | reringed piston.
pistón con empaquetadura metálica | metal-packed piston.
pistón con faldilla (motor alternativo sin cruceta) | skirt piston.
pistón con ranuras múltiples (para aros) | multiland piston.
pistón conicoelíptico | tapered elliptical piston.
pistón de accionamiento de las persianas del radiador | radiator flap operating ram.
pistón de achique | bailing piston.
pistón de achique (pozos entubados) | swab.
pistón de aire | air piston.
pistón de aleación de aluminio enfriado con aceite | aluminum alloy oil-cooled piston.
pistón de aleación de silicio y alúmina | aluminum/silicon alloy piston.
pistón de aleación liviana | light-alloy piston.
pistón de aluminio | aluminum piston.
pistón de aluminio con faldilla de acero | steel-skirted aluminum piston.
pistón de aluminio oleoenfriado | oil-cooled aluminum piston.
pistón de aspiración | pumping piston.
pistón de automovil conicoelíptico | tapered elliptical automotive piston.
pistón de bomba | pump plunger.
pistón de cabeza cóncava | recessed piston.
pistón de cabeza plana | flattop piston.
pistón de cajón hueco | box piston.
pistón de corona atornillada al cuerpo | screwed piston.
pistón de chapeletas | bucket-piston.
pistón de disparo | firing plunger.
pistón de doble cara | double-faced piston.
pistón de equilibrio | dummy piston.
pistón de eyección (prensas) | ejection ram.
pistón de faldilla | trunk | trunk piston.
pistón de faldilla (motor sin cruceta) | plunger piston.
pistón de faldilla abierta | split-skirt piston.
pistón de faldilla corta | short-skirted piston.
pistón de forma especial que se hace mover a presión a través de un tubo para quitarle las deformaciones | hydraulic rat.
pistón de fundición estañado | tinplated cast-iron piston.
pistón de la bomba de aire de barrido | scavenging-air pump piston.
pistón de la maza (martillo pilón) | hammer piston.
pistón de la palanca selectora (tornos) | tumbler plunger.
pistón de laberinto (sin aros de estanqueidad y sin lubricación) | labyrinth piston.
pistón de peso liviano | lightweight piston.
pistón de plato | disc piston.
pistón de prensa hudráulica | press ram.
pistón de presión | press plunger.
pistón de regulación del paso (hélice) | pitch-control piston.
pistón de retracción de la rueda del morro (aterrizador) | nosewheel retraction ram.
pistón de sacudidas | jolt piston.
pistón de siluminio anodizado | anodized silicon-aluminum alloy piston.
pistón del atacador | rammer piston.
pistón del cerrojo | latch plunger.
pistón del cilindro de alta presión (máquina vapor) | high-pressure piston.
pistón del compresor de refrigeración | refrigeration compressor piston.
pistón del disparador (cañón) | sear piston.
pistón del distribuidor cilíndrico | piston valve piston.
pistón del extrusor | extruder ram.
pistón del flap (aviones) | flap ram.
pistón del inyector | injector plunger.
pistón del mecanismo de disparo | firing mechanism plunger.
pistón del montacargas hidráulico | elevator piston.
pistón del recuperador (cañones) | recuperator ram.
pistón descentrado | offset piston.
pistón diferencial | differential piston.
pistón distribuidor | distribution piston.
pistón elíptico para automóviles | elliptical automotive piston.
pistón enfriado por chorro (de aceite) | jet-cooled piston.
pistón extrusor (plástico) | extrusion ram.
pistón fiador | spragging plunger.
pistón forjado de siluminio | forged aluminium-silicon piston.
pistón hidráulico | hydraulic plunger.
pistón hidrostático | hydrostatical piston.
pistón hueco (pistón de válvula - bomba elevadora) | bucket.
pistón impulsor (ventilador) | impeller.
pistón indicador | indicating plunger.
pistón indirectamente enfriado | indirectly cooled piston.
pistón inmovilizador | locking plunger.
pistón macizo (prensa hidráulica, bomba impelente) | ram.
pistón magnético (plasma) | magnetic piston.
pistón motor | power piston.
pistón obturado por laberinto (no tiene aros-compresores) | labyrinth-sealed piston.
pistón ovalado | oval-shaped piston.
pistón percutor | hammer piston.
pistón que vibra | jarring piston.
pistón rascador (limpieza tuberías, oleoductos) | go-devil.
pistón recalentado | heated piston.
pistón rectificado a medidas finales | finish-ground piston.
pistón recuperador | arrestor piston.
pistón reforzado con aro embutido de acero (aleaciones ligeras) | steel-belted piston.
pistón retractor | retraction ram.

pistón trilobulado (motores) | trilobed piston.
pistón trilobulado del motor Wankel | trilobed piston of the Wankel engine.
pistón trocoidal (motores) | trochoidal piston.
pistón tubular | trunk piston.
pistón tubular (motor sin cruceta) | plunger piston.
pistonada | piston-stroke | piston travel.
pistonar | piston (to).
pistonear (sondeos) | swab (to).
pistoneo (de pozos de petróleo) | swabbing.
pistones con sus bielas y pernos | pistons with their connecting rods and bolts.
pistones contrapuestos | opposed pistons.
pistones dispuestos tetraédricamente | tetrahedrally arranged rams.
pistones solidarios | interdependent pistons.
pistonófono | pistonphone.
pistón-válvula de exhaustación (motor Doxford, etc.) | piston exhaust valve.
pita (tela) | pite.
pitada | blast of whistle.
pitada del contramaestre (buque de guerra) | call.
pitada larga (de 4 a 6 segundos - buques) | prolonged blast | long blast.
pitar (buques) | wind a call (to).
pitarrasa | reeming iron | horsing iron | horse iron.
pitarrasa (calafateo) | reemer.
pitarrasear (calafateo cubiertas de madera) | reem (to).
pitecomórfico | pithecomorphic.
pito (del contramaestre) | pipe.
pito de alarma | alarm whistle.
pito de plata del contramaestre (buques de guerra) | boatswain's pipe.
pito del contramaestre | boatswain's call.
pitómetro | pitometer.
pitón | adjutage.
pitón (asta de ciervo) | snag.
pitón (de asta) | prong.
pitón de cuerno | shoot.
pitón de seguridad | dowel.
pitón posicionador accionado por resorte | clicker.
pittasfalto | pittasphalt.
pivotabilidad | pivotability.
pivotación | swiveling | pivoting.
pivotaje | pivoting.
pivotamiento | pivoting.
pivotar | pivot (to) | rotate (to).
pivotar sobre | fulcrum (to).
pivote | pivot | pivotal point | center pin | swivel | pin | spindle | gudgeon.
pivote (turbina vertical hidráulica) | thrust bearing.
pivote a rótula | ball swivel.
pivote central | pintle | kingbolt | kingpin | center pin | main pin.
pivote central (grúa flotante) | stediment.
pivote de cuchilla | knife-edge pivot.
pivote de detención | detent pin.
pivote de empuje | thrust block.
pivote de la dirección (automóviles) | kingpin.
pivote de la dirección (autos) | kingbolt.
pivote de la dirección (dirección autos) | steering knuckle.
pivote de láminas de acero cruzadas | cross spring pivot.
pivote de orientación de la rueda (automóviles) | kingpin.
pivote de orientación de la rueda (autos) | kingbolt.
pivote de orientación de la rueda (dirección autos) | steering knuckle.
pivote de orientación del eje delantero | front-axle king-pin.
pivote de presión | push bolt.
pivote de repulsión magnética | repulsion magnetic bearing.
pivote de rodillo | roll pin.
pivote de rótula | ball pivot.
pivote de rubí | jeweled bearing.
pivote del carretón | bogie pin.
pivote del muñón | swivel pin.
pivote delantero | front center-pin.
pivote flexible (instrumentos) | flexure hinge.
pivote portafresa | hob swivel.
pivote trasero | back center pin.
pivotear | swivel (to) | slue (to).
pixilado | pixilated.
pizarra | shale | healing stone | slate.
pizarra alterada muy densa | hornfelds | hornfels.
pizarra alúmbrica | alum-shale.
pizarra arcillosa | clayey slate | argillaceous slate.
pizarra arcillosa en minas de carbón | dunn bass.
pizarra bituminosa | bituminous shale | oil shale | wax shale.
pizarra bituminosa o carbonácea | combustible schist.
pizarra blanda en minas de carbón | cash.
pizarra carbonífera | coal-slate.
pizarra carbonosa | carbonaceous shale.
pizarra carbonosa (Escocia) | blaes.
pizarra carbonosa candeloide (minería) | jack.
pizarra carbonosa negra | bass.
pizarra compacta | hornslate.
pizarra con abundantes concreciones | bird's-eye slate.
pizarra cuprífera | copper-bearing shale.
pizarra de bitácora (buques) | log slate.
pizarra de compactación | compaction shale.
pizarra de techar | roof slate.
pizarra desteñida | fading slate.
pizarra esmaltada | enameled slate.
pizarra estratificada | bedded shale.
pizarra filoniana | dike slate.
pizarra frágil sobre una capa de carbón | draw slate.
pizarra fucoide | fucoidal slate.
pizarra granulada | granulated slate.
pizarra grisácea (minas) | grey metal.
pizarra impregnada con minerales de cobre | copper slate.
pizarra laminada sobre una capa de carbón | boardy clift | boardstuff.
pizarra lignítica | lignitic shale.
pizarra mosqueada | fleckshiefer.
pizarra muy bituminosa | batt.
pizarra negra blanda que contiene mucha materia carbonosa | coaly rashings.
pizarra negra mezclada con carbón fino | danks.
pizarra nodular | knotenschiefer.
pizarra oleosa | kerosene shale.
pizarra para escribir | slate.
pizarra para techar | rag.
pizarra para techar con una cara áspera | devil's bed.
pizarra para techar de (20 × 10) pulgadas | countess.
pizarra petrolífera | petroliferous shale | oil-bearing shale.
pizarra quemada | porcelanite.
pizarra rica en sedimentos orgánicos | organic-rich shale.
pizarras coloreadas | colored slates.
pizarras cuyo color cambia en tiempo corto | color-aging states.
pizarras de color grisáceo | gray metal.
pizarras de distintos tamaños | random slates.
pizarras liásicas | liassic shales.
pizarras litográficas | lithographic slates.
pizarreño | slaty | shaly.
pizarrería | slate quarry | slate works.
pizarrero | slater.
pizarrín (variedad de pirofilita) | pencil stone.
pizarrón | blackboard.
pizarrosidad | slatiness | schistosity.
pizarroso | slaty | shaley | shaly.
pizca | shred.
placa | slice | slab | plate | chip | lappet | plaque.
placa (bacteriología) | plaque.
placa (de mármol) | plaque.
placa (en las mucosas) | patch.
placa (hornos) | batt.
placa (lámpara termiónica) | plate.
placa (offset) | printing plate | master.
placa (termiónica) | anode.
placa abridora (sierras) | splitter.
placa alimentadora | feeding plate.
placa alveolada | grid.
placa amalgamada | amalgamation plate.
placa angular | corner plate.
placa antibalónica (tejeduría) | antiballoon plate.
placa antihalo (fotografía) | nonhalating plate.
placa autocroma | autochrome plate.
placa autorradiográfica | autoradiographic plate.
placa basculante | dump plate.
placa calcárea | calcareous plate.
placa calentadora | hot-plate.
placa circular montada oblicuamente en un eje (máquinas) | swashplate.
placa colectora | collector plate.
placa colectora (iconoscopios) | signal plate.
placa colocadora | positioning plate.
placa con bordes elásticamente empotrados | plate with edges elastically restrained.
placa con bornes (electricidad) | connecting terminal.
placa con emulsión para física nuclear (fotografía) | nuclear emulsion plate.
placa con ganchos | hook plate.
placa con nervios | ribbed plate.
placa con orificio | orifice plate.
placa con púas | pinned plate.
placa con respaldo antihalo (fotografía) | backed plate.
placa condensadora (hilatura) | condenser plate.
placa conmemorativa | marker.
placa continua de cimentación | mat.
placa continua de cimentación (hormigón) | raft.
placa continua de cimentación con nervios | ribbedmat.
placa continua de cimentación impermeable | waterproofed continuous mat.
placa continua de cimentación sobre pilotes | mat on piles.
placa correctora paralela en el plano | plane-parallel corrector plate.
placa cribosa (botánica) | sieve plate.
placa curva | shell | shell.
placa de acumulador | accumulator plate.
placa de adaptación del vértice | apex-matching plate.
placa de amalgamación | amalgamation plate.
placa de anclaje | anchoring plate | anchor slab | tie plate.
placa de ánodo (lámpara termiónica) | plate.
placa de antehogar (hornos) | dumb-plate.
placa de apoyo | back plate | fulcrum plate | backing plate.
placa de apoyo (de una cercha) | wall plate.
placa de apoyo (hornos) | crank.
placa de apoyo de la ballesta | spring pressure plate.
placa de apriete | bridge plate.
placa de asiento | base plate | foundation plate | bearing plate | bedplate | soleplate.
placa de asiento (carriles) | chair plate.
placa de asiento (pilotes) | stopper.
placa de asiento de la aguja (vía férrea) | switch plate.
placa de asiento del carril (ferrocarril) | tie plate.
placa de asiento del mortero | mortar base plate.
placa de blindaje | armored plate | armor plate | plate-armor.
placa de blindaje difícil de perforar (por el proyectil) | difficult-to-bite armor plate.
placa de burbujeo | bubble tray.

placa de cabeza de los tubos | plate or flue sheet.
placa de cableado impreso | printed-wiring board.
placa de calzo | wedge plate.
placa de cambio (ferrocarriles) | head-chair.
placa de caracteres para lectura magnética | bar font.
placa de carga (hogar) | firing plate.
placa de carril | offset plate.
placa de centrar | shifting plate.
placa de cerámica | pottery plate.
placa de cierre | obturator plate | coverplate.
placa de cimentación | soleplate | ground plate | foundation mat | foundation plate | heel plate.
placa de circuito impreso | printed-circuit board | circuit board.
placa de circuito impreso por las dos caras | double-sided printed circuit board.
placa de cocción por calor radiante (cocina) | radiant boiling plate.
placa de compensación | balance plate.
placa de componente impreso | printed-component board.
placa de conexión a tierra | grounding plate.
placa de conexión a tierra (placa de tierra - electricidad) | ground plate.
placa de contacto | wafer.
placa de contera (cañones) | butt-plate.
placa de contravientos (grúa atirantada) | guy spider | guy cap.
placa de cristal | crystal slab | plate.
placa de cruzamiento | crossing plate.
placa de cuarto de onda (óptica) | quarter-wave plate | quarter wave plate.
placa de cuarzo | crystal slab.
placa de cuarzo piezoeléctrico | piezoquartz plate.
placa de culata (fusil) | heel plate.
placa de choque | buffer plate.
placa de choque (hornos) | deflecting plate.
placa de dama (alto horno) | baffle plate.
placa de dama (dama - alto horno) | dam plate.
placa de dama (horno forja) | hearth back.
placa de datos | nameplate | rating plate.
placa de desconexión | breakout plate.
placa de desgaste | wear plate.
placa de desgaste renovable | renewable wearing plate.
placa de deslizamiento | sliding plate.
placa de deslizamiento (apoyo de vigas de puentes) | slide bed plate.
placa de desmoldeo (molderías) | stripping plate.
placa de desprendimiento (sierra circular para madera) | delivering plate.
placa de desviación | compresser.
placa de división | division plate.
placa de elementos resistentes en colmena | sandwich.
placa de empalme | joint plate.
placa de emparedado | sandwich plate.
placa de emparedado con alma de chapa | web-core sandwich plate.
placa de enderezar | dressing plate.
placa de estator | stator plate.
placa de exposición larga | long-exposed photographic plate.
placa de eyección | ejection plate.
placa de fase | phase plate.
placa de fijación | bridge plate | clamp plate | dog plate.
placa de fijación de los cables de tiro (grúa fija de brazo móvil) | sluing plate.
placa de filtros de colores (foto en colores) | screen plate.
placa de fondo | end plate.
placa de fondo (moldes) | bedplate.
placa de formación autógena (acumuladores) | solid plate.
placa de frente (cerraduras) | selvage.
placa de fricción (placa de frotamiento - rozadera | friction plate.
placa de fundación | base plate | bedplate | bed piece | bottom plate.
placa de fundación (máquinas) | soleplate.
placa de fundación de fundición | cast-iron bedplate.
placa de fundamentación | foundation mat.
placa de fundición | iron plate.
placa de garganta | throat plate.
placa de guarda (ejes vagones) | horn plate.
placa de guarda (ferrocarril) | axle box guide.
placa de guarda (laminadores) | stripping plate.
placa de guarda (locomotoras) | pedestal.
placa de guarda (vagones) | guard plate | axlebox guide | axle guard.
placa de guarda (vagones, locomotoras) | hornblock.
placa de guía | guide plate.
placa de guía (laminadores) | stripping plate.
placa de guías soporte de las guardas (tren de laminar chapa fina) | fore plate.
placa de hielo | ice rind.
placa de hormigón | concrete mat.
placa de identidad | identification disc | identity disc | badge.
placa de identificación | identification tag | nameplate.
placa de instrucciones | warning plate.
placa de instrucciones (aparatos) | caution plate.
placa de introducción | leading-in plate.
placa de inversión mecánica | power roll over.
placa de junta (vía férrea) | shin.
placa de la mufla | muffle plate.
placa de la pista de la lanzadera | race plate.
placa de la pista de la lanzadera (telar) | race.
placa de la pista de la lanzadera (telares) | lay race.
placa de la solera (hornos) | bottom plate.
placa de lámpara | valve plate.
placa de machos | core plate.
placa de maniobra (ferrocarril) | flat plate.
placa de maniobra (ferrocarril de mina) | tarantula | turnsheet.
placa de maniobra (ferrocarril de minas) | switch plate.
placa de maniobra (placa colocada en las galerías para girar las vagonetas-minas) | flat sheet.
placa de matrícula | number plate.
placa de matrícula (autos) | identification plate.
placa de memoria magnética | magnetic memory plate.
placa de mica que retarda la luz amarilla | accessory plate.
placa de níquel sinterizado (acumuladores) | sintered nickel plate.
placa de numeración de señal | nameplate.
placa de orlas ornamentales | border plate.
placa de papel presensibilizado (offset) | presensitized paper plate.
placa de pecho (berbiquí) | conscience.
placa de piso (construcción) | floor slab.
placa de plasma | plasma slab.
placa de plástico | plastic plate.
placa de presión (mecanomoldeo) | squeezer board.
placa de protección | safety plate.
placa de recubrimiento | faceplate.
placa de recubrimiento (fundición) | top plate.
placa de refuerzo | strain plate.
placa de retardo (óptica) | retardation plate.
placa de retardo de cuarto de onda | quarter-wave retardation plate.
placa de retenida | guy plate.
placa de revestimiento | casing.
placa de rozamiento | wearing plate | rubbing plate.
placa de sangría (alto horno) | guard plate.
placa de selenita entre nicoles cruzados | accessory plate.
placa de soldadura (circuito impreso) | soldering pad.
placa de solera | soleplate.
placa de sombrear | shading plate.
placa de sujeción | bridge plate.
placa de suplemento | packing plate.
placa de sustentación | mat.
placa de talón (patines) | heel plate.
placa de tobera (forja) | back of hearth.
placa de trituración (machacadoras) | crushing plate.
placa de tubos (calderas) | tube plate.
placa de tubos de la caja de humos (calderas) | smoke box tube plate.
placa de tubos del condensador | condenser tube plate.
placa de tubos posterior (calderas) | rear tube plate.
placa de un cuarto de onda | quarter-undulation plate.
placa de una orden (condecoración) | star of an order.
placa de unión | joint plate.
placa de vidrio | glass plate.
placa de vidrio (laboratorio) | glass slide.
placa de vientos | stay plate | guy plate.
placa de vientos (grúa atirantada) | guy cap.
placa de volteo (astilleros) | bending slab.
placa de volteo de cuadernas | shipyard slab.
placa deflectora | deflector plate.
placa del altar (hornos) | bridge plate.
placa del cielo del hogar | crown plate.
placa del condensador | condenser plate.
placa del constructor (máquinas) | nameplate.
placa del fondo | bottom sheet.
placa del fondo (molde fundición) | bottom plate.
placa delantera de la caja de fuegos (locomotora) | saddle plate.
placa delgada | thin plate.
placa delgada de caras planas y paralelas | plane-parallel thin plate.
placa desborradora | stripping plate | stripping board.
placa desenfocada | fuzz.
placa desviadora | deflector plate | baffle plate.
placa desviadora (rayos catódicos) | beam plate.
placa difusora | baffle plate | diffuser plate.
placa directriz | guide plate.
placa divisora | index plate.
placa dobladora (tejeduría) | doubling plate.
placa dorsal | roof plate.
placa ecuatorial (zoología) | nuclear plate.
placa elástica delgada reforzada con rigizador | rib-stiffened thin elastic plate.
placa elástica delgada semiinfinita | semiinfinite thin elastic plate.
placa eléctrica (cocina) | electric boiler plate.
placa eléctrica con resistencias embebidas en un refractario (cocinas) | solid boiling plate.
placa eléctrica de calor radiante | radiant plate.
placa eléctrica de resistencias para tostar y cocer (cocina eléctrica) | grill-boiler.
placa electronegativa (pila eléctrica) | collecting plate.
placa empotrada | clamped plate.
placa empotrada sometida a tensión | clamped plate under tension.
placa en ménsula oblicua | skew cantilever plate.
placa en voladizo | cantilever plate | cantilever slab.
placa enfriada por sudación | sweat-cooled plate.
placa enmarcadora | bezel plate.
placa ergógena enfriada por transpiración | transpiration-cooled power-producing plate.
placa esparcidora | diffuser plate.
placa estaño | tin plate.
placa estriada (microbiología) | streaked plate.
placa extrema | end plate.
placa extrema inferior | bottom end plate.
placa formada (acumulador) | formed plate.
placa formadora del haz | beam forming plate.
placa fotográfica | plate.

placa fotográfica con emulsión electronosensible | electron-sensitive plate.
placa fotográfica para física nuclear | nuclear plate.
placa fotosensible | photosensible plate.
placa fría | cold plate.
placa frontal | apron | faceplate | front plate | frontal plate | head plate.
placa frontal (carro de torno) | apron.
placa frontal de densidad neutra | neutral density faceplate.
placa frontal del carro (tornos) | saddle apron.
placa fundida | casting slab.
placa galvánica | electrotype plate.
placa giratoria | swivel.
placa giratoria (de vía férrea) | sector table.
placa giratoria (ferrocarril) | turntable | turning plate | turnplate.
placa giratoria en cruz | two-way turntable.
placa giratoria en estrella (ferrocarriles) | multiway turntable.
placa giratoria para cruce oblicuo | oblique turntable.
placa giratoria para locomotoras | engine turntable.
placa graduadora | index plate.
placa gruesa | platen.
placa guía (cambio de velocidades) | gate.
placa guía de desgaste | knife wearing plate.
placa guiacintas (reunidora cintas) | plate back.
placa guianapas | lap plate.
placa hidrostática | hydrostatic plate.
placa holográfica | holographic plate.
placa hormigonada in situ | cast-in-plate slab.
placa impresa | printed board.
placa indicadora | mark plate | direction board.
placa indiciaria | indicia plate.
placa inferior | bottom plate.
placa infinita | infinite plate.
placa laminada | rolled slab.
placa lapeante horizontal giratoria | rotatable horizontal lapping plate.
placa lapidadora | lapping plate.
placa lateral en una estufa para calentar comidas | hob.
placa maciza | solid plate.
placa marginal | marginal plate.
placa metálica | flag.
placa metálica circular (muelas abrasivas) | collet.
placa metálica de base (columnas) | billet.
placa modelo de madera (fundición) | joint board | match-board.
placa motriz (máquinas) | swashplate.
placa móvil (condensador variable) | rotor plate.
placa movil de material absorbente para tapar un hueco por donde hay irradiación (reactor nuclear) | shutter.
placa muscular (zoología) | muscle-plate.
placa negativa | negative plate.
placa obturadora | obturator plate.
placa ortotrópica | orthotropic plate.
placa oscilante | wabble plate | wobbler.
placa para calentar | hot-plate.
placa para curvar tubos llenos de arena | sand-bending slab.
placa para linterna de proyecciones | transparency.
placa para obtener contraste | contrast plate.
placa para red mosaico policroma (foto en colores) | screen plate.
placa para roscar | screw plate.
placa paralelográmica | skew plate.
placa perforada | orifice plate.
placa perforada de trefilar | drawplate.
placa plana | flat plate.
placa plana apoyada | freely-supported fiat slab.
placa plana turbulenta | turbulent flat-plate.
placa polar (citología) | pole-plate.
placa portaelectrodo | press.
placa portaestampa (prensas) | press plate | bolster plate.
placa portamodelo (fundición) | carded patterns.
placa portamodelo (moldeo) | match plate.
placa portamodelos (funderías) | pattern plate.
placa portamuela | carrier plate.
placa portapunzón (prensa) | plunger plate.
placa positiva | positive plate | lanternplate | lantern plate.
placa posterior | rear plate.
placa posterior sobre la que se realizan interconexiones | back plane.
placa prensadora (embrague autos) | presser plate.
placa publicitaria | nameplate.
placa pulidora | polishing plate.
placa radial | radial plate.
placa ranurada de cuarzo | carrier.
placa rectangular cargada lateralmente | laterally loaded rectangular plate.
placa rectangular empotrada | clamped rectangular plate.
placa redonda | circular plate.
placa redonda cargada simétricamente | circular plate symmetrically loaded.
placa redonda con un agujero en el centro por donde se inyecta aire a presión entre la placa y el suelo consiguiéndose así que la placa se separe del suelo unas décimas de milímetro | levapad.
placa reflectora que refleja dos imágenes de retículo (alza computadora) | combing glass.
placa reguladora | feeler plate.
placa reguladora del plegador | beam regulating plate.
placa resistente con alma de elementos celulares | sandwich.
placa rígida | dock.
placa rigidizada | stiffened plate.
placa rompedora | breaker plate.
placa rustina | hair plate.
placa salmer (hornos) | skew plate.
placa sana | solid plate.
placa sembrada en estrías (microbiología) | streak plate.
placa sensible | sensitive plate.
placa signalética | rating plate.
placa signalética (máquinas) | rating-plate.
placa sinterizada | sintered plate.
placa soporte | deck | shoe slab.
placa soporte de los tornillos niveladores (aparatos topográficos) | footplate.
placa terminal | end plate.
placa terminal (zoología).
placa testigo | reference plate.
placa tope (tejidos de punto) | verge plate.
placa transversal | transverse plate.
placa tubular (caldera) | back tube plate.
placa tubular (calderas) | flue plate | flue sheet | tube plate | end plate | tubeplate.
placa tubular de caja de humos (locomotora) | front tube plate.
placa tubular de la caja de humos | smokebox tubeplate.
placa tubular de latón | brass tube plate.
placa tubular del colector | drum tube plate.
placa tubular del horno | furnace tube plate.
placa tubular frontal de caldera | boiler front tube plate.
placa tubular posterior de caldera | boiler back tube plate.
placa uniforme soportando cualquier número de masas finitas | uniform plate carrying any number of finite masses.
placa ventral (embrión) | floorplate.
placa vertida (microbiología) | poured plate.
placa vibrante (teléfonos) | vibrating diaphragm.
placa-guía | landside.
placas activas de captadores de energía solar | absorber plates in solar collectors.
placas brillantes de los radios medulares (tablones de roble cortados radialmente del tronco) | silver grains.
placas de acumulador de níquel poroso | porous-nickel battery plaques.
placas de acumuladores viejos | old battery plates.
placas de asiento de la cureña (cañón) | carriage mounting pads.
placas de circuitos integrados | integrated-circuit chips.
placas de conexiones | connection chips.
placas de desviación vertical (tubo rayos catódicos) | Y-plates.
placas de fibra de madera | wood fibre boards.
placas de fibras de madera revestidas de resina sintética | plastic-coated wood fibre hard boards.
placas de madera para revestimiento de pared | glazed wood boards for wall covering.
placas de suspensión (relojes) | chops.
placas deflectoras | defecting plates.
placas desviadoras | deflecting plates.
placas estacionarias | stator plates.
placas exagonales foliadas | foliated hexagonal plates.
placas fotográficas de dibujos de chapas (marcado óptico en astilleros) | glass molds.
placas metálicas (imprenta) | zinc and copper plates.
placas metálicas enfriadas con agua insertadas en el revestimiento (alto horno) | plate coolers.
placas para la impresión offset | offset printing plates.
placas para soportar los vasos vasculares acuíferos (blastoideos) | lancet-plates.
placas planas | flat-packs.
placas sedimentadoras | plate settler.
placas terminales (biología) | end-plates.
placenta (medicina) | maza.
placer | placer.
placer (hidrografía) | shoal.
placer (minas) | diggings.
placer a media ladera (minas) | hill diggings.
placer aurífero | gold diggings | gold placer | gravel mine.
placer de arroyo | creek placer.
placer de estaño | stream works.
placer de playa antigua | ancient beach placer.
placer de roca disgregada | residual placer.
placer de terraza | bench placer.
placer desprovisto de agua | dry diggings | dry-placer.
placer diamantífero | diamond placer.
placer eluvial | dry diggings | eluvial placer | eluvial ore deposit.
placer en una terraza aluvial (minería) | high-level placer.
placer enterrado | buried placer.
placer enterrado (geología) | deep gravel.
placer eólico | aeolian placer.
placer fluvial | river-bar placer | river diggings.
placer formado por nivelaciones y levantamientos sucesivos del terreno (geología) | resorted placer.
placer metalífero | ore placer.
placer seco | dry-placer.
placoideo | platelike.
plafón | soffit.
plaga | bane | plague | pest.
plaga de insectos | blight.
plaga de los cereales | grain pest.
plaga forestal | forest pest.
plaga insectil | insect pest.
plagado de mosquitos | mosquito-plagued.
plagado de ratas | rat-pestered.
plagar | pester (to).
plagas agrícolas | pests of farm crops.
plagas del arroz | pests of rice.
plager (telas) | plait (to).
plagiar | plagiarize (to).
plagiedría | plagihedry.
plagio | plagiarism | abduction.
plagio en exámenes por escrito | cribbing on examinations.
plagioclástico | plagioclastic.

plagiodromía | plagiodromy.
plagiofido | plagiophyre.
plagiotropismo (botánica) | plagiotropism.
plan | draught | frame | plot | lay | project | programme (Inglaterra) | project | program (EE.UU.) | projection | schedule | scheme | arrangement | contrivance | layout.
plan (de una obra) | groundwork.
plan (diques) | bottom.
plan anticrisis | anticrisis plan.
plan archivado | pigeonholed plan.
plan codificador | coding scheme.
plan contable | chart of accounts.
plan de acción | policy.
plan de acción conjunta | joint plan.
plan de aceptación de lotes | sampling plan.
plan de aceptación de muestras | acceptance sampling plan.
plan de ahorro asegurado | insured savings plan.
plan de amplificación | development plan.
plan de arbitraje sobre mercancías | commodity arbitrage scheme.
plan de avance del trabajo | progress schedule.
plan de ayuda estatal | government-assistance plan.
plan de compra de acciones por los trabajadores | qualified stock option plan.
plan de conducta | policy.
plan de conjunto | general plan.
plan de construcción | progression schedule.
plan de cortas (bosques) | felling plan.
plan de cortas (forestal) | cutting budget.
plan de cuentas | chart of accounts.
plan de desarrollo regional | regional development scheme.
plan de distribución general | arrangement plan.
plan de emergencia | contingency plan.
plan de entregas | delivery schedule.
plan de esclusa | lock-sill.
plan de estiba primero | ground-tier.
plan de estímulos | incentive schedule.
plan de estudios | syllabus | curriculum.
plan de estudios basado en la práctica | experience centered curriculum.
plan de explotación | operating plan.
plan de fabricación | planning.
plan de fabricación (talleres) | manufacturing schedule.
plan de fuegos | scheme of fire.
plan de fuegos (artillería) | plan of fire.
plan de fuegos (milicia) | fire plan.
plan de fuegos coordinados | coordinated fire plan.
plan de incentivo salarial | Gantt premium plan.
plan de incentivos salariales | Merrick multiple piece rate plan.
plan de instrucción | training schedule.
plan de interconexiones (telecomunicación) | toll switching plan.
plan de labores | working plan.
plan de labores (talleres) | work schedule.
plan de lubricación | lube-scheduling.
plan de maniobra | plan of maneuver.
plan de mantenimiento programado | planned-maintenance schedule.
plan de mejoras | improvement scheme.
plan de muestreo | sample design | sampling plan.
plan de muestreo continuo | continuous sampling plan.
plan de muestreo doble | double sampling plan.
plan de numeración | numbering scheme.
plan de numeración nacional | national numbering plan.
plan de operación | working schedule.
plan de operaciones | operation plan.
plan de pensiones | pension plan.
plan de póliza temporal y de viaje (seguro) | mixed policy.
plan de presentación de sugerencias (obreros de talleres) | suggestion system.
plan de prima nivelado (seguros) | level-premium plan.
plan de producción | production plan | development plan.
plan de pruebas | test schedule.
plan de pruebas en el banco (motores) | running schedule.
plan de pruebas periódicas | maintenance testing schedule.
plan de reconstrucción de la flota | fleet-rebuilding plan.
plan de recuperación | salvage plan.
plan de retiro | retirement plan.
plan de salvamento | salvage plan.
plan de suministro | delivery plan.
plan de trabajo | working schedule.
plan de trabajos | construction program.
plan de trazado (minas) | line of development | development plan.
plan de tuberías | casing program.
plan de ventas en abonos | installment plan.
plan de ventas premiadas por obtención de nuevos clientes | club plan selling.
plan de vuelo preestablecido | canned flight plan.
plan del dique seco | dock floor.
plan director | master plan.
plan dotal acelerado | accelerative endowment plan.
plan estatal de previsión social | state pension scheme.
plan gubernamental para ayudar a los constructores navales | government's plan to help the shipbuilders.
plan para construcción de hoteles | hotel incentives scheme.
plan para que funcionen los diversos sistemas de un buque para conttribuir al control de las averías | damage control bill.
plan para resolver los problemas diarios | standing plan.
plan previo | outline plan.
plan publicitario | advertising scheme.
plan quinquenal | fivé-year plan.
plan sexenal | six-year plan.
plan uniforme para repartir las cargas (financieros) | level charge plan.
plana de forja | set-hammer.
plana de fragua | flatter.
plana doble (tipografía) | center spread.
plana mayor | staff.
plana mayor (milicia) | headquarters.
plana mayor de batallón | battalion staff.
plana mayor de compañía | company headquarters.
plana mayor de una unidad | unit staff.
planación | planation.
planaridad | planar flatness | planarity.
planaridad de la junta | joint planarity.
planctófago | plankton-eating.
planctología | planktology.
planctólogo | planktologist.
planctón | plankton | drifting fauna.
plancton de agua fluvial | fresh-water plankton.
plancton desecado a un peso constante por un método especificado | dry plankton.
plancton deshidratado menos las cenizas después de la incineración | dry organic matter.
plancton que comen las ballenas | bit.
plancton quimopelágico | chimopelagic plankton.
planctónico (biología) | planktonic.
plancha | lay-time | plate | lappet | flatiron.
plancha (de un nadador) | floating.
plancha (offset) | master.
plancha (para desembarcar) | ladder bridge.
plancha (para la ropa) | press iron.
plancha (tablón con listones como escalones) | gangway.
plancha (tipografía) | printing plate.
plancha con mayor espesor en el centro | buckled plate.
plancha de acceso (plancha de desembarco - buques) | gangplank.
plancha de acero al silicio | silicon alloy sheet.
plancha de acero muy rígida | deflectionless steel slab.
plancha de agua (para limpiar buques en dique) | punt.
plancha de agujas | needle bed.
plancha de arcadas (telar) | lower comber board.
plancha de asados | roaster.
plancha de blindaje | armor-plate.
plancha de blindaje cementada | cemented armor plate.
plancha de brazola transversal (escotillas) | headledge plate.
plancha de caldeo interior (para la ropa) | box-iron.
plancha de canillas | copping place.
plancha de cañón | gun-apron.
plancha de cemento amiantado | asbestos lumber.
plancha de cobre grabada a buril o al ácido | copper plate.
plancha de corcho | sheet cork | cork sheet.
plancha de corcho comprimido | compressed cork slab.
plancha de desembarco (buques) | shore gangway | gangboard.
plancha de desembarque (buques) | brow.
plancha de entibar | walling board | wood piling | piling wood.
plancha de estereotipia | stereoplate | stereo.
plancha de fibras | fiber plank.
plancha de fondo | base.
plancha de guía del bagazo (fabricación azúcar de caña) | dumb turner.
plancha de las agujas (jacquard) | needle board.
plancha de patrones (telar) | lower comber board.
plancha de plomo | sheet lead.
plancha de presión | holding down plate.
plancha de quilla de estribor | starboard keel plate.
plancha de rastrillar | dressing board.
plancha de sastre | seam presser.
plancha de tierra | earth plate.
plancha de tierra (buques) | shore gangway.
plancha de trituración | bucking board.
plancha del antepecho | breast beam plate.
plancha eléctrica (para planchar) | electric iron.
plancha electrotípica | cast.
plancha en colores | colored plate.
plancha esmeriladora | grinding board.
plancha estereotipada (tipografía) | cast.
plancha estereotípica | cast.
plancha estereotípica (tipografía) | stereotype.
plancha falta de afinidad para la tinta | blind plate.
plancha guardabalasto (puentes) | ballast plate.
plancha litográfica | lithographic printing plate.
plancha matriz (grabado) | bedpiece.
plancha metálica encerada para el moldeo (electrotípia) | case.
plancha offset a la albúmina | albumen plate.
plancha offset combinada | combination.
plancha offset para sensibilizar | wipe-on offset plate.
plancha offset polimetálica | polymetallic offset plate.
plancha offset sin granear | grainless offset plate.
plancha para asfalto | asphalt smoother.
plancha para grabado al buril | line engraving.
plancha para huecograbado | intagliated plate.
plancha para impresión en entalle | intaglio printing plate.
plancha para impresión multicolor (grabado) | colorplate.
plancha para planchar | iron.
plancha para remachar tachuelas (sala de gálibos) | clinching pan.

plancha para trefilar alambre | wortle.
plancha perforada | pierced plank.
plancha perforada para barra de puas | pin bar punched plate.
plancha prensada de corcho aglomerado | corkboard.
plancha termorregulada | heat-controlled iron.
plancha trapezoidal | taper plate.
planchada (Chile) | corduroy road.
planchado | ironing | ironed.
planchado (Argentina) | turn-out | lay-by.
planchado en frío (telas) | cramping.
planchado en frío (telas lana) | cold pressing.
planchado en planchadora cilíndrica (telas) | cylinder pressing.
planchador | ironer | presser.
planchadora (máquina) | ironer.
planchadora de ropa fina | finery-ironer.
planchadora de telas | cloth press.
planchaje | plating.
planchaje (derechos de plancha en muelles) | plankage.
planchaje de la quilla | keel plating.
planchaje del mamparo | bulkhead plating.
planchar | iron out (to) | iron (to).
planchar (ropa) | press (to).
planchas de amianto prensado (forrado de paredes) | asbestos lumber.
planchas electrónicas | electronic plates.
planchero | ironer bed.
planchero (astilleros) | rack.
planchero (para guardar chapas) | plate-rack.
plancheta | traverse table | planchet.
plancheta (artillería) | range card.
plancheta (topografía) | plane-table | map-board.
plancheta de fonolocalización (artillería) | direction board.
plancheta de localización (artillería) | plotting board.
plancheta de marcaciones | plotting table.
plancheta de marcaciones fonolocalizadoras (artillería) | sound-ranging plotting board.
plancheta de predicción lateral (artillería) | deflection board.
plancheta de tiro (artillería) | plotting board | firing chart.
plancheta para corrección de distancias (artillería) | range correction board.
plancheta para corrección del tiro | spotting board | fire adjustment board.
planchita de los guiahilos (continua hilar de anillos) | lappet.
planchuela | flatbar.
planchuela para tuercas | flat for nuts.
planeación (Méjico) | planning.
planeación del inventario | inventory planning.
planeación y administración del producto | product planning and product management.
planeadista | volplanist.
planeado con fresa | face-milled.
planeado con gran anticipación | preplanned.
planeado hace tiempo | long-planned.
planeador | soaring machine | soaring plane | aerodone | sailplane | gliding machine.
planeador (aparato) | glider.
planeador aeroespacial | aerospace plane.
planeador de carga | cargo glider.
planeador de enseñanza | training glider.
planeador de la producción (persona) | production planner.
planeador espacial | spaceglider.
planeador remolcado | towed glider.
planeamiento (hispanoamérica) | planning.
planeamiento cooperativo entre bibliotecas | library cooperative planning.
planeamiento de la educación | educational planning.
planeamiento del transporte regional | regional transportation planning.
planeamiento económico | economic planning.
planeamiento operativo | operational planning.
planeamiento organizacional | organizational setup.
planeamiento regional | regional planning.
planear | volplane (to) | soar (to) | design (to) | plan (to).
planear (aves) | coast (to).
planear (aviación) | sail (to) | glide (to).
planear (aviones) | plane (to).
planear momentos antes de aterrizar (aviones) | float (to).
planeidad | levelness | straightness | planeness | planeity | evenness.
planeidad (de superficies) | flatness.
planeidad con tolerancia de 0,1 milímetro | flatness to a tolerance of 0.1 mm.
planeidad de la placa para lapidar | lapping plate flatness.
planeidad de la superficie | surface flatness.
planeidad de la superficie de la pieza fundida | casting surface flatness.
planeidad de la trayectoria | trajectory flatness.
planeidad superficial reproducible | reproducible surface flatness.
planeo | glide.
planeo (aviación) | planing | gliding.
planeo en espiral | spiral glide.
planeo poco inclinado | flat glide.
planes anticipados de operaciones | advance operational planning.
planes de estudios de escuelas profesionales | professional curricula.
planeta | planet.
planeta ácuo | aqueous planet.
planeta aplastado en los polos | oblate planet.
planeta aplastado estratificado | layered oblate planet.
planeta habitable | habitable planet.
planeta pequeño | planetoid.
planeta primario | primary.
planetario | planetarium | differential side gear.
planetario (astronomía) | orrery.
planetas entre la Tierra y el Sol | inferior planets.
planetas extra-neptunianos | extra-Neptunian planets.
planetas más alejados del sol que la tierra | outer planets.
planetesimales | planetesimals.
planetocéntrico | planetocentric.
planetogenia | planetogeny.
planetografía | planetography.
planetoide | planetoid.
planetología | planetology.
planetólogo | planetologist.
planialtimetría | contour mapping.
planicidad | planeness | evenness.
planicidad de la superficie | planarity of the surface.
planicie | flatland | flat | plain.
planicie abisal con pendiente menor de 1 por mil | abyssal plain.
planicie alcalífera (oceanografía) | alkali-flat.
planicie aluvial | alluvial plain | flood plain.
planicie aluvial de tipo alasqueño | piedmont alluvial plain.
planicie aluvial formada por riachuelos glaciáricos | outwash plain.
planicie baja | low-lying plain | low plain.
planicie continental | continental platform.
planicie costera | coastal plain | coastal flat.
planicie cubierta de glaciares | glaciated plateau | glaciated plain.
planicie de abrasión (geología) | plain of abrasion.
planicie de acumulación | plain of accumulation.
planicie de denudación | denudation plain.
planicie de deposición | plain of deposition.
planicie de erosión uniforme | pediment.
planicie de inundación | flood plain.
planicie de lavado superficial | outwash plain.
planicie de lavado superficial (glaciología) | overwash plain.
planicie de relleno | plain of accumulation.
planicie disectada | dissected plain.
planicie formada por erosión (geología) | destructional plain.
planicie loéssica | loess plain.
planicie regularizada | graded plain.
planicie topográfica | topographic plain.
planicies andinas | andean plains.
planidad | planeness.
planidad de la superficie | surface flatness.
planidad longitudinal | longitudinal flatness.
planidad por el desgaste | wear-flat.
planidad superficial | surface flatness.
planidad transversal | transversal flatness.
planiespiral | planispiral.
planificación | scheduling | zoning | planning.
planificación a corto medio y largo plazo | short-term (and) medium-term and long-term planification.
planificación a largo plazo | long-range planning.
planificación ambiental | environmental planning.
planificación de la movilización industrial | industrial mobilization planning.
planificación de las ventas | sales planning.
planificación de los recursos humanos | manpower planning.
planificación de los transportes urbanos | urban transport planning.
planificación de producción y desarrollo del plan de fabricación | production planning and development of the manufacturing plan.
planificación de programas de producción | business engineering | industrial engineering.
planificación de una implantación abierta | open layout planning.
planificación del desarrollo regional | regional development planning.
planificación del proyecto | project scheduling.
planificación del proyecto por fases | phased project planning.
planificación del seguro de vida | life insurance planning.
planificación del transporte | transportation planning.
planificación del uso del terreno | land-use planning.
planificación desde arriba | planning from the top.
planificación económica | economic planning.
planificación estratégica multinacional | multinational strategic planning.
planificación familiar | family limitation.
planificación financiera a largo plazo | long-range financial planning.
planificación industrial | industrial planning | industrial planing.
planificación inventarial | inventory planning.
planificación orientada al consumidor | customer-oriented planning.
planificación por fases (proyectos de obras) | phased planning.
planificación regional | regional planning.
planificación urbana | city planning | urban planning | urban design.
planificación urbanística | town planning.
planificador | scheduler | planner.
planificador de adquisiciones | procurement planner.
planificador de canal | channel scheduler.
planificador de trabajos | job scheduler.
planificador del programa | program planner.
planificador maestro | master scheduler.
planificar | plan (to).
planiforme | planiform.
planigrafía | body-section radiography | planigraphy.
planígrafo | photoplanigraph | laminagraph | planigraph.
planilla del enclavamiento (ferrocarril) | locking sheet.
planimetrar | planimeter (to).
planimetría | survey | planimetry | plane surve-

ying | mapping.
planimetría del hospital | hospital planimetry.
planímetro | planimeter | surface integrator.
planímetro de disco | disk planimeter.
planímetro de disco polar | polar disc planimeter.
planímetro de persecución | pursuit planimeter.
planímetro de Prytz | pursuit planimeter.
planímetro de ruleta | rolling planimeter.
planímetro polar | polar planimeter.
planisferio | planisphere | projection.
planisferio para reconocimiento de estrellas | star identifier.
planisimetría | planisymmetry.
planitud | planeness | planeity.
plano | chart | plain | draught | draft | flat | two dimensional | plane | plane | plan | blueprint | drawing.
plano (cine) | shot.
plano (maderas) | out of wind.
plano a escala (terrenos, edificios) | plat.
plano a una banda de luz (de la luz empleada en el refractómetro) | flat to one light band.
plano acotado | dimensioned drawing | contour chart | contour map.
plano acotado de un terreno | plat.
plano aerodinámico | hydrovane | airfoil.
plano atómico (cristalografía) | atomic plane.
plano automotor (minas) | hatching.
plano auxiliar de representación | auxiliary reference plane.
plano axial | axis-plane.
plano axial óptico | optic axial plane.
plano basal | basal plane.
plano batimétrico | bathymetric chart.
plano catastral | land map.
plano compensador | control surface.
plano complejo | complex plane.
plano completo | full design.
plano con curvas de nivel | contour map | contour plan.
plano con indicación de emisoras de radio (aviones) | facility chart.
plano cretal (anticlinal) | crestal plane.
plano cúbico (cristal de diamante) | four-point plane | cube plane.
plano de absorción (antena) | capture area.
plano de alimentación | supply plane.
plano de alza (artillería) | plane of sight.
plano de apoyo (prensas, carretón de locomotora) | bolster.
plano de base | ground plane.
plano de cablería del coche | car-wiring plan.
plano de cimentaciones | foundation plan.
plano de cimientos (plano de cimentaciones) | ground-plan.
plano de circulación | traffic map.
plano de cola | tail plane.
plano de cola de incidencia regulable | variable-incidence tailplane.
plano de cola monobloque | all-flying tail.
plano de colocación de los vientos (chimeneas, etc.) | guying plan.
plano de comparación | datum plane | datum level | datum | height datum.
plano de composición (maclas) | composition plane.
plano de conexiones del cuadro de distribución | switchboard-wiring plan.
plano de conjunto | general plan.
plano de construcción | engineering drawing | working plan | working drawing.
plano de corrección | adjusting plane.
plano de crucero | bedding plane.
plano de crucero (minerales) | cleavage plane.
plano de crucero (mineralogía) | plane of cleavage.
plano de culata (cañones) | breech face.
plano de deriva (aviones) | vertical fin.
plano de deriva (aviones, aeróstatos) | vertical stabilizer.
plano de deriva (buques) | lateral plane.
plano de deriva (estabilizador vertical-aviones) | fin.
plano de deriva de cola (aviones) | tail fin.
plano de desarrollo del forro | shell expansion plan.
plano de desenfilado | plane of defilade.
plano de deslizamiento (cristalografía) | slip plane.
plano de deslizamiento (metalografía) | gliding plane.
plano de deslizamiento (plano de corrimiento - metalografía) | glide plane.
plano de despiece | detail drawing.
plano de detalle | key plan.
plano de detalles | detail drawing.
plano de diaclasa (geología) | joint-plane | jointing-plane.
plano de disposición general | general-arrangement plan.
plano de distribución y tipo de las cuadernas (plano del cuadernaje) | framing plan.
plano de ejecución | working drawing.
plano de escantillones (buques) | scantling plan.
plano de esquistosidad | foliation plane.
plano de estiba | tier.
plano de estiba (buques) | cargo plan.
plano de estratificación | bedding plane | sheeting plane | divisional plane | stratification plane.
plano de estratificación (geología) parting plane.
plano de estratificación (plano de crucero - mineralogía) | cleavage plane.
plano de estratificación (rocas) | natural bed.
plano de estratificación oscuro | blind joint.
plano de exfoliación | cleavage plane.
plano de exfoliación (metalurgia) | grain-boundary.
plano de falla | fault plane | slip plane.
plano de foliación | foliation plane.
plano de forma del flotador (hidroaviones) | float lines.
plano de formas (buques) | lines plan.
plano de formas (buques, hidroaviones) | shiplines.
plano de formas de pesqueros optimizado | optimized trawler form.
plano de fractura | plane of clearance | fracture plane | parting plane.
plano de fractura (canteras) | rift.
plano de fuegos (artillería) | plane of fire.
plano de fuegos de barrera | barrage chart.
plano de grietas macroscópicas orientadas en planos perpendiculares al plano de estratificación (carbones) | cleat plane.
plano de imagen | image plane.
plano de imagen vertical | vertical image plane.
plano de incidencia | incidence plane.
plano de incisión | blaze.
plano de instalaciones y servicios | facility chart.
plano de intersección (programación lineal) | cutting plane.
plano de junta (capa carbón) | break.
plano de junta (geología) | parting plane | joint-plane.
plano de junta (moldería) | parting.
plano de la circunferencia descrita por las puntas de las palas (rotor de helicópteros) | tip-path plane.
plano de la cuerda del ala | wing-chord plane.
plano de la imagen | picture plane.
plano de la instalación eléctrica (electricidad) | wiring diagram.
plano de la red | trunking scheme.
plano de la red (telecomunicaciones) | trunking diagram.
plano de la red (telefonía) | trunking diagram.
plano de la superficie de los trabajos subterráneos (minas) | plat.
plano de las válvulas de cubierta (petroleros) | manifold.
plano de liso | fault plane.
plano de macla (cristalografía) | composition plane.
plano de maclación | twining plane.
plano de maclación (cristalografía) | twinning plane.
plano de memoria | magnetic core matrix.
plano de menor resistencia | plane of weakness.
plano de mira (artillería) | plane of sight.
plano de montaje | erection plan | erection drawing.
plano de montaje general | general assembly.
plano de movimiento | motion plane.
plano de nivel | datum line.
plano de obstrucciones | obstruction plan.
plano de perfil | profile plane.
plano de perfiles de carreteras | contour map.
plano de planta | arrangement plan.
plano de proyección | projection plane.
plano de proyección (balística) | plane of departure.
plano de puntería (balística) | lining plane.
plano de referencia | index plane | datum | datum level.
plano de referencia (cartas marinas) | tidal datum | reference plane | datum plane.
plano de referencia (dirección de tiro de un buque) | deck plane.
plano de representación (descriptiva) | reference plane.
plano de representación de perfil (descriptiva) | profile reference plane.
plano de restricción de nuevas construcciones (aeródromos) | zoning plan.
plano de separación | plane of clearance | parting plane | division plane.
plano de separación (geología) | jointing-plane | joint-plane.
plano de separación (moldería) | parting.
plano de separación entre dos rocas diferentes | contact.
plano de simetría | plane of symetry | plane of symmetry.
plano de situación | location plan | plane of site | plan of site.
plano de situación (artillería) | plane of sight.
plano de situación (artillería antiaérea) | slant plane.
plano de situación (milicia) | intelligence map.
plano de situación logística | administrative map.
plano de solución (cristalografía) | solution-plane.
plano de taller | working drawing.
plano de terreno (instalación) | plot plan.
plano de tiro (balística) | lining plane.
plano de trazado (radar) | plotting plate | reflector tracker | position tracker.
plano de unión | junction plane.
plano de utilización especial | special-purpose map.
plano de utilización general | general-purpose map.
plano de varada (buques en dique seco) | docking plan.
plano de zonas visibles e invisibles del terreno (observatorio de artillería) | visibility chart.
plano del cuadro | picture plane.
plano del embalse | barrage chart.
plano del pilotaje | piling plan.
plano del repasado del peine (tejeduría) | reed draft.
plano del repasado del peine (telares) | reed plan.
plano del velamen (buque vela) | rigging plan.
plano del velamen (buques) | sail draught | sail plan.
plano delantero | foreplane.
plano desbordante (aviones) | overlapping plane.
plano diametral | diametral plane.
plano diametral (buques) | centreline (G.B.) | centerline.
plano diametral (plano formas de buques) | center line.

plano dibujado a escala de | plan drawn to the scale of.
plano dieléctrico | dielectric slab.
plano director | plane director.
plano director (superficies curvas) | director.
plano director de tiro | fire control map.
plano dodecaédrico (cristal de diamante) | two-point plane | dodecahedral plane.
plano en ángulo recto con la superficie del movimiento (petrología estructural) | Ac-plane.
plano en la periferia | peripherally flat.
plano en verdadera magnitud (geometría descriptiva) | true-size plane.
plano equilibrador (avión) | balancing plane.
plano estabilizador | stabilizing plane.
plano fijo de cola | fixed tailplane.
plano fijo horizontal | tail plane | horizontal fixed plane.
plano fijo horizontal (cola aviones) | stabilizer.
plano fijo horizontal de cola (avión) | tailplane.
plano focal primario | primary focal plane.
plano focal principal | principal focal plane.
plano fundamental | ground plane.
plano geometral | flat projection.
plano geométrico (plano horizontal de proyección - perspectiva) | ground plane.
plano hidrodinámico | hydrofoil.
plano horizontal | azimuth plane.
plano horizontal (plano de forma de buques) | floor plan.
plano horizontal (planta - plano edificios) | ground-plan.
plano horizontal de cola (aviones) | horizontal stabilizer.
plano horizontal en la atmósfera | atmospheric plane.
plano inclinado | inclined plane | incline | slide | slant | plan | gravity runway | haulage plane.
plano inclinado (automotor - minas) | brow.
plano inclinado (chimenea - minas) | butt entry.
plano inclinado (minas) | headway | slope | gradient | plane | run | jigger.
plano inclinado automotor | incline | gravity incline | braking incline | self-acting incline.
plano inclinado automotor (minas) | cousie level | gug.
plano inclinado automotor corto (minas) | ginney.
plano inclinado automotor de doble efecto con cable sin fin (minas) | endless-rope incline.
plano inclinado automotor de simple efecto | jinny-road.
plano inclinado automotor de simple efecto (minas) | jinny | balance-brae | balance incline | cuddie brae.
plano inclinado automotor de simple efecto de criba de minerales | jig brow.
plano inclinado automotor para cargas pequeñas | dilly.
plano inclinado automotor para criba de mineral | jig.
plano inclinado corto | dillies.
plano inclinado de gravedad | gravity plane.
plano inclinado de gravedad (minas) | go devil plane | go-devil plane.
plano inclinado de madera empleado para la concentración de fangos (minería) | rag frame.
plano inclinado de plataforma | balance brow.
plano inclinado de vía única y contrapeso | jig plane.
plano inclinado de vía única y contrapeso (minas) | back balance.
plano inclinado helicoidal | spiral chute.
plano inclinado oscilante | inclined oscillating chute.
plano inclinado para el cemento | cement chute.
plano inclinado subterráneo que funciona por cadena sinfín (minas) | chain brow way.
plano indicando los derechos de paso | right-of-way map.
plano inferior exterior | outer bottom plane.
plano isorradiométrico | isorad map.
plano lateral | lateral plane.
plano lejano (cine) | long shot.
plano lejano (cinematografía) | vista shot.
plano limitador | plane boundary.
plano local | sectional chart.
plano longitudinal (plano formas de buques) | sheer drawing | sheer plan | sheer draft.
plano más resistente a la abrasión (diamantes) | hard vector.
plano medial | medial plane.
plano medio (cine, televisión) | medium shot.
plano meridiano | meridian plane.
plano montado sobre tela con cortes según los pliegues | dissected map.
plano neutro de flexión (vigas) | neutral plane of bending.
plano nodal de emergencia | nodal plane of emergence.
plano o región central (anatomía) | meson.
plano octaédrico | octahedral plane.
plano octaédrico (cristal de diamante) | three-point plane.
plano óptico | optical flat.
plano original (cartografía) | original map.
plano para navegación observada | pilotage chart.
plano para taller | shop drawing.
plano paramétrico | parametral plane.
plano perpendicular a la corriente libre (aerodinámica) | crossflow plane.
plano perpendicular al plano del disco del rotor (helicópteros) | flapping plane.
plano pinacoidal | pinacoid plane.
plano primitivo | pitch plane.
plano principal | principal plane | main plane | mainplane.
plano principal de crucero (mineralogía) | face cleat.
plano proyectante | projecting plane.
plano proyectivo | projective plane.
plano que contiene la trayectoria de las puntas de las palas (hélices) | tip-path plane.
plano que divide una roca en dos masas separadas | divisional plane.
plano que pasa por el eje neutro | plane through the neutral axis.
plano secante (geometría) | cutting plane.
plano secante cualquiera | random cutting plane.
plano secundario de crucero (geología) | end cleat.
plano separador entre las caras de una pareja de semitroqueles (forjas) | parting line.
plano superior de un biplano | upper wing.
plano topográfico | topographical map | map | profile map.
plano transversal (buques) | body plan | athwart plane.
plano transversal (plano formas buques) | athwartship plane.
plano vertical de cola de bordes de ataque y salida inclinados | sweptback tailplane.
plano visual | plane of sight.
plano y liso | flat and smooth.
planocónico | planoconical.
plano-convexo | plano-convex | convexo-plane.
planoequipolente | plane-equipollent.
planofídico (geología) | planophyric.
planofrontal | planofrontal.
planogameta (biología) | planogamete.
planografía | planography | smooth-surface printing.
planógrafo | planograph.
planomanso (agua, etc.) | smooth.
planoparalelo | planoparallel.
planos anticlinales | anticlines.
planos cristalinos | crystal faces.
planos cristalográficamente significantes | crystallographically significant planes.
planos de cola (aviones) | empennage | tail surfaces.
planos de construcción | construction drawings.
planos de coordenadas | coordinate planes.
planos de crucero (minerales) | cleavage faces.
planos de crucero octaédricos (mineralogía) | octahedral cleavage faces.
planos de cruceros (canteras) | backs.
planos de detalles | detailed plans.
planos de disposición general | general arrangement drawings.
planos de ejecución | construction drawings.
planos de estratificación | formation lines.
planos de gran densidad de dislocación | planes of high dislocation density.
planos de resbalamiento (geología) | slickensides.
planos de separación (geología) | jointing.
planos de taller | working drawings.
planos horizontales equidistantes | equidistant horizontal planes.
planos intersectantes | intersecting planes.
planos nodales | nodal planes.
planos que se cortan | intersecting planes.
planos y dibujos que requiere la ley que se envíen al inspector de minas del distrito (cuando se abandona una concesión minera) | abandonment plans.
planos y presupuestos | drafts and estimates.
planta | plant.
planta (de árbol) | stand.
planta (del pie) | sole.
planta (dibujo) | plan view.
planta (edificios) | plan.
planta (planos edificios) | floor plan.
planta aerícola (botánica) | air plant.
planta anual | annual | hardy annual.
planta aplastada por la nieve | lodge plant | beaten down plant.
planta aromática | aromatic plant.
planta asilvestrada (botánica) | escape.
planta carnívora (botánica) | flesh-digesting plant.
planta clonal (botánica) | clonal plant.
planta clorótica (botánica) | chlorotic plant.
planta compuesta | composite.
planta cuya presencia indica la naturaleza general del habitat (botánica) | indicator.
planta de beneficio | preparation plant.
planta de ciénaga (ecología) | marsh plant.
planta de comunicaciones de larga distancia | toll plant.
planta de concreto (Venezuela) | concrete plant.
planta de depuración de aguas residuales | sewage works.
planta de deshidrogenación | dehydrogenation unit.
planta de duna | dune plant.
planta de envasado | canning plant.
planta de fantasía (botánica) | fancy plant.
planta de follaje ornamental | ornamental-foliage plant.
planta de hormigonado | concreting plant.
planta de inmersión | dipping plant.
planta de lavado (química) | washing plant.
planta de montaje | assembly plant.
planta de recuperación de ácidos | acid recovery plant.
planta de refrigeración (Venezuela) | refrigeration plant.
planta de semilla | seed-bearing plant.
planta de sinterización | sinter plant.
planta de tratamiento de aguas | water works.
planta de trituración (Venezuela) | trituration plant.
planta de un año | yearling.
planta de vivero | seedling.
planta desecada (botánica) | exsiccata.
planta discrepante (calcetines) | split foot.
planta eléctrica eólica | wind electric plant.
planta en flor | flower.
planta femenina del cáñamo | carl hemp.
planta fijadora (suelos) | holding plant.
planta fijadora del suelo | soil holding plant.
planta forestal | hylad.
planta forragera | crop plant | forage plant.
planta gomífera | rubber-yielding plant.

planta hidrófila | hydrophyte.
planta hierbacea acuática | aquatic grasslike plant.
planta hospedante (botánica) | feeder.
planta indicadora de selenio | astragalus.
planta indicadora que crece sólamente en suelos ricos en zinc | calamine violet.
planta indigógena | indigo-yielding plant.
planta lampiña (botánica) | glabrous plant.
planta laticífera | laticiferous plant.
planta macho | stag plant.
planta madre | stool.
planta masculina del cáñamo | fimble.
planta medicinal (botánica) | drug plant.
planta mejoradora del suelo | soiling plant.
planta melífera | honey plant.
planta mirmecófila (botánica) | myrmecophilous plant.
planta naturalizada (botánica) | alien.
planta naturalizada de habitat mal definido | denizen.
planta negra | earthy silver glance.
planta no trasplantada | wildling | not-lined-out plant.
planta oleaginosa | oil plant.
planta oleífera | oil plant.
planta prefabricada en taller | package treatment plant | packaged plant.
planta productora de fibra | fiber-yielding plant.
planta que florece en otoño | autumn-flowering plant.
planta que mata a los peces (ríos) | fish-killing plant.
planta reforzada (calcetería) | reinforced sole.
planta refrigeradora | water cooling plant.
planta resistente al ataque de insectos | resistant plant.
planta suministradora de miel | honey-supplying plant.
planta tejida con distinto material que el empeine (calcetines) | split foot.
planta tejida con distinto material que el empeine (medias) | split sole.
planta terrestre | land plant.
planta tintórea | dye-containing plant | dye plant.
planta trasplantada | pricked-out seedling | schooled plant.
planta trasplantada (botánica) | lined-out plant.
planta trepadora | creeper.
planta trepadora (botánica) | twiner.
planta vascular | vascular plant.
planta vegetal que indica la presencia de cobre en el suelo | copper flower.
planta venenosa (botánica) | poisonous plant.
plantación | plantation | plant bed.
plantación (de árboles) | stand.
plantación (de un árbol, etcétera) | planting.
plantación al tresbolillo | quincunx planting.
plantación arboricola | tree-breeding plantation.
plantación con riego de pie | stagnating stand.
plantación cortavientos | windbreak | shelterbelt.
plantación de árboles | stand | grove.
plantación de árboles para preservar de los vientos reinantes | landscape planting.
plantación de árboles y arbustos que sirve de barrera contra vientos fuertes y nevisca | windbreak | shelterbelt.
plantación de asiento (agricultura) | out-planting.
plantación de cáñamo | hemp plantation.
plantación de esquejes en hoyos | pit-layering.
plantación de hierba contra la erosión | sprigging.
plantación de hierba mate | yerbal.
plantación de patata | potato set.
plantación del campo de minas terrestres | minefield planting.
plantación en amelgas | drill-planting.
plantación en camellón por hoyos | pit-mound planting.
plantación en camellones | timping.
plantación en hoyos | pit planting.
plantación en surcos | drill-planting.
plantación en surcos espaciados (agricultura) | skip-row planting.
plantación fallida | failed plantation.
plantación forestal | forest stand.
plantación fuera del bosque | nonforest plantation.
plantación inmadura | inmature stand.
plantación mixta (bosques) | mixed-wood stand.
plantación otoñal | fall planting.
plantación sobre camellones | ridge planting.
plantación sobre tepes de césped volteados | turf planting.
plantado de olmos | elmy.
plantado en otoño | fall-sown.
plantado posteriormente | late-planted.
plantador | planter.
plantadora | planter.
plantadora de patatas | potato planter.
plantar | set (to) | get in (to) | plant (to).
plantar (jalones) | stick (to).
plantar (un árbol) | set out (to).
plantar en liños | plant in rows (to).
plantar en masa | clump (to).
plantar en surcos | plant in rows (to) | drill (to).
plantar en tallar | coppice (to) | copse (to).
plantar o fijar en tierra | pitch (to).
plantario | plantarium.
plantarios | plantaria.
plantas acuáticas con raíces | rooted aquatic plants.
plantas acuáticas emergentes | emergent aquatic plants.
plantas acuáticas perjudiciales | obnoxious aquatic plants.
plantas de crecimiento anual | annuals.
plantas de hoja perenne (botánica) | evergreen plants.
plantas de hojas flotantes | floating-leaved plants.
plantas forestales | timber species.
plantas forestales de importancia secundaria | minor forest plants.
plantas forrajeras | forage grasses.
plantas leguminosas | pulse.
plantas leñosas ornamentales | woody ornamentals.
plantas medicinales | botanicals | drug plants.
plantas nocivas | pest.
plantas nocivas acuáticas | aquatic pests.
plantas oleaginosas | oleaginous plant.
plantas para fijar dunas | sand-binding plants.
plantas que ocasionan vértigo al ganado que las come | loco.
plantas viarias (botánica) | viatical plants | road-side plants.
plantas virulíferas | viruliferous plants.
plante (proceso de datos) | hand-up.
plante de máquina | hang-up.
planteamiento (de un problema) | approach.
planteamiento analítico | analytical approach.
planteamiento mas tranquilizante | quieter approach.
plantear | lay down (to).
plantear un recurso | appeal (to).
plantear una cuestión | raise a question (to).
plantel | nursery | nursery-garden | hotbed.
plantigradia | plantigrady.
plantilla | shape | template | standard gage | gage (EE.UU.) | profile | pattern | mold (Estados Unidos) | permanent staff | gauge (G.B.).
plantilla (buques) | mold (Estados Unidos).
plantilla (de pilotaje) | grid.
plantilla (edificación) | reverse.
plantilla (funderías) | modeling board.
plantilla (hojalatería) | latterkin.
plantilla (maquinado) | template.
plantilla (para el zapato) | sole.
plantilla calibradora | gaging template.
plantilla completa | full force of men.
plantilla con abrazadera | clamp jig.
plantilla copiadora | copying template.
plantilla curva para dibujo | drawing curve.
plantilla de afilado | sharpening jig.
plantilla de cepilladora | planer gage.
plantilla de comprobación | check template.
plantilla de corcho (zapatos) | cork sole.
plantilla de cristal para recortar (fotografía) | plate glass cutting-shape.
plantilla de cuaderna | frame mold.
plantilla de curva de unión (cigüeñal, eje con distintos diámetros) | fillet gage.
plantilla de curvar | bending jig.
plantilla de curvas (dibujo) | irregular curve | drafting curve.
plantilla de curvas de unión | radius gage.
plantilla de chapa | plate template.
plantilla de datos | data pattern.
plantilla de devanado (horma - electricidad) | former.
plantilla de dibujo | templet.
plantilla de escoplear | gaining template.
plantilla de forma | shaped templet.
plantilla de fresado | milling jig.
plantilla de fundición | casting pattern.
plantilla de guía | former.
plantilla de imprenta | layout sheet.
plantilla de inclinación | batter gage.
plantilla de macho | core modelling.
plantilla de madera | wooden templet.
plantilla de médicos y cirujanos (hospitales) | house staff.
plantilla de montaje | assembly template | assembling template | assembly jig | assembly gauge.
plantilla de montaje para soldar coches de viajeros | passenger car welding jib.
plantilla de obreros | payroll.
plantilla de personal | staff establishment | staff | staffing | establishment.
plantilla de plegado | bending horse.
plantilla de precisión | accurate templet.
plantilla de rotular | lettering guide.
plantilla de taladrar | stud gage.
plantilla de taludes | batter gage.
plantilla de 500 obreros | employee strength of 500.
plantilla del contorno | contour template.
plantilla del personal | personnel allocation plan.
plantilla desarmable | spider template.
plantilla directriz | guide bar.
plantilla doble (calcetería) | double sole.
plantilla enfriadora | cooling fixture.
plantilla envolvente | envelope jigging.
plantilla giratoria | rotating template.
plantilla laboral | work force.
plantilla laboral de
plantilla maestra | master template.
plantilla magnética (máquinas copiadoras) | magnetic templet.
plantilla múltiple | combination jig.
plantilla para afilado de brocas | drill grinding gage.
plantilla para ajuste de máscaras | mask-alignment jig.
plantilla para apertura de pozo (minas) | barrel curd.
plantilla para cajear traviesas | adzing gage.
plantilla para curvar | bending template.
plantilla para curvar cuadernas (volteo de cuadernas) | set iron.
plantilla para curvar chapas (buques) | roll set | roll template.
plantilla para diagramas | flowcharting template.
plantilla para dibujar perfiles transversales (carreteras y ferrocarriles) | roadway template.
plantilla para dibujar tuercas exagonales | hexangle template.
plantilla para el devanado | winding former.

plantilla para formación de husadas de trama | shaper plate.
plantilla para fundición | foundry pattern.
plantilla para la mazarota | deadhead modelling.
plantilla para limar | filing jig.
plantilla para muescas | notched model.
plantilla para pasos de tornillos | screw pitch gage.
plantilla para pernos de anclaje | anchor bolt template.
plantilla para pie plano | instep-raiser.
plantilla para posicionar o alinear | jig.
plantilla para programar | program sheet.
plantilla para puntos (tornos) | center gage.
plantilla para rosca | thread gage.
plantilla para taladrar | jib | jig | drilling jig | drilling templet | drill-template | boring templet.
plantilla para taladros | drill gauge.
plantilla permanente | permanent establishment.
plantilla ranurada | slotted template.
plantilla rayadora | scratch template.
plantilla rectificada | true-to-form template.
plantilla recuadrada | graticule.
plantilla sacada en el buque | lifted template.
plantillaje | templating.
plantillas de uso general | general usage templates.
plantillas ranuradas | laydown.
plantilla-tamiz (estampación telas a mano) | screen.
plantillero | liner-off | patternmaker.
plantillero (obrero) | templater.
plantillero (obrero astillero) | marker-off.
plantillero (persona) | template maker.
plantillista (persona) | template maker.
plantío | nursery | patch | plantation.
plantio de lúpulo | hop ground | hop yard.
plantívoro | plantivorous.
plantón | tree seedling | quickset | seedling.
plántula | tree seedling | seedling.
plántula de maíz | seedling corn.
plántulas que se desarrollan en el bosque | forest-grown seedlings.
plaqué | plated metal.
plaqué (relojería) | cladding.
plaqué (relojes) | gold-filled.
plaqué de oro (relojería) | gold cladding.
plaqueado | cladding | plating.
plaqueado brillante (depósito brillante - electrodeposición) | bright plating.
plaqueado galvánico | electroplating.
plaqueado por termodescomposición de carbonilos metálicos u otros compuestos metálicos gaseosos | gas plating.
plaquear (chapar con otro material) | clad (to).
plaqueta | slice | platelet | platelet.
plaqueta (de la sangre) | plate | elementary body.
plaqueta (medicina) | platelet.
plaqueta cortante postiza (herramientas) | bit.
plaqueta de la fase sigma (metalurgia) | sigma platelet.
plaqueta trepada | postage-stamp board.
plaquetas de circuitos integrados | integrated circuit packages.
plaquetas de combustible | fuel wafers.
plaquetas reutilizables del aislamiento térmico (cosmonaves) | re-usable thermal insulation tiles.
plaquita maestra | master slice.
plaquitas de nitrógeno | nitrogen platelets.
plasma | ionized gas.
plasma (medicina, mineralogía, corona solar, nucleónica, electrosoldadura) | plasma.
plasma autoestrictivo | self-pinched plasma.
plasma comprimido magnéticamente | magnetically compressed plasma.
plasma con introducción de cuerpos extraños | seeded plasma.
plasma conductivo de la combustión del carbón | conductive coal combustion plasma.
plasma confinado débilmente inestable | weakly unstable confined plasma.
plasma confinado magnéticamente | magnetically confined plasma.
plasma confinado por campo magnético | plasma confined by magnetic field.
plasma confinado por vía radioeléctrica | r f confined plasma.
plasma de descarga gaseosa | gaseous discharge plasma.
plasma de descarga luminosa | gas discharge plasma.
plasma de deuterio | deuterium plasma.
plasma de la descarga luminosa | glow discharge plasma.
plasma de la erupción solar | solar flare plasma.
plasma de predominancia giromagnética | gyro dominated plasma.
plasma de sangre humana | human blood plasma.
plasma de vapor metálico | metallic vapor plasma.
plasma en autogravitación | self-gravitating plasma.
plasma en conserva (sangre) | preserved plasma.
plasma en estricción θ | θ-pinch-plasma.
plasma en que las colisiones son despreciables (astrofísica) | collision-free plasma.
plasma estable | quiescent plasma | stable plasma.
plasma físico | physical plasma.
plasma fuera del estado de equilibrio | nonequilibrium plasma.
plasma generado por detonación | detonation-generated plasma.
plasma germinal | germ plasm.
plasma giroeléctrico | gyroelectric plasma.
plasma imanado en movimiento | moving magnetized plasma.
plasma individual | collisional plasma.
plasma inducido por la reentrada en la atmósfera (antenas de satélites artificiales) | re-entry induced plasma.
plasma interplanetario | interplanetary plasma.
plasma liofilizado | lyophilized plasma.
plasma magnético | magnetoplasma | magneto plasma.
plasma magnetoactivo | magnetoactive plasma.
plasma magnetoiónico | magnet-ionic plasma.
plasma ópticamente espeso | optically thick plasma.
plasma producido hipersónicamente | hypersonically produced plasma.
plasma producido por ondas de choque | shock-produced plasma.
plasma rarificado | rarefied plasma.
plasma relativista | relativistic plasma.
plasma retraído (reactor de fusión) | pinched plasma.
plasma sanguíneo | blood-plasma | blood plasma.
plasma sembrado | seeded plasma.
plasma sinclinal | plasma trough.
plasma solar | solar plasm.
plasma térmico denso en régimen permanente | steady-state dense thermal plasma.
plasma unidimensional compuesto de una sola especie de partículas | one species one-dimensional plasma.
plasmagela | plasmagel.
plasmagén | plasmagene.
plasmas fríos | cold plasmas.
plasmasol | plasmasol.
plasmatrón (diodo de gas) | plasmatron.
plásmido | plasmid.
plasmodio (medicina) | plasmodium.
plasmogamia (biología) | plasmogamy.
plasmógrafo | plasmograph.
plasmógrafo autosincronizado | autosynchronized plasmograph.
plasmoide (porción de plasma) | plasmoid.
plasmoide esférico | ball-shaped plasmoid.
plasmoide magnético | magnetic plasmoid.
plasmoide toroidal | toroidal plasmoid.
plasmólisis (biología) | plasmolysis.
plasmología (física) | plasmology.
plasmómetro | plasmometer.
plasmón | plasmon.
plasmotrón (generador de plasma) | plasmotron.
plastacele | plastacele.
plaste (pintura de autos) | stopper.
plaste (pinturas) | putty | sizing.
plaste al aceite (pintura autos) | oil stopper.
plaste de madera | wood putty.
plaste para pintar | stopping.
plastecer (pintura) | size (to).
plastecer (pintura autos) | stopper (to).
plastia (de una bailarina, actor, etc) | physique.
plástica | plastics.
plástica (arcilla) | fatty | fat.
plásticamente anisótropo | plastically anisotropic.
plásticamente deformado | strained | plastically deformed.
plasticidad | mouldability | moldability.
plasticidad (arcilla) | ductility.
plasticidad (arcillas) | fictility.
plasticidad (arenas de moldeo) | strength.
plasticidad (caucho) | softness.
plasticidad (física) | plasticity.
plasticidad atérmica | athermic plasticity.
plasticidad de la arcilla | clay plasticity.
plasticidad isotrópica lineal | linear isotropic plasticity.
plasticidad sin agrietamiento | crackless plasticity.
plasticímetro | plasticimeter.
plasticina | plasticine.
plasticizador que no se oscurece | nonhazing plasticizer.
plástico | plastics | soft | mouldable | fictile | nonrecoverable | plastic.
plástico (adjetivo) | plastic.
plástico (arcilla) | ductile.
plástico a prueba de lumbre de cigarrillos (que no se mancha con el cigarrillo encendido) | cigarette-proof plastic.
plástico acetálico | acetal plastic.
plástico acrílico soldado con disolvente | solvent-welded acrylic plastic.
plástico alveolar | foam plastic.
plástico amínico | aminoplast.
plástico amorfo similar a la bakelita | catalin.
plástico apolar | nonpolar plastic.
plástico armado | reinforced plastic | laminated plastic.
plástico armado con amianto | asbestos reinforced plastics.
plástico atóxico | atoxic plastic.
plástico celular | foamed plastic.
plástico celular flexible | flexible cellular plastic.
plástico celular rígido | rigid foam | rigid cellular plastic | rigid plastics foam.
plástico celulósico | cellulosic plastic.
plástico cerámico | ceramoplastic.
plástico con base de fibra de vidrio | glass-based plastic.
plástico con formación de alveolos al colocarlo | foam-in-place plastic.
plástico con revestimiento electrolítico | electroplated plastic.
plástico de ablación térmica | thermally ablative plastic.
plástico de cloruro de vinilo | vinyl chloride plastics.
plástico de espuma | foam waveguide.
plástico de espuma (química) | foam plastic.
plástico de fibra de vidrio resistente a temperaturas elevadas | high-temperature-resistant glassfiber plastics.
plástico de melamina | melamine plastic.
plástico de proteína | protein plastics.

plástico de urea | urea plastic.
plástico espumado | foamed plastic | expanded plastic.
plástico estratificado rígido | rigid-laminated plastic.
plástico expansible | plastic foam.
plástico extruido | extruded plastics.
plástico fabricado en frío mezclando ciertos componentes | potted plastic.
plástico fenólico | phenolic plastic.
plástico fenólico impregnado de caucho | rubber-filled phenolic plastic.
plástico fenólico laminable | platable phenolic plastic.
plástico fenólico reforzado con fibra de vidrio | glass-fiber-filled phenolic plastic.
plástico formado por capas superpuestas de resinas sintéticas | laminate.
plástico formado por capas superpuestas de resinas sintéticas unidas entre sí | laminated plastic.
plástico fotodegradable | photodegradable plastic.
plástico imprimible | imprimible plastic.
plástico inastillable | splinterproof plastic.
plástico infrangible | unbreakable plastic.
plástico inodoro | odorless plastic.
plástico irradiado | irradiated plastic.
plástico irreversible | thermosetting plastic.
plástico lamelado | laminated plastic.
plástico laminable | plateable plastic.
plástico laminado | laminated plastic | plated plastics.
plástico laminado con siliconas | silicone laminated plastics.
plástico laminar | laminate plastic.
plástico laminar termoestable | thermostable laminate plastic.
plástico luminiscente | luminescent plastics.
plástico maquinizable | machinable plastic.
plástico metalizado | metalized plastics.
plástico moldeable | moldable plastic.
plástico moldeado en pasta | dough-moulded plastic.
plástico moldeado irrompible | nonbreakable molded plastic.
plástico molido | ground plastic.
plástico ópticamente transparente | optically transparent plastic.
plástico óptico | optical plastics.
plástico para imprenta | printery plastic.
plástico polar (química) | polar plastic.
plástico policarbonato | polycarbonate plastics.
plástico poliestérico | polyester plastic.
plástico posmoldeado | postformed plastic.
plástico reforzado | reinforced plastic.
plástico reforzado con fibra de grafito | graphite fiber reinforced plastic.
plástico reforzado con fibra de vidrio | fiberglass-reinforced plastic | glass-reinforced plastics | glass-plastic | glass fiber plastics.
plástico reforzado con fibras de carbono | carbon-fiber-reinforced plastic.
plástico reforzado con nilón | nylon plastic.
plástico reforzado con poliéster | polyester reinforced plastic.
plástico reforzado con tejidos | fabric-reinforced plastics.
plástico reforzado rociado con pistola | sprayed reinforced plastic.
plástico reversible | thermoplastic plastic.
plástico rígido de cloruro de polivinilo | rigid polyvinyl chloride plastic.
plástico soldable | weldable plastic.
plástico termoablandante | thermosoftening plastic.
plástico termoendurecible | thermosetting plastic.
plástico termoplástico | thermoplastic plastic.
plástico termosólido en estado líquido | treacle stage.
plástico transparente | crystal-clear plastic.
plástico troquelable | stampable plastic.
plástico vinílico | vinyl plastics.
plástico vinílico alveolar | foamed vinyl plastic.
plásticos acrílicos | acrylic plastics.
plásticos antiestáticos | static free plastics.
plásticos con gran contenido de resina sintética | high-resin-content plastics.
plásticos de caseína | casein plastics.
plásticos de estireno y caucho | styrene-rubber plastics.
plásticos de fenol-furfurol | phenol-furfural resins.
plásticos de fluorocarburo | fluorocarbon plastics.
plásticos de lignina | lignin plastics.
plásticos de polimerización | polymerization plastics.
plásticos derivados del petróleo | petroleum-based plastics.
plásticos elastoméricos | elastomeric plastics.
plásticos expansibles | expanded plastics.
plásticos fenólicos | phenolics | phenolic resins.
plásticos fenólicos amiantados | asbestos phenolic plastics.
plásticos halocarbúricos | halocarbon plastics.
plásticos laminados decorativos | decorative laminated plastics.
plásticos moldeados | molded plastics.
plásticos reforzados con filamentos metálicos paralelos | parallel filament reinforced plastics.
plásticos refractarios | refractory plastics.
plásticos rígidos | rigid plastics.
plásticos sintéticos | resinoid.
plásticos soldados diatérmicamente | diathermically welded plastics.
plásticos vinílicos rígidos | hard vinyl plastics.
plastidio | plastid.
plastificación | plasticization | plasticizing | plastification | plastifying.
plastificación de documentos | plastification of documents.
plastificado | plasticized.
plastificador (artes gráficas) | laminator.
plastificadora | laminating machine.
plastificadores | plasticizers.
plastificante | plasticizer | plasticiser | softening agent.
plastificante (lacas) | softener.
plastificante de cloruro de polivinilo | polyvinyl chloride plasticizer.
plastificante dilatador | extender.
plastificante nitrado | nitroplasticizer.
plastificar | plasticize (to) | plastify (to).
plastificar (caucho) | breakdown by milling (to) | masticate (to).
plastificar (EE.UU.) | plasticize (to).
plastificar (G.B.) | plasticise (to).
plastímetro | plastimeter.
plastipónica (variedad de hidropónica en el que el soporte de la solución nutriente es un plástico celular - agricultura) | plastiponics.
plastisol | plastisol.
plastisol de vinilo celular | foamed vinyl plastisol.
plastodeformación | plastic straining.
plastodeformación controlada por desplazamientos de las dislocaciones | dislocation-glide-controlled creep.
plastodeformación controlada por trepa de las dislocaciones | dislocation-climb-controlled creep.
plastodeformación progresiva bajo carga constante durante mucho tiempo (a la temperatura ambiente, como el plomo, o bien a altas temperaturas, como el acero y metales) | creep.
plastoelasticidad | plastoelasticity.
plastoescurrimiento | yielding.
plastógrafo | plastograph.
plastograma | plastogram.
plastomería | plastomery.
plastometría | plastometry.
plastómetro (reología) | plastometer.
plastómetro para controlar la viscosidad a una temperatura y presión dadas (fabricación politeno) | grader.
plastoquímica | plastochemistry.
plastorrecuperación | plastic recovery.
plastotecnia | plastotechnics.
plastotipo | plastotype.
plastotorsión | plastic twisting.
plastrón | pad.
plasturgia | plasturgy.
plata | silver | argentum.
plata agria | silver glance | stephanite.
plata alemana | Argentine plate.
plata alotrópica | allotropic silver.
plata antihalo | antihalo plate.
plata antimonial | antimonial silver.
plata arsenical | proustite | arsenical silver blende | arsenic silver.
plata aurífera | gold silver.
plata bruta con una pequeña proporción de oro (horno de copelar) | dore silver.
plata bruta con una proporción pequeña de oro (horno de copela) | dore metal.
plata cementatoria | cement silver.
plata córnea | kerargyrite | cerargyrite | horn silver | argyroceratite.
plata córnea amarilla | iodyrite.
plata de ley | fine silver | sterling silver.
plata de ley para monedas | coin silver.
plata de 9 | sterling silver.
plata del país recién extraída | newly mined domestic silver.
plata discrepante (medias) | split sole.
plata en barras | bar silver | silver bulion.
plata en lingotes | silver bulion.
plata en plumas | plumose silver.
plata fina | fine silver.
plata gris | horn silver.
plata ionizada | argention.
plata mercurial | native amalgam.
plata negra | argentite | miargyrite.
plata negra (estefanita) | black silver.
plata negra prismática | stephanite.
plata oxidada | oxidized silver.
plata parda | horn silver.
plata pella | silver amalgan.
plata precipitada de una solución (generalmente de cobre) | cement silver.
plata purísima | king's silver.
plata roja | ruby silver.
plata roja antimonial | pyrargyrite | argyrythrose.
plata roja arsenical | light-red silver ore | light ruby silver | proustite.
plata roja clara | light ruby silver | proustite.
plata roja oscura | silver ruby.
plata sobredorada | gilded silver.
plata virgen capilar | brush ore.
plata vítrea | argentite.
plata y cobre para alhajas falsas | caracoli.
plata yodurada | iodyrite.
platabanda (ala de vigas) | face plate.
platabanda (cordón de viga) | coverplate | cover strip.
platabanda (chapa soldada sobre el canto del alma - vigas) | face plate.
platabanda (de cordón de viga) | boom plate.
platabanda (tabla - vigas metálicas) | boom sheet.
platabanda (vigas) | flange plate | platband.
platabanda de los husos | spindle board.
platabanda de los husos (selfactina) | spindle plate.
platabanda del cordón | top flange plate.
platafoma satélite de prospección petrolera del suelo del mar | satellite platform.
plataforma | runway | flooring | roadbed | bed footplate | footboard | foot pace | stand | stage | deck | decking | gallows | platform | pallet.
plataforma (de transporte) | pallet.
plataforma (de un remolque, caminos, etc.) | bed.
plataforma (edificios) | footing block.
plataforma (esclusas) | apron.
plataforma (eslinga de plataforma) | salmon

board.
plataforma (geología) | shield.
plataforma (minas) | dilly | larry.
plataforma (torre de sondeos) | monkey board.
plataforma alrededor de la base de la chimenea (buques) | fidley deck.
plataforma autoelevadora | jack-up drilling unit | jack up platform.
plataforma cardaneada | gimballed platform.
plataforma central | middle platform.
plataforma colectora | withdrawal plate.
plataforma colgante | cradle.
plataforma continental | coastal plain | continental plateau.
plataforma continental (oceanografía) | continental shelf | shelf.
plataforma continua móvil | travolator.
plataforma cósmica no tripulada | unmanned space platform.
plataforma cósmica tripulada | manned space platform.
plataforma cratogénica | cratogenic shelf.
plataforma de abrasión | abrasion platform.
plataforma de abrasión (geología) | rock bench | rock train.
plataforma de apoyo | pad.
plataforma de balance | rolling platform.
plataforma de bascular | deadfall.
plataforma de botes (hilatura) | can table.
plataforma de carga | firing platform | loading ledge | loading platform | loading jack | landing | landing station.
plataforma de carga (minas) | landing stage.
plataforma de cinta | tape deck.
plataforma de cojinetes neumáticos | air bearing platform.
plataforma de compensación de brújulas | compass base.
plataforma de chapa perforada (buques) | perforated flat.
plataforma de descenso (minas) | ladder-sollar.
plataforma de ensacado | bagging platform.
plataforma de entretenimiento | service platform.
plataforma de erosión | abraded-platform.
plataforma de fundamentación | foundation platform.
plataforma de guía de dos giroscopios | two-gyro guidance platform.
plataforma de helipuerto | heliport deck | helipad.
plataforma de la cántara (dragas) | hopper platform.
plataforma de la palanca del cono de cierre (alto horno) | bell lever platform.
plataforma de la paleta | blade platform.
plataforma de la torreta (tornos) | turret saddle.
plataforma de lanzamiento | launching platform.
plataforma de lanzamiento (misiles) | firing platform.
plataforma de lanzamiento de cohetes (EE.UU.) | launching pad.
plataforma de lanzamiento de misiles teledirigidos (submarinos) | ramp.
plataforma de limpieza de las zarandas | screen cleaning platform.
plataforma de madera o chapa para transportar grandes piedras a corta distancia | stoneboat.
plataforma de maniobra | control platform.
plataforma de mezcla | mixing board.
plataforma de montaje | erecting stage.
plataforma de perforación de trípode (sondeos) | three-legged jack-up drill rig.
plataforma de perforación exenta de vibraciones | vibration-free drilling platform.
plataforma de perforación submarina del fondo del mar (petróleo) | chopper.
plataforma de pivote | pivot frame.
plataforma de protección (minas) | pentice | penthouse.
plataforma de pruebas | proving stand | test stand | testing floor.
plataforma de pruebas de locomotoras | locomotive testing bed.
plataforma de pruebas para medir el par motor | toque stand.
plataforma de reunión | ramming platform.
plataforma de rodaje (para motores) | running-in bed.
plataforma de seguridad (sondeos) | refuge.
plataforma de servicio | operating platform.
plataforma de siega | table.
plataforma de sondeo | rig.
plataforma de tablones | boarded platform.
plataforma de tiro | gun platform.
plataforma de tiro (cañones) | firing platform.
plataforma de trabajo | step plate | servicing platform.
plataforma de trabajo de extensión hidráulica | cherry picker.
plataforma de trabajo para los chigres (buques) | winch platform.
plataforma de transbordo de vagones (entre vías de ferrocarril) | transfer table.
plataforma del castillete de reparaciones | crow's nest.
plataforma del maquinista (locomotora de vapor) | driver's cab.
plataforma del montacargas | elevator cage.
plataforma del tragante | furnace top platform.
plataforma electoral | electoral platform.
plataforma elevada móvil de trabajo | rostrum.
plataforma elevadora | lift type working | platform lift.
plataforma elevadora de la cámara tomavistas | stacker.
plataforma en cuatro tornillos nivelantes (aparatos topográficos) | four-screw leveling head.
plataforma en la boca del pozo (minas) | bracket.
plataforma espacial | space platform.
plataforma estable | inertial platform.
plataforma flotante de perforación del fondo marítimo | offshore tower.
plataforma flotante de prospección submarina | four-legged platform.
plataforma flotante para prospección petrolífera en la mar | sea production platform.
plataforma flotante para prospecciones petroleras submarinas | oil drilling platform.
plataforma flotante petrolera | oil drilling platform.
plataforma giratoria | turnplate | racer | rolling platform | turntable.
plataforma horizontal | horizontal flat.
plataforma inclinada para cargar troncos | rollway.
plataforma industrial flotante | floating industrial platform.
plataforma inercial | inertial platform.
plataforma lanzacohetes | rocket launching platform.
plataforma marina de producción petrolífera | production platform.
plataforma marina de una sola columna (sondeos) | one-column marine platform.
plataforma marítima flotante | floating maritime platform.
plataforma móvil | moving platform | traveling platform.
plataforma móvil mecánica para cargar | power loader.
plataforma móvil para prospección petrolífera | mobile rig.
plataforma móvil para recorrida (aviones) | maintenance dock.
plataforma nivelante (aparatos topográficos) | leveling head.
plataforma no costera | offshore platform.
plataforma oscilante (marina) | oscillate platform.
plataforma para comprobar el ángulo estático de vuelco de vehículos | vehicle tilt platform.
plataforma para descargar cok | coking wharf.
plataforma para el arponero | pulpit.
plataforma para el obrero que engancha y desengancha los elevadores de la tubería (torre de sondeos) | fourble board.
plataforma para formación de itinerarios | routeing desk.
plataforma para la guiación inercial | inertial guidance platform.
plataforma para lanzamiento de misiles teleguiados | guided missile platform.
plataforma para manejo de mercancías (compuesta de un piso sobre el que reposa la carga y las aberturas necesarias para el paso de los brazos de la horquilla de la carretilla elevadora) | pallet.
plataforma para pasar revista | saluting platform.
plataforma para posarse helicópteros | helicopter platform.
plataforma para posarse helicópteros (torre de perforación submarina) | heliplatform.
plataforma para prospecciones submarinas | offshore drill rig.
plataforma para pruebas | testbed.
plataforma principal con dos plataformas satélites | main platform with two satellite platforms.
plataforma receptora | receiving platform.
plataforma replegable | jack-up rig.
plataforma rodante | dollie.
plataforma rodante de palanca | lever dolly.
plataforma rodante para hidroaviones | seaplane dolly.
plataforma semisumergible para perforación petrolera del suelo del mar | semisubmergible oil drilling rig.
plataforma semisumergible para prospecciones petroleras submarinas | semisubmersible drilling platform.
plataforma sobre gatos | jack up platform.
plataforma sobre patín halada por tractor | cat-pulled skid platform.
plataforma sobre pilotaje de hormigón | concrete piled platform.
plataforma superior de la torre (sondeos) | crow's nest.
plataforma transversal | athwartship platform.
plataforma voladora | flying platform.
plataforma-remolque | platform trailer.
plataformas rodantes | dollies.
plátano | banana.
plátano (Acer pseudoplatanus) | plane.
plátano común (Platanus acerifolia) | London plane.
plátano occidental (Platanus occidentalis) | American sycamore.
platasoldar | silver-braze (to) | silver solder (to).
platasoldeo | silver brazing.
platea (teatro) | parquet.
plateado | silver plating | silvery.
plateado (botánica) | argentate.
plateado (del vidrio) | silvering.
plateado galvanoplástico | electrosilvering.
plateado químicamente | chemically-silvered.
plateado sobre cobre | copper silvering.
plateador | silverer.
plateador (obrero) | plater.
plateador (persona) | silver plater.
plateadura | silvering | silver-platting.
plateadura (espejos) | silvering.
platear | silver-line (to) | silver-plate (to) | silver (to).
platear por electrólisis | electrosilver (to).
platear sobre sitios donde se ha caído el plateado | doctor silver (to).
plateas (teatros) | ground-tier.
platelminto (zoología) | platyhelminth.
plateresco | plateresque.
platero | silversmith.
platero (de joyería) | plater.
platformación (refinería de petróleos) | platforming.

platicúrtico | platykurtic.
platicurtosis | platykurtosis.
platifilo (botánica) | broad-leaved.
platifónico (audición normal) | platyphonic.
platillo | disc | tray | disk | pipe flange.
platillo (balanza) | bowl | basin | platter | plate.
platillo (de taza) | saucer.
platillo con mango (química) | casserole.
platillo de alcances (artillería) | range-dial.
platillo de alcances (cañones) | range disc.
platillo de balanza | scale | scalepan | scale platter | pan | balance pan.
platillo de tope (vagones) | buffer head.
platillo de válvula | valve plate.
platillo del tope (vagones) | buffer disk.
platillo director (turbinas) | guide blade disc.
platillo fijador | locking plate.
platillo graduado de derivas (alza cañones) | plateau.
platillo indicador de avances (máquinas herramientas) | feed index plate.
platillo para colocar botellas | coaster.
platillo volante | flying saucer.
platillos | cymbal.
platín de la cruceta (máquina alternativa) | guide block.
platina | platen | deck | mounting plate.
platina (armas de fuego) | lock plate.
platina (cerraduras) | plate.
platina (de reloj) | plate.
platina (máquina de imprimir) | platen.
platina (microscopio) | rotary stage | stage | slide | slip.
platina (tejido de punto) | sinker.
platina (tipografía) | bed.
platina caliente | hot-stage.
platina contable (máquina de contabilidad) | accounting platen.
platina de avance (tejido de punto) | jack sinker.
platina de caldeo | heating stage.
platina de carro (microscopio) | mechanical stage.
platina de descenso (tejido de punto) | jack sinker.
platina de inclinación | tilting stage.
platina de la fundidora | bed plate.
platina de rotación | rotating stage.
platina del endoscopio | endoscope stage.
platina descargamallas (máquina tejido de punto) | knockover bit.
platina desprendemallas (máquina tejido de punto) | knockover bit.
platina desprendemallas de gancho | hooked knockover bit.
platina Fedorov (microscopio) | Fedorov stage.
platina fija (tejido punto) | dividing sinker.
platina fija corriente (máquina tejido punto) | plain divider.
platina giratoria | revolving object stage.
platina giratoria (microscopio) | rotating stage | revolving stage.
platina inferior de la caja molde (estereotipia) | cradle.
platina magnetofónica | tape deck.
platina móvil (microscopio) | movable stage.
platina para montaje | adaptor plate.
platina para montaje de clisés | blocking slab.
platina para relleno de galvanos (electrotipia) | backing pan.
platinado | platinum-tipped | platinization | platinum-clad | platinum-plated | platinizing. | platinum-plating.
platinado (contactos) | platinum-tipped.
platinar | platinize (to) | platinum-plate (to).
platinar (EE.UU.) | platinize (to).
platinar (G.B.) | platinise (to).
platinita | platinite.
platinito (química) | platinite.
platinización | platinization.
platino endurecido con iridio | iridium hardened platinum.
platino físicamente puro | physically pure platinum.
platino iridiado | iridioplatinum.
platinodo | platinode.
platinoide (aleación) | platinoid.
platinos (contactos - ruptor de autos) | contact points.
platinos (del ruptor) | beaker points.
platinos del distribuidor (autos) | distributor points.
platinotipia | platinotype.
platinotrón | platinotron.
platipétalo (botánica) | platypetalous.
plato | dish.
plato (de prensa) | platen.
plato (de rueda) | web.
plató (estudios de cine) | lot. | set.
plató (estudios de cine y TV) | plateau.
plato (para colocar piezas) | pan.
plató (parte horizontal de un diagrama) | plateau.
plato (pieza redonda plana) | plate.
plato (prensa) | plate.
plato (prensa hidráulica) | toolholder.
plato (tiro de pichón) | clay-pigeon.
plato (torno de plato) | chuck.
plato (tornos) | carrier.
plato (unión ejes) | flange.
plato accionado mecánicamente | power chuck.
plato adaptador | adaptor plate.
plato adaptador (tornos) | spindle nose.
plato al aire (torno) | face chuck | face.
plato alimentador | feeding plate.
plato articulado (máquina-herramienta) | swiveling base.
plato autocentrador (tornos) | self-centering chuck.
plato autosujetador de cambio rápido (tornos) | quick-change self-gripping chuck.
plato circular (prensas) | circular platen.
plato combinado de garras independientes y universal (torno) | combination chuck.
plato con agujeros cónicos (torno) | cone chuck.
plato con ajuste espiral (tornos) | scroll-chuck.
plató con pendiente de 3,75% por 100 voltios | plateau of 3.75%/100 V slope.
plato con pinza de autocentrado | draw-in-collet chuck.
plato con pinza de autocentrado (torno) | spring collet chuck.
plato conductor (distribución Corliss) | wrist plate.
plato de accionamiento eléctrico (tornos) | electric chuck.
plato de acoplamiento (línea de ejes buques) | coupling flange.
plato de acoplamiento del eje de cola (línea de ejes) | screwshaft coupling flange.
plato de agujeros (torno) | chuck face-plate.
plato de apriete | clamping chuck.
plato de apriete concéntrico | concentric chuck.
plato de apriete concéntrico (tornos) | self-centering chuck.
plato de apriete de centrado automático (tornos) | scroll-chuck.
plato de apriete instantáneo por palanca | lever chuck.
plato de apriete por palanca (tornos) | wrenchless chuck.
plato de apriete por tornillo | screw chuck.
plato de arrastre (tornos) | driver chuck | faceplate.
plato de bobina | bobbin flange | bobbin rim.
plato de borboteo | bubble tray.
plato de cambio rápido (tornos) | wrenchless chuck.
plato de campaña | mess tin.
plato de cazuela | pot-type chuck.
plato de centrar (tornos) | centering chuck.
plato de collar hendido | split collar chuck.
plato de copa (torno) | cup chuck.
plato de copa (tornos) | pot chuck.
plato de criba | sieve plate.
plato de cuatro garras independientes | four-jaw independent chuck.
plato de cuatro mordazas independientes (torno) | independent four jaw chuck.
plato de doble palanca acodada | double-toggle chuck.
plato de engrane | geared chuck.
plato de fijación | clamping chuck.
plato de fijación orientable (tornos) | monitor chuck.
plato de garras | jaw chuck.
plato de garras (tornos) | claw chuck | dog chuck | prong chuck.
plato de garras independientes (tornos) | independent chuck.
plato de garras independientes o solidarias (torno) | combination chuck.
plato de hierro nervado (ruedas) | ribbed-iron center.
plató de la curva de dosaje | dosage curve plateau.
plato de llamada (torno) | drawback chuck.
plato de llave (tornos) | key-operated chuck.
plato de llaves (torno) | key chuck.
plato de manivela | crank disc.
plato de moldear (prensas) | molding disc.
plato de mordazas convergente | draw chuck.
plato de mordazas convergentes (tornos) | draw-in chuck.
plato de pinza (tornos) | collet chuck.
plato de pinzas con retroceso | draw-in type bar chuck.
plato de prensa | platen | press plate.
plato de púas (tornos) | prong chuck.
plato de puntas (tornos) | pronged chuck | prong chuck.
plato de quijadas concéntricas | concentric jaw chuck.
plato de quijadas convergentes | push-out chuck.
plato de quijadas convergentes (tornos) | draw-in chuck.
plato de quijadas independientes | independent jaw chuck.
plato de ranuras helicoidales (tornos) | scroll-chuck.
plato de refrentar | facing chuck.
plato de resorte | spring chuck.
plato de roscar (en el torno) | die chuck.
plato de rueda | wheel web.
plato de rueda de aleación de aluminio termotratada | heat-treated aluminium alloy wheel center.
plato de rueda enteriza | solid wheel center.
plato de sujeción | cramping chuck.
plato de tornillos (tornos) | cathead chuck | bell chuck.
plato de torno | lathe face plate.
plato de transmisión | driving-flange.
plato de tres puntas (plato ahorquillado - tornos) | fork chuck.
plato de tres puntas (tornos) | spur chuck.
plato de tulipa (plato ahorquillado - tornos) | fork chuck.
plato de tulipa (torno) | three-pronged chuck.
plato de tulipa (tornos) | spur chuck.
plato de unión (línea de ejes buques) | coupling flange.
plato de vacuosujeción (tornos) | vacuum chuck.
plato de válvulas | valve plate.
plato del eje | shaft disc.
plato del eje portahélice | propeller-shaft flange.
plato del huso | spindle plate.
plato del plegador | beam flange.
plato del plegador (telar) | beam head.
plato distribuidor | disc feeder.
plato divisor | index chart | dividing plate | division plate.
plato divisor (máquina herramienta) | index dial.
plato eléctrico de doble palanca acodada (tornos) | electrically-operated double-toggle chuck.

plato eléctrico de garras | electrically-operated jaw chuck.
plato electromagnético (tornos) | magnetic chuck.
plato escalonado (tornos) | step chuck.
plato espiraloide (tornos) | scroll-chuck.
plato excéntrico | cam plate.
plato extensible | expanding chuck.
plato formado parte del eje | solid flange.
plato giradiscos (gramófono) | turntable.
plato giratorio | turn-table.
plato graduado para roscar (tornos) | chasing dial.
plato helicoidal | spiral chuck.
plato horizontal (tornos) | horizontal face plate.
plato hueco | pot-type chuck.
plato hueco (tornos) | socket chuck | pot chuck.
plato hueco para tornear bolas | ball turning chuck.
plato liso (tornos) | faceplate.
plato magnético de imán permanente | permanent-magnet chuck.
plato magnético de sujeción | magnetic chuck.
plato metálico para comer | mess-kettle.
plato neumático (tornos) | pneumatic chuck | air chuck.
plato neumático de pedal (tornos) | pedal-operated pneumatic chuck.
plato neumático de peso liviano para trabajos fuertes (tornos) | lightweight heavy-duty air-operated chuck.
plato neumático de 3 garras | three-jaw air chuck.
plato orientable (cepilladora) | harp.
plato oscilante | cyclic swashplate.
plato oscilante (máquinas) | swashplate.
plato oscilante para controlar el paso de las palas del rotor (helicóptero) | swashplate.
plato para división directa (fresadora) | direct-indexing plate.
plato para entallar (tornos) | spinning chuck.
plato para macho de roscar | tap chuck.
plato para óvalos (tornos) | oval chuck | elliptic chuck.
plato para rancho (marina) | mess-kid.
plato para roscar con terraja de cojinetes (en el torno) | die chuck.
plato portacojinete (en el torno) | die chuck.
plato portamachos (tornos) | tapping chuck.
plato portamandrín (tornos) | catch plate.
plato portaperros (torno) | dog plate.
plato portapieza | worktable.
plato pulidor de los lapidarios | scaife.
plato resultante de recalcar un tocho en la prensa (fabricación ruedas de ferrocarril) | cake.
plato revólver de garras (tornos) | revolving jaw chuck.
plato sin garras (tornos) | faceplate.
plato sobre el cual se sujeta con resina la pieza a trabajar (tornos) | cement chuck.
plato tetragarra (tornos) | four-jaw chuck.
plato universal (tornos) | faceplate.
plato universal tetragarra | four-jaw combination chuck.
platós de dureza | hardness plateaus.
platos del cigüeñal | crankshaft flanges.
platuro | platurous.
playa | strand | shore | beach.
playa (buques de guerra) | freeboard deck.
playa (ferrocarriles) | yard.
playa (geología) | playa.
playa barrera | barrier beach.
playa de carena | graving beach.
playa de carga (ferrocarriles) | loading yard.
playa de clasificación | marshalling yard.
playa de descarga (ferrocarril) | delivery yard.
playa de desembarco | landing beach.
playa de enfriamiento del laminador | rolling mill cooling bank.
playa de guijarros | shingle beach.
playa de maniobras | switching yard.
playa de maniobras (ferrocarril) | drill yard.
playa de sotavento | lee shore.
playa emergida | emerged beach.
playas (cromosferas) | plages.
playas solares | solar plages.
plaza | place | rotary intersection | market | square | forum.
plaza (aeroplanos) | place.
plaza (comercio) | spot.
plaza (horno Martin-Siemens) | open hearth.
plaza (horno vidrio) | siege.
plaza (hornos) | sole | hearth.
plaza (tren de laminar) | standing.
plaza de circulación (carreteras) | rotary.
plaza de circulación (tráfico viario) | roundabout.
plaza de construcción de encofrados | form yard.
plaza de tostación de menas | ore roasting spot.
plaza del crisol (alto horno) | hearth level.
plaza del hogar (chimeneas) | back hearth.
plaza fortificada | fort.
plaza fuerte | fortified place | strength.
plaza pensionada | fellowship.
plazo | forward | instalment | installment | period | tenor | term | part payment | partial payment | time limit | time | target date | due date.
plazo (comercio) | duration.
plazo breve | short-term.
plazo cumplido | expired time.
plazo de amortización | sinking instalment.
plazo de carencia (seguros) | waiting period.
plazo de construcción | construction time.
plazo de crédito | period of credit.
plazo de descarga | unloading time.
plazo de descuento | term of discount.
plazo de ejecución | schedule | time of completion.
plazo de embarque | loading period.
plazo de entrega | time of delivery | term of delivery | down time.
plazo de entrega corto | quick delivery date.
plazo de garantía | time rating.
plazo de gracia | days of grace.
plazo de inscripción | time-limit for registration.
plazo de pago | period of credit.
plazo de pago de una letra de cambio | usance.
plazo de preaviso | prior notice time.
plazo de presentación (comercio) | filing season.
plazo de protesto | time for protesting.
plazo de reembolso | period of repayment.
plazo de registro | time of application.
plazo de reposición (avión) | time lag.
plazo de rescisión | period of cancellation.
plazo de sesiones de un tribunal | term of court.
plazo de un préstamo | loan instalment.
plazo de validez de una licencia | licence period.
plazo de vencimiento | maturity period.
plazo del contrato | contract time.
plazo del crédito | credit period.
plazo determinado | fixed term.
plazo final | deadline.
plazo improrrogable | deadline.
plazo judicial | imparlance.
plazo legal | legal time-limit | imparlance.
plazo legislado para que patronos y obreros negocien (EE.UU.) | cooling-off period.
plazo límite | deadline.
plazo máximo | deadline.
plazo medio | medium term.
plazo mensual | monthly installment | monthly instalment.
plazo no cumplido | unexpired term.
plazo no pagado | unpaid installment.
plazo para el pago del flete | respite for payment of freight.
plazo para pago al contado | discount period.
plazo prescrito | deadline.
plazo previsto | prescribed period.
plazo vencido | overdue investment | due instalment.
plazolita | plazolite.
plazos | installments.
plazos (economía) | tenor.
plazos anuales iguales | equal annual instalments.
plazos de entrega increíblemente cortos | incredibly short delivery times.
plazos iguales | equal instalments.
plazos pendientes | outstanding instalments.
plazuela (carreteras) | draw-in.
plazuela para dar la vuelta (carreteras) | turnout.
pleamar | high tide | high water | flood-tide | full tide.
pleamar con dos máximos separados por una pequeña depresión | agger | double tide.
pleamar con dos máximos separados por una pequeña depresión (mareas) | double high water.
pleamar de zizigias | high water full & change.
pleamar máxima | extreme high water | maximum high water.
pleamar media | mean high tide.
pleamar media (durante 18,6 años) | mean high water.
pleamar media más alta | mean higher high tide.
pleamar o bajamar con dos máximos separados por una pequeña depresión | agger.
plebeyo | commoner.
plebiscitar | plebiscite (to).
plebiscitario | plebiscitary.
plebiscito | plebiscite.
pleca (tipografía) | rule.
pleca cortante | cutting rule.
pleca sacalíneas (imprenta) | composing rule.
pleca separadora | cut-off rule.
plectridial | plectridial.
plectro (música) | plectrum.
plegabilidad | pliability | deflectability | foldability.
plegable | pliable | retractable | deflectable | collapsable | collapsible | foldable.
plegable (papel) | mellow.
plegadera | paper folder.
plegadizo | collapsible | collapsable.
plegado | plaiting | collapsed | plicate | fluting.
plegado (Bolivia, Uruguay) | pleat.
plegado (costura) | pleating | plait.
plegado (de telas) | winding.
plegado (geología) | crumpled.
plegado (lino) | lapping.
plegado a lo largo | long fold.
plegado abierto (bobina tejeduría) | open winding.
plegado ahusado parcial (bobina de dobladora) | partial taper top.
plegado alternativo | reverse bending | reversed bending.
plegado apaisado | broad | oblong fold | broad fold.
plegado arquimédico (bobinas) | Archimedian winding.
plegado cimbreante (de telas) | dribbling folder.
plegado con punzón | die-bending.
plegado de acordeón | concertina fold | accordion fold | over and back fold.
plegado de paracaídas | parachute packing.
plegado de trama | filling wind.
plegado de urdimbre | beaming.
plegado en acordeón | over-and-over fold | fan fold | fanfold | fanfolded.
plegado en caliente | hot bent.
plegado en cañones | goffered.
plegado en continuo | fanfolded.
plegado en el offset a bobina | web offset folding.
plegado en ovillos | ball winding.
plegado en tres (resmas de gran tamaño) | lapping.
plegado en U a un radio igual al doble de su diámetro (tubos) | U-bent over a radius equal to twice their diameter.
plegado en zig-zag | fanfolded | fan fold | accordion fold | interlapping | concertina fold.

plegado en zigzag (encuadernación) | over and back fold.
plegado hacia el exterior | set-out.
plegado transversalmente | crossplied.
plegado triple | Dutch bend.
plegador | beamroll | coiler | lap roller | lap rod | folder.
plegador (de telas) | plaiter.
plegador (de urdidor) | back beam.
plegador (manuar) | coiler.
plegador (selfactina) | winding faller.
plegador (tejeduría) | faller.
plegador (tipografía) | book-folder.
plegador con extremos acopados (tejeduría) | cup-end beam.
plegador de cápsulas (para tapar botellas) | crimper.
plegador de la husada | copping faller.
plegador de la tela | cloth plaiter.
plegador de la urdimbre de pelo | pile-warp beam.
plegador de tubos | pipe crimper.
plegador de urdidor | warping beam | warp roller.
plegador de urdimbre | yarn beam | warp beam.
plegador de urdimbre (telares) | loom beam.
plegador de urdimbre hueco | hollow warp beam.
plegador del tejido | piece beam.
plegador del tejido (rodillo de la tela - telar) | cloth beam.
plegador del telar | loom beam.
plegador lleno (tejeduría) | full beam.
plegador móvil (telares) | rocking beam.
plegador oscilante (telares) | rocking beam.
plegador principal (plegador de fondo - telar) | ground beam.
plegador principal (telares) | main beam.
plegadora | cramp folding machine | bending brake | folder | press brake.
plegadora (de telas) | winder.
plegadora (para chapa delgada) | bending press.
plegadora (telas) | plaiting machine.
plegadora alimentada de urdimbre en ovillos | ball warp beaming machine.
plegadora automática | automatic folding-machine.
plegadora de chapas | brake | cornice brake | sheetmetal brake | plate-folding machine.
plegadora de chapas finas | sheet-iron folder.
plegadora de extremos libres (chapistería) | open-end folding machine.
plegadora de hojalata | tin-folding machine.
plegadora de hueso (encuadernación) | bone folder.
plegadora de telas | cloth winder.
plegadora de urdimbre | beaming machine.
plegadora de urdimbre (máquina) | beamer.
plegadora de varillas | bar-folding machine.
plegadora hidráulica | hydraulic press brake.
plegadora mecánica | folding machine.
plegadora para chapa | folding brake.
plegadora para chapas | folding machine.
plegadura | making-up | plaiting | plication.
plegamiento | bending of strata.
plegamiento (de las alas) | furling.
plegamiento (geología) | folding | fold | crumpling | plication | flexuring.
plegamiento del remolque sobre el tractor (durante la marcha) | jackknifing.
plegamiento disarmónico | disharmonic folding.
plegamiento imbricado | imbricated folding.
plegamientos caledónicos | Caledonian folds.
plegamientos lunares | lunar winkle ridges | lunar wrinkle ridges.
plegándose hacia adelante | forward-folding.
plegar | turn in (to) | turn down (to) | corrugate (to) | deflect (to) | bend (to) | double (to) | pleat (to) | bend down (to) | crimp (to) | crimple (to) | crimp (to) | crinkle (to) | fold (to).
plegar (abanico, paraguas, etc.) | shut (to).
plegar (correas) | snub (to).
plegar (el papel) | crease (to).
plegar (geología) | overthrust (to).
plegar (telas) | wind (to) 00.
plegar (visillos) | quill (to).
plegar a 180 grados | bend through (to).
plegar dos veces a lo largo | fold twice lengthwise (to).
plegar en dos | double up (to).
plegar en dos (velas buques) | middle (to).
plegar en madejas | reel (to).
plegar la urdimbre en el enjullo | beam (to).
plegar para transportar | collapse (to).
plegarse | bend down (to).
plegómetro | plegometer.
pleiotropía | pleiotropy.
Pleistoceno | post-Pliocene | Pleistocene.
Pleistoceno Inferior | Calabrian.
pleita (de esparto, etc.) | plait.
pleiteador | litigator.
pleiteante | litigant | litigator.
pleitear | litigate (to) | plead (to) | sue (to).
pleito | litigation | action at law | suit | lawsuit | controversy | legal action | judicial action | trial.
pleito (jurisprudencia) | case.
pleito civil | civil suit.
pleito civil ex-delito | ex-delicto civil suit.
pleito de interdicto | injunction suit.
pleito de los accionistas minoritarios a la empresa para que ésta compre sus acciones | strike suit.
pleito por difamación | libel suit.
pleito por nulidad | nullity suit.
pleito sobre asuntos de propiedad | suit to quiet title.
plena abertura | full aperture.
plena admisión | full admission.
plena carga | full load.
plena carga (electricidad) | full rating.
plena competencia | full jurisdiction.
plena libertad de acción | full liberty of action.
plena madurez | full maturity.
plena potencia (motores) | full throttle.
plenamente | fully.
plenamente agolletado (escopetas) | full-choke.
plenamente garantizado por 12 meses | fully guaranteed for 12 months.
plenario | full.
plenilunio | full | full moon.
plenitud | fullness.
pleno | full | plenum.
pleno de una asamblea | committee of the whole.
pleno del tribunal | banc | bank.
pleno dominio | fee simple.
pleno dominio (jurídico) | simple fee.
pleno rendimiento | full output.
plenos | plena.
plenos gases | full throttle.
pleocroismo | pleochroism | polychroism.
pleocroismo de reflexión | reflex pleochroism.
pleocromatismo | pleochromatism.
pleonasta | pleonaste.
pleonasto | iron spinel.
pleonexia | pleonexia.
plesiotipo | plesiotype.
pletina | billet | flat | flatbar | flat stock | flatiron.
pletina (producto de laminación de aproximadamente 1,20 metros largo, 1 metro ancho y 2 mm de grueso) | pair.
pletina cerrada a tope | close-jointed skelp.
pletina con cantos redondos | round-edge flat.
pletina de apoyo | bearing strip.
pletina espaldar (soldadura) | backing strip.
pletina espaldera | backing strip.
pletina o banda para fabricar tubos soldados | skelper.
pletina o banda para fabricar tubos soldados de acero | skelp.
pletina para tubos soldados | skelping.
pletina para tuercas | nut flat.
pletina que arriostra longitudinalmente los gigantones | poppet-stringer.
pletinas que arriostran longitudinalmente los gigantones en ambas bandas (lanzamiento buques) | poppet ribbands.
pletismógrafo | plethysmograph.
plétora | inflation.
plétora de tonelaje | glut of tonnage.
pleustón (oceanografía) | pleuston.
pleustrón | pleustron.
plexiglás | plexiglas.
plexo | rete.
plexo de inyección (geología) | injection plexus.
plexo solar | solar plexus.
plexor | plexor.
plica | stem.
plica (economía) | escrow.
plicación | plication.
plicado | plaited.
pliege cutáneo | skin fold.
pliego | fold.
pliego (de papel) | folded sheet.
pliego (libros) | signature.
pliego de aduana | bill of entry.
pliego de condiciones | set of specifications | specifications | specification | bidding form | bid | bidding conditions | conditions of contract | articles and conditions.
pliego de condiciones (contratos) | conditions for supply.
pliego de condiciones del contrato | conditions of the contract.
pliego de condiciones facultativas | instructions to bidders.
pliego de costas (abogacía) | bill of costs.
pliego de cubrir (cilindro máquina imprimir) | hard packing.
pliego de imposición (tipografía) | imposition sheet.
pliego de licitación | bidding form | form of proposal | instructions to bidders | information for bidders.
pliego de limpieza (tipografía) | cleaning sheet.
pliego de papel con membrete | letterhead.
pliego general de condiciones (licitación de obras) | general specifications.
pliego impreso (libros) | printed signature.
pliego o página intercalada (libros) | art insert.
pliego oficial | official letter.
pliego plegado (libros) | folded signature.
pliego sellado | sealed tender.
pliego superior de la pila de papel | top sheet of paper stack.
pliego u hoja (de papel) | sheet.
pliego-anuncio de gran tamaño | broadsheet.
pliegos alzados (imprenta) | collated sheets.
pliegos cerrados | sealed orders.
pliegos consulares | consular packages.
pliegos defectuosos | canceled sheets.
pliegos impresos suministrados a periódicos de provincias con noticias nacionales e internacionales que después son impresos con noticias locales complementarias | auxiliary print.
pliegue | bending | bend | flexure | corrugation | plication | pleat | flute | fold | crinkle | crimping | welt | wrinkle | ply | tuck | ply | creasing | crimple | crimp | crease.
pliegue (colinas) | lap.
pliegue (costura) | plait.
pliegue (de visillo) | quill.
pliegue (geología) | deflection | rock bend | drag | overthrust.
pliegue abovedado (geología) | dome fold.
pliegue acostado (geología) | recumbent fold.
pliegue aéreo (geología) | aerial fold.
pliegue alóctono | allochthonous fold.
pliegue anticlinal | anticlinal fold | anticlinal flexure.
pliegue anticlinal (garganta entre dos anticlinales) | saddle.
pliegue anticlinal (geología) | upfold | saddle-back.
pliegue apretado (geología) | close fold.
pliegue buzante | dip fold.

pliegue cerrado (pliegue isoclínico) | closed fold.
pliegue compuesto (geología) | compound fold.
pliegue cóncavo | geosyncline.
pliegue cóncavo (geología) | downfold.
pliegue convexo (geología) | upfold.
pliegue cuacuaversal | quaquaversal fold.
pliegue de acarreo (geología) | overfold.
pliegue de arrastre (geología) | drag fold.
pliegue de la costra | crust fold.
pliegue de laminación (defecto chapas) | lap.
pliegue de recubrimiento (geología) | recumbent fold.
pliegue diapírico | diapiric fold.
pliegue disharmónico | disharmonic fold.
pliegue disimétrico | asymmetrical fold.
pliegue en abanico (geología) | box fold | fanfold.
pliegue encañonado (vestidos) | gauffer.
pliegue epirogénico | epeirogenic fold.
pliegue fallado (geología) | broken fold.
pliegue formado por compactación diferencial | differential-compaction fold.
pliegue fruncido | crinkling.
pliegue geológico | overthrust.
pliegue hueco (ropas) | inverted fold | inverted pleat.
pliegue invertido (geología) | inverted fold | overfold | overturned flexure.
pliegue isoclinal | isoclinal | isocline | isoclinal fold.
pliegue isoclinal (geología) | carinate fold.
pliegue isoclino inclinado | inclined isoclinal fold.
pliegue longitudinal (defecto de chapa laminada) | pinch.
pliegue marginal (geología) | marginal fold.
pliegue menor dentro de otro mayor (geología) | drag fold.
pliegue monoclinal | monocline | monoclinal fold.
pliegue monoclinal (geología) | monoclinal flexure.
pliegue monoclinar | step fold.
pliegue principal (geología) | major fold.
pliegue recto (geología) | erect fold.
pliegue replegado (geología) | refolded fold.
pliegue secundario (geología) | underfold | drag fold.
pliegue simple | simple fold.
pliegue sinclinal | syncline | canoe fold | trough.
pliegue sinclinal (geología) | downfold | downwarp | synclinal flexure.
pliegue sobrecorrido (geología) | overthrust fold.
pliegue sumergido (geología) | plunging fold.
pliegue sumergido erosionado | eroded plunging fold.
pliegue superficial (chapas) | dings.
pliegue truncado | truncated fold.
pliegue tumbado (geología) | overturned flexure | overfold.
pliegue volcado (geología) | overturned fold.
pliegue-falla | fold fault.
pliegue-falla (geología) | slide | flexure fault.
pliegue-falla inverso | reverse fold-fault.
pliegue-manto (capa de recubrimiento) | fold carpet.
pliegues (geología) | fold-belts.
pliegues armónicos | competent folds.
pliegues de mesoglea en la cara sulcar de los mesenterios y que soportan los músculos retractores (antozoarios) | muscle banners.
pliegues en acordeón | accordion pleats.
pliegues orogénicos (geología) | orogenic fold-belts.
plinto | baseboard | skirt | plinth.
plinto apilastrado (arquitectura) | pilastered plinth.
Plioceno | Pliocene.
plioceno superior | astian.
pliopolio | pliopoly.
pliotérmico | pliothermic.
pliotron (tubo electrónico) | pliotron.
plisado | pleat | goffered | plaited | crease | crimp.
plisado (costura) | pleating.
plisado (nuclear) | tombac.
plisado (papel) | corrugating.
plisado (ropas) | plaiting.
plisado en húmedo (papel) | water-creped.
plisador | pleater.
plisadora | pleating machine.
plisar | pleat (to) | goffer (to) | crease (to) | crimp (to).
plisar (papel) | crep (to).
plisar (telas) | plait (to).
ploidia (genética) | ploidy.
plomada | bob plumb.
plomada (de caña de pescar) | bullet.
plomada de lámpara (minas) | plummet-lamp.
plomada de pescar | sinker | sinker.
plomada óptica | optical plummet | optical plumb.
plomada para pozos | shaft-plumbing bob.
plomado | lead coated | lead-coated.
plomar | lead-plate (to).
plombagina | plumbago | plumbagin | blacklead | graphite | pot lead.
plombaginación | blackleading.
plombaginar | blacklead (to).
plomeo (escopeta caza) | pattern.
plomeo bien agrupado (escopeta caza) | consistent pattern.
plomería | leadsmithing | leadwork | leading | plumbery.
plomero | plumber.
plomero (astilleros) | pipe fitter.
plomo | lead | actinium D | actinium B.a | base metal.
plomo (de plomada) | bob | plumb.
plomo (de plomada, sonda, etc.) | plummet.
plomo (del escandallo) | blue pigeon.
plomo (jacquard) | lingo | lingoe.
plomo (sondeo) | plummet.
plomo agrio | hardlead | slag lead.
plomo antimoniado | reguline lead | antimoniated lead.
plomo antimoniano
plomo argentífero | silver lead | raw lead | argentiferous lead.
plomo argentífero con o sin oro | dore bullion.
plomo blanco | cerussite.
plomo blanco (mineral) | lead carbonate.
plomo blendoso | blendous lead.
plomo carbonatado | cerussite.
plomo carbonatado (mineral) | lead carbonate.
plomo comercial | merchant lead.
plomo comercial purísimo con pureza mayor de 99,94% | corroding lead.
plomo con (con número másico de 204, 206, 207 y 208) | common lead.
plomo con pequeña proporción de calcio metálico | calcium lead.
plomo con 1% aproximadamente de telurio
plomo córneo | hornlead | corneous lead | phosgenite.
plomo cromatado | red lead ore.
plomo cromatado (mineral) | lead chromate.
plomo de obra | raw lead | crude lead | silver lead | work lead | dore bullion.
plomo derretido | melted lead.
plomo desplatado | desilverized lead.
plomo dulce | refined lead.
plomo electrolítico | electrolytic lead.
plomo en bruto (plomo argentífero con 10 a 60% de plata y con o sin oro) | base bullion.
plomo en chapas | plated lead.
plomo en galápagos | pig lead.
plomo en hojas | flat lead | sheet-lead.
plomo en panes | pig lead.
plomo en planchas | sheet lead.
plomo endurecido | hardlead | antimonial lead | hardened lead.
plomo endurecido por aleación con litio | alkali-hardened lead.
plomo endurecido por un porcentaje fraccional de calcio | calcium-lead.
plomo espático | blacklead ore.
plomo estañado | tinned lead.
plomo exento de plata empleado en copelación | test lead.
plomo finamente pulverizado | lead meal.
plomo fosfatado | pyromorphite.
plomo fundido | melted lead.
plomo fusible (electricidad) | safety fuse.
plomo impuro (fusión de la mena en alto horno) | dead riches.
plomo impuro obtenido en alto horno | work lead.
plomo laminado | sheet-lead | rolled lead | milled lead.
plomo líquido | melted lead.
plomo metálico | blue lead.
plomo pardo | vanadinite | pyromorphite.
plomo refinado | refined lead.
plomo resistente a los ácidos | chemical lead.
plomo rojo | red lead ore.
plomo rojo (mineral) | lead chromate.
plomo ronco | argentite.
plomo sulfurado | lead glance.
plomo telural | altaite.
plomo tetraetilo | tetraethyl lead.
plomo virgen | first lead.
plomoetilo | lead ethyl.
plosión (fonética) | plosion.
plosivo | plosive.
plot (rosa de maniobra en plástico transparente - central de información de radar en buques) | plot.
pluma | plume | feather.
pluma (aves) | quill.
pluma (eco artificial en forma de pluma de ave - radar) | plume.
pluma (para escribir) | pen.
pluma (radar) | feather.
pluma de ave | quill.
pluma de avestruz | ostrich plume.
pluma de carga (buques) | derrick post.
pluma de cuervo (para escribir) | crow quill.
pluma de dibujo | drawing pen.
pluma de grúa | jib of a crane | crane jib | crane arm | crane boom | crane beam.
pluma de la grúa | crane mast.
pluma de las manos (aves) | manual.
pluma del cuerpo (avestruces) | floss.
pluma eléctrica | electric pen.
pluma estilográfica | fountain pen.
pluma fija (brazo fijo-grúas) | fixed jib.
pluma hidráulica (buques) | hydraulic derrick.
pluma móvil (plataforma) | barnhardt.
pluma nueva | fresh pen.
pluma primaria (aves) | primary.
pluma rectriz (aves) | tail-feather.
pluma remera (aves) | flight feather | covert.
pluma tubular (para dibujar) | crow quill.
pluma tubular de carga (buques) | tubular derrick boom.
pluma tubular para dibujo | barrel pen.
plumado (plumaje completo - aves) | full-fledged.
plumage velloso (aves) | downy plumage.
plumaje | feather | feathering.
plumas de la cola (aves) | fan.
plumas en las patas (aves) | flag.
plumas largas de las patas | flags.
plumas secundarias del ala | flags.
plumbífero | plumbiferous | lead-bearing.
plumbiferosidad | plumbiferosity.
plumbismo | plumbism | leading.
plumbosolvencia (química) | plumbo-solvency.
plumeado (defecto de vidriado) | feathering.
plumeopíceo | plumeopicean.
plumero (de casco) | plume.
plumero para el polvo | dusting brush.
plumetis (costura) | feather stitch.
plumetis (tela) | lappet.
plumilla para curvas | curve pen.
plumón | combings | lint.
plumosidad | featheriness.

plumosita (mineralogía) | plumose ore.
plumoso | plumose.
plúmula | plume.
plural de furca | furcae.
pluralidad de aberturas | plurality of apertures.
pluralidad de combinaciones | multitude of combinations.
pluralidad de diferentes tamaños | plurality of different sizes.
pluralidad de discos | plurality of disks.
pluralidad de impulsos lasérícos | plurality of laser pulses | laser pulses plurality.
pluralidad de parámetros de una pieza a trabajar | plurality of parameters of a workpiece.
pluralidad de posiciones | plurality of positions.
pluralidad de ranuras | plurality of grooves.
pluralismo | pluralism.
pluralista | pluralist.
plurennial | plurennial.
pluriaplicación | versatility.
pluriaxial | pluriaxial.
pluricelular | pluricellular | polycellular | multicellular.
pluricilíndrico | multicylindered.
pluricomponente | multicomponent.
pluriderivación | multitap.
pluridireccional | multipath | multidirectional.
pluriempleados | moonlighters.
pluriempleo | moonlighting.
pluriestriar | multispline (to).
plurifásico | multistage.
plurificación | plurification.
plurifuncional | polyfunctional.
plurifunciones | many-functions.
plurihélices (buques, aviones) | multipropellered.
plurilateral | plurilateral.
plurilingüe | multilingual.
plurilingüismo | plurilingualism.
pluriliteral | pluriliteral.
plurimembres | several-members.
plurinominal | plurinominal.
pluríparo | pluriparous.
pluripartido | multipartite.
pluriprofesional | pluriproffesional.
plurirranurar | multispline (to).
plurisílabo | plurisyllable.
pluritextual | pluritextual.
plurivalente | plurivalent | multipurpose.
plurivariado | multivariate.
pluriverso | pluriverse.
plus | plus | bonus.
plus de campaña | field allowance | combat pay.
plus de carestía | dearness allowance.
plus de carestía de vida | cost-of-living bonus.
plus de cargas familiares | child bounty.
plus de casa | commutation of quarter.
plus de distancia | lieu rate.
plus de reenganche | reenlistment bonus.
plus de reenganche (soldados) | enlistment allowance.
plus minusve | more or less.
plus por antigüedad | longevity pay.
pluspetición | plus petitio.
plusvalía | economic rent | capital gain | plus value | plus-value | appreciated surplus | increase in value | increment value | unearned increment | value-added | surplus value | appreciation | quasirent | gains.
plusvalía (economía) | value increase.
plusvalía consolidada | consolidated goodwill.
plusvalía de capital | capital gain.
plusvalía negativa | negative goodwill.
plusvalor | unearned increment.
plúteo | library shelf.
plutocracia | plutocracy.
plutolatría | plutolatry.
plutología | plutology.
plutón (mineralogía) | pluton.
plutón atectónico (mineral) | atectonic pluton.
plutón granítico (geología) | granite pluton.
plutónico (geología) | abyssal.
plutónico (mineralogía) | deep seated.
plutonígeno | plutonium-producing.
plutonilo | plutonyl.
plutonio (Pu) | plutonium.
plutonio apropiado para armas nucleares | weapons-grade plutonium.
plutonio apto para bombas nucleares | bomb-grade plutonium.
plutonio beta | beta plutonium.
plutonio de adición | plutonium make-up.
plutonio de calidad apropiada a fines militares | military grade plutonium.
plutonio delta | delta plutonium.
plutonio epsilon | epsilon plutonium.
plutonio equivalente | equivalent plutonium.
plutonio escindible | fissionable plutonium.
plutonio fisionable | fissionable plutonium | fissile plutonium.
plutonio gamma | gamma plutonium.
plutonio industrial | total plutonium | total plutonium.
plutonio regenerado | bred plutonium.
plutonio residual | residual plutonium.
Plutonio 239 | Pu. 239.
plutonismo | volcanism | vulcanism.
pluvial | hyetal | pluvial.
pluvioerosión | rain-erosion.
pluviofluvial | pluviofluvial.
pluviófugo | rainproof | raintight.
pluviógeno | rain-producing.
pluviografía | hyetography.
pluviográfico | hyetographical.
pluviógrafo | hyetograph | udometer | udomograph | recording rain gage | pluviograph | ombrograph.
pluviograma | pluviogram.
pluviometría | hyetometry | rain gaging | pluviometry.
pluviometría diaria | daily rainfall.
pluviómetro | pluvioscope | pluviometer | hyetometer | rain gage | rain-gage | udometer | ombrometer.
pluviómetro acumulativo | precipitation gage.
pluviómetro de almacenamiento | storage gage.
pluviómetro de cubeta basculante | tipping-bucket gage | tipping-bucket rain gage.
pluviómetro de pesada | weighing-type gage.
pluviómetro de tipo vertical | standpipe-type gage.
pluviómetro estandar del Observatorio Meteorológico Nacional (EE.UU.) | standard Weather Bureau gage.
pluviómetro registrador | udomograph | hyetometrograph | hyetograph.
pluvionivómetro | rain and snow gage.
pluvioperturbación (radar) | rain clutter.
pluviorresistente | rain-resistant.
pluvioscopio | pluvioscope.
pluviosensible | rain-sensitive.
pluviosidad | rainfall | rain output.
pluviosidad anual | annual rainfall.
pluviosidad de
poa de bolina | bowline bridle | bridle.
población | town.
población aborigen | aboriginal pupulation.
población activa | working population.
población agraria | agrarian population.
población alopátrica | allopatric population.
población con ferrocarril | on-line town.
población de paso | floating population.
población de personas de 62 y más años de edad | aged population (USA).
población de Poissón (estadística) | Poisson population.
población de varias variables | multivariate population.
población dicotómica | dichotomous population.
población distribuida normalmente | normally distributed population.
población en los estados cuánticos | quantum-state population.
población estacionaria | stationary population.
población estratificada de organismos marinos (oceanografía) | stratified population of marine organisms.
población estudiada | population covered.
población expuesta a las cenizas radioactivas | fallout-exposed population.
población flotante | floating population.
población formada por personas de edad | aging population.
población hipotética | hypothetical population.
población infinita | infinite population.
población logística | logistic population.
población neutrónica (reactor nuclear) | neutron population.
población panmíctica | panmictic population.
población prevista | projected population.
población rectangular (estadística) | rectangular population.
población registrada | population recorded.
población residente | de jure population.
población rural | rural population | open-coutry population.
población rural no agrícola | rural non-farm population.
población susceptible de tomar empleo | employable population.
población total | whole populaton.
población triangular (estadística) | triangular population.
población urbana rural | urban-rural population.
poblar | colonize (to).
pobre | dry.
pobre (hormigón, mezclas, minerales, etc.) | lean.
pobre (mezclas) | low-grade.
pobre (minerales) | low-grade.
pobre (terrenos) | hungry.
pobreza (minerales) | baseness.
poca actividad (bolsa) | slump.
poca consistencia | thinness.
poca resistencia a la corrosión | poor corrosion resistance.
pocas existencias | short supply.
pocero | well sinker | hitcher | sinker | sinker | pit-sinker | pitman.
pocero (minas) | bellman | hitcher | station tender | shifter | runner-on | shaftman | lander | hanger-on.
pocero (obrero de minas) | platman.
pocero (obrero que atiende en el fondo del pozo la jaula de extracción) | onsetter.
poceta | trap.
poceta de drenaje | drainage sump.
poceta de drenaje (buques) | sump.
poceta de la tapa del doble fondo (buques) | drain hat | drain pot | bilge hat | hat-box.
poceta de recogida de agua (minas) | dibhole.
poceta de recogida de aguas | drain pot.
poceta de recogida de aguas (pozo minas) | lodge room | water ring.
poceta de recogida de aguas (pozos minas) | pocket.
poceta de recogida de fangos | mud trap.
poceta para recoger el agua de un pozo (minas) | garland.
pocilga | pig-pen | hogsty.
pocillo de barro para recoger látex del árbol | latex cup.
pocillo de ventilación | air cask.
poción (farmacia) | mixture.
poción (medicina) | draught.
poco | little.
poco a poco | inch by inch | inchmeal | inching | step-by-step.
poco a poco (música) | by little and little.
poco a poco más (música) | more proceeding by degrees.
poco abundante (minerales)
poco aleable (metales) | incompatible.
poco alto | low built.
poco amplio | snug.
poco apropiado para | ill-fitted for.
poco aproximado | crude.

poco cargado | lowly-stressed | lightly-loaded.
poco cocido (cerámica) | soft-burn.
poco corriente | out of the ordinary.
poco curtido (cueros) | empty | hungry.
poco destacable | featureless.
poco elevado | low.
poco encolado (papel) | soft-sized.
poco equipado | make-shift.
poco espaciado | closely-spaced.
poco exacto | loose.
poco explorado (terrenos) | wildcat.
poco fluido (combustible) | difficultly flowing.
poco fusible (minerales) | refractory.
poco hábil para los negocios | unbusinesslike.
poco importa | no matter.
poco inclinado con relación a la horizontal (aviación) | shallow.
poco intenso (tráfico) | low-grade.
poco interesante | featureless.
poco más (música) | some more.
poco mecanizado | hardly mechanized.
poco menos (música) | some less.
poco penetrante (rayos X, etc.) | soft.
poco perturbado | weakly perturbed.
poco profundo | shallow.
poco rendimiento en el trabajo | soldiering.
poco resistente a los álcalis | reasonably resistant to alkalies.
poco revolucionado (motores) | slow-running.
poco sumergido | shallowly submerged.
poco tiempo después de la presentación (letras) | short sight.
poco tupida (telas) | sleazy.
pococurante | pococurante.
pococurantismo | pococurantism.
poculación | poculation.
poculiforme | poculiform | cup-shaped.
poda | lopping | trimming.
poda (árboles) | polling | topping.
poda (de árboles) | dressing.
poda a fondo para regenerar (árboles) | salvage cutting.
poda baja (bosques) | brash.
poda de conservación (árboles) | maintenance pruning.
poda de la copa (árboles) | crown reduction.
poda de las raíces | root pruning.
poda de las ramas muertas (árboles) | dry-pruning.
poda rigurosa | extreme pruning.
podable | clippable.
podadera | hedge-hook | hedge-bill | lopping bill | billhook | pruning-hook.
podadera corva (de dos filos) | hedge bill.
podado (árboles) | lopped.
podador de árboles | tree pruner.
podar | trim (to) | trash (to) | clip (to).
podar (árboles) | free (to) | limb (to).
podar (árboles, viñas) | dress (to).
podar una viña | dress a vine (to).
podazón | pruning season.
podecio cilíndrico terminado en apotecios (botánica) | fibula.
podenco | hound.
poder | proxy | command | letters of procuration | force | power | potency | control.
poder (abogacía) | letter of delegation.
poder (legal) | warrant of attorney.
poder abrasivo del polvo de pulir | polishing powder abrading power.
poder absorbente | absorbent power.
poder adherente | adhesive capacity | adhesive power.
poder adhesivo | tooth.
poder adquisitivo | earning power | buying power | purchasing power.
poder aglomerante | caking power.
poder aglutinante | binding power | caking index | caking capacity.
poder aislador | insulating power.
poder amortiguador | quenching power.
poder amplificador | magnifying power.
poder amplio y bastante | full power of attorney.
poder amplio y bastante (jurisprudencia) | ample and sufficient power of attorney.
poder antimonopolio | countervailing power.
poder boyante (posibilidad de las escamas metálicas de ascender a la superficie de un medio en el que han sido dispersas y mantenerse allí formado una película continua metálica - pinturas) | leafing power.
poder calorífico | heating capacity | heat value | calorific value | heating quality | fuel ratio | heating power.
poder calorífico inferior | low-heat value | lower heating value | lower calorific value.
poder calorífico superior | gross calorific power | higher heating value | high heat value.
poder cementatorio | cementatory power.
poder colectivo | joint proxy | joint procuration.
poder colorante | coloring power | tinting strength.
poder colorante (de un color) | tinting power.
poder colorante (de un pigmento coloreado) | staining power.
poder colorante grande | high-dyeing capacity.
poder comburívoro | comburent power.
poder conductor | conducting power.
poder conductor calorífero | heat-conducting power.
poder contaminador | polluting power.
poder coquificante (carbones) | coking performance.
poder corrasivo del agua de ríos | corrasive power of river water.
poder correctivo de la lente | corrective lens power.
poder corrosiorreductor | corrosion-reducing power.
poder cubridor (colores) | hiding power.
poder cubridor (galvanoplastia) | throwing power.
poder cubridor de un material opaco (pintura, barniz) | obscuration.
poder cubriente (pinturas) | concealing power.
poder de absorción | absorptive power | absorption capacity.
poder de acomodación | power of accomodation.
poder de agarre de la escarpia | spike-gripping power.
poder de amortiguamiento energético | stopping power.
poder de amplificación | multiplying power.
poder de compra | purchasing power.
poder de cubrición (número de metros cuadrados que se pueden cubrir con un litro de pintura) | spreading power.
poder de cubrición (pinturas) | spreading capacity.
poder de decisión | decision power.
poder de deposición (galvanoplastia) | throwing power.
poder de descarga | discharge capacity.
poder de detención | stopping power.
poder de dispersión atómico | atomic scattering power.
poder de emanación | emanating power.
poder de extinción del balance (buques) | roll-quenching power.
poder de fiscalización | supervisory power.
poder de frenado | stopping power.
poder de frenado atómico | stopping cross section.
poder de frenado lineal | linear stopping power.
poder de frenado másico | mass stopping power.
poder de hacer espuma (jabones) | lathering power.
poder de iluminación | illumination power | lighting power.
poder de intervención | control power.
poder de mantenerse en combate a pesar de las pérdidas (unidades de infantería) | staying power.
poder de moderación | slowing down power.
poder de multiplicación | multiplying power.
poder de mutación | mutating power.
poder de parada másico | mass stopping power.
poder de penetración | penetration power.
poder de precipitación (soluciones) | salting strength.
poder de recubrimiento | covering power.
poder de reflexión | reflective power.
poder de refracción | light-bending power | refractive power.
poder de resolución | resolving power.
poder de resolución del microscopio electrónico | electron microscope resolving power.
poder de ruptura | breaking capacity.
poder de separación | separating power.
poder de separación (óptica) | resolving power.
poder de sujeción del clavo | nail-holding power.
poder de tarificación | tariff-making power.
poder decolorante (de un pigmento blanco) | reducing power.
poder del veto | veto power.
poder descolorante | decolorizing power.
poder desintegrante | disintegrating power.
poder destructor del proyectil | shell destructive power.
poder detergente | detergent power.
poder difusivo | diffusive power.
poder difusor reflector | reflective diffusing power.
poder disolvente | dissolving capacity.
poder dispersor | dispersive power.
poder ejecutivo | executive branch | executive.
poder eleccionario | voting strength.
poder eluyente | eluent power.
poder emisivo | emissive power | radiating power | emissivity.
poder emisivo calorífico | calorific emissivity.
poder emisivo de una superficie | emission.
poder emisor | emitting power.
poder en blanco | blank power of attorney.
poder enfriador | cooling power.
poder escorificante | fluxing power.
poder escrito para vender acciones | stock power.
poder espumante | foaming power | frothy power.
poder estereoscópico (telémetro estereoscópico) | stereo power.
poder extintor | quenching power.
poder fermentante | fermenting power.
poder fermentativo | fermentative power.
poder fieltrante (lana) | felting property.
poder fotoabsorbente | light-absorbing power.
poder fotocaptador (telescopios) | light -gathering power.
poder fotodispersor | light-scattering power.
poder fragilizante (aceros) | embrittling power.
poder gasificante | gas enriching value.
poder general para pleitos | general power of attorney.
poder germicida | germicidal power.
poder humectante | humectant power | wetting power.
poder ilimitado | boundless power.
poder iluminante | illumination power.
poder individual | strength.
poder inductor | inductive capacity.
poder inductor específico | specific inductive capacity | dielectric constant.
poder inhibidor | inhibitory power.
poder inmunizante | immunizing potency.
poder judicial | judicial power | judiciary.
poder legalizado | power of attorney.
poder legislativo | legislative branch.
poder letal | killing power.
poder lubricante | lubricating capacity.
poder luminoso | candle power (C.P.).
poder mojante de la suelda | solder spreading-power.
poder mortífero | killing power.
poder naval | naval might.

poder notarial | letter of attorney | power of attorney.
poder nuclear disuasorio | nuclear deterrent power.
poder ocular (campo en que una lente puede dar imagen nítida) | covering power.
poder óptico | optical power.
poder para detener la luz | light-stopping power.
poder para gastar | spending power.
poder para negociar | bargaining power.
poder para tomar decisiones | arbitrament.
poder peliculante (posibilidad de las escamas metálicas de ascender a la superficie de un medio en el que han sido dispersas y mantenerse allí formado una película continua metálica - pinturas) | leafing power.
poder perforante | piercing power.
poder plastificador | plastifying power.
poder plastificante | plastifying power.
poder portante (imanes) | lifting power.
poder precipitante | precipitant power.
poder reaccional | reaction power.
poder reductor | oxidizing power | reducing power.
poder reflector | reflecting power.
poder refractario | refractoriness | fire-resisting power.
poder refringente | refractive power.
poder relativo de frenado | relative stopping power.
poder resolutivo | resolving power.
poder resolutivo angular | angular resolving power.
poder resolvente | resolving power.
poder resolvente (óptica) | resolvable power.
poder rompedor (explosivos) | disruptive strength | shattering power | rending power.
poder rotatorio | rotatory power.
poder rotatorio magnético | magnetic rotary power.
poder rotatorio óptico | optical rotatory power.
poder selectivo natural (bosques) | self-thinning ability.
poder separador | separative power | separating power.
poder separador (microscopio) | defining power.
poder separador (óptica) | resolution.
poder separador de lentes fotográficas | resolution of photographic lenses.
poder separador fotográfico | photographic resolving power.
poder tintóreo | coloring power | tinctorial strength | color strength.
poder vaporizador | evaporative power.
poder vulnerante (proyectiles) | wounding power.
poderdante | principal | principal | constituent | assignor.
poderdante y apoderado (jurídico) | principal and agent.
poderes | powers.
poderes coercitivos | compulsory powers.
poderes de posesión | grabbing powers.
poderes del consejo de administración para aumentar el capital social | directors' borrowing powers.
poderes del delegado | delegacy.
poderes disciplinarios | disciplinary powers.
poderes discrecionales | discretionary powers.
poderes legales | legal powers.
poderes para citar (leyes) | subpoena powers.
poderhabiente | proxy holder | proxy | assignee | attorney.
poderío bélico | war potential.
poderío económico | economic wealth.
poderío militar | military power.
poderosamente | largely.
podiatra | podiatrist.
podo (Podocarpus milanjianus) | podo.
podocarpe de la Nueva Zelandia (Podocarpus dacrydioides) | kahikatea.
podocarpe de la Nueva Zelandia (Podocarpus dacrydioides).
podocarpe moreno (Podocarpus elata) | brown pine.
podograma | podogram.
podológico | podological.
podólogo | podologist | foot surgeon.
podómetro | pace measurer | paceometer | pedometer | horseshoe gage | odometer | passometer | podometer.
podón | pruning-hook.
podóscafo | podoscaph.
podrán rechazarse cualquiera o todas las ofertas | the right is reserved to reject any or all bids.
podrán rechazarse las ofertas que tengan vicio de forma | the right is reserved to waive any informalities in proposals.
podredumbre | rottenness | rot | rotting.
podrida (fruta) | rotten.
podrida (madera) | foxed | punk.
podrido | rotten | rotten | addle.
podrido (madera) | dozy.
podrido (metales) | dead.
podsol | podzol.
podsol (suelo arenoso con materia orgánica) | podsol.
podsol húmico | humic podsol.
podsol húmico ferruginoso | iron-humic podsol.
podsolización | podsolization.
podsolizar (agricultura) | podsolize (to).
podzol (suelo orgánico y mineral) | podzol.
poesia lírica | lyrics | melic poetry.
pogonología | pogonology.
pogonotrofia | pogonotrophy.
pOH | pOH.
poide | poid.
poidómetro (molinos de cemento) | weighfeeder (cement making).
poikilítico (petrografía) | poecilitic.
poikilofítico | poikilophitic.
poiménica | poimenics.
poiménico | poimenic.
poíno | gauntry.
poino (caballete para barril) | gantry.
poiquiloblasto | poeciloblast.
poiquilotérmico | poecilothermal.
poiquilotermo | poikilothermic | pecilothermic.
poiquilotermo (zoología) | poikilotherm.
poise (unidad cegesimal de viscosidad) | poise.
polaco | Polish.
polacra (buque) | polacca.
polaina | gaiter.
polainas de cuero | leathers.
polainas para horneros (siderurgia) | furnaceman's leggings.
polar | polestar.
polar de una forma cuadrática | polar of a quadratic form.
polar logarítmica | logarithmic polar.
polaridad aditiva | additive polarity.
polaridad de entrada del transmisor | transmitter input polarity.
polaridad de imagen negativa | negative picture polarity.
polaridad de la señal video | picture-signal polarity.
polaridad directa | straight polarity.
polaridad magnética | magnetic polarity.
polaridad sustractiva | subtractive polarity.
polarimetría | polarimetry.
polarimetría dinámica | dynamical polarimetry.
polarímetro | polarimeter.
polarímetro de partición del tiempo | time-sharing polarimeter.
polarípeto | poleward.
polaris | polaris.
polarisabilidad | polarisability.
polariscopio | polariscope.
polariscopio de penumbra | half-shadow polariscope.
polariscopio detector de deformaciones en vidrios y objetos transparentes | strain viewer.
polariscopio fotoelástico | photoelastic polariscope.
polariscopio para fluidos | fluid polariscope.
polarizabilidad | polarizability.
polarizabilidad electrónica | electronic polarizability.
polarizabilidad magnética | magnetic polarizability.
polarizable | polarizable.
polarización | biasing | polarizing | polarization.
polarización (electrónica) | bias.
polarización (telegrafía) | bias.
polarización anódica | anodic polarization.
polarización atómica | atomic polarization.
polarización automática | automatic biasing.
polarización automática (anti-radar) | detector balanced bias.
polarización automática (radio) | automatic bias.
polarización automática de rejilla | automatic grid bias.
polarización automática de rejilla (electrónica) | self-bias.
polarización automática inversa | automatic back bias.
polarización cero (radio) | zero bias.
polarización circular | circular polarization.
polarización cruzada | cross polarization.
polarización de base | base bias.
polarización de cátodo | cathode bias.
polarización de corte | cutoff bias.
polarización de distorsión | distortion polarization.
polarización de funcionamiento | operating bias.
polarización de la luz | light polarisation.
polarización de la rejilla de control | control-grid bias.
polarización de línea | line bias.
polarización de oposición interna | hold-off bias.
polarización de rejilla | C-bias.
polarización de rejilla positiva | positive bias.
polarización de reposo (radio) | spacing bias.
polarización de ruido mínimo | minimum noise bias.
polarización del ánodo (electrolisis) | passivity.
polarización del transistor | transistor bias.
polarización dieléctrica | dielectric polarization.
polarización directa | forward bias.
polarización eléctrica | electric polarization | electrical bias.
polarización electrolítica | electrolytic polarization.
polarización elíptica | elliptical polarization.
polarización en que los constituyentes minerales no pueden ser reconocidos individualmente (rocas) | aggregate polarization.
polarización fotónica | photon polarization.
polarización galvanostática | galvanostatic polarization.
polarización interferencial | interferential polarization.
polarización inversa | reverse bias.
polarización invertida | reverse biassed.
polarización lineal | plane polarization.
polarización magnética | magnetic biasing | magnetic polarization | magnetization.
Polarización magnética por corriente alterna | AC magnetic biasing.
polarización magnetoiónica | magnetoionic polarization.
polarización negativa | negative bias.
polarización negativa de rejilla | grid negative bias | protective bias | negative grid-bias.
polarización negativa frontal | forward bias.
polarización nuclear dinámica | dynamic nuclear polarization.
polarización nula (radio) | zero bias.
polarización plana | plane polarization.
polarización por cátodo | cathode biasing.
polarización por concentración | concentration polarization.

polarización por corriente de base constante | constant-base-current bias.
polarización por corriente de emisor constante | constant-emitter-current bias.
polarización positiva | positive bias.
polarización potenciocinética | potentiokinetic polarization.
polarización potenciostática | potentiostatic polarization.
polarización vertical | vertical polarization.
polarizado | polarized.
polarizado (electrónica) | biased.
polarizado inversamente | back-biased.
polarizador | polarizer.
polarizador de impulsos | pulse polarizer.
polarizador de selenio | selenium polarizer.
polarizador dicroico | dichroic polarizer.
polarizadores cruzados | crossed polarizers.
polarizar | polarize (to).
polarizar (EE.UU.) | polarize (to).
polarizar (G.B.) | polarise (to).
polarizar (poner con polarización - rejilla válvula termoiónica) | bias (to).
polarizar directamente un diodo | forward-bias a diode (to).
polarizar inversamente | reverse-bias (to).
polarografía | polarography.
polarografía de modulación cuadrada | square-wave polarography.
polarografía fotográfica | photographic polarograph.
polarografiar | polarograph (to).
polarográfico | polarographic.
polarografista | polarographist.
polarógrafo | polarograph.
polarógrafo de escritura directa | direct-writing polarograph.
polarógrafo de rayos catódicos de barrido lineal | linear sweep cathode ray polarograph.
polarograma | polarogram.
polarograma de rayos catódicos de barrido lineal | linear sweep cathode ray polarogram.
polaronio (unidad de medida) | polaron.
polaroscopio | polaroscope.
pólder | polder | diked land | diked marsh.
polea | pulley | roller | wheel | sheave | block.
polea (máquina trenzadora) | capstan.
polea acanalada de gran diámetro sobre la que se arrolla una o varias vueltas del cable de extracción (minas) | fleet wheel.
polea acanalada donde se arrolla el cable de un peso que la hace girar | ferrule.
polea aisladora (instalación eléctrica) | spool insulator.
polea alta | head-sheave | head wheel.
polea anclada en el pavimento | floor-mounted pulley.
polea ancha | band pulley.
polea ancha de rejilla | slatted pulley.
polea automática del cable del torno (sondeos) | automatic cathead.
polea baja | floor pulley.
polea bombeada | round-faced pulley | crowned pulley.
polea colgante | overhanging pulley.
polea con acanaladuras revestidas de caucho | rubber-lined grooved pulley.
polea con gargantas múltiples | grooved wheel.
polea con pestañas | flange pulley.
polea con una gualdera | funnel block.
polea conducida | follower pulley | follower.
polea conductora | driving pulley.
polea cónica | fusee | fuzee.
polea de adherencia | grip wheel | grip pulley | grip sheave.
polea de aluminio | aluminum pulley.
polea de andarivel | traversing pulley.
polea de apoyo del ramal vacío (transportador de correa) | snub pulley.
polea de cabeza | crown sheave.
polea de cable | catline sheave.
polea de cadena | chain sheave | chain wheel | dumb sheave.
polea de cambio de dirección | corner pulley | angle block | deflector sheave.
polea de cambio de dirección amarrada al suelo | ground hitch.
polea de canales trapezoidales | wedge-grooved pulley.
polea de cara combada | crown-face pulley.
polea de contacto | contact roller.
polea de corona para el achicador (sondeos) | bailing crown block.
polea de cuchareo (sondeos) | sand sheave.
polea de desviación | guide pulley.
polea de desviación loca | guide idler.
polea de diámetro regulable | expansible pulley | expanding pulley.
polea de escalones | belt speeder | step cone.
polea de extremo de verga (buques) | jewel-block.
polea de freno | brake pulley.
polea de fundición enteriza | cast-iron whole pulley.
polea de gancho | hook block.
polea de garganta | clip pulley | grooved bowl | flanged pulley | grooved wheel | grooved pulley | rope pulley.
polea de garganta cónica | reel.
polea de garganta oblicua | skew sheave.
polea de garras | grip disc.
polea de guía | leading pulley | guide pulley | guide sheave | idle pulley | knuckle sheave | training idler.
polea de herramientas (sondeos) | crown pulley.
polea de la cabeza del brazo | jib point sheave.
polea de la cuerda impulsahusos | band pulley.
polea de llanta de acero acanalada maquinada | machined steel V-pulley.
polea de llanta plana | straight-faced pulley | flat pulley.
polea de llanta plana (sin bombeo) | flat-faced pulley.
polea de mando | drive pulley | rigger.
polea de mortaja | mortise block.
polea de pestañas | flanged pulley.
polea de radios | slatted pulley.
polea de retorno | quarter-block | turn pulley | leading block | tail sheave | lead block | end pulley | return-pulley | return-block | tail pulley.
polea de retorno de quijadas articuladas | lazy pulley.
polea de sondeo | crown sheave.
polea de sondeo (sondeos) | crown pulley.
polea de tensión | belt tightener | idle pulley | jockey-pulley | stretching pulley.
polea de tensión (correas) | idler.
polea de transmisión | rigger.
polea de una garganta | single-width pulley.
polea del árbol de levas (sondeos) | bull wheel.
polea del castillete de extracción | head-sheave | head wheel.
polea del castillete de extracción (minas) | hoisting pulley | pithead puller | winding pulley.
polea del extremo del aguilón (grúas) | boom point sheave.
polea del extremo superior del brazo (grúas) | jib-head sheave.
polea del freno | brake wheel.
polea del malacate de herramientas (tren sondeos) | bull wheel tug.
polea del mecanismo de la picada (telar) | picking roll.
polea deslizante (teleférico) | fleeting sheave.
polea desmontable | parting pulley.
polea desviadora | knuckle sheave | deflector sheave | deflecting sheave.
polea diferencial | differential block | differential pulley.
polea directriz | guide pulley.
polea doble | double block.
polea encasquillada | bushed pulley.
polea enchavetada sobre el eje | keyed pulley.
polea enteriza | solid pulley.
polea equilibrada | balanced pulley.
polea escalonada | speed-cone | machine pulley | step cone | step pulley.
polea escalonada (polea-cono) | cone pulley.
polea escalonada (tornos) | spindle cone.
polea escalonada (transmisiones) | speed rigger.
polea falsa | dumb sheave.
polea fija | fast pulley | tight pulley | runner.
polea fija (aparejos) | dead pulley.
polea guía | runner | leading-on pulley | capstan idler | jockey-wheel | jockey-pulley.
polea guía (fabricación rayón) | godet.
polea guía encima del gorrón (grúas) | rooster sheave.
polea guiafilme (cine) | idler.
polea herrada | iron block.
polea impulsada (transportador cinta) | tail pulley.
polea impulsora | driving pulley.
polea impulsora de la banda de rodamiento (tractor de oruga) | traction wheel.
polea inferior (castillete de sondeos) | hell sheave.
polea inferior (transportador vertical) | boot pulley.
polea loca | loose pulley | idler | idle pulley | idler | flying pulley.
polea loca de desviación | mule pulley.
polea loca para correa plana | flat-belt-idler pulley.
polea maestra (sondeos) | crown pulley | bull wheel.
polea mandada | follower.
polea monocanal | single-width pulley.
polea motriz | drive pulley | driver | lead sheave | leading pulley | driving pulley | driving sheave.
polea motriz (cinta transportadora) | head pulley.
polea motriz de una garganta | single-groove driving sheave.
polea motriz del cigüeñal (batería de bocartes) | bull wheel.
polea móvil | live pulley | travelling block.
polea móvil (aparejos) | running block.
polea móvil (grúas, sondeos) | hoisting block.
polea para cable | rope pulley.
polea para cadena | pocket-wheel.
polea para clavar (instalación eléctrica) | nail knob.
polea para correa | band wheel | belt pulley | band pulley.
polea para correa sencilla | single belt pulley.
polea para curvas (cable sin fin) | hat roller.
polea para curvas (teleféricos) | bottle chock.
polea para el cable de las tenazas (sondeos) | long-line pulley.
polea para perforación inicial | spudding sheave.
polea para tubería de entubación | casing pulley.
polea partida con dos radios (en un diámetro) | twin-armed type pulley.
polea pasteca | snatch block.
polea pluriacanalada | multiple-groove sheave.
polea portante | bearing pulley.
polea portasierra | band wheel | bandsaw pulley.
polea portasierra (sierra de cinta) | saw pulley.
polea tensora | tension pulley | idler wheel | jockey-pulley | jockey-wheel | jockey roller | idle pulley | idle-wheel | idler pulley.
polea transmisora | output pulley.
polea triple | threefold block.
polea-cono (polea escalonada) | cone.
polea-cono de cuatro escalones | four-stepped cone pulley.
polea-guía | idler pulley | idler wheel | idler | idle-wheel.
poleas (instalaciones eléctricas) | pullies.
poleas de transmisión de madera | wooden belt pulleys.
poleas pequeñas colocadas a lo largo del perímetro alto (chimeneas buques) | jewel

blocks.
poleas portadoras de la sierra de cinta | saw carrier wheels.
polea-soporte (cable sin fin) | hat roller.
polea-soporte (tracción por cable sin fin) | bearing up pulley.
polea-volante | fly pulley.
polemología | polemology.
polemológico | polemological.
polemólogo | polemologist.
polen | pollen | farina.
polen (botánica) | dust.
polen de flores | beebread.
polen fósil | fossil pollen.
polen fósil del Terciario (geología) | tertiary pollen.
polenosis | pollenosis.
poliacrilato | polyacrylate.
poliacrílico | polyacrylic.
poliacrilo | polyacryl.
poliacrilonitrilo | polyacrylonitrile | polyacrilonitrile.
poliacústico | polyacoustic.
polialcohol | polyalcohol | polyhydric alcohol.
poliamida | polyamide | polyamid.
poliamida fibrógena | fiber-forming polyamide.
poliamida lineal | linear polyamide.
poliamídico | polyamide.
polianión | polyanion.
poliarquía | polyarchy.
poliarticulado | multiarticulate.
poliatomicidad | polyatomicity.
poliatómico | polyatomic.
poliaxial | polyaxial.
polibásico | polybasic.
polibutadieno | polybutadiene.
polibutenos | polybutenes.
polibutileno (química) | polybutylene.
polibutílico | polybutyl.
policanal | multichannel.
policarbonato | polycarbonate.
policatalizador | polycatalyzer.
policélula | polycell.
policelular | polycellular.
policentral | polycentral.
policéntrico | polycentric.
policía | constable.
policía aérea | air police.
policía antidisturbios | riot police.
policía antiterrorista (EE.UU.) | swat team.
policía con casco | helmeted police.
policía de a bordo (buques guerra) | master-at-arms.
policía de fronteras | border patrol.
policía militar | military police.
policía secreto | detective.
policía uniformada | constabulary.
policía y limpieza de los locales (talleres | housekeeping.
policíaco | constabulary.
policial | constabulary.
policías del tránsito viario | traffic policemen.
policíclico | polycyclic.
policilíndrico | multicylindered | multicylinder.
policinético | multivelocity.
policitación | policitation.
policitemia | polycythemia.
policloroprénico | polychloropene.
policloropreno | polychloroprene | polychloropene.
policolumnar | multicolumnar.
policombustible | multifuel.
policondensación | polycondensation.
policondensación interfacial | interfacial polycondensation.
policondensado | polycondensate.
policotomía | polychotomy.
policrasa | polycrase.
policriostato | polycryostat.
policristal | polycrystal.
policristal isótropo | isotropic polycrystal.
policristales metálicos atacados | etched metal polycrystals.
policristalino | multicristaline.
policroismo | polychroism.
policroismo (cristalografía) | pleochroism.
policroma (química) | polychrome.
policromático | polychromatic | multicolored | multichromatic.
policromatismo | polychromy.
policromía | polychromy | color print.
policromo | polychrome | multichromatic | multicolored | varicolored | many-coloured.
policruzamiento | polycross.
policultivo | mixed farming.
polidémico | polydemic.
polidinamismo | polydinamism.
polidireccional | polydirectional | multidirectional.
polidispersidad | polydispersity.
polidispersión | polydispersion.
polidisperso | polydispersed.
polídomo (zoología) | polydomous.
poliédrico | polyhedral.
poliedro | polyhedron.
poliedro de deshidratación | dehydration polyhedron.
poliedros analíticos | analytic polyhedra.
polieidismo | polyeidism.
polielectrolito | polyelectrolyte.
polielectrónico | polyelectronic.
poliérgico | polyergic.
poliescalonado (turbinas, amplificadores, etc.) | multistage.
poliester (química) | polyester.
poliester antiestático | antistatic polyester.
poliester pigmentado | pigmented polyester.
poliester reforzado con fibra de vidrio | glass-fiber reinforced polyester | glass-reinforced polyester.
poliester termosellable | heat-sealable polyester.
poliester texturado | braided polyester.
poliestireno | polystyrene.
poliestireno autoextintor | self-extinguishing polystyrene.
poliestireno celular | foam polystyrene.
poliestireno expandible | expandable polystirene.
poliestireno expandido | expanded polystyrene | foam polystyrene.
poliestireno modificado con caucho | rubber modified polystyrene.
poliestireno reforzado con caucho | rubber-reinforced polystyrene.
poliestratificado | multilayered.
polietápico (estadística) | multistage | multiphase.
polietileno | poly | polyethylene | polymerised ethylene.
polietileno de reticulación química | chemically cross-linked polyethylene.
polietileno encogible | shrinkable polyethylene.
polietileno irradiado | irradiated polyethylene.
polietileno lineal | linear polyethylene.
poliétnico | polyethnic.
polifacetismo | polyfacetism.
polifarmacia | polypharmacy.
polifarmacista | polypharmacist.
polifármaco | polypharmacon.
polifásico | multiphase.
polifenilo | polyphenyl.
polifilamento | multifilament.
polifluoretileno | polyfluorethylene.
polifonía | polyphony.
polifónico | polyphonic.
polifonista | polyphonist.
poliformaldehido (química) | polyformaldehyde.
poliforme | polyform.
polifosfato | polyphosphate.
polifoto | polyphotal.
poligén | polygene.
poliglosario | polyglossary.
poliglotía | polyglotty.
poliglótico | polyglottic | polyglottal.
poliglotismo | polyglottism.
poligonación (topografía) | traverse survey | traversing | traverse.
poligonación abierta (topografía) | open traverse.
poligonación astronómica | astronomical traverse.
poligonación cerrada (itinerario cerrado - topografía) | closed traverse.
poligonación con el teodolito y la cinta | transit transverse.
poligonación de la superficie (botes cilíndricos de hojalata) | flatting.
poligonación de primer orden | first-order traverse.
poligonación de segundo orden | second-order traverse.
poligonación del levantamiento | survey traverse.
poligonación después del recocido | polygonization after annealing.
poligonal | polygon-sided | polyangled | polygonal | multisided.
poligonal (topografía) | angle line | traverse line | traverse.
poligonal abierta (topografía) | continuous traverse.
poligonal cerrada (itinerario cerrado - topografía) | closed traverse.
poligonal cerrada (topografía) | loop traverse.
poligonal subterránea (levantamiento del plano con la brújula - minas) | dialling.
poligoniometría | polygoniometry.
poligonización de las bandas de deformación | deformation bands polygonization.
poligonización del grano (metalurgia) | grain polygonization.
poligonizado | polygonized.
poligonizado por predeformación (metalurgia) | prestrain-polygonized.
poligonizar (EE.UU.) | polygonize (to).
poligonizar (G.B.) | polygonise (to).
polígono aerobalístico | aeroballistic range.
polígono cóncavo | concave polygon.
polígono curvilátero | curvi-sided polygon.
polígono curvilíneo | curvilinear polygon.
polígono curvilíneo regular | regular curvisided polygon.
polígono de aceleraciones | acceleration polygon.
polígono de distribución acumulativa | cumulative-distribution polygon.
polígono de equilibrio | equilibrium polygon.
polígono de experiencias | proving yard | proving ground.
polígono de experiencias (artillería) | experimental range.
polígono de experiencias de misiles | missile range.
polígono de frecuencias | frequency polygon.
polígono de fuerzas | polygon of forces | force polygon | diagram of stresses | ray-diagram | vector polygon.
polígono de fuerzas (cálculo estructuras reticuladas) | stress diagram.
polígono de lanzamiento (torpedos, misiles) | range.
polígono de lanzamiento de cohetes | rocket range.
polígono de las S | S-polygon.
polígono de n lados | N-gon.
polígono de porcentaje acumulativo | cumulative-percentage polygon.
polígono de pruebas | test site.
polígono de pruebas de armas | weapon-firing range.
polígono de pruebas de material de guerra | ordnance test station (OTS).
polígono de reglaje de torpedos | torpedo range.
polígono de tiro | range | gun testing range | target range | firing range.
polígono de tiro (artillería) | experimental range | proving ground | butt.

polígono de tiro de fusil | rifle-range.
polígono de tiro de gran alcance | long-range proving ground.
polígono de tiro de misiles nucleares | nuclear-missile proving ground.
polígono de tiro fotográfico aerodinámico | aerodynamic spark range.
polígono de velocidades | velocity polygon.
polígono de vidrio de doce lados | twelve-sided glass polygon.
polígono degenerado | degenerate polygon.
polígono funicular | link polygon | equilibrium polygon | string polygon | funicular polygon.
polígono inscrito | inscribed polygon.
polígono irregular | irregular polygon.
polígono óptico | optical polygon.
polígono para disparo de cohetes | rocket-firing range.
polígonos inscritos | cyclic polygons.
polígonos isoperimétricos | isoperimetric polygons.
poligonoscopio | polygonoscope.
polígrafo | polygraph | polygraph.
poligrama | polygram.
poligramático | polygrammatic.
polihíbrido | polyhybrid.
polihídrico | polyhydric.
polihidroxieter | polyhydroxyether.
polihidroxieter termoplástico | thermoplastic polyhydroxyether.
polihistor | polyhistor.
poliimida cromática reticulada | cross-linked aromatic polyimide.
poliinsaturado | polyunsaturated.
polilarguero | multispar.
polilingüista | polylinguist.
polilingüística | polylinguistics.
polilito | polylith.
polilocuo (persona) | polyloquist.
poliloquia | polyloquism.
polilla | moth | worm.
polilla de la madera | timber worm.
polilla de las casas (Iberoamérica) | house longhorn borer.
polilla de las pieles | fur-moth.
polillicida | moth exterminator.
polillífugo | moth-repellant.
polillorresistente (telas) | moth-resistant.
polimatia | polymathy.
polimento con cepillo | brush polishing.
polimería | polymerism.
polimérico | polymeric.
polimerismo | polymerism.
polimerizabilidad | polymerizability.
polimerizable | polymerizable.
polimerización (química) | polymerization.
polimerización catódica de plásticos | plastics cathodic polymerization.
polimerización de adición | addition polymerization.
polimerización en bloque | bulk polymerization.
polimerización en solución | solution polymerization.
polimerización en tres dimensiones | cross-polymerization.
polimerización estereoespecífica | stereospecific polymerization.
polimerización por emulsión | emulsion polymerization.
polimerización por injerto de una cadena (química) | graft polymerization.
polimerización por radicales libres | free radical polymerization.
polimerización por rayos gamma | gamma polymerization.
polimerización térmica | bodying.
polimerización trimolecular | termolecular polymerization.
polimerización vinílica | vinyl polimerisation.
polimerizado | polymerizate.
polimerizado en caliente (resinas sintéticas) | oven-cure.
polimerizado por cocción | polymerized by baking.
polimerizar (EE.UU.) | polymerize (to).
polimerizar (G.B.) | polymerise (to).
polimerizar a la temperatura ambiente (resinas sintéticas) | air-cure (to).
polímero | polymer.
polímero ablativo | ablative polymer.
polímero acrílico | acryloid polymer.
polimero almidón-xantato | starch-xanthate polimer.
polímero atáctico (química) | atactic polymer.
polímero butalástico | butalastic polymer.
polímero catiónico | cationic polymer.
polímero celulósico | cellulose polymer.
polímero clorosulfonado vulcanizable | vulcanizable chlorosulphonated polymer.
polímero conductor | conducting polymer.
polímero de alquilato | alkylate polymer.
polímero de silicio y nitrógeno | silicon-nitrogen polymer.
polímero degradado | crosslinked polymer.
polímero elevado | high polymer.
polímero en masa | mass polymer.
polimero etilénico | ethylene polymer.
polímero formado por dos moléculas | dimer.
polímero fumárico | fumaric polymer.
polimero hidrófilo | water swellable polymer.
polímero injertado | grafted polymer.
polímero ligado | linked polymer.
polimero masivo | bulk polymer.
polímero obtenido por radiación ultravioleta | ultraviolet polymer.
polímero permeable al oxígeno | oxygen permeable polymer.
polímero reticulado | network polymer.
polímero vítreo | glassy polymer.
polímeros | polymers.
polímeros de butadiénico | butadiene polymers.
polímeros en crecimiento | living polymers.
polímeros fluoroaromáticos | fluoroaromatic polymers.
polímeros incompatibles | incompatible polymers.
polímeros latentes | living polymers.
polímeros sintéticos solubles en agua | aerofloсs.
polimetálico | polymetallical | polymetallic.
polimetalizar | polymetallize (to).
polímetro | multiple-purpose tester | voltammeter.
polímetro (meteorología) | polymeter.
polímetro degradado por irradiación | radiation crosslinked polymer.
polimítica | polymithy.
polimítico | polymithic.
polimorfia | polymorphy.
polimorfismo | polymorphism.
polimorfismo adaptativo | adaptative polymorphism.
polimorfismo equilibrado | balanced polymorphism.
polimorfo | polymorphic.
polimorfos (cristalografía) | polymorphs.
polimotor | multimotored.
polín | stool | skid.
polín (buques) | seat | chair | foundation.
polín (de caldera) | cradle | saddle.
polín colocado sobre el forro (buques) | shell seating.
polín colocado sobre un mamparo | bulkhead seating.
polín de asiento de válvulas (buques) | valve stool.
polín de caldera | boiler saddle | boiler bearer | boiler cradler.
polín de caldera (buques) | boiler foundation | boiler stool.
polín de calderas (buques) | boiler seating.
polín de dínamo (buques) | dynamo seating.
polín de la chumacera de empuje (buques) | thrust block seat | thrust seating.
polín de máquina (buques) | engine seating.
polín de motor (buques) | engine seating.
polín del eje (buques) | shaft stool.
polinario | polynary.
polines de los grupos auxiliares y de cubierta (buques) | auxiliaries seats.
polines de máquinas auxiliares y cubierta (buques) | auxiliary foundations.
polines de máquinas y calderas (buques) | main foundations.
polines del motor | motor seating.
polinización (botánica) | pollination.
polinización cruzada (biología) | cross-pollination.
polinomial | multinomial.
polinomio | polynomial | multinomial.
polinomio con ceros en un dominio dado | zero-restricted polynomial.
polinomio cuadrático | quadratic polynomial.
polinomio cuadrático en M | quadratic polynomial in M.
polinomio de interpolación | interpolating polynomial.
polinomio en Z de grado N | polynomial in Z of degree N.
polinomio matricial | matric polynomial.
polinomio mónico | monic polynomial.
polinomio monótono | monotonic polynomial.
polinomio trigonométrico | trigonometric polynomial.
polinomios de grado mínimo con coeficientes positivos | minimal positive polynomials.
polinucleado | much-nucleated.
polinuclear | polynuclear.
poliobulado (arco) | multifoil.
poliolefina | polyolefin | polyolefine.
polionimia | polyonymy.
poliónimo | polyonymous.
poliorcética | poliorcetics.
poliorcético | poliorcetic.
polipartición | polypartition.
polipasto | hoist block | pulley | block and falls | block and tackle | hoisting blocks | hoist-block | hoist | purchase | tackle.
polipasto de recambio | relieving tackle.
polipasto de retención | retaining tackle.
polipasto eléctrico accionado desde cabina superior (unida al polipasto) | pulpit-operated hoist.
polipasto eléctrico de izada rápida | quick-lift electric hoist.
polipasto para tensar hilos (líneas telegráficas) | linesmen's block.
poliplexor (radar) | polyplexer.
poliploide | polyploid.
poliploidia endonuclear | endonuclear polyploidy.
pólipo | polyp.
polipolio | polypoly.
polipropileno | polypropylene.
polipsonio | polypsony.
políptico | polyptic.
poliquetos | polychaeta.
poliquimioterapia | polychemotherapy.
polisacáridos | polysaccharides.
polisapróbico | polysaprobic.
polisarcia | polysarcia.
polisatelítico (genética) | polysatellitic.
poliscopio | polyscope.
polisemante | polysemant.
polisemia | polysemy | polysemia.
polisilicato de alquilo | alkyl polysilicate.
polisindéntico | polysyndetic.
polisíndeton | polysyndeton.
polisintético | polysinthetic.
polisome (biología molecular) | polysome.
polispasto | tackle.
polistaquia | polystachious.
polistilo | polystyle.
polistireno moldeado por inyección | injection-molded polystyrene.
polistireno resistente a altas temperaturas | high-heat polystyrene.
polisulfuros de calcio y sodio | yellow liquor.

politécnico | polytechnic.
politeísmo | polytheism.
politénico (genética) | polytene.
politeno | polythene.
politeno metalizado con metal fundido | flame-sprayed polythene.
politeno sólido | solid polythene.
politeno termoplástico | thermoplastic polythene.
politetrafluoroetileno | p.t.f.e..
politetrafluoroetileno (aislante) | polytetrafluoroethylene.
política | policy.
política (ciencia) | politics.
política alimentaria | food-power.
política anticíclica | contracyclical policy.
política antiproteccionista | free-trade policy.
política arancelaria | tariff policy.
política asimilista | assimilationist politics.
política bélica | war politics.
política clara | clear policy.
política cultural | cultural policy.
política de apoyo al cambio del dólar | dollar averaging.
política de austeridad | restraint policy.
política de disuación | policy of detente.
política de empobrecer al vecino | beggar my neigbour policy.
política de improvisación y arreglos | make-do-and-mend policy.
política de mano dura | get-tough policy.
política de precios | pricing policy | price policy.
política de precios y costumbres para marcarlos | price policies and pricing practices.
política de precios y rentas | prices and incomes policy.
política de producción con exportación | production-cum-export policy.
política de puerta abierta | open-door policy.
política de remuneraciones generadoras de rentas | incomes policy.
política de rentas | incomes policy.
política de restricción de crédito | tight money policy | tight credit policy.
política de sostenimiento de precios | price support policy.
política del gobierno sobre la vivienda | governmental housing policy.
política demográfica | demographic measures | population policy.
política desinflacionaria | disinflationary policy.
política financiera prudente | prudent financial policy.
política fiscal | fiscal policy | tax policy.
política fiscal del gobierno | government fiscal policy.
política gubernamental | government politics.
política monetaria | monetary policy.
política oficial de un partido político | party line.
política para coordinación de actividades | policy for coordination of activities.
política petrolera | oil politics.
política petrolera internacional | international oil policy.
política previsora | far-seeing policy.
política progresiva | progressivism.
política proteccionista | protectionist policy.
política tributaria | fiscal policy.
políticas científicas | science policies.
político-geográfico | politico-geographic.
politípico | polytypic.
politipismo (metalurgia) | polytypism.
politipo | polytype.
politipos (cristalografía) | polytypes.
politología | politology.
politólogo | politologist.
politomía | polytomy.
politomo | polytomous.
politonalidad | polytonality.
politopo | polytope.
politrópico | polytropic.
poliuretano | polyurethane.
poliuretano alveolar autoextintor | autoextinctor alveolar puliuretane.
poliuretano expandido | foamed polyurethane | expanded polyurethan.
polivalencia | polyvalence | versatility | multivalence.
polivalencia comercial | commercial polyvalence.
polivalente | multivalent | multipurpose | multivalued | versatile.
polivinilo | polyvinyl.
póliza | scrip | bill of type | inland revenue stamp | policy | beating | warrant | voucher.
póliza (de tipos) | font scheme.
póliza a todo riesgo | all-in policy.
póliza abierta | open policy of insurance | open cover | floating policy | open policy | running policy.
póliza abierta (Inglaterra) | permanent cover.
póliza abierta (seguros) | blanket policy.
póliza abierta para mercaderías en tránsito | transit floater.
póliza aduanera | customhouse permit.
póliza al portador | policy to bearer.
póliza ampliada por endoso | policy extended by endorsement.
póliza bancaria | banker's policy.
póliza bloque | block policy.
póliza caducada | canceled policy | lapsed policy.
póliza colectiva | group policy.
póliza colectiva de seguro de vida | master policy.
póliza combinada de seguro de fianzas | blanket bond.
póliza con algunos años de actualidad | term policy.
póliza con beneficios | participating policy.
póliza con intereses asegurable | interest policy.
póliza con posible variación del tipo y cláusulas | open certificate.
póliza con prima reducida | retention policy.
póliza con vencimiento fijo | time policy.
póliza conjunta | block policy.
póliza contra pérdida total o parcial | full-form policy.
póliza contra riesgos de acarreo | transit policy.
póliza de abono (seguros) | floater policy.
póliza de accidente individual (seguros) | personal accident policy.
póliza de accidentes personales | personal accident policy.
póliza de anualidad que garantiza un mínimo de pagos al pensionista y a sus herederos | life annuity certain.
póliza de cobertura mundial (seguros) | worldwide policy.
póliza de depósito (comercio) | warrant.
póliza de dividendo garantizada | guaranteed-dividend policy.
póliza de expectativa a término | term expectancy policy.
póliza de expectativa de vida | life expectancy policy.
póliza de fletamento | charter-party | contract of affreightment.
póliza de fletes | charter party.
póliza de honor | wager policy | honor policy | policy proof of interest.
póliza de indemnización global | aggregate indemnity policy.
póliza de mercancías (seguros) | content policy.
póliza de obligaciones generales | open policy of insurance.
póliza de referencia | voucher reference.
póliza de renta familiar | family income policy | family-income policy.
póliza de renta vitalicia | life income policy.
póliza de riesgo marítimo | sea risk policy.
póliza de riesgos varios | schedule policy.
póliza de seguro | policy | insurance policy.
póliza de seguro colectivo de vida | master policy.
póliza de seguro contra incendios | fire insurance policy.
póliza de seguro contra responsabilidad legal | legal-liability policy.
póliza de seguro contra responsabilidades de depositario | bailee policy.
póliza de seguro de ida y vuelta (buques) | round policy.
póliza de seguro de incendios | fire policy.
póliza de seguro de vida | life insurance policy.
póliza de seguro de vida pagado por una prima única global | lump sum life insurance policy.
póliza de seguro dotal | endowment insurance policy.
póliza de seguro durante la construcción | builder's policy.
póliza de seguro incambiable sin consentimiento del asegurado | closed contract.
póliza de seguro marítimo | maritime insurance policy.
póliza de seguros | policy of insurance | insurance cover | cover.
póliza de seguros combinada | combination policy.
póliza de seguros con prima adicional para daños imprevistos | assessable insurance.
póliza de seguros de una flota automovilística | fleet policy.
póliza de tarifa creciente | increasing-rate policy.
póliza de valor declarado | valued policy.
póliza de valor prefijado | valued policy.
póliza de viaje | voyage policy.
póliza de vida de pagos limitados | limited-payment life policy.
póliza de vida entera | straight-life policy.
póliza de vida mancomunada | joint life policy.
póliza del seguro marítimo | marine insurance policy.
póliza del último superviviente | last-survivor policy.
póliza dotal (seguros) | endowment policy.
póliza en blanco | unvalued policy.
póliza en general | blanket policy.
póliza flotante | declaration policy | floating policy | open policy | running policy.
póliza flotante (póliza abierta) | floater.
póliza flotante (póliza abierta - seguro marítimo) | floater policy.
póliza flotante (seguros) | open cover.
póliza flotante (seguros marítimos) | blanket policy.
póliza integral | blanket policy.
póliza integramente pagada | paid-up policy.
póliza liberada | paid-up policy | policy free of premium.
póliza marítima | marine policy.
póliza mixta (fuerza y luz) | all-in agreement.
póliza neta | clear policy.
póliza no embargable (seguros) | nonforfeiting policy.
póliza no valorada | open policy.
póliza nominada (póliza mencionando el nombre del buque y detalles del destino de la carga - seguro marítimo) | named policy.
póliza nominativa | named policy.
póliza oficial del Lloyd's | Lloyd's form.
póliza ordinaria de vida | ordinary life policy.
póliza para riesgos en puertos | port risk policy.
póliza para viaje redondo (buques) | round policy.
póliza por plazo fijo | time policy.
póliza prescrita | lapsed policy.
póliza proforma | sample policy.
póliza provisional (seguros) | cover note.
póliza que a cada partida no se le fija un valor concreto | nonvalued policy.
póliza que cubre el riesgo de avería particular (seguros) | WPA.
póliza que engloba existencias varias que regularmente hay que informar para ajustar la prima | reporting policy.

póliza reaseguradora | reinsurance policy.
póliza sin tasación de los bienes asegurados | nonvalued policy.
póliza sin valor declarado | unvalued policy.
poliza sin valor prefijado | unvalued policy.
póliza suplementaria (seguros) | supplementary policy.
póliza suscrita de acuerdo con las leyes provinciales (EE.UU.) | standard fire policy.
póliza tasada | valued policy.
póliza temporal | time policy.
póliza universal | world-wide policy.
póliza vitalicia | life policy.
pólizas de seguro a término | term insurance policies.
polizoario | polyzoan.
polizón | stowaway.
polizón (vestidos) | bustle.
polje (depresión grande) | polje.
polo | pole.
polo (redes eléctricas) | port.
polo acuático (deporte) | water polo.
polo análogo | analogous pole.
polo antártico | antarctic pole | South pole.
polo Antártico (geografía) | austral pole.
polo antílogo | antilogous pole.
polo ártico | boreal pole.
polo austral | antarctic pole | South pole.
polo Austral (geografía) | austral pole.
polo austral (magnetismo) | marked pole | marked end | red pole.
polo auxiliar (interpolo - electricidad) | compole.
polo blindado | shaded pole.
polo blindado (electroimán) | shaded-pole.
polo boreal | boreal pole.
polo boreal (magnetismo) | South pole.
polo celeste | celestial pole.
polo compensador | compensating pole.
polo compensador (interpolo - electricidad) | compole.
polo con devanado en cortocircuito para alterar el flujo magnético | shaded pole.
polo con sección de paralelogramo (máquinas eléctricas) | skewed pole.
polo consecuente | following pole.
polo de conmutación | reversing pole | interpole.
polo de conmutación (interpolo - electricidad) | compole.
polo de conmutación (polo auxiliar) | commutating pole.
polo de desarrollo | development area.
polo de hemisferio del observador | elevated pole.
polo de los hielos (84 °N. y 17,5 °O.) | pole of inaccessibility.
polo energético | energy centre | energy park.
polo estatórico asimétrico (motor monofásico) | shaded pole.
polo galáctico | galactic pole.
polo inductor | field pole.
polo inductor (electricidad) | field magnet.
polo magnético | magnetic pole.
polo magnético inductor | inducing magnetic pole.
polo negativo (pila eléctrica) | platinode.
polo Norte | arctic pole | boreal pole.
polo norte (magnetismo) | marked pole | red pole | marked end | austral pole.
polo piroeléctrico negativo (piroelectricidad) | antilogous pole.
polo positivo (electricidad) | positive pole.
polo puesto a masa | earthed pole.
polo rodeado de un anillo de cobre | shaded-pole.
polo septentrional | boreal pole.
polo Sur | antarctic pole | South pole.
polo Sur (geografía) | austral pole.
polo unidad | unit pole.
polo unitario | unit pole.
polología | polology.
polonio | plonium | actinium C'a | actinium'a | actinium A.
polonio (Po) | polonium.
polos análogos | similar poles.
polos consecuentes | consequent poles.
polos consecutivos | consecutive poles.
polos de electrificación contraria | opposite poles.
polos de sentido opuesto | poles asunder.
polos de una malla cerrada | closed-loop poles.
polos del mismo nombre | similar poles | like poles.
polos magnéticamente cortocircuitados | magnetically short-circuited poles.
polos opuestos | asunder poles | opposite poles.
polos semejantes | like poles.
poltofagia | poltophagy.
poluante | polluant.
polución calorífica | thermal pollution.
polución de aire | air pollutant.
polución de un río | rise pollution.
polución del aire | air pollution.
polución del medio ambiente | pollution of the environment.
polución del terreno | ground pollution.
polución fluvial | stream pollution.
polución originada por las industrias metálicas | metallic pollution.
polución por aceite | oil pollution.
polución por espuma de detergente (ríos) | detergent foam pollution.
polución radiactiva | radioactive pollution.
polución térmica | calefaction | thermal pollution.
polución urbana | urban pollution.
polución urbana del agua | urban water pollution.
polucionado con azufre | sulfur-polluted.
polucionado con sulfuros | sulfide polluted | sulfide-polluted.
polucionador | polluter.
polutante | pollutant.
polutante particulado | particulate pollutant.
polutante particulado del aire | particulate air pollutant.
polvareda estelar (cosmos) | interstellar dust.
polvareda interestelar | interstellar grains.
polvera | powder compact.
polvillo de cenizas | fly ash.
polvillo que se acumula en el rascador (fabricación papel) | doctor dust.
polvo | dust | dirt | flour.
polvo (de diversas sustancias) | meal.
polvo (de muela de afilar) | dust-bag.
polvo abrasivo | grinding powder.
polvo abrasivo desleído | levigated abrasive powder.
polvo abrasivo finísimo | floated fluor.
polvo abrasivo ultrafino | grinding flour.
polvo absorbente tóxico | toxicant-sortive dust.
polvo acicular (pulvimetalurgia) | acicular powder.
polvo aglutinante | agglutinating powder.
polvo amorfo | amorphous powder.
polvo atmosférico | atmospheric duct.
polvo atmosférico y partículas salinas | lithometeor.
polvo atomizado totalmente aleado | fully-alloyed atomized powder.
polvo cianográfico | blueprint powder.
polvo coloidal | colloidal powder.
polvo compactado en frío | cold-compacted powder.
polvo compactado hidrostáticamente | hydrostatically compacted powder.
polvo comprimido | pressed powder.
polvo con partículas de diversos tamaños | polysize powder.
polvo consolidado | consolidated powder.
polvo cósmico | cosmic dust.
polvo de acero (pulvimetalurgia) | steel powder.
polvo de acero inoxidable | stainless steel powder.
polvo de aleación | alloy powder.
polvo de aluminio | aluminum powder.
polvo de aluminio extrabrillante | extrabrilliant aluminium powder.
polvo de amolado | wheel swarf.
polvo de amolado o laminado de metales | metal swarf.
polvo de antracita | culm | culm breeze.
polvo de asfalto | asphalt powder.
polvo de barreno | bore meal.
polvo de blanqueamiento | bleaching powder.
polvo de bocarte | powdered ore.
polvo de bronce | gold powder.
polvo de canales de gases aglomerado a alta temperatura (alto horno) | sinter.
polvo de carbón | coal-dust | culm | coal dross | coal dust.
polvo de carbón de madera | powdered-charcoal.
polvo de carbón de roble (fundición) | blackening.
polvo de carbón inflamable | inflammable coal dust.
polvo de carbón mezclado con arcilla | stup.
polvo de carbón pirofórico | pyrophoric carbon dust.
polvo de caucho | rubber powder.
polvo de cementación | cementing powder.
polvo de cobre obtenido por reducción del óxido | oxide-reduced copper powder.
polvo de color blanco insatisfactorio | off-white powder.
polvo de corcho | powdered cork.
polvo de cuero | hide powder.
polvo de diamante (para pulimentar) | bort.
polvo de diamante clasificado | graded diamond dust.
polvo de diamante de tamaño micrométrico | microsize diamond powder.
polvo de diamante depositado electrometálicamente | electrometallically deposited diamond dust.
polvo de elaboración | process dust.
polvo de estaño pulverizado | atomized-tin powder.
polvo de grano grueso | large grain powder.
polvo de granos gruesos | coarse-grained powder.
polvo de hierro | iron dust.
polvo de ladrillo | brick dust.
polvo de ladrillo o polvo de escorias de alto horno | parting sand.
polvo de los conductos de humos | flue dust.
polvo de los conductos de humos (hogares) | dust-flue.
polvo de machaqueo | flour.
polvo de madera agusanada | bore dust.
polvo de mármol | marble flour.
polvo de mezcla de metales | mixed metal powder.
polvo de motas (lana) | bur dust.
polvo de muelas abrasivas | grit.
polvo de nilón | powdered nylon.
polvo de níquel recién reducido | freshly reduced nickel powder.
polvo de oro | gold dust | gold powder | gold flour.
polvo de partículas de cinc recubiertas de óxido (extracción del cinc por destilación) | blue metal.
polvo de plomo | lead dust.
polvo de pómez | pounce.
polvo de reducción hidrogénica de óxido metálico | hydrogen reduced powder.
polvo de roca | rocky powder | rock flour.
polvo de tamaño especificado | sizd powder.
polvo de tamaño mayor que la especificación | oversize powder.
polvo de tragante de humos amasado con agua | pugged flue dust.
polvo de turba | peat litter.
polvo de una droga mezclada con azúcar de leche y que tiene el doble de concentración de la droga original | abstract.

polvo de vidrio | glass powder.
polvo de zinc | zinc dust.
polvo de zinc depositado en los condensadores de los hornos para extraer zinc | zinc fume.
polvo del rectificado | grinding dust.
polvo del tragante (alto horno) | flue dust.
polvo dendrítico | arborescent powder.
polvo desengrasador | scouring powder.
polvo dispersible en agua | water dispersible powder.
polvo dosificado | graded powder.
polvo electroscópico | electroscopic powder.
polvo en escamas (pulvimetalurgia) | flake powder.
polvo entremezclado con aceite | grindstone swarf.
polvo esferoidal | globular powder.
polvo facial | powder.
polvo facial compacto | pressed powder.
polvo finísimo de cobre | float copper.
polvo finísimo de oro | float gold.
polvo fino de cobre | flour copper.
polvo fino que contiene de (75 a 90%) de cinc puro | blue dust.
polvo graduado con precisión | correctly graded powder.
polvo grafítico precipitado producido en el enfriamiento lento (hierro fundido rico en carbono) | kish.
polvo harinoso (de insectos) | farina.
polvo hipidiomorfo | hypidiomorphous dust.
polvo idiomorfo | idiomorphous dust.
polvo impalpable | atomized powder.
polvo impuro de oro | commercial dust.
polvo inadherente | nonadherent powder.
polvo inflamable | combustible dust | ignitable dust.
polvo insoluble | insoluble powder.
polvo interestelar | interstellar dust | interstellar grains.
polvo magnético de ferroaleación | iron-alloy magnetic powder.
polvo mal graduado | poorly graded powder.
polvo metálico | metallic dust.
polvo metálico sinterizado | sintered metallic powder.
polvo metálico submicrónico | submicron metal power.
polvo micrométrico | ultrafine dust | micron dust.
polvo microscópico fabricado por deposición electrolítica de caolín de una solución acuosa | osmose kaolin.
polvo moldeable de acero inoxidable | moldable stainless steel powder.
polvo muy fino de diamante | diamond flour.
polvo negro | black powder.
polvo no fumante | nonfuming powder.
polvo para cementar | hardening powder.
polvo para cementar (metalurgia) | hardfacing powder.
polvo para espolvorear (moldería) | facing.
polvo para jaleificar la gasolina | fire roe.
polvo para la ignición | ignition powder.
polvo para purificar metales | cupel dust.
polvo pardo que aparece entre las caras en contacto de piezas de hierro | cocoa.
polvo plástico | moulding powder.
polvo pólvora | powder.
polvo prealeado | pre-alloyed powder.
polvo precipitado químicamente | chemically precipitated powder.
polvo prensado | compressed powder.
polvo producido por precipitación química | precipitated powder.
polvo pulidor de óxido de cerio | cerium oxide polishing powder.
polvo pulverizado | pulverized powder | comminuted powder | desintegrated powder.
polvo que cambia de color según la temperatura | thermocolor.
polvo que conserva todo el aroma (alimentos) | flavorful powder.
polvo recién preparado | freshly-prepared powder.
polvo recuperado de la condensación de vapores que llevan partículas en suspensión | fumed powder.
polvo reducido elctrolíticamente | electrolytically reduced powder.
polvo rellenador | filler.
polvo residual | fallout.
polvo resinoso para ataque | resinous etching powder.
polvo silicosígeno | silicosis-producing dust.
polvo sinterizable | sinterable powder.
polvo sinterizado de aluminio | sintered aluminum powder.
polvo sinterizado de níquel-carbónilo | sintered carbonyl-nickel powder.
polvo tóxico | toxic dust.
polvo zodiacal | zodiacal dust.
pólvora al nitrato | nitrate powder.
pólvora amidada | amide powder.
pólvora balística conteniendo nitrocelulosa más nitroglicerina | ballistic powder.
pólvora cloratada | chlorate powder.
pólvora coloidal | colloidal powder.
pólvora comprimida | pellet powder | compressed powder.
pólvora con nitrato sódico (12%) | B blasting powder.
pólvora con nitrocelulosa y nitroglicerina | double-base powder.
pólvora de base única | single-base powder.
pólvora de cañón | gunpowder | cannon powder.
pólvora de cañón mal hecha | green charge.
pólvora de caza | fowling powder | shooting powder.
pólvora de combustión lenta | slow-combustion powder | low powder.
pólvora de combustión progresiva | progressive burning powder | progressively burning powder.
pólvora de combustión rápida | quick-burning powder.
pólvora de doble base | double-base powder.
pólvora de ejercicios | blank-cartridge powder.
pólvora de grano esférico | ball powder.
pólvora de grano grueso | large grain powder | pebble-powder | pebble-stone | coarse-grained powder | pellet powder.
pólvora de grano redondo | round-grain powder.
pólvora de granos finos | fine-grained powder.
pólvora de granos muy pequeños | mealed powder.
pólvora de guerra | service powder | military powder.
pólvora de mina | rackarock | mining powder | blast powder | blasting powder.
pólvora de nitrocelulosa | nitrocellulose powder.
pólvora de propulsión | propellant.
pólvora de siete canales | heptatubular powder.
pólvora en escamas | scale powder.
pólvora en grano | grained powder | corn powder.
pólvora eptacanálica | heptatubular powder.
pólvora esferoidal | spheroidal powder.
pólvora extruida con disolvente | solvent-extruded powder.
pólvora extruida sin disolvente | solventless-extruded powder.
pólvora fulminante | detonating powder.
pólvora graneada | grain powder.
pólvora húmeda (proceso de fabricación) | green powder.
pólvora lenta | delay powder.
pólvora multitubular | multitubular powder.
pólvora muy fina | mealed powder.
pólvora negra | black powder | black gunpowder.
pólvora negra de mina | black blasting powder.
pólvora negra progresiva | ordinary powder.
pólvora nitrada | nitrate powder.
pólvora nitrocelulósica | single-base powder | pyro powder.
pólvora para zanjeo | ditching powder.
pólvora parda | brown powder | cocoa powder.
pólvora pavonada | glazed powder.
pólvora prismática | prismatic powder.
pólvora reglamentaria | service powder.
pólvora sin humo de combustión rápida | fast-burning smokeless powder.
pólvora tipo | standard powder.
pólvora tubular | macaroni powder | tubular powder.
pólvora viva | quick-burning powder | quick powder | hasty powder.
pólvoras calientes (de autocombustión completa) | hot powders.
pólvoras frías (de autocombustión imcompleta por falta de oxígeno) | cold powders.
polvorero (el que da fuego a los barrenos) | shooter.
polvorero (minas) | shotman | hole man | powderman | shot lighter.
polvorero pegador (minas) | shot-firer.
polvoriento | dusty.
polvorín (edificio) | powder depot | powder house | powder magazine | magazine.
polvorín (mecha) | powder train.
polvorín (pólvora) | priming powder.
polvorista | fire worker | fireworks-maker.
polvos de boj | box dust.
polvos de broncesoldeo de aleación de plata | silver-alloy brazing powder.
polvos de cementar (aceros) | carbonizer.
polvos de cementar (metalurgia) | cement.
polvos de conductos de humos recuperados | recovered flue-dusts.
polvos de esmeril | flour | emery slime.
polvos de estaño (pulimento del vidrio) | putty-powder.
polvos de gas | bleaching powder.
polvos de poliestireno para moldear | polystyrene molding powders.
polvos de soldadura | welding powders.
polvos de soldar | welding powder.
polvos decapantes | pickling powder.
polvos esféricos | spherical powders.
polvos estériles (minas) | rock-dusts.
polvos impalpables prealeados | atomized prealloyed powders.
polvos incombustibles (minas) | rock-dusts | stonedust.
polvos inertes | inert dusts.
polvos insecticidas | insect powder | insecticide powder.
polvos medicinales para uso externo | dusting powder.
polvos metálicos de la familia del hierro | iron family metallic powders.
polvos neumoconiosígenos | pneumoconiosis producing dusts.
polvos para cementar | cementation powder.
polvos para cementar (metalurgia) | cementing powder.
polvos para limpiar suelos | household cleansing powder.
polvos para moldeo | molding powders.
polvos para pulido metalográfico | metallographic polishing powder.
polvos para pulir la plata | plate-powder.
polvos prealeados | prealloyed powders.
pollo | fowl.
pollo de engorde acelerado | broiler.
pomada | ointment | grease.
pomada antibiótica | antibiotic ointment.
pomada antiempañante | antidim ointment.
pombeira (Petitia spp) | fiddlewood.
pomicultor | fruit-farmer | fruit grower.
pomicultura | fruit growing | pomiculture.
pomífero | fruit-bearing.
pomiforme | apple-shaped.
pomo | umbo | pome.
pomo (puertas) | knob.
pomografía | pomography.

pomología | pomology.
pomólogo | pomologist.
poncho | cloak.
poncho (Colombia, Venezuela) | poncho.
ponderabilidad | ponderability | weighability.
ponderable | weighable.
ponderación | weighing | weighting | loading.
ponderación base | base weight.
ponderación de espíritu | soberness of thought.
ponderación en el tiempo | time weighting.
ponderación fija | fixed weight.
ponderación posestratificada | poststratified weighting.
ponderaciones | weights.
ponderado | weighted.
ponderancia | ponderancy.
ponderar | evaluate (to).
ponedora (gallina) | laying.
ponencia | conference paper | motion | proposal.
ponencia (de una comisión) | committee of reference.
ponencia (documental) | paper.
Ponencia del Comité | Panel of the Committee.
ponencias de trabajo | working parties.
ponente | mover | reporter | chair.
ponente (de una moción) | proposer.
poner | feed (to) | put (to) | put in (to) | place (to) | set down (to).
poner (cables, tuberías) | lay down (to).
poner (firma, sello, etc.) | affix (to).
poner (negocios, tienda, etc.) | set up (to).
poner (pleitos) | enter (to).
poner (tipografía) | lay (to).
poner (una trampa) | set on (to).
poner a cero | zero (to) | adjust the zero (to) | zeroize (to) | restore (to) | reset (to).
poner a cero (aparatos) | reset to clear (to).
poner a cero (memoria) | cancel (to) | clear (to).
poner a cero contadores | initialize (to).
poner a contribución | call into requisition (to).
poner a cubierto | house (to).
poner a fil de viento (velas) | back and fill (to).
poner a flote | float (to).
poner a flote (buques) | bring afloat (to).
poner a flote (buque) | lift (to).
poner a flote (buque encallado) | get off (to).
poner a flote (buque varado) | bring off (to).
poner a flote (buques) | get afloat (to).
poner a gruesos (carpintería) | thickness (to).
poner a la hora | time (to).
poner a la vía (timón buque) | right (to).
poner a la vía el timón | shift the rudder (to).
poner a la vista | spread (to).
poner a media asta (bandera) | half-staff (to).
poner a nombre de la esposa | place in the wife's name (to).
poner a nombre de otro | setover (to) | set over (to).
poner a paño (embutir - asas, cabezas de tornillos) | flush (to).
poner a pique (apear - anclas) | cockbill (to).
poner a prueba | test (to) | prove (to) | try (to).
poner a punto (programa) | prove out (to).
poner a punto el motor | tune up engine (to).
poner a punto un programa (informática) | debug (to).
poner a registro (prensa tipográfica) | make ready (to).
poner a rumbo (aviones) | set course (to).
poner a tierra (electricidad) | connect to earth (to) | ground (to) | earth (to).
poner a tierra (poner a masa - electricidad) | frame (to).
poner a tierra el hilo neutro | earth the neutral (to).
poner a un lado | layby (to) | put up (to) | shelve (to).
poner a velocidad superior (autos) | change up (to).
poner a 0 (bit) | turn off (to).
poner a 1 | set (to).
poner abrigaños | mat (to).
poner al abrigo | house (to).
poner al abrigo de | free from (to).
poner al aire | weather (to).
poner al corriente | write up (to).
poner al descubierto | lay bare (to).
poner al día | update (to) | bring up to date (to).
poner al día (contabilidad) | write up (to).
poner al pago (una factura, etc.) | pass for payment (to).
poner al revés | upset (to).
poner albardilla (a un muro) | cope (to).
poner aletas (tubos, cilindros) | rib (to).
poner anuncios | advertise (to).
poner aparte | segregate (to) | setoff (to).
poner aros | hoop (to).
poner aros (barriles) | hoop (to).
poner aros nuevos (pistones) | re-ring (to).
poner asas | ear (to).
poner asiento de mimbre (sillas) | cane (to).
poner asiento nuevo (sillas, autos, etc.) | reseat (to).
poner áspero | rough (to).
poner atravesado | lay across (to).
poner bajo fianza | bind over (to).
poner ballenas | bone (to).
poner bandajes (ruedas) | bandage (to).
poner blando | limber (to).
poner boca abajo | turn down (to).
poner bordillo (aceras) | kerb (to) | curb (to).
poner botones | button (to).
poner bridas (tubos) | flange (to).
poner bridas nuevas (tubos) | reflange (to).
poner brocal (pozos) | kerb (to).
poner burletes | sandbag (to) | list (to) | stuff (to).
poner caballete (cubierta de edificio) | crest (to).
poner cable nuevo (ascensores, etc.) | rerope (to).
poner calderas nuevas | reboiler (to).
poner camisa exterior (recipientes, cilindros) | jacket (to).
poner canalones de recogidas de aguas | gutter (to).
poner caperuza a | cowl (to).
poner capucha a | cowl (to).
poner carriles | rail (to).
poner carriles nuevos | rarail (to).
poner cartabones (acartabonar - estructuras) | gusset (to).
poner celosías | lattice (to).
poner cenefa a | skirt (to).
poner cerradura | lock (to).
poner cimbra | center (to).
poner clavos en las suelas | hobnail (to).
poner colgaduras | hang (to) | drape (to).
poner comillas (imprenta) | begin quote (to).
poner compuertas | gate (to).
poner corcho nuevo | recork (to).
poner corona (a un diente) | crown (to).
poner cortinas | curtain (to).
poner crin a un arco de violín | hair (to).
poner cristales | glass (to).
poner cuadratines | quad (to).
poner cubierta de plancha de plomo (edificios) | lead (to) 00.
poner cubierta nueva a una rueda (autos) | reshoe (to).
poner cubiertas nuevas (ruedas autos) | retire (to).
poner cuchillos (vestidos) | gore (to).
poner de acuerdo | make agree (to).
poner de aprendiz | apprentice (to).
poner de canto | set on edge (to) | place edgeways (to).
poner de centinela | post (to).
poner de fondos para | finance (to).
poner de manifiesto | expose (to) | set forth (to).
poner de nuevo a flote (buques) | refloat (to).
poner de nuevo en servicio asignándole personal (unidades, instalaciones) | reactivate (to).
poner de nuevo las paletas (turbinas) | reblade (to).
poner de relieve | emphasize (to).
poner defensas (a las máquinas) | fence (to).
poner derecho | rear (to) | square (to).
poner dificultades | demur (to).
poner diques ribereños (ríos) | embank (to).
poner disyuntores a los circuitos | trip guard circuits (to).
poner dos hombres por remo | double-bank (to).
poner dos letras | drop a note (to).
poner dos locomotoras en cabeza (tracción trenes) | double-head (to).
poner duelas | stave (to).
poner el filme sobre el proyector (cine) | thread (to).
poner el forro de madera (buques madera) | plank (to).
poner el libro mayor al día | post up the ledger (to).
poner el seguro (armas) | uncock (to) | put on safe (to).
poner el sello | seal (to) | affix the seal (to).
poner el sello del contraste | hall-mark (to).
poner el signo (tipografía) | prime (to).
poner el veto | veto (to).
poner el visto bueno | attest (to).
poner emplastos | plaster (to).
poner en acta | minute (to).
poner en bandolera (hélice de paso modificable en vuelo) | feather (to).
poner en batería | unlimber (to).
poner en batería (cañones) | place in position (to).
poner en batería las piezas (artillería) | emplace the pieces (to).
poner en buen asiento (buques).
poner en capas | couch (to).
poner en cifra (poner números en vez de letras) | encipher (to).
poner en circuito | connect (to) | switch on (to) | circuit (to).
poner en circulación (filmes) | release (to).
poner en circulación (valores) | issue (to).
poner en claro | clear up (to).
poner en clave | key (to) | encode (to).
poner en código | encipher (to).
poner en común | pool (to).
poner en condición inicial | reset (to).
poner en cuenta | charge (to).
poner en cultivo | break ground (to).
poner en derivación | shunt (to).
poner en derivación (electricidad, vapor, etc.) | bypass (to).
poner en desorden | litter (to).
poner en dirección paralela | parallel (to).
poner en duda | call in question (to) | impugn (to).
poner en el banco de pruebas (motores) | put on the block (to).
poner en el seguro (armas fuego) | half-cock (to).
poner en el suelo | floor (to).
poner en el torno (torno) | chuck (to).
poner en escena | mount (to).
poner en espaldera | train (to).
poner en espaldera (agricultura) | train (to).
poner en espiral (conductores eléctricos) | corkscrew (to).
poner en estación (aparato topográfico) | center (to).
poner en estación (topografía) | set on (to).
poner en estación (topogría) | set up (to).
poner en estación el instrumento (topografía) | set up the instrument (to).
poner en estado | service (to).
poner en estado cero al instrumento | reset the meter (to).
poner en estado de funcionar | make ready (to) | get ready (to).
poner en evidencia | pinpoint (to) | emphasize (to).
poner en explotación | exploit (to).
poner en explotación (saltos de agua) | harness (to).

poner en fase | time (to) | phase (to).
poner en fila | range (to).
poner en forma gráfica | graphitize (to).
poner en funcionamiento una caldera | serve a boiler (to).
poner en grada (buques) | lay on the stocks (to).
poner en infusión | steep (to).
poner en juego | put forth (to).
poner en la flota de reserva en estado encapullado (buques de guerra) | inactivate (to).
poner en la obra | place (to).
poner en la orden del día | place on the calender (to).
poner en la pantalla (cine) | screen (to).
poner en libertad | let loose (to) | let out (to) | release (to) | discharge (to).
poner en libertad (de la prisión) | enlarge (to).
poner en libertad (detenidos) | get off (to).
poner en libertad bajo fianza | bail (to) | let out on bail (to).
poner en libertad bajo fianza (jurídico) | release on bail (to).
poner en libertad condicional | parole (to).
poner en limpio | engross (to).
poner en manos de | hand (to).
poner en marcha | set going (to) | get going (to) | move (to) | release (to).
poner en marcha (máquina) | functionate (to).
poner en marcha (máquinas) | work (to) | set at work (to) | start (to) | restart (to).
poner en marcha (motor chorro) | fire the pipe (to).
poner en marcha con la manivela de arranque (motores) | crank up (to).
poner en marcha el motor | release the motor (to).
poner en marcha una máquina eléctrica | power (to).
poner en movimiento | move (to) | start (to) | release (to).
poner en música | set to music (to).
poner en obra | execute (to) | set in action (to) | bring into action(to) | put in action (to).
poner en órbita | put into orbit (to) | inject in orbit (to) | place in orbit (to) | inject into an orbit (to).
poner en órbita (satélite artificial) | put in orbit (to).
poner en orden | clear up (to) | trim (to) | array (to) | dress (to).
poner en página (tipografía) | set up (to).
poner en paralelo | parallel (to).
poner en paralelo (electricidad) | parallel (to).
poner en paralelo las bombas | parallel the pumps (to).
poner en pedazos | crack up (to).
poner en peligro | imperil (to) | expose (to).
poner en pie | raise (to).
poner en posesión de los bienes de una herencia | seize (to).
poner en posición | range (to) | position (to).
poner en posición (artillería) | spot (to).
poner en posición de carga (cañones) | headspace (to).
poner en práctica | bring into being (to) | put in practice (to) | work out (to).
poner en producción | put in work (to).
poner en producción (pozo petróleo) | bring in (to).
poner en punto | adjust (to).
poner en punto una máquina | adjust a machine (to).
poner en puntos (escultura) | point (to).
poner en relieve | stress (to).
poner en resonancia | tune (to).
poner en ristre (la lanza) | couch (to).
poner en salmuera | brine (to).
poner en servicio | bring on the air (to).
poner en servicio (buque en reserva) | reactivate (to).
poner en servicio (una máquina) | place on the air (to).
poner en servicio activo | put in commission (to).
poner en servicio activo (buque en reserva) | unzipper (to).
poner en servicio activo (buques, aviones) | commission (to).
poner en servicio de nuevo (fábricas, buques, etc.) | demothball (to).
poner en situación de inactividad (fábricas, buques, etc.) | mothball (to).
poner en su sitio | place in position (to).
poner en un carretel (cables, etc.) | drum (to).
poner en un foso | pit (to).
poner en un hoyo | pit (to).
poner en una caja | encase (to).
poner en una lista | list (to).
poner en una prensa | press (to).
poner en venta | put up for sale (to) | release (to).
poner en viento (velas) | brace full (to).
poner en vigor (contratos) | enter (to).
poner en vigor (una ley) | enforce (to).
poner enjaretados (buques) | grate (to).
poner entre comillas (tipografía) | quote (to).
poner entre corchetes (tipografía) | brace (to).
poner entre paréntesis | bracket (to).
poner escalas (andamiajes, etc.) | ladder (to).
poner escaleras (andamiajes, etc.) | ladder (to).
poner esclusas | lock (to).
poner espigones | groin (to).
poner espoleta (proyectiles) | fuze (to) | fuse (to).
poner fachada | front (to).
poner fecha equivocada | misdate (to).
poner fecha nueva | redate (to).
poner fin a la huelga | end the strike (to).
poner fin al abuso | curb abuses (to).
poner fin al mal uso | curb abuses (to).
poner fondos (barriles) | head (to).
poner fondos a un barril | head a cask (to).
poner forro de cobre (buques madera) | copper (to).
poner forro nuevo | reline (to).
poner fuera de circuito | short (to) | disconnect (to) | switch off (to) | switch out (to).
poner fuera de circuito (bombas, calderas, etc.) | short-circuit (to).
poner fuera de circuito (una tubería, un aparato, etc.) | bypass (to).
poner fuera de combate | disable (to) | put out of action (to).
poner fuera de combate (boxeo) | knock out (to).
poner fuera de combate (buques) | cripple (to).
poner fuera de juego (deportes) | out (to).
poner fuera de servicio | cripple (to).
poner fuera de servicio (máquinas) | disable (to).
poner fusiles en pabellón | stack (to).
poner grillos | bolt (to).
poner hiladas en voladizo | corbel (to).
poner hilo de retorno (en vez de vuelta por tierra - telefonía) | metallicize (to).
poner huevos | lay eggs (to).
poner huevos (gallinas, etc.) | lay (to).
poner índice | table (to).
poner junto (cosas) | put together (to).
poner la barbada (freno de caballo) | curb (to).
poner la capa final (firmes de carreteras) | carpet (to).
poner la carga iniciadora | prime (to).
poner la clave (arcos) | key (to).
poner la proa a la mar | stand off (to).
poner la proa al viento (buques) | scant (to).
poner la proa en los diversos puntos del compás (compensación de la aguja) | swing (to).
poner la quilla (buques) | lay down a ship (to) | lay on the stocks (to).
poner la resistencia fuera de circuito | short the resitor (to).
poner la vela en forma que no reciba viento (buques vela) | spill (to).
poner ladrillos nuevos (calderas) | rebrick (to).
poner lámparas | lamp (to).
poner las esposas (a presos) | handcuff (to).
poner las tablas de piso | plank (to).
poner lengüeta (instrumento música) | reed (to).
poner letras cursivas (imprenta) | italicize (to).
poner letrero a | letter (to).
poner lienzo nuevo (cuadros) | reline (to).
poner límite a | limit (to).
poner los armones | limber (to).
poner los bebederos (fundición) | gate (to).
poner los labios en | lip (to).
poner llanta nueva (ruedas) | rebind (to).
poner llantas (ruedas) | shoe (to).
poner llantas (ruedas carros) | hoop (to).
poner llaves (viga compuesta de madera) | key (to).
poner mango (herramientas) | handle (to).
poner mango a | hilt (to) | helve (to).
poner marbete a | label (to).
poner margen (hojas escritas) | margin (to).
poner más aparejo que el debido (yates, etc.) | overrig (to).
poner más bajo | take down (to).
poner más cera en los blancos del molde | build up (to).
poner más cuidado | bear down (to).
poner más pisos (edificios) | heighten (to).
poner mate | matt (to).
poner mercancías a la disposición del vendedor | place the goods at the seller's disposal.
poner mercancías en depósito | bond (to).
poner mercancías en depósito (aduanas) | bond goods (to).
poner nervios | rib (to).
poner nuevos motores | repower (to).
poner nuevos neumáticos | remount (to).
poner nuevos tubos (calderas, cañones) | retube (to).
poner palos | mast (to).
poner palletes (marina) | pudding (to).
poner pararrayos (edificios) | rod (to).
poner pedúnculos postizos (para hacer ramilletes) | stem (to).
poner perpendicular entre sí dos superficies | square (to).
poner piquetes de obreros (enfrente de una fábrica) | picket (to).
poner plaquita postiza (herramientas) | tip (to).
poner pleito | plead (to) | bring suit (to).
poner plomo a un vergajo | load (to).
poner por escrito | mark down (to) | set down (to) | take down (to).
poner precio (comercio) | letter (to).
poner precio a | price (to).
poner proa a | head (to).
poner proa a (navegación) | oppose to (to).
poner puntales | drop (to).
poner punteras | toe (to).
poner puño | head (to).
poner puño a | hilt (to).
poner quitamiedos (andamios) | rail (to).
poner ramplones (herraduras) | cog (to).
poner regatón | tip (to) | shoe (to).
poner rejas | grill (to) | grille (to).
poner relinga (velas) | rope (to).
poner reparos | make objections (to).
poner repetidores (telegrafía) | relay (to).
poner revestimiento nuevo | recase (to).
poner rodrigones (árboles) | prop (to).
poner rollizos sobre un camino enfangado | corduroy (to).
poner ruedas | wheel (to).
poner señales (EE.UU.) | signalize (to).
poner señales (G.B.) | signalise (to).
poner señas equivocadas (cartas) | misdirect (to).
poner sifón (tuberías) | trap (to).
poner sobre espaldera (árbol frutal) | nail up (to).
poner sobre un estante | shelve (to).

poner sobre zarzos | rack (to).
poner soportes a alguna cosa | foot (to).
poner sordina (música) | mute (to).
poner su cargo a disposición de la junta general | put his office at the disposal of the general meeting (to).
poner sus iniciales en (en un documento) | initial (to).
poner tacones | heel (to).
poner talón | heel (to).
poner tapa | cap (to).
poner tapajuntas (sillares) | scab (to).
poner tapas (encuadernaciones) | case (to).
poner tapón de corcho | cork (to).
poner tepes | turf (to).
poner título | head (to).
poner título (a un libro) | letter (to).
poner trabanco | trash (to).
poner traviesas nuevas (ferrocarril) | retimber (to).
poner un anillo a (pájaros) | ring (to).
poner un anuncio | put an advertisment (to).
poner un bandaje con la prensa (ruedas) | press a tire on (to).
poner un cable | cable (to).
poner un cojinete | bush (to).
poner un dispositivo dialogador con su unidad de control (informática) | enable (to).
poner un límite a la velocidad (aviones) | redline (to).
poner un manguito | collar (to).
poner un país bajo mandato | mandate (to).
poner un peso | weight (to).
poner un solo tirafondo (para asegurar el carril a la traviesa) | single-spike (to).
poner un telegrama | wire (to).
poner un trazo de unión | hiphenate (to).
poner una anilla en la nariz | ring (to).
poner una caldera fuera de circuito (conservando su presión) | bank a boiler (to).
poner una capa pluvial | cope (to).
poner una culata | breech (to).
poner una cuña a una pata de un mueble | pack up (to).
poner una insignia | badge (to).
poner una letra en vez de otra (| pie (to).
poner una letra en vez de otra (tipografía) | pi (to).
poner una tira de cuero de refuerzo (suelas) | fox (to).
poner una tuerca en un perno | run a nut on a bolt (to).
poner una válvula de seguridad en derivación en la tubería de impulsión (bombas) | bypass the pump (to).
poner viras (calzado) | welt (to).
ponerología | ponerology.
ponerólogo | ponerologist.
ponerse | turn (to).
ponerse (el sol) | go down (to) | go under (to).
ponerse (en cierta postura) | stand (to).
ponerse (un astro) | set (to).
ponerse a la capa | heave (to).
ponerse a la capa (buques) | heave to (to) | jib (to) | gybe (to).
ponerse a la capa (buques de vela) | lie to (to).
ponerse a la capa (marina) | lay to (to).
ponerse a la capa o en facha (buques) | bring to (to).
ponerse a la escucha (radio) | listen in (to).
ponerse a la espalda (un aparato, etc) | shoulder (to).
ponerse a rumbo (buques) | shape (to).
ponerse a trabajar (personas) | set at work (to).
ponerse al corriente (de trabajo) | make up arrears (to).
ponerse al habla | contact (to).
ponerse al pairo | heave (to).
ponerse al pairo (buque de vela) | heave (to).
ponerse al pairo (buques) | heave to (to).
ponerse al pairo (buques de vela) | lie to (to).
ponerse al socaire (buques) | skulk (to).
ponerse áspero | roughen (to).
ponerse borroso | blur (to).
ponerse de acuerdo | unite (to) | come to terms (to).
ponerse de color lechoso (líquido acumuladores) | milk (to).
ponerse de pie | stand (to).
ponerse en batería (artillería) | come into action (to).
ponerse en contacto | contact (to).
ponerse en facha (buques) | heave to (to).
ponerse en facha (marina) | bring in (to).
ponerse en fase | come into step (to).
ponerse en formación | line up (to).
ponerse en marcha | move off (to).
ponerse en movimiento | build up the motion (to).
ponerse en pie | stand up (to).
ponerse en razón | be reasonable (to).
ponerse en vigor | come into force (to).
ponerse encima de | get on (to).
ponerse fuera de control | race (to).
ponerse gris | gray (to).
ponerse incandescente | glow (to).
ponerse mohoso | mildew (to).
ponerse neblinoso | fog up (to).
ponerse nubloso o neblinoso | milk up (to).
ponerse pecoso | freckle (to).
póngase al habla con nuestro representante | contact our representative.
pongis | pongee.
pongis lionés | pongee lyonnais.
poniendo en clave el tráfico (recibir-transmitir) | encryptographing traffic.
ponógenos | fatigue-stuff | fatigue-products.
ponor (hidrología) | ponor.
pontaje | pontage.
pontazgo | pontage | bridge toll.
pontil | puntee.
pontil (fabricación vidrio) | punty.
pontil (vidrio) | pontil | pontee.
pontista | bridge-builder.
pontón | ponton boat | ponton | hulk.
pontón (carreteras) | culvert.
pontón (marina) | dummy.
pontón (Méjico) | monitor | catamaran | gunboat.
pontón (puente de barcas) | pontoon.
pontón anclado permanentemente | stake boat.
pontón arboladura | shear hulk or sheer.
pontón cilíndrico de acero (salvamento de buques) | camel.
pontón de carbón (abastecimiento en puertos) | coal hulk.
pontón de grúa | derrick boat.
pontón de la tapa de escotilla (buques) | hatch cover pontoon.
pontón grúa | floating derrick.
pontón más cercano a la orilla (puente de caballetes y pontones) | saddle boat.
pontón para cría de ostras | flotsam.
pontón para levantar puertas de esclusa | gate-lifting pontoon.
pontona para reflotar (buques hundidos) | saucer.
pontonero | pontonier.
ponzoñoso | virous.
poon (Calophyllum tomentosum) | nagari.
popa | arse | stern.
popa (buques) | afterpart.
popa (dirigibles) | stern.
popa acucharada | spoon stern.
popa afilada | sharp stern.
popa con entrante para permitir que empuje un remolcador metiendo su proa (barcazas fluviales) | notched stern.
popa con multicodastes (uno por cada hélice) | multiple-skeg stern.
popa cortada | sawn-off stern | barn-door stern.
popa cortada plana (buques) | snubbed stern.
popa de canoa (buque de vela) | canoe stern.
popa de crucero | cruiser stern | spoon stern.
popa de estampa (buques) | transom stern.
popa de túnel (buques) | tunnel-type stern.
popa de un solo codillo | single-knuckle-counter stern.
popa elíptica | elliptical stern.
popa fina (buques) | clean run.
popa fusiforme (buques) | cigar-shaped stern.
popa plana | sawn-off stern.
popa redonda | rounded stern.
popel | aft | stern | sternmost.
popelín (tela) | poplin.
popelín de Irlanda | Irish poplin.
popelina de algodón | broadcloth.
popelina de rayón | fuji | broadcloth.
popularizar | generalize (to).
populismo | populism.
poquísima defensa a muchísimo coste | too little defense at too much cost.
por (multiplicaciones) | time.
por amortizar | issued and outstanding.
por anticipado | in advance.
por añadidura | over and above.
por aplicar (fondos) | unappropriated.
por aplicar (superávit) | unappropriated.
por arma y por día | per weapon per day.
por avión-milla rentable | per revenue aircraft mile.
por bit en serie | serial by bit.
por caballo sobre la vía (ferrocarril) | per rail horsepower.
por cada día transcurrido después de la fecha de terminación | for every day beyond the completion date.
por cada segundo de empuje | per thrusting second.
por cantidad alzada | for a lump sum.
por carretera | by-road.
por causa de | thru (Estados Unidos) | through (G.B.).
por centrifugación y lavado | by centrifuging and washing.
por ciento | percent.
por circulación forzada | force feed.
por cobrar | receivable | still on hand | for collection.
por completo | in full.
por conducto de | thru (EE.UU.) | through (G.B.).
por consideración a | out of courtesy.
por contra | per contra.
por contumacia | in contumaciam.
por correo | by post.
por correo aéreo | by airmail | via airmail.
por correo marítimo | via boat mail.
por cuenta ajena | as agent | account of another | for account of another party.
por cuenta de | at expense of.
por cuenta de autor | by author's account.
por cuenta de quien corresponda | on account of whom it may concern.
por cuenta de un tercero | for account of another party | for a third person's account.
por cuenta de ustedes mismos | for account of your goodselves.
por cuenta del autor (libros) | privately printed.
por cuenta del receptor | at the receiver's expense.
por cuenta nuestra | for our account | account for our.
por cuenta y riesgo de | for account and risk of | on account and risk of.
por cuenta y riesgo de los destinatarios | for account and risk of consignees.
por cuenta y riesgo de quien corresponda | for account and risk of whom it may concern.
por cuenta y riesgo del comprador | for buyer's account and risk.
por cuenta y riesgo del dueño | for owner's account and risk.
por cheque | by cheque.
por debajo del coste (ventas) | sacrificial.
por defecto | assumed.
por defecto (diámetro, etc.) | scant.
por dentro de la línea de aberturas (buques) | inside line of openings.
por derecho de uso | by right of usage.

por derecho propio (vocales, representantes, etc.) | ex officio.
por día | per diem.
por doquier | by anywhere.
por ejemplo | for instance.
por el conducto reglamentario | through channels.
por el conjunto de cuatro volúmenes encuadernados | per set of four bound volumes.
por el contrario | per contra.
por el derecho internacional | by the law of nations.
por el importe máximo de | for a sum not exceeding a total of.
por el tiempo que ha transcurrido | ad terminum qui preterit | for the time which is past.
por el través | on the beam.
por el través (buques) | abeam | abreast | athwartship.
por el través de babor (buques) | on port-beam.
por el través de barlovento | on the weather beam.
por el través de barlovento (buques) | on the weather-beam.
por el través de estribor (buques) | on starboard beam.
por el través de la amura de babor | on port-bow.
por el través de la serviola de estribor (buques) | on starboard-bow.
por el través de sotavento (buque) | on the lee-beam.
por el tribunal | per curiam.
por el usuario y el productor conjuntamente | by both user and producer.
por el valor | term of value | in term of value.
por el volumen | terms of volume | in term of volume.
por encima de la media | above the average.
por encima de la par | at a premium.
por encima de la par (Bolsa) | above par.
por encima de las dimensiones medias | oversized.
por encima del eje de muñones | above trunnions.
por entero | in full.
por entre | through (G.B.) | thru (EE.UU.).
por escrito | in black and white.
por estanqueidad por vapor | steam sealed.
por estirpes | per stirpes.
por etapas | stagewise.
por extenso | largely.
por familias | per stirpes.
por fases | stagewise.
por ferrocarril | by rail.
por filas | in rows.
por fraccionación (destilación) | fractionally.
por fuera de la línea de aberturas (buques) | outside line of openings.
por hombre y por mes | per man per month.
por hora y por m^2 de superficie de parrilla | per hour per square meter of grate area.
por incrementos sucesivos | stepwise.
por inmersión (zincado, etc.) | wet.
por junto | in gross | in the lump.
por la aleta (buques) | on the quarter.
por la aleta de babor | on port quarter.
por la aleta de babor (buques) | on port-quarter.
por la aleta de estribor | on starboard-quarter.
por la amura de babor | on port beam.
por la amura de barlovento (buques) | on the weather-bow.
por la fuerza | by forcible means.
por la mitad y por todo (ocupación en común) | per moi et per tout.
por la popa | astern.
por la proa | on the bow | ahead.
por la proa (buques) | end on.
por la regla | under the rule.
por la serviola | on the bow.
por la serviola de sotavento | on the lee-bow.
por la urgencia del momento | on spur of moment.
por la vía de | via.
por la vía reglamentaria | through channels.
por letra a la vista contra documentos de embarque | by sight draft against shipping documents.
por ley | ipso jure.
por libra de electrodo depositado | per pound of rod deposited.
por libra de molibdeno contenido | per pound contained Mo.
por lo regular | as a rule.
por lo tanto queda demostrado el teorema | hence the theorem is proved.
por los extremos | end-to-end.
por mayor (comercio) | lump.
por mediación de | thru (EE.UU.) | through (G.B.).
por medio de | thru (EE.UU.) | through (G.B.) | via | by way of.
por medio de correa en V | via V-belt.
por medio de un engranaje reductor de dos ejes | via a reduction gear to two shafts.
por medio de un receptor de imágenes | via a video receiver.
por medio de un satélite repetidor activo (transmisión intercontinental) | via an active-repeater satellite.
por mi cuenta y riesgo | on my own account.
por mil horas a toda potencia | per thousand full-power hours.
por millón de hombres-hora | per million employee-hours.
por millón de hombres-horas trabajadas | per million man-hours worked.
por ministerio de la ley | by operation of law.
por mol de agua | per mole of water.
por motivo justificado | for cause shown.
por omisión | assumed.
por orden de antigüedad | in order of seniority.
por orden de fechas | in chronological order.
por orden de petición | first-come, first-served.
por orden de tamaño | in order of size.
por orden y cuenta de | by order and for account of.
por otra parte | per contra.
por pagar | payable.
por pagar (cuentas) | outstanding.
por parejas (botánica y zoología) | jugate.
por partes | one thing at a time.
por partes iguales | share and share alike.
por partida simple | single entry.
por persona | per capita.
por persona empleada y por año | per person employed per annum.
por persona y año | per person per year.
por pie cuadrado de madera de una pulgada de grueso | per square foot of 1 inch.
por pie lineal de madera de sección de 2 × 4 pulgadas | per foot run of 2 × 4 inches.
por pie más de izada (precio cadenas de aparejos) | per foot of lift over.
por pieza | in ones.
por piezas | in the piece.
por poder | by proxy | per procuration | proxy by.
por primera vez | for the first time.
por qué razón | on what score.
por ración (comida) | per serving.
por radio | by wire.
por razón de | on the score of.
por razón de su cargo | ex officio.
por razones de sencillez | for the sake of simplicity.
por regla general | as a general rule | generally speaking.
por rigor de la ley | in strictness.
por saldo de | in settlement of.
por saldo de cuenta hoy día | in discharge of all demands | in full of all claims.
por saldo de cuentas (comercio) | in full.
por saldo de nuestra factura del 13 del corriente | in full settlement of our invoice of 13th inst.
por semestre | half-yearly.
por separado | separately.
por sí solo | single-handed.
por su cuenta | on his own | on his own account.
por su orden | successively.
por su propio mérito | on the merits.
por su turno | in rotation.
por sus propios méritos | on his own merits.
por tanteos | by trial and error.
por telégrafo | by wire.
por término medio | on the average | on an average.
por tierra | overland.
por tonelada de peso de acero de factura | per ton weight of invoiced steel.
por tonelada milla de carga rentable | per ton-mile of payload.
por tonelada molida | per ton milled.
por tonelada puesta en la fábrica del consumidor | per ton delivered consumers' works.
por tonelada sobre vagón fábrica | per ton ex works.
por transferencia | by transfer.
por turno | in rotation | according to a rota.
por un motivo ilícito | ob turpem causam | for a base cause.
por unidad de tiempo y por unidad de área | per unit time per unit area.
por unidades | in ones.
por vagones completos | in carload lots.
por vencer (letra comercial) | undue.
por vía de apremio (judicial) | compulsorily.
por vía eléctrica | by electric means.
por vía fluvial | by river.
por vía húmeda | wet.
por vía jerárquica | through official channels.
por vía judicial | by legal means | through the courts.
por vía marítima | by ship.
por vía seca (química) | dry.
por vía terrestre | by land | overland | overlap (to).
porcelana | chinaware | porcelain.
porcelana biscuit | biscuit porcelain.
porcelana cerámica | ceramic whiteware.
porcelana circónica | zircon porcelain.
porcelana cocida a gran temperatura | high-fired china.
porcelana de color verde-grisáceo | celadon.
porcelana dura | hard-paste porcelain | hard china.
porcelana dura transparente | transparent hard porcelain.
porcelana electrotécnica | electrotechnical porcelain.
porcelana esmaltada | glazed porcelain.
porcelana esteatítica de pequeñas pérdidas | low-loss steatite porcelain.
porcelana estrellada | cracked porcelain.
porcelana falsificada | fake porcelain.
porcelana feldespática cocida | dental porcelain.
porcelana fosfatada | phosphated porcelain.
porcelana fusible | milk-glass.
porcelana genuina | genuine porcelain.
porcelana hecha con polvos de huesos (porcelana blanda inglesa) | bone porcelain.
porcelana inglesa | soft-paste porcelain | artificial porcelain.
porcelana jaspeada | jasperated china.
porcelana legítima | genuine porcelain.
porcelana mate | dull porcelain | Parian biscuit | Parian.
porcelana microporosa | microporous porcelain.
porcelana mullítica estanca de gases | Pythagoras ware.
porcelana opaca | ironstone china | ironstone ware.
porcelana para altos voltajes (líneas eléctricas) | high-voltage porcelain.
porcelana porosa | frit-porcelain.
porcelana química | chemical porcelain.

porcelana refractaria | fireproof porcelain.
porcelana tierna | soft-paste porcelain | soft china | glass porcelain.
porcelana tierna arcillosa | argillaceous soft porcelain.
porcelana tierna mate feldespática | dull feldspathic soft porcelain.
porcelana translucida muy delgada | eggshell.
porcelana vítrea | vitreous china.
porcelanado | porcellaneous.
porcelanaesquenanto | china.
porcelanita | porcelanite.
porcelanización | porcelanization.
porcelanizar | porcelanize (to).
porcentaje | ratio | rate | rate per cent | percentage.
porcentaje absoluto de cenizas | absolute percentage of ash.
porcentaje anual de aumento del precio del contrato (revisión de precios) | escalation.
porcentaje atómico | atomic percentage.
porcentaje bajo | flat rate.
porcentaje composicional | compositional percentage.
porcentaje constante | fixed rate.
porcentaje de absorción | percentage absorption.
porcentaje de absorción (teñido de fibras) | pickup.
porcentaje de abundancias | percent abundances.
porcentaje de accidentes | accident rate.
porcentaje de accidentes laborales | industrial injury rates.
porcentaje de accidentes mortales | fatal-accident rate.
porcentaje de agua y sólidos en suspensión (aceite lubricante) | precipitation number.
porcentaje de alargamiento | percentage of elongation | percentage elongation.
porcentaje de alargamiento en 2 pulgadas | elongation % on 2″.
porcentaje de alargamiento en 8 pulgadas | elongation per cent on 8 inches.
porcentaje de alargamiento por laminado en frío (chapas) | temper.
porcentaje de amortización | replacement rate.
porcentaje de asientos ocupados (aviación) | passenger load factor.
porcentaje de atenuación por unidad de longitud | rate of attenuation per unit length.
porcentaje de átomos que han sufrido fisión | burnup.
porcentaje de aumento | increment per cent | rate of rise.
porcentaje de aumento de los materiales (revisión de precios) | material escalation.
porcentaje de aumento de temperatura si no se extrae calor por enfriamiento (reactor nuclear a su potencia de régimen) | thermal response.
porcentaje de aumento del precio | price differential.
porcentaje de beneficio bruto | margin percentage | gross profit ratio.
porcentaje de borras | noil percentage.
porcentaje de carbono (aceros de herramientas al carbono) | temper.
porcentaje de caza que puede ser muerta anualmente | kill ratio.
porcentaje de cenizas | ash content.
porcentaje de comisión | commission percentage.
porcentaje de contracción durante el curado | percent shrinkage during cure.
porcentaje de contribución del patrono a la pensión | employer contribution rate to pension.
porcentaje de corrección | percentage correction.
porcentaje de crecimiento | increment per cent.
porcentaje de declinación | decline rate.
porcentaje de depreciación durante un viaje (marina) | tret.
porcentaje de desviación | percent deviation.
porcentaje de desviación media | percent mean deviation.
porcentaje de desviaciones normales | percentage standard deviations.
porcentaje de devolución | rate of return.
porcentaje de disponibilidad | availability ratio.
porcentaje de distorsión | harmonic content.
porcentaje de dosis en profundidad | percentage depth dose.
porcentaje de erosión de 30 miligramos por hora | erosion rate of 30 mg/hour.
porcentaje de error | error percentage.
porcentaje de errores no detectados | undetected error rate.
porcentaje de escorrentía (hidrología) | percent runoff.
porcentaje de espacio dedicado a anuncios (periódicos) | advertising percentage.
porcentaje de estiramiento horario | creep rate per cent por hr.
porcentaje de fallos | failure rate.
porcentaje de fisión espontánea | spontaneuous fission rate.
porcentaje de frecuencia | percentage frequency.
porcentaje de frecuencia de accidentes (talleres) | injury-frequency rate.
porcentaje de gravedad de los accidentes | accident severity rate.
porcentaje de hidrólisis | percentage hydrolysis.
porcentaje de humedad | moisture content | percent moisture content.
porcentaje de impurezas | impurity level.
porcentaje de inuniformidad | percent non-uniformity.
porcentaje de la abundancia isotópica | isotopic abundance ratio.
porcentaje de la ganancia que debería acumularse | percentage of the gain to be accumulated.
porcentaje de la inversión del capital | percent of proprietory investment.
porcentaje de la potencia de entrada | percent of input.
porcentaje de la tara (con relación al peso total) | percentage tare.
porcentaje de la velocidad de régimen | percent of rated speed.
porcentaje de lesiones | injury rate.
porcentaje de maquinabilidad | machinability rating.
porcentaje de meteoros en todo el cielo visible (en un hemisferio) | all-sky meteor rate.
porcentaje de modulación | percentage modulation | D. C./A. C. ratio.
porcentaje de modulación (corriente continua) | percent ripple.
porcentaje de mortalidad | fatality-rate.
porcentaje de mortalidad por accidentes | accident death rate.
porcentaje de nacionalización | degree of nationalization.
porcentaje de obra ejecutada | percentage of completion.
porcentaje de ondulación | percent ripple | ripple percentage.
porcentaje de pérdida en peso | percent loss in weight.
porcentaje de permeación | permeation rate.
porcentaje de polvos | dust loading.
porcentaje de poros (suelos) | porosity ratio.
porcentaje de porosidad | porosity ratio.
porcentaje de profundidad de modulación | percentage modulation depth.
porcentaje de recortes (chapas) | cutting coefficient.
porcentaje de recuperación | recovery ratio.
porcentaje de rechazos | rejection level.
porcentaje de rechazos (inspecciones) | rejection rate | reject rate.
porcentaje de rechazos de cuchillas de un sólo uso | reject rate of throw-away tips.
porcentaje de reducción | percentage reduction | reduction percentage.
porcentaje de reducción de la sección | reduction of area per cent.
porcentaje de regeneración (reactor nuclear) | breeding gain.
porcentaje de repeticiones (telefonía) | repetition rate.
porcentaje de resistencia de la junta con relación a la chapa | joint factor.
porcentaje de sincronización | percentage synchronization.
porcentaje de sobrecarga (motores) | service factor.
porcentaje de tolerancia de defecto en el lote | lot tolerance per cent defective.
porcentaje de utilización | percentage utilization | operation factor | rate of utilization.
porcentaje de utilización (de una red) | output factor.
porcentaje de utilización de la red eléctrica | network output factor.
porcentaje de vapor seco (vapor de agua húmedo) | dryness fraction.
porcentaje de variación | rate.
porcentaje de viscofluencia a la temperatura normal | room-temperature creep rate.
porcentaje del aumento de presión | rate of pressure rise.
porcentaje del valor asegurado del casco o cargamento que no está cubierto por el asegurador.
porcentaje en volumen | volume percentage.
porcentaje especificado de alargamiento mínimo (probeta tracción) | specified minimum percentage elongation.
porcentaje isotópico | isotopic ratio.
porcentaje máximo de cenizas | maximum ash.
porcentaje máximo de modulación sin distorsión | modulation capacity.
porcentaje máximo de variación con relación a la media | maximum percentage variation from mean.
porcentaje medio | average percentage.
porcentaje mínimo de reservas | minimum reserve ratio.
porcentaje mínimo de responsabilidad del asegurador | franchise.
porcentaje real | actual percentage.
porcentaje rechazado en la inspección | percentage rejected at the inspection.
porcentaje uniforme | flat rate.
porcentajes determinados | reported percentages.
porcentual | percentual | percentage error.
porcinicultor | pig productor.
porcinicultura | pig production.
porcinocultura | swine breeding.
porción | share | portion | proportion | part | parcel | lot.
porción añadida | patched on portion.
porción astillada del tocón | stub-chuck | spaul.
porción circular de donde se radian las ondas sonoras (antena de televisión) | doughnut.
porción congrua | congruous share.
porción cónica | conical section.
porción de calabrote llevada en un bote pequeño desde el buque a la boya o muelle de atraque | guesswarp.
porción de dígitos binarios | binary tem.
porción de la superficie original que no ha podido ser limpiada | witness.
porción de roca separada de la masa principal y rodeada por rocas geológicamente más antiguas (geología) | outlier.
porción de una antena de donde se radian las ondas visuales (telecomunicación) | turnstile | crossbar.
porción del ala entre la raíz del ala y la porción exterior del ala (alas largas) | inboard wing.
porción del ala fuera del fuselaje (aviones) | mainplane.
porción del espectro | spectrum amount.

porción evaporada (gases licuados) | boil-off.
porción evaporada del cargamento líquido | cargo boil-off.
porción final de la cubierta horizontal de despegue con un arrufo de unos 12 grados para facilitar el despegue (portaaviones) | ski-jump.
porción fundida distinguible del metal base por seccionamiento (soldadura por resistencia) | weld nugget.
porción irrecuperable | nonrecoverable portion.
porción oscilante | swinging portion.
porción posterior del tubo de rayos catódicos (TV) | television funnel.
porción posterior troncocónica | boat tail.
porción rebajada | necked portion.
porción superior de la provincia oceánica | upper portion of the oceanic province.
porción vital | vital portion.
porción-desigual | uneven portion.
porciones desgrafitadas | degraphitized portions.
porciones espaciadas axialmente | axially spaced portions.
porciones levantadas de la superficie de un tocho después de pasar por un laminador con cilindros que tienen surcos antirresbalantes | ragging mark.
porche | portico.
porfiado | contentious.
porfiar | argue to toss (to).
porfídico | porphyric | porphiritic.
pórfido | porphyry.
pórfido anfibolítico | amphibolitic porphyry.
pórfido cuarcífero con bolas de felsita | ball porphyry.
pórfido diorítico | diorite porphyry.
pórfido petrosilíceo | petrosiliceous porphyry.
pórfido riolítico | rhyolite porphyry.
pórfido rómbico | rhomb porphyry.
pórfido verde antiguo | Oriental verd antique.
pórfido vítreo | glass porphyry.
porfidoblasto | porphyroblast.
porfidoclástico | porphyroclastic.
porfidoclasto | porphyroclast.
porfidogenético | porphyrogenetic.
porfidogranulítico | porphyrogranulitic.
porfirítico | porphiritic.
porfirización | pulverizing | comminution.
porfirizar | porphyrize (to) | comminute (to).
porfirizar (farmacia) | pulverize (to).
porfirogenitismo | porphyrogenitism.
porfiroide | porphyric | porphiritic | porphyroid.
porismático | porismatic.
porismo (geometría) | porism.
pormenor | particular.
pormenores | particulars.
pormenorizar | itemize (to).
pornocultura | pornoculture.
pornógrafo | pornographer.
poro | pore | pinhole.
poro (fundición) | blister.
poro impermeable | sealed pore.
poro permeable | open pore.
poro por gases (soldadura) | gas pore.
poroca | bore.
porodina (petrología) | porodine.
porogamia | porogamy.
porómetro | porometer.
pororoca | eagre.
pororoca (ríos con mareas) | mascaret.
pororroca | tidal bore.
poros abiertos formados por medio de virutas finas de madera (muela abrasiva cerámica) | open pores created by means of fine wood shavings.
poros de gas (piezas fundidas) | gas porosity | pinholes.
poros grandes | pits.
poros ocluidos formados por medio de sal de cocina (muela abrasiva cerámica) | occluded pores created by means of kitchen salt.
poros submicroscópicos | submicroscopic pores.
porosa (fundición) | greasy.
porosa (textura) | hiatal.
poroscopia | poroscopy.
porosidad | porosity.
porosidad (estereotipia) | blowhole | air-hole.
porosidad aparente | volume porosity.
porosidad axial | axial porosity.
porosidad cerrada | sealed porosity.
porosidad con vacíos de unos 3 mm. de diámetro (fundición) | pinhole porosity.
porosidad conectada | connected porosity.
porosidad controlada | controlled porosity.
porosidad de la pieza fundida | casting porosity.
porosidad de las piezas fundidas debido a gases disueltos desprendidos durante la solidificación | pinholing.
porosidad de poros angulosos | sharp-edged porosity.
porosidad de poros esféricos | round porosity.
porosidad de poros esféricos (defectos fundición) | spheroidal porosity.
porosidad del principio de la soldadura | start-of-weld porosity.
porosidad del recubrimiento | coating porosity.
porosidad del revestimiento electrolítico | electrodeposit porosity.
porosidad en panal | sponginess.
porosidad en que la superficie tiene forma de una serie de depresiones | cokey-type porosity.
porosidad granujienta | pinpoint porosity.
porosidad inherente | inherent porosity.
porosidad intercomunicante (pulvimetalurgia) | intercommunicating porosity.
porosidad interdendrítica | interdendritic porosity.
porosidad intergranular | intergranular porosity.
porosidad intrínseca | intrinsic porosity.
porosidad por contracción | shrinkage porosity.
porosidad puntiforme (fundición) | pinhole porosity.
porosidad regulable | controllable porosity.
porosidad regulada | controlled porosity.
porosidad subcutánea (metales) | subcutaneous porosity.
porosidades (joyas) | blister flaw.
porosímetro | porosimeter | porosity meter.
poroso (aceros) | frothy | mushy.
poroso (piezas fundidas) | gassy.
poroso (terrenos) | leachy.
porpezita (mineral) | palladium-gold.
porquería | soil | muck.
porra | truncheon | club | stick.
porra de mango flexible y plomo en el extremo | blackjack.
porrazo | bump | dig.
porrazosalto | bang.
porrecto | porrect.
porta (buques) | port.
porta cajas | case bracket.
porta ciega (buques) | blind port.
porta de bisagra | port lid.
porta de carboneo (buques) | coaling-port.
porta de carga (buques) | lading hole.
porta de carga (porta de la plancha - buques) | gangway door.
porta de desagüe (faluchera - buques) | freeing port.
porta de luz (buques) | light port.
porta de proa | bow port.
porta de remolque (buques) | hawser port.
porta para el cañón (artillería en torres) | gunport.
porta para la tobera (alto horno) | tuyere port.
portaabrazadera (telares) | hanger.
portaacumulador | battery carrier.
porta-aguja | chuck.
portaaguja (máquina coser) | needle carrier.
portaaguja grabadora | stylus holder.
portaagujas | needle holder.
portaaislador | insulator bracket | insulator support.
portaaislador (telegrafía) | insulator pin.
portaaislador de suspensión | insulator suspension support.
portaaleta (dirigibles) | fin carrier.
portaanilla | ring holder.
portaaros | ring rail | ring rail.
portaartefacto (electricidad) | stud.
portaaviones | airplane carrier.
portaaviones de ataque | attack carrier.
portaaviones de escolta | escort carrier | baby flat-top.
portaaviones de escuadra | fleet carrier.
portaaviónes de flota | fleet aircraft-carrier.
portaaviones de gran desplazamiento | super-carrier.
portabarra (urdidor) | porter bar.
portabarrena | boring block | drillstock | auger holder.
portabarrena (perforadora) | steel holder.
portabarrenas | bit-holder.
portabobina | bobbin cradle.
portabobinas | bobbin peg | bobbin holder | reel-stand | reel-holder.
portabobinas (operario) | bobbin hand.
portabobinas (operario tejeduría) | roving carrier.
portabobinas (recogedor de tubos - operario) | bobbin carrier.
portabobinas (textil) | bobbin carrier.
portabobinas suspendedor sin huso | spindleless bobbin hanger.
portabola | ball carrier.
portabombas | aimable cluster | bomb-carrier | bomb carrier.
portabombas del bombardero | bomber bomb rack.
portabotellas | bottle-stand | bottle-holder | bottle-rack.
portabroca | bit-holder | drill | drill chuck | drillstock | chuck.
portabroca (berbiquí) | pad.
portabroca de apriete sin llave | keyless drill chuck.
portabroca de cambio rápido | quick-change drill chuck.
portabroca de llave | key-operated drill chuck.
portabroca para trabajos ligeros | light-duty drill chuck.
portabroca para trabajos medios | medium-duty drill chuck.
portabrocas | drill spindle | drill-holder.
portabrocas de centrar | center drill holder.
portabrocas para brocas de espiga cónica pero aplastada en una cara (trabajos fuertes) | use-em-up socket.
portabrocas para torno revólver | turret socket.
portabrocas sin llave de acción rápida (taladros) | keyless quick-action chuck.
portabrochas (brochadora) | broach holder.
portabureta | burette clamp.
portacable (electricidad) | cable hanger.
portacables giratorio | swivel rope socket.
portacadena (topografía) | chain bearer.
portacadenas delantero (topografía) | head chainman.
portacadenas trasero (topografía) | rear chainman.
portacamisa (mechero) | mantle holder.
portacanilla | cop holder | pirn holder.
portacanillas | bobbin holder | bobbin peg.
portacanillas (telares) | magazine.
portacarbón | clip | carbon body.
portacarbón (lámpara de arco) | gripper.
portacardenchas | teasel slat.
portacarrete (máquina de colchar) | spool frame.
portacarro (fresadora) | knee.
portacarros (cepilladora) | crossrail.
portacartas (navegación) | flight plotter.
portacartones (jacquard) | cradle.
portacartones (tejeduría) | cardholder.
portacátodo | cathode header.
portacavidad | cavity holder.
portacebo | primer holder | fuse-cup.

portacebo (cargas explosivas) | shutter.
portacebos (cartuchos) | cap chamber.
portacierre | breech-arm.
portacilindro | roller carrier.
portacilindro (tejeduría) | roller beam.
portacilindros (hilatura) | roll beam.
portacinta (máquina escribir) | ribbon carrier.
portacinta delantero (topografía) | head tapeman.
portacinta trasero (topografía) | rear tapeman.
portacojinete | pedestal.
portacojinete (de roscar) | die-holder.
portacojinetes (máquina roscar) | diehead.
portaconductor | conductor holder.
portacontenedores y sus terminales portuarias | container ship and their terminal.
portacopia | copyholder.
portacorreas (estiradora) | cradle.
portacrisol | crucible shank.
portacristales con espacio de aire | air gap crystal holder.
portacruceta (postes) | pole gain.
portacuchara (fundición) | bail.
portacuchilla | blade holder | cutter-holder.
portacuchilla (tornos, erc.) | tool post.
portacuchilla con base inclinada | angle cutter holder.
portacuchilla de casquillo | bushing box tool.
portacuchilla frontal para herramienta de forma | front-forming toolholder.
portacuchilla múltiple para diversas operaciones simultáneas | combination tool-holder.
portacuchillas con base inclinada regulable | adjustable angle cutter holder.
portacuchillas de machihembrar | matcher head.
portacuchillas elíptico (máquina-herramienta) | drunken-cutter.
portacuchillas múltiple | multiple cutter holder.
portacuna | cradle support.
portada | doorway | front cover | title page.
portada (libros) | frontispiece | frontis | title page | first cover.
portada (minas) | arch.
portada (urdidor) | beer | portee | porter | porter.
portada con pie de imprenta en que se dice dónde ha sido impreso un libro | cancel title.
portada de acero (minas) | steel arch | steel set.
portada de macho (moldería) | print.
portada para machos | core print.
portadado para dados de cañerías | die stock for pipe dies.
portadado roscador | die-stock.
portadesrebarbador (forja) | trimming shoe.
portadetonador | detonator carrier | detonator holder.
portadevanadera | reel carrier.
portadiamante | diamond holder.
portadiamante para rectificar (muelas abrasivas) | diamond truing tool holder.
portadiapositivas | slide holder.
portadiferencial (autos) | differential carrier.
portadilla (libros) | part-title page.
portadocumentos | portfolio.
portador | porter | holder | vector | payee | carrier.
portador (cheque) | payee.
portador (de un efecto) | indorsee | endorsee.
portador (de una carta, efecto, etcétera) | bearer.
portador (de una letra) | payee.
portador de carga mayoritaria | majority charge carrier.
portador de frecuencia vibrada | warbling carrier.
portador de la cadena (reacciones) | chain carrier.
portador de la cinta de medir (topografía) | tapeman.
portador de microbios (vector - medicina) | carrier.
portador de órdenes | messenger.
portador doble de película (fotografía) | bipack.
portador electrizado | carriers | charged particle.
portador mayoritario (semiconductor) | majority carrier.
portador minoritario (semiconductor) | minority carrier.
portador minoritario inyectado | injected minority carrier.
portadora accionada por corriente vocal | voice operated carrier.
portadora activada por voz intersilábica | intersyllabic voice activated carrier.
portadora audio de canal adyacente | adjacent sound carrier.
portadora coherente (onda) | coherent carrier.
portadora constante | steady carrier.
portadora de amplitud modulada | AM carrier.
portadora de carga minoritaria (electricidad) | minority carrier.
portadora de imagen | visual carrier | picture carrier.
portadora de imagen adyacente | adjacent picture carrier.
portadora de imágenes (TV) | pix carrier.
portadora de impulsos | pulse carrier.
portadora de instrucción separada (informática) | separately instructed carry.
portadora de luminancia | luminance carrier.
portadora de retención | hold-back carrier.
portadora de sonido | sound carrier.
portadora de sonido adyacente | adjacent sound carrier.
portadora de video adyacente | adjacent video carrier.
portadora del color | color carrier.
portadora desmodulada | unmodulated carrier.
portadora en línea alámbrica | line wire carrier.
portadora mayoritaria (electrónica) | majority carrier.
portadora minoritaria (electricidad) | minority carrier.
portadora modulada | modulated carrier.
portadora modulada para tono alto | loud tone modulated carrier.
portadora monocanal | single-channel carrier.
portadora piloto (telecomunicación) | pilot carrier.
portadora policanálica | multichannel carrier.
portadora sobre la red eléctrica del sector | power-line carrier.
portadora sobre línea alámbrica | open-wire carrier.
portadora suprimida | suppresed carrier.
portadora suprimida (radar) | quiescent carrier.
portadora video | visual carrier.
portadoras controladas por cristal de cuarzo | quartz controlled carrier.
portadores de corriente | current carriers.
portadores en equilibrio | equilibrium carriers.
portadores inyectados | injected carriers.
portaeje | arbor-support.
portaelectrodo | electrode holder.
portaelectrodo (soldadura por proyección) | bolster.
portaelectrodo acodado | offset holder.
portaelectrodo con admisión de hidrógeno (soldadura por hidrógeno atómico) | atomic-hydrogen torch.
portaelectrodo con reóstato | rheostat electrode-holder.
portaelectrodo de mango de pistola | pistol-type electrode holder.
portaelectrodo enfriado por agua (horno eléctrico) | ferrule.
portaelectrodo para grandes amperajes | heavy-duty electrode holder.
portaelectrodo para soldar | welding-electrode holder.
portaequipajes de tubo de acero (autos, bicicleta) | gridiron carrier.
portaequipajes posterior | rear luggage carrier.
portaescariador | reamer holder.
portaescariador oscilante | floating reamer holder.
portaescariador regulable | adjustable reamer holder.
portaescobilla | brush holder.
portaescobilla de charnela | hinged brush holder | finger-type brush holder.
portaescobillas | brushgear.
portaespécimen | specimen holder.
portaestampa | die-holder | die set | die block | die holder.
portaestampa inferior | matrix holder.
portaestilete | stylus holder.
portaestizola | creel bracket.
portafaros (autos) | lamp-bracket.
portafichas | cardholder.
portafilme | filmholder.
portafilme (cine) | rack.
portafiltro | filter support.
portafresa | mill holder | cutter-holder.
portafuente (de energía) | sourceholder.
portafusible | fuse block | fuseholder | fuse-carrier | cutout base.
portafusible aislado incombustible | nonignitable insulating fuse-carrier.
portafusible de cartucho indeteriorable | nondeteriorating cartridge fuse link.
portafusible de derivación (electricidad) | branch cutout.
portafusil | sling | gun sling.
portagarra (plato de torno) | jaw carrier.
porta-gavillas | bundle carrier.
portagema | jewel holder.
portaguía (máquina de coser) | looper holder.
portaherramienta | arbor | apron | cutter bar | toolholder | tool post | tool carrier | toolbox | toolstock | brace chuck.
portaherramienta abierto | open side toolpost.
portaherramienta articulado | jointed tool holder.
portaherramienta basculante | facing arm.
portaherramienta basculante (limadoras) | clapper box.
portaherramienta de cabeza plana | flattopped tool rest.
portaherramienta de copiar | forming tool - holder.
portaherramienta de charnela | hinged toolholder.
portaherramienta de charnela (limadoras) | clapper box.
portaherramienta del carro transversal (cepillos) | cross-slide toolbox.
portaherramienta del torno | lathe rest | lathe tool rest.
portaherramienta oscilante | floating toolholder | Jim Crow.
portaherramienta revólver | revolving toolholder.
portaherramienta revólver (tornos) | turret | turret head.
portaherramienta revólver de cuatro caras (tornos) | four-stud toolpost | four-tool turret.
portaherramienta universal | universal holding tool.
portaherramientas | holder | tool-rack.
portaherramientas de cuchillas múltiples | gang toolholder.
portaherramientas de limadora | shaper toolholder.
portaherramientas para roscar interiores | internal threading toolpost.
portaherramientas revólver (tornos) | monitor.
portahidroaviones | seaplane carrier.
portahilera | die holder.
portahilera (banco de estirar) | die-holder.
portahilera (de estirar) | diestock.
portahoja | blade holder.
portahusada | cop holder | cop carrier.
portahusadas (telares) | magazine.
portahusillo | spindlehead.
portahusos de tejuelos (mechera) | step rail.
portaimán | magnet holder.

portainyector | nozzle holder.
portaisótopo | isotope carrier.
portaisótopos | cassette.
portaisotopos flexible | flexible cassette.
portaje | porterage.
portal | vestibule | doorway | gate | gateway.
portal (de la vena porta - anatomía) | portal.
portal (puentes) | portal frame.
portal (unión de las cabezas de las vigas de un puente) | portal.
portal de entrada | entry portal.
portal de salida | exit portal.
portal rectangular (puentes) | rectangular portal frame.
portalámpara | lamp-bracket | lamp mounting | socket | fixture.
portalámpara (lámpara eléctrica) | lampholder.
portalámpara antivibratorio | cushioned socket.
portalámpara colgante | pendent lamp holder.
portalámpara con llave | locking lampholder.
portalámpara con llave giratoria | key-socket.
portalámpara de bayoneta | bayonet lamp holder.
portalámpara de llave (lámpara eléctrica) | key holder | key lamp holder.
portalámpara sin llave | keyless lamp holder.
portalámpara sin llave (lámpara eléctrica) | keyless socket.
portalámparas (electricidad) | screw holder.
portalámparas de dos clavijas | bipin lampholder.
portalanza (de un lanzallamas) | nozzleman.
portalanza de oxígeno | oxygen-lance holder.
portalápices | pencil chuck.
portalápiz (compás) | pencil-point.
portalentes | lens holder.
portalevas | cam bearer.
portalibreta de trazado (persona) | note keeper.
portalibros de corredera | book-slide.
portalimas | file-holder.
portalón (buques) | entering port | gangway.
portalón de carga (costado de buques) | cargo door.
portalón de proa (buques) | bow-door.
portalón del tubo lanzatorpedos | torpedo tube shutters.
portalones (carruajes) | dragging doors.
portaluces | flare carrier.
portaluneta (tornos) | stay.
portaluneta revólver | revolving diehead.
portaluneta revólver (máquina roscar) | capstan diehead.
portamacho (fundición) | seating | bearing.
portamacho (moldería) | steady pin | print.
portamadejas | swift | ryce.
portamandril | mandrel holder.
portamandrín | mandrel holder.
portamandrino (tornos) | spindlehead.
portamapas | map-case | flight plotter.
portamatriz | matrix holder | die block | die-holder | die set | die holder | die box.
portamechero | burner support.
portamento (música) | slide.
portamira | rodman | staffman.
portamiras trasero (topografía) | back rodman.
portamoletas | knurl-holder.
portamordaza (plato de torno) | jaw carrier.
portamuestra | sample holder.
portamuestras | specimen holder.
portamuniciones | ammunition bearer.
portamuñonera del cañón de la derecha (montajes) | R. H. gun trunnion bearing.
portanapas | lap holder.
portante (fuerza) | portative.
portaobjetivo | lens holder | lens holder or mount | lens mount.
portaobjetivo (fotografía) | lens-holder.
portaobjetivo (microscopio) | nose-piece.
portaobjetivo revólver (microscopio) | revolving nose-piece.
porta-objetivos | nose piece.
portaobjetivos rotativo | lens turret.
portaobjeto (microscópico) | glass slide.
portaobjeto de descentramiento vertical y lateral (fotografía) | rising-and-cross lens-front.
portaobjetos (microscopio) | microscopic slide | slide stage | slider | test | object-slide | object holder.
portaobjetos (microscopios) | slip | slide.
portaobjetos cuadriculado (microscopio) | finder.
portaocular | eyepiece holder.
portaoriginal | copy holder.
portaoriginales (fotografía) | copyholder.
portaoriginales electrostático | electrostatic copy-boards.
portapedal | pedal bracket.
portapeine | reed holder | comb holder | comb bearing | reed carrier.
portapeine de roscar | chaser holder.
portapelícula | filmholder.
portapértiga del pantógrafo | pantograph pole carrier.
portapiedra (lapidadora) | lap holder.
portapieza | work rest | fixture | workholder.
portapieza (prensas) | blank holder.
portapieza (tornos) | gig.
portapiñón satélite | planet wheel carrier.
portapipeta | burette clamp.
portapiquetas (persona) | stakeman.
portapivote | pivot holder.
portaplacas | slide holder | plate frame.
portaplacas (fotografía) | chassis | plateholder | plate-carrier.
portaplano | map case.
portaplatinas | sinker head.
portaplato (brida para el plato - torno) | chuck plate.
portaplegador (telar) | beam carrier.
portaplomada | plumb-bob holder.
portaprobeta | specimen holder.
portaproyectiles | shell holder.
portapunta trazadora | scriber carrier.
portapunzón | punch-holder | stylus holder.
portapunzón del troquel | ram head.
portaquemador | burner support.
portaquicionera | foot block.
portar (velas) | draw (to).
portarramas | form rack.
portarramas (imprenta) | chase rack.
portarreja de arado | plowshoe.
portarrienda | bit carrier.
portarrodillo | roll holder.
portarrollo superpuesto | auxiliary roll stand.
portarse honradamente | do the right thing (to).
portarse mal con | ill-use (to).
portaruedas | wheel carrier.
portasierra | blade holder.
portasierra de mano regulable | adjustable hack saw frame.
portasierra para corte inferior (árboles) | undercutter.
portasurtidor (carburador) | jet carrier.
portateodolito | transitman.
portaterraja | diehead | die holder.
portatestigo | core barrel.
portátil | mobile | pack-type.
portatobera | nozzle holder.
portatrinquete | pawl bracket | pawl holder.
portatroncos | timber carrier.
portatroquel | die-holder | die box | die holder.
portatubo de resorte (tendido de tuberías) | spring hanger.
portaválvula octal | octal socket.
portavarilla | rod holder.
portavasos | glass stand.
portaviento (alto horno) | tuyere pipe.
portaviones | aerial carrier.
portavoz | fugleman | spokesman | mouthpiece.
portavoz de la Marina | Navy spokesman.
portavoz de la mayoría | majority leader.
portavoz de la minoría | minority leader.
portavoz del Gobierno | government spokeman.
portazapata | block holder.
portazapata de freno | brake shoe holder | brake head.
portazgo | road toll | toll | tollgate | portage.
portazguero | toll-gatherer.
porte | portage | porterage | burden | carriage | tonnage.
porte (buques) | loading capacity.
porte (tonelaje - buques) | capacity.
porte anticipado | prepaid.
porte bruto | deadweight.
porte debido | freight collect | freight at destination | charges forward.
porte gratis | free carriage.
porte gratuito | free billing.
porte libre de extravío (ferrocarril) | free astray.
porte militar (personas) | military bearing.
porte pagado | cge. pd (carriage paid) | post-free | freight prepaid | carriage paid | advance freight | charges paid | post-paid | postage paid.
porte pagado a | freight or carriage paid to.
porte por cobrar | freight forward.
porte por tren expreso | expressage.
porteador | shipper.
porteador por expreso | expressman.
portear | carry (to).
porteo | portage.
portero | gate keeper.
portes | freight.
portes interiores | inland freight.
portezuela | hatch.
portezuela (autos) | door.
portezuela de seguridad (cárter motores) | explosion door.
porticado (estructuras) | rigidly jointed | rigidly framed.
pórtico | framework | portico | crossrail | rigid frame | gate | gantry | gantry frame | gauntry | bent.
pórtico (de gimnasia) | gallows.
pórtico (puentes) | portal frame.
pórtico (unión de las cabezas de las vigas de un puente) | portal.
pórtico acarreador | travelling gantry.
pórtico arriostrado | braced portal | bracing bent.
pórtico articulado | pinned frame.
pórtico con torrapuntas de refuerzo | knee-braced bent.
pórtico continuo (puentes) | continuous portal.
pórtico de base articulada | pinned-base portal.
pórtico de base empotrada de varios tramos | multiple-bay fixed-base frame.
pórtico de celosía | braced portal.
pórtico de dos aguas (arquitectura) | peaked bent.
pórtico de viaducto | viaduct bent.
pórtico doble (puentes) | double portal.
pórtico exastilo | hexastyle portico.
pórtico hexastilo jónico (arquitectura) | Ionic hexastyle portico.
pórtico jabalconado en las esquinas superiores | knee-braced portal.
pórtico no rectangular | nonrectangular portal.
pórtico para puente | bridge portal.
pórtico rectangular | rectangular portal.
pórtico rectangular articulado | rectangular pinned frame.
pórtico tetrástilo | tetrastyle portico.
pórtico tetrastilo jónico | ionic tetrastyle pórtico.
portier | door-curtain.
portilla de luz (buques) | airport | porthole.
portilla de ventilación (buques) | air scuttle.
portillo | aperture | gap.
portillo (para cambio de coches, etcétera, en pista de carreras) | race trough.
portillo (urdidor) | gate.
portillo de luz (buques) | scuttle | sidescuttle | side light.
portillo de luz engoznado | pivoting sidelight.
portillo de luz fijo (que no se puede abrir) |

fixed side light.
portillo de luz giratorio (buques) | pivoted scuttle.
portillo de luz pivotable (no fijo) | pivoted sidelight.
portillo de tiro | blast gate.
portillo de vaciada | dump plate.
portillo de ventilación (buques) | air course.
portillo engoznado lateralmente | opening side light.
portillo giratorio (no fijo) | pivoted sidelight.
portillo para muestrear | thief hatch.
porvenir | outlook.
posaceleración | postacceleration.
posaluminizante | post-aluminizing.
posamiento (pintura o barniz en lata) | feeding-up.
posar | lay (to).
posarse | land (to) | light (to) | settle (to) | sit (to) | touchdown (to).
posarse en el fondo (submarinos) | bottom (to).
posataque | postattack.
poscalentamiento | postheating.
poscalentar | postheat (to).
poscensal | postcensal.
poscentral | postcentral.
poscibal | postcibal.
poscombustión (motor de chorro) | reheating.
poscombustor | postcombustor.
poscombustor (motor de chorro) | reheater.
poscondensador | aftercondenser.
poscurar | postcure (to).
poseditar | post-edit.
poseedor | possessor | owner | possesor.
poseedor de los derechos de propiedad literaria o artística | copyrighter.
poseedor de patente | patentee.
poseer | own (to).
poseer en precario | hold at the will of another (to).
poseer su perfil de equilibrio (geografía física) | be at grade (to).
posefecto | aftereffect.
poseído en custodia | held in custody.
poseído en fideicomiso | held in trust.
poseído sin reserva | owned outright.
posescolar | after-school.
posesión | severalty | property | tenure | demesne.
posesión (de un empleo) | tenancy.
posesión a título de primer ocupante | occupancy.
posesión de hecho | actual possession.
posesión de tierras por legítimo derecho (pero ocupándolas sin título formal alguno) | estate at sufferance.
posesión de una instalación por reclamación de la propiedad | seizing.
posesión en plena propiedad | domain.
posesión ilegítima | adverse possession.
posesión ilegítima por violencia o sin autorización legal (inmuebles) | forcible detainer.
posesión legítima | ownership.
posesión pacífica | quiet enjoyment.
posesión por legítimo derecho pero sin título formal | tenancy at sufferance.
posesión precaria | tenancy at sufferance | precarious possession | estate at sufferance.
posesión privativa | entire tenancy.
posesionarse del cargo | take office (to).
posesionarse formalmente del cargo | be formally inducted into office (to).
posesor | possesor.
posesor de buena fe | bona fide possessor.
posesoría | right of possesion | possessory right.
posestirado | post-tensioning.
poseutéctico | posteutectic.
posextrusión | post-extrusion.
posfecha | postdating.
posfechar | back date (to).
posformación | postforming.
posformar | postform (to).
posgalvanoplástico | postplating.
posibilidad comercial | commercial feasibility.
posibilidad de acceso (informática) | retrievability.
posibilidad de aplicación (de una ley) | enforceability.
posibilidad de ataque localizado | likelihood of localized attack.
posibilidad de averías | possibility of failures.
posibilidad de borrado | erasability.
posibilidad de distinguir | distinguishability.
posibilidad de ejecución | practicability.
posibilidad de entretenimiento (de un sistema de armamentos) | supportability.
posibilidad de memorización | storability.
posibilidad de obtención | availability.
posibilidad de previsión | predictability.
posibilidad de realización | feasibility.
posibilidad de salvarse en caso de avería (aviones) | failure-survival capability.
posibilidad de tal fallo | possibility of such a failure.
posibilidad de tránsito a campotraviesa en un terreno dado | trafficability.
posibilidad de transmisión | transferability.
posibilidad de una corriente de agua para transportar un pedazo de roca | competence.
posibilidad de vida en el planeta Marte | life possibility on the planet Mars.
posibilidad de volar lento | slow-flying capability.
posibilidad direccional de bits | bit addressability.
posibilidad en potencia | potentiality.
posibilidad físico-química pero no biológica | physiochemical posibility but not biological.
posibilidades y limitaciones (de una pieza) | service test.
posibilismo | possibilism.
posibilista | possibilist.
posibilitar | render possible (to).
posible cliente | prospect.
posición | attitude | stand | status | situation | lie | place | location.
posición (de un objeto) | position.
posición (en la memoria) | bucket.
posición (memoria) | location.
posición a cubierto | cover position.
posición a la intemperie del enchapado | external cladding position.
posición abierta (electricidad) | deenergized position.
posición abscisal | abscissal position.
posición actual del haz | current beam position.
posición adrizado (buques) | upright position.
posición ancha (música) | open position.
posición angular de cada cilindro en el orden de encendido (motores) | angular position for each cylinder in the firing sequence.
posición anormal | malposition.
posición arancelaria | customs tariff code.
posición astrométrica | astrographic position.
posición astronómica | astronomical position.
posición atrincherada (ejércitos) | strong point.
posición atrincherada contorneada (no atacada) | bypassed strong point.
posición binaria | binary cell.
posición central | mid position.
posición cero de elevación | zero elevation position.
posición con el avantrén colocado (piezas artillería) | limbered position.
posición con el portaelectrodo cogido como si se escribiera con él | underhand position.
posición con la pala alta vertical (hélice tripala) | Y-position.
posición condición | status.
posición correcta del ascensor al parar en un piso | decking.
posición correcta para enrasar con el piso (ascensores) | levelling (Inglaterra) | leveling.
posición corregida | adjusted position.
posición de abierto (electricidad) | off-position.
posición de acoplamiento | switch position.
posición de apertura del circuito (electricidad) | off-position.
posición de apriete (frenos) | off-position | on position.
posición de arranque (máquinas) | on position.
posición de asalto | jump off position.
posición de carga | loading position | charging position.
posición de carreteo (piezas artillería) | limbered position.
posición de caudal nulo (bombas) | no delivery position.
posición de cero | home position.
posición de cerrado | on position | locked position.
posición de cierre | locking position.
posición de cierre (electricidad) | on position.
posición de cierre (llaves, grifos, etcétera) | off-position.
posición de cierre del circuito (electricidad) | make position.
posición de combate | firing position.
posición de conmutación | switch position.
posición de corte | cutting position.
posición de desconectado (electricidad) | off-position.
posición de desviación mínima | minimum-deviation position.
posición de dígito | digit place.
posición de encendido (lámpara eléctrica) | burning position.
posición de enclavamiento | locking position.
posición de energía mínima | minimal-energy position.
posición de engrane | point of mesh.
posición de ensayo (telefonía) | testing position.
posición de equilibrio | rest position | trim angle.
posición de equilibrio de las escobillas (motores de repulsión) | hard neutral.
posición de espera | hide | on standby | on standing | attention position | standby.
posición de fuego (cañones) | firing position.
posición de fuego (lanzamisiles) | firing attitude.
posición de funcionamiento | operating position | operative position | on position.
posición de información y reclamación (telefonía) | enquire position.
posición de la barra de regulación | control-rod position.
posición de la bola (golf) | lie.
posición de la compuerta de la válvula (válvula de compuerta) | valve gate position.
posición de la línea de mira | line-of-sight position.
posición de listo para atacar (cañones) | ready-to-ram position.
posición de los estratos (geología) | attitude of strata.
posición de los filones | lie of the lodes.
posición de los impulsos | pulse position.
posición de manipulador en reposo | key-up position.
posición de manipulador en trabajo | key down position.
posición de marcha | working position | on position | service position.
posición de máxima apertura (válvula) | wide-open position.
posición de memoria | storage location.
posición de miembro correspondiente o miembro asociado | associateship.
posición de montado el percutor | cocked position.
posición de nivel | level position | levelness.
posición de observación | monitor position.
posición de orden superior en un número | high order posicion.
posición de paso de frenado (hélices) | braking-pitch position.
posición de pie | upright position | end-on position | erect posture.
posición de registro (telefonía) | filter record position.

posición de repliegue | delaying position.
posición de repliegue (milicia) | rallying position.
posición de reposo | rest position | home position | homing.
posición de reposo (operador) | key up.
posición de reposo (palanca, etc.) | off-position.
posición de reposo (telegrafía) | homing position.
posición de resguardo | cover position.
posición de resistencia | position of resistance.
posición de retroceso (cañones) | runout position.
posición de salida de un buque al dejar un puerto | departure.
posición de seguro (espoletas) | safe position.
posición de soldeo sobre suelo | underhand position.
posición de tiro | fire position.
posición de tiro (fusil) | firing position.
posición de trabajo | run position | working position | on position | operative position.
posición de trabajo del operador | operator's working position.
posición de trabazón | locked position.
posición de trinca | stowed position | detented position | detent position.
posición de trinca vertical | vertical detent position.
posición de trincado | locked position.
posición de un buque con respecto a otro | gage (EE.UU.).
posición de un buque respecto a otro | gauge (G.B.).
posición de un gene en un cromosoma | locus.
posición de vanguardia | forward position.
posición de venta de toda su producción | sold-out position.
posición de vigilancia (telefonía) | monitor position.
posición de vuelo | attitude.
posición de vuelo (aviones) | attitude of flight.
posición defectuosa | malposition.
posición del atacador (cañones) | ramming position.
posición del blanco en el momento del disparo (blanco móvil) | present position.
posición del centro de fuerzas cortantes | shear center position.
posición del índice (en el aparato de regulación) | setting.
posición del planeta en la oposición | position of planet at opposition.
posición del que se monta a horcajadas | straddle.
posición descubierta | open position.
posición desenfilada | defiladed position.
posición diagonal de enlace | switch position.
posición dominante | control position.
posición echado | lying position.
posición en bandolera (hélice aviones) | feathering position.
posición en batería | emplaced position.
posición en la cola | queue place.
posición en la formación | formation position.
posición en punto muerto | dead center position.
posición en que el plano vertical diametral del tubo pasa entre dos agujeros de la brida (tuberías) | straddle-center position.
posición en que el plano vertical diametral del tubo pasa por un agujero de la brida (tuberías) | split-center position.
posición en su trayectoria con todo el combustible consumido (cohetes) | all-burned position.
posición ergonómica | ergonomic position.
posición estibada | housed position.
posición estimada del avión | plane's estimated position.
posición estrecha (música) | close position.
posición eventual de fuego | alternate fire position.
posición externa | outer position.
posición extrema | extreme position.
posición futura (blanco móvil) | future position.
posición futura (blancos móviles) | predicted target position.
posición futura del blanco | future target position.
posición horizontal (soldeo) | downhand position.
posición inclinada hacia abajo | inclined downwards position.
posición inclinada hacia arriba | upwardly inclined position.
posición inicial | original position | line of departure.
posición inicial (mecanismos) | home position.
posición inicial de tiro | primary firing position.
posición inoperativa | inoperative position.
posición intermedia | lending position.
posición lejana (bolsa) | forward position.
posición límite superior | full-up position.
posición más alta del brazo (pluma totalmente embicada - grúas) | close boom.
posición más alta o más baja de una divisa para aceptar oro en vez de divisas | gold-point.
posición más retardada | fully retarded position.
posición menos significadora | lower order position.
posición no demasiado neutral | not-too-neutral position.
posición no ocupada (telefonía) | unstaffed position.
posición normal (geología) | original order.
posición normal de trabajo | normal running position.
posición normal de trinca | normal stowed position.
posición obtenida midiendo la distancia navegada a partir de una posición previa conocida (aeronavegación) | groundplot.
posición operativa | operative position.
posición organizada (milicia) | organized position.
posición para conseguir crédito | credit standing.
posición para inactivar las agujas (tejido punto) | welting position.
posición para soldar | welding position.
posición peri (química) | peri-position.
posición preparada para sujetar (tenazas de forja) | ready-to-grip position.
posición prevista | intended position.
posición prona (medicina) | prone.
posición retractada | retracted position.
posición semirreclinada (piloto avión) | semireclined position.
posición separada | open position.
posición supuesta (navegación) | assumed position.
posición telefotográfica internacional | international phototelegraph position.
posición tendido | lying position.
posición teórica durante el vuelo en un momento dado (aviones) | no-wind position.
posición teórica en vuelo (aviones) | air position.
posición u orientación con relación a tres ejes (aviones, misiles) | attitude.
posición unida | close position.
posición ventajosa | vantage point.
posición y avance de la llama con relación al trabajo (soldadura por gas) | hands of welding.
posicionabilidad | positionability.
posicionable | positionable.
posicionación automática del cañón | gun automatic positioning.
posicionación automática del radar | radar automatic positioning.
posicionación correcta | correct positioning.
posicionación óptica a 0,01 milímetro (taladradoras) | optical setting to 0,01 mm.
posicionación selectiva | selective positioning.
posicionado dinámicamente | dynamically positioned.
posicionador | fixture | manipulator | guider | skid | positioning appliance | positioning device.
posicionador (soldadura) | actor.
posicionador (telefonía) | position-finder | position finder.
posicionador (útil giratorio para soldar) | positioner.
posicionador de soldeo equilibrado universal | universal balance welding positioner.
posicionador de válvula | valve actor.
posicionador giratorio | rotatable positioner.
posicionador giratorio (soldadura) rocking manipulator.
posicionador hidráulico | hydraulic positioner.
posicionador manual | hand-operated positioner.
posicionador micrométrico | micrometer positioner.
posicionador micrométrico de tres posiciones | three-position micrometer positioner.
posicionador motorizado | power-operated positioner.
posicionador numérico | numerical positioner.
posicionador para soldadura por arco | arc welding positioner.
posicionador para soldar | welding positioner | welding jig | welding locator.
posicionador para trabajos | jig.
posicionador rotativo | rotator.
posicionador rotativo para tubos | pipe rotator.
posicionador universal motorizado | power-driven universal positioner.
posicionamiento | positioning | setting.
posicionamiento automático del radar | radar automatic positioning.
posicionar | position (to) | plant (to) | set (to).
posicionar conjuntos soldados | position fabrications (to).
posicionar de nuevo | reinsert (to).
posicionar en una plantilla | jig (to).
posicionar la cinta | thread (to).
posiciones aparentes (astronomía) | aspects.
posiciones cercanas | near-by positions.
posiciones conciliables | conciliable positions.
posiciones de controladores eléctricos que aumentan la corriente del motor | accelerating points.
posiciones de la nueva cosecha (seguros) | new-crop positions.
posiciones fotográficas de las estrellas en movimiento | photographic star positions.
posiciones reservadas (memoria del ordenador) | protected locations.
posincronización | postsyncrhonization.
posinstalación | post-installation.
posi-posi (Sonneratia acida) | posi-posi.
posirradiación | postirradation.
posistor | posistor.
positiva (fotografía) | positive film.
positiva fotográfica | photographic positive.
positiva por inversión (fotografía) | reversal positive.
positiva sobre cristal | positive plate.
positivación | positivation.
positivado (fotografía) | printery.
positivado por contacto | contact printing.
positivadora (fotografía) | printer | printer.
positivar (fotografía, filmes) | print (to).
positividad del operador (matemáticas) | positivity of operator.
positivismo | positivism.
positivista | positivist.
positivo | plus.
positivo intermedio para conseguir un duplicado negativo (filmes) | lavender copy | lavender.
positrón | positron.
positrónico | positronic.
positronio | positronium.
poslógico | postlogical.
posluminiscencia | after-glow | afterglow.

posmaduración | postcuring | after-ripening.
posmadurado durante 3 horas a 500 °F | postcured for 3 hr. at 500 °F.
posmadurar | postcure (to).
posmezcla | after mixing.
posmoldeado | postforming.
posmordentado crómico | after chroming.
posmordentar con cromo (teñido) | after chrome (to) | top chrome (to).
posmultiplicación | postmultiplication.
poso | dabs | sediment | dregs | grounds | settlings.
poso radiactivo | fallout.
poso radiactivo húmedo | radioactive rainout.
poso radiactivo inmediato | early fallout.
poso radiactivo local | early fallout | local fall-out.
poso radiactivo retardado | delayed fallout.
poso radiactivo seco | radioactive dry deposit.
poso radiactivo universal | world-wide fallout.
posología | posology.
posólogo | posologist.
posos | emptyings | lees.
posos (botella de vino) | fur.
posos (vino embotellado) | crust.
pospandeo | postbuckling.
posperturbación | postperturbation.
posponer | adjourn (to) | put off (to).
posponer (pagos) | standoff (to).
pospulsación | afterpulsing.
posrecocer (metalurgia) | postanneal (to).
posrecolección | postharvest.
posrefrigeración | aftercooling.
posrefrigerador | aftercooler.
posrefrigerante | aftercooler.
posta | post.
postal del Estado | government card.
postas (perdigón grueso) | buckshot.
postas para cazar patos | duck-shot.
postcarenado de hélice | propeller afterbody.
postcloración | postchlorination.
postcompilador | postprocessor.
postconformado | postforming.
postcorrección | post-edit.
poste | mast | post | standard | stake | pillar.
poste (pie derecho) | column.
poste aguantador (sondeos) | drilling post.
poste arriostrado sobre si mismo | truss-guyed pole.
poste cabeza de línea | leading-in pole.
poste cartabón (vía férrea) | clearance post.
poste con vientos | guy pole.
poste creosotado | creosotized pole.
poste de alumbrado | lighting post | lamppost.
poste de alumbrado eléctrico | electric light standard.
poste de amarre | deadhead | anchorage post.
poste de amarre (ríos) | dolphin.
poste de amarre de multipilotes (cauce del río) | pile-cluster dolphin.
poste de amarre de pilotes adosados (cauce de ríos, canales) | piled dolphin.
poste de anclaje | anchor pole | Irish pennant.
poste de anclaje (teleféricos) | tailpost.
poste de anclaje en hielo | ice anchor.
poste de bambú | bamboo pole.
poste de bifurcación | branch rod.
poste de brazo | bracket pole.
poste de busco (de esclusa o de dique seco) | miter post.
poste de cabecera | head post.
poste de cambiavía | switch stand.
poste de cambio de dirección (líneas telegráficas) | angle support.
poste de cambio de rasante | gradient post.
poste de celosía | girder pole | latticed stanchion | lattice pole.
poste de celosía de acero atirantado | guyed steel-lattice mast.
poste de celosía de hormigón | concrete lattice pole.
poste de celosía para la red nacional de alto voltaje | grid tower.
poste de estiba | stowage pillar.
poste de fibra de vidrio | fiberglass pole.
poste de gancho (cordelería) | loper frame.
poste de guía ondas | post.
poste de hormigón armado | concrete pole.
poste de hormigón armado pretensado | prestressed reinforced concrete pole.
poste de la grúa de la torre de perforación | derrick crane post.
poste de línea | line pole.
poste de línea de alto voltaje | high-tension pole.
poste de línea de transmisión de energía de hormigón armado | reinforced-concrete transmission line support.
poste de luces para el tránsito | traffic beacon.
poste de llegada (deportes) | winning post.
poste de madera | pole.
poste de madera para líneas de energía eléctrica | power pole.
poste de quicio (esclusas, dique seco) | heelpost.
poste de quicio (pieza vertical donde gira una hoja de una compuerta - esclusas, dique seco) | quoin-post.
poste de retención (de línea) | span-pole.
poste de retención (sondeos) | backup post.
poste de señales | signpost.
poste de sujección del cable (tranvías, trolebuses) | street pole.
poste de tope (seguridad) | headache post.
poste de transposición de hilos (telefonía) | transposition pole.
poste de vigueta doble T | beam pole.
poste del malacate de herramientas | bull wheel post.
poste del motor | jack post.
poste desmontable | collapsible mast.
poste electroaislado | operating pole.
poste en H | H pole.
poste en horca | H pole.
poste final | tailpost.
poste grúa | pedestal crane.
poste indicador | finger-post | finger post | sign post | signpost | signboard | guide board | indicator post | waypost.
poste indicador (carreteras) | guidepost.
poste indicador de distancias | distance post.
poste indicador de la pendiente | gradient post.
poste indicador de peligro | danger board.
poste indicador de pendientes | grade post.
poste indicador de rasantes | gradient board.
poste inyectado | impregnated pole.
poste maestro (sondeos) | samson post.
poste metálico de celosía para líneas aéreas eléctricas | electricity pylon.
poste o línea de llegada (deportes) | finish.
poste o pilote (defecto) | sweep.
poste sobre el tejado (línea telefónica) | roof standard.
poste sobre el tejado (telefonía) | house pole.
poste testigo | reference post.
poste-grúa (montaje estructuras) | gin pole.
postelero de carga (buques) | derrick post.
postelero de grada (astilleros) | upright | stage bent.
postelero vertical con varias plumas de carga (buques) | kingpost.
posteleros gemelos (buques) | twin derrick posts.
postensado | posttensioning.
postensado después del montaje | posttensioned after erection.
postensar | posttension (to).
postensionado empleando 12 cables de pretensado | post-tensioned using 12 prestressing cables.
postería | posting.
posterior | posterior | tail | subsequent.
posterior (botánica) | upper.
posterior (ejes, ruedas) | hind.
posterior a un punto Q | beyond a point Q.
posterior al hecho | after the event.
postes (torres) | poles.
postes acoplados | twin posts.
postes acoplados (líneas telegráficas) | A. pole.
postes de la galería de empino (minas) | crown posts.
postes del alumbrado | lighting columns.
postes del malacate de tuberías | calf wheel posts.
postes gemelos | coupled posts.
postes telegráficos | telegraph poles.
postfechar | overdate (to).
postigo (puertas) | wicket.
postigo de ventana | shutter.
postillón | guard.
postizo | artificial | false | dummy | attached | demountable.
postizo (trajes) | pad.
postizo de montaje | mounting pad.
postliminio | postliminy.
postor | tender | profferer | tenderer.
postor que ofrece el precio más bajo (contratos) | lowest bidder.
postquemador | afterburner.
postracción | posttension.
postratamiento | after treatment.
postratamiento de la cobresoldadura | postsoldering treatment.
postratar | after treat (to).
postres | last course.
postular | seek (to).
postura | bidding | offer | attitude | lie.
postura (compra de títulos) | tender.
postura (de huevos) | laying.
postura correcta para conducir | right driving posture.
potabilidad | drinkability | potability.
potabilización del agua de mar por congelamiento (Venezuela) | freezing potabilization.
potabilización del agua del mar | saline conversion | desalinization | seawater potabilization.
potabilizar | potabilize (to).
potable | potable.
potable (agua) | drinkable.
potable (no salada - agua) | fresh.
potaje de carne con verduras | beef-vegetable stew.
potámico | potamic.
potamícola | potamicolous.
potamología (hidrología) | potamology.
potamoplancton | potamoplankton.
potasa | potassium hydroxide.
potasa (hidróxido de potasio) | potash.
potasa a la cal | crude caustic potash.
potasa cáustica | dry potash.
potasa purificada | pearl ash.
potasífero | potash-bearing.
potasio | potassium.
potasio radioactivo | radioactive potassium.
pote | jar | cup.
pote con una composición luminosa | flare pot.
potea | lute.
potecito (Iberoamérica) | planting tube.
potencia | performance | purchase | strength | output | energy.
potencia (de un número) | power.
potencia (explosivos) | strength.
potencia (geología) | thickness.
potencia (máquinas) | torque | power.
potencia (saltos de agua) | foss.
potencia a bajo precio | low-cost power.
potencia absorbida | demand | energy-consumed | input.
potencia absorbida (electricidad) | input power.
potencia absorbida por la antena | antenna input.
potencia absorbida por rozamientos (máquinas) | friction horsepower.
potencia absorbida por una máquina | power input supplied by machine.
potencia aceleratriz | accelerative power.
potencia activa | real power | actual power | combined power.

potencia activa (corriente alterna) | true watts.
potencia activa (electricidad) | true power | active volt-amperes.
potencia acústica | acoustic power.
potencia acústica instantánea | instantaneous sound power | instantaneous acoustic power.
potencia admisible | power-handling capability.
potencia aérea | airpower | air power.
potencia al freno | shaft horsepower | actual horsepower | actual power | effective power.
potencia al freno (motores) | brake power.
potencia al freno en caballos | effective horsepower.
potencia amortiguadora | quenching power.
potencia amplificadora | amplifying power.
potencia amplificadora de un microscopio | amplifying power of a microscope.
potencia animal | animate powder.
potencia anódica | plate efficiency.
potencia anódica de entrada | anode power input.
potencia aparente | apparent watts | apparent output.
potencia aparente radiada | apparent radiated power.
potencia armónica de microondas | microwave harmonic power.
potencia artillera | artilleristic power.
potencia ascendente | ascending power.
potencia ascensional | ascending power.
potencia avante (buques) | ahead power.
potencia balística | ballistic power.
potencia basada en la reacción del cohete | rocket power.
potencia bruta | indicated horsepower.
potencia calorífica | caloric power | calorific value | heating power.
potencia con aspiración a la presión atmosférica (motores diesel) | normally-aspirated rating.
potencia con mezcla pobre (motores) | weak-mixture rating.
potencia con toda la admisión abierta (turbina hidráulica) | rating at full gate.
potencia continua | continuous power | continuous rating | continuous output.
potencia continua en la barra de tracción (locomotoras) | sustained drawbar horsepower.
potencia continua en servicio | continuous rated output.
potencia continua garantizada | guaranteed continous output.
potencia de arranque (motores) | cranking power.
potencia de artillería (buques guerra) | gun-power.
potencia de audición | receptive power.
potencia de caldeo | heating power.
potencia de caldeo del filamento | filament power.
potencia de ciar (turbina buques) | astern power.
potencia de combate (aviones) | combat rating.
potencia de contraincendios | fire-fighting power.
potencia de cresta | peak power.
potencia de cresta de un transistor en condiciones lineales | transistor linear peak envelope power rating.
potencia de cresta del impulso | pulse power.
potencia de crucero | cruising power.
potencia de choque | striking power.
potencia de desconexión en corto circuito de la red (corriente alterna) | system fault power.
potencia de despegue (motores aviones) | takeoff rating.
potencia de despeque homologada | takeoff power rating.
potencia de diez | power of ten.
potencia de electrolización | electrolyzing potential.
potencia de elevación | elevating power.
potencia de emisión | transmitter output | radiating power.
potencia de empuje de un chorro | jet horsepower.
potencia de empuje estático | static-thrust rating.
potencia de entrada | input | input power | power in | power input.
potencia de entrada de placa | plate input power.
potencia de entrada de radiofrecuencia | radiofrequency input power.
potencia de entrada en vacío | no-load power input.
potencia de entrada video | vision input | video input.
potencia de excitación de rejilla | grid-driving power.
potencia de exponente entero | integral power.
potencia de frenado | braking power.
potencia de frenado atómico | atomic stopping power.
potencia de fuego | fire power.
potencia de fuego de 12 libras por segundo (avión caza) | fire power of 12 lb per second.
potencia de fuego defensiva | defensive fire power.
potencia de fuga | leakage power.
potencia de fuga (entre dos circuitos) | cross-coupling.
potencia de fuga por armónicos | harmonic leakage power.
potencia de la capa fuerte | blanket power.
potencia de la chispa (motores) | incendivity of the spark.
potencia de la excitatriz | exciter rating.
potencia de la portadora | carrier power.
potencia de la señal | signal strength.
potencia de la zona fértil | blanket power.
potencia de pico | peak power.
potencia de placa de entrada | plate power input.
potencia de polo magnético | magnetic pole strenght.
potencia de propulsión (explosivos) | propulsive strength.
potencia de proyección (explosivos) | heaving action.
potencia de proyecto | designed power.
potencia de puntería azimutal. (artillería) | training power.
potencia de recepción | received power.
potencia de régimen | rated duty | rated horsepower | nominal output | nominal horsepower | rated power | rated output.
potencia de régimen (máquinas) | rating.
potencia de régimen de 10 watios | nominal rating of 10 watts.
potencia de régimen máxima en el eje | maximum rated shaft horsepower.
potencia de remolque | towline horsepower.
potencia de reserva (motores) | reserve power.
potencia de reserva (saltos de agua) | dump power.
potencia de salida | power out | output power | delivered power | power rating.
potencia de salida (amplificadores) | power output.
potencia de salida (electricidad) | output.
potencia de salida de ruido | noise power | noise output.
potencia de salida del amplificador | amplifier output.
potencia de salida espectral | spectral output.
potencia de salida sin distorsión | undistorted output.
potencia de salida video | video output | visual-transmitter power.
potencia de servicio | operating power.
potencia de servicio (electromotores) | nameplate rating.
potencia de servicio (máquinas) | rating.
potencia de servicio normal | normal rated output.
potencia de sostén (plato magnético) | holding power.
potencia de trabajo | nominal power.
potencia de tracción | hauling capacity.
potencia de transmisión de vídeo | visual transmitting power.
potencia de tratamiento de datos | processing capability.
potencia de una décima | power of a test.
potencia de una lente | power of a lens.
potencia de una prueba | power of a test | strength of test.
potencia de utilización | wattage rating.
potencia de vaporización | evaporative power.
potencia de vaporización (calderas) | evaporative rating.
potencia de vaporización de la caldera | boiler output.
potencia de 15 milivoltios-amperios a un voltaje de 6 kilovoltios | output of 15 mVA at a pressure of 6 kV.
potencia de 50 kva y con 0,8 de factor de potencia | output of 50 kVA at 0.8 p.f.
potencia de 640 kilowatios a 220 voltios de corriente continua | rating of 640 kW at 220-volts D. C.
potencia del contraste (estadística) | power of the test.
potencia del haz | beam power.
potencia del impulso de salida | output pulse rating.
potencia del motor | motor output | engine power | engine horse power.
potencia del motor a nivel del suelo | engine power at ground level.
potencia del motor al nivel del mar | engine power at sea level.
potencia desarrollada | power output.
potencia desmultiplicada | geared power.
potencia destructora | destructive power.
potencia dilaceratriz | rending power.
potencia dióptrica de la lente | dioptric power of the lens.
potencia dióptrica de variación progresiva | progressively varying dioptric power.
potencia dirigente (nación) | controlling power.
potencia disponible | power output | firm power | available power.
potencia disponible (electricidad) | power available.
potencia efectiva | effective output | effective power | actual horsepower | actual output | actual power.
potencia efectiva (motores) | brake power.
potencia efectiva neta de remolque | net tow rope e. h. p.
potencia eficaz (electricidad) | true power | root-mean-square rating.
potencia eficaz de 6.500 HP | RMS rating of 6,500 HP.
potencia eléctrica | electrical output.
potencia eléctrica bruta | gross electrical output | installed capacity.
potencia eléctrica neta | maximum output capacity | net electrical output.
potencia emésima | M-th power.
potencia emitida | radiated power.
potencia en candelas | candlepower.
potencia en C.V | horsepower.
potencia en el despegue | takeoff horsepower | takeoff power.
potencia en el despegue con inyección de agua en la mezcla (motor aviación) | wet takeoff power.
potencia en el eje | shaft output.
potencia en el gancho de tracción | drawbar horsepower.
potencia en hombres | manpower.
potencia en la antena | aerial input.
potencia en la barra de tracción | horsepower at drawbar.
potencia en la hélice (buques) | propeller-shaft horsepower.

potencia en la llanta | output at the wheel rim.
potencia en la subida | climbing power.
potencia en servicio | service power.
potencia en servicio (motores) | service rating.
potencia en servicio normal | normal-service power.
potencia en vacío | no load power.
potencia entera (matemáticas) | integral power.
potencia equivalente de entrada | noise equivalent power (N.E.P.).
potencia equivalente de la turbina de combustión | gas horsepower.
potencia equivalente de ruido | NEP (Noise Equivalent Power).
potencia equivalente en el eje | equivalent shaft horsepower.
potencia erosiva | erosive power.
potencia erosiva de las lluvias | erosive power of rains.
potencia específica | specific output | fuel rating.
potencia específica (turbina, compresor rotativo) | head input.
potencia específica (turbinas, compresor rotativo) | power input.
potencia explosiva | explosive power.
potencia explotable (capas carbón, etc.) | mineable thickness.
potencia explotable (criaderos) | minable thickness.
potencia fabril | manufacturing potential.
potencia fiscal | treasury rating.
potencia fonética de la palabra | speech power.
potencia garante | guaranteeing power.
potencia generada (electricidad) | output.
potencia generada dentro del complejo de lanzamiento para los sistemas electrónicos (misiles) | critical power.
potencia generada en tierra | ground power.
potencia hidráulica | hydraulic power.
potencia hidroeléctrica | hydropower.
potencia homologada | type test horsepower.
potencia horaria | output per hour.
potencia iluminaria | candlepower.
potencia imanante | magnetizing power.
potencia indicada | indicated horsepower | indicated power.
potencia indicada en caballos | gross horsepower.
potencia indicadora | rating.
potencia inhibidora | inhibitory potency.
potencia inmediatamente disponible | prime power.
potencia instalada | installed capacity.
potencia instantánea | momentary output | short time rating | instantaneous output | instantaneous power.
potencia intermitente | intermittent rating.
potencia limitada por el autoencendido | knock rating.
potencia limitada por el autoencendido (motores) | knock-limited power.
potencia limitada por la detonación | detonation-limited power.
potencia límite admisible (sistema de transmisión) | overload level.
potencia límite determinada por consideraciones del chispeo del colector (motor corriente continua) | sparking limit.
potencia lineal | linear heat generation rate (LHGR).
potencia lumínica | illumination power.
potencia lumínica no aprovechada (por suciedad en la lámpara) | wasted light output.
potencia luminosa | luminous output.
potencia magnetizante | magnetizing power.
potencia marítima | seapower.
potencia másica | power-to weight ratio.
potencia másica (mecánica) | power-weight ratio.
potencia máxima | top rating | top power | top output | peak power | maximum power | maximum output.
potencia máxima con mezcla pobre (motores) | maximum weak mixture power.
potencia máxima continua | maximum continuous rating | continuous maximum rating.
potencia máxima de combate (motor aviones) | maximum combat power.
potencia máxima de crucero recomendada | maximum recommended cruising power.
potencia máxima de demanda en kilovatios | peak power.
potencia máxima de despegue | maximum take-off rating.
potencia máxima de emergencia (motor de aviación) | flash power.
potencia máxima de radiación de 160.000 Btu/pie²/hora (calderas) | peak radiation rate of 160,000 Btu per sq. ft. per hour.
potencia máxima de régimen | continuous maximum rating.
potencia máxima de salida sin distorsión | maximum undistorted output.
potencia máxima durante cortos períodos de tiempo (motores aviación) | war-emergency power.
potencia máxima durante el laminado (motores) | rolling peak.
potencia máxima exceptuado el despegue | maximum except takeoff power.
potencia máxima instalada | maximum demand.
potencia máxima instantánea | peak-signal level.
potencia máxima intermitente | maximum intermittent output.
potencia máxima intermitente de 30.000 caballos en el eje | maximum intermittent rating of 30,000 S.H.P.
potencia máxima militar (aeronáutica) | war emergency power.
potencia máxima normal | rated full output.
potencia mecánica | mechanical output | mechanical power.
potencia media (filones) | average thickness.
potencia media estática (amplificadora) | quiescent average power.
potencia menos cuatro | minus four power.
potencia militar | military power.
potencia mínima detectable | NEI (noise equivalent input) | noise equivalent input (NEI).
potencia modulada | modulated power | output power.
potencia momentánea | instantaneous power.
potencia motriz | motory power | motive power | motivity.
potencia motriz eléctrica | electromotion.
potencia naval | naval power.
potencia necesaria | requisite strength.
potencia necesaria para bombear un líquido | pumping power.
potencia necesaria para parar | stopping power.
potencia nominal | power rating | power rating | wattage rating | nominal capacity | rated-power.
potencia nominal (electromotores) | nameplate rating.
potencia nominal de la caldera (en calorías x hora) | boiler rated output.
potencia nominal de los turboalternadores | nominal capacity of turbogenerators.
potencia nominal de salida | rated output | rated power output.
potencia normal | rated output | normal output.
potencia normal de funcionamiento (máquinas) | rating.
potencia normal de tono de ensayo | standard test-tone power.
potencia nuclear | atomic power | nuclear yields.
potencia nuclear central | central nuclear potencial.
potencia o empuje máximo disponible en vuelo por periodos de media hora (motor aviación) | military rated power.
potencia ocupante | occupying power.
potencia ofensiva | fighting efficiency.
potencia oleohidráulica | oil-hydraulic power.
potencia para las horas de mayor consumo (electricidad) | peaking power.
potencia perdida en el generador | stray power.
potencia perforante (cañones) | hitting power.
potencia permanente | firm power.
potencia perturbadora en decibelios | cross talk volume.
potencia pigmentadora | pigmenting power.
potencia por grupo | rating per set.
potencia por unidad volumétrica | power density.
potencia producida por carbón | coal-produced power.
potencia pulsatoria | pulse power.
potencia que despliega una persona | strength.
potencia racional | rational power.
potencia radiada | radiated power | radiated power.
potencia radioisotópica | isotopic power.
potencia reactiva | kilovar output | reactive volt-amperes.
potencia reactiva (corriente alterna) | reverse power.
potencia reactiva (electricidad) | wattless power | idle power | induction power.
potencia reactiva capacitiva | capacitative reactive power.
potencia reactiva inductora | inductive reactive power.
potencia real | actual power.
potencia real (electricidad) | true power.
potencia realmente transmitida | power level.
potencia receptora | receptive power.
potencia recibida | received power.
potencia reducida | reduced rate.
potencia reflectora (astronomía, meteorología) | albedo.
potencia residual | after-power.
potencia rompedora (producto de la energía por unidad de volumen por la velocidad de detonación - explosivos) | brisance.
potencia sin carga | no load power.
potencia sin sobrealimentación (motores diesel) | normally-aspirated rating.
potencia sin soplante (motores) | unblown rating.
potencia sofométrica | psophometric power.
potencia sonora (radio) | volume.
potencia supuesta (máquinas) | assume duty.
potencia térmica | caloric power | fuel-generated power | thermal duty.
potencia térmica de un reactor | nominal thermal capacity of a reactor.
potencia térmica específica (reactor nuclear) | thermal power rating.
potencia térmica útil | useful thermal power.
potencia terrestre | land power.
potencia total equivalente en el eje | total equivalent shaft horsepower.
potencia total unihoraria | total horsepower on 1-hour rating.
potencia unihoraria | one-hour rating.
potencia útil | output | carrying power | available power | operating power.
potencia útil (aeronaves) | thrust horsepower.
potencia útil (bombas) | water horsepower.
potencia útil (corriente alterna) | wattfull power.
potencia vocal | acoustical speech power.
potencia vocal de pico | peak speech power.
potencia vocal fonética | phonetic speech power.
potencia vocal instantánea | instantaneous speech power | instantaneous acoustical speech power.
potencia 5/2 | five-halves power.
potenciabilidad | potentiability.
potenciación | exponentation | potentation.
potencial alternante | alternating potential.
potencial anódico | anode potential.
potencial aparente | appearance potential.
potencial atractivo | attractive potential.
potencial bélico | war potential.

potencial capilar | capillary potential.
potencial compensador | bucking potential.
potencial compensador de entrada | input bucking potential.
potencial de aceleración | acceleration potential.
potencial de adsorción | adsorption potential.
potencial de ánodo | plate potential.
potencial de arrastre | driving potential.
potencial de barrera correspondiente a la rotación (química) | energy barrier to rotation.
potencial de carga del condensador | condenser-charging potential.
potencial de contacto (efecto Volta) | contact e. m. f.
potencial de contacto entre dos electrólitos | liquid-junction potential.
potencial de contorno de fase | phase-boundary potential.
potencial de corrosión | corroding potential.
potencial de corrosión de un metal o aleación en un medio corrosivo constante | corrosion potential.
potencial de crecimiento | growth potential.
potencial de descomposición | decomposition potential.
potencial de despasivación | depassivation potential.
potencial de destrucción | lethality.
potencial de detención (electrón) | stopping potential.
potencial de encendido | glow potential.
potencial de gasto líquido | streaming potential.
potencial de ignición | firing potential.
potencial de interacción nuclear | nuclear interaction potential.
potencial de interdicción (termiónica) | cutoff bias.
potencial de ionización | firing potential | striking potential.
potencial de lesión (biología) | injury potential.
potencial de Nernst | Nernst potential.
potencial de oferta (telefonía) | offering potential.
potencial de placa (electrónica) | shield bias.
potencial de polarización | biasing potential.
potencial de polarización (electrónica) | bias.
potencial de pozo cuadrado (matemáticas) | square-well potential.
potencial de reducción-oxidación | redox potential.
potencial de rejilla | grid potential.
potencial de rejilla del rectificador final | final rectifier grid potential.
potencial de reposo (biología) | resting potential.
potencial de ruptura | striking potential.
potencial de separación (atómica) | separative work content.
potencial de separación (isótopos) | value function.
potencial de solución electrolítica | electrolytic-solution potential.
potencial de subsistencia del medio ambiente | subsistence potential of the environment.
potencial de tierra (electricidad) | ground potential.
potencial de transpasivación | transpassivation potential.
potencial de utilidad de los negocios | earning power of the business.
potencial del electrodo con relación al cátodo (electrónica) | bias.
potencial del haz de electrones | electron-stream potential.
potencial destructivo | destructive potential.
potencial destructor (armas) | kill potential.
potencial económico | economic strength.
potencial eléctrico | electric potential | electrical pressure.
potencial eléctrico entre el metal y el suelo | metal-to-soil potential.
potencial electrocinético (pasta papelera) | Zeta potential.
potencial electroquímico molal | molal electrochemical potential.
potencial electrostático | electrostatic potential.
potencial en cal (suelos) | lime potential.
potencial en función de la distancia (diagramas) | potential versus distance.
potencial en un punto | potential at a point.
potencial entre la tubería y el terreno (tuberías enterradas) | pipe-to-soil potential.
potencial espontáneo (prospección geofísica) | self-potential.
potencial estimulador de crecimiento algáceo | algal growth-stimulating potential.
potencial flotante | floating potential.
potencial galvánico | galvanic potential.
potencial hidroeléctrico | hydro potential | hydroelectric potential.
potencial hipoelástico | hypoelastic potential.
potencial humano científico | scientific manpower.
potencial humano profesional | professional manpower.
potencial humano tecnológico | technological mampower.
potencial impolarizable | nonpolarizable potential.
potencial industrial | manufacturing potential.
potencial industrial humano | manpower.
potencial iónico | ionic strength.
potencial logístico | logistics potential.
potencial magnético | magnetic potential.
potencial magnetomotriz | magnetomotive potential.
potencial medio de ionización | average ionization potential.
potencial militar | military potential.
potencial molar del electrodo | molar electrode potential.
potencial motriz | driving potential.
potencial normal | rated power.
potencial peligroso de los productos químicos | hazard potential of chemicals.
potencial químico por molécula | chemical potential per molecule.
potencial redox | redox potential.
potencial repulsivo | repulsive potential.
potencial separativo | separative work content.
potencial sobre retención | sticking potential.
potencial suelo agua | soil-water potential.
potencial terrestre | earth potential.
potencial turístico | tourist potential.
potencial variando con la velocidad | velocity-dependent potential.
potencial Zeta (medida de la carga electrocinética en milivoltios - ingeniería sanitaria) | Zeta potential.
potencialidad hidroeléctrica | hydroelectric potentiality.
potencialización | potentation.
potencialmente contaminante | potentially contaminant.
potencialmente peligroso | potentially hazardous.
potencialmente reversible | possibly reversible.
potencias de binomios | power of binomials.
potencias de exponentes enteros no negativos | nonnegative integral powers.
potenciocinéticamente | potentiokinetically.
potenciocinético | potentiokinetic.
potenciodinámico | potentiodynamic.
potenciógrafo | potentiograph.
potenciometría | potentiometry.
potenciómetro | potentiometer.
potenciómetro amortiguador | damping potenciometer.
potenciómetro antizumbidos | hum-dinger.
potenciómetro autocíclico | autocyclic potentiometer.
potenciómetro bobinado | inductive potentiometer.
potenciómetro con tomas | tapped potentiometer.
potenciómetro con tubo de rayos catódicos | sectrometer.
potenciómetro coseno | cosine potentiometer.
potenciómetro de compensación | balancing potentiometer.
potenciómetro de conductor corredizo | slide-wire potentiometer.
potenciómetro de corriente continua autoequilibrado | self-balanced direct-current potentiometer.
potenciómetro de elementos múltiples | ganged potentiometer.
potenciómetro de enfoque | focusing potentiometer.
potenciómetro de entrada | input potentiometer.
potenciómetro de espiras | multiturn potentiometer.
potenciómetro de hilo con contacto deslizante | slide-wire potentiometer.
potenciómetro de polarización | bias potentiometer.
potenciómetro de punto de equilibrio | null-point potentiometer.
potenciómetro de reacción | feedback potentiometer.
potenciómetro de reglaje (electricidad) | fader.
potenciómetro de regulación | trimming potentiometer.
potenciómetro de seno-coseno | sine-cosine potentiometer.
potenciómetro de toma central | center tapped potentiometer.
potenciómetro de tomas múltiples | multitapped potentiometer.
potenciómetro de variación de pasos | steep-type potentiometer.
potenciómetro de variación logarítmica | logarithmic potentiometer.
potenciómetro de varias tomas | padded potentiometer | tappered potentiometer.
potenciómetro electrónico para corriente alterna | electronic a.c. potentiometer.
potenciómetro inductor | inductive potentiometer.
potenciómetro magnético | magnetic potentiometer.
potenciómetro no bobinado | composition potentiometer.
potenciómetro piezoeléctrico | crystal potentiometer.
potenciómetro regulador | controlling potentiometer.
potenciómetro regulador de la rejilla | grid potentiometer.
potenciómetro sangrador | bleeder potentiometer.
potenciómetro servogobernado | servodriven potentiometer.
potenciómetro sinusoidal | sine pot | sine potentiometer.
potencioscopio | potentioscope.
potenciostáticamente polarizado | potentiostatically polarized.
potenciostático | potentiostatic.
potenciostato | potentiostat.
potente (filones) | strong.
potentemente armado | heavily-armed | heavy-armed.
potentemente armado con cañones | heavily-gunned.
potenza (relojes) | potence.
potera | pirn | grains | grain | ripper.
poterna | gate.
potestad | jurisdiction | authority.
potestad estatal | state's authority.
potestad paterna | paternal authority.
potestad sancionadora | sanctionative authority.
potestad sancionatoria | sanctionative power.
potestativo | facultative.
potrero (campo para el ganado) | cattle range.
potrero a punto (Iberoamérica) | range readiness.
potrero arbolado (Méjico) | woodlot.

potrero cercado (Iberoamérica) | isolation transect.
potrero de invernada (Uruguay) | feed lot.
potrero maduro (Iberoamérica) | range readiness.
potrero móvil (Iberoamérica) | panel plot | hurdle plot.
potro | colt | foal.
potro (prueba de fusiles) | bench.
potro mesteño | mustang.
poundal (unidad de fuerza) | poundal.
poza | pothole.
poza (ríos) | pothole.
pozal | bucket.
pozo | well | sink.
pozo (ascensor) | shaft.
pozo (buques) | trunking | trunk.
pozo (de ascensor) | shaftway.
pozo (minas) | pit | shaft.
pozo abisinio | tube well | driven well.
pozo absorbente | absorbing well | drainage well | drain | dead well | seepage pit.
pozo agotado (petróleo) | dry well.
pozo antiguo (Escocia, minas) | coffin.
pozo artesiano | artesian well | bore well | flowing well.
pozo artesiano brotante | artesian flowing well.
pozo artesiano en vías de producción | pumping artesian well.
pozo auxiliar | service shaft.
pozo auxiliar (minas) | jack pit.
pozo barrenado | bored well.
pozo blindado (minas) | ironclad shaft | steel-timbered shaft.
pozo blindado (minería) | metal-lined shaft.
pozo bombeado | pumper.
pozo brotante (petróleo) | flowing well | spouter | gushing well.
pozo brotante (pozo de chorro - de petróleo) | gusher.
pozo cerrado | close in | shut-in well.
pozo ciego (minas) | winze.
pozo colector | reservoir | collecting shaft | collecting pit.
pozo con empaque de grava (sondeos) | gravel-packed well.
pozo con escalas para subir y descender (minas) | footway.
pozo con extracción por inyección de agua (petróleo) | waterflood input well.
pozo con fortificación de acero (minas) | steel-timbered shaft.
pozo con revestimiento metálico (minas) | steel-timbered shaft.
pozo con ventilador en la parte alta (minas) | fan shaft.
pozo cuadrado (minas) | square shaft.
pozo chino | China shaft.
pozo de acceso | access shaft.
pozo de agotamiento | water shaft.
pozo de agotamiento (minas) | pump-shaft | pumping shaft.
pozo de agua freática | water table well.
pozo de agua salada | brine pit.
pozo de alivio | relief well.
pozo de alivio de la presión (presas) | pressure-relief well.
pozo de anclaje (puente suspendido) | anchorage shaft.
pozo de arrastre (minas) | inclined winze.
pozo de ascensor | elevator shaft | lift shaft.
pozo de ascensor de la cámara de máquinas | engine room lift shaft.
pozo de aserrar | saw pit.
pozo de atacado en dislocación | dislocation etch pit.
pozo de auxilio (sondeo petróleo) | relief well.
pozo de avance (túneles) | pilot shaft.
pozo de avanzada (sondeo petróleo) | outpost.
pozo de bajada | downtake shaft.
pozo de bajada a la alcantarilla | drop manhole.
pozo de bomba | pumper.
pozo de bombas (minas) | pumping shaft | pump-shaft.
pozo de bombeo (minas) | pumper.
pozo de carga | standpipe.
pozo de cateo | prospecting pit | prospect hole | exploratory well | exploratory shaft | costean pit.
pozo de caudal decreciente | decreasing discharge well.
pozo de circulación | circulation shaft.
pozo de colada | molding hole | foundry pit.
pozo de compensación (sondeos) | offset | offset well.
pozo de comunicación (minas) | winze.
pozo de condensación del vapor (condensador de máquina de vapor) | hot well.
pozo de condensado | hotwell.
pozo de decantanción | clear well.
pozo de desagüe | discharge well | water shaft | drain bore | drainage shaft.
pozo de desagüe (minas) | pumping shaft.
pozo de desagüe (recogida de agua en las minas) | standage.
pozo de desarrollo (petróleo) | development well.
pozo de descarga | disposal well.
pozo de desenlodar | flushing shaft.
pozo de dragado (dragas) | dredging well.
pozo de drenaje | drainage well | drain-shaft | absorbing well.
pozo de drenajes (presas) | relief well.
pozo de elevación por presión de gas | gas-lift well.
pozo de enmanguitar cañones | gun-shrinking pit | gun-pit.
pozo de entrada | inlet well | entrance well.
pozo de entrada de aire (minas) | downcast shaft.
pozo de escalas (pozo extracción de minas) | manway.
pozo de escape (minas) | escape shaft.
pozo de escoria (hornos básicos) | hunch pit.
pozo de estallar proyectiles | bursting pit.
pozo de exploración | test hole | exploratory well | discovery shaft | exploratory pit.
pozo de exploración no entibado | bell pit.
pozo de explosión | shothole.
pozo de extracción | working pit | extraction shaft | draw-shaft.
pozo de extracción (minas) | working shaft | drawing shaft | hoisting shaft | pulley shaft | hauling shaft | lifting way | winding shaft.
pozo de extracción de la salmuera | brine pit.
pozo de extracción y de desagüe (minas) | engine pit.
pozo de extracción y desagüe (minas) | engine shaft.
pozo de fondo arenoso | absorbing well or tank.
pozo de fondo permeable | soakage pit.
pozo de forma troncocónica (pozo vertedero - minas) | gloryhole.
pozo de garrucha | draw-well.
pozo de gas natural | natural gas well | gaswell | gasser.
pozo de gravedad | gravity well.
pozo de infiltración (geología) | swallow hole.
pozo de inspección colocado en la calzada (teléfonos) | carriageway manhole.
pozo de inyección | injection well.
pozo de inyección (petróleo) | input well | intake well.
pozo de inyección (sondeos) | pressure well.
pozo de inyección (yacimiento) | intake well.
pozo de inyección de aire | air input well.
pozo de inyección de gas (pozo petróleo) | gas-input well.
pozo de izar | hoistway.
pozo de la escala (dragas rosario) | ladder well.
pozo de la exhaustación (motor fijo) | exhaust box.
pozo de la máquina de agotamiento (minas) | engine shaft.
pozo de la torre (artillería) | gunwell.
pozo de las bombas (dique seco) | sump.
pozo de las escalas (minas) | footway shaft | ladder-way shaft | ladder road | ladder way.
pozo de limnímetro (ríos) | gage well.
pozo de limpia (alcantarillado) | flushing manhole.
pozo de linde | fringe well.
pozo de lobo (fortificación) | trou-de-loup | foxhole.
pozo de los cables (puente suspendido) | cable pit.
pozo de malacate (minas) | gin pit.
pozo de mina | deep pit | mine pit | mining shaft.
pozo de mina de carbón | colliery shaft | coalpit.
pozo de montacargas | hoist shaft.
pozo de petróleo | oil well | oilwell.
pozo de petróleo agotado (que produce menos de 1.600 litros/día) | stripper well.
pozo de petróleo apagado (incendios) | snuffed well.
pozo de petróleo casi agotado | stripper.
pozo de petróleo con gran proporción de azufre | sour-oil well.
pozo de petróleo de gran estabilidad de producción | stayer.
pozo de petróleo en el que se ha explosionado una carga en el fondo para que fluya | shot well.
pozo de petróleo estable en su producción | stayer.
pozo de petróleo no revestido en su parte inferior | barefoot hole.
pozo de petróleo que desprende muchos gases | gasser.
pozo de petróleo que fluye intermitentemente | by heads.
pozo de petróleo que hay que bombear | pumper.
pozo de polea | draw-well.
pozo de polvo (glaciar) | dust well.
pozo de potencial (electricidad) | potential well.
pozo de préstamo | borrow pit.
pozo de producción por presión artificial con gas | gas-lift well.
pozo de prospección | costean pit | exploratory well | prospecting pit | prospect hole.
pozo de prospección (minería) | prospect shaft.
pozo de prospección inclinado | angle hole.
pozo de prueba (sondeo de petróleo) | field wildcat.
pozo de recarga | recharge well.
pozo de recogida de aguas | catch-water pit.
pozo de reconocimiento | bore pit | exploratory shaft.
pozo de registro | manhole.
pozo de registro de alcantarilla | sewer manhole.
pozo de remolino | pothole.
pozo de restablecimiento (agua artesiana) | recharge well.
pozo de salida de aire (ventilación minas) | return shaft.
pozo de salida del aire (ventilación minas) | upcast shaft | uptake.
pozo de salida del aire de ventilación (minas) | out-take.
pozo de sedimentación | catchpit.
pozo de socorro (minas) | escape shaft.
pozo de sondeo | bored well | hole | wildcat well.
pozo de sondeo (cimentaciones) | test pit.
pozo de superficie libre | gravity well.
pozo de tendido | draw-in pit.
pozo de tensión (galvanización continua de bandas) | drag pit.
pozo de tirador | rifle-pit | individual trench | foxhole.
pozo de trabajo (minas) | winding shaft.
pozo de tubo de pequeño diámetro | narrow bore well.
pozo de un compartimiento (minas) | single-compartment shaft.
pozo de vapor | steam well.
pozo de ventilación | airshaft.

pozo de ventilación (minas) | air trunk | air pit | bypass pit | downcast | air course | jackhead pit | discharge air shaft | cold pit.
pozo de visita | inspection shaft.
pozo de visita (alcantarillado) | manhole.
pozo de yacimiento (petróleo) | field development well.
pozo del ascensor | elevator pit.
pozo del cañón | gunwell | gun-pit.
pozo del cigüeñal | crank pit.
pozo del cigüeñal (máquinas) | engine pit.
pozo del montacargas | dumbwaiter shaft.
pozo del tren de laminar | scale pit.
pozo derrumbado (minas) | fallen-in shaft.
pozo descubridor | discovery shaft.
pozo descubridor (petróleo) | discovery well.
pozo desviado de la vertical (pozo incurvado - sondeos) | deflected well.
pozo desviado de la vertical (sondeos) | slant hole.
pozo donde no se encuentra gas ni petróleo | dry hole.
pozo drenante | absorbing well.
pozo en producción (petróleo) | flowing well.
pozo encima del anticlinal (petróleo) | crestal well.
pozo enfrentado (sondeos) | offset well.
pozo entubado | tube well | tubewell.
pozo entubado de pequeño diámetro de gran profundidad | deep tubewell.
pozo eruptivo | gusher.
pozo estéril (petróleo, minas) | dry hole.
pozo excavado | dug well.
pozo excavado a brazo | hand-sunk shaft.
pozo excavado de abajo arriba | rising shaft.
pozo excavado hacia arriba (minas) | raise.
pozo exploratorio | exploratory well.
pozo filtrante (hidráulica) | settling pit.
pozo formado por un tubo de pequeño diametro (150 a 380 mm) clavado en el terreno | tubewell.
pozo gasífero | nonoil producing well.
pozo gravitario | gravity well.
pozo hincado | driven well.
pozo hincado por congelación del terreno | freezing shaft.
pozo improductivo (petróleo) | duster | dry well.
pozo improductivo (petróleo, minas) | dry hole.
pozo inclinado (minas) | day eye | incline | inclined shaft.
pozo inclinado en roca (minas) | rock slope.
pozo incurvado (pozo desviado - de la vertical) | deviated well.
pozo incurvado (pozo desviado de la vertical - sondeos) | curving well.
pozo inflamable | fire well.
pozo instantáneo | tube well.
pozo interior | internal shaft.
pozo interior (minas) | jack head pit | way shaft | little winds | blind pit | shank | blind shaft.
pozo interior uniendo pisos (minas) | winze.
pozo inundado (petróleo) | drowned well.
pozo maestro (mina) | main shaft.
pozo magnético | magnetic well.
pozo marginal | marginal well.
pozo mina excavado hacia arriba | upraise.
pozo muerto (petróleo) | dead well.
pozo negro | cesspool | cesspit.
pozo negro al que se echa tierra | earth-closet.
pozo negro filtrante | leaching cesspool.
pozo negro impermeable | impervious cesspool.
pozo negro no estanco | leaching cesspool.
pozo no entubado | uncased.
pozo no revestido (minas) | open hole.
pozo o galería de ventilación (minas) | airway.
pozo obligatorio | obligation well.
pozo obstruido | blocked-up well.
pozo para combustibles nucleares agotados (reactor nuclear) | spent fuel pit.
pozo para escorias | clinker-pit.
pozo para granulación de escorias (altos hornos) | granulating pit.
pozo para la manivela (máquina de vapor) | crank race.
pozo para la vuelta de tensión automática de la banda (fabricación hojalata) | looping pit.
pozo para las pruebas de sobrevelocidad (motores) | overspeed pit.
pozo para luz | light shaft.
pozo para pilar de cimentación | pier shaft.
pozo para pruebas de sobrevelocidad de rotación (motores) | spin pit.
pozo para purgas de calderas (buques) | slush wheel.
pozo para relleno (minas) | stone shaft | rockshaft.
pozo para sacar bogies (ferrocarril) | drop pit.
pozo para tuberías | pipe shaft.
pozo perforado por rotación | rotary-drilled well.
pozo piezométrico (conductos forzados de centrales hidroeléctricas) | surge tank.
pozo pobre | stripper.
pozo principal | main shaft.
pozo productivo | producing well.
pozo profundizado por hundimiento | drop shaft.
pozo profundo | deep pit.
pozo que forma cráter (pozo surgente de petróleo) | cratered well.
pozo que hay que bombear (petróleo) | pumping well.
pozo que presenta el fenómeno de dos corrientes de aire (una que entra y otra que sale) | breathing well.
pozo que produce de dos zonas (petróleo) | dual well.
pozo que produce de dos zonas al mismo tiempo (petróleo) | dual zone well.
pozo relleno de arena | sand-pile.
pozo revestido de acero (minas) | steel-timbered shaft.
pozo revestido de mampostería | stone-lined well.
pozo seco | dry well.
pozo secundario | by-pit.
pozo sin consentimiento de una parte (concesión) | nonconsent well.
pozo sin entubar | open hole | tubingless well.
pozo soplador | blowing well.
pozo soplante (con una corriente de aire que sale del pozo) | blowing well.
pozo submarino (petróleo) | subsea well.
pozo surgente (petróleo) | flowing well | spouter.
pozo surgente sin control (petróleo) | wild well.
pozo vertedero | glory-hole spillway.
pozo vertedero (hidráulica) | gloryhole.
pozo vertedero (minas) | milling pit | mill hole.
pozo vertical | vertical shaft.
pozo vertical (minas) | telegraph.
pozo vertical de gran diámetro y con lados muy inclinados abierto en la superficie del terreno | abime.
pozo vertical que atraviesa el yacimiento | underlayer.
pozo vertical y luego inclinado (minas) | turned-vertical shaft.
pozolana | pozzolana.
pozos de la zona (minas) | area pits.
pozos de potencial real | real potential wells.
pozos de reserva (zonas áridas) | stock wells.
pozos en perforación (sondeos petróleo) | incomplete wells.
pozo-tolva (pozo vertedero - minas) | gloryhole.
ppi con ensanche en el centro | open center ppi.
ppi excéntrico | offset ppi.
PPI excéntrico (radar) | off center PPI.
práctica | experience | practice | praxis.
práctica administrativa profesional | professional administrative experience.
práctica asamblearia | assembly practice.
práctica contable | accounting convention.
práctica de astilleros | practical shipyard experience.
práctica de colocar bebederos | gating practice.
práctica de diseñar engranajes | gear-designing practice.
práctica de excluir de las licitaciones a los contratistas importantes (para favorecer a los pequeños) | set-aside practice.
práctica de fabricación | mill practice.
práctica de hacer nudos | sailorizing.
práctica de la higiene industrial | industrial health engineering.
práctica de la ingeniería | engineering practice.
práctica de tiro | target practice.
práctica de tiro con los cañones fijos de un cazador | fighter gunnery.
práctica de tiro con registro de los blancos | record firing.
práctica de tiro contra blancos cerámicos móviles | skeet.
práctica de verter basuras sólidas urbanas en depresiones del terreno | landfilling.
práctica difícilmente adquirida | hard-learnt experience.
práctica generalmente establecida | generally established practice.
práctica inhábil | malpractice.
práctica laboral desleal | unfair labor practice.
práctica normal del constructor | maker's standard practice | builder's normal practice.
práctica oral | oral drill.
práctica parlamentaria | parliamentary practice.
práctica recomendada para la instalación | recommended installation practice.
práctica sindical para obtener el pleno empleo de sus afiliados ordenando una productividad mínima | featherbedding.
práctica sindicalista que exige la colocación mínima de afiliados | full crew rule.
practicabilidad | manageability | workability.
practicable | workable.
practicable (empresas) | manageable.
practicable a los coches (caminos) | carriageable.
practicable todo el año | year-round.
practicaje | piloting.
practicaje (arte) | pilotage.
practicaje costero | inshore pilotage.
practicaje de alta mar | navigation pilotage.
practicaje de bajura | inshore pilotage.
practicaje de entrada (puertos) | inward pilotage | pilotage inwards.
practicaje de salida | pilotage outwards.
practicaje de salida (puertos) | outward pilotage.
practicaje local | common piloting.
practicaje obligatorio (marina) | compulsory pilotage.
prácticamente cerrado | substantially closed.
prácticamente indestructible | practically indestructible.
practicante | dresser.
practicante (medicina) | orderly.
practicante de compañía (milicia) | company aid man.
practicante militar | aid man.
practicar el dumping | practice dumping (to) | dump (to).
practicar una autopsia | perform an autopsy (to).
practicar una profesión | handle (to).
practicar vuelos sin visibilidad | fly under the hood (to).
prácticas comerciales | commercial usage.
prácticas comerciales desleales | unfair trade practices.
prácticas de cultivo (agricultura) | cultural practices.
prácticas de pronunciación | pronunciation drills.
prácticas de salvamento | rescue training.
prácticas de venta | merchandizing practices.

prácticas desleales | unfair practices.
prácticas eficaces | sound practices.
práctico | expedient | expert | expert.
práctico (de puerto) | pilot | coaster.
práctico de altura (marina) | proper pilot.
práctico de bajura (marina) | inshore pilot.
práctico de cabotaje | coasting pilot.
práctico de canal | channel pilot.
práctico de costa | branch pilot.
práctico de embarcaciones pequeñas (navegación fluvial) | huffler.
práctico de puerto | harbour pilot | harbor pilot | branch pilot.
práctico de río | river pilot.
práctico del puerto | dock pilot.
práctico en una profesión | practitioner.
práctico mayor | pilot master.
práctico mayor (puertos) | chief pilot.
práctico no patentado (puertos) | hobbling pilot.
práctico para entrada en dársenas (puertos) | docking pilot.
práctico patentado (marina) | licensed pilot.
práctico que embarca en un buque que no tiene obligación de emplearlo | exempt pilot.
práctico que trabaja sólo por la vista y calculando el calado por el color del agua (marina) | mud pilot.
pradera | ley | sward | lea | grassland | meadow.
pradera (América del Norte) | prairie.
pradera artificial | artificial grass.
pradera artificial (fauna silvestre) | food patch.
pradera permanente | permanent grassland.
pradera temporal | plowable pasture | temporary pasture.
pradera tropical | tropical savana.
prado | meadow | browsing land | lea | lawn | paddock.
prado artificial del recorrido (golf) | link.
prado de blanqueo | bleaching-green.
prado permanente | range.
prados y pastizales | grassland.
pragmática | pragmatics.
pragmatismo economicista | economicist pragmatism.
pragmatista | pragmatist.
prao (embarcación malaya) | proa.
praseodimio (Pr) | praseodymium.
prasio (cuarzo de matiz verde) | prase.
pratificación (puesta en hierba - de terrenos) | grassing.
preacentuación | preaccentuation.
preacentuación (aumento de una frecuencia respecto a otra) | preemphasis.
preacentuación video | video preemphasis.
preacentuar (TV) | preemphasize (to).
preadolescente | preadolescent.
preafinador | prerefiner.
preafino del arrabio por medio de la lanza de oxígeno | pig prerefining by lancing with oxygen.
preaireación | preaeration.
preaireador | preaerator.
preajustar | preset (to).
pre-ajuste | pre-setting.
prealeado | pre-alloyed.
prealmacenamiento | prestore.
prealmacenar | prestore (to).
preamplificación | preemphasis.
preamplificación de contrarreacción | feedback preamplification.
preamplificador | head amplifier | input amplifier | preamplifier.
preamplificador (radio) | driver | gain amplifier.
preamplificador con ruido de fondo mínimo | minimal noise preamplifier.
preamplificador de audio | audio preamplifier.
preamplificador del captador | pickup preamplifier.
preamplificador del receptor | receiver preamplifier.
preamplificador estereofónico | stereo preamplifier.
preamplificador fonográfico | phono preamp.
preamplificador-mezclador | mixer-preamplifier.
preaprendizaje | preapprenticeship.
prearmado | preassembled.
prearmamento (buque en el muelle de armamento-astilleros) | pre-outfitting.
preasignación | prestore.
preasignado | preassigned.
preasignar | prestore (to).
preaviso | advance warning | prior notice | under advice.
prebélico | ante-bellum | pre-war.
prebenda | sinecure.
prebiológico | prebiological.
precableado | prewired.
precalcular | precalculate (to).
precálculo | precalculation.
precalentador | preheater.
precalentador de aire de contracorriente | contraflow air-preheater.
precalentador de calor radiante | radiant preheater.
precalentador del agua bruta | raw water preheater.
precalentador del viento (alto horno) | hot-blast stove.
precalentamiento | forewarming | preheat | prewarming.
precalentamiento del rotor (turbina vapor) | rotor prewarming.
precalentar | preheat (to).
precalificación | prequalification.
Precambriano | criptozoic | precambrian.
precámbrico | pre-Cambrian.
precario (jurisprudencia) | precarium.
precarista | tenant at sufferance.
precaución | guard.
precaución (trabajos en ejecución - carreteras) | beware of obstruction.
precauciones a observar en caso de avería | casualty warnings.
precauciones a tomar | precautions to be taken.
precauciones contra accidentes | accident prevention.
precauciones contra el rayo | antilightning precautions.
precauciones contra las descargas electrostáticas | antistatic precautions.
precauciones contra las radiaciones ionizantes | ionizing radiation precautions.
precauciones higiénicas | hygienic precautions.
precauciones prácticas | practical precautions.
precautoria | garnishment.
precaver | prevent (to).
precaverse | make provision for (to) | provide against (to).
precaverse contra | make provisions for (to).
precedencia | precedence | precession.
precedente | former.
precedente peligroso | risky precedent.
preceder | head (to).
precentrado | precentered.
preceptivo | mandatory.
precepto | mandate | rule | precept.
precepto (jurisprudencia) | provision.
precepto de ley | ruling.
preceptor | preceptor | master | teacher.
preceptoría | preceptory.
preceptuar | enjoin (to).
precesión | precession.
precesión (giroscopio) | wander.
precesión (mecánica) | lead.
precesión aparente (giroscopio - Inglaterra) | apparent vander.
precesión asíncrona | nonsynchonous precession.
precesión cónica | conical precession.
precesión de los equinoccios | lunisolar precession.
precesión del eje | apparent wander.
precesión del eje (giroscopio) | wander.
precesión giroscópica | gyroscopic precession.
precesión oscilatoria | oscillatory precession.
precesión permanente | steady precession.
precintable | sealable.
precintado | leaded | sealed | sealing.
precintar | seal (to) | seal up (to) | plumb (to) | strap (to) | clamp (to) | protect (to).
precintar (con sello de plomo) | lead (to).
precintar (marina) | parcel (to).
precintar con fleje | band (to).
precintar la muestra | seal the sample (to).
precinto | seal | seal strap | wale | band | sealing | clamp | strap.
precinto (para cuerdas) | parcelling.
precinto aduanero | customs seal.
precinto de garantía | guarantee seal.
precinto de plomo | lead seal.
precinto de plomo (vagón mercancías) | car seal.
precinto de puerta de vagones de ferrocarril | railroad car door seal.
precio | rating | toll | price | surrender value.
precio (comercio) | consideration.
precio a bocamina | pit-head price | price ex-pit.
precio a convenir | price to be agreed upon.
precio a destajo | job price.
precio a tanto alzado | overhead price.
precio a un tanto alzado | lump sum.
precio a vender (bolsa) | offer.
precio aceptable | fair price.
precio actual | ruling price | present price.
precio al alza | rising price.
precio al contado | cash price | price for cash.
precio al detalle | retail price.
precio al detallista | trade price.
precio al por mayor | wholesale price.
precio al por menor | retail price.
precio al productor | producer price.
precio alto | high price.
precio alzado | lump-sum price | flat rate.
precio aquilatado | keen price.
precio asignado | marked price.
precio bajísimo | amazingly low price.
precio bajo | low price.
precio barato | low price.
precio base | basic price | floor price.
precio básico | base price.
precio caro | high price.
precio comercial | trade price.
precio competitivo | competitive price.
precio con recargo | price plus mark up.
precio consorciado del cemento | ring price of cement | ring price of cement.
precio contractual | contract price.
precio controlado | administered price.
precio convenido | arranged price | agreed price | price agreed upon.
precio corriente | prevailing price | ruling price | market value.
precio corriente (bolsa) | market-price.
precio de acuñación del oro | mint price of gold.
precio de amortización | call price.
precio de apertura (bolsa) | opening price.
precio de catálogo (libros) | list price.
precio de cierre | making-up price | closing quotation.
precio de cierre (bolsa) | closing price.
precio de competencia | competitive price | knockout price.
precio de compra | flat price | initial price | first cost.
precio de compra de un valor en contrato | striking.
precio de compuerta | sluice-gate price.
precio de contrato fijo | fixed contract price.
precio de control | takeover price.
precio de coste | actual cost | cost price | manufacturer's price.
precio de coste por hectárea | charge per acre.
precio de chatarra (maquinaria) | breakup price.
precio de demanda | offer price | asking price | call price.
precio de detallista | retail price.

precio de «dumping» | dumping price.
precio de emisión | issue price | emission price.
precio de emisión de acciones nuevas | subscription price.
precio de entrada | threshold price | entrance money | entrance fee.
precio de entrega | delivered price.
precio de entrega sobre lancha | barge delivery price.
precio de entrega uniforme | uniform delivered price.
precio de estabilización | pegged price.
precio de exportación | export price.
precio de fábrica | original cost | prime cost | producers price | manufacturer's price.
precio de factura | cost price | billing price.
precio de factura con descuentos | net invoice.
precio de ganga | bargain price.
precio de igualación | equation price.
precio de indicador automático | tape price.
precio de inventario | inventory price | stocktaking price.
precio de la cinta | tape price.
precio de la energía | power rate.
precio de la mercancía e importe del flete y seguro | cost, insurance and freight (CIF).
precio de lanzamiento | selling-off price.
precio de libre mercado | price on the free market.
precio de licitación | reserve price | upset price | bid price.
precio de liquidación | making-up price.
precio de liquidación (comercio) | breakup price.
precio de lista | list price.
precio de madera en pie | stumpage.
precio de mayorista | wholesale price.
precio de menudeo | retail price.
precio de metal para acuñación | mint price.
precio de ocasión | bargain price.
precio de oferta | offered price | bid price | put price | asking price.
precio de opción | option price.
precio de orientación | guidance price.
precio de paridad (agricultura) | parity price.
precio de plaza | local price.
precio de puesta en venta | selling-off price.
precio de realización | realizable price.
precio de redención | call price.
precio de referencia del crudo (petróleo) | posted price.
precio de refinería | rack pricing.
precio de rescate | redemption price.
precio de reventa | resale price.
precio de saldo | bargain prices | sale price.
precio de salida | upset price.
precio de salida (subasta) | put-up price.
precio de solapa | full price | price-tag | published price.
precio de subasta (subastas) | upset price.
precio de subvención | support price.
precio de tarifa | list price | established price | legal fare.
precio de tasa | standard price | officially-fixed price.
precio de transporte | porterage.
precio de venta | selling price | sale price | cost price.
precio de venta (libros) | published price.
precio de venta al público | price tag | list price.
precio de venta al público (libros) | published price.
precio de venta al público (precio fuerte - libros) | full price.
precio de venta total | gross sales price.
precio débil (librería) | discount price.
precio del acarreo | carriage charges.
precio del alquiler | rental.
precio del cambio | exchange premium | premium on redemption.
precio del dinero | price of money.
precio del dinero para los intermediarios | broker loan rate.
precio del enriquecimiento del uranio | uranium enrichment pricing.
precio del libro | book-cost.
precio del mercado | market-price.
precio del mercado de divisas a plazo (economía) | forward price.
precio del mercado de divisas al contado | spot price.
precio del mercado mundial | world market price.
precio del pasaje (buques) | passage money.
precio del sitio de compra | price loco.
precio del transporte | carriage charges.
precio dentro de silo | ex silo price.
precio detallado | itemized price.
precio discriminatorio | class price.
precio dominante | ruling price.
precio elevado | high price.
precio en almacén | ex store price | ex-store price.
precio en baja | falling price.
precio en bocamina | pithead price.
precio en el exterior de la bolsa | street price.
precio en el mercado libre | price in the open market.
precio en el muelle del puerto de destino | price ex quay port of destination.
precio en fábrica | ex works price.
precio en factoría más el flete al punto de destino | price at the mills plus the freight to the point of delivery.
precio en plaza | spot price | loco-price.
precio en vigor | prevailing price.
precio equitativo | fair price.
precio escalante de los materiales | escalating expense of materials.
precio estabilizado | pegged price.
precio estable (bolsa) | close price.
precio estipulado | schedule rate.
precio exagerado | extortionate price.
precio excesivo | over-bought | overcharge.
precio exorbitante | extortionate price.
precio expresado en divisas | price expressed in foreign currency.
precio facturado | invoice price | price charged.
precio fijado | set price | limited price | price agreed upon.
precio fijo | set price | no abatement | no reduction | firm price.
precio franco almacén del comprador | price free buyer's warehouse.
precio franco almacén del suministrador | price free supplier's warehouse.
precio franco buque puerto de destino | price free on steamer port of destination.
precio franco estación de destino | price free destination station.
precio franco estación de expedición | price free forwarding station.
precio franco puerto de embarque | price free shipping port.
precio franco vagón estación de destino | price free on rail receiving station.
precio franco vagón estación de expedición | price free on rail forwarding station.
precio fuerte | price tag | top price | list price.
precio fuerte (libros) | published price.
precio fuerte (precio de venta al público) | gross price.
precio garantizado por el Gobierno | support price.
precio global | all round price | lump sum | all-round-price | flat rate.
precio implícito | implicit price.
precio impuesto por el Gobierno | government-imposed price.
precio indicativo | guiding price.
precio índice | leading price.
precio inicial (subastas) | put-up price.
precio inmediato | spot price.
precio íntegro | full price.
precio justo | fair price.
precio límite | ceiling price | trading limit | stop price.
precio límite de venta (bolsa) | exhaust price.
precio marcado | list price | marked price.
precio marcado por el indicador automático (Bolsa) | tape price.
precio más alto que se conoce | all time price.
precio más bajo | lower price.
precio más barato | lower price.
precio más reducido | bed rock price.
precio máximo | top price.
precio máximo autorizado | ceiling price.
precio máximo de importación | import ceiling price.
precio máximo del concesionario | distributor's maximum price.
precio medio | middle price | price line | average quotation | average price.
precio mínimo | knock-down price | reservation price | bottom price | floor price.
precio mínimo en subasta | upset price.
precio mínimo fijado | reserve price.
precio mínimo fijado (subastas) | upset price.
precio módico | low price | moderate price.
precio muy afinado | keen price.
precio muy bajo | keen price.
precio neto | trade price | flat price | discount price.
precio neto de fabricación | millnet price.
precio no determinado | price unsettled.
precio nominal | nominal price | asking price.
precio normal | prevailing price.
precio nunca superado (de caro o de barato) | record price.
precio para cubrir gastos | close price.
precio para entrega futura | future price.
precio para venta interior | domestic price.
precio pelado | bare price.
precio por buque para tres buques | price each for 3 ships.
precio por pie | footage.
precio por pieza | piece price.
precio por suministro inmediato | spot price.
precio por unidad | unit price.
precio psicológico | charm price.
precio puesto a bordo | price free on board.
precio puesto al costado (del buque) | price free alongside.
precio puesto en destino | landed price.
precio que deja pérdida | losing price.
precio que origina compras | demand price.
precio que prevalece | price prevailing.
precio razonable | fair price | fail price | moderate price.
precio real | actual price.
precio rebajado | cut-rate | depressed price | reduced price.
precio reclamo | knock-down price.
precio redondo | flat price.
precio reducido | reduced price.
precio regalado | giveaway price.
precio regulador | standard price | regulating price.
precio rentable | remunerative price.
precio reservado (subastas) | upset price.
precio ruinoso | ruinous price.
precio según contrato | contract price.
precio según tarifa | scheduled price.
precio sin compromiso | price without engagement.
precio sin embalaje | price excluding packing.
precio sin entrega a domicilio | ex-store price.
precio sin impuestos | price duty extra | short price.
precio sin interés acumulado (bonos) | flat price.
precio sobre vagón | price on rail.
precio sostenido (comercio) | firm price.
precio sostenido (oficial) | support price.
precio subido | high price.
precio subvencionado | subsidized price.
precio tirado | giveaway price | amazingly low price.
precio tope | stop price.

precio total | all-round-price.
precio último | rock bottom price.
precio único | flat rate | flat price | one-price | all at one price.
precio unitario | unit price.
precio venta al público | retail price.
precio ventajoso | favourable price.
precio vigente | ruling price.
precio vigente en la fecha de entrega | price ruling at the date of delivery.
precio vil | giveaway price.
precios | rates.
precios agrícolas | farm prices.
precios altos | inflated prices.
precios aquilatados | cut prices.
precios artificiales | pegging prices.
precios bajos | flat prices.
precios bursátiles | stock exchange quotations.
precios con tendencia al alza | buoyant prices.
precios corrientes | ruling rates.
precios de combustible para calderas (buques) | bunker fuel prices.
precios de comprador | prices bid.
precios de fin de año | year-end prices.
precios de hoy día | present-day prices.
precios de vendedor | prices offered.
precios del ganado | livestock prices.
precios del mercado interior | home market prices.
precios del mercado libre | free market values.
precios del mercado | ruling rates.
precios descendentes | falling prices.
precios elevados | inflated prices.
precios escalonados descendentes | scaled down prices.
precios estabilizados | pegged prices.
precios exagerados | inflated prices.
precios firmes | steady prices.
precios inestables | unsteady prices.
precios ínfimos | hardpan prices.
precios internacionales | international prices.
precios medios | medium-rates.
precios nacionales | home prices.
precios oscilantes | unsettled prices.
precios para compras en gran cantidad | quantity rates.
precios para operaciones a término | forward rates.
precios prohibitivos | prohibitive prices.
precios reducidos | cut prices | slashed prices.
precios rígidos | sticky prices.
precios sostenidos | hard prices | steady prices.
precios tope | ceiling prices.
precioso (minerales) | noble.
precipitabilidad | precipitability.
precipitable | precipitable.
precipitación | deposition | precipitation.
precipitación (al andar) | tear.
precipitación (metalografía) | shower.
precipitación anódica | anodic precipitation.
precipitación anual | annual precipitation.
precipitación anual media (meteorología) | mean annual precipitation.
precipitación atmosférica | rainfall.
precipitación atmosférica (lluvia o nieve) | precipitation.
precipitación celular (aceros) | cellular precipitation.
precipitación copiosa | shower precipitation.
precipitación de carburo intergranular | intergranular carbide precipitation.
precipitación de gamma prima (aceros) | precipitation of gamma prime.
precipitación de la fase sigma | sigma-phase precipitation.
precipitación de la fase sigma (metalurgia) | precipitation of sigma phase.
precipitación de las impurezas | precipitation of impurities.
precipitación de lluvia de 18 centímetros/hora | rain precipitation of 18 cm/hour.
precipitación de polvos | dust-laying.
precipitación de un electrolito | salting-out.
precipitación del carburo de cromo (aceros al cromoníquel) | chrome-carbide precipitation.
precipitación efectiva | effective precipitation.
precipitación electrolítica | electroprecipitation.
precipitación electrostática | electrical precipitation.
precipitación en forma de hidróxido de berilio | precipitation as beryllium hydroxide.
precipitación en mosaico | mosaic precipitation.
precipitación en nube | cloud precipitation.
precipitación en un punto (hidrología) | point precipitation.
precipitación expontánea | shower precipitation.
precipitación fraccionada | fractional precipitation.
precipitación intragranular (metalografía) | intragranular precipitation.
precipitación mensual media real (meteorología) | true monthly mean precipitation.
precipitación metaestable | metastable shower.
precipitación no interceptada | throughfall.
precipitación ordenada | orderly precipitation.
precipitación orográfica | orographic precipitation.
precipitación pluvial | rainfall.
precipitación por convección | convective precipitation.
precipitación presumida (lluvias) | design storm.
precipitación que después de ser absorbida por el terreno vuelve a la superficie a través de manantiales o fuentes | delayed runoff.
precipitación radiactiva inmediata | early fallout.
precipitación radioactiva (explosión nuclear superficial o subsuperficial) | fallout.
precipitado | rough-and-tumble.
precipitado (química) | precipitate.
precipitado coherente | coherent precipitate.
precipitado electrolítico | deposit.
precipitado gelatinoso | coagel.
precipitado por alcohol | alcohol-precipitated.
precipitado que aparece en las partes húmedas de un recipiente | creep.
precipitado que se endurece con el tiempo | age hardening precipitate.
precipitado transgranular orientado por esfuerzos | stress-oriented transgranular precipitate.
precipitador (química) | precipitator.
precipitador centrífugo | centrifugal precipitator.
precipitador de polvos (hornos) | baghouse.
precipitador de polvos del tragante | flue-dust precipitator.
precipitador electrostático | electrostatic precipitator.
precipitadores | precipitators.
precipitados concrecionados | coalesced precipitates.
precipitante (agente de precipitación - cuerpo químico) | precipitant.
precipitante (química) | precipitator | precipitating agent.
precipitante alcalino | alkaline precipitant.
precipitante cáustico | caustic precipitant.
precipitar (química) | precipitate (to).
precipitarse | precipitate out (to).
precipitarse (química) | deposit (to).
precipitometría | precipitimetry.
precipitrón | precipitron.
precisa (órdenes) | clear-cut.
precisamente | right | to a tee.
precisar | define (to).
precisión | precision | accurateness | trueness | accuracy | rigor.
precisión considerable | considerable exactness.
precisión de cuatro cifras significativas | four-significant-figure accuracy.
precisión de fabricación | accuracy of manufacture.
precisión de impurificación | doping accuracy.
precisión de la medida | accuracy of measurement.
precisión de la prueba | reproducibility of test.
precisión de la puntería del cañón | gun-aiming accuracy.
precisión de lectura (instrumentos de medida) | reading accuracy.
precisión de reglaje de 0,0002 pulgadas en el diámetro | setting accuracy of 0.0002 in on diameter.
precisión de un resultado | accuracy of a result.
precisión de una balanza | accuracy of a balance.
precisión del instrumento | instrument accuracy.
precisión del reglaje ± 1% | regulation accuracy ± 1%.
precisión del taladrado sobre plantilla | jigboring accuracy.
precisión del tiro | accuracy of the shoot | fire accuracy.
precisión del tiro (balística) | accuracy of fire.
precisión del tunel aerodinámico | tunnel's accuracy.
precisión diametral | diametrical accuracy.
precisión dimensional | dimensional precision | dimensional accuracy.
precisión dimensional de más o menos 1 milímetro | dimensional accuracy of plus or minus 1 mm.
precisión en demora (radiogoniometría) | bearing accuracy.
precisión en el potro (fusiles) | bench-rest accuracy.
precisión en la puntería de 0,02 grados | pointing accuracy of 0.02 degrees.
precisión final | terminal accuracy.
precisión fonosintáctica | phnosyntactic precision.
precisión intralaboratorial | intralaboratory precision.
precisión metrológica | metrological precision.
precisión micrométrica | hairline accuracy.
precisión posicional | positional accuracy.
precisión propuesta | aimed-at precision.
precisión verificada | adjusted sensing.
preciso | distinct | accurate | requisite | exacting | exact.
preciso (con pocas tolerancias - maquinado) | close.
preciso (estilo) | businesslike.
preciso (medidas, etcétera) | narrow.
preclasificador | pregrader.
precognición | precognition.
precola | pretailing.
precolado | precast.
precombadura | precamber.
precompresión | precompression.
precomprimido | prestressed.
precomprimido (hormigón) | prestressed.
precomprimir | precompress (to).
precomprobación | pretesting.
preconcentración | preconcentration.
preconcentrador | preconcentrator.
precondensador | precondenser.
preconformado | preforming | preshaped.
preconformar la pieza (forja con martinete) | use-make (to).
precongelamiento | prefreezing.
preconsolidación | preconsolidation.
precontratar | precontract (to).
precontrato | precontract.
precontrol | dry-running.
precoordinación | precoordination.
precorrección | precorrection.
precortado | precut.
precuaternario (geología) | subquaternay.
precursor | forerunner | pioneer.
precursor de neutrones retardados | delayed neutron precursor.
precursores de neutrones retardados | delayed neutrons precursors.
precurvar | precurve (to).
predador | predatory.

predador insectívoro | insectivorous predator.
predatorio | predacious | predatory.
predecible | predictable.
predecir | forecast (to).
predeformación | prior strain | prestraining | prestrain.
predeformado | prestrained.
predeformado por torsión | torsionally-prestrained.
predeformado y poligonizado (metalurgia) | prestrained-and-polygonized.
predeformar | predistort (to).
predepuración | precleaning.
predepurador | precleaner.
predesbastado | preroughed.
predescarga | preflush.
predesoxidación | predeoxidation.
predeterminación | predetermination.
predetonación | predetonation.
predevaluación | predevaluation.
predicado diádico | dyadic predicate.
predicador laico | lay-reader.
predicción | best guess | forecasting.
predicción (pronóstico - meteorología) | forecast.
predicción (tiro contra blancos móviles) | prediction.
predicción a largo plazo | long-period prediction | long-range forecast.
predicción angular (artillería naval y antiaérea) | deflection.
predicción angular (tiro antiaéreo) | fuze prediction.
predicción armónica de las mareas | harmonic prediction of tides.
predicción cuantitativa | quantitative prediction.
predicción de averías | failure prediction.
predicción de escorrentía | runoff forecasting.
predicción de la fiabilidad | reliability prediction.
predicción de la perturbación | disturbance forecasting.
predicción de la propagación por radio | radio propagation prediction.
predicción de la seguridad funcional | reliability prediction.
predicción de movimientos reales con amortiguadores hidrodinámicos | real motion prediction with dampeners.
predicción de movimientos reales sin amortiguadores hidrodinámicos | real motion prediction without dampeners.
predicción de nieblas | fog forecasting.
predicción de ondas oceánicas | ocean wave forecasting.
predicción de peligrosidad de incendio (bosques) | fire-danger forecasting.
predicción de presión atmosférica | barometric tendency.
predicción de probabilidad | probability forecast.
predicción de probabilidad de precipitaciones | precipitation probability forecast.
predicción de puntería en elevación | elevation lead.
predicción de ruta (meteorología) | composite chart.
predicción de tornados | tornado forecasts.
predicción del comportamiento | off-design performance | performance prediction.
predicción del nivel aguas abajo | downstream stage forecast.
predicción del ritmo de perforación (sondeos) | prediction of penetration rate.
predicción del tráfico | trade forecasting.
predicción del tránsito | trade forecasting.
predicción dinámica | dynamic prediction.
predicción en elevación | elevation lead.
predicción general | general inference.
predicción ionosférica | ionospheric prediction.
predicción lateral (artillería naval y antiaérea) | deflection.
predicción meteorológica | weather forecast.
predicción meteorológica a largo plazo | grosswetterlage.
predicción meteorológica de vientos | meteorological forecast of winds.
predicción meteorológica que cubre un periodo de 12 a 48 horas | medium-range weather forecast.
predicción meteorológica sobre un aeropuerto | terminal forescast.
predicción objetiva del tiempo meteorológico | objective weather forecasting.
predicción por modelos físicos | dynamic prediction.
predicción sobre modelo | model prediction.
predicción volando sobre la zona tormentosa | over-the-weather forecasting.
predicciones (tiro sobre blanco móvil) | leads.
predicciones de radiopropagación | radiopropagation predictions.
predicciones laterales (balística) | lateral deflection.
predicciones verticales (balística) | vertical deflection.
predictabilidad | predictability.
predictabilidad operacional | operational predictability.
predictando | basic variate | predictand.
predictor | predictor.
predictor de impacto | impact predictor.
predictor de mareas | tide predictor.
predictor de movimientos del buque en la mar | ship-motion predictor.
predictor de vuelo curvo | curve-course-type predictor.
predictor del envenenamiento xenón (reactor nuclear) | xenon poisoning predictor.
predictor meteorológico | weather detecting device.
predictor subalterno | dependent forecaster.
predio dominante | dominant tenement | dominant estate.
predio minero | mining property.
predio rural | land parcel.
predio rústico | rural property.
predio sirviente | servient estate | servient tenement.
predio urbano | city property.
predisociación | predissociation.
predisposición al accidente | accident proneness.
predisposición efectiva (jurídico) | actual bias.
predistorsión | predistortion.
predistorsión de la imagen | picture predistortion.
predominante | prevailing | predominat | dominant.
predominio | dominance.
predominio de bajos | bassy.
predominio de la oferta (bolsa) | prevalence of the offer.
preeditar | preedit (to).
preencogido | preshrunk.
preencogimiento | preshrinking.
preenfriador | precooler | prechiller | forecooler.
preenfriamiento en vacío parcial de vegetales | vacuum precooling of vegetables.
preenfriamiento por aire a presión | forced-air precooling.
preenfriar | precool (to).
preestablecido | programmed | prescribed.
preestables de dos entradas | set-reset flipflops.
preestañado | pretinning.
preestirado | prestretching.
preestirado de los muelles | scragging.
pre-estiraje | break draft.
preestiramiento | pretensioning.
preestirar | prestretch (to).
preevaporación | preevaporation.
preevaporador | preevaporator.
preexponencial | preexponential.
preextruir | preextrude (to).
prefabricación | prefabrication.
prefabricación soldada | welded prefabrication.
prefabricado | prefabricated | prebuilt | factory-packaged.
prefabricado (hormigón) | precast.
prefabricar | preconstruct (to).
prefacio (libros) | foreword.
prefacista | prefacist.
prefatiga | prestress.
prefatigado | prestressed.
preferencia | preference | priority rights | choice | bias | emphasis.
preferencia dada a los veteranos | veteran preference.
preferencia de un acreedor judicial sobre la propiedad inmueble del deudor | judgment lien.
prefermentación | prefermentation.
prefijar | preset (to).
prefijo | prefix.
prefijo condicional | condition prefix.
prefijo de área | area code.
prefijo de prioridad | priority prefix.
prefijo de título de sentencia | label prefix.
prefijo de zona (telefonía) | area code.
prefijo = 10^9 | giga.
prefijo para obtener nombres de unidades electromagnéticas absolutas (como abampere, abohm, abvolt, etc.) | ab-.
prefiltración | prefiltration.
prefiltro | prefilter.
prefinanciación de inversiones | prefinancing of investments.
prefisuración de la roca | rock presplitting.
prefisurado | pre-cracked.
preflectado | preflexed.
preflexión | prebending.
prefoliación (botánica) | estivation.
preforjar | preforge (to).
preformación | preformation.
preformado (forestal) | adzing and boring.
preformar | preform (to).
prefraguado | precast.
prefritado | prefritted.
prefusión en el horno de inducción abierto seguido de refusión en el horno de arco en vacío | premelting in the open induction furnace followed by remelting in the vacuum-arc furnace.
pregelatinizado | pregelatinized.
pregraduado | undergraduate.
pregunta | interrogation | question | query.
pregunta capciosa | catch question | leading question.
pregunta categórica | categorical question.
pregunta codificada | encoded question.
pregunta de viva voz | question by spoken word.
pregunta incriminante | leading question.
pregunta pertinente | material question.
pregunta que da a entender la ignorancia del que la hace | ignorant question.
pregunta que insinúa o facilita la respuesta | leading question.
pregunta que no hace el caso | straight-away question.
preguntar | examine (to) | interrogate (to).
preguntar al jurado sobre sus conclusiones | polling a jury.
preguntar de improviso | fire a question (to).
preguntar sobre asuntos difíciles | heckle (to).
preguntas hechas por escrito | questions submited in writing.
preguntas más corrientes | most-asked questions.
preguntas que debe contestar el examinando | examination-paper.
prehistoria económica | economic prehistory.
prehormado (medias) | preboarding.
prehormar (medias) | preboard (to).
preignición (motores) | preignition.
preignición inducida por el autoencendido (motores) | knock-induced preignition.
preimagen de un conjunto (topología) | preimage of a set.

preimanación | premagnetization.
preionización | preionization.
preionización por el método de escalera helicoidal | spiral staircase preionization.
prejuzgar | prejudge (to) | forejudge (to).
prelación | preference | lien | priority.
prelavar | prewash (to).
preliminar | preparatory.
preliminarmente | preparatory.
prelimpieza | precleaning.
premaquinado | premachining.
prematureidad | prematureness.
prematuro (medicina) | premature.
premeditado | prepense.
premezclado | premixed | ready-mixed.
premezclador | premixer.
premezclador (cerveza) | masher.
premezclar | premix (to).
preminencia (botánica) | process.
premio | reward | payment.
premio (fiscal) | award.
premio a la asiduidad | attendance-prize.
premio de mención honorífica | honorable mention award.
premio de reembolso | redemption premium.
premio del oro | gold premium.
premio en dinero | cash prize.
premio en metálico | prize money | cash award.
premio internacional | international award.
premio por tiempo extra | overtime premium.
premisa mayor | lemma.
premisa menor (lógica) | subsumption.
premisas mayores | lemmata.
premoldeado | premolded.
premoldeado (hormigón) | precast.
premoldear | precast (to).
premontado | preassembled.
premontado en fábrica | factory-preassembled.
premontaje | subassembly.
premoriencia | predecease | prior death.
premoriente | predeceased.
premorir | predecease (to).
premuerto | predeceased.
premultiplicación | premultiplication.
prenda | deposit | collateral | pledge | commitment | lien | token | pawn.
prenda (Méjico) | chattel mortgage.
prenda de ropa | tog.
prenda de trabajo | work suit.
prenda protectora contra la lluvia radiactiva | fallout shelter.
prendario | pledgee.
prendas de trabajo | work garments | working clothes | work clothes.
prendas de vestir | wearing apparel | articles of clothing.
prendas para lluvia | rainwear.
prendatario | pledgee.
prender | capture (to) | catch (to) | take (to).
prender (con alfiler) | stick (to).
prender (la vacuna, el fuego, etc.) | take (to).
prender con alfileres | pin (to).
prender fuego | set on (to) | catch alight (to) | catch fire (to) | kindle (to) | burn (to).
prender fuego (a una casa, etc.) | set (to).
prendero | moneylender.
prenormalización (aceros) | prenormalizing.
prenotandos | introductory remarks.
prensa | holdfast.
prensa (maquina) | press.
prensa (para carne, para tejidos de punto, etc.) | presser.
prensa acodada inclinable | inclinable crank press.
prensa alimentada por banda metálica | strip-feed press.
prensa automática | automation press.
prensa automática de alimentación manual | hand-fed automatic press.
prensa briqueteadora | briquetting press.
prensa con alimentación de almacén | magazine-fed press.
prensa con bastidor en cuello de cisne | open back inclinable press.
prensa con enfriamiento en el troquel inferior | quenching press.
prensa con estanqueidad por agua (turbinas) | water-sealed gland.
prensa con mesa giratoria | indexing press.
prensa con platinas flotantes entre la mesa y el cabezal | multidaylight press.
prensa con platos calientes | press with heated platens.
prensa con todo el mecanismo debajo del plato | dieing machine.
prensa con troquel de almohadilla de caucho (aleaciones aluminio) | rubber die press.
prensa cortadora | drop press | punch press.
prensa de acción continua | continuous-acting press.
prensa de acuñar monedas | coining-press.
prensa de balancín | fly press.
prensa de batiente en C | open-fronted press | gap press.
prensa de bigornia | horning press.
prensa de bisagra | knuckle-joint press.
prensa de bordear | bordering press.
prensa de brochar | broaching press.
prensa de cabecear (fabricación de vainas de cartuchos) | bottom-forming press.
prensa de calderero | boiler cramp.
prensa de calentar isostática | isostatic hot press.
prensa de carpintero | joining press | joiner's cramp | carpenter's vice | jack.
prensa de carrera ascendente | upstroke press.
prensa de carrera de trabajo ascendente y retorno por gravedad | upstroking gravity-return press.
prensa de carrera de trabajo descendente | downstroking press.
prensa de carrera descendente | downstroke press.
prensa de cepillo (encuadernación) | laying press.
prensa de cilindros | rolling press.
prensa de cinglar (pudelado) | saurian squeezer.
prensa de columna | column press.
prensa de columnas desplazables hacia un pozo inferior (se reduce la altura del taller) | moving-column-type press.
prensa de conformar con colchón de caucho (aleaciones aluminio) | rubber die press.
prensa de conformar metales | metal-forming press.
prensa de copiar | copying press.
prensa de copiar cartas | letterpress.
prensa de cortar y marcar | creaser and cutter | cutting and creasing press | cutter and creaser.
prensa de cremallera (carpintería) | sash cramp.
prensa de curvar carriles | jack crow.
prensa de desbarbar | burr-removing press.
prensa de desrebabar | stripping press.
prensa de doble impresión (que imprime ambas caras de una hoja antes de salir de la prensa) | perfecting press.
prensa de doble palanca | double-lever press.
prensa de doble punzón | dual-punch press.
prensa de dorar | blocking press.
prensa de dos cigüeñas | double crank press.
prensa de eje excéntrico | eccentric-shaft press.
prensa de embalar | baling press | bale press | packing press.
prensa de embalar algodón para el transporte marítimo | cotton sea press.
prensa de embalar chatarra | scrap metal bailing press.
prensa de embutir | beading press | cupping press | forming press | stretch-former | draw press | drawing press | shaping press | shaping-machine | shaper | dishing press.
prensa de embutir en relieve | embossing press.
prensa de empacar | packing press.
prensa de empalmar (cintas) | splicing block.
prensa de empaquetar | beater press | bundling press.
prensa de encolar (cárcel - carpintería) | G clamp.
prensa de encolar (sargento - carpintería) | glue press.
prensa de encuadernador | binder's press.
prensa de encuadernar | bookbinding press.
prensa de enchapar | veneer press.
prensa de enfajillar | banding press.
prensa de enfaldillar | flanging press.
prensa de enfaldillar chapas de mamparos | bulkhead flanging press.
prensa de engranajes | gear-driven press.
prensa de entallar | notching press.
prensa de escote | open-fronted press.
prensa de escote de bastidor inclinado | inclined frame gap press.
prensa de escote para estajar chapas | gap-type flanging press.
prensa de estampar | die press | stamping machine | stamp | stamping press | arming-press | tonner.
prensa de estampar de doble acción | double-action drawing press.
prensa de estampar en caliente | forging press.
prensa de estampar en seco | embossing press.
prensa de estampar hidráulica | hydraulic die press.
prensa de estirar | drawing press.
prensa de excéntrica | cam press | eccentric press.
prensa de exprimir | extracting machine | expresser.
prensa de exprimir caña de azúcar | cane press.
prensa de extruir | extrusion mill.
prensa de extrusión | extruding press | extruder | extrusion press.
prensa de extrusión de carrera descendente de dos montantes | two-column down-stroke extrusion press.
prensa de extrusión horizontal automática | automatic horizontal extrusion press.
prensa de forjar | forging press | forging machine.
prensa de forjar automática | automatic forging press.
prensa de forjar de platos accionados por gas comprimido | high-energy rate forging machine.
prensa de forjar en caliente | drop forge.
prensa de forjar hidráulica horizontal | horizontal hydraulic forging press.
prensa de forjar por el empleo de energía a gran velocidad | high-energy rate forging machine.
prensa de formación | cheese press.
prensa de forzamiento hidráulica | hydraulic forcing press.
prensa de fricción | screw press.
prensa de fricción de simple efecto | single-action crankless press.
prensa de grandísima potencia | giant press.
prensa de husillo | screw press | fly press.
prensa de husillo a mano | arbor press.
prensa de husillo monopunzón | single-punch spindle-type press.
prensa de husillo para curvar carriles | rail-bender.
prensa de imprimir | printery press | printing press.
prensa de laberinto de vapor (turbina de vapor) | steam-packed gland.
prensa de mandril expansor | mandrel press.
prensa de mandrinar | expanding press.
prensa de manivela | crank-driven press.
prensa de manivela de carrera fija | single-crank fixed stroke press.
prensa de mano | hand press | galley-press | clamps | hand-screw.
prensa de mano (carpintería) | cramp.
prensa de mano de carpintero | bench holdfast.
prensa de matrices múltiples | gang-press.
prensa de matrizar | die press | dieing press.

prensa de mesa ascendente | rising-table press.
prensa de molde abierto | open-mold press.
prensa de molde cerrado | closed-mold press.
prensa de moldear | molder.
prensa de moldear vidrio | glass mold.
prensa de moldeo | moulding press.
prensa de muescar | notching press.
prensa de palanca | lever press | prize press | toggle press.
prensa de palanca acodada | toggle-action press.
prensa de palanca acodada de doble efecto | double-acting toggle-lever press.
prensa de percusión (encuadernación) | nipping-press.
prensa de pistón | plunger press.
prensa de platina | platen press.
prensa de platina móvil | moving-table press.
prensa de plato caldeada con vapor de agua | steam heated platen press.
prensa de plegar | creasing press.
prensa de plegar (plegadora - chapas) | forming press.
prensa de plegar y embutir (chapas) | drawing forming press.
prensa de punzones múltiples | gang-press.
prensa de rebordear | flanging press | flanger | flanging machine.
prensa de recortar | clicking press | puncher | punch press | punching machine.
prensa de rectificar | forming press.
prensa de regulación automática | autocontrol press.
prensa de rodillos | rolling press.
prensa de rótula | toggle press | knuckle-joint press | knuckle press.
prensa de satinar | leaf press | mangle.
prensa de satinar (fotografía) | enameler | burnisher.
prensa de satinar papel en caliente | hot-press.
prensa de soldar | welding press.
prensa de sujeción | clamp.
prensa de tornero | block.
prensa de tornillo | cramp frame.
prensa de tornillo (cárcel - carpintería) | G clamp.
prensa de tornillo (carpintería) | screw clamp | clamp screw.
prensa de tornillo (extracción de aceites) | expeller.
prensa de tornillo a mano | swing press.
prensa de tornillo accionada por disco de fricción | friction-driven screw press.
prensa de tornillo accionada por doble cono | double cone-driven screw press.
prensa de tornillo en forma de C (carpintería) | C-clamp.
prensa de tornillo para curvar carriles | screw rail-bender | Jim Crow.
prensa de transferencia | transfer press.
prensa de transferencia (máquina) | cut-and-carry press.
prensa de transferencia múltiple | multiple transfer press.
prensa de tren de palancas | multitoggle press.
prensa de troquelar | dieing press | dieing machine | blanking press.
prensa de tundir | cloth press.
prensa de varios movimientos | multiple-motion press.
prensa de volante accionada por discos de fricción | friction-driven fly press.
prensa de voltear cuadernas | bulldozer.
prensa de vulcanizar | vulcanizing press.
prensa de zurrapas | lees presser.
prensa del cable de la válvula de mano (dirigibles) | hand valve line gland.
prensa desbarbadora | flash trimming press.
prensa electrohidráulica para curvar chapas | electrohydraulic plate-bending press.
prensa electrohidráulica para enfaldillar chapas | electrohydraulic flanging press.
prensa electrohidráulica para forjar | electrohydraulic forging press.
prensa en que la parte superior es fija y la parte inferior que está debajo del piso es la que se desplaza hacia arriba | drawdown press.
prensa enderezadora | gag press.
prensa estampadora | stamping press.
prensa estrujadora | extrusion press.
prensa exprimidora | expression machine.
prensa extractora de cojinetes (ejes) | pull press.
prensa extruidora de husillo | screw extruder.
prensa filtradora | filter press.
prensa forzadora | forcing press.
prensa fotográfica | printing frame.
prensa hidráulica | hydrostatic press | Bramah press | water press | hydraulic cylinder | hydraulic press.
prensa hidráulica de arco | hydraulic type press.
prensa hidráulica de escote | overhung hydraulic press.
prensa hidráulica de estampar en caliente | drop-forging press.
prensa hidráulica de forjar | hydraulic forging press.
prensa hidráulica de moldear de carrera descendente | downstroking hydraulic molding press.
prensa hidráulica de plato flexible | flexible-platen hydraulic press.
prensa hidráulica levantacoches (garajes) | automobile jack.
prensa hidráulica para balas (de algodón, etc.) | hydraulic bale press.
prensa hidráulica para botar pernos | hydraulic bolt forcer.
prensa hidráulica para briquetear | hydraulic briquetting press.
prensa hidráulica para compactar pulvimetales | hydraulic metal-powder compacting press.
prensa hidráulica para curvar | hydraulic bender.
prensa hidráulica para curvar carriles | hydraulic rail bender.
prensa hidráulica para curvar chapas | hydraulic plate bending machine | plate bending hydraulic press.
prensa hidráulica para curvar tubos | hydraulic pipe bender.
prensa hidráulica para curvar viguetas laminadas | hydraulic beam bender.
prensa hidráulica para chapa de carrera ascendente de varios vástagos | multiram upstroking plate press.
prensa hidráulica para embalar chatarra | hydraulic scrap metal baling press.
prensa hidráulica para enderezar ejes | hydraulic shaft straightener.
prensa hidráulica para estajar | hydraulic joggling press.
prensa hidráulica para forjar ruedas | hydraulic wheel forging press.
prensa hidráulica para fundir en concha | hydraulic chilling press.
prensa hidráulica para hacer escotaduras | hydraulic notching press.
prensa hidráulica para punzonar agujeros de hombre | hydraulic manhole punching press.
prensa hidráulica para punzonar alijeramientos (buques) | hydraulic manhole punch.
prensa hidráulica para punzonar matrices (estampado de piezas) | hobbing press.
prensa hidráulica pequeña (abocardado de tubos para instrumentos musicales) | vice.
prensa hidroformadora | hydroforming press.
prensa inclinable de engranajes | inclinable geared press.
prensa inclinable de escote | open-fronted inclinable press.
prensa inclinable de excéntrica | inclinable eccentric press.
prensa litográfica | litho press.
prensa mecánica | power press | engine press.
prensa mecánica de engranajes | geared power press.
prensa mecánica de percusión | percussion power press.
prensa moldeadora | squeezer.
prensa neumática (litografía) | vacuum printing frame.
prensa neumática de copiar | vacuum printing frame.
prensa offset alimentada por hojas | sheet-fed offset press.
prensa offset de bobina | web offset press.
prensa oleohidráulica | oil-hydraulic press.
prensa para abombar chapas | dishing press.
prensa para acuñar moneda | mill | mill and screw.
prensa para achatarrar | cabbaging press.
prensa para asentar mandriles | mandrel press.
prensa para bandar proyectiles | shell banding press.
prensa para bloques de hormigón | concrete-block machine.
prensa para borras de peinadora | noil press.
prensa para briquetas | briquet press.
prensa para briquetear minerales | ore-briquetting press.
prensa para calar ruedas en el eje (ferrocarriles) | wheel press.
prensa para cantear desbastes | slab squeezer.
prensa para cargar proyectiles | shell loading press.
prensa para carrocerías de automóviles | automobile body press.
prensa para comprimir libros por el doblez del lomo antes de coserlo | book smasher.
prensa para comprimir muelles | spring scragging press.
prensa para conformación sobre almohada de caucho | rubber-pad forming press.
prensa para conformar por estirado | stretch press | stretch-former.
prensa para curvar | bending press.
prensa para curvar (perfiles laminados) | gag press.
prensa para curvar chapas del cuerpo de calderas | boiler shell plate bender.
prensa para curvar de aire comprimido | pneumatic bender.
prensa para curvar perfiles | bulldozer.
prensa para curvar placas de blindaje | armor-plate bending press.
prensa para curvar vigas | beam bender.
prensa para curvar viguetas | girder bending press.
prensa para deshidratar | dewatering press.
prensa para embalar heno | hay-press.
prensa para embutición profunda | deep-drawing press | deep-draw press.
prensa para embuticiones sucesivas | redrawing press.
prensa para embutir cuero | cap leather press.
prensa para empaquetar chatarra | scrap baling press | cabbaging press.
prensa para encabezar (pernos) | heading press.
prensa para encuadernar | book clamp.
prensa para enderezar barras o perfiles laminados | bar-straightening press.
prensa para enderezar carriles | rail press.
prensa para enderezar ejes | shaft straightener.
prensa para enfaldillar chapas | plate-edge curving press.
prensa para enllantar ruedas | tiring press | tire press.
prensa para estampado progresivo | progressive punch press.
prensa para estampar libros | blocking press.
prensa para estampar libros (encuadernación) | arming press.
prensa para estampar perfiles en U de chapa en una operación | U-press.
prensa para estirar tubos | tube-drawing press.
prensa para exprimir | expeller.
prensa para exprimir semillas oleíferas | oil

expeller.
prensa para exprimir uvas | wine press.
prensa para extracción de aceites | oil-extraction press.
prensa para extraer aceites de semillas | oil expeller.
prensa para extraer zumos | dejuicing press.
prensa para fabricar clavos | nail press.
prensa para fabricar mamparos ondulados | corrugated bulkhead press.
prensa para fabricar tapas de cartón | cap press.
prensa para forjar por laminación | roll forging press.
prensa para forjar proyectiles | shell forging press.
prensa para formación longitudinal de chapas en Ues | U-ing press.
prensa para formar cilindros de chapa preformadas en U | o-ing press.
prensa para formar cilindros de chatarra | scrap baller.
prensa para formar piezas planas en tosco | blanking press.
prensa para forrajes | hay-press.
prensa para galeradas (imprenta) | proof press.
prensa para grabados | plate press.
prensa para grandes forjas | heavy forging press.
prensa para hacer escotaduras | notching press | notcher.
prensa para hacer galleta de pólvora | powder blocking press.
prensa para hacer las balas de lana | dumping press.
prensa para hacer ranuras de inducido | armature notching press.
prensa para hacer sidra | cider mill.
prensa para hacer vainas metálicas (proyectiles) | cartridge case press.
prensa para impresión con planchas de cobre | copperplate press.
prensa para impresión en colores | color printing press.
prensa para la extracción del aceite | hot-press.
prensa para ladrillos | brick press.
prensa para losetas | tile press.
prensa para meter o sacar a presión | forcing press.
prensa para moldear a presión | mold-press.
prensa para moldear cuero | pad crimp.
prensa para moldear neumáticos | tire molding press.
prensa para montar y desmontar chapas | puller press.
prensa para ojivar proyectiles | shell nosing press.
prensa para pacas de paja | baler.
prensa para paños | cloth press.
prensa para partes del fuselaje | airframe part press.
prensa para pastillas (pulvimetalurgia) | pill press.
prensa para plásticos | plastics press.
prensa para pliegos antes de encuadernar | bundling press.
prensa para poner anillos de forzamiento (proyectiles) | band crimping press | banding press.
prensa para puncha | noil press.
prensa para quitar rebabas de piezas troqueladas | clipping press.
prensa para recalibrar | gaging press.
prensa para sacar pruebas (imprenta) | proof press.
prensa para satinar en frío | cold press.
prensa para telas | cloth press.
prensa para trabajos pequeños (tipografía) | job press.
prensa para trepanar proyectiles | shell piercing press.
prensa para troquelar tuercas | nut press.
prensa perforadora | piercer press.
prensa plana (tipografía) | flatbed.
prensa planocilíndrica | cylinder machine (G.B.) | cylinder press.
prensa plegadora | crimping press.
prensa progresiva para enfaldillar chapas | progressive flanging press.
prensa punzonadora | blanking press | punch press | drop press | draw press.
prensa rebordeadora de vainas | shell crimper.
prensa recortadora | trimming press.
prensa revólver | rotary press | turret press.
prensa rompedora de palanquillas | billet breaking press.
prensa sacapruebas (imprenta) | composing room cylinder.
prensa sujetadora | vise chuck.
prensa taladradora | drill-press.
prensa taladradora de 21 brocas accionada por cinta magnética | tape-driven drill press with 21 spindles.
prensa tipográfica | printery machine | printery press.
prensa troqueladora | stamping press | punch press.
prensa vertical (encuadernación) | standing press.
prensabilidad | pressability.
prensable | pressable.
prensado | compressed | pressing out | pressed.
prensado a máquina | machine-pressed.
prensado de prefermentación | prefermentation pressing.
prensado del polvo en tabletas para facilitar el relleno del molde (plásticos) | tableting.
prensado dos veces | double-pressed.
prensado en caliente | hot-pressed | hot-pressing.
prensado en caliente a | hot-coined at.
prensado en caliente a 1.300 °C | hot-coined at 1,300 °C.
prensado en caliente en el vacío | vacuum hot-pressed.
prensado en copa | cold cupped | cold cupping.
prensado en frío | cold pressing | cold-sizing.
prensado en seco | dry pressing.
prensado en vaina | cold dishing.
prensado falso (tejido punto) | press-off.
prensado isostáticamente | isostatically pressed.
prensado por explosión (pulvimetalurgia) | explosive pressing.
prensado por plasticidad en frío | cold-flow pressing.
prensado ultrasónicamente | ultrasonically pressed.
prensado ultrasónico en caliente | ultrasonic hot pressing.
prensador | clamp | pressman | presser | press.
prensadora | pressing-machine | book press.
prensadora de discos | record press.
prensadora final | finishing pressing.
prensadura | pressing | pressure | pressing out | pressurage.
prensadura de los gránulos en tabletas para facilitar el relleno del molde (plásticos) | tableting.
prensadura de prefermentación | prefermentation pressing.
prensadura en caliente | hot-pressing.
prensadura en caliente en presión subatmosférica | vacuum-hot pressing.
prensadura en frío | cold pressing.
prensadura en la prensa después del cosido de los pliegos (libros) | smashing.
prensadura isostática | isostatic pressing.
prensadura por explosión (metalurgia) | explosive pressing.
prensadura ultrasónica | ultrasonic pressing.
prensadura ultrasónica en caliente | ultrasonic hot pressing.
prensaestopa | stuffing box.
prensaestopa de la mecha del timón (buques) | sea gland.
prensaestopa del vástago del pistón | piston rod collars.
prensaestopas | compression gland | gland seal | stuffing-box | packing box.
prensaestopas (máquinas) | packing gland.
prensaestopas (prensa - máquinas vapor) | gland.
prensaestopas (sondeos) | bootleg packer.
prensaestopas compensador | expansion stuffing box.
prensaestopas con empaquetadura | packed stuffing-box.
prensaestopas de grifo | cock gland.
prensaestopas de laberinto | labyrinth gland | labyrinth stuffing box.
prensaestopas del codaste | stern gland.
prensaestopas del eje de cola (buques) | propeller-shaft stuffing box.
prensaestopas del freno | recoil stuffing box.
prensaestopas del vástago del pistón | plunger rod gland | piston rod stuffing box.
prensaestopas para impedir la entrada del polvo | dirt-excluding gland.
prensahilos | staple.
prensar | press (to) | squeeze (to).
prensar el fieltro | plank (to).
prensar en caliente | hot-press (to).
prensar en caliente (pulvimetalurgia) | hot-coin (to).
prensar en frío | cold-press (to).
prensar en seco | dry-press (to).
prensar hidráulicamente | hydraulic press (to) | press hydraulically (to).
prensar los pliegos antes de encuadernar | bundle (to).
prensar por medio del calor | hot-press (to).
prensatelas (máquina de coser) | presser-bar | presser foot.
prensista (imprenta) | machine minder.
prensista (tipografía) | pressman.
preñez | bearing.
preocupación por la salud | health concern.
preopinante | previous speaker.
prepagadero | prepayable.
preparabilidad | preparedness.
preparación | processing | setting up | make-ready | preparation | preparing.
preparación (borra de seda) | dressing.
preparación (de un compuesto) | mixing.
preparación (del trabajo) | setup.
preparación (medicinas) | making-up.
preparación (minería) | opening up | opening out.
preparación de arenas (funderías) | sand preparation | sand cutting | sand mulling.
preparación de artillería | artillery preparation.
preparación de cantos con doble bisel en V (soldadura chapas) | double-vee preparation.
preparación de conservas | canning.
preparación de datos | editing.
preparación de informes | report writing | report preparation.
preparación de invierno | winterization.
preparación de la carga (alto horno) | burden preparation.
preparación de la carga (alto horno, Estados Unidos) | beneficiation.
preparación de la chapa para soldar | preparation of plate for welding.
preparación de la forma (tipografía) | make-ready.
preparación de la mecha (tejeduría) | slubbing.
preparación de la parte inferior de un molde en el suelo (en vez de una caja - funderías) | bedding-in.
preparación de la réplica | replica preparation.
preparación de la señal | signal conditioning.
preparación de la superficie del plato pulidor (talla de diamantes) | scaife surface preparation.
preparación de la urdimbre (lana) | dressing.
preparación de las herramientas de la máquina | tooling up.
preparación de las menas | ore dressing.

preparación de los cantos antes de la soldadura (chapas) | edge-preparation prior to welding.
preparación de los cantos en V (chapas a soldar) | vee preparation.
preparación de minerales | washing.
preparación de premolienda | pre-grinding preparation.
preparación de un corte metalográfico | metallographic section preparation.
preparación de una cara plana en la superficie de una pieza para poder apoyar la broca y empezar el taladro | spotfacing.
preparación de una probeta metalográfica | metallographic sample preparation.
preparación del composte | composting.
preparación del corte de bordes de chapa por oxicorte con pluriboquillas | multiple-nozzle plate edge preparation.
preparación del cuestionario | questionnaire design.
preparación del fondo abombado (para soldar, etc.) | dished-end preparation.
preparación del herramental necesario para una operación determinada | tooling-up.
preparación del mineral de hierro | iron ore dressing.
preparación del nivel de fondo (minas) | silling.
preparación del presupuesto | budgeting.
preparación del terreno | development of land.
preparación del trabajo | planning.
preparación del trabajo (talleres) | job setup.
preparación extemporánea | extemporaneous preparation.
preparación incorrecta de cantos de chapas | incorrect plate edge preparation.
preparación inicial por medio de programas (máquinas) | house-keeping.
preparación magnética (metalurgia) | magnetic dressing.
preparación mecánica | mechanical dressing.
preparación mecánica (de minerales) | dressing.
preparación mecánica de carbones | coal dressing.
preparación mecánica de minerales | ore-dressing.
preparación microscópica | microscopic preparation.
preparación previa | housekeeping.
preparación técnica | technical training | technical skill.
preparación y curso de cheques | preparation and flow of checks.
preparado (buques) | taut.
preparado (farmacia, anatomía) | preparation.
preparado aerocoloidal | aerocolloid preparation.
preparado fungicida fumigante | fumigant fungicidal composition.
preparado galénico | galenical preparation.
preparado microscópico (medicina) | meat.
preparado para continuar (estudios cine) | dressed.
preparado para pulir el barniz | sugar soap.
preparado para una salida (avión) | prepared for a sortie.
preparador | pelter | preparer.
preparador de arenques dulces | kipperer.
preparador de malta | maltster.
preparador de máquina | setup man.
preparador de muestras de fluidos | tool tester.
preparador de piedras litográficas | dresser.
preparados a base de rotenona | Derris preparations.
preparados de cuajo | rennet.
preparados de leche fermentada | fermented milk perparations.
preparados metalúrgicos | metallurgical preparations.
preparados para clarificar cervezas | finings.
preparados para inmersión | diving stations.
preparar | dress (to) | get ready (to) | process (to) | process (to) | make ready (to) | format (to) | prepare (to) | gear (to).
preparar (oleoductos) | prime (to).
preparar (un equipo) | set up (to).
preparar (una receta) | make up (to).
preparar a gusto de la clientela | custom-prepare (to).
preparar con el soplete los cantos que se van a soldar (chapas) | flame prepare (to).
preparar el arma | come to the ready (to).
preparar el fondo (pinturas) | ground (to).
preparar la información | edit (to).
preparar la malta | malt (to).
preparar la superficie de | bed (to).
preparar medicamentos | dispense (to).
preparar minerales | dress ores (to).
preparar para su empleo | break out (to).
preparar planos | blueprint plans (to).
preparar programa (ordenador) | program (to).
preparar un lenguaje máquina basado en otro simbólico | assemble (to).
preparar un proyecto | design (to).
preparar una emboscada | bushwhack (to).
preparar una exposición | organize a fair (to).
prepararse a fondear (buques) | stand by the anchor (to).
prepararse para | make ready (to).
prepararse para afrontar la tempestad (buques) | snug (to).
preparativo | qualifying.
preparativos | preparations.
preparativos antes del desastre nuclear | predisaster preparations.
preparativos defensivos | defesnive preparations.
preparativos finales | countdown.
preparativos urgentes | pushing preparations.
preparatorio | preparatory.
preperforación | pre-keying.
preplaneado | preplanned.
prepolímero | prepolymer.
preponderancia | preponderance | overbalance.
preponderancia en la boca (cañones) | muzzle preponderance.
preponderar | overbalance (to).
preposicionación | prepositioning.
preposicionar | preposition (to).
preprocesar | preprocess (to).
preproducción | pre-production.
prepulimentado (de lentes) | grinding.
prepunzonado | prepunched.
prerreactor | experiment reactor.
prerrecalentador de aire por gases de la combustión | flue-gas air preheater.
prerrecalentador de aire por vapor de sangria tipo marino | marine-type bled-steam air preheater.
prerrecalentador de fueloil muy viscoso | heavy fuel-oil preheater.
prerrecalentador del aire de combustión | combustion air preheater.
prerrecalentador del evaporador | evaporator preheater.
prerrecalentador del fueloil | fuel-oil preheater.
prerrecalentador por vapor sangrado | bled-steam preheater.
prerreducción | prereduction.
prerreducido | prereduced.
prerrefrigerador | ante cooler.
prerrefrigerar | precool (to).
prerregulador | preregulator.
prerrequisito | prerequisite.
prerrogativa real | royal prerrogative.
presa | capture | seizure.
presa (embalse) | dam.
presa (hidráulica) | weir.
presa (ríos) | barrage.
presa auxiliar | saddle dam.
presa bóveda de espesor variable | variable thickness arch dam.
presa cajón | box dam.
presa cilíndrica | roller dam.
presa con aliviadero de crecidas | spillway dam.
presa con alma de arcilla apisonada revestida de mampostería | masonry-faced clay-core dam.
presa con compuerta que descarga automáticamente cuando el nivel de agua alcanza cierta altura (minería de placeres) | automatic dam.
presa con compuertas | barrage-mobile.
presa con filtraciones | leaky dam.
presa de acumulación de agua bombeada | pumped storage dam.
presa de agujas | needle dam.
presa de aliviadero | spillway dam.
presa de alzas | shutter dam.
presa de alzas móviles | wicket dam.
presa de arco | single-arch dam.
presa de arco de ángulo constante | constant-angle arch dam.
presa de arco y gravedad | arch gravity dam.
presa de arcos de gravedad | gravity arched cam.
presa de arcos múltiples | multiple-arch dam.
presa de bloques de hormigón | concrete-block dam.
presa de bóvedas | dome dam.
presa de bóvedas múltiples | multiple arch dam | multiple-arch dam.
presa de bóvedas múltiples de gran luz | large span multiple arch dam.
presa de caballete | rafter and strut framed dam.
presa de cajón | crib dam.
presa de compuertas Stoney | suspended frame weir.
presa de contención de aterramientos | desilting dam.
presa de contrafuertes | deck.
presa de contrafuertes huecos | hollow buttress dam.
presa de corrección de crecidas | flood control dam.
presa de cresta plana | flat-crested dam.
presa de derivación | diversion dam.
presa de doble aprovechamiento (para fuerza o para riegos) | dual-purpose dam.
presa de eje curvo | curved-axis dam.
presa de embalse | impounding-dam.
presa de embalse de agua bombeada | pumped storage dam.
presa de encofrado con talud aguas arriba | rafter dam.
presa de encofrado de madera | cribwork dam.
presa de entramado de madera | frame dam.
presa de escollera | fill-type dam | rockfill dam.
presa de escollera con el paramento de aguas arriba revestido de chapa de acero (como membrana impermeable) | steel-faced rockfill dam.
presa de escollera con paramento asfaltado | asphalt-faced rock-filled dam.
presa de escollera de pantalla impermeable central inclinada | sloping core dam.
presa de escollera para corrección de torrentes | rock check dam.
presa de escote | gap press.
presa de espiga | wharf of fascinage.
presa de gran altura | high dam.
presa de gravedad | gravity dam.
presa de gravedad de juntas anchas | open-joint gravity dam.
presa de gravedad monolítica | monolithic gravity dam.
presa de hormigón en arco de doble curvatura | double curvature concrete arch dam.
presa de hormigón pretensado | prestressed-concrete dam | prestressed concrete dam.
presa de machones | buttress dam.
presa de mampostería | masonry dam.
presa de moldear | molding press.
presa de molino | milldam.
presa de pantalla | hollow dam.
presa de rebose | overflow dam | overfall dam.
presa de regulación de crecidas | flood control

dam | flood regulation dam.
presa de retención | nonoverflow dam | check dam | bulkhead dam.
presa de retención (hidrología) | detention dam.
presa de retención del suelo | soil-saving dam.
presa de retenida | impounding dam.
presa de rocalla | rockfill dam.
presa de rocas | rock-fill dam.
presa de sector móvil | sector regulator.
presa de tambor | drum dam | drum barrage.
presa de terraplén | earth-fill dam | embankment dam | earth dam.
presa de tierra | earth dam | earthen dam | fill-type dam.
presa de tierra apisonada | rolled earth dam.
presa de tierra de capas compactadas | rolled-fill dam.
presa de tierra de paramento escollerado | riprap faced dam.
presa de tierra de relleno hidráulico | hydraulic-fill dam.
presa de troncos | horse dam.
presa de vertedero | overfall dam | overflow dam.
presa en arco | arched dam.
presa en arco de radio variable | arch variable radius dam.
presa en bóveda de espesor variable | variable-thickness arch dam.
presa en espiga | warf of fascinage.
presa en una corriente de agua para retener arena y grava | debris dam.
presa fija | barrage-fixe.
presa formada por trozos de hielo suelto en lugares estrechos (ríos) | wind-row.
presa formada por trozos de hielo sueltos en lugares estrechos (ríos) | wind row.
presa hueca | hollow dam.
presa insumergible | bulkhead dam.
presa movible de dos hojas maniobradas por presión de agua | bear-trap dam.
presa para captación de acarreos | debris dam.
presa para riegos | irrigation dam.
presa Poirée (hidrología) | Poiree dam.
presa provisional para el avance de las jangadas de madera (transporte por ríos) | splash dam.
presa que no vierte por la coronación | nonoverflow dam.
presa revestida de pedraplén | rockfill dam.
presa sin alza | gateless dam.
presa vertedero con alzas móviles | draw-door weir.
presa vertedora | spillway dam.
presa-bóveda | arch dam.
presaestopas de la cabeza del timón | rudder-head stuffing box.
presaestopas de la mecha del timón | rudder bearing.
presa-vertedero pequeña | drop structure.
presbiacusia | presbyacusis.
prescindiendo de | irrespectively of | irrespective of.
prescribir | expire (to) | lay down (to) | specify (to) | lapse (to).
prescripción | stipulation | prescription | lapsing.
prescripción (de un derecho) | lapse.
prescripción (jurisprudencia) | provision | limitation.
prescripción (seguros) | statute of limitations.
prescripción adquisitiva | acquisitive prescription.
prescripción del oftalmólogo | prescription of the ophthalmologist.
prescripción extintiva | extinctive prescription.
prescripción preventoria | time limitation.
prescriptible | prescribable | lapsable.
prescrito | laid down | lapsed | out of date | outlawed.
presecado | pre-dried | predrying.
presedimentación | presettling | presedimentation.
preselección | presettling.
preselector | preselector.
preselector de RF | RF preselector.
preselector regenerador | regenerative preselector.
presencia | attendance.
presencia (geología) | occurrence.
presencia de cristales o espuma en la superficie (defecto de vidriado) | sulfuring.
presencia de un número considerable de armónicos altos (tono musical) | brilliance.
presensibilizado | presensitized.
presentación | appearance | format | demonstration | filing | statement.
presentación (argumentos) | putting.
presentación (comercio) | presentment.
presentación (de documentos, de un filme, etc.) | exhibition.
presentación (de un documento) | putting in.
presentación (de un plan de vuelo) | filing (of a flight plan).
presentación (documentos) | production.
presentación (libros) | get-up.
presentación (tipografía) | layout | makeup.
presentación al pago | presentment for payment.
presentación ampliada | expanded scope.
presentación azimutal | great circle projection.
presentación B | B display.
presentación comparativa de ecos | pip-matching display.
presentación de demanda | suing.
presentación de elementos entre sí | fitup.
presentación de los clisés (libros) | makeup of pictures.
presentación de pruebas | filing proofs.
presentación de radar | radar display.
presentación de sector (radar) | sector display.
presentación de un candidato | nomination.
presentación de un documento | handing over of a document.
presentación de una demanda | bringing suit.
presentación de una escritura ante el tribunal | profert of a deed.
presentación de una letra | sighting.
presentación de una solicitud | filing a petition.
presentación descentrada | off-centre plan display.
presentación osciloscópica | display.
presentación panorámica | panoramic presentation.
presentación panorámica de centro abierto | open center ppi.
presentación pictorializada | pictorialized presentation.
presentación tipo B | B-scope.
presentación tipo C (radar) | C-display.
presentación tipo I (radar) | I-display.
presentación tipográfica | typographic pattern.
presentación visual a distancia | remote display.
presentación visual compleja con varios datos (radar) | complex displays.
presentación visual con ensanche en el centro (radar) | open center control.
presentación visual de un tubo de rayos catódicos | cathode-ray tube display.
presentación visual del eco (radar) | presentation.
presentación visual en la pantalla radárica | radar display.
presentación visual no almacenada | nonstorage display.
presentación visual o sonora | soft copy.
presentado a juicio | brought up for trial.
presentado de nuevo para la prueba | represented for test.
presentador | presenter.
presentador (de un candidato) | nominator.
presentador (radio, TV) | announcer.
presentador (radio y TV) | speaker.
presentador visual digital | digital readout.
presentadora (radio y TV) | speakerine.
presentandose en mantos (minerales) | occurring in beds.
presentar | tender (to) | sight (to) | put up (to) | put forth (to).
presentar (chapas o cuadernas de buques) | rough bolt (to).
presentar (pasaportes, etc) | produce (to).
presentar (un testigo, un documento) | put in (to).
presentar (una cuenta) | bring in (to).
presentar (una proposición) | bring forward (to).
presentar (una queja, una protesta) | lodge (to).
presentar a una persona | meet (to).
presentar al cobro | present for collection (to).
presentar al descuento | present for discount (to).
presentar al público | produce (to).
presentar alegato | plead (to).
presentar apariencia áspera | pebble (to).
presentar armas | present arms (to).
presentar como estrella o divo (teatro, cine) | star (to).
presentar como prueba (abogacía) | offer in evidence (to).
presentar conclusiones | bring up conclusions (to).
presentar de nuevo | re-present (to).
presentar para ser discutido | put (to).
presentar para su aceptación (letras) | sight (to).
presentar proposiciones | tender (to).
presentar pruebas | adduce grounds (to) | introduce evidence (to) | produce proofs (to).
presentar testigos | produce witnesses (to).
presentar un dictamen | submit an opinion (to).
presentar un informe | render or to submit a report (to).
presentar un palo (buques) | point up a mast (to).
presentar una alegación contra un buque por deuda | libel a ship (to).
presentar una comunicación (a una Academia, etc.) | read a paper (to).
presentar una cuenta | render an account (to).
presentar una de las partes todas las pruebas (jurisprudencia) | rest (to).
presentar una declaración de aduana | lodge an entry with the customs (to).
presentar una declaración de impuestos | file a return (to).
presentar una demanda | put in (to) | enter a complaint (to).
presentar una denuncia | prefer a charge (to).
presentar una factura | hand an invoice (to).
presentar una fianza | file a bond (to).
presentar una letra | sight a bill (to).
presentar una letra a su aceptación | present a bill for aceptance (to).
presentar una letra al cobro | present a bill por payment (to) | remit bill for collection (to).
presentar una moción (en una asamblea) | move (to).
presentar una oferta | make a bid (to) | submit an offer (to).
presentar una oferta para | make a tender for (to).
presentar una proposición | put forth (to).
presentar una reclamación | make a complaint (to).
presentar una solicitud | file an application (to).
presentarse (milicia) | report (to).
presentarse (minerales) | occur (to).
presentarse a examen | enter for an examination (to).
presentarse para entrar de servicio (milicia) | report for duty (to).
presentarse para la reelección | stand for re-election (to).
presente | gift.
presente por poder (jurisprudencia) | present by proxy.
presentes (jurisprudencia) | presents.
preservación | preserving | conservation.

preservación de alimentos por irradiación | radiation preservation of food.
preservación de documentos | document preservation.
preservación de la costa | shore preservation.
preservación de los documentos originales | original document preservation.
preservación de muestras | preservation of samples.
preservación del litoral | shore preservation.
preservador | conservative | conservatory.
preservador (tratamiento de maderas) | preservative.
preservante (tratamiento de maderas) | preservative.
preservar | preserve (to) | protect (to) | conserve (to).
preservar de la humedad | keep dry (to).
preservar de la oxidación | keep from rusting (to).
presidencia (de una junta) | chairmanship.
presidencia (de una junta, etc.) | chair.
presidencia adjunta | deputy chairmanship.
presidencia imparcial | fair-minded chairmanship.
presidenta | chairwoman.
presidente | chair | chairman | senior head | head.
presidente (asambleas) | moderator.
presidente (de un jurado) | foreman.
presidente (de una corporación) | president.
presidente (de una junta) | chairman.
presidente adjunto | deputy-chairman | joint chairman.
presidente cesante | outgoing president.
presidente coordinador | coordinating chairman.
Presidente de la Cámara | Speaker of the House.
presidente de la Cámara de los Lores (G.B.) | prolocutor.
presidente de más edad | senior president.
presidente de menos edad | junior president.
presidente de sala | Chief Justice | chief judge | court president.
presidente de una comisión | president.
Presidente del Consejo de Administración | Chairman of the Board (EE.UU.) | Chairman of the Board of Directors.
presidente del consejo de administración y presidente de la sociedad | chairman of the board and president.
presidente del consejo de dirección | chairman of directors.
presidente del jurado | foreman of the jury.
presidente del Patronato | Chairman of the Board of Governors.
presidente del Tribunal Supremo (EE.UU.) | Chief Justice.
presidente delegado | deputy-chairman.
presidente dimitente | outgoing president.
presidente en ejercicio | president in office | acting chairman | acting president.
presidente en funciones | acting president.
presidente entrante | incoming president.
presidente extinto | late president.
presidente fundador | founder-president.
presidente interino | acting chairman.
presidente saliente | retiring chairman.
presidente suplente | deputy president.
presidente vitalicio | lifetime president.
presidente y presidente en ejercicio de | president and chairman of.
presidir | occupy the chair (to) | fill the chair (to).
presidir una reunión | run a meeting (to).
presilla | press | loop | string.
presilla para sujetar cristales (encristalados) | glazing clip.
presincronización | presynchronization.
presincronización (acústica) | playback.
presincronización (filmes) | prescoring.
presincronizar (radio) | prescore (to).
presinterización (calentamiento a temperatura menor de la normal - pulvimetalurgía) | presintering.
presintonizar | pretune (to).
presión | pressure | pressing | press | rush | stamp | tension.
presión (sobre el gatillo) | pull-off.
presión a la salida | backpressure.
presión absoluta | absolute pressure | actual pressure.
presión absoluta del vapor | absolute steam pressure.
presión absoluta en la aspiración | manifold absolute pressure.
presión absoluta en la aspiración (motores) | manifold pressure.
presión acústica | acoustic pressure | sound pressure.
presión acústica efectiva | effective sound pressure.
presión acústica instantánea | excess sound pressure | instantaneous sound pressure.
presión acústica máxima | maximum sound pressure.
presión admisible | allowable pressure.
presión aerostática | aerostatic pressure.
presión al fondo del pozo en producción (petróleo) | producing bottom-hole pressure.
presión ambiente | ambient pressure.
presión aplicada | applied pressure.
presión arterial sistólica (medicina) | sistolic arterial tension.
presión atmosférica | atmospheric pressure | barometric pressure | air pressure.
presión atmosférica a nivel del mar | one atmosphere.
presión baja predeterminada (vacuoservomotor del freno de discos, autos) | crack point.
presión bajo la cual se mide el volumen del papel | bulking pressure.
presión barométrica | gage pressure.
presión capilar | capillary pressure.
presión cinética | kinetic pressure.
presión cohesional | cohesional pressure.
presión con palanca | lever feed.
presión constante | constant pressure.
presión creciente | building-up pressure.
presión crítica | critical pressure.
presión crítica de aspiración (motores) | critical induction pressure.
presión de acuñado | wedging pressure.
presión de admisión | admission pressure | suction pressure.
presión de admisión en el colector (motores) | manifold pressure.
presión de afinidad | affinity pressure.
presión de alimentación (motor aviones) | boost.
presión de aplastamiento | bearing pressure | collapsing pressure.
presión de apoyo | bearing pressure.
presión de apriete | gripping pressure.
presión de apriete de la plantilla | mold clamping pressure.
presión de arranque | start pressure.
presión de asentamiento (compuertas sobre su asiento) | face pressure.
presión de asentamiento sobre su bastidor (compuertas) | seating pressure.
presión de aspiración | intake pressure.
presión de autoignición | self-ignition pressure.
presión de avance | infeed pressure.
presión de bombeo | pumping head.
presión de calaje de la rueda sobre el eje | wheel mounting pressure.
presión de calaje del engranaje sobre su eje | gear mounting pressure.
presión de cavitación | cavitation pressure.
presión de cierre | locking pressure.
presión de colapso | collapsing pressure.
presión de compactación (pulvimetalurgia) | compacting pressure.
presión de compensación | equalizing pressure.
presión de compresión | compression pressure.
presión de contacto | contact pressure.
presión de choque ejercida dentro de un tubo de Pitot | Pitot pressure.
presión de descarga | delivery pressure.
presión de descarga (válvulas seguridad) | blowing-off pressure.
presión de descarga del compresor | compressor discharge pressure.
presión de descarga del soplante | blower discharge pressure.
presión de descomposición | decomposition pressure.
presión de desviación | deflection pressure.
presión de disolución | solvation of ions.
presión de disolución (química) | solvation.
presión de empleo | application pressure.
presión de empuje unitaria (hélices) | thrust loading.
presión de ensanchamiento (recipientes) | bulging pressure.
presión de ensayo | test pressure.
presión de escape (máquina vapor) | blast pipe pressure.
presión de estalle | burst pressure.
presión de estallido (tubos) | bursting pressure.
presión de extrusión | extrusion pressure.
presión de flujo | flowing pressure.
presión de forzamiento (proyectil dentro del cañón) | engraving pressure.
presión de fracturación | fracturing pressure.
presión de frenado | braking power.
presión de funcionamiento | working pressure.
presión de giro | pivoting pressure | pivot pressure.
presión de hasta 2 millones de atmósferas | pressure of up to two million atmospheres.
presión de impacto del aire (aviones) | ram.
presión de impresión (rodillos impresores) | printing pressure.
presión de impulsión (bombas) | delivery pressure.
presión de incrustamiento | embedment pressure.
presión de inflación de 150 libras/pulgada^2 | inflation presure of 150 psi.
presión de inyección del combustible (motor diesel) | fuel-injection pressure.
presión de la caldera | boiler pressure.
presión de la explosión (motor diesel) | firing pressure.
presión de la onda de choque (golpe de ariete-tuberías) | rebound presure.
presión de la onda de choque (golpes de ariete) | rebound pressure.
presión de la onda explosiva | blast pressure.
presión de la prensa | pressing.
presión de la radiación solar | solar radiation pressure.
presión de la sangre en una cámara del corazón como resultado de una enfermedad valvular | backpressure.
presión de la tobera | blast pipe pressure.
presión de la tubería | line pressure.
presión de los etalajes | bosh pressure.
presión de los gases dentro de la cámara de combustión (motor cohético) | chamber pressure.
presión de los hielos | ice pressure.
presión de proyecto | design pressure.
presión de proyecto elevada (calderas) | high-psi-design pressure.
presión de prueba | proof pressure | testing pressure | test pressure.
presión de prueba de la envuelta cilíndrica | shell test pressure.
presión de ranuración | scoring pressure.
presión de rechazo | refusal pressure.
presión de régimen | normal working pressure | rated pressure | working pressure.
presión de regulación | set pressure.
presión de remanso (aeronáutica) | stagnation.
presión de resistencia | drag loading.
presión de reventazón dinámica | dynamic

bursting pressure.
presión de rotura | burst pressure.
presión de rotura (tubos) | bursting pressure.
presión de salida de la tobera | nozzle exit pressure.
presión de saturación del refrigerante | saturation pressure of the refrigerant.
presión de servicio | rating | working pressure.
presión de servicio (calderas) | nameplate pressure.
presión de sobrealimentación (motor sobrealimentado) | boost.
presión de sobrealimentación (motores) | boost pressure.
presión de soldeo | welding pressure.
presión de taladrado | drilling pressure.
presión de trabajo | working pressure | operating pressure.
presión de trabajo aprobada | approved working pressure.
presión de trabajo de 20 Meganewtonios/metro^2 | working pressure of 20 MNm^2.
presión de un flúido desarrollada dentro de un torsiómetro | torque pressure.
presión de vaciaje (medicina) | voiding pressure.
presión de vapor de saturación | saturation vapor pressure.
presión de vapor del líquido | vapor pressure of the liquid.
presión de velocidad | velocity head.
presión de 1 (Newtonios por milímetro^2 | pressure of 1.4N/mm^2.
presión de 6,3 pulgadas de agua | pressure of 6.3 in W. G.
presión debida al choque | impact pressure.
presión del acumulador | accumulator pressure.
presión del agua | water pressure.
presión del agua de enfriamiento de la camisa calefactora | jacket cooling water pressure.
presión del agua de la envuelta | jacket water pressure.
presión del agua intersticial | porewater pressure.
presión del aire | air pressure.
presión del atacador (cañones) | ramming pressure.
presión del calderín (caldera acuotubular) | header pressure.
presión del depósito | receiver pressure.
presión del depósito intermedio | intermediate receiver pressure.
presión del disparo (armas) | firing pressure.
presión del electrodo (soldadura) | electrode force.
presión del electrodo (soldadura por puntos) | electrode pressure.
presión del fluido | fluid pressure.
presión del freno | brake pressure.
presión del líquido | fluid pressure.
presión del oxígeno en los alveolos pulmonares | alveolar oxygen pressure.
presión del pistón | piston pressure.
presión del rebufo (cañones) | blast pressure.
presión del subsuelo | subsurface pressure.
presión del vapor | vapor pressure | head of steam.
presión del vapor de agua a la salida de la turbina = 5 centímetros de mercurio | turbine outlet steam pressure = 5 centimeters of mercury.
presión del vapor del rerecalentador | resuperheater steam pressure.
presión del vapor en la válvula de cuello de la caldera | boiler stop-valve steam pressure.
presión del viento | pressure of wind.
presión del viento (alto horno) | blast pressure | pressure of blast.
presión del yacimiento (petróleo) | reservoir pressure | closed pressure.
presión dentro de las rocas de la corteza terrestre | crust stress.
presión dinámica | velocity pressure | kinetic pressure.
presión dinámica (aviones) | ram.
presión dinámica de admisión | ramming.
presión dirigida hacia dentro | inwardly directed pressure.
presión efectiva | actual pressure | working pressure | active pressure | effective pressure.
presión electrostática | electrostatic stress.
presión elevada | heavy pressure.
presión en caliente de sinterización plana | plain sintering hot pressing.
presión en el aspersor | sprinkler pressure.
presión en el canto de proa de la zapata (botadura de buques) | way-end pressure.
presión en el cojinete | bearing pressure.
presión en el fondo del pozo (petróleo) | bottom-hole pressure.
presión en el recipiente intermedio (máquina vapor) | receiver pressure.
presión en la base (aerodinámica) | base pressure.
presión en la recámara | breech pressure.
presión en la tubería | pressure in line.
presión en las aristas | edge pressure.
presión en los cimientos | foundation pressure.
presión en los tubos cuando es mayor que la atmósfera | backpressure.
presión en toneladas (forja) | pressure load.
presión entre el clisé y la mantilla (offset) | plate-to-blanket pressure.
presión equivalente | equivalent pressure.
presión equivalente de nitrógeno | equivalent nitrogen pressure.
presión específica | specific pressure.
presión estabilizada que da caudal nulo (bomba de caudal modificable) | zero delivery pressure.
presión estabilizada que da caudal nulo (bomba de caudal regulable) | stalled pressure.
presión estabilizada que da caudal nulo (bomba de gasto variable) | reacted pressure.
presión estática | closed pressure | static pressure.
presión estática a la entrada | inlet static pressure.
presión estática de la explosión | static bursting pressure.
presión estática de salida | exit static pressure.
presión estática del aire | static air pressure.
presión estática del fondo (pozo petróleo) | shut-in bottom-hole pressure.
presión excesiva en un costado de la estampa | side thrust.
presión excesiva en un costado de la estampa (forja) | side cramp.
presión exterior | outside pressure | external pressure.
presión final | terminal pressure.
presión final absoluta | absolute terminal pressure.
presión final absoluta de compresión | absolute final compression pressure.
presión final de compresión | final compression pressure.
presión final de prueba | final test pressure.
presión final para obtener la forma deseada (pulvimetalurgia) | sizing | coining.
presión fiscal | tax burden.
presión fluyente | flowing pressure.
presión frontal (compuertas sobre su asiento) | face pressure.
presión geostática | geostatic pressure | geostatical pressure.
presión hidráulica | water pressure | hydraulic pressure.
presión hidrostática | buoyancy pressure | hydrostatic pressure.
presión hidrostática isótropa | isotropic hydrostatic pressure.
presión hidrostática lateral | transverse water pressure.
presión inicial (pozo petróleo) | kickoff pressure.
presión inicial absoluta | absolute initial pressure.
presión inicial de compresión | initial compression pressure.
presión inicial media del vapor | average initial steam pressure.
presión interior | internal pressure.
presión interior de la cabina | cabin pressurization.
presión intermedia | medium pressure.
presión interna | internal pressure.
presión intersticial (presas) | pore pressure.
presión límite (física) | ultimate pressure.
presión manométrica | gauge pressure.
presión manométrica (presión efectiva - calderas) | gage pressure.
presión máxima | maximum pressure | full pressure | limiting pressure.
presión máxima de explosión | maximum explosion pressure.
presión máxima de funcionamiento | maximum operating pressure.
presión máxima del impacto sobre el fondo | maximum bottom impact pressure.
presión media | average pressure | mean pressure.
presión media cuadrática acústica | mean-square sound pressure.
presión media efectiva | mean effective pressure.
presión media efectiva (motor diesel) | output density.
presión media efectiva al freno | brake mean effective pressure.
presión media efectiva indicada | indicated mean effective pressure.
presión media indicada | mean indicated pressure.
presión media referida (presión media efectiva que se necesitaría si todo el trabajo se hiciera en el cilindro de baja presión - máquina alternativa de vapor) | mean referred pressure.
presión metalostática | metallostatic pressure.
presión mínima | blank off pressure | minimum pressure.
presión moderadamente grande | moderately high pressure.
presión muy localizada | pinch.
presión neumática de regulación micrométrica (calandrias, etc.) | micro-set air pressure.
presión normal de la aguja | needle drag.
presión orogénica | orogenic pressure.
presión osmótica | osmotic pressure.
presión por impacto hidrodinámico (fondos de proa) | slamming pressure.
presión por resorte | spring weighing | spring weighting.
presión por unidad de superficie | pressure per unit area.
presión primaria | forepressure.
presión progresiva | onward pressure.
presión pronosticada de zona | forecast zone pressure.
presión pulsatoria | oscillating pressure.
presión real absoluta | actual absolute pressure.
presión reducida | diminished pressure.
presión reflejada | reflected pressure.
presión regulada por muelle | spring controlled pressure.
presión resultante | resultant pressure.
presión rítmica | pulsing pressure.
presión sanguínea | blood pressure (BP).
presión sobre el apoyo (vigas) | support pressure.
presión sobre el fondo | bottom pressure.
presión sobre el mercado monetario | pressure on the money market.
presión sobre el muñón | journal pressure.
presión sobre el pistón | piston pressure.
presión sobre la chumacera | bearing pressure.
presión sónica efectiva | root-mean-square sound pressure | root-mean-square sound pressure.
presión sonora eficaz | effective sound pressure.

presión suave sobre el gatillo (armas de fuego) | trigger squeeze.
presión subatmosférica | subatmospheric pressure.
presión superatmosférica | superatmospheric pressure.
presión supercrítica del vapor de agua | supercritical steam pressure.
presión supraatmosférica | superatmospheric pressure.
presión tangencial sobre la muñequilla del cigüeñal | crankping tangential pressure.
presión tonal | color match.
presión total | mass pressure.
presión transitoria | transient pressure.
presión turgente | turgor pressure.
presión unitaria | specific pressure.
presión unitaria de las ruedas sobre la pista de rodadura (aeropuertos) | footprint pressure.
presión variable | variable pressure.
presión vibratoria | vibratory pressure.
presionador | pressurizer.
presionar | press (to) | push (to).
presionar al enemigo | follow hot upon the enemy (to) | press the enemy (to).
presiones supercríticas del vapor | supercritical steam pressures.
presionización | pressurizing.
presionización (vuelos a gran altura) | pressurization.
presionización autógena | autogenous pressurization.
presionización de la barquilla (aviones) | nacelle pressurization.
presionizado | pressurized.
presionizado con aire comprimido | pressurized with compressed air.
presionizado con nitrógeno | nitrogen-pressurized.
presionizar | pressure (to) | pressurize (to).
presionizar (aviones) | pressurize (to).
preso | under arrest.
presofundido | diecast.
presofusión | diecasting | pressure diecasting.
presofusión por gravedad | gravity diecasting.
presolidificación | presolidification.
presostatismo | presostatism.
presostato | pressurestat | presostate | pressure switch.
prestabilidad | loanability.
prestación | consideration | benefit.
prestación (de capitales) | furnishing.
prestación a la vejez | old age benefit.
prestación de los seguros sociales | relief.
prestación de servicios | sales of services | rendering of services.
prestación juramental y fianza por un acreedor en concurso (G.B.) | striking a docket.
prestación personal obligatoria | compulsory personal service.
prestaciones | fringe benefits.
Prestaciones de la Seguridad Social | Social Security Benefits.
prestaciones de pensionista | retirement benefits.
prestaciones por jubilación | pension benefits.
prestado (persona) | on loan.
prestado en arriendo | lend-leased.
prestado en arriendo a flotas extranjeras | lend-leased to foreign flags.
prestador | lender | loaner.
prestamista | loaner | money broker | moneylender | lender | discounter.
prestamista a la gruesa | lender on bottomry.
prestamista hipotecario | lender on mortgage.
prestamista sobre prendas | pawnbroker | pledge holder | pledgee.
préstamo | accommodation | lending | credit | advance | loan | borrowing | borrow | imprest.
préstamo (construcción carreteras) | spoil.
préstamo a bajo interés | cheap loan.
préstamo a corto plazo | short loan | short term loan.
préstamo a fondo perdido | loan without security.
préstamo a interés | loan at interest.
préstamo a la agricultura | farm loan.
préstamo a la gruesa | maritime loan | gross adventure | respondentia.
préstamo a la gruesa (buques) | respondentia.
préstamo a la gruesa a la orden | bottomry bond on order.
préstamo a la nupcialidad | marriage loan.
préstamo a largo plazo | soft loan | long term loan.
préstamo a medio plazo | medium-term loan.
préstamo a plazo fijo | fixture | time loan | term loan.
préstamo a término | loan at notice.
préstamo ahorro-vivienda | home loan.
préstamo al descubierto | unsecured loan | straight loan.
préstamo amortizable | amortized loan | amortization loan.
préstamo asegurado con activo empresarial | floating debenture.
préstamo asequible | insurable loan.
préstamo automático de primas | automatic premium loan.
préstamo bancario | banker's advance | bank loan.
préstamo bancario a corto plazo | short-term bank borrowing.
préstamo bancario para negocios bursátiles | street loan.
préstamo con garantía de la carga (buques) | respondentia.
préstamo con garantía prendaria | collateral loan.
préstamo con pago de intereses | interest-paying loan.
préstamo condicionado (exportación) | tied loan.
préstamo contra valor de liquidación (del asegurador al asegurado) | policy loan.
préstamo de acciones sin exigir intereses | flat stock loan.
préstamo de amortiguación gradual | serial loan.
préstamo de ayuda | stand-by arrangement.
préstamo de capitales | hire of money.
préstamo de consolidación | consolidation loan.
préstamo de equipos | equipment leasing.
préstamo de reembolso | refunding loan.
préstamo de un día | clearance loan | day to day loan.
préstamo de un solo día | morning loan.
préstamo de una empresa subsidiaria a la compañía matriz | upstream loan.
préstamo de una subsidiaria a la empresa matriz (EE.UU.) | upstream loan.
préstamo de valores | nonreal-estate loan.
préstamo ejecutado | judgment debt.
préstamo en condiciones gravosas | hard loan.
préstamo en descubierto | loan on overdraft.
préstamo en moneda extranjera | foreign currency loan.
préstamo estatal a pequeño interés | low-interest state loan.
préstamo forzoso | forced loan.
préstamo garantizado | secured loan.
préstamo garantizado con depósito | deposit loan.
préstamo garantizado con mercancías | loan on security of goods.
préstamo garantizado con un determinado activo | fixed debenture.
préstamo gratis | free loan.
préstamo gratuito | loan without interest.
préstamo hipotecario | mortgage loan.
préstamo indefinido | dead loan.
préstamo insoluto | unpaid loan.
préstamo interbibliotecario | interlibrary loan.
préstamo marítimo | maritime loan.
préstamo metálico a un mes | one month's money.
préstamo o contrato a la gruesa (comercio marítimo) | bottomry.
préstamo pagadero a la demanda | call toan | demand loan.
préstamo pagadero en moneda fuerte | hard loan.
préstamo para el conjunto | embodiment loan.
préstamo para la construcción naval | ship construction loan.
préstamo pendiente de amortización | unamortized loan.
préstamo personal | personal loan | straight loan.
préstamo pignoraticio | loan with colateral guarantee | collateral loan | pledge loan.
préstamo por menos de un año | less-than-year borrowing.
préstamo por un día | day loan.
préstamo prendario | pledge loan | secured loan | secured loan.
préstamo prorrogado | renewed lease.
préstamo redimible a la par | at par redeemable loan.
préstamo refaccionario | financing loan.
préstamo renovado | renewed lease.
préstamo sin caución | unsecured loan.
préstamo sin fianza | unsecured loan.
préstamo sin garantía | unsecured loan.
préstamo sin garantía colateral (abogacía) | character loan.
préstamo sin interés | flat loan.
préstamo sin intereses | interest-free loan | soft loan.
préstamo sin vencimiento determinado | precarious loan.
préstamo sindicado (economía) | syndicated loan.
préstamo sobre bienes raíces | real-estate loan.
préstamo sobre carga de un buque | respondentia.
préstamo sobre casco y quilla (comercio marítimo) | bottomry.
préstamo sobre el cargamento (buques) | respondentia.
préstamo sobre garantía | loan upon pledge | loan on pledge | loan of pledge.
préstamo sobre hipoteca | deposit business | mortgage loan.
préstamo sobre mercancía | respondentia.
préstamo sobre pólizas para el pago de primas | premium loan.
préstamo sobre primera hipoteca | loan on first mortgage.
préstamo sobre una póliza | policy loan.
préstamo sobre valores | loan on securities | loan with colateral guarantee | loan against security | collateral loan | security loans | secured loan.
préstamo transferido por un banco y compartido por varios | participation loan.
préstamo urgente para cubrir un déficit pasajero | stop-gap loan.
préstamo y arriendo | lend-lease.
préstamos | loans.
préstamos a bajo interés | low-interest loans.
préstamos a corto plazo | short-term borrowing.
préstamos a riesgo marítimo | loans on bottomry.
préstamos cedidos en descuentos | loans rediscounted.
préstamos comerciales garantizados | secured business loans.
préstamos comerciales sin garantía | unsecured business loans.
préstamos contra recibo | loan against note of hand.
préstamos de otros bancos | money-borrowed.
préstamos del Tesoro | public debt transactions.
préstamos hipotecarios y otros | real estate and other loans.
préstamos no mercantiles de los bancos comerciales | nonbusiness loans of comercial banks.

préstamos para compras y conservación de valores | loans for purchasing and carrying securities.
préstamos prendarios | loans secured by pledges.
préstamos sobre mercancías | trust receipt | loan on goods.
préstamos sobre títulos | advances on securities.
préstamos tomados | borrowings.
préstamos vigentes (bancos) | loans outstanding.
prestar | provide (to) | loan (to) | borrow (to) | lend (to).
prestar (servicios) | render (to).
prestar a interés | borrow at interest (to) | lend at interest (to).
prestar a usura | lend upon usury (to).
prestar acciones | give the rate (to).
prestar apoyo | provide support (to).
prestar con usura | profiteer (to).
prestar dinero | lend money (to).
prestar en arriendo | lend-lease (to).
prestar fianza (economía) | furnish bail (to).
prestar gran atención | pay close attention (to).
prestar juramento | swear (to) | be sworn in (to) | take an oath (to).
prestar juramento antes de entrar en funciones | qualify (to).
prestar sobre alhajas | lend against security (to).
prestar sobre hipoteca | lend on mortgage (to).
prestar sobre mercancías | lend on goods (to).
prestar sobre prendas | lend on pledge (to).
prestar viva atención | pay sedulous attention (to).
prestatario | loanee | borrower.
prestatario a largo plazo | long-term borrower.
prestatario marginal | marginal borrower.
presulfidación | presulphidation.
presunción | presumption.
presunción de hecho y de derecho | mixed presumption.
presunción de validez de un acuerdo | equitable conversion.
presunción grave (abogacía) | absolute presumption.
presunción por omisión | default.
presuntas reservas | prospective reserves.
presunto cliente | prospective customer.
presunto comprador | maybe buyer.
presunto culpable | suspect.
presupresión (silvicultura) | presuppression.
presupuestado | budgeted.
presupuestar | estimate (to).
presupuestario | budgetary.
presupuesto | estimate | budget.
presupuesto a tanto alzado | billing.
presupuesto adicional | abstracting.
presupuesto aproximado | approximate estimate | short cut estimate | rough estimate.
presupuesto completo | full estimate.
presupuesto de activo fijo | capital budgeting.
presupuesto de construcción | building estimate.
presupuesto de ejecución | performance budget.
presupuesto de entradas y salidas de caja | cash budget.
presupuesto de explotación | operational budget.
presupuesto de gastos | estimate of expenditure | estimate of costs | expense budget.
presupuesto de gastos de capital | capital budget.
presupuesto de marina | naval estimates | naval budget.
presupuesto de operación | operating budget.
presupuesto de producción | output budgeting.
presupuesto de programa (economía) | program budget.
presupuesto de publicidad | advertising allotment | advertising budget | advertising appropriation.
presupuesto de tesorería | cash budget.
presupuesto de un estado | purse.
presupuesto de ventas | sales budget.
presupuesto del arquitecto | architect's estimate.
presupuesto del ejército | army estimates.
presupuesto desequilibrado | unbalanced budget.
presupuesto equilibrado | balanced budget.
presupuesto excesivo | overestimate.
presupuesto extraordinario | extraordinary budget.
presupuesto familiar del obrero de ciudad | city worker's family budget.
presupuesto global | overall budget.
presupuesto igualado cíclicamente | cyclically balanced budget.
presupuesto múltiple | multiple budget.
presupuesto municipal | municipal budget.
presupuesto nacional | national budget.
presupuesto naval | naval estimates.
presupuesto no nivelado | unbalanced budget.
presupuesto ponderado durante varios años | Swedish budget.
presupuesto provisional | interim budget.
presupuesto reducido | distress budget.
presupuesto suplementario | supplementary budget.
presupuesto unificado | unified budget.
presupuesto variable | variable budget.
presupuesto variable de costos indirectos | variable overhead budget.
presupuestos (ejército, marina, etc.) | estimates.
presupuestos de compras | procurement budgets.
presurización | pressurization.
presurización (EE.UU.) | pressurizing.
presurización del tanque del propulsante (cohetes) | propellant tank pressurization.
presurización por medio de gases de alta presión (tanques de propulsantes en cohetes) | chemical pressurization.
presurización química | chemical pressurization.
presurizado | pressure locked | pressurized.
presurizador (reactor nuclear) | pressurizer.
presurizador calentado eléctricamente | electrically-heated pressurizer.
presurizante | pressurant.
presurizar | pressurize (to).
pretaladrado | prebored.
pretender predecir el comportamiento de | try to foresee the behavior of (to).
pretensado | pretensioning | prestressed.
pretensado circumferencial | circumferential pretensioning.
pretensado circunferencialmente | circumferentially pre-stressed.
pretensar | prestress (to) | pretension (to).
pretensión | contention | position.
pretensión (mecánica) | pretension.
pretensión mal fundada | misclaim.
pretensiones exageradas | extravagant claims.
pretensiones legítimas | lawful claims.
preterido (heredero) | passed by.
pretérito (gramática) | past tense.
pretextar | plead (to) | cloak (to).
pretexto | plea.
pretil | railing | guard rail | parapet.
pretil (puentes) | parapet wall.
pretil dentado | battlement.
pretina | girdle.
pretorsar | pretwist (to).
pretorsión | pretwist.
pretostación | preroast.
pretraducción | pretraduction | pretranslation.
pretratamiento | pretreatment | pretreating.
pretratamiento anodizante con ácido fosfórico | phosphoric acid anodizing pretreatment.
pretratar | pretreat (to).
preunido | preassembled.
prevalencia | prevalence.
prevalente | predominat.
prevaricación | maladministration | breach of duty.
prevaricador | prevaricator | maladministrator.
prevención | foresight.
prevención contra incendios | fire prevention.
prevención contra la contaminación por petróleo (aguas costeras) | oil pollution prevention.
prevención de abordajes (buques) | collision prevention.
prevención de accidentes | safety training | accident prevention.
prevención de accidentes industriales | industrial accident prevention.
prevención de accidentes laborales | occupational accident prevention.
prevención de averías | damage prevention.
prevención de crecidas | flood prevention.
prevención de daños | damage prevention.
prevención de explosiones en petroleros | tanker explosion prevention.
prevención de la contaminación | contamination prevention.
prevención de la criticidad | criticality prevention.
prevención de la explosión | explosion prevention.
prevención de las heladas | frost prevention.
prevención de mala práctica | malpractice prevention.
prevención de siniestros (seguros) | loss prevention.
prevención de suicidios | suicide prevention.
prevención electrónica de roturas de brocas | drill breakage electronic prevention.
prevención multidisciplinaria | multi-disciplinary prevention.
prevenir | preclude (to) | prevent (to) | give warning (to) | estop (to) | provide against (to) | garnish (to).
prevenir la corrosión | forestall corrosion (to).
preventivo | preventative.
preventivo (embargos, disposiciones) | precautionary.
preventivo contra la oxidación | rust preventative.
preventivo secador antioxidante | dewatering rust preventive.
prever | forecast (to).
prever (una objeción | meet (to).
previamente calibrado | previously-calibrated.
previamente fundido | precast.
previo (estudios cine) | playback.
previo pago de | on payment of.
previsible | foreseeable.
previsión | forecast | forecasting | forehandness | foresight | projection | estimate | expectation.
previsión a plazo corto | short term forecast.
previsión a plazo medio | medium-term forecast.
previsión climática | climatic expectation.
previsión comercial | business forecasting.
previsión de hielos marinos | sea ice forecast.
previsión de la carga | load forecasting.
previsión de la cosecha | crop estimate.
previsión de los estados de la mar | forecasting states of sea.
previsión de riadas | flood routing.
previsión de ventas | sales forecasting.
previsión del mercado | market forecast.
previsión del volumen postal | forecast of postal volume.
previsión demográfica | population forecast.
previsión económica | business forecasting.
previsión estadística de las sequías | statistical forecast of droughts.
previsión general (meteorología) | general inference.
previsión hidrológica | hydrological forecasting.
previsión meteorológica | weather forecast.
previsión meteorológica a corto plazo (unas 12 horas) | short-range weather forecast.
previsión meteorológica favorable | sweet orange.

previsión meteorológica para un período de 30 días | thirty-day outlook.
previsión normativa | normative forecasting.
previsión para insolvencias | contingencies for insolvency.
previsión para la vejez | provision for old age.
previsión social | social security | retirement plan.
previsión tecnológica | technological forecasting | technology forecasting.
previsiones | expectations.
previsiones (talleres) | schedule.
previsiones a largo plazo | long-term forecasting.
previsiones de crecimiento | growth forecasts.
previsiones de fondos | cash forecasts.
previsiones de perturbaciones radioeléctricas | radio disturbance forecast.
previsiones de probabilidad | probability forecasts.
previsiones de radioperturbaciones | radio disturbance forecasts.
previsiones de ventas | sales expectations.
previsiones meteorológicas | weather forecastings.
previsiones meteorológicas desfavorables | sour oranges.
previsiones presupuestarias | estimates.
previsor | prospective.
previsor (obras, sociedades, fondos, etc.) | provident.
previsto | projected | foreseen | expected | predicted.
previsto por la Ley | specified.
previsto por los estatutos | intra vires.
prevulcanización | prevulcanization.
prieba testigo (fotografía) | pilot-print.
prima | bonus | premium.
prima (bolsa) | option.
prima (contratos) | bonus.
prima (tipografía) | prime.
prima a devolver | return premium.
prima a la construcción | building subsidy.
prima a la explotación | operational subsidy.
prima a la exportación | export premium | bounty.
prima a la navegación (buques) | operating subsidy.
prima a vendedores por un fabricante | push money.
prima adicional después de pagar daños (seguros) | restoration premium.
prima al alza | option at call.
prima cambiaria | premium on foreign exchange.
prima cedida a los reaseguradores | premium ceded to reinsurers.
prima comercial | tariff rate.
prima con el derecho de vender | put option.
prima constante | level premium.
prima de alojamiento | rental allowance.
prima de alza (bolsa) | option at call.
prima de asistencia | attendance money.
prima de carga | hat-money.
prima de carga (marina) | primage.
prima de compensación | lien bonus.
prima de conservación | maintenance premium.
prima de construcción | construction-differential.
prima de desbarate | scrapping bonus.
prima de desguace | scrapping bonus.
prima de desmovilización (ejército y marina) | gratuity.
prima de economía de combustible | stoking premium.
prima de emisión | stock premium | paid-in surplus | premium stock.
prima de enganche | bounty.
prima de entretenimiento | maintenance premium.
prima de explotación | operating subsidy | operation-differential.
prima de exportación | bount | export bonus | drawback.
prima de importación | import bonus.
prima de incentivo | incentive bonus.
prima de incentivo semanal | weekly incentive bonus.
prima de navegación | navigation bounty | navigation subsidy.
prima de producción | production bonus | incentive wage | incentive payment | efficiency bonus.
prima de reembolso | premium on redemption.
prima de reenganche | reenlistment bonus.
prima de renovación | renewal premium.
prima de rescate | redemption premium.
prima de retorno | return premium.
prima de retorno para buque retirado | lay-up return premium.
prima de riesgo | risk premium.
prima de salvamento | salvage.
prima de seguros | insurance premium.
prima de vuelo | flight pay.
prima decreciente | reducing premium.
prima del oro | premium on gold.
prima del seguro | insurance-rate.
prima del seguro colectivo | group insurance premium.
prima devengada (seguros) | earned premium.
prima dineraria | differencial.
prima elevada | high premium.
prima especial por antecedentes personales (seguros) | merit rate.
prima extra a un vendedor | override.
prima fija | flat premium.
prima final (seguro marítimo) | final call.
prima fraccionada (seguros) | instalment premium.
prima global (seguros) | in-full premium.
prima hermana | full sister.
prima inicial | initial call.
prima insoluta | defaulted premium.
prima la construcción | constructional subsidy.
prima mejorada | loaded premium.
prima menor del asegurado (pero tras la primera reclamación paga más prima) | convertible collision insurance.
prima mínima (seguros) | minimum premium.
prima natural (seguros) | natural premium.
prima neta (seguros) | net premium.
prima neta única | net single premium.
prima pagada por entrega aplazada | backwardation.
prima pagada por retraso en entregar acciones | backwardation.
prima para el maestro (talleres) | foreman bonus.
prima para pólizas de más de un año | long rate.
prima para seguro a corto plazo | short term rate.
prima por acabado (talleres) | merit rate.
prima por acción | share bonus.
prima por adelanto (carga o descarga) | dispatch money.
prima por antigüedad | seniority pay.
prima por bondad del trabajo | merit rate.
prima por buena terminación | merit rate.
prima por el salvamento | salvage award.
prima por esmero del trabajo (talleres) | merit rate.
prima por grupos | group bonus.
prima por horas extras | overwork premium.
prima por manejo de mercancías sucias o de mal olor | dirty money.
prima por pronta descarga | dispatch money.
prima por tiempo ganado (en la carga, etc.) | despatch money.
prima por tiempo ganado en los días asignados para la descarga (buques) | dispatch.
prima por trabajos dificultosos | furtherance.
prima por trabajos en ciertos sitios (sucios, de calor, etc.) | lieu rate.
prima por turno de trabajo | shift premium pay.
prima progresiva | stepped bonus | increasing premium.
prima provisional | deposit premium.
prima pura (seguros) | required premium.
prima sobre acciones | stock premium.
prima sobre bonos | premium on bonds.
prima sobre bonos no amortizados | unamortized bond premium.
prima total | gross premium.
prima total (seguros) | office premium.
prima única (seguros) | single premium.
prima uniforme | level premium.
prima vencida | premium due.
prima y multa | bonus and penalty.
prima y penalización | bonus and penalty.
primacía | leadership.
primádico (de números primos) | primadic.
primaje | premium rating.
primal | yearling.
primaria (enseñanza G.B.) | junior school.
primarias electorales | election primaries.
primario | skeletal | primal | primary | original.
primario de crominancia aproximado (televisión) | coarse chrominance primary.
primarios de recepción | display primaries.
primarios del receptor (TV color) | receiver primaries.
primas | premia.
primas a la navegación | shipping subsidies | navigation premium.
primas cobradas | premium income | premiums written.
primas de producción | production bonuses.
primas en la venta de acciones de capital | premium on sale of capital stock.
primas netas suscritas (seguros) | net premiums written.
primas no vencidas de un seguro | unexpired insurance premiums.
primas pagadas | premiums paid.
primata (tratados, etc.) | original.
primata de un cheque | original cheque.
primata de una factura | original bill.
primate no humano | nonhuman primate.
primavera | spring.
primavera (Tabebuia donnellsmithii) | prima vera.
primazgo | cousinhood.
primer actor (teatros) | leading man.
primer cilindro (máquina cardadora) | breast.
primer círculo alrededor de la diana (tiro al blanco) | inner.
primer color de una policromía (litografía) | base color.
primer contramaestre (suboficial - marina) | chief petty officer.
primer cordón (soldadura) | bottom layer.
primer cordón de una soldadura de varios cordones | root weld.
primer curso | first course.
primer escalón (al subir) | bottom stair.
primer escalón (milicia) | leading echelon.
primer estado excitado | first excited state.
primer estómago (abejas) | honey-bag.
primer estómago (rumiantes) | ingluvies.
primer garzón (horno metalúrgico) | first helper.
primer informe de una misión | flash report.
primer interrogatorio (testigos) | direct examination.
primer jefe | commandant.
primer juego de agujas de cambio (estación de clasificación automática de vagones) | king points.
primer ladrillo (de una hilada) | starter.
primer lavado (gases alto horno) | rough-cleaning.
primer libro de lectura | first reader.
primer macho de repasar | first tap.
primer macho de roscar | taper tap.
primer macho de terrajar | entering tap.
primer mandatario | chief executive.
primer maquinista | chief machinist.

primer maquinista (buques) | chief engineer.
primer meridiano | prime meridian.
primer miembro (ecuaciones) | left-hand side.
primer móvil (de un complot) | originator.
primer navegante (aviones) | first navigator.
primer ocupante | occupant | occupier.
primer oficial (buque mercante) | chief mate.
primer oficial (buques) | chief officer | mate.
primer pago | down payment.
primer papel (teatros) | lead 11.
primer pasante (abogado) | managing-clerk.
primer piso | main floor.
primer plano | foreground.
primer plano (cine) | near-by.
primer plano (filmes) | closeup.
primer plano (televisión) | close-up | mug shot.
primer plano (TV) | X-ray | close up.
primer plato (comidas) | first course.
primer plazo | first installment.
primer premio | first winner.
primer punto de Aries (astronomía) | first point of Aries.
primer radiotelegrafista (buques) | chief radio operator.
primer relevo (minas) | fore-poling.
primer remero | stroke oar.
primer teniente | first lieutenant.
primer teniente alcalde | deputy major.
primer testigo | lead-off witness.
primer tramo (escaleras) | leading flight.
primer turno de trabajo | fore shift.
primer violín (música) | leader.
primera (esgrima) | prime.
primera (música) | prime.
primera armónica | first harmonic | fundamental frequency.
primera botadura del año (astilleros) | first foot.
primera capa (enlucidos) | laying.
primera capa de carbón (minas) | day coal.
primera capa de color | dead-color | dead color.
primera capa de enlucido | roughing-in | rough coat.
primera capa de enlucido (albañilería) | scratch-coat.
primera capa de unos 300 angstrom de titanio | first layer of about 300 Å of titanium.
primera cochura (de la pasta de porcelana) | biscuiting.
primera colada (horno Siemens) | pill heat.
primera convergencia | crossover.
primera copia (filmos) | answer print.
primera copia del negativo (filmes) | rushes.
primera corta (bosques) | virgin cut.
primera cosecha | ground crop | bottom crop | first pickings.
primera criba | chaff riddle.
primera cura | first aid.
primera de cambio | first of exchange.
primera derivada | first derivative.
primera destilación (extracción de los constituyentes ligeros del petróleo bruto) | topping.
primera ecuación de difusión | first diffusion equation.
primera edición de un periódico | bulldog edition.
primera ejecución (ordenadores) | no-rerun.
primera etapa de un acelerador lineal donde se agrupan los electrones | buncher.
primera fase del estirado de la forja hueca (se le da el espesor deseado en el centro y después se continúa hacia los extremos - forjas) | middling.
primera fila | front rank.
primera fila de mallas (redes) | round.
primera fila de mallas (tejido de punto) | foundation-chain.
primera fracción de destilación | first running.
primera frecuencia intermedia | first intermediate frequency.
primera generación mestiza (biología) | F_1.
primera hipoteca | primary mortgage | first mortgage.
primera impresión del negativo que se somete a la aprobación del ingeniero de sonido (cine) | answer film.
primera indicación de la presión del techo cuando se extrae carbón de una capa (minas) | first weight.
primera labor (primera reja-agricultura) | first plowing.
primera mano (pintura) | first coat.
primera mano de color | dead coloring.
primera mano de pintura | ground coat | flat coat | priming.
primera materia | raw materials.
primera página (libros) | page one.
primera página (periódicos) | title page.
primera paralela | first parallel.
primera pasada (máquina herramienta) | roughing out cut.
primera pesada | first weight.
primera picadura (limas) | lower cut | overcut.
primera piedra | foundation stone.
primera piedra (ceremonia de inaguración obras) | cornerstone.
primera piedra (de un edificio) | foot-stone.
primera piedra (edificios) | foot stone.
primera pieza troquelada de la serie | first-off forging.
primera plana (periódicos) | front-page.
primera prueba (tipografía) | foul proof.
primera prueba tipográfica (periódicos) | office corrections.
primera remesa de fondos | initial outlay.
primera representación (cine) | first run.
primera salida (almacenes) | last-in first-out.
primera semana sin jornal (minas) | baff.
primera talla | slab | overcut.
primera talla (cuarzo) | slab.
primera tirada de la edición dominical (periódicos) | bullpup.
primera tongada | ground-tier.
primera tongada vertida (de hormigón) | rough-cast.
primera tunda de lana larga | hog.
primera velocidad (automóvil) | bottom gear.
primera velocidad (autos) | low gear.
primera vértebra cervical (anatomía) | atlas.
primera visita que se recibe en el año | first foot.
primeras materias (horno metalúrgico) | stock.
primeras posiciones guardadas a programas de las instrucciones periféricas | system memory.
primerísimo plano (cine) | big closeup.
primero | top | former | leading.
primero en entrar | first-in-first-out (F.I.F.O.).
primero en llegar | first in first out (fifo).
primero en salir | first-ended-first out | first-in-first-out (F.I.F.O.).
primero que sale | first in first out (fifo).
primero y principal | first and foremost.
primero y sobre todo | first and foremost.
primeros auxilios | first aid.
primeros auxilios en caso de accidente | first aid in case of accidents.
primeros auxilios in situ | on-the-job first-aid treatment.
primeros productos que se recogen en la destilación fraccionada | first runnings.
primeros socorros | first aids.
primeros trabajos (ordenación forestal) | forest administration.
primitiva completa (solución con la totalidad de las constantes - ecuación diferencial) | complete primitive.
primitivamente | primarily.
primitivismo | primitivism.
primitivo | fundamental | original.
primordio (refractarios) | clot.
primordio antes de tallar el engranaje | gear blank.
primordio circular de acero | circular steel blank.
primordio de carburo de tungsteno sinterizado | sintered tungsten carbide blank.
primordio de disco forjado | forged disk-blank.
primordio de herramienta | tool blank.
primordio de lente semiacabado | semi-finished lens blank.
primordio de lentes | lens blank.
primordio de leva | cam blank.
primordio de perno con cabeza | headed bolt blank.
primordio de rueda dentada | gear blank.
primordio de tornillo sin roscar | screw blank.
primordio de tuerca | nut-blank.
primordio de vidrio sin trabajar | rough blank.
primordio forjado | forged blank.
primordio no sinterizado | green blank.
primordio para forjar | forging blank.
primordio para maquinar | work blank.
primordio para ruedas | wheel blank.
primordio preforjado | preforged blank.
primordio sinterizado | sintered blank.
primordio tubular para bandas de forzamiento (proyectiles) | rotating band blank | driving band blank.
primordio tubular para bandas de forzamiento de proyectiles | projectile band blank.
primoroso | workmanlike.
primos entre sí (números) | relatively prime.
principal | senior | top | leading 11 | major.
principal (de un capital) | principal.
principal (de un empleo) | head.
principal (de una deuda) | principal.
principal abastecedor | leading supplier.
principal y agente | principal and agent.
principiando | underway.
principiante | tyro | learner.
principiantes | beginning students.
principiar (guerra) | outbreak (to).
principio | inception | entry | groundwork | commencement | principle | law | incipiency | startup.
principio (conversación) | opening.
principio (hostilidades) | outbreak.
principio (razón fundamental) | groundwork.
principio cero de la termodinámica | zeroth law of thermodynamics.
principio de acuerdo | principle of agreement.
principio de buena ordenación | well-ordering principle.
principio de concentración (de tropas, de refuerzos, etc.) | pooling principle.
principio de continuidad absoluta (telefonía) | no-break principle.
principio de cosa juzgada | law of the case.
principio de D'Alembert | D'Alembert's principle.
principio de disminución del tiempo parado | idle-time-saving principle.
principio de exclusión | exclusion principle.
principio de exclusión de Pauli | Pauli exclusion principle.
principio de Fermat | least time principle.
principio de incertidumbre (mecánica cuántica) | uncertainty principle.
principio de incertidumbre de Heisenberg | Heisenberg uncertainty principle.
principio de la admisión (diagramas) | admission point.
principio de la compresión (motores) | compression point.
principio de la descarga (bodegas de buques) | breaking bulk.
principio de la expansión (diagramas) | expansion point.
principio de la imposición fundamental en los beneficios recibidos | benefits received principle of taxation.
principio de la mínima acción | principle of least action.
principio de la razón insuficiente | principle of insufficient reason.
principio de la unidad de mando | unity-of-command principle.
principio de reciprocidad | reciprocity princi-

ple | reciprocity agreement.
principio de texto | start of text.
principio de un sondeo | collar in.
principio de una escena desvanecida (filmes) | dissolve-in.
principio del convenio | outset of the agreement.
principio del crepúsculo náutico en la mañana (sol 12 grados debajo del horizonte) | first light.
principio del deshielo (ríos) | ice run.
principio del escape (ciclomotores) | release point.
principio del fraguado (cales o cementos) | initial set.
principio del máximo numérico | digitized maximum principle.
principio del movimiento hacia atrás (buques) | sternboard.
principio del tiempo mínimo | least time principle.
principio del trabajo virtual | principle of virtual work.
principio guiante | guiding principle.
principio impositivo fundado en el bienestar de la sociedad | social welfare principle of taxation.
principio inmediato (química) | native substance.
principio no usado de una bobina | leader.
principio o fin del recorrido (autobuses) | points | points.
principios cardinales | cardinal principles.
principios convenidos | agreed principles.
principios de asesoramiento | principles of counselorship.
principios de indisciplina | incipient indiscipline.
principios de la imposición | canons of taxation.
principios establecidos | sound principles.
principios fundamentales de electrónica | basic electronics.
priodonto (zoología) | sawtoothed.
prioridad | priority.
prioridad absoluta | top priority.
prioridad de aterrizaje | landing priority.
prioridad de invención | priority of invention.
prioridad de paso (autos) | right of way.
prioridad de trabajos | job priority.
prioridad de transmisión (telegramas) | operational priority.
prioridad de transporte aéreo | air priority.
prioridad del blanco (para atacarlo) | target priority.
prioridad en la ejecución | dispatching priority.
prioridad límite | limit priority.
prioridad máxima | high priority.
prisa | rush.
prisión | custody | detention | apprehension | confinement | prison.
prisión con trabajo forzado | penal servitude.
prisión después del fallo final | arrest in excecution.
prisión ilegal (abogacía) | false imprisonment.
prisión incomunicada (abogacía) | solitary confinement.
prisión militar (EE.UU.) | stockade.
prisión molecular (estructuras cristalinas) | molecular imprisonment.
prisión por deudas | distringas.
prisión preventiva | arrest on mesne process | committal for trial | preventive custody.
prisión provisional | arrest on mesne process.
prisión vitalicia | lifer | life sentence.
prisionero | sap bolt | drop-bolt | stud | set-pin | stud rivet | stub bolt.
prisionero (tornillo) | setbolt | gib screw.
prisionero bajo palabra de honor | prisoner at large.
prisionero ciego (máquinas) | blind stud-bolt.
prisionero con cavidad exagonal | Allen screw.
prisionero con ensanchamiento en su parte central (tornillo) | collar stud.
prisionero de cabeza hueca | socket set screw.
prisionero de cabeza hueca ranurada | fluted socket setscrew.
prisionero de chaveta | cotter stud bolt.
prisionero de fuste corto | half-dog-point setscrew.
prisionero de la empaquetadura del pistón | piston packing stud.
prisionero de macho largo | full-dog-point setscrew.
prisionero de punta cónica | cone-point setscrew.
prisionero de punta ovalada | round-point setscrew.
prisionero de resalto | shoulder stud.
prisionero del núcleo de la hélice | propeller stud bolt.
prisionero espigado | pivot-point setscrew.
prisionero evadido | escaped prisoner.
prisionero guiador | locating setscrew.
prisionero hueco con ranuras interiores | fluted setscrew.
prisionero político | political prisoner.
prisionero sin cabeza | headless setscrew.
prisioneros de la tapa de la chapa de fondo | bottom plate cover studs.
prisma | prism.
prisma (draga de rosario) | tumbler.
prisma acromático | achromatic prism.
prisma alto (draga de rosario) | upper tumbler.
prisma añadido a un microscopio para dar iluminación oblicua | diatom prism.
prisma basculante (óptica) | dove prism.
prisma compuesto | compound prism.
prisma corrector | corrector prism.
prisma de cuarzo levógiro | left-handed quartz prism.
prisma de desviación constante | constant deviation prism.
prisma de dispersión | dispersing prism.
prisma de dispersión (polarímetro) | analyzer.
prisma de doble reflexión | double reflecting prism.
prisma de Fresnel | Fresnel prism.
prisma de imagen doble | double-image prism.
prisma de Nicol | Nicol prism | Nicol.
prisma de Perspex ópticamente perfecto | optically perfect Perspex prism.
prisma de presiones | pressure prism.
prisma de primera especie (cristalografía) | unit prism.
prisma de primera especie (protoprisma) | first-order prism.
prisma de reconocimiento | reconnoitering prism.
prisma de reflexión total | total reflection prism.
prisma de reflexión total (óptica) | prismatic reflector.
prisma de torno | shear.
prisma de vidrio hueco relleno con un líquido de alta dispersión | liquid prism.
prisma de visión directa (prisma de Amici) | direct vision prism.
prisma deflector | deviating prism.
prisma del pie de la escala (draga de rosario) | idling tumbler.
prisma diexagonal | dihexagonal prism.
prisma dioptría (medida óptica = $0^o\ 34'22{,}6''$. Su tangente = 0,01) | prism-diopter.
prisma dispersivo | dispersive prism.
prisma divisor de haz (telémetro de coincidencia) | halving prism.
prisma en escalera | echelon prism.
prisma enderezador | erecting prism.
prisma enderezador (óptica) | erector | rectifying prism.
prisma enderezador de imágenes | reversing prism.
prisma equilátero con ángulos de 60 grados | equilateral 60° prism.
prisma inferior de la escala (draga de rosario) | lower tumbler.
prisma inversor | reversing prism.
prisma motor (draga de rosario) | driving tumbler | upper tumbler.
prisma ocular (telémetros) | ocular prism.
prisma pentagonal | penta prism.
prisma polarizador | polarizing prism.
prisma radar | radar prism.
prisma rectangular | cuboid.
prisma rectangular circunscrito | circumscribing rectangular prism.
prisma rectangular labrado con precisión (nivelación máquinas) | parallel.
prisma reflector | reflecting prism.
prisma refringente | refracting prism.
prisma triangular (óptica) | wedge.
prisma triangular isósceles de reflexión simple | isosceles single reflection triangular prism.
prismas o cilindros verticales de hielo en proceso de desintegración | candle ice.
prismas polarizadores cruzados | crossed polarizing prisms.
prismas polarizantes | crossed nicols.
prismático | V.
prismatoide | prismatoid.
prismoesfera | prismosphere.
prismograma | prismogram.
prismoide | prismoid.
prismoide cuadrangular | quadrangular prismoid.
prismoideo | prismoid.
privación | deprivation | debarment.
privación de empleo | exauctoration.
privación de la visión | sight deprivation.
privación de los derechos civiles | deprivation of civil rights.
privado de derechos civiles | dead.
privado de la posesión de | deprived of the possession of.
privar | bereave (to).
privar de | divest (to).
privar de la ciudadanía | deprive of citizenship (to).
privar de los derechos civiles | disfranchise (to).
privar de los derechos de ciudadanía | disenfranchise (to).
privar del agua de cristalización (química) | exsiccate (to).
privar del derecho de voto | disenfranchise (to).
privarse de | deny oneself (to).
privativa de un terreno | severalty.
privatización | privatization.
privatizar | return to private ownership | denationalize (to).
privatizar (EE.UU.) | privatize (to).
privatizar (G.B.) | privatise (to).
privatizar una empresa pública | transfer an undertaking from state to private ownership (to).
privilegiado | privileged.
privilegio | franchise | privilege | preferential right.
privilegio de compra (acciones nuevas) | rights.
privilegio de invención | letters patent.
privilegio de la bandera (navegación marítima) | flag discrimination.
privilegio de vender el doble | put of more.
privilegio del vendedor | vendor's lien.
privilegio fiscal | exemption.
privilegio sobre derechos de practicaje (marina) | pilot's lien.
privilegios adecuados a una licencia | privileges of a license.
privilegios correspondientes a una licencia | privileges appropriate to a licence.
privilegios fiscales | tax privileges.
pro indiviso | by entireties.
proa | nose | prow.
proa (avión) | forward.
proa (aviones) | nose.
proa (buques) | head | fore.
proa (buques, dirigibles) | bow.
proa a la mar | bows on to the sea.
proa abollada (por un choque) | dented bow.
proa al adversario | end on.
proa al mar | head to the sea.
proa al norte (navegación) | due north.
proa al viento | head on to the wind.

proa al viento (buque vela) | all in the wind.
proa con amuras abiertas | flared bow.
proa con popa (formación naval) | in close order astern.
proa cóncava | fiddle bow | knee bow | cutwater bow.
proa cóncava (buques) | overhanging bow.
proa curva entrante | tumblehome bow.
proa curva entrante (botes) | ram bow.
proa chupada (buques) | lean bow.
proa de amuras muy abiertas | heavily flared bow.
proa de bulbo (buques) | bulbous bow.
proa de cuchara | spoon bow.
proa de cuchara (buques) | raised-forefoot bow | shovel bow.
proa de semibulbo | semibulbous bow.
proa de violín | cutwater bow | fiddle bow | knee bow.
proa de violín (buques) | overhanging bow.
proa de violín (roda cóncava - buques) | clipper bow.
proa del dique seco | drydock head.
proa delgada (buques) | lean bow.
proa fina (buques) | lean bow.
proa lanzada | flaring bow | sloping bow.
proa lanzada curva | curved raked stem.
proa llena | bluff bow | bold bow | broad bow.
proa muy saliente | flaring bow.
proa prefabricada (buques) | prefabricated bow.
probabilidad | prospect | probability | chance.
probabilidad (de un suceso) | expectation.
probabilidad a posteriori | a posteriori probability.
probabilidad a priori | a priori probability | prior probability.
probabilidad acumulativa | cumulative probability.
probabilidad antifuga | nonleakage probability.
probabilidad binomia | binomial probability.
probabilidad condicional | conditional probability.
probabilidad conjuntiva | conjunctive probability.
probabilidad de absorción mésica | mesic absorption probability.
probabilidad de acertar con un solo disparo | single-shot probability.
probabilidad de alcanzar al blanco | hitting probability.
probabilidad de captura | capture probability.
probabilidad de colisión | collision probability.
probabilidad de colisión (física) | probability of collision.
probabilidad de densidad | density probability.
probabilidad de desintegración (física atómica) | decay probability.
probabilidad de emisión neutrónica | neutron-emission probability.
probabilidad de escape a la captura por resonancia | resonance escape probability.
probabilidad de fisión repetida | iterated fission probability.
probabilidad de fustigación | umklapp probability.
probabilidad de hacer blanco | hit probability.
probabilidad de indiferencia | indifference probability.
probabilidad de muertes | expectation of life loss.
probabilidad de no dispersión | nonleakage probability.
probabilidad de no producirse un suceso | probability of nonoccurrence.
probabilidad de ocupación (telefonía) | probability of busy.
probabilidad de penetración | penetration probability.
probabilidad de pérdida | probability of ruin.
probabilidad de pérdida (telefonía) | probability of loss.
probabilidad de permanencia | nonleakage probability.
probabilidad de que una pertícula que ha alcanzado la superficie de un núcleo sea absorbida por éste y formar un núcleo compuesto | sticking probability.
probabilidad de rotura o avería | likelihood of failure.
probabilidad de siniestro | probability of loss or damage.
probabilidad de transición | transition probability.
probabilidad de un acontecimiento | probability of an event.
probabilidad de vida | expectancy of life | expectation of life.
probabilidad de yerro (radar) | probability of a miss.
probabilidad escapatoria de resonancia | resonance escape probability.
probabilidad fiducial | fiducial probability.
probabilidad inversa | inverse probability.
probabilidad pequeña | fighting chance.
probabilidad ponderada | corrected probability.
probabilidad sucesional | sequential probability.
probabilidad termodinámica | thermodynamic probability.
probabilidad termodinámica del macroestado | thermodynamic probability of the macrostage .
probabilidad topológica | topological probability.
probabilidad total | overall probability.
probabilidad unimodal | unimodal probability.
probabilidades | outlook | polling.
probabilidades binomiales | binomial probabilities.
probabilidades binomiales negativas | negative binomial probabilities.
probabilidades de acertar con una salva (tiro naval) | salvo kill probabilities.
probabilidades de avería de un sistema | system failure rates.
probabilidades de transición atómica | atomic transition probabilities.
probabilidades hipotesizadas | hypothesized probabilities.
probabilidades normales bivariadas | bivariate normal probabilities.
probabilidades ortantes | orthant probabilities.
probabilístico | stochastic | probabilistic.
probable | incident.
probablemente atribuible principalmente a | probably attributable principally to.
probadero | test facility | proving bench | test room | testing room.
probadero (armas fuego) | proof house.
probadero balístico para estudio de misiles | missile launcher.
probadero de cadenas | chain testing plant.
probadero de hélices | propeller-test bed.
probadero de la base | depot testing set.
probadero de material de guerra | Ordnance Test Station.
probadero de motores | motor testing plant.
probadero de resistencias eléctricas | resistance testing set.
probado | tested.
probado a | tested to 20 MPa for 24 hours.
probado a flexión lenta | slow-bend tested.
probado a la adherencia | bond tested.
probado a la cizalla | shear tested.
probado a la dureza | hardness tested.
probado a la fatiga a | fatigue tested at 25 °C.
probado a la fatiga en flexión | fatigue-tested in bending.
probado a la fatiga en las condiciones de servicio | endurance tested under service conditions.
probado a la fatiga hasta la rotura | fatigue-tested to destruction.
probado a la fatiga por tensión pulsante | fatigue-tested in pulsating tension.
probado a la termofluencia bajo una carga de tracción uniaxial | creep-tested under uniaxial tensile stress.
probado a la termofluencia de 750 °C bajo una carga de 18 Kg/mm^2 | creep-tested at 750 °C under a load of 18 Kg/mm^2.
probado a la termofluencia en aire a 815 °C | creep-tested in air at 815 °C.
probado a presión de 1,5 veces la de diseño | pressure-tested to 1.5 times the design pressure .
probado a presión hidráulica | pressure-tested under water.
probado a presión hidráulica de 1.200 libras/pulgada^2 manométricas | hydrostatically tested to 1,200 psig.
probado a presión uno a uno | individually pressured tested.
probado a tracción | tensile tested.
probado a voltaje pulsante (de cero a un valor determinado) | tested in pulsating tension.
probado con aire comprimido | air tested.
probado con flameo (alas aviones) | flutter-tested.
probado con líquido coloreado | dye-tested.
probado con líquido penetrante (defectos) | dye-penetrant tested.
probado con partículas magnéticas | magnetic particles tested.
probado con presión neumática | air pressure tested.
probado cualitativamente | qualitatively tested.
probado durante mucho tiempo | time-tested.
probado en clase | classroom tested.
probado en combate | combat-tested | combat-proven | battle-tested.
probado en condiciones de servicio | practice-tested.
probado en condiciones muy duras (máquinas) | torture-tested.
probado en cortocircuito | short-circuit tested.
probado en el banco | rig-tested.
probado en el campo (tractores, etcétera) | farm-tested.
probado en el canal hidrodinámico | tank-tried | tank-tested.
probado en el estado de recocido más homogeneizado | tested in the annealed-plus-aged condition.
probado en el hangar | hangar-tested.
probado en el laboratorio | laboratory-tested.
probado en el taller | shop-tested.
probado en estado de acabado de templar y sin haber sufrido ningún termotratamiento posterior | tested as-quenched.
probado en funcionamiento | operationally tested | operation-proved.
probado en instalación experimental | pilot-tested.
probado en la configuración sin entalla | tested in the unnotched configuration.
probado en la fábrica | plant-proven.
probado en la mar | sea-tested.
probado en la práctica | application-tested.
probado en servicio | application tested | application-tested | service-proved.
probado en su sitio con chorro de la manguera | hose-tested in place.
probado en vuelo | test flown | air tested | flight-tested.
probado hasta la rotura | destruction-tested.
probado hidrostáticamente a 20 Megapascales durante 24 horas | hydrostatically tested to 20 MPa for 24 hours.
probado para no tener pérdidas | leak-tested.
probado por el piloto | pilot-tested.
probado por la experiencia | time-tested.
probado ultrasónicamente | ultrasonically tested.
probado ultrasonoscópicamente | ultrasonically tested.
probado uno a uno | individually tested.
probador | tester | taster | probe.
probador de acumuladores | battery tester.

probador de aislamiento con toma de corriente de la línea de alto voltaje | high-voltage mains-operated insulation tester.
probador de alineación | alignment tester.
probador de concentricidad | concentricity tester.
probador de descarga disruptiva de alto voltaje | high-voltage-breakdown tester.
probador de explosivos | explosive tester.
probador de inducidos | growler.
probador de inyectores | injector tester.
probador de la dureza de muelas abrasivas | grinding wheel tester.
probador de pilas | battery tester.
probador de remaches colocados | rivet tester.
probador de remaches colocados (obrero) | rivet tester.
probador de transistores | transistor checker.
probador de vacuómetros | vacuum gage testing machine.
probador de válvulas (radio) | tube tester.
probador del entubado | casing tester.
probador electrónico de aislamiento | electronic insulation tester.
probador Haas (petrolífero) | Haas tester.
probador Megger | Megger ground tester.
probador multipunto | multi-point prober.
probadora (máquina) | tester.
probadora de bandas de forzamiento | rotating band tester.
probadora de equilibrio estático | balancing ways.
probadora de muelles | spring-rate tester.
probadora de resiliencia | impact tester.
probadora de tubos | tube tester.
probanza | proof.
probanza de los hechos | facts evidence.
probanza plena | full proof.
probanza semiplena | half-proof.
probanzas de las averías | damage evidence.
probar | deraign (to) | taste (to) | test (to) | evaluate (to) | prove (to) | prove (to) | try (to) | establish (to) | make good (to) | make out (to) | evince (to) | evidence (to) | support (to).
probar (jurisprudencia) | justify (to).
probar (un sitio nuevo) | sample (to).
probar a la fatiga | endurance-test (to).
probar a la sumersión | submersion test (to).
probar a la tracción | tension test (to).
probar a presión | pressure-test (to).
probar a presión hidráulica | pressure-test (to).
probar al choque | drop test (to).
probar al freno | brake-test (to).
probar con agua jabonosa (recipientes a presión) | soapy-water test (to).
probar con chorro de manguera (estanqueidad) | hose (to).
probar con documentos | document (to).
probar con sacudidas | jolt-test (to).
probar de nuevo | re-test (to).
probar dejando caer la pieza | drop test (to).
probar dejando caer un peso sobre la pieza | drop test (to).
probar durante el rodaje por el suelo (aviones) | taxi-test (to).
probar el cono de dispersión (escopeta de caza) | plate a gun (to).
probar el plomeo (escopeta de caza) | plate a gun (to).
probar el techo golpeándolo (minas) | rap (to).
probar en condiciones de servicio | service-test (to).
probar en el potro (fusiles) | bench (to).
probar en instalación experimental | pilot test (to).
probar en vuelo | flight-test (to).
probar hasta la destrucción | run to destruction (to).
probar in situ | test in situ (to) | spot test (to).
probar la culpabilidad | convict (to).
probar la dureza | hardness test (to).
probar por el piloto | pilot test (to).
probar por el sonido | sound (to).
probar por fatiga | fatigue test (to).
probar por ondas ultrasonoras | ultrasonic-test (to).
probar que un acto ha sido cometido con entero conocimiento | prove a scienter (to).
probar sobre modelo | model-test (to).
probar terminantemente | evince (to).
probar ultrasónicamente | test ultrasonically (to).
probar una bomba en las condiciones de presión y temperatura (en vuelo a gran altitud - laboratorios) | fly a pump (to).
probar una coartada | establish an alibi (to).
probeta | test bar | test specimen | test sample | probe.
probeta (aceros) | test piece.
probeta (explosivos) | eprouvette.
probeta (pruebas de flexión) | beam.
probeta (trozo de un material sobre el que se hace una prueba) | specimen.
probeta activa | active sample.
probeta cantilever con entalla en el borde | edge-notched cantilever specimen.
probeta carbocementada | case-carburized test piece.
probeta cargada uniaxialmente | uniaxially stressed specimen.
probeta cilíndrica | round machined test piece | cylindrical test piece | test cylinder | test rod.
probeta cilíndrica prefisurada | pre-cracked cylindrical specimen.
probeta con detector | traveling detector.
probeta con entalla | notch-break specimen.
probeta con entalla central aguda | sharp-center-notch specimen.
probeta con entalla de ángulo muy agudo | sharp-notched specimen.
probeta con entalla de bordes en bisel | sharp-edge-notched specimen.
probeta con entalla en el centro | center-notched specimen.
probeta con entalla en forma de bocallave | keyhole notch test piece.
probeta con entalla en forma de bocallave o de U | keyhole specimen.
probeta con extremos de mayor sección que el cuerpo central | dumbbell-shaped test specimen.
probeta cruciforme (soldaduras) | cruciform test piece.
probeta cuadrada | square specimen.
probeta de cremallera | vertical eprouvette.
probeta de cristal | glass specimen.
probeta de desecar gases (química) | drying cylinder | drying tower.
probeta de flexión | bending sample.
probeta de metal de la soldadura para prueba de plegado con entalla | notch-bend-test weld-metal specimen.
probeta de pie | cylinder.
probeta de plegado | bend test piece.
probeta de plegado en pico de flauta (soldadura a tope de tubos) | tongue bend test piece.
probeta de plegado sobre el anverso de la soldadura (pruebas de soldaduras a tope) | face bend test piece.
probeta de plegado sobre la raíz de la soldadura (prueba de soldadura a tope) | root bend test piece.
probeta de prueba fundida en arena | sand-cast test coupon.
probeta de rueda dentada | pistol eprouvette.
probeta de tamaño reducido | sub-size specimen.
probeta de tamaño reducido entallada para prueba de resiliencia | sub-size notched impact specimen.
probeta de tamaño reducido para pruebas de tracción | sub-size tensión specimen.
probeta de tensión (química) | tension bar.
probeta de tira | strip test piece.
probeta de tira metálica para ser plegada en U | U-bend specimen.
probeta de tracción de sección recta reducida | reduced-section tensile specimen.
probeta de varilla | rod specimen.
probeta en que la longitud es perpendicular a la dirección del laminado | transverse specimen.
probeta entallada | notched-bar.
probeta entallada para prueba rotatoria en voladizo | notched rotating-cantilever test piece.
probeta entallada solicitada a la flexión por choque | notched impact bend specimen.
probeta enteramente soldada | all-weld test piece.
probeta espiral para determinar la fluidez del caldo (aceros) | fluidity spiral.
probeta fundida a la cera perdida en el vacío | vacuum-investment-cast test bar.
probeta fundida separadamente de la pieza fundida | separately-cast test piece.
probeta graduada | graduated cylinder.
probeta limada | filed sample.
probeta maquinizada | mechanized specimen.
probeta maquinizada con entalla en el borde | machined edge-notched specimen.
probeta maquinizada en forma escalonada | stepwise-machined specimen.
probeta marcada (tubos de acero) | matchmarked coupon.
probeta metálica | test bar.
probeta no curada | nonaged specimen.
probeta no entallada golpeada 7,5 centímetros encima del soporte (probeta Izod) | unnotched bar struck 7.5 cm above support.
probeta normalizada | standard test piece.
probeta normalizada de flexión | arbitration bar.
probeta para desecar gases (química) | calcium chloride jar.
probeta para ensayos de tracción | tensile test piece.
probeta para flexión alternada | rotating-bending test piece.
probeta para flexión de la cara de la soldadura | face-bend test specimen.
probeta para flexión de la raíz de la soldadura | root-bend test specimen.
probeta para prueba de doblado | bender.
probeta para prueba de flexión guiada | guided-bend test specimen.
probeta para prueba de resiliencia | impact specimen.
probeta para prueba de tracción | tensile test coupon | tensile coupon.
probeta para prueba de tracción cortada longitudinalmente de la pared (tubos) | longitudinal tension test specimen.
probeta para prueba de tracción hecha del metal depositado | all-weld-metal tension test bar.
probeta plana | flat test-piece.
probeta plana con ranura central longitudinal que no llega a los extremos | crevice specimen.
probeta prefisurada con entalla en el centro | pre-cracked center-notched specimen.
probeta prefisurada por fatiga | fatigue-precracked specimen.
probeta rectangular para pruebas de tracción | rectangular tension test specimen.
probeta rectangular plegada sobre el lado mayor | side-bend test specimen.
probeta redonda | round test bar | round specimen.
probeta redonda de sección reducida | round proportional test piece.
probeta roscada | screwed test-piece.
probeta roscada en los extremos | threaded testpiece.
probeta rota por rotura por fluencia | fractured creep rupture specimen.
probeta sacada de la soldadura (pruebas) | weld coupon.
probeta sacada del metal de aportación fundido | all-weld-metal test piece.

probeta sacada del metal depositado | all-weld test piece.
probeta sin entalla | unnotched test piece.
probeta soldada transversalmente | transverse weld specimen.
probeta sometida a un ciclo térmico | thermically-cycled specimen.
probeta termopar | thermocouple probe.
probeta tipo | standard test piece.
probeta transversal soldada a tope | transverse butt-welded specimen.
probeta trepanada | trepanned specimen.
probeta triangular | wedge bar.
probeta unificada | standard test piece.
probidad a toda prueba | tried honesty.
próbit (unidad de porcentaje) | probit.
probit (unidad de probabilidad) | probit (probability unit).
problem de fila de espera | queueing problem.
problema | challenge | question.
problema bidimensional de potencial | two-dimensional potential problem.
problema bidimensional linealizado | linearized two-dimensional problem.
problema con objeto de medir comparadamente rendimientos de ordenadores | benchmark problem.
problema de aproximaciones sucesivas | trial-and-error problem.
problema de colas | lining-up problem.
problema de Dirichlet | boundary value problem of the first kind.
problema de encaje | imbedding problem.
problema de encuentros (estadística) | matching problem.
problema de extremo (geometría) | extremum problem.
problema de fabricación | mill problem.
problema de filas de espera de peatones | pedestrian queuing problem.
problema de importancia creciente | growing problem.
problema de la discontinuidad | gap problem.
problema de la retirada de desperdicios radiactivos | radioactive waste disposal problem.
problema de laminación | mill problem.
problema de localización de averías | trouble-locating problem.
problema de los valores propios | eigenproblem.
problema de máximos y mínimos | maximum-minimum problem.
problema de Neumann | boundary value problem of the second kind.
problema de prueba | check problem.
problema de semejanza | scaling problem.
problema de tratamiento de información | information processing problem.
problema del mal sabor y mal olor | off-flavor-off-odor problem.
problema especialmente importante | sharp problem.
problema exactamente soluble | exactly soluble problem.
problema insoluble | intractable problem.
problema isoperimétrico | isoperimetric problem.
problema lleno de dificultades | dynamite-loaded problem.
problema medicosocial | medical-social problem.
problema patrón | benchmark problem.
problema principal | number one problem.
problema propuesto | posed problem.
problema resuelto en clase | class-tested problem.
problema social nacional de gran importancia | major national social problem.
problema subordinado | ancillary problem.
problema terrible de la inflación | terrible problem of inflation.
problema vital | vital issue.
problemario | problem book.
problemas a considerar | issues for consideration.
problemas de la complementariedad | complementarity problems.
problemas de las minorias | minority problems.
problemas debidos a corrientes de aire (habitabilidad) | windage problems.
problemas demográficos | demographic problems.
problemas derivados de la intromisión de un gremio en el campo de actividades de otro | labor demarcation problems.
problemas no resueltos e insolubles | unsolved and unsolvable problems.
problemas políticos polémicos | issues.
problemas que le aquejan | problems that afflict him.
problematicidad | problematicity.
problematismo | problematism.
probógrafo (calibradores) | probograph.
proboscis (zoología) | proboscis.
procariótico | procaryotic.
procedencia | provenance | timeliness.
procedencia de cobro | collectability.
procedencia segura | authorized source.
procedente de chatarras (cobre, aluminio) | secondary.
proceder | proceed (to) | proceedings | effect (to) | behaviour.
proceder (laboratorios) | process.
proceder a cobrar | proceed to collect (to).
proceder al escrutinio del jurado | poll the jury (to).
proceder con cautela | take in a reef (to).
proceder contra un deudor | proceed against a debtor (to) | bring legal action against a debtor (to) | take legal steps against a debtor (to).
proceder legal | fairplay.
proceder legalmente | proceed legally (to).
procedimental | procedural.
procedimiento | system | law adjective | process | process | proceeding | approach | method | practice | way.
procedimiento a la albúmina (fotograbado) | ink top process.
procedimiento a la albúmina bicromatada | albumen gum-bichromate process.
procedimiento a la cera perdida (fundición) | waste-wax process.
procedimiento a la fundición y al mineral - sistema Landore-Siemens | pig-and-ore process.
procedimiento a la goma bicromatada (fotografía) | aquatint.
procedimiento a seguir en caso de avería | casualty procedure.
procedimiento al negro de anilina (fotografía) | vanadium printing.
procedimiento arrabio y chatarra (metalurgia) | P. & S. process.
procedimiento arrabio y mineral (metalurgia) | P. Ó. process.
procedimiento Bessemer ácido | acid Bessemer process.
procedimiento Bessemer básico | basic-lining process.
procedimiento cianográfico con líneas azules en fondo blanco | cyanographic process | positive cyanotype | Pellet's process.
procedimiento con hipoclorito (refino) | impression process.
procedimiento controlador de trafico tecnicamente (telecomunicación) | message switching.
procedimiento de afino | fine smelting.
procedimiento de afino del arrabio | pig-washing process.
procedimiento de apagado (reactor nuclear) | shutdown procedure.
procedimiento de apelación | appellate procedure.
procedimiento de apremio | enforced collection action.
procedimiento de aproximación frustrada | missed-approach procedure.
procedimiento de auditoría | audit procedure.
procedimiento de búsqueda | search procedure.
procedimiento de cianuración (aceros) | cyanide process.
procedimiento de cobro | collection procedure.
procedimiento de colada con macho de arena | sand-core process.
procedimiento de colada individual | monocast process.
procedimiento de determinación de un debate | closure.
procedimiento de embargo (jurídico) | garnishment proceeding.
procedimiento de ensayo de puesta a punto | startup test procedures.
procedimiento de ensayo y puesta en marcha | test and startup procedure.
procedimiento de expropiación forzosa | condemnation proceeding.
procedimiento de fabricación | manufacturing process | make | processing.
procedimiento de haluros de plata | silver halide process.
procedimiento de hilado con ácido | acid spinning process.
procedimiento de inspección oficial | government inspection procedures.
procedimiento de inversión de la goma (litografía) | gum reversal process.
procedimiento de lodos activados por corriente de aire | air blown activated sludge process.
procedimiento de perforación con cable | spudding.
procedimiento de puesta a punto | setting procedure.
procedimiento de quiebra | bankruptcy proceedings.
procedimiento de recuperación | recovery procedures.
procedimiento de recuperación de errores | error recovery procedure.
procedimiento de recuperación indirecta | indirect recovery process.
procedimiento de reivindicación | grievance procedure.
procedimiento de repartición | distribution procedure.
procedimiento de selección | test procedures.
procedimiento de tramitación de quejas de los obreros (talleres) | grievance procedure.
procedimiento de tren mandril (tubos estirados) | plug-mill process.
procedimiento del autocrisol | skull melting.
procedimiento del embargo | distraint procedures.
procedimiento ejecutivo | foreclosure proceedings.
procedimiento empírico | rule of thumb | cut-and-try procedure.
procedimiento fotomecánico (tipografía) | process.
procedimiento fototipográfico | photoprocess.
procedimiento iterativo (estadística) | iterative procedure.
procedimiento judicial | action | procedure | judicial proceeding.
procedimiento judicial que exige a la otra parte la presentación de pruebas | discovery.
procedimiento mixto de afino inicial en un convertidor Bessemer y tratamiento final en un horno Martín (aceros) | duplexing.
procedimiento monitorio (leyes) | monitory procedure.
procedimiento para eliminar escurriduras en los bordes (pieza pintada) | detearing process.
procedimiento para no cortar el arco inmediatamente al final de una pasada (soldadura) | filling after.
procedimiento para poner fin a un debate | cloture rule.
procedimiento para su producción | process for its production.

procedimiento purex (combustible irradiado) | purex process.
procedimiento si-no y de elección forzada (percepción del sonido) | yes-no and forced-choice procedures.
procedimiento sol-gel | sol-gel process.
procedimiento sumario | indictment proceedings.
procedimiento sumario hipotecario | foreclosure proceedings.
procedimiento técnico | engineering procedure.
procedimiento ultrasónico eco-impulso | ultrasonic pulse-echo procedure.
procedimientomodalidad | procedure.
procedimientos de compras | purchase routine.
procedimientos de confirmación positivo o negativo | methods of confirmation positive and negative .
procedimientos de elaboración | process engineering.
procedimientos de fotocopia | photocopying practices.
procedimientos en línea | inline procedures.
procedimientos judiciales | legal proceedings.
procesable | impleadable | suable | actionable | actionable.
procesado en paralelo (electrónica) | parallel processing.
procesado por el delito de malversación de fondos | indicted for embezzlement.
procesador | processor.
procesador auxiliar de trabajos en unidad gráfica | satellite graphic job processor.
procesador central | front-end processor.
procesador de función aritmética | arithmetic function processor.
procesador de macros | macroprocessor.
procesador de mensaje de interfaz con el satélite | satellite interface message processor.
procesador de multisensores | multisensor processor.
procesador de octetos | byte processor.
procesador de salidas de la computadora | computer printout processor.
procesador de señalización de mensajes | message signalling processor.
procesador de señalización y conmutación | signalling and switching processor.
procesador de texto | word processor.
procesador de trabajos en unidad gráfica | graphic job processor.
procesador de transmisión de datos (informática) | data communications processor.
procesador múltiple | multiprocessor.
procesador periférico | peripheral processor.
procesador principal | host processor.
procesadora de registros | record processor.
procesal | procedural | procedural.
procesamiento | process | processing | impeachment | indictment.
procesamiento de datos | data processing.
procesamiento de la leche | dairy processing.
procesamiento del pescado | fish processing.
procesamiento eléctrico de datos | electricity data processing.
procesamiento electrónico de datos | electronic data processing (E.D.P.).
procesamiento en línea (teleproceso) | in-line processing.
procesamiento en tiempo real | real time processing.
procesamiento integrado de datos | integrated data processing.
procesamiento por deformación | deformation processing.
procesar | process (to) | sue (to) | try (to) | arraign | prosecute (to).
procesar (dictar auto de procesamiento) | commit to trial (to).
procesar por ordenador los resultados electorales | computer-process the electoral results (to).
procesar tarjetas de un fichero permanente | process cards against a master file (to).
proceso | trial | processing | lawsuit | plea | action at law | run | procedure | proceeding.
proceso (fotografía) | process.
proceso (jurisprudencia) | process.
proceso a distancia | remote processing.
proceso a energía interna constante | constant-internal-energy process.
proceso a entalpía constante | constant-enthalpy process.
proceso a la sosa (pasta) | soda processed.
proceso adiabático | adiabatic process.
proceso aditivo | additive process.
proceso al azar | random process.
proceso al tetrabromuro de silicio | silicon-tetrabromide process.
proceso aleatorio | random process.
proceso analítico para medir agua | aquametry.
proceso anodizante por fosfato | phosphate anodizing process.
proceso anterior al fallo | mesne-process.
proceso asimilante | assimilating process.
proceso automático de datos | datamation | automatic data processing | automated data processing.
proceso automático de la información | automatic data processing.
proceso autónomo | off-line processing.
proceso Bessemer (acerías) | pneumatic process.
proceso carbotérmico (magnesio) | carbothermic process.
proceso caucionable | bailable process.
proceso cautelar | preventive action.
proceso cautelar (abogacía) | preventive auction.
proceso ciclostil | stencil process.
proceso complicado | intricate process.
proceso con cambio de dimensiones | dimension-changing process.
proceso concurrente | concurrent processing.
proceso controlado por cinta | strip-process.
proceso Cottrell | Cottrell process.
proceso cuasiestático | quasi-static process.
proceso de abrir agujeros con una barrena grande | misering.
proceso de abrir ranuras en el acero por medio del soplete | gouging.
proceso de absorción de la luz | light absorption process.
proceso de acabado en frío | cold finishing process.
proceso de adelgazar el extremo de una varilla o tubo | pointing.
proceso de adición | accretive process.
proceso de afino con escorias (aceros) | slag process.
proceso de afino por inyección de aire a presión | air refining process.
proceso de aflojar un modelo de un molde golpeando un clavo sujeto a aquél | rapping.
proceso de alineamiento | alignment job.
proceso de arco eléctrico de electrodo consumible en el vacío | vacuum consutrode process.
proceso de arco metálico en atmósfera gaseosa | gas metal-arc process.
proceso de caldeo regulado | controlled-heating process.
proceso de cementación | cementation process.
proceso de cementación con carbono y sales de titanio y vanadio (aceros inoxidables austeníticos) | carbidizing process.
proceso de cementación del terreno para profundización de pozos | shaft boring cementation process.
proceso de cesión de calor | heat-rejection process.
proceso de cloruración | chlorination process.
proceso de conformación | forming process.
proceso de congelación de gradiente estático horizontal | horizontal static-gradient freeze process.
proceso de conservar carnes | canning.
proceso de construcción de edificios empezando por el último piso y elevando sucesivamente por medio de gatos | jackblock process.
proceso de consultas y transacciones | inquiry and transaction processing.
proceso de corte oxiacetilénico con inyección de un fundente | flux-injection cutting process.
proceso de corte submarino que emplea un arco eléctrico para producir calor en atmósfera de oxígeno puro | arc-oxygen process.
proceso de cristalización | crystallurgy.
proceso de cuarto orden | fourth order process.
proceso de curación del pescado | fish curing processing.
proceso de datos | data processing.
proceso de datos comerciales | business data processing.
proceso de datos con equipo propio (informática) | in-house data processing.
proceso de decisión Markoviano | Markovian decision process.
proceso de decisión secuencial | multistage decision process.
proceso de depuración (del personal) | clearance procedure.
proceso de desahucio | ejectment proceedings.
proceso de desazufrado con cal | lime desulfurizing process.
proceso de desfosforización | dephosphorizing process.
proceso de deshidratar alimentos ya envasados | dehydrocanning process.
proceso de deshidrogenación-ciclización-isomerización (gasolina de gran octanaje) | hydroforming.
proceso de destitución del presidente de la nación (EE.UU.) | impeachment.
proceso de detención de la fusión | melt-quench process.
proceso de difusión gaseosa | gaseous diffusion process.
proceso de disolución | dissolution process.
proceso de dos fases | two-stage process.
proceso de ebullición con el vacío | boiling-under-vacuum process.
proceso de elaboración | process procedure.
proceso de elaboración en caliente | hot line.
proceso de electroafilado | electrogrinding process.
proceso de electrodeposición | plating-up.
proceso de embargo (abogacía) | garnishment proceedings | process of garnishment.
proceso de empaque por rociado con plástico | plastic-spraying packaging process.
proceso de empleo del horno Martin con el horno de arco eléctrico (aceros) | duplex process.
proceso de endurecimiento estructural a temperaturas moderadas por maduración de la martensita dúctil que se forma en las aleaciones de hierro-níquel con 18 a 25% de níquel y otros elementos como cobalto (aceros ultrarresistentes) | maraging.
proceso de evaporación del silicio | silicon evaporation process.
proceso de extender gravilla sobre la superficie alquitranada (carreteras) | blinding.
proceso de extender la cebada germinada en el suelo para su aireación (malteado en eras) | flooring.
proceso de extracción de hierro de aleaciones líquidas de magnesio manteniendo el caldo a baja temperatura después de la adición de manganeso | settling.
proceso de extracción por fusión | melting process.
proceso de fabricación | flow | production line | manufacturing process | processing.
proceso de fabricación de piezas de arcilla | coil.
proceso de fabricación en cadena de producción | line-production procedure.
proceso de fabricación en serie | mass-production procedure | repetition production process.

proceso de fermentación | fermenting process.
proceso de fibrización (forja de cigüeñales) | grain-flow process.
proceso de ficheros | file processing.
proceso de fluencia | creep process.
proceso de formación | forming process.
proceso de formación del carbón | coalification.
proceso de formar conos aluviales y deltas | alluviation.
proceso de formar los extremos de la chapa (recipientes a presión) | prebending.
proceso de funcionamiento parcial | fall-back procedures.
proceso de fundición con solidificación continua | continuous casting.
proceso de fusión (de empresas) | amalgamation process.
proceso de fusión carburante | carburizing fusion process.
proceso de fusión de los materiales (horno de vidrio) | found.
proceso de fustigación | umklapp process.
proceso de gestión en tiempo compartido | comparted time gestion process.
proceso de grabación | recording process.
proceso de hacer el vacío en lámparas de incandescencia | lamp exhaustion.
proceso de identificación de diamantes | diamond fingerprinting process.
proceso de información gráfica | graphic data processing.
proceso de inmersión en caliente | hot-dip process.
proceso de integración | integration process.
proceso de irradiación | optical pumping.
proceso de la palabra | word processing.
proceso de laboratorio | simulation.
proceso de lavado de carbones por medios densos | dense-medium process.
proceso de limpieza de soleras de diques secos | drydock floors cleaning process.
proceso de lixiviación | leaching process.
proceso de lixiviación a presión | pressure-leaching process.
proceso de magnetización isotérmico | isothermal magnetization process.
proceso de máquina | machine run.
proceso de Markow vectorial | vector Markow process.
proceso de mazarota caliente (lingotes) | hot-top process.
proceso de metalización con metales cuya temperatura de fusión es mayor que la temperatura de la llama oxiacetilénica | plasma-flame process.
proceso de metalización por pistola y refundido después de aplicado | fusing-metallizing process.
proceso de micromaquinización | micromachining process.
proceso de mineralización | mineralization process.
proceso de modelado | forming process.
proceso de moldeo | moulding.
proceso de moler recortes | eddying process.
proceso de montaje | assembly procedure.
proceso de obtención de acero desgasificado en el vacío | B-V process.
proceso de obtención de proteínas rompiendo la célula vegetal por impulsos de onda de choque | impulse protein process.
proceso de pintado electrostático sin aire | airless electrostatic spray process.
proceso de proyectar e imprimir una fotografía en el plano de otra | transformation.
proceso de rectificación electrolítica | electrolytic grinding process.
proceso de refino o de fusión en dos hornos | dulexing.
proceso de reformación catolítica (refinería de petróleos) | platforming.
proceso de regeneración | regenerative process.
proceso de reiniciación automática | automatic recovery procedure.
proceso de restregar una superficie contra otra con interposición de abrasivos sueltos | lapping.
proceso de retratamiento | reprocessing.
proceso de revestimiento por vaporización de un metal | gas plating process.
proceso de sacar del buque ciertos artículos que son peligrosos en época de guerra (lacas, pintura, etc.) | strip ship.
proceso de separación de minerales por líquidos densos | heavy-liquid minerals separation process.
proceso de separar componentes de lentes y unirlos de nuevo con bálsamo del Canadá (óptica) | rebalsaming.
proceso de síntesis | building up process.
proceso de soldadura por resistencia eléctrica | erw process.
proceso de soldeo con arco corto | short-arc welding process.
proceso de soldeo por fusión en atmósfera de gas inerte | gas-shielded fusion welding process.
proceso de talla de diamantes frotándolos entre sí | bruting.
proceso de terminación de la descarga (tubos medidores de radiación) | quenching.
proceso de termofluencia | creep process.
proceso de toma de decisiones | decision-making process.
proceso de tostación y lixiviación (minerales) | roast-leach process.
proceso de trabajos múltiples | multiple-job processing.
proceso de traducción dinámica de direcciones (cálculo) | dynamic address translation feature.
proceso de transformación | processing.
proceso de tratamiento superficial del caldo por chorro de oxígeno (alto horno) | oxygen impingement process.
proceso de triple fusión (hierro pudelado al carbón vegetal) | breaking up process.
proceso de tunelización | tunnelling process.
proceso de utilizar una clase de combustible y producir combustible de la misma clase por otro proceso (utilización de plutonio como combustible y producción de más plutonio por conversión de uranio-238) | breeding.
proceso de valoración | rate process.
proceso de variar la forma de una lente sin alterar su aumento | bending of a lens.
proceso digital de datos vídeo | video data digital processing.
proceso discontinuo | batch process.
proceso discrecional | demand processing.
proceso efervescente | bubbling process.
proceso electro-carbo-térmico | electro-carbothermal process.
proceso electrografitizante | electrographitizing process.
proceso electrolítico irreversible | irreversible electrolytic process.
proceso electrónico de los sonidos | electronic process of sounds.
proceso electroqímico de maquinado | electrochemical machining process.
proceso electrostático de formación de imágenes | electrostatic imaging process.
proceso en cadena | on-line process.
proceso en línea | on line processing.
proceso en régimen permanente | steady-flow process.
proceso en tiempo compartido | time shared processing.
proceso endotérmico | heat-consuming process.
proceso epitaxial | epitaxial process.
proceso ergódico | ergodic process.
proceso estadístico ponderado | weighted random process.
proceso estocástico | stochastic process.
proceso estocástico móvil | nonstationary stochastic process.
proceso estocástico polidimensional | multidimensional stochastic process.
proceso estocástico ramificado | stochastic branching process.
proceso estocástico regenerador | regenerative stochastic process.
proceso estrechamente regulado | closely-controlled process.
proceso exotérmico | heat-liberating process.
proceso exotérmico a presión | pressurized exothermic process.
proceso final | production run | final process.
proceso final de laminado múltiple de chapas en paquete | eighths.
proceso final para terminar un cristal de gafas | edging.
proceso formativo | shaping process.
proceso fotograbador | photo-engraving process.
proceso fotolitográfico | photolithographic process.
proceso fototrazador | photo-tracing process.
proceso fuera de línea | off-line processing.
proceso hidrocol (del gas natural) | hydrocol process.
proceso Houdresid (cráqueo catalítico) | Houdresid catalytic cracking.
proceso inadiabático | nonadiabatic process.
proceso indirecto | roundabout process.
proceso indirecto o de gelatina | indirect or gelatin process.
proceso informativo | informative process.
proceso inicial | starting process.
proceso inoculador | inoculating process.
proceso integrado de datos | integrated data processing.
proceso integral de la información | integrated data processing.
proceso intermitente | batch process.
proceso irreversible isotérmico | isothermal reversible process.
proceso isobárico | isobaric process.
proceso jurídico | regular process.
proceso largo | long process.
proceso litógeno | rock-making process.
proceso lógico | process of logic.
proceso mecanoquímico | chemical mechanical process.
proceso metalúrgico ingenioso | ingenious metallurgical process.
proceso metaquímico | metachemical process.
proceso migratorio geoquímico | geochemical migratory process.
proceso monitorio (jurisprudencia) | monitory process.
proceso MOS | metal-oxide-semiconductor process.
proceso multifásico | multiple-phase process.
proceso multioperacional | multioperational process.
proceso neumatolítico | pneumatolytic process.
proceso para alterar la curvatura de las caras sin variar el aumento (lentes) | bending.
proceso para aumentar la plasticidad de un cuerpo almacenándolo en estado húmedo en un montón o en un pozo | souring.
proceso para blanquear vidriados de plomo amarillo (añadiéndole un poco de cobalto) | blueing.
proceso para convertir berilo en óxido de berilio | Copaux-Kawecki fluoride process.
proceso para corregir defectos de piezas fundidas por medio de soldadura | dot weld process.
proceso para determinar la curvatura de una chapa o tablón del forro (buques, botes) | spiling.
proceso para formar una cavidad en una pieza de acero suave introduciendo a presión un punzón | hubbing.
proceso para fundir en hueco objetos de cinc | slush-casting.
proceso para la desinfectación de la lana y pelo del bacilo del antrax | duckering.

proceso para neutralizar el tinte amarillento de la lana tiñéndola de azul claro | blueing.
proceso para obtener antimonio puro (horno de reverbero) | doubling process.
proceso para obtener una capa electrodepositada muy delgada (galvanoplastia) | leveling.
proceso para poner en marcha (alto horno) | blowing-in practice.
proceso para preparar los dibujos necesarios para obtener un filmo animado (cine) | animation.
proceso para producir una capa de aluminio y cromo (protección metales) | siliconizing.
proceso para producir una capa reflectora sobre superficies metálicas | blooming.
proceso para quitar la escoria (metalurgia) | slagging.
proceso para recuperar aceite de las aguas de lavado de la gamuza | raising.
proceso para tapar poros de revestimientos galvánicos | sealing.
proceso patentado | patented process.
proceso pirolítico | pyrolytic process.
proceso planar | planar process.
proceso político | state-trial.
proceso por arco eléctrico | electro-arcing process.
proceso por arco en argón con electrodo consumible | consumable-electrode argon-arc process.
proceso por contrato incumplido (jurídico) | assumpsit.
proceso por el cual se utiliza un modelo para un fin algo diferente del proyectado (moldería) | stopping-off.
proceso por el que se obtiene una capa electrodepositada muy lisa | smoothing.
proceso por flotación solamente | all-flotation process.
proceso por incumplimiento de contrato especial | special assumpsit.
proceso por lotes | batch process | batch processing.
proceso por perjurio | perjury trial.
proceso por vía seca (química) | dry process.
proceso preferente | foreground processing.
proceso preionizante | preionizing process.
proceso que emplea chatarra (acerías) | scrap-process.
proceso radiactivo de clasificación | radioactive sorting process.
proceso ramificado dependiente de la posición | position-dependent branching process.
proceso reabsorbedor | reabsorbing process.
proceso reductor de minerales finos con hidrógeno | H-iron process.
proceso reductor-estirador (tubos) | stretch-reducing process.
proceso semiconductor metal-óxido | metal-oxide-semiconductor process.
proceso semihúmedo | semiwet process.
proceso separador de elementos | element-separating process.
proceso separatorio | separatory procedure | separatory process.
proceso sin flujo | nonflow process.
proceso subnuclear | subnuclear process.
proceso subordinado | background processing.
proceso termoaglomerante | heat-agglomerating process.
proceso unitario | unit process.
proceso virtual | virtual process.
procesos acronómicos | acronomical processes.
procesos colisionales | colisional processes.
procesos de elaboración | fabrication processes.
procesos de referencia | referral procedures.
procesos estables vinculados | tie-down stable processes.
procesos gásicos | gasic processes.
procesos ideales (termodinámica) | pattern processes.
procesos incoherentes | incoherent processes.
procesos interactivos | interactive processes.
proclamación | proclamation.
proclamación del escrutinio | declaration of poll.
proclamar | declare (to).
proclamar (con repique de campanas) | ring (to).
proclamar (Puerto Rico) | demarcate (to).
procreación | generation.
procreador | generator.
procromosoma (genética) | prochromosome.
procuracía | procuracy.
procuración | power | proxy | power of attorney.
procurador | attorney.
procurador (Inglaterra) | solicitor.
procurador de oficio | attorney-at-law.
procurador de patente | patent attorney.
procurador general | attorney-general.
procurador público | attorney-at-law.
procuradoría general | attorney-generalship.
procurador-síndico | advocate syndic.
procuraduría | attorneyship | proctorship.
procurar | manage (to) | get (to).
procurar hacer su obligación | endeavour to do one's duty (to).
prodrómico (medicina) | prodromal.
pródromo | prodrome.
producción | produce | capacity | production | target | product | put-out | output | yield.
producción (de máquinas herramientas) | performance.
producción (de un horno de tratamiento) | throughout.
producción (de vapor) | raising.
producción (extracción - minas) | get.
producción (minas) | landings | recovery.
producción (minas, etc.) | outturn.
producción a alcanzar de alimentos | food target.
producción a gran escala | mass production | large-scale production.
producción actual | standing crop.
producción alimenticia | food production.
producción anual | annual output.
producción anual (yacimiento) | yearly output.
producción artificial de lluvia | rain-making.
producción automática | automation.
producción brotante (producción en la primera fase de la explotación - pozo petróleo) | flush production.
producción bruta | gross output.
producción calculada | scheduled production.
producción continua | straight line production.
producción de arco | arcing.
producción de biogás de abonos animales o estiércol | biogas production from animal manures.
producción de cerdos | swine production.
producción de colores sobre metal por reacción química o electroquímica | coloring.
producción de componentes por conformación explosiva | production of components by explosive forming.
producción de copias fotomecánicamente | photoprocessing.
producción de corderos | lambing.
producción de energía | power production | power development.
producción de frutos (agricultura) | fruiting.
producción de granalla metálica | graining.
producción de hidrógeno a bajo coste | low-cost hydrogen production.
producción de la cosecha | crop yield.
producción de lingote programada | scheduled ingot production.
producción de lotes diversos (talleres) | job-lot production.
producción de madera por kilo de follaje | wood production per kilo of foliage.
producción de mesones | birth of mesons.
producción de mesones hiperenergéticos | high-energy meson production.
producción de mesones nucleónicos | nucleonic meson production.
producción de metales para acumuladores | battery metal production.
producción de parejas | pair production.
producción de pares | pair production.
producción de pastos en una superficie determinada | forage crop.
producción de petróleo | oil output.
producción de piezas distintas cada vez | one off.
producción de piñas | cone production.
producción de resina por inestabilidad del gasoil (agarrotamiento en bombas de combustible del motor) | dieselharzbildung.
producción de surgencia (producción en la primera fase de la explotación - pozo petróleo) | flush production.
producción de un bien por varias empresas independientes y complementarias | fabricating.
producción de un cladodio (botánica) | flattening.
producción de un flujo unidireccional (acústica) | streaming.
producción de un horno (metalurgia) | gulp.
producción de un pozo (petróleo) | yield of a well.
producción de un solo aparato o máquina | one-off production.
producción de una corriente rápida de agua | sluicing.
producción de una mina de carbón | get of a coal mine.
producción de una pantalla agrisada sin cortar la señal (televisión) | fade grey.
producción de vapor | getting up steam.
producción de vorticidad | vorticity production.
producción defectuosa | defective work.
producción del vacío (en un recipiente) | exhaust.
producción descendente | make down.
producción destinada a sustituir importaciones | import-replacing production.
producción diaria | daily output | daily production | stock.
producción diaria media | average daily output.
producción dirigida | controlled production.
producción diseminada | scattered production.
producción disminuida | down-rated output | reduced output.
producción e ingreso | output and income.
producción efectiva | actual output | actual attainment.
producción en cadena | moving-band production.
producción en cadena a base de un ciclo sincronizado | flow production on a time-cycle basis.
producción en cantidad | quantity production.
producción en escala experimental | pilot-scale production.
producción en existencia | production available.
producción en gran escala | tonnage production | large-lot production.
producción en grandes cantidades | large-scale production.
producción en grandes lotes de piezas (máquinas) | quantity production.
producción en masa | volume production.
producción en pequeñas cantidades | unit production | semiline production.
producción en pequeños lotes | small-batch production.
producción en serie | mass production | massed production | line-flow production | standardized production | volume production | machine production.
producción en serie (máquinas) | quantity production.
producción en tierra (petróleo) | onshore production.
producción en un tiempo dado (horno de vidrio) | pull.
producción en un tiempo determinado (fábri-

cas) | turnout.
producción en una sola operación | one-shot production.
producción escalonada | phased production.
producción estabilizada (pozo petróleo) | settled production.
producción final de la explotación | total cash income.
producción fotomésica | photomesic production.
producción garantizada | rated output.
producción hidroeléctrica | hydro production.
producción horaria | hourly output | output per hour.
producción individual | individual production.
producción industrial | industrial output.
producción inicial | initial rating.
producción integral | captive shop.
producción interna de pares | internal pair production.
producción limitada | unit production.
producción masiva | mass production.
producción máxima | full-capacity production | peak production.
producción múltiple de piezas fundidas sobre modelo con bebederos | gating.
producción nacional | national output.
producción normal (máquinas) | rated capacity.
producción normalizada | rationalized production.
producción óptima | optimum output.
producción permitida | allowable production.
producción por hombre-hora | production per man-hour.
producción por hora-hombre | output per man-hour.
producción por lotes | batch production.
producción por obrero durante un tiempo especificado (por hombre-día, por hombre-año, etc.) | productivity.
producción por presión artificial de gas (bombeo neumático - pozos petróleo) | gas lift.
producción porcina | swine production.
producción rápida (pozo petrolero) | gut.
producción regulada | controlled production.
producción replaneada | rescheduled production.
producción secundaria | sideline.
producción sin clasificar ni inspeccionar (tejeduría) | mill-run.
producción técnica | engineering production.
producción terminada | finished output | end item.
producción total | total output.
producción total de lingote | aggregate ingot output.
producción total estimada (pozo petróleo) | ultimate recovery.
producción y conservación de la energía | production and conservation of energy.
producción y explotación de ganado | production and exploitation of livestock.
producción y venta de productos del campo | agribusiness.
producida por una erupción solar | solar-flare-induced.
producido | made.
producido artificialmente | artificially-produced.
producido de forma no catalítica | noncatalytically produced.
producido en el país | home-produced.
producido en el Sol | solar-produced.
producido en gran cantidad | volume-produced.
producido en serie | quantity-produced.
producido por actividad volcánica oculta | cryptovolcanic.
producido por deformación | strain-induced | deformation-produced.
producido por el satélite | satellite produced.
producido por el viento | wind-driven.
producido por electrones | electron-inducted.
producido por rayos cósmicos | cosmic-ray produced.
producido por reducción química | electroless.
producir | turn out (to) | manufacture (to) | put forth (to) | effect (to) | make (to) | produce (to) | yield (to).
producir (algún efecto) | work (to).
producir (un testigo, un documento) | put in (to).
producir bienes y servicios | produce the goods and services (to).
producir cápsulas | boll (to).
producir desperdicios echando vidrio fundido en agua | drag-laddle (to).
producir efecto | operate (to).
producir en serie | serialize (to).
producir estrago | wreak havoc (to).
producir fallas (geología) | fault (to).
producir fuerza motriz | produce power (to).
producir ganancias | pay (to).
producir líneas de fuerza o magnéticas alrededor de un conductor con corriente (electricidad) | thread (to).
producir piñas | cone (to).
producir sensación | create a sensation (to).
producir un movimiento de vaivén | reciprocate (to).
producir vapor (calderas) | steam (to).
producir vapor (levantar presión) | get up steam (to).
productividad | rate of output | productiveness.
productividad (por hombre-día, por hombre-año, etc.) | productivity.
productividad (trabajo laboral) | output rate.
productividad biológica | biological productivity.
productividad comparada | throughput.
productividad de la tierra | productivity of land.
productividad del mercado de capitales | productiveness of the capital market.
productividad del suelo | land productivity.
productividad financiera | earning capacity.
productividad industrial | industrial productivity.
productividad laboral | labor productivity.
productividad marginal | marginal productivity.
productivo (minas) | quick.
productivo (minería) | payable.
productivo (negocios) | sound.
productivo (término escocés de minas) | alive.
producto | profit | outcome | produce | yield | growth | commodity.
producto (de una operación comercial) | proceeds.
producto (fabricación) | product.
producto (sentido despectivo) | spawn.
producto (ventas) | proceeds.
producto ablandador del agua | water softener.
producto acabado | final good.
producto alimentario que no contiene los porcentajes legales de los componentes | imitation-type food.
producto alimentario que se extiende (sobre pan, etc.) | spread.
producto alimenticio con certificado de garantía | certified food.
producto antimohoso | mildew proofer.
producto antiparasitario | pesticide.
producto antipútrico | rotproofer.
producto apropiado para compras | qualified product.
producto bruto | total credits.
producto cartesiano | cartesian product.
producto cementador (metalurgia) | carburizer.
producto cerámico de mínima pérdida (eléctrica) | low-loss ceramic.
producto cerámico de poros grandes | coarse-pored ceramic product.
producto cerámico de varios componentes | multicomponent ceramics.
producto cerámico metalizado | metalized ceramic.
producto cerámico resistente al calor y a los golpes | heat-shock-resistant ceramic.
producto coloidal para eliminar materias orgánicas | organic sequestering agent.
producto colorante | coloring matter.
producto combinado (química) | combination.
producto compuesto | joint product.
producto concentrado por tostación | roasted concentrate.
producto contra el sudor | antiperspirant.
producto controlado por cartel (economía) | cartelized commodity.
producto cuya composición o pureza no corresponde a la especificación estipulada | off-spec product.
producto de absorción | absorbate.
producto de adición | builder.
producto de adición (química) | adduct.
producto de alteración | alteration product.
producto de alteración amorfo | amorphous alteration product.
producto de cabeza (petróleo) | heads.
producto de cabeza (petróleos) | heading.
producto de calidad contrastada | quality-controlled product.
producto de carga | builder.
producto de caucho no tejido | nonfabric rubber product.
producto de concentración | concentrate.
producto de corrosión radiactivo | radioactive corrosion product.
producto de degradación | degradation product.
producto de descomposición | decay product.
producto de descomposición (química) | educt.
producto de descomposición de rocas basálticas | bole.
producto de desdoblamiento (química) | cleavage-product.
producto de desintegración (nucleónica) | decay product | daughter.
producto de destilación (de una mezcla) | distillation range.
producto de destilación directa | straight run product.
producto de diferenciación (minerales) | differentiate.
producto de disociación excitado | excited dissociation product.
producto de excelente calidad | truly superior product.
producto de fisión de gran longevidad | long-lived fission-product.
producto de fisión radiactivo | radioactive fission product.
producto de fusión | hotmelt.
producto de inercia | product of inertia.
producto de la duración del impulso por la frecuencia de impulsos (radar) | pulse duty factor.
producto de la explotación | operating income.
producto de la ganancia por la anchura de banda | gain-bandwidth product.
producto de la mejor calidad sin defectos visibles | primes.
producto de marca | name-brand product.
producto de meteorización | weathering product.
producto de oxidación | oxidationite.
producto de pastelería y repostería | pastry and confectionery product.
producto de primera calidad | high quality product.
producto de primera destilación | straight run.
producto de pulvialuminio | powdered aluminum product.
producto de reacción de transmutación | carrier-free.
producto de relleno | filler.
producto de solubilidad | solubility product.
producto de transformación intermedia | intermediate transformation product.
producto de un solo ingrediente | single-ingre-

dient product.
producto de una venta | avails.
producto de varios ingredientes | multiple-ingredient product.
producto del amperaje por el voltaje máximo de servicio (rayos X) | rating.
producto del flujo magnético que pasa por un circuito cerrado y el número de espiras del circuito | linkage.
producto del rendimiento térmico por el rendimiento propulsivo (motor de chorro, motor cohético) | overall efficiency.
producto derivado | derivative.
producto derivado del petróleo de mala calidad | slop oil.
producto descarburante | decarburetting product.
producto desintegrado | daughter product.
producto destilado sin alteración de los hidrocarburos componentes | straight run.
producto económico forestal | forest economic product.
producto en proceso | work in process.
producto escalar | scalar product.
producto escalar (matemáticas) | inner product.
producto escalar (vectores) | dot product.
producto escalar de dos tensores | inner product of two tensors.
producto extruido | extrude.
producto fabricado | manufacture.
producto fabricado en serie | productioneered product.
producto fabricado por lotes | batch-tailored product.
producto final | end-product | end product.
producto final de una laminación en paquete | mill pack.
producto final estable | stable end-product.
producto fino del machaqueo | crusher sand.
producto forestal | forestal product.
producto forjado de sección uniforme | bar.
producto fotosintetizado | photosynthesized product.
producto fumigante | fumigant.
producto gaseoso de la destilación destructiva del caucho en vaso cerrado | rubber gas.
producto hidrófugo | water repellant.
producto humectante | wetting agent.
producto humedecedor | wetting agent.
producto impregnado de partículas de diamante | diamond impregnated product.
producto infinito | infinite product.
producto inicial | first product.
producto interior | inner product.
producto interior bruto (P.I.B.) | gross domestic product (G.D.P.).
producto interior nacional | domestic product.
producto interior neto | net domestic product.
producto intermedio | between-product | intermediate yield | intermediate.
producto interno | domestic product.
producto laudante | baking powder.
producto leñoso | ligneous product.
producto líquido | net proceeds.
producto manufacturado | manufacture.
producto marginal | marginal product.
producto matricial | matrix product.
producto mejorado | improved good.
producto mercurial | mercurial.
producto molido (metalurgia) | pulp.
producto muy especializado | highly-specialized product.
producto nacional | national product.
Producto Nacional Bruto | Gross National Product (G.N.P.) | gross national product.
producto nacional neto | net national product.
producto natural del terreno | repose.
producto neto | net product | turnout.
producto neto fuera de explotación (ferrocarril) | nonoperating income.
producto no comercializado | nonmarket product.
producto no derivado del petróleo | nonpetroleum product.
producto normalizado | standardized product.
producto obtenido por embutición | drawn shell.
producto organoestánnico | organotin.
producto para ablandar (carnes) | tenderizer.
producto para ablandar la carne | meat tenderizer.
producto para cementar | carburizing compound.
producto para eliminar burbujas (vidrio) | fining agent.
producto para encolar | gluing compound.
producto para evitar que se quemen las aleaciones de magnesio fundido | inhibitor.
producto para la maduración | maturing agent.
producto para opacificar (barnices) | flatting agent.
producto para tratar el agua de alimentación (calderas) | feed-treatment compound.
producto pectinoso gelatinoso | jelly-like pectinous product.
producto preparado mezclando el contenido de dos envases | two-pot product.
producto principal de un país | staple.
producto procesado
producto propio de la empresa | ordinary asset.
producto pulvimetalúrgico | powder-metallurgical product.
producto que sustituye a otro | replacer.
producto químico | chemical.
producto químico antiesfuerzo | antistress chemical.
producto químico antimoho | mold-inhibiting chemical.
producto químico coagulante | floc-making chemical.
producto químico contra el encogimiento (telas) | sheeping.
producto químico de coloración brillante (para llamar la atención sobre el mar) | dye marker.
producto químico de temperatura de ebullición muy elevada (calderas) | dowtherm.
producto químico eliminador del agua | water sequestering chemical.
producto químico empleado en el proceso de flotación por espuma | depressant.
producto químico empleado para quitar los restos de cloro o hipoclorito (papel) | antichlor.
producto químico en polvo | dry chemical.
producto químico irritante | irritant.
producto químico muy puro | fine chemical.
producto químico para control de mohos | mold-control chemical.
producto químico para disolver depósitos galvanoplásticos | stripper.
producto químico para facilitar la extracción del molde (plásticos) | release agent.
producto químico para limitar la acción del ácido sobre el metal (baño de decapado) | inhibitor.
producto químico para mantener concentración baja de oxígeno (agua calderas) | chemical scavenger.
producto químico para reducir la tensión superficial y facilitar la mezcla de líquidos y estabilidad de la solución | wetting agent.
producto químico para tratar aguas de calderas | boiler-treating chemical.
producto químico para tratar el agua de calderas | boiler-compound.
producto químico producido en pequeña cantidad | fine chemical.
producto químico purificador | doctor sweetening.
producto químico que atrae a los insectos | insect attractant.
producto químico que aumenta la flotabilidad del mineral (proceso por flotación) | activator.
producto radioactivo explosivo | explosive radioactive product.
producto radioactivo pirofórico | pyrophoric radioactive product.
producto reconstituido (alimentos deshidratados) | reconstituted product.
producto recuperable | reclaimable.
producto refractario | refractory.
producto refractario permeable | permeable refractory.
producto residual | bottom product.
producto secundario | coproduct | spin-off | by-product.
producto semiasfáltico | semiasphalt product.
producto semielaborado | preparage.
producto sicofarmacológico | psychopharmacologic product.
producto similar | like-product.
producto sinergético | synergist.
producto sinterizado (pulvimetalurgia) | compact.
producto tal como sale de la mina (carbón, mineral) | run of mine.
producto terminado | finished good.
producto terminal de una familia radiactiva | end product of a radioactive series.
producto total | total output.
producto transformado | improved good.
producto unificado de la OTAN | NATO unified product.
producto vectorial | cross product | outer product | cap product.
producto vendible | marketable product.
productor | producer.
productor agrícola | farm operator.
productor de ácido | acid former.
productor de lana | woolgrower.
productor de neutrones | neutron producer.
productor marginal | marginal producer.
productor primario | primary producer.
productor principal del mundo | world's major producer.
productor que ayuda a la filtración | filter-aid.
productos | produce | commodities.
productos abrasivos aglomerados | agglomerate abrasive products.
productos acabados | finished products.
productos acabados de alambre | merchant wire.
productos agrarios industrializados | industrialized agrarian products.
productos agrícolas | produce | farm produce | agricultural products | agrarian products.
productos agrícolas perecederos | perishable agrarian products.
productos agrícolas subvencionados | basic croops.
productos ahumados y curados del cerdo | cured and smoked pork products.
productos alabeados de grupos (matemática) | skew products of groups.
productos alcohólicos acidulados | acidulous alcohol products.
productos alimentarios | feedstuffs | foodstuffs.
productos alimentarios de pasta de harina de trigo (macarrones y espaguetis) | pasta products.
productos alimentarios vitaminizados | vitaminized foodstuffs.
productos almacenados | stocks.
productos aluviales | alluvia.
productos aromáticos de gran octanaje | high-octane aromatics.
productos básicos | staple commodities | primary products.
productos beneficiados (minería) | beneficiated products.
productos biológicos | biologics.
productos cárnicos | meat products.
productos cárnicos cortados en porciones | portion-cut meat products.
productos cerámicos | pottery | ceramic ware.
productos cerámicos de base de carburos | carbide-base ceramics.
productos cerámicos de pequeñas pérdidas eléctricas | low-loss ceramics.

productos cerámicos para usos eléctricos | electrical ceramics.
productos comerciales | commodities.
productos comerciales curados con un vapor a alta presión (cementos) | autoclaved commercial products.
productos comerciales de origen marino | marine products of commerce.
productos competitivos | rival products.
productos complementarios | allied products | allies products.
productos congelados que rezuman | wet-type frozens.
productos contingentados | commodities subject to a quota.
productos corcheros | cork products.
productos chacineros | pork products.
productos de alta calidad | high-grade products.
productos de arcilla | clayware.
productos de calidad | quality goods.
productos de conservación para la industria alimentaria | preserving materials for the food industry.
productos de conservación para silos | preservatives for silos.
productos de corrosión | crud.
productos de corrosión radioactivos solubles | soluble radioactive corrosion products.
productos de curación normal | normal-cured products.
productos de desintegración radioactivas sucesivas | metabolons.
productos de detonación transparentes | transparent detonation products.
productos de dragado (dragas) | dumping spoil.
productos de dragado (puertos) | spoil.
productos de enranciamiento | rancidity products.
productos de evaporación (petróleo) | overhead products.
productos de filiación (descendientes - nucleónica) | daughter products.
productos de fisión | fission products.
productos de fisión de vida corta | short-half-lived fission-products.
productos de fisión mezclados | mixed fission products.
productos de fisión producidos en el reactor nuclear | reactor-produced fission products.
productos de gran coste de maquinado | highly engineered products.
productos de la combustión del carbón molido | seeded coal combustion products.
productos de la destilación del crudo (petróleo) | cuts.
productos de madera encolados | glued wood products.
productos de marca (comercio) | branded goods.
productos de metales ligeros semiacabados y extruidos | extruded semi-finished light metal products.
productos de panadería congelados | frozen bakery products.
productos de pasta de madera pura | pure mechanical wood pulp product.
productos de primera necesidad | essential products | primary commodities.
productos de recuperación de desperdicios (fabricación del alcohol) | distillers' solubles.
productos de separación | scission products.
productos de síntesis | fine chemicals.
productos de temporada | seasonable goods.
productos de transmutación | transmutation products.
productos de una reacción (química) | resultants.
productos del campo | farm produce.
productos del país | inland produce | home produce.
productos domésticos | native products.
productos duplicados | clonical products.
productos elaborados | manufactures.
productos eleborados | fabricated products.
productos electro-químicos y metalúrgicos | electro-chemical and metallurgical products.
productos embalados con anterioridad | prepackaged commodities.
productos en corona (matemáticas) | wreath products.
productos en forma de cubitos | cubed products.
productos escogidos | high-grade products.
productos espesadores para tintas de estampados en textiles | print paste thickeners.
productos exentos | liberalized goods.
productos exóticos | foreign products.
productos extraidos | products yielded.
productos fabricados | manufactured goods.
productos forestales secundarios | minor forest products.
productos gaseosos de la combustión con exclusión del vapor de agua (calderas) | dry flue gas.
productos hortícolas | market-garden produce.
productos incondensables | noncondensibles.
productos industriales basados en el diamante | industrial diamond-based products.
productos inflamables | inflammable goods.
productos insolubles en suspensión | suspended insolubles.
productos intermedios de lavaderos (carbones) | washery middlings.
productos lácteos | milk products | dairy.
productos lácteos líquidos | fluid dairy products.
productos laminados planos | flat-rolled products.
productos laminados terminados por laminación en frío | cooled rolled products.
productos liberalizados | liberalized goods.
productos ligeros | light goods.
productos líquidos | net avails.
productos longevos de desintegración del radio | long-lived radium decay products.
productos manufacturados | manufactured commodities | manufactured goods | manufactured wares.
productos manufacturados comprados (es decir, no fabricados en la propia factoría) | bought-out products.
productos metálicos de alambres | wire forms.
productos moldeados refractarios | refractory castables.
productos nacionales | domestic commodities | domestic produce | home produce.
productos no metalíferos | rock products.
productos nocivos | illth.
productos organometálicos | organometallics.
productos panificables | bakery products.
productos papeleros | paper products.
productos para acabados | finishing compositions.
productos para el apresto de textiles | finishing preparations for the textile industry.
productos para entrega futura | commodity futures.
productos para fabricación de cervezas | products for beer brewing.
productos para limpiar motores | motor cleaning liquids.
productos para secar | drying materials.
productos para trefilería | wire drawing products.
productos petroleoquímicos | petrochemicals | petroleum chemicals.
productos porcinos | pork products.
productos porcinos totalmente cocinados | fully-cooked pork products.
productos primarios | preproducts | preliminary products.
productos principales | staple commodities.
productos programados | slated items.
productos que faltan para cumplir un contrato | short produce.
productos que no cumplen con una especificación | noncomplying products.
productos que no cumplen una especificación | seconds.
productos que pasan por la criba o cedazo | fines.
productos que quedan en la criba | shorts.
productos que refuerzan el sabor | flavor-reinforcing products.
productos químicos | drysaltery | chemicals.
productos químicos derivados del carbón | coal chemicals.
productos químicos derivados del petróleo | petrochemicals.
productos químicos empleados en electrónica | electronic chemicals.
productos químicos en polvo | powder chemicals.
productos químicos floculantes | flocculating chemicals.
productos químicos fluorados | fluorochemicals.
productos químicos orgánicos en bruto | crude organic chemicals.
productos químicos para galvanosteguia | plating chemicals.
productos químicos para hueco-offset | deep-etch chemicals.
productos químicos peligrosos | dangerous chemicals.
productos químicos radioprotectores | radioprotective chemicals.
productos radioquímicos | radiochemicals.
productos refractarios | refractory ware.
productos refractarios ácidos con gran proporción de sílice | acid refractories.
productos refractarios aluminosos | aluminous fireclay goods.
productos refractarios arcillosos | argillaceous fireclay goods.
productos refractarios básicos | basic fireclay products.
productos refractarios de alumina electrofundidos | electrically-fused alumina refractories.
productos refractarios de cromita | chromite refractories.
productos refractarios para fabricación del vidrio | glass refractories.
productos refractarios para hornos | furnace refractories.
productos relaminados | rerolled products.
productos relaminados de carriles | rail steel products.
productos residuales | waste disposal.
productos resultantes de la limpieza y desgasficación de los tanques de carga (petroleros) | slops.
productos semiacabados laminados en caliente | hot-rolled semifinished products.
productos semielaborados | semis | semimanufactured products.
productos semielaborados para vidrios de relojes | preparages for watch glasses.
productos semifabricados | semies.
productos semimanufacturados | semis | semies.
productos sintéticos semielaborados para ranguas de relojes | preparages for watch stones.
productos sólidos o semisólidos obtenidos al inyectar aire en betunes líquidos nativos calentados | blown petroleums.
productos sucesivos | continued products.
productos terminados | completed products.
productos textiles artificiales | artificial textiles.
productos torcidos en corona (álgebra) | twisted wreath products.
productos tubulares | tubular products.
productos vendidos anualmente (mina de carbón) | vend.
proejar | row upstream (to) | row against the wind (to) | row against the current (to).
proel | forward | fore.
proel (buques) | propeller post boss.
proenzyma | proenzyme.

proeza | exploit | feat of valor | feat of valour.
profago (microbiología) | prophage.
profanar | defile (to).
profano | lay | layman.
profano (en un oficio) | outside man.
profesiografía | professiography.
profesiograma | professiogram.
profesiología | professiology.
profesión | career.
profesión de enfermera | nursing | nursing profession.
profesión de las armas | arms.
profesión docente | teaching profession.
profesión liberal | learned profession.
profesional | occupational | professional | professorial.
profesional publicitario | advertising expert.
profesionales en la industria del diamante | professionals in the diamond industry.
profesionalidad | professionality.
profesionalismo | professionalism.
profesionalización | professionalization.
profesionalización (EE.UU.) | profressionalization.
profesionalización (G.B.) | profressionalisation.
profesionalmente expuesto | occupationally exposed.
profesor | professor | master | lecturer | trainer.
profesor adjunto | adjunct professor | associated professor | associate professor | associate professor.
profesor agregado | temporary professor | assistant professor.
profesor auxiliar | assistant professor | demonstrator.
profesor auxiliar (cátedras) | deputy lecturer.
profesor con plena dedicación a la enseñanza | full-time professor.
profesor de artes industriales | industrial arts teacher.
profesor de ciencias adjunto | assistant science master.
profesor de enseñanza secundaria | high school teacher.
profesor de escuela superior | high school teacher.
profesor de la escuela naval | naval instructor.
profesor diplomado | certificated teacher.
profesor emeritus | professor emeritus.
profesor en activo | in-service teacher.
profesor encargado del curso | lecturer-in-charge.
profesor extranjero que desempeña una cátedra por invitación y durante un plazo determinado | visiting professor.
profesor extrauniversitario (no es de la facultad pero está autorizado para dar un curso) | extramural teacher.
profesor honorario | emeritus professor.
profesor investigador adjunto | research associate professor.
profesor jubilado | professor emeritus.
profesor numerario | full professor.
profesor que da clases particulares | private coach.
profesor titular | full professor.
profesor visitador | visiting professor.
profesorado | teaching staff | professorial staff | professorate.
profesoral | professorial.
profesoría auxiliar | demonstratorship.
profetismo | prophetism.
profiláctico | prophylactic.
prófugo | fugitive | absconder | draft dodger | draft evader.
profundamente alterado por la intemperie | deeply weathered.
profundidad | depth.
profundidad (cunetas) | check face.
profundidad (perforación) | footage.
profundidad bajo tierra (tuberías) | cover.
profundidad crítica en canales trapezoidales (hidráulica) | trapezoidal channel critical depth.
profundidad de agua que falta para poner a flote en marea baja un buque encallado | sew.
profundidad de calentamiento | depth of heating.
profundidad de cementación | case depth.
profundidad de compactación | compaction depth.
profundidad de desgaste | wearing depth.
profundidad de dragado | dredging depth.
profundidad de explosión | exploding depth.
profundidad de explosión (cargas submarinas) | depth of firing.
profundidad de foco (fotografía) | depth of definition.
profundidad de inmersión (submarinos) | diving depth.
profundidad de inmersión con esnorkel | snorkel depth.
profundidad de la defensa | depth of defense.
profundidad de la entalla | notch severity.
profundidad de la escorrentia | depth of runoff.
profundidad de la indentación | indentation depth.
profundidad de la modulación | depth of modulation.
profundidad de la pasada (máquina herramienta) | infeed | cutting depth.
profundidad de la resistencia friccional | depth of frictional influence | depth of frictional resistance.
profundidad de la roza | bearing-in.
profundidad de marcha (ejércitos) | march depth.
profundidad de marcha (milicia) | road space.
profundidad de modulación | modulation depth.
profundidad de penetración | penetration depth | skin depth.
profundidad de penetración de un diente al aserrar | bite.
profundidad del agua | stage.
profundidad del campo | depth of field.
profundidad del campo (óptica) | field depth.
profundidad del cementado (metalurgia) | depth of case.
profundidad del cierre de agua (sifones) | trap seal.
profundidad del corte (máquina herramienta) | cutting depth.
profundidad del corte por pasada (máquina herramienta) | depth of cut per pass.
profundidad del cuello (soldadura en ángulo) | throat depth.
profundidad del entubado (pozos) | casing depth.
profundidad del hierro de una pala | graft.
profundidad del hipocentro debajo de la superficie terrestre | depth of focus.
profundidad del plano inferior (aviones) | bottom chord.
profundidad del plano superior (aviones) | top chord.
profundidad del sondeo | making hole.
profundidad en que la fotosíntesis se iguala con la respiración de la planta durante un período de 24 horas | compensation point.
profundidad focal | focal depth.
profundidad hipocentral | hypocentric depth.
profundidad máxima menos la profundidad media (rugosidad superficial) | leveling depth.
profundidad media | mean depth.
profundidad media de los mares | average depth of the seas.
profundidad media hidráulica | hydraulic mean radius | hydraulic radius | hydraulic mean depth.
profundidad mínima de inmersión (buzos) | floor.
profundidad neutra (hidráulica) | normal depth.
profundidad normal de dragado debajo de la flotación | normal dredging depth below waterline.
profundidad observada (hidrografía) | accepted depth.
profundidad ocupada por una unidad en marcha (milicia) | road space.
profundidad pelicular | skin depth.
profundidad preestablecida | preassigned depth.
profundidades abisales | abyssal depths.
profundidades abisales del océano | sea's abyssal depths.
profundidades alternas | alternate depths.
profundidades transparentes | glassy depths.
profundización | sinking | deepening.
profundización bajo una llave de protección (minas) | sinking beneath pentice.
profundización con tablestacas (minas) | sinking by piling.
profundización de pozos | shaft working | shaft deepening.
profundización de pozos con agotamiento (minas) | ordinary shaft-sinking.
profundización de pozos por cementación del terreno | grouting.
profundización de pozos por congelación del terreno | shaft sinking by freezing.
profundizar | penetrate (to) | fathom (to) | deepen (to).
profundizar un pozo | put down a shaft (to).
profundo | low | deep seated | deep-lying | deep.
profundo (geología) | deep level.
profundo (hondo - calma, etc.) | dead.
profusamente decorado | richly decorated.
profusamente ilustrado | fully illustrated.
profusión de detalles | intrincacy.
profusión de terrones | lumpiness.
profusión de vida algal (en mares o lagos) | breaking.
programa | routine | programme (Inglaterra) | program | program (EE.UU.) | programme | schedule | scheme.
programa (calculadora aritmética) | coded instructions.
programa (calculadoras) | routine.
programa a beneficio de los obreros | employee-benefit program.
programa a largo plazo | long-term program.
programa a punto | fully tested program.
programa abierto | open routine.
programa acelerado | stepped-up program.
programa adaptable | adaptive programme.
programa agrícola (EE.UU.) | soil bank program.
programa almacenado | stored-program.
programa almacenado en un chip | firmware.
programa almacenado internamente | internally stored program.
programa aplicativo | application program.
programa aprobado | okayed program.
programa automático de arranque y parada | start-stop automatic program.
programa autónomo | self-standing program.
programa bien pensado | sound program.
programa cifrado | coded program.
programa con lanzamiento automático | self-trigger program.
programa controlado por reloj | clock-controlled program.
programa cooperativo | cooperative program.
programa de actividades | schedule of events.
programa de actuación económica | economical actuation program.
programa de actuación inmediata | immediate action program.
programa de ampliación | expansion program.
programa de análisis selecto | snapshot program.
programa de aplicación | application routine.
programa de asistencia social | public welfare program.
programa de auditoría para las compras | audit program for purchases.
programa de autoformación | self-development schedule.

programa de avance de la obra | speed schedule.
programa de ayuda financiera | financial assistance program.
programa de ayuda militar | military aid programme | Military Assistance Programme.
programa de biblioteca | library program.
programa de cálculo de dirección | randomizing routine.
programa de carga | loading routine | initial program loader | linkage loader.
programa de carga de trabajo de las máquinas (talleres) | machine-load shedule.
programa de cartillas de alimentación | food stamp plan.
programa de circulación de transacciones | call-routing program.
programa de colonización agrícola | land settlement scheme.
programa de compras en el extranjero | offshore procurement program.
programa de comunicaciones por satélite para la defensa inicial | initial defense satellite communications program.
programa de construcción | construction program | construction timetable | progression schedule.
programa de construcción de centrales energéticas | program of power-plant building.
programa de construcción de viviendas | housing program.
programa de control | control program | checking routine.
programa de control para microprocesadores | control program for microprocessors.
programa de control y procesador de mando | control program and command processor (C.P.) .
programa de decisión binaria | binary-decision program.
programa de decodificación | decoding routine.
programa de desarrollo de mercados | market-development program.
programa de distribución | issue schedule.
programa de donación | donation program.
programa de edición | report generator.
programa de ensamblaje (ordenador) | assembly program.
programa de enseñanza posaprendizaje | postapprenticeship training program.
programa de estabilización | stabilization program.
programa de estudios | curriculum | syllabus.
programa de exámenes | examination syllabus.
programa de funcionamiento | leapfrog test.
programa de garantía de la calidad nuclear | nuclear quality assurance programme.
programa de gestión de la biblioteca | librarian.
programa de gestión de texto | text leader program.
programa de inserciones (anuncios) | space shedule.
programa de instalaciones y planeamiento de emergencia | contingency planning facilities list program.
programa de instrucción militar | master schedule.
programa de intercambio de estudiantes | exchange-of-students program.
programa de inversiones | investing program.
programa de laminación (acerías) | rolling program.
programa de las pruebas de recepción | program of the acceptance trials.
programa de lubricación de la maquinaria de la factoría | plant lubrication program.
programa de máquina | machine program.
programa de máquina (ordenador) | object program.
programa de mejoras de hospitales | hospital improvement program.
programa de misiles de chorro teleguiados | bumblebee.
programa de modernización | modernization program.
programa de normalización de diseños | design standardization program.
programa de observación de la tierra por satélites artificiales | artificial earth satellite observation program.
programa de observación de las variaciones meteorológicas en el mundo | world weather watch.
programa de ocupación de las grúas | crane program.
programa de oferta de acciones al personal de la empresa | employees' share scheme.
programa de ordenador para uso interno | proprietary computer program.
programa de perforación | drilling campaign.
programa de preguntas y respuestas por radio o televisión | quiz show.
programa de preservación de los alimentos por irradiación | radiation-preservation food program.
programa de previsión | project faresight.
programa de primer plano | foreground program.
programa de prioridad | priority program.
programa de proceso | processing program.
programa de producción | production schedule.
programa de prueba de línea | on line test program.
programa de prueba en línea | on-line test program.
programa de pruebas antes de los vuelos | preflight testing program.
programa de pruebas de aceptación | acceptance-test programme.
programa de pruebas de evaluación | evaluation-test programme.
programa de radiodifusión por cable telefónico | piped program.
programa de rastreo (Informática) | trace program.
programa de rastreo de búsqueda-carga | fetch-load trace.
programa de recopilación | compiler program.
programa de reducción de espesores en las sucesivas pasadas (laminadores) | drafting schedule.
programa de reforestación con ayuda federal (EE.UU.) | federally-supported reforestation program.
programa de registro de telemedidas | telemetering logging program.
programa de relleno (cine) | fill.
programa de reserva (radio) | standby.
programa de resolución de problemas | problem-solving program.
programa de retrospección | project hindsight.
programa de satélites de comunicaciones para la defensa | defense communications satellite program.
programa de servicio | utility routine | utility program.
programa de siembra de patatas | potato-breeding program.
programa de socorro automático | automatic recovery program.
programa de solicitación | requesting program.
programa de sonido (radio) | sound program.
programa de tecnología espacial | space technology programme.
programa de televisión | telecast.
programa de televisión grabado en cinta magnética | video-taped program.
programa de televisión registrado sobre película | kinescope recording.
programa de trabajo | work schedule | schedule of work.
programa de trabajo de la máquina (talleres) | machine schedule.
programa de traducción | translating routine.
programa de transformación de caldeo por carbón a caldeo por petróleo | coal-to-oil program.
programa de tratamiento de un lenguaje (informática) | language translator.
programa de uso general | package.
programa de utilidad | utility program.
programa de vaciado selectivo | selective trace.
programa de viviendas de renta baja | low-rent housing program.
programa del fabricante | manufacturer program.
programa del sistema operativo | scheduler.
programa del usuario | user program.
programa director | guidance program.
programa dispuesto a utilizarse | canned routine.
programa ejecutable | operational program.
programa electoral | platform.
programa en cadena | network program.
programa en coma flotante | floating point routine.
programa en funcionamiento | running program.
programa en módulos | modular program.
programa escolar | school curriculum.
programa escrito del trabajo de cada parte (estudios televisión) | cue sheet.
programa estándar | library routine.
programa fijo | firmware.
programa fuente | source program.
programa general de entretenimiento preventivo | general preventive maintenance program.
programa general de instrucción | master training schedule.
programa generalizado de clasificación-fusión | generalized sort-merge program.
programa grabado | recorded program.
programa heurístico | heuristic program.
programa improvisado (TV) | cold program.
programa independiente | standalone program.
programa interlaboratorial | interlaboratory program.
programa interno | computer routine.
programa interpretativo | interpretive program.
programa intérprete tabular | tabular interpretative program.
programa introductor | input program.
programa introspectivo | introspective program.
programa investigacional | investigational program.
programa llamador | calling program.
programa macroensamblador | macro assembly program.
programa maestro | master program.
programa modular de simulación dinámica | modular dynamic simulation program.
programa monitor | monitor program | monitor routine.
programa multifederal (EE.UU.) | federally operated program.
programa no autónomo (informática) | nonself standing program.
programa no prioritario | background program.
programa normal (calculadoras electrónicas) | master routine.
programa o cinta con perforaciones según código | chad tube.
programa o dispositivo que realiza la simulación (informática) | simulator.
programa objeto | object program.
programa organizado en páginas | paged program.
programa original (microordenador) | source program.
programa pagado por un anunciante | sponsored program.
programa para alcanzar la máxima producción en el menor tiempo posible sin reparar en gastos | crash program.
programa para combatir la pobreza | antipoverty program.
programa para crear puestos de trabajo |

job-creating program.
programa paso a paso | step-by-step program.
programa patrocinado | sponsored program.
programa por cable | jumpered.
programa preestablecido | pre-set program.
programa preferencial | foreground program.
programa preferencial (estatal o privado) | crash project.
programa preliminar | interlude.
programa preparativo del sistema para un buen funcionamiento (informática) | system initialization module.
programa principal | main program | master routine.
programa provisto de puntos de relanzamiento | checkpointed programme.
programa publicitario intenso | aggressive advertising program.
programa que permite pasar de contador a composición (computador) | flip-flop system.
programa realizado por el usuario | customer developed program.
programa reentrante | reentrant program.
programa registrado | stored-program | internally stored program.
programa residente en cassette | cassette resident program.
programa residente en ficha magnética | card resident program.
programa resultante | target program.
programa reubicable | relocatable program.
programa sencillo | source program.
programa sincronizado preestablecido | syncronized preset program.
programa supervisor | executive program.
programa supervisor (ordenador) | supervisory program.
programa supervisor de terminales | remote terminal supervisor.
programa televisado muy temprano | dawn patrol.
programa traducido por la máquina computadora | object program.
programa transladable | relocatable program.
programa transmitido por teléfono | pipe program | piped program.
programa útil de conjunto de datos | data set utility program.
programa utilitario | service software.
programa utilizable | manually-coded routine.
programabilidad | programmability.
programable | programmable | codable | schedulable.
programación | scheduling | instruction | hand coding | programming | planning | coding.
programación adaptativa | adaptive programmation.
programación convexa | convex programming.
programación cuadrática | quadratic programming.
programación de acceso aleatorio | random access programing.
programación de aplicaciones (informática) | applications software.
programación de carga de una máquina | machine loading schedule.
programación de ciclos de trabajo por cinta magnetofónica (máquinas automáticas) | record-playback control.
programación de control del sistema (ordenador) | system control programming.
programación de dos direcciones | two-address programming.
programación de la producción | production scheduling | production planning.
programación de largo retardo | long-retard programmation.
programación de pedidos | order scheduling.
programación de sondeos | drilling campaign.
programación del presupuesto | budgeting programming.
programación dinámica | dynamic programming.
programación en lenguaje máquina (informática) | absolute coding.
programación en lenguaje simbólico | symbolic-language programming.
programación entera | integer programming.
programación estructurada | structured programming.
programación heurística | heuristic programming.
programación incremental | incremental programming.
programación líneal | linear planning | linear programming | activity analysis | mathematical programming.
programación macroeconómica | macroeconomic programming.
programación matemática | mathematical programming.
programación modular | modular programming.
programación múltiple | multiple programming.
programación óptima | optimum programming.
programación por cinta perforada | punched tape programming.
programación preparada en casa (computadora) | open shop.
programación repetidora de las instrucciones y omisión de bucles (informática) | straight-line code.
programado | programmed | scheduled | programmed.
programador | programmer | program writer | coder | scheduler | timer.
programador científico | scientific programmer.
programador de piezas | parts programmer.
programador de sistemas | system programmer.
programador electrónico de la correcta distribución de la carga | loadmaster.
programadora | female programmer.
programar | program (to) | schedule (to) | code (to).
programas cableados que forman parte de la máquina | firmware.
programas de apoyo | support programs.
programas de control de producción | commodity control schemes.
programas de instrucción | instructional programs.
programas de medidas regulares | maintenance testing schedule.
programas de pruebas periódicas (calculadoras electrónicas) | diagnostic programs.
programas de puesta a punto | debugging package.
programas para formación de curvas y estudio de los resultados de medida | softward-standard.
programateca (ordenador) | library.
programática | programatics.
programetría | programmetry.
programoteca | library.
progrediencia | progrediency.
progrediente | progredient.
progredir | progrede (to).
progresar | progress (to) | improve (to) | move (to) | get on (to).
progresar con un movimiento de precesión (giroscopios, astronomía) | precess (to).
progresión | progression | series.
progresión (matemáticas) | progression.
progresión armónica | harmonic progression.
progresión geométrica | geometrical progression.
progresión geométrica indefinida | infinite geometric progression.
progresión global (aeronáutica) | overall increase.
progresión por bloques | progression by brackets.
progresión por categorías | progression by classes | bracket progression.
progresista | progressionist.
progresiva del tipo de hélice | hemiorthome.
progresivamente | stepwise | step-by-step.
progresivamente creciente | progressively increasing.
progresivamente decreciente | progressively decreasing | progressively shortening.
progresivamente variable | progressively variable.
progresividad | progressiveness.
progresividad (pólvoras) | progressivity.
progresividad de la pólvora coloidal | colloidal powder progressivity.
progresivismo | progressivism.
progresivo | extensive | taper | graduated | gradual | step-by-step | travelling (G.B.) | stepped.
progresivo (troqueles) | multistage.
progreso | developments | march | way | process | furtherance | getting on.
progreso enorme | galloping progress.
progresos en la miniaturización | advances in miniaturization.
prohibición | restraint | forbiddenness.
prohibición (jurisprudencia) | injunction.
prohibición de edificar más allá de cierta altura | altius non tollendi.
prohibición judicial a un periódico | prior restraint.
prohibición para consultar los documentos de una sociedad | shut for dividend.
prohibida la pesca | fishing is forbidden.
prohibida la reproducción y traducción aunque sea parcial | reproduction and translation, even partially, prohibited.
prohibido | forbidden.
prohibido (el acceso) | out of bounds.
prohibido adelantar (autos en carretera) | no overtaking.
prohibido alteraciones sin autorización | unauthorized alterations prohibited.
prohibido en absoluto | absolutely forbbiden.
prohibir | forbid (to) | restrict (to) | enjoin (to).
prohibir oficialmente | condemn (to).
prohibir por orden judicial | enjoin (to).
proindiviso | jointly | undivided right | undivided.
projection | cabinet.
prolapso (medicina) | falling.
prolato | prolate.
prole (sentido despectivo) | spawn.
prolegómeno | prolegomenon.
proletariado | proletarianism.
proletario | proletarian.
proliferación nuclear en el mundo | world's nuclear proliferation.
prolificidad | prolificacy | prolificity.
prolijo | exhaustive.
prolina (bioquímica) | proline.
prolocutor | prolocutor.
prolocutora | prolocutrix.
prologar | prologize (to).
prologuista | prologist | prologizer | prefacer.
prolonga | prolonge.
prolongable (líneas rectas) | producible.
prolongación | prolongation | projection | carry-over | hickle | extending | expansion | extension | protraction | lengthening | continuation | continuance.
prolongación (de una línea) | elongation.
prolongación (de una nota musical) | holding.
prolongación (minas) | pitch.
prolongación continua | continuous extension.
prolongación de contactos | contact follow.
prolongación de la tubería de revestimiento (sondeos) | riser.
prolongación de línea | bridge tap.
prolongación de una línea | line elongation.
prolongación de una recta (geometría) | production.
prolongación del eje | shaft extension.
prolongación del eje del ánima de cañón | gunbore line.

prolongación excesiva de la amortiguación de una señál | hangover | tailing.
prolongación frontal | front extension.
prolongación irregular de las líneas horizontales (imagen de TV) | streaking.
prolongación irregular de las líneas horizontales (TV) | pulling on whites.
prolongación metálica fijada a un condensador de zinc | ballon.
prolongación polar (electricidad) | pole bevel.
prolongación por resistor en el inductor del cátodo | cathode-resistor bias.
prolongado | protracted | long-drawn-out | extended.
prolongador | protractor.
prolongador de conexiones de válvulas electrónicas | free-point tester.
prolongador de impulsos rectangulares | boxcar lengthener.
prolongar | protract (to) | continue (to) | prolong (to) | lengthen (to) | extend (to).
prolongar una recta (geometría) | produce (to).
promediar (matemáticas) | average (to).
promedio | mean | average | average.
promedio aritmético | arithmetic average.
promedio compuesto | composite average.
promedio de calidad | quality average.
promedio de llamadas (teléfono) | calling rate.
promedio de posición | average of position.
promedio de posiciones | position average.
promedio de puntuaciones | grade point average.
promedio de vida | life expectancy.
promedio directo | straight average.
promedio Dow Jones (economía) | Dow Jones average.
promedio general | overall average.
promedio móvil de doce meses | twelve month moving average.
promedio ponderado | weighted average.
promedio progresivo | progressive average.
promedio provisional | provisional mean.
promedio representativo (estadística) | representative average.
promedio variable | moving average.
promedios móviles | moving-averages.
promesa | pledge.
promesa de no declararse en huelga mientras se está discutiendo | labor's no-strike pledge.
promesa de pago | promise of pay.
promesa de pago e hipoteca | bond and mortgage.
promesa del obrero de no sindicarse | yellow-dog contract.
promesa explícita | express promise.
promesa formal | express promise.
promesa incondicional de pago | unconditional promise to pay.
promesa no vinculante | nudum pactum.
promesa o pacto verbal | assumpsit.
prometacentro | prometacenter.
prometedor | promisor | promiser.
prometer (minería) | prospect well (to).
prometio (Pm) | promethium.
prominencia | swell | boss | knob | rising.
promisorio | promisory.
promoción | promotion | ascent | class | advertising.
promoción de edificación de casas | promotion of housing construction.
promoción de ventas | sales promotion.
promocionabilidad (calidad de ascender por méritos - personas) | promotability.
promocionable (personas) | promotable.
promocional (de ventas) | promotional.
promontorio | bluff | headland.
promontorio saliente | beaked promontory.
promotor | pioneer | promotor | promoter | sponsor | mover | originator.
promotor de la fatiga | fatigue-promoting.
promotor de solubilidad | solubility promoter.
promotor de turbulencia | turbulence stimulator.
promotor de un negocio | backer.
promotor del proyecto | furtherer of the scheme.
promover | pioneer (to) | promote (to) | raise (to).
promover la competencia | promote competition (to).
promover la investigación | promote research (to).
promover una información ficticia en origen | mispresent the true origin (to).
promovido por rayos beta | beta-induced.
promulgación | enactment.
promulgar | enact (to) | publish (to).
promulgar (una ley) | pass (to).
pronogradia | pronogrady.
pronogrado | pronograde.
pronosticable | foretellable.
pronosticación de la escorrentía | runoff forescasting.
pronosticador (meteorología) | forecaster.
pronosticador automático de impactos por cohete | automatic rocket impact predictor.
pronosticador del tiempo | weatherman.
pronosticador titular | independent forecaster.
pronosticar | forecast (to).
pronóstico | forecasting | prognosis | forecast.
pronóstico a intervalo variable (estadística) | varying-interval prediction.
pronóstico de aeródromo de alternativa | alternate aerodrome forecast.
pronóstico de área (meteorología) | area forecast.
pronóstico de aterrizaje | landing forecast.
pronóstico de inundaciones (meteorología) | flood forecasting.
pronóstico de largo plazo | long-range forecast.
pronóstico de ruta | route forecast.
pronóstico de ruta (meteorología) | route forecast.
pronóstico de vuelo | flight forecast.
pronóstico del tiempo | weather forecast.
pronóstico múltiple | multiforecasting.
pronóstico preventivo | advisory forecast.
prontamente y con debida diligencia | as soon as may be.
prontitud operacional | operational readiness.
pronto | ready.
pronto pago | prompt payment | cash payment | early payment.
prontuario | digest of rules | compendium of rules | tickler file.
prontuario técnico | engineering handbook.
pronunciación (de un discurso) | delivery.
pronunciación (gramática) | utterance.
pronunciación de 0,00055 | decimal-nought-nought-nought-five-five.
pronunciación de 0,41 | decimal-four-one.
pronunciación transmitida oralmente | received pronunciation.
pronunciadamente | strongly.
pronunciado (pendiente, curva, etc.) | sharp.
pronunciar con fuerza | emphasize (to).
pronunciar con la punta de los labios | lip (to).
pronunciar sentencia | pronounce judgment (to).
pronunciar sentencia (jurídico) | pass judgment (to).
pronunciar una sentencia | render judgment (to).
pronunciar una sentencia (abogacía) | render judgement (to).
pro-occidental | pro-western.
prooxigenación (medicina) | pro-oxygenation.
propagabilidad | propagability.
propagable | propagable.
propagación | propagation | spread.
propagación anómala | anomalous propagation.
propagación anormal | abnormal propagation.
propagación con dispersión | scatter propagation.
propagación de grietas por fatiga | fatigue crack propagation.
propagación de grietas por tensión en presencia de mercurio | mercury stress-crack propagation.
propagación de la corriente | streaming.
propagación de la crecida | flood routing.
propagación de la grieta | crack propagation | crack growth.
propagación de la llama | flame growth.
propagación de la rotura | fracture propagation.
propagación de las grietas por fatiga del material | fatigue-crack propagation.
propagación de ondas hidromagnéticas | hydromagnetic wave propagation.
propagación de salto simple | single-hop propagation.
propagación de un salto de la onda radio en la ionosfera | one-hop ionospheric radio-wave propagation.
propagación de una rotura frágil | brittle fracture propagation.
propagación del error | propagation of error.
propagación del sonido en conductos | ducted sound propagation.
propagación directa (radiotelegrafía) | line-of-sight propagation.
propagación entre puntos ópticamente visibles (radiotelegrafía) | line-of-sight propagation.
propagación guiada | guided propagation.
propagación hacia delante por dispersión | forward-scatter propagation.
propagación inestable de la grieta (metalurgia) | pop-in.
propagación ionosférica | ionospheric propagation.
propagación lenta de la llama | low flame-spread.
propagación no ortodrómica | nongreat-circle propagation.
propagación ondulante | streaming.
propagación por acodos | layerage.
propagación por acodos (botánica) | layering.
propagación por dispersión ionosférica | ionospheric scattering propagation.
propagación por impulsos | single hop propagation.
propagación por reflexiones sucesivas | hop propagation | multihop propagation.
propagación por relés sucesivos | hop propagation.
propagación por un salto | single-hop propagation.
propagación transpolar | transpolar propagation.
propagación troposférica transhorizonte | tropospheric scattering.
propagación trosposférica más allá del horizonte | tropospheric beyond the horizon propagation .
propagación ultrasónica compresional | compressional ultrasonic propagation.
propagacional | propagational.
propagado por agua contaminada (enfermedades) | waterborne.
propagado por la explosión de hilos metálicos | exploding-wire driven.
propagador | propagator | spreader.
propagador de ideas | idea-monger.
propagador de noticias | circulator.
propaganda | advertising.
propaganda de fuente conocida | overt propaganda | white propaganda.
propaganda de fuente desconocida | gray propaganda.
propaganda de fuente desconocida o falsificada | covert propaganda.
propaganda de mostrador | counter display.
propaganda de reducción de precios | price reduction propaganda.
propaganda directa por correo | mail-order advertising | direct-mail advertising.
propaganda dirigida al público en general | mass advertising.
propaganda electoral | canvassing.
propaganda por carteles | bill-poster adverti-

sing | bill-poster propaganda.
propaganda sicológica | psychological propaganda.
propaganda subversiva | subversive propaganda.
propagandismo | propagandism.
propagandista | propagandist.
propagandizar | propagandise (to).
propágulo | propagule.
propágulo (botánica) | gemma.
propágulos | gemmae.
propalador (de noticias, etc.) | monger.
propanar | propanize (to).
propanero costero (buques) | coasting propane carrier.
propanizar | propanize (to).
propano | propane.
propano líquido | liquid propane.
propao (buques) | breastwork.
propao hacia popa del castillo de proa | after breastworks of the forecastle.
proparoxítono | proparoxytone.
propedia | propaedia | propedia.
propelente | propellant.
propelente (aviación) | propellent.
propelente sólido | solid propellant.
propender | tend (to).
propender a | make for (to).
propeno | propene.
propensidad | propensity.
propensión | ply | leaning | lean.
propensión a la fisuración | susceptibility | susceptibility to cracking.
propensión a la inversión | propensity to invest.
propensión al ahorro | propensity to save.
propensión al gasto | propensity to spend.
propensión marginal al ahorro | marginal propensity to save.
propenso a robar | liable to steal.
propergol (combustible de motores reación) | propellant.
propergol (combustible más carburante - cohetes) | propellant.
properispómeno | properispomenon.
propiciar el acuerdo | sponsor the agrement (to).
propiciar un proyecto de ley | sponsor a bill (to).
propiedad | estate | ownership | property | proprietorship | property | demesne | holding | masthead.
propiedad a censo | leasehold property.
propiedad absoluta | absolute estate.
propiedad adquirida | acquest.
propiedad advectiva | advected property.
propiedad afectada con una hipoteca | mortgaged estate.
propiedad alquilada | leased property.
propiedad arrendada | leasehold.
propiedad asegurada por una póliza valorada | scheduled property.
propiedad colectiva | collective ownership.
propiedad coligativa (disoluciones) | colligative property.
propiedad comprada | acquest.
propiedad común | common ownership.
propiedad conjunta | joint property.
propiedad conservativa | conservative property.
propiedad contigua | adjoining property.
propiedad contingente | contingent estate.
propiedad conyugal | entirety | tenancy by the entirety.
propiedad de conservar la forma | shape-holding property.
propiedad de dominio absoluto | estate of freehold.
propiedad de formar una masa con el terreno al congelarse éste (pilotes, etc.) | adfreezing property.
propiedad de la tierra | landowning.
propiedad de retener la forma | form-retaining property.
propiedad de un papel de envolver de permanecer plegado sobre un objeto | crease retention.
propiedad de usufructo | beneficial ownership.
propiedad del subsuelo | undersoil.
propiedad depreciable | depreciable property.
propiedad disputada | disputed ownership.
propiedad donada | donated property.
propiedad embargable | attachable property.
propiedad en dominio limitado | limited fee.
propiedad en dominio pleno | vested estate | title in fact simple.
propiedad en litigio | chose in action.
propiedad fideicomitida | trusteed property.
propiedad fraccionada entre pequeños accionistas | splintered ownership.
propiedad fungible | consumable property.
propiedad gravada con hipotecas | embarrassed state.
propiedad gravada de hipotecas | encumbered estate.
propiedad hipotecada | mortgaged property.
propiedad individual | individual ownership.
propiedad indivisa | tenancy in common | joint property.
propiedad indivisa entre marido y mujer | jointure.
propiedad industrial | industrial property.
propiedad inherente | inherent property.
propiedad inhibidora | inhibitive property.
propiedad inmobiliaria | personal property | land holdings | real property.
propiedad libre de cargas | fee simple | free hold.
propiedad libre de hipoteca | clear state.
propiedad libre de toda carga | estate free of all encumbrances.
propiedad lindante | abutting property | adjoining property.
propiedad literaria | literary property | copyright.
propiedad mancomunada | jointly owned property | estate in common.
propiedad minera | mining property.
propiedad objeto de un fideicomiso | fee-tail.
propiedad para depositar metal en los poros de un metal (baño electrolítico) | microthrowing power.
propiedad por herencia limitándola a una persona y sus herederos | estate tail.
propiedad por la que un material se vuelve fluido al reposar y menos fluido cuando se agita (reología) | dilatancy.
propiedad privada | private ownership | private property.
propiedad pública | collective ownership.
propiedad putativa | reputed ownership.
propiedad raíz | real estate property.
propiedad refractaria | fire-resisting property.
propiedad registrada | copyrighted.
propiedad sin cargas | clear state.
propiedad sin urbanizar | unimproved property.
propiedad sonoamortiguadora | noise-deadening property.
propiedad territorial | real estate.
propiedad total | vested property.
propiedad vinculada | entailed estate | entailed state.
propiedad vitalicia | life beneficiary | life estate.
propiedades a la tracción con entalla de ángulo muy agudo | sharp-notch tensile properties.
propiedades antiagarrotamiento (lubricantes) | antiseizure properties.
propiedades antifriccionales (cojinetes) | antiseizure properties.
propiedades antipegantes | antisticking properties.
propiedades cementantes (cemento) | cementitious properties.
propiedades conservativas | conservative properties.
propiedades corpusculares de las ondas | particle properties of waves.
propiedades corrosiorresistentes duraderas | long-lasting corrosion-resisting properties.
propiedades de contaje del diamante | counting properties of diamond.
propiedades de endurecerse al aire | air-setting properties.
propiedades de fraguar al aire (cemento) | air-setting properties.
propiedades de índice de fusión constante | constant-melt flow properties.
propiedades de pérdida de velocidad a pequeña velocidad (aviones) | low-speed stalling properties.
propiedades de resistencia al arranque de los clavos (maderas) | nailing properties.
propiedades de resistencia al desmoronamiento (superficies pintadas) | chalk resisting properties.
propiedades de termofluencia de corta duración | short time creep properties.
propiedades de trabajo (materiales) | engineering properties.
propiedades de tracción con entalla | notch-tensile properties.
propiedades del oro | aureity.
propiedades descorificantes (electrodos) | deslagging properties.
propiedades elásticoviscosas | elasticoviscous properties.
propiedades estatoelásticas | static elastic properties.
propiedades externas | external properties.
propiedades extremales | extremal properties.
propiedades físicas | physicals.
propiedades físicas de las rocas | physical properties of rocks.
propiedades focales de las cónicas | focal properties of conics.
propiedades friccionales | frictional properties.
propiedades geomecánicas | geomechanical properties.
propiedades hidrófugas | water repelling properties.
propiedades inmuebles | field capital assets.
propiedades intensivas naturales | natural intensive properties.
propiedades internas | internal properties.
propiedades mecánicas | external properties.
propiedades mecánicas (materiales) | engineering properties.
propiedades mutagénicas | mutagenic properties.
propiedades ondulatorias de las partículas | wave properties of particles.
propiedades para absorber los golpes | shock-cushioning properties.
propiedades principales | relevant properties.
propiedades secundarias | irrelevant properties.
propiedades superficiales de superficies | surface phenomena.
propiedades tecnológicas | engineering properties.
propiedades termofísicas | thermophysical properties.
propiedades termostáticas (termodinámica) | internal properties.
propiedades vectoriales de un cristal | vectorial properties of a crystal.
propietariado | landownership | landlordship.
propietario | owner | possessor | holder | proprietor | proprietary.
propietario absoluto | freeholder.
propietario colindante | adjoiner.
propietario de bosques | timber owner.
propietario de caballos de carreras | horse racer.
propietario de coches de alquiler | hire-car proprietor.
propietario de hilandería | mill-owner.
propietario de inmueble con fachada a una calle | frontager.
propietario de la tierra | landowner.
propietario de las mercancías | owner of the

goods.
propietario de molino | mill-owner.
propietario de muelle (EE.UU.) | wharfinger.
propietario de tienda pequeña | small-store owner.
propietario de un periódico (EE.UU.) | publisher.
propietario de un terreno | lienee.
propietario de una marca | trade-mark owner.
propietario de una plantación | planter.
propietario del flete | freight owner.
propietario del terreno de una mina | farmer.
propietario exclusivo | sole proprietor.
propietario indiviso | joint owner.
propietario nato | landlord.
propietario nudo | actual owner.
propietario o arrendatario de una mina de carbón | coal master.
propietario por prescripción | prescriptive owner.
propietario presente | reputed owner.
propietario registrado | owner of record.
propietario ribereño | frontager.
propietario rural | landowner.
propietarios de empresas pequeñas | small-bussiness owners.
propileno | propylene.
propileno polivalente | polyvalente propylene.
propileno químico | chemical propylene.
propilita | propylite.
propilitización (geología) | propylitization.
propio | right.
propio para sujetar o amarrar | anchorable.
propiocepción | proprioception.
proponente | mover.
proponer | put (to) | put forth (to) | tender (to) | proffer (to).
proponer (en una asamblea) | move (to).
proponer (un candidato) | nominate (to).
proponer como candidato | put in nomination (to) | place in nomination (to).
proponer un acuerdo | offer a composition (to).
proponer una moción | offer a motion (to).
proponerse | contemplate (to).
proporción | titre | proportion | cross ratio | rate | ratio | proposal.
proporción (de impurezas, etc.) | level.
proporción aritmética | arithmetical ratio.
proporción armónica | harmonical proportion | harmonic ratio.
proporción creciente | rising rate.
proporción de agua | amount of water.
proporción de alquitrán (aceites) | tar number | sludging number.
proporción de alquitrán (lubricantes) | tar coefficient.
proporción de aprovechamiento | recovery rate.
proporción de ayuda mutua | interaid rate.
proporción de cenizas | ash content.
proporción de decrecimiento | rate of decay.
proporción de fracasos | failure rate.
proporción de humedad admisible | amount of moisture allowed.
proporción de la superficie de tubos a la superficie de caldeo de la caldera | percentage tube surface to boiler heating surface.
proporción de llamadas perdidas (telefonía) | proportion of lost calls.
proporción de mezcla | mixing ratio.
proporción de neutrones retardados | delayed neutron fraction.
proporción definida | definite proportion.
proporción del mineral en la carga (alto horno) | ore burden.
proporción del oro con relación a la circulación monetaria | gold ratio.
proporción en oro de la muestra de ensayo | prospect.
proporción entre activo y pasivo circulante | acid-test ratio.
proporción entre el número de estudiantes y profesores | student-teacher ratio.
proporción eutéctica | eutectic ratio.
proporción geométrica | geometric proportioning | geometrical proportion | geometrical ratio.
proporción media | medium grade.
proporción y simetría en la impresión | balance.
proporciona beneficios | it pays dividends.
proporcionado | commensurate | commensurable | proportioned.
proporcionado (instalaciones) | sizable.
proporcional | rateable | ratable | linear.
proporcionalidad | proportionality.
proporcionalidad (fenómenos) | linearity.
proporcionalidad de la respuesta | linearity of response.
proporcionalidad de la sensación (mandos de avión) | feel linearity.
proporcionalmente | ratably.
proporcionar | feed (to) | afford (to) | provide with (to) | proportion (to) | apportion (to) | furnish (to).
proporcionar caballo a | remount (to).
proporcionar margen (bolsa) | margin (to).
proporciones (edificios) | proportions.
proporciones alícuotas | aliquot proportions.
proporciones atómicas | atomic ratios.
proporciones correlacionadas | correlated proportions.
proporciones definidas | definite proportions.
proporciones dosificadas con gran precisión | closely-controlled proportions.
proporciones eutécticas | eutectic proportions.
proporciones inversas | reciprocal proportions.
proporciones múltiples | multiple proportions.
proporcionómetro | proportion meter.
proposición | proposition | statement | proffer | motion | offer | resolution | tender.
proposición de Euclides | prop.
proposición de mejora | suggestion for improvement.
proposición en pliego cerrado | sealed tender.
proposición lucrativa | paying proposition.
proposición para la rebelión | proposition for the revolt.
proposición que ha de discutirse | question.
proposición recíproca | converse statement.
proposiciones en pliego cerrado | sealed bid.
propósito | objective.
propuesta | proposal | proposition | bid | motion | offer | proffer | tender.
propuesta (de ley, reglamento, etc.) | draft.
propuesta (para un empleo) | nomination.
propuesta cerrada | sealed bid.
propuesta de proyecto | project proposal.
propuesta dejada pendiente para ser reconsiderada | tabled motion.
propuesta del consejo ejecutivo | executive council's motion.
propuesta del contratista | contractor's proposal.
propuesta económica viable | viable economic proposition.
propuesta en pliego sellado | sealed tender.
propuesta en sobre cerrado | sealed bid.
propuesta informal | irregular bid.
propuesta para subcontrato | subbid.
propuesta pública | open bidding.
propuesta sellada | sealed bid.
propuesta sellada (legal) | sealed bid.
propuestas selladas | closed bids.
propuesto | tentative.
propulsado a brazo | man-propelled.
propulsado mecánicamente | mechanically-propelled.
propulsado por cohete | rocket propelled.
propulsado por chorro de agua (embarcaciones) | water jet-powered.
propulsado por diesel | diesel-engined.
propulsado por energía nuclear | nuclear-propelled.
propulsado por estatorreactor | ramjet propelled.
propulsado por la reacción de un retrochorro | reaction-propelled.
propulsado por motor cohético | rocket engine-powered.
propulsado por motor de chorro | jet-powered.
propulsado por motor diesel | diesel-propelled.
propulsado por motores de pistón (aviones) | piston-powered.
propulsado por pulsorreactor | pulsejet-engined.
propulsado por reactor nuclear | atomic reactor-powered.
propulsado por turbohélice | turboprop-powered.
propulsante (combustible más carburante - cohetes) | propellant.
propulsante acriogénico | noncryogenic propellant.
propulsante autoignitante | autoigniting propellant.
propulsante criógeno | cryogenic propellant.
propulsante de doble base | double-base propellant.
propulsante de inflamación espontánea | spontaneously-ignition propellant.
propulsante de plastisol | plastisol propellant.
propulsante líquido | liquid propellant.
propulsante líquido para cohetes | liquid rocket propellant.
propulsante metalizado | metallized propellant.
propulsante multicomponente | multicomponent propellant.
propulsante para cohetes | rocket-type propellant.
propulsante plástico | plastic propellant.
propulsante que consiste en dos productos químicos no mezclados | bipropellant.
propulsante que se inflama espontáneamente al contacto de un oxidante (misiles) | hypergolic propellant.
propulsante sólido compuesto de un combustible y un oxidante | composite propellant.
propulsar por chorro | jet engine (to).
propulsar por medio de cohetes | rocket-propel (to).
propulsión | propulsion | drive.
propulsión adicional del avión durante el vuelo | piloted aircraft propulsion.
propulsión aerotermodinámica | aerothermodynamic propulsion.
propulsión con motores diesel gemelos engranados | geared twin diesel drive.
propulsión de cosmonaves | spacecraft propulsion.
propulsión de gran empuje | high-thrust propulsion.
propulsión de gran velocidad dependiendo del medio en que se evoluciona | high-speed medium propulsion.
propulsión del avión | aircraft propulsion.
propulsión dependiendo del medio en que se evoluciona | medium propulsion.
propulsión durante el vuelo | inflight propulsion.
propulsión electrostática | electrostatic propulsion.
propulsión exclusiva con turbina de gases de combustión | all-gas turbine propulsion.
propulsión exclusiva por turbina de combustión | all-gas turbine propulsion.
propulsión iónica | ion propulsion | ionic propulsión.
propulsión mecánica | power propulsion.
propulsión mixta | compound propulsion.
propulsión monohélice por turbina engranada (buques) | single-screw geared turbine propulsion.
propulsión naval | naval propulsion.
propulsión nuclear | nuclear propulsion | atomic propulsion.
propulsión nuclear de buques de guerra | naval nuclear propulsion.
propulsión nuclear del cohete | nuclear rocket propulsion.

propulsión plasmática | plasma propulsion.
propulsión polimotórica | multiengined propulsion.
propulsión polimotórica diesel-eléctrica | multiple-unit diesel-electric drive.
propulsión por álabes de rotor arrastrados con velocidad supersónica por estatorreactores o estatocohetes | ramprop.
propulsión por cohete | rocket propulsion.
propulsión por chorro | jet propulsion.
propulsión por chorro de agua (buques) | waterjet propulsion.
propulsión por chorro de agua (embarcación) | jet-foil.
propulsión por chorro en las puntas de la pala del rotor del helicóptero | helicopter-rotor tip-jet propulsion | helicopter rotor tip-jet propulsion.
propulsión por hélice en tobera fija (buques) | ducted propeller propulsion.
propulsión por la energía almacenada en un volante que acciona después un motor eléctrico | gyro propulsion.
propulsión por máquinas engranadas | multiengined geared propulsion.
propulsión por plasma | plasma propulsion.
propulsión por plasma pulsado | pulsed-plasma propulsion.
propulsión por polimotores diesel engranados (buques) | multidiesel propulsion.
propulsión por polimotores engranados (buques) | multiengined gear propulsion.
propulsión por reacción de chorro | jet propulsion.
propulsión por reacción del rotor del helicóptero | helicopter rotor reaction drive.
propulsión por reacción en que existe un compresor | turbojet.
propulsión por turbina de vapor engranada | geared steam turbine propulsion.
propulsión por turborreactor en la punta de la pala (helicópteros) | tip jet propulsion.
propulsión por un retrochorro (de gases, de agua) | reaction propulsion.
propulsión por vapor | steam propulsion.
propulsión producida por chorro | jet-producing propulsion.
propulsión sobre las ruedas delanteras | front-wheel drive.
propulsión solar | solar propulsion.
propulsión termiónica nuclear | nuclear thermionic propulsion.
propulsión termoelectrosolar | solar-electric-thermal propulsion.
propulsión turboeléctrica | turboelectric drive | turbine-electric propulsion.
propulsivo | impulsive | propulsive | propellent.
propulsor | propeller | propulsor | impeller | thrustor | thruster.
propulsor cohético de propulsante líquido | liquid-propellant rocket motor.
propulsor cohético de propulsante sólido | solid-propellant rocket motor.
propulsor de cilindros (cerámica) | expression roll.
propulsor de cohete | rocket motor.
propulsor de chorro | jet engine.
propulsor de chorro de agua | hydromotor.
propulsor de émbolo (cerámica) | stupid.
propulsor de hélice | screw | screw propeller.
propulsor de hélice (pasta cerámica) | auger machine.
propulsor de paletas | blade propeller.
propulsor del pistón | piston propeller.
propulsor hidráulico | hydraulic propeller.
propulsor por reacción de chorro de gases | jet engine.
propulsor sólido (vehículos espaciales) | solid propellant.
prorrata | prorate | proportional assessment | pro rata.
prorrata repartida | apportioned pro rata.
prorratear | apportion (to) | average (to) | aliquot (to) | prorate (to).
prorrateo | gild-ale | prorate | prorating.
prorrateo (pérdidas o ganancias) | adjustment.
prorrateo de la pérdida | apportionment of loss.
prorrateo de las pérdidas | loss apportionment.
prorrateo del coste | cost apportionments.
prorrateos entre ejercicios | interperiod allocation.
prórroga | prorrogation | renewal | stretch | stretchout | respite (to) | respite | indulgence | time | time extension | coast-down | extension of time | extension | extending.
prórroga (comercial) | extension of time.
prórroga (efecto comercial) | rider.
prórroga de contratos | prolongation.
prórroga de la licencia de importación | import license extension.
prórroga de las prestaciones | extension of benefits.
prórroga de licencia | renewal of licence.
prórroga de un préstamo | renewal of a loan.
prórroga del contrato | extension of the contract.
prórroga del contrato de licencia | prolongation of the licence contract | license contract prolongation.
prórroga del crédito | credit extensión.
prórroga del plazo de pago | extension of a credit.
prórroga para la presentación de ofertas | extension of time for the presentation of bids.
prorrogable | extendible.
prorrogable (plazos) | renewable.
prorrogado | extended.
prorrogar | renew (to) | defer (to) | put over (to) | stretch (to).
prorrogar (hipotecas) | extend (to).
prorrogar (plazos) | postpone (to).
prorrogar el plazo de suministro | postpone the date of supply (to).
prorrogar la validez | extend the validity (to).
prorrogar un pagaré | extend a note (to).
prorrogar un plazo | extend a period (to).
prórrogas | renewals.
prortuario | repertory of rules.
prosaico | literal.
proscribir | proscribe | out law (to).
proscriptor | proscriptor.
proseguir | hold on (to) | prosecute (to) | continue (to) | keep on (to).
proseguir el ataque | advance the attack (to).
prosopografía | prosopography.
prosovietismo | prosovietism.
prospección | prospection | prospect | prospecting | looking forward | digging | monitoring | searching | research | contacting work | exploration | exploration boring.
prospección (minería) | surveying.
prospección aérea | aerial monitoring.
prospección aeromagnética | aeromagnetic prospection.
prospección bioquímica | biochemical prospecting.
prospección botánica aplicada a la búsqueda del uranio | uranium botanical prospecting.
prospección botánica de minerales | botanical prospecting.
prospección de diamantes | diamond prospecting.
prospección de mercados | market research | marketing | marketing research.
prospección de minerales | mineral prospecting.
prospección de pozos petrolíferos | wildcatting.
prospección de refracción | refraction survey.
prospección de zona | area monitoring.
prospección del petróleo | oil-winning.
prospección desde avión | airborne prospecting.
prospección electromagnética | electromagnetic prospecting.
prospección emanométrica | emanation prospecting.
prospección fotogeológica | photogeological prospecting.
prospección geobotánica | geobotanical prospecting.
prospección geoeléctrica | electrical prospecting | geoelectrical prospection.
prospección geofísica | electrical prospecting | geophysical surveying | geophysical prospecting.
prospección geofísica (petrolífera) | geophysical prospecting.
prospección geofísica aérea | aerial geophysical prospection.
prospección geológica | geological prospecting.
prospección geoquímica | geochemical prospecting.
prospección gravimétrica | gravimetric survey.
prospección hidrogeoquímica | hydrogeochemical prospecting.
prospección hidrológica | hydrological prospection | hydrological forecasting.
prospección local | site monitoring.
prospección magnética | magnetic prospecting.
prospección oceánica | oceanic prospection.
prospección petrolera | oil exploration.
prospección petrolera por rayos gamma | gamma ray oil exploration | gamma-ray oil exploration.
prospección por análisis de las plantas que crecen en el terreno (uranio) | plant-analysis prospecting.
prospección por corrientes telúricas | telluric current prospecting.
prospección por fragmentos encontrados (minería) | shoading.
prospección por pozos | test-pitting.
prospección por reflexión sísmica | seismic-reflection survey.
prospección por trincheras (minería) | randing.
prospección radiométrica | radiometric prospecting.
prospección sísmica | seismic surveying | seismic prospecting.
prospeccionado con calicatas (minería) | test-pitted.
prospeccionar | burrow (to).
prospeccionar (minería) | prospect (to).
prospectar | costean (to) | prospect (to).
prospectar (minas) | exploit (to).
prospectar con calicatas | test-pit (to).
prospectiva | prospective.
prospectividad | prospectiveness.
prospecto | prospectus | flyer | fly-bill | brochure | broadside | flypaper | leaflet | advertising leaflet.
prospecto de propaganda | advertising booklet.
prospecto detallado | full prospectus.
prospector | prospector | scout.
prospector de oro | gold prospector.
prospector de uranio | uranium prospector.
prosperidad | bonanza.
próspero | booming.
próspero (vientos, etc.) | fair.
prostituido | trading.
protactínido | protactinide.
protactinio | protactinium.
protactinium (Pa) | protactinium.
protagonizar (cine) | feature (to).
protalbina plata | silver protalbin.
protanopia | red blindness.
prótasis | protasis.
protático | protatic.
proteasa (bioquímica) | protease.
protección | safety | safeguard | guard | support | securing | shielding | masking.
protección (de un sistema) | coverage.
protección a distancia | distance protection.
protección a la infancia | infant welfare.
protección aérea a gran altitud (de tropas terrestres) | high cover.
protección aérea de cazadores para una columna que se mueve sobre el terreno | column cover.
protección aérea de tropas en tierra | umbrella cover.
protección aérea formada por cazadores (operaciones terrestres) | fighter umbrella.

protección aérea que vuela sobre la fuerza protegida | top cover.
protección aérea táctica | tactical air cover | tactical air cover.
protección al trabajo | protection of labour.
protección ambiental | environmental protection.
protección amplia | liberal protection.
protección antigás | antigas protection.
protección antihielo | antifreeze protection.
protección antirradárica | radar camouflage.
protección autoequilibrada | self-balance protection.
protección automática del tren | automatic train protection (A.T.P.).
protección biológica | biological shield.
protección catódica por ánodo sacrificatorio | sacrificial anode cathodic protection.
protección catódica por diferencia de potencial eléctrico | impressed current cathodic protection.
protección ceráunica | lightning-protection.
protección cercana | close-in protection.
protección civil | population protection and resources management.
protección colocando fusibles o aparatos de suficiente capacidad de ruptura en el lado de la alimentación del aparato deficiente en capacidad de ruptura | backup protection.
protección con fusibles | fusing.
protección con pletina de hierro o latón de la roda (botes) | nose.
protección con relés (circuitos) | relaying.
protección con relés de desconexión de transferencia | transfer-trip relaying.
protección contra | screening.
protección contra arrastre | scour protection.
protección contra ataques aéreos | cover.
protección contra averías | damage-proofing.
protección contra averías en el campo inductor (electricidad) | field-failure protection.
protección contra bombardeo aéreo | aerial bombardment protection.
protección contra corrientes invertidas | reverse-current protection.
protección contra crecidas (ríos) | flood relief.
protección contra el calor del tipo de fusión con evaporación (satélites artificiales) | melting-type heat protection.
protección contra el desincronismo (motores síncronos) | pull out protection.
protección contra el deterioro por un largo tiempo | mothballing.
protección contra el efecto de cierre (circuitos) | latch-up protection.
protección contra el fuego | fire-conservancy.
protección contra el goteo | splash-proof fitting.
protección contra el polvo | dust protection.
protección contra el rayo | shielding against lightning.
protección contra falta de corriente | no volt protection | no-volt protection.
protección contra hongos | fungiproofing.
protección contra incendios | fire protection.
protección contra interrupción de una fase (corriente trifásica) | phase-failure protection.
protección contra interrupción de una fase (electromotor) | phase-failure protection.
protección contra interrupciones de fase | phase-fault protection.
protección contra inversión de fases | phase-reversal protection.
protección contra la búsqueda | fetch protection.
protección contra la galvanoplastia | stopping-off.
protección contra la irradiación neutrónica | neutron radiation protection.
protección contra la pérdida del campo excitador | loss-of-field protection.
protección contra la radiactividad | radioactivity shielding.
protección contra las heladas | frost protection.
protección contra las pérdidas de la línea a tierra o a masa (electricidad)- | line-to-ground-fault protection.
protección contra las sobrecargas | overpower protection | overload protection.
protección contra los agentes invernales (como nieve, hielo, frío, etc.) | winterization.
protección contra los agentes invernales como nieve (motores, estructuras - aviones) | winterizing.
protección contra pérdida del sincronismo (motores síncronos) | out-of-step protection.
protección contra puesta a tierra aislada en derivación | biased restricted earth-fault protection.
protección contra radiactividad | radioactive screening.
protección contra rayos gamma | gamma-ray shielding.
protección contra sobrecorriente | excess-current protection.
protección contra tierras | earth-fault protection | earth-leakage protection.
protección contra variaciones de precios | hedge.
protección crómica (pasivación) | chromatic protection.
protección de asincronismo (motores síncronos) | out-of-step protection.
protección de capucha metálica (muelas abrasivas) | hood.
protección de carga | dunnage.
protección de circuito por relés | relaying protection.
protección de costas | shore protection.
protección de disincronismo | out-of-step protection.
protección de emergencia | back-up protection.
protección de ficheros | file protect.
protección de grabación | write-protect.
protección de la calidad | quality protection.
protección de la calidad del lote | lot quality protection.
protección de la calidad promedia | average quality protection.
protección de la máquina | machine guarding.
protección de la solera con material suelto (como arena, mineral, etcétera-horno Siemens) | fettling.
protección de laderas (Iberoamérica) | hill-culture.
protección de las orillas | bank protection.
protección de los depositantes | protection of depositors.
protección de los flancos (ejércitos) | flank security.
protección de marcas | trade-mark protection.
protección de persiana | louver guard.
protección de sobretensión | overvoltage projection.
protección de taludes | slope protection.
protección de taludes de presas de tierra | earth dam slope protection.
protección de temporización con retardo constante (electricidad) | constant-delay timing protection.
protección de torrenteras | gully control.
protección de una sola fase | single-phasing protection.
protección de valores | safe keeping of securities.
protección del anillo de forzamiento (proyectiles) | band-guard.
protección del paisaje (carreteras) | scenic protection.
protección del ramal conducido (transportador de cinta) | decking.
protección del rotor de cola (helicóptero) | tail rotor guard.
protección del sistema | coverage of the system.
protección del tránsito por la acera (edificio en obras) | sidewalk bridge.
protección diferida | time-limit protection.
protección diurna | day protection.
protección durante el arranque y durante el funcionamiento normal | start-run protection.
protección eficaz | effective protection.
protección en funcionamiento | running protection.
protección en marcha (tropas en movimiento) | protection in the move.
protección extrarrápida contra averías | instantaneous fault protection.
protección fosfática (metalurgia) | phosphatic protection.
protección individual | individual protection.
protección instantánea contra averías | instantaneous fault protection.
protección jurídica | legal protection.
protección local temporizada (electricidad) | local back-up.
protección magnetotérmica | magnetothermical protection.
protección nuclear | harden.
protección panclimática | panclimatic protection.
protección para pérdida de sincronismo | out-of-step protection.
protección por asteriscos | asterisk protection.
protección por cazadores (operaciones en tierra) | fighter cover.
protección por confrontación de fase de la portadora | phase-comparison carrier protection.
protección por piloto de comparación directa | pilot protection with direct comparison.
protección por relé de conexión a masa | ground relay protection.
protección por relé de tierra | ground relay protection.
protección por telerrelés | distance protection.
protección principal (telecomunicación) | main protection.
protección que da un avión a la cola del avión protegido | rear cover.
protección radiológica | radiological safety | radiation protection.
protección sacrificial (con destrucción de un elemento para que otro no sea atacado) | sacrificial protection.
protección sanitaria | health physics.
protección selectiva | selective protection.
protección subsidiaria en caso de malfuncionamiento de la protección normal | backup relaying.
protección temporizada | time-limit protection.
protecciones para la carga | charge pans.
proteccionismo | protectionism | protection.
proteccionista | protectionist.
protecciónresguardo | protection.
protectante | protectant.
protectantes contra ataques de insectos | protectants against insect attack.
protectivo | protective.
protector | protector | sustainer | arrester.
protector (imprenta) | resist.
protector (revestimientos, metales, etc.) | sacrificial.
protector anticorrosivo | corrosion protector.
protector antinidos | smash protector.
protector antinidos (telar) | protector motion.
protector antinidos (telares) | warp protector.
protector contra la erosión | erosion protector.
protector de alambre | wire guard.
protector de alcohol polivinílico (imprenta) | resist of polyvinyl alcohol.
protector de cadena (Méjico) | boom cap.
protector de corrosión hidrosoluble | water-soluble corrosion protector.
protector de hilos | bootleg.
protector de la salida de las vainas de cartuchos disparados (cañones) | cartridge case deflector.
protector de la urdimbre | smash protector.
protector de la urdimbre (telar) | protector motion.
protector de las guías | slideway protector.

protector de lente | lens cap.
protector de puesta a masa de reposición manual | earth fault latchout.
protector de sobrecarga accionado por termostato bimetálico | bimetal-operated overload protector.
protector de tubería | casing protector.
protector de urdimbre (telares) | warp protector.
protector de ventilador | fan guard.
protector del oído | ear defender.
protector del plato | chuck guard.
protector para sierras circulares | circular saw guard.
protector visual y de sonido | sight-and-sound protector.
protectores | protective devices.
protectoscopio (carros asalto) | protectoscope.
protegemuelas | wheel-guard.
protegepiernas (motos) | leg-guards.
proteger | protect (to) | safeguard (to) | favour (to).
proteger autodestruyéndose para que otro elemento no sea atacado (protección catódica por ánodo sacrificatorio) | protect sacrificially.
proteger con chapas de escurrimiento (ventanas, etc.) | flash (to).
proteger con diques | dyke (to).
proteger con diques (terrenos) | dike (to).
proteger con diques de encauzamiento (terrenos) | levee (to).
proteger con fusibles (electricidad) | fuse (to).
proteger con malecones (terrenos) | levee (to).
proteger con parachoques | fender (to).
proteger con riego de plástico (encapullar - máquinas, aviones, etc.) | cocoon (to).
proteger con sacos de arena (edificios) | sandbag (to).
proteger con un andamiaje especial que rodea el objeto y que se rocía con una capa de plástico (cañones, aviones, etc.) | embalm (to).
proteger de | screen (to).
proteger de los campos de dispersión magnética | shield from stray magnetic fields (to).
proteger la superficie | blanket (to).
protegerponer a cubierto | protect (to).
protegerse contra el riesgo del cambio | protect against the foreign exchange risk (to).
protegida contra efectos de corona | corona-protected.
protegido | shielded | undercovered.
protegido (con defensa - mecanismos) | guarded.
protegido (máquinas) | fenced.
protegido catódicamente | cathodically protected.
protegido con atmósfera de argón (soldadura) | argon-backed.
protegido con blindaje | armor-protected.
protegido con diques | sea walled.
protegido con diques de encauzamiento | leveed.
protegido con flejes metálicos | metal strapped.
protegido con fuelle de cuero | leather bellows protected | leather-bellows protected.
protegido con fusibles (electricidad) | fused.
protegido con gas | gas-shielded.
protegido con gas inerte (soldadura) | gas-shielded.
protegido con gasa | gauze-protected.
protegido con pararrayos (edificios) | rodded.
protegido con rejilla | screen-protected.
protegido con tela metálica | gauze-protected.
protegido con tubo metálico | metal-tube-protected.
protegido contra atascos | jam proof.
protegido contra contactos accidentales (aparatos) | screened.
protegido contra cortocircuitos | short-circuit-proof.
protegido contra cuerpos extraños (máquina) | splashproof.
protegido contra choque | impactproof.
protegido contra el polvo | dustproof | dust proof.
protegido contra el rayo | lightning-proof.
protegido contra el viento | windproof.
protegido contra goteo | dripproof.
protegido contra la convección | convectively shielded.
protegido contra la humedad | moisture repellent.
protegido contra la intemperie | weatherproof | weather-protected.
protegido contra las irradiaciones | raysproof.
protegido contra las sobretensiones | surge-limiting.
protegido contra manchas | smudge proof.
protegido contra salpicaduras | splashproof.
protegido de | dependent.
protegido de la intemperie | weather-protected.
protegido de mal tiempo | weatherproof.
protegido del fuego | fireproofed.
protegido del polvo | dustshielded.
protegido dentro de gas inerte (soldeo, etc.) | inert-gas-shielded.
protegido galvánicamente | galvanically-protected.
protegido por atmósfera de argón | argon-shielded.
protegido por cazas | under fighter cover.
protegido por los derechos de autor | copyright.
protegido por un fusible | backed up by a fuse.
proteína | protein.
proteína con estructura fibrosa | texturized protein.
proteína de la soja | alpha protein.
proteína derivada de las habas silvestres | kesp.
proteína desnaturalizada | denatured protein.
proteína digestible | digestible protein.
proteina nativa | native protein.
proteina plasmática (biología) | plasma protein.
proteína que contiene azufre | sulfur-containing protein.
proteína texturizada | texturized protein.
proteina transportadora de acilos | acyl carrier protein.
proteínas con esctrutura fibrosa | textured proteins.
proteínas texturadas | textured proteins.
proteínas vegetales | plant protein.
proteinato de plata | silver proteinate.
proteínico | proteinic.
protejeorejas | ear defender.
protejido con cárter | shrouded.
protejido contra | proof.
protejido contra el rayo | stormproof.
proteólisis | proteolysis.
proterobasa (petrología) | proterobase.
proterozoico (EE.UU.) | proterozoic.
protésico (persona) | prosthetist.
prótesis bioeléctrica | bioelectric protesis.
prótesis del brazo | arm prostheses.
prótesis del brazo accionado por los músculos (cirugía) | muscle-operated arm prostheses.
prótesis electrónicas (medicina) | electronic prostheses.
prótesis neumática (cirugía) | pneumatic prostheses.
protesista | prothesit.
protesta de avería | ship's protest.
protesta estudiantil | student protest.
protesta por escrito | protest in writing.
protestado | protestee.
protestador | protestant | protester.
protestante | protestant.
protestar | take exception (to).
protestar (una letra) | protest (to).
protestar de una afirmación | except against a statement (to).
protestar una letra | protest a draft (to) | have a bill protested (to).
protestar una letra de cambio | note a protest (to) | note protest of a bill of exchange (to).
protestatario | protester | protestant.
protesto (comercio) | protest.
protesto de acta notarial | notarial protest certificate.
protesto de una letra | noting a bill.
protesto de una letra de cambio | protest of a draft | protest of a bill of exchange.
protesto del capitán (buques) | captain's protest.
protesto notarial (letras de cambio) | notarial protest.
protesto por falta de aceptación | protest for nonacceptance.
protesto por falta de pago | protest for nonpayment.
protilo (plasma primordial) | ylem.
protio (isótopo de hidrógeno de masa 1) | protium.
protio (isótopo del hidrógeno) | protium.
protismo | protista.
protobitumen | protobitumen.
protocloruro de estaño | stannous chloride.
protocolar | register (to).
protocolizado | of records.
protocolizar (documentos) | record (to) | enter into the record (to).
protocolo | protocol | record | records | enrollment | register | minutes.
protocolo (oficina) | registry.
protocolo de comunicación (datos transmitidos) | communications protocol.
protocolo de pruebas | test schedule | testing record sheet.
protocolo final | eschatocol.
protocolo militar | military protocol.
protocolo notarial | notary's registry.
protocolos especiales | special schedules.
protocromonema | protochromonema.
protógeno (geología) | protogene.
protogeométrico | protogeometric.
protogótico | protogothic.
protohistoria | protohistory.
protón | proton.
protón (física nuclear) | H-particle.
protón de retroceso | recoil proton.
protón impactado | impacted proton.
protón negativo | negative proton | antiproton.
protón nuclear | nuclear proton.
protonación | protonation.
protones captados geomagnéticamente | geomagnetically trapped protons.
protones de rayos cósmicos | cosmic-ray protons.
protones elásticamente dispersos | elastically scattered protons.
protones inelásticamente dispersos | inelastically scattered protons.
protónico | proton | protonic.
protonosfera | protonosphere.
protonotaría | protonotaryship.
protonotario
protoplasma | protoplasm | plasma.
protoplasto | protoplast.
protoprisma (cristalografía) | unit prism.
prototipación | prototyping.
prototipar | prototype (to).
prototipo | preproduction model | sampler | prototype.
prototipo de prueba | type test.
prototipo electroformado | electroformed prototype.
prototipo negativo (fotograbado) | direct negative.
prototipo para la fabricación en serie | production prototype.
prototipografía (imprenta) | prototypography.
prototrofo | prototrophic.
protóxido de plomo | yellow lead.
protozoarios (zoología) | protozoa.
protozoarios del paludismo | malarial protozoa.
protozoico | protozoic.
protozoología | protozoology.
protozoológico | protozoological.
protracción (de un músculo) | protraction.

protractor (cirugía) | protractor.
protrusión de lava viscosa | cumulo-volcano | cumulo dome.
protrusión del diamante sobre la matriz | protrusion of the diamond above the matrix.
protrusión insignificante | negligible protrusion.
protrusiones superficiales (lingotes) | scabs.
protrusivo | protrusive.
protuberancia | protuberance | bump | rising | boss | swelling | swell | lump | knob | roundness | knoll.
protuberancia (gráficos) | hump.
protuberancia (mancha solar) | loop.
protuberancia (tronco árboles) | knur.
protuberancia de aguas freáticas | ground water mound.
protuberancia de cicatrización (árboles) | callous margin | cushion of callus.
protuberancia en arco (sol) | loop prominence.
protuberancia en el forro del ala | wing skin buckle.
protuberancia en forma de cubeta en la parte inferior (aeroplanos) | bathtub.
protuberancia en un campo de hielo | hummock.
protuberancia esférica desde donde se dispara el cañón (aeroplanos) | gun blister.
protuberancia para ser taladrada y roscada y servir para la unión con otra pieza (piezas fundidas o forjadas) | pad.
protuberancia roscada interiormente | tapping boss.
protuberancia saliente del forro metálico (aviones) | panting.
protuberancia saliente para colocar un instrumento científico (aviones) | instrumentation boom.
protuberancia saliente que se forma en el forro metálico (aviones) | oilcanning.
protuberancias anticlinales | anticlinal bulges.
protuberante | protuberant | overhung.
protusión | protrusion.
protutela | proturoship | vigilant guardianship.
protutor | assistant guardian.
proustita | proustite | red silver | light ruby silver | light-red silver ore | arsenic silver blende.
provecho | profit | pay | return | gainfulness | avail.
proveedor | supplier | victualler | victualer | provider | purveyor | fitter | furnisher.
proveedor (de artículos de vestir) | outfitter.
proveedor de buques | ship chandler | ship chandler.
proveedor de efectos navales | ship chandler.
proveedor de fondos (minas) | habilitator.
proveedor de municiones | ammunition carrier.
proveedor directo | drop shipper.
proveedor habitual | regular supplier.
proveedor principal | principal supplier.
proveedora | cateress.
proveedores de servicios | providers of services.
proveeduría | procureship.
proveer | cater (to) | stock (to) | furnish (to) | supply (to) | equip (to) | store (to) | provide (to) | replenish (to) | furnish (to) | fit out (to).
proveer a | provide for (to).
proveer a las necesidades de | stake (to).
proveer a los gastos de | defray the cost of (to).
proveer con documentos | document (to).
proveer de | provide with (to).
proveer de alambre | wire (to).
proveer de borde | skirt (to).
proveer de caballos | horse (to).
proveer de estantes | shelve (to).
proveer de fondos | supply with funds (to) | provide for (to).
proveer de gasolina | gas (to).
proveer de motor | engine (to).
proveer de oficiales (un cuerpo) | officer (to).
proveer fondos | put the banker in funds (to).
proveer un empleo vacante | fill up (to).
proveer una vacante | fill up a post (to).
proveerse de fondos para la explotación (de una mina) | habilitate (to).
proveniente de | ensuant on.
provenir | spring (to).
provenir de | stem from (to) | originate (to).
proverbialista | proverbialist.
providencia | judicial writ.
providencia (jurisprudencia) | order in court.
providencia ejecutoria | writ of execution.
provincia | province | county.
provincia biótica | biotic province.
provincia geoquímica | geochemical province.
provincia metalógena | metallogenic province.
provincia metalográfica | metallographic province.
provincia minerogenética | minerogenetic province.
provincia oriental | eastern province.
provincia petrográfica | petrographic province | petrographaic province.
provisión | provision | stock | supply | store.
provisión (de fondos) | provision.
provisión de cambio | remittance.
provisión de fondos | retaining fee.
provisión de rescate (seguros) | surrender provisions.
provisión para cuentas incobrables | allowance for uncollectibles.
provisión para cuentas malas | provision for bad debts.
provisión para insolvencias (economía) | provision for bad debts.
provisional | transitory | pro tempo | pro tempore | tentative | temporary.
provisional (destinos) | pro tem.
provisional (métodos de trabajo, normas) | recommended.
provisiones | stores | food stuffs | supplies.
provisiones de boca | stores.
provisiones para pérdidas de inventario | inventory loss provisions.
provisto de | provided with.
provisto de faros | beaconed.
provisto de máquinas | engined.
provisto de mira | sighted.
provisto de motor | powered with engine.
provisto de pasillos | aisled.
provisto de plenos poderes | armed with full powers | fully empowered.
provisto de ramas gruesas (árboles) | stout-limbed.
provisto de remos | oared.
provocación de lluvia artificial | promoting of artificial rain.
provocación gestual | gesture provocation.
provocación justificante | adequate provocation.
provocación verbal | verbal provocation.
provocado artificialmente | artificially induced.
provocado por el ruido | noise-induced.
provocado por neutrones | neutron-induced.
provocar | produce (to) | cause (to) | induce (to).
provocar (incendios) | start (to).
provocar turbulencia (motores) | promote turbulence (to).
provocar voluntariamente un incendio | commit arson (to).
proxenetismo | procurement.
próxima entrada primera salida | next in first out.
próxima liquidación | new time.
próxima visita | forthcoming visit.
proximal (genética) | proximal.
proximidad | contiguity | nearness | get-at-ableness | immediacy | closeness.
proximidad letal del blanco (proyectiles de proximidad) | lethal range of the target.
proximidor | poximitor.
próximo | near | bordering | approaching.
próximo (marina) | close aboard.
próximo a | contiguous.
próximo a licenciarse | soon-to-be-discharged.
próximos años | near-future years.
proyección | projecting | projection | lug.
proyección (metalurgia) | splashing.
proyección a la americana (dibujo) | third-angle projection.
proyección a la inglesa (dibujos) | first-angle projection.
proyección autálica | authalic projection | equal-area projection.
proyección autálica cuártica de polo plano | flat-polar quartic authalic projection.
proyección autálica parabólica de polo plano | flat-polar parabolic authalic projection.
proyección autálica sinusoidal de polo plano | flat-polar sinusoidal authalic projection.
proyección axonométrica | axonometric projection.
proyección azimutal | azimuthal projection.
proyección biortogonal (dibujo) | biorthogonal projection.
proyección caballera (dibujo) | cavalier projection.
proyección caballera (geometría) | cavalier projection.
proyección cartográfica | map projection.
proyección cartográfica autogonal | autogonal map projection.
proyección cartográfica que no es conforme ni de igual área | aphylactic projection.
proyección central | central projection.
proyección centrográfica | gnomic projection | gnomonic projection.
proyección cilíndrica | cylindrical projection.
proyección cilíndrica de igual área | cylindrical equal-area projection.
proyección conforme | orthomorphic projection | conformal projection.
proyección conforme (cartografía) | orthomorphic projection.
proyección conforme de Mercator | Mercator conformal projection | Mercator's conformal projection.
proyección cónica | conical projection.
proyección cónica conforme | conformal conic projection.
proyección cónica conforme de Lambert | conical orthomorphic projection.
proyección continua de un haz radárico sobre un objeto | searchlighting.
proyección de agua (calderas) | overflow of water.
proyección de arena | sandblasting.
proyección de canales | canal design.
proyección de chispas (electricidad) | arcing.
proyección de Mercator | Mercator's projection.
proyección de pedazos pequeños de roca (voladuras en canteras) | flyrock.
proyección diascópica | diascopic projection.
proyección en alzado y planta | first angle projection | first-angle projection.
proyección en verdadera longitud | true-length view.
proyección epidiascópica | epidiascope projection.
proyección episcópica | opaque projection | episcopic projection.
proyección equiareal | equiareal projection | equal-area projection.
proyección equiareal cenital | zenithal equal-area projection.
proyección equidistante azimutal | azimuthal equidistant projection.
proyección equivalente | equal-area projection.
proyección equivalente meridional de Lambert | Lambert equal-area meridional projection.
proyección estereográfica (cartografía) | stereographic projection.
proyección estereográfica polar | polar stereographic projection.
proyección estereoscópica indicando las orientaciones preferidas (cristalografía) | pole figure.
proyección estereoscópica indicando las orien-

taciones profundas (cristalografía) | pole figure.
proyección fija | still projection.
proyección homográfica | homographic projection.
proyección homolográfica | equal-area projection | homolographic projection.
proyección horizontal | plan-view | plan view | sheer plan.
proyección horizontal (dibujo) | dip view.
proyección horizontal (plano de formas de buques) | half-breadth plan.
proyección horizontal de la copa (árboles) | crown projection.
proyección isoareal | equal-area projection.
proyección isógona | conformal projection | conformal proyection.
proyección isomérica | isomeric projection.
proyección isométrica | isometric projection.
proyección Mercator | equal-area web | equatorial cylindrical orthomorphic projection.
proyección nómica | gnomic projection.
proyección nomónica | central projection.
proyección ortogonal | right-angle projection | orthography | orthographic projection.
proyección ortogonal polar (cartografía) | polar orthographic projection.
proyección ortográfica | orthographic projection.
proyección ortográfica (dibujos) | American projection.
proyección ortométrica | orthometric projection.
proyección ortomórfica | orthomorphic projection.
proyección ortomórfica cilíndrica | cylindrical orthomorphic projection.
proyección ortomórfica cónica | conical orthomorphic projection.
proyección polar (cartografía) | polar projection.
proyección policónica | polyconic map projection | polyconic projection.
proyección por transparencia (cine) | background projection.
proyección por transparencia (pantalla de cine) | rear projection.
proyección quincucial | quincuncial projection.
proyección saliente del cuerpo de un macho para sujetar la arena (moldeo) | pricker.
proyección transversal Mercator | transverse Mercator projection.
proyección universal trasversa Mercator (U.T.M.-cartografía) | universal transverse Mercator projection.
proyección vertical | elevation.
proyección vertical de la copa sobre el suelo (árboles) | plate.
proyecciones de un plano | wiews of a plane.
proyecciones del baño de sales | spitting.
proyecciones del convertidor (acerías) | converter waste.
proyecciones ortográficas (descriptiva) | orthographic views.
proyeccionista (cinematógrafos) | projectionist.
proyectabilidad | projectability.
proyectable | projectable.
proyectado | projected.
proyectado con soplete de plasma (recubrimiento cerámico) | plasma-sprayed.
proyectado en el taller | plant-devised.
proyectado para un fin particular | tailor-made.
proyectado y construido por | engineered and manufactured by.
proyectándose hacia adelante | forward-projecting.
proyectándose hacia atrás | backward-projecting.
proyectante (línea) | projecting.
proyectar | engineer (to) | lay out (to) | lay (to) | layout (to) | plan (to) | draw up (to) | schedule (to) | devise (to) | design (to).
proyectar (programas) | lay down (to).
proyectar hacia adentro | intrude (to).
proyectar hormigón con pistolón neumático | gun (to).
proyectar por intuición | desing by feel (to).
proyectar una aerofotografía para la transformación | transform (to).
proyectarse (edificios) | sail over (to).
proyectarse en el aire | fly up (to).
proyectil | weapon | projectile | bombshell | shell | missile.
proyectil antiaéreo de alto explosivo | antiaircraft high-explosive shell.
proyectil antiaéreo espoletado | fuzed AA projectile.
proyectil anticarro | tank killer.
proyectil balístico atómico ilocalizable por radar | cruise missile.
proyectil bastante potente | pretty potent projectile.
proyectil cargado | filled shell.
proyectil cargado (con su carga explosiva) | live projectile.
proyectil cilíndrico | bolt.
proyectil cofiado | capped projectile.
proyectil cofiado perforante | armor-piercing capped projectile.
proyectil cohete lanzado desde avión | air launched rocket projectile.
proyectil cohético | rocket projectile.
proyectil cohético lanzado desde avión | rocket-propelled air-launched projectile.
proyectil con aletas estabilizadoras no giratorio | finned non-rotating projectile.
proyectil con cabeza nuclear | atomic projectile | atomic shell.
proyectil con carga iniciadora | primed shell.
proyectil con espoleta de percusión | contact fuzed projectile.
proyectil con espoleta de proximidad | proximity-fuzed shell.
proyectil con espoleta en el culote | base-fuzed projectile.
proyectil con espoleta en la boquilla | point-fuzed shell.
proyectil con espoleta radárica | radar fuzed shell.
proyectil con radioespoleta de proximidad | VT-fuzed projectile.
proyectil de acero extruido en frío | steel cold-extruded shell.
proyectil de avión a tierra | plane-to-ground weapon.
proyectil de cabeza cónica | conical-headed projectile.
proyectil de calamar | squid projectile.
proyectil de carga hueca | hollow-charge projectile.
proyectil de ejercicios | practice projectile.
proyectil de fusil salvavidas | grapple shot.
proyectil de grueso calibre | high caliber shell | heavy-caliber shell.
proyectil de iluminación | trip flare.
proyectil de largo alcance | long-range weapon.
proyectil de pruebas de cabeza plana | flat-headed proof projectile.
proyectil de sondeo de gran altitud | high altitude sounding rocket.
proyectil dirigido | guided missile.
proyectil dirigido lanzado desde un avión | guided aircraft missile.
proyectil dotado de alas | winged missile.
proyectil erizo | hedgehog projectile.
proyectil erizo de ejercicios (marina) | dummy hedgehog projectile.
proyectil estabilizado con aletas | fin-stabilized projectile.
proyectil estabilizado giroscópicamente | gyroscopically stabilized shell.
proyectil experimental de tamaño reducido | test vehicle.
proyectil extruido en frío | cold-extruded shell | cold-formed projectile.
proyectil forjado en caliente | hot-forged shell.
proyectil giroscopizado | spinning projectile.
proyectil guiado de avión a tierra | air-to-ground guided weapon.
proyectil guiado de tierra al aire | ground-to-air guided weapon.
proyectil incendiario | incendiary bullet.
proyectil interceptador | interceptor missile.
proyectil lanzado desde submarino | sub-launched missile.
proyectil lastrado | weighted proyectile | load projectile | light projectile.
proyectil neblinógeno | fog-generating projectile.
proyectil perforante | A. P. shell.
proyectil perforante de gran velocidad inicial | high-velocity armor-piercing projectile.
proyectil perforante del tipo de casquillo desprendible (al salir del cañón) | discarding sabot type armor-piercing shot.
proyectil preparado para lanzarlo | wrap up.
proyectil propulsado por cohete lanzado desde el suelo | rocket-propelled ground-launched projectile.
proyectil que no da en el blanco | missing.
proyectil que no ha estallado | blind shell | blind.
proyectil químico | gas projectile.
proyectil radioguíado de superficie a superficie lanzado desde submarino | submarine-launched surface-to-surface guided missile.
proyectil resplandeciente (en vuelo) | radiant projectile.
proyectil simulado | missile decoy.
proyectil sin carga | light projectile.
proyectil sin carga explosiva | weighted proyectile.
proyectil submarino autopropulsado | self-propelled underwater missile.
proyectil tóxico | gas shell | poisonous projectile.
proyectil trazador | tracer bullet | tracer projectile.
proyectiles antiaéreos lanzados desde buques | ship-launched antiaircraft weapons.
proyectiles atómicos tácticos | tactical atomic weapons.
proyectiles cohéticos | rocket ammunition.
proyectiles de contraórbita | contraorbit missile.
proyectiles disparados por un cañón antiaéreo | flak.
proyectiles volcánicos | ejecta.
proyectista | layer-out | design engineer.
proyectista de armamento | armament designer.
proyectista de buques | ship designer.
proyectista de hélice que se basa en que ésta absorba un par especificado | torquer.
proyectista de hélices que se basa en que ésta dé un empuje especificado | thruster.
proyectista de máquinas | engine designer.
proyectista de puentes | bridge designer.
proyectista de una bomba nuclear | weaponeer.
proyectista de yates | yacht designer.
proyectista jefe | senior designer | chief designer.
proyectista jefe naval | senior naval designer.
proyectistas de armamento | armament designers.
proyectistas de aviones | aircraft designer.
proyecto | layout | scope | scheme | plot | design | development | designing | projection | lay | proposal | laying-out | plan | project.
proyecto (contratos, etc.) | minute.
proyecto (de ley, reglamento, etc.) | draft.
proyecto cohesivo (televisión) | ball of wax.
proyecto completamente nacional | all-domestic design.
proyecto cooperativo | cooperative project.
proyecto de alumbrado industrial | industrial-lighting project.
proyecto de aprovechamiento hidráulico del río | river project.

Proyecto de Armas Especiales para las Fuerzas Armadas (EE.UU.) | Armed Forces Special Weapons Project.
proyecto de cambio de motores | reengined proyect.
proyecto de central hidroeléctrica | hydroproject.
proyecto de concurso | competitive design.
proyecto de contrato | draft contract | draft agreement.
proyecto de coste compartido | shared-cost project.
proyecto de especificación | draft specification.
proyecto de inversión | capital project.
proyecto de ley | bill.
proyecto de ley de interés público | public bill.
proyecto de modificación del alumbrado | relighting scheme.
proyecto de norma | project standard.
proyecto de presupuesto | memorandum proposal.
proyecto de principio | logical prediction.
proyecto de prueba | test projet.
proyecto de recomendaciones | draft recommendations.
proyecto de resolución | draft resolution.
proyecto de riegos y fuerza | irrigation-and-power project.
proyecto dedicado a este fin | project dedicated to this aim.
proyecto del convenio | draft convention.
proyecto en colaboración | joint project.
proyecto financiero | appropriation bill.
proyecto ganador del premio | prize-winning design.
proyecto hidráulico | hydroproject.
proyecto hidroeléctrico | hydroelectric scheme.
proyecto llave en mano | turnkey project.
proyecto mejorado | improved design.
proyecto presupuestario | budget proposal.
proyecto quimérico | boondoggle.
proyecto resucitado | resuscitated project.
proyecto viable | viable project.
proyecto y fabricación de las herramientas necesarias para una fabricación | tooling.
proyector | searchlight | projector | floodlamp.
proyector (tiro de pichón) | ball-trap.
proyector acústico | sound projector.
proyector amplificador | enlarging projector.
proyector antiaéreo | antiaircraft searchlight.
proyector antisubmarinos | antisubmarine searchlight.
proyector cinematográfico | cinema gear | motion-picture projector.
proyector con reflector | reflector spotlight.
proyector convergente | intensive projector.
proyector de avión | aircraft searchlight.
proyector de cine | ciné-projector.
proyector de control de tráfico aéreo | biscuit gun.
proyector de diapositivas | slide projector | stereopticon.
proyector de espejo elipsoidal | ellipsoid mirror projector.
proyector de espejo hiperboloide | hyperboloid mirror projector.
proyector de espejo paraboloide | paraboloid mirror projector.
proyector de exploración | searchlight.
proyector de fichas | fiche projector.
proyector de fondo (estudio cine) | back-light.
proyector de lente | lens projector.
proyector de luz | spotlight.
proyector de luz fría | cold-light proyector.
proyector de nubes (aviación) | cloud searchlight.
proyector de perfiles (talleres) | profile projector.
proyector de pista | runway floodlight.
proyector de radiaciones infrarrojas | infrared projector.
proyector de señales (luminotecnia) | signaling lamp.
proyector de siluetas | profile spotlight.
proyector de televisión sobre pantalla gigante | telemural projector.
proyector de transparencias | reflecting projector | transparency projector.
proyector de vistas fijas | still projector.
proyector de 16 mm | projector (16 mm).
proyector diagráfico | diagraphic projector.
proyector direccional (aeropuertos) | bearing projector.
proyector divergente | extensive projector.
proyector dividido | split projector.
proyector doble (cine) | double.
proyector eléctrico | electric searchlight | searchlight.
proyector episcópico | episcope projector | opaque projector.
proyector especial para rectificar las fotografías oblicuas (aerofotografía) | rectifier.
proyector gran angular (cine) | broadside.
proyector nefoscópico | cloud searchlight | ceiling light projector | ceiling projector.
proyector óptico | optical projector.
proyector óptico de contornos (de una pieza) | contour projector.
proyector óptico de sonidos | optical sound projector.
proyector óptico de telecomunicaciones | light beam transmiter.
proyector para el control del tráfico | light gun.
proyector para examen óptico del pulido superficial | surface-finish projector.
proyector sonoro | sound projector.
proyector sonoro submarino | underwater sound projector.
proyectos con ayuda de calculadoras | computer aided designs.
proyectos de energía geotérmica | geothermal energy projects.
proyectos de entrega total (edificios) | turnkey projects.
proyectoscopio | projectoscope.
proyectura (arquitectura) | projecture.
prudente | conservative | safe.
prueba | touch | slip | demonstration | proving | test | test | testing | miniment | try | tryout | trial | run | evidence | evidence | evection | challenge | proof | proof | proof | test run | experiment.
prueba (cine, TV) | rehearsal.
prueba (de un traje) | trial | fitting.
prueba (fotografía) | print.
prueba (texto) | preprint.
prueba a cero | zero proof.
prueba a ciclo lento | low-cycle test.
prueba a ciclo rápido | high-cycle test.
prueba a la brocha | brush-proof.
prueba a la compresión | compression test.
prueba a la llama | flame test.
prueba a la tracción | tensile test.
prueba a la tracción con entalla con carga constante | sustained-load notch-tensile test.
prueba a petición | request test.
prueba a presión hidráulica | hydraulic pressure test | hydraulic testing.
prueba a presión subatmósferica | vacuum test.
prueba a rotor libre (motores) | running-light test.
prueba a temperatura constante con carga intermitente | intermittent-load constant-temperature test.
prueba a temperatura elevada | elevated-temperature test.
prueba a tinte | dye test.
prueba a toda fuerza | full power trial.
prueba a toda potencia | full power trial.
prueba acelerada de duración | accelerated life test.
prueba acelerada de fatiga | accelerated fatigue test.
prueba acidotérmica | acid heat test.
prueba adminicular | adminicular evidence.
prueba admisible | competent evidence.
prueba al ácido | acid test.
prueba al agua | water test.
prueba al aire libre de maderas en contacto con el suelo | graveyard test.
prueba al carbón (fotografía) | carbon print.
prueba al choque | impact test | percussion test | concussion test | drop test.
prueba al choque por medio de un peso que cae sobre un objeto colocado en el suelo | drop-weight shock test.
prueba al freno | brake test.
prueba al fuego | fire test.
prueba al martillo | hammer testing.
prueba al molino (minerales) | mill trial | mill test | mill-run.
prueba al soplete | blowpiping.
prueba ante un tribunal de la validez testamentaria | probate of a will.
prueba artificial (jurisprudencia) | artificial evidence.
prueba auditiva | auditory testing.
prueba bronceada (imprenta, litografía) | bronze proof.
prueba cargando una barra en el punto medio | transverse test.
prueba cíclica de temperatura desde —65 a 110 °C | temperature cycling test from minus 65 to plus 110 °C.
prueba circunstancial | circumstantial evidence.
prueba climática | environmental testing.
prueba combinada de tracción y torsión | combined tension-torsion test.
prueba comparativa | comparative test.
prueba complementaria (bacteriología) | completed test.
prueba comprobante del fotograbador (G.B.) | charging out proof.
prueba con agua directamente tomada | one-through water test.
prueba con agua recirculada | recirculated water test.
prueba con aguas libres (buques) | open-water test.
prueba con aire comprimido | pneumatic testing.
prueba con aire interior a presión | air test.
prueba con carga cíclica | repeated-loading test.
prueba con carga constante | sustained-loading test.
prueba con carga invariable | constant-load test.
prueba con desconexión brusca de la carga (reguladores, etc.) | load-dropping test.
prueba con el eje longitudinal de la probeta perpendicular a la dirección de las fibras (forja, laminación) | transverse test.
prueba con el martillo | hammer test.
prueba con erratas | foul proof.
prueba con incremento constante de la carga | constant-loading-rate testing.
prueba con incrementos prefijados | step-by-step test.
prueba con la leyenda (grabados) | letter proof.
prueba con lluvia artificial | artificial-rain test.
prueba con maza caediza | drop test.
prueba con neblina salina | salt-spray test.
prueba con papel reactivo para determinar la acidez | acid test.
prueba con peso cayente | drop-weight test.
prueba con pocas erratas (imprenta) | clean proof.
prueba con presión de vapor | steam pressure test | steam test.
prueba con proyectil lastrado | sand test.
prueba con rayos Roentgen de impulsos múltiples | multiple-pulse X-ray testing.
prueba con rotor bloqueado | blocked-rotor test.
prueba con rotor bloqueado (electromotores) | standstill test.
prueba con rotura del cable en carga (grúas torres) | broken wire condition test.

prueba con sonda de gas halogenado | halogen gas probe test.

prueba conclusiva | crucial test.

prueba concluyente | conclusive test.

prueba condenatoria | incriminating evidence.

prueba contundente | positive proof.

prueba corroboradora (abogacía) | adminicle.

prueba cualitativa de los atributos | attributes testing.

prueba de ablandamiento (productos refractarios) | squalting test.

prueba de abocardado | drift expanding test.

prueba de abocardado (tubos) | drifting test | drift test | mandrel test | expanding test | pin expansion test | flaring test.

prueba de abocardado para tubos sin costura | flare test for seamless tubes.

prueba de abocardar (tubos cobre) | bulging test.

prueba de abocinado | drift expanding test.

prueba de abocinado (tubos) | drifting test | pin expansion test.

prueba de absorción | absorption test.

prueba de absorción (fabricación papel) | pick testing.

prueba de absorción del suelo | soil absorption test.

prueba de absorción por capilaridad (papel secante) | mounting test.

prueba de aceptación | acceptance test.

prueba de acopamiento (prueba de copabilidad - embutición) | cuppability test.

prueba de acumulación | accumulation test.

prueba de acumulación de vapor (calderas) | storing test.

prueba de adherencia | pull-out test | bond test | peel test.

prueba de adherencia de la película (electroplastia) | peel adhesion test.

prueba de aglutinación | agglutination test.

prueba de agrietamiento | cracking test.

prueba de aire libre de maderas en contacto con el suelo | stake test.

prueba de aislamiento | dielectric test.

prueba de aislamiento (electricidad) | pressure test.

prueba de ajuste | test for fitting.

prueba de alargamiento | elongation test.

prueba de alargamiento por plastodeformación | creep-elongation test.

prueba de almacenaje | storing test.

prueba de alta precisión | high-grade testing.

prueba de alta temperatura acelerada | short-time high-temperature test.

prueba de alta temperatura para determinar la carga de rotura en un tiempo especificado | stress-to-rupture test.

prueba de alto potencial | hi-pot testing.

prueba de alto potencial para inducidos (EE.UU.) | hi-potting.

prueba de alto voltaje | high-voltage testing | high-voltage test.

prueba de angularidad | slope test.

prueba de apagar soplando una cerilla de papel (medicina) | match test.

prueba de aplastamiento (hormigones) | slump test.

prueba de aplastamiento (remaches) | dump test.

prueba de aplastamiento (tubos, remaches) | flattening test.

prueba de aplastamiento de un semitubo con la soldadura en la parte inferior (tubos soldados) | reverse flattening test.

prueba de aplastamiento inverso (tubos) | reverse flattening test.

prueba de aplastamiento por choque | impact crushing test.

prueba de aplastamiento y plegado (tubos) | flattening and doubling test.

prueba de aprobación del proceso | process-approval test.

prueba de aptitud | aptitude test | qualifying test.

prueba de aptitud académica | scholastic aptitude test.

prueba de arranque | pull-off test.

prueba de arranque (de clavos, etc.) | pulling test.

prueba de arranque con cizalladura (soldaduras) | shear peel test.

prueba de asentamiento (hormigones) | slump test.

prueba de asociación | association test.

prueba de autotemplabilidad | air hardenability test.

prueba de azar | test of randomness.

prueba de bigornia (se aplasta, se abre por la mitad y las dos mitades se rebaten en direcciones opuestas a 180 grados) | ram's horn test.

prueba de blanqueo | whitening test.

prueba de bombeo (pozos) | pumping test.

prueba de caída (cok) | shatter test.

prueba de caída (de la misma pieza) | drop test.

prueba de caída al suelo de piezas de acero moldeado | percussive test.

prueba de caída de potencial | fall of potential test | drop test.

prueba de caída de voltaje | drop test.

prueba de calcinación | char test.

prueba de calentamiento de la atmósfera interior (contenedor no refrigerado) | heat leakage test.

prueba de calentamiento en carga (máquinas eléctricas) | heat run.

prueba de calidad del electrodo | electrode-quality test.

prueba de calificación agobiadora de 150 horas | gruelling 150-hour qualification test.

prueba de calificación del operador | operator-qualification test.

prueba de calificación del proceso | procedure-qualification test.

prueba de carga | loading test.

prueba de carga cíclica | load-cycling test.

prueba de carga cíclica a temperatura constante | constant-temperature cyclic-load test.

prueba de carga cíclica con temperatura cíclica | cyclic-temperature cyclic-load test.

prueba de carga completa (grúas, etc.) | full-scale loading test.

prueba de carga constante con temperatura cíclica | cyclic-temperature costant-load test.

prueba de carga constante con temperatura variable | intermittent-temperature constant-load test.

prueba de cargo | prosecution evidence.

prueba de cargo (jurídico) | evidence for the prosecution | state's evidence.

prueba de cavitación laminar | steady-cavitation test.

prueba de cavitación pulsada | pulsed-cavitation test.

prueba de cizallamiento | shearing test.

prueba de cocción | firing test.

prueba de cochura | firing trials.

prueba de cohesión | bond test | shatter test.

prueba de combustibles o bujías de encendido en recipientes parecidos a una bomba | bomb testing.

prueba de combustión | burning test.

prueba de comparación | before-and-after test.

prueba de comportamiento de doblado | bend-endurance test.

prueba de compresión | crushing test.

prueba de compresión sobre muestra confinada | confined compression test.

prueba de confiabilidad del sistema | system proof test.

prueba de congelación (petróleos, aceites) | cold test.

prueba de consistencia | consistency test.

prueba de consistencia (hormigones) | slump test | float test.

prueba de consolidación | compaction test | consolidation testing.

prueba de consumo | economy run | consumption trial.

prueba de contracción obstaculizada | hindered-contraction test.

prueba de corrosión a la intemperie | outdoor-corrosion test.

prueba de corrosión acelerada | accelerated corrosion test.

prueba de corrosión con potencial controlado | controlled-potential corrosion test.

prueba de corrosión por inmersiones alternadas | alternate immersion corrosion test.

prueba de cortocircuito en vacío | no load short-circuit test.

prueba de cortocoircuito | short-circuiting test.

prueba de crepitación (aceites) | crackling test.

prueba de cualificación | prototype test.

prueba de curado acelerado | accelerated aging test.

prueba de curvadura (tubos) | bending test.

prueba de curvatura (tubos) | bend test.

prueba de choque de un solo golpe | single-blow test.

prueba de choque del chorro | jet-impingement test.

prueba de choque térmico (períodos alternos de calentamiento y enfriamiento) | spalling test.

prueba de choques repetidos | repeated-impact test.

prueba de deformación por compresión (caucho) | compression-deflection test.

prueba de degustación | taste testing.

prueba de degustación con los ojos vendados | blindfold taste test.

prueba de degustación con un equipo de tres personas | triangle test.

prueba de descarga disruptiva (cable eléctrico) | sparkover test.

prueba de descarga disruptiva (cables eléctricos) | spark testing | flashover test.

prueba de descarga por arco | flashover test.

prueba de descargo (abogacía) | evidence for the defense.

prueba de descargo (jurídico) | evidence for the defense.

prueba de desgaste por abrasión | abrasion test.

prueba de desgaste por frotamiento | attrition test.

prueba de deslizamiento (alternador) | slippage test.

prueba de deslizamiento (estadística) | slippage test.

prueba de deslizamiento en la cuna (retroceso cañones) | slip test.

prueba de destrucción | destruction test.

prueba de desuso (pilas o acumuladores) | shelf test.

prueba de desviación | bias testing.

prueba de diagnóstico (máquinas) | diagnostic test.

prueba de dilatación de anillo | ring expanded test.

prueba de disrupción (dieléctricos) | breaking down test.

prueba de divergencia (reactor nuclear) | divergency test.

prueba de doblado | bending test | flexure test.

prueba de doblado a tope | flat-bend test.

prueba de doblado a 1 (reactor nuclear) | divergency test.

| close bend test **prueba de doblado alternativo** | alternating bending test.

prueba de doblado alterno | reverse bend test.

prueba de doblado con barreta revenida | temper test.

prueba de doblado con curvatura constante | constant deflection test.

prueba de doblado con entalla con deformación constante | constant strain notch bend test.

prueba de doblado con la raíz de la soldadura

en la parte exterior (la raíz trabaja a tracción) | root bend test.
prueba de doblado en frío | cold-bending test.
prueba de doblado libre | free-bend test.
prueba de doblado recocido | annealed bend test.
prueba de doblado repetido en sentidos opuestos | alternate bending test.
prueba de doblado sobre sí mismo
prueba de doblado y torsión | snarling.
prueba de doble anonimato (medicina) | double blind test.
prueba de doble plegado | ram's horn test.
prueba de documentación y registros | test of records.
prueba de ductilidad | cup test.
prueba de ductilidad en caliente | hot-ductility test.
prueba de ductilidad introduciendo un pasador cónico en un agujero (chapas) | drifting test.
prueba de ductilidad por entalla al choque | impact notch-ductility test.
prueba de duración | delayed test | test run | endurance test | time's test.
prueba de duración (materiales) | life test.
prueba de duración de la carga | load-life test.
prueba de duración en circuito abierto (pilas o acumuladores) | shelf test.
prueba de duración hasta la rotura | time-to-failure test.
prueba de dureza a la lima | file hardness test.
prueba de dureza con carga pequeña | low-load hardness testing.
prueba de dureza por bola | ball hardness test.
prueba de dureza por indentación | indentation hardness testing.
prueba de dureza Rockwell | Rockwell hardness test.
prueba de ebullición | boiling test.
prueba de elevación de temperatura | rise-of-temperature test.
prueba de embutición | dishing test.
prueba de embutición (chapas) | cupping test.
prueba de embutición en copa | cup-drawing test.
prueba de empalme | joint test.
prueba de enrollar sobre un cilindro de diámetro especificado (alambres) | wrapping test.
prueba de ensanchamiento (tubos) | drift test.
prueba de ensanchamiento (tubos cobre) | bulging test.
prueba de ensanchamiento de un agujero (chapas) | drift test.
prueba de entrega | delivery test.
prueba de envejecimiento | aging test.
prueba de envejecimiento acelerado | accelerated aging test.
prueba de esfuerzos cíclicos | strain-cycling test.
prueba de esfuerzos repetidos | repetitive stressing.
prueba de estabilidad | stability test.
prueba de estabilidad (buques) | inclining experiment.
prueba de estabilidad balística (pólvoras) | ballistic stability test.
prueba de estabilidad con voltaje doble del normal (cables eléctricos) | accelerated aging test.
prueba de estabilidad del color a la luz | colorfastness-to-light test.
prueba de estabilidad dimensional | dimensional stability test.
prueba de estallido | burst testing.
prueba de estanqueidad | pressure building test.
prueba de estanqueidad de juntas | sniffer test.
prueba de explosión para formar un abollamiento (chapas) | bulge explosion test.
prueba de exposición a la atmósfera | atmospheric-exposure test.
prueba de exposición a la intemperie | outdoor-exposure test.
prueba de exposición al fuego | fire exposure test.
prueba de exposición estática | static-exposure test.
prueba de extremo a extremo | end-to-end test.
prueba de extrusión (industria del caucho) | test creep.
prueba de falso cero | false zero test.
prueba de fatiga (construcción) | fatigue test.
prueba de fatiga a baja temperatura con probeta entallada | low-temperature notched-fatigue test.
prueba de fatiga con amplitud constante del esfuerzo | constant-strain-amplitude fatigue test.
prueba de fatiga con carga axial | axial-load fatigue test.
prueba de fatiga con ciclo corto | low-endurance fatigue test.
prueba de fatiga con presión pulsátil | pulsating-pressure fatigue test.
prueba de fatiga con rotura por un número pequeño de ciclos | low-cycle fatigue test.
prueba de fatiga con viga rotatoria en voladizo | rotating cantilever fatigue test.
prueba de fatiga de gran frecuencia | high-frequency fatigue test.
prueba de fatiga del ala (aviones) | wing fatigue test.
prueba de fatiga en caliente | hot fatigue test.
prueba de fatiga en el interior de un depósito de agua (aviones) | water-tank fatigue test.
prueba de fatiga en flexión alterna a | fatigue test in rotary bending at 2800 cycles/minute.
prueba de fatiga hasta 100 hertzios | fatigue test to 100 cps.
prueba de fatiga hiperacelerada | ultrahigh-speed endurance test.
prueba de fatiga mecánica de tracción-compresión | push-pull mechanical-fatigue test.
prueba de fatiga por flexión | flexural fatigue test.
prueba de fatiga por flexión alternada | rotating-bending fatigue test.
prueba de fatiga por flexión cíclica | pulsating bend test.
prueba de fatiga por flexión plana | plane-bending fatigue test.
prueba de fatiga por tracción pulsátil | pulsating-tension fatigue test.
prueba de fiabilidad | reliability test.
prueba de finura de la arena | sand-fineness test.
prueba de fisuración en soldadura con dilatación restringida | restrained-weld cracking test.
prueba de fisuración por tratamiento mecánico (metalurgia) | strain-age-cracking test.
prueba de flexión | transverse test | deflection test | bend test | bending test.
prueba de flexión al choque | blow bending test | shock bending test.
prueba de flexión cero a la máxima (vigas) | zero-to-maximum-deflection test.
prueba de flexión cilíndrica unidireccional | unidirectional cyclic bending test.
prueba de flexión con carga aplicada lentamente | slow loading bending test.
prueba de flexión con extremos apoyados | free-bend test.
prueba de flexión con momento flector especificado (tubos) | proof bend test.
prueba de flexión dinámica | dynamic bending test.
prueba de flexión en probeta entallada | notched bend test.
prueba de flexión estática | static bending test.
prueba de flexión guiada (metalurgia) | guided-bend test.
prueba de flexión lenta con entalla | notched slow-bend test.
prueba de flexión por fatiga | fatigue-bend test.
prueba de flexión por torsiones invertidas | reversed torsion bending test.
prueba de flexión repetida | repetitive flexing test.
prueba de flexión repetida con carga invertida | reversed loading repeated-bending test.
prueba de fluencia | creep test.
prueba de fluencia compresiva | compressive creep test.
prueba de fluidez | pour test.
prueba de fluidez (hormigones) | slump test.
prueba de forja | smithy test.
prueba de forjabilidad | hammer test | upending test | forging test.
prueba de forjabilidad de barras en caliente (se aplasta, se abre por la mitad y las dos mitades se rebaten en direcciones opuestas a 180 grados) | ram's horn test.
prueba de formación | formation test.
prueba de formación de abollamientos por explosión | explosion-bulge test.
prueba de formación de bridas (tubos) | flange test.
prueba de formación de fracturas retrasadas con carga constante | constant-load delayer-fracture test.
prueba de formación de la cabeza | head-forming test.
prueba de formación de pestaña para tubos soldados | flange test for welded tubes.
prueba de forzamiento | forcing test.
prueba de fotogenia | microphone test.
prueba de fractura a flexión lenta | slow-bend fracture test.
prueba de fractura por flexión con entalla del cordón de soldadura | nick-break test.
prueba de fractura por penetración | P/F test.
prueba de fragilidad | impact test.
prueba de fragilidad al rojo | red heat test.
prueba de fragilidad en el tambor (carbón) | tumbler test.
prueba de frangibilidad (vidrio) | shatter test.
prueba de frecuencia | frequency run.
prueba de frenado | block test.
prueba de friabilidad | friability test.
prueba de frotamiento (radiactividad) | wipe test.
prueba de fuego (turbinas de gases) | firing trials.
prueba de fuego de recepción (cañones) | acceptance fire test.
prueba de fuga de aire | air test.
prueba de fuga de aire (tanques de buques) | leak test.
prueba de funcionalidad | reliability trial.
prueba de funcionamiento | performance | performance test | working test | operation test | functioning test | functional test | running-test | running test.
prueba de funcionamiento a plena carga | proof test.
prueba de funcionamiento continuo | test run.
prueba de funcionamiento de diagnóstico | diagnostic function test.
prueba de funcionamiento de la memoria (ordenador) | storage ripple.
prueba de funcionamiento para ver el aumento de temperatura | heat run.
prueba de golpeo en el tambor giratorio (embalajes) | rattler test.
prueba de golpes múltiples | many-blow test.
prueba de golpes repetidos | multiple-blow test.
prueba de gran duración | long-life test.
prueba de heladicidad | freezing and thawing test | frostproof.
prueba de heladicidad (piedras) | spalling test.
prueba de hinca (pilotes) | driving-test.
prueba de hipervoltaje | high potential test.
prueba de homologación | type approval | type test | prototype test.
prueba de homologación (motor avión) | certification test.
prueba de homologación (motores) | type-approval test.
prueba de homologación (motores, etc.) |

official approval test.
prueba de humedad | humidity test.
prueba de humo (equipo) | smoke test.
prueba de identificación por las chispas en la muela (metales) | spark testing.
prueba de impulsos de un local (arquitectura) | room pulse test.
prueba de inclinación | inclining experiment.
prueba de incremento de esfuerzo variable | variable-strain-rate test.
prueba de indentación | indentation test.
prueba de inmersión (submarimos, buzos) | diving-test.
prueba de inmersión (submarinos) | submergence test.
prueba de inmersión cíclica | alternate-immersion test.
prueba de inmersión en ácido | pickle test.
prueba de inmersión en agua del mar (pinturas) | seawater immersion test.
prueba de inmersión en un baño de cloruro mercúrico para detectar grietas (vainas de cartuchos) | sublimate test.
prueba de inmersión intermitente | intermittent-immersion test.
prueba de inmersiones cíclicas | cyclic immersion test.
prueba de inmersiones repetidas en solución saturada de sulfato de cobre (galvanizado de alambres) | Preece test.
prueba de inspección del lote | lot-inspection test.
prueba de intemperismo | exposure test.
prueba de intemperización acelerada (carbones y materiales bituminosos) | accelerated weathering test.
prueba de intensidad de régimen (electricidad) | current-carrying test.
prueba de interrupción de línea | line-dropping field test.
prueba de inversión | reversal test.
prueba de irradiación efectuada fuera del reactor nuclear | out-of-pile test.
prueba de izada | lifting test.
prueba de jarra | jar test.
prueba de Jominy de enfriamiento de la punta (metalurgia) | Jominy end-quench test.
prueba de la aptitud a la tracción de los vehículos | vehicle tractive ability testing.
prueba de la autenticidad de un testamento | probate.
prueba de la caldera a presión | boiler pressure test.
prueba de la capacidad maniobrera de un buque | Z-maneuver.
prueba de la carga que puede soportar el terreno | soil bearing test.
prueba de la concentración de urea | urea concentration test.
prueba de la determinación de la energía mecánica absorbida (caucho) | crushing test.
prueba de la exactitud de las sumas | proof of footing accuracy.
prueba de la hipótesis | hypothesis testing.
prueba de la impedancia de la malla en caso de pérdida a tierra (líneas eléctricas) | earth-fault loop impedance testing.
prueba de la resistencia al repelado (papel) | pick resistance test.
prueba de la soldadura en una pieza tomada de la serie | production weld test.
prueba de la temperatura de inflamación (aceites) | flash test.
prueba de la vibración estadística en sustitución de la vibración sinusoidal | random-versus-sine vibration testing.
prueba de laboratorio | laboratory experiment.
prueba de larga duración | long-run test | long-duration test.
prueba de las fases | phasing-out.
prueba de las fases (electrotecnia) | phasing out.
prueba de las propiedades físicas | physical properties testing.
prueba de lazo | loop test.
prueba de lentes | lens testing.
prueba de liquidez | test of liquidity.
prueba de lo contrario | rebutting evidence.
prueba de los conocimientos adquiridos | job-knowledge test.
prueba de los nueves | casting-out nines.
prueba de lluvia con agua salada | seawater spray testing.
prueba de maduración | maturity test.
prueba de mancha (carreteras) | pat stain test.
prueba de mancha volumétrica in situ | in situ colorimetric spot test.
prueba de manchas | spot test.
prueba de mandrilado | bulging test.
prueba de mandrilado (tubos) | widening test | expanding test | mandrel test.
prueba de mar (buques) | sea trial.
prueba de marcha | run-in test.
prueba de martillado | peening test | crushing down test.
prueba de materiales | material testing.
prueba de Mc Quaid-Ehn (aceros) | McQuaid-Ehn test.
prueba de microdureza | microhardness test.
prueba de microtensión | microtensile test.
prueba de molinete en el suelo | vane test of soil.
prueba de molturabilidad | grindability test.
prueba de molturabilidad del molino de bolas | ball mill grindability test.
prueba de ocupación | enage test | engage test.
prueba de ocupación (telefonía) | busy test.
prueba de ocupación de líneas (teléfonos) | engaged test.
prueba de opacidad | cloud test.
prueba de oposición (transformadores) | circulating-power test | pumping-back test | opposition test.
prueba de orden aleatorio | test of random order.
prueba de par fijo | fixed-torque test.
prueba de parada súbita marcha atrás | crash stop astern test.
prueba de parada súbita marcha avante | crash stop ahead test.
prueba de parche anular soldado | ring test.
prueba de parche circular soldado | patch test.
prueba de paridad | parity check.
prueba de penalización | penalty test.
prueba de penetración | cone penetration test | driving-in test.
prueba de penetración-velocidad | P/V test.
prueba de percusión de piezas fundidas colgadas | hammering test.
prueba de pérdida | proof of loss.
prueba de perforación | puncture test | drill-test.
prueba de perforación (dieléctricos) | breaking down test.
prueba de perforación eléctrica | electrical fracture test.
prueba de peso cayente | falling-weight test.
prueba de pista | track test.
prueba de plegado | plating-out test | folding test | flexure test | bend test | bending test.
prueba de plegado (chapas) | doubling-over test.
prueba de plegado alrededor de un mandril | wrap-around bend test.
prueba de plegado alrededor de un mandril o de una horma (metalurgia) | guided-bend test.
prueba de plegado alternativo en sentido inverso | back bending test.
prueba de plegado con la cara de la soldadura en la parte exterior (la soldadura queda sometida a tracción) | face-bend test.
prueba de plegado con la raíz de la soldadura en la parte exterior (la raíz queda sometida a tracción) | reverse bend test.
prueba de plegado con probeta templada | quench bend test.
prueba de plegado de la cara ancha sobre una horma (probetas rectangulares) | wide bend test.
prueba de plegado de la cara longitudinal | longitudinal face-bend test.
prueba de plegado después del temple | bend-test after quenching.
prueba de plegado en caliente | hot bend test.
prueba de plegado en T (soldadura) | tee-bend test.
prueba de plegado guiado (metalurgia) | guided-bend test.
prueba de plegado inverso (la cara especificada no tocando al mandril) | reverse bend test.
prueba de plegado normal (la cara especificada adyacente a la horma) | normal bed test.
prueba de plegado rápido | quick bend test.
prueba de plegado semiguiado | semiguided bend test.
prueba de plegado sin mandril | free-bend test.
prueba de plegado sobre el lado perpendicular a la dirección del laminado (probetas) | transverse side-bend test.
prueba de plegado sobre un costado | side-bend testing.
prueba de plegado transversal | transverse bending test.
prueba de plegado único | single bend test.
prueba de pólvoras | proof of powder.
prueba de potencia | power test | output test.
prueba de potencial aplicado | applied-potential test.
prueba de potencial inducido | induced-potential test.
prueba de presión | pressure test.
prueba de principio de solidificación del caldo en la cuchara de prueba | set test.
prueba de procedimiento | procedure test.
prueba de producción | drill stem test.
prueba de producción (pozos de petróleo) | testing.
prueba de proficiencia | proficiency check.
prueba de puesta a tierra | earth testing.
prueba de pulverización de la mezcla (motores) | pop test.
prueba de punzonado | drift test.
prueba de quemadura con cigarrillo (plásticos decorativos) | cigarette-burn test.
prueba de rachas (estadística) | run test.
prueba de rangos con signos (estadística) | signed-rank test.
prueba de rayado de Bierbaum (anodizado) | Bierbaum scratch test.
prueba de razón de probabilidad | probability ratio test.
prueba de razón de varianzas (estadística) | variance ratio test.
prueba de rebatimiento del collarín (tubos) | flanging test.
prueba de rebote | rebound test.
prueba de recalcado | upsetting test.
prueba de recalcado en caliente | knock down test | upending test | dump test | jump test | slug test.
prueba de recalcadura | jump-up test.
prueba de recepción | acceptance test | official trial.
prueba de recepción indestructiva | proof test.
prueba de recepción oficial | official acceptance test.
prueba de recuperación | recovery test | back-to-back tests.
prueba de recuperación (prueba de dos máquinas eléctricas acopladas mecánica y eléctricamente) | back-to-back test.
prueba de redondez del interior (tubos) | drift gaging.
prueba de refractariedad en carga | refractoriness-under-load test.
prueba de relajación de esfuerzos | stress relaxation test.
prueba de remoldeo | remolding test.
prueba de rendimiento | performance test |

output test | efficiency test.
prueba de repulsión (aparato choque vagones) | buffing load test.
prueba de resilencia a baja temperatura | low-temperature impact test.
prueba de resiliencia | pounding test | impact testing | impact test.
prueba de resiliencia a baja temperatura con probeta entallada | low-temperature notched-bar impact test.
prueba de resiliencia con entalla en forma de bocallave o de U | keyhole notch impact test.
prueba de resiliencia con entalla en U | U-notch test.
prueba de resiliencia con probeta entallada | notch impact test.
prueba de resiliencia Charpy | Charpy impact test.
prueba de resiliencia Charpy con entalla en V | V-notch Charpy impact test.
prueba de resiliencia Charpy con probeta con entalla en forma de bocallave o de U | keyhole Charpy-impact test.
prueba de resiliencia de minas de lápices | pencil lead impact testing.
prueba de resiliencia de Schnadt | Schnadt impact test.
prueba de resiliencia en probeta entallada | notched-bar shock test | notched-bar impact test | notched-bar test.
prueba de resiliencia en sentido del laminado | longitudinal impact test.
prueba de resiliencia en sentido transversal al laminado | transverse impact test.
prueba de resiliencia Izod en probeta no entallada | unnotched Izod impact test.
prueba de resiliencia por bola cayente | falling-ball impact test.
prueba de resiliencia por compresión | compressive impact test.
prueba de resiliencia por tracción con probeta entallada | notched tensile-impact test.
prueba de resiliencia traccional | tensile-impact test.
prueba de resistencia | strength test | endurance trial | breaking test.
prueba de resistencia a esfuerzos alternos cíclicos | endurance test.
prueba de resistencia a la fatiga sobre modelo en tamaño natural | full-scale fatigue testing.
prueba de resistencia a la penetración | resistance-to-penetration test.
prueba de resistencia al ataque por ozono (cables de alto voltaje) | ozone resistance test.
prueba de resistencia al choque | drop test.
prueba de resistencia al estallido (papel) | pop test.
prueba de resistencia al fuego | fire endurance test.
prueba de resistencia de materiales | breaking strength test.
prueba de resistencia del electroaislamiento | insulation-resistance test.
prueba de resistencia estática | static strength testing.
prueba de respuesta del corazón y presión sanguínea a la inmersión de un pie o mano en agua helada | cold-pressor test.
prueba de respuesta en régimen transitorio | transient-response test.
prueba de retención del color | color hold test.
prueba de revenido y doblado | temper bend test.
prueba de reventón (telas) | bursting test.
prueba de rigidez dieléctrica | breakdown test.
prueba de rigidez por carga de cizallamiento en 5 puntos (los dos apoyos y tres puntos más) | five-point loading shear stiffness test.
prueba de robustez | robustness test.
prueba de rodaje | taxi trial.
prueba de rodaje con un engranaje patrón (engranajes) | rolling test.
prueba de rodaje sobre el suelo | taxiing test.
prueba de Rorschach | Rorschach's test.
prueba de rotura a la tracción | breaking test.
prueba de rotura en caliente | hot-rupture testing.
prueba de rotura en modelo de tamaño natural | full-scale fracture test.
prueba de rotura en probeta entallada | notched-bar rupture testing.
prueba de rotura por esfuerzo de corta duración | short-time stress-rupture test.
prueba de rotura por flexión | cross-breaking test.
prueba de rotura por pandeo | crinkling test.
prueba de rotura por presión de vapor (tubos) | steam rupture testing.
prueba de rotura por termofluencia | creep rupture test.
prueba de rotura transversal apoyada en 3 puntos | three-point transverse rupture test.
prueba de rotura uniaxial | uniaxial rupture test.
prueba de rugosidad pasando la uña sobre una superficie | finger-nail test.
prueba de ruidosidad | noise test.
prueba de ruptura por esfuerzo de larga duración | long-time stress-rupture test.
prueba de segundo | author's proof.
prueba de sensibilidad | sensitivity test.
prueba de señaladores (telefonía) | ringer test.
prueba de separación por líquido de densidad intermedia | float and sink testing.
prueba de significación | significance test | test of significance.
prueba de signos de dos muestras | two-sample sign test.
prueba de simulación en funcionamiento | service-simulation test.
prueba de sobreimpulsión hidrostática | hydrostatic burst test.
prueba de sobrepresión | overpressure test.
prueba de sobrepresión momentánea (tubos) | transient pressure test.
prueba de sobretensión | surgeproof.
prueba de sobretensión (motores, cables eléctricos) | overvoltage test.
prueba de sobrevelocidad (motores, etcétera) | overspeed test.
prueba de sobrevoltaje | surgeproof | overpressure test.
prueba de sobrevoltaje (motores, cables eléctricos) | overvoltage test.
prueba de soldeo por puntos | slug test.
prueba de solidez a la luz (pinturas) | fading test.
prueba de sonido por percusión | ring test.
prueba de sonoridad | sonority test.
prueba de suavizamiento | smooth test.
prueba de subida | climbing test.
prueba de subida (cuestas) | hill climbing test.
prueba de sumersión del dique flotante | dock sinkage trial.
prueba de sustentación | lifting test.
prueba de tañido (piezas de acero moldeado) | ringing test.
prueba de templabilidad de Jominy (aceros) | end-quench test.
prueba de templabilidad en cono afilado | tapered cone hardenability test.
prueba de temple (hierro al carbón vegetal) | chill test.
prueba de temple de Jominy | end-cooled hardenability test.
prueba de tensión uniaxial | uniaxial-tension test.
prueba de termofluencia | creep test.
prueba de termofluencia a altas temperaturas | high-temperature creep tests.
prueba de termofluencia al vacío a una constante de 12 Kilos/mm^2 | creep test in vacuo at a constant stress of 12 Kg/mm^2.
prueba de termofluencia de larga duración | long-time creep test.
prueba de termofluencia flexando la probeta por medio de una romana | cantilever creep testing.
prueba de termofractura (períodos alternos de calentamiento y enfriamiento) | spalling test.
prueba de tierra | earth testing.
prueba de tiro (armas) | firing test.
prueba de tono musical | ring test.
prueba de torsión en caliente | hot-torsion test.
prueba de torsión en caliente (aceros) | hot-twist test.
prueba de torsión estática | static twisting test.
prueba de torsión por choque | torsion impact test.
prueba de torsiones inversas | reverse torsion test.
prueba de trabajabilidad (hormigones) | slump test.
prueba de tracción (tractores) | pulling test.
prueba de tracción acelerada | short-time tensile test.
prueba de tracción acelerada con incremento constante de la carga | short-time constant-rate tensile test.
prueba de tracción colgando pesos (alambres) | hanging test.
prueba de tracción con choques cíclicos | repeated-impact-tensile test.
prueba de tracción con incremento constante de la deformación | constant-strain-rate tensile test.
prueba de tracción con incremento rápido de la carga | rapid rate tensile test.
prueba de tracción de aviones a toda potencia sobre un anclaje o punto fijo | aircraft tie-down test.
prueba de tracción dinámica | tension impact test | dynamic tensile test.
prueba de tracción en caliente | hot-tension test.
prueba de tracción en probeta entallada | notched tensile test.
prueba de tracción en U (soldadura por puntos) | U-tensile test.
prueba de tracción estática | static tensile test.
prueba de tracción estática en probeta entallada | notched-specimen static-tensile test.
prueba de tracción longitudinal de la soldadura | weld-longitudinal tensile test.
prueba de tracción para relacionar la carga total de rotura con la deformación verdadera en la sección de fractura | true-stress/true-strain tensile test.
prueba de transmisión (telegrafía) | keying test.
prueba de transmisor por control a distancia | remote test transmitter control.
prueba de trepidación | shaker test.
prueba de triturabilidad | grindability test.
prueba de un equipo lanzándolo desde un avión | drop test.
prueba de un sistema | system testing.
prueba de una bomba explosiva | bomb testing.
prueba de una cuestión singular sin la cual no prosperará la demanda | special issue.
prueba de utilización | performance.
prueba de vaporización | steam trial.
prueba de velocidad en vuelo horizontal | level speed trial.
prueba de voltaje (electricidad) | pressure test.
prueba de vuelo a gran altura | cold soak test.
prueba de vuelo de un aeroplano | aircraft flight testing.
prueba decisiva | conclusive evidence.
prueba deductiva | deductive proof.
prueba defectoscópica | defectoscopic test.
prueba defectuosa | mistest.
prueba del ácido | acid test.
prueba del autor (imprenta) | author's proof.
prueba del círculo grande | shooting the circle.
prueba del delito | incriminating object.
prueba del diámetro táctico (buques guerra) | circle turning test.

prueba del parche circular | circular patch test.
prueba del péndulo balístico (medición de la potencia de un explosivo) | ballistic pendulum test.
prueba del programa | program test.
prueba del prototipo | type test.
prueba del puente | bridge test.
prueba del siniestro (seguros) | proof of loss.
prueba del vacío por alta frecuencia | flashing.
prueba demasiado virada (fotografía) | overtoned print.
prueba destructiva (en que se destruye la pieza) | destructive test.
prueba dieléctrica | high-voltage test.
prueba dinámica | end to end test.
prueba dinámica de penetración | drop penetration test.
prueba dinamométrica | dynamometer test.
prueba dispuesta para la impresión (tipografía) | clean proof.
prueba disruptiva | rupturing test.
prueba doctor (mercaptanos) | doctor test.
prueba documental | documentary evidence.
prueba durante la fabricación | production test.
prueba eficiente | probative evidence.
prueba electrolítica para determinación de la pérdida en peso | electrolytic weight-loss test.
prueba electromagnética | electromagnetic testing.
prueba eliminatoria | elimination trial | qualifying heat.
prueba en agua de mar a poca profundidad | shallow-sea-water test.
prueba en bucle | loop test.
prueba en bucle (telefonía) | back-to-back test.
prueba en caliente | hot test | heat test.
prueba en canal hidrodinámico (de modelos de carenas) | model experiment.
prueba en carga | service test | load test.
prueba en colores | color proof.
prueba en condiciones de combate (equipo) | tactical testing.
prueba en condiciones de combate (motor aviación) | combat-simulation.
prueba en el banco | bench-test.
prueba en el banco (bomba, carburador, etc.) | rig test.
prueba en el banco de pruebas | testbed run.
prueba en el bombo | rattler test.
prueba en el canal hidrodinámico (buques) | tank test.
prueba en el emplazamiento | field testing | field test.
prueba en el horno de soplete | blowpipe furnace test.
prueba en el reactor | in-pile test.
prueba en el sitio de instalación | installation test.
prueba en fábrica | factory test.
prueba en fabricación | mill test.
prueba en frío | cold test | cold assay.
prueba en instalación de ensayos | pilot-plant test.
prueba en la instalación experimental | pilot testing.
prueba en la que se mantiene constante la estructura (aceros) | constant-structure test (creep).
prueba en las condiciones de carga máxima | breakdown test.
prueba en línea | on-line test.
prueba en obra | field test.
prueba en páginas (tipografía) | page proof.
prueba en picado (aviones) | diving-test.
prueba en régimen permanente | continuous test.
prueba en sentido transversal a las fibras (forja, laminación) | transverse test.
prueba en talleres de la maquinaria | machinery shop trial.
prueba en vacío | off-circuit test.
prueba en vacío parcial | vacuum test.
prueba en vuelo | air test | flight trial.
prueba en vuelo (aviones) | inflight test.
prueba espacial interplanetaria recuperable | recoverable interplanetary space probe.
prueba estadística | statistical test.
prueba estática (motor cohético) | hold down test.
prueba estática (motor de chorro) | captive test.
prueba estática de tracción sobre probeta entallada | static notch bar tensile test.
prueba extrarrigurosa | extra rigorous test.
prueba física del volumen | volume test.
prueba gradual | step-by-step test.
prueba hidráulica a presión | water test.
prueba hidráulica de formación de un saliente circular (chapas) | hydraulic circular-bulge test.
prueba hidráulica de levantar ampollas (revestimientos galvanoplásticos) | hydraulic bulge test.
prueba hidrodinámica de yates de vela | sailing yacht hydrodinamic testing.
prueba hidrostática | hydrostatic test.
prueba hipersensible | hypersensitive test.
prueba in situ | spot test | spot testing.
prueba indiciaria | circumstantial evidence | incriminating evidence.
prueba indirecta | circumstantial evidence.
prueba individual | single test.
prueba inductiva | inductive proof.
prueba instantánea de aislamiento (prueba instantánea disruptiva-cables eléctricos) | flash test.
prueba irrefutable | irrefutable proof.
prueba legal | legal evidence.
prueba lisimétrica | lysymmetric test | lysimetric test.
prueba macroscópica | macro test.
prueba mal hecha | foul proof.
prueba marginal | marginal test.
prueba marina | sea trial.
prueba más poderosa | most-powerful test.
prueba micromecánica | micromechanical test.
prueba neumática | air test.
prueba neumática de la envuelta de la mina | mineshell air test.
prueba neumática del cartucho de la carga | charge case air test.
prueba no concluyente | inconclusive test.
prueba obtenida por corrosión | corroding proof.
prueba oficial | referee test | official trial.
prueba operacional | operational test.
prueba oral | parol evidence.
prueba organoéptica | panel test.
prueba organoléptica | organoleptic test.
prueba original | original evidence.
prueba panclimática (aparatos) | panclimatic test.
prueba para aprobación de vuelo | flight-approval test.
prueba para averiguar la temperatura a la que un aceite cesa de fluir (máquinas frigoríficas) | setting-point test.
prueba para averiguar si el conductor estaba borracho (conducción de automóviles) | drunken-driver test.
prueba para detección de imitaciones de cristales | dry ice test.
prueba para determinar el tiempo y distancia recorrida desde que se cambia de todo avante a todo atrás (buques de guerra) | crash-backing test.
prueba para determinar la fusibilidad de la frita o polvo (docimacía) | button test.
prueba para determinar la impedancia mutua (válvula radio) | slopemeter test.
prueba para determinar las características (de una pieza) | service test.
prueba para determinar las pérdidas internas del engranaje reductor de una turbina. | back-to-back test.
prueba para determinar los efectos de la hipoxia sobre el sistema nervioso central (aviadores) | flicker fusion frequency test.
prueba para determinar si el aceite es anhidro (calentándolo en un tubo de ensayo) | oil crackle test.
prueba para medir las aberraciones (sistemas ópticos) | star test.
prueba para pérdida de agua (hormigón) | bleeding test.
prueba para visada por el ánima | boresighting test.
prueba particularmente fuerte | particularly stringent test.
prueba patrón | benchmark.
prueba penetrométrica | penetrometric test.
prueba pericial (abogacía) | opinion evidence.
prueba pertinente (jurídico) | material evidence.
prueba pirométrica | fire test.
prueba plagada de erratas (imprenta) | dirty proof.
prueba por árbitro | umpire assay.
prueba por ataque químico | etching test.
prueba por caída de bandajes (ferrocarril) | drop test.
prueba por caída de maza | drop test.
prueba por corrosión | etching test.
prueba por desviación | test for trend.
prueba por duplicación (equipo) | twin check.
prueba por estampado | punching test.
prueba por explosión | explosion test.
prueba por gotas (fabricación azúcar) | spot test.
prueba por hielo seco | carbon dioxide test.
prueba por huella de bola | ball-impact test.
prueba por impulsos | surge testing.
prueba por impulsos de aire comprimido | pneumatic impulse testing.
prueba por lotes | batch testing.
prueba por rebatimiento (se aplasta, se abre por la mitad y las dos mitades se rebaten en direcciones opuestas a 180 grados) | ram's horn test.
prueba por un equipo de degustación | panel test.
prueba por velocidad sónica (en el cuerpo que se prueba) | sonic-velocity test.
prueba porcentual | percentage test.
prueba positiva (fotografía) | positive.
prueba positiva (telecomunicación) | check okay.
prueba potenciostática | controlled-potential test.
prueba práctica | field test.
prueba preconstituida | pretrial evidence.
prueba preliminar | preliminary test | pretest.
prueba preoperacional | preoperational test.
prueba presuntiva (bacteriología) | presumptive test.
prueba previa | preliminary test.
prueba programada | programmed check.
prueba pulsatoria de tracción | pulsating tensile test.
prueba radiográfica | radiographic test.
prueba rápida | quick test.
prueba real (abogacía) | evidence by inspection.
prueba reglamentaria | prescribed test.
prueba reproducible con 5% de error | reproducible test within 5%.
prueba retardada | retarded test.
prueba rigurosa | rigid testing.
prueba sacada con tamborilete (imprenta) | stone proof | beaten proof.
prueba sicomotriz | psychomotor test.
prueba simulativa | simulative test.
prueba sin disparo de un subsistema de propulsión (cohete) | cold-flow test.
prueba sobre amarras (buques) | trial at moorings.
prueba sobre el prototipo terminado | full-scale type test.
prueba sobre el terreno | field test.
prueba sobre modelo | model experiment.
prueba sobrevoltaje | excess-pressure test.

prueba subsónica de los motores de la central | subsonic test of the power plant.
prueba telefónica | voice test.
prueba terapéutica | therapeutic test.
prueba térmica al vacío | thermal vacuum test.
prueba testimonial | witness proof | testimonial evidence.
prueba testimonial (abogacía) | oral evidence.
prueba tipográfica fotografiada para offset | repros.
prueba ultrasónica no destructiva para averiguar el tamaño del grano (metales) | grain size nondestructive ultrasonic test.
prueba uniformemente prepotente | uniformly most powerful test.
prueba unilateral | one-sided test.
prueba verbal | parol evidence.
prueba verbal (jurídico) | testimonial evidence.
prueba y tanteo | trial and error.
prueba yodométrica de cloro | iodometric chlorine test.
pruebamuelles | spring-rate tester.
pruebas a media carga | half-loaded trials.
pruebas a toda potencia | full output trials.
pruebas aceleradas de exposición a la intemperie | accelerated weathering tests.
pruebas al azar | random checks.
pruebas alternadas de tracción y compresión | push-pull endurance test.
pruebas artificiales | external evidence.
pruebas autónomas | independent trials.
pruebas balísticas sobre blindajes | attacking.
pruebas bitio por bitio | bit-by-bit tests.
pruebas completamente satisfactorias | highly successful trials.
pruebas completas de las ilustraciones dispuestas correlativamente (libros) | cut dummy.
pruebas con averías provocadas | fault-throwing test.
pruebas con buque parado (remolcadores) | standstill tests.
pruebas con el buque en lastre | lightship trials.
pruebas con el metal depositado por la soldadura | all-weld metal tests.
pruebas con ondas de choque | surge testing.
pruebas corrientes | routine tests | omnibus tests.
pruebas de alcance en tierra | land ranging trials.
pruebas de aptitud | qualifying tests.
pruebas de artillería | gunnery trials.
pruebas de autopropulsión (modelos de buques) | self-propelled test.
pruebas de barrena del avión | aircraft's spinning trials.
pruebas de calentamiento cíclico | cyclic heating tests.
pruebas de calificación | qualifying tests.
pruebas de carga no estacionaria | nonsteady loading tests.
pruebas de comparación | comparison tests.
pruebas de comprensión | comprehension papers.
pruebas de contraste del trabajo de los soldadores | check tests of the welders.
pruebas de corrosión acelerada | accelerated corrosion testing.
pruebas de choque (vagones) | buffing tests.
pruebas de choque de 1.500 veces la aceleración de la gravedad | shock tests of 1,500 G's.
pruebas de discriminación (lubricantes) | screening tests.
pruebas de envejecimiento aceleradas | rapid-aging tests.
pruebas de estabilidad (buques) | heeling trials.
pruebas de explotación | development trials.
pruebas de fabricación | manufacturing trials.
pruebas de fatiga dinámica | dynamic fatigue testing.
pruebas de fondeo (minas) | laying trials.
pruebas de fractura de flexión de probeta entallada | nicked fracture test.
pruebas de frecuencia | frequency test.
pruebas de fugas | leakage test.
pruebas de inclinación al tomar curvas (autobuses) | heeling trials.
pruebas de inmersión profunda | deep-diving trials.
pruebas de inteligencia | intelligence tests.
pruebas de laboratorio | laboratory tests.
pruebas de maniobra naútica | nautical manoeuvering trials.
pruebas de maniobrabilidad | maneuvrability trials.
pruebas de mar al calado de plena carga (buques) | full-load sea trials.
pruebas de moldeado | patternation test.
pruebas de parada y marcha atrás (buques) | stopping-and-backing trials.
pruebas de polarización anodocatódicas | anodic-cathodic polarization test.
pruebas de potencia | powered trials.
pruebas de propulsión | propulsion trials.
pruebas de protección (de acabados metálicos) | screening tests.
pruebas de puntería (cañones) | laying trials.
pruebas de recepción | receiving tests | acceptance tests.
pruebas de recepción dinámica | dynamic acceptance tests.
pruebas de recepción en vuelo | official flying trials.
pruebas de recepción sobre modelo | model acceptance tests.
pruebas de recepción utilizando tensiones de choque | impulse voltage acceptance tests.
pruebas de rigidez dieléctrica | dielectric tests.
pruebas de rodaje de los engranajes completamente terminados | running trials on completed finished gear.
pruebas de sacudidas vibratorias de 0 a 3.000 hertzios a 20 veces la intensidad de la gravedad | vibration-shake tests from 0 to 3,000 cycles per second at 20 G's.
pruebas de seguridad | reliability trials.
pruebas de selección | screening tests.
pruebas de significación | significance testing.
pruebas de soldadura en obra | site weld testing.
pruebas de templabilidad | hardenability tests.
pruebas de tiro (cañones) | firing trials.
pruebas de tiro (del cañón) | gunfire test.
pruebas de tracción a grandes temperaturas de corta duración | short-time elevated-temperature tensile tests.
pruebas de valoración | assessment test.
pruebas de valoración de tropa | troop test.
pruebas de velocidad cargado | loaded speed trials.
pruebas de velocidad sobre la milla medida | measured-mile speed trials.
pruebas deductivas | inferential proofs.
pruebas después de la reparación | postrepair trials.
pruebas dimensionales y de funcionamiento y de condiciones de recepción | dimensional and operating test and acceptance conditions.
pruebas documentales | evidence.
pruebas duras | rugged testing.
pruebas electrográficas | electroraphic tests.
pruebas eliminatorias | eliminating heats.
pruebas en almacén | in-stock tests.
pruebas en dársena (buques) | basin trials.
pruebas en el taller | shop trials.
pruebas en el tren de montaje | production-line testing.
pruebas en escala experimental | pilot-scale trials.
pruebas en la máquina antes de empezar a tirar (tipografía) | press proofs.
pruebas en movimiento | mobile test.
pruebas en obra | site tests.
pruebas en taller a toda potencia | full power shop trials.
pruebas en vuelo | flight testing | flight-test | in-flying testing.
pruebas enológicas | enological testing.
pruebas específicas en el sitio | specific spot test.
pruebas estáticas de exposición a la intemperie | static outdoor-exposure tests.
pruebas estáticas para determinar el empuje (misiles) | hold-down testing.
pruebas experimentales | laboratory-scale tests.
pruebas extrínsicas | external evidence.
pruebas físicas | physical testing.
pruebas fuera de carretera | off-the-road test.
pruebas generales | routine tests.
pruebas grisuométricas (minas) | firedamp testing.
pruebas hechas otra vez | retests.
pruebas impulsionales | impulse testing.
pruebas intrínsecas | internal evidence.
pruebas isotérmicas | isothermal tests.
pruebas mecánicas de tracción repetidas | mechanical repeated-tension tests.
pruebas metódicas de resistencia con modelos de buques | methodical ship model resistance tests.
pruebas minuciosas | exhausted tests.
pruebas naturales | internal evidence.
pruebas no paramétricas | nonparametric tests.
pruebas oficiales de entrega | contract-acceptance trials.
pruebas operatorias | procedure tests.
pruebas para aceptación de soldaduras | weld approval tests.
pruebas para conocer la línea (aviación) | route-proving trials.
pruebas para cualificar el método | procedure-qualification tests.
pruebas para determinar la capacidad de resistir sobrevoltajes (transformadores, cables eléctricos) | impulse withstand tests.
pruebas para probar en carreteras (autos) | route-proving trials.
pruebas por lotes (calculadora) | batch tests.
pruebas rutinarias del modelo | routine model tests.
pruebas rutinarias empleadas en | tests rutinely employed in.
pruebas selectivas | test checks.
pruebas sobre amarras (buques) | dock trials | basin trials | bollard trials.
pruebas sobre la milla medida (buques) | measure-mile trials.
pruebas sobre la pista de despegue (aviones) | runway trials.
pruebas sobre modelo | model tests.
pruebatransistores | transistor tester.
pruinoso (botánica) | drusy.
prurito | itching.
psamón (ecología) | psammon.
pseudoaleatorio | pseudorandom.
pseudohalogenuros | pseudohalides.
pseudo-operación | pseudo-operation.
psiconeurosis | psychoneurosis.
psicosis | vesania.
psiquiatra | psychiatrist.
psiquiatría | psychiatry.
psoroso | psorous.
púa | spike | prong | pin | barb | tooth | tine.
púa (del puercoespín) | quill.
púa (estiradora de peines) | pin.
púa (guarnición de carda) | point.
púa de acero | steel pin.
púa del rastrillo | hackle pin.
pubescente (botánica) | furry | downy.
pubis (anatomía) | share.
pública subasta | vendue.
publicación | disclosure | appearance | release | editing.
publicación (libros) | getting out | issuing.
publicación aeronáutica | air publication.
publicación completa | full publication.
publicación de dos volumenes que no se venden por separado | set of two books which is sold only in sets.
publicación de una noticia antes que otro

periódico | break.
publicación editada en dos volúmenes y vendida solamente por obra completa | publication issued in two volumes and sold in sets only.
publicación en microfacsimile | microfacsimile publication.
publicación en rústica | paper back.
publicación importante | major publication.
publicación mensual | monthly.
publicación periódica | serial publication.
publicación periódica (no diaria) | periodical.
publicación periódica profesional | professional periodic publication.
publicación preliminar | preprint.
publicación serial | serial publication.
publicación trimestral | quarterly.
publicaciones | published books.
publicaciones búdicas | buddhist publications.
publicaciones internas | house organs.
publicado conjuntamente con | published jointly with.
publicar | edit (to) | publish (to) | expose (to) | come out (to).
publicar (editar - libros) | get out (to).
publicar una declaración | issue a statement (to).
publicar una noticia antes que los demás periódicos | beat (to).
publicidad | advertising.
publicidad alarmista | alarmist publicity.
publicidad cinematográfica | motion-picture advertising.
publicidad colectiva | composite advertisement.
publicidad comprobada por claves | keyed advertising.
publicidad de información | informative advertising.
publicidad de lanzamiento | introductory advertising.
publicidad de mantenimiento | follow-up advertising.
publicidad de prensa | press advertising.
publicidad directa | direct advertising | consumer advertising.
publicidad directa por correo | direct-mail advertising.
publicidad en comercios al por menor | point of sale advertising.
publicidad en el lugar de venta | point sale news.
publicidad en prensa | newspaper advertising.
publicidad en puntos de venta | point of sale advertising.
publicidad encubierta | subliminal advertising.
publicidad estridente (EE.UU.) | ballyhoo.
publicidad exterior | outdoor advertising.
publicidad legal | legal advertisement.
publicidad luminosa | illuminated advertisements | sign.
publicidad mal llevada | ill-balanced publicity.
publicidad radiada | radio advertising.
publicidad recordatoria | follow-up advertising.
publicidad reiterada | follow-up | follow-up advertising.
publicidad selectiva | selective advertising.
publicidad subliminal | subliminal advertising.
publicidad televisada | television advertising.
publicista | advertising man | publicist.
público | common | audience.
público (ofertas) | open.
público ilustrado | major public.
público que viaja en avión | air traveling public.
pudelación | puddling.
pudelación húmeda | pig boiling.
pudelado | puddled | puddling.
pudelado a máquina | machine puddled.
pudelado caliente | wet puddling.
pudelado frío | dry puddling.
pudelado giratorio | revolving puddling.
pudelado húmedo | wet puddling.
pudelador (obrero) | puddler.
pudeladora mecánica | mechanical puddler | puddler | puddling machine.
pudelaje | puddling.
pudelaje caliente | pig boiling | slag puddling.
pudelaje en horno rotativo | revolving puddling.
pudelaje seco | dry puddling.
pudelar | bushel (to).
pudelar (hierro) | puddle (to).
pudinga | pudding stone.
pudinga (geología) | puddingstone | plum pudding-stone.
pudinga conchífera | coralrag.
pudinguiforme | pudding stonelike.
pudrición | rot | timber rot | decay.
pudrición (agricultura) | rot.
pudrición (botánica) | caries.
pudrición (de la avena) | retting.
pudrición (madera) | doze.
pudrición (maderas) | rot.
pudrición azul (de la ropa | bluing.
pudrición azul (madera) | blue rot.
pudrición de la madera del corazón | pipe rot.
pudrición de la madera que produce una coloración pardorrojiza | foxiness.
pudrición del corazón (árboles) | heart rot.
pudrición en los anillos anuales (maderas) | ring rot.
pudrición fungosa (maderas) | conk | butt rot.
pudrición parda (maderas) | brown rot.
pudrición parda en bolsa (maderas) | brown pocket rot.
pudrición roja | red rot.
pudrición seca (caries - madera) | decay.
pudrición seca (maderas) | powder-post.
pudrición seca de la madera debida al Merelius lacrymans | dry rot.
pudrición verde de la madera por el hongo Peziza aeruginosa-Pers | green-rot.
pudridero | fermenting vat.
pudridor (fabricación papel) | steeping vat.
pudrir | rot (to) | spoil (to).
pudrirse | rot (to) | decompose (to).
pudrirse (avena) | ret (to).
pudrirse (madera) | decay (to).
pueblo llano | plain people.
pueblos no-arios | nonaryan peoples.
puede agitarse mientras se esta usando | it can be shaken while being used.
puede ejercitarse recurso | appeal lies.
puede estar Vd. seguro | sureness is yours.
puede haber muy sensible variación | a very considerable variation could be evidenced.
puede interpretarse de varias maneras (cláusulas) | it may be read several ways.
puede subir rampas de 25% | it can negotiate gradients of 1 in 4.
puede verse el día antes de la venta | on view the day prior to sale.
puente | head tree | strongback | bridge.
puente (agujero de hombre) | yoke.
puente (buques) | deck.
puente (cámara de combustión calderas) | girder.
puente (caracteres de imprenta) | groove.
puente (conexión - química) | bridge.
puente (de andamio) | ledger.
puente (de un instrumento de cuerda) | ponticello.
puente (electricidad) | jumping cable | jumper.
puente (máquina herramienta) | cross rail.
puente (música) | bridge.
puente (odontología) | bridge-work.
puente (soldaduras) | bridging.
puente (torno) | bridge piece | gap bridge.
puente a gran altura | high-level bridge.
puente acueducto | aqueduct bridge.
puente acústico | acoustic bridge.
puente aéreo | airlift.
puente alomado | pack horse bridge.
puente Bailey en que los cordones superior e inferior tienen cuatro vigas normales | double-double Bailey bridge.
puente báscula | counterpoise bridge.
puente basculante de dos hojas | twin-leaf bascule bridge | double bascule bridge.
puente biviario | two-lane bridge.
puente calibrador de hilo de resistencia | resistance-wire gage bridge.
puente cantilever (puente de ménsulas) | cantilever bridge.
puente cargado | charged bridge | loaded bridge.
puente carretero | wagon bridge.
puente colgante | hanging bridge | trail ferry | suspension bridge | suspension structure.
puente colgante autoportante | self-supporting suspension bridge.
puente colgante sometido a oscilaciones autoexcitadas | galloping suspension bridge.
puente con las cargas de demolición colocadas (voladuras) | charged bridge.
puente con tablero plano | flat-slab bridge.
puente con vigas nuevas | re-girdered bridge.
puente corredizo | roller bridge.
puente cubierto central (casa del puente - buques) | bridge house.
puente de acceso a las aeronaves (aeropuertos) | aerobridge.
puente de andamio | chime bracket.
puente de apriete | bridge clamp | crossover cleat.
puente de apriete (puertas) | crossbar.
puente de apriete (puertas calderas) | dog.
puente de apriete de la puerta (calderas) | door dog.
puente de arco atirantado reforzado con montantes | stiffened tied-arch bridge.
puente de arco de hormigón armado pretensado | prestressed-concrete arch bridge.
puente de asalto | assault bridge.
puente de balsas | raft bridge.
puente de barcas | floating bridge | pontoon bridge | boat bridge.
puente de báscula | balance bridge | leaf bridge | bascule bridge | drawbridge.
puente de báscula de dos hojas | double-leaf bascule bridge.
puente de báscula equilibrada por el talón | heel-balanced bascule bridge | heel-counterbalanced bascule bridge.
puente de caballetes | trestle bridge.
puente de capacitancia con brazo de relación inductiva | inductive-ratio-arm capacitance bridge.
puente de capacitancia con brazo para determinar la razón resistiva | resistive-ratio-arm capacitance brige.
puente de carga | handling platform | charge bridge.
puente de carretera | highway bridge | road bridge.
puente de carretera de doble calzada | double-track highway bridge.
puente de carrilada de acero | steel treadway bridge.
puente de celosía | frame-bridge | frame bridge.
puente de celosía de doble vía para ferrocarril | double-track railroad truss bridge.
puente de clavijas (electricidad) | plugbridge.
puente de clavijas (telégrafo) | plugbridge.
puente de conexión | connector.
puente de conexión de plomo (electricidad) | lead connector.
puente de corriente alterna | A. C. bridge.
puente de corriente continua | direct current bridge.
puente de cuchara excavadora | grabbing.
puente de cursor (electricidad) | meter bridge | slide-bridge.
puente de desplazamiento de fase | phase-shifting bridge.
puente de doble vía | double-track bridge.
puente de encabiado | collar.
puente de equilibrio (radio) | matching stub.
puente de falla | fault node.
puente de falla (geología) | node of the fault.
puente de ferrocarril | railway bridge.

puente de ferrocarril con calzada superior para vehículos carreteros | road-over-rail bridge.
puente de ferrocarril de doble vía | double-track railway bridge.
puente de ferrocarril de tablero inferior y vía única | single-track through-truss railway bridge.
puente de ferrocarril de tablero superior | deck-girder railroad bridge.
puente de gran luz | long-span bridge | long span bridge.
puente de guía de ondas | rat race.
puente de hielo | ice bridge.
puente de hilo circular (electricidad) | loop wire bridge.
puente de hilo dividido (electricidad) | meter bridge.
puente de hilo y cursor | slidewire bridge.
puente de hormigón armado de arco atirantado | reinforced-concrete tied-arch bridge.
puente de hormigón pretensado | pretensioned concrete bridge.
puente de hormigón pretensado colado en su emplazamiento | prestressed cast-in-situ concrete bridge.
puente de inducción | induction bridge.
puente de inductancia mutua | mutual inductance bridge.
puente de losa de tramo oblicuo (hormigón) | skew span slab bridge.
puente de losas de hormigón | concrete slab bridge.
puente de mando | operating bridge.
puente de mando (buques) | pilot bridge.
puente de maniobra (buques) | docking bridge.
puente de medida (electricidad) | bridge.
puente de medida de esfuerzos de tres canales autoequilibrador | autobalancing three-channel strain bridge.
puente de medida de la pérdida del núcleo de un transformador | transformer-core-loss bridge.
puente de medida para hipervoltajes | high-potential measuring bridge.
puente de medida para la impedancia catódica | cathode impedance bridge.
puente de medidas (electricidad) | measuring bridge.
puente de medidas rápidas (electricidad) | limit bridge.
puente de ménsula con la carga soportada por el cordón superior de la viga | cantilever deck.
puente de ménsula en que la carga está soportada por el cordón inferior de la viga | cantilever through.
puente de navegación (buques) | navigating bridge | conning bridge.
puente de peaje | toll bridge.
puente de pequeña altura | low-level bridge.
puente de pequeña luz | short-span bridge.
puente de pilotes | pile bridge.
puente de pontones | pontoon bridge | floating bridge.
puente de pontones para grandes cargas | heavy ponton bridge.
puente de popa (buques) | docking bridge.
puente de pórtico rígido de hormigón de tipo macizo | barrel-type concrete rigid-frame bridge.
puente de pórticos rígidos | rigid-frame bridge.
puente de radiofrecuencias | rat race | rat race.
puente de registro (acústica) | recording bridge.
puente de resistencia eléctrica | resistance bridge.
puente de resistencia de selenio | selenium resistance bridge.
puente de resistencia en derivación (electricidad) | parallel-resistance bridge.
puente de resistencias en serie | series-resistance bridge.
puente de resonancia en serie | series-resonance bridge.
puente de resonancias (medidas) | resonance bridge.
puente de sacos terreros (ríos poco profundos) | sandbag bridge.
puente de señales (ferrocarril) | signal gantry | gantry | gauntry.
puente de señales (ferrocarriles) | signal bridge.
puente de sillería | masonry bridge.
puente de sujeción de tapa de agujero de hombre | manhole dog.
puente de suspensión del péndulo (relojes) | back cock.
puente de tablero inferior | overgrade bridge | bottom-road bridge | trough bridge | through bridge.
puente de tablero prefabricado de hormigón pretensado | precast prestressed concrete deck bridge.
puente de tablero superior | top-road bridge | deck bridge | deck-truss bridge | undergrade bridge.
puente de termistores (circuito eléctrico) | thermistor bridge.
puente de tramo levadizo | lift span bridge.
puente de tramos iguales | bridge with equal bays.
puente de tramos múltiples | multiple-span bridge.
puente de tres vigas de celosía (dos calzadas independientes) | three-truss bridge.
puente de un tramo | single span bridge | simple-span bridge.
puente de una sola calzada | one lane bridge.
puente de una vía | single-track bridge.
puente de variación de fase | phase-shift bridge.
puente de varias calzadas | multilane bridge.
puente de varias vías de tráfico | multilane bridge.
puente de vía férrea | railroad bridge.
puente de viga de alma llena de tablero interior | plate girder through-type bridge.
puente de viga levadiza | girder lifting bridge.
puente de viga metálica de celosía | metal truss bridge.
puente de vigas continuas de tres tramos | three-span continous bridge.
puente de vigas de alma llena | beam bridge.
puente de vigas de alma llena con tablero superior | deck plate girder bridge.
puente de vigas de alma llena de luz media | medium-span plate-girder bridge.
puente de vigas de celosía articuladas | pin-connected truss bridge | pin-connected braced girder bridge.
puente de vigas múltiples | multigirder bridge | multibeam bridge.
puente de vigas rectas | girder bridge.
puente de vigas tubulares atirantadas por el cordón superior a montantes colocados sobre las pilas | cable-stayed box girder bridge.
puente de vigas y losas | beam-and-slab bridge.
puente de viguetas (milicia) | girder bridge.
puente de Wheatstone | resistance apparatus | electrical bridge | electric balance.
puente del áncora | pallet cock.
puente del áncora (relojes) | pallet bridge.
puente del castillete (laminador) | housing cap.
puente desequilibrado (electricidad) | off-balance bridge.
puente desmontable | portable bridge | compound bridge.
puente desmontable de acero | portable steel bridge.
puente destruido por la crecida | washed-out bridge.
puente electrónico para medidas de temperaturas | electronic thermometer bridge.
puente elevador para reparar (garajes) | repair ramp.
puente en arco | arch bridge | arched-beam bridge.
puente en arco de tablero medio | half-through arch-bridge.
puente en lomo de asno | pack horse bridge | hogbacked bridge.
puente en ménsula de tablero superior | deck cantilever bridge.
puente flotante | floating bridge.
puente flotante con pista de rodadura para vehículos | floating treadway bridge.
puente flotante de asalto | assault floating bridge.
puente giratorio | revolving bridge | pivot bridge | swivel bridge | drawbridge | turn bridge.
puente giratorio con un brazo corto | bobtailed swing bridge.
puente giratorio de apoyo central | center-bearing draw | center-bearing swingbridge.
puente giratorio de apoyo circunferencial | rim-bearing drawbridge.
puente giratorio de dos tramos | two-span swing bridge | center-bearing swingbridge.
puente giratorio de eje central | symetrical swing bridge.
puente giratorio de pila central | drawspan bridge.
puente giratorio de soporte anular | rim-bearing swing bridge.
puente grúa | gauntry crane.
puente grúa accionado a brazo (talleres) | hand-power travelling crane.
puente grúa de caseta inferior con mástil horizontal (para retirar bobinas de alambres) | rigid-mast crane.
puente grúa de gran luz | long-span travelling crane.
puente grúa de poca luz sin desplazamiento del carro | tram crane.
puente grúa de pórtico de cuchara de valvas mordientes | portal type travelling grab crane.
puente grúa de tenazas para lingotes | dogging crane.
puente grúa eléctrico | electric traveller.
puente grúa eléctrico para grandes cargas | heavy-duty electric overhead travelling crane.
puente grúa gobernado desde el suelo | ground-controlled overhead travelling crane.
puente grúa para distribución del mineral sobre el parque (altos hornos) | stocking-out bridge.
puente grúa para la cuchara de colada | ladle-crane.
puente grúa para recoger mineral del parque y depositarlo sobre la cinta transportadora (carga del alto horno) | reclaiming bridge.
puente grúa sobre vía aérea | traveller on overhead track.
puente improvisado | expedient bridge | emergency bridge.
puente indicador de cero (electricidad) | null bridge.
puente internacional | international bridge.
puente intramolecular | intramolecular bridge.
puente Kelvin (electricidad) | double bridge.
puente lateral (portaaviones) | offset bridge.
puente levadizo | drawbridge | lifting bridge.
puente levadizo de balancín | lever drawbridge.
puente levadizo rodante | rolling lift bridge.
puente ligero de asalto para infantería de aleación de aluminio | light infantry assault aluminum alloy bridge.
puente magnético | permeability bridge.
puente medidor de capacitancias | capacitance bridge.
puente medidor de inductancia de onda cuadrada | square wave inductance bridge.
puente militar tipo concertina (plegable para llevar por los carros de asalto) | concertina bridge.
puente mixto para ferrocarril y carretera | roas rail bridge.
puente movible | jumper.
puente móvil en la boca de un pozo (minas) | lorry | lurry.
puente oblicuo | oblique bridge.
puente oblicuo de arco | skewed arch bridge.
puente oblicuo de vigas rectas de alma llena

| skewed rigid-frame bridge.
puente oscilante (relojería) | rocking bar.
puente para enlucir el pavimento (carreteras) | float bridge.
puente para grandes cargas | heavy bridge.
puente para localizar averías (electricidad) | fault location bridge.
puente para medida de la permeabilidad magnética | permeability bridge.
puente para medidas de capacidad | capacity bridge | capacity measuring bridge.
puente para medidas de inducción | induction measuring bridge.
puente para medidas de inductancias | inductance bridge.
puente para medir impedancias | impedance bridge.
puente polar (acumuladores) | bridge piece.
puente portaescobillas | brush yoke.
puente portátil | portable bridge.
puente proyectado para quedar sumergido en las grandes avenidas | submersible bridge.
puente rectificador (electrotécnia) | rectifier bridge.
puente rectificador de onda completa | full-wave bridge rectifier.
puente repartidor (acumuladores) | tipper crab.
puente repetidor de impulsos | impulse repetition bridge.
puente sobre pilas | pier bridge.
puente soportado por tacos de caucho reforzados con chapas de acero | rubber-sprung bridge.
puente suspendedor | suspension girder.
puente suspendido | hanging bridge.
puente suspendido con viga de rigidez de celosía | open sided suspension bridge | truss-stiffened suspension bridge.
puente suspendido con vigas de rigidez de alma llena | solid-sided suspension bridge.
puente suspendido para soportar un oleoducto o acueducto o metanoducto | pipeline suspension bridge.
puente televisivo | radiovisor bridge.
puente termométrico | thermometer bridge | temperature measurement bridge.
puente todo de aluminio | all-aluminum bridge.
puente transbordador | transfer bridge | transporter bridge.
puente transbordador aéreo | overhead travelling crane.
puente trasero (autos) | rear axle.
puente trasero (semieje - automóviles) | axle-shaft.
puente tubular | box-girder bridge | box bridge.
puente vatimétrico | wattmeter bridge.
puente volante | flying bridge.
puente volante (paso de ríos) | flying ferry.
puentear (electricidad) | bridge (to) | short (to).
puente-báscula | weighbridge.
puente-báscula para ferrocarril | rail weight-bridge.
puente-canal | canal bridge.
puente-grúa | running bridge | crane bridge | overhead crane | traveling crane | traveler.
puente-grúa a brazo | overhead hand crane.
puente-grúa accionado desde la cabina | cab-operated overhead crane.
puente-grúa con brazo inferior | underslung jib overhead crane.
puente-grúa de descenso rápido | quick lowering crane.
puente-grúa de elevación | fire fighting bridge.
puente-grúa de pórtico | overhead gantry crane.
puente-grúa de taller | shop-traveller.
puente-grúa gobernado radioeléctricamente | radio-crane.
puente-grúa para el manejo del mineral (acerías) | ore bridge.
puente-grúa para funderías | foundry traveller.
puente-grúa para manejo de carbón | coal bridge.
puentes grúas trabajando conjuntamente por parejas | used-in-pairs travelling cranes.
puentes intergalácticos | intergalactic bridges.
puentes militares | military bridging.
puentes normalizados | standard bridges.
puentes tipos | standard bridges.
puente-transbordador | aerial ferry.
puerco | pig.
puercoespín (Hystricidae) | porcupine.
puericultura | puericulture.
puerta | port | gate | door.
puerta (de esclusas) | gate.
puerta (fortalezas, ciudades) | port.
puerta a paño | flush door.
puerta a prueba de rebufo | blast-proof door.
puerta abatible sobre un eje horizontal | drop-door.
puerta abovedada | arched door.
puerta abrible en lo dos sentidos | swing door.
puerta abriéndose hacia dentro | inwardly hinged door.
puerta accionada mecánicamente | power-controlled door.
puerta accionada por aire comprimido | pneumatically-operated door | air power operated door.
puerta accionada por aire comprimido electrorregulada | electrically-controlled air-operated door.
puerta accionada por aparejo (hornos) | capstan-operated door.
puerta accionada por rayos catódicos | ray operated gate.
puerta acristalada | glass-panelled door.
puerta aislada (electrónica) | insulate gate.
puerta and (informática) | and-gate.
puerta armada con tirantes de hierro | framed and braced door.
puerta automática | automatic door.
puerta automática para incendios | automatic fire door.
puerta cochera | coach gate | carriage gateway.
puerta colgante | hanging door.
puerta colocada a paño | flush-fitting door.
puerta con burlete de tubo de caucho | rubber-sealed door.
puerta con cierre por anillo obturador | ring clamp door.
puerta con chumacera de rodillos | roller-bearing gate.
puerta con la misma decoración que la pared | jib door.
puerta con montante de cristales | sash-door.
puerta con montante móvil acristalado | sash-door.
puerta corrediza | sliding door.
puerta corrediza (aviones) | slide.
puerta corrediza de accionamiento electroneumático | electropneumatically-operated sliding door.
puerta corrediza de vidrio | glass sliding door.
puerta corrediza en sentido vertical | vertical sliding door.
puerta cortada (en dos mitades independientes) | halved door.
puerta cortada horizontalmente a media altura (en dos mitades independientes) | Dutch door.
puerta cortafuegos | firescreen door.
puerta cristalera | casement door | French door.
puerta de acceso | access door.
puerta de acceso para inspección del motor | engine inspection access door.
puerta de acero a prueba de soplete | anti-blowpipe steel door.
puerta de acero enrollable | rolling steel door.
puerta de acordeón | folding door.
puerta de acordeón (autobuses, tranvías) | double-folding door.
puerta de aguas arriba (esclusa) | head-gate.
puerta de aireación | air gate | air door.
puerta de alimentación | feed door.
puerta de bisagra | hinged door.
puerta de busco | mitring gate | mitering gate.
puerta de caras lisas | flush-fronted door.
puerta de carbonera | coal door.
puerta de carga abatible que forma rampa (morro del avión) | ramp loading door.
puerta de carga de dos hojas en la parte inferior del fuselaje (aviones) | clamshell door.
puerta de caucho para talleres | industrial rubber door.
puerta de cenicero | damper.
puerta de comunicación | communicating door.
puerta de contraincendios accionada electromagnéticamente | magnetically controlled fire door.
puerta de corredera | glider-type door | pull-in-and-slide door | sliding door.
puerta de corredera estanca al agua (buques) | sliding watertight door.
puerta de corredera maniobrada a brazo | horizontally-sliding manually-operated door.
puerta de corredera plegable de aluminio | sliding-folding aluminium door.
puerta de cristales | glazed door.
puerta de cuatro entrepaños | four-panelled door.
puerta de dársena | sea-gate.
puerta de dos hojas | double door | double-wing door.
puerta de dos hojas abribles en los dos sentidos | double-swing double door.
puerta de emergencia | emergency door.
puerta de enrejado | lattice door.
puerta de entrada | front-door | entrance gate.
puerta de entrada con portillo | gateway.
puerta de entrepaños | panel door.
puerta de esclusa | lock gate.
puerta de esclusa de canal | canal lock gate.
puerta de guillotina | drop-door.
puerta de guillotina (horno de vidrio) | tweel.
puerta de hojas | flap door.
puerta de hojas (dique seco) | flap gate.
puerta de hojas autopropulsadas (hangares) | self-propelled leaves door.
puerta de hojas giratorias | leaf door.
puerta de hojas plegables | jackknife door.
puerta de hojas plegadiza | folding door.
puerta de la barandilla que da acceso al ascensor (escaleras) | hatchway door.
puerta de la calle | front-door.
puerta de la cántara (dragas, gánguiles) | hopper door.
puerta de la capota (locomotora eléctrica) | hood door.
puerta de librillo | folding door | multiple-leaf door.
puerta de librillo plegable lateralmente | sliding-folding door.
puerta de limpieza | clearing door.
puerta de listones | lattice gate.
puerta de peinazos y riostras | ledged and braced door.
puerta de persiana | shutter door | slat door | blind door.
puerta de placa de vidrio | plate-glass door.
puerta de plomo revestida de chapa de acero | steel-sheated lead door.
puerta de quicio | pan-type door.
puerta de red (arte de pescar) | otter board.
puerta de regulación (minas) | regulator door.
puerta de regulación (ventilación minas) | scale door | box regulator.
puerta de seguridad contraincendios (minas) | firedoor.
puerta de servicio | rear door | backdoor.
puerta de socorro | emergency door | escape door.
puerta de tabla enlistonada | batten door.
puerta de tableros | ledged door | panelled door | boarded door.
puerta de tala metálica | screen door.
puerta de tiempo | time gate.
puerta de trabajo (horno de pudelar) | paddling door | puddling door.

puerta de un solo tablero y sin marco | battened door.
puerta de una hoja | single door.
puerta de una hoja abatible acharnelada en el fondo (dique seco) | flap gate.
puerta de una hoja abrible en los dos sentidos | double-swing door.
puerta de una hoja abrible en un solo sentido | single-swing door.
puerta de una hoja con eje de giro horizontal en el extremo inferior (dique seco) | box gate.
puerta de una hoja embisagrada por la parte inferior (dique seco) | falling-leaf-type gate.
puerta de vaivén | swinging door.
puerta de ventilación (minas) | trap | trapdoor | bearing door | stiffener.
puerta de visita | inspection door.
puerta de visita (válvula de la bomba) | bonnet.
puerta del cenicero (calderas) | clean-out door.
puerta del cenicero (locomotoras) | hopper door.
puerta del departamento de las bombas (aviones) | bomb door.
puerta del hogar | firedoor.
puerta del hogar (calderas) | coaling-door.
puerta del horno | firedoor.
puerta del pasillo | aisle door.
puerta delantera | front-door.
puerta doble que permite el paso sin dejar pasar la luz al exterior | light door.
puerta electroneumática | electropneumatical door.
puerta empernada | bolted-on door.
puerta en el morro (avión carguero) | nose door.
puerta en que las bisagras están a la derecha cuando se abre la puerta hacia uno | right-handed door.
puerta engoznada | swinging door.
puerta entablerada | panel door.
puerta estanca accionada hidráulicamente | hydraulically-operated watertight door.
puerta estanca al abrasivo | abrasive-tight door.
puerta estanca de bisagra | hinged watertight door.
puerta estanca de desplazamiento horizontal electroaccionada | electrically-operated horizontal sliding watertight door.
puerta estanca electroaccionada | electrically-controlled watertight door.
puerta exclusivamente dedicada a la salida | exit only.
puerta exterior de una dependencia | oak.
puerta falsa | jib door | blank door | blind door.
puerta figurada | black door.
puerta flexible de caucho reforzado | reinforced rubber flexible door.
puerta giratoria | swinging door | hinged door | revolving door.
puerta giratoria en ambos sentidos | butterfly door.
puerta habilitante (circuito) | enabling gate.
puerta hermética | weathertight door.
puerta insonorizada | sound resistant door.
puerta lateral abatible | hinged side door.
puerta levadiza | lifting door.
puerta lisa | flush door.
puerta lisa con alma maciza | solid-core flush door.
puerta lisa de alma hueca (sin relleno interior) | hollow-core flush door.
puerta magnética | magnetic gate.
puerta maniobrada mecánicamente | power-operated door.
puerta metálica hueca | hollow metal door.
puerta monotablero | monopanel door.
puerta monumental | gateway.
puerta motorizada | motor-operated door | power-operated door.
puerta motorizada de desplazamiento vertical | vertically sliding power-operated door.
puerta NO | NOT gate.
puerta Nor | Nor gate.
puerta o ventana de tela metálica | screen.
puerta oculta | jib door.
puerta pabellón | canopy door.
puerta para descarga por el fondo de apertura rápida | quick-opening bottom-discharge door.
puerta para deshollinar (calderas) | lancing door.
puerta para equipajes (aviones) | luggage door.
puerta para evacuación del polvo | dust delivery door.
puerta para la rueda delantera del morro (aterrizador) | nosewheel door.
puerta para proteger de las irradiaciones | radiation-shielding door.
puerta plegadiza | accordion door.
puerta principal | entrance gate.
puerta protectora contra las irradiaciones gamma | gamma shielding door.
puerta protectora de compartimientos donde hay irradiación | hot cell door.
puerta que abre horizontalmente hacia arriba (hangares, etc.) | upward-folding door.
puerta que cierra solamente la mitad inferior del hueco | hatch.
puerta que no origina corrientes de aire | draft-tight door.
puerta que se abre en los dos sentidos (hacia dentro o hacia fuera) | in-out door.
puerta reguladora interior de la ventilación (minas) | gage door.
puerta secreta | jib door.
puerta serie (terminal) | serial port.
puerta simulada | blank door | dead door.
puerta sincrónica (electrónica) | synchronous gate.
puerta sujeta con pestillo | clamped-on door.
puerta tipo portilla | porthole-type door.
puerta ventral (aviones) | ventral door.
puerta vidriera | glazed door | glass door.
puerta vidriera que da acceso a un balcón | French window.
puerta zaguera | tailgate.
puertas | interlock.
puertas corredizas motorizadas | power-sliding doors.
puertas de aireación solidarias (minas) | interlocked air-doors.
puertas de batientes (esclusas) | miter-gates.
puertas de la cantera accionadas desde el fondo (dragas) | bottom-operated hopper doors.
puertas de radiofrecuencia | radiofrequency gates.
puertas de trampa | dragging doors.
puertas del cárter del cigüeñal | crankcase doors.
puertas embisagradas que cierran el fondo de un cubilote | drop doors.
puertas normalizadas | ready-made doors.
puertas y paredes de aislamiento acústico | sound proof doors and walls.
puerto | harbour (Inglaterra) | harbor (EE.UU.) | haven | waterfront.
puerto (de mar) | port.
puerto (de montaña) | gap.
puerto (montañas) | col | pass | saddle.
puerto abierto | open port.
puerto abrigado | landlocked port.
puerto aduanero | port of entry.
puerto aduanero interior | interior customs port.
puerto artificial | artificial harbor.
puerto balizado | beaconed harbor.
puerto base | home port.
puerto bloqueado por los hielos | icebound harbor.
puerto cerrado (al comercio) | closed port.
puerto cerrado por hielos | icebound harbor.
puerto comercial | commercial harbor | commercial port.
puerto con entradas y salidas de buques controladas por radar$ | radar-controlled harbor.
puerto con escaso calado en bajamar | dry harbor | stranding harbor.
puerto continental | continental port.
puerto controlado por radar | radar-controlled harbor.
puerto convenido (comercio marítimo) | named port.
puerto de abanderamiento | home port | port of documentation | port of registry.
puerto de abrigo | port of refuge.
puerto de armamento | port of registry.
puerto de arribada forzosa | harbor of distress.
puerto de barra (navegación) | bar port.
puerto de carboneo | coaling-port | coaling-station.
puerto de carga | cargo port.
puerto de comercio | commercial port.
puerto de depósito | warehousing port | bonded port.
puerto de descarga | port of delivery | discharging port | landing port.
puerto de descarga (comercio) | port of discharge.
puerto de destino (comercio) | port of destination.
puerto de embarque | port of shipment | port of exit.
puerto de embarque (marina) | port of embarkation.
puerto de entrada | in-port.
puerto de entrada para mercancías importadas | port of entry.
puerto de escala | intermediate port | calling port | port of call.
puerto de expedición | clearance port.
puerto de gran calado | deep water port.
puerto de guerra | naval port.
puerto de inscripción | posting port.
puerto de inspección (buques) | inspection port.
puerto de matrícula | port of registry | port of documentation | house port | home port.
puerto de origen | port arrived from.
puerto de pesca | fishing harbour.
puerto de procedencia | port arrived from.
puerto de recalada | port of distress.
puerto de refugio (navegación) | harbor of refuge.
puerto de registro | port of registry.
puerto de salida | outport | port of departure.
puerto de salida (comercio) | port of saling.
puerto de salida de mercancías para exportación | port of exit.
puerto distribuidor | entrepôt port.
puerto donde se hace la reparación | repair port.
puerto en que el transporte de las mercancías al buque se hace por barcazas | barging port.
puerto en que la mayor parte del tráfico va o viene por el ferrocarril | rail port.
puerto fiscal | port of entry.
puerto fluvial | river harbor | inland harbour.
puerto franco | entrepot | bonded free-port | free harbour | open port | free port.
puerto interior | inner harbor.
puerto interior (ríos) | close port.
puerto libre | free port.
puerto libre de hielos | ice-free harbor.
puerto marítimo | port | seaport.
puerto marítimo (EE.UU.) | harbor.
puerto marítimo (G.B.) | harbour.
puerto marítimo de gran calado | deep sea port.
puerto militar | naval docks.
puerto nacional | home port.
puerto naval | naval port.
puerto para embarcaciones menores | small boat harbor.
puerto para embarque de cereales | grain shipping port.
puerto para embarque o desembarque de mineral | ore port.
puerto para petrolear (buques) | oil bunkering station.
puerto para transbordo | transhipping port.

puerto secundario | outport.
puerto sin curso de agua (cordilleras) | air gap.
puertos con menos gastos de descarga que otros análogos | picked ports.
puertos de embarque del sudoeste | southerly shipping ports.
puesta (del sol) | going down.
puesta a cero | setting to zero | reset.
puesta a cero (aparatos) | setback.
puesta a cero (instrumentos) | resetting.
puesta a cero del contador de ciclos | cycle reset.
puesta a flote (buques) | getting off.
puesta a grueso (carpintería) | thicknessing.
puesta a la capa (buques vela) | gybe.
puesta a masa | bonding.
puesta a punto | debugging | timing | tuning | perfecting | make-ready.
puesta a punto (motores) | lining up.
puesta a punto (ordenador) | fault-free.
puesta a punto (programa) | check-out.
puesta a punto de cámara | camera line-up.
puesta a punto de programas | program proving.
puesta a punto de un motor | tuning of an engine.
puesta a punto del motor | engine setting.
puesta a punto del organigrama | table top debugging.
puesta a tierra de una fase de la distribución en triángulo | corner-of-the-delta grounding.
puesta a tierra mediante resistencia | resistor-earthed.
puesta a tierra por un solo hilo | single wire grounding.
puesta a tierra temporánea | temporary grounding.
puesta a una fase (avería línea trifásica) | single phasing.
puesta al día | bringing up to date | updating.
puesta al día de un programa (informática) | update.
puesta al sol | insolation.
puesta de quilla (buques) | laying down.
puesta de quilla simbólica | token keel laying.
puesta de un astro | setting.
puesta del sol | sundown.
puesta en bandolera (hélices aviones) | feathering.
puesta en cartones (tejedurías) | reading-off.
puesta en cero | index correction.
puesta en cero (aparatos de medida) | zeroing.
puesta en circuito | cut-in | connecting.
puesta en circuito (electricidad) | turn-on.
puesta en circuito del frenado automático (locomotora eléctrica) | cut-in loop.
puesta en circulación | release.
puesta en circulación (filmes) | release.
puesta en cultivo (de una tierra) | cropping.
puesta en duda (de afirmaciones) | impugnment.
puesta en duda de una afirmación | impugning.
puesta en escena | mounting | setting.
puesta en escena (teatros) | get-up | staging.
puesta en estación (aparato topográfico) | setup.
puesta en explotación (de ríos, calor geotérmico, etc.) | harnessing.
puesta en fideicomiso | pooling.
puesta en hora (relojes) | setting to time.
puesta en impresión | passing for press.
puesta en libertad | discharge | getting off | release | setting free.
puesta en libertad (personas) | enlargement.
puesta en marcha | putting into operation | start-up | running-in | release | program initiation.
puesta en marcha (acuerdos, etc.) | implementation.
puesta en marcha (de una máquina) | start.
puesta en marcha (máquinas) | starting.
puesta en marcha de nuevo después de una parada (turbogenerador) | turbogenerator commissioning.
puesta en marcha eléctricamente | power.
puesta en obra | mounting | placing.
puesta en órbita terrestre | earth orbit insertion.
puesta en página (tipografía) | setup.
puesta en páginas (imprenta) | paging.
puesta en páginas (tipografía) | making-up | makeup.
puesta en paralelo | paralleling.
puesta en prensa (tipografía) | going to press.
puesta en presión (calderas) | getting up steam.
puesta en producción | bringing a well.
puesta en punto | adjustment.
puesta en puntos (de una estatua) | pointing.
puesta en servicio | initial use | commissioning | launching | placement in service.
puesta en servicio (trenes) | putting on.
puesta en tensión progresiva | power supply sequencing.
puesta en venta | release.
puesta en vigor con efecto retroactivo | setting into force retroactively.
puesta fuera de circuito del frenado automático (locomotora eléctrica) | cutout loop.
puesto | set | stand | engagement | laid | spot | position.
puesto (mercados, exposiciones) | stand.
puesto a bordo | free on board (f.o.b.).
puesto a bordo en punto de destino | F.O.B. destination.
puesto a bordo lugar indicado - flete pagado por adelantado hasta | free on board named point, freight allowed to.
puesto a bordo y estibado | free on board and trimmed.
puesto a bordo y estibado sobre gabarras | F.O.B. and trimmed ex lighters.
puesto a interés | out at interest.
puesto a mano | hand-placed | hand inserted.
puesto a pie de obra | free on site.
puesto a presión | press-fit.
puesto a punto | shaken down | field proven.
puesto a tierra | earth-wired.
puesto a tierra (electricidad) | earthy | earthed.
puesto a tierra (unido a tierra - electricidad) | grounded.
puesto a tierra a través de una resistencia | resistor-grounded.
puesto a tierra con resistencia intercalada | resistance-grounded.
puesto a tierra por bobinas de autoinducción | reactance grounded.
puesto a un lado | left-off.
puesto a votación | on a division.
puesto aislado | detached post.
puesto al costado del buque (franco muelle) | free overside.
puesto al costado del buque (sobre muelle o barcazas) | fas vessel.
puesto al día | brought up to date.
puesto amplificador | relay station.
puesto avanzado | advanced post.
puesto avanzado (milicia) | outpost.
puesto avanzado de municionamiento | ammunition point.
puesto avanzado de transmisiones | advance message center.
puesto con la prensa | press-fit.
puesto de abonado | subscriber station.
puesto de alerta | alerting post.
puesto de arranque y parada | start-stop station.
puesto de canto | laid edgeways | placed on edge.
puesto de carga | butt.
puesto de carnicería | butcher's stall.
puesto de centinela | post.
puesto de cereales en la lonja | grain pit.
puesto de clasificación de prisioneros de guerra | prisioner-of-war processing station.
puesto de combate (marina guerra) | quarters.
puesto de comprobación | control station.
puesto de control | control station.
puesto de curación | aid station.
puesto de dar fuego | firing station.
puesto de dar pegas (minas) | firing station.
puesto de distribución (de energía eléctrica) | switchyard.
puesto de enclavamiento | interlocking | interlocking post.
puesto de enlace | connecting post.
puesto de escucha | lookout.
puesto de escucha (milicia) | look-out post.
puesto de escucha sonárico | sonar listening post.
puesto de evacuación (heridos) | clearing-station.
puesto de evacuación (milicia) | evacuation station.
puesto de evacuación de heridos | ambulance loading post.
puesto de gasolina | refilling station.
puesto de inspección | inspection station.
puesto de lectura | reading station | sensing station.
puesto de libros | bookstand | bookstall.
puesto de mando | command post (C.P.) | command post.
puesto de mando avanzado | advance command post.
puesto de mando de reserva (buques guerra) | secondary conn.
puesto de maniobra | station.
puesto de observación | lookout | look-out post.
puesto de perforación | punching station.
puesto de pilotaje (avión) | control post.
puesto de plano | laid flatwise.
puesto de policía | police station | guardhouse.
puesto de primera cura | dressing-station.
puesto de recogida de datos | input station.
puesto de relevo | relay post.
puesto de retransmisión de mensajes (milicia) | message relay point.
puesto de señalización | signalbox.
puesto de servicio | service-station.
puesto de servicio durante el despeque (en el avión) | takeoff station.
puesto de socorro | aid post | dressing-station | ambulance-station.
puesto de socorro avanzado | collecting point.
puesto de socorro avanzado (milicia) | collecting-station.
puesto de socorro de batallón | battalion aid station.
puesto de telegestión bancable | banking terminal.
puesto de trabajo | placement | station | job.
puesto de venta | sales stand.
puesto de vigía (buques) | hurricane-house.
puesto de vigía con residencia para el vigilante | lookout house.
puesto de vigía sin residencia para el vigilante | lookout cupula.
puesto del conductor | driver's stand.
puesto del mecánico de vuelo (aviones) | flight engineer's station.
puesto del mercado | market stand.
puesto del observador (avión) | observer's cockpit.
puesto del piloto blindado y presionizado | pressurized-and-armored cockpit.
puesto del piloto presionizado (aviones) | pressurized cockpit.
puesto en almacén | ex warehouse.
puesto en almacén del comprador | home to home.
puesto en cero | zeroed.
puesto en derivación (electricidad) | paralleled.
puesto en el muelle | ex dock.
puesto en el muelle de descarga | landed terms.
puesto en fábrica | free at works.
puesto en libertad (abogacía) | enlarged.
puesto en libertad después de ser interrogado | released after questioning.
puesto en lista | listed.
puesto en muelle | ex quay.
puesto en offset de copia a máquina | offset

from typed copy.
puesto en órbita | orbiting.
puesto en paralelo | paralleled.
puesto en seco | dry-laid.
puesto en tierra (contrato marítimo) | landed.
puesto en vigor con efecto retroactivo (economía) | backdating.
puesto expositivo (de libros, flores, máquinas, etc.) | stand.
puesto fuera de circuito (calderas, etc.) | shorted.
puesto lucrativo | lucrative engagement.
puesto militar | army post | station.
puesto ocupado por tropas | post.
puesto que | considering.
puesto regulador (tráfico) | control point.
puesto secundario | slave station.
puesto sobre muelle | free on quay.
puesto sobre vagón | free on rail | free on board (f.o.b.) | free on truck (f.o.t.) | free on truck | free on rail (f.o.r.) | loaded-on cars | F.O.B. cars.
puesto sobre vagón en fábrica | F.O.B. mill.
puesto terminal | outstation | remote station.
puesto-fuera | on-off.
puestos asignados a cada tripulante o pasajero en caso de incendio (buques) | fire stations.
puestos asignados a la tripulación en caso de incendio (buques) | fire quarters.
puestos de combate | battle stations.
puestos de responsabilidad | senior posts.
puestos de reunión del pasaje (buque de pasaje) | muster stations.
puestos de zafarrancho de combate (buques de guerra) | action stations.
puestos directivos | senior posts.
puestos para embarcarse en los botes (buques)!
pugna | conflict | contest.
pugna electoral | electoral struggle.
pugnar | conflict (to).
puja | bid | outbidding.
puja (comercial) | overbidding.
pujador | overbidder | outbidder.
pujamen | foot lining.
pujamen (velas) | foot-band.
pujar | overbid (to) | make a bid (to) | bid up (to) | bid (to) | outbid (to).
pujar (precios) | puff (to).
pujar (subastas) | run up the bidding (to).
pujar más | outbid (to).
pujar para hacer subir el precio en beneficio del vendedor | bid in (to).
pujavante | hoof paring knife | hoof parer | paring knife | paring iron | farrier's parer | drawing-knife | buttrice.
pujavante (de grabador) | dogleg chisel | doglegged chisel.
pul de seda (tejido seda) | padesoy | paduasoy.
pulai (Alstonia scholaris) | white cheesewood.
pulga de la madera | psocus.
pulgada | inch.
pulgada circular (área de un círculo cuyo diámetro es una pulgada) | circular inch.
pulgarada (de algo) | pinch.
pulgón | green louse.
pulgón de los rosales | green fly.
pulgón moteado de la alfalfa (Therioaphis maculata) | spotted alfalfa aphid.
pulgones | bark lice.
pulguilla (Uruguay) | springtail.
pulicán | ripping chisel.
pulicán de garganta | splitter.
pulicida | flea-destroying.
pulida (frase) | neat.
pulido | smooth | smooth-faced | bright | polished | polishing.
pulido (de cuchillería) | glazing.
pulido (geología) | slickensied.
pulido (mármol, granito) | glassed.
pulido a máquina | mechanically-polished.
pulido anódico en una solución mezcla de ácido acético y perclórico | anodic polishing in acetic-perchloric acid solution.
pulido brillante | color buffing.
pulido con arena o polvo de pómez | sand buffing.
pulido con arena o polvos de pómez | sand bobbing.
pulido con cinta abrasiva | strapping.
pulido con correa | belt polished.
pulido con correa en seco | dry-belt polishing.
pulido con correa engrasada | greased-belt polishing.
pulido con esmeril tres ceros | polished on 000 emery paper.
pulido con muela de abrasivo fino | wheel bobbing.
pulido con papel esmeril | emery-paper polishing.
pulido con rueda de trapo | buffing | mopping.
pulido con rueda de trapo espolvoreada con abrasivo | bobbing.
pulido curvado | grooving.
pulido de superficies con un abrasivo antes de la electrodeposición | emery bobbing.
pulido defectuoso | short finish.
pulido electrolítico | electrobrightening | electropolishing | electrolytic brightening.
pulido en fino | bearingized.
pulido en relieve | relief-polishing.
pulido especular | polishing to mirror finish.
pulido hasta un acabado especular de 0,02 micrómetro | polished to a mirror finish of 0.02 micron.
pulido mate | dull-polished.
pulido metalográficamente | metallographically-polished | metallographically polished.
pulido metalográfico | metallographic polishing.
pulido por ácido de las decoraciones sobre vidrio | acid polishing.
pulido por ataque al ácido | attack polishing.
pulido por laminación en frío | planishing.
pulido preliminar | cut-down buffing.
pulido químicamente | chemically polished.
pulido químico del acero | steel chemical polishing.
pulido superficial (pisos de terrazo, etc.) | surface grinding.
pulidómetro | polishing measurer.
pulidor | buffer | planisher | polisher | finisher | lap | emery stick | buff-stick.
pulidor de ágata | agate grinder.
pulidor de pivotes | pivot polisher.
pulidor de zapatero | lapstone.
pulidor oscilante para pivotes (relojería) | wigwag.
pulidor para cuero | graining-board.
pulidor para vidrio | glass-grinder.
pulidor vibratorio | vibratory polisher.
pulidora | lapper | polisher | leveler | buffing machine | polishing machine | polishing wheel.
pulidora (grabado) | burnisher.
pulidora (rueda de pulir) | buffer.
pulidora de cantos de lentes oftálmicas | lens edge grinder.
pulidora de correa esmerilada | emery-belt polishing-machine.
pulidora de discos de muselina | cloth polishing wheel.
pulidora de eje vertical | vertical spindle polisher.
pulidora de engranajes | gear burnishing machine.
pulidora de pastillas | wafer polishing machine.
pulidora de tacos abrasivos para tubos | tube-honing machine.
pulidora metalográfica | metallographic polisher.
pulidora para diamantes (taller de lapidario) | scaife.
pulidora para engranajes | gear burnisher.
pulidora para lentes | lens grinder.
pulimentabilidad | polishability.
pulimentabilidad del niquel mate | dull nickel buffability.
pulimentable | polishable.
pulimentación | polishing.
pulimentación consistente | consistent polishing.
pulimentación de piedra monumental | monumental stone polishing.
pulimentación de preacabamiento | prefinishing polishing.
pulimentación por cinta de esmeril | emery-band polishing.
pulimentación preliminar (fase intermedia entre el desbaste y el pulido) | smoothing.
pulimentación química | chemical polishing.
pulimentado | burnishing | rubbing down | polished | mirrored | bright.
pulimentado a dimensiones finales | polished to finished dimensions.
pulimentador | glosser.
pulimentar | lap (to) | grind (to) | gloss (to) | burnish (to) | buff (to) | polish (to) | mirror (to).
pulimentar (metales) | glass (to).
pulimentar con la lima | plane by filing (to).
pulimentar lentes | grind lenses (to).
pulimento | gloss | glossiness | honing | polish | polishing.
pulimento (cerámica) | burnishing.
pulimento (productos de cobre) | coloring operation | cutting.
pulimento a la lima | drawfiling.
pulimento a la llama | flame polishing.
pulimento adamascado (aceros) | damascene polishing.
pulimento al ácido | acid polishing.
pulimento al tambor con abrasivo suelto | airless-blast tumbling.
pulimento brillante | brilliant polish.
pulimento con abrasivo | glazing.
pulimento con piedra pómez húmeda | ashing.
pulimento de la superficie (metales) | cutting down.
pulimento de lentes | lens grinding.
pulimento del diamante | diamond polishing.
pulimento en relieve | relief-polishing.
pulimento en tambor giratorio con granalla metálica | wheelabrating.
pulimento exento de defectos | fault-free polishing.
pulimento manual con papel abrasivo | hand abrasive paper polishing.
pulimento por ataque al ácido | etching polishing.
pulimento por ataque químico | etch polishing.
pulimento por inmersión en solución de bicromato sódico con ácido sulfúrico (productos cobre) | red dip finish.
pulir | lap (to) | grind (to) | true up (to) | brighten (to) | sleek (to) | surface (to) | smooth (to) | scour (to) | buff (to) | polish (to) | face (to) | burnish (to).
pulir (joyas) | skive (to).
pulir (limpiar - metales) | furbish (to).
pulir con carda metálica | scratch brush (to).
pulir con fieltro | felt polish (to).
pulir con rueda de trapo espolvoreada con abrasivo | bob (to).
pulir en basto | rough-polish (to).
pulir en el tambor | tumble (to).
pulir en su color | color wip (to).
pulir la plancha con carbón vegetal (grabado) | charcoal (to).
pulir mate | matt-polish (to).
pulir una lente | grind a lens (to).
pulirse con el roce | grind (to).
pulmón | lung.
pulmón acuático | aqualung.
pulmón de gas (motores de gas) | gas-bag.
pulmón de shock (medicina) | shock lung.
pulmón electrónico | electronic lung.
pulpa | pulp | mash.
pulpa (frutas) | flesh.
pulpa aurífera | auriferous pulp.
pulpa de albaricoque | apricot pulp.

pulpa de coco | coconut meat.
pulpa de madera | wood pulp.
pulpa de manzana | pomace.
pulpa de patatas preparada para la fermentación | must.
pulpa en estado de puré | puréed pulp.
pulpa y papel | pulp and paper.
pulpación | pulping.
pulpeo (aviación) | squid.
pulpería | grocery.
pulpería (Chile) | commissary store.
pulpería (Hispanoamérica) | grocer's shop.
pulperizar | pulp (to).
pulpero | grocer.
púlpito de control (talleres) | control pulpit.
púlpito del laminador en caliente de 200.000 toneladas métricas por año | pulpit of the 200.000 metric ton-per-year hot mill.
púlpito para regulación del laminador | mill control pulpit.
pulpo | octopus.
pulposidad | mushiness.
pulsacanillas | bobbin feeler.
pulsación | beating | pulsation | pulsation | throb | surge | hunting | pulsing.
pulsación (bombas centrífugas) | surging.
pulsación (de un músico) | touch.
pulsación (electricidad) | radian frequency.
pulsación (música) | fingering.
pulsación (radio) | beat.
pulsación cero | zero beat.
pulsación corta | short pulse.
pulsación de calor | pulse of heat.
pulsación de ionización | ionization pulse.
pulsación de la burbuja obtenida por carga sísmica | bubble pulse.
pulsación de la exhaustación | exhaust pulse.
pulsación de la imagen | picture pulse.
pulsación de línea | line pulse.
pulsación de presión | pressure pulsation | pressure pulse.
pulsación de tecla | key stroke.
pulsación de una tecla | keystroke.
pulsación del compresor | compressor pulsation.
pulsación del flujo | pulsation of flow.
pulsación del líquido (bombas) | churning.
pulsación luminosa | light pulse.
pulsación no correcta sobre un teclado | flicking.
pulsación oscilatoria | oscillatory surge.
pulsación periódica | periodic pulsation | pumping.
pulsación producida a la burbuja originada por una carga sísmica submarina | bubble pulse.
pulsación rítmica | rhythmic pulsing.
pulsación simultanea de dos teclas | bridging.
pulsación transitoria | surging.
pulsaciones (medicina) | pulse rate.
pulsaciones de desprendimiento de la vena flúida (compresores) | stalled flutter.
pulsaciones de frecuencia doble | double-frequency pulsations.
pulsaciones debidas al flujo entrante en las expansiones polares (electromotores) | pole-entry flux pulsations.
pulsaciones en la tubería de aire comprimido | airline pulsations.
pulsaciones estelares | stellar pulsations.
pulsaciones hidráulicas del líquido circulante (tuberías) | flutter.
pulsaciones por explosiones en el horno debidas a la escasez de aire (calderas buques) | panting.
pulsaciones rápidas de presión en la entrada de un difusor supersónico | buzz.
pulsaciones torsionales | torsional pulsations.
pulsado | pulsed.
pulsador | press button | flasher | button | pulsator | push button.
pulsador (electricidad) | push.
pulsador (espectrometría) | chopper.
pulsador (radar) | pulser.
pulsador (telares, tornos) | feeler.
pulsador conmutador | push switch.
pulsador de apagado rápido (reactor nuclear) | scram button.
pulsador de arranque (motores) | release button.
pulsador de arranque y parada | start/stop pushbutton.
pulsador de botón (luz eléctrica) | button switch.
pulsador de canilla | cop feeler.
pulsador de emergencia | emergency release-push.
pulsador de emergencia (electricidad) | panic button.
pulsador de encuadre (televisión) | centering control.
pulsador de husada | cop feeler.
pulsador de la lanzadera (telar) | shuttle feeler.
pulsador de línea (radar) | line pulser.
pulsador de llamada (timbre eléctrico) | bell-push.
pulsador de llamada para cada piso (ascensores) | landing-call push.
pulsador de parada total | stop-all button.
pulsador de pera | pear-push.
pulsador de puesta a cero (aparatos) | cancellation button.
pulsador de reposición | reset button.
pulsador de timbre | bell push.
pulsador de vaivén (electricidad) | push-and-pull button.
pulsador del claxon (autos) | horn button.
pulsador del enclavamiento de ruta (ferrocarriles) | route setting button.
pulsador del explosor | igniter button.
pulsador disparador | trigger button.
pulsador eléctrico | pushbutton.
pulsador expansionable de goma | breathing rubber pulsator.
pulsador hidráulico | hydraulic pulsator.
pulsador luminoso | backlighted.
pulsador para el disparo por salvas (cañones) | salvo button.
pulsador para emplear en una emergencia | panic button.
pulsador para hacer discontinuo el flujo de neutrones | chopper.
pulsahilos (tisaje) | end detector.
pulsante | pulsating | pulsatory.
pulsar | pulse (to) | pulsar | pulsating star.
pulsar (flúidos elásticos) | pulsate (to).
pulsar el botón | push the bottom (to).
pulsar otra vez (tecla) | press again (to).
pulsatancia | pulsatance.
pulsatancia (electricidad) | radian frequency.
pulsátil | pulsating.
pulsatorio | pulsating | pulsatory | pulsed | pulsing | undulating.
pulsión | pulse.
pulsión (psicología) | pulsion.
pulso | pulse.
pulso de entrada | input pulse.
pulso flojo (medicina) | low-tension pulse.
pulso frecuente | short pulse.
pulsómetro | pulsator | pulsometer | vacuum pump.
pulsómetro hidrodinámico | hydrodynamic pulsometer.
pulsorreactor | pulsating jet engine | resonant jet | aeropulse | pulsojet.
pulsorreactor (aviación) | intermittent jet.
pulsorreactor (es análogo a un motor de dos tiempos en que el pistón es una columna de aire) | pulsejet engine.
pulsorreactor (propulsión por reacción con succión y combustión intermitente) | pulsejet.
pulsorreactor de resonancia | resojet engine.
pulsoscopio | pulsescope.
pulsoscopio (radar) | envelope viewer.
pulular | pullulate (to).
pulular (malas hierbas) | grow rank (to).
pulverizabilidad | pulverizability | atomizability | sprayability.
pulverizable | sprayable | atomizable | pulverizable.
pulverización | spray | spraying | atomization | atomizing | comminution | pulverization | mealing | powdering | pulverizing | pulverizing.
pulverización aérea | aerial dusting.
pulverización anódica | anode sputtering.
pulverización catódica | physical sputtering | cathode sputtering | sputtering.
pulverización de agua (recalentamiento del vapor - calderas) | output-spray.
pulverización de líquidos por aire en rotación | rotary atomization.
pulverización de metales | metal atomization.
pulverización de partículas por bombardeo iónico | sputtering.
pulverización del carbón | coal grinding.
pulverización electrostática | electrostatic atomization.
pulverización electrostática de polvo seco | electrostatic dry-spray.
pulverización por chorro | jet spraying.
pulverización por vapor | steam-asisted atomization.
pulverizaciones con urea (árboles) | urea sprays.
pulverizaciones foliales (plantas) | foliar sprays.
pulverizado | atomized.
pulverizado en gotas gruesas | coarse atomized.
pulverizador | pulverizer | spray | sprayer | spray-producer | atomizer | dropper | fine grinder.
pulverizador (motores) | spray valve.
pulverizador antirrepinte | nonoffset sprayer | anti-set-off spray.
pulverizador capilar vibrante | vibrating capillary atomizer.
pulverizador centrífugo | centrifugal pulverizer | centrifugal atomizer | centrifugal sprayer.
pulverizador con bomba de estribo | stirrup pump sprayer.
pulverizador con dispositivo de retorno | spill atomizer.
pulverizador de agua | water atomizer.
pulverizador de aire comprimido | pressure atomizer | air brush | air blast atomizer.
pulverizador de carretilla | cart sprayer.
pulverizador de chorro de vapor | steam-jet atomiser.
pulverizador de inyección del combustible | fuel-injection atomizer.
pulverizador de petróleo | oil atomizer | oil sprayer.
pulverizador de tobera | nozzle blocking | nozzle atomizer.
pulverizador de tracción animal | horse-drawn sprayer.
pulverizador de turbulencia | swirl atomizer.
pulverizador herbicida | weed sprayer.
pulverizador para insecticidas | duster.
pulverizador plurimartillos | multihammer pulverizer.
pulverizador remolcado accionado por la toma de fuerza del tractor | power take off tractor trailer sprayer.
pulverizador telescópico | spray wand | telescopic sprayer.
pulverizadora-mezcladora | soil mixer.
pulverizante | atomizing.
pulverizar | spray (to) | sprinkle (to) | pulverize (to) | comminute (to) | atomize (to) | flour (to) | meal (to).
pulverizar (minerales) | grind (to).
pulverizar metales | atomize metals (to).
pulverizarse | fall to dust (to).
pulverizarse (capa de pintura) | chalk (to).
pulverulencia | powderiness.
pulverulento | dusty | pulverulent.
pulviaspirador | dust suction apparatus.
pulviclasificador | dust-settler.
pulvicorte (aceros inoxidables) | powder-cut-

ting (stainless steel).
pulvidifractometría | powder difractometry.
pulvígeno | dust-producing | dust-yielding.
pulvihierro | iron pot.
pulvihierro electrolítico | electrolytic iron powder.
pulvihierro infiltrado con cobre | copper-infiltrated iron powder.
pulvimetal | metal powder.
pulvimetal poroso impregnado de aceite | oil-impregnated porous powder metal.
pulvimetalurgia | powder metallurgy.
pulvimetalurgia del aluminio | aluminum powder metallurgy.
pulvimetalurgia del hierro | iron-powder metallurgy.
pulvimetalurgia del tungsteno | tungsten powder metallurgy.
pulvimetalurgia no ferrosa | nonferrous powder metallurgy.
pulvinado (botánica) | cushion-like.
pulvinado (de perfil convexo abombado - frisos) | pulvinated.
pulviniforme | pad-shaped.
pulviprecipitador | dust precipitator.
pulviscopio | dust-counter.
pulvitecnología | dust technology.
pum
punah (Tetramerista glabra - Miq) | punah | tuyot.
punción | pricking.
punción (medicina) | tapping | puncture.
puncionar | puncture (to).
puncionar (medicina) | tap (to).
puncha (lana) | noil | comber waste | wool noils.
pungencia | pungency.
punible | punishable | actionable.
punición | punishment.
punitorio | penal.
punta | drypoint | cape | cusp | end | spike | apex | brad | prong | head (to) | pin | pike | nib | point | top | tine | tip.
punta (calafateo de juntas remachadas) | dutchman.
punta (cambio vía) | toe.
punta (colmillo) | prong.
punta (cortada de una barra de acero) | crop-end.
punta (de aguja) | point.
punta (de electrodo de soldar) | point.
punta (de encaje) | purl.
punta (de flecha, lanza) | gad.
punta (de la barbilla) | peak.
punta (del trompo) | peg.
punta (filtros eléctricos) | overshoot.
punta (lingotes) | top.
punta (proyectiles) | nose.
punta (tipografía) | bodkin.
punta acopada (torno) | cup center.
punta aguda (cúspide - botánica) | cusp.
punta coladora de cemento (inyecciones cemento) | wellpoint.
punta con punta | end-to-end.
punta cónica roma | blunt conical point.
punta de acción | action spike.
punta de aguja (cambio de vía) | point of switch.
punta de alambre (clavos) | cutlan stud.
punta de alfiler | pinpoint.
punta de bisel doble (brocas) | double-angle point.
punta de caballería | cavalry point.
punta de carga | load-peak | peak load | maximum demand.
punta de centrar | spotting drill.
punta de cerametal para termopar | cermet thermocouple tip | cermet thermocouple pin | cermet thermocoupie tip.
punta de conmutación | spike.
punta de contacto | prod.
punta de corazón (cambio de vía) | core piece.
punta de corazón (cruzamiento vía férrea) | vee piece.
punta de corazón (cruzamientos) | tongue.
punta de corte | cutting point.
punta de cruzamiento | point-rail of crossover.
punta de cruzamiento (ferrocarril) | point-rail | tongue rail.
punta de cruzamiento de vías | point-rail.
punta de descarga | spike.
punta de diamante | diamond point.
punta de diamante (arquitectura) | nail-head.
punta de doble gancho | double-hooked end.
punta de espuela (tornos) | spur center.
punta de flecha | arrow point | arrowhead.
punta de flecha de sílex | elf-arrow | elf-bolt.
punta de fuerzas acorazadas (ejércitos) | armored spearhead.
punta de inclinación reducida (brocas) | reduced-rake point.
punta de inducción | spray point.
punta de la aguja | needlepoint.
punta de la aguja (cambio vía) | switch point.
punta de la aguja (cruzamiento) | nose of the switch.
punta de la aguja (ferrocarril) | nose | main point rail.
punta de la aguja grabadora | stylus tip.
punta de la cartela (estructura metálica) | point of the bracket.
punta de la husada | cop nose.
punta de la leva | picking neb.
punta de la línea avanzada (red de transmisiones de una unidad) | wire head.
punta de la pala (hélices) | blade tip.
punta de la sonda | probe point.
punta de moldeador | molding-pin.
punta de moldeo | foundry nail.
punta de París | common wire nail.
punta de París (clavo) | French nail.
punta de rebajar | edge tool.
punta de retaguardia (ejércitos) | rear point.
punta de trazar | rasing knife | drop-point | scriving knife | scribe | tracing point | marking awl | marking-tool | pointer borer | cutting point | scratch awl | razing-iron | razing knife | scriber | scribing-awl | scribing iron.
punta de trazar (talleres) | mark scraper.
punta de trazar de diamante (vidrio) | diamond scriber.
punta de vanguardia | advance guard point | mainguard.
punta de zafiro o diamante (registro gramafónico) | cutter.
punta del ala de babor (avión) | port tip.
punta del ala de estribor (avión) | starboard tip.
punta del batidor | beater pick.
punta del corazón (cruzamiento ferrocarril) | frog point.
punta del diente | tooth point.
punta del diente (engranaje) | tip of tooth.
punta del diente (excavadoras) | tooth nose.
punta del dique (puertos) | pierhead.
punta del estilete | stylus tip.
punta del husillo (máquina-herramienta) | cockhead.
punta del husillo del torno | lathe spindle nose.
punta del lápiz | pencil-point.
punta del palpador | feeler point.
punta del rodete | runner cone.
punta emisora | emission tip.
punta encorvada | hooked tip.
punta escondible | retracting tip.
punta estrecha (sierras) | ship point.
punta matemática del corazón (cambio de vía) | point of tongue.
punta matemática del corazón (cambios de vía) | fine point of the crossing.
punta metálica (para pirograbado) | poker.
punta móvil (cambio de vía) | tongue.
punta ofensiva (ejércitos) | spearhead.
punta para compás de varas | trammel point.
punta para fundición | molding-pin | sprig.
punta para fundición (aguja - moldería) | brad.
punta para talla dulce | engraving needle.
punta para trencillas | gimp-pin.
punta pedunculada (prehistoria) | double-shouldered point.
punta postiza de carburo (herramientas) | carbide insert.
punta puntiaguda | cape point.
punta real de la aguja (ferrocarril) | actual point of switch.
punta real del corazón (cambio de vías) | actual point of the crossing | point of frog.
punta real del corazón (cruzamientos de ferrocarril) | nose of the crossing.
punta rocosa (bajos marinos) | needle.
punta roma | dull point | blunt point.
punta rómbica | diamond point.
punta seca (compás) | needlepoint.
punta sin rebabas | deburred point.
punta trazadora | scriber.
puntaciones de tests de creatividad | scores on tests of creativity.
puntada (costura) | running.
puntada en zig zag | staggered stitch.
puntada invisible (costura) | blind stitch.
puntadas | stitching | stitch.
puntal | stay | stanchion | landing brace | rib | ricker | push-off | compression member | prop | brace | shore prop | shore | bracket | stull | bearing | spreader | spur | post | propshore | grouser | leg.
puntal (buques) | pillar | depth.
puntal (dique seco) | breast shore.
puntal (minas) | sprag | tree.
puntal al tercio (buques) | quarter pillar.
puntal avanzado de la entibación general (minas) | catch prop.
puntal compuesto (buques) | built-up pillar.
puntal con extremos elásticamente empotrados | elastically-fixed-end strut.
puntal con manguera para trasvase de líquidos (instalación en un muelle para carga y descarga de petroleros) | flowboom.
puntal corto | kicking piece.
puntal corto de madera (riostra - minas) | gib.
puntal corto y grueso | puncheon.
puntal corto y grueso de popa con extremos redondeados que se cae al moverse el buque (botaduras) | trip shore.
puntal de alero | eaves strut.
puntal de amurada | bulwark stay.
puntal de bodega | depth of hold | hold stanchion.
puntal de carga (buques) | derrick | derrick post | cargo boom | boom.
puntal de carga (catalina - buques) | gin.
puntal de carga colocado fijo sobre el costado y que recibe la carga del puntal de escotilla y la deposita en el muelle | yard boom.
puntal de colisión | collision strut.
puntal de construcción (buques) | molded depth.
puntal de crujía (bodega buques) | kingpost.
puntal de cubierta | deck pillar | deck stanchion.
puntal de imada (botadura de buques) | back shore.
puntal de la bodega (buques) | height of the hold.
puntal de la candidatura | backer of the candidacy.
puntal de la cumbre (buques) | ridgepole.
puntal de longitud regulable | adjustable-length shore.
puntal de madera | wood shore.
puntal de madera para sostener baos (construcción en grada de buques) | pale.
puntal de piso (túneles) | invert strut.
puntal de refuerzo | catch prop.
puntal de trazado (buques) | molded depth | depth molded.
puntal de trazado a la cubierta de compartimentación | moulded depth to bulkhead deck.
puntal de trazado en la maestra hasta la cubierta en el costado | moulded depth to deck at side amidships.

puntal de trazado hasta la cubierta superior | molded depth to main deck.
puntal de tubo de acero (buques) | tubular steel derrick.
puntal de un poste de madera | pole strut.
puntal de un puente | raker.
puntal del costado (buque en grada) | side-shore.
puntal derecho | dead shore.
puntal desmontable | portable stanchion.
puntal desmontable (buques) | portable pillar.
puntal divisorio (minas) | bunton.
puntal elástico | elastic prop.
puntal en crujía | centerline pillar.
puntal en el plano diametral (buques) | centerline pillar.
puntal fuera de miembros (buques) | moulded depth.
puntal grande de madera | puncheon.
puntal grueso (minas, túneles) | strut.
puntal horizontal | flying shore.
puntal hueco (buques) | hollow pillar.
puntal inclinado | raking brace | raking prop | spur brace | spur shore | batter brace | batter post.
puntal inclinado de gran sección (apuntalamiento de muros) | raking shore.
puntal inclinado de gran sección para apuntalar muros | raker.
puntal maestro capaz de izar pesos hasta 50 toneladas (buques) | jumbo boom.
puntal o tornapunta de quilla para sujetar el buque (grada de construcción) | dogshore.
puntal oblicuo | strut brace.
puntal para empujar por medio de un gato | pusher.
puntal para grandes pesos (buques) | heavy derrick.
puntal para recalzar (muros) | racking shore.
puntal para soportar el techo del frente de excavación | force piece.
puntal para tener adrizado en marea baja (embarcación pequeña) | leg.
puntal provisional | dead shore | watch prop.
puntal separador del ademado (pozo minas) | studdle.
puntal sumergido de draga | dredge spud.
puntalería | shoring.
puntalería (buques) | pillaring.
puntalería de carga (buques) | cargo gear.
puntales de la imada (lanzamiento buques) | ribband shores.
puntales de pantoque | bilge shores.
puntapié | kick.
puntas | leg | apices.
puntas (de redondos de latón) | rod ends.
puntas (de voltímetro) | battery spears.
puntas altas-bajas alternadas (contenedor) | high-low peaks.
puntas de cristalero | glazier's points.
puntas de moldeador | molder's nails.
puntas de París | carpenter's nails.
puntas de tubos | scrap tubing.
puntas de un cristal de cuarzo | butt.
puntas de vidriero | glazier's points.
puntas del batidor | beater fingers.
puntas opuestas (guarnición de carda) | point against point.
puntas uniformes (contenedores) | fixed even peaks.
punte giratorio | swing bridge.
punteado | stipple | spotted.
punteado (botánica, zoología) | pitted.
punteado (dibujos) | spattered.
punteado (grabado del vidrio) | stippling.
punteado (mapas) | stipple.
punteado (telas) | speckled.
punteadora barrenadora | jig borer.
punteadora rectificadora | jig grinder.
punteadura coalescente | coalescent pit.
punteadura externa (anatomía de la madera) | outer pit.
punteadura interna | inner pit.
punteamiento (distorsión de imágenes-TV) | pincushion.
puntear | readback (to).
puntear (cuentas) | tick (to).
puntear (instrumento de cuerda) | pluck (to).
puntear facturas | tick off invoices (to).
puntear una cuenta | check an account (to).
puntel (fabricación vidrio) | punty.
puntel (vidrio) | pontee | ponty | snapdragon | pontil.
punteo (carta de navegación) | plotting.
punteo (de una lista) | pricking.
punteo (música) | plunk.
punteo de marcaciones de radar | radar plotting.
punteo de soldadura | tack welding.
punteos | tick-marks.
puntera | tip.
puntera (calcetería) | toe.
puntera (calzado) | cap.
puntera circular (calcetería) | ring-toe.
puntera cosida (calcetería) | sewed toe.
puntería | sight | aiming | aim | levelling (Inglaterra) | leveling | level | pointing | levelling.
puntería (artillería) | sighting.
puntería (cañones) | laying.
puntería (topografía) | sighting.
puntería a retaguardia | reverse laying.
puntería adelantada (artillería antiaérea) | lead 11.
puntería automática | automatic aiming | angle tracking.
puntería automática (blanco en movimiento) | automatic tracking.
puntería auxiliar | auxiliary laying.
puntería azimutal (cañones) | traversing.
puntería ciega | blind fire control.
puntería directa | direct pointing | direct aiming.
puntería en azimut | laying in azimuth | traverse | training.
puntería en dirección | traverse | aiming in direction.
puntería en dirección (artillería) | azimuth.
puntería en dirección (cañón) | pointing.
puntería en dirección (cañones) | traversing.
puntería en dirección por servomotor (artillería) | power traverse.
puntería en elevación | elevation.
puntería geométrica (cañones) | geometrical laying-out.
puntería giroscópica | gyro sight.
puntería gobernada por radar | radar-controlled gun-laying.
puntería horizontal (artillería) | azimuth.
puntería indirecta | indirect aiming | indirect laying.
puntería local | local aiming.
puntería por telemando | pointing by remote control.
puntería radárica | radar sighting.
puntería sobre la posición futura del avión (artillería antiaérea) | lead.
puntero (fabricación vidrio) | punty.
puntero (labra de piedras) | point chisel | pointing chisel.
puntero (para la pizarra) | registrar.
puntero de justificación (imprenta) | justification pointer.
puntero luminizado | luminized pointer.
puntero para señalar | tracer.
puntero para sonda (buques) | lug pad.
punterola | miner's pitching tool | miner's pitching | bullpoint | moil.
punterola (labra de sillares) | pitching tool.
puntiagudo | nibbled | spiky | thorn-like | long-pointed | sharp-pointed.
puntiagudo (curvas) | peaky.
puntilla | lace trimming | sprig | brad.
puntilla (para calzado) | tingle.
puntilla (para zapatos) | shoe peg.
puntilla de Barmen | Barmen lace.
puntilla de telar | Barmen lace.
puntilla para contramarcos | casing nail.
puntillado (grabado en cristal) | stippling.
puntillado (heráldica y grabados) | stipple.
puntillas (arcos lobulados) | cusps.
puntillismo | pointillisme.
puntillo (música) | point.
punto | point | stop | dot | pip | speck.
punto (de puntuación) | period.
punto (tejido de punto) | stitch.
punto (torno) | centre (G.B.).
punto (tornos) | pike | center (EE.UU.).
punto (TV) | spot.
punto acanalado (de torno) | fluted center.
punto acanalado (tejido punto) | rib stitch.
punto acnodal | acnode.
punto acostillado | ribbed stitch.
punto acotado (mapas) | reference point | spot elevation.
punto activo de cebado (circuitos) | active singing point.
punto aéreo de exposición (aerofotogrametría) | air station.
punto aislado (matemáticas) | acnode.
punto al que dirige la vista un conductor de automóvil | road focus.
punto analítico | anallatic point.
punto anfidrómico (carta cobrásmica) | amphidromic point.
punto antisolar (esfera celeste) | antisolar point.
punto antisolar planetario | planetary antisolar point.
punto aplicativo de tarifas de transporte | basing point.
punto arbitrario empleado en la designación de blancos de tiro (marina) | point oboe.
punto arcifinio | arcifinial point.
punto astronómico | astronomical fix.
punto auxiliar de puntería | auxiliary aiming point.
punto básico | basing point.
punto binario | binary point.
punto buscado | sought-for point.
punto calado (tejido de punto) | lockstitch.
punto característico | design point.
punto central | center point.
punto cero real | actual ground zero.
punto ciego (retina) | blind spot.
punto clave de medición | key measurement point.
punto colineal | collineal point.
punto colineal imaginario | imaginary collinear point.
punto comprometido | peril point.
punto conjugado | acnode.
punto conjugado extraaxial | extraaxial conjugate point.
punto criohidrático | cryohydric point.
punto crioscópico | cryoscopic point.
punto crítico | critical point.
punto crítico (análisis térmico) | halt.
punto crítico inferior (aceros) | recalescence point.
punto critico superior (aceros) | decalescence point.
punto cruzado | herringbone stitch.
punto cruzado (costura) | marking stitch.
punto de abastecimiento | supply point.
punto de ablandamiento | softening point.
punto de acercamiento (del apartadero a la vía principal) | fouling point.
punto de acumulación | cluster point.
punto de acumulación de un conjunto de puntos (topología) | limit point for a set of points.
punto de acumulación del conjunto (espacios métricos) | limit point of the set.
punto de adherencia (topología) | cluster point.
punto de adorno | embroidery stitch.
punto de alimentación (de agua, electricidad, etc.) | feeding-point.
punto de alimentación (de línea eléctrica) | distributing point.
punto de alimentación (electricidad) | driving point.
punto de amarre | tie-down point | tie down

point | tie point.
punto de amarre para un solo petrolero | single point mooring.
punto de anilina | aniline point.
punto de aplicación | bearing point | application point.
punto de aplicación (de una carga, de una fuerza) | working point.
punto de apoyo | fulcrum | fulcrum | purchase | basis | lodgment | lodgement | bearing | bearing point | hip | prise | prize.
punto de apoyo (marina guerra) | outlying station.
punto de apoyo (palancas) | bearance.
punto de apoyo de la carga | weight-bearing point.
punto de Arago (astronomía) | Arago point.
punto de arranque | pickoff point | starting point.
punto de arribada | point of destination.
punto de arroz | rice stitch.
punto de arroz (costura) | moss stitch.
punto de arroz (tejeduría) | moss stitch.
punto de articulación | linking point.
punto de articulación (arcos) | hinge point.
punto de audición mínima | null point.
punto de Babinet (astronomía) | Babinet point.
punto de baja intensidad sonora (acústica) | dead spot.
punto de bifurcación | tapping point | branching point | branchpoint.
punto de bifurcación (minas) | split.
punto de bifurcación (rutas aéreas) | sector point.
punto de bordado | embroidery stitch.
punto de Brewster (astronomía) | Brewster point.
punto de Bruselas | droschel ground.
punto de burbujeo | bubble point.
punto de cadeneta | lockstitch | chain stitch | chain needle work.
punto de caída | place of fall | point of descent.
punto de caída (balística) | level point.
punto de caída (naves espaciales) | splashdown point.
punto de caída brusca en la intensidad de rayos cósmicos registrados | cosmic-ray knee.
punto de calceta (tejido punto) | plain stitch.
punto de cambio | turning point.
punto de cambio de curvatura de la elástica | point of contraflexure | inflexion point.
punto de cambio de rasante | break point.
punto de cambio de rasante (curvas de carreteras) | turning point.
punto de captura | capture spot.
punto de carga (termiónica) | bias point.
punto de cebado (de un circuito) | singing point.
punto de cierre (topografía) | tie point.
punto de cloración (aguas) | break point.
punto de color | fleck.
punto de combustión (aceites) | burning point.
punto de concatenación | interlinking point.
punto de concentración de vehículos | choke-point.
punto de conducción (electrotecnia) | cut-in-point.
punto de confluencia (ríos) | point of meeting.
punto de congelación | pour point | freezing point.
punto de congelación máximo | maximum freezing point.
punto de cono Morse (tornos) | Morse taper center.
punto de consigna | set point | reference input.
punto de contacto | point of osculation | contact point | bearing point | pinch-off point.
punto de contacto (aterrizajes) | touchdown point.
punto de contacto (de una línea con un plano) | foot.
punto de contacto con tierra (electricidad) | earthing point.
punto de contacto de los círculos primitivos (engranajes) | pitch point.
punto de contacto electrónico | electronic cross point.
punto de control | test point | checkpoint | control point.
punto de control (aerofotografía) | pass point.
punto de control de un programa (calculadoras) | bootstrap.
punto de control situado en la fotografía | picture control point.
punto de cordoncillo | cord stitch | rope stitch.
punto de cordoncillo (costura) | crewel stitch.
punto de corte | cutoff.
punto de corte de frecuencia en un filtro | effective cutoff frequency.
punto de corte del tubo (tubo rayos catódicos) | tube cutoff.
punto de crecimiento del receptáculo (flores) | dome.
punto de croché | loop-stitch.
punto de cruce | crossing point.
punto de cruce (telecomunicación) | crossover point.
punto de cruce (televisión) | cross-over.
punto de cruce creciente | up cross.
punto de cruce decreciente | down cross.
punto de cruce del haz | beam crossover.
punto de Curie (metalurgia) | curie point.
punto de curvatura compuesta (curvas compuestas) | point of compound curvature.
punto de deformación permanente | breaking down point | breaking-down point.
punto de deformación plástica | yield point.
punto de derivación (tuberías) | takeoff point.
punto de derrumbe | collapsing point.
punto de desaparición | disappearing point.
punto de descarga | off-carrier position.
punto de desconexión | breakout.
punto de desembarco de tropas (transportadas en camiones) | detrucking point.
punto de desembarque | debarkation point.
punto de despegue (avión rodando sobre la pista) | unstick point.
punto de desprendimiento (perfil de ala) | break-off point.
punto de destino convenido | named point of destination.
punto de desvanecimiento | vanishing point.
punto de dirección base (tiro artillería) | directing point.
punto de distribución | distributing point.
punto de distribución de municiones | ammunition distributing point.
punto de ebullición | boiling point | boiling point (BP).
punto de embarque en camiones | entrucking point.
punto de empotramiento | fixing point.
punto de encaje | picot-stitch | picot | loop-stitch.
punto de encuentro | meeting point | meet | offset point.
punto de encuentro (geometría descriptiva) | piercing point.
punto de enlace | linking point.
punto de enlace (tejeduría) | interlacing point.
punto de enlace interurbano | toll point.
punto de entrada | locus of incidence | run-on point.
punto de entrada (levas) | contact point.
punto de enturbiamiento | cloud point.
punto de equilibrio | saddle point | balance point | break even point | break-even point.
punto de equilibrio (potenciómetro) | null point.
punto de equilibrio de beneficios | profit break-even point.
punto de equilibrio de las ventas | sales at break-even.
punto de escala | stopping point.
punto de espera (avion en vuelo) | holding point.
punto de espera en el rodaje | taxi-holding position.
punto de espina | herringbone stitch | feather stitch.
punto de estación (nivelación) | change point.
punto de estación (topografía) | station point.
punto de explosión | bursting point.
punto de fantasía (labores de punto) | ornamental stitch.
punto de fijación | strut point.
punto de fijación del ala | wing pylon.
punto de flexión de los vidrios | sag point of glasses.
punto de fluencia (aceros) | yield point.
punto de fluidez | pour point.
punto de fluidez (aceites) | freezing point.
punto de fuelle (tejido de malla) | accordion stitch.
punto de fuga (perspectiva) | vanishing point | point of flight.
punto de funcionamiento | operating point | quiescent point.
punto de funcionamiento estático | static operating point.
punto de funcionamiento estático (diodos y triodos) | quiescent operating point.
punto de fusión | pour point | melting point.
punto de fusión (aleaciones) | solidus point.
punto de fusión del antimoniuro de aluminio | aluminium-antimonide melting point.
punto de fusión del carburo de silicio | silicon-carbide melting point.
punto de fusión del germanio | germanium melting point.
punto de fusión del silicio | silicon melting point.
punto de gálibo (vías de maniobra convergentes) | clearance point.
punto de Gauss (lentes) | Gaussian point.
punto de giro | pivot point | pivoting point.
punto de giro formado por láminas de acero (palancas de máquinas de pruebas materiales) | plate fulcrum.
punto de goteo | dropping point.
punto de grabado | recording spot.
punto de graduación (retículos) | trick.
punto de granete (granetazo) | center-dotting.
punto de ignición | burning point.
punto de igual duración de trayecto | equitime point.
punto de igualación de desmonte y terraplén (carreteras) | balance point.
punto de imagen | image point.
punto de impacto | point of impact | splashdown point.
punto de impurezas | impurity spot.
punto de indiferencia | point of indifference.
punto de inflamación | hotspot.
punto de inflamación en vaso cerrado (combustibles líquidos) | closed flash point.
punto de inflexión | inflection point | flex | turning point | discontinuity point | break-point | point of contraflexure | break point | virtual hinge | inflexion point.
punto de inflexión (curvas) | flex point | hinging | shoulder | point of contrary flexure | point of inflection.
punto de inserción | inset point.
punto de interrupción | breakpoint | break point.
punto de interrupción del flujo currentilíneo (aerodinámica) | burble point.
punto de interruptor | switch point.
punto de intersección | intersectional point | intersecting point.
punto de intersección (de dos rectas) | meet.
punto de intersección (geometría descriptiva) | piercing point.
punto de intersección (líneas entre sí) | foot.
punto de intersección de dos marcaciones-navegación) | fix.
punto de intersección de una vaguada y un dorsal de altas presiones (mapa meteorológico) | col.

punto de intervención en los tipos de cambios por el Estado | support point.
punto de inversión | reversing point | inversion point.
punto de inversión cáustica | caustic inversion point.
punto de inversión de la temperatura (meteorología) | lid.
punto de iones | ion spot.
punto de la trayectoria en el que se ha agotado o cortado el combustible (misil balístico) | cutoff point.
punto de lanzamiento (tropas paracaidistas) | jump-off point.
punto de lanzamiento en el aire (aviación) | drop-point.
punto de ligadura (tejeduría) | binding point | interlacing point.
punto de ligadura cuadrado (tejeduría) | solid.
punto de ligadura redondo (tejeduría) | dot.
punto de luz explorador | scanning light spot.
punto de llamada | point of invocation.
punto de marcar (costura) | cross-stitch | marking stitch.
punto de marchitamiento | wilting percentage.
punto de masa discreta | discrete mass point.
punto de mezclado (telecomunicación) | mixing point.
punto de mira | point of aim | aiming point | flash point | front sight.
punto de mira (armas) | foresight.
punto de mira (fusil) | bead.
punto de mira (topografía) | leveling point.
punto de mutación.
punto de niebla | cloud point.
punto de nieve (sublimación) | snow point.
punto de notificación | pinpoint.
punto de nudo | knot stitch.
punto de ojal | buttonhole stitch.
punto de ojal (costura) | herringbone.
punto de opacidad | cloud point.
punto de origen | zero point.
punto de origen de tarifas | breaking point.
punto de osculación | tangent point.
punto de París (encajes) | point de Paris.
punto de partida | departure | point of departure | place of departure | starting point.
punto de peligro | peril point.
punto de perforación | piercing point.
punto de perforación (cintas de papel) | hole site.
punto de piña (tejido punto) | pineapple stitch.
punto de posición | fix.
punto de presencia | witness point.
punto de puños (tejido punto) | rib stitch for cuffs.
punto de quiebra | break-point.
punto de quiebra (curva) | break point.
punto de ramificación | junction point | branch point | ramification point.
punto de ramificación (filón) | point of the horse.
punto de rasante | grade point.
punto de reagrupamiento | rallying point.
punto de reagrupamiento (después de un ataque) | rally point.
punto de reagrupamiento (milicia) | collecting point.
punto de reanudación | rerun point.
punto de reanudación (del programa) | check-point.
punto de recalescencia | recalescent point.
punto de referencia | landmark | land mark | gage point | control point | datum mark | target | mark point | fixed point | bench-mark | bench mark | orienting point | picture point | registration point | reference point | locating spot | datum point | set point.
punto de referencia (artillería) | aiming point.
punto de referencia (de la posición de un avión) | reporting point.
punto de referencia (levantamiento topografía) | transit point.
punto de referencia (marina) | reference position.
punto de referencia (televisión) | cue.
punto de referencia (topografía) | place mark | starting point.
punto de referencia de radar | radar check point.
punto de referencia del aerodromo | aerodrome reference point.
punto de referencia natural | natural landmark.
punto de referencia prominente | prominent landmark.
punto de referencia topográfica | survey control point.
punto de registro (imagen) | recording spot.
punto de reglaje | adjusting point.
punto de regulación | setting point.
punto de regulación (tráfico) | control point.
punto de relajamiento | yield point.
punto de relanzamiento | checkpoint | recovery point.
punto de relevo (milicia) | transfer point.
punto de relevo (telecomunicación) | relay point.
punto de relevo de camilleros | litter relay point.
punto de remanso (aeronáutica) | stagnation point.
punto de remunicionamiento | ammunition refilling point.
punto de reposo | resting point.
punto de reposo (radio) | quiescent point.
punto de reposo no vibrante | node.
punto de resecación | dry-out point.
punto de resonancia de un circuito oscilante con la emisión recibida | zero beat.
punto de retención | hold point.
punto de retención (máquinas textiles) | nip.
punto de retorno (subprograma) | re-entry point.
punto de retroceso | stationary point.
punto de retroceso (curvas) | bending back point | retrogression point | point of compound curvature | point of reflection.
punto de retroceso (geometría) | node.
punto de retroceso ceratoide (curvas) | ceratoid cusp.
punto de retroceso ramploide | ramploid cusp.
punto de retroceso ranfoideo (curvas algébricas) | ramphoid cusp.
punto de reunión | converging point | rallying point | rally.
punto de reunión inicial | initial assembly point.
punto de rocío (aire) | dewpoint.
punto de rocío (sublimación) | snow point.
punto de rocío (temperatura a la que empieza a condensarse el agua contenida en un gas) | dew point.
punto de rocío del instrumento | apparatus dew point.
punto de rotura (radio) | break-point.
punto de ruptura | breakdown spot.
punto de ruptura (de una línea enemiga) | breakthrough point.
punto de ruta | way point.
punto de salida | runoff point | exit point.
punto de salida (levas) | last point of contact.
punto de salida del oro | gold export point.
punto de salida del oro (finanzas) | gold-point.
punto de saponificación | fit.
punto de saturación | saturation point | limiting concentration.
punto de separación | radix point.
punto de silla (función de varias variables) | minimax.
punto de silla (funciones de varias variables) | saddle point.
punto de simetría (aerofotografía) | symmetry point.
punto de situación en la carta (navegación) | fix.
punto de sobrecloración (tratamientos de aguas) | break point.
punto de sobreorilla (costura) | overhand stitch | overedge stitch.
punto de sobreorilla pespunteada (cosido a máquina) | overlock stitch.
punto de sobreorillar (costura) | overstitch.
punto de soldadura | welding point | tack | spotweld.
punto de soldadura (soldadura por puntos) | nugget.
punto de suelta | release point.
punto de sujeción | gripping point | fastening point | nipping point.
punto de sujeción (máquinas textiles) | nip.
punto de suma | summing point.
punto de tangencia | point of tangency | tangent point | meet.
punto de tangente horizontal (curvas) | saddle point.
punto de toma | tapping point.
punto de toma de los impulsos de sincronización | sync take-off point.
punto de toma del sonido | takeoff.
punto de torno | center stock.
punto de transformación | transition point.
punto de transición | transition point.
punto de tres dientes (tornos) | prong-center | fork center.
punto de triangulación (cartografía) | fiducial point.
punto de tripa (tejeduría) | honeycomb.
punto de tripa (tela) | waffle cloth.
punto de tripa Brighton | Brighton honeycomb.
punto de turbiedad (temperatura en que empieza a enturbiarse un aceite parafínico antes de congelarse) | cloud point.
punto de unión | tie point | meeting point.
punto de unión de fases (electricidad) | interlinking point.
punto de verificación | check point.
punto de viraje | turning point.
punto de vista | standpoint | vista | viewpoint.
punto de vista (perspectiva) | station point | point of sight.
punto de vista legal | legal standpoint.
punto de vista técnico | engineering point of view.
punto de vórtice (hidrodinámica) | point vortex.
punto de vulneración (salvamentos aéreos) | break in point.
punto debajo de la superficie terrestre a una profundidad igual a la altura de explosión (bomba nuclear) | image point.
punto débil (fibra de lana) | break.
punto decimal | radix point.
punto decisivo | turning point.
punto del mínimo | saddle point.
punto del torno | lathe center.
punto delantero (telar) | front center.
punto derecho a derecho (tejido punto) | rib stitch.
punto desde el cual se produciría con pérdidas | shutdown point.
punto determinado por tres marcaciones (náutica) | cocked hat fix.
punto Didot = 0,376065 milímetros (tipografía) | Didot point.
punto directriz | guide point.
punto divisor de carga | break bulk point.
punto doble | tuck stitch | double point.
punto doble (de una transformación) | fixed point.
punto dominante u obligado | control point.
punto donde falta un átomo (cristalografía) | vacant lattice site.
punto donde se realiza una comprobación | check-point.
punto dudoso | dubiety.
punto en cruz (costura) | cross-stitch.
punto en el arco de contacto en el que el producto que se lamina tiene una velocidad periférica igual a la del rodillo (laminadores) | neutral point.
punto en el espacio | point in space.

punto en el fondo o cerca del fondo de un sondeo | bottom hole.
punto en el plano | point in the plane.
punto en el radiogoniómetro donde no hay recepción | null.
punto en el terreno inmediatamente debajo de la detonación (bomba nuclear) | ground zero.
punto en la atmósfera de donde se toma una fotografía aérea | exposure station.
punto en la sección transversal en que una carga aplicada sólo produce esfuerzo de flexión (vigas en U) | shear center.
punto en la superficie terrestre directamente debajo de un cuerpo celeste o de un avión | subpoint.
punto en que el momento flector es cero (viga flexada) | inflexion point | point of contraflexure.
punto en que las composiciones de las capas conjugadas son iguales (diagrama ternario de solubilidad - aleaciones) | plait point.
punto en relieve (soldaduras) | spud mark.
punto equilibrador entre la oferta y la demanda | marshallian cross.
punto esencial | pivotal point | key point.
punto esencial (de un asunto) | gist.
punto especular | mirror point.
punto espigado (costura) | herringbone.
punto estimado | dead-reckoning position.
punto estimado (estima - navegación) | dead reckoning.
punto estimado (marina) | reckoning.
punto estimado (navegación) | deck reckoning | estimated position.
punto excitado | excited spot.
punto explorador | exploring spot | scanning spot.
punto explorador (televisión) | flying spot.
punto exterior al plano | point not on the plane.
punto extremo | utmost point.
punto fijo | fixed point | fixed point.
punto fijo (máquinas) | dead center.
punto fijo (tornos) | fixed center | fast headstock | dead spindle.
punto final | full stop.
punto final (tipografía) | final period.
punto financiero equilibrado | financial break-even point.
punto flotante (informática) | floating point.
punto fluidificador | pour point.
punto focal de rayos X | X-ray focal spot.
punto fortificado | strong point.
punto fortificado costero | coastal strongpoint.
punto fosforescente | phosphor-dot | phosphor dot.
punto fotométrico | picture point.
punto Fournier = 0,346 milímetros (tipografía) | Fournier point.
punto frío | cold point.
punto frío (enfriamiento del metal) | cold set.
punto frontera | boundary point.
punto frontera del conjunto (topología) | boundary point for the set.
punto geográfico de referencia | way point.
punto giratorio (tornos) | live center | revolving center | running center.
punto grande de ojal (para orillar mantas) | blanket stitch.
punto hipertéctico | hypertectic point.
punto identificado con precisión sobre el terreno que localiza a un blanco muy pequeño (bombardeo aéreo) | pinpoint.
punto incidente (óptica) | object-point.
punto indesmallable (tejido de punto) | interlock stitch.
punto indicador de fin de fichero | end of file spot.
punto inglés | swiss rib.
punto inglés (tejido punto) | rib stitch.
punto inglés doble perlado | cardigan stich.
punto inglés doble perlado (tejido punto) | full cardigan stitch.
punto inglés para puños (tejido punto) | rib stitch for cuffs.
punto inglés perlado (tejido punto) | half cardigan stitch.
punto inglés 1 y 1 (tejido punto) | plain rib.
punto inicial | initial point.
punto intercardinal | semicardinal point | intercardinal point.
punto interurbano (telecomunicaciones) | toll point.
punto isoeléctrico | isoelectric point.
punto jersey | jersey stitch.
punto lejano (visión) | far-point.
punto lejano de convergencia | convergence far point.
punto límite de retorno (aviación) | point of no return.
punto liso (torno) | plain center.
punto liso por recogida (tejido punto) | plain stitch.
punto liso por trama (tejido punto) | plain stitch.
punto liso y lustroso | slick.
punto litigado | litigated point.
punto luminoso | light spot.
punto luminoso de exploración | scanning spot
punto luminoso del cátodo | cathode spot.
punto luminoso móvil (televisión) | flying spot.
punto mal hecho | gobble-stitch.
punto más alejado a donde llega el tendido de vía (ferrocarril en construcción) | railhead.
punto más alto de la temperatura en una fiebre | fastigium.
punto material | physical point.
punto máximo | peak.
punto máximo de la temporada | seasonal peak.
punto medio | midpoint.
punto medio de impactos (artillería) | mean point of impact.
punto medio del primer intervalo | mid-point of the first interval.
punto Morse | Morse dot.
punto móvil (torno) | movable center.
punto muerto | dead point | breakeven | break even point.
punto muerto (máquinas) | center (EE.UU.).
punto muerto (pistón) | dead center.
punto muerto anterior (cilindro locomotora de vapor) | forward dead center.
punto muerto de la espoleta | fuze zero mark.
punto muerto del cigüeñal (máquinas alternativas) | horse's head.
punto muerto delantero (máquina vapor horizontal) | crank-end dead center.
punto muerto inferior (motores) | lower dead center | bottom dead center.
punto muerto posterior (locomotora) | back dead-center.
punto muerto superior (cilindros) | inner dead-center.
punto muerto superior (motores) | top dead center | firing top-center.
punto múltiple | multiple point.
punto nadiral (aerofotografía) | nadir point | plumb point | vertical point.
punto nadiral (fotogrametría) | V point.
punto negro de adorno (tipografía) | bullet.
punto negro en televisión | dark spot.
punto neutro | neutral | Y point.
punto neutro (electricidad) | star point | Y-point.
punto neutro artificial | artificial neutral point.
punto neutro artificial (electricidad) | artificial star point.
punto neutro puesto a tierra (línea trifásica) | earthed star-point.
punto nodal | null point | nodal point.
punto nodal (fotografía) | node.
punto nodal anterior | incident nodal point.
punto nodal inferior | incident nodal point.
punto nodal posterior | emergent nodal point.
punto nulo | null point.
punto obligado de paso (trazado carreteras, ferrocarril) | governing point.
punto observado (náutica) | position by observation.
punto orientador | orienting point.
punto osculador | osculating point.
punto oxidado | rust spot.
punto pasivo de canto | passive singing point.
punto pasivo de cebado (circuitos eléctricos) | passive singing point.
punto peligroso | hotspot | fouling point.
punto peritectoeutectoide | peritecto-eutectic point.
punto perlado | tuck stitch.
punto permanente de referencia (topografía) | monument.
punto por encima (costura) | overedge stitch.
punto por punto | point-to-point.
punto por punto (descripciones) | step-by-step.
punto posicional determinado por radio | radio fix.
punto posterior (telares) | back center.
punto previsto de lanzamiento aéreo | computed air release point.
punto primitivo (levas, engranaje cilíndrico) | pitch point.
punto principal | main point | principal point.
punto principal (lente corregida de coma) | chief point.
punto principal (perspectiva) | center of vision | point of sight.
punto reflectante | reflective spot.
punto registrado | recorded spot.
punto relampagueante | flash point.
punto retenido | tuck stitch.
punto revés a revés (tejido de punto) | backstitch.
punto rosa (encajes) | rose point.
punto saltado (medias) | drop-stitch | run.
punto sensible | sensitive spot.
punto sin mareas | no-tide point.
punto singular | singular point.
punto singular (curvas) | break.
punto singular (hidromecánica) | saddle point.
punto singular real | regular singular point.
punto situado verticalmente debajo de la máquina fotográfica y en el plano del mapa en el momento de la exposición (levantamiento aerofotográfico) | map plum-point.
punto sombrío | dark spot.
punto subestelar | substellar point | subastral point.
punto sublunar | sublunar point.
punto subsolar | subsolar point.
punto terrestre de referencia (aerofotogrametría) | ground control point.
punto tomado (tejeduría) | raiser | riser.
punto transparente (negativo fotografía) | pinhole.
punto trigonométrico catastral (topografía) | cadastral control.
punto uno y uno cruzado (tejido de punto) | interlock stitch.
punto visado (topografía) | target.
punto vital | key point.
punto vulnerable | blind point.
punto vulnerable al fuego enemigo | blind spot.
punto y raya (telecomunicación) | dot-and-dash.
punto y seguido | run in | run on.
punto y trazo | dot and dash.
puntos | stitching | spikes.
puntos (exámenes) | mark.
puntos (probetas) | prick-punch marks | pop marks.
puntos acnodales | conjugate points.
puntos autoconjugados (sistemas ópticos) | Bravais points.
puntos cardinales de la brújula | cardinal compass points.
puntos circulares | circular points.
puntos colaterales (brújula) | intermediate points.
puntos colineales | collinear points.
puntos conjugados | Bravais points | conjugate points.

puntos críticos (metalurgia) | arrest points.
puntos de acercamiento más próximos (navegación) | closest points of approach.
puntos de amarre | lashing points.
puntos de aumento unidad (óptica) | unit points.
puntos de avituallamiento | refilling points.
puntos de cruce de miniconmutador (telefonía) | miniswitch crossing point.
puntos de cruce de relé de varilla (telefonía) | reed crossing point.
puntos de detención | arrest points.
puntos de identificación | identifying landmarks.
puntos de iniciación de la rotura | initiation points for failure.
puntos de la forma (topología) | points of the form.
puntos de la rosa de los vientos | compass point.
puntos de las curvas de calentamiento y enfriamiento que indican cambios ocurridos en el metal o aleación (metalurgia) | arrest points.
puntos de luz (alumbrado) | highlights.
puntos de luz (alumbrado de calles) | light points.
puntos de rasante (topografía) | grade points.
puntos de rasante en secciones a media ladera (carreteras) | grade points in sidehill sections.
puntos de referencia acuáticos (navegación aérea) | water features.
puntos de separación del lugar geométrico de las raíces | root-locus breakaway points.
puntos de soldadura para presentar (chapas del forro o cubierta) | hotspots.
puntos duros | hard spots.
puntos duros (pieza fundida) | chilled spots.
puntos en que los voltajes de alta frecuencia están en fase (tubos termiónicos) | straps.
puntos estereoidénticos | stereoidentical points.
puntos flacos (hilos de algodón) | weak places.
puntos fríos (fundición) | cold runs.
puntos fuera de rectas | points not on lines.
puntos fundamentales (de un trazado) | control points.
puntos homólogos | homologous points.
puntos imaginarios conjugados | conjugate imaginary points.
puntos intercardinales | intercardinal points.
puntos intercardinales de la brújula | intercardinal compass points.
puntos intermedios | intermediate points.
puntos lúcidos (defecto papel) | shiners.
puntos muestrales | sample points.
puntos no correspondientes | disparate points.
puntos nodales (óptica) | nodal points.
puntos ortoscópicos | orthoscopic points.
puntos para dar la señal horaria (radio) | pip.
puntos para pruebas (circuitos) | test points.
puntos para tomar medidas (circuitos) | meter points.
puntos reticulares | mesh points | lattice-points.
puntos reticulares unidos en el negativo y en el clisé (defecto grabado) | connected dots.
puntos robados (tejido de punto) | stitch-robbbing.
puntos singulares (curva algébrica) | singularities.
puntos sobre una recta | points on a line.
puntos suspensivos para guiar la vista (tablas, índices, etc.) | leader.
puntos técnicos notables | engineering points of note.
puntos tratados con anterioridad | preceding steps.
puntuación | pointing.
puntuación (botánica) | pit.
puntuación aerífera (botánica) | air pit.
puntuación codificada | coded score.
puntuación normal tipificada | T score | standardized normal score.
puntuación que indica el número de desviaciones tipos encima o debajo de la media | sigma score.
puntuación Z | Z-score.
puntuaciones (botánica) | pitting.
puntuaciones superficiales al reventarse las burbujas de aire (papel) | craters.
puntuaciones tipificadas (estadística) | standard scores.
puntuado (botánica, zoología) | pitted.
puntual | on time | accurate | exact.
puntual (horarios, etc) | split-second.
puntual (trenes, aviones, etc.) | on schedule.
puntualidad (horario) | punctuality.
puntualidad del horario (trenes) | timekeeping.
puntualmente | on time | duly.
punzada | puncture | prick.
punzado | punctured.
punzadora de dos frentes con un hombre en cada uno | double-sided one-man punch.
punzar | puncture (to) | stick (to) | prick (to) | prod (to) | punch (to).
punzón | center point | puncheon | prodding tool | pricker | awl | graver | driver | die stamp | stylus | stamp | male die | round awl | pecker | hole punch | broach | turning pin | piercing ram | piercer | punching tool | punch.
punzón (minas) | gadding pin.
punzón (tejido de punto) | point.
punzón (tejido punto) | bar point.
punzón afilado | bradawl.
punzón autocentrador | bell center punch.
punzón botador | pin punch.
punzón cilíndrico | key-drift.
punzón con punta a 60 grados | dot punch.
punzón cóncavo | cup punch.
punzón cortador | cutting punch.
punzón cuadrado | drift.
punzón de abollonar | boss.
punzón de acero | dog's tooth.
punzón de acero duro para fabricar matrices | hob.
punzón de agujeros ciegos | knockout punch.
punzón de broca | bit punch.
punzón de cabeza hemisférica | hemispherical-headed punch.
punzón de cabeza redonda | roundheaded punch.
punzón de cara inclinada | sloping-faced punch.
punzón de cara plana | flatheaded punch.
punzón de carburo de tungsteno rectificado con diamante | diamond-ground carbide punch.
punzón de cincelador | frisoir punch.
punzón de conformar | forming punch.
punzón de correcciones (imprenta) | bodkin.
punzón de correciones | correcting nippers.
punzón de embutir | punch die | hob | chasing punch.
punzón de engastar | chasing punch.
punzón de entallar | notching punch.
punzón de estampar | stamping punch.
punzón de forja | stamper.
punzón de forma perforador | hob.
punzón de garantía | mark | hall-mark stamp | inspection stamp | assayer's mark.
punzón de garantía (de inspectores) | hall mark.
punzón de garantía del fabricante | maker's mark.
punzón de grabar | engraving pencil.
punzón de mano | hand punch | die.
punzón de marcar | prick punch | scratch awl | center punch | marking awl | brad-punch.
punzón de mecánico | prick punch | bob punch.
punzón de menguar | narrowing point.
punzón de moldeador | molder venting wire.
punzón de numerar | number punch.
punzón de palanca | lever punch.
punzón de perforar | center punch.
punzón de plantación (Ecuador) | planting rod.
punzón de plegar | bending punch.
punzón de pruebas | proof-mark.
punzón de punto | finder point punch.
punzón de recalcar | heading punch | heading tool.
punzón de recepción | acceptance stamp.
punzón de reembutición | redrawing punch.
punzón de remachar | riveting punch.
punzón de sastre | bodkin.
punzón de transferencia (tejidos punto) | transfer point.
punzón de trazar | draw-point.
punzón embutidor | plunger die.
punzón embutidor (prensas) | drawing punch.
punzón estriado | rifled drift.
punzón expulsador | drift.
punzón eyector | stripper punch.
punzón frustocónico | frustoconical punch.
punzón hidráulico | bear.
punzón hidráulico para agujeros de hombre | hydraulic manhole punch.
punzón marcador para tímpano (imprenta) | tympan stabber.
punzón para abrir ojetes | eyeleteer.
punzón para cartones | card punch.
punzón para clavar clavos | nail punch | nail set.
punzón para empaquetadura | gasket punch.
punzón para esgrafiado | scratchwork graver | graffito graver.
punzón para grabar en disco virgen | cutting stylus.
punzón para hacer matrices | hub.
punzón para hacer moldes en piezas de acero blando | molding hob.
punzón para marcar | branding iron.
punzón para partir barras de hielo | ice-pick.
punzón para picar billetes (ferrocarril) | cancels.
punzón para prensa de punzonar | piercing press punch.
punzón para realzar matrices (estereotípia) | boning tool.
punzón para rechazos (inspecciones) | canceling die.
punzón para sacar chavetas y remaches | pin punch.
punzón penetrador | piercing punch.
punzón que desplaza el material (grabación en disco) | embossing stylus.
punzón recto | bradawl.
punzón revólver | revolving-head punch.
punzón sacabocados | hollow punch | dinking die | blanking die.
punzón sacaclavos | box chisel.
punzón troquelador | forming punch.
punzonabilidad | punchability.
punzonable | punchable.
punzonado | punching | dab.
punzonado (fabricación tubos) | piercing.
punzonado a menor diámetro que el requerido | small punching.
punzonado a su diámetro definitivo (agujeros) | full-punched.
punzonado con rebabas | burr-punched.
punzonado de aligeramientos | manhole punching.
punzonado de cavidades | hubbing.
punzonado de los orificios de la hilera (trefilado) | picking.
punzonado en caliente | hot piercing.
punzonado en paquete (de chapas) | multiple-layer punching.
punzonado en que el opérculo queda unido por un 25% de la circunferencia del agujero en el extremo de entrada | chadless punching.
punzonado en serie | production punching.
punzonado múltiple | gang-piercing.
punzonador | puncher.
punzonadora | punch press | punching machine.
punzonadora de mano | punching bar | screw bear.
punzonadora de mano para chapas de calderas | boiler bear.
punzonadora de palanca | punching bar | lever punching machine.
punzonadora hidráulica | hydraulic punch.
punzonadora horizontal | horizontal punching

machine.
punzonadora manejada por un hombre | one-man punch.
punzonadora múltiple | gangpunch | block punch | multiple punching machine.
punzonadora portátil | punching bar | bear punch.
punzonadora portátil de mano | bear.
punzonadora revólver | turret punching machine.
punzonar | punch (to).
punzonar en caliente | hot punch (to).
punzonar en frío | cold-punch (to).
punzón-cizalla | shearing and punching-machine.
punzonero | puncher.
punzón-guía | former pin | guide pin.
puñado | handful.
puñalada | stab.
puño | handle | gripe | fist.
puño (de espada) | pommel.
puño (de vela) | earing.
puño acanalado (calcetería) | rib top.
puño continuo (calcetines) | automatic top.
puño de amura (vela triangular o trapezoidal) | tack.
puño de driza (vela cangreja) | neck | throat.
puño de escota | clue.
puño de escota (velas) | clew.
puño del manillar | handle bar grip.
pupila de entrada (sistemas ópticos) | entrance pupil.
pupila de entrada del sistema óptico | optical system entrance pupil.
pupila de salida (sistemas ópticos) | exit pupil | eye ring.
pupila puntiforme | pinpoint pupil.
pupilaje | wardship.
pupilo | ward.
pupiloscopio | pupilloscope.
pupinización | coil loading.
pupinización (cables telefónicos) | loading.
pupinización (telefonía) | pupinization.
pupinización (telegrafía) | cable loading.
pupinizado | continuously loaded.
pupinizado (cables) | loaded.
pupinizado (circuitos eléctricos) | lump-loaded.
pupinizar | pupinize (to).
pupinizar (cable telefónico) | load (to).
pupinizar (cables) | coil (to).
pupitre | reading desk | desk | book-support | book-shoulder | console.
pupitre con roldanas orientables | caster-based desk.
pupitre de comprobación | monitoring desk.
pupitre de control (estudios cine) | console.
pupitre de control (TV) | director's console.
pupitre de distribución | control desk.
pupitre de distribución (electricidad) | benchboard | switch desk.
pupitre de instrumentos | instrument desk.
pupitre de la sala de maniobra | control room desk.
pupitre de los instrumentos de propulsión | propulsion instrument desk.
pupitre de mando | control desk | switchdesk.
pupitre de mando con el panel de aparatos de medida separado | open-type benchboard.
pupitre de mando de la señalización | signaling control desk.
pupitre de mando de visualización | visual control console.
pupitre de maniobra | manoeuvring desk.
pupitre de prueba | test deck.
pupitre de pruebas | test-desk.
pupitre de regulación de la carga | load-control desk.
pupitre del director de producción (televisión) | producer's desk.
pupitre del señalero | signalman's console.
pupitre mezclador (radio) | mixing console.
pupitre para pagar conforme se entra (tranvías, autobuses, etc.) | pay-as-you-enter desk.
pupitre regulador de la frecuencia | frequency monitor.
pura pérdida | dead loss.
pura y simplemente | purely and simply.
puramente decimal con bitios suplementarios | purely decimal with extra byts.
puramente y simplemente | simply and solely.
puré de naranjas | orange puree.
pureza | purity.
pureza (color) | saturation.
pureza (del agua, etc.) | degree of purity.
pureza (diamantes) | clarity.
pureza bacteriológica | bacteriological purity.
pureza colorimétrica | colorimetric purity.
pureza del condensado | condensate purity.
pureza del diamante | diamond purity.
pureza del espín isobárico | isobaric spin purity.
pureza del retardador | retarder purity.
pureza del soluto | solute purity.
pureza del vapor de agua | steam purity.
pureza espectral | spectral purity.
pureza garantizada | guaranteed purity.
pureza isotópica | isotopic purity.
pureza nuclear | nuclear purity.
pureza óptica | optical purity.
pureza óptima | ultrahigh purity.
pureza radioquímica | radiochemical purity.
purga | scouring | crackdown | purging | drip | purge | blowoff.
purga (calderas) | blowdown.
purga (cilindros) | blowing out | blow-through.
purga (máquinas) | draining.
purga (política) | purge.
purga (recipiente) | blowdown.
purga de aceite del colector de barrido | air box drain.
purga de agua | drain.
purga de aire | air drain valve | air drain | air escape | vent.
purga de gases incondensables | noncondensed-gas vent.
purga de la tubería de vapor | steampipe drainage.
purga de la urdimbre | warp clearing.
purga de mar | red tide.
purga de mar (causado por concentración de dinoflagelados) | red water.
purga de vapor | steam drain.
purga del agua condensada del termocambiador intermedio | intercooler condensate drain.
purga política | political purge.
purga preliminar (tuberías, máquinas) | prepurging.
purgación | purging.
purgado | drained.
purgado con aire seco | purged with dry air.
purgado con hidrógeno | purged with hydrogen.
purgador | purger | drain valve | stripper | drip-cock.
purgador (de aire) | bleeder.
purgador (de aire, de agua, de aceite, etc., de una tubería) | trap.
purgador (del vapor) | blowoff gear.
purgador (limpiador - tejeduría) | clearer.
purgador antirretorno | nonreturn steam trap.
purgador antirretorno (tuberías) | nonreturn trap.
purgador automático del agua (tubería de aire, gases, etc.) | knockout box.
purgador continuo | drip-tap.
purgador de agua | drip cock.
purgador de agua (de tuberías) | interceptor.
purgador de agua (tuberías de vapor) | drainer.
purgador de agua de condensación | steam drier.
purgador de agua de cubeta abierta (tuberías) | open-float trap.
purgador de agua de cubeta invertida (tuberías) | inverted bucket trap.
purgador de agua de flotador (tuberías de vapor, aire comprimido, etc.) | float trap.
purgador de agua de flotador abierto (tuberías de vapor o aire comprimido) | bucket trap.
purgador de agua del vapor (tubería vapor) | steam trap.
purgador de agua o aceite (tuberías de vapor o de aire comprimido) | strainer.
purgador de aire | air valve.
purgador de condensación (tuberías) | trap.
purgador de hilo regulable | adjustable yarn clearer.
purgador de hilos | picker.
purgador de hilos (obrero de telares) | picker.
purgador de nudos del hilo | snarl catcher.
purgador de nudos del hilo (hilados) | knot catcher.
purgador de vacío | vacuum trap.
purgador de vapor (tuberías) | trap.
purgador de vapor a bola | ball float steam trap.
purgador de vapor de artesa (tuberías) | bucket trap.
purgador de vuelta (tuberías) | return trap.
purgador del gas refrigerante | refrigerant-gas purger.
purgador del hilo (telar) | yarn cleaner.
purgador termostático | thermostatic trap.
purgahilos (devanadora) | slub catcher.
purgante | catharsis.
purgante (medicina) | scourer.
purgante salino | salts | saline.
purgar | purge (to) | blow off (to) | blowoff (to).
purgar (aire) | bleed (to).
purgar (calderas) | blowdown (to).
purgar (gases) | bleed off (to).
purgar (máquina) | drain (to).
purgar (máquinas) | drive (to).
purgar (medicina) | scour (to) | flux (to).
purgar (una máquina) | blow through (to).
purgar (urdimbre) | clean (to).
purgar con nitrógeno seco | purge with dry nitrogen (to).
purgar el aire (de una tubería) | purge the air (to).
purgar el horno | purge the furnace (to).
purgar el tubo | purge the pipe (to).
purgar la urdimbre | clear the warp (to).
purgarclarificar | purify (to).
purificación | purifying | purging | cleansing.
purificación de gases combustibles | purification of fuel gas.
purificación de los diamantes | purification of diamonds.
purificación de zonas | zone purification.
purificación del agua del reactor nuclear | reactor water cleanup.
purificación del combustible nuclear | fuel recycle.
purificación del condensado | condensate scavenging.
purificación del electrolito | purification of the electrolyte.
purificación del gas | gas elutriation.
purificación electroforética | electrophoretic purification.
purificación emocional | catharsis.
purificación incompleta | arrested purification.
purificación por decantación | elutriation.
purificación por destilación | distillational purification.
purificación por trampa caliente | hot trapping.
purificación por trampa fría | cold trapping.
purificado por fusión de zonas (metalurgia) | zone-refined.
purificador | scrubber | stripper | purger | cleanser.
purificador (gas o petróleo) | treater.
purificador (persona) | purifier.
purificador de aceite | oil purifier.
purificador de aire | air cleaner.
purificador de sacudidas (fabricación papel) | oscillating strainer.
purificador del aire | air purifier.
purificar | sublimate (to) | purify (to) | refine (to) | cleanse (to).
purificar por lavado | eluate (to) | edulcorate

(to).
purificar superficialmente (azúcar) | affine (to).
purificarse | fine down (to).
purín (parte líquida del estiércol) | liquid manure.
puro | mere | unmixed | clean | unspotted.
puro (aire, agua) | fresh.
puro (colores) | true | self.
puro (EE.UU.) | straight.
puro (metales) | unalloyed.
puro (oro, plata, etc.) | solid.
puro (química) | absolute.
puro espectrográficamente | specpure.
púrpura | crimson.
púrpura (color) | cardinal.
púrpura de hierro | crocus.
púrpura de Tiro (colorante) | purple shell.
purpurina | bronze powder.
purpurina (barniz) | purple bronze.
pus | matter.
pus laudable (medicina) | healthy pus.
pústula | pimple.
putrefacción | decomposition | rottenness | rotting | rot.
putrefacción anaeróbica | anaerobic putrefaction.
putrefacto | rotten.
putrescible | perishable.
putrificación | putrification.
puzolana | puzzolana | pozzolan | pozzuolana.
puzolanero | pozzolan producer.
pvc rígido | rigid pvc.
pyinkado (Xylia dolabriformis) | yerool.
pyncado (Xylia dolabriformis Benth) | pyincado.
pynkado (Xylia dolabriformis) | abo | acle.
pynkado (Xylia dolabriformis-Benth) | Burmese ironwood.
pynkado (Xylia xylocarpa) | irul.

Q

Q en carga | loaded Q.
Q sin carga | unloaded Q.
Q-metro | Q-meter.
quango (organización financiera) | quango.
quantum de la sanción | quantum of the sanction.
quark (nucleónica) | quark.
quark electrodébil | quark down.
quark electrofuerte | quark up.
quartila | quartile.
quaruba (Vochysia spp) | iteballi.
quaruba blanca (Vochysia spp) | quaruba branca.
quaruba roja (Vochysia spp) | red quaruba.
que abarca todas las edades | all-aged.
que ablanda la suciedad | soil-loosening.
que acaba de aparecer en el horizonte (buques) | hull down.
que acepta electrones | electron seeking.
que acorta la duración (de una estructura) | life-shortening.
que actua con responsabilidad | scienter.
que actua radialmente hacia dentro | radially inwardly acting.
que actúa satisfactoriamente y eficientemente | on the beam.
que acumula cantidad de movimiento | momentum-gathering.
que adelgaza (régimen, etc.) | reducing.
que afecta a todo el cuerpo | systemic.
que afectan el costo | in laid-down cost.
que aletea | fluttering.
que amenaza ruina (edificios) | crazy.
que anteriormente figuraban | formerly carried.
que aparece en una pantalla (aparatos de medida ópticos) | screen reading.
que brota (agua) | salient.
que busca ganancias | profit-seeking.
que cede con facilidad | yielding.
que circula con facilidad (líquidos) | easy-flowing.
que circunda la tierra | globe-circling | globe-girdling.
que coinciden | in register.
que comercia con el extranjero | foreign-trading.
que compite | vying.
que con frecuencia ocurren corrimientos de tierras (terrenos) | slide-prone.
que concuerda | concordant.
que conserva el área | area-preserving.
que conserva el orden | order-preserving.
que consta (expediente, escrituras, etcétera) | of record.
que consta en autos | on record.
que contiene ácido | acid holding.
que contiene agua | enhydrous.
que contiene antracita o grafito | anthracolithic.
que contiene cobalto en el estado bivalente | cobaltous.
que contiene gotas de un fluido | enhydrous.
que contiene mercaptanes (gasolina) | sour.
que contiene pasta de madera (papel) | woody.
que contine restos de mamíferos (geología) | mammaliferous.
que controla la transpiración | antiperspirant.
que conviene | right.
que cuelga mucho de un lado | lopsided.
que cumple las normas | passable.
que da derecho a una pensión (heridas) | pensionable.
que da el aviador levantando el pulgar de la mano derecha | thumbs up.
que debe entregarse en este mes | due for handing over this month.
que debe entregarse en una fecha predeterminada | programmed.
que debe llegar (buques, trenes, aviones) | due.
$ **que degrada la calidad** | quality-degrading.
que deja pérdida (negocios) | losing.
que deriva de | ensuant on.
que desafía al tiempo | time defying.
que despega y ameriza en el agua (aviones) | waterbased.
que desvía la lava | lava diverting.
que detiene el aceite | oil-arresting.
que detiene el revelado (fotografía) | shortstop.
que devenga interés | interest-bearing.
que disuelve la grasa | fat-dissolving.
que dona electrones | electron yielding.
que dure mucho | long may it remain.
que economiza espacio | space-saving.
que emana de una sola parte (declaraciones, etc.) | ex parte.
que entra en puerto (buques) | inbound.
que es conveniente para una persona pero no en el interés militar | compassionate.
que es lo que hay que tener en cuenta | what to look for.
que es lo que se quería demostrar | as was to be proved.
que es sensible (mandos, etc.) | responsively.
que está a unos siete días del puerto de carga (buques) | prompt.
que está arriostrada para evitar deformación (entibaciones) | racked.
que está encima del fondo | off bottom.
que está sujeto a retiro | pensionable.
que evita el polvo | dirt-excluding.
que experimentan un endurecimiento estructural por precipitación después de un recocido a 820 ºC y envejecimiento de tres horas a 450-500 ºC (No es necesario el temple y se consiguen cargas de rotura a la tracción de 152-224 Kg/mm^2 y límites elásticos de 144-216 Kg/mm^2 - Se pueden maquinar y conformarse en frío) | maraging steels.
que explota por el culote (proyectiles) | base-burster.
que favorece la adhesión | adhesion-promoting.
que flamea (velas) | fluttering.
que fluye con dificultad | difficultly flowing.
que forma parte (de un eje, pieza, etcétera) | integral.
que funciona bien (máquinas) | reliable.
que funciona irregularmente (máquinas) | crankily.
que funciona sin calentarse (cojinetes) | running cold.
que funciona sin poder ser controlado | runaway.
que funciona solamente mientras haya suficiente oxígeno atmosférico (motores de aviación) | oxygen-breathing.
que genera ondas | wave gathering.
que gira en sentido opuesto | oppositely rotating.
que gira sincrónicamente | synchronously rotating.
que gobierna mal (buques) | wild.
que gotea | leaky.
que ha alcanzado la temperatura deseada | at heat.
que ha alcanzado la temperatura especificada | at temperature.
que ha aterrizado sin novedad | safely landed.
que ha cesado el crecimiento en cultivos (botánica) | stale.
que ha dado en el blanco | on target.
que ha dejado de publicarse (revistas, etc.) | discontinued.
que ha descargado menos bultos que lo que indica el conocimiento de embarque | short-landed.
que ha desovado (peces) | spent.
que ha petroleado en la mar | fuelled at sea.
que ha prescrito (endosos) | lapsed.
que ha quedado en el muelle (mercancías) | shortshipped.
que ha sido enterrado hasta un nivel firme (cajones neumáticos) | founded.
que ha sobrepasado el fin de carrera (jaula minas) | overhoisting.
que ha tenido aceptación por su venta en el mercado | market-tested.
que ha terminado (una operación, una faena, etc.) | off.
que ha tomado combustible en la mar | fuelled at sea.
que hace agua (buques) | leaky.
que hay que franquear (correos) | liable to postage.
que hay que quitarle las exageraciones (noticias) | discountable.
que hay que vigilar con cuidado (máquinas) | prankish.
que impide la sobrecarga | overload-preventing.
que la pieza no pasa por el calibre o éste no entra en el agujero | no go.
que las partes en contacto durante el funcionamiento son de hierro (válvulas, grifos, etc.) | all-iron.
que le faltan las velas altas (buques vela) | baldheaded.
que llegan estadísticamente | randomly arriving.
que llena bien el molde (fundición) | sharp.
que madura | ripening.
que marcha hacia el Sur | southing.
que marcha lentamente | slow-going.
que nada libremente | free-swimming.
que navega en la zona de más de 100 brazas (buques) | off soundings.
que necesita mucho espacio | space-consuming.
que no cala la sangre (papel de envolver para carnicerías) | bloodproofness.
que no cambia por calor intenso | apyrous.
que no coinciden (agujeros, etcétera) | out of register.
que no concuerda con el color de la muestra | off-color.
que no concuerdan entre sí (colores, etc.) | mismatching.
que no contiene azufre | sulfurless.
que no contiene los porcentajes legales de los ingredientes (productos alimenticios) | misbranded.
que no contribuye a la sustentación o empuje (aviones) | parasitic.
que no corta (limas, muelas abrasivas) | loaded.
que no cumple la especificación | nonconforming.
que no cumple una especificación | off.
que no debe funcionar | off.
que no deja huella | printless.
que no deja marca | printless.
que no es poroso al probarlo a presión (piezas fundidas) | pressure-tight.
que no es secreto (documentos) | unclassified.
que no está a escuadra | out-of-square.
que no está separado | indiscrete.
que no figura en las cartas o mapas | unmapped.
que no forma arco (electricidad) | nonarcing.
que no forma cocas (alambres) | unkinkable.
que no funciona | wild | nonworking.
que no gira (ganchos de grúa, etc.) | nontoppling.
que no ha sufrido transformación | virgin.
que no hace cocas | nonkinkable.
que no hay que devolver (envases, bobinas de cable, etc.) | nonreturnable.
que no mancha | nonstaining.
que no necesita engrase | for-life.
que no necesita levadura (harinas) | self-raising.
que no pierde (juntas, tuberías, etc.) | pressure-tight.
que no puede retener la información (memoria magnética) | volatile.

que no se ha entendido bien lo recibido (mensajes navales) | interrogatory.
que no se ha podido embarcar (mercancías) | shortshipped.
que no se hace antiguo (aparatos, etcétera) | obsolescence-free.
que no se mancha con el hollín | smudgeproof.
que no se oscurece | nonfading.
que no se pica (metales) | nonpitting.
que no se puede enviar por correo | nonmailable.
que no se puede reducir a balas (residuos, chatarra, etc.) | unbaleable.
que no se sueltan los puntos (tejido de punto) | run-resist.
que no se tizna | smudgeproof.
que no sean lo de | other than.
que no suelta pelusa | fluffless.
que no tiene cláusula restrictiva o imperfección alguna (documentos navales) | clean.
que no tiene gases deletéreos (minas) | sweet.
que no tiene isótopos estables del elemento (sin soporte - preparados de isótopos radioactivos) | carrier-free.
que no tiene simetría | lopsided.
que no toca el fondo | off bottom.
que no trabaja | nonworking.
que no transmite (radioemisora) | off the air.
que opera desde la cubierta de un buque | shipborne.
que perjudica la resistencia | strength-imparing.
que permite ahorrar espacio | space saving.
que permite detenerse en lugares intermedios y continuar después el viaje (trenes, aviones) | stopover.
que pierde (tapones, etc.) | running.
que posee tierras | acred.
que precede | foregoing.
que produce ganancias | revenue-earning.
que produce ingresos | revenue-earning.
que produce turbiedad | haze-producing.
que promueve el crecimiento | growth-promoting.
que promueve la contracción | contraction-promoting.
que proporciona una referencia | reference-providing.
que provienen del blanco | home on (to).
que provienen del blanco (misil guiado) | home (to).
que puede cargar inmediatamente a la llegada a puerto sin esperar turno (buques) | free stem.
que puede cruzar un océano | transoceanic.
que puede de nuevo emitirse | reissuable.
que puede entrar el automóvil con personas dentro para ver la función (cines, etc.) | drive-in.
que puede pasar | on the line.
que puede probarse | testable.
que puede ser instruida (causa judicial) | examinable.
que puede ser libertado bajo fianza | bailable.
que puede ser perseguido ante la ley | suable.
que puede ser posicionado por programa | program settable.
que puede solicitarse (programa) | callable.
que quema petróleo (calderas) | oil-fueled.
que reacciona espontáneamente | spontaneously-reacting.
que recibe la descarga del rayo (línea o aparato) | direct stroke.
que recibe y amplifica y retransmite (satélite artificial) | active.
que repercute en | consequential.
que resiste los cambios de temperatura pero no las grandes heladas (plantas) | half-hardy.
que responde bien (mandos, etc.) | responsively.
que retarda la evaporación | evaporation -retarding.
que retiene (humedad, etc.) | retentive.
que rige | ruling.
que rivaliza | vying.
que rompe (corrientes marinas) | overfall.
que roza por apretado | friction-tight.
que rueda bien por carretera | roadable.
que salta (agua) | salient.
que salta bruscamente | sharply flipped.
que se adapta bien a la mano | hand-tailored.
que se adapta por acción de un muelle | spring-urged.
que se agarra al fondo (horno de pudelar) | aproning.
que se aproxima | oncoming.
que se aproxima a cero (cantidades) | evanescent.
que se arma automáticamente (percutor de armas) | self-cocking.
que se asimila fácilmente (alimentos) | assimilative.
que se balancea (movimientos) | libratory.
que se basta a sí mismo | self-supported.
que se basta a sí mismo (proyectos) | self-sustaining.
que se busca | right.
que se construirán inspeccionados por la sociedad | to be built under the society's survey.
que se contrae por el calor | heat shrinkable.
que se cura (quesos, etc.) | ripening.
que se desecha | throwaway.
que se desplaza hacia el oeste | westward moving.
que se desplaza rápidamente a lo largo de la orilla | shore-fast.
que se destiñe al lavarse | wash-off.
que se destruye para salvar otra cosa o impedir ocurra (mecanismos, etc.) | suicide.
que se disipa o desvanece | evanescent.
que se extiende con facilidad (pinturas) | smooth working.
que se extiende hacia abajo | downwardly extending.
que se ha vaciado el cajetín de alguna letra | barged for sorts.
que se han fundido juntos (carbones arco eléctrico) | frozen.
que se hunde de popa (dirigibles) | sternheavy.
que se monta automáticamente (percutor de armas) | self-cocking.
que se mueve al azar | randomly moving.
que se mueve en todas direcciones | all-moving.
que se mueve hacia arriba (meteorología) | anabatic.
que se mueve u opera sobre la superficie de la tierra o del mar | surface.
que se obtiene a partir de | derivable from.
que se oxidan al calentarse en el aire | base metal.
que se preocupa de | minded.
que se preocupa de la exportación | export-minded | export-conscious.
que se preocupa de las ventas | sales conscious.
que se preocupa de los precios | price conscious.
que se preocupa del peso | weight-conscious.
que se pretende clasificar | intended for classification.
que se puede apisonar | rammable.
que se puede distribuir (filmes) | releasable.
que se puede hacer cumplir | enforceable.
que se puede lanzar con la llana (mezclas para enlucir) | trowelable.
que se puede ofrecer | tenderable.
que se puede situar en el plano | mapable.
que se quiere | right.
que se recibe regularmente | currently received.
que se reproduce al azar | random-bred.
que se sale | leaky.
que se sale de lo corriente | out of the ordinary.
que se trabaja bien en la máquina (maquinable - metales) | freecutting.
que sigue carta o se contesta por carta (mensajes navales) | letter.
que sigue un camino recto (elaboración) | straight through.
que sirve de tipo | standard.
que sirve para varios usos (máquinas) | universal.
que sobresale | raised.
que tiende a la forma sinusoidal (ondas) | sineward.
que tiene colocado un alambre | wireable.
que tiene derecho a una pensión | pensionable.
que tiene dos motores de chorro | twin-jet.
que tiene embargo preventivo | lienee.
que tiene fugas | leaky.
que tiene fusibles de respeto | rewireable.
que tiene limitaciones reconocidas oficialmente para el combate (aviones) | second-line.
que tiene llaves o teclas | keyed.
que tiene mermas | leaky.
que tiene movimiento transversal (máquina herramienta) | transversable.
que tiene patas parecidas a remos (zoología) | oared.
que tiene pérdidas | lossy.
que tiene perlas | pearly.
que tiene pies | footed.
que tiene poder rotatorio (química) | chiral.
que tiene por base el número 9 | nonary.
que tiene quijo (minería) | gossany.
que tiene retiro (empleos) | superannuable.
que tiene tres superficies | trifarious.
que tiene un eje de simetría | mirror-symmetric.
que tiene una de las alas con tendencia a bajar en vuelo (aviones) | wingheavy.
que toca por derecho de reversión | reversionary.
que transmite una señal | active.
que usa cartuchos de fuego anular (armas) | rimfire.
que va hacia el este (trenes) | east-bound.
que va hacia el exterior (tubo, etc.) | outboard.
que varía en el tiempo | time-varying.
que varía estadísticamente en el tiempo | randomly time-varying.
que varía longitudinalmente | longitudinally varying.
que viaja por tierra | overland.
que viola la extrañeza | stangeness violating.
quebracho (botánica) | quebracho.
quebracho (Schinopsis lorentizii) | quebracho.
quebracho (sondeos) | lime-base drilling mud.
quebracho blanco (Aspidosperma quebracho blanco Schl) | quebrachillo | quebracho blanco.
quebracho colorado (Schinopsis lorentzii Engl) | quebracho colorado.
quebracho rojo (Aspidospera quebracho) | red quebracho tree.
quebracho santiagueño (Schinopsis lorentzii) | soto negro.
quebrada | gulch.
quebradiza (maderas) | brash.
quebradizo | fragile | shattery | breakable | brittle.
quebradizo (agrio - metales) | cold-short.
quebradizo (metales) | eager | short | dry | weak.
quebradizo al azul | blue-short.
quebradizo en caliente | hot-short | red-hard.
quebradizo en caliente (metales) | red-short.
quebradizo y frágil | brittle and fragile.
quebradizo y tierno | brashy.
quebrado | broken | common fraction | insolvent debtor.
quebrado (número) | vulgar fraction.
quebrado (terreno) | rolling | uneven | hilly.
quebrado combinable (imprenta) | adaptable fraction.
quebrado impropio | improper fraction.
quebrado no rehabilitado | undischarged bankrupt.
quebrado postizo (imprenta) | compound fraction.
quebrantado | broken.
quebrantado (buques) | broken-backed.
quebrantador de rodillos | roll crusher.
quebrantadora | breaker | crushing machine | grinding machine | stone mill | stone breaker mill crushing | mill.

quebrantadora de carbón | coal cracker | cracker.
quebrantadora de cilindros | rolling crusher.
quebrantadora de cono | bell crusher | cone crusher.
quebrantadora de discos | disk crusher.
quebrantadora de mandíbulas | jawbreaker | jaw crusher.
quebrantadora de martillos | impact mill | hammer crusher | impact breaker.
quebrantadora de mineral | ore crusher.
quebrantadora de minerales | buck.
quebrantadora de mortero | mortar mill.
quebrantadora de muelas | rolling crusher.
quebrantadora de piedra | stone crusher.
quebrantadora de rebotación | rebound breaker.
quebrantadora de rulos | rolling crusher.
quebrantadora final (tren de quebrantadoras) | recrusher.
quebrantadora giratoria | gyratory breaker | gyratory crusher | rotary breaker.
quebrantadora por vibración supersónica | supersonic rock crusher.
quebrantadora preliminar | precrusher.
quebrantadora preliminar para partir piedra | scalper.
quebrantadora preliminar para piedra | sledger.
quebrantamiento | breaking.
quebrantamiento de forma | violation of form | violation in form.
quebrantamiento de la ley | lawbreaking.
quebrantamiento de la paz | breach of peace.
quebrantaolas (playas) | plunge-point.
quebrantar | crush (to) | break (to) | smash (to) | stamp (to) | triturate (to).
quebrantar (piedra) | pound (to).
quebrantar la salud | impair the health (to).
quebrantarse (buques) | hog (to).
quebrantarse (la salud) | breakup (to).
quebranto | loss.
quebranto (buques) | hogging.
quebranto (daño - comercio) | damage.
quebranto (transacción) | loss.
quebranto del activo | impairment of assets.
quebranto del arraigo (economía) | bail jumping.
quebranto después de la botadura (buques) | breakage.
quebrar | break (to) | become bankrupt (to) | fracture (to) | go bankrupt (to).
quebrar (bancos) | crack up (to).
quebrar (comercio) | fail (to).
quebrar (hacer bancarrota) | break (to).
quebrar (minas) | rag (to).
quebrar (negocios) | fold (to).
quebrar en párrafos cortos la composición apiñada (tipografía) | break up into pars (to).
quebrar la roca que hay entre barrenos | broach (to).
quebrarse | shatter (to).
queche | ketch.
queda abierta la legislatura | the legislature is opened.
queda convenido por el presente que | it is hereby agreed that.
queda muchísimo que hacer todavía | there is an enormous way still to go.
queda por saber si | query.
quedamos a su disposición para enviarle más información | We remain at your disposal for sending you more information.
quedamos enterados | we are informed.
quedamos enterados de que | we understand that.
quedar | remain (to).
quedar a deber | remain owing (to).
quedar absuelto | get clear (to).
quedar cercadas (tropas) | be penned (to).
quedar de acuerdo | stand (to).
quedar dentro de los límites de asignaciones fijadas | comply with allotments (to).
quedar en el muelle (mercancías) | be short0. shipped (to).
quedar en pie (asuntos) | remain open (to).
quedar en suspensión | be dormant (to).
quedar en suspenso | stand (to).
quedar en suspenso (asuntos) | hangfire (to).
quedar fondeado sobre una sola ancla (buques) | unmooring.
quedar fuera de un mercado por precios no competitivos | be priced out of a market (to).
quedar libre | get loose (to).
quedar pendiente (asuntos) | remain open (to).
quedar rezagado (marchas) | hang back (to).
quedar sin efecto ni valor alguno | be null and void (to).
quedar sobre la mesa (propuestas) | be tabled (to).
quedarse a la intemperie | be made homeless (to).
quedarse atrás | fall into arrears (to).
quedarse con | retain (to).
quedarse de velada | do overtime (to).
quedarse sin | run short of (to).
quedarse sin combustible | run short of fuel (to).
quedarse varado hasta la pleamar | get neaped (to).
queja | grievance | claim | complaint.
quejas de los clientes | customer's complaints.
quejigo (Quercus pedunculata) | pedunculated oak.
quelación (química) | chelation.
quelador (química) | chelator.
quelar (química) | chelate (to).
quelato (química) | chelate.
quelato metálico | metal chelate.
quelato metálico (química) | metallic chelate.
quelífero (zoología) | chelate.
queliforme | claw-like.
queloide | cheloid.
queloide (tejido irradiado) | keloid.
quelón (microquímica) | chelone.
quema a cielo abierto | open burning.
quema de polvo de carbón en el laboratorio del horno | dust firing.
quema de rastrojos | burn.
quema dirigida hecha contra el viento | backburn.
quema que se hace avanzar hasta el incendio | counterfire.
quemada (fracturas) | scorched.
quemado | burned-up | burnt.
quemado (acero) | overblown.
quemado (de metales) | oxygenization.
quemado (metalurgia) | oxygenated.
quemado (nuclear) | burn-up (BU).
quemado (tubos, aparatos eléctricos) | burnout.
quemado con una relación de aire/combustible de 30 | burned at an air/fuel ratio of 30.
quemado de depósitos carbonosos | scurfing.
quemado de descarga | discharge exposure.
quemado destructivo | burnout.
quemado destructivo (nuclear) | fuel burnt out.
quemado específico | specific burnup.
quemado iónico | ion burn.
quemado por la cal (curtición cueros) | lime blast.
quemado por la helada | nipped by the frost.
quemado por la helada (vegetación) | frost-nipped.
quemador | burner.
quemador (calderas) | sprayer.
quemador (de petróleo) | jet.
quemador alimentado con dieseloil | diesel-fed burner.
quemador cerámico para mezcla de gas con aire | ceramic gas-air burner.
quemador con encendido eléctrico | flash burner.
quemador con flujo en régimen permanente | steady-flow burner.
quemador con inyector de aire | air injector burner.
quemador con varias entradas de combustible y una sola salida | duplex burner.
quemador de abanico | butterfly burner.
quemador de aire con propano | propane-air burner.
quemador de baja presión autodosificador de la mezcla | self-proportioning low air pressure burner.
quemador de baja presión de aire | low-air-pressure burner.
quemador de calor radiante | radiant burner.
quemador de carbón pulverizado | pulverized-coal burner.
quemador de ciclón (calderas) | cyclone.
quemador de combustible pulverizado | pulverized-fuel burner.
quemador de corona (cocina a gas) | gas-ring.
quemador de chorro | jet burner.
quemador de chorro a presión | pressure jet burner.
quemador de desechos (agricultura) | refuse burner.
quemador de encendido | lighting off torch.
quemador de flujo vorticial | vortex-type sprayer.
quemador de fueloil | oil burner.
quemador de fueloil con pulverización por aire | pressure-atomizing oil burner.
quemador de fueloil para calderas | oil-fuel burner.
quemador de gas | gas burner.
quemador de gasolina | gasoline burner.
quemador de incandescencia | incandescent burner.
quemador de inyección de aire | air injection burner.
quemador de keroseno | kerosene burner.
quemador de llama abierta | open-flame burner.
quemador de llama cónica | conic-flame burner.
quemador de llama plana | flat-flame burner.
quemador de llama vorticial | rotaflame burner.
quemador de mariposa | bat's wing burner.
quemador de mezcla externa | outside-mix burner.
quemador de mezcla interna | inside-mix burner.
quemador de orificio constante | fixed-orifice type burner.
quemador de petróleo con pulverización por aire a baja presión | low-pressure air-atomizing oil burner.
quemador de petróleo con pulverización por vapor (calderas) | steam atomizing oil burner.
quemador de petróleo de llama regulable | modulating flame oil burner.
quemador de premezcla (calderas) | premix burner | external-mixing burner.
quemador de pulverización mecánica | mechanical atomizing burner.
quemador de pulverización por fluido | fluid-atomized burner.
quemador de recirculación (motor de chorro) | spill burner.
quemador de turbulencia | turbulent burner.
quemador de turbulencia (calderas) | cyclone.
quemador de ventilador | fan-blast burner.
quemador dosificador | proportioning burner.
quemador dosificador de fuel-oil | proportioning oil burner.
quemador inclinable | tilting burner.
quemador nebulizante | vaporizing burner.
quemador para combustible líquido | liquid fuel burner.
quemador para combustible líquido o gaseoso (calderas) | conversion burner.
quemador para dos combustibles | dual-fuel burner.
quemador para fueloil denso de calderas | heavy bunker oil burner.
quemador para fueloil y gas | gas-plus-liquid-

fuel burner.
quemador para gas de petróleo | oil-gas burner.
quemador para varias clases de combustibles | multifuel burner.
quemador pulverizador por aire en rotación | rotary air atomizing burner.
quemador regulado por lanza | lance-controlled burner.
quemador revestido interiormente de cerámica | ceramic-lined burner.
quemador trasero | afterburner.
quemadura | ambustion | burning | burn | scald.
quemadura con contornos muy bien definidos | profile burn.
quemadura de la córnea | corneal burn.
quemadura de la válvula de admisión (motores) | intake valve burning.
quemadura eléctrica | electrical burn.
quemadura ocular | ocular burn.
quemadura por el calor del fogonazo | flash burn.
quemadura por la helada (plantas) | frostbite | frost-nip.
quemadura por radiación térmica | flash burn.
quemadura química | chemical burn.
quemadura química con ácidos | acid burn.
quemadura química con álcalis | alkali burn.
quemadura retinal por luz lasérica | laser retinal burn.
quemadura sombreada (explosión atómica) | shadow burn.
quemadura superficial | scorch.
quemadura térmica | thermal burn.
quemar | fire (to) | flame (to) | parch (to) | combust (to).
quemar (el acero) | overanneal (to).
quemar (el sol) | scorch (to).
quemar el monte bajo | assart (to).
quemar el rastrojo | burn-bait (to).
quemar incendiar | burn (to).
quemar intencionadamente en contra de la dirección del incendio que avanza (montes) | burning out.
quemar la pintura | burn off (to).
quemar lentamente | burn away (to).
quemar los fondos (buques madera) | grave (to).
quemar por el frío (plantas) | nip (to).
quemar rastrojos | assart (to).
quemarse | burnout (to).
quemarse las plantas (por la helada) | perish (to).
quemas de limpieza de rastrojos o pastos (bosques) | debris burning.
quemosis | chemosis.
quensoleno | kemsolene.
queralita | cheralite.
queratina | keratin.
queratoconjuntivitis (de soldadores) | shipyard eye.
queratodermia | keratodermia.
queratófido | keratophyre.
queratofiro de cuarzo (mineralogía) | quartz keratophyre.
queratógeno | horn-producing.
queratoscopio | keratoscope.
queratótomo | Beer's knife.
quercitol | acorn sugar.
quercitrón (árbol americano) | quercitron.
querdómetro | kerdometer.
querella | complaint.
querella (abogacía) | plaint.
querellante | complainant | plaintiff | prosecutor | suitor.
querellar contra | go to law (to).
querellarse | complain (to) | lodge (to).
quermesita | red antimony.
queroseno | kerosine | paraffin.
queroteno | kerotene.
quesiforme (revestimientos) | cheesy.
queso | cheese.
queso curado con mohos | mold ripened cheese.
queso líquido | liquid cheese.
quetognato | chaetognath.
quetognato (zoología) | glass worm | arrow worm.
quetol (cetonas) | ketol.
quiasma | chiasma.
quiasmas dispares | disparate chiasmata.
quiasmatipos | chiasmatype.
quiastolita (mineral) | macle.
quibinario (código) | quibinary.
quicial | jamb | doorjamb.
quicial cóncavo (puertas de esclusa) | hollow quoin.
quicio | male pivot | step | jamb | footstep bearing.
quicio de rubí o zafiro | jeweled cup.
quicionera | foot-block casting | socket.
quiebra | failing | crash.
quiebra (comercio) | failure.
quiebra (minas) | break.
quiebra fortuita | fortuitous bankruptcy.
quiebra forzosa | involuntary bankruptcy.
quiebra forzosa (economía) | necessary bankruptcy.
quiebra fraudulenta | fraudulent bankrupt fraudulent bankruptcy.
quiebra voluntaria | voluntary bankruptcy.
quiebro | twist.
quien lo ha visto no olvida | once seen it can never be forgotten.
quien tiene la culpa | who gets the blame.
quieto | calm | still.
quietud | calm.
quijada (motón) | jaw.
quijada (tornillo banco) | bit.
quijada articulada móvil | pivoted moving jaw.
quijada del tornillo de banco | bit of the vise.
quijada móvil (quebrantadora) | swing jaw.
quijada móvil de madera (tornillo banco carpintero) | chop.
quijada portaplumas (rayado) | clamp.
quijadas para sacar cajos (encuadernación) | backing boards.
quijo | vein-rock.
quijo (minas) | ironstone blow.
quijo (minería) | iron hat.
quijo (óxido de hierro hidratado que forma la montera de yacimientos de piritas de cobre) | iron hat.
quijo (sombrero de hierro - mineria) | gozzan.
quijo - crestón oxidado (sombrero de hierro - óxido de hierro hidratado que forma la montera de los yacimientos de pirita de cobre) | gossan.
quilatage (diamantes) | caratage.
quilataje (industria del diamante) | caratage.
quilate | carat | K (carat).
quilate internacional= | international carat.
quilate métrico internacional = 200 miligramos | international metric carat.
quilate por metro^3 | ct/cub m.
quilificación | chylification.
quilo (medicina) | chyle.
quilocaule | fleshy-stemmed.
quilofilia | chylophylly.
quilófilo | fleshy-leaved.
quilolino (unidad de flujo magnético) | kiloline.
quilla (botánica) | keel.
quilla (de buque) | keel.
quilla adicional de plomo o fundición contra la escora (yates de vela) | ballast keel.
quilla curvada (botes) | rockered keel | rocker keel.
quilla de aleta (yates de regatas) | fin keel.
quilla de balance (buques) | bilge keel.
quilla de barra | bar keel.
quilla de barra con escotaduras (remolcadores y buques de poco peso) | sluice keel.
quilla de cajón (para el tendido por ella de tuberías, cables, etc. - buques) | duct keel.
quilla de chapa | plate keel.
quilla de roce | rubbing strip.
quilla de roce (buques) | rubbing keel.
quilla de seguridad (submarinos) | safety keel | drop keel.
quilla de varada | docking keelson.
quilla de varada central intercostal (buque) | intercostal centreline docking girder.
quilla desprendible (submarinos) | safety keel.
quilla estrecha y profunda (yates de regatas) | fin keel.
quilla horizontal (buques de acero) | keel.
quilla inferior | lower keel.
quilla lastrada (yates) | bulb-keel | bulb-fin.
quilla lateral para varada en dique | side docking keel.
quilla lateral para varada en dique (buques guerra) | docking keel.
quilla maciza (buques) | hanging keel.
quilla plana | flat keel.
quilla plana (buques) | flat plate keel.
quilla soltable (submarinos) | drop keel.
quilla vertical | middle line keelson | center keelson.
quilla vertical (buques) | centre girder | centerline girder | center girder | bottom center line girder.
quilla vertical de la pontona (dique flotante) | pontoon centerline girder.
quilla vertical formando un conducto (para el tendido por ella de tuberías, cables, etc. - buques) | duct keel.
quilla vertical intercostal | intercostal bottom centerline girder | intercostal centerline girder.
quilla vertical intercostal (buques) | intercostal keelson.
quilla y codaste (buques) | bearding line.
quillamen | rebate-plane.
quimiatría | chemiatry.
química | chemistry.
química agrícola industrial | chemurgy.
química analítica | analytic chemistry | numerical chemistry.
química aplicada | applied chemistry.
química biodinámica | biodynamical chemistry.
química biofísica | biophysical chemistry.
química clínica automatizada | automated clinical chemistry.
química coloidal | colloid chemistry.
química cuántica | quantum chemistry.
química de la atmósfera urbana | urban atmosphere chemistry.
química de las irradiaciones | radiation chemistry.
química de las radiaciones | radiochemistry.
química de los cuerpos grasos | fat chemistry.
química de los plásticos | plastochemistry.
química estequiométrica stoichiometric chemistry.
química farmacéutica | pharmaceutical chemistry.
química fisicoorgánica | physical-organic chemistry.
química fisiológica | chemistry physiological.
química inorgánica | mineral chemistry | abiochemistry.
química legal | legal chemistry.
química nuclear | nuclear chemistry.
química orgánica | organic chemistry.
química orgánica macromolecular | macromolecular organic chemistry.
química para principiantes | freshman chemistry | junior chemistry.
químicamente compatible | chemically compatible.
químicamente contaminado | chemically contaminated.
químicamente estable | chemically stable.
químicamente exfoliado | chemicaly exfoliated.
químicamente inerte | chemically-inert | chemically inert.
químicamente o mecánicamente either mechanically or chemically.
químicamente resistente | chemically resistant.
químicas o bacteriológicas | unconventional warfare.

químico | chemist | chemical.
químico agrícola | agricultural chemist.
químico analista | analytical chemist | analyst chemist.
químico analítico | analyst.
químico auxiliar | assistant chemist.
químico colorista | dye chemist.
químico ensayador | assayer-chemist.
químico especializado en aromas | flavorist.
químico investigador con gran práctica profesional | senior research chemist.
químico jefe | chief chemist.
químico jefe de investigaciones | senior research chemist.
químico metalúrgico | metallurgical chemist.
quimicopetrolífero | petrochemical.
quimiluminiscente | chemiluminescent.
quimioadsorber | chemisorb (to).
quimioadsorción | chemisorption.
quimioautotrófico | chemoautotrophic.
quimioauxismo | chemauxism.
quimioceptor | chemoceptor.
quimiocirugía | chemosurgery.
quimiocirugía controlada microscópicamente | microscopically controled chemosurgery.
quimiocoagulación | chemocoagulation.
quimiodinámica | chemodynamics.
quimioesterilizar | chemosterilize (to).
quimiofosforescencia | chemical phosphorescence.
quimiografía (fotografía) | chemigraphy.
quimiografía (grabado) | chemigraphy.
quimiógrafo | chemograph.
quimiohidrometría | chemihydrometry.
quimiohilatura a tensión | stretch chemical spinning.
quimiólisis | chemolysis.
quimioluminiscencia | chemiluminescence.
quimiomorfosis | chemomorphosis.
quimionastia | chemonasty.
quimionuclear | chemonuclear.
quimioplastia | electroless plating | electrodeless plating.
quimioplastiar | electroless plate (to).
quimioprofilaxis | chemoprophylaxis.
quimioquirúrgico | chemosurgical.
quimiorrecepción | chemoreception.
quimiorreceptor | quimioreceptor.
quimiorresistencia | chemoresistance.
quimiorresistente | chemically resistant | chemical resistant.
quimiosensible | chemosensitive.
quimiosfera | chemosphere.
quimiosíntesis (biología) | chemosynthesis.
quimiostato (microbiología) | chemostat.
quimiotaxia | chemotaxis.
quimiotaxis | chemotaxis.
quimioterapia | chemotherapy.
quimiotipia (grabado) | chemitypy.
quimiotropismo (botánica) | chemotropism.
quimismo | chemism.
quimiurgia | chemurgy.
quimo | chyme.
quimógrafo | kymograph | kimograph.
quimopelágico | chimopelagic.
quimosina | rennet.
quimúrgico | chemurgic.
quimúrgico (persona) | chemurgist.
quina amarilla | cinchona.
quinario | pentad | quinary.
quinazolinas | quinazolines.
quincallería | smallwares | hardware.
quincallero | hardwareman.
quincenal | semimonthly.
quinestesia | muscular sense.
quiniela de fútbol | football pool.
quinoleina | quinoline.
quinona (química) | quinone.
quinqué | Argand lamp | lamp.
quinqueangular | quinquangular.
quinquedentado | five-toothed.
quinquefario | quincunx.
quinquéfido | five-cleft | five-parted.
quinqueflor (botánica) | five-flowered.
quinquefoliado | five-leaved.
quinquelocular | five-celled | five-locular.
quinquenal | quinquennial.
quinquenio | pentad.
quinquepartido (botánica) | five-parted.
quinquevalente | quinquevalent.
quinquevalvo (botánica) | five-valved.
quinquina | cinchona.
quinta (hombres nacidos en el mismo año) | class.
quinta (milicia) | draft.
quinta (música) | fifth.
quinta nota de la escala diatónica (música) | dominant.
quinta velocidad aumentada preselectiva (autos) | preselective geared-up fifth speed.
quintante | quintant.
quintas y octavas ocultas (música) | hidden fifths and octaves.
quintas y octavas seguidas reales (música) | consecutive perfect fiths and octaves.
quintete de galaxias | quintet of galaxies.
quintila (estadística) | quintile.
quinto (milicia) | draftee.
quinto palo contado desde proa (goleta de seis palos) | driver.
quintuplete (coche ferrocarril) | quintuplet.
quintuplicación | quintuplication.
quíntuplo | quintuple.
quiosco de clasificación | marshalling kiosk.
quiosco de periódicos | newstand.
quiosco de recepción | reception kiosk.
quiral (química) | chiral.
quiralidad (poder rotatorio de una solución) | chirality.
quirófano | operating room | hospital theatre | surgical amphitheatre.
quirófano modular (hospitales) | modular surgical unit.
quirófano pequeño (hospitales) | minor surgery theatre.
quirografía | chirography.
quirógrafo | chirograph.
quiropodia | chiropody.
quiropterita | chiropterite.
quirotesia | chirothesia.
quirotonía | chirotony.
quirúrgico | surgical.
quiste (medicina) | cyst.
quita | acquittance | release | quitclaim.
quita y espera (jurisprudencia) | release and extension | stay and extension.
quitado por lapidado | lapped off.
quitaespumas | scum remover.
quitafusibles | fuse puller.
quitagrasas | grease eliminator.
quitahollín | soot eradicator | soot remover.
quitalustre | dulling agent.
quitamanchas | spot remover | stain remover.
quitamiedos | rail | railing | lifeline.
quitamiedos (carreteras) | guardrail.
quitanieves | snowplow | snow grader | snowplough | snow sweeper.
quitanieves de locomotora | locomotive snow plough.
quitanieves giratorio | rotary snowplow.
quitapiedras (locomotora) | pilot | guard-iron | safeguard | rail-guard.
quitapinturas | remover | paint stripper | paint eliminator | paint remover.
quitapolvos | dust eliminator.
quitar | pick out (to) | carry away (to) | remove (to).
quitar a tirones | pull off (to).
quitar clavijas | uncotter (to).
quitar con la lima | file away (to) | file off (to).
quitar con la lima (rebabas) | file down (to).
quitar con violencia | pull away (to).
quitar de golpe | flip (to).
quitar de la lista de liberalización | deliberalize.
quitar defectos superficiales (soldadura, tochos) | scarf (to).
quitar del circuito | cut out (to).
quitar denominadores (ecuaciones) | multiply up (to) | clear off fractions (to).
quitar el aluvión por disgregación hidráulica (minería) | hydraulic the alluvial (to).
quitar el armón (a un cañón) | unlimber (to).
quitar el avantrén (a un cañón) | unlimber (to).
quitar el cebo (cargas explosivas) | desensitize (to).
quitar el color verde (de la fruta no madura) | degreen (to).
quitar el pavimento y descubrir las vigas (pisos) | rip a roof (to) | rip a roof (to).
quitar el seguro (armas) | takeoff safety (to).
quitar el taco (barrenos) | unram (to).
quitar el temple (metalurgia) | soften (to).
quitar el viento (alto horno) | blowout (to).
quitar estorbos | clear away (to) | clear (to).
quitar insectos nocivos | grub (to).
quitar la acidez | edulcorate (to).
quitar la cascarilla de fundición | trim flash (to).
quitar la corriente | switch out (to).
quitar la espoleta (despoletar - proyectiles) | defuze (to).
quitar la espoleta (proyectiles) | desensitize (to).
quitar la fluorescencia (lubricantes) | debloom (to).
quitar la grasa (a la ballena) | flense (to).
quitar la herrumbre | derust (to).
quitar la jarcia firme (buques) | cast off (to).
quitar la montera (canteras) | untop (to) | unsoil (to).
quitar la montera (canteras, minas) | strip (to).
quitar la montera (filones) | do overburden (to).
quitar la montera con chorro de agua a presión (minería) | hush (to).
quitar la niebla | defog (to) | demist (to).
quitar la parte central | core (to).
quitar la presión | lift (to).
quitar la presión de aire | release the air pressure (to).
quitar la salbanda (minas) | hulk (to).
quitar las cocas | unkink (to).
quitar las corrientes de aire | seal-off draughts (to).
quitar las espigas machos (híbridos de maíz) | detassel (to).
quitar las espinas | bone (to).
quitar las etiquetas (botellas) | delabel (to).
quitar las interlíneas (tipografía) | unlead (to).
quitar las láminas (a una seta) | gill (to).
quitar las ramas muertas de un árbol | dry-prune a tree (to).
quitar las tejas de un tejado | rip a roof (to) | rip a roof (to).
quitar las tierras de una ladera por una corriente fuerte de agua | hush (to).
quitar las virutas | wipe off the chips (to).
quitar los bebederos (fundición) | degate (to).
quitar los costeros (rollizos) | slab (to).
quitar los costeros de los cuatro lados (troncos) | block-saw (to).
quitar los huesos (a las frutas) | stone (to).
quitar los paneles de insonorización | liven (to).
quitar los pedúnculos | stem (to).
quitar los puntales | unshore (to).
quitar los radicales a un denominador | rationalize a denominator (to).
quitar los renuevos | sprout (to).
quitar los tepes | screef (to).
quitar paréntesis (matemáticas) | remove parentheses (to).
quitar pelo (a las pieles) | slate (to).
quitar peso | lighten (to).
quitar por enjuagado | rinse off (to).
quitar por lavado | rinse off (to).
quitar protuberancias en postes | snag (to).
quitar puntos (carreras) | back-mark (to).
quitar rascando | scrape away (to).
quitar raspando | scrape off (to) | scrape out0

ó (to).
quitar rebabas | spud (to) | fettle (to).
quitar soplando | blow away (to).
quitar trapo (buques de vela) | muzzle (to).
quitar una caldera (aislarla del circuito de vapor) | cut out a boiler (to).
quitar yemas | disbud (to).
quitarse | shed (to).
quitarse (sombrero, ropa, etcétera) | doff (to).
quitasol | parasol.
quitatenazas (explotación forestal) | grab skipper.
quitina | chitin.
quito (jurisprudencia) | quit.

R

raba | cod-roe | salted cod's roe.
rabadán | head shepherd.
rabadilla | britch.
rabadilla (aves) | croup.
rabal (globo radiosonda meteorológico) | rabal.
rabdoidal | rod-shaped.
rabdoide | rod-shaped.
rabdomancia | water divining | rhabdomancy | dowsing | divining.
rabdomancia electrónica .023 electronic rhabdomancy.
rabdomante | dowser | diviner | water-finder | rhabdomancer.
rabdomántico | rhabdomantic.
rabdomantista | rhabdomantist.
rabera (cuadernal) | breech.
rabera (herramientas) | tang.
rabera cónica (herramienta) | taper shank.
rabera piramidal | taper square shank.
raberón (tronco de árbol) | top.
rabilargo | long-tailed.
rabillo | pigtail.
rabillo (bobinas de hilo) | pigtail.
rabinato | rabbinate.
rabión (de ríos) | sault.
rabión (ríos) | riffle | shoot.
rabitita | rabbittite.
rabito (nota musical) | tail | queue.
rabiza | tail | stem.
rabiza del cohete | rocket stick.
rable | rabble | rabbler | rubble j clot | rake.
rableado | rabbling.
rablear | rub up (to) | rabble (to).
rabo | tail.
rabo (de botones) | shank.
rabo de rata (nudo) | pointing.
raboteo (ovejas) | tail cropping.
raca (marina) | traveler.
racamento (buques) | parrel.
racamento (marina) | traveler | traveller.
racamento de la verga (buques) | yard parrel.
racemato | racemate.
racemización | racemation.
racemización (química) | racemization.
racemización de los aminoácidos | amino acid racemization.
racemizar | racemise (to).
racimo | truss | fascicle | grape | bunch | cluster.
racimo apretado (uvas) | compact-clustered berry.
racimo de piezas moldeadas (plásticos) | biscuit.
racimoso | botryoid.
raciocinio | reason.
ración (de comida) | portion.
ración (en especie o en dinero) | ration.
ración alimenticia | food intake.
ración alimenticia normalizada | standardized food ration.
ración calórica | caloric intake.
ración completa | ration cycle.
ración de campaña compuesta de 3 barras de alimento concentrado con vitamina B y dando cada una 600 calorías | D ration.
ración de engorde (animales) | fattening ration.
ración de reserva (milicia) | emergency ration | iron ration.
ración diaria (tres raciones) | ration cycle.
ración en especie | ration in kind.
ración en metálico | garrison ration.
ración reducida (alimentos) | short commons.
ración reglamentaria del soldado | official ration of the soldier.
racional | rational.
racionalidad del proceso de evaluación | rationale of the evaluation process.
racionalización | rationalization | rationalisation | rationalising.
racionalización de la construcción naval | shipbuilding rationalization.
racionalización de la producción | production rationalization.
racionalización de la producción de motores diesel marinos | rationalization in production of marine diesel engines.
racionalización del transporte | transportation rationalization.
racionalización en el trabajo | time study.
racionalizar | rationalize (to) (EE.UU.) | rationalise (to) (G.B.) | rationalize (to).
racionalizar los métodos de producción | rationalize production methods (to).
racionamiento | food control.
racionamiento de mercancías | rationing of goods.
racionar | ration (to).
raciones extraordinarias (milicia) | extraordinaries.
racionista (teatro) | utility-man.
racista | racist.
racón (radar secundario) | racon.
racor | connector | adaptor | connecter | connexion (G.B.) | connection.
racor (tuberías) | adapter.
racor articulado | articulated nipple.
racor de rosca exterior | close nipple.
racor orientable | banjo union.
racor para tubería de aire | air connection.
racha | flurry | gust.
racha (de viento) | flaw.
racha de viento | puff | fall-wind | blast | fall wind | sneezer.
rachear (viento) | faff (to).
rad (unidad de dosis absorbida-100 erg/g-radiología) | rad.
rad por unidad de tiempo | rad per un t time.
rada abierta | open roadstead.
rada abrigada | closed roadstead.
rada cerrada | landlocked roadstead.
RADAC | RADAD | RADAC (rapid digital automatic computing) sistema electrónico de dirección de tiro contra cohetes atacantes (EE.UU.) | rapid digital automatic computing (R.A.D.A.C.).
radal (Lomatia spp) | radal.
radamés (tela) | radames.
radan | RADAN (radar Doppler automatic navigator) sistema de navegación por radar basado en el efecto Doppler (utilizable en prospección y cartografía - aviones) | radan | radar Doppler automatic navigator (RADAN).
radapertización | radappertization.
radar | radar | radiolocator.
radar (aviones) | corkscrew.
radar acústico | sodar | sound radar | sound ranging.
radar aéreo interceptativo | AI radar.
radar aéreo para exploración marina | air-to-surface-vessel radar.
radar aerotransportado | airborne radar.
radar aew | aew radar.
radar afinado | peaked radar.
radar altimétrico | height finder | height-finding radar | heightfinder radar.
radar antiaéreo | flak radar.
radar antimorteros (para localizarlos) | antimortar radar.
radar artillero | gunnery radar.
radar autoseguidor | auto-follow radar | self-tracking radar.
radar auxiliar | gap filler radar.
radar avisador de tormentas | storm-warning-radar.
radar biestático | bistatic radar.
radar biestático de onda continua | CW wave-interference radar | bistatic cw radar | bistatic continuous wave radar.
radar cartográfico | mapping radar.
radar centimétrico | centimetric radar.
radar con exploración electrónica | electronically scanned radar.
radar con modulación de frecuencia | FM-radar | frequency modulated radar.
radar con red directiva de antenas | array radar | multifunction array radar.
radar contra bombas volantes | antidiver.
radar contramorteros | cymbeline.
radar costero | shore based radar | shore-based radar.
radar de a bordo | shipborne radar.
radar de a bordo director de tiro | airborne-gun sight radar.
radar de a bordo para interceptación de aviones enemigos | airborne interception radar.
radar de acercamiento controlado desde tierra | ground controlled approach radar.
radar de adquisición | target acquisition radar.
radar de adquisición perimétrico | perimeter acquisition radar.
radar de adquisición y seguimiento | acquisition and tracking radar.
radar de aeronave | airborne radar.
radar de aeropuerto | airfield radar.
radar de alarma | warning radar.
radar de alarma aérea | airborne early-warning radar.
radar de alarma aérea preliminar | airborne early warning.
radar de alarma de largo alcance | early warning radar.
radar de alarma montado en la cola del avión | aircraft tail warning.
radar de alerta previa | early warning radar.
radar de alineamiento de antena orientable | steerable array radar.
radar de alineamiento en fase | phased array radar.
radar de aproximación | forward area warning | early warning.
radar de aproximación de alta precisión | super precision approach radar | talk-down system.
radar de aproximación dirigida desde tierra (aviación) | ground-controlled approach radar.
radar de aproximación muy preciso | precision approach radar (PAR).
radar de aproximación preciso | par.
radar de aterrizaje | landing radar.
radar de aterrizaje desde tierra | ground-controlled approach | precision approach radar.
radar de avión | airborne radar | rooster.
radar de avión para interceptación | aircraft intercept radar | airborne intercept radar.
radar de avistamiento | warning radar | search radar.
radar de barrido adyacente | side looking radar.
radar de barrido electrónico | electronic scan radar.
radar de base en tierra | shore based radar.
radar de bombardeo automático | sniffer.
radar de captación de elevada potencia | high power acquisition radar.
radar de captación de un blanco que se aproxima | acquisition radar.
radar de cita | rendezvous radar.
radar de cola | airplane flutter.
radar de cola para combate | tail warning radar.
radar de comparación entre fases | phase-comparison radar.
radar de compresión de impulsiones de canal de referencia | range-channel pulse-compression radar.
radar de control de aerodromo | aerodrome control radar.
radar de control de aeropuerto | airfield surface movement indicator.
radar de control de aproximación | approach control radar.
radar de control de fuego | fire control radar.
radar de control de proyectores | searchlight-control radar.

radar de control de puertos | harbor control radar.
radar de control del tráfico aéreo | air traffic control radar.
radar de control estricto | close control radar.
radar de corto alcance | audar.
radar de chirrido | chirp radar.
radar de detección | target search radar | early warning radar.
radar de detección lejana | early warning | early detection radar.
radar de dirección de tiro | gunfire control radar | fire control radar.
radar de dirección táctica | tactical control radar.
radar de efecto Doppler | continuous wave radar.
radar de escansión cónica | conical scan radar.
radar de escansión electrónica | electronically scanned radar.
radar de exploración | tracking radar | search radar.
radar de exploración avanzada | early detection radar.
radar de exploración frontal | forward area warning.
radar de exploración lateral | side looking radar.
radar de exploración por escalaje | step-scan radar.
radar de frecuencia modulada | frequency-modulated radar.
radar de gran claridad | high-definition radar.
radar de gran discriminación | high-discrimination radar.
radar de gran poder de resolución | fine grain radar.
radar de haz en V | V-beam radar.
radar de identificación | I.F.F. radar | identification radar.
radar de imágenes laterales | side-looking radar.
radar de imágenes oblicuas | side-looking radar.
radar de imágenes prospectivas | forward-looking radar.
radar de impulsos | pulse radar.
radar de impulsos de gran rendimiento | high-ratio pulse radar.
radar de impulsos modulados | pulse-modulated radar.
radar de impulsos por microondas | microwave pulse radar.
radar de impulsos sincronizados | coherent-pulse radar.
radar de inspección del puerto | harbor supervision radar.
radar de intercepción aérea | air interception radar.
radar de interceptación | interception radar.
radar de laser | laser radar.
radar de localización | close warning radar.
radar de localización de objetivo | close control radar.
radar de monoimpulso sensible a la fase | phase-sensing monopulse radar.
radar de monoimpulso suma y diferencia | sum and difference monopulse radar.
radar de monoimpulsos | monopulse radar.
radar de muy corto alcance | very short range radar.
radar de muy largo alcance | very-long range radar.
radar de navegación | navigational radar.
radar de nubes y colisión (aviones) | cloud-and-collision radar.
radar de objetivo único | single-target radar.
radar de onda continua | CW radar | continuous wave radar.
radar de onda continua que desde el avión mide la altura de las olas (oceanografía) | airborne sea and swell recorder.
radar de onda larga | long-wave radar.
radar de posición | elevation position indicator.
radar de precisión para la aproximación | precision approach radar.
radar de presentación panorámico | plan position radar.
radar de prototipo aprobado | type-approved radar.
radar de puntería automática | gun-laying radar.
radar de puntería automática (cañón) | gun-sight radar.
radar de rastreo | tracking radar.
radar de seguimiento | hunt radar | tracking radar.
radar de seguimiento a gran distancia | long range tracking radar.
radar de seguimiento automático | tracking radar.
radar de seguimiento automático (cañones) | automatic-tracking radar.
radar de seguimiento de exploración cónica | conical scan tracting radar.
radar de servicio a la meteorología | weather radar.
radar de subnanosegundos | subnanosecond radar.
radar de trashorizonte | transhorizon radar.
radar de trenes de impulsos discretos | pulse-modulated radar.
radar de vigilancia | surveillance radar zone position indicator radar (Z.P.I.) | search radar.
radar de vigilancia aérea | air search radar.
radar de vigilancia de acercamiento | ground surveillance radar.
radar de vigilancia de aeropuertos | airport surveillance radar.
radar de vigilancia de ruta | route surveillance radar.
radar de vigilancia de rutas aéreas | air route surveillance radar.
radar de vigilancia de zona de combate | battlefield surveillance radar.
radar de vigilancia en tierra | ground surveillance radar.
radar de vigilancia y de dirección de interceptadores | search and ground controlled intercept radar.
radar de visión del terreno sobrevolado (argot-aviones) | scent spray.
radar de visión del terreno sobrevolado (aviones) | home sweet home | stinky.
radar detector | search radar | search-tracking radar.
radar detector de aviones | aircraft warning radar.
radar detector de buques de superficie (aviones) | antisurface vessel radar.
radar detector de la superficie del aeropuerto | airport surface detector radar.
radar detector propio del submarino | hawkeye.
radar director de tiro | gun-directing radar.
radar director de tiro antiaéreo | ground antiaircraft control radar.
radar disociador de ecos | echo-splitting radar.
radar dispersivo (topografía) | scatterometer.
radar Doppler | Doppler radar.
radar Doppler de impulsos | pulse-Doppler radar.
radar Doppler de onda continua | continuous wave Doppler radar.
radar electrónico espacial | electronic space radar.
radar en banda Q | Q-band radar.
radar en funcionamiento constante | fixed array radar.
radar estabilizado por cristal piezoeléctrico | crystal-controlled radar.
radar explorador | early detection radar | early warning | scanning radar.
radar explorador para defensa costera | coast-defense radar.
radar fotográfico | photographic radar.
radar identificador de un avión | inquisitor.
radar indicador de blancos móviles | M.T. radar | moving-target indication radar | MTI radar.
radar indicador de tiro en un avión | gun-laying turret.
radar interceptor de noche | night interceptor radar.
radar llevado por globo sonda de hidrógeno y que es interrogado por el radar de tierra (meteorología) | transponder.
radar magistral | master radar.
radar medidor de la altitud de objetos en el aire | height finder.
radar meteorológico | weather radar.
radar meteorológico de aeronave | airborne weather radar.
radar meteorológico y anticolisión | close and collision warning.
radar meteorológico y de aviso de colisiones | cloud and collision warning.
radar militar | military radar.
radar monostático | monostatic radar.
radar móvil de aproximación | mobile base early warning.
radar MTI | MTI radar.
radar multiestático | multistatic radar.
radar náutico | marine radar.
radar navegacional | navigational radar.
radar navegacional de a bordo | shipborne navigational radar.
radar o radiofaro o baliza iluminada que utiliza un avión para ser guiado | homing beacon.
radar óptico | optical radar.
radar óptico (para ciegos) | optical automatic ranging.
radar panorámico | panoramic radar.
radar para blanco móvil | MTI radar.
radar para cartografía de curvas de nivel | contour mapping radar.
radar para contornear las tormentas | thunderstorm avoidance radar.
radar para contornear y no pasar a través de una tempestad (aviones) | storm avoidance radar.
radar para control de aeropuertos | airfield-control radar.
radar para defensa de costas | coast-defence radar.
radar para detrás del horizonte | over-the-horizon radar.
radar para el tráfico aéreo | air route radar.
radar para la detección de nubes | cloud detection radar.
radar para la localización de morteros y baterías artilleras | mortar and artillery locating radar.
radar para la reunión cósmica | space rendezvous radar.
radar para localización de morteros | mortar locating radar.
radar para misiles | missile radar.
radar para observar el terreno | ground search radar.
radar para planialtimetría | contour mapping radar.
radar para seguimiento de satélites | satellite-tracking radar.
radar perturbador | radar-jammer.
radar por infrarrojo | lidar.
radar portátil | hand-radar.
radar portuario | shore-based radar | port radar | harbor-control radar.
radar preciso para larga distancia | long-range-accuracy radar system.
radar principal | master radar.
radar reglado | peaked radar.
radar secundario | radar beacon.
radar secundario aerotransportado | airborne beacon.
radar secundario de seguridad | radar safety beacon.

radar secundario en cadena | chain radar beacon.
radar seguidor | follow radar.
radar seguidor del blanco | tracker.
radar seguidor del terreno | terrain following radar.
radar selector de objetivos | multiple target radar.
radar simulado en funcionamiento (buques) | lorelei.
radar táctico | tactical radar.
radar taxi (aeropuerto) | taxi radar.
radar taxi (aeropuertos) | radar taxi.
radar televisado | teleran.
radar topográfico | plan-position indicator | terrain following radar.
radar transhorizonte | over-the-horizon radar.
radar ultrasónico | dodar.
radar utilizando la desviación de frecuencia por efecto Doppler | pulse-Döppler radar.
radar volumétrico | volumetric radar.
radarguiado | radar-guided.
radaricontrolado | radar-controlled.
radarigobernado | radar-controlled.
radarigobernar | radar-monitor (to) | radar-govern (to).
radarilocación | radiolocation.
radarinavegar | radar navigate (to).
radarirreceptor autotrazador | auto-tracking radar receiver.
radariscopio | radarscope.
radariscopio que distingue entre objetos fijos y móviles | moving-target indicator.
radariscopio que indica la altitud y distancia de un blanco | height-range indicator.
radariscopizado | radar-detected.
radariscopizar | radar-detect (to).
radarista | radar operator | radar observer.
radarista (encargado del radar) | radarman.
radarizado | radar-fitted.
radecon | radechon.
rad-gramo | gram rad.
rad-gramo (1 rad-gramo=100 érgios) | gram-rad.
radia (unidad de irradiación absorbida = 100 ergios/gramo) | rad.
radiac (medida de la intensidad de la radiación nuclear) | radiac.
radiación | rad | beaming | irradiance | ray.
radiación (física) | radiancy | radiance.
radiación acrecentada | enhanced radiation.
radiación albedo de la luna | moon albedo radiation.
radiación alfa | alpha radiation.
radiación ambiente (nucleónica) | background radiation.
radiación atrapada | trapped radiation.
radiación beta poco penetrante | soft beta radiation.
radiación blanda | soft ray.
radiación calorífica | radiation.
radiación calorífica mínima | least heat radiation.
radiación Cerenkov | Cerenkov radiation.
radiación ciclotrónica | cyclotron radiation.
radiación coherente | coherent radiation.
radiación corpuscular | corpuscular radiation.
radiación corpuscular solar | solar corpuscular radiation.
radiación cósmica | cosmic radiation.
radiación cósmica de erupción solar | solar-flare cosmic rays.
radiación cósmica galáctica | galactic cosmic radiation.
radiación cósmica primaria | primary cosmic radiation.
radiación cósmica secundaria | secondary cosmic radiation.
radiación de alto nivel energético | high-level radiation.
radiación de campo nulo | radiation free.
radiación de débil energía | low-level radiation.
radiación de escape | escaping radiation.
radiación de espectro continuo debida al retardo de partículas cargadas en movimiento (del alemán Brensen-romper) | bremsstrahlung.
radiación de fondo | background radiation.
radiación de fondo natural | natural background radiation.
radiación de fotones | photon radiation.
radiación de frenado exterior | outer bremsstrahlung.
radiación de frenado interior | inner bremsstrahlung.
radiación de fulguraciones cromosféricas solares | solar flare radiation.
radiación de los productos de fisión | fission-product radiation.
radiación de partícula electrizada | charged particle radiation.
radiación del cuerpo negro | black-body emission.
radiación del mismo programa a horas diferentes y con distinta longitud (radio) | diagonalizing.
radiación del sonido | sound radiation.
radiación difusa | scattered radiation.
radiación directamente ionizante | directly ionizing radiation.
radiación directiva | directive radiation.
radiación dispersa | scattered radiation.
radiación dispersada | air scatter | air slatter.
radiación eficaz | effective radiation.
radiación electromagnética | electromagnetic energy | electromagnetic radiation | radiation.
radiación electromagnética de espectro continuo producida cuando los electrones son absorbidos por un blanco interno (sincrotrón de electrones) | bremsstrahlung.
radiación electromagnética del cuerpo negro | black body radiation.
radiación electromagnética resultante de una colisión radiactiva | bremsstrahlung.
radiación emitida | outgoing radiation.
radiación energética | ray of energy.
radiación energética refractada | refracted ray of energy.
radiación espuria | spurious radiation.
radiación estrellígena | star-producing radiation.
radiación extrafocal | stem radiation.
radiación extraña a un experimento | background radiation.
radiación fotónica de enfrenamiento coulombiana | Coulombic bremsstrahlung.
radiación fotónica de frenado electromagnético (del alemán Brensen-romper) | bremsstrahlung.
radiación fuera de banda | out-of band radiation.
radiación fuera de la banda ocupada | radiation outside of occupied band.
radiación fuera de una banda | out-of-band radiation.
radiación gamma de captura | capture gamma radiation.
radiación gamma diferida | delayed gamma radiation.
radiación gamma emitida después de la captura de un neutrón por el núcleo | capture gamma.
radiación gamma emitida en el momento de fisionarse el núcleo | prompt-fission gamma radiation.
radiación gamma filtrada | filtered gamma radiation.
radiación gamma fluorescente | fluorescent gamma radiation.
radiación gamma hipoenergética | low-energy gamma radiation.
radiación gamma inmediata | prompt gamma radiation | prompt gamma.
radiación geomagnéticamente atrapada | geomagnetically trapped radiation.
radiación heterogena | heterogenous radiation.
radiación hiperenergética | very high energy radiation | high-energy radiation | high-level radiation.
radiación hipoenergética | low-level radiation.
radiación indirectamente ionizante | indirectly ionizing radiation.
radiación infrarroja | infrared radiation.
radiación infrarroja polarizada | polarized infrared radiation.
radiación inionizante | nonionizing radiation.
radiación intensificada | enhanced radiation.
radiación ionizante | ionizing radiation | radiation.
radiación ionizante natural | natural background radiation.
radiación isotrópica | isotropic radiation.
radiación letal | lethal radiation.
radiación luminiscente | luminescent radiation.
radiación mesónica | mesonic radiation.
radiación monocromática | monochromatic radiation.
radiación monoenergética | monoenergetic radiation.
radiación no utilizada | stray radiation.
radiación nuclear inicial | initial nuclear radiation.
radiación nuclear residual | residual nuclear radiation.
radiación nula | null.
radiación originada en el acelerador | accelerator produced radiation.
radiación parásita | escape.
radiación penetrante | penetrating radiation | penetrative radiation.
radiación perturbadora | harmful radiation.
radiación polarizada | polarized radiation.
radiación policromática | polychromatic radiation.
radiación por choque | impulse radiation.
radiación por fugas | leakage radiation.
radiación que circunda la tierra | earth-encircling radiation.
radiación quimioluminiscente | chemiluminiscent radiation.
radiación radárica | radar radiation.
radiación rastreadora | tracking radiation.
radiación re-emitida incoherentemente | incoherently re-emitted radiation.
radiación reflejada de una señal de alta frecuencia | bounce.
radiación retrodispersada | back-scattered radiation.
radiación sin aplicación práctica | stray radiation.
radiación sincrotrónica | synchrotron radiation.
radiación solar | solar irradiation.
radiación solar (1 cm^2 de la superficie solar emite una energía de unos 6 kilovatios/segundo) | solar radiation.
radiación solar anómala | anomalous solar radiation.
radiación solar de microondas | solar microwave radiation.
radiación solar diponible | available solar radiation.
radiación submarina | underwater radiance.
radiación tangencial | tangential wave path.
radiación térmica | heat radiation | thermal radiation.
radiación térmica de un sol en calma | basic thermal radiation.
radiación terrestre | eradiation | earth radiation.
radiación terrestre efectiva | effective back radiation.
radiación ultravioleta invisible | invisible ultraviolet radiation.
radiación X característica | characteristic X-radiation.
radiaciones dañinas | harm radiations | wild radiations.
radiaciones del reactor | reactor radiations.
radiaciones gamma contaminadoras | contaminating gamma radiations.

radiaciones gamma de tulio-170 | thulium-170 gamma rays.
radiaciones nucleares | nuclear radiations.
radiaciones Roentgen | X-rays.
radiaciones secundarias | background radiation.
radiactinio | radioctinium | radioactinium.
radiactivación | radioactivation.
radiactivación fotonuclear | photonuclear radioactivation.
radiactivar | radioactivize (to).
radiactividad | radioactivity.
radiactividad alfa | alpha radioactivity.
radiactividad atmosférica | airborne radioactivity.
radiactividad beta | beta radioactivity.
radiactividad contaminante | contaminating radioactivity.
radiactividad específica | specific radioactivity.
radiactividad inducida | artificial radioactivity.
radiactividad mensurable | measurable radioactivity.
radiactividad natural | natural activity.
radiactividad transportada por aire | airborne radioactivity.
radiactivo | radioactive | active | radiactive.
radiado | radioed | stellar.
radiado (botánica y zoología) | radiant.
radiado (estructuras) | stellate.
radiado (telas) | dice-cloth.
radiado compensado (telas) | quadrantal weave.
radiador | radiator | heater.
radiador acústico | acoustic radiator.
radiador anisotropo | anisotropic radiator.
radiador de agua caliente | hot-water radiator.
radiador de aletas | flanged radiator | finned radiator | fin radiator | ribbed radiator | ribbed heating pipe.
radiador de ánodo | anode radiator.
radiador de bocina (antena) | horn | horn radiator.
radiador de cuarto de onda | quarter-wave radiator.
radiador de chorro de aire caliente | blast heater.
radiador de gas | gas-fire.
radiador de gran ángulo para microondas | wide-angle microwave radiator.
radiador de impulsión de aire caliente | turbofan heater.
radiador de panal | cellular radiator | honeycomb radiator.
radiador de paredes de aletas | fin-walled radiator.
radiador de tubos | tube radiator.
radiador de tubos achatados | flat-tube radiator.
radiador eléctrico | electric heater.
radiador eléctrico relleno de aceite | oil-filled electric radiator | oil heater.
radiador instalado en un conducto | ducted radiator.
radiador integral (cuerpo negro) | complete radiator.
radiador multitubular | multitubular radiator.
radiador para enfriamiento del aceite | oil-cooling radiator.
radiador para países tropicales (motores) | tropical radiator.
radiador secador de cereales (silos) | sweating radiator.
radial | radial.
radial (anatomía) | radial.
radialmente distribuido | radially-distributed.
radialmente expansible | radially expandable.
radialmente expansible y contractil | radially expansible and contractible.
radialmente hacia afuera | radially outwardly.
radialmente móvil | radially movable.
radialmente simétrico | radially symmetric.
radián | radian.
radian eléctrico | electrical radian.
radiancia | radiant flux density.
radiancia (física) | radiance.
radiancia (iluminación) | radiancy.
radiancia intrínseca | emissive power.
radiando (señal) | on air.
radiándose (radio, TV) | on-the-air.
radianesfera (superficie de separación entre el campo próximo y el campo lejano de una pequeña antena) | radiansphere.
radiante | radiant | irradiant.
radiante (heráldica, arquitectura) | rayonnant.
radiar | radiate (to) | go on the air (to).
radiar (calor) | glow (to).
radiar (medicina) | irradiate (to).
radiar sobre | irradiate (to).
radiar un programa (radio) | radiate (to).
radiastronomía planetaria | planetary radio astronomy.
radiatermia | radiathermy.
radicador | rooter.
radical (cambios) | sweeping.
radical (química) | radicle.
radical (química, matemáticas, lingüística) | radical.
radical bivalente | diad.
radical cuyo cuadrado es nulo (álgebra) | radical of square zero.
radical divalente (química) | dyad.
radical hidrocarbonado | hydrocarbon radical.
radical hidrocarbúrico | hydrocarbon radical.
radical libre retenido | trapped radical.
radical metálico (química) | metallic radical.
radicalismo sociopolítico | sociopolitical radicalism.
radicando (matemáticas) | radicand.
radicívoro | root-eating.
rádico (química) | radial.
radícula (botánica) | radicle.
radiespectroscopio | radiospectroscope.
radiestesia | rhabdomancy.
radiestesia (minería) | geophysical prospecting.
radiestesista | rhabdomancer | rhabdomantist | diviner.
radiestroncio | radiostrontium.
radifaro de localización | localizing beacon.
radífero | radium-containing.
radio | radio.
radio (geometría, botánica, anatomía) | radius.
radio (manivelas) | throw.
radio (plato de enjullo) | rib.
radio (química) | radium.
radio (Ra) | radium.
radio (ruedas) | arm.
radio aerodinámico | aerodynamic radius.
radio aerodrómico | aerodromic radius.
radio atómico | atomic radius.
radio ayudas de aproximación | radio approach aids.
radio brújula | direction finder.
radio C (nucleido ^{214}Bi) | radium C.
radio C' (nucleido ^{214}Po) | radium C'.
radio característico de la órbita Larmor | characteristic Larmor radius.
radio central de giro | centroidal radius of gyration.
radio con carga estática (neumáticos) | static radius.
radio D (nucleido ^{210}Pb) | radium D.
radio de acción | mileage | radius of action | operating range | action-radius | scope.
radio de acción (aviones) | radius of operation | maximum range.
radio de acción (buques) | steaming radius | steaming range | cruising radius.
radio de acción (buques, aviones) | range.
radio de acción (grúas, etc.) | working radius.
radio de acción (nucleónica) | range.
radio de acción a la velocidad de crucero de 840 millas | range at cruising speed of 840 miles.
radio de acción a la velocidad máxima | range at full speed.
radio de acción a velocidad de crucero (aviones) | cruising range.
radio de acción con aire en calma (aviación) | range in still air.
radio de acción dañina (explosivos) | damage radius.
radio de acción de un bombardero | bombing radius.
radio de acción en misión de combate (aeroplanos) | combat radius.
radio de acción máximo (aviones) | ultimate range.
radio de acción máximo conservando un margen prudente de combustible (aviación) | point of no return.
radio de acción pequeño | low range.
radio de acción práctico (aviación) | point of no return.
radio de acción sin tanques extras de combustible y sin repostaje (aeroplanos) | built-in range.
radio de alcance (grúas) | reach.
radio de aplanamiento del flujo en reactores | flux flattened radius.
radio de círculo de trabajo | working circle radius.
radio de curvatura | bending radius.
radio de curvatura mínima (ferrocarriles) | radius of sharpest curve.
radio de destrucción | radius of destructiveness.
radio de distribución gratuita | free delivery radius.
radio de entrega (mercancías) | cartage limit.
radio de excéntricidad | eccentric radius.
radio de explosión | bursting radius.
radio de giro | turning radius.
radio de giro ($r^2 = I/M$) | radius of gyration.
radio de giro de la masa | mass radius of gyration.
radio de inercia | radius of inertia.
radio de inercia ($r^2 = I/M$) | radius of gyration.
radio de inercia longitudinal | longitudinal radius of gyration.
radio de inercia longitudinal (buques) | longitudinal inertia radius.
radio de inercia mínimo | least radius of gyration.
radio de la aeronave | airborne transceiver.
radio de la curva seguida por la rueda trasera interior (coche ferrocarril con una curva) | radius of inner rear-wheel curved track.
radio de la excéntrica | eccentric radius.
radio de la garganta (tornillo sin fin) | gorge radius.
radio de la hélice | tip radius.
radio de la raíz de la entalla | notch-root radius | notch root radius.
radio de la región en que el flujo neutrónico es casi uniforme (reactor nuclear cilíndrico) | flattened radius.
radio de la zona aplanada | flattened radius.
radio de plegado (chapas) | bend radius.
radio de rotación del brazo (grúas) | boom swing | jib swing.
radio de transición corto | sharp transition radius.
radio de una curva | bend of a curve.
radio de viraje | turning radius.
radio de viraje suave | radius of steady turn.
radio del borde de ataque | leading-edge radius.
radio del borde de entrada (paleta de turbina) | leading-edge radius.
radio del borde de salida (paleta de turbina) | trailing-edge radius.
radio del botón de manivela | crankpin radius.
radio del cigüeñal | crank radius.
radio del círculo de centros de los pernos (acoplamiento de platos) | pitch circle of the bolts.
radio del círculo de evolución (pruebas de buques) | evolution circle radius.
radio del círculo de giro del buque | ship's turning circle radius.
radio del círculo inscrito | inradius.
radio del círculo primitivo (engranajes) | geometrical radius.
radio del círculo que comprende el 50% de

impactos (cohetes, misiles) | circle of probable error | circle of equal probability.
radio del cono de referencia (engranaje cónico) | back-cone radius.
radio del cono primitivo (engranaje cónico) | cone distance.
radio del fondo del punzón | punch radius.
radio del volante (relojería) | balance arm.
radio dirigido | radio guided.
radio E' (nucleido ^{206}Tl) | radium E'.
radio E (nucleido ^{210}Bi) | radium E.
radio emisor | radio sender.
radio en el talón (fondos recipientes) | heel radius.
radio exterior de la cámara donde están los motores de maniobra (grúas) | tail radius.
radio exterior del borde | outside corner radius.
radio exterior del conductor | outside radius of the conductor.
radio F (nucleido ^{210}Po) | radium F.
radio G (nucleido ^{206}Pb) | radium G.
radio hidráulico | hydraulic radius.
radio hidráulico medio | mean hydraulic radius.
radio interior | internal radius.
radio iónico | ionic radius.
radio letal | lethal radius.
radio mayor de una curva (ferrocarril) | outer radius.
radio medido desde el eje geométrico del tubo | radius measured to centerline of pipe.
radio medio | average radius.
radio medio geométrico | geometric mean radius.
radio medular | pith ray.
radio menor (curva de vía férrea) | inner radius.
radio mínimo de curvatura (contrachapados) | minimum bending radius.
radio mínimo de giro | minimum turning radius | least radius of gyration.
radio necesario para el giro | sweep radius.
radio nuclear en fermios | nuclear radius in fermis.
radio para botes salvavidas | lifeboat radio.
radio polar (diagramas de fuerzas) | funicular line.
radio polar de giro | polar radius of gyration.
radio por ondas portadoras sobre linea alámbrica | line radio.
radio portátil de estado sólido | solid state portable radio.
radio primitivo (engranaje cilíndrico) | pitch radius.
radio táctico (regreso a la base de salida - aviones) | tactical radius.
radio utilizada para las comunicaciones que tienen prioridad | priority radio.
radio vector | radius vector.
radio vigilancia | radio warning.
radioaccionado | radio-operated.
radioactivación con isótopos | labeling.
radioactivar con isótopos | label (to).
radioactividad artificial | artificial radioactivity | induced radioactivity.
radioactividad atmosférica | atmospheric radioactivity.
radioactividad inducida por neutrones | neutron-induced radioactivity.
radioactividad mínima detectablem | minimal detectable radioactivity.
radioactividad total de un isótopo determinado por gramo del compuesto | compound specific activity.
radioactividad transportada con el polvo | dust-carried radioactivity.
radioactivo (núclidos) | unstable.
radioacústica | radioacoustics.
radioaltímetro | radar altimeter | electronic altimeter.
radioaltímetro (aviones) | radio altimeter.
radioaltímetro digital | digiralt.
radioamplificador | radioamplifier.
radioanálisis | radioassay.
radioanalista | radioassayer.
radioanalizador cuantitativo | content meter by ionizing radiation.
radioapantallar | radio-shield (to).
radioastronomía | radioastronomy | radio astronomy.
radioastronomía lunar | lunar radioastronomy.
radioastrónomo | radioastronomer.
radioaterrizaje | radio landing.
radioaurora | radioaurora.
radioautógrama | radioautogram.
radioayuda a la navegación aerea con lineas de posición hiperbólicas | long range navigation (loran).
radioayuda aérea con líneas de situación hiperbólicas | loran.
radioayuda de alcance medio para la navegación aérea | medium distance radio aid to air navigation.
radioayuda de navegación a corta distancia | shoran.
radioayuda para el control de tránsito aéreo | air traffic control radio aid.
radioayuda para la navegación aérea | air navigation radio aid.
radiobaliza | range station | radio range beacon | low-power beacon | marker radio beacon | marker beacon.
radiobaliza (navegación aérea) | beacon.
radiobaliza automática | marker.
radiobaliza de abanico | fan marker-beacon.
radiobaliza de aproximación | outer marker beacon.
radiobaliza de aterrizaje | approach beacon.
radiobaliza de avión para banda S | beacon-airborne S-band.
radiobaliza de compás | compass locator.
radiobaliza de delimitación | boundary marker beacon.
radiobaliza de emisión cónica vertical | cone of silence marker beacon.
radiobaliza de equiseñales | radio range.
radiobaliza de esquiseñales | four-course beacon.
radiobaliza de haz coniforme vertical | Z-marker.
radiobaliza de haz en abanico | fan marker.
radiobaliza de haz vertical flabeliforme | fan marker beacon.
radiobaliza de posición | locator | locater beacon.
radiobaliza de radar | ramark.
radiobaliza de rumbo | radio marker beacon.
radiobaliza de zona | zone marker.
radiobaliza exterior | outer marker.
radiobaliza interna | inner marker.
radiobaliza omnidireccional de hiperfrecuencia | very high frequency omnidirectional radio range beacon.
radiobaliza para la recalada | radio homing beacon.
radiobaliza terrestre | dog.
radiobalización | radiolocation.
radiobario | radiobarium.
radiobiología | radiation biology | radiobiology | bioradiology.
radiobiología humana | human radiobiology.
radiobiólogo | radiobiologist.
radiobisturí | radio knife.
radioblindar | radio-shield (to).
radioboya | radio buoy.
radioboya marcadora | marker beacon.
radiobrújula | homing device | radio compass.
radiobrújula buscadora del norte | earth rate directional reference.
radiocaptar | monitor (to).
radiocarbono | radiocarbon.
radiocarbono geológico | geological radiocarbon.
radiocardiografía | radiocardiography.
radiocardógrafo | radiocardograph.
radiocesio | radiocesium.
radiocirugía | radiosurgery.
radioclimatología | radioclimatology.
radiocoloide | radiocolloid.
radiocompás | bird dog | homing device | compass | radio direction finder | radio compass.
radiocomunicación | radio communication | space radio.
radioconducido | radio-controlled.
radioconductor | radioconductor.
radiocontaminante | radiocontaminant.
radiocontrol | radio remote control.
radiocristalografía | radiocrystallography | X-ray crystallography.
radiocroísmo | radiochroism.
radiocromatografía | radiochromatography.
radiocromatografía sobre papel | paper radiochromatography.
radiocromatograma | radiochromatogram.
radiocromo | radiochromium.
radiocronometría | wireless timekeeping.
radiodermatitis | radiodermatitis.
radiodesvanecimiento | radio fadeout.
radiodesvanecimiento en las regiones árticas | radnos.
radiodetección | radiolocation | radiodetection.
radiodetector | radiodetector.
radiodetector de agua (física nuclear) | water monitor.
radiodiagnóstico | radiodiagnosis.
radiodiagnóstico de la junta | joint radiodiagnostics.
radiodiagrafía | radiodiagraphy.
radiodiascopia | radiodiascopy.
radiodifundir | broadcast (to) | go on the air (to) | radiobroadcast (to).
radiodifusión | radiobroadcast | broadcast | broadcasting.
radiodifusión de frecuencia común | shared-channel broadcasting.
radiodifusión de las señales horarias | time broadcasting.
radiodifusión de subárea | sub-area broadcast.
radiodifusión directa | live.
radiodifusión estereofónica | stereocasting.
radiodifusión estereofónica sobre canal único | single-channel stereophonic broadcasting.
radiodifusión meteorológica | meteorological broadcast.
radiodifusión por cable portador de frecuencia | carrier-frequency wire broadcasting.
radiodifusión por cadenas | polycasting.
radiodifusión retransmitida | relay.
radiodifusión simultánea | simulcast.
radiodifusión sonora | sound broadcasting | sonic broadcasting.
radiodifusión televisiva | television broadcasting.
radiodistribución | wired radio | radiodistribution.
radiodosímetro | X-ray dosimeter.
radioecología | radioecology.
radioecos meteóricos | meteoric echoes | meteoric radio echoes | meteor echoes.
radioelectrónica | radioelectronics.
radioelemento | radionuclide.
radioelementos naturales | natural radionuclides.
radioemisor | broadcast transmitter | radiosender.
radioemisor (radio) | broadcaster.
radioemisora | broadcasting station.
radioenlace | RF link | radio-link system | radio-linkage | radio linkage | relay link.
radioenlace con modulación de impulsos en el tiempo | pulse-time-modulation radio link.
radioenlace de microondas | microwave radio-linkage.
radioenlace de microondas bidireccional | two-way microwave radio link.
radioenlace de modulación de impulsos | pulse-modulated radio link.
radioenlace móvil | mobile relay.
radioenlaces | radio-relays.
radioenlaces automáticos situados a unos 32

kilómetros entre sí | booster stations.
radioequipado | radioequipped.
radioescucha | monitor | listener | radio listening.
radioespoleta de proximidad | radio proximity fuze.
radioestación relé | radio relay | radio relay exchange.
radioesterilización | radiosterilization.
radioestesista | water-finder.
radioestrella | radio star | radiostar.
radioestrella oscura | dark radio star.
radioexposición | exposure.
radioexposición accidental a las radiaciones externas | accidental high exposure to external radiations .
radiofacsímil | radiofacsimile.
radiofacsímile | radiofacsimile.
radiofarmacéutico | radiopharmaceutical.
radiofármacos | radiopharmaceuticals.
radiofaro | radiophare | radio beacon | range station | beacon | marker | wireless beacon | hertzian beacon.
radiofaro adireccional de recalada | splasher beacon.
radiofaro automátio | automatic wireless beacon.
radiofaro balizador | marker beacon.
radiofaro con un receptor-emisor | racon.
radiofaro de acercamiento | approach marker-beacon-transmitter.
radiofaro de alineación | range.
radiofaro de alineación fija | equisignal beacon.
radiofaro de aterrizaje | landing beam beacon.
radiofaro de clave | code beacon.
radiofaro de código | coded radio beacon | code beacon.
radiofaro de diagrama circular | radiophare of circular diagram.
radiofaro de doble modulación | tone localizer.
radiofaro de equiseñal | equisignal radio-range beacon.
radiofaro de espera de aterrizaje (con mala visibilidad) | airport danger beacon.
radiofaro de haz vertical | radio fan marker.
radiofaro de identificación | identification marker.
radiofaro de localización | locator.
radiofaro de modulación acústica | talking radio beacon.
radiofaro de navegación guiada | equisignal beacon.
radiofaro de orientación | radio marker beacon.
radiofaro de radiación circular | circular radiobeacon.
radiofaro de recalada | homing beacon.
radiofaro de referencia | localizer-transmitter.
radiofaro de rumbo | radio marker beacon | marker beacon.
radiofaro de señales iguales | equisignal radio beacon.
radiofaro de vigilancia de radar activo | active radar surveillance beacon.
radiofaro de zona de equiseñales | equisignal beacon.
radiofaro detector de accidentes aéreos | crash locator beacon.
radiofaro direccional | course-indicating beacon | range | directional radio beacon | homing beacon | homer | radio range.
radiofaro direccional acústico | talking beacon.
radiofaro direccional audiovisual | visual/aural radio range.
radiofaro direccional de indicaciones audibles | aural radio range.
radiofaro direccional de tipo cuadro | loop-type radio range.
radiofaro direccional de VHF | VHF directional range.
radiofaro direccional equiseñal | equisignal radio range | radio-range beacon.
radiofaro directivo | radio range | radio-range beacon.
radiofaro giratorio | rotating radiobeacon | rotating beacon.
radiofaro giratorio y radiotelefónico VHF | VHF rotating talking beacon.
radiofaro indicador | locator beacon.
radiofaro indicador de rumbo | course-indicating beacon.
radiofaro localizador | localizer marker | localizer beacon.
radiofaro localizador de pista de aterrizaje | runway localizing beacon.
radiofaro omnidireccional | nondirectional radio beacon | nondirectional beacon | omnidirectional range | omnidirectional radio range | omnirange | omnidirectional radiobeacon.
radiofaro omnidireccional de alta frecuencia | VHF omnidirectional radio range.
radiofaro omnidireccional telemétrico | omnibearing distance facility.
radiofaro omnidirectivo | omnibearing distance system.
radiofaro para bombardeo costero | jiggs.
radiofaro para niebla | fog wireless beacon.
radiofaro para posicionar un número de aviones sobre un punto dado | buncher beacon.
radiofaro para radar | ramark | raymark.
radiofaro para recalados | radio homing beacon.
radiofaro respondedor | responder beacon | racon | transponder.
radiofaro secundario aproximación | marker beacon.
radiofaro vertical | marker beacon.
radiofaro visual | visua radio range | visual radio range.
radiofaro zonal con haz vertical | Z-marker beacon | zone marker.
radiofascsímile | radiofacsimile.
radiofísica | radiophysics.
radiofísica médica | medical radiophysics.
radiofísico | radiophysicist.
radiofobia (temor atómico) | radiophobia.
radiofonía | radiophony.
radiofónico | wireless.
radiofonista | radiophonist.
radiófono | photophone.
radiofoto | radiophotogram.
radiofotoestimular | radiophotostimulate (to).
radiofotoestímulo | radiophotostimulation.
radiofotografía | fluorography | X-ray photograph.
radiofotografía Laue de retrorreflexión | back reflection Laue-ray photograph.
radiofotografía por retrorreflexión | X-ray back-reflection photograph.
radiofotograma | radiophotogram.
radiofotoluminiscencia | radiophotoluminescency.
radiofotoluminiscente | radiophotoluminescent.
radiofrecuencia | radio frecuency (RF) | radio-frequency.
radiofuente (astronomía) | radio source.
radiofuente A de la constelación del Cisne (astronomía) | radio source Cynus-A.
radiofuente pulsátil | pulsars.
radiofuentes no térmicas | nonthermal radio sources.
radiogalaxia | radiogalaxy.
radiogalaxia superluminosa | superluminous radiogalaxy.
radiogalaxias | radio galaxies.
radiogenética | radiogenetics.
radiogénico (química) | radiogenic.
radiógeno | radiogenic | radiogen.
radiogeología | radiogeology.
radiogobernado | radio-controlled.
radiogoniometría | radiogoniometry | direction finding | directional wireless | radio direction finding.
radiogoniometría astral | map-matching guidance.
radiogoniometría en alta frecuencia | high-frequency direction finding.
radiogoniometría por microondas | microwave direction finding | microwave direction finder.
radiogoniometría utilizada contra los radares de costa | ping-pong.
radiogoniómetro | radio direction-finder | radio direction finder | radio compass | goniometer | wireless compass | direction finder.
radiogoniómetro (cristalografía) | X-ray goniometer.
radiogoniómetro automático | automatic radio compass | automatic direction finder | automatic direction finding (A.D.F.).
radiogoniómetro automático de cuadro | automatic loop radio compass.
radiogoniómetro automático de rayos catódicos de doble canal | automatic double-channel C.R.D.F.
radiogoniómetro bicanálico de hiperfrecuencia | high-frequency twin-channel direction finder.
radiogoniómetro con bobina exploradora | search-coil direction finder.
radiogoniómetro de aerodromo | aerodrome direction-finder.
radiogoniómetro de antenas separadas | spaced antenna direction finder.
radiogoniómetro de cuadro compensado | compensated-loop direction finder | compensated loop direction finder.
radiogoniómetro de cuadro doble | rotating spaced-loop direction finder.
radiogoniómetro de cuadros cruzados | crossed loops direction finder.
radiogoniómetro de cuadros ortogonales | crossed-coil antenna.
radiogoniómetro de dos cuadros paralelos separados | spaced frame loop antenna.
radiogoniómetro de mayor abertura | wide-aperture direction finder.
radiogoniómetro de rayos catódicos | cathode-ray direction finder.
radiogoniómetro de referencia acústica cero | aural null direction finder.
radiogoniómetro direccional antiestático | antistatic loop direction finder.
radiogoniómetro marino | marine direction finder.
radiogoniómetro orientable | rotatable loop compass.
radiogoniómetro para estáticos (radio) | static direction finder.
radiogoniómetro teleaccionado | remotely controlled direction finder.
radiogoniómetro tipo Adcok | Adcock direction finder.
radiogoniómetro VHF/UHF | VHF/UHF direction finder.
radiogoniscopio | radiogoniscope.
radiogononiometría por alta frecuencia | huff duff.
radiografía | sciograph | radio | stereograph | X-ing | X-ray print | X ray picture | X-ing | radiograph | radiography.
radiografía aplicada a la construcción naval | shipbuilding radiography.
radiografía automática con cobalto-60 | cobalt-60 automatic radiography.
radiografía con betatrón | betatron picture.
radiografía con cesio 137 | cesium 137 radiography.
radiografía con isótopo de cobalto | cobalt picture.
radiografía con isótopos | isotope radiography.
radiografía con radioisótopo | radioisotope radiography.
radiografía de alta calidad | top-grade radiograph.
radiografía de dentro afuera | inside-out radiography.
radiografía de la soldadura | weld print | weld radiography.
radiografía del polvo (metalurgia) | powder photograph.

radiografía electrónica | electronic radiography | electron radiography.
radiografía en la obra | site radiography.
radiografía ilustrativa | illustrative radiography.
radiografía in situ | site radiography | on-site radiography.
radiografía in situ de la soldadura | weld site radiography.
radiografía industrial | industrial radiography | engineering radiography.
radiografía instantánea | flash radiography.
radiografía neutrónica | neutron radiography | neutrongraphy.
radiografía por rayos X | X-raying.
radiografía selectiva | spotfilm work.
radiografía sobrecontrastada | overcontrasted radiograph.
radiografiación del acero | steel radiographing.
radiografiado | X.R. | X-rayed.
radiografiado en obra | X-rayed on site.
radiografiado in situ | X-rayed on site.
radiografiar | radiograph (to) | radio (to) | X-ray (to).
radiografiar por segunda vez | reradiograph (to).
radiografías por zonas | spot-radiographing.
radiografías salteadas | random radiographs | spot radiographs.
radiografías tipo | reference radiographs.
radiográficamente sana (piezas fundidas) | radiographically sound.
radiógrafo | radiographer | radiograph.
radiógrafo industrial | industrial radiographer.
radiograma | wireless message | radio message | shadowgraph | roentgenogram.
radiograma de difracción | radiogram.
radiogramófono | radiogramophone.
radioguía | radio range.
radioguía de alineación | localizer beacon.
radioguía direccional | directional homing.
radioguía para recalada | homing device.
radioguiado | radio-controlled.
radioheliógrafo | radioheliograph.
radiohidrogeología | radiohydrogeology.
radioimpulsión (comunicaciones) | pulse impulsion.
radioimpulso | radio pulse.
radiointerferencia | radio jamming.
radiointerferencia cósmica | cosmic radio noise.
radiointerferómetro | radiointerferometer.
radioisotopía | radioisotopy.
radioisotopía industrial | industrial radioisotopy.
radioisotopía médica | medical radioisotopy.
radioisotópico | isotopic | radioisotopic.
radioisotopizado | tagged.
radioisotopizado con calcio-45 | calcium-45 tagged.
radioisotopizar | tag (to) | trace (to).
radioisótopo | radioisotope | isotope.
radioisótopo administrado interiormente | internally administered radioactive isotope.
radioisótopo de exploración | scanning radioisotope.
radioisótopo de vida media | cobalt 60.
radioisótopo sin portador | carrier-free radioisotope.
radioisótopos carbónicos | carbon radioisotopes.
radioisótopos cosmogénicos | cosmogenic radioisotopes.
radiokripton | radiokrypton.
radiolabilidad | radiolability.
radiolesión | radiolesion | radiation injury.
radiólisis | radiolysis.
radiolisis por impulsos de microsegundos de electrones hiperenergéticos | pulse radiolysis.
radiolizar | radiolyze (to).
radiolo | radiolus.
radiolocalización | radiolocation | radio location.
radiolocalización de línea de posición | radio position-line determination.
radiolocalización direccional | radio direction finding.
radiolocalizador | localizer | radio tracker.
radiolocalizador automático de dirección | automatic radio direction finder.
radiología | radio | radiology.
radiología dental | dental radiology.
radiología diagnóstica | diagnostic radiology.
radiología médica | medical radiology.
radiológicamente seguro | radiologically safe.
radiológico | radiological.
radiólogo | radiologist | radiotherapist.
radiólogo industrial | industrial radiologist.
radioluminiscencia | radioluminescence.
radioluminoso | radioluminous.
radiomandado | radio-operated.
radiomando (aviación) | homing.
radiomarcación | radio bearing.
radiomensaje interceptado | intercept | radio intercept.
radiometalografía | radiometallography | X-ray metallography.
radiometalografista | radiometallographist.
radiometalurgia | radiometallurgy.
radiometeorógrafo | radiometeorograph.
radiometeorología | radiometeorology.
radiometría | radiaton monitoring | radiometry.
radiometría del sondeo | borehole radiometry.
radiometría fotoeléctrica | photoelectric radiometry.
radiometrista | radiometrist.
radiómetro | radiometer | radiation counter | label.
radiómetro acústico | acoustic radiometer.
radiómetro de barrido rotatorio en el espectro visible infrarrojo | visible infra-red spin scan radiometer.
radiómetro de dos receptores | two-receiver radiometer.
radiómetro de exploración | scanning radiometer.
radiómetro de infrarrojo de resolución media | medium resolution infra-red radiometer.
radiómetro de microondas | microwaves radiometer.
radiómetro de microondas de exploración eléctrica | electrically scanning microwave radiometer.
radiómetro masérico | maser radiometer.
radiómetro monocolor | single-color radiometer.
radiometrógrafo | radiometrograph.
radiomicrófono | radio microphone.
radiomicrómetro | radiomicrometer.
radiomimético (genética) | radiomimetic.
radión | radion.
radionavegación | radio flying | radionavigation.
radionavegación aeronáutica | aeronautical radionavigation.
radiondas (misil guiado) | home (to).
radionebulosa | radionebulae.
radionecrosis | radionecrosis.
radionucleido | radionuclide.
radionucleido artificial | artificial radionuclide.
radionucleidos naturales | natural radionuclides.
radionúclido | radionuclide.
radionuclido inducido | induced radionuclide.
radioondas | home on (to).
radioondas de hiperfrecuencia (entre 30 y 300 megahertzios) | VHF radio waves.
radioondas extraterrestres | extraterrestrial radio-waves.
radioopacidad | radiopacity.
radioopaco | radiopaque | radioopacous.
radiooyente | listener-in.
radiopasterización | radiopasteurization.
radiopasteurización | radiopasteurizing.
radiopatía (enfermedad causada por sobreexposición a las radiaciones ionizantes o nucleares) | radiation sickness.
radioperturbaciones fuertes y de larga duración - crujidos (radio) | crashes.
radioprotección | health physics.
radiopureza | radiopurity.
radioquímica | radiochemistry.
radiorecepción de los mensajes por los destinatarios sin acusar recibo | fox method.
radioreceptor de regulación de la modulación | modulation monitor.
radio-redactor | commentator.
radio-reportaje | field broadcast.
radiorrecepción | radioreception.
radiorrecepción que emplea la combinación o selección de dos o más fuentes de energía de la señal | diversity reception.
radiorreceptor | radio receiver | radio set | receiver | receiving set | broadcast receiver.
radiorreceptor de contrastación | monitor.
radiorreceptor de transistores | transistor broadcast receiver.
radiorreceptor para automóviles | car radio set.
radiorreceptor portátil alimentado con acumuladores | portable battery-operated radio receiver.
radiorredifusión | radiorediffusion.
radiorreografía | radiorheography.
radiorrepetidor | radiorepeating.
radiorreportaje | radio report | outdoor pickup.
radiorresistencia (a las irradiaciones) | radioresistance.
radiorruido (astronomía) | radio noise.
radiorruido galáctico | galactic radio noise.
radios homólogos (radios correspondientes - fotografía) | conjugate image rays.
radioscopia | radioscopy | screening | fluoroscopic X-ray | fluoroscopy.
radioscopio | radioscope.
radiosensibilidad a las irradiaciones | radiosensitivity.
radioseñal | radio signal.
radioseñal de petición de socorro en la mar | save our souls (S.O.S).
radioseñal en Código Morse | mo.
radioseñal para poner en hora los cronómetros | time tick.
radiosextante | radio sextant.
radiosonda | radio sound | radio meteorograph | radio sonde | radioprobe | weather sonde | aerosonde.
radiosonda (meteorología) | radiosonde.
radiosonda arrojada desde un avión que vuela muy alto | dropsonde.
radiosonda del viento (meteorología) | rawinsonde.
radiosonda lanzable | drop sonde.
radiosonda que desciende con paracaídas | parachute radiosonde.
radiosonda telemedidora | telemetering radiosonde.
radiosondaje meteorológico | Raob.
radiosondeo | radiosounding | radiosondage | sounding radio.
radiosondeo (meteorología) | radio sounding.
radiosónico | radiosonic.
radiotecnia | radioengineering.
radiotécnico | radiotrician | radioman.
radiotecnología | radiotechnology.
radiotelefonear | radio (to) | phone (to).
radiotelefonía | radiotelephony.
radiotelefonía de inversión de frecuencia | scrambled speech | inverted speech.
radiotelefonía dúplex | duplex radiotelephony.
radiotelefonía por hiperfrecuencias | VHF radiotelephony.
radiotelefonía por ondas cortas | short-wave radiotelephony.
radiotelefónico | phone.
radioteléfono | radiophone | radiotelephone | voice transmitter.
radioteléfono de aviones | aircraft radio.
radioteléfono de hiperfrecuencias | very high frequency radiotelephone.
radioteléfono de inversión de frecuencia |

inverted-speech radiotelephone.
radioteléfono de VHF | VHF radiotelephone.
radioteléfono emisor-receptor portátil | walkie-talkie.
radioteléfono móvil | two-way radio equipment.
radioteléfono portátil | walkie-talkie.
radioteléfono transmisor | radio telephone transmitter.
radiotelegrafía | aerial telegraphy | radiotelegraphy | wireless telegraphy.
radiotelegrafía alámbrica | line radio.
radiotelegrafía en múltiple | twinmode.
radiotelegrafiar | wireless (to) | radio (to).
radiotelegráfico | wireless.
radiotelegrafista | radio operator | radio officer | operator | wireless operator.
radiotelegrafista (buques) | sparks.
radiotelegrafista - cañonero (aviones) | radio-gunner.
radiotelegrafista de a bordo (aviones) | flight radio operator.
radiotelegrafista de tierra | ground radio operator.
radiotelegrafista-ametrallador (aviones) | radio-operator gunner.
radiotelégrafo | radiotelegraph.
radiotelegrama | radiotelegram | radiogram | radio-telegram | radio | aerogram.
radioteleimpresor | radioteletype | radioteleprinter.
radiotelemando | radiocontrol.
radiotelemedición | radiotelemetering.
radiotelemetría | radio range finding | radio telemetry | radio telemetering | radiotelemetry | radiotelemetering.
radiotelescopio | radiotelescope.
radiotelescopio en cruz | cross radiotelescope.
radiotelescopio interferométrico | interferometric radiotelescope.
radiotelescopio milimétrico | millimeter radio telescope.
radiotelescopio orientable | steerable radiotelescope.
radioteletipo | radioteleprinter | radioteletypewriter | teletype over radio | ratt.
radioterapeuta | radiotherapist.
radioterapeútico | radiotherapeutic.
radioterapia | therapeutic radiology | radiation therapy | roentgenotherapy | radiothermy | radiotherapy.
radioterapia cinética | moving beam radiation therapy.
radioterapia de alta energía | megavolt therapy.
radioterapia de contacto | contact radiation therapy.
radioterapia isotópica | isotope therapy.
radioterapia móvil | moving beam radiation therapy.
radioterapia por megavoltajes | megavoltage radiotherapy.
radioterapia profunda | deep-therapy.
radiotermia (medicina) | radiothermy.
radiotermoluminiscencia | radiothermoluminiscence.
radiotomografía | tomography.
radiotomograma | tomograph.
radiotorio | radiothorium.
radiotoxicidad | radiotoxicity.
radiotransistor | transistor radio.
radiotransmisión | radiotransmission.
radiotransmisión más allá del horizonte | over-the-horizon radiotransmission.
radiotransmisor | transmitting set | radio set | radiosender.
radiotransmisor automático | automatic radio transmitter.
radiotransparente | radiotransparent | radiolucent.
radiotrazador | radiotracer.
radiotrazador de corta duración rápidamente adsorbido | heavily-adsorbed short-lived radiotracer.
radiotropismo | radiotropism.
radioyodo | radioiodine.
radium (química) | radium.
radomo | blister | radar dome.
radomo (aviones) | radome.
radomo de incidencia normal (radar) | normal-incidence radome.
radón (Rn) | radon.
radurización | radurization.
raedera | raker | scraper | lute | scraping knife.
raedera con vuelo | bullnose screed.
raedura | scraping | fret.
raedura (desgaste - telas) | fray.
raeduras | scrapings | shavings.
raer | abrade (to) | scratch (to) | rake (to) | scrape (to) | fret (to) | fret (to) | rub (to) | grate (to).
rafado (minas) | holed.
rafadora (minas) | channeler | undercutter | cutter arm | cutter | crosscutter | ironman.
rafadora (minas carbón) | pick machine | mining machine.
rafadora de aire comprimido (minas) | air driven pick machine.
rafadora de barra | arm coal cutter.
rafadora de cadena (minas) | chain breast machine.
rafadora de cadena para carbón | chain coal cutter.
rafadora de cantera | quarrying machine.
rafadora de carbón de brazo con cadena | chain jib coal cutter.
rafadora de fraja pequeña | shortwall coal cutter.
rafadora de percusión | percussive coal-cutting machine | pick shearing machine.
rafadora de percusión (minería) | puncher coal-cutting machine.
rafadora de percusión de columna (minas) | post puncher.
rafadora de pico (minería) | pick coal-cutting machine.
rafadora para carbón (minas de carbón) | coaling machine.
rafadora para tajos largos | longwall coal cutter.
rafadora-cargadora (mina carbón) | cutter-loader.
rafadora-cargadora (minas) | shearer.
rafadura | kirving.
rafadura (minas) | cut.
rafaelita | rafaelite.
ráfaga | outburst | flurry | blast | gust | glitch.
ráfaga (de ametralladora) | stick.
ráfaga (de viento) | flaw.
ráfaga ascendente | up gust | upgust.
ráfaga corta (ametralladoras) | short burst.
ráfaga de aire | puff | waft.
ráfaga de neutrones | neutron burst.
ráfaga de subportadora (TV) | subcarrier burst.
ráfaga de viento | blast of wind.
ráfaga en aire despejado | clear air gust.
ráfaga instantánea (meteorología) | sharp-edged gust.
ráfaga móvil | traveling gust.
ráfaga progresiva (viento) | graded gust.
ráfagas electrónicas (radio) | bunching.
ráfagas sinusoidales | sinusoidal gusts.
rafagómetro | gust-measuring device.
rafagoscopio (detector de rachas de viento - aviones) | gust detector.
rafagoso | gustily.
rafagoso (viento) | bumpy | gusty.
rafar (mina carbón) | kirve (to).
rafar (minas) | slot (to) | underhole (to) | kerve (to).
rafia | raffia.
rafidio | raphid.
raíces Encke (raíces con signo cambiado - ecuaciones) | Encke roots.
raíces extrañas (ecuaciones) | extraneous roots.
raíces iguales | identical roots.
raices latentes (cálculo matricial) | latent roots.
raices múltiples (ecuaciones) | repeated roots.
raíces secundarias del muérdago que penetran en el leño de la planta huésped | sinker.
raices tubulares (Argentina, Panamá) | flange | spur.
raíces zancas (árboles) | buttresses.
raicilla | radicle.
raicillas de cebada germinada | malt combs.
raíd | raid.
raid aéreo para arrojar propaganda | white raid.
raid de bombardeo | bomb dropping raid.
raíd de bombas incendiarias | fire raid.
raid de hostigamiento | nuisance raid.
raído | scraped.
raigal | butt-log | pole socket.
raigón (de muela) | stump.
raigón (dientes) | snag.
raíl de los ganchos | hook rail.
rail simétrico | B. H. rail.
railes de apartadero | crossing rails.
raíz | root.
raíz (de un diente) | fang.
raíz (dientes) | pulp.
raíz adventicia | adventitious root.
raíz aérea (botánica) | crampon.
raíz alimenticia | edible root.
raíz axonomorfa | sinker.
raíz característica de la matriz | eigenvalue of the matrix.
raíz comestible | edible root.
raíz con serraciones (paletas turbina) | fir-tree root.
raíz cónica con escotaduras laterales (paletas de turbinas) | fir-tree root.
raíz cuadrada | square root.
raíz cuadrada de la media de los cuadrados de los valores instantáneos | root-mean-square.
raíz cuadrada del valor medio de los cuadrados de los valores instantáneos (electricidad) | root-mean-square value.
raíz cúbica | cube root | cubic root.
raíz de barbasco (botánica) | cube root.
raíz de espiga | hauncheon.
raíz de la pala | blade shank.
raíz de la pala (hélices) | blade butt.
raíz de la suma de los cuadrados | root sum square.
raíz de origen subterráneo | sucker.
raíz de paleta con serraciones axiales (turbina vapor) | axial serrated blade root.
raíz de rubia | madder.
raíz de un sobreescurrimiento (geología) | fold root | root of a fold.
raíz del ala | wing root.
raíz del álabe | blade root.
raíz dominante (ecuaciones) | dominant root.
raíz enésima | N-fold root | nth root.
raíz enésima real positiva | real positive Nth root.
raíz extraña (ecuaciones) | extraneous root.
raíz imaginaria múltiple | multiple imaginary root.
raíz inconmensurable | irrational root.
raíz laminar (Puerto Rico) | flange | spur.
raíz latente (cálculo matricial) | latent root.
raíz maestra (botánica) | taproot.
raíz monosilábica | monosyllabic root.
raíz penetrante de un parásito (botánica) | borer.
raíz perdida (ecuaciones) | vanishing root.
raíz pivotante (plantas) | taproot.
raíz primaria (botánica) | tap-root.
raíz principal | tap-root.
raíz propia | latent root.
raíz racional (ecuaciones) | rational root.
raíz ranurada (soldaduras) | gouged-out root.
raíz zanco (botánica) | knee.
raíz zanco (raíz laminar - botánica) | buttress.
raja | split | tear 11 | crack | rip | cracking | break | chap | rift | slit.
raja (Méjico) | bolt.
raja medular (troncos) | shell shake.
rajadizo | fissile.
rajado | rifted | split | cracked.

rajado (madera) | shaken.
rajado (palo madera) | sprung.
rajado de la estructura cristalina (metalurgia) | rifting.
rajador | splitter.
rajadura | fissure | chink.
rajadura (Panamá, Puerto Rico, Uruguay) | rift crack.
rajadura del diamante | diamond cleaving.
rajadura estrellada (rollizos) | star shake.
rajadura por clavos (maderas) | nail splitting.
rajamiento | splitting.
rajar | split (to) | rift (to) | slit (to) | crack (to) | rive (to) | cleave (to).
rajarse (hinca de pilotes) | broom (to).
rajarse (madera) | shake (to) | cranny (to).
rajarse (un palo - buques) | spring (to).
rajas en los extremos (rollizos) | end splits.
rajatubos (pozo entubado) | casing splitter.
rajatuercas | nut-splitter.
raleo (Iberoamérica-rodal de árboles) | thinning.
raleo por calidad (rodal de árboles) | quality thinning.
raleo por entresaca (Iberoamérica) | selection thinning.
raleo por lo bajo (Iberoamérica - rodal de árboles) | low thinning.
raleo selectivo (corta de árboles) | selection thinning.
raleo sistemático (corta de árboles) | mechanical thinnings.
rallador | grater.
ralladora | rasping machine | shredder.
rallar | grind (to) | rasp (to).
rallar (queso, pan) | grate (to).
rallo | rasp | grater.
rallo para pan | bread rasp.
rally | rally.
RAM de doble puerta (informática) | two port RAM.
rama | branch | offshoot | bough.
rama (árbol) | branch.
rama (de curvas, de sifones) | limb.
rama (de hipérbola) | branch.
rama (de vagones) | portion.
rama (ferrocarril) | set | trainset.
rama (geometría) | nappe.
rama (hiperboloide) | nappe.
rama (imprenta) | chase.
rama (minas) | rake.
rama (organigrama) | path.
rama ascendente | ascending branch.
rama ascendente (hidrograma) | rising limb.
rama caliente | hot leg.
rama captura K | K-capture shell.
rama común (telecomunicación) | mutual branch.
rama de dos coches (ferrocarril) | twin car set.
rama de ferrocarril | rail link.
rama de la aguja (cambio de vía) | side point.
rama de la función potencial | branch of the power function.
rama de la metalurgia que trata de metales y aleaciones | adaptive metallurgy.
rama de mayor radio | flatter branch.
rama de menor radio | sharper branch.
rama de Poorer del espectro de rotación-vibración | P branch of the vibration-rotation spectrum.
rama de salida (sifones) | outlet leg.
rama de vagones | string of cars.
rama del núcleo | leg of the core.
rama descendente | recession limb.
rama descendente (curvas) | falling limb.
rama descendente (hidrograma) | recession.
rama descendente del hidrograma | recession limb of the hydrograph.
rama descendente del sifón | downcast leg of siphon.
rama en cascada | cascade branch.
rama gruesa (árboles) | limb.
rama hiperboloide | hyperboloidal branch.
rama judicial | judicial branch.
rama larga de una curva de madera | trunk.
rama legislativa | legislative branch.
rama más abierta | flatter branch.
rama para libros (imprenta) | book chase.
rama podada | lop.
rama primaria (de un árbol) | leader.
rama receptora (telecomunicación) | receiving leg.
rama seca | dead branch.
rama seca y suspendida (árboles) | widow maker.
rama sesgada | bias chase.
rama sin crucero propia para prospectos desplegables (imprenta) | broad chase.
rama tensora | tenter.
rama tensora automática (tejeduría) | automatic tentering machine.
rama tensora de clavijas | pin tenter frame.
rama tensora de mercerizar | mercerizing tenter.
rama tensora de mordazas | clip tenter.
rama tensora vibratoria | jigging tenter frame.
rama tensora y vaporizadora | steaming tenter.
ramaje | vignette.
ramal | branch | offshoot | branch circuit.
ramal (cadena de rodillos) | strand.
ramal (cuerdas, correas) | strand.
ramal (de cadena) | shoot.
ramal (de carretera, etcétera) | spur.
ramal (de correa) | leaf.
ramal (de cuerda) | side.
ramal (de filón) | side lode.
ramal (de un filón) | offshoot.
ramal (ferrocarril) | branch line | collateral line | feeder-line | feeder | tap line.
ramal (telecomunicación) | spur route.
ramal (ventilación minas) | split.
ramal ascendente (correas) | running-on side.
ramal cloacal | branch sewer.
ramal colector (transportador de cinta) | collecting end.
ramal común | partial common.
ramal conducido (correas) | driven side | idle side | lower leaf | slack side.
ramal conducido de la correa | belt loose side.
ramal conductor (correas) | driving side | tight side.
ramal conductor de la correa | belt driving side.
ramal de acceso a la cámara de explosión (voladuras) | heading.
ramal de acometida (conductor de acometida desde el poste a la casa) | service drop.
ramal de acometida (de la tubería al calorífero) | runout.
ramal de aspersores | sprinkler lateral.
ramal de aspiración | suction branch.
ramal de cadena | chain side.
ramal de cadena del ancla (buques) | length of cable.
ramal de cadena que une el muerto a la cadena del contrapeso de fondeo | mooring pendant.
ramal de clasificación (ferrocarril) | sorting siding.
ramal de enlace | linking spur.
ramal de extremidad (de la cadena del ancla) | outboard shot.
ramal de falla | branch fault.
ramal de filón | branch lode | lode branch.
ramal de mina de sección de (300×900) mm | rabbit hole.
ramal de purga | drain branch.
ramal de remolque (cadena o calabrote donde se ata la estacha de remolque) | towing bridle.
ramal de servicio | siding.
ramal de trinchera (fortificación) | boyau.
ramal de trinchera (milicia) | offset.
ramal de tubería | pipe range | branch pipe.
ramal del cable | rope side.
ramal descendente (correas de transmisiones) | running-off side.
ramal distribuidor (transportador de cinta) | distributing end.
ramal flojo (correas) | driven side.
ramal inferior (correas) | lower leaf.
ramal largo (telefonía) | long spur.
ramal libre (cuerdas) | free end.
ramal para vagones cubas de gasolina (estaciones clasificación) | petrol wagon siding.
ramal superior (correas) | upper leaf.
ramal tenso (correas) | driving side.
ramal terminal | terminal leg.
ramal tributario (comunicaciones) | feeder system.
ramas (tenazas de forja) | reins.
ramas de la investigación | avenues of research.
ramas de la U | U-legs.
ramas de los machos (timón) | pintle straps.
ramas principales (árboles) | framework.
ramas terminales que llevan frutos (árboles) | fruiting-terminals.
rambla | gully.
rambla (arroyo seco) | wadi.
rameado (de telas) | tentering.
rameado (telas) | stentering.
ramear (paños) | tenter (to).
ramero (imprenta) | form rack.
ramificación | tree | hooking | offshoot | forking | branch.
ramificación (de filones) | spur.
ramificación (electricidad) | tapping.
ramificación (ferrocarril) | feeder-line | feeder.
ramificación (ferrocarriles) | feeder line.
ramificación (telefonía - EE.UU.) | tap.
ramificación (tuberías) | branching.
ramificación de cámaras (minas) | room-turning.
ramificación de una capa (geología) | offset of a bed.
ramificación diversa | multifarious ramification.
ramificación en cadena | chain branching.
ramificación en un tubo (para limpiar la tubería) | eye.
ramificar | branch (to.
ramificarse | branch-off (to).
ramificarse (árboles) | coppice (to).
ramiforme | branch-like.
ramin (Gonystylus warburgianus) | ramin.
ramio | cambric grass.
ramita | sprig.
ramiza | lopping litter.
ramo | division.
ramo (comercio) | business sector.
ramo (de flores) | bunch.
ramo (negocios) | branch.
ramo (seguros) | department.
ramo de comercio | trade.
ramo de coral | coral branch.
ramo de exportación | shipping line.
ramo de flores | bouquet.
ramo de la construcción | building trade.
ramo de negocios | sphere.
ramo de producción | line of business.
ramo de vida (seguros) | life line.
ramo del seguro de vida | field of life insurance.
ramonear | browse on (to).
ramonear (animales) | browse (to).
ramonear (ganado) | gnaw off (to).
ramoneo (ganado) | browsing.
ramosidad | branchiness.
rampa | ascent | incline | upgrade | slide | gradient | ramp | chute | acclivity | upslope | slope.
rampa (ferrocarril) | bank | wrecking frog.
rampa basculante | pivoted chute.
rampa curva ascendente | helicline.
rampa de acceso | crossing approach | approach ramp | accommodation ramp.
rampa de aparcamiento | parking apron.
rampa de arrastre | hauling chute.
rampa de carga | staith | loading rack | loading ramp.
rampa de carga (aviación) | loader.
rampa de centraje | centering spring | centering slope.

rampa de deslizamiento (navíos) | slipway.
rampa de distribución | supply duct.
rampa de encarrilamiento | replacing-switch.
rampa de encarrilar (ferrocarril) | rerailing ramp.
rampa de encendido (aeronáutica) | ignition harness.
rampa de encendido (aviación) | ignition shield.
rampa de engrase | lubricating rack | feed rack.
rampa de entrada | entrance ramp | gangway.
rampa de entrada (aserraderos) | jack ladder | slip.
rampa de entrada (serrerías) | log jack | logway.
rampa de erosión | erosion ramp.
rampa de hielo (ríos) | ice rampart.
rampa de la leva | cam ramp | cam incline.
rampa de lanzamiento | stand launching | launching ramp | launch ramp.
rampa de lubricación | oil distributor.
rampa de madera para cargar carruajes (en un vagón, en un transbordador, etc.) | runway.
rampa de nieve entre la tierra y hielo marino flotante | drift ice foot.
rampa de proa | bow ramp.
rampa de protección | guard rail.
rampa de salida | exit chute | exit ramp.
rampa de subida | up ramp.
rampa de 5 milésimas | gradient of 5 in 1.000.
rampa de 7 milésimas | grade of 7‰ | gradient of 7 in 1000.
rampa elevable | rectractable ramp.
rampa fuerte | steep gradient.
rampa helicoidal | helical ramp.
rampa helicoidal (de acceso, etc.) | curved plane.
rampa helicoidal (mecánica) | skews.
rampa límite | limiting gradient.
rampa máxima admitida (de un trayecto) | ruling grade.
rampa muy fuerte (carreteras) | pinch.
rampa oblicua | oblique ramp.
rampa para descarga por detrás | rear loading ramp.
rampa para encarrilar vagones | replacer.
rampa para subir a tierra (hidroaviones) | landing ramp.
rampa para vehículos | vehicular ramp.
rampa por la que pueden subir las cargas | hoistable ramp.
rampa situada en el avión para carga y descarga | drop ramp.
rampante (heráldica, arquitectura) | rampant.
rampero (minas) | jinnier.
ramplón (de herradura) | calk | calking | cog.
ramplón (herraduras) | caulk.
rana | frog | draw-vice.
rana marina | goosefish.
rana para atirantar alambre | wire dog.
rana para tensar alambres | Dutch draws tongs.
rana tensaalambre | wire stretching grip.
ranai (Alseodaphne semecarpifolia) | wewarana.
rancidez oxidativa | oxidative rancidity.
rancidez por oxidación | oxidation rancidification.
rancificación | rancidification.
rancificar | rancidify (to).
rancio | stale.
ranchero | rancher | ranchman | mess orderly | farmer.
ranchero (milicia) | mess attendant.
rancho | ranch | messdeck | farm.
rancho de ganado | cattle farm.
rancho de la marinería (buques guerra) | mess.
rancho de la tripulación (buques) | crew space.
rancho familiar | family-operated ranch.
ranfoideo | beak-shaped.
rangación | ranking.
rangar (estadísticas) | rank (to).
rango | range | line | lay | status | degree.
rango (estadística) | rank.
rango (grado - empleos) | grade.
rango (matemáticas) | label.
rango (topología) | range.
rango asimilado | assimilated rank.
rango de circuito | circuit grade.
rango de coronel | rank of coronel.
rango de determinante | rank of the determinant.
rango de general | star rank.
rango de la armónica | harmonic label.
rango de la ecuación | range of the equation.
rango de la matriz | rank of the matrix.
rango de ley | law rank.
rango de mortalidad | mortality range.
rango de oficial | officer's rank.
rango de símbolos | symbol rank.
rango de una matriz | rank of a matrix.
rango de valores (funciones) | range of values.
rango del percentil | percentile rank.
rango del suceso | rank of the event.
rango ínfimo | lowly rank.
rango intercuartílico | interquartile range.
rango internacional | international standing.
rango legal | legal status.
rango percentil | percentile rank.
rango protocolar | order of procedure.
rango semi-intercuartílico (estadística) | quartile deviation.
rango señalado (estadística) | signed rank.
rangos empatados | tied ranks.
rangos ligados (estadística) | tied ranks.
rangua | pivot hole | pillow-bush | pivot box | pin socket | shaft-socket | footstep bearing | foot bearing | brass | socket | bush | step box | step bearing | footstep | shaft-step | toe.
rangua anular | collar-step bearing.
rangua de ágata | agate cup | agate bearing.
rangua de bogie de locomotora | engine truck center casting.
rangua de bolas | ball pivot bearing.
rangua de gema artificial con agujero (relojería) | holed stone.
rangua de gema artificial con agujero de gran diámetro (diámetro del agujero = 3 veces el espesor) | big holed stone.
rangua de gema artificial hueca | hollowed stone.
rangua de gema natural o sintética | jewel bearing.
rangua de gema sintética | jewelled bearing (watches).
rangua de rubí | jeweled block.
rangua de zafiro sintético (relojeria) | synthetic sapphire bearing.
rangua escalonada | step center bearing.
rangua formada por un cilindro de gema sintética con un rebajo cónico con vértice esférico | vee jewel.
rangua formada por un disco de gema sintética con un agujero cilíndrico pulido | bar hole jewel.
rangua hueca de relojería | hollowed watch jewel.
rangua plana | pad.
rangua sintética semielaborada (relojería) | ebauche | rough jewel.
ranguas de gemas sintéticas para relojería | horological stones.
ranguas de relojes | watch stones.
ranguas de zafiro para relojería | saphire jewels.
ranguas sintéticas | stone preparages.
ranilla (casco de caballo) | frog.
ranino | frog-like.
ranúculo | crowfoot.
ránula | hydroglossa.
ránula (veterinaria) | frog-tongue.
ranura | nick | croze | slot | spline | splineway | channel notch | chase | rabbet | riffle | raggle | slit | crease | rebate | channel groove | channel recess | furrow | gut | groove | notch.
ranura (de dique seco) | groove.
ranura (herramientas) | pod.
ranura (muro ladrillos) | raglet.
ranura (tabla de diamantes) | kerf.
ranura abierta | open slot.
ranura ahorquillada | forked slot.
ranura axial | axial slot.
ranura cerrada | closed slot.
ranura circular | circular slot.
ranura circular con sección recta curva | circular groove with arcuate profile.
ranura circular de sección en V | circular vee-shaped groove.
ranura curva | curved slot.
ranura cuyo diámetro no es paralelo al eje de rotación (electricidad) | skewed slot.
ranura de acoplamiento | coupling slot.
ranura de ajuste | adjusting slot.
ranura de cola de milano | dovetail slot.
ranura de chaveta | keyway.
ranura de emergencia (dique seco) | emergency groove.
ranura de encaje (hojas de ventanas entre sí) | fillister.
ranura de engranaje | spider foot groove.
ranura de engrase | oil-channel.
ranura de entrada (dique seco) | main groove.
ranura de estanqueidad | seal groove.
ranura de fiador | locking groove.
ranura de guía | guiding groove.
ranura de herradura | adjusting | adjustment.
ranura de involuta | involute spline.
ranura de lubricación | oil-way | lubrication groove.
ranura de profundidad creciente | taper spline.
ranura de profundidad decreciente | tapered groove | throttling groove.
ranura de seguridad | safety groove.
ranura de serraciones axiales | axially serrated groove.
ranura de succión (aviones) | suction slot.
ranura de sujeción | dog slot.
ranura del anillo de sujección | retaining ring groove.
ranura del barco-puerta (dique seco) | caisson groove.
ranura del borde de ataque | leading-edge slot.
ranura del estator | stator slot.
ranura del extractor | extractor groove.
ranura del extremo del ala | wing-tip slot.
ranura del pistón para recibir el aro | piston ring groove.
ranura del portamordaza (plato de tornos) | jaw-carrier slot.
ranura del rotor | rotor slot.
ranura en declive | tapered slot.
ranura en el anillo de forzamiento (proyectiles) | cannelure.
ranura en el fondo de una gamella (minería) | riffle.
ranura en espiral | involute spline | spiral slot.
ranura en forma de V | V-form groove.
ranura en T | tee slot | T-slot | T slot.
ranura en T maquinada | machined T-slot.
ranura en V ensanchada progresivamente | flared V-shaped slot.
ranura ensanchada progresivamente | flared slot.
ranura espiral (patas salomónicas) | barley twist.
ranura estrecha profunda | deep narrow slot.
ranura excéntrica | cam groove | eccentric slit.
ranura fresada | milled groove.
ranura guiadora | guide slot.
ranura helicoidal | helicoidal slot | helical groove
ranura helicoidal de paso muy largo | steeply-pitched helical groove.
ranura intermedia (dique seco) | intermediate groove.
ranura longitudinal | pod.
ranura marcada en la tapa para que abra mejor (libros) | crease.
ranura monobiselada | single-bevel groove.

ranura motriz | driving slot.
ranura oblicua | skewed slot.
ranura para echar monedas | coin-slot.
ranura para la compuerta | gate recess | gate groove.
ranura para la introducción del cargador (fusiles) | clip slot.
ranura principal (dique seco) | main groove.
ranura radial fresada | milled radial slot.
ranura radiante | radiating slot.
ranura rectilínea | straight groove.
ranura sin modulación | blank groove.
ranuración | chasing | scoring | slotting.
ranuración del rodillo (rejillas de difracción) | ruling of the roller.
ranuración por soplete | flame gouging.
ranurado | cutting open slots | grooved | slotted | slotting | grooving.
ranurado por arco protegido en gas inerte | shielded-metal-arc grooving.
ranurador | groover | grooving iron | chasing tool | scoring tool.
ranuradora | chaser | fluting machine | notching machine | grooving machine | slotting machine | splining machine | slitter | key seater | slotter | router | routing-machine.
ranuradora de muros | wall chasing machine.
ranuradora de paredes | wall chaser.
ranuradora de rodillos | roller fluting machine.
ranuradora para cabezas de tornillos | screw-slotting cutter.
ranuradora-cortadora | cutter-creaser.
ranuradorebajado | recessed.
ranura-guía | channel-guide | split guide.
ranura-leva | cam slot.
ranurar | rout (to) | router (to) | groove (to) | notch (to) | spline (to) | slit (to) | gain (to) | rabbet (to) | slot (to).
ranurar (carpintería) | plow (to).
ranurar (una tabla) | rout out (to).
ranurar con soplete | flame gouge (to).
ranurar la piedra con cincel | stroke (to).
ranurar un escariador | flute a reamer (to).
ranuras cruzadas | criss-cross grooves.
ranuras del inducido | armature pockets.
ranuras espaciadas circunferenciales | circumferentially spaced grooves.
ranuras longitudinales contra el patinaje de las ruedas (carreteras, aeropuertos) | antiskid grooving.
ranuras para disminuir la resistencia (pistones de amortiguadores, etc. que no llevan aros) | water packing.
ranuras para prevenir resbalamientos y acuaplaneo | grooves for preventing skidding and aquaplaning.
ranuras por polo y por fase | slots per pole per phase.
ranuras radiales espaciadas circunferencialmente | circumferentially spaced radial slots.
ranuras rectas paralelas y equidistantes | equidistant parallel straight grooves.
raño | gaff hook.
rapaces (ornitología) | raptores.
rapcon (aviación) | rapcon.
rápidamente | on the double.
rápidamente aplicado | fastly-applied.
rápidamente desprendible | instantly detachable.
rapidez | rate.
rapidez con que disminuye el contenido en hidrógeno del metal depositado (electrodos) | stockage.
rapidez de conmutación | switching speed.
rapidez de enfriamiento | rate of cooling.
rapidez de formación (electrón) | generation rate.
rapidez de movimiento de las mercancías existentes en una empresa comercial | merchandise turnover or momentum of sales.
rapidez de oxidación | oxidation rate.
rapidez de renovación (biología) | turnover rate.
rapidez de respuesta | slew rate.
rapidez del calentamiento | heater rate | rate of heating.
rapidez del endurecimiento | hardening rate.
rapidez del temple (aceros) | hardening rate.
rapidez en las sombras (fotografía) | shadow speed.
rápido | quick-operating | quick-acting | up-to-the-minute | swift | fast | high speed | hi-speed.
rápido (aeroplanos) | hot.
rápido (buques) | fast-sailing.
rápido (de ríos) | shoot | sault.
rápido (de un río) | rapid | flash.
rápido (movimiento) | snappy.
rápido de poca altura (ríos) | riffle.
raplot (radar) | raplot.
raportar (estampado de telas) | register (to).
raposa | fox.
rappel | quantity discount.
rappels de ventas | volume discount on sales.
raptar | abduct (to).
rapto | abduction.
raquero | wrecker.
raqueta (deportes) | racket.
raqueta (ferrocarril) | reversing triangle.
raqueta (moldeo) | planer.
raqueta (vía férrea) | loop.
raqueta (vías de tranvías) | balloon loop.
raqueta para caminar sobre la nieve | snowshoe.
raqueta para invertir la dirección (ferrocarril) | direction-reversing loop.
rara vez está parada (máquinas) | it is seldom idle.
rarefacción | exhaustion.
rareza | strangeness.
raridad | thinness.
rarificación | rarefaction | evacuation.
rarificante | rarefactive.
rarificar | rarefy (to) | vacuum (to) | attenuate (to).
rarificar (en un recipiente) | exhaust (to).
rarificar (física) | evacuate (to).
rarificativo | rarefactive.
rasa (capacidades) | struck.
rasancia (trayectoria) | flatness.
rasante | grade | grade line.
rasante de doble tracción (ferrocarriles) | helper grade.
rasante de edificación | building line.
rasante excavada | dredged level.
rasante ondulada (carreteras) | rolling grade.
rasante que puede salvar un tren por su cantidad de movimiento lineal | momentum grade.
rasante que requiere doble tracción | pusher grade.
rasar | shave (to) | graze (to).
rasar (una medida de trigo, etcétera) | strickle (to).
rasar el terreno con una línea de mira paralela a la rasante | shoot in (to).
rascado | scraping | scratching.
rascado (de la pintura) | stripping.
rascado o picado de incrustaciones (motores) | decoking.
rascador | xyster | scraping knife | lute | doctor knife | shave-hook | raker | scraper | scaler.
rascador carinado (prehistoria) | keeled scraper.
rascador de tubos | flue scraper.
rascador del cilindro (apisonadoras) | mud-scraper.
rascador limpiador | cleaning scraper.
rascador para mantener limpia la superficie de un cilindro de trabajo (papel) | doctor.
rascador para regular el espesor de una capa | doctor-bar.
rascador para rejuntar (muros) | pointer.
rascador polipaletas | multiblade scraper.
rascadura | scratch | scratching.
rascaduras | frayings.
rascanieves (agujas ferrocarril) | flanger.
rascar | scrape (to) | rake (to) | scratch (to).
rascar con las uñas | claw (to).
rascar los piñones (de la caja de cambio) | clash the gears (to).
rascón (ave) | runner.
rasel (buques) | peak.
rasel de popa | after peak.
rasel de popa (buques) | afterpeak.
rasel de proa (buques) | forepeak.
raser (electricidad) | raser.
rasero (de terrenos) | skimmer.
rasero (medidas) | strickle.
ráser-X | X-raser.
raseta | jointer.
rasete | satinet.
rasgabilidad | tearability | rippability.
rasgable | tearable.
rasgado | torn.
rasgador | ripper.
rasgador rotativo | rotary ripper.
rasgadura | rip | ripping | rent | tear | tearing.
rasgamiento | ripping.
rasgar | tear (to) | claw (to) | rend (to).
rasgo | feature | trait.
rasgo (bellas artes) | cartouche.
rasgo ascendente (parte de la letra que sobresale del cuerpo - b, d, f, etc.) | ascender.
rasgo decisivo | critical feature.
rasgo descendente debajo de la línea base (tipos imprenta) | descender.
rasgo dominante | outstanding feature.
rasgo esencial | all-important feature.
rasgo ornamental en espiral | cartouche.
rasgo saliente | outstanding feature.
rasgón | rent | tear.
rasgos dignos de atención | note-worthy features.
rasgos específicamente militares | specific military features.
rasgos geográficos | geographic features.
rasgos más salientes | highlight features.
rasgos preeminentes | superior features.
rasgos principales del terreno | major terrain features.
rasgos salientes | highlights.
rasguear la guitarra | play the guitar (to).
rasgueo | twirl.
rasguñar | tear (to) | scratch (to).
rasguño | galling | grazing | scratch | scrape.
rash cutáneo | cutaneous rash.
rasilla | hollow brick.
rasilla hueca | hollow tile.
rasillas | splits.
raso | barren.
raso (aplastado) | flat.
raso (buques) | low-built | low built.
raso a la reina | satin a la reine.
raso de algodón | cotton satin | sateen.
raso de cinco (ligamento) | doeskin weave.
raso de cinco lizos (raso turco) | five-shaft satin.
raso de cuatro | fourth-end sateen.
raso de fustán | satin tops.
raso de la reina | six shaft satin.
raso de ocho | eight end satin.
raso de seis lizos | six shaft satin.
raso doble | double satin.
raso duquesa | duchess satin.
raso irregular | irregular satin.
raso liberty | liberty satin.
raso ligero | filling face satin | filling sateen.
raso maravilloso | satin merveilleux.
raso meteor | crepe meteor.
raso turco | fourth-end sateen | satin turc.
rasolina (tejido lana) | rash.
raspa | rasp.
raspa (uvas) | stalk.
raspadera para rayos (ruedas) | spokeshave.
raspado | chipped | curettage | curettement.
raspado (de una capa de enlucido para que agarre la siguiente) | devilling.
raspado (del molde) | cutting up.
raspado de la costra del suelo | screefing.
raspado del cáñamo | hemp dressing.

raspador | scraper | scraping knife | scaler | casing scraper | strigil | strike | lute | rasp | furring tool | eraser | scratcher | grater.
raspador (Argentina) | crozer.
raspador (dibujo) | erasing knife.
raspador (pozo petróleo) | stripper.
raspador (tuberías) | pig.
raspador aquillado (prehistoria) | keeled scraper.
raspador cónico para machos | core scraper.
raspador de dibujo | eraser knife.
raspador de media caña | fluted scraper.
raspador de parafina | paraffin scraper.
raspador de paredes (sondeos) | side rasp.
raspador de pieles | slater.
raspador de pintor | shave-hook | painter's shave hook.
raspador de plomero | shave-hook.
raspadura | grating | fret | scraping | shaving.
raspaduras | scrapings | shavings.
raspaparedes (sondeos) | wall scraper.
raspar | graze (to) | grate (to) | scratch (to) | abrade (to) | rub (to) | rip (to) | rake (to) | rasp (to).
raspar (huesos) | scalp (to).
raspar (pieles) | skive (to).
raspar (pozo del petróleo) | strip (to).
raspar (Venezuela) | scrape (to).
raspar el aceite adherido | wipe oil (to).
raspatubos (diablo - pozo entubado) | casing scraper.
raspatubos (sondeos) | go-devil.
rasponazo | graze.
rasponazo (de una bala) | glance.
rasqueta | scraper | scraper | raker | stripper | shaver | shave-hook.
rasqueta (estampado de telas a mano) | squeegee.
rasqueta (limpiaparabrisas) | wiper blade.
rasqueta afilada | sharp scraper.
rasqueta curvada | bent scraper.
rasqueta de ajustador | engineer's scraper.
rasqueta de ebanista | cabinet scraper.
rasqueta de media caña | half-round scraper.
rasqueta para cojinetes de motores | motor bearing scraper.
rasqueta para limpiar barrenos | sludger.
rasqueta plana | flat scraper.
rasqueta triangular | three-cornered scraper | three-square scraper | machinists's scraper.
rasqueta triangular de pintor | painter's triangle.
rasquetar a mano | hand scrape (to).
rasqueteado | scraped | scrape-finished | scraping.
rasqueteado de un cojinete para que el eje asiente bien | bedding-in.
rasquetear | scrape off (to) | scrape (to) | scrape in (to).
rastel | feeding rack.
rastel (urdido) | lease reed.
rastra | sledge | sled | sweep | drag | stoneboat | road drag | leveler.
rastra (caja de moldeo) | nowel.
rastra (caminos) | hone.
rastra (carros) | scotcher.
rastra (carruajes) | drag shoe.
rastra (de rueda) | skid shoe | skid.
rastra (explotación forestal) | alligator | jumper | jumbo | crotch.
rastra (grada - explotación forestal) | go-devil.
rastra (manejo de troncos) | lizard.
rastra (minas) | hudge.
rastra (paleta rascadora-cinta transportadora) | flight.
rastra (pesca) | dredge.
rastra accionada por cable | cable-operated scraper.
rastra de cadenas (botadura de buques) | float.
rastra de cadenas (lanzamiento buques) | keeper.
rastra de cadenas para frenado (botadura buques) | braking float.
rastra de cuchillas | blade drag.
rastra de dientes articulables | spring-tooth harrow.
rastra de dientes rígidos | peg-tooth harrow | flexible-peg-tooth harrow.
rastra de discos de tiro excéntrico | offset disk harrow.
rastra de discos simple | single disc harrow.
rastra de escobas | broom drag.
rastra para transporte de troncos | swingdingle.
rastras de cadenas (botadura de buques) | drag chains.
rastras de cadenas para el lanzamiento de buques | launch drag chains.
rastreador | tracer | trailer.
rastreador de minas amagnético | nonmagnetic minesweeper.
rastreador por corrientes inducidas | induction tracer.
rastreador radiactivo | radioactive tracer.
rastrear | dredge out (to) | track (to) | trace (to) | trawl (to).
rastrear (marina) | creep (to).
rastrear (minas explosivas) | sweep (to).
rastrear (pesca) | dredge (to).
rastrear (raíces de plantas) | runout (to).
rastrel | gobb | fillet.
rastrel (maestra - pisos) | ground.
rastrel (piso de madera) | footing piece.
rastrelaje | wood sheating.
rastrelaje (cámara frigorífica) | grounds.
rastreles de secadero (agricultura) | drying fingers.
rastreo (en el agua) | dragging.
rastreo a saltos | leapfrogging.
rastreo a través de lápiz fotosensible | light pen tracking.
rastreo chequeo | tracking.
rastreo de formantes (acústica) | formant tracking.
rastreo de la señal | signal tracing.
rastreo de minas magnéticas | magnetic minesweeping.
rastreo de minas submarinas | mine-dragging | minesweeping.
rastreo de un objeto móvil por medio de señales emitidas por un transmisor unido al objeto | beacon tracking.
rastreo de velocidad | rate tracking.
rastreo por desplazamiento | displacement tracking.
rastreo radioeléctrico | radio tracking.
rastreo selectivo | selective trace.
rastreo telemétrico | minitrack system.
rastrera (vela) | studding.
rastrero (botánica) | trailing.
rastrero (planta o animal) | creeping.
rastrillado | dressed.
rastrillado (cáñamo, etc.) | dressing.
rastrillado (del lino) | rippling.
rastrillado (lino) | roughing.
rastrillado a mano | hand-hackled.
rastrillado a máquina | machine-hackled.
rastrillado del cáñamo | hemp hackling.
rastrillado del lino | flax hackling.
rastrillado del yute | jute hackling.
rastrillado en fino | fine-hackled.
rastrillado en grueso | coarse-hackled.
rastrillado mecánico | machine hackling.
rastrillador | harrower | harrow.
rastrillador (peinador - textiles) | hackler.
rastrillador (persona) | raker.
rastrillador (persona - agricultura) | horrower.
rastrillador en grueso | rougher.
rastrillador para lino | flax dresser.
rastrilladora de lino | flax hackler.
rastrilladora mecánica | raker.
rastrillaje del lino | flax dressing.
rastrillar | rake (to) | comb (to) | hitchel (to) | heckle (to) | harrow (to).
rastrillar (barnizado) | tease (to).
rastrillar (cáñamo, etc.) | hatchel (to) | dress (to).
rastrillar (lino, cáñamo) | ripple (to).
rastrillar (peinar - textiles) | hackle (to).
rastrillar a mano | hand hackle (to).
rastrillar el cáñamo | hackle the hemp (to).
rastrillo | drag | harrow | heckle | gate | rake.
rastrillo (lavadero mineral) | riffle.
rastrillo (lino, cáñamo, etc.) | hackle.
rastrillo (para cáñamo) | hatchel.
rastrillo (para hornos) | fire frame.
rastrillo (telares) | hook bar.
rastrillo (urdimbre) | comb.
rastrillo amontonador de heno | hay rake.
rastrillo atresnalador | buck rake.
rastrillo de caballo (labranza) | horse-rake.
rastrillo de descarga lateral | side-delivery rake and tedder.
rastrillo de dientes fijos | peg-tooth harrow.
rastrillo de dientes flexibles | spring-tooth harrow.
rastrillo de malezas | brush rake.
rastrillo de pesebre | rack.
rastrillo desviador (madera flotada) | glancer | fender skid.
rastrillo elevador | lifting fork.
rastrillo emparvador (agricultura) | rake staker.
rastrillo en fino | finishing hackle | switch.
rastrillo en fino (peine en fino-fibras textiles) | fine hackle.
rastrillo en grueso | coarse hackle | roughing hackle | keg | long rougher.
rastrillo en grueso (textiles) | long ruffer.
rastrillo guiahilos (cordelería) | rake.
rastrillo hilerador (agricultura) | side-delivery rake.
rastrillo intermedio (tejeduría) | ten.
rastrillo limpiador | rack cleaner.
rastrillo mecánico | raker.
rastrillo mecánico para limpiar la rejilla (toma de agua) | trash rake machine.
rastrillo para cáñamo | hemp comb.
rastrillo para fango | mud rake.
rastrillo para grava | gravel rake.
rastrillo para lino | flax comb.
rastrillo recogedor | sweep rake.
rastrillo volteador de cordones | swath turner rake.
rastro | vestige | clue | footprint | sign | track | trail.
rastro luminoso | trailer.
rastrojo | haulm | stubble.
rastros de animales (geología) | animal tracks.
rasurado (engranajes) | shaving.
rasurado con ejes cruzados (de la fresa y de la rueda de engranaje) | crossed-axis shaving.
rasuradora de engranajes (en estado blando antes de cementar) | shaving machine.
rasuradora de engranajes (engranajes no tratados) | gear-shaver.
rasuradora rotativa para engranajes | rotary gear shaver.
rasurar (engranajes en estado blando) | shave (to).
rata de aumento (Venezuela) | rate of increase.
rata de descarga (Venezuela) | rate of discharge.
rata de reposición | reset rate.
rata parabiótica irradiada | irradiated parabiotic rat.
ratear (motores) | misfire (to) | konk (to).
ratería | larceny.
raterías | pilferage.
raterías del cargamento | cargo pilferage.
ratero de muelle | dock theft.
ratero de restos de naufragios | hoveller.
ratero de tiendas | shoplifter.
raticida | raticide.
ratiera | dobby | witch | dobbie.
ratificación | ratification | confirmation.
ratificación (testamento) | establishing.
ratificación (testamentos) | establishment.
ratificación de cuentas | confirmation of ac-

counts.
ratificación de no aceptación de una letra | notice of dishonor.
ratificado | confirmed.
ratificar | confirm (to) | sanction (to) | ratify (to) | reconfirm (to) | establish (to).
ratificar un acuerdo | ratify a treaty (to) | ratify an agreement (to).
ratificar un tratado | ratify a treaty (to) | ratify an agreement (to).
ratina (tela de lana) | ratteen.
ratina (tela lana) | rateen.
ratina de algodón | ratine.
ratinación | friezing.
ratinado | ratine effect | friezing.
ratinadora | friezing machine.
ratinar (telas) | frieze (to).
ratio | ratio.
ratio de activo disponible | quick ratio.
ratio de caída del ahorro | saving withdrawal ratio.
ratón | mouse.
ratonera | mousetrap | rat trap.
ratonera (de criba de sacudidas) | hutch.
ratonera (herramienta sondeo) | mousetrap.
ratonera (hoyo para colocar tubos de sondeo) | rathole.
ratonera (tren sondeo) | kelly's rat hole.
rauchwaka | smoke wacke.
rauli (Nothofagus procera) | rauli.
rauvita | rauvite.
raya | line | line | stripe | hatch | scratch | strake | streak.
raya (ánima de cañones) | rifling groove.
raya (cañones) | rifle.
raya (del pantalón) | crease.
raya (dibujo, alfabeto Morse) | dash.
raya (fusil, cañón) | furrow.
raya (mineralogía) | streak.
raya (pez) | ray.
raya (ranura helicoidal - cañones) | groove.
raya (tipografía) | rule.
raya azul (análisis minerales) | blue stripe.
raya coloreada | colored streak.
raya de calor verde (ensayo de minerales al soplete) | flash of green.
raya de lima | file scratch.
raya de marcar las calzadas de tráfico | road marking line.
raya de resonancia | resonance line.
raya de resonancia atómica | atomic resonance line.
raya de tinta | ink stripe.
raya del hidrógeno (espectro radioeléctrico) | hydrogen line.
raya eléctrica | electric ray.
raya en la tela por un pliegue | crease.
raya espectral | ghost line | line | spectrum line.
raya espectral indicando la presencia de vapor de agua en la atmósfera | rainband.
raya Fraunhofer del rojo | C-line.
raya metálica (espectrografía) | metallic line.
raya Morse | Morse dash.
raya obscura (espectro) | absorption line.
raya parda producida por la evaporación de la humedad (telas algodón) | brown line.
raya producida por un hilo lustroso (telas) | shinner.
raya rojo sangre (minerales) | blood-red streak.
raya superficial (estirado) | die score | die scratch.
raya verde auroral | auroral green line.
raya verde del mercurio | mercury green line.
rayable | scratchable.
rayadillo (mil rayas - tela) | hairlines.
rayadillo (tela) | hickory stripe.
rayado | lined | lineated | ribbed | streaky | scraped.
rayado (armas) | rifling | rifled.
rayado (cañones) | grooved.
rayado (cilindros) | scored.
rayado (cojinetes) | rutty.
rayado (de cojinetes, de cilindros) | scoring.
rayado (de dibujos) | crosshatching.
rayado (de un cojinete) | rut.
rayado (de una hoja de papel) | ruling.
rayado (dibujo) | ruling | hatching.
rayado (fusil, cañón) | furrowed.
rayado (papel) | ruled.
rayado (rayas - de cañones) | grooving.
rayado abrasivo (dientes engranajes) | scratching.
rayado cruzado | cross-hatching.
rayado cruzado (dibujos) | counterhatching.
rayado de la rejilla de difracción | diffraction grating ruling.
rayado de paso constante (cañones) | uniform rifling.
rayado de remisión (organigrama) | stripping.
rayado en relieve (papel) | wire marks.
rayado esteatita (telas) | chalk stripes.
rayado para sombrear e indicar el relieve (mapas) | hachure.
rayado paralelo o arrugas salientes en una zona grande (hojas de plásticos) | sheeter lines.
rayado pluriestriado | polygroover system rifling.
rayado profundamente | scored badly.
rayado progresivo (cañones) | gaining twist.
rayado progresivo (cañones, fusiles) | increased twist.
rayado transversal a la fibra para que agarre la cola (madera) | scoring.
rayado uniforme (cañones) | uniform rifling.
rayador | scratcher | liner.
rayadora (máquina para rayar ánima cañones) | rifler.
rayadura | scoring.
rayaduras (fotografía) | abrasion marks.
rayar | streak (to) | stripe (to) | scribe (to) | line (to).
rayar (ánima cañones) | rifle (to) | rifle-bore (to).
rayar (cañones) | groove (to).
rayar (cojinetes, etc.) | score (to).
rayar (dibujos) | section line (to) | shade (to) | hatch (to).
rayar (el día) | break (to).
rayar (el vidrio) | scratch (to).
rayar (papel) | rule (to).
rayarse | seize (to).
rayarse (un cojinete) | rut (to).
rayas (de un fusil) | rifling.
rayas (papel música) | bar.
rayas a lo largo del papel que se observan al mirar al trasluz | water streaks.
rayas brillantes (rayas luminosas - espectroscopia) | bright lines.
rayas coronales (sol) | coronal lines.
rayas coronales verdes (sol) | green coronal lines.
rayas de absorción (espectrografía) | absorption lines.
rayas de absorción discretas | discret absorption lines.
rayas de doble difracción (cristalografía) | umweganregung peaks.
rayas de Lüders | stretcher lines | Piobert lines.
rayas de Lüders (metalografía) | stretcher-strain markings.
rayas de pelo (cañones) | multigroove rifling.
rayas débiles (espectrograma) | faint lines.
rayas degradadas (espectografía) | degraded bands.
rayas degradadas hacia el violeta (espectroscopia) | violet-degraded bands.
rayas en la emulsión (visibles después de revelar-placas fotográficas) | abrasion marks.
rayas finas adyacentes a las rayas espectrales | satellite.
rayas Luders | distortion wedges.
rayas onduladas de color en la superficie (plásticos) | segregation.
rayas por succión desigual del agua durante el secado (fabricación papel) | suction-box marks.
rayas producidas por heterogeneidades estructurales | structural streaks.
rayas telúricas (espectroscopia) | atmospheric lines.
rayas últimas (rayas más fuertes en el espectro de un elemento) | raies ultimes.
rayas verticales en la imagen del receptor (televisión) | rain.
rayl (unidad de impedancia acústica) | rayl.
raylio (acústica) | rayl.
rayo | lightning.
rayo (botánica, zoología) | ray.
rayo (de rueda) | spoke.
rayo (rueda bicicleta) | radial spoke.
rayo (ruedas) | scope.
rayo agregado | aggregate ray.
rayo beta | beta ray | beta.
rayo beta retrorreflejado | backscattered beta ray.
rayo calorífico | heat ray.
rayo catódico | cathode beam.
rayo corpuscular | corpuscular ray.
rayo cósmico | cosmic ray.
rayo de alambre (ruedas) | wire spoke.
rayo de cadena | chain lightning.
rayo de exploración | scanning beam.
rayo de imagen | image ray.
rayo de Júpiter (carpintería) | bevel leaf.
rayo de Júpiter (empalme de vigas madera) | joggled and wedged scarf.
rayo de la rueda de paletas | paddle wheel arm.
rayo de luz | streak.
rayo de luz polarizada | E-ray.
rayo de luz que registra fotográficamente el sonido (filmos sonoros) | candle.
rayo de rueda | spike.
rayo de sol | sunbeam.
rayo directo | surface ray | direct ray.
rayo emergente | emergent ray.
rayo emergente (óptica) | image ray.
rayo en zigzag | forked lightning.
rayo entre la nube y tierra | cloud-to-ground lightning.
rayo epipolar | epipolar ray.
rayo extraordinario | E-ray | extraordinary ray.
rayo fundamental | ordinary ray.
rayo gamma | gamma ray | gamma.
rayo incidente | surface ray.
rayo incidente (óptica) | object ray.
rayo incidente límite | limiting incident ray.
rayo lineal | forked lightning.
rayo luminoso | light ray.
rayo lunar | moonbeam.
rayo marginal | rim ray | marginal ray.
rayo medular | spith ray | medullary ray.
rayo meridiano | meridian ray.
rayo ordinario | ordinary ray.
rayo paraxial incidente | incident paraxial ray.
rayo periférico (óptica) | marginal ray.
rayo primario | direct ray.
rayo principal (sistemas ópticos) | chief ray.
rayo que queda vertical arriba cuando el timón está a la vía (rueda de gobierno del timón-buques) | kingpost.
rayo ramificado | forked lightning.
rayo reflejado ionosférico | space ray.
rayo refractado | bent ray.
rayo refractado (óptica) | broken ray.
rayo Roentgen | X-ray.
rayo ultravioleta | U.V. ray.
rayo verde (puesta del sol) | green flash.
rayo visual | line of vision.
rayo visual principal (perspectiva) | line of sight | line of direction | direct radial.
rayo X | X-ray.
rayón | artificial silk | rayon.
rayón al acetato | estron.
rayón al colodión | nitrocellulose rayon.
rayón alpaca | rayon alpaca.
rayón de acetato de celulosa | acetate silk.
rayón de viscosa | viscose rayon.
rayón deslustrado | delustered rayon.
rayón meteoro | meteor silk.

rayos actínicos | actinic rays.
rayos alfa | alphas | alpha-rays.
rayos aurorales | auroral beams.
rayos β | β rays.
rayos beta de talio-204 | thallium-204 beta rays.
rayos blandos | soft rays.
rayos canales | canal rays | positive rays.
rayos catódicos | kathode rays.
rayos catódicos de bombardeo | bombarding cathode rays.
rayos catódicos de caracteres digitalizados | digitalized-characters cathode rays.
rayos catódicos inyectados | injected cathode rays.
rayos convergentes | converging rays.
rayos cósmicos | cosmic rays.
rayos cósmicos corpusculares | corpuscular cosmic rays.
rayos cósmicos duros | hard cosmic ray.
rayos cósmicos galácticos | galactic cosmic rays.
rayos cósmicos primarios | primary cosmic rays.
rayos cósmicos solares | solar cosmic rays.
rayos de foco común (óptica) | homocentric rays.
rayos de Grenz | Grenz rays.
rayos difractados adyacentes | neighboring diffracted rays.
rayos duros | hard rays.
rayos fotoactínicos | photoactinic rays.
rayos gamma de iridio-192 | iridium 192 gamma rays.
rayos gamma instantáneos resultantes de una captura radiativa | captor gamma rays.
rayos gamma nucleares | nuclear gamma rays.
rayos gamma originados en la captura de neutrones | neutron-capture gamma rays.
rayos gamma rádicos | radium gamma rays.
rayos hiperenergéticos | hard rays.
rayos hipoenergéticos | soft rays.
rayos indirectos | indirect rays.
rayos infrarroentgénicos | infraroentgen rays.
rayos infrarrojos | infrared rays.
rayos invisibles | obscure rays | ultraphotic rays.
rayos ionosféricos | indirect rays.
rayos límites | Grenz rays.
rayos luminosos | bright lines.
rayos luminosos al principio del ultravioleta | lavender rays.
rayos luminosos dañinos | harmful light rays.
rayos luminosos modulados | modulated light rays.
rayos paraxiales | paraxial rays.
rayos positivos (descargas eléctricas) | canal rays.
rayos refractados | refracted rays.
rayos Roentgen ultrablandos | ultrasoft X-rays.
rayos ultravioleta | ultraviolet rays.
rayos ultravioletas biológicos | vita rays.
rayos X blandos de pequeña intensidad | low intensity soft X-rays.
rayos X hipoenergéticos | soft X rays.
rayos X y ultravioleta | X-ray and ultraviolet.
raz de marea | eagre | tidal bore.
raz de marea (ríos con mareas) | mascaret.
raza | family.
raza caballar | equine race.
raza cruzada | crossbreed.
raza de lana larga | long-woolled breed.
raza del país | country breed.
raza equina | equine race.
raza frisona | frisian breed.
raza indígena | country breed.
razas cromosómicas | chromosome-races.
razas de ganado vacuno | beef cattle breeds.
razas fisiológicas | physiological races.
razas seleccionadas (zoología) | pedigree breeds.
razia | raid.
razón | score | justice | ratio | rate.
razón (progresión aritmética) | common difference.
razón (progresión geométrica) | constant multiplier | common ratio.
razón aritmética | arithmetical ratio.
razón bacterias-alimento | bacteria-to-food ratio.
razón beta | beta ratio | beta value.
razón carbono-hidrógeno (clasificación de carbones) | C/H ratio.
razón cruzada | cross ratio.
razón de abundancias | abundance ratio.
razón de cancelación | cancellation ratio.
razón de correlación | correlation ratio.
razón de cuentas por cobrar a ventas a crédito | ratio of accounts receivable to credit sales.
razón de desenganche | resetting ratio.
razón de flujo crítico | critical flux ratio.
razón de flujo crítico (nuclear) | departure from nuclear boiling ratio.
razón de frecuencias | frequency ratio.
razón de homotecia | ration of similitude.
razón de liquidez | quick ratio.
razón de moderación | moderating ratio.
razón de mortinatalidad (estadística) | stillbirth ratio.
razón de muestreo | sampling ratio.
razón de operación (ventas) | operation ratio.
razón de pago inmediato | acid-test ratio.
razón de rechazo de modo común | common-mode rejection ratio.
razón de regeneración interna | internal breeding ratio.
razón de reproducción | breeding ratio.
razón de reproducción externa | external breeding ratio.
razón de reproducción interna | core breeding ratio.
razón de semejanza | ration of similitude.
razón de variantes | ratio of variates.
razón de verosimilitud | likelihood ratio.
razón directa | direct ratio.
razón doble | cross ratio.
razón entre las ventas y los créditos al cobro | sales to receivable ratio.
razón estimativa | estimated ratio.
razón geométrica | geometrical ratio.
razón insuficiente | insufficient reason.
razón inversa | inverse ratio.
razón inversa (matemáticas) | reciprocal ratio.
razón portadora-ruido | carrier-to-noise ratio.
razón social | registered office | trade name | firm | firm signature | name of a firm | corporate name | house | firm name.
razonabilidad | reasonableness.
razonable (precios) | fair.
razonablemente | fairly.
razonablemente equilibrado | reasonably balanced.
razonablemente seguro | reasonably safe.
razonamiento heurístico | heuristic reasoning.
razonamiento inductivo | inductive reasoning.
razonamiento lógico | point of logic.
razonar matemáticamente | mathematize (to).
reabastecer | refurnish (to) | resupply (to).
reabastecer (de combustible) | refuel (to).
reabastecer de hielo | re-ice (to).
reabastecimiento desde el aire | air resupply.
reabastecimiento en vuelo | in-flight refuelling.
reablandar | resoften (to).
reabsorbedor de burbujas de aire (túnel de cavitación) | resorber.
reabsorberse | resolve (to).
reabsorción de los trabajadores sobrantes | reabsorption of redundant workers.
reacalzo por consolidación química | chemical consolidation underpinning.
reacción | response | interplay | retroaction | return coupling | answer back | couple back.
reacción (del órgano de regulación) | response.
reacción (después del baño) | afterglow.
reacción (química) | interaction | answer-back.
reacción (radio) | retroaction | backlash | regeneration.
reacción (radioelectricidad) | back coupling.
reacción (sistema amplificador) | feedback.
reacción ácida del baño | bath acid reaction.
reacción aditiva | addition reaction.
reacción aerodinámica | aerodynamic reaction.
reacción aislada | self-supporting reaction.
reacción alfa-neutrón | alpha-neutron reaction.
reacción alfa-protón | alpha-proton reaction.
reacción autocatalíptica | self-catalytic reaction.
reacción autocatalítica | autocatalitic reaction.
reacción automantenida | self-sustaining reaction | self-sustained reaction.
reacción Biuret (bioquímica) | Biuret reaction.
reacción capacitiva | electrostatic feedback | capacitive feedback | capacitative feedback.
reacción captadora de electrones | electron-pairing reaction.
reacción catalizada por bases | base-catalyzed reaction.
reacción cemento-árido | cement-aggregate reaction.
reacción coloreada | chromatic reaction | colored reaction.
reacción convergente | convergent reaction.
reacción cromática característica | characteristic color reaction.
reacción de adición | addition reaction.
reacción de aniquilación | annihilation reaction.
reacción de cambio catalítico | catalytic exchange reaction.
reacción de captación de un nucleón por la partícula incidente | pickup.
reacción de captura | capture reaction | absorption reaction.
reacción de captura radiactiva | radioactive capture reaction.
reacción de cierre de la cadena | chain-ending reaction.
reacción de deposición del carbono | carbon deposition reaction.
reacción de desplazamiento solvolítica | solvolytic displacement reaction.
reacción de doble descomposición | redistribution reaction.
reacción de eliminación | elimination reaction.
reacción de empuje | endwise reaction.
reacción de fisión en cadena | fission chain reaction.
reacción de identificación | identification reaction.
reacción de inducido | armature reaction.
reacción de iniciación en cadenas | chain-starting reaction.
reacción de intercambio | exchange reaction.
reacción de interrupción de la cadena | chain-breaking reaction.
reacción de isomerización (química) | isomerization reaction.
reacción de neutralización | neutralization reaction.
reacción de oposición | hindered reaction.
reacción de oxidación-reducción | redox reaction.
reacción de propagación en cadena | chain-propagating reaction.
reacción de propagación espontánea | chain reaction.
reacción de revenido | tempering reaction.
reacción de rotura de cadenas | chain-breaking reaction.
reacción de seudoprimer orden | pseudofirst order reaction.
reacción de soldadura (química) | coupling reaction.
reacción de sustitución (química) | substitution reaction.
reacción de voltaje | voltage feedback.
reacción del aire | air-reaction.
reacción del apoyo (vigas) | end reaction.
reacción del apoyo derecho (vigas) | right-hand support reaction.
reacción del apoyo izquierdo (vigas) | left-hand support reaction.
reacción del vapor de agua sobre hidrocarburos | hydrocarbon-steam reaction.

reacción desfosforante | dephosphorizing reaction.
reacción dinamógena | energy-evolving reaction.
reacción dirigida | controlled response.
reacción divergente | divergent reaction.
reacción electromagnética | magnetic feedback | inductive reaction.
reacción electrostática | electrostatic feedback.
reacción en cadena | chain reaction.
reacción en cadena autopropagante | self-propagating chain reaction.
reacción en cadena recta | straight chain reaction.
reacción en cadena regulada | controlled chain reaction.
reacción en estrella (nucleónica) | star reaction.
reacción en la antena (radio) | howling | howl.
reacción en puente | bridge feedback.
reacción endoactínica | energy-storing reaction.
reacción endoenergética | endoenergetic reaction.
reacción endoérgica | endoergic reaction.
reacción endotérmica | endothermic reaction.
reacción energética | energy-evolving reaction.
reacción enérgica | lively reaction.
reacción entre el diamante y el oxígeno | diamond-oxygen reaction.
reacción entre el metal licuado y el molde | metal mould reaction.
reacción entre el molde y el metal | metal/mould reaction.
reacción entre las fibras incorporadas y la matriz | fiber-matrix reaction.
reacción equilibrada | bridge feedback.
reacción estática de los neumáticos de las ruedas principales | mainwheel static tire reaction.
reacción estáticamente indeterminada | statically indeterminate reaction.
reacción exoactínica | energy-evolving reaction.
reacción exotérmica | exothermic reaction.
reacción fotobeta | photobeta reaction.
reacción fotonuclear | photonuclear reaction.
reacción francamente alcalina | distinctly alkaline reaction | decided alkaline reaction.
reacción generadora de cadenas (química) | chain-branching reaction.
reacción incompleta (química) | balanced reaction.
reacción inducida por fotones | photon-induced reaction.
reacción inductiva | inductance feedback | inductive feedback.
reacción inexplosible | nonexplosive reaction.
reacción interradical | interradical reaction.
reacción iónica (química) | ionic reaction.
reacción lítica | lytic reaction.
reacción martensítica | martensite-like reaction.
reacción metalotérmica | metallothermic reaction.
reacción metalúrgica | metallurgical reaction.
reacción metatética | metathetical reaction.
reacción monotectoide | monotectoid reaction.
reacción negativa | negative feedback | negative reaction | inverse feedback | feedback.
reacción negativa (contrarreacción - radio) | degeneration.
reacción neutronífera | neutron-producing reaction.
reacción nuclear | nuclear reaction.
reacción nuclear con eyección de más de dos o tres partículas | spallation.
reacción nuclear en cadena | nuclear chain reaction.
reacción nuclear en cadena amortiguadora | convergent.
reacción nuclear en cadena autosostenida | self-sustaining nuclear chain reaction.
reacción nuclear inducida | induced nuclear reaction.
reacción nuclear producida por los rayos cósmicos solares | solar-cosmic-ray-produced nuclear reaction.
reacción nuclear progresiva | nuclear chain reaction.
reacción oxidativa catalizada por enzima | enzyme-catalyzed oxidative reaction.
reacción parásita (química) | side reaction.
reacción parda (ejemplo la caramelización) | browning reaction.
reacción peritéctica | peritectic reaction | hidden maximum reaction.
reacción peritectoide | peritectoid reaction.
reacción pirolizante (hidrocarburos) | cracking reaction.
reacción por capacidad (radio) | capacity reaction.
reacción por el rebufo | blast reaction.
reacción posmagnética | post-magnetic reaction.
reacción producida por colisiones | collision-caused reaction.
reacción prohibida | forbidden reaction.
reacción química | process.
reacción química de orden cero | zero-order chemical reaction.
reacción química destructiva entre el revestimiento refractario y agentes exteriores a grandes temperaturas que produce un líquido corrosivo | slagging.
reacción química iniciada por irradiaciones | radiation-triggered chemical reaction.
reacción quimiluminiscente | chemiluminescent reaction.
reacción reversible | both-direction reaction.
reacción secundaria (química) | side reaction.
reacción serológica (bacteriología) | serological reaction.
reacción silicotérmica | silicothermic reaction.
reacción sobre cubierta (artillería) | deck recoil.
reacción sobre la mano de una herramienta neumática o eléctrica al ponerla en marcha | power jump.
reacción superabundante | redundant reaction.
reacción termonuclear | thermonuclear reaction.
reacción termonuclear controlada | controlled thermonuclear reaction.
reacción termonuclear pulsátil | pulsed thermonuclear reaction.
reacción trimolecular | termolecular reaction.
reacción tumultuosa (química) | violent reaction.
reacción vestibular de Coriolis (medicina) | Coriolis vestibular reaction.
reaccionabilidad del cok | reactability of coke.
reaccionar | react (to) | wince (to).
reaccionar (precios) | react (to).
reaccionar débilmente los órganos de mando (aviones) | mush (to).
reaccionar en la antena (radio) | howl (to).
reaccionar entre sí | interact (to).
reacciones termonucleares iniciadas por reacción entre dos protones | proton-proton chain.
reaceptación | reacceptance.
reacondicionado con rodillo de forma (muelas) | trued with crushing roller.
reacondicionadora (de muelas abrasivas) | dresser.
reacondicionamiento (pozos petrolíferos) | workover.
reacondicionamiento de herramientas (talleres) | tool economy.
reacondicionamiento de la cara (muelas abrasivas) | truing.
reacondicionamiento de muelas adiamantadas | diamond grinding wheel dressing.
reacondicionamiento del revestimiento de ladrillos de la solera (alto horno) | hearth rebricking.
reacondicionar | dress (to) | recondition (to) | recondition (to).
reacondicionar (muelas abrasivas) | dress (to) | true (to).
reacondicionar (pozos) | workover (to) | doctor (to).
reacondicionar con el diamante (rectificar con el diamante - muela abrasiva) | diamond dress (to).
reactancia | reactance.
reactancia (electricidad) | reactor | inductor.
reactancia acústica | acoustic reactance.
reactancia acústica específica | specific acoustic reactance.
reactancia auxiliar | ballast.
reactancia capacitiva | condensive reactance | capacitive reactance | capacity reactance | capacitative reactance | Xc.
reactancia capacitiva (de un capacitor de capacidad fija) | condensance.
reactancia con dos dispositivos limitacorriente | tulamp.
reactancia de acoplamiento | swinging choke.
reactancia de capacidad | condensive reactance.
reactancia de dispersión | stray reactance.
reactancia de dispersión en las conexiones terminales | end-connection leakage reactance.
reactancia de eje-directo | direct-axis reactance.
reactancia de excitación | exciting reactance.
reactancia de filtro | filter choke.
reactancia de impedancia variable | saturable reactance.
reactancia de la línea | line reactance.
reactancia de la línea de alimentación | supply-line reactance.
reactancia de núcleo ferromagnético | iron-cored reactor.
reactancia de partición de fase | phase-splitting reactance.
reactancia de pérdida en el devanado final | end-winding leakage reactance.
reactancia de polarización | polarization reactance.
reactancia de puesta a tierra | earthing reactor.
reactancia de salida | output reactance.
reactancia de sincronismo del eje en cuadratura | quadrature-axis synchronous reactance.
reactancia dieléctrica | dielectric reactance.
reactancia diferencial de dispersión | differential leakage reactance.
reactancia efectiva | effective reactance.
reactancia en cuadratura | quadrature reactance.
reactancia inductiva | inductance reactance | inductive reactance.
reactancia limitadora | limiting reactance.
reactancia limitadora de potencia | power-limiting reactance.
reactancia másica | mass reactance.
reactancia para lámpara fluorescente | fluorescent ballast.
reactancia permitida | permittive reactance.
reactancia propia (antenas) | self-reactance.
reactancia regulable | variable reactance.
reactancia rotórica | rotor reactance.
reactancia saturable | saturable reactance.
reactancia síncrona | synchronous reactance.
reactancia sintonizada en derivación | shunt-tuned choke.
reactancia subtransitoria | subtransient reactance.
reactancia subtransitoria del eje directo | direct-axis subtransient reactance.
reactancia variable | varactor.
reactancias subtransitorias | subtransient reactances.
reactancímetro | reactance meter.
reactante | reactant.
reactante electrófilo | electrophilic reactant.
reactivación | reactivation | upsurge | upturn revival | upswing | pump-priming | revivification | recovery.
reactivación (baños, electrodos) | rejuvenation.
reactivación del catalizador | catalyst revivification.
reactivación del cátodo | cathode rejuvenation.
reactivación del medio por depuración | puri-

fication medium reactivation.
reactivador | reactivator.
reactivador (electrónica) | rejuvenator.
reactivar | revive (to) | reactivate (to).
reactividad de burbujas | void reactivity.
reactividad de los sólidos | reactivity of solids.
reactividad del reactor | reactor reactivity.
reactividad disponible | available reactivity | excess reactivity.
reactividad hidráulica | hydraulic reactivity.
reactividad inicial (reactividad intrínseca - reactor nuclear) | build-in reactivity.
reactividad intrínseca | built-in reactivity.
reactividad negativa | negative reactivity.
reactividad química | chemical reactivity.
reactividad total absorbida (reactor nuclear) | total reactivity absorbed.
reactivo | reactive | tester | etchent.
reactivo (electrónica) | regenerative.
reactivo (química) | reactant | reagent.
reactivo analítico | analytical reagent.
reactivo añadido a una pulpa para aumentar la adherencia entre partículas sólidas y burbujas de aire | collecting agent | collector.
reactivo catódico (metalografía) | cathodic etcher.
reactivo compensador | buffer reagent.
reactivo de Abel (10% de trióxido de cromo en agua) | Abel's reagent.
reactivo de ataque | etching medium.
reactivo de ataque alcalino | alkaline etchant.
reactivo de Cole | Cole reagent.
reactivo de flotación | flotation reagent.
reactivo de Nessler | Nessler reagent.
reactivo de valoración | titration reagent.
reactivo depresivo | depressant.
reactivo electrófilo | electrophilic reagent.
reactivo estabilizante inyectado | injected stabilizing reagent.
reactivo extractor | extractant.
reactivo líquido que hace transparentes los objetos en él sumergidos | clearing agent.
reactivo metalográfico | metallographic etchant.
reactivo metaloorgánico | metalloorganic reagent.
reactivo microanalítico | microanalytical reagent.
reactivo micrográfico | micrographic reagent.
reactivo nucleofílico | nucleophilic reagent.
reactivo para ataque | etchant.
reactivo para reducir la tensión superficial | bathotonic reagent.
reactivo químico | chemical reagent.
reactivo químico de gran pureza | analar.
reactivo rompecadena (química) | chain breaking reagent.
reactivos especiales para electroforesis clínica | special reagent kits.
reactivos para ataque químico | etching reagents.
reactor | jet | jet | jet airplane | impedance coil.
reactor (alumbrado fluorescente) | ballast.
reactor (bobina de reactancia) | reactor.
reactor (electricidad) | inductor.
reactor acoplado | coupled reactor.
reactor aerorrefrigerado moderado con grafito | aircooled graphite-moderated reactor.
reactor apantallado no magnéticamente | nonmagnetically shielded reactor.
reactor autorregenerador | breeder reactor.
reactor avanzado de gas | advanced gas-cooled reactor.
reactor avanzado epitérmico de torio | advanced epithermal thorium reactor.
reactor biológico de gasto pelicular | film flow biological reactor.
reactor cerámico (nuclear) | ceramic reactor.
reactor con coeficiente de temperatura negativa (todo cambio de temperatura tiende a ser automáticamente compensado) | negative temperature coefficient reactor.
reactor con combustible circulante | circulating fuel reactor | circulating reactor.
reactor con combustible en suspensión | slurry reactor.
reactor con combustible metálico líquido | liquid metal fuel reactor.
reactor con desplazamiento de espectro | spectral shift reactor.
reactor con lecho fluidizado con líquido | liquid fluidized-bed reactor.
reactor con moderador orgánico (nuclear) | organic-moderated reactor.
reactor convertidor | burner reactor | converter reactor.
reactor crítico | critical reactor.
reactor de adiestramiento | training reactor.
reactor de agua a presión | pressurised water reactor | pressurized water reactor.
reactor de agua a presión (nuclear) | pressurized water reactor (PWR).
reactor de agua de ciclo cerrado | closed cycle water reactor.
reactor de agua hirviendo | boiling water reactor.
reactor de agua hirviendo y de ciclo doble | dual cycle boiling water reactor.
reactor de agua ligera (nuclear) | light water reactor.
reactor de agua pesada (nuclear) | heavy water reactor.
reactor de alta temperatura | high temperature reactor.
reactor de autoinducción variable | swinging choke.
reactor de aviación | aircraft reactor.
reactor de baja temperatura | low temperature reactor.
reactor de bajo flujo | low flux reactor.
reactor de barras colectoras | bus reactor.
reactor de bombardeo | jet bomber.
reactor de caza | jet-propelled fighter | jet-fighter.
reactor de caza con piloto echado sobre el vientre | prone-pilot fighter.
reactor de caza nocturna | jet-propelled night-fighter.
reactor de celosía | lattice reactor.
reactor de ciclo abierto | open-cycle reactor.
reactor de ciclo continuo | direct cycle reactor.
reactor de ciclo directo | direct cycle reactor.
reactor de ciclo doble (nuclear) | dual cycle reactor.
reactor de combustible cerámico | ceramic-fueled reactor.
reactor de conmutación | transductor | commutating reactor.
reactor de conversión termiónica | thermionic conversion reactor.
reactor de cubeta agitada | stirred tank reactor.
reactor de depósito | tank reactor.
reactor de deriva espectral | spectral shift reactor.
reactor de desarrollo | developmental reactor.
reactor de doble finalidad | dual purpose reactor.
reactor de doble flujo | fan jet engine.
reactor de doble flujo (aviación) | turbofan reactor.
reactor de energía nuclear | atomic energy reactor.
reactor de ensayo de materiales | materials testing reactor.
reactor de espectro mixto | mixed spectrum reactor.
reactor de fisión | fission reactor.
reactor de fisión nuclear | nuclear fission reactor.
reactor de fluido a presión | pressurised reactor.
reactor de fluido bajo presión | pressurized reactor.
reactor de flujo dividido | split-flow reactor.
reactor de frecuencia | radio frequency choke.
reactor de fusión en que el plasma se calienta por campos magnéticos pulsátiles que comprimen el plasma | mirror machine.
reactor de gas a temperatura alta (nuclear) | high temperature gas reactor.
reactor de haz | beam reactor.
reactor de hidruro de uranio circonio | uranium zirconium hydride reactor.
reactor de irradiación | irradiation reactor.
reactor de lecho fluidizado | fluidised bed reactor.
reactor de lecho líquido fluidizado | liquid fluidized bed reactor.
reactor de mesa partida | split-table reactor.
reactor de modulación | modulation reactor.
reactor de múltiple finalidad (nuclear) | multipurpose reactor.
reactor de neutrones intermedios | intermediate reactor | intermediate neutron reactor.
reactor de neutrones rápidos | fast neutron reactor.
reactor de neutrones rápidos en que la sustancia fisil está diluida | dilute fast reactor.
reactor de núcleo gaseoso | gas-core reactor.
reactor de núcleo magnético saturable | saturable reactor.
reactor de núcleo móvil | plunger core reactor.
reactor de núcleo sembrado | spiked core reactor | seed core reactor.
reactor de pasta combustible | paste reactor.
reactor de piscina | swimming pool reactor | pool reactor.
reactor de plutonio | plutonium reactor.
reactor de potencia | power reactor.
reactor de potencia cero | zero energy reactor.
reactor de potencia nula | zero power reactor.
reactor de propulsiónp | propulsion reactor.
reactor de prueba de materiales | materials-testing reactor.
reactor de prueba para materiales | material test reactor.
reactor de radiobiología | biomedical reactor.
reactor de radioquímica | chemonuclear reactor.
reactor de ráfagas | fast-burst reactor.
reactor de recipiente agitado (química) | stirred tank reactor.
reactor de refrigerante a presión | pressurised reactor.
reactor de regeneración rápida | fast-breeder reactor.
reactor de sales fundidas | molten salt reactor.
reactor de sodio-grafito | sodium graphite reactor.
reactor de sólidos fluidizados (química) | fluidized-solids reactor.
reactor de sustentación | direct lift jet engine | liftjet.
reactor de tratamiento de materiales | materials processing reactor.
reactor de tubos de presión | pressure tube reactor.
reactor de uranio enriquecido | enriched reactor | enriched uranium reactor.
reactor de uranio natural | natural uranium reactor.
reactor de uranio 235 moderado con agua pesada | heavy-water U-235 reactor.
reactor de vapor recalentado | superheat reactor.
reactor de vapor sobrecalentado | superheat reactor.
reactor del alimentador | feeder reactor.
reactor electronuclear con refrigerante orgánico | organic power reactor.
reactor en derivación | paralleling reactor.
reactor equilibrador de corriente (electricidad) | current-balancing reactor.
reactor experimental | development reactor | experimental reactor.
reactor experimental de sales fundidas (nuclear) | molten salt experimental reactor.
reactor ficticio introducido matemáticamente (resolución de las ecuaciones críticas de un reactor) | image reactor.
reactor heterogéneo | heterogeneous reactor.

reactor híbrido de fusión-fisión (nuclear) | fusion-fission hybrid reactor.
reactor homogéneo acuoso | aqueous homogeneous reactor.
reactor industrial | process heat reactor.
reactor integrado | integral reactor | integrated reactor.
reactor integral | integral reactor.
reactor irradiador de alimentos | food irradiation reactor.
reactor lento | slow reactor.
reactor limitador de corriente | current-limiting reactor | choke coil.
reactor limpio y frío | cold clean reactor.
reactor magnéticamente apantallado | magnetically shielded reactor.
reactor moderado con grafito (nuclear) | graphite moderated reactor.
reactor moderado por agua ligera | light water moderated reactor.
reactor moderado por grafito | graphite-moderated reactor.
reactor naval de agua pesada enfriado por vapor de agua | steam cooled heavy water marine reactor.
reactor no autocatalítico | nonautocatalytic reactor.
reactor nuclear | pile | atomic pile | chain reaction plant | reactor | nuclear pile | nuclear reactor.
reactor nuclear alimentado con plutonio | plutonium-fuelled reactor.
reactor nuclear alimentado con uranio natural | natural uranium fueled reactor.
reactor nuclear autorregenerable | breeder | breeding reactor.
reactor nuclear con carga completa de combustible virgen | clean reactor.
reactor nuclear con combustible de suspensión de óxido de uranio | uranium-oxide-suspension fueled reactor.
reactor nuclear con combustible de uranio enriquecido | enriched uranium fueled reactor.
reactor nuclear con combustible en forma de sólido plástico que fluye continuamente | flowable solids reactor.
reactor nuclear con combustible en forma gaseosa | gaseous fuel reactor.
reactor nuclear con combustible en suspensión acuosa | aqueous slurry reactor.
reactor nuclear con constante de multiplicación igual a 1 | prompt-critical reactor.
reactor nuclear con defensa biológica por agua en una balsa | bulk shielding reactor.
reactor nuclear con defensa de radiaciones por agua en una piscina | swimming pool reactor.
reactor nuclear con elementos combustibles no encamisados | dirty reactor.
reactor nuclear con lecho de bolas | pebble nuclear reactor.
reactor nuclear con moderador de agua ordinaria | light-water-moderated reactor.
reactor nuclear con moderador de agua pesada | heavy-water reactor.
reactor nuclear con moderador de agua pesada y refrigeración por sodio líquido | sodium-deuterium reactor.
reactor nuclear con reflector para neutrones | reflected reactor.
reactor nuclear controlado por desplazamiento espectroscópico | spectral shift control reactor.
reactor nuclear convertidor | converter.
reactor nuclear convertidor que produce más átomos fisionables que los que consume | breeder.
reactor nuclear de agua en ebullición | boiling water reactor.
reactor nuclear de agua hirviendo | boiling aqueous reactor.
reactor nuclear de agua hirviente con toria y urania | thoria-urania-light water boiling reactor.
reactor nuclear de agua hirviente de ciclo directo | direct cycle boiling water reactor.
reactor nuclear de agua hirviente moderado con agua pesada | heavy-water boiling-water reactor.
reactor nuclear de agua pesada | D_2 O reactor.
reactor nuclear de agua pesada hirviente | boiler heavy water reactor.
reactor nuclear de alto flujo neutrónico transitorio | transient high flux reactor.
reactor nuclear de cavidad esférica rellena de U 235 rodeado de H_2 gaseoso y el todo rodeado de un reflector moderador de D_2O | uranium-235-D_2O gaseous-core cavity reactor.
reactor nuclear de combustible de uranio muy enriquecido | highly enriched uranium fueled reactor.
reactor nuclear de combustible en suspensión | slurry reactor.
reactor nuclear de combustible enriquecido de neutrones hipoenergéticos | thermal enriched reactor.
reactor nuclear de combustible fluidizado | fluidized reactor.
reactor nuclear de combustible fluidizado moderado con fluido orgánico | organic-moderated fluid bed reactor.
reactor nuclear de combustible fluido (en forma de soluciones de uranio, torio y plutonio en mezclas de fluoruros de litio, berilio y sodio) | molten salt reactor.
reactor nuclear de combustible no circulable | solid-fuel reactor.
reactor nuclear de débil flujo neutrónico | low-flux reactor.
reactor nuclear de doble función (que produce a la vez energía y plutonio) | dual-purpose reactor.
reactor nuclear de ensayo de flujo rápido | fast flux test facility.
reactor nuclear de estatorreactor | nuclear ramjet reactor.
reactor nuclear de flujo de sólidos | flowable solids reactor.
reactor nuclear de fusión | fusion reactor.
reactor nuclear de gran temperatura con combustible recubierto de cerámica | ceramic fueled high-temperature reactor.
reactor nuclear de hiperflujo neutrónico | high flux reactor.
reactor nuclear de neutrones hipoenergéticos | slow reactor.
reactor nuclear de neutrones rápidos | fast reactor.
reactor nuclear de neutrones rápidos de energía nula | zero-power fast reactor.
reactor nuclear de plutonio | Pu-fueled reactor | plutonium reactor.
reactor nuclear de retículo heterogéneo | sandwich reactor.
reactor nuclear de sodiografito | sodium-graphite reactor.
reactor nuclear de tubos a presión contenedores de combustible (en vez de un solo gran recipiente a presión) | pressure-tube reactor.
reactor nuclear de uranio natural enfriado por metal licuado | liquid-metal-cooled natural uranium reactor.
reactor nuclear de uranio natural moderado con agua pesada | heavy-water-moderated natural uranium reactor.
reactor nuclear de uranio natural moderado con agua pesada y enfriado con agua ordinaria | light-water-cooled heavy water moderated natural uranium reactor.
reactor nuclear de uranio natural moderado con grafito | uranium-fuelled graphite-moderated reactor.
reactor nuclear de 350 megavatios de calor | reactor of 350 MW of heat.
reactor nuclear del tipo de agua a presión | water-pressure nuclear reactor.
reactor nuclear desnudo | bare reactor.
reactor nuclear diseñado para producción de radioisótopos | isotope reactor.
reactor nuclear en condición crítica | critical reactor.
reactor nuclear en que el combustible y el moderador están separados | heterogeneous reactor.
reactor nuclear energético | power producing reactor.
reactor nuclear energético transportable | packaged power reactor.
reactor nuclear enfriado con líquido orgánico y moderado con agua pesada | heavy-water-moderated organic-liquid cooled reactor.
reactor nuclear enfriado con sodio y moderado con grafito | graphite-moderated sodium-cooled reactor.
reactor nuclear enfriado por anhídrido carbónico y moderado con grafito | graphite-moderated CO_2-cooled reactor.
reactor nuclear enfriado por líquido orgánico y moderado con agua pesada | heavy-water-moderated organic cooled reactor .
reactor nuclear enfriado por metal licuado | liquid-metal-cooled reactor.
reactor nuclear enfriado y moderado por agua ordinaria a presión | pressurized water reactor.
reactor nuclear enriquecido enfriado con gas | gas-cooled enriched reactor.
reactor nuclear epitérmico (con espectro de energía neutrónica superior a la térmica pero inferior al de los neutrones rápidos) | epithermal reactor.
reactor nuclear ergógeno | power-producing nuclear reactor | power-only reactor.
reactor nuclear ergógeno y plutonígeno | power-plus-plutonium reactor.
reactor nuclear funcionando críticamente | critically-operated pile.
reactor nuclear generador de vapor de agua pesada | steam generating heavy water reactor.
reactor nuclear homogéneo con reflector de grafito | graphite reflected homogeneous reactor.
reactor nuclear intermedio de submarino | submarine intermediate reactor.
reactor nuclear marino enfriado por gas | maritime gas-cooled reactor.
reactor nuclear moderado con agua pesada y enfriado con gas | gas-cooled heavy-water-moderated reactor.
reactor nuclear moderado con agua pesada y enfriado por vapor de agua | steam-cooled heavy water moderated reactor.
reactor nuclear moderado con fluido orgánico | organic-liquid-moderated reactor.
reactor nuclear moderado con grafito y enfriado con gas | gas-cooled graphite-moderated reactor.
reactor nuclear moderado con grafito y hidroenfriado | water-cooled graphite-moderated pile.
reactor nuclear moderado con hidruro de zirconio | zirconium hydride-moderated reactor.
reactor nuclear neutrónico | neutronic reactor.
reactor nuclear no regenerable | nonbreeder reactor.
reactor nuclear para buques | marine reactor.
reactor nuclear para la investigación | research reactor.
reactor nuclear para pruebas técnicas | engineering test reactor.
reactor nuclear plutonígeno | plutonium-producing reactor.
reactor nuclear portátil de uranio enriquecido moderado con agua a presión | enriched U pressurized water package reactor.
reactor nuclear productor de materia fisionable | breeder reactor.
reactor nuclear productor de material fisionable | breeder reactor.
reactor nuclear que emplea una clase de combustible y produce otra | converter reactor.
reactor nuclear que genera por cada kilo de U 235 consumido no menos de un kilo de plutonio o de U 233 | breeder.

reactor nuclear que no ha funcionado | virgin reactor.
reactor nuclear que permite obtener una cantidad de uranio enriquecido superior al uranio que consume el reactor | fast-feeder.
reactor nuclear que produce combustible fisionable pero menos que lo que él produce | converter reactor.
reactor nuclear que produce más material fisionable que el que consume | breeding reactor | breeder reactor.
reactor nuclear que puede hacerse supercrítico durante un breve período de tiempo para producir haces intermitentes intensos de neutrones | pulsing reactor.
reactor nuclear químico | chemonuclear reactor.
reactor nuclear rápido enfriado por sodio | sodium-cooled fast breeder reactor.
reactor nuclear rápido refrigerado por vapor | steam cooled fast reactor.
reactor nuclear rápido regenerable | fast breeder.
reactor nuclear rápido regenerador enfriado por vapor de agua | steam-cooled fast breeder reactor.
reactor nuclear regenerable de neutrones hipoenergéticos | thermal breeder.
reactor nuclear regenerable de plutonio | plutonium breeder.
reactor nuclear regenerable homogéneo | homogeneous breeder.
reactor nuclear regenerador rápido | fast breeding reactor.
reactor nuclear reproductor experimental | experimental breeder reactor.
reactor nuclear sin reflector | bare reactor.
reactor nuclear subcrítico (con constante de multiplicación <1) | subcritical reactor.
reactor nuclear supercrítico (constante de multiplicación mayor que 1) | supercritical reactor.
reactor nuclear térmicamente regulado | thermally controlled reactor.
reactor nuclear térmico | slow reactor.
reactor nuclear térmico enfriado con sodio líquido | sodium-cooled thermal reactor.
reactor nuclear termoelectrónico | thermionic nuclear reactor.
reactor nuclear termorregenerativo heterogéneo | heterogeneous thermal regenerative nuclear reactor.
reactor nucleoeléctrico | electrical power production reactor.
reactor nucleoenergético | nuclear-energy reactor.
reactor para investigaciones atómicas | atomic research reactor.
reactor plutonígeno | plutonium producing reactor | plotonium producing reactor.
reactor prefabricado | package reactor.
reactor prefabricado de potencia | package power reactor.
reactor productor de calor | process heat reactor.
reactor productor de isótopos | isotope-production reactor.
reactor productor de plutonio | plutonium reactor.
reactor productor de sustancias fisionables (nuclear) | fissile materials production reactor.
reactor pulsado | pulsed reactor.
reactor pulsante | pulsed reactor.
reactor químico | reactor.
reactor rápido de metal líquido | liquid metal fast reactor.
reactor rápido refrigerado por gas (nuclear) | gas cooled fast reactor.
reactor rápido reproductor de metal líquido | liquid metal fast breeder reactor.
reactor refrigerado con metal líquido | liquid metal cooled reactor.
reactor refrigerado orgánico | organic cooled reactor.
reactor refrigerado por agua | water-cooled reactor.
reactor refrigerado por gas | gas cooled reactor.
reactor refrigerado por gas de alta temperatura | high temperature gas-cooled reactor.
reactor refrigerado por sodio | sodium-cooled reactor | sodium cooled reactor.
reactor refrigerado por sodio (nuclear) | sodium reactor.
reactor regenerador de neutrones rápidos | fast breeder.
reactor reproductor | breeder reactor | reactor breeder.
reactor reproductor de sales fundidas | molten salt breeder reactor.
reactor térmico | thermal reactor.
reactor térmico de fuente neutrónica | neutron source thermal reactor.
reactor térmico de nitrógeno recalentado de energía nula | zero energy nitrogen heated thermal reactor.
reactor térmico homogéneo sin reflector | bare homogeneous thermal reactor.
reactor termonuclear | thermonuclear reactor.
reactor termonuclear controlado | controlled thermonuclear reactor (CTR).
reactor termonuclear de uranio natural | natural-U thermal reactor.
reactor termonuclear de uranio natural moderado con grafito | natural U-graphite-moderated thermal reactor.
reactor termonuclear electrogenerador | power-producing thermal reactor.
reactor virtual | virtual reactor.
reactor-sublimador | reactor-sublimator.
reactuar | react (to).
reacuñar | rechock (to).
reacuñar (moneda) | re-strike (to).
readaptación | readjustment | resettlement.
readaptación de incapacitados | disablement resettlement.
readaptación funcional | functional readaptation.
readaptar | readjust (to).
readmisión de restablecimiento | crossover feedback.
readmisión en su antiguo empleo (talleres) | reemployment.
readmitir (personal) | reinstate (to).
readoquinar | repave (to).
readquirir | repurchase (to) | buy back (to).
reaeración | reaeration.
reafilable | regrindable.
reafilado | regrind | dressing | regrinding | resetting.
reafilado (sierras) | re-servicing.
reafilado del trépano adiamantado | diamond bit resetting.
reafilador de muela abrasiva | wheel dresser.
reafilador de muela abrasiva de barra abrasiva | abrasive-stick dresser.
reafilar | resharpen (to) | regrind (to).
reafilar (herramientas) | reset (to).
reagrupación | rearranging.
reagrupación de vacíos | garbage collection.
reagrupación nuclear | nuclear rearrangement.
reagrupamiento | regrouping | batching.
reagrupamiento de electrones | bunching.
reagrupamiento de las señales | signal bunching.
reagrupamiento de los electrones | electron bunching.
reagrupar | regroup (to).
reagrupar en bloques | reblock.
reagruparse | rally (to).
reaireación de los cursos de agua | stream reaeration.
reajustabilidad | resettability.
reajustado según la estación | seasonally-adjusted.
reajustador del huelgo (frenado automático) | reset.
reajustar | restate (to) | renegotiate (to) | readjust (to) | refit (to).
reajustar (máquinas) | reset (to).
reajustar cojinetes | adjust bearings (to).
reajuste | refit | shake-up | rearrangement | readjustment.
reajuste a cero | zero reset.
reajuste a la baja o al alza | rolling readjustment.
reajuste de la producción | conversion of production.
reajuste de una máquina | refit.
reajuste monetario | readjustment of currencies.
real | right | actual | true.
realce | embossment | upraise | boss.
realce (arte, geografía) | relief.
realce (minas) | upset | top hole | topple | riser | rise.
realce (minería) | raise-stope.
realce (tipografía) | underlay.
realce de un objeto por alumbrado especial | highlight.
realce en el lomo | band.
realce escalonado inclinado (minas) | rill stope.
realera (apicultura) | queen-cell.
realidad | actuality.
realimentación (electrónica) | pick-a-back.
realimentación (radio, acústica, amplificadores) | feedback.
realimentación acústica | acoustic feedback | acoustic regeneration.
realimentación de corriente | current feedback.
realimentación de la información | information feedback.
realimentación de las capas acuíferas subterráneas | ground water recharge.
realimentación de los pozos de agua | well recharge.
realimentación de voltaje | voltage feedback.
realimentación degenerativa | degenerative feedback.
realimentación estabilizada | stabilized feedback.
realimentación externa | external feedback.
realimentación inductiva | inductive feedback.
realimentación intrínseca del transistor | transistor intrinsic feedback.
realimentación inversa | inverse feedback.
realimentación negativa | degenerative feedback | negative feedback.
realimentación positiva | retroaction.
realimentación positiva (termiónica) | positive feedback.
realineación | realigning.
realineación de la vía (ferrocarril) | track realigning.
realineamiento | realignment.
realinear | realign (to).
realismo pragmático | pragmatic realism.
realizabilidad (homotopia) | realizability.
realizabilidad física | physical realizability.
realizable | workable | contrivable.
realizable (comercio) | salable.
realizable (valores) | liquid.
realización | realization.
realización de beneficios altos | profiteering.
realización de la invención | embodiment of the invention.
realización de los activos | realization of the assets.
realización de un contrato | fulfilment of a contract.
realización de una campaña política | stump.
realizador | maker.
realizar | vye (to) | effect (to) | perform (to) | implement (to).
realizar (beneficios) | realize (to).
realizar el activo | liquidate the assets (to).
realizar estadística | compile statistics (to).
realizar la prueba de recepción | run the acceptance test (to).
realizar operaciones de seguros | transact insurance business (to).
realizar un negocio | implement a deal (to).

realizar un pago | effect a payment (to).
realizar un trabajo | do a job (to).
realizar una campaña política | stump (to).
realizar una imposición (economía) | deposit (to).
realizar valores | sell out securities (to).
realizarse | come true (to).
realmente | actually.
realquilar | re-lease (to) | relet (to).
realzado en relieve | anastatic.
realzador de graves | bass boost.
realzar | pinpoint (to) | emphasize (to) | spotlight (to) | bone (to).
realzar (poner de relieve) | relieve (to).
realzar (tipografía) | underlay (to).
realzar el prestigio | stress the prestige (to).
realzar la galería (minas) | back stope (to).
reamasar (morteros, cales, hormigón) | retemper (to).
reamolado | regrinding.
reamolar | regrind (to).
reamueblar | refurnish (to).
reanimación cardiovascular | cardiopulmonary resuscitation.
reanimarse | perk (to).
reanodizar | re-anodize (to).
reanudación | resumption | reopening | restart.
reanudación (de actividades) | renewal.
reanudación del sistema | warm start | system restart.
reanudación del trabajo | resumption of work.
reanudación diferida | deferred restart.
reanudación en punto de control | checkpoint restart.
reanudación progresiva del trabajo | progressive resumption of work.
reanudaciones | renewals.
reanudar | restore (to) | resume (to).
reanudar el trabajo | resume work (to).
reanudar las sesiones | reconvene (to).
reanudar los pagos | resume payment (to).
reanudar pagos | resume payments (to).
reanudar un proceso interrumpido | restart (to).
reaparejar (buques) | rerig (to).
reaparición | reappearence.
reapertura | reopening | reversing.
reapertura (señalización) | relighting.
reapretar | re-tighten (to) | retighten (to).
reapropiación | reappropriation.
reaprovechamiento | feedback.
reaprovisionado en vuelo | refuelled in flight.
reaprovisionamiento | replenishment | refuelling | refueling.
reaprovisionar | replenish (to).
reaprovisionar (de combustible) | refuel (to).
reaprovisionar el reactor nuclear | refuel the reactor (to).
rearmado | reassembly.
rearmado del disparador (cañón) | sear resetting.
rearmar (buques) | recommission (to).
rearmar (un buque) | reman (to).
rearmar (un relé, un mecanismo) | reset (to).
rearme | reequipment.
rearranque automático | power fail start.
rearrendar | re-lease (to).
rearrollar | rewind (to).
reasegurado | reinsured.
reasegurador | reinsurer.
reasegurador marítimo | marine reinsurer.
reasegurar | reinsure (to) | cede (to).
reasegurar (seguros) | reassure (to).
reaseguro | reinsurance.
reaseguro cedido | outwards reinsurance.
reaseguro contra riesgo excesivo | block cover.
reaseguro de cuota-parte (seguros) | quota share reinsurance.
reaseguro de excedente | surplus reinsurance.
reaseguro de excedentes | excess reinsurance.
reaseguro de pérdidas superiores a una cantidad concreta participando el reasegurador | surplus reinsurance.
reaseguro definitivo | flat reinsurance.
reaseguro del casco | hull reinsurance.
reaseguro excedente sobre las pérdidas que sobrepasen las cubiertas | stop loss reinsurance.
reaseguro preconvenido | treaty reinsurance.
reaseguro prorrateado | share reinsurance.
reaseguro prorrateado (entre varias compañías) | participating reinsurance.
reaseguro prorrateado entre las compañías aseguradoras | participating reinsurance.
reaseguro terrestre (pólizas) | shore reinsurance.
reasentar | resettle (to).
reasignación | reallocation.
reasignar | re-allocate (to) | reassign (to).
reasumir | resume (to).
reata | pack-train | pack train.
reata (cabo para ligar - marina) | woolding.
reata (cuerda para enlazar varios animales) | lariat.
reatar (marina) | woold (to).
reaumentar | build up (to).
reaustenitización (aceros) | re-austenitization.
reaustenitizar | reaustenitize (to).
reaustenización | re-austenitizing.
reaustenizar después del soldeo | re-austenize after welding (to).
reavalúo | reappraisal.
reavivación (muelas abrasivas) | dressing.
reavivación de la muela abrasiva | dressing of grinding wheel.
reavivaciones del perfil de la muela abrasiva | truing operations on the wheel.
reavivado con diamante (muelas) | trued with truing diamond.
reavivado de la barreta abrasiva | honing stone truing.
reavivado de la forma (muela abrasiva) | form-truing.
reavivado de la muela de rectificar | grinding wheel truing.
reavivado en seco (de muelas abrasivas) | dry truing.
reavivador de diamante accionado por leva (muelas) | cam-controlled diamond truer.
reavivador de la muela de rectificar | grinding wheel refacer.
reavivador de muela abrasiva | wheel refacer | wheel dresser.
reavivador de muelas de rectificar | dresser | refacer.
reavivador para muelas adiamantadas | diamond wheel dresser.
reavivadora (de muelas abrasivas) | dresser.
reavivadora de la forma (muelas abrasivas) | form dresser.
reavivadora de muela de rectificar | grinder truer.
reavivadora de muelas | grindstone truing device.
reavivadora de muelas de rectificar | grinder dresser.
reavivadora para máquina de rectificar con muela abrasiva | grinding machine-truing apparatus.
reavivadora para muelas abrasivas | grinding wheel dresser.
reavivadura por aportación de material soldante | beading.
reavivamiento (de muelas abrasivas) | trueing.
reavivamiento de colores | freshening.
reavivamuelas (de muelas abrasivas) | dresser.
reavivar (abrillantar - electrodeposición) | color (to).
reavivar (colores) | freshen (to).
reavivar (muelas abrasivas) | true (to).
reavivar el color | freshen up paint (to).
rebaba | chip | rough edge | seam | scale | burr | burr | beard | rag.
rebaba (de metal) | offshoot | barb.
rebaba (de pieza fundida) | sprue.
rebaba (fundición) | featheredge.
rebaba (lingotes) | feather.
rebaba (piezas estampadas) | scrap.
rebaba cortante (corte en frío de chapas) | arris.
rebaba de corte | flash.
rebaba de corte (cabeza de carriles) | rag.
rebaba de estampación (vidrio) | overpress.
rebaba de forja | flash.
rebaba de fundición (fundición en moldes) | cast seam.
rebaba de recalcado | forging flash.
rebaba de recalcar | flash.
rebaba en la pieza producida al ser estampada entre dos troqueles | flash line.
rebaba inferior (lingotes) | bottom flash.
rebaba lateral (exceso de material que sale de un molde al cerrarse-pieza estampada) | flash.
rebaba por rotura del molde (fundición) | breakout.
rebaba superior (lingote de acero) | swirl envelope.
rebabadas | flash-trimmed.
rebabadas (aleación de aluminio) | flash-trimmed condition.
rebabado | deflashing.
rebabado (forjas) | clipping.
rebabado (metalurgia) | edge-finishing.
rebabado en bombo | barrel deburring.
rebabado en frío | cold trimming.
rebabar | flash (to) | deflash (to) | defraze (to) | bur (to) | burr (to).
rebabar (piezas forjadas) | clip (to).
rebabas de piezas presofundidas | die-casting flash.
rebaja | deduction | abatement | cut | drawback | rebate | rebatement | bargain sale | concession | lowering | reducing.
rebaja (precios) | diminution.
rebaja arancelaria | tariff cut.
rebaja de derechos | rebate of duty.
rebaja de legados (jurídico) | abatement of legacies.
rebaja de precios | price reduction.
rebaja de tasas | rate cutting.
rebaja del precio | markdown.
rebaja en los derechos de aduana | customs rebate.
rebaja por pérdida de peso | draft allowance.
rebaja producida por el refrentado | facing burr.
rebaja total | gross markdown.
rebajado | lowered | backed off | relieved.
rebajado (arcos) | depressed.
rebajado (arcos, cúpulas) | surbased.
rebajado (chasis autos) | low-swung.
rebajado (de una pieza) | relief.
rebajado a paño con la muela abrasiva (soldadura) | ground flush.
rebajado exterior (piezas cilíndricas) | external relieve.
rebajado interior (piezas cilíndricas) | internal relief.
rebajador de la dureza | hardness depressor.
rebajador de la temperatura | temperature depressant.
rebajador de rayos (ruedas) | spokeshave.
rebajador de voltaje | sucking booster.
rebajador substractivo (fotografía) | cutting reducer | substractive reducer.
rebajadora (Argentina) | timber planer.
rebajadora (Argentina - carpintería) | sizer.
rebajadora de micas (electricidad) | undercutter.
rebajamiento (de una bóveda) | sagging.
rebajamiento de la temperatura de fusión | fluxing.
rebajar | mark down (to) | take up (to) | sink (to) | lower (to) | abate (to) | abate (to) | true up (to) | offset (to) | depress (to) | rebate (to) | beat (to) | recess (to).
rebajar (arcos) | flatten (to) | make elliptic (to).
rebajar (carpintería) | rout (to).
rebajar (diluir - asfaltos) | cutback (to).

rebajar (fotogrametría) | weaken (to).
rebajar (jornales) | squeeze (to).
rebajar (maquinado) | relieve (to).
rebajar (máquinas herramientas) | neck down (to).
rebajar (precios) | beat (to) | keep down (to) | knock off (to) | reduce (to).
rebajar con el guillamen | rabbet (to).
rebajar con muela abrasiva | grind down (to).
rebajar de servicio mecánico (milicia) | excuse (to).
rebajar el nivel freático y la salinidad (terrenos) | reduce the water table and salinity (to).
rebajar el plano de excavación (minas) | bate (to).
rebajar el precio | undersell (to).
rebajar el puntal de un buque | razee (to).
rebajar el recalentamiento (del vapor) | temper (to).
rebajar el valor | write down (to).
rebajar el voltaje | breaddown the voltage (to).
rebajar la edad de votar | lower the voting age (to).
rebajar la temperatura de congelación | lower the freezing point (to).
rebajar un clisé | chisel (to).
rebajar una soldadura | grind a weld (to).
rebajas y descuentos sobre ventas | allowance and discounts on sales.
rebaje | offset | undercutting | necking.
rebaje (minas) | canch.
rebaje de cabeza (minas) | overhand stope.
rebaje de rancho | ration allowances | leave rations.
rebaje del cubo | offset of hub.
rebaje del plano de excavación (minas) | bating.
rebaje descendente (minas) | underhand stope.
rebajo | necking | notch | housing | set-in | rest | bearding | rabbet | flat | undercutting | rebate | recess.
rebajo (fresas, brocas) | relief.
rebajo a media madera | shiplap.
rebajo alrededor de una cara interior para recoger el exceso de metal (troqueles) | gutter.
rebajo de un estrato (desaparición brusca de una capa-geología) | abut against.
rebajo del filete del macho roscador | thread relief.
rebajo interior parcial | undercutting.
rebajo para alojamiento del quicio (puertas de esclusa) | hollow quoin.
rebalastar (vía férrea) | restone (to).
rebanada | cut.
rebanada de 500 Bngstroms de espesor | slice of 500 Bngstroms thick.
rebanadas triangulares de remolacha (fabricación azúcar) | cossettes.
rebanado (explotación por tramos - minas) | slicing.
rebanador | slicer.
rebanadora | slicing machine.
rebanadora de pan | bread slicer.
rebanar | shave (to) | cut (to).
rebaño | sheep | flock | drove.
rebaño de renos | herd of reindeers.
rebarba (fundición) | fin.
rebarbado | fettled | flashing | dressing-off.
rebarbado (de lingotes) | fettling | dressing.
rebarbado (forja) | defrazing.
rebarbado (metalurgia) | edge-finishing.
rebarbado con la lima | filing down.
rebarbador (obrero) | fettler.
rebarbar | fettle (to).
rebasamiento negativo de la capacidad | underflow.
rebasar (una señal) | overrun (to).
rebasar el límite elástico | exceed the limit of elasticity (to).
rebasar la pista (aterrizaje) | overshoot (to).
rebasar los enganches (jaula mina) | overhoist (to).
rebasar los enganches (jaula minas) | overtravel (to) | overwind (to).
rebase de los enganches (jaula de minas) | overwinding.
rebatanar (telas) | remill (to).
rebatén (telar) | lowering heald | lowering shaft.
rebatén (telares) | pressure harness.
rebatén doble (telares) | double pressure harness.
rebatimiento | rabatment.
rebatir | rebut (to).
rebatir (geometría descriptiva) | rabat (to).
rebatir (un plano) | rabate (to).
rebato | alarm.
rebeldía | default.
rebenque | foxes | ratling | ratline.
rebenque (América) | riding whip.
rebenque (del seguro) | lanyard.
reblandecedor | softener.
reblandecedor por proceso en frío (agua) | cold process softener.
reblandecimiento (fibras o tejidos) | tendering.
reblandecimiento antes de la fusión (metales) | emollescence.
reblandecimiento de la escoria | ash-fusion.
reblandecimiento de los aceros al ser evenidos | softening of steels on tempering.
reblandecimiento de una capa anterior al aplicar una nueva capa (pinturas) | pulling up.
reblandecimiento inicial aparente | apparent initial softening.
rebobinado | backwinding | redrawing | rewinding.
rebobinadora | rewinder | backwinder | redraw machine.
rebobinadora-cortadora | slitter-rewinder.
rebobinar | rewind (to) | backwind (to) | rereel (to).
rebobinar (seda) | redraw (to).
rebolledo | turkey oaks plantation.
rebollo (botánica) | turkey oak.
reborde | shoulder | shoulder | welt | snug | lip | edge | ledge | raised edge | brim | border | bead | flanging | crimp | rim edge | rim | ridge | rib.
reborde (botánica) | margin.
reborde (cine) | pitch.
reborde (chapas) | lap-joint | lap-seam.
reborde (de chapa) | curl.
reborde (de escalón) | nosing.
reborde (pistón) | offset.
reborde (soldadura) | roll.
reborde de la vaina | case rim.
reborde de mandril | chuck shoulder.
reborde de protección | protecting ledge.
reborde de rótula | shoulder of ball.
reborde del cordón (tubo macho) | spigot bead.
reborde guía (carril) | guiding edge.
reborde inferior | toe.
reborde inferior de larguero | bottom flange.
reborde para escurrir | drip-edge.
reborde postizo | attached welt.
reborde saliente de leva | cam-head.
rebordeado | flanged | flanging | beaded.
rebordeado del borde para dar rigidez (chapas finas) | wiring.
rebordeado del metal sobre sí mismo (canto de chapas) | curling.
rebordeado en frío (enfaldillado en frío - chapas) | cold flanging.
rebordeado por anillo de caucho | rubber ring crimping.
rebordeador de tubos (calderas) | flue beader.
rebordeadora | crimping machine | flange turner | flanger | beading machine.
rebordeadora (de chapas) | curling machine.
rebordeadora de chapas para calderas | boiler flanger.
rebordeadora de tubos (calderas) | tube beader.
rebordear | bead over (to).
rebordear (chapas) | curl (to) | lap joint (to).
rebordear (tubos) | bead (to).
rebordear hacia dentro (chapas) | neck in (to).
rebordear hacia fuera (chapas) | neck out (to).
rebordes del cilindro que limitan su presión | cylinder bearers.
rebosadero | weir | overflow level | overflow.
rebosadero del bebedero (funderías) | out-gate.
rebosamiento | spill | spillover | overflow.
rebosar | overflow (to) | overtop (to) | spill (to) | break out (to) | brim over (to) | runover (to).
rebose | overflow | flowing | puking | overshoot | spillover | spill.
rebose (hidrología) | overbank flow.
rebose (salida - líquidos, etc.)
reboso | spilling | flowage.
rebotadera | nap-raising comb.
rebotar | graze (to) | rebound (to).
rebotar (balas, proyectiles, bombas) | ricochet (to).
rebotar en el aterrizaje | kit off (to).
rebotar sobre la pista de aterrizaje | balloon (to).
rebote | ricochet | glancing off | rebounding | rebound.
rebote (avión al aterrizar) | float.
rebote (de la pelota) | resiliency | resilience.
rebote (de una pelota) | dap.
rebote (proyectil) | graze.
rebote de contactos | contact bounce.
rebote de la bola | ball bounce.
rebote de las ondas acústicas sobre el fondo del mar antes de alcanzar el blanco | bottom bounce.
rebrote (agricultura) | regrowth.
rebrote (árboles) | shoot.
rebrote (Iberoamérica) | coppice shoot.
rebufo | blast | flareback | concussion | sneezer.
rebufo (cañones) | sneezer | gun blast.
rebufo atómico | atomic blast.
rebufo de la bomba | bomb blast.
rebujo | clumsy bundle.
rebusca (agricultura) | relogging.
rebusca (de documentos, etcétera) | rummmage.
rebusca (documentación) | retrieval.
rebusca (explotación de pilares - de minas abandonadas) | fossicking.
rebusca (información) | retrieving.
rebusca (telefonía automática) | hunting action.
rebusca de información | information retrieval.
rebuscar | glean (to).
rebuscar (hurgar - para encontrar algo) | fossick (to).
rebuscar (minas) | husk (to).
rebusco | pickings.
recableado | recabling.
recadero | copy runner | messenger.
recado | message.
recaer sobre (obligaciones) | rest (to).
recaer sobre el asegurador | attach to the insurer (to).
recajear (traviesas) | rechair.
recajeo (traviesas ferrocarril) | rechairing.
recalada (aviación) | homing.
recalada (buques y aviones) | landfall.
recalada (marina) | landing.
recalada (puertos, aeropuertos) | approach.
recalar | make land (to).
recalar (marina) | haul in (to) | reach land (to) | approach the land (to).
recalar sobre (marina) | bear down (to).
recalcado | swaging | swaged down | upsetting | squeezed.
recalcado (forjas) | upending.
recalcado (metal) | upset.
recalcado con martillo | setting by hammering.
recalcado eléctrico | electrical upsetting.
recalcado en caliente | hot upsetting | machine-forging.
recalcado en caliente (forja) | heading.
recalcado en frío | cold-heading | cold-upsetting.
recalcado rotativo | rotary swaging.
recalcador (sierras) | swage.
recalcadora | swager | upsetter.
recalcadora (máquina) | header.
recalcadora de bandajes | tire upsetter.
recalcadora en caliente | hot upsetter.

recalcadora en frío (máquina para formar cabezas recalcando en frío la barra - remaches, tornillos, etc.) | cold-header.
recalcadura | jumping | jumping up | upsetting.
recalcadura (forjas) | upending.
recalcadura desbordante | lopsided upset.
recalcar | uphead (to) | forge (to) | emphasize (to) | hammer down (to) | swage (to) | set (to) | rivet over (to) | stove (to).
recalcar (cabeza de remache) | knock down (to).
recalcar (forja) | upset (to).
recalcar (hierro, etc.) | jolt (to).
recalcar (metales) | squeeze (to).
recalcar (metalurgia) | jump up (to) | push up (to).
recalcar (remaches, forjas) | jump (to).
recalcar en caliente | hot upset (to).
recalcar en caliente (forja) | head (to).
recalcar en frío | cold upset (to).
recalcar en frío (formación cabezas pernos, etc.) | cold-head (to).
recalcar en frío en remache | spin a rivet (to).
recalcar un remache | clinch a rivet (to).
recalco | calking.
recalcular | redesign (to).
recálculo | recomputation.
recalentado en el almiar (heno) | mow-burnt.
recalentador | reheater | heater | heat-exchanger.
recalentador (de vapor) | superheater.
recalentador (torpedos) | combustion pot | heater chamber.
recalentador alojado en la caja de humos | smokebox superheater.
recalentador bietápico de autodrenaje | two-stage self-draining superheater.
recalentador caldeado independientemente | independently-fired superheated.
recalentador colgado (calderas) | pendant superheater.
recalentador colgante | pendent-type superheater.
recalentador colocado en la cámara de combustión | combustion chamber superheater.
recalentador colocado encima de los haces vaporizadores | overdeck superheater.
recalentador colocado entre dos filas de tubos vaporizadores | intertube superheater.
recalentador colocado entre dos haces de tubos vaporizadores | interdeck superheater.
recalentador de aire | airheater | air reheater.
recalentador de alta presión | secondary superheater.
recalentador de baja presión (calderas) | initial superheater stage.
recalentador de calor radiante | radiant-heat superheater | radiant superheater.
recalentador de convección | convection superheater.
recalentador de corrientes del mismo sentido | parallel-flow superheater.
recalentador de débil absorción calorífica | low-heat-duty superheater.
recalentador de gas | hotspot.
recalentador de materiales bituminosos (carreteras) | bituminous booster.
recalentador de multielementos | multilimbed superheater.
recalentador de sobrerrecalentamiento (calderas) | reheat superheater.
recalentador de vapor | steam superheater.
recalentador de vapor por gases de la combustión | flue-gas steam reheater.
recalentador de vapor por metal licuado | liquid-metal steam superheater.
recalentador de vapor por vapor vivo | live-steam steam reheater.
recalentador del agua de alimentación con vapor vivo | live steam feedwater heater.
recalentador del reactor nuclear | nuclear reactor superheater.
recalentador del vapor | steam reheater.
recalentador igneotubular (calderas) | smoke-tube superheater.
recalentador integral | integral superheater.
recalentador intercalado entre dos haces de tubos vaporizadores (calderas) | interbank superheater.
recalentador intermedio | interheater.
recalentador preliminar del aire (turbina de combustión) | heat-exchanger.
recalentador principal del aire (turbina de combustión de ciclo cerrado) | air boiler.
recalentador tubular de aire con extremos obstruidos por corrosión y deposición (calderas) | plugged-up air heater.
recalentamiento | reheating | overheating | overheat.
recalentamiento (de un cojinete, etc.) | running hot.
recalentamiento (metalurgia) | chauffage.
recalentamiento a 1.600 °C después de tratamiento por solubilización de una fase | reheating (at 1,600 °C) after solution treating.
recalentamiento de la zapata de freno | brake block heating.
recalentamiento del ambiente económico | overheating of the economic atmosphere.
recalentamiento del vapor entre las fases de expansión (turbinas) | steam reheating.
recalentamiento intermedio del vapor (turbinas) | steam reheating.
recalentamiento intermedio en la turbina de gases | gas-turbine reheat.
recalentamiento para reproducir el estado plástico (vidrio) | flashing.
recalentamiento parcial | short heat.
recalentamiento vaporizador | evaporative reheating.
recalentar | reheat (to) | superheat (to).
recalentar (metalurgia) | reheat (to).
recalentón | overheat.
recalentones repetidos de breve duración | repeated brief overheats.
recalescencia (física) | recalescence.
recalescencia (metalurgia) | afterglow.
recalescencia del acero | moonshining.
recalescer | recalesce (to).
recalibración | recalibration.
recalibrar | recalibrate (to).
recalmón (marina) | lull.
recalzado (muros) | underpinned.
recalzar | underprop (to).
recalzar (cimientos) | underpin (to).
recalzar (muros) | pin (to) | needle (to).
recalzar (plantas) | hill (to).
recalzar un dibujo | color a drawing (to).
recalzo (de muros) | underpinning.
recalzo con pilotes | piling.
recalzo de cimientos (muros) | goufing.
recalzo de edificios empleando vigas que atraviesan los muros | needling.
recalzo de la vía | track raising.
recalzo en voladizo | cantilevered underpinning.
recamado | raised work.
recamado (telas) | powdered.
recamado de oro o plata (tisaje) | brocaded.
recamador | embroiderer.
recamar | fret (to) | embroider (to).
recámara | magazine.
recámara (cañón) | chamber | breech | shot chamber.
recámara (cañones) | powder chamber | gun chamber | firing chamber.
recamarado (de la recámara - cañones) | rechambering.
recamarar (cañones) | chamber (to) | rechamber (to) | liner (to).
recambiabilidad | renewability.
recambiable (accesorios) | renewable.
recambio (comercio) | redraft.
recambio de lámparas | relamping.
recambios | renewal parts | replacement parts | replacements | spares.
recambios intercambiables | interchangeable spares.
recanillar | rewind (to).
recanteado | milled.
recanteado por llama oxigás | flame planing.
recanteadora (bordes de chapa) | planing machine.
recanteadora de chapa | routing-machine | router | plate edge planer.
recanteadora de oxicorte | oxyplaning machine | oxyplane machine.
recanteadora de oxicorte (chapas) | oxyplaner.
recanteadora para lentes | lens edger.
recanteadora por corte oxiacetilénico | oxyacetylene flame planing machine.
recanteadora por oxicorte | flame planer.
recantear | mill (to).
recantear a máquina (chapas) | machine plane (to).
recantear con oxicorte (chapas) | oxygen plane (to).
recantear con soplete | flame-plane (to).
recanteo de chapas | sheet edging.
recapitalización | recap | recapitalization.
recapitulación | resumé | summary.
recapitular | recap (to) | resume (to).
recaptura | recapture.
recarburación (aceros) | skin recovery.
recarburación (de piezas descarburadas) | carbon restoration.
recarburación (metalurgia) | recarburization.
recarburar | recarburize (to).
recarburar con arrabio | pig back (to).
recarga | recharge | buttering | reloading.
recarga (reactor nuclear) | reload.
recarga del combustible | refueling.
recarga por diseminación | spreading recharge.
recargabilidad | rechargeability.
recargable | reloadable.
recargado | heavy.
recargar | reload (to) | charge up (to) | make up (to).
recargar (acumulador, horno) | recharge (to).
recargar (acumuladores) | refresh (to).
recargar (carreteras) | remetal (to).
recargar (soldadura) | build up (to).
recargar a fondo (acumuladores) | top up (to) | top off (to) | top (to).
recargar con balasto (vía férrea) | reballast (to).
recargar por soldadura | deposit weld (to).
recargar una carretera | resurface (to).
recargo | overcharge | surtax | surcharge | loading | extra | extra charge.
recargo (precios) | mark-on.
recargo adicional | mark-up.
recargo con arco eléctrico (soldadura) | arc surfacing.
recargo de demora (contratos) | delayage.
recargo de impuesto | extra duty.
recargo de precio | advance | overcharge.
recargo de servicio | extra duty.
recargo en el servicio mecánico (milicia) | extra fatigue.
recargo por exceso de siniestralidad | penalty for bad loss experience.
recargo por gastos de cobranza | loading for collection cost.
recargo por gestión (seguros) | expense loading.
recargo por pago retrasado | penalty for late payment.
recargo por pruebas | extra for testing.
recauchatado (cubiertas autos) | treading.
recauchotado de cubiertas (autos) | rubber tire retreading.
recauchutado | recapping.
recauchutado (neumáticos) | recapped.
recauchutado de neumáticos | retread.
recauchutaje | retreading.
recauchutar
recauchutar (neumáticos) | retread (to) | cap (to).
recauchutar (rueda auto) | recap (to).
recaudable | collectable | collectible.

recaudación | gate receipts | takings | receipt | recovery | collection | receipts.
recaudación creciente | increasing returns.
recaudación de aduana | levy of taxes.
recaudación de impuestos | collection of tax | tax collection | levying.
recaudación del impuesto de utilidades personales | individual income tax return.
recaudación en origen | collection at source.
recaudación impositiva | tax receipt.
recaudación neta | net earnings.
recaudación tributaria | tax revenue.
recaudado | collected.
recaudador | receiver | collector.
recaudador de contribución | collector of internal revenue.
recaudador de contribuciones | collector of taxes.
recaudador de impuestos | collector of taxes | extortioner | levier | tax collector.
recaudador de impuestos municipales | rate-collector.
recaudador de rentas | collector of internal revenue | collector of taxes.
recaudador general | receiver-general.
recaudar | collect (to) | levy (to).
recaudar impuestos | levy taxes (to).
recaudar un impuesto | levy a tax (to).
recausticizador | recausticizer.
recebado del arco eléctrico | reignition.
recebar (bombas, etc.) | reprime (to).
recebar (carreteras) | top-dress (to).
recebar (inyectores, bombas) | restart (to).
recebo | binder | expletive.
recebo (carreteras) | soling.
recebo (mezcla de gravilla y arcilla para pavimentar senderos) | hoggin.
recencia | recency.
recencia de la definición | recency of the definition.
recensión | return.
recepado de las cabezas (pilotes) | cutting off the heads.
recepar (pilotes) | saw off (to) | strike off (to) | cut off the heads (to).
recepción | acceptation | pickup | party.
recepción (de obras) | taking over.
recepción (radio) | listening.
recepción a campo abierto | garden party.
recepción al oído | aural reception.
recepción axial del empuje | taking up the axial thrust.
recepción con portadora local | local carrier demodulation.
recepción con ruidos (radio) | mushy reception.
recepción confusa (radio) | mushy reception.
recepción de cero batido | zero beat reception.
recepción de doble cambio de frecuencia | triple-detector reception.
recepción de la caldera | boiler acceptance.
recepción de la obra | acceptance of work.
recepción de mercancías | receipts of goods.
recepción de obras | taking over of works.
recepción de radiofaro | beacon reception.
recepción de un grado | graduation.
recepción de una obra | taking over.
recepción de una señal | pickup.
recepción definitiva | final acceptance.
recepción del presidente de la república | levee.
recepción diferencial (radiotecnia) | diversity.
recepción directa (radio) | inductively coupled receiving | direct-coupled receiving.
recepción directiva | team reception.
recepción dirigida (radio) | directive reception.
recepción doble (radio) | dual reception.
recepción en cinta | receiving by tape.
recepción heterodina | beat reception.
recepción monofónica | monophonic reception.
recepción múltiple (recepción simultánea - sobre varios receptores) | diversity reception.
recepción nula (radio) | aural null.
recepción por pulsaciones | beat reception.
recepción por utilización de la difusión troposférica | troposcatter reception.
recepción real para hombres después del mediodía | levee.
recepción retransmitida (TV) | ball reception.
recepción simultánea de dos o más estaciones (radio) | jamming.
recepción simultánea sobre dos antenas o dos receptores | dual-diversity reception.
recepción superheterodina | double-detector reception.
recepción supersónica (radio) | supersonic reception.
recepcionar | accept (to).
recepcionar (materiales) | take over (to).
recepcionista | receiving clerk | receptionist.
receptáculo | receptacle | sac | container | pod | socket | pocket | reservoir | holder.
receptáculo con una fuente de 2 curios de iridio 192 | container with a 2 curie iridium 192 source.
receptáculo criogénico | cryogenic vessel.
receptáculo currentilíneo para llevar algo exteriormente (aviones) | pod.
receptáculo de descarga | stacker.
receptáculo de la mina explosiva | mine case.
receptáculo de mina fondeada | moored mine case.
receptáculo grande de paredes gruesas para transportar o almacenar objetos muy radiactivos | coffin.
receptáculo para cohetes montado en el extremo del ala o debajo de ésta (aviones) | rocket pod.
receptáculo para el radar radomo (alas aviones) | radar pod.
receptáculo para el termómetro | thermometer pocket.
receptáculo para transporte | shipping container.
receptáculo para un solo servicio (después se tira) | single service container.
receptáculo para una ametralladora (avión) | pod.
receptáculo que encaja en la herramienta que se va a pescar (sondeos) | jar socket.
receptáculo refractario de cocción | seggar.
receptáculo vesiculoso (botánica) | honeycombed receptacle.
receptador | receiver.
receptancia | receptance.
receptibilidad de la tinta (papel) | ink receptibility.
receptividad | receptivity | faculty of reception | receptiveness.
receptividad para la tinta (papeles) | ink receptivity.
receptivo | receptive.
receptor | receiver | consignee | recipient.
receptor (de radiofaro interrogador) | responsor | responser.
receptor (hidráulica) | sink.
receptor (máquinas) | load.
receptor (teléfonos) | receiver | earpiece.
receptor a reacción | blooper.
receptor acústico (fonolocalizador) | horn collector.
receptor acústico (telegrafía) | sounder.
receptor alimentado por la portadora | carrier-power receiver.
receptor autodino | self-heterodine receiver | autodyne receiver.
receptor automático | automatic send-receive set.
receptor automático de alarma | automatic alarm receiver.
receptor auxiliar (radar) | pilot indicator.
receptor cambiador de frecuencia | beat receiver.
receptor comprobador de la calidad | quality-checking receiver.
receptor con detector de cristal | crystal set.
receptor con enganche de fase | phase-lock receiver | receiver phase-lock.
receptor de alcance y deriva | range and deflection receiver.
receptor de amplificación constante | gain-stable receiver.
receptor de amplificación directa (radio) | straight set.
receptor de amplificación lineal | straight receiver.
receptor de banda ancha | wide-open receiver.
receptor de banda lateral única | single side-band receiver.
receptor de banda múltiple | multiple band receiver.
receptor de bienes abandonados | abandonee.
receptor de cambio de frecuencia | superhet.
receptor de casco (teléfonos) | h. g. receiver.
receptor de comprobación | check receiver | monitoring receiver.
receptor de comunicaciones | communication reception.
receptor de comunicaciones por banda lateral independiente | independent side-band communications receiver.
receptor de contrastación | monitoring receiver.
receptor de corrección del balance | roll correction receiver.
receptor de correcciones angulares (receptor de predicción lateral - dirección de tiro) | deflection receiver.
receptor de corrientes alterna y continua | AC/DC receiver.
receptor de datos de tiro | date receiver.
receptor de distancia | distance receptor.
receptor de distancias | range receiver.
receptor de energía | energy sink.
receptor de exploración automática | automatic-scanning receiver.
receptor de facsímile | facsimile receiver.
receptor de facsímile en página | page-facsimile receiver.
receptor de graduación de la espoleta | fuze-setting receiver.
receptor de gran selectividad | single-signal receiver.
receptor de imagen | vision receiver.
receptor de imagen fototelegráfica | phototelegraph picture receiver.
receptor de imágenes | video recorder | image receiver.
receptor de impulsos | impulse receiver.
receptor de líneas onduladas (telegrafía) | waveline recorder.
receptor de llamada por tonos | touch calling receiver.
receptor de mando de la cosmonave | spacecraft command receiver.
receptor de modulación por frecuencia | f-m-receiver.
receptor de onda media y frecuencia modulada | AM/FM receiver.
receptor de onda no amortiguada | continuous wave receiver.
receptor de órdenes | order receiver.
receptor de papel | forms cart.
receptor de proyección | projection receiver.
receptor de puntería en elevación | elevating receiver | elevation receiver.
receptor de puntería en elevación y puntería azimutal | elevation and training receiver.
receptor de radar antieco | anticlutter radar receiver.
receptor de radio o radar con un transmisor que es activado por una señal recibida | transponder.
receptor de radiobaliza (aterrizaje) | marker beacon receiver.
receptor de radiofrecuencia sintonizada | tuned radio-frequency receiver.
receptor de reacción | regenerative receiver | self-heterodine receiver.
receptor de reacción con transistor | regenerative transistor receiver.

receptor de señales | signal receiver.
receptor de señales codificadas | coded-signal receiver.
receptor de sonido dividido (televisión) | split-sound receiver.
receptor de superreacción | periodic trigger-type receiver.
receptor de telecomunicación | communication receiver.
receptor de telemedidas | telemetering receiver.
receptor de televisión | televisor | televiser.
receptor de televisión con circuito impreso | printed-circuit TV receiver.
receptor de televisión de sonido aparte | receiver split sound.
receptor de televisión sin el aparato de sonido | picture receiver.
receptor de tinta (telegrafía) | inker.
receptor de tráfico | communication receiver.
receptor de trayectoria de planeo | glide path receiver.
receptor de un circuito sincronizado | one-circuit receiver.
receptor de video con cristal | cristal-video receiver | crystal-video receiver.
receptor decca | decca receiving set.
receptor del localizador | localizer receiver.
receptor del papel | receiving tray | paper stacker.
receptor desmodulador | receiver demodulator.
receptor electrónico de referencia acústica | electronic aural responder.
receptor fotoemisivo | photoemissive receiver.
receptor heterodino | beat receiver.
receptor heterodino supersónico | double detection receiver.
receptor homodino | zero-beat receiver.
receptor impresor | printery unit.
receptor impresor (telegrafía) | inker.
receptor infradino | infradyne receiver.
receptor lineal-logarítmico (radar) | lin-log receiver.
receptor loran para aviones | airborne loran receiver.
receptor maestro del sonido | master sound receiver.
receptor monocromo | monochrome receiver.
receptor monoimpulso de enclavamiento de fase (telecomunicación) | monoimpulse receiver of phase interlocking.
receptor Morse de puntas secas | Morse embosser.
receptor nancy | nancy receiver.
receptor omnicorriente (continua o alterna) | universal receiver.
receptor omnidireccional de UHF | VOR receiver.
receptor omnionda | multiple band receiver.
receptor panorámico | panoramic receiver.
receptor panorámico omnionda | multiband panoramic receiver.
receptor para el planeo de aterrizaje | glide path receiver.
receptor para toda clase de corriente (radio) | all-electric receiver.
receptor para toda corriente (continua o alterna) | universal receiver.
receptor para un circuito sincronizado | one-circuit receiver.
receptor perforador impresor (telegrafía) | printer perforator.
receptor plurivalvular | multivalve receiver.
receptor portátil | mobile receiver.
receptor que radia señales (radio) | blooper.
receptor radar | radar receiver.
receptor radárico de microondas | microwave radar receiver.
receptor reflejo de transistores | reflexed transistor receiver.
receptor regulador de la puntería en dirección (cañón) | train receiver-regulator.
receptor superheterodínico | supersonic heterodyne receiver.
receptor superheterodino | double detection receiver | superhet.
receptor superheterodino de banda lateral (radar) | sideband superheterodyne receiver.
receptor superheterodino de microondas | microwave superheterodyne receiver.
receptor superregenerativo | superregenerative receiver.
receptor telefónico de armadura basculante | rocking armature telephone receiver.
receptor televisión | televising receiver.
receptor televisivo | television receiver | telereceiver | television set.
receptor televisivo de banda lateral superior | upper-band television receiver.
receptor vídeo patrón | master vision receiver.
receptor visual de televisión sin el aparato del sonido | picture box.
receptores impresores (telegrafía) | inkers.
receptoría | receivership.
receptor-impresor de tinta (telegrafía) | inkwriter.
receptor-regulador de puntería en elevación (cañón) | elevation receiver regulator.
receptor-transmisor | two way radio.
receptriz (máquinas) | driven.
recerner | rebolt (to).
recesión | recession.
recesión del agua subterránea (hidroagronomía) | depletion.
recesión económica | economic recession.
recesión económica mundial | world-wide economic recession.
recesión glaciar | deglaciation.
recesional | recessional.
receso económico | down-turn.
receta | RX | prescription.
recibí | receipt | note of hand.
recibí (economía) | received payment.
recibí (facturas) | received with thanks.
recibí (recibos, facturas) | received.
recibido | received with thanks | received.
recibido bien (telegrafía) | ROK (recieved OK).
recibido del fondo (minas) | received from below.
recibido en almacén | receipt to stock.
recibido en la tierra | ground-received.
recibido y atendido (radiotelefonía) | wilco.
recibido y comprendido (radio) | ROGER.
recibidor | receiving teller | recipient.
recibidor (en un banco) | teller.
recibidor (laminador de chapas) | catcher.
recibidor (obrero de telares) | picker.
recibidor de una oferta | tenderee.
recibimiento de prueba (jurídico) | admission of evidence.
recibimos de vez en cuando pedidos de esa casa | we receive from time to time orders from that firm.
recibimos estos artículos directamente del fabricante | we receive these articles direct from the manufacturer.
recibimos su carta con un cheque de 5.000 pesetas | we have your letter enclosing a cheque value 5,000 pesetas.
recibió el bautismo de fuego en Vietnam | he first saw fire at Vietnam.
recibir | receive (to).
recibir (señales, etc.) | pick up (to).
recibir buques de hasta 180.000 toneladas del arqueo (dique seco) | take ships of up 180,000 gross tons (to).
recibir el grado de (graduarse - personas) | graduate (to).
recibir la mar alternativamente por cada aleta (buques) | quarter the sea (to).
recibir la mar por la popa (buques) | be pooped (to).
recibir la notificación | accept service (to).
recibir las últimas instrucciones para una operación militar | be briefed (to).
recibir su ración | ration (to).
recibir sus noticias | hear from you (to).
recibir un anticipo | receive an advance (to).
recibir un impacto (buques) | lodge a projectile (to).
recibir un torpedo (buques) | pick up a torpedo (to).
recibir una comunicación | read (to).
recibir una oferta | receive an offer (to).
recibir una ola por el través (buques) | broach (to).
recibir una solicitud de comunicación (telefonía) | accept a call (to).
recibirán la atención que merecen | they will receive the attention that they deserve.
recibiremos con gusto en este momento cualquier remesa que quiera Vd. enviarnos | we shall receive with pleasure in this moment any remittance you will be pleased to make us.
recibiremos con placer en este momento las remesas que tenga a bien hacernos | we should receive with pleasure at this moment any remittances you might be pleased to make us.
recibo | apocha | receipt | voucher | quittance | slip.
recibo (pagaré - comercio) | good-for.
recibo condicional (seguros de vida) | binding receipt.
recibo contable | formal receipt.
recibo de aduana | grand chop | customs receipt | clearance bill | docket.
recibo de almacén (aduanas) | dock warrant.
recibo de almacén provisional para mercancía pignorada | field warehouse receipt.
recibo de almacenaje | warehouse receipt.
recibo de conformidad | clean receipt.
recibo de correo aéreo | air mail receipt.
recibo de depósito | trust receipt | deposit slip | deposit receipt.
recibo de embarque | shipping receipt.
recibo de entrega | delivery receipt | counterfoil of delivery note.
recibo de entrega (comercio) | consignee's receipt.
recibo de entrega de documentos | trust letter.
recibo de expedición | forwarder's receipt.
recibo de fideicomiso | trust receipt.
recibo de liquidación de gastos | billdraft.
recibo de muelle | wharfinger's receipt | dock receipt.
recibo de pago de derechos | duty paid receipt.
recibo de paquete postal | parcel post receipt.
recibo de prima | premium receipt.
recibo fiduciario | trust receipt.
recibo firmado por un asegurado al recibir el pago del seguro | release.
recibo liquidador (economía) | billdraft.
recibo para pago preliminar | binder.
recibo por saldo | receipt in full.
recibo por saldo de cuenta | receipt in full.
recibo provisional | temporary receipt | interim receipt.
recibo provisional de mercancías entregadas sobre muelle | dock receipt.
recibos | receipts.
recibos de tinglado (puertos) | dock receipts.
reciclado | recycling.
reciclaje de gas | gas cycling.
reciclar (en un circuito) | recycle (to).
recidivante (medicina) | recurring.
recién abierta (flores) | fresh-blown.
recién abierto | fresh-opened.
recién cortado (árboles) | green.
recién elaborado | factory-fresh.
recién extraído de la cantera (piedras) | newly quarried.
recién fabricado | factory-fresh.
recién fundidoy sin haber sufrido postratamiento | as cast.
recién graduado | freshly-graduated.
recién guisado | fresh-cooked.
recién hechas (comidas) | fresh-cooked.
recién hecho | freshly prepared | freshly done.
recién impreso | printed off.
recién inyectado con cemento | freshly-grouted.

recién mezclado | freshly mixed.
recién molido | freshly ground.
recién niquelado | freshly niquel plated.
recién pintado | newly-painted.
recién preparado | freshly prepared.
recién puesto | newly-laid.
recién roto | freshly-broken.
recién salido de fábrica | factory-fresh.
recién salido del horno | fresh from the oven.
recién soldado y sin postratamiento | as welded.
recién vertido | freshly poured.
reciente | fresh.
reciente (fechas) | low.
recientemente | of late.
recientemente instalado | recently-installed.
recinto | site | close | compass | enclosure | ring | inclosure | enceinte | plenum | fencing.
recinto (matemáticas) | domain.
recinto (topología) | frame.
recinto blindado | shielded box.
recinto campana | bell jar.
recinto cercado para el ganado durante el invierno | feed lot.
recinto circular | roundabout.
recinto de conmutadores | switch rack.
recinto de la exposición | exhibition site.
recinto de la feria | fairgrounds.
recinto de la función F (x) | frame for the function F(x).
recinto de tablestacas | enclosing sheeting.
recinto ferromagnético | ferromagnetic domain.
recinto fortificado | fortified enceinte.
recinto magnético | magnetic domain.
recinto universitario | campus.
recintos acústicos | acoustic enclosures.
recintos de protección | enclosures.
recintos no solapados (topología) | nonoverlapping frames.
recintos solapados (topología) | overlapping frames.
reción creado | newly-created.
recipendiario | recipient.
recipente soldado en la obra (no en el taller) | site-fabricated vessel.
recipiente | reservoir | vessel | container | receptacle | holder | pan | bin.
recipiente (alambiques) | receiver.
recipiente (química) | recipient.
recipiente a presión | pressure vessel | pressure containment.
recipiente a presión casi esférico | near-spherical pressure container.
recipiente a presión crioconformado | cryoformed pressure vessel.
recipiente a presión de acero inoxidable con paredes compuestas de varias capas superpuestas delgadas | multilayer stainless-steel pressure vessel.
recipiente a presión de ácero inoxidable con paredes formadas de una sola capa de metal | single-layer stainless-steel pressure vessel.
recipiente a presión de acero soldado resistente a la corrosión | corrosion-resisting welded-steel pressure vessel.
recipiente a presión de fibra de vidrio impregnada con resina sintética | resin-impregnated fiberglass pressure vessel.
recipiente a presión de hormigón armado | reinforced-concrete pressure vessel.
recipiente a presión de hormigón pretensado | prestressed-concrete pressure vessel.
recipiente a presión expuesto al fuego | fired pressure vessel.
recipiente a presión expuesto al fuego (calderas) | fire pressure vessel.
recipiente a presión formado con segmentos esféricos | spherical-lobe pressure vessel.
recipiente a presión formado por varias piezas (no enterizo) | segmented pressure vessel.
recipiente a presión inspeccionado con rayos X | X-ray examinated pressure vessel.
recipiente a presión no expuesto al fuego | unfired pressure vessel.
recipiente a presión soldado | welded pressure vessel.
recipiente a presión soldado de paredes gruesas | heavy-section welded pressure vessel.
recipiente a presión soldado no expuesto al fuego | welded unfired pressure vessel.
recipiente a presión soldado por forja | forge-welded pressure vessel.
recipiente a presión soldado por fusión | fusion-welded pressure vessel.
recipiente a prueba de posamiento de la pintura (pintura preparada) | siftproof container.
recipiente cerrado de forma cúbica | container.
recipiente cilíndrico | can.
recipiente cilindrico de acero estirado sin costura | seamless-drawn steel bottle.
recipiente cilíndrico flexible de plástico de gran diámetro y longitud para transporte de petróleo por remolque | oil sausage.
recipiente circular de poco espesor hecho de caucho (lanzamiento de líquidos desde un avión) | pancake.
recipiente con camisa exterior | jacketed vessel.
recipiente con dispositivo para dejar salir un aerosol | aerosol bomb.
recipiente con empaquetadura hermética al polvo | dust-tight gasketed enclosure.
recipiente cónico | conical vessel.
recipiente criógeno | cryogenic vessel.
recipiente de acero | steel vessel.
recipiente de acero forjado en hueco | hollow-forged steel drum.
recipiente de agua dulce (botes y balsas) | water breaker.
recipiente de aire comprimido de aluminio sin costura | seamless aluminium compressed air cylinder.
recipiente de alta presión | high-pressure hollow.
recipiente de aluminio con presión interior | pressurized aluminum container.
recipiente de aluminio entallado | spun-aluminum container.
recipiente de asas móviles | drop handle can.
recipiente de carburación | carburetting vessel.
recipiente de cartón para leche | paperboard milk container.
recipiente de cobre | copper container.
recipiente de compensación | equalization box.
recipiente de cristal | glass container.
recipiente de decantación | decanting vessel.
recipiente de doble fondo | double-bottomed vessel.
recipiente de fibra | fiber container.
recipiente de fondos planos | flathead vessel.
recipiente de fundición esmaltada | enamel-lined cast-iron vessel.
recipiente de gas | gas reservoir.
recipiente de hojalata para un rollo de film (unos 310 metros) | can.
recipiente de horno | furnace-boat.
recipiente de impregnación | soaking pot.
recipiente de paredes de tela metálica | wire mesh-sided carrier.
recipiente de plástico | plastic container.
recipiente de plomo o tugsteno para contener una cápsula de material radiactivo | bomb.
recipiente de plomo o tungsteno que contiene la cápsula de radón | radon bomb.
recipiente de plomo para guardar un contador y el material radiactivo que se analiza | castle.
recipiente de reacción | reaction vessel.
recipiente de reacción a alta presión | reactor.
recipiente de seguridad del reactor nuclear | reactor vessel.
recipiente de tamaño medio | medium-sized vessel.
recipiente de tapa cerrada | closed-top vessel.
recipiente de transporte | bird-cage | cask.
recipiente de vacío de doble pared | double-walled vacuum vessel.
recipiente de vidrio | glass receptacle.
recipiente del aire de arranque (motores) | manoeuvring air reservoir.
recipiente del núcleo (reactor nuclear) | core catcher.
recipiente depurador (fundición) | skim-basin.
recipiente distribuidor | dispenser.
recipiente donde se absorbe el vapor refrigerante | absorber.
recipiente donde se ha hecho el vacío | vacuated vessel.
recipiente en forma de sector anular | ring-sectorial vessel.
recipiente en forma de sector circular | circular-sectorial vessel.
recipiente en que se ha hecho el vacío y obturado después | evacuated-and-sealed container.
recipiente esférico | spherical shell.
recipiente esférico para almacenar fluido criogénico | spherical cryogenic fluid storage container.
recipiente expuesto al fuego | fired vessel.
recipiente florentino (química) | overflow flask.
recipiente flotante para cría de peces | floating fish enclosure.
recipiente formado por un tubo delgado sobre el que se arrollan varias chapas de cinta metálica | strip-wound vessel.
recipiente graduado | graduated vessel.
recipiente hermético | airtight vessel.
recipiente intermedio (máquinas expansión) | receiver-space.
recipiente ligero para contener una película fotográfica sometida a presión sobre la pieza (radiografía por rayos X o por radioisótopos) | cassette.
recipiente litografiado | lithographed container.
recipiente lleno de estaño fundido con capa de fundente empleado para quitar el cordón que queda en los bordes de las piezas estañadas | list pot.
recipiente más fácil de manejar | easier-to-handle container.
recipiente metálico para contener las piezas durante las diversas operaciones de elaboración (talleres) | tote box.
recipiente metálico portátil | metal container.
recipiente monolítico a presión | monolithic pressure vessel.
recipiente para ácido | acid container.
recipiente para agua potable (botes y balsas) | water breaker.
recipiente para almacenar nitrógeno licuado | liquid-nitrogen-storage vessel.
recipiente para descargar sólidos pulverulentos | airlock.
recipiente para el hielo | ice-chamber.
recipiente para el transporte de plasma sanguíneo | blood shipping container.
recipiente para grandes presiones forjado en hueco | hollow-forged high pressure vessel.
recipiente para hacer el vidriado | hiller.
recipiente para incineración (navecilla - química) | boat.
recipiente para la basura | trash can.
recipiente para los cartuchos de combustible nuclear (reactor nuclear) | jacket.
recipiente para medir menas | hoppet.
recipiente para objetos encontrados a la deriva (marina) | lucky bag.
recipiente para radiocobalto | cobalt container.
recipiente para recibir gotas | drip.
recipiente para recibir la carga de dos cucharas (funderías) | tundish.
recipiente permeable a las irradiaciones | radiation-permeable container.
recipiente portátil | carrying container.
recipiente profundo | deep vessel.
recipiente reactor | reacting vessel.
recipiente refrigerado | chilled vessel.
recipiente rellenado con exceso | long-fill.

recipiente rellenado por defecto | short fill.
recipiente tarado | calibrated vessel.
recipiente telescópico | telescopic container.
recipiente tubular con inyección de gas | gas-sparged tubular vessel.
recipiente tubular de acero | tubular steel container.
recipiente ventilado | vented container.
recipientes aisladores | insulating containers.
reciprato | reciprate.
recíproca (matemáticas) | converse.
recíproca de la distancia focal (lentes) | vergency.
recíproca de la respuesta térmica (reactor nuclear) | thermal inertia.
recíproca del coeficiente de atenuación | attenuation length.
recíproca principal de la función seno | principal inverse of the sine function.
reciprocable | reciprocable.
reciprocidad | reciprocity | mutuality.
recíproco | inverse | synallagmatic.
recíproco con signo cambiado | negative reciprocal.
recíproco de sí mismo | its own inverse.
recíproco del módulo textil | compliance.
recirculación | recirculation | recycle | recyclage | recycling.
recirculación de gases (de la combustión) | gas recirculation.
recircular | recycle (to) | recirculate (to).
recirculatorio | recirculatory.
recitativo (música) | recitative.
recitificadora de curvas de unión | radius dresser.
reclamación | complaint | claim | requirement.
reclamación (queja - del personal) | grievance.
reclamación con indemnización | recovering claim.
reclamación conjunta | joint claim.
reclamación de tercero sobre bienes embargados (abogacía) | adverse claim.
reclamación del vendedor por mercancías no pagadas | revendication.
reclamación garantizada | secured claim.
reclamación infundada | unfounded claim | false claim.
reclamación judicial | assumpsit | lawsuit.
reclamación justificada | founded claim | legitimate claim.
reclamación legal | legal claim.
reclamación mal fundada | bad claim.
reclamación para prolongar el tiempo de posesión | tacking.
reclamación pendiente | live claim.
reclamación por cobrar | claim receivable.
reclamación por exceso de coste | excess-cost claim.
reclamación por roturas | claim for breakage.
reclamación por tardanza (ferrocarril) | claim for delay in transit.
reclamación presentada | claim filed.
reclamación que ha prescrito | time-barred claim.
reclamación secundaria | junior claim.
reclamación sin fundamento | claim without foundation.
reclamación tardía contra el seguro | delayed insurance claim.
reclamaciones de los acreedores | creditors claims.
reclamaciones en el tráfico de mercancías (ferrocarriles) | freight claims.
reclamaciones por cobrar | claims receivable.
reclamaciones por cuenta de clientes | customer claims receivable.
reclamaciones por incapacidad laboral | disability claims.
reclamaciones por pérdidas y averías | loss-damage claims.
reclamaciones por portes (ferrocarriles) | freight claims.
reclamante | complainant | demander | plaintiff | demandant.
reclamar | complain (to) | put in (to) | claim (to) | exact (to) | reclaim (to).
reclamar ante alguien | lodge a claim with someone (to).
reclamar contra | reclaim (to).
reclamar daños (abogacía) | lay damages (to).
reclamar dinero (a un deudor) | dun (to).
reclamar el pago | claim the payment (to).
reclamar indemnización | demand indemnity (to).
reclamar por daños | claim damages (to).
reclamar por vía de apremio | foreclose (to).
reclamo | puff | slogan | bargain.
reclamo (de una ave) | call.
reclamo de avocación | bill of certiorari.
reclamo por fraude | bill for fraud.
reclamo sensacional | ballyhoo.
reclamos publicitarios | advertising appeals.
reclarificación | reclarification.
reclasificación | re-arranging.
reclasificado | resequencing.
reclasificar | reclassify (to) | regrade (to).
reclavado de las escarpias (traviesas ferrocarril) | redriving of spikes.
reclavar (pilotes, etc.) | reset (to).
reclinación de la catarata (medicina) | couching.
reclinar | lean (to).
reclusión | imprisonment | confinement.
reclusión a trabajos forzados | hard labor.
reclusorio (Méjico) | prison.
recluta | recruit.
recluta (milicia) | draftee.
reclutador | pressman.
reclutador (de personal) | runner.
reclutamiento | draft | recruitment | recruiting | enlistment | enrollment | conscription.
reclutamiento (de obreros) | crimping.
reclutamiento (de trabajadores) | crimpage.
reclutamiento para asignaciones en paises extrajeros | recruiting for overseas assignments.
reclutar | recruit (to) | enlist (to) | draught (to) | draft (to) | drum up (to) | raise (to).
reclutar (hombres) | engage (to).
reclutar (trabajadores) | crimp (to).
reclutar trabajadores inexpertos | hire unskilled workers (to).
reclutar tropas | conscribe (to).
recobrable | collectible.
recobrable (concesiones) | resumable.
recobrado (tratamiento de residuos auríferos) | cleanup.
recobrar | recoup (to) | recover (to) | restore (to) | get back (to) | repossess (to) | retrieve (to) | resume (to) | salvage (to).
recobrar (posición enemiga) | recapture (to).
recobro | retrieval | recovery | restitution.
recobro de información | information retrieval.
recobro de mercancías durante su transporte en caso de insolvencia del comprador (derecho) | stoppage in transit.
recocer (cemento) | reburn (to).
recocer (cerámica) | rekiln (to).
recocer (metalurgia) | anneal (to).
recocer al acero | anneal steel (to).
recocer al descubierto (metalurgia) | open-anneal (to).
recocer al rojo | bring up (to).
recocer azul | blue-anneal (to).
recocer de nuevo | reanneal (to).
recocer en caja cerrada | close-anneal (to).
recocer hasta que aparezca la fase beta | beta-anneal (to).
recocer para relajar tensiones interiores | stress anneal (to).
recocer por segunda vez | reanneal (to).
recocer sin medio protector (metalurgia) | open-anneal (to).
recocibilidad | annealability.
recocibilidad del hierro maleable | malleable iron annealability.
recocible | annealable.
recocido | annealed | stress relieving | soft-drawn.
recocido (del acero) | softening.
recocido (metalurgia) | annealing | reheating | abating.
recocido a baja temperatura | low-temperature annealing.
recocido a fondo | dead-soft annealing | dead annealing.
recocido a fondo antes de decapar | full-annealed prior to pickling.
recocido a presión subatmosférica a 1300 °C durante 3 horas antes de la prueba | annealed in vacuo at 1300 °C por 3 hours prior to testing.
recocido antes de sufrir la prueba | annealed before being tested.
recocido antes del proceso de trabajo en frío | ready-finish anneal.
recocido azul | blue annealing.
recocido bajo pesos | annealing under weights.
recocido blando | soft annealing.
recocido brillante | brilliant annealing | bright annealing.
recocido coalescente | spheroidized annealing | coalescing-annealing.
recocido completo | full annealing.
recocido con enfriamiento en caja | modified annealing.
recocido con humectación de ácido (metales ferrosos) | acid annealing.
recocido con soplete (metales) | flame-softened.
recocido con soplete de la superficie quebradiza de corte (corte hecho con soplete) | flame softening.
recocido de bandas metálicas en bobinas con vueltas separadas entre sí | open coil annealing.
recocido de coalescencia | divorce annealing.
recocido de distensión | stress-relief annealing | stress relieving.
recocido de esferoidización | spheroidized annealing.
recocido de estabilización | stress relieving.
recocido de la soldadura por corrientes de inducción | weld-induction annealing.
recocido de normalización | stress-relieving annealing.
recocido de poligonización (metalurgia) | polygonization annealing.
recocido de recuperación | recovery annealing.
recocido de regeneración | full annealing | regenerating annealing.
recocido de relajación | stabilizing anneal.
recocido de relajación de esfuerzos | relief annealing.
recocido de relajación y de solubilización durante 1 hora | stress relieve and solution anneal for 1 hour at 950 °C, age for 8 hours at 800 °C.
recocido después del temple | quench-annealed.
recocido discontinuo | batch annealing.
recocido en baño de nitrato potásico | saltpeter annealing.
recocido en caja (metalurgia) | pot-annealed.
recocido en caja cerrada y enfriamiento en ella (metalurgia) | close annealing.
recocido en cajas | box annealing.
recocido en campo magnético nulo | plain-annealed.
recocido en crisol (metalurgia) | pot-annealed.
recocido en crisoles de arcilla calentando lentamente hasta el rojo (acero al crisol) | nailing.
recocido en el vacío | annealed in vacuo.
recocido en fábrica (aceros) | mill annealed.
recocido en fosa (metalurgia) | pit annealing.
recocido en hidrógeno anhidro | dry-hydrogen annealing.
recocido en hidrógeno hidrosaturado | water-saturated hydrogen-annealed.
recocido en hidrógeno y enfriado en el horno y después termotratado a 500 °C | annealed in hydrogen and furnace-cooled and then heat-treated at 500 °C.

recocido en horno | furnace annealed | kiln annealing.
recocido en negro (recocido sin medio protector) | black annealing.
recocido en pozo (metalurgia) | pit annealing.
recocido en su misma caja de moldeo | flask annealing.
recocido entre cal (metalurgia) | lime annealing.
recocido entre fases sucesivas de labrado de la pieza | interstage annealing.
recocido entre pasadas en el laminador | inter-pass annealing.
recocido estabilizador | stabilizing anneal.
recocido estirado en caliente (alambres) | strand annealing.
recocido estructural | structural annealing.
recocido evitando la oxidación | bright annealing.
recocido ferrítico de regeneración | full ferritic annealing.
recocido ferritizante | ferritizing annealing.
recocido flameado con soplete | flame annealing.
recocido gaseoso | gaseous annealing.
recocido grafitizante-ferritizante | graphitizing-ferritizing anneal.
recocido hasta la aparición de la fase alfa | alfa-annealed.
recocido intermedio | intermediate annealing.
recocido intermedio (trefilado) | process annealing.
recocido inverso | inverse annealing.
recocido isotérmico | isothermal annealing | cycle annealing.
recocido magnético isotérmico | isothermal magnetic anneal.
recocido negro (metalurgia) | open annealing.
recocido no oxidante | scale free annealing.
recocido para atenuar tensiones internas | stress-relief annealing.
recocido para homogenización | homogenization annealing.
recocido para igualar tensiones internas | stress-equalizin annealing.
recocido parcial | part-annealing.
recocido por calor radiante | radiant heat annealing.
recocido por convección | convection annealing.
recocido por corriente eléctrica | resistance annealing.
recocido por debajo del punto crítico (aceros) | subcritical annealing.
recocido por la llama | flame softening.
recocido por llama de gas | gas-fired annealing.
recocido por segunda vez | re-annealed.
recocido possoldadura | postweld annealing.
recocido posterior al galvanizado | galvannealing.
recocido rápido | fast annealing.
recocido rápido (menor tiempo a mayor temperatura) | flash annealing.
recocido selectivo | selective annealing.
recocido selectivo (metalurgia) | local annealing.
recocido sin medio protector (metalurgia) | open annealing.
recocido sin oxidación | bright annealed.
recocido sobre la temperatura crítica seguido de un enfriamiento rápido (estirado de alambres) | patenting.
recocido suave | soft anneal.
recocido subcrítico para relajar tensiones por trabajo en frío y permitir seguir el trabajo | process annealing.
recocido superficial | skin annealing.
recocido y después deformado en frío con reducción de 43 por ciento | annealed and then cold-deformed 43 per cent.
recocido y sin haber sufrido ningún postratamiento | as annealed.
recocidos entre pasadas (del laminador) | interpass annealings.
recocidos isócronos | isochronal anneals.
recocimiento | annealing.
recoción | refiring.
recochura | refiring.
recodificar | recodify (to).
recodo | winding | bend | turn | turning | quirk | elbow.
recodo (caminos, ríos) | crook.
recodo (ríos) | bending.
recodo desviador de la banda de papel (rotativas) | angle bar.
recogedor | scooper | getter.
recogedor de aceite | oil-pan | drip-pan.
recogedor de basura | scavenger.
recogedor de borrillas | fly collector.
recogedor de escapes de los prensas (turbina vapor) | gland leak off exhauster.
recogedor de espuma | foam collector.
recogedor de goteo (máquina) | save-all.
recogedor de goteos o chorreones (aceite, petróleo, etc.) | saveall.
recogedor de guarapo | juice pan.
recogedor de impurezas de los humos (recogedor de los polvos de carbón - chimeneas) | grit catcher.
recogedor de lubricante del eje | shaft oil thrower.
recogedor de lubricantes (máquinas) | saveall.
recogedor de lúpulo | hopper.
recogedor de partículas | grit arrester.
recogedor de partículas arrastradas por el humo (calderas) | grit arrestor.
recogedor de piedras (draga succión) | rock trap.
recogedor de polvos | dustcatcher.
recogedor de polvos por cambio de dirección de su corriente | momentum dustcatcher.
recogedor policiclónico | multiswirl collector.
recogedor policiclónico (para polvos, etc.) | multicyclone collector.
recogedora-cargadora | hay loader | pick-up loader.
recogedora-picadora (agricultura) | field hay chopper.
recogedor-espesador de polvos en suspensión | dust thickener.
recogegotas (plomería) | safe.
recogehollín | soot collector.
recogeminas | cathead.
recogepolvos hidrostático | hydrostatic dust collector.
recogepolvos mecanoelectrostático | mechanoelectrostatic collector.
recoger | compile (to) | collect (to) | harvest (to) | pick up (to) | pick (to) | gather (to) | scoop (to).
recoger (billetes) | retire (to).
recoger (datos) | collect (to).
recoger (madera) | forwarding.
recoger (sonido) | pick up (to).
recoger (subproductos) | save (to).
recoger con la rastra | dredge out (to).
recoger dinero prestado | raise money (to).
recoger la basura | scavenge (to).
recoger la pieza muerta (caza) | bag (to).
recoger las derramas (cargamento de buques) | skim (to).
recoger oro (minería) | cleanup (to).
recoger una letra | retire a draft (to).
recoger y estudiar minerales | mineralogize (to).
recogeremos esos paquetes | we shall collect these packages.
recogida | collection | pull-out.
recogida (de dinero) | calling in.
recogida (de las herramientas) | getting together.
recogida automática de muestras | automatic grab sampling.
recogida de basura | refuse collecting.
recogida de basuras | sanitation | refuse-collecting.
recogida de cifras (ordenador) | digit pickup.
recogida de chatarra | scrap drive.
recogida de las mieses | harvest.
recogida de mercancías a domicilio | fetching of the goods.
recogida del suelo de un objeto y remolcarlo o llevarlo por el aire (aviación) | aerial pickup | snatch pickup.
recogido | collected.
recogido del hilo (tejido de punto) | laying of the yarn.
recojeaguas de lluvia | rain trap.
recolado (metalurgia) | after pouring.
recolección | crop | harvesting | crops | farming | harvest.
recolección (cosecha) | getting in.
recolección (de frutos) | picking.
recolección de hierba | grass harvester.
recolección de la fruta | fruit picking.
recolección del lúpulo | hopping.
recolección mecanizada | mechanical harvesting | mechanized harvesting.
recolección por rastra (algodón) | sledding.
recolección y empacado | pick-up baling.
recolectar | collect (to) | gather (to).
recolector | picker.
recolocación | resiting.
recombinación | recombination.
recombinación disociativa | dissociative recombination.
recombinación electrónica | electronic recombination.
recombinación en volumen | volume recombination.
recombinación iónica | ionic recombination.
recombinación preferencial | preferential recombination.
recombinación radiactiva de dos cuerpos | two-body radiactive recombination.
recombinación radiativa | radiative recombination.
recombinación superficial | surface recombination.
recombinador | recombiner.
recomendación | reference.
recomendación del fabricante | manufacturer's recommendation.
recomendado | recommended.
recomendado con confianza | confidently recommended.
recomendado para uso a la intemperie | recommended for outside use.
recomendado por la oficina de la defensa civil | OCD-recommended.
recomendamos ese pedido a su atención especial | we commend that order to your special attention.
recomendamos esta letra a su buena acogida | we commend this bill to your protection.
recomendamos este pedido a sus cuidados especiales | we commend this order to your particular care .
recomendamos mucho este artículo a nuestro clientes | we strongly recommended this article to our customers.
recomendamos nuestros intereses a sus buenos cuidados | we commend our interets to your best care.
recomendar un producto | endorse a product (to).
recompensa | consideration | award | reward | pay | payment.
recompensa (de un servicio) | repayment.
recompensa a título gracioso | ex gratia award.
recompensa colectiva a una unidad naval | navy unit commendation.
recompensa colectiva a una unidad naval (EE.UU.) | presidential unit citation.
recompensa en metálico | cash award.
recompensa en metálico por ideas | cash for ideas (to).
recompensa financiera | financial reward.
recompensa por tiempo de servicio | long-service award.
recompensar | repay (to) | return (to).

recomponer | glue up (to).
recomponer (química) | recompound (to).
recomponer (tipografía) | reset (to).
recomposición (tipografía) | resetting.
recompra | repurchase.
recompra obligatoria de acciones vendidas en descubierto | squeeze.
recompresión | recompression.
recompresión (yacimiento petrolífero) | repressuring.
recomprimido | recompressed.
recomprimir | recompress (to).
recomprobación | rechecking.
recompruebe que las filas estan colocadas correctamente | re-check that batteries are set correctly.
reconciliabilidad | reconcilability.
reconducción | lease renewal.
reconectador (del circuito) | recloser.
reconectador (electricidad) | recloser | reset.
reconectar | reclose (to).
reconexión | reclosing | reset release.
reconexión (red eléctrica) | reclosure.
reconexión después del desenganche (relés) | resetting after tripping.
reconfiguración | reconfiguration.
recongelación | refreezing.
reconmutación | reswitching.
reconocedor de diagramas | pattern recognizer.
reconocemos que su reclamación está bien fundada | we acknowledge that your claim is well founded.
reconocer | recognize (to) | examine (to) | identify (to) | explore (to).
reconocer (la situación de) | locate (to).
reconocer (terrenos) | prove (to).
reconocer la firma | acknowledge the signature (to).
reconocer la firma (legal) | verify the signature (to).
reconocer la tierra | make land (to).
reconocer por pozos y galerías una zona mineralizada para conocer su extensión (minas) | develop (to).
reconocer que | volunteer that (to).
reconocer un faro (navegación) | make out a light (to).
reconoceremos los generos tan pronto lleguen | we shall check off the goods the moment they arrive.
reconocible | identifiable.
reconocible a simple vista | recognizable with the naked eye.
reconocimiento | pry | reconnaissance | recognizance | recognition | survey | exploration | examination | exploring.
reconocimiento (del litoral) | charting.
reconocimiento (milicia) | scout | scouting | reconnaissance.
reconocimiento (minas) | development.
reconocimiento (terrenos) | proving.
reconocimiento a fondo | deep reconnaissance.
reconocimiento a gran distancia | long-distance reconnaissance.
reconocimiento a larga distancia | distant reconnaissance.
reconocimiento aduanal | customs appraisal.
reconocimiento aéreo | air reconnaissance | aerial survey | cover.
reconocimiento aéreo con envío de información por televisión | television reconnaissance.
reconocimiento automático del blanco | automatic target recognition.
reconocimiento bienal | biennial survey.
reconocimiento de averías | damage survey.
reconocimiento de caracteres por medio de tinta magnética | magnetic ink character recognition.
reconocimiento de deuda | note of hand | due-bill | promissory note.
reconocimiento de figuras características | pattern recognition.
reconocimiento de firma | authentication of signature.
reconocimiento de formas | pattern recognition.
reconocimiento de funcionamiento | running survey.
reconocimiento de gastos o pérdidas | recognition of expenses or losses.
reconocimiento de la configuración | pattern recognition.
reconocimiento de la excursión | excursion recognition.
reconocimiento de la firma | acknowledgement of the signature.
reconocimiento de la forma de onda por autoadaptación | adaptive waveform recognition.
reconocimiento de las estructuras | pattern recognition.
reconocimiento de marca | brand recognition.
reconocimiento de un criadero (minería, petróleo) | development.
reconocimiento de un tablón con la azuela o barrenándolo (buques madera) | tasting.
reconocimiento de una deuda formalmente | cognovit nota.
reconocimiento del pasivo | recognition of liabilities.
reconocimiento del terreno | appreciation of the terrain | going over the ground | examination of the ground.
reconocimiento e identificación por radio | radio cognition and identification.
reconocimiento electro óptico | electro-optical reconaissance.
reconocimiento electrónico del habla | electronic reconnaissance of speaking.
reconocimiento en abanico | fanwise reconnaissance.
reconocimiento en puerto (buques neutrales) | taking at sea.
reconocimiento en rueda de presos | identification parade.
reconocimiento factual | real recognition.
reconocimiento fotográfico | photographic reconnaissance.
reconocimiento fotoscópico (aviación) | photoscope reconnaissance.
reconocimiento geológico | geologic reconnaissance.
reconocimiento marítimo | maritime reconnaissance.
reconocimiento médico | medical examination.
reconocimiento numérico de las figuras | digital pattern recognition.
reconocimiento óptico de caracteres | optical character recognition (OCR).
reconocimiento por averías | examination for damage.
reconocimiento por satélite | satellite reconnaissance.
reconocimiento que ha pasado plazo | due survey.
reconocimiento tácito | tacit admission.
reconocimiento topográfico | terrain mapping | field survey | survey.
reconocimiento visual | visual reconnaissance.
reconquistar el poder | regain power (to).
reconquistar la iniciativa | regain the initiative (to).
reconsideración | rehearing.
reconsideración de las probetas rechazadas (pruebas de materiales) | re-hearing for rejected samples.
reconsignación | reconsignment.
reconstitución | regeneration.
reconstitución de la presión de un yacimiento petrolífero | build-up.
reconstitución de partículas de diamantes artificiales | reconstitution of diamond powders.
reconstituidor | reconstituter.
reconstituidor de alimentos congelados (al ser calentados) | frozen food reconstituter.
reconstituir | re-create | reconstitute (to).
reconstrucción | reconstruction.
reconstrucción de la costa (ya erosionada) | nourishments of the shore.
reconstrucción después del terremoto | post-earthquake reconstruction.
reconstruido | refurbished.
reconstruido y probado por | rebuilt and tested by.
reconstruir | reconstruct (to) | recondition (to) | rebuild (to).
recontaminación | recontamination.
recontar los votos del jurado | poll a jury (to).
recontratar | relet (to).
reconvención | recoupment | charge.
reconvención (jurídica) | counterclaim.
reconvención (jurisprudencia) | cross action | setoff.
reconversión | reconversion | retrofit.
reconversión de una empresa | conversion of an undertaking.
reconvertir | convert back (to).
recopilación | digest | compilation.
recopilación (de datos) | collection.
recopilación de datos | data gathering | data collection.
recopilación de jurisprudencia (libro de casos de precedentes legales) | case book.
recopilación y ordenación de datos | data processing.
recopilar | compile (to).
récord | record.
record de altura | height record.
récord de duración del viaje (aviación) | point-to-point record.
record homologado | homologated record.
record legalizado | homologated record.
recordador de sincronización | sinc clipper.
recordar un pago vencido a un cliente | remind a customer of an overdue account.
recordatorio | record | tickler file.
recordatorio de cobranza | collection reminder.
recordatorio para los lectores | reminder for readers.
recorredor de la vía | trackwalker.
recorrer | traverse (to) | travel (to) | walk (to) | run (to).
recorrer (imprenta) | overrun (to).
recorrer (viento, etc.) | travel (to).
recorrida (de un buque) | refit.
recorrida (de una máquina, buque, avión, etcétera) | overhaul.
recorrida (máquinas, buques, aviones) | overhauling.
recorrida de válvulas programada | scheduled valve overhaul.
recorrida del motor | engine overhaul.
recorrida en la base | depot overhaul.
recorrida entre campañas de trabajos (buques) | between-season overhaul.
recorrida general (máquina) | heavy overhaul.
recorrida parcial (motores, etc.) | top overhaul.
recorrido | track | travel | haul | course | routing | route | run | run up | path | getting over | range | range | sweep.
recorrido (de onda radio) | ray.
recorrido (de tuberías, cables) | run.
recorrido (de un país) | going about.
recorrido (de un tubo) | lead 11.
recorrido (ferrocarril, autobuses) | length of route.
recorrido (mecánica) | excursion | path.
recorrido (nucleónica) | range.
recorrido al azar | random walk.
recorrido aleatorio | random walk.
recorrido angular | angular travel.
recorrido ascendente | up stroke.
recorrido de armadura | armature travel.
recorrido de aterrizaje | clear run.
recorrido de confianza | confidence range.
recorrido de corredera | travel of ram.
recorrido de despegue | takeoff run.
recorrido de despegue (sobre la pista) | takeoff roll.
recorrido de filtración | path of seepage | creep

path | seepage run.
recorrido de filtración (avenamientos) | flow line.
recorrido de gran longitud | long-mileage run.
recorrido de guiaondas | waveguide run.
recorrido de ida o de vuelta (de un vuelo en redondo) | leg of the flight.
recorrido de infiltración (terrenos) | line of creep.
recorrido de la armadura (relés) | armature stroke.
recorrido de la onda | wavepath.
recorrido de los datos | data path.
recorrido de probabilidad | probability range.
recorrido de probabilidad no nula | nonzero probability range.
recorrido de prospección sísmica | seismic run.
recorrido de trabajo (máquinas herramienta) | length of stroke.
recorrido del agua (ríos) | running off.
recorrido del avance | feed trip.
recorrido del blanco | target course.
recorrido del cohete | travel of the rocket.
recorrido del contacto | contact travel.
recorrido del eco (telefonía) | singing path.
recorrido del excéntrico | cam throw.
recorrido del proyectil | shot travel.
recorrido del tubo | lead of the pipe.
recorrido descendente | down stroke.
recorrido en inmersión (submarinos) | submerged run.
recorrido en millas | mileage.
recorrido general (máquinas, aviones, buques, etc.) | big refit.
recorrido hacia el blanco antes de lanzar el torpedo (aviones) | torpedo run.
recorrido horizontal | level stretch.
recorrido intercuartílico | interquartile range | semiquartic range.
recorrido interdecílico | interdecile range.
recorrido libre | free path.
recorrido libre del neutrón | neutron free path.
recorrido libre medio (física) | mean free path.
recorrido libre medio (partículas) | mean free path.
recorrido mixto | mixed-path.
recorrido percentílico | percentile range.
recorrido por ferrocarril | railroad haul.
recorrido por una corriente eléctrica | electric current carrying.
recorrido recto (aterrizaje) | straight run-in.
recorrido semi-intercuartílico | semi-interquartile range.
recorrido-energía | range-momentum.
recorridos de iones | ranges of ions.
recorridos de microondas | microwave runs.
recortable | clippable.
recortado | chipped | rough.
recortado (libros) | trimmed.
recortado por cabeza y pie (libros) | trimmed head and tail.
recortador | clipper.
recortador de cresta | peak clipper.
recortador de impulsos | pulse clipper.
recortador de onda senoidal | sine wave clipper.
recortador de picos (telecomunicación) | peak clipper.
recortador vocal | speech clipper.
recortadora | punching machine.
recortadora (serrerías) | trimmer.
recortadora de brazos radial | radial arm router.
recortadora de chapa | nibbling machine.
recortadora de chapa de uña vibratoria | nibbler.
recortadura | jagging.
recortar | clip (to) | profile (to) | crop (to) | pare (to) | trim (to).
recortar (papel, etc.) | cut (to).
recortar a ras | cut flush (to).
recortar con la sierra | jigsaw (to).
recortar el piso (minas) | sink the floor (to).
recortar el presupuesto | trim the budget (to).
recortar el techo (minas) | rip the roof (to).
recortar monedas | sweat (to).
recorte | cut | clip | chad.
recorte (contraveta - minas) | gain.
recorte (de ebanistería) | abatement.
recorte (de periódico, etc.) | cutting.
recorte (industria) | profile.
recorte (minas) | cross-tunnel | cross-work | thirl | spout | offset | dog hole | going-road | slit | stenton | strike breakthrough.
recorte (pasillo - minas) | cut-through.
recorte de crestas | chopping.
recorte de chapa con punzonado rápido | nibbling.
recorte de la capa de balasto para que quede en línea recta (ferrocarriles) | edging of ballast.
recorte de muestra (telas) | swatch.
recorte de periódico | cut | clipping.
recorte de picos | clipping.
recorte de pilar (minas) | cross board.
recorte de ventilación (minas) | monkey gangway | monkey | air slit.
recorte del campo magnético | shear of the magnetic field.
recorte del techo (minas) | brushing the roof | roof ripping.
recorte en bisel | bevel cutoff.
recorte en el interior de una hoja (libros) | window.
recorte para hacer el pedido | order coupon.
recortes | trimmings | eddy mill.
recortes (chapas, tubos, etc.) | offcuts.
recortes (de chapas) | dropouts.
recortes (periódicos) | cuttings.
recortes de acero | scrap steel.
recortes de carne | fat trimmings.
recortes de caucho | scrap rubber.
recortes de latón | latten clippings.
recortes de libros antes de encuadernar | binder's waste.
recortes de material | offcuts.
recortes de metal (para hacer monedas) | scissel.
recortes de níquel | nickel clippings.
recortes de papel | shavings | paper cutting.
recortes de papel (de la guillotina) | paper shavings | paper scrap.
recortes de papel de la máquina de unir hojas de papel | pastings.
recortes de plomo | lead waste | scrap lead.
recortes de prensa (de periódicos) | press cuttings.
recortes de puntas | ends.
recostarse sobre | lean (to).
recoveco | recess.
recrecer | build up (to).
recrecer (con soldadura) | resurface (to) | fuse on (to).
recrecer (muros, presas) | raise (to).
recrecer (presas) | heighten (to).
recrecer con soldadura | hard-surface (to) | overlay (to) | resize (to) | face (to).
recrecer con soldadura (partes desgastadas) | weld-surface (to).
recrecer con soldadura (piezas desgastadas) | hardface (to).
recrecer por chorreo y fusión de la capa rociada (piezas desgastadas) | sprayweld (to).
recrecer rodillos gastados (con soldadura) | reclaim worn rolls (to).
recrecer un muro | heighten a wall (to).
recrecido (muros, presas) | raised.
recrecido con soldadura (partes desgastadas) | hardfaced.
recrecimiento (con soldadura) | building up.
recrecimiento (muros, presas, etc.) | raising.
recrecimiento (presas, muros) | heightening.
recrecimiento (terraplenes) | overfill.
recrecimiento con aleación dura | hard alloy facing.
recrecimiento con metal hiperaleado (piezas desgastadas) | high-alloyed metal hardfacing.
recrecimiento con soldadura | building up by welding.
recrecimiento con soldadura (partes desgastadas) | weld overlay | surfacing.
recrecimiento con soldadura (piezas desgastadas) | weld surfacing | overlay.
recrecimiento con soldadura resistente al desgaste | wear-resisting hardfacing.
recrecimiento de carriles (por soldadura) | rail surfacing.
recrecimiento de la presa | dam heightening.
recrecimiento de partes desgastadas (con soldadura o pistola metalizadora) | putting on.
recrecimiento de piezas desgastadas con soldadura | hardfacing.
recrecimiento de presa de gravedad | gravity dam heightening.
recrecimiento de superficie con estriaciones de soldadura | chequer net welding.
recrecimiento de una cubierta de hormigón para darla pendiente | gusset.
recrecimiento de una pieza con soldadura | facing.
recrecimiento duro barato de alta calidad | high-quality low-cost hard surfacing deposit.
recrecimiento duro con soldadura | hard setting.
recrecimiento duro con soldadura (piezas desgastadas) | hard-surfacing.
recrecimiento galvánico (electrodeposición sobre una superficie metálica de una capa de metal más duro) | electrofacing.
recrecimiento inagrietable (soldadura) | noncracking hard facing.
recrecimiento por arco eléctrico haciendo vibrar el electrodo en dirección perpendicular a la pieza que gira | vibratory vibro-arc surfacing.
recrecimiento por chorreo y fusión de la capa | spraywelding.
recrecimiento por soldeo | welding hardfacing.
recrecimiento resistente a la corrosión (soldadura) | corrosion-resistant facing.
recremiento de ejes (soldadura) | reclamation of shafts.
recristalizado | recrystallized.
recristalizar (EE.UU.) | recrystallize (to).
recronizar | retime (to).
recta de balance | budget line.
recta de balizamiento (aeródromos) | equisignal sector.
recta de carga c.a. del transistor | transistor a-c load line.
recta de carga c.c. del transistor | transistor d-c load line.
recta de carga dinámica | dynamic load line.
recta de Fermi | Fermi plot.
recta directriz (superficies) | line director.
recta dirigida | directed line | sensed line.
recta en verdadera magnitud | true-length line.
recta primitiva (cremalleras) | pitch-line.
recta que gira alrededor de otra recta | line revolved about another line.
recta real | real line.
rectamente | right.
rectangular | square.
rectángulo | rectangle.
rectángulo de dispersión (balística)
rectángulo dividido en cuadrados | squared rectangle.
rectángulo total de dispersión (balística) | one hundred percent rectangle.
rectas conjugadas isógonas | isogonal conjugate lines.
rectas de compensación del contorno (determinación de la superficie de un área irregular) | give-and-take lines.
rectas de irradiación de las dovelas (arco visto de frente) | sommering lines.
rectas isócronas | isotime lines.
rectas que se cruzan | skew lines.
rectas secantes | intersecting lines.
rectificabilidad | rectifiability.
rectificable (asientos válvulas) | grindable.

rectificación | readjustment | rectification | truing.
rectificación (corriente eléctrica) | straightening.
rectificación a lo largo del tubo | axial grinding of tube.
rectificación con muela adiamantada de periferia no continua | noncontinuous diamond grinding.
rectificación con resistencia de rejilla | leaky grid rectification.
rectificación cónica | conical grinding.
rectificación cromática (fotomecánica) | color correction.
rectificación de alineaciones con cordel (curvas de ferrocarril) | string lining.
rectificación de alineaciones de curvas de ferrocarril | string-ining railroad curves.
rectificación de cilindro | cylinder re-boring.
rectificación de conos | cone grinding.
rectificación de corriente por la placa | anode rectification.
rectificación de corte por penetración | plunge-cut grinding.
rectificación de cristales de cuarzo | quartz-crystal lapping.
rectificación de defectos de fundición | foundry fault rectification.
rectificación de deriva | deflection change.
rectificación de dientes de engranajes | gear tooth rectification.
rectificación de herramientas | tool regrinding | regrinding.
rectificación de la distorsión | distortion rectification.
rectificación de la línea de mira (artillería) | harmonization.
rectificación de la variante | deviation rectification.
rectificación de los flancos de los dientes | tooth flank grinding.
rectificación de rodillos de laminación | mill roll grinding.
rectificación de roscas cónicas | conical thread grinding.
rectificación de roscas interiores | internal thread grinding.
rectificación de ruedas (de vagones o locomotoras) | wheel truing.
rectificación de semiciclos (corrientes alternas) | half-wave rectification.
rectificación de una alternancia | half-wave rectification.
rectificación de una muela abrasiva adiamantada | diamond wheel truing.
rectificación del perfil de la muela | wheel profile truing.
rectificación del rumbo | killing course.
rectificación electrolítica de perfiles | profile electrolytic grinding.
rectificación electrolítica interior | internal electrolytic grinding.
rectificación electrolítico-mecánica | electrolytic-mechanical grinding.
rectificación electroquímica | electrochemical grinding.
rectificación en serie | mass grinding.
rectificación exterior concéntrica | concentric external grinding.
rectificación hiperboloide (de muelas abrasivas) | hyperboloid truing.
rectificación interna electrolítica | electrolytic internal grinding.
rectificación lineal | linear grinding.
rectificación lineal (radio) | linear detection.
rectificación periférica (disco cortador) | topping.
rectificación plana vertical electroquímica | electrochemical vertical flat grinding.
rectificación por condensador en derivación | cumulative rectification.
rectificación por ignitrón | ignitron rectifier.
rectificación por la curva anódica | anode bend rectification.
rectificación por rejilla | grid rectification.
rectificación y nivelación de la vía (ferrocarril) | track surfacing.
rectificación y reavivación (muelas abrasivas) | truing and dressing.
rectificada (corriente alterna) | rectified.
rectificada (herramientas) | regrinded.
rectificado | rectified.
rectificado (con la muela abrasiva) | ground.
rectificado (con muela abrasiva) | grinding.
rectificado a medidas finales | ground to size.
rectificado a su forma definitiva | ground to shape.
rectificado a una tolerancia de | ground to a tolerance of 2 microns on curvature .
rectificado basto a mano | offhand grinding | freehand grinding.
rectificado brillante | bright ground.
rectificado cilíndrico | cylindrical grinding.
rectificado con abrasivo y aceite (bolas de acero) | oil grinding.
rectificado con abrasivos sueltos | lapping.
rectificado con acabado en espejo | ground to a mirror finish.
rectificado con barretas abrasivas | honing.
rectificado con la muela a 1 diezmilésima de pulgada (agujeros) | ground round to 0.0001 inch.
rectificado con muela | grinding down.
rectificado con muela adiamantada | diamond-ground.
rectificado con muela adiamantada ayudado electrolíticamente | electrolytically-assisted diamond grinding.
rectificado con muela de forma | formed wheel grinding | profile grinding.
rectificado con muela de forma análoga al perfil deseado | form-grinding.
rectificado con muela perfilada | crushed wheel-grinding | crush-grinding.
rectificado con piedra abrasiva | hone-finished.
rectificado con piedra abrasiva (colectores) | stoning.
rectificado con plantilla | profile grinding.
rectificado con tolerancias precisas después del templado | ground to fine limits after hardening.
rectificado cóncavo | hollow-ground.
rectificado de acabado | finish grinding.
rectificado de avance pasante | through-feed grinding.
rectificado de chapones | flat-grinding.
rectificado de dientes helicoidales | helical teeth grinding.
rectificado de enfilada | straight-through grinding.
rectificado de estrías | chamfer grinding.
rectificado de forma | form-grinding.
rectificado de la muela para que la periferia sea concéntrica con el eje | wheel truing.
rectificado de las aristas de la gema | gem-edging grinding.
rectificado de manguitos (tejeduría) | rebuffing.
rectificado de muelas adiamantadas | diamond wheel grinding.
rectificado de pistones | piston grinding.
rectificado de precisión de avance constante | fixed-feed precision grinding.
rectificado de superficies frontales | face grinding.
rectificado de superficies planas | plane surface grinding.
rectificado de válvulas | valve-grinding.
rectificado del asiento de válvula | valve seat reconditioning.
rectificado del bloque de cilindros | reboring of cylinder block.
rectificado del interior (cilindros) | bore grinding.
rectificado electroerosivo | electric-spark grinding.
rectificado electrolítico | electrolytic grinding.
rectificado empleando el proceso de rectificación electrolítica | reground using the electrolytic grinding process .
rectificado en basto | roughing grinding.
rectificado en profundidad | plunge-grinding.
rectificado en seco | reground dry | dry grinding.
rectificado entre tolerancias | tolerance grinding.
rectificado esféricamente (con diámetro menor en la cabeza y pie que en el centro - pistones) | ground spherically.
rectificado especular | superfine grinding.
rectificado exteriormente | external grinded.
rectificado final a medidas | finish-ground to size.
rectificado guiado | infeed grinding.
rectificado interior | internal grinded.
rectificado interior sin puntos con apoyo exterior | shoe centerless internal grinding.
rectificado microcéntrico | microcentric grinding.
rectificado plano | flat ground | surface grinding | flat-grinding.
rectificado por buceo | plunge-grinding.
rectificado por cinta sin fin abrasiva | band grinding.
rectificado por electroerosión | spark-grinding.
rectificado por fricción | honing.
rectificado por muela de superficies curvas | contour grinding.
rectificado por penetración de la muela abrasiva | infeed grinded.
rectificado químico | chemical grinding.
rectificado y lapidado hasta acabado en espejo | ground and lapped to a mirror-finish.
rectificador | rectifier.
rectificador acorazado con aeroenfriamiento | steel-clad air-cooled type rectifier.
rectificador autofocalizante | autofocus rectifier.
rectificador con cebado automático | automatic ignition rectifier.
rectificador con vacío por bomba | pump-evacuated rectifier.
rectificador controlado de cinco estratos | five-layer-controlled rectifier.
rectificador controlado de cuatro bornas | four-terminal controlled rectifier.
rectificador controlado de semiconductor | semiconductor controlled rectifier.
rectificador controlado por aleación y difusión | alloyed-diffused controlled rectifier.
rectificador controlado por difusión | diffused-controlled rectifier.
rectificador controlado por silicio | silicon controlled rectifier.
rectificador de alto voltaje invertido | high-inverse-voltage rectifier.
rectificador de ángulo fijo | fixed-angle rectifier.
rectificador de arco | arc rectifier.
rectificador de arco de mercurio | mercury-arc rectifier.
rectificador de arco de mercurio con cuba de acero | steel bulb mercury-arc rectifier.
rectificador de arco de mercurio con cuba de acero sin bomba regulado por rejilla | grid-controlled pumpless steel tank mercury arc rectifier.
rectificador de arco de mercurio de alimentación invertida | inverted-fed mercury-arc rectifier.
rectificador de arco de mercurio de cubas múltiples | multibulb mercury-arc rectifier.
rectificador de arco de mercurio de vacío continuo con cuba de acero | continuously-evacuated steel tank mercury-arc rectifier.
rectificador de arco de mercurio en cuba de acero hermética | sealed steel-tank mercury-arc rectifier.
rectificador de arco de mercurio regulado por rejilla | grid-controlled mercury-arc rectifier.

rectificador de bomba con cubeta de acero aeroenfriada | steeltank continuously-evacuated air-cooled rectifier.
rectificador de caldeo del filamento | filament-heating rectifier.
rectificador de capa de barrera | barrier-layer rectifier.
rectificador de capa de detención | barrier layer rectifier.
rectificador de carburo de silicio | silicon carbide rectifier.
rectificador de cátodo líquido | pool rectifier.
rectificador de contacto puntual | point-contact rectifier.
rectificador de corriente | current rectifier.
rectificador de corriente continua para soldadura | D. C. welding rectifier.
rectificador de corriente en seco | dry-type current rectifier.
rectificador de cristal | crystal rectifier.
rectificador de cristal de germanio | germanium crystal rectifier.
rectificador de cristal de silicio | silicon crystal rectifier | silicon-crystal rectifier.
rectificador de cuarzo negativo | N-type crystal rectifier.
rectificador de cuarzo negativo (la corriente fluye cuando el semiconductor es negativo con relación al metal) | n-type crystal rectifier.
rectificador de cuarzo positivo (la corriente fluye cuando el semiconductor es positivo con relación al metal) | p-type crystal rectifier.
rectificador de cuba de acero hermética | pumpless steel-bulb rectifier.
rectificador de cuba de acero hermética enfriado por aire | pumpless air-cooled steel tank rectifier.
rectificador de cuba de acero sin bomba enfriado por aire | aircooled pumpless steel tank rectifier.
rectificador de charco de mercurio | mercury-pool rectifier.
rectificador de diamante para muelas | single-diamond truer.
rectificador de diodo | diode rectifier.
rectificador de diodo de gas | gas-diode rectifier.
rectificador de diodo shuntado | shunt diode rectifier.
rectificador de disco seco | dry-disk rectifier.
rectificador de energía de semiconductor | semiconductor power rectifier.
rectificador de entrada del desconectador periódico | gate input rectifier.
rectificador de gas | gaseous rectifier.
rectificador de germanio de contacto puntiforme | point-contact germanium rectifier.
rectificador de ignitrones | ignitron rectifier.
rectificador de impedancia equilibrada | impedance-matched rectifier.
rectificador de iodo de silicona | silicone diode rectifier.
rectificador de la excitación | excitation rectifier.
rectificador de lámina vibrante | vibrating reed rectifier.
rectificador de mercurio con cuba de acero | mercury-steel arc rectifier.
rectificador de muelas abrasivas | wheel dresser.
rectificador de onda entera de célula de selenio | full-wave selenium-cell rectifier.
rectificador de onda entera monofásica de mercurio | mercury-arc single-phase full-wave rectifier.
rectificador de ondas | mixer.
rectificador de óxido de cobre | copper-oxide rectifier.
rectificador de pico de media onda | half-wave peak rectifier.
rectificador de placa | plate rectifier.
rectificador de placa seca | dryplate rectifier.
rectificador de placas secas | metal rectifier.
rectificador de polaridad invertida | reversed polarity rectifier.
rectificador de rodillo conformador impregnado de partículas de diamante | diamond impregnated roller truer.
rectificador de rodillos conformadores | roller truer.
rectificador de selenio | selenium rectifier.
rectificador de selenio conectado en derivación | bridge-connected selenium rectifier.
rectificador de selenio regulado por bobina de reactancia | choke-controlled selenium rectifier.
rectificador de semionda | half-wave rectifier.
rectificador de silicio con regulación de potencia | silicon power-controlled rectifier.
rectificador de silicio por alud | avalanche silicon rectifier.
rectificador de tubo al vacío | vacuum tube rectifier.
rectificador de una alternancia | half-wave rectifier.
rectificador de unión PN | PN junction rectifier.
rectificador de vacío | filament rectifier.
rectificador de válvula electrónica | valve rectifier.
rectificador de vapor de cesio | caesium-vapor rectifier | cesium-vapor rectifier.
rectificador de vapor de mercurio | mercury vapor rectifier.
rectificador de vapor de mercurio de cátodo incandescente regulado por rejilla | hot-cathode grid-controlled mercury vapor rectifier.
rectificador de vapor de mercurio de cuba metálica | metal tank mercury-arc rectifier.
rectificador de voltaje | potential rectifier.
rectificador dodecafásico regulado por rejilla | twelve-phase grid-controlled rectifier.
rectificador electrolítico | electrolytic valve.
rectificador electromagnético | magnetic rectifier.
rectificador electrónico | electronic rectifier.
rectificador electroquímico | electrochemical rectifier.
rectificador en penetración | plunge-cut grinder.
rectificador en puente de diodos de silicio | silicon bridge rectifier.
rectificador en seco de selenio | selenium dry plate rectifier.
rectificador estático | stationary rectifier.
rectificador exafásico de arco de mercurio regulado por rejilla | six-phase grid-controlled mercury arc rectifier.
rectificador exafásico en derivación | six-phase parallel rectifier.
rectificador hermético con cubeta de acero aeroenfriada | steel-tank pumpless air-cooled rectifier.
rectificador inversor (de corriente continua a alterna) | inverter | invertor.
rectificador inversor de corriente continua a alterna | inverted rectifier.
rectificador mecánico (de corriente alterna a continua) | mechanical rectifier.
rectificador mecánico giratorio | snook rectifier.
rectificador metálico | metal rectifier | dryplate rectifier.
rectificador monoanódico | half-wave rectifier | monoanodic rectifier.
rectificador monofásico de media onda | single-phase half-wave rectifier.
rectificador monofásico de onda completa | all-wave one-phase rectifier.
rectificador monofásico de onda entera | single-phase full-wave rectifier.
rectificador monofásico de semionda | semi-wave monophasic rectifier.
rectificador para arco de cine | projector arc-lamp rectifier.
rectificador para electroplastia | plating rectifier.
rectificador para fresas generatrices | hob grinding truer.
rectificador para galvanoplastia | plating rectifier.
rectificador para grandes intensidades (electricidad) | large-current rectifier.
rectificador para muelas de rectificar | wheel truer.
rectificador piezoeléctrico | crystal rectifier.
rectificador polianódico | multianode rectifier.
rectificador polifásico | polyphase rectifier.
rectificador por película de óxido | barrier-film rectifier.
rectificador puente | bridge rectifier.
rectificador refrigerado por contacto en borde | edge-contact-cooled rectifier.
rectificador regulado con transductor | transducer-controlled rectifier.
rectificador regulado por rejilla de voltaje regulable | variable voltage grid-controlled rectifier.
rectificador seco de selenio | selenium dry-plate rectifier.
rectificador sexafásico de fases dobladas | phase-doubled twelve-phase rectifier.
rectificador termiónico | bulb rectifier.
rectificador trianódico en ampolla de vidrio | glass bulb three anode rectifier.
rectificador trifásico | three-phase rectifier.
rectificador trifásico de selenio conectado en derivación | three-phase bridge-connected selenium rectifier.
rectificadora | grinder.
rectificadora (cilindros) | boring bar.
rectificadora con dispositivo de sujeción | chucking grinder.
rectificadora copiadora | contour grinder.
rectificadora de aros de pistón | piston ring grinding machine.
rectificadora de aros de pistones | ring-grinder.
rectificadora de asientos (válvulas) | reseater.
rectificadora de asientos de válvulas | valve reseater | refacer.
rectificadora de caldeo indirecto | indirectly-heated rectifier.
rectificadora de calibres | gage grinder.
rectificadora de carburo adiamantado (para muelas abrasivas) | diamond-impregnated carbide truer.
rectificadora de casquillos | bushing grinder.
rectificadora de cigüeñales | crankshaft grinder | crank grinder.
rectificadora de cilindros accionada hidráulicamente | hydraulically driven cylinder grinder.
rectificadora de cilindros de laminador | roll grinder.
rectificadora de colectores | commutator grinder.
rectificadora de curvas de unión | radius truer | radius grinder.
rectificadora de chapones de carda | flat grinder.
rectificadora de ejes de levas | camshaft grinding machine.
rectificadora de engranajes cónicos | bevel-gear grinding machine.
rectificadora de engranajes de dentadura recta | spur-tooth gear grinder.
rectificadora de flancos de dientes de engranajes | gear flange grinder.
rectificadora de forma gobernada por plantilla | template-controlled form grinder.
rectificadora de fresas | cutter grinder.
rectificadora de grandes rodillos | roll grinder.
rectificadora de husillo planetario | planetary-spindle grinder.
rectificadora de interiores a dimensiones finales | sizing internal grinding machine.
rectificadora de lentes ópticas | optical lens grinder.
rectificadora de levas en línea | linear-cam grinder.
rectificadora de matrices | die grinder.
rectificadora de muelas (de gres o abrasiva) |

grindstone trimmer.
rectificadora de multimuelas | multiwheel grinder.
rectificadora de multipartículas de diamante | multi-stone dresser.
rectificadora de muñequillas (cigüeñales) | pin grinder.
rectificadora de muñequillas de cigüeñales | crankpin grinder.
rectificadora de perfilar | contour grinder.
rectificadora de perfiles | shape grinder | form grinder.
rectificadora de perfiles gobernada por cinta magnética | tape-controlled profile grinder.
rectificadora de perfiles ópticos regulada hidráulicamente | hydraulically controlled optical profile grinder.
rectificadora de piezas cilíndricas | circular grinder.
rectificadora de plantillas | profile-grinder.
rectificadora de pórtico para superficies planas | plano-type surface grinder.
rectificadora de precisión | precision grinding machine.
rectificadora de producción para diversos usos | universal production grinder.
rectificadora de puntos (de torno) | center-type grinder | lathe center grinder.
rectificadora de ranuras | spline grinder | spline-grinding machine.
rectificadora de roscas | thread grinder.
rectificadora de superficies de mesa oscilante | reciprocating table surface grinder.
rectificadora de superficies de muela de segmentos | segmental-wheel surface grinder.
rectificadora de superficies exteriores | cylindrical grinder.
rectificadora de superficies interiores planas | plain internal grinder.
rectificadora de superficies planas | plain grinder.
rectificadora de superficies planas de eje horizontal | horizontal-spindle surface grinder.
rectificadora de superficies planas exteriores | surface grinder.
rectificadora de tambor | drum grinder.
rectificadora de tambores del freno | brake drum grinder.
rectificadora de zapatas de freno | brake-shoe grinding machine.
rectificadora electrolítica | electrolytic grinder.
rectificadora giratoria de superficies | rotary surface grinder.
rectificadora hidráulica para ejes de levas | hydraulic camshaft-grinding machine.
rectificadora hidráulica para interiores de cilindros | hydraulic internal cylinder grinder.
rectificadora manual accionada por turbina neumática | turbine grinder.
rectificadora óptica para perfiles (engranajes) | optical profile grinder.
rectificadora oscilante | oscillating rectifier.
rectificadora para cilindros | cylinder grinding machine.
rectificadora para colectores | commutator dresser.
rectificadora para colectores electricidad) | resurfacer.
rectificadora para chaflanes | bevel grinder.
rectificadora para ejes estriados | splineshaft grinder.
rectificadora para engranajes | gear grinder.
rectificadora para engranajes helicoidales | helical-gear grinding machine.
rectificadora para exteriores | external grinder.
rectificadora para fresas | milling cutter grinding machine.
rectificadora para interiores | internal grinder.
rectificadora para interiores de cilindros | internal cylinder grinder.
rectificadora para machos de roscar | tap grinder.
rectificadora para muñequillas de cigüeñales | crankping grinder.
rectificadora para pistones | piston grinder.
rectificadora para plato (tornos) | chucking grinder.
rectificadora para rodillos de avance hidráulico | hydraulic traverse roll grinding machine.
rectificadora para superficies planas | flat grinder.
rectificadora para tambores de frenos de automóviles | automobile brake drum grinding machine.
rectificadora para válvulas | electric valve refacer.
rectificadora para varios usos | multi-purpose grinder.
rectificadora planetaria | planetary grinder.
rectificadora por impacto de ondas ultraacústicas | ultrasonic impact grinder.
rectificadora rotativa de diamantes múltiples | rotating multiple-diamond dresser.
rectificadora semiuniversal | semiuniversal grinder.
rectificadora sin puntos | centerless grinder.
rectificadora sin puntos de ciclo regulado | controlled-cycle centerless grinder.
rectificadora sin puntos para roscas | centerless thread grinder.
rectificadora sin puntos para superficies exteriores | centerless external grinder.
rectificadora sin puntos para superficies interiores | centerless internal.
rectificadoras del taller de herramientas | toolroom grinders.
rectificar | train (to) | rectify (to) | rectify (to) | true up (to) | adjust (to) | true off (to).
rectificar (aerofotografía) | horizontalize (to).
rectificar (alcohol, etc.) | redistil (to).
rectificar (asiento válvulas) | reface (to).
rectificar (buques en grada) | fair up (to).
rectificar (con muela abrasiva) | ground (to).
rectificar (herramientas) | hone (to).
rectificar (muelas abrasivas) | true (to).
rectificar (sondeos) | ream (to).
rectificar (un cilindro) | rebore (to).
rectificar (una pieza) | clean (to).
rectificar a medidas finales | finish-grind (to).
rectificar con la muela | grind true (to) | wheel true (to).
rectificar con moleta de diamante (muelas abrasivas) | diamond true (to).
rectificar con muela abrasiva | lap (to) | grind (to).
rectificar con muela perfilada (muelas abrasivas) | crush true (to).
rectificar con piedra abrasiva | stone (to).
rectificar con punteadora | jig-grind (to).
rectificar con taco abrasivo (interiores de cilindros) | hone (to).
rectificar cónico | taper grind (to).
rectificar de nuevo (un cilindro, etc.) | regrind (to).
rectificar en basto | rough grind (to).
rectificar en basto el ánima | rough grind the bore (to).
rectificar en grada (construcción de buques) | horn (to).
rectificar en seco | dry-grind (to).
rectificar exteriormente | external grind (to).
rectificar fotografías oblicuas | rectify (to).
rectificar herramientas | regrind (to).
rectificar interiormente | internal grind (to).
rectificar la alineación (milicia) | dress the ranks (to).
rectificar la curva de unión | radius true (to).
rectificar la línea de mira (cañones) | harmonize (to).
rectificar la puntería | reaim (to).
rectificar la superficie | true off the face (to).
rectificar mecánicamente (la muela abrasiva) | power true (to).
rectificar metales dúctiles | grind ductile metals (to).
rectificar ovalado | oval grind (to).
rectificar plano | flat-grind (to).
rectificar por fricción (interiores de cilindros) | hone (to).
rectificar por medio de un rodillo a presión (muelas abrasivas) | crush-dress (to).
rectificar sin puntos | centerless-grind (to).
rectificar superficies | face off (to).
rectificar un agujero | tap out a hole (to).
rectificar una correa abrasiva diamantada | belt-grind (to).
rectigón | rectigon tube.
rectilinealidad | rectilinearity.
rectilinearmente | rectilinearly.
rectilineidad | straightness.
rectilíneo (sondeos) | true.
rectitud (de líneas) | straightness.
rectitud a toda prueba | tried honesty.
rectitud del ánima | bore straightness.
rectitud del fuste (árboles) | bole straightness.
rectitud del tronco (árboles) | stem straightness.
recto | straight | straight through | right | right-hand page | odd-numbered page.
recto (anatomía) | passage.
recto (de una hoja) | front side.
recto (documentos) | face.
recto (sondeos) | true.
rector (universidad) | provost.
rector (universidad de Oxford) | chancellor.
rector (universidades) | principal.
rector universitario | president.
rectoría | president's office.
recua | train | pack-train | pack train | drove.
recua de mulos | mule train.
recuadrado | squared.
recuadrar (tipografía) | box in (to).
recuadro (bóveda nervada) | web.
recuadro (receptor televisión) | framing mask.
recuadro (tipografía) | box-in.
recuadro (viga de celosía) | panel.
recuadro de filetes en orla para rodear un texto (imprenta, períodismo) | box.
recuadro en la pared para colocar cuadros | picture mold.
recuadro filtrador de la luz (TV) | luminous edge.
recubierto con una materia elástica | resilient faced.
recubierto de chapas (enchapado) | plated.
recubierto de plomo | lead-covered.
recubierto por pulverización a la llama | flame-sprayed.
recubierto por vía química | electroless-plated.
recubridor de cilindros (obrero tejeduría) | roll coverer.
recubrimiento | encasing | shroud | rolling | lapping | lapping over | overlaying.
recubrimiento (bote de tingladillo) | land.
recubrimiento (conjunto topológico) | cover.
recubrimiento (chapas de forro de buques) | lamp.
recubrimiento (distribuidor de vapor) | cover.
recubrimiento (geología) | overfolding | overthrust | doubling.
recubrimiento (memoria - informática) | overlay.
recubrimiento (topología) | covering.
recubrimiento a la admisión (distribuidor de máquina vapor) | outside lap.
recubrimiento a la admisión (distribuidor de vapor) | steam lap.
recubrimiento a la admisión (máquinas de vapor) | steam overlap.
recubrimiento a la evacuación | eduction overlap.
recubrimiento a pistola (pintura) | spray-up.
recubrimiento abierto de un conjunto (topología) | open-cover of a set.
recubrimiento al escape | exhaust cover.
recubrimiento al escape (distribuidores) | inside lap.
recubrimiento al escape (distribuidores de máquinas vapor alternativas) | inside cover.
recubrimiento alar | wing covering.

recubrimiento anódico brillante | brilliant anodic coating.
recubrimiento brillante | bright deposit.
recubrimiento brillante lustroso | lustrous bright deposit.
recubrimiento con aleación de estaño (química) | tining.
recubrimiento con cañizo | reeding.
recubrimiento con metal fundido | metalization.
recubrimiento con una capa bituminosa | bituminous overlay.
recubrimiento de escape | exhaust lap.
recubrimiento de extrusión | extrusion coating.
recubrimiento de frecuencias | frequency overlap.
recubrimiento de hilos y cables | coating of wires and cables.
recubrimiento de la cabeza (de un perno con cemento, etc.) | overcapping.
recubrimiento de la solera | hearth coverage.
recubrimiento de las barras (hormigón armado) | cover.
recubrimiento de plomo | lead lining.
recubrimiento de protección | protective coating.
recubrimiento de testas | end coating.
recubrimiento del ala | wing envelope.
recubrimiento del distribuidor (máquina vapor) | lap of the valve.
recubrimiento descolorido (galvanoplastia) | off-colored deposit.
recubrimiento electrolítico | plating | plated coating.
recubrimiento electrolítico en tambor | barrel plating.
recubrimiento estático (cojinetes) | static lining.
recubrimiento exterior (distribuidor de máquina vapor) | outside lap.
recubrimiento exterior (distribuidor de vapor) | steam lap.
recubrimiento exterior negativo (distribuidor máquina vapor) | outside clearance.
recubrimiento fosfatante (metalurgia) | phosphating coating.
recubrimiento horizontal (geología) | heave.
recubrimiento interior (distribuidor máquina vapor alternativa) | exhaust lap.
recubrimiento iónico | ion sheath.
recubrimiento lubricante | lubricant coating.
recubrimiento metálico | metal skin.
recubrimiento metálico interior (tubo rayos catódicos) | metal backing.
recubrimiento negativo (distribuidor máquinas alternativas) | clearance.
recubrimiento plástico | plastic coating.
recubrimiento por aspersión | sprayed coating.
recubrimiento por detonación de gases que transportan el material cubriente | flame plating.
recubrimiento por efluvios | glow coating.
recubrimiento por inmersión | dip coating.
recubrimiento por vía química | electroless plating.
recubrimiento transversal (aerofotografía) | sidelap.
recubrimientoreentelado (alas de aviones) | recovering.
recubrir | line (to) | encase (to) | face (to) | overwrite (to) | top (to).
recubrir (solapar) | overlap (to).
recubrir con arpillera (mimetización) | garnish (to).
recubrir con bóveda | cope (to).
recubrir con metal licuado | metalize (to).
recubrir con solución sensibilizadora | coat (to).
recubrir de arcilla | clay (to).
recubrir de corteza | over-crust (to).
recubrir de latón | brass (to).
recubrir de placas | plate (to).
recubrir de plomo | lead-coat (to).
recubrirse | overlap (to).
recubrirse con una capa de óxido (aleaciones) | fog (to).
recuento | check | polls | counting.
recuento celular | cellular count.
recuento de árboles (Iberoamérica) | tree count.
recuento de bacterias | bacteriological count.
recuento de bloques | block count.
recuento de escintilaciones | scintillation counting.
recuento de existencias | stocktaking.
recuento de grupos de granos | cluster counting.
recuento de grupos de granos (emulsión fotográfica) | blob counting.
recuento de impulsos | pulse metering.
recuento de la radiactividad del cuerpo humano | whole-body counting.
recuento de material recibido | tally in.
recuento de trombocitos (medicina) | platelet count.
recuento de votos | ballot recount.
recuento del material en suspensión | suspension counting.
recuento en placa | poured plate count.
recuento en placa (bacteriología) | plate count.
recuento físico (inventarios) | physical count.
recuento oficial de los votos | official vote recount.
recuento radiactivo | radioactive counting.
recuento radioquímico | radiochemical counting.
recuento sanguíneo | blood count.
recuentos por minuto (tubos Geiger) | counts per minute.
recuerdo | record | token.
recuesto (minas) | dip.
recuesto arriba (minas) | upbrow.
recular | give (to) | drop astern (to) | draw back (to) | move back (to).
recuperabilidad del blanco | target recuperability.
recuperable | salvable | collectible | retrievable | reclaimable.
recuperable (concesiones) | resumable.
recuperación | restitution | restoration | recover | recovery | repossession | retrieval | regenerating | salvage | salvaging.
recuperación (bolsa) | rally.
recuperación (de subproductos) | saving.
recuperación (de terrenos) | reclamation.
recuperación (frenos) | counterrecoil.
recuperación (pérdidas) | regain.
recuperación anelástica | anelastic recovery.
recuperación automática de la información | mechanized information retrieval.
recuperación bajo fianza | replevin.
recuperación de arenas de moldeo | foundry sand reclamation.
recuperación de barros de amolado (muelas abrasivas) | swarf reclamation.
recuperación de calor (calderas) | reheat.
recuperación de chatarras | scrap reclamation.
recuperación de datos | data retrieval.
recuperación de desechos | waste recovery.
recuperación de desperdicios de frutas | fruit-waste recovery.
recuperación de desperdicios industriales | industrial waste recovery.
recuperación de desperdicios textiles | textile waste reclamation.
recuperación de diamantes (de fangos de muelas abrasivas, etc) | diamond recovery.
recuperación de diamantes de desperdicios industriales | diamond reclamation.
recuperación de documentos deteriorados por la humedad | salvaging of water-damaged library materials.
recuperación de errores en transmisión de datos | data communications error recovery.
recuperación de fluencia | creep recovery.
recuperación de fuerzas | rally.
recuperación de fundentes de soldeo | welding flux recovery.
recuperación de herramientas | tool salvage.
recuperación de herramientas rotas | reclamation of broken tool.
recuperación de la chatarra | scrap salvage.
recuperación de la deformación elástica | elastic rebound.
recuperación de la ductilidad | ductility restoration.
recuperación de la inversión | return of investments.
recuperación de la línea de remanso (aerodinámica) | stagnation-line recovery.
recuperación de la resistencia | strength regain.
recuperación de la tubería de sondeo | drill pipe revovery.
recuperación de los desperdicios | wastes salvaging.
recuperación de los desperdicios primarios | primary wastes salvaging.
recuperación de los disolventes | solvent recovery.
recuperación de los fangos de muelas abrasivas | swarf salvage.
recuperación de los precios | rising again of prices.
recuperación de los vapores desprendidos en los depósitos de almacenamiento (petróleo) | stock-tank vapor recovery.
recuperación de lubricantes usados | oil reclaiming.
recuperación de madera | reclaiming timber.
recuperación de metales | metal reclamation.
recuperación de partículas de diamante (amolado con diamante) | diamond salvage.
recuperación de petróleo por inyección de agua (pozos petroleros) | waterflood oil recovery.
recuperación de polvos | dust recovery.
recuperación de precios | prices recover | rally in prices.
recuperación de presión | pressure recovery.
recuperación de referencias | reference retrieval.
recuperación de testigos (sondeos) | core recovery.
recuperación de tierras | reclamation of wasteland.
recuperación del aceite de corte usado | used cutting oil reclamation.
recuperación del amoníaco | ammonia recovery.
recuperación del calor de escape del motor diesel | diesel engine waste-heat recovery.
recuperación del capital | recovery of principal.
recuperación del caucho | rubber reclaiming.
recuperación del cinc (de metales en estado líquido) | dezincification.
recuperación del cono de la ojiva | nose-cone recovery.
recuperación del entibado (minas) | drawing.
recuperación del metal | metal recovery.
recuperación del plutonio | plutonium recovery.
recuperación del sincronismo | recovered timing.
recuperación del trabajo de rozamiento superficial | skin-friction-work recovery.
recuperación elástica | elastic after-working.
recuperación elástica (metales sometidos a tracción plástica) | elastic after-effect.
recuperación elástica del material después de flexado | springback.
recuperación elástica del material después del plegado que hace que no se conserve la forma dada por el punzón a la pieza | springback.
recuperación elástica después de un trabajo (metales) | refreshment.
recuperación electrolítica | electrolytic recovery.
recuperación específica | specific retrieval.
recuperación facetada de la información | facetted information retrieval.
recuperación informativa | information retrie-

val | information recovery.
recuperación inmediata | push-button restoration.
recuperación pirometalúrgica | pyrometallurgical recovery.
recuperación plástica | plastic recovery.
recuperación por extracción por solvente | solvent extraction recovery.
recuperación por flotación (minería) | flotation collection.
recuperación rápida | quick recovery.
recuperación reotrópica | rheotropic recovery.
recuperación tras un modo de funcionamiento parcial | recovery from fall-back.
recuperado (productos) | reclaimed.
recuperado de una enfermedad mental | mentally restored.
recuperador | recuperator | fuzee.
recuperador (aparato) | regenerator.
recuperador (armas de fuego) | arrestor.
recuperador (cañón) | counterrecoil mechanism.
recuperador (cañones) | runout gear.
recuperador (hornos metalúrgicos) | regenerator.
recuperador de agujas metálicas tubulares | tubular metallic needle recuperator.
recuperador de calor | heat-exchange unit.
recuperador de calor (alto horno) | hot-blast stove.
recuperador de calor (metalurgia) | heat-exchanger.
recuperador de calor de contracorriente | contraflow recuperator.
recuperador de guijarros refractarios (termocambiadores) | pebble recuperator.
recuperador de tubos | tubular recuperator.
recuperador del abrasivo | abrasive reclaimer.
recuperador del aceite | oil-extractor.
recuperador hidroneumático | hydropneumatic recuperator.
recuperador neumático | air recuperator.
recuperadora de pasta papelera | pulp-saver.
recuperar | recoup (to) | recover (to) | repossess (to) | replevy (to) | retrieve (to) | resume (to) | recycle (to) | reclame (to) | regain (to).
recuperar (calor perdido) | regenerate (to).
recuperar (cañones) | runout (to).
recuperar (materiales) | salvage (to).
recuperar (metalurgia) | win (to).
recuperar (subproductos) | reclaim (to).
recuperar (un cable submarino) | pick up (to).
recuperar con la draga | drag up (to).
recuperar las mercancías | take the goods back (to).
recuperar legalmente (propiedades) | evict (to).
recuperar legalmente una propiedad de | evict property from (to).
recuperar los microgránulos de diamante usados | reclaim used diamond powders (to).
recuperar polvos de diamente (fangos de muelas abrasivas adiamantadas) | salvage diamond dust (to).
recuperar velocidad | pick up (to).
recuperarse | pull up (to).
recuperarse (de una pérdida) | make up (to).
recuperarse (muelles) | jump back (to).
recuperarse rápidamente | recover sharply (to).
recurrencia | recursion.
recurrencia (matemáticas) | recursion.
recurrente | recurring | recursive | petitioner.
recurribilidad | appealability.
recurrible | appealable.
recurrir | turn to (to).
recurrir a (jurisprudencia) | appeal to (to).
recurrir a alguien | come back on someone (to).
recurrir a la violencia | resort to violence (to).
recurrir a las armas | appeal to arms (to).
recurrir a los tribunales | have resort to the courts (to).
recurrir al mercado de capitales | have recourse to the capital market (to).
recurrir al tribunal | appeal to the court (to) | petition the court (to).
recurrir ante el tribunal | petition to the court (to).
recurrir en alzada | appeal to a higher court (to).
recurrir en queja | enter a complaint (to).
recursión | recursion.
recursión filtrante (matemáticas) | nested recursion.
recursión filtrante (topología) | nested recursion.
recursivamente enumerable | recursivedly enumerable.
recursivo | recursive.
recurso | expedient | resource | remedy.
recurso (abogacía) | motion.
recurso (judicial) | recourse.
recurso (jurisprudencia) | remedy.
recurso a causa de parcialidad | challenge propter affectum.
recurso adicional | cumulative remedy.
recurso administrativo | administrative remedy.
recurso civil (jurisprudencia) | civil remedy.
recurso contencioso | contentious appeal.
recurso contencioso-administrativo | action against administration.
recurso contra la decisión (jurisprudencia) | appeal against decision.
recurso de alzada | executive appeal.
recurso de amparo | habeas corpus | appeal for protection | injuction to secure protection | replevin.
recurso de apelación | remedy of appeal.
recurso de arbitraje | appeal to arbitration.
recurso de casación | appeal for reversal | appeal for annulment | writ of error.
recurso de casación (abogacía) | motion to vocate | motion to vacate.
recurso de casación por causa de error | appeal by writ of error.
recurso de certiorari | writ of certiorari.
recurso de enmienda (jurídico) | appeal for amendment.
recurso de equidad | bill in equity.
recurso de equidad entablado por un acreedor ante los tribunales | creditor's bill.
recurso de habeas corpus | petition of habeas corpus.
recurso de homologación | homologation appeal.
recurso de la defensa (jurisprudencia) | plea of defense.
recurso de nulidad | nullity proceeding | nullity plea | appeal for reversal | appeal for annulment.
recurso de oposición | right of opposition | right of exception.
recurso de queja | remedy of complaint | amended complaint | appeal by writ of error.
recurso de queja (abogacía) | petition in error.
recurso de queja corregido | amended complaint.
recurso de rastreo generalizado | generalized trace facility.
recurso de reforma | appeal for amendment.
recurso de reposición | appeal to set aside | appeal for reversal | appeal for reinstatement.
recurso de rescisión | appeal for annulment.
recurso de revisión | appeal for revision.
recurso de revocación | appeal for reversal.
recurso de segunda instancia | first appeal.
recurso de súplica | recourse of petition.
recurso de tercera instancia | second appeal.
recurso judicial | judicial recourse.
recurso justo | fair recourse.
recurso justo (jurídico) | adequate remedy.
recurso legal | legal remedy | remedy | remedy at law.
recurso natural sin dueño | natural resource without owner.
recurso penal | criminal plea.
recurso pleno | full recourse.
recurso por causa de error | writ of error.
recurso por fraude | remedy for fraud.
recurso provisional | makeshift.
recurso provisorio | provisional remedy.
recurso que se tiene de reserva | ace in the hole.
recurso sin permisión del juez | appeal without leave.
recurso temporal | stopgap.
recursos | resources | finances | finance | means | means.
recursos ajenos | external resources.
recursos ajenos (Bancos) | another's resources.
recursos biosolares | biosolar resources.
recursos de carbón con arranque a cielo abierto | stripping-coal resources.
recursos de nulidad (abogacía) | actions to have decisions declared void.
recursos de potencial humano | manpower resources.
recursos de tesoreria | cash-flow.
recursos del Tesoro | financial resources.
recursos dinerarios | moneyed resources.
recursos económicos | financial recourses.
recursos energéticos | energetic resources | energy resources | power resources.
recursos financieros | financial resources.
recursos financieros generales de una empresa en un ejercicio | cash-flow.
recursos fiscales | financial resources.
recursos generados (economía) | cash-flow.
recursos halieúticos | halieutic resources.
recursos hidroeléctricos | water-power resources | hydroelectric potentialities.
recursos humanos | manpower | human resources.
recursos invertidos por el usuario | user efforts.
recursos legales | legal provisions | legal remedies.
recursos minerales inexplorados | unexplored mineral resources.
recursos naturales | natural resources.
recursos naturales consumibles | depletable natural resources.
recursos naturales irreemplazables | irreplaceable natural resources.
recursos pecunarios | moneyed resources | funds.
recursos propios | own resources | equity.
recursos propios (bancos) | one's own resources.
recurtido | retannage.
recurtir | retan (to).
recurvado | hooked.
recurvado (botánica) | reflex.
recurvado del carril | rail sweep.
recurvarse | bend back (to).
recusable | exceptionable | challengeable | rejectable.
recusable (jurisprudencia) | exceptionable.
recusación | plea to bar | recusancy | declinatory | declinature.
recusación (de testigos) | impugnment.
recusación (testigos) | impugning.
recusación de uno como testigo por su incompetencia | recusatio testis.
recusación general (jurídico) | general challenge.
recusación por falta de competencia | challenge because of incompetency.
recusación vaga | challenge to the favor.
recusado (persona) | challengee.
recusador | challenger | rejecter.
recusar | recuse (to) | reject (to).
recusar (a un testigo) | except (to).
recusar (testigos) | impugn (to).
recusar (testigos, jueces, etc.) | challenge (to).
recusar a un testigo | impeach a witness (to).
recusar un testigo | evidence (to).
recusarse | disclaim competence (to).
rechazable (piezas inspeccionadas) | rejectable.
rechazado | rejectee.
rechazado antes de maquinar (piezas) | elimi-

nated prior to machining.
rechazado categóricamente | flatly rejected.
rechazador | rejector | rejecter.
rechazador del polvo | dust rejector.
rechazamiento | rejection | repulsion.
rechazamiento de la probeta | discarding of test piece.
rechazamos todos los artículos defectuosos | we take back all defective articles.
rechazando la idea de un subsidio | dismissing the thought of a subsidy.
rechazar | disallow (to) | disaffirm (to) | reject (to) | set aside (to) | exclude (to) | push-down (to) | repel (to) repeler | overside (to) | drive back (to) | bump (to) | react (to) | waive (to).
rechazar (enmiendas, etcétera) | negative (to).
rechazar (inspecciones) | eliminate (to).
rechazar (la autoridad de) | disclaim (to).
rechazar (no poderse clavar más - pilotes, clavos) | refuse (to).
rechazar (reclamaciones) | ignore (to).
rechazar (una proposición) | turn down (to).
rechazar cajas de cartón con exceso o defecto de peso | reject under or overweight cartons (to).
rechazar condiciones | refuse conditions (to) | decline conditions (to).
rechazar la apelación | dismiss the appeal (to).
rechazar la demanda | dismiss the suit (to).
rechazar la mercancía | refuse goods (to) | reject goods (to).
rechazar la responsabilidad | disclaim liability (to).
rechazar los artículos | refuse to accept the goods (to).
rechazar los artículos defectuosos | take back the defective articles (to).
rechazar por votación (abogacía) | vote down (to).
rechazar por votos en contra | vote down (to).
rechazar un laudo | set aside an award (ro).
rechazar un voto | challenge a vote (to).
rechazar una petición | deny a petition (to).
rechazar una reclamación | refuse a claim (to) | reject a claim (to).
rechazo | knock-on | rebound | turndown.
rechazo (comercio) | rejection.
rechazo (de falla) | slip.
rechazo (de piezas inútiles) | rejectance.
rechazo (geología) | separation.
rechazo (inspecciones) | reject | offscouring.
rechazo (material o pieza rechazada) | rejection.
rechazo a mano (recepción de piezas) | manual rejection.
rechazo automático (de piezas fuera de tolerancias) | automatic rejection.
rechazo de excitación (radio) | refusal of excitation.
rechazo de la segunda tinta en una zona impresa que permanece húmeda (artes gráficas) | trapping.
rechazo de mercancías | refusal of goods.
rechazo de modo común | in-phase rejection.
rechazo de un convenio | dismissal of a composition.
rechazo de un pedido | refusal of an order.
rechazo de una oferta | turn down of an offer.
rechazo del pilote (hinca) | pile refusal.
rechazo en fase (biología) | in-phase rejection.
rechazo hacia arriba (geología) | upthrow.
rechazo horizontal (fallas) | shift | strike slip | horizontal throw.
rechazo horizontal transversal aparente (geología) | apparent heave.
rechazo perpendicular a las capas (fallas) | perpendicular slip.
rechazo perpendicular a las capas (geología) | perpendicular separation.
rechazo radiográfico$ | radiographic rejection.
rechazo vertical (fallas) | perpendicular throw | throw | heave.
rechazo vertical de falla | fault throw.
rechiflar | boo (to).
rechinamiento | scraping noise | grinding | rasping sound | clank | creaking | grating | chattering.
rechinar | clank (to) | clang (to) | squeak (to) | grate (to) | grit (to) | rasp (to) | crash (to) | creak (to).
rechinar (ruedas) | crank (to).
rechoncho | plump.
rechupado (lingotes) | drawing.
rechupe (aleación aluminio) | suck-in.
rechupe (lingote) | sinkhole | void.
rechupe (lingote metalúrgico) | cavity.
rechupe (lingotes) | pipe.
rechupe (metalurgia) | draw | piping | shrink hole | shrinkage cavity.
rechupe (piezas fundidas) | vug | drawhole.
rechupe (tochos) | contraction cavity.
rechupe abierto hacia la superficie (tochos) | primary pipe.
rechupe capilar (tochos) | hair pipe.
rechupe cerrado hacia la superficie (tochos) | secondary pipe.
red | trap | trunk | netting | net.
red (cristalografía) | lattice.
red (eléctrica, de ferrocarriles) | system.
red (fabricación del papel) | web.
red (fotograbado) | ruled screen.
red (fotografía estelar) | reseau.
red (óptica) | gitter.
red activa de N aberturas | active N-port network.
red activa-pasiva | active-passive network.
red aérea de energía eléctrica | overhead electric system.
red aérea y subterránea | overhead-underground system.
red alimentada con varias fuentes distintas de energía | multiple isolated-input network.
red alimenticia | food web.
red analógica | analog network.
red anastomizante de fisión producida en rocas por presión | Cooper's lines.
red antigua (telilla-labor) | filet antique.
red antiinductiva | antiinduction network.
red antisubmarinos | antisubmarine net.
red antisubmarinos (puertos) | crinoline.
red antitorpedos | antitorpedo net | torpedo-net.
red antitorpedos (marina) | torpedo net.
red artificial | phantom network.
red asociada de circuitos terminales | network terminal circuits.
red atenuadora de observación | monitoring attenuating network.
red automática digital | automatic digital network.
red barredera | scoop net | trail net | draw-net | drag net | drag-seine.
red barredera (pesca) | pitching net.
red binómica de radiación transversal | binomial antenna array.
red capacitiva atenuante | attenuating capacitative network.
red celular (electricidad) | ladder network | ladder.
red centrada en el vértice (cristalografía) | end-centered lattice.
red cloacal | sewer system.
red colectora | collecting network.
red comercial | commercial network.
red compensadora (telefonía) | weighting network.
red compensadora adelantadora de fase | phase-lead-compensating network.
red compensadora de efectos inducidos | anti-induction network.
red compensadora retardadora de fase | phase-lag-compensating network.
red compleja | combination array.
red común (telefonía) | common trunk.
red con dos pases de terminales | two port network.
red con neutro aislado | isolated neutral system.
red con neutro unido sólidamente a tierra | system with solidly earthed neutral.
red con puente en T | bridged-T network.
red con retorno por tierra | earth return system.
red conductora | wiring pattern.
red conectada | connected network.
red conformadora | equivalent network.
red conformadora de impulsos | pulse forming network.
red conmutada | switched network | dial-up network.
red conmutada pública (comunicaciones) | public switched network.
red continua de antenas elementales | continuous linear antenna array.
red controlada por ordenador | computer controlled network.
red correctora | shaping network | corrective network | weighting network.
red correctora (radio) | lead-lag network.
red correctora de distorsión | distortion-correcting network.
red correctora de la forma de la señal | signal-shaping network.
red cristalina | crystal grating | crystal lattice | crystal pattern.
red cristalina (cristalografía) | space lattice.
red cristalina del diamante (cristalografía) | diamond crystal lattice.
red cristalina distorsionada (cristalografía) | distorted lattice.
red cristalina dominada por el oxígeno (sólidos inorgánicos) | oxygen-dominated lattice.
red cristalina estable (cristalografía) | stable crystal lattice.
red cristalina heteropolar | heteropolar crystal lattice.
red cristalina interna | internal crystal lattice.
red cuadragular (electricidad) | o-network.
red cúbica (cristalografía) | cubic lattice.
red cúbica centrada | centered cubic lattice.
red cúbica centrada en las caras (un átomo en cada esquina y un átomo en el centro de cara del cubo) | face-centered cubic lattice.
red cúbica de mallas centradas (un átomo en cada esquina y uno en el centro de cada cubo) | body-centered cubic lattice.
red cúbica sin espacios vacíos | cubic array with no empty sites.
red de abonado (telefonía) | individual trunk.
red de absorción | absorption mesh.
red de acecho (defensa antiaérea) | spotting system.
red de adaptación | matching network.
red de adaptación sin pérdidas | lossless matching network.
red de aeropuertos | airport network.
red de aforos hidrométricos | stream-gaging network.
red de alarma | warning net.
red de alarma (defensa antiaérea) | spotting system.
red de alarma de radar | radar warning net.
red de alcantarillado | sewer systems | sewer system.
red de alerta | warning net.
red de alumbrado | lighting network | lighting mains.
red de amurada | bulwark netting.
red de anillos (electricidad) | ringed network.
red de anillos múltiples (electricidad) | multimesh network.
red de antena | aerial network.
red de antenas apiladas | stacked array.
red de antenas de radiación longitudinal | end-on directional array.
red de antenas de radiación regresiva | backfire array.
red de antenas en línea | colineal array | collinear array.
red de antenas equiespaciadas | linear array.
red de arrastre | draw-net.
red de arrastre de boca rígida (red de pesca) | beam trawl.

red de arrastre de seda con mallas muy pequeñas (oceanografía) | bolting silk.
red de atenuación predeterminada | weighting network.
red de avenamiento | flow-net.
red de barreras | barrier system.
red de barricada (pista despegue aeropuertos) | arrester net.
red de base | base net.
red de Bravais (cristalografía) | Bravais lattice.
red de búsqueda de registradores | register finder grid.
red de cable | mesh wiring.
red de cables de alto voltaje | gridiron.
red de cambio de frecuencia | frequency-switching network.
red de caminos | route pattern.
red de canales navegables | water grid.
red de canalización de gas | gas grid.
red de canalizaciones subterráneas | underground system of lines.
red de capas desordenadas | random layer lattice.
red de caras centradas cúbicas | cubic face-centered lattice.
red de carreteras | highway network | road network.
red de celosía | lattice network.
red de centrales múltiples | multiexchange area.
red de centrales múltiples (telefonía) | multiexchange network.
red de circuitos (radio) | hookup.
red de codificación de tiempo variable | time-varying coding network.
red de codificación secuencial | sequential coding network.
red de cohetes meteorológicos | meteorological rocket network.
red de compartimiento de gas | gas-bag net.
red de compensación | balancing network.
red de comunicaciones | communication net | signal communication net.
red de comunicaciones alámbricas de uso privado | private wire network.
red de comunicaciones alquiladas | leased line network.
red de conmutación (electricidad) | switching network.
red de conmutación iterativa | iterative switching network.
red de conversación | speech matrix.
red de coordenadas decca | decca patterns.
red de correo neumático | pneumatic-tube network.
red de corresponsales | network of correspondents.
red de corriente | flow net.
red de corriente alterna monofásica de 50 hertzios | single-phase 50 c/s mains.
red de cuadripolos (electricidad) | ladder network.
red de cuatro bornas | four-terminal network.
red de cubos centrados | cube-centered lattice.
red de cuerdas colocada en el costado para embarque y desembarque de tropas (buques) | debarkation net.
red de cuerpo de ejército | army-corps network.
red de desacoplo | decoupling network.
red de desciframiento | decoding net.
red de desfase mínimo | minimum phase network.
red de desmodulación y compensación | demodulating compensating network.
red de detención (pista despegue aeropuertos) | arrester net.
red de difracción | difraction grating.
red de dipolos de período logarítmico | log periodic dipole array.
red de disipación (telecomunicación) | dissipative network.
red de dislocación | dislocation network.
red de distorsión | distorting network.
red de distorsión previa | predistorting network.
red de distribución | supply network | distribution network | distributing network | mains.
red de distribución (electricidad) | distribution system.
red de distribución de agua | water utility.
red de distribución de energía | powering system.
red de distribución de gas | gas grid.
red de distribución del agua | water lines.
red de distribución del gas | gas lines.
red de división (ejércitos) | division network.
red de doble acceso | two port network.
red de doble T (amplificadores) | parallel-T network.
red de dos accesos | two-port network.
red de dos bornas | two-terminal network.
red de dos pares de bornas (circuitos) | two-port.
red de dos pares de terminales | two-terminal-pair network.
red de ejército | army network.
red de energía para soldar | welding power network.
red de enfoque | focusing network.
red de erosión (geología) | stone lattice.
red de escala de mallas múltiples | multimesh ladder network.
red de estaciones de radio | web.
red de estaciones radioemisoras | web.
red de estructura romboidal | diamond-structure lattice.
red de explotación en anillos | ring operated network.
red de ferrocarriles | railway system.
red de flotadores unidos con cables | floater net.
red de flujo | flow net.
red de formación del impulso (radio) | pulse-forming network.
red de gasoductos | gas grid.
red de gravedad (distribución de aguas) | gravity system.
red de grietas capilares superficiales | checking.
red de guiaonda polarizada | turnstile polarizer.
red de hiperfrecuencia de diferencia de fase | radiofrequency phase-difference network.
red de información | information network.
red de instalaciones de radar | radar net | radar netting.
red de interferencia | interference pattern.
red de itinerarios de precisión (topografía) | precise traverse net.
red de jorro (pesca) | sweep-seine.
red de líneas aéreas | pattern of routes.
red de líneas para uso privado (telecomunicación) | private line network.
red de malla muy estrecha (pesca) | dragnet.
red de mallas centradas (cristalografía) | centered lattice.
red de mando de alarma | alarm control system.
red de mano | landing-net.
red de microonda desacoplada | mismatched microwave network.
red de n accesos | n-port network.
red de n pares de terminales | n-port network.
red de n polos | n-port network.
red de nivelación (topografía) | level net | leveling network.
red de nivelación de precisión (topografía) | precise level net.
red de ordenadores | computer network.
red de parámetros distribuidos | distributed-parameter network.
red de película multicapa | multi-layer film network.
red de percolación | flow net.
red de pesca en que los peces quedan aprisionados en las mallas | flounder net.
red de polarización previa | preabiasing network.
red de prismas triangulares (cristalografía) | triangular lattice.
red de protección (debajo de líneas aéreas eléctricas) | cradle.
red de proyectores de sonar | sonar projector array.
red de puente diferenciado | differentiated bridge network.
red de puntos | point lattice.
red de radar defensiva | defensive radar net.
red de radares | radar fence.
red de radares exploradores | sky screen.
red de radiación longitudinal | end-fire array.
red de radiación plana direccional | mattres array | billboard array.
red de radiación transversal (antenas) | broadside array.
red de ranuras radiantes | slot array.
red de referencias geográficas mundiales | georef grid.
red de resistores | resistor-network.
red de retransmisión | relay network.
red de retransmisión por cintas | tape relay network.
red de riego | irrigation system.
red de río | kiddle.
red de salvamento (aviación) | scrambling net.
red de salvamento (incendios) | jumping-net.
red de salvamento (sobre el costado del buque) | scramble net.
red de satélites | satellite network.
red de secuencia de fase positiva compensada en frecuencia | frequency-compensated positive phase sequence network.
red de seguimiento | tracking network.
red de seguimiento de satélite | spacecraft tracking network.
red de separación de fases de frecuencia sencilla | single-frequency phase-shifting network.
red de sucursales | branch network | network of branch offices.
red de suministro compensada (electricidad) | resonant earthed system.
red de telecomunicaciones fijas aeronáuticas | aeronautical fixed telecomunications network.
red de telegestión | computer network.
red de teleproceso | teleprocessing network.
red de televisión | television network.
red de tiempo de retardo | time delay network.
red de todo paso (sin atenuaciones) | all-pass network.
red de trampa | folding net.
red de transición | compromise net.
red de transistores | transistor network.
red de transmisión (óptica) | transmission grating.
red de transmisión cero | null transmission network.
red de transmisiones | communication net | signal communication net.
red de transmisiones aeroterrestres | air command net.
red de transmisiones del mando | command net.
red de transporte de energía de varios electrogeneradores | multimachine power-system network.
red de transporte eléctrico nacional | giant grid.
red de tres estaciones radiogoniométricas | triplet.
red de triangulación | triangulation net.
red de triangulación geodésica | geodetic triangulation net.
red de triangulación nacional | national triangulation net.
red de tuberías | pipe network.
red de tubos | piping system | pipe grid.
red de tubos aisladores | conduit network.
red de una sola clase de elementos | single-element-kind network.
red de unipolos doblados de periodo logarítmico | log-periodic folded-monopole array.
red de vanguardia (milicia) | front network.

red de varios estratos de película delgada | multilayer thin-film network.
red de vuelos espaciales tripulados | manned space flight network.
red defasadora | phase-shift network.
red del globo (para suspender la barquilla) | balloon net.
red deltaica (ríos) | estuarial network.
red dendrítica (cristal) | dendritic web.
red descentralizada | noncentralised network.
red desequilibrada | unbalanced network.
red desmoduladora con avance | demodulator lead network.
red detectora | sensor network.
red difasada | quarter-phase network.
red diferencial | hybrid set.
red difractora | diffraction grating.
red digital de servicios integrados | integrated services digital network.
red digital integrada | integrated digital network.
red directiva de antena | antenna array.
red directiva de antena con elementos pasivos | parasitic array.
red directiva de antenas | aerial array.
red directiva de antenas en fila | in line array.
red directiva de antenas en línea | colineal array.
red directiva de antenas escalonadas | staggered array.
red divisora de corriente | current sharing network.
red eléctrica | mains | electric power system | network.
red eléctrica compuesta de centrales hidráulicas y térmicas | hydrothermal electric system.
red eléctrica de cuatro terminales | four-terminal network.
red eléctrica de distribución a grandísima tensión (de 300.000 a 500.000 voltios) | supergrid.
red eléctrica de un anillo | one-mesh electrical network.
red eléctrica rural | rural network.
red en cascada | ladder network.
red en escalera | ladder network.
red en H | H network.
red en L (electricidad) | L-network.
red en O | O network.
red en O (electricidad) | o-network.
red en π (red de tres impedancias conectadas en forma parecida a la letra π) | – network.
red en pi | pi network.
red en pi simétrica (electricidad) | o-network.
red en puente | bridge network | lattice network.
red en T (electricidad) | T-network.
red en T con capacidad y resistencia en derivación | parallel-T resistance-capacitance network.
red en Y | Y network.
red en Y (electricidad) | T-network.
red equilibrada | balanced network.
red equilibradora | matching network | balancing network | equalization network.
red equilibradora (telecomunicación) | equalizer network.
red equilibradora (telefonía) | balance | compromise net.
red equilibradora de carga | load matching network.
red equilibradora de fases | phase-balancing network | phase balancing network.
red espacial cúbica | cubical space-lattice.
red espacial de puntos | point lattice.
red espacial iónica | ionic space lattice.
red estabilizadora | stabilizing network.
red estratificada (cristalografía) | layer lattice.
red estructural (cristalografía) | structural lattice.
red europea de comunicaciones (bases de datos) | euronet.
red exagonal compacta | close-packed hexagonal lattice.
red filoniana | stockwork.
red filtrante | weighting network.
red formadora de haces | beam forming network.
red fotogramétrica | photogrid.
red general de vías de telecomunicación | general network of telecommunication channels.
red geodésica | skeleton | chain.
red georef | georef grid.
red hidrométrica | hydrometric network.
red homeomorfa | homeomorphic network.
red impulsógena | pulse forming network.
red interconectadora | interconnecting network.
red internacional de distribuidoras totalmente independientes | international network of wholly independent distributors.
red interurbana | toll area | demand trunk circuit.
red interurbana (telefonía) | toll circuit.
red Intrafax | Intrafax network.
red intranuclear | intranuclear network.
red iónica | ionic lattice.
red isomorfa | isomorphic network.
red iterada | iterated net.
red local | local network.
red lógica con salidas múltiples | multiple-output logical network.
red lógica de mayoridad | majority-logic network.
red lógica programable | programmable logic array.
red mallada | lattice network.
red mallada (electricidad) | mesh-connected circuit.
red mallada de telecomunicación | meshed transmission networks.
red mezcladora (telefonía) | mixing grid.
red modificadora de la impedancia (de una línea) | building out network.
red modificando la impedancia de una línea | building-up network.
red modular complementada | complemented modular lattice.
red molecular | molecular lattice.
red mundial de inspectores | world-wide network of surveyors.
red nacional de energía eléctrica | grid.
red nacional de radioenlaces de microondas | nationwide microwave relay network.
red nacional eléctrica de hipervoltaje | supertension grid system.
red nerviosa | neural net.
red neutralizadora de realimentación | feedback-neutralizing network.
red no bilateral | nonbilateral network.
red no disipativa (electricidad) | lossless network.
red no mallada (electricidad) | tree network | tree.
red no planar | nonplanar network.
red nuclear | nuclear network.
red o lona entre la borda y el muelle (descarga mercancías) | saveall.
red ordenada (cristalografía) | ordered lattice.
red organizada de comunicaciones | net.
red ortorrómbica centrada en la base | base-centered orthorhombic lattice.
red para cangrejos | crab pot.
red para defensa antitorpedos (puertos) | crinoline.
red para el cargamento aéreo (aviones) | air-cargo net.
red para el espacio más lejano | deep space network.
red para elevar cargas (grúas) | cargo net.
red para pescar arenques | herring-net.
red para recoger la carga que se caiga al cargar o descargar (buques) | cargo net.
red para sardinas | purse-seine.
red pasiva | passive network.
red pequeña unida a un mango largo | push net.
red plana de dipolos de escansión electrónica | scanned dipole array.
red planar | planar network.
red pluviométrica | precipitation-gage network | precipitation network.
red poligonal | mesh network.
red poligonal (topografía) | polygonal trace.
red potenciométrica | potentiometer network.
red principal (telecomunicación) | backbone system.
red principal de microondas | main-line microwave network.
red privada (comunicaciones) | private network.
red privada telefónica | private telephone.
red privada telegráfica | private telegraph.
red protectora | guard net.
red protectora (debajo de líneas eléctricas aéreas) | catch-net.
red pública | public network.
red punto a punto (informática) | point-to-point.
red puntual (cristalografía) | point lattice.
red radial de ferrocarriles | trunk lines.
red rastreadora | dredge-net.
red receptora | receiving net.
red recíproca no disipativa | lossless reciprocal network.
red recurrente | recurrent network.
red reformadora | forming network.
red regional | toll area | tandem area.
red regional (telefonía) | toll.
red reguladora | equalizing network.
red romboédrica | rhombohedral lattice.
red secundaria | secondary network.
red secundaria de distribución en anillo independiente | banked secondaries.
red selectiva | selective network.
red sin disipación | nondissipative network.
red sin disipación (telecomunicación) | nondissipate network.
red sin pérdidas (electricidad) | lossless network.
red suburbana (telefonía) | tandem area.
red sujeta a vínculos | constrained network.
red telefónica | telephone net | telephone system | telephone network.
red telefónica (EE.UU.) | multioffice exchange.
red telefónica con estación central única | multiphone system.
red telefónica de conmutación | switched telephone network.
red telefónica de discos | dial exchange.
red telefónica de microondas | microwave telephone relay network.
red telefónica por corriente portadora de corto alcance | short-haul carrier telephone system.
red telefónica rural | rural telephone network.
red telegráfica en facsímil | facsimile telegraph network.
red telegráfica equilibrada en puente dúplex | bridge duplex system.
red telegráfica interconectada | omnibus telegraph system | partial omnibus telegraph system.
red telegráfica para facsímil | facsimile telegraph network.
red telegráfica privada | private telegraph network.
red telemandada por cable auxiliar | pilot-wire controlled network.
red telemandada por cable auxiliar (electricidad) | pilot-wire-controlled network.
red televisiva interurbana | intercity television network.
red terminal (telégrafos) | terminal network.
red tetragonal | tetragonal lattice.
red tetragonal de caras centradas | face-centered tetragonal lattice.
red tetragonal de malla centrada | body-centered tetragonal lattice.
red topográfica | net.
red trifilar | three-wire mains.
red única de alcantarillado (para aguas negras

y de lluvia) | combined system.
red urbana (electricidad) | secondary network.
red vertical para pesca por enmalle | gill net | gill-netter.
red vial | road system.
redacción | writing | composition | editing.
redacción (de un acta) | drafting.
redacción (de un documento) | layout.
redacción (de un escrito) | phrasing.
redacción (de una fórmula, receta) | filling-up.
redacción (del programa) | writing up.
redacción (documentos) | preparation | drawing up.
redacción (fórmulas, recetas) | filling-in.
redacción (oficina) | editorship.
redacción (periódicos, revistas) | editorial department.
redacción de documentos | layout of documents.
redacción de documentos científicos | scientific papers writing.
redacción de informes técnicos | technical report writing.
redacción de la copia de un acta | engrossing.
redacción de textos de propaganda | copy writing.
redacción de un contrato | drawing up of a contract.
redacción de un tratado | draft of a treaty.
redacción de una factura | invoicing.
redacción del documento final | engrossing.
redactado por | drawn up by.
redactar | edit (to) | draft (to) | draw up (to) | draught (to) | compose (to).
redactar (contratos) | draw (to) | frame (to).
redactar (documentos) | make out (to).
redactar (documentos, facturas) | draw up (to).
redactar (escritos) | couch (to).
redactar de un modo preliminar | draft (to).
redactar el orden del día | write up the agenda.
redactar el reglamento | draft the rules (to).
redactar las reglas | draft the rules (to).
redactar un contrato | draw up a contract (to).
redactar un contrato por escrito | draw up a written agreement.
redactar un programa de partido | slate (to).
redactar una carta | draw up a letter (to).
redactor | writer | editor.
redactor (de documentos) | drawer-up.
redactor (de un acta) | drafter | draughtsman.
redactor (de un documento) | drawer.
redactor (de un resumen) | digester.
redactor adjunto | assistant editor.
redactor de anuncios | admaker | ad writer.
redactor de anuncios (periódicos) | copy writer.
redactor de anuncios (publicidad) | adwriter | adman.
redactor de diario hablado | newscaster | newcaster.
redactor de noche (periódicos) | night editor.
redactor de término (equipo editorial) | rewriter.
redactor de una columna | columnist.
redactor de una copia o transcripción | engrosser.
redactor encargado de | editor in charge of.
redactor encargado de la puesta en páginas (periódicos) | makeup editor.
redactor jefe (periódicos) | chief editor.
redactor que recorta (periódicos) | clipping editor.
redactor responsable (periódicos) | managing editor.
redactora | editress.
redactores (de un acta) | draftmen.
redada (batida por la policía) | roundup.
redada (de peces) | haul.
redada (pesca) | draught.
redaño | caul.
redecilla | reseau | rete | honeycomb bag.
redefinición | redefinition.
redención | ransom.
redención (hipotecas) | paying off.
redención de censos | lease redemption.
redención de la hipoteca | mortgage satisfaction.
redeposición | redeposition.
redes antisubmarinos (defensa puertos) | nets and booms.
redes de barras de combustibles nuclear (reactor nuclear) | fuel lattices.
redes de conmutación (telefonía) | switching grids.
redes de conmutación en cascada | cascaded switching networks.
redes de dos pares de terminales en paralelo | parallel two-terminal pair networks.
redes de fase sincronizada | phase-lock loops.
redes de transporte energético a tensiones superaltas | supergrid lines.
redes direccionales (telefonía) | directional grids.
redes disipativas | lossy networks.
redes distributivas | distributive lattices.
redes duales estructuralmente | structurally dual networks.
redes en serie-paralelo | series-parallel networks.
redes energéticas síncronas | synchronous power systems.
redes gérmen (capa fértil - reactor nuclear) | seed blanket lattices.
redes infalibles | infallible networks.
redes locales de crecimiento (telefonía) | growing local networks.
redes modulares (cristalografía) | modular lattices.
redes múltiples recurrentes | multiply recurrent networks.
redes recíprocas | reciprocal networks | reciprocal gratings.
redes vectoriales | vector networks.
redescontabilidad (finanzas) | eligibility.
redescontar | rediscount (to).
redescripción | redescription.
redescuento | rediscount.
redescuento (bancos) | rediscount.
redescuento de obligaciones del Tesoro (Banco de Inglaterra) | front door.
redescuento oficial de valores existentes en bancos de descuentos | back door.
redesignar | redesignate (to).
redesplazamiento de la mano de obra | redeployment of labor.
redesplegar (milicia) | redeploy (to).
redestilación | rerunning | rerun.
redestilar | redistil (to) | redistillation.
redestilar (petróleo) | rerun (to).
redeterminar | redetermine (to).
redevanado | double reeling.
redevanado (tejeduría) | double-reeled.
redevanar | rewind (to).
redevanar (seda cruda) | rereel (to).
redhibición | redhibition.
redhibitorio | redhibitory.
rediente (flotadores) | step.
rediente (presas) | key.
redientes | racking back.
redifusión | rediffusion.
redifusión por radiotelefonía | radiorediffusion.
redil | sheepfold.
redimensionar | redimension (to).
redimible | redeemable | callable.
redimible antes del vencimiento | redeemable prior to maturity.
redimir | redeem (to) | pay off (to) | set free (to) | call in (to).
redimir (hipotecas) | pay off (to).
redimir censos | redeem a lease (to).
redimir el gravamen | clear the encumbrance (to).
redimir la hipoteca | pay off a mortgage (to).
redimir un terreno hipotecado | redeem mortgage land (to).
redimir una hipoteca | pay off a mortgage (to).
redimir una hipoteca (economía) | dismortgage (to).
redintegración | redintegration.
rediseñar | redesign (to) | reengineer (to).
redisolución (aleaciones) | resolution.
redisolución (química) | resolution.
redisposición (telecomunicación) | rearrangement.
redistribución | redistribution | reapportionment | drive-in | reshuffle.
redistribución de la renta | income redistribution.
redistribución del combustible | fuel shuffling | fuel reshuffling | shuffling.
redistribución estructural | structural redistribution.
redistribuir | re-allocate (to) | reshuffle (to).
rédito | accrual | revenue | yield | rent | interest.
réditos | proceeds.
reditrón | reditron.
redoblamiento (de los esfuerzos) | increasing.
redoblante (música) | redouble-drum.
redoblar (el tambor) | roll (to).
redoblar (tambor) | dub out (to).
redoblaremos nuestra atención en la ejecución de sus pedidos | we shall redouble our attention in the execution of your orders.
redoble de tambor | drum roll.
redoble de una nota (música) | doubling.
redoma | phial.
redomado | double-dyed.
redonda (música) | whole note.
redondeado | balled up.
redondeado del lomo | backing-up | backing.
redondeado en forma convexa | radiused out.
redondeado en los cantos | edgewise rounded.
redondeamiento (curvas) | fillip.
redondeamiento de la cabeza (aguja para discos de gramófono) | shoulders.
redondeamiento de las esquinas | edge radiusing.
redondeamiento por forja de un disco recalcado | edging.
redondear | round off (to) | round (to) | ball (to) | dome (to) | half adjust (to).
redondear (coz de un tronco) | nose (to).
redondear (troncos) | snipe (to).
redondear esquinas (carpintería) | dado (to).
redondear las esquinas | round off (to).
redondear por defecto | round down (to).
redondear por exceso | round up (to).
redondel (plaza de toros) | arena.
redondeo | roundness | rounding.
redondeo de decimales | rounding-off decimals.
redondeo matemático | round off.
redondeo por exceso | round out.
redondez | roundness | globosity.
redondo | spherical | circular.
redondo (cuentas, número) | even.
redondo al carbón vegetal (metalurgia) | charcoal bar.
redondo brillante | bright bar.
redondo con acabado a torno o rectificado con tolerancias precisas en diámetro y en rectitud | piston finish rod.
redondo con entalla circunferencial | circumferentially-notched round.
redondo con indentaciones (hormigón armado) | indented bar.
redondo con ondulaciones exteriores longitudinales (fabricación piñones) | pinion rod.
redondo corrugado | corrugated round.
redondo corrugado (hormigón armado) | corrugated bar.
redondo de acero estirado brillante | bright drawn steel bar.
redondo de bronce obtenido por colada continua | continuously-cast bronze rod.
redondo de latón fundido verticalmente | brass wire bolt.
redondo de polvo comprimido de tungsteno | slug.
redondo en rollo (hormigón armado) | coiled

bar (reinforced concrete).
redondo enrollado (metalurgia) | reeled bar.
redondo laminado de una zamarra (hierro pudelado) | muck bar | muck-iron.
redondo para fabricar tubos sin costura | tube round.
redondo para remaches | rivet-bar.
redondo torneado | turned bar.
redondos (aceros) | round stock.
redondos (armadura del hormigón) | rod iron.
redondos (forestal) | round.
redondos con tolerancias pequeñas de rectitud | shafting.
redondos curvados soldados a un mamparo o costado de un buque para formar una escala | grab rods.
redondos de acero brillante de horno ácido | acid quality bright steel bars.
redondos de acero para transmisiones | shafting.
redondos deformados para conseguir una mayor adherencia (hormigón armado) | deformed bars.
redondos del barandillado (buques) | rails.
redondos en rollos | coiled rounds.
redondos para fabricación de proyectiles | shell quality bars.
redondos para pernería y tornillería | screwstock.
redox (química) | redox.
redragado | redredging.
redragar | redredge (to).
reducción | reducing | rebatement | reduction | reducting | lowering | falling off | abatement | dwindling | slimming | shrinkage | minification | demagnification | decrease | diminishing | cut.
reducción (de gastos) | cutting down.
reducción (de gastos, etcétera) | cut.
reducción (de la cinta) | drawing-down.
reducción (engranajes) | gear ratio.
reducción (metalurgia) | shouldering.
reducción (precios) | bringing down | diminution.
reducción a cenizas | ashing.
reducción a escala | scale-down | scaling off.
reducción a la finura de fangos (reducción menas auríferas) | all-sliming.
reducción a pasta (papel) | pulping.
reducción a polvo impalpable | atomization.
reducción a un grado inferior (empleos) | demotion.
reducción a un grado inferior o categoría (milicia, clasificación) | demotion.
reducción al absurdo | apagoge.
reducción al centro (triangulación topográfica) | reduction to center.
reducción al horizonte (topografía) | hypotenusal allowance.
reducción al sistema decimal | decimalization.
reducción carbotermal | carbothermal reduction.
reducción carbotérmica | carbothermic reduction.
reducción de alturas (topografía) | reduction of levels.
reducción de área | reduction in area.
reducción de área en la sección de estricción (probetas) | necking down.
reducción de ciertos impuestos | tax-cut.
reducción de corriente | current derating.
reducción de datos | data reduction.
reducción de datos en línea | on line data reduction.
reducción de gastos | retrenchment.
reducción de gastos generales | curtailment of overall cost.
reducción de iluminación en los costados de una placa fotográfica | vignetting.
reducción de impuestos | reduction of taxes.
reducción de ingresos | shrinkage of income.
reducción de la ambigüedad | ambiguity reduction.
reducción de la barra para formar el mango de la herramienta (herramientas para taladrar madera como barrenas, etc.) | mooding.
reducción de la contaminación | pollution abatement.
reducción de la evaporación | evaporation reduction.
reducción de la humedad del suelo | depletion of soil moisture.
reducción de la potencia (motores) | derating.
reducción de la potencia gradualmente | power setback.
reducción de la producción | cut in output.
reducción de la resistencia después que el cemento está húmedo a temperatura de unos 26° C (cemento aluminoso) | inversion.
reducción de la sección (laminador) | drawing-down.
reducción de la sección de paso | throttling.
reducción de la sección transversal (forja) | drawing.
reducción de la sobrepresión producida por el estampido sónico | sonic boom overpressure reduction.
reducción de la velocidad a 1/7 de la normal por armónicas de séptimo grado (motores asíncronos) | crawling.
reducción de la viscosidad | visbreaking.
reducción de las bandas laterales | sideband cutting.
reducción de las escorias (industrias del cinc) | slag fuming.
reducción de las fuerzas de inercia | inertia-force reduction.
reducción de las sección (laminación) | draft.
reducción de macho y hembra (tuberías) | box and pin substitute.
reducción de margenes en los beneficios | profit squeeze.
reducción de partitura para el director (música) | direct.
reducción de precio | depreciation.
reducción de precios | cutting of prices.
reducción de presión de un flúido haciéndolo pasar por secciones pequeñas | throttling.
reducción de regimen | derate.
reducción de ruido | noise quieting.
reducción de ruidos en circuitos hidráulicos | hydraulic noise reduction.
reducción de ruidos en los buques | noise abatement on ships.
reducción de sección por movimiento rotatorio | swaging.
reducción de tarifas | rate cutting.
reducción de un material a un polvo uniforme | mulling.
reducción de velocidad de 1/7 de la normal por presencia de una armónica de séptimo orden (motor de inducción) | balking.
reducción de voltaje | voltage cutoff.
reducción de volumen y aumento de la densidad | consolidation.
reducción declinacional (mareas) | declinational reduction.
reducción degresiva | degressive reduction.
reducción del agujero por acumulación de partículas (hilera de trefilar) | shoving up.
reducción del amortiguamiento | damping gain.
reducción del brillo de las fibras (tejeduría) | batching.
reducción del contenido metálico (monedas) | debasement of currency.
reducción del diámetro (tubos estirados) | sink.
reducción del diámetro de la punta del tubo para que pueda pasar por la hilera (fabricación tubos estirados en frío) | tagging.
reducción del diámetro en el extremo (forjas huecas) | bottling.
reducción del diámetro en la extremidad (tubos) | cressing.
reducción del diámetro en laminador apropiado (fabricación tubos) | sinking.
reducción del diámetro exterior por estirado a través de una hilera (tubos) | tube-sinking.
reducción del diámetro exterior por estirado a través de una hilera sin herramienta interior (fabricación tubos) | sinking.
reducción del diámetro prensado sobre un mandrín (tubos, forjas huecas) | closing.
reducción del endeudamiento | decrease in borrowing.
reducción del espesor (muros) | scarcement.
reducción del espesor del cordón por repaso excesivo (soldadura) | underflushing.
reducción del espesor por pasada (laminadores) | draft per pass.
reducción del flete | reduction of freight.
reducción del impuesto | tax mitigation.
reducción del magnetismo permanente longitudinal (buques) | deperming.
reducción del magnetismo remanente de un buque | flashing.
reducción del número de obreros | crew reduction.
reducción del ruido del sonido | audio noise reduction.
reducción del silicio de la solera (horno Siemens) | sand boil.
reducción del tiempo de salida del impulso | pulse steepening.
reducción del tipo de interés bancario | bank rate cut.
reducción del tipo impositivo | tax abatement.
reducción del viento (alto-horno) | checking.
reducción del volumen sonoro (radio) | muting.
reducción doble (velocidades) | double-gearing.
reducción electro-carbo-térmica | electro-carbo-thermal reduction.
reducción electrolítica | electroreduction | electrolytic reduction.
reducción en el costo | cost-cutting.
reducción en la bomba calorimétrica | bomb reduction.
reducción en la potencia iniciada por cualquiera de los circuitos de seguridad (reactor nuclear) | trip.
reducción en las exportaciones | falling-off in exports.
reducción en tamaño (estirado) | draught | draft.
reducción equilibrada | balanced reduction.
reducción especial | special allowance.
reducción gradual | gradual reduction.
reducción gradual de respuesta | roll-off.
reducción homotética | scaling down.
reducción indirecta | indirect reduction.
reducción óptica | optical reduction.
reducción por impuestos en el extranjero no pagados | tax sparing.
reducción progresiva del espesor del diente hacia cada extremo (engranajes) | crowning.
reducción progresivamente decreciente | progressively decreasing reduction | degressive reduction.
reducción que debe tener un dibujo para que quepa en el texto (libros) | scaling.
reducción radical | cut back.
reducciones del presupuesto | budgetary cuts.
reducciones sucesivas de la sección para aumentar la tenacidad y cohesión (lingotes) | sadden.
reducir a pasta | pulp (to).
reduce a la mitad el coste | it halves cost.
reducibilidad de la mena | ore reducibility.
reducibilidad del mineral de hierro | iron ore reducibility.
reducible | throttleable | diminishable | reducible.
reducible (matemáticas) | contractible.
reducible a un cuadrado (geometría) | quadrible.
reducida (fracción continua) | reducer.
reducida (matemáticas) | convergent.
reducido | short | minor | foreshortened.
reducido en diámetro | swedged.

reducido en frío (chapas) | cold-worked.
reducido o mezclado con arena | arenated.
redución del tipo de descuento | fall in the discount rate.
reducir | lower (to) | bleach (to) | rebate (to) | minify (to) | depress (to) | cut down (to) | abridge (to) | abate (to) | reduce (to) | compress (to) | take up (to) | contract (to) | reclaim (to) | restrict (to).
reducir (carbono) | let down (to).
reducir (caudal de un flúido) | turn down (to).
reducir (gastos) | shave (to).
reducir (la presión) | relieve (to).
reducir (la sección de paso) | throttle (to).
reducir (química) | resolve (to) | reduce (to).
reducir (ruidos) | lick (to).
reducir (un hueso roto) | set out (to).
reducir (voltajes, presión) | stepdown (to).
reducir a carbón | coal (to).
reducir a cenizas | burn (to) | burn to ashes (to) | ash (to).
reducir a escala | scale down (to).
reducir a estado metálico | metalize (to).
reducir a fragmentos | break (to) | fragment (to).
reducir a la mínima expresión | reduce to lowest terms (to).
reducir a nada | come to nothing (to).
reducir a papilla | pulp (to).
reducir a polvo | meal (to) | rub down to powder (to) | powder (to) | moulder (to) | pulverize (to).
reducir a polvo impalpable | micronize (to).
reducir a pulpa | pulp (to).
reducir a tocón | stub (to).
reducir a un común denominador | bring to a common denominator (to).
reducir a un cuadrado equivalente | square (to).
reducir al cuadrado equivalente (geometría) | quadrate (to).
reducir al mínimo | minimize (to).
reducir al mínimo el tiempo de detención de los vagones | minimize detention of wagons (to).
reducir de grado o categoría | demote (to).
reducir de tamaño por desgaste | attrite (to).
reducir el alabeo | minimize warpage (to).
reducir el área de las superficies de cierre o dotar de una canal para el escape del exceso de material (moldes) | relieve (to).
reducir el contenido de carbono | lower the carbon content (to).
reducir el coste inicial | lower first cost (to).
reducir el diámetro de la punta (tubos) | tag (to).
reducir el grado (personal) | disrate (to).
reducir el grado de (ecuaciones, etc.) | depress (to).
reducir el plazo de entrega | reduce the time of delivery (to).
reducir el temple (metalurgia) | abate (to).
reducir el tiempo de parada | decrease downtime (to).
reducir el velamen (buques de vela) | muzzle (to).
reducir el voltaje | lower the voltage (to) | buck (to).
reducir en frio el diámetro de extremo (tubos) | cold-tag (to).
reducir en frío el diámetro exterior por estirado a través de un troquel (tubos) | cold-sink (to).
reducir en frío la sección | cold-reduce (to).
reducir gases (aeronáutica) | throttle back (to).
reducir gastos | reduce expenses (to) | axe (to).
reducir la cantidad de combustible en la mezcla aire-combustible (motores) | lean (to).
reducir la capacidad normal | derate (to).
reducir la consignación | cut appropriations.
reducir la diferencia (contabilidad) | narrow the gap (to).
reducir la efectividad de la defensa por el empleo masivo de aviones atacantes | saturate (to).
reducir la marcha | slow down the velocity (to).
reducir la plantilla de una empresa por no cubrir las bajas (EE.UU.) | attrition out (to).
reducir la potencia normal (motores) | derate (to).
reducir la producción | reduce output (to).
reducir la sección (de un trozo de metal) | draw down (to).
reducir la velocidad (cámara tomavista) | drop down (to).
reducir la velocidad (por engranajes) | gear down (to).
reducir las posibilidades de un aparato | detune (to).
reducir los costos | trim costs (to).
reducir los derechos de aduana | lower the duties rate (to).
reducir los gastos | pare down expenditures (to) | keep down expenses (to) | cut down expenses (to).
reducir los impuestos | reduce taxes (to).
reducir los precios | reduce prices (to).
reducir mecánicamente la sección de una pieza | set down (to).
reducir por ebullición (química) | boil down (to).
reducir por evaporación (química) | evaporate down (to).
reducir un crédito | curtail a credit (to).
reducir un plazo | reduce a term (to).
reducir velamen (buque vela) | snug (to).
reducirse a harina (mercurio) | flour (to).
reductante | reductant.
reductibilidad | reductibility | reducibility.
reductible | reductible.
reductible (minerales) | reducible.
reductimetría | reductimetry.
reducto | redoubt.
reducto (buque de guerra) | citadel.
reductor | reduction unit | negative booster | resolver | restrictor | diminisher | reducing divider.
reductor (química) | reducing-agent | reducing agent | reductor.
reductor (tuberías) | decreaser.
reductor alcalino | alkaline reducer.
reductor automático para acumuladores | automatic cell-switch | automatic battery-switch.
reductor concéntrico | concentric reducer.
reductor cónico | taper reducer.
reductor cónico excéntrico | eccentric tapered reducer.
reductor de carrera (indicador de presión) | stroke reducer.
reductor de engranajes | gear reducer.
reductor de esfuerzos | stress-reducer.
reductor de frecuencias | frequency reducer.
reductor de ganancia | gain turndown.
reductor de la frecuencia | frequency divider.
reductor de luz | dimmer.
reductor de presión | getter.
reductor de sección de tubos (tuberías) | pipe-reducer.
reductor de tensión por resistencia | resistive voltage divider.
reductor de tensiones | stress reducer | stress-reducer.
reductor de tiro (chimenea) | baffle.
reductor de tres fases | three-stage reducer.
reductor de velocidad | reducer | speeder.
reductor de velocidad de brazo torsor | torque-arm speed reducer.
reductor de velocidad de engranaje cilíndrico | spur-gear reducer.
reductor de velocidad de engranaje interior | internal-gear reducer.
reductor de velocidad de engranaje planetario | planetary-gear reducer.
reductor de velocidad de tornillo sinfín | worm gear speed reducer | worm-gear reducer.
reductor de velocidad heliocéntrico | heliocentric speed reducer.
reductor de vida | lifetime killer.
reductor de viscosidad de la tinta | ink tack reducer.
reductor de voltaje | adapter | potential divider.
reductor helicoidal de dos etapas | two-stage helical-gear reducer.
reductor hidráulico | hydraulic reducer.
reductor lineal | linear taper.
reductor para acumuladores | cell regulator.
reductor para carga de acumuladores | battery switch.
reductor roscado (tuberías) | bushing.
reductora de diámetro del tubo | tube reducer.
reductores | decomposers.
redundante | excrescent.
redundante (estructuras) | overrigid.
reedición | reissue | reediting.
reeditar | reissue (to).
reelaboración | separation process | re-elaboration | reprocessing.
reelaboración del torio | thorium reprocessing.
reelaborar | re-elaborate (to).
reelectrodepositar | replate (to).
reembalar | repack.
reembolsable | reimbursable | eligible for reimbursement | redeemable | returnable | repayable.
reembolsable a la presentación | redeemable on demand.
reembolsable a voluntad | redeemable on demand.
reembolsado | credited back.
reembolsar | redeem (to) | refund (to) | credit back (to) | reimburse (to) | repay (to) | return (to).
reembolsar (efectos, letras) | retire (to).
reembolsar acciones | pay-off shares (to).
reembolsar lo pagado por derechos de exportación | refund taxes on exports (to).
reembolsar un préstamo | repay a loan (to).
reembolso | return | repayment | reimbursement | redemption | withdrawal | paying off | refunding | refundment | refund.
reembolso (de un empréstito) | paying.
reembolso (de una deuda) | redemption.
reembolso anual de obligaciones | annual redemption of debentures.
reembolso de derechos de aduana | customs drawback.
reembolso de gastos | defrayal.
reembolso de impuestos | refund of taxes.
reembolso de primas por rescisión | return premium for policy cancellation.
reembolso en efectivo | cash refund.
reembolso fiscal (comercio) | drawback.
reembolso total | full repayment.
reembutición | redrawing.
reembutir | redraw (to).
reemisión | reemission.
reemisón (TV, radio) | relaying.
reemisor | transposer.
reemisor (T.V. radio) | reemitter.
reemitido coherentemente | coherently re-emitted.
reemitir (TV, radio) | relay (to).
reempacar | repack.
reempaletar (turbinas) | reblade (to).
reempaquetar | repack | repack (to).
reempastar (acumulador) | repaste (to).
reempernar | rebolt (to).
reemplazabilidad | renewability.
reemplazable | renewable | reusable | replaceable.
reemplazamiento | replacement.
reemplazar | replace (to) | supersede (to) | relay (to) | relieve (to) | change (to).
reemplazo | supersession | change.
reemplazo (milicia) | replacement.
reemplazo (piezas máquinas) | renewing.
reemplazo (programa) | swapping.
reemplazo de algunos elementos combustibles por otros que contienen más material físil (reactor nuclear) | spiking.
reemplazo de la parte central ya corroida por otra nueva (conservando las regiones de proa

y popa primitivas - petroleros) | jumboization.
reemplazo de la válvula quemada (radio) | burnt-out tube replacement.
reemplazo de minerales por minerales de boro | boron metasomatism.
reemplazo de una arista de un cristal por dos planos igualmente inclinados | bevelment.
reemplazo por bajas | loss replacement.
reemplear | reuse (to).
reempleo del agua | water reuse.
reencaminamiento (telecomunicación) | rerouting.
reencaminamiento de llamadas (telefonía) | re-routing of calls.
reencaminar | re-route (to).
reencamisar (cilindros) | reline (to) | resleeve (to).
reencarcelar | remand (to).
reencender el arco (arco eléctrico) | restrike (to).
reencendido | reignition.
reencendido (arco eléctrico) | restriking.
reencendido del arco (electricidad) | restriking of the arc.
reencendido en vuelo | relighting in flight.
reencendido interior de las lámparas de seguridad (minas) | internal relighting of safety-lamps.
reencolado | reglued.
reencolar | repaste (to).
reencuadernar | rebind (to).
reenfocado | refocused.
reenfriado por el agua de refrigeración | recooled by the cooling water.
reenfriador | recooler.
reenfriar | recool (to).
reenganchador | recloser.
reenganchar | reset (to).
reengancharse (milicia) | reenlist (to) | rejoin (to).
reenganche | reenlistment | reclosing.
reengastar (joyería) | reset (to).
reengaste | resetting.
reengendrar | regenerate (to).
reenhebarar | rethread (to).
reenladrillado de la cuchara | ladle rebricking.
reenladrillar la cuchara del acero (acerías) | rebrick the steel ladle (to).
reenlosar (pisos) | retile (to).
reenmallar (redes) | remesh (to).
reensacar | rebag (to).
reensamblaje | reassembly.
reenseñar | retrain (to).
reentelar (alas aviones) | recover (to).
reentelar (planos aviones) | remount (to).
reentibar (galerías minas) | retimber (to).
reentintar | reink (to).
reentrada | reentry.
reentrada (de una broca en su agujero, de un satélite artificial en la atmósfera, etc.) | re-entry.
reentrada (hilo bobinado) | reentrance.
reentrada balística | ballistic reentry.
reentrada balística (cosmonaves) | nonlifting reentry.
reentrada con saltos (satélites artificiales) | skipping re-entry.
reentrada con una velocidad superior a la velocidad circular (vehículos cósmicos portantes) | supercircular re-entry.
reentrada en la atmósfera a la velocidad de escape | re-entry at escape velocity.
reentrada en la atmósfera de un satélite tripulado | manned satellite re-entry.
reentrada en la troposfera (satélite artificial, misil balístico) | re-entry.
reentrada no sustentada | nonlifting reentry.
reentrada no sustentada (cosmonaves) | ballistic reentry.
reentrada pilotada (vehículos cósmicos) | piloted re-entry.
reentrada retardada por paracaidas (cosmonave) | drag-retarded reentry.
reentrante (electroacústica) | reflex.
reentubar (calderas, cañones) | retube (to).
reentubar (pozos de minas) | recase (to).
reenvasar | repack | repack (to).
reenvejecimiento | re-ageing.
reenviar (instrucción) | reissue (to).
reenviar a | transfer control back to (to).
reenviar el tratamiento al programa principal (informática) | return control (to).
reenvío | cross-reference.
reenvío de información desde la estación satélite hasta la estación principal | feedback from slave station to master station.
reenvio de servicio | service interception.
reenvío incondicional | unconditional transfer.
reenvío nocturno | night service connection.
reequilibrar | re-equilibrate (to) | rebalance (to).
reescribir | rewrite.
reescritura | rewriting.
reescriturar | reengage (to).
reescuadrado (de chapas) | resquaring.
reestañado | retinning.
reestañar | retin (to).
reesterilizar (EE.UU.) | re-sterilize (to).
reesterilizar (G.B.) | re-sterilise (to).
reestibar | restow (to).
reestimación | revaluation.
reestimar | revalue (to).
reestructuración | re-structuration.
reestructuración de plantilla del personal | attrition out (to).
reestructurar | revamp (to) | restructure (to).
reestructurar y reagrupar la industria de construcción naval | restructure and regroup the shipbuilding industry (to).
reevaluación | revaluation | reappraisal.
reevaluar | revalue (to).
reevaluar (daños, etc.) | reassess (to) reimponer (impuestos).
reevaporar | re-evaporate (to).
reexaminación | reexamination.
reexaminar | resurvey (to) | re-examine (to).
reexpansión | reexpansion.
reexpedición | redirection | further transportation | refile.
reexpedir | redespatch (to) | reforward (to).
reexpedir (mercancía) | reship (to).
reexportación | reexport.
reexportar | reexport (to).
reextracción | back washing | stripping | reprocessing | back-washing.
refacción | refection.
refaccionario (préstamo) | financing.
refección | refection.
refectorio | mess hall.
referencia | register | cross-reference | reference-mark | guiding mark | tracing | locating signal | adjusting line | mark | witness | position mark | position mark | marker | lay | set mark | citation.
referencia (estampado de telas) | guide pin.
referencia (fotografía, grabado, tipografía) | registration.
referencia (máquinas) | lining up.
referencia (para la coincidencia) | registering.
referencia (taco de madera colocado en galerías deminas) | stomp.
referencia (topografía) | marking.
referencia amojonada (geodesia) | monumented survey point.
referencia bibliográfica acoplada | bibliographic coupling.
referencia coherente | coherent reference.
referencia de datos | datum line.
referencia de distancia (radar) | distance mark.
referencia de las estaciones (radio) | logging of stations.
referencia de noche | night lines.
referencia de origen | source reference.
referencia de profundidad | depth mark.
referencia de regulación (máquinas) | setting mark.
referencia del servicio cartográfico | ordnance datum.
referencia errónea | false retrieval | false drop.
referencia generada interiormente | internally generated reference.
referencia geodésica de primer orden | first-order bench mark.
referencia para el trabajo | desk reference.
referencia para la puntería adelantada (tiro antiaéreo) | lead mark.
referencia para la sincronización (cine) | clap-stick signal.
referencia topográfica | topographic marker | survey control.
referencia topográfica de un punto a otro de posición conocida | tie.
referenciación | addressing | referenceing.
referenciado | syndetic.
referenciar | reference (to).
referencias (tipografía) | lay marks.
referencias bancarias | bank references.
referencias cuidadosamente seleccionadas | carefully selected references.
referencias impecables | impeccable references.
referencias para el pedido | order references.
referenda | referenda.
referéndum | referendum.
referendum nacional | national referendum.
referir | mark (to) | pick out (to).
referir (sobre un plano) | mark off (to).
referir un aeroplano (con un proyector) | pick up an aeroplane (to).
refiladora | inserter-trimmer.
refinabilidad | refinability.
refinación | refinement | refining | processing.
refinación con ácido | acid refining.
refinación e hidrogenación de aceites | distilling and hydrogenization of oils.
refinación electrolítica | electrolytic refining.
refinación en horno de reverbero | open-hearth refining.
refinado | refined | raffinate | refining.
refinado (de pastas papeleras) | freeness.
refinado (puro) | fine.
refinado de minerales | ore refining.
refinado de zona | zone refining.
refinado del aceite | oil refining.
refinado del petróleo | oil refining.
refinado en el país | nationally refined.
refinador | refiner.
refinador de metales | finer.
refinador-vendedor | refiner-marketer.
refinamiento de una malla (integración) | refinement of a grid.
refinamiento por zona (semiconductores) | zone refining.
refinanciación | refinancing.
refinar | refine (to) | sublimate (to).
refinar (azúcar) | purify (to).
refinar por copelación | test (to).
refinar taludes | trim (to).
refinería | refinery | refining plant | refining-works.
refinería azucarera | sugar refinery.
refinería de aceites | oil refinery.
refinería de azúcar | sugar mill.
refinería de cobre | copper refinery.
refinería de petróleo | oil refinery | petroleum works | petroleum-refinery plant.
refinería de plata | silver refinery.
refinería de sal | saltworks.
refino | refined.
refino catalítico | catalytic refining.
refino de la pasta papelera | beating.
refino del aceite | oil refining.
refino del azúcar | sugar refining.
refino del petróleo | oil refining.
refino por medio de la fusión por zona fluctuante | floating zone refining.
refino por oxidación (nucleónica) | oxidative slagging.
reflación | reflation.
reflectancia | reflectivity.
reflectancia (óptica) | reflectance.
reflectancia de espejos astronómicos alumini-

zados | reflectance of aluminized mirrors.
reflectancia de fondo | background reflectance.
reflectancia espectral | radiant reflectance.
reflectancia especular | specular reflectance.
reflectancia luminosa | luminous reflectance.
reflectancia luminosa direccional | luminance factor.
reflectante | reflective.
reflectar | reflect (to).
reflectar (cine) | shiner.
reflectividad | reflectivity.
reflectividad aparente (pintura aluminio) | whiteness.
reflectividad biestática | bistatic reflectivity.
reflectividad de la luz | light reflectivity.
reflectividad difusa | diffuse reflectivity.
reflectividad espectral | spectral reflectivity.
reflectividad fluoriespecular | fluorispecular reflectivity.
reflectividad lunar | lunar reflectivity.
reflectógrafo ultrasonoro | ultrasonic reflectograph.
reflectograma | reflectogram.
reflectometría | reflectometry | glossimetry.
reflectometría fotoeléctrica | photoelectric reflectometry.
reflectómetro | reflection meter | reflectometer.
reflectómetro de esfera integrante | integrating sphere reflectometer.
reflectómetro de esfera integrante con fuente de laser | laser-source integrating sphere reflectometer.
reflector | reflector.
reflector (del calor, luz) | reverberator.
reflector (reactor nuclear) | tamper.
reflector antirradar colgado de una cometa | kite.
reflector antirradárico colgante de un avión | angel.
reflector cardioide | cardioid reflector.
reflector cilíndrico-parabólico | cylindrical-parabolic reflector.
reflector complejo | complex reflector.
reflector con corrección de fase | phase-corrected reflector.
reflector cóncavo con superficie interior paraboloidal | paraboloid reflector.
reflector confusional antirradárico hecho de tela metálica | butterfield.
reflector de acero pintado de esmalte | paint-enameled steel reflector.
reflector de bomba (nuclear).
reflector de casco de naranja | orange-peel reflector.
reflector de célula fotoeléctrica | photoelectric cell reflector.
reflector de cinta adhesiva | sticker.
reflector de cobertura terrestre | earth coverage horn.
reflector de confusión | angel.
reflector de confusión (radar) | confusion reflector.
reflector de dispersión | dispersive reflector.
reflector de espejo (teatros) | broad.
reflector de grafito | graphite reflector.
reflector de grafito del reactor nuclear | reactor graphite reflector.
reflector de grave | bass reflex.
reflector de guía de ondas | waveguide reflector | wave guide reflector.
reflector de lente escalonada (cine) | spot.
reflector de ondas radioeléctricas | radio reflector.
reflector de radar | radar reflector.
reflector de rejilla (antena) | grating reflector | openwork reflector.
reflector de resorte | snap-on reflector.
reflector de una batería antiaérea | pickup light.
reflector dicórico | di-choric reflector.
reflector diédrico | corner reflector.
reflector diédrico rectangular | square corner reflector.
reflector difusor | broad.
reflector difusor (rodaje de filmes) | shadow light.
reflector especular de aluminio anodizado | specular anodized aluminum reflector.
reflector faceteado | facetted reflector.
reflector husal | orange-peel reflector.
reflector iónico | ion repeller.
reflector laser | laser reflector.
reflector luminoso | reflex reflector.
reflector luminoso para el remolque (autos) | trailer reflex reflector.
reflector metálico (radar) | corner reflector.
reflector metálico angulado (radar) | flasher.
reflector no absorbente (nucleónica) | noncapturing reflector.
reflector para alumbrado | lighting reflector.
reflector para confusión radárica | tinsel.
reflector para oftalmoscopia | mire.
reflector parabólico asimétrico | cut paraboloid reflector.
reflector parabólico asimétrico (radar) | cut paraboloidal reflector.
reflector parabólico asimétrico para microondas | mirror.
reflector parabólico de sonido | sound concentrator.
reflector parabólico del radar | radar dish.
reflector paraboloidal | paraboloidal reflector.
reflector paraboloidal circular | circular paraboloidal reflector.
reflector paraboloide (radar, radiotelescopio) | dish.
reflector pulimentado | mirrored reflector.
reflector resistente a la empañadura | tarnish-proof reflector.
reflector solar óptico | optical solar reflector.
reflector superficial | surface reflector.
reflector triédrico | trihedral reflector.
reflectores antirradáricos colgados de globos cautivos | gulls.
reflectores de ondas electromagnéticas (aviones) | chaff.
reflectores embebidos en el bordillo de la acera (pasos para peatones) | cat's eyes.
reflectorizar | reflectorize (to).
reflectoscopia | reflectoscopy.
reflectoscopio | reflection plotter | reflectoscope.
reflectoscopio infrasónico | supersonic reflectoscope.
reflectoscopio ultrasónico | ultrasonic reflectoscope.
reflectrorización | reflectorization.
reflejado | reflected.
reflejado difusamente | diffusely-reflected.
reflejante | specular.
reflejar | reflect (to) | glimmer (to) | mirror (to).
reflejar (el mar) | glisten (to).
reflejar (en un espejo) | image (to).
reflejar (espejos, etc.) | glass (to).
reflejar (imágenes) | give back (to).
reflejar (la luz) | bend back (to).
reflejarse | bend back (to).
reflejo | glare | glistening | reflection | reflected.
reflejo (electricidad) | reflex.
reflejo de la tierra (marina) | land blink.
reflejo de la tierra que permite ver la parte de la luna no iluminada por el sol | earth-light.
reflejo del agua | glimmer.
reflejo del sol | sun glint.
reflejo en la ionosfera | hop.
reflejo estapedial (medicina) | stapedial reflex.
reflejo tendinoso (medicina) | jerk.
reflejos | interference pattern.
reflejos amarillos de fuego (ópalos) | firelike reflections.
reflejos cambiantes | changeable hues.
reflejos irisados | iris.
reflejos metálicos azulados | bluish metallic sheen.
reflejos tornasolados | changeable hues.
refletar | recharter (to).
reflexibilidad | reflexibility.
reflexible | reflexible.
reflexión | consideration | reflection | reflexion.
reflexión (antenas, isótopos radiactivos) | backscattering.
reflexión de Bragg de primer orden | first-order Bragg reflection.
reflexión de rayos X bajo incidencia rasante | X-ray grazing incidence reflection.
reflexión del sonido desde el fondo del océano | bottom reflection.
reflexión difractiva | diffractive reflection.
reflexión difusa | backscattering | irregular reflection.
reflexión especular | regular reflection.
reflexión goniofotométrica | goniophotometric reflection.
reflexión interna | internal reflection.
reflexión interna total incompleta | frustrated total internal reflection.
reflexión ionosférica | reflection by ionosphere | ionospheric reflection.
reflexión múltiple entre la tierra y la ionosfera | multihop.
reflexión radioauroral | radioauroral reflection.
reflexión sónica | sonic reflection.
reflexión térmica | thermal reflectance.
reflexión transversal | cross reflection.
reflexionar | contemplate (to).
reflexiones dispersas | scattered reflections.
reflexiones interplanares | interplanar reflections.
reflexiones múltiples | zigzag reflections.
reflexiones prohibidas | forbidden reflections.
reflexiones sobre seguridad y riesgo | thoughts on safety and risk.
reflexividad | reflexivity.
reflexo (botánica) | reflected | bent backwards.
reflotar | float (to).
reflotar (buques) | refloat (to).
reflotar (poner a flote-un barco, etc.) | float off (to).
reflotar un buque (que está hundido) | raise a ship (to).
refluir | flow back (to) | reflow (to).
refluir (química) | reflux (to).
reflujo | reflux | ebbing | flowing back | backflow.
reflujo (corriente de la vaciante - mareas) | ebb current.
reflujo (mareas) | going out | ebb.
reflujo con dos máximos de velocidad separados por un intervalo de menor velocidad | double ebb.
reflujo de la marea | ebb.
reforestar | reforest (to).
reforjado | reforged.
reforma (ley) | amendment.
reforma agraria | agrarian reform | land reform.
reforma fiscal | tax reform.
reforma industrial dramática | dramatic industrial reform.
reforma monetaria | monetary reform.
reformación con platino (refinería de petróleos) | platforming.
reformación de la superficie | surface reformation.
reformaje (industria del petróleo) | reforming.
reformaje al platino (supercarburantes de gran octanaje) | platforming.
reformar | form back (to) | remodel (to) | rectify (to).
reformas ajustadoras en fechas intermedias (seguro de crédito) | interim adjustment.
reformismo | reformism.
reformista | reformist.
reformulación | reformulation.
reforrar (frenos) | reline (to).
reforzada con tirantes (calderas) | stayed.
reforzado | trussed | beefed up.
reforzado (calcetería) | spliced.
reforzado (carpintería) | blocking.
reforzado (con hombres) | manned.
reforzado (de placa fotográfica) | fuming.

reforzado (máquinas) | heavy-duty.
reforzado (sonido) | magnified.
reforzado a lo ancho | wide-ribbed.
reforzado con alambre | wire-reinforced.
reforzado con anillos | ring-stiffened.
reforzado con cable enrollado | cable-wrapped.
reforzado con fibra de vidrio | glass-reinforced.
reforzado con fibras metálicas embebidas | fiber-reinforced.
reforzado con filamentos continuos | filament-reinforced.
reforzado con monocristales filamentosos | whisker-reinforced.
reforzado con plástico poliestérico | polyester plastic reinforced.
reforzado con tela metálica | wire-reinforced.
reforzado con trenza de alambre | wire braid reinforced.
reforzado de uña (calcetería) | block in toe.
reforzado en dos direcciones | two-direction-reinforced.
reforzado para cargamentos de mineral (buques) | strengthened for ore cargoes.
reforzado por infusión en su masa de partículas de alumina | dispersion-strengthened with alumina.
reforzado por un dispersoide inerte (metalurgia) | inert-dispersoid-strengthened.
reforzador | accentuator | emphasiser | intensifier.
reforzador (baño, pantalla) | intensifying.
reforzador (detergente) | booster.
reforzador (fotografía) | intensifier.
reforzador de la presión | pressure booster.
reforzador de salto (hidráulica) | fall increaser.
reforzador del voltaje | positive booster.
reforzador y disminuidor del voltaje | positive-negative booster.
reforzamiento | burnthrough | reinforcing | pumping | dodging.
reforzamiento a las radiaciones | radiation hardening.
reforzamiento de la emisión óptica | optical pumping.
reforzamiento de las impulsiones nucleares | nuclear-pulse enhancement.
reforzamiento explosivo de herramientas adiamantadas | explosive strengthening of diamond tool.
reforzamiento por dispersión (dispersión de un refractario muy dividido en una matriz metálica seguido por deformación del compuesto) | dispersion strengthening.
reforzamiento por introducción de partículas estables no metálicas en la red cristalina de un metal | dispersion hardening.
reforzando el sonido (música) | reinforce the power.
reforzar | reinforce (to) | strengthen (to) | build up (to) | truss (to) | rib (to) | frame (to) | boost (to) | underlay (to).
reforzar (fotografía) | intensify (to).
reforzar (partes de un avión) | beef up (to).
reforzar (sonidos) | magnify (to).
reforzar (tejidos de punto) | splice (to).
reforzar (una máquina) | compound over (to).
reforzar (velas) | line (to).
reforzar a trechos (fotografía) | burn in (to).
reforzar al pie (postes) | stub (to).
reforzar amarras (buques) | double a rope (to).
reforzar con nervios (mecánica) | rib (to).
reforzar el borde | bead (to).
reforzar el sedal en su unión con el anzuelo con unas vueltas de alambre fino | gange (to).
reforzar el sonido (música) | strengthen the power (to).
reforzar el voltaje | repeat (to).
reforzar el vuelo (aves) | imp (to).
reforzar la costura (velas) | prick the seam (to).
reforzar la emisión de potencia (laser) | pump (to).
reforzar las señales débiles | build up the weak signals (to).
reforzar por medio de cubrejuntas | butt-strap (to).
reforzar un camino (vías de saca forestal) | skid (to).
refosforización | rephosphorization.
refotografiar | rephotograph (to).
refracción | bending | refraction.
refracción acústica | acoustic refraction.
refracción aplanática | aplanatic refraction.
refracción astronómica | atmospheric refraction | astronomical refraction.
refracción atmosférica | astronomical refraction | atmospheric refraction.
refracción cónica (cristales birrefringentes) | conical refraction.
refracción cónica externa | external conical refraction.
refracción cónica interna | internal conical refraction.
refracción costera | coastal refraction.
refracción de la luz al atravesar un astrodomo (aviones) | dome refraction.
refracción de las olas | wave refraction.
refracción de las ondas de choque | shock waves refraction.
refracción difusa | diffuse refraction.
refracción doble anómala | anomalous double refraction.
refracción electrostática | electrostatic refraction.
refracción específica (química) | refractivity.
refracción irregular | spread refraction.
refracción oblicua | oblique refraction.
refraccionar | refractionate (to).
refraccionista | refractionist.
refractante | refracting | retracting.
refractar (óptica) | bend (to) | refract (to).
refractariedad | refractoriness.
refractariedad del cono Seiger 33/34 | refractoriness of cone 33/34.
refractariedad en carga térmica | refractoriness under load.
refractario | calcitrant | fire resisting | fireproof | heatproof | heat resistant | heat-resisting.
refractario (minerales) | rebellious.
refractario al fuego | refractory.
refractario alto en óxidos básicos | basic refractory.
refractario apisonado (alto horno) | rammed refractory.
refractario aplicado por aspersión | castable.
refractario colado por fusión | fused-cast refractory | fusion-cast refractory.
refractario de envuelta metálica | metal-cased refractory.
refractario de zirconía y corindón (Rusia) | bakor | bacor.
refractario moldeable | castable refractory.
refractario moldeable de gran proporción de alúmina | moldable high-alumina refractory.
refractario plástico | plastic refractory.
refractario plástico termoendurecible | heat-setting plastic refractory.
refractarios aluminosos | aluminous refractory goods.
refractarios básicos con liga de alquitrán | tar bonded basic refractories.
refractarios con más de 45% de alúmina | aluminous refractory goods.
refractarios de carburo de silicio ligado | bonded silicon carbide refractories.
refractarios de magnesita resistentes a la hidratación | hydration resistant magnesite refractories.
refractarios electrofundidos de zirconia | zac.
refractarios mezclados con un cemento hidráulico que después de amasados con agua se endurecen (calderas) | castable refractories.
refractarios moldeables (calderas) | mouldable refractories | castable refractories.
refractarios moldeables a base de caolín | kaolin base castable refractories.
refractarios para acerías | steel-plant refractories.
refractarios para altos hornos | blast-furnace refractories.
refractarios para la buza (acerías) | stopper-head refractories.
refractarse | be refracted (to).
refractividad (química) | refractivity.
refractivo | refringent | refractive.
refractometría | refractometry.
refractómetro | refractometer.
refractómetro cristalográfico | crystallographic refractometer.
refractómetro de contraste de fase | phase-contrast refractometer.
refractómetro de inmersión | immersion refractometer.
refractómetro de joyeros | jeweler's refractometer.
refractómetro de largo camino óptico | long-path refractometer.
refractómetro interferencial | interference refractometer.
refractómetro interferométrico | interferometric refractometer.
refractómetro para gases | gas refractometer.
refractometro Rayner con prisma de diamante para identificar gemas diversas | diamond refractometer.
refractor | refractor | retracting.
refractor (electricidad) | refractor.
refractor astrográfico | astrographic refractor.
refractoscopio | refractoscope.
refrangibilidad | refrangibility.
refrangible | refrangible.
refranista | proverbialist.
refregar | rub (to).
refrenar | coerce (to) | control (to) | check (to) | contain (to).
refrendado por el secretario | countersigned by the secretary.
refrendar | vise (to) | legalize (to) | endorse (to) | authenticate (to) | okay (to).
refrendar un pasaporte | endorse a passport (to).
refrendar una propuesta de ley | support a bill (to).
refrendata | countersignature.
refrendo | countersign | referendum | authentication.
refrendos | referenda.
refrentado | facing | square faced.
refrentado (al torno) | facing.
refrentado (en el torno) | squaring.
refrentado al montar | spotfaced.
refrentado de acabado | finish-facing.
refrentado de bridas | flange facing.
refrentado de desbaste | rough facing.
refrentado de platos (ejes) | flange facing.
refrentado de superficies pequeñas en una pieza fundida o forjada | spotfacing.
refrentado in situ de bridas de tubos | pipe-flange in situ refacing.
refrentado radial (torno) | radial facing.
refrentado y taladrado | faced and drilled.
refrentadora de extremos de ejes | shaft end facing machine.
refrentar | spotface (to) | face (to) | face up (to).
refrentar una esquina | face a shoulder (to).
refresar | remill (to).
refrescar | cool (to) | refrigerate (to) | freshen (to).
refrescar (el viento) | breeze up (to).
refrescar (viento) | free (to).
refrigeración | freezing.
refrigeración (EE.UU.) | cryology.
refrigeración con metales licuados | liquid-metal refrigeration.
refrigeración criogénica por ciclo cerrado | closed-cycle cryogenic cooling.
refrigeración de aislamiento del núcleo | reactor core isolation cooling.
refrigeración de furgones (mercancías) | transit refrigeration.

refrigeración de la toma de aire | air intake cooler.
refrigeración del agua del pistón | piston water-cooling.
refrigeración del emparrillado | grate cooling.
refrigeración electromecánica | electromechanical refrigeration.
refrigeración intermedia | intercooling.
refrigeración laminar | splat cooling.
refrigeración magnética | magnetic cooling.
refrigeración natural por aceite | natural oil cooling.
refrigeración por agua | water flow cooling.
refrigeración por aire | aircooling.
refrigeración por aire enfriado por salmuera | brine-cooled air refrigeration.
refrigeración por ciclo de aire como refrigerante | air-cycle refrigeration.
refrigeración por chorro de vapor de agua | steam-jet refrigeration | steam-jet refrigeration.
refrigeración por evaporación | evaporation cooling.
refrigeración por helio | helium cooling.
refrigeración por hielo y sal | ice-and-salt refrigeration.
refrigeración por líquido | liquid cooling.
refrigeración por neblina | mist cooling.
refrigeración por nitrógeno líquido | liquid-nitrogen refrigeration.
refrigeración por transpiración | transpiration cooling.
refrigeración por vacío parcial | vacuum refrigeration.
refrigeración regenerativa | regenerative cooling.
refrigeración termoeléctrica | thermoelectric refrigeration.
refrigerado | chilled | cooled.
refrigerado con nieve carbónica | dry-ice-cooled.
refrigerado con sales de sodio | sodium-cooled.
refrigerado por agua | water cooling.
refrigerado por agua del embalse | reservoir-refrigerated.
refrigerado por aire | aircooled.
refrigerador | chiller | refrigerator | intercooler | freezer.
refrigerador accionado por compresor | compressor-operated refrigerator.
refrigerador de aire | aircooler.
refrigerador de compresor | compression refrigerator.
refrigerador de expansión directa | direct-expansion refrigerator.
refrigerador de gas | gas cooler.
refrigerador de gradas | cooling stack.
refrigerador de la canal de escoria (alto horno) | jumbo.
refrigerador de nieve carbónica | dry-ice cooler.
refrigerador de superficie | surface cooler.
refrigerador del agua del climatizador | air conditioning water chiller.
refrigerador magnético | magnetic refrigerator.
refrigerador para agua destilada | distilled water-cooler.
refrigerador para la vinificación (enología) | wine cooler.
refrigerador por evaporación múltiple | multiple-evaporator refrigerator.
refrigerador por vía húmeda | swamp cooler.
refrigerador tubular | pipe cooler.
refrigerante | condenser | refrigerator | refrigerative | refrigeratory | refrigerant.
refrigerante (de alambique) | refrigeratory.
refrigerante (mezcla) | cryogen.
refrigerante a base de agua | waterbased coolant.
refrigerante ascendente | reflux condenser | return condenser.
refrigerante atóxico inexplosible e ininflamable | nonflammable-nonexplosive-nontoxic refrigerant.
refrigerante de aceite | oil cooler.
refrigerante de agua | water condenser.
refrigerante de aire (química) | air condenser | extension tube.
refrigerante de anhídrido carbónico líquido para el afilado | grinding CO_2 coolant.
refrigerante de bolas | bulb condenser.
refrigerante de columna | column condenser.
refrigerante de chimenea | chimney cooler.
refrigerante de lluvia | dripping cooling plant | surface cooler.
refrigerante de niebla | mist coolant.
refrigerante de reflujo | backflow condenser | reflux condenser | return flow cooler | return condenser.
refrigerante de vidrio | glass condenser.
refrigerante descendente (química) | ordinary condenser.
refrigerante hidrocarbúrico halogenado | halogenated hydrocarbon refrigerant.
refrigerante inmiscible | immiscible refrigerant.
refrigerante líquido | liquid cooler.
refrigerante para cuba de fermentación (cerveza) | attemperator.
refrigerante para maquinado | machining coolant.
refrigerante secundario | secondary coolant.
refrigerantes superficiales | skin coolants.
refrigerar | refrigerate (to).
refrigerativo | refrigerative.
refrigerista (el encargado del equipo de refrigeración en un buque) | freezer.
refringencia | refringence | refractive power | refractivity.
refringente | retracting | refracting | refractive | refringent.
refritar | resinter (to).
refrito (técnica periodística) | rewriting.
refuerzo | feather | reinforcement | backing | increaser | stay | stiffener | stiffening | strengthening | strength | accentuation | stringer | boost.
refuerzo (calcetería) | splicing.
refuerzo (carpintería) | haunch | tusk.
refuerzo (de diente de engranaje o álabe de turbina) | shroud.
refuerzo (de una pieza) | bait.
refuerzo (de velas) | lining.
refuerzo (en la parte que recibe un perno o espárrago) | boss.
refuerzo (encuadernación) | backing.
refuerzo (fotografía) | intensification.
refuerzo acanalado (tejeduría) | rib.
refuerzo adicional | additional reinforcement.
refuerzo adicional de los pliegos cosidos antes de encuadernar | prebinding.
refuerzo angular | angular reinforcement.
refuerzo armado vertical (buques) | vertical web.
refuerzo armado vertical (mamparos de buques) | web.
refuerzo armado vertical continuo (petroleros) | continuous web.
refuerzo armado vertical en mamparo longitudinal | longitudinal bulkhead web.
refuerzo armado vertical intercostal (mamparos petroleros) | intercostal vertical web.
refuerzo armado vertical situado en el plano diametral | centerline vertical web.
refuerzo con filamentos de gran resistencia | high-strength filaments reinforcement.
refuerzo cuadrado (carpintería) | haunch.
refuerzo de agudos | high boost.
refuerzo de aire | air puff.
refuerzo de angular | angle stiffening.
refuerzo de arco o bóveda | shoot.
refuerzo de fleje de acero arrollado en espiral (cables eléctricos) | helically-wrapped steel reinforcement.
refuerzo de la escota (velas) | clew patch.
refuerzo de la orilla (tejido punto) | selvage welt.
refuerzo de la pila (puentes) | pile reinforcement.
refuerzo de los agudos (acústica) | treble boost.
refuerzo de mamparo de tanque vertical | deep tank bulkhead stiffener.
refuerzo de personal | follow-up.
refuerzo de planchuela | flatbar stiffener.
refuerzo de sección en U profunda | hat stiffener.
refuerzo de tonos altos | high-tones boosting.
refuerzo de tonos bajos (acústica) | bass boosting.
refuerzo de uña (calcetería) | toe guard.
refuerzo del alma (vigas) | web reinforcement | web stiffener.
refuerzo del campo | field strengthening.
refuerzo del cerrojo de la cuna | cradle lock brace.
refuerzo del forro contra los hielos (buques) | ice lining.
refuerzo del lomo (libros) | backlining.
refuerzo del medio (velas) | belly-band | middle band.
refuerzo del panel | panel stiffener.
refuerzo del revestimiento (aviones) | skin stiffener.
refuerzo dentado | scalloped stiffener.
refuerzo diagonal | diagonal strengthening.
refuerzo en cruz de San Andrés | raking bond | lacing.
refuerzo en chaflán | bevel shoulder.
refuerzo en el borde (agujeros de hombre) | rim reinforcement.
refuerzo escotado soldado ortogonalmente | fillet-welded scalloped stiffener.
refuerzo extremo | end stiffener.
refuerzo forjado | forged reinforcement.
refuerzo horizontal | horizontal stiffener.
refuerzo horizontal de mamparo | horizontal bulkhead stiffener.
refuerzo inferior | lower reinforcement.
refuerzo interior | internal doubling.
refuerzo lateral (vehículos) | hound.
refuerzo longitudinal | longitudinal strengthening | longitudinal reinforcement.
refuerzo longitudinal entre baos (cubiertas buques) | carling.
refuerzo longitudinal entre baos del puente (buques) | header.
refuerzo longitudinal suplementario | additional longitudinal strength.
refuerzo metálico que cubre la punta y parte del borde de la pala (hélices de madera) | propeller tipping.
refuerzo para cizallamiento (vigas) | shear reinforcement.
refuerzo para rigidizar | bracing.
refuerzo para tensión sobre el apoyo (arquitectura) | negative reinforcement.
refuerzo resistente | heavy reinforcement.
refuerzo suplementario | additional strength.
refuerzo vertical | vertical stiffener.
refuerzo vertical de mamparo | bulkhead vertical web stiffener.
refuerzo vertical de mamparo longitudinal | longitudinal bulkhead vertical stiffener.
refuerzo X | X-member.
refuerzos de aros metálicos (bidones de chapa) | chime reinforcements.
refuerzos de bodega | hold stiffeners.
refuerzos de los finos de proa | harpings.
refuerzos de proa | bow stiffeners.
refuerzos dentados | serrated stiffeners.
refugiación | refugeeing.
refugiado apátrida | stateless refugee.
refugiado político | political refugee.
refugio | harbour (Inglaterra) | harbor (EE.UU.).
refugio (minería) | refuge chamber.
refugio (Puerto Rico) | sanctuary.
refugio (túneles) | manhole.
refugio a prueba de bombas | blast proof shelter.
refugio a prueba de gases | gas-proof shelter.
refugio de aves migratorias | migratory bird refuge.

refugio de caza | game cover.
refugio de la vía (túneles) | permanent-way refuge.
refugio de seguridad | safe house.
refugio para la preservación de la vida animal y vegetal (ecología) | wildlife refuge.
refugio para peatones | pedestrian refuge.
refugio para personal | personnel shelter.
refugio subterráneo | underground shelter | vault.
refulgente | brilliant.
refundición (teatro) | adaptation.
refundición de programas de ayuda federal | special revenue sharing.
refundido en el vacío | vacuum-remelted.
refundir | refuse (to) | consolidate (to) | remelt (to) | recast (to) | resmelt (to).
refundir (moneda) | remint (to).
refundir (teatros) | adapt (to).
refundir la deuda | reborrow (to).
refusión en el vacío | remelting in vacuo.
refusión por arco eléctrico | slag-arc remelting.
refusión por arco en el vacío con electrodo fungible | consumable-electrode vacuum-arc remelting.
refutación | disproof | elenchus.
refutación por contradicción | disproof by contradiction.
refutación por ejemplo del contrario | disproof by counterexample.
refutar | disprove (to) | rebut (to) | meet (to).
regable | irrigatable.
regadera | sprinkler | rose.
regadío (agricultura) | irrigation.
regadío sobre terreno | land irrigation.
regado | irrigated | watered.
regado por aspersión | sprinkler-irrigated.
regadora de calles | street sprinkler.
regala | gunnel.
regala (buque madera) | planksheer.
regala (buques) | gunwale.
regala de angular de bulbo | bulb angle rail.
regalar | give away (to).
regalía por uso de patente | patent royalty.
regalías acumuladas | accrued royalties.
regalías acumuladas por pagar | accrued royalties payable.
regalías por derechos de autor | copyright royalties.
regalías por uso de patentes | royalties on patents.
regalo | gift.
regalo de boda | wedding present.
regalvanoplastiar | re-plate (to).
regante | water user.
regantes | irrigation subscribers.
regar | water (to) | sprinkle (to) | irrigate (to).
regar con manguera antes de limpiar (cubiertas de buques) | clamp down (to).
regasificación | regasification.
regata (muro ladrillos) | raglet.
regata a remo | boat race.
regatear | bargain (to) | haggle (to).
regatear precios | dicker (to).
regatón | iron ferrule | chape | ferrule | tip | shoe | butt.
regatón (lanza) | shoulder.
regatos de arena (playas) | rill marks.
regazo | lap.
regencia | regency.
regenerabilidad | recuperative ability.
regeneración | reclaiming | regeneration | regenerating | recovery | reconditioning | reprocessing.
regeneración (arena de fundición) | reclamation.
regeneración (de piezas descarburadas) | carbon restoration.
regeneración (radio) | regeneration | retroaction.
regeneración (radio, acústica, amplificadores) | feedback.
regeneración (termiónica) | positive feedback.
regeneración acústica | acoustic feedback | acoustic regeneration.
regeneración de arenas de fundición por vía húmeda | wet sand reclamation.
regeneración de la arena (funderías) | sand reclamation.
regeneración de la ductilidad | ductility restoration.
regeneración de la órbita (satélite artificial) | orbit sustaining.
regeneración de los impulsos | pulse regeneration.
regeneración del combustible | fuel regeneration.
regeneración del combustible nuclear | reactor fuel reprocessing.
regeneración del combustible nuclear agotados | spent fuel reprocessing.
regeneración natural | restocking.
regeneración positiva | positive regeneration.
regenerada (caucho, lana, lubricantes, agua) | reclaimed.
regenerador | regenerator.
regenerador (mantilla imprenta) | restorer.
regenerador de aire | air regenerator.
regenerador de aire de multipasos | multipass air regenerator.
regenerador de gas | gas regenerator.
regenerador de impulsos (EE.UU.) | impulse regenerator.
regenerador de potencia | power breeder.
regenerador de radiación solar para el silicagel | silicagel solar radiation breather.
regenerador de turbina de gases marina | marine gas-turbine regenerator.
regenerador del catalizador | catalyst regenerator.
regeneradores de calor (hornos metalúrgicos) | checkers.
regenerante desmineralizador | demineralizing regenerant.
regenerar | restore (to) | regenerate (to) | recycle (to).
regenerar (caucho, aceites lubricantes) | reclaim (to).
regenerar (lanas, lubricantes) | recover (to).
regenerar el baño | regenerate the bath (to).
regenerativamente enfriado | regeneratively cooled.
regenerativo | regenerative.
regentar | manage (to).
regentar un colegio | keep a school (to).
regente (de imprenta) | foreman.
regente (imprenta) | overseer.
regente de imprenta | overseer.
regente de la sala de cajas de tipos (imprenta) | case overseer.
regidización del alma (vigas) | web stiffening.
regido por un comité | run by a committee.
regidor | councilman | councilor | alderman.
regiduría | councilman's office | councilmanship | aldermanship.
régimen | operating conditions.
régimen (de una máquina) | range.
régimen (ríos) | regimen.
régimen (ríos, vientos) | régime.
régimen alimentario | dietary.
régimen ascensional inicial | initial rate of climb.
régimen cavitante (hélice marina) | cavitating regime.
régimen continuo máximo | maximum continuous rating.
régimen de alcance (aeronáutica) | range rate.
régimen de avenidas de la cuenca (ríos) | flood regime of the basin.
régimen de carga | charging rate | charge rate.
régimen de carga (electricidad) | charging load.
régimen de ciar estabilizado (buques) | free route astern.
régimen de cierre | rate of closure.
régimen de cierre de la válvula | rate of valve closure.
régimen de corriente | rate of flow.
régimen de corriente laminar | laminar flow regime.
régimen de crecida (ríos) | rising stage.
régimen de crucero (motores) | cruise regime.
régimen de cupos globales | global-quota régime.
régimen de descarga | rate of flow | time rate.
régimen de descarga (electrotecnia) | discharge rate | discharging rate.
régimen de descarga del acumulador | energy-withdrawal rate.
régimen de descenso (meteorología) | lapse rate.
régimen de descenso del nivel (ríos) | falling stage.
régimen de esfuerzos | stress régime.
régimen de evaluación objetiva | presumptive assessment.
régimen de funcionamiento | operating range.
régimen de marcha (máquinas) | working conditions.
regimen de modulación | modulation rate.
régimen de retiro | superannuation scheme.
régimen de servicio (máquinas) | rating.
régimen de tasas | rate structure.
régimen de trabajo | rating.
régimen de transmisión de datos | data signalling rate | data transmission rate.
régimen de transmisión de señal | signaling rate.
régimen de utilización | rating.
régimen de velocidad | speed range | speed rating.
régimen del flujo | flow regime.
régimen del río | river regime.
regimen discontinuo | short time rating.
régimen dotal | marital system.
régimen eléctrico | electric regime.
régimen energético de consunción por unidad de masa de combustible nuclear (rendimiento - reactor nuclear) | burnup.
régimen energético térmico de irradiación de 5.000 megavatios-díatonelada | burnup of 5,000 Mwd/ton.
régimen enterior | housekeeping.
régimen federalista | federalist regime.
régimen fiscal | fiscal regime.
régimen forestal | sylva.
régimen hidráulico | hydraulic regimen.
régimen hidráulico (ríos) | regimen.
regimen hidrológico | hydrological regime.
régimen hipersónico | hypersonic flow.
régimen horario | one-hour rating.
régimen inestable | nonsteady state.
régimen jurídico | status.
régimen laminar | laminar flow.
régimen lento | low rate.
régimen mandatario | mandatory regime.
régimen máximo absoluto | absolute maximum rating.
régimen monopolístico | monopolistic regime.
régimen nominal | rating | rated burden.
régimen nominal (motores) | duty.
régimen nominal para servicio continuo | continuous-duty rating.
régimen normal (máquinas) | rating.
régimen normal de funcionamiento | rated burden.
régimen operatorio | operating regime.
régimen óptimo de subida | best rate of climb.
régimen penitenciario de libertad controlada | convict lease system.
régimen permanente | steady condition | continuous running.
régimen permanente de evacuación | steady discharge.
régimen plástico (resistencia materiales) | plastic range.
régimen torrentoso | shooting flow.
régimen torrentuoso | rapid flow.
régimen transitorio | transient state.
régimen transitorio de corta duración y de

hiperamplitud | spike.
régimen tributario | fiscal regime.
régimen turbulento | turbulent flow.
regímenes transitorios | transients.
regimentación de masas | mass regimentation.
regimentar | regiment (to).
regimiento | regiment.
regimiento (aviación) | group.
regimiento de infantería de marina | marine infantry regiment.
regimiento de reparaciones y abastecimientos | engineer maintenance and supply group.
regimiento de zapadores de combate | engineer combat group.
región | belt | range | area | district.
región abierta | open region.
región abierta no acotada (topología) | unbounded open region.
región abierta y conexa | connected open region.
región acotada | bounded region.
región acromática | achromatic locus.
región activa (reactor nuclear) | core | core.
región activa del reactor nuclear | reactor core.
región aérea | air region.
región aislante | isolation land.
región anfidrómica | amphidromic system | amphidromic region.
región anódica | anode region.
región asísmica | aseismic region.
región atmosférica | atmospheric shell | atmospheric layer.
región azul del ultravioleta | blue-ultraviolet region.
región carbonífera | coal field.
región central del sur | midsouth.
región cerealista | grain belt.
región cerrada | closed region.
región circum-Pacífico | circum-Pacific region.
región circundante | surrounding region.
región con flujo neutrónico casi uniforme (reactor nuclear) | flattened region.
región convenientemente bien conformada del espacio cuya frontera es una superficie | suitably well-behaved region in space whose boundary is a surface.
región crítica insesgada regular | regular unbiased critical region.
región crítica óptima | best critical region.
región crítica unilateral | one-sided critical region.
región cuatriprovincial | four-province region.
región D (meteorología) | D region.
región de aceptación | region of acceptance | acceptance region.
región de aceptación (estadística) | confidence belt.
región de actividad convectiva formadora de una tempestad | thunderstorm cell.
región de aumentos de presiones máximas | anallobar.
región de corte del transistor | transistor cut-off region.
región de Chapman (alta atmósfera) | Chapman region.
región de drenaje | drain region.
región de entrada de un conducto anular | entrance region of an annular pipe.
región de estrangulamiento | pinch-off region.
región de intenso fuego antiaéreo | hotspot.
región de ionización fototérmica | photothermal ionization region.
región de la austenita metaestable | metastable-austenite region.
región de la saturación de tensión del colector | collector-voltage-saturation region.
región de la superficie terrestre en que masas de aire permanecen suficiente tiempo para adquirir propiedades características | air-mass source region.
región de las sustancias activas (reactor nuclear) | seed cluster.
región de Mach (explosión en el aire) | Mach region.
región de mejoramiento de las condiciones hidráulicas | hydromeliorative region.
región de no aceptación | rejection region.
región de no estrangulamiento (transistor) | nonpinch-off region.
región de poca actividad | cold area.
región de rayos Roentgen blandos (espectro) | soft X-ray region.
región de recubrimiento | overlap region.
región de silencio (radio) | shadow region.
región de sombra | shadow region.
región de sombra en un radar | radar shadow.
región de tipo tiempo | time-like region.
región de transmisiones atmosféricas | atmospheric window.
región de validez | region of validity.
región del espectro | spectrum locus.
región del Golfo de Méjico y el Mar Caribe | American Mediterranean.
región del plató (región donde no hay cambio en la variación del recuento) | plateau region.
región del ultrablanco (TV) | ultrawhite region.
región deprimida | backward area.
región donde la intensidad del campo es mayor de 10 milivoltios por metro (estación radioemisora) | A-service area.
región donde se cultiva algodón | cotton belt.
región entre un arrecife y la tierra | back reef.
región exorreica | exorheic region.
región hullera | coal district | coal field.
región infranegra | blacker than black region.
región infranegra (televisión) | blacker-than-black region.
región infrasónica (número Mach > 1,1.) | supersonic region.
región interior (de un país) | hinterland.
región macromosaica (cristalografía) | macromosaic region.
región macrosísmica | macroseismic region.
región maderera | logging region.
región militar | service command.
región minera | minery.
región múltiplemente conexa (topología) | multiply connected region.
región muy productiva | high productivity region.
región no acotada | unbounded region.
región pantanosa | sponge.
región penesísmica | peneseismic region.
región permitida de funcionamiento | permitted operating region.
región petrolífera | oil region | oil field.
región por encima del negro | blacker than black region.
región radialmente exterior | radially outer region.
región subdesarrollada | backward area.
región transónica (número Mach entre 0,9 y 1,1) | transonic region.
región transpasiva (metalurgia) | transpassive region.
regional | areal.
regionalización | regionalization.
regionalización (G.B.) | regionalisation.
regionalización económica | economical regionalization.
regiones del espacio N-dimensional (topología) | regions in N-space.
regiones inhomogéneas en vidrio óptico | inhomogenous regions in optical glass.
regir | manage (to) | control (to) | sway (to) | command (to).
regir (la casa) | master (to).
registrable | recordable | registrable.
registrable (documentos) | registerable.
registración | recording.
registración (acústica) | registration.
registración obligatoria | compulsory registration.
registrado | registered | on record | entered | stored.
registrado (abogacía) | of records.
registrado en cinta magnetofónica | recorded on tape.
registrado permanentemente en memoria (ordenador) | permanently stored.
registrado permanentemente sobre los discos | disc resident.
registrado por la calculadora | computer-plotted.
registrador | recorder | recording | register | registrar | metre (G.B.) | plotter | probe | meter (EE.UU.) | transcriber.
registrador (instrumento) | logger.
registrador a largo plazo de corrientes submarinas | long-term recorder of undersea currents.
registrador a velocidad constante | constant velocity recorder.
registrador autográfico | autographic recorder.
registrador automático | automatic recorder.
registrador automático de errores en datos digitales | automatic digital data-error recorder.
registrador automático de ruta | decca flight log.
registrador cronográfico | chronographic recorder.
registrador cronológico automático.
registrador de ábaco circular | circular-chart recorder.
registrador de alcances | range plotter.
registrador de altura máxima (crecidas ríos) | crest stage meter.
registrador de ángulos del timón | rudder angle recorder.
registrador de audiovisual | audiovisual recorder.
registrador de balances (buques) | roll recorder.
registrador de banda | strip-chart recorder.
registrador de bandas de vídeo | video tape recorder.
registrador de caja (de pagos) | cash register.
registrador de calado y escora (buque) | depth and roll indicator.
registrador de cargas | batch recorder.
registrador de cassettes | cassette recorder.
registrador de ciclos | cycle recorder.
registrador de cinta | tape recorder.
registrador de cinta (telecomunicación) | strip-chart recorder.
registrador de cinta de doble pista | half-track recorder.
registrador de cinta magnetofónica | tape recorder.
registrador de comunicaciones (telefonía) | calculograph.
registrador de corrientes submarinas | recorder of undersea currents.
registrador de CO^2 | CO^2 recorder.
registrador de curvas en coordenadas polares | polar recorder.
registrador de datos | data-logger.
registrador de datos (calculadora electrónica) | logger.
registrador de datos de la ionosfera en la vertical del lugar | vertical-incidence ionospheric recorder.
registrador de datos de vuelo | flight data recorder.
registrador de datos ionosféricos de incidencia vertical | vertical-incidence ionospheric recorder.
registrador de datos numéricos | digital recorder.
registrador de desigualdades de la vía | track indicator.
registrador de disco | disk recorder.
registrador de distancia | range recorder.
registrador de distancias | distance recorder.
registrador de doble estilete | double-pen recorder.
registrador de dos coordenadas | X-Y recorder.
registrador de esfuerzos (miembros de una estructura) | stress recorder.
registrador de esfuerzos dinámicos | dynamic strain recorder.

registrador de espectro (acústica) | spectrum recorder.
registrador de excentricidad | eccentricity recorder.
registrador de facsímil de cartas meteorológicas | facsimile weather map recorder.
registrador de facsímile | facsimile recorder.
registrador de fase | phase plotter.
registrador de horas de funcionamiento de la máquina | engine running hours recorder.
registrador de imágenes de radar | radar photo recorder.
registrador de impulso | shift register.
registrador de impulsos | pulse recorder.
registrador de inscripción directa | direct-writing recorder.
registrador de intensidad del campo magnético | field-strength recorder.
registrador de la actividad ionosférica | ionosphere recorder.
registrador de la altitud de reflexión ionosférica | ionospheric height recorder.
registrador de la conversación | voice writer.
registrador de la curva de cargas y alargamientos | load-extension recorder.
registrador de la distancia recorrida (aviación) | distance recorder.
registrador de la fuerza de la gravedad debida a la aceleración | VG recorder.
registrador de la información en su origen | transaction recorder.
registrador de la propiedad | land registrar | recorder of deeds | registrar of deeds | registrar of mortgages.
registrador de la temperatura del caldo | molten metal temperature recorder.
registrador de las horas de trabajo | operating-hour recorder.
registrador de luz solar | sunlight recorder | sunshine recorder.
registrador de llamadas | call meter.
registrador de llamadas automáticas (telefonía) | traffic meter.
registrador de llamadas infructuosas (telefonía) | overflow meter.
registrador de marcha sin consumo de fuerza (motor eléctrico) | coasting recorder.
registrador de masa | mass-marker.
registrador de multiestiletes | multiple-pen recorder.
registrador de nivel del río de tipo de flotador | float-type water-stage recorder.
registrador de ondas de choque | surge recorder.
registrador de partida (telefonía) | sender.
registrador de peso | weightometer.
registrador de posiciones de la jaula de mina | mine-hoist recorder.
registrador de presión subterránea (pozo de petróleo) | bomb.
registrador de profundidad | depth setting recorder.
registrador de profundidad de inmersión (torpedos) | horizontal recorder.
registrador de profundidad y escora | depth and roll record.
registrador de programas de televisión | telerecording equipment.
registrador de puntas de carga (electricidad) | maximum-demand recorder.
registrador de radiosonda | radiosonde recorder.
registrador de retardo | lagged-demand meter.
registrador de rumbo de ataque | attack plotter.
registrador de ruta autoajustable (aeronáutica) | self-setting flight log.
registrador de sifón (telegrafía) | siphon recorder.
registrador de sólidos en suspensión | suspended-solids recorder.
registrador de sombras | shadowgraph.
registrador de sonido | sound recorder.
registrador de sonido en película | sound-film recorder.
registrador de tareas | job recorder.
registrador de temperatura de gran velocidad de varias agujas indicadoras | multipoint high-speed temperature recorder.
registrador de temperatura de las bodegas (buques) | shadowgraph.
registrador de temperatura numérico de varios índices | multipoint digital temperature recorder.
registrador de tubo de rayos catódicos de escritura directa | direct writing cathode-ray tube recorder.
registrador de una sola traza | single-point recorder.
registrador de varias trazas | multipoint recorder.
registrador de varios inscriptores | multi-pen recorder.
registrador de vídeo | videocorder.
registrador de vuelo automático por tarjetas perforadas | punched-card automatic flight recorder.
registrador del cloro | chlorine meter.
registrador del descenso del techo (minas) | convergence recorder.
registrador del flujo neutrónico | neutron-flux recorder.
registrador del rumbo | course recorder.
registrador del tráfico ferroviario | train graph | traingraph.
registrador del tráfico telefónico | traffic-usage recorder.
registrador digital de casette | digital cassette recorder.
registrador diónico | dionic recorder.
registrador electrónico de las incidencias de vuelo (aeronaves) | black box.
registrador electrónico de tráfico (telefonía) | electronic traffic register.
registrador equilibrado potenciométricamente | potentiometrically balanced recorder.
registrador escribiente | ink recorder.
registrador estéreo de cinta | stereo tape recorder.
registrador estereofónico | binaural recorder.
registrador externo | outboard recorder.
registrador fotoeléctrico para determinar la densidad de los humos | photoelectric smoke recorder.
registrador fotográfico de sonido | photographic sound recorder.
registrador general de navegación | registrar general of shipping.
registrador hidráulico | hydraulic recorder.
registrador indicador de velocidad | speed indicator.
registrador magnético multipista | magnetic multitrack recorder.
registrador magnetofónico de conferencias telefónicas en ausencia del llamado | message recorder.
registrador multicanal | multichannel recorder.
registrador neumático | pneumatic recording instrument.
registrador nomográfico | nomographical recorder.
registrador numeral para espectro de partículas | particulate-spectrum digital recorder.
registrador óptico del sonido | optical sound recorder.
registrador panorámico ionosférico | panoramic ionospheric recorder.
registrador polígrafo | polygraph recorder.
registrador por serie | serializer.
registrador por tinta | ink recorder.
registrador potenciométrico | null-balancing recorder.
registrador sobre cinta magnética | magnetic tape encoder.
registrador telegráfico | pulse recorder.
registrador vectorial | vectorial recorder.
registrador V.H | VH recorder.
registrador vídeo | video recorder.
registradora de alambre | wire recorder.
registradora fotográfica | film recorder.
registradora-exploradora de micropelícula | film recorder-scanner.
registraduría | recordership | registrarship | registration office | recordeship.
Registraduría de Instrumentos Públicos | Hall of Records.
registrante | registrant.
registrar | record (to) | paper (to) | enter (to) | enter (to) | store (to) | hunt (to) | write (to) | register (to) | post (to) | scan (to) | log up (to) | search (to).
registrar (abanderar - buques) | document (to).
registrar (en disco gramofónico) | record (to).
registrar (instrumentos) | record (to).
registrar (nombres) | list (to).
registrar (un acta, un juicio) | enroll (to).
registrar (una causa determinada) | docket (to).
registrar cronológicamente los hechos en un cuaderno | log (to).
registrar de nuevo | re-record (to) | store back (to).
registrar el pago de una obligación pecunaria | enter satisfaction (to).
registrar el rumbo (buque o avión) | plot (to).
registrar en cinta magnetofónica | tape-record (to).
registrar en el diario (contabilidad) | journalize (to).
registrar en la memoria | read in (to).
registrar en un diagrama | plot (to).
registrar en un libro | book (to).
registrar en una banda de papel | strip-chart (to).
registrar la hipoteca | close a mortgage (to).
registrar la propiedad literaria | copyright (to).
registrar las posiciones de | chart the positions of (to).
registrar sobre cinta | tape (to).
registrar un acta | enter a deed (to).
registrar un libro (en el Registro de Propiedad Intelectual) | copyright (to).
registrar un pedido | enter an order (to).
registrar una ligera baja (bolsa) | turn easier (to).
registrar una marca de fábrica | register a trademark (to).
registrar una sentencia | enter judgment (to).
registro | roll | billing | controlment | printout | block | record | recording | record | ledger | shutter | box | registered record | tally | manhole | booking | handhole | registration | registering | register | registry.
registro (alcantarillado) | manhole.
registro (de chimenea) | draught plate.
registro (de órgano) | stop.
registro (de reloj) | regulator.
registro (de un acta) | entry.
registro (en un registro oficial) | enrollment.
registro (imprenta, litografía) | bookmark.
registro (juego de órgano) | draw-stop.
registro (música) | registering.
registro (oficina) | registry | booking-office.
registro (quilla, varengas) | hole.
registro (telegráfico) | storage.
registro (tipografía) | booking.
registro acumulador | accumulator register.
registro acústico | sound recording.
registro acústico (del sonido) | recording.
registro adicional | additional record.
registro ajustado a formato | formatted record.
registro automático | automatic log.
registro automático de las telecomunicaciones | automatic telecommunication log.
registro automático de tasa | automatic fee registration.
registro automático informativo | automatic intelligence file.
registro básico de frecuencia radioeléctrica | master radio frequency record.

registro biográfico | biographic register.
registro catastral | land registry.
registro cinescópico | kinescope recording | kine.
registro civil | register office | registry office.
registro comercial | commercial register | trade register.
registro complejo de una comunicación de tarifa múltiple (telefonía) | multimetering.
registro con acuse de recibo | registration with receipt requested.
registro con neblina de tinta | ink-mist recording.
registro contador de instrucciones | program counter.
registro continuo de la velocidad del viento | continuous record of wind speed.
registro cronoeléctrico | chronoelectrical recording.
registro cronológico | original entry.
registro cronológico de hechos | logbook.
registro cronológico de operaciones | log.
registro cronométrico | clock track recorder.
registro cruzado (cine) | cross-recording.
registro cuantitativo | quantitative mapping.
registro de acciones | stock book.
registro de aceptaciones impagadas | list of impaid rates.
registro de adquisición de libros (bibliotecas) | accession book.
registro de adquisiciones | accession.
registro de aduana | inward entry.
registro de aeronaves | aircraft register.
registro de aeronaves civiles | civil aircraft register.
registro de almacenamiento | storage register.
registro de alta | addition record.
registro de alta fidelidad | high fidelity recording.
registro de anotación de errores | log.
registro de anotación de faltas de entrada-salida | input-output error logging.
registro de anticipación | look ahead.
registro de anulación de otro | deletion record.
registro de apareamiento (animales) | mating register.
registro de asientos | settlement records.
registro de asistencias | attendance-register.
registro de asociaciones políticas | political associations record.
registro de base | base register | index register | address range register.
registro de borrado variable | variable-erase recording.
registro de buques en naciones extranjeras | flags of convenience.
registro de buques para transporte interior (EE.UU.) | enrollment.
registro de cabecera | header.
registro de cargos | register of charges.
registro de castigos (marina) | black book.
registro de cenicero | ash stop.
registro de cinta | tape recording.
registro de cinta de doble pista | double-track tape recording.
registro de cinta magnética | magnetic tape recording.
registro de cola | trailer record.
registro de colocaciones | employment register.
registro de coma flotante | floating point register.
registro de comercio | commercial register.
registro de comprobantes | voucher register.
registro de comunicaciones telefónicas | voice logging.
registro de contabilidad | accounting records.
registro de control | control record.
registro de control (telecomunicación) | service observation summary.
registro de cupones | coupon book.
registro de chimenea | damper | funnel damper | chimney damper.
registro de datos | record keeping | recordkeeping | logging.
registro de datos de blancos | target data inventory.
registro de datos de vuelo | flight-data recording.
registro de datos numéricos | digital data recording.
registro de datos numéricos de alta densidad | high-density digital data recording.
registro de datos para ser explotado directamente | source recording.
registro de decalajes | shift register.
registro de defunciones | obituary | mortuary record.
registro de densidad fija (filmes) | variable-area recording.
registro de desfasaje | short shift register.
registro de desplazamiento magnético | magnetic shift register.
registro de desvíos | shift register.
registro de dirección | address register.
registro de dirección de la memoria (informática) | memory address register.
registro de enajenaciones | register of transfer.
registro de encargos | backlog of business (EE.UU.).
registro de engrase | oiling port.
registro de enlace | link register.
registro de enmiendas | amendment record.
registro de entrada (bibliotecas) | accession book.
registro de entrada del ventilador de tiro forzado | forced-draught fan inlet damper.
registro de errores de máquina | failure logging.
registro de escape (buques) | escape hole.
registro de estizola | creel frame.
registro de facturas | invoice register | bill-book.
registro de faltas de asistencia (oficinas, talleres) | record of attendances.
registro de frecuencias radioeléctricas | radiofrequency record.
registro de funcionamiento del sistema | system utilization logger.
registro de gran densidad sobre cinta magnetofónica | high-density tape recording.
registro de hipotecas | mortgage registry.
registro de índice | index register.
registro de índices | modifier register.
registro de ingenieros | register of engineers.
registro de instrucción | program register.
registro de instrucciones (fotocomponedora) | instruction register.
registro de interrupciones | interrupt logword.
registro de inventos | invention records.
registro de inversión | throw-out damper.
registro de juicios hechos (jurisprudencia) | docket.
registro de la irradiación | radiation recording.
registro de la propiedad | patent office | register of deeds | register of property | Property Registry.
registro de la propiedad industrial | patent office.
registro de la propiedad intelectual | copyright office.
registro de la propiedad rústica | register of the survey of lands.
registro de la radioactividad y resistividad eléctrica (sondeos) | Schlumberger log.
registro de la señal del radar | radar signal recording.
registro de la señal radárica | radar signal recording.
registro de la tubería del viento (alto horno) | blast gate.
registro de la voz | voice recording.
registro de las operaciones de campo (topografía) | booking.
registro de las órdenes recibidas en máquinas desde el puente (buques) | engineer's bell book.
registro de las pérdidas | settlement of losses.
registro de las reparaciones (cambios, etc. - buques guerra) | current ship's maintenance project.
registro de las sentencias dictadas | entering judgments.
registro de letras | bill register.
registro de limpieza | cleanout.
registro de limpieza (calderas) | washout hole | sludge hole.
registro de longitud de la instrucción | instruction length recording.
registro de longitud fija | fixed length record.
registro de los parámetros de vuelo | flight recorder.
registro de llenado | filling hole.
registro de llenar | filling bung.
registro de maniobra | working register | operating register.
registro de memoria (ordenadores) | memory register.
registro de memorización | standby register.
registro de obligaciones | commitments record.
registro de órgano | bourdon.
registro de pagos a terceros | records of payments to third parties.
registro de palabra clave (documentación) | posting.
registro de patentes | register of patents | patent register.
registro de película | film recording.
registro de penales | criminal records office.
registro de perforación | boring log.
registro de pólizas | voucher register.
registro de producción | production record.
registro de programa | program register.
registro de propiedad | provenance.
registro de protección (radio) | backup.
registro de protocolización | filing registration.
registro de pruebas | test log.
registro de punto de control | checkpoint records.
registro de referencia de frecuencias | master frequency register.
registro de relleno | padding record.
registro de reserva | standby register.
registro de retenida de reacción (calculadora numérica) | feedback shift register.
registro de salida del gas | gas outlet damper.
registro de secuencia | sequence register.
registro de señal telegráfica | signal-recording telegraph.
registro de sinopsis | trailer record.
registro de situación | environment record.
registro de situación de máquina | log-out (to).
registro de sondeo | boring log.
registro de temperatura | temperature selector unit.
registro de temperaturas | temperature log.
registro de tiempo de perforación | drilling time record.
registro de tiro | damper.
registro de tiro (hornos, chimeneas) | draw-stop.
registro de títulos traslativos de dominio | recording of conveyances.
registro de trabajo | working register.
registro de trabajos realizados | job logging.
registro de tráfico (telefonía) | traffic record.
registro de traspasos de acciones | stock transfer book.
registro de una escritura de enajenación | registration of a transfer deed.
registro de ventilación con persiana | louvre.
registro de vídeo en cinta magnética | video tape recording.
registro dedicado (información) | dedicated register.
registro defectuoso | misregistration.
registro del cenicero | ashpit damper.
registro del eco | echo record.
registro del fondo (calderas) | bottom mud hole.
registro del órgano | organ stop.
registro del proceso de fabricación (piezas) | progressing.
registro del resultado | accumulating register.

registro del sondeo | borehole log.
registro del sonido | sound record.
registro del sonido (cine) | record.
registro del sonido sobre hilo magnético | sound-on-wire recording.
registro del tiempo de fusión (hornos) | heat log.
registro del ventilador de recirculación (calderas) | recirculating fan damper.
registro demográfico | vital records | registry of vital statistics.
registro deslizante (tiro chimeneas) | hit-and-miss.
registro diario de la carga o descarga (buques) | time sheet.
registro diario de perforación (pozo petrolífero) | well log.
registro digital | digital recording.
registro directo | home record.
registro discográfico | disk recording.
registro doble (cine) | double edge.
registro doble múltiple (cine) | double-multiple edge.
registro electrofotográfico de espectros | electrophotographic recording spectra.
registro electrográfico | electrographic recording.
registro electromecánico reposicionable | resettable electromechanical register.
registro electrónico (sondeos) | electronic log | electron logging.
registro electrostático | electrostatic recording.
registro en coordenadas rectangulares | XY recording.
registro en laca | lacquer recording.
registro en modulación de fase | phase modulation recording.
registro en profundidad | vertical recording | hill-and-dale recording.
registro en público | recording live.
registro en una dirección calculada (informática) | randomization.
registro —en vivo— (cine) | live recording.
registro escrupuloso | pry.
registro especial de exportadores | exporters special register.
registro final | trailer record.
registro físico | physical record.
registro fonográfico | phonographic recording.
registro fonovisual | sound-and-picture recording.
registro fotográfico | photographic registration | photographic recording.
registro fotográfico del sonido | photographic sound recording.
registro fotográfico sin líneas | line-free photo recorder.
registro fotogramétrico | photogrammetric plotting.
registro fragmentado | spanned record.
registro galvanométrico | galvanometric registration.
registro gráfico | graphing.
registro gráfico de las propiedades eléctricas del terreno en la perforación (sondeos) | electric log.
registro gramofónico sobre cera | wax original.
registro hecho por el electrocardiógrafo | lead 11.
registro hidrométrico (ríos) | stream-flow records.
registro histórico | historical record.
registro horizontal (para el tiro chimenea) | sliding damper.
registro índice (calculadora) | B box.
registro laminado | laminated record.
registro lateral (informática) | lateral tracking.
registro lógico | logical record.
registro magnético | magnetic recording.
registro magnético (sondeos) | magnetic log.
registro magnético con sistema de no retorno a cero | nonreturn-to-zero magnetic recording.
registro magnético del sonido | magnetic recording.
registro magnético intermedio | intermediate magnetic recording.
registro magnético para el accionamiento automático de máquina herramienta | machine-tool control magnetic recorder.
registro marítimo | ship's register | register of shipping.
registro mercantil | commercial register | register of business names | register of companies | mercantile registry.
registro minero | register of mines.
registro minucioso | through search.
registro naviero del Lloyd's (A.1) | Lloyd's Register of Shipping.
registro notarial | notary's register.
registro numérico | numerical code.
registro obligatorio | compulsory registration.
registro oficial de pleitos | reports.
registro oficial de venta de bienes raices | act of sale.
registro oscilográfico | oscillographic record | oscillographic recording | oscillographing.
registro para carboneras (buques) | bunker scuttle.
registro para desplazamientos | shift register.
registro para introducir una luz | lamphole.
registro para luz | lamphole.
registro pecuario | cattle registry.
registro por borrado variable | variable-erase recording.
registro por codificación de grupo | group code recording.
registro por contacto | print-through.
registro por rayos gamma (sondeos) | gamma-ray logging.
registro por televisión | telerecording.
registro por vapor de tinta | ink vapor recording.
registro preciso (coincidencia) | hairline register.
registro previo (programas) | pretaping.
registro principal | master record.
registro que define el grupo | leader.
registro que por su propio peso permanece abierto o cerrado (chimeneas) | flop damper.
registro radiométrico (sondeos) | radiometric logging.
registro regulador del tiro (chimenea) | draught regulator.
registro secuencial de datos | data logging.
registro separador | buffer register.
registro silencioso (acústica) | noiseless recording.
registro simultáneo | simultaneous recording.
registro simultáneo de varios trazados | multitrace recording.
registro sin ajuste de formato | unformatted record.
registro sin anillo | record without ring.
registro sin retorno a cero (informática) | nonreturn to zero recording.
registro sísmico | seismic recording.
registro sobre carbón a presión | carbon pressure recording.
registro sobre cinta magnética del programa video | videotape recording.
registro sónico de las capas atravesadas por el sondeo (pozos de petróleo) | sonic logging.
registro sonoro (disco, cinta magnética o pista de sonido) | recording.
registro sonoro (sobre un filme mudo) | scoring.
registro sonoro defectuoso (cine) | blooping patch.
registro tabulado | tabulated log.
registro telefonográfico | telecord.
registro telemétrico | telemetering record.
registro termoplástico | thermoplastic recording.
registro troceado | spanned record.
registro vídeo | video recording.
registro videoelectrónico | electronic video recording.
registro y edición e impresión de la instalación | environmental recording and editing and printing.
registros | records | louvres.
registros de limitación y desviación del caudal de aire (acondicionadores de aire) | face-and-bypass dampers.
registros de longitud variable | variable length records.
registros electrográficos (sondeos) | electric logging.
registros encadenados | chained records.
registros fundamentales y libros auxiliares | underlying records and books of accounts.
registros legibles mecánicamente (bibliotecas) | machine-readable records.
registros originales | original records.
registros puestos al dia | current records.
registro-traslador (telefonía) | register-translator.
regla | practice | principle | canon | regulation | rule | method.
regla (de dibujo) | ruler.
regla (del asentador de ladrillos) | banker.
regla absoluta | hard-and-fast rule.
regla aplicable | working rule.
regla batidora (batán) | blade.
regla cardante (perchadoras) | brush lag.
regla clinométrica | angle rule.
regla con filete de latón | brass-edged rule.
regla con numeración en caracteres grandes | blind man's rule.
regla copiadora (torneado cónico) | guide bar.
regla de Abegg | Abegg's rule.
regla de acero | steel straight edge.
regla de admisión de libros contables como prueba | shop book rule.
regla de agujas | needle bar.
regla de agujas del segmento peinador (peinado Heilmann) | needle strip.
regla de altitudes cuadrantales | quadrantal height-separation rule.
regla de Ampere | Ampere's rule.
regla de Bragg (atómica) | Bragg rule.
regla de cálculo | computing rule | slide rule | slipstick.
regla de cálculo para cálculos eléctricos | electric slide-rule.
regla de cálculo para predecir el tiempo en segundos que un blanco tardará en llegar a una mina submarina prefijada | mine prediction rule.
regla de compañía | partnership | joint rule.
regla de compañía (aritmética) | chain rule | fellowship.
regla de conjunta (aritmética) | chain rule.
regla de contracción (funderías) | shrinkage gage.
regla de cubicación (forestal) | board rule.
regla de desplazamiento | shifter bar.
regla de diferenciación en cadena | chain rule of differentiation.
regla de dividir | sliding gage.
regla de escalas gráficas | plotting scale.
regla de Fleming (electricidad) | right-hand rule.
regla de formación de la husada | copping rail.
regla de gancho | hooked rule.
regla de granito (talleres) | granite straight edge.
regla de igualar el lomo (encuadernación) | backing reglet.
regla de la cadena (cálculo diferencial) | chain rule.
regla de las ordenadas medias | mid-ordinate rule.
regla de L'Hôpital | L'Hôpital's rule.
regla de los cuatro pasos (diferenciación) | four-step rule.
regla de los motores (electricidad) | left-hand rule.
regla de los tres dedos (electricidad) | right-

hand rule.
regla de los tres dedos de la mano izquierda (electricidad) | left-hand rule.
regla de madera (batidor cardante) | lag.
regla de medida (forestal) | scale stick.
regla de medir | gauge (G.B.) | gage (EE.UU.).
regla de modelista | patternmaker's rule.
regla de modelista (fabricación moldes) | molders' rule.
regla de modelista (funderías) | shrinkage gage | shrink-rule.
regla de paralelas (dibujos) | parallel rule.
regla de prensa (tejido punto) | press bar.
regla de puntería (puntería indirecta) | aiming rule.
regla de responsabilidad | rule of liability.
regla de senos | sine bar.
regla de tipógrafo | line gage | line gauge.
regla de trazar | straightedge.
regla de tres | proportion.
regla de tres compuesta (aritmética) | chain rule.
regla de vuelo por contacto | contact flight rule.
regla de 1 pie dividida en pulgadas | foot rule.
regla del pulgar (electricidad) | thumb rule.
regla del sacacorchos (electricidad) | corkscrew rule.
regla del sacacorchos de Maxwell | Maxwell's corkscrew rule.
regla dividida | measuring-staff | scale.
regla dividida a máquina | machine-divided rule.
regla empírica | rule of the thumb | rule-of-thumb | thumb rule.
regla estricta | hard-and-fast rule.
regla fija | standard.
regla flexible (dibujo) | flexible curve.
regla graduada | measuring rule | rule.
regla inclinable | inclinable straight edge.
regla inmutable | hard-and-fast rule.
regla invariable | hard-and-fast rule.
regla lesbia | flexible rule.
regla óptica | optical straightedge.
regla para alisar los moldes (fabricación de ladrillos) | lute.
regla para cubicar rollizos | log rule.
regla para el vuelo con instrumentos | instrument flight rule.
regla para enderezar | leveling rule.
regla para igualar (moldería) | parting strickle.
regla para la contracción (funderías) | shrink-rule.
regla para trazar paralelas | parallel ruler.
regla por la que el derecho sobre una finca se ejecutará en un concreto periodo | rule against perpetuities.
regla portadora (hilatura) | ring rail | ring rail.
regla práctica | rule-of-thumb | working rule.
regla que admite copias cuando la falta del original se justifica | secondary evidence rule.
regla que tiene en cuenta la contracción de los metales (moldeo) | contraction rule.
regla rígida flexible de acero | pull-push rule.
regla sobre confección de tarifas | rule of rate making.
reglabilidad | adjustability.
reglable | adjustable.
reglable en azimunt | steerable in azimuth.
reglación automática discontinua | discontinuous automatic control.
reglada (superficies) | ruled.
reglado (aparatos) | peaked.
reglado (motores, aparatos) | tuned.
reglaje | dampering | positioning | adjustment | trimming | shimming | regulation | regulating | setting up | setting | setting | control | lining.
reglaje (afinado - química, nucleónica) | development.
reglaje (aviones) | rigging.
reglaje (cronómetros) | rating.
reglaje (motores) | power setting | tuning | timing | lining up | timing.
reglaje (regulación - máquinas) | governing.
reglaje antes del vuelo | preflight adjustment.
reglaje aperiódico | deadbeat adjustment | aperiodic adjustment.
reglaje aproximado | coarse setting | rough adjustment | coarse adjustment.
reglaje basto | coarse setting.
reglaje compensador | derivative action.
reglaje de desplazamiento de fase | phase-shift control.
reglaje de distribución | valve timing.
reglaje de faros (autos) | focusing.
reglaje de la carda | card setting.
reglaje de la espoleta | fuze setting.
reglaje de la estabilidad horizontal (televisión) | horizontal hold.
reglaje de la hélice (aviones) | propeller adjustment.
reglaje de la impedancia | impedance setting.
reglaje de la magneto | magneto timing.
reglaje de la profundidad de la carga | charge depth setting.
reglaje de la velocidad | speed-setting.
reglaje de las válvulas (motores) | valve timing.
reglaje de levas | cam-setting.
reglaje de los mandos | setting of the controls.
reglaje de precisión | accurate adjustment | fine setting | fine adjustment.
reglaje del ala | wing setting.
reglaje del altímetro | altimeter setting.
reglaje del alza (artillería) | range adjustment.
reglaje del carburador | carburetor adjustment.
reglaje del cargador (cañón) | loader timing.
reglaje del encendido (motores) | ignition timing.
reglaje del instrumento | instrument adjustment.
reglaje del motor | motor tune-up.
reglaje del número de líneas (TV) | linearity control.
reglaje del regulador | governor setting.
reglaje del tintero | ink duct setting.
reglaje del tiro sobre blanco auxiliar (artillería) | registration.
reglaje del tiro sobre el avión propio observador (aviación) | lay-on-me method.
reglaje en alcance (artillería) | ranging.
reglaje en altura | height adjustment.
reglaje en fase (televisión) | phasing.
reglaje exacto | tracking.
reglaje hiperaperiódico | overdamped adjustment.
reglaje por saltos (tiro de artillería) | creeping method.
reglaje preciso de las diversas palas para conseguir un solo plano de giro (hélices, rotores) | tracking.
reglaje recíproco (comunicaciones) | back tuning.
reglaje silencioso | squelch.
reglaje sincronizado | syncronized timing.
reglamentación | bringing under regulation | regulation | controlling.
reglamentación (sociedad deportiva) | governance.
reglamentación de colores | color coding.
reglamentación de la protección contra las irradiaciones | radiation protection regulations.
reglamentación de precios | price fixing.
reglamentación del tránsito | direction of the traffic.
reglamentación urbanística | zoning rules.
reglamentar | prorate (to) | regiment (to).
reglamentario | authorized | statutory | prescribed.
reglamento | regulations | regulation | statute | manual | rules | rule | standing rules.
reglamento aduanero | customs regulations.
reglamento contra la contaminación | antipollution regulations.
reglamento de aduanas | customs regulations | customs acts.
reglamento de arbitraje | arbitration rules.
reglamento de arqueo | tonnage laws.
reglamento de campaña | field manual | field service regulations.
reglamento de circulación en carretera | road regulation.
Reglamento de Circulación sobre Carretera | Rule of the Road.
reglamento de clasificación | grading rules.
reglamento de compras | procurement regulations.
reglamento de compras para los servicios del ejército | armed services procurement regulation.
reglamento de explotación (ferrocarril) | working regulations.
reglamento de fontanería | plumbing code.
reglamento de instalaciones eléctricas nacionales | national electric code.
reglamento de la aviación federal (EE.UU.) | federal aviation regulations.
reglamento de la bolsa | exchange rule.
reglamento de polícia | police regulations.
reglamento de regatas | racing rules.
reglamento de régimen interior | articles | rules of procedure.
reglamento de régimen interior (factorías) | works rules.
reglamento de seguridad (talleres) | safety regulations.
reglamento de tiro | firing regulations.
reglamento de trabajo | labor laws.
Reglamento de vestuario | Clothing Regulations.
reglamento de vestuario (ejército, marina) | uniform regulations.
reglamento del ejército | articles of war.
reglamento del puerto | port regulations.
reglamento en vigor | regulations in force.
reglamento para combatir la contaminación por petróleo (puertos) | antioil-pollution laws.
reglamento para el transporte de radioisótopos | radioisotope transportation regulations.
reglamento para la construcción de edificios | building code.
reglamento para las instalaciones eléctricas | wiring regulations.
Reglamento para prevenir abordajes | Rule of the Road.
reglamento para transporte de cereales | grain regulations.
reglamento parlamentario | parliamentary law.
reglamento portuario | port regulations.
reglamento sanitario para los mariscos | shellfish sanitation laws.
reglamento vigente | standing rules | regulations in force.
reglamentos | instruction.
reglar | adjust (to) | control (to).
reglar (aparatos) | peak (to).
reglar (máquinas) | overhaul (to).
reglar (motores) | tune up (to) | true up (to) | tune (to).
reglar (regular - una máquina) | govern (to).
reglar (válvulas, motores) | position (to).
reglar a mano | adjust by hand (to).
reglar bien las diversas palas para conseguir un plano de giro común a todas (hélices, rotores) | track (to).
reglar el eje de levas (motores) | time the camshaft (to).
reglar el tiro (artillería) | range (to).
reglar las válvulas | regulate valves (to).
reglar los mandos (aviones) | set the controls (to).
reglar una máquina | adjust a machine (to).
reglar una válvula | adjust a valve (to).
reglas | rules | law.
reglas a seguir | rules of procedures.
reglas de acceso a profesiones artesanales | rules governing admission to trade.
reglas de arqueo del canal de Suez | Suez Canal tonnage rules.
reglas de catalogación | cataloging rules.
reglas de construcción | design rules.
reglas de estacionamiento (aeropuertos) |

staging regulations.
reglas de Navegación | Rule of the Road.
reglas de procedimiento | order of procedure.
reglas de selección | selection rules.
reglas de vuelo instrumental | instrument flight rules.
reglas de vuelo por instrumentos | instrument flight rules (I.F.R.).
reglas de vuelo visual (aviación) | visual flight rules (V.F.R).
reglas de York y Amberes (conocimientos de embarque) | York-Antwerp rules Y/A.
reglas para la cotización de valores | regulations for listing securities.
reglas que rigen las faltas de asistencia al trabajo (talleres) | rules governing absences.
reglas vigentes | standing rules.
regleta | strip.
regleta (regla cálculo) | slide | slider.
regleta (tipografía) | strip | composing rule | distributing rule | lead 00 | reglet.
regleta cónica | tapered gib.
regleta de ajuste | vee slip | vee trip | adjusting gib.
regleta de avisadores | drop mounting.
regleta de bornas | terminal grid.
regleta de bornas (electricidad) | terminal plate.
regleta de botones (telecomunicaciones) | strip of keys.
regleta de clavija enchufable | plug board.
regleta de clavijas | jack strip.
regleta de conexión | connecting strip.
regleta de conexiones | terminal strip.
regleta de contactos de línea | line bank.
regleta de corrección de alcances (artillería) | percentage corrector.
regleta de graduación | vee slip.
regleta de jacks (cuatro teléfonos) | jack strip.
regleta de jacks (teléfono manual) | jack's strip.
regleta de marcar (telefonía) | stile-strip.
regleta de metal para el espaciado (tipografía) | quad.
regleta de montaje | mounting strip.
regleta de resistencias | resistor strip | resistance strip.
regleta de terminales | terminal grid.
regleta de terminales (telecomunicación) | post terminal board.
regleta de terminales (telefonía) | connecting strip.
regleta más fina empleada en tipografía | hairline rule.
regleta para tomacorrientes | plug-in strip.
regletas | leads.
regletas distribuidoras (central telefónica) | fanning strips.
regletas para ajustar el huelgo entre el carnero y sus guías (limadora) | ram-jib adjustment.
regletas separadoras (telefonía) | holly strips.
regletear (tipografía) | lead (to) 00 | space (to).
reglilla (jacquard) | twilling bar.
reglilla de ganchos del telar | loom hook bar.
reglilla de levantamiento (telares) | twilling bar.
reglón | guide bar | straightedge.
reglón (enlucidos) | guiding-rute.
reglón de albañil | mason's rule.
reglón de enrasar | strike-off board.
reglón de enrasar (enlucidos) | running rule.
reglón para enrasar (enlucidos) | floating rule.
reglón para nivelar | parting strickle.
reglón provisional de madera o metal puesto sobre la superficie para guía de la plantilla final (carreteras) | screed.
regloneado a mano (enlucidos) | hand-screeding.
reglonear | straightedge (to).
reglonear (enlucidos) | screed (to).
regolito | regolith.
regolito (geología) | mantle-rock.
regrabación | rerecording | re-recording | rewriting.
regrabación (discos) | playback.
regresar a la atmósfera | reenter the atmosphere (to).
regresión | falling off | regression | rollback.
regresión (alas aviones) | sweep.
regresión alineal | nonlinear regression.
regresión curvilínea | curvilinear regression.
regresión del núcleo (química) | reduction in size of ring.
regresión lineal | linear regression.
regresión marina | marine regression.
regresión media cuadrática | mean square regression.
regresión mínimo-cuadrática | least square regression.
regresión ortogonal | orthogonal regression.
regresión parabólica | parabolic regression.
regresividad | regresivity.
regresivo | reversionary.
regreso | coming back | withdrawal.
regreso en lastre | deadheading.
regruesadora (carpintería) | thicknessing machine.
regruesamiento (carpintería) | thicknessing.
reguarnacer (cojinetes, presaestopas) | repack.
reguarnecer (cojinetes) | reline (to) | remetal (to) | refill (to).
reguarnecer con bronce (cojinetes) | rebrass (to).
reguarnición de la solera después de la sangría (hornos) | fettling.
reguera | cutter | gutter | gut | sluice | lode.
reguera (funderías) | sow | runner.
reguera (metalurgia) | sow channel.
reguera de carga | conveyer trough.
reguera de colada | lander.
reguera de la colada (metalurgia) | launder.
reguero | streak.
reguero de colada (metalurgia) | tapping launder.
reguero de pólvora | train.
régula (orden dórico) | regula.
regulable | controllable | variable.
regulable a la vez en azimut y alcance | controllable both in azimuth and range.
regulable axialmente | axially-adjustable.
regulable en altura | vertically adjustable.
regulable en tierra | adjustable on ground.
regulable en vuelo | adjustable in flight.
regulación | monitoring | closed loop control | metering | regulation | regulating | control | regulation | setting.
regulación (aparatos) | adjustment.
regulación (brújula) | readjustment.
regulación (motores) | timing.
regulación a mano | hand adjustment.
regulación autocontrolada | self-optimizing control.
regulación automática | floating control | automatic control.
regulación automática accionada por flotador | float-actuated automatic control.
regulación automática de hornos Martin Siemens | automatic OH furnace control.
regulación automática de la caldera | automatic boiler control.
regulación automática de la combustión | automatic combustion control.
regulación automática de la mezcla | automatic mixture control.
regulación automática de la presión del horno | automatic furnace pressure control.
regulación automática de la proporción gas/aire | automatic gas/air ratio control.
regulación automática de potencia-frecuencia en grandes redes de distribución de energía | system-wide automatic load-frequency control.
regulación automática de temperatura | floating temperature control.
regulación automática de variación lineal | linear automatic regulation.
regulación automática del avance | feedmatic control.
regulación automática del motor | automatic engine control.
regulación automática del pH | automatic pH control.
regulación automática del volumen (radio) | automatic amplitude control.
regulación azimutal | azimuthal control.
regulación barostática | barostatic control.
regulación centralizada | centralized control.
regulación centralizada con operaciones descentralizadas | centralized control with decentralized operations.
regulación centralizada del tráfico | centralized traffic control.
regulación compensada | differentiating control.
regulación con alimentación exterior | power-assisted control.
regulación con el pie | foot-control.
regulación de acción proporcional | proportional action control.
regulación de ajuste de imagen | framing control.
regulación de amplitud de portadora | carrier-controlled regulation.
regulación de anchura de imagen (televisión) | width control.
regulación de conductores (telecomunicación) | regulation of wires.
regulación de crecidas | flood routing.
regulación de cursos de agua | river flow regularization.
regulación de descarga del efluente | effluent rate control.
regulación de imagen | video control.
regulación de itinerario | program regulation.
regulación de la caída de voltaje | voltage-dip control.
regulación de la circulación | circulation control | traffic control.
regulación de la combustión | combustion control.
regulación de la conmutación | commutation adjustment.
regulación de la corriente | current regulation | current steering.
regulación de la corriente de aire | air current regulation.
regulación de la excitación del campo inductor | field-excitation control.
regulación de la frecuencia | frequency control | frequency adjusting.
regulación de la frecuencia bajo carga | load-frequency control.
regulación de la ganancia sonora | audio-gain control.
regulación de la humedad del viento (alto horno) | blast-moisture regulation.
regulación de la incidencia (alas aviones) | washin washout.
regulación de la inyección del combustible | fuel injection control.
regulación de la linealidad de la imagen | field linearity control.
regulación de la luminosidad (televisión) | brightness control.
regulación de la magneto | magneto timing.
regulación de la modulación | modulating control.
regulación de la presión en la aspiración (motor aviación) | boost control.
regulación de la presión interior (vuelos a gran altura) | pressurization.
regulación de la proporción del aire de combustión | combustion air ratio control.
regulación de la sensibilidad | sensitivity control.
regulación de la válvula | valve setting.
regulación de la velocidad (motor en serie) | tap-field control.
regulación de la velocidad de carga | loading rate control.
regulación de la velocidad de la napa | lap speed regulation.

regulación de la velocidad del proceso | process speed control.
regulación de la velocidad por variación del campo inductor | field control.
regulación de la velocidad por variación del número de polos (electromotor) | pole-changing speed adjustment.
regulación de las fluctuaciones de carga | load swing control.
regulación de pedales (batanes) | pedal feed.
regulación de programa | program regulation.
regulación de ríos | river training | river improvement | training | river control.
regulación de sobrecarga | overcurrent setting.
regulación de todo o nada | on-off control.
regulación de velocidad por freno de vía (estación de clasificación) | retarder speed control.
regulación del aire | air adjustment.
regulación del avance de la inyección | injection timing.
regulación del caldeo (calderas) | fire control.
regulación del caldeo por modulación de la llama (quemadores) | modulating fire control.
regulación del campo | field control.
regulación del campo accionada por servomotor de aceite | oil servo-operated field control.
regulación del campo inductor accionada por contactor | contactor-operated field control.
regulación del campo inductor por tomas en el devanado | tap-field control.
regulación del derecho de huelga | strike right regulation.
regulación del encendido (motores) | ignition timing.
regulación del encendio | ignition control.
regulación del espesor por variación de la tracción sobre la banda (laminación bandas) | T method of control.
regulación del estiraje | draft control | draft setting.
regulación del motor | engine setting | engine tune-up.
regulación del nivel del ruido (TV) | shading.
regulación del oscurecimiento de la luz | light-dimming control.
regulación del paso | pitch control.
regulación del programa de temperatura (horno metalúrgico) | temperature program control.
regulación del reactor de potencia | power reactor regulation.
regulación del relé | relay setting.
regulación del retroceso | recoil control.
regulación del río | river correction.
regulación del tiro | fire direction.
regulación del tiro (chimeneas) | draft control | damper setting.
regulación del varillaje de mando | linkage setting.
regulación del voltaje | voltage adjustment.
regulación del voltaje de cuadratura | quadrature voltage control.
regulación del voltaje de fase | inphase voltage control.
regulación del voltaje de polarización | bias control.
regulación del volumen del altavoz | loudspeaker volume control.
regulación dentada | notching.
regulación dinámica del descenso de la carga (grúas) | dynamic control of lowering.
regulación discontinua | on-off control.
regulación electrodiferencial | electrodifferential control.
regulación electrohidráulica | electrohydraulic control | electrohydraulic regulation.
regulación electrónica | electronic control.
regulación electrónica de la velocidad | electronic speed control.
regulación en adelanto o en retardo | lagging regulation.
regulación en sentido único (ferrocarril) | single end control.
regulación estática de carga | static load regulation.
regulación estática del voltaje | static voltage regulation.
regulación fotoeléctrica del alumbrado | photoelectric lighting control.
regulación fotoeléctrica del oxicorte | flame-cutting photoelectric control.
regulación gobernada por el error | error-actuated control.
regulación gradual | step control.
regulación hidráulica del arco (hornos) | hydro-arc control.
regulación hidroneumática del avance de la broca | hydropneumatic drill-feed control.
regulación independiente del voltaje | independent voltage control.
regulación microgeométrica | microgeometric control.
regulación multiposicional | multipositional control.
regulación para marcha lenta (motores) | idling adjustment.
regulación polarizada de la línea derivada | tie-line bias control.
regulación por amplificadores magnéticos | magamp regulation.
regulación por cambio del número de polos | pole-changing control.
regulación por cargas fraccionadas (0,25, 0,50, 0,75, 1 de carga-compresores) | part-load regulation.
regulación por contrarreacción | feedback control.
regulación por cristal piezoeléctrico | crystal control.
regulación por defasaje | phase-shift control.
regulación por estrangulación | governing by throttling.
regulación por excitación reostática | rheostatic-excitation control.
regulación por flamistato de avería en la llama (calderas) | flamestat flame-failure control.
regulación por frenado reostático | dynamic braking control.
regulación por husillo | lead screw control.
regulación por muelle | spring control.
regulación por reostato | resistance control.
regulación por secuencia de caldeo | heating sequence governing.
regulación por televisión | television control.
regulación por todo o nada | all-or-nothing governing.
regulación por todo o nada (máquinas) | on-and-off control.
regulación por unidad (transformadores) | per unit regulation.
regulación por variación de voltaje | multivoltage control.
regulación por variación del campo magnético del generador | generator-field control.
regulación precisa | close control.
regulación progresiva | floating control | stepless regulation.
regulación reostática | rheostatic control | resistance regulation.
regulación reostática del inducido (motor eléctrico) | rotor-resistance control.
regulación rigurosa | close control.
regulación totalmente eléctrica de la combustión | all-electric combustion control.
regulación transistorizada del voltaje | transistorized voltage regulation.
regulación velocirreductiva | speed-retarding control.
regulación vertical de alineamento | vertical linearity control.
regulación Ward-Leonard | Ward-Leonard control.
regulado | controlled.
regulado a mano | hand-controlled.
regulado automáticamente | automatically-controlled.
regulado con persiana | louvre-regulated.
regulado cuantitativamente | quantitatively regulated.
regulado electrohidráulicamente | electrohydraulically controlled.
regulado fotoeléctricamente | photoelectrically controlled.
regulado hidráulicamente | hydraulically controlled.
regulado micrométricamente | micrometrically-controlled.
regulado pirométricamente | pyrometrically-controlled.
regulado por aceite a presión | oil-pressure-controlled.
regulado por amplificador magnético | magnetic-amplifier controlled.
regulado por calor y humedad | heat-and-humidity controlled.
regulado por circuito de vía (ferrocarril) | track-circuit controlled.
regulado por cristal de cuarzo | crystal-controlled.
regulado por cristal piezoeléctrico | crystal-controlled.
regulado por diafragma | diaphragm-controlled.
regulado por el operador | operator-controlled.
regulado por el voltaje | pressure-controlled.
regulado por la calidad de las imagenes (fotoheliografía) | seeing-monitored.
regulado por la gravedad | gravity-controlled.
regulado por la presión | pressure-controlled.
regulado por muelle | spring controlled.
regulado por palpador | tracer controlled.
regulado por plantilla | template-controlled.
regulado por registro de chimenea | damper-controlled.
regulado por rejilla | grid-controlled.
regulado por resorte en espiral | coil-controlled.
regulado por reverberación | reverberation-controlled.
regulado termostáticamente | thermostatically controlled.
regulador | throttle | regulator | adjuster | adjusting | controller | standard.
regulador (de un pozo petrólero) | choke.
regulador (locomotora) | throttle valve.
regulador (máquinas) | governor.
regulador (química) | buffer.
regulador (sustancia que se añade a una solución electrolítica para evitar cambios rápidos en la concentración de un ión dado) | buffer.
regulador (varillaje del freno) | slack adjuster.
regulador accionado por válvula relé | relay-valve actuated governor.
regulador activador | governor actuator.
regulador astático | astatic governor.
regulador atuomático | automatic governor.
regulador automático | automatic adjuster | self-acting regulator.
regulador automático de alimentación | automatic feed regulator.
regulador automático de amplificación (radio) | automatic gain control.
regulador automático de entrada de aceite | lubricator choke plug.
regulador automático de presión | automatic pressure regulator.
regulador automático de proporciones | automatic-proportional control.
regulador automático de volumen retardado | automatic delayed volume control.
regulador automático del agua de alimentación | automatic feed-water regulator.
regulador axial | shaft governor.
regulador axial centrífugo | centrifugal shaft governor.
regulador axial de inercia | inertia shaft governor.

regulador centrífugo | flyball governor.
regulador con pasador regulable | pin-indexed regulator.
regulador con seguidor por emisor | emitter-follower regulator.
regulador contra el embalamiento (motores) | runaway governor.
regulador contra sobrecorrientes | antisurge regulator.
regulador cronométrico | time-schedule controller.
regulador de acción directa | direct-acting governor.
regulador de acción indirecta | indirect acting governor.
regulador de aire | air chest.
regulador de aire (autos) | choker.
regulador de aire (minas) | air gate.
regulador de ajuste | setting regulator.
regulador de alimentación | feeder regulator.
regulador de alimentación de pedal (tejeduría) | piano feed regulator.
regulador de alta frecuencia | high-frequency trimmer.
regulador de altura | altitude control.
regulador de amplitud de tiempo diferencial | differential width control.
regulador de arco voltaico | arc-regulator.
regulador de arranque inversor automático | automatic reversing starter.
regulador de avance de la urdimbre | warp letoff motion.
regulador de avance de la urdimbre (plegador) | let off motion.
regulador de bobina móvil | swing-coil regulator.
regulador de bolas | flyball governor | simple governor | ball governor.
regulador de bolas (regulador centrífugo) | centrifugal governor.
regulador de bolas de gravedad | gravity-loaded flyball governor.
regulador de bolas de muelle (máquinas) | spring-loaded flyball gobernor.
regulador de calor | heat control.
regulador de campo de la excitatriz | exciter field rheostat.
regulador de campo del alternador | alternator field regulator.
regulador de cierre proporcional | linearly-throttling regulator.
regulador de contrapresión | back-regulator.
regulador de corriente | current regulator.
regulador de corriente del arco | arc ballast.
regulador de crecimiento de las plantas (botánica) | plant regulator.
regulador de descarga difusora (presas)
regulador de descompresión | pressure releasing regulator.
regulador de deslizamiento | slip regulator.
regulador de discos | faceplate controller.
regulador de disparo | disengagement governor.
regulador de doble efecto | double-drive governor.
regulador de emergencia para sobrevelocidad | overspeed emergency governor.
regulador de entrada del aire | air governor.
regulador de fase del colector | commutator phase advancer.
regulador de fase del rotor | rotor phase advancer.
regulador de flotador para mantener el nivel (líquidos) | level-maintaining float regulator.
regulador de flujo refrigerante | refrigerant-flow-control device.
regulador de ganancia (cables telegráficos) | gain regulator.
regulador de gas | gas governor.
regulador de grupo | group regulator.
regulador de impulsos (radar) | hepcat.
regulador de inducción | induction regulator.
regulador de inercia | inertia governor.
regulador de inmersión (torpedos) | diving gear.
regulador de la alimentación | feed regulator.
regulador de la capa de carbón (parrillas) | spreader.
regulador de la combustión que actua sobre los quemadores (calderas) | modulating control.
regulador de la concentración iónica | ionic strength adjustor.
regulador de la consistencia | consistency regulator.
regulador de la corriente del baño | bath current regulator.
regulador de la elevación | hoist controler.
regulador de la frecuencia | frequency regulator.
regulador de la fuerza de frenado | brake power regulator.
regulador de la intensidad luminosa | dimmer.
regulador de la mezcla | mixture regulation.
regulador de la presión del aceite | oil-pressure governor.
regulador de la relación combustible-aire | fuel-air ratio controller.
regulador de la tensión | voltage adjuster.
regulador de la válvula de amortiguamiento | dashpot valve adjuster.
regulador de la velocidad de caldeo a prueba de falsas maniobras | foolproof heating speed regulator.
regulador de luz a sensor empotrable con memoria | embedded touch dimmer with memory.
regulador de maniobra | master.
regulador de marcha | travel controller.
regulador de mariposa (para el tiro de chimenea, etc.) | throttle valve.
regulador de masa central | loaded governor.
regulador de nivel | level control.
regulador de palancas acodadas | bell-crank governor.
regulador de péndulo | pendulum governor.
regulador de péndulo cónico | conical-pendulum governor.
regulador de potencia | power regulator | output governor.
regulador de presión | pressure regulator.
regulador de presión del evaporador accionado por válvula auxiliar | pilot-operated evaporator pressure regulator.
regulador de presión del gas | gas pressure regulator.
regulador de profundidad | depth adjuster.
regulador de profundidad (arados) | depth gage.
regulador de profundidades | depth setting head.
regulador de recorte | switching regulator.
regulador de relé | servooperating controller | pilot-operated controller.
regulador de resbalamiento | slip regulator.
regulador de sector | sector regulator.
regulador de servomotor hidráulico (turbinas) | hydraulic-servo governor.
regulador de sobrepresión | excess pressure regulator.
regulador de sobrevoltaje | excess pressure regulator.
regulador de temperatura | attemperator.
regulador de temperatura de la bóveda (hornos) | roof temperature controller.
regulador de temperatura de relé | relay type temperature regulator.
regulador de temperatura del aceite | oil temperature regulator.
regulador de tiempo | timer | control timer.
regulador de timbre (música) | tone-color control.
regulador de tiro | damper.
regulador de tiro de la chimenea | funnel damper.
regulador de tiro teleaccionado (calderas) | remote-controlled damper.
regulador de todo o nada | hit-and-miss governor.
regulador de tornillo sinfín (telares) | worm letoff.
regulador de turborreactor de enlace múltiple | turbojet-engine multiple-loop control.
regulador de vacío de aire | air vacuum control.
regulador de variación amplia | wide-range governor.
regulador de varillas cruzadas | crossed-arm governor.
regulador de velocidad numérico-analógico basado en la técnica del estado sólido | digital-analog solid-state speed controller.
regulador de voltaje | dimmer.
regulador de voltaje anódico | plate voltage regulator.
regulador de voltaje de la red | line-voltage regulator.
regulador de voltaje del alimentador | feeder voltage regulator.
regulador de volumen de los repetidores telefónicos | gain controller of telephone repeaters.
regulador de Wat (regulador centrífugo) | centrifugal governor.
regulador de Watt | ball governor | flyball governor.
regulador del agua de alimentación accionado por válvula auxiliar | pilot-operated feedwater control.
regulador del antepecho | breast beam regulator.
regulador del avance (máquinas herramientas) | feed regulator.
regulador del campo inductor | field regulator.
regulador del campo inductor del motor | motor field regulator.
regulador del caudal | flow controller | rate of-flow controller.
regulador del cuadal | discharge regulator.
regulador del deslizamiento | slip regulator.
regulador del distribuidor | slide throttle-valve.
regulador del efluente | effluent controller.
regulador del electrodo (hornos) | electrode regulator.
regulador del equivalente accionado por onda sinusoidal (telefonía) | tonlar | tone-operated net loss adjuster.
regulador del espesor de la capa de carbón (parrillas) | feeder.
regulador del flujo | flow regulator.
regulador del flujo hidráulico | hydraulic flow regulator.
regulador del huelgo del freno | brake slack adjuster.
regulador del largo del cajón (ficheros) | follow block.
regulador del lodo (sondeos) | mud conditioner.
regulador del nivel del agua de alimentación | feedwater level regulator.
regulador del número de revoluciones | speed governor.
regulador del tiempo de paso de la corriente (electrosoldadura) | timer.
regulador del tiempo de rectificado | grinding time regulator.
regulador del tiro (chimeneas) | draft regulator.
regulador del viento | blast regulator.
regulador del voltaje | pressure regulator.
regulador diferencial | differential governor | dynamometric governor.
regulador diferencial de voltaje | differential booster.
regulador dinamométrico | dynamometric governor.
regulador dinanométrico | differential governor.
regulador electromagnético | magnetic regulator.
regulador electroneumático de velocidad | electropneumatic speed regulator.
regulador electrónico | electronic regulator.

regulador en derivación | shunt regulator | parallel regulator.
regulador hidráulico | hydraulic cataract.
regulador hidráulico (bombas) | cataract.
regulador hidrodinámico | hydrodynamic regulator.
regulador hidroneumático | hydropneumatic regulator.
regulador isócrono | isochronous governor.
regulador isódromo | isodrome governor.
regulador isosensible | isosensitive regulator.
regulador maestro de la presión de vapor | master steam-pressure regulator.
regulador manorreductor | pressure-reducing regulator.
regulador monofoto | monophote regulator.
regulador neumático | air governor.
regulador para alumbrado escénico | stage-dimmer.
regulador para regular el paso de una hélice de velocidad constante (aviación) | propeller governor.
regulador para tensión constante | constant voltage regulator.
regulador para turbina hidráulica | hydraulic turbine governor.
regulador patrón | master regulator.
regulador piezorreductor | pressure-reducing regulator.
regulador polifásico de voltaje por inducción | polyphase induction voltage regulator.
regulador por presión del aceite | oil-pressure governor.
regulador potenciométrico multizonal | multizone potentiometric controller.
regulador potenciométrico para el descenso (grúas) | potentiometer lowering control.
regulador preciso para eliminación de efectos perturbadores de la superficie del mar (radar) | fine sea suppressor control.
regulador químico | chemical shim.
regulador reostático | rheostatic regulator.
regulador retroactivo | backward-acting regulator.
regulador rotativo (máquina rotativa de regulación de voltajes, velocidades, etc) | rototrol.
regulador sensible a la velocidad | sensitive-speed governor.
regulador sinusoidal (telefonía) | tonlar.
regulador térmico | attemperator.
regulador trifásico por inducción | three-phase induction regulator.
regulador vocal | voice operated gain adjusting device (V.O.G.A.D.).
regulador vocal (telefonía) | vogad | vogad.
regular | time (to) | even | control (to) | equal | equable | regulate (to).
regular (máquinas) | set (to).
regular a bueno | fair to good.
regular el caudal de un pozo de petróleo | control the flow of an oil well (to).
regular el suministro de la urdimbre | govern the warp (to).
regular el voltaje | adjust the voltage (to).
regular el volumen sonoro | monitor (to).
regular honorarios | award fees (to).
regular la tensión de la correa | adjust the belt (to).
regular por la presión | pressure govern (to).
regular por metadino | metadyne-control (to).
regular por pulsador | push-button control (to).
regular por un Venturi | Venturi-govern (to).
regular por válvula (tuberías) | valve (to).
regularidad | steadiness | evenness.
regularidad (de funcionamiento) | smoothness.
regularidad (de marcha, etc.) | constancy.
regularidad (de superficies, de alambres, etc.) | levelness.
regularidad (marcha de un motor) | quietness.
regularidad de la cualidad | consistency.
regularidad de marcha (máquinas) | reliability.
regularidad de vuelo | flying safety.
regularidad del hecho | regularity of the happening.
regularidad del hilo | yarn levelness.
regularímetro | regularimeter.
regularización | regularization | regulating.
regularización (de ríos, pendientes) | grading.
regularización (de un río) | regulation.
regularización del río | river taming.
regularizar | regulate (to) | standardize (to) | control (to).
regularizar (EE.UU.) | regularize (to).
regularizar (G.B.) | regularise (to).
regularizar (ríos) | grade (to).
regularizar el río | tame the river (to).
regularizar la pendiente (ríos, carreteras, etc.) | grade (to).
regularizar una pendiente | grade (to).
regularmente | evenly.
régulo | assay grain.
régulo (química) | regulus.
régulo de antimonio | antimony regulus.
régulo de cobre | copper regulus.
régulo de plomo | lead regulus.
régulo nativo de arsénico | native arsenic.
regurgitado (Ecuador) | pellet.
regurgitar | regurgitate (to).
rehabilitable | relocatable.
rehabilitación | rehabilitation.
rehabilitación (de un quebrado) | discharge | order of discharge.
rehabilitación de amputados | amputee rehabilitation.
rehabilitación de carreteras de hormigón deterioradas | rehabilitation of old concrete highways.
rehabilitación de la superficie del hormigón | concrete surface rehabilitation.
rehabilitación de los drogadictos | narcotic addict rehabilitation.
rehabilitación de los marjales marítimos | maritime marshland rehabilitation.
rehabilitación de los mutilados | rehabilitation of the disabled.
rehabilitación de marjales | marshland rehabilitation.
rehabilitación de minusválidos | rehabilitation of the disabled.
rehabilitación de posguerra | postwar rehabilitation.
rehabilitación de quiebra | bankruptcy discharge.
rehabilitación de un deudor insolvente | rehabilitation of an insolvent debtor.
rehabilitación del quebrado (abogacía) | discharge in bankruptcy.
rehabilitación económica | economic rehabilitation.
rehabilitación industrial | industrial rehabilitation.
rehabilitación postraumática (heridos) | post-traumatic rehabilitation.
rehabilitación profesional | vocational rehabilitation.
rehabilitación sicológica | psychological rehabilitation.
rehabilitación social | social rehabilitation.
rehabilitación traumática | traumatic rehabilitation.
rehabilitación vocacional | vocational rehabilitation.
rehabilitado (G.B.) | certificated bankrupt.
rehabilitado (quiebras) | discharged.
rehabilitar | rehabilitate (to) | reinstate (to).
rehabilitar (cláusulas de un contrato) | reinstall (to).
rehabilitar una ley | reenact a law (to).
rehacer | do over (to) | make over (to) | rework (to) | remake (to).
rehacer el nivel normal (calderas) | adjust the water level (to).
rehacer el pie (medias) | refoot (to).
rehacer la composición (tipografía) | reset (to).
rehacer la instalación eléctrica | rewire (to).
rehacer la maleta | repack.
rehacer la superficie de rodadura | resurface (to).
rehacer un empalme | rejoint (to).
rehacer un organigrama | redo a flowchart (to).
rehacer un programa | recode (to).
rehacerse | make good (to).
rehacimiento | doing over | remaking.
rehala (de perros) | lead 11.
rehecho | rewritten | rewriting | re-done.
rehén | pledge.
rehenchimiento | filling | stuffing.
rehenchir (muebles) | wad (to).
reherrar | reshoe (to).
rehervir | boil again (to).
rehidratación | rehydration.
rehidratar | rehydrate (to).
rehielo | regelation.
rehincar (pilotes) | redrive (to).
rehipotecar | repledge (to).
rehomogenización (aceros) | re-ageing.
rehomogenización después de soldar | post-weld re-ageing.
rehormigonar | reconcrete (to).
rehuir | eschew (to).
rehusar | reject (to) | reclame (to) | decline (to).
rehusar (la competencia de un tribunal) | except (to).
rehusar cortésmente (invitaciones) | decline (to).
rehusar el combate | decline battle (to).
rehusar el pago | refuse payment (to).
rehusar la aceptación | refuse acceptance (to).
rehusar la virada (buques vela) | refuse stays (to).
rehusar una oferta | decline an offer (to).
reignición | reignition | relight.
reignición del arco eléctrico | arc reignition.
reignitir | reignite (to).
reimanar | remagnetize (to).
reimpermeabilizar | reproof (to).
reimpresión | reissue | reprint.
reimpresión consolidada | consolidated reprint.
reina (para alimentar varios moldes) | feeding trumpet.
reina de las abejas | queen-bee.
reincidencia | recidivism.
reincidente | recidivist | repeater | second offender.
reincidir | be a recidivist (to).
reincorporación al servicio | restoration to duty.
reincorporar | reembody (to) | reinstate (to).
reingreso | reentry.
reingreso en caja (contabilidad) | receiving back.
reiniciación cíclica | wrap-around.
reiniciación de la memoria | storage wraparound.
reiniciar | reinitiate (to).
reiniciar las relaciones diplomáticas | reinitiate diplomatic relations (to).
reino (biología) | kingdom.
reino abisal | abyssal realm.
reino mineral | mineral kingdom.
Reino Unido (Gran Bretaña e Irlanda del Norte) | United Kingdon.
reino vegetal | plant kingdom.
reinserción | reinsertion | re-set.
reinspección | re-inspection.
reinspeccionar | re-inspect (to).
reinstalar | reinstall (to) | reinstate (to) | resettle (to).
reintegrable | returnable | repayable | reimbursable | refundable.
reintegración | retrieval | reimbursement.
reintegración (póliza) | reinstatement.
reintegrar | rejoin (to) | refund (to) | reimburse (to) | repay (to) | recoup (to).
reintegrar (en su puesto) | restore (to).
reintegrar a la escala activa | recommission (to).
reintegrar un préstamo | repay a loan (to).

reintegrarse de derechos pagados (aduanas) | draw back (to).
reintegro | repayment | reimbursement | replacement | refund | refunding | refundment.
reintegro de derechos aduaneros | customs drawback.
reintegro de derechos de importación (aduanas) | drawback.
reintentar | retry (to).
reintento | retray | retry.
reintento de recorrido alternativo | alternate path retry.
reintroducción de una cosa que sale en el circuito de donde proviene | feedback.
reintroducir | re-enter (to) | rekey (to) | retype (to).
reinversión | reinvestment.
reinversión de beneficios | plough back profits.
reinversión de capital | capital renewal.
reinversión y expansión de capitales | replacement and expansion investments.
reinvertir | reinvest (to).
reinvertir las ganancias | plow back profits (to).
reinvertir las utilidades | plow back profits (to).
reinvertir los beneficios | reinvest profits (to).
reinvertir sus ganancias | re-invest its profits (to).
reiteración | follow-up | replication.
reiteración (estadística) | replication.
reiteración (impresión de los pliegos primero por una cara y después por la otra - tipografía) | sheetwork.
reiteración (topografía) | reiteration.
reiteración de interrupciones | jogging.
reiterar | replicate (to) | iterate (to) | ring (to).
reivindicación | replevy | replevin | action for recovery of property.
reivindicación (de tierras) | recovery.
reivindicación (de una patente) | claim.
reivindicación de patente | patent claim.
reivindicación política | political vindication | political comeback.
reivindicación por un tercero de bienes embargados | interpleader.
reivindicaciones salariales | wage demands.
reivindicador | replevisor.
reivindicar | replevy (to) | replevin (to) | claim (to).
reivindicar un derecho | assert a claim (to).
reivindicatoria | replevy.
reivindicatorio | replevying.
reja | railing | grating | grid | grill | grate.
reja (arados) | coulter.
reja (cuchilla - de arado) | colter.
reja (del arado) | share.
reja de arado | plowshare | ploughshare.
reja de cultivador | shovel.
reja de descuajar (arados) | skim coulter.
reja de disco (arados) | disc coulter.
reja de escarificadora (carreteras) | scarifier tine.
reja de formón | bar point share.
reja de hierro | iron grille.
reja de soporte | lower grid.
reja escardadora (agricultura) | duckfoot sweep.
reja excavadora | sweep.
reja metálica elaborada a mano | hand-wrought metal grille.
reja triangular para escardillar | duck feet.
rejal (fabricación ladrillos) | shelf.
rejalgar | red orpiment | ruby sulfur.
rejalgar (arsénico sulfurado rojo) | realgar.
rejalgar (mineral) | sandarac.
rejero | griller | grate maker.
rejilla | rack | grate | bar | grid | grating.
rejilla (tubo electrónico) | grid.
rejilla acelerante | accelerating grid.
rejilla antihielo | ice guard.
rejilla antihistéresis | antihysteresis grid.
rejilla antivorticial | antivortex screen.
rejilla apantallada (radio) | screened grid.
rejilla apantallante (tetrodos) | screen grid.
rejilla autopolarizada | self biased grid.
rejilla cuadriculada | ruled grating.
rejilla cuadriculada con diamante | diamond-ruled grating.
rejilla de admisión | intake screen | intake grille.
rejilla de alambre | wire grid.
rejilla de alcantarillado | gully grating.
rejilla de apantallamiento del ánodo | anode-screening grid.
rejilla de barrotes (batanes) | bar grid.
rejilla de calefacción | heating grid.
rejilla de carga negativa | space charge grid.
rejilla de conmutación de abonados (telefonía) | subscriber switching grid.
rejilla de chapa | plate grid.
rejilla de difracción | echelle | diffraction grating | light breaker.
rejilla de difracción (óptica) | grating.
rejilla de difracción (para estudios de radiaciones infrarrojas) | echelette.
rejilla de difracción con rayado en diente de sierra | prismatic grating.
rejilla de difracción cóncava | concave diffraction grating.
rejilla de difracción de absorción | amplitude grating.
rejilla de difracción de cambio de fase de la luz | phase grating.
rejilla de difracción de gran claridad | high-resolution diffraction grating.
rejilla de difracción de incidencia rasante | grazing incidence diffraction grating.
rejilla de difracción de rayado paralelo | parallel grating.
rejilla de difracción en escalones (óptica) | echelon diffraction grating.
rejilla de difracción fotográfica | photographic grating.
rejilla de difracción para espectros copia del infrarrojo | infrared grating.
rejilla de entrada | front screen.
rejilla de escritura (semiconductor) | scribing grid.
rejilla de la toma de mar (buques) | sea inlet grating.
rejilla de limpieza | cleaning grid.
rejilla de mando (tubo rayos catódicos) | modulating electrode.
rejilla de potencial flotante | floating-potential grid.
rejilla de protección | guard net | guard grating | wire guard.
rejilla de separación ancha | coarse rack.
rejilla de silicio | silicon gate.
rejilla de sumidero | gully grating | catch-basin grating.
rejilla debajo del tomador | licker-in screen.
rejilla del basculador | flip-flop grid.
rejilla del radiador (autos) | radiator grille.
rejilla del resonador | resonator grid.
rejilla del tambor | cylinder screen.
rejilla eléctrica para ahuyentar peces (toma de agua de turbinas) | electric fish screen.
rejilla en escalones | echelette grating.
rejilla enderezadora del flujo de aire (túnel aerodinámico) | honeycomb.
rejilla espaciadora | spacer grid.
rejilla exterior | outward grid.
rejilla faradizada (radio) | screened grid.
rejilla focalizadora | focusing grill.
rejilla frontal | front screen.
rejilla interceptadora | intercepting grid.
rejilla libre (radio) | floating grid.
rejilla móvil (presas) | traveling screen.
rejilla para colores de refracción de la luz | light-refraction color grating.
rejilla para detener la entrada de cuerpos extraños en la tubería forzada (turbinas hidráulicas) | trashrack.
rejilla para el hielo | ice grating.
rejilla para escardillar (agricultura) | deer tongues.
rejilla para hielos (tomas de agua) | ice-screen.
rejilla para peces (tomas de agua) | fish screen.
rejilla para separar el carbón menudo (gasógenos) | debreezing screen.
rejilla poliflujo | multiflow grid.
rejilla portadora | supporting grid.
rejilla protectora | protecting screen.
rejilla puesta a masa | grounded grid.
rejilla soporte | diagrid.
rejilla supresora | sup.
rejilla supresora (la más cerca del ánodo en un péntodo) | suppressor grid.
rejilla-pantalla | screen grid.
rejillas de piso (para calefacción) | floor grilles.
rejillas filtradoras | screens.
rejuntado | repointing | hick joint.
rejuntado (de juntas) | pointing.
rejuntado (de un muro) | jointing.
rejuntado blanco (muro de ladrillo) | pencilling.
rejuntado de las juntas (albañilería) | joint mortaring.
rejuntado de túnel revestido de ladrillos | bricklined tunnel pointing.
rejuntado saliente (muros) | mason's joint.
rejuntar (muros) | joint (to) | repoint (to) | rejoint (to).
rejuntar (muros ladrillo, mampostería concertada) | point (to).
rejuvenecedor del caucho | rubber rejuvenator.
rel (unidad de reluctancia) | rel.
relabrado de paramentos viejos (de sillares) | regrating.
relación | trade-off | concern | account | return | contact | record | recording | roll | relationship | statement | ratio | rate.
relación agua / cemento | water/cement ratio.
relación agua/cemento | W/C ratio.
relación aire-combustible | F/A ratio.
relación alimento microorganismos | food microorganism ratio.
relación anarmónica | anharmonic ratio.
relación arquimediana | archimedean relation.
relación axial | axial ratio.
relación axial del modo dominante | dominant-mode axial ratio.
relación cádmica | cadmium ratio.
relación capital/producto | capital-output ratio.
relación captura-fisión (nucleónica) | capture-to-fission ratio.
relación constante | constant ratio.
relación contractual | privity of contract | privity.
relación crítica de compresión (motores) | critical compression ratio.
relación chatarra/arrabio (hornos) | scrap/pig ratio.
relación de absorción | absorption ratio.
relación de accionistas | distribution statement.
relación de aciertos | hit ratio.
relación de acreedores | schedule of debts.
relación de actividad
relación de admisión (máquinas vapor) | ratio of cutoff.
relación de agua/sólidos | W/S ratio.
relación de amplitud de onda estacionaria en tensión | voltage standing wave radio.
relación de amplitud de ondas estacionarias | standing-wave ratio.
relación de ancho de pala (hélices) | blade width ratio.
relación de anchura media de pala (hélice marina) | mean width ratio.
relación de área superficial al volumen de 60.000 cm²/cm³ | surface-area to volume ratio of 60,000 cm²/cm³.
relación de atenuación | attenuation ratio.
relación de aumento | growth rate.
relación de avance | feed-drive ratio.
relación de averías | damage report.
relación de averías (aviones) | snag sheet.
relación de beneficio líquido | net-profit ratio.
relación de beneficios pagados como dividendos | payout ratio.

relación de brazos de palanca | ratio of purchase.
relación de cambio de esfuerzo a cambio de deformación entre dos puntos (diagrama esfuerzos-deformación) | secant modulus.
relación de cambio entre acciones de dos empresas que se unen | has-gets ratio.
relación de carbón animal (azúcar) | bone-black ratio.
relación de cobros | list of collections.
relación de código con las palabras correspondientes | reverse code dictionary.
relación de coeficientes de elasticidad (hormigón armado) | modular ratio.
relación de compresión | squeeze ratio | T-O rating | compression ratio.
relación de contrarreacción | feedback ratio.
relación de contraste de detalle | detail contrast ratio.
relación de contraste de impresión | print contrast ratio.
relación de control | control ratio.
relación de convergencia | convergence ratio.
relación de coordinación | coordination link.
relación de cortocircuito no saturado | unsaturated short-circuit ratio.
relación de cuentas a cobrar | collection ratio.
relación de densidad a la dureza (mineralogía) | coefficient of psephicity.
relación de derivación | shunt ratio.
relación de desmultiplicación | scaling ratio.
relación de desviación | deviation ratio.
relación de deudas de un banco y su volumen de depósitos | deposit turnover.
relación de doblaje (hilatura) | doubling ratio.
relación de duración de impulsos | pulse-time ratio.
relación de Einstein | Einstein relationship.
relación de energía entre el sonido y la imagen | sound-to-picture power ratio.
relación de enfriamiento latente a sensible | ratio of latent to sensible cooling.
relación de engranajes | purchase | speed ratio.
relación de equilibrio de amplitudes | amplitude balance ratio.
relación de errores de pulsación (telecomunicación) | rate of keying errors.
relación de esbeltez (columnas) | slenderness ratio.
relación de estiraje (hilatura) | draft ratio.
relación de expansión | ratio of expansion.
relación de expansión (máquinas) | expansion ratio.
relación de gastos | expenses statement | relation of costs.
relación de gastos y honorarios | bill of cost.
relación de huecos | voids ratio | pore ratio | critical void ratio.
relación de humedad | moisture index.
relación de humedad del aire insaturado | humidity ratio of unsaturated air.
relación de impulsión (impulsos) | impulse ratio.
relación de inmunidad ruido/alimentación | noise-immunity/supply ratio.
relación de intereses a vencimiento | maturity basis.
relación de interferencia-imagen | image-interference ratio.
relación de la altura a la anchura (TV) | picture ratio.
relación de la altura a la longitud | height length-ratio.
relación de la altura al ancho (conductos metálicos) | aspect ratio.
relación de la amplitud blanco a negro | white-to-black amplitude range.
relación de la anchura al espesor | width-to-thickness ratio.
relación de la anchura al espesor (pigmentos metálicos) | flakiness.
relación de la capacidad útil de carga al desplazamiento en carga | dead weight ratio.
relación de la carga a la tara | load/tare ratio.
relación de la carga de estallido en gramos por centímetro^2 al peso en gramos por m^2 (hojas papel) | burst factor.
relación de la carga de rotura al peso base (papel o cartón) | points per pound.
relación de la carga media a la capacidad de la central | plant factor.
relación de la carrera al diámetro (motores) | ratio of stroke to diameter.
relación de la cuerda media al diámetro (hélices) | mean blade-width ratio.
relación de la densidad de una pieza moldeada a la densidad del polvo constituyente (plásticos) | bulk factor.
relación de la diversidad (iluminación) | diversity ratio.
relación de la eslora a la manga (buques) | length/beam ratio | length-breadth ratio.
relación de la eslora al desplazamiento (buques) | slimness coefficient | displacement-length ratio.
relación de la flecha a la luz (arcos) | pitch of an arch.
relación de la impedancia de la corriente fluyente del metal de la válvula hacia la solución a la impedancia en sentido opuesto | electrochemical valve ratio.
relación de la intensidad de la señal a la de los parásitos | signal-to-noise ratio | signal-noise ratio.
relación de la intensidad de la señal al ruido de fondo | ratio of signal to background.
relación de la intensidad de la señal deseada con la no deseada | desired-to-undesired signal strength ratio.
relación de la intensidad de una señal a su imagen (selectividad de receptores) | image ratio.
relación de la longitud a la altura | length-to-height ratio.
relación de la longitud a la anchura | length-breadth ratio.
relación de la longitud al diámetro | length-diameter ratio.
relación de la longitud de la cámara de combustión a su diámetro (motor cohético) | length-diameter ratio.
relación de la longitud de la parte no paralela de popa a la parte no paralela de proa (buques) | run-entrance ratio.
relación de la longitud del fuselaje a su anchura (aviones) | length/beam ratio.
relación de la luz a la altura (vigas) | span/depth ratio.
relación de la manga al calado | beam-draft ratio.
relación de la pluviosidad a la escorrentía | rainfall-runoff relation.
relación de la potencia al espacio ocupado | power-to-space ratio.
relación de la presión cinética del plasma a la presión magnética (física del plasma) | beta factor.
relación de la presión media del cilindro a la riqueza de la mezcla en Btu L/ pie^3 | Tookey factor.
relación de la producción a las reservas (campo petrolífero) | reserve-to-production ratio.
relación de la profundidad máxima de picadura media deducida por la pérdida de peso (chapas picadas por corrosión) | pitting factor.
relación de la reactancia a la resistencia en un circuito resonante | Q factor.
relación de la reactancia inductiva a la resistencia efectiva (núcleos de pulvimetal) | Q-value.
relación de la renta al costo efectivo (acciones) | income basis.
relación de la resistencia a la tracción entre probeta entallada y probeta no entallada | notched-to-unnotched tensile strength ratio.
relación de la resistencia con entalla a la resistencia sin entalla (probetas) | notch-to-smooth strength ratio.
relación de la resistencia de las tensiones de entalla al límite elástico de tracción | notch-yield ratio.
relación de la resistencia del casco desnudo a la del casco con apéndices (buques) | hull-appendage ratio.
relación de la suma de las áreas de las secciones de los cables al área de la sección interior del tubo (instalación de cables eléctricos dentro de tuberías) | drawing-in factor.
relación de la suma de las puntas individuales de consumo a la potencia de punta total de la red | diversity power load.
relación de la suma de los consumos individuales a la capacidad de la red (electricidad) | diversity factor.
relación de la superficie al peso (papel o cartón) | sheetage.
relación de la superficie al volumen | surface-to-volume ratio.
relación de la superficie total de las palas al área engendrada por el radio (hélices) | blade-area ratio.
relación de la temperatura crítica a la presión crítica | critical coefficient.
relación de la utilidad neta al activo total | ratio of net income to total assets.
relación de la velocidad media a la máxima (tuberías) | pipe factor.
relación de la viscosidad al módulo elástico | relaxation time.
relación de las dimensiones de la imagen (TV) | picture ratio.
relación de lo longitud a la raíz cuadrada de la sección (probetas) | slenderness ratio.
relación de los brazos (de la palanca) | leverage.
relación de los electrones de valencia a los átomos | electron valence ratio.
relación de los flujos luminosos hemisféricos subhorizontal y superior | hemispherical ratio.
relación de los límites inferior y superior de corriente (reóstatos) | grading coefficient.
relación de los productos vendibles a la producción teórica (fabricación vidrio) | pack.
relación de luminosidades | luminosity ratio.
relación de mezcla | mixing ratio.
relación de oferta y demanda | technical position.
relación de onda estacionaria | standing wave ratio.
relación de oxígeno (geología) | acidity coefficient.
relación de partidas aseguradas | schedule of insurance.
relación de partidas de ingresos a gastos | operating ratio.
relación de paso | pitch ratio.
relación de pleitos y causas | report.
relación de radio medio del codo al ancho del cajillo en la dirección del codo (codos de cajillos de ventilación) | center-line radius ratio.
relación de rectificación (muelas abrasivas) | grinding ratio.
relación de recurrencia | recursion relation.
relación de reflujo | reflux ratio.
relación de resistencia | resistance ratio.
relación de respuesta a la frecuencia intermedia | intermediate-frequency response ratio.
relación de seguimiento | slew rate.
relación de semejanza | scaling law.
relación de sobrealimentación (compresores) | blower ratio.
relación de tensión de transferencia inversa | reverse-transfer-voltage ratio.
relación de tiempo en puerto a tiempo navegando (buques) | in port/at sea ratio.
relación de tipos de cambio | table on exchange rates.
relación de trabajo (radar) | duty ratio.

relación de transformación | transformer ratio.

relación de transformación (del número de espiras) | turn ratio.

relación de transformación (transformadores) | winding ratio.

relación de transformación de voltajes | voltage ratio.

relación de transformación en vacío (transformadores) | no load ratio.

relación de transmisión (multiplicación - relación de engranaje) | gear ratio.

relación de transporte | transport ratio.

relación de una cierta longitud de papel sin estirar a la longitud estirada (papel plisado) | crepe ratio.

relación de utilidad neta a ventas | net profit to sales ratio.

relación de utilización | operating ratio.

relación de vapor de agua activo a vapor del evaporador (refrigeración por chorro de vapor de agua) | steam-to-vapor ratio.

relación de velocidades | velocity ratio.

relación de velocidades de los ejes | speed ratio of shafts.

relación de velocidades relativas (turbinas de vapor) | relative-velocity ratio.

relación de ventas al activo de explotación medio | operating asset turnover.

relación de voltaje en vacío (transformador) | no load voltage ratio.

relación de 1 a (| one to four ratio.

relación de 1,61

relación deformación - energía | strain-energy ratio.

relación del acero al hormigón | steel-concrete ratio.

relación del aire al combustible | air fuel ratio.

relación del alcance al tiempo de vuelo | range to time of flight relationship.

relación del ancho a la altura de la imagen (TV) | aspect ratio.

relación del área de salida al de la garganta (toberas, cohetes) | exit-to-throat-area ratio.

relación del área desarrollada de las palas a la del disco (hélices) | disc area ratio.

relación del área superficial al volumen | surface-area/volume ratio.

relación del área total de las palas al área del círculo barrido (hélices, rotores) | solidity ratio.

relación del cambio de esfuerzo al cambio de deformación medido en la tangente en un punto del diagrama esfuerzo-deformaciones | tangent modulus.

relación del carbono fijo a la materia volátil | coal carbon ratio.

relación del coeficiente de rozamiento al peso (vagones ferrocarril) | rollability factor.

relación del diámetro a la longitud | diameter-to-length ratio.

relación del diámetro a la longitud de 1/200 | diameter/length ratio of 1/200.

relación del diámetro de la abertura de trabajo a la distancia focal | rapidity of a lens.

relación del diámetro de la pieza que se trabaja a su longitud (maquinado de metales) | slenderness ratio.

relación del diámetro de la polea al del cable | sheave factor.

relación del diámetro del fuselaje a la envergadura del ala | fuselage diameter-to-wing span ratio.

relación del empuje al peso | thrust-to-weight ratio.

relación del empuje en el despeje al peso del avión | takeoff thrust/weight ratio.

relación del encaje de oro a la moneda en circulación | gold ratio.

relación del espesor máximo a su cuerda (aerodinos) | thickness ratio.

relación del flujo luminoso emitido por la lámpara a la potencia absorbida por el reactor (lámpara fluorescente) | ballast-lumen ratio.

relación del lado al espesor (angulares) | leg-to-thickness ratio.

relación del lado mayor al menor (cajillos de ventilación) | aspect ratio of a duct.

relación del límite de fatiga a la resistencia de rotura por tracción | endurance ratio.

relación del manganeso al carbono (aceros) | manganese-to-carbon ratio.

relación del moderador al combustible (reactor nuclear) | moderator-to-fuel ratio.

relación del momento resistente al peso por unidad de longitud (vigas) | modulus weight ratio.

relación del número de maclas al número de granos (aceros austeníticos) | T/G ratio | twin-to-grain ratio.

relación del número de vueltas del primario al del secundario (transformador) | turn ratio.

relación del paso a la cuerda (compresor axial) | solidity.

relación del período de propagación de la grieta al período de incubación | incubation-period/crack-propagation period ratio.

relación del peso al area de contacto de los esquís sobre nieve (aviones) | unit loading.

relación del peso base en libras al espesor en mils (papel) | pounds per point.

relación del peso de explosivo al peso de roca arrancada (voladuras de canteras) | explosives-loading ratio.

relación del peso de la carga al peso total | charge-weight ratio.

relación del peso de la lingotera al peso del lingote | mold-weight ingot-weight ratio.

relación del peso de la pieza fundida al bebederaje | riser-casting ratio.

relación del peso del combustible al peso del cohete sin combustible | fuel-structure ratio | fuel-weight ratio.

relación del peso del yunque al de la maza (martillo pilón) | anvil ratio.

relación del peso muerto al desplazamiento (buques) | dead weight-displacement ratio.

relación del peso muerto al desplazamiento de proyecto | dead weight efficiency.

relación del peso neto de la pieza terminada al peso íntegro de la forja inicial | final yield.

relación del polvo suelto al volumen del comprimido (pulvimetalurgia) | compression ratio.

relación del radio del catión al radio del anión (cristalografía) | radius ratio.

relación del valor calorífico del gas a la raíz cuadrada de su densidad (gas del alumbrado) | Wobbe number.

relación del vapor de agua al aire seco (meteorología) | mixing ratio.

relación del volumen a la superficie | volume-to-surface ratio.

relación desmultiplicadora | reduction ratio.

relación detección-exploración | blip-scan ratio.

relación diaria de personal en rancho (milicia) | daily ration-strength return.

relación diastimométrica | stadia constant.

relación eficacia-coste | cost-effiency ratio.

relación elevada de impulsos | high-ratio pulsing.

relación en peso de las chapas a los perfiles (buques) | ratio of plate to sections.

relación entre (matemáticas) | betweenness.

relación entre activo corriente y pasivo corriente | current ratio.

relación entre activo disponible y pasivo | acid-test ratio.

relación entre activo disponible y pasivo corriente | acid test ratio | quick ratio.

relación entre cantidades | ratio.

relación entre carbono fijo y los hidrocarburos volátiles (carbones) | fuel ratio.

relación entre causa y efecto | cause-and-effect relationship.

relación entre copa y raíces (árboles) | crown-root ratio.

relación entre dimensiones (de un objeto) | aspect ratio.

relación entre dos presiones | pressure ratio.

relación entre el ancho del impulso y su período | pulse ratio.

relación entre el aumento de temperatura en el rotor al aumento total (compresor axial) | reaction degree.

relación entre el cuadrado de la envergadura al área (perfiles aerodinámicos, alas) | aspect ratio.

relación entre el diámetro del alma y el espesor del aislamiento (cable eléctrico) | core ratio.

relación entre el esfuerzo y la microdeformación | stress-microstrain relation.

relación entre el límite elástico y la carga de rotura | elastic ratio.

relación entre el nivel y el caudal | stage-discharge relation.

relación entre el número de átomos (elementos radiactivos) | branching ratio.

relación entre el número de espiras del secundario y del primario | turns ratio.

relación entre el peso del líquido colorante y el peso del material que se tiñe | bath ratio.

relación entre el peso del líquido colorante y la tela que se tiñe | length of bath.

relación entre el peso y la presión de frenado (vehículos) | braking ratio.

relación entre el peso y la resistencia | strength/weight ratio.

relación entre el predador y la presa | predator-prey relationship.

relación entre el productor y el consumidor | producer-consumer relations.

relación entre el tiempo durante el que se aplica la carga y la deformación | strain-time relation.

relación entre el tiempo y esfuerzos complejos y la deformación multiaxial por viscofluencia | multiaxial .creep-strain/complex - stress/time relation-ships.

relación entre fuerzas viscosas y fuerzas de inercia | ratio of viscous forces to inertia forces.

relación entre gastos de conservación y los ingresos (ferrocarril) | maintenance ratio.

relación entre la cantidad de mineral y la del coque (alto horno) | burden.

relación entre la copa y el tronco (árboles) | crown-stem relationships.

relación entre la duración del impulso y su período | pulse ratio.

relación entre la duración y su período (impulsos) | impulse ratio.

relación entre la envergadura y la cuerda media (perfiles aerodinámicos, alas) | aspect ratio.

relación entre la eslora y la raíz cúbica del desplazamiento (buques) | length-displacement ratio.

relación entre la fatiga y la tracción | fatigue-tensile ratio.

relación entre la manga y el calado (buques) | breadth-draught ratio.

relación entre la plastodeformación y el tiempo a una temperatura dada | creepocity.

relación entre la precipitación y la evaporación | precipitation-evaporation relationship.

relación entre la presión | pressure-temperature-density relationship.

relación entre la temperatura y el nivel del líquido | temperature-versus-liquid-level relationship.

relación entre la velocidad de afluencia del aire y la velocidad de la punta de la pala (helicóptero) | inflow ratio.

relación entre la velocidad de avance y la velocidad rotativa de la punta de las palas del rotor (helicóptero) | tip-speed ratio.

relación entre la velocidad y la longitud | speed-length ratio.

relación entre la velocidad y la raíz cuadrada

de la eslora (buques) | speed-length ratio.
relación entre los acupantes sucesivos de una propiedad | privity of possession.
relación entre moneda circulante y las reservas en oro | gold coverage.
relación entre partes del mismo contrato | privity of contract.
relación error-datos | error ratio.
relación espacial | spatial relation.
relación física y simetría de las partes de un conjunto | geometry.
relación gas-petróleo (pozos petróleo) | gas factor.
relación gas/petróleo bruto | gas/oil ratio.
relación genética de rocas ígneas que se presume se derivan de un magma común (mineralogía) | suites of igneous rocks.
relación giromagnética del electrón | electron gyromagnetic ratio.
relación giromagnética nuclear | nuclear gyromagnetic ratio.
relación grava-arena | gravel-sand ratio.
relación hecha al final de un viaje en que figuran los sueldos de cada miembro de la tripulación | portage bill.
relación intrínseca (transistor) | intrinsic stand-off ratio.
relación intrínseca de cresta | intrinsic stand-off ratio.
relación isotópica (nucleónica) | abundance ratio.
relación lineal | linear relationship.
relación magnetógira | magnetogyric ratio.
relación marca/espacio | mark/space.
relación mínima de abrasamiento | minimum burnout ratio.
relación modular | modular ratio.
relación multiplicadora de esfuerzos en el mando de profundidad (aviones) | elevator boost ratio.
relación mutua | interrelationship.
relación mutua entre los individuos de un mismo negocio | privity.
relación muy cercana | close relation.
relación nominal | nominal roll | marked ratio.
relación parametral | parametral ratio.
relación paso-cuerda (compresor axial) | pitch-chord solidity.
relación pendiente-nivel-caudal (ríos) | slope-stage-discharge relation.
relación peso/empuje | thrust-to-weight ratio.
relación petrogenética | petrogenetic relationship.
relación porcentual entre el precio de un bien y su sustitutivo | coefficient of cross elasticity.
relación portadora a ruido | carrier-to-noise ratio.
relación posicional | positional relationship.
relación real de intercambio | term of trade.
relación recíproca | inverse ratio.
relación reductora (electricidad) | step-down ratio.
relación reflexiva | reflexive relation.
relación roca madre-suelo | solum-parent material relationship.
relación segun la ley exponencial | power-law relationship.
relación señal/diafonía | signal-to-crosstalk ratio.
relación señal-imagen (selectividad de receptores) | image ratio.
relación señal-pausa | mark-to-space ratio.
relación señal/ruido | signal-to-noise ratio | signal-noise ratio | speech-noise ratio.
relación sintagmática | syntagmatical relation.
relación tex-tenacidad del hilo | tex-tenacity relation.
relación tiempo-deformación-esfuerzo (geología) | stress-strain-time relation.
relación tiempos apertura-cierre | break-make ratio.
relación veraz de los hechos | faithful account of events.
relación volumétrica de los cilindros (máquinas vapor) | cylinder ratio.
relacionado | associated | ratioed.
relacionado con | determinantal.
relacionado con actividad del sol | solar-linked.
relacionado con el servicio | service-connected.
relacionado con la informática (persona) | E.D.P man.
relacionado con la salud | health-related.
relacionado con la seguridad | safety-related.
relacionador (clasificación CDV) | relator.
relacionador de Perrault | Perrault's relator.
relacionar | connect (to) | put in gear (to) | identify (to).
relaciones | intercourse.
relaciones comerciales | commercial intercourse.
relaciones con el público | public relations.
relaciones con la clientela | public relations.
relaciones cronológicas | time relationships.
relaciones de aforos | gage relations.
relaciones de dispersión | dispersion relations.
relaciones de la circunferencia | functions of a circle.
relaciones del cliente con el contratista | client-contractor relationships.
relaciones entre el gobierno y la industria | industry-government relations | governmental-industrial relationship.
relaciones entre el hombre y los aparatos man-instrument relationships.
relaciones entre el vendedor y el comprador | vendor-vendee relations.
relaciones entre en las redes (matemáticas) | betweenness relations in lattices.
relaciones entre la dirección y los sindicatos | management-union relations.
relaciones entre la gerencia y los obreros | human relations.
relaciones entre patronos y obreros | employee - management relations.
relaciones exteriores | public relations.
relaciones humanas | public relations | human relations.
relaciones humanas internacionales | international human relations.
relaciones intergubernamentales | intergovernmental relations.
relaciones judeo-árabes | Jewish-Arab relations.
relaciones laborales | industrial relations | labor relations | labour regulations.
relaciones lluvia-escorrentia | rainfall-runoff relationships.
relaciones mundialés | global relations.
relaciones principales | leading schedules.
relaciones públicas | public relations.
relaciones recíprocas de Onsager | Onsager reciprocal relations.
relaciones suplementarias | supporting schedules.
relacionología | relationology.
relajación | relaxation | strain.
relajación de esfuerzos | stress relaxation.
relajación de esfuerzos interiores (aceros) | stabilizing.
relajación de esfuerzos interiores por inductotermia | induction heating stress relieving.
relajación de esfuerzos por caldeo oxiacetilénico | oxyacetylene stress relieving.
relajación de esfuerzos residuales por calentamiento con corrientes de inducción | induction stress relieving.
relajación de la deformación elástica | elastic strain relaxation.
relajación de la dislocación | dislocation relaxation.
relajación de las importaciones | import relaxation.
relajación de tensiones | stress relieving.
relajación del espín nuclear | nuclear spin relaxation.
relajación del máser | maser relaxation.
relajación del retículo del espín | spin lattice relaxation.
relajación disociativa | dissociative relaxation.
relajación elástica | elastic relaxation.
relajación local | local relaxation.
relajación magnética nuclear | nuclear magnetic relaxation.
relajación paramagnética | paramagnetic relaxation.
relajación térmica | thermal relaxation | aging | ageing.
relajación viscosa | creep relaxation.
relajado de tensiones en el horno | furnace stress-relieved.
relajador (matemática) | relaxer.
relajamiento | relaxation.
relajamiento de esfuerzos interiores (metalurgia) | stress relieving.
relajante (medicina) | relaxant.
relajar | loosen (to).
relajar (músculos, disciplina, tensiones, internas) | relax (to).
relajar esfuerzos interiores | stress-relief (to) | stress relieve (to).
relajar esfuerzos internos | relieve strains (to).
relajar esfuerzos residuales | stress-relief (to).
relaminador (persona o fábrica) | reroller.
relaminar | reroll (to).
relámpago | lightning.
relámpago con extricción | pinched lightning.
relámpago de bola | ball of fire.
relámpago de calor | heat lightning.
relámpago de rosario | pearl lightning.
relámpago del oro | brightening of fold.
relámpago difuso (meteorología) | sheet lightning.
relámpago en bola | globe-lightning | globe lightning | ball lightning.
relámpago en cintas | fillet lightning.
relámpago en rosario | beaded lightning.
relámpagos | lightning flashes.
relampaguear | lighten (to) | flash (to).
relampagueo | lightning.
relanzamiento | resumption | roll-back.
relanzar | re-enter (to).
relapeación | relapping.
relapeado | relapped.
relapeadura | relapping.
relapear | relap (to).
relapidado en su sitio | relapped in place.
relascopio | relascope.
relativamente largo | comparatively long.
relatividad | relativity.
relatividad restringida | special relativity.
relativísticamente | relativistically.
relativización (matemáticas) | relativization.
relativizar (EE.UU.) | relativize (to).
relativizar (G.B.) | relativise (to).
relativo | comparative.
relativo a Cristóbal Colón | Columbian.
relativo a la impresión o estampado en relieve sin tinta | blind.
relativo a la transformación sufrida por la roca eruptiva después de consolidada (petrología) | paulopost.
relativo a las ondas electromagnéticas comprendidas entre 10 kilohertzios y 300.000 megahertzios | radio.
relativo a los pieles rojas | amerindian.
relativo al calentamiento dieléctrico | heatronic.
relativo al enriaminto | retting.
relativo al signo zodiacal de Taurus | taurine.
relato | report.
relato verídico | documentary article.
relator | relator.
relator (consejo de guerra) | judge advocate.
relator (jurisprudencia) | reporter.
relavador | rewasher.
relaves (lavadero de minerales) | feigh.
relaves (minería) | tailings | tails.
relaxómetro | relaxometer.
relé | trip | protection | relay.

relé accionado por gases desprendidos (transformadores en aceite) | gas-actuated relay.
relé accionador | tripping relay.
relé amplificador | repeating relay.
relé amplificador telefónico | telephone repeater.
relé armónico | tuned-reed relay.
relé autoprotegido magnéticamente | magnetically self-shielded relay.
relé autorrepositor | self-resetting relay.
relé avisador | alarm relay.
relé avisador de demanda máxima | maximum-demand alarm relay.
relé bipolar | two-terminal relay.
relé bloqueado | latched-in relay.
relé buscador de averías | faultfinding relay.
relé buscafugas | faultfinding relay.
relé capacitativo transistorizado | transistorized capacitance relay.
relé capacitivo | capacitance relay.
relé coaxial de lámina | coaxial reed relay.
relé compensado | balanced relay.
relé compuesto de dos amplificadores monoetápicos iguales y la salida del ánodo de cada uno va a través de un divisor de potencial a la alimentación de rejilla del otro | flip-flop.
relé compulsivo | compelling relay.
relé con arrollamientos múltiples | multicoil relay.
relé con derivación | diverter relay.
relé con desconexión instantánea | relay with instataneous tripping.
relé con la armadura móvil alrededor de un eje | axial-armature relay.
relé con nucleo móvil | movable core relay.
relé con posición preferente | centre-stable relay.
relé con regulador de tiempo | time controlled relay.
relé conectable | plugging relay.
relé conexionado en fábrica | factory-wired relay.
relé conjuntor | closing relay.
relé conmutador | center zero relay.
relé contador | meter relay | metering relay | counting relay.
relé cronorregulador neumático | pneumatic timing relay.
relé de acción diferida | time relay | time locking relay | time-limit relay | time-lag relay | definite-time relay.
relé de acción diferida de tiempo | inverse time relay.
relé de acción rápida | quick-acting relay | high-speed relay | fast-acting relay.
relé de acción retardada | timing relay.
relé de acción sucesiva | stepping relay.
relé de acción temporizada | definite-time relay.
relé de accionamiento selectivo | selectively-operating relay.
relé de acoplamiento | interlocking relay.
relé de actuación rápida | high-speed relay.
relé de ampolla hermética | plunger relay.
relé de antena | antenna relay | aerial relay.
relé de armadura atraída | attracted armature relay.
relé de armadura estrangulada | isthmus armature relay.
relé de atracción rápida | quick pickup relay.
relé de autorreposición | self-resetting relay.
relé de avance | stepping relay.
relé de balanza | beam relay.
relé de barra colectora | busbar relay.
relé de bloqueo | locking relay | latching relay.
relé de bloqueo diferido | time locking relay.
relé de bola magnética | magnetic ball relay.
relé de brazo equilibrado | balanced-beam relay.
relé de cambio brusco | sudden-change relay.
relé de campo derivado
relé de cierre | closing relay | lock.
relé de cierre no retardado | nondelayed relay.
relé de cierre retardado | delayed relay | delay relay.
relé de clavijas | plug-in relay.
relé de comprobación | pilot relay.
relé de conexión | latch in relay.
relé de conexión (EE.UU.) | cut-through relay.
relé de conexión (G.B.) | connecting relay.
relé de conexión magnética | magnetic latching relay.
relé de contacto de mercurio | mercury contact relay.
relé de contacto hermético | sealed contact relay.
relé de control | control relay | pilot relay.
relé de corriente audible | voice operated relay.
relé de corriente continua | direct current relay.
relé de corriente inversa | reverse-current relay.
relé de corriente invertida | reverse-current relay | reverse-power relay.
relé de corriente máxima | maximum current relay.
relé de corriente portante | carrying current relay.
relé de corriente reactiva | reverse-power relay.
relé de corte (telefonía) | cutoff relay.
relé de cuadro móvil | moving relay.
relé de chorro de mercurio | jet relay.
relé de descarga del gas | gas discharge relay.
relé de desconexión para sobrevelocidad | overspeed shut-down relay.
relé de desconexión por sobrecarga | overload-tripping relay.
relé de desconexión preferente | preference-tripping relay.
relé de desconexión retardada | slow-release relay.
relé de desenganche lento | inching relay.
relé de distancia | distance relay.
relé de doble bobina | double-spool relay.
relé de doble efecto | double-acting relay | two-step relay.
relé de doble polarización | polarized double-biased relay.
relé de dos direcciones | throw-over relay.
relé de dos enrollamientos | two-coil relay.
relé de dos posiciones | throw-over relay. | two-step relay **relé de enclavamiento** | latching relay | locking relay | interlocking relay | lock-up relay.
relé de enclavamiento contra falta de corriente | no-voltage lockout relay | no volt lockout relay.
relé de enganche | latch in relay.
relé de enganche magnético | magnetic-latching relay.
relé de equilibrio de fase | phase-balance relay.
relé de fase | open-phase relay.
relé de fase abierta | open-phase relay.
relé de fichas | plug-in relay.
relé de fin de conversación | clearout relay | clearing relay.
relé de fin de llamada | tripping relay.
relé de flotador | float relay.
relé de fotocélula | photocell relay.
relé de frecuencia | frequency relay.
relé de frecuencia acústica | voice frequency relay.
relé de frecuencia de campo polarizado | polarized field frequency relay.
relé de gobierno | steering relay.
relé de gran intensidad de corriente | heavy duty relay.
relé de hiperfrecuencia | overfrequency relay.
relé de hipocorriente | undercurrent relay.
relé de hipovoltaje temporizado | time under-voltage relay.
relé de impedancia | impedance relay.
relé de impedancia de pérdida a tierra | earth-fault impedance relay.
relé de impulsión | impulse relay.
relé de impulsiones | impulsing relay.
relé de impulsos (de láminas magnéticas) | pulse reed relay.
relé de impulsos de hiperfrecuencia | high-frequency impulse relay.
relé de impulsos de llegada | instepping relay.
relé de impulsos directos | instepping relay.
relé de impulsos inversos | outstopping relay.
relé de impulsos sucesivos | notching relay.
relé de intensidad | current relay.
relé de interreposición | intertripping relay.
relé de inversión de fase | reverse-phase relay | phase-reversal relay.
relé de inversión de fase (telecomunicación) | phase reversal relay.
relé de inversión de fases | negative-phase-sequence relay.
relé de lámina vibrante | tuned-reed relay.
relé de láminas | reed relay.
relé de línea | line relay.
relé de línea ocupada (telefonía) | busy relay.
relé de llamada | call relay.
relé de llamada (telefonía) | calling relay.
relé de mando | control relay.
relé de maniobra | control relay.
relé de manipulación | keying relay.
relé de mantenimiento de la línea auxiliar | trunk holder relay.
relé de masa (locomotora eléctrica) | ground relay.
relé de máxima | surge relay | overload relay | overcurrent relay.
relé de máxima de tiempo diferido | buckup protection.
relé de máxima de tiempo inverso | inverse time overcurrent relay.
relé de máxima y mínima | over-and-under relay.
relé de máximo de potencia | overpower relay.
relé de medida | meter relay.
relé de mercurio | mercury-wetted relay | mercury wetted relay.
relé de microondas | microwave relay.
relé de mínima | undervoltage relay.
relé de mínima de acción diferida | time undervoltage relay.
relé de mínima tensión | undervoltage relay.
relé de mínimo voltaje | underpower relay.
relé de nucleo móvil | plunger relay.
relé de núcleo tractivo | tractive armature relay.
relé de ocupación (telefonía) | guarding relay.
relé de polarización inductiva | inductively-biased relay.
relé de potencia | power relay.
relé de potencia reactiva | reactive power relay.
relé de progresión | rotary stepping relay.
relé de protección | locking relay.
relé de protección de corriente reactiva | reactive current protection relay | reactive-current protection relay.
relé de protección de puesta a tierra | ground relay | earth protection relay.
relé de protección de puesta a tierra (electricidad) | protection ground relay.
relé de protección de sobrevoltaje | overvoltage protection relay.
relé de prueba del selector final (telefonía automática) | final selector test-relay.
relé de puesta en fase | phasing relay.
relé de puesta en marcha | starting relay | start relay.
relé de radar | radar relay.
relé de reactancia | reactance relay.
relé de reconexión | reclosing relay.
relé de registro | record relay.
relé de regulación | regulating relay.
relé de remanencia | remanent relay.
relé de reposición manual | hand-resetting relay.
relé de resistencia | resistance relay.
relé de resonancia | tuned-reed relay | vibrating relay.
relé de resorte | spring relay.
relé de retardo | time-delayed relay.
relé de retardo constante | independent time-lag relay | definite-time relay.
relé de retardo dependiente | relay dependent

time-lag | inverse time-lag relay | dependent time lag relay.
relé de retardo independiente | definite time-lag relay.
relé de retardo inversamente proporcional a la carga | inverse time relay.
relé de retardo limitado | inverse time-lag relay with definite minimum.
relé de retardo variable | inverse time relay.
relé de retención | biased relay.
relé de secuencia de voltajes de fases | phase sequence relay.
relé de seguridad | guard relay.
relé de sobrecarga | overload relay | overcurrent relay.
relé de sobrecarga de la puntería en azimut | train overload relay.
relé de sobrecarga de solenoide | selenoid-type overload relay.
relé de sobrecarga temporizado | timed-graded overload relay.
relé de sobrecorriente | overcurrent relay.
relé de sobrecorriente controlado por la tensión | voltage controlled overcurrent relay.
relé de sobrecorriente de secuencia negativa | negative sequence overcurrent relay.
relé de sobretemperatura de tipo térmico | thermal pattern overtemperature relay.
relé de sobrevoltaje | surge relay.
relé de solenoide | plunger relay.
relé de subvoltaje | undervoltage relay.
relé de sucesión de fases | phase-rotation relay.
relé de supresión del arco | arc suppression relay.
relé de temporización | timing element.
relé de tensión | voltage relay.
relé de tensión mínima | phase-undervoltage relay | phase undervoltage relay.
relé de termostato | thermostat relay.
relé de tiempo diferido | time-delay relay.
relé de tiempo mínimo definido | definite minimum time relay.
relé de tiempo regulable | definite-time relay.
relé de toma de potencial | seizing relay.
relé de transferencia | power-transfer relay.
relé de válvulas electrónicas | tube relay.
relé de velocidad de cambio | rate of change relay.
relé de vías auxiliares de tráfico (telefonía) | bypath relay.
relé de voltaje astático | astatic voltage relay.
relé de voltaje autorrepositor | self-restoring pressure relay.
relé de voltaje mínimo | undervoltage relay.
relé de voltaje pre-fijado | voltage variation detector.
relé del amortiguador | dashpot relay.
relé del circuito de la vía | track relay.
relé del corrector | corrector relay.
relé del freno de puntería en azimut | train brake relay.
relé del freno de puntería en elevación (cañón) | elevation brake relay.
relé del oleoamortiguador | oil dashpot relay.
relé del tipo de bobina | reed-type relay.
relé desacelerador | decelerating relay.
relé descelerante del campo | field decelerating relay.
relé desconectador | tripping relay | trip relay.
relé desconectador (telefonía) | separating relay.
relé desconectador automático | load-leveling relay.
relé desconectador de sobreintensidad | up-sensing relay.
relé desconectador para cos ϕ bajo | power factor relay.
relé detector | sensing relay.
relé detector de formación de hielo (alas aviones) | ice-detector relay.
relé diferencial | differential relay | balanced relay.
relé diferencial de tensión estática | static voltage differential relay.
relé diferencial polarizado | polarized differential relay.
relé diferencial selectivo | selective differential relay.
relé diferido | retarded relay.
relé direccional | reverse-current relay | reverse-power relay.
relé direccional de inducción | induction-type directional relay.
relé direccional de potencia | power directional relay.
relé direccional en tensión y potencia (circuitos eléctricos) | voltage and power-directional relay.
relé direccional polarizado | polarity directional relay.
relé discriminador | discriminating relay.
relé discriminante | discriminating element.
relé disyuntor | circuit breaking relay.
relé disyuntor de voltaje máximo | maximum voltage circuit breaking relay.
relé economizador del campo | field-economizing relay.
relé electroestrictivo | electrostrictive relay.
relé electroneumático | air electric relay.
relé electrónico | trigger relay | electronic relay.
relé emisor-receptor | send-receive relay.
relé enchufable | plug-in relay.
relé enganchado | latched-in relay.
relé enganchador | latching relay.
relé extrarrápido | instantaneous relay.
relé fotoeléctrico | photoelectric relay | photorelay | light relay | light relay.
relé fotoeléctrico (Inglaterra) | radiovisor.
relé funcionanado en el punto nulo de la fase | zero phase sequence relay.
relé funcionando sobre la componente positiva de la fase | positive phase-sequence relay.
relé ignífugo (electricidad) | flameproof relay.
relé impolarizado | nonpolarized relay.
relé indicador de fugas | leakage relay.
relé inductivo | induction relay.
relé inmune a las grandes aceleraciones | high-g relay.
relé integrador de impulso | notching relay.
relé intermedio | transfer relay.
relé interruptor | cutoff relay.
relé irreversible (relé que permanece en su posición final aunque cese la corriente activadora) | trigger relay.
relé lento | sluggish relay.
relé limitacorriente | current relay.
relé limitador | limiting relay.
relé limitador de baja excitación | low-excitation limiting relay.
relé limitador de la intensidad | step-back relay.
relé lógico de láminas | logic reed relay.
relé maestro | master relay.
relé magnético | magnetic relay.
relé magnético temporizado | magnetic time relay.
relé magnetomicrofónico | magnetomicrophonic relay.
relé manométrico | manometric relay.
relé neumático de retardo de tiempo | pneumatic time-delay relay.
relé neumático temporizado | pneumatic time-delay relay | pneumatic timing relay.
relé neutro | nonpolarized relay.
relé no polarizado | neutral relay.
relé óptico | light valve.
relé para carga de acumuladores | battery-charging relay.
relé para corriente de sentido determinado | current directional relay.
relé para desconexión de sobreintensidades | up-sensing relay.
relé para grandes amperajes | heavy duty relay.
relé para la marcha lenta | inching relay.
relé para manipulación intercalada | break-in relay.
relé para sentido de fuerza | power directional relay.
relé para sentido de sobrecorriente | directional overcurrent relay.
relé perforador (telegrafía) | punching relay.
relé polarizado | polarized relay | polar relay | voltage-directional relay | biased relay.
relé polarizado con posición preferente | magnetically biased polarized relay.
relé polarizado graduado | polarized step-by-step relay.
relé policontactórico | multicontactor relay.
relé primario | trip-free relay | initiating relay.
relé primario (termiónica) | trigger relay.
relé principal | supervisory relay | supervisor relay | master relay.
relé principal de una red | network master relay.
relé protector | protective relay.
relé protector de pérdida de velocidad por ligera sobrecarga (motores) | stalling relay.
relé que actua por capacidad (electricidad) | capacity-operated relay.
relé que cierra los contactos al disminuir la corriente | down-sensing relay.
relé que funciona a un valor predeterminado del voltaje | voltage relay.
relé que funciona en el punto cero de la fase | residual relay.
relé que funciona en el sentido de la dirección de la corriente | current-directional relay.
relé rápido | quick-acting relay | fast acting relay.
rele rápido para corriente máxima | quick-acting maximum current relay.
relé receptor de impulsos | impulse accepting relay.
relé regulador del caudal | flow relay.
relé repetidor | repeating relay.
relé resonante | resonant relay.
relé retardado | slow-operating relay | slow-release relay.
relé retardador | time delay relay.
relé secundario teleaccionado | sequence relay.
relé selector | discriminating relay.
relé señalizador de acción rápida | high-speed signaling relay.
relé silenciador de la alarma | alarm silencing relay.
relé sincronizador | synchronizing relay.
relé sincronizador desacelerante | decelerating timing relay.
relé sintonizado | tuned relay.
relé sonador | relaying sounder.
relé subminiatura | subminiature relay.
relé telefónico | telephone relay | telephone type relay.
relé telefónico electromagnético de acción retardada | electromagnetically delayed telephone relay.
relé telemandado | remote-controlled relay.
relé temporizado | timing relay | time-limit relay | time relay | time-delayed relay | time-lag relay | time delay relay | time-controlled relay | retarded relay | stepping relay | delay relay | delayed relay | time locking relay.
relé temporizado independiente | independent time-lag relay.
relé temporizado por capacitor | capacitor timed relay.
relé temporizador | timer.
relé temporizador con retardo después de la desexcitación del electroimán | off delay timer.
relé temporizador con retardo después de la excitación del electroimán | on delay timer.
relé temporizador de reconexión automática | auto-reset timer.
relé térmico | temperature relay.
relé térmico de máxima | temperature overlay relay.
relé térmico de sobrecarga con reposición a mano | manual reset thermal overload relay.
relé termiónico | thermionic relay.
relé termostático | thermostatic relay.
relé ultrarrápido de pérdida a tierra | instantaneous earth-leakage relay.

relé velocirregulador | speed control relay.
relé verificador | test relay.
relé vibrador | vibrating relay.
relectura | read-back.
releer | read back (to) | readback (to) | re-scan (to).
relegación | banishment | relegation.
relegar | banish (to) | relegate (to).
relés de lengüeta de cierre hermético | dry-reed relays.
relés de reposición automática y en caso de fallo hay que reponerlo a mano | automatic reclosing relays.
relevación | release | relief.
relevado de su cargo | relieved of his post.
relevador (telefonía) | relay.
relevador de disparo | trigger relay.
relevador de llamada de hipofrecuencia | ringing repeater.
relevador de retardo termostático | thermostatic delay relay.
relevador de sobrecarga | overload relay.
relevador radárico | radar relay.
relevador térmico | thermal relay.
relevancia | relevance.
relevar | release (to).
relevar (cuadrilla de trabajadores) | spell (to).
relevar (tropas) | relieve (to).
relevarse (centinelas) | change over (to).
relevo | relief | relay | replacement | stand by.
relevo (de hombres, caballos) | relay.
relevo (de un centinela, etc.) | relieving.
relevo (en el trabajo) | shift.
relevo (funcionarios) | changeover.
relevo de la guardia | changing of the guard | guard-mounting.
relevos (minas) | cavilling.
relicario | lipsanotheca.
relicción (geología) | reliction.
relicto (ecología) | relict.
relicuación | reliquefaction.
relicuación de la porción evaporada del cargamento | cargo boil-off reliquefying.
relicuación por arco eléctrico | slag-arc remelting.
relicuada por arco eléctrico | slag-arc-remelted.
relicuado in vacuo | vacuum-remelted.
relicuar | re-liquefy (to) | refuse (to).
relicuefacción | reliquefaction.
relieve | embossing | embossment.
relieve (arte, geografía) | relief.
relieve (fortificación) | relief.
relieve (geología) | form.
relieve (tejidos) | wale.
relieve acústico | acoustic relief.
relieve de la imagen | image relief.
relieve de la letra | beard | neck.
relieve del fondo del océano | ocean-floor relief.
relieve del objeto | object relief.
relieve del texto de una página al dorso | embossment.
relieve disponible (erosión del suelo) | available relief.
relieve en sombra (mapas) | shaded relief.
relieve estrecho del fondo submarino | ridge.
relieve mínimo | minimal relief.
relieve sombreado (mapas) | shaded relief.
relieves característicos (topografía) | relief features.
relieves de las superficies no planares | reliefs of uneven surfaces.
religiografía | religiography.
religión del Estado | established religion.
relimar | refile (to).
relinga | boltrope.
relinga (velas) | roping | bolt rope.
relinga de caída (vela triangular o trapezoidal) | after leech rope.
relinga de envergadura (vela cuadrada) | headrope.
relinga de la cumbre (toldos buques) | ridgerope.
relinga de las caídas (velas de buques) | leech rope.
relinga de pujamen | foot.
relinga de puño de escota | clew rope.
relinga del fondo (relinga de pujamen - velas) | footrope.
relinga del gratil (vela triangular envergada en un estay) | headrope | stay rope.
relinga del puño de escota | clue rope.
relingado | roping.
relingar (una vela) | marl (to).
relingar (velas) | rope (to).
reliz | clay course.
reloj | horologe | timekeeper.
reloj astronómico | astronomical clock.
reloj atómico | atomic clock.
reloj atómico de absorción | absorption atomic clok.
reloj biológico | body clock.
reloj central | master clock.
reloj con escape de cronómetro | chronometer clock.
reloj con lectura en numeración decimal | digital read-out clock.
reloj de alcances y marcaciones (artillería) | range and bearing clock.
reloj de áncora | lever watch.
reloj de áncora con todos los movimientos sobre rubíes | fully-jewelled lever watch.
reloj de arena | sand glass | egg timer | hourglass.
reloj de bitios de recepción | receive bit clock.
reloj de bolsillo | watch | ticker.
reloj de calendario | date-indicating watch.
reloj de control | telltale watch.
reloj de control de entrada | time-clock.
reloj de control de personal | clock card.
reloj de control del tiempo de trabajo | job time recording clock.
reloj de cuarzo | quartz clock.
reloj de cuerda eléctrica | electrically-wound clock.
reloj de desconexión automática | time out clock.
reloj de diapasón | tuning-fork clock.
reloj de escape | lever watch.
reloj de fanal | carriage clock.
reloj de fichar | control clock.
reloj de intervalos de fuego | firing interval clock.
reloj de masa de | computron.
reloj de mesa o de pared | clock.
reloj de péndulo | pendulum clock.
reloj de piques (artillería naval) | spotting clock.
reloj de precisión | accurate timepiece.
reloj de pulsera con resonador de cuarzo | quartz watch.
reloj de puntos de caída (artillería naval) | spotting clock.
reloj de registro local | local clock.
reloj de repetición | repeater.
reloj de saboneta | hunter | hunting-case watch.
reloj de sobremesa | bracket clock.
reloj de sol | sundial.
reloj de tiempo real | real time clock.
reloj de transmisión | transmitter clock.
reloj de vigilante | telltale watch.
reloj despertador | alarm | alarm clock.
reloj director | master clock.
reloj eléctrico | electrical clock | electric watch | electric clock.
reloj eléctrico de impulsos | impulse-driven clock.
reloj electromagnético | electromagnetic clock.
reloj electrónico | electronic watch | electronic clock.
reloj en el «modem» | data set clocking.
reloj extraplano | extraflat watch.
reloj fechador | time stamp.
reloj fechador (talleres) | clock stamp.
reloj maestro | master time source | master clock.
reloj maestro supervisado por radio | radio-supervised master clock.
reloj marcador | attendance recorder.
reloj mecánico | mechanical watch.
reloj parlante (información telefónica de la hora) | speaking clock.
reloj plaqué | gold-filled watch.
reloj programado | programed clock.
reloj registrador | time clock.
reloj registrador (talleres) | time recorder.
reloj repetidor de minutos | minute repeater.
reloj sicológico | body clock.
reloj sincrónico | synchronous clock | synchro-clock.
reloj transmisor de alcances | range transmitting clock.
relojería | clock-making | horology.
relojero | horologer.
reluciente | glossy.
relucir | glitter (to) | sparkle (to).
reluctancia | magnetic resistance | reluctance.
reluctancia (electricidad) | reluctance.
reluctancia de los dientes | teeth reluctance.
reluctancia del aire | air reluctance.
reluctancia del entrehierro | gap reluctance | air-gap reluctance | air gap reluctance.
reluctancia del hierro | iron reluctance.
reluctividad | specific magnetic resistance.
reluctividad (electricidad) | reluctivity.
reluctividad (inversa de la permeabilidad magnética) | reluctivity.
reluctivo (electroimanes) | reluctive.
reluctómetro | reluctometer.
relumbrardeslumbrar | glare (to).
rellamada (telefonía) | flashing.
rellamada por destellos (telefonía) | flashing recall.
rellano (escaleras) | landing.
rellano (pozo de minas) | sollar.
rellano de escalera | stair head.
rellenable | replenishable | refillable.
rellenado | potting | padded.
rellenado al azar | random-packed.
rellenado de grietas | score filling.
rellenado por el costado | side-filled.
rellenado por exceso o defecto (botellas, recipientes, etc.) | misfilled.
rellenado posteriormente | backfilled.
rellenador (minas) | packbuilder | packer | cogger | builder-up | stower.
rellenador asfáltico | asphalt filler.
rellenadora (minas) | backfilling machine.
rellenadora centrífuga (minas) | centrifugal stower.
rellenadora de zanjas | ditch-filling machine.
rellenamiento (geología) | replenishment.
rellenamiento (sondeos) | backfilling.
rellenapipetas | pipette filler.
rellenar | pad (to) | fill up (to) | fill in (to) | fill (to) | refill (to).
rellenar (formularios) | fill (to).
rellenar (juntas) | point towards (to).
rellenar (juntas de tuberías) | run (to).
rellenar (minas) | bash (to) | backfill (to) | stow (to) | pack (to).
rellenar (registro) | load (to).
rellenar (un hueco entre dos paramentos) | heart in (to) | heart (to).
rellenar (un impreso) | complete (to).
rellenar con alguna sustancia antes de curvar (tubos de cobre) | load (to).
rellenar con caracteres | character fill (to).
rellenar con cascote | nog (to).
rellenar con ceros | zero fill (to).
rellenar con ceros en la impresión | zero filling.
rellenar con desechos (minas) | gob (to).
rellenar con lechada | grout (to).
rellenar con masilla | putty (to).
rellenar con mortero fluido | slush (to).
rellenar espacios | space fill (to).
rellenar hidráulicamente (minas) | flush (to) | slush (to).
rellenar los tanques con gasolina (aeroplanos) | gas up (to).
rellenar por aluviones (geología) | aggrade (to).

rellenar por completo (tanque de combustible) | top (to).
rellenar por completo (tanques de combustible) | top off (to).
rellenar un agujero | stop (to).
rellenar un impreso | accomplish (to).
rellenazanjas | back filler.
relleno | fill | filling | filling-up | filling | backfill | padding | packing | back-packing | infill.
relleno (cables eléctricos) | bedding.
relleno (cocina) | stuffing.
relleno (cuero) | stuffing.
relleno (de un ave) | dressing.
relleno (de un filón) | infilling.
relleno (de un vacío, etc.) | filling-in.
relleno (electrotipos) | backing.
relleno (galería de mina) | packing.
relleno (galería minas) | pack.
relleno (minas) | wastrel | waste fill | building | backfilling | stowage | rockfill | rockfilling | attle-packing | gob stuff | gobbing up | goaf stowage | gob stowing | gobbing.
relleno bituminoso (para juntas) | bituminous filler.
relleno completo de gas (globos) | topping-up.
relleno con agua del mar (calderas buques) | seawater makeup.
relleno con agua del mar (calderas marinas) | sea makeup.
relleno con agua destilada (acumuladores) | topping-up.
relleno con alguna sustancia antes de curvar (tubos cobre) | loading.
relleno con arena | shoaling.
relleno con desechos (minas) | goaf.
relleno con plomo derretido (curvado tubos de cobre) | lead loading.
relleno con productos de dragado | reclamation.
relleno de aire de alimentación (circuitos) | fresh-air make-up.
relleno de arcilla detrás del revestimiento (pozos minas) | coffering.
relleno de arena (tubos) | sand loaded.
relleno de bitios | bit stuffing.
relleno de cavidades | cavity filling.
relleno de chapa (Puerto Rico) | core.
relleno de desechos (atierres - minas) | gob.
relleno de fisura | fissure occupation.
relleno de gas inerte | inert-gas filled.
relleno de hidrógeno | hydrogen-filled.
relleno de hormigón | concrete-filled | concrete filled.
relleno de juntas | grouting.
relleno de la memoria (informática) | memory fill.
relleno de la rejilla (empastillado de la rejilla - placa acumuladores) | grid filling.
relleno de ladrillos | brick in-filling.
relleno de ladrillos (entramados madera de un muro) | nogging.
relleno de ladrillos (muros) | brick nogging.
relleno de los riñones (bóvedas) | haunching.
relleno de madera (lanzamiento buques) | making-up.
relleno de madera entre el casco y la imada (botadura) | stopping up.
relleno de madera entre el forro y la anguila (lanzamiento de buques) | filling
relleno de madera entre la carena y la imada (lanzamiento buques) | packing.
relleno de mortero | beam filling.
relleno de parte del molde con arena | stopping-off.
relleno de pasta aislante (cable eléctrico) | compound-filled.
relleno de piedra en seco | dry packing.
relleno de repuesto | spare refill.
relleno de tierra | landfill.
relleno de tierras | earth fill.
relleno de un muro | backing.
relleno del agujero de un barreno con arcilla para evitar que se humedezca la carga | claying.
relleno del dorso de la cascarilla del galvano | backing.
relleno del dorso de la cascarilla del galvano (electrotipia) | backing-up.
relleno del filón | ledge matter.
relleno del fondo | bottom stuff.
relleno del molde (moldeo a la cera perdida) | investing.
relleno elástico | elastic packing.
relleno filoniano | lode filling.
relleno hidráulico | hydraulic fill.
relleno hidráulico (minas) | flushing | sand-filling | sand pack | water packing | slush | hydraulic stowage.
relleno hidráulico bombeando fangos (minas) | silting.
relleno hidráulico con fangos (minas) | slushing.
relleno hidráulico por arrastre (minería) | water flush system.
relleno hidrotermal | hydrothermal filling.
relleno intercristalino (metalurgia) | boundary filling.
relleno neumático (minas) | pneumatic packing.
relleno neumático (minería) | pneumatic stowage.
relleno o apretado de tanques parcialmente llenos | topping-off.
relleno para compensar pérdidas (por tuberías, grifos, etc.) | topping-up.
relleno para grietas | crack filler.
relleno para juntas | joint filler.
relleno parcial (galerías de minas) | partial stowing.
relleno por arrastre (minas) | scraper packing.
relleno por capas (minas) | strip packing.
relleno por tongadas (minas) | strip packing.
relleno por transporte hidráulico de tierras | hydraulic fill.
relleno seco (minas) | dry pack | dry packing.
rem (dosis equivalente numéricamente igual a la dosis de rads multiplicada por el factor modificante: coeficiente EBR = relative biological effectiveness - radiología) | rem (Roentgen equivalent man).
rem (dosis unitaria biológica) | rem (roentgen equivalent man).
remachado | clinching | driving | riveting | rivet-attached.
remachado a máquina | machine riveting.
remachado a presión | press riveting | power-driven.
remachado a solape | lap-riveted.
remachado al tresbolillo | zigzag riveting | staggered riveting | crossed-riveting | cross-riveting | reeled riveting.
remachado con cabezas salientes | nonflush riveting.
remachado con cubrejunta | butt-riveted.
remachado convergente | diamond riveted joint | lozenge riveting.
remachado cuádruple | quadruple riveting.
remachado de doble cubrejunta | double cover plate riveting.
remachado de empalme | joint riveting.
remachado de junta | joint riveting.
remachado de juntas longitudinales | edge riveting.
remachado de juntas transversales (chapas forro buques) | butt riveting.
remachado de las cabezas (chapas forro buques) | butt riveting.
remachado de recubrimiento | lap riveting.
remachado de topes (chapas forro buques) | butt riveting.
remachado de una hilera | single riveted joint.
remachado doble | double-riveting.
remachado doble paralelo | chain riveting.
remachado en cadena | tandem riveted.
remachado en cadena doble | double chain-riveting.
remachado en caliente | hot riveting.
remachado en dos filas | double-riveting.
remachado en su sitio | riveted in position.
remachado en zigzag | reeled riveting.
remachado estanco al petróleo | Ot riveting.
remachado junto | riveted together.
remachado mecánico | power riveting.
remachado no a paño | nonflush riveting.
remachado rectangular | square riveting.
remachado sencillo con doble cubrejunta | single row double butt strap riveted joint.
remachador | clincher.
remachador (obrero) | riveter.
remachadora | rivet gun | riveting press.
remachadora de aire comprimido | gun | pneumatic riveter.
remachadora de leva | alligator riveter.
remachadora de manivela | crank driven riveter.
remachadora de martinete | foot riveter.
remachadora de presión | squeeze riveter | jam riveter.
remachadora de un golpe | one shot riveter.
remachadora hidráulica | riveter | riveting ram.
remachadora hidráulica de compresión | hydraulic squeeze riveting machine.
remachadora hidráulica de mordazas | bear-type riveter.
remachadora lenta de carrera larga | long-stroke slow-hitting riveter.
remachadora neumática | air riveter | riveter.
remachadora neumática por compresión | air operated squeeze riveter.
remachar | rivet (to) | drive (to).
remachar (clavos) | bur (to).
remachar (un clavo) | burr (to).
remachar a mano | hand rivet (to).
remachar a paño | flush-rivet (to).
remachar con exceso | rivet over (to).
remachar con martillo neumático | gun-rivet (to).
remachar en cadena | chain rivet (to).
remachar en dos filas | double rivet (to).
remachar en frío | cold rivet (to).
remachar en una fila | single rivet (to).
remachar por compresión | squeeze-drive (to).
remache | rivet | fastener.
remache a paño | flush rivet.
remache blando de aluminio (en estado recocido) | soft aluminum rivet.
remache ciego autocerrable | self-plugging blind rivet.
remache colocado en obra | site rivet.
remache con cabeza cilíndrica muy ensanchada | shoulder rivet.
remache con caña cilíndrica | straight-shank rivet | straight-neck rivet.
remache con rebabas | burred rivet.
remache de aluminio | aluminum rivet.
remache de aluminio aplastado en frío | cold-squeezed aluminum rivet.
remache de aluminio apretado en caliente | hot-driven aluminium rivet.
remache de aluminio apretado en frío | cold-driven aluminium rivet.
remache de cabeza achatada | flathead rivet.
remache de cabeza avellanada | countersunk rivet | bullhead rivet | plug-head rivet.
remache de cabeza avellanada y a paño | flush countersunk rivet.
remache de cabeza bombeada | raised-head rivet.
remache de cabeza cónica | bat rivet | cone-point rivet | conical head rivet | conehead rivet.
remache de cabeza de gota de cera | bullhead rivet.
remache de cabeza embutida | flush rivet | flush head rivet.
remache de cabeza hemisférica | roundhead rivet | buttonhead rivet | snap head rivet.
remache de cabeza perdida (remache de cabeza a paño) | flat countersunk rivet.
remache de cabeza redonda | roundhead rivet.
remache de cabeza semiesférica | cuphead

rivet.
remache de cabeza troncocónica | smoke-pipe rivet.
remache de cabeza troncocónica (EE.UU.) | conehead rivet.
remache de caña hendida | bifurcated rivet.
remache de cierre | closing rivet.
remache de cuello cónico | tapered neck rivet.
remache de cuello troncocónico | swell-neck rivet.
remache de montaje | dummy rivet | field rivet.
remache de montaje (remache provisional) | binding rivet.
remache de relojería | clock rivet.
remache de retén | locking rivet.
remache de unión | tack rivet.
remache de unión (de dos superficies adyacentes) | quilting rivet.
remache de vástago hueco | hollow-shank rivet.
remache del forro exterior (buques) | shell rivet.
remache explosivo | explosive rivet.
remache flojo | loose rivet | loosened rivet.
remache hundido | countersunk rivet.
remache mal colocado | dummy rivet | poorly driven rivet.
remache para correa | belt rivet.
remache provisional | dummy rivet.
remache puesto en el taller | shop rivet.
remache que puede apretarse desde un lado de la chapa sin necesidad de entibar | blind rivet.
remache quemado | burned rivet.
remache recalcado en frío (después de colocado) | spun rivet.
remache roscado | tap rivet.
remache saliente | protruding rivet.
remache sin cabeza apretado en frío | headless cold driven rivet.
remache taladrado y roscado interiormente | rivnut.
remache tubular | tubular rivet.
remache tubular de forma especial (se colocan con un solo obrero) | pop rivet.
remaches de unión | jointing rivets.
remadura | rowing.
remallado (tejido punto) | looping.
remalladora (máquina calcetería) | looper.
remallar (géneros de punto) | mend (to).
remallar (tejeduría) | remesh (to).
remallosa (máquina calcetería) | looper.
remanación | remagnetization.
remando | arowing.
remandrilar (tubos de caldera) | reroll (to).
remanencia | residual induction | residual magnetism.
remanencia (electricidad) | remanence.
remanencia de la imagen (tubo rayos catódicos) | burn.
remanencia magnética | remanence.
remanente | remainder | remnant.
remanente a cuenta nueva | balance of profit or loss carried forward.
remanipular | rehandle.
remansarse | backup (to).
remanso | damming | backwater.
remanso (ríos) | backwater.
remaquinización | re-machining.
remaquinizado | re-machined.
remaquinizar | re-machine (to).
remaquinizar el inducido | re-machine the commutator (to).
remar | pull (to) | scull (to) | oar (to).
remar con canalete | paddle (to).
remar con dos remos cortos (uno a cada banda) | scull (to).
remar con más vigor (botes) | give way (to).
remar en parejas (uno a cada banda) | scull (to).
remasar | dip (to).
rematador | settlement room clerk.
rematador (subastas públicas) | purchasing bidder.
rematar | sell at auction (to) | top (to).
rematar (heridos, etc.) | dispatch (to).
rematar en punta | spire (to).
remate | auction | finial | edge | distress selling | expiration | top.
remate (arquitectura) | pinnacle.
remate (comercio) | auction sale.
remate (de muro piñón) | hip-knob.
remate (edificios) | bratticing.
remate de bienes hipotecarios (ejecución) | foreclosure.
remate de chimenea | chimney top.
remate de la tela | cloth fell.
remate de madera recubierto de plomo o cinc (arquitectura) | horse.
remate del pabellón (locomotora eléctrica) | shrouding.
remate judicial | judicial auction.
remecanografiar | re-type (to).
remecanografiar sobre las partes borradas | re-type over deletions (to).
remediable | repairable.
remediar | remedy (to) | redress (to) | cure (to).
remediar la escasez | relieve shortages (to).
remedio | cure | remedy.
remedio a varios cuerpos (tejeduría) | space pass.
remedio heroico | kill or cure remedy.
remedio mixto (tejeduría) | mixed draw.
remendado de la caldera | boiler-patching.
remendador de mangueras | hose mender.
remendar | patch (to) | mend (to).
remendar (trajes, zapatos) | repair (to) | cobble (to).
remendar mal | tinker (to).
remendería (composición de anuncios, prospectos, etc. - tipografía) | general jobbing.
remendón | patcher.
remero | paddler | oar | puller.
remero (regatas) | boating man.
remero de proa | bow oar.
remero de proa (botes) | bowman | bow.
remero que boga con pareja de remos | sculler.
remesa | remittal | remission | remittance.
remesa (de dinero) | lodgement | lodgment.
remesa (de fondos) | delivery.
remesa (de mercancías) | consignment.
remesa (de planos, documentos) | batch.
remesa (remetido de urdimbre) | harness.
remesa a cuenta | remittance on account.
remesa de cobro | remittance for collection.
remesa de fondos | remittance of funds | transfer.
remesa de la oficina principal | remittance from home office.
remesa directa | drop shipment.
remesa documentaria | documentary draft | documentary remittance.
remesa para saldar una deuda | remittance in settlement.
remesa por cablegrama | cable transfer.
remesa simple (bancos) | clean draft.
remesado | remittee.
remesador (de dinero) | remittor | remitter.
remesar | remit (to).
remesar (dinero) | lodge (to).
remesas que se envían regularmente | regularly recurring appropriations.
remesas que usted tenga a bien hacernos | remittances you might be pleased to make us.
remetedora mecánica | drawing-in frame.
remeter la urdimbre por mallas | loop the warp (to) | link the warp (to).
remeter los hilos (tejeduría) | draw in (to).
remeter los hilos de urdimbre | loom the warp threads (to) | heddle the warp threads (to) | draw in the warp threads (to) | enter the warp threads (to).
remeter los hilos de urdimbre (urdidor) | lease (to).
remeter los hilos en el peine (tejeduría) | reed (to).
remeter los hilos por portadas (tejeduría) | lease by porters (to).
remetido (urdimbre) | entering | drawing | draft.
remetido a punta (tejeduría) | point pass.
remetido a punta doble (tejeduría) | double-point pass.
remetido a retorno (tejeduría) | angle draft.
remetido a varios cuerpos (tejeduría) | divided draw.
remetido amalgamado (tejeduría) | mixed pass.
remetido combinado (remetido amalgamado) | combination draw.
remetido de fantasía | fancy draft.
remetido de la urdimbre (G.B.) | pass.
remetido de la urdimbre por mallas | warp looping | warp linking.
remetido de los hilos (tejeduría) | drafting | drawing-in.
remetido de los hilos de urdimbre | looming | heddling.
remetido de los hilos de urdimbre (G.B.) | passing.
remetido de los hilos de urdimbre (peine telar) | reeding.
remetido de orden interrumpido (tejeduría) | broked draw.
remetido de retorno (tejedura) | pointed draw.
remetido de retorno (tejeduría) | angled draft | return pass | point draw.
remetido del peine (urdidor) | reeding.
remetido en orden de raso | satin draw.
remetido en orden de raso (telas) | scattered draw.
remetido en punta (remetido en retorno - tejeduría) | diamond pass.
remetido en punta (tejedura) | pointed draw.
remetido en punta (tejeduría) | point draw | angled draft | return pass.
remetido escalonado (tejeduría) | stage pass.
remetido intermitente | intermittent draw.
remetido intermitente (telares) | skip draft.
remetido irregular | fancy draft.
remetido por grupos (tejeduría) | grouped draw.
remetido por los lizos y el peine | sleying.
remetido por varias remesas (hilatura) | repeated pass.
remetido reducido (hilaturas) | reduced pass.
remetido saltado | intermittent draw.
remetido saltado (telares) | skip draft.
remetido seguido (tejeduría) | continuous pass.
remetido sinuoso | gauze draft.
remezclar | remix (to).
remiendista (México) | adman.
remiendo | patching | patch | patching up | patch | patchwork | piecing.
remiendo (a una pieza) | dutchman.
remiendo (de calzado, ropa) | cobbling.
remiendo (pedazo de tela, etc.) | clout.
remiendo (textil) | piecing.
remiendo en caliente (hornos metalúrgicos) | hot patch.
remiendo en frío | cold patch.
remiendo interior (carreteras) | plug patch.
remige | pinion | flag.
remige (aves) | manual.
remige secundaria (ala de aves) | secondary.
remisión | reference | remission | remitment.
remisión de deudas | acceptilation.
remisión de un proyecto de ley a una comisión | commitment.
remitente | sender | shipper | shipping officer | consignor | transmitter | forwarder.
remitente (de dinero) | remitter | remittor.
remitente (ferrocarril) | shipper.
remitente (mensajes) | originator.
remitida por (mercancías) | shipped by.
remitir | remit (to) | forward (to).
remitir a otro tribunal | remand (to).
remitir el preso a otro tribunal | remand the prisoner (to).
remitrón | remitron.
remo | oar.
remo (caballos) | limb.

remo con dos personas | double-scull.
remo con pala cuadrada | cape ann oar.
remo corto que se emplea en pareja | scull.
remo de espadilla | scull.
remo doblado | double-scull.
remo largo para governar (barcazas) | sweep.
remo más cercano a proa | bow oar.
remo para cinglar | skull.
remo parel | double-banked oar.
remoción | removal | displacement.
remoción (neutrones) | removal.
remoción de bebederos | cold spruing | chipping.
remoción de bebederos (funderías) | sprueing | spruing.
remoción de bebederos en caliente (antes que el metal se haya solidificado por completo) | hot spruing.
remoción de cálculos biliares (medicina) | biliary stone removal.
remoción de capas superficiales por maquinado (tochos) | scalping.
remoción de capas superficiales por máquinas de oxicorte (tochos) | desurfacing.
remoción de defectos (forjas) | fettling.
remoción de defectos superficiales (aceros) | conditioning.
remoción de defectos superficiales por el soplete (lingotes, tochos) | deseaming.
remoción de la capa de plomo formada en aceros estirados en frío en que se emplea plomo como lubricante | deleading.
remoción de la sustancia fluorescente (desfluorescencia - aceites minerales) | deblooming.
remoción de las esquinas vivas interiores (troqueles) | rolling off.
remoción de las sales minerales de un terreno por inundaciones | leaching.
remoción de los pilares (minas de carbón) | second working.
remoción de material (de una pieza) | stock removal.
remoción de material de 1,6 dm^3/quilate | material removal of 1.6 dm^3/carat.
remoción de pilares (minas) | robbing | stooping.
remoción de pilares (minería) | second mining.
remoción de rocas después de una voladura (minas) | lashing.
remoción de tierra | dirt moving.
remoción del ácido y sal antes de curtir (pieles) | depickling.
remoción del caldo (hornos) | rabbling.
remoción del endospermo del grano del trigo (fábricas harinas) | scalping.
remoción del gas residual (tubo electrónico) | gettering.
remoción del material superficial de un medio registrador para obtener una nueva superficie (registro del sonido) | shaving.
remoción del óxido superficial | descaling.
remoción del recubrimiento | coating stripping.
remoción electrolítica | electrolytic removal.
remoción electrolítica de material | electrolytic stock removal.
remoción electroquímica del material | electrochemical material removal.
remoción electrostática de las irregularidades de la pintura (pintura) | electrostatic detearing.
remoción estática de la humedad | static moisture removal.
remoción ilícita de bienes ajenos | asportation.
remoción mecánica de la capa de óxido | mechanical descaling.
remojadero | steeper.
remojado | steeping | soaking.
remojado (de curtidos) | drenching.
remojar | steep (to) | slake (to) | drench (to).
remojarestar en remojo | soak (to).
remojo | steeping | soaking | soak.
remolacha | sugar beet.
remolacha azucarera | sugar beet.
remolacha comestible | table beets.
remolacha de mesa | table beets.
remolacha forrajera | fodder beet.
remolcado | drawn.
remolcador | tow boat | tug | tugger | tugboat.
remolcador (Argentina) | sling punt.
remolcador (EE.UU.) | towboat.
remolcador con calderas de fuel-oil y máquina de vapor | steam-driven oil-fired tug.
remolcador con popa de culo de pato | duck-type stern tug.
remolcador con servicio de contraincendios | fire tug.
remolcador con tobera Kort | nozzle tug | Kort nozzle-equipped towboat.
remolcador de alta mar | seagoing tugboat.
remolcador de planeadores | glider tuff.
remolcador de poco calado de motor diesel | shallow draft diesel-driven tug.
remolcador de puerto | dock tug | harbor tug | depot tug.
remolcador de puerto de alta mar | seagoing harbour tug.
remolcador de río | river towboat.
remolcador de rueda a popa | stern-paddle tug.
remolcador de ruedas | paddle-driven tug | paddle-wheeled tug.
remolcador de ruedas en las aletas de popa | quarter wheel tug.
remolcador de salvamento | salvage tug.
remolcador de salvamento de alta mar | oceangoing rescue tug.
remolcador empujador con dos helices en túnel | twin-screw tunnel pusher tug.
remolcador para atracar o desatracar buques (puertos) | shiphandling tug.
remolcador para canales fluviales | canaler.
remolcador para gabarras o lanchones | barge tug.
remolcador para gabarras y lanchones | craft tug.
remolcador para salvamentos de buques | rescue tug.
remolcador para servicios en alta mar | ocean-towing tug | ocean-going tug.
remolcador pequeño de gran potencia | sea mule.
remolcador que trabaja empujando | pushboat | pusher tug.
remolcador rompehielos | icebreaker tug.
remolcador sin timón | rudderless towboat.
remolcar | draw on (to) | tug (to) | haul (to) | trail (to).
remolcar a la sirga (embarcaciones fluviales) | track (to).
remolcar de proa | tow ahead (to).
remolcar en horizontal (trenes) | draw on the level (to).
remolcar por medio de una estacha desde la orilla (embarcaciones fluviales) | track (to).
remoldeabilidad | remoldability.
remoldeo (pozo de arena) | smear.
remoler | remill (to) | regrind (to).
remolinar | eddy (to).
remolino | eddy | reverse current | waterspout | pressure eddy | vortex | backwater | swirl | whirlwind | whirl.
remolino (hidráulica) | whirlpool | roller.
remolino al pie de un vertedero | lasher.
remolino ascendente provocado por el incendio | fire storm.
remolino de aire | air swirl.
remolino de arena (meteorología) | sand pillar.
remolino de fondo (hidráulica) | bottom roller.
remolino de polvo | dust storm | dust whirl.
remolino de polvo y arena | devil.
remolino de viento | eddy-wind.
remolino en la estela al gobernar con el timón (buques) | kick | knuckle.
remolino laminar | steady swirl.
remolino laminar rotacionalmente simétrico | rotationally-symmetric steady swirl.
remolino vertical (ríos) | boil.
remolinos | lipper.
remolinos (estela buques) | wash.
remolinos (estela de un buque) | dead water.
remolinos causados por un motor de chorro | jet wash.
remolque | warping | trackage | tow | trailer | towage | tug | trolley | haulage.
remolque (para camión) | loader.
remolque (vagonetas de mina) | jink.
remolque a larga distancia | long-distance towage.
remolque acarreador | buggy.
remolque actuando como motor (trenes eléctricos) | driving trailer.
remolque aéreo | aerotow | aeroton.
remolque agrícola | trailer truck | farm-trailer.
remolque articulado | articulated trailer.
remolque carretero | highway trailer.
remolque carretero cargado en vagón batea | piggybacked trailer.
remolque cisterna | water trailer.
remolque con cabina | driving trailer.
remolque con chasis bajable para poder conseguir una pequeña altura de carga | drop frame low loader.
remolque con descarga por el fondo | drop bucket trailer.
remolque costero | coastwise towage.
remolque cuba | tank trailer.
remolque de alta mar | deep-sea towage.
remolque de caseta (automóviles) | house trailer.
remolque de cuba autodescargador para transporte por carretera | self-unloading highway tank trailer.
remolque de dos ejes | full trailer.
remolque de dos ruedas | two-wheeled trailer.
remolque de dos ruedas que se apoya sobre el pinzote del tractor | semitrailer.
remolque de municiones | ammunition trailer.
remolque de plataforma | flatbed trailer | flat bed trailer.
remolque de plataforma baja | drop-deck trailer | low-bed trailer.
remolque de un solo planeador por un avión | single tow.
remolque empujando | push-towing.
remolque en mar libre | open water towing.
remolque especial para granos | grain tank.
remolque frigorífico | reefer trailer.
remolque hospitalario | hospital trailer.
remolque integrado (de varias barcazas en línea) | integrated tow.
remolque motorizado | power-driven trailer.
remolque multirruedas (para grandes cargas) | multiwheeled trailer.
remolque para forraje | hay trailer.
remolque para llevar postes de madera | pole trailer.
remolque para transporte de ganado | livestock trailer.
remolque para transporte de troncos | logging trailer.
remolque-habitación (autos) | trailer.
remolque-tanque para repostar gasolina (aeropuertos) | gasoline trailer.
remonta de ganado | breeding stud.
remonta militar | military remount.
remontado (teñido) | topping.
remontaje | reassembly.
remontar | horse (to) | ascend (to) | remount (to).
remontar (presas) | negotiate (to).
remontar (teñido) | top (to).
remontar al origen de | retrace (to).
remontar el río (peces) | run up (to).
remontar un cabo (navegación) | weather (to) | double a point (to).
remontar una barrera de energía | surmount an energy barrier (to).
remontarse | remount (to).
remontarse (humo, etc.) | rise (to).
remontarse (luna, sol) | ride (to).
remonte de esquí | ski lift.

remontoir (reloj) | keyless watch.
remopropulsado | oar-propelled.
rémora | sucker | hindrance.
rémora fiscal | fiscal drag.
remosquearse (tipografía) | macle (to).
remostarse (vinos) | grow sweet (to).
remoto | distant.
removedor de impurezas | reclaimer.
remover | stir (to) | stir (to) | displace (to).
removible | removable | removably-mounted.
removido (de vagones) | handling.
removido con el arado (terrenos) | broke.
rempujo (de velero) | hand-leather.
rempujo (para coser velas) | roping palm.
rempujo (velas) | palm.
remunaración | salary.
remunerabilidad | profitabilility | remunerativeness.
remuneración | payment | consideration | reward | compensation | remuneration.
remuneración a destajo | piece rates.
remuneración complementaria hasta el salario garantizado | makeup pay.
remuneración de los consejeros | directors' remuneration.
remuneración en efectivo | remuneration in cash | cash remuneration.
remuneración equitativa | adequate compensation.
remuneración excesiva de los ejecutivos sobre el salario normal | package pay.
remuneración por desplazamiento | portal-to-portal pay.
remuneración por servicios bancarios diversos | remuneration for sundry banking services.
remuneración postal a la empresa de transporte aéreo | airline mail pay.
remuneración profesional | professional remuneration.
remunerador (minería) | pay | payable.
remunerar | remunerate (to).
renardita | renardite.
rendición | surrender.
rendición (de una plaza) | rendering | delivery.
rendición incondicional | unconditional surrender.
rendición legal de cuentas | lawful accounting.
rendija | aperture | slit | slot.
rendija colimadora | collimating slit.
rendija de energía | energy gap.
rendija de succión (aviones) | suction slot.
rendija de succión de la capa límite (túnel aerodinámico) | boundary-layer suction slot.
rendija óptica (TV) | optical slit.
rendijas alrededor de las ventanas | cracks around windows.
rendijas arqueadas | arcuate slots.
rendimiento | output | return | returns | return | yield | throughput | performance | turnoff | processing efficiency | production | produce | gain | grade of service | response | efficiency | put-out.
rendimiento (de máquinas herramientas) | performance.
rendimiento (de un acumulador) | volt efficiency.
rendimiento (de un convertidor) | degree of voltage rectification.
rendimiento (de un preselector-televisión) | image ratio.
rendimiento (de una máquina) | modulus.
rendimiento (extracción - minas) | get.
rendimiento (máquina) | operation ratio.
rendimiento (máquinas) | duty | efficacy | capacity.
rendimiento (mecánica) | performance.
rendimiento (radio) | gain factor.
rendimiento (refrigeradores) | coefficient of performance.
rendimiento (termodinámica) | effectiveness.
rendimiento (ventilador eléctrico) | service value.
rendimiento acumulado de fisión (nuclear) | cumulative fission yield.
rendimiento aerodinámico | lift drag ratio | aerodynamic efficiency.
rendimiento aerodinámico (relación entre la sustención y la resistencia al avance) | lift-drag ratio.
rendimiento analógico | analog output.
rendimiento anódico | anode efficiency | anodic corrosion efficiency.
rendimiento axial | axial sensitivity.
rendimiento balístico (motor de cohete o de misil propulsado por chorro) | external efficiency.
rendimiento bruto global | total credits.
rendimiento calculado | scheduled output.
rendimiento calorífico | heat efficiency.
rendimiento calorífico del reactor | reactor heat output.
rendimiento comercial | coefficient of efficiency.
rendimiento con incremento enorme | soaring output.
rendimiento continuo máximo | maximum continuous output.
rendimiento cuántico | quantum efficiency | quantum yield.
rendimiento cuántico de conversión | conversion quantum efficiency.
rendimiento cuántico espectral | spectral quantum yield.
rendimiento dado por la batea (lavado del oro) | panning.
rendimiento de antena direccional | antenna gain.
rendimiento de conversión | conversion efficiency.
rendimiento de equilibrio | equilibrium throughput.
rendimiento de extracción (minas) | face output.
rendimiento de fisión | fission yield.
rendimiento de fisión directo | direct fission yield.
rendimiento de fisión neutrónica en un reactor nuclear | pile neutron fission yield.
rendimiento de fisión primario | independent fission yield.
rendimiento de fluorescencia | fluorescence yield.
rendimiento de fotofisión | photofission yield.
rendimiento de inyección del diodo | diode injection efficiency.
rendimiento de inyección del emisor | emitter-injection efficiency.
rendimiento de la aleta | fin effectiveness.
rendimiento de la banca | bank return.
rendimiento de la bomba | pump duty.
rendimiento de la captura | capture efficiency.
rendimiento de la compresión adiabática | adiabatic compression efficiency.
rendimiento de la corriente | current yield.
rendimiento de la fisión | fission to yield ratio.
rendimiento de la hélice | thrust efficiency.
rendimiento de la instalación | plant efficiency.
rendimiento de la inversión | capital turnover.
rendimiento de la máquina | engine efficiency.
rendimiento de la mina | mine result | mine-returns.
rendimiento de la muela abrasiva en relación con la dureza del acero | wheel efficiency versus steel hardness.
rendimiento de la pega (minas, canteras) | blasting efficiency.
rendimiento de la recarga | recharge efficiency.
rendimiento de la rectificación (muelas abrasivas) | G ratio.
rendimiento de la transformación de lingote a palanquilla | ingot-to-slab yield.
rendimiento de la voladura (minas, canteras) | blasting efficiency.
rendimiento de las tropas | efficiency of the troops.
rendimiento de los impuestos | tax proceeds.
rendimiento de los mandos (aeroplanos) | control effectiveness.
rendimiento de molturación (trigos) | milling value.
rendimiento de pantalla (rayos catódicos) | screen efficiency.
rendimiento de planta | plant turnover.
rendimiento de potencia disponible | available power efficiency.
rendimiento de presión (bomba alternativa) | steam-end efficiency.
rendimiento de propulsión | propulsive efficiency.
rendimiento de radiación | yield of radiation.
rendimiento de respuesta del respondedor | transponder replay efficiency.
rendimiento de respuestas por un transpondor | transponder reply efficiency.
rendimiento de separación | separation efficiency.
rendimiento de títulos (economía) | yield from securities.
rendimiento de todo el día (transformadores) | all-day efficiency.
rendimiento de un pozo petrolífero | capacity of an oil well.
rendimiento de una cadena de fisión (nuclear) | chain fission yield.
rendimiento de una mina | yield of a mine.
rendimiento de ventas | sales yields.
rendimiento de voltaje | volt efficiency.
rendimiento de 7,7 megavatios-día/tonelada de uranio | reactor rating of 7.7 MWd/tonne U.
rendimiento declarado (motores) | declared efficiency.
rendimiento del barrido (motores) | scavenging efficiency.
rendimiento del bocarte | mill result.
rendimiento del capital | income from investments.
rendimiento del casco (buques) | hull efficiency.
rendimiento del ciclo | cycle efficiency.
rendimiento del escalón (compresores) | stage efficiency.
rendimiento del horno | furnace output.
rendimiento del lavador de aire | air washer effectiveness.
rendimiento del motor | engine efficiency | motor efficiency.
rendimiento del perfil | profile efficiency.
rendimiento del picador (minas) | get of the hewer.
rendimiento del ventilador | fan efficiency.
rendimiento depurador | scavenging efficiency.
rendimiento diario medio | average daily output.
rendimiento direccional | directive efficiency.
rendimiento directo de fisión | primary fission yield.
rendimiento económico | commercial efficiency.
rendimiento efectivo | performance rating | rating performance.
rendimiento eléctrico | electric efficiency.
rendimiento electrolítico | electrolytic yield.
rendimiento electrónico | electronic efficiency.
rendimiento electroquímico | voltage efficiency.
rendimiento en barriles (petróleo) | yield per barrel.
rendimiento en neutrones por absorción | neutron yield per absorption.
rendimiento en pareja de iones | ion yield.
rendimiento en pares de iones | ion-pair yield.
rendimiento en pares iónicos | ionic yield.
rendimiento en servicio | operating efficiency.
rendimiento energético | energetic efficiency | energy efficiency.
rendimiento especificado en salida | rated output.
rendimiento esperado | expectation of proceeds.
rendimiento estático (turbina de combustión) | static efficiency.

rendimiento estático al nivel del mar de 5.000 kilos | sea-level static output of 5000 kgs.
rendimiento garantizado | performance guaranteed.
rendimiento garantizado en servicio continuo | continuous-service rated output.
rendimiento global | overall efficiency.
rendimiento hidráulico | hydraulic efficiency.
rendimiento horario | output per hour | hourly output.
rendimiento horario de un circuito | hourly percentage paid time.
rendimiento horario de un circuito (telefonía) | paid time ratio.
rendimiento horario en gramos/centímetro cúbico (catalizadores) | space time yield.
rendimiento individual medio | average individual output.
rendimiento industrial | overall efficiency | commercial efficiency.
rendimiento isoentrópico | isentropic efficiency.
rendimiento isoentrópico del compresor isotérmico | isentropic efficiency of the isothermal compressor.
rendimiento justo | fair return.
rendimiento laboral | labor output.
rendimiento luménico | lumen output.
rendimiento lumínico | light output.
rendimiento lumínico de la ventana | window efficiency ratio.
rendimiento marginal | marginal return.
rendimiento máximo | best performance | maximum performance.
rendimiento máximo (electricidad) | peak output.
rendimiento máximo sin deformación | maximum undistorted output.
rendimiento mecánico | dynamic efficiency | mechanical advantage | mechanical efficiency.
rendimiento mecánico (motor diesel) | external efficiency.
rendimiento mecánico (turbinas) | engine efficiency (turbinas).
rendimiento mecánico ideal | ideal mechanical advantage.
rendimiento medio | average yield.
rendimiento neto | net yield | net return | outturn.
rendimiento neutrónico de la absorción nuclear | eta factor.
rendimiento neutrónico por fisión | neutron yield per fission.
rendimiento óptimo | peak efficiency.
rendimiento parafónico | close-talking sensitivity.
rendimiento ponderado | measured efficiency.
rendimiento por equipo en la cara de arranque (minería) | output per manshift at the face.
rendimiento por hombre | rate of output per man | output rate per man.
rendimiento por hombre-hora | man-hour output.
rendimiento por par de iones | yield per ion pair.
rendimiento propulsivo real | real propulsive efficiency.
rendimiento que va disminuyendo | failing yield.
rendimiento químico de la radiación | radiation chemical yield.
rendimiento radioquímico | G-value.
rendimiento relativo | relative sensitivity.
rendimiento seguro (acuíferos) | safe yield.
rendimiento seguro (aguas freáticas) | safe yield.
rendimiento sobre el capital | return on capital employed.
rendimiento térmico | heat performance | energy-conversion efficiency | thermal efficiency | heat efficiency | heat rate.
rendimiento térmico a plena carga | full-load thermal efficiency.
rendimiento térmico al freno | brake thermal efficiency.
rendimiento térmico de la instalación | plant thermal efficiency.
rendimiento térmico indicado | indicated thermal efficiency.
rendimiento térmico neto | thermal net efficiency.
rendimiento térmico total | overall thermal efficiency.
rendimiento termodinámico | Carnot efficiency.
rendimiento total | performance | through-put | gross return | gross efficiency | aggregate output.
rendimiento volumétrico | volumetric efficiency | volumetric yield | volume efficiency.
rendimiento volumétrico (bomba alternativa) | water-end efficiency.
rendimiento volumétrico aparente | apparent volumetric efficiency.
rendimiento volumétrico indicado | indicated volumetric efficiency.
rendimientos a escala | returns to scale.
rendimientos constantes a escala | constant returns to scale.
rendimientos decrecientes | diminishing returns | decreasing returns.
rendimientos marginales decrecientes | diminishing marginal returns.
rendimientos sobre la inversión | return on investment.
rendir | yield (to) | surrender (to).
rendir (cuentas) | give in (to).
rendir (informes) | return (to).
rendir (las armas) | lay down (to).
rendir (servicios) | render (to).
rendir (un palo - buques) | spring (to).
rendir cuenta de | account for (to).
rendir cuentas | render accounts (to).
rendir honores (a la bandera, etc.) | salute (to).
rendir intereses | bear interest (to).
rendir las armas | fling down (to).
rendir una cuenta | render an account (to) | ad compotum reddendum.
rendirse | yield (to) | strike upon (to).
rendirse (buques de guerra) | haul down the colors (to).
renegociar | renegotiate (to).
rengas (Melanorrhea spp) | rengas.
renglón | row | range.
renglón (de mercancías) | line.
renglón (línea completa de arcadas de jacquard) | gait.
renglón (tipografía) | line.
renglón competidor (comercio) | competing line.
renglón para nivelar | level board.
renguenio (unidad exposición) | roentgen.
reniforme | reniform.
renina (biología) | rennin.
renio | rhenium.
renitencia (medicina) | resistance to pressure.
renivelar | relevel (to).
reno hembra | doe reindeer.
reno macho | buck reindeer.
renormalizar (acros) | renormalize (to).
renovabilidad | renewability.
renovable | renewable | refreshable | replaceable.
renovable y prorrogable tácitamente (carta de crédito) | revolving.
renovación | shake-up | reshuffle | renewing | renewal | replacement | restoration.
renovación (biología) | turnover.
renovación (geología) | replacement.
renovación de cadenas de ancla | renewal of chain cables.
renovación de existencias | stock-turn | restocking.
renovación de inventario | stock-turn.
renovación de la camisa del cilindro | cylinder liner renewal.
renovación de la deuda | substitution of a debt.
renovación de la llanta superior del cintón de madera (buques) | renewal of upper flatbar of wood belting.
renovación de la presión natural (yacimiento petrolífero) | repressuring.
renovación de la vía | track-relaying.
renovación de lámparas | relamping.
renovación de las vigas (edificios, puentes) | regirdering.
renovación de licenca | renewal of licence.
renovación de los carriles (vía férrea) | relaying.
renovación de los machos (timones) | pintle renewal.
renovación de todas las traviesas de un trecho de vía | out-of-face replacement.
renovación de traviesas (vías férreas) | resleepering.
renovación de un testamento | republication of will.
renovación de vía (ferrocarril) | relaying.
renovación del aire | air refreshing.
renovación del capital | capital turnover.
renovación del consejo de administración | renovation of the board of directors.
renovación del contrato | renewal of contract.
renovación del inventario | merchandize turnover.
renovación urbana | urban renewal.
renovaciones | renewals.
renovaciones muy atrasadas | long-overdue renovations.
renovadas (ganancias) | incoming.
renovar | replace (to) | renew (to) | reinstate (to) | refurbish (to) | remodel (to).
renovar (vía) | re-lay (to).
renovar el fusible | refuse (to).
renovar la capa de rodadura de la carretera | resurface (to).
renovar la vía | rarail (to).
renovar las existencias | restock (to).
renovar las llantas (ruedas) | retyre (to).
renovar las traviesas | resleeper (to).
renovar los estays (calderas) | restay (to).
renovar una letra | renew a bill (to).
renovar una licencia | requalify (to).
renta | yield | earnings | revenue | income.
renta a pagar al beneficiario al fallecimiento del asegurado en varios plazos | life income annuity.
renta a perpetuidad | perpetuity.
renta a plazo | installment accounts.
renta acumulada | accrued incomes.
renta agrícola | farm income.
renta amillarada | assessed rental.
renta antigua | ancient rent.
renta anual | yearly income | annual return | annual income.
renta anual sobre el terreno | ground-annual.
renta bruta | gross yield | gross income.
renta cobrada por adelantado | rent collected in advance.
renta consolidada | consolidated annuity.
renta contingente | contigent annuity.
renta de aduanas | customs receipts | customs revenue.
renta de alquiler | rental tariff.
renta de inversiones | unearned income.
renta de pago diferido | reversionary annuity | deferred annuity.
renta de trabajo | earned income.
renta de viudedad | widow's annuity.
renta del Estado | government annuity.
renta del suelo | ground rent.
renta del terreno | ground-rent.
renta después de impuestos | income after tax.
renta diferencial | economic rent.
renta en dinero y en especies | mixed income.
renta en efectivo | cash income.
renta fija | fixed income | settled income.
renta fiscal | public revenue.
renta imponible | taxable income | assessed income.
renta individual | individual income.
renta líquida | liquid income.

renta líquida gravable | net taxable income.
renta mensual | monthly income.
renta nacional | national income.
renta nacional corregida | adjusted national product.
Renta Nacional Integra | Gross National Product.
renta nacional neta | private net product.
renta nacional real | real national income.
renta neta | liquid income | revenue above reprises | net yield | net income.
renta neta por acción | net income per share.
renta no salarial | unearned income.
renta no sujeta a impuestos | nontaxable income.
renta ocasional | but-for-income.
renta pagada por el laboreo y venta del material extraído (minería) | acreage rent.
renta per capita | per capita income.
renta permanente | permanent income.
renta por arrendamiento | rental income.
renta por incapacidad laboral | disability income.
renta por inversiones en valores | income from investments.
renta que proviene del alquiler | rental.
renta real | real income.
renta síquica | psychic income.
renta sobre el pago en origen del impuesto de sociedades | franked investment income.
renta temporal | temporal annuity.
renta vitalicia | life annuity | life-interest | life annuities | life rent.
rentabilidad | economic effectiveness | payability | earning capacity | income return | income yield | profit-earning capacity | profitability | profitability.
rentabilidad de las acciones (economía) | dividend yield.
rentabilidad del producto terminado | finished goods turnover.
rentabilidad del proyecto | design profit.
rentabilidad efectiva | income basis.
rentable | profitable | profit-earning | income-yielding | income-producing | revenue-earning.
rentar | bring in interest (to) | yield (to) | return (to).
rentas | incomings.
rentas acumuladas | retained income.
rentas de trabajo | revenues from labor.
rentas del Estado | inland revenue and excise | government stocks.
rentas públicas | revenue | revenue | inland revenue and excise | government stocks.
rentero | lessee | renter | renter.
rentista | life annuitant.
renucleación | renucleation.
renuencia | reluctance | unwillingness.
renuente | reluctant.
renuevo | offshoot | sprout | eye-bud | tiller | shoot.
renuevo (botánica) | sucker | growth | offset.
renuevo (Iberoamérica) | seedling sprout.
renuevo de tocón (árbol) | stump sprout.
renuevos (árboles) | browse.
renumerar | renumber (to).
renuncia | declination | dedition | quitclaim | remittal | resignation.
renuncia (de derechos) | surrender.
renuncia (derecho) | disclaimer.
renuncia (jurídica) | waiver.
renuncia a estar en la línea de espera después de haber entrado (estadística) | reneging.
renuncia a un derecho | waiver.
renuncia a una reclamación | remission of a claim.
renuncia colectiva | mass resignation.
renuncia de daños por agravio | waiver of tort.
renuncia de derechos | abandonment of rights.
renuncia implícita | implied waiver.
renuncia verbal | parole waiver.
renuncia verbal previa | prior parol waiver.
renuncia voluntaria | express waiver.
renunciante | resigner.
renunciar | declare off (to) | quit (to) | waive (to) | relinquish (to) | surrender (to) | resign (to).
renunciar (a un derecho) | release (to).
renunciar (a un proyecto) | renege (to).
renunciar a | dispense with (to) | leave off (to).
renunciar a un derecho | release a right (to) | surrender a right (to).
renunciar a una patente | abandon a patent (to).
renunciar al cargo | relinquish office (to) | resign office (to).
renunciar colectivamente a sus cargos | resign as a body (to).
renunciar el fuero | waive venue (to).
renunciar por contrato | contract out (to).
renunciaron a dicho derecho | they waived said right.
renvalso (puertas, ventanas) | shaving off.
reo | defendant | criminal.
reobase (biología) | rheobasis.
reocardiografía | rheocardiography.
reocoro | rheochor.
reodestrucción | rheodestruction.
reodorización | reodorization.
reoelectricidad | rheoelectricity.
reoencefalografía | rheoencephalography.
reoestricción | pinch effect.
reoextricción | pinch | pinch effect.
reofilia | rheophily.
reóforo | rheophore.
reóforo (electricidad) | rheophore.
reografía | rheography.
reógrafo | rheophoresis | rheograph.
reógrafo de impedancia bilateral | bilateral impedance rheograph.
reolavador | rheowasher.
reología | rheology.
reología de la madera | wood rheology.
reología de la masa | dough rheology.
reología de la suspensión acuosa | slurry rheology.
reología de los asfaltos | rheology of asphalts.
reología de los suelos arcillosos | rheology of clay soils.
reología del asfalto | asphalt rheology.
reología en el estado licuado | melt rheology.
reología más allá del límite elástico (aceros) | postyield flow.
reología terrestre | earth rheology.
reológico | rheological.
reólogo | rheologist.
reometría | rheometry.
reómetro | rheometer.
reómetro de disco oscilante | oscillating disk rheometer.
reómetro de tensión constante | constant-stress rheometer.
reómetro de tubo Pitot | Pitot tube flowmeter.
reómetro óptico | optical current meter.
reomorfismo | rheomorphism.
reopexía (reología) | rheopexy.
reordenación | rearrangement | arrangement.
reordenación agrícola | reorganization of agriculture.
reordenación del retículo distorsionado | reordering of the distorted lattice.
reordenación intramolecular | intramolecular rearrangement.
reordenación molecular | intramolecular rearrangement.
reordenado | resequencing | re-ordered.
reordenamiento | rearrangement.
reordenamiento de los datos | rearranging the data.
reorganización | rehabilitation | shake-up.
reorganización (EE.UU.) | re-organization.
reorganización (G.B.) | re-organisation.
reorganización de datos en dos partes iguales para establecer sus respectivas medias aritméticas | semiaverage method of fitting a straight line.
reorganización de la agricultura | reorganization of agriculture.
reorganizar | reorganize (to).
reorganizar una empresa | rehabilitate a company (to).
reoscopía | rheoscopy.
reoscopio | rheophoresis.
reóstato | rheostat | variable resistance | variable resistor | resistance | resistance box | resistor.
reóstato cilíndrico | drum rheostat.
reostato compensador | compensating rheostat.
reostato de anillo | ring rheostat | ring rheostat.
reostato de arranque | starting rheostat | startor | starting resistance | starter.
reóstato de arranque a plena carga | full-load starter.
reostato de arranque automático | automatic starter | self startor.
reóstato de arranque de corriente alterna | alternating-current starter.
reóstato de arranque de impedancia | impedance starter.
reóstato de arranque de inducción | induction starter.
reóstato de arranque de parrilla | grid rheostat.
reostato de arranque de resistencia de líquido | liquid starter.
reostato de arranque de resistencia líquida | liquid rheostat.
reóstato de arranque del motor | motor starter.
reostato de arranque del rotor | rotor startor.
reostato de arranque estrella-triángulo | star-delta startor.
reóstato de caldeo | heating rheostat.
reostato de cambio de marcha | reversing starter.
reóstato de campo auxiliar | field diverter rheostat.
reostato de campo de compensación | balancer field rheostat.
reóstato de campo de la excitatriz accionado por motor | motor-operated exciter field rheostat.
reóstato de carga | charge rheostat.
reóstato de clavijas | plug rheostat.
reóstato de cursor | sliding resistance | slide resistance.
reostato de excitación | exciting rheostat | field rheostat | induction regulator.
reóstato de excitación de la dínamo | dynamo induction regulator.
reóstato de gran resistencia óhmica | high-resistance rheostat.
reostato de manivela | switch rheostat.
reostato de placas de carbón | carbon plate rheostat.
reostato de regulación | regulating resistor.
reostato de regulación aproximada | coarse rheostat.
reóstato de resbalamiento (motor eléctrico) | slip regulator.
reostato de velocidad preestablecida | preset speed rheostat.
reostato del arco | arc-rheostat.
reostato del campo inductor | exciting rheostat.
reóstato del voltaje | draw rheostat.
reostato devanado de alambre | wirewound rheostat.
reostato en puente | potentiometer rheostat.
reóstato interpolador | interpolating rheostat.
reóstato para aceleración gradual | inching rheostat.
reostato para variar la velocidad | speed adjusting rheostat.
reostato por décadas | decimal rheostat.
reostato potenciométrico | potentiometer rheostat.
reóstato regulador | trimming rheostat.
reostato regulador de la bobina de regulación | control-coil setting rheostat.
reostato rotórico | rotor rheostat.
reostricción | rheostriction.
reótomo | rheotom | rheotome.
reotrón | rheotron.
reótropo (física) | rheotrope.

repaginar un libro | remake-up (to).
reparabilidad | repairability.
reparable | reparable | repairable | recoverable.
reparación | reconditioning | repair | debugging | fixing.
reparación (jurisprudencia) | remedy.
reparación a flote (no en dique seco) | floating repair.
reparación a plazo fijo | round clock repair.
reparación con recrecimiento (soldadura) | reclamation.
reparación con soldadura | weld repair.
reparación de averías | damage repairs.
reparación de baches (carreteras) | dribbling.
reparación de barriles averiados | recoopering.
reparación de buques | shiprepairing.
reparación de carrocerías de automóviles | autobody repair.
reparación de defectos de producción | production defects repairing.
reparación de documentos | document repair.
reparación de grietas vertiendo metal fundido (piezas fundidas defectuosas) | burning-on.
reparación de la caja (coches) | body repair.
reparación de la carrocería | body repair.
reparación de revestimientos de hornos metalúrgicos | fettling.
reparación de tacones (zapatos) | heeling.
reparación de una equivocación) | righting.
reparación de urgencia | emergency repair.
reparación del entibado (minas) | realignment.
reparación del equipo | repairs of equipment.
reparación del pozo (minas) | shaft rehabilitation.
reparación en la base | base repair.
reparación en la mitad de la campaña (alto horno) | mid-campaign repair.
reparación en marcha (oleoductos) | hot tapping.
reparación en obra | repair in situ.
reparación galvánica | doctoring.
reparación in situ | repair in situ.
reparación legal | legal redress.
reparación pequeña | minor repair.
reparación poco importante | minor repair.
reparación positiva (jurídico) | affirmative relief.
reparación provisional | emergency repair.
reparación urgente | urgent repair.
reparación y conservación | repairs and upkeep.
reparación y mantenimiento | repairs and maintenance.
reparación y mantenimiento de oficinas | office repairs and maintenance.
reparaciones | carrying charges | repairs.
reparaciones cada vez más caras | increasingly expensive repairs.
reparaciones contractuales | contractual repairs.
reparaciones de fortuna | breakdown repairs.
reparaciones efectuadas en el casco en varadero (buques) | repairs made on hull on slipway.
reparaciones en el camino | enroute repairs.
reparaciones importantes | extensive repairs | big repairs.
reparaciones por terceros | outside repairs.
reparaciones provisionales en la carretera (autos) | roadside repairs.
reparaciones sin guantes ni ropa aislante ni herramientas con mango aislante (electricidad) | bare-hand repairs.
reparacionista | repairman.
reparado (error) | rectified.
reparado por reposición de cuchilla postiza | salvaged by retipping.
reparador | repairer | serviceman.
reparador (telefonía) | lineman.
reparador de artículos de oficina (persona) | office appliance repairer.
reparador de averías de máquinas (talleres) | setup man.
reparador de baños de tinte | liquor man.
reparador de carrocerías de autos | automotive body repairman.
reparador de carrocerías de carros (hispanoamérica) | automotive body repairman.
reparador de minas | mineman.
reparador de vagonetas (minas) | corver.
reparador galvánico | doctor.
reparar | fix (to) | overhaul (to) | redress (to) | doctor (to) | debug (to) | relieve (to) | make amends (to) | make good (to).
reparar (equivocaciones) | right (to).
reparar (máquinas) | recondition (to).
reparar (motores) | service (to).
reparar (obras) | keep up (to).
reparar a su costa | make good at his own expense (to).
reparar averías | repair damages (to).
reparar averías durante el combate (buque guerra) | repair damage in action (to).
reparar con recrecimiento de soldadura | reclaim (to).
reparar el blindaje (pozos de minas) | recase (to).
reparar la avería | make good the damage (to).
reparar la capa de rodadura | resurface (to).
reparar las duelas (barriles) | recooper (to).
reparar o inspeccionar en un hangar | dock (to).
reparar o reponer lo dañado (seguros incendio) | reinstate (to).
reparo | comment.
reparo de caza | game cover.
repartible | allottable | distributable.
repartición | partition | distributing | parcelling.
repartición (de beneficios) | division.
repartición al azar | randomization.
repartición de contribuciones por cabeza | head tax.
repartición de costos | distribution of costs.
repartición de deudas | distribution of debts.
repartición de frecuencias | allocation of frequencies.
repartición de gastos generales | burden adjustment.
repartición de honorarios | fee-splitting.
repartición de impuestos | assessment of taxes.
repartición de la carga | division of load | load-sharing | load distribution.
repartición de la carga (redes eléctricas) | dispatching.
repartición de la carga entre dos grúas (talleres) | double hooking.
repartición de la carga reactiva | reactive load division | reactive load sharing.
repartición de la potencia reactiva | sharing of reactive power.
repartición de la resistencia | right hand taper.
repartición de la resistencia (en un reostato) | taper.
repartición de las aguas (geología) | distribution of water.
repartición del campo inductor | field distribution.
repartición del flujo | flux distribution.
repartición del tiempo de mando dependiente | dependent drive time-sharing.
repartición del tiempo máquina | machine time usage.
repartición del trabajo | demarcation of work.
repartición del trabajo entre toda la plantilla trabajando menos horas para evitar el despido de parte de los obreros | work-sharing.
repartición lineal | straight-line distribution.
repartición por lotes | lotting.
repartido al azar | distributed at random.
repartido progresivamente | tapered distributed.
repartidor | dispatcher | distributing frame | patch board | stepping unit.
repartidor (computadora) | dispatcher.
repartidor (comunicaciones) | distribution frame.
repartidor (de una herencia) | portioner.
repartidor (telefonía) | patch board.
repartidor (teléfonos) | distribution frame.
repartidor de averías | average stater.
repartidor de combinaciones (telefonía) | combined distribution frame.
repartidor de combinaciones (telefonía automática) | link distributing frame.
repartidor de grupo primario | group distribution frame.
repartidor de grupo secundario (telefonía) | supergroup distribution frame.
repartidor de hilo telefónico | wire dispenser.
repartidor de la capacidad | capacitance grading.
repartidor de la carga | load divider.
repartidor de la carga (redes eléctricas) | load dispatcher.
repartidor de línea | line splitter.
repartidor de originales dentro de la imprenta | copy cutter.
repartidor de repetidores (telefonía) | repeater distribution frame.
repartidor intermediario (telefonía) | intermediate distributing frame.
repartidor mixto | combined distribution frame.
repartidor principal (central telefónica) | main distributing frame.
repartidor principal (teléfonos) | main distribution frame.
repartidor telegrafíco | telegraph repeater.
repartimiento | admeasurement | partition | apportionment.
repartimiento de tributos y contribuciones per capita | per capita tax assessment.
repartir | mete out (to) | deal (to) | partition (to) | parcel out (to) | part (to) | lot (to) | appoint (to).
repartir (cartas) | deliver (to).
repartir a prorrota entre | apportion (to).
repartir dividendos | appropriate dividends (to).
repartir el trabajo | breakup the work (to).
repartir la carga | spread the load (to).
repartir la explotación (de líneas férreas) | pool (to).
repartir los beneficios | divide the profits (to).
repartir los gastos | assess the expenses (to).
repartir papeles (teatros) | cast (to).
repartir un dividendo | distribute a dividend (to).
repartir una suma | portion out a sum (to).
reparto | alloting | assessment | partitioning | dealing.
reparto (distribución - del correo) | delivery.
reparto a domicilio | delivery to place of residence.
reparto de beneficios | profit-sharing.
reparto de beneficios al consejo de administración | managerial profit-sharing.
reparto de boletos (alojamiento de tropas) | allotment of billets.
reparto de contribuciones | taxation.
reparto de ganancias | profit-sharing.
reparto de impuestos | rating.
reparto de la avería | partition of average.
reparto de la carga (electricidad) | load sharing.
reparto de la carga a tratar (ordenadores) | load sharing.
reparto de la demanda | prorationing.
reparto de misiones por trabajos específicos | task assignment.
reparto de misiones por zonas de acción | area assignment.
reparto de papeles (teatros) | cast.
reparto de tracas (forro de buques) | shifting of strakes.
reparto de una comisión (bolsa) | give up.
reparto del correo | postal delivery.
reparto gremial | class tax assesment.
reparto proporcional | proportional allotment.
reparto tributario | tax sharing.
repasada (pieza rechazada) | rectified.
repasado (tejeduría) | perching.
repasado (urdimbre) | entering.
repasado de roscas (de tornillos) | die-casting.

repasadora de roscas | thread restorer.
repasar | refit (to) | rub up (to).
repasar (asiento de válvula) | recut (to).
repasar (cojinetes) | reface (to).
repasar (limas, etc.) | set (to).
repasar (muelas abrasivas) | dress (to).
repasar (piezas rechazadas) | rectify (to).
repasar (reparación de cuerdas) | overhaul (to).
repasar (tornillos) | retap (to).
repasar con buril | reenter (to).
repasar con el macho roscas interiores | retap (to).
repasar con la broca (un agujero) | redrill (to).
repasar con la lima | file over (to).
repasar con la plancha (ropa) | press out (to).
repasar en el torno | reface (to).
repasar en la piedra de aceite (filos de herramientas) | oilstone (to).
repasar filos | set (to).
repasar la junta | dress the joint (to).
repasar la rosca (tornillos) | rethread (to) | rechase (to).
repasar las micas (colector de motor eléctrico) | reslot the micas (to).
repasar los bordes | edge-trim (to).
repasar una herramienta en la piedra de aceite | hone (to).
repasivación de la superficie | re-passivation of the surface.
repaso | rollback | cramming | rerun.
repaso (de cordones de soldaduras) | dressing.
repaso (de soldaduras) | dressing-off.
repaso (de una máquina) | refit.
repaso (de una pieza rechazada) | rectification.
repaso (ebanistería) | cleaning-up.
repaso con la lima | filing down.
repaso de filos (herramientas) | honing.
repaso de la soldadura con muela abrasiva | weld grinding.
repaso de los cantos (chapas) | edge conditioning.
repaso de piezas forjadas defectuosas con varios golpes sobre la estampa (forja) | restriking.
repaso del asiento de la válvula | valve refacing.
repaso del cordón (soldadura) | bead trim.
repaso general (buques, máquinas, etc.) | major overhaul.
repaso rápido de un asunto | briefing.
repastador (Honduras) | feeder.
repatriación de beneficios | repatriation of proceeds.
repatriación de capital | repatriation of capital.
repatriación de capitales | repatriation of capitals.
repatriación del capital | capital repatriation.
repatriar | repatriate (to).
repatriar los beneficios | transfer home the profits (to).
repavimentación | repaving.
repavimentar | repave (to).
repeinado (textiles) | double-combed.
repelado | cropping.
repelado (tochos, chapas) | chipping.
repelado a paño con el cincel | chipped flush.
repelado del papel | picking.
repelador y calafate | chipper and calker.
repelar (chapas, etc.) | chip (to).
repelar (una pieza de fundición, una chapa, etc.) | chipper (to).
repelar a paño con el cincel (soldadura) | chip flush (to).
repelarse al ser cepillada (maderas) | pick up (to).
repeledor | repeller.
repelencia | repellency.
repelente | repellent.
repeler | drive back (to).
repelo (maderas) | pickup.
repellado | roughing in.
repellar (muros) | dub out (to).
repellar con lanzador neumático | gunite (to).
repello | parge.
repello (muros) | dubbing.
repello (primera capa de yeso - enlucidos) | scratch coat.
repello de cemento | cement plaster.
repentizar (música) | at first sight.
repercusión | repercussion | reverberation | replication.
repercusión (explosión) | backlash.
repercusión del impuesto | tax shifting | tax pyramiding.
repercusión del precio | price repercussion.
repercusión desfasada (econometría) | distributed lag.
repercusión en el precio | price repercussion.
repercusión internacional | international implication.
repercusiones | consequential effects | aftermath.
repercusivo | reverberant.
repercutir | reverberate (to).
repercutir en todas las direcciones | quaquaversal.
reperforación | redrilling.
reperforador de transmisión | reperforator.
reperforador transmisor | reperforating transmitter.
repertorio | fare | index-book | repertory | repertoire | roster.
repertorio (calculadora electónica) | repertoire.
repertorio comercial | trade directory.
repertorio de bibliotecas | directory of libraries.
repertorio de direcciones | dir ectory | directory.
repertorio de instrucciones (fotocomponedora) | instruction repertory.
repesar | re-weigh (to) | reweigh (to).
repetibilidad (de un experimento por el mismo operador y el mismo aparato) | repeatability.
repetibilidad de corte | repeatability of cutting.
repetibilidad de la lectura | repeatability of reading.
repetible | repeatable.
repetición | reprise | replicate | recursion | iteration | dotted bar | replication | replication frequency.
repetición (música) | replica.
repetición (TV) | rehearsal.
repetición de la inspección | duplication of inspection.
repetición de la prueba | retest | retesting.
repetición de pasada | rerun.
repetición instantánea | instant replay.
repetición sistemizada | systemized repetition.
repetido | repeated.
repetidor | transposer | remodulating | relay receiver | repeater | translator.
repetidor (acústica) | echoer.
repetidor (aparatos) | slave.
repetidor (telecomunicación) | transponder.
repetidor (telefonía, telegrafía) | repeater.
repetidor (telegrafía) | relay.
repetidor automático (telegrafía) | regenerative repeater.
repetidor bifilar | two-wire repeater.
repetidor catódico bivalvular (radio) | two-valve cathode follower.
repetidor convertidor de frecuencia de onda portadora para telefonía | frequency-converting telephone carrier repeater.
repetidor de cable submarino | submarine cable repeater.
repetidor de cinta vídeo | video tape replay.
repetidor de cuatro conductores | four wire repeater.
repetidor de enlace de radar | radar link repeater.
repetidor de frecuencia vocal | voice frequency repeater.
repetidor de impedancia negativa | negative impedance repeater | negative-impedance repeater | negistor.
repetidor de impulsos | transponder | pulse repeater.
repetidor de impulsos de señal (telecomunicación) | signal pulse repeater.
repetidor de llamada | ringing converter.
repetidor de llamada (telefonía) | ringing repeater.
repetidor de microondas | microwave repeater | microwaves relay.
repetidor de onda portadora montado sobre poste de madera | pole-mounted carrier repeater.
repetidor de portadora | carrier repeater.
repetidor de portadoras múltiples | multicarrier repeater.
repetidor de programas (de un ciclo) | program repeater.
repetidor de radar | radar picket.
repetidor de radio | radio repeater.
repetidor de regeneración (telegrafía) | regenerative repeater.
repetidor de rumbo (buques) | bearing repeater.
repetidor de señales (marina) | repeater.
repetidor de tránsito | through repeater.
repetidor de una sola línea | single line repeater.
repetidor de unidad accionada (electricidad) | operated unit repeater.
repetidor del indicador del ángulo del timón | rudder angle indicator repeater.
repetidor del rumbo | steering repeater.
repetidor desmodulador | back-to-back repeater.
repetidor directo | direct point repeater | through repeater.
repetidor electrónico | electronic repeater.
repetidor en contrafase | push-pull repeater.
repetidor generador de impulsos (telefonía) | regenerative pulse repeater.
repetidor giratorio (telefonía) | rotary repeater.
repetidor giroscópico | gyrorepeater.
repetidor heterodino | heterodyne repeater.
repetidor indicador de demora | bearing telltale.
repetidor intermedio | intermediate repeater.
repetidor klistrón | klystron repeater.
repetidor para cruzamiento de frecuencias | frogging repeater.
repetidor por onda portadora | carrier repeater.
repetidor PPI | PPI repeater.
repetidor radárico | radar repeater.
repetidor rectificador | rectifying repeater.
repetidor rígido (cables submarinos) | rigid repeater.
repetidor síncrono | synchro repeater | synchronous repeater.
repetidor telefónico | voice repeater | telephone repeater.
repetidor telefónico de corrección de distorsión | telephone regenerative repeater.
repetidor telefónico de impedancia negativa | negative impedance telephone repeater.
repetidor terminal | terminal repeater.
repetidor transistorizado (telecomunicación) | transistorized repeater.
repetidor transistorizado (telefonía) | transistorized repeater.
repetidor unidireccional | one-way repeater.
repetidores de impedancia negativa | negative impedance repeaters.
repetidores telealimentados (telefonía) | dependent repeaters.
repetir | quote (to) | ring (to) | cycle (to) | rerun (to).
repetir (informática) | roll back (to).
repetir contra uno | come back on one (to).
repetir el reglaje | retime (to).
repetir el reglaje (motores) | retime (to).
repetir el vuelo | reflight (to).
repetir la prueba | retest (to).
repetir la radiografía | reradiograph (to).
repetir una escena (filmes) | retake (to).
repetirse (números, la comida) | repeat (to).
repetitivo | recursive.
repetividad | repeatibility.
repicadora | transplanter.
repicar (campanas) | ring (to).

repicar (limas) | recut (to).
repignorar | repledge (to).
repintable | repaintable.
repintar (tipografía) | slur (to) | setoff (to).
repinte (ensuciamiento de tinta de un pliego a otro - tipografía) | setoff.
repinte (tipografía) | set-off.
repique | chime | ringing.
repiquetear | clack (to).
repiqueteo (máquinas) | clattering.
repisa | shelf | bracket | bracket shelf | pedestal | piedouche.
repisa (marco de ventana) | sill.
repisa (ventana) | stool.
repisa de chimenea | chimney bar | overmantel | mantel.
repisa interior (del hogar) | hob.
repisa soportada por consolas | corbel table.
repita (telecomunicación) | read back.
replanificar | reschedule (to).
replantar (plantas) | reset (to).
replanteador | layer-out.
replantear | lay out (to).
replantear con piquetes | stake out (to).
replantear en el terreno una curva | stake out a curve (to).
replanteo | ranging | setting out | staking | pegging out | plotting | laying-out | laying down.
replanteo (topogafía) | locating.
replanteo con piquetes | staking | staking out.
replanteo de curvas | curve plotting | curve locating.
replanteo de curvas (carretera, ferrocarril) | curve surveying.
replanteo de curvas en el terreno | curve ranging.
replanteo de la curva | curve layout.
replanteo de plano.
repleción | silting | repleteness | repletion | shoaling.
repleción (de puertos) | siltation.
repleción (presas) | silt deposition.
repleción con arenas (puertos) | sanding.
repleción de embalses | reservoir silting.
repleción de los poros | pore clogging.
repleción del suelo | soil clogging.
replegable | retractable.
replegado (anatomía) | reflected.
replegado hacia adentro | infolded.
replegar | retract (to) | refold (to).
replegar (tropas) | retire (to).
replegar hacia adentro | infold (to).
replegarse | withdraw (to) | bend back (to).
replegarse (milicia) | recoil (to).
repleto | full | bursting.
réplica | dotted bar | replica.
réplica (jurisprudencia) | replication.
réplica (metalurgia) | replica.
réplica (paleontología) | peel.
réplica (terremotos) | aftershock.
réplica a una demanda | rejoinder.
réplica aplastante | zinger.
réplica de carbón evaporado de gran claridad de detalles | high-resolution evaporated-carbon replica.
réplica de la imagen (frecuencia imagen) | image response.
réplica de la parte actora | plaintiff's replication.
réplica de la superficie | replica of the surface.
réplica de película de plástico | plastic film replica.
réplica de rejilla de difracción | diffraction grating replica.
réplica de rejilla de difracción plana | plane diffraction grating replica.
réplica del espécimen | specimen replication.
réplica en cera | wax replica.
réplica en gelatina | gelatine replica.
réplica en laca | lacquer replica.
réplica en placas (bacteriología) | replica plating.
réplica en plástico (metalurgia) | plastic replica.
réplica en plomo fundido de un troquel antes de templarlo (para ver que no sale rebaba en la pieza) | lead proofs.
réplica en régimen permanente | steady-state response.
réplica en una sola fase | single-stage replica.
réplica geométrica | geometrical replica.
réplica metálica | metallic replica.
réplica negativa | negative replica.
réplica para examen en el microscopio electrónico | electron microscopic examination replica.
réplica polar | polar response.
réplica por película de óxido | oxide replica.
réplica positiva | positive replica.
replicación | replication.
replicado | replicate.
replicar | rejoin (to).
replicar (jurisprudencia | replicate (to) | rebut (to).
réplicas (terremotos) | trailers.
réplicas de extracción (metalografía) | extraction replicas.
réplicas y contrarréplicas | give-and-take.
repliegue | withdrawal | replication | recess | fold.
repliegue (anatomía) | reflection.
repliegue (milicia) | falling away.
repliegue de la superficie sobre sí misma (defecto forja) | shut.
repliegues de la montaña | mountain recesses.
repoblación forestal | reafforestation | reafforest | afforestation | reforestation | forest renewal | forestation.
repoblado preexistente (bosques) | advance growth.
repoblar (bosques) | afforest (to).
reponer | reinstall (to) | replace (to).
reponer (carbones lámpara de arco) | trim (to).
reponer (en su empleo) | reinstate (to).
reponer (en su puesto) | restore (to).
reponer (una obra teatral) | revive (to).
reponer existencias | refill the stock.
reponer las bajas | make good the casualties (to).
reponer piezas defectuosas que estan en garantía | replace defective parts under the guarentee (to) .
reponer traviesas (ferrocarril) | retimber (to).
reponer un ciclo (calculadora) | reset a cycle (to).
reponerse | recover (to).
reponsable | guilty.
reportaje | news report.
reportaje (de periódico) | report.
reportaje cinematográfico | newsfilm.
reportaje corto (cine o televisión) | bridge.
reportaje en directo (radio) | live description.
reportaje falso | shave.
reportaje fotográfico | picture story.
reportaje ilustrado | picture story.
reportaje publicitario | advertisement in feuilleton style.
reportar (bolsa) | continue (to).
reportar (imprenta) | overrun (to).
reportar beneficio | derive profit (to) | pay off (to).
reporte | contango | report.
reporte (bolsa) | continuation.
reporte (tipografía) | overrun.
reporte de accidente | accident report.
reportero | reporter.
reposado (de la cerveza) | withering.
reposado durante un año (metalurgia) | aged for one year.
reposapiés | footrest.
reposar (líquidos) | settle (to).
reposar de nuevo (líquidos) | resettle (to).
reposar en aire seco | dry-air age (to).
reposición | reversal | reinstatement | replacement | reposition | resetting | reset.
reposición (telefonía automática) | homing.
reposición a la línea (telefonía) | first party release.
reposición a mano | hand-reset | manual reset.
reposición automática | self-reseting | immediate reclosure | self-resetting.
reposición de existencias mínimas | buying to minimum inventory.
reposición de información | rewrite.
reposición de la obencadura (buques) | rerigging.
reposición de marras (bosques) | beet up.
reposición de mercancías | replacement of goods.
reposición del ciclo (ordenador) | cycle reset.
reposición extrarrápida | instantaneous reset.
reposición lenta | slow release.
reposición manual | hand reset.
reposicionabilidad | resettability.
reposicionador | resetting.
reposicionamiento | repositioning.
reposicionar | reset (to) | reposition (to).
repositor
reposo | breathing time | standstill.
reposo (piezas fundidas) | seasoning.
reposo (telegrafía) | break.
reposo (tisaje) | dwell.
reposo con tono desconectado (terminal) | tone-off idle.
reposo del batán (tisaje) | dwell of the lay.
repostado | fueling.
repostaje | refueling | refuelling | replenishment.
repostaje a presión | pressure-refuelling.
repostaje de combustible nuclear para buques nucleopropulsados | nuclear ship fueling.
repostaje en la mar con andarivel de dos buques navegando a rumbos paralelos | highlining.
repostaje en vuelo | aerorefuelling | air refueling | in-flight refuelling.
repostaje en vuelo (aviones) | flight refuelling.
repostaje navegando próximos a la misma velocidad y por medio de una manguera suspendida de un cable que enlaza ambos buques | abeam refuelling.
repostaje por la parte inferior del ala | underwing refuelling.
repostamiento aéreo | aerial refuelling.
repostar (de combustible) | refuel (to).
repostar combustible | bunkering.
repostería (buques) | scullery | butler's pantry | pastry cook's shop | pantry.
repostería de la cámara (buques) | mess room pantry.
repostería del comedor (buques) | saloon pantry.
repostero | butler.
repostero (cocinero) | dresser.
reprecipitar | reprecipitate (to).
repreguntador | cross-examiner.
repreguntas | cross-examination questions.
represadora (fabricación ladrillos) | repress.
reprensar (prensa) | re-press (to).
reprensible | exceptionable.
reprensión | reprimand.
reprension por escrito | written reprimand.
represa | dam.
represa de agua | banking.
represa de retenida de agua | logging dam.
represa de retenida de agua (flotación de maderas en ríos pequeños) | splash dam.
represa de tierra | earthen sump.
represa formada por témpanos de hielo en las partes estrechas | ice jam.
represalia | reprisal.
represalias | retaliation.
represamiento | damming.
represamiento (de aguas) | impounding.
represar | backwater (to) | stop (to).
represar (aguas) | impound (to).
represar (aguas de un río) | dam (to).
represar (con una presa) | pond (to).
represar (el agua) | pound (to).
represar (ríos) | pond up (to).
representación | icon | description | display |

proxy.
representación (matemáticas) | mapping.
representación (teatros) | production.
representación binaria | bit pattern.
representación con modelo | modeling.
representación conforme | conformal mapping.
representación conforme deformable | deformable conformal map.
representación cuantitativa | quantitative mapping.
representación de ataque por sonar | sonar attack plotter.
representación de imagenes por ultrasonido | ultrasonic imaging.
representación de Kurie | Kurie plot.
representación de la memoria principal del usuario (proceso de datos) | user main storage map.
representación de la tarjeta | card image.
representación de los datos | data representation.
representación de símbolos | pictorial symbolization.
representación de un campo | field mapping.
representación de un grupo | representation of a group.
representación de un registro | play back.
representación de una expresión paramétrica | picture of a parametric description.
representación decimal codificada en binario | binary coded decimal representation.
representación del relieve | relief portrayal.
representación digital | discrete representation.
representación en el país de origen (comercio) | on-the-spot representation.
representación en perspectiva | pictorial.
representación esquemática | schematical representation.
representación estereográfica | stereographic plot.
representación exclusiva | exclusive agency | sole agency.
representación gráfica | graphing | plotting | graphic display.
representación gráfica de la continuidad de un proceso | connector.
representación gráfica de la transformación (termódinamica) | process representation.
representación gráfica del análisis de tamaño de las partículas | graphic representation of particle size analysis .
representación irreductible | irreducible pattern | irreducible representation.
representación irreductible bidimensional | two-dimensional irreducible representation.
representación matricial de grupos | matrix representation of groups.
representación paramétrica | parametric representation.
representación sobre tubo de rayos catódicos | CRT representation.
representación vectorial | vectorial display.
representación visual ajustada a modelo | formatted display.
representación visual electrónica obtenida por computador | computer operated electronic display.
representaciones conformes canónicas | canonical conformal maps.
representaciones de dominios de cortes radiales (matemáticas) | radial slit mappings.
representaciones gráficas | plotting.
representado (personas) | principal.
representado en el espacio de sucesos | viewed in the space of events.
representamos varias casas inglesas | we represent several English firms.
representante | attorney-in-fact | rep.
representante (de agencia de publicidad, etc.) | contact man.
representante (persona) | representative.
representante de la empresa explotadora | operating agency representative.
representante de ventas con conocimiento metalúrgicos | metallurgically-trained sales representative.
representante del armador en el muelle (Inglaterra) | wharfinger.
representante del sindicato en el taller | shop steward.
representante en el extranjero | representative abroad.
representante local del propietario (minas) | deputy.
representante para contratar | bargaining representative.
representante regional | regional representative.
representante sindical | union representative | shop steward.
representante social | contact representative.
representante técnico | technical representative.
representar | depict (to) | describe (to) | figure (to) | display (to) | release (to).
representar gráficamente | graph (to).
representar mentalmente los objetos | visualize (to).
representar visualmente | display (to).
representatividad | representativeness | representativity.
represión | suppression.
represión de la extorsión de aeronaves | aircraft extorsion repression.
represión sangrienta (política) | purge.
represividad | repressiveness.
repretensar | re-prestress.
reprimenda | reprimand.
reprimir | repress (to) | check (to) | control (to) | contain (to).
reprimir la organización terrorista | curb terrorist organizations (to).
reprimir por la fuerza | coerce (to).
reprise (fibras textiles) | moisture regain.
reprise (textiles) | standard moisture regain.
reprobar | upbraid (to).
reprocesador
reprocesar | rerun (to) | reprocess (to) | rework (to).
reproceso | reprocessing.
reproducción | replication | replica | breeding | reproduction.
reproducción ambifónica | ambiphonical reproduction.
reproducción cianográfica en blanco | white print.
reproducción cromolitográfica | colored lithographic reproduction.
reproducción de anuncios | ad reprint.
reproducción de datos | data playback.
reproducción de documentos | document reproduction.
reproducción de planos | map reproduction.
reproducción de registro sonoro | playback.
reproducción de trabajo de línea del mismo tamaño | same-size line reproduction.
reproducción de un artículo | offprint.
reproducción de un fenómeno | simulation.
reproducción de una casete original | cover.
reproducción en dos tonos | duotone reproduction.
reproducción en fotograbado | photogravure reproduction.
reproducción en microfilme de un libro | projected book.
reproducción en octocromía | eight-color reproduction.
reproducción en relieve | half-tone reproduction.
reproducción estereofónica | stereophonic playback.
reproducción estereofónica sobre cinta magnetofónica | stereotape.
reproducción exacta | facsimile.
reproducción fotográfica | photographic reproduction.
reproducción fotolitográfica | photo-offset reproduction.
reproducción fotolitográfica de mapas | photolithographic map reproduction.
reproducción fotostática | photostat.
reproducción fototipográfica | half-tone reproduction.
reproducción hidromecánica | hydroreproduction.
reproducción interna | internal breeding.
reproducción por esporas irreducidas | diplospory.
reproducción por esquejes (botánica) | piping.
reproducción reflectográfica | reflectographic reproduction.
reproducción sonora | sound reproduction | sound reproducing.
reproducción sonora de buena calidad con pequeña distorsión de las frecuencias audio (aparatos radio) | high fidelity.
reproducibilidad | consistency.
reproducibilidad de la respuesta | response reproducibility.
reproducibilidad de los resultados de las pruebas de microdureza | reproducibility of microhardness testing results
reproducible | reproducible.
reproducido con fidelidad | faithfully-reproduced.
reprodución clonal | cloning reproduction.
reprodución clónica | clonical reproduction.
reproducir | regenerate (to) | duplicate (to) | reproduce (to) | quote (to) | breed (to).
reproducir la información | copy (to).
reproducir por medio del fonógrafo | phonograph (to).
reproducir por procedimientos fotomecánicos | process (to).
reproducir un dibujo picando sobre papel o tela | prick out (to).
reproducir un dibujo por heliógrafo | heliograph (to).
reproducir una cinta | play back (to).
reproductibilidad | reproductivity.
reproductibilidad (resultado de un experimento en diversos laboratorios con diversos operadores) | reproducibility.
reproductor | player | breeder.
reproductor (de planos, etc.) | reproducer.
reproductor (maquinado) | template.
reproductor (maquinado piezas) | master.
reproductor de cinta | tape player.
reproductor de cinta magnética de televisión | television tape player.
reproductor de cristal | crystal pick up.
reproductor de imágenes | image reconstructor.
reproductor de imágenes (receptor televisión) | image reproducer.
reproductor de película | film reproducer.
reproductor electrostatico | condenser pick-up.
reproductor rápido | fast breeder | fast-breeder reactor.
reproductor térmico | thermal breeder.
reproductora de fichas | card reproducer.
reprografía | reprography.
reprografía e impresión | reprography and printing.
reprográfico | reprographic.
reprogramable | reprogrammable | alterable.
reprogramación | reprogramming.
reprom (memoria de lectura) | reprom.
reprueba | retest.
repruebas | retests.
reps | repp | rep.
reps de algodón | cotton reps.
reps de seda | bassin.
reptación | creeping | creep.
reptación (de superficies pintadas) | crawling.
reptación (serpientes) | crawl.
reptación de roca | rock flowage.
reptante (botánica) | running.
reptilario | reptilarium.
República Argentina | Argentine.
república socialista federativa | federative

socialist republic.
repúblicas iberoamericanas | American republics.
repudiar | repudiate (to) | dismiss (to).
repudiar una obligación | welsh (to).
repudio | repudiation.
repudio unilateral de una deuda | unilateral repudiation of a debt.
repuesta del servomecanismo | servo fidelity.
repuesto | stock | store.
repuesto de gas autohermético | self-sealing gas refill.
repuesto de piezas | backup.
repuesto en su cargo | restored to his job.
repuestos | repair parts | parts | renewal parts | duplicate parts | duplicates.
repuestos de la base | depot spares.
repuestos en almacén | stock spares.
repuestos en base avanzada | tender spares.
repugnante | repellent.
repugnante (olores) | offensive.
repujado | embossing | repoussé | bossing | chased | embossed.
repujado (en el torno) | spinning.
repujado (pieles) | embossing.
repujador (de cuero o metales) | embosser.
repujar | emboss (to) | bone (to).
repujar (metales en el torno) | spin (to).
repulgador (costura) | creaser.
repulgar | border (to).
repulgar (costura) | crease (to).
repulgo | hemming.
repulimentación | repolishing.
repulimentado | repolished.
repulsado (en el torno) | spinning.
repulsado de metales (en el torno) | metal spinning.
repulsado para endurecer con llama de soplete | flame spinning.
repulsión | repulsion.
repulsión (topes de vagones) | buffing.
repulsión coulombiana | Coulombian repulsion.
repulsión electrodinámica | electrodynamic repulsion.
repulsión electromagnética | electromagnetic repulsion.
repulsión electrostática | electrostatic repulsion.
repulsión estérica | steric repulsion.
repulsión inducida | induced repulsion.
repulsion iónica | ionic repulsion.
repulsión magnética | magnetic repulsion.
repulsión molecular | molecular repulsion.
repulsividad | repulsiveness.
repulsivo | repellent.
repulsorio | repulsory.
repunte (de la marea) | turn | slack.
repunte (de marea) | slack water.
repunte (mareas) | stand.
repunte de la marea | stack water | slack-water.
repunte de pleamar | high water stand.
repurificación | repurification.
reputación | standing.
reputación comercial | business reputation.
reputación delictuosa | shady reputation.
reputación dudosa | doubtful standing.
reputar | repute (to).
requebrar (minas) | bulldoze (to).
requemar | overburn (to) | reburn (to).
requeridor | process-server.
requerimiento | requisition | motion | formal demand.
requerimiento al pago | request for payment.
requerimiento de pago | demand for payment.
requerimiento judicial | bench warrant | injuction.
requerimiento notarial | notarial demand.
requerimiento permanente | permanent injunction.
requerimiento provisional (abogacía) | preliminary injunction.
requerimientos de lixiviación (agricultura) | leaching requirements.
requerimientos financieros | requirements for finance.
requerir | request (to) | enjoin (to) | exact (to).
requerir prórroga de pago | request a delay (to).
requesón | cottage cheese | slip.
requiere pericia y experiencia ayudada por la dedicación a la investigación | it requires skill and experience backed by dedicated research.
requintar | outbid by one-fifth (to).
requirente | petitioner | process-server.
requisa | impressment | commandeering | levy.
requisa en masa | levy in mass.
requisado pero no recibido todavía | due-in.
requisar | commandeer (to) | call into requisition (to) | impress (to) | requisition (to).
requisar (buques) | embargo (to).
requisición | requisition.
requisito | requirement | proviso.
requisito ascensional de aproximación | approach climb requirement.
requisito cualitativo | qualitative requirement.
requisito cuantitativo | quantitative requirement.
requisito para obtención del certificado | certification requirement.
requisito subsidiario | subsidiary requirement.
requisitoria | requisition | indictment | letters requisitory | letter requisitorial.
requisitos | requirements | qualifications.
requisitos cada vez más rigurosos | increasingly exacting requirements.
requisitos de empleo | duty requirements.
requisitos de inventario | inventory requirements.
requisitos inspeccionales | inspectional requirements.
requisitos médicos | medical requirements.
requisitos necesarios | compulsory requirements.
requisitos operacionales muy severos | stringest operational requirements.
requisitos para el empleo | serviceability.
requisitos para la calidad nuclear (materiales para reactores nucleares) | nuclear-quality requirements.
requisitos para publicación de las cuentas sociales | disclosure requirements.
requisitos para retención de archivos | record retention requirements.
requisitos para una carrera profesional | qualifications for a professional career.
requisitos que les sean aplicables | relevant requirements.
rerecalentador | resuperheater.
reredos | altar lardos.
rerefrigerar | refreeze (to).
rerevenido | re-tempering.
rerradiación (radio) | reradiation.
rerradiografiar | reradiograph (to).
rerrecalentamiento del desbaste (metalurgia) | slab re-heating.
rerrectificable | regrindable.
rerrectificado | regrinding | regrind.
rerrevenir | retemper (to).
rerrevenir (aceros) | redraw (to).
rerroscar | recut (to).
rerroscar (tornillos) | rethread (to) | rechase (to).
res de tiro (transporte) | draft cattle.
res decornada | pollard.
res muerta | carcass.
res nullius | A thing of no one.
res sin marcar
res vacuna destinada al matadero | stocker.
resaca | surf | undertow.
resaca (comercio) | redraft | return draft.
resaca (mar) | backrush | backwash.
resaca (olas) | back wash | backwater.
resaca (playas) | ground roller.
resacar | redraw (to).
resak (Vatica manggachapoi) | resak.
resaltar | come out (to) | pick out (to).
resaltar (contornos) | line in (to).
resaltar su oposición | voice one's opposition (to).
resalte | frog | rib | ledge | leader | land.
resalte de chaveta | key boss.
resalto | shoulder | skewback | lump | protuberance | ressaut | ledge | jut | jutty | nose | snug | relief | stud | projecting part | projecting ridge | projection | salient.
resalto (arquitectura) | projecture.
resalto (de espiga carpintería) | shoulder.
resalto (desnivelación) | change of level.
resalto (en la pared, en la roca) | scarcement.
resalto (en una superficie) | bump.
resalto (geología) | rock step.
resalto (hidráulica) | jump | back wash.
resalto abrasivo | abraded land.
resalto abrasivo (entre acanaladuras) | abradant land.
resalto circular (tubo macho) | spigot bead.
resalto de apoyo (placa de acumulador) | feet.
resalto de contacto (reostato) | stud.
resalto de leva | cam nose.
resalto de los polos (alternadores) | saliency of the poles.
resalto de prearrastre de aire (hidráulica) | preentrained jump.
resalto del eyector | ejector nose.
resalto hidráulico | hydraulic jump.
resalto hidráulico (canales) | bore.
resalto hidráulico sumergido | drowned jump.
resalto horizontal (fallas) | heave.
resalto horizontal de falla | fault heave.
resalto vertical (fallas) | throw.
resalto vertical de la falla | fault throw.
resaltos (carreteras) | roughness.
resaltos de la pista de despegue | runway bumps.
resalvo | shoot.
resanado (albañilería) | patching and pointing.
resanado (muros, etc.) | patching.
resanado de nudos (buques madera) | graving.
resanar (hormigón) | point (to).
resanar (muros, etc.) | patch (to).
resarcir | adeem (to) | make good (to) | compensate (to) | redeem (to) | redress (to) | make amends (to) | recoup (to) | recoup.
resarcir (los daños) | indemnify (to).
resarcir la pérdida | make good the loss (to).
resarcir los daños causados | repair damages (to).
resarcirse de una pérdida | recover a loss (to).
resbalabilidad | slipperiness.
resbalabilidad del piso de hormigón | concrete flooring slipperiness.
resbalada (alpinismo) | glissade.
resbaladera | guideway | guidepost | sliding bearing | side bearing | slideway | slide.
resbaladera (cruceta del pistón) | guide bar.
resbaladera (máquina alternativa) | guide rod.
resbaladera (para desplazar lingotes en el horno) | rail.
resbaladera acanalada de madera | coulisse.
resbaladera de alimentación de municiones (cañón) | feed chute.
resbaladera de la cruceta (máquinas alternativas) | slide bar | slide-rod.
resbaladera de la placa de guarda | pedestal horn.
resbaladera del bogie | truck side bearing.
resbaladera transversal | crossrail.
resbaladeras | sliding ways.
resbaladeras (tornos) | sheers.
resbaladeras de la mesa (máquina-herramienta) | table slides.
resbaladeras de la mesa lubricadas con aire a presión | air-lubricated table slideways.
resbaladeras del carnero (limadoras) | ram slides.
resbaladeras planas | flat-slides.
resbaladeras planas de la mesa | flatbed slideways.
resbaladeras rectificadas (máquinas herramientas) | ground slides.

resbaladero | slide | slip.
resbaladizo | sliding.
resbaladora de la traviesa superior del pivote (bogie) | bolster side bearing.
resbalamiento | slip | slipping | sliding | slippage | slide | glide.
resbalamiento (correa de transmisión) | creep.
resbalamiento (correas) | creeping.
resbalamiento (electricidad) | slip.
resbalamiento de ala (aviación) | sideslip.
resbalamiento de ala (aviones) | sideslipping.
resbalamiento de cola | tail slide.
resbalamiento de cola (aerobacía) | whipstall.
resbalamiento de la rueda sobre el carril (ferrocarril) | chatter.
resbalamiento del bandaje (rueda de locomotora) | creeping of the tire.
resbalamiento del embrague | clutch slip.
resbalamiento del hilo (bobinas, carretes, etc.) | sloughing.
resbalamiento del inducido | armature slip.
resbalamiento del rotor | rotor slip.
resbalamiento entre las partes de un hueso fracturado | overriding.
resbalamiento gradual de la correa (con relación a su polea) | belt creep.
resbalamiento limitador del par torsor | torque-limiting slip.
resbalamiento plástico | plastic glide.
resbalamiento real (hélices) | nominal slip.
resbalamiento sobre la cola (aviones) | tail-dive.
resbalar | slip (to) | slide (to) | glide (to).
resbalar (avión en vuelo) | slip (to).
resbalar (correa sobre su polea) | creep (to).
resbalar lateralmente (autos) | sideslip (to).
resbalar sobre el ala (aviones) | sideslip (to).
resbalón | glide | slip | gliding | slide.
resbalón de ala (aviación) | sideslip.
resbalón de bola (puertas) | ball catch.
resbalón de cerradura | thumb latch.
resbasamiento (milicia) | sideslip.
rescatable | redeemable.
rescatar | bring off (to) | recover (to) | repossess (to) | redeem (to) | buy back (to).
rescatar la poliza | surrender the policy (to).
rescatar una finca | redeem a estate (to).
rescatar una finca hipotecada | redeem mortgage land (to).
rescatar una prenda | redeem a pledge (to).
rescate | redemption | recovery | release | salvage | repurchase | rescue | deliverance.
rescate (acciones) | redeem.
rescate (de terrenos) | reclamation.
rescate (economía) | ransom.
rescate (empréstito, etc.) | redemption.
rescate (seguros) | surrender.
rescate de madera | reclaiming timber.
rescate de señal (comunicaciones) | signal recovery.
rescindible | rescindable.
rescindible (contratos) | terminable.
rescindible con un mes de aviso por cualquiera de las dos partes | terminable by one month's notice from either side.
rescindir | cancel (to) | rescind (to) | dock (to) | abrogate (to).
rescindir (contratos) | determinate (to).
rescindir un contrato | rescind a contract (to) | cancel a contract (to).
rescisión | abrogation | annulment | cancellation | cancelation.
rescisión (contratos) | determination.
rescisión de una oferta | termination of offer.
rescisión sin prima indemnizadora (seguros) | flat cancellation.
rescisorio | rescissory.
rescoldo | cinders | embers.
resecación | dry-out.
resecado | resect | overcure.
resecarse | desiccate (to).
resección en espacio (topografía) | space resection.
reseco | too dry.
resentimiento | umbrage.
reseña | muster | report.
reseña (periodismo) | account.
reseña encomiástica en la sobretapa (libros nuevos) | blurb.
reserva | backlog | rest | reservation | reserve | allocation | buffer pool | provision | saving clause | earned surplus | dump.
reserva (de billetes, de pasaje) | reservation.
reserva (de derechos) | salvo.
reserva (de fondos) | provision.
reserva (documentos diplomáticos) | protest in writing.
reserva (estampación telas) | reserve.
reserva (fotograbado) | acid resist.
reserva (imprenta) | resit.
reserva (Méjico, Venezuela) | sanctuary.
reserva (ordenador) | backup.
reserva (textil) | resist.
reserva absoluta | identity covered.
reserva aérea organizada | organized air reserve.
reserva bancaria | legal reserve.
reserva coloreada (estampado telas) | color resist.
reserva consolidada | funded reserve.
reserva contra revaluación de bienes | contra-asset reserve.
reserva de amortización | reserve for sinking fund.
reserva de asientos (trenes, buques, aviones) | booking.
reserva de circulante | working reserve.
reserva de depreciación | depreciation allowance.
reserva de derechos (abogacía) | reservation of rights.
reserva de dinero | end money.
reserva de divisas | foreign exchange reserve.
reserva de flotabilidad | buoyancy reserve.
reserva de flotabilidad (buques) | reserve buoyancy.
reserva de la naturaleza | nature reserve.
reserva de la red (electricidad) | system reserve.
reserva de libre disposición | free reserve.
reserva de mecha | roving reserve.
reserva de mineral | ore stock.
reserva de oro (banca) | gold treasure.
reserva de parte de la renta para su posterior empleo | dead rent.
reserva de potencia | reserve power.
reserva de potencia (electricidad) | hot reserve.
reserva de reactividad | built-in reactivity.
reserva de reevaluación | revaluation reserve.
reserva de seguridad (seguros) | reserve for contingencies.
reserva de tasación | valuation reserve.
reserva de trabajadores (talleres) | labor pool.
reserva de una póliza al finalizar su año | terminal reserve.
reserva disponible | free reserve.
reserva disponible de energía | cold reserve.
reserva disponible de energía (central eléctrica) | spinning reserve.
reserva disponible de energía (electricidad) | system reserve.
reserva en efectivo | cash reserve.
reserva estatutaria | legal reserve | statuting reserve.
reserva estatutaria (economía) | lawful reserve.
reserva femenina de la Guardia Costera (EE.UU.) | spars.
reserva forestal | forest reserve.
reserva instantánea | instantaneous stand-by.
reserva latente | hidden reserve.
reserva legal | lawful reserve | statutory reserve | statuting reserve.
reserva legal (bancos) | legal reserve.
reserva legal (economía) | statutory reserves.
reserva matemática (seguros) | mathematical reserve.
reserva matemática para riesgos en curso (seguros) | mathematical unearned premium.
reserva media | mean reserve.
reserva metálica (oro - plata) | bullion reserve.
reserva neta (seguros) | net reserve.
reserva obligatoria | required bank reserves | mandatory reserve.
reserva obligatoria en metálico | compulsory cash reserve.
reserva ordinaria (bancos) | ordinary reserve.
reserva oro | gold reserve.
reserva para agotamiento | depletion allowance.
reserva para amortización | reserve for amortization | provision for depreciation.
reserva para baja de valores | reserve for depreciation of securities.
reserva para bonificaciones | reserve for allowances.
reserva para cuentas dudosas | reserve for doubtfull accounts | allowance for bad debts | allowance for doubtful accounts.
reserva para cuentas incobrables | reserve for uncollectible accounts.
reserva para depreciación | sum set aside for depreciation.
reserva para desgaste (y) desuso e insuficiencia | reserve for wear (and) tear (and) obsolescence and inadequacy.
reserva para deudas incobrables | reserve for bad debts.
reserva para deudas no cobrables | provision for bad debts.
reserva para eventualidades | contingent reserve.
reserva para fallidos | reserve for bad debts.
reserva para fluctuaciones de mortalidad | mortality-fluctuation reserve.
reserva para fondo de amortización | reserve for sinking fund.
reserva para igualación de la depreciación | depreciation equalization reserve.
reserva para imprevistos | contingency reserve | provision for contingencies.
reserva para impuestos | reserves for taxes.
reserva para nivelación de cargos por gastos generales | equalization reserve.
reserva para obligaciones | liability reserve.
reserva para pérdidas | loss reserve.
reserva para pérdidas en contratos de compras | reserve for losses on purchase.
reserva para reinversión | reinvested profits.
reserva para siniestros (seguros) | provision for outstanding.
reserva para siniestros pendientes (seguros) | reserve for pending claims.
reserva para siniestros ya sobrevenidos (seguros) | loss reserve.
reserva parcial | fractional reserves.
reserva por prima sobre acciones | reserve for premium on shares.
reserva superior a lo normal | reserve above normal.
reserva técnica | technical reserve.
reserva técnica (seguros) | mathematical reserve.
reserva voluntaria | retained earnings.
reserva voluntaria (economía) | voluntary reserve.
reservado | earmarked.
reservado (billetes para tren, etc.) | booked up.
reservado (Bolivia, Colombia, Costa Rica) | closed area.
reservado (de caza, pesca, etc.) | preserve.
reservado el derecho de reproducción | copyright.
reservado en almacén | ear-marked.
reservados todos los derechos | all rights reserved.
reservar | layby (to) | spare (to).
reservar (billetes, habitación, etc.) | book (to).
reservar (Bolivia, México) | demarcate (to).

reservar (memoria) | reserve (to).
reservar asientos (para avión, tren, etc.) | book seats (to).
reservar localidades | book seats (to).
reservarse algo | preempt (to).
reservas | reserves.
reservas bancarias obligatorias | compulsory reserves of banks.
reservas complementarias de activo | reserves deductibles from the assets.
reservas comprobadas (de petróleo, carbón) | proved reserves.
reservas conocidas | known reserves.
reservas conocidas (de petróleo, carbón) | proved reserves.
reservas de caja | cash reserves.
reservas de capital | proprietary reserves.
reservas de divisas | foreign currency reserves.
reservas de menas explotables | workable ore reserves.
reservas de mineral | reserves of ore.
reservas de mineral (minería) | ore reserves.
reservas de mineral (yacimientos) | available ore surplus.
reservas de mineral comprobadas | developed reserves.
reservas de mineral reconocidas | positive ore.
reservas de operación de los bancos | working reserves of banks.
reservas de oro | gold holdings.
reservas de oro y divisas (economía) | gold and foreign exchange reserves.
reservas de petróleo | crude oil reserves.
reservas de primas (seguros) | premiums reserves.
reservas de superávit | proprietary reserves.
reservas de tasación | offset reserves.
reservas de valoración | offset reserves.
reservas demostradas | proved reserves.
reservas disponibles | unrestricted reserves.
reservas en metálico | vault cash.
reservas encubiertas en libros | hidden reserves.
reservas encubiertas en los libros (finanzas) | inner reserves.
reservas estimadas | inferred reserves.
reservas estimadas de mineral | estimated ore-reserves.
reservas latentes (finanzas) | inner reserves.
reservas líquidas | primary bank reserve.
reservas matemáticas | active life reserve.
reservas monetarias | monetary reserves.
reservas móviles | rolling reserves.
reservas mundiales probadas (petróleo) | world-proved reserves.
reservas no distribuibles | capital reserves.
reservas para caso de guerra | war reserve.
reservas para desuso | obsolescence reserves.
reservas para obligaciones | liability reserves.
reservas para riesgos en curso (seguros) | premiums reserves.
reservas patrimoniales | proprietary reserves.
reservas posibles | possible reserves.
reservas potenciales hidráulicas | hydropotentialities.
reservas previstas | prospective reserves.
reservas primarias obligatorias | required primary reserves.
reservas probables | probable reserves.
reservas provisionales | nonsurplus reserves.
reservas reales de mineral | actual reserves of ore.
reservas realizables | liquid reserves.
reservas sociales | company reserves.
reservas técnicas | technical coverage.
reservas visibles | general reserves.
reservas y garantías | reservations and safeguards.
reservista (persona) | reservist.
reservorio (botániza, zoología) | reservoir.
reservorio de petróleo | accumulation | oil pool.
reservorio de petróleo (geología) | petroleum reservoir.
reservorio oleífero (botánica) | oil reservoir.
resfriadera (fábrica azúcar) | refreshing basin.
resguardar de la luz | shade (to).
resguardo | security | shelter | recess | tally | voucher | warrant.
resguardo (esclusas) | play | clearance.
resguardo (para pasar) | berth.
resguardo (túneles) | elbow room.
resguardo contra el salto del arco (aislador rosario) | flashover clearance.
resguardo de depósito | deposit slip.
resguardo de muelle | dock receipt.
resguardo de pago | receipt of payment.
resguardo para tener en cuenta el espesor de la traza del lápiz (dibujo con plantillas) | pencil allowance.
resguardo provisional | interim certificate.
resguardo provisional (seguro) | binder.
residencia | domicile | abode.
residencia de ancianos | nursing home.
residencia femenina | sorority.
residencia verdadera | actual residence.
residenciar a un funcionario público | impeach an official (to).
residente | tenant | commorant.
residente (persona) | resident.
residente en la memoria de núcleos | core memory resident.
residente rural | rural resident.
residir | domicile (to).
residuación | residuation.
residual | remaining | vestigial | anomalous.
residuo | marc | refuse | rest | remainder | scrap | tailing | remanence | sediment | trash | remnant.
residuo (de electrodo, etc.) | stump.
residuo (de tratamiento) | residual.
residuo (electrodos) | fag-end.
residuo (función periódica) | harmonic content.
residuo (geología) | relict.
residuo (matemáticas, química) | residue.
residuo (procesos de afino) | foot.
residuo (química) | residual | educt.
residuo ácido | acid waste | acid residue.
residuo bombeable | pumpable residue.
residuo combustible | refuse fuel.
residuo con cantidad apreciable de óxido de hierro (tratamiento de bauxitas) | red mud.
residuo de ánodo | anode butt.
residuo de calcinación (cenizas metálicas) | calx.
residuo de calcinación de menas de sulfuro de hierro | blue billy.
residuo de destilación | distillation residue.
residuo de destilación (petróleo) | bottom.
residuo de la elaboración de cerveza | slop.
residuo de la tercera armónica | third harmonic content.
residuo de lixiviación | lixiviation residue.
residuo de los fondos (petróleos) | bottom sediment.
residuo de manzanas (fabricación de sidra) | cheese.
residuo de petróleo mezclado con un destilado | cutback.
residuo de portadora | carrier leak.
residuo de tostación de pirita | purple ore.
residuo de una serie infinita | remainder of an infinite series.
residuo del electrodo | electrode stump.
residuo del petróleo o de sus destilados | black oil.
residuo extraído químicamente | chemically extracted residue.
residuo gaseoso | gas residue.
residuo imbombeable | unpumpable residue.
residuo insoluble | insoluble residue.
residuo no volátil (combustibles para motores) | existent gum.
residuo para lubricantes | long residuum.
residuo sulfurado (afino electrolítico) | matte.
residuos | debris | pickings | wasters | taillings.
residuos (de aceite, etc.) | foots.
residuos (refino del petróleo) | tailings.
residuos acuosos de coquerías | coke plant aqueous waste.
residuos astronáuticos | astronautical waste.
residuos atómicos | atomic wastes.
residuos autorregresivos | autoregressive residuals.
residuos cuadráticos | quadratic residues.
residuos de acabado | finishing waste.
residuos de alambique | still bottoms.
residuos de alquitrán o petróleo fluidificados por productos de la destilación | cutback products.
residuos de armas nucleares | weapon debris.
residuos de bomba | bomb debris.
residuos de cantera | quarry wastage | grout.
residuos de débil radioactividad | cool wastes.
residuos de destilación | dregs.
residuos de destilación del ron | dunder.
residuos de elaboración (fabricación alcohol) | stillage.
residuos de fabricación | mill scrap.
residuos de fabricación de álcalis | alkali waste.
residuos de fundición | foundry scrap.
residuos de hollejos (elaboración de vinos) | grape pomace.
residuos de la bomba | weapon debris | weapon residue.
residuos de la cosecha | crop residues.
residuos de la explosión que descienden lentamente muy lejos del punto de detonación (explosión nuclear superficial o subsuperficial) | fallout.
residuos de la fisión nuclear fijados sobre vidrio | fixation-in-glass fission product wastes.
residuos de la galvanostegia | electroplating wastes.
residuos de lavado de carbones | silt.
residuos de media móvil | moving-average residuals.
residuos de pesticidas | pesticide residues.
residuos de petróleo | topped petroleum | bottom settlings.
residuos de potencia (matemáticas) | power residues.
residuos de potencia consecutivos | consecutive power residues.
resíduos de productos de fisión | fission-product residues.
residuos de refinado | raffinate.
residuos de seda devanada | strass.
residuos de tanques (petroleros) | slop.
residuos del aceite | oil residues.
residuos del crudo | crude bottoms.
residuos del petróleo | petroleum tailings | oil residues.
residuos glaciales no estratificados | till.
residuos grasos no comestibles | tankage.
residuos humanos | human waste.
residuos indestilables del crudo (petróleo) | still bottoms | residuum.
residuos industriales | factory refuse | trade wastes.
residuos insolubles | insoluble residues.
residuos líquidos diluidos | dilute liquid wastes.
residuos líquidos radiactivos | radioactive liquid wastes.
residuos nucleares | nuclear waste.
residuos que se acumulan en el fondo (alambiques, etc.) | bottoms.
residuos que vuelven a caer cerca del punto de detonación (explosión atómica superficial) | fallback.
residuos radiactivos$ | radioactive debris | radio active debris | radioactive wastes | radioactive waste.
residuos radiactivos líquidos | liquid radioactive waste.
residuos sólidos activos (central electronuclear) | solid active waste.
residuos sólidos urbanos | solid waste disposal.
residuos tecnológicos | process residues.
residuos urbanos | urban waste.
residuos utilizables | profitable wastes.

resilente | resilent.
resiliencia | dynamic strength.
resiliencia (mecánica) | resilience | resiliency.
resiliencia (probetas) | impact energy.
resiliencia a la rotura | breaking resilience.
resiliencia a la tracción | tensile resilience.
resiliencia al cizallamiento | shearing resilience.
resiliencia al choque (metales) | toughness.
resiliencia compresional | compressional resilience.
resiliencia de la viga | beam resilience.
resiliencia de probeta entallada | notch value.
resiliencia de prueba | proof resilience.
resiliencia elástica | elastic resilience.
resiliencia mínima (probetas) | minimum impact energy.
resiliencia mínima a la entalla | minimum notch-impact energy.
resiliencia por unidad de volumen | unit resilience.
resiliencia torsional | torsional resilience.
resiliente | resilient.
resina | colophony | resin | pitch.
resina acrílica | acrylic resin | acrylic resin.
resina aldehídica | aldehyde resin.
resina alílica | allyl resin.
resina alkídica | alkyd resin.
resina alquídica maleica | hard alkyd.
resina alquídica modificada por ácido láctico | lactic acid modified alkyd resin.
resina amarillo-parduzca obtenida de la julingita | beta julingite.
resina amínica (plásticos) | amino resin.
resina aminoplástica | aminoplastic resin.
resina amorfa (química) | fluavil.
resina anaeróbica | anaerobic resin.
resina aniónica | anionic resin.
resina antifricción | antifriction resin.
resina asfáltica | albino asphalt.
resina autocurable | self-curing resin.
resina balsámica | balm-resin.
resina catalizada | catalyzed resin.
resina cokizable | cokeable resin.
resina cumarónica | coumarone resin.
resina damara del | dammar bitam | dammar bitam penak.
resina de abedul | betulin.
resina de abejas | bee resin.
resina de bajo punto de acidez | low acid number resin.
resina de canje catiónico | cation exchange resin.
resina de fraguado en frío | cold-setting resin.
resina de intercambio iónico | ionic-change resin.
resina de moldeo | casting resin.
resina de petróleo | petroleum resin.
resina de polifluoretileno | polyfluorethylene resin.
resina de trementina | rosin.
resina depositable | pitch.
resina dispersa en agua | water-dispersed resin.
resina en polvo | powdered resin.
resina epoxídica | epoxy resin | epoxide resin.
resina epoxídica basada en epiclorhidrina y difenilpropano | epikote resin.
resina epoxídica reforzada con vitrofibra | glass reinforced epoxy resin.
resina epoxídica triturable y curable | curable grindable epoxy resin.
resina epoxídica-curable | curable epoxy resin.
resina espumable | foamable resin.
resina etenoide | ethenoid resin.
resina fenolalcohólica | phenol-alcohol resin.
resina fenolaldehídica termoendurecible | thermoset phenol-aldehyde resin.
resina fenólica | phenolic resin | phenol-base resin.
resina fenólica celular | phenolic foam | phenolic foamable resin.
resina fenólica de dos fases | two-stage phenolic resin.
resina fenólica modificada por una epoxia | epoxy-modified phenolic resin.
resina fluorocarbúrica | fluorocarbon resin.
resina fluoroplástica | fluoroplastic resin.
resina fósil
resina fósil muy dura y usada como sustituto del ámbar | Congo copal.
resina fotoelástica | photoelastic resin.
resina fotoestabilizada | light-stabilized resin.
resina fotoresistente | photo-etch-resist resin.
resina furánica | furane resin.
resina furfurálica | furfural resin.
resina incurada | uncured resin.
resina insecticida | insecticidal resin.
resina involátil | volatileless resin.
resina lamelada con tejido | fabric laminated resin.
resina líquida que se vierte sobre un molde que contiene los elementos electrónicos que han de quedar embebidos | casting resin.
resina maleica | maleic resin.
resina melamínica | melamine resin.
resina melamínica modificada por poliéster | polyester-modified melamine resin.
resina modificada | reduced resin.
resina modificada (mezcla de una natural con una sintética) | modified resin.
resina moldeable con alma de vitrofibra | fiberglass-cored moldable resin.
resina natural hidrogenada | reduced resin.
resina nitrogenada | nitrogenous resin.
resina novolaca | novolak resin.
resina para estructuras lamelares | laminating resin.
resina para moldeo | molding resin.
resina para tratamiento de aguas | water-treating resin.
resina permutadora de aniones | anion-exchange resin.
resina permutadora de iones | ion exchange resin.
resina plastificada de cloruro de polivinilo | plasticized polyvinyl-chloride resin.
resina plastisol termosellable | heat-setting plastisol resin.
resina poliamídica | polyamide resin.
resina poliester | polyester resin.
resina poliestérica | polyester resin.
resina poliestérica reforzada con fibra de vidrio | glass-fiber-bonded polyester resin | glass-fiber-reinforced polyester resin | glass-fiber-filled polyester resin.
resina poliestérica termorresistente | heat resistant polyester resin.
resina poliestirénica sulfonada | sulfonated polystyrene resin.
resina polimerizable | polymerizable resin.
resina polimerizante | curing resin.
resina poliuretana | polyurethane resin.
resina que reacciona con el aceite secante (pinturas) | oil reactive resin.
resina que se endurece en ausencia del aire | anaerobic resin.
resina reforzada con polímero | reinforced-polymer resin.
resina semicurada | semicured resin.
resina silicónica semiorgánica | semiorganic silicone resin.
resina sintética | synthetic resin | plastic | resin.
resina sintética cargada con sílice | silica-loaded resin.
resina sintética con un endurecedor | mixed glue.
resina sintética de acetato de polivinilo | polyvinyl-acetate type synthetic resin.
resina sintética de ureaformaldehido | U. F. synthetic resin.
resina sintética fenol-formaldehido | F.F synthetic resin.
resina sintética hidrosoluble | water soluble resin.
resina sintética líquida | syrup.
resina sintética para dentaduras | denture resin.
resina termoconvertible | heat-convertible resin.
resina termoendurecible | hot-setting resin | heat-hardenable resin.
resina termoestable | heat-stable resin.
resina termofija en su fase final | C-stage resin.
resina termoindurante | thermosetting resin.
resina termorresistente de curado rápido | fast-curing thermosetting resin.
resina termosólida en estado blando y que se hincha al contacto de un líquido sin disolverse (moldeo) | B-stage resin.
resina termosólida en estado inicial | A-stage resin.
resina ureica | urea resin.
resina ureica del formaldehido | urea formaldehyde resin.
resina vinilidénica | vinylidene resin.
resina virgen (árboles) | virgin dip.
resinación (árboles) | resin tapping | turpentining.
resinación (maderas) | turpentining.
resinación primaria (árboles) | virgin dip.
resinado hasta la muerte (árboles) | dead tapped.
resinar | turpentine (to) | resin (to).
resinar (árboles) | bleed (to).
resinar (forestal) | tapping.
resinar a muerte (pinos) | tap to death (to).
resinar moderadamente (pinos) | tap well (to).
resinas acrílicas termoendurecibles | thermosetting acrylics.
resinas acroleínicas | acrolein resins.
resinas cambiadoras de iones | ion-exchange resins.
resinas de colada | casting resins.
resinas de condensación | condensation resins.
resinas de silicona | silicone resins.
resinas fenólicas | phenolics.
resinas fenólicas moldeadas según planos del cliente | custom-molded phenolics.
resinas maleicas | maleic resins.
resinas orgánicas | organic resins.
resinas para tintas de imprenta | printery ink resins.
resinas termofraguables | thermosetting resins.
resinas termosólidas en estado inicial | A stage resins.
resinas vinílicas | vinyl resins.
resinatos | resinates.
resincronización | resynchronization.
resinífero | resin-bearing.
resinificable | resinifiable.
resinificación | resinification.
resinificar | resinify | resinify (to).
resinificarse | become resinous (to) | resinify (to).
resinita | pitchstone.
resinografía | resinography.
resinoide | resinoid.
resinoso | resinous.
resinterizar | resinter (to).
resistante al maltrato (máquinas, etcétera) | resistant to abuse.
resisten todo lo que pueden | they resist as much as they can.
resistencia | ballast | strength.
resistencia (al frío o calor) | hardiness.
resistencia (bacterias) | fastness.
resistencia (de materiales) | durability.
resistencia (de persona o animales) | endurance.
resistencia (de un cuerpo) | lasting.
resistencia (deportes) | lasting.
resistencia (palancas) | weight.
resistencia (ventilación minas) | drag.
resistencia a altas temperaturas | elevated-temperature strength.
resistencia a cargas alternas | endurance strength.
resistencia a cargas alternas de 1000 ciclos | resistance at endurances of 1000 cycles.
resistencia a desconcharse cuando está some-

tida a tracción (soldadura) | tensile-peel strength.
resistencia a encamarse (arroz, cebada) | lodging resistance.
resistencia a la abrasión | abrasion resistance.
resistencia a la adherencia | bond strength.
resistencia a la caída por efecto del viento o lluvia (arroz, cebada) | lodging resistance.
resistencia a la compresión | compressing strength | crushing strength | crushing resistance | compressive strength.
resistencia a la compresión a altas temperaturas | hot crushing strength.
resistencia a la compresión a los 7 días (morteros cemento) | seven-day crushing strength.
resistencia a la compresión sin limitación (suelos) | unconfined compressive strength.
resistencia a la conducción eléctrica superficial (aislantes de cables eléctricos) | tracking resistance.
resistencia a la contorsión (cables metálicos) | kink resistance.
resistencia a la corrosión | chemical resistance.
resistencia a la degradación (papel) | pick resistance.
resistencia a la descarga luminosa | corona resistance.
resistencia a la entalla transversal | transverse notch strength.
resistencia a la erosión por lluvia | rain-erosion resistance.
resistencia a la excoriación | galling resistance.
resistencia a la exfoliación | spalling resistance.
resistencia a la fatiga | fatigue strength | endurance strength.
resistencia a la fatiga (materiales) | endurance.
resistencia a la fatiga bajo esfuerzos combinados | resistance to fatigue under combined stresses.
resistencia a la fatiga biaxial | biaxial fatigue strength.
resistencia a la fatiga del eje motor | engine shaft fatigue strength.
resistencia a la fatiga por corrosión alveolar (engranajes) | pitting-fatigue strength.
resistencia a la fatiga por flexión | bending-fatigue strength | flexural fatigue strength | flexure-fatigue strength.
resistencia a la fatiga Wöhler | Wöhler fatigue strength.
resistencia a la fisuración | crazing resistance.
resistencia a la fisuración bajo tensión (hormigón) | tensile splitting strength.
resistencia a la flexión | bending strength | flexual strength | cross-breaking strength | deflective strength | stiffness.
resistencia a la flexión en estado seco | dry flexural strength.
resistencia a la flexión por compresión axial | budding strength.
resistencia a la floculación (fueloil) | stability.
resistencia a la fluencia | creep strength.
resistencia a la fluencia (metales) | flow resistance.
resistencia a la formación de emulsiones (lubricantes) | demulsibility.
resistencia a la formación de olas | wave pattern resistance | wavemaking resistance.
resistencia a la formación de olas (buques) | wave drag.
resistencia a la formación de ondas (proyectiles) | wave drag.
resistencia a la formación de un paso conductor carbonizado (dieléctrico de cable) | non-tracking quality.
resistencia a la fractura | breaking strength.
resistencia a la fractura biaxial | biaxial fracture strength.
resistencia a la fractura y fragmentación | resistance to fracture and fragmentation.
resistencia a la fragilidad | brittle strength.
resistencia a la fricción superficial | skin friction drag.
resistencia a la helada | cold-resisting property.
resistencia a la indentación | indentation resistance.
resistencia a la inflamación | ignition resistance.
resistencia a la intemperie | weathering resistance | susceptibility to weather.
resistencia a la luz | light resistance.
resistencia a la luz (telas, etc.) | fastness.
resistencia a la marcha por el viento | windage | windage.
resistencia a la penetración | penetration resistance.
resistencia a la penetración de la sangre (papel para carnicerías) | blood resistance.
resistencia a la presión | resistance to pressure.
resistencia a la propagación de grietas | crack propagation resistance.
resistencia a la propagación de grietas por fatiga a la corrosión | corrosion-fatigue-crack-propagation resistance .
resistencia a la propagación de grietas por fatiga de ciclo corto | low-cycle fatigue-crack-propagation resistance .
resistencia a la propagación de una grieta (aceros) | notch toughness.
resistencia a la reventazón (telas) | bursting strength.
resistencia a la rodadura | rolling drag.
resistencia a la rodadura (neumáticos) | drag.
resistencia a la rotura | fracture strength | rupture strength.
resistencia a la rotura en gramos divididos por el peso en gramos/m^2 (papel) | tear factor.
resistencia a la rotura en per points (papel) | percent elmendorf.
resistencia a la rotura por compresión | ultimate crushing strength | ultimate compressive strength.
resistencia a la rotura por flexión | ultimate bending strength.
resistencia a la rotura por presión | bursting strength.
resistencia a la rotura por termofluencia | creep rupture strength.
resistencia a la rotura por tracción | tensile breaking strength | breaking strength.
resistencia a la rotura por tracción flexural | tensile flexural strength.
resistencia a la rotura traccional (puede no ser la de rotura) | ultimate tensile strength.
resistencia a la rotura transversal | transverse rupture strength.
resistencia a la ruptura | breaking strength.
resistencia a la ruptura de extensión | extension failure strength.
resistencia a la ruptura transversal | cross-breaking strength.
resistencia a la sensibilización (aceros) | resistance to sensitization.
resistencia a la sulfuración (corrosión) | sulfidation resistance.
resistencia a la tempestad | windfirmness | stormproofness.
resistencia a la termofluencia | creep strength.
resistencia a la torsión | torsional strength.
resistencia a la tracción | tensile strength | tenacity.
resistencia a la tracción (alambres) | strain.
resistencia a la tracción con probeta entallada | notched tensile strength.
resistencia a la tracción de 22 toneladas pulgada^2 | TS of 22 tons/in^2.
resistencia a la tracción en libras/pulgada de ancho o en kilos/milímetros de ancho (papel) | tensile strength.
resistencia a la tracción tal como está depositado de 125 kilos/milímetros^2 (soldadura) | as-deposited yield strength of 125 Kg/mm^2.
resistencia a la usura | wear resistance.
resistencia a las abolladuras | denting resistance.
resistencia a las heladas | frost hardiness.
resistencia a los factores ambientales | resistance to ambient factors.
resistencia a los insectos | insect resistance.
resistencia a reventar | bursting resistance | bursting strength.
resistencia a sobrecarga | surge capacity.
resistencia a sustentación nula | zero-lift drag.
resistencia a tierra | resistance to earth.
resistencia acústica | acoustical resistance | acoustic drag.
resistencia adicional | additional strength | incremental resistance.
resistencia adicional en serie (electricidad) | multiplier.
resistencia aerodinámica | windage.
resistencia aerodinámica (aviones) | drag.
resistencia al agarrotamiento (cojinetes) | seizure resistance.
resistencia al aplastamiento | bearing resistance | reactive tenacity | flattening resistance | crushing strength | retroactive tenacity.
resistencia al aplastamiento de las ondulaciones (cartón ondulado) | flat crush.
resistencia al aplastamiento en cubos (hormigón) | cube strength.
resistencia al aplastamiento en frío | cold crushing strength.
resistencia al arranque (clavos) | pulling resistance | withdrawal resistance.
resistencia al arranque de clavos | nail-holding power.
resistencia al arranque de fibras de la superficie (papel) | pick strength.
resistencia al arrugamiento (telas) | crease-resistance.
resistencia al ataque por chorro | impingement resistance.
resistencia al avance | head resistance.
resistencia al avance (aviones) | drag.
resistencia al avance al tocar la pista (aviones) | touchdown drag.
resistencia al colapso | collapsing strength.
resistencia al corrimiento (pinturas) | sag resistance.
resistencia al corte | shearing strength.
resistencia al choque | impact strength.
resistencia al choque a baja temperatura en probeta entallada | low-temperature notch-impact resistance.
resistencia al choque balístico | ballistic shock resistance.
resistencia al choque con entalla Charpy en V de 2,7 kilográmetros a −196 °C | Charpy V-notch impact strength of 2.7 kgm. at −196 °C.
resistencia al choque de 13 veces la gravedad en sentido vertical y 6 veces la gravedad en sentido lateral | shock resistance of 13 g vertical and 6 g lateral .
resistencia al choque del chorro | jet-impingement resistance.
resistencia al choque frontal | end-shock resistance.
resistencia al derrape (autos) | skid resistance.
resistencia al desconchado (metales refractarios) | spalling resistance.
resistencia al desgarramiento | tear strength.
resistencia al desgarro | tear resistence.
resistencia al desgaste | abrasive resistance.
resistencia al desgaste (aeronáutica) | resistance to wear.
resistencia al desgaste por choque | impact abrasion resistance.
resistencia al desgaste usual (pinturas) | mar resistance.
resistencia al doblado repetido | folding strength.
resistencia al esfuerzo cortante | sectility | shearing strength | shear-resistance.
resistencia al estallido (papel) | bursting strength | mullen | pop strength.
resistencia al estallido del papel saturado de agua | wet mullen.

resistencia al estallido en percent points (papel) | percent mullen.
resistencia al estallido hidrostático | hydrostatic burst resistance.
resistencia al fallo | breaking strength.
resistencia al frío | cold hardiness.
resistencia al frío (plantas) | winter hardiness.
resistencia al frotamiento (cueros) | scuff resistance.
resistencia al frotamiento húmedo | wet-rub resistance.
resistencia al fuego | refractoriness.
resistencia al hidrógeno sulfurado (acero) | sulfidation resistance.
resistencia al levantamiento por el viento (cubiertas edificios) | wind-uplift resistance.
resistencia al molido | crushing strength.
resistencia al movimiento | motional resistance | resistance to motion.
resistencia al movimiento de la brocha (de la pintura) | stringiness.
resistencia al pandeo | breaking strength | buckling resistance | column strength | crippling strength.
resistencia al planeo (aviación) | planing resistance.
resistencia al plegado (papel) | folding endurance.
resistencia al punzonado (tablero de aglomerados) | punch shearing strength.
resistencia al rasgado | tearing strength.
resistencia al rayado | scratching resistance.
resistencia al repelado (papel) | picking resistance.
resistencia al viento (estructuras) | windage.
resistencia amortiguada (radio) | blocked resistance.
resistencia amortiguadora | buffer resistance.
resistencia anódica (válvula de radio) | plate resistance.
resistencia antes de la cochuta (cerámica) | green strength.
resistencia antiinductiva | antiinductive resistance.
resistencia antiparasitaria | suppressor | screening resistance.
resistencia añadida | added resistance.
resistencia aparente | apparent resistance.
resistencia autorreguladora | barretter.
resistencia autorreguladora (electricidad) | ballast resistor.
resistencia bobinada | wire-round resistance.
resistencia calibradora | calibrating resistance.
resistencia causada por pérdidas debidas a las ondas de choque (velocidad supersónica) | form drag.
resistencia cermet | cermet resistor.
resistencia compensada | barretter.
resistencia compensadora de crestas | linearizing resistance | peaking resistor | peak resistance.
resistencia compuesta | composite strength | combined strength.
resistencia contra el frío | hardiness to cold.
resistencia controlada por tensión | voltage-controlled resistance.
resistencia crítica de cebadura | critical build-up resistance.
resistencia de acoplamiento (electricidad) | coupling resistance.
resistencia de aislamiento | dielectric strength.
resistencia de aislamiento (electricidad) | fault resistance | insulance.
resistencia de alambre | resistor wire | resistance wire | wire resistance.
resistencia de alambre arrollado aislado por su capa propia de óxido | oxy-insulated wire wound resistance.
resistencia de arranque | tractional resistance.
resistencia de autoinducción | fan duty resistor.
resistencia de baja inducción | low-induction resistance.
resistencia de caída anódica (radio) | plate-dropping resistance.
resistencia de caldeo | filament resistance or rheostat.
resistencia de caldeo (electricidad) | heater.
resistencia de calefacción (para cocina, radiador eléctrico, etc.) | heating-resistor.
resistencia de calentamiento (para cocina, radiador eléctrico, etc.) | heating-resistor.
resistencia de canto | edge resistance.
resistencia de capacidad mínima | anticapacity resistance.
resistencia de característica alineal | varistor.
resistencia de carbón | carbon resistor.
resistencia de carburo de silicio comprimido | varistor.
resistencia de carga (electricidad) | ballast resistor.
resistencia de carga de ánodo | anode feed resistance.
resistencia de cátodo | cathode bias | cathode resistor | bias resistor.
resistencia de cinta adhesiva | adhesive tape resistor.
resistencia de compensación | barretter.
resistencia de compensación (radio) | ballast tube.
resistencia de conexión a masa | earthing resistance.
resistencia de contacto | contact resistance.
resistencia de contacto de escobilla | brush contact resistance.
resistencia de cursor (electricidad) | slidewire | runner resistance.
resistencia de debilitamiento (electricidad) | diverter.
resistencia de derivación | biasing resistance.
resistencia de descarga de rejilla (electrónica) | grid load resistance.
resistencia de dispersión | leak resistance | spreading resistance.
resistencia de dispersión (televisión) | bleeder resistor.
resistencia de drenaje (electricidad) | bleeder resistance.
resistencia de drenaje (radio) | bleeder resistor.
resistencia de escape de electrones de la rejilla | grid-leak resistance.
resistencia de estabilización | swamping resistor.
resistencia de estructuras soldadas | strength of fabricated structures.
resistencia de extensión de la base (transistor) | base-spreading resistance.
resistencia de forma (resistencia resultante de la forma del cuerpo - aerodinámica) | form drag.
resistencia de forma de los buques | form resistance of ships.
resistencia de frenado | brake resistance | braking resistance.
resistencia de frotamiento | frictional resistance.
resistencia de fuga | leakage resistance.
resistencia de fuga del ignitor | ignitor leakage resistance.
resistencia de funcionamiento (fotocélula) | light resistance.
resistencia de grafito | graphite resistor.
resistencia de inductancia despreciable | noninductive resistor.
resistencia de inmersión (calentador eléctrico) | hot point.
resistencia de irradiación de antena | aerial radiation resistance.
resistencia de la barra intacta | plain-bar strength.
resistencia de la capa base (seminconductor) | base-sheet resistance.
resistencia de la carena (buque) | hull resistance.
resistencia de la carena (buques) | towrope resistance.
resistencia de la carrocería | body resistance.
resistencia de la chapa | plate resistance.
resistencia de la derivación | branch resistance.
resistencia de la fibra | fiber strength.
resistencia de la lámpara | lamp resistance.
resistencia de la masa del colector (transistor) | collector bulk resistance.
resistencia de la mina (ventilación) | resistance of the mine.
resistencia de la pista (aeropuertos) | runway strength.
resistencia de la planta hospedante | host plant resistance.
resistencia de las alas al avance | wing drag.
resistencia de materiales | strength of materials.
resistencia de morteros y hormigones | strength of mortars and concretes.
resistencia de película de carbón | carbon-film resistor.
resistencia de película de carbón depositada | deposited-carbon resistor.
resistencia de película de píldora | pellet film resistor.
resistencia de película depositada | deposited-film resistor.
resistencia de película gruesa | thick-film resistor.
resistencia de penetración (aviación) | penetration drag.
resistencia de placa | anode resistance.
resistencia de placas de carbón (electricidad) | carbon-pile regulator.
resistencia de polarización de rejilla | bias resistor.
resistencia de regleta plana | resistance strip.
resistencia de regulación | trimmer resistor.
resistencia de remolque (buques) | towrope resistance.
resistencia de reposo (fotocélula) | dark resistance.
resistencia de rozamiento | frictional drag | frictional resistance | surface-friction drag.
resistencia de rozamiento superficial | skin friction drag.
resistencia de soplado de chispas | quenching resistance.
resistencia de tracción por choque | tension-impact resistance.
resistencia de un gel | gel strength.
resistencia de variación automática | varistor.
resistencia de variación lineal | linear resistance.
resistencia de variación logarítmica | logarithmic taper.
resistencia de variación proporcional | linear taper.
resistencia debida a la compresibilidad del aire (aviones) | compressibility drag.
resistencia debida a la presión | pressure drag.
resistencia debida a la sustentación | lift-dependent drag.
resistencia debida a la variación de entropía y velocidad a través de una onda de choque (aerodinámica) | wave drag | shock drag.
resistencia del aire | air resistance.
resistencia del arco | arc resistance.
resistencia del arrollamiento de entrada | input winding resistance.
resistencia del bucle | line loop resistance.
resistencia del campo (electricidad) | diverter.
resistencia del casco | body resistance.
resistencia del casco (buque) | hull resistance.
resistencia del casco sin apéndices (buques) | bare-hull resistance.
resistencia del circuito | circuit resistance.
resistencia del circuito de rejilla (resistencia de fuga de la rejilla - válvulas termiónicas) | grid-leak.
resistencia del devanado inductor del campo | field winding resistance.
resistencia del forro (buques) | skin rsistance.
resistencia del insecto | insect resistance.
resistencia del metal base (soldadura) | parent-metal strength.

resistencia del modelo sin apéndices (canal hidrodinámico) | naked model resistance.
resistencia del papel mojado al roce | wet rub.
resistencia del perfil al avance | form drag.
resistencia del perfil al avance (aerodinámica) | profile drag.
resistencia del rediente (hidros) | step drag.
resistencia del secundario referida al primario (transformador) | secondary resistance referred to the primary.
resistencia del terreno | bearing power of soil | ground-bearing capacity.
resistencia del terreno a la cortadura | earth-shearing resistance.
resistencia derivada | tapped resistance.
resistencia derivadora | shunting resistor.
resistencia derivadora (electricidad) | bleeder resistance.
resistencia desviadora | diverter.
resistencia dieléctrica | insulating strength | breakdown potential | disruptive strength | dielectric strength.
resistencia dieléctrica (electricidad) | punture strength.
resistencia dieléctrica de 500 voltios eficaces | dielectric strength of 500 Volt RMS.
resistencia diferencial de ánodo | incremental resistance.
resistencia diferencial de placa | anode slope resistance.
resistencia diferencial del ánodo | anode a-c resistance.
resistencia difererencial de ánodo (válvulas) | slope resistance.
resistencia dinámica | ram drag.
resistencia dinámica de ánodo | dynamic plate resistance.
resistencia dinámica de placa | dynamic plate resistance.
resistencia direccional (forja) | directionality.
resistencia directa (semiconductores) | forward resistance.
resistencia disruptiva | rupturing strength | breakdown resistance | disruptive strength.
resistencia e la mina a la corriente de aire (ventilación) | mine resistance.
resistencia elástica a la compresión | elastic compressive strength.
resistencia elástica límite | elastic-limit strength.
resistencia elástica torsional | torsional elastic strength.
resistencia eléctrica | resistance.
resistencia eléctrica (aparato eléctrico) | resistor.
resistencia eléctrica del cobre | electrical resistance of copper.
resistencia eléctrica en espiral | resistor spiral.
resistencia elevada del orden de megaohmios (radio) | leak.
resistencia en alta frecuencia | resistance at high frequency.
resistencia en caliente | thermal resistance.
resistencia en corriente alterna | resistance to alternating current.
resistencia en derivación (electricidad) | shunt.
resistencia en derivación con un condensador (telegrafía) | shunted condenser.
resistencia en estado abierto | off resistance.
resistencia en frío | cold resistance.
resistencia en la arrancada | starting resistance.
resistencia en las curvas (ferrocarril) | curving resistance.
resistencia en las rampas (ferrocarril) | grade resistance.
resistencia en paralelo (electricidad) | bridging resistance.
resistencia en serie | series resistance | multiplier.
resistencia en serie (aparato de medida) | voltage multiplier.
resistencia en serie (voltímetros) | range multiplier.
resistencia en serie con coeficiente de temperatura despreciable | swamp resistance.
resistencia enrollada en espiral | pigtail resistor.
resistencia entre colector y base (transistor) | collector-to-base resistance.
resistencia específica | volume resistivity | specific strength | resistivity | specific resistance.
resistencia específica de rotura (relación de la resistencia a la densidad) | specific ultimate strength.
resistencia estabilizadora | ballast resistor | stealer resistance.
resistencia estática del diodo | static diode resistance.
resistencia estatórica | stator resistance.
resistencia exterior | external resistance.
resistencia exterior al flujo del viento | outer flow resistance.
resistencia fija | fixed resistor.
resistencia flexural | flexural strength.
resistencia formada con lámparas de incandescencia | glow lamp resistance.
resistencia formada por bombillas | lamp resistance.
resistencia friccional | skin rsistance.
resistencia graduada en derivación | graded shunt resistance.
resistencia grande en serie con la bobina de un voltímetro | swamping resistance.
resistencia incremental de ánodo de la válvula termiónica | incremental plate resistance of the tube.
resistencia inducida | induced resistance.
resistencia inducida al avance (aviones) | induced drag.
resistencia interior | internal resistance.
resistencia interlaminar | interlaminar resistance.
resistencia interna | internal resistance.
resistencia interna (válvula de radio) | plate resistance.
resistencia intrínseca a la fatiga | intrinsic fatigue strength.
resistencia inversa (semiconductores) | back resistance.
resistencia la rodadura | rolling resistance.
resistencia limitadora de la carga | load-limiting resistance.
resistencia límite a la rotura | breaking-down point.
resistencia líquida (electricidad) | water resistance.
resistencia longitudinal | longitudinal strength.
resistencia maciza | bulk-property resistor.
resistencia magnética | reluctance | magnetic resistance.
resistencia magnética del aire | air magnetic resistance.
resistencia máxima | ultimate strength.
resistencia mayor que la media | more-than-average strength.
resistencia media al aplastamiento | average crushing strength.
resistencia multiplicadora (electricidad) | multiplier.
resistencia no efectiva pero que indica la voluntad de resistir | token resistance.
resistencia no lineal | varistor.
resistencia no óhmica | nonohmic resistance.
resistencia nociva | parasite drag.
resistencia normal | standard resistance.
resistencia óhmica de aislamiento | ohmic insulation resistance.
resistencia óhmica de la base (seminconductor) | ohmic base resistance.
resistencia óhmica del emisor | ohmic emitter resistance.
resistencia óhmica entre un poste y la tierra (líneas aéreas) | footing resistance.
resistencia para momento torsional constante (electricidad) | constant-torque resistor.
resistencia parásita | parasite drag.
resistencia parásita (aviones) | structural drag.
resistencia pasiva (aviación) | parasite drag.
resistencia pasiva (aviones) | structural drag.
resistencia pasiva (máquinas) | resistance to motion.
resistencia patrón | standard resistance | standard resistor.
resistencia permanentemente conectada en derivación | permanently connected parallel resistance.
resistencia por colisión | collision drag.
resistencia por décadas | decade resistance.
resistencia por difusión del colector | collector-diffusion resistor.
resistencia por formación de olas (hidrodinámica) | wavemaking resistance.
resistencia por formación de remolinos | eddy-making resistance.
resistencia por interferencia de partes | interference drag.
resistencia por la formación de estela (aviones) | wake-drag.
resistencia por la rotación libre de la hélice (aviones) | windmilling drag.
resistencia por rozamiento | friction drag.
resistencia preventiva | preventive resistance.
resistencia progresiva | graduated resistance.
resistencia propia (antenas) | self-resistance.
resistencia proporcional | linear resistance.
resistencia que introduce un tiempo de decalaje (procesos) | derivative resistance.
resistencia reductora (radio, TV) | bleeder.
resistencia reductora de luz | dimming resistor.
resistencia relativa al deterioro mecánico (bizcocho cerámico) | film strength.
resistencia residual no formadora de ola | nonwave-making residuary resistance.
resistencia residuaria | residuary resistance.
resistencia rotórica | rotor resistance.
resistencia serie del diodo | diode series resistance.
resistencia sin derivación (electricidad) | unbypassed resistance.
resistencia supersónica (aviación) | supersonic drag.
resistencia tangencial (tubos) | hoop strength.
resistencia térmica | thermistor | thermal endurance.
resistencia térmica unión-ambiente | junction-to-ambient thermal resistance.
resistencia total al avance | total drag.
resistencia traccional | tractional resistance.
resistencia transónica | transonic drag.
resistencia transversal | transverse strength.
resistencia uniforme al aplastamiento | uniform crush strength.
resistencia variable | variable resistance.
resistencia variable para calibrar instrumentos | instrument trimmer.
resistencia virtual | virtual resistance.
resistencia viva (inversa de la fragilidad) | toughness.
resistencia-condensador | capristor.
resistencias de estrangulamiento | pinch resistors.
resistencias en estado húmedo | strength in wet state.
resistencias pasivas | passive resistances.
resistente | tough | strength-giving | steady | sound.
resistente (bacterias) | fast.
resistente (botánica) | hardy.
resistente (máquinas) | rugged.
resistente a | proof against.
resistente a la cascarilla de óxido | scale-tight.
resistente a la colisión | collision-resisting.
resistente a la contracción | shrink-resistant.
resistente a la corrosión en caliente | hot-corrosion-resistant.
resistente a la deformación plástica | creep resistant.
resistente a la distorsión | distortion-resisting.
resistente a la erosión por gotas de lluvia |

rain-resistant.
resistente a la fractura (cajas fuertes) | tamper-resistant.
resistente a la gelificación | gel-resistant.
resistente a la grasa | grease-resistant.
resistente a la helada | frostproof | frost-resistant.
resistente a la humedad | damp-proof.
resistente a la infiltración | permeation resistant.
resistente a la intemperie | weatherproof.
resistente a la lejía | lyeproof.
resistente a la mordedura de peces | fish-bite resistant.
resistente a la perforación dieléctrica | puncture-resisting.
resistente a la pluvioerosión | rain-erosion proof.
resistente a la sequía | drought-hardy.
resistente a la tempestad | stormproof.
resistente a la tempestad (árboles) | windfirm.
resistente a las balas o a los efectos peligrosos de las balas | bulletproof.
resistente a las chispas | spark resistant.
resistente a las explosiones de las bombas (abrigos, estructuras) | bomb-proof.
resistente a las grietas | crack-resistant.
resistente a las heladas (botánica) | frost-hardy.
resistente a las huellas dactilares (durante su manejo - chapas de acero inoxidable) | finger-proof.
resistente a las sacudidas | shockproof.
resistente a las trepidaciones | quake-resistant.
resistente a los alcalis | alkali proof.
resistente a los antibióticos | antibiotic-resistant.
resistente a los compuestos de plomo | lead-compound resistant.
resistente a los choques | impactproof.
resistente a los gases (pinturas) | gasproof.
resistente a los humos | fume-resistant.
resistente a los insecticidas | insecticide-resistant.
resistente a los roedores | rodent-resistant.
resistente a los vapores | fume-resistant.
resistente a uso prolongado | heavy-duty.
resistente al arrugamiento | wrinkle resistant.
resistente al ataque de teredos | marine-borer proof.
resistente al calor | thermodurable | heatproof.
resistente al cancro (árboles) | canker resistant.
resistente al choque | crashproof.
resistente al choque con aves en vuelo (ventanillas de aeronaves) | bird-resistant.
resistente al choque térmico | thermal-shock-resistant.
resistente al desgaste | long-wearing | abrasion resistant | hard-wearing.
resistente al desgaste por abrasión | abrasion proof.
resistente al encogimiento (telas) | shrink-resistant.
resistente al envejecimiento | age resistant.
resistente al fuego | fire-protected.
resistente al lavado | fast to washing.
resistente al lavado (telas) | nonfading.
resistente al medio ambiente | environment-resistant.
resistente al moho | moldproof.
resistente al taladro | drill-resisting.
resistir | withstand (to) | repel (to) repeler | backup (to).
resistir (el peso, etc.) | take up (to).
resistir a la autoridad | resist arrest (to).
resistirse a la fuerza con la fuerza | oppose force with force (to).
resistividad | specific resistance | resistivity.
resistividad de un cubo unitario de sedimento del fondo (oceanografía) | bottom resistivity.
resistividad de volumen | volume resistivity.
resistividad del agua corriente | running water resistivity.
resistividad del suelo | earth resistivity.
resistividad eléctrica | electrical resistivity.
resistividad eléctrica volumétrica | bulk electrical resistivity.
resistividad másica | mass resistivity.
resistividad molar | molar resistivity.
resistividad molecular | molecular resistivity.
resistividad superficial | surface resistivity.
resistividad térmica | thermal resistivity.
resistividad volumétrica | specific insulation resistance.
resistivo | resistive.
resistometría | resistometry.
resistor (aparato eléctrico) | resistor.
resistor ajustable sin condensador de paso | unbypassed adjustable resistor.
resistor amortiguador | damping resistor.
resistor arrollado en espiral | spiralled resistor.
resistor autorregulador (electricidad) | constant-torque resistor.
resistor coaxial para radiofrecuencia | radio-frequency coaxial resistor.
resistor con cursor | resistor runner.
resistor cortado | open resistor.
resistor de acoplo | injector resistor.
resistor de aglomerado | composition resistor.
resistor de alambre enrollado de gran resistencia óhmica | high ohmic wire-wound resistor.
resistor de bajada de tensión | voltage-dropping resistor.
resistor de caldeo | heating-resistor.
resistor de carbón depositado | deposited carbon resistor.
resistor de carga (electricidad) | charging resistor.
resistor de cátodo con condensador de paso | bypassed cathode resistor.
resistor de cerámica | ceramic resistor.
resistor de cinta | strip resistor.
resistor de compensación | compensation resistor.
resistor de conglomerado de carbono | carbon-composition resistor.
resistor de curso (electricidad) | runner resistor.
resistor de entrada | input resistor.
resistor de frenado | braking resistor.
resistor de gran disipación | power resistor.
resistor de gran potencia de disipación | high-wattage resistor.
resistor de hilo bobinado | wire-wound resistor.
resistor de hoja metálica | metal resistor.
resistor de inductancia constante | constant inductance resistor.
resistor de líquido | liquid resistor.
resistor de líquido de puesta a tierra | liquid earthing resistor.
resistor de pastilla aislante | pellet film resistor.
resistor de película | film resistor.
resistor de película catódica | metallic-film-on glass resistor.
resistor de película de óxido metálico | metal oxide resistor.
resistor de película metálica | metal-film resistor.
resistor de película metalizada | metal film resistor.
resistor de polarización | biasing resistor.
resistor de polarización de rejilla | grid bias resistor.
resistor de precisión de alambre arrollado | precision wire wound resistor.
resistor de puesta a tierra | earthing resistor.
resistor de regulación | regulating resistor.
resistor de sangría | bleeder resistor.
resistor de silicio | silicon resistor.
resistor de vitrofibra metalizada | metallized glass-fiber resistor.
resistor decádico | decadic resistor.
resistor disipador de potencia | power-dissipating resistor.
resistor en derivación | shunting condenser.
resistor en paralelo con el circuito inductor | field discharge resistor.
resistor en paralelo con una capacidad | capacity-shunted resistor.
resistor en serie | series resistor.
resistor encapsulado de alambre enrollado | encapsulated wire-wound resistor.
resistor frenante | brake resistor.
resistor fusible | fusible resistor.
resistor graduable | adjustable resistor.
resistor inductivo | inductive resistor.
resistor limitador | limiting resistor.
resistor limitador de la corriente de rejilla | grid-current limiting resistor.
resistor metálico | metallic resistor.
resistor no inductivo | noninductive resistor.
resistor no regulable | fixed resistor.
resistor para altas frecuencias de película metalizada | metallized-film high-frequency resistor.
resistor plano (tipo chato) | flat-type resistor.
resistor positivo alineal | positive nonlinear resistor.
resistor reductor de tensión | dropping resistor.
resistor reductor de voltaje | dropping resistor | voltage divider | volt-box.
resistor régulador de la carga | load resistor.
resistor regulador de tensión (radio) | bleeder resistor.
resistor temporizador | timing resistor.
resistor térmico | thermal resistor.
resistor túnel | tunnel resistor.
resistor variable | variable resistor.
resistores con película de óxido de estaño | tin oxide resistors.
resistores conectados en Y | Y-connected resistors.
resistores de película de carbón | carbon-films resistors.
resma (papel) | ream.
resma de 1
resma hecha con hojas averiadas | outside ream.
resma incompleta | broken package | broken ream.
resma que se transporta sin doblar | flat ream.
resma u hoja en su tamaño máximo | folio.
resmadora | sheeter.
resmas plegadas en manos | quired paper.
resnatrón (tetrodo) | resnatron.
resol | sunlight glare | single-step resin | single-stage resin | one step resin | one-stage resin.
resoldar | reweld (to).
resolidificación | resolidification.
resolubilidad (ecuaciones) | solvability.
resoluble | resolvable | solvable.
resoluble (contratos) | determinable.
resoluble (problemas) | soluble.
resolución | determination | definition | making-up | decision.
resolución (junta o asamblea) | resolution.
resolución (matemáticas, química, medicina, música) | resolution.
resolución (óptica) | resolving power | resolution.
resolución (procedimiento) | solution.
resolución algebraica | algebraic resolution.
resolución angular (radar) | angular resolution.
resolución de ecuaciones | equation solving.
resolución de la ambigüedad de alcance (radar) | range ambiguity resolution.
resolución de problemas que requieren solución inmediata (investigaciones) | trouble shooting.
resolución de un contrato | avoidance of an agreement.
resolución del contador | counter resolution.
resolución del orden de nanosegundos | nanosecond resolution.
resolución en alcance (sistema óptico, radar) | range resolution.
resolución en distancia | range resolution.
resolución final | showdown.
resolución interactiva de problemas | interactive problem solving.

resolución microscópica | microscopic resolution.
resolución óptica | optical resolution.
resolución por sistemas | systems approach.
resolución sobre un proyecto decisivo | crucial design decision.
resolucionador para sonar | sonar resolver.
resolucionador sincro | synchro resolver.
resolutivo | resolutive.
resolutivo (cláusulas) | resolvent.
resolutivo (medicina) | resolutive.
resolutoria (cláusula) | resolutive.
resolutorio | decisive.
resolutorio (jurisprudencia) | definitive.
resolvedor (física) | resolutor.
resolvedor óptico numérico de posición angular de un eje | optical shaft digitizer.
resolvente (álgebra) | resolvent.
resolvente (cláusulas) | resolvent.
resolver | cover (to) | settle (to).
resolver (compuesto químico) | breakup (to).
resolver (ecuaciones, etc.) | solve (to).
resolver (ejemplos, problemas) | work out (to).
resolver (óptica) | resolve (to).
resolver (problemas) | floor (to).
resolver las diferencias amistosamente | settle a dispute amicably (to).
resolver mediante el cálculo simbólico (ecuaciones) | solve operationally (to).
resolver un litigio (abogacía) | determine a dispute (to).
resolver un triángulo (trigonometría) | solve a triangle (to).
resolverse a | conclude (to).
resolviendo cualquier problema y contestando a cualquier pregunta | solving every problem and answering every question.
resonador | resonator | sounder.
resonador (radio) | baffle.
resonador agrupador (radio) | buncher.
resonador coaxial | coaxial resonator.
resonador colector (radio) | catcher.
resonador confocal de varios modos | confocal multimode resonator.
resonador de cavidad | cavity resonator.
resonador de cavidad para microondas | microwave cavity resonator.
resonador de cuarzo lenticular | lens-like quartz resonator.
resonador de entrada | input resonator.
resonador de entrada (tubos electrónicos) | buncher.
resonador de extinción | quenched resonator.
resonador de haz atómico de cesio | cesium atomic beam resonator.
resonador de línea coaxial | coaxial live resonator.
resonador de microondas | microwave resonator.
resonador de modo de espesor | thickness-mode resonator.
resonador de modos múltiples | multimode resonator.
resonador de onda progresiva | traveling wave resonator.
resonador de placa de cuarzo | quartz plate resonator.
resonador de salida | catcher.
resonador de salida (tubos electrónicos) | catcher.
resonador helicoidal | helicoid resonator.
resonador homofocal | confocal resonator.
resonador interdigital | interdigital resonator.
resonador lineal | linear resonator.
resonador mecánico de baja frecuencia activado piezoeléctricamente | piezoelectrically-activated low-frequency mechanical resonator.
resonador multimodal | multimode resonator.
resonador para ecos artificiales (radio, radar) | echo box.
resonador para línea de transmisión | transmission-line resonator.
resonador piezoeléctrico | piezo-resonator | piezoelectric resonator.
resonador que vibra según la dirección del espesor | thickness-mode resonator.
resonador telegráfico | telegraph sounder.
resonancia | resonance.
resonancia (acústica) | rattle.
resonancia (física) | consonance.
resonancia acústica | acoustic resonance.
resonancia anisótropa | anisotropic resonance.
resonancia ciclotrónica | cyclotron resonance.
resonancia de aguja | needle talk.
resonancia de ambiente (acústica) | room noise.
resonancia de ambiente (local) | room resonance.
resonancia de fase (electricidad) | velocity resonance.
resonancia de inlocalización | delocalization resonance.
resonancia de la onda espín | spin-wave resonance.
resonancia de precesión | precession resonance.
resonancia de rotación del electrón | electron spin resonance.
resonancia de voltaje (electricidad) | pressure resonance.
resonancia de 5 hertzios | resonance of 5 Hz.
resonancia del espín electrónico | electron spin resonance.
resonancia eléctrica | electric resonance.
resonancia electroacústica | electroacoustic resonance.
resonancia electrónica a altas frecuencias | high-frequency electronic resonance.
resonancia electroóptica | electrooptical resonance.
resonancia en paralelo | parallel resonance.
resonancia giromagnética | gyromagnetic resonance.
resonancia hiperconjugativa | no-bond resonance | hyperconjugative resonance.
resonancia iónico-covalente | ionic-covalent resonance.
resonancia magnética electrónica | electron magnetic resonance.
resonancia magnética nuclear | nuclear magnetic resonance | NMR.
resonancia metálica | metallic resonance.
resonancia microfónica | microphonic noise.
resonancia natural | periodic resonance.
resonancia neutrónica de los núcleos | nuclei-neutron resonance.
resonancia nuclear | nuclear resonance.
resonancia nuclear cuadripolar | nuclear quadrupole resonance.
resonancia paramagnética | paramagnetic resonance.
resonancia paramagnética electrónica | electron paramagnetic resonance.
resonancia paramagnética nuclear | nuclear paramagnetic resonance.
resonancia parásita | hangover.
resonancia peligrosa | dangerous resonance.
resonancia propia | natural resonance | eigen period | periodic resonance.
resonancia propia (acústica) | eigentone.
resonancia subarmónica | subharmonic resonance.
resonancias ensanchadas | broadened resonances.
resonancias parásitas | parasitic resonances.
resonar | sound (to) | clang (to) | tang (to) | re-echo (to) | reverberate (to) | resonate (to).
resonar a una frecuencia dada | resonate at a given frequency (to).
resonistor | resonistor.
resoplar | breathe (to) | puff (to).
resoplido | puff | blow.
resorcina | resorcin.
resorte | spring.
resorte (teleimpresor) | biasing spring.
resorte amortiguador | damping spring | relief spring | shock spring | buffing spring.
resorte antagonista | opposing spring | antagonistic spring | release spring | buffer spring.
resorte antagonista del freno | brake release spring.
resorte Belleville de espiras cilíndricas | initially-flat disk spring.
resorte Belleville de espiras cónicas | initially-coned disk spring.
resorte blando | weak spring.
resorte circular de obturación | circlip.
resorte compensador | equalizer spring.
resorte cónicohelicoidal | conical helical spring.
resorte de alambre tubular | tubular spring.
resorte de baja frecuencia | low-frequency spring.
resorte de compresión | compression spring | compressing spring | open coil spring | open spiral spring.
resorte de cremallera | ratchet spring.
resorte de desviación (telegrafía) | disconnecting spring.
resorte de disparo | release spring.
resorte de equilibrado | setting spring.
resorte de espira cónica | voluta spring.
resorte de expulsión | picking spring.
resorte de eyector | spring eyector.
resorte de fiador | catch spring.
resorte de flexión | blade spring.
resorte de freno | brake spring.
resorte de hélice cilíndrica | coiled spring.
resorte de hojas | blade spring.
resorte de impulsión | driving spring.
resorte de impulsiones | impulse spring.
resorte de la armadura | armature spring.
resorte de lámina flexible | leaf spring.
resorte de llamada | recall spring | pullback spring | release spring.
resorte de mando | controlling spring.
resorte de planchuela | leaf spring.
resorte de presión | presser | compressing spring | pressure spring | hold-down spring.
resorte de reglaje | adjusting spring.
resorte de retención | retaining spring.
resorte de retorno | back spring | return spring.
resorte de retroceso (picada de telar) | heels-pring.
resorte de suspensión (carretones) | bolster spring.
resorte de taco de caucho | rubber spring.
resorte de tensión de espiral plana | flat-wound tension spring.
resorte de torsión helicoidal | helical torsion spring.
resorte de tracción | extension spring | drag spring.
resorte de tracción (vagones) | draught spring.
resorte del batán | batten spring.
resorte del espárrago (templazo) | bar spring.
resorte del fiador | sear spring.
resorte del motor | motor spring.
resorte del percutor | firing spring | firing pin spring.
resorte del recuperador | fuzee spring.
resorte del recuperador (artillería) | retracting spring.
resorte del trinquete | ratchet spring.
resorte del trinquete (telégrafos) | pawl spring.
resorte descargado | extended spring.
resorte duro | hard spring | stiff spring.
resorte en arco | bow spring.
resorte en C | spring cee.
resorte espiral cónico | volute spring.
resorte helicoidal | helical spring.
resorte helicoidal de paso grande | open-coiled helical spring.
resorte helicoidal de paso pequeño | close-coiled helical spring.
resorte helicoidal para compresión | helical compression spring.
resorte hidráulico | hydraulic spring.
resorte motor | power spring | motor spring | mainspring.
resorte móvil | actuating spring.

resorte no chorreado con perdigones | nonshot-peened spring.
resorte para estampas | die spring.
resorte precomprimido de carga conocida | prestressed spring of known loading.
resorte principal | mainspring.
resorte reactivo | return spring.
resorte reactor | return spring.
resorte recuperador (telegrafía) | recoil spring.
resorte regulador | control spring.
resorte regulador de la alimentación | feed spring.
resorte regulador de profundidad | depth setting spring.
resorte retenedor | retainer spring.
resorte tarado | calibrated spring.
resorte tensor | extension spring.
resorte troncónico chorreado con perdigones | peened coil spring.
resorte tubular | tubular spring.
resortes cortos helicoidales | short helical spring.
resostato del cable alimentador | feeder rheostat.
respaldar | support (to) | endorse (to) | indorse (to) | back (to) | back (to).
respaldar los fuegos | bank up the fires (to).
respaldar los fuegos (hogares de hornos) | put back the fires (to).
respaldo | reverse.
respaldo (asientos) | back.
respaldo (filones) | back | wall.
respaldo (minas) | vein wall.
respaldo (soldaduras) | backing.
respaldo adaptador (fotografía) | adapter back.
respaldo alto (filones) | hanging wall.
respaldo bajo (filones) | footwall | foot wall.
respaldo con curvatura segun el cuerpo | posture-curved back.
respaldo de barrotes horizontales (sillas) | ladder-back.
respaldo de fragua | forge back.
respaldo de lona | canvas backing.
respaldo de un filón (minería) | back of a lode.
respaldo del cepillo | brush back.
respaldo del cucharón | dipper back.
respaldo del papel (máquina escribir) | paper table.
respaldo en oro del papel moneda | backing.
respaldo inferior | foot wall.
respaldo para accesorios (cámara de fotomecánica) | accessory back.
respaldo superior (filones) | hanging wall.
respecto a | about.
respetar (un acuerdo) | keep (to).
respetar el plazo de entrega | keep the time of delivery (to).
respetar el plazo de suministro | keep the time of supply (to).
respetar la fecha de entrega | adhere to the time of delivery (to).
respetar la opinión ajena | respect the other's opinion (to).
respeto a la ley | law-abidingness.
respeto humano | fear of the world.
respeto mutuo de los talleres | shop etiquette.
respetos | compliments | replacements.
respetuoso con la ley | law-abiding.
respingo | kick.
respirabilidad | breathableness.
respirable | breathable.
respiración | breathing | breath | pneusis.
respiración aeróbica | aerobic respiration.
respiración anaeróbica | anaerobic respiration.
respiración anhelante | laboring respiration.
respiración artificial para electrocutados que quedan en lo alto de los postes | pole-top resuscitation.
respiración artificial por el método de boca a boca | mouth-to-mouth artificial respiration.
respiración con presión pequeña dentro de la mascarilla | continuous-pressure breathing.
respiración para resucitación | rescue breathing.
respiración radicular (plantas) | root respiration.
respiradero | out-gate | airing | breather pipe | breathing hole | vent | venthole | draught-hole | spiracle | air check | air shaft | air hole.
respiradero (caja de moldeo) | ventihole.
respiradero (de volcán, etc.) | blowhole.
respiradero (minas) | airshaft.
respiradero (moldes) | sand vent.
respiradero (ventilación de minas) | breakthrough.
respiradero del cárter | crankcase breather.
respiradero del sifón (cañería de aguas sucias) | crown vent.
respiradero del volcán | vent of the volcan.
respiradero derivado | branch vent.
respirador | breather.
respirador (para pintor, etc.) | respirator.
respirador contra polvos | dust respirator.
respirador del cilindro de retroceso | recoil cylinder respirator.
respirador para salvamento del personal (submarino hundido) | submarine escape breathing apparatus.
respirador portátil para inmersión en el agua | aqualungs.
respirar | breathe (to) | inhale (to).
respiro | respite | vent.
respiro (buques) | air vent.
respiro del tanque de petróleo | oil-tank vent pipe.
respiro para gases del petróleo | oil-fume vent.
respirometría | respirometry.
respirómetro | respirometer.
respiros de la caja de machos | core-box venting.
resplandecer | glare (to) | glisten (to) | glitter (to) | blaze (to).
resplandor | glaring | gleam | flaming | glare | clarity | glimmer | shine | brilliance | brightness | blaze.
resplandor celeste durante la noche | permanent aurora | night-sky light.
resplandor de los hielos | ice sky.
resplandor del diamante | diamond fire | diamond brilliance.
resplandor del hielo | iceblink.
resplandor fugaz | glimpse.
resplandor molesto | discomfort glare.
resplandor reflejado | reflected glare.
resplandor visible de una luz bajo el horizonte (marina) | loom.
resplandor vivo | coruscation.
respondedor | responser.
respondedor (de un radiofaro interrogador) | responder.
respondedor (IFF) | transponder.
respondedor (radiofaro) | respondor.
respondedor de coincidencia | coincident transponder.
respondemos de su deuda | we stand guarantees for his debt | we will answer for his debt.
respondencia (radio) | responsiveness.
responder | rejoin (to).
responder a | comply (to).
responder a lo que se espera de uno | make good (to).
responder ad rem | answer ad rem (to).
responder al timón (buques) | meet the helm (to).
responder ante los acreedores | satisfy creditors (to).
responder de | vouch for (to) | account for (to) | make good (to) | guarantee (to).
responder de daños y perjuicios | respond in damages (to).
responder en un examen (a las preguntas) | clear an examination (to).
responder por | warrant (to).
respondor | responder.
responsabilidad | liability | liabilities | responsibility.
responsabilidad ante terceros | public liability.
responsabilidad civil | civil liability | public liability | civil responsibility | legal responsibility.
responsabilidad civil causal | strict liability.
responsabilidad civil del contratista (seguros) | liability insurance for party having a house built.
responsabilidad colectiva | corporate responsibility.
responsabilidad compartida | divided responsibility.
responsabilidad condicional | contingent liability.
responsabilidad consuetudinaria | common law liability.
responsabilidad contingente | contingent liability.
responsabilidad criminal | criminal liability.
responsabilidad de decidir | decision-making responsibility.
responsabilidad de los endosantes | liability of endorsers.
responsabilidad definida | direct liability.
responsabilidad del comprador | purchaser's responsibility.
responsabilidad del fletador | charterer's liability.
responsabilidad del naviero | shipowner's liability.
responsabilidad del patrono | employer's liability.
responsabilidad del transportista | carrier's liability.
responsabilidad determinada | fixed liability.
responsabilidad directiva | managerial responsibility.
responsabilidad económica | financial liability.
responsabilidad estatutoria | statutory responsibility.
responsabilidad frente a terceros (abogacía) | third party liability.
responsabilidad ilimitada | unlimited liability.
responsabilidad incondicional | absolute liability.
responsabilidad indirecta | contingent liability.
responsabilidad legal | legal liability.
responsabilidad limitada | limited liability | restricted liability.
responsabilidad mutua (abordajes) | cross liability.
responsabilidad pecuniaria | pecuniary responsibility.
responsabilidad penal | criminal liability.
responsabilidad personal | individual responsibility.
responsabilidad por aval | liability for endorsement.
responsabilidad por daños corporales | personal-injury liability.
responsabilidad por daños materiales | property-damage liability.
responsabilidad por defectos | liability for defects.
responsabilidad por deudas empresariales | liability for business debts.
responsabilidad por endoso | liability for endorsement.
responsabilidad por incumplimiento de contrato | liability for breach of contract.
responsabilidad solidaria | joint liability | joint and several liability | several liability | joint responsibility.
responsabilidad solidaria e indivisa | joint and several liability.
responsabilidades a terceras partes | liabilities to third parties.
responsable | in-charge | responsible.
responsable conjunto y separadamente | jointly and severally liable.
responsable de las condiciones de seguridad en el interior (minas carbón) | fireman.
responsable en igual grado | equally responsible.

responsable en primer término | primarily liable.
responsable solidariamente | severally liable.
responsables mancomunada y solidariamente | jointly and severally liable | mancomune et in solidum.
responsividad | responsivity.
responsor | responsor.
repostería de maquinistas (buques) | engineers' pantry.
respuesta | plea | reply | response.
respuesta (aparatos) | response.
respuesta (del órgano de regulación) | response.
respuesta (emulsión fotográfica) | responsiveness.
respuesta (radar) | response.
respuesta (telecomunicación) | replay.
respuesta (teletipos) | answerback.
respuesta a los impulsos | pulse response.
respuesta al escalón unidad | unit-step response.
respuesta al soldeo | welding response.
respuesta al tratamiento de sensibilización | response to sensitization treatment.
respuesta angular | angle response.
respuesta automática | answer back.
respuesta axial | axial response.
respuesta con lazo cerrado a frecuencia cero | closed-loop zero-frequency response.
respuesta concreta | clear-cut answer.
respuesta corregida mecánicamente | mechanically corrected response.
respuesta cromática | color response.
respuesta cuántica | quantal response.
respuesta de amplitud ondulada | equal ripple response.
respuesta de control | answer back.
respuesta de cresta aplanada | flattop response.
respuesta de frecuencia con circuito de reacción abierto | open loop frequency response.
respuesta de frecuencia en ciclo cerrado | closed-loop frequency response.
respuesta de imagen | image response.
respuesta de impulso (respondedores) | pulse reply.
respuesta de impulsos | pulse reply.
respuesta de intensidad fónica | sound level response.
respuesta de la estructura a la marea (plataforma marina) | seaway response.
respuesta de la estructura del casco (buques) | hull response.
respuesta de onda rectangular | flattop response.
respuesta de potencia | response to power.
respuesta de potencia (electroacústica) | transmitting power response.
respuesta de potencia transmisora | projector power response.
respuesta de radiación | radiation response.
respuesta de recuento a la radiación α | counting response for α radiation.
respuesta de retropulsión | feedback response.
respuesta de reverberación | reverberation response.
respuesta de reverberación (micrófonos) | random response.
respuesta de tipo cuadrático | squaring.
respuesta del bucle (telefonía) | loop output signal.
respuesta del buque a una carga | ship's response to a charge.
respuesta del comandante al comunicársele en la mar que son las 12 (buques de guerra) | make it so.
respuesta del regulador | governor response.
respuesta dinámica | dynamic response.
respuesta dinámica direccional | directional dynamic response.
respuesta dinámica elastoplástica | elastic plastic dynamic response.
respuesta dinámica longitudinal del avión | airplane longitudinal dynamic response.
respuesta en alta frecuencia | high-frequency response.
respuesta en baja frecuencia | bass response | low-frequency response.
respuesta en escalón (circuito) | step response.
respuesta en frecuencia | frequency response.
respuesta en régimen transitorio | transient response.
respuesta estructural | structural response.
respuesta linealizada | linearized response.
respuesta media | unit-function response.
respuesta media cuadrática | mean-square response.
respuesta negativa | negative answer | negative acknowledge.
respuesta neurológica (medicina) | neurological response.
respuesta no selectiva | spurious response.
respuesta nula | null response.
respuesta óptima | optimum response.
respuesta óptima en el tiempo | time-optimal response.
respuesta ortotelefónica | orthotelephonic response.
respuesta oscilante amortiguada | damped oscillatory response.
respuesta pagada (telégrafos) | answer prepaid.
respuesta parafónica | close-talking sensitivity.
respuesta parásita | spurious response.
respuesta plana (de frecuencias, etcétera) | flat response.
respuesta plana desde 10 kilohertzios a 1,5 megahertzios | flat response from 10 Kc to 1,5 Mc.
respuesta predecible | predictable response.
respuesta proporcional | linear response.
respuesta rápida | quick response.
respuesta sensitiva a pequeña velocidad | sensitive response at low speed.
respuesta sobreamortiguada | overdamped response.
respuesta térmica | thermal response | thermal response.
respuesta transitoria (telecomunicación) | step response.
respuesta transitoria de un servomecanismo | servo transient response.
respuesta transitoria del servomecanismo | servomechanism transient response.
respuestas codificadas | coded answers.
respuestas condicionadas | conditioned responses.
respuestas desestimatorias | denying answers.
resquebrajabilidad | shatterability.
resquebrajable | shatterable.
resquebrajadura | chinking | crackle.
resquebrajamiento | shattering.
resquebrajamiento (defecto de superficies pintadas caracterizado por la formación de grietas irregulares) | alligatoring.
resquebrajamiento (minas) | bulling.
resquebrajarse | split (to) | crack (to).
resquicio | rime.
resta (aritmética) | difference.
resta horizontal | cross-subtraction.
resta horizontal (máquinas de calcular) | cross substraction.
restablecedor | restorer.
restablecedor (del circuito) | recloser.
restablecedor (TV) | restorer.
restablecedor de la continuidad del circuito eléctrico después de una desconexión por el interruptor | repeater.
restablecer | restore (to) | restitute (to) | establish (to) | reinstate (to) | reinstate (to) | reinstall (to) | rehabilitate (to).
restablecer (equilibrio) | redress (to).
restablecer el acoplamiento | reengage (to).
restablecer el arco (arco eléctrico) | restrike (to).
restablecer la comunicación (telefonía) | restore the connection (to).
restablecer normalmente un circuito (comunicaciones) | put a circuit regular (to).
restablecerse | improve (to).
restablecido | full out.
restablecimiento | recovery | restoration.
restablecimiento (del equilibrio) | redressing.
restablecimiento de arco (electricidad) | restriking.
restablecimiento de la forma del impulso | pulse regeneration.
restablecimiento de las formas de impulsos | pulse regeneration.
restablecimiento de los negocios | rally.
restablecimiento del arco (electricidad) | restriking of the arc.
restado eléctricamente | electrically subtracted.
restador de un dígito | half-subtracter | one digit subtracter.
restallar | clack (to).
restallar (látigo) | lash (to).
restallar el látigo | crack the whip (to).
restante | remainder | remaining.
restañar | staunch (to) | stanch (to).
restaño (tela) | lamé.
restar | subtract (to).
restar (matemáticas) | pull (to).
restaurabilidad dimensional | dimensional restorability.
restauración | reset | recovery | restoration.
restauración (arquitectura) | restoration.
restauración (de una pieza rechazada) | rectification.
restauración con soldadura (piezas desgastadas) | weld surfacing.
restauración de edificios | restoration of buildings.
restauración de edificios históricos | restoration of historic buildings.
restauración de la componente continua (televisión) | D. C. restoration.
restauración de la forma del impulso | pulse correction.
restauración de la forma geométrica primitiva de la superficie (de muelas abrasivas) | trueing.
restauración de la forma geométrica primitiva de la superficie (muelas abrasivas) | truing.
restauración de la superficie de corte (muela abrasiva) | dressing.
restauración de las existencias | restoration of stock.
restauración de piezas fundidas defectuosas | reclamation of defective castings.
restauración debida al desgaste (ejes desgastados) | rectification due to wear.
restauración del espesor original de la emulsión (fotografía) | deshrinkage.
restauración del terreno | land restoration.
restauración elástica | elastic recovery.
restauración pictórica | pictoric restoration.
restauración por salto de cinta | tape skip restore.
restauración por soldadura | rectification by welding.
restauración protésica (odontología) | prosthetic restoration.
restauración y recuperación de piezas fundidas | repair and reclamation of castings.
restaurador | re-storer | restorer | repairer | repairman.
restaurador (de edificios) | restorationist.
restaurador de mantillas (offset) | blanket restorer.
restauradora de la forma de la rosca | thread restorer.
restaurante para los empleados (fábricas) | staff restaurant.
restaurar | restore (to) | clear (to) | reset (to).
restaurar a la forma correcta | reform to the correct shape (to).
restaurar con soldadura (partes desgastadas) | weld-surface (to).
restaurar la forma geométrica primitiva de la superficie (muelas abrasivas) | true (to).

restaurar las pistas de rodaje (aeropuerto) | resurface runways (to).
restaurar un ciclo | reset a cycle (to).
restinga | spit | tongue | reef.
restitución | restitution | replacement | refund | return.
restitución (fotogrametría) | plotting.
restitución (jurisprudencia) | remitter.
restitución de la propiedad | reconveyance.
restitución espectral | spectral restoration.
restitución espectral de perfiles de superficies técnicas | spectral restoration of technological surface profiles.
restitución prioritaria consecutiva a un error de máquina (ordenadores) | priority error dump.
restituible | returnable | refundable.
restituidor (fotografía aérea) | plotter.
restituidor (fotogrametría) | plotter.
restituidor fotogramétrico | photogrammetrical plotter.
restituir | refund (to) | pay back (to) | reset (to) | give back (to) | deliver up (to) | return (to) | render (to) | restore (to) | restitute (to).
restituir el pago (aduana) | return the drawback (to).
restitutorio | returnable.
resto | rest | residual amount | balance | remainder | remnant | short.
resto (aritmética) | residual.
resto (de electrodo) | stub end.
resto (lo que falta para completar una cantidad) | balance.
resto (naufragios) | driftwood.
resto de la central nuclear | balance of plant.
resto de la edición | balance of the edition.
resto del plazo | balance of the term.
resto que queda (en un recipiente) | heel.
restos | debris | leavings.
restos (de un ejército) | residue.
restos arrojados por el mar a la costa | rejectamenta.
restos balizados de un naufragio | lagan.
restos de carbón de plantas y asociados con mineralización del uranio | carbon trash.
restos de comidas (arqueología) | midden.
restos de hielo y agua en el fondo de grietas (glaciares) | ice gush.
restos de naufragio | wreckage.
restos de satélites artificiales orbitando en el espacio | derelict satellites.
restos de satélites artificiales y cohetes orbitando en el espacio | orbiting jetsam.
restos de supernova | supernova remnants.
restos de un naufragio | wreck.
restos esqueletales | skeletal remains.
restos flotantes (de un buque) | floating wreckage.
restos flotantes de un naufragio (derrelicto) | flotsam.
restos fluviales glaciáricos | glacial river debris.
restos fósiles o impresiones verticales de troncos de sigilaria (encima o debajo de una capa de carbón) | cauldron bottoms.
restos morrénicos | morainic debris.
restos orgánicos fragmentarios | fragmental organic remains.
restos peligrosos (buque sumergido en menos de 18 metros de profundidad) | dangerous wreck.
restos piroclásticos (geología) | pyroclastic debris.
restos volanderos | flying debris.
restregado | rubbed.
restregador | scrubber.
restregar | wipe (to) | rub (to).
restricción | confinement | narrowing | reserve | squeeze | curtailment | limiting | limitation | constraint.
restricción (funciones de varias variables) | side condition.
restricción a la libre contracción | free contraction restriction.
restricción adicional | cutting plane.
restricción contractual | contractual restriction.
restricción de agua en el suelo (agrículuta) | soil-water stress.
restricción de crédito | tightening of credit.
restricción de créditos | credit squeeze.
restricción de espacio | space restriction.
restricción de la carga en la hora de máxima demanda (electricidad) | load-shedding.
restricción de la carga rentable | payload restriction.
restricción de la costura (soldadura) | joint restraint.
restricción de la junta | joint restraint.
restricción de la producción agrícola | acreage allotment.
restricción de licencias de importación | import licensing restriction.
restricción de pedidos | curtailing of orders.
restricción del flujo | flow restriction.
restricción presupuestaria | budget constraint.
restricción temporal | temporal restriction.
restricción temporal de la velocidad | temporary speed restriction.
restricciones | curtailments.
restricciones a las inversiones | investment restrictions.
restricciones de divisas | currency restriction.
restricciones de energía | power cuts.
restricciones de liquidez | strain on liquidity.
restricciones del espacio aéreo | airspace restrictions.
restricciones elásticas | elastic restraints.
restricciones mercantiles seculares | common law restraint on trade.
restricciones monetarias | currency restriction.
restricciones no selectivas a la importación | nondiscriminatory import restrictions.
restrictivo (cláusulas) | limiting.
restricto | restricted.
restrictor | restrictor.
restrictor medidor | metering restrictor.
restringente | restringent.
restringido | close | coerced.
restringido (espacio) | confined.
restringidor | restrainer.
restringir | curtail (to) | narrow (to) | shorten (to) | restrict (to) | constrain (to) | constraint (to) | limit (to) | restraint (to).
restringir el uso de | confine the use of (to).
resucitación | resuscitation.
resucitador (hospitales) | resuscitator.
resudación | bleeding.
resudación (tuberías) | sweating.
resudar | roast (to).
resuelto (tono) | decisive.
resuelto por métodos de pruebas y errores | evolved by trial and error methods.
resujeción del grillete (de cable extracción de minas) | recapping.
resultado | fruit | proceeds | upshot | performance | account | outcome | bottom line.
resultado (sentido despectivo) | spawn.
resultado a largo plazo | deferred result.
resultado aislado (estadística) | outlier.
resultado de explotación | achievement.
resultado de la... | object.
resultado de la acción | outcome of the action.
resultado de la compilación | object code.
resultado de la explotación | operating results | trading profits.
resultado de las pruebas | outcome of the trials | performance.
resultado de pruebas del motor | motor performance.
resultado de salida (computadora) | output.
resultado de un ensayo | assay.
resultado del análisis | analysis result.
resultado del ensayo | test data.
resultado después de impuestos | profit after tax.
resultado experimental | fact.
resultado final | payoff.
resultado observado | observed outcome.
resultado parcial | suboutcome.
resultado posible | possible outcome.
resultado positivo | success.
resultado rechazado | rejected result.
resultados (economía) | profit and loss.
resultados (tratamiento) | output data.
resultados aparentemente inconsistentes | apparently inconsistent results.
resultados completamente satisfactorios | eminently satisfactory results.
resultados concordantes | concordant results.
resultados de explotación | trading income.
resultados de las pruebas de mar | sea-trial results.
resultados de las pruebas de microdureza | microhardness testing results.
resultados de una encuesta o investigación | findings.
resultados del ejercicio | trading results.
resultados del escrutinio | election returns.
resultados discrepantes | discrepant results.
resultados electorales | electoral results | election returns | returns.
resultados excepcionalmente favorables | exceptionally favourable results.
resultados financieros globales | overall financial results.
resultados grafiados | graphed results.
resultados intermedios | intermediate results.
resultados mutuamente excluyentes | mutually exclusive outcomes.
resultados obtenidos | realized results.
resultados promediados | averaged results.
resultados que difieren ampliamante | widely varying results.
resultante | consecuent | secondary | resultant.
resultante dentro del tercio central (cimentaciones) | within-middle-third resultant.
resultante fuera del tercio central (cimentaciones) | without-middle-third resultant.
resultante para un radian en el cilindro nº 1 (motor diesel) | resultant for 1 radian at nº 1 cylinder.
resultar | prove (to) | turn out (to).
resultar cierto | come true (to).
resultar defectuoso | prove defective (to).
resultará forzosamente un retraso en la expedición | the result will certainly be a delay in the forwarding.
resumen | short | summary | summer up | précis | resumé | syllabus | abstract | abridgment | extract.
resumen automático | automatic abstract.
resumen de asientos en el libro Mayor | abstract of posting.
resumen de buques mercantes que han llegado o salido | merep.
resumen de la cuenta | abstract of account.
resumen de los autos (jurídico) | abstract of record.
resumen de los resultados de | resume of the results of.
resumen de trabajos presentados | resumé of papers.
resumen de un documento | epitome.
resumen informativo | rundown.
resumen introductivo | summary-introduction.
resumen mensual | monthly digest | monthly record.
resumen meteorológico | meteorological summary.
resumen verbal meteorológico | meteorological briefing.
resumen verbal reunión para dar instrucciones finales | briefing.
resúmenes analíticos | abstracts.
resumidor (persona) | abstractor.
resumir | abridge (to) | abstract (to) | abstract (to) | sum up (to) | summarize (to) | digest (to).
resumir un artículo | boil down an article (to).
resupinado (botánica) | reversed.
resurgencia | resurgence.

resurgente | resurgent.
resurgimiento de la actividad | upsurge of activity.
resurgimiento de los negocios | revival of business.
retablo | reredos.
retablo pintado (iglesias) | painted reredos.
retacador para empaquetaduras (máquinas) | packing stick.
retacar (plomo) | fuller (to).
retador | challenger.
retaguardia | rear | back lines.
retal | clipping | short | odd-come-short.
retal (telas) | remnant.
retales | leavings | broken lot | dropouts | odds and ends | oddments.
retales (siderurgía, caucho) | cuttings.
retales de cuero | leather waste | leather mousings.
retallar | step (to).
retallar (muros, hormigón) | offset (to).
retallo | ledge | setoff | set-in | shoulder | shelf | setoff.
retallo (muros) | offset | scarcement | retreat | footing.
retallo de derrame (arquitectura) | water table.
retallo de derrame (muros) | wash.
retallo de muro (construcción) | jut.
retama | broom.
retamal | broom-plantation | broom land.
retar | challenge (to).
retardación | lagging | retardation.
retardado | behind time | delayed.
retardado de movimiento | lag.
retardador | lagging | obstructor | retardant | retarder | inhibitor.
retardador (fotografía) | restrainer.
retardador de corrosión | inhibitor sweetening.
retardador de fase | phase relay.
retardador de fraguado del cemento | cement retarder.
retardador de fricción | friction retarder.
retardador de incendios | fire-retardant.
retardador de la combustión | combustion retarder.
retardador de soplado (cabeza de torpedo) | dashpot.
retardador de vagones$ | car retarder.
retardador de velocidad del tiro (chimenea) | draught retarder.
retardador del fraguado | set-retarder.
retardador del fraguado (hormigones) | set-retardant.
retardador del fuego | fire-retardant.
retardador del sumergidor (mina submarina) | sinker dashpot.
retardador electroneumático para vagones (estaciones de clasificación) | electropneumatic railway retarder.
retardador por apriete de las ruedas (vagones en estación de clasificación) | wheel-gripping retarder.
retardancia | retardance.
retardante compuesto de un oxidante y de una aleación de níquel y aluminio (voladuras controladas) | nickel-aluminum-alloy/oxidant retarding composition.
retardante de crecimiento de la planta | plant-growth retardant.
retardante del fraguado | bond retardant.
retardar | delay (to) | defer (to) | lag (to) | decelerate (to) | slack (to).
retardar (la subida de temperatura en hornos) | lag (to).
retardar el pago | defer the payment (to).
retardar el plazo de entrega | postpone the date of delivery (to).
retardar un plazo | postpone a date (to).
retardatario | laggard.
retardo | lagging | lag | inverse time | retardation time | losing rate | tarry | delay | delay time | time lag.
retardo (de mecanismos) | response.
retardo (encendido motores) | retard.
retardo (mareas) | age.
retardo (música) | suspension | retard.
retardo (relés) | definite time-lag.
retardo a la admisión | late admission.
retardo a la admisión (distribuidor) | retarded admisión.
retardo a la admisión del distribuidor (máquina vapor) | lap of the valve.
retardo acústico | sound lag.
retardo aéreo | air lag.
retardo aerodinámico | aerodynamic lag.
retardo ajustable | adjustable delay.
retardo al encendido | ignition lag | retarded ignition.
retardo al escape | exhaust lag.
retardo al escape (distribuidor) | retarded release.
retardo al escape (motores) | late release.
retardo analógico | analog time delay.
retardo angular | angular retardation.
retardo audio | aural delay.
retardo cifrado | coding delay.
retardo constante (relés) | definite time.
retardo de actuación (disyuntores) | time element.
retardo de capacidad múltiple | multicapacity lag.
retardo de capacidad única | single capacity lag.
retardo de cierre (disyuntor) | time-lag constant | constant time lag.
retardo de distancia-velocidad | distance-velocity lag.
retardo de envolvente (radio) | envelope delay.
retardo de fase | phase retardation.
retardo de fase (electricidad) | phase lag.
retardo de fase (radio) | phase delay.
retardo de frecuencia cero (electricidad) | phase intercept.
retardo de grupo | envelope delay | group retardation.
retardo de imanación | lag of magnetization | magnetic lag.
retardo de imanación rotórico | rotor magnetization lag.
retardo de la cuenca (hidrología) | basin lag.
retardo de la chispa | spark lag.
retardo de la exhaustación | evacuation lag.
retardo de la explosión | firing delay.
retardo de la inyección | injection lag.
retardo de la luna | moon difference.
retardo de la marea | age of phase inequality | age of tide | tidal retardation | lag of tide.
retardo de la marea (puertos) | retardation of tide.
retardo de la marea diurna | age of diurnal tide.
retardo de propagación | propagation delay | propagation delay.
retardo de tiempo | time lag.
retardo de transporte | transportation lag.
retardo del impulso (radio) | pulse delay.
retardo del proceso | process lag.
retardo del respondedor | transponder time delay.
retardo del sistema | system retard.
retardo diario (de fases de mareas - unos 50 minutos) | daily retardation.
retardo diferencial | differential delay.
retardo en desconexión (temporizadores) | off-delay.
retardo en la evacuación de heridos (tiempo transcurrido entre que empieza la evacuación en la zona de combate hasta su llegada al destino final) | evacuation lag.
retardo en la inyección (motores) | injection delay.
retardo histerésico | hysteretic lag.
retardo magnético | magnetic lag.
retardo modificable | adjustable delay.
retardo por deformación elástica | elastic lag.
retardo por pastilla soluble | soluble plug delay.
retardo selectivo | selective retardation.
retardo térmico | thermal lag.
retardo viscoso | viscous drag.
retardos en los pagos | arrears.
retardos repartidos | distributed lags.
retasación | reappraisal.
retasación de bienes | property reappraisal.
retazo | shred | piece | end | odd-come-short | cutting.
retazo (telas) | remnant.
retazos | mill ends | odds and ends.
retejar | retile (to).
retemblar | roll (to).
retén | detent | stopper | arrester | pawl | fastening | retainer | retainer | dog | grip | pallet | pallet.
retén de la válvula (autos) | valve retainer.
retén de resorte | spring retainer.
retén de seguridad | lock retainer.
retén de uña | pawl.
retén del cojinete | bearing retainer.
retén para tuerca | nut retainer.
retención | seizure | keeping back | camp-on | trapping | check | withdrawal | sticking | suspense | clamp-on | retaining | retention | hold.
retención (de una paga) | stoppage.
retención (economía) | withholding.
retención (minas) | lag.
retención (sobre un pago) | stoppage.
retención (telecomunicación) | dead-end tie.
retención aerea | spanging.
retención de beneficios | business saving.
retención de bienes | distraint of property.
retención de ingresos | income retention.
retención de la calidad | quality retention.
retención de la carga | charge retention.
retención de la imagen | image retention.
retención de la imagen (tubo rayos catódicos) | sticking.
retención de la propiedad | reservation of title.
retención de las arrugas (telas) | crease retention.
retención de los archivos (industrias) | record retention.
retención de pista | track hold.
retención de sedimientos | sediment trapping.
retención del abonado llamado (telefonía) | called-subscriber-hold condition.
retención del cauce | channel retention.
retención del estado de reposo | space hold.
retención del perno | retention of the bolt.
retención en el origen (fiscal) | taxation at source.
retención en garantía | guarantee withholdings.
retención hacia adelante | forward holding.
retención horizontal | horizontal hold.
retención ilegal (de objetos) | detainer.
retención líquida | hold up.
retención por cuenta propia | self-retention.
retención por escarpias (traviesas de la vía) | spike retention.
retención por gastos de fabricación (oro en barras) | demurrage.
retención por la operadora (telefonía) | manual holding.
retención por riesgos en puerto | port risks retention.
retención prendaria | bailee's lien.
retención salina | salting in.
retención superficial | surface retention.
retención superficial (hidrología) | pocket storage.
retenciones de línea | line guys.
retenedor | stopper | gripping | retainer | seal | detinue | detainer | retainer.
retenedor de bolas | ball retainer.
retenedor de grasa lubricante | grease retainer.
retenedor de la barrena | steel retainer.
retenedor de la empaquetadura | packing retainer.
retenedor de la válvula | valve keeper | valve retainer.
retenedor de piedras (bomba de draga de succión) | stone-retainer.

retenedor de puerta | doorholder.
retenedor de seguridad | safety catch.
retenedor de tuerca | nut retainer.
retenedor del aceite (juntas) | oil flinger.
retenedor del cemento (prensaestopa de la cementación - sondeos) | cement retainer.
retenedor del eje del disparador | trigger shaft detent.
retenedor del elemento rectificador | honing element retainer.
retenedor del hilo | twine-retainer.
retener | detain (to) | retent (to) | retain (to) | clamp (to) | hold back (to) | withhold (to).
retener bucles (tejido de punto) | tuck (to).
retener en origen (impuestos) | withhold at the source (to).
retener judicialmente | attach judicially (to) | hold judicially (to).
retener parte de sus haberes de pago (contribuyentes) | withhold taxes (to).
retenes de las válvulas (autos) | valve keepers.
retenibilidad | retainability.
retenida | guy | holding down.
retenida (de un poste) | tieback.
retenida (postes) | bridle.
retenida contra balances | antirolling guy.
retenida de alambre | guy wire.
retenida de cruceta (postes telefónicos) | bridle guy.
retenida del cerrojo | bolt stop.
retenida para mantener abierto el cerrojo (cañón) | holdback.
retenido | withheld | trapped | attached.
retenido (ordenador) | carry.
retenido judicialmente | attached.
retenido por mal tiempo (puertos) | weatherbound.
retensar (cables, etc.) | retighten (to).
retensar hilos o cables | retighten (to).
retentividad | retentivity.
retentividad (magnetismo) | residual induction.
retentividad a la luz (televisión) | memory.
retentividad de 1.500 gaussios | retentivity of 1,500 gauss.
retentivo (humedad, etc.) | retentive.
reteñido (acción de volver a teñir una tela para mejorar su aspecto) | cobbling.
reteñir | redye (to).
retermotratamiento | reheat-treatment.
retermotratar la soldadura | reheat-treat the weld (to).
retestar (agricultura) | butt-off | equalize.
retexturación | re-texturing.
retexturación de carretera de hormigón desgastada | re-texturing of worn concrete road.
retícula | mesh | screen | graticule.
retícula (matemáticas) | lattice.
retícula de contacto | contact screen.
retícula de puntos parcialmente ordenados | net of partially ordered points.
retícula de vidrio con líneas cruzadas | glass crossline screen.
reticulación | cancelation | reticulation | knitting.
reticulación (cine) | wrinkling.
reticulación (placa fotográfica) | reticulation.
reticulación (química) | linkage | crosslinking.
reticulación de la celulosa | crosslinking of cellulose.
reticulación de la gelatina (placa fotográfica) | mottling of the gelatine.
reticulación normal | normal crosslink.
reticulado | knitted | mesh | array.
reticulado (ocular) | filar.
reticulado de malla de oro (soldado a la hoja y con los alvéolos rellenos de una sustancia coloreada) | cloisonné.
reticulado kilométrico | kilometric reticulate.
reticulado polar | polar grid.
reticular | reticulate (to) | meshy.
retículas en cruz | spider webs.
retículo | cross wires | cross web | cross lines | hair-cross | spider wire | spider lines | spider threads | focusing mark | grid | reticule (EE.UU.).
retículo (botánica, zoología, aparato topográfico) | reticule (EE.UU.) | reticule.
retículo (botánica, zoología, óptica) | reticle.
retículo (cristalografía) | lattice | space lattice.
retículo (microscopio) | grating.
retículo (óptica) | web.
retículo (reactor nuclear) | lattice.
retículo anisótropo | anisotropic lattice.
retículo atómico centrado en las caras (cristalografía) | face-centered lattice.
retículo atómico compacto (cristalografía) | close-packed lattice.
retículo atómico cúbico centrado en la cara | face-centered cubic lattice.
retículo atómico ortorómbico | orthorhombic lattice.
retículo atómico romboédrico (cristalografía) | rhombohedral lattice.
retículo atómico tetragonal (cristalografía) | tetragonal lattice.
retículo coaxial | coaxial sheet grating.
retículo con la imagen móvil dentro del campo visual | floating reticle.
retículo cristalino | crystal lattice | crystal lattice (metallography).
retículo cúbico (cristalografía) | cubic lattice.
retículo cúbico centrado | centered cubic lattice.
retículo de anteojo panorámico | panoramic telescope reticle.
retículo de difracción | difraction grating | diffraction grating | echelette diffraction grating.
retículo de difracción transparente | transmission grating.
retículo de gemelos de campaña | binocular reticle.
retículo de hilos de araña | spider-web reticule.
retículo de líneas cruzadas | crossline screen.
retículo de líneas paralelas | ruled grating.
retículo de malla muy pequeña (retículo muy denso) | close-packed lattice.
retículo de transmisión | transmission grating.
retículo de 350 líneas por centímetro | grating ruled with 350 lines per centimeter.
retículo del anteojo | telescope cross-lines.
retículo del objetivo | target wire.
retículo del reactor | reactor lattice.
retículo distorsionado | distorted lattice.
retículo empacado (cristalografía) | packed lattice.
retículo escalonado | echelle grating.
retículo espacial ultrasónico | ultrasonic space grating.
retículo grabado en vidrio | glass reticule.
retículo iluminado | illuminated crosswire.
retículo interno | internal graticule.
retículo nuclear (citología) | skein.
retículo rayado con diamante | diamond-ruled crosshair.
retículo recíproco | reciprocal lattice.
retículo rectangular | rectangular lattice.
retículo tridimensional | three-dimensional lattice.
retículos | cross-wires.
retículos en cruz | cross wires.
retificador de una alternancia | single wave rectifier.
retiforme | retiform.
retígrafo | retigraph.
retináculo (Asclepiadas) | translator.
retinita (mineral) | retinite.
retinoscopista | retinoscopist.
retintar | redye (to).
retira (Perú) | reiteration.
retirable (efectos comerciales) | callable.
retiración | back | backing | backing-up.
retiración (tipografía) | reiteration.
retirada | removal | retirement | recession | withdrawal.
retirada (de las aguas) | retreat.
retirada (de mercancías) | withdrawal.
retirada (de petróleo) | lifting.
retirada (milicia) | retreat | falling away.
retirada de apeas | striking.
retirada de cuentas crediticias para invertirlas a mayor interés | disintermediation.
retirada de dinero por pánico | run.
retirada de fondos por pánico | bank run.
retirada de puntales | striking.
retirada de tubería | laying down.
retirada del servicio sin desmantelarlas (centrales nucleares) | mothballing.
retirada escalonada | gradual retreat.
retirada masiva de haberes de un banco | run on a bank.
retirado con sueldo entero | retired in pay status.
retirador (cambio automático) | kick-down.
retirador (sierras) | receder.
retiramos nuestra proposición | we withdraw our proposition.
retirar | put back (to) | demount (to) | pull in (to) | draw (to) | draw out (to) | retract (to).
retirar (cámara) | pull back.
retirar (del servicio activo) | pension off (to).
retirar (dinero) | draw (to).
retirar (efectos comerciales) | call in (to).
retirar (efectos, letras) | retire (to).
retirar (imprenta) | back up (to).
retirar (imprentas) | back (to).
retirar (la herramienta) | back out (to).
retirar (tipografía) | perfect up (to) | print the back of a sheet (to).
retirar (tropas) | draw off (to).
retirar (un proyecto, un asunto) | drop (to).
retirar (una demanda) | lay down on (to).
retirar de la circulación (billetes) | retire (to).
retirar de la circulación especies amonedadas | immobilize specie (to).
retirar de servicio | disinstall (to).
retirar de una fila de espera (informática) | dequeue (to).
retirar del servicio (telecomunicación) | put out of service (to).
retirar dinero | withdraw money (to).
retirar el equipo | scrape equipment (to).
retirar el modelo | draw the pattern (to).
retirar fondos (economía) | withdraw funds (to).
retirar la broca | withdraw the bit (to).
retirar la inscripción (de valores) | delist (to).
retirar la licencia | delicence (to).
retirar mercancías | recall goods (to).
retirar por edad | superannuate (to).
retirar su palabra | recall (to).
retirar una acusación | withdraw a charge (to).
retirar una cinta | dethread (to).
retirar una letra | retire a draft (to) | retire a bill (to).
retirar una oferta | revoke one's offer (to).
retirarse | give back (to) | withdraw (to) | draw off (to) | retire (to) | retire (to).
retirarse (aguas) | subside (to).
retirarse (concursos) | drop out (to).
retirarse (delante de un peligro) | shrink (to).
retirarse a tiempo | pull out (to).
retirarse de la playa (embarcación de asalto) | retract (to).
retiro | superannuation | pension | retirement.
retiro (tejidos) | after draft.
retiro de vejez | old-age pension.
retiro del montepío laboral | social security payment.
retiro forzoso | compulsory retirement.
retiro por incapacidad | disability retirement.
retiro voluntario | optional retirement.
retiros de caja | withdrawals of cash.
retiros de fondos | withdrawals.
retitulación | back titration.
reto | challenge | challenge.
retocado impermeable con arcilla | claying.
retocar | touch (to) | rub up (to).
retocar (imprenta) | overrun (to).
retocar (un cuadro) | go over (to).
retocar un aguafuerte (grabados) | etch off (to).
retogalvanostegia | barrel plating.

retoñación (viñedos) | burgeoning.
retoñar | sprout (to).
retoño | sprout | ratoon | tiller | shoot.
retoño (árboles) | springing.
retoño (Iberoamérica) | seedling sprout.
retoño (plantas) | eye-bud.
retoque | after touch | trimming | minor adjustment.
retoque (de pintura) | repair.
retoque (de superficie pintada) | spotting in.
retoque (fotografía) | retouching.
retoque (pintura) | touch-up.
retoque con la estampa (pieza forjada) | shaving.
retoque de negativos (con barniz cubriente) | opaquing.
retoque fotográfico | photographic retouching.
retoque longitudinal a la lima | drawfiling.
retoque por colorantes | dye retouching.
retoques de última hora | last-minute adjustments.
retorcedor de aletas | flyer doubler.
retorcedor de algodón | cotton twister.
retorcedora | twister.
retorcedora (tejeduría) | twisting frame | twiner.
retorcedora con parahilos | trap twister.
retorcedora de anillos | ring twister.
retorcedora de anillos (telares) | ring doubler.
retorcedora de doble tablero | double-deck twister.
retorcedora de paso ascendente | uptwister.
retorcedora de paso descendente | down twister.
retorcedora fija (cordelería) | stationary twister.
retorcedora para yute | jute doubler | jute twisting frame.
retorcedura | twisting.
retorcedura (Inglaterra) | doubling.
retorcer | warp (to) | screw (to) | wind (to) | distort (to) | give twist (to) | contort (to) | twist (to) | twine (to) | wring (to) | wriggle (to).
retorcer (hilados) | double (to).
retorcer (seda) | mill (to).
retorcer (textiles) | twine (to).
retorcer y acondicionar (hilos) | throw (to).
retorcerse (cuerdas) | kink (to).
retorcibilidad | kinkability.
retorcido | twisted.
retorcido (árboles) | gnarled.
retorcido a la izquierda | left-hand twist | left-hand twisted.
retorcido en caliente | hot-twisted.
retorcido en frío | cold-twisting.
retorcido en seco | dry twisting.
retorcido en seco (hilatura) | dry doubling.
retorcido flameado | flake twist.
retorcidos | ply yarns.
retorcimiento | wriggle | wriggling.
retorcimiento del cable | rope kinking.
retornable | returnable.
retornar | return (to) | return (to) | reciprocate (to) | regress (to).
retornar al programa principal | link back (to).
retornar de una misión aérea antes de haberla cumplido por causas no debidas a la acción enemiga | abort (to).
retornar elásticamente (a su posición primitiva) | springback (to).
retorneado de las ruedas (locomotoras) | wheel reconditioning.
retorneado para dar forma | form-returning.
retornear | re-turn (to) | reface (to).
retornedo (escalones, cornisas) | kneeler.
retorno | homing | return | redelivery | coming back.
retorno (a casa) | getting back.
retorno (aparejo de puntal de carga) | hoisting line.
retorno (carrera de retorno del haz de rayos catódicos a su posición inicial para empezar el trazado de la próxima línea - televisión) | flyback.
retorno (televisión) | kickback.
retorno (tubo rayos catódicos) | retrace.
retorno (TV) | return trace.
retorno a su forma primitiva (cuerpos elásticos) | restitution.
retorno a su posición de reposo (selectores) | action homing.
retorno a una época anterior (filmes) | cutback.
retorno al estado anterior (química) | reversion.
retorno al país de origen de capitales especulativos | recyclage.
retorno al programa principal | link.
retorno automático | automatic return.
retorno automático a letras (comunicaciones) | automatic unshift.
retorno combinado | common return.
retorno común (sonido) | common ground.
retorno de alcance controlado | range-controlled return.
retorno de capa | rebate.
retorno de cátodo | cathode return.
retorno de derecha a izquierda desde el extremo de una línea de exploración al principio de la siguiente (televisión) | horizontal retrace | horizontal flyback.
retorno de energía | feedback.
retorno de la llama | flashback | backfiring | backflash.
retorno de la llama (sopletes) | blowback.
retorno de línea | line flyback.
retorno de línea (TV) | line return.
retorno de llama | backfire | back flame.
retorno de ondas reflejadas sobre el terreno (radar) | ground return.
retorno de potencia | backup.
retorno de un vuelo lunar | return lunar flight.
retorno del aceite de enfriamiento del pistón | piston cooling oil return.
retorno del aire | blowback.
retorno del salmón del mar a la cabecera del río para desovar | homing of salmon.
retorno en vacío de la herramienta | idle return of the tool.
retorno horizontal (televisión) | horizontal flyback.
retorno lento de un metal plastodeformado a sus dimensiones originales | creep recovery.
retorno ofensivo (milicia) | counterstroke.
retorno parcial de los efectos de un proceso a su fuente o a una fase precedente de manera que refuerce o modifique esta fase | feedback.
retorno por carretera | backtracking.
retorno por tierra (electricidad) | ground circuit.
retorno programado | rollback.
retorno radioguiado | homing.
retorno rápido | rapid return | quick return.
retorno rápido del avance de la pieza (máquina herramienta) | work-feed fast return.
retorno vertical | vertical flyback | vertical retrace.
retornos de aire (minas) | air-returns.
retornos por tiempo parado por reparaciones (seguros marítimos) | lying-up returns.
retorta | retort.
retorta de alambique | cucurbit.
retorta de arcilla | clay retort.
retorta de carbonización | coking retort.
retorta de destilación | distilling retort.
retorta de destilación de amalgama (metalurgia del oro) | gold retort.
retorta de destilación de la amalgama (oro) | pot-retort.
retorta de gas | gas-retort.
retorta de gas vertical de marcha continua | continuous vertical gas retort.
retorta esférica (refinado del alcanfor) | bombolo.
retorta para destilación de la amalgama | amalgam pot retort.
retorta rectangular para destilación de maderas | jumbo.
retorta refractaria | refractory retort.
retortista | retortman.
retoscopia (radiología) | retoscopy.
retracción | retraction | contraction | withdrawal | shrinking.
retracción (retroceso del haz electrónico - tubo rayos catódicos) | flyback.
retracción (tubo rayos catódicos) | retrace.
retracción de fraguado | shrinkage.
retracción de la aleta hidrodinámica | foil retraction.
retracción de la herramienta | tool retraction.
retracción del aterrizador | undercarriage retraction.
retracción del hormigón | concrete retraction.
retracción del tren de aterrizaje | landing-gear retraction.
retracción en sentido lateral | sideways retraction.
retracción magnética (plasma de reactor de fusión) | pinch.
retracción rápida | rapid return.
retractabilidad | retractability.
retractable | retractable.
retractación | recantation | retraction.
retractar (jurisprudencia) | redeem (to).
retractarse | eat (to).
retractibilidad | retractibility.
retráctil | retractable.
retractilidad | retractility.
retracto | redemption covenant | prior right to purchase | right of redemtion | right to recover.
retracto (homología) | retract.
retracto de vecindad (homología) | neighbourhood retract (Inglaterra).
retracto legal | subrogation.
retractor | retractor.
retraer (jurisprudencia) | redeem (to).
retraíble | retractable.
retraído (plasma) | pinched.
retraído (tren de aterrizaje) | uplocked.
retranca | trailer | spoke.
retranca (caballos) | hip strap | kicking-strap.
retranca (carros) | brake.
retranqueo | recess | setback.
retranqueo (edificios) | offset.
retranqueo (pisos de una casa) | scarcement.
retranqueo de edificios | buildings offset.
retranscripción | re-recording.
retransmisión | relaying | relaying | retransmission | transit.
retransmisión (radio) | reradiation | relay.
retransmisión (telefonía) | refile.
retransmisión automática por cinta | automatic tape relay.
retransmisión de información de un punto a otro | telling.
retransmisión diferida (telecomunicación) | deferred relay.
retransmisión manual por cinta perforada | manual tape relay.
retransmisión por cinta perforada (telegrafía) | tape relay.
retransmisión viviente (TV) | live transmission.
retransmisor | retransmitter.
retransmisor (de un radiofaro interrogador) | responder.
retransmisor de cinta perforada de lectura total automática | fully automatic reperforator transmitter distributor.
retransmisor de haz concentrado (red televisión) | link-transmitter.
retransmitido (radio) | relayed.
retransmitido por radio al piloto | relayed by radio to the pilot.
retransmitir | retransmit (to) | refile (to).
retransmitir (radio) | relay (to) | rebroadcast (to) | reradiate (to).
retrasado (horarios) | behind schedule.
retrasado (trenes, buques, aviones) | overdue.
retrasado en el embarque | frustated.
retrasado mental | feeble-minded.

retrasado 90º con respecto al flujo | lagging 90º behind the flux.
retrasar | delay (to).
retrasar el despliegue completo del paracaídas | reef (to).
retrasar la chispa (motores) | retard the spark (to).
retrasarse | lag (to).
retrasarse en el pago | be in arrears with the payment of.
retraso | lagging | lag | retard | time delay | delay | time lag | time-out.
retraso (cosechas)
retraso (de la marea) | lagging.
retraso (mareas, etc.) | lag.
retraso (trenes) | setback.
retraso a la ignición | ignition delay.
retraso a la llegada y a la salida | head-end delay.
retraso acústico | sonic delay | acoustic delay.
retraso cuadrático | quadratic lag.
retraso de conexión | turn-on delay.
retraso de fases | phase slowness.
retraso de restitución (telegrafía) | restitution delay.
retraso del altímetro | altimeter lag.
retraso del encendido | late timing.
retraso del sonido | sound lag.
retraso del tiempo de subida | rise-time delay.
retraso diurno (cronómetros) | losing rate.
retraso en el armado | arming delay.
retraso en el envío de mercancías | delay in the dispatch of the goods.
retraso en el funcionamiento de la válvula | valve lag.
retraso en la actuación (de mecanismos) | response.
retraso en la carga (cuando varios altos hornos deben cargarse al mismo tiempo) | bunching.
retraso en la detonación de la carga de proyección (cañones) | hangfire.
retraso en la entrega | delay in dispatching.
retraso en la entrega de cartas | letter delay.
retraso en la medida | measuring lag.
retraso en publicar los artículos (revistas científicas) | arrear of articles.
retraso en un derecho | laches.
retraso estadístico | statistical lag.
retraso formativo | formative lag.
retraso inherente dentro de la radiobaliza | beacon delay.
retraso involuntario | inadvertent delay.
retraso justificado | excusable delay.
retraso mental | mental retardation.
retraso para ejecución | turn around time.
retraso por desconexión | turn-off delay.
retraso por interconexión | wiring delay.
retraso rotacional | rotational delay.
retrasos | arrears.
retrasos en el pago de los dividendos | divided arrears.
retrasos en los pagos | payment arrears.
retratar | spotlight (to).
retrato | picture.
retrato de busto | head and shoulder.
retrato desde la cabeza hasta las caderas (pinturas) | three-quarter length portrait.
retrato en la portada | frontispiece portrait.
retraza | retrace.
retrazado vertical | vertical retrace.
retrete | lavatory.
retrete (excusado) | closet.
retrete químico | chemical toilet.
retrete químico (con un depósito móvil para recibir la excreta; se emplea en dragas, submarinos, etc.) | chemical closet.
retretes (buques) | quarter gallery.
retribución | wage | rate | retribution | consideration.
retribución fija | fixed fee.
retribución garantizada a un obrero reclamado para trabajar después de completar su turno | call-in pay.
retribución insuficiente | underpayment.
retribución justa | fair payment.
retribución por piezas | piecework rate.
retribuciones | fees.
retribuciones salariales abonada a obreros que realizan tareas que exigen diversos grados de capacitación | skill differentials.
retroacción | feedback.
retroacción (del sistema regido sobre el sistema regente) | feedback.
retroacción (radio) | retroaction.
retroacción (termiónica) | positive feedback.
retroacción de decisión sin ruido | noiseless decision feedback.
retroacción electromecánica | electromechanical feedback.
retroactividad | retroaction.
retroactivo | retroactively.
retroactivo (leyes) | ex post facto.
retroactuar | retroact (to).
retroala | retrowing.
retroalimentación | feedback | kickback.
retroalimentación (electrónica) | pick-a-back.
retroalimentación acústica | acoustic feedback.
retroalimentación de alta amplificación para el tacómetro | high-gain tachometer feedback.
retroalimentación estabilizadora | stabilizing feedback.
retroalimentación inversa | inverse feedback.
retroalimentación selectiva sintonizable | tuneable selective feedback.
retroarco | arc-back.
retrocalentamiento | backheating.
retrocargadora | back loader.
retrocedente | recoiling.
retroceder | lose ground (to) | move back (to) | turn back (to) | backspace (to) | retire (to) | sternway (to) | drive back (to).
retroceder (armas de fuego) | recoil (to).
retroceder (armas fuego) | kick (to).
retroceder (curvas) | retrogress (to).
retroceder (delante de un peligro) | shrink (to).
retroceder (milicia) | recoil (to).
retroceder para alinearse (milicia) | dress back (to).
retroceder rápidamente | fly back (to).
retroceder un bloque | space backward (to).
retrocesión | retrocession.
retrocesión (medicina) | retropulsion.
retrocesionario | retrocessionaire.
retroceso | recession | runback | flyback action | bakspace | withdrawal | back motion | backspace slippage | retraction | retrocession | setback.
retroceso (aguas de glaciar) | recess.
retroceso (armas de fuego) | recoil | kicking | kick | flip.
retroceso (buques) | sternway.
retroceso (cañones) | heel.
retroceso (de las aguas) | retreat.
retroceso (de tropas) | recoiling.
retroceso (de una curva) | regression.
retroceso (del mar) | dereliction.
retroceso (hélices) | slip.
retroceso aparente (hélices) | apparent slip.
retroceso de hélice aérea | airscrew slip.
retroceso de la aguja indicadora (aparatos) | fall back of the pointer.
retroceso de la cinta | tape backspacing.
retroceso de la llama | backfiring | backflashing.
retroceso de la llama (calderas con quemadores) | flareback.
retroceso del arco | arc-back.
retroceso del cerrojo (armas de fuego) | blowback.
retroceso del haz electrónico (tubo rayos catódicos) | retrace.
retroceso en la construcción de viviendas | home's construction setback.
retroceso energético | energetic recoil.
retroceso glaciar | deglaciation.
retroceso iónico | ion recoil.
retroceso limitado | limited withdrawal.
retroceso máximo de metal a metal | metal-to-metal maximum recoil.
retroceso normal con elevación de 80 grados (cañón) | normal coil at 80 deg. elevation.
retroceso nuclear | nuclear recoil.
retroceso por inercia | setback.
retroceso rápido | quick return.
retroceso real (hélices) | real slip | true slip.
retroceso rotativo | rotational slip.
retrocohete | retro-rocket | braking rocket.
retrocruce (genética) | back-cross.
retrocruzamiento (biología) | back cross.
retrocuentas | countdown.
retrocurvado | backwardly-curved.
retrodescarga | back discharge.
retrodesplazamiento | retrodisplacement.
retrodesviación | retrodisplacement.
retrodicción | retrodiction.
retrodifracción | backscattering.
retrodifusión | back-diffusion | back diffusion | backscattering.
retrodifusión directa | direct back-scatter.
retrodiodo | back diode.
retrodispersión | back scatter | backward scatter | retrodispersion | backscattering.
retrodispersión de rayos gamma | gamma-ray backscattering.
retrodispersión de saturación | saturation backscattering.
retrodisperso | backscattered.
retroexcavador | back spade | backdigger | backhoe.
retroexcavadora | excavator hoe | pull-stroke shovel | back digger | power hoe | pullshovel | trench hoe | hoe dipper | pull shovel | dragshovel.
retrofrotador | rotating collector.
retrogradación | regress | reversion | retrogradation.
retrogradar | retrogress (to).
retrogradar (astronomía) | regress (to).
retrogresión | regress | retrogression.
retrogresión de la llama hacia el interior de la boquilla (soldadura oxioacetilénica) | backfire.
retrogresión de la llama hasta dentro de la manguera (soldadura oxiacetilénica) | flashback.
retrogresivo | retrogressive.
retroiluminación | bias lighting.
retroindicador | back pointer.
retrolectura (topografía) | backsight.
retrolental | retrolental.
retromorfizado | retromorphosed.
retromutación | back-mutation.
retropropulsión | retropropulsion.
retropulsión | retropulsion | feedback.
retrorrebufo (lanzacohetes) | rearward blast.
retrorreflectivo | retroreflective.
retrorreflexión | retroreflection | back reflection | back-reflection.
retrospección | retrospection | looking back.
retrospectivo | retrospective.
retrotaponar | plug back (to).
retrotracción | antedating.
retrotrén | hind carriage.
retrotrén (pieza artillería) | wagon body.
retrovelocidad | retrograde velocity.
retrovender | sell back to the vendor (to).
retroventa | repurchase | repurchase by seller | reversion sale | redemption covenant | buying out | buying back.
retroventa de una concesión | redemption.
retrovirus (medicina) | retrovirus.
retrovisual | backsight.
retumbante | boomy.
retumbar | roll (to) | reverberate (to) | crash (to) | tang (to).
retumbo (acústica) | rattle echo.
retumbo (del trueno) | roll.
retumbo (meteorología) | roll.
retundir (muros) | repoint (to).
reubicable | relocatable.
reubicación (informática) | relocation.
reubicación de programa | program relocation.

reubicación dinámica | dynamic relocation.
reubicación móvil de la memoria | dynamic memory relocation.
reubicar | relocate (to).
reumatismo muscular | muscular rheumatism.
reunido | batched | collected.
reunidor (máquina componer - imprenta) | assembling box.
reunidor (obrero) | doubler.
reunidora (tejeduría) | doubling-frame.
reunidora automática (cardado yute) | regulating lap machine.
reunidora de bandas para formularios comerciales (imprenta) | roll collator for business forms.
reunidora de cintas (hilatura) | lap winder.
reunidora de cintas (tejeduría) | sheeter box.
reunidora de páginas por orden numérico | collating machine.
reunidora-cosedora-refiladora | collator-stitcher-trimmer.
reunión | assembly | collection | proceeding | convention | sitting | meeting | party | gathering | party | parley | rally | rallying.
reunión (de industriales) | open house.
reunión cósmica (satélites artificiales) | space rendezvous.
reunión cósmica y atraque de una cosmonave junto a la otra | space redezvous and docking.
reunión de acreedores | creditor's meeting.
reunión de aseguradores para responder a una alta póliza | pool.
reunión de dos tresillos (música) | sextolet.
reunión de empresas | cartel.
reunión de filones | assemblage of veins.
reunión de oficiales | officers' call.
reunión de trabajo | working party | workshop.
reunión de varias grabaciones de sonido en una sola pista pelicular | dubbing.
reunión de vehículos cósmicos en una única órbita | orbital rendezvous.
reunión dedicada a resolver un problema | problem-solving meeting.
reunión del Consejo de Administración | board meeting.
reunión destinada a pedir opiniones | opinions-requested meeting.
reunión electoral preparatoria | precint-meeting.
reunión en común de fondos | pooling.
reunión en órbita (cosmonaves) | rendezvous.
reunión en órbita (vehículos espaciales) | orbital assembly.
reunión espacial (cosmonaves) | rendezvous.
reunión espacial (satélites artificiales) | space rendezvous.
reunión espacial correspondiente a un tiempo mínimo y a un consumo mínimo de combustible (viajes cósmicos) | minimum-time minimum-fuel rendezvous.
reunión ilegal | unlawful assembly.
reunión imaginativa | brain storming.
reunión interna de políticos de un partido (EE.UU.) | caucus.
reunión oficiosa | consent meeting.
reunión operativa previa | briefing.
reunión orbital | orbital rendezvous.
reunión para sugerir soluciones a un problema | brainstorming.
reunión paritaria | round-table conference.
reunión patrocinada por | meeting sponsored by.
reunión plenaria | plenary meeting.
reunión política prohibida | prohibited political meeting.
reunión privada | informal meeting.
reunión satelitaria | satellite rendezvous.
reunión suplementaria (para los que no han podido asistir por estar llena la sala) | overflow meeting.
reunir | scoop (to) | consolidate (to) | unite (to) | unite (to) | gather (to) | put together (to) | pool (to).
reunir (dinero) | raise (to).
reunir ballenas para matarlas | pod (to).
reunir el personal | rouse out (to).
reunir en cartel (industrias) | cartelize (to).
reunir en masa | mass (to).
reunir en una serie | concatenate (to).
reunirse | combine (to) | meet (to).
reunirse (ballenas) | gam (to).
reunirse en el espacio (cosmonaves) | rendezvous in space (to) | rendezvous (to).
reunirse en sesión secreta | sit in camera (to).
reuso del agua en la industria | re-use of water in industry.
reuso del agua en procesos industriales | water reuse in processing.
reutilizable | re-usable | reusable.
reutilización | reprocessing | recycling | feedback | reutilization.
reutilización (en un circuito) | recycling.
reutilización del agua | water reuse.
reutilización del combustible | fuel recycling.
reutilización del condensado | condensate feedback.
reutilizaciones | reuses.
reutilizar | re-use (to).
reutilizar (en un circuito) | recycle (to).
revalidar | reinstate (to).
revalidar (cláusulas de un contrato) | reinstall (to).
revalorar | revalue (to).
revalorización | revaluation | appreciation.
revalorizado | improved.
revalorizar | revalue (to) | revalorize (to) | appreciate (to).
revaluación | write-up | reappraisement | revaluation | revalorization.
revaluación monetaria | currency appreciation.
revaluado | revalued.
revaluar | restate (to).
revaporizador | stripper.
revelabilidad (placa fotográfica) | developability.
revelación (de secretos) | discovery.
revelación involuntaria | giveaway.
revelado | bath development.
revelado (fotografía) | development | developing | bath development.
revelado de un solo baño (fotografía) | one-step development.
revelado en cascada | cascade development.
revelado en seco (fotografía) | dry developed.
revelado por aerosol | aerosol development.
revelado por cepillo magnético | magnetic brush development.
revelado radiográficamente | radiographically revealed.
revelador | sensor.
revelador (aparato revelador - de fugas, etc.) | detective.
revelador (química) | developer.
revelador a base de bórax (fotografía) | borate developer.
revelador compuesto que no sufre reacción brusca durante su uso (fotografía) | buffered developer.
revelador curado | aged developer.
revelador de alto contraste (fotografía) | high-contrast developer.
revelador estático de la intensidad del campo magnético terrestre (para mantener el giroscopio en la dirección del meridiano magnético) | fluxvalve.
revelador fotográfico | soup.
revelador magnético | magnetic pickup.
revelador para revelar en dos baños (fotografía) | two-step developer.
revelar | disclose (to) | lay bare (to) | develop (to).
revelar (fotografía) | develop (to).
revelar (fotogrametría) | process (to).
revelar (secretos) | expose (to).
revelar un secreto | uncover (to).
revendedor | middleman | reseller | hawker | intermediate retailer.
revendedor final | final reseller.
revender | resell (to).
revendido | resold.
revenibilidad | temperability.
revenido | temper | draw | artificial aging.
revenido (aceros) | tempered | tempering | letting-down | drawing the temper | toughening.
revenido (metales) | drawn.
revenido (metalurgia) | drawing back | drawback | draw-tempering | letdown.
revenido (termotratamiento) | drawing.
revenido al aire (aceros) | air-tempering.
revenido al azul claro | bright blue temper.
revenido al calor azul | blue temper.
revenido con circulación de aire | air draw.
revenido de relajación | lonealing.
revenido del resorte | tempering of spring.
revenido en aceite | blazing-off | oil-tempered | oil-tempering.
revenido en baño de plomo | lead tempering.
revenido en baño de sales | salt-bath tempering.
revenido lento | low-draw.
revenido por corrientes de inducción | induction tempering.
revenido suave | low temper.
revenido suave (metalurgia) | quasitempered.
revenido superficial | surface tempering.
revenir | temper (to).
revenir (aceros) | blaze (to) | temper (to).
revenir (metalurgia) | draw (to) | draw the temper (to) | let down (to) | let down the temper (to) | let (to).
revenir a la llama (del soplete) | flame-temper (to).
revenir de nuevo (aceros) | re-temper (to).
revenir en aceite | oil temper (to).
revenir en aceite (aceros) | blaze off (to).
revenir en agua | water-temper (to) | water toughen (to).
revenir por corrientes de inducción | induction temper (to).
revenir por flameo (del soplete) | flame-temper (to).
revenir por inductotermia | induction temper (to).
revenir por segunda vez (aceros) | re-temper (to).
reventa | reissue | resale | reselling | subsale.
reventa al detalle de acciones compradas en bloque | secondary distribution.
reventado (caballos) | foundered.
reventar | burst (to) | crack (to) | blowup (to) | blowout (to) | break out (to).
reventar (olas en la playa) | rift (to).
reventar (una postema, etc.) | break (to).
reventazón (pozo petróleo) | blowout.
reventazón del saco | sack burstage.
reventón | burst | rupture | blowout.
reverberación | reverberation | reflex.
reverberación (filtros) | clutter.
reverberación del sonido desde el fondo del océano | bottom reverberation.
reverberación del sonido en espacios cerrados con baja frecuencia | boom.
reverberación volumétrica | volume reverberation.
reverberador | reverberator.
reverberante | reverberant.
reverberar | reverberate (to).
reverberatorio | reverberatory.
reverbero (hornos) | cap.
reverberómetro | reverberation-time meter.
reversibilidad | reversibility.
reversibilidad (de la dirección - autos) | retrieve.
reversibilidad (del volante de dirección autos) | caster action.
reversibilidad (dirección de autos) | spinback.
reversible | flip-flop | reversionary | reversible.
reversible (telas) | double-sided.
reversible (tornos, etc.) | double-geared.
reversión | reversal | reversion.

reversión (jurisprudencia) | remainder.
reversión a un tipo primitivo (botánica) | breakback.
reversión al estado (herencias) | escheatment.
reversión de bienes mostrencos o abintestatos al Estado | escheat.
reversión del color | color reversion.
reversión del precipitado (aceros aleados) | precipitate reversion.
reversionario | reversionary.
reverso | reverse | reverse page | tail | verso | back.
reverso (medallas, colonia de hongos) | reverse.
reverso de | back of.
reverso de la página | reverse side of the page.
reverso de la soldadura | back of the weld | weld back.
revertible | reversionary.
revertible al Estado (bienes mostrencos o abintestatos) | escheatable.
revertir | return (to).
revertir al estado (bienes) | escheat (to).
revés | setback | back.
revés (fortificación, telas) | reverse.
revés (telas) | wrong side | reverse.
revés (textil) | back side.
revés a revés (tejido punto) | pearl knitting.
revés liso | plain back.
revesa de fondo (oceanografía) | upwelling.
revesa de superficie | down welling.
revesa de superficie (corriente fría descendente de agua) | sinking.
revesa descendente (oceanografía) | convective overturn.
revestido | clad | plated | coated | lined.
revestido (hornos) | fettled.
revestido con asfalto | asphalt-surfaced.
revestido con cal | lime coated.
revestido con cloruro de polivinilo | PVC-covered.
revestido con indio | indium-coated.
revestido con ladrillos de magnesita | basic-lined.
revestido con material cerámico | ceramic coated.
revestido con material refractario | refractory faced.
revestido con metal duro | hard-surfaced.
revestido con metal noble | noble-metal-clad.
revestido con microgránulos de diamante | diamond-faced.
revestido con obra de fábrica (fuste columnas) | ginging.
revestido con productos refractarios | refractory lined.
revestido con titanio por deposición de vapor | clad with titanium by vapor deposition.
revestido con un dieléctrico | dielectric-coated.
revestido con un plástico | plastic-coated.
revestido con un tejido | fabric-lined.
revestido con una capa de metal | metal-clad.
revestido con una solución de microgránulos de diamante | smeared with a solution of diamond powder.
revestido con vapores de zinc | zinc-vapor-coated.
revestido de absorbente | absorber-coated.
revestido de acero | steel-faced.
revestido de acero (por el exterior o por el interior) | steel-lined.
revestido de algodón | cotton-covered.
revestido de amianto | asbestos-faced.
revestido de arcilla | clay-lined.
revestido de armadura | encased in armour | in armor.
revestido de asfalto | asphalt-coated.
revestido de azulejos | tile-lined.
revestido de cal fundida | fused-lime-lined.
revestido de carburo de silicio | silicon carbide-coated.
revestido de caucho (por el interior) | rubber-lined.
revestido de cemento | cement-coated.
revestido de cesio | cesium coated.
revestido de circonio | zirconium-clad.
revestido de corcho | cork-faced.
revestido de cristal | glass-lined.
revestido de cuero | leather-faced.
revestido de chapa fina de acero | sheet-steel-clad.
revestido de escollera | rubble-lined.
revestido de escoria | slagged.
revestido de fieltro | felt-lined.
revestido de hormigón | concrete-lined.
revestido de ladrillo refractario | firebrick-lined.
revestido de ladrillos | bricklined.
revestido de latón | brass-cased.
revestido de madera contrachapada | ply-covered.
revestido de mármol | marble-faced.
revestido de metal | metal-lined | metal-cased.
revestido de metal antifricción | babbit-lined.
revestido de mortero de cemento | concrete-lined.
revestido de neopreno | neoprene lined | neoprene-coated.
revestido de oro | gold-filled.
revestido de óxido | oxide-coated.
revestido de platino | platinization | platinum-clad.
revestido de plomo | lead coated | lead-lined | lead-encased | lead-coated.
revestido de tablas (zanjas) | sheathed.
revestido de tablones con listones clavados | duck-boarded.
revestido de tela | fabric-covered.
revestido de yute (cables eléctricos) | jute-served.
revestido interiormente de cemento | cement-lined.
revestido por el exterior | outside coated.
revestido por el interior | inside coated.
revestidor de tubos | liner.
revestidor sin perforaciones (sondeos) | blank liner.
revestidora | coater.
revestimiento | facing | overlaying | lagging serving | cladding | encasement | armour | surfacing | revetment | sheath | sheathing | coating | liner | sheeting | shell | coverage | jacketing | investment | veneering.
revestimiento (arquitectura) | furring.
revestimiento (calderas) | casing.
revestimiento (canalización) | lagging.
revestimiento (de alambres, de cables) | sleeving.
revestimiento (de hornos) | shell.
revestimiento (pozo de mina) | coffer.
revestimiento a base de dispersión vinílica | vinyl dispersion coating.
revestimiento ablativo | ablative coating.
revestimiento abrasiorresistente | abrasion resistant coating.
revestimiento abrasivo electrostático | electrostatic abrasive coating.
revestimiento absorbente (acústica) | absorbent lining.
revestimiento ácido | acid lining.
revestimiento activo | emissive coating.
revestimiento acústico por corcho | cork faced.
revestimiento adherente | tight coating.
revestimiento aislante | insulating covering | serving | insulating lining.
revestimiento aluminiado | aluminized coating.
revestimiento anelectrolítico | electrodeless plating | electroless plating.
revestimiento anódico | anodic coating.
revestimiento anódico galvanoplástico | electrodeposited anodic coating.
revestimiento anódico mate | opaque anodic coating.
revestimiento anticorrosivo | anticorrosion lining.
revestimiento antideslumbrante | nonglare coating.
revestimiento antifricción polímero | polymeric antifriction coating.
revestimiento antioxidante del diamante | antioxidant coating of diamond.
revestimiento antirreflector | antireflection coating.
revestimiento aplicado con pistola | gunning.
revestimiento básico (hornos) | basic lining.
revestimiento calorifugado | lagging.
revestimiento calorífugo | heat lagging.
revestimiento calorífugo (calderas, cilindros) | felting | lag.
revestimiento catódico galvanoplástico | electrodeposited cathodic coating.
revestimiento cauchotado | rubberlining.
revestimiento cerámico | ceramic coating.
revestimiento cerámico para motores de chorro | jet engine ceramic coating.
revestimiento cerámico resistente a altas temperaturas | high-temperature-resistant ceramic coating.
revestimiento con arcilla en suspensión | clay-suspension coating.
revestimiento con base de brea de alquitrán | coal tar pitch-base coating.
revestimiento con chapas de mármol (paredes) | marmoration.
revestimiento con frita de cromo | chromium-frit coating.
revestimiento con hormigón | concrete cladding.
revestimiento con ladrillo o mampostería (pozos) | ginging.
revestimiento con ladrillos de magnesita (hornos) | basic lining.
revestimiento con losas de granito | granite slab covering.
revestimiento con losas de piedra | stone-slab cladding.
revestimiento con mercurio | quicksilvering.
revestimiento con metal duro | hard-surfacing | hardfacing.
revestimiento con mortero de cemento | cement-mortar lining.
revestimiento con nervaduras integrales | integrally stiffened skin.
revestimiento con resina vinílica | vinyl-resin coating.
revestimiento con sillarejos | rock face.
revestimiento con tablas | lagging.
revestimiento con tablas solapadas (muros exteriores) | weatherboarding.
revestimiento con tierra arcillosa | puddle lining.
revestimiento con triple capa de níquel | triple-layer-nickel coating.
revestimiento con una aleación de estañosoldar | tinning.
revestimiento con zarzos | brush revetment.
revestimiento conductor | conductive coating.
revestimiento corrosiorresistente | corrosion-resistant lining.
revestimiento de agarre no químico | nonchemically bonded coating.
revestimiento de aleación de estaño electrodepositado | electrodeposited tin alloy coating.
revestimiento de aluminio metalizado | sprayed-aluminum coating.
revestimiento de argamasa | slag face.
revestimiento de asfalto | asphalt covering.
revestimiento de barra combustible | fuel rod coating.
revestimiento de cadmio evaporado en el vacío | vacuum-evaporated cadmium deposit.
revestimiento de cadmio mate | matt cadmium coating.
revestimiento de caldera | boiler cover.
revestimiento de canales de riegos | irrigation canal lining.
revestimiento de carretera | road surfacing.
revestimiento de carreteras con asfalto y caucho en polvo | rubberized-asphalt road

surface.
revestimiento de caucho (cable eléctrico) | rubber lap.
revestimiento de caucho del encofrado | rubber form liner.
revestimiento de cemento colocado centrífugamente | centrifugally applied cement lining.
revestimiento de cerametal para electrodos | cermet electrode sheath.
revestimiento de conformación | conformal coating.
revestimiento de contrachapado | plywood covering | plywood skinning.
revestimiento de conversión química | chemical conversion coating.
revestimiento de cromo entre dos capas de níquel brillante | sandwich chromium coating.
revestimiento de chapa | plating | iron sheeting.
revestimiento de esmalte cerámico | bisque.
revestimiento de etalajes | bosh shell.
revestimiento de fábrica (pozos) | walling.
revestimiento de fábrica (pozos mina) | stone tubing.
revestimiento de fachadas | façade cladding.
revestimiento de gabiones metálicos (defensas ríos) | gabionade lining.
revestimiento de grafito que sirve como electrodo negativo en los hornos de reducción (fabricación aluminio) | cathode box.
revestimiento de hielo que se obtiene al sumergir pescado congelado en agua a -6 °C. | glazing.
revestimiento de hierba (canales) | vegetative lining.
revestimiento de la albañilería de caldera | boiler setting coatings.
revestimiento de la caldera | boiler casing.
revestimiento de la cuba (alto horno) | shaftlining.
revestimiento de la excavación | excavation sheeting.
revestimiento de la máquina | engine casing.
revestimiento de la solera (hornos) | hearth lining.
revestimiento de laca quebradiza | brittle lacquer coating.
revestimiento de ladrillo o mampostería (pozo de mina) | steening.
revestimiento de ladrillos | bricklining | brick facing.
revestimiento de ladrillos de sílice (hornos) | acid lining.
revestimiento de las paredes (pozo minas) | steining.
revestimiento de las paredes de un pozo | steaning.
revestimiento de los costados o paredes (edificios) | side cladding.
revestimiento de losetas de vidrio | glass lining.
revestimiento de mampostería | masonry lining.
revestimiento de mampostería (pozos mina) | stone tubing.
revestimiento de márgenes con faginas (ríos) | fagoting.
revestimiento de material trenzado (cables) | braiding.
revestimiento de membrana asfáltica colocada en caliente y enterrada (canales) | buried hot-applied asphaltic membrane lining.
revestimiento de muros | wall cladding.
revestimiento de níquel mate | dull-nickel coating.
revestimiento de níquel satinado de grano fino pequeño | fine-grained satin nickel coating.
revestimiento de níquel Watts | Watts-nickel deposit.
revestimiento de óxido | oxide coating.
revestimiento de páginas | fascine revestment.
revestimiento de pantalla video | video target coating.
revestimiento de paredes | wall cladding.
revestimiento de piedra | stone facing.
revestimiento de piedras menudas amasadas con asfalto (carreteras) | bituminous carpeting.
revestimiento de plástico sobre un tablero contrachapado | plywood-plastic lining.
revestimiento de plata | silvering.
revestimiento de plomo | lead lining.
revestimiento de polvo de cinc | metallic brown.
revestimiento de radiación selectiva | selective radiation coating.
revestimiento de silicona y aluminio | silicone-aluminium coating.
revestimiento de sillería | ashlar stone facing | coursed ashlar facing.
revestimiento de tablas horizontales (zanjas) | box sheeting.
revestimiento de tablones | plank lagging.
revestimiento de tela | fabric skin.
revestimiento de trabajo (alas aviones) | stress skin.
revestimiento de tubos por polimerización de plásticos | polymerizing plastic pipe coating.
revestimiento de una pieza de aluminio con una capa de otra aleación de mayor resistencia a la corrosión | alcladding.
revestimiento de yute impregnado (cable eléctrico) | impregnated jute serving.
revestimiento de zinc | zinc lining.
revestimiento de 13 micrómetros de cobre | coat of 13 μ of copper.
revestimiento del cable | cable covering.
revestimiento del canal | canal lining.
revestimiento del cilindro de caucho (máquina offset) | setoff blanket.
revestimiento del fondo | bottom covering.
revestimiento del hilo | wire coating.
revestimiento del hogar | furnace lining.
revestimiento del piso | floor covering | flooring.
revestimiento del pozo | shaftlining | well casing.
revestimiento del talud | riprap.
revestimiento del techo de la cabeza de trabajo (galerías, túneles) | lagging.
revestimiento del techo de la cabeza de trabajo (túneles) | spiling.
revestimiento delgado de calcita sobre paredes de arcilla | calcite skin.
revestimiento delgado de chapa de granito | thin granite lining.
revestimiento depositado en fase vapor | vapor-deposited coating.
revestimiento desprendible | tearing coating.
revestimiento diamantado por galvanoplastia | electrodeposited diamond coating.
revestimiento duro a la lima (cementado) | file-hard case.
revestimiento electrodepositado | electrodeposited coating.
revestimiento electrolítico | electrodeposit | plating.
revestimiento electrolítico con micropartículas de diamante | diamond electroplating.
revestimiento electrolítico por oclusión | occlusion plating.
revestimiento electrostático con carburo de silicio | silicium carbide electrostatic coating.
revestimiento encolado | glued-on lining.
revestimiento erosiorresistente | erosion-resistant lining.
revestimiento estanco | tight liner.
revestimiento estanco cerámico | ceramic sealcoat.
revestimiento estañado en caliente | hot-dip tinned coating.
revestimiento exterior | outer shell.
revestimiento exterior (paredes) | cladding.
revestimiento exterior de alto horno | blast-furnace outer shell.
revestimiento exterior de pizarra (muros) | slate hanging.
revestimiento final (carreteras) | carpet.
revestimiento fluido | flowable coating.
revestimiento formador de fundente (electrodos) | flux-forming coating.
revestimiento fosfático (metalurgia) | phosphate coating.
revestimiento fosforescente translúcido | translucent phosphor coating.
revestimiento galvánico | electroplating.
revestimiento galvánico delgado | film.
revestimiento galvánico macrocelular | sponge plating.
revestimiento galvánico producido en corto tiempo | flash plating.
revestimiento galvanoplástico | electrodeposited coating.
revestimiento glaciófobo | ice-phobic coating.
revestimiento gunitado | gunite lining.
revestimiento hermético | tight coat.
revestimiento impermeable | impervious blanket | impermeable surfacing.
revestimiento inhibidor de la corrosión | corrosion-inhibitive coating.
revestimiento inoxidable | inoxidizing coating.
revestimiento interior | inner covering | inner lining | lining.
revestimiento interior (pozos minas, hornos) | inwall.
revestimiento interior con una mezcla de arcilla refractaria y un cuerpo adherente refractario (moldería) | stone facing.
revestimiento interior de la cuba de decapado | pickling tank lining.
revestimiento interior de latas de conservas | can lining.
revestimiento interior de muros | interior wall cladding.
revestimiento interior del horno | furnace lining.
revestimiento interior del molino de cemento | cement-kiln lining.
revestimiento interior del túnel hipersónico | hypersonic tunnel liner.
revestimiento intumescente | intumescent coating.
revestimiento lustroso brillante | bright lustrous coating.
revestimiento metálico | metal covering | metal coating | metal filming.
revestimiento metálico (de ala, de fuselaje) | skin.
revestimiento metálico compuesto | composite metal coating.
revestimiento metálico fuertemente adherente | strongly adhering metal coating.
revestimiento metálico obtenido con plasma del arco eléctrico | plasma-arc plating.
revestimiento metálico rociado en caliente | hot-sprayed metal coating.
revestimiento metalizado autofundente fundido | fused self-fluxing metallized coating.
revestimiento metalizado con pistola y refundido de nuevo con soplete o por caldeo por inducción | fused metallized coating.
revestimiento metalizado fundido | fused-metallized coating.
revestimiento metalizado por aspersión corrosio-resistente | flame-spraying corrosion resistant lining.
revestimiento monolítico | monolithic lining.
revestimiento muy brillante | highly brightened deposit.
revestimiento no reflector | nonreflecting coating.
revestimiento no resbaladizo para embandejar | nonskid palletizing coating.
revestimiento obtenido por condensación de un vapor | vapor-deposited coating.
revestimiento opaco colocado sobre la cabina para practicar vuelos sin visibilidad | hood.
revestimiento oxidado anódicamente | anodically oxidized coating.
revestimiento pasivado con cromo | chromated-passivated coating.
revestimiento pluviorresistente | rain-resistant coating.
revestimiento por detonación controlada de

gases que transportan el material cubriente | detonation coating | detonation plating.
revestimiento por electroerosión | electroerosive coating.
revestimiento por inmersión | dip coated.
revestimiento por inmersión en caliente | hot-dipped coating.
revestimiento por medio del soplete de plasma | plasma-sprayed coating.
revestimiento por reacción química | electroless plating.
revestimiento por reacción química en tambor giratorio | electroless barrel plating.
revestimiento por reducción química | electrodeless plating.
revestimiento protector | protective coating.
revestimiento protector (imprenta, litografía) | coating.
revestimiento protector contra socavaciones (márgenes ríos) | croy.
revestimiento protector de cerámica | protective cermet coating.
revestimiento protector de circuito impreso | anti-tracking coating.
revestimiento protector de la oxidación | inoxidizing coating.
revestimiento protector de superaleaciones | superalloy coating.
revestimiento protector electrodepositado | electrodeposited protective coating.
revestimiento protector inferior | liner.
revestimiento protector por difusión | diffusion coating.
revestimiento protector por difusión resistente a la oxidación | oxidation-resistant diffusion-type coating.
revestimiento protector por pulverización de metal fundido | flame-sprayed coating.
revestimiento protector resistente a la abrasión | abrasion-resistant protective coating.
revestimiento protector transparente | clear protective coating.
revestimiento provisional (pozo minas) | back casing.
revestimiento pulido de níquel mate | buffed dull nickel coating.
revestimiento ramificado | ramified covering.
revestimiento refractario | refractory lining.
revestimiento refractario de pequeña emisividad calorífica | low-emissivity refractory coating.
revestimiento refractario interior | internal refractory lining.
revestimiento refractario monolítico | monolithic refractory lining.
revestimiento regulado por la humedad | moisture-controlled ganister.
revestimiento resistente | stressed skin.
revestimiento resistente a la pluvioerosión | rain-erosion resistant coating.
revestimiento rociado de acero inoxidable | sprayed stainless-steel coating.
revestimiento sensible | sensitive lining.
revestimiento silíceo para cubilote colocado con pistola | gun-placed silica cupola lining.
revestimiento supresor de la radiación calorífica | radiation-suppressing coating.
revestimiento termoaislante (calderas, cilindros) | lag.
revestimiento termodescomponible | heat-decomposable coating.
revestimiento texturado | textured coating.
revestimiento vinílico | vinyl coating.
revestimientos de madera dura | hardwood floorings.
revestimientos de muros | wall coverings.
revestimientos para cilindros | roller jackets.
revestimientos planos para tejados | flat roofing.
revestimientos proctectores para hormigón | protective coating for concrete.
revestimiento electrolítico con particulas de diamante | diamond galvanic plating.

revestir | face (to) | revet (to) | line (to) | drape (to) | veneer (to) | sheathe (to) | jacket (to) | encase (to) | coat (to).
revestir (hornos) | line (to).
revestir (minas) | tub (to).
revestir (taludes) | mat (to).
revestir con barro | puddle (to).
revestir con cloruro de polivinilo | PVC-proof (to).
revestir con cota de malla | mail (to).
revestir con fibras pequeñas de lana (papel para paredes) | flock (to).
revestir con piedras | stone (to).
revestir con plástico | plastic face (to).
revestir con resina sintética | resin coat (to).
revestir con sacos de arena | sandbag (to).
revestir con un líquido anticorrosivo | pickle (to).
revestir de cerámica | ceramic line (to).
revestir de ladrillos | brick (to) | brickline (to).
revestir de mampostería (pozo de mina) | wall (to).
revestir de metal antifricción (cojinetes) | babbit (to).
revestir de nuevo | reline (to).
revestir de tablas solapadas (una pared) | clapboard (to).
revestir el interior de los cilindros con líquido anticorrosivo y obturar las entradas y salidas (motores) | pickle (to).
revestir electrolíticamente con partículas de diamante | diamond electroplate (to).
revestir interiormente con material protector (hornos metalúrgicos) | fettle (to).
revestir la junta con mortero fresco (hormigonado del día) | butter the joint (to).
revestir la solera (hornos de acero) | make bottom (to).
revestir las semillas con materia adhesiva que contiene ciertas sustancias (agricultura) | pellet (to).
revestir los cojinetes con metal antifricción line up the brasses (to).
revestir químicamente | chemical plate (to).
revestirse con un manto | cloak (to).
revestirse de autoridad | girth with authority (to).
revibración | revibration.
revibración del hormigón | concrete revibration.
revirado | twisted | lap-sided.
revirado (Argentina) | twist.
revirar | veer again (to).
revirar (buques) | slue (to).
revirar (buques de velas) | retack (to).
reviro (madera) | flaring.
reviro (maderas) | winding | twist | twisting.
reviro de la madera | flare.
revisable | revisable.
revisable (precios) | renegotiable.
revisado totalmente | revised in its entirety.
revisado y encontrado conforme | audited and found correct.
revisado y enmendado | revised and amended.
revisar | reexamine (to) | edit (to) | overhaul (to) | revamp (to) | review (to) | supervise (to).
revisar (cuentas) | examine (to).
revisar (máquinas, cuentas) | go over (to).
revisar (marina) | check (to).
revisar (situaciones) | resurvey (to).
revisar cuentas | audit accounts (to) | audit (to).
revisar lo impreso poniéndolo al día | overprint (to).
revisar los libros (contabilidad) | audit the books (to).
revisar una cuenta | re-examine an account.
revisar una factura | check an invoice (to).
revisión checkup | review | revise | editing | overhauling | examining | update.
revisión (de cuentas) | examination.
revisión (de un proceso) | review.
revisión (máquinas) | overhaul.
revisión a fondo | straightforward revision.

revisión contable | audit.
revisión contable por personal de fuera de la empresa | external audit.
revisión cuidadosa | incisive review.
revisión de cintas magnéticas (fotocomposición) | tape editing.
revisión de cuentas | auditing of accounts | auditing.
revisión de la causa (abogacía) | rehearing.
revisión de la vía con dresinas | track patrolling.
revisión de los libros (contabilidad) | audit of books.
revisión de pensiones | fresh assessment of pension.
revisión de precios | price revision.
revisión de precios (contratos) | renegotiation.
revisión de precios por aumento de jornales | labor escalation.
revisión de un proceso (jurisprudencia) | retrial.
revisión del motor | engine overhaul.
revisión en taller | shop overhaul.
revisión general | overall supervision | major overhaul.
revisión general (aeronáutica) | overhaul.
revisión hacia atrás | audit trail.
revisión importante | major revision.
revisión parcial (motores, etc.) | top overhaul.
revisión por tribunal de apelación | appellate review.
revisión total | straightforward revision.
revisión total (recorrida total - motores, etc.) | complete overhaul.
revisionismo | revisionism.
revisionista | revisionist.
revisor | examiner | reviser | reviewer.
revisor de cuentas | accountant | auditor.
revista | muster.
revista (milicia) | review.
revista (publicación) | journal.
revista (publicación periódica) | review.
revista a caballo | mounted inspection.
revista a cubierto | foul weather parade.
revista a pie (tropas montadas) | dismounted inspection.
revista bajo cubierta (buques) | foul weather parade.
revista básica | core journal.
revista de actualidades | actuality periodical.
revista de comisario | muster parade.
revista de enfermos | sick call.
revista de extractos de literatura técnica | abstracting journal.
revista de jurisprudencia | legal journal.
revista de resúmenes | abstract journal.
revista de vestuario (tropas) | clothing parade.
revista ilustrada | pictorial.
revista mensual | monthly record | monthly.
revista musical | show.
revista pedagógica | educational periodical | education periodical.
revista periódica | magazine.
revistas | editorial copies.
revivificación | revivification.
revivificación del óxido | oxide revivification.
revivir una póliza prescrita | revive a lapsed policy (to).
revocabilidad | defeasibility.
revocable (sentencias) | reversible.
revocación | repeal | abrogation | cancellation | cancelation | defeat | revocation.
revocación (de un fallo) | reversal.
revocación (de un legado) | ademption.
revocación de crédito | refusal of credit.
revocación de la enmienda | repeal of the amendment.
revocado y enlucido | render-set.
revocador | plasterer.
revocar | reverse (to) | revoke (to) | revocate (to) | cancel (to) | rough-render (to) | parget (to) | repeal (to) | take back (to) | counterhand (to) | adeem (to) | abrogate (to).
revocar (albañilería) | dress (to).

revocar (decretos) | recall (to).
revocar (muros) | dub out (to) | rough-coat (to) | rough-cast (to) | render (to).
revocar un pedido (comercio) | cancel an order (to).
revocar una autorización | revoke an authorization (to).
revocar una sentencia | vacate a judgment (to).
revocar y enlucir | render-set (to).
revocatorio | revocatory.
revoco | render | parget | pargetry | rough casting | rough coat | floating | floated work | roughing.
revoco (edificios) | rough-cast.
revoco (muros) | rendering | dubbing.
revoco antisonoro | acoustic plaster.
revoco basto | pargeting.
revoco basto (muros) | dinging.
revoco de yeso | roughing-in coat | gypsum plaster.
revoco y enlucido | render-set.
revolcarse | tumble (to).
revolotear | flutter (to).
revolotear sobre un sitio determinado (aeroplanos) | hover (to).
revolución | revolution | turn | round | gyration.
revolución anomalística | anomalistic revolution.
revolución lunar | lunar revolution.
revoluciones de régimen | rated revolutions.
revoluciones del eje | shaft speed.
revoluciones del eje de salida | output speed.
revoluciones en el régimen de servicio (motores) | service revolutions.
revoluciones por minuto | rotational speed.
revoluciones por minuto (motores) | revs.
revólver | gun | stir (to) | agitate (to) | revolver | repeater | tumble (to).
revólver (microscopio) | turntable.
revólver (telar) | revolving boxes.
revólver (telares) | circular boxes.
revolver de reglamento | service revolver.
revólver de seis herramientas (tornos) | six-tool capstan.
revólver giratorio (torno) | swivel turret head.
revolver la superficie del terreno | scarify (to).
revolverse | revolve (to) | revolve (to).
revoque | applied finish.
revoque (de fachada) | redressing.
revoque (muros) | wash | rendering.
revoque antisonoro | acoustic plaster.
revoque basto | rough plaster | parge-work.
revoque de inyección (pozos) | mud cake.
revuelco | wallowing.
revuelta | outbreak | rummage | winding.
revuelta (ríos) | sweep.
revuelta fracasada | abortive revolt.
revuelta para conseguir alimentos | food riot.
revulsivo (medicina) | derivative.
reyección | rejection.
reyección del modo común | common-mode rejection.
reyezuelo de cabeza roja (pájaro) | regulus.
reyezuelo moñudo (zoología) | goldcrest.
rezagar (Méjico) | hang up (to).
rezagarse | fall behind (to) | lag (to).
rezón | sinker | sinker | grapple | grappling-iron | grappling | crampon | grapnel | grappler.
rezumadero | seep | dripping-place.
rezumadero de petróleo | oil seepage.
rezumamiento | oozing | ooze.
rezumamiento (crisol agrietado) | runout.
rezumante | weeping.
rezumar | exude (to) | ooze (to) | weep (to).
rezumar una costura | leak a seam (to).
rezumarse | percolate (to) | leak (to).
rezumo | leachate | oozing.
ría | lough | sound | creek | sea loch.
ría (geología) | ria.
riachuelo | brook | creek | rill.
riachuelo que desemboca en un río | distributary.
riachuelos | creeks.
riada | fresh.
riada (ríos) | flood.
riada glaciárica | glacier flood.
riada repentina | flash flood.
ribazo | foreshore.
ribera | shore | coast | bank.
ribete | edge | edging | hem | border.
ribete (costura) | welt.
ribete (tejido punto) | welt.
ribete de la orilla (tejido punto) | selvage welt.
ribete francés (calcetines) | French welt.
ribete normal (calcetines) | regular welt.
ribete trenzado | braided binding.
ribeteado | bordering.
ribeteado (trajes) | edged.
ribeteador | hemmer.
ribeteador (carpintería) | bridle.
ribeteador (máquina de coser) | trimmer.
ribeteador (obrero) | trimmer.
ribeteadora | flanging machine | trimming machine | beading machine | stitcher.
ribetear | edge (to) | hem (to) | tape (to).
ribetear (costura) | bind (to).
ribetear (costuras) | welt (to).
riboflavina | riboflavin.
ribote (enología) | tourné.
rico (colores) | saturated.
rico (gases, mezclas) | strong.
rico de color | highly colored.
rico en álcali | alkali rich.
rico en carbón | coaly.
rico en maderas (paises) | well-timbered.
ricotrón | rycotron.
richetita | richetite.
riego | watering | irrigation.
riego (tratamiento carreteras) | surfacing.
riego bituminoso (carreteras) | bituminous surfacing.
riego con aguas cloacales | broad irrigation | soakaways.
riego continuo | continuous-flow irrigation.
riego de afirmado (carreteras) | dressing.
riego de las bobinas | bobbin spraying.
riego de preparación | preliminary watering.
riego en franjas | strip irrigation.
riego en frío (betunes asfálticos) | cold dressing.
riego por amelgas | border irrigation.
riego por aspersión | spray irrigation | sprinkle irrigation.
riego por aspersión a bajo nivel | low-level sprinkler irrigation.
riego por aspersor | sprinkler irrigation.
riego por bordes | border irrigation.
riego por cuadros rebordeados | check irrigation.
riego por diques siguiendo las curvas de nivel | contour-levee irrigation.
riego por elevación | lift irrigation.
riego por eras | check irrigation.
riego por goteo | trickle irrigation | drip irrigation.
riego por inmersión | waterspreading.
riego por sumersión | flashing.
riego por surcos | furrow irrigation.
riego por surcos muy próximos | corrugation irrigation.
riego por surcos
riego por turno | rotation.
riego por zonas de retención | check irrigation.
riego subterráneo | subirrigation.
riegos por cuadros rebordeados | block system.
riel de motosierra | chain bar.
rielar | glisten (to) | glimmer (to).
rielar (marina) | sparkle (to).
rienda | rein.
rienda de mano | lead 11 | lead line.
rienda del bocado | curb rein.
riendas del bocado | bit-reins.
riesgo | adventure | jeopardy | liability | risk | peril | hazard.
riesgo agravado | substandard risk.
riesgo aleatorio | random hazard.
riesgo calculado | calculated risk.
riesgo colectivo | joint undertaking or venture | joint adventure.
riesgo comercial | commercial risk.
riesgo contra las descargas o incendios por cargas electrostáticas | static hazard.
riesgo crediticio | credit risk.
riesgo cubierto (seguros) | risk covered.
riesgo de acuaplaneo (carreteras, aeropueros) | risk of aquaplaning.
riesgo de avería por cuenta del dueño | owners' risk of damage.
riesgo de circulación | road risk.
riesgo de explosión | explosion risk.
riesgo de falta de pago | credit risk.
riesgo de fallo | chance of failure.
riesgo de formación de hielo (aviones) | ice hazard.
riesgo de gabarraje (transporte al costado del buque) | risk of craft.
riesgo de golpes | risk of denting.
riesgo de improvidad (del asegurado) | moral hazard.
riesgo de incendio | fire risk | fire exposure | fire hazard.
riesgo de mayor cuantía | jumbo risk.
riesgo de mercado | market risk.
riesgo de pérdida en el transporte | lost-in-shipment risk.
riesgo de radiación nuclear | nuclear radiation risk.
riesgo de rotura | risk of rupture.
riesgo de rotura por cuenta del dueño | owners' risk of breakage.
riesgo de vecindad | neighboring risk.
riesgo del cambio | foreign exchange risk.
riesgo del cliente | consumer's risk.
riesgo del empresario | entrepreneur's risk.
riesgo del exterior (seguro incendios) | exposure hazard.
riesgo del fabricante | producer's risk.
riesgo del poder adquisitivo | purchasing power risk.
riesgo del propietario | owner's risk.
riesgo del transportador | carrier's risk.
riesgo en curso | running risk.
riesgo especial (seguros) | special risk.
riesgo estacional | seasonal risk.
riesgo estadístico | random hazard.
riesgo excesivo (seguros) | overline.
riesgo gausiano | random hazard.
riesgo imprevisible | contingent risk.
riesgo inasegurable | uninsurable risk.
riesgo marítimo | marine adventure | marine risk.
riesgo marítimo común | common danger.
riesgo moral | moral hazard.
riesgo natural | genuine risk.
riesgo no aceptable | undesirable risk.
riesgo nuclear | nuclear hazard | nuclear risk.
riesgo nuclear indebido | undue nuclear hazard.
riesgo por cuenta propia | risk for own account.
riesgo por el tipo de interés | money-rate risk.
riesgo por hielos (navegación) | ice risk.
riesgo profesional | occupational hazard.
riesgo propio | own risk.
riesgo silicótico | silicosis risk.
riesgo simple | simple risk.
riesgo tasado (seguros) | classified risk.
riesgo variable (seguros) | variable risk.
riesgos accidentales | casualty risks.
riesgos adicionales | extra risks.
riesgos asegurables | insurable risks.
riesgos catastróficos | catastrophic risks.
riesgos contra la salud | health hazards.
riesgos cubiertos por el seguro | insurance coverages.
riesgos cubiertos por la póliza | risks covered by the policy.
riesgos de la medicación | hazards of medication.
riesgos de las irradiaciones | radiation hazards.
riesgos de las radiaciones ionizantes | radiation hazards.
riesgos del transportista | carriers' risks.

riesgos diversos (seguro) | miscellaneous risks.
riesgos marítimos | sea risks | maritime perils.
riesgos no asegurables | uninsurable risks.
riesgos no asegurables legalmente | prohibited risks.
riesgos normales | ordinary hazards.
riesgos por descuidos humanos | human carelessness hazards.
riesgos portuarios | port risks.
riesgos preferentes | preferred risks.
riesgos sanitarios profesionales | occupational health hazards.
riesgoso | risky.
rifadura (velas) | rent.
rifar (velas) | rip up (to).
rifar un reloj | raffle off a watch (to).
rifarse (velas) | blow away (to) | tear (to) | split (to) | rent (to).
rifle | rifle.
rigaree (decoración del vidrio) | rigaree.
rígidamente acoplado | stiffly coupled.
rígidamente empernado a la bancada | rigidly bolted to the bed.
rigidez | stiffening | stiffness | rigidity | toughness.
rigidez (anatomía) | rigor.
rigidez (cables metálicos) | resistance to bending.
rigidez (cuerdas) | tightness.
rigidez a la flexión | flexural rigidity | bending stiffness.
rigidez a la flexión lateral | lateral flexural stiffness.
rigidez acústica | acoustic stiffness.
rigidez aerodinámica | aerodynamic stiffness.
rigidez al esfuerzo cortante | shear rigidity.
rigidez axial estática óptima del eje | optimum axial static rigidity of the spindle.
rigidez de haz | beam stiffness.
rigidez de la cuerda | rope stiffness.
rigidez deflexional | deflectional stiffness.
rigidez del acoplamiento | coupling stiffness.
rigidez del cable | rope stiffness.
rigidez del haz electrónico | electron beam stiffness.
rigidez del papel | paper stiffness.
rigidez dieléctrica | electrical stiffness | electric strength | electric breakdown | dielectric strength | disruptive strength | insulating strength | flashover strength | breakdown strength.
rigidez dieléctrica específica | unit dielectric strength.
rigidez dinámica | dynamic stiffness.
rigidez disruptiva | disruptive rigidity.
rigidez estática | static rigidity.
rigidez estática del eje | static stiffness of the spindle.
rigidez flexural | flexural stiffness | flexural rigidity.
rigidez lateral | lateral rigidity.
rigidez límite | cutoff rigidity.
rigidez magnética | magnetic stiffness | magnetic rigidity.
rigidez mecánica | mechanical rigidity | mechanical stiffness.
rigidez radial | radial stiffness.
rigidez torsional | torsional stiffness.
rigidez torsional del ala | wing torsional stiffness.
rigidez transversal | transverse restraint.
rigidificación de la periferia | rim rigidifying.
rigidificar | rigidify (to).
rigidización | stiffening | rigidizing | rigidization.
rigidización de chapas por medio de depresiones estampadas de forma triangular o semicircular o rectangular | swedging.
rigidización de la cartela | bracket stiffening.
rigidizado con anillos | ring-stiffened.
rigidizado con faldillas (chapas) | flanging-stiffened.
rigidizado longitudinalmente | longitudinally stiffened.
rigidizado ortogonalmente | orthogonally stiffened.
rigidizado por presión | pressure-stiffened.
rigidizado transversalmente | cross-stiffened.
rigidizador | stringer | stiffener.
rigidizador atojinado en los extremos | lugged stiffener.
rigidizador con depresiones estampadas | swedged stiffener.
rigidizador de angular | angle stiffener.
rigidizador de ángulo soldado por el canto del ala | toe welded angle stiffener.
rigidizador de barra de bulbo soldado | welded bulb bar stiffener.
rigidizador de extremos libres | free-ended stiffener.
rigidizador de llanta | flatbar stiffener.
rigidizador de mamparo | bulkhead stiffener.
rigidizador del alma (vigas) | web stiffener.
rigidizador del extremo | end stiffener.
rigidizador festoneado | scalloped stiffener.
rigidizador horizontal | horizontal stiffener.
rigidizador horizontal de mamparo longitudinal | longitudinal bulkhead horizontal stiffener.
rigidizador interno | internal stiffener.
rigidizador vertical | vertical stiffener.
rigidizadores de proa (dirigibles) | bow stiffeners.
rigidizar | rigidify (to) | stiffen (to).
rigidizar (EE.UU.)
rígido | inelastic | steady | tense | tight.
rígido (acústica, plásticos) | hard.
rigor | rigor.
rigor (de una prueba) | rigidity.
rigor (del invierno) | depth.
rigor (del tiempo) | extremity.
rigor (frío) | keenness.
rigor de la sequía | drought severity.
rigor del razonamiento | exactness of reasoning.
rigor del teorema | force of the theorem.
rigurosidad | rigorousness.
riguroso | exacting | exact.
riguroso (pruebas, etc.) | stringent.
rikio (Uapaca staudtii) | uapaca.
rimoso (botánica) | creviced.
rimu (Dacrydium cupressinum) | rimu.
rincón | quoin | corner | recess.
rincón (chimenea de habitación) | sconce.
rincón difícil de llegar a él | hard-to-get-at corner.
rincón difícil de trabajar en él | awkward corner.
rincón redondeado (pistas aeropuertos) | fillet.
rinconera | corner piece.
ringente (botánica) | gaping.
ringla | row | file.
ringlera | row.
rinoceronte lanudo | tichorrine.
rinofinia | portwine nose.
riña de perros | dogfight.
riñón | kidney.
riñón (arcos) | hance | skewback | rein | spandrel.
riñón (bóveda) | haunch.
riñón (bóvedas) | flank.
riñón (chumacera empuje) | pad.
riñón adiposo (medicina) | fatty kidney.
riñón artificial | artificial kidney.
riñón de un arco | hanch.
riñón quirúrgico | surgical kidney.
riñones (bóvedas, anatomía) | reins.
río | river | watercourse.
río abajo | down the stream.
río adolescente (geología física) | adolescent river.
río afluente | influent stream | feeder.
río alimentado solamente por lluvias | rainfed river.
río antecedente | antecedent river.
río apto para flotar maderas | driveable river.
río arriba | headwater.
río canalizado | canalized river.
río capturado (geología) | beheaded river.
río cargado con sedimentos | laden river | loaded stream.
río completamente aprovechado (para obtener energía eléctrica) | completely developed river.
río consecuente | consequent stream.
río de bloques (geología) | rock-glacier | rock stream.
río de cauces interconectados | braided stream.
río de lecho móvil | nonboulder river.
río de meandros | meandering stream.
río de montaña | mountain stream.
río de piedras (glaciares) | stone river.
río diaclinal | diaclinal river.
río efluente | effluent stream.
río empobrecido | misfit river.
río flotable (para transporte de maderas) | floatable river.
río flotable (para transporte troncos o maderadas) | drivable stream.
río fragoroso | roaring river.
río glaciar | glacial stream.
río infranqueable | impassable river.
río maestro | master river.
río muy pequeño para su valle | underfit stream.
río navegable | waterway.
río rejuvenecido | rejuvenated river.
río serpentuoso | meandering stream | meandering river.
río subsecuente | subsequent stream.
río tributario | tributary river | feeder.
riobasalto | rhyobasalt.
riómetro (medidor de la opacidad relativa ionosférica) | riometer | riometer.
ríos de brechas (lava) | flow breccias.
riostra | brace | iron spur | hip strut | cross stretcher | cross brace | juggler | stringer | strut | stull | bridging-piece | tie.
riostra (carpintería) | spur.
riostra (madero para entibar un frente de arranque - minas) | cockermeg.
riostra (minas) | struddle | cockersprag.
riostra angular | knee brace | angle brace.
riostra bajo la caldera (locomotoras) | belly brace.
riostra de esquina | knee brace.
riostra diagonal | angle brace.
riostra en X | X-bracing.
riostra hueca | hollow stay.
riostra lateral | lateral tie.
riostra lateral (línea eléctrica) | steady brace.
riostra longitudinal | longitudinal stay | longitudinal bar.
riostra transversal | transom bar | crosstie | cross-bearer | stretcher.
riostras cruzadas | cross-bridging.
riostras en dos planos perpendiculares | two-way braces.
riostras horizontales en dos planos perpendiculares | two-way horizontal braces.
riostras longitudinales (marcos de entibación) | collar bracing.
riotrón | ryotron.
ripado (vía férrea) | shifting.
ripador (tren de laminación) | finger.
ripador (tren de laminar) | tappet.
ripaje (vía férrea) | shifting.
ripaje de la vía | track shifting.
ripar (vía férrea) | shift (to).
ripar la vía (ferrocarril) | shift the track (to).
ripio | brickbat | garreting | chip | shard | rubble.
ripio (albañilería) | expletive | rabble stone.
ripio (ladrillo) | glut.
ripio (mampostería) | gallet | garretting.
ripio (muro de piedra) | packing stone.
ripio (muros) | sneck.
ripio (pedazo de ladrillo) | closer.
riqueza (de un filón) | strength.
riqueza (de un mineral) | assay value.
riqueza (isotópica) | molecular abundance ratio.
riqueza (minas) | value.
riqueza (minerales) | strength.
riqueza de acepciones (palabras) | pregnancy.
riqueza de estilo | fullness.

riqueza de la mezcla | mixture strength.
riqueza de la mezcla (motores gasolina) | theory.
riqueza del mortero | mortar richness.
riqueza en aceite | oil-richness.
riqueza en mineral | ore contents.
riqueza en petróleo | oil-richness.
riqueza higrométrica (meteorología) | mixing ratio.
riqueza media de un filón | average value of a lode.
riqueza nacional | national wealth.
riqueza petrolífera | petroleum resources.
riqueza sacárica (remolacha) | sugar richness.
riqueza social | social wealth.
riqueza y producción | wealth and output.
riquezas | means.
risco | rag.
risco escarpado | bluff.
risco y cola (glaciárico) | crag-and-tail.
riscoso | craggy.
risímetro | rhysimeter.
ristra | string.
ristra (de cebollas, etc.) | bunch.
ristra de aisladores (líneas eléctricas) | insulator string.
ristra de aisladores (líneas eléctricas aéreas) | isolators string.
ristra de aisladores (postes de líneas eléctricas) | insulator stack.
ristra de bombas (aviones) | stick.
ristra de combustible | fuel stringer.
ristre (armadura antigua) | faucre.
ristrel (albañilería) | chantlate.
ritmador cardíaco | pacemaker.
ritmicidad | rhythmicity | rhythm rate.
rítmico | cadenced | pulsed | pulsing.
ritmo | pulse | beat | number | run | recurrence frequency | recurrence rate | cycle rate | clock cycle | tempo | rhythm | rate.
ritmo acelerado | increasing tempo.
ritmo cardíaco | heart rate.
ritmo circadian | circadian cycle.
ritmo de actividad | pace.
ritmo de aumento de la carga hasta que ocurra la rotura | speed of loading to fracture.
ritmo de avance | rate of progress.
ritmo de construcción | building tempo.
ritmo de deformación | rate of straining.
ritmo de deposición del metal | metal deposition rate.
ritmo de desgasificación | outgassing rate.
ritmo de fabricación | production rhythm.
ritmo de fuego | timing.
ritmo de fuego (artillería) | rate of fire.
ritmo de fuego (cañones) | gun firing rate.
ritmo de generación total | total generation rate.
ritmo de goteo | drip rate.
ritmo de incremento del esfuerzo | rate of increae of stress.
ritmo de inversión de fondos de un sistema | system effort.
ritmo de inversión de recursos | effort.
ritmo de la producción | production tempo.
ritmo de los hachazos | axe-rate.
ritmo de penetración | rate of penetration.
ritmo de sulfurización | sulphurization rate.
ritmo de trabajo | operation tempo.
ritmo de trabajo del obrero | operator's pace.
ritmo del corazón | heart rate.
ritmo del patrón | clock rate.
ritmo endógeno | endogenic rhythm.
ritmo establecido | pace set.
ritmo inversor | inversion rate.
ritmo limitado | slew rate.
ritmo respiratorio | respiration rate | respiratory rate.
ritmo respiratorio mas prolongado | longer respiration rate.
ritmómetro | rhythmometer.
ritmómetro (artillería) | interval clock.
ritmómetro de fuego | firing interval clock.
ritmos biológicos | biological rhythms.
ritmos circadianos (mitosis celular) | circadian rhythms.
ritualidad | formality.
rival | competitor.
rivalidad | competition.
rivalizar | compete (to).
rivalizar con | rival (to) | match (to).
rizado | curly | fluted | fluting | crimped | crimpy | looped.
rizado (botánica) | crisp.
rizado (del cabello) | crimping.
rizado (fibras) | crimp.
rizado (papel) | curl.
rizado (pelo) | fuzzy.
rizado (telas) | bouclé | frizzled | uncut.
rizado de arcos grandes | meshy crimps.
rizado de la superficie del mar | windlipper.
rizado de ondas muy próximas (tejidos) | crowded crimps.
rizado regular (telas) | even-running crimps.
rizador | frizzler | reefer.
rizados | crimps.
rizar | crimp (to) | crinkle (to) | crimple (to) | crisp (to) | gopher (to) | ripple (to).
rizar (cabellos) | curl (to).
rizar (ensortijar - cabellos) | frizz (to).
rizar (hacer bucles - cabellos) | frizzle (to).
rizar (superficie del agua) | dimple (to).
rizar (telas) | crimp (to).
rizar el rizo (aviación) | loop the loop (to).
rizarse (la superficie del agua) | ripple (to).
rizavirutas (dispositivo para rizar las virutas cuando es difícil el romperlas) | chip curler.
rizo | rip | crimp | frizz | frizzle.
rizo (aviación) | looping.
rizo (bucle - cabellos) | buckle.
rizo (del agua) | ripple.
rizo (maniobra de vuelo) | loop.
rizo (ropa planchada) | flute.
rizo (tejido de punto) | loop.
rizo (velas buques) | reef.
rizo de cuatro (tela de rizos) | four-pick terry weave.
rizo diagonal (velas) | balance reef.
rizo labrado | fancy towelling.
rizo muy poco pronunciado | faint crimp.
rizo normal invertido (aviación) | inverted normal loop.
rizo primero o superior (velas) | slab reef.
rizófago | root-eating.
rizoma (botánica) | rhizome.
rizoma que emite raíces | stock.
rizópodo (zoología) | rhizopod.
rizos que quedan fuera después de aferrar (velas) | deadmen.
RNA mensajero (genética) | transfer RNA.
RNA mensajero de una sola fila (genética) | single-stranded messenger RNA.
róbalo | bass.
robar | fleece (to) | rifle (to).
robar el viento (buques de vela navegando juntos) | blanket (to).
robar en las tiendas | shoplift (to).
robinia (Robinia pseudoacacia) | acacia | robinia.
roble | oak.
roble (Tabebuia pentaphylla Hemsl - Hispanoamérica) | roble.
roble ahumado (roble patinado - roble sometido a la acción del vapor de amoníaco) | fumed oak.
roble amarillo | yellow oak.
roble aserrado en cuartones | quartered oak.
roble blanco (Quercus montana) | chestnut oak.
roble blanco (Tabebuia pentaphylla - Hemsl) | roble blanco.
roble blanco americano (Quercus alba) | American white oak.
roble cabelludo | moss-capped oak.
roble cabelludo (Quercus cerris) | Turkey oak.
roble colorado (Platymiscium pinnatum - Jacq) | roble colorado.
roble coloreado de verde por el hongo Clorosplenium aeruginosum | green oak.
roble cortado según los radios medulares | wainscot oak.
roble de agallas | gall-bearing oak.
roble de Borgoña (Quercus cerris) | Turkey oak.
roble de Borgoña (quercus cerris - L) | moss-capped oak.
roble de casca | barked oak.
roble de Ceilán (Schleichera trijuga) | Ceylon oak.
roble de costa (Tabebuia pentaphylla) | roble de costa.
roble de esmeraldas (Terminalia amazonia - Exell) | roble de esmeraldas.
roble de invierno (Quercus pedunculata) | durmast oak.
roble de invierno (Quercus sessiliflora) | sesile oak.
roble de los árboles podados (Quercus pedunculata y Quercus sessiliflora) | burr oak.
roble de tintoreros | gall oak.
roble fosilizado de color negro (turberas) | bog oak.
roble fresnal (Quercus lucombeana) | English oak.
roble gateado (Astronium fraxinofolium - Schott) | zebrawood | roble gateado.
roble gateado (Astronium graveolens) | Goncalo alves.
roble japonés (Quercus mongolica) | Japanese oak | konara.
roble joven | oakling.
roble lucumbe (Quercus lucombeano) | lucombe oak.
roble moru (Quercus grosseserrata) | evergreen oak.
roble pellin (Fagus antárctica) | antarctic beech.
roble rojo americano (Quercus borealis) | American red oak.
roble rojo americano (Quercus nigra) | water oak.
roble rojo americano (Quercus shumardii).
roble ruso (Quercus pedunculata) | russian oak.
roble tintóreo (Quercus coccinea) | black oak.
robledal | oak wood.
roblizo | oaky.
roblón | rivet.
roblonadura | clinching.
roblonar | rivet (to).
robo | picking.
robo a mano armada | armed robbery.
robo con agravantes | compound larceny.
robo con fractura | effraction.
robo de caja fuerte (bancos) | safe burglary.
robo de ciclo informático | cycle stealing.
robo de ciclos | cycles steal.
robo de existencias | burglary of stock.
robot | robot | zombie | android.
robot electromecánico | electro-mechanical-robot.
robot industrial | industrial robot.
robot industrial programado | programmed industrial robot.
robot técnico | technical robot.
robot teledirigido | teleguided robot.
robótica | robotics.
robotización | robotization.
robotizar (EE.UU.) | robotize (to).
robotizar (G.B.) | robotise (to).
robusta (máquinas) | rugged.
robustamente construido | heavily built.
robustecer | ruggedization | add weight to (to).
robustecer la cesión | fortify the assignment to (to).
robustez | robustness | strength.
robustez inherente | inherent robustness.
robustez mecánica | ruggedness.
robusto | able bodied.
robusto (máquinas) | heavy-duty.
roca | stone | rock.
roca a flor de agua | lurking rock.

roca abisal | plutonic rock.
roca acuífera | aquifer.
roca acuosa | aqueous rock.
roca afeldespática | nonfeldspathoidal rock.
roca agrietada | cleaved rock.
roca alcálica | alkalic rock.
roca alcalino-basaltoide | alkaline-basaltoid rock.
roca alcalinocalcífera | calc-alkali rock.
roca almacén (petróleo) | reservoir rock.
roca alóctona | allochthonous rock.
roca alrededor del borde de un yacimiento aluvial | rim rock.
roca alterada por contacto | contact-altered rock.
roca amigdaloidal | almond rock.
roca amigdaloide | amygdaloid rock.
roca amorfa | amorphous rock.
roca anamórfica | anamorphic rock.
roca anfractuosa | crag.
roca anógena | anogene rock.
roca arcillosa (minas) | clump.
roca arcillosa con una proporción de carbonato cálcico | cement clay.
roca arcillosa físil | fissile argillaceous rock.
roca arqueozóica | archean rock.
roca arrastrada por los hielos | ice-rafted rock.
roca asfáltica | asphalt rock.
roca asquística | aschistic rock.
roca atmoclástica | atmoclastic rock.
roca atrógena | athrogene rock.
roca balizada | beaconed rock.
roca basáltica melanocrática | melanocratic basaltic rock.
roca básica intrusiva estratificada | layered basic intrusive rock.
roca bioclástica | bioclastic rock.
roca blanda | loose rock.
roca calcárea para fabricación de cemento (caliza arcillosa) | cement rock.
roca calcífera | lime-bearing rock.
roca caliza | lime rock.
roca caolinizada | kaolinitized rock.
roca capaz de soportar una carga sin colapsar | competent rock.
roca carbopérmica | carbo-permian rock.
roca catógena | katogene rock.
roca clástica | mechanically-formed rock.
roca colgada | perched block.
roca compacta de granos finos | compact fine-grained rock.
roca compacta Y dura (minas) | whin.
roca compuesta casi exclusivamente de anhidrita | anhydroc.
roca compuesta casi exclusivamente de calcita | chemical limestone.
roca compuesta de feldespato y cuarzo | feldstone.
roca compuesta de fragmentos de cuarzo y granos de arena de tamaño menor de 0,005 milímetros | arenaceous rock.
roca compuesta de material de textura arenácea producida por explosiones volcánicas | ash rock.
roca con arrugas en la superficie | puckered rock.
roca con cristales de calcita y de dolomita | calc-dolomite.
roca con nódulos ferrosos o aluminosos en una pasta de arcilla plástica | nodular fire clay.
roca conchítica | shell-composed rock | conchitic rock.
roca continental | continental rock.
roca contorsionada | contorted rock.
roca córnea | hornfels | hornfelds.
roca cristalina granitizada | granitized crystalline rock.
roca cristalina lamelar | foliated crystalline rock.
roca cuarzosa | quartz rock.
roca cuprosa amigdaloide | amygdaloid copper rock.
roca de anclaje de la fábrica (revestimiento de pozos) | stone head.
roca de caja (filones) | country rock.
roca de cubierta | cap rock.
roca de dique | dyke rock.
roca de dureza media | medium rock.
roca de esmeralda | emerald matrix.
roca de estriación glaciárica | ice-striated rock.
roca de fondo | rock bed.
roca de fondo (geología) | bedrock.
roca de inyección | vein-rock | intruder.
roca de los respaldos (filones) | country rock.
roca de nabos | ferruginous laterite.
roca de origen químico | chemically-formed rock.
roca de radiolarios | radiolarian rock.
roca de recubrimiento | cap rock.
roca de recubrimiento (geología) | mantle-rock.
roca de resonancia hueca | drummy rock.
roca de vetitas de mineral | dredgy ore.
roca del respaldo (minas) | wall rock.
roca del techo (minas) | roof.
roca depositada por la acción del agua | aqueous rock.
roca descolgada | rock shelter.
roca descompuesta | decomposed rock.
roca descompuesta que fluye hacia la galería (túneles) | squeezing rock.
roca desgastada por glaciar | ice-worn rock.
roca desintegrada | decayed rock | rotten rock.
roca desintegrada (mineralogía) | rock meal.
roca determinante (geología) | key rock.
roca diaftorítica | diaphthoritic rock.
roca diasquística | diaschistic rock.
roca difícil de triturar | hard-to-crush rock.
roca dura | hard rock.
roca dura (minas) | burr.
roca eclogítica diamantífera | diamondiferous eclogite boulder.
roca en que el tamaño medio de las partículas varía entre 1 y 5 mm | medium-grained rock.
roca en voladizo | rock shelter.
roca encajante | partition rock | enclosing rock.
roca encajante (geología) | environment.
roca encajante (minas) | adjoining rock | rock wall.
roca encajonada superior | cap rock.
roca encajonante | enclosing rock.
roca encajonante (filones) | country rock.
roca encontrada al principio de perforar un pozo | stone head.
roca eólica | atmospheric rock.
roca eruptiva | extrusive rock.
roca eruptiva plutónica | plutonic eruptive rock.
roca escarpada | scarp.
roca escarpada (cordillera) | scar.
roca espilítica | spilitic rock.
roca esquistosa frágil | shab.
roca esquistosa laminada | laminated schistose rock.
roca estéril | burrow | stope rejection | dirt | dead rock.
roca estéril (filones) | wall rock.
roca estéril (minas) | dead ground | farewell rock.
roca estratificada | layered rock.
roca exogenética | exogenetic rock.
roca falsa (minas) | false bed-rock.
roca fanerítica | coarse-grained rock.
roca favorable para un filón | host rock.
roca femica | femic rock.
roca ferruginosa | ironstone.
roca filoniana | dyke | dyke rock | vein-rock | dike rock.
roca finamente franjeada | finely banded rock.
roca finamente micácea | finely micaceous rock.
roca firme | bedrock.
roca firme (geología) | stand up formation.
roca fisurada | cleaved rock | fissured rock.
roca fitógena | phytogenic rock.
roca fitogénica | phytogenic rock.
roca formada por restos de esqueletos calizos cementados por carbonato cálcico | beach sandstone | beachrock.
roca fosfatizada | phosphatized rock.
roca franca | freestone.
roca fungiforme | mushroom rock.
roca gasífera (geología) | gas rock.
roca gneisosa | gneissose rock.
roca granítica caolinizada con plagioclasa | chinastone | china stone.
roca granuda | grained rock.
roca granular cristalina y compacta | compact crystaline granular rock.
roca guía (geología) | key rock.
roca hendible | splitic rock.
roca hipabisal | dyke rock.
roca holocristalina ácida | acid holocrystalline rock.
roca homeoblástica (geología) | homeoblastic rock.
roca hospedante | host rock.
roca ígnea | igneous rock.
roca ígnea ácida | acid igneous rock.
roca ígnea alcálica | alkaline igneous rock.
roca ígnea basáltica o lava de estructura alveolar y que es difícil de volar | malpais.
roca ígnea compuesta de bronzita | bronzitite.
roca ignea de las profundidades | abyssal rock.
roca ígnea holocristalina | holocrystalline igneous rock.
roca ígnea intrusiva de grano grueso | coarse-grained intrusive igneous rock.
roca ígnea negra-azabache | jet black igneous rock.
roca impermeable | impermeable rock.
roca impregnada de petróleo | oil-wet rock.
roca improductiva (que recubre un filón) | cap rock.
roca in situ | rock in situ.
roca incluida | involved rock.
roca intemperizada | weathered rock.
roca intrusiva | penetrative rock | deep-seated rock | intrusive | dyke rock.
roca intrusiva básica | basic intrusive.
roca intrusiva fanerocristalina | phanerocrystalline dyke rock.
roca intrusiva inyectada | injected intrusive rock.
roca intrusiva lamprofídica | lamprophyric dyke-rock.
roca intrusiva portadora de menas | ore bringer.
roca inyectada con lechada de cemento | grouted rock.
roca jaspoide | jasperoid rock.
roca lajosa | splitic rock.
roca lascable | spallable rock.
roca laterítica aluminosa | aluminous lateritic rock.
roca laterítica interbasáltica | interbasaltic lateritic rock.
roca lipotéctica | lipotectic rock.
roca lunar | moon rock.
roca maciza (minas) | bastard.
roca maculosa | maculose rock.
roca machacada | pounded rock.
roca machacada inclasificada | nongraded crushed rock.
roca madre | mother-rock | source rock.
roca madre (filones) | country rock.
roca madre (geología) | matrix | parent-rock | native rock.
roca madre (prospección petróleo) | reservoir.
roca madre de filones metalíferos | country rock of metalliferous veins.
roca madre del diamante | diamond matrix.
roca madre del petróleo | oil source bed.
roca magnesiana | cotton rock.
roca marmórea | marmoraceous rock.
roca metaforfizada por contacto | contact-metamorphosed rock.
roca metagabroica | metagabbroic rock.
roca metalífera | metal-bearing rock.
roca metamórfica | metamorphic rock.
roca metamórfica arcillosa | argillaceous metamorphic rock.

roca metamórfica foliada | foliated metamorphic rock.
roca metamórfica rica en manganeso y hierro | iron-manganese-rich metamorphic rock.
roca metavolcánica | metavolcanic rock.
roca meteorizada (geología) | weathered rock.
roca migmatítica | migmatite rock.
roca mineralizada | pay rock | mineralized stone.
roca monógena | monogene rock.
roca monomineral | monomineral rock | simple rock.
roca monomineralógica | monomineralic rock.
roca muy fisurada | badly fissured rock.
roca neística básica | basic gneissoid rock.
roca neutra | semibasic rock.
roca no aurífera | mullock.
roca no clástica | chemically formed rock | organically-formed rock.
roca no expuesta a la intemperie | fresh rock.
roca o arena con gran proporción de sílice | dinas rock.
roca o grupo de rocas que figuran con un solo color (mapa geológico) | cartographic unit.
roca o minerales | drill steel.
roca organógena | organic rock | organogenic rock.
roca origen | source rock.
roca originaria | origin rock.
roca oscilante | loggan stone | logging rock | logan-stone.
roca paleovolcánica | old-volcanic rock.
roca permeable | pervious rock.
roca petrolífera | oil rock.
roca petrolífera de Bahía (Brasil) | brazilite.
roca piroclástica | pyroclastic.
roca pirógena | pyrolith.
roca plutónica | plutonic rock | grained rock | deep-seated rock | abyssal rock.
roca poco compacta | weak rock.
roca polimíctica (de más de un mineral) | polymikt.
roca portadora (geología) | container rock.
roca prequebrantada | precrushed rock.
roca productiva (gas) | reservoir rock.
roca que no se rompe en lascas | nonspallable rock.
roca que se derrumba después de la extracción del carbón (minas) | following.
roca que se desconcha fácilmente | spaller.
roca que se fractura en pedazos pequeños que parecen dados | dicey.
roca que se rompe en grandes bloques | blocky rock.
roca que vela en bajamar | dry rock.
roca que vela siempre | lurking rock.
roca reservoria poco densa | low-density reservoir rock.
roca reservorio (petróleo) | reservoir rock.
roca reservorio de petróleo | oil-reservoir rock.
roca saliente (pirámide de erosión - geología) | chimney rock.
roca sedimentaria | layered rock.
roca sedimentaria arcillosa sin estratificación aparente | mudstone.
roca sedimentaria compacta muy silícea compuesta de granos pequeños de cuarzo cementados con sílice (petrología) | ganister.
roca sedimentaria metamorfizada cristalina | crystalline metamorphosed sedimentary rock.
roca sedimentaria tufógena | tufogenic-sedimentary rock.
roca semiconsolidada | semiconsolidated rock.
roca semidura | medium-hard rock.
roca silícea | acidic rock.
roca silícea en estado natural (revestimiento de hornos) | firestone.
roca sin alterar | undisturbed rock.
roca sin machacar | uncrushed rock.
roca sin triturar | uncrushed rock.
roca submarina | sunken rock.
roca subyacente | bottom | deep-seated rock.
roca subyacente (depósito sedimentario) | shelf.
roca suelta | loose stuff.
roca suelta que cubre la roca viva (geología) | mantle-rock.
roca superincumbente | superincumbent rock.
roca taladrable | drillable rock.
roca talásica | thallasic rock.
roca transportada desprendida de un filón | blossom rock.
roca trapeana | traprock.
roca triturada | pounded rock.
roca ultrabásica con contenido de piropo | pyrope-containing ultrabasic rock.
roca ultramáfica | ultramafic rock.
roca verde (nombre general para designar rocas ígneas verdosas, como diorita, dolerita, diabasa, gabro, etc.) | greenstone.
roca veteada | ribbon rock.
roca virgen | ledge rock.
roca viva | ledge rock | ledge | live rock | living stone.
roca volcánica | extrusive rock.
roca volcánica amigdalina | amygdaloidal volcanic rock.
roca volcánica mesozoica | mesozoic volcanic rock.
roca volcánica vítrea | glassy volcanic rock.
roca-almacén (prospección petróleo) | reservoir.
rocalla | rockwork | rockfill | rubble work | rocaille.
rocas abisales | abyssal rocks.
rocas aborregadas (geología) | roches moutonnées | dressed rocks.
rocas ácidas | acid rocks.
rocas afeldespáticas | feldspar-free rocks.
rocas asquísticas | aschistic rocks.
rocas clácticas | fragmental rocks.
rocas clásticas | clastic rocks.
rocas conexas | related rocks.
rocas congeniales | congenial rocks.
rocas de falsa estratificación | eddy rocks.
rocas de intrusión | intruded rocks.
rocas de inyección | intruded rocks.
rocas de origen consanguineo (geología) | rocks of consanguinous origin.
rocas de origen mecánico | mechanically-formed rocks.
rocas de origen sedimentario | aqueous rocks.
rocas detríticas | fragmental rocks.
rocas deutógenas | fragmental rocks.
rocas efusivas | extrusive rocks | effusive rocks.
rocas emergentes | emergent rocks.
rocas entremezcladas | jumbled rocks.
rocas eruptivas | eruptive rocks.
rocas expuestas a la denudación | denuder rocks.
rocas extraterrestres | extraterrestrial rocks.
rocas extrusivas | extrusive rocks | lava flows.
rocas filonianas | hypabyssal rocks.
rocas hipoabisales | hypabyssal rocks.
rocas ígneas formadas por bandas de diferente composición | banded differentiated.
rocas interestratificadas | contemporaneous rocks.
rocas intrusivas | deep-seated rocks.
rocas neutras | intermediate rocks.
rocas plutónicas | abyssal rocks.
rocas primitivas | primary rocks.
rocas relacionadas | related rocks.
rocas sedimentarias con gran proporción de hierro | iron-rich sedimentary rocks.
rocas sedimentarias metamorfizadas | metamorphosed sedimentaries.
rocas ultrabásicas | ultrabasics.
rocas volcánicas | effusive rocks | extrusive rocks | volcanics.
rocas y minerales eruptados con kimberlitas | rocks and minerals erupted with kimberlites.
roce | grazing | rub.
rociada | spray | sprinkling | sprinkle | spraying | spatter | splash.
rociada del mordiente en la maquina grabadora (fotograbado) | acid blast.
rociado (telas de lana y estambre) | dewing.
rociado con agua caliente (fabricación cerveza) | sparging.
rociado con agua nebulizada | fog-sprayed.
rociado con productos cerámicos | spray-coated with ceramics.
rociado metálico | metal spraying.
rociado por arco | arc spraying.
rociado por chorro | jet spraying.
rociador | spray | spray device | sprinkler | sprayer | dripper | sparger.
rociador adiabático de agua | adiabatic water sprays.
rociador automático | automatic sprinkler.
rociador de chorro | jet sprayer.
rociador de insecticidas | insecticide sprayer.
rociador de líquido higroscópico | hygroscopic liquid spray.
rociador de lubricante del engranaje | gearing sprayer.
rociador nebulizador | mist sprayer.
rociadora de alquitrán (carreteras) | tar sprayer.
rociadura | spraying | sprinkling | aspersion.
rociamiento | spraying.
rociamiento aéreo | aerial spraying.
rociar | spray (to) | sprinkle (to) | drizzle (to) | drop (to) | asperse (to) | dag (to) | splash (to) | perfuse (to) | sparge (to).
rociar con agua | douse (to) | dowse (to).
rociar con bórax (cobresoldadura) | flux (to).
rociar con metal fundido | flame-spray (to).
rociar con metal líquido | metal spray (to).
rociar con polvo de roca (minas) | rock-dust (to).
rociar por chorro | jet-spray (to).
rocío | spray | dew.
rocío blanco | white frost.
rocío de mar | spoondrift.
rocío de viento (meteorología) | wind dew.
roción | sparge | sprinkle.
roción (de olas) | spray.
roción de la cresta de una ola | spoon drift.
roción de ola (proa del buque) | lipper.
roción producido al tocar el fondo (hidros) | ribbon spray.
rococó (arquitectura) | rococo.
rocoso | rocky.
roda | cutwater | surfboard.
roda (buques) | stem.
roda curva | spoon bow.
roda de barra | bar stem.
roda de chapa | plated stem.
roda de chapa redonda (buques) | soft-nosed stem.
roda de chapa redondeada | soft nose stem.
roda de madera lamelar | laminated stem.
roda de planchas redondeadas (buques) | rounded-plate stem.
roda lanzada de chapa (buques) | raked plate stem.
roda lanzada de sección redondeada | rake soft-nosed stem.
roda lanzada de sección redondeada (buques) | raking soft-nosed stem.
roda muy lanzada | smartly-raked stem.
roda redonda lanzada | racked soft-nosed stem.
roda vertical | plumb bow.
rodada | track.
rodada (carreteras) | rut.
rodada (de coches) | groove.
rodada (de un carro) | furrow.
rodada (obras públicas) | wheel track.
rodada de un avión por la pista | taxiing.
rodado (transporte, etc.) | wheeled.
rodadura | rolling.
rodadura (telefonía) | reversals.
rodadura de una curva sobre otra | rolling of one curve on another.
rodadura pura | pure rolling.
rodadura sin resbalamiento | pure rolling.
rodaja | slice | rondelle.

rodaja de fieltro | felt drag.
rodaja epitaxial | epitaxial slice.
rodaja pulida electrolíticamente | electrolytically-polished slice.
rodaje | wheeling.
rodaje (aviones) | taxying.
rodaje (de un filme) | shooting.
rodaje (de un magnetrón) | seasoning.
rodaje (de un motor) | running-in | limbering up.
rodaje (de un motor, de un engranaje) | running.
rodaje (del motor, de engranajes) | run-in.
rodaje de interiores (cine) | interior shooting.
rodaje de la mangueta | journal bedding.
rodaje en el exterior del estudio (cine) | location.
rodaje sobre el suelo (rodaje que no sea para despegar o aterrizar - aviones) | taxiing.
rodaje sobre el suelo por medio de sus motores (aviones) | taxi.
rodaje variangular (cinema) | angle shot.
rodal | stand.
rodal (silvicultura) | timber stand.
rodal (Uruguay) | bluff.
rodal aclarado (bosques) | thinned plot.
rodal con claros (montes) | interrupted stand.
rodal con crecimiento franco (bosques) | flourishing stand.
rodal con crecimiento vigoroso (bosques) | thrifty stand.
rodal de selección (bosques) | elite stand.
rodal de varios pisos (bosques) | stairs stand.
rodal destinado a la explotación de leña (bosques) | firewood stand.
rodal experimental (bosques) | sample stand.
rodal explotable (bosques) | ripe stand.
rodal explotable (montes) | mature stand.
rodal poco denso | open stand.
rodal poco denso (bosques) | sparsely closed stand.
rodal ralo (bosque) | open stand.
rodal ralo (bosques) | sparsely closed stand.
rodal segregado (bosques) | self-thinning stand.
rodal testigo (bosques) | check stand.
rodamiento | rolling | bearing.
rodamiento (ferrocarril) | wheel set.
rodamiento de bolas | ball-bearing.
rodamiento de bolas de contacto oblicuo | angular-contact ball bearing.
rodamiento de bolas de rótula | spherical ball bearing.
rodamiento de bolas que puede ser engrasado de nuevo | regreasable ball baring.
rodamiento de escobilla | grinding of a brush.
rodamiento de rodillos | roller bearing.
rodamiento para vagones (eje con sus dos ruedas) | wagon wheel set.
rodante | travelling.
rodapie | mop-board | socle | mupboard.
rodapié (habitaciones) | dado.
rodapié (paredes) | washboard.
rodapié (plinto - carpintería) | baseboard.
rodapié de madera (habitaciones) | mopboard | skirting board.
rodar | turn (to) | wheel (to) | roll (to) | revolve (to) | ride (to) | gyrate (to).
rodar (cine) | shoot (to).
rodar (motores) | limber up (to).
rodar (motores, engranajes) | run in (to) | break in (to).
rodar con esquíes (aviones en la nieve) | ski-plane (to).
rodar el motor | limber up the engine (to).
rodar en un aeropuerto | taxi (to).
rodar las válvulas | refit valves (to).
rodar los engranajes | run-in the gears (to).
rodar más de prisa que el motor (autos) | overrun (to).
rodar sin deslizar | roll without slipping (to).
rodar sobre el suelo (aviones) | taxi (to).
rodar troncos hasta la orilla del río (sacas forestales) | log-roll (to).
rodeado de montañas | mountain-rimmed | mountain-locked.
rodeado de texto (colocado dentro del texto - anuncios en periódicos) | full position.
rodeado de tierra | land-encircled.
rodeado de tierras | landlocked.
rodeado por el mar | sea walled.
rodear | turn (to) | compass (to) | embrace (to) | enclose (to) | encircle (to) | encompass (to) | circle (to) | cincture (to) | hem in (to) | girdle (to) | environ (to) | inclose (to) | ring (to) | outflank (to).
rodear (al enemigo) | circumvent (to).
rodear (un obstáculo) | evade (to).
rodear con atmósfera inerte (electrosoldadura) | blanket (to).
rodear con una valla | board up (to).
rodear con una verja | rail round (to).
rodear de | compass with (to).
rodear de vallas | hurdle (to).
rodear el arco con un gas inerte (soldadura eléctrica) | blanket the arc (to).
rodela | roundel | shield | buckler.
rodenticida | rodenticide | rodent destroyer.
rodenticida (química) | rodenticide.
rodeo | turning | bypassing | winding | turn | detour | loop-way | bypassing.
rodera | cart rut.
rodete | wheel | rotor.
rodete (bomba centrífuga, hidroturbina) | impeller.
rodete (compresores) | inducer.
rodete (turbina, bomba centrífuga) | runner.
rodete (turbinas) | wheel.
rodete cicatricial (Argentina - árboles) | target canker.
rodete de bomba | pump wheel.
rodete de bomba rotatoria | pump impeller.
rodete de bronce de cañón | gunmetal impeller.
rodete de caucho | rubber pad.
rodete de doble aspiración | double-suction runner.
rodete de rayón | rayon cake | spinning cake.
rodete de turbina hidráulica | turbine runner.
rodete de turbina Kaplan | Kaplan runner.
rodete del compresor | compressor inducer.
rodete impulsor giratorio | spinning impeller.
rodete para rodillo | chuck.
rodete soldado para turbina Francis | fabricated Francis runner.
rodetes que arquean la esquina de la hoja de encima para tormarla los chupones (poneplie-gos) | combers.
rodiado | rhodanizing.
rodiar | rhodanize (to) | rhodium plate (to).
rodilla | knee.
rodilladura (aplastamiento de una zona pequeña con un rodillo - forja cigüeñales) | rolling.
rodillas | lap.
rodillera (armadura antigua) | knee-piece.
rodillo | roller | roll | skid.
rodillo (imprenta) | platen.
rodillo (molinos) | muller.
rodillo abarrilado (con mayor espesor en el centro que los extremos) | crowned roller.
rodillo abarrilado para cojinetes | barrel-shaped bearing roller.
rodillo acanalado | grooved roller.
rodillo accional | sprocket.
rodillo activo | live roll.
rodillo afiligranador (papel) | dandy roll.
rodillo aislador (tundidora) | screw roll.
rodillo ajustable (laminadoras) | liminate roller.
rodillo al contrapelo (perchadoras) | counterpile roll.
rodillo albardillado (cojinete de rodillos) | hourglass roller.
rodillo alimentador | feed roller | ductor roller | infeed roller.
rodillo alimentador por fricción | friction feed platen.
rodillo alisador (acabado de telas) | spreader roll.
rodillo alisador (máquina de acabar o aprestar) | crimp roll.
rodillo antifricción | antifriction bowl.
rodillo apisonador de patas de carnero | tamping roller.
rodillo apisonador mediante apisonadores verticales | tamping roller.
rodillo aplastador | crusher roll.
rodillo arrancador | drawing-off roller.
rodillo arrollador del tejido (telares) | winding drum.
rodillo articulado | extension roller.
rodillo auxiliar de la matrizadora | blanket roller.
rodillo auxiliar de la matrizadora (estereotipia) | drag roller.
rodillo batidor de mano | brayer.
rodillo compactador de subsuelo | compaction roller.
rodillo compresor | press roll | road roller.
rodillo con patas de carnero | sheepsfoot roller.
rodillo conductor | live roller.
rodillo conformador | forming mill.
rodillo conformador impregnado con micropartículas de diamante | diamond impregnated form roller.
rodillo cónico | conical roller.
rodillo cónico con bridas | flanged conical roller.
rodillo cubierto de tela | cloth-covered roll.
rodillo dador de tinta | forme roller.
rodillo de acanaladuras helicoidales | helically-grooved roll.
rodillo de acero encasquillado con bronce fosforoso | steel phosphor-bronze-bushed roller.
rodillo de acero forjado | forged steel roll.
rodillo de acoplamiento (rueda libre) | jamming roller.
rodillo de alimentación | drawing-in roller | live roller.
rodillo de apoyo | bearing roller.
rodillo de apoyo (correa transportadora) | carrying idler.
rodillo de arrastre | drag roller | drawing-in roller | taking-in roller | striking roller | pinch roll.
rodillo de avance | feed roller | feed roll.
rodillo de avance accionado por cadena | chain-driven feed roller.
rodillo de bachear | patch roller.
rodillo de bloqueo | jamming roller.
rodillo de cadena | chain bowl.
rodillo de calandra (papel) | bowl.
rodillo de camisa (entubación pozos) | casing bowl.
rodillo de camisa (pozo entubado) | casing adapter bowl.
rodillo de cinta transportadora | conveyor idler.
rodillo de contacto | contact roller.
rodillo de curvar | bending roll.
rodillo de curvar chapas para palos (buques) | mast roll.
rodillo de dirección (apisonadoras) | guide roll.
rodillo de discos | clod crusher | disk roller.
rodillo de enjullo | beam roller.
rodillo de entintar | inker roll | inking roller.
rodillo de entintar (tipografía) | inker | color roller.
rodillo de entintar a mano | brayer.
rodillo de entrada | entering-reel.
rodillo de estampar (estampación de telas) | print roll.
rodillo de estampar (telas) | printery roll.
rodillo de estirar (cerámica) | expression roll.
rodillo de fricción | friction bowl.
rodillo de fundición endurecida | chilled roll.
rodillo de giro suave | freely-revolving roller.
rodillo de guía | quick pulley | stay roller | guide bowl.
rodillo de guiacabos | fairlead roller.

rodillo de imbibición | imbibition roller.
rodillo de la dirección | steering roller.
rodillo de la escala (dragas) | bucket-ladder roller.
rodillo de la mesa | bed roller.
rodillo de la napa | lap roll.
rodillo de la napa (batanes) | lap arbor.
rodillo de la tela (batanes) | lap arbor.
rodillo de laminador | mill roll.
rodillo de leva | follower | cam follower.
rodillo de lija (telar) | takeup roll.
rodillo de lija (telares) | emery roll.
rodillo de mando | drive roller.
rodillo de moletón de agua | water molleton roller.
rodillo de palanca | lever roller.
rodillo de pastelero | rolling pin.
rodillo de plancha de desembarque (buques) | brow truck.
rodillo de plástico para cinta transportadora | plastic conveyor roller.
rodillo de presión | pressure roller | press roll | pinch roller.
rodillo de puerta corrediza | door roller.
rodillo de retorno (correas) | return idler.
rodillo de rodadura | live roller | runner.
rodillo de roscar rectificado | ground thread roll.
rodillo de salida | out feed roller | delivery-reel.
rodillo de sujeción (tundidora) | detector roll.
rodillo de superficie áspera (mineral) | ragged roll.
rodillo de tensión | jockey roller | jockey-pulley | idler wheel | idler pulley | jockey-wheel.
rodillo de tensión (correas) | idler.
rodillo de tintero | ink ductor roller.
rodillo de vidrio | glass roller.
rodillo del plegador | beam roller.
rodillo del tintero | ink duct roller.
rodillo delantero | front roller.
rodillo dentado | indented roller.
rodillo derecho | right platen.
rodillo desarrugador (máquina de acabar o aprestar) | crimp roll.
rodillo desbrozador | breaker.
rodillo descargapeinador (carda estambre) | dickey roll.
rodillo desgotador (papelerías) | detearing roller.
rodillo deshalador | husking roll.
rodillo desmenuzador (máquina agrícola) | land roller.
rodillo desterronador | mulcher | clod crusher.
rodillo distribuidor de la tinta | oscillator roller.
rodillo elevable | lift platen.
rodillo en aguja | needle roller.
rodillo entintador (offset) | ink formrolle.
rodillo entintador (tipografía) | ink roller.
rodillo escurridor | wringer.
rodillo esmerilador | grinding roll.
rodillo estampador | embossing roller.
rodillo estampador (telas) | color roller.
rodillo exprimidor de caucho | squeegee.
rodillo flotante | dancer roll.
rodillo fracturador | breaker roll.
rodillo girado mecánicamente | power-rotated roll.
rodillo guía | rider roll | guide roller.
rodillo guiador | roller guide.
rodillo guiatelas (telares) | guide roll.
rodillo humectador | dampening roller.
rodillo impresor | printery roller | print roll.
rodillo impulsor | capstan.
rodillo inerte | dead roll.
rodillo izquierdo | left platen.
rodillo lateral para levantar el borde (cinta transportadora cóncava) | trough roll.
rodillo ligeramente cóncavo (laminador) | hollow roll.
rodillo ligeramente convexo (laminador) | full roll.
rodillo limpiador | roller clearer.
rodillo liso | slain roller.
rodillo marcador | marking roller.
rodillo matriz | roller die.
rodillo mojador | dampening roller.
rodillo mojador (offset) | water molleton roller.
rodillo mojador de la forma (offset) | damping forme roller.
rodillo mojador-tomador (offset) | damping ductor | damping ductor roller.
rodillo ondulado | land packer.
rodillo oscilante | dancer roll | rocking roller.
rodillo oscilante (de correas) | dancing roll.
rodillo para cerrar la costura | seam-closure roll.
rodillo para galeradas (tipografía) | galley roller.
rodillo para indentar (superficies de cemento o de asfalto) | crimper.
rodillo para marcar (pisos de cemento) | cement roller.
rodillo para mover cajas | box dolly.
rodillo para tierras de labranza | kit-cat.
rodillo para tubería (entubación pozos) | casing dolly.
rodillo para tubos | pipe roller.
rodillo pequeño para obtener mejor distribución de la tinta (tipografía) | mouse roller.
rodillo perchador (telas) | pile roll.
rodillo perfilador (para muela abrasiva) | crusher roll.
rodillo pintador | paint roller.
rodillo portahilos (máquina rayadora) | cord cylinder.
rodillo portahilos (telares) | whiproll.
rodillo portahilos (urdidor) | carrier roll.
rodillo portapapel (máquina escribir) | platen.
rodillo prensador | pressure roller.
rodillo prensapapel (máquina de escribir) | feed-roll.
rodillo prensor | pad roller.
rodillo principal (laminadores) | pinch roll.
rodillo que se lubrica cuando se instala sin que sea necesario hacerlo otra vez | lifetime lubricated roller.
rodillo rayador | riffling roller.
rodillo reavivador | truing-roller.
rodillo reavivador de muelas abrasivas | dressing roller.
rodillo recogedor | pinch roll.
rodillo regulador del ancho del producto final (laminadores) | edging roll.
rodillo regulador del avance (telar) | takeup roll.
rodillo regulador del avance de la tela (telar) | sand roll.
rodillo regulador del avance de la tela (telares) | emery roll.
rodillo restaurador de la superficie de corte de muelas abrasivas | dressing roller.
rodillo rompedor perfilado | shaped crushing roller.
rodillo rompeterrones (máquina agrícola) | land roller.
rodillo sectorial (apoyo vigas puente) | segmental roller.
rodillo soportante de la cinta sin fin (carro asalto) | bogey.
rodillo suavizador | softening roller.
rodillo tensor | expanding roller | belt tightener | belt idler | tension roll.
rodillo tensor (batanes) | whiproll.
rodillo tensor (correas) | drop roller | falling roller.
rodillo tensor (de correas) | dancing roll.
rodillo tensor de correa | belt tightener roller.
rodillo tintador | ductor roller | color furnishing roll.
rodillo tintero | fountain roller.
rodillo tipolitográfico | typolithographic roller.
rodillo tiralizos | harness roll.
rodillo tomador (imprenta) | ductor.
rodillo tomador (laminadores) | pinch roll.
rodillo tomador de la tinta | ink ductor roller.
rodillo tractor | driving-roller.
rodillo transportador | carrier roll.
rodillo transportador de la cadena | chain carrier roller.
rodillo triturador | crushing roll.
rodillo tubular | pipe roller.
rodillo-eje (cilindro de estiraje) | arbor.
rodillo-guía del cangilón (escala de draga) | bucket idler.
rodillos acabadores para angulares | angle finishing rolls.
rodillos acabadores para carriles de zapata (laminador) | flat-bottom rail finishing rolls.
rodillos adiamantados para reavivar perfiles de muelas abrasivas | diamond profile-dressing rollers.
rodillos conductores | billy rolls.
rodillos conformadores | sizing rolls.
rodillos cubiertos con pergamino (fabricación hojalata) | sheepsking rolls.
rodillos de abrillantar | mercerizing rolls.
rodillos de bolas | ball roller.
rodillos de conformar | forming rolls.
rodillos de curvar | bending rolls.
rodillos de dilatación | expansion rollers.
rodillos de entintar de caucho | rubber feed rollers.
rodillos de entrada de ángulo regulable | adjustable angle driving rolls.
rodillos de presiónrodillo exprimidor (máquina exprimidora) | nip rolls.
rodillos de salida | runoff rollers.
rodillos de transporte | shifting rollers.
rodillos dispuestos en un cuadrado para el estirado a secciones rectangulares (trefilado alambres) | Turk's head rolls.
rodillos distribuidores | inkers.
rodillos en posición oblicua | angle rollers.
rodillos encoladores (encoladora telas) | quetsch.
rodillos exprimidores de aceite (fabricación hojalata) | squeezer rolls.
rodillos mercerizadores | mercerizing rolls.
rodillos oblicuos | skw rolls.
rodillos para conformar tubos | tube-forming rollers.
rodillos para curvar angulares en anillos | angle ring-bending rolls.
rodillos para curvar aros de perfiles laminados | section-ring curving rolls.
rodillos para curvar chapa fina | sheet-bending rolls.
rodillos para enderezar chapa | plate straightening rolls.
rodillos para forjar redondos | gap rolls | forge rolls | back rolls.
rodillos para forjar redondos en caliente | hot-forge rolling.
rodillos para formar perfiles | forming rolls.
rodillos para reavivar perfiles | profile-dressing rollers.
rodillos para satinar | calender stack.
rodillos para tubería de entubamiento | casing rollers.
rodillos para voltear chapas | turning rolls.
rodillos que soportan la cinta de rodadura (tractores orugas) | track-supporting rollers.
rodillos reforzadores de los de trabajo (tren duo-duo) | back-up rolls.
rodillos sesgados | skw rolls.
rodillos transportadores de la oruga (tractores) | track carrier rollers.
rodillos trituradores | crushing rolls.
rodio (química) | rhodium.
rodio (Rh) | rhodium.
rodo | coal rake.
rodo (herramienta picafuegos) | rake.
rodo atizador (herramienta de hornos) | fire iron.
rodocrosita | manganese spar.
rodonita | red-manganese.
rodrigar (árboles) | prop up (to).
rodrigón | stake.
rodrigón (árboles) | prop.

rodrigón (plantas) | support.
rodrigón de lúpulo | hop-pole.
rodrigón de viñas | vine prop.
rodrigonamiento (de árboles) | propping.
rodrigones y tutores para plantas (impregnación) | impregnated vine sticks and supports.
roedor de pelo | fur-bearing rodent.
roedor histricoide | histricoid rodent.
roedorticida anticoagulante | anticoagulant rodenticide.
roedura | scrape.
roel (heráldica) | roundel.
roentgen (unidad de exposición a rayos X) | roentgen.
roentgencinematografía | roentgencinematography.
roentgenímetro | r-meter.
roentgenio | roentgen.
roentgenografía | roentgenography | X-ing | shadowgraph | X-ray photograph | radiography | exograph.
roentgenografiado | X-rayed.
roentgenografiar | X-ray (to).
roentgenología | roentgenology.
roentgenometalografía | X-ray metallography.
roentgenometría | ionometry.
roentgenómetro | ionometer | roentgen meter.
roentgenoscopia | roentgenoscopy.
roentgenoterapia | roentgenotherapy.
roentgenoterapia (medicina) | roentgen therapy.
roentgenoterapia de contacto | short focal distance therapy.
roentgenoterapia interna | intracavitary roentgentherapy.
roentgenoterapia profunda | deep X-ray therapy.
Roentgenterapia por hipervoltajes | supervoltage Roentgen therapy.
roentgios por minuto en un metro | roentgens per minute at one metre (R.M.M.).
roer | erode (to) | gnaw (to).
rogamos acuse recibo | kindly acknowledge receipt.
rogamos envíe su remesa | please let us have your remittance.
rogar | request (to).
rojizo | foxy.
rojo | red.
rojo (flores) | blushing.
rojo anaranjado | hyacinth.
rojo chino (pigmento de cromato de plomo) | Derby red.
rojo de Adianópolis | Adrianople red.
rojo de cromo | American vermillion | Austrian cinnabar.
rojo de Inglaterra | English red | rouge | jeweler's red.
rojo de Inglaterra (óxido férrico) | polishing rouge.
rojo de paranitralina | para red.
rojo de pulir (química) | rouge.
rojo de Turquía | Adrianople red.
rojo escarlata | scarlet red | scarlet-red.
rojo fuego | flaming red.
rojo inglés | English red.
rojo ladrillo | brick-red.
rojo naciente (calda) | black red.
rojo naranja | orange red.
rojo pálido (color) | sandy.
rojo para | para red.
rojo rosado | rose-red.
rojo vivo | bright red.
rol | muster.
rol (marina) | roll.
rol de la tripulación | shipping articles | muster book | muster-roll | ship's articles.
rol de tripulación (buques) | crew list.
rolada a la derecha (vientos) | veering.
rolada dextrógira del viento | veering.
rolada levogira (del viento) | backing.
rolada levógira del viento en cualquier hemisferio | backing.
rolar (el viento) | veer (to).
roldana | bush | skate | sheave | wheel | roller | pulley-sheave | pulley | pulley-wheel.
roldana (geometría) | glissette.
roldana aisladora (instalación eléctrica) | spool insulator.
roldana de conducción | leading block.
roldana de corona | crown sheave.
roldana de leva | cam bowl | cam roller.
roldana del trole | trolley wheel.
roldana giratoria antiestática | antistatic castor.
roldana giratoria con aro de caucho | rubber-tired caster.
roldana guía | leading block sheave.
roldana inagarrotable | nonclog castor.
roldana para carga | cargo gin.
roldana para soldar | welding wheel.
roldana pivotante para muebles | caster.
rolear (Venezuela) | butt (to).
roleta (de grabador) | roulette.
roleta (Venezuela) | core.
rolete | roll.
rolete de leva | cam roll.
rolete giratorio con llanta de caucho macizo | swivel rubber-tired caster.
rolita (Venezuela | centre.
rolura (maderas) | internal annular shake.
rolura (troncos) | internal shake.
rolura pasante (troncos) | through shake.
rollete (Argentina, Paraguay) | core | centre.
rollete de templazo (telar) | loom temple.
rollizo | plump | log.
rollizo (forestal) | billet | bolt.
rollizo (maderas) | juggle.
rollizo cortado a lo largo en cruz | quartered wood.
rollizo de entibación (minas) | stull.
rollizo de gran diámetro propio para sacar chapas de madera | peeler.
rollizo derecho para hacer palos de botes | ricker.
rollizo descortezado de pino | barked pine log.
rollizo groseramente escuadrado cortado longitudinalmente por la mitad | flitch.
rollizo para sacar chapas de madera | peeler log.
rollizos (forestal) | roundwood.
rollizos almacenados en balsas con agua | water-stored logs.
rollizos transportados por mar en jangadas | saltwater-borne logs.
rollo | reel | roll.
rollo (de alambre, de fleje, etc.) | coil.
rollo (de papel, etc.) | furl.
rollo (de una causa) | records.
rollo (hilados) | schock.
rollo (jurisprudencia) | roll.
rollo (película) | cartridge.
rollo corto con fragmentos diversos (filme) | trailer.
rollo de alambrada de espino | barbed wire roll.
rollo de banda | strip sheet | coiled strip.
rollo de cartón ondulado por una cara (para envolver objetos frágiles) | corrugated rolls.
rollo de cinta magnética | web.
rollo de cuerda | hank.
rollo de filme | filmstrip.
rollo de hilo para tendido telefónico | wire dispenser.
rollo de madera | peeler.
rollo de material fibroso con inserción de semillas y fertilizantes (se extiende sobre el suelo y se riega hasta que empiece la germinación) | flower carpet.
rollo de papel (etcétera) | scroll.
rollo de papel (máquinas de oficina) | paper roll.
rollo de película (fotografía) | roll of film.
rollo de película para cargar de día (fotografía) | cartridge.
rollo de proyección fija (diapositivas) | filmstrip.
rollo de varilla (hormigón armado) | coiled bar.
rollo de varilla laminada | rolled rod coil.
rollos de papel para cajas registradoras | paper rolls for cash registers.
romana | steelyard | scale beam | lever scales | lever balance | lever weigher.
romana (balanza) | roman steelyard | roman beam.
romana (de pesar) | weighbeam.
romana de contrapeso móvil | roman balance.
romana sobre cuchillas | knife-edged weighing lever.
romanear (buques, hidroaviones, aeróstatos) | trim (to).
romanista | romanist.
romarillo (Lomatia berruginea spp) | romarillo.
rómbico | orthorhombic | diamond-shaped | lozenged.
rombo | diamond | diamond pane | lozenge | rhomb.
rombo de Fresnel | Fresnel's rhomb.
rombo de un eje vertical | diamond square.
rombododecaedro | rhombic dodecahedron | rhombododecahedron.
romboedro (cristalografía) | rhomb.
romboedro centrado en el cuerpo | body-centered rhombohedron.
romboidal | diamond-shaped | lozenged.
romboide | rhomboidic.
romo | obtuse.
romo (corte) | dull.
romo (filos) | blunt.
rompecabezas (arma ofensiva) | slump shot.
rompecollares (pozo entubado) | collar buster.
rompedor | disrupter | disruptor.
rompedor (explosivos) | quick-acting | rending | disruptive.
rompedor de espuma | scum breaker.
rompedor de la corriente vorticial | vortex breaker.
rompedora de escorias | clinker breaker.
rompedora de fondo de cuchara (acerías) | skull breaker.
rompedora de lingotes | ingot breaking machine.
rompehielos (pilas de puentes) | ice-apron.
rompehielos (pilas de puentes, etc.) | ice-fender.
rompehielos de puerto | harbor icebreaker.
rompehielos diesel-eléctrico | diesel-electric icebreaker.
rompehielos polar (buque) | polar icebreaker.
rompehuelgas | scab | strike breaker.
rompelingotes | ingot breaker | pig-breaker | pig-iron breaker.
rompenudos | knot breaker.
rompeolas | groin | bulwark | jetty | mound.
rompeolas (buques) | breakwater.
rompeolas (pila de puente) | pierhead.
rompeolas (proa de buques) | washplate.
rompeolas construido de bloques prefabricados | precast block breakwater.
rompeolas de escollera | rubble-mound breakwater | rubble breakwater.
rompeolas flotante | floating breakwater.
rompeolas neumático (puertos) | pneumatic breakwater.
rompeolas perforado (puerto marítimo) | perforated breakwater.
rompeolas sumergido | submerged breakwater.
romper | fracture (to) | break open (to) | break (to) | breach (to) | breakup (to).
romper (coaliciones) | disrupt (to).
romper (el fuego) | commence (to).
romper (esgrima) | draw back (to) | retire (to).
romper (las olas) | surge (to).
romper (marina) | carry away (to).
romper (papeles) | destroy (to).
romper (salida de los dientes) | erupt (to).
romper (terrenos) | rip (to).
romper (tiro artillería) | open (to).

romper barras de hierro para calentarlas y laminarlas (fabricación hierro pudelado) | cabble (to).
romper con una persona | break (to).
romper contra (olas) | lash (to).
romper el fuego | open fire (to).
romper el mineral con martillo | buck (to).
romper el paso | break step (to).
romper en olas cortas | lop (to).
romper en pedazos | fragment (to) | break into pieces (to).
romper filas | break ranks (to).
romper filas (milicia) | breakaway (to) | fall out (to).
romper la barrera del sonido (alcanzar un número de Mach mayor de 1) | break the sound barrier (to).
romper la continuidad de la operación | hang up (to).
romper la formación (buques de guerra) | break station (to).
romper la formación (patrulla aérea) | break (to).
romper la guardia (esgrima) | break (to).
romper la huelga | break a strike (to).
romper la roca para extraer el mineral sin mucha ganga | dissue (to).
romper las amarras | break adrift (to).
romper las amarras (buques) | break loose from its moorings (to).
romper las barras de hierro afinado | cab (to).
romper las fibras (forjado de aceros) | rupture the steel (to).
romper las negociaciones | break off negotiation (to).
romper las olas | comb (to).
romper las olas contra la popa | dash against the poop (to).
romper por compresión (columnas, etc.) | crush (to).
romper por esfuerzo cortante | shear off (to).
romper uno de los torones de una cuerda | strand a rope (to).
romperremaches | slogging chisel.
romperse | split (to) | shatter (to) | fail (to) | crash (to).
romperse (entibación) | jackknife (to).
romperse bruscamente | snap (to).
romperse con estallido | snap (to).
romperse en añicos | fly to pieces (to).
romperse los alambres (cables) | broom (to).
romperse un torón (cuerdas) | strand (to).
rompetubos (pozo petróleo) | casing ripper.
rompetuercas | nut-splitter.
rompevientos | wind breaker | windbreak.
rompevientos (bosquete) | break-wind.
rompevientos (Iberoamérica) | wind mantle.
rompevirutas | chiprupter.
rompevirutas (herramental) | nicked teeth.
rompevirutas (máquina herramienta) | chip breaker.
rompibilidad | rupturability.
rompible | rupturable | breakable.
rompible por presión | pressure-rupturable.
rompiente | shoal | roller.
rompiente (de ola) | comb.
rompiente (mar) | broken water.
rompiente (olas) | breaker | breach.
rompiente (pila de puente) | pierhead.
rompiente en la playa | surf.
rompientes | breakers.
rompientes por la proa | breakers ahead.
rompimiento | mammock | parting | rupture | breach | breaking | disruption.
rompimiento (minas) | holing-through.
rompimiento de tierras | breaking.
rompimiento por exceso de calor en el horno (piezas de cerámica) | blowing.
ronca (voz) | husky.
roncón (de gaita) | drone.
roncha | welt | wheal.
ronda | ring road | patrol.
ronda (de un policía) | beat.
rondear todas las aristas | break all corners (to).
rondel (literatura) | roundel.
ronquido (radio) | motor-boating.
ronronear (máquinas) | drone (to).
ronroneo (de máquinas) | drone.
ronroneo (motores) | droning.
ronzal | trace | longing rein | picket-rope.
roña | scab.
roña (capa de óxido ferroso formada después de decapar - estirado de alambres) | sull.
roña (estirado del alambre) | coating.
roña (oxidación por mojadura después del decapado - varillas) | sulling.
roña de los animales | mange.
roñada (marina) | garland.
roófilo (zoología) | creek-dwelling.
ropa | clothing.
ropa blanca | linens | linen.
ropa blanca interior | body linen.
ropa de amianto aluminiada | aluminized asbestos suit.
ropa de culo de pato (remolcadores) | duck-type stern.
ropa de fibra de algodón sin mezcla | all-cotton clothes.
ropa de mesa | napery.
ropa interior | underwear.
ropa interior de punto | hosiery underwear.
ropa laboral | working clothes.
ropa sucia de salas de enfermos (hospitales) | sickroom bedding.
ropaje (de una estatua) | drapery.
ropas | matcher.
ropas limpísimas | clinic clean clothes.
ropavejero | fripper.
roquedal | rocky place.
roqueño | rocky.
roquero | rocky | wrecker.
rorcual | finner | fin-back.
rorcual (zoología) | razorback.
rosa | rose.
rosa (diamantes) | rose-cut.
rosa con coordenadas polares (compás náutico) | maneuvering board.
rosa de cuatro hojas (curva algebraica) | four-leaved rose.
rosa de dispersión | dispersion pattern.
rosa de dispersión de impactos (balística) | pattern.
rosa de impactos | bullet group.
rosa de impactos (artillería) | dispersion pattern.
rosa de impactos (balística) | pattern | weapon bias | group.
rosa de impactos sobre el terreno (bombardeo aéreo) | bombfall pattern.
rosa de la brújula | compass card | compass dial.
rosa de la brújula periférica | peripheral compass rose.
rosa de las corrientes | current rose.
rosa de los vientos | compass dial | rose | wind rose | wind chart | mariner's card | card of compass | rhumb card.
rosa de los vientos barométrica | barometric wind rose | baric wind rose.
rosa de seda | satin.
rosa de tiro | shot group | shot pattern.
rosa móvil (rosa flotante-compás marino) | floating dial.
rosa náutica | sea card.
rosácea (curva algebraica) | rose.
rosácea de ocho hojas | eight-leaved rose.
rosácea de tres hojas (curva algebraica) | three-leaved rose.
rosáceo | pink.
rosado | pink.
rosanilina | rosaniline.
rosario | stringer.
rosario (de draga) | dredge chain.
rosario (norias, dragas) | chain of buckets.
rosario aislador en forma de espina de pescado | fish spine insulating bead.
rosario de barcazas | string of lighters.
rosario de bombas | bombfall.
rosario de bombas (aviones) | stick.
rosario de bombas aéreas (una tras otra) | trail | train.
rosario de bombas de fragmentación (aviación) | frag cluster.
rosario de cangilones (dragas) | line of buckets.
rosario de cangilones próximos | close-connected bucket chain.
rosario de cargas de profundidad | pattern | depth charge pattern.
rosario de dos paquetes con paracaídas en que el paracaídas del primero se abre al ser lanzado y el del segundo es accionado por el primer paquete | daisy chain.
rosario de herramientas de perforación (sondeos) | string of drill tools.
rosario de soldaduras | beads of weld.
rosario de tubos del sondeo | drill pipe string.
rosario de varillas de sondeo | ring of drill rods.
rosca (bóveda de roscas de ladrillos) | ring course.
rosca (bóveda tabicada) | arch ring.
rosca (de un tornillo) | fillet.
rosca (tornillo) | thread | worm.
rosca a derecha | R. H. thread.
rosca a izquierdas (tornillos) | L. H. thread | left-handed thread | left-hand thread.
rosca americana | sellers screw thread.
rosca cilíndrica | parallel screw thread.
rosca con avance irregular | drunked thread.
rosca con un error periódico en cada vuelta | drunken thread.
rosca cónica | taper screw thread.
rosca cónica (tubos) | taper thread.
rosca cuadrada | square thread.
rosca cuadrada (tornillos) | square worm.
rosca cuyo diámetro va aumentando desde el extremo (tubos) | taper thread.
rosca de avance irregular | drunken thread.
rosca de doble entrada | double thread.
rosca de enclavamiento | locking thread.
rosca de entrada múltiple | multiple threaded screw.
rosca de gusano | worm thread.
rosca de hilos equiespaciados (tornillos) | multistart screw thread.
rosca de hilos gruesos | coarse screw thread.
rosca de paso especial | odd thread.
rosca de paso grande (tornillos) | coarse thread.
rosca de paso no constante | drunken thread.
rosca de perfil cuadrado | square thread.
rosca de perfil trapecial | buttress screw thread.
rosca de perno | bolt screw.
rosca de poca profundidad | shallow thread.
rosca de precisión | close fit screw.
rosca de tornillo | screw worm.
rosca de tornillo cuya sección esta comprendida entre rosca cuadrada y rosca en V | acme thread.
rosca del orificio para la espoleta (rosca de la boquilla - proyectiles) | fuze-hole thread.
rosca del tornillo macho | external screw thread.
rosca descrestada | flattop thread.
rosca destalonada | backed-off thread | relieved thread.
rosca dextrorsa | right-hand thread | R. H. thread.
rosca doble | double thread.
rosca en diente de sierra | bastard thread.
rosca en diente de sierra (tornillos) | buttress thread.
rosca esmerilada corriente | commercial-ground thread.
rosca estampada | pressed thread | stamped threading.
rosca estampada (pernos) | molded thread.
rosca exterior | male thread | outside thread.
rosca fina (rosca de paso pequeño-tornillos) | fine thread.
rosca fresada | cut thread.
rosca hembra | internal thread | internal screw-

thread.
rosca incompleta (rosca cónica) | vanish thread.
rosca incompleta en sus primeras vueltas | washout thread.
rosca interior | inside screw | female thread | female screw | internal thread.
rosca internacional | international screw-thread.
rosca invertida (tornillos) | reverse thread.
rosca laminada | pressed thread.
rosca laminada (tornillos) | rolled thread.
rosca machacada | bruised thread.
rosca macho | male thread.
rosca maquinada | cut thread.
rosca maquinizada y rectificada | machine-and-ground-thread.
rosca métrica (tornillos) | metric pitch.
rosca múltiple (avance igual a un múltiplo entero del paso | multiple-start thread.
rosca obtenida por laminación entre dos matrices dentadas | rolled thread.
rosca para soportar un gran empuje axial en una sola dirección (tornillos) | leaning thread.
rosca rectificada con muela abrasiva | ground thread.
rosca rectificada con precisión | precision ground thread.
rosca redonda | round thread.
rosca redonda (tornillos) | knuckle thread.
rosca sencilla | single thread.
rosca sencilla (avance igual al paso) | single-start thread.
rosca sin flancos rectos formada por arcos de círculo (tornillos) | knuckle thread.
rosca tallada con peine roscador | chased thread.
rosca trapecial puntiaguda | ratchet thread.
rosca trapeciforme (tornillos) | buttress thread.
rosca trapezoidal | bastard thread.
rosca triangular | vee thread.
rosca troquelada | pressed thread.
rosca troquelada (tornillos) | rolled thread.
rosca truncada | flattop thread.
rosca truncada (con la rosca descrestada) | flat-crested thread.
rosca útil (rosca cónica - EE.UU.) | effective thread.
roscado | cap nut | threading | threaded | screwing | screwcutting | screwed.
roscado (tubos) | filleted.
roscado automático | automatic threading.
roscado con hilo de rosca final perdida | screwed with vanishing thread.
roscado con machos | tapping.
roscado con paso pequeño | fine-threaded.
roscado con precisión | precision-threaded | accurately cut.
roscado de precisión | true threading.
roscado de tubos | pipe-threading.
roscado de tuercas | nut tapping.
roscado interior | internal chasing.
roscado interior con macho en un torno | hand tapping in a lathe.
roscado interior de agujeros | tapping.
roscado interiormente | tapped.
roscado interiormente en el torno | machine-tapped.
roscado por el interior | internally threaded.
roscado por fuera | externally threaded.
roscado por laminación entre dos matrices dentadas | roll threaded.
roscado por rodillos | roll threaded.
roscado por troquelación por rulos | roll threading.
roscadora | threader | threading machine | screwcutter | screwcutting machine | screw machine | thread cutting machine.
roscadora automática | screw automatics.
roscadora automática de tornillos | automatic screw machine.
roscadora automática para pernos | automatic bolt screwing machine.
roscadora de interiores | tapping machine.
roscadora de pernos | bolt screwing machine.
roscadora de tornillos | screwthreader.
roscadora de tubos | pipe-screwing machine | pipe-threader | tube screwing machine.
roscadora para pernos y tuercas de dos cabezales | double head bolt screwing and nut tapping machine.
roscadora por torneo y conformación de la rosca (tornillos largos) | thread peeler.
roscadora-aterrajadora | screwing and tapping machine.
roscadura | screwing.
roscadura con macho | tapping.
roscadura por laminación entre dos matrices dentadas | roll threading.
roscadura por rodillos | roll threading.
roscar | screw (to) | fillet (to) | worm (to) | thread (to) | tap (to).
roscar (tornos) | screwcut (to).
roscar con macho | tap (to).
roscar con peine | cut (to).
roscar con rodillos troqueladores | roll (to).
roscar con terraja | thread with die stock (to).
roscar en el torno | chase (to).
roscar interiormente | tap (to).
roscar interiormente a máquina | machine-tap (to).
roscar un perno | run a die over a bolt (to).
roscas para tornillos de diámetro muy pequeño | miniature screw threads.
roscoelita | vanadium mica.
rose ash (Flindersia laevicarpa) | rose ash.
rose gum (Eucalyptus grandis) | rose gum.
rose walnut (Endiandra discolor) | rose walnut.
roseta | rose.
roseta (botánica) | rosette.
roseta (microestructura de una aleación) | rosette.
roseta de deformación | strain rosette.
roseta de deformaciones equiangular | equiangular strain rosette.
roseta de deformaciones plásticas | strain rosette.
roseta de diamante | diamond rosette.
roseta de espuela (heráldica) | mullet.
rosetón | rosette | rose.
rosetón (arquitectura) | catherine wheel.
rosetón (botánica) | rosette.
rosetón (ventanal) | wheel window.
rosetón circular con barrotes radiales (ventana) | rose window.
rosetón de techo | ceiling-rose | ceiling rosette.
rosetones | rose-work.
rosinol | cod oil.
rossita (mineral) | rossite.
rostillo | pearl seed.
rostrado | rostral.
rostriforme | beak-shaped.
rostro | face.
rostro (Belemnitos) | guard.
rostro (botánica, zoología) | beak.
rotación | swinging | wheeling | spin | rotation | twirl.
rotación (de los hilos en línea telefónica para atenuar diafonía) | twisting.
rotación (de mercancías, de vagones, etc.) | turnover.
rotación (grúas) | swing.
rotación (vagones, buques, etc.) | turnround.
rotación a izquierdas | anticlockwise rotation | left-hand rotation.
rotación a mano | manual rotation.
rotación automática (teléfonos) | rotary self-drive hunting.
rotación completa | all-around traverse.
rotación completa sobre camino de rodillos | full-circle roller path slewing.
rotación corpuscular (electrones) | spin.
rotación cuadrienal (cultivos) | four-course rotation | four-field course.
rotación de clientes | debtor sales ratio.
rotación de cuentas por cobrar | turnover of accounts receivable.
rotación de cultivos | rotation of crops | crop rotation.
rotación de existencias | rotation of stocks | inventory turnover | merchandise turnover.
rotación de inventarios | turnover of inventories | stockturn ratio.
rotación de inventarios de partes | stock turn for parts.
rotación de la línea de los nodos (astronáutica) | nodal rotation.
rotación de las existencias | turnover in stock.
rotación de las existencias (comercio) | stock turnover.
rotación de leva | cam motion.
rotación de los subcristalitos (metalurgia) | subgrain rotation.
rotación de maíz (cultivos) | maize-barley-wheat rotation.
rotación de siembra de arroz con barbecho | rice/fallow rotation.
rotación de trabajos | job rotation.
rotación de turnos de trabajo | shift rotation.
rotación de una vena de aire al pasar a través de una hélice en movimiento | race rotation.
rotación del material de almacén | stock turnover.
rotación del personal (por falta de trabajo) | turnover.
rotación del plano oscilante | rotation of the vibration plane.
rotación del viento de la hélice | race rotation.
rotación dextrorsa | rotation clockwise.
rotación en la mano de obra | labor turnover.
rotación en sentido contrario a las agujas de un reloj | contra-clockwise rotation.
rotación fuera del plano normal al eje de rotación | wobble.
rotación galáctica | galactic rotation.
rotación impedida | hindered rotation.
rotación lenta alrededor de su eje longitudinal (cosmonave) | barbecue.
rotación magnetoiónica de Faraday | magnetoionic Faraday rotation.
rotación normal | normal twisting.
rotación patológica | malrotation.
rotación propia | self-rotation.
rotación según una hélice | spin.
rotación sexenal (agricultura) | six-course rotation.
rotación sinestrorsa | contra-clockwise rotation.
rotación sinistrorsa | anticlockwise rotation.
rotacional | rotative | rotational | circuital.
rotacional (vectores) | spin.
rotacional de un campo vectorial | curl of vector field.
rotacional de un vector | rotation or curl.
rotacional de un vector (geometría) | rotation of a vector.
rotacional de un vector (rayos catódicos) | curl of a vector.
rotacionalidad | rotationality.
rotacionalmente desordenado | rotationally disordered.
rotacionalmente estable | rotationally stable.
rotaciones de cosechas | crop rotations.
rotador | rotator.
rotador motorizado | motorized rotator.
rotador para antena | antenna rotator.
rotador para cilindros (soldadura) | cylinder rotator.
rotámetro (para medir flujos de flúidos) | variable area flowmeter.
rotando | atwirl.
rotar | rotate (to) | twirl (to).
rotativa (tipografía) | rotary press | cylinder press | rotary machine.
rotativa para heliograbado | rotagravure machine.
rotativa para policromía | rotary multicolor printing press.
rotativa tipográfica | rotary letter press.
rotativa tipográfica de bobina | web-fed letterpress rotary.
rotativista (tipografía) | rotary minder.

rotativo | rotational | rotative | rotary | rotating.
rotenona | rotenone.
roto | torn | broken.
roto a lo largo de las líneas rayadas (vidrios) | broken along the scored lines.
rotoacabado | rotofinishing.
rotoactuador | rotoactuator | rotary actuator.
rotoantena | rotating antenna.
rotoaspirador | rotoexhauster | rotary exhauster.
rotocriba | rotary screen.
rotocuchillas | rotary knives.
rotocultor | rotor with soilworking.
rotodinámico | rotodynamic.
rotodino | rotodyne.
rotodistribuidor | rotary distributor.
rotoestabilizar | spin stabilize (to).
rotofrotador | rotocollector.
rotogenerador | rotogenerator.
rotograbado (rotativas) | rotogravure.
rotohorno | rotokiln | rotatory kiln.
rotoimpulsor | rotating impeller.
rotointerruptor síncrono | synchronous rotary interrupter.
rotolavador de agua caliente (limpieza tanques petroleros) | butterworth.
rotómetro | rotometer.
rotomotor | rotomotor.
rotonda | roundhouse.
rotonda (edificios) | rotunda.
rotonda (fabricación vidrio) | alcove.
rotonda (para locomotoras) | circular shed.
rotoobturador | rotary shutter.
rotooscilación | rotooscillation.
rotoperforador | rotary perforator.
rotoplano | rotaplane.
rotoquebrantadora | rotobreaker.
rotor | runner | inductor | drum | rotor.
rotor (alternador, helicóptero) | rotor.
rotor (compresor rotativo, bomba centrífuga) | impeller.
rotor (compresores) | spinner.
rotor (dínamo, electromotor) | armature.
rotor (electricidad) | rotator.
rotor (turbina reacción) | drum.
rotor abierto (compresor rotatorio) | unshrouded impeller.
rotor accionado por motor de chorro (helicóptero) | jet-driven rotor.
rotor accionado por motor de chorro colocado en las palas (helicópteros) | jet rotor.
rotor antipar (helicóptero) | antitorque rotor | tail rotor.
rotor articulado | hinged rotor.
rotor asimétrico rígido | rigid asymmetric rotor.
rotor auxiliar para guiar durante el vuelo (helicóptero) | control rotor.
rotor basculante | tilting rotor.
rotor bipala accionado por chorro en las puntas | two-bladed jet-driven rotor.
rotor centrífugo | centrifugal impeller.
rotor cerrado (compresores radiales) | double-shrouded impeller.
rotor cilíndrico bipolar | two-pole cylindrical rotor.
rotor con anillo conductor (motor asíncrono) | conducting sleeve rotor.
rotor con charnela desplazada (helicópteros) | offset coning hinges rotor.
rotor con devanado en fase | phase-wound rotor.
rotor con devanado polifásico | polyphase wound rotor.
rotor con el devanado del campo embebido en ranuras | smooth-core rotor.
rotor con paletas en flecha | swept-blade rotor.
rotor con paletas sin flecha | unswept-blade rotor.
rotor conducido | driven rotor.
rotor de acero austenítico forjado | forged austenitic-steel rotor.
rotor de álabes montados al aire (compresor rotatorio) | unshrouded impeller.
rotor de alabes rectos (compresor radial) | straight-bladed impeller.
rotor de aluminio fundido a presión | aluminum diecast rotor.
rotor de anillo (motor eléctrico) | slipring armature.
rotor de barras | bar-wound rotor.
rotor de barras profundas | deep-bar rotor.
rotor de bomba | pump wheel.
rotor de bomba centrífuga | centrifugal pump impeller.
rotor de cola (helicópteros) | tail rotor.
rotor de compresor centrífugo | centrifugal compressor rotor.
rotor de discos troncocónicos de un separador centrífugo | disc stack of a centrifugal separator.
rotor de dos caras activas (con álabes en los dos lados) | double-entry impeller | double-side impeller.
rotor de flujo axial | axial-flow rotor.
rotor de hélice (turbina hidráulica) | propeller runner.
rotor de helicóptero | lifting airscrew.
rotor de helicóptero de propulsión por chorro | jet-propelled helicopter rotor.
rotor de muescas paralelas | parallel-slot rotor.
rotor de palas coaxiales (helicópteros) | coaxial rotor.
rotor de polo saliente | dumbbell rotor.
rotor de ranuras radiales | radial-slot rotor.
rotor de sirena | siren rotor.
rotor de sustentación con buje flotante | floating hub-lifting rotor.
rotor de tambor | drum-type rotor.
rotor de turbina | turborotor | turbine wheel.
rotor de turbina con álabes de torbellino libre | free vortex-blade turbine rotor.
rotor de turbina de gases con el paletaje fundido íntegramente con el cubo | integrally cast gas-turbine rotor.
rotor de turbina de paletaje integrante | integral-blade turbine rotor.
rotor de turbina del compresor | compressor turbine rotor.
rotor de turbina maquinado en una pieza | machined-from-the-solid turbine rotor.
rotor de una cara activa (con alabes en un solo lado - compresores rotativos) | single entry impeller | single-side impeller.
rotor de vaivén | see-saw rotor.
rotor del soplador | blower runner.
rotor desbastado | rough-machined rotor.
rotor diatómico | diatomic rotator.
rotor empaletado | bladed rotor.
rotor en autogiros | rotor blast.
rotor en doble jaula de ardilla | double squirrel-cage rotor.
rotor en el empaletado completo | finished-bladed rotor.
rotor en jaula de ardilla | cage rotor.
rotor en jaula de ardilla con gran par de arranque | high-starting-torque squirrel-cage rotor.
rotor en vuelo estacionario | hovering rotor.
rotor enclavado | locked rotor.
rotor forjado en una pieza | solid-forged rotor.
rotor frenado | locked rotor.
rotor fundido a presión | die-cast rotor.
rotor giroscópico de viraje | rate of-turn gyro rotor.
rotor inclinable | tilting rotor.
rotor inmovilizado (electromotor) | locked rotor.
rotor lento de gran par | low-speed high-torque rotor.
rotor macizo | solid rotor.
rotor macho (compresor de tornillos engranantes giratorios) | male rotor.
rotor maquinizado en basto | rough-machined rotor.
rotor oscilante | tilting rotor.
rotor palmeado (compresor rotatorio) | web impeller.
rotor principal | main rotor.
rotor propulsado por pulsorreactor (helicópteros) | pulsejet-propelled rotor.
rotor rápido de acero | fast-moving steel rotor.
rotor semicerrado (compresor radial) | semishrouded impeller.
rotor semicerrado (compresor rotativo) | single-shrouded impeller.
rotor sin reacción | reactionless rotor.
rotor suspendido magnéticamente | magnetically suspended rotor.
rotor sustentador (helicópteros) | lifting rotor.
rotores acolados (helicópteros) | side-by-side rotors.
rotores contrarrotativos | counterrotating rotors.
rotores de giros contrarios | counterrotating rotors.
rotores engranados de lóbulos helicoidales | helically lobed intermeshing rotors.
rotorrectificadora | rotogrind.
rotoscopio | rotoscope.
rotosecador | rotodryer.
rotosecadora | spin dryer.
rototaladradora | rotodrill.
rototerapia | rotation therapy.
rótula | knuckle | swivel | gimbal joint | swivel joint | knee-joint | ball socket | ball-cup.
rótula (anatomía) | patella.
rótula cardan | universal joint.
rótula de articulación del varillaje de mando | linkage ball joint.
rótula de junta | ball member of joint | knuckle ball.
rótula del eje delantero (autos) | front axle swivel.
rótula en el apoyo | abutment impost.
rótula esférica | ball and socket.
rótula inferior | bottom ball joint.
rotulación | labeling | titling | lettering.
rotulación arquitectónica | architectural lettering.
rotulación en letras doradas | gold lettering.
rotulado | lettered | labelling.
rotulador | letterer.
rotuladora mecánica | labeling machine.
rotular | label (to) | tag (to) | title (to) | ticket (to).
rotular (dibujo) | letter (to).
rótulo | title | ticket | rider | lettering | sign | label | inscription | tally | tag.
rótulo (tipografía) | callout.
rótulo de disco | disk label.
rótulo engomado | sticker.
rótulo incandescente | incandescent readout.
rótulo no encuadrado (tipografía) | unboxed callout.
rótulos callejeros escritos en lengua española | street placards written in Spanish language.
rótulos para cargamentos peligrosos | dangerous cargo labels.
rotundidad | orotundity.
rotundo | orotund.
rotura | rupture | break | severance | failure | breach | breakage | breaking | fracture | rupture | rupturing | breaking down | smash | parting.
rotura alrededor del borde de la soldadura (soldadura por puntos) | pull a slug (to).
rotura brusca del hilo | yarn snapping.
rotura catastrófica | catastrophic failure.
rotura cúbica por despegue (metalografía) | cubical cleavage.
rotura de alambres (cables) | brooming.
rotura de cabos (tisaje) | end breakage.
rotura de carril | rail failure.
rotura de enganches (trenes) | breakaway.
rotura de enlace (química) | bond cleavage.
rotura de hilo | filament rupture.
rotura de la cadena | chain fracture.
rotura de la capa adiamantada | diamond layer breakage.
rotura de la capa de escorias para activar la oxidación del caldo (refinado del cobre) | flapping.

rotura de la cuba (reactor nuclear) | container rupturing.
rotura de la pasividad | passivity breakdown.
rotura de la pasividad (acero) | breakdown of passivity.
rotura de la que se resiente la estructura | structure-sensitive fracture.
rotura de la vaina | clad failure | cartridge burst.
rotura de las fibras de la cabeza al recibir los golpes (pilotes de madera) | brooming.
rotura de las paredes de la cámara de combustión por sobrecalentamiento (motor de chorro) | burnout.
rotura de monotonía | string break.
rotura de nomenclatura | parts explosion.
rotura de un diente por exceso de presión y falta de lubricación (engranajes) | pitting.
rotura de una varilla de rotación del trépano por exceso de torsión (perforación de pozos) | twinoff.
rotura de uno o más hilos al doblar que origina una desigualdad superficial | singling.
rotura de vaina | burst cartridge.
rotura de varillas (sondeos) | twist off.
rotura del color | color break-up.
rotura del contacto con el enemigo y repliegue | withdrawal.
rotura del eje | axle fracture.
rotura del eje de cola (buques) | screwshaft casualty.
rotura del eje portahélice (buques) | screwshaft casualty.
rotura del enganche | breaking of coupling.
rotura del entibado (minas) | jackknifing | riding.
rotura del filamento | filament rupture.
rotura del flujo | flow breakdown.
rotura del hilo | yarn breakage.
rotura del ligamento supensorio en el caballo | breakdown.
rotura del molde y salida del metal por la junta de las cajas (fundición) | break-off (to).
rotura del obturador | seal rupture.
rotura del revestimiento protector | holiday.
rotura eminente | eminent failure.
rotura en cadenas | chain breaking.
rotura en funcionamiento | service fracture.
rotura en lajas | spalling.
rotura en vuelo de una cosmonave | space shipwreck.
rotura frágil diferida | delayed brittle failure.
rotura franca | clean break.
rotura heterolítica | heterolytic cleavage.
rotura homolítica (química) | homolytic cleavage.
rotura interna | internal rupture.
rotura intracristalina (metales) | transcrystalline failure.
rotura pelicular | film rupture.
rotura por acción térmica (caucho) | heat break.
rotura por acritud (metales) | crystallization failure.
rotura por corrosión bajo tensión | stress-corrosion-cracking failure.
rotura por curvamiento a un radio muy pequeño en relación con el espesor (flejes) | fluting.
rotura por desconchamiento | spalling.
rotura por esfuerzo cortante | shearing failure.
rotura por esfuerzos de corta duración | short-time stress-rupture.
rotura por fatiga | endurance failure | endurance fracture | fatigue failure.
rotura por fatiga torsional | torsional fatigue failure.
rotura por flexión | flexural failure.
rotura por gran número de repeticiones de esfuerzos alternados cíclicos | fatigue.
rotura por sobrecarga | overload breakage.
rotura por torsión | breakage due to torsion.
rotura por torsión (sondeos) | twist off.
rotura por variación de temperatura (materiales refractarios) | spalling.
rotura por viscofluencia monótona | monotonic creep rupture.
rotura prematura | premature failure.
rotura progresiva | progressive failure.
rotura y arranque de los álabes (turbinas vapor) | turbine strip.
rotura y fusión (biología) | breakage and reunion.
roturación | breaking up.
roturación (terrenos) | first break | grubbing.
roturador de surcos | ridge buster.
roturar | break ground (to).
roturar (el terreno) | breakup (to).
roturar el terreno | break the ground (to).
roturas en el borde (hojas de papel) | slap.
roya | mildew.
royalty | royalty.
roza | chose | assart | chase | kirving.
roza (minas) | holing | bannocking | slot | undercut | undercutting | cut | jad.
roza en el mineral | ore channel.
roza en el muro para tuberías | wall chase.
roza inferior | bottom cut.
roza para estemple (minas) | holing.
roza vertical cóncava (puertas de esclusa) | hollow quoin.
rozadera | rubbing plate.
rozado | galled.
rozado (minas) | holed.
rozadora | stalk shredder.
rozadora (minas) | crosscutter.
rozadora (rafadora - minas) | channeling machine.
rozadora de barra | arm coal cutter.
rozadora de galería de avance (minas) | heading machine.
rozadora de percusión | pick mining machine.
rozadora de percusión (minas) | puncher machine.
rozadora de percusión (minería) | pick coal-cutting machine.
rozadora neumática para carbón | pneumatic coal-cutter.
rozadora para carbón | coal cutter.
rozadora para carbón (minas de carbón) | coaling machine.
rozadora para entalladuras verticales (minas) | shearing machine.
rozadora-cargadora (mina carbón) | cutter-loader.
rozadura | rub | graze | scraping.
rozadura (en telas) | snagging.
rozadura producida durante el transporte (chapas, tubos, etc.) | traffic marks.
rozadura profunda superficial (chapas) | torn surface.
rozamiento | friction.
rozamiento cinético | kinetic friction.
rozamiento coulómbico (escobillas o colector) | Coulomb friction.
rozamiento de arrancada | friction of rest.
rozamiento de arranque | breakaway friction.
rozamiento de Coulomb | dry friction.
rozamiento de rodadura | rolling friction.
rozamiento del aire | air friction.
rozamiento del forro (buques) | skin friction.
rozamiento del muñón | journal friction.
rozamiento discoidal | disk friction.
rozamiento en carga | friction underload.
rozamiento en el aire | air friction.
rozamiento en la arrancada | static friction | starting friction.
rozamiento en la capa límite (cojinetes) | boundary friction.
rozamiento en movimiento | friction of motion.
rozamiento estático | static friction.
rozamiento externo | external friction.
rozamiento hidráulico | hydraulic friction.
rozamiento interior del líquido | internal friction of liquid.
rozamiento interno | internal friction.
rozamiento magnético | magnetic friction.
rozamiento negativo | negative friction.
rozamiento por deslizamiento | sliding friction | kinetic friction.
rozamiento puro | solid friction.
rozamiento sin lubricación de la superficie | solid friction.
rozamiento superficial (pilotes) | skin friction.
rozar | skin (to) | graze (to) | rub (to).
rozar (desarraigar) | stub (to).
rozar (mina carbón) | kirve (to).
rozar (minas) | kerve (to) | slot (to) | jad (to) | channel (to) | undercut (to).
rozar el fondo (buque navegando) | graze the bottom (to).
rozar el fondo con la quilla (buques) | touch (to).
rozarse (cuerdas) | rub (to).
rozarse las patas (caballos) | hitch (to).
ruana (Colombia, Venezuela) | poncho.
rubellita | daourite.
rubeola (medicina) | rubella | german measles.
ruberoide (fieltro alquitranado) | rubberoid.
rubí artificial para relojes | horological bearing.
rubí contrapivote (relojes) | end stone.
rubí de Afghanistam | Afghanistam ruby.
rubí de Bohemia | rose quartz.
rubí del Brasil | burnt topaz | red topaz.
rubí del Cabo (Africa del Sur) | pyrope.
rubi espinela | almandine spinel | ruby spinel.
rubí natural o artificial o zafiro empleado como pivote (relojes) | jewel.
rubí o zafiro sintético de forma piriforme producido en horno especial (piedra de bola - joyería) | boule.
rubí para relojes | watch stone.
rubí pleonasta | pleonaste.
rubí sintético (alúmina cristalizada empapada en óxido de cromo) | synthetic ruby.
rubia de la India (rubia munjista-Roxb) | munjeet.
rubidia | rubidia.
rubidio (Rb) | rubidium.
rubíes engastados en zafiros | sapphire-encased rubies.
rubio (personas) | fair.
rubio (pez) | gurnard.
rublo | rouble.
rublo (moneda rusa) | ruble.
rubor (pintura) | blushing.
rúbrica | rubric | signature.
rúbrica (de una firma) | rubric.
rubricación (de folios de libros de contabilidad) | registration.
rubricar | sign and seal (to) | paraph (to).
rubro | title.
rubro (Argentina) | matters index.
rudimento del ojo (anatomía) | eye spot.
rudimentos | elements.
rudo | clumsy.
rueda | wheel.
rueda a mano | hand wheel.
rueda abrasiva segmental | segmental abrasive wheel.
rueda acanalada | channel wheel | double flange wheel.
rueda alabeada | buckled wheel.
rueda alimentadora de las hojas de papel (tipografía) | pull-out wheel.
rueda autopropulsada (con motor propio que la acciona directamente) | self-powered wheel | motorized wheel.
rueda autopropulsada independientemente por electromotor | electric wheel.
rueda auxiliar | maintaining wheel.
rueda auxiliar de gobierno en el departamento del servomotor o en una estación de emergencia (buques) | trick wheel.
rueda calada sobre el eje | pressed-on wheel.
rueda carenada | faired wheel.
rueda carenada (aviones) | spatted wheel.
rueda catalina | sprocket-wheel | sprocket | escapement wheel | escape wheel | catherine wheel.

rueda catalina (reloj) | balance wheel.
rueda catalina (relojes) | star wheel.
rueda central (máquina estampar telas) | crown wheel.
rueda cilíndrica de dentadura delgada | fine-pitch spur wheel.
rueda compactadora | press wheel coverer.
rueda compresora | press-wheel.
rueda con copero (rueda madera) | dished wheel.
rueda con dentadura postiza de madera | mortise wheel.
rueda con dientes triangulares | star wheel.
rueda con llanta nueva (coche ferrocarril) | retired wheel.
rueda con llantas de caucho | rubber-tired wheel.
rueda con llantas neumáticas | pneumatic-tired wheel.
rueda con neumático de combate | combat tire wheel.
rueda con rayos de alambre | wire wheel.
rueda conducida | follower.
rueda conductora | stroke wheel | leading wheel | driving-wheel.
rueda conductora principal (limadoras) | crank gear.
rueda cónica | angular wheel | conical wheel | cone wheel.
rueda cónica (cambio de marcha) | strike wheel.
rueda cónica (engranaje) | bevel wheel.
rueda contadora | meter wheel.
rueda correctora | corrector wheel.
rueda cortadora de luz (televisión) | chopper wheel.
rueda Curtis de dos coronas (turbina vapor) | two row Curtis wheel.
rueda de acción (turbina vapor) | impulse wheel.
rueda de acción de alta presión de dos expansiones (turbinas) | two-row H. P. impulse wheel.
rueda de acero estampado | pressed-steel wheel.
rueda de acero soldada | fabricated steel wheel.
rueda de adherencia (locomotora) | adhesion wheel.
rueda de aletas | flap wheel.
rueda de alfarero | potter's wheel.
rueda de alimentación | feed wheel.
rueda de alta presión (turbinas) | high-pressure disc.
rueda de arcaduces | overshot wheel.
rueda de arrastre por fricción | brush wheel.
rueda de avance | feed wheel.
rueda de avance a mano (tornos) | apron handwheel.
rueda de avance a mano del carro (tornos) | carriage handwheel.
rueda de cabillas | treadwheel | pinwheel.
rueda de cadena | chain pulley | chain wheel.
rueda de cajones | raff wheel.
rueda de cangilones | bucket wheel.
rueda de cañón | truck.
rueda de ciar en voladizo (turbina marina) | overhung astern wheel.
rueda de coche | carriage wheel.
rueda de coche de ferrocarril de una pieza | monobloc railway wheel.
rueda de cola | tailwheel.
rueda de cola con rotación total (aviones) | fully castoring tailwheel.
rueda de cola orientable (aviones) | orientable tail wheel.
rueda de cuba (hidráulica) | tub wheel.
rueda de cuero (para pulido) | hide wheel.
rueda de dentadura interior | annular wheel | internal-toothed wheel.
rueda de dentadura recta | plain spur wheel.
rueda de dibujo (máquina circular tejido puntos) | trick wheel.
rueda de dientes angulares | herringbone wheel.
rueda de dientes helicoidales | helical-toothed wheel.
rueda de dientes helicoidales (engranando con un tornillo sin fin) | screw wheel.
rueda de dientes huecos | hollow tooth wheel.
rueda de dientes laterales | face wheel.
rueda de disco | disc wheel.
rueda de disco abombado | depressed-center wheel.
rueda de disco agujereado | steel spoke wheel.
rueda de disco de chapa | plate disc wheel.
rueda de disco lleno | plate-wheel.
rueda de doble plato | double-webbed wheel | double plate wheel | double-disc wheel.
rueda de dos pestañas | double flange wheel.
rueda de engranaje | pitch-wheel.
rueda de engranaje con tornillo sin fin | tangent wheel.
rueda de engranaje de dientes cónicos | tapered-tooth gear wheel.
rueda de engranaje de reducción para buques | marine reduction gear wheel.
rueda de engranaje recto | spur wheel.
rueda de engranajes de partes soldadas | fabricated gearwheel.
rueda de engrane con corona de material más resistente que el núcleo | built-up gear wheel.
rueda de engrane montada sobre el eje principal (equipo propulsor buques) | bull gear.
rueda de enjullo | beam wheel.
rueda de escape | rack-wheel | ratchet wheel | escapement wheel | escape wheel.
rueda de escape (relojes) | crown wheel.
rueda de esmeril | emery cutter.
rueda de espejos (televisión) | mirror screw.
rueda de espigas | pinwheel.
rueda de estrella | ratchet wheel.
rueda de evolvente interna | involute internal gear.
rueda de ferrocarril | rail-wheel.
rueda de fricción | Y-gear | gear wheel | friction wheel.
rueda de fricción circunferencial | circumferential friction wheel.
rueda de fuegos artificiales (sol - pirotecnia) | catherine wheel.
rueda de garganta | double flange wheel.
rueda de giro (grúas) | bull wheel.
rueda de guía | idler | guide wheel.
rueda de husillos | pinwheel.
rueda de impulsión (turbina vapor) | impulse wheel.
rueda de impulsión de doble paletaje | double-bladed impulse wheel.
rueda de la cola | tailwheel.
rueda de la cremallera (rueda motriz - locomotora de cremallera) | climber.
rueda de levantamiento | lifter wheel.
rueda de levas | crown.
rueda de linterna | lantern-pinion | lantern wheel.
rueda de linterna (molinos de viento) | wallower.
rueda de llanta ancha | broad-faced wheel | broad-rimmed wheel.
rueda de mando | control wheel.
rueda de mando de la separación entre rodillos (laminadores) | spanner wheel.
rueda de maniguetas | star wheel.
rueda de molino | mill-wheel.
rueda de muescas | notched wheel.
rueda de orientación (molino de viento) | directing wheel.
rueda de orientación libre | free-swiveling wheel.
rueda de palas móviles | feathering float wheel.
rueda de paletas | float water wheel | paddle | impeller | flash wheel | runner.
rueda de paletas (bomba centrífuga) | centrifugal blade.
rueda de paletas articuladas | feathering paddle wheel | feathering wheel.
rueda de paletas articuladas (buques) | feathering blade paddle wheel.
rueda de paletas fijas (buques) | radial paddle wheel.
rueda de papel prensado | paper wheel.
rueda de pecho | breast wheel.
rueda de pestaña | flange wheel.
rueda de picos | pin-wheel.
rueda de piñón | pinion wheel.
rueda de plato | solid wheel | single-plate wheel | disc wheel.
rueda de plato con nervios | ribbed disc wheel.
rueda de plato lleno | disc center wheel.
rueda de plato macizo | plate-wheel.
rueda de plegador | beam wheel.
rueda de pulir | lap.
rueda de pulir de discos de cuero | leather polishing wheel.
rueda de pulir de discos de lona | disk canvas wheel.
rueda de pulir de discos de muselina | muslin polishing wheel.
rueda de puntear | dotting-wheel.
rueda de rastrojo | land wheel.
rueda de rayos de acero moldeado | cast steel spoke wheel.
rueda de rayos de alambre (autos) | rudge wheel.
rueda de rayos estampada | pressed spoke wheel.
rueda de rayos tangentes al cubo | tangent wheel.
rueda de reacción | reaction-wheel.
rueda de reacción (turbinas) | pressure wheel.
rueda de recambio | change wheel.
rueda de recortar | cutoff wheel.
rueda de respeto | fifth wheel.
rueda de segmentos dentados | segment wheel.
rueda de sonería (relojes) | cam wheel.
rueda de surco | furrow wheel.
rueda de teñir | dye wheel.
rueda de tipos (telecomunicación) | typing wheel.
rueda de tipos (teletipos) | typing wheel.
rueda de tornillo sin fin tallada con fresa generatriz | hobbed wormwheel.
rueda de tornillo sinfín | wormwheel | worm gear.
rueda de tracción | traction wheel.
rueda de transmisión | driving-wheel | drive wheel.
rueda de trapo para pulido fino | mop.
rueda de traslación (carro de puentes grúas) | rail-wheel.
rueda de traslación (puente-grúa) | traveling wheel | running-wheel.
rueda de trinquete | dog wheel | curb wheel | notch plate | ratchet wheel | click-wheel | catch-wheel | ratchet.
rueda de turbina compuesta (cuerpo de material de aleación baja y corona de aleación alta) | composite turbine wheel.
rueda de turbina con paletas tubulares | tubular-bucketed turbine wheel.
rueda de turbina de paletas tubulares | tubular-bladed turbine wheel.
rueda de vagón | carriage wheel | truck wheel.
rueda de vagón de llanta renovable | retyre type railway wheel.
rueda de ventilador con paletas en el sentido de giro | forward-bladed fan wheel.
rueda de zapatas | caterpillar wheel.
rueda del antepecho | breast beam wheel.
rueda del corrector | corrector wheel.
rueda del despuntado (tejeduría) | backing-off wheel.
rueda del morro orientable (aviones) | castoring nose-wheel.
rueda del timón | steering wheel | wheel.
rueda delantera | front-wheel | leading wheel.
rueda delantera debajo del morro | nose landing wheel.
rueda delantera debajo del morro del avión

(aterrizador de triciclo) | nosewheel.
rueda delantera derecha (autos - Inglaterra) | offside front wheel.
rueda delantera exterior | outside leading wheel.
rueda dentada | cogwheel | rack-wheel | gear-wheel | gear.
rueda dentada cilíndrica | spur wheel | spur-wheel.
rueda dentada colocada sobre el eje | axle spur wheel.
rueda dentada con trinquete | ratch.
rueda dentada conducida | follower gear.
rueda dentada cónica | bevel | miter wheel.
rueda dentada cuyo diámetro es igual o menor que su espesor (engranajes de ruedas iguales) | pinion.
rueda dentada cuyo diámetro es mayor que su anchura en engranajes de ruedas iguales | wheel.
rueda dentada de doble hélice | herringbone gear | double-helical gear.
rueda dentada de entrada del radar | radar input gear.
rueda dentada de los linguetes | pawl rim.
rueda dentada de mayor diámetro en un engranaje | wheel.
rueda dentada del freno | brakegear wheel.
rueda dentada madre (engranaje planetario) | sun wheel.
rueda dentada motriz | drive sprocket.
rueda dentada para cadena articulada | sprocket.
rueda dentada principal | bull wheel.
rueda desmontable | removable wheel | detachable wheel.
rueda desprendemallas | knockover wheel.
rueda directriz (turbina hidráulica) | speed ring.
rueda divisora | dividing-wheel | indexing wheel.
rueda divisora maestra | master dividing wheel.
rueda elástica | resilient wheel | spring wheel.
rueda elevadora | elevating wheel | lifting wheel.
rueda elíptica | elliptical wheel.
rueda empernada al eje | bolted-on wheel.
rueda enteriza | one-piece wheel | solid wheel.
rueda envolvente (telefonía) | paper wheel.
rueda estrella (telar) | pick gear | pick wheel.
rueda estrellada | star wheel.
rueda excéntrica | cam wheel | eccentric wheel.
rueda excéntrica maestra (telar tejido punto) | coulier brake cam | draw cam.
rueda fija | fast wheel.
rueda fisurada por calentamiento por frenado (ferrocarril) | thermal cracked wheel.
rueda fónica | tonewheel.
rueda fotofónica | photophonic wheel.
rueda fundida de rayos | cast spoked wheel.
rueda fundida para poner dientes de madera o de cuero | core wheel.
rueda giratoria antiestática | antistatic castor.
rueda graduada para medir la circunferencia de una rueda | circumferentor.
rueda grande que mueve la mesa (cepilladora) | bull wheel.
rueda helicoidal | spiral wheel | tangent wheel | wormwheel.
rueda helicoidal (engranando con un tornillo sin fin) | screw wheel.
rueda helicoidal no generada | nongenerated helicoidal wheel.
rueda hidráulica | waterwheel | undershot wheel | bucket engine.
rueda hidráulica de admisión inferior | undershoot water wheel.
rueda hidráulica de admisión por el costado | middle shot wheel.
rueda hidráulica de admisión superior | overshot water wheel.
rueda hidráulica de alimentación superior | overshot wheel.
rueda hidráulica de costado | breast water wheel.
rueda hiperbólica | skew wheel.
rueda impresora (telegrafía) | inking wheel.
rueda intercambiable | interchangeable wheel.
rueda interior (cinta de carro de combate) | bogie.
rueda intermedia | idler wheel.
rueda intermedia (engranajes) | stud wheel | runner.
rueda intermedia (transmisiones) | lazy pinion.
rueda intermedia (tren de engranajes) | idle-wheel.
rueda intermedia (tren engranajes) | idler.
rueda interruptora perforada (televisión) | chopper wheel.
rueda lanzagranalla | wheelabrator | shot throwing wheel.
rueda libre | freewheel.
rueda limitadora de la profundidad del surco (arados) | gage wheel.
rueda loca | idler | loose wheel | lazy pinion | free running wheel.
rueda llena | disc wheel.
rueda maciza | solid wheel | plate-wheel.
rueda maciza de plato | solid disc-type wheel.
rueda maestra | master wheel | leader.
rueda mallosa (tejido de punto) | burr wheel.
rueda mandada | follower.
rueda mayor (engranaje de reducción) | crown wheel.
rueda medidora | measuring wheel.
rueda metálica de garganta en la que va el neumático que sobresale muy poco | restrictor wheel.
rueda montada en el eje en la prensa | pressed-on wheel.
rueda montada sobre rodillos | roller-mounted wheel.
rueda motorizada (con motor propio que la acciona directamente) | self-powered wheel | motorized wheel.
rueda motriz | impeller | leader | driving wheel | driver | drive wheel | driving-wheel.
rueda motriz (grúas) | bull wheel.
rueda móvil (bomba centrífuga, hidroturbina) | impeller.
rueda móvil (de turbina) | rotor.
rueda móvil (turbina, bomba centrífuga) | runner.
rueda nervada | ribbed wheel.
rueda orientable | castered wheel | castoring wheel.
rueda orientable del morro | steerable nosewheel.
rueda para bobinar (cables) | drum wheel.
rueda para cortar | shearing wheel.
rueda para dorar | burnishing and finishing roll.
rueda para gobernar a mano (buques) | hand steering wheel.
rueda para husillo | worm gear.
rueda para inclinar | tilting wheel.
rueda para montar las levas para el rayado | cam head.
rueda para volcar | tilting wheel.
rueda parásita (engranajes) | stud wheel | runner.
rueda parcialmente dentada | mutilated wheel.
rueda Pelton | impulse turbine | tangential water wheel.
rueda Pelton de un rodete de cuatro toberas de eje vertical | vertical-shaft single-runner four-nozzle impulse turbine.
rueda pequeña de dientes rectos (relojes) | nut.
rueda planetaria | planet wheel | planetary wheel.
rueda planetaria helicoidal | helical planet wheel.
rueda portadora | carrying wheel | traveling wheel.
rueda portadora (locomotora) | engine truck wheel.
rueda portadora (locomotoras) | truck wheel.
rueda portadora delantera (locomotora) | pilot wheel.
rueda portadora delantera (locomotoras) | leading wheel.
rueda portadora posterior (locomotora) | trailer.
rueda portante posterior (locomotoras) | trailing wheel.
rueda portapaletas (turbinas) | blade wheel.
rueda principal | mainwheel.
rueda principal (de una máquina) | hob.
rueda pulidora | buffing wheel | buff wheel.
rueda pulidora de discos de cuero de toro | bullneck wheel.
rueda pulidora de discos de lona o cuero comprimidos entre dos platillos | compress wheel.
rueda pulidora de trapo | mop dresser.
rueda pulidora de trapos | rag buffer.
rueda pulidora de vidrio recubierta con tela | cloth-covered glass polishing wheel.
rueda pulidora hecha de zamarra | sheepsking wheel.
rueda que arroja el abrasivo | abrasive-throwing wheel.
rueda que lleva el motor (tranvías eléctricos, etc.) | motored wheel.
rueda quieta (engranaje epicicloidal) | dead wheel.
rueda sacamallas | knockover wheel.
rueda satélite | planet-pinion | planet wheel | planet gear | star wheel.
rueda sobre la que actúa el freno | brake wheel.
rueda solar helicoidal | helical-tooth sun wheel.
rueda solar helicoidal (engranaje epicicloidal) | helical sun wheel.
rueda suavemente (carruajes) | it runs smoothly.
rueda transportadora | carrier wheel.
rueda trasera | back wheel.
rueda trazadora conducida a mano | hand-steered tracing wheel.
rueda vertical | edge runner.
ruedas acopladas | coupled wheels.
ruedas acopladas delanteras | leading coupled wheels.
ruedas con accionamiento por motor individual (uno en cada rueda) | individually-powered electric wheels.
ruedas con pesos excéntricos | eccentrically weighted wheels.
ruedas de aterrizaje | wheels.
ruedas de cambio (torno) | change gears.
ruedas de husillos | mangle wheel.
ruedas de suspensión independiente (autos) | independently-sprung wheels | knee-action wheels.
ruedas de suspensión solidaria | interdependently suspended wheels.
ruedas de trenes de aterrizaje de aviones | airplane landing wheels.
ruedas del aterrizador (aviones) | ground-wheels.
ruedas del morro retrorrectráctiles (aviones) | rearward retracting nose wheels.
ruedas dentadas de inversión (tornos) | tumbler gears.
ruedas dentadas para relojes | toothed watch wheels.
ruedas engranadas (bomba de engranajes) | driving impellers.
ruedas gemelas (autos) | dual wheels.
ruedas motrices | working wheels.
ruedas motrices (locomotora) | drivers.
ruedas motrices sin pestañas (locomotoras) | blind drivers.
ruedas no acopladas (locomotora) | independently-driven wheels.
ruedas orientadas | steered wheels.
ruedas para material rodante | rolling stock wheel.
ruedas portaoruga (tractores) | track idlers.

ruedas rectráctiles | retractable wheels.
ruedo (plaza de toros) | arena.
ruego apoye mi demanda | kindly back up my request.
ruficorne | ruficornate.
rufo (color) | sandy.
rugido (viento o mar) | bluster.
rugir | bellow (to).
rugir (pantera, onza) | roar (to).
rugometría | rugometry.
rugómetro | roughness meter | rugometer.
rugoscopio | profiloscope.
rugosidad | rugose rugosity | inequality.
rugosidad (de la superficie) | roughness.
rugosidad aerodinámica de la mar | sea aerodynamic roughness.
rugosidad alveal (canales) | bed roughness.
rugosidad de la hoja | blade roughness.
rugosidad de la pala (hélices) | blade roughness.
rugosidad de la superficie lunar | moon surface roughness.
rugosidad del mar | sea roughness.
rugosidad discontinua | discrete roughness.
rugosidad discreta | discrete roughness.
rugosidad extrema de la superficie de la porcelana | alligator hide.
rugosidad hidráulica | hydraulic roughness.
rugosidad sinusoidal | sinusoidal roughness.
rugosidad superficial de las palas de la hélice (buques) | screw blade surface roughness.
rugosidad superficial para que muerdan mejor (rodillos de laminador) | bossing.
rugosidad tipo papel de lija | sandpaper type roughness.
rugosidades de la carretera | road asperations.
rugosidades por desprendimiento gaseoso (electrodos) | gas grooves.
rugosidades superficiales (estampación) | stretcher strains.
rugosidades superficiales por no estirarse uniformemente el material (defecto piezas embutidas acero) | stretcher strains.
rugosígrafo (superficies) | profilograph.
rugosimetría | rugosimetry.
rugosímetro | profilometer | roughmeter | roughness tester | rugosimeter | rugometer | surface tester | corrugmeter.
rugosímetro (para superficies) | profilimeter.
rugosímetro interferencial | interferential roughmeter.
rugoso | rough | rugous.
rugoso (al tacto) | harsh.
ruido | noise.
ruido (de la lluvia) | pelt.
ruido a frecuencias ópticas | noise at optical frequencies.
ruido al despegue de 100 decibelios (aviones) | takeoff noise of 100 decibels.
ruido aleatorio | random noise.
ruido ambiental | ambient noise.
ruido ambiente | room noise.
ruido blanco | white noise.
ruido bronco | bray.
ruido característico de los discos de gramófono | scratch.
ruido casual | random noise.
ruido como castañeteo o entrechocar de cacharros | clatter.
ruido complejo | random noise.
ruido con espectro continuo y uniforme | white noise.
ruido confuso | buzz.
ruido confuso (acústica) | racket.
ruido cósmico (interferencia causada por ondas de radio cósmicas) | cosmic noise.
ruido crepitante | crackling sound.
ruido cuántico | quantum noise.
ruido de agitación térmica (amplificador) | thermal agitation noise.
ruido de agitación térmica (válvulas termiónicas) | shot noise.
ruido de amplificador (telecomunicación) | noise in amplifier.
ruido de antena | antenna pickup.
ruido de atrapado (semiconductor) | trapping noise.
ruido de auscultación corto (medicina) | puff.
ruido de batido (válvulas de vacío) | shot noise.
ruido de canal inactivo | quiescent channel noise.
ruido de característica impulsiva | impulse noise.
ruido de circuito | line noise.
ruido de cuantificación | quantizing noise.
ruido de choque | knocking.
ruido de descarga (válvulas termiónicas) | shot noise.
ruido de disparos con cañones antiaéreos | ack-ack.
ruido de empalme (filmo sonoro, TV) | bloop.
ruido de entrechocar | clattering.
ruido de equipo (telecomunicación) | set noise.
ruido de escape (de vapor o gas) | chug.
ruido de fluctuación | fluctuation noise.
ruido de fondo | sidetone | noise level | random noise | ground noise.
ruido de fondo (acústica) | background noise | stew.
ruido de fondo (cámara de ionización) | background.
ruido de fondo (disco gramófono) | scratching.
ruido de fondo (lámparas electrónicas) | tube noise.
ruido de fondo (radio) | mush.
ruido de fondo (tubo electrónico) | tube noise.
ruido de fondo (válvula electrónica) | valve noise.
ruido de fritura | hissing noise | sizzling noise.
ruido de fritura (EE.UU.) | contact noise.
ruido de fritura (Inglaterra) | line scratches.
ruido de fritura (perturbación atmosférica de larga duración - radio) | grinder.
ruido de fritura (radio) | shot effect | buzz | mush.
ruido de fritura (teléfonos) | crackling noise.
ruido de frotamiento | rasping sound.
ruido de golpeo (holgura máquinas) | slap.
ruido de golpeo (máquinas) | knock.
ruido de golpeteo (máquinas) | hammering noise.
ruido de imagen (cine) | frame noise.
ruido de Johnson (electricidad) | thermal noise.
ruido de la cinta magnetofónica inducido por las asperezas superficiales | surface-induced tape noise.
ruido de la explosión | sound of burst.
ruido de latigazo (holgura máquinas) | slap.
ruido de línea | line hit | circuit noise.
ruido de martilleo | hammering noise.
ruido de mezcla | babble.
ruido de modulación | noise behind the signal.
ruido de perturbación local | ambient noise.
ruido de potencial mínimo | potential-minimum noise.
ruido de raspar | scrape.
ruido de roce | scratch | rubbing noise.
ruido de roce (medicina) | rumble.
ruido de sala (teléfonos) | room noise.
ruido de tendencia negativa | negative-going noise.
ruido de tendencia positiva | positive-going noise.
ruido de termoagitación | thermal noise.
ruido de tripas | rumble.
ruido de un objeto metálico sobre la piedra de amolar (máquinas) | grind.
ruido debido a la inestabilidad de la válvula (amortiguador hidráulico) | squeak.
ruido del afilador (máquinas) | grind.
ruido del circuito | circuit noise.
ruido del circuito de entrada | input circuit noise.
ruido del chorro supersónico | supersonic jet noise.
ruido del micrófono | frying.
ruido del reactor | reactor noise.
ruido del tambor | drumming.
ruido del viento (ventilador) | windage noise.
ruido dentro del fuselaje | noise inside the fuselage.
ruido discreto | discrete noise.
ruido eficaz medio | mean RMS noise.
ruido en que todas las frecuencias son de igual amplitud | white noise.
ruido ensordecedor | deafening noise.
ruido equivalente de entrada | NEI (noise equivalent input) | noise equivalent input (NEI) | noise equivalent input (N.E.I.).
ruido estadístico | random noise.
ruido estadístico en el dieléctrico | random dielectric noise.
ruido estridente | clang | clank | bray.
ruido explosivo | noise burst.
ruido extramural | extramural noise.
ruido extraño (acústica) | fuzz.
ruido extraterrestre | extraterrestrial noise.
ruido fluctuante (ruido de trémolo) | flicker noise.
ruido galáctico | galaxy noise.
ruido gaussiano | Gaussian noise.
ruido gaussiano aditivo | additive gaussian noise.
ruido granular (válvulas termiónicas) | shot noise.
ruido hidráulico (amortiguadores) | hydraulic knock.
ruido impulsivo | impact noise.
ruido impulsivo (telecomunicación) | hits.
ruido inaguantable | intolerable noise.
ruido inducido de rejilla | induced grid noise.
ruido interno | set noise.
ruido llevado por el viento | airborne noise.
ruido microfónico | microphonic noise.
ruido no gaussiano | nongaussian noise.
ruido o canto característico en funcionamiento por errores cíclicos pequeños en la talla de engranajes (turbinas de gran velocidad) | scream.
ruido o golpe seco | clap.
ruido parásito | extraneous noise | spurious noise.
ruido parásito (radiorreceptor) | static.
ruido parásito originado por la precipación de lluvia (radiocomunicaciones) | precipitation static.
ruido parásitos ambientales (telefonía) | sidetone.
ruido percibido | perceived noise.
ruido permanente | steady-state noise.
ruido perturbador contra las radiocomunicaciones | spark.
ruido pesado y apagado como de un cañonazo a distancia | pound.
ruido producido en un líquido por el colapso de las burbujas de aire | cavitation noise.
ruido producido por el aparato (radio) | set noise.
ruido producido por la señal | modulation noise.
ruido producido por la vibración (carruajes, etc.) | drumming.
ruido producido por una hoja de papel al ser manejada | crackle.
ruido promedio atmosférico | average atmospheric noise.
ruido propio | basic noise.
ruido que hace el papel al manipularlo | rattle.
ruido que precede a un desplome de capas (mina de carbón) | gulching.
ruido que se oye cuando las capas del terreno están sometidas a grandes presiones (minas) | growl.
ruido que se produce en el sistema grabador del sonido cuando se acciona muy rápidamente (cine) | breathing.
ruido radio de muy baja frecuencia | hiss.
ruido radioatmosférico | atmospheric radio noise.
ruido radioeléctrico (astronomía) | radio noise

ruido radioeléctrico solar | solar radio noise.
ruido rasposo | rasping sound.
ruido reflejado por los planetas | planet reflected noise.
ruido seco de hierros al entrechocarse | clanking.
ruido silbante | hissing noise.
ruido silbante (amortiguador hidráulico) | swish.
ruido sísmico | seismic noise | earthquake-sound.
ruido sordo | dull sound | hollow sound | muffled noise | rumble.
ruido sordo (de caída) | plump.
ruido sordo (de la voz) | hum.
ruido sordo de pasos | pat.
ruido sordo que se produce por derrumbe del techo de una capa (mina carbón) | bump.
ruido suscitado por el estado de la carretera (autos) | road-excited noise.
ruido telegráfico (de circuito telegráfico sobre telefónico) | thump.
ruido térmico del cristal de cuarzo | crystal thermal noise.
ruido transmitido por la estructura | structure-borne noise.
ruidos | short bursts.
ruidos (auscultación del pulmón) | creaking.
ruidos discordantes | jarring.
ruidos extraños de alta frecuencia (cine sonoro) | canaries.
ruidos industriales | industrial noises.
ruidos molestos | irritating noises.
ruidos parásitos | parasitic noises.
ruidos parásitos (radio) | strays | X's | interference | statics.
ruidos propios de la cinta | hiss.
ruidos que interfieren con la palabra | speech-interfering noises.
ruidos telúricos | earth noises.
ruidos volcánicos | volcanic sounds.
ruidos y contaminación atmosférica | air pollution and noise.
ruidosidad | noisiness | noise performance | noise capability.
ruidoso | loud.
ruina | bane | decay.
ruina (causa de destrucción) | destruction.
ruinas | debris | rubbish.
ruinoso (edificios) | pecky.
ruleta (geometría) | rolling circle | roulette.
rulo | roller.
rulo (molinos) | muller.
rulo apisonador | tamping roller | smooth land roller.
rulo de ruedas independientes lisas | cambridge roller.
rulo marcador (para pisos cemento) | indenter.
rulo para jardín | garden roller.
rulo para pastas | rolling pin.
rumbadero (geología) | ore shoot.
rumbadero (minas) | ore pass.
rumbatrón | rhumbatron.
rumbatrón colector (radio) | catcher.
rumbo | trend | rhumb | course | bearings | heading | way | direction | path.
rumbo (aviación) | angle of heading | course.
rumbo (aviones) | heading.
rumbo (buques) | bearing.
rumbo (de ruta) | track angle.
rumbo (de un avión) | vector.
rumbo (de un filón crucero) | random.
rumbo (galería de mina) | drift.
rumbo (minería) | strike.
rumbo (navegación) | course | known bearing.
rumbo (navegación aérea y marítima) | track.
rumbo al este | easting.
rumbo al noreste o sureste o suroeste o noroeste | quadrantal heading.
rumbo aparente (navegación) | steered-course.
rumbo astronómico | astronomic bearing | true course.
rumbo computado | calculated bearing.
rumbo con acción mínima del oleaje (navegación marítima) | minimum wave route.
rumbo con la brújula | compass bearing.
rumbo con relación al norte de la brújula (aviación) | compass heading.
rumbo con relación al norte geográfico (aviación) | true heading.
rumbo con relación al norte magnético (aviación) | magnetic heading.
rumbo corregido | true course.
rumbo corregido del abatimiento (marina) | course corrected for leeway.
rumbo de abordaje | collision course.
rumbo de brújula corregida | corrected compass heading.
rumbo de combate (aviación) | collision course.
rumbo de cuadriculado (topografía) | grid bearing.
rumbo de interceptación | intercept bearing.
rumbo de la aguja (buques) | steered course.
rumbo de la corriente | setting of the current.
rumbo de la falla | fault strike.
rumbo de tiempo mínimo | minimum time route.
rumbo del blanco | target bearing | target inclination | target course.
rumbo del buque | ship's course.
rumbo del buque propio | own ship course.
rumbo del convoy | convoy routing.
rumbo del mineral | ore run.
rumbo del viento | rhumb-line.
rumbo desviado | bent course.
rumbo directo | direct course | forward bearing.
rumbo en zigzag (buques) | weaving.
rumbo entrante | incoming course.
rumbo exacto (navegación) | course made good.
rumbo franco (buques) | steady course.
rumbo frontal | front course.
rumbo hacia un radiofaro omnidireccional (aviación) | omnibearing.
rumbo hidrofónico | hydrophone bearing.
rumbo inverso | reverse bearing | reciprocal course.
rumbo loxodrómico | loxodromic course.
rumbo magnético | magnetic track | magnetic heading | magnetic course.
rumbo múltiple | dog leg course.
rumbo observado | observed bearing.
rumbo para la detección mínima del submarino propio | minimum submarine detection route.
rumbo por balizaje | beacon course.
rumbo por la brújula | compass course.
rumbo posterior | back course.
rumbo presente | actual point of switch.
rumbo radiogoniométrico | radio bearing.
rumbo rectilíneo (buques) | straight course.
rumbo sinouso (aviones) | weaving.
rumbo sinuoso (aviones) | snaking.
rumbo sobre cualquiera de los (puntos cardinales | right sailing.
rumbo sobre una carta Mercator | Mercator's track.
rumbo transversal | crossing course.
rumbo verdadero | course made good | true heading | true course.
rumbo verdadero indicado por una línea recta entre dos puntos en una proyección Mercator | Mercator course.
rumbo y velocidad de interceptación | lead pursuit.
rumen | paunch | rumen.
rumiantes (zoología) | ruminantia.
rumo (toneles) | first hoop.
rumores en el registro sonoro (cine sonoro) | canaries.
runcinado (botánica) | sawtoothed.
runfla (estadística) | run.
runita | Jewish stone | runite.
ruñar (tonelería) | croze (to) | groove (to).
rupinización | rupining.
ruptor | cutout | breaker | igniter.
ruptor (aparato de ruptura) | contact breaker.
ruptor (automóvil) | make-and-break mechanism.
ruptor (electricidad) | trembler.
ruptor de circuito | circuit breaker.
ruptor de línea | line breaker.
ruptor distribuidor | make-and-break.
ruptor térmico | thermal swith | thermal flasher.
ruptura | mammock | disruption | breakage | cleavage | break | breach | breakup.
ruptura (de la línea enemiga) | breakthrough.
ruptura (electricidad) | rupturing | rupture.
ruptura (hostilidades) | outbreak.
ruptura (negociaciones) | breakdown.
ruptura brusca | snap.
ruptura de circuito | break | break in the circuit.
ruptura de contacto (despegue - con el enemigo) | disengagement.
ruptura de contrato entre patrono y obrero | loss of service.
ruptura de control | control break.
ruptura de la carga | change of gauge.
ruptura de revestimiento | slug burst.
ruptura de serie | string break.
ruptura de superficie | surface breakdown.
ruptura de un vórtice | vortex breakup.
ruptura del anillo (química) | ring-opening.
ruptura del núcleo (química) | ring rupture.
ruptura del substrato del canal (transistor) | channel-substrate breakdown.
ruptura del vórtice | vortex breakdown.
ruptura dieléctrica | dielectric breakdown.
ruptura en avalancha electrónica | avalanche breakdown.
ruptura inducida por el ambiente (semiconductor) | ambient-induced breakdown.
ruptura por perforación mos | mos punch-through breakdown.
ruptura reversible | reversible breakdown.
ruptura térmica | thermal breakdown.
ruptural | ruptural.
rusificar | russianize (to).
rusofonía | russophony.
rusofonismo | russophonism.
rusticar (Argentina) | temper (to).
rústico | hick.
rústico (botánica) | hardy.
rustro (heráldica) | rustre.
ruta | track | itinerary | way | routing | route.
ruta aérea | airway | air-route.
ruta aérea establecida seguida por las aves migratorias | flyway.
ruta aérea secundaria entre poblaciones pequeñas y los grandes aeropuertos | feeder route.
ruta corregida | course made good.
ruta corta de gran densidad de tráfico | high-density short-haul route.
ruta corta muy frecuentada (aviación) | short-haul high-density route.
ruta de aeronavegación comercial-civil | civil airway.
ruta de aproximación | approach path | approach route.
ruta de conexiones | wire routing.
ruta de enlace (telefonía) | trunk route.
ruta de escape | escape route.
ruta de helicóptero | helicopter lane.
ruta de lanzamiento de bombas | bomb-release line.
ruta de marcha | line of march.
ruta de navegación | sealane | sea road.
ruta de navegación (marina) | lane.
ruta de navegación marítima | ocean-lane.
ruta de navegación transatlántica | steamer lane.
ruta de radioenlace | radio-relay route.
ruta de reconocimiento fotográfico | pilot's trace.
ruta de regreso | line of return.
ruta de tiempo mínimo | minimum time route.
ruta de transporte de petróleo | oil route.
ruta de vuelo | course of flight.
ruta loxodrómica | rhumb course.

ruta magnética | magnetic course.
ruta marina | ocean lane.
ruta metabólica (bioquímica) | metabolic pathway.
ruta óptima | optimal route.
ruta ortodrómica | great circle route | great circle track.
ruta para aviones de chorro | jet route.
ruta por avión y ferrocarril | air-rail route.
ruta por un círculo máximo entre dos puntos | airline.
ruta principal | trunk route.
ruta seguida por una pieza que se desmonta hasta que se devuelve lista para su empleo (recorridos de motores, etc.) | overhaul pipeline.
rutas aéreas internacionales | international air routes.
rutas de navegación de buques no refrigerados | nonreefer routes.
rutas del océano | ocean highways.
rutas marítimas | sea routes.
rutenio (Ru) | ruthenium.
ruterfordina | rutherfordine.
rutherfordio (EE.UU.) | kurtschatovium (ku-U.R.S.S.) | unnilquadium (Unq - I.U.P.A.C.).
rutherfordio (elemento radiactivo artificial de número atómico 104) | rutherfordium (Rf-USA).
rutilar | glitter (to).
rutilo | rutile.
rutilo acicular | maidenhair.
rutina (secuencia de instrucciones - informática) | routine.
rutina abierta | open routine.
rutina auxiliar | auxiliary routine.
rutina compiladora | compiling routine.
rutina comprobatoria | test routine.
rutina de análisis | trace routine.
rutina de apertura de ficheros | file opening routine.
rutina de auto-carga | self-loading routine.
rutina de autopsia | post mortem routine.
rutina de inicialización | initialize routine.
rutina de interrupción | interrupt handler.
rutina de ayuda a la depuración | debugging aid routine.
rutina de biblioteca | library routine.
rutina de carga | loading routine.
rutina de carga de fichas | card loader.
rutina de clasificación (informática) | sort routine.
rutina de coma flotadora | floating point routine.
rutina de compilación | compile routine.
rutina de comprobación | checking routine.
rutina de contabilidad | accounting routine.
rutina de control de las interrupciones | interrupt control routine.
rutina de corrección | patch routine.
rutina de corrección (informática) | patching routine.
rutina de corrección de la grabación | write error routine.
rutina de descarga a disco | roll out routine.
rutina de diagnóstico | tracing routine.
rutina de diagnósticos (informática) | diagnostic routine.
rutina de ejecución | executive routine.
rutina de entrada | input routine.
rutina de escritura de las etiquetas | tape labelling routine.
rutina de fallas en el funcionamiento | malfunction routine.
rutina de fecha | dating routine.
rutina de fin de cinta | end of tape routine.
rutina de fin de fichero | end of file routine.
rutina de fin de pasada de máquina | end of run routine.
rutina de gestión de interrupciones | trap handling routine.
rutina de gestión de periféricos | peripheral control routine.
rutina de impresión | printing routine.
rutina de iniciación | house keeping routine.
rutina de introducción | input program.
rutina de rastreo | trace routine.
rutina de rastreo (informática) | tracing routine.
rutina de recuperación | recovery routine.
rutina de registro estadístico de errores de cinta | tape error statistics routine.
rutina de relanzamiento | rollback routine.
rutina de repaso | rerun routine.
rutina de salida | output routine.
rutina de secuencias de control | supervisory sequencing routine.
rutina de servicio | service routine | handler.
rutina de supervisión de un sistema operativo | execution routine.
rutina de traducción | translating routine.
rutina de transferencia | swapping routine.
rutina de tratamiento de etiquetas | label handling routine.
rutina de utilización | utility routine.
rutina de validez | vetting routine.
rutina de verificación de secuencia | sequence checking routine.
rutina directora | executive routine.
rutina directora (programa) | main schedule routine.
rutina en clasificación | sorting routine.
rutina heurística | heuristic routine.
rutina maestra | master routine.
rutina oficinesca | red tape.
rutina para actualización | up dating routine.
rutina póstuma | post mortem routine.
rutina preparatoria | housekeeping routine.
rutina principal (telefonía) | master routine.
rutina reanudadora | rerun routine.
rutina suplementaria | appendage.
rutina suplementaria de entrada-salida | input-output appendage.
rutinas de método de acceso | access method routines.
rutinas evaluadoras de anomalías | damage assessment routines.
rutinista | routinist.

S

sabana | prairie | sheet.
sabana (geografía) | grassland.
sabana arbolada | savanna forest.
saber | learning.
saber a madera de tonel (vinos) | fust (to).
saber cómo (hacer una cosa) | know-how.
saberse | transpire (to).
sabicú (Lysiloma latisiliqua) | sabicu.
sabinio (unidad absorción acústica) | sabin.
sabio | scientist.
sable (heráldica) | sable.
sable de abordaje | cutlass.
sable de sujeción de la zapata del freno | brake shoe key.
sabor | flavor.
sabor ácido ardiente | burning acid taste.
sabor agrio al estimular la lengua con electricidad estática | franklinic taste.
sabor alcalino | alkaline taste.
sabor amargoso acre | acrid bitterish taste.
sabor astringente | astringent taste.
sabor astringente aromático | aromatic astringent taste.
sabor desagradable | off-taste flavor.
sabor dulce | bland taste.
sabor evaluado por equipo de degustadores | flavor rated by taste panel.
sabor meloso | honey-like taste.
sabor picante | pungent taste.
sabor producido por el cloro (aguas) | chlorine-derived taste.
sabor pungente amargoso | bitterish pungent taste.
sabor sumamente amargo | extremely bitter taste.
saborear | taste (to).
sabotaje | malicious destruction.
sabotaje en gran escala | major sabotage.
sabotaje radiológico | radiological sabotage.
saboteador | saboteur.
saboteador que se arroja con paracaídas | parasaboteur.
sabotear | sabotage (to).
sabueso | hound.
sabugalita | sabugalite.
sabuloso | sabulose | gritty.
saburroso | furry.
saca (explotación forestal) | clearcutting.
saca (forestal) | extraction.
saca a mano (agricultura) | ball-hoot.
saca con rastra (forestal) | bob.
saca de correos | mailbag.
saca de correspondencia | mailbag | letter bag.
saca de madera por teleférico (corta forestal) | cable logging.
saca por ferrocarril (forestal) | railroad logging | railway logging.
saca postal | mailbag.
saca preventiva (forestal) | prelogging.
sacabalas | extractor.
sacabarrena | drill ejector.
sacabarrenas | drill extractor | drill bit extractor.
sacabarro | raker | scraper.
sacabocados | punch pliers | punching tongs | punch | puncher | cutting punch | nipping-tool | dinking die.
sacabocados a golpe | socket punch.
sacabocados para coser correas | punch belt.
sacabotas | boot-jack.
sacabujes | bushing extractor.
sacaclavos | claw wrench | gab hook | nail remover | nail claw | brad-punch | ripping bar | ripper | rip.
sacaclavos (carpintería) | nail punch.
sacaclavos (encofrado) | stripping bar.
sacaclavos de horquilla | claw bar.
sacacojinetes | bearing puller.
sacacorchos | spiral worm | corkscrew.
sacacubos (autos) | hub puller. ripping bar |
sacaculatas (motores) | cylinder-head puller.
sacachavetas | cotter puller | pin setter.
sacado de herramientas (sondeos) | pulling.
sacado para inspección | drawn for inspection.
sacaescariador | broach puller.
sacaescarpias | spike extractor.
sacaférulas | ferrule extractor.
sacafusibles | fuse puller.
sacahélices | propeller-remover.
sacalingotes | ingot stripper.
sacamachos | core extractor.
sacamachos rotos | tap extractor.
sacamuestra automático (sondeos) | automatic sampler.
sacamuestras | sampler.
sacamuestras (sondeos) | sample taker.
sacamuestras de la pared del pozo (aparato para obtener muestras de roca - sondeo en roca) | rock wall slicer.
sacamuestras de paredes del pozo (sondeos) | side-wall sampler.
sacapasador | pin drift.
sacapasadores | pin extractor.
sacapiezas (obrero de telar) | cloth hauler | cloth man.
sacapliegos (máquina imprimir) | flier.
sacapliegos por pinzas oscilantes | chain delivery.
sacapoleas | pulley puller.
sacar | push out (to) | pick out (to) | extract (to) | produce (to) | tap out (to) | draw off (to) | draw (to) | draw out (to).
sacar (agua, electricidad) | tap (to).
sacar (de dudas) | relieve (to).
sacar (de una dificultad) | extricate (to).
sacar (retratos, copias) | take (to).
sacar (tren aterrizaje | lower (to).
sacar a concurso (obras, etc.) | calling for tenders.
sacar a licitación pública | call for bids (to).
sacar a pública subasta | bring to the hammer (to).
sacar a subasta (obras) | put out to contract (to).
sacar agua (de un depósito) | draw down (to).
sacar carga de la bodega (buques) | break-off (to).
sacar con cuchara | spoon (to).
sacar con la cuchara | ladle out (to) | leadle out (to).
sacar con pala | scoop (to).
sacar contramoldes (tipografía) | break up (to).
sacar copias | duplicate (to).
sacar copias al ferroprusiato | blueprint (to).
sacar cuentas | make out (to).
sacar chapas de troncos de árboles | peel timber (to).
sacar datos del plano para hacer el estado de dimensiones (obras) | take off (to).
sacar de | tap (to).
sacar de la posición de banderola (palas hélices) | unfeathering.
sacar de la vaina (combustible) | decant (to).
sacar de una cantera | quarry (to).
sacar del almacén | break out (to).
sacar del depósito de aduana | take out of bond (to).
sacar del mar | stow (to).
sacar el macho (moldería) | core out (to).
sacar el mejor partido (de una cosa) | get the most out of it (to).
sacar fuera | protrude (to) | pull out (to).
sacar hacia afuera | turn out (to).
sacar herramientas rotas (sondeos) | fish-up (to).
sacar impresiones de azufre | sulfur-print (to).
sacar la prueba de una página (tipografía) | mould a page (to).
sacar la vaina (combustible nuclear) | decan (to).
sacar líquido por sifón | siphon out (to).
sacar los cartuchos de combustible nuclear (reactor nuclear) | uncan (to).
sacar muestras | sample (to) | spot check (to).
sacar muestras cilíndricas del hormigón ya fraguado (pavimentos) | sample the concrete (to).
sacar partido de | exploit (to).
sacar plantilla | template (to).
sacar pliegos (máquina imprimir) | fly (to).
sacar por sacudidas | shakeout (to).
sacar provecho | derive profit (to).
sacar punta a | sharpen (to).
sacar testigos (sondeos) | core (to).
sacar un diagrama (máquinas alternativas) | indicate (to).
sacar un líquido | tap (to).
sacar un palo (buques) | unship (to).
sacar un tornillo | draw a screw (to).
sacar una instatánea | snap (to).
sacar una mina | fish-up (to).
sacar una muestra | draw a sample (to).
sacar una plantilla a bordo (buques) | lift (to).
sacar una prueba (tipografía, etcétera) | prove (to).
sacarasa (bioquímica) | saccharase.
sacaratos | saccharates.
sacarificación | saccharification.
sacarificar | saccharify (to).
sacarímetro | saccharimeter.
sacarináceo | saccharineish.
sacaroidal | autallotriomorphic.
sacaroideo (mármol, fracturas, etc.) | saccharoid.
sacarosa | saccharose | sucrose.
sacarosa (azúcar de caña) | cane-sugar.
sacarremaches | rivet punch.
sacarruedas (autos) | wheel puller.
sacatapones | bung-drawer.
sacatestigos | core catcher | core barrel.
sacatestigos (sondeos) | tester | corer | core breaker | core lifter.
sacatestigos de Ewing (oceanografía) | Ewing corer.
sacatestigos del fondo del mar (perforaciones) | under sea core-sampler.
sacatestigos del terreno (sondeos) | sampler.
sacatestigos telescopizante (sondeos) | telescoping sampler.
sacatestigos telescopizante del fondo marino (sondeos) | telescoping sea floor sampler.
sacatraviesas (vía férrea) | tie remover.
sacatubos | tube extractor.
sacciforme | sacciform.
saciación | satiation.
saciedad | fullness.
saco | sac | bag.
saco (medicina) | pouch.
saco colector de polvo | dust-bag.
saco de arena | sandbag.
saco de carbón | coal sack.
saco de cuero relleno de arena para chapistas | panel beaters' sandbag.
saco de lastre | ballast bag | ballast sack.
saco de lastre (globos) | sandbag.
saco de lastre amortiguador (saco de aterrizaje - dirigible) | bumper bag.
saco de lona hidrófugo | duffel bag.
saco de lúpulo | hop-sack.
saco de mano | reticule (EE.UU.).
saco de marinero | sea bag | ditty-bag | duffle bag.
saco de minero | bait poke.
saco de papel | paper sack | paper bag.
saco de papel con una boca tubular de papel de crepé por la que se llena y cierra plegándola | valved bag.
saco de papel de | duplex paper bag.
saco de papel de aluminio para café | aluminum foil coffee bag.
saco de papel de varias hojas (tres o más hojas) | multiwall bag.
saco de papel forrado de polietileno | polyethylene-lined paper bag.
saco de papel Kraft resistente en estado

húmedo | wet-strength Kraft sack.
saco de viaje | carpet-bag.
saco de yute | yute bag | gunny bag | jute bag.
saco del lastre de agua de emergencia (dirigibles) | emergency water ballast bag.
saco del que se ha extraído el material averiado (café, etc.) | skimmed bag.
saco inflable | inflating bag | air bag.
saco para dormir (metiéndose dentro) | sleeping bag.
saco para el paracaídas | parachute pack.
saco para taponar escobenes (buques) | jackass.
saco para utensilios de uso personal | personal gear bag.
saco protector del paracaídas | parapack.
saco soluble de ropas sucias para la lavandería (hospitales) | soluble laundry bag.
saco terrero | sandbag.
saco usado | used bag.
saco vitelino (zoología) | yolk sac.
sacófaro | gopher.
sacos de cemento embandejados | palletized cement bags.
sacos de paja | straw bags.
sacos de papel con fondo de cruzado resistente | cross bottom bolters.
sacristía (iglesias) | vestry.
sacudida | shock | beating | concussion | shake | shaking | hoick | jerk | jolting | flutter.
sacudida de descarga | discharge stroke.
sacudida del cable (sondeos) | kick.
sacudida del helicóptero o de su palanca de mandos a cada revolución del rotor principal | one per rev.
sacudida eléctrica | electric shock.
sacudida en paralelo | longitudinal surge.
sacudida lateral | sideshake.
sacudida longitudinal | endshake.
sacudida rápida | flip.
sacudida sísmica | earthquake shock.
sacudida telúrica | seism.
sacudidas | jogging | jerking | rapping.
sacudidas ligeras para desprender el modelo | rapping.
sacudido por la tempestad (buques, aviones) | storm-tossed.
sacudido por las olas (buques) | sea-tossed.
sacudidor | flapper | straw walker | rapper | shaking apparatus | shaker.
sacudidor (fundерías) | form breaker.
sacudidor de cribas | sieves-shaker.
sacudidora | shaking machine | shaker | shakeout machine.
sacudidora sin choques | shockless-jolt machine.
sacudimiento | shaking | shake | sway | jarring.
sacudir | shiver (to) | shakeout (to) | thrash (to) | jigger (to) | thresh (to) | shock (to) | concuss (to) | jar (to) | jolt (to).
sacudir el polvo | dust (to).
sacudirhacer temblar | shake (to).
sadowa (tela algodón) | shadow.
saeta | arrow.
saetera | barbican.
saetín | channel | race | raceway | sluiceway | sluice.
saetín (canal) | mill trough.
saetín (canal de esclusa) | flume.
saetín (de molino) | leat.
saetín (hidráulica) | shoot | headrace.
saetín (molinos) | mill tail | mill-leat | millrace | mill-lade | mill course | mill-run.
saetín (rueda hidráulica) | guide.
saetín de aguas arriba | head crown.
saetín de aguas arriba (a una esclusa) | head-bay.
saetín toroidal (turbina de gases) | toroidal chute.
safan (Talauma hodgsonii) | safan.
safirina | blue chalcedony.
safukala (Canarium schweinfurthii - Engl) | safukala.
sagatí (estameña) | sagathy.
sagenita | crispite.
sagita de curvatura | curvature sagita.
sagitario (zodíaco) | archer.
sagitiforme | arrow-shaped.
sahumar | fume (to).
sahumerio | fuming | fumigation.
sainetería | farceship.
sajar | lance (to).
sal (química) | salt.
sal (Shorea obtusa Wall) | thithya.
sal (Shorea robusta) | sal.
sal ácida | bisalt | acid salt | hydrogen salt.
sal alcalina | alkaline salt.
sal alumínica | aluminum salt.
sal amoníaco | ammonia salt.
sal amortiguadora (química) | buffer salt.
sal básica | basic salt.
sal biógena | biogenic salt.
sal colorante | dye-salt.
sal corrosígena | corrosion-forming salt.
sal de antimonio | antimony salt.
sal de apresto (estannato sódico) | preparing-salt.
sal de Birmania (Pentacme siamensis) | teng rang | teng.
sal de Epson (magnesio) | Epsom salt.
sal de Fischer | cobalt yellow | cobalt-potasium nitrite.
sal de manantial | brine salt.
sal de níquel bivalente | bivalent nickel salt.
sal de piedra | rock salt.
sal de roca | rock salt.
sal de roca molida (G.B.) | broad salt.
sal de salinas | bay salt.
sal desdoblable (química) | decomposable salt.
sal dextrogira | dextro-salt.
sal doble | double salt.
sal doble de cianuro | cyanide double salt.
sal eflorescente | efflorescent salt.
sal esparcida (calles en tiempo de heladas) | strewn salt.
sal estabilizadora del pH (soluciones) | buffer salt.
sal excitadora | exciting salt.
sal férrica | ferric salt.
sal geloinhibidora | gel-inhibiting salt.
sal gema | rock salt | native salt | fossil salt.
sal gorda | coarse salt.
sal gorda (cocina) | bay salt.
sal halógena | halide.
sal halogenada | hydrohalide.
sal haloidea | haloid | hydrohalide.
sal ionizable | ionizable salt.
sal levógira | levo-salt.
sal lixivial | lixivial salt.
sal marina | bay salt | salt.
sal marina ingerida | ingested sea salt.
sal marina obtenida por evaporación solar | solar salt.
sal neutra (química) | normal salt.
sal nutriente | biogenic salt.
sal para irisar (papel) | irising salt.
sal para termotransferencia | heat-transfer salt.
sal paramagnética | paramagnetic salt.
sal paramagnética que cumple la ley de Curie | paramagnetic Curie salt.
sal pedrés | rock salt.
sal potásica obtenida lixiviando | potash.
sal purgante | saline.
sal purificante (de baños, etc.) | purifying salt.
sal que aumenta la conductibilidad (soluciones) | conducting salt.
sal reguladora (química) | buffer salt.
sal tampón (química) | buffer salt.
sala | chamber.
sala (de teatros, conferencias) | auditorium.
sala (edificio industrial) | house.
sala (hospital) | ward.
sala (minas) | room | stall.
sala acústicamente inerte (estudios de grabación) | dead room.
sala anecoica | anechoic room.
sala blanca (acústica) | white room.
sala común | combination-room.
sala con reflexiones (ecos) | live room.
sala de alternadores | generator room.
sala de aparatos | instrument room | apparatus room.
sala de aparatos (telefonía automática) | auto-room.
sala de aparatos telegráficos | telegraph instruments room.
sala de apelaciones | appellate court | court of appeals.
sala de baños galvánicos | plating room.
sala de batalla (oficina de correos) | sorting room.
sala de bombas | pumproom.
sala de bote en bote (cines, teatros) | crowded house.
sala de buscadores (telefonía) | switch room | finder bay.
sala de buscadores de línea | line finder bay.
sala de caldeo (calderas) | firing aisle.
sala de calderas | stokehold | boiler-room.
sala de cardas | card room.
sala de casación | court of appeals.
sala de clase | classroom.
sala de clasificación | assorting room | sorting room.
sala de colgar (mataderos) | hanging room.
sala de composición (imprenta) | composing room.
sala de compra y venta (bolsa) | board room.
sala de comprobación | checking room.
sala de comprobación de la transmisión (TV) | viewing room.
sala de conciertos | hall | concert hall.
sala de conferencias | lecture-room.
sala de conferencias o actos | lecture room.
sala de conmutación | switch room.
sala de conmutadores (telefonía) | switch rack.
sala de consejos | board room.
sala de consulta (bibliotecas) | reference-room.
sala de control | control room.
sala de corrección de pruebas (tipografía) | reading-room.
sala de cuadros de operadores | operating room.
sala de curación (fábrica de quesos) | curing room.
sala de deliberación de los jurados | jury room.
sala de deliberaciones del gran jurado | grand jury room.
sala de delincuentes enfermos (hospitales) | criminal ward.
sala de despacho de billetes (estaciones) | booking-hall.
sala de despiece (mataderos) | quartering room.
sala de dibujo | drawing-office.
sala de dínamos | generator room | dynamo room.
sala de distribución (electricidad) | switch room.
sala de distribución (telefonía) | switch room.
sala de ejercicios (cuarteles) | drill hall.
sala de empaquetado | bundling room.
sala de enfermos | sick room.
sala de engrase (tejeduría) | batching room.
sala de envasado | packing room.
sala de equipajes (consigna - estaciones) | checking room.
sala de equipajes (consigna - ferrocarriles) | cloak-room.
sala de escayolar (hospitales) | plaster room.
sala de espera (estaciones) | waiting room | lobby.
sala de espera (ferrocarril, aeropuerto) | main hall (Inglaterra).
sala de espera de estación (ferrocarril) | station waiting room.
sala de estampas (museos) | print room.
sala de estar (buques) | lounge.
sala de estrados | court of justice.
sala de exhibición | showroom.

sala de explotación (radar) | operations room.
sala de exposición de filmes durante su edición (estudios cine) | viewing room.
sala de fabricación de modelos (canal hidrodinámico) | model studio.
sala de fermentadores | fermentation room.
sala de gálibos | mould loft.
sala de gálibos (astilleros) | mold loft | moulding loft | molding loft.
sala de grabación de programas | recording room.
sala de hilatura | spinning room.
sala de hospital | hospital ward.
sala de información de radar | radar display room.
sala de instrumentos | instrument room.
sala de las confidencias (Senado de EE.UU.) | caucus room.
sala de lo civil | court of first instace | court of common pleas.
sala de lo civil (audiencia) | civil division.
sala de lo contencioso | trial court.
sala de lo penal | penal court.
sala de maniobra | control room.
sala de manipulación | operating room.
sala de máquinas | machine-room | engine room.
sala de máquinas (periódicos) | pressroom.
sala de modelos | model room.
sala de modelos (funderías) | pattern loft.
sala de montaje | erecting bay.
sala de operaciones | hospital theatre | operating room.
sala de operaciones (bolsa) | floor.
sala de operadores (telefonía) | operating room.
sala de patinar sobre hielo artificial | ice-ring.
sala de proyección | projection room.
sala de pruebas | testing room | experimenting room.
sala de recepción | audience chamber.
sala de redacción | editing room.
sala de redacción de información local (periodismo) | cyty room.
sala de registradores | register bay.
sala de registro (sonido) | recording room.
sala de registro de equipajes (aeropuertos) | traffic hall.
sala de regrabación | rerecording room.
sala de relés | relay bay.
sala de reunión de un guild | guildhall.
sala de reverberación | reverberation room | live room.
sala de secado | drying-room.
sala de sesiones | assembly room | board room.
sala de trabajo (telegrafía) | instrument room.
sala de tratamiento apantallada | shielded treatment room.
sala de trazado | drawing office.
sala de trazado (aeronáutica) | loft.
sala de tribunal | court-room.
sala de turbinas (central eléctrica) | turbine hall.
sala de vacaciones | ad interim court.
sala del cuadro (teléfonos) | operating room.
sala del ordenador | main site.
sala donde se celebran procesos ficticios (enseñanza) | moot court.
sala donde se efectuan las operaciones de bolsa | trading floor.
sala ecoica | live room.
sala esterilizada | white room.
sala insonorizada | acoustically lined-room.
sala insonorizada (cine) | sound stage.
sala no absorbente (acústica) | live room.
sala primera del tribunal de distrito | part 1 of the district court.
sala principal de control | master control room.
sala reverberante | live room.
sala sin reverberación acústica | dead room.
sala terminal (telefonía) | terminal room.
salacidad (medicina) | salicity.
salación | salting.
saladar | brine basin.
saladero de arenques | herring hangs.
saladero de carnes | meat salting plant.
salado | salted | brined.
salador (de buque de pesca) | salter.
salador (de pescado) | salter.
salador (preparador de salazones) | curer.
salador y ahumador de arenques | kipperer.
saladura | salting.
salagar | lick.
salamandra | salamander.
salamandra (estufa) | cockle-stove.
salamandra caldeada con petróleo | oil-burning salamander.
salamandra larval | axolotl.
salamanquesa | salamander.
salar | brine (to) | salify (to) | salt (to).
salar (arenques) | rouse (to).
salar (carne) | corn (to).
salar (pieles) | cure (to).
salar (sardinas) | cure (to).
salar y ahumar | kipper (to).
salar y ahumar la carne | dry-cure (to).
salario | compensation | salary | rate | wage | day wages | pay | earnings.
salario a convenir | salary open.
salario a destajo | piece wage.
salario actual | prevailing wage.
salario anual garantizado | guaranteed annual wage.
salario anual inicial total | gross initial annual salary.
salario base | wage floor | living-wage | standard wages | basic rate.
salario de base | base rate.
salario de comparecencia | reporting pay.
salario de paro | fallback pay.
salario de tipo fijo | flat-rate salary.
salario devengado | wage accrual.
salario elevado | high wages.
salario establecido | stated salary.
salario exento del impuesto sobre la renta | salary free of national income tax.
salario incluyendo el tiempo desde la entrada a la mina hasta el puesto de trabajo | portal-to-portal pay.
salario inicial | initial salary | starting rate.
salario más participación en los beneficios | salary plus profit share.
salario más porcentaje por ventas | salary plus bonus.
salario medio | mean salary.
salario mensual | earning per month.
salario mezquino | beggarly wage.
salario mínimo | minimum wage.
salario mínimo aceptado por todos | nationally-agreed minimum wage.
salario mínimo garantizado | reporting pay.
salario neto | take-home pay.
salario neto utilizable a la semana | spendable average weekly earnings.
salario por hora | hourly wage.
salario por pieza | piece wage.
salario por piezas terminadas | piece-wage.
salario por unidad de tiempo | time wage rate.
salario progresivo | progressive wage.
salario real | current rate | real wage.
salario vital | living-wage.
salarios bases | standard rates.
salarios de acuerdo con las trabajos realizados | scientific wages.
salarios dejados de pagar | back wages.
salarios fijados según análisis de las tareas | scientific wages.
salarios laborales | occupational earnings.
salarios reglamentados | regimented salaries.
salarios según productividad | incentive wages.
salarios y beneficios extras | wages and fringe benefits.
salazón | brining | curing | salting | salting.
salazón de pescado | salted fish.
salbanda | clay band | saalband.
salbanda (filones) | wall.
salbanda (geología) | astillen | selfedge.
salbanda (guarda de arcilla) | salband.
salbanda (materia arcillosa formada entre el filón y la roca - minas) | selvage | selvedge.
salbanda (minas) | vein wall.
salbanda arcillosa | pug | clay course | flucan | fluccan.
salbanda arcillosa (reliz) | clay gouge.
salbanda que contiene granos pequeños de mineral | deaf ore.
salchicha (pirotecnia) | powder hose.
salchicha de cerdo | pork sausage.
saldada (una cuenta) | in balance.
saldado | square | settled | paid-up | paid up.
saldado (comercio) | squared up.
saldar | pay in full (to) | meet (to) | discharge (to).
saldar (comercio) | square up (to).
saldar (cuentas) | make up (to) | settle (to).
saldar (deudas) | extinguish (to) | pay up (to).
saldar (liquidar - cuentas) | close (to) | clear (to).
saldar (mercancías) | clear off (to).
saldar cuentas | liquidate (to).
saldar géneros | clear goods (to).
saldar los libros | close the books (to).
saldar una cuenta | balance (to) | settle an account (to) | balance an account.
saldar una deuda | settle a debt (to).
saldo | balance | balance | settlement | bottom line | broken lot | remainder.
saldo (de cuentas) | squaring.
saldo (de telas) | odd lot.
saldo (economía) | outstanding amount.
saldo (quiebras) | schedule.
saldo a cuenta nueva | balance to next account | carry forward.
saldo a favor | credit.
saldo a nuestro favor | balance due us | balance in our favour.
saldo acreedor | credit balance | balance in hand | active balance.
saldo activo | surplus balance | credit balance.
saldo actual | new balance.
saldo adverso | adverse balance.
saldo adverso (contabilidad) | imbalance.
saldo al final del ejercicio | end-of-period balance.
saldo anterior | old balance | bringing forward.
saldo anterior para traspasar | carry-over.
saldo bancario | bank balance.
saldo beneficiario | profit balance.
saldo con otros bancos | due from banks.
saldo de apertura | opening balance.
saldo de articulos | job lot.
saldo de balance comprobador | balance per trial balance.
saldo de caja | cash balance.
saldo de compensación | compensatory balance.
saldo de comprobación | balance of trial.
saldo de edición | remainder line | remainder sale.
saldo de entrada | balance forward.
saldo de existencia | balance of stock.
saldo de intereses | interest balance.
saldo de libros | job lot of books.
saldo de materiales | material balance.
saldo de mercancías | job-line.
saldo de números | balance of figure.
saldo del capital no pagado | unpaid principal balance.
saldo deudor | balance due | overdraft | passive balance | debit balance | voucher payable.
saldo diario | daily balance.
saldo disponible | available balance.
saldo en caja | balance on hand.
saldo en contra | red balance.
saldo en rojo | red balance.
saldo favorable | active balance.
saldo final | final balance | ultimate balance | closing balance.
saldo inactivo | dormant balance.
saldo inicial | opening balance.
saldo insoluto | indebtement.
saldo interoficinal | interoffice balance.

saldo liquidado | balance closed out | balanced closed out.
saldo líquido | net balance.
saldo negativo | minus balance.
saldo neto | net balance.
saldo neto pagadero | net balance payable.
saldo no asignado | unalloted balance.
saldo no utilizado | unspent balance | undrawn balance.
saldo pagadero | balance due.
saldo pasivo | debit balance.
saldo pendiente | balance outstanding.
saldo pendiente de pago | outstanding balance.
saldo pendiente por acciones suscritas | pending balance for suscribed shares.
saldo por balance | balance per balance sheet.
saldo por pagar | balance payable.
saldo residual | residual balance.
saldo según cuenta anterior | balance as per earlier account | balance as per carlier account.
saldo total | total balance.
saldos | reduced goods | bargain sale | sale goods.
saldos (economía) | trading down.
saldos (retales - comercio) | broken lots.
saldos activos de corresponsales | due to correspondents.
saldos anteriores acreedores del balance general | old balance sheet credit balances.
saldos anteriores deudores de balance general | old balance sheet debit balances.
saldos antes del cierre | closing-down sale.
saldos contrarios | opposite balances.
saldos de las cuentas | account balance.
saldos de libras esterlinas | sterling balances.
saldos en efectivo | money balances.
saldos entre oficinas | inter-office balances.
saldos pasivos de corresponsales (bancos) | due for correspondents.
saledizo | projection | nosing | jut.
saledizo (arquitectura) | projecture.
saledizo (de un edificio) | jetty.
saleita | saleite.
sales con hidrógeno reemplazable | acidic salts.
sales de Glauber (sodio) | Glauber's salt.
sales fijadoras | fixing salts.
sales minerales | mineral salts.
sales para electroplastia | plating salts | electroplating salts.
sales reptantes | top crust.
salicilaldoxina | salicylaldoxin.
salicilato | salicylate.
salicilato de metilo | methyl-salicylate.
sálico (rocas) | salic.
salida | egress | rising | way out | discharge | exit | departure | flowing | eduction | egression | vent | going out | back taper relief.
salida (almacenes) | output.
salida (billar) | lead 11.
salida (caminos) | turnout.
salida (de gases, etc.) | release.
salida (de un astro) | rise.
salida (de un buque) | sailing | run.
salida (de un corredor) | getaway.
salida (de un periódico) | appearance.
salida (de un stock) | withdrawal.
salida (de una mercancía) | opening.
salida (del modelo) | taper.
salida (del tren) | pulling out.
salida (líquidos) | effluxion | running out.
salida (milicia) | excursion.
salida (milicia, marina guerra) | sortie.
salida (moldería) | hollow.
salida (para facilitar la salida de un molde) | strip.
salida (radio) | output.
salida (redes eléctricas) | out-port.
salida (telefonía) | outgoing.
salida (tuberías) | outlet.
salida a la superficie (ballenas, submarinos) | surfacing.
salida asimétrica | single-ended output.
salida axial | axial outlet.
salida cero (señal) | zero output.
salida cero no perturbada | undisturbed zero output.
salida con flap | flapped outlet.
salida de agua | water egress.
salida de aire | air outlet | air exhaust.
salida de almacén | warehouse issue | quantity withdrawn.
salida de ánodo | anode leading-in wire.
salida de antena | aerial lead-out.
salida de audiofrecuencia | audio output.
salida de barrena (aeronáutica) | recovery from spin.
salida de cabeza (informática) | start of heading.
salida de capital | outflow of capital.
salida de desagüe | blowoff.
salida de divisas | outflow of currency.
salida de elementos | fan out.
salida de emergencia | emergency exit | fire exit.
salida de ensayo en cortocircuito | short-circuit-proof output.
salida de fábrica (precio) | ex factory | ex works | ex mill.
salida de fondos | outward payment.
salida de gases | venting | verting | exhaust gas.
salida de gases de la culata (cañones) | flareback.
salida de la herramienta (espacio necesario para efectuar una ranura, etc.) | tool runout.
salida de la memoria (informática) | swap out.
salida de la última etapa | last-stage output.
salida de máquina impresa | hard copy.
salida de ordenador por microfilm | computer output microfilm.
salida de programa | program exit.
salida de rosca | runout | thread outlet.
salida de rosca de la brida (brida roscada) | flange vanishing thread.
salida de rosca del tubo | pipe vanishing thread.
salida de rosca interior | run out thread.
salida de servicio | rear door.
salida de socorro | emergency exit.
salida de un programa e introducción de otro en la memoria (informática) | storage swap.
salida de urgencia | emergency exit | fire exit.
salida de vídeo | video-out.
salida de virutas | removal of chips.
salida del circuito del ánodo | anode circuit output.
salida del filtro | filter output.
salida del filtro de paso alto | high-pass filter output.
salida del picado (aviones) | dive-recovery.
salida del pivote (autos) | kingpin inclination | outward slant.
salida del recalentador de baja presión (calderas) | primary superheater outlet.
salida del sol | sunrise.
salida del viento (máquina soplante) | air outlet.
salida diferida | deferred exit.
salida en abanico de corriente alterna | AC fan-out.
salida en el orden de adquisición (almacenes) | first-in first-out.
salida en tiempo real (informática) | real-time output.
salida filtrada (electricidad) | smoothed output.
salida filtrada (radio) | filtered output.
salida helíaca | heliacal rising.
salida impresa | print out.
salida impresa automática legible | hard copy output.
salida impresa estática | static printout.
salida impresa programada | programmed type-out.
salida impresora de la memoria (informática) | memory print-out.
salida inclinada | angled exit.
salida inmediata después de llegar a puerto (buques) | pierhead jump.
salida intermitente del agua (hidroavión al despegar) | skipping.
salida máxima utilizable | maximum useful output.
salida mensual (buques) | monthly sailing.
salida microformada del ordenador | computer output microforma (C.O.M.).
salida no corto-circuitada | non-shorted output.
salida para combate retornando antes de cumplir la misión asignada | abortive sortie.
salida para las virutas (herramientas) | relief for chips.
salida para los gases de exhaustación que exceden a lo necesario por accionar la turbina (turbosobrealimentador) | waste gate.
salida para pasajeros | passenger exit.
salida para toma de tierra | ground outlet.
salida por escritura | write out.
salida por lectura | read out.
salida principal (edificios) | street door.
salida que cumple su objetivo (aviación) | effective sortie.
salidas | amounts issued.
salidas (inventarios) | out.
salidas a fecha fija (buques) | scheduled sailings.
salidas de caja | cash disbursed.
salidas de socorro | escapeways.
salidas de un cuadripolo | output of a four-terminal network.
salidas regulares (buques, aviones) | sailings.
salidero | weeping | leak.
salidero (de agua de un tubo, etc.) | weeper.
salidero de alivio (zampeados) | weephole.
salidero de grisú (minas) | piper.
salidero de vapor | vapor leak.
salidero dejado en el plan del dique para disminuir la subpresión (diques secos) | floor vent.
salideros | leakage.
salido de tierra | above ground.
saliencia | saliency.
saliente | land | emersed | setoff | boss | stud snug | blister | stop | nosing | nose | shoulder rib | lug | lip | overhanging | outrigger | ledge salient | projection | projecting | protuberance | jetting-out | jutty | jutting out | frog | trailing.
saliente (anatomía) | eminence.
saliente (arquitectura) | breakout | projecture.
saliente (cargos vacantes) | immediate.
saliente (de pieza) | lobe.
saliente (de un techo, etc.) | jut.
saliente (diente engranaje) | point.
saliente (diente engranajes) | height above pitch line.
saliente (en la pared, en la roca) | scarcement.
saliente (en voladizo) | flying.
saliente (fortificación) | salient.
saliente (hilada de muro) | overplus.
saliente (ojos) | beady.
saliente (síntoma) | striking.
saliente (sobre una superficie) | ridge.
saliente cónico del yunque | anvil beak.
saliente de cerrojo de puerta | keeper.
saliente de la cubierta sobre el muro piñón (de alero) | verge.
saliente de la huella sobre la contrahuella (escalones) | nose.
saliente de la rosca | depth of thread.
saliente de óxido sobre las superficies de una pieza metálica | blotch.
saliente de refuerzo | bead.
saliente de refuerzo de la corona | rim bead.
saliente de un ala sobre otra ala (biplanos) | overhang.
saliente debajo de la cabeza (pernos, tornillos, etc.) | shoulder.
saliente del colector | commutator riser.
saliente del diente (engranajes) | addendum of tooth.
saliente del diente del piñón | pinion addendum.
saliente del fondo del anillo de cierre | breech ring bottom lug.
saliente del terreno | shoulder.

saliente en la cara inferior para apoyar sobre un listón (tejas planas) | stub.
saliente en la costa | hump.
saliente en una pieza fundida para emplearlo como probeta | sprue.
saliente hacia adelante | forward-extending | forward-projecting.
saliente hacia atrás para introducirse en la nieve o hielo (patín de aterrizaje) | skeg.
saliente inmovilizador | locking finger.
saliente insignificante | negligible protrusion.
saliente lateral del casco encima de la flotación que sirve para la estabilidad lateral en el agua (hidro de canoa) | stub plane.
saliente lubricador (lubricación por borboteo) | dipper.
saliente obturador | sealing lip.
saliente para la introducción de la bujía del encendido (cilindros) | sparking-plug boss.
saliente pequeño en el extremo de la pieza donde se aplican las tenazas (piezas forjadas) | tongs hold.
saliente puntiagudo | pointed projection.
saliente que muerde la empaquetadura en un cierre estanco (puertas, tapas, escotillas, etc.) | knife-edge.
saliente superficial (forjas) | boss.
saliente tallado | carved offset.
salientes (engranajes) | addenda.
salientes de grafito que producen neutrones térmicos (reactor nuclear) | thermal columns.
salientes de material plástico (que luego se endurece) | putty work.
salientes fundidos íntegramente con la pieza | integrally cast projections.
salientes microscópicos sobre superficies galvanoplastiadas | trees.
salientes simétricos ondulados (piezas embutidas) | ears.
salientes y entrantes curvos (superficie fracturas fibrosas) | chevrons.
salificación | salting-out.
salificar (química) | salify (to).
saligenol | saligenin.
salimanita | bamlite.
salina | saltern | brine pit.
salina (para obtener sal marina) | salt garden.
salinas | saltworks.
salinas (obtención de sal marina) | salterns.
salinero | salter.
salinidad | salinity | saltness | salt load.
salinidad de la muestra | sample's salinity.
salinidad del vapor de agua | steam salinity.
salinización | salinization.
salino | saline.
salinómetro | brine density meter | brine-gage | concentration indicator | brineometer | salinometer | salinity indicator | salometer | salimeter.
salinómetro automático | automatic salinity indicator.
salinómetro eléctrico de grupo de pluriindicadores | multipoint group-type electric salinometer.
salinómetro para caldera | boiler concentration meter.
salir | quit (to) | sortie (to) | take off (to) | leave (to) | flow (to) | exit (to) | get off (to).
salir (buques) | sail (to).
salir (disparo) | go home (to).
salir (edificios) | runout (to).
salir (información) | flow out (to).
salir (líquidos) | spring (to).
salir (plantas, ríos) | rise (to).
salir a borbotones | bubble up (to) | gush (to) | pour (to).
salir a chorro | jet (to).
salir a la mar (buques) | put to sea (to).
salir a la superficie (ballenas, submarinos) | surface (to).
salir a torrentes | stream (to).
salir bien | make good (to).
salir con fuerza | erupt (to).
salir con ímpetu | leap (to) | spout (to).
salir con violencia | break out (to).
salir de casa | turn out (to).
salir de descubierta | go off scouting (to).
salir de la barrena (avión) | extricate from the spin (to).
salir de la estación (trenes) | pull out (to).
salir de la formación (aviones) | peel off (to).
salir de la línea (navegación en línea de fila) | haul out (to).
salir de la memoria (ordenador) | kick out (to).
salir de madre | break out (to) | overflow (to).
salir de pérdida | recover from stall (to).
salir de puerto | put to sea (to).
salir de puerto (navegación) | leave port (to).
salir de su competencia | exceed one's power (to).
salir de un apuro | get clear (to).
salir de un asunto | get off (to).
salir de un bucle | branch out of a loop (to).
salir de un picado (aviones) | pull out (to).
salir de una iteración | break out of a loop (to).
salir del picado - enderezar (avión) | flatten out (to).
salir del puerto (buques) | clear the harbor (to).
salir del puerto (navegación) | leave harbor (to).
salir del suelo (plantas) | pierce out (to).
salir del tren | detrain (to).
salir el sol | rise (to).
salir en coche | drive away (to).
salir fiador | bail (to).
salir fiador de | guarantee (to) | become security for (to) | be surety for (to).
salir fiador de alguien | bailout (to).
salir fuera | protrude (to).
salir ileso o con heridas leves de un accidente aéreo | walk away from an airplane crash (to).
salir indemne de una tempestad (buques) | outlive a storm (to).
salir mal | miscarry (to) | miss (to).
salir mal (exámenes) | fail (to).
salir manchas | spot (to).
salir perdiendo | come out a loser (to).
salir poco a poco | edge out (to).
salir una línea del margen (tipografía) | runout (to).
salirse (derramarse - líquidos) | flush (to).
salirse (líquidos) | runout (to).
salirse de la formación aérea | peel off (to).
salirse de la polea | run off the pulley (to).
salirse de madre (ríos) | burst its banks (to).
salirse el proyectil de la vaina (cañón) | debullet (to).
salirse la sierra circular de la hendidura del corte | ride out of the cut (to).
salitral | niter bed | nitre-bed | nitrate-field.
salitre | niter | nitre | nitrate | saltpeter | saltpetre.
salitre (sobre los muros) | saltpetre rot.
salitre de Chile | cubic saltpeter.
salitre fino | flour.
salitrera | nitrate deposit.
salitrería | niter factory.
salivita (Iberoamérica) | spittle bug.
salmer (arcos) | springing | springer.
salmer (bóvedas) | skewback | pulvino.
salmón ahumado | lox.
salmón de un año | par.
salmón después de desovar | kelt.
salmón joven de 1 a 3 años de edad | smolt.
salmonicultor | salmon-breeder.
salmonicultura | salmon-breeding.
salmuera | brisse | brine.
salmuera ácida (curtición cueros) | pickling.
salmuera amoniacal | ammoniacal brine.
salmuera de calcio eutéctica (contiene 29,6% de cloruro cálcico seco y se congela a −59,8 ºF) | eutectic calcium brine.
salmuera de sodio eutéctica (contiene 23,3% de cloruro sódico seco y se congela a −6,03 ºF) | eutectic salt brine.
salmuera refrigerada | iced brine.
salmuera virgen | fresh brine.
salobre | brackish.
salobridad | salt content | saltness | brackishness.
saloide del suelo | soil saloid.
salomar (marina) | sing out (to).
salón común | common-room.
salón de actos | lecture-room.
salón de audiencias | audience chamber.
salón de conferencias | assembly room | auditorium.
salón de entrada (sala de espera - estación ferrocarril, aeropuertos) | concourse.
salón de espera (teatros) | lounge.
salón de juegos para niños (trasatlánticos) | infants' playroom.
salón de juntas | assembly room.
salón de lectura | book-room.
salón de maquinistas (buques) | engineers' lounge.
salón de primera clase (buques) | first-class lounge.
salón de recreo | dayroom.
salón y pilar (minas) | pillar and stall.
salpicadero (autos) | splashboard.
salpicado | spotted.
salpicado de embudos (por bombardeo) | cratered.
salpicador de gasolina | spray nozzle.
salpicadura | splash | spatter.
salpicadura (de barro) | dab.
salpicadura (metalurgia) | splashing | spurting.
salpicaduras de acero líquido | scattering.
salpicaduras de lava líquida (volcanes) | driblets of liquid lava | spatter.
salpicaduras de metal fundido (electrodos) | spatter.
salpicaduras de metal fundido (plata o platino) | vegetation.
salpicaduras de metal fundido (soldadura) | splatter.
salpicaduras de metal fundido (soldeo por puntos) | spitting.
salpicaduras de tinta (máquinas de imprimir) | ink fly.
salpicar | spray (to) | splash (to) | sprinkle (to).
salpresado | salt-preserved.
salpresar | salt-preserve (to).
salsa (comidas) | dressing.
salsa (volcán de lodo) | salse.
salsa de cangrejos | crabmeat sauce.
salsedumbre | saltness.
salsera | sauce boat.
saltacaballo (dovela de arco) | crossette.
saltacarril | jump frog.
saltador (animales) | salient.
saltamonte (zoología) | jumper.
saltamontes | grasshopper.
saltando de limpio | sparkling clean.
saltante | saltant.
saltar | leap (to) | spring (to) | lope (to).
saltar (el viento) | shift (to).
saltar (fusibles) | blowout (to).
saltar (hilos- tejeduría) | skip (to).
saltar (la banca) | break (to).
saltar (minas) | go up (to).
saltar (remaches) | fly off (to).
saltar (remaches de una costura) | fly (to).
saltar (resorte o muelle) | spring (to).
saltar (un pez) | break (to).
saltar el viento | fly about (to).
saltar en escamas | chip off (to).
saltar en paracaídas | jump (to).
saltar en pedazos | blow to pieces (to).
saltar la cuerda (relojes) | overwind (to).
saltar sobre sus pies | jump up (to).
saltar una valla | negotiate a fence (to).
saltar y seguir | on-and-off (to).
saltarregla | shifting square | sliding square | bevel rule.
saltarse (hilos, etc.) | snap (to).
saltarse una palabra (tipografía) | make an out (to).
salteado en zig zag | staggered.
saltear las juntas | break joints (to).
salterio (música) | psaltery | dulcimer.
saltigrado | saltigrade.

saltillo (bodegas de buques) | on-top deck.
saltillo (buques) | monkey forecastle.
saltillo (plataforma-buques) | flat.
saltillo de cubierta (buques) | break.
saltillo de popa | quarterdeck.
saltillo de popa (buques) | raised quarterdeck.
salto | by-pass | leap | saltation | effective head | gambado.
salto (de ballena) | breach.
salto (en un canal) | drop structure.
salto (ordenador) | jump.
salto (telecomunicación) | skipping.
salto antes de impresión | preslew.
salto brusco (de una curva) | kick-up.
salto como consecuencia de superación de capacidad en impresión | overflow skip.
salto con esquí | ski-jump.
salto con paracaídas | parachute jump.
salto con pértiga | pole vault.
salto condicional (ordenador) | conditional jump.
salto cuántico | quantum jump.
salto de agua | fall | chute.
salto de arco (sobre un aislador) | arcover.
salto de cortafuego (Iberoamérica) | breakover (EE.UU.).
salto de emergencia en paracaídas (piloto avión) | emergency bale-out.
salto de falla | down throw.
salto de falla (geología) | downthrow.
salto de formulario | slew | overflow | form skip.
salto de hoja | page ejection.
salto de la cureña (al disparar) | carriage jump.
salto de la imagen (TV) | bounce.
salto de modo | double-moding.
salto de modo (magnetrones) | mode-jumping.
salto de página | feed form.
salto de potencial | potential step.
salto de temperatura | jump of temperature.
salto de tensión | voltage jump.
salto de voltaje | voltage jump.
salto del corta fuego (Iberoamérica - incendio forestal) | breakaway.
salto del formulario | paper throw.
salto del papel | line control.
salto después de impresión | postlew.
salto disponible | available head | working head.
salto disponible (hidráulica) | working fall.
salto efectivo | working head.
salto efectivo (hidráulica) | working fall.
salto en altura | high jump.
salto en anchura | broad jump.
salto en paracaídas | jump.
salto en paracaídas con apertura retardada | delayed jump | delayed parachute jump | delayed drop.
salto energético | energy gap.
salto hacia atras | reverse skip.
salto hidráulico sumergido | submerged hydraulic jump.
salto irreversible | irreversible jump.
salto simple | single spacing.
salto transitorio de potencia | power excursión.
salto único (electrónica) | single hop.
salto útil (hidrografía) | working fall.
salto variable | variable head.
saltos | judder.
saltos o brincos | hopping.
salubridad | healthfulness.
salud | health.
salud (pública) | safety.
salud ambiental (medicina) | environmental health.
salud mental (medicina) | mental health.
salud precaria | poor health.
saludar a la bandera | honor the colors (to).
saludar a la voz (marina) | cheer (to).
saludar al cañón | salute (to).
saludar con la bandera | droop the colors (to) | lower the colors (to).
saludar con la bandera (buques) | dip (to).
saludo | hail.
saludo (botadura buques) | dip.
saludo (botadura de buques) | drop.
saludo (con la bandera) | dip.
saludo al cañón | gun-salute.
saludo de la bandera | dipping.
saludo inicial (ordenador) | handshaking.
saludo llevando el fusil al hombro | rifle salute.
saludos | compliments.
salva | volley.
salva (con pólvora sólo) | salute.
salva (de artillería) | salvo.
salva (erizos) | pattern.
salva de batería | battery salvo.
salva de cañonazos | cannon salute.
salva de cinco disparos | round of five shots.
salva de cohetes | salvo of rockets.
salva de horquillaje | bracketing salvo.
salva de torpedos | salvo of torpedoes.
salva de torpedos en abanico | spread.
salva escalonada (artillería) | ladder fire.
salva para horquillar | ranging salvo.
salva para reglaje en alcance | ranging salvo.
salvaagujas (tejeduría) | needle protector.
salvable | salvable.
salvacosturas (tundidora) | seam protector.
salvachia | selvages.
salvadera | sandbox.
salvado | shorts | bran | pollard.
salvado de trigo (piezas estañadas) | sharps.
salvador | salvager.
salvador (de buques naufragados o encallados) | wrecker.
salvaguardia | palladium | safeguard | save | protection.
salvaguardia tecnológica | engineered safeguard.
salvaguardias | safeguards.
salvaje | Goth.
salvamantel | coaster.
salvamento | retriver | rescue | rescuing | salvaging | salvage.
salvamento (marina - EE.UU.) | wrecking.
salvamento colectivo | collective escape.
salvamento de dentro de un submarino hundido | submarine escape.
salvamento de herramientas (sondeos) | tool salvage.
salvamento de personal con ayuda de la aviación (en tierra o en el mar) | air rescue.
salvamento de personal en el mar con ayuda de la aviación | air-sea rescue.
salvamento de personal en el mar o tierra con ayuda de la aviación y de la marina | air-sea rescue.
salvamento desde el aire (helicópteros) | snatch rescue.
salvamento en alta mar | offshore salvage.
salvamento en la mar desde un avión | air sea rescue.
salvamento individual | individual escape.
salvamento marítimo | marine salvage | naval salvage.
salvamento por medio de personal lanzado con paracaídas | pararescue.
salvar | salvage (to) | rescue (to) | prevent (to).
salvar (buques, objetos, etc.) | salvage (to).
salvar (franquear) | clear (to).
salvar (franquear - un obstáculo) | bridge (to).
salvar de un salto | clear at one jump (to).
salvar el bache | fill the gap (to) | bridge the gap (to).
salvar un vano | span (to).
salvar una brecha | span (to).
salvavidas | safety belt | float.
salvavidas Whittaker (plataformas marinas de perforación) | Whittaker system.
salvedad | reservation | exception.
salvedades | qualifications.
salvia | save.
salvo | safe | save | saving | except.
salvo acuerdo entre | except by agreement between.
salvo aviso | unless notified.
salvo buen cobro | subject to collection.
salvo buen fin (efectos comerciales) | provided it be paid.
salvo buen pago | reserving due payment.
salvo convenio particular | unless otherwise agreed.
salvo denuncia de una de las partes | unless denouncement of one of the parties.
salvo disposición contraria | contrary orders excepted.
salvo donde se indique otra cosa | except where otherwise noted.
salvo el caso de catástrofe | barring a catastrophe.
salvo error | error excepted (e.e.).
salvo error u omisión | errors and onmissions excepted | errors and omissions excepted.
salvo excepciones | exceptions apart.
salvo indicación contraria | except when otherwise stated.
salvo indicación especial | unless otherwise indicated.
salvo los casos imprevistos | circumstances permitting.
salvo merma natural | natural waste excepted.
salvo orden en contrario | till-forbid (T.F.).
salvo órdenes en contra | contrary orders excepted.
salvo pacto en contrario | except as otherwise provided for.
salvo pacto en contrario en el contrato de sociedad | unless otherwise provided in the partnership agreement.
salvo pago (efectos comerciales) | provided it be paid.
salvo perjuicio al cobro | provided it be paid.
salvo que el contexto indique lo contrario | unless context indicates the contrary.
salvo que se convenga otra cosa | unless otherwise agreed.
salvo que se cumpla con | subject to compliance with.
salvo que se haya aprobado otra cosa | unless otherwise approved.
salvo que se indique otra cosa | unless asked otherwise | unless otherwise stated.
salvo que se requiera especialmente | unless specially required.
salvo venta | subject to prior sale.
salvoconducto | safeconduct | pass | protection | safeguard.
sámago | alburnum.
sámago (agricultura) | sapwood.
sámago (Argentina) | sapwood.
samara (botánica) | key.
samaria (óxido de samario) | samaria.
samario (Sm) | samarium.
samba (Triplochiton scleroxylon) | samba.
samita | psammite | arenite | arenyte.
samítico | psammite | arenaceous.
sampú | shampoo.
sana comercialmente (madera) | sound-merchantable.
sana de agusanamiento (maderas) | sound-wormy.
sanafán | sanaphant.
sanamente | sound.
sanar | cure (to) | heal (to).
sanatorio | sanatory | sanatorium.
sanatorio (EE.UU.) | sanitarium.
sanatrón | sanatron.
sanción | penalty | forfeit | authority.
sanción administrativa | disciplinary penalty.
sanción fiscal | tax penalties.
sanción penal | enforcement | penalty.
sancionar | confirm (to) | sanction (to).
sancionar con una pena | penalize (to).
sancionar el convenio | confirm the composition (to).
sancionar un proyecto de ley | pass a bill (to).
sancionar un tratado | confirm a treaty (to).
sancionatorio | sanctionative.
sándalo (Pterocarpus soyauxii) | red sanders.

sándalo (Santalum album) | sandalwood.
sándalo africano (Spirostachys africanus) | tambootie | um tomboti | ulu bande.
sándalo rojo (Pterocarpus indicus - Willd) | sena.
sándalo rojo (Pterocarpus soyauxii) | red sandalwood.
sándalo rojo índico (Pterocarpus indicus) | amboyna.
sandaraca | Australian pine gum | sandarac.
sandaraca en polvo | pounce.
sandawa (Cordia fragrantissima) | sandawa.
sandow (gimnasia) | developer.
saneado | unemcumbered.
saneado del techo (minas) | scaling.
saneamiento | warranty | cleansing | drainage | purging.
saneamiento con filtraciones | leaching cesspool.
saneamiento de las existencias de almacén (vendiendo las anticuadas o de difícil empleo o las sobrantes) | purification of inventory.
saneamiento de título (abogacía) | curing title.
saneamiento del título | clearing title.
saneamiento económico | economic sanity.
sanear | drain (to).
sanear (cuentas, balances) | cleanup (to).
sanear una empresa | rehabilitate a company (to).
sanfordización (procedimiento patentado para revestimiento duro en aluminio) | sanfordizing.
sanforizado (para que no encoja - tejidos) | sanforized.
sangrado | bleeding.
sangrado (de ranuras en el torno) | gashing.
sangrado (pintura) | bleeding.
sangrado (tipografía) | cropped | bleed | indented.
sangrado de ranuras (trabajo en el torno) | groove gashing.
sangrador | bleeder.
sangrador (industria resinera) | chipper.
sangrador (persona) | bleeder.
sangradora | bleeder drain.
sangradura (maquinado) | bleeding.
sangradura (pérdida por un pinchazo - del contenido de un saco) | bleeding.
sangradura de pinos | boxing.
sangrar (alto horno) | tap (to).
sangrar (árboles) | box (to).
sangrar (en el torno) | part (to).
sangrar (imprenta) | indent (to).
sangrar (maquinado) | bleed (to).
sangrar (pinos para recoger resina) | chip (to).
sangrar (tipografía) | quad (to) | indent (to).
sangrar (un árbol) | milk sap (to) | tap (to).
sangrar (vapor) | bleed (to).
sangrar (vapor recalentado) | extract (to).
sangrar a la derecha (imprenta) | quad right (to).
sangrar a la izquierda (imprenta) | quad left (to).
sangrar la escoria | deslag (to) | slag off (to).
sangrar la escoria (hornos) | rage out slag (to) | drawoff slag (to).
sangre coagulada | gore.
sangre venosa | venous blood.
sangría (hornos metalúrgicos) | tap.
sangría (imprenta) | indent.
sangría (maquinado) | bleed-off.
sangría (metalurgia) | tapping.
sangría (tipografía) | indent | hanging indentation.
sangría de la capa límite | boundary-layer bleeding.
sangría de la escoria | slag tapping.
sangría de la escoria (hornos) | removal of slag.
sangría de párrafo (imprenta) | paragraph indention.
sangría de una línea (tipografía) | indentation.
sangría de vapor | steam bled.
sangría de vapor (turbinas, etc.) | bleeding.
sangría dura (alto horno) | hard tap.
sangría eléctrica por cortocircuito (horno eléctrico) | electric short-circuit tapping.
sangría escalonada (imprenta) | dropline indention.
sangrías por semana (alto horno) | driving rate.
sangrías por semana (horno de acero) | taps per week.
sanguina | red chalk | reddle.
sanguinita | red silver.
sanidad axial | axial soundness.
sanidad axial del lingote | ingot axial soundness.
sanidad de la soldadura | weld soundness.
sanidad de la soldadura evaluada por inspección ultrasónica | weld soundness evaluated by ultrasonic inspection.
sanidad de las piezas de acero moldeado | steel casting cleanliness.
Sanidad Marítima | port medical authorities.
sanidad pública | public health.
sanidad radiológica | radiological health.
sanidad superficial de la soldadura | weld surface soundness.
sanidina | glassy feldspar.
sanística | sanistics.
sanitario (persona) | hospital orderly.
sanitario adiestrado en lanzarse con paracaídas | paramedic.
sano | right | sound.
sano (piezas) | solid | faultless.
sano y salvo | safe.
Santa María (calophyllum brasiliense - Camb) | Santa Maria.
santo (lanzamiento de buques) | poppet.
santo y seña | password | parole | word.
santuario (Bolivia, Ecuador) | sanctuary.
sao (Hopea odorata) | rimda.
sao (Hopea odorata - Roxb) | white thingan | sanga | sao.
sapeli (Entandrophragma cylindricum - Sprague) | sapeli.
sapelli (Entandrophagma cylindricum - Sprague) | sapelli | aboudikro.
sapelli (Entandrophragma cylindricum - Sprague) | ubilesson.
sapelli (Entrandrophragma cylindricum) | sapelli acajou.
sapelli (Ertandrophragma cylindricum) | scented mahogany.
sapidez | sapidity.
sapo pescador | fishing frog | frog-fish.
saponacidad | saponaceousness.
saponificable | saponifiable.
saponificación (fabricación jabón) | pasting.
saponificador | saponifier.
saponificar | saponify (to).
saporífero | saporific.
saprófilo | humus-loving.
saprofito (botánica) | saprophyte.
saprolito (geología) | mantle-rock.
sapropel | sapropel | organic slime | putrid slime.
sapropel conteniendo mucho ácido húmico | dopplerite sapropel.
saprozoico (microbiología) | saprozoic.
sapucaiña (Capotroche brasiliens - botánica) | sapucaiña.
sapupira (Bowdichia nitida) | hudoke | vouacapoua | sicupira.
sapupira (Bowdichia nitida - Bent) | sapupira.
saque (tenis) | service.
saque golpe dado a la pelota (golf, criquet) | drive.
saquear | forage (to) | rifle (to).
saquerío | sacking | bagging manufacture.
saquerío de yute | jute bagging.
saquete (cañones) | bag cartridge.
saquete (de carga de un cañon) | cartridge bag.
saquete de espolvorear | dusting bag | dust-bag.
saquete de pólvora | bag | powder bag.
saquete de semillas | seed bag.
saquete dializador | dialyzing sack.
saquete filtrante (fabricación papel) | cock bagging.
saquete para dar plombagina en seco (fundición) | blacking-bag.
saquete para ennegrecer (fundición) | blacking-bag.
sarán (vinilo) | saran.
sarape | Mexican blanket.
sarcófago antropoide | anthropoid sarcophagus.
sarcógeno | flesh-forming.
sarcógeno (anatomía) | flesh-producing.
sarcoma de los tejidos blandos (medicina) | soft tissue sarcoma.
sarcopoyético (anatomía) | flesh-forming | flesh-producing.
sardina joven | bit.
sardinel de ladrillos | rowlock.
sardineta (costura) | miter (EE.UU.) | mitre (Inglaterra) | miter.
sardineta (galón) | knittle-stuff.
sarga | twill.
sarga a escala | scale twill.
sarga al revés | left-hand twill.
sarga amalgamada | dovetailed twill.
sarga Batavia | Batavia twill.
sarga batavia corriente | shalloon twill | casimere twill.
sarga batavia corriente (tomo 2 dejo 2) | common twill weave.
sarga batavia de 4 (tomo 2 dejo 2) | common twill weave.
sarga compuesta | fancy twill | large twills | small diagonals.
sarga con el mismo número de puntos tomados que dejados | balanced twill.
sarga constante | even twill.
sarga continua | continuous twill.
sarga cortada (tela lana) | broken twill.
sarga cruzada | entwining twill | cross twill.
sarga cruzada combinada | combined cross twill.
sarga curvada | reverse twill weaves | curved twill.
sarga de algodón | cotton twills | Cantoon | jean.
sarga de ángulo agudo | high-angled twill.
sarga de ángulo obtuso | reclining twill.
sarga de cuatro | four-end twill | four-leaf twill.
sarga de cuatro transpuesta de doble cara | four-leaf transposed double-faced twill.
sarga de dos caras | double face twill.
sarga de escalonado directo | right-hand twill.
sarga de escalonado indirecto | left-hand twill.
sarga de espiguilla cortada | herringbone twill.
sarga de espiguillas cortadas | arrowhead twill.
sarga de espiguillas de retorno | pointed twill weave | reverse twill weaves.
sarga de fondo | ground twill.
sarga de lana | woollen serge | empress cloth | duroy.
sarga de seda | serge.
sarga de tres de ángulo agudo | three shaft upright twill.
sarga de una cara | one face twill.
sarga de uña | crow twill.
sarga discordante | reeded twill.
sarga empañada | milled serge.
sarga en escalera | stepped twill | elongated twill.
sarga en zigzag | pointed twill weave.
sarga en zigzag diagonal | diagonal zigzag twill.
sarga en zigzag transversal | cross zigzag twill.
sarga equilibrada | even-sided twill.
sarga espigada | arrowhead twill | herringbone twill.
sarga fantasía | fancy twill.
sarga fina de yute | fine-twilled jute sacking.
sarga interrupida inversa | reverse twill weaves.
sarga invertida | left-hand twill.
sarga labrada | figured twill.
sarga ligera | filling face twill | filling effect twill.
sarga normal | right-hand twill.
sarga ondulada | wave twill.
sarga pesante | warp effect twill.

sarga por urdimbre | warp twill.
sargazo | sargasso.
sargento | sergeant.
sargento (carpintería) | sash cramp.
sargento (prensa carpintero) | screw frame.
sargento aviador | sergeant aviator.
sargento de cocina | mess sergeant.
sargento de cocina (milicia) | food service supervisor.
sargento de semana | quartermaster sergeant.
sargento mayor | sergeant major.
sargento primero | top sergeant.
sarmiento de lúpulo | hop-bind.
sarna | scab | mange.
sarna (medicina) | scabies.
sarnoso | psorous.
sarpullido (medicina) | rash.
sarro | tartar | furring.
sarro (saburra) | fur.
sarro de la pólvora (ánima cañones) | powder fouling.
sarro de la pólvora (armas de fuego) | fouling.
sarro metálico (suciedad en el rayado por el paso de la banda de forzamiento del proyectil - ánima cañones) | metal fouling.
sarroso | furry.
sarrusofón (música) | sarrusophone.
sarrusófono | sarrussophone.
sarta | string.
sarta (de tubos acoplados, de herramientas de trabajo-sondeos) | string.
sarta de varillas de perforación | drilling string.
sartén eléctrica | electric fryer kettle.
sastrería industrial | industrial tailoring.
sat (genética) | sat.
satelita (zoología) | satellite.
satélite | satellite | space vehicle.
satélite (engranajes) | planetary member.
satélite activo | active satellite.
satélite activo de comunicaciones | active communications satellite.
satélite activo de telecomunicaciones | active telecommunications satelite.
satélite aeronáutico | aeronautical satellite.
satélite artificial | orbiter.
satélite artificial con generador nuclear incorporado | nuclear satellite.
satélite artificial con órbita circular que da una vuelta alrededor de la Tierra en 24 horas y por tanto parece estar fijo en el firmamento | synchronous satellite.
satélite artificial con tripulación | inhabited satellite.
satélite artificial de investigación | artificial research satellite.
satélite artificial de órbita sobre el polo | polar orbiting satellite.
satélite artificial de telecomunicaciones | telecommunication-satellite.
satélite artificial dotado de instrumentos de medida | instrumented artificial satellite.
satélite artificial espía | spy satellite.
satélite artificial giratorio | spinning satellite.
satélite artificial para telecomunicación | telecommunication-satellite.
satélite artificial que describe 14 órbitas diarias alrededor de la tierra | landsat.
satélite artificial topográfico | mapping satellite.
satélite biológico | biosatellite.
satélite biológico (astronáutica) | biological satellite.
satélite biológico orbitando alrededor de la tierra | earth-orbiting biological satellite.
satélite cazador | hunter satellite | killer satellite.
satélite con el eje en oscilación | wobbling satellite.
satélite con electrogenerador alimentado por un isótopo de plutonio | plutonium-powered satellite.
satélite con nutación | wobbling satellite.
satélite de comunicaciones | communications satellite.
satélite de comunicaciones de órbita sincrónica (astronáutica) | orbit communications satellite.
satélite de estabilización gravitacional | gravitationally stabilized satellite.
satélite de estudio de las radiaciones cósmicas | cosmic radiation satellite.
satélite de experimentación tecnológica | application technology satellite.
satélite de exploración de los recursos terrestres | earth resources satellite.
satélite de investigación tetrahédrico | tetrahedral research satellite.
satélite de la tierra | earth-orbiting satellite.
satélite de navegación | navigation satellite.
satélite de observación de la tierra | earth observation satellite.
satélite de observación mediante televisión y rayos infrarrojos | television and infra-red observation satellite.
satélite de órbita polar | polar-orbit satellite.
satélite de órbita variable | random-orbit satellite.
satélite de reconocimiento | reconnaissance satellite.
satélite de seguimiento y retransmisión de datos | tracking and data relay satellite.
satélite de vigilancia | surveillance satellite.
satélite de vigilancia en órbita | environmental survey satellite.
satélite detector de explosiones nucleares | nuclear explosion detection satellite.
satélite ecuatorial | equatorial satellite.
satélite empleado como relé | satellite relay.
satélite en órbita polar | polar orbit satelite.
satélite equipado con televisión | television-equipped satellite.
satélite especializado | dedicated satellite.
satélite estabilizado por gradiente de gravedad | gravity-gradient-stabilized satellite.
satélite geodésico activado por laser | laser activated geodesic satellite.
satélite geodésico de investigación dinámica (astronaútica) | dynamical investigation geodesical satellite.
satélite geodésico de investigación geométrica | geometrical investigation geodesical satellite.
satélite geodésico en órbita alrededor de la tierra | geodetic earth orbiting satellite.
satélite geodinámico laser | laser geodynamics satellite.
satélite geoestacionario | synchronous satellite | geostationary satellite.
satélite geoestacionario magnetosférico | magnetospherical geostationary satellite.
satélite geográfico (astronáutica) | geographical satellite.
satélite geostacionario | stationary earth orbit satellite.
satélite laboratorio meteorológico | meteorological satellite laboratory.
satélite lunar | lunar satellite.
satélite magnestosférico | magnetospheric satellite.
satélite meteorológico | meteorological satellite | eather satellyte | weather satellite | weather observation satellite.
satélite meteorológico con información durante el día y la noche de toda la tierra | night-day meteorological satellite.
satélite militar de comunicaciones | military communications satellite.
satélite operativo | operating satellite.
satélite orientado por la gravedad | gravity-oriented satellite.
satélite para el estudio de partículas energéticas | energetic-particles satellite.
satélite para la investigación experimental | experimental research satellite.
satélite pasivo de comunicaciones | passive communications satellite.
satélite pasivo de telecomunicación | passive communication satellite.
satélite planetario | planetary satellite.
satélite político | political satellite.
satélite primario | primary satellite.
satélite próximo a la tierra | near-earth satellite.
satélite que gira a distinta velocidad que la tierra (no está fijo aparentemente) | nonsynchronous satellite.
satélite que orbita la luna | moon-orbiting satellite.
satélite recuperable | recoverable satellite.
satélite repetidor | telecommunications relay satellite.
satélite retransmisor síncrono | synchronous relay satellite.
satélite síncrono | synchronous satellite.
satélite síncrono de telecomunicaciones | synchronous communications satellite.
satélite síncrono operacional de observación de la Tierra | operational synchronous earth observatory satellite.
satélite solar natural | solar satellite.
satélite tecnológico avanzado | advanced technological satellite.
satélite terrestre | earth satellite.
satélite terrestre con período de revolución orbital igual al de la tierra (24 horas) | earth-period satellite.
satélite terrestre tripulado | manned earth satellite.
satélite tierra-luna | earth-moon satellite.
satélite transmisor de señales | active satellite.
satélite tripulado | manned satellite.
sátelite-relé | relay-satellite.
satélites como medio de comunicación | communication satellites.
satélites de comunicaciones | communications satellites.
satélites de comunicaciones sobre órbitas síncronas | synchronous-orbit communications satellites .
satélites de Júpiter | Jupiter's satellites.
satélites del sistema solar | satellites of the solar system.
satélites destinados a experimentar nuevas técnicas y sus aplicaciones | applications technology satellites.
satelización | satellization.
satelizado | orbiting.
satelizar (EE.UU.) | satellize (to).
satelizar (G.B.) | satellise (to).
sateloide | satelloid.
satén | sateen.
satén de algodón | cotton sateen | satin tops.
satén de seda | silk satin.
satén fulgurante | satin changeable.
satén luminoso | satin lumineux.
satin oak (Embothrium wickhami) | satin oak.
satinado | lustrous | gloss | calendering | friction calendering | glossy | glazing.
satinado (fotografía) | planishing.
satinado (papel) | glazed | coating | hot-pressing | hot pressed | calendered.
satinado por fricción (papel) | friction glazed.
satinador | glazer | satiner | presser | mangle | calender | rolling-machine.
satinadora | glazing machine | calendering machine.
satinadora (fotografía) | ferrotype plate.
satinadora (papel) | supercalender.
satinadora (papelería) | glazing machine.
satinaje (industria del papel) | pressing.
satinar | glass (to) | satin (to) | satinize (to) | mangle (to) | glaze (to) | gloss (to).
satinar (fotografía) | enamel (to) | planish (to).
satinar (fotografías) | burnish (to).
satinar (imprenta) | burnish (to).
satinar (papel) | press (to) | calender (to) | surface (to).
satinar en caliente (papel) | hot-press (to).
satinar en frío | cold-press (to).
satinash gris (Eugenia gustavioides) | grey satin ash.
satinato de Ceilán (Cloroxylon swietenia) |

East Indian satinwood.
satinete | satinet.
satinómetro (papel) | glarimeter | glassmeter | smoothness tester.
satisfacción | content.
satisfacción de las necesidades del consumidor | satisfaction of consumer needs.
satisfacción por veredicto | aider by verdict | cure by verdic.
satisface el Reglamento de Fábricas | it complies with Factory Regulations.
satisface la mayoría de los requisitos | it covers the majority of requirements.
satisfacer (una hipoteca) | clear (to).
satisfacer (una necesidad) | meet (to).
satisfacer a | comply (to).
satisfacer a las condiciones exigidas para el combate | meet demanding combat conditions (to).
satisfacer a una condición | meet a condition (to).
satisfacer el servicio de un préstamo | serve a loan (to).
satisfacer la demanda | meet the demand (to).
satisfacer las demandas de los usuarios | cope with customers' demands (to).
satisfacer las especificaciones | comply with specifications (to).
satisfacer una deuda | redeem a debt (to).
satisfacer una ecuación | fill an equation (to).
satisfactorio | agreeable.
satisfecho por una matriz | satisfied by a matrix.
saturabilidad | saturability.
saturable | saturable.
saturación | overcapacity | saturation | impregnation | purity | bottoming | breakthrough.
saturación adiabática | adiabatic saturation.
saturación anódica | plate saturation.
saturación anódica (lámpara termiónica) | voltage saturation.
saturación cromática | chroma.
saturación de ánodo | voltage saturation.
saturación de la defensa | saturation of defense.
saturación del espín nuclear | nuclear spin saturation.
saturación del filamento (radio) | filament limitation.
saturación del negro (televisión) | black saturation.
saturación del núcleo | core saturation.
saturación hídrica | waterlogging.
saturación magnética | magnetic saturation.
saturación por inducción férrica | ferric induction saturation.
saturado | saturated.
saturado con aire | air-saturated.
saturado con un metal | metal loaded.
saturado de | impregnated.
saturado de agua | waterlogged.
saturador | saturator | saturant.
saturador adiabático | adiabatic saturator.
saturante | saturant.
saturar | impregnate (to).
saturar (física) | soak (to).
saturar (soluciones) | saturate (to).
saturar con grasa (cueros) | pad (to).
saturar en frío | cold saturate (to).
saturarse de | imbibe (to).
saturarse de sal (pescado salado) | strike upon (to).
saturnismo | saturnism | plumbism | lead poisoning.
saturnismo de los picadores de limas | file-cutters' disease.
saturnografía | saturnography.
saturnográfico | saturnographic.
saturómetro | saturation meter.
sauce (botánica) | willow.
sauce cricket-bat (Salix alba).
sauropterigios | fossil saurians.
savartio | savart.
savia | sap.
savia celular | cell sap.
saxicavo | rock borer.
sayal | coarse cloth.
sazonado (frutas) | mellow.
sazonar | flavor (to).
sazonar con sal | salt (to).
scheelita | calcium tungstate.
se abre la válvula de admisión (motores) | I. V. opens.
se abre la válvula de exhaustación (motores) | E. V. opens.
se acaba de publicar (libros) | just off press.
se acciona a mano en vaivén | it is moved manually to and fro.
se acelera la automatización de perforación de pozos petrolíferos | drill-automation up.
se acelera la automatización y disminuyen los puestos de trabajo | automation up and manpower down.
se aconseja la pronta consulta | early application is advised.
se acuerda que | it is resolved that.
se admiten instancias para destinos de | applications are invited for positions as.
se alquila | for rent.
se busca | wanted.
se calienta (motores) | it is running hot.
se cargará al comprador | it will be billed to the purchaser.
se cepilla muy mal (maderas) | it planes badly.
se comporta más noblemente que (electroquímica) | it behaves more nobly than.
se corregirán los defectos | the defects shall be made good.
se declara y conviene expresamente que | it is expressly declared and agreed that.
se deja clavar bien (maderas) | it takes nails well.
se deja enfriar lentamente en aire en reposo | it is allowed to cool slowly in still air.
se desea colocación | position wanted.
se desea empleo | position wanted.
se desprende hidróxido amónico | ammonia is evolved.
se devuelve el dinero si no gusta | money back if not satisfied.
se dispondrá de | provision is to be made of.
se dispondrá lo conveniente para la dilatación | suitable provision for expansion is to be made.
se entiende y conviene que | it is understood and agreed that.
se envía gratis a petición | it is yours for the asking.
se envían muestras a solicitud | samples upon request.
se envían presupuestos a solicitud | estimates for the asking.
se enviarán planos para su aprobación | plans are to be submitted for approval.
se espera esté terminado en el otoño de | completion is expected by the fall of.
se extiende con facilidad (pinturas) | it brushes out easily.
se fabrican tubos en diversas configuraciones | tubes produced in several configurations.
se fue a pique (buques) | she sinked.
se garantiza la calidad y entrega | quality and delivery guaranted.
se garantiza la devolución del importe | money-back guaranteed.
se garantiza la entrega | delivery is assured.
se garantiza la pronta entrega | prompt delivery is assured.
se hace hincapié en la importancia de | stress is laid on the importance of.
se halla de frente al cilindro de impresión | it is opposite the impression cylinder.
se han corregido los defectos | the faults are put right.
se incendió y ardió por completo (buques o aviones) | she caught fire and was gutted.
se inflama fácilmente | it ignites easily.
se le fijó fianza al preso | the prisoner was granted bail.
se le pasará factura | he will be billed.
se llama la atención sobre el hecho de que | attention is drawn to the fact that.
se necesitan obreros | hands wanted.
se partió por la cubierta (buques) | she broke her back.
se permiten indicios de sustancias extrañas | traces of extraneous substances are permitted .
se pincela bien (pinturas) | it brushes out easily.
se pone en la máquina (talleres) | floor-to-floor time.
se pone frágil con el tiempo (aleaciones) | it becomes brittle with age.
se presta también considerable atención a los métodos de | considerable attention is also given to methods of.
se prestará atención a la posibilidad de | attention is drawn to the possibility of.
se pudre (maderas) | it is subject to rotting.
se puso en marcha en agosto (alto horno) | it was blown in August.
se raja al clavar (maderas) | it splits on nailing.
se reparte gratuitamente | issued gratuitously.
se reserva el derecho a rechazar todas las ofertas | lowest or any tender not necessarily accepted.
se ruega contestación | an answer is requested.
se ruega no interrumpir | please not to interrupt.
se ruega use letras mayúsculas | please use capital letters.
se seca superficialmente en (pinturas) | surface dry in 4 hours and hard dry overnight .
se sierra con facilidad sin fisurarse | it saws smoothly without cracking.
se sierra repelosamente (maderas) | it saws woolly.
se solicita oferta | offering wanted.
se someterá a aprobación de los armadores | be submitted for approval of owners (to).
se subsanarán los defectos | the defects shall be made good.
se suministra en latas | supplied in tins.
se tornea muy bien (maderas) | it turns quite well.
se trabaja bastante bien (maderas, metales) | it works fairly well.
se trabaja bien a mano (maderas) | it works well by hand.
se trabaja y después de terminada se coloca otra vez en el suelo (talleres) | floor-to-floor time.
se vende | for disposal | for sale.
se voló en agosto (puentes, etc.) | it was blown in August.
sea (lenguaje matemático) | let.
sea F (x) una función definida | let F(x) be a function defined.
sea F analítica en un punto Z | let F be analytic at a point Z.
sea F continua sobre un conjunto D (topología) | let F be continuous on a set D.
sea F una curva de cuarto grado | let F be a curve of order fourth.
sea o no cobrable | whether collectable or not.
sea o no válido | whether valid or not.
sebo | tallow | fat.
sebo (soldeo tubos de plomo) | touch.
sebo comestible de animales | premier jus.
sebo de buey | beef tallow.
sebo de calidad alimentaria | feed grade tallow.
sebo de doble fusión | double-rendered tallow.
sebo de huesos | bone fat.
sebo derretido | melted tallow.
sebo en rama | raw tallow | suet.
sebo fundido | melted tallow.
sebo mineral | hatchetine.
sebo no comestible | technical tallow.
sebo que se coloca en la sonda para averiguar la clase de fondo (marina) | arming.
seca (maderas) | seasoned.
secadero | flake | drying house | drying floor | airing stage | drying stand | drying barn | drying-room | drying shed | dryer.

secadero circulante continuo (agricultura) | recirculating kiln.
secadero con circulación de aire caliente a través de la masa | through-circulation dryer.
secadero de aire caliente | hot-air dryer.
secadero de aire recirculante | recirculating-air drier.
secadero de arena | sand dryer.
secadero de bagazo | bagasse dryer.
secadero de caja | box drying apparatus.
secadero de cámaras (para ladrillos) | tunnel dryer.
secadero de compartamientos al vacío | vacuum-compartment dryer.
secadero de galería por rayos infrarrojos | infrared tunnel oven.
secadero de ladrillos | brick drier.
secadero de lúpulo | hop-kiln.
secadero de mineral | ore dryer.
secadero de radiaciones infrarrojas | infrared radiation dryer.
secadero de semillas | seed kiln.
secadero de tambor que opera en el vacío | atmospheric drum dryer.
secadero de vapor | steam drier.
secadero en forma de estante | pallet-dryer.
secadero para hierba | grass drier.
secadero para lúpulo | oast.
secadero para madera | timber drying shed.
secadero por rayos infrarrojos | infrared dryer.
secadero regenerador | regenerative dryer.
secado | drying.
secado (en el horno) | baking.
secado (madera) | seasoning.
secado (pieles) | drying-off.
secado al aire | air-dried | air-seasoned | air dried | wind drying.
secado al aire (madera) | air drying.
secado al horno | kiln-drying | kilning | kiln drying | oven-dried.
secado al sol sobre el suelo | grass dried.
secado artificial | artificial drying.
secado atérmico | nonthermal drying.
secado con corriente de aire | blast drying.
secado con exceso (papel) | burnt.
secado de aire caliente | hot-air dried.
secado de cosechas | crop drying.
secado de tintas por rayos ultravioletas | ink-drying by ultraviolet rays.
secado electrónico de machos (funderías) | electronic core-baking.
secado en aire caliente húmedo | humidity drying.
secado en almiar (heno) | barn-dried.
secado en cadena | strand drying.
secado en cadena (telas) | string drying.
secado en caliente (metalurgia) | baked.
secado en cámara (forestal) | kiln-dried.
secado en el campo | field-cured.
secado en estufa | kiln-drying.
secado en estufa (agricultura) | oven-dry.
secado en estufacaldeamiento seco (géneros estampados de algodón) | stoving.
secado en la estufa | baked.
secado en ristra | strand drying.
secado en ristra (telas) | string drying.
secado industrial por infrarrojos | infrared industrial drying.
secado mecánico | machine drying.
secado por aire caliente | hot air dried.
secado por bocanadas | puff-drying.
secado por centrifugación | spun dried.
secado por congelación | liophylization | freeze-drying.
secado por contacto con la llama | flame-dried.
secado por energía solar | solar drying.
secado por gases calientes de la combustión | flame-dried.
secado por irradiación ultrasónica | ultrasonic irradiation drying.
secado por lecho fluidizado | fluidized bed drying.
secado por radiación infrarroja | infrared drying | infrared dryed.
secado por sublimación | sublimation drying.
secado superficialmente | skin dried.
secado ultrarrápido | overrapid drying.
secador | drier | dryer.
secador (aparato) | desiccator.
secador (persona) | desiccator.
secador al vacío | vacuum drier.
secador centrífugo | hidroextractor | whizzer.
secador centrífugo de vaciamiento por el fondo | bottom emptying centrifugal dryer.
secador cilíndrico | cylindrical dryer.
secador de adsorción | adsorption drier.
secador de aire | air drying apparatus.
secador de aire caliente | warm-air dryer | air drier.
secador de banda continuo | continuous band dryer.
secador de calor directo | direct heat drier.
secador de calor indirecto | indirect-heat drier.
secador de cereales | grain dryer.
secador de convección | convection dryer.
secador de gas | gas dryer.
secador de gases calientes de la combustión | flame dryer.
secador de tambor | drum dryer.
secador de tambor de corrientes en igual sentido | drum cocurrent drier.
secador de tambor para papel | paper-drum dryer.
secador de tambor rotativo | rotary-drum drier.
secador de tamiz | screen dryer.
secador de tipo de cinta transportadora | conveyor-type dryer.
secador de túnel (para ladrillos) | tunnel dryer.
secador de vapor | steam-heated oven.
secador del aire | air drier.
secador del vapor (tubería de vapor) | catch water.
secador del vapor (tuberías de vapor) | water catcher.
secador giratorio con insuflación de aire | through flow rotary dryer.
secador instantáneo | flash drier.
secador para cereales ensilados | in-bin grain dryer.
secador para el pelo | hairdryer.
secador para ropas | clothes dryer.
secador para toallas | towel rail.
secador por calor radiante | direct-heat drier.
secador por congelación | freeze dryer.
secador pulsotérmico | pulsothermal dryer.
secador rotativo | rotary dryer | revolving dryer.
secadora | drying machine | drier.
secadora (máquina) | dryer.
secadora centrífuga | spin dryer | centrifugal dryer | slinger.
secadora continua para granos | continuous grain dryer.
secadora de contraflujo | counterflow dryer.
secadora de flujos cruzados | crossflow dryer.
secadora de granos de flujos concurrentes | concurrent-flow grain dryer.
secadora de material en rama | stock drier.
secadora de matrices (imprenta) | mat drying equipment.
secadora de tambor | tumbler dryer.
secadora de urdimbres | warp dryer.
secadora giratoria caldeada con gas | rotary gas-fired drying machine.
secadora instantánea | flash dryer.
secadora mecánica para madejas | hank drying machine.
secadora por corriente de aire | air flow dryer.
secadora por choque de aire caliente | impact dryer.
secadora por tendido ondulado | loop dryer.
secadora por tendido ondulado (telas) | festoon dryer.
secadora rotativa | spin dryer.
secaje | drying.
SECAM | SECAM.
secamiento | siccation.
secamiento al vacío | vacuum drying.
secamiento centrífugo | centrifugal drying.
secamiento de la copa (árboles) | stagheadedness.
secamiento nocturno | overnight drying.
secano | dry farming.
secante | secant | drying agent | siccative.
secante (pinturas) | dryer | drier.
secante al aire (pinturas, etc.) | air drying.
secante de pasta | paste dryer.
secante exterior (geometría) | exsecant.
secante externa | external secant.
secante para barniz | japan drier.
secante para pintura | paint dryer.
secar | arefy (to) | dry up (to) | dry (to) | sear (to) | desiccate (to) | parch (to) | wipe (to).
secar (ladrillos) | steam (to).
secar al aire | weather (to) | air dry (to) | air (to).
secar al horno | dry-kiln (to) | kiln (to) | kiln-dry (to).
secar al humo | smoke dry (to).
secar al sol (carne) | jerk (to).
secar el horno | kilndry (to).
secar en el horno | oven-dry (to).
secar en el lugar de fabricación | dry on the spot (to).
secar en horno | sweat (to).
secar en la estufa | kiln-dry (to) | bake (to) | stove (to).
secar frotando | rub dry (to).
secar la matriz bajo presión | bake (to).
secar parcialmente | sammy (to).
secar por centrifugación | spin dry (to).
secar por dentro las cajas de municiones | desweat ammunition boxes (to).
secar una droga al fuego | ustulation.
secarral | very dry soil.
secarse (hojas) | crisp (to).
secarse (maderas) | season (to).
secarse (pintura) | set (to).
secarse (riachuelos, canales) | run dry (to).
secarse en estufa (maderas) | kiln season (to).
secativación (de aceites secantes, de secativos) | siccativation.
secativo | siccative.
secaurdimbres | warp dryer.
sección | office | piece | section | division.
sección (de tubería, de cable) | run.
sección (de un proyecto de ley) | compartment.
sección (dibujo) | section | section-drawing.
sección (unidad básica administrativa - buques de guerra) | division.
sección a escala del ala del avión | scale-size aircraft wing section.
sección a media ladera | sidehill section | cut-and-fill.
sección agrupadora de electrones (acelerador de electrones) | bunching section.
sección alumbrada | illuminated section.
sección aspiradora (batán) | screen section | cage section.
sección basal isotrópica | isotropic basal section.
sección batidora (batanes) | beater section.
sección casi circular | almost circular section.
sección cerrada de superficies curvas | contoured closed section.
sección cilíndrica desarrollada | expanded cylindrical section.
sección coaxial | coaxial stub.
sección compensadora (electrotecnia) | compensating line.
sección compuesta de huella y contrahuella (escalones) | thread-and-riser section.
sección con desmonte y terraplén | cut-and-fill.
sección con variación gradual del espesor en la anchura | wedge shape | wedge section.
sección cónica | conical section | conic.
sección contraída | contracted section.
sección cruciforme | cruciform cross section.
sección cuadrada | square section.
sección cuadrada con ángulos redondeados (laminadores) | Gothic.

sección cuasirrectangular | quasirectangular section.
sección currentilínea extruida en caliente | hot-extruded aerofoil section.
sección dactiloscópica | fingerprint section.
sección de adaptación | matching section.
sección de admisión | admission section.
sección de agotamiento | stripper.
sección de agotamiento (reactor nuclear) | stripper.
sección de amortiguación (túnel aerodinámico) | stilling section.
sección de amplificación | repeater section.
sección de antena | antenna bay.
sección de anuncios | ad alley.
sección de anuncios (imprenta) | ad side.
sección de bastidor | bay.
sección de camilleros | bearer division.
sección de captura de neutrones lentos | thermal neutron capture cross section.
sección de control sin denominar (informática) | unnamed control section.
sección de costa donde se aplica el menor flete | range.
sección de cremallera (ferrocarril) | rack division.
sección de desagüe (puentes) | waterway.
sección de empobrecimiento | stripping section.
sección de empotramiento (vigas) | embedment.
sección de entrada | input section.
sección de extracción | stripping section.
sección de extracción del calor | heat-rejection section.
sección de fusileros | rifle platoon.
sección de intervención de cuentas | auditing department.
sección de la viga | beam section.
sección de línea (telefonía) | stub line.
sección de medida | measuring section.
sección de mina de carbón con ventilación y vías propias | district.
sección de montaje de carrocerías | body-mounting section.
sección de morteros (ejércitos) | mortar platoon.
sección de municionamiento | magazine platoon.
sección de panadería (milicia) | bakery section.
sección de paso | passage cross section.
sección de paso de agua (válvulas) | waterway.
sección de pruebas | test section.
sección de rectificación (isótopos) | rectifier.
sección de regalos e intercambios | gifts and exchanges section.
sección de registro y archivo | records center.
sección de salida | output section.
sección de secado (de máquina de fabricar papel) | dry end.
sección de telemetría | ranger detection section.
sección de transeúntes (milicia) | transient section.
sección de un cohete | rocket stage.
sección de vía (telegrafía) | telegraph line.
sección de vía cerca de una señal de parada | berth section.
sección del estado mayor | staff section.
sección del itinerario | fare stage.
Sección del Personal | Personnel Division.
sección derivada de adaptación | matching stub.
sección diferente de la circular | section other than circular.
sección doble T de gran altura | deep-I-section.
sección eficaz | cross section.
sección eficaz atómica | atomic cross section.
sección eficaz clásica de dispersión | classical scattering cross section.
sección eficaz convencional | conventional cross section.
sección eficaz de absorción | absorption cross section | absorption cross-section.
sección eficaz de activación | activation cross section.
sección eficaz de captura | capture cross section | effective capture cross-section.
sección eficaz de captura neutrónica | neutron capture cross-section | neutron cross-section.
sección eficaz de captura radiactiva | radioactive capture cross section.
sección eficaz de captura radiativa | radiative-capture cross section.
sección eficaz de choque | collision cross section.
sección eficaz de difusión (reactor nuclear) | scattering cross-section.
sección eficaz de dispersión | scattering cross section.
sección eficaz de dispersión inelástica | inelastic scattering cross section.
sección eficaz de dispersión neutrónica | neutron-scattering cross section.
sección eficaz de dispersión térmica inelástica | thermal inelastic scattering cross section.
sección eficaz de extracción de grupo (nuclear) | group removal cross section.
sección eficaz de fisión | fission cross section.
sección eficaz de fotofisión | photofission cross section.
sección eficaz de frenado (nuclear) | stopping cross section.
sección eficaz de la interación | cross section for the interaction.
sección eficaz de moderación | moderation cross section.
sección eficaz de Rutherford | Rutherford cross section.
sección eficaz de transferencia de grupo por dispersión | group transfer scattering cross section.
sección eficaz de transporte | transport-cross section.
sección eficaz de 0,03 barnio (nucleónica) | cross section of 0.03 barn.
sección eficaz del átomo | cross section of the atom.
sección eficaz diferencial | differential cross section.
sección eficaz diferencial de dispersión differential scattering cross section.
sección eficaz efectiva | effective cross section.
sección eficaz elástica de forma (nucleónica) | shape cross-section.
sección eficaz macroscópica | macroscopic cross-section | macroscopic cross section.
sección eficaz maxweliana | Maxwellian cross section.
sección eficaz neutrónica | neutron cross section.
sección eficaz nuclear | nuclear cross section.
sección eficaz nucleónica | nucleon cross section.
sección eficaz total | total cross section.
sección en desmonte | side cutting.
sección en E | E-cross section.
sección en forma de dedal (perfiles de aluminio) | top hat section.
sección en ocho | figure-of-eight section.
sección en que las diversas tuberías están sujetas para prevenir roturas por vibración (avión reactor) | island.
sección en sombrero de copa (perfiles de aluminio) | top hat section.
sección en T (guiaondas) | tee.
sección en T con inserciones metálicas exteriores para extraer calor | externally chilled T section.
sección exterior de la rueda pulidora de los lapidarios (gemas, diamantes) | zoetkring.
sección fabricada separadamente de un ala (aviones) | panel.
sección fechadora (máquina calcular) | calendar section.
sección hendida (guiaondas) | squeeze.
sección hidráulica óptima | best hydraulic section.
sección incompleta (de una pieza forjada) | rag.
sección inicial | first section.
sección interdigital | interdigital section.
sección libre de los tubos de humo (caldera locomotora) | free flue area.
sección longitudinal | longitudinal section | profile view.
sección longitudinal (botánica) | longisection.
sección longitudinal por un plano paralelo al diametral (plano de formas de buques) | buttock.
sección macroatacada | macroetched section.
sección media | mid section.
sección meniscoide (lentes) | crescent section.
sección meridiana | meridian section.
sección metalográfica atacada | etched metallographic section.
sección mínima de paso (conductos, etc.) | throat.
sección movible de una ventana metálica | ventilator.
sección operativa aérea (milicia) | combat operations section.
sección operativa aeroterrestre | air-ground operations section.
sección óptima | best cross section.
sección para empobrecimiento | stripping section.
sección paralela a | section parallel to.
sección perpendicular a | section across to.
sección por la maestra (buques) | beam section.
sección por un plano paralelo al eje | offset section.
sección principal de repetición (telefonía) | main repeater section.
sección recta (de un sólido de revolución) | cross section.
sección recta circular maciza | solid circular cross-section.
sección recta de una viga | lamina.
sección rectangular cortada de un tablón o tabla | cutting.
sección retardadora | delay section.
sección secadora (hilatura) | dresser frame.
sección técnica | operating department.
sección terminal nacional | main repeater section.
sección tipo | ruling section.
sección totalmente en desmonte (carreteras) | full bench section.
sección transversal | cross-sectional elevation.
sección transversal (botánica) | transection.
sección transversal (plano formas buques) | frame station.
sección transversal (plano formas de buques) | square section.
sección transversal (sección de choque - reacciones nucleares) | cross section.
sección transversal abierta | open cross section.
sección transversal circular | circular cross section.
sección transversal contraída (fluidos) | vena contracta.
sección transversal de la corriente | current cross section.
sección transversal de una matriz | cross section of an array.
sección transversal en la maestra (buques) | midship section.
sección transversal imperfecta (laminación) | underfill.
sección transversal más económico | cheapest cross-section.
sección tubular de hierros en U estampados | pressed-channel box section.
sección ventral | antinode.
sección vertical | profile | vertical section.
sección vertical donde se observan las capas de terreno y las raíces en su posición normal (botánica) | bisect.
sección vertical longitudinal | longitudinal vertical section.

seccionable | sectile | sectil.
seccionado | cross-split.
seccionador | sectionalizer | sectionalizing switch | divider flange | disconnecting switch | disconnecting link | disconnecting device | line breaker.
seccionador (electricidad) | switch | isolating switch.
seccionador (líneas eléctricas) | isolator.
seccionador (redes eléctricas) | splitter breaker.
seccionador de cuernos (electricidad) | horn-gap disconnecting switch.
seccionador de dos direcciones | double-throw disconnecting switch.
seccionador de ferrita | ferrite isolator.
seccionador de línea (electricidad) | insulating switch | line breaker.
seccionador eléctrico de intemperie | outdoor disconnecting switch.
seccionador instalado al aire libre | outdoor disconnecting switch.
seccionador interruptor de carga | load-interrupter switch.
seccionador tripolar sumergido en aceite | three-pole oil-immersed isolating switch.
seccional | sectional.
seccionalización | sectionalising.
seccionalizar (EE.UU.) | sectionalize (to).
seccionalizar (G.B.) | sectionalise (to).
seccionamiento | sectioning.
seccionamiento de discos delgados | slicing.
seccionamiento de discos delgados de arseniuro de galio | slicing of thin gallium arsenide wafers.
seccionamiento de la imagen | tearing.
seccionamiento de semiconductores | slicing of semiconductors.
seccionamiento de una sistema físico en gran número de sistemas pequeños independientes (cálculo matricial) | tearing.
seccionamiento microtómico | microtome sectioning.
seccionamiento oblicuo al eje | taper sectioning.
seccionar | section (to) | cross section (to).
secciones asimétricas | unsymetrical sections.
secciones compartimentadas | compartmentalized sections.
secciones cónicas | conics.
secciones de transición de desmonte a terraplén (carreteras) | sections passing from cut to fill.
secciones fáciles de unir | easy-to-assemble sections.
secciones longitudinales a mitad de la semimanga (plano formas de buques) | quarter lines.
secciones longitudinales paralelas al diametral (plano de formas de buques) | buttock lines.
secciones petrográficas delgadas | thin rock sections.
secciones que varían mucho | widely varying sections.
secciones transversales (plano de formas de buques) | stations.
secciones transversales (plano formas de buques) | vertical stations.
secciones verticales longitudinales de popa (plano de formas) | buttocks.
secciones verticales longitudinales de proa (plano de formas) | bowlines.
seco | dried | dry | dry weather.
seco (cigarro) | matured.
seco (hojas) | sear.
seco (pescado, madera) | dried.
seco (vinos) | dry | brut.
seco al aire | air dry.
seco al tacto | hand-dry.
seco al tacto (pinturas) | touch dry.
seco en la copa (árboles) | dry-topped.
seco por fuera | dry without.
seco y suelto (terrenos) | dry loose.
secor | secor.
secráfono | ciphony.
secreción | secretion.
secreción (flujo - medicina) | discharge.
secreción de materia fotógena | secretion of photogenic material.
secreción dulce (de afidos) | honey-dew.
secretado por los microbios | microbe secreted.
secretaría (oficina) | secretariat.
secretaría comercial | commercial secretariat.
secretaria de dirección | executive secretary.
secretaría de redacción (periódicos) | desk.
secretaría de sanidad | health department.
secretariado | secretariat.
secretario archivero (Universidades, etc.) | registrar.
secretario de actas | recording secretary.
secretario de actas (consejo de guerra) | recorder.
secretario de compañía | company clerk.
Secretario de Hacienda | Secretary of the Treasury.
secretario de juzgado | marshal.
secretario de redacción | editorial secretary.
secretario de un juzgado ambulante | judge's marshal.
secretario del Tesoro (EE.UU.) | Secretary of the Treasury.
secretario del tribunal | clerk of the court.
secretario delegado | deputy secretary.
secretario general | general secretary.
secretario interino | acting secretary.
secretario judicial | chief clerk.
secretario particular | confidential secretary.
secretario que fue | late secretary.
secreter (mueble) | secretaire.
secreto | secret | secretness.
secreto comercial | trade secret.
secreto de fabricación | trade secret.
secreto de la correspondencia | inviolability of letter.
secreto de máxima importacia | top secret.
secreto industrial | trade secret.
secreto máximo | top secret.
secreto superlativo | top secret.
sectante (cristalografía) | sectant.
sectarismo político | political sectarianism.
sectil | sectil | sectile.
sectilidad | sectility.
sector | sector | field | area | sector.
sector (distribución Stephenson) | link.
sector (puntería de cañones) | arc.
sector abierto (corredera Stephenson) | open link.
sector alertado | alerted sector.
sector asalariado | salaried sector.
sector censal | census tract.
sector ciego | blind sector.
sector circular | circular sector.
sector con muelles amortiguadores (timón buques) | loose quadrant.
sector de alcance (radiofaro direccional) | leg.
sector de alcance de radiofaro direccional | radio range leg.
sector de alimentación | feed circuit.
sector de alimentación (electricidad) | city circuit.
sector de almacenamiento | bucket.
sector de avicultura | poultry farming.
sector de empuje (chumacera empuje) | pad.
sector de equiseñales (aeródromos) | equisignal sector.
sector de excéntrica | connecting link.
sector de la banda (telegrafía) | band slot.
sector de la dirección (autos) | steering quadrant.
sector de mando del regulador | governor driving rack.
sector de marcaciones dudosas | bad-bearing sector.
sector de marcaciones dudosas (radiogoniómetro) | bad bearing sector.
sector de oscurecimiento (cine) | obscuring blade.
sector de oscurecimiento del obturador (cine) | masking blade.
sector de puntería en elevación (cañón) | elevating arc.
sector de puntería máxima (cañones) | maximum arc of training.
sector de reglaje | regulating quadrant.
sector de selfactina | mule quadrant.
sector de Stephenson (locomotora vapor) | reversing link.
sector de suministro | city circuit.
sector de tiro (cañones) | arc of fire.
sector de tiro de 360 grados | all-around fire.
sector de vigilancia (centinelas) | beat.
sector de visibilidad | arc of visibility.
sector del cambio de marcha (distribución Stephenson) | valve link.
sector del cambio de marcha (locomotora vapor) | reversing link.
sector del cambio de marcha (máquina alternativa de vapor) | quadrant.
sector del código de operación | operation part.
sector del timón (buques) | quadrant tiller | steering quadrant.
sector dentado | rack segment | quadrant | quadrant rack | segemental rack | sector gear | segment-gear | sector wheel | curved rack | notched quadrant | notched segment.
sector dentado de la cuna (cañones) | cradle sector.
sector dentado para la puntería en dirección | training cog ring.
sector directriz | management side.
sector económico | business sector.
sector eléctrico | main line.
sector enterizo (sector Stephenson) | single bar link.
sector exterior económico | rest-of-the-world sector.
sector extramural | extramural sector.
sector familiar | household sector.
sector horizontal de tiro (cañones) | traverse.
sector izquierdo de puntería en elevación | left elevating arc.
sector mercantil | trading estate.
sector muerto | clip position.
sector no agrícola | nonfarm sector.
sector peligroso | dangerous quadrant.
sector peligroso de puntería en elevación (cañón) | elevation danger zone.
sector portalizos | heald sector.
sector portalizos (telares) | half moon.
sector principal de tiro | primary fire sector.
sector público | public sector.
sector Stephenson | Stephenson link | eccentric gear.
sector Stepheson (distribución máquina vapor) | double-bar link.
sectores productivos de la economía | productive branchs of economic activity.
sectorial | sectorial.
secuacidad | sequacity.
secuela | sequela.
secuencia | sequence | follow-up.
secuencia (programa) | order sequence.
secuencia automática predeterminada | predetermined automatic sequence.
secuencia basada en el eco del espín | spin echo serial.
secuencia clasificacional | classificational sequence.
secuencia conectada | string.
secuencia controladora | control sequence.
secuencia correctiva | hand coded patchwork.
secuencia cronizada | timing sequence.
secuencia de acontecimientos | event sequence.
secuencia de arranque (prensa offset de pliegos) | starting-up sequence.
secuencia de aterrizajes (aeropuertos) | landing sequence.
secuencia de bit | byte.
secuencia de cristalización | crystallization sequence.
secuencia de descarga (telefonía) | dump

sequence.
secuencia de dosificación | batching sequence.
secuencia de entrada | input sequence | input coding.
secuencia de fase inversa | negative phase-sequence.
secuencia de fuego (armas) | firing sequence.
secuencia de instrucciones | P-sequence | coding.
secuencia de intercalación | collating sequence.
secuencia de la deposición | deposition sequence.
secuencia de la pulimentación | polishing sequence.
secuencia de lanzamiento nuclear | stockpile to target sequence.
secuencia de las pasadas de soldeo | sequence of welding passes.
secuencia de las unidades a la entrada | input job stream.
secuencia de los cordones (soldaduras) | deposit sequence.
secuencia de los cordones de soldadura (soldadura multicordones) | weld run sequence.
secuencia de llamada | calling sequence.
secuencia de maniobra | operation sequence.
secuencia de montaje | erection sequence.
secuencia de operaciones | operation sequence.
secuencia de programación de base | skeletal code.
secuencia de señales electrónicas entre un ordenador y un periférico | handshaking.
secuencia del ciclo | cycle sequence.
secuencia del encendido de los cilindros (motores) | firing sequence.
secuencia del método | procedural sequence.
secuencia elaboradora (informática) | interlude.
secuencia escrita por el utilizador (informática) | own code.
secuencia forzada | forced sequence.
secuencia incorporada al programa principal | in-line coding.
secuencia indefinida | infinite sequence.
secuencia inicial de instrucciones | bootstrap.
secuencia inicial de instrucciones (inicialización-sistema informático) | bootstrap.
secuencia ininterrumpida | unbroken sequence.
secuencia isoelectrónica | isoelectronic sequence.
secuencia lineal de elementos de información | list.
secuencia negativa-positiva-negativa (transistor) | N-P-N sequence.
secuencia ordenada (informática) | string.
secuencia preestablecida | preset sequence.
secuencia rápida de impulsos | rapid impulse sequence.
secuencia repetitiva | loop.
secuencia sucesión | sequence.
secuencia temporizada | timing sequence.
secuenciador | sequencer.
secuencial | multistage | sequential | serial.
secuencias de reducción | reduction sequences.
secuestrado | attached.
secuestrador (jurisprudencia) | seizer.
secuestrador confeso | confessed kidnapper.
secuestrar | sequestrate (to) | kidnap (to) | distress (to) | chelate.
secuestrar (química) | chelate (to).
secuestro | hijacking | seizure | impoundment | taking.
secuestro (de bienes) | depositary.
secuestro de armas | seizure of arms.
secuestro de dinero | robbery.
secuestro en alta mar | taking at sea.
secuestro judicial | judicial sequestration.
secuestro precautorio | preventive attachment.
secundar (una proposición) | second (to).
secundarias seleccionadas | selected secondaries.
secundario | accessory | subordinate | secondary.
secundario conectado en zigzag (transformador) | zigzag-connected secondary.
secundario conectado entre fases de la estrella (transformador trifásico) | interstar-connected secondary.
sed | drought.
sed de riquezas | lust of riches.
seda | silk.
seda (zoología) | seta.
seda acordonada | corded silk.
seda adamascada | damask silk.
seda azabache | flock silk.
seda azache | curley.
seda cauchotada | rubberized silk.
seda cocida | boiled-off silk | soft.
seda cocida (brillante - desgomada) | bright silk.
seda cocida brillante | cuit.
seda completamente desgomada | cuit.
seda cruda | crude silk | grege | hard silk | raw silk | in-the-gum.
seda cruda de hebra basta | coarse raw silk.
seda cruda de hebra fina | fine raw silk.
seda cruda en madejas | reeled silk.
seda cruda extrafina | finest grege.
seda cruda redevanada | double-reeled raw silk.
seda de capullos del Antheraca paphia et al | wild silk.
seda de desperdicios de capullos defectuosos | schappe.
seda de morera | true silk | genuine silk.
seda de usos quirúrgicos | surgery silk.
seda de vidrio | glass silk.
seda del Bombyx textor | Canton silk.
seda del gusano de morera (Bombyx mori) | cultivated silk.
seda dental | dental floss.
seda descrudada | boiled-off silk.
seda desgomada | boiled-off silk | degummed silk.
seda devanada | reeled silk.
seda en bruto | raw silk.
seda en rama | raw silk | sleave | floss silk.
seda floja | floss | floss silk.
seda floreada (espolinado) | figured silk.
seda glaseada | glazed silk.
seda gloria | half-silk.
seda gofrada | goffered silk.
seda grega | grege | raw silk.
seda labrada | figured tissue.
seda labrada (espolinado) | figured silk.
seda lavable | tub silk.
seda marabú | marabout silk.
seda molinada | doubled silk.
seda muga | mounga silk.
seda muga (seda silvestre) | moonga silk.
seda ondeada | ondé.
seda para máquina de coser | machine silk.
seda para medias | knitting silk.
seda para suturas (medicina) | silkworm gut.
seda ponge | pongee.
seda porrina | flock silk.
seda pura | all silk.
seda roscada | ondé.
seda semicocida (que no se les ha quitado la sericina) | souple.
seda silvestre | wild silk.
seda sin desgomar | in-the-gum | crude silk.
seda torcida | doubled silk.
seda tornasol | shadow silk.
seda trama | tram.
seda trama gruesa | coarse tram.
seda trenzada | braided silk.
seda tussah | antherea silk.
seda vegetal | silk cotton.
sedal | angling line.
sedal (pesca) | line | casting line.
sedal de fondo (pesca) | drail.
sedal de nailon | nylon line.
sedal de nilón (pesca) | nylon line.
sedal de pesca de monofilamento de nilón | nylon monofilament fishing line.
sedal inglés | draining rowel.
sedal inglés (veterinaria) | rowel.
sedalina (tejido fino algodón) | silkaline.
sedán de cuatro puertas | four-door sedan.
sedante | sedative.
sedante (sustancia depresora - medicina) | depressant.
sede central | head office.
sede social | registered office.
sedeño | silky.
sedería | silk goods.
sedicioso | mutineer.
sedimentación | siltation | sedimetation | sedimentation | deposition | settling | settlement.
sedimentación aberrante | aberrant sedimentation.
sedimentación de cristales en un magma líquido | crystal sedimentation.
sedimentación de embalse | reservoir sedimentation.
sedimentación dura en el fondo (bote de pintura) | caking.
sedimentación fluvial | river drift.
sedimentación gravitacional | gravitational sedimentation.
sedimentación iónica | ion plating.
sedimentación lagunal | lagoonal deposition.
sedimentación límnica | limnic sedimentation.
sedimentación obstaculizada | hindered settling.
sedimentación parálica | paralic sedimentation.
sedimentación por gravedad | gravity settling | gravitational settling.
sedimentación rítmica | rhythmic sedimentation.
sedimentación tranquila | quiescent sedimentation.
sedimentador | sedimentator | depositor | settler.
sedimentador de fondo cónico | cone-bottomed settler.
sedimentador desbastador | roughing tank.
sedimentador secundario | secondary settling tank.
sedimentar | deposit (to) | sediment (to).
sedimentar (química) | precipitate (to).
sedimentario (rocas) | aqueous.
sedimentarse | settle (to).
sedimentción | silting up.
sedimento | lay down | sludge | silt | settling | settlings | dross | grounds | draff | dregs | dabs | sediment.
sedimento (geología) | deposit.
sedimento (precipitado - química) | deposit.
sedimento ácido | acide sludge.
sedimento anaeróbico (oceanografía) | anaerobic sediment.
sedimento arcilloso | mudstone.
sedimento clástico | clastic sediment.
sedimento compacto | compact sediment.
sedimento coposo | flaky sediment.
sedimento cósmico | cosmic sediment.
sedimento cósmico (sedimentos en mares profundos) | black magnetic spherules.
sedimento de acumulación más rápida que su redistribución por las olas y corrientes | dumped deposit.
sedimento de corriente (ríos) | stream sediment.
sedimento de la cimentación | foundation settling.
sedimento de mar profundo | deep-sea sediment.
sedimento de mucílago (vinos añejos de Oporto embotellados) | beeswing.
sedimento de pila | battery mud.
sedimento de uratos (en la orina) | brick dust.
sedimento del fondo | bottom sediment.
sedimento depositado en un lago o en el mar por ríos y que está compuesto de dos caras de distinta finura | varve.
sedimento detrítico cementado | cemented detrital sediment.
sedimento en suspensión | suspended sediment.
sedimento entrante | inflowing sediment.
sedimento eólico | wind-borne sediment.
sedimento escurridizo | creeping sediment.

sedimento fluvial | fluvial sediment.
sedimento geológicamente equivalente | geologically equivalent sediment.
sedimento granuloso | granular sediment.
sedimento incombustible | incombustible sediment.
sedimento inconsolidado | unconsolidated sediment.
sedimento lacustre | lake sediment.
sedimento neptuniano | aqueous sediment.
sedimento ocroso en las aguas de pozos de carbón (minas) | canker.
sedimento oscuro que contiene materia orgánica y sulfuros de hierro y que desprende sulfuro de hidrógeno | black mud.
sedimento oscuro que contiene material orgánico en descomposición y que desprende sulfuro de hidrógeno | hydrogen sulfide mud.
sedimento paleógeno | paleogenic sediment.
sedimento químicamente depositado | chemically deposited sediment.
sedimento siliceo | siliceous sediment.
sedimento silíceo pelágico | pelagic siliceous sediment.
sedimento suelto | loose sediment.
sedimento terrígeno | land-derived sediment.
sedimentología | sedimentology.
sedimentólogo | sedimentologyst.
sedimentometría | sedimentometry.
sedimentómetro | sedimentometer.
sedimentómetro de fotoextinción | photoextinction sedimentometer.
sedimentos | cuttings | dirt.
sedimentos (de aceite, etc.) | foots.
sedimentos (fabricación alcohol) | stillage.
sedimentos basales | bottom set beds.
sedimentos continentales (geología) | fresh-water deposits | land sediments.
sedimentos convertidos en roca | consolidated sediments.
sedimentos de un valle (geología) | valley fill.
sedimentos del agua dulce | fresh-water deposits.
sedimentos del fondo | bottom sediments.
sedimentos del fondo del mar | bottom materials.
sedimentos estuarinos | estuarine deposits.
sedimentos fluviales | river deposits.
sedimentos indurados | indurated sediment.
sedimentos marinos de color gris azulado debido a materia orgánica y sulfuros de hierro | blue mud.
sedimentos no marinos | nonmarine sediments.
sedimentos organógenos | organogenous sediments.
sedimentos que contienen principalmente arcilla y sapropel | sapropel-clay.
sedimentos que contienen principalmente restos de algas calizas y sapropel | sapropel-calc.
sedimentos que contienen sapropel y restos de algas calizas | calc-sapropel.
sedimentos transportados por la corriente (ríos) | load.
sedoso | silky.
seersucker | crimp stripe.
seersuker | seersucker.
sefalctina | S. A. mule.
seficidad (grado de redondez de los granos de arena) | psephicity.
sefita | psephite.
sefítico | psephitic.
segable | mowable.
segado con exceso (prados) | overgrazed.
segador | mower | harvester.
segador (persona) | reaper.
segadora | mower | harvester | scythe.
segadora de céspedpreamplificador para reducir interferencias parásitas (radar) | lawn mower.
segadora de espigas | header.
segadora de maíz | corn-binder.
segadora de maleza | brush mower.
segadora mecánica | mower.
segadora trilladora | harvester-thresher.
segadora-agavilladora | self-binder.
segadora-atadora | reaper-binder.
segadora-hiladora | swatter.
segadora-trilladora | harvester thresher.
segar | cut (to).
segazón | mowing-time.
seglar | lay | layman.
segmentación | segmentation.
segmentación del mercado | market segmentation.
segmentar | segment (to).
segmentar (programa) | partition (to).
segmentario | segmental.
segmento | segment | taper | stroke | chapter.
segmento circular | arcuate segment.
segmento de agujas (peinadora Heilmann) | needle half lap.
segmento de alza (telar) | riser.
segmento de baja (telar) | sinker.
segmento de carácter | character stroke.
segmento de empuje | thrust pad.
segmento de programa (informática) | page.
segmento de programa autocargable | overlay.
segmento del cojinete del cuello (cilindro de laminador) | spindle bearing segment.
segmento dentado (relojes) | rack.
segmento espacial | space segment.
segmento interceptado | intercept.
segmento liso | plain segment.
segmento liso (cierre de cañones) | blank.
segmento oscilante | rocker.
segmento peinador (peinadora Heilmann) | needle half lap.
segmento peinador (segmento de agujas - peinadora) | half lap.
segmento principal de un programa seccionado | overlay father.
segmento rectilíneo | line segment | straight-line segment.
segmentos aluminizados en paquete | pack-aluminized segments.
segmentos cerámicos para pistones | ceramic motor segments.
segmentos de la industria textil | segments of the textile industry.
segmentos de material abrasivo de una muela abrasiva | flaps.
segmentos en forma de dientes de sierra | saw-toothed segments.
segmentos espaciados circunferencialmente | circumferentially spaced segments.
segmentos laminíferos | laminiferous segments.
segmentos lisos (alojamientos del cierre de cañones) | slot.
segmentos para la ventilación (inducidos) | vent fingers.
segregación | segregation | extraction.
segregación (lingotes) | segregation.
segregación cataforética | cataphoretic segregation.
segregación de azufre (metalografía) | sulfur print.
segregación de azufre (metalurgia) | sulfur segregation.
segregación de esquina del lingote | ingot corner segregation.
segregación de fosfuros (metalografía) | phosphorus banding.
segregación de grafito (metalurgia) | kish.
segregación de hidrógeno | hydrogen segregation.
segregación de impurezas | impurity segregation.
segregación de la orilla hacia el centro (lingotes) | rim-to-core segregation.
segregación de la parte alta al fondo (lingotes) | top-to-bottom segregation.
segregación del contorno del grano en la zona afectada por el calor (soldadura) | heat-affected-zone grain-boundary segregation .
segregación del lingote | ingot segregation.
segregación dendrítica | dendritic segregation.
segregación dendrítica (lingotes) | coring.
segregación dendrítica del carbono (aceros) | banding.
segregación en la cristalización primaria (metalurgia) | ghost.
segregación en los bordes (lingotes) | corner ghost.
segregación escolar de facto | de facto school segregation.
segregación inversa (metalurgia) | negative segregation | reverse segregation.
segregación inversa (piezas fundidas) | inverse segregation.
segregación marginal | marginal segregation.
segregación por gravedad | gravity segregation.
segregación por sedimentación de los constituyentes más pesados antes de la solidificación (piezas fundidas) | gravity segregation.
segregación preferencial (metalurgia) | preferential segregation.
segregación principal | major segregation.
segregación que aumenta desde el exterior hacia el interior (piezas fundidas) | normal segregation.
segregación que disminuye desde la superficie hacia el interior (piezas fundidas) | inverse segregation.
segregación radial (metalurgia) | radial segregation.
segregado | separate.
segregado (substantivo) | segregate.
segregado axial | axial segregate.
segregador | segregator.
segregador de tejas | boardman.
segregados de temperatura de fusión baja | low-melting-point segregates.
segregados que promueven la fisuración en caliente | hot-crack-promoting segregates.
segregar | segregate (to).
segregar (un jugo) | excrete (to).
segueta | inlaying saw | bow saw | compass saw.
segueta (sierra de contornear) | chair saw.
seguible en su tratamiento térmico | heat code traceable.
seguido | continuous | regular | straight.
seguido ópticamente | optically tracked.
seguidor | follow | tracker.
seguidor (el que maneja el anteojo) | tracker.
seguidor automático de ruta | automatic chartline follower.
seguidor automático de trayectoria | automatic track follower.
seguidor azimutal | azimuth tracker.
seguidor catódico | grounded-plate amplifier.
seguidor compuesto (transistor) | compound follower.
seguidor de ánodo | anode follower.
seguidor de cara plana articulado (levas) | pivoted flat-faced follower.
seguidor de cátodo | cathode follower.
seguidor de curvas | curve follower.
seguidor de elemento de control | control rod follower.
seguidor de emisor | emitter follower.
seguidor de haz | beam rider.
seguidor de la fuente (electricidad) | source follower.
seguidor de piezas durante las fases de fabricación (talleres) | progress chaser.
seguidor de piezas en su fase de elaboración (obrero de talleres) | chaser.
seguidor de rodillo (levas) | roller follower.
seguidor de rodillo articulado (levas) | pivoted roller follower.
seguidor de rodillo no radial (levas) | offset roller follower.
seguidor de tensiones | voltage follower.
seguidor de traslación | translating follower.
seguidor digital de recorrido | digital range tracker.
seguidor en elevación (artillería) | elevation tracker.
seguidor en orientación (artillería) | azimuth

tracker.
seguidor por emisor | emitter-follower | grounded-collector amplifier.
seguidor radial de traslación (levas) | radial translating follower.
seguidos (días, etc.) | running.
seguimiento | chasing | follow-up | following.
seguimiento (misil antisubmarinos) | trailing.
seguimiento automático | autotrack | locking-on | lock.
seguimiento automático (cañón al blanco) | automatic following.
seguimiento automático (radar) | automatic tracking | searchlighting.
seguimiento automático con corrección suplementaria | aided tracking.
seguimiento automático del blanco (misiles) | tracking.
seguimiento automático del blanco (radar de tiro) | locking on the target.
seguimiento con el radar | radar tracking.
seguimiento con radar | radio tracking.
seguimiento con un telescopio de un misil balístico | tracking.
seguimiento de cobros | collection follow-up.
seguimiento de contacto | contact follow.
seguimiento de la reactividad | reactivity follow.
seguimiento de puntería ayudada (cañón) | rate-aided tracking.
seguimiento de señal | signal tracing.
seguimiento del blanco | target tracking.
seguimiento del blanco variando a voluntad la velocidad del motor de arrastre (dirección de tiro) | aided tracking system.
seguimiento del contorno | contour following.
seguimiento espacial (satélites) | space tracking.
seguimiento infrarrojo pasivo | passive infrared tracking.
seguimiento omnidireccional | angle tracking.
seguimiento óptico del blanco | optical tracking of the target.
seguimiento óptico-electrónico | electronical optical tracking system.
seguimiento por efecto Doppler | Doppler tracking.
seguimiento por monoimpulso | monopulse tracking.
seguimiento por radar | radar tracking.
seguimiento por rayos gamma | gamma-ray tracking.
seguimiento radioeléctrico | radio tracking.
seguimiento vía misil | track-via-misil.
seguir | proceed (to) | continue (to) | hold on (to) | track (to) | trace (to) | follow (to).
seguir (una regla) | keep (to).
seguir a rumbo | continue on same course (to).
seguir al director de tiro (cañones) | follow the director (to).
seguir automáticamente el blanco (haz radárico) | lock on (to).
seguir corriendo | career (to).
seguir el blanco con retraso (artillería antiaérea) | ride the target (to).
seguir el ciclo de elaboración de las piezas (talleres) | route (to).
seguir el rastro | trail (to).
seguir el vuelo de un avión por radar | flight-follow (to).
seguir en vigor (leyes) | continue in operation (to).
seguir la dirección de (geología) | strike (to).
seguir la orilla de | skirt (to).
seguir la pista | dog (to) | trace (to).
seguir la pista a | track (to) | prick up (to).
seguir la rodada hecha por otra rueda | track (to).
seguir la señal de mando | follow the order signal (to).
seguir las instrucciones | follow instructions (to).
seguir los movimientos de un mercado | sympathize with a market (to).
seguir paralelamente (con la cámara tomavistas) | truck (to).
seguir su camino | hold one's course (to).
seguir un curso | attend lectures (to).
seguir un curso de ampliación en estructuras | major in structures (to).
seguir un filón (minas) | train (to).
seguir un haz de radio | fly the beam (to).
seguir un rumbo muy ceñido al viento (buque vela) | point high (to).
seguir una política | pursue a policy (to).
seguirse | flow (to).
según | in the light of | in line.
según aviso | as per advise.
según aviso (comercio) | on call.
según cantidad | in terms of quantity.
según comprobante | as per voucher.
según contrato | under contract | according to contract.
según copia adjunta | as per copy herewith.
según corresponda | whichever applies.
según costumbre del Lloyd | custom of Lloyd's.
según dibujo | as drawn.
según diseño del comprador | custom-designed.
según el caso | in accordance with the case.
según el estatuto | ex-statuto.
según el horario | on schedule.
según el plan | under the plan.
según el tamaño | in order of size | depending on size.
según especificaciones de los clientes | to clients' specifications.
según está ordenado | according to the provisions in force.
según estado de cuentas de esta fecha | as per statement of this date.
según factura | according to invoice | as per invoice | per invoice.
según instrucciones | according to instructions | as directed.
según inventario adjunto | as per schedule attached.
según la costumbre | according to precedent.
según la declaración del inspector | according to the surveyor's statement.
según la práctica moderna | in line with modern practice.
según la siguiente tabla | according to the following table.
según las disposiciones en vigor | according to the provisions in force.
según las leyes de su país | according to the laws of their country.
según las modificaciones indicadas más arriba | according to the modifications indicated above.
según las previsiones | according to schedule.
según lista adjunta | as per list attached.
según lo convenido | as per agreement.
según lo convenido (comercio) | according to agreement.
según lo preceptuado | according to the provisions in force.
según los datos de la prueba | in the light of test data.
según los dictados de su juicio | according to the dictates of his judgment.
según los informes recibidos | reportedly.
según los resultados de las pruebas | in the light of the test results.
según los usos comerciales | customary in trade.
según mi parecer | according to my judgement.
según modelo | after a pattern.
según muestra | according to sample | as per sample | by sample.
según muestra la figura | after the fashion of figure.
según nexo | per exhibit.
segun oferta | on a bid basis.
según planos | as per plans.
según plantilla | according to pattern | after a pattern.
según prescribe la ley | in due form of law.
según requieran las circunstancias | according as circumstances may require.
según se entra | to the right, as you are entering.
según su rango | according to one's rank.
según un contorno predeterminado | to a predetermined shape.
según usanza | according to custom.
según valor | ad valorem.
según vuestros medios | according to our means.
segunda (a'') | double prime.
segunda caja (laminadores) | second stand.
segunda calidad | second quality.
segunda capa de enlucido | brown coat.
segunda clase | second quality.
segunda copia | second sheet.
segunda cosecha de hierba | fog.
segunda criba (agricultura) | dressing shoe.
segunda cubierta (buques portaaviones) | hangar deck.
segunda de cambio | second of exchange.
segunda destilación | doubling.
segunda diferencia | second difference | difference of differences.
segunda entrada | reentrance.
segunda estructura larval (moluscoidos) | calotte.
segunda hipoteca | second mortgage | junior mortgage.
segunda labor | back striking.
segunda línea de defensa | fall-back position.
segunda mayor (música) | major second.
segunda mayor (tonos) | whole step.
segunda purga (fabricación azúcar) | repurge.
segunda siega | aftermath.
segunda tela (tejido de triple tela) | center web.
segunda tongada de barriles (en una estiba) | rider.
segunda vértebra cervical | axis.
segunda zona | alternate area.
segundas | wasters.
segundero (relojes) | secondhand | center-seconds.
segundo (de tiempo) | second.
segundo asociado | junior partner.
segundo carpintero (buques) | carpenter's mate.
segundo centesimal | centicentigrad.
segundo comandante (buques guerra) | executive officer.
segundo contramaestre | boatswain's mate.
segundo contramaestre (sala de telares) | secondhand.
segundo de empuje | thrusting second.
segundo de máquina (fabricación de papel) | backtender.
segundo decapado (chapas) | white pickling.
segundo día de liquidación (bolsa) | name day.
segundo en importancia (empleos) | second-ranking.
segundo en la lista | runner-up.
segundo estómago (rumiantes) | honeycomb bag.
segundo foque | middle jib.
segundo garzón (hornos metalúrgicos) | second helper.
segundo juego de agujas de cambio (estación de clasificación automática - ferrocarril) | queen points.
segundo maestre (buque guerra) | mate.
segundo maquinista | assistant engineer.
segundo maquinista (buques) | second assistant engineer.
segundo maquinista (buques - G.B.) | second engineer.
segundo maquinista (buques-EE.UU.) | first assistant engineer.
segundo maquinista más antiguo (buques) | senior second engineer.
segundo miembro (ecuaciones) | right-hand side | right-hand.
segundo oficial (buques) | first mate.
segundo oficial (buques mercantes) | second mate.
segundo piloto (aviones) | copilot.

segundo plano | background.
segundo plano (cuadros) | middle ground.
segundo sobrecargo (buques) | purser's assistant.
segundo sonido (helio II) | second sound.
segundo teniente | second lieutenant.
segundo turno | swing shift.
seguriad colateral | collateral security.
seguridad | back up | warranty | commitment | surety | safety | security.
seguridad (evacuación - calderas) | blowing off.
seguridad automática | robotlike safeguard.
seguridad contra el fallo (mecanismos) | fail-safe.
seguridad contra el vuelco (buques) | safety against capsizing.
seguridad de criticidad nuclear | nuclear criticality safety.
seguridad de funcionamiento | positive action | fiability | operating safety.
seguridad de funcionamiento (máquinas) | reliability.
seguridad de los sistemas aeroespaciales | aerospace systems security.
seguridad de maniobra | maneuvering safety.
seguridad de propagación (radio) | propagation reliability.
seguridad del tráfico en carreteras | highway safety.
seguridad en el trabajo | safety at work.
seguridad en el tránsito | traffic safety.
seguridad en servicio continuo (máquinas) | dependability.
seguridad en tiempo de guerra | wartime security.
seguridad estructural a los choques (autos, aviones) | crashworthiness.
seguridad física | physical security.
seguridad funcional (aparatos) | reliability.
seguridad intrínseca | intrinsic security | intrinsic safety.
seguridad nuclear | nuclear safety.
seguridad por su construcción interna | inbuilt safety.
seguridad positiva | fail-safe.
seguridad Social | Social Insurance | Social Security.
seguridad total del buque después de una colisión | ship's total safety after collision.
segurísimo | dead sure.
seguro | dog | reliable | dependable | insurance | steady | pawl | certain | sound | safe | stop.
seguro (armas) | safety bolt | half-cock.
seguro (avión derribado) | definite.
seguro (cerraduras) | stop.
seguro (comercio) | assurance | insurance.
seguro (de armas) | safe.
seguro (de espoleta) | interrupter.
seguro (máquinas) | reliable.
seguro (que no falla - mecanismos) | foolproof.
seguro a corto plazo | short term insurance.
seguro a prima reducida | low-premium insurance.
seguro a primas niveladas | level premium insurance.
seguro a todo riesgo | all-risk insurance | comprehensive insurance.
seguro a todo riesgo de cines | multiple perils insurance for cinema.
seguro a todo riesgo del automóvil | motor vehicle comprehensive insurance.
seguro acumulativo | accumulation insurance | double insurance.
seguro aéreo | aviation insurance.
seguro automovilístico con extensión de protección a personas que usan el vehículo con conocimiento del asegurado | omnibus clause.
seguro automovilístico con responsabilidad civil | motor third party insurance.
seguro automovilístico de responsabilidad civil | automobile liability insurance.
seguro colectivo | group insurance.
seguro colectivo cuyo asegurado paga prima | contributory group insurance.
seguro colectivo de incapacitación | group disability coverages.
seguro colectivo de salud | group health insurance.
seguro colectivo para sindicatos | labor union group life insurance.
seguro combinado de empresarios | principal's contingency insurance.
seguro comercial | business insurance.
seguro complementario de excedente | excess insurance.
seguro con participación en las ganancias | participating insurance.
seguro con plazo de carencia | insurance with waiting period.
seguro con una mutua | participating insurance.
seguro concurrente | concurrent insurance.
seguro conjunto | concurrent insurance.
seguro contra accidentes | accident insurance.
seguro contra accidentes (excepto marítimo, incendio y vida) | casualty insurance.
seguro contra accidentes causados a un tercero | public liability insurance.
seguro contra accidentes de trabajo | industrial insurance.
seguro contra cesación de negocios | business interruption insurance.
seguro contra daños causados por los hielos | ice insurance.
seguro contra daños de empleados desleales | blanket position bond.
seguro contra desempleo | unemployment insurance.
seguro contra deudas incobrable | credit insurance.
seguro contra el pedrisco | weather insurance | hail insurance.
seguro contra el riesgo de inundación | flood insurance.
seguro contra el riesgo profesional | professional risk indemnity insurance.
seguro contra el robo | robbery insurance.
seguro contra explosiones | explosion insurance.
seguro contra hurto | burglary insurance.
seguro contra incendios | fire insurance.
seguro contra incendios perpetuo pero cancelable por cualquiera de las partes | perpetual insurance.
seguro contra la lluvia | rain insurance | pluvious insurance.
seguro contra la pérdida de las cosechas | crop insurance.
seguro contra la tempestad | storm and tempest insurance.
seguro contra las heladas | frost damage insurance.
seguro contra mercancías sobre muelle | dock insurance.
seguro contra pérdida consiguiente | outage insurance.
seguro contra quiebra del banco | bank guaranty.
seguro contra responsabilidad civil | liability insurance | third-party insurance.
seguro contra responsabilidades del contratista | contractor's liability insurance.
seguro contra responsabilidades patronales | employers' liability insurance.
seguro contra riesgos | casualty coverage.
seguro contra riesgos de fabricación | manufacturing-risk insurance.
seguro contra riesgos de huelgas | insurance against strikes.
seguro contra riesgos de transporte en camión | motor-transit insurance.
seguro contra riesgos durante la construcción | builder's-risk insurance.
seguro contra robo e incendio | fire and theft insurance.
seguro contra robos | burglary insurance | theft insurance.
seguro contra rotura de cristales | glass insurance | plate glass insurance.
seguro contra roturas | insurance against breakage.
seguro contra servicios profesionales imperfectos | malpractice insurance.
seguro contra terremotos | earthquake insurance.
seguro contra todo riesgo | insurance against all risks.
seguro corriente de vida | ordinary life insurance.
seguro crediticio | credit insurance.
seguro de abordaje | collision insurance.
seguro de accidente de trabajo | workmen's compensation insurance.
seguro de accidentes del trabajo | industrial injuries insurance.
seguro de acertar | confident of sucess.
seguro de almacenes | insurance of stocks.
seguro de alquileres | rent insurance.
seguro de arma de fuego | safety catch.
seguro de arrendamiento | leasehold insurance.
seguro de automóviles | motor insurance | motor car insurance.
seguro de calidad | quality assurance.
seguro de capital y renta | retirement income insurance.
seguro de casco de buque | hull insurance.
seguro de cosecha a todo riesgo | all-risk crop insurance.
seguro de cosecha contra el granizo | crop-hail insurance.
seguro de crédito | credit insurance.
seguro de crédito a la exportación | export credit insurance.
seguro de daños | insurance against loss of damages.
seguro de daños propios de automóviles | motor hull insurance.
seguro de derechos aduanales | duty insurance.
seguro de derrama | assessment insurance.
seguro de desempleo | welfare.
seguro de doble indemnización | double indemnity coverage.
seguro de empuñadura (pistolas) | grip safety.
seguro de enfermedad | health insurance | sickness insurance.
seguro de enfermedad e invalidez | sickness and disablement insurance.
seguro de enfermedad para viajar al extranjero | overseas travel sickness insurance.
seguro de equipajes | luggage insurance.
seguro de fidelidad | corporate bonding.
seguro de fletes | freight insurance.
seguro de franquicia | franchise insurance.
seguro de gastos médicos | insurance of medical expenses | medical expenses insurance.
seguro de gastos médicos e incapacidad temporal | insurance of daily benefits during hospitalisation.
seguro de grupo | group insurance.
seguro de grupo contra accidentes | group accident insurance.
seguro de grupo contra responsabilidades de navieros | club insurance.
seguro de hipoteca | mortgage insurance.
seguro de hospitalización | hospitalization insurance.
seguro de ida y vuelta | insurance out and home.
seguro de incapacidad | disability coverage.
seguro de incapacidad laboral | disability insurance.
seguro de incendios de una propiedad hipotecada | full contribution mortgage clause.
seguro de indemnización | indemnity insurance.
seguro de indemnización laboral | workmen's compensation insurance.
seguro de invalidez | disablement insurance.
seguro de invalidez temporal | temporary disability insurance.
seguro de jubilación | retirement pension insu-

rance.
seguro de la plataforma del microscopio | forceps.
seguro de lunas de escaparates (tiendas) | plate-glass insurance.
seguro de mercancía | cargo insurance.
seguro de mercancías | insurance of goods.
seguro de ocupantes | passenger insurance.
seguro de orfandad | survivors' insurance.
seguro de palanca | lever safety.
seguro de paquetes postales | parcel post insurance.
seguro de paro | unemployment insurance.
seguro de personas | personal insurance.
seguro de póliza flotante | floating policy insurance.
seguro de porcentajes de pérdida a causa de incendio | chomage insurance.
seguro de ramo de vida | life assurance business.
seguro de renta vitalicia | income insurance.
seguro de reposición | replacement insurance.
seguro de responsabilidad civil | public liability insurance | personal liability insurance.
seguro de responsabilidad civil de productos | product liability insurance.
seguro de responsabilidad civil profesional | professional liability insurance.
seguro de responsabilidad del transportista | carriers' liability insurance.
seguro de responsabilidad frente a terceros | public liability insurance.
seguro de responsabilidad por fideicomisos | fiduciaries liability insurance.
seguro de riesgo de guerra | war risk insurance.
seguro de riesgo de impagado | credit insurance.
seguro de riesgo nuclear | nuclear risk insurance.
seguro de rotura de maquinaria | machinery breakdown insurance.
seguro de superstites | survivors' insurance.
seguro de tarifa reducida | low-rate insurance.
seguro de trabajadores | workmen's insurance.
seguro de transporte | transport insurance.
seguro de un solo ramo | monoline insurance.
seguro de uso y ocupación | use and occupancy insurance.
seguro de utilidades | income insurance.
seguro de varios ramos | multiple-line insurance.
seguro de vejez | old-age insurance.
seguro de vejez y jubilación | old age and survivors' insurance.
seguro de viaje | voyage insurance.
seguro de viajes | travel insurance.
seguro de vida | life insurance.
seguro de vida a primas variables | step-rate premium insurance.
seguro de vida a primas vitalicias | straight life insurance.
seguro de vida colectivo | group life insurance.
seguro de vida con pagos semanales | industrial insurance.
seguro de vida con prima inicialmente progresiva y luego constante | graded premium life insurance.
seguro de vida con prima única | single premium life insurance.
seguro de vida con primas para plazo fijo | limit-payment insurance.
seguro de vida de ganado | livestock insurance.
seguro de vida dotal | endowment life insurance.
seguro de vida familiar | family income insurance.
seguro de vida mixto | endowment plan of life insurance.
seguro de vida por primas temporales | limited-pay life insurance.
seguro de vida sin reconocimento médico | life insurance without examination.
seguro de vida sin reconocimiento médico | nonmedical insurance.
seguro de vida sustitutivo de la seguridad social | private assurance for exemption from compulsory social insurance.
seguro de vida temporal con derecho a total sin reconocimiento médico | convertible life insurance.
seguro de viudedad | widow's insurance.
seguro del cargamento | cargo insurance.
seguro del casco del buque | marine hull insurance.
seguro del éxito | confident of sucess.
seguro del pestillo (cerraduras) | bolt stay.
seguro del trinquete | ratchet pawl.
seguro dotal | endowment insurance | payor benefit rider.
seguro dotal de renta vitalicia | life income endowment insurance.
seguro en que la responsabilidad del asegurado es unicamente la prima pagada | nonassessable insurance.
seguro en vigor | current insurance | insurance in force | insurance in effect.
seguro estatal | national insurance.
seguro familiar | family insurance.
seguro fluvial | river insurance.
seguro forestal | forest insurance.
seguro frente a seísmos | earthquake insurance.
seguro general | comprehensive insurance.
seguro global | global cover.
seguro hipotecario para compra de vivienda | home mortgage insurance.
seguro individual | individual insurance | personal insurance.
seguro industrial | industrial insurance.
seguro industrial contra incendios | industrial fire risks insurance.
seguro laboral contra accidentes | workmen's compensation insurance.
seguro liberado de prima | insurance free of premium | paid-up insurance.
seguro marítimo | maritime insurance | marine insurance | ocean marine insurance | underwriting | assecuration | sea insurance.
seguro marítimo contra todo riesgo | against all risks (A/R).
seguro médico | medical insurance.
seguro mutuo | mutual insurance.
seguro mutuo de prima fija | deposit-premium insurance.
seguro no caducado | unexpired insurance.
seguro no vencido | unexpired insurance.
seguro normal de vida | whole life insurance.
seguro obligatorio | obligatory insurance | compulsory insurance.
seguro obligatorio de responsabilidad civil | compulsory third party insurance.
seguro oficial de crédito a la exportación | export risk guarantee.
seguro pagado a los herederos del asegurado | survivors' insurance.
seguro por cuenta de tercero | insurance for the account of a third party.
seguro por cuenta de un tercero | insurance for a third person's account.
seguro por propia cuenta | insurance for one's own account.
seguro por un importe mayor que el verdadero | overinsurance.
seguro prorrogado | extended-term insurance.
seguro puesto en vigor | insurance attaches.
seguro recíproco | interinsurance.
seguro reducido | paid-up insurance.
seguro repartido entre varios aseguradores | concurrent insurance.
seguro saldado reducido | reduced paid-up insurance.
seguro sobre el casco y armamento (transporte marítimo) | insurance on hull and equipment.
seguro sobre el equipo (buques) | outfit insurance.
seguro sobre el flete | insurance on freight.
seguro sobre el transporte | insurance on freight.
seguro sobre fondos particulares en bancos y su bancarrota | deposit insurance.
seguro sobre riesgos caseros | homeowner's insurance.
seguro sobre una propiedad por varias pólizas | overlapping insurance.
Seguro Social | Social Insurance.
seguro social obligatorio | obligatory social insurance.
seguro subsidiario | secondary insurance.
seguro suplementario de vida con capital doble pagado en caso de fallecimiento por accidente | double indemnity.
seguro temporal | term insurance | temporary insurance.
seguro temporal con renovación anual | yearly-renewable term.
seguro temporal convertible | convertible term insurance.
seguro temporal de vida | term assurance.
seguro temporal de vida renovable | renewable term life insurance.
seguro terrestre | nonmarine insurance.
seguro total | child's deferred assurance | all-in insurance.
seguro total con renta vitalicia | life income endowment.
seguro vigente | unexpired insurance.
seguro voluntario | voluntary insurance.
seguro y flete | cost, insurance and freight (CIF).
seguros | carrying charges.
seguros acumulados por pagar | accrued insurance payable.
seguros contra daños (de tormenta, avenida, terremoto, etc.) | contractor's-risk insurance.
seguros mutuos | reciprocal insurance.
seguros pagados por adelantado | prepaid insurance.
seguros sobre el personal | personnel insurance.
seguros y fianzas | insurance and bonds.
seiche (limnología) | seiche.
seiche (variación anormal rítmica de la altura de la marea o del nivel de lagos por el viento) | seiche.
seisillo | sextolet.
seismo de foco profundo | deep-focus seism.
selacción aleatoria | random selection.
selangan batu (Intsia bakeri) | selangan batu.
selección | picking on | picking out | screening | sorting | hunting | selection | selecting.
selección (de personal) | screening.
selección (tejido punto) | picking.
selección a distancia del abonado pedido (telefonía) | trunk operator dialing.
selección a mano | hand picking.
selección a ojo | rule-of-thumb selection.
selección aleatoria | random sampling.
selección automática | automatic polling.
selección automática (radio) | automatic hunting.
selección automática a distancia del abonado | subscriber's trunk dialling | subscriber trunk dialling.
selección automática de línea | automatic line selection.
selección de árboles de reserva (bosques) | storing.
selección de armas | weapons selection.
selección de artistas para un filme | casting.
selección de avances (máquina herramienta) | feed range selection.
selección de circuito a distancia | driving circuit.
selección de directivos de otras empresas | headhunting.
selección de frecuencias | frequency selective.
selección de impulsos | gating.
selección de la amplitud | amplitude selection.
selección de levas para un trabajo dado (máquinas herramientas) | camming.
selección de localización de las centrales vapoeléctricas | site selection of steam electric plants.
selección de los parámetros de maquinización | selection of machining parameter.

selección de machos | sire sampling.
selección de programas | program selection.
selección de sementales | sire sampling.
selección de señal (radar) | gating.
selección de señal en el tiempo (radar) | strobing.
selección de tonos | tone gate.
selección de un jurado | striking a jury.
selección de velocidad | velocity sorting.
selección del blanco | target selection.
selección del coque por tamaños | coke-forking.
selección del emplazamiento | site selection.
selección diplóntica (agricultura) | diplontic selection.
selección electrónica de colores | color electronic selection.
selección electrónica de colores (artes gráficas) | electronic color selection.
selección espacial | spatial selection.
selección fotomecánica de colores | color separation.
selección genotípica | genotypic selection.
selección modal | modal selection.
selección monoclonal (botánica) | monoclonal selection.
selección muy cuidadosa | ultra-careful selection.
selección natural | natural selection.
selección no terminada (telefonía) | mutilated selection.
selección por corrientes coincidentes | coincident-current selection.
selección por disco giratorio | rotary dial selection.
selección por señales de código | permutation code switching system.
selección por señales de código de igual duración | switching by means of equal length code.
selección por teclado (telefonía) | pushbutton operation | pushbutton selection.
selección por tonos (telefonía) | tone dialing.
selección provisional | tentative selection.
selección radiométrica | radiometric sorting.
selección semiautomática | operator trunk semiautomatic dialling.
selección y adiestramiento del personal | staff selection and training.
selección y formación | recruitment and training.
selección y utilización de materiales | selection and utilization of materials.
seleccionable | selectable | sortable.
seleccionado | sorted.
seleccionado a mano | hand-picked.
seleccionado al azar | randomly selected.
seleccionado por pulsador | push-button-selected.
seleccionador | roster | selector.
seleccionador de tareas | task dispatcher.
seleccionador de trabajos en tiempo compartido | time sharing dispatcher.
seleccionador múltiple | multisorter.
seleccionadora de colores | color scanner.
seleccionadora de cheques | bankproof machine.
seleccionadora para tricromías | color scanner.
seleccionamiento de ruta de mensajes | message routing.
seleccionar | sort out (to) | select (to) | screen (to).
seleccionar a mano | hand-pick (to) | hand-sort (to).
seleccionar un impulso | strobe (to).
selectancia | adjacent-channel attenuation | selectance.
selectividad | selectivity.
selectividad (frecuencia imagen) | image response.
selectividad (radio) | sharpness of tuning.
selectividad (telefonía) | selectance.
selectividad del filtro | filter discrimination | filter selectivity.
selectividad direccional | directional selectivity.
selectividad espectral | spectral selective.
selectividad global | overall selectivity.
selectividad polifásica | polyphase selectivity.
selectivo | selective.
selecto | top-rated.
selectodo | selectode.
selector | selecting device | seeker.
selector (radio) | tuner.
selector (tejidos de punto) | picker.
selector (telares) | jack.
selector (telefonía) | selector | director.
selector absorbente (telefonía) | drop-back selector.
selector automático | self-driven selector.
selector automático de alarma | automatic alarm selector.
selector bidireccional | double directional selector.
selector buscador (telefonía) | hunting selector.
selector con posición de reposo | homing selector.
selector de alcance | range selector.
selector de alturas de impulsos | pulse-height selector.
selector de amplitud | amplitude discriminator.
selector de arranque (telefonía) | out-trunk switch.
selector de avances | feed selector.
selector de banda | range selector.
selector de clavija | plug selector.
selector de código | code selector.
selector de contraste | contrast selector.
selector de cuadrante | dial selector.
selector de destino (telecomunicación) | director.
selector de direcciones postales | address selector.
selector de disparo automático o tiro a tiro (cañones) | automatic of single fire selector.
selector de entrada | incoming selector.
selector de escala | scale switch.
selector de escobilla | trip rod.
selector de escobillas | trip spindle.
selector de frecuencias | frequency selector | frequency discriminator.
selector de grupo (buscador - telefonía automática) | group selector.
selector de grupo de línea | line group selector.
selector de impresión | impression selector.
selector de interlineación | line space selector.
selector de la caja del cambio | gearbox selector.
selector de láminas vibrantes sintonizadas | tuned reed selector | tuned-reed selector.
selector de las características de trabajo del material (velocidad de la herramienta, etc.) | job selector.
selector de líneas | intercommunication switch.
selector de los canales | channel-selector.
selector de llamada del buscador (telefonía) | digit-absorbing selector.
selector de llamadas | call finder.
selector de metales de chatarra (ferrosos y no ferrosos) | metalsorter.
selector de neutrones (nucleónica) interruptor de haz neutrónico | neutron chopper.
selector de octanos | octane selector.
selector de paradas (ascensores) | stop selector.
selector de pasos múltiples | multistage selector.
selector de periférico | device selector.
selector de potencia | power selector.
selector de progresión directa | forward-acting selector.
selector de relevadores (telecomunicación) | relay unit.
selector de rendija | gating.
selector de salida | outgoing selector.
selector de series aleatorias | random selector.
selector de tiro a tiro o fuego automático (cañones) | single-automatic fire selector.
selector de tránsito | tandem selector.
selector de trayectos | path selector.
selector de velocidad neutrónica | neutron velocity selector.
selector de velocidades | velocity selector.
selector del cambio de velocidades (autos) | selector.
selector del dígito BC | BC-digit selector.
selector del paso | pitch selector.
selector director | director selector.
selector discriminador | discriminating selector.
selector dividido | split selector.
selector eléctrico | electrical selector.
selector electrónico de colores | scanner.
selector en un torno | tumbler plunger.
selector final | final selector.
selector final de conexión de línea de unión | trunk-offering final selector.
selector final interurbano (telefonía) | toll final selector.
selector giratorio | dial switch.
selector levantaagujas (tejido punto) | lifting picker.
selector libre (telefonía) | idle selector.
selector multidireccional | multiway selector.
selector ordenador del funcionamiento de los buscadores (telefonía) | alloter.
selector paso a paso (telecomunicación) | step-by-step selector.
selector primario (telefonía) | A-digit selector | access selector.
selector que hace bajar las agujas (tejido de punto) | lowering picker.
selector regulador de rumbo | omnibearing selector.
selector repetidor | repeating selector | selector repeater.
selector repetidor (telecomunicación)
selector repetidor (telefonía) | repeater selector.
selector repetidor de conmutación | switching-selector repeater.
selector respondedor (a los números que se marcan - telefonía) | numerical selector.
selector sin posición de reposo | nonhoming selector.
selector sintonizable de modo cruzado | crossed-mode tunable selector.
selector unidireccional | uniselector | single directional selector.
selectores (caja cambio de velocidades) | shifting dogs.
selector-repetidor de conmutación (telefonía automática) | switching selector repeater.
selectron | selectron.
seleniado (galvanostegia) | selenized.
seleniar (galvanostegia) | selenize (to).
selenio (Se) | selenium.
selenio gris | grey selenium.
selenio rojo | flowers of selenium.
seleniosis | seleniosis.
selenita (mineralogía) | selenite.
selenito (química) | selenite.
seleniuro de plomo (Pb_2S) | lead selenide.
selenizado (terrenos) | selenized.
selenizar | selenize (to).
selenocéntrico | selenocentric.
selenodesia | selenodesy.
selenodesta (persona) | selenodesist.
selenografía | selenography.
selenográfico | selenographic.
selenoide | selenoid.
selenoide de freno | brake solenoid.
selenoide de protección | protection selenoid.
selenoide sin núcleo magnético | air cored selenoid.
selenoide superconductor de 100.000 gaussios | superconducting solenoid of 100,000 gauss.
selenología (la luna) | selenology.
selenológico | selenological.
selenólogo | selenologist.
selenosis crónica | alkali disease.
selenotrópico (botánica) | selenotropic.
selenotropismo (botánica) | selenotropism.
selenuro | selenide.
selfactina | self actor | self-acting mule | mule | mule jenny.
selfactina de retorcer | self-acting twiner | mule

twiner.
selfactina para estambre | worsted mule.
selfactina para trama | weft mule.
selsyn | selsyn.
selva | boondocks | forest | wood | forestry.
selvicultura | silviculture.
sellado | sealing | sealed | stamping | sealing off.
sellado de arrastre (carreteras) | drag seal.
sellado hermético | hermetic seal.
sellado laberíntico | labyrinth seal.
sellado mediante calor | heat-seal.
sellado polióptico | polyoptic sealing.
sellado por congelación | frozen seal.
sellado por fuelle | bellows seal.
sellador | sealer.
selladura final | sealing off.
selladuracierre | seal.
sellar | seal up (to) | seal (to) | stamp (to) | lute (to).
sello | seal.
sello (de correo) | stamp.
sello (farmacia) | wafer capsule.
sello de aduana | customs stamp.
sello de caja | teller stamp.
sello de cobrado | received stamp.
sello de correos | adhesive stamp | postage stamp.
sello de impuesto | revenue stamp.
sello de la aduana | duty mark.
sello de la inspección | inspection stamp.
sello de la oficina receptora (correos) | backstamp.
sello de recepción | reception seal.
sello de recibido | received stamp.
sello de teflón | teflon seal.
sello del timbre | documentary stamp.
sello en hueco | impressed stamp.
sello en seco | hand stamp.
sello en seco (documentos) | dry stamp.
sello engomado | adhesive stamp.
sello fechador | dating stamp.
sello fechador (correos) | letter stamp.
sello fiscal | revenue stamp.
sello hidráulico | liquid seal.
sello impreso | printed stamp.
sello inutilizado (correos) | canceled stamp.
sello mecánico | mechanical seal.
sello numerador | numbering stamp numbering-stamp.
sello obliterado | postmarked stamp.
sello oficial (de un Gobierno) | broad-seal.
sello oficial de la corporación | corporate seal.
sello oficial de un funcionario | affidavit.
sello social | common seal.
sellos no usados | mint postage stamps.
sellos nuevos | mint postage stamps.
semafónico | semaphonic.
semaforización | semaphorization.
semaforizar | semaphorize (to).
semáforo | semaphore.
semáforo (calles) | traffic lights.
semáforo (ferrocarril) signal gantry.
semáforo (ferrocarriles) | signal bridge.
semáforo de dirección | direction semaphore.
semana | sennight.
semana de cinco días durante todo el año | all-the-year-round five-day-week.
semana de desratización | rat week.
semana en curso | intervening week.
semana laboral de cinco días | five-day working week.
semanal | septimanal.
semanalmente | septimanal.
semanario del bibliófilo | bookman's weekly.
semantema | semanteme.
semántica | semantics.
semántica inferencial | inferential semantics.
semántica lingüística | linguistic semantics.
semblante | countenance.
sembrado | patch | field.
sembrado (heráldica) | semé.
sembrado de minas | planting.
sembrado de minas enmascaradas | booby-trapped.
sembrado en primavera | spring sown.
sembrador | sower.
sembrador de ideas | idea-monger.
sembrador de minas | minelayer.
sembradora | seeder | seeder | seed lip | seed drill | sower.
sembradora (de trigo) | planter.
sembradora a voleo | broadcast seeder.
sembradora con alimentador de alveolos | grain drill with cell wheel distribution.
sembradora con distribuidor de cucharillas | cup drill.
sembradora con ruedas de presión (agricultura) | press drill.
sembradora de algodón y maíz | cotton and corn drill.
sembradora de cereales | grain drill | corn-planter.
sembradora de compuerta frontal | endgate seeder.
sembradora de chorrillo | cup-feed drill.
sembradora de discos | disk drill | disc drill.
sembradora de granos con azadones | hoe drill.
sembradora de patatas | potato spinner.
sembradora de rejas | shoe drill.
sembradora de siembra en cuadro (agricultura) | checkrow planter.
sembradora de surcos | drill.
sembradora de trigo tirada por caballo | one-horse wheat drill.
sembradora en líneas | drill seeder.
sembradora-abonadora | grain and fertilizer drill.
sembrar | get in (to) | sow (to) | plant (to).
sembrar (plantas) | seed (to).
sembrar a voleo | scatter (to).
sembrar al voleo | cast (to).
sembrar césped | sod (to).
sembrar de minas enmascaradas | booby trap (to).
sembrar en hoyos | dibble (to).
sembrar en un macizo | bed (to).
sembrar trigo | corn (to).
sembrar vientos y cosechar tempestades | sow the winds and reap the whirlwind (to).
semejante | like | equal | counterpart | matching | match.
semejante a | like.
semejanza cinemática | kinematic similitude.
semejanza dinámica | dynamic similitude.
semejanza dinámica (matemáticas) | dynamic similarity.
semejanza hidráulica | hydraulic similitude.
semejanza mecánica | mechanical similitude.
semental | sire.
semental autorizado | approved stallion.
semental cuya descendencia es de calidad | production-tested sire.
semestral | semiannual.
semestralmente | semiannually | half-yearly.
semestre | half year.
semiacabado | part-finished | partly finished | rough-wrought | semifinished.
semiadicionador paralelo | parallel half adder.
semiagolletado (escopetas) | half-choke.
semiajustable | semiadjustable.
semialelo (genética) | semiallele.
semialtura de la ola | half wave height.
semiángulo | semiangle.
semiángulo en el vértice | semivertex angle | semiapex angle.
semianual | semiannual.
semiaovado (botánica) half-ovate.
semiarco | semiarch.
semiárido | semiarid.
semiautomático | semiautomatic | half-automatic.
semiautomático (que no requiere la presencia continua de un obrero - máquinas) | semiattended.
semiautomatismo | semiautomatism.
semibituminoso (hulla) | semibituminous.
semiblanda (pasta cerámica) | half-soft.
semiblando | medium soft.
semibóveda | semivault.
semibreve (música) | whole note.
semibucle | half-loop.
semibucle plano | planar half loop.
semicaja inferior (moldería) | drag | drag box.
semicaja superior (caja de moldeo) | cope.
semicaja superior (moldería) | odd-side.
semicalmado (aceros) | semikilled.
semicariotipo (genética) | semicaryotype.
semicarrera | half travel | half-stroke | mid-course | mid stroke | mid way.
semicárter | half casing.
semicercha | half truss.
semicerrado | semienclosed.
semiciclo | half-wave.
semicilíndrico | hemicylindric.
semicilindro | hemicylinder.
semicircular | half-round.
semicircular (arcos) | full-centered.
semicírculo | semicircle.
semicírculo graduado (dibujo) | protractor.
semicircunferencia | semicircular arc.
semi-cojinete de la cabeza (biela) | big-end half bearing.
semicojinetes de pie de biela | bottom-end halves.
semicompensado (timón) | semibalanced.
semiconductividad | semiconductivity.
semiconductor | semiconducting | semicon | solid state.
semiconductor adamantino quinario | quinary adamantine semiconductor.
semiconductor de compuerta directa | direct-gap semiconductor.
semiconductor de dos nieveles de impureza | two-level inpurity semiconductor.
semiconductor de germanio | germanium semiconductor.
semiconductor de óxido metálico | metallic oxide semiconductor.
semiconductor de valles múltiples | multivalley semiconductor.
semiconductor en déficit | deficit semiconductor.
semiconductor extrínseco | extrinsic semiconductor.
semiconductor fotoconductor | photoconductive semiconductor.
semiconductor fotosensible de simple unión | single-junction photosensitive semiconductor.
semiconductor impuro no degenerado | impure nondegenerated semiconductor.
semiconductor indegenerado | nondegenerate semiconductor.
semiconductor intrínseco intrinsic semiconductor.
semiconductor intrínseco por compensación | compensated semiconductor.
semiconductor P con déficit metálico | metal-deficit P-semiconductor.
semiconductor polímero pirolizado | pyrolyzed-polymer semiconductor.
semiconductor quinario | quinary semiconductor.
semiconductor tipo diamante | diamond-like semiconductor.
semiconductor transportador negativo | n-type semiconductor.
semiconductor transportador positivo | p-type semiconductor.
semiconsolidado | semiconsolidated.
semicontinuo | semicontinuous.
semicoque | semicoke.
semicoquización | semicoking.
semicoquización de la hulla | coal semicoking.
semicorchea (música) | sixteenth note | semiquaver.
semicorte (dibujo) | half section.
semicorte por el centro | half section at centre.
semicuadratín | en-quadrat | N-quadrat.
semicúbico | semicubical.

semidenso | semifluid.
semidiámetro | semidiameter.
semidiestro | semiskilled.
semidipolo con tetón adaptador coaxial | sleeve stub.
semiduplex | semiduplex.
semiduro | semihard | medium-hard.
semieje | half-shaft.
semieje del diferencial (autos) | rear-axle shaft.
semieje mayor (elipse) | half major axis.
semieje trasero (autos) | rear-axle shaft.
semiejes ocilantes (autos) | swinging half axles.
semiejes oscilantes | half swinging axles.
semielaboradas (relojería) | stone preparages.
semielaborado | unfinished | rough | half-manufactured | partly finished | partly-machined | semimanufactured | semifinished | semifabricated.
semielipsoidal | semiellipsoidal.
semielipsoide | semiellipsoid | hemiellipsoid.
semielipsoide oblato | oblate hemiellipsoid.
semiempírica | semi-empirical.
semiempotrada (vigas) | semifixed.
semiempotrado solamente en un extremo (vigas) | restrained at one end only.
semiempotramiento | restraint.
semiencerrado | semienclosed.
semientero | half-integral.
semienvergadura (aviones) | semispan.
semiequilibrado | semibalanced.
semiesfera | hemisphere.
semiesférico | hemispherical | half-spherical.
semiesmalte | salt glaze.
semiespecializado | semi-skilled.
semiestambre | half worsted | imitation worsted | carded worsted yarn | mock worsted.
semiestatal | government-partnered | part-government.
semiestéril | semisterile.
semiexposición (fotografía) | bulb exposure.
semifijo (máquinas, calderas) | semiportable.
semiforme | half-formed.
semifusa (música) | semidemisemiquaver | double demisemiquaver.
semifusión | semifusion.
semigasa | imitation gauze.
semigenuino | semigenuine.
semigradación | half-step.
semigráfico | semigraphical.
semigraso (hulla) | semibituminous.
semigrupo cociente | quotient semigroup.
semihermético | semihermetic.
semihidratado | hemihydrated.
semiinfinito | semiinfinite.
semiletal | semilethal.
semilongitud | half-length.
semi-longitud de onda | half wavelength.
semiluna | half moon.
semiluna (anatomía) | crescent.
semilunio | half a lunation.
semiluz (vigas) | semispan.
semiluz del tramo | one-half of the span.
semilla | spike | seed.
semilla de hortalizas | vegetable seed.
semilla de soja | soya bean.
semilla del ricino | castor bean.
semilla oleaginosa | oilseed.
semilla sana | healthy seed.
semilla vana | unfruitful seed | empty seed.
semilla varia | blind grain.
semillación expontánea | self-seeding.
semillas agrícolas | agricultural seeds.
semillas de alfalfa preinoculadas | preinoculated alfalfa seeds.
semillas de flores | flower seeds.
semillas del guizotia abyssinica | black sesame.
semillas oleaginosas | oleaginous seeds | oil seeds.
semillero | nursery | germinating-bed | seeder | seed orchard | seedbed.
semillero con suelo de piedra pómez | pumice soil nursery.
semillero de cajón | flat.
semillero en terraplén | mounded seedbed.
semillero escarificado | scarified seedbed.
semillero para vivero | nursery seed bed.
semimacho (funderías) | half-core.
semimangas de la flotación en carga | load waterline half-breadths.
semimaquinado | part machined.
semimecanización | semimechanization.
semimensual | semimonthly.
semiménsula | semicantilever.
semimicroanálisis | semimicroanalysis.
semimicroanálisis cualitativo | semimicro qualitative analysis.
semimicrodeterminación | semimicrodetermination.
semimínima (música) | crotchet.
seminario | seminar.
seminario de estudios | workshop.
seminario internacional de investigación | international research seminar.
seminario laboral | labor seminar.
seminario sobre maquinización con diamante | seminar on diamond machining.
seminaufragio (jurisprudencia marítima) | seminaufragium.
seminconductor iónico | ionic semiconductor.
seminegra (caracteres de imprenta) | semibold.
semioctaédrico | half-octahedron.
semioctaedro | half-octahedron.
semiolingüística | semiolinguistics.
semiología | semeiology.
semiólogo | semiolinguist.
semionda | half-wave.
semiopaco | semiopaque.
semiópalo | hemiopal.
semiordenada | half ordinate.
semiótica (documentación) | simiotics.
semiótico | semeiotic.
semipalabra | halfword | segment.
semiparabólico | semiparabolic.
semiparámetro | semi-latus-rectum.
semipeinado | mock worsted.
semipenumbra | half-shadow.
semiperforada | chadless.
semiperíodo | half-period | semicycle | alternation.
semiperíodo (electricidad) | half-cycle.
semiperíodo (radioactividad) | half-decay period.
semipermeable | semipervious | part-permeable.
semipila normal de calomelano | normal calomel half cell.
semipila voltaica | half-cell.
semiplano | half plane.
semiplano superior | upper half plane.
semiporcelana | artificial porcelain.
semiporoso | semiporous.
semipreparado | semiprepared.
semiprofesional | semiprofessional.
semiprotegido | semiprotected.
semiquiasma | semichiasma.
semirangua (relojería) | half-boule.
semi-relieve | mezzo-rilievo.
semirredondo de cantos achaflanados | featheredged half-round bar.
semirreja escardadora | half sweep.
semirremolque carretero para ser cargado en vagón plataforma | piggyback trailer.
semirremolque de plataforma baja | low-bed semitrailer.
semirrevestido | semicoated.
semirrevolución (giro) | half-turn.
semirrígido (rotor de helicóptero) | teetering.
semirrizo (aviación) | half-loop.
semiseco | semidry.
semiseparable | semiseparable.
semisoldable | semiweldable.
semisótano | basement.
semisótano (edificios) | semibasement.
semistor | semistor.
semisuave (aceros) | half-soft.
semisumador | half-adder | half adder.
semisumador a diodo túnel | tunnel-diode half adder.
semisumador binario | binary-half adder.
semisumergible | semisubmersible.
semisumergido | semisubmerged.
semisupresor de eco | half-echo suppresor.
semitamaño natural | half natural size.
semitapa (escobén de buques) | half buckler.
semitapa de escoben | riding buckler.
semitelemandado | semiremote.
semiterminado | part-finished.
semitono (música) | half-tone | half a tone | half-step | semit | semitone.
semitono cromático (música) | chromatic semitone.
semitono diatónico (música) | diatonic semitone.
semitórico | doroid.
semitransparente | semitransparent.
semitransparente a los neutrones | semitransparent to neutron | neutron-semitransparent.
semivacío | semi-vacuum.
semivida biológica (isótopos) | biological half-life.
semi-vida efectiva (radiactividad) | effective half-life.
sémola | grit | groats.
sémola de avena | grits.
sémola de maíz | hominy.
sémola de trigo duro | durum wheat semolina.
semolina | semolina.
semovientes | stock.
sempático (con fenocristales y pasta en partes iguales) | sempatic.
sempilor (Dacrydium elatum - Wall) | sempilor.
sen (Acanthopanax ricinifolius) | sen.
sena (olas) | trough.
senado | senate.
Senado de los Estados Unidos | United States Senate.
senado en pleno | full senate.
senaduría | senatorship.
senadurial | senatorial.
senai (Dracontemelon dao) | Pacific walnut.
senai (Dracontomelum dao) | New Guinea walnut.
senatorial | senatorio.
sencillo | mere.
sencillo y de buen gusto (trajes) | neat.
senda | runway | track | path | bypath | lane | footpath | footway | trail | way.
sendero | trail | track | path | footpath | footway | ride.
sendero (Colombia) | stock route | driveway.
sendero cortafuegos (bosques) | firebreak.
sendero trillado | rut.
senditrón | senditron.
sendok (Endospermum mallaccense) | sendok sendok.
sengierita | sengierite.
sengkawang (Isoptera borneensis) | sengkawang.
senicidio | senicide.
seno (anatomía) | recess.
seno (balso - velas buques) | belly.
seno (cuerda o cabo) | bight.
seno (cuerdas) | slack.
seno (de un cabo) | slab.
seno (de una cuerda) | slatch.
seno (de vela o red) | bunt.
seno (matemáticas) | sine.
seno (olas) | hollow.
seno (ondas) | trough.
seno (trigonometría) | sine.
seno al cuadrado (trigonometría) | sine squared.
seno antihiperbólico | antihyperbolic sine.
seno circular | circular sinus.
seno de la onda | wave trough.
seno de ola | wave trough.
seno del ángulo de la pendiente | grade sine.
seno logarítmico | logarithmic sine.

seno trigonométrico | sinus.
seno verso de | covers.
senocular | senocular.
senoverso (ferrocarril) | throwover.
senoverso (1—cos α**)** | versine.
senoverso (1—coseno del ángulo) | versed sine.
senoverso del ángulo complementario | versed cosine.
senoverso del complemento de un ángulo | coversine.
senoverso del complemento del arco | coversed sine.
sensación | feeling | feel.
sensación aterradora | eerie sensation.
sensación de la dirección durante la marcha (autos) | feel of the road.
sensación de las cargas aerodinámicas sobre el sistema de mandos (aviones) | feel of the airloads on the control system.
sensación de peligro | feeling of danger.
sensación de relieve por efectos decorativos o pintura sobre superficies planas | texture.
sensación de seguridad | feeling of safeness.
sensación refleja | referred sensation.
sensación sonora | loudness.
sensación subjetiva de la estabilidad y control del avión | control feel.
sensibilidad | free field | response | susceptibility.
sensibilidad (aparatos) | response.
sensibilidad (aparatos, mandos) | responsiveness.
sensibilidad (instrumentos) | sensitivity | sensitiveness.
sensibilidad (película fotográfica) | film speed.
sensibilidad (placa fotográfica) | speed.
sensibilidad a la fatiga por entalla | fatigue notch sensitivity.
sensibilidad a la fisuración | crack sensitivity.
sensibilidad a la fisuración de la soldadura | weld crack sensitivity.
sensibilidad a la rotura por entalla | notch rupture sensitivity.
sensibilidad al agrietamiento | crack sensitivity.
sensibilidad al calor del soldeo | welding heat sensitivity.
sensibilidad al efecto de entalladura (chapas acero) | notch sensitivity.
sensibilidad al frío (pinturas) | cold-check resistance.
sensibilidad catódica a la radiación | cathode radiant sensitivity.
sensibilidad cromática | color response | color sensitivity.
sensibilidad de contraste | contrast sensitivity.
sensibilidad de desviación | deflection sensitivity.
sensibilidad de desviación electrostática | electrostatic deflection sensitivity.
sensibilidad de la arcilla | clay sensitivity.
sensibilidad de la entrada | input sensitivity.
sensibilidad de la permeabilidad | permeability sensitivity.
sensibilidad de sintonía térmica | thermal tuning sensitivity.
sensibilidad de sistema de célula fotoresistiva | photoresistive-cell-system sensitivy.
sensibilidad de tonalidad | hue sensibility.
sensibilidad de umbral heterocromática | heterochromatic threshold sensibility.
sensibilidad del explosivo | explosive sensitiveness.
sensibilidad del instrumento | instrument sensitivity.
sensibilidad del receptor | receiver sensitivity.
sensibilidad del regulador | regulator sensitiveness.
sensibilidad del voltímetro | voltmeter's sensitivity.
sensibilidad desviacional | deflectional sensitivity.
sensibilidad dinámica | dynamic sensitivity.
sensibilidad efectiva (de un receptor) | pickup factor.
sensibilidad electrónica | electronic sensing.
sensibilidad en campo libre (micrófonos) | free-field response.
sensibilidad escasa a la formación de grietas (aceros) | low crack sensitivity.
sensibilidad espectral | color sensitivity.
sensibilidad fotoeléctrica | photoelectric yield | photo-yield.
sensibilidad fotoeléctrica de radiación | radiant photoelectric sensitivity.
sensibilidad máxima del oído humano | human ear's maximum sensitivity.
sensibilidad megaóhmica (galvanómetro) | megohm sensitivity.
sensibilidad mínima a la entalla | minimum notch sensitivity.
sensibilidad normal (galvanómetro de reflexión) | factor of merit.
sensibilidad relativa (fotografía) | relative speed.
sensibilidad vibrotactil | vibrotactile sensitivity.
sensibilización | sensitizing | sensitization.
sensibilización a la corrosión intergranular | sensitization to intergranular corrosion.
sensibilización instantánea (televisión) | gating.
sensibilización preliminar de la superficie antes de galvanoplastiar | seeding.
sensibilización térmica (aceros) | thermal sensibilization.
sensibilizador | sensitiser | sensitizer.
sensibilizador cromático | color sensitizer.
sensibilizador espectral | wavelength sensitizer.
sensibilizante | sensitizing.
sensibilizar (hacer sensible a la luz - fotografía) | sensitize (to).
sensibilizar (metalurgia) | sensitize (to).
sensibilizar (tubos de memoria magnética por carga) | prime (to).
sensibilizar tubos de memoria | prime (to).
sensible (aparatos, mandos, etc) | responsive.
sensible (instrumentos) | rapid response.
sensible a la altitud | height-sensing | altitude sensitive.
sensible a la corriente | current-sensitive.
sensible a la entalla (metalurgia) | notch sensitive.
sensible a la irradiación | radiation-responsive.
sensible a la llama | flame responsive.
sensible a la profundidad | depth-sensing.
sensible a la temperatura | temperature-sensing.
sensible a las heladas (botánica) | frost-tender.
sensible a las impresiones auditivas | ear-minded.
sensible a las impresiones oculares | eye-minded.
sensible a las irradiaciones | radiation sensitive.
sensible a las variaciones del voltaje | pressure-sensitive.
sensible a los colores | color-sensitive.
sensible a los choques | impact-sensitive.
sensible a los rayos beta | beta-sensitive.
sensible al azul | blue-sensitivie.
sensible al frío | frost-tender.
sensible al infrarrojo (TV) | red-conscious.
sensible al polvo | dust-sensitive.
sensible al ritmo de variación de la carga | rate sensitive.
sensitivación (metalurgia) | sensitization.
sensitividad a los experimentos | experiment sensitivity.
sensitometría | sensitometry.
sensitometría fotográfica | photographic sensitometry.
sensitómetro | sensitometer.
sensometría | sensometry.
sensométrico | sensometrical.
sensómetro | sensometer.
sensor | feeler.
sensor biológico | biosensor.
sensor buscador del blanco (misiles teledirigidos) | homing eye.
sensor de guiado inercial | inertial guidance sensor.
sensor de guiñada (satélite) | yaw sensor.
sensor de horizonte panorámico | wide-angle horizon sensor.
sensor de la velocidad de descenso (aviones) | rate-of-descent sensor.
sensor de posición | attitude sensor | position sensor.
sensor de radiaciones | radiation sensor.
sensor de radiosonda | radiosonde sensor.
sensor de rayos infrarrojos (misiles) | infrared sensor.
sensor de rayos infrarrojos para navegación | infrared navigation sensor.
sensor de vibración | vibration sensor.
sensor del horizonte | horizon sensor.
sensor del infrarrojo | infrared-sensing device.
sensor detector | sensor.
sensor espirométrico | spirometric sensor.
sensor espirométrico de diafragma | diaphragm spirometric sensor.
sensor fotoeléctrico | photoelectric pickup.
sensor inercial | inertial sensor.
sensor lunar | lunar sensor | moon sensor.
sensor microelectrónico | microelectronic sensor.
sensor óptico | optical feeler.
sensor solar | solar sensor.
sensor terrestre austral (satélites) | south earth sensor.
sensor terrestre boreal (satélites) | north earth sensor.
sensor terrestre infrarrojo | static infra-red earth sensor.
sensores | sensors.
sensores basados en el silicio | sensors based on silicon.
sensores de infrarrojos para observación | forward looking infrared.
sensores magnéticos enterrados a intervalos para detectar el paso de vehículos (control de tránsito en carreteras) | vehicle detection loops.
sensores microelectrónicos en la tecnología de semiconductores | microelectronic sensors in semiconductor technology.
sentada (manifestación) | sit-in.
sentada (protesta social) | sit-in.
sentador de vía | tracklayer.
sentaje (minas) | downer.
sentar | seat (to) | lay down (to) | lay down (to) | sit (to) | press down (to).
sentar (contabilidad) | set down (to).
sentar (tienda de campaña, etc.) | set up (to).
sentar bien o mal (trajes) | fit (to).
sentar con la piedra (filos) | stone (to).
sentar en el diario | journalize (to).
sentar en los libros (contabilidad) | enter in the books (to).
sentar plaza | enlist (to).
sentar un precedente | establish a precedent (to) | set a precedent (to).
sentar una partida (contabilidad) | enter an item (to).
sentarse | sit down (to).
sentencia | judge's award | judgment | passing | sentence | verdict | statement.
sentencia (derecho) | decree.
sentencia (judicatura) | decision.
sentencia absolutoria | acquitment.
sentencia arbitral | arbitration award | arbitral sentence | reference.
sentencia condenatoria | condemnatory sentence | judgment of conviction.
sentencia condicionada | conditional judgment.
sentencia condicional | decree nisi | suspended sentence.
sentencia de control | control statement.
sentencia de embargo | garnishment.
sentencia de interpretación de un documento | declaratory judgment.
sentencia de la junta de apelación | judgment

of the appeal committee.
sentencia de mandato | command statement.
sentencia de muerte | death warrant.
sentencia de programa | program statements.
sentencia de un tribunal de otro estado | foreign judgment.
sentencia definitiva | final judgment.
sentencia del mismo país | domestic judgment.
sentencia del tribunal | judgement | verdict.
sentencia desestimatoria | judgment of dismissal.
sentencia desfavorable (abogacía) | adverse verdict.
sentencia dictada | decision rendered.
sentencia ejecutable | executable statement.
sentencia en favor del demandado (abogacía) | verdict of no cause of action.
sentencia en rebeldía | sentence in absentia | sentence-in absentia.
sentencia exclamatoria | exclamatory sentence.
sentencia general | general verdict.
sentencia judicial | judicial decision.
sentencia mandadora | comment statement.
sentencia modelo | model statement.
sentencia modelo (jurídico) | prototype statement.
sentencia nula | void judgment | null statement.
sentencia parcial | partial veredict.
sentencia provisional | judgment ad interim.
sentencia secundaria | junior judgment.
sentencia sumaria | summary judgment.
sentenciar | award (to) | condemn (to) | adjudge (to).
sentenciar (a muerte) | doom (to).
sentencias declarativas | declarative statements.
sentido | construction.
sentido (de una corriente) | drift.
sentido (de una curva) | hand.
sentido (navegación) | sense.
sentido crítico | judicial faculty.
sentido de giro | direction of rotation.
sentido de giro (puertas, motores, hélices) | hand.
sentido de giro de la hélice | hand of helix.
sentido de giro del motor | hand of an engine.
sentido de la aspiración | suction direction.
sentido de la corriente (hidráulica) | set.
sentido de la fuerza | sense of the force.
sentido de la presión | pressure sense.
sentido de maniobra | direction of operation.
sentido de rotación | direction of rotation.
sentido de una corriente | drift of a current.
sentido del giro | hand of rotation.
sentido del tráfico | direction of the traffic.
sentido directo | positive direction | forward direction | forward.
sentido estricto | restricted sense.
sentido literal | face value.
sentido traslaticio | transferred meaning.
sentimiento que se experimenta a veces en que se cree estar aislado de la tierra y de la sociedad humana (vuelos a altas altitudes) | breakaway phenomenon.
sentina | bilge.
sentina (buques) | sink.
sentina de la cámara de bombas | pumproom bilge.
sentina de la cámara de máquinas | engine room bilge.
sentir | feel (to).
sentir interés súbito | sit up and take notice (to).
sentir una punzada | prick (to).
seña | code.
señal | trace | speckle | imprint | print | sign | mark | marking | landmark | cognizance | signal.
señal (de dinero) | pledging.
señal (en la calle o carretera) | marker.
señal a distancia | distant signal | distance-signal.
señal a ras de tierra | flush marker.
señal abierta (ferrocarril) | blind target.
señal accionadora | impulsing signal.
señal activa | suffix signal.
señal actuante | actuating signal.
señal acústica | sound signal | acoustic signal | hearing signal | audible signal | audio-signal.
señal acústica indicando que el avión que la recibe está a rumbo siguiendo un radiohaz guiador | on-course signal.
señal acústica monotónica | monotone aural signal.
señal acústica para indicar la salida o llegada de botes con oficiales (buque de guerra) | boat gong.
señal adecuada | desired signal.
señal aleatoria fluctuante | fluctuating random signal.
señal analógica | analog signal.
señal audible | aural signal | audible signal.
señal audible de volumen controlado | volume-controlled audible signal.
señal audible mínima o nula | aural null.
señal automática | automatic signal | autosignal.
señal automática de alarma | autoalarm signal.
señal automática de estar libre (telefonía) | automatic clearance.
señal automática de fin de conversación (teléfono) | automatic ringoff signal.
señal automática final de conversación | automatic ring off signal.
señal auxiliar | pilot.
señal auxiliar de conmutación | switching pilot.
señal auxiliar de regulación | regulating pilot.
señal auxiliar de sincronización | synchronizing pilot.
señal avanzada (ferrocarril) | advance signal | distance-signal.
señal avanzada (vía férrea) | distant signal.
señal avanzada de advertencia | advanced warning sign | advance warning sign.
señal avanzada de avión indicando su situación a un aerodromo | foremarker.
señal avanzada de curva (ferrocarril) | advance turn marker.
señal avisadora en avería en la transmisión | power-failure warning signal.
señal baja (vía férrea) | pot signal.
señal casual (telecomunicación) | random signal.
señal cerrada (ferrocarril) | closed switch.
señal compensadora (TV) | shading signal.
señal compleja | multicomponent signal | sequence signal.
señal compuesta | multicomponent signal.
señal compuesta de televisión | composite tv signal.
señal compuesta de vídeo | composite video signal | composive video signal.
señal con cohetes | rocket signal.
señal con el brazo | arm signal.
señal con luz amarilla | yellow-aspect signal.
señal correctora | correcting signal | controlling signal.
señal cromática | color signal.
señal cromática de portadora (TV) | carrier color signal.
señal cronométrica | time tick.
señal de actuación | actuating signal.
señal de actuación del lazo | loop actuating signal.
señal de acuse de recepción (telecomunicación) | digit acknowledgement signal.
señal de adelanto de fase | anticipatory signal.
señal de agujas (ferrocarril) | ground signal.
señal de ajuste de imagen | phasing signal.
señal de alarma | warning signal | alarm signal | safety signal.
señal de alta frecuencia | big-frequency signal.
señal de alta intensidad de potencia | high-power-level signal.
señal de alto | stop signal.
señal de alto (estudios cine) | cut.
señal de anulación | erasure signal.
señal de aproximación | middle marker.
señal de armado | arming signal.
señal de arranque (comunicaciones) | start signal.
señal de atencióna | attention signal.
señal de audición mínima (radio) | null | minimum-strength signal.
señal de audiofrecuencia | audio signal.
señal de avance de renglón | lf signal.
señal de avería | breakdown signal | signal of ditress | trouble tone.
señal de aviso (telefonía) | offering signal.
señal de aviso audible | audible warning signal.
señal de baja frecuencia | lf signal.
señal de bandera para comunicarse con un bote | boat call.
señal de bifurcación (ferrocarril) | junction signal.
señal de bloqueo | blocking signal.
señal de borrar (telefonía) | erasure signal.
señal de brazo roto (ferrocarril) | smashboard signal.
señal de calibración | calibration signal | marker pip.
señal de cambio de dirección (coches) | turn signal.
señal de cambio de pendiente (vía férrea) | hump signal.
señal de código | code sign | code flag.
señal de comienzo | start signal.
señal de comienzo de mensaje | start-of-message signal.
señal de comienzo de registro | start-record signal.
señal de compensación de sombra | shading-compensation signal.
señal de componente única | single-component signal | single component signal.
señal de comprobación de reposición | release guard signal.
señal de comunicación | clear signal.
señal de conexión establecida (telefonía) | ringing guard signal.
señal de congestión en el equipo de conmutación | switching equipment congestion signal.
señal de contraste (joya) | hallmark.
señal de contraste de impresión | print contrast signal.
señal de control | command | control sign | controlling signal.
señal de control (telefonía) | test-busy signal.
señal de control de compuerta (electrónica) | gate control signal.
señal de corriente continua de pequeña potencia | low input-power D. C. signal.
señal de crominancia | chrominance signal.
señal de crominancia de portadora | carrier chrominance signal.
señal de cruce | crossing sign.
señal de defensa aérea | air defense warning.
señal de densidad máxima (televisión) | picture black.
señal de densidad mínima (TV) | picture white.
señal de desconexión | release signal | prefix | prefix signal.
señal de desenganche | prefix signal.
señal de despegar (aviones) | wind-up signal.
señal de despegue | dither.
señal de destellos | flashing signal | flasher.
señal de destino | destination sign.
señal de detención de registro | stop record signal.
señal de dinero | earnest | earnest money | fidelity bond.
señal de disco | disc signal.
señal de disco (ferrocarriles) | banjo signal.
señal de duración muy corta (radio) | pulse.
señal de emisión | ourgoing signal.
señal de enclavamiento (ferrocarril) | block signal.
señal de enganche de trama | framing signal.
señal de entrada | cue | input signal.
señal de entrada (ferrocarril) | home signal.
señal de entrada al limitador | limiter input signal.
señal de entrada sinusoidal | sinusoidal input.

señal de error | alarm | erase signal.
señal de error corregida eléctricamente | electrically-corrected error signal.
señal de espaciamiento (telefonía) | character space signal.
señal de espacio excesiva (comunicaciones) | space bias.
señal de estar en ruta | on course signal.
señal de exploración | driving signal.
señal de facsímile | facsimile signal.
señal de fin | end mark.
señal de fin de alarma | all-clear signal.
señal de fin de bloque | end-of-block signal.
señal de fin de comunicación | clear-forward signal.
señal de fin de comunicación (telefonía) | clear back signal | disconnect signal.
señal de fin de conversación (teléfono) | clear-signal.
señal de fin de emisión | stop-send signal.
señal de fin de marcación (telefonía) | end-of-impulsing signal.
señal de fin de selección | end of selection signal.
señal de fin de transmisión | ending sign.
señal de finalización | clear forward signal.
señal de frecuencia única | simple signal.
señal de frenado | brake signal.
señal de gestión | management signals.
señal de grupo ocupado | group engaged tone.
señal de identificación | challenge | pilot signal.
señal de identificación (telecomunicación) | pilot tone.
señal de identificación de pista (aviación) | runway designation marking.
señal de imagen | video.
señal de imagen (televisión) | vision signal.
señal de imagen (TV) | video signal | picture signal.
señal de imagen compuesta | composite picture signal.
señal de imagen con bloqueo | blanked picture signal.
señal de imagen de salida (televisión) | output video signal.
señal de impulso corto | narrow pulsed signal.
señal de impulsos | pulsed signal.
señal de información | intelligence signal.
señal de iniciación de registro | start-record signal.
señal de intensidad excesiva | space bias.
señal de interrupción (telefonía) | breakdown signal.
señal de intervalo | interval signal.
señal de intervención (comunicaciones) | forward-transfer signal.
señal de inversión de cifras (telegrafía) | figure-shift signal.
señal de inversiones a letras (teleimpresor) | letters-shift signal.
señal de invitación a repetir (telegrafía) | repeat signal.
señal de invitación a transmitir (telegrafía) | ready signal.
señal de invitación para marcar | proceed-to-send signal.
señal de línea (teléfono) | dial tone.
señal de línea libre (telefonía) | idle signal | proceed-to-dial signal.
señal de línea libre (teléfono automático) | ringing tone.
señal de línea ocupada (telefonía) | busy back.
señal de linterna (vía férrea) | pot signal.
señal de «listo» que da el aviador levantando el pulgar de la derecha | thumbs up.
señal de listo para recibir | ready-to-receive signal.
señal de luces de colores múltiples | multiaspect color-light signal.
señal de luz coloreada | color-light signal.
señal de llamada | ringing | ringing tone | ring back.
señal de llamada (buques) | signal letters.
señal de llamada (radio) | call-up.
señal de llamada (telefonía) | ring-back signal | ring-forward signal | offering signal | recall signal.
señal de llamada colectiva | collective call sign.
señal de llamada diferida | delayed ringing.
señal de llamada hacia delante (telefonía) | forward recall signal.
señal de llamada por impulsos | impulsing signal.
señal de llegada | home signal.
señal de mando | controlling signal.
señal de mando al cañón (director de tiro) | gun-order signal.
señal de mando angular al cañón (director de tiro) | gun order.
señal de maniobras (ferrocarril) | trimmer signal.
señal de marcación (telefonía) | impulsing signal.
señal de marcha | start signal.
señal de medida | measuring mark.
señal de muestreo | strobe.
señal de neutralización de ganancia | alarm inhibit signal.
señal de niebla | fog signal.
señal de niebla con alcance de 1 a 1,5 millas (costas) | major fog signal.
señal de niebla radio controlada | wireless-controlled fog signal.
señal de nivel bajo de potencia | low-power-level signal.
señal de ocupación (teléfonos) | engaged signal | busy tone.
señal de ocupación de línea (telefonía) | N. U. tone | number-unobtainable tone.
señal de onda cuadrada | square wave signal.
señal de onda reflejada desde la ionosfera | sky-wave signal.
señal de orden de destrucción de un misil | command-destruct signal.
señal de pago | payment bond.
señal de parada | stop signal | emergency danger signal.
señal de parada (trenes) | danger signal.
señal de parada absoluta | absolute stop-signal | home signal.
señal de parada de la grabación | stop record signal.
señal de paso | permissive signal.
señal de paso a nivel | highway crossing signal.
señal de peligro | signal of ditress | danger signal | distress signal.
señal de peligro (reactor nuclear) | scram signal.
señal de petición de ayuda (telefonía) | forward transfer signal.
señal de posición | position sign.
señal de posición (ferrocarril) | position-target.
señal de práctico (puertos) | pilot signal.
señal de precaución | caution sign.
señal de precaución (ferrocarril) | slowing-down signal.
señal de preferencia de paso | right-of-way signal.
señal de preparado para recibir | ready to receive signal.
señal de prepararse para el vuelo (aviadores) | ground alert.
señal de principio de comunicación | clear-down signal | clear down signal | clearforward signal.
señal de prueba | pilot signal.
señal de puesta a cero | reset signal.
señal de puesta en fase | phasing signal.
señal de punto oscuro (TV) | dark-spot signal.
señal de que ha pasado el peligro (defensa antiaérea) | white alert.
señal de realimentación procedente de la etapa de salida | feedback signal from the output stage.
señal de reconocimiento | recognition signal.
señal de recorrido (ferrocarriles) | route marker.
señal de referencia | measuring mark | reference input.
señal de referencia almacenada | stored reference signal.
señal de reflexión | catadioptre.
señal de reglaje | marking signal.
señal de regulación de tiempo | timing signal.
señal de repetición (tipografía) | ditto marks.
señal de reposo | interval signal.
señal de respuesta | answer signal.
señal de retorno | feedback signal | bakward signal.
señal de retorno de lazo | loop return signal.
señal de ruta | route marker.
señal de salida (telefonía) | outgoing signal.
señal de salida de bucle | loop output signal.
señal de salida de lectura (informática) | read output.
señal de semáforo (ferrocarril) | banner.
señal de sentido de dirección | directional signal.
señal de servicio | precedence prosign | prosing.
señal de sincronismo de color | burst.
señal de sincronización | burst signal | sync signal | phasing line | sync pulse | synchronizing signal.
señal de sincronización de color | color-sync signal.
señal de sincronización de la subportadora de crominancia | color burst.
señal de sincronización de relojes | time tick.
señál de sincronización retardada | delayed synchronization signal.
señal de socorro | distress signal.
señal de socorro lanzada con paracaídas | parachute distress signal.
señal de supresión del haz (TV) | blanking signal.
señal de supresión retardada (televisión) | delayed blanking signal.
señal de temporización | timing signal.
señal de terminación | clear forward signal.
señal de terminación de marcar | end of pulsing signal.
señal de término de conservación (telefonía) | on hook signal.
señal de término de conversación (telefonía) | on-hook signal.
señal de toma (telefonía) | catching signal.
señal de toma de línea (telefonía) | seizure signal.
señal de tráfico automática | automatic traffic signal.
señal de tramo (ferrocarril) | block signal.
señal de validación en la entrada (programadores) | start.
señal de velocidad reglamentaria | stated-speed sign.
señal de vía libre | clear-signal | freeline signal | clear signal | clearing signal | open signal.
señal de vía libre de dos luces de colores (ferrocarril) | two-aspect color-light running signal.
señal de vías de apartadero | passing siding tracks signal.
señal de vídeo | video transmission.
señal de video (TV) | video signal.
señal débil | small signal.
señal del disco (ferrocarril) | disk signal.
señal del error de convergencia (cañón) | parallax error signal.
señal del indicador del paso de planeo (aterrizajes) | glide-past-indicator signal.
señal del interior (minas) | bottom signal.
señal del lomo de asno (estación clasificación vagones) | hump signal.
señal del piloto | pilot signal.
señal del terreno | landmark.
señal desde tierra | ground signal.
señal deseada | wanted signal.
señal detectable | blip.
señal detectada por variación de la fase | phase-sensitive detected signal.
señal detonante (petardo - ferrocarril) | deto-

nator.
señal distante | distant signal.
señal distintiva (buques) | signal letters.
señal doble de radiobaliza | beacon double.
señal eléctrica | electric signal.
señal eléctrica interferente | interfering electrical signal.
señal electroaccionada | electrically-operated signal.
señal electroneumática | electropneumatic signal.
señal en escalón | step signal.
señal en la pantalla | radar tracer.
señal en rampa | linear rising signal.
señal en un haz de impulsos de radio | beam signal.
señal en vuelo a la formación | formation flight signal.
señal enana | dwarf signal.
señal entre portadoras | signal intercarrier.
señal estabilizadora | stabilizing signal.
señal estadística | random signal.
señal excitadora | driving signal.
señal extraída | extracted signal.
señal extraña que puede aparecer en algún circuito de control (misiles) | noise.
señal fantasma | ghost signal.
señal flotante tomada como punto de referencia para medir la deriva (aviación) | drift signal.
señal fluorescente | slick marker.
señal fónica | sound signal | audible signal.
señal fortuita | random signal.
señal fuerte | large signal.
señal fuerte continua | continuous loud signal.
señal fuerte y corta | short loud signal.
señal hecha con bandera | waft.
señal heterodinada | heterodyned signal.
señal heterodinante | heterodyning signal.
señal horaria | time tick | time signal.
señal horaria internacional | international time signal.
señal horaria radiotelegráfica | radio time-signal.
señal identificadora de aerodromo | aerodrome identification sign.
señal indicadora de dirección | direction signal.
señal indicadora de encendido | ignition warning light.
señal indicadora de final de conversación | clearing signal.
señal indicadora de la posición de las agujas (cambio de vía) | switch target.
señal indicadora de posición de las agujas (ferrocarril) | target.
señal inducida magnéticamente durante el sondeo para averiguar la profundidad | casing collar kick.
señal inicial de llamada (telefonía) | seizing signal.
señal internacional marítima de peligro | SOS.
señal luminosa | luminous signal | light signal.
señal luminosa de ocupación | busy flash signal.
señal luminosa en pantalla de radar | blip.
señal magnetotelúrica | magnetotelluric signal.
señal marcadora | marking impulse.
señal marcadora excesiva (comunicaciones) | mark bias.
señal modulada con frecuencia binaria | binary frequency-modulated signal.
señal moduladora | modulating signal.
señal monocroma | monochrome signal.
señal musical de identificación (estación radio) | signature.
señal musical de información (estación de radio) | signature.
señal mutilada por el ruido | noise-mutilated signal.
señal negativa de vídeo | negative video signal.
señal neumática | pneumatic signal.
señal no deseada | undesired signal.
señal numérica | number-signal.
señal numérica (código de señales) | numeral signal.
señal óptica | visible signal | visual signal.
señal óptica diurna (navegación aérea) | daymark.
señal oscilante | wigwag signal.
señal para alimentación del bucle | loop feed back signal.
señal para empezar el despeque | takeoff clearance.
señal para ir despacio (TV) | stretch.
señal para todos | general signal.
señal para transmitir (telefonía) | start-pulsing signal | start-dialing signal.
señal parásita (radio) | interfering signal.
señal parásita de baja frecuencia debida al funcionamiento defectuoso de los aparatos para sacar copias (filmes sonoros) | motor-boating.
señal perturbadora | interfering signal | corrupting signal | undesired signal.
señal pintada luminosamente | luminous-painted signal.
señal pirotécnica | flare.
señal pirotécnica luminosa | pyrotechnic colored signal.
señal portadora recuperada | recovered carrier signal.
señal preparatoria de tráfico | preparatory traffic signal.
señal próxima (ferrocarril) | home signal.
señal pulsatoria | pulsed signal | ripple signal.
señal que indica los impulsos no utilizables (lorán) | blinking.
señal que oscurece | dark spot signal.
señal que se está transmitiendo | cue light.
señal radárica de difícil determinación | phantom | ghost.
señal radioeléctrica internacional de socorro | MAYDAY.
señal recibida del aeródromo a una distancia de dos millas (aviones) | outer marker | fore-marker.
señal reflectora | reflector sign.
señal regresiva | backward signal.
señal repetida hasta acuse de recepción (telefonía) | repeated-until-acknowledged signal.
señal repetidora de la señal principal | coacting signal.
señal sin fluctuación de tensiones | jitter-free signal.
señal sin interferencias | interference-free signal.
señal sin variaciones cíclicas | jitter-free signal.
señal sincronizadora | trigger.
señal sincronizante de la imagen | picture-synchronizing signal.
señal sincronizante inyectada | injected synchronizing signal.
señal sinusoidal de llegada | sinusoidal input signal.
señal sobre la pantalla (osciloscopio) | blip.
señal sonora | sound signal | aural signal.
señal sonora de alarma | scramble.
señal subportadora de fase en cuadratura | quadrature-phase subcarrier signal.
señal supersíncrona | supersync signal.
señal telemétrica | telemetric signal.
señal televisiva de amplia banda | wideband television signal.
señal ternaria de baja disparidad (telefonía) | low-disparity ternary signal.
señal transmitida al final de cada línea para sincronizar el transmisor con el receptor (TV) | super-sync.
señal transmitida con Morse | hand-keyed signal.
señal transmitida por radio | radio signal.
señal video | vision signal.
señal video (televisión) | camera signal.
señal video (TV) | picture signal.
señal visual | visual signal.
señal visual (TV) | video signal | picture signal.
señal visual de ocupado (telefonía) | visual busy signal.
señalado con líneas | lineated.
señalador | signalman.
señalador (el que hace funcionar los discos de señales) | towerman.
señalador de recorrido | tracker.
señalamiento | pointing | reporting.
señalar | set out (to) | assign (to) | mark out (to) | mark (to).
señalar (fechas, sitios, etc.) | nominate (to).
señalar (termómetros, manómetros, etc.) | read (to).
señalar la fecha | set the date (to).
señalar viudedad | dower (to).
señalero | signalman.
señales acústicas | display.
señales aleatorias simples | single defruit.
señales automáticas para la circulación | robot traffic lights.
señales avanzadas (vía férrea) | distance signs.
señales correctoras | correcting signals.
señales de arrastre | driving signals.
señales de cambio rápido | rapidly-changing signals.
señales de compensación | compensation signals.
señales de cómputo (telefonía) | releasing.
señales de dirección (automóviles) | directionals.
señales de distribución gaussiana | random signals.
señales de entrada de pista | runway threshold markings.
señales de entrada estocástica | stochastic inputs.
señales de entrada y salida | entering and leaving signals.
señales de estación de clasificación | classification yard signals.
señales de ferrocarril | roadway signals.
señales de la vía | roadway signs.
señales de marea fósil | ripple marks.
señales de marea fósil (marinos) | ripplemarks.
señales de pruebas de inserción | insertion test signal.
señales de referencia (filmes) | pilot pins.
señales de socorro | assistance signals.
señales de tiempo rítmicas | rhythmic time-signals.
señales de ultrafrecuencia reflejadas en la luna | moon-reflected UHF signals.
señales de vídeo de crominancia | video chrominance components.
señales deformadas | glitches.
señales del servicio télex | telex service signals.
señales del tráfico | control signals.
señales dudosas (radar) | fruit.
señales eléctricas compatibles con microcomputadores | electronic signals compatible with microcomputers.
señales enclavadas | interlock signals | interlocking signals.
señales hechas reflectoras | reflectorized signs.
señales horarias (radio) | pips.
señales inestables (telegrafía) | keying chirps.
señales inestables de manipulación | keying chirp.
señales intermitentes (cruce de calles) | signal funnel.
señales luminosas | signal lights.
señales luminosas para aviación | luminous signals for planes.
señales moduladas por impulsiones y por impulsos codificados | PCM/pm signals.
señales para tráfico de carreteras | highway signs.
señales parásitas (radar) | hash.
señales parásitas de radar | radar clutter.
señales parásitas sobre la pantalla (falsos ecos - radar) | grass.
señales portadoras de información | information bearing signals.
señales radioeléctricas galácticas | galaxy radio

signals.
señales radioeléctricas inteligentes | intelligent radio signals.
señales repetidas cada séptimo de segundo (ondas reflejadas en la ionosfera) | round-the-world echoes.
señales secuenciales | sequential signals.
señales telegráficas de impulsos | start-stop telegraph signals.
señales viarias | roadway sings.
señalización | signposting | signaling | signal operation | signalling.
señalización (calles, carreteras) | signing.
señalización a distancia | telesignaling | remote signaling.
señalización acústica | acoustic signalling.
señalización armónica de telefonía | harmonic telephone ringer.
señalización automática | automatic signalling.
señalización automática de la vía | automatic railway signalling.
señalización binaria | binary signalling.
señalización combinada con telefonía | speech plus signaling.
señalización completamente electrificada | all-electric signalling.
señalización con banderas (ferrocarril) | flagging.
señalización con banderas (marina) | semaphore.
señalización con una frecuencia | single-frequency signalling.
señalización criptográfica | cryptographic signaling.
señalización de alarma | railway alarm-signalling.
señalización de carreteras | road marking line.
señalización de frecuencia vocal | voice frequency signalling.
señalización de las desviaciones | exception reporting.
señalización de onda predeterminada | predicted-wave signaling.
señalización de sección por sección | link-by-link signalling.
señalización de tierra al aire | ground-to-air signaling.
señalización dentro de banda | in-band signaling.
señalización electroneumática | electropneumatic signaling.
señalización en banda | signaling in band.
señalización en bloque | in block signaling.
señalización en circuito cerrado aumentando o disminuyendo la intensidad | closed-circuit signaling.
señalización en los pozos de extracción (minas) | shaft signalling.
señalización entre automóviles | intercar signalling.
señalización hacia atrás (telefonía) | backward signalling.
señalización hacia delante | forward signalling.
señalización manual (telefonía) | ringdown signaling.
señalización manual por CA | AC ringdown.
señalización manual por CC | DC ringdown.
señalización mecánica | power signaling.
señalización multitrama (TV) | multiraster signaling.
señalización óptica en la cabina (locomotoras) | visual cab-signaling.
señalización para tiempo de niebla | fogging.
señalización por CA (telecomunicación) | AC ringing.
señalización por canal común | common channel signalling | common channel signaling.
señalización por circuito de vía | track circuit signaling.
señalización por corriente continua | direct current signalling.
señalización por cuatro luces de colores | four-aspect color-light signalling.
señalización por frecuencias vocales | in-band signaling.
señalización por luces de color | color-light signaling.
señalización por pluricolores (ferrocarriles) | multiple-aspect signalling.
señalización por radar | radar tracking.
señalización por rayos infrarrojos | infrared signaling.
señalización por teclado | tel-touch signaling.
señalización protectora | protective signalling.
señalización seccional | sectionalized signaling.
señalización submarina | underwater signalling.
señalizador | sentinel | signaler | pathfinder | flag.
señalizador de despegues (portaaviones) | plane director.
señalizador de distancia | omnibearing distance system.
señalizador de la luz de paro (autos) | stop-light flasher.
señalizar (EE.UU.) | signalize (to).
señalizar (G.B.) | signalise (to).
señas (cartas) | address.
señas bioeléctricas | bioelectrical signals.
señas personales | description.
señor | master.
señora | dame.
señoraje (acuñación de moneda) | seigniorage.
señuelo | decoy.
sepan (Dialium spp) | sepan.
separabilidad | separability | separableness.
separable | removable | detachable.
separación | segregation | abjunction | runback | span | spacing | separating | fallaway | scission | cleaving | fence | fencing | resolution | burst | detachment | relative spacing | refection | cutting off | decollating | stripping | shutting off | severance | isolation | partition | parting | pitch | release | gap | gap | extraction | separation.
separación (electricidad) | break.
separación (metales) | elutriation.
separación (metalurgia) | sorting.
separación (minería) | parting.
separación (química) | resolution.
separación (remachado) | pitch.
separación (tejeduría) | stitching.
separación a mano | hand separation.
separación angular de las escobillas (motor eléctrico) | brush pitch.
separación cíclica del rediente del agua pero quedando la cola pegada al agua (hidros de canoa) | pattering.
separación ciclónica de polvos | cyclonic dust separation.
separación controlada por metadino (rodillos de laminadores) | metadyne-controlled screwdown.
separación de antena radiogonométrica | antenna spacing.
separación de baos | beam spacing.
separación de canales | channel separation.
separación de cojinetes (motor diesel) | span of bearings.
separación de colores | color breakup.
separación de correas | purlin spacing.
separación de fases | phase splitting.
separación de gasolina natural | gasoline extraction.
separación de guiaderas (minas) | rodding.
separación de impurezas salidas de un líquido | centrifugal clarification.
separación de isómeros | isomeric separation.
separación de isótopos | isotope separation.
separación de la capa de óxido emisiva de electrones del núcleo | cathode stripping.
separación de la corriente del borde de ataque | leading-edge flow separation.
separación de la hemoglobina de los glóbulos rojos | laking of blood.
separación de la hemoglobina de los glóbulos rojos de la sangre | laking.
separación de la parte averiada de una mercancía para no pagar derechos | garbling.
separación de la plata del oro (recuperación de metales preciosos) | parting.
separación de la propiedad en la dirección empresarial | separation of ownership and control.
separación de las asperezas | roughness spacing.
separación de las fibras a lo largo del grano (maderas) | shake.
separación de las fibras interiores por esfuerzos debidos al secado (maderas) | honeycombing.
separación de las fibras por compresión (maderas) | upset.
separación de las hojas del papel o del cartón | splitting.
separación de las paletas (turbinas) | blade pitch.
separación de las traviesas | pitch of sleepers.
separación de los álabes (turbinas) | pitch of the blades.
separación de los anillos anuales (defecto madera) | ring shake.
separación de los contactos | contact clearance.
separación de los ejes extremos (locomotoras) | total wheelbase.
separación de los ejes extremos fijos (locomotoras) | rigid wheel base.
separación de los hilos | sleying.
separación de los impulsos | pulse spacing.
separación de masas | mass separation.
separación de mensaje | separation signal.
separación de paletas (turbina vapor) | bucket spacing.
separación de partículas por cambio de dirección de su corriente | momentum separation.
separación de partículas por cedazos vibrantes | bolting.
separación de piezas que estaban reunidas | deblocking.
separación de registro | record gap.
separación de rodillos | roll space.
separación de torbellinos | vortex ventilation.
separación de uno o más pigmentos al secarse (defecto pinturas) | floating.
separación de viscosidades por cracking termico (petróleos) | visbreaking.
separación dejada después del corte | kerf.
separación del asfalto (petróleo) | asphalt stripping.
separación del hierro (pudelado) | drying.
separación del mineral por lavado sobre un plano inclinado | racking.
separación del polvo | dusting.
separación del servicio | dismissal fron the service.
separación del soluto del disolvente por extracción con otro disolvente | stripping.
separación diafónica (telecomunicación) | crosstalk isolation.
separación difusional | diffusional separation.
separación dinámica | dynamic buffering.
separación electrolítica | electrolytic parting.
separación electrolítica (de dos o más metales) | electroparting.
separación electrolítica (metalurgia) | electrolytic winning.
separación electromagnética | electromagnetic separation.
separación electrostática (minería) | high-tension separation.
separación en altitud | altitude separation.
separación en dos o más capas | lamination.
separación en hojas (geología) | sheet jointing.
separación en seco | dry separation.
separación energética (electricidad) | energy gap.
separación entre agujeros de tornillos | screw hole spacing.
separación entre archivos | file gap.
separación entre banderas (driza de señales)

| tackline.
separación entre bloques | interblock gap.
separación entre ejes acoplados (locomotoras) | driving-wheel base.
separación entre husos | spindle gage.
separación entre impulsos | pulse separation.
separación entre informaciones (registros) | gap.
separación entre líneas | row width.
separación entre líneas (tipografía) | leading.
separación entre los alambres de un peine (tejeduría) | split.
separación entre luz-sombra catódica | cathode border.
separación entre orificios | hole to hole.
separación entre registros | inter record gap | record gap.
separación entre repetidores | repeater spacing.
separación entre ventanas (edificios) | interfenestration.
separación horizontal entre el principio y fin de una pasada con el cucharón de arrastre (excavadora de cuchara de arrastre) | drag.
separación incial entre el prisionero y la superficie para que salte el arco (soldadura) | lift.
separación interlaminar | interlamellar spacing.
separación irregular | odd pitch.
separación isotópica | isotopic separation.
separación magnética | magnetic separation.
separación máxima | maximum departure.
separación mayor de una longitud de onda | larger-than-one-wavelength spacing.
separación mínima conseguida en una interceptación entre el misil y el blanco | miss-distance.
separación neta | clean separation.
separación orbital (satélites) | orbital spacing.
separación por aplicación de una fuerza explosiva de una sección de un vehículo cohético | blowoff (to).
separación por atacado (química) | separation etching.
separación por capas (soluciones) | layering.
separación por contracorriente de aire | air flotation | air separation | air classification.
separación por difusión | diffusive separation.
separación por gravedad | sorting by gravity.
separación por inercia | momentum separation.
separación por líquidos densos | heavy fluid separation.
separación por medios densos (minerales) | jigging.
separación por medios densos (minería) | heavy media separation.
separación por sílabas | hyphenation.
separación por tamaños | size separation.
separación por tobera | nozzle separation.
separación por vía seca | dry separation.
separación racial en los colegios | racial isolation in the schools.
separación silábica (fotocomposición) | hyphenation.
separación tipo | variance.
separación transversal | cross break.
separación turbulenta | turbulent separation.
separación y cruzamiento de vías (ferrocarril) | braiding.
separadamenteuno a uno | separately.
separado | loose | cutoff | separate | offprint | detached.
separado (botánica) | distinct.
separado de la carretera | off the road.
separado de la costa | offshore.
separado de las velocidades críticas | clear of critical speeds.
separado de su cargo | relieved of his position | relieved of his post.
separado del pavimento | off the floor.
separado electromagnéticamente | electromagnetically separated.
separador | spreader | spreader | standoff | insert | disconnecting | resolver | releaser | separator | limiter | packing spool | packing block | splitter | spacer.
separador (de grasas, de agua del vapor) | trap.
separador (de polvos, de vapor condensado, etc.) | catcher.
separador (electroquímica) | denuder.
separador (minas y túneles) | stretcher.
separador (persona) | sorter.
separador (pilas) | liner.
separador (prensa troqueladora) | stripper.
separador (radio) | buffer | spreader.
separador (recipiente) | disengaging drum.
separador (sierra circular) | riving knife.
separador (sistema Claude de licuación) | snow chamber.
separador antibalónico | antiballooning separator | antiballooner.
separador antibalónico (continua hilar de anillos) | separator.
separador atravesable | crossable separator.
separador balístico para clasificar el tamaño de las partículas | ballistic particle size separator.
separador basculante | tilting trap.
separador centrífugo | centrifugal separator | cyclone separator.
separador centrífugo accionado eléctricamente | centrifugal electrically-driven separator.
separador ciclón para polvos | cyclone dust separator.
separador ciclónico | cyclone separator.
separador de absorción | absorption separator.
separador de aceite | oil-separator.
separador de aceite (tuberías) | oil trap | oil arrestor.
separador de aceite o agua (tuberías de vapor, de aire comprimido, etc.) | trap.
separador de agua (tuberías de vapor o de aire comprimido) | water separator.
separador de agua al final de la tubería de aire comprimido | line-end separator.
separador de agua con flotador de bola (tubería de vapor) | ball-float steam trap.
separador de agua de cierre líquido | liquid-sealed trap.
separador de agua de cubeta abierta (tuberías de vapor o aire comprimido) | bucket trap.
separador de agua de sentina con dispositivo de retención por cierre hidráulico (buques) | liquid-sealed non-return bilge trap.
separador de agua del aire comprimido | compressed-air trap.
separador de agua y aceite | oily-water separator.
separador de agua y petróleo | oily-water separator.
separador de amplitud | amplitude separator.
separador de amplitud (televisión) | synchronizing separator.
separador de arrastre | foam catcher | entrainment separator.
separador de barras | bar spacer.
separador de cabillas | dowel spacer.
separador de capa límite (aerodinámica) | fence.
separador de caucho microporoso | microporous rubber separator.
separador de colores | color splitter.
separador de choque | baffle separator.
separador de choque (tubería vapor) | baffle-plate separator.
separador de datos | data delimiter.
separador de dientes (odontología) | jackscrew.
separador de espumas | scumboard | scum trap.
separador de extracción (reactor nuclear) | stripper.
separador de fases | phase-splitter.
separador de finos (depuración gases) | fine cleaner.
separador de frecuencias | frequency separator.
separador de gas | gas trap.
separador de gas (petróleo) | boot.
separador de gas (pozo petróleo) | gas anchor | flume.
separador de hormigón en la parte media del tablero del puente | concrete median divider.
separador de humedad | moisture separator.
separador de impulsiones | impulse separator.
separador de impurezas del líquido refrigerante | coolant separator.
separador de interferencias | buffer.
separador de isótopos | isotope separator.
separador de la abertura entre cilindros (tren de laminación) | roll loosener.
separador de los rodillos de laminar (tren de laminación) | loosener.
separador de lubricante del vapor de escape | exhaust-steam oil separator.
separador de masa virtual | virtual-earth buffer.
separador de mineral (lavadero mineral) | riffle.
separador de minerales | vanner | cobber.
separador de partículas sólidas o líquidas de los gases | demister.
separador de petróleo del agua de sentina (buques) | oily bilge-water separator.
separador de polvos | grit-separator | dust separator.
separador de registros | record separator.
separador de rejilla | gridiron separator.
separador de sincronización (televisión) | impulse separator.
separador de tintas (imprenta) | color separator.
separador de unidades | unit separator.
separador de varilla de vidrio | glass rod separator.
separador de vidrio | deglasser.
separador del agua (tuberías de vapor, de aire comprimido, etc.) | water intercepting device.
separador del aire | whizzer.
separador del escandallo | plummet release.
separador electromagnético de material radiactivo y elemento pesado | heavy element and radioactive material electromagnetic separator.
separador electromagnético de minerales | electromagnetic ore separator.
separador electromagnético de tambor | electromagnetic drum-type separator.
separador electrostático | electrostatic separator | electro-precipitator.
separador entre la imada y la anguila para que no se pegue el sebo (botadura buques) | grease iron.
separador estático por medios densos | static heavy media separator.
separador eyector | ejection trap.
separador helicoidal | spiral separator.
separador hidrostático | hydrostatic releaser.
separador hidrostático del flotador (mina submarina fondeada) | float hydrostatic releaser.
separador isotópico | calutron.
separador magnético | cobber.
separador magnético con transportador neumático graduado para elevar solamente los granos tostados de café | stoner.
separador magnético de chapas apiladas | sheet floater.
separador magnético de chapas finas de acero amontonadas | magnetic floater.
separador magnético de chapas finas del acero | riffler.
separador magnético de imanes permanentes (minería) | permanent magnetic separator.
separador magnético de impurezas del líquido refrigerante (máquina herramienta) | magnetic coolant separator.
separador magnético de isótopos | magnetic isotope separator.
separador magnético de tambor | drum-type magnetic separator.
separador magnético del líquido refrigerador de máquinas herramientas | machine-tool coolant magnetic separator.

separador magnético para minerales | magnetic ore separator.
separador magnético para virutas | magnetic chip separator.
separador magnético por vía húmeda | wet magnetic separator.
separador magnético seco de gran amperaje | high-intensity dry magnetic separator.
separador microporoso | microporous separator.
separador no sobrepasable | nonmountable separator.
separador óptico | optical separator.
separador osmótico | osmotic separator.
separador por lavado | scrubber.
separador por tamaños de partículas | particle size separator.
separador por vía húmeda | wet separator.
separador preliminar | scalper.
separador soplador de las hojas de papel (tipografía) | blower paper separator.
separador triple | tri-state buffer.
separador tubular | pipe separator.
separadora de aire | air separator.
separadora de formularios | burster.
separadora de hojas | burster.
separadora limpiadora | cleanup jig.
separadora por aire | air separator.
separadora por lavado | jib.
separados | reprint.
separados con listones (tablones cortados de un rollizo) | in stick.
separados por una plantilla | jig-spaced.
separar | cut off (to) | trap (to) | pick out (to) | cut away (to) | drive away (to) | unpack (to) | edge off (to) | sever (to) | setoff (to) | pull away (to) | pull clear (to) | partition (to) | assort (to) | segregate (to) | abjoint (to) | detach (to) | decollate (to) | separate (to) | divide (to).
separar (alguna cosa) | remove (to).
separar (papel continuo) | burst (to).
separar con un tabique | partition (to).
separar con violencia | tear (to).
separar de | split off (to).
separar de la pared con tiras los listones de enlucir | fur (to).
separar de la presidencia (sociedades) | strip of the chairmanship (to).
separar del muelle para que quepan barcazas entre el buque y el muelle | breast off (to).
separar el mineral de estaño por lavado en un cedazo de mano | dilue (to).
separar el oro de la arena lavándola | pan off (to).
separar el oro en una gamella (tierras auríferas) | pan (to).
separar en dos | part (to).
separar hacia arriba | knock up (to).
separar la troza inferior (troncos) | butt (to).
separar los cilindros (laminadores) | line up (to).
separar los cuadernales (aparejos) | overhaul (to).
separar los elementos agrupados | unpack (to).
separar los minerales | buck ore (to).
separar los torones (cuerdas) | unlay (to).
separar partículas ligeras de las pesadas por agitación en agua (minería) | jig (to).
separar por destilación | distil off (to).
separar por destilación fraccionada | fractionate (to).
separar por filtración | filtrate off (to) | filter out (to) | filtrate away (to).
separar por fusión | melt off (to).
separar por licuación | liquate out (to).
separar por precipitación | precipitate out (to).
separar por precipitación (química) | precipitate out (to).
separar por una esclusa | lock off (to).
separar por vibración y lavado (minerales) | jig (to).
separar tarjetas (informática) | fan (to).
separar un artículo para reparación o futuro manejo | backlog (to).
separarse | loosen (to) | fly off (to) | stand clear (to) | deviate (to).
separarse con la cámara tomavistas | dolly out (to).
separarse de la calidad | deviate in quality (to).
separarse de la derrota (buques) | swerve (to).
separarse de la formación (aviones) | peel off (to).
separarse de la formación (aviones en vuelo) | breakaway (to).
separarse de la ruta de otro buque | keep clear of (to).
separarse de un obstáculo | clear (to).
separarse del fondo (ancla al izarla) | break ground (to).
separarse por cristalización | crystallize out (to).
separarse por licuación | liquate out (to).
separata | reprint | separatum | separate | offprints | booklet.
separatismo | separatism.
separatista | separatist.
separativo | separative.
sepelio | burial.
sepetir (Pseudosindora spp) | sepetir paya.
sepetir (Sindora coriacea Prain) | sepetir.
sepiolita | ecume de mer | meerschaum.
septaginta (Antiguo Testamento) | septagint.
septángulo | septangle.
septava (música) | septave.
septenato | septennate.
septentrional | northern.
septete (música) | septuor.
septeto | septet.
septicemia hemorrágica del ganado | shipping fever.
septicidad | septicity.
septicoloreado | septicolored.
septilateral | seven-sided.
septillo (música) | septolet.
séptima capa electrónica que rodea a grandes núcleos atómicos | Q shell.
septimal | septimal.
septinsular | septinsular.
septivalente | heptavalent.
septo | septum.
séptulo | septulum.
sequedad (del tiempo) | dryness.
sequedad absoluta | absolute dryness.
sequedad de la atmósfera | atmosphere dryness.
sequedad de la hoja (papel) | sheet dryness.
sequedad total (química) | bone dryness.
sequeral | very dry soil.
sequía | dryness.
sequía (meteorología) | drought.
sequía absoluta | absolute drought.
sequía fisiológica | physiological dryness.
sequoia (Sequoia sempervirens) | sequoia.
sequoia gigante (Sequoia sempervirens) | wellingtonia.
sequoia rojo (Sequoia sempervirens) | redwood.
ser a propósito para | equal (to).
ser adelantado por otro buque | drop astern (to) | fall astern (to).
ser admitido | pass (to).
ser aprobado (examen) | pass (to).
ser arrastrado a la costa (marina) | embay (to).
ser arrastrado por las olas (de la cubierta de un buque) | be washed overboard (to).
ser áspero al tacto | feel rough (to).
ser autor de un crimen | connive at a crime (to).
ser autorizado por un testigo (documentos) | be witnessed (to).
ser blando al tacto | feel soft (to).
ser causante de | be to blame for (to).
ser civilmente responsable | be liable for damages (to).
ser clasificado como | rate (to).
ser compatible | consist (to).
ser cómplice | connive (to).
ser cómplice de un crimen | connive at a crime (to).
ser comprador de cobre | be in the market for copper (to).
ser coronado por el éxito | come off (to).
ser culpable del abordaje (buques) | blame for collision (to).
ser dado de alta (hospital) | be discharged (to).
ser de difícil venta | move off slowly (to).
ser de fácil venta | command a ready sale (to).
ser de repetición (reloj, fusil) | repeat (to).
ser declarado en quiebra | be adjudicated bankrupt (to).
ser desestimado en su demanda | be non-suited (to).
ser despedido | be discharged (to).
ser destituido | be discharged (to).
ser desviado de su rumbo (buques) | be driven out of her course (to).
ser divisible por | contain (to).
ser dúctil a la entalla | be notch-ductile (to).
ser duro al tacto | feel hard (to).
ser elegido diputado | get in (to).
ser espumoso (vinos) | sparkle (to).
ser estanco (barriles) | hold water (to).
ser forzado a aterrizar | be forced down (to).
ser fusilado | be shot (to).
ser herido | get clobbered (to).
ser humano | human.
ser hundido por un submarino | submarine (to).
ser igual a | equal (to) | match (to).
ser inestable | hunt (to).
ser inestable en posición adrizada (buques) | loll (to).
ser insolvente | default (to).
ser licenciado (ejército) | be discharged (to).
ser maestro en | master (to).
ser más antiguo (en grado o en antigüedad en un grado) | outrank (to).
ser más maniobrero (ejércitos) | outmaneuver (to).
ser necesario | must (verb).
ser obligatorio | bind (to).
ser obsequiado con | be presented with (to).
ser oficial (marina mercante) | walk the quarter-deck (to).
ser paralelo a | parallel (to).
ser parroquiano de una tienda | patronize a store (to).
ser pasto de las llamas | burst into flame (to).
ser preciso | must (verb).
ser puesto en libertad | be discharged (to).
ser recíproco | reciprocate (to).
ser rehabilitado (quiebras) | be discharged (to).
ser responsable de daños y perjuicios | be liable for damages (to).
ser revistados (tropas) | be reviewed (to).
ser rodeado por la niebla | be fogged in (to).
ser suave al tacto | feel soft (to).
ser suficiente | do (to).
ser superior en algo | master (to).
ser válido | hold good (to).
ser vendible | be saleable (to).
ser visible sobre la superficie del mar | watch (to).
ser volado (con explosivos) | be blown in (to).
sera | seron.
serac (glaciología) | serac.
seraya amarilla (Shorea acuminatissima - Sym.) | yellow seraya.
seraya blanca (Parashorea malaanonan) | bagtikan | seraya.
seraya Blanca (Parashorea malaanonan - Merr) | urat mata.
seraya blanca (Parashorea plicata Brandis.) | white seraya.
seraya roja (Shorea leprosula - Miq) | red seraya.
serbal | mountain ash.
serbal (Sorbius aria) | whitebeam.
serenarse (el tiempo) | abate (to).
serenata (música) | serenade.

serial (publicación seriada) | serial.
serialización | serialization.
serializador | serializer.
serializar | serialise (to).
serializar (EE.UU.) | serialize (to).
seriamente | on the level.
seríceo | silky.
sericicultura | sericiculture.
sericígeno | sericigenous.
sericitización | sericitization.
sericultor | silk producer.
serie | round | run | set | batch | train | process | array | string.
serie (de máquinas o aparatos) | range.
serie (de números) | scale.
serie (de piezas) | line | batch.
serie (ecología) | sere.
serie (fabricación de piezas) | run.
serie (geología) | sequences.
serie (matemáticas) | series.
serie (sucesión - de hechos) | chain.
serie (tren - de herramientas) | gang.
serie absoluta y uniformemente convergente | absolutely and uniformly convergent series.
serie absolutamente convergente | absolutey convergent series.
serie aleatoria (matemáticas) | statistical series.
serie aleatoria acumulada | accumulated random series.
serie alelomórfica | allelomorphic series.
serie alternada | alternating series.
serie armónica | harmonic series.
serie armónica de sonidos | harmonic series of sounds.
serie ascendente | increasing series.
serie autorregresiva | autoregressive series.
serie binómica | binomial series.
serie colateral | collateral series.
serie completa | full range.
serie con términos alternativamente positivos y negativos | alternating series.
serie condicionalmente convergente | conditionally convergent series.
serie consultiva | running series.
serie corta | short run.
serie corta de producción | short production run.
serie cronológica | time series.
serie de anuncios | chain advertisements.
serie de artículos | serial.
serie de barrenos (voladuras) | round.
serie de bits | frame.
serie de caracteres | character string.
serie de cifras | figures case.
serie de circuitos en derivación | parallel ladder.
serie de clases y frecuencias (estadística) | middle occurrence.
serie de coeficientes irracionales | irrational power series.
serie de datos | output stream.
serie de datos (información, calculadoras) | file.
serie de datos ordenados | ordered sequence or set.
serie de desintegración | serie decay | disintegration series.
serie de dígitos binarios | bit string.
serie de dimensiones | range of sizes.
serie de distribución | distribution series.
serie de estratos | series of strata.
serie de experiencias | test series.
serie de fenómenos económicos | sequence of economic events.
serie de grapas (guarnición de cardas) | nogg.
serie de herramientas | range of tools.
serie de lantánidos (química) | lanthanide series.
serie de líneas paralelas sobre la pantalla fluorescente (TV) | raster.
serie de neptunio | neptunium series.
serie de octetos | guip.
serie de ondas | ripple.
serie de oscilaciones | oscillation train.
serie de potencias | power series.
serie de preguntas | quiz.
serie de prueba (fabricaciones) | pilot run.
serie de punzones y matrices | row of punches and dies.
serie de reglaje (fabricaciones) | pilot run.
serie de resultados | output stream.
serie de símbolos | symbol string.
serie de sucesos | series of events.
serie de surcos de precisión microscópica | microscopically precise series of grooves.
serie de Taylor (álgebra) | Taylor expansion.
serie de terremoto | earthquake swarm.
serie de tests | battery of tests.
serie de tres aerofotografías en que la primera y tercera se solapan sobre la segunda | stereo triplet.
serie de variantes | variant series.
serie del actinio | actinium series.
serie descendente | descending series.
serie desordenada | orderless sequence.
serie doble | double series.
serie doble absolutamente convergente | absolutely convergent double series.
serie electro potencial | electromotive series.
serie electroquímica | electromotive series.
serie en cascada de células binarias | binary chain.
serie estadística | statistical series.
serie exponencial | power series.
serie extensa | big range.
serie geométrica | geometric series.
serie geométrica infinita | infinite geometric series.
serie heterogena | telescoped array.
serie hipergeométrica | hypergeometric series.
serie histórica | historical data.
serie ilimitada | endless series.
serie incondicionalmente convergente | unconditionally convergent series.
serie infinita | infinite series.
serie infinita convergente | convergent infinite series.
serie lagunar | gap series.
serie lentamente convergente | slowly convergent series.
serie logarítmica | logarithmic series.
serie morfotrópica | morphotropic series.
serie no absolutamente convergente | nonabsolutely convergent series.
serie nula | null string.
serie oscilante | oscillating series.
serie parafínica | paraffin series.
serie pequeña (de piezas) | limited production run.
serie períodica | recurrent series.
serie reagrupada | re-arranged series.
serie recurrente | recurrent series.
serie temporal | time series.
serie termoeléctrica | thermoelectric series.
serie trigonométrica lagunar | lacunary trigonometrical series.
serie unitaria | unit string.
serie-derivación | series-parallel.
serie-paralelo | series-parallel.
series de Fourier (matemáticas) | Fourier's series.
series normalizadas | standard ratings.
series petrográficas | petrographic suites.
series petrolíferas (geología) | oil bearing series.
series piridínicas | pyridine series.
series temporales estacionarias | stationary time series.
series terpénicas | terpene series.
serigrafía | silk screen printing.
serigrafía (tipografía) | paint process.
serigrafía electrostática | electrostatic serigraphy.
serigrafiar | serigraphy (to).
serígrafo | serigraph | serigraphist | screener.
serina | serine.
seriografía | serial radiography.
seriógrafo accionado por motor en mesa de radiodiagnósticos | motor-driven spot film.
serocultivo | seroculture.
seroja (forestal) | chips.
serología | serology.
serólogo | serologist.
serón | seron.
serón caminero | horse-pannier.
serosidad | ichor.
serpentear | serpentine (to) | wriggle (to) | yaw (to) | meander (to) | twist (to) | wind up (to) | wind (to).
serpentear (ríos, carreteras) | ribbon (to).
serpenteo | wriggling | shimming.
serpenteo (avión de gran velocidad) | snaking.
serpenteo (locomotoras) | nosing.
serpentín | coiled tube | coil | worm | worm pipe | spiral condenser | pipe coil | coil | coil condenser.
serpentín (artillería antigua) | serpent.
serpentín atemperador (del vapor recalentado) | tempering coil.
serpentín cilíndrico | cylindrical coil.
serpentín cilíndrico del enfriador | cooler coil.
serpentín cilíndrico del enfriador de aire | air cooler coil.
serpentín de agua fría | chilled-water coil.
serpentín de calefacción | heating coil.
serpentín de calefacción de hierro fundido con aletas | finned cast iron heating coil.
serpentín de calefacción de tanque (petroleros) | tank heating line.
serpentín de calefacción de tanque de carga | cargo tank heating coil.
serpentín de calefacción de tanque de petróleo (petroleros) | oil tank heating coil.
serpentín de calefacción del depurador de gasoil | diesel-oil purifier heater.
serpentín de calefacción del piso | floor-heating coil.
serpentín de cobre chapado en plomo | lead clad copper cooling coil.
serpentín de enfriamiento | cooling coil.
serpentín de enfriamiento (cerveza) | attemperator.
serpentín de enfriamiento de salmuera | brine cooling coil.
serpentín de enfriamiento y desecación | cooling and dehumidifying coil.
serpentín de expansión directa | direct-expansion coil.
serpentín de parrilla | grid coil.
serpentín de refrigeración | condenser coil.
serpentín de refrigeración del cátodo | cathode cooling coils.
serpentín del condensador del gas | gas condenser coil.
serpentín del desrecalentador | desuperheater coil.
serpentín del enfriador de aire | aircooler coil.
serpentín del evaporador de amoníaco | ammonia evaporator coil.
serpentín en que el refrigerante se evapora en los tubos | direct-expansion coil.
serpentín intercambiador de calor | reboiler coil.
serpentín interior de enfriamiento | inside cooling coils.
serpentín para el almacenamiento frío | coldstore grid.
serpentín plano | flat coil | grid coil.
serpentín plano (refrigeración) | grid.
serpentín plano de enfriamiento | cooling grid.
serpentín plano de la cámara para carga refrigerada (buques) | cooling grid.
serpentín plano de la salmuera | brine grid.
serpentín plano de tubos | pipe grid.
serpentín plano en horquilla | hairpin coil.
serpentín recalentador | reheating coil.
serpentín refrigerador | refrigerating coil.
serpentín rociado | sprayed coil.
serpentina (de papel) | serpentine.
serpentina (mineralogía) | serpentine.
serpentina de calidad de gema de color verde oscuro o grisáceo | Connemara marble.

serpentina fibrosa | chrysotile asbestos.
serpentina fibrosa de color verde-grisáceo | baltimorite.
serpentina niquelífera | nickeliferous serpentine.
serpentinas | streamers.
serpentines del evaporador | evaporator coils.
serpentinización | serpentinization.
serpentino | serpentine | winding.
serpentinoso | serpentine.
serpentón (música) | serpent.
serpentuoso (ríos) | meandering.
serpiente | serpent | snake.
serpiente de cascabel | rattler.
serpiente negra (EE.UU.) | gopher.
serpiente venenosa | poisonous snake | venomous snake.
serración (botánica, zoología) | serration.
serraciones en forma de abeto (paletas turbinas) | fir-tree serrations.
serrado | toothed.
serrado y cepillado (madera) | saw mills and wood planings works.
serraje (piel cortada en capas paralelas a la superficie) | split.
serranía | mountainous area.
serrar | saw (to).
serrar al hilo (maderas) | rip (to).
serrátiles (paletas turbinas vapor) | serrated grooves.
serratura (conjunto de los dientes de un hoja aserrada - botánica) | serrature.
serrería | lumber mill | lumber-mill | lumberyard | ridge.
serrería con galera | band sawmill.
serrería con sierra de disco | circular mill.
serrería de mármol | marble yard.
serrería mecánica | sawmill.
serreta | cavesson iron.
serreta (buques) | spar.
serreta (defecto hilos doblados) | corkscrew yarn.
serreta de bodega | sparring batten | hold batten.
serretas (buques) | cargo battens.
serretas de bodega | spar ceiling | sparring | hold sparring.
serretas de bodega (buques) | open ceiling | open sparring.
serretas del entrepuente (buques) | 'tweendeck sparring.
serrín | dust | woodflour.
serrín (perforaciones) | saw dust.
serrín basto de aserrerías | hog fuel.
serrín de corcho | cork dust.
serrín de madera | sawdust.
serrodino | serrodyne.
serrote | span-saw.
serrote de trozar | gullet saw.
serrucho | fine hand saw | handsaw | saw | sash saw.
serrucho (para mármol) | gage saw.
serrucho braguero | pit saw.
serrucho calador de metales | keyhole hacksaw.
serrucho de cajear | carcass saw.
serrucho de calar | keyhole saw | coping saw | padsaw | compass saw.
serrucho de contornear | padsaw.
serrucho de costilla | backsaw | tenon saw.
serrucho de costilla curva | skewback saw.
serrucho de doble corte | double-cut saw.
serrucho de hilar | hand ripsaw.
serrucho de lomo ahuecado | skewback saw.
serrucho de mano de dientes finos | panel saw.
serrucho de marquetería | compass saw.
serrucho de plomero | plumber's saw.
serrucho de punta | compass saw | lock saw | padsaw.
serrucho de rodear | compass saw.
serrucho de trozar | hand crosscut saw.
serrucho largo de dos manos | whipsaw.
serrucho para colas de milano | dovetail saw.
serrucho para cortar ingletes | miter saw.
serrucho para chapa ondulada | corrugated sheet saw.
serrucho para entarimar | flooring saw.
serrucho para machiembrar | dovetail saw.
serrucho para marmolista | grub saw.
serrucho pequeño de costilla | foxtail saw.
serrullado (botánica) | serrated.
servible | serviceable.
servicio | service | utility | use | duty | duty | department.
servicio (de un ejército) | branch.
servicio (organización) | authority.
servicio a domicilio | house service.
servicio a domicilio por un portador | delivery by carrier.
servicio a intervalos regulares | regular interval service.
servicio a largas distancias | long-hand service.
servicio a temperatura moderadamente baja | moderately low-temperature service.
servicio activo | active duty.
servicio activo prorrogado | extended active service.
servicio aéreo | aircraft service.
servicio aéreo comercial | merchant air service.
servicio aéreo de camión a camión | lorry-plane-lorry service.
servicio aéreo interior | domestic air service.
servicio automático | automatic working.
servicio cartográfico | ordnance survey.
Servicio Cartográfico del Ejército | Army Map Service.
Servicio Colombófilo | Pigeon Service.
servicio combinado de aeronave y ferrocarril | air-truck service.
servicio combinado de transporte de remolques carreteros por carreteras y vías fluviales (EE.UU.) | fishyback service.
servicio comercial (de un producto) | marketing.
servicio compartido | shared service.
servicio completo | close shop.
servicio comprendido | attendance included.
servicio con arrancadas frecuentes (motor eléctrico) | jogging service.
servicio con arrancadas poco frecuentes (motor eléctrico) | nonjogging service.
servicio con calado reducido (buques) | restricted-draft service.
servicio con demora (telefonía) | delay working.
servicio con el que se puede contar | dependable service.
servicio continuo | continuous duty.
servicio de actualización permanente | current awareness service.
servicio de achique (buques) | pumping service.
servicio de achique final del cargamento (petroleros) | cargo stripper service.
servicio de agotamiento | pumping service.
servicio de agrupación (transporte) | groupage service.
servicio de alarma anticarros | antitank warning service.
servicio de alquiler sin chofer (autos) | drive yourself service.
servicio de alta mar (buques) | pelagic service.
servicio de ambulancias por helicóptero | helicopter ambulance service.
servicio de aprovisionamiento de combustible | fuelling service.
servicio de arreglo de averías | breakdown service.
servicio de asesoramiento | advisory service.
servicio de asistencia forestal | forest extension service.
servicio de asistencia médica domiciliaria | casework service.
servicio de automóviles por ferrocarril | car-by-train service.
servicio de averías (telefonía) | fault complaint service.
servicio de ayuda meteorológicameteorológica | meteorological aids service.
servicio de bienestar para una emergencia | emergency welfare service.
servicio de bomberos | fire department.
servicio de buques de vela | sailing line.
servicio de búsqueda y salvamento | search and rescue.
servicio de cajas de seguridad | safe-deposit department.
servicio de cambio de bogies (vías de diferente anchura) | bogie-changing service.
servicio de campaña | field duty.
servicio de carga (buques) | freight service.
servicio de carga con pasajeros | cargo-cum-passenger service.
servicio de carga variable | varying duty.
servicio de carretera explotado por los ferrocarriles | railway operated-road services.
servicio de clase turista (aviación) | sky-coach.
servicio de clasificación de vagones por gravedad | hump service.
servicio de comida (banquetes, etc.) | catering.
servicio de comidas y bebidas | catering.
servicio de comunicaciones internacionales por impresor | international teleprinter exchange service.
servicio de conservación del suelo | soil conservation service.
servicio de contabilidad del ejército | army accounts department.
servicio de contraincendios de la defensa civil | civil defence fire service.
servicio de control del tráfico aéreo | air-traffic control service (ATC).
servicio de copias | reproduction service.
servicio de correos | postal service.
servicio de correos del ejército | army post office.
servicio de desagüe | pumping service.
servicio de detall (milicia) | executive duties.
servicio de doble tracción por cola (locomotoras) | pusher service.
servicio de documentación | documentation service.
servicio de dragado de minas | mine-clearance service.
servicio de emergencia civil de radioaficionados | radio amateur civil emergency service.
servicio de emisiones | issue department.
servicio de enclavamiento (ferrocarril) | block service.
servicio de entretenimiento | servicing.
servicio de entretenimiento (máquinas) | maintainability.
servicio de escalas fijas | point-to-point service.
servicio de escucha por radio | radio watch.
servicio de expediciones de detalle (cargas menores de un vagón - ferrocarril) | LCL service.
servicio de explotación | traffic section.
servicio de explotación (EE.UU.) | traffic department.
servicio de extensión de área | extended area service.
servicio de extensión forestal | forestry extension service.
servicio de facsímile | facsimile service.
servicio de fajina | fatigue duty.
Servicio de Faros | lighthouse Service.
servicio de fonda (buques) | catering department.
servicio de fonda (buques, ferrocarriles) | catering.
servicio de fonda en ferrocarriles | railway catering.
servicio de fotocopia | photoduplication service.
servicio de fotografía y cartografía aérea | air photographic and charting service.
servicio de fotorreproducción | photoduplication service.
servicio de guardacostas (aduanas) | preventive service.
servicio de guerra química | chemical warfare service.

servicio de helicópteros para transporte de personas | heli-bus service.
servicio de horario independiente | independent scheduled service.
servicio de horario regular | regular interval service.
servicio de iluminación de aeropuerto | airport lighting facilities.
servicio de incendios | fire brigade | fire service.
servicio de información | information service | advisory service.
servicio de información aeroterrestre | air-ground intelligence service.
servicio de información antiaéreo | antiaircraft intelligence service.
servicio de información de vuelos | flight information service.
Servicio de Información Militar | Military Intelligence Service.
servicio de información sobre el trigo | wheat information service.
servicio de intercomunicación | exchange service.
servicio de interconexión entre dos estaciones de abonados (telecomunicación) | exchange service.
Servicio de Investigación Agrícola | Agricultural Research Service.
servicio de investigación espacial | space research service.
servicio de lanzadera | shuttle.
servicio de lanzadera (entre dos sitios) | commuting service.
servicio de lanzadera (trenes, buques, etc.) | shuttle service.
servicio de lo contencioso | law department.
servicio de maniobras (ferrocarril) | switching service.
servicio de mantenimiento de la precisión | accuracy maintenance service.
servicio de mercancías | freight service.
servicio de navegación de altura (buques) | unrestricted service.
servicio de ordenación (documentación) | signalizer service.
servicio de orientación a los lectores (documentación) | reader's advisor service.
servicio de orientación profesional | occupational guidance service.
servicio de paquetes postales | parcel post.
servicio de parques nacionales | National Park Service.
servicio de pasajeros de tránsito rápido | rapid-transit passenger service.
Servicio de Patrulla Internacional para indicar icebergs peligrosos (navegación en el Atlántico Norte) | International Ice Patrol.
servicio de piezas de recambio | after sales service.
servicio de policía militar | provost duty.
servicio de posventas | after sales service.
servicio de predicción por radio (meteorología) | radio warning service.
servicio de préstamo | circulation work.
servicio de préstamos | loan service.
servicio de puntos de parada limitados | limited-stop service.
Servicio de Radio y Televisión de las Fuerzas Armadas | Armed Forces Radio and Television Service.
servicio de radiodifusión aeronáutica | aeronautical broadcasting service.
servicio de radioescucha | radio watch service.
servicio de radionavegación marítima por satélite | maritime radionavigation satellite service.
servicio de recaudación | collection service.
servicio de recepción únicamente | receive-only service.
servicio de reclutamiento | recruiting service.
servicio de recogida y reparto a domicilio | pickup service.
servicio de recortes de periódicos | clipping bureau.
servicio de remolques carreteros cargados sobre vagón-batea | piggybacking.
servicio de reparación de aparatos de radio | radio servicing.
servicio de reparación de inyectores (motores diesel) | injector reconditioning service.
servicio de reparaciones | servicing.
servicio de reproducción de documentos | documentary reproduction service.
servicio de retaguardia | rear services.
servicio de retransmisión televisiva | television relay service.
servicio de revisión | servicing.
servicio de sanidad (marina) | quarantine service.
Servicio de Sanidad Pública (EE.UU.) | Public Health Service.
servicio de sección | line service.
servicio de seguridad | security duty.
servicio de semirremolques carreteros cargados sobre vagones plataforma | piggyback.
servicio de socorro | emergency department.
servicio de socorro de la defensa civil | civil defence casualty service.
servicio de taxis aéreos | air-taxi service.
servicio de telecomunicación por teletipo | teletype writer exchange service.
servicio de telex | teleprinter service | telex service.
servicio de títulos (bancos) | securities department.
servicio de tráfico | demand working.
servicio de transbordador para remolques | fishy back.
servicio de transfusión de sangre | blood transfusion service.
servicio de transmisión visual | visual broadcast service.
servicio de transporte carretera-avión-carretera | road-air-road transport service.
servicio de transporte de ganado | cattle-carrying service.
servicio de transporte de remolques carreteros sobre vagón plataforma | T. O. F. C. service.
servicio de transporte marítimo militar | military sea transportation service.
servicio de transporte por mar a cargo de la marina de guerra | military sea transport service.
servicio de transportes militares | military traffic service.
servicio de trato con clientes | customer service.
servicio de travesías cortas (buques) | restricted service.
servicio de trenes interurbanos | intercity train service.
servicio de valoración gratuito | free valoration service.
servicio de Veterinaria de Ejército | Army Veterinary Corps.
servicio de vigilancia de aeronaves | aircraft warning service.
servicio deficiente | skimpy service.
servicio del expreso | expressage.
servicio del ferrocarril combinado en transportes | pool car.
servicio del mayorista al detallista | wholesaler's service to the retailer.
servicio destacado | detached duty.
servicio día y noche | day-and-night service.
servicio durante toda la noche | all night service.
servicio durante todo el año | all-year-round service.
servicio emisor | issuing department.
servicio en activo (milicia) | color service.
servicio en aguas tranquilas (buques) | smooth water service.
servicio en alta mar | open sea service.
servicio en campaña | field service.
servicio en comisión | detached duty.
servicio en el acto | on-the-spot service.
servicio en el Artico | artic service.
servicio en guerra | duty in war.
servicio en horas de máximo consumo | peaking service.
servicio en medios ácidos (industrias químicas) | sour service.
servicio en paz (ejército) | duty in peace.
servicio en tiempo compartido | time-sharing service.
servicio exclusivo | dedicate service.
servicio expreso | express carrier.
servicio extraordinario | extra duty.
servicio fijo de satélite | fixed satellite service.
servicio fijo de telecomunicaciones aeronáuticas | aeronautical fixed telecommunication service.
servicio fijo de televisión educactiva | instructional TV fixed service.
Servicio Fotográfico de la Inteligencia del Ejército | Army Photography Intelligence Service.
servicio fuera de la zona de combate | noncombat duty.
servicio fuera del territorio nacional | foreign duty.
servicio gentex (servicio telegráfico europeo) | gentex service.
servicio gratis | no-charge service.
servicio horario radiotransmitido | radiotransmitted time service.
servicio ininterrumpido | continuously-running duty.
servicio ininterrumpido (telefonía) | uninterrupted duty.
servicio ininterrumpido con carga intermitente | continuosly-running duty with intermittent loading.
servicio inmediato (telefonía) | demand working.
servicio intermitente | intermittent rating | intermittent duty | periodic duty.
servicio intermitente variable | variable intermittent duty.
servicio internacional de observación y comprobación de las emisiones | international frequency monitoring.
servicio interurbano | intercity service.
servicio interurbano con espera y señal (telefonía) | trunk signaling working.
servicio interurbano con selector paso a paso (telefonía) | step-by-step intertoll.
servicio irregular aéreo (sin horario establecido) | air tramping.
servicio limitado | restricted service | limited duty.
servicio mecánico (milicia) | fatigue-work | fatigue | fatigue detail.
servicio medido (telefonía) | measured service.
servicio meteorológico | weather service | weather bureau (W.B).
servicio militar | arms | camp | military duty.
servicio militar obligatorio | compulsory military service | conscription.
servicio militar obligatorio (EE.UU.) | universal military training.
servicio móvil aeronáutico | aeronautical mobile service.
servicio móvil aeronáutico por satélite | aeronautical mobile-satellite service.
servicio móvil de telecomunicaciones aeronaúticas | aeronautical mobile telecommunication service .
servicio móvil terrestre por satélite | land mobile satellite service.
servicio múltiple | plural service.
servicio nacional de sanidad | public health service.
servicio nacional de sanidad (G.B.) | National Health Service.
servicio no rentable | wasteful service.
servicio no restringido | unrestricted service.
servicio nominal | rated duty.
servicio para dejar listo un avión | line service.

servicio para observar la caída en el mar de minas arrojadas por aviones (marina) | mine-watching service.
servicio periódico | periodic duty.
servicio postal con helicópteros | helicopter postal service.
servicio preferente (comunicaciones telefónicas) | flash service.
servicio prestado | service rendered.
servicio prestado por una entidad a otra | cross service.
servicio prolongado a elevadas temperaturas | prolonged elevated-temperature service.
servicio público | public utility | public service.
servicio público de abastecimiento de agua | water utility.
servicio público de telecomunicaciones | communications common carrier.
servicio que todo lo abarca | all-embracing service.
servicio radiotelefónico | R-T service.
servicio regular de pasajeros sin escalas | nonstop scheduled passenger service.
servicio retardado (telefonía) | delay working.
servicio secundario de transportes de una línea principal | feeder.
servicio seguro | yeoman service.
servicio sin espera (teléfonos) | demand service.
servicio sólo de carga | all-freight service.
servicio técnico | engineering department.
servicio telefónico de área extendida | wide area telephone service.
servicio telefónico de intercomunicación entre coches (trenes) | intercar phones.
servicio teléfonico interior directo | direct inward dialing.
servicio teléfonico interurbano automático | direct distance dialing.
servicio telefónico sin demora | no-delay telephone service.
servicio telegráfico general | general telegraph service.
servicio télex | telex facilities.
servicio temporal | short-time duty.
servicio topográfico | ordnance survey.
servicio turístico a precio reducido | reduced fare tourist service.
servicio último llegado primero servido (telefonía) | last-come first-served service.
servicio unihorario | one-hour duty.
servicio universal de transferencia de datos | universal data transfer service.
servicio variable | varying duty.
servicios | fixtures.
servicios (de agua fría y caliente, gas, luz eléctrica, alcantarillado, etc.) | utilities.
servicios (edificios) | facilities.
servicios a través del Polo (aviación) | polar air services.
servicios aéreos de horario regular | regularly-scheduled air services.
servicios aéreos especiales (ejército) | special air services.
servicios arancelarios | tariff services.
servicios bancarios | banking services.
servicios bancarios varios | miscellaneous banking services.
servicios bibliográficos | reference services.
servicios bibliográficos en el mundo | bibliographical services throughout the world.
servicios concertados | concerted services.
servicios consorciados | pooled services.
servicios consultivos administrativos | management advisory services.
servicios cooperativos agrícolas | farmer cooperative services.
servicios de acopios | procurement.
servicios de bienestar en la empresa | plant-level welfare facilities.
servicios de bienestar y recreo del personal | special services.
servicios de carretera propiedad del ferrocarril | railway-owned road services.
servicios de cercanías (ferrocarril) | commuter services.
servicios de expediciones | distribution department.
servicios de información aeronáutica | aeronautical information services.
servicios de recepción | front office.
servicios de resúmenes | abstracting services.
servicios de transmisiones y comunicaciones | signal corps.
servicios de travesía corta (navegación) | short-sea services.
servicios del ejército | armed services.
servicios funcionales (organización del trabajo) | staff.
servicios fundamentales | key services.
servicios generales | utilities.
servicios no correspondientes a los factores productivos | nonfactor services.
servicios no esenciales | nonessential services.
servicios no jerarquizados | nonhierarchized services.
servicios ómnibus (teléfonos) | party line.
servicios orgánicos | line.
servicios para enfermos mentales | in-patient services.
servicios prestados | services rendered.
servicios públicos | utilities.
servicios públicos municipalizados | municipally owned utilities.
servicios regulares | scheduled services.
servicios transpolares (aviación) | polar air services.
servicios vitales | vital services.
servico mecánico | fatigue duty.
servido a mano | manually served.
servido por ferrocarril | rail-served.
servido por personal | crew-operated.
servido por una dotación | crew-served.
servidor | tender.
servidumbre | encumbrance | servitude.
servidumbre (de un inmueble) | appurtenance.
servidumbre (de una propiedad) | disability.
servidumbre aparente | evident easement.
servidumbre de aguas del tejado | right of drip.
servidumbre de paso | right of way | occupation road | easement of way | wayleave.
servidumbre de paso (derecho) | easement.
servidumbre de vistas | easement of lights and views | ancient lights.
servidumbre discontinua | discontinuous easement.
servidumbre implícita (contratos) | implied basements.
servidumbre individual | easement in gross.
servidumbre laboral de distancia | radius clause.
servidumbre legal | legal easement.
servidumbre o privilegio unido a una concesión | incident.
servidumbre personal | easement in gross.
servidumbre por concesión expresa | easement by express grant.
servidumbre por prescripción | easement by adverse use.
servidumbre positiva | affirmative easement.
servidumbre predial | real servitude | predial servitude.
servidumbre rústica | rural servitude.
servidumbre tácita | easement by implied grant.
servilleta de papel | plain tissue napkin.
serviola (gaviete - del ancla) | cathead.
serviola (marina) | lookout-man | lookout.
serviola del ancla | anchor beam.
serviola del tope | crow's nest.
servir | do (to).
servir como cobertura de pagos | serve as cover (to).
servir como garantía prendaria | serve as collateral security (to).
servir de guía | guide (to).
servir de guía a | pioneer (to).
servir de pauta a | guide (to).
servir un pedido | execute an order (to) | fill an order (to).
servirse de ejemplos | exemplify (to).
servo | servo.
servo giratorio | rotary actuator.
servo limitador de velocidad | velocity-limiting servo.
servo para el alerón | aileron servo.
servoaccionado | servocontrolled | servopowered.
servoaccionador | servoactuator.
servoaccionar | servooperate (to).
servoadaptador | servocoupler.
servoaleta (aviones) | servotab.
servoaleta de compensación (alerones) | servotrimming tab.
servoamplificador | servoamplifier.
servoamplificador de gran amplificación | high-gain servo amplifier.
servoamplificador electrónico | electronic servoamplifier.
servoamplificador magnético | magnetic servoamplifier.
servoamplificador magnético de respuesta rápida | fast-response magnetic servoamplifier.
servoanalizador | servoanalyzer.
servoasistido (mecanismo) | power-boosted.
servoayuda | servoassistance.
servoayudado | servoassisted.
servobalanza | servobalance.
servobomba | servopump.
servocalculador | servocomputer.
servocátodo de salida (televisión) | output cathode follower.
servocircuito | servocircuit.
servocomponentes del sistema de control del avión | aircraft control system servocomponents.
servocontrol | servocontrol | powered control | followup control.
servodino | servodyne.
servodistribuidor | servo-selector.
servoelectrónico | servoelectronic.
servoflap | servoflap.
servofreno | booster brake | servobrake | power-assisted brake system | brake booster.
servofuncionamiento | servo action.
servógrafo | servograph.
servomandado | power-controlled | power-operated.
servomando | boost system | servoactuator | servocontrol | power control | power-assisted control | heightened control | closed loop control | powering control.
servomando de la marcha atrás | reverse servo unit.
servomando para aeronaves | aircraft power control.
servomandos (aviones) | powered flying controls.
servomanipulador | servomanipulator | mechanical hand.
servomanipulador electrohidráulico | electrohydraulic servomanipulator.
servomecanismo | power control | servosystem | servomechanism | servo.
servomecanismo con amortiguamiento regulable | variably damped servomechanism.
servomecanismo con retardo de velocidad | velocity lag servomechanism.
servomecanismo con señales de entrada discontinuas | sampling servo.
servomecanismo de alta fidelidad | high fidelity servomechanism.
servomecanismo de apertura y cierre | on-off servomechanism.
servomecanismo de contactor | contactor servo.
servomecanismo de corrección definida | definite-correction servomechanism.
servomecanismo de error estático nulo | zero-static-error servomechanism.
servomecanismo de gas caliente (misiles) | hot-gas servo.
servomecanismo de guiñadas (buques) | bang-

bang servo.
servomecanismo de modo dual | dual mode servomechanism.
servomecanismo de pluricircuitos | multiloop servosystem.
servomecanismo de predición | prediction servomechanism.
servomecanismo de puntería | gunlaying servo.
servomecanismo de regulación continua | continuous-control servomechanism.
servomecanismo de regulación de la posición | position-control servomechanism.
servomecanismo de relé | relay-type servomechanism | relay servo.
servomecanismo de ruta terrestre | ground track servo.
servomecanismo de todo o nada (buques) | bang-bang servo.
servomecanismo de un circuito | single-loop servosystem.
servomecanismo del alza directora | gun-director servosystem.
servomecanismo discriminador | sampling servo.
servomecanismo electrónico de pequeña potencia | low-power electronic servomechanism.
servomecanismo hidráulico | hydraulic servosystem | hydraulic servo | hydraulic servomechanism.
servomecanismo incremental | incremental servo.
servomecanismo neumático | pneumatic servo.
servomecanismo numérico | digital servomechanism.
servomecanismo numérico de funcionamiento hidráulico | digital-hydraulic servo.
servomecanismo para comprobar que la operación telemandada ha sido ejecutada | force-reflecting servo.
servomecanismo para telecontrol de la posición | remote-position-control servomechanism.
servomecanismo pluricircuital | multiple-loop servomechanism.
servomecanismo pluridimensional | multidimensional servosystem.
servomecanismo posicional | positional servomechanism.
servomecanismo proporcional | linear servomechanism.
servomecanismo respondiente a determinadas señales | sampling servo.
servomecanismo velocisensible | speed-sensing servo.
servomecanismos | servos.
servomecanizar | servomechanize (to).
servomodulador | servomodulator.
servomotor | relay | actuator | self-energized | power-assistor | servomotor.
servomotor (electrohidráulico) | thrustor.
servomotor con control proporcional | proportional-control servo.
servomotor de arranque (máquinas) | barring engine.
servomotor de doble motor (buques) | double-engined steering gear.
servomotor de mando de la aguja | needle control servomotor.
servomotor de regulación de los álabes (turbina hidráulica) | gate servomotor.
servomotor de relé predictor | predictor-relay servo.
servomotor del deflector del chorro (rueda Pelton) | jet-deflector servomotor.
servomotor del timón (buques) | steerer | steering engine.
servomotor del timón de altura (aviones) | elevator servo.
servomotor electrohidráulico (buques) | electric-hydraulic steering gear.
servomotor electromecánico | electromechanical steering gear.
servomotor electroneumático | electropneumatic servomotor.
servomotor hidráulico | hydraulic servomotor | hydraulic servo.
servomotor hidráulico electrogobernado | electrically-controlled hydraulic servomotor.
servomotor hidráulico rotatorio de paletas (buques) | vane-type rotary steering gear.
servomotor horizontal (timón) | horizontal steering engine.
servomotor montado sobre un cohete | rocket borne servo.
servomotor multiplicador | multiplying servo.
servomotor oleohidráulico | oily servo.
servomotor teleaccionado | remote-operated servomotor.
servomultiplicador de datos discontinuos | sampling data servomultiplier.
servopistón | servopiston.
servorregulación electrónica | electronic servoregulation.
servorregulado | servocontrolled.
servorregulador | servoregulator | servogovernor.
servoscopio | servoscope.
servosimulador | servosimulator.
servosimulador electrónico | electronic servo simulator.
servosincronizador automático | synchro.
servosincronizador automático (sistema de transmisión síncrona de la casa Muirhead) | magslip.
servosincronizador para convertir voltajes que representan coordenadas cartesianas a posición de un eje y voltajes que representan coordenadas polares | resolver synchro.
servosistema | servosystem.
servosistema autoseguidor | self-tracking servosystem.
servosistema compensado bicanálico | two-channel-compensated servosystem.
servosistema con señal de error corregida | corrected error signal follow-up system.
servosistema corrector | correction servosystem.
servosistema de entrada | servo-accesss system.
servosistema de malla cerrada | closed loop servo system.
servosistema de respuesta corregida | corrected response follow-up system.
servosistema irreversible | irreversible servosystem.
servotecnia | servotechny | servosystem technics.
servotimón | servorudder.
servotrón | servotron.
servoválvula | servovalve | valve actuator.
sesgadamente | slantingly | slantwise.
sesgado | slopewise | slant | skew | skew | slanting | on the skew | on the cross | angled | on the bias | oblique | biased | aslant.
sesgado (carpintería) | awry.
sesgado (estadística) | biased.
sesgado de las ranuras | skewing of slots.
sesgadura | biasness.
sesgar | slope (to) | slant (to).
sesgo | skewness | slant | skew | lay | obliquity.
sesgo (estadística) | bias.
sesgo de ponderación (estadística) | weight bias.
sesgo de procedimiento | procedural bias.
sesgo del muestreo (estadística) | sampling bias.
sesgo en polarización de rejilla | grid bias.
sesgo por defecto (estadística) | downward-bias.
sesgo por exceso (estadística) | upward bias.
sesgo positivo | positive bias.
sésil | sessile.
sesión | proceeding | sitting | meeting.
sesión (de tribunales) | law-term.
sesión (de un tribunal) | assize.
sesión a puerta cerrada | closed session | executive session.
sesión aplazada | adjourned meeting.
sesión bursátil | stock exchange session.
sesión conjunta | joint session.
sesión constitutiva | organization meeting.
sesión constituyente | organization meeting.
sesión continua (cine) | continuous performance.
sesión continua de 24 horas | around-the-clock session.
sesión de cláusula | closing session.
sesión de la directiva (economía) | board meeting.
sesión de preguntas y respuestas | question and answer period.
sesión de todo el tribunal | sitting in bank.
sesión de trabajo (comisiones) | sitting.
sesión extraordinaria | special meeting.
sesión extraordinaria de la junta directiva | special meeting of the board of directors.
sesión inaugural | opening.
sesión ministerial | cabinet meeting.
sesión musical | exhibition.
sesión plenaria | joint session | joint meeting | plenary meeting | full session.
sesión poco movida | dull session.
sesiones de día y de noche | night and day sessions.
sesiones de trabajo | project sessions.
sesiones del tribunal que expide licencias para venta de bebidas alcohólicas (G.B.) | brewsters sessions.
sesquicentenario (150 aniversario) | sesquicentennial.
sesquiplano | wing-and-a-half plane.
sesquiplano (biplano en que un ala tiene una superficie mitad o menor que la de la otra) | sesquiplane.
seta | mushroom.
seta (pelo setáceo) | bristle.
seto | hedge.
seto muerto | dead hedge.
seto vivo | quickset | live-fence.
seudoadiabática | saturation adiabat | moist adiabat.
seudoadiabática
seudoalelo (genética) | pseudoallele.
seudoanafase | pseudoanaphase.
seudocementación (aceros) | pseudocarburizing.
seudocilíndrico | pseudocylindrical.
seudocompatibilidad | pseudocompatibility.
seudoconcordancia (geología) | disconformity.
seudocrucero | strainslip.
seudocrucero (cristalografía) | pseudocleavage.
seudocrucero (geología) | slip cleavage.
seudoescorpión heterosfironido | heterosphyronid pseudoscorpion.
seudoespacial | spacelike.
seudoesquistosidad | pseudoschistosity.
seudoesquistosidad (geología) | pseudolamination.
seudogalena | blende.
seudogamo (genética) | pseudogamous.
seudohuso | pseudospindle.
seudoinstrucción | pseudoinstruction.
seudomeiosis (genética) | pseudomeiosis.
seudometría | pseudosymmetry.
seudomonótono | pseudomonotone.
seudomorfo | pseudomorph.
seudomorfo de la goethita a partir de la pirita | pseudomorph of goethite after pyrite.
seudomorfosis (mineral) | phantom crystal.
seudónimo | pen name.
seudonódulos | pseudonodules.
seudopirámide | pseudopyramid.
seudoplástico | quasiplastic.
seudopotencial | pseudopotential.
seudoprimero | pseudofirst.
seudoquiasma | pseudochiasma.
seudorrevenido (metalurgia) | pseudotempering.
seudosolución | pseudosolution.
severa (amonestación) | stern.
severa responsabilidad | stringent liability.
severidad del efecto Bauschinger | severity of Bauschinger effect.

severidad del gradiente | gradient severity.
severidad del gradiente térmico | thermal gradient severity.
sevicia grave | extreme cruelty.
sexagesimales | astronomicals.
sexaje (zootecnia) | sexing.
sexivalente | hexavalent.
sexología | sexology.
sexólogo | sexologist.
sexta (esgrima) | sixte.
sextante | sextant | index glass.
sextante de burbuja | bubble sextant.
sextante de espejo | mirror sextant.
sextante de micrómetro | micrometer sextant.
sextante de péndulo | pendulum sextant.
sextante electrónico | electronic sextant.
sextante giroscópico | gyro-sextant | gyroscopic sextant.
sextante guardado en caja metálica | box sextant.
sextante marino | nautical sextant.
sextante periscópico | periscopic sextant.
sexteto de electrones | electron sextet.
sextrogradismo (subir por pendientes casi verticales) | sextrogradism.
séxtuplo | sixfold.
shannon (unidad de medida de la calidad de información) | shannon.
she oak (Casuarina fraseriana) | she oak.
shelterdeck (cubierta de intemperie completa con entrepuente inferior corrido con aberturas de arqueo y cuyo espacio no está incluido en el arqueo neto) | shelterdeck.
shimaye (Entandrophragma utile) | tshimaye.
shock (medicina) | shock.
shoran | shoran.
shoran (radiolocalizador de corto alcance) | short range navigation (shoran).
shunt (aparatos) | meter multiplier.
shunt (electricidad) | shunt.
shunt del aparato de medida | meter shunt.
shunt magnético | magnet-keeper | keeper | magnetic shunt | magnet keeper.
shunt no inductivo | noninductive shunt.
shunt resonante | resonating shunt.
shuntar | shunt (to).
si es necesario repítase el ajuste | if necessary repeat adjustment.
si existe | if any.
si fuese necesaria la confirmación | if confirmation were needed.
si fuese necesario | if the need arises.
si lo hay | if any.
si no | except.
si no se aprueba (sistema de enseñanza) | no pass, no fee.
si ocurriese un accidente en o cerca de un aeropuerto | should an accident occur on or near an airport .
si procede | if appropiate.
si se decidiera en un futuro próximo | should it be decided at some future date.
si se efectua tal operación | if such an operation is involved.
si se reduce la temperatura el acero se fragiliza | as temperature is reduced steel becomes brittle.
si todos los tres factores actuaran conjuntamente | if all three factors acted together.
sial (litosfera) | sial.
sialfémico (rocas ígneas) | salfemic.
siálico | sialic.
sialita (arcilla compuesta de sílice y alúmina) | siallite.
sialma | sialma.
siberiana (tejido) | duffle.
siberiana (tela lana) | duffel.
sibilancia (ionosfera) | whistler.
sibilancias | whistling atmospherics.
sibo (Sacrocephalus pobeguini) | sibo.
siclo (moneda antigua) | shekel.
sicoactividad | psychoactivity.
sicoactivo | psychoactive.
sicoacústica | psychoacoustics.
sicoanálisis | psychoanalysis.
sicoanalista | psychoanalyst.
sicoanalizar | psychoanalize (to).
sicobiografía | psychobiography.
sicobiología | psychobiology.
sicobiólogo | psychobiologist.
sicodélico | psychodelic.
sicodinámica | psychodynamics.
sicodrama | rôle-playing.
sicoeconomía | psychoeconomics.
sicoestasia | psychostasy.
sicofarmacéutico | psychopharmaceutical.
sicofarmacología | psychopharmacology.
sicofísica (ciencia) | psychphysics.
sicofísico | psychophysical.
sicofisiología | psychophysiology.
sicofonema | psychophonema.
sicogalvanómetro | psychogalvanometer.
sicogénesis | psychogenesis.
sicognosis | psychognosis.
sicointegroamperímetro | psychointegroammeter.
sicolingüista | psycholinguist.
sicolingüística | psycholinguistics.
sicolingüístico | psycholinguistic.
sicología | psychology.
sicología de la lengua | psychology of language.
sicología de la publicidad | psychology of advertising.
sicología de las masas | group psychology.
sicología de los vuelos cósmicos | cosmic flight psychology.
sicología del comportamiento | behavioristic psychology.
sicología fisiológica | physiological psychology.
sicología industrial | engineering psychology | industrial relations.
sicología militar | military psychology.
sicología preventiva | casework.
sicólogo | psychologist.
sicólogo fisiológico | physiological psicologist.
sicólogo industrial | industrial psychologist.
sicometría | psychometrics.
sicométrico | psychrometric.
sicometrista | psychometrist.
sicómetro | psychometer.
sicomotricidad | psychomotricity.
sicopatía | psychopathia.
sicopatología | psychopathology.
sicopatólogo | psychopathologist.
sicopedagogía | psychopedagogy.
sicopedagogo | psychopedagogue.
sicorreología | psychoreheology.
sicosis | psychosis.
sicosocial | psychosocial.
sicosociología | psychosociology.
sicosociólogo | psychosociologist.
sicotecnia industrial | industrial psychotechnics.
sicotecnología | psychotechnology.
sicoterapia | psychotherapy.
sicoterapia de grupo | group psychoterapy.
sicoterapia grupal | group psychoterapy.
sicotomimético | psychotomimetic.
sicotrópico | psychotropic.
sicotropismo | psychotropism.
sicrófilo | psychrophile | psychrophilic.
sicrófobo | psychrophobous.
sicrógrafo | psychrograph.
sicrometría | psychrometry.
sicrómetro | dry-and-wet-bulb hygrometer.
sicrómetro (argot).
sicrómetro (meteorología) | psychrometer.
sicrómetro de aspiración | aspirated psychrometer.
sicrómetro de aspiración accionado a mano | hand-aspirated psychrometer.
sicronizador de ciclos | cycle timer.
sicróstato | psychrostat.
sidecar (motocicleta) | sidecar.
sidéreo | sidereal | solar.
siderita | carbonate ore | brown ironstone | ironstone.
siderita antígena | anthigenous siderite.
siderita arcillosa | blond metal | clay ironstone.
siderita carbonífera | blackband.
siderita con algo de calcio | calcareous iron ore.
siderobacterias | iron bacteria.
siderófilo | siderophyllic.
siderógeno | iron-producing | siderogenous.
siderografía (arte) | siderography.
siderología
sideromagnético | sideromagnetic.
siderosis | siderosis.
sideróstato polar | polar siderostat.
siderotecnia | siderotechny.
siderotilo | siderotil.
siderurgia | siderurgy | iron and steel plant.
siderurgista (de siderurgia) | siderurgist.
sidra | cider.
sidra de segunda presión | ciderkin | water-cider.
sidra fermentada | apple-jack.
sidrería | cider-house.
siega | cropping | harvest.
siega para henificar | hay-harvest.
siembra | crop | sowing | nucleus crystal | spike enrichment | planting.
siembra (bacteriología) | insemination.
siembra (de un terreno) | seeding.
siembra (lo que se siembra) | crop.
siembra (nuclear) | spiking.
siembra a máquina | machine sowing.
siembra a voleo | sowing broadcast | broadcasting | broadcast sowing.
siembra al voleo | cast.
siembra cobertora (agricultura) | cover crop.
siembra cristalina | crystalseed.
siembra de cereales | cereal crop.
siembra de enmienda (agricultura) | repair seeding.
siembra de hoyos (agricultura) | pit-sowing.
siembra de las nubes para provocar lluvia artificial | cloud seeding.
siembra de minas | mine sowing.
siembra de nubes (lluvia artificial) | seeding of clouds.
siembra de surcos | line seeding.
siembra desde avión | aerial seeding.
siembra en amelgas | row sowing | drill sowing.
siembra en hoyos | drop drill | hole seeding.
siembra en líneas | line sowing.
siembra en superficie | plating technique.
siembra en surcos | line sowing | row sowing | drill sowing.
siembra en terrazas | terrace farming.
siembra intercalada | interseeding.
siembra intermedia de cosecha rápida | intercrop.
siembra otoñal | fall seeding.
siembra por surcos | drilling.
siembra siguiendo las curvas de nivel del terreno (agricultura) | wave bedding.
siembra sobre camellones | ridge sowing.
siembra tardía | late sowing.
siemens | MHO.
siemens (unidad de conductancia eléctrica) | siemens.
siemensio | siemens.
siempre de actualidad | obsolescence-free.
siempre disponibles en almacén | always in stock.
siempre más (música) | ever more.
siempre moderno | obsolescence-free.
siempre que | whenever.
siempre que las circunstancias sean favorables | moreover circumstances are favorable.
siempre que se cumpla con | subject to compliance with.
siempre que se pueda | insofar as posible.
siempre verde | evergreen.
sien | temple.
siena natural | raw umber.
siena tostada | burnt umber.
sienita nefelínica | nepheline syenite.
sienita neisosa | gneissose syenite.
sienogabro | syenogabbro.

sierozemo (suelos) | sierozem.
sierpe | serpent.
sierra | mountain chain | saw | range | razorback.
sierra (cordillera) | sierra.
sierra abrazadera | pit saw | long saw.
sierra adiamantada con un diamante de 1 quilate | diamond cutter with a stone of 1 ct.
sierra adiamantada de discos múltiples | multiple disk diamond sawing machine.
sierra adiamantada de periferia continua para trocear | continuous-rim diamond cut-off blade.
sierra adiamantada del ultramicrotomo | diamond ultramicrotome blade.
sierra adiamantada para cortar piedra | diamond impregnated stone cutting saw.
sierra adiamantada para cortar vidrio | diamond glass saw.
sierra adiamantada para trabajos submarinos | submarine diamond saw.
sierra al aire | pit saw.
sierra alternativa | alternating saw | reciprocating saw | gate saw | stock saw.
sierra alternativa de hojas adiamantadas | diamond bladed frame saw.
sierra alternativa de hojas múltiples | frame saw | multiblade frame.
sierra alternativa de hojas múltiples para piedra | stone gang saw.
sierra alternativa de trocear | reciprocating cross-cut saw.
sierra alternativa de trozar | crosscut saw.
sierra alternativa de varias hojas | multiple saw.
sierra alternativa mecánica para metales | power hacksaw.
sierra alternativa múltiple | deal saw.
sierra alternativa múltiple para hacer tablas | deal frame.
sierra alternativa para metales | hack saw.
sierra alternativa para trocear rollizos | log cross-cutting machine.
sierra alternativa vertical | jigsaw.
sierra articulada | jointed saw.
sierra basculable | tiltable saw.
sierra bracera | frame saw | frame bow.
sierra cabrilla | pit saw | whipsaw.
sierra caladora | coping saw.
sierra cilíndrica | crown-saw | barrel saw | tube saw | drum-saw.
sierra circular | disk saw | annular saw | buzz saw | disc saw | revolving saw.
sierra circular (joyería) | slicer.
sierra circular adiamantada en la periferia | diamond-edged circular saw.
sierra circular con carro | bolter.
sierra circular con carro movido por cremallera | rack circular saw.
sierra circular con segmentos abrasivos en su periferia | rotary segmental saw.
sierra circular de balancín | pendulum circular saw | pendulum cross-cut saw.
sierra circular de columpio | swing saw.
sierra circular de cortar metales | milling saw | slitting saw.
sierra circular de corte limpio | clean-cutting rotary saw.
sierra circular de corte por fusión por rozamiento | fusion cutter.
sierra circular de dientes adiamantados | diamond saw.
sierra circular de mesa | saw bench.
sierra circular de periferia continua adiamantada | continuous-rim diamond impregnated saw.
sierra circular de segmentos adiamantados para trabajos submarinos | submarine diamond sawing unit.
sierra circular oscilante | wobble saw | drunken saw.
sierra circular para aserrar bloques | block saw.
sierra circular para hender troncos | bolting saw.
sierra circular para metales de segmentos dentados postizos | segmental saw.
sierra circular para piedras | circular stone saw.
sierra colgante de trocear | swing crosscut saw.
sierra comba | bilge saw.
sierra con armazón | mill saw.
sierra con guía | gage saw.
sierra con sobrelomo | backed saw.
sierra cortalingotes (imprenta) | slug saw.
sierra de alambre para cortar piedra | wire stone saw.
sierra de arco | bow saw.
sierra de arco de mano no ajustable | solid hacksaw.
sierra de balancín para trocear | swing crosscut saw.
sierra de banco | bench saw.
sierra de banda | band saw.
sierra de bastidor | sweep saw | frame saw | buck-saw.
sierra de bastidor para rollizos | log frame saw.
sierra de cable para piedras | cable stone-cutting saw.
sierra de cadena | chain saw.
sierra de calar | fret saw | gig saw | scroll saw.
sierra de cantear | edging saw | edger.
sierra de cantero | quarryman's saw | stone saw.
sierra de carnicero | meat-saw.
sierra de cinta | strap saw | band | bandsaw | endless saw | ribbon saw | belt-saw.
sierra de cinta adiamantada tensada hidráulicamente | hydraulically tensioned diamond blade.
sierra de cinta de acero revestido de diamantes pequeños | diamond-coated bandsaw.
sierra de cinta horizontal | horizontal band saw.
sierra de cinta para cortar metales | metal-cutting band saw.
sierra de cinta para cortar troncos | muley saw.
sierra de cinta para metales | metal-cutting bandsawing machine.
sierra de cinta para rollizos | log band mill.
sierra de cinta que trabaja por fusión (sierra de cinta para metales) | fusion bandsaw cutter.
sierra de contonear en bisel | bevel scroll saw.
sierra de contornear | curving saw | scroll saw | jib-saw | bow saw | piercing saw | sweep saw.
sierra de cortar al hilo | cleaving-saw | ripsaw | ripper.
sierra de cortar al largo | slitting saw | slitter.
sierra de cortar en caliente (metales) | hot saw.
sierra de cortar metales por fusión por roce | metal fusion cutter.
sierra de costilla | narrow back saw.
sierra de chiquichaque | ripping saw.
sierra de descantear | edge saw.
sierra de dientes anchos | rack saw.
sierra de dientes articulados | link tooth saw.
sierra de dientes de garganta ancha | skip-tooth saw.
sierra de dientes de lobo | gullet saw.
sierra de dientes fijos | solid-tooth saw.
sierra de dientes postizos | inserted-tooth saw.
sierra de disco adiamantada | diamond disk saw.
sierra de disco de fricción (para metales) | friction disc sawing machine.
sierra de disco de fricción para metales | friction saw.
sierra de dos alambres adiamantados y retorcidos entre sí para cortar huesos (cirugía) | bone sawing wire.
sierra de engranajes de bastidor desplazable para cortar en caliente | gear-driven sliding frame hot saw.
sierra de escuadrar | equalizing saw.
sierra de esquinar | edger.
sierra de granallar | shot saw.
sierra de hender | cleaving-saw.
sierra de hender en bisel | bevel ripsaw.
sierra de hilo húmedo para cristales | wet-string crystal cutter.
sierra de joyeros | jeweller's saw.
sierra de lomo curvo | hollow-back saw.
sierra de machihembra | dovetail saw.
sierra de mango | chest saw.
sierra de mano | arm saw | handsaw.
sierra de mano para cortar mármol | grub saw.
sierra de marquetería | sweep saw | fret saw | scroll saw | inlaying saw | fret saw blade.
sierra de medio lomo | half-back saw.
sierra de pelo | wire saw.
sierra de péndulo | swing saw.
sierra de perforación | hole saw.
sierra de profundidad regulable | gage saw.
sierra de punta | fret saw blade.
sierra de rodear | sweep saw.
sierra de talar | falling saw | felling saw.
sierra de tiro | dragsaw.
sierra de trocear | cutoff saw.
sierra de trocear alternativa | drag-saw.
sierra de trocear de péndulo accionada por motor directamente | direct motor-driven pendulum cross-cut saw.
sierra de tronzar | crosscutting saw | jack saw | cross cut saw | log saw.
sierra de trozar | dragsaw | butt saw.
sierra de trozar en bisel | bevel cutoff saw.
sierra de tumba | crosscut saw | falling saw.
sierra de vaivén | jigsaw | shuttle saw.
sierra electroerosiva | electroerosive saw.
sierra elíptica | drunken saw.
sierra excéntrica | wobble saw.
sierra helizoidal (canteras) | wire saw.
sierra larga | ripsaw.
sierra levadiza | jump saw.
sierra mecánica | power saw | sawing machine | mill saw | saw engine.
sierra mecánica de trozar | dago.
sierra mecánica portátil | woodworker.
sierra múltiple | gang saw.
sierra neumática de cadena | pneumatic chain saw.
sierra para aserrar a lo largo | ripping saw.
sierra para aserrar al hilo | ripping saw.
sierra para aserrar en frío (metales) | cold-saw.
sierra para cortar a medida pilotes de hormigón | concrete pile saw.
sierra para cortar árboles | felling saw.
sierra para cortar losas de piedra | slabbing saw.
sierra para cortar metales | cold saw.
sierra para duelas | barrel saw.
sierra para hender troncos | bolter.
sierra para hormigón (pistas, etc) | concrete cutter.
sierra para ladrillos | masonry saw.
sierra para lingotes | ingot saw.
sierra para listones | lath mill.
sierra para mármol | marble saw.
sierra para metales | metal saw.
sierra para piedra | stone saw.
sierra para recepar pilotes | pile saw.
sierra para tablas | deading frame.
sierra pendular de hojas múltiples | pendular gang saw.
sierra pendular que corta durante el proceso de laminado (laminadores) | flying shear.
sierra portátil de cadena con motor de gasolina | gasoline-engined portable chain saw.
sierra ranuradora | grooving saw | slitting saw.
sierra redonda para cortar en caliente | circular hot saw.
sierra segueta | curving saw | buhl saw | span-saw.
sierra sin fin | bandsaw.
sierra sin fin para metales | endless hacksaw.
sierra topadora | butting saw.
sierra tronzadera | crosscut saw.
sierra tronzadora | bucking saw.
sierra tubular giratoria | crown-saw.
sierra vertical alternativa | alternative vertical sawing machine | timber frame.
sierra vertical alternativa de hojas múltiples | gang saw.
sierra vertical alternativa de varias hojas | log

frame | deal and flitch frame.
sierra vertical alternativa para corte de piedras | vertical stone frame saw.
sierras circulares múltiples | gang circular saws.
sifón | syphon | siphon.
sifón (cefalópodos) | funnel.
sifón (tubería sanitaria) | trap.
sifón (tuberías) | U trap.
sifón aliviadero | siphon spillway.
sifón alternante | alternating siphon.
sifón aspirador | inhalant siphon.
sifón autocebable | self-priming syphon.
sifón automático de un tanque de dosificación | dosing siphon.
sifón colector de grasas | grease trap.
sifón con orificio de limpieza | handhole trap.
sifón con tapón roscado en el fondo (plomería) | back-outlet bend.
sifón de acometida de la bajante de aguas con la alcantarilla | P-trap.
sifón de alcantarilla | gas trap | drain-trap.
sifón de cebado permanente | ever-set siphon.
sifón de depósito | gulley siphon.
sifón de descarga | discharge syphon.
sifón de descarga automática | automatic flush tank.
sifón de dos tuberías envueltas conjuntamente en hormigón | double-barrelled concrete-encased siphon.
sifón de gran carga | high-head siphon.
sifón de limpieza automática | automatic flush tank.
sifón de pie (acometida a la alcantarilla) | interceptor.
sifón del agua de condensación (tubería de vapor) | water trap.
sifón en D | d-trap.
sifón en P | P-trap.
sifón en S a 90 grados | half S trap.
sifón en U (plomería) | running trap.
sifón espumador (colada de alto horno) | skimmer.
sifón franjeado (zoología) | fringed syphon.
sifón guardaolores | stench trap.
sifón hermético de tubería sanitaria | resealing trap.
sifón inhalante | inhalant siphon.
sifón invertido | drowned level | inverted siphon.
sifón invertido (para paso de valles) | sag pipe.
sifón invertido (tuberías) | dip trap | dip pipe.
sifón invertido para agua (minas) | blind drift.
sifón neumático para trasvase de ácidos | pneumatic acid siphon.
sifón obturador (ingeniería sanitaria) | air trap.
sifón para ácidos | acid syphon.
sifón regulador de descarga | wasteway regulating syphon.
sifonación | syphoning.
sifonado | siphoning.
sifonaje | siphoning | siphonage.
sifonaje de aguas sucias al agua de abastecimiento | back-siphoning.
sifonaje de retorno | back-siphonage.
sifonamiento | siphoning.
sifonar | syphon (to) | siphon off (to).
sifonar (para descargar un líquido) | siphon (to).
sifoniforme | siphoniform.
sigilo | secretness.
sigilografía | sigillography.
sigilógrafo | sigillographist.
sigla | sigla | outline | code | acronym.
sigla evaluadora de méritos de un producto | RACER.
siglas | initials.
siglizado | siglized.
siglizar | siglize (to).
siglo | century.
sigma (espícula en forma de C) | sigma.
sigma mayúscula (tipografía) | capital sigma.
sigmatización | sigmatizing.
sigmatización (aceros) | sigmatization.
sigmatización del acero | steel sigmatization.
sigmatizar (metalurgia) | sigmatize (to).
sigmatrón | sigmatron.
signación matemática | mathematical signation.
signalético | descriptive.
signatario | signer.
signatura (imprenta, música) | signature.
signatura acústica | acoustic signature.
signatura de posición en los pliegos para que sirva de guía al encuadernarlos (libros) | bookmarker.
signatura del titular | holder's signature.
signatura temblorosa | swash buckling signature.
signética | signetics.
significación | meaningfulness | weight.
significación de las palabras | word-meaning.
significación geométrica | geometric picture.
significado (palabras) | acceptation.
significado de un discurso | drift of a speech.
significado diagnóstico | diagnostical significance.
significado e interpretación de | meaning and interpretation of.
significar | significate (to).
signo | mark | sign | virgule | token | symbol | signal.
signo (de algo) | record.
signo (de esfuerzos) | kind.
signo comercial | commercial sign.
signo convencional (imprenta) | arbitrary sign.
signo de alteración (música) | accidental.
signo de calidad | quality label.
signo de corrección (pruebas de imprenta) | proof-mark.
signo de corrección (tipografía) | mark of correction.
signo de interrogación | query.
signo de referencia | mark of reference.
signo de unión | ligature.
signo distintivo | distinguishing mark.
signo igual | like sign.
signo indicador | index | index.
signo localizante | localizing sign.
signo luminoso | illuminated sign | reflecting sign.
signo menos | minus | minus sign.
signo negativo | minus sign.
signo óptico (mineralogía) | optic character.
signo positivo | plus sign.
signo solicitando repetición (informática) | repeat sign.
signo zodiacal | zodiacal sign.
signos astronómicos | astronomical signs.
signos característicos | characteristic signs.
signos constitutivos | key-signature.
signos convencionales en un plano | infill.
signos de puntuación | punctuation marks.
signos de señalización en carreteras | highway signs.
signos diacríticos | diacritics.
signos especiales (tipografía) | auxiliaries.
signos físicos | physical signs.
signos horarios (cuadrante de reloj) | hour signs.
signos iguales | like signs.
signos neonizados | neonized signs.
signos particulares | characteristic signs.
signos premonitorios | telltale signs.
signos premonitorios de infección telltale signs of infestation.
signos utilizables (calculadora electrónica) | language.
signos visuales de defectos | visual signs of defects.
sigue (telegrafía) | MORE.
sigue a continuación (telegrafía) | will follow (W/F).
siguiendo instrucciones | doing business as (d.b.a.).
sílaba acentuada | arsis.
silabario | syllabary.
silano | silane.
silanol | silanol.
silastómero | silastomer.
silastómero catalizado | catalyzed silastomer.
silbante (sonido) | piping.
silbar | hiss (to).
silbar (balas) | zing (to) | ping (to).
silbar corto repetidas veces (locomotoras) | pop the whistle (to).
silbato | whistle.
silbato (del contramaestre) | pipe.
silbato armónico | chime whistle.
silbato de aire comprimido | air whistle.
silbato de alarma | alarm whistle.
silbato de alarma de flotador | float alarm whistle.
silbato de chimenea | air pipe.
silbato vorticial (acústica) | vortex whistle.
silbido | whistle | blast of whistle | pipe.
silbido (acústica) | hissing.
silbido (arco eléctrico) | frying.
silbido (audiofrecuencia) | hiss.
silbido (de locomotora) | hoot.
silbido (de una bala) | ping.
silbido (heterodinaje) | birdie.
silbido (radio) | howl | howling noise.
silbido (telefonía) | singing.
silbido de ojiva | nose whistler.
silbido de sonar | ping.
silbido heterodino | heterodyne whistle.
silbido parásito atmosférico (ionosfera) | whistler.
silbidos heterodinos | heterodyne whistles.
silbidos que se producen durante la propagación de ondas electromagnéticas a lo largo de las líneas del campo magnético (ionosfera exterior) | nose whistler.
silbo | pipe.
silcromo | silchrome.
silenciador | muting system | exhaust box | muffler | silencer.
silenciador (radio) | squelch circuit | squelch.
silenciador (radioteléfono) | squelch.
silenciador catalítico | catalytic muffler.
silenciador de escape | exhaust muffler.
silenciador de escape (motores) | muffler.
silenciador de escape metalizado con aluminio | aluminum-sprayed exhaust silencer.
silenciador de la admisión | intake muffler | inlet silencer.
silenciador de la admisión (motores) | intake silencer | suction muffler.
silenciador de la aspiración de aire | air silencer.
silenciador de la toma | intake muffler.
silenciador de la toma de aire | air intake silencer.
silenciador de ruidos | noise silencer.
silenciador del chorro | jet muffler.
silenciador del escape | exhaust silencing.
silenciador del filtro de aire (motores) | air filter silencer.
silenciador del filtro de toma de aire | air intake filter silencer.
silenciador integral de la exhaustación | integral exhaust silencer.
silenciador multitubular de gases de exhaustación | multitubular waste-gas silencer.
silenciamientos gubernamentales | cover-ups.
silenciar una transmisión (radio) | blackout (to).
silencio | muteness | muting | silence.
silencio epizoótico | epizootic silence.
silencioso | still | dead | noiseless.
silencioso (funcionamiento) | inaudible.
silesiana (tela de paraguas) | Silesia.
silex | silex | flint stone | flint.
sílex córneo | capel | horn flint.
sílex córneo (variedad de cuarzo) | hornstone.
silex gredoso | chalky chert.
sílex negro | rock-flint | black flint.
silex negro ferruginoso | ferruginous chert.
sílex resinita (semiópalo) | pitch-opal.
sílex tallado | chipped flint.

silicagel | silicagel | silica gel.
silicagela (absorbente) | silica gel.
silicatar | silicate (to).
silicatización | silicating.
silicato | silicate.
silicato alcalino | alkali silicate.
silicato calciomagnésico | calcium-magnesium silicate.
silicato caolinítico | kaolinitic silicate.
silicato de alúmina | alumina silicate.
silicato de alúmina coloidal (Canada) | canamin clay.
silicato de calcio celular | cellular calcium silicate.
silicato de cobre amorfo | cornuite.
silicato de etilo | ethyl silicate.
silicato de litio
silicato de litio y circonio | lithium-zirconium silicate.
silicato de potasa | soluble glass.
silicato de potasio | potassium silicate.
silicato de sodio | sodium silicate.
silicato de zinc | zinc silicate.
silicato dicálcico | dicalcium silicate.
silicato doble de cal y cobre | Egyptian blue.
silicato ferromagnésico | ferromagnesian silicate.
silicato ferroso de aluminio | aluminum ferrous silicate.
silicato sódico líquido | water glass.
silicatos complejos empleados como permutadores de iones | greensand.
sílice | silicon dioxide | silica | silex.
sílice criptodistalina | caolad flint.
sílice de hierro meteórico | asmanite.
silice estable entre 1.470 y 1.710 grados | beta cristabolite.
sílice gelatinosa | silicagel.
sílice opalina | opaline silica.
sílice vitrea | fused quartz | vitreosil.
silíceo | siliceous | flinty.
silíceo (metalurgia) | acid.
siliceobituminoso | siliceobituminous.
siliciación | siliconization | siliconizing.
siliciar | silicium plate (to).
siliciar (metalurgia) | siliconize (to).
silicificación | silicification | silification | silication | chertification.
silicificar | silicify (to).
silicio (Si) | silicon.
silicio con impurezas de boro | boron-dope silicon.
silicio de calidad apta para transistores | transistor-grade silicon.
silicio de grafitización | graphitic silicon.
silicio grafitoidal | graphitoidal silicon.
silicio homogéneo | bulk silicon.
silicio oximetálico denso | metal-thick-oxide silicon.
silicio planar | planar silicon.
silicio sobre zafiro | silicon-on-shapphire.
silicio tipo P | P-type silicon.
silicioso | siliceous.
siliciuración | siliciuration.
siliciuro | silicide.
siliciuro de bario | barium silicide.
siliciuro de carbono | silicized carbon.
siliciuro de molibdeno rico en boro | boron-rich molybdenum silicide.
siliciuro de niobio | niobium silicide.
silicocalcio | silicocalcium.
silicocarburo | silicocarbide.
silicocromo | silicochromium.
silicofluoruro de cobalto (cerámica) | cobaltous silicofluoride.
silicofluoruro de zinc | zinc silicofluoride.
silicofosfato | silicophosphate.
silicomanganeso | silicomanganese.
silicona | silicone.
silicona amorfa | amorphous silicone.
silicona celular | silicone foam.
silicona gelificada con jabón | soap-gelled silicone.
silicona resinosa | resinous silicone.
siliconado | siliconized.
siliconas | silicones.
siliconas laminadas | silicone laminates.
silicónico | silicone.
silicosis | silicosis | grinder's rot | grinder's disease.
silicosis (asma de los mineros) | silicosis.
silicotel | silicotel.
silicotuberculosis | silicotuberculosis.
silicua (zoología) | shell.
silky oak de Australia (Cardwellia sublimis | silky oak.
silky oak rosado de Australia (Orites excelsa) | southern silky oak.
silo | silo | bin.
silo aspirador de cereales | suction elevator.
silo con elevador neumático | elevator.
silo de aluminio | aluminum silo.
silo de arcos de hormigón pretensado | prestressed-concrete arched silo.
silo de cereales con elevador | grain elevator.
silo de hormigón armado para cereales | concrete grain silo.
silo de hormigón pretensado | prestressed-concrete silo.
silo de lanzamiento | launch silo.
silo de paredes arriostradas | braced wall silo.
silo de patatas | clamp.
silo exagonal | hexagonal bin.
silo mecánico | elevator.
silo mecánico para almacenar cereales | grain-storage elevator.
silo metálico (cereales) | metal bin.
silo monocelular | single-cell silo.
silo multicelular | multicell silo.
silo para cemento | cement silo.
silo para cereales | elevator | grain silo.
silo para el barro (fábrica de cemento) | clay slurry silo.
silo para forraje | fodder silo.
silo para menas | ore silo.
silo para mezcla de carbones | coal-blending bunker.
silo para tratamiento de cereales averiados | hospital elevator.
silo pluricelular | many-cell silo.
silo pluricompartimentado | multicompartment bin.
silo subterráneo | underground silo.
silo temporal | clamp.
silogismo | syllogism.
silogismo cornuto | horned syllogism.
silomelana | black iron ore | psilomelane.
silos para forraje | feed silos.
silos para granos de madera contrachapada | plywood grain silo.
siloxeno
silueta | profile | skyline | shadowgraph | silhouet | silhouette | outline.
silueta (de un objeto) | figuration.
silueta amplificada | magnified silhouette.
silueta baja | low silhouette.
silueta borrosa (por la niebla, etc) | loom.
silueta de avión visto de costado | passing flight.
silueta de identificación | identification silhouette.
silueta de la costa vista desde el mar | coast line | coastline.
silueta de la sombra arrojada | shadow silhouette.
silueta vista desde abajo (aviones) | overhead flight.
siluetador | profilist.
siluetar | outline (to) | silhouette (to).
siluetar para destacar del fondo (fotografía) | blockout (to).
siluetear | silhouette (to).
siluetista | silhouettist.
siluetógrafo (amplificador óptico) | shadowgraph.
siluminio | silumin | alpax.
silvania | yellow tellurium.
silvanita | white tellurium | graphic gold.
silvatrón | sylvatron.
silver ash (Filindersia schottiana) | cudgerie.
silver ash (Flindersia bourjotiana) | silver ash.
silverballi (Nectandra spp) | silverballi.
silvestre | feral.
sílvica | silvics.
silvicida | silvicide.
silvícola | silvicolous.
silvicultor | silviculturist | forester.
silvicultura | forestation | forestry | forest-culture | silviculture.
silvicultura de regeneración | regeneration silviculture.
silvicultura esteparia | steppic silviculture.
silvicultura industrial (botánica) | industrial forestry.
silviquímica | silvichemistry.
silla | chair | seat.
silla (garganta entre dos anticlinales) | saddle.
silla (geología) | upfold.
silla (zoología) | saddle.
silla de amazona (para cabalgar) | sidesaddle.
silla de caldera de locomotoras | locomotive saddle.
silla de campana (plomería) | saddle hub.
silla de corneta (para cabalgar) | sidesaddle.
silla de la caja de humos | smokebox saddle.
silla de los cilindros (locomotora de vapor) | saddle.
silla de montar | saddle.
silla de montar reglamentaria | army saddle.
silla de rejilla | cane chair.
silla de respaldo alto | high-backed chair.
silla de ruedas | wheelchair.
silla de tijera | camp-chair.
sillar | work stone | building stone | dressed stone | filler.
sillar (muros) | bed-stone.
sillar (piedra de sillería) | broadstone.
sillar cilíndrico de columna | assize.
sillar de apoyo del tejuelo (esclusas) | pivot stone | pintle stone.
sillar de arranque (arcos) | kneeler.
sillar de esquina | quoin-stone.
sillar de esquina (construcción) | mock bond stone.
sillar de esquina (muros) | mock bondstone.
sillar de soga o tizón en un hueco | rybat.
sillar de traba (muros) | joggle-joint.
sillar desbastado | nigged ashlar.
sillar desbastado en basto | quarry-faced stone.
sillar en basto | common ashlar.
sillar en bruto | bastard ashlar.
sillar en tosco | common ashlar.
sillar labrado | dressed ashlar | cut stone.
sillar labrado a medidas | dimension stone.
sillar que se labra después de colocado en obra | bossage.
sillarejo | block-in-course | dressed stone | ashlar.
sillarejo con la cara vista mostrando la roca original | rock-faced stone.
sillarejo desbastado | boasted ashlar.
sillarejo sin labrar | rough ashlar.
sillería | dressed stone | masonry | set of chairs.
sillería (obra hecha) | ashlar work | ashlar masonry.
sillería almohadillada | bossage | rusticated ashlar.
sillería aplantillada (muros) | backsetting.
silleria coral | stalls.
sillería de juntas horizontales discontinuas | broken ashlar.
sillería en que el paramento sobresale de las juntas | rusticated ashlar.
silleta (hilatura) | saddle.
silleta (para ejes) | hanger.
silleta colgante (talleres) | pendant bracket.
silleta colgante (transmisión techos de talleres) | pendent bearing.
silleta de anclaje (puente colgante) | anchorage saddle.
silleta de apoyo (ejes transmisión) | saddle.

silleta de apoyo del cable (pila puente colgante) | cable saddle.
silleta de columna (ejes de transmisiones) | post hanger.
silleta de consola (línea de ejes suspendida-talleres) | bracket hanger.
silleta de cuello de cisne (talleres) | J-hanger.
silleta de piso (para ejes transmisiones) | floor hanger.
silleta de presión | pressure saddle.
silleta de rectificar | grinding saddle.
silleta de suspensión (transmisiones talleres) | drop hanger.
silleta de techo (transmisiones talleres) | drop hanger.
silleta de transmisión (colgada del techo) | shaft-hanger.
silleta del depósito de aire | air drum saddle.
silleta para poleas (talleres) | pulley hanger.
silleta puente (hilatura) | jump saddle.
silleta suspendida | bearing-hanger.
sillico | commode.
sillimanita | sillimanite.
sillín (bicicleta) | seat.
sillín (bicicleta, moto, etc.) | saddle.
sillón | armchair.
sillón de Bárány (pruebas de vértigo) | Barany chair.
sillón de cajón | box-ottoman.
sillón de electrocución | electric chair.
sillón del alcalde | mayoralty seat.
sillón forrado de cuero | hide-covered chair.
sillón inclinable de orejetas (aviones) | sleeperette.
sillón tapizado en cuero | leather upholstered armchair.
sima | abysm | ULF.
sima (profundidad de unos 100 kilómetros - geología) | sima.
simbionte | symbiont.
simbiosis | symbiosis.
simbiótico | symbiotic.
simbólico (estilo) | figurative.
simbolismo | symbolism.
simbolista | symbolist.
simbolizar | figure (to).
símbolo | label | symbol.
símbolo alquimicorreligioso | alchemico-religious symbol.
símbolo cursor | cursor symbol.
símbolo cursor destructivo | destructive cursor.
símbolo de bifurcación | connector.
símbolo de código | code figure.
símbolo de decisión en un organigrama | choice box.
símbolo de garantía de que el producto ha sido elaborado de acuerdo con la Norma Británica adecuada (G.B.) | kite mark.
símbolo del potencial de óxido-reducción | rH.
símbolo del status personal | status symbol.
símbolo indicador de final | flag.
símbolo internacional | international symbol.
símbolo lógico | logic symbol.
símbolo social | status symbol.
simbología | symbology.
simbología gestual | gesture symbology.
simbólogo | symbologist.
símbolos cartográficos | map symbols.
símbolos taquigráficos | stenographyc symbols.
simetría (matemáticas) | reflection.
simetría a espejo | mirror-symmetry.
simetría acentual | accentual symmetry.
simetría antiprismática | antiprism symmetry.
simetría aritmética | arithmetric symmetry.
simetría asimétrica (sistema triclínico) | pedial simmetry.
simetría biesfenóidica | bisphenoidal symmetry.
simetría binaria | twofold symmetry.
simetría cuaternaria | fourfold symmetry.
simetría de doblete | doublet symmetry.
simetría del cristal | crystal symmetry.
simetría disdodecaédrica (cristalografía) | dyakisdodecahedral symmetry.
simetría ditrigonal ecuatorial | ditrigonal equatorial symmetry.
simetria dodecaédrica pentagonal tetraédrica | tetrahedral pentagonal dodecahedral symmetry.
simetría esfenóidica tetragonal | tetragonal bisphenoidal symmetry.
simetría especular | mirror-symmetry.
simetría helicoidal | helicoidal symmetry.
simetría hexaquisoctaédrica | hexoctahedral symmetry.
simetría hexaquistetraédrica | hexatetrahedral symmetry.
simetría icositetraédrica | icositetrahedral symmetry.
simetría icositetraédrica pentagonal | pentagonal icositetrahedral symmetry.
simetría n-gonal | n-gonal symmetry.
simetría por reflexión (geometría) | mirror symmetry.
simetría radial | radial symmetry.
simetría simpléctica | symplectic symmetry.
simetría tetragonal antiprismático | tetragonal antiprism symmetry.
simetría unitaria | unitary symmetry.
simétrico (balaustres) | double-bellied.
simétrico (electricidad) | push-pull.
simetrización | symmetrization.
simetrizador | balun.
simetrizador (transformador) | balum.
simetrizar | simmetrize (to).
simetrón | symetron.
simiente | seed.
simiente (gusano de seda) | grain.
simiente de gusano de seda | graine.
simiente de ricino | oilseed.
simiente del gusano de seda | silk seed.
simiente sana | healthy seed.
similar en grado (ejército, marina) | opposite number.
similcuero | leatheroid | leatherette.
similicuero | imitation leather.
similor | imitation gilt | low brass | ormolu | near gold.
simpatía de varios órganos (fisiología) | consensus.
simpiezómetro | sympiezometer.
simple | mere.
simple marinero | foremast seaman.
simplemente conexa | simply connected.
simplex | simplex.
simplex canónico | standard simplex.
simplex por canal adyacente | adjacent channel simplex.
simplexo | simplex.
símplices | simplexes.
simplicial (topología) | simplicial.
simplicidad | simplicity.
simplicidad inherente | inherent simplicity.
simplificación | savings | minimizing.
simplificación del trabajo | work simplification.
simplificado | shortcut.
simplificar | alleviate (to).
simplismo | simplism.
simpoh (Intsia bakeri) | simpoh.
simposiasta | symposiast.
simposio | symposium.
simposios | symposiums.
simposium patrocinado conjuntamente por | symposium sponsored jointly by.
simulación | simulation | simulation | spoofing.
simulación de depósito de petróleo | petroleum reservoir simulation.
simulación de fenómenos fisiológicos (informáticos) | physilogical phenomena simulation.
simulación de gestión | business game.
simulación de la guerra | war game.
simulación de la navegación interplanetaria | simulation of interplanetary navigation.
simulación de los órganos de entrada | simulation of input device.
simulación de movimiento | motion simulation.
simulación de vibraciones torsionales | simulation of torsional vibrations.
simulación de vuelco en mar gruesa (buques) | simulation of capsizing in heavy seas.
simulación del mar (cine) | gymbol.
simulación del vacío cósmico | space vacuum simulation.
simulación por red aleatoria | random-net simulation.
simulación sísmica | earthquaque simulation.
simulacro | mock battle | sham.
simulacro aéreo | airy mockery.
simulado | dummy | false.
simulado (facturas, ventas) | fictitious.
simulado (ventas) | wash.
simulador (aparato para enseñanza espacial) | simulator.
simulador analógico | analog simulator.
simulador de | simulator.
simulador de defectos visuales | optical malingerer.
simulador de fila de espera | queueing simulator.
simulador de imágenes para televisión | television imagery simulator.
simulador de impulsos | pulse simulator.
simulador de irregularidades superficiales de carreteras | road simulator.
simulador de pilotaje (aviación) | link trainer.
simulador de radiación | radiating simulator.
simulador de reactor | reactor simulator.
simulador de ruidos | noise simulator.
simulador de una enfermedad | malingerer.
simulador de vuelo | link-trainer.
simulador de vuelo automático para la aproximación de aterrizaje | automatic landing-approach flight simulator.
simulador de vuelo pilotado | piloted flight simulator.
simulador de vuelos | synthetic trainer.
simulador de vuelos (aparatos) | flight simulator.
simulador del fogonazo del cañón | gunflash simulator.
simulador digital de vuelo | digital flight simulator.
simulador electrónico | electronic simulator.
simulador electrónico analógico | electronic analog simulator.
simulador tripulado | manned simulator.
simulante | simulant.
simulantes de diamantes | diamond substitutes.
simular | pretend (to).
simulativo | simulative.
simúlido | black fly.
simultáneamente | concurrently.
simultanear | overlap (to).
simultáneas | spool.
simultaneidad | simultaneity | simultaneousness | togetherness.
simultaneidad de ejecución | overlapping.
simultáneo | simultaneous | concurrent.
simultáneo (informática) | parallel.
sin | free from | ex.
sin abertura de respiro (acumuladores) | nonvented.
sin abolladuras | dintless.
sin abonar en cuenta | without crediting.
sin acabar | rough.
sin ácido | acid free.
sin aditivos (resinas) | unfilled.
sin adornos | untrimmed.
sin adornos (paredes) | naked.
sin adrales (carruajes) | railless.
sin afirmar (carreteras) | unimproved.
sin afloramientos (filones) | blind.
sin aguas (joyería) | byewater.
sin alabeo | twistless.
sin alabeo (madera) | square edged.
sin alas | wingless.
sin alas (sombreros) | rimless.
sin aletas (cilindros, etc.) | not-ribbed.
sin alimentos | foodless.
sin alma | coreless.
sin apéndices (pruebas de modelos en el canal

hidrodinámico) | naked.
sin apéndices aliformes (botánica) | exalate.
sin apéndices en el canal | tank-naked.
sin apoyo | unsupported.
sin apresto (no encolado) | undressed.
sin apresto (papel) | unsized.
sin apretarse | without squeezing.
sin aprobación de los aseguradores | unlabeled.
sin árboles | naked.
sin arcilla | clayless.
sin aristas | edgeless.
sin armadura exterior (cable eléctrico) | unarmored.
sin arraigada (buques) | eyeplateless.
sin articulaciones | hingeless | nonhinged.
sin atomosféricos (radio) | staticsless.
sin avería | sound.
sin averías | undamaged.
sin aviso | without notice.
sin ayuda | naked.
sin baranda | railless.
sin barandilla | railless.
sin billetes | booked to capacity.
sin bisagras | hingeless.
sin blanquear | unbleached.
sin bomba de vacío (rectificadores de vapor de mercurio) | pumpless.
sin bonificación por tiempo ganado en la carga o descarga (fletamientos) | free dispatch.
sin bordes | rimless.
sin borra | lintfree.
sin brillo (luz) | muddied.
sin canales resiniferos (botánica) | evittate.
sin cancelar | unpaid.
sin cantos vivos | edgeless.
sin capacidad (electricidad) | noncapacitive.
sin carácter oficial | off the record.
sin carga | stressless | on no load.
sin carga (motores) | at no load.
sin carga (resinas) | unfilled.
sin carga explosiva interior (proyectil) | lighted.
sin cargar en cuenta | without charging.
sin cargas | unemcumbered.
sin cartucho (fusibles) | tubeless.
sin cascarilla de laminación | clean.
sin catalogar | unused.
sin categoría (destinos) | ungraded.
sin cateterismo (medicina) | tubeless.
sin cédula de empadronamiento | no registration number for gross mercantile income tax purposes.
sin cenizas | ashless.
sin cepillar (madera) | rough | unplaned.
sin cepo (anclas) | self-stowed.
sin cepo (anclas buques) | self-stowing.
sin cepo (anclas de cepo) | ex stock.
sin ceremonia | informal.
sin cerner | unbolted.
sin cesar | on and on | still.
sin cifrar (telegramas) | in plain language | in plain.
sin clasificar | ungraded.
sin cohesión | cohesionless.
sin cohesión (terrenos) | loose.
sin columnas | astylar.
sin coma (óptica) | isoplanatic.
sin combustible | zero fuel.
sin compromiso (comercio) | without obligation.
sin compromiso (ofertas, precios, medidas, etc) | not binding.
sin compromiso de aceptar la oferta más barata o cualquier otra | no pledge is given to accept the lowest or any tender.
sin compuertas | ungated.
sin concrete (cadenas) | studless.
sin condensador en paralelo (electricidad) | unbypassed.
sin conducto | ductless.
sin conexión a masa | ungrounded.
sin conexión con tierra (electricidad) | nongrounded.
sin consideración a | irrespectively of | irrespective of.
sin consignar (fondos) | unappropriated.
sin contacto con materiales radiactivos (laboratorios) | cold.
sin contacto radar | clara.
sin contar con | irrespective of.
sin contraste (fotografía) | low key.
sin controlar | unverified.
sin correcciones (tipografía) | clean.
sin correcciones (tiro artillería) | pointblank.
sin corregir (nivel, etc.) | unadjusted.
sin corriente (electricidad) | currentless | off | dead.
sin corteza (árboles) | under bark.
sin cráteres al final del cordón (soldaduras) | crater-free.
sin cristales | unglazed.
sin cubierta | undecked.
sin cumplimentar (órdenes) | unsatisfied.
sin cupón | ex dividend | ex-coupon.
sin curso legal (monedas) | currentless.
sin curtir (en bruto - pieles) | green.
sin curtir (pieles) | fresh.
sin chaflán (imprenta) | abutted.
sin chavetero | keyless.
sin deducir los impuestos | before taxes.
sin defecto | unblemished.
sin defectos | free from defects | free from flaws | free of defects | blemish-free | sound | defectless | trouble-free | unfaulty.
sin defectos (piezas) | faultless.
sin defensa | naked.
sin demora | forthwith.
sin depurar | raw.
sin derecho a voto | nonvoting.
sin descomponer | undisturbed.
sin descortezar | unpeeled.
sin desintegrar (nucleónica) | undecayed.
sin deslizar | without slipping.
sin desmontar de su sitio | in place.
sin despachar | in bond.
sin desviación de la vertical (perforación de pozos petroleros) | straight.
sin detenerse | without a stop.
sin detrimento de los cargamentos transportados | without detriment to the cargoes carried.
sin deudas | out of debt.
sin diferencia de calados (buques) | on an even keel | even keel.
sin diferencia de calados entre proa y popa (buques) | without trim.
sin dilación | forthwith.
sin dirección | addressless.
sin disipación | dissipationless.
sin dispersión (electricidad) | strayless.
sin distorsión | linear | distortionless.
sin dividendo (títulos) | dividend off.
sin dotación | crewless.
sin duda | without question.
sin dueño | ownerless | unowned.
sin efectivos (bancos) | no effects.
sin efecto de corona (electricidad) | corona-free.
sin el forro (buque en grada) | unplated.
sin el impuesto de ventas | exclusive of sales tax.
sin electrodos | electroless.
sin elementos de relación | asyndetic.
sin elementos nilpotentes | nilpotent-free.
sin embalar | unbaled.
sin embalar (muebles) | uncrated.
sin embargo | still.
sin empacar | unbaled.
sin empaquetadura (máquinas) | glandless.
sin empaquetadura (válvula) | packless.
sin empaquetar | unbundled.
sin empenaje (aviones) | tailless.
sin emplear herramientas | without the use of tools.
sin enfardar | unbaled.
sin engranajes | gearless.
sin engrase | oilless.
sin ensacar | ex-bags.
sin entalla (probetas) | unnotched.
sin entintar | untinted.
sin entrada | nothing down.
sin entradas (teatros, cines) | booked to capacity.
sin entregas por parte de los beneficiarios (cajas de retiro, etc.) | noncontributory.
sin entubar (pozos) | tubingless.
sin equivocación | on the level.
sin escalas | nonstop.
sin escalones (compresores) | stageless.
sin escolta armada | without armed guard.
sin escuadrar (papel) | untrimmed.
sin espiga (herramientas) | tangless.
sin espinas (corsé) | boned.
sin espuma | foam-free.
sin esqueleto | askeletal.
sin esquinas | edgeless.
sin estaño | tinless.
sin estopa (fibras textiles) | free from shorts.
sin estriaciones | streak-free.
sin existencias | out of sorts.
sin existencias (de mercancías) | out of stock.
sin explosionar (bombas, torpedos, etc.) | live.
sin extraprecio | at no extra charge.
sin faldilla | flangeless.
sin fases | stageless.
sin fecha | undated.
sin fermentación | azimic.
sin ferrocarriles | railless.
sin ficha | cordless.
sin filo | edgeless | dull.
sin fin | endless.
sin fluctuaciones | deadbeat.
sin fogonazo | flashless.
sin fondos | n/f (no funds) | no funds (NF).
sin forma | shapeless.
sin formación de imágenes | nonimage-forming.
sin fracturas | unbroken.
sin franquear | unpaid.
sin frotamiento (hidraúlica) | inviscid.
sin fuerza legal | null.
sin fuerza ni efecto | null and void.
sin funcionar | off duty | in the off position.
sin fundamento legal | illiquid.
sin garantía | unwarranted.
sin garantías por nuestra parte | without guarantees on our part.
sin garrotes (vía férrea) | out of wind.
sin gasto | NP | cost free.
sin gasto ni compromiso por su parte | no cost or obligation to you.
sin gastos | exclusive of charges | free of expense | free of charges | no protest (NP).
sin gastos (efectos comerciales) | noting sufficient | incur no expenses.
sin gastos (letra comercial) | without protest.
sin gastos (letras) | no expenses | without costs.
sin gastos de aduanas | exclusive of custom duties.
sin gastos de gabarra | lighterage free.
sin gobierno (buques) | knocked off | disabled.
sin goteos | leak-free.
sin gravámenes | unencumbered.
sin grietas | free from cracks | free from flaws.
sin guarniciones | untrimmed.
sin haber recibido el dictamen (abogacía) | absence of an opinion.
sin hélice | propellerless.
sin hilación | loose. .
sin hilos | wireless.
sin hojas (árboles) | naked.
sin horario de trabajo | unscheduled.
sin huelgo | tight-fitted.
sin ilación (discurso) | meandering.
sin impedimento alguno | without disqualification.
sin importar el precio | no matter what the cost.
sin impuestos | less tax | less duties.
sin indemnización | without compensation.
sin indicación de editor ni impresor (libros) |

no imprint.
sin inercia | inertialess.
sin interés (ofertas, etc.) | flat.
sin intereses | interest free | interest-free.
sin interlineado (tipografía) | solid.
sin interrumpir la corriente en la línea (trabajos en líneas eléctricas) | barehanded.
sin intervención humana | without human intervention.
sin labrar (piedras) | unhewn.
sin labrar (sillares) | quarry-faced.
sin lámparas termiónicas | valveless.
sin lechada superpuesta (hormigón apisonado) | laitance free.
sin levantar cabeza continuamente (trabajos) | without a let-up.
sin ligante | binderless.
sin límite de importe | open-end.
sin llama | flameless | flashless | aphlogistic.
sin llaves (escopetas de caza) | hammerless.
sin machiembrar | unmatched.
sin más tardar | without further delay.
sin masas | massless.
sin máscara | unmasked.
sin medida (música) | without time.
sin menoscabo | without prejudice.
sin metal antifricción | nonbabbitted.
sin mezcla | straight | unmixed.
sin mirar al origen | regardless of the origin.
sin mortero entre las juntas (ladrillos) | loose-laid.
sin muelles | springless | unsprung.
sin nervios | ecostate.
sin nervios (hojas) | enervose.
sin nervios (placas, etc.) | not-ribbed.
sin neutrinos | neutrinoless.
sin ninguna pretensión | devoid of all pretence.
sin novedad en el frente | all is quiet on the front.
sin núcleo | coreless.
sin núcleo magnético | air-cored.
sin núcleo magnético (electricidad) | air core.
sin nudos (botánica) | jointless.
sin nudos (maderas) | clear.
sin obrar | unworked | unwrought.
sin obstrucción | unobstructed.
sin obturador | shutterless.
sin oprimirse | without squeezing.
sin oquedades | cavity free.
sin pagar | unpaid.
sin pagar derechos (comercio) | duty unpaid.
sin paliativos | unmitigated.
sin par | unmatched.
sin paradas | nonstop | nonstop.
sin paralaje | parallax-free.
sin parar | without a stop.
sin parar la máquina | on the fly.
sin parásitos (electricidad) | noise-free.
sin parásitos (radio) | staticsless | noiseproof.
sin parásitos atmosféricos | static free.
sin pasajes (buques o aviones) | booked to capacity.
sin peligro | safe.
sin peligro (para el personal, etc.) | foolproof.
sin perder generalidad | without losing generality.
sin pérdida | lossless.
sin pérdidas | loss-free.
sin pérdidas (comercio) | without any loss.
sin perjudicar la precisión del trabajo | without impairing the accuracy of the work.
sin perjuicio | without prejudice.
sin perjuicio del derecho de las partes | without prejudice of the rights of the parties.
sin permiso | unlicensed.
sin perturbaciones parásitas (radio) | staticsless.
sin pesantez | weightless.
sin pestaña | flangeless.
sin piel | apellous.
sin piloto | pilotless.
sin piloto (globos, aviones) | unmanned.
sin planos de cola (aviones) | tailless.
sin plazo de entrega | unscheduled.
sin plomo (gasolinas) | unleaded.
sin pluses | without extras.
sin población | unpopulated.
sin polos | nonpolar.
sin poner a punto (el programa) | undebugged.
sin práctica | untrained.
sin preaviso | wihout prior notice.
sin precedentes | unprecedented.
sin precio (contratos) | nude.
sin precio mínimo fijado | without reserve.
sin presión | pressureless.
sin prestar atención | without attendance.
sin prisa (música) | without haste.
sin privilegio de compra de acciones nuevas | ex new.
sin privilegio de compra de nuevas acciones | ex rights.
sin profesión conocida | without known profession.
sin propietario (tierras) | unowned.
sin protección | naked.
sin protesto | without protest.
sin protesto por falta de aceptación | no protest for nonacceptance.
sin provecho | idle.
sin provisión suficiente de fondos | not sufficient funds.
sin pulir mate | unpolished.
sin puntos (tornos) | centerless.
sin puntos fijos | fixed-point-free.
sin que conste en acta | off the record.
sin rasgos característicos | featureless.
sin rasgos distintivos | featureless.
sin reborde | flangeless.
sin recargo en el precio | at no extra charge.
sin reciclaje | once through.
sin recocer | unannealed.
sin recompensa | unrewarded.
sin recortar | untrimmed.
sin recubrimiento (distribuidor) | lapless.
sin redondear (uniones) | unfilleted.
sin referencia (telegrafía) | UNRFD (unreferred).
sin reflexión | reflectionless.
sin refuerzos | unribbed.
sin registrar | unrecorded.
sin relieve | relief-free.
sin relieve (fotografía) | flat.
sin rellenar | unfilled.
sin remaches | rivetless.
sin remoción de la escoria | no slag removal.
sin rescindir | uncancelled.
sin reserva ni privilegios | ex all.
sin resistencias (reostatos) | all-out.
sin resolver | pending.
sin resolver (asuntos) | unsettled.
sin resortes | springless.
sin responsabilidad por nuestra parte | without our responsability.
sin restricción | unqualified.
sin restricciones | unrestricted | unrestrained.
sin resultado | to no avail.
sin retroceso (armas) | recoilless.
sin reverberación | echoless.
sin revés (telas) | reversible.
sin revestimiento | uncoated.
sin rezumar (juntas) | leak-free.
sin riesgo una vez efectuada la descarga | no risk after discharge.
sin rival | unrivalled.
sin rodeos | in plain English.
sin rozamiento | frictionless.
sin rueda | wheelless.
sin ruidos | noise-free.
sin ruidos extraños (registro sonoro) | clean.
sin saldar | unsettled | not paid.
sin salpicaduras | spatter-free.
sin salvedades (certificados) | unqualified.
sin satinar (papel) | unglazed.
sin seguro | uninsured.
sin sensibilizar (placas offset de aluminio) | wipe-on.
sin signo | signless.
sin signos de ataque después de 200 horas | no signs of attack after 200 hrs.
sin sojas (chapas metálicas) | streak-free.
sin solape | lapless.
sin soldadura | weldless.
sin solución de continuidad | gap-free.
sin sombras | shadowless.
sin soporte | supportless.
sin sorteo | ex drawing.
sin sostén | unsupported.
sin surcos | furrowless.
sin tacón | heelless.
sin talón (ruedas, neumáticos, bandajes de ruedas) | flangeless.
sin tener en cuenta el | irrespective of.
sin tener en cuenta la antiguedad | regardless of seniority | irrespective of seniority.
sin tener en cuenta su composición | regardless of its composition.
sin tensión | stress-relieved.
sin tensiones | stressless.
sin teñir (telas) | undyed.
sin terminar | rough.
sin testar | abintestate.
sin tierra patria | stateless.
sin timón | helmless.
sin torsión | zero-twist | twist-free | twistless.
sin trabas | unconstrained.
sin transbordo (mercancías) | without breaking bulk.
sin transportador | carrier-free.
sin tratar (metalurgia) | green.
sin tripulación (buque-faro, satélites) | unmanned.
sin triscar (diente de sierra) | unset.
sin tubo | tubeless.
sin tubo (estufas) | flueless.
sin turbosoplante (motores) | unblown.
sin un hombre | manless.
sin urbanizar (terrenos) | unimproved.
sin usar (materiales) | virgin.
sin usarse | without being used up.
sin utilizar | virgin.
sin valor | null | drossy | no commercial value | worthless | good-for-nothing | no value.
sin valor comercial | N.C.V. | unmerchantable | unmarketable.
sin valor nominal | without par value | no-par.
sin válvula termiónica | tubeless.
sin válvulas | valveless.
sin vegetación (espacio en un prado) | galled.
sin vencer (efectos) | not due.
sin ventanas | windowless.
sin verificar | unverified.
sin vibración | vibrationproof.
sin vibraciones | smooth running.
sin vidriar (cerámica) | unglazed.
sin violar | unopened.
sin visibilidad (aviación) | blind.
sin víveres | foodless.
sin volante (reloj) | wheelless.
sin voltaje | pressureless.
sin zumbido de la red eléctrica (radio) | hum-free.
sinalagmático | synallagmatic | binding of both parts or sides.
sinantexis (geología) | deuteric alteration.
sinapismo (medicina) | mustard paper.
sinapsis (biología) | synapse.
sinapsis genética | synapsis.
sináptico | synaptic.
sinarquía | joint rule.
sinceramente | on the level | straight.
sincero | candid.
sinclasa | synclase.
sinclasa (geología) | contraction joint.
sinclástico | siynclastic.
sinclinal (geología) | syncline | inverted saddle.
sinclinal aquillado | carinate syncline.
sinclinal en una capa de carbón (minas) | swally.
sinclinal isoclino | isoclinal syncline.

sinclinorio | composite syncline | synclinorium | synclinore.
síncopa | syncopation.
síncopa (gramática) | syncope.
síncope | swoon | faint.
síncope (medicina) | syncope.
sincro | telesyn | teletorque | mag-slip.
sincro (aparato para transmitir información angular convirtiendo el movimiento mecánico en información eléctrica) | autosyn | asyn.
sincro (fabricado con diversos nombres comerciales como asynn, autosyn, magslip, selsyn, telesyn, teletorque) | synchro.
sincro con un solo devanado en el estator y dos devanados en el rotor cuyos ejes están a 90 grados entre sí | electrical resolver.
sincro control | control synchro.
sincro de puntería en elevación (cañón) | elevation synchro.
sincro para transmisión eléctrica de información de posición angular de un eje | torque synchro.
sincro transmisor para llevar automáticamente a posición de carga (cañones) | loading transmitter magslip.
sincrociclotrón | synchrocyclotron | frequency-modulated cyclotron.
sincrodino | synchrodine | synchrodyne.
sincrofasador | synchrophaser.
sincrofasotrón | synchrophasotron.
sincrófono | synchrophone.
sincrogenerador | synchrogenerator.
sincroguía | synchroguide.
sincromagnético | synchromagnetic.
sincromáquina | synchro.
sincrómetro | synchrometer.
sincrómetro de masa | mass synchrometer.
sincronía | synchrony.
sincrónico | synchronous.
sincronismo | simultaneousness | synchronism | synchrony.
sincronismo de bitios | bit clock.
sincronismo en serie | cascade synchronism.
sincronización | synchronizing | synchronization | sync | clocking | alignment | time control | timing.
sincronización (cine) | sink.
sincronización (electricidad) | phasing | locking.
sincronización compensada (encendido motores) | compensated timing.
sincronización de fase | phase lock.
sincronización de la ametralladora (aviones) | gun timing.
sincronización de la corriente portadora | carrier synchronization.
sincronización de la frecuencia | frequency locking.
sincronización de las bombas del combustible (motores) | fuel pumps' timing.
sincronización de las válvulas (motores) | valve timing.
sincronización de los frenos (a las cuatro ruedas) | brake synchronization.
sincronización de operaciones (máquinas-herramientas) | synchromation.
sincronización de relojes | time tick.
sincronización del circuito compensador | flywheel synchronization.
sincronización del contrastador | monitor synchronization.
sincronización del sonido con las imágenes (cine) | lip sync.
sincronización interna | internal clocking.
sincronización labial | lip synchronization | lip-sync.
sincronización por inyección (Klistron) | injection locking.
sincronización por los extremos (telefonía) | end-to-end synchronization.
sincronización por onda ionosférica | sky-wave synchronization.
sincronización por rueda dentada | cogged wheel synchronization.
sincronización por rueda fónica | phonic wheel synchronization.
sincronización preventiva (filmes) | prescoring.
sincronización sonora (cine) | playback.
sincronizado (electricidad) | in step.
sincronizado (televisión) | lock-in.
sincronizado con el voltaje de la red | line voltage synchronized.
sincronizado con la palabra (cine) | lip-synchronous.
sincronizador | synchro | timer | phaser | synchronizer.
sincronizador (autos) | synchromesh.
sincronizador (soldadoras) | weld timer.
sincronizador acústico | acoustic synchronizer.
sincronizador automático de procesos | automatic process timer.
sincronizador de ametralladora (aviones) | gun synchronizer.
sincronizador de apertura de circuito retardado | delayed break timer.
sincronizador de apertura del circuito | break timer.
sincronizador de ciclo de soldadura | program timer.
sincronizador de ciclos de soldeo | welding timer.
sincronizador de gran tiempo de retardo | long-delay timer.
sincronizador de la frecuencia | frequency stepper.
sincronizador de propulsión mecánica | motor-driven timing device.
sincronizador de secuencias | sequence timing device.
sincronizador de tiratrón | thyratron timer.
sincronizador del amortiguador de aceite (soldeo eléctrico) | oil dashpot timer.
sincronizador del circuito de cierre retardado | delayed-make timer.
sincronizador electrolítico | electrolytic timing device.
sincronizador inductivo | inductive timer.
sincronizador magnético | magnetic synchronizer.
sincronizador neumático | pneumatic timing mechanism.
sincronizador para soldadora de costuras | seam welding timer.
sincronizador separador (televisión) | synchronizing separator.
sincronizante | synchronizing.
sincronizar | gang (to) | time (to).
sincronizar (electricidad) | phase (to).
sincronizar (G.B.) | synchronise (to).
sincronizar las velocidades (de partes que se van a conectar) | speed match (to).
sincronizar los relojes | synchronize the watches (to).
sincronizar un receptor con los ecos de retorno | gate (to).
síncrono | synchronous.
síncrono de fuerza | torque synchro.
sincronodino | synchronodyne.
sincronómetro | synchronometer.
sincronoscopio | synchronoscope | synchronograph.
sincrorreceptor | receiver synchro.
sincroscopio | synchroscope.
sincroscopio indicador | indicating synchroscope.
sincroscopio para varias máquinas | multiengine synchroscope.
sincrotón en que el gradiente del campo magnético varía de sección en sección | alternating gradient synchroton.
sincrotransmisor | synchrotransmitter | transmitter synchro.
sincrotransmisor de control | synchro-control transmitter.
sincrotrón | synchrotron.
sincrotrón con anillo de almacenamiento | storage ring synchrotron.
sincrotrón de campo fijo y gradiente alternado | fixed field and alternating gradient synchrotron.
sincrotrón de electrones | electron synchrotron.
sincrotrón de enfoque fuerte | strong focusing synchrotron.
sincrotrón de gradiente alterno | alternating gradient synchrotron.
sincrotrón de gradiente constante | constant gradient synchrotron.
sincrotrón de gradiente nulo | zero gradient synchrotron.
sincrotrón de partículas pesadas | heavy particle synchrotron.
sincrotrón de protones | synchrotron of protons | proton synchrotron.
sincrotrón protónico | proton synchrotron | protonic synchrotron.
síndesis | synapsis.
sindético | syndetic.
sindicación | unionization.
sindicación en que el obrero entrega un porcentaje del sueldo al sindicato que ha elaborado el contrato colectivo | agency shop.
sindicación profesional | trade-unionism.
sindicalismo | syndicalism | unionism.
sindicalista | unionist.
sindicar | unionize (to) | unionize (to).
sindicarse | combine (to).
sindicato | union | Trade Union | trade-union | syndicate.
sindicato (de empresas) | ring.
sindicato agrícola | agricultural syndicate.
sindicato con limitación de socios | closed union.
sindicato de agricultores | grange.
sindicato de artistas de teatro | equity.
sindicato de capataces | foremen's union.
sindicato de empresa | company union.
sindicato de la quiebra | receivership.
sindicato de maestros de taller | foremen's union.
sindicato de mecánicos | engineers' union.
sindicato de obreros de la construcción | building worker's union.
sindicato de productores | producer's association.
sindicato de quiebra | official receivership.
sindicato de riegos | irrigation society.
sindicato de supervisores | foremen's union.
sindicato de trabajadores | labour union.
sindicato de ventas | cartel.
sindicato doble | dual union.
sindicato industrial | combine | industrial union.
sindicato marítimo | maritime union | marine union.
sindicato negociante | bargaining union.
sindicato obrero | labor union.
sindicato sin límite de afiliados | open union.
sindicato vertical | vertical union.
sindicatura | receivership.
síndico | trustee | syndic.
síndico beneficiario | assignee.
síndico de bienes del fallido | assignee in bankruptcy.
síndico de la quiebra | trustee in bankruptcy.
síndico de quiebra | receiver | receiver | receiver in bankruptcy | judicial factor | official receiver | assignee | administrator of a bankrupt's estate | accountant in bankruptcy | assignee in bankruptcy.
síndico de una quiebra | receivership | trustee in bankruptcy.
síndico liquidador | liquidator.
síndico oficial | official receiver.
síndico provisional (quiebras) | provisional receiver.
síndico suplente | alternate auditor.
sindiploidia (genética) | syndiploidy.
sindoer (Sindora coriácea - Prain) | makata.
sindón | sindon.
sindonología | sindonology.

síndrome | syndrome.
síndrome agudo | acute-radiation syndrome.
síndrome agudo de radiación | acute radiation syndrome.
síndrome de abstinencia | withdrawal symptoms.
síndrome de corazón rigido (medicina) | stiff heart syndrome.
síndrome de radiación (emfermedad) | radiation syndrome.
síndrome del túnel del carpo bilateral | carpal tunnel syndrome.
sineclisa (geología) | syneclise.
sinecología | synecology.
sinecológico | synecological.
sinecura | sinecure.
sinecurista | sinecurist.
sinéresis | syneresis.
sinergético | synergetic.
sinergia (medicina) | synergy.
sinérgico | synergic.
sinergismo | synergism.
sinergístico | synergistic.
sinergización | synergization.
sinfín de granzas | trailings screw.
sinfonismo (música) | symphonism.
sinfonista | symphonist.
singamia | syngamy.
singenética | syngenetic.
singenote (genética) | syngenote.
singladura | sea-day | day's run.
singlete de carga | singlet.
singonia (mineralogía) | syngony.
singularidad (funciones) | singular point.
singularidad (hidrodinámica) | point vortex.
singularidad cultural | cultural singularity.
singularidad del espacio-tiempo | space-time singularity.
singularidad elástica | elastic singularity.
singularidades de Betz | Betz' singularities.
sinicisar | sinicise (to).
sinicismo | sinicism.
siniestralidad laboral | labor casualtiness.
siniestralidad laboral (seguros) | labor loss.
siniestro | disaster | catastrophe | desaster | damage | fire.
siniestro (seguros) | accident | loss.
siniestro base (seguros) | minor loss.
siniestro en suspenso (seguros) | pending loss.
siniestro marítimo | casualty at sea.
siniestro máximo | maximum loss.
siniestro parcial (seguros) | partial loss.
siniestro total (seguros) | total loss | write-off.
siniestros de aviones (seguros) | airplane losses.
siniestros ocurridos (seguros) | incurred losses.
sinificar | sinify (to).
sinismo | sinism.
sinistrogiración | sinistrogyration.
sinistrorso | left-handed | left-handedly.
sinistrorso (a izquierdas) | counterclockwise.
sinistrotorsión | sinistrotorsion.
sino | save.
sino mas bien como valores de proyecto | but rather as design values.
sinódico | synodical.
sinófilo | sinophile.
sinófobo | sinophobe.
sinofonía | sinophony.
sinofonismo | sinophonism.
sinófono | Chinese-speaking.
sinograma | sinogram.
sinohablante | Chinese-speaking.
sinología | sinology.
sinológico | sinological.
sinólogo | Chinese scholar | sinologist.
sinomenina | sinomenine.
sinónimamente | synonymously.
sinonimista | synonymist.
sinónimo | synonym.
sinopsis | synopsis.
sinopsis (filme) | trailer.
sinopsis biográfica | biographical synopsis.
sinovia (medicina) | joint oil.
sintáctica (semiótica) | syntactics.
sintáctico | syntactical.
sintagmático | syntagmatic.
sintaxis | syntax.
sinterizabilidad | sinterability.
sinterización | fritting | sintering | sinterization.
sinterización (tostación) | clotting.
sinterización activada | activated sintering.
sinterización de finos de mineral | ore-fines sintering.
sinterización de mineral de hierro | iron ore sintering.
sinterización de minerales | ore sintering.
sinterización de minerales durante la tostación | clotting.
sinterización en atmósfera rarificada | vacuum sintering.
sinterización en el vacío | vacuum sintering.
sinterización por corriente de aire descendente | downdraught sintering.
sinterización por descargas eléctricas de gran energía para eliminar óxidos y gases atmosféricos alrededor de las partículas | spark sintering.
sinterización por onda de choque | shock-sintering.
sinterizado | sintered.
sinterizado (sustantivo) | sinter.
sinterizado con hidrógeno | hydrogen sintered.
sinterizado hiperdenso | high-density powder compact.
sinterizado por reacción (cerámica) | reaction-sintered.
sinterizado por tostación | roast-sintering.
sinterizado reductible | reducible sinter.
sinterizar | sinterize (to) | sinter (to) | sinter (to).
síntesis | syntheses | synthesis.
síntesis (química) | building up.
síntesis autoepitaxial | autoepitaxial synthesis.
síntesis de la imagen (TV) | building up | picture synthesis.
síntesis de ondas periódicas | synthesis of periodic waves.
síntesis de reconocimiento vocal | vocal reconnaissance synthesis.
síntesis del cuadrípolo | network synthesis.
sintético | synthesis | synthetic.
sintetizado hidrotérmicamente | hydrothermally synthetized.
sintetizador | synthesizer.
sintetizador armónico | harmonic synthesizer.
sintetizador coherente de décadas de frecuencia | coherent decade frequency synthesizer.
sintetizador de línea de retardo | delay-line synthesizer.
sintetizador digital de frecuencia | digital frequency sinthesizer.
sintetizar | synthesize (to).
síntexis (geología) | syntexis.
síntoma | symptom.
síntoma característico | guiding symptom.
síntoma precursor | signal symptom.
síntomas asociados con aeroembolismo (aviadores) | creeps.
sintomatología | symptomatology.
sintonía | syntony | tuning | tune.
sintonía aguda | sharp tuning.
sintonía de una estación de radio | signature.
sintonía en tándem | ganged tuning.
sintonía escalonada | staggered tuning.
sintonía estática | spade tuning.
sintonía por núcleo (radio) | slug tuning.
sintoniscopio | tunoscope.
sintonizabilidad | tunability.
sintonizable | tunable | tuneable.
sintonización | tuning.
sintonización amplia | broad tuning.
sintonización ancha | broad tuning.
sintonización aproximada | tuning-out | rough tuning | coarse tuning.
sintonización con mando único | ganged tuning.
sintonización de frecuencia de radio | patching.
sintonización de la nota | note tuning.
sintonización de paso de banda | band-pass tuning.
sintonización de rejilla | grid tuning.
sintonización del receptor | receiver tuning.
sintonización electrónica | electronic tuning.
sintonización hiperselectiva | knife-edge tuning.
sintonización horizontal (televisión) | horizontal hold.
sintonización magnética | permeability tuning.
sintonización muy ajustada | razor edge tuning.
sintonización no ajustada | tuning-out.
sintonización óptica | visual tuning.
sintonización plana | broad tuning.
sintonización poco selectiva | flat tuning.
sintonización por desplazamiento de una placa sobre una bobina | spade tuning.
sintonización por empleo de un núcleo móvil de pulvihierro | permeability tuning.
sintonización por espaciamiento de banda | band-spread tuning.
sintonización por permeabilidad | permeability tuning.
sintonización por variación de la permeabilidad | permeability tuning.
sintonización precisa | tuning-in | accurate tuning | fine tuning | sharp tuning.
sintonización recíproca (comunicaciones) | back tuning.
sintonización selectiva | selective tuning.
sintonización silenciosa | quiet tuning.
sintonización visual | visual tuning.
sintonizado (radio, TV) | tuned.
sintonizado en cascada | cascade-tuned.
sintonizado en paralelo | parallel-tuned.
sintonizado magnéticamente | magnetically tuned.
sintonizado por variación de permeabilidad magnética | permeability-tuned.
sintonizador | tuning unit | tuner | syntonizer.
sintonizador continuo | continuous tuner.
sintonizador de acoplamiento inductivo | loose-coupled tuner.
sintonizador de adaptador | stub tuner.
sintonizador de doble sección | double-stub tuner.
sintonizador de guía de onda | waveguide tuner.
sintonizador de guía de ondas | slug tuner.
sintonizador de inducción | inductuner.
sintonizador de manguito (ondas) | slug tuner.
sintonizador de radiofrecuencia multicanálico | multichannel radio-frequency tuner.
sintonizador de torreta | turret turner.
sintonizador de visión | vision tuner.
sintonizador E-H | E-H tuner.
sintonizador en cascada para canales de ondas ultracortas | VHF channel cascade tuner.
sintonizador giratorio | turret tuner.
sintonizador múltiple | multiple tuner.
sintonizador televisivo | television tuner.
sintonizador térmico | thermal tuner.
sintonizar | resonate (to) | syntonize (to).
sintonizar (radio, TV) | tune (to).
sinuosidad | out-of-straightness | wriggle | anfractuosness | anfractuosity.
sinuosidad (del terreno) | convolution.
sinuosidad (ríos) | loop.
sinuosidades (ríos) | windings.
sinuoso | wavy | winding | circuitous | crooked | meandering | angulous | anfractuous | sinuous.
sinuoso (carreteras) | curly.
sinusoidal | sine wave.
sinusoide | wave curve | sine wave.
sinusoide (matemáticas) | sinusoid.
sionismo | zionism.
sipo (Entandrophragma utile) | sipo | sipo mahogany.
sipo (Entandrophragma utile - Sprague) | utile.
siquíatra | psychist.
siquíatra sicoanalítico | psychoanalytic psychiatrist.
siquiatría | psychiatrics.

siquiatría antropológica | anthropological psychiatry.
siquiatría criminológica | criminological psychiatry.
siquiatría de la comunidad | community psychiatry.
siquiatría militar | military psychiatry.
siquiatría transcultural | transcultural psychiatry.
siquiátrico | psychiatric.
sirena (buques) | buzzer.
sirena (de fábrica) | hooter.
sirena de niebla | fog alarm.
sirena eléctrica | electric siren.
sirex | horn-tail.
sirga | towrope | towline.
sirgadura | trackage.
sirgar | uloeing.
sirgar (embarcaciones fluviales) | track (to).
sirguero | tracker.
sirícidos | horn-tails.
siris rojo (Albizzia toona) | red siris.
sirsaca | seersucker.
sirvase cargarlo a mi cuenta corriente | please charge my established account.
sírvase ver nuestro servicio (telegrafía) | see our service.
sirviente cagador (cañón) | shellman.
sirviente cargador (cañón) | first loader.
sirviente de alza (cañón) | sightsetter | sight setter.
sirviente de carga (cañón) | shellman.
sirviente de distancias (cañones) | range operator.
sirviente de mortero | mortarman.
sirviente de municionamiento (cañón) | second loader | shell passer.
sirviente de pieza (artillería) | ammunition number.
sirviente de una rosa de maniobra (central información de radar en buques) | plotteur.
sirviente del equipo controlador de distancia (cañón) | range control unit operator.
sirvientes de municionamiento (cañones) | ammunition passers.
sirvientes del cañón | gun-crew.
sirvientes personales de los pasajeros (buques) | passengers personal servants.
sisa (de dinero) | pickings.
sisa (de doradores) | size.
sisa (de un traje) | clippings.
sisa (mordiente para dorar) | gold lacquer.
sisa de dorar | goldsize.
sisal | Mexican fiber.
sisal (Agave sisalana) | sisal.
sisar | size (to).
sisear | hiss (to).
siseos (radio-telefónica) | hiss.
sismicidad | seismicity.
sísmico | seismic.
sismismo | seismism.
sismo | seism | earthquake.
sismo de foco profundo | deep focus earthquake.
sismo de parada sin riesgo | safe shutdown earthquake.
sismo marino | seaquake.
sismo precursor (sismología) | foreshock.
sismo preliminar (sismología) | foreshock.
sismo violento | severe earthquake.
sismocronógrafo | seismochronograph.
sismófono | seismophone.
sismógeno | seismogenous.
sismoglaciológico | seismoglaciological.
sismografía | seismographic record | seismography.
sismógrafo | seismograph.
sismógrafo (persona) | seismographer.
sismógrafo dando datos numéricos | digitizing seismograph.
sismógrafo de deformación lineal | linear strain seismograph.
sismógrafo de espejo | reflection seismograph.
sismógrafo de refracción | refraction seismograph.
sismógrafo de refracción provisto de un martillo como fuente energética | hammer refraction seismograph.
sismógrafo electromagnético | electromagnetic seismograph.
sismógrafo electrónico númerico | electronic digital seismograph.
sismógrafo piezoeléctrico | piezoelectric seismograph.
sismograma | seismogram.
sismología | seismology.
sismología aplicada a la ingeniería | engineering seismology.
sismología ingenieril | engineering seismology.
sismología lunar | lunar seismology.
sismología pedológica | pedology seismology.
sismólogo | seismologist.
sismometría | seismometry.
sismómetro | seismometer.
sismómetro (argot) | jug.
sismómetro rápido de emergencia | pop-up seismometer.
sismometrógrafo | seismometrograph.
sismonastia | seismonasty.
sismoresistencia | seism-resistance.
sismorresistante | seism-resistant.
sismorresistente | earthquake resistant | earthquake-proof.
sismoscopio | seismoscope.
sismotectónico | seismotectonic.
sismotrón | seismitron.
sismovolcánico | seismovolcanic.
sisón | field-duck.
sissoo (Dalbergia sissoo | shisham | sissoo.
sistem de entrada única | single-entry system.
sistema | system | practice | scheme | method | setup.
sistema a montar por el utilizador | kit.
sistema a tope con cubrejuntas exteriores (buques) | edge-to-edge system.
sistema a un cuarto de fase | quarter-phase system.
sistema accionado por el error | error-operated system.
sistema activo | operation unit.
sistema activo de rastreo | active tracking system.
sistema acústico para localizar explosiones submarinas | sofar.
sistema acústico vibratorio | acoustical vibrating system.
sistema adaptable de control de vuelo | adaptative flight control system.
sistema aditivo de color | additive color system.
sistema adoptado internacionalmente | internationally-adopted system.
sistema aerotransportado de alarma y control | airborne warning and control system.
sistema afocal | afocal system.
sistema alineal de mallas múltiples | multiloop nonlinear system.
sistema ampliado de números reales | extended real number system.
sistema amplificador | multiplying system.
sistema Andino | cordilleran system.
sistema anfidrómico degenerado | degenerate amphidromic system.
sistema anórtico | anorthic system.
sistema anticongelador | anticer system.
sistema anticongelador situado en el borde de ataque (alas aviones) | leading-edge anti-icing system.
sistema anticongelante del avión | deicing system.
sistema antihielo | de-icer system.
sistema armado orbital tripulado | manned orbital weapon system.
sistema arrítmico | start-stop system.
sistema arrítmico (telegrafía) | start-stop.
sistema articulado | frame | linkage.
sistema articulado alternativo | push-pull linkage.
sistema articulado deficiente | deficient frame.
sistema articulado imperfecto | imperfect frame.
sistema articulado perfecto | perfect frame.
sistema articulado superabundante | overrigid frame.
sistema articulado superfluo | redundant frame.
sistema asimétrico | asymmetric system.
sistema asimétrico (cristalografía) | triclinic system.
sistema audiovisual multilingüe | multilingual audiovisual system.
sistema automático centralizado de contabilización de comunicaciones telefónicas | centralized automatic message accounting system.
sistema automático de agua a presión | automatic pressure water system.
sistema automático de alivio | automatic relief system.
sistema automático de aspersión (contra incendios) | automatic deluge system.
sistema automático de aterrizaje dirigido | automatic carrier landing system.
sistema automático de contraincendios por bióxido de carbono | automatic carbon dioxide fire-extinguishing system.
sistema automático de control de vuelo | automatic flight control system.
sistema automático de la coma decimal flotante (calculadoras) | automatic floating decimal point system.
sistema automático de lubricación centralizada | automatic centralized lubrication system.
sistema automático de regulación | automatic closed loop control system.
sistema automático de relés | all-relay system.
sistema automático defensivo de lucha antisubmarina (marina de guerra) | data link.
sistema automático paso a paso | step-by-step automatic system.
sistema automatizado para bibliotecas | automated library system.
sistema autoorganizacional | self-organizational system.
sistema auxiliar | standby system.
sistema auxiliar de navegación por impulsos | pulse navigation system.
sistema avisador automático para los controladores de que el avión vuela por debajo de la altitud mínima de seguridad | minimum safe altitude warning system (MSAWS).
sistema avisador de colisiones | collision warning.
sistema avisador de crecidas | flood warning system.
sistema avisador de incendios con alambre termosensible | firewire warning system.
sistema bancario formado por consorcios de bancos | group banking.
sistema base de encuentro orbital (astronáutica) | orbital rendez-vous base system.
sistema béntico del mar profundo | deep-sea benthic system.
sistema bidireccional de transmisión simultánea | full duplex.
sistema bifásico cuatrifilar | two-phase four wire system.
sistema bifásico trifilar | interconnected two-phase system.
sistema bifilar aislado | two-wire insulated system.
sistema bifilar con hilo a tierra (electricidad) | two-wire earthed system.
sistema bifilar con un conductor puesto a tierra | two-wire earthed system.
sistema binario (1 y 0) | binary system.
sistema binario reflejado | reflected binary system.
sistema bipartidista (política) | two-party system.
sistema bloqueador controlado a mano | lock and block.
sistema busca persona | paging system.

sistema buscador de personas por llamadas selectivas | selective-call paging system.
sistema buscapersonas por radio | wireless paging.
sistema calculador electrónico | electronic computing system.
sistema calefactor exento de polución | pollution-free heating system.
sistema cambiador de modo (guías de ondas) | mode transformer.
sistema cardánico | gimballing system.
sistema casi lineal de control con realimentación | quasi-linear feedback control system.
sistema catenario | catenary system.
sistema cegesimal | centimeter-gram-second system.
sistema centralizado de contabilidad de mensajes | centralized automatic message accounting.
sistema centralizado de facturación | all-in-one billing system.
sistema cerrado (servomecanismo) | feedback system.
sistema científico | scientific system.
sistema circulatorio del flujo de petróleo | circulatory oil flow system.
sistema clarificador-depurador de descarga automática de fangos | self-sludging purifier-clarifier system.
sistema clasificador numérico | numbering system.
sistema clinoédrico | asymmetric system | anorthic system.
sistema clinoédrico (cristalografía) | triclinic system.
sistema codificador | code system.
sistema codificador multidimensional | multidimensional coding system.
sistema colectivo | group system.
sistema coloidal | colloidal system.
sistema combinado | combined system.
sistema combinado de radiocontrol por radares y radiogoniómetros | laminar navigation anticollision (lanac).
sistema combinado hidráulico y térmico | hydrothermal system.
sistema combinado maestro/subordinado | master/slave system.
sistema compartimentado (cibernética) | compartmented system.
sistema compatible | consistent system.
sistema complejo | diversity system.
sistema completamente algebraico | algebraically complete system.
sistema completamente electrónico de teleprotección con corriente portadora de un ciclo | all-electronic one-cycle carrier relaying system .
sistema compuesto de varias películas fotográficas (estudio partículas penetrantes) | stack.
sistema con contadores | metered system.
sistema con el hilo neutro aislado | insulated neutral system.
sistema con error de velocidad nulo | zero-velocity error system.
sistema con galería de avance por debajo (túneles) | English system.
sistema con marcador | marker system.
sistema con multiprogramación asimétrica | asymmetric multiprocessing system.
sistema con tamaño constante de las partículas | monosize system.
sistema con una sola unidad central | single processor system.
sistema con varias estaciones repetidoras (telecomunicación) | multiple-relay system.
sistema con varios grados de libertad (estadística) | many-degrees of freedom system.
sistema con vuelta por tierra | B-wire system.
sistema consolidativo | funding system.
sistema constituido por el hombre y la máquina | man-machine system.
sistema consultor de bibliotecas | library reference system.
sistema contra la formación de hielo | anticer system.
sistema contracarro dirigido | entac.
sistema controlado de guía de microondas | microwave command guidance system.
sistema controlador espacial (cosmonaves) | space monitoring system.
sistema cooperativo | profit-sharing system.
sistema cooperativo de apoyo logístico | cooperative logistics.
sistema copiador | profiling system.
sistema copiador unidimensional | single dimensional profiling system.
sistema copiador unidimensional hidráulico | hydraulic single dimensional profiling system.
sistema criptográfico | cryptosystem.
sistema cuadrático | tetragonal system.
sistema cuadrático (cristalografía) | quaternary system.
sistema cuantificado | quantized system.
sistema cuantizado | quantised system.
sistema cuasiternario | quasiternary system.
sistema cuaternario (cristalografía) | quaternary system.
sistema cúbico | cubic system.
sistema cúbico (cristalografía) | tesseral system | isometric system | regular system | monometric system.
sistema de abastecimiento de agua de depósito con presión de aire | compression-tank water system.
sistema de abastecimiento en la mar en que las mercancías están dispuestas para su uso inmediato | crystal-balling.
sistema de abastecimiento marítimo por lotes | block shipment.
sistema de abrigos contra las precipitaciones radioactivas que abarca todo el país | nationwide fallout shelter system.
sistema de acceso al azar | random access system.
sistema de acceso por galería única (minas) | single-entry system.
sistema de aceite de cierre a presión | pressurized seal-oil system.
sistema de acompasamiento de los engranajes de los cigüeñales | crankshaft gear phasing system.
sistema de acoplamiento | type of coupling.
sistema de acumulación | accrual system.
sistema de acumulación de información de núcleo magnético | magnetic-core matrix memory.
sistema de acumulación de línea de retardo en mercurio | mercury-delay-line storage system.
sistema de achique de compartimientos (buques) | drainage system.
sistema de achique de sentinas (buques, hidros) | bilging system.
sistema de admisión (motores) | induction system.
sistema de admisión temporal (aduanas) | drawback system.
sistema de adquisición de datos | data-acquisition system.
sistema de adquisición de datos fisiológicos (astronautas) | physiological data acquisition system.
sistema de aduja libre (fondeo de minas) | loose-bight system.
sistema de afinación | tuner.
sistema de agujero-base | basic-hole system.
sistema de alarma aérea | air warning system.
sistema de alarma anticipada de misiles balísticos | ballistic missile early warning system.
sistema de alarma automática | ground proximity warning system (GPWS).
sistema de alarma automática incorporado | in-built automatic alarm system.
sistema de alarma contra ladrones | intrusion-detection system.
sistema de alarma de proximidad al suelo (aviones) | ground proximity warning system.
sistema de alarma para las ondas marinas sísmicas | seismic seawave warning system.
sistema de alcantarillado | drainage | sewerage.
sistema de alcantarillado urbano | urban sewer system.
sistema de aleatorización | randomizing scheme.
sistema de alerta avanzado contra cohetes balísticos | ballistic-missile early-warning system (BMEWS).
sistema de alimentación cerrado | closed-feed system.
sistema de alimentación de combustible a presión | pressure-feed fuel system.
sistema de alimentación descendente | down-feed system.
sistema de alimentación en circuito abierto (calderas) | open-feed system.
sistema de almacenaje | warehousing | warehousing system.
sistema de almacenamiento | storage system.
sistema de altavoces | loudspeaker system.
sistema de altavoces (buques) | general announcing system.
sistema de altavoz para intercomunicaciones (talleres, buques, etc.) | talkback loud-hailer system.
sistema de alumbrado en serie con dos hilos (uno de vuelta) | open-loop lighting system.
sistema de alumbrado por seria mixta (secciones con uno y dos hilos de vuelta) | mixed-loop lighting system.
sistema de amarre con cierre (contenedores) | twistlocks.
sistema de amplificación constante de la onda portadora | exalted-carrier system.
sistema de amplificación constante de la portadora (telecomunicación) | exalted carrier system.
sistema de análisis secuencial de informaciones | sampled-data system.
sistema de anillo | loop system.
sistema de anillo principal | ring-main system.
sistema de anillos condensados (química) | fused-ring system.
sistema de antena | antenna array.
sistema de antena única para radio y radar | diplexer.
sistema de antenas colineales | collinear array | linear array.
sistema de antenas rectilíneas | array of linear antennas.
sistema de apoyo logístico | logistic support system.
sistema de apoyo para una misión de emergencia | emergency mission support system.
sistema de arbitraje multilateral | multilateral arbitrage scheme.
sistema de archivo | filing system.
sistema de arranque (máquinas, turbinas) | runup system.
sistema de arranque por grupos (motores eléctricos) | plural-starting system.
sistema de arrastre a mano (minas) | dog-and-chain.
sistema de aspersión de agua de velocidad media (riegos) | medium velocity water spray system.
sistema de aspersión de contención | dousing system.
sistema de aspersión de la contención (central nuclear) | containment spray system.
sistema de aspersión del núcleo | core spray system.
sistema de aspiración (motores) | induction system.
sistema de aspiración de polvos | dust exhaust system.
sistema de aterrizaje automático | autoland system | I.L.S.
sistema de aterrizaje desde tierra | talk-down system.

sistema de aterrizaje en todo tiempo | all-weather landing system.
sistema de aterrizaje instrumental | I.L.S.
sistema de aterrizaje por instrumentos | instrument landing system | instrument landing system (I.L.S.).
sistema de aterrizaje radioguiado por impulsos | pulsed glide path.
sistema de autonavegación | autonavigator.
sistema de avance proporcional | proportional feed system.
sistema de aviso | paging system.
sistema de aviso anticipado | early-warning system.
sistema de aviso de nubes y colisiones | cloud and collision warning system.
sistema de aviso de olas sísmicas | tsunami warning system.
sistema de baja presión | thunderstorm cell.
sistema de bancales | terrace system.
sistema de banda lateral única con compresión del tiempo | time-compressed single sideband system.
sistema de barra cruzada (telefonía) | crossbar system.
sistema de barrido uniflujo para motores de dos tiempos | two-cycle uniflow scavenging system.
sistema de base 16 | hexadecimal.
sistema de batería central | common battery system.
sistema de bloqueo | locking means.
sistema de bloqueo automático (ferrocarril) | lock-and-block system.
sistema de bloqueo automático (ferrocarriles) | lock and block system.
sistema de bombardeo utilizando órbitas múltiples | multi-orbit bombing system.
sistema de bombas múltiples de barrido (motor diesel) | multiscavenge pump system.
sistema de bombeo del cargamento (petroleros) | pumping system.
sistema de cable herciano | radio relay system.
sistema de cable rastrero discontinuo (tracción de minas) | main-and-tail rope system.
sistema de cadencia constante de datos | constant-data-rate system.
sistema de cálculo automático digital | rapid digital automatic computing (RADAC) | rapid digital automatic computing (R.A.D.A.C.) | RADAD.
sistema de cálculo basado en 16 dígitos | hex.
sistema de calefacción central por agua caliente a baja presión | low-pressure hot-water central-heating system .
sistema de calefacción por vapor centralizado para barrios | district-steam heating system.
sistema de cambio brusco | flip-flop system.
sistema de cambios múltiples | multiple rate system | multiple currency system.
sistema de canales para inundar (regadío) | catch work.
sistema de captación mutua | mutually imprisoning system.
sistema de causa constante | constant cause system.
sistema de cavidad esferoidal confocal | confocal spheroidal cavity system.
sistema de celosía múltiple (vigas) | multiple web system.
sistema de cenicero a presión | closed ash pit system.
sistema de centralización de la carga (electricidad) | load-center system.
sistema de cinta de papel | paper tape system.
sistema de clasificación de correa dividida | divided-belt sorting system.
sistema de cogeneración de energía empleando turbinas de combustión | cogeneration system using combustion turbines .
sistema de colores incompatible | noncompatible color system.
sistema de combustión de circulación invertida | reverse-flow combustion system.
sistema de comprobación y control de costes | cost reporting system.
sistema de computador digital | digital computer system.
sistema de comunicación con acceso aleatorio | random access communication system.
sistema de comunicación con retroalimentación de la decisión | decision-feedback communication system.
sistema de comunicación interior (telefónico) | intercomunication system.
sistema de comunicación por ionización meteórica | meteor-burst communication system.
sistema de comunicación por radio | radio dispatching system.
sistema de comunicación visual con luz especial visible solamente por equipo especial | nancy.
sistema de comunicaciones de la defensa | defense communications system.
sistema de conexión | hookup.
sistema de conexión (electricidad) | hookup.
sistema de conexión a masa | earth system.
sistema de conexión a masa (electricidad) | grounded system.
sistema de conexión a masa con electrodos | earth-electrode system.
sistema de conexión a masa en un punto único (electricidad) | one-point ground system.
sistema de conexión a tierra | earth system.
sistema de conexiones que asegura la continuidad eléctrica (aeroplanos) | bonding.
sistema de conformación o tratamiento de metales por medio de explosivos | metal-explosive system.
sistema de conmutación automática | automatic switching system.
sistema de conmutación de barras cruzadas Pentaconta | Pentaconta crossbar automatic telephone switching system.
sistema de conmutación de teleescritores | teletypewriter switching system.
sistema de conmutación de telescriptores | teletypewriter switching system.
sistema de conmutación electrónico | electronic switching system.
sistema de conmutación metaconta (telefonía) | metaconta switching system.
sistema de conmutación para mensajes | data switching system.
sistema de conmutación semiautomática | semiautomatic switching system.
sistema de conmutación telefónico | crossbar-pentaconta.
sistema de conservación | conservancy system | conservation system.
sistema de constantes repartidas | distributed-constant system.
sistema de contacto sensible a la mínima presión | minimum pressure sensitive contact system.
sistema de contraincendios accionado desde el puente (buques) | deck-operated fire-extinguishing system.
sistema de contraincendios por CO^2 | CO^2 smothering system.
sistema de contrapeso de palanca | lever-counterweight system.
sistema de contrarreacción cronovariable | time-varying feedback system.
sistema de control | control system.
sistema de control accionado por motor y actuado por error | error actuated power-assisted control system.
sistema de control adaptable | adaptive control system.
sistema de control automático de volumen de acción demorada (radio) | delayed A V C system.
sistema de control de inserción-desinserción | on-off control system.
sistema de control de la actitud de la cosmonave | space vehicle attitude control system.
sistema de control de predicción | predictive controller.
sistema de control e información | control and reporting system.
sistema de control en ciclo cerrado | closed-cycle control system.
sistema de control por adaptación | adaptive control system.
sistema de control por corrientes eléctricas en los carriles (trenes) | code system.
sistema de control por impulsos reenviados (telefonía) | reversive control system.
sistema de control por máximos | extremal control system.
sistema de control por registradores (telefonía) | register controlled system.
sistema de control por servoaleta (alerones) | servotab control system.
sistema de control punto por punto | bang-bang control system.
sistema de control químico y de volumen | chemical and volume control system.
sistema de control radiofaro | consol beacon system.
sistema de control termosensible | thermical responsive control system.
sistema de control zonal | zone-control system.
sistema de conversión directa de energía | direct-energy-conversion system.
sistema de conversión numérico-analógico | digital-to-analog conversion system.
sistema de coordenadas | set of coordinates | coordinate system | reference frame.
sistema de coordenadas inerciales | inertial coordinate system.
sistema de coordenadas móviles con relación a la tierra | moving coordinate system.
sistema de coordenadas ortogonales | orthogonal coordinate system.
sistema de coordenadas referido al centro de gravedad | center-of-mass coordinate system.
sistema de coordenadas relativo | relative coordinate system.
sistema de coordinación de la fabricación y transporte y servicios necesarios para que un arma cumpla con la misión para la que fue creada | weapon system.
sistema de corrección de errores y solicitud de repetición | error detecting and feedback system.
sistema de corriente continua con vuelta por tierra | direct current earth-return system.
sistema de corriente portadora | carrier system.
sistema de corriente regulada | controlled-flow system.
sistema de corriente unidireccional | single current system.
sistema de corriente unidireccional (telegrafía) | single-current system.
sistema de coste integral | absorption costing.
sistema de costes directos | direct costing.
sistema de cuadriculado (mapas) | grid system.
sistema de curvas | assemblage of curves.
sistema de chapas a tope con cubrejunta interior (buques) | flush system.
sistema de choque | baffling.
sistema de dar fuego accionado por detonador | detonator-operated venting system.
sistema de datos discontinuos de grado múltiple | multiple-rate sampled-data system.
sistema de datos logísticos | logistics data system.
sistema de datos para análisis de procesos | process analysis data system.
sistema de defensa aeronáutica por radar especial | airborne warning and control system (AWACS) .
sistema de deletreo (telefonía) | spelling system.
sistema de depósitos | warehousing system.
sistema de depuración | cleanup system.
sistema de derivaciones múltiples | tree arran-

gement.
sistema de descarga gaseosa | off-gas system.
sistema de desconexión preferente (relés) | preference tripping system.
sistema de desconexión selectiva | selective tripping system.
sistema de desechos radiactivos gaseosos | gaseous radwaste system.
sistema de desechos radiactivos líquidos | liquid radwaste system (LRS).
sistema de desescoriar cenizas (calderas) | ash sluicing system.
sistema de deshielo por líquido | liquid deicing system.
sistema de deslizamiento | slipping system.
sistema de detección de aviones amigos | aircraft fide detection system.
sistema de detección e información de explosiones nucleares | nuclear detonation detection and reporting system.
sistema de diagnosis técnica | technical diagnosis system.
sistema de diagnóstico médico (informática) | medical diagnostic system.
sistema de director de tiro colocado fuera del armón (cañones) | off-carriage fire-control system.
sistema de disposición de mosaicos (fotogrametría) | mosaicking system.
sistema de distribución | distribution system.
sistema de distribución de agua dulce a presión | pressurized fresh water system.
sistema de distribución en estrella con el neutro a tierra | grounded-wye distribution system.
sistema de distribución tetrafilar con neutro puesto a tierra | four-wire grounded neutral distributing system .
sistema de disyunción | tripping device.
sistema de disyunción preferente (relés) | preference tripping system.
sistema de doble celosía (vigas) | double web system.
sistema de doble conexión | double-lead system.
sistema de doble tingladillo (forro botes) | in-and-out system.
sistema de dos aletas (misiles teleguiados) | twist-and-steer sytem.
sistema de dos canales | two-way-system.
sistema de dos líquidos | liquid-liquid system.
sistema de drenaje | drainage piping | drainage system.
sistema de drenaje de un edificio | building drainage system.
sistema de drenaje del aeropuerto | airport drainage system.
sistema de ecuaciones | set of ecuations.
sistema de ecuaciones con perturbaciones aleatorias de las variables (econometría) | shock model.
sistema de ecuaciones con variables al azar y errores en algunas ecuaciones (econometría) | shock and error model.
sistema de ecuaciones determinado | just determined system.
sistema de ecuaciones lineales sobredeterminadas | overdetermined linear system of equations.
sistema de ecuaciones no compatibles | overdetermined system.
sistema de eje-base | basic-shaft system.
sistema de ejes engranados | geared-shaft system.
sistema de electrodo selector de color | color-selecting-electrode system.
sistema de electrones pi | pi-electron system.
sistema de elementos en cascada | system of cascaded elements.
sistema de embarcaciones remolcadas (transporte marítimo) | towed ships system.
sistema de emergencia eléctrica (aviones) | hot-wire system.
sistema de encadenamiento en el tiempo (telefonía) | time-sequencing system.
sistema de encaminamiento de datos | data routing system.
sistema de encendido apantallado (motores) | screened ignition system.
sistema de enfriamiento en circuito cerrado | closed-circuit cooling system.
sistema de enfriamiento por bomba | pump-cooling system.
sistema de enfriamiento rápido continuo sobre rodillos (fábricación de aceros) | roller quench system.
sistema de engranajes | train.
sistema de enlace principal (telefonía) | main-line trunk system.
sistema de ensayos en fábrica | production-test system.
sistema de entintado (tipografía) | inking system.
sistema de entrenamiento con gafas especiales que sólo dejan pasar los rayos de lámparas de sodio (pilotos de aviación) | sodium-ray training system.
sistema de escape | escape system.
sistema de escape controlado de bióxido de carbono de la cabina con relleno por oxígeno almacenado | controlled-leakage system.
sistema de escape del avión | aircraft exhaust system.
sistema de escape durante el lanzamiento | launch escape system.
sistema de escofonía (TV) | scophony system.
sistema de eslabones | linkage.
sistema de espera | queueing system | delay system.
sistema de espera (telecomunicación) | queuing system.
sistema de espera (telefonía) | waiting system | call queueing system.
sistema de espera de llamadas telefónicas | telephone call queueing system.
sistema de espetado (teñido de hilos) | spindle system.
sistema de espigones | jetty system.
sistema de estabilización del buque | ship-stabilization system.
sistema de estabulación libre | free-stall housing system.
sistema de estilete y embudo para repostar en vuelo | probe-and-drogue flight refuelling system.
sistema de euro-moneda | euro-currency system.
sistema de evacuación de aguas sucias | plumbing system.
sistema de evacuación de desechos | waste disposal system.
sistema de evacuación del vapor de escape de los prensaestopas | gland steam evacuating system.
sistema de evaluación | weighting system.
sistema de expansión | broadened system.
sistema de explotación de datos | data processing system.
sistema de explotación por pilares (minas) | panel system.
sistema de extinción de incendios por espuma | foam fire extinguishing system.
sistema de extinción de incendios por gas inerte | fire-smothering gas system.
sistema de extracción del calor residual | residual heat removal system.
sistema de extracción múltiple con disolventes | cocurrent.
sistema de fabricación de hilados con lanas (de fibra corta, lanas regeneradas, etcétera) | woollen system.
sistema de fases enlazadas | interlinking system.
sistema de fases no enlazadas | noninterlinking system.
sistema de fijación | setup.
sistema de fondo fijo | imprest system.
sistema de frecuencia portadora policanálica | multichannel carrier-frequency system.
sistema de frecuencia vetriz para cable | cable carrier system.
sistema de frecuencia vocal | voice frequency system.
sistema de fuentes y depresiones (hidráulica) | source-and-sink system.
sistema de fuerzas concurrentes situadas en el mismo plano | coplanar-concurrent-force system.
sistema de fuerzas coplanares | coplanar-force system.
sistema de fuerzas en movimiento | moving forces system.
sistema de fuerzas paralelas | coplanar-parallel-force system.
sistema de fuerzas situadas en el mismo plano | coplanar-force system.
sistema de gasto tipo pistón | plug flow system.
sistema de generación nucleotermoeléctrico | nuclear-electric generating system.
sistema de gestión y de búsqueda de la información | information retrieval and management system (irms).
sistema de grabación del sonido | sound recording system.
sistema de grietas macroscópicas orientadas con planos perpendiculares al plano de estratificación (carbones) | cleats.
sistema de guía | guidance system.
sistema de guía de aviones | aircraft guidance system.
sistema de guiación inercial | inertial system.
sistema de guiado por repetidor de radar | radar repeat-back guidance.
sistema de guiancia radioinercial | radio inertial guidance system.
sistema de hidracina (satélites) | hydrazine system.
sistema de hilatura directa | sliver-to-yarn drafting system.
sistema de hojas cambiables | loose leaf system.
sistema de identificación de aviones | aircraft identification system.
sistema de identificación de vagones | car identifier.
sistema de imanes | magnet system.
sistema de impuestos punitivo | punitive system of taxation.
sistema de impulsos hiperbólicos | hyperbolic pulse system.
sistema de incentivo por minutos-hombre | manit.
sistema de incentivos | incentive system.
sistema de incentivos laborales por trabajos efectuados | task and bonus system.
sistema de indizado | indexing system.
sistema de inducción | induction system.
sistema de información inmediata | on demand system.
sistema de información médica (informática) | medical information system.
sistema de información nuclear internacional | international nuclear information system.
sistema de información para la dirección | M.I.S.
sistema de información para la dirección comercial | management information system.
sistema de información vídeo de radar | radar video data processor.
sistema de inspección por proyección óptica | optical projection inspecting system.
sistema de intercomunicación | intercommunication system | intercom | private-address system.
sistema de intercomunicación acústica (buques) | squawk-box | intercom.
sistema de intercomunicación con buzos | divers' intercommunication system.
sistema de interconexión de energía | interconnected power system.
sistema de interpretación y proceso informativo táctico | tactical information processing and interpretation system.

sistema de interrogador y respondedor (radar) | interrogator-responder system.
sistema de interrupción | interruption system.
sistema de inundación de capa de agua | water-blanketing deluge system.
sistema de inundación del núcleo | core flooding system.
sistema de inyección a presión elevada (refrigeración) | high pressure coolant injection system.
sistema de inyección de refrigerante a presión baja | low pressure coolant injection system.
sistema de inyección de seguridad | safety injection system.
sistema de inyección del combustible con inyección previa | pilot-type fuel-injection system.
sistema de inyección mecánica del combustible en que las válvulas están accionadas mecánicamente y el combustible está en un depósito a presión constante (motores diesel) | rail system.
sistema de laboreo por grandes tajos (minas carbón) | longwall system.
sistema de lectura directa de un satélite meteorológico | direct readout weather satellite.
sistema de lectura normal | standardized reproduction system.
sistema de lentes con una lente de fluorita | semiapochromat.
sistema de línea compartida | poll.
sistema de línea con alternación de fase | phase alternation line (p.a.l).
sistema de línea eléctrica colgada del techo para toma de las diversas máquinas (talleres) | overhead busbar system.
sistema de localización | fixer system.
sistema de lubricación | lubing system.
sistema de lubricación a baja presión | low-pressure oil system.
sistema de lubricación aforada | metered lubrication system.
sistema de lubricación centralizado | centralized lube system.
sistema de llamada luminosa | luminous-call system.
sistema de llamada selectiva (telecomunicación) | selective paging system.
sistema de llamadas (buscador de personas) | voice-paging system.
sistema de llamamiento colectivo (telefonía) | selective calling.
sistema de maclaje (nucleónica) | twinning system.
sistema de mando | power drive.
sistema de mandos por diodo | steering diode system.
sistema de manipulación de datos (informática) | data-handling system.
sistema de manipulación de textos en terminales administrativas | administrative terminal system.
sistema de marcha/parada | start-stop system.
sistema de masas múltiples | multimass system.
sistema de materia condensante hiperfluctuante | strongly fluctuating condensed matter system.
sistema de medición | measurement setup.
sistema de medida cuya base es el peso en gramos de 9.000 metros de hilo (textiles) | denier system.
sistema de medidas | mensuration system.
sistema de memoria electroluminiscente | electroluminiscent storage system.
sistema de memoria nula | zero-memory system.
sistema de metal líquido circulando a presión | forced-circulation liquid metal system.
sistema de mezcla de minerales | ore-blending system.
sistema de microfilm | microfilm system.
sistema de microondas de estado sólido | solid-state microwave device.
sistema de misiles antibalísticos | antiballistic-missile system.
sistema de misiles de tierra avanzado (ejército) | advanced surface missile system.
sistema de monobarra | unibus system.
sistema de montaje sobre una plantilla | jig-aligned system.
sistema de navegación automática por radar Doppler | radan.
sistema de navegación automático por radar Doppler | radar Doppler automatic navigation.
sistema de navegación con coordenadas polares | rho-theta.
sistema de navegación con radar | long range navigation.
sistema de navegación de largo alcance | long range aid to navigation (L.O.R.A.N.).
sistema de navegación de onda continua | benito.
sistema de navegación hiperbólica | hyperbolic navigation system.
sistema de navegación por radar basado en el efecto Doppler (aviones) | radar Doppler automatic navigator (RADAN).
sistema de nebulización de agua a presión | pressure water-spraying system.
sistema de numeración binaria | binary-numbered system.
sistema de números binarios | binary number system.
sistema de observación estelar | star-lock system.
sistema de ondas dirigidas | beam system.
sistema de ondas estacionarias | standing-wave pattern.
sistema de ordenación clasificado | classified filing system.
sistema de ordenador | computer system.
sistema de organización y gestión de ficheros | bill of material processor.
sistema de oxígeno en que este fluye durante la inspiración y expiración | continuous-flow system.
sistema de pago a crédito (billetes de avión) | pay later.
sistema de pago mediante comprobante | voucher system.
sistema de pago por los resultados | payment-by-results system.
sistema de pagos multilaterales | multilateral payment system.
sistema de palancas | rod linkage | lever system | compound levers.
sistema de par de impulsión | pulse-torqued system.
sistema de parachoques elastoméricos (automóviles) | elastomeric bumper system.
sistema de participación en beneficios | method of bonus allocation.
sistema de partículas | particulate system | assembly of particles.
sistema de paso simple (reactor) | once through system.
sistema de penalidad por puntos | point-penalty system.
sistema de petróleo para calderas | oil fuel system.
sistema de planos | set of planes.
sistema de plantaciones | plantation system.
sistema de plumas paralelas sincronizadas (buques) | parallel-boom system.
sistema de pólizas | voucher system.
sistema de portadora colectiva | party-line carrier system.
sistema de portadoras acumulativo | stackable carrier system.
sistema de posiciones manuales de ayuda al tráfico | traffic service positions system.
sistema de precios únicos | single-price policy.
sistema de prima por trabajo colectivo | group bonus system.
sistema de primas | premium system | premium wage system | bonus system.
sistema de primer orden | first-order system.
sistema de prioridades | priority scheme.
sistema de procesación distribuido | distributed processing system.
sistema de proceso automático de datos | automatic data-processing system.
sistema de proceso de datos en tiempo real | real time computer system.
sistema de proceso de persecución de propósitos | purposeful system.
sistema de producción en serie | assembly-line technic | assembly time technic.
sistema de programas y operaciones múltiples | multiprocessor multiprogrammed system.
sistema de propulsión de vehículos cósmicos | space-vehicle propulsion system.
sistema de propulsión del cohete | rocket feed system.
sistema de propulsión eléctrico con hélice de paso regulable accionada por motor síncrono alimentado por alternador de velocidad constante (buques) | varpac system.
sistema de propulsor | power plant.
sistema de protección térmica | thermal protection system.
sistema de proyectiles dirigidos | guided missile system.
sistema de proyectiles dirigidos por laser de ondas continuas | optical direction and ranging.
sistema de puesta a tierra (líneas eléctricas) | grounder system.
sistema de puesta a tierra con electrodos | earth-electrode system.
sistema de puesta a tierra en un punto único (electricidad) | one-point ground system.
sistema de pulverización de agua | humidification system.
sistema de puntería | sighting system.
sistema de purga (tuberías, etc.) | purge system.
sistema de purga del generador de vapor | steam generator blowdown system.
sistema de purificación del aire evacuado | air discharge purification system.
sistema de radar buscador automático estabilizado por giroscopio | gyrostabilized automatic-tracking radar system .
sistema de radioalineación | track guidance system.
sistema de radiocomunicación | radio dispatching system.
sistema de radiodifusión de programa múltiple | multiprogram broadcast system.
sistema de radioenlace | radio relay system.
sistema de radioenlaces por microondas | microwave relay system.
sistema de radiofaro de aproximación sin visibilidad | blind approach beam system.
sistema de radionavegación | gee | loran.
sistema de radiorrelé | radio relay system.
sistema de rastreo por satélites | minitrack system.
sistema de rastreo y detección espacial | detection and tracking system.
sistema de rebusca computadorizado | computer-based retrieval system.
sistema de recepción antidesvanecedor de antenas múltiples | space diversity system.
sistema de recibir señales enemigas de radiofaros y retransmitirlas para confudir la navegación enemiga | meaconing.
sistema de recipientes separables | detachable container system.
sistema de recirculación del aire en circuito cerrado | closed-flow air recirculating system.
sistema de recogida de datos | data collection system.
sistema de recuperación de datos | data retrieval system.
sistema de recuperación de datos retrospectivos de acceso directo | on line retrospective retrieval system.
sistema de recuperación de datos y análisis de

literatura médica | medical literature analysis retrieval system.
sistema de recuperación de disolvente | solvent-recovery system.
sistema de recuperación de minerales | ore-reclaiming system.
sistema de recuperación de referencias (documentación) | reference retrieval system.
sistema de recuperación del boro | boron recovery system.
sistema de redes interconectadas | loop interconnected system.
sistema de reducción del ruido magnetofónico del casete | dolby.
sistema de reducción-oxidación | redox system.
sistema de referencia | reference frame | frame of reference | coordinate frame.
sistema de referencia astronómico | astronomical frame of reference.
sistema de referencia colorimétrico | standard colorimetric reference system.
sistema de referencia de coordenadas cartesianas | cartesian reference frame.
sistema de referencia de la vertical | vertical reference system.
sistema de referencia geográfica | georef.
sistema de refrigeración | cooling system.
sistema de refrigeración de componentes | components cooling system (CCS).
sistema de refrigeración de emergencia del reactor nuclear | emergency core cooling system.
sistema de refrigeración del trépano (sondeos) | bit cooling system.
sistema de refrigeración en etapas sucesivas | cascade refrigerating system.
sistema de refrigeración por cielo de aire de dos etapas | bootstrap system.
sistema de refrigeración por circulación de salmuera | brine-circulating refrigeration system.
sistema de refrigeración por ventilador de circulación de aire frío | cold air-circulating fan refrigeration system.
sistema de regado | sprinkler system.
sistema de registro de banda | web registering system.
sistema de registro numérico de cinta magnética | digital magnetic tape recording system.
sistema de registro sonoro | sound recording system.
sistema de regulación | control system.
sistema de regulación bidimensional | two-dimensionally controlled system.
sistema de regulación de ciclo cerrado | closed-cycle control system.
sistema de relajación automática de la presión | automatic depressurization system.
sistema de relleno de latas de conservas con nitrógeno | nitrogen gas can-closing system.
sistema de remolque | train system.
sistema de rentas y salarios | salary and wage system.
sistema de repostaje por manguera (aeropuertos) | hydrant refuelling system.
sistema de repostar en la mar | replenishment-at-sea procedure.
sistema de reserva de tratamiento de gases | standby gas treatment system.
sistema de respiro del cárter (motores) | breathing system.
sistema de retardo (nuclear) | delay system.
sistema de retardo de tambor magnético | magnetic drum relay system.
sistema de retorno por masa | earth return system.
sistema de retransmisión | relay system.
sistema de retransmisión de microondas | microwave relay system.
sistema de retransmision STRAD (telegrafía) | STRAD.
sistema de revestimiento de multicapas | multilayer coating system.
sistema de salario por incentivo | incentive wage system.
sistema de salarios | salary pattern.
sistema de salvamento | escape system.
sistema de satélite para gestiones comerciales | satellite business systems.
sistema de satélites geoestacionarios operativos ambientales | geostationary operational environmental satellite system.
sistema de seguimiento | follow-up system.
sistema de seguridad con autoverificación | self-testing safety system.
sistema de seguridad para vuelo misilístico | missile flight safety system.
sistema de seguro bancario | safety fund system.
sistema de selección multidimensional con memorización magnética | multidimensional magnetic memory selection system.
sistema de selección por teclado | pushbuttom system.
sistema de señales (televisión) | signal complex.
sistema de señales electrónicas que indican el camino para aterrizar (aviones) | instrumental landing system.
sistema de señales por tramos de vía (ferrocarril) | block system.
sistema de siliciuro de platino | platinum-silicide system.
sistema de simple celosía (vigas) | single web system.
sistema de simulación visual por computadora | computer visual simulation system.
sistema de sincronización | synchro.
sistema de sintonización automática (radio - TV) | fine tuning lock.
sistema de sintonización sin retorno a reposo | nonhoming tuning system.
sistema de sobrepresión | plenum system.
sistema de sonorización | voice-assist system.
sistema de sonorización (acústica) | scoring system.
sistema de sonorización (cine) | scoring sytem.
sistema de suministro de aire a presión | air pressure supply system.
sistema de supervisión | monitoring system.
sistema de supresión | squelch system.
sistema de suspensión cardánica (satélites) | gimball system.
sistema de sustentación | lifting system.
sistema de sustentación no plano | nonplanar lifting system.
sistema de tarificación | premium system.
sistema de techumbre con chapas soldadas por sus costuras | seamwelding roofing system.
sistema de telecomunicación en autopistas de peaje | turnpike communication system.
sistema de telecomunicación por satélite con fines de defensa | defense satellite communications system.
sistema de telecomunicaciones marítimas | maritime communications system.
sistema de telefonía múltiple | multiplexed system.
sistema de telefonía secreta | privacy telephone system.
sistema de telegrafía armónica | voice-frequency telegraph system.
sistema de teleimpresión selectivo | selex system.
sistema de telemando de autosincronización | synchro system.
sistema de telemetría por codificación de impulsos | pulse multiplex telemetering system.
sistema de telemetría por satélite artificial | satellite telemetry system.
sistema de televisión colectiva | community antenna television system.
sistema de televisión por alambres dentro de un edificio | intratelevision system.
sistema de televisión por rayos catódicos | cathode-ray video system.
sistema de termopar pulsante | pulse-thermocouple system.
sistema de test (informática) | exercizer.
sistema de tiempo compartido | time shared system | time sharing system.
sistema de tiempo real | real time system.
sistema de tirantes radiales (hornos de vidrio) | spider.
sistema de tolerancia de eje-base | shaft basis limit system.
sistema de tolerancias de base sobre el agujero | hole basis limit system.
sistema de trabajar en parejas (buceadores) | buddy system.
sistema de trabajo a destajo | contract wage system.
sistema de trabajo de una turbina de combustión interna | gas-turbine power system.
sistema de trabajo que utiliza gas | gas power system.
sistema de trabajo que utiliza vapor | vapor power system.
sistema de trabajo remoto no tripulado (robot) | remote unmanned work sistem.
sistema de tranformación directa de la energía solar | solar direct-conversion power system.
sistema de transferencia de energía del circuito de salida al de entrada | back coupling system.
sistema de transmisión acústica | acoustic transmission system.
sistema de transmisión autosíncrono | selsyn system.
sistema de transmisión con dos frecuencias | two-tone telegraph system.
sistema de transmisión hidráulica de energía | hydraulic power transmission system.
sistema de transmisiones simultáneas | multiple way system.
sistema de transporte | transportation system | carrier system.
sistema de transporte cósmico reutilizable | re-usable space transportation system.
sistema de transporte neumático | pneumatic conveying system.
sistema de transporte por aire comprimido | pneumatic conveying system.
sistema de tratamiento de desechos líquidos | liquid waste processing system.
sistema de tratamiento instantáneo de los datos | on-line data handling system.
sistema de tubería para refrescar la cubierta (buques petroleros) | deck sprinkling system.
sistema de tubería única | one-pipe system.
sistema de tuberías | range of piping.
sistema de tuberías (hidráulica) | piping system.
sistema de tuberías bajo presión | pressurized piping system.
sistema de tuberías del hospital | hospital pipeline system.
sistema de tuberías del petróleo de carga (petroleros) | cargo oil piping system.
sistema de tuberías en paralelo | parallel-pipe system.
sistema de tuberías para servicios sanitarios (edificios) | water-carriage system.
sistema de tubo neumático transportador autoindicador | self-routing carrier airtube system.
sistema de un hombre para cada alza (cañones) | one-man one-sight system.
sistema de un solo arrancador maestro | single master-starter system.
sistema de una fuerza y un par (mecánica) | wrench.
sistema de valoración de existencias por coste mínimo | cost or market whichever is lower method of inventory valuation.
sistema de varias antenas (radio) | array.
sistema de varillas articuladas | rod linkage.
sistema de varios grados de libertad | multi-degree-of-freedom system.
sistema de venta en que el público deja en una

bandeja el importe de la compra | honor system.
sistema de ventilación forzada en cámara de caldeo cerrada | closed stokehold forced draught system.
sistema de ventilación por aire a presión | forced-air ventilating system.
sistema de vías | trackage.
sistema de vías auxiliares (telefonía) | bypass system.
sistema de vigilancia | surveillance system.
sistema de vigilancia del casco (buques) | hull surveillance system.
sistema de vigilancia neutrónica | neutron monitoring system.
sistema de vuelo integrado | integrated flight system.
sistema decimal | blocked-number system.
sistema decimal en codificación binaria | binary-coded decimal system.
sistema defensivo de alarma misilística | missile defense alarm system.
sistema defensivo obsoleto | obsolete defensive system.
sistema del centro de masas | centre of mass system.
sistema demostrativo | applicatory system.
sistema descodificador por impulsos | pulse decoding system.
sistema descongelador por alcohol | alcohol de-icing.
sistema desempolvador | dedusting system.
sistema deshidratador del aire | air dehydration system.
sistema destructor de un cohete de pruebas en vuelo | command destruct.
sistema detector y localizador de roturas de vaina | failed element detection and location system.
sistema dinámico de correlación analógica | dynamic analog correlation system.
sistema dinámico localizable | localizable dynamical system.
sistema dinámico termosensible | dynamic temperature-sensing system.
sistema direccional | addressing system.
sistema directivo (radio) | array.
sistema directo de clasificación laboral | forced choice ratings.
sistema director de conmutación automática | director system.
sistema discreto de tiempo mínimo | minimal type discrete system.
sistema disperso | disperse system.
sistema duplicado | duplexed system.
sistema ecológico cerrado | closed ecological system.
sistema económico | economy.
sistema económico de guerra | war economy.
sistema ecuatorial (astronomía) | celestial equator system of coordinates.
sistema elásticamente inestable | elastically unstable system.
sistema electrofisiológico | electrophysiological system.
sistema electrolítico anisotérmico | nonisothermal electrolytic system.
sistema electromecánico de climatización | electromechanical air-conditioning system.
sistema electromecánico de enclavamiento | electromechanical interlock system.
sistema electrónico de conmutación de programa almacenado | stored-program electronic switching system.
sistema electrónico de dirección de tiro | electronic fire control system.
sistema electrónico de dirección de tiro (buques) | gunar.
sistema electrónico de navegación aérea (telerán) | television and radar air navigation (TELERAN).
sistema electrónico de pedidos (comercio del libro) | tell ordering.
sistema electrónico de regulación de la temperatura | electronic temperature-monitoring system.
sistema electrónico del satélite | satellite electronic system.
sistema electrónico director de tiro contra cohetes | rapid digital automatic computing (R.A.D.A.C.).
sistema electrónico para componer (tipografía) | electronic composing system.
sistema electrónico para evitar colisiones | electronic collision avoidance system.
sistema electrónico telefónico | metaconta.
sistema electronomecánico | electronic-mechanical system.
sistema electrostático | electrostatic system.
sistema en línea (teleproceso) | on-line system.
sistema en línea de terminales cajeras | on-line teller system.
sistema en que el aire exhalado se mezcla cada vez con oxígeno en una mascarilla (aviación) | rebreather system.
sistema en que la salida se emplea para controlar la entrada | closed-loop system.
sistema en que se ha hecho el vacío | evacuated system.
sistema en que se observa por el foco de la lente (telescopios) | Maxwellian viewing system.
sistema en Y | Y network.
sistema equivalente de masa concentrada | equvalent point-mass system.
sistema estelar oblato | oblate stellar system.
sistema estereofónico | stereo sound system.
sistema estereofónico con anchura de banda comprimida | compressed-band with stereophonic system.
sistema estocástico casi completamente descomponible | nearly completely decomposable stochastic system.
sistema exagonal (mineralogía) | monotrimetric system.
sistema experto (programa ordenador) | expert system.
sistema explorador de lente electrónica | electron-lens raster system.
sistema externo | out-plant system.
sistema extintor de espuma | froth extinguishing system.
sistema extintor de incendios | extinguisher system.
sistema extintor de incendios para motores de aeroplanos | aeroplane engine's fire extinguishing system.
sistema fiscal | system of taxation | tax system.
sistema físico con muchas variables | large physical system.
sistema físico concentrado | lumped physical system.
sistema físico de control de input-output | piocs.
sistema fluídico | fluidic system.
sistema fluidizado | fluidized system.
sistema fluidizado líquido-líquido | liquid-liquid fluidized system.
sistema fonológico español | Spanish phonological system.
sistema fonológico inglés | English phonological system.
sistema fuera de línea | off-line system.
sistema fuerza-par | force-couple system.
sistema gestor de una empresa (a sus afiliados cotizantes) de un programa completo de marketing | franchising.
sistema Giorgi racionalizado | rationalized Giorgi system | rationalized M.K.S.A. system.
sistema giratorio (telefonía) | rotary system.
sistema giro de craqueo | gyro cracking process.
sistema global de comunicaciones | global communications system.
sistema global integrado de estaciones oceánicas | integrated global ocean station system.
sistema gráfico interactivo | interactive graphic system.
sistema gremial | guild system.
sistema hexadecimal | hexadecimal system.
sistema hidráulico | hydraulic system.
sistema hidráulico de avance y bloqueo (mesa de fresadora) | lock-feed hydraulic system.
sistema hidráulico presionizado a 5 libras/pulgada^2 | hydraulic system pressurized to 5Lb/In^2.
sistema hidrotermoeléctrico | hydrothermal electric system.
sistema hiperbólico de radionavegación | hyperbolic radar system.
sistema hiperbólico para determinar la posición (navegación) | hyperbolic position-finding system.
sistema hiperbólico positivo-simétrico | positive-symmetric hyperbolic system.
sistema hodoscópico | hodoscopic system.
sistema holónomo | holonomic system.
sistema humidificador de aire | air humidifier system.
sistema idealizado | sophisticated system.
sistema I.L.S | instrument landing system (I.L.S.).
sistema iluminante | illuminating system.
sistema impresor | offset.
sistema indicador de alarma | telltale indicating system.
sistema indicador de la posición del aterrizador (aviones) | landing-gear warning system.
sistema indicador numérico electrónico | electronic digital indicating system.
sistema inductor (electricidad) | field-magnet system | field system | magnet system | magnetic field system.
sistema inestable compuesto de dos neutrones | di-neutron.
sistema informático | computer system.
sistema informativo de gestión | management information system.
sistema integrado de gestión | M.O.S..
sistema integrado de telefonía y datos | voice and data integrated system.
sistema interactivo | interactive system.
sistema interactivo de acceso directo | on-line interactive system.
sistema interno | in-plant system.
sistema intuicionista | intuitionistic system.
sistema iónicamente disperso | ionically dispersed system.
sistema isobárico | pressure system.
sistema iterativo | iterative array.
sistema legal de pesas y medidas | imperial system.
sistema lineal (matemáticas) | linear system.
sistema lineal por trozos (ecuaciones diferenciales) | piecewise-linear system.
sistema local | in-plant system.
sistema lógico de control de input/output | liocs.
sistema lógico de dos niveles y entradas y salidas múltiples | two-level multiple input-output logical system .
sistema lógico monodimensional | one-dimensional logic system.
sistema lógico numérico binario | binary digital logic system.
sistema lubricador del chasis | chassis-lubricating system.
sistema lunar de comunicaciones | lunar communication system.
sistema macroeconómico | macroeconomic system.
sistema magnético astático | astatic magnetic system.
sistema magnético de banda múltiple de grabación de sonidos con dispositivo antidiafónico | anticrosstalk multitrack magnetic sound system .
sistema magnético de dar fuego | magnetic firing system.
sistema manipulador por desplazamiento de fase diferencial en el tiempo | time-differential

phase-shift keyed system.
sistema marítimo de búsqueda y salvamento a base de satélites | satellite-based maritime search and rescue system.
sistema más pronunciado de planos verticales de juntas (rocas) | rift.
sistema mecánico que proporciona energía a otro mecanismo o sistema | actuating system.
sistema mecánico-cuántico | quantum-mechanical system.
sistema mecanizado de datos logísticos | mechanized logistics data system.
sistema mecanizado para recuperación de arenas (funderías) | mechanized sand recovery system.
sistema medidor de audiocorriente | audio-current metering system.
sistema medidor de los datos de posición | position data measuring system.
sistema mensurador de la trayectoria | trajectory measuring system.
sistema mensurador de la trayectoria que utiliza una señal de onda continua para obtener información sobre la trayectoria de un blanco | CW system.
Sistema Meteorológico Integrado del Ejército | Army Integrated Meteorological System.
sistema microfónico estéreo | stereo microphone system.
sistema mixto de fundir por un procedimiento y acabar por otro (aceros) | duplexing.
sistema mixto termohidroeléctrico | mixed thermal-hydroelectric system.
sistema mnemotécnico | memory system.
sistema modular contra incendios aéreos | modular airbone fire-fighting system.
sistema modular estandar | standard modular system.
sistema molibdeno-oro | molybdenum-gold system.
sistema monetario | money.
sistema monetario de patrón convertible en bienes | composite commodity standard.
sistema monetario de patrón de productos | commodity standard.
sistema monetario decimal | decimal coinage.
sistema monitor (operativo) | monitor system.
sistema monitor de tiempo colectivo | timesharing monitor system.
sistema monoclínico | clinorhombic system.
sistema monoclínico (cristalografía) | hemiprismatic system | oblique system.
sistema monoclínico (mineralogía) | monosymmetric system.
sistema monoclinoédrico | monoclinohedral system.
sistema monodimétrico | monodimetric system.
sistema multietápico | multistage system.
sistema multifilar (electricidad) | multiple system.
sistema multiplexor óptico | optical multiplexing system.
sistema multiplicador | multiplying system.
sistema multivariante | multivariant system.
sistema mundial de referencia geográfica | world geographic reference system.
sistema navegacional inercial (cosmonáutica) | passive system.
sistema neumático | pneumatic system.
sistema no aislado (termodinámica) | nonisolated assembly.
sistema no disipativo de energía | conservative system.
sistema no lineal de control con realimentación | nonlinear feedback control system.
sistema no lineal sin inercia | inertialessly nonlinear system.
sistema Nomarski de contraste por interferencia | Nomarski system of interference contrast.
sistema norteamericano de calibres de alambres y chapas | american wire gage.
sistema nuclear de energía auxiliar | system for nuclear auxiliary power.
sistema nuclear de suministro de vapor de agua (central nuclear) | steam supply nuclear system.
sistema nuclear en que parte del vapor de la turbina se genera en el reactor y otra parte en un termocambiador separado | dual-cycle reactor system.
sistema numeral | numeral system.
sistema numérico | number system.
sistema númerico con base dos | binary number system.
sistema numérico de base 8 | octal.
sistema numérico de tiempo real | real-time digital system.
sistema operativo | operative system | operational procedure | operating system.
sistema operativo base | basic operating system.
sistema operativo de disco | disk operating system.
sistema operativo para el control lógico del input-output | logical input-output control system.
sistema óptico buscador de personas (edificios) | visual staff-locator system.
sistema óptico convergente | positive optical system.
sistema óptico de microondas | microwave optical system.
sistema óptico dispersor | dispersing optical system.
sistema óptico divergente | divergence optical system.
sistema óptico formador de imágenes | image-forming optical system.
sistema óptico intercambiable | interchangeable optical system.
sistema óptico ortoscópico | orthoscopic optical system.
sistema óptico para medir deformaciones | optical strain-measuring system.
sistema opticoelectrónico | electron optical system.
sistema opticoiónico | ion optical system.
sistema opticomecánico | optical-mechanical system.
sistema orográfico | mountain system.
sistema ortogonal cúbico | isometric orthogonal system.
sistema ortorrómbico | rhombic system.
sistema pal | pal system.
sistema para conocer la velocidad y situación geográfica de un buque | ship inertial navigation.
sistema para determinar la distancia entre dos estaciones de radio (comraz) | comraz.
sistema para el desarrollo orbital tripulado | manned orbital development system.
sistema para evitar la colisión | collision-avoidance system.
sistema para extraer cenizas | ashing system.
sistema para hacer estancas las empaquetaduras de turbinas evacuando a un depósito que recibe vapor vivo con exhaustación al condensador
sistema para limpiar barriles | barrel-cleaning system.
sistema para manipular datos de canales múltiples con doble modulación de frecuencia | multichannel FM/FM data handling system.
sistema para mejorar la estabilidad | stability augmentation system.
sistema para respirar siempre el aire exhalado (hipoxia artificial) | rebreather system.
sistema para voz y datos | voice/data system.
sistema patrón de trabajo con aparatos de abonado (telefonía) | working standard with subscriber's equipment .
sistema pentafásico | five-phase system.
sistema pentafilar | five wire system.
sistema perceptivo de guía | perceptive guidance system.
sistema placa-viga | plate-beam system.
sistema planar | planar array.
sistema planetario | planetary system.
sistema plano-equipolente a cero | system plane-equipollent to zero.
sistema plurifermiónico | many-fermion system.
sistema policíclico | multifrequency system.
sistema policomponente | multicomponent system | polycomponent system.
sistema polidisperso | polydispersed system | polydisperse system.
sistema polifásico de fases interconectadas | interconnected polyphase system.
sistema polifásico de fases separadas | noninterlinked multiphase system.
sistema polifásico de fases unidas | interlinked multiphase system.
sistema ponderado (estadística) | weighted battery.
sistema por corriente portadora para pequeñas distancias | short-haul carrier system.
sistema por hilo aéreo con trole | overhead trolley system.
sistema portador de baja frecuencia | low-frequency carrier system.
sistema portador de línea colectiva | party-line carrier system.
sistema prebiológico | prebiological system.
sistema preciso para determinación del punto (navegación) | precise fixing system.
sistema privado | privacy system.
sistema procesador de lanzamientos (satélites) | launch process system.
sistema programado automatizado | automated programmed system.
sistema programador (informática) | autocoder.
sistema propulsor (aviones) | powerplant.
sistema propulsor de la cosmonave | spacecraft power supply system.
sistema protector automático | automatic protective system.
sistema protector de gran velocidad de intervención | high-speed protective system.
sistema puramente binario | purely binary system.
sistema puramente decimal | purely decimal system.
sistema purificador del agua de la recarga del combustible | refueling water purification system.
sistema radar de bombardeo (aerotransportado) | radar bombsight.
sistema radárico para navegación y bombardeo (bombardeos) | bomb navigation system.
sistema radárico perturbado | jammed radar system.
sistema radiante acústico | acoustical radiating system.
sistema radical | root system.
sistema radicular (plantas) | rootage | root system.
sistema radio policanálico de hiperfrecuencias | multichannel V.H.F. radio system.
sistema radioeléctrico para determinar la posición (navegación) | radio position-fixing system.
sistema radiofaro de aproximación por haces | beam approach beacon system.
sistema radiofónico secreto | secrecy sistem.
sistema radiotelefónico de llamada selectiva | radiotelephone selective calling system.
sistema radiotelefónico del buque a tierra | ship-to-shore radiotelephone system.
sistema rápido de construcción con tablas sujetas por clavos | balloon framing.
sistema receptor radiotelegráfico | radiotelegraph receiving system.
sistema recíproco de vectores (matemáticas) | reciprocal vector system.
sistema recuperador de materiales orgánicos | back-end system.
sistema recuperador del calentamiento del agua de alimentación | regenerative feed-water

heating system.
sistema recurrente | recursive system.
sistema redox | redox system.
sistema redundante reparable | repairable redundant system.
sistema refractor corregido de refrangibilidad | color-corrected refracting system.
sistema registrador | sensor.
sistema registrador de costos | cost-recording system.
sistema regulador de toma de datos intermitente | sampled-data control system.
sistema regular | regular system.
sistema regular espacial | space monitoring system.
sistema reproductor del sonido | sound reproducing system.
sistema residente por disco | disk resident system.
sistema retributivo | retributive system.
sistema reversible | reversible process.
sistema rociador de agua | water spray system.
sistema rociador de agua de gran velocidad | high velocity water spray system.
sistema rómbico | rhombic system | orthorhombic system | trimetric system.
sistema rómbico (cristalografía) | prismatic system.
sistema salarial incentivado | Merrick multiple piece rate plan.
sistema sellado en vacío | closed vacuum system.
sistema semiconductor compuesto ternario | ternary-compound semiconductor system.
sistema silenciador | quieting system.
sistema silenciador de sección variable | fully variable silencing system.
sistema silicio sobre zafiro | silicon-on-sapphire system.
sistema sin recalentamiento | zero-superheat system.
sistema síncrono aritmético | synchronous digital system.
sistema síncrono de potencia integral | integral horsepower synchro system.
sistema sintonizado de gran amplificación | high-gain tuned system.
sistema sintonizador | tuner.
sistema sísmico de gran abertura | larger aperture seismic array.
sistema solar pasivo | passive solar system.
sistema sónico localizador (navegación) | sofar (sound fixing and ranging).
sistema sonoro de portadora múltiple (televisión) | intercarrier sound system.
sistema sonoro monoaural | monaural sound system.
sistema submarino de misiles de gran alcance | undersea long range missile system.
sistema supresor de explosiones | explosion suppressor system.
sistema susceptible de perfeccionar | open-ended.
sistema tabular | columnar system.
sistema telefónico automático paso a paso | step-by-step automatic telephone system.
sistema telefónico colectivo (Inglaterra) | conference system.
sistema telefónico de batería local | local battery telephone system.
sistema telefónico por magneto | magneto system.
sistema telefónico selectivo centralizado (ferrocarril) | train dispatching.
sistema telegráfico de variación de frecuencia | phase-shift telegraph system.
sistema telegráfico sobre canal de frecuencia vocal | voice frequency telegraph system.
sistema telemedidor transportado en paracaídas | parachute-borne telemetering system.
sistema telemétrico | telemetry system.
sistema telemétrico dirigido de reentrada (astronáutica) | direct re-entry telemetry system.
sistema tercuaternario | cubic system.
sistema termohidroeléctrico | thermal-hydroelectric system.
sistema termonuclear | thermonuclear system.
sistema termotransferente para metal licuado | liquid-metal heat transfer system.
sistema tetragonal | tetragonal system.
sistema tetragonal (cristalografía) | quadratic system.
sistema TRACALS (ayuda a la navegación en EE.UU.) | TRACALS.
sistema transmisor de imágenes | image-transmission system.
sistema tributario | taxation system.
sistema tributario (telecomunicación) | feeder system.
sistema triclínico | asymmetric system | anorthic system.
sistema triclínico (cristalografía) | triclinic system | triclinic system | doubly oblique system.
sistema tricromático | trichromatic system.
sistema tricromático de notación de colores | trichromatic system of color notation.
sistema trifásico compensado | balanced three-phase system.
sistema trifásico de tres conductores en triángulo | mesh-connected three-phase system.
sistema trifásico exafilar | three-phase six-wire system.
sistema trifásico tetrafilar | three-phase four wire system | interconnected three-phase system.
sistema trifásico trifilar con carga en estrella | three-wire three-phase system with a Y load .
sistema trifásico trifilar en estrella | three phase star-connected system.
sistema uniterminal | single-ended system.
sistema vial | road system.
sistema vibrador electromecánico | electromechanical vibrating system.
sistema visor de bits | bit viewing device.
sistemas cooscilantes | cooscillating systems.
sistemas de comercio preferencial | preferential trading systems.
sistemas de conversión de materia orgánica sobrante en energía | waste-to-energy systems.
sistemas de electricidad solar | systems of solar electrics.
sistemas de frecuencia vocal modulado en frecuencia | frequency-modulated voice-frequency system.
sistemas de información en documentación | information systems in documentation.
sistemas de partículas independientes | assemblies of independent particles.
sistemas de transmisión de la luz | light transmitting systems.
sistemas de transporte de electrones | electron transport systems.
sistemas de vías aéreas de acceso (a un país, a un aerodromo) | airways system.
sistemas económicos clásicos | classical economics.
sistemas electroópticos | electro-optical systems.
sistemas en movimiento | systems at motion.
sistemas en reposo | systems at rest.
sistemas energéticos de transformación directa de la energía solar | solar direct-conversion power systems.
sistemas equimomentales | equimomental systems.
sistemas físicamente semejantes | physically similar systems.
sistemas interaccionantes | interacting systems.
sistemas ópticos de gran abertura | large optics.
sistemas relevador de microondas | microwave relay system.
sistemática | systematics.
sistemático | systematic.
sistematismo | systematism.
sistematización | systematization | processing.
sistematización de datos | data processing.
sistembólico | systembolic.
sistémico (biología) | systemic.
sitiadores | encirclers.
sitial presidencial | chair of the presiding officer.
sitiar | besiege (to) | belay (to).
sitio | stand | room | locus | spot | investment.
sitio (de una plaza) | investing.
sitio asignado a cada hombre (bote salvavidas) | boat stations.
sitio con sobreespesor en el hilo (telas) | slub | slug.
sitio de desembarque de camiones | debusing point.
sitio de difícil acceso | difficult-to-reach location.
sitio de embarque en camiones | embussing point.
sitio de entrega | place of delivery.
sitio de gran incidencia de accidentes (carreteras) | accident black spot.
sitio de intenso calor | hotspot.
sitio de montaje | site.
sitio de operaciones (bolsa) | trading floor.
sitio de parada | stopping point.
sitio de reunión | point of meeting.
sitio del juez | judge's bench.
sitio desgastado prematuramente | prematurely worn place.
sitio designado a cada persona en casos de emergencia (buques) | station.
sitio designado a un buque en formación | station.
sitio designado para la tripulación y pasajeros en caso de emergencia (buques mercantes) | quarters.
sitio destacado | premier place.
sitio destinado al personal para las maniobras (portaaviones) | flight quarters.
sitio difícil de alcanzar | hard-to-reach place.
sitio disponible de pie (coches ferrocarril, autobuses) | standing room.
sitio donde anidan las ratas | rat-harborage.
sitio donde el hielo sólo tiene unos pocos centímetros de espesor (casquete polar) | ice lake.
sitio donde el metal no ha reproducido perfectamente el contorno del molde | misrun.
sitio donde la marea tiene la máxima velocidad | tide gate.
sitio donde se tocan los gálibos de carga (vías convergentes) | fouling point.
sitio donde sobresale alguna cualidad buscada | heavy spot.
sitio elevado (del terreno) | level.
sitio en cubierta asignado a una sección (buques guerra) | division parade.
sitio hasta donde es navegable (ríos) | head of navigation.
sitio para aplicar el gato | jacking point.
sitio para enterrar desperdicios radioactivos dentro de recipientes estancos | graveyard.
sitio para iniciar un cortafuego | anchor point.
sitio para las piernas (autos) | legroom.
sitio para maniobrar (buques en bahía o en dársenas) | sea room.
sitio para pasar en barca (ríos) | passing place.
sitio por donde sale el aire de la cámara de pruebas (túnel aerodinámico) | exit cone.
sitio que ha de ser lubricado | greasing point.
sitio reforzado para atar un cable (aviones) | strong point.
sitio sometido al tiro de mortero | mortared place.
sitio y fecha de construcción | place and date built.
sitios donde hay solución de continuidad del material (estructuras) | hard spots.
sitios indicados a la tripulación cuando se va a fondear (buques) | anchor stations.
sitios que retienen el humo | smoke traps.
sitios ventilados e inspecionados (minería) | active workings.
sito | lying.
sito donde están instaladas las bombas de agotamiento (minas) | pound-room.

sitogoniómetro | sitogoniometer.
sitómetro | angle-of-site instrument.
sitómetro (cañones) | elevation quadrant.
sitonizador selector | signal seeking tuner.
sitotoxismo | food poisoning.
situación | position fix | situation | condition | prospect | place | employment | status | stage | locus | stand | state.
situación (de un objeto) | position.
situación (de una obra) | site.
situación (del trabajo) | progress report.
situación actual | status.
situación baja | lowness | low-level station.
situación caótica (combate) | rat race.
situación compradora | order position.
situación crítica en un combate | war emergency.
situación de caja | cash position.
situación de desactivación (bases militares) | caretaker status.
situación de efectivo | cash position.
situación de fin de mes (contabilidad) | monthly statement of account.
situación de hecho | definite situation.
situación de la coma decimal | decimal-point location.
situación de la resultante | location of the resultant.
situación de memoria (informática).
situación de pagos | estimate for payment.
situación de un producto ante los compradores | marketability.
situación del mercado con mayor oferta que demanda | buyer's market.
situación del sondeo | well location.
situación desastrosa de la cartera de pedidos | disastrous ordering situation.
situación económica | financial position.
situación en el plano | pricking.
situación en la memoria | memory location.
situación en la pista al empezar el despegue | takeoff position.
situación en que las válvulas de admisión y exhaustación están momentáneamente abiertas o cerradas al mismo tiempo (motores) | valve overlap.
situación estabilizada | set situation.
situación financiera de los ferrocarriles | railways' financial situation.
situación flúida (combates) | fast-moving situation.
situación fluida (milicia) | fluid situation.
situación general (meteorología) | general statement.
situación interior | domestic situation.
situación laboral en la cadena de producción | line position.
situación legal | legal standing.
situación meteorológica | meteorological situation.
situación numérica | return.
situación particular (temas militares) | special idea.
situación pasiva | inactive status.
situación peligrosa | distress.
situación por el eco | echolocation.
situación por estima | dead reckoning.
situación por loran | loran fix.
situación por observaciones astronómicas (navegación) | celestial fix.
situación por radar | radar fix.
situación radiogoniométrica (aeronavegación) | radio fix.
situación sin derecho a sueldo | nonpay status.
situación topográfica | local situation.
situaciones de emergencia | fallback.
situadas en el mismo plano | coplanar-parallel-force system.
situado | lying.
situado al mismo nivel | even.
situado al nivel del suelo | ground.
situado asimétricamente | asymmetrically positioned.
situado centralmente | centrally-situated.
situado en alto | high-sited.
situado en bajo | low-sited | low-lying.
situado en la costa | coastally situated.
situado en la plataforma continental (industria petrolífera) | offshore.
situado en la superficie | surface-sited.
situado en un avión | winged.
situado entre dos planos | interplane.
situado fuera del fuselaje (aviones) | outrigger.
situado sobre el terreno (radar, equipo para guiar misiles) | ground-based.
situador | spotter | locator.
situador de la herramienta | tool locator.
situador de piques (artillería naval) | splash pointer.
situar | spot (to) | put (to) | station (to) | place (to) | pick out (to).
situar (cosas o personas) | stage (to).
situar en depósito | store in bond (to).
situar en un sitio adecuado para la carga y descarga (vehículos, aviones) | spot (to).
situar las mercancías en el muelle | place the goods on the dock.
situar los incendios forestales | pinpoint forest fires (to).
situar un punto sobre el plano | position (to).
situar una estación (radio) | log (to).
situarse en la carta (marina) | lay down (to).
sizigia (astronomía) | syzygy.
skip con descarga por el fondo | bottom-discharge skip.
smithsonita | dry-bone ore.
sn cola | tailless.
sobaco | axilla.
sobado (libros, telas, etc.) | shopworn.
sobar (cueros) | stretch (to).
soberanía | sovereignty.
soberanía asociada | associated sovereignty.
soberanía compartida | shared sovereignty.
soberanía completa | full sovereignty.
soberanía de los Estados | State rights.
soberanía del consumidor | consumer's sovereignty.
soberanía fiscal | fiscal sovereignty.
soberanía territorial pesquera de 200 millas | fishing territorial sovereignty of 200 miles.
soberbia | haughtiness.
sobordo | manifest | cargo manifest.
sobordo (buques) | freight list.
sobordo del buque | ship's manifest.
sobornador | briber | embracer.
sobornal (de cacao) | seron.
sobornar | bribe (to).
sobornar (a un jurado) | embrace (to).
sobornar (testigos) | intimidate (to) | tamper (to).
sobornar un testigo | get at a witness (to).
soborno | key money.
soborno de testigos | intimidation.
sobra | rest.
sobrado | undue.
sobralimentación a pequeña presión (motores) | low-degree pressure-charging.
sobrante | remainder | excess | surplusage | rest | surplus | overflow.
sobrante repartible | divisible surplus.
sobrantes | overages | leftovers | culls | leavings | leftover stock | odds and ends.
sobre | envelope | ex | above.
sobre archivador | file envelope.
sobre camión | truck-mounted.
sobre carriles | railed.
sobre cero | plus.
sobre con ventana | window envelope.
sobre con zona transparente | window envelope.
sobre cubierta | on deck.
sobre cubierta (buques) | above deck.
sobre cubierta a riesgo del expedidor | on deck at shipper's risk.
sobre de botón y cuerda que se enrolla sobre aquél | string-and-button envelope.
sobre de paga | paycheck.
sobre de presilla | clasp envelope.
sobre demanda | at call | on demand.
sobre el asunto | on the job.
sobre el mismo diámetro | leading-and-trailing shoe brake.
sobre el nivel del terreno | above ground level.
sobre el sitio | on-the-spot.
sobre el terreno | on-the-spot.
sobre el valor | ad valorem.
sobre expansible | expanding envelope.
sobre grada (buques) | on the slips.
sobre la línea | above the line.
sobre la línea de producción | on-line.
sobre la marcha | out of hand.
sobre la par | above par.
sobre la playa (buques) | high and dry.
sobre la superficie | above ground.
sobre la tubería | in the run of the line | on the line.
sobre las nubes (aviones) | on-top.
sobre monedero | coin envelope.
sobre muelle | ex ship | ex dock | ex quay.
sobre muelle de embarque | free alongside ship (FAS).
sobre muelle Estados Unidos | ex U.S.A. ship.
sobre muelle y derechos a cuenta del comprador | ex quay and duties on buyer's acount.
sobre muelle y derechos pagados | ex quay and duty paid.
sobre muelles | sprung.
sobre o debajo del suelo de océanos profundos | on or under the bed of deep oceans.
sobre oficial | official envelope.
sobre orugas (vehículos) | tracked.
sobre para contestar con franqueo por cuenta del destinatario | business reply envelope.
sobre pedido (comercio) | on call.
sobre pilotes | pile-supported.
sobre publicitario | advertising envelope.
sobre ruedas | wheeled.
sobre tela (artes) | on the flat.
sobre toda la luz | over entire span.
sobre todo el vano (vigas) | over entire span.
sobre un mandril de acero | onto a steel mandrel.
sobre una recta | on a line.
sobreabundancia | over-supply.
sobreaceleración (tercera derivada del espacio con relación al tiempo) | jerk.
sobreacoplado | overcoupled.
sobreacoplamiento | overcoupling.
sobreagitado (cobre) | overpoled.
sobreagrupamiento | overbunching.
sobreagudo (música) | high-pitched.
sobreagudos (sonido) | treble.
sobrealimentación | overdriving | overfeed.
sobrealimentación (motor diesel) | turbocharging.
sobrealimentación (motores) | forced induction | supercharging | pressure charging | boosting.
sobrealimentación de alta presión (motor diesel) | high-pressure supercharging.
sobrealimentación estando el pistón en el punto muerto inferior | underpiston supercharging.
sobrealimentación por turbosoplante accionada por gases de exhaustación | exhaust-gas turboblower supercharging.
sobrealimentado (motores) | blown | supercharged | pressure induction.
sobrealimentado con gas | gas-boosted.
sobrealimentado por las pulsaciones del escape (motor diesel) | exhaust-pulse pressure-charged.
sobrealimentador (motores) | supercharger | booster.
sobrealimentador (televisión) | booster.
sobrealimentador accionado por los gases de exhaustación | exhaust-driven supercharger.
sobrealimentador centrífugo (motores) | centrifugal-type supercharger.
sobrealimentador centrífugo de engranajes |

gear-driven centrifugal pressure-charging blower.
sobrealimentador de alta presión con enfriador intermedio | intercooled high-pressure supercharger.
sobrealimentador de turbina accionada por los gases de exhaustación | exhaust turbodriven pressure-charger.
sobrealimentar (motores) | pressure-charge (to) | boost (to) | uprate (to).
sobrealimentar con turbosoplante | turbopressure-charge (to).
sobrealimentar con turbosoplante (motores diesel) | turbocharge (to).
sobreamortiguado | overdamped.
sobreamortiguamiento | overdamping.
sobreamperaje | overcurrent | overload.
sobreamplificación brusca (de un fenómeno) | burst.
sobreancho | extra width | widening.
sobreancho de la vía (ferrocarril) | gage widening.
sobreángulo de posición | pitchover.
sobreaplicación | overstatement.
sobreapriete | overtightening.
sobreasegurar | overinsure (to).
sobrecaja (batanes) | handrail.
sobrecalcinar | overcalcine (to).
sobrecalentado (lingotes) | scorched.
sobrecalentamiento nuclear | nuclear superheat | nuclear superheating.
sobrecalentar (metalurgia) | rash (to).
sobrecaña (caballos) | fusee.
sobrecapa | overlayer.
sobrecapacidad (registro) | overflow.
sobrecapitalización | overcapitalization.
sobrecapitalizar | overcapitalize (to).
sobrecarburado | supercarburized.
sobrecarga | overloading | overhead | overload | supercharge | surcharge | burden | additional load | extra weight | load increase | after-cost | overstressing | overcharge.
sobrecarga (electricidad) | overload | excess current.
sobrecarga (ordenadores) | overload.
sobrecarga (telefonía) | overflow.
sobrecarga admisible | permissible overload.
sobrecarga debida a la nieve | pressure of snow.
sobrecarga del canal | overrun.
sobrecarga en funcionamiento | operating overload.
sobrecarga momentánea | momentary overload.
sobrecarga momentánea (radio, TV) | blast.
sobrecarga térmica | thermal overload.
sobrecargado | heavily laden | supercharged.
sobrecargado (acústica) | overcut.
sobrecargado (electricidad) | overdriven.
sobrecargar | overlade (to) | overload (to) | overcharge (to) | oncost (to) | pressurize (to).
sobrecargar (comercio, buques) | encumber (to).
sobrecargar (máquinas, estructuras) | overstress (to).
sobrecargar (motores de inducción) | pull out (to).
sobrecargo | overcharge.
sobrecargo (buques) | supercargo | purser | freight clerk.
sobrecargo (mujer) | purserette.
sobrecargo al coste | mark-up.
sobrecargo-inspector | shore purser.
sobrecarguría (buques) | pursership.
sobrecarrera | overtravel.
sobrecocción | over-firing.
sobrecochura | over-firing.
sobrecomprimir | overcompress (to).
sobreconversor | up-converter.
sobrecorrección | overcorrection.
sobrecorregir | overcorrect (to).
sobrecorriente | overcurrent.
sobrecorriente al cerrar un interruptor (electricidad) | making current.
sobrecortador | overcutter.
sobrecortar | overcut (to).
sobrecorte (acústica) | overcutting.
sobrecoser (cosido) | fell (to).
sobrecoste | on cost.
sobrecruzamiento | crossing-over.
sobrecubierta (libros) | book jacket.
sobrecultivo | overcropping.
sobrecuración (ablandamiento por prolongar la duración de la temperatura de curado) | overaging.
sobredecapado | overpickling.
sobredeformación | overstrain | overstraining.
sobredeformación en frío (labra de metales) | overwork.
sobredimensión | oversize.
sobredimensionado | over-designed.
sobredoblar | overflex (to).
sobredorado | gold-plated | double-gilt.
sobredorar | double-gild (to) | overgild (to).
sobredosificación | overdosing.
sobredosificar | overdose (to).
sobreelevación de tensión | sustained overvoltage.
sobreelevación del nivel por el viento (hidráulica) | setup.
sobreelevar el carril exterior en las curvas (ferrocarril) | bank (to).
sobreembalar | overpack (to).
sobreempleo | overemployment.
sobreenfriamiento | supercooling.
sobreenfriar | overcool (to).
sobreenvejecimiento (ablandamiento por prolongar la duración de la temperatura de curado) | overaging.
sobreenvoltura (satélites) | overwrap.
sobreescurrimiento (geología) | overthrust.
sobreespesor | oversize | overmeasure.
sobreespesor (maquinado) | allowance.
sobreespesor (para maquinado) | excess.
sobreespesor (para maquinar) | stock allowance.
sobreespesor de maquinado | stock removal.
sobreespesor para el acabado | oversize for finish.
sobreespesor para el acabado (de piezas) | finish.
sobreespesor para el maquinado | allowance for machining.
sobreespesor para maquinado | machining allowance | tooling allowance.
sobreespesor para tener en cuenta la corrosión | corrosion allowance.
sobreespiral (muelle de reloj) | overcoil.
sobreestadías | lay days | demurrage.
sobreestimación | overstatement | overestimate.
sobreestimación de inventarios | inventory overstatement.
sobreestimar | overrate (to).
sobreestirar | overdraw (to).
sobreevaluación | overvaluation.
sobreevaluar | overrate (to).
sobreexceder | outbalance (to).
sobreexcitación (medicina) | hyperexcitation.
sobreexcitado (electricidad) | overdriven.
sobreexcitar | overexcite (to).
sobreexcitar (electricidad) | overdrive (to).
sobreexploración | overscanning.
sobreexplotación | overdraft.
sobreexplotado | over-exploited.
sobreexposición (fotografía) | overexposure.
sobrefatigar | overstress.
sobrefatigar (estructuras) | overstress (to).
sobrefino | superfine.
sobreflete | overfreight | extra freight.
sobreflete por bultos pesados | heavy lift charges.
sobreflexión | overbending.
sobreflujo (hélice marina en aguas poco profundas) | back flow.
sobrefondo diagonal (botes) | diagonal doubling.
sobrefrecuencia | overfrequency.
sobrefundir | surfuse (to).
sobrefusión (física) | supercooling.
sobrefusión de las gotas de agua | supercooling of water drops.
sobregirar | overdraw (to).
sobregiro | overdraft | overdraft | overshoot.
sobregiro aparente | technical overdraft.
sobregiro real | bank overdraft | actual overdraft.
sobregrabar | overwrite (to).
sobrehilado (costura) | overcasting | overhand.
sobrehilar (costura) | overcast (to).
sobrehinca (pilotes) | overdriving | overdriving.
sobreimpresión | overprint | overprinting | overwriting.
sobreimpresión de la traza luminosa | trace strobing.
sobreimpresión no reproductora (clisés) | nonreproducing overprint.
sobreimpresión reproductora | reproducing overprint.
sobreimpuesto | surtax.
sobreimpuesto progresivo | progressive surtax.
sobreimpulso | overshoot | overshoot.
sobreimpulso de la cascada (electrónica) | overshoot of the cascade.
sobreinclinación | overtilt.
sobreinflar | overinflate (to).
sobreintensidad | overload | overcurrent.
sobreinterrogación (radiofaro) | overinterrogation.
sobreinterrogación del radiofaro | overinterrogation of beacon.
sobreinversión | overinvesment.
sobreinversión en inventarios | overstock.
sobrejornal | extra pay.
sobrejuanete (buques) | royal.
sobrelecho (de sillar) | upper bed.
sobreluminosidad (imagen televisión) | bloom.
sobreluminosidad repentina | womp.
sobremaduración | overcure.
sobremaduración por esfuerzo | overageing under stress.
sobremodulación | overmodulation | overthrow.
sobremodulación (cine) | overshooting.
sobremodulación (televisión) | overshoot | overswing.
sobremodulación transitoria | transient overshoot.
sobremodulado | overshot.
sobremodular | overmodulate (to).
sobremultiplicación (automóviles) | overdrive.
sobremultiplicada (velocidad autos) | overgeared.
sobremuñonera (cañones) | capsquare.
sobremuñoneras | trunnion plates.
sobrenadando | awash.
sobrenadar | float (to).
sobrepasar | distance (to) | overlap (to) | exceed (to) | overstep (to).
sobrepasar a | outrange (to).
sobrepasar el ángulo necesario y corregir aplicando un ángulo contrario (timón) | fan the rudder (to).
sobrepasar el fin de carrera (jaula minas) | overwind (to) | overtravel (to).
sobrepasar el plazo | exceed a time limit (to).
sobrepasar el rendimiento | outperform (to).
sobrepasar en las ventas | outsell (to).
sobrepasar en potencia de fuego (cañones) | outgun (to).
sobrepasar en velocidad (buques) | outsail (to).
sobrepasar la potencia (máquinas) | overrun (to).
sobrepasar la velocidad de régimen | overspeed (to).
sobrepasar la velocidad límite | overrun (to).
sobrepasar o rebasar el final de la pista (despegue o aterrizaje) | overrun (to).
sobrepasar un crédito | overdraw a credit (to).
sobrepesar | overbalance (to).
sobrepesca | overfishing.
sobrepeso | surcharge.
sobrepilote | sett | punch.

sobrepilote (para la hinca) | false pile.
sobrepolarización | overbias.
sobreposición | overlap.
sobreposición (geología) | onlap.
sobrepotencial (electricidad) | overpotential.
sobreprecio | extra price | surcharge | mark-up | extra | extra charge.
sobrepresión | overpressure | pressure-rise.
sobrepresión de admisión (motores) | boot override.
sobrepresión dinámica producida por el movimiento (aviones) | ramming.
sobrepresionar | boost (to).
sobreprima | surcharge | loading charge | additional premium | loaded premium | loading.
sobreproducción | overproduction.
sobrepuente (carpintería) | bridge over.
sobrepuerta | lambrequin.
sobrepuesto | stacked.
sobrepujar | surpass (to) | lick (to) | outbid (to) | outbalance (to).
sobrequilla | keelson | inner bottom middle line strake.
sobrequilla (buques) | middle line girder.
sobrequilla (quilla vertical - buques) | center girder.
sobrequilla central (buques) | vertical center plate.
sobrequilla exterior | lower keel.
sobrequilla intercostal (buques) | intercostal keelson.
sobrequilla lateral (buques madera) | bilge log.
sobrequilla plana | flat keelson plate.
sobrequilla superpuesta (buques grandes de madera) | rider keelson.
sobrerrecocer (el acero) | overanneal (to).
sobrerrecorrido de la pista (aterrizajes) | runover.
sobrerrecorrido de la pista de despegue (aeródromos) | runway overshooting.
sobrerrefinar (metales) | overrefine (to).
sobrerrelajación | overrelaxation.
sobres con el jornal semanal | pay packets.
sobresaliendo hacia afuera | outwardly protruding.
sobresaliente | leading 11.
sobresaliente de viga | beam overhang.
sobresalir | protrude (to) | lead (to) | jet out (to).
sobresalir (edificios) | sail over (to).
sobresalir (hilada de ladrillo) | cope over (to).
sobresalir (parte de un edificio) | break out (to).
sobresalir horizontalmente | overhang (to).
sobresano (precinta - buques de madera) | graving piece.
sobresaturación | supersaturation.
sobresaturación de la frita | frit supersaturation.
sobresaturación publicitaria | oversaturation with advertising.
sobresaturado | supersaturated | oversaturated.
sobrescrito | superscription.
sobresecado | over-drying.
sobreseer | quash (to) | nonsuit (to) | discontinue (to).
sobreseer (jurisprudencia) | ignore (to).
sobreseer por falta de pruebas | stay for lack of evidence (to).
sobreseer una acción | quash an action (to).
sobreseer una acusación | dismiss a charge (to) | ignore an indictment (to).
sobreseer una causa | dismiss a case (to) | suspend legal proceedings (to).
sobreseguro | overinsurance.
sobreseído (jurisprudencia) | nolle prossed.
sobreseimiento | supersedure.
sobreseimiento (judicial) | nonsuit.
sobreseimiento (jurisprudencia) | supersession.
sobreseimiento (procedimiento judicial) | stay.
sobresoplado (proceso Bessemer) | afterblow.
sobrestadías | extra lay-days.
sobrestante | supervisor | overman | overlooker | overseer | master builder | foreman | clerk of works.
sobresueldo | additional pay | extra wages | extra pay.
sobresuspendido (autos) | overslung.
sobretalón (calcetería) | high heel.
sobretamaño | oversize | outsize.
sobretamaño del agujero | bore oversize.
sobretasa | surcharge | supertax | surtax | overassessment | additional tax.
sobretasa (correos) | additional postage.
sobretasa a las importaciones | import surcharge.
sobretasa aérea | air fee | airmail surcharge.
sobretasa postal | extra postage | surcharge.
sobretasación | overestimate.
sobretensión | line surge | voltage stressing | overvoltage | overpressure | overshoot.
sobretensión de activación | activation overvoltage.
sobretensión de contador de radiación | counter overvoltage.
sobretensión después de desconexión (electricidad) | switching surge.
sobretensión entre fases | phase-to-phase surge.
sobretensión momentánea | voltage overshoot.
sobretensión óhmica | ohmic overvoltage.
sobretensión osciladora | oscillatory surge.
sobretensión transitoria | surging.
sobretensión transitoria (electricidad) | surge.
sobretensiones internas entre fases | phase-to-phase switching surges.
sobretiro (Méjico) | separatum.
sobretiros (Méjico) | reprint | offprints.
sobretono | overtone.
sobretonos (acústica) | overtones.
sobretorcer | overtwist (to).
sobretratamiento | excess treatment.
sobrevaloración | overstatement.
sobrevalorar | overestimate (to).
sobrevaluación | overstatement.
sobrevaluación de una moneda | overvaluation of a currency.
sobrevelocidad máxima del motor | maximum engine overspeed.
sobrevencido | overdue.
sobreviraje (autos) | oversteering.
sobrevirar | oversteer (to).
sobrevisión (estadística) | survey.
sobrevisión principal (estadística) | main survey.
sobrevisiones interpenetrantes (estadística) | interpenetrating surveys.
sobrevivir | outlive (to) | survive (to).
sobrevivir a | outlast (to).
sobrevivir bajo condiciones extremas | survive under extreme condition (to).
sobrevolar | overfly (to) | fly above (to) | fly over (to).
sobrevoltaje | overpressure | overvoltage | excess voltage | surging | voltage surge | pressure-rise | impulse | voltage stressing.
sobrevoltaje (electricidad) | impulse | rush of current.
sobrevoltaje de desconexión (electricidad) | switching surge.
sobrevoltaje de prueba | impulse test voltage.
sobrevoltaje de un solo impulso (electrotecnia) | single stroke transient.
sobrevoltaje momentáneo (electricidad) | surge.
sobrevoltaje por descargas atmosféricas | lightning surge.
sobrevoltaje por liberación de hidrógeno | hydrogen overvoltage.
sobrevoltaje resultante de las maniobras de los interruptores | switching overvoltage.
sobrevulcanizar (caucho) | overcure (to).
sobriedad de palabra | soberness of speech.
sobrio (colores) | conservative.
sobu (Cleistopholis patens - Engl. Diels) | sobu.
soca (de caña de azúcar) | ratoon.
socaire | recess | slatch.
socarrado (agricultura) | scorch.
socarrar | scorch (to).
socava | kirving.
socavación | undercutting | underwashing | washing | scouring.
socavación (minas) | cut | snubbing.
socavación del cauce | channel scour.
socavado de un manto potente (minas) | bossing.
socavadora (minas) | undercutter.
socavadura (terrenos) | undercut.
socavamiento | undermining | undercutting.
socavamiento (minas) | cutting down.
socavamiento marginal | undercutting.
socavar | undercut (to) | undermine (to) | wash (to) | eat away (to) | hole under (to) | hollow out (to) | hollow (to).
socavar (mina carbón) | kirve (to).
socavar (minas) | underhole (to) | snub (to) | slot (to) | kerve (to).
socavar (orillas ríos) | scour (to).
socavar (una roca, etc.) | pool (to).
socave (minas) | kerving.
socavón | scour hole | sapping | wash | undermining | honeycomb.
socavón (avería por asiento local - estructuras hidráulicas) | roofing.
socavón (galería desembocando en el exterior - minas) | day hole.
socavón (galería que desemboca en el exterior - minas) | day drift.
socavón (minas) | adit | grove | drift | drainage level | headway | heading.
socavón (terrenos) | undercut.
socavón a hilo de veta (minas) | drift tunnel.
socavón aventurero (minas) | exploratory adit.
socavón crucero (minas) | crosscut adit | crosscut tunnel.
socavón de avance (minas) | fore-drift.
socavón de cateo (minas) | prospecting tunnel | exploratory adit.
socavón de desagüe | draining adit.
socavón de desagüe (minas) | drainage adit | drain gallery.
socavón del frente de arranque (minas) | sumping cut.
socavón descubridor | discovery tunnel.
socavón por la acción de agua | washout.
socavón que queda después de extraer el mineral (minados antiguos - minas) | guag.
socavón que queda después de extraer el mineral (minas) | gunis.
socaz (hidráulica) | tailwater.
socaz (turbina hidráulica) | tailrace.
sociabilidad | sociability.
sociabilizar | sociabilizate (to).
social | corporate.
social democracia | democratic socialism.
social-democracia | social-democracy.
socialidad | sociality.
socialismo democrático | democratic socialism.
socialismo municipal | municipal socialism.
socialización de la industria | socialization of industry.
socializar | socialize (to).
socialmente disminuido | socioeconomically handicapped.
sócido | psocid.
socido (Panamá) | springtail.
sociedad | syndicate | pale | organization.
sociedad afiliada | associate company.
sociedad anónima | Inc. (Incorporated) | corporation | corporate body | joint stock company | incorporated business.
sociedad anónima (EE.UU.) | incorporated company | stock company | stock corporation.
sociedad anonima constituida en un Estado donde no comercializa (EE.UU.) | tramp corporation.
sociedad anónima cuyos dignatarios son dueños de las acciones | close corporation.
sociedad anónima de seguros | stock carrier.
sociedad anónima por acciones | corporate corporation.

sociedad arrendadora | leaser company.
sociedad benéfica | eleemosynary corporation.
sociedad central | parent company.
sociedad científica | learned society.
sociedad colectiva se disuelve | partnership is dissolved.
sociedad colonizadora | plantation company.
sociedad comandita | commandite.
sociedad comanditaria | copartnership.
sociedad comanditaria por acciones | limited partnership by shares | partnership limited by shares.
sociedad comercial | trading company | company | corporate enterprise | civil corporation | partnership.
sociedad comercial de nombre colectivo | general partnership.
sociedad con fin lucrativo | profit-making company or firm.
sociedad con fines no lucrativos | nonprofitmaking corporation.
sociedad constituida | incorporated company.
sociedad constituida para un fin determinado | turnkey company.
sociedad contribuyente | corporate taxpayer.
sociedad cooperativa | cooperative society.
sociedad de arrendamiento financiero | leasing company.
sociedad de capital | corporate enterprise.
sociedad de capital ilimitado | opened end company.
sociedad de capital variable (Hispanoamérica) | open-ended company.
sociedad de cartera | holding | investment company | investment trust.
sociedad de crédito | loan society.
sociedad de crédito industrial | production credit corporation.
sociedad de créditos personales | consumer loan company.
sociedad de derecho común | civil law partnership.
sociedad de despilfarro | wasted society.
sociedad de explotación | development company.
sociedad de factoraje (comercio) | factoring society.
sociedad de factoring | factoring society.
sociedad de garantía | guarantee-company.
sociedad de garantías recíprocas | reciprocal guaranties society.
sociedad de inversión | investment trust.
sociedad de inversión con capital variable | opend-end trust.
sociedad de inversiones limitadas | rigid trust.
sociedad de inversiones restringidas | rigid trust.
sociedad de pagos de dividendos limitados | limited-dividend corporation.
sociedad de previsión | friendly society.
sociedad de prosperidad creciente | affluent society.
sociedad de salvamentos | salvage company.
sociedad de seguros mutuos | contribution society.
sociedad de servicio público | public-service corporation.
sociedad disuelta | defunct company.
sociedad dominante de un grupo de sociedades | dominant society of a group of societies.
sociedad económica de unidades productoras pequeñas | atomistic society.
sociedad económicamente viable (negocios) | sustainable society.
sociedad en comandita | partner company | limited partnership | limited liability company.
sociedad en comandita por acciones | joint stock company.
sociedad en participación | private partnership.
sociedad exclusiva | close corporation.
sociedad fabricante de equipos industriales | equipment firm.
sociedad familiar | private corporation | family partnership.
sociedad fantasma | bogus company.
sociedad fiduciaria | business trust | trust company.
sociedad financiera | finance company.
sociedad hipotecaria agrícola | agricultural mortgage corporation.
sociedad incorporada | chartered company.
sociedad individual | one-man company.
sociedad inmobiliaria | property company.
Sociedad Internacional de Normalización | International Standardization Association (I.S.A.).
sociedad inversionista | investment company | open-end trust.
sociedad inversionista con restricciones | fixed trust.
sociedad inversionista controladora | holding company.
sociedad inversionista sin restricción de colocaciones | management trust.
sociedad inversionista sin restricciones | flexible trust.
sociedad inversora por obligaciones | unit trust.
sociedad inversora solo de valores de una determinada industria | specialized management trust.
sociedad limitada | limited partnership.
sociedad matrilineal | matrilineal society.
sociedad matriz | holding company.
sociedad mercantil | commercial company | commercial partnership | corporation | business corporation.
sociedad multinacional | international company.
sociedad mutua | mutual company.
sociedad no especulativa | nonprofit organization.
sociedad no lucrativa | nonprofit corporation.
sociedad opulenta | affluent society.
sociedad personal | partnership.
sociedad por acciones | joint stock company.
sociedad por cuotas y no accionaria | membership corporation.
sociedad principal | holding company.
sociedad próspera | affluent society.
sociedad que controla a otras compañías | holding company.
sociedad secular | lay corporation.
sociedad sin acciones | nonstock corporation.
sociedad transnacional (latinoamérica) | international company.
sociedades civiles | private societies.
sociedades mutualistas | provident societies.
socio | associate | membership | partner.
socio (de una sociedad) | member.
socio (minas) | marrow.
socio activo | active partner.
socio capitalista | moneylender | moneyed partner.
socio colectivo | general partner.
socio comanditario | limited partner | latent partner | dormant partner | nonoperating partner | silent partner.
socio cooperativo | member of cooperative society.
Socio de Honor | Fellow Emeritus.
socio de la bolsa | boardman.
socio de la firma | member of the firm.
socio gerente | managing partner | acting partner.
socio industrial | industrial partner | general partner.
socio menor | junior partner.
socio menos antiguo | junior partner.
socio principal | head-partner | senior partner | principal.
socio que fue | late partner.
socio reconocido | ostensible partner.
socio secreto | dormant partner.
socio titular | regular member.
socio votante | corporate member.
sociobiología | sociobiology.
sociobiólogo | sociobiologist.
sociocentrismo | sociocentrism.
sociocostumbrista | sociocostumbrist.
sociocultural | sociocultural.
sociodemografía | social demography | sociodemography.
sociodemográfico | sociodemographic.
socioeconomía | social science.
socioeconómico | socioeconomic.
socioestadística | social statistics.
sociogénico | sociogenic.
sociogeografía | sociogeography.
sociogeográfico | sociogeographical.
sociografía | sociography.
sociógrafo | sociographist.
sociograma | sociogram.
sociolegal | social-legal.
sociolingüística | sociolinguistics.
sociolocracia | sociolocracy.
sociologénesis | sociologenesis.
sociología | sociology.
sociología caracterológica | characterogical sociology.
sociología de la cooperación | sociology of cooperation.
sociología histórica | historical sociology.
sociología industrial | industrial sociology.
sociología rural | rural sociology.
sociología urbana | urban sociology.
sociologismo | sociologism.
sociólogo | social scientist | sociologist.
sociometría | sociometry.
sociométrica | sociometrical.
sociomorfología | sociomorphology.
sociópata | sociopath.
sociopolítico | sociopolitical.
socios | membership.
socios en pie de igualdad | partners on equal footing.
socios fundadores | founding stockholders.
sociotécnico | sociotechnical.
soco | psocus.
socollada | jerk.
socollada (cables) | flapping.
socollazo (cable extracción) | whipping.
socollazo (cables) | whip.
socorredor | helper | assister.
socorrer | aid (to) | succor (to).
socorrido por la asistencia pública | rate-aided.
socorrismo terrestre | terrestrial succourism.
socorrista | rescue specialist.
socorro | relief | emergency.
socorro de urgencia | first aid.
socorro pecuniario del gobierno | dole.
soda | soda.
sodio | sodium.
sodio hexabarbitónico | hexobarbitone sodium.
sodio y aluminio | cryolithionite.
sofá | lounge | settee.
sofá (en un buque) | transom.
sofá convertible | convertible bed-settee.
sofácama | davenport.
sofá-cama convertible | convertible sofa berth.
sofar (telemetría) | sofar.
sofiología | sophiology.
sofiológico | sophiologic.
sofiólogo | sophiologist.
sofisticado | sophisticated.
sofoatenuación | noise abatement.
sofocado por gas o por aire impuro (minería) | damped.
sofocante | close.
sofocar | quell (to) | extinguish (to) | smother (to).
sofocar un amotinamiento | quell a riot (to).
sofocar un motín | crush a revolt (to).
sofogenerador | noise generator.
sofógeno | noise-producer.
sofometría | psophometry.
sofométrica | psophometric.
sofométrico | psophometric.
sofómetro | noise meter | psophometer.
sofómetro con alimentación de la red | mains-operated psophometer.

soforreducción | noise reduction.
sofrología | sofrology.
sofrólogo | sofrologist.
sofrónica | sofronics.
sofronizar | sofronize (to).
software de control de proceso | process control software.
software de gestión industrial | process control software.
software de telegestión | terminal-oriented software.
software preparado según las necesidades del cliente | middleware.
soga | cord.
soga (aparejo de muros) | stretcher.
soja | soybeans | soya.
soja (defecto de laminación de chapas) | scab.
soja (defecto laminación chapas) | streak.
soja (película delgada de metal imperfectamente unida a la superficie - lingotes) | sliver | spill.
soja (sopladura en el acero) | shell.
sol | sun.
sol (música) | G.
sol (pirotecnia) | pinwheel.
sol (química) | sol.
sol con poca actividad | quiet sun.
sol en calma | quiet sun.
sol ficticio con un avance de 15 grados de longitud por hora | mean sun.
sol medio | mean sun.
sol tal como aparece en el cielo | true sun.
sola de cambio | sola bill.
solación (química) | solation.
solado | pavement.
solado (tendido de pisos) | floor-laying.
solado de hormigón | concrete paving.
solador | floor tiler | blocklayer | tile layer | tiler | paver | pavior | floor layer.
solana | sun parlor.
solapa | facing | lappet.
solapa (chaqueta) | lap.
solapa (de libros) | flap.
solapado | lapped | lapping over.
solapado de la cinta | lapping of the tape.
solapado de líneas (defecto televisión) | twinning.
solapado de líneas (defecto TV) | pairing.
solapado lateral (aerofotografía) | sidelap.
solapaje | lappage.
solapamiento | overlapping | telescoping.
solapamiento de la entrada-salida | input-output overlap.
solapamiento de lectura/perforación | read/punch overlap.
solapamiento de procesos | process overlap.
solapar | lap (to).
solape | overlapping | overlap | lapping over | lap | lapping.
solape (buques) | clinching.
solape (de los fragmentos de un hueso roto, de tejas de un tejado) | riding.
solape (defecto soldadura) | overlap.
solape cruzado en los extremos | edge cross lap.
solape de los cordones (soldadura) | bead-overlap.
solape de los impulsos | pulse pile-up.
solape de onda (radio) | overlap.
solape de resonancias | resonance overlap.
solape en bisel | lapped scarf.
solape escarpado | scarfed butt lap.
solape espatillado (chapas) | chamfered butt lap.
solape longitudinal (chapas) | landing.
solape transversal (laminado de chapas en paquete) | buckle.
solar | ground | plat | piece of land | pave (to) | plot | solar.
solar (poner el piso) | floor (to).
solar de terreno | plot | lot.
solar en construcción | building ground.
solar para construir | ground-plot.
solar para edificar | building-plot.
solar sensor | detector solar.
solar urbano | city lot.
solarímetro | solarimeter.
solario (casa particular - EE.UU.) | sun-parlour.
solarización | solarization.
solarización del globo | balloon solarization.
solarizar | solarize (to).
solartrón | solartron.
soldabilidad | solderability | welding power | weldability.
soldabilidad en obra | spot weldability.
soldable | solderable | weldable.
soldable con estaño | solderable.
soldable por fusión | fusion-weldable.
soldado | man | ranger.
soldado (botánica) | concrete | coherent.
soldado (hueso roto) | fused.
soldado (persona) | soldier.
soldado a calda | fire welded.
soldado a la autógena | autogenously welded.
soldado a tope por forja | forge butt welded.
soldado al montaje | welded in place.
soldado antes de conformar | welded prior to forming.
soldado capilarmente con suelda de plata | capillary silver-brazed.
soldado circunferencialmente por fusión | fusion-welded circumferentially.
soldado con conocimientos profesionales | occupational specialist.
soldado con láser | laser-welded.
soldado con soplete | flame-welded.
soldado con suelda de plata | silver-soldered | silver-brazed.
soldado con termita | thermit-welded.
soldado con un cordón en ángulo | single-fillet-welded.
soldado con un solo cordón | single-pass welded.
soldado con varios cordones | multi-pass welded.
soldado de caballería | trooper | horse.
soldado de infantería de marina | marine.
soldado de primera | first-class private.
soldado del ejército regularempleado de plantilla | regular.
soldado en atmósfera de gas inerte | inert-gas welded.
soldado en el taller | shop fabricated | shop-welded.
soldado en espiral | spirally-welded.
soldado en frío | cold-welded.
soldado en razia | raider.
soldado en una sola pasada | single-pass welded.
soldado en varias pasadas | multi-pass welded.
soldado espiralmente | spirally welded.
soldado herméticamente | seal welded.
soldado instructor | flugelman.
soldado licenciado | discharged soldier.
soldado no fogueado | maiden soldier.
soldado parcialmente | partly-welded.
soldado por aproximación | jump-jointed.
soldado por completo | all welded.
soldado por deposición | deposit-welded.
soldado por el borde | edge-welded.
soldado por el canto | edge-welded.
soldado por el proceso de arco en atmósfera de argón | argon-arc process welded.
soldado por electrodo de roldana | seam-welded.
soldado por haz electrónico | electron-beam-welded.
soldado por laser | laser welded.
soldado por presión | cold-welded.
soldado por puntos | intermittently welded.
soldado portalanza del lanzallamas | nozzleman.
soldado raso | private | common soldier.
soldado sin adición de fundente | flux-free welded.
soldado sobre plantilla | jig-welded.
soldador | welding operator.
soldador (herramienta) | soldering tool | soldering iron | copper bolt | soldering cooper | hatchet bit.
soldador (hojalatería) | doctor.
soldador (obrero) | welder.
soldador (persona) | solderer.
soldador (persona - EE.UU.) | weldor.
soldador (telecomunicación) | splicer.
soldador con dispositivo ultrasónico (soldadura de aluminio) | ultrasonic soldering iron.
soldador de arco eléctrico (obrero) | arc welder.
soldador de autógena | gas welder.
soldador de cobre (herramienta) | soldering copper.
soldador de corriente alterna | AC welder.
soldador de corte | hammer headed soldering iron.
soldador de filo (hojalatería) | hatchet iron.
soldador de plásticos (obrero) | plastic welder.
soldador de plomo | lead burner.
soldador eléctrico (obrero) | electric welder.
soldador electrocaldeado | electric-heated soldering iron.
soldador experto | qualified welder.
soldador laser | laser-beam welder.
soldador muy especializado | highly-trained welder.
soldador oxiacetilénico | gas welder.
soldador que lleva el portaelectrodo en la mano derecha | right-handed welder.
soldador que va soldando hacia la derecha | right-handed welder.
soldador ultrasónico | ultrasonic bonder.
soldadora | welding machine.
soldadora (máquina) | welder.
soldadora a mano | manual welder.
soldadora a tope con calentamiento eléctrico y recalcamiento de la junta | skelp welder.
soldadora a tope por presión y calentamiento eléctrico | flash welder.
soldadora automática para costuras | seamer.
soldadora automática por fusión | automatic fusion welding machine.
soldadora automática por puntos de policabezales | multihead automatic spot welding machine.
soldadora con convertidor de frecuencias | frequency converter welder.
soldadora con transformador toroidal | toroidal transformer welder.
soldadora continua automática por arco | automatic continuous arc welding machine.
soldadora de arco con rectificador metálico de placa de selenio | selenium plate metal rectifier arc welder.
soldadora de arco de corriente alterna de bobina móvil | moving-coil A.C. arc welder.
soldadora de arco de potencia limitada | limited input arc welder.
soldadora de brazo | boom welder.
soldadora de carriles | rail welder.
soldadora de corriente alterna | A. C. welding machine.
soldadora de corriente alterna para varios operadores | multioperator alternating current welder.
soldadora de corriente continua rectificada | rectified D-C welder.
soldadora de costuras | seam solder.
soldadora de electrodo desnudo en atmósfera de argón | argon-shielded bare wire welder.
soldadora de espárragos | stud setter.
soldadora de pedal | pedal-operated welder.
soldadora de pequeña potencia | light welder.
soldadora de pequeña potencia que se puede conectar a la red general | utility welder.
soldadora de pequeño factor de potencia y baja impedancia | low-impedance low-power-factor welder.
soldadora de pespunteo | stitch welder.
soldadora de plásticos por calor radiante | plastic welder.

soldadora de puntos automática portátil | portable automatic spot welder.
soldadora de puntos con electrodo de roldana | roll-spot welder.
soldadora de puntos con electrodos de roldana | roller spot welder.
soldadora de puntos de pedal autorregulada | pedal-operated automatically controlled spot welder.
soldadora de puntos de pinzas | pincer gun.
soldadora de puntos por arco en atmósfera de argón | argon-arc spot-welder.
soldadora de puntos por energía acumulada | stored-energy stop welder.
soldadora de puntos por presión | press-type spot welder.
soldadora de puntos portátil | portable spot welder.
soldadora de roldanas | roll welder.
soldadora eléctrica (máquina) | electric welder.
soldadora monocabezal | single-head welder.
soldadora para costuras circunferenciales (envolventes cilíndricas) | circumferential seam welder.
soldadora para costuras longitudinales | seam welder.
soldadora para chapa | plate welder.
soldadora para chapas de cubiertas (buques) | deck welder.
soldadora para sierras de cinta | band welder.
soldadora para soldar extremos de tubos a la placa tubular (calderas, condensadores) | circumferential welder.
soldadora para soldar simultáneamente en las caras opuestas del rigizador vertical (chapas) | twin-fillet welder.
soldadora para varios operadores | multiple-operator welding unit.
soldadora por arco de un solo operador | single-operator arc-welder.
soldadora por arco eléctrico | arc welding set.
soldadora por chisporroteo de gran amperaje completamente automática | fully automatic heavy-duty flash welding machine.
soldadora por puntos | gun welder | spotwelder.
soldadora por puntos con descarga por capacitor | capacitor spot-welding machine.
soldadora por puntos de brazo oscilante | rocker-arm spot welder.
soldadora por puntos de descarga por capacitor de 150 kilovoltioamperios | condenser-discharge 150-kVa spotwelder.
soldadora por puntos de pinzas | pincer spot-welding machine.
soldadora por puntos de pluricabezales | multihead spot welder.
soldadora por puntos de tenaza | pliers spot welder.
soldadora por puntos motorizada | motor-operated spot welder.
soldadora por puntos múltiples | multipoint welding machine.
soldadora por puntos neumática | air operated spot welder.
soldadora por puntos para aleaciones livianas | light-alloy spot welder.
soldadora por puntos por corriente de inducción | inductor spot-welding machine.
soldadora por puntos regulada por ignitrón | ignitron-controlled spot welding machine.
soldadora por resistencia autogobernada por un programa | automatically programmed resistance welder.
soldadora por resistencia eléctrica | resistance welder.
soldadora portátil de espárragos | stud gun.
soldadora trifásica de puntos por descargas de condensador | three-phase condenser discharge spot welder.
soldadora ultrasónica | ultrasonic welder.
soldados democratizados | democratized soldiers.
soldados y clases de tropa | rank and file.
soldadura | weld.
soldadura (huesos fracturados) | knitting.
soldadura (plomería) | wipe.
soldadura a presión por tope y con corriente intensa en el momento de la unión | flash weld.
soldadura a resistencia por puntos (electrotecnia) | resistance spot welding.
soldadura a solape | lap weld.
soldadura a tope | jam-weld | butt welding | butt-weld | butt-welding.
soldadura a tope amolada a paño | ground flush butt weld.
soldadura a tope con cantos biselados de un solo cordón | single run vee butt weld.
soldadura a tope con doble reborde | double-flanged butt weld.
soldadura a tope con el canto de una chapa afilado en forma de dos J y a tope con el canto recto de la otra chapa | close double J butt weld.
soldadura a tope con haz electrónico | electron-beam butt weld.
soldadura a tope con penetración total | full penetration butt weld.
soldadura a tope con solo una pieza achaflanada | single-bevel butt weld.
soldadura a tope con un canto en pico que toca el canto plano de la otra pieza | closed double-bevel butt weld.
soldadura a tope de cantos rectos de un cordón | single run close square butt weld.
soldadura a tope de tubos | pipe butt welding.
soldadura a tope de un cordón | single-pass close butt weld.
soldadura a tope en ángulo | angle butt weld.
soldadura a tope en ángulo recto | junction weld | jump-weld.
soldadura a tope en doble J | double-J butt weld.
soldadura a tope en doble U | double-U butt weld.
soldadura a tope en doble V | double-V butt weld.
soldadura a tope en J senilla | single-J butt weld.
soldadura a tope en U | U butt weld.
soldadura a tope en U sencilla | single-U butt weld.
soldadura a tope en V de dos cordones | two-run Vee butt weld.
soldadura a tope en V sencilla | single-bevel butt weld.
soldadura a tope por presión y calentamiento eléctrico | flash-butt weld.
soldadura a tope por resistencia (electrotecnia) | resistance butt-welding.
soldadura a tope teniendo una pieza su canto en doble bisel | double-bevel butt weld.
soldadura a tope vertical | vertical butt weld.
soldadura acutangular | acutangular welding.
soldadura al arco automática | automatic arc-welding.
soldadura al arco en chorro de hidrógeno | atomic arc welding.
soldadura al latón (Chile) | hard soldering.
soldadura al tungsteno en gas inerte | tungsten inert-gas welding.
soldadura aluminotérmica | aluminothermic welding.
soldadura anular | ring weld.
soldadura autógena de plomo | lead burning.
soldadura automática a tope por fusión | automatic flash-butt welding.
soldadura automática por arco en atmósfera inerte | automatic submerged arc welding.
soldadura automática por arco sumergido en atmósfera inerte | submerged arc automatic welding.
soldadura bajo la mano | downhand weld.
soldadura bien hecha | perfectly executed weld.
soldadura circunferencial | circumferential weld | girthweld.
soldadura circunferencial a tope (tubos) | circumferential butt weld.
soldadura circunferencial a tope en X | circumferential Vee butt weld.
soldadura circunferencial de las costuras transversales | girth seam weld.
soldadura con aleación de cinc y cobre o con una aleación de plata | brazing.
soldadura con alma de resina (electrotecnia) | resin-core solder.
soldadura con arco eléctrico | arc welding.
soldadura con arco en atmósfera inerte | inert-arc weld.
soldadura con arco en una atmósfera hidrogenante | atomic hydrogen welding.
soldadura con cordón de sección triangular | fillet weld.
soldadura con cubrejunta | bridge welding.
soldadura con cubrejunta en la raíz | strap weld.
soldadura con débil penetración | poor penetration weld.
soldadura con depresiones sucesivas en forma de uña | nail-like weld.
soldadura con dilatación restringida | restrained weld.
soldadura con doble bisel en J | double-J groove weld.
soldadura con doble bisel en V | double-vee groove weld.
soldadura con el cordón amolado | dressed weld.
soldadura con el cordón de raíz picado con el martillo | chipped back weld.
soldadura con el metal de aportación disgregado por películas de óxido (soldadura chapas aluminio) | puckered weld.
soldadura con electrodo consumible en atmósfera de gas inerte | gas-shielded consumable electrode weld.
soldadura con electrodo continuo consumible protegido por atmósfera de gas inerte | gas-shielded consumable metal arc welding.
soldadura con electrodo desnudo | bare-electrode welding.
soldadura con electrodo fusible continuo en atmósfera de gas inerte | continuous consumable electrode gas shielded welding.
soldadura con electroescoria | electroslag welding.
soldadura con la llama dirigida a la parte ya soldada | backward welding.
soldadura con la llama en dirección contraria al avance | backhand welding.
soldadura con latón | brazing.
soldadura con núcleo de resina | rosin core solder.
soldadura con un solo bisel en J | single-J groove weld.
soldadura continua | seam welding.
soldadura continua sobre cubrejunta | bridge weld.
soldadura correcta | unfaulty weld.
soldadura chapado | clad weld.
soldadura de alambres cruzados | cross-wire welding.
soldadura de ángulo de cara plana | miter fillet weld.
soldadura de ángulo recto cóncava | concave-filled weld.
soldadura de ángulo recto convexa | convex fillet weld.
soldadura de ángulo recto en cadena | chain fillet weld.
soldadura de arco con electrodo de tungsteno en atmósfera de helio | helium-shielded tungsten-arc weld.
soldadura de arco con latón | arc brazing.
soldadura de arco en atmósfera de argón | argon arc-welding.
soldadura de arco manual | manual arc welding.
soldadura de aspecto basto | rough-looking weld.

soldadura de boca abierta (fragua) | split weld.
soldadura de bordes salientes | ridge welding.
soldadura de botón | plug weld.
soldadura de buena calidad radiográfica | good radiographic quality weld.
soldadura de cierre | seal weld.
soldadura de cobre (hojalatería) | passings.
soldadura de completa penetración | fully-penetration weld.
soldadura de cordón sobre la chapa | bead-on-plate weld.
soldadura de difusión en profundo vacío | high vacuum diffusion welding.
soldadura de doble bisel | double-bevel weld.
soldadura de doble cordón | double-run weld.
soldadura de dos cordones | two-pass weld.
soldadura de enchufe (tubo de plomo) | cup weld.
soldadura de esquina | corner weld.
soldadura de estanqueidad | seal weld.
soldadura de estaño sin fundente | fluxless tinning.
soldadura de filete (Chile) | fillet weld.
soldadura de fragua a mano | blacksmith welding.
soldadura de hojas plásticas | plastic sheet welding.
soldadura de inserción consumible | consumable insert weld.
soldadura de la viruta al filo de la herramienta (máquinas) | build-up.
soldadura de latón | brazing solder.
soldadura de latón (soldadura fuerte) | brass solder.
soldadura de latón por inmersión en baño metálico | metal-dip brazing.
soldadura de mayor resistencia que la chapa | overmatched weld.
soldadura de menor resistencia que la chapa | undermatched weld.
soldadura de metales diferentes | dissimilar-metal welding.
soldadura de montaje | field weld.
soldadura de muesca | cleft welding.
soldadura de núcleo | cored solder.
soldadura de objetos ya fundidos poniéndoles en contacto a alta temperatura | casting on.
soldadura de penetración parcial (no en todo el espesor de la chapa) | partially penetrated weld.
soldadura de penetración total | strength weld | complete-penetration weld | full-penetration weld.
soldadura de pequeñas dimensiones | junior welder.
soldadura de pie de agujero | slot weld.
soldadura de piezas agrupadas | cluster weld.
soldadura de piezas entre sí | fabricating.
soldadura de pluricordones | multirun weld.
soldadura de primera calidad | A1 welding.
soldadura de proyecciones multiples | multiple projection welding.
soldadura de puntos de pedal | foot-operated spot welder.
soldadura de puntos electronorregulada | electronically-controlled spot welder.
soldadura de raíz abierta | open-root weld.
soldadura de raíz cerrada | closed root weld.
soldadura de ranura | slot weld.
soldadura de ranura biselada | bevel-groove weld.
soldadura de ranura en J.
soldadura de ranura en U | U-groove weld.
soldadura de ranura en V | V-groove weld.
soldadura de recubrimiento | lap weld.
soldadura de refuerzo | reinforcing weld.
soldadura de retroceso (soldadura en que el incremento del metal de aportación está depositado en dirección opuesta al avance) | back-step welding.
soldadura de tapón | plug weld.
soldadura de tapón para unir chapas adyacentes | quilting weld.
soldadura de transición | transition weld.
soldadura de un cordón | bead weld | one-pass weld.
soldadura de varios cordones | multibead weld | multi-pass weld.
soldadura defectuosa | dry joint | incorrect weld.
soldadura del aluminio por inmersión de la pieza sometida a vibración en el metal de aportación fundido | sonodizing.
soldadura del final de un rollo de banda con el principio del siguiente (decapado continuo) | looping.
soldadura depositada por fusión | fusion-deposition welding.
soldadura dúctil | ductile weld.
soldadura eléctrica | galvanic welding | electrical welding.
soldadura eléctrica con arco en hidrógeno atómico | atomic-hydrogen welding.
soldadura eléctrica con electrodo de tungsteno en atmósfera inerte de argón o helio | argon-arc welding.
soldadura eléctrica de arco sumergido en gas argón | argon arc welding.
soldadura eléctrica por puntos | electric welder | spot welding.
soldadura en ángulo | fillet weld.
soldadura en ángulo de doble cordón (por las dos caras de la chapa vertical) | double fillet well.
soldadura en ángulo recto continua | continuous fillet weld.
soldadura en ángulo recto de cara plana (la hipotenusa es recta) | flat fillet weld.
soldadura en ángulo recto del ala al alma (vigas) | flange-to-web fillet weld.
soldadura en ángulo recto en posición horizontal | flat-position fillet weld.
soldadura en ángulo recto intermitente en cadena | chain intermittent fillet weld.
soldadura en atmósfera de helio | heliwelding.
soldadura en bisel | scarf weld.
soldadura en cualquier posición | all-position welding.
soldadura en espiral | spirally welding.
soldadura en que el tubo entra dentro de la envolvente (calderas) | set-in attachment.
soldadura en que el tubo se apoya sobre la envolvente (calderas) | set-on attachement.
soldadura en T | T-weld.
soldadura en una pasada con penetración total | full-penetration single-pass weld.
soldadura en V | bird's-mouth weld | glut weld.
soldadura entre aceros distintos | dissimilar weld.
soldadura espaldar | backing weld.
soldadura estanca al agua | watertight weld.
soldadura examinada con iridio-192 | iridium-192-examined weld.
soldadura examinada radiográficamente | radiographically-tested weld.
soldadura exterior | outside weld.
soldadura ferrítica de gran resistencia baja en hidrógeno | low-hydrogen high-strength ferritic weld.
soldadura fuerte | brazing.
soldadura fuerte (electrotecnia) | hard brazing.
soldadura fuerte al arco | arc brazing.
soldadura fuerte con inmersión | dip brazing.
soldadura fuerte con soplete | torch brazing.
soldadura hecha a martillo | hammered weld.
soldadura hecha en atmósfera de nitrógeno | nitrogen-backed weld.
soldadura hecha en la fragua | fire weld.
soldadura hermética | airtight weld.
soldadura hiperbárica | hyperbaric welding.
soldadura horizontal | level welding.
soldadura lineal discontinua | intermittent linear weld.
soldadura mal hecha (tubos de cobre) | cold braze.
soldadura mal hecha por falta de calor | cold shut.
soldadura manual de arco sumergido | manual submerged-arc welding.
soldadura manual subacuática | underwater manual metal arc welding.
soldadura manual submarina | underwater manual metal arc welding.
soldadura maquinable | machinable weld.
soldadura momentánea entre dos superficies rozantes | scuffing.
soldadura ondulada | ripple weld.
soldadura ortogonal | fillet weld.
soldadura ortogonal de inglete | miter fillet weld.
soldadura ortogonal de varios cordones | multirun fillet weld.
soldadura ortogonal discontinua | intermittent fillet weld.
soldadura ortogonal doble (por las dos caras de la chapa vertical) | double fillet well.
soldadura ortogonal en zigzag (alternativamente por cada cara) | staggered fillet weld.
soldadura ortogonal monocordón | single-run fillet weld.
soldadura oxhídrica con soplete de hidrógeno atómico | atomic-hydrogen welding.
soldadura plástica continua (con solape muy pequeño) | mash seam welding.
soldadura pluricordón | multilayer weld.
soldadura por aluminotermia | thermit welding.
soldadura por arco protegido con gas inerte de electrodo consumible | inert-gas-shielded arc consumable electrode welding.
soldadura por centelleo | flash welding.
soldadura por costura | resistance seam welding.
soldadura por descarga de condensador | capacitor discharge welding.
soldadura por difusión | diffusion welding.
soldadura por electrodo continuo consumible en que gran parte del calor necesario para fundirlo se produce por calentamiento por resistencia eléctrica del electrodo | I^2 Rt welding.
soldadura por forja | fire weld | plastic welding | hammer weld.
soldadura por fundición líquida (operación para unir en un molde piezas de hierro forjado con fundición) | casting on.
soldadura por fusión | fusion weld | sweat solder.
soldadura por fusión líquida | burning.
soldadura por fusión sónica | sound fusion weld.
soldadura por haz electrónico | electron beam welding | electron-beam weld.
soldadura por haz electrónico programado | programed electron-beam welding.
soldadura por hidrógeno atómico | atomic hydrogen welding.
soldadura por inducción | brazing by induction.
soldadura por inducción con bronce | induction brazing.
soldadura por inmersión | immersion reflow soldering | dip soldering.
soldadura por laser | laser welding.
soldadura por onda | wave soldering.
soldadura por pasadas transversales | build-up welding.
soldadura por presión del aluminio | aluminum pressure welding.
soldadura por protuberancias | resistance projection welding.
soldadura por proyección de cabezal doble | dual head welding projection machine.
soldadura por puntos | intermittent welding | tack welding | tack weld.
soldadura por puntos al tresbolillo | staggered spot weld.
soldadura por puntos dobles | bridge spot weld.
soldadura por puntos múltiples | multispot welding.
soldadura por puntos sobre salientes estam-

pados de la pieza | projection weld.
soldadura por reflujo | reflow soldering.
soldadura por reflujo con electrodos en paralelo | parallel gap reflow soldering.
soldadura por resistencia | resistance welding.
soldadura por resistencia de multiimpulsos | multiple-impulse resistance welding.
soldadura por resistencia eléctrica | electric-resistance weld.
soldadura por resistencia fisurada | cracked resistance weld.
soldadura por retroceso | electro-slag.
soldadura por superposición | lap welding.
soldadura por termocompresión | thermocompression bond.
soldadura por ultraacústica | ultrasonics welding.
soldadura por ultrasonidos | ultrasonic bond | ultrasonic soldering.
soldadura por una sola cara | one-side welding.
soldadura posicional | positional weld.
soldadura probada al plegado | bend tested weld.
soldadura probada con líquido penetrante | dye-penetrant tested weld.
soldadura punteada (plomería) | soldered dot.
soldadura que sobresale de las superficies que une | proud weld.
soldadura radiografiada | radiographed weld | X-rayed weld.
soldadura radioscopizada | radioscopized weld.
soldadura raíz | root weld.
soldadura reforzada con espárragos y broncesoldada | reinforced bronze weld.
soldadura retermotratada | reheat-treated weld.
soldadura sana | sound weld.
soldadura sin cráteres | crater-free weld.
soldadura sin fundente | fluxless soldering.
soldadura sin grietas | crack-free weld.
soldadura sin poros | porosity-free weld.
soldadura sobre piso | flat weld.
soldadura sobre plantilla | jig welding.
soldadura sobrecabeza | overhead weld.
soldadura término-lateral | end-to-side welding.
soldadura término-terminal | end-to-end welding.
soldadura termoestabilizada | thermally stress-relieved weld.
soldadura ultrafría | ultracold weld.
soldadura vertical hacia arriba con dos operarios | double-operator vertical-upwards welding.
soldadura vidrio-metal | glass-to-metal seal.
soldaduras de prueba para clasificación de soldadores | welder's acceptance test welds.
soldaduras simultáneas | multiple proyection welding.
soldante | soldering.
soldar | weld (to) | write off (to).
soldar (fracturas óseas) | join (to).
soldar (plomería) | wipe (to).
soldar a la autógena | burn on (to).
soldar a mano | hand-weld (to).
soldar a máquina | machine-weld (to).
soldar a paño | flush-weld (to).
soldar a recubrimiento | lap weld (to).
soldar a solape | lap weld (to).
soldar a tope | butt weld (to).
soldar con arco | arc-weld (to).
soldar con arco eléctrico | arc weld (to).
soldar con arco en atmósfera de argón | argon arc weld (to).
soldar con bronce (hierro fundido) | bronze-weld (to).
soldar con estaño | sweat (to).
soldar con latón | braze (to).
soldar con latón (hierro fundido) | bronzeweld (to).
soldar con pasta piroxilínica | cold-solder (to).
soldar con plata | silver-braze (to) | silver solder (to).
soldar con soplete | blow on (to) | flame-weld (to).
soldar con soplete oxiacetilénico | oxyacetylene weld (to) | oxy-weld (to).
soldar con suelda de plata | silver-braze (to).
soldar con suelda fuerte | braze (to).
soldar con una aleación de cobre o de plata | braze (to).
soldar de nuevo | re-weld (to).
soldar de punta | end weld (to).
soldar debajo del agua | underwater weld (to).
soldar en ángulo | fillet weld (to).
soldar en cualquier posición | weld positionally (to).
soldar en espiral (tubos) | spiralweld (to).
soldar en la fragua | fire weld (to).
soldar en obra | site fabricate (o) | field-weld (to) | site-weld (to).
soldar espárragos | stud-weld (to).
soldar las costuras | seam-weld (to).
soldar las costuras longitudinales (buques) | seam-weld (to).
soldar los cantos | edge weld (to).
soldar ortogonalmente | fillet weld (to).
soldar plomo | lead-burn (to).
soldar por aproximación | jump-weld (to).
soldar por arco sumergido en atmósfera inerte | submerged-arc weld (to).
soldar por corrientes de inducción | induction-weld (to).
soldar por el canto del ala (hierro angular) | toe-weld (to).
soldar por forja | forge-weld (to) | weld-forge (to) | fire weld (to).
soldar por frotamiento rotativo (plásticos) | spin-weld (to).
soldar por fusión | fusion weld (to).
soldar por presión en frío | cold pressure weld (to).
soldar por puntos | tack (to) | tackweld (to) | spot-weld (to).
soldar por resistencia eléctrica | resistance weld (to).
soldar provisionalmente | tack (to) | tackweld (to).
soldar submarinamente | underwater weld (to).
soldar un conjunto | weld-fabricate (to).
soldarse (fracturas de huesos) | join together (to).
soldarse (huesos) | knit (to).
soldarse (huesos rotos) | fuse (to).
soldarse entre sí (trozos de hielo) | regelate (to).
soldeo | welding.
soldeo a mano (fabricación cadenas a mano) | shutting.
soldeo a máquina | machine-welding.
soldeo a presión oxiacetilénico | oxyacetylene pressure welding.
soldeo a tope | jam welding | jump-welding.
soldeo a tope con apéndice | tag welding.
soldeo a tope con calentamiento eléctrico y recalcamiento de la junta | flash-butt welding.
soldeo a tope con corriente de gran amperaje y corta duración | percussion welding.
soldeo a tope con recalcado | upset butt welding.
soldeo a tope introduciendo las puntas en un molde y rellenando con aluminio fundido (cables de aluminio) | pocket welding.
soldeo a tope por resistencia eléctrica | resistance-butt welding.
soldeo al arco con electrodo colocado en la ranura entre dos piezas | firecracker welding.
soldeo al arco con electrodo metálico | metallic-arc welding.
soldeo al arco en atmósfera de CO_2 con un hilo-electrodo hueco conteniendo el fundente | flux-cored CO_2 welding.
soldeo al arco en atmósfera de gas inerte con electrodo consumible | mig welding.
soldeo automático con arco visible | visual arc automatic welding.
soldeo circumferencial de tubos | circumferential pipe welding.
soldeo con alambre de aportación de pequeño diámetro | fine-wire welding.
soldeo con aleaciones de estaño y plomo | soldering.
soldeo con arco de electrodo de tungsteno en gas inerte | shielded inert-gas tungsten-arc welding.
soldeo con arco eléctrico en atmósfera de gas inerte | inert-gas blanketed arc welding.
soldeo con arco en atmósfera de anhídrido carbónico | carbon dioxide-shielded welding.
soldeo con arco en atmósfera de nitrógeno | nitrogen-shielded-arc welding.
soldeo con arco sumergido (en un fundente) | hidden-arc welding.
soldeo con arco sumergido en gas inerte | gas shielded-arc welding.
soldeo con arco visible | visible-arc welding.
soldeo con arcos gemelos | twin-arc welding.
soldeo con cambio de dirección | shape welding.
soldeo con corriente continua de gran amperaje | high-current direct-current welding.
soldeo con dos electrodos | twin-arc welding.
soldeo con electrodo consumible | metal-arc welding.
soldeo con electrodo de wolframio en gas inerte | TIG welding.
soldeo con electrodo filar | continuous-electrode welding.
soldeo con electrodo fusible | consumable-electrode welding.
soldeo con electrodos de carbón | carbon-arc welding.
soldeo con electrodos de roldana | roller welding.
soldeo con electrodos múltiples | multiple electrode welding.
soldeo con escoria eléctricamente conductora | slag welding | electroslag welding.
soldeo con fundente en la parte posterior de la junta | flux-backed welding.
soldeo con fundente protector | flux-shielding welding.
soldeo con gas y oxígeno | gas welding.
soldeo con la llama dirigida hacia la parte no soldada (la varilla en la mano izquierda por delante del soplete) | leftward welding.
soldeo con la llama ligeramente inclinada hacia la parte ya soldada | all-position rightward welding.
soldeo con plata | silver brazing.
soldeo con soplete oxiacetilénico | oxy-welding.
soldeo con suelda de plata | silver brazing.
soldeo continuo de puntos con electrodo de roldana | stitch welding.
soldeo de aceros disimilares | welding of dissimilar steels.
soldeo de arco con electrodo fungible en atmósfera inerte | sigma welding.
soldeo de buques | ship welding.
soldeo de cierre (soldadura de varios cordones superpuestos) | cap welding.
soldeo de cordones múltiples | multipass welding.
soldeo de costuras | seamwelding.
soldeo de costuras (ingeniería) | seamwelding.
soldeo de forja por laminación (chapado de metales) | roll welding.
soldeo de fragua | smith welding.
soldeo de fragua al martinete | hammer welding.
soldeo de gran penetración | deep-penetration welding.
soldeo de herrero | smith welding.
soldeo de la costura lateral engatillada | sideseam welding.
soldeo de pasada sobre la raíz | root-pass welding.
soldeo de percusión por descarga de condensador de alto voltaje | high-voltage condenser-discharge percussion welding.

soldeo de pespunteo por llama oxiacetilénica | stitch flame gas welding.
soldeo de plásticos | plastic welding.
soldeo de pluricordones | multiple-bead welding.
soldeo de pluricordones por arco sumergido en atmósfera inerte | multiple layer submerged-arc welding.
soldeo de puntadas | stitch welding.
soldeo de puntos con electrodo de roldana | roll spot welding.
soldeo de puntos de corriente regulada | controlled current spot welding.
soldeo de puntos por arco en argón | argon-arc spot welding.
soldeo de puntos solapados | stitch welding.
soldeo de ranuras | slot welding.
soldeo de recubrimiento | lap welding.
soldeo de rincón | fillet welding.
soldeo de solape | lap welding.
soldeo de una unión a ingletes | miter welding.
soldeo de varios cordones | pass welding.
soldeo defectuoso | incomplete welding.
soldeo difícil | tricky welding.
soldeo directo (con la llama en dirección del avance) | forehand welding.
soldeo discontinuo | intermittent welding.
soldeo discontinuo alterno | staggered intermittent welding.
soldeo eléctrico con arco aislado en atmósfera de helio o argón | gas blanketed arc welding.
soldeo eléctrico con arco en atmósfera de un gas inerte | gas-electric welding.
soldeo eléctrico con electrodo de carbón y varilla de metal de aportación con un fundente | carbo-flux welding.
soldeo eléctrico de fusión sumergida (en un fundente) | submerged-melt electric welding.
soldeo eléctrico por arco en gas inerte | electric inert-gas welding.
soldeo empleando un alambre de relleno con arco de electrodo de wolframio en atmósfera de argón | TIG-filled spot welding.
soldeo en ángulo recto | fillet welding.
soldeo en atmósfera de gas inerte | gas-shielded welding.
soldeo en atmósfera de helio | heliwelding.
soldeo en atmósfera de vapor de agua | steam-shielded welding.
soldeo en bordes rectos (los bordes de las chapas no están achaflanados) | no-bevel welding.
soldeo en cadena | chain welding.
soldeo en el estado sólido | solid-state welding.
soldeo en fase sólida | solid-phase welding.
soldeo en los bordes de las faldillas (unión a tope de chapas enfaldilladas) | raised-edge welding.
soldeo en molde con electroescoria conductora | electroslag welding.
soldeo en obra | field-welding | site welding.
soldeo en posición plana | flat-position welding | downhand welding.
soldeo en que la pieza a unir es pasante | welding-in.
soldeo en toda la longitud | line welding.
soldeo en vacío escaso | low-vacuum welding.
soldeo en varias pasadas | multipass welding.
soldeo exotérmico | exothermic welding.
soldeo hacia abajo | downhand welding.
soldeo hacia la derecha (el soplete por delante de la varilla) | rightward welding.
soldeo hacia la izquierda (la varilla en la mano izquierda por delante del soplete) | leftward welding.
soldeo hecho con electrodo muy flúido | touch welding.
soldeo horizontal de rincón | horizontal fillet welding.
soldeo «in situ» | field-welding.
soldeo interior | inside-soldering.
soldeo intermitente al tresbolillo | staggered intermittent welding.
soldeo lasérico | laser welding.
soldeo manual | manual welding.
soldeo mecanizado | mechanized welding.
soldeo mig por puntos | spot mig welding.
soldeo obtusangular | obtusangular welding.
soldeo ortogonal | orthogonal welding.
soldeo oxhídrico | oxyhydrogen welding.
soldeo oxiacetilénico | gas welding | oxyacetylene welding.
soldeo oxiacetilénico con la llama dirigida hacia la parte no soldada | forward-welding.
soldeo oxiacetilénico por fusión de la superficie solamente | semifusion welding | surface-fusion welding.
soldeo oxiacetilénico sin fusión del metal base | nonfusion welding.
soldeo para restaurar piezas fundidas defectuosas | salvage welding.
soldeo percusivo electromagnético | electromagnetic percussive welding.
soldeo percusivo electrostático | electrostatic percussive welding.
soldeo policordón | multipass welding.
soldeo por almacenamiento de energía | energy-storage welding.
soldeo por aproximación | jump-welding | jam welding.
soldeo por arco con electrodo metálico | metal-arc welding.
soldeo por arco con electrodos de tungsteno protegidos con gas inerte | inert-gas shielded tungsten-arc welding.
soldeo por arco con electrodos en serie | series-arc welding.
soldeo por arco eléctrico | electric arc welding.
soldeo por arco eléctrico en atmósfera de helio | heliarc welding.
soldeo por arco eléctrico en atmósfera inerte | submerged arc welding.
soldeo por arco en atmósfera de argón con electrodo infungible de volframio | tungsten argon-arc welding.
soldeo por arco en atmósfera de argon con inyección de sobrevoltaje | surge-injector argon arc welding.
soldeo por arco en atmósfera de gas inerte | inert gas-shielded arc welding.
soldeo por arco en atmósfera de gas inerte y con electrodo consumible | consumable-electrode inert gas shielded arc welding.
soldeo por arco en atmósfera de nitrógeno | nitrogen-arc welding.
soldeo por arco en atmósfera inerte | inert-gas-shielded-arc welding.
soldeo por arco en atmósfera inerte y con flujo magnético | magnetic-flux gas-shielded arc welding.
soldeo por arco mediante impulsos | pulsed arc welding.
soldeo por arco protegido en atmósfera de helio | helium-shielded arc welding.
soldeo por arco protegido en gas inerte | shielded inert-gas metal-arc welding.
soldeo por calor de corriente de alta frecuencia | radio heat welding.
soldeo por calor de corrientes de hiperfrecuencia | radio welding | radiofrequency welding.
soldeo por contacto | touch welding.
soldeo por corriente de alta frecuencia | H. F. welding.
soldeo por corriente eléctrica que atraviesa un baño de escoria fundida | electroslag welding.
soldeo por corriente électrica que atraviesa un baño de escoria licuada | slag welding.
soldeo por corrientes de alta frecuencia | induction welding.
soldeo por cortocircuito (acero suave) | short-circuit welding.
soldeo por cortocircuito con electrodo fungible en atmósfera de gas inerte | short arc welding.
soldeo por cortocircuito con electrodo fungible en atmósfera inerte | shielded inert-gas consumable - electrode short - circuit welding.
soldeo por deformación | deformation welding.
soldeo por descarga de capacitor | capacitor discharge welding.
soldeo por difusión | bonding.
soldeo por electrodos en haz | nested electrode welding.
soldeo por electroescoria con boquilla fusible | consumable-nozzle electro-slag welding.
soldeo por electroescoria conductora con tobera consumible | consumable nozzle electroslag welding.
soldeo por electropercusión | electropercussive welding.
soldeo por estampado (fragua) | mash welding.
soldeo por forja | forge-welding | hammer welding.
soldeo por frotamiento | friction welding.
soldeo por fusión | fusion-welding.
soldeo por fusión autógena | autogenous fusion welding.
soldeo por fusión con haz electrónico en alto vacío | high-vacuum electron beam fusion welding.
soldeo por fusión del plomo | lead burning.
soldeo por fusión oxiacetilénica | full fusion welding.
soldeo por fusión por haz electrónico | electron-beam fusion welding.
soldeo por fusión semiautomática | semiautomatic fusion welding.
soldeo por impulsos | pulse welding.
soldeo por impulsos capacitivos | capacitor impulse welding.
soldeo por impulsos de corriente | pulsation welding.
soldeo por inducción y presión | induction-pressure welding.
soldeo por laser | laser welding.
soldeo por llama de gas (acetileno, propano, etc.) | gas welding.
soldeo por pluricordones | multiple pass welding.
soldeo por presión | solid-phase welding | press welding | pressure welding.
soldeo por presión en frío | cold welding | cold pressure welding.
soldeo por pulsación de corriente | woodpecker welding.
soldeo por pulsaciones | interrupted welding.
soldeo por puntos | tackwelding | tackwelding | intermittent welding.
soldeo por puntos con aplatamiento del solape por presión del rodillo | mash welding.
soldeo por puntos con arco con electrodo de volframio | tungsten-arc sport-welding.
soldeo por puntos con arco de electrodo de tungsteno en atmósfera inerte | gas tungsten-arc spot welding.
soldeo por puntos con arco en atmósfera de argón | puddle welding.
soldeo por puntos con presión manual sobre un electrodo | push welding.
soldeo por puntos con presión manual sobre un sólo electrodo | poke welding.
soldeo por puntos en gas inerte | inert-gas spot welding.
soldeo por puntos en serie | series-spot welding.
soldeo por puntos múltiples | multiple-spot welding.
soldeo por puntos muy rápido (acero inoxidable) | shot welding.
soldeo por puntos y estampado de las juntas (con solape muy pequeño) | mash seam welding.
soldeo por recalcadura | upset welding.
soldeo por resistencia a través de salientes que tienen las piezas a unir | projection welding.
soldeo por resistencia con calentamiento por corriente de alta frecuencia | high-frequency resistance welding.
soldeo por resistencia eléctrica | incandescent welding.
soldeo por tramos iguales uno sí y otro no y

de longitud suficiente para que se deposite un electrodo | skip welding.
soldeo por una sola cara con arco sumergido | one-side submerged arc welding.
soldeo por vaporización de metales | vapor welding.
soldeo posicional | positional welding.
soldeo progresivo | step-by-step welding.
soldeo protegido con vapor de agua | steam-shielded welding.
soldeo rellenando el chaflán que se va a soldar con trozos de varilla cortada y soldando después por el procedimiento de arco sumergido | cut-wire welding.
soldeo retrógrado | retrogressive welding.
soldeo secuencial | sequence welding.
soldeo semiautomático de arco metálico en gas inerte | semiautomatic inert gas metal-arc welding.
soldeo semiautomático por arco en atmósfera de argón | semiautomatic argon-arc welding.
soldeo semiautomático por arco sumergido | squirt-gun welding.
soldeo sin fluctuación de voltaje | flicker-free welding.
soldeo sin fundente | fluxless welding.
soldeo sin fusión (soldeo por mezcla eutéctica del metal base con el metal de aportación) | fusionless welding.
soldeo sobre dorado | soldering to gold plating.
soldeo sobre plano horizontal | downhand welding.
soldeo sobre un acero blando de un material duro | hard-facing.
soldeo submarino | subsea welding.
soldeo telemandado | remote control welding.
soldeo vertical | gravity welding | vertical welding.
soldeo vertical asecendente | vertical up welding.
soldeo vertical de rincón | vertical fillet welding.
soldeo vertical descendente | vertical down welding.
soldeo vertical descendiendo (tuberías) | stovepipe welding.
soldeo vertical horizontal | three o'clock welding | horizontal vertical welding.
soldo con un solo bisel en V (la otra chapa tiene el borde recto) | single-bevel groove welding.
soleado (terrenos) | sun-kissed.
solecismo | solecism.
solecista | solecist.
solenoide | electromagnetic cylinder.
solenoide de Ampere | ideal solenoid.
solenoide de arranque | start solenoid.
solenoide de borrado magnético | withdrawal solenoid.
solenoide de inducción | applicator.
solenoide de núcleo ferromagnético | iron-filled solenoid.
solenoide del regulador | governor solenoid.
solenoide forrado de chapa | iron-shrouded solenoid.
solenoides isobáricos-isostéricos | isobaric-isosteric solenoids.
solera | sill | sill | pan | bedplate | template | invert | bunk.
solera (de carro) | bolster.
solera (entibación) | foot block | foot piece.
solera (entibación de minas) | sole.
solera (entibación minas) | soleplate | solepiece.
solera (horno Martin-Siemens) | open hearth.
solera (horno pudelar) | basin.
solera (horno Siemens) | cook | hearth.
solera (horno vidrio) | siege.
solera (hornos) | tile | sole | hearth | ash plate.
solera (marco entibación) | sole timber.
solera (motores o calderas portátiles) | mudsills.
solera (sobre un muro) | wall plate.
solera (umbral - puertas) | groundsill.
solera abierta | open hearth.
solera abovedada (hornos) | arched floor.
solera ácida (hornos) | acid bottom.
solera apisonada de horno Martin ácido | rammed acid open hearth bottom.
solera base | soleplate.
solera cerrada | closed hearth.
solera de apoyo (sondeos) | mudsill.
solera de carbón cocido duro (altos hornos) | hard-baked carbon hearth.
solera de escalera | flush soffit.
solera de escorias | slag heart | slag bottom.
solera de fondo | bed timber | bedding.
solera de frente | nose sill.
solera de grafito (hornos) | carbon hearth.
solera de igualación | soaking hearth.
solera de la torre de sondeo | mud shaker.
solera de ladrillo del horno (horno de cok) | oven sole.
solera de pudelado (hornos) | puddling basin.
solera de repartición de cargas | mudsill.
solera de trabajo (hornos) | working hearth.
solera del canal | channel bottom.
solera del crisol | hearth block.
solera del cuenco (esclusas) | chamber floor.
solera del hogar | dead plate.
solera del piso de la torre de perforación | derrick sill.
solera dentada (umbral almenado - pie de presas) | dentated sill.
solera dispuesta para recoger la escoria (hornos) | fluid bottom.
solera oscilante (metalurgia) | reciprocating heart.
solera posterior | downstream floor.
solera seca (horno de recalentar) | dry bottom.
solera superior (carpintería) | plate.
solera vibratoria (hornos) | jolting hearth.
solera y dos pies derechos (entibación) | four-piece set.
solicitación | canvassing.
solicitación (jurisprudencia) | prayer.
solicitación cíclica | strain cycling.
solicitación de ofertas | call for bids.
solicitación de un pasaporte | applying for a passport.
solicitación eléctrica | electric stress.
solicitaciones cíclicas | cyclic stressing.
solicitado constantemente | in constant requisition.
solicitado por la gravedad | acted upon by gravity.
solicitador | canvasser.
solicitador de cargas o fletes | freight canvasser.
solicitamiento de pago | request for payment.
solicitan destinos (anuncios) | situations wanted.
solicitan trabajo | employment wanted.
solicitante | tenderer | requester | requestor.
solicitante de pasaporte | passport applicant.
solicitante de una patente | applicant for a patent.
solicitar | urge (to) | apply for (to) | requisition (to) | request (to).
solicitar (estructuras) | put under stress (to).
solicitar (mercancías) | order (to).
solicitar (ofertas) | invite (to).
solicitar (patentes, empleos, etc.) | apply (to).
solicitar (votos, pedidos, etc.) | canvass (to).
solicitar compradores | ply (to).
solicitar el pago (acciones) | call in (to).
solicitar espacio para carga | demand for freight space (to).
solicitar facilidades de pago | ask for easy terms (to).
solicitar la devolución de dinero | call in money.
solicitar la introducción de una información | request control information (to).
solicitar ofertas | invite tenders (to) | call for bids (to) | be on the market (to).
solicitar propuestas | advertise for bids (to).
solicitar reconocimiento | apply for survey (to).
solicitar un visado | apply for a visa (to).
solicitar una llamada | book a call (to).
solicitar una patente | apply for a patent (to).
solicite el folleto whr | ask for leaflet whr.
solicite folleto | ask for leaflet.
solicite literatura descriptiva | ask for descriptive literature.
solicite nuestro folleto gratis | send for our free folder.
solicite una demostración | ask for a demonstration.
solicite una muestra gratuita escribiendo en papel con membrete | write on letterhead for free sample.
solicitud | petition | ask.
solicitud (comercio) | requisition.
solicitud (de ofertas) | enquiry.
solicitud a las Autoridades del puerto para que designen el muelle donde debe atracar un buque | stemming.
solicitud de aprobación | approval request.
solicitud de concesión minera | claim.
solicitud de definición de precio | request for price quotation.
solicitud de empleos (anuncios) | situations wanted.
solicitud de importación | import application.
solicitud de ingreso | entrance form.
solicitud de intervención | request for control.
solicitud de licencia | application for a licence.
solicitud de material | materials requisition.
solicitud de oferta | request for bid.
solicitud de patente | patent application.
solicitud de préstamo | request for loan | loan application.
solicitud de propuestas | request for proposals.
solicitud de repetición del mensaje transmitido (por el emisor) | read back.
solicitud de retransmisión (radio-TV) | booking of a program circuit.
solicitud de revisión (abogacía) | bill of review.
solicitud de un subprograma (informática) | subroutine call.
solicitud para sacar prendas (milicia) | clothing slip.
solicitud para una patente | application for a patent.
solicitudes de empleo | positions wanted.
soliciuro de litio | lithium silicide.
sólidamente construido | solidly built.
sólidamente empaquetado | closely-packed.
solidariamente | joint and several.
solidariamente (jurisprudencia) | in solidum.
solidaridad | community.
solidaridad (jurisprudencia) | joint and separate responsibility | solidity.
solidario | linked | interlocked | jointly responsible | joint and several | jointly liable | conjoint.
solidarizar | lock together (to).
solidarizarse | make common cause (to).
solidez | firmness | ruggedness | strength | solidness.
solidez (de una casa, etc.) | safeness.
solidez (edificios, razonamientos) | solidity.
solidez (tinte, colores) | fastness.
solidez a la luz | fastness to light.
solidez a la luz (colores) | lightfastness.
solidez al frotamiento | rubbing fastness.
solidez al frote (tintes) | fastness to crocking.
solidez de unión | bond strenght.
solidez del color | colorfastness.
solidez del rotor (helicóptero) | rotor solidity.
solidez del tinte | dye fastness.
solidez pelicular (aceites) | film strength.
solidificabilidad | solidifiability.
solidificable | solidifiable.
solidificación | solidification | gelling.
solidificación (aceros, filamentos sintéticos) | setting.
solidificación (metalurgia) | freezing.
solidificación congruente | congruent freezing.
solidificación de los residuos | waste solidification.
solidificación de residuos radiactivos líquidos

| solidification of liquid radioactive wastes.
solidificación del caldo en la cuchara | ladle chill.
solidificación del lingote | ingot-freezing.
solidificación diferencial (metalografía) | incongruent freezing.
solidificación direccional | directional solidification.
solidificación direccional del lingote | ingot directional solidification.
solidificación dirigida (aceros) | directed solidification.
solidificación electroosmótica | electroosmotic solidification.
solidificación eutéctica | eutectic solidification.
solidificación fraccionada | fractional solidification.
solidificación incipiente | incipient solidification.
solidificación interior | internal solidification.
solidificación isotérmica (metalurgia) | isothermal freezing.
solidificación pastosa | pasty solidification.
solidificación por enfriamiento | chill-solidifying.
solidificación progresiva (metalurgia) | progressive freezing.
solidificación progresiva normal | normal freezing.
solidificación química | chemical solidification.
solidificación regulada | controlled freezing.
solidificación selectiva (metalurgia) | selective freezing.
solidificación unidireccional en vacío arcial | unidirectional solidification in vacuo.
solidificada (resinas) | cured.
solidificado (de lingotes de acero) | set.
solidificado direccionalmente | directionally-solidified.
solidificado unidireccionalmente | unidirectionally solidified.
solidificador | solidifier.
solidificar | jell (to) | cake (to) | consolidate (to).
solidificar (física) | solidify (to).
solidificarse | set (to) | fix (to).
solidificarse (plásticos) | gel (to).
solidifición regulada | controlled solidification.
sólido | massive | firm | solid | steady | compact | sound.
sólido (colores) | fast.
sólido (comercio) | of good standing.
sólido (telas) | everlasting.
sólido (terreno) | sound.
sólido a la luz | lightfast.
sólido a la luz (colores) | fast to light.
sólido a la luz solar (colores) | sunfast.
sólido al lavado (telas) | tubfast.
sólido covalente | covalent solid.
sólido de semirrevolución | solid of half-revolution.
sólido estratificado | layered solid.
sólido fluidizado (finamente molido en suspensión en una corriente de un fluido) | fluidized solid.
sólido geométrico | geometrical solid.
sólido inorgánico luminiscente | luminescent inorganic solid.
sólido plasticoviscoso | plasticoviscous solid.
sólido poroso saturado de líquido | fluid-saturated porous solid.
sólido precipitado (evaporador) | salt.
sólido primariamente iónico | primarily ionic solid.
sólido semiinfinito | semiinfinite solid.
sólido semirregular (geometría) | semiregular solid.
solidoide | solidoid.
sólidos con enlaces de hidrógeno en las moléculas | hydrogen-bonded solids.
sólidos de lavaderos (carbón) | washery solids.
sólidos disueltos totales | total dissolved solids (TDS).
sólidos en la torta | cake solids.
sólidos en suspensión | dissolved solids.
sólidos firmoviscosos | firmoviscous solids.
sólidos insedimentables | nonsettleable solids.
sólidos proteináceos para piensos (subproductos de mataderos) | green tankage.
sólidos que quedan después de la extracción de aceite de los huesos (pesca de la ballena) | bone-grax.
sólidos sedimentables | settling solids.
sólidos utilizables | usable solids.
sólidos volátiles en suspensión | volatile suspended solids.
solidungulado (zoología) | solid-hoofed.
solidus (diagramas de equilibrio metalúrgicos) | solidus.
soliflucción | solifluction | soil flowage | soil flow.
solifluxión | solifluxion | soil creep.
soliforme | soliform.
soliloquista
solión (audio) | solion.
solípedo | single-hoofed.
solípedos | equine species.
solipsismo | solipsism.
solipsismo lingüístico | linguistic solipsism.
solipsista | solipsist.
solista (música) | soloist | principal.
solistrón (klistron de estado sólido) | solistron.
solitario (especies, etc.) | segregate.
solivio hidrostático (hidráulica) | hydrostatic uplift.
solmisación (música) | solmisation.
solo | mere.
solo (en el avión) | solo.
sólo contra pérdida total | total loss only.
solodino | solodyne.
solodización | solodization.
solodizar (suelos) | solodize (to).
solsticio | solstice.
solsticio de verano | summer solstice.
soltable (depósito) | releasable.
soltador | release | tripper.
soltador de barrena (sondeos) | bit breaker.
soltar | drop (to) | slip (to) | loose (to) | loose (to) | loosen (to) | uncouple (to) | uncage (to) | flip (to) | let go (to) | let loose (to) | release (to) | release (to).
soltar (frenos) | release (to).
soltar bombas en rosario (bombardeo aéreo) | walk bombs (to).
soltar el extractor | free the extractor (to).
soltar el pedal | release the pedal (to).
soltar gas (aeróstatos) | valve (to).
soltar globos sondas (meteorología) | balloon-sound (to).
soltar pelusa o borrilla | fuzz (to).
soltar por el lomo de asno (estación clasificación) | hump cars (to).
soltar todo el trapo (buque de vela) | pack on all sail (to).
soltar un rebaño (Honduras) | open herding (to).
soltar y extender (velas , etc.) | set (to).
soltarse | work free (to) | come loose (to) | come off (to).
soltarse (vagones) | run wild (to).
soltarse (vagones de tren en marcha) | runback (to).
soltarse de golpe | snap off (to).
soltarse los puntos (medias) | ladder (to).
soltero | uncoupled.
soltura de los presos (por el juez) | release of prisioners.
solubilidad | throwing power | solubleness | resolving power.
solubilidad del antimonio sólido en el silicio | antimony solid-solubility in silicon.
solubilidad del boro sólido en el silicio | boronsolid solubility in silicon.
solubilidad del plastificante | plasticizer solubility.
solubilidad en el estado sólido | solid solubility.
solubilidad hidrotrópica | hydrotropic solubility.
solubilidad sólida del fósforo en el silicio | phosphorus solid solubility in silicon.
solubilización | solubilizing | solubilization.
solubilización de un componente aleante (aceros) | precipitation.
solubilizante | solubilizing.
solubilizar (EE.UU.) | solubilize (to).
solubilizar (G.B.) | solubilise (to).
soluble | soluble.
soluble (sustancias) | dissolvable.
soluble en agua | water-soluble.
soluble en alcohol | alcohol-soluble.
soluble en benceno | soluble in benzene.
soluble en solución salina | salt soluble.
solución | liquor | tenth-normal solution.
solución (química) | solution.
solución (resultado) | solution.
solución abrasiolubricante | abrading-lubricating solution.
solución abrillantadora | brightening solution.
solución aceptable aunque no la deseada | satisficing behaviour.
solución ácida de decapado | acid pickling solution.
solución ácida desaireada | deaerated acid solution.
solución ácida hiperoxidante | highly oxidant acid solution.
solución ácida para lavar botes de conservas | acid can washing solution.
solución aclarante | clearing solution.
solución acuoígnea (geología) | aqueoigneous solution.
solución acuosa de solutos no ionizados | aqueous solution of nonionized solutes.
solución acuosa electrolítica | electrolytic aqueous solution.
solución acuosa eutéctica | eutectic aqueous solution.
solución acuosa saturada de cloruro cálcico | calcidum.
solución adherida (galvanoplastia) | drag-in.
solución alcalina | lye | lixivium | alkalinic solution | alkali liquor.
solución alcalina cáustica | caustic alkaline solution.
solución alcalina para curtir pieles | bate.
solución alcalina para lavar botellas | alkaline bottle-washing solution.
solución alcohólica | alcoholic solution.
solución amortiguadora (química) | buffer solution.
solución anticoagulante | anticoagulant solution.
solución anticongelante para hormigones | concrete antifreeze solution.
solución azul violeta intensa | deep violet-blue solution.
solución blanqueadora para bromoleotipia | bromoil bleacher.
solución centinormal | centinormal solution.
solución coloidal | gel.
solución coloidal de un metal | metal-sol.
solución colorante | stain.
solución compatible con el ojo humano | eye-compatible solution.
solución concentrada | stock solution | strong solution | concentrated solution.
solución corrosiva | aggressive solution.
solución de ácido acético glacial en óxido crómico | chromic-oxide-glacial-acetic-acid solution.
solución de agarre de 10 pH (galvanoplastia) | strike solution of 10 pH.
solución de ataque | etchant.
solución de bromuro de zinc | zinc bromide solution.
solución de caparrosa azul | copper solution.
solución de caucho empleada para aumentar la resistencia del papel | latex.
solución de cianuro pregnante | pregnant cyanide solution.

solución de cloruro de litio | lithium chloride solution.
solución de cloruro estannoso | cotton spirits.
solución de cloruro férrico acidificado | acidified ferric-chloride solution.
solución de continuidad | discontinuity | interruption in continuity | breach of continuity | break of continuity.
solución de creosota en petróleo | creosote-petroleum.
solución de descongelación | de-icing strip.
solución de ester o éter de celulosa en un solvente volátil (papel) | dope.
solución de lavado | strip.
solución de mercurio para platear | quicking solution.
solución de nitrocelulosa en alcohol etílico | solidified alcohol.
solución de percolación | leachate.
solución de pH bajo | low-pH solution.
solución de plumbito sódico (pruebas de petróleos) | doctor solution.
solución de reserva (química) | stock solution.
solución de un problema | problem solving.
solución de uso (fotografía) | working solution.
solución de 500 mililitros/litro | solution of 500 m/l.
solución decapadora | pickle solution.
solución décimo-molar | tenth-molar solution.
solución decinormal | decinormal solution.
solución desensibilizadora | etch.
solución desincrustante | descalant solution.
solución desincrustante (calderas) | descaling solution.
solución desincrustante inhibida (calderas) | inhibited descaling solution.
solución desoxidante | descaling solution | pickling solution | reducer.
solución desoxidante para la plancha offset | counter-etch.
solución diluida | weak solution | dilute solution.
solución eluyente | eluting solution.
solución empírica | trial-and-error solution.
solución endurecedora ácida de reserva | acid hardener stock solution.
solución espumosa | suds.
solución estabilizadora (química) | buffered solution.
solución éter-alcohólica | ether-alcoholic solution.
solución exenta de aire | air free solution.
solución extraña (álgebra) | inapplicable solution | nonvalid solution.
solución formal (ecuaciones) | formal solution.
solución fosfatante | phosphating solution.
solución fraccionaria | noninteger solution.
solución galvánica para bronceado | bronze plating solution.
solución galvanoplástica | electrodepositing solution | electroplating solution.
solución galvanoplástica de aleación de oro | gold-alloy plating solution.
solución humectante | wetting solution.
solución humidificante | wetting solution.
solución impurificadora | solution doping.
solución incongelable | antifreeze | antifreezing solution.
solución indicadora (química) | indicator solution.
solución inhibida de ácido clorhídrico | inhibited hydrochloric acid solution.
solución isofánica | isophanical solution.
solución isohídrica | isohydric solution.
solución jabonosa | soap solution.
solución lavamantillas (offset) | blanket wash.
solución limpiaclisés | plate cleaner.
solución limpiadora antiséptica | antiseptic cleansing solution.
solución limpiante | cleaning solution.
solución madre | pregnant solution | stock solution.
solución más idónea para el caso | more suitable solution for the case.
solución mercurial (baño con un compuesto mercurial - galvanoplastia) | blue dip.
solución microdepositadora (galvanostegia) | leveling solution.
solución mineralógena | mineral-forming solution.
solución mineralógena intrusiva | plutonic mineral-forming solution.
solución mojadora (offset) | fountain solution.
solución molal | molal solution.
solución molar | molar solution.
solución mordiente | mordant solution.
solución mordiente de agua y alumbre para jaspear cantos de libros | alum water.
solución muy concentrada | highly-concentrated solution.
solución muy diluida | high dilution.
solución neutralizada | neutralized solution.
solución no trivial | nontrivial solution.
solución normal | standard solution.
solución normal (química) | normal solution | volumetric solution.
solución normalizada de un problema | facultative solution.
solución normalizada de un problema (para unificar la instrucción) | school solution.
solución para abrillantar | bright dip.
solución para acabados brillantes (electrodeposición) | brightener.
solución para decapar | pickling liquor.
solución para descarbonizar (culatas motores) | decarbonizing solution.
solución para desgalvanoplastiar | strip | strip.
solución para electrochapar | electroplating solution.
solución para electrodepositar en tambor giratorio | barrelling solution.
solución para electropulir | electropolishing solution.
solución para eliminar el azufre (petróleos) | doctor solution.
solución para galvanoplastia | plating solution.
solución para latonar | brassing solution.
solución paralizadora del ácido acético (fotografía) | acetic short stop | acid quick stop.
solución parcial | piecewise solution.
solución particular (ecuaciones) | singular solution.
solución patrón | comparison solution | reference solution.
solución por secciones | piecewise solution.
solución posibilista | possibilist solution.
solución pregnante | pregnant solution.
solución reaccionante | reacting solution.
solución reductora | reducer.
solución regenerante | regenerating solution.
solución retardadora (química) | buffer solution.
solución rigurosamente matemática | mathematically rigorous answer.
solución saturada con un metal | metal loaded solution.
solución saturada de cloruro potásico | salt bridge.
solución saturada en caliente | hot saturated solution.
solución sólida (metalografía) | forced solution.
solución sólida (metalurgia) | congealed solution.
solución sólida austenítica | austenitic solid solution.
solución sólida cúbica de caras centradas | face-centered cubic solid solution.
solución sólida de mercurio y plata | silver amalgam.
solución sólida de tricloruro de antimonio en antimonio metálico | solid solution of antimony trichloride in metallic antimony.
solución sólida desordenada | disordered solid solution.
solución sólida diluida | dilute solid solution.
solución sólida equimolar | equimolar solid solution.
solución sólida metálica | metallic-solid solution.
solución sólida nucleada (metalurgía) | coring.
solución sólida rica en aluminio | aluminum-rich solid solution.
solución sólida sobresaturada | supersaturated solid solution.
solución tampón (química) | buffer solution.
solución tamponada (química) | buffered solution | buffed solution.
solución testigo | test solution | comparison solution | reference solution.
solución tipo | volumetric solution.
solución trivial | trivial solution.
solución valorada | volumetric solution | set solution | titrated solution.
solución valorada (química).
solución valorante | titrating solution.
solución volumétrica | standard solution | volumetric solution.
solucionar un litigio | settle litigations (to).
solucionar una huelga | settle a strike (to).
solucionario | answer key | solution book | answer book.
solucionario (de problemas) | key.
soluciones iterativas (matemáticas) | iterative solutions.
soluciones linealmente independientes | linearly independent solutions.
soluciones monótonas (matemáticas) | monotonic solutions.
solutio indebita | payment of what not is due.
soluto | solute.
soluto ionizado | ionized solute.
soluto polar (química) | polar solute.
solvación | solvation.
solvatación (química) | solvation.
solvatado (química) | solvated.
solvatizar (unir las moléculas del solvente a las moléculas o iones del soluto) | solvatize (to).
solvattar | solvate (to).
solvencia | solvency | standing | ability to pay | credit standing.
solvencia (comercio) | soundness.
solvencia (crédito mercantil) | financial standing.
solvencia económica | financial responsibility.
solvencia moral | good reputation.
solventar una reclamación | adjust a claim (to).
solvente | solvent | financially responsible | responsible.
solvente (comercio) | sound.
solvente de alto punto de ebullición | high-boiling solvent.
solvente de extracción | extractant.
solvente inmiscible | immiscible solvent.
solvente ionizante | ionizing solvent.
solvente ionógeno | ionogen solvent.
solvente orgánico-aprótico | aprotic organic solvent.
solvente para grasas | gunk.
solvente saturado con aceite de cacahuete | full miscella.
solventizar | solventize (to).
solvibilidad | solvency.
solvolisis | solvolysis.
solvolización | solvolization.
solvolizar | solvolyze (to).
sollado | lower deck.
sollado (buques) | orlop deck | orlop.
sollado (buques de guerra) | hold.
somático | somatic.
somático (medicina) | physical.
somatoide de grafito | graphite somatoid.
sombra | shadow | shade.
sombra (traza espectroscópica de difícil determinación - metalografía) | ghost.
sombra acústica | acoustic shadow.
sombra arrojada | cast shadow | shadow | projected shadow.
sombra arrojada (óptica, astronomía) | umbra.
sombra arrojada por | shadow cast by.
sombra arrojada por una línea sobre un plano

| shadow of a line onto a plane.
sombra creada por el viento | wind-created shadow.
sombra china | shadowgraph.
sombra de radar | radar shadow.
sombra hecha con las manos | shadowgraph.
sombra invertida | inverse shadow.
sombra propia (arquitectura) | shade.
sombrajo | shade.
sombras (en el papel) | shadow-marking.
sombras de las manchas solares | sunspot umbrae.
sombreado | shadow.
sombreado (de dibujos, de colores) | shading.
sombreado de rayas (mapas) | hatching.
sombreado del color (defecto telas) | shadiness of color.
sombreado labrado (tejidos) | figure shading.
sombrear (colores) | shade (to).
sombrear con líneas (rayar - topografía) | hachure (to).
sombrear o rayar (dibujos) | crosshatch (to).
sombrerete | fairwater cap.
sombrerete (cojinetes) | cover | keep.
sombrerete (chimeneas) | cowl.
sombrerete (chimeneas, etc.) | hood.
sombrerete (de cúpula, de carburador) | dome-cap.
sombrerete (de chumacera) | binder.
sombrerete (de pilote) | header.
sombrerete (de válvula) | dust-guard.
sombrerete (hélice marina) | fairwater cone.
sombrerete (prensaestopas, cojinetes) | cap.
sombrerete (válvulas, etc.) | bonnet.
sombrerete de cierre (tubos) | cap screw.
sombrerete de chimenea | chimney top | miter | hood.
sombrerete de fanal de boya | buoy lantern hood.
sombrerete de hincar | driving cap.
sombrerete de la cúpula | dome top.
sombrerete de la chimenea de la cocina | charlie noble.
sombrerete de la espoleta | fuze cap.
sombrerete de la hélice (hélice buque) | propeller cap.
sombrerete de lámpara | lamp jack | lamp top.
sombrerete de piedra dura (brújulas) | jeweled cap.
sombrerete de pilote | pile hood.
sombrerete de tajamar (pilas de puentes) | cocked hat.
sombrerete de válvula | dust cap.
sombrerete del cojinete de la cruceta del vástago | piston rod keep.
sombrerete del eje | axle cap.
sombrerete del mástil | mast top.
sombrerete del pilote | pile cap.
sombrerete del prensaestopas | stuffing box gland.
sombrerete del soporte del cigüeñal | crankshaft bearing cap.
sombrerete del tope (vagones) | buffer cap.
sombrerete desmontable | removable cover.
sombrerete en hinca de pilotes | driving cap.
sombrerete protector | protecting cap.
sombrerete reductor | reducing cap.
sombrero | hat.
sombrero (cabezal - minas) | cap.
sombrero (de púlpito) | soundboard.
sombrero (marco entibación minas) | roof timber.
sombrero de castor | beaver.
sombrero de hierro (geología) | rabban | colorados.
sombrero de hierro (minas) | hat | iron pan | ironstone blow.
sombrero de hierro (óxido de hierro hidratado que forma la montera de yacimientos de piritas de cobre) | iron hat.
sombrero gacho | slouch hat.
sombrero protector contra golpes | hardhat.
sombrilla | umbrella | parasol | sunshade.
sombrío | shady | dark.
sombrío (luz) | dull.
somero | shallow.
someter | quast (to) | quell (to).
someter (ensayo) | subject (to).
someter a algún procedimiento especial (industria) | process (to).
someter a arbitraje | submit to arbitration (to).
someter a esfuerzo | stress (to) | strain (to).
someter a esfuerzo cortante | shear (to).
someter a lluvia artifial intensa (pruebas de aparatos) | deluge (to).
someter a ondas de choque | shock (to).
someter a prueba de duración | endurance test (to).
someter a un ciclo de operaciones | cycle (to).
someter a un trabajo excesivo (materiales de construcción) | punish (to).
someter a una condición | condition (to).
someter a una destilación ligera para eliminar el agua y las fracciones más volátiles (crudos) | top (to).
someter a una prueba de presión | pressure-test (to).
someter a votación | put to a vote (to).
someter al arbitraje | submit to arbitration (to).
someter al chorro de granalla | peen (to).
someterse | yield (to).
someterse a | comply (to).
someterse a reconocimiento continuo (buques) | operate on a continuous survey (to).
someterse a un arbitraje | submit to arbitration (to).
someterse a una orden | conform with an order (to).
someterse al deseo de | come to heel (to).
sometido a contingente | subject to quota.
sometido a corriente de aire | air blown.
sometido a descarga disruptiva | flashed.
sometido a esfuerzo eléctrico | electrically strained.
sometido a esfuerzos | stressed.
sometido a estudio técnico | engineered.
sometido a grandes esfuerzos | highly-stressed.
sometido a juicio | on trial.
sometido a la cámara de descompresión (buzos) | recompressed.
sometido a la inspección de un microscopio de 160 aumentos | under the scrutiny of a 160 X microscope.
sometido a la marea | tidal.
sometido a los impuestos de la administración | excisable.
sometido a onda de choque explosiva | shock-loaded.
sometido a onda de choque explosiva hasta una presión máxima de 160 Kbar | shock-loaded to peak pressure of 160 Kbar.
sometido a ondas dinámicas | shocked.
sometido a presión interna | internally pressurized.
sometido a su propio campo de gravitación | self-gravitating.
sometido a tensiones internas | self-strained.
sometido a tensiones térmicas | thermically stressed.
sometido a un ciclo térmico | thermally-cycled.
sometido a un proceso para obtener un poder tintóreo mayor (caramelos) | strained.
sometido a una tracción | acted upon by a tensile stress.
sometido a variaciones cíclicas de la carga (resistencia mecánica) | fatigued.
sometido a variaciones cíclicas de la carga en atmósfera de argón | fatigue-cycled in atmosphere of argon.
sometido a varios campos magnéticos (descarga eléctrica) | multipacting.
sometido al chorro de granalla o de perdigones (metalurgia) | peened.
sometido al impuesto de utilidades | liable to income tax.
sometido al impuesto del timbre | liable to stamp-duty.
sometido de nuevo a aprobación | re-submitted for approval.
somier | spring-bed | spring bottom | mattress.
somito (zoología) | segment.
somnífero | sleeping pill.
sonación | sonation.
sonagrama (acústica) | sonagram.
sonambulismo | night-walking.
sonancia | sonance.
sonar | clang (to) | sound navigation and ranging.
sonar (EE.UU.) | sonar.
sonar (instrumentos viento) | blow (to).
sonar (relojes) | strike (to).
sonar (una campana) | strike (to).
sonar activo | active sonar | echo-ranging sonar.
sonar cazaminas | minehunting sonar.
sonar complejo | array sonar.
sonar con golpes secos | click (to).
sonar de corta pulsación | short pulse sonar.
sonar de ecos radáricos de distancia | echo-ranging sonar.
sonar de entrada del puerto | harbor entrance sonar.
sonar de evitación de obstáculos de campo vertical | vertical obstacle avoidance sonar.
sonar de exploración por impulsos | pulse-type scanning sonar.
sonar de frecuencia modulada y transmisión continua | continuous-transmission frequency modulated sonar.
sonar de inmersión | dipping sonar.
sonar de inmersión variable | variable-depth sonar.
sonar de profundidad variable | variable-depth sonar.
sonar de superficie | surface sonar.
sonar determinante de profundidad | depth-determining sonar.
sonar explorador de frecuencia modulada | frequency modulated scanning sonar.
sonar explorativo rotatorio | rotating-type scanning sonar.
sonar montado en el casco (buques) | hull-mounted sonar.
sonar remolcado de inmersión variable | variable-depth sonar.
sonar sumergido | dunking sonar.
sonárico | asdic.
sonaridetectado | sonar-detected.
sonaridomo | sonardome.
sonariscopizado | sonar-detected.
sonariscopizar | asdic-detect (to).
sonarista | ping jockey | sonarman.
sonarista (EE.UU.) | sonar operator.
sonata da chiesa | church's sonata.
sonata de cámara | chamber sonata.
sonatina | short sonata.
sonda | gauge (G.B.) | testing spike | ground auger | ground rig | fathometer | probing rod | sound | tracking rod | stub | sensor | radiolus | drilling-mill.
sonda (escandallo) | gage (EE.UU.).
sonda (marina) | lead | plummet.
sonda (medicina) | explorer.
sonda (medicina, electricidad) | probe.
sonda (sondeos) | ground-rig.
sonda acanalada (medicina) | guide.
sonda acústica | docking probe | sounding | echo sounding device.
sonda altimétrica | radio altimeter.
sonda anemométrica | anemometric probe.
sonda caliza (sondeos) | limestone sonde.
sonda cautiva | wiresonde.
sonda con funda desechable | disposable sheath probe.
sonda cósmica (astronáutica) | space probe.
sonda cósmica para cometas (astronomía) | comet probe.
sonda cósmica portadora de instrumentos | probe.
sonda de acoplamiento | coupling probe.
sonda de activación | activation probe.

sonda de barrena | miner's auger.
sonda de cable | cable drill.
sonda de consistencia | consistency gage.
sonda de corona con dentadura de acero | calyx drill.
sonda de cuchara | sludger.
sonda de diamantes | diamond drill.
sonda de efecto Hall de muy débil compensación | low offset Hall probe.
sonda de haz iónico | ion beam probe.
sonda de incidencia | Q ball.
sonda de mano | hand-lead.
sonda de manojos (análisis del flujo) | tuft probe.
sonda de percusión | percussion drill | churn drill | drill-jar.
sonda de percusión (sondeos) | jumper.
sonda de pluripalpadores | multiple feeler probe.
sonda de prueba | test prod.
sonda de pruebas (electricidad) | test prod.
sonda de reactor (nuclear) | pile gun.
sonda de resistividad | resistivity probe.
sonda de sintonización | tuning wand | tuning probe.
sonda de suelo (minas) | sounding borer.
sonda de temperatura | temperature probe.
sonda de toma de testigo | sampling probe.
sonda de tuberías | duct sensing unit.
sonda del agua de sentina | bilge-water gage.
sonda divisora de escala | range-splitter probe.
sonda electrónica | electron probe.
sonda en infrarrojo de gran resolución | high resolution infra-red sounder.
sonda en mosaico | mosaic probe.
sonda espacial (astronáutica) | space probe.
sonda espacial dotada de instrumentos medidores | instrumented space probe.
sonda estratosférica y mesosférica | stratospheric and mesospheric sounder.
sonda exploradora | exploring probe.
sonda exploradora (medicina) | searcher.
sonda interplanetaria | interplanetary probe.
sonda lanzada | dropsonde.
sonda lunar | moon probe.
sonda lunar (cohete) | lunar probe.
sonda medidora del flujo iónico de un plasma | plasma flux probe.
sonda meteorológica aérea | weather sonde.
sonda miniaturizada | microsize probe.
sonda móvil | travelling probe.
sonda neumática de temperatura | pneumatic temperature probe.
sonda para biopsia | biopsy probe.
sonda para determinar el nivel del líquido (reactor nuclear moderado con agua) | hunting probe.
sonda para inyección de señales | signal injector probe.
sonda para medir el potencial del plasma | plasma potential probe.
sonda para producir lesiones en los tejidos (medicina) | lesion probe.
sonda para sacar testigos | core drill.
sonda para testigos | core borer.
sonda piezoeléctrica | piezoelectric probe.
sonda radiactiva | radioactive gauge.
sonda sacamuestras (de suelo) | soil pencil.
sonda sacanúcleos retráctil | retractable core barrel.
sonda sensible al nivel del líquido | level sensing probe.
sonda sintonizable | tuning probe.
sonda solar | solar probe.
sonda sonora | sound probe.
sonda térmica | thermal probe.
sonda tomadora de muestras | sampling probe.
sonda trépano | earth-boring auger.
sondable | fathomable.
sondable (marina) | soundable.
sondador | depthometer | depth finder | depth sounding machine | sounding gear.
sondador (marina) | leadsman.
sondador acústico | echo sounder | echometer | fathometer.
sondador acústico (buques) | echosounder.
sondador de ultrasonido | fathometer.
sondador eléctrico | electric depth finder.
sondador infrasonoro | supersonic sounding apparatus.
sondador por eco | fathometer.
sondador por eco (buques) | echosounder.
sondador por radar | radar sounder.
sondador radar | radar scanner.
sondador sónico | acoustic depth finder.
sondador supersónico | supersonic sounding apparatus.
sondador supersónico (buques) | supersonic depth recorder.
sondador ultrasónico de magnetoestricción | magnetostrictive transceiver.
sondador ultrasonoro (buques) | echosounder.
sondador ultrasonoro de magnetoestricción | magnetostriction ultrasonic transceiver.
sondadora de granalla de acero | shot drill.
sondadora de rotación | shot drill.
sondaje | sondage.
sondaje (marina) | sounding.
sondaje sónico | fathometry.
sondaje ultrasónico | ultrasonic sounding.
sondajes | borings.
sondaleza | hand-lead | sound | sounding line | sea line.
sondaleza (marina) | lead 00 | plummet.
sondar | bear (to) | probe (to).
sondar (heridas) | prove (to) | search (to).
sondar (marina) | heave the lead (to) | fathom (to) | cast the lead (to) | plumb (to).
sondas por eco | echo sounder.
sondeable | fathomable | pollable.
sondeador | well driller | fathometer | driller.
sondeador (buques) | sounder.
sondeador (del pensamiento) | scanner.
sondeador sónico por eco | sonic echo sounder.
sondeadora (de pozos petrolíferos) | rig.
sondeadora con bolsa de extracción | sack borer.
sondeadora de corona | annular borer.
sondeadora de granalla de acero | adamantine drill.
sondeadora para gran profundidad | deep-hole boring machine.
sondear | sound (to) | bore (to) | explore (to) | delve (to).
sondear (marina) | fathom (to).
sondeo | tracking | fathom | probing | prospecting | sounding | drilling | polling | boring | survey | well-bore | boreholing | bore.
sondeo (marina) | sounding.
sondeo (meteorología) | ascent.
sondeo (radar) | plumbing | plumbing.
sondeo a gran profundidad | deep boring.
sondeo a la cuerda | rope-drilling | rope boring | boring by percussion with rope | cable drilling.
sondeo a la granalla | adamantine shot drilling.
sondeo a la varilla | boring by percussion with rods.
sondeo a mano | hand drilling.
sondeo a tanto alzado | contract-boring.
sondeo acústico | echo sounding | acoustic sounding.
sondeo aerológico | aerological sounding.
sondeo al trépano | boring with bit.
sondeo ascendente (mina) | upward hole.
sondeo automático | automatic polling.
sondeo bajo el agua | boring under water.
sondeo cohético | rocket probing.
sondeo con barra de sonda | pole-tool boring.
sondeo con barrena | auger boring.
sondeo con cable | rope-drilling | wireline drilling.
sondeo con corona de diamantes | diamond drilling | drilling.
sondeo con diamante de desviación controlada | deviation-controlled diamond drilling.
sondeo con granalla | chilled shot-drill.
sondeo con inyección | wash boring.
sondeo con inyección de agua | water-flush drilling.
sondeo con inyección de agua (petróleo) | water flush system.
sondeo con lanza | lance sounding.
sondeo con pozo inclinado | slant-hole drilling.
sondeo con profundidad | deep hole.
sondeo con trépano de diamantes | diamond drilling.
sondeo con trépano de granalla de acero | shot boring.
sondeo con ultrasonidos | ultrasonic sounding.
sondeo chino | boring by percussion with rope | rope boring | rope-drilling.
sondeo de caída libre | free fall boring | free-fall boring.
sondeo de cateo | exploration boring.
sondeo de exploración | pioneer well | test boring | experimental boring | exploration boring | exploratory drilling | pioneer tunnel well.
sondeo de exploración (minas) | proving hole.
sondeo de explotación | exploitation drilling.
sondeo de gran profundidad | deep-level drilling.
sondeo de investigación | trial drilling.
sondeo de la opinión pública | kite-flying.
sondeo de opinión | opinion poll | public opinion survey | straw poll.
sondeo de prospección | exploratory hole | trial drilling | wildcat.
sondeo de prospección geológica | geological prospecting borehole.
sondeo de reconocimiento | exploratory boring | protection hole.
sondeo de urgencia (demoscopia) | snap poll.
sondeo del aire | air sounding.
sondeo del subsuelo | subsurface drilling.
sondeo demoscópico | demoscopic drilling.
sondeo descubridor de gas o petróleo (reservorios) | discovery well.
sondeo desviado | deviated hole.
sondeo desviado de la vertical | crooked drilling.
sondeo dirigido (sondeos) | directional drilling.
sondeo ecométrico | acoustic sounding.
sondeo ejecutado al azar | coyote hole.
sondeo eléctrico (perforaciones) | electric log.
sondeo electrónico | electronic log | electron logging.
sondeo en estrella (alrededor de un islote) | starring.
sondeo espacial por cohetes | rocket probing.
sondeo estratigráfico (geología) | core drill.
sondeo explorador (yacimiento petrolífero) | wildcat.
sondeo explorador para deducir el tonelaje explotable del criadero | tonnage hole.
sondeo explorador para mineral de uranio | exploratory drilling for uranium ore.
sondeo exploratorio del subsuelo | subsurface exploratory drilling.
sondeo geotérmico | geothermal drilling.
sondeo hdráulico | hydraulic drilling.
sondeo hidráulico por rotación | hydraulic rotary drilling.
sondeo intensivo | intensive drilling.
sondeo ionosférico | ionospheric sounding.
sondeo lunar | lunar drilling.
sondeo magnetotelúrico | magnetotelluric sounding.
sondeo marino | offshore drilling | sounding.
sondeo marino de petróleo | marine oil-drilling.
sondeo meteorológico por dispositivos arrojados desde aviones | dropsounding.
sondeo navegacional | navigational sounding.
sondeo nivométrico | snow surveying.
sondeo no entubado | open hole.
sondeo petrolífero de unos 4.000 metros | deep hole.
sondeo por aeronave (meteorología) | aircraft ascent.
sondeo por aire | air drilling.

sondeo por chorro ultrarrápido de esferas de acero | pellet impact drilling.
sondeo por eco | echosounding.
sondeo por granalla de acero | boring by shot drills.
sondeo por hidropercusión | hydropercusion drilling.
sondeo por medio de un globo sonda cautivo | wiresounding.
sondeo por percusión | cable tool drilling | boring by percussion | percussive boring | percussion drilling.
sondeo por rotación | boring by rotation.
sondeo preparatorio | pretest.
sondeo profundo | deep drilling.
sondeo radárico del viento | radar wind observation.
sondeo radiactivo | radioactive logging.
sondeo recto (no desviado de la vertical) | straight-through bore.
sondeo rotativo con extracción continua de muestras | rotary continuous-core drill.
sondeo rotativo por percusión | rotary-percussive drilling.
sondeo rotopercutante | rotary-percussive drilling.
sondeo sin petróleo o gas pero puede contener agua (minería) | barren trap.
sondeo sísmico | seismic sounding.
sondeo sismométrico | seismometric sounding.
sondeo submarino | subsea drilling.
sondeo submarino para petróleo | submarine oil-drilling.
sondeo terrestre | onshore drilling.
sondeo torcido | crooked hole.
sondeo turborrotatorio | turborotary drilling.
sondeo ultrasónico | echo sounding.
sondeos | coring out.
sondeos de exploración | wildcatting.
sondeos por rayos gamma | gamma-ray logging.
sondeos por refracción sísmica | seismic refraction soundings.
sondeos radioeléctricos por barrido de frecuencia | swep-frequency radio soundings.
sondímetro | fathometer.
sondista | back up man | stabber | drillman.
sondógrafo | sondograph.
sonería (juego de campanas) | chime.
sonería (relojes) | striking mechanism.
sonería eléctrica | electric bell.
sonería electrónica | electronic chimes.
sónica (ciencia) | sonics.
sónico | sonic | sound.
sonido | sound.
sonido (televisión) | audio.
sonido agudo | acute sound.
sonido apagado | dull sound.
sonido apagado como el de caer un objeto pesado en blando | bump.
sonido atónico | unpitched sound.
sonido audible | audible sound.
sonido binaural | binaural sound.
sonido característico | characteristic ring.
sonido cíclico | reflected sound.
sonido con distorsión no lineal | fuzzy tone.
sonido con frecuencia entre 15 y 20.000 hertzios | audible sound.
sonido cuasisinusoidal | gliding tone.
sonido de alta frecuencia | all top sound.
sonido de baja frecuencia | all bottom sound | all-bottom sound.
sonido de banda con todas las frecuencias | white sound.
sonido de percusión | percussion sound.
sonido de tonel | booming.
sonido débil | low sound.
sonido deformado | distorted sound.
sonido del batir de alas (aves) | churr.
sonido del metal producido al agrietarse por un calentamiento irregular rapido | clinking.
sonido desmodulado por el videodetector | video detector demodulated sound.
sonido enmascarante | masking sound.
sonido entre portadoras | intercarrier sound.
sonido esparcido | scattered sound.
sonido estereofónico | stereophonic sound.
sonido explosivo | popping.
sonido falto de alta frecuencia | no top.
sonido falto de baja frecuencia | no bottom sound.
sonido final de sílaba o palabra | auslant.
sonido fonemático | phoneme sound.
sonido fundamental (de un acorde) | root.
sonido fundamental (música) | generator | prime.
sonido grave | low sound.
sonido humano | voice sound.
sonido inaudible | inaudible sound.
sonido indeseable (disco gramófono) | boll.
sonido indeseable producido por aparato defectuoso (filme sonoro) | stew.
sonido infraudible | IA sound.
sonido lleno | round tone.
sonido metálico | metallic ring | metallic sounding | chink | clang.
sonido metálico (música) | brassiness.
sonido metálico (trompeta) | bray.
sonido metálico agudo | sharp ring.
sonido metálico áspero | harsh metalling sound.
sonido metálico sordo | dull ring.
sonido musical | musical sound.
sonido neutro | inharmonic sound.
sonido patrón | standard sound.
sonido puro | clean tone | simple tone.
sonido reflejado | reflected sound.
sonido registrado fotográficamente | photographically recorded sound.
sonido repetido | beat.
sonido retumbante | reverberant sound.
sonido reverberante | reverberant sound.
sonido silbante | squealing noise | whistler | whistling sound.
sonido simultáneo de dos o más campanas | clam.
sonido sin altas frecuencias | bassy.
sonido sin fondo | no bottom sound.
sonido sin fondo (acústica) | no-bottom.
sonido sobre imagen | sound-on-vision.
sonido transitorio (lingüística) | glide.
sonido translúcido | glide.
sonido ultraaudible | ultraaudible sound.
sonido vibratorio | splashing.
sonidos abiertos (música) | open tones.
sonidos aflautados (violín, etc.) | harmonics.
sonidos alicuotas | aliquot or partial tones.
sonidos alícuotas (música) | partial tones.
sonidos armónicos | aliquot or partial tones.
sonidos consonánticos | consonant sounds.
sonidos en el aire generados por ondas de frecuencia audible del terremoto | earthquake sounds.
sonidos flautados | aliquot or partial tones.
sonidos inarticulados | gibber.
sonidos parciales | partial tones | aliquot or partial tones.
sonidos sordos | unvoiced sounds.
sonidos vocálicos (voz humana) | vowel sounds.
sonífero | soniferous.
soniferosidad | soniferosity.
sonificación | sonification.
sonio (unidad de medida del sonido) | son.
sonoabsorbedor suspendido | suspended sound absorber.
sonoabsorbente | sound-absorbent | sound-absorptive.
sonoabsorción | sound-absorption.
sonoaislador | sound insulator.
sonoaislamiento | sound insulation.
sonoamortiguación | sound damping.
sonoamortiguador | sound damper | sound deadener | noise killer.
sonoamplificación | audio amplification.
sonoamplificador | sound amplifier.
sonoatenuador | sound deadener.
sonoboya | sonobuoy.
sonoboya (receptor acústico y radiotransmisor montado en una boya) | radio sonobuoy.
sonoboya de radio | radio sonobuoy.
sonocalizador | sonic locator.
sonocaptación | sound pickup.
sonoconductor | sound-conductive.
sonodetección | sound detection.
sonodetector | sound detector | noise detector.
sonodifusor | sound-diffusing.
sonoemisión | noise emission.
sonogenerador | noise generator.
sonógeno | sound-emitting | sound-producing | noise-producer.
sonografía | sonography.
sonografía abdominal (medicina) | abdominal sonography.
sonógrafo | soundwriter | sonographer | sonometer.
sonógrafo (sismógrafo) | sonograph.
sonoictioscopio (pesca) | fishing echo sounder.
sonoinducido | sonically-induced.
sonolocalización | sound location.
sonolocalizador | sound locator.
sonoluminiscencia | sonoluminescence.
sonoluminiscente | sonoluminescent.
sonometría | sound measuring | sonometry.
sonométrico | sonometric.
sonometrista | sonometrist.
sonómetro | soundmeter | sound level meter | sound analyzer | noise meter | phonometer | audiometer | sonometer.
sonooscilación | audio oscillation.
sonooscilador | sonic oscillator.
sonoprobe (sonda por eco) | sonoprobe.
sonoproyector | sound projector.
sonoptografía (imagenes estereoscópicas) | sonoptography.
sonoquímica | sonochemistry.
sonorante (lingüística) | sonorant.
sonorescencia | sonorescence.
sonorescente | sonorescent.
sonoria | sonory.
sonoridad | loudness.
sonoridad de la fuente de ruido | sonority from noise source.
sonoridad del sonido | loudness of sound.
sonoridad percibida | perceived loudness.
sonorización | sound installation | voicing.
sonorización (de un filme) | scoring.
sonorización (de un filme mudo) | post-scoring.
sonorización pública | public address (PA).
sonorizador | sonorizer.
sonorizar | sonorize (to) | equip for sound (to).
sonorizar una consonante oclusiva | medialize (to).
sonoro | high | sound | sonic | audible | deep-toned | sonorous.
sonorradiación | sound radiation.
sonorreception | sound reception.
sonoscopia | sonoscopy.
sonoscopio | soniscope | sonic tester | sonoscope.
sonoscopizar | sound-detect (to) | sonoscopize (to).
sonosensible | noise-sensing.
sonosondador | acoustic depth finder | fathometer.
sonostato (medicina) | sonostat.
sonostato (ultrasonoterapia) | sonostat.
sonotrodo (acústica) | sonotrode.
sonotrodo (soldeo ultrasónico) | sonotrode.
sonovisual | audio-video.
sopanda | head tree | knee-brace strut | brace | cross beam.
sopanda (carruajes) | body loop.
sopanda (columnas) | T head.
sopandas (carretería) | strap.
sopladeros de gas (lavas) | gas vents.
soplado | air blown.
soplado a baja presión (alto horno) | low-blast.
soplado a boca (vidrio) | glass blowing by mouth.
soplado a fondo (metalurgia) | blown full | blowdown.

soplado alto con oxígeno (convertidor básico) | top-blowing with oxygen.
soplado antes de la caída de la llama (convertidor Bessemer) | fore blow.
soplado caliente (alto horno) | hot blow.
soplado con aire comprimido para limpieza (de piezas, tuberías, etc.) | dirt-blowing.
soplado con vapor | steaming.
soplado de dos altos hornos con soplante único (acerías) | split wind blowing.
soplado de las chispas | spark blowout.
soplado de oxígeno (aceros) | oxygen lancing.
soplado de oxígeno en el caldo (aceros) | oxygen lance.
soplado de vidrio | glass blowing.
soplado del asfalto | asphalt blowing.
soplado del caldo del alto horno en un convertidor Bessemer para extraer las impurezas metaloides y luego carga del metal soplado en un horno eléctrico para desoxidar y terminar | duplexing.
soplado del hollín (calderas) | soot blasting.
soplado desigual (alto horno) | blast wandering.
soplado en el convertidor (metalurgia) | blistering.
soplado frío (alto horno) | blow cold.
soplado incompleto (alto horno) | hard blow | blow young.
soplado justo (alto horno) | close blowing.
soplado magnético | magnetic blow-out.
soplado oxidante (convertidor metalúrgico) | oxidizing blow.
soplado por el fondo | bottom-blown.
soplado tumultuoso (metalurgia) | slopping.
soplador (del vidrio) | flashing.
soplador central | centre blower.
soplador centrífugo | rotary blower.
soplador de chispas | spark extinguisher.
soplador de chorro | jet blower.
soplador de hollín (calderas) | blower.
soplador de hollín de impulso de aire comprimido | air puff blower.
soplador de hollín retráctil | retracting blower.
soplador de machos | coreblower.
soplador de vidrio | glassblower.
soplador de vidrio (obrero) | glass blower | blower.
soplador de vidrio (persona) | mumbler.
soplador del arco | arc quencher.
soplador electromagnético | electromagnetic blowout.
soplador magnético | magnetic blower.
soplador magnético de chispas | blowout.
soplador magnético de pluriespiras | multiturn magnetic blowout.
soplador secuencial automático para hollín | automatic sequential soot blower.
sopladura (aceros) | pepper.
sopladura (defectos metales) | air hole.
sopladura (escarabajo) | pipe.
sopladura (fundición) | honeycomb.
sopladura (metales) | spongy part.
sopladura (metalurgia) | bleb | blasthole.
sopladura (oclusión gaseosa - metalurgia) | gas hole.
sopladura (pieza fundida) | bubble.
sopladura cerrada cuyos bordes no están soldados entre sí | roak.
sopladura de cabeza de alfiler | pinhead blow-hole.
sopladura de grano de pimienta (defecto aceros) | pinhead blister.
sopladura de grano de pimienta (tamaño) | pepper blister.
sopladura subcutánea (lingotes) | subcutaneous blowhole.
sopladura subsuperficial | rim hole.
sopladura superficial (metalurgia) | surface blowhole | skinhole.
sopladuras (moldeo) | gas holes | blow holes.
sopladuras superficiales | cuticular blowholes.
sopladuras superficiales (piezas fundidas) | cutaneous blowholes.
soplahollín (calderas) | sootblower.
soplahollín con válvula en el cabezal (calderas) | valve-in-head soot blower.
soplahollín de pluritoberas (calderas) | multinozzle sootblower.
soplahollines accionados sucesivamente (calderas) | sequential sootblowers.
soplamiento (del fuego) | fanning.
soplanieve para las agujas (cambio de vía) | switch snow blower.
soplante | blast engine | blower | air blower.
soplante (de motor) | impeller.
soplante accionada por motor de gas | gas-driven blowing engine.
soplante accionada por turbina movida por gases de exhaustación | exhaust-turbine-driven blower.
soplante aislada del circuito | blanked-off blower.
soplante alternativa | reciprocating blower.
soplante centrífuga accionada por turbina de vapor | steam-turbine-driven centrifugal blower.
soplante centrífuga de gran velocidad | geared-up centrifugal blower.
soplante centrífuga monoetápica de velocidad constante | single-stage single-speed centrifugal supercharger.
soplante cicloidal | cycloidal blower.
soplante con ángulo modificable de las palas | variable blade-angle blower.
soplante de aire de barrido cuatribulada doble | twin four-lobed scavenging air blower.
soplante de aire ionizado | ion blower.
soplante de alto horno | blast-furnace blowing engine.
soplante de gas de alto horno | blast-furnace gas blowing engine.
soplante de lóbulos | lobe blower.
soplante de pistón | cylinder-blowing engine | piston-blower.
soplante de tanques de lastre (submarinos) | turbos.
soplante de turbina | turbine-driven pressure charger.
soplante de vapor | steam blower.
soplante del aire de barrido | scavenge air blower.
soplante del hogar (calderas) | furnace-wall blower.
soplante o bomba de sobrealimentación (motores) | pressure-charger.
soplante para despegue (avión de despegue vertical) | lifting fan.
soplante Roots | Roots-type blower.
soplante Roots trilobulada | three-lobed Roots-type blower.
soplante rotativa | rotary-displacement blower.
soplante rotativa impelente | positive rotary blower.
soplante sobrealimentadora | supercharging blower.
soplar | blow (to) | blowup (to) | puff (to) | winnow (to).
soplar (apagar) | blowout (to).
soplar (el convertidor) | spit (to).
soplar (electricidad) | quench (to).
soplar (viento) | baffle (to).
soplar a fondo (metalurgia) | blowdown (to).
soplar con violencia (viento) | overblow (to).
soplar el vidrio | blow (to).
soplar la cuchara (metalurgia) | scavenge the ladle (to).
soplar los tanques (submarinos) | blow the tanks (to).
soplar un convertidor | blow a converter (to).
soplete | blowiron | blowtube.
soplete (química) | blowpipe | blowing iron.
soplete a gas | gas blowpipe.
soplete con boquillas intercambiables | variable-head torch.
soplete cortador | burner | cutting torch.
soplete de acanalar | gouging blowpipe.
soplete de arco con electrodo de carbón con chorro de aire comprimido a lo largo del electrodo (limpieza de piezas fundidas) | arcair torch.
soplete de boca | mouth blowpipe.
soplete de calentar | heating burner.
soplete de cortar | fusing burner.
soplete de corte | cutting blowpipe | sealing-off burner.
soplete de chorros múltiples | burner.
soplete de flamear | fire-gun.
soplete de flúor con hidrógeno | fluorine-hydrogen torch.
soplete de gas natural y oxígeno | oxy-natural gas torch.
soplete de gas pobre y oxígeno | oxycoal-gas torch.
soplete de gas pobre y oxígeno para corte y recorte según plantilla | oxycoal-gas profiling and cutting machine.
soplete de gasolina | petrol-operated torch.
soplete de hidrógeno atómico (soldadura por hidrógeno atómico) | atomic-hydrogen torch.
soplete de hidrógeno con fluor | hydrogen-fluorine torch.
soplete de oxígeno y gas de ciudad | oxygen-city-gas torch.
soplete de oxígeno y gas pobre | oxycoal gas blowpipe.
soplete de oxipropano para prerrecalentar | oxypropane preheating torch.
soplete de plasma | plasma torch.
soplete de plasma utilizando la hiperfrecuencia | radiofrequency plasma torch.
soplete de propano | propane heating torch.
soplete de ranurar | gouging torch | gouging blowpipe.
soplete de soldar | welding torch | welding burner.
soplete de templar de boquillas múltiples | multinozzle hardening burner.
soplete escarpador con inyección de pulvihierro | powder deseaming blowpipe.
soplete metalizador de arco eléctrico constreñido en una tobera con soplado por gas inerte ionizado | plasma arc torch.
soplete metalizador de arco eléctrico en que el arco y los gases llegan juntos al metal que se ha de cortar | transferred plasma jet torch.
soplete metalizador de arco eléctrico en que éste termina en la tobera y los gases son los que llegan al metal que se ha de metalizar | nontransferred plasma jet torch.
soplete oxiacetilénico | torch | oxyacetylene blowpipe | flame | acetylene torch | acetylene blowpipe.
soplete oxiacetilénico de boquillas múltiples | multiflame oxyacetylene torch.
soplete oxiacetilénico precalentador con cabezal esparcidor | spreader-head oxygen preheating torch.
soplete oxialumínico | oxygen-powered aluminum torch.
soplete oxídrico | oxyhydrogen blowpipe | compound blowpipe | o-h blowpipe.
soplete oxihídrico | hydrogen gas blowpipe.
soplete oxihídrico de cortar submarino | oxyhydrogen underwater cutting torch.
soplete oxipropánico | oxypropane torch.
soplete para ablandar el vidrio | glass blowing burner.
soplete para abrir ranuras en U | flame-gouging blowpipe.
soplete para abrir ranuras profundas | gouging cutter.
soplete para calentar piezas | fire-gun.
soplete para cortar metales | metal cutting blowpipe.
soplete para desbarbar (tochos) | deseaming blowpipe.
soplete para escarpar | scarfing torch.
soplete para escarpar (tochos) | deseaming blowpipe.
soplete para extirpar el refuerzo de la solda-

dura | weld reinforcement removal torch.

soplete para fundir polvos metálicos o alambres por medio de un arco eléctrico potente en una corriente de gas ionizado (metalización se alcanzan temperaturas de 16.000 ºK) | plasma torch.

soplete para la deposición de plasma (revestimiento) | plasma plating torch.

soplete para perforar piedra por acción del chorro caliente de gases | jet-piercing burner.

soplete para quitar defectos superficiales en tochos | scarfing torch.

soplete para recortar según plantilla | profiler.

soplete para secar machos | core-drying torch.

soplete para soldar | welding blowpipe | welding flame.

soplete perforador de roca | rock-piercing blowpipe.

soplete plásmico de arco eléctrico alimentado con alambre metálico | wire-fed plasma arc torch.

soplete precalentador | preheating torch.

soplete soldador mecanizado | mechanized welding torch.

sopletista | oxyacetylene blower.

soplillo | fire-fan.

soplo | puff | blowing | souffle.

soplo (medicina) | murmur.

soplo (minas) | piper.

soplo (paso de grisú a través de un tabique) | blow.

soplo atómico | atomic blast.

soplo de alud | avalanche blast.

soplo de cueva (geología) | blowhole.

soplo magnético | magnetic blow.

soplo magnético del arco (soldadura) | arc blow.

soportabarrotes de parrilla | furnace bar-bearer.

soportabicicletas | bicycle-rack.

soportado en toda su longitud | supported throughout.

soportado entre el plato y el punto (tornos) | supported between chuck and center.

soportado entre puntos (tornos) | supported between centers.

soportado por el aire | air-supported.

soportado por el eje | axle-supported.

soportado por pilotes | pile-supported.

soportado por presión de aire | air-supported.

soportador | steadiment.

soportador del eje de la mecha del timón | rudderstock steadiment.

soportal | portico.

soportar | withstand (to) | backup (to) | bear (to) | bed (to) | stand (to) | support (to).

soportar (pesos) | receive (to).

soportar igualatoriamente las pérdidas ocasionadas por la compañía | contribute equally towards the losses sustained by the firm (to).

soportar una pérdida | bear a loss (to).

soporte | outrigger | stilt | stool | cradle | attaching | bearing | supporting | support | prop | upright | rack | trap | shoulder | shoe | carriage | carrier | abutment | mount | saddle | block | pillar | stay | standard | stand | pedestal | brackets | bracket | holder | holder | back up post | backing | pillow | pillow-block | rest | sprag.

soporte (cerámica) | spur.

soporte (cinta magnética) | base film.

soporte (de cátodo) | core.

soporte (de inducido) | quill.

soporte (de película) | base.

soporte (fotografía) | base | support.

soporte (para hornos de esmaltar) | perrit.

soporte (química) | carrier.

soporte (refuerzo posterior) | backstay.

soporte ajustable | adjustable rest.

soporte antirresbaladizo | crowfoot.

soporte antivibratorio | cushioned socket.

soporte arqueado para cartones (jacquard) | card cradle.

soporte articulado | swivel bearing.

soporte basculable | rockable support.

soporte basculante | swivel bearing | swivel hanger.

soporte carenado | pod.

soporte central | center-bearing.

soporte central de la ballesta | central spring bearing | spring seat.

soporte cerrado | plain pedestal.

soporte colgante | hanger.

soporte con archivos | multifile volume.

soporte con corrección para la inclinación del eje de muñones (artillería) | azimuth compensating mount.

soporte con rodillo | roll stand.

soporte con rodillos | roller bed.

soporte con sistema de señales | pylon.

soporte conmutador del receptor (telefonía) | receiver rest.

soporte de acetato (fotografía) | acetate base.

soporte de ágata | agate bearing | agate cup.

soporte de alimentación del papel | paper bin.

soporte de ángulo | angle bracket.

soporte de antena | aerial support.

soporte de articulación del balancín | equalizer fulcrum.

soporte de articulación del igualador del freno de mano | hand brake equalizer fulcrum.

soporte de balancín | samson post.

soporte de barras | pipe rack.

soporte de barrotes de parrilla | firebar bearer.

soporte de báscula | pivotal bearing.

soporte de bobina | bobbin cradle.

soporte de bobina de cerámica | ceramic coil form.

soporte de brida de arrastre (plato torno) | clamp dog.

soporte de caballete | pedestal bearing.

soporte de caldera | boiler cradler.

soporte de calzo de bote | boat-chock standard.

soporte de cámara de tres patas | crowfoot.

soporte de carro con movimiento transversal y longitudinal (tornos) | compound rest.

soporte de carro de movimiento transversal y longitudinal (máquina herramienta) | compound slide rest.

soporte de caucho para la ballesta | spring rubber buffer.

soporte de cojinete | bearing hanger | bearing pedestal.

soporte de cojinete de bolas | ball bearing case.

soporte de columna (perforadoras) | stretcher-bar.

soporte de corredera | slide-rest.

soporte de cuarto de onda (radio) | stub.

soporte de datos | data medium | data carrier.

soporte de devanadera | reel carrier.

soporte de dilatación | expansion bearing.

soporte de empuje de la caja de grasas | journal box thrust bearing.

soporte de empuje de la mangueta | journal thrust bearing.

soporte de escuadra | angle plate.

soporte de estizola | creel bracket.

soporte de fijación de cojinete | bearing retainer.

soporte de galeota | hatch beam carrier.

soporte de herramienta | tool rest.

soporte de horquilla | hook support.

soporte de información | information medium | medium.

soporte de la ballesta | spring bracket.

soporte de la cuchilla | cutter bracket.

soporte de la chumacera central | central-bearing standard.

soporte de la espoleta (minas) | detonator holder.

soporte de la husada | cop carrier.

soporte de la información | data recording medium.

soporte de la liquidez | easing of liquidity.

soporte de la napa (juntas) | lap carrier.

soporte de la pieza | workholder.

soporte de la placa de cabeza (calderas) | crown bar.

soporte de la punta de trazar | scriber post.

soporte de las resbaladeras (máquina alternativa) | guide bearer | guide-crosstie.

soporte de las resbaladeras (máquinas alternativas de vapor) | motion plate.

soporte de las ruedas planetarias fijas (engranaje) | fixed star carrier.

soporte de las ruedas planetarias giratorias (engranaje planetario) | rotating planet carrier.

soporte de los cátodos (galvanoplastia) | plating rack.

soporte de madera para la cinta métrica (topografía) | wooden taping stool.

soporte de mano (torno) | hand rest.

soporte de mantenimiento en vacío | vacuum chuck.

soporte de matraz | flask stand.

soporte de microelementos | microelement wafer.

soporte de módulo | forms conveyor.

soporte de moldeo | moulding bracket.

soporte de muela | stone holder.

soporte de níquel | nickel backing.

soporte de níquel poroso | porous nickel backing.

soporte de papel | paper backing.

soporte de peine | comb bearing.

soporte de película | film base.

soporte de película inarrugable (fotografía) | shrink-resisting film base.

soporte de pinzas | clamp stand.

soporte de radios para cojinetes | spoked bearing support.

soporte de reacción constante | constant-support hanger.

soporte de registro | recording medium.

soporte de regulación del peine | reed adjusting bracket.

soporte de resbaladera (máquina alternativa) | guide yoke.

soporte de resorte | spring bracket.

soporte de rodillos (apoyo vigas de puentes) | roller bearing.

soporte de rodillos (vigas puentes) | expansion bearing.

soporte de rodillos de una cuchilla | single cutter turner.

soporte de rodillos para tornear redondos (tornos) | turner.

soporte de roldana | sheave support.

soporte de rótula | swivel bearing.

soporte de salida | output medium.

soporte de selectores | selector shelf.

soporte de semiconductor | header.

soporte de suspensión | slinging bracket.

soporte de suspensión (telecomunicación) | floating bracket.

soporte de transposición (electricidad) | transposition bracket.

soporte de transposición sencilla | simple pin transposition.

soporte de transposición sencilla (telecomunicación) | simple pin transposition.

soporte de tubo electrónico | tube socket.

soporte de tubos (música) | rackboard.

soporte de tubos de ensayo | rack.

soporte de unión | assembling jack.

soporte de válvula | valve holder | valve socket.

soporte del aislador | insulator bracket.

soporte del alza (cañón) | sight bracket.

soporte del anteojo | telescope standard.

soporte del arco | bow base.

soporte del balancín | equalizer support.

soporte del bloque de cierre (cañones) | breech ring.

soporte del camón (encofrados) | ring support.

soporte del carril del pórtico de la grúa | crane-gantry rail bearer.

soporte del carro | carriage bracket.

soporte del carro (torno) | slide head.

soporte del carro (tornos) | slide-rest.

soporte del carro portaherramienta (tornos) |

rest socket.
soporte del cilindro | cylinder foot.
soporte del cilindro del freno | brake cylinder carrier.
soporte del clinómetro (cañones) | bore rest.
soporte del colector | commutator hub.
soporte del conjunto del troquel (prensa de extrusión) | die-assembly carrier.
soporte del contrapunto (tornos) | backstay.
soporte del cortador | cutter bracket.
soporte del depósito de aire | air drum hanger.
soporte del depósito de combustible | fuel tank support.
soporte del eje | axle bearing.
soporte del eje (máquinas) | main pedestal.
soporte del eje de la palanca | lever fulcrum bracket.
soporte del eje del freno | brake shaft bracket.
soporte del elevador | elevator bracket.
soporte del fleje de guía | feather retainer.
soporte del huso | spindle bearing.
soporte del inducido | armature quill.
soporte del inducido (electromotor) | armature spider.
soporte del mecanismo de puntería en elevación | elevating gear bracket.
soporte del motor | motor bearing | engine bearer.
soporte del muelle | spring hanger | spring bracket | spring plate.
soporte del muñón de pie de biela | piston boss.
soporte del pasador del pistón | piston boss.
soporte del pedal | pedal bracket.
soporte del plano de deriva (aviones) | fin carrier.
soporte del plegador | beam stand.
soporte del plegador (telar) | beam carrier.
soporte del plegador (telares) | beam bearing.
soporte del resorte | spring hanger.
soporte del rotor (autogiros) | rotor blast.
soporte del sector (distribución Stephenson) | link fulcrum.
soporte del seguro de carga (cañón) | shell lock carrier.
soporte del timón | rudder bracket | rudder carrier.
soporte del tubo para la tela | fabric tube support.
soporte del zuncho de culata (cañón) | breech shoulder.
soporte disuelto | dissolved support.
soporte doble (funderías) | stud | stud chaplet.
soporte doble de platina (funderías) | double stud.
soporte elásticamente deformable | resiliently deformable support.
soporte elástico | elastic support | flexible bearing | spring pad | spring bracket | shock mount | pad.
soporte en blanco | blank form.
soporte en curso de pruebas | socket under test.
soporte en forma de horca | gallows-like support.
soporte en forma de U o Y (anteojos, aparatos topográficos) | wye.
soporte en J | J-bracket.
soporte en ménsula | overhung bearing.
soporte en ménsula (línea de ejes) | overarm bracket.
soporte en ménsula de la cubierta (buques) | cantilever deck support.
soporte en pirámide (máquinas) | A frame.
soporte en saliente | overhanging arm.
soporte escurridor | draining stand.
soporte estabilizador | steady bearing.
soporte extensible (TV) | boom.
soporte exterior | tail bearing.
soporte exterior del eje de cola (buques) | propeller shaft bracket.
soporte fijo (máquina-herramienta) | steady-rest.
soporte final | end bearing.
soporte flexible | flexible backing.
soporte frontal | end bearing.
soporte giratorio | rotating fixture | trunnion | swivel mounting | turning rest.
soporte guía | back rest ring | backstay ring.
soporte inclinable | swing rest.
soporte inferior | lower bearing.
soporte interelectrónico | pinch.
soporte intermedio de eje | lineshaft bearing.
soporte interno | inherent store.
soporte lateral | side bearing.
soporte lógico inalterable | firmware.
soporte lógico personalizado | middleware.
soporte metálico para machos (funderías) | arbor.
soporte metálico para sostener los machos (moldería) | chaplet.
soporte metálico que se usa debajo del pie sano en tuberculosis de la cadera | patten.
soporte mixto de cobre y fundente (soldadura) | flux copper backing.
soporte movible angularmente | angularly movable support.
soporte móvil | floating bearing | expansion bracket | follow rest.
soporte neumático (martillo perforador) | air leg.
soporte oscilante | tumbler bearing.
soporte para barrenar | boring fixture.
soporte para bobinas | reel rack.
soporte para brochar | broaching fixture.
soporte para cocer la loza (hornos cerámicos) | crank.
soporte para el pararrayos | arrester bracket.
soporte para estantería | shelf bracket.
soporte para inducidos | armature stand.
soporte para muestras | sample holder.
soporte para rectificar | truer.
soporte para rectificar ruedas | wheel truing stand.
soporte para refrentar | facing head.
soporte para registro magnético | magnetic recording medium.
soporte para trabajos de túnel (perforadoras) | tunnel bar.
soporte para transportador de correa | belt conveyor carrier.
soporte planetario | planet carrier.
soporte plano giratorio | turntable.
soporte posterior del motor | rear engine bearer.
soporte principal | main bearing.
soporte refractario alargado de sección triangular | saddle.
soporte regulable de laboratorio | jack stand.
soporte regulable del plegador (hilaturas) | adjustable beam carrier.
soporte rodante de cámara con elevación hidráulica | hydraulic-lift camera pedestal.
soporte sencillo (moldería) | staple.
soporte sujetador de piezas a trabajar | fixture.
soporte suspendido (para ejes) | hanger.
soporte trasero (motos) | crutch.
soporte vacío | empty medium.
soporte virgen (informática) | virgin medium.
soporte-armario | cabinet support.
soporte-guía | bracket guide.
soporte-pescante | cantilever.
soportes | media.
soportes (imprenta) | bearers.
soportes (México) | dray.
soportes de la torre del cañón | gunhouse supports.
soportes de material infusible para sotener las piezas (hornos cerámicos) | spurs.
soportes del descansillo superior (escala real de buques) | wishbone.
soportes del motor | engine front mountings | engine feet.
soportes del pasador del pistón | piston-pin bosses.
soportes lumbares (asientos) | lumbar supports.
soportes para las bambalinas (escenarios) | stage braces.
soprano (música) | treble.
sorbato | sorbate.
sorbente (química) | sorbent.
sorbido | sorbate.
sorbita (metalurgia) | sorbite.
sorbitismo | sorbitism.
sorbitización | sorbitizing.
sorbitizante | sorbitizing.
sorbitizar (aceros) | sorbitize (to).
sorbitol (química) | sorbite.
sorbo | guip.
sorboperlítico | sorbopearlitic.
sorbotroostita | sorbotroostite.
sorción | sorption.
sorción interlaminar | interlaminar sourption.
sordera | word blindness.
sordera barotraumática | barotraumatic deafness.
sordera de los aviadores | aviator's deafness.
sordera profesional | professional deafness.
sordina | damper | sound damper | dimmer | voice-attenuating device | antihum | silencing device.
sordina (música) | mute | tone reducer.
sordo | deaf.
sordo (dolor) | dead.
sordo (insonoro - acústica) | dead.
sordo (ruido) | still | obtuse.
sordo (ruidos) | hollow | dull.
sorgo | sorghum.
sorgo azucarado (Sorghum vulgare var, sudanensis) | sweet-sudangrass.
sorífero | sori-bearing.
sorocicida | sororicide.
sorocicidio | sororicide.
sororidad | sorority.
sorprendersujetarenganchar | catch (to).
sorprendido | taken aback.
sorpresa tecnológica | technical surprise | technological surprise.
sorteado | drawn.
sorteo | lot.
sorteo anual | annual lot.
sorteo de amortización | drawing by lot.
sorteo de obligaciones | drawing of bonds.
sortija (puros) | paper band.
sortija con iniciales | letter ring.
sosa (química) | soda.
sosa amoniacal | ammonia-soda.
sosa bruta | blanquette | kelp | black ash.
sosa cáustica (química) | soda lye.
sosa comercial | soda ash.
sosa cristalizada | crystal soda | crystallized soda.
sosa Leblanc | Leblanc soda.
sosa liberada (reacción química) | freed soda.
sosa sufiltada | Leblanc soda.
sosiego | calmness.
sostén | prop | shoulder | stand | stay | pillar | holdfast | support | supporting.
sostén (prenda femenina) | supporter.
sostén (TV) | hold.
sostén del cable (teleféricos) | fall-rope carrier.
sostén para baños galvánicos | plating jig.
sostén principal | mainstay.
sostenedor | sustainer.
sostenedor de forma tetraédrica | tetrahedrally shaped holder.
sostener | bear (to) | prop (to) | prop up (to) | support (to).
sostener (el interés de) | keep up (to).
sostener (el peso, etc.) | take up (to).
sostener (la velocidad) | keep (to).
sostener (pesos) | receive (to).
sostener (una nota musical) | hold (to).
sostener (una opinión) | lay down (to).
sostener a flote | buoy up (to).
sostener con palos | pole (to).
sostener con pilares | pillar (to).
sostener la caza (marina) | keep up a running fight (to).
sostener la caza (marina de guerra) | press the chase (to).
sostener la mira (topografía) | hold the rod (to).

sostener la presión (calderas) | hold pressure (to).
sostener la velocidad (buques) | keep up the knots (to).
sostener los precios | keep up prices (to).
sostener una divisa | support a currency (to).
sostenerse (en una posición - tropas) | secure (to).
sostenerse a flote | keep afloat (to).
sostenes del cable | cableway carriers.
sostenido | sustained | steady | constant.
sostenido (mercado) | buoyant.
sostenido en el aire | airborne.
sostenido magnéticamente | magnetically held.
sostenido por columnas | pillared.
sostenido por la presión | pressure-supported.
sostenimiento | support | supporting | upkeep | bearing up | hold | holdup.
sostenimiento de los precios | price support.
sota caballo (Luehea divaricata) | estribeiro.
sotabanco | summer | skewback.
sotabraga (llanta del eje - carruajes) | axletree band.
sótano | underground | basement | vault.
sótano de almacenamiento | storage vault.
sótano de pequeña altura que queda entre el primer piso y el terreno natural | crawl space.
sótano para cobijarse en caso de tornado | tornado cellar.
sotaventear (buques) | sag (to).
sotavento | lee-side | lee | leeward side | leeward.
sotechado | pentice.
soteriología | soteriology.
soteriólogo | soteriologist.
soterramiento | cave-in.
soterrar | bury (to).
soto | grove.
sotobosque | underbrush.
sotrozo | split pin | linchpin.
soutache | frog.
sovietismo | sovietism.
sovietología | sovietology.
soya (Glycine max - Merr) | soybean.
soyote | vugh.
soyote (de un filón) | vug.
soyote (minas) | lough.
spolín (telar) | figuring shuttle.
sporte del muelle | spring bearing.
sputnik | sputnik.
standard | STD.
statu quo comercial | stand still.
stavewood (Dysoxylum muelleri) | red bean.
stencil | stencil.
sterculia (Sterculia oblonga - Mast) | yellow sterculia | okoko.
stilb (unidad de brillo) | stilb.
stock agotado | stockout.
stock de seguridad | safety stock.
stock del momento | on hand.
stoke (unidad de viscosidad cinemática) | stoke.
stokesiano | stokesian.
stonewood (Cornus spp) | stonewood.
stress (agresión síquica - medicina) | stress.
su cargo lleva consigo graves responsabilidades | his post entails heavy responsibilities.
su finalidad es el estudio de | its target is the study of.
su forma redonda contribuye a su mejor manejo | its round shape makes for easier handling.
su pedido ha sido anotado con el número arriba indicado | your order has been entered under the number listed above.
suave | tender.
suave (colores) | mellow | soft.
suave (mando aviones) | touchy.
suave (ruido) | still.
suave (vinos) | mellow.
suave y sin ruido (máquinas) | sweet.
suavidad | suppleness.
suavidad de la fibra | fiber suppleness.
suavidad de marcha | smooth riding.
suavidad de movimiento | freedom of running.
suavidad de movimientos (autos) | smoothness.
suavidad de movimientos (máquinas) | easiness.
suavidad de suspensión | smoothness of ride.
suavización | graduation.
suavización (de restricciones) | relaxation.
suavización (pérdida de la astrigencia del licor curtiente por envejecimiento) | mellowing.
suavización de la curva de unión | radiussing.
suavización de la restricción | restriction easing.
suavización de la restricción crediticia | relaxation in credit restrictions.
suavización de ruta | course softening.
suavización del reglamento | relaxation of regulations.
suavizado (cocción parcial - seda) | half-boiling.
suavizado (de un motor) | running-in.
suavizado por amolado | blended by grinding.
suavizador | softening agent | strop | softener.
suavizador de tejidos | cloth softener.
suavizador de yute con aparato engrasador | jute batcher-softener.
suavizador por precipitación | precipitation softener.
suavizadora mecánica para yute | jute softener.
suavizadora-engrasadora para yute | jute batcher-softener.
suavizamiento (apresto, telas) | breaking down.
suavizante | softener.
suavizar | relieve (to) | smooth (to) | work in (to).
suavizar (aumentar el radio - curvas) | flatten (to).
suavizar (curvas) | ease (to).
suavizar (el yute) | batch (to).
suavizar (vinos) | mellow (to).
suavizar en la piedra de aceite (filos de herramientas) | oilstone (to).
suavizar la curva de unión | radius true (to).
suavizar los engranajes | run in the gear (to).
suavizar una curva | flatten a curve (to).
suavizarse (pendientes) | grow easier (to).
sub (química) | basic.
suba (Argentina) | price increase.
suba a la superficie (señal comunicación - submarinos) | IDKCA (rise to the surface).
subacuático | underwater | subaquatic | subaqueous.
subacueo | underwater.
subacústico | subaudible | subaudio.
subaéreo | subaerial.
subaéreo (geología) | surficial.
subafloramiento (parte superior de un filón cerca de la superficie pero oculto por otra formación - geología) | blind apex.
subagrupamiento | underbunching.
subalar (aviones) | underwing.
subálgebra | subalgebra.
subalimentado | starved.
subalimentador | subfeeder.
subalpino | subalpine.
subalterno | secondary | subordinate.
subálveo | subsurface.
subamortiguamiento | underdamping.
subangular | subangular.
subanillo | subring.
sub-antártica | sub-antarctic.
subapriete | undertightening.
subárea rápida | quick cell.
subárido | subarid.
subarmazones para estantes (telefonía) | shelf subrack.
subarmónico (frecuencia) | subharmonic.
subarrendador | sublessor.
subarrendatario | sublessee | undertenant.
subarriendo | sublease | sublet | underlease.
subasta | roup | competitive bidding | auction | public auction sale.
subasta a la baja | Dutch auction.
subasta a vela y pregón | auction by inch of candle.
subasta amañada | mock auction.
subasta con aviso anticipado | public sale.
subasta de entrada doble | double auction market.
subasta de géneros | goods auction.
subasta de maderas | timber auction.
subasta de todo el contenido de una casa | house sale.
subasta ficticia | mock auction.
subasta fingida | mock | mock auction.
subasta judicial | judicial auction.
subasta legal | legal auction.
subasta pública | public sale | public letting | public auction | official submission.
subastador | auction broker | auctioneer.
subastador de obras de artes | art auctioneer.
subastar | auction (to) | take bids (to).
subasuntos | subtopics.
subatmosférico | subatmospheric.
subaudible | subaudio | subaudible.
subaudio | subaudio.
subavalúo | underevaluation.
subbase | subbase.
subbase de macádam (carreteras) | macadam sub-base.
subbase tratada con cemento (carreteras) | cement-treated subbase.
subcalibre | subcaliber.
subcampo | subfield.
subcapa | sub-layer.
subcapa (nucleónica) | subshell.
subcapa electrónica | electronic subshell.
subcapa laminar | laminar sub-layer.
subcapilar | subcapillary.
subcavitante | subcavitating.
subcelular | subcellular.
subcentral | substation.
subcentral (telefonía) | outstation.
subcentral telefónica | subexchange.
subclase | subclass.
subclasificación | subclassification.
subcocción | underfiring.
subcochura | underfiring.
subcomisario (marina) | assistant paymaster.
subcompensado | undercompensated.
subconcesión | sublicense.
subconcesionario | sublicensee.
subconjunto | subset | subassembly | unit-assembly | unit assembly.
subconjunto (matemáticas) | subset.
subconjunto (topología) | subset.
subconjunto compacto de un espacio métrico | compact subset of a metric space.
subconjunto de una población (topología) | subset of a population.
subconjunto del espacio muestral | subset of sample space.
subconjunto denso en | subset dense in.
subconjunto electrónico de módulo pequeño | brick.
subconjunto electrónico modular pequeño | brick.
subconjunto infinito | infinite subset.
subconjunto no vacío (topología) | nonempty subset.
subconjuntos electrónicos modulares | modular electronic subassemblies.
subconjuntos estañosoldados en horno | oven-soldered subassemblies.
subconsejero | assistant adviser.
subcontratista | jobber | subcontractor.
subcontratista principal | main subcontractor | major subcontractor.
subcontrato | subcontract | sublet.
subconversor | down-converter.
subcorregido | undercorrected.
subcortical | subcortical.
subcríticamente fisurado (aceros) | subcritically embrittled.
subcríticamente recocido | subcritically annealed.
subcrítico | subcritical.
subcromonema (genética) | subchromonema.

subcrustal | subcrustal.
subcuenta | subaccount.
subcuerda (cartografía) | short chord.
subcultivo | subculture.
subcutáneo | subsurface.
subdesarrollo | underdevelopment.
subdesbordamiento | underflow.
subdesbordamiento de la característica | characteristic underflow.
subdeterminante (matemáticas) | minor.
subdeterminante de una matriz | subdeterminant of a matrix.
subdiagonal (viga de celosía triangulada) | substrut.
subdirector | assistant manager | assistant director | associate director | deputy manager | deputy director.
subdirector de fabricación | manufacturing vicepresident.
subdirector de producción | vicepresident of production.
subdirector de ventas | assistant sales manager.
subdirector general | assistant general manager.
subdirector técnico | technical subdirector.
subdisciplinas | subdisciplines.
subdisciplinas de la astronomía cósmica | subdisciplines of space astronomy.
subdistribuidor | subdistributor.
subdividir | parcel out (to) | mete out (to) | breakdown (to) | subdivide (to).
subdividir (zona) | partition (to).
subdivisión | subdivision | branch | splitting.
subdivisión de la frecuencia repetidora de impulsos (radar) | skip keying.
subdivisión de la instalación propulsora en dos o más unidades independientes (buques de guerra) | split plant operation.
subdivisión en recuadros (puertas, vigas de puentes, etc.) | subpaneling.
subdivisiones de la cubierta de vuelos contadas de proa a popa (portaaviones) | fly 1, 2, 3.
subdominante | sub-dominant.
subdrenaje | subdrainage.
sube la inflación | inflation is moving up.
subempleo | underemployment.
subenfriado | subcooled.
subenfriador | subcooler.
subenfriador de líquido | liquid subcooler.
subenfriamiento | subcooling.
subenfriar (enfriar por debajo de la temperatura normal de congelación sin solidificación) | subcool (to).
subenfriarse (física) | supercool (to).
suberífero | cork-producing.
suberificarse | become corky (to).
suberina | suberin.
suberoso | corky.
subespacio acelerado | quick cell.
subespacio lineal | linear subspace.
subespacio rápido | quick cell.
subestabilización | understabilization.
subestabilizado | understabilized.
subestación (topografía) | substation.
subestación a cubierto | indoor substation.
subestación al aire libre | open-air substation.
subestación al aire libre (electricidad) | outdoor switching station.
subestación automática | automatic substation.
subestación automática accionada por motor | automatic engine-driven substation.
subestación automática de convertidor rotativo | automatic rotary-converter substation.
subestación automática de corriente continua | automatic direct-current substation.
subestación automatizada (electricidad) | automated substation.
subestación blindada (electricidad) | shielded substation.
subestación de seccionamiento | sectioning substation.
subestación de tracción | traction substation.
subestación mutadora | mutation substation.
subestación rectificadora | rectified substation.
subestación semiautomática | semiautomatic substation.
subestimación | understatement.
subestimar | play down (to) | underrate (to) | misprise (to) | sell short (to).
subestratosfera | substratosphere.
subestructura | substructure.
subestructuración | substructurization.
subestructural | substructural.
subestructuras de deformación (metalografía) | deformation substructures.
subexcitación | underexcitation.
subexposición (foto, cine) | underexposure.
subfamilia (topología) | subcollection.
subfamilia de aves (ornitología) | subfamily of birds.
subfiador | secondary bondsman | secondary guarantor.
subfijo que indica que el aparato o la máquina es automática | matic.
subfila de espera | subqueue.
subfluvial | underriver.
subforro | sublining.
subfundido (física) | supercooled | subcooled.
subfundir (enfriar por debajo de la temperatura normal de congelación sin solidificación) | subcool (to).
subfundir (física) | undercool (to) | supercool (to).
subfusibleado | underfused.
subfusil | submachine gun.
subfusión (física) | undercooling | supercooling | subcooling.
subgalería (minas) | subdrift.
subgarantía | counter-security.
subgerente | assistant manager.
subgobernador | deputy governor | lieutenant governor.
subgrano (metalurgia) | subgrain.
subgránulo | sub-grain.
subgrupo | subpool | grading group.
subgrupo de la familia del itrio | subgroup of the yttrium family.
subgrupo denso contable (topología) | countable dense subset.
subhedral | subhedral.
subhumano | subhuman.
subhúmedo | subhumid.
subida | increase | going up | hill | ascent | coming up | mounting | advancement | access | climb away.
subida (alquileres, salario) | raising.
subida (astros) | rising.
subida (barómetro, temperatura) | rise.
subida (de la savia, del barómetro, del termómetro) | rising.
subida (de precios) | rise.
subida (del telón) | rising.
subida (precios) | heightening.
subida al exterior de los obreros (minas) | raising.
subida balística | ballistic ascent.
subida capilar | capillary rise.
subida con mineral (jaula minas) | mineral-winding.
subida con personal (jaula de minas) | man-winding.
subida de cuestas | hill climbing.
subida de la barrena (perforación) | pull one green.
subida de la savia (árboles) | sap ascent.
subida de la temperatura estando apagados los quemadores (hornos) | coasting of temperature | temperature coasting.
subida de precio | rising.
subida de precios | rise in prices.
subida de temperatura con o sin inflamación local (medicina) | flare.
subida de valor | enhancement | enhancing.
subida del barómetro | rise of barometer.
subida del petróleo (pozos) | rising.
subida del salmón (ríos) | run.
subida después del despegue | climb-out.
subida elíptica | elliptical ascent.
subida en candelero (empinada seguida de viraje - aviones) | chandelle.
subida por noria (materiales) | conveyor lift.
subida y bajada de las varillas de sondeo | round trip.
subida y bajada seguidas (carreteras) | hog's back | hogback.
subido (colores) | bright | deep.
subido (precio) | stiff.
subido (precios) | advanced.
subiente | riser.
subimago (insectos) | dun.
subimpulso | undershoot.
subíndice | subscript | subindex.
subíndice sumatorio | summation subscript.
subinduvid (cristalografía) | subinduvid.
subinduvid triangular (cristalografía) | triangular subinduvid.
subinquilino | subtenant.
subinspector | subinspector | assistant inspector.
subintendente | junior intendant | assistant quartermaster general.
subintervalo | subinterval.
subintrusión del magma (geología) | subtrusion.
subir | move upwards (to) | rise (to) | step up (to) | ascend (to) | come up (to) | go up (to) | raise (to) | raise (to) | climb (to).
subir (la leche hirviendo) | boil up (to).
subir (la marea) | come in (to).
subir (pesos) | hoist up (to).
subir (precios) | advance (to) | improve (to) | run up (to) | harden (to) | rise (to).
subir (un peso) | pull up (to).
subir a | come up to (to).
subir a la cumbre (montañas) | crest (to).
subir a un palo sólo con las manos y piernas (buques) | shin (to).
subir al cadalso | mount the scaffold (to).
subir al exterior (minas) | bring to the surface (to).
subir al poder | get in (to).
subir con el carretel | reel in (to).
subir el mineral al exterior (minas) | grass (to).
subir el precio de | mark up (to).
subir en avión | emplane (to).
subir en candelero (aviación) | chandelle (to).
subir en espiral (humo) | ring (to).
subir en valor | appreciate (to).
subir gradualmente | grade up (to).
subir la palanca | push up the lever (to).
subir los precios | raise prices (to).
subir o bajar en espiral | spiral (to).
subir o bajar involuntariamente (avión en vuelo) | go off altitude (to).
subir tirando | draw up (to).
subir una rampa | master a gradient (to).
subir verticalmente (aviones, perdices, precios) | rocket (to).
subir y bajar (buque anclado) | surge (to).
subjefe | junior executive | deputy chief | deputy chief clerk | assistant chief.
subjefe de delineantes | assistant chief draftsman.
subjefe de estación | assistant station master | deputy stationmaster.
subjefe de taller | assistant foreman.
subjetivación | subjectivation.
subjetivar | subjectivate (to).
sublevación | outbreak.
sublevación militar | military revolt.
sublevadas (tropas) | out of hand.
sublimación | subliming | sublimation.
sublimación catódica | sputtering | cathodic sputtering.
sublimación catódica en el vacío | cathode sputtering.
sublimación catódica por corriente continua | direct current sputtering.
sublimación catódica por radiofrecuencia | radio-frequency-sputtering.
sublimación catódica reactiva por corriente |

direct-current reactive spottering.
sublimación de filamentos de titanio | sublimation of titanium filaments.
sublimación de filamentos de titanio calentados electricamente | sublimation of electrically heated titanium filaments.
sublimado | sublimate.
sublimado volcánico | volcanic sublimate.
sublimador | sublimator.
sublimar | sublimate (to).
subliminal | subliminal.
sublinear | underscore (to).
sublubricación | underlubrication.
submandato | subcommand.
submareal | subtidal.
submarginal | submarginal.
submarinista | submarinist | submariner.
submarino | submerged | U boat | U-boat | subsurface | pigboat | submersible | submarine | undersea | underwater.
submarino antisubmarinos | killer submarine.
submarino con propulsión nuclear | atomic-propelled submarine | nuclear-powered submarine.
submarino con propulsión por agua oxigenada hiperconcentrada | high-test peroxide propulsion submarine.
submarino de gran radio de acción | long-range submarine.
submarino de gran velocidad en inmersión | high-submerged speed submarine.
submarino de inmersión rápida | fast-diving submarine.
submarino de propulsión nuclear | nuclear submarine | nuclear powered submarine.
submarino dedicado a misiones de salvamento | lifeguard submarine.
submarino detectado por asdic | asdic-detected submarine.
submarino en emersión | surfaced submarine.
submarino en inmersión | submerged submarine.
submarino lanzador de misiles balísticos | ballistic-missile-firing submarine.
submarino lanzamisiles | missile launching submarine.
submarino lanzamisiles atómicos | nuclear missile submarine.
submarino minúsculo | minisub | midget submarine.
submarino nuclear | atom sub.
submarino nuclear de diseño avanzado | nuclear submarine of advanced design.
submarino nucleopropulsado con misiles teleguiados | nuclear powered missile-firing submarine.
submarino nucleopropulsado de lanzamisiles balísticos | nuclear-powered ballistic missile submarine.
submarino nucleopropulsado que dispara misiles guiados | nuclear-powered missile firing submarine.
submarino para catapultar aviones | plane launching submarine.
submarino para exploración oceanográfica | oceanographic research submarine.
submarino para grandes profundidades | deep-diving submarine.
submarino para grandísimas profundidades | deep-down submarine.
submarino para navegar en la profundidad del mar | bathyvessel.
submarino por la proa | bows-on submarine.
submarino propulsado con motor de agua oxigenada | hydrogen-peroxide-engined submarine.
submarino que dispara misiles teleguiados | guided missile-launching submarine.
submarino que se desplaza en inmersión a muy grandes profundidades | ultradeep-running submarine.
submarinos y sumergibles (buques) | submarines and submergibles.
submatrices | submatrices.
submatriz | submatrix.
submatriz cuadrada | square submatrix.
submersión | overtopping.
submesomítico (genética) | submesomitic.
submetálico | submetallic.
submicrométrico | submicron.
submicroscópico | submicroscopic.
submilimétrico | submillimetric.
subminiatura | subminiature.
submodulación | undermodulation.
submomentáneo | subtransient.
submontante (viga de celosía triangulada) | subvertical.
submuestra | subsample.
submuestreo | subsampling.
submurar | underpin (to).
subnitrato | basic nitrate.
subnitrato de bismuto | Spanish white.
subnivel | sublevel.
subnormalidad | shortcoming | subnormality.
subnuclear | subnuclear.
suboceánico | suboceanic.
suboficial | petty officer.
suboficial (marina) | warrant officer.
suboficial aviador | pilot officer.
suboficial que tiene a su cargo la reparación y entretenimiento de la dirección de tiro (marina) | fire control technician.
subordinado | subordinate | ancillary | secondary | dependent.
subordinado (persona) | subordinate.
subparte | subpart.
subpiso (geología, minas) | substage.
subpiso (minas) | sublevel | subdrift | countergallery.
subpoblación | underpopulation.
subpolar | subpolar.
subportada (libros) | subtitle.
subportadora | subcarrier | subcarrer.
subportadora cromática | color subcarrier.
subportadora de audio | audio subcarrier.
subportadora de transistores | transistor subcarrier.
subpresión | subpressure | underpressure.
subpresión (hidráulica) | buoyancy.
subpresión (presas) | pore pressure | uplift.
subpresión de la presa | dam uplift.
subpresión hidrostática | hydrostatic uplift.
subproducto | by-product | residual product.
subproducto (de tratamiento) | residual.
subproducto de la fabricación de pasta de papel al bisulfito | sulfite turpentine.
subproducto de la fabricación de pasta química de madera | tail oil.
subproducto del curtido de pieles de carnero | moellon degras.
subproductos aptos para la alimentación | feed-grade byproducts.
subproductos de la pesca | fishery by products.
subproductos líquidos de la operación nuclear | liquid by-products of nuclear operation.
subprofesional | subprofessional.
subprograma | subprogram.
subprograma (informática) | accounting routine.
subprograma abierto | open subroutine | in-line subroutine.
subprograma cerrado | one-level subroutine | linked subroutine.
subprograma correctivo de incidente (informática) | malfunction routine.
subprograma de control de secuencia | sequence checking routine.
subprograma de inicialización (informática) | bootstrap routine.
subprograma de la gestión | control routine.
subprograma de puesta a punto | debugger.
subprograma de servicio | auxiliary routine.
subprogramas de subrutinas (informática) | subroutine subprograms.
subpunzonar (punzonar a menor diámetro quel el definitivo) | subpunch (to).
subrango | subrang.
subransparente | subtransparent.
subrayada (palabras) | scored.
subrayado | underscored.
subrayar | emphasize (to) | underline (to).
subrayar (palabras) | score (to).
subred catiónica | cationic sublattice.
subretículos | sublattices.
sub-retículos magnéticos | magnetic sublattices.
subretículos magnéticos no equivalentes cristalográficamente | crystallographically nonequivalent magnetic sublattices.
subrogación | subrogation.
subrregadío | subirrigation.
subrutina | subroutine.
subrutina abierta | open subroutine.
subrutina aritmética | arithmetic subroutine.
subrutina cerrada | close subroutine.
subrutina con enlace | linked subroutine.
subrutina de transgresión (ordenadores) | violation subroutine.
subrutina de un nivel | one-level subroutine.
subrutina directa | in-line subroutine.
subrutinas incluidas en otras más grandes | nesting subroutines.
subsahariano | sub-saharan.
subsal | basic salt.
subsanabilidad | repairability.
subsanable | reparable.
subsanación | correction.
subsanación de errores | correction of errors.
subsanar | make good (to).
subsanar daños | compensate for damages (to).
subsanar dificultades | correct defects (to).
subsanar una falta | remove a defect (to).
subsanar una imprevisión legal | plug a legal loophole (to).
subsatélite lunar | lunar subsatellite.
subsaturar | undersaturate (to).
subsecretario | assistant secretary.
subsector | subsector.
subsecuencial | subsequential.
subsecuente | secondary | following.
subsecuente (criaderos metalíferos, ríos) | subsequent.
subserie | substring.
subsidencia | sinking.
subsidencia absoluta | absolute subsidence.
subsidiar (EE.UU.) | subsidize (to).
subsidiar (G.B.) | subsidise (to).
subsidiaria (compañías) | underlying.
subsidiaria de propiedad de la mayoría | majority-owned subsidiary.
subsidiarias extranjeras | overseas subsidiaries.
subsidiario | subsidiary | ancillary | ancillary.
subsidiario del ferrocarril | rail subsidiary.
subsidio | subsidy | relief | benefit | bounty.
subsidio a la construcción | constructional subsidy.
subsidio a la explotación | operational subsidy.
subsidio a la navegación (buques) | operating subsidy.
subsidio a los sin trabajo | dole.
subsidio cruzado | cross-subsidy.
subsidio de navegación | navigation subsidy.
subsidio de paro | unemployment relief | unemployment benefit.
subsidio de paro (G.B.) | dole.
subsidio familiar | dependency benefits | family allocation | family allowance.
subsidio gremial | strike-pay.
subsidio por enfermedad | shick pay.
subsidio por invalidez | sick benefit.
subsidio sindical de paro | redundancy payment.
subsidios | grant in aid.
subsidios a la navegación | maritime subsidies.
subsidios diferenciales | differential subsidies.
subsidios marítimos | maritime subsidies.
subsidios oficiales | government subsidies.
subsidización | subsidization.
subsiguiente | subsequent.
subsíncrono | subsynchronous.
subsintonizado | undertuned.

subsistema | subsystem.
subsistema de combate | combat subsystem.
subsistema de control por ordenador (informática) | control computer subsystem.
subsistema de fases compatibles | subsystem of compatible phases.
subsistema de fases compatibles en un sistema ternario | compatibility triangle.
subsistema de información de vuelo | flight data subsystem.
subsistema del misil | missile subsystem.
subsistema monitor de un banco de barras | rod block monitor subsystem.
subsistema para propulsión cósmica | space-power subsystem.
subsistema periférico | peripherical subsystem.
subsistemas sensores | sensor subsystems.
subsistencia | subsistence.
subsistencias | food.
subsistir | consist (to) | stand (to).
subsolera | subhearth.
subsolidus (aleaciones) | subsolidus.
subsónico | subsonic.
subsonoro | subsonic.
substancia (de una conversación) | gist.
substancia (química) | agent.
substancia ablativa | ablative substance.
substancia aglutinante para metales | metal binding agents.
substancia blanqueadora para pasta papelera | bleach.
substancia con enlaces covalentes | covalently bonded substance.
substancia en su estado natural | raw.
substancia estimulante del crecimiento vegetal | plant growth substance.
substancia ferromagnética | ferromagnetic substance.
substancia gelatinosa amarilla de la diatomita | cornuite.
substancia intangible | nontangible substance.
substancia no médica | nonmedical substance.
substancia oxidante | oxidifier.
substancia para formar espuma en los licores | beading.
substancia para reducir la llamarada (cohetes) | flash depressor.
substancia plateada depositada en las escamas de ciertos peces (da a las lacas luminosidad e iridiscencia) | pearl essence.
substancia pluviorrepelente (parabrisas de autos) | rain repellent.
substancia polucionante | pollutant.
substancia radiactiva en un recipiente adecuado para ser embebido en un tejido (radiología) | implant.
substancia retardadora de la velocidad de combustión (propulsante de cohetes) | delayer.
substanciar | substantiate (to).
substancias añadidas a un explosivo para enfriar la llama de la explosión (minería) | cooler.
substancias edulcorantes | sweetening materials.
substancias explosivas usadas en minería y cantería | blasting compounds.
substancias magnéticamente ordenadas | magnetically ordered substances.
substancias peligrosas | hazardous substances.
substancias que forman explosivos débiles cuando se mezclan con nitratos metálicos | absorbents.
substancias químicas | chemistries.
substancias químicas preempaquetadas | prepacked chemistries.
substitución | shift.
substitución (de herederos) | entail.
substitución de las lámparas por otras | relamping.
substitución trigonometrica | trigonometric substitution.
substituidor | substitutor.
substituir bienes | entail (to).
substracción | abduction.
substraendo | subtrahend.
substraer | subtract (to).
substraer (matemáticas) | pull (to).
substratificación de la zona | area substratification.
substrato | substrate | header | underlayer.
substrato alcalino | alkaline substrate.
substrato cerámico | ceramic substrate.
substrato de cobre | copper substrate.
substrato ferroso | ferrous substrate.
substrato peroditítico abisal | abyssal perodititic substratum.
substrato subcrustal | subcrustal substratum.
substratos | substrata.
substratos dieléctricos | dielectric board.
subsubconjunto | subsubasembly.
subsucesiones (análisis matemático) | subsequences.
subsuelo | subfloor | subbottom | subgrade | subsoil | subsurface.
subsuelo del fondo del mar | sea subbottom.
subsuperficial | subsurface | below the surface.
subsuperficie lunar | lunar sub-surface.
subtamaño | undersize.
subtarea | subtask.
subtenedor de libros (contabilidad) | entry clerk.
subtenso (geometría) | subtense.
subterráneamente | underground.
subterráneo | underground | subsurface | subterranean | low-level.
subterráneo (cables) | buried.
subterráneo (enterrado - tuberías) | grounded.
subterráneo (ríos) | lost.
subtesorero | assistant treasurer.
subtítulo | caption | bank.
subtítulo (portada de un libro) | alternative tittle.
subtransitorio | substrasient.
subtranslúcido | subtranslucent.
subulado (botánica) | lash-like.
subuliforme | awl shaped.
subunidad | spindle.
suburbanita | suburbanite.
suburbano | suburban.
suburbio | suburb.
suburbios | suburbia.
subvalor | underflow.
subvaloración | undervoicing.
subvariedad (matemáticas) | submanifold.
subvención | subsidization | bounty | grant | financial aid | subsidy.
subvención (agricultura) | government payment.
subvención a los precios agrícolas | farm-price support.
subvención anual | annual subsidy.
subvención de compensación | grant of compensation.
subvención del Estado | government grant.
subvención estatal | grant-in-aid.
subvención federal para el transporte de masas | federal subvention for mass transport.
subvención global | block grant.
subvención para exportación | export bonus.
subvención por diferencia de gastos de explotación | operating-differential subsidy.
subvención pública como ayuda | grants -in-aid.
subvencionado | grant-aided.
subvencionado para la publicación por | editorially sponsored by.
subvencionado por el Estado | State-aided | state-subsidized.
subvencionado por el municipio | rate-aided.
subvencionado por la compañía | company-sponsored.
subvencionar | subsidize (to).
subvenciones del Estado | grants -in-aid.
subvenciones en capital | capital subsidies.
subvenir a las necesidades de | relieve (to).
subversivo | subversive.
subvertir | subvert (to).
subvoltaje | underpressure | undervoltage.
subyacente (cepas, etc.) | underlying.
subzona | subpool.
succineo | amber-colored.
succinita (Mar Báltico) | Baltic amber.
succión | indraft | draught | suction | sucking | draft.
succión a presión subatmosférica | vacuum suction.
succión con vacío parcial | vacuum suction.
succión de agua (pozos petróleo) | water coning.
succión de la capa límite | boundary-layer suction.
succión de un buque al hundirse | down-draught.
succión neumática | pneumatic suction.
succíon rítmica | pulsed suction.
succionador (petróleo) | skimmer.
succionador del papel (impresora) | suction head.
succionador neumático de materiales pulverulentos | airveyor.
succionar | suck (to) | suck out (to).
succionómetro | suctionometer.
sucedáneo | substitute | replacer | near.
sucedáneo de aceite | oil substitute.
sucedáneos | substitutes.
suceder | come off (to).
sucesión | demise | run | estate | sequence | train.
sucesión (de números) | scale.
sucesión abintestato | intestate estate | intestacy.
sucesión acotada | bounded sequence.
sucesión biótica | biotic succession.
sucesión convergente | convergent sequence.
sucesión convergente acotada | boundedly convergent sequence.
sucesión creciente | expanding sequence.
sucesión de Cauchy | Cauchy sequence.
sucesión de esclusas | ladder of locks.
sucesión de impulsos | row of impulses.
sucesión de los asientos | sequence of entries.
sucesión de números reales | real sequence.
sucesión de puntos | sequence of points.
sucesión de puntos o rayas para guiar la vista (tablas numéricas) | leaders.
sucesión de rocas (mineralogía) | suite of rocks.
sucesión de rocas potásicas muy fraccionadas (mineralogía) | suite of highly fractionated potassic rocks.
sucesión de salvas escalonadas para horquillar el blanco (artillería) | ladder.
sucesión indefinida | infinite sequence.
sucesión intestada | intestate succesion.
sucesión monótona | monotonic sequence.
sucesión monótona acotada | bounded monotonic sequence.
sucesión monótona creciente | monotonically increasing sequence.
sucesión monótona decreciente | monotonically decreasing sequence.
sucesión nula (matemáticas)
sucesión vacante | estate without a claimant | estate in abeyance.
sucesional | sequential.
sucesivamente | seriatim.
sucesividad | successivity.
suceso aleatorio | random event.
suceso global en un accidente | accident event.
suceso ionizante inicial | initial ionizing event.
suceso o señal que origina una detención del proceso | interrupt.
sucesor | after-comer.
sucesos contrarios | opposite events.
sucesos del día | current events.
sucesos dependientes | dependent events.
sucesos equiverosímiles | equally likely events.
sucesos mutuamente excluyentes | mutually exclusive events.
suciedad | soil | fouling | dirt | dirt | muddiness.
suciedad (metal fundido) | sullage.
suciedad adherida a una superficie | grime.
suciedad de los fondos (buques) | marine

fouling.
suciedad del trabajo | factory grime.
suciedad industrial | industrial grime.
sucio | fouled.
sucio (buques petroleros) | dirty oil vessel.
sucio (cañon de fusil) | leading 00.
sucio (color) | muddied.
sucio (con muchas inclusiones no metálicas - aceros) | dirty.
sucio (limas, muelas abrasivas) | loaded.
sucio de barro | muddied.
sucrasa (bioquímica) | sucrase.
sucrosa | sucrose.
suctor | suctor.
suculencia | succulence.
sucumbir | yield (to).
sucupira (Bowdichia spp) | sucupira | sucupira preta.
sucursal | branch office | ancillary.
sucursal autónoma | autonomous branch.
sucursal bancaria | bank branch.
sucursal de banco | branch bank.
sucursales (y) subsidiarias y afiliadas | branches (and) subsidiaries and affiliates.
sudación | sweating.
sudación del estaño (fundición de bronce con hidrógeno) | tin sweat.
sudadero (caballos) | back cloth.
sudadero (silla montar) | galling leather.
sudado de pisos | sweating.
sudado del piso | floor sweating.
sudar | sweat (to).
sudar (tubos o juntas) | weep (to).
sudario | face cloth.
sudor | sweat | sweating.
sudoración | sweating.
sudoriental | southwestern.
suegro | socer.
suela | crop-hide | crop.
suela (de trineo) | shoe.
suela (del zapato) | sole.
suela (hornos) | hearth.
suela de escoria (metalurgia) | cinder bottom.
suela gruesa | clump.
suelaje | soling.
suelda | soldering alloy.
suelda (aleación para soldar) | solder.
suelda a partes iguales de estaño y plomo | half-and-half solder.
suelda al cuarto (3 de plata y 1 de alambre de latón) | hard silver solder.
suelda con el alma de colofonia | rosin-core solder.
suelda con gran proporción de estaño | high-tin solder.
suelda de aleación de plata | silver solder.
suelda de bajo contenido de estaño | low-tin content solder.
suelda de estaño | soft solder.
suelda de estaño y plomo | tin-lead solder.
suelda de gran temperatura de fusión | high-melting solder.
suelda de plata (plata 4 partes, cobre 1 parte) | silver solder.
suelda de plomero | lead solder.
suelda de plomeros | plumber's solder | plumber's metal.
suelda de plomo (una parte) | coarse solder.
suelda de plomo y estaño | soft solder.
suelda de punto de fusión más bajo | lower-melting-point solder.
suelda de temperatura de fusión baja | low-melting solder.
suelda dental de próximamente: oro (15 a 20%) | lower-carat solder.
suelda en barras | bar solder.
suelda en barras para aluminio | aluminum-solder.
suelda fuerte | brazing solder | brazing.
suelda que funde a 170 °C | solder melting at 170 °C.
sueldas de plomo y estaño | lead-tin solder.
sueldo | earnings | wage | pay | salary.
sueldo a convenir | salary open | open salary.
sueldo base | basic pay.
sueldo de despido | dismissal pay.
sueldo de permiso | leave pay.
sueldo de un empleo | appointments of an office.
sueldo devengado | payroll earning.
sueldo extra al ser licenciado | mustering-out pay.
sueldo inicial | commencing salary | starting rate.
sueldo más participación en beneficios | salary plus profit share.
sueldo mensual | monthly pay.
sueldo neto (EE.UU.) | take-home pay.
sueldo por despido | severance pay.
sueldo y gratificaciones | pay and allowances.
sueldos de delineación (astilleros) | engineering.
sueldos de directores | directors' fees.
sueldos del personal director | managerial salaries.
sueldos del profesorado | faculty salaries.
sueldos embargados | embargoed salaries.
sueldos y gratificaciones | office salaries and bonuses.
suelo | floor | flooring | earth | ground | soil.
suelo ácido | acid stain | acid soil.
suelo alcalino | alkali soil.
suelo amarillo podsólico | podsolic yellow soil.
suelo anegadizo | water-logged soil.
suelo anegado | waterlogged soil.
suelo arenoso abierto | open sandy soil.
suelo arenoso húmico | humic sandy soil.
suelo calizo | limy soil | limestone soil.
suelo cohesional | cohesional soil.
suelo coluvial | colluvial soil.
suelo compuesto por arcilla basta mezclada con piedras | catbrain.
suelo con autoprotección | self-mulching soil.
suelo con carencia de zinc | zinc-deficient soil.
suelo con un indicador radioactivo (agricultura) | radio-tagged soil.
suelo de arcilla montmorilonítica casi impermeable | black cotton soil.
suelo de arena con limo inorgánico | sand-inorganic silt soil.
suelo de greda arenosa | sandy loam soil.
suelo de plásticos | plastics flooring.
suelo de talleres | shop floor.
suelo del fondo del mar | maritime floor.
suelo del mar | sea floor.
suelo desaireado | deaired soil.
suelo desecado | drained soil.
suelo drenado | drained soil.
suelo elástico | cheesy soil.
suelo empajado (abonado con paja de establos) | mulched soil.
suelo estabilizado con asfalto | bitumen-stabilized soil.
suelo estabilizado mecánicamente | mechanically stabilized soil.
suelo estabilizado químicamente | chemically stabilized soil.
suelo estéril | dead soil.
suelo estratificado | layered soil.
suelo estructurado | patterned ground.
suelo falso | drill pipe bench.
suelo feraz | fertile soil.
suelo fértil | fertile soil.
suelo flojo | aerated soil.
suelo fluente | quick soil.
suelo forestal | forest-formed soil.
suelo formado por la influencia de mal drenaje | gley soil.
suelo fósil antiguo | dirt-bed.
suelo gley | gley soil.
suelo gleyzado | gleyed soil.
suelo granular | granular soil.
suelo granuloso flojo | loose granular soil.
suelo hidromorfo | hydromorphic soil.
suelo húmedo movedizo | wet runny soil.
suelo humífero | muck soil.
suelo impregnado de arcilla | clay impregnated soil.
suelo incoherente | cohesionless soil.
suelo infértil | infertile soil.
suelo inseguro | untrustworthy soil.
suelo laterítico pardo-amarillento | yellow-brown lateritic soil.
suelo loéssico | loessial soil.
suelo lunar | lunar soil.
suelo movedizo | runny soil | quaking-bog.
suelo mullido | loosened soil.
suelo muy calizo | heavily-limed soil.
suelo muy cargado de cal | heavily-limed soil.
suelo muy rico en materia orgánica | muck soil.
suelo no apto para cimentar | untrustworthy soil.
suelo no perturbado | undisturbed soil.
suelo oceánico | ocean floor.
suelo pardo no calizo | noncalcic brown soil.
suelo patrio | home country | native soil.
suelo permeable | leachy soil.
suelo plástico de gran espesor | thick plastic soil.
suelo poco fértil | poor soil.
suelo poco resistente | weak soil | yielding ground.
suelo podsólico | podzolic soil.
suelo podsólico gley | gley-podsol.
suelo podsólico pardo | brown podsolic soil.
suelo podsólico pardogrís | gray-brown podzolic soil.
suelo ponderable | ponderable soil.
suelo porfidopéctico | porphyropectic soil.
suelo poroso | porous soil.
suelo que fija el fósforo (agricultura) | phosphorus-fixing soil.
suelo que retiene la humedad | retentive soil.
suelo relicto (pedología) | relict-soil.
suelo residual | sedimentary soil.
suelo resistente | hardpan.
suelo resistente a las socavaciones | scour-resitant soil.
suelo retenedor de humedad | self-mulching soil.
suelo rico en humus | humose soil.
suelo rocoso | bedrock.
suelo rústico forestal | forestal rural ground.
suelo salado sódico (agricultura) | saline-sodic soil.
suelo sin revestimiento | unsurfaced soil.
suelo solifluido | solifluidal soil.
suelo susceptible a la helada | frost susceptible soil.
suelo tipo solod | solodic soil.
suelo tipo solonetz | solonetizc soil.
suelo turboso | peat mould.
suelo vegetal | mantle.
suelo volcánico | volcanic soil.
suelos desérticos | desert soils.
suelos desprovistos de tierra arable | scalped soils.
suelos maduros (geología) | mature soils.
suelos pardos de bosques | brown forest soils.
suelos salinos (agricultura) | solonchak.
suelta | release | releasing.
suelta por trinquete | ratchet release.
suelta rápida | quick releasing.
suelto | detached | unattached | loose | unbound.
suelto (conductor) | wandering.
suelto (terrenos) | running.
suelto (vestidos) | loose fitting.
suero | serum.
suero (de la leche) | whey.
suero antitetánico | antitetanic serum.
suero contra plagas | Yersin's serum.
suero de mantequilla | buttermilk.
suero de Yersin (medicina) | Yersin's serum.
sueros | sera.
sueste (sombrero) | nor' wester.
suficiencia | capacity.
suficiente (jurisprudencia) | relevant.
suficientemente delgado para pasar por el ojo de una aguja | thin enough to pass through the eye of a needle.

suficientemente seco para que la superficie aparezca más clara (refractarios) | white-hard.
sufijo | suffix.
sufijo que aparece dos veces en un término (ecuaciones) | dummy suffix.
sufosión | suffosion.
sufragar (gastos) | defray (to) | bear (to).
sufragar los gastos | stand the cost (to) | provide for (to).
sufragio | suffrage | franchise | vote.
sufragio femenino | woman suffrage.
sufragio universal | universal suffrage.
sufragista | suffragette.
sufridera | bucker | rivet dolly.
sufridera (punzones) | die.
sufridera (remachado) | holdup tool | dolly.
sufridera acodada (remachado) | gooseneck dolly | horse dolly.
sufridera de palanca (remachado) | lever dolly | heel dolly | dolly bar.
sufridera maciza (remachado) | club dolly.
sufridera neumática | air holding-on hammer.
sufridor (remachado) | bucker up | holder-up.
sufrir | stand (to) | backup (to).
sufrir (pérdidas) | incur (to).
sufrir depreciación | depreciate (to).
sufrir examen | enter for an examination (to).
sufrir examen para | qualify (to).
sufrir la culpa | bear the blame (to).
sufrir pérdida de visión momentánea (anopsia - aviadores) | blackout (to).
sufrir un colapso | collapse (to).
sufrir un interrogatorio | be questioned (to).
sufrir una aceleración | experience an acceleration (to).
sugerencia | tip | hint.
sugerencias de los obreros o empleados | employee suggestions.
sugeridor de la idea | suggester of the idea.
sugerir una idea | suggest an idea (to).
sui generis | sui generis.
suicida | suicide.
suicidarse | suicide (to).
suicidio | suicide.
suicidología | suicidology.
suicidólogo | suicidologist.
sujección | retaining.
sujección de las bambalinas con tornapuntas y sacos de arena (estudios de cine) | bracing flats.
sujeción | restraint | tie-down | fixing | grip | gripping | securing | hold-down | holding | fastening | fast | locking out | locking | pinning | setting | holding down.
sujeción a presión | pressure holding.
sujeción cinemática | kinematic constraint.
sujeción con alfileres | pinning.
sujeción con clavos (huesos) | pegging.
sujeción con flejes | strapping.
sujeción con perros | dogging down.
sujeción con piquetes | pegging down.
sujeción de la broca | drill holding.
sujeción de las paletas (turbinas) | blade setting.
sujeción de las partes | part fixturing.
sujeción de ruedas al eje por chavetas planas | staking on.
sujeción de un buque entre los hielos | nipping.
sujeción de un grillete en el extremo de un cable de extracción (minas) | capping.
sujeción del carro portaherramienta | saddle clamping.
sujeción del muelle del bogie | bogie spring anchorage.
sujeción elástica | elastic constraint.
sujeción electromagnética | magnetic holding.
sujeción enérgica | strong grip.
sujeción indirecta | indirect fastening.
sujeción lateral (electricidad) | bridle.
sujeción mecánica de los microgránulos de diamante a la matriz (productos adiamantados) | mechanical locking of diamond grits in the matrix.
sujeción para los dedos | finger-hold.
sujeción por dentro (plato de torno) | internal chucking.
sujeción por fuera (platos tornos) | external chucking.
sujeción por pasadores | pinning.
sujeción por puntos (soldadura) | nuggeting.
sujeción por puntos de soldadura | tacking.
sujeción por tornillo | screw-fixing.
sujeción por vacío | vacuum clamping.
sujeciones | tie-ins.
sujetacable para estirar | strandvise.
sujetacables de nilón moldeado | molded nylon cable hanger.
sujetacadenas (pozo de cadenas de buques) | cable clench.
sujetacarril (a la traviesa) | rail-clip.
sujetacuchillas | knife holder.
sujetachapas | plate closer | plate gripping device | plate fastener.
sujetadero | gripe.
sujetado hidráulicamente | hydraulic clamped.
sujetado mecánicamente | mechanically clamped.
sujetado neumáticamente | pneumatically clamped.
sujetado por | held fast by | kept in position by.
sujetador | press | clip | clamp | retainer | securing device | holder | cramping | grip | gripping | fastener | retaining bar | retainer.
sujetador accionado por leva | cam-action holder.
sujetador cruciforme | cruciform holder.
sujetador de apriete | clamping.
sujetador de apriete por muelle | spring-grip holder.
sujetador de clavo | nail anchor.
sujetador de conductos | conduit clip.
sujetador de fijación | fastening.
sujetador de la pieza (soldeo por resistencia) | work locator.
sujetador de muelle multifuncional | multiple-function spring fastener.
sujetador de orejetas | tumb clamp.
sujetador de plástico para montaje | plastic mounting clip.
sujetador de suelta rápida | quick-release fastener.
sujetador de tornillo accionado por electromotor | electric motor-driven screw-down holding clamp.
sujetador de tubería colgante (sondeos) | liner hanger.
sujetador del carenaje | cowling fastener.
sujetador del forro aislador | insulation lining retainer.
sujetador electromagnético | magnetic holder | magnetic gripper.
sujetador mecánico | mechanical fastener.
sujetador neumático | pneumatic holdown.
sujetador para cable | rope griper.
sujetador perdurable | perdurable clamp.
sujetador resistente a la corrosión | corrosion-resistant fastener.
sujetador sobre el carril (freno seguridad de grúas sobre carriles) | rail-clip.
sujetador superior | head clamp.
sujetador superior de la mantilla (offset) | heading blanket clamp.
sujetadores | garters.
sujetadores de la placa | plate clamps.
sujetadores del clisé (tipografía) | plate clamps.
sujetagrapa | clamp holder.
sujetaherramienta | tool tightener.
sujetalibros | book end.
sujetapapeles | paper-clip.
sujetapeine de acero estampado (roscadora) | steel stamping chaser holder.
sujetaplantillas | template holder.
sujetar | secure (to) | lash (to) | bind (to) | clamp (to) | tie (to) | hold back (to) | hold on (to) | pin (to) | set up (to) | grip (to) | anchor (to) | clamp (to) | fasten (to) | stick (to).
sujetar (anclar) | fix (to).
sujetar a mano | hand-clamp (to).
sujetar con alfileres | pin (to).
sujetar con clavos | nail up (to) | nail down (to).
sujetar con clavos (huesos) | peg (to).
sujetar con grapas | staple (to).
sujetar con perros (mesa de volteo) | dog down (to).
sujetar con perros (mesa volteo) | dog (to).
sujetar con retenidas (atirantar con vientos - chimeneas, postes, etc.) | guy (to).
sujetar con una escuadra (carpintería) | knee (to).
sujetar con unos cuantos pernos | rough bolt (to).
sujetar con vientos (atirantar con vientos - chimeneas, postes, etc.) | guy (to).
sujetar cristales con plomo | lead (to) 00.
sujetar firmemente (pinzar) | clip (to).
sujetar poniendo un peso encima | press on (to).
sujetar por detrás | seize from behind (to).
sujetar un cabo a una cornamusa | cleat (to).
sujetar y arriar amarras (en el muelle) | line runner.
sujetarse a condiciones | meet conditions (to).
sujetasacos | sackholder.
sujetatulipa | globe holder.
sujeto | man.
sujeto (asegurado) | fixed.
sujeto (de la frase) | nominative.
sujeto (minas) | moored.
sujeto a aduana | subject to duty.
sujeto a caución | liable to exception.
sujeto a comisión | liable to a fee.
sujeto a contribución | rateable | ratable.
sujeto a derecho | liable to duty.
sujeto a deterioro | perishable.
sujeto a extradición | extraditable.
sujeto a fianza | liable to give security.
sujeto a impuesto | taxable | liable for tax | liable to tax | liable to assessment | assessable.
sujeto a juicio | committed for trial.
sujeto a mano | hand-held | manually held.
sujeto a pena o castigo (delitos) | penal.
sujeto a revisión | revisable.
sujeto a variación | liable to alteration.
sujeto al derecho de prioridad | preemptible.
sujeto al impuesto | rateable.
sujeto al impuesto sobre la renta | subject to national tax.
sujeto al pago | liable for payment.
sujeto al pago de aduanas | dutiable.
sujeto al pago de impuestos | dutiable.
sujeto con hierro | ironbound.
sujeto con un tornillo | screw-engaged.
sujeto en el pie | toed.
sujeto en la posición de ajustado por tornillos de presión | held in adjusted position by set screws.
sujeto firmemente | firmly clamped.
sujeto magnéticamente a la mesa (máquina-herramienta) | magnetically secured to the table.
sujeto mecánicamente | mechanically-secured | mechanically held.
sujeto o materia de una acción | chose.
sujeto por dentro | internally fastened.
sujeto por el canto | edge-fastened.
sujeto por la presión | pressure hold.
sujeto por prisioneros | retained by stud bolts.
sujeto por vacío parcial contra un anillo de caucho | vacuum-held against a rubber ring.
sulfación del mineral de uranio | acid cure.
sulfamato amónico | ammate.
sulfamidas | sulphadrugs | sulfa drugs.
sulfanilamida | sulphanilamide.
sulfatación | sulphation | sulfatizing | sulfatization | sulfating.
sulfatación (acumuladores, etc.) | sulfation.
sulfatante | sulfating | sulfatizing.
sulfatar | sulfate (to).
sulfatiazol | sulphathiazole.
sulfatización | sulphation.

sulfato | sulphate | sulphate (G.B.) | sulfate (EE.UU.) | sulfate.
sulfato aluminicopotásico | cube alum | alum meal | common alum.
sulfato aluminicopotásico anhidro | burnt alum.
sulfato aluminocopotásico | potash alum.
sulfato bárico | pearl-white.
sulfato cálcico anhidro | dried gypsum.
sulfato cálcico hidratado obtenido mezclando cloruro cálcico con sulfato cálcico | pearl hardener.
sulfato cálcico hidrato obtenido mezclando cloruro cálcico con sulfato cálcico | crown filler.
sulfato cálcico molido | satin spar.
sulfato cobaltoso | cobalt vitriol.
sulfato de alúmina | aluminous cake | cake alum.
sulfato de aluminio | filter alum.
sulfato de bario | heavy white.
sulfato de bario precipitado (blanco fijo) | blanc fixe.
sulfato de cerio | ceric sulphate.
sulfato de cinc | white vitriol.
sulfato de cobalto | red vitriol.
sulfato de cobre | copper vitriol | copper sulphate.
sulfato de cobre hidratado | blue vitriol.
sulfato de cromo | wool mordant.
sulfato de hierro | ferric sulphate.
sulfato de hierro hidratado | copperas.
sulfato de hierro y cobre | copperasine.
sulfato de magnesio ($MgSO_4$) | magnesium sulphate.
sulfato de plomo | lead vitriol.
sulfato de potasa | sulphate of potash.
sulfato de uranilo | uranyl sulphate.
sulfato de zinc | white copperas | zinc sulphate.
sulfato doble de zinc y hierro | double sulfate of zinc and iron.
sulfato férrico | ferric sulfate.
sulfato ferroso | iron sulphate.
sulfato sódico obtenido de aguas minerales | crazy water crystals.
sulfhidrato de potasio | potassium sulphydrate.
sulfinización (cementación con azufre) | sulfinization.
sulfitación | sulfitation.
sulfitación del vino | wine sulfitation.
sulfitador | sulfitor.
sulfobacterias | sulfur bacteria.
sulfobenzaldehido sódico | sodium sulphobenzaldehyde.
sulfonador | sulfonator.
sulfonar | sulphonate (to).
sulfonato de alquilobenceno | alkyl-benzene-sulphonate (A.B.S.).
sulfonato de lignina | lignin sulfonate.
sulfosal | sulfosalt.
sulfotelururo de oro y plomo con algo de antimonio | black tellurim.
sulfoxilatoformaldehido de sodio | sodium sulphoxylatformaldehyde.
sulfoxilatoformaldehido de zinc | zinc sulphoxalatformaldehyde.
sulfuración | sulfidation | sulfiding | sulfuring.
sulfuración (termotratamiento de aceros) | sulfinization.
sulfuración catalítica | catalytic sulfurization.
sulfuración termodifusional (aceros) | thermodifussional sulfiding.
sulfurar | sulfurize (to) | sulfur (to) | sulfidize (to).
sulfurizar | sulfurize (to).
sulfurizar (EE.UU.) | sulphurize (to).
sulfurizar (G.B.) | sulphurise (to).
sulfuro | sulphide (G.B.) | sulfide.
sulfuro (G.B.) | sulphide.
sulfuro de antimonio | gray antimony.
sulfuro de antimonio comercial | crude antimony.
sulfuro de antimonio fundido | antimony glass.
sulfuro de bismuto | bismuth glance.
sulfuro de cadmio | aurora yellow | cadmium yellow | cadmium sulphide.
sulfuro de cadmio impurificado | cadmium sulphur dopped.
sulfuro de cinc enfriado en níquel | nickel-quenched zinc sulfide.
sulfuro de cinc que contiene sulfuro de plomo (mineralogía) | blackjack.
sulfuro de estroncio | strontium sulfide.
sulfuro de hidrógeno (minas) | stinkdamp.
sulfuro de manganeso | manganese sulphide.
sulfuro de molibdeno | molybdenum sulphide.
sulfuro de níquel | blue salts.
sulfuro de plata con 87% de plata | acanthite.
sulfuro de plata vítreo | argyrose.
sulfuro de plomo | alquifou.
sulfuro de vinilo | vinyl sulfide.
sulfuro masivo en que el sulfuro constituye el 20% del volúmen total | aggregate ore.
sulfuro masivo en que el sulfuro es el 20% del volumen total | aggregate sulfide.
sulfuro mercúrico | mercury sulfide.
sulfuro que se desprende de la ganga de la estibinita cuando se funde por licuación | antimony crudum.
sulfuro salino | compound sulfide.
sulfuroso (petróleo) | sour.
suma | summation | add | addition.
suma al frente | carried over.
suma anterior | amount brought forward | bringing forward.
suma anterior (contabilidad) | brought over.
suma asegurada | sum insured.
suma contable (topología) | countable sum.
suma de bits impares | odd bit count.
suma de capitales territoriales y de ejercicio | business assets.
suma de comprobación | check sum.
suma de control (informática) | check sum.
suma de cuadrados dentro de los grupos | within-groups sum of squares.
suma de ejercicios anteriores (contabilidad) | amount brought in.
suma de la vuelta | carried over.
suma de los calores sensibles de los diversos gases de la combustión (calderas) | dry gas loss.
suma de los capitales territoriales y de ejercicio | capital managed.
suma de los cuadrados | sum of squares.
suma de productos dentro de los grupos | within-groups sum of products.
suma de productos entre grupos (estadística) | among-means sum of products.
suma de que se trata | amount involved.
suma de Riemann | Riemann sum.
suma de una columna | footing.
suma definida | amount certain.
suma del tonelaje de registro bruto y la potencia indicada de las máquinas (EE.UU.) | power tonnage.
suma del total de las pruebas de rotura de los alambres antes de la manufactura del cable | actual aggregate breaking strength.
suma del valor de las acciones y dividendos no distribuidos | stockholder's equity.
suma depositada como garantía contra deudas | caution money.
suma determinada | named amount.
suma en teoría de los números | number-theoretic sum.
suma estimada | estimated amount.
suma extendida a todos los estados | sum over states.
suma fija | flat sum.
suma geométrica | geometrical sum | geometrical summation.
suma global | inclusive sum | lump sum | flat sum.
suma horizontal | cross-addition.
suma horizontal (máquinas calcular) | cross addition.
suma importante (de dinero) | long figure.
suma lógica | logical sum.
suma pagada con anticipación | prepaid sum.
suma parcial | subtotal.
suma presupuestada | appropriation.
suma que pasa a la vuelta (contabilidad) | amount carried over.
suma recíproca | reciprocal sum.
suma restante | remaining amount.
suma reticular | lattice sum.
suma total | grand total | lump sum | aggregate.
suma total de cuadrados | total sum of squares.
suma vectorial de fases | phase-vector sum.
suma vectorial de los espines de las partículas iniciales o de las partículas resultantes (reacción nuclear) | channel spin.
suma y asientos | footings and postings.
suma y sigue | c/o (carried over) | forwarding | carryover | carried forward | carry forward.
suma y sigue (contabilidad) | brought forward.
sumabilidad | summation | summability.
sumabilidad armónica | harmonic summability.
sumado al pie | footed.
sumado algebráicamente | algebraically added.
sumador | adder.
sumador paralelo | parallel adder.
sumadora | adder | adding machine.
sumadora con suma almacenada | stored addition adder.
sumadora de transporte rápido | fast-carry adder.
sumadora impresora | adding lister.
sumadora numérica | serial digital adder.
sumando | augend.
sumando (de una suma) | addend.
sumando de más | overfooting.
sumar | add (to).
sumar de nuevo | refoot (to).
sumar en paralelo | crossfoot.
sumar horizontalmente (contabilidad) | cross-foot (to).
sumar una cifra excesivamente grande | add over (to).
sumar vectorialmente | add vectorially (to).
sumar y poner la suma al pie | foot (to).
sumario | summary | epitome | syllabus | resumé | docket.
sumario (documentación) | content page.
sumario (gramática) | précis.
sumario del fallo (jurídico) | abstract of judgment.
sumario detallado | in-depth summary.
sumario emitido por el gran jurado (EE.UU.) | indictment by the grand jury.
sumario extractado | capsule summary.
sumarísimo (jurisprudencia) | expeditious.
sumarizar | summarize (to).
sumas atrasadas | arrears.
sumas devengadas | earnings.
sumas horizontales | cross-footing.
sumas por pagar y por cobrar | payables and receivables.
sumas sucesivas | repetitive addition.
sumbarino que puede permanecer sumergido durante mucho tiempo | long-submergence submarine.
sumente (descendente-corriente marina) | sinking.
sumergencia | drowning.
sumergencia a grandes profundidades | deep submergence.
sumerger en agua | douse (to).
sumergibilidad | sinkability | immersibility | submergibility | submergeability.
sumergible | immersible | submersible | sinkable.
sumergible (buques) | submersible.
sumergible atómico | atom sub.
sumergible de investigación (oceanografía) | research submersible.
sumergible de sección circular (exploración submarina) | diving saucer.
sumergible para uso en la plataforma continental (exploración del fondo submarino) |

continental shell submersible.
sumergido | flooded | sinked | subsurface | submerged.
sumergido (turbinas, bombas) | drowned.
sumergido a poca profundidad | shallow submerged.
sumergido en el espacio métrico (topología) | embedded in the metric space.
sumergido en parte | partially-submerged.
sumergidor | submerger.
sumergidor (mina explosiva submarina) | sinker.
sumergidor tipo escandallo (minas submarinas) | plummet sinker.
sumergir | submerge (to) | plunge (to) | sink (to) | flood (to) | drown (to) | dip (to) | immerge (to) | immerse (to).
sumergir en agua | dowse (to).
sumergirse | dive (to).
sumergirse rápidamente (ballenas, submarinos) | crash-dive (to).
sumergirse verticalmente en el mar (ballenas) | peak (to).
sumersión | drowning | immersion | submersion | submergence.
sumersión en el sitio de funcionamiento | submersion on location.
sumidad (botánica) | top.
sumidero | inlet | drain | mason's trap | pothole | doline | gully | sump | sink | sinkhole.
sumidero (alcantarillado) | catch basin.
sumidero (automóvil) | oil-pan.
sumidero (motores) | oil sump.
sumidero ciego | soakaway.
sumidero de calor | heat sink.
sumidero sólido de calor | solid heat sink.
sumido | sinked | sunken.
suministrabilidad | affordability.
suministrado por bomba | pump-supplied.
suministrado por el Gobierno | government-furnished.
suministrador | supplier | provider.
suministrar | replenish (to) | provide (to) | provide with (to) | supply (to) | fit out (to) | feed (to).
suministrar alumbrado de socorro | supply emergency lighting (to).
suministrar datos del blanco al calculador (director de tiro) | feed target data to the computer (to).
suministrar equipo o abastecimientos | furnish (to).
suministrar fondos para financiar | finance (to).
suministrar información | furnish with information (to).
suministrar más combustible a (motores) | advance the throttle (to).
suministro | supply | replenishment | delivery | furnishing.
suministro auxiliar | auxiliary supply.
suministro complementario | bulk supply.
suministro con contador | metered supply.
suministro de agua para incendios | fire supply.
suministro de combustible | fuel supply.
suministro de corriente (electricidad) | input.
suministro de energía | power supply.
suministro de potencia regulada | regulated power supply.
suministro diario por persona | days' supply per capita.
suministro ininterrumpido de energía | uninterrupted power supply.
suministro por gravedad | gravity supply.
suministros | supplies.
suministros de energía regulada por variación de voltaje | multivoltage regulated power supplies.
suministros disponibles | visible supply.
suministros generales | general supplies.
suministros que han de enviarse | due out.
suministros que han de recibirse | due-in.
sumir | sink (to).
sumirse | plunge (to).
sumisión de trabajos a distancia (ordenadores) | remote job entry.
sumo | extreme.
sumo interés | utmost interest.
sunganhemba (Pteleopsis myrtifolia) | m'hovu.
sunt (electricidad) | shunt.
suntado (electricidad) | shunted.
supensión a la cardan | cardanic suspensión.
supensor de la tubería de entubado | casing suspender.
superabundancia | overabundancy.
superabundancia de la oferta | oversupply.
superacabamiento de superficies planas | flat surface superfinishing.
superación de la capacidad de campo | field overflow.
superacoplado | overcoupled.
superactínido | superactinide.
superactinio | superactinium.
superaditividad (fotografía) | superadditivity.
superaleación | superalloy.
superantigüedad | superseniority.
superantomatizado | superautomated.
superanunciar | overadvertize (to).
superar | get over (to) | lick (to) | exceed (to).
superar en peso | outweigh (to).
superar en valor | outweigh (to).
superar un crédito | exceed an appropriation (to).
superar una cuota | exceed a quota (to).
superar una diferencia | fill a gap (to).
superatmosférico | superatmospheric.
superaudible | superaudible.
superautomatización | superautomation.
superávit | excess | surplusage | surplus.
superávit acumulado | accumulated surplus.
superavit con destino a reservas | surplus reserves.
superávit de capital | capital surplus.
superavit de explotación | operating surplus.
superávit de exportación | export surplus.
superavit de la balanza comercial | trade surplus.
superávit de la balanza de pagos por cuenta corriente | surplus on current account.
superávit de operación | profit and loss surplus.
superavit de operación (economía) | current surplus.
superavit del productor | producers surplus.
superávit después de estimar imprevistos (seguros) | divisible surplus.
superávit disponible | free surplus | unappropiated surplus.
superávit ganado | surplus earned | earned surplus.
superávit invertido en el negocio | surplus income retained in business.
superavit no asignado | unappropriated surplus.
superavit pagado | paid-in surplus.
superávit pagado (por venta de acciones a prima) | paid-in-surplus.
superavit para fondos de reservas | proprietary reserves.
superávit para uso especial | appropriated surplus.
superávit por donación | donated surplus.
superavit por revalorización | revaluation surplus.
superávit por revaluaciones | revaluation surplus.
superávit repartible | divisible surplus.
superavit sin aplicar | unappropiated surplus.
superbarcaza | super barge.
superbrillante | superbrilliant.
supercalidad | superquality.
supercarburante | premium gasoline.
supercatalizador | supercatalyst.
supercavitación | supercavitation.
supercomisión (comercio) | overriding commission.
supercompacto | supercompact.
supercomprimido | superpressed.
superconducente | superconducting.
superconductor | superconductor.
superconductor con efecto túnel (mecánica cuantística) | tunneling superconductor.
superconductor de gran campo magnético | high-field superconductor.
superconductor de primera clase | soft superconductor.
superconductor impuro | dirty superconductor.
supercongelación | sharp-freezing.
superconmutación | crosspatching.
supercontratación | overbooking.
supercrecimiento (cristalografía) | overgrowth.
supercrítico (nuclear) | supercritical.
superdilatación (fibras textiles) | overswelling.
superdirectividad | superdirectivity.
superdislocación (metalurgia) | superdislocation.
superdureza | high hardness.
superelevación (artillería) | superelevation.
supererogación | supererogation.
superestructura | superstructure.
superestructura aerodinámica | streamlined superstructure.
superestructura aislada | detached superstructure.
superestructura de aleación de aluminio | aluminum alloy superstructure.
superestructura de escantillones ligeros (buques) | light-scantling superstructure.
superestructura de frente redondeado (buques) | rounded forward superstructure.
superestructura del puente | bridge superstructure.
superestructura en el costado de estribor flanqueando la cubierta de vuelos y que contiene el puente de señales (portaaviones) | island.
superestructura plástico de reforzado con vitrofibra | G.R.P. superstructure.
superestructuras | upper works.
superestructuras (buques) | deck erections.
superestructuras de buques | ships' superstructures.
superestructuras de escantillones ligeros (buques) | lightly constructed deckhouses.
superestructuras desconectadas (que no contribuyen a la resistencia-buques) | disconnected deck erections.
superestructuras remachadas de aluminio | riveted aluminum superstructures.
superestructuras y palos y jarcia (buques) | top-hamper.
superfice de regresión | regression surface.
superficiactivo (química) | film-forming.
superficial | surficial | superficial | amateurish | shallow | inch-deep.
superficiales o internas (defecto plástico transparente) | cord.
superficie | surface | outside | acreage | face | area.
superficie (compuertas) | draught.
superficie (de un edificio) | ground-space.
superficie (de una concesión) | acreage.
superficie abradida | abraded surface.
superficie activa | effective surface | active surface.
superficie adiamantada (superficie revestida de una emulsión de aceite con polvo de diamante - rectificado) | diamond-charged surface.
superficie adiamantada por proceso electrolítico | diamond electroplated surface.
superficie adicional | extra area.
superficie aerodinámica | airfoil.
superficie aerodinámica equilibrada | aerodynamic balanced surface.
superficie aerodinámica móvil situada sobre el borde de ataque (alas) | eyebrow.
superficie aerodinámicamente lisa | aerodynamically smooth surface.

superficie aerodinámicamente reforzada | aerodynamically boosted surface.
superficie aeroequilibrada | aerobalanced surface.
superficie alabeada | skew surface.
superficie alabeada (geometría) | warped surface.
superficie alabeada (matemáticas) | twisted surface.
superficie alar (aviones) | flying-surface.
superficie alar teórica | design wing area.
superficie algebraica | algebraic surface.
superficie algebraica modular | modular algebraic surface.
superficie amolada lisa | ground smooth surface.
superficie ampollosa | bubbly surface.
superficie analítica compacta | compact analytic surface.
superficie antideslizante | nonskid surface.
superficie antipatinante (carreteras) | antiskid surface.
superficie antirreflectora | antireflection surface.
superficie antirresbaladiza de poco desgaste | nonslip hard-wearing surface.
superficie anular plana | planar annular surface.
superficie apolar que absorbe compuestos apolares | a-polar.
superficie arrugada del vidrio | chill marr.
superficie asférica negativa | negative aspheric surface.
superficie asferizada | aspherized surface.
superficie áspera | rough surface.
superficie atacada por ácido | etched surface.
superficie aterciopelada | flock surface.
superficie aumentada (con aletas, etcétera) | extended surface.
superficie axial | center surface.
superficie barrida por gases | gas-swept surface.
superficie bituminosa | blacktop.
superficie blanca de difusión perfecta | perfectly diffusing white surface.
superficie caldeada por gases de escape (caldera caldeada por gases de escape) | exhaust-gas heating surface.
superficie calefactora | heating surface.
superficie calefactora externa | external heating surface.
superficie calefactora tubular | tubular-heating surface.
superficie capturadora de electrones | electron-collecting surface.
superficie cardante | carding surface.
superficie carenada en un ángulo interno (aviones) | fillet.
superficie cargada con polvo de diamante incrustado | diamond-charged surface.
superficie catalíticamente activa | catalytically active surface.
superficie cáustica | focal surface.
superficie cepillada | planed-off surface.
superficie cilíndrica paraboloidal | paraboloidal cylinder surface.
superficie colectora de electrones | electron collecting surface.
superficie compensadora del timón de altura | elevator balance.
superficie compensadora del timón de dirección (aviones) | rudder balance.
superficie comprendida entre las flotaciones en lastre y en carga (costados del buque) | boot-topping.
superficie con arañazos superficiales (maquinado) | marred surface.
superficie con exudaciones o protuberancias por segregación inversa (lingotes) | liquated surface.
superficie con lija (para sacar punta a lápices, etc.) | rubbing surface.
superficie con picaduras | chipped surface.
superficie con riego asfáltico | bitumen-sprayed surface.
superficie con rugosidad submicroscópica | submicro-rough surface.
superficie cóncava o convexa libremente solidificada (galápagos de cobre) | set.
superficie conexa de infinitas hojas | connected surface of infinitely many sheets.
superficie cónica engendrada por la rotación de las palas del rotor (helicópteros) | coning.
superficie convoluta de los dientes de un engranaje helicoidal | convolute surface of a helical gear teeth.
superficie correctamente preparada | correctly prepared surface.
superficie cubierta (edificios) | roofed area.
superficie cubierta (fábricas) | floor space.
superficie cubierta de cavidades | scalloped surface.
superficie cubierta por kilo de pintura | spreading rate.
superficie curva entre los aristones adyacentes (superficie de una bóveda) | sectroid.
superficie curvada en un sistema cuaternario | cotectic surface.
superficie curvilínea microrugosa | microrough curvilinear surface.
superficie chapada | cladded surface.
superficie chorreada con perdigones | peened surface.
superficie de aceleración | acceleration area.
superficie de alerones | aileron surface.
superficie de aluminio electropulida | electropolished aluminum surface.
superficie de apoyo | seat | facing.
superficie de apoyo (cojinetes) | area of bearing.
superficie de apoyo lisa | plain bearing surface.
superficie de asiento | bedding surface.
superficie de asiento cónico | conical seating surface.
superficie de ataque con diamantes incrustados | diamond-studded attack surface.
superficie de balanceo | balancing way.
superficie de caldeo | heating surface.
superficie de caldeo (calderas) | fire surface | flue surface.
superficie de caldeo de la caja de fuegos | firebox heating surface.
superficie de caldeo de producción | generating heating surface.
superficie de caldeo directo | direct heating surface.
superficie de caldeo indirecta | indirect heating surface.
superficie de caldeo por conducción | conduction heating surface.
superficie de caldeo por contacto | contact heating surface.
superficie de caldeo por convección | indirect heating surface.
superficie de caldeo por radiación | radiation heating surface.
superficie de caldeo real | effective heating surface.
superficie de captación | absorption cross-section.
superficie de carga | shipping space.
superficie de compensación | balancing surface.
superficie de contacto | abutting surface | contact surface | contact area | bearing surface | faying flange surface | seat | interface | juncture plane.
superficie de contacto de la cubierta con el suelo (ruedas de auto) | tyre-to-ground contact point.
superficie de contacto del freno | brake-surface.
superficie de contacto del neumático con la calzada | tire-imprint area.
superficie de contacto del neumático con la pista de aterrizaje (tren de aterrizaje) | tire footprint.
superficie de control averiada | failed control surface.
superficie de coordenadas | coordinate surface.
superficie de corrección | adjusting surface.
superficie de corrimiento (geología) | slide.
superficie de corta (bosques) | clear cut area.
superficie de corte con cuchillas múltiples | multi-edged cutting surface.
superficie de curvatura sencilla | single curvature surface.
superficie de descarga (muelles) | apron.
superficie de deslizamiento (fallas) | slips.
superficie de deslizamiento (geología) | slickensides.
superficie de discontinuidad | discontinuity surface.
superficie de dispersión | scattering surface.
superficie de doble curvatura | double-curved surface | doubly-curved surface.
superficie de emisión | emitting area.
superficie de empalme | fay surface.
superficie de encoramento | faying flange surface.
superficie de enfriamiento (radiadores) | air surface.
superficie de entrada del serpentín de enfriamiento | face area of the coil.
superficie de evaporación | evaporating surface.
superficie de falucheras | freeing port area.
superficie de Fermi en los metales | Fermi surface in metals.
superficie de forma | profiled surface.
superficie de fractura lustrosa | lustrous fracture surface.
superficie de frenado | braking surface.
superficie de freno | spoiler.
superficie de frotamiento | rubbing surface.
superficie de grabación magnética | magnetic recording surface.
superficie de huelgos (turbinas) | clearance area.
superficie de impresión | image area | printery surface.
superficie de impresión (tipografía) | printing area.
superficie de la aleta | fin area.
superficie de la cavidad del molde | mold-cavity surface.
superficie de la copa (árboles) | crown-surface area.
superficie de la página que está impresa (sin los márgenes) | type page.
superficie de la pieza | workpiece surface.
superficie de la plaza (hornos) | hearth area.
superficie de la sección | sectional area.
superficie de láminas de madera | wood-slat surface.
superficie de las pantallas de tubos de agua (calderas acuotubulares de tubos verticales) | waterwall area.
superficie de mando | control surface.
superficie de mando (aeroplano) | controlling surface.
superficie de mando (aviones) | surface.
superficie de mando en el borde salida (alas) | trailing control-surface.
superficie de mando equilibrada aerodinámicamente | aerodynamically balanced control surface.
superficie de mando equilibrada con relación a su eje de giro | static balanced surface.
superficie de mando irreversible (aviones) | irreversible surface.
superficie de mando principal | primary control surface.
superficie de mando que combina las funciones de timón de dirección y timón de altura (aviones) | ruddevator.
superficie de nivel | niveau surface | level surface | level surface.
superficie de parrilla | grate area | area of fire bars.
superficie de protección (concesionario) | protection agreage.
superficie de radiación | radiating surface.
superficie de referencia | datum surface | datum face.

superficie de reflexión selectiva en el infrarrojo | selectively infrared-reflecting surface.
superficie de remanso apantalladora | shielding stagnation surface.
superficie de revolución conicoide | conicoid surface of revolution.
superficie de revolución conicoide positiva | positive conicoid surface of revolution.
superficie de roce de la zapata del freno | brake shoe lining area.
superficie de rodadura | running surface.
superficie de rodadura (carril) | table.
superficie de rodadura (poleas) | runway.
superficie de rodadura cilíndrica | cylindrical tread.
superficie de rodadura cilíndrica (ruedas) | straight tread.
superficie de rodadura con cojinetes de bolas | antifriction rolling surface.
superficie de rodadura cónica | conical tread.
superficie de rodadura del neumático | tire tread.
superficie de rodaje | riding surface.
superficie de rodaje (carreteras) | riding surface.
superficie de rodamiento | raceway.
superficie de rozamiento | rubbing surface | bearing surface.
superficie de separación | edge plane | interface | interfacial surface | division surface.
superficie de simetría de revolución | rotationally symmetrical surface.
superficie de simple curvatura | single-curved surface.
superficie de sujeción | locking surface.
superficie de sustentación (aviones) | flying-surface.
superficie de sustentación en celosía | lattice aerofoil.
superficie de termotransferencia polizonal | polyzonal heat transfer surface.
superficie de textura en chagren | shagreen-textured surface.
superficie de trabajo | running surface.
superficie de trabajo (cilindros, poleas, etc.) | face.
superficie de trabajo (cojinetes) | riding surface.
superficie de trabajo del chapón de carda | flat working surface.
superficie de trabajo plana | flat working surface.
superficie de transición | transition.
superficie de transmisión de calor en contacto con el aire (serpentín de enfriamiento) | surface-area of the coil.
superficie de una pantalla | screen surface.
superficie de una sola curvatura | singly curved surface.
superficie de vaporización | evaporating surface.
superficie defectuosa (estañado) | scruffy surface.
superficie deformada | strained surface.
superficie del agua | water surface.
superficie del agua subterránea | ground water surface.
superficie del ala (vigas laminadas) | flange area.
superficie del álabe (turbinas) | blade surface.
superficie del alerón | aileron area.
superficie del ánima (tubos, cilindros) | bore surface.
superficie del avión en contacto con el aire ambiente | aircraft wetted surface.
superficie del blanco | target area.
superficie del canal de humos | flue area.
superficie del fondo del hueco del diente | tooth bottom land.
superficie del hormigón de estructura fibrosa | textured concrete surface.
superficie del piso | floor space.
superficie del plano de deriva (aviones) | fin area.
superficie del suelo del mar | sea bottom surface.
superficie del timón de altura | elevator surface.
superficie del timón de profundidad | elevator surface.
superficie dentada | dentate surface.
superficie dentro de un solar de terreno | plottage.
superficie desarrollable | singly curved surface | single curvature surface.
superficie desarrollada | developed area.
superficie desarrollada (matemáticas) | torse.
superficie desarrollada de la cara de la pala de una hélice | propeller-blade area.
superficie desengrasada | grease-free surface.
superficie desnuda expuesta (devanados eléctricos) | exposed bare surface.
superficie difícil de estañar | hard-to-tin surface.
superficie difundente | scattering surface.
superficie discontinua | discrete surface.
superficie efectiva | effective surface.
superficie efectiva de antena | absorption cross-section.
superficie emisora de un cuerpo | emitting area.
superficie en áreas | areage.
superficie en contacto con el agua (ribereño) | waterside.
superficie en la parte superior para controlar el flujo de aire a lo largo del ala | wing fence.
superficie en la que el contaje es igual en todas partes | isocount surface.
superficie en la que la dosis recibida es igual en todas partes | isodose surface.
superficie en piel de naranja | orange-peel surface.
superficie en pies^2 | footage.
superficie en sombra (de un sólido) | shade surface.
superficie en yardas^2 | yardage.
superficie endurecida por descargas eléctricas | spark-hardened surface.
superficie entre dos surcos (disco gramófono) | land.
superficie entre las canales de un triglifo (arquitectura) | meros.
superficie equipotencial (física) | level surface.
superficie erosiorresistente | erosion-resistant surface.
superficie escarificada | scarified surface.
superficie esférica de energía deformada | warped spherical energy surface.
superficie esferocóncava | spherical-concave surface.
superficie específica | specific surface.
superficie específica de 10 m^2/grano | specific surface area of 10 m^2/g.
superficie específica de 1.000 cm^2/gramo (microgránulos) | specific surface of 1000 cm^2/g.
superficie especular | mirror-like surface.
superficie esponjosa en porcelana esmaltada | boiling.
superficie euedral | euhedral surface.
superficie expuesta al viento (buques) | windage area.
superficie expuesta en cm^2/gramo de muestra exenta de humedad (papel) | specific surface.
superficie exterior de caldeo | external heating surface.
superficie exterior de la chapa desarrollada (troncos, árboles) | tight side.
superficie fácil de mantener estéril | easy-to-keep-sterile surface.
superficie final de solidificación (diagramas de equilibrio metalúrgicos) | solidus.
superficie formada por la adsorción de grafito coloidal a una base metálica | graphoid surface.
superficie fotosensible (disector de ondas) | photoisland grid.
superficie fratasada | floated surface.
superficie frenante | braking surface.
superficie fresada | milled surface.
superficie fría | cold area.
superficie frontal | frontal surface | end surface.
superficie gomosa pegajosa | gummy sticky surface.
superficie granallada | peened surface.
superficie granuda (papel) | toothy surface.
superficie grasienta | oily surface.
superficie helicoidal curva | arcuate helicoidal surface.
superficie hidráulicamente suave (no áspera) | hydraulically smooth surface.
superficie hidrodinámica | hydrofoil | hydrovane.
superficie hidrodinámica con cavitación total | fully cavitated hydrofoil.
superficie hidrófila | hydrophylic surface.
superficie homotática | homotatic surface.
superficie horizontal interior de un alero saliente (edificios) | eaves soffit.
superficie iluminada | light surface.
superficie impregnada con el metal | metal-permeated surface.
superficie imprimada | primed area.
superficie inactiva de parrilla | dead grate area.
superficie inclinada | backfall.
superficie incompletamente pulimentada (lentes) | grey surface.
superficie indentada | indented surface.
superficie inferior (de un manto) | base surface.
superficie interfacial | interfacial surface.
superficie interfacial de la soldadura | weld interface surface.
superficie interior | inner surface | bore.
superficie interior (curva de madera) | belly.
superficie interior de caldeo | internal heating surface.
superficie interior de la chapa | loose face.
superficie interior de un agujero ciego | blind hole bore.
superficie interior del circuito de agua (calderas) | waterside.
superficie interrumpida | interrupted surface.
superficie irregular (chapas) | gathering.
superficie irregular (extrusión) | chatter.
superficie irregular (plásticos) | chicken-skin | pebble | dog-skin.
superficie irregular de un estrato permanentemente congelado | permafrost table.
superficie isobara | pressure surface.
superficie isobárica | isobaric surface | equipressure surface.
superficie isobárica normal | standard isobaric surface.
superficie isocromática | isochromatic surface.
superficie isotérmica | liquidus surface.
superficie lapidada | lapped surface.
superficie lateral del pistón | piston side.
superficie lateral del pistón (motores sin cruceta) | piston skirt.
superficie lateral del tronco de cono | lateral surface of frustrum of cone.
superficie libre (voladura en canteras) | free face.
superficie libre de un líquido | free surface of a liquid.
superficie licuada (lingotes) | liquated surface.
superficie ligeramente fisurada | crosshatch.
superficie límite | boundary surface.
superficie limpiada con chorro de aire comprimido | air-swept surface.
superficie lisa | smooth surface | ripple-free surface | even surface.
superficie lisa (pintura) | flowout.
superficie lisa dura exenta de marcas de la brocha (pinturas) | smooth hard brushmark-free surface.
superficie lisa y transparente (hielo) | glare.
superficie manchada con óxido | oxide-soiled surface.
superficie marciana | Martian surface.
superficie martillada (soldadura) | peened surface.
superficie mate | mat.

superficie mate (pintura) | flat surface.
superficie máxima de impresión | maximum printing area.
superficie mecanopulida | mechanically-polished surface.
superficie metálica perfectamente pulida | perfectly polished metallic surface.
superficie metálica pulimentada | glassed-metal surface.
superficie mojada del aeroplano | wetted surface of the aeroplane.
superficie molecularmente plana | molecularly flat surface.
superficie muy plana | extremely planar surface.
superficie necesaria | required surface.
superficie necesaria de piso | floor space required.
superficie no corroída | pit-free surface.
superficie no pegajosa | nontacky surface.
superficie no plana | uneven surface.
superficie nodal (onda tridimensional) | nodal surface.
superficie ondulada | running surface | corrugated surface.
superficie ondulada (maderas) | washboarding.
superficie ondulada de la madera (por diferencia de contracción durante el secado de las capas de madera de verano en invierno) | ribbing.
superficie opaca | matting.
superficie opaca mate | lusterless opaque surface.
superficie óptica cóncava asférica | aspheric concave optical surface.
superficie óptica de forma de silla de montar | saddle-shaped optical surface.
superficie óptica de revolución | optical surface of revolution.
superficie ópticamente plana | flat.
superficie orientable bien conformada | well-behaved orientable surface.
superficie parcialmente esférica | part-spherical surface.
superficie pasivada (metalurgia) | passivated surface.
superficie patrón | gage surface.
superficie peliculada | filmed surface.
superficie periférica (electrodo de roldana) | tread.
superficie periférica externa | external peripheral surface.
superficie periférica toroidal | toroidal peripheral surface.
superficie piezométrica | pressure surface.
superficie pintada con laca celulósica | cellulose lacquered surface.
superficie piramidal | pyramidal surface.
superficie plana | true surface | flat surface | plane | plain surface.
superficie plana lisa alrededor de la parte alta de un taladro | spotface.
superficie plana planeando | flat planing surface.
superficie plantada de algodón | cotton acreage.
superficie polar (generadores eléctricos) | pole-face.
superficie portadora | carrying surface.
superficie portante | carrying area | lifting surface | bearing surface.
superficie portante (aviones) | gross wing area.
superficie portante del cojinete | bearing land.
superficie positiva (diagrama máquinas vapor) | excess area.
superficie premaquinada | premachined surface.
superficie primitiva | gross area.
superficie primitiva (engranajes) | pitch surface.
superficie primitiva de rodadura (engranajes) | pitch-surface.
superficie propulsora | propelling surface.
superficie protegida de la irradiación nuclear | shadow.
superficie proyectada hacia adelante | frontally-projected area.
superficie pulida con esmeril | emery-polished surface.
superficie pulida sin defectos | smooth damage-free surface.
superficie pulimentada | mirrored surface | lapped surface.
superficie pulimentada sin relieve | relief-free polished surface.
superficie que reproduce el tejido de un fieltro (papel) | grainy surface.
superficie que se puede cubrir con una libra de plástico y un espesor de 0,001 pulgada | area factor.
superficie químicamente limpia | chemically clean surface.
superficie radiadora de sonido (acústica) | belly.
superficie rasposa | rougher-than-rough surface.
superficie rayada horizontalmente (dibujo) | horizontally-shaded area.
superficie receptiva | receptive surface.
superficie receptiva a la tinta | ink-receptive surface.
superficie recién decapada | freshly pickled surface.
superficie recién limada | freshly-filed surface.
superficie reductora | reducing surface.
superficie reflectora | glancing surface | reflective surface.
superficie refrigerante del tubo | pipe cooling surface.
superficie reglada | ruled surface.
superficie reglada de simple curvatura | single-curved ruled surface.
superficie reglada doble | double-ruled surface.
superficie repelente a la tinta | ink-repellent surface.
superficie revestida con una capa protectora | resist coated surface.
superficie revestida electrolíticamente con microdiamantes | diamond electroplated surface.
superficie roscada | filleted surface.
superficie roscada interior | inner filleted surface.
superficie roscada por el exterior | outer filleted surface.
superficie rugosa | orange peel | rough surface | rugous surface | rugose surface.
superficie rugosa (embutición) | chatter marks.
superficie rugosa (plásticos) | orange-peel.
superficie selenita | lunar surface.
superficie separadora en programador para cromatografía de gases | manifold temperature zone.
superficie sin arrugas (geometría) | smooth surface.
superficie sin defectos | damage-free surface | flawless surface.
superficie sin manchas de grasa | grease-free surface.
superficie sin salientes | smooth surface.
superficie sobre la que va otra pieza | faying surface.
superficie sujeta a desgaste | wearing surface.
superficie superior (nubes) | top.
superficie superior de la nube | cloud deck.
superficie sustentadora | lifting surface | load-carrying area.
superficie sustentadora (aerodinámica) | aerofoil.
superficie sustentadora (aviones) | wing area.
superficie sustentadora con flap | flapped aerofoil.
superficie sustentadora en grupo | lattice aerofoil.
superficie sustentadora giratoria (autogiro, helicóptero) | rotary wing.
superficie sustentadora soplada | blown airfoil.
superficie sustentadora subsónica | subsonic lifting surface.
superficie sustentante | supporting surface.
superficie terminada a llana | floated surface.
superficie termorradiante | heat-radiating surface.
superficie terrestre (mar, ríos, tierra firme) | surface.
superficie texturada | textured surface.
superficie tórica asférica | aspherical toric surface.
superficie toroidal convexa | convex toroidal surface.
superficie total de las caras de las palas de una hélice | propeller area.
superficie total interior (de un angular) | bosom.
superficie total proyectada de todas las palas (hélices) | projected propeller area.
superficie transpiradora | transpiring surface.
superficie tratada con compuestos intermetálicos (boruros o beriliuros) | metallided surface.
superficie tribopulimentada | lapped surface.
superficie vélica (buques de vela) | sail area.
superficie verdadera | actual surface.
superficie vertical del casco sobre la que ejerce presión el viento (buques) | sail area.
superficie vidriada (pintura) | crystallized surface.
superficies calientes (calderas de cenizas fusibles) | wet surfaces.
superficies de apoyo de los soportes de la cuna (cañón) | slide lug-bearing surfaces.
superficies de carburo de tungsteno resistentes al desgaste | wear-resistant tungsten carbide surfaces.
superficies de contacto de la junta | joint faying surfaces.
superficies de contacto entre cristales adyacentes (metalografía) | crystal boundaries.
superficies de control | controls.
superficies de desgaste en contacto | mating wear surfaces.
superficies de deslizamiento rectificadas | ground sliding surfaces.
superficies de fractura en diamantes | fracture surfaces in diamond.
superficies de revolución alargadas | elongated surfaces of revolution.
superficies de revolución asféricas | aspheric surfaces of revolution.
superficies de vidrio curvilíneas frangibles | frangible curvilinear glass surfaces.
superficies del microdiamante | microdiamond surfaces.
superficies en contacto | contacting surfaces.
superficies equiindiciales | equiindical surfaces.
superficies esféricas rotacionalmente simétricas | rotationally symmetrical spherical surfaces.
superficies isoquímicas | isochemical surfaces.
superficies lisas lisamente equivalentes | smoothly equivalent smooth surfaces.
superficies periféricas relacionadas angularmente | angularly-related peripheral grinding surfaces.
superficies relacionadas ópticamente | optically related surfaces.
superficioscopio (para el pulido superficial) | surfascope.
superfino | superfine.
superfluidad | superfluousness.
superfluidez | superfluidity.
superfluo | excrescent.
superfosfato amoniacal | ammoniated superphosphate.
superfosfato de cal | acid calcium phosphate.
supergén (genética) | supergene.
supergigante (estrella) | surgiant.
supergrupo | super-group.
supergrupo básico | basic supergroup.
superhembra | superfemale.
superheterodino | superheterodyne | super.
superientendente | super.
superintendencia | superintendence.
superintendente | superintendent | supervisor |

comptroller.
superintendente auxiliar | assistant superintendent.
superintendente con un certificado de competencia (minas de carbón) | certified manager.
superintendente de una mina de carbón | colliery bailiff.
superior | top | senior.
superior (cursos de estudio) | major.
superior (estudios) | advanced.
superior del fuselaje (aviones) | roof.
superioridad cualitativa | qualitative superiority.
superioridad de fuegos | fire superiority.
superioridad técnica | technic superiority.
superligero (estructuras) | featherweight.
supermacho | supermale.
supermarcha (automóviles) | overdrive.
supermasivo | supermassive.
supermercado | supermarket.
supermercados | supermarkets.
supermultiplete | supermultiplet.
supernormalidad | supernormality.
supernova (astrología) | supernova.
supero (botánica) | superior.
superoxidar | overoxidize (to).
superparamagnetismo | superparamagnetism.
superpetrolero | ultra large crude carrier.
superpetrolero monohélice | single-screw supertanker.
superplasticidad | superplasticity.
superplástico | superplastic.
superpoblado | overpopulated.
superponer | superimpose (to) | overlap (to).
superponibilidad | superposability.
superponible | superposable | stackable.
superposición | overlapping | lap | topping.
superposición (geología) | overplacement.
superposición aparente | apparent superposition.
superposición de colores | color superimposition.
superposición de colores (TV) | color registration.
superposición de imágenes (televisión) | montage.
superposición de imágenes (TV) | superimposing.
superposición de impulsos | pulse superposition.
superposición de resonancias | resonance overlap.
superposición de un campo magnético al campo magnético de la señal (registro magnético) | magnetic biasing.
superposición de una pieza de madera sobre otra | facing.
superposición de varias pletinas (al laminar) | matching.
superposición discordante (pliegues) | overstep.
superposición entre señales | overlap.
superposición hacia adelante (fotogrametría aérea) | forward overlap.
superposición lateral | side overlap.
superposición lateral (aerofotografía) | sidelap.
superposición longitudinal (aerofotografía) | forward lap.
superposición parcial (aerofotografía) | overlap.
superposición transgresiva | onlap.
superpotencia | superpower.
superprecisión | superprecision.
superpreferencia | first priority | top priority.
superproducción | overproduction.
superproducción en agricultura | overcapacity in agriculture.
superpuerto | superport.
superpuesto | superimposed.
superpuesto transparente (sobre un plano) | overlay.
superpulido | superfinish | superfinishing | fine polishing.
superpulidora | superfinisher.
superpulimento | superfine polishing.
superrápido | superquick.
superreacción | superreaction.
superreacción (radio) | superregeneration.
superrefracción troposférica | tropospheric superrefraction.
superrefractario | superrefractory.
superregeneración (zoología) | superregeneration.
superretículo | superlattice.
supersensible | supersensitive.
supersincrotrón de protones | supersynchrotron of protons.
supersónica | supersonics | ultrasonics.
supersónico | ultrasonic | supersonic.
supervaloración en la prueba de la pérdida | overvaluation in proof of loss.
supervisar | monitor (to).
supervisión | monitoring.
supervisión a pie de obra | on-the-job supervision.
supervisión de la construcción | overseeing construction.
supervisión del cordaje del paracaídas | parachute loft supervision.
supervisión del terreno | area monitoring.
supervisor | comptroller | overseer | labor foreman.
supervisor (sondeos petroleros) | toolpusher.
supervisor de comidas de colegios | school lunch supervisor.
supervisor de directorio de programas | contents supervisor | content supervisor.
supervisor de soldeo | welding supervisor.
supervisor de ventas | sales supervisor.
supervisor del equipo escénico (estudios cine y televisión) | facilities director.
supervisor monetario | comptroller of the currency.
supervisoría | supervisorship.
supervisorial | supervisorial.
supervivencia | survival | survivability | survivorship.
supervivencia del grupo | group survival.
supervivencia en caso de ser sorprendido por la ventisca | blizzard survival.
supervivencia media | survival average.
superviviente | survivor.
superviviente con su cuerpo radiactivo | radioactive survivor.
supervoltaje | very high tension.
suplahollín retráctil (calderas) | retractable sootblower.
suplantar | override (to).
suplantar la personalidad de una persona | go by a person's name (to).
suplementado con calzos | shimmed.
suplemental | supplementary.
suplementar con una chapa delgada | shim (to).
suplementaria | by-profit.
suplementario | supplemental | supplementary | additional | extra.
suplemento | extra | shim.
suplemento (cojinetes) | chipping piece.
suplemento (del forro del buque) | packing iron.
suplemento aditivo (medición con cinta métrica) | setup.
suplemento de ajuste | shim.
suplemento de billete (ferrocarril) | extra fare.
suplemento de crédito | supplemental appropriation.
suplemento de gasto | extra expense.
suplemento de seguridad de calderas contra el balance (buques) | ramming chock.
suplemento en cuña | tapered packing.
suplemento en forma de cuña | packing strip.
suplemento en forma de cuña (forro del buque) | packing piece.
suplemento espatillado (buques) | tapered packing | tapered liner.
suplemento para defensa de los bordes de las chapas del forro (buques) | featheredge chaffing piece.
suplemento por demoras | delay allowance.
suplemento por fatiga (estudio de tiempos de maquinado) | fatigue allowance.
suplemento por imprevistos | contingency allowance.
suplemento por renglón | additional per line.
suplemento por rugosidad | roughness allowance.
suplemento separador | spacing shim.
suplemento sustantivo | setback.
suplementos alimenticios | food supplements.
suplementos de seguridad de calderas (buques) | collision chocks.
suplencia | deputability | deputizability.
suplente | acting | alternate | substitute | assistant.
suplente (adjetivo) | deputy.
suplente (deportes) | emergency man.
supletorio | supplementary | supplemental.
supletorio con toma directa de la red (telefonía) | unrestricted extensión.
suplicar | request (to).
suplicatoria | letter rogatory.
supliendo al presidente | deputizing for the president.
suplir | make out (to) | make good (to).
suplir la falta de | make up (to).
suponer | guess (to).
supongamos (lenguaje matemático) | let.
suposición de comportamiento | behavioral assumption.
supraconductividad (desaparición total de la resistencia eléctrica a temperaturas hipercriogénicas en aleaciones de niobio con estaño o de zirconio) | superconductivity.
supraconductor | superconductor.
supraíndice | superscript.
supranacional | supranational.
supraseguro | over-insurance.
supratermal | suprathermal.
supravaloración | supravaloration.
Suprema Corte de la Judicatura (G.B.) | Supreme Court of Judicature.
supremacía aérea | aerial supremacy | air supremacy.
supremacía científica | scientifical supremacy.
supremacía marítima | maritime supremacy.
supresión | suppression | deletion | eliminating | elimination | cancellation | chopping | cutting off | abolition | black-out | blanking | backing-off.
supresión (de una palabra) | dropping.
supresión de bandas laterales | side band cutting.
supresión de brotes y yemas (árboles) | bud pruning.
supresión de ceros no significativos | zero supression.
supresión de control | decontrol.
supresión de defectos en un aparato debido a su novedad | debugging.
supresión de defectos superficiales por corte oxiacetilénico a mano (lingotes, tochos) | deseaming.
supresión de denominadores (ecuaciones) | clearing of fractions.
supresión de factores comunes (ecuaciones) | cancelation.
supresión de haz | beam blanking.
supresión de hilo de rosca al principio de ésta (tornillos) | blunt start.
supresión de humos | smoke abatement | smoke elimination.
supresión de incendios | fire suppression.
supresión de la banda lateral | sideband cutoff | side supression.
supresión de la componente en cuadratura | quadrature suppression.
supresión de la contaminacón del aire | air pollution abatement.
supresión de la efervescencia del charco de

soldeo | welding pool killing.
supresión de la frecuencia de imagen | image rejection.
supresión de la frecuencia portadora | carrier suppression.
supresión de la imagen | frame suppression.
supresión de la imagen (TV) | horizontal blanking | frame blanking.
supresión de la portadora de imagen (TV) | image rejection.
supresión de la portadora de sonido (TV) | sound rejection.
supresión de la portadora del sonido (TV) | takeoff.
supresión de línea (televisión) | vertical blanking | line blanking.
supresión de los pasos a nivel | abolishing level crossings.
supresión de los subsidios | abolition of the subsidies.
supresión de los visados | abolition of visas.
supresión de modo común | common-mode rejection.
supresión de modulación de amplitud | amplitude modulation rejection.
supresión de ondas reflejadas | reflected-wave suppression.
supresión de polvos | dust-laying.
supresión de ruidos | noise abatement.
supresión de un defecto (electrotecnia) | removal of fault.
supresión de una ley por otra nueva | abrogation.
supresión de una señal débil por una señal fuerte (modulación de frecuencia) | blanketing.
supresión de una señal débil por una señal fuerte (modulación de frecuencias) | blanket effect.
supresión del derecho a redimir una hipoteca | foreclosure.
supresión del descuento | mark-down cancellation.
supresión del haz | beam suppression | cutoff bias.
supresión del haz (televisión) | gating | blanking.
supresión del hilo inicial de una rosca (para no cortarse la mano) | higbee cut.
supresión del retardo del interrogador | interrogator suppressed time delay.
supresión del ruido del impacto de la tecla | type impact noise suppression.
supresión del ruido entre portadoras | intercarrier noise suppression.
supresor | arrester | stop | suppressor.
supresor anódico | anode stopper.
supresor de color | color killer.
supresor de eco (telefonía) | antisinging device.
supresor de eco completo | full echo suppressor.
supresor de eco de acción continua (telecomunicación) | rectifier type echo suppressor.
supresor de eco de acción discontinua (telefonía) | relay type echo suppressor.
supresor de ecos del receptor | receiving echo suppressor.
supresor de estáticos | X-stopper.
supresor de explosiones | explosions suppressor.
supresor de impresión | stunt box.
supresor de interferencias | interference blanker.
supresor de oscilaciones parásitas | parasitic stopper.
supresor de reacción (telecomunicación) | singing suppressor.
supresor de reacción (telefonía) | singing suppressor.
supresor de ruido | squelch.
supresor de ruidos | automatic-search jammer.
supresor de ruidos (telefonía) | sonad.
supresor de ruidos parásitos (radio) | X's stopper.
supresor de silbido | singing suppressor.
supresor del aro de fuego (aparato para evitar la formación del arco entre portaescobillas de polaridad opuesta-dínamos) | flash suppressor.
supresor dinámico de ruidos | dynamic noise suppressor.
suprimiendo factores comunes | dividing out common factors.
suprimir | omit (to) | delete (to) | put down (to) | eliminate (to) | cut off (to) | damp (to) | suppress (to) | write off (to) | drop out (to).
suprimir (molestias, averías, etc.) | shoot (to).
suprimir (tabulación) | clear (to).
suprimir (topes de tabulación) | remove (to).
suprimir (una palabra de un libro, etc.) | knock out (to).
suprimir barreras arancelarias | remove tariff walls (to).
suprimir chispas (electricidad) | quench (to).
suprimir escapes | seal leaks (to) | seal cracks (to).
suprimir factores comunes en los miembros (ecuaciones) | cancel (to).
suprimir la carga | throw off the load (to).
suprimir la distorsión | eliminate distortion (to).
suprimir la explosión | stop explosion (to).
suprimir los controles salariales | remove wage controls (to).
suprimir los derechos de aduana | abolish the customs duties (to).
suprimir obstáculos | let down bars (to).
suprimir posibilidad de conmutación | uncrossbar (to).
suprimir texto | cancel (to).
suprimir todas las restricciones | derestrict (to).
suptuplicador | septupler.
supuesto | assumed.
supurante (heridas) | running.
supurar (úlceras, granos) | run (to).
sur geográfico | true south.
sur magnético | magnetic south.
surcado concéntricamente | concentrically furrowed.
surcado de estrías | ridged.
surcado en contorno | contour plowing.
surcamiento | furrowing.
surcar | plow (to) | furrow (to).
surcar la mar (buques) | plough (to).
surco | furrow | rut | row | track | groove | corrugation | rill | drill.
surco abierto en una barrera laminar (oceanografía) | sill.
surco anular receptor del cierre estanco (cilindros hidraúlicos) | seal-receiving annular groove.
surco central (disco gramófono) | eccentric circle.
surco cerrado | locked groove.
surco circular cerca del sitio donde el alambre toca a la hilera de estirar (hileras desgastadas) | ring.
surco con sección en V | lockspit.
surco de arado | furrow-slice.
surco de bajas presiones (meteorología) | trough.
surco de conexión | lead-over groove.
surco de limitación de desplazamiento | locked groove.
surco de salida (disco gramófono) | lead out groove.
surco de salida del fonocaptor (disco gramófono) | throw-out spiral.
surco del arado | plow furrow.
surco en blanco | blank groove.
surco en una superficie metálica para impedir el escape de energía de microondas (electrónicas) | choke.
surco espiral hacia afuera | outwardly spiralling groove.
surco estrecho en el piso (galería de mina) | gauton.
surco final | cutoff groove.
surco final (disco gramófono) | eccentric spiral | locked groove | lead-out groove | concentric groove.
surco glaciárico | glacial grooving.
surco helicoidal | spiral groove.
surco inicial (disco gramófono) | lead-in groove.
surco intermedio | leadover groove.
surco intermedio (disco gramófono | lead-over goove.
surco laminar (oceanografía) | sill.
surco laminar inferior (oceanografía) | sill-depth.
surco longitudinal | longitudinal furrow.
surco meridional | meridional groove.
surco para las bolas (surco de rodadura - cojinete de bolas) | grooved race.
surco que separa dos tierras de labor | boundary furrow.
surcos antirresbalantes (cilindros laminador de desbaste) | ragging.
surcos de lluvia | rain rills.
surcos helicoidales interiores (cilindro rectificado con muela abrasiva) | fuzz.
suren (Cedrela toona) | yom hawn.
sureu (Cedrela toona) | sisiet om.
surfactante | surface-active agent | surfactant.
surfactante catiónico | cationic surfactant.
surgencia de un pozo petrolífero | oil well blowing.
surgente | flowing.
surgidero | anchoring ground.
surgir | come up (to) | emerge (to) | spout (to) | originate (to).
surgir (navegación) | loom out (to).
surrosión (efecto combinado de erosión y abrasión) | surrosion.
surtido | selection | in sorts | assorted | assortment.
surtido (comercio maderas) | all-widths.
surtido (de mercancías) | stock | line.
surtido amplio | large assortment.
surtido completo de motores | comprehensive range of motors.
surtido con mayor cantidad de tipos (imprenta) | quantity font.
surtido corriente | floating supply.
surtido de artículos (comercio) | range of goods.
surtido de exportación | range of export goods.
surtido de tintas | range of inks.
surtidor | jet | spring | spout.
surtidor (de carburador) | jet.
surtidor de aceleración (autos) | accelerating jet.
surtidor de gasolina | dispenser pump | gasoline dispensing pump | gasoline pump | gas station | filling station.
surtidor de la bomba de aceleración | acceleration pump jet.
surtidor de marcha lenta (carburador) | idle jet.
surtidor economizador (carburador) | economizer jet.
surtidor equilibrador (carburador) | compensating jet.
surtidor principal (carburador) | main jet.
surtidor principal del carburador | carburetor main jet.
surtidos de trapos | sorting of textile waste.
surtir | fit out (to) | stock (to) | assort (to) | fit (to) | supply (to).
surto (buques) | at anchor | moored.
sus elemento se enrollan uno sobre otro cuando están cerrados (escotillas buques) | its elements coil on each other when closed.
sus posibilidades y usos | its potentialities and applications.
suscepcible de ser separado en hojas | burstable.
susceptancia | susceptance.
susceptancia capacitiva por kilómetro | capacitive susceptance per kilometer.
susceptancia de excitación | exciting susceptance.

susceptancia inductora | inductive susceptance.
susceptibilidad | susceptibility.
susceptibilidad a la corrosión por tensiones internas | stress-corrosion susceptibility.
susceptibilidad a la fisuración | susceptibility to cracking | crack susceptibility.
susceptibilidad a la fisuración cáustica | embrittlement susceptibility.
susceptibilidad a la fisuración del metal de la soldadura | susceptibilty to weld-metal cracking.
susceptibilidad a la fisuración del metal depositado | weld metal crack susceptibility.
susceptibilidad a la fisuración en caliente | hot-tearing susceptibility.
susceptibilidad a la formación de grietas por contracción | hot-tear-formation susceptibility.
susceptibilidad a la formación de hielo | ice-susceptibility.
susceptibilidad a la fragilización | fragilization susceptibility.
susceptibilidad a la helada | frost susceptibility.
susceptibilidad a la rotura | susceptibility to failure.
susceptibilidad a la sensibilización (aceros austeníticos) | sensitization susceptibility.
susceptibilidad a la variación de temperatura | temperature susceptibility.
susceptibilidad al agrietamiento por corrosión bajo tensiones internas | susceptibility to stress-corrosion cracking.
susceptibilidad al choque | impact susceptibility.
susceptibilidad al incendio | fire susceptibility.
susceptibilidad atómica | atomic susceptibility.
susceptibilidad de las brocas al taladrado rotacional | drillability.
susceptibilidad diamagnética | diamagnetic susceptibility.
susceptibilidad dimagnética | dimagnetic susceptibility.
susceptibilidad eléctrica | electric susceptibility.
susceptibilidad intergranular | intergranular susceptibility.
susceptibilidad magnética | magnetizability | magnetic susceptibility.
susceptibilidad mínima a la fisuración | minimal crack susceptibility.
susceptibilidad para permitir la iniciación de grietas en las discontinuidades (chapas acero) | notch susceptibility | notch sensitivity.
susceptibilidad reversible | reversible susceptibility.
susceptible a la conformación en frío | amenability to cold forming.
susceptible a la deformación plástica | amenability to plastic deformation.
susceptible a la oxidación | baseness.
susceptible de averiarse | liable to go bad.
susceptible de averiarse (aparatos) | liable to derangement.
susceptible de caer | lapsable.
susceptible de imprimirse | printable.
susceptible de provocar un arco | likely to cause an arc.
susceptible de salvamento | salvable.
susceptible de variación | liable to alteration.
susceptímetro | susceptometer.
susceptor (material conductor calentado por inducción y utilizado en seguida para calentar una pieza de trabajo | susceptor.
susceptor de inducción (electricidad) | induction susceptor.
suscitado por el flujo | flow-induced.
suscitado por el ruido | noise-induced.
suscitado por la hélice | excited by the propeller | propeller-generated.
suscitado por la hélice (vibraciones, etc.) | promoted by the propeller | induced by the propeller.
suscitado por la vibración | induced by vibration | promoted by vibration | vibration-excited.
suscitado por un campo magnético | field-induced.
suscitar | promote (to).
suscitar (sospechas) | excite (to).
suscitar un tema | raise a point (to).
suscitar una cuestión | raise a question (to).
suscribir | subscribe (to) | sign (to) | undersign (to).
suscribir (documentos) | execute (to).
suscribir (finanzas) | underwrite (to).
suscribir acciones | take up shares (to) | apply for shares (to).
suscribir con exceso (empréstitos) | oversubscribe (to).
suscribir en seguro | write insurance (to).
suscribir un seguro de vida | take out a life policy (to).
suscripción | assimilation | underwriting.
suscripción anual para el extranjero | annual foreign subscription.
suscripción anual para el interior | annual domestic subscription.
suscripción de acciones | stock subscription.
suscripción de acciones (Bolsa) | application for shares.
suscripción insuficiente | undersubscription.
suscripción suplementaria | standby underwriting.
suscripciones en firme | stand-by underwriting.
suscriptor | signer | suscriber.
suscriptor (de un Banco) | allottee.
suscriptor (de valores) | underwriter.
suscriptor (seguros) | policyholder.
suscriptor de acciones | applicant for shares.
suscriptor individual | individual underwriter.
suscriptor primitivo | original subscriber.
susodicho | above | above said.
suspendedor | suspender.
suspender | stand off (to) | hang (to) | stop (to) | abort (to) | cut off (to) | cease (to) | discontinue (to).
suspender (circulación, etc) | hold up (to).
suspender (de empleo) | suspend (to).
suspender (de un curso) | wash out (to).
suspender (sesiones) | adjourn (to).
suspender (trabajos) | intermit (to).
suspender a la cardán | gimbal (to).
suspender de un resorte | spring-suspend (to).
suspender el fuego | cease fire (to).
suspender el pago | stop payment (to).
suspender el pago de un cheque | stop payment of a cheque (to).
suspender el procedimiento de quiebra | discontinue proceedings.
suspender el racionamiento | deration (to).
suspender el tiro | check fire (to).
suspender el tiro (milicia) | hangfire (to).
suspender el trabajo | discontinue working (to) | cease work (to).
suspender la licencia de vuelo (aviación) | ground (to).
suspender la sesión | rise (to) | recess (to).
suspender pagos | cease payment (to) | suspend payment (to) | suspend (to).
suspender un aterrizaje | abort landing.
suspender un crédito | freeze a credit (to).
suspender una prueba | flunk (to).
suspendible | suspendable.
suspendida (roca) | low-browed.
suspendido | suspended | pending | pendent | hanging down | underhung.
suspendido bifilarmente | bifilarly suspended.
suspendido de las ballestas (autos) | undersslung.
suspendido de un pivote | pivotally suspended.
suspendido de un tubo | tube-suspended.
suspendido del techo | roof-suspended.
suspendido libremente | freely hung.
suspendido sobre tacos de caucho | rubber-sprung.
suspensibilidad | suspensibility.
suspensible en agua | water-suspensible | suspensible in water.
suspensión | recess | ending | adjourning | suspense | holdup | pardon | hanging.
suspensión (abogacía) | adjournment.
suspensión (autos) | springing.
suspensión (de pagos) | suspension.
suspensión (de trabajo) | stop.
suspensión (locomotora) | spring rigging.
suspensión (secuencia) | hesitation.
suspensión (transportador aéreo) | carrier.
suspensión a la cardán | gimbals | gimbal.
suspensión acuosa de fritas de vidrio | aqueous glass-frit suspension.
suspensión acuosa de polvo de cuarzo | potter's flint.
suspensión acuosa de una sustancia | slip.
suspensión acuosa espesa | slurry.
suspensión articulada | articulated suspension.
suspensión astática | astatic suspension.
suspensión autónoma de las ruedas | independent wheel suspension.
suspensión autónoma de las ruedas delanteras | independent front suspension.
suspensión Cardan | Cardan suspension | gimbal.
suspensión cardánica | gimbal frame.
suspensión catenaria | catenary suspension.
suspensión catenaria doble | double catenary suspension.
suspensión coloidal de grafito artificialmente defloculado en aceite | oildag.
suspensión coloidal de grafito desfloculado en agua | aquadag.
suspensión compensada | compensating hanging.
suspensión completamente independiente | all-independent suspension.
suspensión concentrada | concentred suspension.
suspensión cuatrifilar | quadrifilar suspension.
suspensión de audiofrecuencia (filme hablado) | dulling.
suspensión de bióxido de torio en agua pesada (reactor nuclear de combustible diluido) | blanket.
suspensión de caolín floculado | flocculated kaolin suspension.
suspensión de carbón en fueloil | fuel-oil coal slurry.
suspensión de catenaria sencilla | single-catenary suspension.
suspensión de cinta tensa (instrumentos de medidas eléctricas) | taut-band suspension.
suspensión de dos brazos | double arm suspension.
suspensión de emisiones por radio | radio silence.
suspensión de grafito coloidal | colloidal graphite suspension.
suspensión de importaciones | check to imports.
suspensión de indagación | arrest of inquest.
suspensión de la caja (vagones) | body suspension.
suspensión de la carrocería | body suspension.
suspensión de la circulación | holdup.
suspensión de la cobertura | suspension of cover.
suspensión de la ejecución de una sentencia | arrest of judgment.
suspensión de la ejecución del programa (informática) | abort.
suspensión de la instancia | stay of proceedings.
suspensión de la placa | plate suspension.
suspensión de la vista | adjournment.
suspensión de lámina flexible | leaf suspension.
suspensión de las importaciones | suspension of imports.
suspensión de las ruedas delanteras | front-wheel suspension.
suspensión de microgránulos de titanio en un vacío | suspension of titanium powder in a vacuo.
suspensión de negocios | interruption of business.
suspensión de pago | stay of collection.
suspensión de pagos | stoppage.
suspensión de pagos (economía) | suspension

of payment.
suspensión de pivote | pivot suspension.
suspensión de prerrogativas | suspension of privileges.
suspensión de sentencia (derecho) | adjournment.
suspensión de sólido en un líquido | solid-liquid suspensión.
suspensión de sólidos en un gas | gas-solids suspension.
suspensión de tuberías de exhaustación (buques) | exhaustation suspension.
suspensión de un juicio | adjournment of a trial.
suspensión de uso | suspension of use.
suspensión del carretón | bogie springing.
suspensión del muelle | spring suspension.
suspensión del trabajo | layoff.
suspensión doble | double hanger.
suspensión elástica | elastic suspension | spring-gear | spring suspension.
suspensión elástica (acústica) | cushioning.
suspensión elástica doble | double spring suspension.
suspensión elástica por tacos de caucho | rubber suspension.
suspensión elástica sobre tres puntos | resilient three-point suspension.
suspensión en tres puntos (ejes y barras de reacción) | nose suspension.
suspensión filar | fiber suspension | filar suspension.
suspensión flexible en tres puntos | three-point flexible suspension.
suspensión giroscópica | gyroscopic suspension.
suspensión independiente | independent springing.
suspensión independiente (ruedas autos) | knee action.
suspensión independiente de las ruedas | individual wheel suspension.
suspensión independiente de las ruedas delanteras | independent front wheel suspension.
suspensión monodispersa | monodisperse suspension.
suspensión neumática autonivelante (autos) | self-levelling air suspension.
suspensión patronal de empleo y sueldo | lock-out.
suspensión por barra de torsión | torsion-bar springing.
suspensión por cuchillos | knife-edge suspension.
suspensión por eslabón giratorio sin traviesa superior (bogie, locomotora) | bolsterless swing-link suspension.
suspensión por muelle | spring suspension.
suspensión por orejetas | lug suspension | nose suspension.
suspensión por poste central | center-pole suspension.
suspensión por recipientes llenos de aire comprimido (en vez de ballestas, autos) | air springing.
suspensión sin fijar día | adjournment sine die.
suspensión solidaria (autos) | interdependent suspension.
suspensión telescópica | telescopic suspension.
suspensión temporal | pardon.
suspensión temporal de empleo y sueldo | temporary disrating.
suspensión temporal de la ejecución de una sentencia | reprieve.
suspensión temporal de una ejecución | stay of execution | supersedeas.
suspensión temporal de una sentencia | respite (to).
suspensión tipo cardan | universal suspension.
suspensión transversal | cross-suspension.
suspensiones de arcilla | clay suspensions.
suspenso (en exámenes) | failure.
suspensoides atmosféricos | atmospheric suspensoids.
suspensor de conducto | conduit hanger.
suspensor de rodillos (puerta corrediza) | trolley hanger.
suspensorio (de los testículos) | supporter.
sustancia | matter | substance | stuff.
sustancia abrasiva | abrasive substance.
sustancia absorbida | absorbate.
sustancia absorbida que disminuye la dureza | hardness-lowering absorbed substance.
sustancia aceleradora | accelerator.
sustancia aceleratriz (química) | promoter.
sustancia activa al azul de metileno (química) | methylene-blue active substance.
sustancia adsorbente | adsorber.
sustancia aglutinante | binding substance.
sustancia amalgamadora | amalgamator.
sustancia anisótropa | doubly refractive substance.
sustancia antibiótica | killer substance.
sustancia anticorrosiva | corrosion protector | corrosion inhibitor.
sustancia antioxidante | rust preventor | rust inhibitor.
sustancia antipolvo | dustproofer.
sustancia antipútrida | antirot substance.
sustancia añadida al lubricante para que no tenga fluorescencia | deblooming agent.
sustancia arrojada al agua para formar una mancha visible (aviones) | slick marker.
sustancia atenuadora (tubo rayos catódicos) | poison.
sustancia capaz de formar iones complejos | complexing agent.
sustancia combustible | burnable substance | fuel.
sustancia compresible simple
sustancia correctiz (de una propiedad) | temper.
sustancia corrosífuga | corrosion inhibitor.
sustancia corrosiva | corrodent.
sustancia cuasiamorfa | quasiamorphous substance.
sustancia de carga (papel) | loading agent.
sustancia de formación compleja | complex-forming substance.
sustancia de un estatuto | purview.
sustancia del artículo | article substance.
sustancia derretida | melt.
sustancia desprendida de sus uniones normales e interpuesta entre otro órgano o tejido (anatomía) | enclave.
sustancia dispersable | dispersible substance.
sustancia dispersiva | spreader.
sustancia disuelta | solute.
sustancia emisiva | emissive material.
sustancia empleada para aumentar la adherencia de los lubricantes al acero | carrier substance.
sustancia en menor cantidad que la debida | deficit substance.
sustancia en su estado natural | crude.
sustancia fluorescente (fósforo) | fluorescent substance.
sustancia formadora (química) | former.
sustancia formadora de carburos metálicos (aceros) | carbide-former.
sustancia fumígena | fumigen.
sustancia fungistática | fungistatic substance.
sustancia generatriz | mother substance.
sustancia gris (anatomía) | gray matter.
sustancia humectante | humectant.
sustancia impermeable al flujo del vapor | vapor barrier.
sustancia inerte | dross.
sustancia infiltrante | infiltrant.
sustancia inmunizante | immunizer.
sustancia irradiadora de rayos alfa | alpha radiator.
sustancia isótropa | single refractive substance.
sustancia luminiscente | phosphor.
sustancia luminiscente activada por luz ultravioleta | phosphor activated by ultraviolet light.
sustancia matriz | mother substance.
sustancia moderadora | restrainer.
sustancia modificadora (de una propiedad) | temper.
sustancia nitrogénica | nitrogenic substance.
sustancia nutritiva mineral | mineral nutrient.
sustancia opacificadora | opacifier.
sustancia organocarbónica | organocarbon substance.
sustancia oxidante | oxifier.
sustancia para adsorber los gases residuales y aumentar el vacío (rarefactor - tubo electrónico) | gettering agent.
sustancia para clarificar (líquidos) | fining.
sustancia para corrección de aguas duras | softener.
sustancia para dar la última mano (pinturas) | topper.
sustancia para disminuir la temperatura de descongelación (lubricantes) | pour depressant.
sustancia para impedir la condensación de la humedad atmosférica (muros) | water-vapor barrier.
sustancia para jaleificar la gasolina | fuel thickener.
sustancia para rebajar la fluidez crítica (petróleos) | pour point depressant.
sustancia para rebajar la temperatura de descongelación (lubricantes) | pour point depressant.
sustancia para rellenar | filler.
sustancia paramagnética | paramagnet.
sustancia pegajosa que pega el pistón al cilindro (motores) | lacquer.
sustancia penetrante | penetrant.
sustancia plástica | plastics.
sustancia plástica celular moldeable | castable foam plastic substance.
sustancia polar de cadena larga (química) | polar long-chain substance.
sustancia precipitadora (química) | precipitator.
sustancia productora de hidrógeno | hydrogen donator.
sustancia protectora | protectant.
sustancia pulvígena | dust-yielding substance.
sustancia que absorbe neutrones sin reproducirlos | absorber.
sustancia que afina el grano (metalurgia) | refiner.
sustancia que aumenta la actividad de un catalizador | promoter.
sustancia que da agarre a la pintura | paint key.
sustancia que facilita la iniciación de una reacción catalítica | sensitizer.
sustancia que mejora una mezcla | improver.
sustancia que resiste el movimiento durante una fracción de microsegundo para conseguir un reforzamiento de la presión (bomba termonuclear) | tamper.
sustancia que se añade para reducir la higroscopicidad (propulsantes cohéticos) | inhibitor.
sustancia que se añade para reforzar una aleación | toughener.
sustancia que se asimila | assimilate.
sustancia que se emplea para un arrastre mecánico | entrainer.
sustancia que se investiga (química) | substance sought.
sustancia que se pesa (química) | substance weighed.
sustancia química con átomos radioactivados | labeled compound.
sustancia químicamente neutra colocada sobre una superficie que hay que proteger | resist.
sustancia radioactiva | radiator.
sustancia reductora de la tensión superficial (alcoholes y ácidos grasos sulfonados, esteres poliglicéricos, etcétera.) | wetting agent.
sustancia reflectora-retardadora (reactor nuclear) | tamper material.
sustancia repelente | repellent.
sustancia saturante | saturant.

sustancia suavizadora | softening agent.
sustancia taponadora de defectos (piezas fundidas) | sealant.
sustancia untuosa | unctuous substance.
sustancia viscosa | glair.
sustanciación | substantiation.
sustancial | sizeable.
sustancias alimenticias | foodstuffs.
sustancias aromáticas | aromatics.
sustancias carbonizables | carbonizable substances.
sustancias conexas | allied substances.
sustancias eliminadoras del rechupe (lingotes) | pipe-suppressing substances.
sustancias enturbiadoras | haze-forming substances.
sustancias extrañas | extraneous substances.
sustancias ferroeléctricas | ferroelectrics.
sustancias inflamables | inflammables.
sustancias normalizadas espectrográficamente | spectrographically standardized substances.
sustancias nucleógenas | nuclei-forming substances.
sustancias que reaccionan entre sí | interacting substances.
sustancias termotransferentes | heat-transfer substances.
sustancias tóxicas | hazardous substances.
sustancias tóxicas migratorias | migratory toxic substances.
sustancias volátiles aromáticas | volatile flavor substances.
sustentación | lift | support.
sustentación de alas supersónicas | lift of supersonic wings.
sustentación de la cola | tail lift.
sustentación de las aletas hidrodinámicas | lift of foils.
sustentación del ala | wing lift.
sustentación del helicóptero | helicopter sustentation.
sustentación falsa | false lift.
sustentación indicial | indicial lift.
sustentación negativa | downward-lift.
sustentación no estacionaria | unsteady lift.
sustentación total | gross lift | total lift.
sustentación traslacional | translational lift.
sustentación traslacional (helicópteros) | translational lift.
sustentáculo | rest | prop | supporter.
sustentador | hanger | portative | sustainer.
sustentador para curvas (líneas aéreas) | pull-over | pull-off.
sustentar | prop (to).
sustentarse | eat (to).
sustento | support.
sustitución | change | replacement.
sustitución (de programas) | swap.
sustitución (piezas máquinas) | renewing.
sustitución de cables (ascensores) | reroping.
sustitución de la arcilla por material más estable | blanketing.
sustitución de la arcilla por material más estable (infraestructura vías férreas) | blanketing.
sustitución de los motores por otros | re-motoring.
sustitución electrofílica | electrophilic substitution.
sustitución isomorfa | isomorphous replacement.
sustitución isomórfica | isomorphic replacement.
sustitución lateral (química) | edge-substitution.
sustitución nucleofílica en carbono saturado | nucleophilic substitution at saturated carbon.
sustitución racionalizante | rationalizing substitution.
sustituíbilidad | replaceability.
sustituible | replaceable.
sustituir | supersede (to) | replace (to) | switch (to).
sustituir el motor por otro | re-motor (to).
sustituir la escala (aparatos) | rescale (to).
sustituir mercancías | refill the stock.
sustituir mercancías defectuosas | replace defective goods (to).
sustituir un producto de calidad inferior por otro mejor y más caro | upgrade (to).
sustitutivo | stand by | alternate material.
sustitutivo de caucho | factis.
sustitutivo de plasma sanguíneo | plasma expander.
sustituto | standby | stop gap | substitute.
sustituto (adjetivo) | deputy.
sustituto de pan de oro compuesto de cobre (0,4%) | aix gold leaf.
sustitutos | substitutes.
sustituyente ávido de electrones | electron-withdrawing substituent.
sustracción | subtraction | abstraction.
sustracción criminal | felonious abstraction.
sustraer energía | abstract energy (to).
sustraerse (a la ley) | circumvent (to).
sustraerse a las vistas | retire from sight (to).
sustraerse a sus obligaciones | discharge one's liability (to).
susurrar | whisper (to).
susurrar (olas) | lap (to).
susurro (acústica) | rustle.
susurro (de las olas) | lap.
sutil (telas) | sheer.
sutura | stitch | seam | suture.
sutura anudada | knotted suture.
sutura con aguja montada (cirugia) | eyeless needled suture.
sutura con aguja sin ojo (cirugía) | eyeless needled suture.
sutura de colchonero (cirugía) | mattress suture.
sutura de seda trenzada estéril (cirugía) | sterile braided silk suture.
sutura en varias capas (medicina) | terracing.
sutura estéril de poliester texturado (cirugía) | sterile braided polyester suture.
sutura interrumpida | interrupted suture.
sutura pigmentada (rocas) | pigmented suture.
sutura por planos | terracing a suture.
sutura reabsorbible (cirugía) | reabsorbable suture.
sutura término-terminal | end-to-end suture.
suvencionado por el Gobierno | government-subsidized.

T

T con orificio de drenaje | drip T.
T de aterrizaje (aeropuertos) | landing T.
T de campanas (tuberías de plomo) | all-bell T.
T de orejetas (tuberías) | drop T.
T de ramal reductor | reducing-outlet T.
T para lavabo | basin T.
T roscada macho y hembra | street T.
taba | knuckle.
taba (anatomía) | astragal.
tabá (Andira inermis) | taba.
tabaco azucarado con melaza | honey-dew.
tabaco cordado y picado | bird's eye.
tabaco cultivado bajo abrigo | shade-grown tobacco.
tabaco curado | aged tobacco.
tabaco curado al humo | flue-cured tobacco.
tabaco de hebra | long-cut tobacco.
tabaco en barra | plug tobacco.
tabaco en hebra | scrap tobacco.
tabaco en rama | tobacco in leaves | leaf-tobacco.
tabaco matizado | blended tobacco.
tabaco para tripa (puros) | cigar filler tobacco.
tabaco picado de mala calidad | canaster.
tabal | small barrel.
tabaque | punnet.
tabaque de contrachapado | veneer punnet.
tabaque de madera retornable | returnable wooden punnet.
tabebuia (Tabebuia serratifoia) | sipiroe.
tabica | vergeboard.
tabica (del escalón) | rise of step.
tabica (escalones) | riser.
tabicado | chambered.
tabicar | partition (to).
tabicar (minas) | brattice (to).
tabique | partition | parting | partition wall | division | divider | internal partition | closure midwall.
tabique (biología) | septum.
tabique (botánica) | cross wall.
tabique (minas) | astillen.
tabique (minas, túneles) | bulkhead.
tabique (muro de solera - umbral de presa) | cutoff.
tabique a media altura | half-partition.
tabique cortafuego | fireproof bulkhead.
tabique de batidora (papel) | midfeather.
tabique de bloques de vidrio | glass-block panel.
tabique de cristales | glass partition wall.
tabique de desviación horizontal | round-the-end baffle.
tabique de entramado de madera | brick and stud.
tabique de ladrillo | brick partition.
tabique de madera | bay work.
tabique de madera (minas) | plank dam.
tabique de medianería | midwall.
tabique de repartición | baffle plate.
tabique de separación entre conductos (hornos de cok) | midfeather.
tabique de tablas | boarding.
tabique de tablas delgadas | lathy partition.
tabique de ventilación (minas) | brettis | brattice | bearing stop | ricket | air brattice | bayshon | stopping | deflector brattice | sollar.
tabique desviador | baffle wall.
tabique divisor de una corriente de aire (ventilación minas) | split.
tabique divisoriopantalla (empuje de tierras) | bulkhead.
tabique entre las lumbreras (motor de explosión) | bridge.
tabique estabilizador de la llama | flame-stabilizing baffle.
tabique interior de la presa (presa de tierra) | bulkhead of the dam.
tabique partehumos | with.
resa de tierra) **tabique partehumos (chimeneas)** | withe.
tabique provisional cerrando una entrada (hornos) | wicket.
tabique sordo | hollow partition.
tabique transversal de cámaras aeríferas (botánica) | bulkhead.
tabiquería | partitioning | partition walls | walling.
tabiquería de acero encristalado | glazed steel partitioning.
tabiquería de separación de habitaciones | partitioning walls.
tabiquería modular (edificios) | modular partitioning.
tabiquero (albañil) | partition builder | partition-wall builder.
tabiques metálicos móviles | movable metal partitions.
tabiques transversales (canal de preparación minerales) | riffle bars.
tabla | panel | schedule | board | plank | array | plate | table.
tabla (anatomía) | table.
tabla (cilindro de laminar) | barrel.
tabla (cilindro laminador) | barrel length.
tabla (cordón de viga) | coverplate.
tabla (diamante) | table.
tabla (rodillo de laminador) | face.
tabla aisladora | insulating board.
tabla altimétrica | altitude table.
tabla artificial de serrín y desperdicios de madera | sawdust board.
tabla balística | ballistic table.
tabla cepillada y sin nudos | clear plank.
tabla cifradora | cipher chart.
tabla clavada por arriba | face-nailed board.
tabla con canto biselado | feather board.
tabla con clavazón oculta | secret-nailed board.
tabla con distancias mínimas entre polvorines y edificios habitados | quantity-distance table.
tabla con la predicción diaria de horas/velocidades y direcciones de las corrientes (oceanografía) | current table.
tabla con nueve decimales | nine-decimal-place table.
tabla con rebajo longitudinal a media madera en los dos cantos | shiplap.
tabla con seis cifras significativas | six-significant-figure table.
tabla con un canto cepillado | edge shot.
tabla contra salpicaduras | baffle.
tabla corrediza (costado de mesa de despacho) | pull-out slide.
tabla corrediza para escribir (costado de mesas de despacho) | pull-out writing leaf.
tabla correspondiente | relevant table.
tabla cuadrada para el yeso amasado | spot board.
tabla de agua | water table.
tabla de agujas (jacquard) | needle board.
tabla de alero | fascia board | gutter board.
tabla de alzas | range scale.
tabla de amasar pan | pasteboard.
tabla de anualidades | annuity table.
tabla de arcadas (jacquard) | hole board.
tabla de arcadas (telar) | comber board.
tabla de arcadas (telares) | cord board.
tabla de balance (literas de buques) | bunk board.
tabla de blindaje (túneles, minas) | poling-board.
tabla de capacidad en galones | gallonage table.
tabla de capacidades de tanques (petroleros) | dip gallonage table.
tabla de capacidades de tanques por centímetro o por pulgada (buques) | sounding table.
tabla de cargas | load table.
tabla de caudales (tuberías) | flowage table | flow chart | flowchart.
tabla de coletes (jacquard) | lash board | neck board.
tabla de coletes (telar con jacquard) | bottom board.
tabla de concha (carruajes) | footboard.
tabla de conexiones (informática) | panel.
tabla de contingencia | contingency table.
tabla de conversión | conversion table.
tabla de conversión de durezas | hardness conversion table.
tabla de coordenadas de latitud y longitud | traverse table.
tabla de correciones de calibración | calibration table.
tabla de correciones para la puntería futura (artillería antiaérea) | lead table.
tabla de correlación (estadística) | correlation table.
tabla de correspondencia entre dispositivo lógico y dispositivo fijo | logical to physical device translation table.
tabla de cuádruple entrada | fourfold table.
tabla de cubicación (árboles) | volume table.
tabla de chaflán | cantboard.
tabla de chilla | clapboard | ledge | broad lath.
tabla de datos (informática) | table.
tabla de decisión lógica | truth table.
tabla de definición de una función | truth table.
tabla de demanda | demand schedule.
tabla de derivas | deflection table.
tabla de descarnar | horse.
tabla de desgaste | wear table.
tabla de diferencias | difference table | traverse table.
tabla de doble entrada | double-entry table | two-dimensional array.
tabla de edades geológicas | geological timetable.
tabla de encofrado (minas) | joining balk.
tabla de entarimar | deal.
tabla de entibación del techo (galería minas) | headboard.
tabla de entibar zanjas | sheeting.
tabla de espesores de bridas (tubos) | flange table.
tabla de extrapolaciones | set forward chart.
tabla de fibra prensada | hardboard.
tabla de fondo (encofrado de vigas de hormigón) | soffit.
tabla de forro | lagging piece.
tabla de frecuencias | frequency table.
tabla de frontis (tiendas) | fascia board.
tabla de indicaciones para la tejedura (telares) | tie-up.
tabla de indicaciones para tejer (dibujo para lizos) | pegging plan.
tabla de indiferencia | indifference schedule.
tabla de interconversiones | interconversion table.
tabla de lavar | washboard.
tabla de logaritmos | log table.
tabla de logaritmos con cinco decimales | five-figure log table.
tabla de logaritmos con cuatro decimales | four-figure table.
tabla de machos | core board.
tabla de madera blanda encima de los picaderos (dique seco) | cap block.
tabla de materias | contents.
tabla de materias (documentación) | content list.
tabla de materias (libros) | index of contents.
tabla de morbilidad | sickness table.
tabla de mortalidad | mortality table | life table.
tabla de mortalidad actual | current life table.
tabla de mortalidad general (estadística) | aggregate life table.
tabla de mortero | mortar board.
tabla de paridades (economía) | table of par values.
tabla de pie (andamios) | toeboard.
tabla de pino | deal board | fir plank.
tabla de piso | floorboard | footboard.
tabla de piso de más de 102 mm. de ancho |

boarding.
tabla de plenos | table of limits.
tabla de predicciones (tiro antiaéreo) | set-forward chart.
tabla de rendimiento | yield table.
tabla de rendimientos | performance analysis.
tabla de retención (escala de peces) | riffle.
tabla de retención (minas) | baffle board.
tabla de ripia | shingle.
tabla de rodapié (habitaciones) | skirting board.
tabla de tiempos | timing chart.
tabla de tiro | fire table | shooting table.
tabla de tiro (artillería) | range table.
tabla de tiro con correcciones por la altitud de situación | elevation table.
tabla de tiro terrestre (artillería que puede también hacer tiro antiaéreo) | surface fire table.
tabla de tolerancias | chart limits.
tabla de tolerancias de ajuste | table of fits.
tabla de transición de estados (circuitos) | state table.
tabla de unidades simbólicos | symunit table.
tabla de utilización del tiempo máquina | machine usage chart.
tabla de vapor de agua (termodinámica) | steam table.
tabla del molde | moldboard.
tabla del simplex | simplex tableau.
tabla delantal (transportadores) | skirt board.
tabla delgada | lath | scale board.
tabla empalmada en bisel | beveled board.
tabla faldera de sastre | lap table.
tabla financiera | basis book.
tabla gráfica de tiro | graphical firing table.
tabla horizontal de entibar zanjas | poling-board.
tabla intersectorial | input-output table.
tabla leída de abajo a arriba | table read from the foot.
tabla lógica de verdad | truth table.
tabla machiembrada | grooved board.
tabla machihembrada | match-board.
tabla modificada | recast rable.
tabla numérica | protocol | number table.
tabla para barrenas (perforación) | auger board.
tabla para cepillar | shoot-board.
tabla para colgar llaves | key-rack.
tabla para consulta | look-up table.
tabla para cubicación de madera en rollo | log rule.
tabla para evitar salpicaduras | antisplash board.
tabla para marcar la línea de excavación (cimentación edificios) | batter board.
tabla para piso de madera | batten.
tabla para trazado de curvas | output table.
tabla portamezcla (enlucidos) | hawk.
tabla que contiene información del archivo | file table.
tabla que soporta un canalón de plomo (tejados) | lear board | layer board.
tabla rehecha | recast rable.
tabla sin cepillar | rough deal.
tabla sobre la que se tumba el operador del avión nodriza durante el repostaje en vuelo | ironing board.
tabla solapada | weatherboard.
tabla superior (batanes) | handrail.
tabla vertical (valla de madera) | picket.
tabla vertical de una cerca de madera | paling | pale.
tablado | platform | stage.
tablado giratorio (teatros) | revolving stage.
tablado para la banda de música | bandstand.
tablaje | pannelling.
tablas (ajedrez) | drawn.
tablas acopladas | matched boards.
tablas actuariales | actuarial tables.
tablas atadas transversalmente al borde de ataque de las alas para anular la sustentación (aviones aparcados en tiempo muy ventoso) | spoiler boards.
tablas de actuación | performance tables.
tablas de ancho especificado | dimension shingles.
tablas de conversión de unidades métricas a inglesas | metric-English conversion tables.
tablas de crepúsculo vespertino | darkness tables.
tablas de chilla | siding.
tablas de entibación | lining board.
tablas de estiba | dunnage.
tablas de experiencia de mortalidad | experience tables.
tablas de fibra prensada | wall board.
tablas de forro (entibaciones) | wallings.
Tablas de la Ley | Tablets of Stone.
tablas de madera | planchettes.
tablas de mal tiempo (mesas del comedor de buques) | fiddle rack.
tablas de mareas | tide tables.
tablas de mortalidad de generaciones | generation life tables.
tablas de permutaciones al azar | tables of random permutations.
tablas de traducción | translation tables.
tablas de zócalo | skirting.
tablas del fondo (enconfrado viga de hormigón) | beam bottoms.
tablas estadísticas | returns.
tablas machiembradas | roofers.
tablas machihembradas | matching | match-boarding.
tablas machihembradas para revestimientos exteriores de casas | matched siding.
tablas para cajonería | boxboard.
tablas para cortar | cutting boards.
tablas para retenciones | withholding tables.
tablas para revestimiento de paredes | side boards.
tablas puestas en tingladillo | weatherboarding.
tablas que se colocan sobre el contorno de la mesa para los balances en mal tiempo (comedor buques) | table fiddles.
tablas rebordeadas | beaded lumber.
tablas solapadas | weather boarding.
tablas sueltas | loose boards.
tablas taquimétricas | tacheometric tables.
tablatura (cráneo) | tablatura.
tablatura (música) | tablature.
tablazo | coastal plateau.
tablazón | lumber | sheathing | board-wood | boarding | boards | planking | planks.
tablazón de cubierta | deck planking.
tablazón de cubierta (buques) | deck flat.
tablazón de cubierta (para soportar tejas, pizarras, etc.) | roofers.
tablazón debajo de la maquinaria auxiliar de cubierta (buques) | machinery chock.
tablazón del forro interior (buques madera) | inside planking.
tablazón del frente de ataque (minas, túneles) | breast boards.
tablazón del tejado (para soportar las tejas, pizarras, etc.) | roof boards.
tablazón para techar | weatherboarding.
tablazón sobre la tapa del doble fondo debajo de las escotillas (buques) | dumping boards.
tablero | panel | wallboard | board | table.
tablero (autos) | apron.
tablero (compuertas) | leaf.
tablero (puentes) | platform | floor | flooring | roadway.
tablero (puertas) | pane.
tablero acústico | acoustic board.
tablero aislante | insulating board.
tablero angiográfico flotante | angio sliding table top.
tablero apoyado en el cordón inferior de la viga (puentes) | low-lying roadway.
tablero artificial hecho con pasta de costeros | hardboard.
tablero balastado (puentes) | ballasted deck.
tablero con caras de roble | oak-faced plywood.
tablero con hojas de papel (reuniones) | flip-chart.
tablero con marco (carpintería) | cased panel.
tablero conmutador de abonado (telefonía) | private branch exchange (PBX).
tablero contrachapado curvado | curved plywood.
tablero contrachapado de calidad para intemperie | external grade plywood.
tablero contrachapado de sapeli | sapeli veneered panel.
tablero contrachapado revestido de plástico | plastic-surfaced plywood.
tablero chapado con okumé | okumé-veneered plywood.
tablero de aglomerado | hardboard.
tablero de aglomerado impregnado de un liquido endurecedor | tempered hardboard.
tablero de alarma | warning light panel.
tablero de alimentación | feed board | feed table | feedboard | feed apron | feeding apron | feed lattice.
tablero de aparatos de medida | gage board.
tablero de avisos | bulletin board.
tablero de bornas | terminal block.
tablero de cardas | card-table.
tablero de circuito impreso | printed-circuit board.
tablero de circuitos impresos | PC board.
tablero de conexiones | patch board | connection board | jack panel | plug-board.
tablero de conexiones sin tensión frontal | dead-front switchboard.
tablero de construcción | building board.
tablero de contraincendios (cuadro avisador) | fire panel.
tablero de control | switchboard | telltale | gage board | pinboard.
tablero de control principal | master control board.
tablero de cotizaciones (bolsa) | big board.
tablero de chapa rigidizada por la cara inferior con perfiles soldados (puentes) | battle deck.
tablero de damas | chequer.
tablero de dar fuego (barrenos de minas) | sparker box.
tablero de descarga | delivery lattice.
tablero de dibujante | drafting table.
tablero de dibujo | drawing-board | drafting board.
tablero de dibujo en perspectiva verdadera | true-perspective drawing board.
tablero de encofrado para losas de hormigón | form decking for concrete slab.
tablero de estirar (pieles) | board stretcher.
tablero de fibra prensada (EE.UU.) | masonite.
tablero de fibras aglomeradas | hardboard.
tablero de fibras aglomeradas (madera) | hardboard.
tablero de fondo | bottom board.
tablero de herreros de ribera (astilleros) | scrive board.
tablero de hojas encoladas | fabricated timber.
tablero de hormigón sobre chapa de acero (puentes). | steel-concrete deck.
tablero de instrumentos | instrument panel.
tablero de instrumentos (autos) | dashboard | dash.
tablero de losa muy delgada de hormigón armado (puente ferrocarril) | wafer-slab deck.
tablero de madera contrachapada | plywood panel.
tablero de madera chapado con acero inoxidable | stainless-steel-faced plywood.
tablero de madera revestido de amianto | asbestos-wood board.
tablero de malla abierta (puentes) | open-mesh decking.
tablero de mando | control board.
tablero de máquina de recortar | router board.
tablero de marcha (avión) | progress board.
tablero de ojos (urdidoras) | eyeboard.

tablero de partículas (maderas) | flake board.
tablero de peines (rastrillo - rastrilladora) | hackle bar.
tablero de peines (tablero de púas - rastrilladora) | hackle strip.
tablero de placas del puente | slab bridge floor.
tablero de púas (rastrillo - rastrilladora) | hackle bar.
tablero de puente | bridge floor.
tablero de puerta | door panel.
tablero de pulsadores | pushbutton station | pushbutton board.
tablero de rastrillar | hackle sheet.
tablero de sacudidas longitudinales | end-jerk table.
tablero de trazado (astilleros) | scrive board.
tablero de volteo (astilleros) | bending floor | bending slab.
tablero del puente | bridge deck.
tablero descargador | stripping apron.
tablero desviador exterior | swathboard.
tablero elevador | elevator lattice | elevating apron.
tablero elevador (abridoras) | lifting apron.
tablero elevador (batanes) | pin apron.
tablero enrasado | bead and butt panel.
tablero gráfico | planning | graphic panel.
tablero hecho de trozo pequeños de madera comprimidos a gran presión | particleboard.
tablero ignífugo | nonignitable board.
tablero lavador (minería) | rag frame.
tablero más ancho que alto (puertas) | lying panel.
tablero para detener las materias flotantes | scumboard.
tablero para losas (hormigón) | slab decking.
tablero sin fin de tablillas | lattice apron.
tablero S.L.T | board panel.
tablero trazador | plotting board.
tableros contrachapados | plywood boards | core.
tableros contrachapeados ignífugos | fireproof plywood boards.
tableros intercambiables | interchangeable plugboards.
tableros interiores mezclados de cemento-amianto y fibras orgánicas | interior panels of asbestos cement and organic fibres.
tableros medianeros | middle layers.
tableros recubiertos de azulejos (decoración exterior de edificios) | tiled tableaux.
tablestaca | flat pile | spilling lath | sheet pile | pile plank | pile-plank | timber lining.
tablestaca (construcción) | sheet pile.
tablestaca (entibación minas) | lagging piece.
tablestaca (minas) | spile | spill | backing deal | back lath | pile | pole | lath.
tablestaca de acero | steel pile.
tablestaca de acero de alma de gran altura | deep-web steel sheet pile.
tablestaca de avance (túneles) | spile.
tablestaca de avance (túneles, minas) | poling-board.
tablestaca maestra | master pile.
tablestacado | sheet piling | pile-planking.
tablestacado (cimentaciones) | camp sheathing.
tablestacado de ataguía | camp-sheeting.
tablestacado de contención de tierras con pilotes anclados | piled retaining wall.
tablestacado de chapa ondulada | corrugated iron sheet piling.
tablestacado empotrado | embedded piling.
tablestacado en forma de Z | Z-shaped piling.
tablestacado entrelazado | interlocking sheet piling.
tablestacado metálico | steel sheet-piling.
tablestacar | sheet (to) | sheet-pile (to).
tablestacas de avance (túneles) | head piles.
tableta | chip | tablet.
tableta (farmacia) | lozenge.
tableta con contactos por una cara | flip chip.
tableta de escayola | plaster of paris tablet.
tableteo | clicking noise.
tableteo (líneas eléctricas) | motor-boating.
tableteo (radio) | motor-boating.
tablilla | splint | slat | slot | tablet.
tablilla (de mira topográfica) | target.
tablilla de anuncios | board.
tablilla de mira | vane.
tablilla reforzadora | batten.
tablillas (encuadernación) | pressing boards.
tablillas para cajonería | box shooks.
tablón | plank.
tablón (Argentina) | baulk.
tablón con listones clavados | chicken ladder.
tablón con listones clavados transversalmente | duck-walk | duck-board.
tablón con listones clavados transversalmente para formar una escala | gang boarding.
tablón cortado a lo largo (de un rollizo) | flat-grain plank.
tablón de anuncios | bulletin board | signboard.
tablón de avisos | notice-board | hoarding.
tablón de cubierta | deck plank.
tablón de duramen | all-heart.
tablón de encepado | wale | waling.
tablón de margen (tablazón de madera de buques) | joggling plank.
tablón de piso (puentes) | chess.
tablón de siete pulgadas de ancho y de grueso inferior a cuatro pulgadas | batten.
tablón interior para apoyo de las bancadas (botes) | riser.
tablón marginal | boundary plank | margin plank.
tablón marginal curvo a proa y popa para recibir la tablazón de cubierta (buques) | gunstocking.
tablón para duelas | stave bolt.
tablón que se rompe (andamios) | snapped plank.
tablonaje colocado alrededor de la escotilla para proteger la cubierta de madera en la carga o descarga (buques) | land board.
tablonaje exterior sobre la traca de cinta (buques madera) | berthing.
tablones contra corrimiento de la estiba | shifting boards.
tablones de estiba | dunnage planks.
tablones del forro contiguos a los de aparadura (buques de madera) | bottom planking.
tablones para andamios | staging planks | stage planks.
tablones repartidores de la carga (estiba de buques) | relieving boards.
tablones sueltos para la estiba | dunnage wood.
tabulación | charting | tabulation | tab | tabling.
tabulación cruzada | cross tabulation.
tabulación de datos | tabulation of data.
tabulación de doble entrada | cross tabulation.
tabulación horizontal | horizontal tabulation.
tabulación selectiva | selective tabulation.
tabulación vertical | vertical tabulation | paperthrow.
tabulado | tabulating | group printing.
tabulador | tab key | tabulator.
tabulador electrónico (calculadora electrónica) | logger.
tabulador electrónico de datos (calculadoras) | data logger.
tabulador electrónico para programas de corte (guillotinas) | automatic spacer.
tabuladora | listing machine | tabulator | punched card tabulator | accounting machine.
tabuladora de avance automático | automatic bill-feed tabulator.
tabuladora en H con las válvulas (bombas minas) | aitch piece.
tabuladora facturadora | invoicing tabulator.
tabuladora impresora | printing tabulator.
tabular | tabulate (to) | table (to) | chart (to) | tabular.
taburete | taboret.
taburete aislador | isolator.
taburete electroaislante | insulating stool.
tacan (sistema de navegación aérea) | tacan.
tacan (sistema táctico de navegación aérea) | tactical air navigation (T.A.C.A.N.).
tacción | taction.
tácito plebiscito | tacit plebiscite.
tacitrón | tacitron.
taco | stopper | plug | chock.
taco (cartucho de arma fuego) | wad.
taco (de almanaque) | pad.
taco (de billar) | cue.
taco (de cañón, cartucho de caza) | gun wadding.
taco (de neumático) | lug.
taco (explosivo) | pop.
taco (fundición) | butt.
taco (jaula mina) | shut.
taco (telar) | picker.
taco abrasivo | honing stick.
taco abrasivo de cobre impregnado con un compuesto de diamantes de 6 micrones | copper lap impregnated with 6 micron diamond compound.
taco abrasivo de madera de cedro | cedar wood lap.
taco abrasivo de plomo | lead lap.
taco angular (telares) | angle picker.
taco de ángulo | angle block.
taco de calzar | packing block.
taco de combustible (nuclear) | fuel slug.
taco de fundición adiamantada (para lapidar) | diamond-charged cast iron lap.
taco de helado | ice-cream brick.
taco de limpiar (pozo petróleo) | pig.
taco de madera | block.
taco de madera cargado con pasta adiamantada | wood lap.
taco de madera cargado con pasta adiamantada de 90 micrómetros | wood lap charged with 90 micron diamond compound.
taco de madera colocado entre el macho y la hembra (timones de buques) | wood lock.
taco de madera dura o de metal blando con abrasivo incorporado | lap.
taco de madera dura para lapidar o pulir con polvo abrasivo | hardwood lap.
taco de nilón (para lapidar) | nylon lap.
taco de plomo (para lapidar) | lead lap.
taco de plomo adiamantado (para lapidar) | diamond-impregnated lead lap.
taco de presión | pressure pad.
taco de relleno | filling chock.
taco de retenida | grip block.
taco o listón de madera empotrado en un muro (para poder clavar) | pallet.
taco para calzar | packing block.
taco para duelas (Iberoamérica) | stave bolt.
taco para nivelar | leveling block.
tacoamortiguador | speed checker.
tacocha (minas) | blockholing.
tacochear (minas) | blockhole (to).
tacogenerador | tachogenerator.
tacógrafo | tachograph | recording tachometer.
tacograma | tachogram.
tacometría | tachometry.
tacometría electrónica | electronic tachometry.
tacometría lineal | linear tachometry.
tacométrico (aparatos) | speed measuring.
tacómetro | speedometer | speed counter | speed gage | speed indicator | motion indicator | tacheometer | tachometer | revolution counter.
tacómetro accionado por el eje de la máquina | mechanical tachometer.
tacómetro centrífugo | centrifugal tachometer.
tacómetro cronométrico | chronometric tachometer.
tacómetro de arrastre magnético | magnetic-drag tachometer.
tacómetro de corriente continua sin colector | commutatorless D-C tachometer.
tacómetro de indicación continua | continuously indicating tachometer.
tacómetro eléctrico | electric tachometer.
tacómetro estroboscópico | stroboscope tachometer.

tacómetro homopolar | homopolar tachometer.
tacómetro magnético | magnetic tachometer.
tacómetro para determinar las velocidades de corte (herramientas) | cutmeter.
tacómetro registrador | tachygraph | recording tachometer.
tacómetro y sincroscopio gemelos | dual tachometer and synchroscope.
tacón (de presa) | heel.
tacón (muro de contención) | heel.
tacón (zapatos) | heel.
tacón aguja (zapato de mujer) | stiletto heel.
tacón con brotes | stool.
tacón de arrastre | driving lug.
tacón de costado (tipografía) | side lay.
tacón de frente (tipografía) | pitch edge.
tacón de margen de cabeza (tipografía) | head lay.
tacón de tope | stop lug.
taconita (minería) | taconite.
taconita magnética | magnetic taconite.
tacorregulación | speed control.
tacorregulador | speed governor.
tacos (jaulas minas) | landing dogs.
tacos a cada extremo del eje (rollos de papel continuo) | core bungs.
tacos de jaula de extracción | cage-shuts.
tacos para clisés (imprenta) | bases.
táctica | tac | tactics.
táctica (ciencia) | tactics.
táctica aeronaval | naval-air tactics.
táctica berilífera | beryllium-bearing tactite.
táctica de atacar y retirarse | hit-and-run tactics.
táctica de ataque a puntos vulnerables | soft-spot tactics.
táctica de choque | bull-at-gate tactics.
táctica de infiltración | infiltactics.
táctica de penetración | penetration tactics.
táctica para desorientar al adversario (guerra electrónica) | spoofing.
táctico | tactical | tactic.
táctico (persona) | tactician.
táctico (referente a la taxis - botánica) | tactic.
tactita berilífera | ribbon rock.
tacto | feeling | touch.
tacto (de una tela) | handle | hand.
tacto (minerales) | touch | feel.
tacto acartonado (telas) | boardy feel.
tacto aceitoso | oily feel.
tacto algodonoso | cottony feel.
tacto arenoso | grittiness | gritty feel.
tacto áspero | hard feel.
tacto áspero (minerales) | meager touch | harsh touch.
tacto del algodón | cotton feel.
tacto del mando de vuelo | flying control feel.
tacto del tejido | fabric hand.
tacto doble (medicina) | double touch.
tacto elástico | elastic feel.
tacto grasiento | greasy feel.
tacto lleno | full feel.
tacto muerto | dead feel.
tacto sólido | firm feel.
tactoide | tactoid.
tacha | blemish | fault | spot.
tacha (clavo de cabeza plana y ancha) | clout nail.
tacha (fábrica de azúcar) | strike pan | vacuum pan.
tachable | rejectable.
tachado | crossed out.
tachado de ilegalidad (jurisprudencia) | infectious.
tachadura | scratching.
tachadura de la marca de inspección | brand defacing.
tachar | cancel (to).
tachar (palabras) | belay (to).
tachar con lápiz azul | blue-pencil (to).
tachar con tinta | ink out (to).
tachero (fábrica azúcar) | panman.
tacho | sugar-pan.
tacho (evaporador de vacío - fabricación azúcar caña) | pan.
tacho (fábrica azúcar) | teache.
tacho (fábrica de azúcar) | boiler.
tacho al vacío | effect.
tacho de calandria (azúcar) | calandria pan.
tacho de presión | pressure pan.
tacho de punto (azúcar) | strike pan.
tacho de rederretido (azúcar) | remelt pan.
tacho de serpentín (azúcar) | coil pan.
tacho de vacío (fábrica azúcar) | vacuum pan.
tachonado | spotted.
tachonar | stud (to) | fleck (to).
tachuela | brad bolt | sprig-big | sprig | dog spike | tack | dog nail.
tachuela de guarnición de carda | card clothing tack.
tachuela de tapizar | bullen-nail.
tachuela para tapicería | gimp nail.
tafetán a cuadros | check taffeta.
tafetán de algodón | cotton taffeta.
tafetán de Florencia (tela algodón) | sarcenet.
tafetán de rayón | romaine.
tafetán de tacto | soft taffeta.
tafetán doble | marceline.
tafetán engomado | court plaster.
tafetán grueso (rayón) | sharksking.
tafetán impermeable | oil-silk | oiled silk.
tafetán inglés | court plaster.
tafetán para forros | lining taffeta.
tafetán para vestidos | dress taffeta.
tafetán tornasol | soft taffeta | changeable taffeta.
tafetas de seda | silk taffeta.
tafilete (cuero) | morocco.
tafiletear | morocco-tan (to) | morocco-dress (to).
tafiletería | morocco-leather shop | morocco manufacture | morocco-dressing.
tafiletero | morocco tanner | morocco dresser.
tafrófilo | ditch-dwelling.
tahalí | frog.
taiga | taiga.
tajada | cut.
tajadera | cutter | sate | bevel-faced hammer | hardle.
tajadera (de yunque) | hardie | hardy.
tajadera (forja) | hot set.
tajadera (fragua) | chopping block | cold cutter | hack iron.
tajadera (herramienta) | cold set.
tajadera de fragua | hot chisel | hot sate | hot cutter | forge chisel.
tajadera de yunque | anvil chisel.
tajadera en caliente | anvil hot cut | hot chisel.
tajamar | prow.
tajamar (maderas flotadas) | holding ground.
tajamar (pila de puente) | cutwater | starling | pierhead.
tajamar (pila puentes) | upstream cutwater.
tajamar (pilas de puentes) | nosing.
tajamar (puente) | breakwater.
tajamar (Uruguy) | log pond.
tajamar de pila (puentes) | pier-nose.
tajamar de salida (pilas de puentes) | downstream cutwater.
tajamar rompehielos (pila de puente) | forestarling.
tajante (afirmación) | sweeping.
tajar | slit (to) | hew (to).
tajdor para plomo | lead cutter.
taje de avance (minas) | drift stope.
tajo | party | stock | hack.
tajo (de carnicero, tonelero) | block.
tajo (para cortar) | chopping log.
tajo ascendente (minas) | ascending cut | bord gate.
tajo cuyo frente de arranque es normal al crucero (minas) | face heading.
tajo cuyo frente es normal al crucero (minas) | face entry.
tajo de arranque (laboreo minas) | stope.
tajo de avance (minas) | heading stope.
tajo de cocina | chopping block.
tajo de tonelero | cooper's adze block.
tajo del yunque | anvil bed | anvil stock | anvil stand.
tajo descendente (minas) | descending cut.
tajo en diagonal | rill cut.
tajo en diagonal (minas) | mid-working | rill.
tajo horizontal con relleno (minas) | horizontal cut-and-fill stope.
tajo largo (minas) | broadwall | longwall.
tajo paralelo al crucero (minas) | ending.
tajos más alejados (minería) | farthest-in workings.
takien (Hopea odorata) | takien thong.
takien (Hopea odorata - Roxb) | takien | thingan.
tal como está con averías (buques) | as she lies damaged.
tal como ha quedado instalado | as fitted.
tal como sale (minería) | mine run.
tal como sale de cantera (piedras) | as-quarried.
tal como sale del aserradero | mill-run.
tal como sale del tronco (tablones, etcétera) | log run.
tal como se dice | tel quel.
tal como se estipula | tel quel.
tal como se recibe | as-received.
tal cual está | as it stands.
tal cual estaba | all faults.
tala | desafforestation | cropping.
tala (agricultura) | clearing.
tala (de árboles) | felling.
tala de árboles | felling of trees.
tala de bosques | deafforestation.
tala para favorecer la regeneración natural por semilla (bosques) | seeding cutting.
talabartero | belt maker.
taladrabilidad | drillability.
taladrabilidad de las rocas | drillability of rocks.
taladrable | drillable.
taladrado | drilling.
taladrado a medida | bored-to-suit.
taladrado a medidas finales | finish-boring.
taladrado anódico | anodic drilling.
taladrado antes de clavar | prebored before nailing.
taladrado con antelación | prebored.
taladrado con anterioridad | predrilled.
taladrado con avance constante | constant feed drilling.
taladrado con avance por leva | cam feed drilling.
taladrado con gran tolerancia | large-limit drilling.
taladrado con herramienta de puntas de diamante | diamond boring.
taladrado con pequeña tolerancia | close-limit drilling.
taladrado con pequeños agujeros periféricos que se solapan | stitch drilling.
taladrado con plantilla | jigged.
taladrado con precisión | fine-bored.
taladrado con presión constante | constant pressure drilling.
taladrado de cañones | gun-drilling.
taladrado de gran diámetro | big-diameter drilling.
taladrado de los pliegos para su cosido (libros) | stabbing.
taladrado de precisión | borizing | close-limit drilling.
taladrado de reconocimiento | exploratory boring.
taladrado electrónico | electronic drilling | electron drilling.
taladrado en el centro | centrally pierced.
taladrado en el torno | lathe drilling.
taladrado en escalones | step-boring.
taladrado en paquete (chapas finas) | stack-drilling.
taladrado en seco | dry drilled.
taladrado en serie | production-drilled.
taladrado esférico | spherical boring.

taladrado exploratorio | exploratory drilling.
taladrado fotoquímico | photochemical drilling.
taladrado fotoquímico del vidrio plano | photochemical drilling of flat glass.
taladrado hecho con plantilla | profiled boring.
taladrado hidráulico | hydraulic drilling.
taladrado múltiple simultáneo | multidrilling.
taladrado no normal a la superficie | off-angle drilling.
taladrado poco preciso | large-limit drilling.
taladrado por electroerosión | electroerosion drilling.
taladrado por haz electrónico | electron drilling | electron-beam drilling.
taladrado por medio del soplete | flame boring.
taladrado por ultrasonidos | ultrasonic drilling.
taladrado profundo | gun-drilling | deep drilling.
taladrado sobre plantilla | jigboring.
taladrador | piercer | drill runner.
taladrador (obrero taller) | driller.
taladradora | drilling-mill | drill press | driller | drilling-machine | perforating machine.
taladradora a mano | hand drilling machine.
taladradora con avance a mano | sensitive drill.
taladradora con cojinetes de bolas | ball-bearing drill.
taladradora con macho de roscar | tap drill.
taladradora con motor propio | motorized drilling machine.
taladradora con plantilla óptica | optical jig borer.
taladradora con potencia lasérica | laser-powered drilling machine.
taladradora con velocidad preseleccionada hidráulicamente | hydraulic pre-select speed drilling machine.
taladradora de avance manual | sensitive drilling machine.
taladradora de bandajes | tire boring machine.
taladradora de brazo radial | radial.
taladradora de caja de machos | core box borer.
taladradora de columna | pillar driller | upright drilling machine | pillar drilling machine.
taladradora de doble engranaje | double-geared drilling-machine.
taladradora de microprecisión | microprecision drilling machine.
taladradora de pedal | foot-drill.
taladradora de plantillas | jig borer | jigboring machine.
taladradora de pluricabezales | multihead drilling machine.
taladradora de policabezales | multiple-head drilling machine | multispindle driller.
taladradora de polihusillos | multiple spindle drilling machine.
taladradora de rincón | close-quarters drill.
taladradora de roca de dientes postizos | inserted-tooth rock drill.
taladradora eléctrica | electrically driven drill.
taladradora hidráulica | hydraulic drilling machine.
taladradora horizontal de dos cabezales para taladrar simultáneamente los agujeros de las manivelas en las ruedas acopladas (locomotoras) | wheel-quartering machine.
taladradora horizontal de varios taladros | multispindle horizontal borer.
taladradora horizontal optimétrica | optimetric horizontal borer.
taladradora horizontal para agujeros profundos | horizontal deep-hole drilling machine.
taladradora mecánica | power drill | machine drill.
taladradora monohusillo de avance a mano | single-spindle sensitive drill press.
taladradora monohusillo de pluricabezales | multihead single-spindle drilling machine.
taladradora montada sobre el banco | bench-mounted drill.
taladradora multibrocas | multidrilling machine | gang borer.
taladradora multihusillos ajustable de avance mecánico | mechanical feed adjustable multispindle drill.
taladradora multihusillos de avance hidráulico variable | hydraulic feed adjustable multispindle drilling machine.
taladradora múltiple | multiple drilling machine | gang drill | multispindle driller | multidrilling machine.
taladradora múltiple de ajuste limitado | limited adjustable multispindle drill.
taladradora neumática | pneumatic drilling machine.
taladradora neumática para madera | pneumatic wood borer.
taladradora neumática para taladrar en ángulo | angle-type drill.
taladradora para agujeros horizontales | drift punch.
taladradora para agujeros profundos | deep-hole driller.
taladradora para botones de manivela en ángulo recto | quartering machine.
taladradora para cuerpos de caldera | boiler shell drilling machine.
taladradora para lentes | lens driller.
taladradora para ranguas de relojería | horological stone driller.
taladradora para rincones | corner drill.
taladradora para sitios estrechos | close-quarters drill.
taladradora para trabajos pesados | heavy-duty drill.
taladradora portátil | portable drilling-machine | drilling jig.
taladradora portátil con husillo a un costado | offset-spindle drill.
taladradora radial | radial drilling machine.
taladradora radial de brazo desplazable verticalmente | elevating arm radial drilling machine.
taladradora radial de brazo giratorio | swing-jib radial drill.
taladradora radial de columna | column radial drill.
taladradora radial de mando centralizado | centralized control radial drill.
taladradora radial mecanizada de velocidad preseleccionada | mechanical preselect speed radial drilling machine.
taladradora radial portátil | portable radial.
taladradora radial rápida de control centralizado | high-speed centralized-control radial drilling machine.
taladradora rápida | high-speed drilling machine.
taladradora rápida con mando por caja de velocidades y monopolea | all geared single-pulley high-speed drilling machine.
taladradora revólver | turret drilling machine | turret drill.
taladradura en seco con diamante | dry diamond drilling.
taladrar | drill (to) | pierce (to) | punch (to) | penetrate (to) | tap (to) | bore (to).
taladrar a menor diámetro | semifinish bore (to).
taladrar a menor diámetro que el definitivo | subdrill (to).
taladrar a un diámetro menor que el definitivo | rough-drill (to).
taladrar agujeros profundos y de pequeño diámetro en vidrio | drill deep and narrow holes through glass (to).
taladrar con herramienta adiamantada | bore with diamond tool (to).
taladrar con herramienta de punta de diamante | diamond bore (to).
taladrar con laser | laser pierce (to).
taladrar con plantilla | profile-bore (to) | jig (to) | jig-drill (to) | jig bore (to).
taladrar con precisión | finish bore (to) | fine bore (to).
taladrar con taladros múltiples | multidrill (to).
taladrar cónico | taper-bore (to).
taladrar descentrado | drill untrue (to).
taladrar el centro | center-drill (to).
taladrar en paquete (chapas) | batch drill (to).
taladrar en seco | dry drill (to).
taladrar en sentido longitudinal | drill lenghtways (to).
taladrar fuera de su sitio | drill untrue (to).
taladrar in situ | spot-drill (to).
taladrar para averiguar el espesor (chapas buques) | drill-test (to).
taladrar para ver el estado interior de la madera | drill-test (to).
taladrar por percusión (sondeos) | churn drill (to).
taladrar y roscar (cañería principal de agua) | tap (to).
taladrillo (Iberoamérica-bupréstidos) | turpentine borer.
taladrillo de las ramillas (Uruguay) | twig beetle.
taladrillo grabador (Venezuela, Puerto Rico, Uruguay) | engraver beetle.
taladrista | drillman | reamer | rimer.
taladrista (obrero taller) | driller.
taladro | borehole | drilled hole | piercing tool | auger | perforator | boring | bore.
taladro (agujero) | drill.
taladro basto | rough bored.
taladro con perforadora de expansión (sondeos) | pad drill.
taladro cósmico | cosmic drill.
taladro de ajuste lateral | traverse drill.
taladro de banco | drill-press.
taladro de barrena (carpintería) | bit-stock.
taladro de cabezales múltiples (EE.UU.) | gang drill.
taladro de carraca | ratchet drill.
taladro de línea recta | straightway drill.
taladro de mano | piercer | hand-held drill.
taladro de mano con volante | fly drill.
taladro de paso | leakhole.
taladro de pedestal | column drill.
taladro de pequeñísimo diámetro | subminiature bore.
taladro de prensa | cramp drill.
taladro de prueba | test hole.
taladro de relojero | fiddle drill.
taladro de rocas por chorro de gases calientes | thermal rock piercing.
taladro de trinquete | ratchet drill.
taladro dental de 400.000 revoluciones minuto | dental drill of 400.000 rev/min.
taladro descentrado | off centre hole.
taladro enganchador (sondeos) | recovering-tap.
taladro giratorio | churn drill.
taladro guiado (taladradoras múltiples) | pilot-type boring bar.
taladro mecánico | drill.
taladro neumático percusivo | pneumatic percussive drill.
taladro para cubos (ruedas) | hub borer.
taladro para madera | wood borer.
taladro para metales blandos | farmer's drill.
taladro para piedra | steel drill for rock.
taladro para rellenar con soldadura de estaño | sweating hole.
taladro para trabajos bajo el agua | submarine drill.
taladro para vidrio | glass drill.
taladro radial con regulación hidráulica | hydraulic control radial drill.
taladro ranurador | cotter drill | traverse drill.
taladro rotativo | rotary drill.
taladro rotatorio dental | bur.
taladro ultrasónico | ultrasonic drill | ultrasonic drilling.
talar | clear (to) | log (to) | disafforest (to).
talar (árboles) | fell (to).
talar una zona | defoliate an area (to).
talas | abatis.

talásico | thalassic.
talasocracia | thalassocracy.
talasocrático | thalassocratic.
talasofobia | thalassophobia.
talasografía | thalassography.
talasógrafo | thalassographist.
talasoterapia | thalassotherapy | saltwater treatment.
talasotermia | thalasothermy.
talato (química) | tallate.
talayote | talayot.
talbot (unidad de energía luminosa) | talbot.
talco | talcum | talc | Spanish chalk.
talco (yeso de sastres) | French chalk.
talco o polvo de aluminio | lamellar paint.
talcoesquisto | talc schist.
talcos clasificados con método aerodinámico | aerodynamic classified talcs.
talcoso | talcose.
talega | bag.
talento | gift.
talento de dibujante | draughtsmanship.
talento privilegiado | uncommon talent.
táleros (moneda) | thalers.
tali (Erythrophleum guineense - G. Don) | potrodom | muave | tali | missanda | sassybark.
talio | actinium c''a.
talio (Tl) | thallium.
talocha (fratás-albañilería) | float.
talochas | hawks.
talófito (botánica) | thallophyte.
talón | tally | ogee-moulding | nose | check | cheque | stop | solepiece.
talón (aguja para tejido de punto) | butt.
talón (botas) | boot heel.
talón (calcetería) | heel.
talón (cheques, etc.) | stub.
talón (de equipajes) | check.
talón (de presa) | heel.
talón (de suspensión) | lug.
talón (del arco de violín) | nut.
talón (del pie) | heel.
talón (electricidad) | lug.
talón (ferrocarril) | bill of lading.
talón (funderías) | runner head.
talón (medias) | heel-piece.
talón (moldura) | ogee.
talón (neumáticos) | bead | beaded end.
talón a inglete (medias menguadas) | miter heel.
talón alto (calcetería) | high heel.
talón alto reforzado (medias) | high-spliced heel.
talón bancario | cashier's check | counter check.
talón de aguja (cambio de vía) | heel.
talón de cable | cable lug.
talón de cambio (aguja ferrocarril) | switch end.
talón de carga | freight bill.
talón de embarque | shipping ticket | shipping note.
talón de enganche (llanta autos) | rim bead | rim clinch.
talón de entrega | issue slip | delivery order.
talón de equipaje | luggage receipt.
talón de equipajes | luggage check.
talón de fijación | fastening lug.
talón de la aguja (cambio de vía) | heel of switch.
talón de la aguja (vía férrea) | heel of blade.
talón de la cubierta (autos) | tire bead.
talón de leva | cam heel.
talón de pago | pay slip.
talón de quilla | keel skeg.
talón de quilla (buques acero) | skeg.
talón de remesa | routing slip.
talón de ventanilla | countercheck.
talón del balancín | rocker heel.
talón del codaste | solepiece.
talón del codaste (buques) | rudder lug.
talón del codaste (buques acero) | skeg.
talón del cruzamiento | heel of frog.
talón del marco de la hélice | sternframe sole piece.
talón del timón (buque) | afterpiece.
talón piramidal (calcetería) | pointed heel.
talón redondo (medias) | round heel.
talón registrado | certified check.
talonable (agujas ferrocarril) | trailable.
talonación | trailing.
talonación (acción de tomar de talón una aguja) | trailing.
talonar la aguja (ferrocarril) | force open the points (to) | trail the points (to).
talonario de cheques | book of cheques | checkbook | cheque book | check book | pass book.
talonario de facturas | stub book.
talonera | heeler.
talposis | thalposis.
talpótico | thalpotic.
talque (refrigeración) | tarco.
talud | bank | escarpment | escarp | talus | slope.
talud (de un muro) | purchase.
talud anterior | forward slope.
talud continental | slope | continental slope.
talud de aguas abajo | apron.
talud de reposo | repose slope.
talud de reposo (terrenos) | natural slope.
talud del paramento interior | inwall batter.
talud detrítico | hillside waste.
talud detrítico en cono (geología) | talus cone.
talud empedrado | pitched slope.
talud interior | interior slope | backslope.
talud interior (cunetas) | inslope.
talud interior (desmontes) | side slope.
talud interior de la cuneta (vía férrea) | foreslope.
talud lateral | side slope | side slope.
talud natural | repose slope.
talud natural de las tierras | natural slope.
talud natural de una tierra (obras públicas) | earth slope.
talud natural del terreno | earth-slope.
talud no revestido | unsupported slope.
talud seguro (construcción) | safe slope.
taludadora (carreteras) | sloper.
talweg (topografía) | valley line.
talla | size | carving | graving.
talla (de diamantes) | cutting.
talla (de engranajes) | hobbing.
talla (de gemas) | facetting.
talla (de gemas, grabados) | cut.
talla (de piedras) | hewing.
talla a 35 grados del eje óptico (cristal de cuarzo) | A. T. cut.
talla con | baguette cut.
talla con 17 facetas (brillantes) | single cut.
talla con 5
talla de Curie | X-cut.
talla de engranajes | gear-cutting | gear milling.
talla de engranajes cónicohelicoidales | helicoidal conical gear cutting.
talla de engranajes marinos | marine gear-cutting.
talla de gemas | gem-cutting | stone cutting.
talla de pie (personas) | crown-heel length.
talla de piedras preciosas | gem-cutting.
talla del diamante | diamond cutting | stone cutting.
talla dulce | intaglio | line engraving | engraving on copper | relief engraving.
talla en brillante | brilliant cut.
talla en cabochón | convex cutting.
talla en estrella | star cutting.
talla en madera | chip-carving.
talla en roseta (diamantes) | rosette cut.
talla especial de superacabado para hacer desaparecer defectos superficiales (engranajes) | shaving.
talla excepcional | outsize.
talla fuera de número | overmeasure.
talla media | middle-sized.
talla media (trajes, etc.) | middle height.
talla o través de un plano cristalográfico elegido | orientated cutting.
talla princesa (diamantes) | profile cut.
talla sentado (personas) | crown-rump length.
talla transversal | cross opening.
tallado (de gemas) | facetting.
tallado (gemas) | facetted.
tallado (vidrio, diamante) | cut.
tallado a máquina | machine-cut.
tallado a máquina (engranajes) | machine-cut.
tallado con copiadora (engranajes) | template planing.
tallado con fresa matriz | hobbed.
tallado con fresa matriz a medidas finales | finish-hobbed.
tallado de engranajes de dentadura recta en la limadora | gear-shaping.
tallado de engranajes por fresa matriz | gear hobbing.
tallado de muelas abrasivas por rodadura | wheel crushing.
tallado de nuevo | recutted.
tallado en cabujón (gemas) | cut en cabochon.
tallado en el primordio (engranajes) | cut from solid blank.
tallado en la roca | cut in the rock.
tallado en rosa (diamantes) | rose-cut.
tallado en Y | Y-cut.
tallado otra vez (gemas) | recutted.
tallador de diamantes | diamond cutter.
tallador de vidrio | glass cutter.
tallador en bisel | chamferer.
talladora de engranajes | gear generator.
talladora de engranajes helicoidales | spiral hob.
talladora de fresa matriz para piñones de turbinas | turbine pinion hobbing machine.
tallar | cut (to) | train (to) | hew (to) | axe (to) | incise (to) | engrave (to).
tallar (engranajes) | mill (to) | generate (to).
tallar (grabar - inscripciones) | grave (to).
tallar (madera) | carve (to).
tallar (sobre madera) | cut away (to).
tallar (una piedra) | work (to).
tallar con pico (en la piedra) | hack out (to).
tallar de nuevo (gemas) | recut (to).
tallar en basto con limadora (engranajes de dentadura recta) | gash (to).
tallar en bisel | snape (to).
tallar en hueco | intaglio (to).
tallar en inglete | miter (to).
tallar simple (bosques) | coppice.
tallarín para tapar toberas (metalurgia) | noodle.
tallaviento (velas) | lug mainsail.
taller | yard | tool room | mill | workhouse | workyard | workshop | works | factory | plant | industrial unit | shop.
taller (de artista) | studio.
taller artesano | job shop.
taller con herramientas adiamantadas | diamond-tooled plant.
taller de acabado | finishing shop.
taller de afilado | grinding works.
taller de afilar herramientas | grindery | grinding shop.
taller de ajuste | fitter's shop | fitting shop.
taller de alisar (papel) | smoothing room.
taller de aprendizaje | instructional workshop.
taller de arboladura (astilleros) | masthouse.
taller de arreglo de chapas abolladas | bumper-plating works.
taller de barriles | scantling.
taller de beneficiar oro | gold mill.
taller de beneficiar plata | silver mill.
taller de bocartear en seco minerales de plata | dry-crushing silver mill.
taller de bocartes | battery house.
taller de calderería | flue-shop | boiler shop.
taller de campaña | fieldwork workshop.
taller de cantería | stoneworks.
taller de carga | filling room.
taller de carretería | wagon shop.
taller de cepillado | planing mill.
taller de composición (imprenta) | case depart-

ment | composing department.
taller de composición (periódicos) | composing department | case room.
taller de concentración de fangos (minería) | jig mill.
taller de concentración de fangos (preparación mecánica de minerales) | ragging-floor.
taller de concentración de finos (minería) | fine-concentration mill.
taller de concentraciones (minerales) | dressing works.
taller de confección | making room.
taller de conjuntos soldados | fabricating shop.
taller de conservación | maintenance shop.
taller de construcción | construction works.
taller de construcción de botes | boatyard.
taller de construcción de carrocerías | body-building shop.
taller de construcción de locomotoras | locomotive works.
taller de construcción de máquinas | engine shop | engine works | engineering works | machine shop.
taller de construcciones mecánicas | machine shop | mechanical workshop | constructional iron works.
taller de convertidores (acerías) | converter house.
taller de cortar hierros | slitting mill.
taller de corte de piedras | stone yard.
taller de crisoles | pothouse.
taller de curvado de maderas | wood-bending plant.
taller de chapas (astilleros) | platers' shed.
taller de chapas (factorías) | plate shop.
taller de chapistería | plate shop | light-plating shop.
taller de de descascarillado de chapas | descaling shop.
taller de decapado | pickling plant.
taller de decapado de alambres | wire pickling shop.
taller de desarenado | dressing shop.
taller de desarenar (fundición) | cleaning shop.
taller de desbarbado | fettling shop | chipping shop.
taller de desestañado y desoldado | detinning shop.
taller de desmoldeo | knockout shop.
taller de desmontaje | dismantling shop.
taller de desoxidado de planchas y barras | pickling plant.
taller de doblado | bending shop.
taller de ebanistería | joiner's shop.
taller de encuadernación | bookbinder's material workshop | bookbindery | bindery.
taller de enriado | rettery.
taller de enriquecimiento (minerales) | dressing-floors.
taller de entretenimiento de herramientas de corte | cutting tool maintenance workshop.
taller de equipo contaminado | hot machine shop.
taller de escuadrear | bone-yard.
taller de estampación | press working shop.
taller de estampado | stamping shop.
taller de estampados (telas) | printery plant.
taller de estampar telas | printworks.
taller de estudios | drawing-office.
taller de fabricación | fabrication shop.
taller de fabricación de acero | steel-fabrication shop.
taller de fabricación de bloques | blockyard.
taller de fabricación de modelos | model-making shop.
taller de fabricación de tubos | pipe mill.
taller de fabricación y montaje | erecting fabricating shop.
taller de forja | blacksmith's shop | forge | forge mill | smithing | smithy | smithery | hammer shop.
taller de fotograbado | photoengraving shop.
taller de fotolitos | lithoshop.
taller de fundición | melting house.
taller de galvanoplastia | plating shop.
taller de granear (pólvoras) | granulating house.
taller de granulación | graining room.
taller de herramientas | toolroom.
taller de ingeniería | engineering workshop.
taller de jarcia (astilleros) | rigging-loft.
taller de labra de piedra | masonry yard.
taller de labra de piedras | stoneyard | stoneworks.
taller de laminación de chapas | plate-works.
taller de laminar | rolling-mill.
taller de lapidista | stone yard.
taller de lavado (minería) | patio.
taller de limpieza de lingotes | ingot dressing shop.
taller de limpieza de piezas | fettling shop.
taller de llenado | filling room.
taller de machos (moldería) | core molding shop | core shop.
taller de maquinaria | engineering works | engine works.
taller de maquinaria (astilleros) | engineering shop.
taller de máquinas | machine shop | machine works.
taller de maquinistas (buques) | engineers' workshop.
taller de modelado (cine) | staff shop.
taller de modelería | pattern shop.
taller de modelos | pattern shop | model loft | model shop | model room.
taller de moldeo | moulding hall.
taller de moldeo al barro | loamwork floor.
taller de moldeo en arena | sand floor.
taller de moldes | form shop.
taller de monda (minerales) | sorting-floors.
taller de montaje | assembly hall | assembly room | erecting workshop | erecting shop.
taller de montaje de chasis | chassis-erecting shop.
taller de montaje de motores | engine-erecting shop.
taller de montaje final | final assembly shop.
taller de nodulación | nodulizing plant.
taller de óptica | optical repair shop.
taller de pavonar (pólvoras) | glazing room.
taller de piezas soldadas por partes | fabrication shop.
taller de pintura | paint shop | paintworks.
taller de prefabricación | prefabrication shop.
taller de preparación de arenas (funderías) | sand shop.
taller de preparación de componentes | parts-preparation shop.
taller de preparación de chapas | plate preparation department.
taller de preparación mecánica (minerales) | mill | dressing works | dressing-floors.
taller de producción de alambre | wire mill.
taller de producción en serie | mass-production shop.
taller de pudelado | puddling works.
taller de pulimentación | polishing shop.
taller de punzonado | punch shop.
taller de punzonado (astilleros) | fabricating shop.
taller de rebarbado | chipping shop.
taller de rectificado | grinding works.
taller de reglaje | adjusting shop.
taller de reparación | maintenance depot | repairing shop.
taller de reparación de máquinas | engine-repairing shop.
taller de reparación de vagones | car shop.
taller de reparación propiedad de la compañía y dirigido por ella misma | company-owned-and-operated repair shop.
taller de reparaciones | service workshop | repairing works | repair shop | repair depot.
taller de reparaciones donde se venden accesorios | service-station.
taller de sincronización (filme sonoro) | scoring stage.
taller de soldadura de piezas de acero | steel-fabrication shop.
taller de soldeo | weldry.
taller de tornear | turnery.
taller de tornos | lathe shop.
taller de tratamientos (chorro de arena, decapado, recocido, hornos de eliminación de tensiones de soldadura, etc.) | dressing shop.
taller de troquelado | punch shop.
taller de velería (astilleros) | sail loft.
taller del constructor | manufacturer's works | maker's shop.
taller del chorro de arena | air blast shop.
taller en colonia | colony shop.
taller gremial | closed shop.
taller mecánico | machine shop.
taller mecánico para trabajos variados | jobbing machine shop.
taller para conservación de material de archivo | restoration workshop.
taller para fabricar cristales de gafas según receta | prescription shop.
taller para labrar granito | granite stone yard.
taller para recuperación de materiales | salvage clinic.
taller para trabajar chapas | plate shop.
taller para trabajos varios | jobbing shop.
taller que no admite trabajadores no sindicados (taller agremiado) | closed shop.
taller secundario | branch works.
talleres auxiliares | satellite workshops.
talleres de la base | base workshops.
talleres del comprador | purcharser's premises.
talleres del contratista principal | main contractors works.
talleres del licenciatario | licensee's workshops.
talleres principales | main works.
tallerista | shopworker.
tallista | cutter.
tallo | stem | stalk.
tallo (botánica) | shank.
tallo (plantas) | haulm.
tallo compuesto (líquenes) | consortium.
tallo con nudos | culm.
tallo de Mach | mach stem.
tallo de Mach (onda) | Mach front.
tallo de maíz | cornstalk.
tallo que se ha desarrollado de una cepa o raíz | root sucker.
tama de espolinado | embroidery weft.
tamaño | size.
tamaño (calzado, calcetines) | gauge (G.B.) | gage (EE.UU.).
tamaño (de agujeros, etc.) | grade.
tamaño (tipo de imprenta) | body.
tamaño aparente | apparent size.
tamaño base | basic size.
tamaño casi terminado | near-finished size.
tamaño comercial | market size.
tamaño cómodo de coger | comfortable-to-hold size.
tamaño corriente | standard size.
tamaño crítico | critical size.
tamaño crítico del monodominio | critical single-domain size.
tamaño de conjunto de datos | data set size.
tamaño de la granulación | granulation size.
tamaño de la imagen (TV) | picture size.
tamaño de la muestra | sample size.
tamaño de la trama | scan size.
tamaño de la varilla | rod size.
tamaño de la varilla interior (electrodo revestido) | core-wire size.
tamaño de letra (tipografía) | body size.
tamaño de los poros | pore size.
tamaño de malla | mesh-size.
tamaño de mallas | size of meshes.
tamaño de memoria principal | main memory size.
tamaño de un tren de laminación | rating of a rolling mill.

tamaño definitivo | final size.
tamaño del bebedero | riser size.
tamaño del casquillo (lámparas) | base size.
tamaño del electrodo | rod size.
tamaño del grano (abrasivos) | grain size.
tamaño del grano (muelas abrasivas) | grit size.
tamaño del grano austenítico | austenitic grain size.
tamaño del grano de 200 Angstrom | grain size of 200Å size.
tamaño del lote | batch size.
tamaño final | final size.
tamaño fraccionado | fractioned size.
tamaño fraccional | fractional size.
tamaño fuera de lo normal | off-standard size.
tamaño fuera de serie | outsize.
tamaño gigante | jumbo size.
tamaño hormado (calcetería) | boarded size.
tamaño inicial del lingote | initial ingot size.
tamaño límite | ultimate size.
tamaño manejable | handy size.
tamaño máximo y mínimo especificado | limits.
tamaño mayor que el corriente | oversize.
tamaño medio | moderate size.
tamaño medio de la familia | mean size of family.
tamaño medio de partícula | mean particle-size.
tamaño mínimo del defecto | minimum defect size.
tamaño modular | modular size.
tamaño natural | life size.
tamaño natural (dibujo) | full size.
tamaño no corriente (zapatos, trajes, etcétera) | odd size.
tamaño normalizado | standard size.
tamaño pequeño (trajes, etc.) | junior size.
tamaño promedio muestral (estadística) | average sample number.
tamaño provisional | tentative size.
tamaño que no pasa por la criba | subsieve size.
tamaño real | effective size.
tamaños base normales | preferred basic sizes.
tamaños de importancia estratégica (materiales) | strategic sizes.
tamaños de la lista | listed-sizes.
tamaños de tubo de fundición | IP size.
tamaños en existencia | stock sizes.
tamaños en existencias | existing sizes.
tamaños frecuentemente empleados | frequently-used sizes.
tamaños laminables | rollable sizes.
tamaños no de serie | nonstandard sizes.
tamaños normales corrientes | current standard sizes.
tamaños normalizados en almacén | standard stock sizes.
tamaños surtidos | assorted sizes.
tamarix (botánica) | salcedar.
tambalear | wabble (to) | sway (to).
tambaleo | wabble.
tambaleo (electrónica) | wobbulation.
también | even.
tambor | drum | tumbler.
tambor (arquitectura) | thole.
tambor (barómetro aneroide) | box.
tambor (bobina eléctrica) | cylinder.
tambor (buque de ruedas) | box | sponson.
tambor (cabrestante) | roller.
tambor (cabrestante o molinete) | barrel.
tambor (draga de rosario) | tumbler.
tambor (fax-copiadoras) | drum.
tambor (mecánica) | tumbler.
tambor (persona) | drummer.
tambor (pez) | drum-fish.
tambor (revólver) | cylinder.
tambor abridor | opening cylinder.
tambor acanalado | grooved drum.
tambor accionado por relojería | clock-driven drum.
tambor alimentador del mecanismo de carga (cañón) | loader feed sprocket.
tambor amplificador | multiplying drum.
tambor arrollador | takeup drum.
tambor arrollador (selfactina) | quadrant drum | winding-on drum.
tambor atelador (batanes) | lap drum.
tambor auxiliar | backing.
tambor batidor (abridora) | armed beater.
tambor bicilindrocónico | bycylindroconical drum | bicylindroconical drum.
tambor bimetálico para frenos | bimetal brake drum.
tambor cilíndrico | cylindrical drum.
tambor cilindrocónico | cylindroconical drum.
tambor cilindroespiral | cylindrospiral drum.
tambor clasificador | sorting drum | sizing drum.
tambor con sordina | muffled drum.
tambor cónico | conical cylinder | cone drum | fusee.
tambor cónico (máquina extracción minas) | fusee-wheel.
tambor cónico (minería) | scroll drum.
tambor cribador | wheel screen.
tambor de alcances (cañones) | range drum.
tambor de bordar | embroidery-frame.
tambor de cable | rope drum.
tambor de cable de entubación | casing reel.
tambor de cable de perforación (sondeos) | bull reel.
tambor de cables del sacatestigos (sondeos) | coring reel.
tambor de carda | card cylinder | gig barrel | swift.
tambor de cartuchos (ametralladoras) | ammunition drum.
tambor de cinta | belt drum.
tambor de compensación | balance drum.
tambor de cribas | bolting chest.
tambor de cuchara (sondeos) | bailing drum.
tambor de cuchillas | knife drum.
tambor de descarga | delivery box.
tambor de desrebarbado (funderías) | rattle barrel.
tambor de doble cono | double-cone drum.
tambor de elevación | elevating drum.
tambor de enrollamiento | winding drum.
tambor de espejos | mirror drum.
tambor de exploración | scanning drum.
tambor de extracción (minas) | drum.
tambor de extracción para cable plano | hoisting reel.
tambor de frenado | snubber.
tambor de freno acanalado | grooved brake drum.
tambor de freno de aleación de aluminio | aluminum alloy brake drum.
tambor de freno de aleación ligera con aletas | finned light-alloy brake drum.
tambor de frotación | tumbling barrel.
tambor de frotación (calandrias) | slip drum.
tambor de giro horizontal | horizontally-rotating drum.
tambor de impulsión | driving-drum.
tambor de inmersión | dipping drum.
tambor de inversión rápida | rapid reversing drum.
tambor de la cadena de despuntado | backing-off chain drum.
tambor de la cadena de freno | brake chain worm.
tambor de la máquina de extracción (minas) | hauling drum.
tambor de la maza (fabricación azúcar) | roll shell.
tambor de lavado | washing drum.
tambor de lentes (televisión) | lens drum.
tambor de levas | cam drum.
tambor de levas (motor radial) | cam sleeve.
tambor de limpieza | fettling drum | rumbling-mill | tumbling barrel | tumbler | rumble.
tambor de limpieza (funderías) | rattle barrel | shaking barrel.
tambor de maniobras | calf wheel.
tambor de máquina de extracción (minas) | rope roll.
tambor de mezcla | mixing-drum.
tambor de micrómetro | micrometer drum.
tambor de municiones | munition drum.
tambor de perforación | bullwheel.
tambor de prismas | prism drum.
tambor de profundidad (mina fondeada) | depth setting drum.
tambor de púas (relojes) | pin barrel.
tambor de púas (textil) | porcupine.
tambor de pulir | polishing drum.
tambor de rebarbado | fettling drum.
tambor de retención | holding drum.
tambor de ruedas (buque ruedas) | paddle box.
tambor de secado | drying drum.
tambor de sonería (relojes) | chime barrel.
tambor de tela metálica | wire cage.
tambor de tela metálica (batanes) | screen.
tambor de tela metálica (hilatura) | cage.
tambor de torcedora (hilatura algodón) | licker-in.
tambor de tostación | roasting drum.
tambor de tracción (teleférico) | fleeting drum.
tambor de tracción (teleféricos) | endless drum.
tambor de transmisión (relojes) | ferrule.
tambor de trituración | crushing cylinder.
tambor del alza | deflection drum.
tambor del alza (cañones) | range drum.
tambor del cable | cable drum.
tambor del cable de extracción (minas) | winding drum.
tambor del cable de sujeción | holding-rope drum.
tambor del cable de tuberías (sondeos) | calf reel.
tambor del cable principal | main rope drum.
tambor del dibujo | pattern drum.
tambor del freno | brake drum.
tambor del freno de la rueda delantera | front-wheel brake drum.
tambor del indicador (diagramas) | indicator barrel.
tambor del malacate | drawworks drum.
tambor del malacate de herramientas | bull wheel spool.
tambor del original | copy drum.
tambor del torno | winch barrel.
tambor dentado | teethed drum.
tambor desarenador | shaking mill.
tambor desarenador (funderías) | rumbler | rattler | shaking barrel | shaking machine | tumbler.
tambor desarenador (fundición) | rattler.
tambor desenlodador (minerales) | rinsing vat.
tambor desenlodador (preparación minerales) | clearing cylinder.
tambor desenrollador | pay-off drum.
tambor desenrollador (cine) | feed sprocket.
tambor desenrrollador (cables submarinos) | paying-out drum.
tambor desestañador | detinning drum.
tambor desfibrador | stripping drum.
tambor donde el cuero se impregna de grasa (cueros) | stuffing-drum.
tambor donde se arrolla el fleje haciendo tracción sobre los cilindros de laminar que no son motorizados | power reel.
tambor elevador de herramientas (sondeos) | tool drum.
tambor en la extremidad del eje (torno de sondeos) | niggerhead.
tambor espiraloide (minas) | spiral drum.
tambor explorador (televisión) | lens drum.
tambor filtrante | drum filter.
tambor giratorio | tumbler | barrel.
tambor giratorio de limpieza por frotación | scouring barrel.
tambor giratorio descortezador | barking drum.
tambor impulsor de husos (selfactina) | tin roller.
tambor izador | hoisting drum.

tambor lavador (minerales) | rinsing vat.
tambor limpiador | sand roll.
tambor limpiador con arena mezclada con agua o aceite | sanding-drum.
tambor lleno de serrín | sawdust barrel.
tambor magnético | magnetic drum.
tambor magnético memorizador de calculadora numérica | digital computer magnetic drum storage.
tambor memorístico | memory drum.
tambor memorizador de la calculadora electrónica | computer memory drum.
tambor metálico | metal barrel.
tambor mezclador | mixing-drum.
tambor motor | driving-drum.
tambor napador (batanes) | lap drum.
tambor oscilante | wobbling cylinder.
tambor para cable | line drum.
tambor para cable de extracción plano | flat winding-rope reel.
tambor para cadena | chain drum | chain barrel.
tambor para latonar | brassing barrel.
tambor para relleno (cueros) | stuffing-drum.
tambor perchador con cardenchas | gig cylinder.
tambor plegador | folding drum.
tambor puercoespín (batidor) | porcupine cylinder.
tambor rayado (mecánica) | scored drum.
tambor recolector (México) | dip barrel.
tambor registrador | drum recorder.
tambor retenedor | dumping drum.
tambor secador | drying can.
tambor secador de ropa | drying tumbler.
tambor solar (satélite) | solar drum.
tambor vacuosecador | vacuum drum dryer.
tamboreación | tumbling.
tamboreado para remover las rebabas | tumbled to remove burrs.
tamborear | drum (to) | play the drum (to) | roll (to).
tamborear (limpieza, esmaltado, etcétera) | barrel (to).
tamborear (meter en un tambor giratorio) | tumble (to).
tamboreo | drum playing.
tambor-hilerador | turning head.
tamboril (música) | tambouret | taboret.
tamborilear | drum (to).
tamborileo | drumming.
tamborileo (de la lluvia) | patter | pattering.
tamborilero | drummer.
tamborilete (tipografía) | planer.
tambucho (buques) | hood.
tambucho de observación | lookout-hood.
tamiz | screen | lawn | dust sieve | riddle | strum | sieve | sieve plate | sifter | strainer | cribble | bolting-reel.
tamiz (bocarte para minerales) | grate.
tamiz British Standard de 500 mallas | B. S. 500 - mesh sieve.
tamiz centrífugo | centriscreen.
tamiz con agujeros redondos | round-hole sieve.
tamiz de admisión de aire | air intake screen.
tamiz de barras curvadas | sieve bend.
tamiz de crin | hair-sieve.
tamiz de escurrimiento | dewatering screen.
tamiz de hilo de latón | brass wire sieve.
tamiz de malla ancha | coarse screen.
tamiz de mallas | mesh sieve.
tamiz de mano | hand riddle.
tamiz de moldeador | foundry riddle.
tamiz de sacudidas | shaking sieve.
tamiz de seda | silk sieve.
tamiz de tambor | composition sieve.
tamiz de tela de latón | brass-gauze sieve.
tamiz de tela metálica | wire-screen | wire sieve.
tamiz de vaivén | pulsator.
tamiz de vibración magnética | hummer-screen.
tamiz del bocarte | stamp screen.
tamiz desaguador | dewatering screen | draining screen.
tamiz fino | lawn-sieve | fine sieve.
tamiz metálico | gauze | gauze strainer.
tamiz oscilante | shaker screen.
tamiz para criba | jig-screen.
tamiz para harina (harnero)
tamiz para la colada | pouring screen.
tamiz vibrante | trembling sieve.
tamiz vibratorio | vibrating screen | mud shaker.
tamizado | screened.
tamizado (rayos X) | screening.
tamizado de la madera desfibrada | groundwood screening.
tamizado de la pasta mecánica | groundwood screening.
tamizador | ore sifter | ore-sifter | sifter | screener | screener.
tamizador húmedo | wet screener.
tamizar | strain (to) | screen (to) | sift (to) | sieve (to).
tamo | flock | chaff | cavings.
tampón | buffer | ink blotter.
tampón (para tinta) | pad.
tampón (tipografía) | dabber.
tampón de entintar | inking pad.
tampón de timbrar | stamp pad.
tampón entintado | inked pad.
tampón para limpiar la placa (talla dulce) | dossil.
tamponación (química) | buffering.
tamponar (química) | buff (to).
tamuria | thamuria.
tan amplia como en derecho se requiera (poderes) | as full as may be required by law.
tan pronto como se pueda | soonest.
tanato | tannate.
tanatofidio | thanatophidian.
tanatognomónico | thanatognomonic.
tanatografía | thanatography.
tanatoide | thanatoid.
tanatología | thanatology.
tanatosis | thanatosis.
tanatousia | thanatousia.
tancaje (capacidad total de almacenamiento) | tankage.
tancaje (precio que se paga por almacenaje) | tankage.
tanda | set.
tanda de inyecciones | course of injections.
tándem | tandem.
tangente | tangent.
tangente a la curva de esfuerzos y deformaciones en cualquier punto de la región plástica. | tangent modulus.
tangente a la elástica en los apoyos (vigas) | slope.
tangente circular | circular tangent.
tangente común | pressure line.
tangente continua que lo envuelve | continuously turning tangent.
tangente de entrada (trazados) | point of curve.
tangente de frente (curvas) | forward tangent.
tangente de salida (trazados) | point of tangency | point of tangent.
tangente de un ángulo menos el ángulo expresado en radianes | involute function.
tangente del ángulo de caída (balística) | slope of fall.
tangente del ángulo de rozamiento interno | coefficient of internal friction.
tangente en el punto de inflexión (curvas) | stationary tangent.
tangente imaginaria | imaginary tangent.
tangente natural | natural tangent.
tangente trazada a la elipse desde | tangent drawn to ellipse from.
tangenteamiento entre dos superficies | blending.
tangentear | tangent (to).
tangentes no paralelas | nonparallel tangents.
tangón (buques) | painter | outrigger.
tangón para amarre de botes (buques guerra) | guest-warp boom.
tangón para botes | boat boom | boat spar.
tangón para botes (buques) | riding boom.
tangón para la sonda (buques) | sounding boom.
tangorreceptor | tangoreceptor.
tangrama | tangram.
tánico | tannin.
tanífero | tannin.
tanímetro (hidrómetro para soluciones curtientes) | barkometer.
tanino | tannin.
tanino de mimosa | wattle tanin.
tanización | tannization.
tanque | tank | vat.
tanque aforador de orificio | orifice gaging tank.
tanque almacenador de pasta disgregada (papel) | stuff chest.
tanque antibalance (buques) | antirolling tank.
tanque apretado (buques) | pressed full tank.
tanque biolítico | biolytic tank.
tanque cilíndrico | barrel tank.
tanque con desviadores | baffle tank.
tanque de absorción | absorbing tank.
tanque de acero de paneles empernado | bolted steel tank.
tanque de adrizamiento | heeling tank.
tanque de aforo | gage tank.
tanque de agua | water tank.
tanque de agua dulce | drinking tank.
tanque de aireación | aeration tank.
tanque de almacenamiento de aguas cloacales | sewage-storage tank.
tanque de almacenamiento de petróleo o de aceite | oil storage tank.
tanque de almacenamiento del ácido | acid storage tank.
tanque de almacenamiento para dos tanques satélites | storage tank for two satellite tanks.
tanque de asentamiento (pozo petróleo) | gun barrel.
tanque de asiento | peak tank.
tanque de asiento (buques) | trimming tank.
tanque de balance (buques) | rolling tank.
tanque de carga criógeno | cryogenic cargo tank.
tanque de carga llevado en cubierta (metano líquido) | shipboard cargo tank.
tanque de cocido (Iberoamérica) | cooking vat.
tanque de combustible | fuel tank | fuel bunker.
tanque de combustible de popa (buques) | after fuel bunker.
tanque de combustible de trimado (aviones) | trim tank.
tanque de combustible depurado (empleo de fueloil para motores) | rectified tank.
tanque de combustible para el trabajo diario (motores) | ready-use tank.
tanque de conexión | shuttle tank.
tanque de consumo de fueloil (buques) | fuel bunker.
tanque de consumo del aceite lubricante (buques) | lubrication oil supply tank.
tanque de corrección de calados de proa y popa (buques) | peak tank | trimming tank.
tanque de decantación de mezclas oleosas (buques) | slop tank.
tanque de decantación del lodo | mud tank.
tanque de desagüe de imbornales (buques) | scupper drain tank.
tanque de deshidratación | dewatering tank.
tanque de despegue (buque-puerta de dique seco) | preponderance tank.
tanque de emersión (submarinos) | buoyancy tank.
tanque de enfriamiento | quench tank.
tanque de enfriamiento por lluvia | spray pond.
tanque de enjuague con recuperación de escurriduras (tratamientos) | dragout-recovery rinse tank.
tanque de entrenamiento para salvamento individual (submarino hundido en el mar) | submarine sea-escape training tank.
tanque de escurriduras | dragout tank.

tanque de evaporación | evaporation pan.
tanque de expansión | expansion tank.
tanque de fangos activados | activated sludge tank.
tanque de fangos depurados | purified sludge tank.
tanque de fermentación | tun | fermenting tank | fermenting vat.
tanque de galvanoplastia | plating tank.
tanque de gravedad | static tank.
tanque de impacto (aviación) | impact basin.
tanque de inmersión rápida (submarinos) | quick diving tank.
tanque de inundación (buques) | scuttle tank.
tanque de lastre | ballast tank.
tanque de lastre (submarinos) | saddle tank.
tanque de lastre en la bodega (buques) | deep tank.
tanque de lastre independiente | segregated ballast tank.
tanque de lastre lateral (buques) | wing ballast tank | cantilever tank | corner tank.
tanque de lastre limpio (petroleros) | segregated ballast tank.
tanque de lavado de contracorriente | counterflow rinse tank.
tanque de limpieza a presión | pressure cleansing tank.
tanque de lixiviación | leaching tank.
tanque de los raseles (buques) | trimming tank.
tanque de los raseles (trimen - buques) | peak tank.
tanque de los raseles de popa | after peak tank.
tanque de los raseles de proa | forepeak tank.
tanque de lubricante usado | dirty oil tank.
tanque de membrana para carga de gas natural licuado | membrane cargo tank.
tanque de mercurio | mercury tank.
tanque de mezcla | mixing chamber.
tanque de observación (buques) | observation tank.
tanque de observación del sobrante | drain observation tank.
tanque de oxígeno líquido | lox tank.
tanque de petróleo | oil-tank | petroleum tanker.
tanque de petróleo del dique flotante | dock's fuel tank.
tanque de plástico lanzable (aviones) | plastics drop tank.
tanque de purga de alimentación | feed drain tank.
tanque de purga del aceite lubricante | lubricating-oil drain tank.
tanque de purga ventilado | vented drain tank.
tanque de rebosamiento | overflow tank.
tanque de rebose | overspill tank.
tanque de refrigeración | cooling tank.
tanque de regulación del agua de condensación | condensed water regulating tank.
tanque de renovación del petróleo | oil-renovating tank.
tanque de reposo | quiescent tank.
tanque de reserva del aceite de lubricación | reserve lubricating oil tank.
tanque de ruptura de carga (Venezuela - tuberías a presión) | surge tank.
tanque de sedimentación | thickener.
tanque de sedimentación de alimentación continua | continuous-flow settling tank.
tanque de sedimentación del fuel-oil de calderas | boiler fuel-oil settling tank.
tanque de servicio (buques) | daily fuel tank.
tanque de servicio del aceite lubricante (buques) | lubricating oil service tank.
tanque de servicio del agua de enfriamiento de los inyectores (motores) | fuel-valve cooling-water service tank.
tanque de servicio del combustible del grupo electrógeno (buques) | generator fuel service tank.
tanque de suministro de aceite (buques) | oil-dispensing tank.
tanque de techo flotante (para petróleo) | floating roof tank.
tanque de trimado | peak tank.
tanque de vaciado rápido | rapid-emptying tank.
tanque de vaciamiento (circuitos de aceite lubricante, etc.) | detraining tank.
tanque decapador | pickler.
tanque del doble fondo que comunica con tanque lateral de lastre | double bottom tank common with wing ballast tank.
tanque del doble fondo que siempre está vacío (cámara calderas) | dry tank.
tanque detritor | detritus tank.
tanque digestor | digesting tank.
tanque electrolítico | eletrolytic tank.
tanque esférico para carga de gas natural licuado (buques) | spherical cargo tank.
tanque extra de combustible que puede ser arrojado (avión) | baby.
tanque hidrogenador | hydrogenator.
tanque intercambiador de calor | heat-exchanger tank.
tanque inyector de ácido | acid blow case.
tanque lateral (buques) | wing tank.
tanque lateral de tolva (buques) | hopper side tank.
tanque lateral inclinado (buques) | sloping topside tank.
tanque lateral superior (buques) | topside tank | topside wing tank.
tanque lavador por inmersión en líquido cáustico | caustic dip washer tank.
tanque no desgasificado (petroleros) | gassy tank.
tanque para alimentación por gravedad | header tank.
tanque para decapar con ácido | acid pickling tank.
tanque para disolver reactivo | chemical dissolving box.
tanque para escorar (buques rompehielos) | heeling tank.
tanque para limpieza con álcali | alkali-cleaning tank.
tanque para pesar el agua de condensación (pruebas grandes turbinas vapor) | weighing tank.
tanque para petróleo combustible (petroleros) | oil fuel bunker.
tanque parcialmente lleno (tanque con superficie libre - buques) | free tank.
tanque permanentemente vacío (petroleros) | dry tank.
tanque profundo | deep tank.
tanque receptor | flow tank.
tanque receptor (destilación petróleos) | rundown tank.
tanque recogedor de goteos de lavados | save-rinse tank.
tanque sedimentador | settler.
tanque séptico | septic tank.
tanque sin carga alguna (petroleros) | dry tank.
tanque vertical (buques) | deep tank.
tanque vertical de agua de lastre | deep water ballast tank.
tanque vertical de almacenamiento (buques) | deep storage tank.
tanque vertical de petróleo de carga (buques) | deep cargo oil tank.
tanque vertical de proa (buques) | forward deep tank.
tanque vertical para cargamentos líquidos (buques) | liquid cargo deep tank.
tanque vertical revestido de acero inoxidable (buques) | stainless steel clad deep tank.
tanques de almacenamiento de residuos radiactivos | radioactive-waste storage tank.
tanques de plástico para almacén y transporte | plastic transport and storage containers.
tanques estabilizadores de balance (buques) | roll stabilizer tanks.
tanques estabilizadores del balance pasivos (buques) | passive roll stabilizer tanks.
tanques verticales laterales (buques) | deep wing tanks.
tanqueta | tankette.
tantalato | tantalate.
tantalio (Ta) | tantalum.
tantalítico | tantalytic.
tantaluminitruro | tantaliminitride.
tanteando | by trial and error.
tantear | feel out (to) | try (to).
tantear (al enemigo) | feel (to).
tantear al enemigo | feel the enemy (to).
tantear el terreno | fly a kite (to).
tantearsonar | sound (to).
tanteo | fumbling | reckoning | tâtonnement.
tanteo con los dedos | feeling with the fingers.
tanteo de prospección por metodos eléctricos | electric bore-hole prospecting.
tanteo de sintonía | rocking.
tanteos | test checks.
tanto (fichas) | counter.
tanto (juegos) | point.
tanto alzado | forfait.
tanto avante (navegación marítima) | off.
tanto como se ha merecido | quantum meruit.
tanto de amortización | amortization quota.
tanto de depreciación | rate of depreciation.
tanto de descuento | discount rate.
tanto de interés asegurado | assured rate of interest.
tanto desde el punto de vista de la calidad como de lo moderado del precio | both as regards good quality and low price.
tanto en intento como en hecho | animo et facto.
tanto en intento como en hechos | in intent and in fact.
tanto más cuanto que | the more so since.
tanto nominal | marked ratio.
tanto por ciento | percentage | rate per cent.
tanto por ciento de audición | percent hearing.
tanto por ciento de la taquilla que corresponde a una compañía (teatros) | shave.
tanto por ciento de utilidad bruta | gross-profit rate.
tanto por ciento de utilidades | percent earnings.
tanto por ciento del total | percentage of the whole.
tanto por unidad | at so much per unit.
tanto uno como otro | both of them.
tañer | sound (to).
tañer (campanas) | ring (to).
tañer (música) | ring (to).
tañer la guitarra | play the guitar (to).
tañido | sound | clink.
tapa | bezel | closure | cap | lid | mantle.
tapa (cajas) | top.
tapa (cilindros) | head.
tapa (de lingotera) | cap.
tapa (de tacón) | riser.
tapa (de válvula) | dust-guard.
tapa (libros) | cover.
tapa (tablillas para cajerío) | top (and) bottom and sides.
tapa (tacón de zapato) | heel-piece.
tapa (tacón zapatos) | heel lift.
tapa blindada | armor cover.
tapa cerrada | closed-in cover.
tapa ciega | blank cover.
tapa con cartera (encuadernación | tuck.
tapa con cierre hermético por aceite | oil-seal cap.
tapa con empaquetadura plástica | plastic-packed cover.
tapa con junta de aceite | oil-seal cap.
tapa contra el polvo | dust seal.
tapa convexa | dished cover | bunged head.
tapa corrediza | slide.
tapa corrediza de la cámara | companionway.
tapa de agujero de hombre | manhole cover.
tapa de atrás (reloj) | back.
tapa de barril | barrelhead.
tapa de caja de empalme | knockout.
tapa de cierre | closing cover.

tapa de cilindro (máquina horizontal) | front cylinder head.
tapa de cilindro multivalvular | multivalve cylinder head.
tapa de contacto (electricidad) | ferrule.
tapa de corredera | pull-off lid | draw-lid.
tapa de chapa | plated cover.
tapa de escobén | blind buckler.
tapa de escobén (buques) | buckler.
tapa de escotilla | hatch cover.
tapa de escotilla (carro de combate) | lookout-hood.
tapa de escotilla (torre acorazada) | look-out hood.
tapa de escotilla accionada por un mecanismo dentado (buques) | cog-type hatch cover.
tapa de escotilla acordeonable (buques) | concertina-stowed hatch cover.
tapa de escotilla con cuartel para escotillón | booby hatch.
tapa de escotilla con paneles que resbalan hacia el costado | side-sliding heat cover.
tapa de escotilla con paneles que se pliegan hacia el extremo | end-folding hatch cover.
tapa de escotilla embisagrada de acero de acción rápida | hinged quick-acting steel hatch cover.
tapa de escotilla termoaislada | insulated hatch cover.
tapa de extremidad | end cover.
tapa de faluchera | port lid | port flap.
tapa de faluchera (buques) | port sash | freeing port shutter.
tapa de groera (buques) | limber board.
tapa de imbornal (buques) | limber board.
tapa de inspección | clean out.
tapa de la cavidad | pocket cover.
tapa de la envuelta (termointercambiador) | shell bonnet.
tapa de la muñonera | trunnion bearing cap.
tapa de la rejilla | grid door.
tapa de lubricación | oil cover.
tapa de perfil aerodinámico para protección de la antena y equipo radar (aviones) | radome.
tapa de pistón | follower.
tapa de pistón taladrada con plantilla | profile-bored piston head.
tapa de portilla (buques) | storm shutter.
tapa de portillo | side-light shutter.
tapa de portillo de luz | scuttle dead door | side-light plug.
tapa de portillo de luz (buques) | deadlight.
tapa de regala | rough tree rail.
tapa de regala (buques) | roughtree rail | main rail | covering board | gallant rail.
tapa de registro | manhole cover.
tapa de resorte | snap lid.
tapa de válvula | bonnet.
tapa del cárter | casing cover.
tapa del casquillo (prensas) | gland cap.
tapa del cátodo | cathode lid.
tapa del cilindro | cylinder top.
tapa del cilindro (máquina de vapor) | cylinder cover.
tapa del cilindro (máquina vapor) | cylinder head.
tapa del contenedor | container roof.
tapa del distribuidor | distributor cap.
tapa del doble fondo | double bottom top.
tapa del doble fondo (buques) | tank top.
tapa del horno (calderas) | crown sheet.
tapa del objetivo (fotografía) | cap.
tapa del teclado (pianos) | fly.
tapa desmontable | portable cover | removable cover | detachable cover.
tapa embisagrada | hinged cover | hinged casing.
tapa empernada | bolt-on cover.
tapa engoznada del guardacalor de calderas (buques) | storm cover.
tapa enrollable de escotilla | rolling hatch cover.
tapa escurridora | drip cover.
tapa flexible (libros) | flex-cover.
tapa guardapolvo | dust cap.
tapa hermética a la luz | light-tight cover.
tapa inclinada del doble fondo (buques) | sloping tank top.
tapa inferior | bottom cap.
tapa metálica articulada de escotilla | hinged hatch cover.
tapa móvil de retrete | flap-seat.
tapa o fondo (barriles) | heading.
tapa para el polvo | dust-excluding cover.
tapa plana del túnel (buques) | flat tunnel-top.
tapa plegable de escotilla | folding hatch-cover.
tapa posterior | rear cover.
tapa protectora | protecting cap.
tapa protectora móvil | bonnet.
tapa que se abre hacia arriba | lift-up lid.
tapable | sealable.
tapaboca | muffler.
tapaboca (cañones) | muzzle cover.
tapaboca (de cañón) | muzzle cap | muzzle bag.
tapabocas (cañón) | tompion.
tapabocas (cañones) | tampion.
tapabuje | axle cap.
tapacubos (ruedas) | hubcap.
tapaculo (botánica) | hip.
tapadera | movable lid | lid.
tapadera de la caja | housing cover.
tapadera de palanquita | pry-out.
tapado (sin salida) | blind.
tapado con algodón (tubos de ensayo) | cotton-plugged.
tapador | sealant.
tapafogonazos | flash-screen.
tapafugas para mangueras | hose leak-stop.
tapajunta (carpintería) | astragal | scab.
tapajunta de cobre | copper-flashing.
tapajunta entre el marco y la pared (puertas, ventanas) | staff bead.
tapajuntas | flashing.
tapajuntas de tejamanil (agricultura) | batten.
tapamiento | sealability.
tapanariz | nose-stopper.
tapanudos (pinturas) | knotting.
tapaobjetivo | object-glass cap.
tapaorejas | ear muff.
tapaporos (pintura) | filler | primer | stopping.
tapaporos (pinturas) | knifing filler.
tapaporos del suelo | soil sealer.
tapar | close (to) | muffle (to) | stop up (to) | stop (to) | occlude (to) | obstruct (to) | seal up (to) | plug (to) | plug up (to) | cork (to).
tapar (agujero de colada) | bott up (to).
tapar (la piquera) | bott (to).
tapar (llenar - un hueco) | chock (to).
tapar (una junta) | stem (to).
tapar (ventanas) | board up (to).
tapar (vía de agua) | smother (to).
tapar algo impreso con sobreimpresión (imprenta) | block out (to).
tapar con arcilla un barreno | pug a hole (to).
tapar con barro | lute (to).
tapar con luten | lute (to).
tapar el agujero de colada | boat up the furnace (to).
tapar los nudos (pintura de la madera) | knot (to).
tapar pérdidas | seal leaks (to).
tapar un pozo (petróleo) | kill a well (to).
tapar una fuga | stop a leak (to).
taparrabo de faldón | lap.
tapas | binder.
tapas (Chile) | sidings.
tapas (Chile - rollo de madera) | slabs.
tapas (hornos de crisol) | bung.
tapas confeccionadas aparte (encuadernación) | case.
tapas cortadas a lo largo y a lo ancho (libros) | trimmed boards.
tapas de escotilla que se abren con una sola tracción | single-pull hatch covers.
tapas de libros | book boards.
tapas del libro encuadernado en tela | cloth boards.
tapas del mismo papel que el texto (libros) | self-covers.
tapas para encuadernar de tres anillas (libros) | three-ring binder.
tápese nuevamente después del uso | replace lid after use.
tapete | carpet rug | carpet.
tapia | enclosure | wall.
tapial | coffer work | mud-wall | pisé.
tapial apisonado | pisé-de-terre.
tapial estabilizado con cemento | cement stabilized pisé-de-terre.
tapiar | block (to) | wall (to).
tapicería | upholstery | drapery.
tapicería de dibujos de tono azul claro | light-blue patterned upholstery.
tapicería sobre lona | canvas work.
tapicerías | tapestries.
tapicero | upholsterer | decorator.
tapices estampados a mano (y) cuadros murales y decoraciones murales | tapestries hand-printed (and) wall pictures and wall decorations.
tapín (buques) | dowel.
tapín (cubierta de madera) | plug.
tapín (cubierta madera de buques) | bung.
tapín del entablonado de cubierta (buques) | deck dowel.
tapinhoa (Mezilaurus navalium) | tapinhoan.
tapinosis | tapinosis.
tapir (zoología) | anta.
tapiz (radar) | carpet.
tapiz Caramania
tapiz de alto lizo | high-warp tapestry.
tapiz de bajo lizo | low-warp tapestry.
tapiz de nudo | pile carpet.
tapiz de punto grueso | coarse-worked tapestry.
tapiz de punto pequeño | fine-worked tapestry.
tapiz de puntos anudados | hooked rug.
tapiz rodante (medicina) | treadmill.
tapón | bung | cone | stopple | stopper | plug | tamper.
tapón (de un pozo) | bridge.
tapón (del agujero de colada) | boat.
tapón (horno al crisol) | clamp.
tapón (motor) | vapor lock.
tapón adaptador | adapter plug.
tapón calibrador (para diámetro de agujeros) | plug gage.
tapón centrador | centralizing plug.
tapón ciego (pozo petróleo) | bull plug.
tapón cónico de hierro para la piqera de escoria (alto horno) | bott.
tapón cónico de madera para abocardar (tubos de plomo) | tampin.
tapón de acumulador | battery filling plug.
tapón de agujero de fondo (sondeos) | bottom hole packer.
tapón de aire (que obtura la tubería) | blast trapping.
tapón de anclaje (pozo petróleo) | anchor packer.
tapón de arcilla | clay plug.
tapón de arcilla (de un barreno) | ram.
tapón de arcilla para la piquera (cubilotes) | bod.
tapón de arcilla para parar la colada (horno de cúpula) | bott plug.
tapón de arcilla refractaria | fire clay plug.
tapón de blindaje | stringer.
tapón de botella con opérculo de corcho | crown cork bottle cap.
tapón de carga | filler.
tapón de caucho | rubber stopper | rubber cork.
tapón de cemento (pozos) | cement plug.
tapón de cierre | plugging constriction | packer.
tapón de cola | overflush.
tapón de colada (cuchara de acerías) | stopper.
tapón de conjuntor (telefonía) | peg.
tapón de control de entrada en batería | runout control plug.
tapón de corcho | cork stopper | cork.
tapón de cristal | glass stopcock.
tapón de cristal esmerilado | glass stopper.

tapón de desagüe | drain plug.

tapón de desagüe de los fondos (buques) | docking plug.

tapón de detención | bridge plug.

tapón de escobén | hawse-block.

tapón de espita | spigot.

tapón de evacuación del aire | air plug.

tapón de expansión | welch plug.

tapón de fondo (buques) | bleeder.

tapón de fusil | nose-cap.

tapón de inspección | inspection plug.

tapón de la envuelta de la espoleta | pistol case stopper.

tapón de latón roscado | brass threaded plug.

tapón de limpieza | clearing plug.

tapón de limpieza del cárter del aceite | oil sump drain plug.

tapón de llave | spigot.

tapón de llenado | filling bung | filling plug.

tapón de llenar | filling bung.

tapón de niebla | heavy fog.

tapón de plástico roscado exteriormente para proteger durante el transporte (roscas de tubos, etc.) | plastic shipping plug.

tapón de plomo | lead plug.

tapón de purga | clearing plug | runoff | drain plug.

tapón de purga del alojamiento del mecanismo de mando (cañones) | control housing drain plug.

tapón de rellenar | filling cap.

tapón de relleno | filling plug | filler cap.

tapón de retención para tubería de revestimiento (sondeos) | casing bridge plug.

tapón de salida de aire | air release plug.

tapón de seguridad | safety plug.

tapón de tolerancias | limit internal gage.

tapón de tornillo (botellas) | screwcap.

tapón de tubería con anclas | casing anchor packer.

tapón de tubería de entubación | casing plug.

tapón de tubo | pipe-stop.

tapón de vaciado | drain plug | drawoff plug.

tapón de vaciamiento | emptying plug.

tapón de vapor (canalizaciones) | vapor lock.

tapón de visita | handhole.

tapón del agujero de lubricación | oil-hole plug.

tapón del culote (proyectil) | base plug.

tapón del orificio de lubricación | oil plug.

tapón del orificio de llenar | filling plug.

tapón del polvillo de las galerías que obtura la entrada (insectos destructores de la madera) | frass.

tapón desconectador | disconnecting plug.

tapón esmerilado | ground stopper | airtight stopper.

tapón expansor | expanding mandrel.

tapón flotante (estirado de tubos) | floating plug.

tapón fusible | cutout | fuseplug | fuse plug | fusible plug | melting plug.

tapón fusible (calderas) | plug | lead plug.

tapón fusible calentado por fisión (reactor nuclear) | reactor fuse.

tapón fusible de seguridad (calderas, etc.) | safety fuse plug.

tapón fusible tarado | calibrated fusible plug.

tapón hembra roscado | pipe cap.

tapón levador (sondeos) | heaving plug.

tapón macho (tubería) | bull plug.

tapón macho roscado (para tubos) | pipe plug.

tapón metálico | metal closure.

tapón metálico roscado | screwcap.

tapón obturador | blanking plug | dummy plug | obturating plug.

tapón para agua de fondo | bottom water plug.

tapón para cementar (sondeos) | cementing plug.

tapón para el cebado (bombas) | priming plug.

tapón para medir mermas | ullage plug.

tapón para proteger el tímpano | ear-protector.

tapón para recibir el pico del lubricador a presión (maquinaria) | zerk fitting.

tapón para tubos | tube stopper.

tapón plutónico | plutonic plug.

tapón registro | sighting plug.

tapón respiradero | vent cap.

tapón roscado | screw stopper | screw plug | cap nut.

tapón roscado colocado en los codos de las tuberías para poder introducir una varilla para desatascarlas | rodding eye.

tapón roscado de la horquilla | fork cap.

tapón roscado de la lubricación | oil-hole screw.

tapón roscado de limpieza (calderas) | mud plug.

tapón roscado de purga | drain screw.

tapón roscado de purga del aceite | oil drain plug.

tapón roscado de relleno | filling screw.

tapón roscado exteriormente para proteger durante el transporte (rosca de tubos, etc.) | threaded shipping plug.

tapón roscado para botellas | cap stopper.

tapón roscado para desobstruir con un alambre (tuberías) | cleaning eye.

tapón roscado para limpiar codos o sifones (tuberías) | access eye.

tapón roscado para relleno del lubricante | oil filling plug.

tapón sacado por trepanación | trepanned plug.

tapón soluble | soluble plug.

tapón tubulado | tubulured stopper.

taponado con algodón | cotton-plugged.

taponamiento | plugging.

taponamiento (de botellas, etc.) | corking.

taponamiento (de una tubería) | cramming.

taponamiento de la piquera | botting up.

taponamiento de los agujeros (cribas) | blinding.

taponamiento por aire en el rodete | air binding.

taponar | seal (to) | stopper (to) | plug up (to) | plug (to) | stop (to).

tapones de celulosa hechos a máquina | machine-manufactured cellulose plugs.

taqueado (minas) | bordering.

taquear (fragmentar bloques grandes de piedra - voladuras) | scale (to).

taquear (minas) | blockhole (to).

taqueo (de piedras grandes) | pop-holing.

taqueo (de una piedra grande) | snakeholing.

taqueo de grandes bloques por cargas pequeñas de pólvora | bulldozing.

taqueo de rocas cubriendo la carga con barro | mudcapping.

taqueos (minas) | blockholing.

taquera (billar) | rack.

taquete (jaula mina) | shut.

taquetes (minas) | folding boards.

taquigrafía | shorthand | stenography.

taquígrafo | stenographer.

taquígrafo (de una reunión) | reporter.

taquigrafómetro | tachygraphometer.

taquigrama | speed record.

taquilita | basalt glass | bottleite.

taquilla (armario que se cierra con llave) | locker.

taquilla (despacho de billetes) | booking-office.

taquilla (teatro, etc.) | pay-box.

taquilla (teatros) | box office.

taquilla (teatros, etc.) | pay-desk.

taquilla de tela metálica | wirework locker.

taquilla para equipajes en consigna | left-luggage locker.

taquillero | teller.

taquimetría | tachymetry.

taquímetro | speedometer | transit theodolite | stadia transit | stadia | revolution indicator.

taquímetro (topografía) | tachometer | tacheometer | tachymeter.

taquímetro autorreductor | autoreducing tachymeter.

taquímetro de fototransistor | phototransistor tachometer.

taquímetro estroboscópico | stroboscopic tachometer.

taquímetro reductor | reducing tacheometer.

taquímetro registrador | registering tachometer.

taquión (partícula ultrapesada) | tachyon.

taquistoscopio | tachistoscope | tachystoscope.

tara | sole weight | blemish | deadweight.

tara (peso) | tare.

tara (resortes) | scale.

tara aduanera | customs tare.

tara convencional | customary tare.

tara corriente | customary tare.

tara de la válvula de seguridad | relief-valve loading.

tara del contenedor | empty weight of the container.

tara efectiva | actual tare | clear tare.

tara estampada con cuño | die-stamped tare.

tara real | actual tare.

tara según factura | invoice tare.

tara y merma | tare and tret.

tarabilla | turnbuckle | clapper.

tarabilla (cítola - molino) | clack.

taracea | checkerwork | buhl work | inlay | inlaid work | inlaying | marquetry.

taraceador | inlayer.

taracear | inlay (to) | tessellate.

tarado | measurement | measuring | calibration | calibrated | weighed | rating.

tarado (de resortes) | scaling.

tarado (fusibles) | rated.

tarado (instrumentos) | setting.

tarado a más de 15 amperios | rated at more than 15 amperes.

tarado de derivación (proyectiles) | drift setting.

tarado de la válvula | valve setting.

tarado de la válvula de seguridad | safety valve setting | relief valve setting.

tarado de pesas | weight calibration.

tarado del capacitor | capacitor calibration.

tarado del interruptor | breaker rating.

tarado límite de los sistemas de seguridad | limiting safety system setting.

tarador de resistencias eléctricas | resistor tester.

taraire (Beilschmiedia tarairi) | taraire.

taraje | tare weight.

tarántula (araña) | tarantula.

tarántula (ferrocarril de mina) | turnsheet.

tarar | caliper (to) | weigh light (to) | measure (to).

tarar (instrumentos) | adjust (to).

tarar (instrumentos, resortes) | scale (to).

tarar (máquinas, instrumentos) | rate (to).

tarar (resortes, calderas, aparatos) | calibrate (to).

tarara | winnower.

taravilla | flat bolt.

taravilla (molino) | shaking apparatus.

taravilla (molinos) | mill clapper | mill clack.

tarco (Weimannia trichosperma) | tarco.

tardanza | delay.

tardar | tarry (to).

tarde | evening.

tardífloro | late-blooming | late-flowering.

tardígrado | tardigrade.

tardilocuo | tardiloquous.

tardío | tardive.

tarea | task | piece of work | work | assignment | challenge | mission.

tarea a realizar por un obrero | work load.

tarea apropiada para un hombre | man-sized job.

tarea arriesgada | dangerous task.

tarea de cargar el horno | furnace-charging job.

tarea de comunicación | communication task.

tarea de escritura | writing task.

tarea de paso de trabajo | job step task.

tarea de todos | all-hand job.

tarea en hora extra | hold-over.

tarea ingrata | mean job.
tarea interminable | never-ending job.
tarea nada fácil | not-too-easy task.
tarea para un solo hombre | one-man job.
tarea peligrosa | hazardous job.
tarea principal | key job | major task | main task.
tarea programada | programmed job.
tarea que puede hacerse con una sola mano | one-hand job.
tarea suelta | odd job.
tarifa | tariff | duty | rate | toll | price-list | scale | reference table | fare.
tarifa (aduanas) | bound rate.
tarifa (teléfonos) | toll.
tarifa a tanto alzado | inclusive rate | restricted tariff | flat rate | bulk tariff.
tarifa a tanto alzado con bonificación | flat-rate tariff.
tarifa aduanera | tariff.
tarifa aduanera comunitaria | commoner customs tariff.
tarifa ajustable | flexible tariff.
tarifa aplicada a cualquier tipo de carga | all commodity rate.
tarifa basada sobre el factor de potencia | power factor tariff.
tarifa base | basing rate.
tarifa binomia | two-part tariff.
tarifa bloque | block tariff.
tarifa combinada conjunta | joint combination rate.
tarifa combinada de transporte | combination rate.
tarifa compuesta | Hopkinson rate.
tarifa consolidada (ferrocarril) | joint rate.
tarifa constante | straight rate.
tarifa constante (sin bonificación por cantidad) | straight-line rate.
tarifa de amarre (puertos) | rating of mooring.
tarifa de anuncios | advertising rates | card rate | rate card.
tarifa de aterrizaje | landing fee.
tarifa de cablegrama cifrado | code rate.
tarifa de carga | freight rate | carload rate.
tarifa de cartas certificadas | registration fee.
tarifa de consumo de agua | water rate.
tarifa de contribuciones | tax rate.
tarifa de correspondencia | letter rates.
tarifa de demanda | demand charge.
tarifa de destajo | piece-per-hour rate.
tarifa de equipajes | luggage rates.
tarifa de exportación | export rate | export tariff.
tarifa de favor | preference.
tarifa de flete | freight rate | spot rate.
tarifa de flete aéreo | airfreight rates.
tarifa de flete regular | scheduled freight rate.
tarifa de fletes | freight tariff.
tarifa de fletes de mercancías que se cargan en gran cantidad (cementos, trigo, acero, etc.) | commodity rates.
tarifa de furgones | carload rate.
tarifa de gastos de acarreo | rate of carriage.
tarifa de gran velocidad | express goods tariff.
tarifa de grupo (aviación) | group fare.
tarifa de grupo (ferrocarril) | group rate | block rate.
tarifa de grupo (ferrocarriles) | blanket rate.
tarifa de importación | import rate.
tarifa de impresos (correos) | book-rate of postage | printed paper rate.
tarifa de mercancías | goods rate.
tarifa de noche | night tariff.
tarifa de paquetes postales | parcel post rate.
tarifa de pasajeros (aviación) | fare.
tarifa de portes | freight tariff.
tarifa de precios | schedule of rates | price list.
tarifa de preferencia | preferential tariff.
tarifa de publicación | publication rate.
tarifa de reconocimiento | recognition rate.
tarifa de servicio | service tariff.
tarifa de telegramas diferidos | deferred telegram rate.
tarifa de tránsito | transit rate.
tarifa de transporte de mercancías | goods tariff.
tarifa de transporte por vagón incompleto | less than carload lot or rate (L.C.L.).
tarifa de transporte según volúmenes | cube rate.
tarifa de viajeros | passenger fare.
tarifa degresiva | decreasing tariff | diminishing tariff.
tarifa del impuesto | tax rate schedule.
tarifa del impuesto sobre la renta | income tax rate.
tarifa diferencial | differential rate | flexible tariff.
tarifa discrecional | judgement rate.
tarifa discriminatoria | discriminating tariff.
tarifa en horas de carga normal | off-peak tariff.
tarifa escalar (electricidad) | block rate.
tarifa escalonada | step rate | step meter rate.
tarifa escalonada por bloques | block meter rate.
tarifa especial | special tariff.
tarifa estacional | seasonal tariff.
tarifa fija | one-time rate | any quantity rate.
tarifa flexible | flexible tariff.
tarifa fuera de la hora de puntas (electricas) | off peak fare.
tarifa fuera de temporada alta (aviación) | off-season fare.
tarifa general | single-schedule tariff.
tarifa hasta destino | through rate.
tarifa horaria | time rate.
tarifa índice | index tariff.
tarifa laboral normal | standard labour rate.
tarifa legal | legal tariff.
tarifa local | local rate.
tarifa máxima | maximum tariff.
tarifa mínima | minimum scale | minimum tariff.
tarifa mínima oficial | paper rate.
tarifa mixta | two-part tariff.
tarifa multilinear | multilinear tariff.
tarifa no normal en transportes | commodity rate.
tarifa para el usuario | customer rate.
tarifa para materiales específicos (ferrocarril) | commodity rates.
tarifa por clases | class rate.
tarifa por milla | mileage rate.
tarifa por palabra | by word scale.
tarifa por piezas | piece rate.
tarifa por vagón completo | carload rate.
tarifa postal | postal rate.
tarifa postal para impresos (correo) | per printed paper rate.
tarifa preferencial (aduana) | preferential tariff.
tarifa progresiva | graduated tariff | progressive tariff.
tarifa proporcional | proportional rate.
tarifa proteccionista | support tariff | protective tariff.
tarifa puente | bridge rate.
tarifa rebajada | released rate.
tarifa rebajada por renuncia de responsabilidad | released rate.
tarifa reducida | cheap rate | reduced rate | low rate.
tarifa reducida en la época de poca actividad | off-season reduced fare.
tarifa reducida para mercancías descargadas que están poco tiempo en el muelle | quay rate.
tarifa según contador | meter rate.
tarifa semanal | weekly term.
tarifa sencilla de contador único | all-in tariff.
tarifa sin descuento | one-time rate | transient rate.
tarifa sobre carga puesta en el muelle | berth freight rate.
tarifa telex internacional | international telex rate.
tarifa única | flat rate.
tarifa unificada | flat-rate tariff.
tarifa uniforme | flat rate.
tarifa urgente | express fee.
tarifa variable | flexible tariff.
tarifación entre empresas del grupo | inter-group pricing.
tarifador | rater.
tarifas | rates.
tarifas aéreas | air fares.
tarifas aeroportuarias | airport tariffs.
tarifas corrientes | going rates.
tarifas de anuncios | advertisement rates.
tarifas de cabotaje | coasting rates.
tarifas de correo aéreo | airmail rates.
tarifas de dique seco | dry dock dues.
tarifas de envío | shipping rates.
tarifas de flete | berth rates.
tarifas de fletes | charter rates.
tarifas de pago | rates of payment.
tarifas de publicidad | advertising rates.
tarifas de sobreprimas | extra-premium rates.
tarifas de transportes marítimos | shipping rates.
tarifas de una junta marítima | conference rates.
tarifas distintas de las de la junta marítima | nonconference rates.
tarifas escalonadas | tapering rates.
tarifas ferroviarias | rail rates | railway rates.
tarifas ferroviarias en competencia con el transporte por camiones | truck-competitive rail rates.
tarifas marítimas | marine transport rates.
tarifas para mercancías que se transportan en pequeña cantidad (fletes de buques) | class rates.
tarifas para viajeros | passenger rates.
tarifas postales interiores | inland rates of postage.
tarificación | ticketing | rate structure | ratemaking | rate making | rating | tariff making | tariffication | rate setting.
tarificación de mercancías | freight charges.
tarificación de seguros | insurance rating.
tarificación ferroviaria | rail rate making | railway charging.
tarima | table | rack | pallet | pallet | stand.
tarima aislante | insulating mat.
tarja | tally | sink.
tarja de la oreja (corderos) | ear tagging.
tarjar | tally (to).
tarjar (orejas de corderos) | tag (to).
tarjeta | pass | card.
tarjeta (imprenta) | card.
tarjeta binaria por línea | row binary card.
tarjeta comercial | business card.
tarjeta complementaria | extension card.
tarjeta con abertura | aperture card.
tarjeta con circuito impreso | printed wiring board.
tarjeta con el ciclo de trabajo (maquinado de piezas) | operation card.
tarjeta con esquina cortada (informática) | corner cut-card.
tarjeta con microfilme | aperture card | filmsort card.
tarjeta con pista magnética de cuenta mayor | ledger card.
tarjeta con varias utilizaciones | multiple use card.
tarjeta dactiloscópica | fingerprint card.
tarjeta de abertura | leader card.
tarjeta de almacén | inventory records.
tarjeta de bifurcación | transfer card.
tarjeta de borde escotado | edge notched card.
tarjeta de búsqueda (documentación) | aspect card.
tarjeta de circuitos impresos (electrónica) | printed circuit board.
tarjeta de clasificación por un asunto | keysort card.
tarjeta de comprador | buyer's pass.
tarjeta de control de existencias | stock control card.

tarjeta de control del tiempo (tableros) | time card.
tarjeta de crédito | credit card.
tarjeta de embarque | embarkation card.
tarjeta de entrada (calculadora electrónica) | instruction.
tarjeta de entrada (stock) | receipt card.
tarjeta de firma | signature card.
tarjeta de identidad | identification card.
tarjeta de identificación | identification badge | ID card | badge.
tarjeta de lectura gráfica | mark-sensing card.
tarjeta de lógica | logic card.
tarjeta de memoria | memory map.
tarjeta de montaje | mounting card.
tarjeta de muestra | pattern card.
tarjeta de obra en curso | operating card.
tarjeta de perforación | keysort card.
tarjeta de perforación binaria | binary punched card.
tarjeta de perforación marginal | edge punched card.
tarjeta de programa | program card.
tarjeta de prueba | dummy card.
tarjeta de registro | registering card.
tarjeta de respuesta comercial | business reply card.
tarjeta de ruta | tracing chart.
tarjeta de seguridad | safety card.
tarjeta de seguros | insurance card.
tarjeta de tiempos de trabajos | job-time tickets.
tarjeta impresa por las dos caras | double-sided printed circuit board.
tarjeta intercalada | flimsy.
tarjeta internacional de seguro | international insurance card.
tarjeta lectora de marcas | mark-sensing card.
tarjeta maestra | master card.
tarjeta magnética | magnetic card.
tarjeta para anotar la hora de entrada y salida (talleres) | time sheet.
tarjeta para archivador | filing card.
tarjeta para archivos | index card.
tarjeta para extractos científicos | abstract card.
tarjeta para índices | index card.
tarjeta para lectura gráfica | mark sense card.
tarjeta para marcado electrosensible | mark sensing card.
tarjeta patrón | header card.
tarjeta perforada | P-A-B card | punched card | header card.
tarjeta perforada (calculadora) | card.
tarjeta perforada de superposición | peak-a-boo card.
tarjeta perforada en clave | key-punch card.
tarjeta perforada en los bordes | edge-punched card.
tarjeta perforada en su totalidad | laced card.
tarjeta perforada marginalmente | marginal punched card.
tarjeta perforada para selección mecánica | machine-operated punched card.
tarjeta postal | postcard.
tarjeta postal con respuesta pagada | reply paid postcard.
tarjeta principal | unit card.
tarjeta QSL | QSL card.
tarjeta registradora de horas trabajadas | timecard.
tarjeta resumen | summary card.
tarjeta salida de stock | stock issue card.
tarjeta tarifa | rate card.
tarjeta tecnológica de la lógica de estado sólido (circuito impreso) | S.L.T. card.
tarjeta ventilada | spread card.
tarjetas | cut cards.
tarjetas en continuo | card set.
tarjetas numeradas | numbered cards.
tarjetón (tejeduría) | control card.
tarjetón para anuncios | car card.
tarlatana | muslin.
tarlatana (tejido) | tarlatan.
tarol (instrumento musical) | tarol.
tarquín | loom | silt.
tarquinómetro | siltometer.
tarro | pitcher | jar.
tarro de pintura | paint pot.
tarso heterómero | heteromerous tarsus.
tartamudeo | stutter.
tartán (tejado) | tartan.
tartán (tela) | plaid.
tartana | wagonette | car | tartan.
tártaro | tartar | argol.
tartarología | tartarology.
tartrato | tartrate.
tartrato de etildiamina | ethyl-diamine tartrate.
tartrato sódico | sodium tartrate.
tártrico | tartaric.
tarugo | dowel | spile | clump | lug | plug | stopper.
tarugo (pozo de petróleo) | slug.
tarugo cónico ensanchador (tubería de plomo) | tampion.
tarugo de madera | bolt | nog.
tarugo grande de madera empleado como boyarín del ancla (buques) | deadhead.
tarugo para clavar | nailing plug.
tas | sparrow hawk.
tas de aplanar | planishing stake | polishing block | faceplate.
tas de estampar (fraguas) | swage block.
tasa | valuation | levy | rate | rating | toll | assessment | assize | fee.
tasa (teléfonos) | toll.
tasa (telegramas) | tax.
tasa acumulativa | cumulative rate.
tasa anual (estadística) | annual rate.
tasa anual acumulativa | cumulative annual rate.
tasa bruta de mortalidad | general crude death rate.
tasa bruta de nacimiento | crude birth rate.
tasa convenida | agreed rate.
tasa de accidentes laborales | illness severity rate.
tasa de aceptación | acceptance rate.
tasa de acierto | recall ratio.
tasa de acierto relativo | relative recall ratio.
tasa de aterrizaje | landing tax.
tasa de aumento | rate of increase.
tasa de beneficio | rate of profit.
tasa de beneficio bruto | gross income margin.
tasa de certificación (cartas) | registry fee.
tasa de consulta de registro en discos | activity ratio.
tasa de contratación (de trabajadores) | hiring rate.
tasa de craqueo | crack per pass.
tasa de crecimiento | growth rate | rate of growth.
tasa de cuenta | counting rate.
tasa de defunciones | fatality rate.
tasa de depreciación media | composite rate depreciation.
tasa de deriva | slew rate.
tasa de descuento | discount rate.
tasa de descuento del mercado | market rate of discount.
tasa de desintegración | decay rate.
tasa de desionización | de-ionization rate.
tasa de disponibilidad | computing efficiency | computer efficiency.
tasa de dosis absorbida | absorbed dose rate.
tasa de dosis equivalente | dose equivalent rate.
tasa de eurodolares | eurodollar rate.
tasa de expansión | rate of expansions.
tasa de explotación seleccionada | preferred operating rate.
tasa de extracción | extractable rate.
tasa de extracción (Iberoamérica) | severance tax.
tasa de fecundidad | fertility rate.
tasa de fluencia de partículas | fluence rate.
tasa de fluencia energética | energy fluence rate.
tasa de frecuencia de enfermedad laboral | illness frequency rate.
tasa de fuga (nuclear) | leakage rate.
tasa de gastos generales | overhead rate.
tasa de gravedad de accidentes | accident severity rate.
tasa de impuesto (Hispanoamérica) | rate of the tax.
tasa de incidencia (estadística) | attack rate.
tasa de incremento del esfuerzo | rate of increae of stress.
tasa de interés | rate of interest | interest rate.
tasa de interés de bonos de la serie E | interest rate on series E bonds.
tasa de interés sobre préstamos a plazo corto | call rate.
tasa de inversiones | rate of investment.
tasa de irrelevancia | fallout ratio.
tasa de kerma | kerma rate.
tasa de lixiviación | leaching rate.
tasa de mercado para un producto | market line rate.
tasa de mercado para un producto comercial | marline rate.
tasa de metabolismo basal | basal metabolic rate.
tasa de mortalidad | rate of mortality | mortality rate | mortality ratio | death rate.
tasa de mortalidad infantil | infant mortality rate.
tasa de movimiento | hit ratio.
tasa de natalidad | birth rate.
tasa de negativos (encuesta) | refusal rate.
tasa de novedad | novelty ratio.
tasa de nupcialidad | marriage rate.
tasa de oxígeno disuelto | dissolved oxygen rate.
tasa de pertinencia | pertinency ratio.
tasa de precios | price maintenance.
tasa de rebosamiento superficial | surface overflow rate.
tasa de recuento de 10 conteos por hora | counting rate of 10 counts per hour.
tasa de recuperación | retrieval ratio.
tasa de redescuento | rediscount rate.
tasa de relevancia | concentration ratio.
tasa de rendimiento | yield rate | rate of return.
tasa de rendimiento del título | bond yield.
tasa de renovación | turnover rate.
tasa de reproducción | reproduction rate.
tasa de reproducción conjunta | joint reproduction rate.
tasa de restauración | recovery rate.
tasa de ruido | noise ratio.
tasa de seguro | insurance rate.
tasa de supervivencia | survivorship.
tasa de tanto por libra de peso | poundage.
tasa del impuesto | rate of tax | tax rate.
tasa del mercado monetario | money market rate.
tasa diferencial | differential duty.
tasa en bits | bit rate.
tasa impuesta | assessed tax.
tasa interfinanciera | call.
tasa interurbana (teléfonos) | trunk charge | toll-rate.
tasa legal de interés | legal rate of interest.
tasa neta | net rate.
tasa oficial de descuento de un banco | bank rate.
tasa por uso de bienes y servicios públicos | fixture rate.
tasa prefencial | prime rate.
tasa proporcional | proportional rate.
tasa reducida | reduced rate.
tasa relativa de exhaución | relative coverage ratio.
tasa represiva | repressive tax.
tasa sobre transacciones bursátiles | stock transfer tax.
tasa unitaria | unit fee.
tasa verdadera (estadística) | true rate.
tasable | appraisable | ratable | rateable.
tasación | valuation | appraisal | rating | assesment | assessment | estimate | reserve price |

appraise.
tasación (seguros) | adjustment.
tasación (telefonía) | metering.
tasación aproximada | rough estimate.
tasación catastral (de un terreno) | ratal | ratable value.
tasación de averías | appraisal of damages.
tasación de la propiedad | property appraisal.
tasación de mercancías | appraisement of goods.
tasación de tráfico | pay metering.
tasación discrecional | judgment rating.
tasación errónea | misrating.
tasación forestal | forest valuation.
tasación oficial | official appraisement | assessed valuation.
tasación para mejoras | local assessment | assessment for improvements.
tasación pericial | expert appraisal.
tasación y liquidación (comercio) | adjustment.
tasado | valued.
tasador | adjuster | valuer | valuator | prizer | appraiser | appreciator | assessor.
tasador (de averías) | stater.
tasador aduanero | customs appraiser.
tasador autorizado de buques | licensed shipping valuer.
tasador de alhajas | jewel appraiser.
tasador de averías | averia adjuster | average stater.
tasador de buques | ship valuer | shipping valuer.
tasador de hacienda | tax assessor.
tasador oficial | official appraiser.
tasador profesional | professional surveyor.
tasajo | jerked beef.
tasar | rate (to) | affeer (to) | prize (to) | appraise (to) | estimate (to) | evaluate (to) | assess (to).
tasar (las costas) | tax (to).
tasar a ojo | judge by the eye (to).
tasar en menos de su valor | underappraise (to).
tasar la lana | judge the wool (to).
tasas | licensing fee.
tasas e impuestos | taxes and dues.
tasas progresivas | progressive rates.
tasas sobre plusvalías | capital gains tax.
tasas telegráficas | telegraphic charges.
tascanadera de seda | silk rewinder.
tasímetro | tasimeter.
tasmanita (resina fósil) | gyttja.
taumatología | thaumatology.
taumaturgo | thaumaturge.
tauricorne | tauricornous.
taurífero | tauriferous.
tauriforme | tauriform.
taurina (química) | taurine.
taurino | taurine.
taurobólico | taurobolic.
taurocéfalo | taurocephalous.
taurodonto (antropología) | taurodont.
taurófilo | taurophile.
taurolatría | taurolatry.
taurología | taurology.
taurólogo | taurologist.
tauromaquia | tauromachy.
tauromorfo | tauromorphous.
tautocronismo | tautochronism.
tautócrono | tautochronous.
tautologizar (EE.UU.) | tautologize (to).
tautomería | dynamic isomerism.
tautomería (química) | tautomerism.
tautomería intraanular | intra-anular tautomerism.
tautomería iónica | ionic tautomerism.
tautomería mesohídrica | mesohydric tautomerism.
tawa (Beilschmiedia tawa) | tawa.
tawa (Endiandra palmerstonii) | Queensland walnut.
tawhai (Nothofagus fusca) | New Zealand red beech.
tawhai (Nothofogus fusca) | tawhai.
tawmacita (mineral) | tawmacite.
taxasita | emerald nickel.
taxema | taxeme.
taxi | cab.
taxidermia | taxidermy.
taxímetro (coche) | taxi | taxicab.
taxímetro (coche o instrumento) | taximeter.
taxométrica | taxometrics.
taxón (geología) | taxon.
taxonomía | taxonomy.
taxonomía de los sistemas | systems taxonomy.
taxonomía de programas de instrucción | taxonomy of instructional programs.
taxonomía intraespecífica | intraspecific taxonomy.
taxonomista | taxonomist.
taza | cup.
taza de retrete | soil hopper | bowl.
taza de suspensión de la tubería | casing spider bowl.
taza de vidrio para sedimentos | glass sediment bowl.
taza exenta de olor y sabor | odor-taste-free cup.
taza para bobina | bobbin cup.
tazón de fuente | bowl.
tchitola (Pterygopodium oxyphyllum) | tchitola | lolagbola.
te | tee.
té de bulbo | butterfly bulb | bulb tee.
te de derivación | tee joint.
te de derivación (electricidad) | branch joint.
te de igual diámetro (accesorios tuberías) | equal tee.
te de reducción (tuberías) | reducing tee.
té de unión de tubos protectores | conduit-tee.
té del Paraguay | mate.
té doble (tuberías) | cross.
té en bloques | brick-tea.
te equilátera (perfil laminado) | equal tee.
té negro de China | congou.
té verde de clase superior con hojas enrolladas | gunpowder tea.
tea | brand | torch.
teáceo | theaceous.
teándrico | theandric.
teantrópico | theanthropic.
teantropismo | theanthropism.
tearquia | thearchy.
teatro | theater.
teatro (arte y profesión) | stage.
teatro (de un acontecimiento) | scene.
teatro de la batalla | scene of battle.
teatro de la guerra | area of war | arena of the war | theater of war.
teatro de operaciones | theater | theater of operations.
teatro de operaciones en el que ha cesado la resistencia enemiga | inactivated theater of operations.
teatro itinerante | traveling theatre.
teca (Tectona grandis) | teak.
teca de Birmania (Tectona grandis) | sagwan.
tecla | stop.
tecla (de piano, de máquina de escribir) | key.
tecla (órgano, piano) | digital.
tecla blanca | natural.
tecla de borrado | reset key.
tecla de conexión (electricidad) | power-on key.
tecla de control | control button.
tecla de interrupción | break key.
tecla de llamada | ringing key.
tecla de mayúsculas (máquina escribir) | shift key.
tecla de no adición | nonadd key.
tecla de repetición | repeat key.
tecla de retroceso (máquina de escribir) | backspacer.
tecla de retroceso (máquina escribir) | back spacer.
tecla de tachar (máquina escribir) | clearing key.
tecla de translación | shift key.
tecla disparadora | trigger push.
tecla para el desplazamiento del carro (máquina escribir) | carriage shift key.
tecla para función | function key.
tecla para la suma por línea | line-adding key.
tecla para restar (calculadora) | minus key.
tecla subtotal de no adición | subtotal non-add key.
teclado | keyboard.
teclado (de órgano) | manual.
teclado (órgano) | bank.
teclado (piano) | finger board.
teclado alfabético | alphabetic keyboard.
teclado alfanumérico | alphanumeric keyboard | alphanumerical keyboard.
teclado con almacenamiento | storage keyboard.
teclado con seguro de cambio | shift-lock keyboard.
teclado contabilizador | accounting keyboard.
teclado de control | control manual.
teclado de mandos | control manual.
teclado de máquina de escribir | typewriter keyboard.
teclado de marcación telefónica | pushbutton dialing pad.
teclado de memoria dinámica | buffered keyboard.
teclado de números | number key set.
teclado de tres filas (telégrafo) | three-row keyboard.
teclado descriptivo | descriptive keyboard.
teclado fraccionable | split keyboard.
teclado internacional | Qwerty keyboard.
teclado legato | legato keyboard.
teclado numeral | number key.
teclado numérico | numeric cluster | keypad.
teclas (piano) | ivories.
tecle de las aberturas de la cámara de calderas (buques) | stokehold grating.
tecleado | keying.
tecleado (máquina escribir) | keying.
teclear | finger (to).
tecnecio (elemento químico de número atómico = 43) | technetium.
tecnetrón (electrodos) | tecnetron.
tecnetrón (triodo) | tecnetron.
técnica | technique | technics.
técnica (de un arte) | mechanism.
técnica aeronáutica | aeropractice | aeronautical technics.
técnica aplicada a las regiones árticas | arctic engineering.
técnica básica del escultor | sculptor's basic technique.
técnica computadorizada | computerized technique.
técnica de aeropuertos | airport engineering.
técnica de altas tensiones | high voltage engineering.
técnica de alto nivel | sound engineering.
técnica de alto vacío dinámico | megavacuum.
técnica de armamentos | weaponeering.
técnica de arrastre horizontal | horizontal pulling technique.
técnica de arrastre vertical | vertical pulling technique.
técnica de cimentaciones | foundation engineering.
técnica de climatización | environmetal engineering.
técnica de construcción de camisas (motores) | liner technique.
técnica de construcción de carreteras | highway engineering | road engineering.
técnica de construcción de carrocerías (autos) | body engineering.
técnica de construcción de transatlánticos | liner technique.
técnica de contraincendios | firemanship.
técnica de control de la conducta humana | behavioral engineering.
técnica de construcción de aeronaves de pasaje | liner de technique.

técnica de crecimiento epitaxial por fase de vapor | vapour-phase epitaxial-growth technique.
técnica de datación por electroluminescencia | electroluminiscence dating technique.
técnica de diagnosis del plasma | plasma diagnostic techniques.
técnica de diagnóstico no comprobado | untried diagnostic technique.
técnica de difusión de estado sólido | solid-state diffusion technique.
técnica de elaboración de señales por enganche de fase | lock-in signal processing technique.
técnica de endurecimiento por dispersión de un constituyente que puede disolverse en la matriz en estado líquido | slis technique.
técnica de enfocar constantemente una escena móvil (baile en teatros, cine) | follow focus.
técnica de etiquetaje | labeling techniques.
técnica de evaluación y revisión de proyectos | project evaluation and review technique (PERT).
técnica de evolución | ever-changing techique.
técnica de extrusión contenida | contained-extrusion technique.
técnica de fabricación de estampas | die-making technique.
técnica de fabricación y experiencia suscepcible de contratación | know-how.
técnica de fiabilidad | reliability engineering.
técnica de implantación (radioterapia) | implantation technique.
técnica de impulsiones de efecto Doppler | pulsed-Doppler technique.
técnica de inversión de rayas espectrales | line-reversal technique.
técnica de la climatización | environmental engineering.
técnica de la construcción de centrales hidroeléctricas | hydropower engineering.
técnica de la criofractura | freeze-etching technique.
técnica de la defensa atómica | atomic defence engineering.
técnica de la dilución de isótopos | isotope dilution technique.
técnica de la elaboración de aves de corral | poultry-processing technique.
técnica de la fabricación | process engineering.
técnica de la fatiga por resonancia | resonance fatiguing technique.
técnica de la fundición | foundryology.
técnica de la maniobra de traslación cerca de la superficie lunar (cosmonaves) | lunar translation technique.
técnica de la medida de caudales | flowmeter engineering.
técnica de la metalización | metalizing engineering.
técnica de la microaleación | microalloying technique.
técnica de la organización | engineering of organization.
técnica de la precisión | precision engineering.
técnica de la regulación | control technics.
técnica de la regulación de retroalimentación automática | automatic-feedback control engineering.
técnica de la replicación (metalurgia) | replication technique.
técnica de la soldadura con empaste | buttering-welding technique.
técnica de la tarificación | rate technique.
técnica de la termoformación por extrusión | extrusion-termoforming technique.
técnica de las altas tensiones | high-voltage engineering.
técnica de las aplicaciones del helio | helium engineering.
técnica de las corrientes alternas | A. C. engineering.
técnica de las introducciones y encabezamientos de capítulos (libros) | heading-introduction technique.
técnica de las mediciones | meter engineering.
técnica de las medidas | gaging technique.
técnica de las patentes de invención | patentry.
técnica de las relaciones humanas en los negocios | human engineering.
técnica de las réplicas | replication.
técnica de las telecomunicaciones | telecommunication engineering.
técnica de lavado regulado | controlled rinse technique.
técnica de los altos voltajes | high-voltage engineering | high-tension engineering.
técnica de los modelos a escala | model-scaling technique.
técnica de los ultrasonidos | ultrasonics.
técnica de manejar ganado | livestock management techique.
técnica de maquinización deficiente | poor machining technique.
técnica de medición rápida | fast-measurement technique.
técnica de mercancías | marketing.
técnica de microamperios-kilovoltios | microamp-kilovolt technique.
técnica de mover el electrodo con movimiento pendular (soldeo) | weaving technique.
tecnica de nivelación zonal | zone leveling technique.
técnica de perforaciones próximas de pequeño diámetro (paredes muy gruesas) | stich-drilling technique.
técnica de predicción | lead-lag technique.
técnica de preparación de alimentos | food technology.
técnica de procesamiento de señales (estadística) | signal processing techniques.
técnica de producción de alimentos | food production technique.
técnica de pruebas por partículas magnéticas empleando un campo magnético móvil | duovac method.
técnica de refusión | remelt technique.
técnica de reproducción | replica technique.
técnica de retramar (artes gráficas) | copy-dot technique.
técnica de revestimiento interior de hornos | furnace lining technique.
técnica de salvamento | salvage engineering.
técnica de síntesis por ondas de choque | shock-synthesis technique.
técnica de sonda móvil | moving probe technic.
técnica de tabulación de Holzer | Holzer tabulation technique.
técnica de tocar un instrumento musical | playing.
técnica de tomar apuntes en clase | lecture-note-taking technique.
técnica de trabajo con buril | chiseling technique.
técnica de transferencia de masa | mass-transfer technique.
técnica de valoración y revisión de programas | programme evaluation and review technique (P.E.R.T.).
técnica de vanguardia | advanced technology.
técnica del automóvil | automobile engineering.
técnica del borrón de tinta (siquiatría) | ink-blot technique.
técnica del calentamiento por corrientes de hiperfrecuencia | radiothermics.
técnica del desdoblamiento de imagen (cinematografía) | split-frame technique.
técnica del espacio de estado | state-space technique.
técnica del estirado del cristal | crystal-pulling technique.
técnica del lugar geométrico de las raíces | root-locus technique.
técnica del moldeo de plásticos | plastics molding engineering.
técnica del óleo (cuadros) | oil technique.
técnica del paso atrás (soldadura aluminio) | step-back technique | terrace technique.
técnica del regadío | irrigation engineering.
técnica del soldeo | welding engineering.
técnica del sondeo sacatestigos | core-drilling technique.
técnica del sonido en los filmes | motion-picture sound engineering.
técnica del tiro | gunnery.
tecnica del tiro de ametralladora | technique of fire of the machinegun.
técnica del volumen de su compacción (arcilla) | packing-volume technique.
técnica del vuelo | flight engineering.
técnica del vuelo sin visibilidad accionado por el piloto | pilot-operated blind flying technique.
técnica demoscópica | demoscopic technique.
técnica electromédica | electromedical engineering.
técnica hidráulica | engineering hydraulics.
técnica impecable | flawless technique.
técnica instrumental | instrument engineering.
técnica interferométrica de líneas isopáquicas | interferometric isopachic technique.
técnica isotópica con tecnecio-99 | isotopical technics with technetium-99.
técnica mecanoelectrónica | mechanical-electronic technique.
técnica mercantil | merchandising.
técnica metalizante | metalizing technique.
técnica metalúrgica de enfriamiento brusco y revenido | quench-temper metallographic technique.
técnica musical | musical technics.
técnica nuclear | nuclear engineering.
técnica operatoria | know-how.
técnica para determinar el tamaño máximo de los poros (productos cerámicos) | bubble-pressure method.
técnica para hacer compatible programas entre ordenadores diferentes | emulation.
técnica para la reconstrucción del labio inferior (cirugía) | technique for the reconstrution of lower lip.
técnica para picar la piquera de hornos de vidrio | glass furnace tapping technique.
técnica para reducir el desbaste y el maquinado posterior | chipless technique.
técnica para sangrar el horno (acerías) | furnace tapping technique.
técnica para titanio de licuación en crisol metálico con paredes enfriadas con agua | skull-casting technique for titanium.
técnica pianística | piano playing.
técnica sanitaria | sanitary engineering.
técnica topográfica por rayos Roentgen | X-ray topograph technique.
técnica ultrasónica | ultrasonic technique.
técnica ultrasonográfica | ultrasonographical technique.
técnica viable | viable technique.
tecnicalizar | tercnicalize (to).
técnicamente posible | technically feasible.
técnicas cartográficas | mapping techniques.
técnicas cartográficas cuantitativas | quantitative mapping techniques.
técnicas de cancelación de la señal | signal-cancellation techniques.
técnicas de fabricación | fabrication techniques.
técnicas de identificación de diamantes | diamond identification techniques.
técnicas de la cementación | techniques of cementation.
técnicas de la preparación de la superficie | surface-preparation techniques.
técnicas de las altas tensiones | high-tension engineering.
técnicas de película gruesa | thick-film techniques.
técnicas de programación alineal | nonlinear programming techniques.
técnicas de registro | techniques of recordkeeping.
técnicas de respuesta en frecuencia | frequency-

response techniques.
técnicas de revisión y evaluación de programas | pert.
técnicas de síntesis | synthesis techniques.
técnicas para minería lunar | lunar mining techniques.
tecnicismo | technicality | technics.
técnico | expert | technical.
técnico (persona) | technician.
técnico de la estampación | die process technician.
técnico de plantilla estatal | government-employed technician.
técnico de publicidad | advertising expert.
técnico de sonido (cine) | sound recordist.
técnico del alumbrado (estudios cine) | light operator.
técnico del montaje (cine) | editor.
técnico del sonido | sound recorder.
técnico del sonido (cine) | recordist.
técnico electricista | electrical technician.
técnico en isótopos | isotope technician.
técnico en métodos de producción | efficiency engineer.
técnico en prótesis dental | dental prosthetic technician.
técnico especializado | senior technician.
técnico especializado en mantener la pureza de las corrientes fluviales (contra la polución) | water conservationist.
técnico experimentado | experienced technician.
técnico industrial | engineering technician.
técnico publicitario | ad writer | advertising man.
técnico publicitario (publicidad) | adman.
técnico radiográfico | radiographer.
técnico-administrativo | technical-administrative.
tecnicoeconómico | technico-economic.
técnico-financiero | engineering-financial.
técnicos especializados en el acabamiento de lentes oftálmicas | lens finishing technicians.
tecnificación | technification.
tecnígrafo | drawing-machine.
tecnocracia | technocracy.
tecnografía | technography.
tecnográfico | technographical.
tecnógrafo | technographist.
tecnolítico | technolithic.
tecnología | technology | engineering.
tecnología administrativa | administration engineering.
tecnología alimentaria | food engineering.
tecnología alimenticia | food technology.
tecnología antisísmica | earthquake engineering.
tecnología bélica | war technology.
tecnología biomédica | biomedical engineering.
tecnología cerámica | ceramic engineering.
tecnología cohetera | missile engineering | rocket engineering.
tecnología cósmica | space technology.
tecnología de consolidación mecánica del suelo | soil mechanical engineering.
tecnología de la bomba de calor | heat pump technology.
tecnología de la conducción para la reunión en órbita (cosmonaves) | rendevous guidance technology.
tecnología de la energía eólica | wind engineering.
tecnología de la energía solar | solar energy technology.
tecnología de la fusión nuclear | nuclear fusion technology.
tecnología de la higiene industrial | industrial health engineering.
tecnología de la industria gráfica | graphic industry engineering.
tecnología de la lógica de estado sólido | solid logic technology (SLT).
tecnología de la mensuración | measurement technology.
tecnología de la producción maderera | lumber production engineering.
tecnología de la seguridad del sistema | system security engineering.
tecnología de la televisión | television engineering.
tecnología de laboreo de minas | mining engineering.
tecnología de las calculadoras electrónicas | computer engineering.
tecnología de las centrales ergógenas | powerstation engineering.
tecnología de los alimentos | food engineering.
tecnología de los periódicos | newspaper technology.
tecnología de los productos cárnicos | meat technology.
tecnología de los reactores nucleares | nuclear reactor technology.
tecnología de los sistemas de tratamiento de datos | data systems engineering.
tecnología de los sujetadores | fastener technology.
tecnología de película espesa multicapa | multi-layer thick-film technology.
tecnología de procesos | process engineering.
tecnología de producción de pequeño costo | low-cost production technology.
tecnología del hormigón | concrete technology.
tecnología del plasma | plasma engineering.
tecnología del polvo | dust technology.
tecnología del reactor nuclear | reactor engineering.
tecnología del semiconductor | semiconductor technology.
tecnología del telemando (G.B.) | telearchics.
tecnología del tránsito (carreteras) | traffic technology.
tecnología del tunel aerodinámico | wind tunnel technology.
tecnología en rápida expansión | exploding technology.
tecnología fotográfica | photographic engineering.
tecnología insólita | sophisticated technology.
tecnología marítima | maritime engineering.
tecnología mecánica | mechanical engineering.
tecnología médica | medical engineering.
tecnología metal-óxido-silicio | mos technology | metal-oxide-silicon technology.
tecnología metalúrgica | metallurgical engineering.
tecnología minera actual | present day mining technology.
tecnología misilera | missile engineering.
tecnología mos | mos technology.
tecnología musical | musical technology.
tecnología naval | naval engineering | marine engineering.
tecnología novísima | sophisticated technology.
tecnología nuclear | nuclear engineering.
tecnología papelera | paper engineering | paper technology.
tecnología planar del silicio | silicon planar technology.
tecnología políglota | polyglot technology.
tecnología química en medicina | chemical engineering in medicine.
tecnología relacionada con varias disciplinas | multidiscipline technology.
tecnología reprográfica | reprographic technology.
tecnología sobre el control ambiental | environics.
tecnología sofisticada para altas presiones | sophisticated high-pressure technology.
tecnología solar para la solarización de casas | solar engineering for domestic buildings.
tecnología ultracomplicada | sophisticated technology.
tecnológico | technological.
tecnólogo | technologist.
tecnólogo de productos lácteos | dairy technologist.
tecnólogo de reactor nuclear | pile technologist.
tecnólogo en medicina nuclear | nuclear medicine technologist.
tecnonomía | technonomy.
tectita | tektite.
tectófono (estetoscopio industrial) | tectophone.
tectogen | tectogene.
tectogénesis | tectogenesis.
tectónica | structural geology.
tectónica (ciencia) | tectonics.
tectónica lunar | lunar tectonics.
tectónico | tectonic.
tectonismo | crustal instability | tectonism.
tectonofísica (ciencia) | tectonophysics.
tectosilicato | tectosilicate.
tectoterma | tectotherm.
tectriz (aves) | covert.
techado de papel alquitranado | tar roofing.
techado preparado | composition roofing.
techador (edificios) | roofer.
techar | roof (to).
techar (edificios) | flash (to).
techo | canopy | ceiling | roof | roofing.
techo (autos) | top.
techo (aviación) | ceiling.
techo (filones) | hanging wall | hanging side.
techo (habitaciones) | soffit.
techo (marina) | overhead.
techo (minas) | hanging | hanging layer | back | overlaying bed | ridge.
techo (vagones) | deck.
techo a dos aguas | ridge-roof.
techo a dos aguas apoyados en muros piñones | gable roof.
techo a dos aguas con cerchas de falso tirante | collar-tie roof.
techo a dos aguas cubierto con pizarra | slate-covered pitched roof.
techo a dos vertientes | peaked roof.
techo a la mansarda | curb roof.
techo a plena carga (aviones) | fully loaded ceiling.
techo a punto fijo (helicópteros) | hover ceiling.
techo a un agua | pent-roof | monoslope roof.
techo a una agua | single-pitch roof.
techo abovedado | arched celling | barrel roof | concha | coved ceiling | barrelled ceiling.
techo absoluto | absolute ceiling.
techo absoluto (aviones) | roof.
techo acristalado | glass roof.
techo acústico en forma de red de pesca | fish net acoustical ceiling.
techo aerodinámico teórico | absolute aerodynamic ceiling.
techo aerotermodinámico (aviación) | aerothermodynamic ceiling.
techo albardillado | saddleback.
techo artesonado de madera | panelled wood ceiling | coffered wood ceiling.
techo bajo (nubes) | low ceiling.
techo cilíndrico en cáscara | cylindrical shell roof.
techo compuesto de varias roscas de ladrillo (hornos) | ringed roof.
techo con armadura de pares con tirante | couple-close roof.
techo con carga total (aeroplanos) | ceiling fully loaded.
techo con luz cenital norte (talleres) | northlight roof.
techo con vigas | beamed ceiling.
techo convexo | crowned roof.
techo corredizo | sunroof.
techo curvo suspendido de un cable | cable-suspended dished roof.
techo de amianto rociado | sprayed-asbestos ceiling.
techo de arco rebajado | low-arched roof.
techo de artesones | coffered ceiling | lacunar.
techo de bóveda laminar | shell roof.
techo de bovedillas | arched celling.

techo de cabina desprendible (aviones) | jettisonable canopy hood.
techo de cáscara de hormigón | concrete shell roof.
techo de cascarón | shell roof.
techo de cerchas formadas de dos pares sin tirante | couple roof.
techo de cuatro aguas con azotea encima | deck roof.
techo de chapa de plomo | lead-flat.
techo de doble caballete | M roof.
techo de emergencia (aviación) | emergency ceiling.
techo de escape de la cabina (aviones supersónicos) | egg.
techo de la cabina (aviones) | cockpit canopy.
techo de la cámara | chamber top.
techo de la cámara de combustión | top of combustion chamber.
techo de la galería (minas) | gallery back.
techo de la plataforma | platform roof.
techo de la torre (artillería naval) | gunhouse.
techo de lucernario | lantern roof.
techo de nubes con claras | broken cloud cover.
techo de pizarra | slating.
techo de planeo (helicópteros) | hovering ceiling.
techo de roca (minas) | pentice.
techo de servicio (aviación) | service ceiling.
techo de tablas | boarded ceiling.
techo de tejas | tile roofing.
techo de un impulso | pulse flat.
techo de un testero (minas) | back of a stope.
techo de viguetas laminadas con bovedillas | hourdis celling.
techo del coche | car deck.
techo del impulso | pulse flat.
techo del puente de navegación donde se coloca el compás magistral (buques) | compass bridge | compass flat | monkey bridge.
techo del rodete | runner crown.
techo derrumbado (minas) | shet.
techo desmontable (locomotora eléctrica) | hatch.
techo desplazable (horno fusor de arco eléctrico) | roll-away roof.
techo dinámico (aviación) | dynamic ceiling.
techo doble | double roof.
techo duro no entibado (minas) | solid back.
techo empernado (minas) | bolted roof.
techo en arco | wagon vault | arched roof.
techo en cúpula | dome roof.
techo en cúpula terminada en punta | imperial.
techo en diente de sierra | sawtooth roof.
techo en voladizo | overhanging roof.
techo en vuelo a altitud constante (aeroplanos) | hover ceiling.
techo en vuelo estacionario | hovering ceiling.
techo en vuelo estacionario (helicópteros) | hover ceiling.
techo estático | static ceiling.
techo excavado en bruto (en roca) | rough-excavated roof.
techo flotante (gasógenos, depósitos de petróleo, etc.) | float roof.
techo flotante de pontón (depósitos de petróleo) | pontoon floating roof.
techo laminar (edificios) | thin-shell roof.
techo máximo (aviones) | operational ceiling.
techo móvil | slide roof.
techo móvil (hornos) | bung.
techo nervado (bóvedas) | filleted ceiling.
techo para talleres | industrial roofing.
techo paraboloide hiperbólico | hyperbolic paraboloid roof.
techo peligroso (minas) | lypes.
techo peraltado | high-arched roof.
techo práctico (aviación) | service ceiling.
techo protector | protection roof.
techo protector (jaula minas) | bonnet.
techo protector de tablas (minas) | astyllen | astel.
techo que se levanta y gira hacia un costado (horno de fusión por arco) | lift-and-swing-aside roof.
techo que se puede arrojar (cabina piloto aviones) | jettisonable roof.
techo quebradizo (minas) | loose roof.
techo saledizo | fore roof.
techo sin cielo raso | open roof.
techo sin cielorraso (con las vigas al descubierto) | beam ceiling.
techo sin inclinación | dead-level roof.
techo soportado por arcos (hornos) | sprung roof.
techo soportado por presión de aire (gasógenos, etc.) | air-supported roof.
techo suspendido | suspended ceiling.
techo suspendido de paneles de escayola | gypsum-plaster suspended ceiling.
techo teórico (aviación) | absolute ceiling.
techo termodinámico | thermodynamic ceiling.
techo totalmente plano | absolutely flat roof.
techo y visibilidad ilimitados (aeronáutica) | ceiling and visibility unlimited.
techo y visibilidad sin límites | cavok.
techos luminosos | luminous ceilings.
techumbre | roof | roofing | roofing.
techumbre de chapas de acero inoxidable con costuras soldadas | seamwelded stainless steel roofing.
tedero | floor-lamp.
tefigrama (meteorología) | tephygram.
teflón (tetrafluoruroetileno polimerizado) | teflon.
tefrocronología | tephrochronology.
tefrosis | tephrosis.
tegumento | skin.
tegumento (anatomía) | roof.
tegumento (semillas) | test.
tegumento (zoología) | coat.
teinógrafo (electricidad) | teinograph.
teinoscopio | teinoscope.
teismo | theism.
teja | tile | roofing tile.
teja (para proyectiles) | tray.
teja árabe | round tile | mission tile | Spanish tile.
teja canal | arched tile | crown tile | valley tile.
teja cobija | ridge tile | arris tile.
teja concava | pantile.
teja de barro | clay tile.
teja de caballete | crest tile | ridge tile | convex tile | coping tile | saddle tile | bonnet hip tile | hip tile.
teja de canal | pentile | gutter tile.
teja de canalón | concave tile.
teja de carga (cañones) | cartridge tray | shot tray | shot guide.
teja de carga del cañón | gun loading-tray.
teja de carga motorizada (cañón) | power-operated loading tray.
teja de cobija | hip.
teja de cumbrera | corner tile | ridge tile.
teja de chapa | shell plate.
teja de desagüe de un imbornal (buques) | scupper lip.
teja de expansión (distribuidor máquina vapor) | expansion slide | expansion plate.
teja de expansión (máquina vapor) | cutoff plate.
teja de hormigón | concrete roofing tile.
teja de la oruga (tractor de oruga) | track plate.
teja de la roda | forefoot plate.
teja de lima | hip tile.
teja de limatesa | arris tile.
teja de portillo (buques) | eyebrow.
teja de quilla a popa (buques) | coffin plate.
teja de reborde | flange tile.
teja de recubrimiento | flap pantile.
teja de revestimiento | facing tile.
teja de transferencia (cañón) | transfer tray.
teja de ventilación | cat-hole tile.
teja de vidrio | glass tile.
teja flamenca | pantile | Flemish tile.
teja gatera | cat-hole tile.
teja lomuda | mission tile | Spanish tile | round tile.
teja lomuda de cobre | copper Spanish tile.
teja plana | flat tile | flap tile | tile | plain tile | plane tile.
teja portacarga (cañones) | carrier.
teja portaproyectil (cañones) | spanning tray | shot tray.
teja refractaria | fire tile.
teja semicircular | mission tile.
teja vidriada | glazed tile | enameled tile | clear ceramic glazed tile.
teja vierteaguas | flashing tile.
tejadillo | cowl.
tejado | roof.
tejado a dos vertientes | peaked roof.
tejado muy inclinado | steep-pitched roof.
tejador | tiler | tile layer.
tejamanil (maderas) | battens | shingle.
tejar | roof (to) | tileworks | tile (to).
tejaroz | penthouse | pentice.
tejas que sobresalen encima de la tabica | barge course.
tejebilidad | weaveability.
tejedor | weaver.
tejedor de algodón | cotton weaver.
tejedor de amianto | asbestos weaver.
tejedor de cáñamo | hemp weaver.
tejedor de cutí | drill weaver.
tejedor de lino | flax weaver.
tejedor de paños | clothworker.
tejedura | weaving.
tejedura a mano | hand weaving.
tejedura con calotas | doup weaving.
tejedura de la felpa | plush weaving.
tejedura de la gasa de vuelta | cross-weaving.
tejedura de pequeños dibujos | pattern weaving.
tejedura de punto | knitting.
tejedura de punto a la jacquard | jacquard knitting.
tejedura de punto por trama | filling knitting.
tejedura de telas lisas | plain goods weaving.
tejedura del rizo | pile weaving.
tejedura transversal de punto | knitting through.
tejeduría | weaving factory | weaving.
tejeduría con telares Jacquard | weaving factories with Jacquard looms.
tejeduría de fibras sintéticas | fabrics of wholly synthetic.
tejeduría de grandes dibujos | fancy weaving.
tejeduría de hilo de lino | linen weaving.
tejeduría mecánica | power loom weaving.
tejer | entwine (to) | wind (to) | weave (to).
tejer (cabellos, etc.) | plait (to).
tejer al revés (tejidos de punto) | purl (to).
tejer con líneas diagonales | twill (to).
tejer junto (hilos distintos) | interweave.
tejer punto de malla | knit (to).
tejer su capullo (gusano) | cocoon (to).
tejibilidad | weavability.
tejido | weaving | cloth | fabric | textile | texture | tissue.
tejido (grapas de guarniciones de carga | set.
tejido a | two and one warp | two and one weft.
tejido a cuadros | check back fabric.
tejido a dos caras por trama | weft-backed fabric.
tejido a mano | hand-knitted.
tejido a máquina | machine-spun.
tejido abatanado | milled fabric.
tejido abordonado | corded fabric.
tejido abordonado (tejido con lanzadera) | ribbed fabric.
tejido absorbente (radioelectricidad) | space-cloth.
tejido aceitado | oilcloth.
tejido acolchado en doble tela | matelassé.
tejido acústico | acoustextile.
tejido afelpado (tejido de punto) | lay-in fabric.
tejido al sesgo | bias cloth.
tejido aprestado | finished cloth.

tejido arrugado | shirring.
tejido áspero | coarse fabric.
tejido baquelizado (con resina fenólica) | bakelized fabric.
tejido basto de hilo | drabbet.
tejido brillante de lana | luster cloth.
tejido brocado a cuadros | check-brocaded fabric.
tejido calado | open tissue.
tejido cargado | filled cloth.
tejido cerámico | ceramic fabric.
tejido claro | openworked fabric | open texture fabric.
tejido combustible | combustible fabric.
tejido compacto | compact tissue.
tejido con bastas de fondo (tejido de punto) | lay-in fabric.
tejido con capa de resina sintética por una o las dos caras | coated fabric.
tejido con clarianas | reedy cloth | reed-marked fabric.
tejido con claros en el sentido de la urdimbre | reedy cloth.
tejido con mallas dejadas | lace cloth knitting.
tejido con marcas del peine | reedy cloth.
tejido con urdimbre del algodón y trama de lana peinada | russel cord.
tejido conjuntivo | bindweb.
tejido coposo | nap cloth.
tejido cruzado | twill.
tejido chiné | mottled fabric.
tejido de algodón | cotton cloth | cotton fabric.
tejido de algodón aprestado con resina | resin-treated cotton fabric.
tejido de algodón azul | dungaree.
tejido de algodón con pelo | cotton pile fabric.
tejido de algodón crudo | grey cotton cloth.
tejido de algodón imputrescible | rotproofed cotton fabric.
tejido de algodón inarrugable | wrinkle-resistant cotton.
tejido de algodón modificado químicamente | chemically modified cotton fabric.
tejido de algodón para cortinas | casement.
tejido de algodón para juego de cama | bed ticking.
tejido de algodón y seda | cotton silk fabric.
tejido de amianto | asbestos fabric.
tejido de amianto acolchonado | asbestos blanket.
tejido de amianto y fibras de vidrio | abolass.
tejido de camino (grapas de guarnición de cardas) | straight set.
tejido de combustión lenta | difficultly combustible fabric.
tejido de costado (guarnición carda) | rib set.
tejido de duración (botánica) | mature tissue.
tejido de esponja (tejeduría) | terry.
tejido de estambre labrado | figured worsted fabric.
tejido de fibra de vidrio | glass fabric.
tejido de fibra de vidrio barnizado con resina orgánica | organic-varnished glass fabric.
tejido de fibras aglomeradas | bonded fiber fabric.
tejido de fibras de madera | cocoa mat.
tejido de fibras sintéticas | synthetic fiber fabric.
tejido de fieltro para gruesas de imprenta y matrices | woven printing and embossing felt.
tejido de filtrar | filter fabric.
tejido de fondo (alfombra de pelo) | backing.
tejido de fondo (alfombras de pelo) | ground foundation.
tejido de gamgee | gamgee tissue.
tejido de gasa y algodón | gamgee tissue.
tejido de hilo de latón | brass wire fabric.
tejido de hilo muy fino | sheer lawn.
tejido de hilos de color | colored-yarn fabric.
tejido de lana | woollen.
tejido de lana cardada | carded woolen goods.
tejido de lana con dos urdimbres y una trama o bien dos tramas y una urdimbre | backed cloth.
tejido de lana de vidrio tratado con resina silicónica | silicone resin treated glass fabric.
tejido de lana y rayón con mayor proporción de este último | rayon-wool.
tejido de ligamento acolchado | souffle.
tejido de líneas longitudinales (grapas de guarnición de cardas) | straight set.
tejido de malla calado | lace.
tejido de mallas | looped fabric.
tejido de mezcla | mixture.
tejido de nilón engomado | gum-dipped nylon fabric.
tejido de papel | paper cloth.
tejido de pelo | pile fabric.
tejido de pelo imitación piel | fur fabric.
tejido de punto | knitted hosiery | knit goods | knitted stuffs.
tejido de punto acanalado | rib knitting.
tejido de punto inglés | rib knitting.
tejido de punto liso (por trama) | plain knit.
tejido de punto rectilíneo | flat fabric | flat knit.
tejido de rayón mate | rayon alpaca.
tejido de rayón y lana con mayor proporción de esta última | wool-rayon.
tejido de refuerzo | reinforcing fabric.
tejido de rizo (tejeduría) | terry.
tejido de seda de gasa | gauzy silk fabric.
tejido de seda labrada | figured silk fabric.
tejido de unión (urdimbre) | gait-up lap | tie piece.
tejido de urdimbre en malla | warp-knitted fabric.
tejido de varias telas | multiply.
tejido de yute | jute fabrics | jute cloth.
tejido denso | close weave.
tejido en cadenilla (grapas guarniciones carda) | twill set.
tejido en crudo | greige goods.
tejido en crudo (género crudo - como sale del telar) | gray goods.
tejido en diagonales de a cuatro (guarnición de carda) | four twill set.
tejido en líneas diagonales (grapas guarniciones carda) | twill set.
tejido enfurtido | fulled cloth | milled fabric.
tejido escocés | plaid.
tejido espeso | closely-woven fabric.
tejido espolinado | embroidered fabric.
tejido estampado | printed cloth.
tejido fibroso que envuelve a la ballena | blubber.
tejido formado por 1 trama y 3 urdimbres | three and one warp.
tejido funicular (zoología) | funicular tissue.
tejido gofrado | embossed cloth.
tejido granito para muebles | granitic upholstery fabric.
tejido hecho a mano | handlooming fabric.
tejido hecho con fibras botánicas | botany twill.
tejido hecho con la corteza interior de la morera papirífera (Polinesia) | paper cloth.
tejido impregnado | impregnated woven fabric.
tejido impregnado de caucho | rubber-impregnated fabric.
tejido impregnado estampado en relieve | embossing coated fabric.
tejido indesmallable por urdimbre | glove silk.
tejido inferior | bottom cloth.
tejido inferior (telas) | back cloth.
tejido intersticial | interstitial tissue.
tejido jaspeado | jaspidean | jaspé cloth.
tejido labrado | patterned fabric.
tejido labrado a dos caras por trama | figured weft-backed fabric.
tejido labrado a dos caras por urdimbre | figured warp backed fabric.
tejido leñoso cicatrizal (árboles) | callus wound wood.
tejido lignificado | lignified tissue.
tejido liso (sin dibujos) | plain fabric.
tejido liso de algodón | plain cotton goods.
tejido liso de lino | plain linen goods.
tejido listado a lo largo | long-striped fabric.
tejido media lana | union cloth | half woolen cloth.
tejido media lana (con urdimbre de algodón y trama de lana) | cotton warp.
tejido medio lino | union cloth.
tejido medio lino (urdimbre de algodón y trama de lino) | union linen.
tejido mercerizado | mercerized cloth.
tejido mixto | union cloth.
tejido mixto de filamentos e hilos doblados | plied spun and filament fabric.
tejido moaré | shot fabric.
tejido múltiple | compound fabric.
tejido muy aprestado | heavily filled fabric.
tejido muy cargado | heavily filled fabric.
tejido ortogonal (guarnición cargas) | plain set.
tejido ortogonal (guarnición de cardas) | full set.
tejido Panamá | Oxford.
tejido para cardas | car cloth.
tejido para filtración de líquidos | liquid-filtration fabric.
tejido para filtrar aceites hecho de pelo humano | press-cloth.
tejido peinado | worsted fabric.
tejido perlé | beaded fabric.
tejido plano | woven fabric.
tejido poco tupido | bare cloth.
tejido poroso | soft tissue.
tejido preparado como masa blanda finamente dividido | brei.
tejido que da de sí muy poco | microstraining fabric.
tejido que no se araña | scratchproof fabric.
tejido revestido con cloruro de polivinilo | PVC-coated fabric.
tejido rizado | fleecy | looped fabric.
tejido secretor (árbol) | gum lines.
tejido sesgado | biased fabric.
tejido teñido | dyed cloth.
tejido trenzado calefactor | woven resistors.
tejido tubular | circular goods | tubing.
tejido tubular estrecho (de menos de 10 centímetros de ancho) | sleeving.
tejido tupido | narrow fabric | closely-woven fabric.
tejido vascular | soft tissue.
tejido vegetal | plant tissue.
tejido velludo | hairy cloth.
tejidos | textile fabrics | soft goods.
tejidos blancos | whites.
tejidos con falso orillo | splits.
tejidos con orillo central | splits.
tejidos de algodón | cotton textiles.
tejidos de algodón en crudo | cotton fabrics.
tejidos de algodón impregnados | impregnated cotton fabrics.
tejidos de algodón para colchas | sheetings.
tejidos de algodón para usos técnicos | technical cotton fabrics.
tejidos de amianto | asbestos fabrics.
tejidos de celofán | cellophane fabrics.
tejidos de crin | fabrics of horse hair.
tejidos de fibra de vidrio | glass-fibre fabrics.
tejidos de fibrana | spun rayon fabrics.
tejidos de gasa | gossamer fancies.
tejidos de hilo | linen textiles.
tejidos de lana cardada | woollens.
tejidos de lana impermeabilizados | impregnated woollen fabrics.
tejidos de lana mezclada con algodón o rayón | mixed fabrics of wool with cotton or rayon.
tejidos de lana mezclada con fibras sintéticas | mixed wool fabrics with fully synthetic fibres.
tejidos de lana para calzados | woollen shoe cloths.
tejidos de lino | linen textiles.
tejidos de lona | cotton duck.
tejidos de punto | hosiery.
tejidos de rayón | rayon fabrics.
tejidos de resina sintética para usos técnicos | technical fabrics of artificial resin yarn.
tejidos de vinilo expandido | expanded vinyl

fabrics.
tejidos diáfanos (batista, vual, chiffon, etc.) | sheers.
tejidos estrechos | smallwares.
tejidos humanos viables | viable human tissues.
tejidos para filtrar de nylon | filtering cloths of nylon.
tejidos para lavar y usar (sin planchado) | wash-and-wear fabrics.
tejidos para revestimiento de rodillos y cilindros | roller coating cloth.
tejidos para toldos | fabrics for blinds.
tejidos perlados | purl.
tejidos recubiertos de PVC para bacas y toldos | tarpaulin and blind fabrics PVC coated.
tejidos y cintas filtrantes de fibras sintéticas | filtering fabrics and ribbons of synthetic fibres.
tejo (de oro) | ingot.
tejo (Taxus baccata) | yew.
tejo (vidrio) | pig.
tejo de oro | gold ingot | gold billet.
tejo negro (Taxus baccata) | common yew.
tejón | badger.
tejuela apilada (Argentina) | rick.
tejuelado (libros) | labeling.
tejuelar (libros) | label (to).
tejuelo | step box | pillow-bush | footstep bearing | footstep | foot bearing | sole | pivot | bush.
tejuelo (encuadernación) | book label.
tejuelo (libros) | label | book-label.
tejuelo hembra | bushing | female socket.
tejuelo macho | socket.
teka de Birmania (Tectona grandis) | sak.
teklita de Australia | australite.
tektita | tektite.
tektita (mineral) | bediasite.
tektita de Tasmania | Darwin glass.
tela | linen cloth | linen | textile | texture | stuff | cloth | web | fabric.
tela a cuadros | check cloth.
tela a dos caras (con dos urdimbres y una trama o dos tramas y una urdimbre) | faced cloth.
tela a dos caras por trama | filling backed fabric.
tela a dos caras por urdimbre | warp-backed fabric.
tela a rayas | stripe.
tela abatanada | fulled cloth.
tela abrasiva en rollo | rolled abrasive cloth | rolled abrasive cloth.
tela absorbente | absorption fabric.
tela aceitada | oilskin.
tela acresponada | crimps | crimp fabric.
tela adamascada | diaper.
tela angosta (de menos de 132 centímetros de ancho) | narrow cloth.
tela aprestada | filled cloth.
tela asargada de algodón y lana | jean.
tela basta | rough linen.
tela basta de borra de algodón o de fibra corta de mala calidad | Osnaburg cloth.
tela blanca de uniforme | duck.
tela cargada | filled cloth.
tela carmesí | cramoisy.
tela clara | loose fabric.
tela clarín | loose fabric.
tela con bordones diagonales | whipcord.
tela con falso orillo | split goods.
tela con ligamento de nido de abeja (tela) | waffle cloth.
tela con una cara revestida de una capa impermeable | leathercloth.
tela conpliegues irregularescamisa de hombre | shirring.
tela cruda | brown holland.
tela cuero | leatherette.
tela chagrin | morocco cloth.
tela de alambre de latón | bronze gauze.
tela de algodón | cotton cloth | plain cotton goods | cotton fabric.
tela de algodón barnizada (electricidad) | varnished calico.
tela de algodón con listas acresponadas | seersucker.
tela de algodón con listas acresponadas longitudinalmente | crimp stripe.
tela de algodón estampada | cotton plint | printed calico | printed cotton cloth.
tela de algodón gofrada (encuadernación) | embossed calico.
tela de algodón para limpiar cristal | glass cloth.
tela de algodón para paraguas | cotton taffeta.
tela de algodón para saquerío | cotton bagging.
tela de alpaca | alpaca cloth.
tela de amianto | asbestos cloth.
tela de araña | web.
tela de aviación | aircraft fabric.
tela de banderas | ensign cloth.
tela de batán | scutcher lap | picker lap.
tela de batán (tejeduría) | lap.
tela de cáñamo crudo | lock ram.
tela de cebolla | onion-skin.
tela de cedazo | sieve cloth.
tela de colchones | bed tick.
tela de composición uniforme | balanced cloth.
tela de crin | horsehair.
tela de cuenta rectangular | off-square.
tela de dibujos | fancy cloth.
tela de doble ancho | double-width cloth.
tela de dos caras | backed fabric | double-faced stuff.
tela de duración | durable cloth.
tela de embalaje | gunny bag.
tela de encuadernar revestida de piroxilina | pyroxilin-coated book cloth.
tela de enmascaramiento | diaper.
tela de esmeril | emery cloth | grinding strickle.
tela de esmeril de grano grueso | coarse emery-cloth.
tela de esmeril de óxido de hierro | crocus cloth.
tela de fantasía | fancy cloth.
tela de fibra de vidrio | glass cloth.
tela de filtrar | filter cloth.
tela de forro | backing cloth.
tela de granitos | granite cloth.
tela de granitos (tejeduría) | momie cloth.
tela de hilo | linen cloth.
tela de lana | woollen cloth.
tela de lana gris oscura | Oxford mixture.
tela de lana peinada | worsted fabric.
tela de lengua | printed warp cretonne | flame-colored cloth.
tela de ligamento pesante | face cloth.
tela de lino | linen cloth | linen.
tela de mezcla de lana | half-wool.
tela de mezcla de lana y seda | gloria.
tela de mezcla de lino y algodón | half linen cloth.
tela de paracaídas | parachute fabric.
tela de pelo | pile fabric.
tela de ramio | Cantoon silks | Canton linen | grass cloth.
tela de raso | satin-woven fabric.
tela de rayón con textura grafitizada | graphitized woven rayon cloth.
tela de rayón o de mezcla de rayón y algodón imitando lino | butcher linen.
tela de rayón tejido carbonizado | carbonized woven rayon cloth.
tela de red (tejeduría) | façon hessian | biscuit bagging.
tela de saco para azúcar | hessian bagging.
tela de sacos (arpillera) | bagging.
tela de sarga interrumpida inversa | broken twill cloth.
tela de seda | silk lap.
tela de superficie vellosa suave | swansking.
tela de tamiz | botting cloth.
tela de tejido liso | plain-woven fabric.
tela de urdimbre ya estampada | warp print.
tela de yute | hessian.
tela de yute (arpillera) | gunny.
tela de yute ordinaria | packing cloth | packing canvas.
tela difícil de ensuciar | dirt-repellent cloth.
tela doble de yute | tarpaulin.
tela elástica | elastic fabric.
tela en cuya cara predomina la urdimbre | face cloth.
tela encerada | oil fabric | slate fabric.
tela engomada | dressed linen.
tela engomada para respaldo de positivos en papel (fotografía) | backing cloth.
tela enguatada | quilting.
tela esmeril | abrasive paper.
tela espesa de algodón (tratamiento del oro) | corduroy.
tela estampada | diaper | printed cloth.
tela filtrante | filtering cloth.
tela filtrante cambiable | renewable filter cloth.
tela fina de yute | fine hessian.
tela forrada | lined cloth | backed fabric.
tela forrada de dos tramas | filling backed fabric.
tela forrada de dos urdimbres | warp-backed fabric.
tela fruncida | gathered fabric.
tela fundida para cuellos (doble tela con entreforro de hilos de rayón al acetato) | fused collar cloth.
tela gris punteada | pinhead grey.
tela hecha de pulpa de retales de cuero | leathercloth.
tela hecha en casa | homespun.
tela homogénea (batán) | even lap.
tela ignífuga | fire-resistant fabric.
tela imitación de piel | imitation fur fabric.
tela imitación tejido de mimbre (encuadernación) | basket cloth.
tela impermeabilizada con caucho | rubber-proofed fabric.
tela impermeable al gas | gas-tight fabric.
tela imprimada | primed linen.
tela incombustible | fireproof fabric.
tela lampiña | bareface cloth.
tela ligera (textil) | zephyr.
tela ligeramente perchada | swansking.
tela lisa para muebles | plain upholstery fabric.
tela metálica | wire fabric | wire cloth | wire netting | wire mesh | woven wire | netting | metallic gauze | gauze | metallic wire cloth.
tela metálica (fabricación papel) | machine wire.
tela metálica (tamiz)medida agraria = 640 acres = 2,5899 kilómetros²
tela metálica amiantada | asbestos wire gauze.
tela metálica con pelusa de rayón | rayon-flocked screen wire.
tela metálica contra el hielo colocada dentro de la boca de toma del aire (aviones) | gapless-type ice guard.
tela metálica contra el hielo colocada fuera de la boca de toma de aire (aviones) | gapped-type ice guard.
tela metálica de alambre de cobre niquelado | nickel-plated copper wire netting.
tela metálica de alambres soldados | welded wire fabric.
tela metálica de cobre | copper wire gauze | copper gauze.
tela metálica de la criba | sieve cloth.
tela metálica de latón | brass gauze.
tela metálica de malla ancha | wide-aperture cloth.
tela metálica de malla estrecha | narrow-aperture cloth.
tela metálica de malla exagonal | hexagon-meshed wire netting.
tela metálica de máquina papelera | paper machine wire.
tela metálica de tejido exagonal | hex netting.
tela metálica embebida en un material elástico y transparente | rubber glass.
tela metálica fina | wire gauze.
tela metálica galvanizada | galvanized wire mesh.
tela metálica revestida de plástico | plastic-coa-

ted wiremesh.
tela mimética (vestimenta de soldados) | camouflaged sheet.
tela múltiple (de 4 ó más telas) | multifold cloth.
tela negra | black fabric.
tela ondulada de lana | ripple cloth.
tela para aviones | airplane fabric.
tela para balonetes (dirigibles) | gas-cell fabric.
tela para colchones | bed ticking.
tela para cortinas de ventana | casement cloth.
tela para cubierta | tarpaulin.
tela para cubrir interiormente el lomo (encuadernación libros) | backlining cloth.
tela para dirigibles | airship fabric.
tela para duplicación de calcados | reproduction tracing cloth.
tela para embalaje | packing cloth.
tela para encuadernación | binding cloth | book cloth | binder's cloth.
tela para filtros | filtration fabric.
tela para globos | balloon fabric.
tela para planchar al vapor | steam ironing cloth.
tela para sábanas | bed sheeting.
tela para sacos | sacking.
tela para sacos de café | coffee-bag cloth.
tela para tamices | bolting cloth.
tela para tapizar | upholster fabric.
tela para toallas | huckaback.
tela para toldos | awning cloth.
tela para trajes | coating.
tela pirorresistente | fire-resistant fabric.
tela preencogida (para que no lo haga al lavarse) | preshrunk fabric.
tela recargada de apresto | extra weighted cloth.
tela revestida | armored fabric.
tela revestida con papel | paper cloth.
tela revestida de plástico lavable | washable plastic-faced fabric.
tela sencilla | single fabric.
tela sin fin | lattice.
tela sin pelo | bareface cloth.
tela suave de lana o seda | challis.
tela tejida como gasa | leno-woven fabric.
tela tejida con fibra de vidrio | glass-woven cloth.
tela tejida en telar de lanzadera | woven fabric.
tela vibrante (mineral) | vanner.
tela-guía (máquina acabado telas) | leader.
telain con pequeñas inclusiones de durain | durotelain.
telar | loom | spinning frame.
telar (hilados) | spinning gin.
telar (puente alto para manejar cuerdas y escenario - estudios cine) | catwalk.
telar (teatros) | gridiron.
telar automático de cajones | automatic box loom.
telar automático de cambio de canilla | pirn-changing automatic loom.
telar automático de cambio de lanzadera | shuttle changing automatic loom.
telar circular | circular loom.
telar circular de punto inglés | rib body machine.
telar circular para medias | circular hosiery machine.
telar circular para tejidos de punto | circular knitting machine.
telar con revólver de cambio de cajones | revolving box loom.
telar continuo | throstle.
telar de anillo | ring frame | ring-frame.
telar de barras | bar loom.
telar de bolos | button draw loom.
telar de cajas ascendentes | drop-box loom.
telar de cajas en línea recta | drop-box loom.
telar de cajón circular | circular box loom.
telar de cajones | box loom | check loom | multiple box loom.
telar de cambio automático de bobinas | automatic bobbin-changing loom.
telar de cambio automático de lanzaderas | automatic shuttle-changing loom | automatic reshuttling loom.
telar de coronilla | cap frame.
telar de doble ancho | double-width loom.
telar de emparrillado | swivel loom.
telar de encuadernar | sewing-press.
telar de excéntricos | cam loom.
telar de ganchos | hook loom.
telar de gran velocidad | high-speed loom.
telar de husillos | tenters pin.
telar de la puerta (esclusas, diques secos de hojas) | gate recess.
telar de lizos altos | high warp loom.
telar de lizos bajos (textil) | low-warp loom.
telar de manivela | crank loom.
telar de mano | handloom.
telar de pic a pic | pick and pick loom.
telar de picada de garrote | overpick loom.
telar de picada de látigo | overpick loom.
telar de picada por encima | overpick loom.
telar de sostén | skeleton.
telar de tambor | cylinder loom | barrel loom.
telar de tapicería | carpet loom.
telar de una lanzadera | plain loom.
telar de varias lanzaderas | check loom | multiple box loom | revolving box loom.
telar del vano (puerta o ventana) | reveal.
telar en seco | dry frame.
telar jacquard | jacquard loom.
telar mecánico | power loom.
telar multilanzaderas | multiple shuttle loom.
telar para algodón | cotton loom.
telar para cintería | ribbon loom.
telar para cortinajes | drapery loom.
telar para dibujos con motas cortadas | clip spot loom.
telar para encajes | lace loom.
telar para encajes con carros movidos individualmente | bobbin net pillow lace machine.
telar para espolinados | swivel loom.
telar para felpas | plush loom.
telar para hilar algodón | spinning mule.
telar para lonas | duck loom.
telar para tejidos de tapizar muebles | furniture plush loom.
telar para terciopelo doble | double-velvet loom.
telar para terciopelos por urdimbre | plush loom.
telar para tul | bobbinet frame.
telar para visillos | curtain lace machine.
telar rectilíneo | ordinary loom.
telar rectilíneo de tejido de punto | flat knitting machine.
telar rectilíneo para calcetería | flat hosiery machine.
telar rectilíneo para medias menguadas | full-fashioned hosiery machine.
telar revólver | revolving box loom | circular box loom.
telar semimecánico | dandy loom.
telar sencillo | plain loom.
telar sin lanzadera | shuttleless loom.
telaraña | cobweb.
telaraña (gasa finísima) | gossamer.
telas con urdimbre de hilos doblados (G.B.) | double warp goods.
telas de algodón para trajes | cotton suitings.
telas de dibujos | patterned stuffs.
telas de encuadernar de jute o cáñamo | bookbinding fabrics of jute or hemp.
telas de lana de artesanía | hand-woven woollen fabric.
telas de lana peinada | worsteds.
telas en crudo | goods in the grey | greys | in-the-gray.
telas estampadas | patterned stuffs.
telas impermeables | rough fabrics.
telas inflamables | flammable fabrics.
telas no tejidas | nonwoven fabrics.
telas para filtrar gases | gas filtration fabrics.
telas para muebles | furnishings fabrics.
telas para revestimiento de muros | hangings.
telas para tapas de libros | fabrics for book covers.
telas para tapicería | upholstery fabrics.
telas para trajes | dress fabrics.
telas para usos civiles | civilian fabrics.
telas para vestidos | dress-materials.
telcoteno (mezcla de 87,5% de politeno y 12,5% de poliisobutileno) | telcothene.
teleaccionable | remotely operable.
teleaccionado | remote-controlled | remotely controlled | distant-controlled | remote-operated | remotely operated.
teleaccionamiento | telecontrol.
teleaccionamiento por ondas radioeléctricas | telemechanics.
teleaccionar | remote control (to) | telecontrol (to).
teleamperímetro | teleammeter.
teleapuntador (discursos) | telepromter.
teleautografía | telewriting.
teleautógrafo | telewriter | facsimile telegraph | teleautograph.
telebrújula | telecompass | remote compass.
telecámara portátil (TV) | creepy-peepy.
telecardiógrafo (medicina) | telecardiogram.
telecéntrico | telecentric.
teleceptor | teleceptor.
telecine | telecine | motion picture pick-up.
telecinema | motion-picture pickup.
telecinematografía | telecinematography.
teleclinómetro | teleclinometer.
telecobaltoterapia (medicina) | telecobaltotherapy.
telecomando | remote control.
telecompás | telecompass.
telecomposición | telegraphic typesetting.
telecomputación | telecomputing.
telecómputo | telecounting | remote counting.
telecomunicación por cable | cabletelecommunication.
telecomunicación vía satélite | satellite telecommunication.
telecomunicaciones por satélite con encaminamiento automático | satellite telecommunications with automatic routing.
telecomunicaciones rurales | country telecommunications.
teleconexión | teleconnection.
teleconferencia | teleconference.
teleconmutador | teleswitch.
telecontador | telecounter | remote meter.
telecontador de lectura proporcional | direct-relation telemeter.
telecontrol | telecontrol | remote control.
telecontrolar | telecontrol (to).
telecopiadora | telecopier.
telecromómero (genética) | telechromomere.
telectactor | telectactor.
telectografía | telectograph.
telectógrafo | telectograph.
telectrógrafo | telectrograph.
teledetección | teledetection | remote sensing.
telediafonía | distant and crosstalk.
telediafonía (radiotelefonía) | far-end crosstalk.
teledifundir | telecast (to).
teledifusión | telediffusion.
teledifusión (radio) | line broadcasting.
teledirigir un avión sin piloto | beep (to).
teleeléctrico | telectric.
teleelestroscopio | telectroscope.
teleescritor | teletypewriter.
telefacsímile | telefacsimile.
teleférico | cable-carrier | cable railway | ropeway | rope railway | telpher | wire ropeway | tramway | aerial railway | aerial conveyor | aerial cableways.
teleférico bicable | bicable aerial ropeway.
teleférico de carga (minería) | ore loading ropeway.
teleférico de vaivén | jig-back.
teleférico desde el buque a la playa | ship-to-shore cableway.

teleférico monocable | monocable ropeway.
teleférico para carga de mineral | ore loading ropeway.
telefilme | telefilm.
telefluoroscopia | telefluoroscopy.
telefonear | phone (to) | telephone (to) | give a ring (to).
telefonée | keep in touch.
telefonía | telephony.
telefonía alámbrica | wire telephony.
telefonía automática | machine switching.
telefonía cifrada | enciphered telephony | ciphony.
telefonía con frecuencia vectriz | carrier telephony.
telefonía con portadora suprimida | quiescent carrier telephony.
telefonía de doble banda lateral de pequeña potencia | low-power double-sideband telephony.
telefonía de frecuencia vocal | voice frequency telephony.
telefonía manual | manual telephony.
telefonía multicanal | multi-channel telephony.
telefonía multiplex | specch multiplex.
telefonía por corriente portadora | carrier telephony.
telefonía por corrientes de alta frecuencia | carrier current telephony.
telefonía por onda de alta frecuencia | carrier wave telephony.
telefonía por onda portadora | carrier telephony.
telefonía simultánea de una única portadora | voice operated device anti-singing (V.O.D.A.S.).
telefonía sin hilos | wireless telephony.
telefonía transoceánica | transocean telephony.
telefonía y telegrafía simultáneas | speech plus telegraph.
telefónico | phone.
telefonista | telephonist | telephone operator | operator | manual operator.
telefonista manual | A-operator.
teléfono | phone | telephone | subset.
teléfono autogenerador | voice-actuated telephone.
teléfono automático | dial telephone.
teléfono con disco de llamada incorporada en el microteléfono | dial-in-handset telephone.
teléfono con disco marcador luminiscente | dial-lighted telephone.
teléfono con transmisión de imagen (videotelefonía) | picturephone.
teléfono de altavoz | intensifier telephone.
teléfono de casco | muff.
teléfono de comunicación interior | intercom.
teléfono de energía acústica | sound-power telephone.
teléfono de excitación acústica | sound powered telephone.
teléfono de intercomunicación interior | interphone.
teléfono de magneto | magneto telephone.
teléfono de pago preliminar | pay telephone.
teléfono de pago previo | coin box.
teléfono de socorro utilizado en las autopistas | motorway emergency telephone.
teléfono de teclas | touch tone.
teléfono electrodinámico | sound-power telephone.
teléfono no protejido contra los ruidos ambientes | sidetone telephone.
teléfono óptico | photophone.
teléfono para buzos | divers' telephone.
teléfono para después de las horas de oficina | after office-hours telephone.
teléfono para servicio del buque al muelle | ship-shore service telephone.
teléfono público | pay station | public call office.
teléfono suplementario (abonado telefónico) | extension station.
teléfono televisivo | picture phone | picturephone | videotelephone.
teléfono visual | visual telephone.
telefonograma | telephonogram.
telefonometría | telephonometry.
telefonométrico | telephonometric.
teléfonos intercomunicadores | intercommunicating telephones.
teléfonos y télex (hoteles) | front office.
telefoto | phototelegram | wire photo | telephotography | telephoto.
telefotografía | telephoto | telephotography | wirephoto.
telefotografía facsímil | photograph facsimile telegraphy.
telefotograma | telephotogram.
telefotómetro | telephotometer.
telegammaterapia (medicina) | telegammatherapy.
telegénico | telegenic.
telegestión | teleprocessing | telecomputing | remote processing.
telegobernado | distant-controlled | remotely controlled | remotely-steered.
telegobernado por una estrella (misiles) | star-steered.
telegobernar | remote control (to).
telegrafía | telegraphy.
telegrafía a cuatro frecuencias | four-tone telegraphy.
telegrafía armónica | voice frequency telegraph | voice frequency telegraphy | harmonic telegraphy.
telegrafía automática dúplex | duplex automatic telegraphy | duplex automatic telegraph.
telegrafía con banderas | wigwag.
telegrafía cuádruple | cuadraplex.
telegrafía de corriente continua por impulsos positivos y negativos | polar direct-current telegraph system | polar direct-current telegraphy.
telegrafía de doble polaridad | double current telegraphy.
telegrafía de onda continua modulada | MCW telegraphy.
telegrafía de portadora vocal | voice-frequency carrier telegraphy.
telegrafía de variación de frecuencia de portadora auxiliar | pilot-carrier frequency-shift telegraphy.
telegrafía en dos frecuencias | two tone telegraphy.
telegrafía escalonada | echelon telegraphy.
telegrafía inalámbrica | nonwire telegraphy.
telegrafía modulada | I. C. telegraphy.
telegrafía múltiple | multichannel telegraphy | multiple telegraphy | multiplex | multiplex telegraphy.
telegrafía múltiple de modulación de amplitud de doble banda lateral | double sideband amplitude-modulated multiplex.
telegrafía óptica | visual signaling | optical telegraphy.
telegrafía policanálica por frecuencia vocal | multichannel voice frequency telegraphy.
telegrafía por corriente de alta frecuencia | high-frequency carrier telegraphy.
telegrafía por corriente portadora de frecuencia acústica | voice-frequency carrier telegraphy | voice frequency carrier telegraphy.
telegrafía por el suelo | ground telegraphy.
telegrafía por frecuencia vocal | voice-frequency telegraphy.
telegrafía por hilo | line telegraphy.
telegrafía por modulación de amplitud | amplitude-change telegraph signalling.
telegrafía por onda portadora | carrier wave telegraphy.
telegrafía por rayos infrarrojos | infrared telegraphy.
telegrafía por registro de señales (no impresora) | signal-recording telegraphy.
telegrafía por tonos | tone telegraph.
telegrafía por variación de frecuencias | frequency shift telegraphy.
telegrafía sin hilos | radio.
telegrafía sobre canal acústico | voice frequency telegraphy.
telegrafía unidireccional | simplex telegraphy.
telegrafía y telefonía simultáneas | speech plus telegraphy.
telegrafiar | telegraph (to) | cable (to) | wire (to).
telegrafiar en Morse | Morse (to).
telegrafista | operator | telegraphist.
telegrafista (EE.UU.) | telegrapher.
telégrafo | telegraph.
telégrafo acústico | sounding telegraph.
telégrafo cuadruple | quadrupled telegraph.
telégrafo de aguja | pointer telegraph | needle telegraph.
telégrafo de campaña | field-telegraph | field telegraph.
telégrafo de cuadrante | needle telegraph.
telégrafo de la cámara de máquinas | engine room telegraph.
telégrafo de maniobras (buques) | docking telegraph.
telégrafo de máquinas (buques) | engine telegraph.
telégrafo de órdenes al timón | steering order telegraph.
telégrafo de órdenes electrónico (buques) | electronical order telegraph.
telégrafo de señales | signal telegraph.
telégrafo del motor propulsor (buques) | main-engine telegraph.
telégrafo eléctrico | wire.
telégrafo eléctrico para máquinas (buques) | electric engine telegraph.
telégrafo impresor | type printing telegraph | printery telegraph | printing telegraph | recording telegraph.
telégrafo impresor múltiple | multiplex printing telegraph.
telégrafo marino | nautical signals.
telégrafo óptico | signal telegraph | blinker.
telégrafo repetidor | repeating telegraph.
telégrafo sin hilos | wireless telegraph.
telegrafoscopio | telegraphoscope.
telegrama | wire | telegram.
telegrama circular | round robin telegram.
telegrama colacionado | repetition-paid telegram.
telegrama con acuse de recibo | telegram with notice of delivery.
telegrama de escala | transit telegram.
telegrama de madrugada | night letter.
telegrama de tránsito con conmutación | transit telegram with switching.
telegrama expedido por avión | aerogram.
telegrama facsímile | facsimile telegram.
telegrama mutilado | mutilated telegram.
telegrama ordinario | full-rate message.
telegrama por teléfono | phonogram.
telegrama postal | mailgram | speed letter | speedletter.
telegrama telefoneado | phonogram.
telegrisumetría | telegrisoumetry.
teleguiado | teleguidance | guided | pilotless.
teleguiado electrónico | command guidance.
teleguiado por haz | beam rider guidance.
teleguiamiento (proyectiles) | guidance.
teleguiancia por radar seguidor | radar track command guidance.
teleguiar | teleguide (to).
telehidrógrafo | telehydrograph.
teleimpresor | telegraph printer | recording telegraph | teleprinter | teleprinter | teletypewriter.
teleimpresor (terminal) | teleprinter.
teleimpresor de arranque y parada automática | start-stop printing telegraph.
teleimpresor de recepción únicamente | receiving-only teleprinter.
teleimpresor electrónico | electronic teleprinter.
teleimpresor emisor-receptor | automatic send-receive set.

teleimpresora de páginas | page teleprinter.
teleindicación | telemetering | remote indication.
teleindicación (electricidad) | telemetering.
teleindicador | teleindicator | telegage | remote indicator | remote-indicating.
teleindicador (electricidad) | telemeter.
teleindicador de carga | remote load indicator.
teleindicador de posición | remote position indicator.
teleindicador del nivel de agua (calderas) | levelscope.
teleindicador del nivel del agua de caldera | remote-reading boiler water gage.
teleindicador del nivel del líquido | remote liquid level indicator.
teleindicar | telemeter (to).
teleinformática | teleinformatic | data communication equipment | computer communications.
teleinscriptor | teleinscriptor | telewriter.
teleinterrogado | remotely interrogated.
teleinterruptor | remote control switch.
teleirradiación | teleirradiation.
telelectura | distance reading.
telemandado | remote-operated | remote-controlled | extended control | distant-controlled | distant controlled | remotely-steered.
telemandar | telecontrol (to).
telemando | remote control | remote actuation | remote control | distant control | telecontrol | telecommand | pilot-relaying | pilot relaying | followup control.
telemando automático | automatic remote control.
telemando centralizado | centralized remote control.
telemando eléctrico | remote electrical control | electric remote control.
telemando espacial | space command.
telemando manual | remote manual operation.
telemando mecánico | mechanical distance control.
telemando para pipetear | remote pipetting control.
telemando por radio | radio remote control.
telemando servoaccionado | servoactuated remote control.
telemanejo | remote handling.
telemanejo de cuerpos radioactivos | hotspot remote control handling.
telemaniobra | distant control.
telemaniobrable | remotely operable.
telemaniobrado | remote-operated | remote-controlled | remotely operated | distant-controlled.
telemanipulación | remote handling.
telemanipulador | remote-control manipulator | telemanipulator | manipulator.
telemanipulador eléctrico accionado por palanca universal | joystick-controlled electrical telemanipulator.
telemanómetro | telemanometer.
telemarcado de entrada directa | direct inward dialing (D.I.D.).
telemarcado de salida con identificación | identified outward dialing.
telemarcado entre centralitas | intra private-branch-exchange dialing.
telemática | telematics | compunication.
telemática televisiva | teletex.
telemático | telematic.
telemecánica | telemechanics.
telemecanismo | telemechanism.
telemedición | telemetering.
telemedición biológica | biologic telemetering.
telemedición eléctrica | electric telemetering.
telemedición por haz luminoso | light beam telemetering.
telemedida | telemetering | telemetering.
telemedida analógica | analog telemetering.
telemedida de la información | information telemetering.
telemedida FM | F.M. telemetering.
telemedida por división de tiempo | time division multiplexed telemetry.
telemedida por enlace móvil | mobile telemetering.
telemedida por impulso codificado | pulse-code telemetry.
telemedida por impulsos | impulse-modulated telemetering.
telemedidor | telemeter.
telemedidor de impulsos | pulse-type telemeter.
telemedidor del tipo de posición | position-type telemeter.
telemedidor del tipo de relación | radio-type telemeter.
telemedir | telemeter (to).
telemetración | telemetering.
telemetrar | find the range (to) | range (to).
telemetría | telemetry | telemetering.
telemetría biomédica | biomedical telemetry.
telemetría con código de frecuencia | frequency-code telemetering.
telemetría de ciclo cerrado | closed-loop telemetry.
telemetría de datos fisiológicos (bioastronáutica) | physiological data telemetering.
telemetría de impulsos codificados | pulse-code telemetry.
telemetría de misiles teleguiados | guided weapon telemetry.
telemetría de tipo analógico | analogue telemetry.
telemetría espacial | space telemetry.
telemetría interplanetaria | interplanetary telemetering.
telemetría mediante aeronaves | air telemetering.
telemetría multiplex de división de tiempo | time division multiplexing telemetering.
telemetría numérica | digital telemetering.
telemetría oceanográfica | oceanographic telemetering.
telemetría para misiles | missile telemetry.
telemetría por impulsos codificados | pulse code telemetry.
telemetría por medio de aeroplanos | aircraft telemetering.
telemetría por transmisión alámbrica | wire telemetry.
telemetría radárica | radar distance measuring.
telemetría radioacústica | radio acoustic position-finding.
telemétrico | telemetric | telemetry.
telemetrista | rangetaker | ranger adjuster | range adjuster.
telémetro | rangefinder | telemeter | distancemeter | distance meter | range finder | distance-finder.
telémetro acoplado | coupled range finder.
telémetro acústico | acoustic rangefinder.
telémetro azimutal | azimuth range finder.
telémetro de alidada | alidade distance-finder.
telémetro de coincidencia | coincidence range finder | coincidence telemeter | coincidence rangefinder | split-field telemeter.
telémetro de de depresión | depression position finder.
telémetro de doble imagen | double-image rangefinder.
telémetro de imágenes superpuestas | superimposed image-range finder.
telémetro de impulso | impulse-type telemeter.
telémetro de nubes | ceilometer.
telémetro de rayos laser | laser rangefinder.
telémetro electrónico | gadget | electron rangefinder | electronic range finder.
telémetro estereoscópico | sterescopic rangefinder | stereoscopic rangefinder | stereo rangefinder.
telémetro estereoscópico para aviones | heightfinder.
telémetro lasérico para nubes | laser ceilometer.
telémetro nefoscópico | cloud-base measuring instrument.
telémetro óptico-mecánico | optomechanical range finder.
telémetro para aviones | aircraft range finder.
telémetro para infantería | infantry rangefinder.
telémetro para medir altitudes | heightfinder.
telémetro radárico | distance-measuring radar.
telémetro sónico | sonic range finding.
telemetrógrafo | telemetrograph.
telemita | thelemite.
telemotor | telemotor.
telemotor del timón | steering telemotor.
teleobjetivo | tele-lens | tele lens | teleobjetive | teleobjective | telephoto lens | phototelescope.
teleología (biología) | teleology.
teleología de la estructura | structure teleology.
teleoperador | teleoperator.
teleósteo | teleost.
teleosteo (peces) | osseous.
telepantoscopio | telepantoscope.
telépata | telepathist.
telepatía | telepathy | telaesthesia.
telepático | mentatiferous.
telepirómetro | telepyrometer.
teleposicionamiento | remote positioning.
teleproceso | remote processing | teleprocessing.
telera | lattice | sister block | apron | transom.
telera (afuste de cañón) | transom.
telera (arado) | plow pin.
telera (carruajes) | tie beam.
telera (transportador sin fin) | apron.
telera de alimentación | feed board | feed apron | feed table.
telera de asiento (carruajes) | axletree washer.
telera de entrega | delivery apron.
telera de púas | rake conveyor.
telera de púas inclinadas (abridoras) | lifting apron.
telera de salida | delivery apron.
telera distribuidora | distributing apron.
telera inclinada con púas (batanes) | pin apron.
telera para calcinación | roast heap.
telera transportadora | creeper apron | conveyor apron.
telerán | teleran.
telero (barandilla de carruaje) | stake.
telero de quita y pon | loose stud stave.
telerradiografía | teleradiography.
telerradioterapia | teleradiotherapy.
telerrecepción | telereception.
telerreceptor | telereceiver.
telerreferencia | remote marking.
telerreferido | remote-marked.
telerregistrador | telerecorder.
telerregistrador eléctrico | electrical distance recorder.
telerregistro | telerecording.
telerregulación | remote control | extended control.
telerregulación automática | automatic remote control.
telerregulación por corrientes alternas de audiofrecuencia que circulan por la red de energía | ripple control.
telerregulación por frecuencia musical | ripple control.
telerregulación por preselector | preselector remote control.
telerregulación ultrarrápida | instantaneous remote control.
telerregulado | remote-controlled | remotely controlled.
telerregulador | telecontrol.
telerregulador eléctrico | electric remote control.
telerregulador electromagnético | electromagnetic remote control.
telerregular | telecontrol (to).
telerrelé | distance relay.
telerreproducción de imágenes | facsimile.
telerroentgenografía | teleroentgenography.
telescopia | telescopy.
telescopiaje | telescoping.
telescopiforme | telescopiform.

telescopio | telescope | tube.
telescopio acromático | achromatic telescope.
telescopio astrográfico | astrographic telescope.
telescopio astronómico | astronomical telescope.
telescopio azimutal | azimuthal telescope.
telescopio buscador | finder telescope.
telescopio cenital | zenith tube.
telescopio cenital flotante | floating zenith telescope.
telescopio cenital fotográfico | photographic zenith tube.
telescopio cistoscópico (medicina) | cystoscopic telescope.
telescopio con montaje ecuatorial | equatorially-mounted telescope.
telescopio cromosférico-fotosférico | chromospheric-photospheric telescope.
telescopio de Cassegrain | cassegrainian telescope.
telescopio de espejo | reflecting telescope.
telescopio de exploración de gran abertura | large aperture scanning telescope.
telescopio de Galileo | Dutch telescope.
telescopio de Herschel | Herschellian telescope.
telescopio de imagen erecta | erecting telescope.
telescopio de imagen invertida | inverting telescope.
telescopio de infrarrojos para persecución de misiles | missile trailling infrared telescope.
telescopio de rayos cósmicos | cosmic ray telescope.
telescopio de reflexión | reflecting telescope.
telescopio de refracción | rectracting telescope | refractor.
telescopio ecuatorial | equatorial telescope.
telescopio electrónico | electronic telescope | electron telescope.
telescopio fotográfico | photographic telescope.
telescopio instalado en el Apolo | Apollo telescope mount.
telescopio movido electrónicamente | electronically-actuated telescope.
telescopio radárico (astronomía) | radar telescope.
telescopio reflector sin coma | coma-free reflector.
telescopio situado en un satélite artificial | orbital telescope.
telescopio situado sobre la tierra | earth-based telescope.
telescopio solar | solar telescope.
telescopio submilimétrico | submillimetric telescope.
telescopista | telescopist.
telescopización | telescopizing.
telescopizado | telescoped down | telescoped.
telescopizante | telescoping.
telescopizar | telescopize (to).
teleselección | teleselection | remote selection.
teleselección por corriente alterna | AC dialing.
teleselección por frecuencia vocal | voice dialling.
teleselección urbana por CA | AC toll dialing.
teleselector | teleselector.
teleseñalización | remote signalling | remote signaling | telesignaling | telesignalling.
telesilla | chair lift.
telesintonización | remote tuning.
telesismo | teleseism.
telesismología | teleseismology.
telespectador | televiewer.
telestereografía | telestereograph.
telestesia | telaesthesia.
teletacómetro | teletachometer.
teletactor | teletactor.
teleterapia | teletherapy | teletheraphy.
teleterapia con cobalto 60 | cobalt 60 teletherapy.
teleterapia con radioisótopos | radioisotope teletherapy.
teleterapia de haz móvil | moving beam teletherapy.
teleterapia por isótopos de cobalto | cobalt teletherapy.
teleterapia por rotación | rotation teletherapy.
teletermógrafo | telethermograph.
teletermómetro | remote thermometer | telethermometer.
teletermómetro eléctrico | long-distance electrical thermometer | electrical distance thermometer.
teletexto | teletext.
teletipar | teletype (to).
teletipia | teletypewriter equipment | teletypesetter.
teletipista | teletypist | teletype operator.
teletipo | type printer | tape printer | teleprinter | teletype | teleprinter.
teletipo accionado por radioimpulsos | radio teletype.
teletipo automático | automatic teletype.
teletipo multicanálico | multichannel teletype.
teletipo por línea alámbrica | land line teletypewriter | landline teletypewriter.
teletipo transistorizado a bordo de aviones | transistorized airbone teleprinter.
teletón | rep.
teletón por trama | warp rib.
teletón por urdimbre | weft rib | filling rib.
teletranscriptor | telewriter.
teletransmisión | teletransmission.
teletransmisión fotográfica | long-distance photograph transmission.
teletratamiento | teleprocessing | remote processing.
teletrón | teletron.
teleutilización | teleutilization.
televatímetro | telewattmeter.
televidente | teleseer | televiewer.
televigilancia | televigilance | telesurveillance | remote vigilance.
televisado en directo | direct pickup.
televisar | teleview (to) | televise (to) | telecast (to).
television | television.
televisión a todo el mundo por medio de satélites artificiales | television relaying via satellites.
televisión alámbrica | wired television.
televisión colectiva | community television.
televisión comercial | commercial television | sponsored television.
televisión compartida | community television.
televisión con exploración en una línea única | single-line-scan television.
televisión con línea telefónica para teatros | pipe program.
televisión con pago por contador | pay-as-you-see television.
televisión de alta definición | high-definition television.
televisión de baja definición (con menos de 200 líneas en la imagen) | low-definition television.
televisión de escenas de un filme | motion-picture pickup.
televisión de filmes | telefilm | film television.
televisión de pago adelantado | fee-television.
televisión de pantalla mural | picture-frame television.
televisión de pequeña velocidad de escansión | slow-scan television.
televisión de vistas del exterior (fuera del estudio) | remote.
televisión educativa | educational television | teleeducation | educative television.
televisión en circuito cerrado | closed circuit television.
televisión en color por sucesión de puntos | dot-sequential color television.
television en directo | live TV.
televisión en pantalla grande | big-screen television.
televisión en sala | theater television.
televisión en vivo | live TV.
televisión escolar | educational television.
televisión estereoscópica | stereoscopic television.
televisión imagen y sonido | sound-sight broadcasting.
televisión industrial | closed-circuit television | industrial television.
televisión mundial mediante satélites artificiales | global satellite television.
televisión para empleo en operaciones quirúrgicas | hospital television.
televisión para estaciones de clasificación (ferrocarril) | marshalling yard television.
televisión periscópica | periscopic television.
televisión por antena colectiva | community antenna television.
televisión por antena común | community television.
televisión por cable | cable television | piped television | wired television.
televisión por rayos X | X-ray television.
televisión por siluetas | shadowgraphs.
televisión por videocasete | video-tape generation.
televisión proyectada sobre una pantalla | projection television.
televisión proyectada sobre una pantalla de cine | screen televisión.
televisión retransmitida | relay television.
televisión submarina | underwater television.
televisión teledifundida | piped television.
televisión tricromática | tricolor television.
televisionista | televisionist.
televisivo | televisional.
televisor | televisor.
televisor con filtro de luz | black screen television set.
televisor de sonido entre portadoras | receiver intercarrier.
televisor en color | polychromous televisor.
televisor polícromo | polychromous televisor.
televisual | televisual | televisional.
televisualización | remote display.
televoltímetro | televoltmeter.
telex | telex.
telexista | telex operator.
telilla (análisis minerales) | coating.
telilla (de cebolla) | peel.
telilla (membrana) | film.
teliotoquía | thelyotoky.
telmatología | telmatology.
telolecito (zoología) | end-yolked.
telomérico | telomeric.
telomerización | telomerization.
telomero | telomere | telomer.
telomítico | telomitic.
telón de acero (teatro) | iron curtain.
telón de amianto para teatros | asbestos theatre curtain.
telón de boca | drop-curtain.
telón de boca (teatros) | curtain.
telón de entreacto | drop-curtain | act drop.
telón de entreactos (teatros) | drop screen.
telón de fondo | back curtain.
telón de fondo (teatros) | back cloth.
telson | flapper.
telstar | telstar.
telurato | tellurate.
telúrico | telluric.
telurio | tellurium.
telurio auroplumbífero | leaf tellurium.
telurio gráfico | graphic tellurium.
telurio hojoso (nagyagita) | foliate tellurium.
telurismo | tellurism.
telurómetro | tellurometer.
telururo | telluride.
telururo de bismuto | bismuth telluride.
telururo de cadmio | cadmium telluride.
telururo de cinc | zinc telluride.
telururo de plata | silver telluride.
telururo de plomo | altaite | lead telluride.
tema | contention.

tema (música) | theme.
temario de la conferencia | agenda of the conference.
tembladera | quicksands.
temblador | make-and-break | contact breaker.
temblador (bobina de inducción) | vibrator.
temblador (electricidad) | ticker.
temblar | quake (to) | shake (to) | tremble (to).
temblar (vibrar aeroelásticamente - aviones) | flutter (to).
tembleque | grazing.
tembleteo (barómetros) | pumping.
temblón | shaker.
temblor | quake | jitter | fluttering | tremor.
temblor de amplitud | amplitude flutter.
temblor de antena | beam jitter.
temblor de impulso | pulse jitter.
temblor de la imagen (TV-cine) | picture bounce.
temblor de rastreo | tracking jitter.
temblor de tierra | shake | earthquake | earth tremor.
temblor previo (sismología) | foreshock.
temblor que acompaña a la rotura de una banca de hielo | ice-quake.
temblor secundario (terremotos) | aftershock.
tembusu (Fagraea fragans) | tembusu | anan.
tembusu (Fagraea fragans - Roxb) | tembusu | tembusu pedang.
tembusu (Fagraea gigantea - Ridl) | tembusu hutan.
temor | fearfulness.
temor de un escándalo | fear of exposure.
témpano de hielo | ice floe.
témpano de hielo (oceanografía) | iceberg.
témpano de hielo de tamaño medio | bergy-bit.
témpano flotante | ice drift.
témpano flotante de gran tamaño (oceanografía) | floeberg.
témpano muy delgado primero que se forma a partir del hielo viscoso | ice rind.
témpano pequeño | glacon | ice-bloc.
témpano pequeño de hielo a la deriva | growler.
témpanos de hielo | broken ice | floe-ice.
témpanos sueltos | broken ice | open pack.
tempanos sueltos que cubran de 0,5 a 0,8 de la superficie del mar | slack ice.
temperamento | character.
temperamento (acústica) | temperament.
temperamento comercial | mercurial temperament.
temperamento de la escala musical | musical scale temperament.
temperamento igual (música) | temperament equal.
temperaruta elevada | high temperature.
temperatura | temperature | heat.
temperatura a la cual cae la primera gota (destilación) | overpoint.
temperatura a la cual la energía perdida por colisiones radioactivas está equilibrada por la energía depositada en el plasma por reacciones termonucleares | ignition temperature.
temperatura a la que el aceite pierde su fluidez | setting point.
temperatura a la que el aceite se inflama (cocinas) | smoke point.
temperatura a la que empieza la transformación de austenita a martensita durante el enfriamiento | M_s temperature.
temperatura a la que está terminada la transformación de austenita en martensita durante el enfriamiento | M_f temperature.
temperatura a la que ocurre un marcado aumento de óxido | scaling temperature.
temperatura a la que una suelda está completamente líquida | flow point.
temperatura a la salida de la turbina | turbine-discharge temperature.
temperatura a lo largo del tubo | temperature traverse in tube.
temperatura absoluta | absolute temperature.
temperatura absoluta de ebullición | absolute boiling point.
temperatura absoluta del hielo fundente | thermal datum | cold junction.
temperatura adiabática | adiabatic temperature.
temperatura adiabática de la llama | adiabatic flame temperature.
temperatura adiabática de la pared | adiabatic wall temperature.
temperatura al rojo vivo | bright red heat.
temperatura alta | high temperature.
temperatura altísima | superhigh temperature.
temperatura ambiente | room temperature.
temperatura apropiada | kindly temperature.
temperatura austenizante alta | high austenitizing temperature.
temperatura bajo cero | subatmospheric temperature | subfreezing temperature | minus zero temperature | low temperature.
temperatura bajo cero en grados K | sub-zero temperature.
temperatura balística | ballistic temperature.
temperatura cinética | kinetic temperature.
temperatura con el termómetro a cubierto (meteorología) | screened temperature.
temperatura constante | even temperature.
temperatura contada a partir del cero absoluto | absolute temperature.
temperatura criogénica | very-low temperature.
temperatura crítica | emergency point | critical point | critical temperature.
temperatura crítica (aceros) | arrestation point.
temperatura crítica (metalurgia) | critical range.
temperatura crítica de vaporización | critical vaporization temperature.
temperatura crítica superior (aceros) | upper critical point.
temperatura de
temperatura de (máquina lavadora) | warm temperature.
temperatura de ablandamiento (conos Seger) | softening point temperature | down point.
temperatura de acabado | end temperature | finishing temperature.
temperatura de ampolla seca | dry-bulb temperature.
temperatura de arranque | start-up temperature.
temperatura de austenitización | austenitizing temperature.
temperatura de autoignición | autoignition temperature.
temperatura de bulbo húmedo | wet-bulb temperature.
temperatura de bulbo seco | dry-bulb temperature.
temperatura de cambio de estado semisólido a líquido (grasas) | dropping point.
temperatura de cambio magnético (hierro) | magnetic transformation point | magnetic change point.
temperatura de cementación | hardening heat.
temperatura de cocción | firing temperature | burning temperature.
temperatura de color de 3.400 °K | color temperature 3,400 °K.
temperatura de combustión | combustion temperature.
temperatura de comparación | reference temperature.
temperatura de compensación | equalizing temperature.
temperatura de condensación | drip point.
temperatura de congelación | freezing point | chill point.
temperatura de congelación (líquidos) | apparent freezing point.
temperatura de congelación (petróleos) | setting point.
temperatura de congelación baja | low-freezing point | high freezing point.
temperatura de congelación del agua | ice point of water | freezing point of water.
temperatura de contacto | contact temperature.
temperatura de cristalización (temperatura de oscuridad - parafina en petróleos) | cloud point.
temperatura de Curie | Curie point.
temperatura de decalescencia | decalescent point.
temperatura de descarga del agua de enfriamiento | cooling water discharge temperature.
temperatura de descomposición | decomposition temperature | breaking down temperature.
temperatura de descomposición térmica | thermal-decomposition temperature.
temperatura de descongelación | pour point.
temperatura de descongelación (lubricantes) | pour-point.
temperatura de desprendimiento de gases explosivos | flash point.
temperatura de desprendimiento de vapores | smoke point.
temperatura de desprendimiento de vapores inflamables en vaso abierto (combustibles líquidos) | open flash point.
temperatura de detención de la transformación | transformation-arrest temperature.
temperatura de detonación | detonating point.
temperatura de ductilidad nula | nil ductility temperature.
temperatura de ebullición | ebullition point | boiling-point | boiling heat.
temperatura de ebullición del agua | steam point of water.
temperatura de ebullición en el vacío | boiling-point in vacuo.
temperatura de ebullición inicial | initial boiling point.
temperatura de elaboración | process temperature.
temperatura de encendido | start-up temperature.
temperatura de engrosamiento del grano (metalurgia) | grain coarsening temperature | coarsening temperature.
temperatura de entrada | inlet temperature.
temperatura de entrada de la alimentación | feed inlet temperature.
temperatura de envejecimiento | aging temperature.
temperatura de escurrimiento | pour point.
temperatura de evaluación de la salida con aire seco | dry-air rated discharge temperature.
temperatura de evaporación | evaporation point.
temperatura de fluencia | flowing point.
temperatura de fluidez crítica (petróleo) | pour-point.
temperatura de formación de escorias | ashing temperature.
temperatura de formación de humo (combustibles para turbinas combustión) | smoke point.
temperatura de formación de la bainita | bainite temperature.
temperatura de formación de una película de vapor (ebullición) | burnout point.
temperatura de fragilidad | brittle temperature.
temperatura de fragilidad (caucho) | brittle point.
temperatura de frita | fritting temperature.
temperatura de funcionamiento admisible | permissible operating temperature.
temperatura de funcionamiento máxima admisible | maximum permissible working temperature.
temperatura de funcionamiento recomendada | recommended operating temperature.
temperatura de fusión | melting point | drop-point | dropping point | fusing point.
temperatura de fusión (aleación de baja temperatura de fusión) | let-go temperature.
temperatura de fusión (aleaciones de baja temperatura de fusión) | yield temperature.
temperatura de fusión (cera) | slum point.
temperatura de fusión (metalurgia) | decomposition temperature.

temperatura de fusión baja | low fusing point.
temperatura de fusión de las cenizas | fluid temperature of ash.
temperatura de fusión de las cenizas (carbones) | ash fusion temperature.
temperatura de fusión de un fusible | blowing point of a fuse.
temperatura de fusión del cono pirométrico | cone fusion point.
temperatura de fusión del hielo | ice point.
temperatura de fusión del oro (1.063 grados C) | gold-point.
temperatura de goteo (grasas) | dropping point.
temperatura de hervir el agua | simmering point.
temperatura de ignición | kindling temperature | ignition point.
temperatura de ignición a temperatura muy alta (petróleo) | high flashing point.
temperatura de incandescencia | color temperature.
temperatura de incineración | ashing temperature.
temperatura de inflamabilidad | flash point.
temperatura de inflamabilidad espontánea (aceites y petróleos) | fire point.
temperatura de inflamación | flashing point | inflammation temperature | hot spot | kindling temperature.
temperatura de inflamación (aceites) | flash value.
temperatura de inflamación espontánea | spontaneous ignition temperature (S.I.T.).
temperatura de inversión | inversion point.
temperatura de la antena (radioastronomía) | antenna temperature.
temperatura de la fusión incipiente | incipient-melting temperature | incipient melting point.
temperatura de la superficie del mar | bucket temperature.
temperatura de la zona más caliente | hottest-spot temperature.
temperatura de licuación | liquation temperature | head temperature.
temperatura de licuefacción | liquefaction temperature | liquefying temperature.
temperatura de licuefacción (grasas) | dropping point.
temperatura de liquefacción (diagramas metalúrgicos) | liquidus.
temperatura de los gases de la chimenea | funnel gas temperature.
temperatura de los gases en la chimenea | stack temperature.
temperatura de los neutrones | neutron temperature.
temperatura de microfusión | micromelting point.
temperatura de ordenación (aleaciones) | ordering temperature.
temperatura de reblandecimiento | softening point.
temperatura de reblandecimiento (conos Seger) | squatting point.
temperatura de reblandecimiento de la escoria | ash-softening temperature.
temperatura de reblandecimiento del cono pirométrico | pyrometric cone equivalent.
temperatura de recocido | annealing point.
temperatura de recuperación adiabática | adiabatic recovery temperature.
temperatura de relajación de esfuerzos internos | relieving temperature.
temperatura de remanso (aerodinámica) | stagnation temperature.
temperatura de revenido | tempering heat | drawing heat.
temperatura de rocío | set-point | set point.
temperatura de rotura (caucho) | crack point.
temperatura de ruido efectiva | effective input noise temperature.
temperatura de ruptura del equilibrio térmico | burnout point.
temperatura de salida de los gases | gas outlet temperature.
temperatura de saturación | dew point.
temperatura de saturación adiabática (sicrómetro) | adiabatic-saturation temperature.
temperatura de saturación térmica | burnout point.
temperatura de solidificación | setting point | solidification point.
temperatura de solidificación (metales fundidos) | freezing point.
temperatura de subfusión | subfusion temperature.
temperatura de subtransición | subtransition temperature.
temperatura de temple | quenching temperature | hardening heat.
temperatura de termodistorsión | heat distortion temperature.
temperatura de tostación | calcining heat.
temperatura de trabajo desde 0° grados Celsius a −40° grados Celsius | usable temperature from 0° to −40 °C.
temperatura de transformación (diagrama de equilibrio) | critical point.
temperatura de transformación (metalurgia) | critical temperature.
temperatura de transición a la ductilidad nula | nil-ductility transition temperature.
temperatura de transición a la rotura frágil (aceros) | brittle transition temperature.
temperatura de transición de dúctil a quebradizo | ductile-brittle transition temperature.
temperatura de transición de la aparición de la fractura | fracture-appearance transition temperature.
temperatura de transición de la fractura dúctil a la frágil | brittle-ductile transition temperature.
temperatura de transición del estado vítreo | glass-transition temperature.
temperatura de transición en la prueba de resiliencia | impact transition temperature.
temperatura de transición entre un líquido superenfriado y un cristal | fictive temperature.
temperatura de unos 650 °K | dark-red heat.
temperatura de unos 750 °C | cherry-red heat.
temperatura de vaporización | evaporation point.
temperatura de 1.494 grados Fahrenheit | bright-cherry-red heat.
temperatura de 1.100 grados C | yellow heat.
temperatura de 3
temperatura de 700 a 750 grados C (copelación cobre) | feather temperature.
temperatura debajo de la media | below-average temperature.
temperatura del acero licuado | liquid steel temperature.
temperatura del aerodromo | aerodrome temperature.
temperatura del aire ambiente | ambient air temperature.
temperatura del aire de enfriamiento | cooling air temperature.
temperatura del amarillo pálido (220 °C) | pale yellow temperature.
temperatura del azul claro = 288 grados C | light blue temperature.
temperatura del azul oscuro (293 °C) | dark blue temperature.
temperatura del blanco soldante | wash-welding temperature.
temperatura del color | color temperature.
temperatura del cuerpo negro que tiene la misma distribución espectral de radiación que la fuente luminosa a través del espectro visible de ésta | color temperature.
temperatura del establo | stable temperature.
temperatura del gas de prueba | test gas temperature.
temperatura del helio líquido (1,8 a 4 °K) | liquid helium temperature.
temperatura del hielo fundente | freezing point of water | ice point.
temperatura del nitrógeno líquido = −195 °C) | liquid nitrogen temperature.
temperatura del núcleo | core temperature.
temperatura del rojo | red heat.
temperatura del rojo sombrío (acero) | blood heat.
temperatura del substrato | substrate temperature.
temperatura efectiva de bienestar | comfort line.
temperatura emergente mínima | minimum emerging temperature.
temperatura en el fondo del mar | bottom temperature.
temperatura en el punto más caliente | hottest-spot temperature.
temperatura en la que la viscosidad del vidrio = 10^{13} poises | annealing print.
temperatura entre cordones sucesivos de soldadura | inter-pass temperature.
temperatura entre deposición de cordones (soldadura) | interpass temperature.
temperatura entre 500 y 700 grados C | low red heat.
temperatura espinodal (acero austenítico) | spinodal temperature.
temperatura estable | stable temperature.
temperatura eutéctica | eutectic point.
temperatura exacta | fiducial temperature.
temperatura exoesférica | exospheric temperature.
temperatura extrema (o muy alta o muy baja) | extreme temperature.
temperatura fictiva | fictive temperature.
temperatura final | stagnation temperature | end temperature.
temperatura final de curado | final aging temperature.
temperatura = 0 °C | ice point.
temperatura inferior al punto de congelación (agua) | subfreezing temperature.
temperatura inferior de solidificación | lower freezing point.
temperatura inicial | initial temperature | commencing temperature.
temperatura limitadora del punto más caliente | limiting hottest-spot temperature.
temperatura límite (inyector de agua) | breaking temperature.
temperatura más baja en la que anilina recién destilada se mezcla con el petróleo a ensayar | aniline number.
temperatura máxima (alto horno) | hearth heat.
temperatura máxima de funcionamiento recomendada | maximum recommended operating temperature .
temperatura máxima de recalentamiento de 2.000 °K | peak reheat temperature of 2,000 °K.
temperatura máxima de régimen | maximum-rated temperature.
temperatura máxima de servicio | maximum-rated temperature.
temperatura máxima teórica | adiabatic temperature.
temperatura media anual | average yearly temperature.
temperatura media del arrollamiento (transformador) | average winding temperature.
temperatura media diaria del aire | mean daily air temperature.
temperatura media máxima diaria | mean daily maximum temperature.
temperatura menor de −195 °C | cryogenic temperature.
temperatura mínima absoluta obtenible (unos 7 °K absolutos) | nadir of temperature.
temperatura mínima de colar (cuchara) | skull temperature.
temperatura mínima interna (semiconductores) | pull-down.
temperatura nominal de entrada de 850 °C | nominal entry temperature of 850 °C.

temperatura observada | measured temperature.
temperatura peligrosa | unsafe temperature.
temperatura pirométrica (es siempre menor que la verdadera) | brightness temperature.
temperatura próxima a la del helio líquido | near-liquid-helium temperature.
temperatura real de la combustión | actual combustion temperature.
temperatura registrada electrónicamente | electronically logged temperature.
temperatura sicrométrica | psychrometric temperature.
temperatura subsuperficial | subsurface temperature.
temperatura superficial máxima | hot-face temperature.
temperatura vítrea (polímeros) | glass temperature.
temperaturas equicohesivas | equicohesive temperatures.
temperaturas extremas (o muy altas o muy bajas) | extremes.
temperaturas mayores de 1.000 ºC | four-figures temperatures.
tempero (de las tierras) | weathering.
tempestad | storm.
tempestad a escala ciclónica | cyclonic-scale storm.
tempestad con nieve (meteorología) | blizzard.
tempestad de arena | sandstorm | sandblast.
tempestad de nieve | snow-storm.
tempestad de polvo | dust storm.
tempestad de radiorruidos | radio noise storm.
tempestad deshecha | howling tempest.
tempestad furiosa | howling tempest.
tempestad tropical | tropical storm.
tempestividad | timeliness.
tempestuoso | gusty.
templa (fabricación azúcar) | strike.
templabilidad | quenchability | hardenability.
templabilidad de la masa | mass hardenability.
templable (aceros) | quenchable | hardenable.
templable (instrumentos música) | tunable.
templadera (riegos) | division gate.
templado | chilled | tempering | quenched | quenching | moderate | hardened.
templado (clima) | mild.
templado (instrumento música) | tuned.
templado (música) | keyed.
templado al aire | air hardened.
templado bainíticamente | austempered.
templado de vidrio | annealing.
templado en aceite | oil-hardened.
templado en aceite (metalurgia) | oil-quenched.
templado en aceite y revenido | oil-hardened and tempered.
templado en agua y madurado durante 5 minutos a 750 grados | water-quenched and aged for 5 minutes at 750º.
templado en agua y refrigerado en nitrógeno líquido | water-quenched and refrigerated in liquid nitrogen.
templado en baño de plomo (metalurgia) | patented.
templado en baño de sales | liquid-quenched.
templado en toda la intimidad de su materia (aceros) | through hardened.
templado escalonadamente | gradient quenched.
templado instantáneamente en agua | water-quenched.
templado localmente | zone-hardened.
templado por enfriamiento al aire | hardened by air cooling.
templado por enfriamiento en aceite | oil quenching hardened.
templado por interrupciones sucesivas | step-quenched.
templado por laminación en frío | temper rolling.
templado por rotación y sometido a la llama del soplete | spin-hardened.
templado y deformado | quenched and deformed.
templado y madurado | quenched and aged.
templado y rectificado por completo | hardened and ground throughout.
templado y revenido | quenched and tempered.
templado y revenido (aceros) | hardened and tempered.
templado y revenido a dureza ()) Brinell | quenched-and-tempered to 400 Brinell hardness.
templador | tuner.
templador (de sierra de mano) | gag.
templador (instrumento de música) | tuning key.
templador (varillaje del freno) | slack adjuster.
templador de sierra de mano | saw-gag.
templador de una sierra de mano | gag of a saw.
templar (acero) | plunge (to).
templar (aceros) | harden (to).
templar (armonizar - instrumentos música) | chord (to).
templar (cuerdas) | render (to).
templar (cuerdas, alambres) | taut (to).
templar (cuñas) | retighten (to).
templar (instrumentos de música) | tone (to).
templar (instrumentos música) | key (to).
templar (metal) | quench (to).
templar (metalurgia) | indurate (to).
templar (un instrumento) | string (to).
templar (vidrio) | toughen (to) | temper (to).
templar a la dureza del vidrio | harden glass-hard (to).
templar a temperatura mayor que la del ambiente | slack-quench (to).
templar al aire | air-quench (to) | chill-harden (to).
templar bainíticamente | austemper (to).
templar bruscamente en agua (metalurgia) | quench (to).
templar con agua | water-harden (to).
templar diferidamente | martemper (to).
templar en aceite | oil harden (to).
templar en agua fría | cold-water quench (to).
templar en baño de plomo | lead harden (to).
templar en baño de plomo (metalurgia) | patent (to).
templar en un líquido caliente | slack-quench (to).
templar localmente (metalurgia) | zone-harden (to).
templar por corrientes de inducción | induction-harden (to).
templar por flameo | shorterize (to) | flame-harden (to).
templar superficialmente con la llama | flame-harden (to).
templar tune (música) | tune (to).
templazo (telares) | temple.
templazo a mano | hand temple.
templazo de anillos (telares) | ring temple.
templazo de anillos horizontales | horizontal disc temple.
templazo de cadena | chain temple.
templazo de mordaza | nipper temple | plate grip temple.
temple | batch.
temple (aceros) | hardening.
temple (metalurgia) | plunging.
temple (pintura) | tempera.
temple a corazón (aceros) | through hardening.
temple a temperatura mayor que la del ambiente | slack quenching.
temple al aire | air hardening | air hardness | air quenching | chill-hardening.
temple al chorro de agua | stream hardening.
temple artificial | artificial ageing.
temple bainítico | bainitic hardening.
temple bainítico (temple en baño de temperatura constante con tiempo suficiente para que la austenita se transforme isotérmicamente en bainita) | austempering.
temple beta | beta quench.
temple caliente (en un medio de temperatura mayor que la ambiente) | hot quenching.
temple con espesor de una hoja de papel (metalurgia) | paper chill.
temple de aceros endurecidos por solubilización de un componente | hardening of precipitation-hardenable steels.
temple de profundidad (aceros) | through hardening.
temple de regeneración | regeneration quenching.
temple de solubilización | precipitation hardness.
temple diferente en dos partes de una herramienta (por ejemplo, cabeza y mango de una buterola) | differential hardening.
temple diferido | slack quenching.
temple diferido (temple escalonado para que la transformación de austenita a martensita se haga lentamente y no produzca distorsión) | martempering.
temple diferido martensitico | warm bath hardening.
temple electroerosivo | electroerosive hardening.
temple en aceite | oil hardening.
temple en agua caliente | hot-water hardening.
temple en baño de plomo | lead quenching.
temple en baño de plomo líquido | lead hardening.
temple en baño de sales | salt-quenching | brine-quenching.
temple en coquilla | chilling.
temple en dos tiempos | marquenching.
temple en fases | time quenching.
temple enérgico | hard quenching.
temple escalonado | interrupted hardening | stepped quenching | marquenching.
temple escalonado (metalurgia) | interrupted quench.
temple extrasuave | dead-soft temper.
temple gamma (uranio) | gamma quench.
temple general instantáneo (aceros) | quenching.
temple general instantáneo en aceite (metalurgia) | oil quenching.
temple interrumpido | broken hardening | time quenching.
temple interrumpido sin transformación térmica | marquenching.
temple inverso | reverse chill.
temple inverso (fundición gris en la superficie y blanca en el interior) | inverse chill.
temple isotérmico | incomplete quenching | isothermal hardening | isothermal quenching | isothermal quench.
temple isotérmico (temple escalonado para que la transformación de austenita a martensita se haga lentamente y no produzca distorsión) | martempering.
temple isotérmico (trefilerías) | patenting.
temple local | local quenching.
temple martensítico | martensitic hardening | martensitic quenching.
temple martensítico ininterrumpido (temple escalonado para que la transformación de austenita a martensita se haga lentamente y no produzca distorsión) | martempering.
temple moderado | medium quenching.
temple negativo (calentamiento a unos 790º C y enfriamiento en agua hirviendo) | negative hardening.
temple periférico (engranajes y piezas de forma complicada) | contour hardening.
temple por corrientes de alta frecuencia | high-frequency hardening.
temple por corrientes de inducción | induction hardening.
temple por chorro de líquido pulverizado | cloudburst hardening.
temple por flameo con soplete oxiacetilénico | flame hardening.
temple por maduración por enfriamiento

brusco | quench-age hardening.
temple progresivo | gradual quenching.
temple retardado | delayed quenching.
temple selectivo | selective quenching.
temple sobre un montaje (para que la pieza no se deforme) | fixture quenching.
temple suave | soft quenching.
temple superficial | hardfacing | surface hardening.
temple superficial a la llama | flame hardening.
temple superficial en baño de sales en presencia de hidrógeno activo | chapmanizing.
temple superficial oxiacetilénico | oxyacetylene flame hardening.
temple termal | marquenching.
temple total y revenido | overall quench and draw.
temple y revenido (aceros) | hardening and tempering.
templo | temple.
templo circular períptero | peripteral circular temple.
templo decastilo díptero | dipteral decastyle temple.
templo disidente | chapel.
templo distilo | distyle temple.
templo polistilo | polystyle.
templo tetrástilo anfiprostilo | amphiprostyle tetrastyle temple.
tempodependiente | time-dependent.
tempoindependiente | time-independent.
temporada (comercio) | season.
temporada de depresión | slack season.
temporal | foul weather | seaway | gale | storm | time.
temporal (destinos) | pro tem.
temporal en un frente (meteorología) | frontal thunderstorm.
temporalidad | temporality.
temporalmente simétrico | time-symmetric.
temporero | casual worker | temporary.
temporeros | casually employed men.
temporización | timing | time delay | time locking | releasing time | releasing time.
temporización del relé | relay timing.
temporización por impulsos | pulse timing.
temporización programada | programed temporization.
temporización
temporizado | time-controlled | timed.
temporizado (relés) | time delay.
temporizado por un relé temporizador | timed by a time delay-relay.
temporizador | timer | interval timer.
temporizador de cierre | make timer.
temporizador de cierres (circuitos) | make-timer.
temporizador de secuencia (soldadora) | sequence timer.
temporizador de soldadura | weld-interval timer.
temporizador fotoeléctrico | photoelectric timer.
temporizador fotográfico | photographic timer.
temporizador neumático | pneumatic timer.
temporizador para fotografía | photo timer.
temporizador pulsátil | pulsing timer | pulsating timer.
temporizador repetidor | repeating timer.
temporizador secuencial de soldadura | sequence weld timer.
temporizar | temporize (to) | ladder (to).
temporizar las explosiones (voladuras) | prepare a volley (to).
tenacidad | tensile strength | stiffness | tenacity.
tenacidad (aceros) | toughness.
tenacidad (inversa de la fragilidad) | toughness.
tenacidad a la entalla (aceros) | notch toughness.
tenacidad a la entalla a baja temperatura | low-temperature notch toughness.
tenacidad a la entalla Charpy en U | Charpy keyhole notch-toughness.
tenacidad a la fractura (resiliencia) | fracture toughness.
tenacidad a las fracturas (aceros) | fracture toughness.
tenacidad a temperatura bajo cero (aceros) | subzero toughness.
tenacidad de masa | mass toughness.
tenacidad en sentido transversal al laminado (aceros) | transverse toughness.
tenacidad frágil | brittle tenacity.
tenacidad sectil (minerales) | sectile tenacity.
tenacillas | pliers | tweezers | pincers.
tenacillas para rizar | curler.
tenacillas para vaso picudo | beaker tongs.
tenandita (sulfato sódico anhidro) | verde salt.
tenante (heráldica) | supporter.
tenaz | tough | tenacious.
tenaza de boca dentada | crocodile spanner.
tenaza de boca plana | flatnosed tongs.
tenaza de bocas planas | flat bit tong.
tenaza de cadena para tubos | pipe grip.
tenaza de enganche de desapriete automático | jockey.
tenaza de retenida (sondeos) | fork.
tenaza de vidriero | croppie.
tenaza para izar piedras | grab hook.
tenaza para lingotes | ingot gripper.
tenazas | pinchers | tongs | lazy-tongs.
tenazas (fundición) | lifter.
tenazas (para maderos) | grabs.
tenazas (para sujetar troncos) | grips.
tenazas ajustables para tubos | adjustable pipe tongs.
tenazas articuladas para manejar sillares | lever grip tongs.
tenazas con argolla corrediza de hierro para mantener cerrada la boca | pinching tongs.
tenazas con fiador | pin-tongs.
tenazas de ajuste rápido | quick action pliers.
tenazas de arrastre | haulage clip.
tenazas de banco | bench crimper.
tenazas de boca curva | elbow tongs | side-mouth tongs | duck-bill tongs.
tenazas de boca curva (fragua) | crook-bit tongs.
tenazas de boca en ángulo | angular-nosed tongs.
tenazas de boca hueca | hollow-bit tongs.
tenazas de boca plana | flat-mouth tongs.
tenazas de boca redonda | round-mouth tongs.
tenazas de bujes | elbow tongs.
tenazas de contrafuerza (perforaciones) | backup tongs.
tenazas de corte | cutting nippers | nippers | pincers.
tenazas de corte para alambres | wire nippers.
tenazas de disparo (martinete) | nippers.
tenazas de ensayos | assayer's tongs.
tenazas de estirar (banco trefilar) | draw-tongs.
tenazas de estirar en el banco | bench draw tongs.
tenazas de forja | forge tong | anvil tongs | tongs | gad tongs.
tenazas de forjador | tue-irons.
tenazas de fragua | forge tong | blacksmith tongs.
tenazas de gran forja (de un paquete o de una forja) | porter.
tenazas de herrador | farrier's nippers.
tenazas de herrero | clip tongs.
tenazas de horno | pickup tongs.
tenazas de pico curvo (fragua) | angle-jaw tongs.
tenazas de sacar remaches | passing tongs.
tenazas de soldar | hawkbill | hawkbill.
tenazas de suspensión | lifting tongs.
tenazas de tracción | draw-vice.
tenazas de tracción (bancos de estirar) | dogs.
tenazas de vidriero | pinching tongs.
tenazas desconectadoras de tubos (pozo de petróleo) | breakout tongs.
tenazas en boca redonda | hollow bit tongs.
tenazas metálicas para descargar condensadores (electricidad) | discharging tongs.
tenazas para calentar remaches | heating tongs.
tenazas para cinglado (forja) | nobbling tongs.
tenazas para clavos | nail nippers.
tenazas para cobresoldar | brazing tongs.
tenazas para coger grandes piedras | rock grab.
tenazas para deslingotar | stripping tongs.
tenazas para hierros redondos | round bar tongs.
tenazas para horno de fusión | furnace tongs.
tenazas para lingotes | ingot stirrups | ingot dogs | ingot tongs.
tenazas para lingotes (acerías) | dogs.
tenazas para lupias | bloom hook.
tenazas para metal caliente (forja) | pickup tongs.
tenazas para pernos | bolt tongs.
tenazas para rollizos | lug hook.
tenazas para tochos | grampus.
tenazas para transportar tubos | pipe tongs.
tenazas para trefilar (alambre) | drawtongs.
tenazas para tubería | casing tongs.
tenazas para tubería (entubación pozos petróleo) | carrying tongs.
tenazas para tubos (sondeos) | buckup tongs.
tenazas planas de boca abierta | open mouth tongs.
tenazas portacarriles | rail-tongs.
tenazas punzonadoras | punching tongs.
tendedor | stretcher | tenter.
tendel (albañilería) | tilt.
tendel de mortero | mortar layer.
tendencia | trend | move | drift | prone | bias.
tendencia (del mercado) | run.
tendencia (mercado) | feeling.
tendencia a | leaning.
tendencia a adherirse a las superficies del modelo (fundición) | stickiness.
tendencia a agrumarse | lumpiness.
tendencia a ajustarse al cuerpo (trajes) | clinginess.
tendencia a bajar el morro a velocidades proximas al número Mach crítico (aviones) | tuck-under.
tendencia a bajar el morro en vuelo (aviones) | nose-heaviness.
tendencia a bajar las alas (avión en vuelo) | wing dropping tendency.
tendencia a bajar un ala a grandes velocidades (aviones) | roll-off.
tendencia a cabecear hacia abajo (aviones) | pitch-under.
tendencia a cabecear hacia arriba (aviones) | pitch-up.
tendencia a caer en la dirección del viento (buques de vela) | slackness.
tendencia a curvarse hacia abajo por la menor velocidad tangencial del cilindro inferior (chapas al salir del laminador) | underdraft.
tendencia a desprenderse hielo de una superficie helada | rafting.
tendencia a favor de | bias in favor of.
tendencia a formar terrones | lumpiness.
tendencia a guiñar de lado a lado (avión de gran velocidad) | snaking.
tendencia a hacer agua | leakiness.
tendencia a la baja | bearish tendency | downward trend.
tendencia a la baja (bolsa) | dropping tendency.
tendencia a la baja (comercio) | flattening trend.
tendencia a la baja (valores) | speed-down trend.
tendencia a la corrosión | corrosion tendency.
tendencia a la descomposición térmica | prone to thermal descomposition.
tendencia a la desviación | deviation trend | deviation tendency.
tendencia a la dispersión (haz de electrones) | debunching.
tendencia a la fisuración | cracking propensity | cracking tendency.

tendencia a la fisuración en caliente | hot-cracking tendency.
tendencia a la formación de depósitos carbonosos (motores) | carbon-forming tendency.
tendencia a la rancidez | tendency towards rancidity.
tendencia a largo plazo | secular trend.
tendencia a producir autoencendidos (combustibles) | pro-knock tendency.
tendencia al alza | uptrend.
tendencia al alza de precios | rising price tendences.
tendencia al crecimiento del grano | grain growth tendency.
tendencia al preencendido (motores) | preigniting tendency.
tendencia alcista | uptrend | upward trend.
tendencia alcista (bolsa) | bullish tendency.
tendencia anaclítica | anaclitic trend.
tendencia ascendente | upward trend.
tendencia autorrotativa | autorotative tendency.
tendencia de flexarse hacia la junta de conexión las dos fases en el momento de la separación (cohetes de dos fases) | jackknifing.
tendencia de las puntas de las palas del rotor a dirigirse hacia arriba (helicópteros) | coning.
tendencia de las puntas de las palas del rotor a vibrar y dirigirse hacia arriba (helicópteros) | cone (to).
tendencia de las superficies rozantes a volverse ásperas | pickup.
tendencia de los tipos de interés | trend of interest rates.
tendencia declinante | downward trend | downtrend | declining trend.
tendencia del mercado | market trend.
tendencia del metal a curvarse hacia arriba al salir del laminador | overdraft.
tendencia del metal a escurrirse entre la arista de contacto de los cilindros (laminación) | finning.
tendencia económica | economic trend.
tendencia eflorescente | efflorescing tendency.
tendencia estacional a subir la liquidez | seasonal tendency to greater liquidity.
tendencia firme (bolsa) | hardening tendency.
tendencia firme (comercio) | firm feeling.
tendencia firme al alza | strong upward trend.
tendencia hacia | determination.
tendencia inherente | inherent tendency.
tendencia lineal | linear trend.
tendencia microfisurante | microfissuring tendency.
tendencia oculta | undercurrent.
tendencia retrogresiva | retrogressive tendency.
tendencia secular | secular trend.
tendencias a agrietarse en frío | cold cracking tendencies.
tendencias a formar depósitos carbonosos ligeros (lubricantes) | low-carbon forming tendencies.
tendencias a la iniciación de la grieta | crack-starting propensities.
tendencias a la propagación de la grieta | crack-running tendencies.
tendencias cienógenas | sludge-forming tendencies.
tendencias de la población de insectos forestales | pest population trends.
tendencias de urraca a acumular cosas (aves) | pack-rat tendencies.
tendencias fragilizantes (aceros) | embrittling tendencies.
tendencias salariales | wage rate trends.
tendencioso (argumentos, noticias) | colored.
tender | tend (to) | spread (to).
tender (alambre, etc.) | string (to).
tender (emboscadas) | lay (to).
ténder (ferrocarril) | tender.
tender (lazos) | set on (to).
tender (líneas telefónicas) | run (to).
ténder (locomotora) | tank.
tender (paños) | tenter (to).
tender (tuberías, etc.) | lay (to).
tender a cero | tend to zero (to).
tender a gran profundidad (cables submarinos) | lay in deep water (to).
tender a la baja (precios) | look down (to).
tender al aire (telas, etc.) | sky (to).
tender al alza (precios) | look up (to).
ténder de locomotora | engine tender.
tender dotado de elementos condensadores para el vapor de escape (locomotora de vapor) | condensing tender.
tender el cable | run the cable (to).
tender un cerco policiaco | spread a dragnet (to).
tender un puente | bridge the gap (to) | lay across (to) | span (to).
tender un puente sobre | bridge (to).
tender una emboscada | ambush (to).
tender una línea (telefónica, etc.) | run a line (to).
tenderete | stand | booth.
tendero de comestibles | grocer.
tendido | lying | flat | stiff.
tendido (de cable o tubería) | laying.
tendido al aire (cables) | run open.
tendido de cable | wire laying.
tendido de carril | rail laying.
tendido de carriles | rail-laying.
tendido de la instalación eléctrica | run of wiring.
tendido de la vía | tracklaying.
tendido de pavimentos | floor-laying.
tendido de tubería | pipelaying.
tendido de tuberías | pipe laying.
tendido de tuberías en aguas profundas | pipe laying in deep water.
tendido dentro de tubos (cables) | run in pipe.
tendido en cajetines (cables) | run in wood casing.
tendido en cajetines (ferrocarril) | run in wood casing.
tendido sobre descanso cerrado (telas) | hard rest shearing.
tendón | tendon | cord | string | sinew.
tendón para pretensar | prestressing tendon.
tendones de acero (hormigón armado) | tendons of steel.
tendones de acero (hormigón pretensado) | steel tendons.
tenebrescencia (escotóforos) | tenebrescense.
tenebrescencia (oscuros) | tenebrescence.
tenebrión (escarabajo de la harina) | flour-beetle.
tenedero (del ancla) | gripe.
tenedero (marina) | holding-ground.
tenedero del ancla | gripe of the anchor.
tenedor | holder | fork | bearer | payee | tender.
tenedor (de acciones) | tenant.
tenedor (de una letra) | payee.
tenedor de acciones | holder of stock | hold of stock.
tenedor de bonos | bondholder | fundholder | bond holder.
tenedor de buena fe | bona fide holder.
tenedor de crédito | accreditee.
tenedor de gravamen | lienor.
tenedor de la póliza | policyholder.
tenedor de letra | billholder.
tenedor de libros | accountant | bookkeeper.
tenedor de mala fe | mala fide holder.
tenedor de obligación | obligee.
tenedor de obligaciones | bondholder.
tenedor de pagaré | noteholder.
tenedor de patente | permitee | permittee.
tenedor de permiso de patente permisionario | permittee.
tenedor de póliza | policyowner.
tenedor de póliza de seguros | policy holder.
tenedor de prenda | pledgee.
tenedor de títulos | security holder | scrip holder.
tenedor de un derecho de reversión | reversioner.
tenedor de un derecho de reversión (jurisprudencia) | remainder-man.
tenedor de un recibo fiduciario | entruster.
tenedor de un reconocimiento | recognizee.
tenedor de una cesión | releasee.
tenedor de una letra | bill holder.
tenedor de valores | security owner | holder of securities | security holder.
tenedor indiviso (de títulos) | joint holder.
tenedor inscrito | registered holder.
tenedor legal | lawful holder.
tenedor legítimo | holder for value.
tenedor por endoso (de un efecto) | endorsee.
teneduría de libros | bookkeeping | accountancy.
tenemos una dificultad | we've got a problem.
tenencia | occupation | tenure.
tenencia (de un empleo) | tenancy | occupancy.
tenencia a recobrar su forma primitiva (plásticos) | memory.
tenencia conjunta | cotenancy | joint tenancy.
tenencia de acciones por la mayoría | majority holding of shares.
tenencia de un bien | tenure.
tenencia de una cosa | detention of a thing.
tenencia en dominio absoluto | free tenure.
tenencia en mancomún | joint tenancy.
tenencia enfitéutica | emphyteutic tenure.
tenencia indivisa | joint tenancy.
tenencia precaria | tenancy at sufferance.
tenencia vitalicia | tenancy for life.
tenencia y uso de explosivos | occupancy and use of explosives.
tenencias de bonos entre compañías | intercompany bondholdings.
tener | own (to) | habendum.
tener (dimensiones) | measure (to).
tener (sesión, reunión) | hold (to).
tener a disposición | have available (to).
tener a raya | keep off (to).
tener a raya (enemigo) | standoff (to).
tener arrufo (buques) | sag (to).
tener asiento (terrenos, cimientos) | settle (to).
tener avería (máquinas) | lay down on (to) | fail (to).
tener avería en los fondos | bilge (to).
tener averías (máquinas) | lay down (to).
tener buenas aldabas | have a friend at court (to).
tener capacidad (para ejercer un derecho) | have the necessary qualifications (to).
tener capacidad para (máquinas) | handle (to).
tener capacidad para admitir (máquinas) | accommodate (to).
tener caracteres comunes (zoología, botánica) | osculate (to).
tener cuenta abierta | keep an account (to).
tener cuerda (relojes) | keep winding (to).
tener dartas | scab (to).
tener de reserva | store (to).
tener derecho de compra preferente | preempt (to).
tener derecho de precedencia sobre | take rank of (to).
tener destreza en los dedos | finger (to).
tener disponibilidades en almacén | hold in store (to).
tener disponible en almacén | keep in stock (to).
tener efecto | operate (to) | inure (to).
tener efecto (leyes) | enure (to).
tener en cuenta | make provision for (to) | provide (to).
tener en cuenta la contracción | allow for shrinkage (to).
tener existencias | carry in stock.
tener éxito | succeed (to) | make good (to) | click (to).
tener fallos (motores) | conk (to).
tener fallos en el encendido (motores) | misfire (to).
tener fugas o salideros | leak (to).
tener huelga (talleres) | be struck (to).
tener huelgo | ride (to).
tener huelgo (máquinas) | play (to).

tener huelgo (parte máquinas) | move freely (to).
tener iguales los ingresos y los gastos | break even (to).
tener intermitencias (pulso) | intermit (to).
tener la competencia necesaria | have the necessary qualifications (to).
tener la intención de | contemplate (to).
tener la obligación de probar | have the burden of proving (to).
tener la palabra | have the floor (to).
tener la palabra (Parlamento británico) | be in possession of the house (to).
tener libertad de maniobra (marina de guerra) | have a roving commission (to).
tener más potencia artillera (cañones) | outgun (to).
tener movimiento alternativo (máquinas) | reciprocate (to).
tener parte en | share (to).
tener poco espacio libre desde el terreno al fuselaje (aviones) | sit low on the ground to).
tener posibilidad | stand to (to).
tener pulsaciones (flúidos elásticos) | pulsate (to).
tener radiocontacto con (radiotelefonía) | tune in on (to).
tener sojas (chapas) | scab (to).
tener su origen en | originate (to).
tener un alcance de (cañones) | range (to).
tener un alcance mayor que (cañones) | outrange (to).
tener un error de cálculo | miscount (to).
tener un pinchazo (autos) | puncture (to).
tener un retorno de llama | flashback (to).
tener una avería | breakdown (to).
tener una paleta desalineada (turbina) | throw a bucket (to).
tener una vía de agua (buques) | make water (to).
tener ventaja | have a pull (to).
tener vista a | overlook (to).
tener y poseer | habendum et tenendum.
tenería | tan yard | barkery | tannery.
tenerse (en cierta postura) | stand (to).
tenerse derecho | stand (to).
tenga cuidado con mantener el rumbo (orden al timonel) | mind your rudder.
tenga cuidado el comprador | caveat emptor.
tengkawan (Isoptera borneensis) | tengkawang.
tenia | tapeworm | tenia.
tenia (arquitrabe dórico) | tenia.
tenía de través por su costado de estribor el faro del rompeolas (buques) | she had on her starboard beam the light of the breakwater.
tenido | sustained.
tenido en cinta peinada (lana) | slub dyeing.
tenido en cuerda (telas) | chain dyeing.
teniendo derecho a | entitled.
teniendo en cuenta el plazo de preaviso de... | observing a term of notice of...
teniendo en cuenta los signos | with proper regard to signs.
teniendo en cuenta que | regard being had to.
teniendo valores por vender (bolsa) | long.
teniente | lieutenant.
teniente aviador | flying officer.
teniente coronel | light colonel | lieutenant colonel.
teniente de navío (marina) | lieutenant.
teniente fiscal | assistant prosecutor.
teniente general (EE.UU.) | three-star general.
tennantita | gray copper ore.
tenor (persona) | tenor.
tenorita | cupric oxide | black copper.
tensaalambre | wire stretcher.
tensado a brazo | hand-taut.
tensado a mano | hand tight.
tensado biaxialmente | biaxially stressed.
tensado como una barra (cables metálicos) | bar tight.
tensado hidráulicamente | hydraulically tensioned.
tensador | tensioner.
tensador automático | automatic tensioning device.
tensador automático para la cadena | automatic chain tensioner.
tensar | stretch (to) | pull taut (to) | tighten (to).
tensar (cuerdas) | render (to).
tensar un muelle | stretch a spring (to).
tensero | tension man.
tensibilidad | tensility.
tensil | tensible.
tensimetría | tensimetry.
tensímetro | tensometer.
tensímetro (aparato para medir tensión de vapores) | tensimeter.
tensímetro acústico | acoustic tensionmeter.
tensímetro interfacial | interfacial tensiometer.
tensiometría | tensometry.
tensiómetro | tensometer | tensiometer.
tensión | tension | tensioning | stretching | stretch | tightening | voltage.
tensión (electricidad) | pressure.
tensión (resistencia de materiales) | stress.
tensión adherente | tack stress.
tensión adherente del papel | tack stress of paper.
tensión admisible | allowable tension.
tensión alterna de cresta del espacio entre electrodos | peak alternating gap voltage.
tensión anódica | Ea.
tensión anódica crítica | critical anode voltage.
tensión aplicada al papel durante su fabricación | draw.
tensión avanzada | leading voltage.
tensión baja de desconexión | low striking voltage.
tensión circunferencial | ring tension | hoop stress.
tensión colector-base | collector-base voltage.
tensión contrapuesta | offset voltage.
tensión creciente | mounting tension.
tensión crítica disruptiva | disruptive critical voltage.
tensión de aislamiento | insulating strength.
tensión de alimentación | supply voltage.
tensión de anodo inverso de pico | peak-anode inverse voltage.
tensión de anulación | shutoff voltage.
tensión de anulación (telefonía) | erasure signal.
tensión de barrido | sweep voltage.
tensión de bloqueo | grid cut-off voltage.
tensión de bombeo (semiconductores) | pump voltage.
tensión de cebado | starting voltage.
tensión de cebado de la rejilla | priming grid voltage.
tensión de compensación | equalizing voltage.
tensión de compuerta | gate voltage.
tensión de contracción | contractile tension.
tensión de conversación | talking supply.
tensión de corrección | correction tension.
tensión de cortadura (fluidos) | shear stress.
tensión de corte | voltage cutoff.
tensión de deriva (semiconductor) | drift voltage.
tensión de descarga en seco (electricidad) | dry flash-over voltage.
tensión de descarga por onda de choque (electrotecnia) | impulse flashover voltage.
tensión de desconexión (relés) | dropout voltage.
tensión de desintegración | disintegration voltage.
tensión de desnivel | offset voltage.
tensión de desprendimiento | dropout voltage.
tensión de disparo | drop-out voltage | breakdown voltage.
tensión de emisor punto de pico | peak-point emitter-voltage.
tensión de equilibrio | offset voltage.
tensión de equilibrio del cero | zero offset voltage.
tensión de escala (devanadora) | ladder tension.
tensión de estrangulamiento | pinch-off voltage.
tensión de estrangulamiento cero | zero pinch-off voltage.
tensión de fase (electricidad) | phase pressure.
tensión de flexión | intensity of stress due to bending.
tensión de formación de arco (electrotecnia) | minimum flashover voltage.
tensión de funcionamiento | burning voltage | operating voltage | pickup voltage | working voltage.
tensión de impulsión | driving-strain.
tensión de la línea | line pressure.
tensión de lámpara | tube voltage.
tensión de mantenimiento | sustaining voltage.
tensión de modulación | buncher voltage.
tensión de montaje | mounting tension.
tensión de onda triangular | triangular voltage.
tensión de pinzamiento (hojas de ballestas) | nip stress.
tensión de polarización de rejilla | direct grid bias.
tensión de precesión | precessional voltage.
tensión de prueba | proof-pressure.
tensión de recuperación | recovery voltage.
tensión de reencendido (electricidad) | reignition voltage.
tensión de reencendido (electrotecnia) | restriking voltage.
tensión de régimen | voltage rating.
tensión de régimen (electricidad) | normal working pressure.
tensión de reglaje (aviones) | rigging tension.
tensión de rejilla | Eg.
tensión de retroceso | kick-back.
tensión de rotura | breaking-strain | breaking tension.
tensión de ruptura | ultimate stress | breakdown voltage.
tensión de ruptura asintótica | asymptotic breakdown voltage.
tensión de saturación colector emisor | collector-emitter saturation voltage.
tensión de servicio | nameplate pressure.
tensión de servicio (electricidad) | running voltage.
tensión de trabajo | working voltage.
tensión de transición | turn-over voltage.
tensión de un campo de corriente continua | direct-current field stress.
tensión de valle del emisor | emitter valley voltage.
tensión de variación lineal | linearly varying voltage.
tensión del amantillo (pluma de carga de buques) | span tensión.
tensión del muelle | spring tension.
tensión del muelle de la escobilla | brush spring tension.
tensión del vapor (física) | vapor pressure.
tensión desplazadora | antistickoff voltage.
tensión diagonal | diagonal tension.
tensión disruptiva | rupturing voltage | critical gradient.
tensión disruptiva bajo lluvia (aisladores) | wet flashover.
tensión disruptiva en cortocircuito | short-circuit breakdown voltage.
tensión eficaz | RMS voltage.
tensión elástica | spring tension.
tensión electromagnética | electromagnetic stress.
tensión en cortocicuito | short-circuit voltage.
tensión en cresta | peak voltage.
tensión en las aristas | edge stress.
tensión en oposición | bucking voltage.
tensión en reposo | rest potencial.
tensión en vacío | open-circuit voltage | no-load voltage.
tensión en Z | Z-twist.
tensión entre cátodo y ánodo | acceleration

voltage.
tensión entre espiras (electricidad) | interturn voltage.
tensión entre fases | mesh voltage.
tensión entre fases (electricidad) | interlinked voltage.
tensión espectral | voltage spectrum.
tensión inicial | inception voltage.
tensión interfacial | interfacial tension.
tensión interfásica | interphase tension.
tensión interior | internal pressure.
tensión inversa de rejilla | inverse grid potential.
tensión inversa máxima de pico (electrónica) | maximum peak inverse voltage.
tensión límite | voltage rating.
tensión magnetomotriz | magnetomotive tension.
tensión máxima | ceiling voltage.
tensión máxima admisible (electricidad) | hold off voltage.
tensión mecánica inducida por el óxido | oxide-induced stress.
tensión media | average voltage.
tensión nominal | voltage rating.
tensión nominal de funcionamiento | rated working voltage.
tensión normal de régimen | normal operating voltage.
tensión normal de servicio | normal operating voltage | nominal working voltage.
tensión ondulatoria | ripple-voltage.
tensión plastificante | plastifying stress.
tensión por forjado | forging strain.
tensión preliminar (mecánica) | pretension.
tensión primaria | primary voltage.
tensión primaria (electricidad) | primary stress.
tensión pulsatoria | pulsation voltage.
tensión química | chemical stress.
tensión radial en la corona | radial rim strain.
tensión reflejada | return voltage.
tensión reforzadora (TV) | boost voltage.
tensión residual | residual stress | residual voltage.
tensión simétrica | push-push voltages | push-pull voltage.
tensión sofométrica | noise voltage.
tensión sofométrica (telecomunicación) | psophometric voltage.
tensión superficial | surface tension.
tensión superficial de 35 dinas por centímetro | surface tension of 35 dynes per cm.
tensión superficial del líquido al gas | liquid-to-gas surface tension.
tensión superficial interfacial | interfacial surface tension.
tensión superficial nuclear | nuclear surface tension.
tensión tectónica (geología) | tectonic strain.
tensión transitoria | transient voltage.
tensión umbral | threshold voltage.
tensión uniaxial | uniaxial tension.
tensión vídeo de azul | blue video voltage.
tensional | tensional.
tensiones congeladas | freezed stresses.
tensiones de colada | casting strains.
tensiones en contrafase | push-pull voltages.
tensiones equilibradas | balanced stresses.
tensiones internas | trapped stress.
tensiones residuales de soldeo | residual welding stresses.
tensiones térmicas | thermal stresses.
tensivo | tensive.
tenso | tensive | tense | taut | stiff.
tensocorrosión (metales trabajados en frío, etc.) | stress corrosion.
tensor | stretcher | guy | guy | brace rod | stiffback | rod strainer | tensor | tension member | tensioner radius arm | slack adjuster | slack-puller | takeup | tightener.
tensor (anatomía) | tensor.
tensor (mecánica) | strainer.
tensor (transportador de correa) | take-up.
tensor (vagones) | drawbar.
tensor aislado | insulated turnbuckle.
tensor antisimétrico | antisymmetrical tensor.
tensor articulado (para alambre) | devil's claw.
tensor articulado para alambres | Dutch draws tongs | lion's claw.
tensor articulador para alambres | wire dog.
tensor contravariante de primer orden | contravariant tensor of the first rank.
tensor de ajuste del muelle | adjusting spring link.
tensor de aleta (ojo de lanzadera) | wing tension.
tensor de correa | belt idler | belt stretcher.
tensor de dos ganchos | hook-and-hook turnbuckle.
tensor de empalme | coupling nut | coupling screw.
tensor de energía asimétrico | asymmetric energy tensor.
tensor de enganche (locomotoras) | draw hook coupling.
tensor de gancho y ojo | hook-and-eye turnbuckle.
tensor de hilo aéreo | come-along clamp.
tensor de hilo para la toma de diagramas (máquinas) | cord adjuster.
tensor de impulsión-energía | momentum-energy tensor.
tensor de la mordaza (telar tejido de punto) | snapper.
tensor de línea (telégrafos, etc.) | line-tightener.
tensor de mano para alambre | draw-tongs.
tensor de mordazas | draw tongs.
tensor de muelle | spring link.
tensor de ojal en cada extremo | eye-and-eye turnbuckle.
tensor de palanca acodada | toggle-action tensioner.
tensor de permeabilidad | permeability tensor.
tensor de polarizabilidad de enlace | bond polarizability tensor.
tensor de rana (para alambres) | toggle.
tensor de segundo orden | tensor of the second rank.
tensor de tornillo | screw tightener | turnbuckle | straining screw | stretching screw.
tensor de tuerca | sleeve-nut.
tensor de viento de poste (EE.UU.) | slack puller.
tensor del campo electromagnético | electromagnetic field tensor.
tensor del cordón | cord stretcher.
tensor del enganche (de vagones) | tightening-up device.
tensor del hilo | yarn takeup.
tensor del plegador (urdidor) | beam snubber.
tensor del portillo (urdidor) | gate tension.
tensor dinamométrico para alambres | dynamometer wire strainer | dynamometric wire stretcher.
tensor direccional | directional tensor.
tensor electromagnético contravariante | contravariant electromagnetic tensor.
tensor electrotécnico | electrical engineering tensor.
tensor espacial | space tensor.
tensor estadístico | statistical tensor.
tensor final | end stretcher.
tensor fundamental | metric tensor.
tensor hidráulico para hojas de sierra múltiples | hydraulic gang saw tensioner.
tensor horizontal por acción de la gravedad | horizontal gravity takeup.
tensor irreductible | irreducible tensor.
tensor métrico | metric tensor.
tensor mixto de segundo orden | mixed tensor of the second order.
tensor para alambres | draw-vice.
tensor para cadena | chain tightener.
tensor virial (física) | virial tensor.
tensorial (matemáticas) | tensor.
tentáculo (zoología) | feeler | grappling line.
tentar | paddle (to) | feel (to).
tentativa | trial | go-off | attempt.
tentativa de efectuar nuevamente una operación | retry.
tentativa de escalo | attempted burglary.
tentativa de influenciar al jurado | embracery.
tentativa ineficaz | futile attempt.
tentativa vana | futile attempt.
tentemozo | stay | cart prop | tumbler.
tentemozo (carros) | prop.
tentemozo (carruajes) | prop rod | fold-back stand | pole-prop.
tentemozo (minas) | safety dog.
tenue | tenuous.
tenue (telas) | tender.
tenuedébil (fotografía) | thin.
tenuidad | thinness | tenuousness | tenuity.
tenuidad del ramaje | fine-branchiness.
tenuirrostro | tenuirostral.
tenuirrostro (ornitología) | tenuiroster.
teñibilidad | dyeability.
teñible | dyeable.
teñido | dyed | dyeing.
teñido a presión | pressure dyeing.
teñido abigarrado | random dyeing.
teñido al azar | random dyeing.
teñido azotado | random dyeing.
teñido con colorante de tina | vat dyeing.
teñido con reservas | reserve dyeing.
teñido con reservas (textiles) | resist dyeing.
teñido de púrpura | purple.
teñido de telas | fabric dyeing.
teñido de telas de hilos sintéticos | dyeing of synthetic materials.
teñido dos veces | double-dyed.
teñido en bobina | package dyeing.
teñido en carreteles | jackspool dyeing | dyes-pool dyeing.
teñido en cuba | vat dyeing.
teñido en devanador | package dyeing.
teñido en enjullo | beam dyeing.
teñido en fulard | pad dyeing.
teñido en grana | grained | graining.
teñido en greña (género lana) | wool-dyed.
teñido en hilado | yarn dyeing.
teñido en hilado (calcetería) | ingrain.
teñido en la calandra (papel) | calender-dyed.
teñido en piezas | piece dyeing.
teñido en plegador | beam dyeing.
teñido en rama | grained | stock dyeing.
teñido en rama (género lana) | wool-dyed.
teñido en rama (lana) | ingrain.
teñido en rama (lanas) | dyed-in the-wool.
teñido en rojo | ruddled.
teñido en seco | dry dyeing.
teñido en solución (rayón) | spun dyed.
teñido en suspensión (madejas) | hanging system.
teñido en suspensión de las madejas | hank dyeing.
teñido isocromático | level dyeing.
teñido metacrómico | metachrome dyeing.
teñido por inmersión | dyp dyeing | dip dyeing.
teñido por lotes por furladeaje | pad-batch dyeing.
teñido sin mordiente (teñido directo) | direct dyeing.
teñido superficial de una tela teñida con otro color | topping.
teñidor de vidrios para frotis (medicina) | slide stainer.
teñidura | dyeing.
teñidura de la punta de los pelos (pieles) | topping.
teñir | stain (to) | dye (to) | pigment (to) | imbue (to) | tinge (to) | tincture (to) | tint (to) | engrain (to).
teñir con hierro | ferruginate (to).
teñir de negro | black (to) | blacken (to).
teñir de nuevo | redye (to).
teñir de rosa | pink (to).
teñir dos veces | double-dye (to).
teñir en crudo | engrain (to).

teñir en cuba (química) | vat-dye (to).
teñir en grana | grain (to) | dye in grain (to).
teñir en pieza | dye in the piece (to) | piece-dye (to).
teñir en rama | ingrain (to).
teñir en rama (lana) | dye in grain (to).
teocentrismo | theocentrism.
teocracía | theocracy.
teodia | theody.
teodicea | theodicy.
teodolista | transitman.
teodolito | altometer | theodolite.
teodolito acústico | acoustic theodolite.
teodolito altazimutal | altazimuth instrument.
teodolito astronómico | altazimuth instrument | astronomical theodolite.
teodolito con anteojo invertible girándolo horizontalmente | transit.
teodolito con anteojo reversible | wye theodolite.
teodolito con anteojo solar | solar transit.
teodolito cuyo anteojo no puede dar la vuelta de campana alrededor de su eje horizontal | nontransiting theodolite.
teodolito cuyo anteojo puede dar la vuelta de campana alrededor de su eje horizontal | transit theodolite.
teodolito de anteojo central | transit theodolite.
teodolito de anteojo central que puede hacer una rotación completa sobre su eje horizontal | transit.
teodolito de anteojo excéntrico | eccentric transit.
teodolito de anteojo lateral | side-telescope transit.
teodolito de brújula | transit | transit compass | surveyors' transit.
teodolito de brújula para minas | mine transit | mining transit.
teodolito de dirección | direction theodolite.
teodolito de doble lectura | double-reading theodolite.
teodolito de dos graduaciones | double-reading theodolite.
teodolito de enfoque exterior | external-focusing transit.
teodolito de impulsos de luz | pulsed-light theodolite.
teodolito de lectura óptica | optical-reading theodolite.
teodolito en que el anteojo puede dar la vuelta de campana | wye theodolite.
teodolito fotorregistrador | photorecording theodolite.
teodolito micrométrico | micrometer theodolite.
teodolito no repetidor | direction transit.
teodolito para globo sonda con radar | radar sonde theodolite.
teodolito para globos sondas | balloon theodolite.
teodolito para trabajos de minas | mining transit.
teodolito para trabajos subterráneos | miners' transit instrument.
teodolito repetidor | repeater transit | repeating theodolite.
teofagia | theophagy.
teofagita | theophagite.
teofania | theophany.
teofanismo | theophanism.
teofilantropía | theophilanthropy.
teofilantropismo | theophilanthropism.
teófilo | theophile.
teóforo | theophorous.
teogamia | theogamy.
teogonia | theogony.
teogonismo | theogonism.
teologado | theologate.
teomancia | theomancy.
teomania | theomania.
teomaquia | theomachy.
teomaquista | theomachist.
teomicrista | theomicrist.
teomórfico | theomorphic.
teomorfismo | theomorphism.
teonomía | theonomy.
teopantismo | theopantism.
teopatía | theopathy.
teopnéustico | theopneustic.
teorema abreviado | contraction theorem.
teorema de Clapeyron (vigas continuas) | three moment theorem.
teorema de completitud de los números reales | completeness theorem of the real numbers.
teorema de existencia | existence theorem.
teorema de Faltung (cálculo operacional) | superposition theorem.
teorema de inmersibilidad | imbedding theorem.
teorema de los residuos de Cauchy | Cauchy's residue theorem.
teorema de Nernst (tercer principio de la termodinámica) | Nernst theorem.
teorema de prolongación de Tietze | Tietze's extension theorem.
teorema de Stecner | parallel-axis theorem.
teorema de traslación de ejes (momento de inercia) | parallel-axis theorem.
teorema del límite central | central limit theorem.
teorema del valor medio generalizado | general mean value theorem.
teorema del virial | virial theorem.
teoría | theory.
teoría cuántica (física) | quantum theory.
teoría cuántica de la luz | quantum theory of light.
teoría cuántica de los campos | field quantum theory.
teoría de colas | theory of queues.
teoria de conjuntos | set theory.
teoría de costos comparativos | theory of comparative costs.
teoría de juegos | theory of games.
teoría de la comunicación | switching theory.
teoría de la conmutación (automática) | switching theory.
teoría de la fila de espera | waiting-line theory.
teoría de la mensuración | measure theory.
teoría de la recursión | recursion theory.
teoría de la recursión general | general recursion theory.
teoría de la trayectoria curva (sismicidad) | curved path theory.
teoría de las colas | queuing theory.
teoría de las diferencias finitas | finite difference theory.
teoría de las filas de espera | theory of waiting lines.
teoría de los autómatas | automata theory.
teoría de los contactos de Hertz | Hertzian theory of contacts.
teoría de los grupos | set theory.
teoría de los orígines | archology.
teoría de muestras pequeñas (estadística) | theory of small samples.
teoría de probabilidad | probability theory.
teoría del calórico | caloric theory.
teoría del choque | hit theory.
teoría del muestreo de recepción | acceptance-sampling theory.
teoría del orígen de los minerales marinos por separación del mineral de silicatos | abyssal theory.
teoría dinámica de los gases | gas dynamic theory.
teoría linealizada | linearized theory.
teoría modal (radiotecnia) | mode theory.
teoría musical (música) | musical theory.
teoría unificante | unifying theory.
teórico | rated.
teotecnia | theotechny.
teotécnico | theotechnic.
teoterapia | theotherapy.
tepa (Laurelia serrata) | tepa.
tepe | sod | turf.
tepetate | deads.
tepetate (filones) | country rock.
tepetate (minas) | attle.
tequios (montón de metal - metalurgia) | bin-heaps.
teraciclo | teracycle.
teraciclos | teracycles.
terahertzio | terahertz.
teralin (Tarrieta spp) | mengkulang.
terapeuta | therapeutist.
terapeuta laboral | occupational therapist.
terapeuta ocupacional | occupational therapist.
terapeutante | therapeutant.
terapéutica ortomolecular | orthomolecular therapeutics.
terapéutica por isótopos radiactivos | radioisotope therapy.
terapia | treatment.
terapia (medicina) | therapy.
terapia aeromédica | aeromedical therapy.
terapia con cobalto | cobalt-beam therapy.
terapia con rayos laser | laser therapy.
terapia con riñón artificial | artificial kidney therapy.
terapia conductista (medicina) | behavior therapy.
terapia de los aceros | steel treatment.
terapia de microonda | microwave therapy.
terapia de modalidad combinada | combined modality therapy.
terapia del comportamiento | behavior therapy.
terapia electroconvulsiva (medicina) | electroconvulsible therapy.
terapia electrónica | electron therapy.
terapia intracavitaria | intracavitary therapy.
terapia laboral psiquiátrica | psychiatric occupational therapy.
terapia lasérica | laser therapy.
terapia ocupacional | occupational therapy.
terapia ocupacional siquiátrica | psychiatric occupational therapy.
terapia por choque | shock therapy.
terapia por choque (medicina) | shock therapy.
terapia por electrochoque | electroshock therapy.
terapia por irradiación | radiation therapy.
terapia ultrasónica | ultrasonic therapy.
teratogénico | teratogenic.
teratología (estudio de las monstruosidades) | teratology.
teratrón (electrónica) | teratron.
teravatio (electricidad) | terawatt.
teravatio (10^{12} vatios) | terawatt (TW).
terbia | terbia.
terbina | terbia.
terbinario | orthorhombic.
terbio (Tb) | terbium.
tercelete (bóveda gótica por arista) | tierceron.
tercer capitán que toma el mando si el primero y segundo han desaparecido (convoyes marítimos) | rear commodore.
tercer electrodo (lámpara pentodo) | screen grid.
tercer hilo (telefonía automática) | P-wire.
tercer juego de agujas de cambio (estación de clasificación automática de vagones) | jack points.
tercer maquinista (buques) | third assistant enginer.
tercer oficial (buques) | third mate.
tercer palo (buque de cinco palos) | middle mast.
tercer ventrículo del cerebelo | basin.
tercera armónica | third harmonic.
tercera capa de enlucido (muros) | white coat.
tercera capa de enlucido (paredes) | skim-coat.
tercera derivada del desplazamiento (levas) | jerk (cams).
tercera integral del movimiento (mecánica celeste) | third integral of motion.
tercera parte | third.
tercería | interpleader.
tercería de mejor derecho | preferential right.

tercerista | intervenor.
tercero | third.
tercero (astronomía) | third.
tercero de mejor derecho | preferential right.
terceros | outsiders | others.
terceto (música) | tiercet | trio.
tercianela (tela) | faille.
terciario | tertiary.
Terciario Antiguo | Old Tertiary.
tercio | third.
tercio (de tabaco) | bale.
tercio central | middle third.
tercio exterior en la clave (arcos) | outer third at the crown.
tercio inferior | lower third.
terciopelo | velvet.
terciopelo abigarrado de cordoncillo | partridge cord.
terciopelo abordonado abigarrado | partridge cord.
terciopelo cortado | cut velvet.
terciopelo de algodón | velveteen | cotton velvet | moleskin | fustian.
terciopelo de algodón con fondo de sarga | jean back velveteen.
terciopelo de cordoncillo de algodón | ribbed velveteen | cord.
terciopelo de Génova | jean.
terciopelo de lana perchado | raised worsted velvet.
terciopelo de pelo corto | short-nap velvet.
terciopelo de unión (tejeduría) | back velvet.
terciopelo doble cara | double-pile fabric | double-pile velvet.
terciopelo gofrado | embossed velvet.
terciopelo labrado | figured velvet.
terciopelo otomano | scotch gross.
terciopelo por trama | fustian cotton velvet | filling pile fabric.
terciopelo por urdimbre | warp pile fabric.
terciopelo unido | plain velvet.
terciopelos por urdimbre cortados | double-woven pile fabrics.
terciopleo por trama | velveteen.
teredo | ship-worm | worm | marine worm | marine borer | borer.
terentang (Camnosperma spp) | terentang.
terfenilo (química) | terphenyl.
terfenilos | terphenyls.
terfenilos (química) | therphenyls.
tergiversabilidad | tergiversability.
tergiversación | distortion.
tergiversar la verdad | pervert the truth (to).
teriátrica | theriatrics.
terileno (tereftalato de politileno) | terylene.
terina (pigmento nitrogenado) | pterin.
teriódico (maligno) | theriodic.
teriomórfico | theriomorphic.
teriomorfismo | theriomorphism.
terliz | jean.
terliz (tela) | drill.
terliz de saco | sack drill | trellis.
termaestesia | thermaesthesia.
termal | thermal | thermic | termatic.
termalidad | thermality.
termalización | thermalization.
termalización de neutrones | neutron thermalization.
termalizar (neutrones rápidos) | slow down (to).
termalizar los neutrones rápidos | thermalize the fast neutrons (to).
termantidoto | thermantidote | termantidote | air-cooling apparatus.
termata (mezcla de termita con una sustancia aceleradora de la combustión) | thermate.
termes (zoología) | termite.
termia | therme.
termia (unidad de calor-th) | therm.
termia (25.200 calorías) | therm.
térmicamente aislado | thermically insulated | thermically isolated.
térmicamente aislante | thermically insulating.
térmicamente anisótropo | thermally anisotropic.
térmicamente degradado | thermally degraded.
térmicamente estable | temperature stabilized.
térmicamente sensible | temperature-sensing.
térmico | thermic | thermal | termatic.
térmico (instrumentos eléctricos) | hot-wire.
termidad | thermity.
terminable | terminable.
terminación | finishing | dressing | ending | finish | completion | expiration | close | conclusion.
terminación a máquina | machine-finishing.
terminación adaptada | matched termination.
terminación afectada de pérdida | lossy termination.
terminación afilada | pencil edging.
terminación de la combustión (motor cohético) | brennschluss.
terminación de la concesión | concession expiration.
terminación de la serie | series-finishing.
terminación de línea coaxial | termination for coaxial line.
terminación de los artículos | sellout.
terminación de precisión | precision finishing.
terminación de una auditoría | completing an audit.
terminación de una faena (marina) | clew up.
terminación del cargo | expiry of term of office.
terminación del plazo | expiration of the time period.
terminación en punta | pencil edge finish.
terminación escalonada de un muro durante su construcción | racking back.
terminación impecable | impeccable finish.
terminación por muela abrasiva | ground finishing.
terminación truncada de la parte posterior para mejorar la aerodinamicidad (automóviles) | fast back.
terminado | all-over | all up.
terminado (baños) | runout.
terminado (comunicación telefónica) | over.
terminado (palabra dicha para indicar el fin de la radiocomunicación) | out.
terminado a mano | hand-finished.
terminado de acuerdo con el plano | true-to-shape finished.
terminado de acuerdo con la receta (lentes) | finished to prescription.
terminado de diseñar | off the drawing board.
terminado de esmalte rugoso | ripped enamel finish.
terminado de imprimir | printed off.
terminado en bola | ball-ended.
terminado en caliente | hot-finished.
terminado en frío | cold-finished.
terminado en la muela de esmeril | emery-finished.
terminado en palma (ensanchamiento al final de una pieza) | palm-ended.
terminado en punta | tapered | point-ended.
terminado para máquinas (telégrafo de máquinas buques) | ring off the engines.
terminado por ambos extremos | doubly terminated.
terminado por escariado | finish broaching.
terminado por muela abrasiva | ground-finished.
terminado por un extremo | single terminated.
terminador | finisher | terminator.
terminador (de cable) | end bell.
terminador de cable (electricidad) | pothead.
terminados cinco meses de vencido cualquier plazo | if five month shall elapse after the maturity of a due date.
terminal | port | pothead | hub | tail | terminal | pin | apical.
terminal (electricidad) | terminal.
terminal aéreo | air terminal.
terminal alfanumérico de memoria dinámica | buffered alphanumeric terminal.
terminal bancaria a distancia (cajero teleprocesado) | remote unit terminal for banking.
terminal bancario (ordenador) | banking terminal.
terminal central | central terminal.
terminal con pantalla visualizada | video terminal.
terminal consultor | inquiry station.
terminal de bolsillo | portable terminal.
terminal de cable | sealing end.
terminal de cable eléctrico | reeling end.
terminal de comunicación de datos | data communication terminal.
terminal de conductor | conductor terminal.
terminal de conexión | connecting tag.
terminal de consultas | inquiry station.
terminal de contenedores | container terminal.
terminal de gráficos | graphic terminal.
terminal de guía de onda | wave guide taper.
terminal de guía de ondas | taper.
terminal de impresión | hard copy terminal.
terminal de línea aérea | airline terminal.
terminal de marcación manual (telefonía) | dial-up terminal.
terminal de pantalla | screen terminal.
terminal de pantalla vídeo | video display terminal.
terminal de red | branch point | network terminal.
terminal de rejilla | grid bushing.
terminal de teclado (telefonía) | pushbutton terminal.
terminal de telegestión | remote communications terminal.
terminal de teleproceso | teleprocessing terminal.
terminal de una red | subscriber station.
terminal de visualización | visualization terminal.
terminal de visualización de datos (informática) | video data terminal.
terminal del vertedero (presas) | bucket.
terminal diálogo (informática) | inquiry-response terminal.
terminal emisor | automatic send-receive set | transmitting terminal.
terminal emisor-receptor automático | automatic send-receive | automatic send/receiver.
terminal especializado en trabajos concretos | job oriented terminal.
terminal exterior | side contact.
terminal marítima | ocean terminal.
terminal multipunto (teleproceso) | drop.
terminal para estañosoldar (cables) | soldering tag.
terminal para hilos conductores | wire-end terminal.
terminal para transbordadores de vehículos | car ferry terminal.
terminal para transmisión de datos | data transmission terminal.
terminal por arrollamiento | wire-wrap pin.
terminal remoto | remote terminal.
terminal remoto bancario | remote teller.
terminal simple (ordenador) | dumb terminal.
terminal submarina para cargar o descargar petróleo | submarine oil terminal.
terminal superior | top cap.
terminal telegráfica | telegraph terminal.
terminal visualizador vídeo | video display terminal.
terminales de pruebas | test prod.
terminales de puenteado (telefonía) | strapping pins.
terminales del extensímetro | strain gage leads.
terminales del ohmímetro | ohmmeter leads.
terminales del tambor | barrel terminals.
terminales funcionales | functional pins.
terminales locales y remotos | remote and local terminals.
terminante | peremptory | definite | conclusive | decisive.
terminar | close (to) | finish (to) | dead-end (to)

| do (to) | end up (to) | end (to) | conclude (to).
terminar (huelgas) | call off (to).
terminar (plazos) | runout (to) | fall in (to).
terminar (proyectos, construcciones) | target (to).
terminar a máquina | machine-finish (to).
terminar el trabajo | end the task (to).
terminar en | abut upon (to).
terminar en caliente | hot-finish (to).
terminar en cuña (filones) | blend (to).
terminar en punta | taper (to) | pencil edge (to) | end in a point (to).
terminar la emisión (radio) | close down (to).
terminar la presunción de pruebas (abogacía) | rest the case (to).
terminar un ejercicio u operación (marina de guerra) | secure (to).
terminar una conversación (radio) | sign off (to).
terminarse (tormentas) | pass over (to).
término | period | deadline | limit | completion | end | conclusion | stand | terminal | expiration | time limit | time | term | term | boundary.
término (comercio) | duration.
término (de un período) | expiry.
término a término | termwise.
término abstracto | abstract.
término análogo | analogue.
término asociado (documentación) | related term.
término concreto | concrete.
término conocido (ecuaciones) | facile term.
termino constante | absolute term.
término de comparación aplicado a los valores astronómicos para distinguirlos de los magnéticos | true.
término de indizado | index term.
término de intercambio | term of trade.
término desacreditado | discredited term.
término específico | narrower term.
término extremo | extreme term.
termino general | general term.
término independiente (ecuaciones) | absolute term.
término indicando que se necesitan un número predeterminado de impulsos separados para completar el funcionamiento (relés) | notching.
término intermedio | medium term.
término jurídico | law-term.
término justiciero | term of equity.
término medio | average | mean.
término medio de cada mitad de una serie variable | quartile.
término nemónico | mnemonic term.
término n-simo (series) | general term.
término que figura en la fórmula de la variación de latitud (debido al astrónomo Kimura)
término que no se encuentra en diccionarios | nondictionary term.
término técnico | technicality | terminus.
término transferido | transferred term.
terminología de la programación | terminology of programmation.
terminología de los contratos de construcción | construction contracts terminology.
terminología industrial | engineering terminology.
terminología internacional | international terminology.
terminología lingüística | linguistical terminology.
terminología mineralógica | mineralogical terminology.
terminología plurilingüe | multilingual terminology.
terminólogo | terminologist.
términos consecutivos de una serie | consecutive terms of a series.
términos corrientemente empleados | currently employed terms.
términos de la sucesión | terms of the sequence.
términos de una póliza de seguros | wording of an insurance policy.
términos desemejantes | dissimilar terms.
términos intercambiables | convertible terms.
términos internacionales de comercio aprobados | incoterms.
términos pedagógicos | education terms.
términos semejantes (álgebra) | like terms.
terminos sucesivos (matemáticas) | subsequent terms.
termión | thermion | thermoelectron.
termión negativo | negative thermion.
termiónica | thermoelectronics.
termiónica (ciencia) | thermionics.
termiónico | thermionic.
termistancia | thermistor.
termistor | temperature sensor | thermally sensitive resistor | thermistor.
termistor (resistor sensible a las variaciones de temperatura) | thermistor.
termistor con coeficiente de temperatura negativa | NTC thermistor.
termistor con coeficiente de temperatura positivo | PTC thermistor.
termistor con un diamante artificial como elemento sensor | diamond thermistor.
termistor de coeficiente de temperatura negativa | negative-temperature-coefficient thermistor.
termistor de coeficiente de temperatura positivo | positive-temperature coefficient thermistor.
termistor de cuenta | bead thermistor.
termistor perla | bead thermistor.
termistorizar | thermistor (to).
termita (mezcla metálica) | thermit.
termita con ferrosilicio para soldar fundición | cast-iron thermit.
termitera | termite nest.
termiticida | termite killer.
termito | termite.
termoablación | heat ablation.
termoabsorción | heat pickup.
termoacabar | hot-finish (to).
termoaccionado | temperature operated.
termoacondicionamiento | temperature conditioning.
termoactínico | thermactinic.
termoacuo | thermoaqueous.
termoaerodinámica | thermoaerodynamics.
termoaeroterapia | thermaerotherapy.
termoagitación | thermal agitation.
termoagitador | thermostirrer.
termoaislado | thermoinsulated | heat-insulated | heat-isolated | insulated.
termoaislado con losetas de magnesia | magnesia slab-insulated.
termoaislador | heat insulator.
termoaislamiento | insulation | thermal insulation | heat insulation.
termoaislar con plásticos | plastics-insulate (to).
termoamperímetro | thermoammeter.
termoataque (metalografía) | thermal etching.
termoavisador | heat alarm | thermal alarm.
termoavisador eléctrico | electric heat alarm.
termobalanza | thermobalance.
termobarógrafo | thermobrograph.
termobarometría | thermobarometry.
termobarometría mineralógica | mineralogical thermobarometry.
termobarométrico | thermobarometrical.
termobroca que quema una mezcla de aire y combustible | air thermodrill.
termocambiador aire-aire rotativo | rotary air-to-air heat exchanger.
termocambiador con materiales termoalmacenadores | regenerator.
termocambiador con pantalla de hilo de matriz de revolución | rotary matrix wire screen heat exchanger.
termocambiador con tabiques intermedios termoconductores | recuperator.
termocambiador criógeno | cryogenic heat exchanger.
termocambiador de aceite a agua | oil-to-water heat-exchanger.
termocambiador de contracorriente | counterflow heat-exchanger | contraflow heat-exchanger.
termocambiador de corrientes del mismo sentido | parallel-flow heat-exchanger.
termocambiador de chapa | plate-type heat exchanger.
termocambiador de guijarros | pebble-type heat exchanger.
termocambiador de haces de tubos de aletas con enfriamiento por ventilador | fin-fan heat-exchanger.
termocambiador de haces de tubos dentro de una envuelta | tube-in-shell heat exchanger.
termocambiador de láminas metálicas | strip heat exchanger.
termocambiador de líquido a líquido | liquid-to-liquid heat exchanger.
termocambiador de placas | plate heat exchanger.
termocambiador de radiación de aire a agua | surface-type air-to-water heat exchanger.
termocambiador de regenerador giratorio | rotary-regenerator type heat exchanger.
termocambiador de sal fundida a líquido | molten-salt-to-liquid heat exchanger.
termocambiador de tubos con clavijas soldadas exteriormente | pin-fin heat exchanger.
termocambiador de tubos de aletas | fin-tube heat exchanger | fin-on-tube heat exchanger.
termocambiador de vapor a líquido | vapor-to-liquid heat exchanger.
termocambiador intermedio (compresor aire) | intercooler.
termocambiador para aviones | aircraft heat exchanger.
termocambiador para metal licuado | liquid-metal heat exchanger.
termocambiador para turbina de gases | gas-turbine heat exchanger.
termocambiador recuperativo | recuperative heat exchanger.
termocambiador regenerativo | storage heat exchanger.
termocambiador tubular | shell-and-tube heat exchanger | tubular heat exchanger.
termocanjeador | heat exchanger.
termocartografía por rayos infrarrojos | infrared heat cartography.
termocatalítico | thermocatalytic.
termocauterio | cautery knife | thermocautery.
termocinética | thermokinetics.
termoclasa (refractarios) | spalling.
termoclina | thermocline.
termoclina permanente | permanent thermocline.
termoclino | thermocline.
termoclorímetro | thermocolorimeter.
termocoagulable | heat-coagulable.
termocoagulación | thermocoagulation.
termocolor | thermocolor.
termocoloración | heat-tinting | heat tint.
termocoloreado | heat-tinted.
termocolorear | heat-tint (to).
termocolorímetro | kelvinometer | color temperature meter.
termocompactado | hot-compacted.
termocompensado | thermally compensated.
termocompensador | heat compensator | temperature compensator.
termocompensador magnético | magnetic temperature compensator.
termocompresión | thermocompression.
termoconductibilidad absoluta | absolute heat conductivity.
termoconductivo | thermal-conductive | heat-conductive.
termoconductor | thermoconductor.
termoconformado por vacío (plásticos) | vacuum thermoforming.
termocontracción | thermal contraction.
termocontraíble | heat shrinkable.

termoconvección | thermal convection.
termoconvectivo | thermoconvective.
termoconvención | thermoconvection.
termocopia | thermocopy.
termocopiado | thermic copying | thermography.
termocortacircuito | thermocutout.
termocroico | thermochroic.
termocrosis (mineralogía) | thermochrosy.
termocuración | heat-aging.
termocurado a baja temperatura | heat-aged at low temperature.
termocurar | heat-age (to) | heat-cure (to).
termochapar con polvo fundido con el soplete | flame-plate (to).
termodeformable.
termodeformación plástica | creep.
termodeformación plástica (metalurgia) | creep strain.
termodeformado | heat-deformed.
termodensintegración (petróleo) | thermal cracking.
termodescomponible | heat-decomposable.
termodescomposición | thermodecomposition.
termodesintegración catalítica | catalytic cracking.
termodesorción | thermal desorption.
termodetector | thermodetector | temperature detector.
termodetector eléctrico | electric thermal detector.
termodetector embebido | embedded temperature detector.
termodetector magnético | magnetic temperature detector.
termodifundir | thermodiffuse (to).
termodifusión en el interior de la masa (lingotes) | soaking.
termodifusividad | heat release rate.
termodilatación | thermoexpansivity.
termodinámica | thermodynamics.
termodinámica de los procesos irreversibles | irreversible thermodynamics.
termodinámica estadística | equilibrium statistical mechanics.
termodinámica estadística cuántica | quantum-statistical thermodynamics.
termodinámica industrial | engineering thermodynamics.
termodinamicista | thermodynamicist.
termodinamicista industrial | engineering thermodynamicist.
termodisgregación | heat disaggregation.
termodisipador | heat dissipator.
termodureza | thermal hardness.
termodúrico | thermoduric.
termoelasticidad | thermoelasticity.
termoelástico | thermoelastic.
termoelastodinámica | thermoelastodynamics.
termoelectricidad | thermoelectricity.
termoeléctrico | thermionic.
termoelectrón | thermoelectron | thermion.
termoelemento | thermel.
termoelemento miniaturizado | miniature thermoelement.
termoelemento monofilar | single wire thermoelement.
termoendurecer | heat-harden (to) | thermoset (to).
termoendurecible (plásticos) | thermosetting.
termoendurecido | thermosetting.
termoendurecimiento | thermosetting.
termoenergética | thermoenergetics.
termoesfuerzo | thermal stress.
termoestabilidad | thermostability | heat-stability.
termoestabilización de la austenita | austenite thermal stabilization.
termoestabilizar | heat-stabilize (to).
termoestable | heat-stable | thermoset.
termoestable (plásticos) | thermosetting.
termoestañado | thermally tinned.
termoesterilización | heat sterilization.
termoesterilizar | heat-sterilize (to).
termoestimulado | thermostimulated | heat-stimulated.
termoestratificación | thermal stratification.
termoestructural | thermostructural.
termoevaporación | thermic evaporation.
termoexfoliación (ladrillos refractarios) | thermal spalling.
termoextruir | hot-extrude (to).
termoextrusión | hot extrusion.
termofijar | heat set (to).
termofijo (plástico) | thermosetting.
termófilo | thermophilic.
termofísica | thermophysics.
termofísico | thermophysical.
termofisión | thermofission | termofission.
termofisuración | thermal checking.
termofluencia | creep.
termofluencia a la compresión | compression creep.
termofluencia activada por fatiga | fatigue-activated creep.
termofluencia bajo esfuerzos alternados | creep under fluctuating stress.
termofluencia por flexión | bending creep.
termofluencia recuperable | recoverable creep.
termofluencia secundaria | secondary creep.
termofluencia terciaria | tertiary creep.
termófono | thermophone.
termoformación | thermoforming.
termoformar | thermoform (to).
termóforo | thermophore | heat pad.
termofotoquímica | thermophotochemistry.
termofraccionación | thermal cracking.
termofraccionación catalítica de las cadenas hidrocarbúricas | cracking.
termofractura | thermofracture.
termofractura (refractarios) | spalling.
termofragilidad (aleaciones) | hot-tearing.
termofraguado | thermosetting | thermosetting.
termofraguar | thermoset (to).
termofugacia | heat-repellence | heat resistance.
termófugo | heat-repellent | heat-resisting | heat resistant | thermofuge.
termofusión | thermofusión.
termogalvanismo | thermogalvanism.
termogalvanómetro | thermogalvanometer.
termogeneración | heat generation.
termogenerador | heat generator.
termogenerador electrónico | electronic heat generator.
termogénesis | thermogenesis.
termogenia | heat production.
termógeno | heat-creating | heat-emitting | thermogenic.
termognosía | thermognosis.
termógrafo | thermograph | temperature recorder | recording thermometer.
termógrafo de bolas seca y húmeda | dry-and-wet bulb thermograph.
termógrafo de espiral bimetálica | bimetallic spiral thermograph.
termograma | thermograph | thermogram.
termogravimetría | thermogravimetry.
termogravimetría diferencial | differential thermogravimetry.
termogravímetro | thermogravimeter.
termogravitación | thermogravitation.
termohigrógrafo | thermohygrograph.
termohigrometría | thermohygrometry | termohygrometry.
termohigrométrico | thermohygrometric.
termohigrómetro | thermohygrometer.
termoinactivación | thermoinactivation.
termoinactivado | heat-inactivated.
termoindicador de sitios diversos | multipoint temperature indicator.
termoinducción | thermoinduction.
termoindurante (plásticos) | thermosetting.
termoinestabilidad | thermal instability.
termoinhibidor | thermoinhibitory.
termointercambiador | heat interchanger | heat exchanger.
termointercambiador de tubos concéntricos | double-pipe heat exchanger.
termointercambiador de tubos y envuelta | shell-and-tube heat exchanger.
termointercambiador de un solo fluido | single fluid heat exchanger.
termointercambiador líquido-vapor de admisión | liquid-to-suction heat exchanger.
termointerruptor bimetálico | bimetal thermal switch.
termoiónica | thermoionics.
termoionización | thermal ionization.
termoisópleta | thermoisoplete.
termolábil | heat-labile | thermo-unstable | thermolabil.
termolabilidad | thermolability.
termolicuación (grasas) | heat rendering.
termolisis | thermal decomposition | thermolysis.
termolocalización | heat localization.
termología | thermology | termology.
termólogo | termologist.
termoluminiscencia | thermoluminescense | thermoluminescence.
termoluminiscente | thermoluminiscent.
termomaduración | heat-aging.
termomadurar | heat-age (to) | heat-cure (to).
termomecánica | thermomechanics.
termomecánicamente tratado | thermomechanically treated.
termometal (metal sensible a las temperaturas) | thermometal.
termometalurgia | thermometallurgy.
termometamorfismo | thermometamorphism.
termometría acústica | acoustic thermometry.
termometría espectroscópica | spectroscopic thermometry.
termometría por resistencia eléctrica | resistance thermometry.
termometría termoeléctrica | thermoelectric thermometry.
termómetro | temperature detector | heat gage | thermometer.
termómetro acodado | angle thermometer.
termómetro avisador | alarm thermometer.
termómetro bimetálico | bimetal thermometer.
termómetro comprobado | calibrated thermometer.
termómetro contrastado | certificated thermometer.
termómetro de alcohol | alcohol thermometer.
termómetro de aspiración | aspiration thermometer.
termómetro de bola de vidrio rellena con líquido | liquid-in-glass thermometer.
termómetro de bola húmeda usada en el sicrómetro | wet-bulb thermometer.
termómetro de bola seca | dry bulb thermometer.
termómetro de bulbo humedo | wet-bulb thermometer.
termómetro de cuadrante de lectura a distancia | distance-reading dial-type thermometer.
termómetro de dilatación de líquido | liquid-expansion thermometer | liquid-filled thermometer.
termómetro de ebullición | height measurer.
termómetro de gas a presión constante | constant-pressure gas thermometer.
termómetro de gas a volumen constante | constant-volume gas thermometer.
termómetro de hidrógeno | hydrogen thermometer.
termómetro de máxima | maximum thermometer.
termómetro de máxima y mínima | maximum and minimum thermometer.
termómetro de mercurio en tubo de cristal protegido con metal | metal-protected mercury-in-glass thermometer .
termómetro de mercurio en tubo de vidrio | mercury-in-glass thermometer.
termómetro de presión | tasimeter.
termómetro de resistencia de indio | indium resistance thermometer.

termómetro de resistencia de platino | platinum resistance thermometer.
termómetro de telelectura | distant-reading thermometer.
termómetro de temperaturas de bulbo seco y húmedo | dry-and-wet bulb thermometer.
termómetro de varilla de cristal | glass-stem thermometer.
termómetro de varilla grabada | etched stem thermometer.
termómetro de vidrio relleno de mercurio y grabado sobre el tubo | engraved-on-stem mercury-filled glass thermometer.
termómetro graduado sobre vidrio opalino | enclosed scale thermometer.
termómetro humedo | wet bulb.
termómetro mercúrico en tubo de acero | mercury-in-steel thermometer.
termómetro para gases de la exhaustación | exhaust thermometer.
termómetro para la temperatura húmeda (sicrómetro) | wet-bulb thermometer.
termómetro para la temperatura seca (sicrómetro) | dry-bulb thermometer.
termómetro para medir la temperatura de un cubo de agua extraido de la superficie del mar | bucket thermometer.
termómetro para medir la temperatura del suelo | grass-temperature thermometer.
termómetro para medir temperaturas a presión | pressure thermometer.
termómetro para uso general | all-use thermometer.
termómetro teleindicador | remote-reading thermometer.
termomicrografía | thermomicrograph.
termonastia | thermonasty.
termoneumático | thermopneumatic.
termoneutralidad | thermoneutrality.
termonuclear | thermonuclear.
termoosmosis | thermoosmosis.
termopar | thermojunction | thermocouple.
termopar compensado | compensated thermocouple.
termopar de aguja | needle thermocouple.
termopar de forma de onda | wave form thermocouple.
termopar de inmersión | immersion thermocouple.
termopar de inmersión rápida | quick-immersion thermocouple.
termopar de iridio y tungsteno | iridium versus tungsten couple.
termopar de metales preciosos | precious-metal thermocouple | noble metal thermocouple.
termopar de multielementos | multiple-element thermopile.
termopar de platino y platino con 13% de rodio | platinum-to-platinum/13 per cent rhodium thermocouple.
termopar de radiación | radiation thermopile.
termopar de vacío (electrónica) | vacuum thermocouple.
termopar embebido | imbedded thermocouple.
termopar formado de plasma | plasma thermocouple.
termopar hecho con metales no nobles | base-metal couple.
termopar móvil | traveling thermocouple.
termopar pluricontactual | multijunction thermopile.
termopar sin soldadura | split thermocouple.
termopar sometido a la temperatura que debe medir | load thermocouple.
termopar voltaico | voltaic couple.
termopares sacrificatorios | sacrificial thermocouples.
termopenetración | thermopenetration.
termopercolación | thermopercolation.
termoperforación | thermoperforation.
termopermeación | thermopermeation.
termopermutador | heat exchanger.
termopermutar | heat-exchange (to).
termopila | thermopile.
termopila de neutrones | neutron thermopile.
termopila de radiación | radiation thermopile.
termoplasma | electrically heated pad.
termoplasticidad | thermoplasticity.
termoplástico | thermoplastic.
termoplástico de temperatura de fusión baja | low-melting point thermoplastic.
termoplástico rígido | thermoplastic.
termoplastificación | heat plasticization.
termoplastificación con ayuda de un agente oxidante (caucho) | oxygen vulcanization.
termopotencial | thermopotential.
termoprecipitador de polvos | dust thermal precipitator.
termoprensado | hot-pressed | hot-pressing.
termoprensado en el vacío a 1 | hot-pressed in vacuum at 1200 °K for 10 minutes.
termoprensadura | hot-pressing.
termopropulsión | thermopropulsion.
termopropulsor | thermojet | thermal jet engine.
termopulverización | thermospray.
termoquebradizo | hot-short.
termoquímica | thermochemistry.
termoquímica de las emulsiones de carne | meat emulsión thermochemistry.
termoquímica de las explosiones | explosion thermochemistry.
termoquímico | thermochemical.
termorecuperador | cold heat exchanger.
termorreactivo | heat reactive.
termorreactor | thermal reactor.
termorreactor nuclear | thermal reactor.
termorreactor nuclear moderado con grafito y enfriado con agua a presión | pressurized water-cooled graphite-moderated thermal reactor.
termorreactor nuclear no reproductor | bare thermal reactor.
termorreceptor | thermal receiver.
termorrecuperación | heat recovery.
termorrecuperador (hornos metalúrgicos) | checker.
termorrecuperador (metalurgia) | heat exchanger.
termorrecuperador de cerámica | tile regenerator.
termorrecuperador de haces de tubos | shell-and-tube heat exchanger.
termorrecuperador por contacto directo con panales de ladrillos | regenerator.
termorreflectividad | heat reflectivity.
termorregenerador | heat regenerator.
termorregistrador bimetálico | bimetallic temperature recorder.
termorregulación | heat-regulating.
termorregulación por variación de fase (soldadura) | phase-shift heat control.
termorregulador | heat regulator | heat-regulating | thermoregulator | thermoregulator.
termorregulador automático | self-operated temperature regulator.
termorregulador electrónico | electronic thermoregulator.
termorrelé | thermorelay | temperature relay.
termorrelé de inducción | induction thermal relay.
termorrelé para sobrecarga del campo inductor | thermal field-overload relay.
termorrelevador | thermo relay.
termorremanente | thermoremanent.
termorreología | thermorheology.
termorresistencia | thermoresistance.
termorresistencia cilíndrica formada por una maraña de fibras metálicas | porcupine.
termorresistente | heat-resisting | heat resistant | thermodurable.
termorresistente al uso repetido | heat resistant for repeated use.
termorresistividad | thermal resistivity.
termorresistividad del suelo | soil thermal resistivity.
termosaturación (lingotes) | soaking.
termosaturado | heat-saturated.
termoscópico | thermoscopic.
termoscopio | thermoscope.
termosecar | heat dry (to).
termosensibilidad | thermal response.
termosensible | thermally sensitive | thermosensitive | temperature-responsive.
termosfera | thermosphere.
termosifón | thermosyphon.
termosimbiosis | heat transfer.
termosistema antihielo (alas aviones) | thermal antiicing system.
termosonda | thermoprobe.
termostática (ciencia) | thermostatics.
termostatización | thermostatization.
termostatizado | thermostatted.
termostatizar | thermostat (to).
termostato | thermostat | thermal switch | thermoregulator.
termostato bimetálico | bimetallic thermostat.
termostato bimetálico de acción rápida | quick-acting bimetallic thermostat.
termostato de dilatación | expansion-type thermostat.
termostato de dilatación de líquido | liquid expansion thermostat | liquid-expansion type thermostat.
termostato de dos temperaturas | high-low thermostat.
termostato de incubadora | chicken-brooder thermostat.
termostato de inmersión | inmersion thermostat.
termostato de radiación | radiation thermostat | radiant heating thermostat.
termostato de superficie bimetálica invertida | reversed bimetal thermostat.
termostato de tiempo proporcional | time-proportional thermostat.
termostato hidráulico | hydraulic thermostat.
termostato maestro | pilot thermostat.
termostato para el agua | aquastat.
termostato para mantas eléctricas | blanketstat.
termotecnia | thermotechnics | heat engineering | calorifics.
termoterapia | thermoterapy | thermotreating | heat-treatment | heat treating | heat-treatment cure.
termoterapia de las enfermedades de la patata | thermotherapy of potato diseases.
termótico | thermotic.
termotinción (proceso para el microexamen de metales duros de tipo de carburos múltiples) | heat-tinting.
termotipia | thermotypy.
termotolerante | thermotolerant.
termotransferencia | heat transfer.
termotransferencia de flujo deslizante | slip-flow heat transfer.
termotransferencia por convección | convection heat transfer.
termotransferencia por convección forzada inestacionaria | unsteady forced-convection heat transfer.
termotransferidor | thermal transferer.
termotransmisión | heat conveyance.
termotransmisividad | heat transmissivity.
termotratabilidad | heat-treatability.
termotratada en el mismo lote (metalurgia) | heat-treated in the same batch.
termotratado | heat-treated | H. T.
termotratado a dureza 500 Brinell | heat-treated to 500 Brinell hardness.
termotratado en atmósfera de hidrógeno anhidro | heat-treated in dry hydrogen.
termotratado otra vez (metalurgia) | reheat-treated.
termotratado para relajar esfuerzos residuales | stress relief heat treated.
termotratado por solubilización a 1050 °C y doble maduración por 2 horas a 750 °C y 8

horas a 650 °C | solution-treated at 1050 °C and double-aged for 2 hours at 750 °C and 8 hours at 650 °C.
termotratado por solubilización de una fase (aleaciones) | solution-treated.
termotratado por solubilización durante 1 hora a 1200 °C y calentado por 5 horas a 650 °C | solution treated for 1 hour at 1200 °C and heated for 5 hours at 650 °C.
termotratado por solubilización o recocido antes de la maduración
termotratado y madurado | heat-treated and aged.
termotratamiento | heat treating | heat-treatment | thermotreating | thermal treatment | treatment.
termotratamiento (artículos moldeados) | after stove.
termotratamiento a baja temperatura para eliminar la segregación química por difusión (metalurgia) | homogenizing.
termotratamiento a unos 300 °C que aumenta el límite elástico (aceros al carbono) | blueing.
termotratamiento antes del maquinado final | heat treating before finish machining.
termotratamiento austenitizante | austenitizing heat-treatment.
termotratamiento calentando a una temperatura en la que los constituyentes de la aleación forman entre sí una solución sólida (después se enfría en agua) | solution heat treatment.
termotratamiento con baño de sales | salt-bath heat treatment.
termotratamiento de carbo-cementación sin medio cementante | blank carburizing heat treatment.
termotratamiento de coloración | thermal coloring treatment.
termotratamiento de estabilización | aging heat-treatment.
termotratamiento de hornada en masa | mass-batch heat-treating.
termotratamiento de relajación de esfuerzos | stress relieving heat treatment.
termotratamiento de relajación durante 1 hora por pulgada de espesor del metal a 650 °C | stress relief treatment for 1 hour per inch of metal thickness at 650 °C.
termotratamiento de solubilización (calentamiento a 490-505 grados C y enfriamiento en agua - tratamiento térmico de aleaciones aluminio) | solution treatment.
termotratamiento de solubilización (después se enfría en agua) | solution heat treatment.
termotratamiento de solubilización (metalurgia) | solutioning.
termotratamiento de solubilización a 1100 °C seguido por maduración a 750 °C | solution treatment at 1100 °C followed by ageing at 750 °C.
termotratamiento después de fundir para regular la formación del grano (lingotes) | holding.
termotratamiento después de la electrodeposición | post-plating heat treatment.
termotratamiento después de termofluencia a 750 °grados Kelvin | heat-treatment after creep at 750 °K.
termotratamiento en atmósfera artificial | controlled-atmosphere heat-treating.
termotratamiento esferoidizante | spheroidizing heat-treatment.
termotratamiento estabilizador | stabilizing heat-treatment.
termotratamiento isotérmico | isothermal heat-treating | stepped heat-treatment.
termotratamiento mecanizado | mechanized heat treatment.
termotratamiento para endurecimiento estructural | precipitation-hardening heat-treatment.
termotratamiento para evitar las grietas capilares (aceros) | antihair-line-crack heat-treatment.
termotratamiento para obtener esferoidización de los carburos (aceros) | high-temperature draw | subcritical annealing.
termotratamiento para obtener una estructura sorbítica (estirado de alambres) | patenting.
termotratamiento para quitar el lubricante de un compacto (pulvimetalurgia) | dewaxing.
termotratamiento para reducir los esfuerzos internos por el enrollamiento (muelles) | bluing.
termotratamiento para relajar esfuerzos interiores después de la conformación y soldeo | stress-relief treatment after forming and welding.
termotratamiento para uniformar la composición (aleaciones) | homogenizing treatment.
termotratamiento por corrientes de inducción | induction heat-treatment.
termotratamiento por inductancia eléctrica de alta frecuencia | heatronic thermal treatment.
termotratamiento por lotes | batch thermal treatment.
termotratamiento por solubilización de una fase (aleaciones) | solution treatment.
termotratamiento por solución después de forjar | post-forge solution heat-treatment.
termotratamiento posdeposición | post-deposition heat-treatment.
termotratamiento posterior | postheating treatment.
termotratamiento que no produce costra superficial | scale-free heat treatment.
termotratamiento regenerativo | regenerative heat treatment.
termotratamiento simulado de relajación de esfuerzos interiores | simulated stress relieving heat treatment.
termotratamiento suave | mild thermal treatment.
termotratar | heat-treat (to).
termotratar por solubilización (aleaciones aluminio) | solution-treat (to).
termounión | thermojunction.
termovinificador | thermal vinificator.
termoviscoelástico | thermoviscoelastic.
termovulcanizar | heat-vulcanize (to).
terna | triple | ternary | triad.
ternario | ternary.
ternas ordenadas | ordered triples.
ternera | heifer | veal.
ternero | calf.
terno | triad | ternary.
terno (loteria) | tern.
terópodo | pteropod.
terosauro | pterosaur.
terpeno | terpene.
terpolímero | terpolymer.
terracear | terrace (to).
terráceo | terraceous.
terraciforme | terraciform.
terracota | terracotta.
terrado | terrace.
terraja | templet | threading die | die | die plate | jam die plate | screwing-die | recessor | screw plate | stock.
terraja (de relojero) | broach.
terraja (funderías) | modeling board.
terraja (moldeo) | sweep.
terraja (moldería) | strickle | strike.
terraja cónica | drip-tap.
terraja de anillo | diestock | screwstock.
terraja de brazo | sweep templet.
terraja de cojinete circular | circular-die stock.
terraja de cojinetes | diestock.
terraja de cojinetes de roscar | stocks and dies.
terraja de cojinetes móviles | screwstock.
terraja de charnela | hinge stocks.
terraja de dados de roscar | stocks and dies.
terraja de expansión | expanding tap.
terraja de mano | tap plate.
terraja de moldeo | core template.
terraja de roscar | diestock.
terraja de roscar de solape | lapped screw-cutting die.
terraja de solape | lapped die.
terraja enganchadora (sondeos) | grabbing-tap.
terraja excéntrica (moldeo) | eccentric strickle.
terraja giratoria (moldeo) | loam board.
terraja intercambiable (para roscar) | interchangeable stock.
terraja para machos | core strickle.
terraja para machos (moldería) | core templet.
terraja para roscar pernos | boltcutter.
terraja para roscas exteriores | threading die.
terraja para tornillos de madera | devil.
terraja para tubos | pipe-tap | pipe stock.
terraja para tubos de gas | gas tap.
terraja roscatubos | pipe stock.
terraja transportable (moldeo en tierra) | gig.
terrajado (machos) | struck.
terrajador (cerámica) | jiggerer.
terrajadora | tapper | boltcutter.
terrajar | thread (to).
terrajar el molde | sweep the mould (to).
terrajas | worms.
terrajas y dados | stock and dies.
terral (brisa de tierra) | land breeze.
terrapén consolidado con apisonadora | rolled earth fill.
terraplanar | earth (to).
terraplén | earth fill | earth bank | earthwork mound | fill | bank | embankment | terrace | terrace | causeway | landfill.
terraplén (vía férrea) | roadbed.
terraplén de escollera | mound breakwater.
terraplén de tierra apisonada | rolled earth embankment.
terraplén más merma | fill plus shrinkage.
terraplén no consolidado | soft fill.
terraplén no impermeabilizado | random fill.
terraplén sedimentado | puddle.
terraplenación | terracing.
terraplenado | filling | filling-in | back filling | backfilling.
terraplenado con sacos terrenos | sandbag damming.
terraplenado del terreno | terracing.
terraplenador | filler-up.
terraplenar | fill (to) | fill up (to) | fill in (to) | bank up (to) | terrace (to) | embank (to) | offset (to).
terraplenar (rellenar - minas) | cog (to).
terraplenero (palero - minas) | ground hog.
terráqueo | terraqueous.
terrario | terrarium.
terrateniente | landowning | land holder | landlord | landowner | landholder.
terrateniente proindiviso | joint tenant.
terraza | terrace.
terraza (edificios) | terrace.
terraza aluvial | alluvial terrace | built terrace.
terraza aluvial protegida por rocas duras | rock-perched terrace.
terraza costera | coastal terrace.
terraza costera (geología) | raised beach.
terraza de acumulación | drift terrace.
terraza de base ancha (hidrología) | broad-base terrace.
terraza de erosión | erosion terrace.
terraza de erosión (geología) | cut terrace.
terraza de montaña submarina | seamount terrace.
terraza desviadora | diversion terrace.
terraza fluvioglacial | drift terrace.
terraza lacustre | lacustrine terrace.
terraza litoral | elevated beach.
terraza marina | coastal terrace | marine terrace.
terraza marina a una profundidad de unos 960 metros | deep-sea terrace.
terraza que bordea un cañón (EE.UU.) | esplanade.
terrazo (mezcla de cemento y pedazos de granito o mármol) | terrazzo.
terrazo (mosaico veneciano) | terrazo.
terrazo prefraguado | precast terrazzo.

terremoto | quake | earthquake.
terremoto catastrófico | macroseism.
terremoto de intensidad 6,6 en la escala de Richter | earthquake registering 6.6 in the Richter scale.
terremoto destructor | macroseism | destructive earthquake.
terremoto devastador | killer quake.
terremoto inminente | impending earthquake.
terremoto simpático | sympathetic earthquake.
terremoto vorticoso | vorticose earthquake.
terreno | ground | ground | soil | solum.
terreno (hipódromo) | course.
terreno (voz empleada en geología y en el Ejército) | terrain.
terreno abancalado | terraced field.
terreno abierto | open terrain.
terreno accidentado | rough ground | rough | irregular terrain.
terreno agresivo (ataque de corrosión) | aggressive soil.
terreno al borde (carreteras, ríos) | frontage.
terreno anegado | waterlogged land.
terreno arable | tilth.
terreno arbolado | wooden terrain | forested terrain.
terreno arcilloso | heavy soil.
terreno arcilloso duro | gault.
terreno arenoso | sandy soil.
terreno árido | meagre soil.
terreno arijo | light soil.
terreno arrancado por una pala excavadora | spoil.
terreno arrendado | leased land | land under lease.
terreno aurífero | pay-dirt.
terreno baldío | fallow land | waste land | vacant plot | lay land.
terreno blando | open soil | easy soil | soft ground.
terreno carbonífero inferior | lower coal measures.
terreno comprendido entre meandros | links.
terreno comunal | common.
terreno con muchas fallas | basin range.
terreno congelado (gelisuelo) | frozen ground.
terreno congelado durante todo el año (parte de la corteza terrestre cuya temperatura es menor de 0 °C - regiones polares) | permafrost.
terreno congelado permanentemente | permanently frozen ground.
terreno consolidado | make ground.
terreno cretáceo | chalk-formation.
terreno cubierto | close terrain | close ground.
terreno cultivable | farm soil.
terreno cultivado | field.
terreno de abono | dumping ground.
terreno de aluvión | bottomland | holm | bench | bench-land.
terreno de asiento | roadbed.
terreno de aviación | aviation ground.
terreno de barbecho | fallow land.
terreno de bosque podsolizado | podsolized forest soil.
terreno de cimentación compresible | compressible foundation soil.
terreno de cimentación incomprensible | incompressible foundation soil.
terreno de dominio público | public land.
terreno de fertilidad mínima para ser rentable | marginal land.
terreno de grava poroso | porous gravelly soil.
terreno de matorral | jungle terrain.
terreno de monte bajo | jungle terrain.
terreno de nadie | no man's land.
terreno de recubrimiento (geología) | cap stone.
terreno de recubrimiento (montera - minas) | cover.
terreno de recubrimiento (sobrecapa - minería) | capping mass.
terreno de regadío | irrigable land.
terreno de relleno | filled ground | filled-up ground.
terreno del Estado (realengo) | government land.
terreno del fondo submarino | submarine bottom terrain.
terreno delante de un edificio | frontage.
terreno descubierto | coverless terrain.
terreno desherbado | weeded ground.
terreno despejado | open terrain.
terreno dislocado | disrupted ground.
terreno dominante | dominating ground.
terreno echadizo | filled ground.
terreno en pendiente | cuesta | sloping ground.
terreno escardado | weeded ground.
terreno estéril (minas) | dead ground.
terreno fallado (geología) | block mountain.
terreno favorable (yacimientos) | kindly ground.
terreno fértil | rich soil.
terreno firme (cimientos) | foundation.
terreno flojo | loose earth | loose ground.
terreno forestal | forest estate.
terreno formado por disgregación | residual soil.
terreno fuerte | heavy soil.
terreno ganado al mar | reclaimed land | reclamation | land reclaimed from the sea.
terreno ganado por retroceso de las aguas | reliction.
terreno hullero | coal measures.
terreno hullero productivo | productive coal-measures.
terreno inconsistente | loose ground | loose earth.
terreno inculto | rough ground.
terreno indurado | hard ground.
terreno inexplorado | fresh ground.
terreno inhóspito | boondocks.
terreno inundable | flood plain.
terreno inundado | drowned land.
terreno irregular | irregular terrain.
terreno ligeramente ondulado | gently rolling terrain.
terreno liso | even ground.
terreno llano | level ground | flat terrain | flat ground.
terreno marginal | land on the margin of cultivation.
terreno minado a cielo abierto (minería) | strip-mined land.
terreno minero empobrecido | dead ground.
terreno movedizo | caving soil | yielding ground | quick ground | running ground | runny soil.
terreno muy fracturado | badly fractured ground.
terreno ondulado | rolling terrain | rolling ground.
terreno pantanoso | moor | slew.
terreno para acampar | campground.
terreno para alquilar | land to let.
terreno para edificar | building site | buildable land | building-plot | building ground | ground-plot.
terreno para posarse los helicópteros | helispot.
terreno permeable | leachy soil.
terreno petrolífero | oil land | petroliferous ground.
terreno plantado de árboles | tree land.
terreno posiblemente petrolífero | prospective oil land.
terreno quebrado | broken ground.
terreno químicamente contaminado | chemically contaminated land.
terreno regado con aguas de alcantarilla | sewaged land.
terreno reservado | reserve.
terreno salobre ácido | acidic bracken land.
terreno sembrado de pedruscos | boulder-strewn ground.
terreno sin cohesión | coarse-grained soil.
terreno sin hierbas | clean land.
terreno sin relieve | cylindrical land.
terreno sobre el que pueden circular vehículos | trafficable soil.
terreno suelto | light soil | loose ground.
terreno transitable | trafficable soil.
terreno triangular | gore.
terreno turboso recubierto de vegetación | muskeg.
terreno vital | key terrain | vital ground.
terreno volcánico fértil donde se cultiva algodón (India) | black cotton-earth.
terrenos auríferos en la orilla (ríos) | bar diggings.
terrenos con barrancos | badlands.
terrenos de acarreo | drift | driftage.
terrenos de aluvión | alluvial soil | placer | alluvial.
terrenos de aluvión diamantíferos | alluvial diamond diggings.
terrenos de cultivo de arroz | paddy soil.
terrenos de recubrimiento | hanging wall | muck | overplacement.
terrenos de recubrimiento (geología) | soil-cap.
terrenos de recubrimiento (geología, minería) | overburden.
terrenos de recubrimiento (minas) | burden.
terrenos de recubrimiento superficiales | shallow cappings.
terrenos de transporte glaciar | drift.
terrenos en propiedad temporal con vencimiento hasta 50 años | short lease.
terrenos ganados al mar | innings | land reclamation.
terrenos modernos (geología) | modern strata.
terrenos no reconocidos (petróleo) | wildcat acreage.
terrenos primitivos | primitive terrains.
terrenos ribereños | riparian lands.
térreo (minerales) | earthy.
terrero | bing.
terrestre | earthy | terrigenous.
terrícola | soil-inhabiting.
terrígeno | terrigenous.
terrígeno (geología) | land-derived.
terrina | terrine.
territelario | territelarian.
territorio | territory.
territorio de animales) | habitat.
territorio del oso pardo | grizzly's territory.
territorio enemigo | hostile territory.
territorio marítimo | maritime territory.
territorio nacional | homeland.
territorio no autónomo | nonself-governing territory.
territorio ocupado | occupied territory.
territorio reservado para los indios (EE.UU.) | reservation.
Territorios Británicos del Océano Indico | Bristish Indian ocean territory.
territorios en fideicomiso | trust territories.
territorios extrapeninsulares | extrapeninsular territories.
terrizo (pavimentos) | unpaved.
terrja (moldería) | sweep board.
terrometálico | terrometallic.
terrón | cake | glebe.
terrón (de tierra) | clod.
terrón (de tierra, azúcar, etc.) | lump.
terrorismo político | political terrorism.
terroso | friable.
terroso (mineral) | muddy.
terroso (tinte) | chalky.
terso | smooth | terse.
tersura | terseness.
tertila | tertile.
tertulia | party.
tes de arriostramiento | bracing tees.
tes para guías de ascensores | elevator tes.
tesar | pull taut (to) | heave tight (to) | set up (to).
tesar (cables) | strain (to).
tesar (cuerdas, alambres) | taut (to).
tesar (marina) | haul aft (to).
tesar (tiramollar-marina) | fleet (to).

tesar (un cabo) | heave taut (to).
tesar (una cuerda) | haul taut (to).
tesaraglota | tessaraglot.
tesaurización | accumulation of money.
tesauro de palabras-clave | key word thesaurus.
tesauro geofísico | geophisical thesaurus.
tesauro manipulado por una calculadora electrónica | computer-manipulated thesaurus.
tesauro monolingüe | monolingual thesaurus.
tesauros monolingües técnicos y científicos | monolingual scientific and technical thesauri.
teselación | tesselation.
teselado | checkered.
teselado (pisos) | tessellated.
teseral | tesseral.
teseratomia | tesseratomy.
tesis | theses.
tesis de doctorado | doctorate thesis.
tesis en curso de publicación | post-graduate dissertation.
tesla (unidad inducción magnética) | tesla.
teso | tight.
tesón de independencia | independence pertinacy.
tesorería | treasury | public treasury | finances.
tesoro | treasury | revenue.
tesoro público | public moneys | Exchequer | national treasury.
test | examination.
test (contraste de hipótesis estadísticas) | test.
test (sicología) | test.
test colectivo | group test.
test con datos reales | volume test.
test de apercepción temática (personal) | thematic apperception test.
test de aptitud e inteligencia (reclutas) | basic test battery.
test de buen ajuste | goodness-of-fit test.
test de coincidencia | consensus-communications scale.
test de conocimientos específicos | achievement test.
test de degustación (bebidas) | tasting examination.
test de elección múltiple | multiple-choice examination.
test de elección múltiple de cinco repuestas con veinte preguntas | twenty-questions (and) five-answer multiple-choice examination.
test de elección múltiple de cuatro respuestas | four-answer multiple-choice examination.
test de inteligencia | intelligence test.
test de seguridad (electricidad) | confidence check.
test de signos | sign test.
testa (zoología) | test.
testado (jurídico) | testate.
testador | testator | bequeather | legator.
testador de bienes raíces | devisor.
testaferro | straw man | man of straw.
testamentaría | probate | executrix | testamentary execution.
testamentario | testamentary | executor.
testamentario (adjetivo) | probate.
testamento | will.
testamento abierto | nuncupative will.
testamento impugnado (abogacía) | contested will.
testamento inoficioso | inofficious will.
testamento militar | military testament.
testamento nuncupativo | nuncupative will.
testamento ológrafo | holograph testament | holographic will.
testamento revocable | ambulatory will.
testamento sin albacea | unsolemn will.
testar | expunge (to).
testar oralmente | nuncupate (to).
testera | front | headstock.
testera (artillería) | breast.
testera (caja de coches) | body-end.
testera (cañones) | front.
testera (máquinas) | spider.
testera (selfactina) | headstock.
testera de la brida | bridle head.
testera de selfactina | mule headstock.
testero | front | front end | headwall.
testero (frente de ataque - minas) | breast.
testero (marco pozos rectangulares) | end plate.
testero (minas) | back stope.
testero abovedado (minas) | domed stope | pyramid stope.
testero de chimenea | chimney breast.
testero de escalones rectos con relleno (laboreo minas) | filled square-set stope.
testero escalonado (minas) | rill stope.
testero horizontal (minas) | flat-back overhand stope.
testero horizontal (testero de techo plano-minas) | flat-back stope.
testero horizontal con encastillado (minas) | flat-back square-set stope.
testero horizontal con relleno (minas) | filled flat-back stope.
testero superior (laboreo por testeros) | heel of stope.
testificación | acknowledgement.
testificación (sondeos) | monitoring.
testificación de la prueba hidraúlica | witnessing of the hydraulic test.
testificación eléctrica (sondeos) | electric logging | electrical monitoring.
testificado por el inspector | witnessed by the surveyor.
testificar | depose (to) | declare (to) | testify (to) | acknowledge (to).
testificar la prueba | witness the test (to).
testigo | voucher | deponent | reference | attestant | witness | drill core.
testigo (cementación) | spy.
testigo (excavaciones) | old man | témoin.
testigo (geología) | butte.
testigo (lámparas, soluciones, tubos de ensayo) | indicator.
testigo (roca) | farewell rock.
testigo (sondeos) | sample core | temoin | core | core sample.
testigo auricular | ear-witness.
testigo central (excavaciones) | dumpling.
testigo cilíndrico de perforación | core boring.
testigo cilíndrico de poca longitud (sondeos) | core stub.
testigo de cargo | witness for the crown | witness for the prosecution | evidence for the prosecution | states evidence.
testigo de descargo | witness for the defence | evidence for the defense.
testigo de erosión (geología) | outlier | farewell rock | island mount | nappe outlier.
testigo de la defensa (abogacía) | witness for the defense.
testigo de la perforación | drill core.
testigo de perforación (sondeos) | boring core.
testigo de profundidad (moldeo en tierra) | depth gage.
testigo de sondeo | drilling core | bore sample | drill core.
testigo del diente | land of the tooth.
testigo del fondo oceánico | marine corer.
testigo desfavorable | adverse witness.
testigo falso | perjured witness | false witness.
testigo favorable | friendly witness.
testigo fehaciente | attesting witness.
testigo instrumental | casual witness | attestor.
testigo ocular | eyewitness.
testigo orientado magnéticamente (sondeos) | magnetically oriented core sample.
testigo perito | skilled witness | expert witness.
testigo presencial | on-the-spot witness.
testigo presencial (abogacía) | eyewitness.
testigo radiactivo | radioactive tracer.
testigo renuente | unwilling witness.
testigo sonda móvil | traveling probe.
testigo sonda sintonizable | tunable probe.
testigos (encuadernación) | bolts.
testigos catalogados y almacenados | cores logged and stored.
testigos cilíndricos (sondeos) | sticks of core.
testigos en pro y en contra | evidence pro and con.
testigos físicos de la roca | physical samples of the rock.
testimoniar | give evidence (to) | attest (to).
testimonio | miniment | confirmation | record | affidavit certificate | deposition | testimony | evidence | legalized copy.
testimonio (pieza maquinada) | witness mark.
testimonio bajo juramento | attestation.
testimonio confirmador de un hecho afirmado por otro | hearsay.
testimonio pericial | expert testimony.
testimonio verbal | parol evidence.
testimonios reales | royal warrants.
tests de imposición | assessment tests.
tests industriales de selección profesional | prevocational industrial tests.
tests iterativos | iterated tests.
tests situacionales | situational tests.
tests sociométricos | sociometric tests.
tesura | toughness.
tesura (telas) | stiffening.
teta | teat | breast.
teta (aplastamiento de hornos de calderas) | bulge.
tetánico | tetanic.
tetanización (medicina) | tetanization.
tetartobipirámide | tetartobipyramid.
tetatrón (nuclear) | thetatron.
tético | thetic.
tetilla | teat.
tetón | frog | spigot | snug | stub.
tetón (agricultura) | stub.
tetón (electricidad) | lug.
tetón adaptador de impedancias (microondas) | stub.
tetón adaptador en cortocircuito (antena) | closed stub.
tetón de cierre | locking lug.
tetón de coincidencia | matching probe.
tetón de fijación de sincronizador | synchromesh locking plunger.
tetón de ignición | igniter boss.
tetón del cerrojo | bolt lug.
tetón del cierre (fusiles) | bolt lug.
tetón del eyector | ejector nose.
tetón-guía | guide pin.
tetrabasculador (circuito) | quadraflop.
tetracarbonilo de hierro | iron tetracarbonyl.
tetracetato de plomo | tetraacetate lead.
tetracloruro de benzol | tetrachlorobenzene.
tetracloruro de carbono | carbon chloride | carbon tetrachloride.
tetracloruro de germanio | germanium tetrachloride.
tetracloruro de titanio | titanium tetrachloride.
tetracórico | tetrachoric.
tetracótomo | tetrachotomous.
tétrada | tetrad.
tetrade (biología) | tetrad.
tetradecano (carburos) | tetradecane.
tetrádico | tetrad | tetrad.
tetradimita (bismuto telurado) | bismuth telluride.
tetradón | globe-fish.
tetraédrico | tetrahedral.
tetraedrita | gray copper ore.
tetraedrita argentífera | argentiferous tetrahedrite.
tetraedro | tetrahedron.
tetraedro indicador de viento | wind tetrahedron.
tetraedro piramidal | trigonal tristetrahedron.
tetraedro refractario de caras cóncavas y vértices agudos | spur.
tetraedros homológicos | homologic tetrahedra.
tetraedros isogónicos | isogonic tetrahedra.
tetraedros semiisodinámicos | semiisodynamic tetrahedra.
tetraetilo de plomo | tetraethyl lead | lead

tetraethyl.
tetraflop | quadraflop.
tetrafluoruro de uranio (sal verde) | uranium tetrafluoride.
tetraglota | tetraglot.
tetragonal | four-angled.
tetragonal (cristalografía) | dimetric.
tetragonalidad | tetragonality.
tetragonalidad martensítica | martensitic tetragonality.
tetrágono | quadron | quadrangle | quadrangular.
tetrágono con el vértice en el fondo (diamantes) | point bottomed quadron.
tetragramatón | tetragrammaton.
tetrahalogenuro de silicio | silicon tetrahalide.
tetralema | tetralemma.
tetramotórico | four-engine.
tetrapla | tetrapla.
tetraplano (avión) | quadruplane.
tetraploidia | tetraploidy.
tetrápode | four-legged platform.
tetrápodo | four-legged | tetrapode.
tetrapolar | quadripolar.
tetrápoli | tetrapolis.
tetrapolitano | tetrapolitan.
tetrapolo | quadrupole.
tetráptero | tetrapteron.
tetrápteros | tetraptera.
tetráptico | tetraptych.
tetraquetro (botánica) | four-angled.
tetraquisectaedro | pyramid cube.
tetraquisoctaedro | tetrahexahedron.
tetrasómico | tetrasomic.
tetraspora | tetrad.
tetril | tetryl.
tetrilo (química) | tetryl.
tetrodo | tetrode.
tetrodo (radio) | double-grid tube.
tetrodo de efecto de campo | field-effect tetrode.
tetrodo de gas | gas tetrode.
tetrodo de haz | beam tetrode.
tetróxido de nitrógeno | nitrogen tetroxide.
tetróxido tricobáltico | tricobalt tetroxide.
tetróxido triférrico | triferric tetroxide.
teurgia | theurgy.
teurgo | theurgist.
textil | textile.
textil sintético | synthetic textile.
textiles aglomerados | bonded textiles.
textiles amiantados | asbestos textiles.
textiles de fibras químicas | man-made fiber textiles.
textiles no tejidos | nonwoven textiles.
texto | text | copy | message.
texto (de un escrito) | tenor.
texto (de una ilustración) | letterpress.
texto auténtico | original text.
texto cifrado | cryptographic text | secret text.
texto claro | plaintext.
texto comentado | annotated text.
texto contenido | contained text.
texto contractual | contractual text.
texto de mensaje | message text.
texto de prueba «fox» (teleimpresoras) | fox message.
texto de una letra | tenor of the bill.
texto en forma condensada | text in capsule form.
texto explicativo | explanatory legend.
texto impreso | printed copy.
texto íntegro | transcript | full text.
texto mecanografiado para leer en el programa de radiodifusión | script.
texto original | original text.
texto original de un anuncio | ad copy.
texto precompilado | preprocessed text.
texto preparado para un programa de radiodifusión | continuity.
texto profusamente ilustrado | liberally-illustrated text.
texto publicitario | commercial.
texto sin cifrar | plain text.
textorio | textorial.
textual | exact.
textualismo | textualism.
textualista | textualist.
textura | texture | fabric | woof | weaving.
textura (petrología) | fabric.
textura alveolar | cell texture.
textura atolónica (mineralogía) | atoll texture.
textura blastoporfídica | blastoporphyric texture.
textura cariada | carious texture.
textura cariosa (minerales) | caries texture.
textura cataclástica (geología) | pressure texture.
textura coloiforme (geología) | colloform texture.
textura concentrica agrietada durante la cristalización | crackled texture.
textura cristaloblástica | crystalloblastic texture.
textura cúbica de recocido | cube annealing texture.
textura dactilítica | dactylitic texture.
textura de estirado (metalurgia) | drawing texture.
textura de fluxión (petrología) | fluxion texture.
textura de inclusiones de un mineral en otro mineral | emulsion texture.
textura de la roca | texture of rock.
textura de la superficie | surface texture.
textura de la superficie de la pista de aterrizaje | runway surface texture.
textura de la superficie de las superficies maquinizadas | surface texture of machined surfaces.
textura de la superficie generada | generated surface texture.
textura de laminación | rolling texture.
textura de las yemas (botánica) | estivation.
textura de los alimentos | texture of foods.
textura de orientación predominante | preferred orientation texture.
textura de poco cuerpo (papel) | gauzy texture.
textura de recocido | annealing texture.
textura de recristalización | recrystallization texture.
textura debida a la acción normal de la herramienta (acabado superficial) | primary texture.
textura decusada | decussate texture.
textura diablástica | diablastic texture.
textura en cemento (petrología) | mortar texture.
textura en mortero | mortar texture.
textura entrelazada | interlocked texture.
textura equigranular | equigranular texture.
textura esferolítica | spherule texture.
textura esquistosa | cleavage structure.
textura eugranítica (geología) | eugranitic texture.
textura eurítica (petrología) | euritic texture.
textura eutectoide | eutectoidic texture.
textura facial | facial texture.
textura facial del ladrillo | brick facial texture.
textura fibroblástica | fibroblastic texture.
textura fibrosa mate | dull fibrous texture.
textura fluidal (geología) | flow texture.
textura formada por exsolución | exsolution texture.
textura glandulosa | augen texture.
textura glandulosa (petrografía) | glandular texture.
textura gráfica | graphic intergrowth.
textura gráfica (geología) | graphic texture.
textura grafnofídica criptocristalina | cryptocrystaline granophyric texture.
textura granulosa | granular texture.
textura hialoofítica | hyaloophitic texture.
textura hiatal (petrología) | hiatal fabric.
textura inequigranular | inequigranular texture.
textura kelifítica | kelyphitic texture.
textura litoidal | lithoidal texture.
textura marginal | marginal texture.
textura mediofina | fine-medium texture.
textura microafanítica | microaphanitic texture.
textura microfluidal | microfluidal texture.
textura milonítica | mylonitic texture.
textura monzonítica | monzonitic texture.
textura oolítica | oolitic texture.
textura orbicular | orbicular texture.
textura petaloide (mineralogía) | petaloid texture.
textura poikiloblástica | poikiloblastic texture.
textura por imperfecciones (como vibración, excentricidad, etc. - acabados superficiales) | secondary texture.
textura porosa | hiatal texture.
textura preferencial | preferential texture.
textura rajadiza | fissile texture.
textura sacaroidea | saccharoidal structure.
textura samítica | arenaceous texture.
textura superficial ondulada | wavy surface texture.
textura vitrofídica | vitrophyric texture.
texturador | texturer.
texturizabilidad | texturizability.
texturizable | texturizable.
texturización | texturization | texturing.
texturización decorativa | decorative texturing.
texturizado | texturized.
texturizar (EE.UU.) | texturize (to).
texturizar (G.B.) | texturise (to).
texturómetro (para la medida objetiva de las características mecánicas de la textura) | texturometer.
thevenizado | thevenized.
thevenizar | thevenize (to).
thevenizar el circuito de base | thevenize the base circuit (to).
thingadu (Parashorea stellata - Kurz) | tavoy wood | thingadu.
thinwin (Millettia pendula Benth) | thinwin.
thitka (Pentace burmanica) | thitsho | Burma mahogany.
thitka (Pentace burmanica Kurz) | thitka.
thitmin (Podocarpus guatemalensis) | thitmin.
thitmin (Podocarpus neriifolius D. Don) | paya.
thitni (Amoora rohituka) | thitni | taseua | amari.
thyratrón de rejilla blindada | shield grid thyratron.
tiama (Entandrophragma angolense - C. Dc) | tiama | gedu nohor | abenbegne | timbi.
tiara (joyería) | tiara.
tiazol | thiazole.
tibetología | tibetology.
tibetológico | tibetological.
tibetólogo | tibetologist.
tibia | shin.
tibia (de la pierna) | shank.
tibio (calor) | hand-warm.
tiburón | thresher | shark.
ticorrino | tichorrine.
tictac | tick.
tictac del reloj | ticking of the clock.
tictacquear | tick (to).
tiembre (placa colocada en la caldera) | badge-plate.
tiempo | time | time | period.
tiempo (de verbo) | tense.
tiempo (estado atmosférico) | weather.
tiempo (música) | movement.
tiempo a cobrar | chargeable duration.
tiempo anorogénico (geología) | anorogenic time.
tiempo aparcado en puerto o base | turnaround.
tiempo aparente | apparent time.
tiempo aparente (astronomía) | solar time.
tiempo apropiado para volar (aviación) | operational weather.
tiempo apto para volar | flyable weather.
tiempo astronómico | astronomical time.
tiempo atmosférico | weather.
tiempo atmosférico apto para vuelos | flying weather.
tiempo atómico internacional (astronomía) |

international atomic time.
tiempo cero de referencia | zero time reference.
tiempo compartido | time shared | time-sharing.
tiempo con instrumentos (aviación) | instrument time.
tiempo con neblina | foggy weather.
tiempo conmutativo de núcleo magnético | magnetic-core switching time.
tiempo continental (fósiles) | continental time.
tiempo contrario (navegación) | foul weather.
tiempo corto | short time.
tiempo cosmogónico | cosmogonic time.
tiempo cronométrico | time.
tiempo cubierto | misty weather.
tiempo de acceso (informática) | access time.
tiempo de acceso a la información | retrieval time.
tiempo de acceso de grabación | write access time.
tiempo de acceso de lectura | reading access time.
tiempo de acción | proper time.
tiempo de aceleración (física) | time speedup.
tiempo de activación de alto nivel | high-level firing time.
tiempo de activación del respondedor | transponder dead time.
tiempo de achique (dique seco) | dewatering time.
tiempo de adaptación | adjustment time | matching time.
tiempo de almacenamiento | storage time.
tiempo de almacenamiento hasta la saturación | saturation storage time.
tiempo de amortización | payout time.
tiempo de aproximación al incendio (bosques) | walking time.
tiempo de ataque | attack time.
tiempo de aumento de la temperatura de 10^{-3} segundos | temperature rise time of 10^{-3} seconds.
tiempo de bajada de la conmutación | switching fall time.
tiempo de bloqueo (válvulas electrónicas) | turnoff time.
tiempo de bloqueo de 200 microsegundos | paralysis time of 200 μ sec.
tiempo de bombeo de vacío | pump-down time.
tiempo de búsqueda | seek time.
tiempo de búsqueda y localización | search time.
tiempo de caída | fall time | falling time.
tiempo de caída de una fotocorriente | photocurrent fall time.
tiempo de caída del impulso | pulse fall time.
tiempo de calentamiento | warmup time.
tiempo de calentamiento para alcanzar la temperatura requerida | warming-up time.
tiempo de cierre de 120 microsegundos | pull-in time of 120 microseconds.
tiempo de coagulación | coagulation time.
tiempo de coagulación del cuajo (leche) | rennet coagulation time.
tiempo de cocción del coque | coking time.
tiempo de compilación | compile time.
tiempo de compresión | compression stroke.
tiempo de comunicación | operating time.
tiempo de conexión | turn-on time.
tiempo de confinamiento (nuclear) | containment time.
tiempo de conmutación | switching time.
tiempo de conmutación (electricidad) | change-over time.
tiempo de conmutación (tele | transfer time.
tiempo de conservación | holding period.
tiempo de contacto incierto (relés) | contact-bounce.
tiempo de contador | meter time.
tiempo de coquificación | coking time.
tiempo de corrección | setting time | setting time.
tiempo de corrección (instrumentos) | settling time.
tiempo de corte (electricidad) | cutage time.
tiempo de corte (receptor de señales) | splitting time.
tiempo de crecimiento | rise time.
tiempo de curación con vapor de agua a alta presión (productos de cemento) | time of autoclaving.
tiempo de curación del molde | mold curing time.
tiempo de curado | curing time.
tiempo de curado (forestal) | glueing time | setting time.
tiempo de deceleración | slowing-down time.
tiempo de declinación | decay time.
tiempo de decrecimiento de un centelleo | scintillation decay time.
tiempo de demora previsible (informática) | slack time.
tiempo de deposición | deposition time.
tiempo de derivación | rate time.
tiempo de desaceleración (cinta magnética) | stop time.
tiempo de desarrollo | development time.
tiempo de desarrollo de un programa | program development time.
tiempo de desbloqueo | turn-on time.
tiempo de descanso (de una máquina, etc.) | off time.
tiempo de descarga | discharge time.
tiempo de descenso | decay time of a pulse.
tiempo de desconexión | turn-off time.
tiempo de desescoriado | deslagging time.
tiempo de desgasificación (petroleros) | gas-freeing time.
tiempo de desintegración (isótopos) | decay time.
tiempo de desionización | recovery time.
tiempo de desmontaje | tear-down time | takedown time.
tiempo de desprendimiento | release time.
tiempo de desvanecimiento | dying-out time.
tiempo de detención | turnoff time.
tiempo de disponibilidad | serviceable time.
tiempo de doblado a ciclo abierto | open cycle doubling time.
tiempo de doblado lineal (reactor) | linear doubling time.
tiempo de duplicación | doubling time.
tiempo de duración del ciclo de volcar y volver a la posición primitiva (vuelcavagones) | tip-and-return cycle time.
tiempo de ejecución | running time.
tiempo de ejecución de la instrucción | instruction time.
tiempo de elaboración | processing time.
tiempo de electrodeposición | plating time.
tiempo de emisión | release time.
tiempo de empleo del arma nuclear | nuclear weapon employment time.
tiempo de empleo útil (colas) | pot life.
tiempo de encendido de alto nivel | high-level firing time.
tiempo de encendido de un tubo (electricidad) | tube heating time.
tiempo de encendido del inflamador | ignitor firing time.
tiempo de enfriamiento | cool-down time.
tiempo de enfriamiento correspondiente para la primera aproximación de ferrita (aceros) | K_F.
tiempo de enfriamiento en la gama de 800-500 °C requerido para el endurecimiento de la martensita (aceros) | K_M.
tiempo de ensamblaje (uniones) | closed assembly time.
tiempo de enseñanza con doble mando (aviación) | dual instruction time.
tiempo de entrenamiento (para una faena dada) | learning time.
tiempo de entrenamiento en tierra con instrumentos (aviación) | instrument ground time.
tiempo de equilibrio de un sistema | system settling time.
tiempo de equipamiento (máquinas) | make-ready time.
tiempo de escritura | write time.
tiempo de espera | holding period | latence time | lead time | standby time | line time out | turn around time | waiting time | time out.
tiempo de espera (aviación) | standoff time.
tiempo de espera (información) | latency.
tiempo de espera (tambor magnético) | latency time.
tiempo de espera al servicio de mantenimiento | awating repair time.
tiempo de espera de la unidad base (informática) | waiting time.
tiempo de espera en cola | queue time.
tiempo de espera virtual | virtual waiting time.
tiempo de establecimiento | access time | setup time | setting-up time.
tiempo de establecimiento (telecomunicación) | build-up time.
tiempo de estancia | residence time.
tiempo de evaluación | rating time.
tiempo de explotación | running time | productive time.
tiempo de exposición | exposition time | exposure setting.
tiempo de exposición (filmes) | running time.
tiempo de exposición (fotografía) | exposure.
tiempo de extinción | dead time | decay time.
tiempo de extinción (fluorescencia) | decay time.
tiempo de fabricación | fabrication time | production time | process time.
tiempo de fabricación (de una pieza) | task time.
tiempo de fabricación efectivo | schedulable processing time.
tiempo de falsa alarma | false-alarm time.
tiempo de formación (impulsos) | rise time.
tiempo de fraguado | setting time.
tiempo de fraguado (hormigón) | setting time.
tiempo de fraguado final | final setting time.
tiempo de fraguado inicial | initial setting time.
tiempo de fraguado inicial (hormigón) | set time.
tiempo de frío intenso | bitter weather.
tiempo de funcionamiento | operate lag | operating time.
tiempo de funcionamiento (relés) | holding time.
tiempo de funcionamiento (turbina de gas) | fired-hours | fired time.
tiempo de funcionamiento de los retrocohetes (tecnología espacial) | retrofire time.
tiempo de funcionamiento en tierra (avión) | ground running-time.
tiempo de funcionamiento en vacío de la herramienta (máquinas herramientas) | idle tool time.
tiempo de funcionamiento por inercia (máquina) | slowing-down time.
tiempo de fusión | meltdown | fusing time.
tiempo de generación (neutrón) | neutron lifetime.
tiempo de grabación | write time.
tiempo de hidratación | hydratic time.
tiempo de iluminación | illumination time.
tiempo de inactividad (de una máquina, etc.) | off time.
tiempo de inactividad (máquinas, vagones, etc.) | downtime.
tiempo de incorporación (de un destino a otro) | proceed time.
tiempo de indemnización | indemnity time.
tiempo de indisponibilidad | out of service time.
tiempo de inercia (mecanismos) | response time.
tiempo de inercia del receptor | receiver response time.
tiempo de inercia del respondedor | transponder dead time.
tiempo de iniciación de la viscofluencia terciaria | time-to-onset-of-tertiary creep.

tiempo de inmovilización | engineering time.
tiempo de inmovilización (máquinas, vagones, etc.) | downtime.
tiempo de inocupación (telefonía) | idle time.
tiempo de insonación | insonation time.
tiempo de interceptación | intercept time.
tiempo de interrupción (interruptores de subestaciones) | outage time.
tiempo de interrupción (televisión, radio) | off-air time.
tiempo de interrupción de la corriente entre cordones sucesivos (soldadura) | cold time.
tiempo de interrupción de 3 ciclos | interrupting time of 3 cycles.
tiempo de intervención de la protección contra cortocircuito | fault-clearing time.
tiempo de inutilización | out-of-servicie time.
tiempo de inversión | turnaround time.
tiempo de inversión (basculador electrónico) | flipping time.
tiempo de las válvulas | valves timing.
tiempo de lectura | read time.
tiempo de liberación | release time.
tiempo de llenado (lingoteras) | teeming time.
tiempo de maniobra | operate time | operating time.
tiempo de manipulación | handling time | manipulative time.
tiempo de manipulación entre trabajos | takedown time.
tiempo de mantenimiento | maintenance time | downtime.
tiempo de mantenimiento (de una presión, etc.) | holding time.
tiempo de mantenimiento correctivo | corrective maintenance time.
tiempo de mantenimiento de un supresor de eco | hangover time of a relay type echo suppressor .
tiempo de mantenimiento no previsto | nonscheduled maintenance time.
tiempo de máquina | machine-available time.
tiempo de máquina parada | idle machine time.
tiempo de maquinado (de una pieza) | machining time.
tiempo de maquinización para rectificación interna electrolítica | machining time for electrolytic internal grinding .
tiempo de marcha | up-time.
tiempo de matenimiento concertado | scheduled engineering time.
tiempo de montaje | assembly time.
tiempo de muestreo | sampling time.
tiempo de navegación (buques) | steaming time.
tiempo de ocio | leisure.
tiempo de ocupación | occupancy time.
tiempo de ocupación (telefonía) | holding time.
tiempo de ocupación de la carretera | road time.
tiempo de ocupación de la pista (aeropuertos) | runway occupancy time.
tiempo de origen en el foco | focal out time.
tiempo de oscilación parásita | ring time.
tiempo de parada | coasting time | stop time.
tiempo de parada (de una máquina) | downtime.
tiempo de parada para limpieza | cleanup.
tiempo de parálisis (circuitos electrónicos) | paralysis time.
tiempo de pasada | run time.
tiempo de pasada del programa materia | object time.
tiempo de pase de programa (informática) | process time.
tiempo de paso (por un filtro, etc.) | residence time.
tiempo de permanencia en la cuchara | ladle holding time.
tiempo de permanencia en la planta | plantholdup time.
tiempo de persistencia | hangover time | decay time.
tiempo de persistencia largo | long decay time.
tiempo de posicionamiento | set up time.
tiempo de preaviso para el despido | discharge notice time.
tiempo de precalentamiento | tube heating time | pre-heating time.
tiempo de precalentamiento del cátodo | cathode preheating time.
tiempo de preensamblaje | pre-assembly time.
tiempo de preparación | set up time.
tiempo de preparación (talleres) | make-ready time.
tiempo de preparación de la máquina | setup time.
tiempo de presencia | all-in time | attendance time | residence time.
tiempo de procesamiento | processing time.
tiempo de proceso (ordenador) | run time.
tiempo de propagación | travel time | running time | time of flight | time delay | transmission time | transit time.
tiempo de propagación de fase | phase delay.
tiempo de propagación de grupo (radio) | envelope delay.
tiempo de puesta a punto | makeup time.
tiempo de puesta en marcha | run up time.
tiempo de puesta en tensión | power-on time.
tiempo de puesta en venta (fábricas) | vendor release time.
tiempo de pulimentación de las lentillas de contacto | contact lens polishing time.
tiempo de purga (gases) | blackflush time.
tiempo de reacción (mecanismos) | response time.
tiempo de reactivación directa | forward recovery time.
tiempo de reconexión de 20 ciclos | reclosing time of 20 cycles.
tiempo de recorrido | transit time.
tiempo de recorrido electrónico | electron transit time.
tiempo de recubrimiento inverso | reverse recovery time.
tiempo de recuento | counting time.
tiempo de recuperación | restoring time | venting time | clearing time | reframing time.
tiempo de recuperación (diodo) | recovery time.
tiempo de recuperación (selección de inversiones) | payback.
tiempo de recuperación (telecomunicación) | restoring time.
tiempo de recuperación brusco | snap time.
tiempo de recuperación de fase | phase recovery time.
tiempo de recuperación inversa | reverse recovery time.
tiempo de reducción | decay time.
tiempo de reenganche | reset time.
tiempo de reenvío | departure time.
tiempo de registro (magnetófono) | playing time.
tiempo de regulación final | final setting time.
tiempo de relajación | relaxation time.
tiempo de relajación del retículo del espín | spin lattice relaxation time.
tiempo de relajación nuclear | nuclear relaxation time.
tiempo de renovación (biología) | turnover time.
tiempo de reparación | repair time | downtime | corrective maintenance time.
tiempo de reposición (electrotecnia) | release lag.
tiempo de reposo | idle time | idle period.
tiempo de reserva | ready time | idle time.
tiempo de resolución | resolving time.
tiempo de resolución (tiempo de parálisis - intervalo de tiempo durante el cual un detector es insensible) | dead time.
tiempo de resolución de coincidencia | coincidence resolving time.
tiempo de resolución de entrada de 500 microsegundos | input resolving time of 500 microseconds.
tiempo de resolución del circuito contador | counting circuit resolution time.
tiempo de resolución del contador | counter resolving time.
tiempo de resolución menor de 5 microsegundos | resolving time less than 5 microseconds.
tiempo de resolución total | overall resolving time.
tiempo de respuesta | settling time | turnaround time | reaction time.
tiempo de respuesta (mecanismos) | response time.
tiempo de respuesta a las interrupciones | interrupt response time.
tiempo de respuesta de un receptor | receiver response time.
tiempo de restablecimiento | recovery time.
tiempo de retardo | time lag.
tiempo de retardo del contador | counter lag time.
tiempo de retardo estimable (informática) | slack time.
tiempo de retención | holdtime | hold-off time | hold time.
tiempo de retención de una línea (telecomunicaciones) | holding time.
tiempo de retorno | retrace time | return interval.
tiempo de retorno (radio) | flyback.
tiempo de retorno del haz (TV) | flyback time.
tiempo de retransmisión | relay time.
tiempo de retraso de impulso | pulse delay time.
tiempo de retroceso | flyback.
tiempo de reverberación | reverberation time.
tiempo de rodaje | taxi time.
tiempo de rodaje (filmes) | running time.
tiempo de secado | dwell time.
tiempo de sedimentación | deposition time.
tiempo de selección libre (telefonía) | selector hunting time.
tiempo de servicio | length of service.
tiempo de servicio en un sitio determinado (milicia) | tour of duty.
tiempo de sintonía térmica | thermal tuning time.
tiempo de soportabilidad (lentillas de contacto) | wearing time.
tiempo de subida | lifting time.
tiempo de subida (semiconductor) | rise time.
tiempo de subida de fotocorriente saturada | photocurrent saturated rise time.
tiempo de subida de un centelleo | scintillation rise time.
tiempo de subida del impulso | pulse rise time.
tiempo de subida máximo de basculamiento | maximum toggle rise time.
tiempo de suelo a suelo de 5 minutos (talleres) | «floor to floor» time of 5 minutes.
tiempo de suma | add time.
tiempo de superposición | overlap period.
tiempo de totales | total time.
tiempo de trabajo (de una máquina, etcétera) | on-time.
tiempo de transferencia | swap time | transfer time.
tiempo de transferencia de palabra | word time.
tiempo de tránsito | transit time | time of flight | attack time.
tiempo de tránsito de la base (seminconductor) | base transist time.
tiempo de tránsito de los electrones | electron transit time.
tiempo de tránsito de los iones | ion transit time.
tiempo de tránsito de un osciloscopio | transit time in a cathode ray oscilloscope.
tiempo de tránsito del transistor | transistor transit time.
tiempo de tránsito en el transistor | transistor transit time.
tiempo de transporte | track time | shipping time.
tiempo de tratamiento por la unidad central

| mill time.
tiempo de travesía de la luz | light travel time.
tiempo de tregua | time out.
tiempo de un ciclo (memoria) | cycle time.
tiempo de utilización | utilization time.
tiempo de utilización de máquina | processing time.
tiempo de utilización de máquinas | running time.
tiempo de vaciado | emptying time.
tiempo de validez (patentes) | lifetime.
tiempo de vida de la reactividad del combustible | reactivity lifetime.
tiempo de vigilancia | maintenance stand-by time.
tiempo de visión (tubos) | viewing time.
tiempo de vuelo | time-of-flight | time of flight | flying time.
tiempo de vuelo (aviación, artillería) | flight time.
tiempo de vuelo (aviones) | block-to-block time.
tiempo de vuelo (balística) | flying time.
tiempo de vuelo (desde que se quitan los calzos hasta que se vuelven a poner, aviones) | chock-to-chock time.
tiempo de vuelo con instrumentos | instrument flight time.
tiempo de vuelo en combate directo | combat time.
tiempo de vuelo en misión de combate | combat time.
tiempo de vuelo entre escalas fijas | point-to-point travel time.
tiempo del arranque | start time.
tiempo del compás (música) | beat.
tiempo desde el despegue hasta tocar tierra de 3 horas | time tarmac to tarmac of 3 hours.
tiempo desde la orden de pedido hasta la entrega | lead time.
tiempo desde que se da corriente hasta la sangría (horno eléctrico) | time from power-on to tap out.
tiempo desde que se quitan los calzos a la salida hasta que vuelven a ponerse a la llegada | block time.
tiempo desfavorable | adverse weather.
tiempo disponible | available time | uptime.
tiempo disponible de equipo | machine available time.
tiempo disponible de máquina | available machine time.
tiempo durante el cual se puede utilizar una mezcla | application life.
tiempo durante el cual un producto puede almacenarse sin perder sus cualidades | storage life.
tiempo efectivo de funcionamiento | available time.
tiempo efectivo de trabajo | uptime.
tiempo efectivo de trabajo en máquina | available time.
tiempo empleado | time taken.
tiempo empleado en | time expended in.
tiempo en el aire no empleado directamente en vuelo útil (aviación) | slough.
tiempo en exceso sobre el estipulado | overlap time.
tiempo en que conserva la precisión del disparo (cañones) | accuracy life.
tiempo en que el electrodo está separado de la pieza (soldeo por resistencia) | off time.
tiempo en que el rodillo de una leva permanece en el punto más alto | dwell.
tiempo en que una sentencia apelable será en firme | stay of execution.
tiempo en reciprocidad | reimbursed time.
tiempo en segundos necesario para cerrar por completo un molde (lleno de materia fenólica) | cup flow figure.
tiempo en segundos para efectuar un ciclo completo (ayuda a la navegación) | light period.
tiempo entre dos pasos sucesivos del sol por el mismo nodo de la órbita de la luna | eclipse year.
tiempo entre la carga y la sangría (hornos) | charge-to-tap time.
tiempo entre la iniciación de la solicitud de compra y la concesión del contrato | contract negotiation time.
tiempo entre recorridas | overhaul life.
tiempo entre recorridas (máquinas, aviones) | inter-overhaul period.
tiempo entre restablecimiento-ruptura en un circuito | make-break time.
tiempo estable | settled weather.
tiempo estimado | time budget.
tiempo estropeado (por lluvia, niebla, etc.) | deteriorated weather.
tiempo extra | overtime.
tiempo facturable | billable time.
tiempo fiduciario | fiducial time.
tiempo físico | physical time.
tiempo fragmentado | fragmented time.
tiempo frío | cold weather.
tiempo fuera de servicio | out of service time.
tiempo fuerte (música) | accented beat | down beat.
tiempo geológico | geological time | geologic time.
tiempo homologado (carreras) | returned time.
tiempo humedo | damp weather.
tiempo húmedo frío | cold-humid weather.
tiempo improductivo | downtime.
tiempo improductivo (por avería o arreglo de una máquina) | downtime.
tiempo inactivo | downtime.
tiempo inactivo interno | internal idle time.
tiempo incierto | unsettled weather.
tiempo inseguro | unsettled weather | ugly weather | broken weather.
tiempo inutilizado por culpa de la máquina | no charge machine-fault time.
tiempo letal | lethal time.
tiempo letal del 50% | median lethal time.
tiempo libre | leisure | spare time | idle time.
tiempo libre medio de la reacción | reaction mean free time.
tiempo libre total (proyecto) | total float.
tiempo libre y enseñanza | leisure and education.
tiempo lloviznante | drizzly weather.
tiempo lluvioso | falling weather | rainy weather.
tiempo manejable (navegación) | faint weather.
tiempo máquina no imputable | uncharged time.
tiempo máximo de armado (semiconductores) | maximum reset time.
tiempo medido con el segundo del año sidéreo | ephemeris time.
tiempo medio | mean time.
tiempo medio antes del fallo | mean time before failure (MTBF).
tiempo medio de acceso | average access time.
tiempo medio de buen funcionamieto | mean time between failures (MTBF).
tiempo medio de espera | mean waiting time.
tiempo medio de fallo | mean time of failure.
tiempo medio de parada | mean stopping time.
tiempo medio de realización de un trabajo | leveled time.
tiempo medio entre averías | mean time between failures (MTBF).
tiempo medio letal | median lethal time.
tiempo medio para reparar | mean time to repair.
tiempo medio sin averías | mean time to failure (MTTF).
tiempo mínimo de transferencia | minimum transfer time.
tiempo muerto | flow lag | unguarded time.
tiempo muerto (artillería antiaérea) | predicting interval.
tiempo muerto (información) | idle time.
tiempo muerto (mecanismos) | time lag | response delay.
tiempo muerto (tiempo para cargar y disparar - artillería) | dead time.
tiempo muerto (tiempo transcurrido desde la pérdida de contacto con el Asdic hasta la explosión de la carga de profundidad) | blind time.
tiempo muerto del respondedor | transponder dead time.
tiempo necesario para consultar la información almacenada (memoria magnética) | access time.
tiempo necesario para descargar y cargar un avión o buque | turnabout time.
tiempo necesario para el vacío preliminar de un sistema | roughing time.
tiempo necesario para invertir la dirección en un canal | turn around time.
tiempo necesario para la difusión en la masa de la temperatura | soaking time.
tiempo necesario para la difusión interior del calor (tochos, lingotes) | holding time.
tiempo necesario para la impregnación | soaking time.
tiempo necesario para la rotura | rupture time.
tiempo necesario para la rotura bajo una carga de 10 Kg/mm² | rupture life under a stress of 10 Kg/mm².
tiempo necesario para la rotura de 200 horas | rupture life of 200 hours.
tiempo necesario para reanudar un servicio interrumpido | restoration time.
tiempo necesario para recoger las diversas mercancías que constituyen el pedido (almacenes) | order-picking time.
tiempo necesario para rehacer un trabajo ejecutado mal | machine spoilt work time.
tiempo no aprovechado | wasted time.
tiempo no imputable | debatable time.
tiempo ocioso | idle time | spare time.
tiempo oficial (carreras) | returned time.
tiempo óptimo de reverberación | optimum reverberation time.
tiempo para aprovisionamiento | lead time.
tiempo para asearse (obreros) | washup time.
tiempo para cambiar la herramienta (talleres) | tool-changing time.
tiempo para cargar | time for loading.
tiempo para colocar en posición | positioning time.
tiempo para cumplir una precaución | warning time.
tiempo para endurecerse dentro del recipiente (pinturas, lechada de cemento, etc.) | pot life.
tiempo para espesarse dentro del recipiente de la pistola (pinturas) | congealing time.
tiempo para impresión de una línea | line speed.
tiempo para imprevistos (cálculo de tiempos) | contingency allowance.
tiempo parado (de una máquina) | idle time.
tiempo perdido | lost time | wasted time | tie-up.
tiempo perdido al cargar y descargar el furgón de cabeza (trenes) | head-end delay.
tiempo perdido no atribuido a la máquina | no charge non-machine-fault-time.
tiempo pleno | full time.
tiempo por diferencia (de otros dos) | subtracted time.
tiempo prestado | reimbursed time.
tiempo primado | incentive time.
tiempo producto | uptime.
tiempo promediado de la corriente de electrodo | electrode-current averaging time.
tiempo promedio averiado | mean down time.
tiempo propicio a los incendios forestales | fire weather.
tiempo que está en poder del primer comprador (autos, etc.) | first owner life.
tiempo que falta hasta el impacto del amerizaje (cosmonaves) | time to splash down.
tiempo que puede volar conservando un prudente margen de combustible (aviones) | prudent limit of endurance.
tiempo que se mantiene el apriete después de

cesar la corriente (soldadura por resistencia) | hold time.
tiempo que tarda en estallar el proyectil (desde que sale del cañón) | time of burst of proyectile.
tiempo que tarda una pintura en posarse en el recipiente | pot life.
tiempo que un estímulo debe actuar para ser efectivo (visión) | time threshold.
tiempo real | time taken.
tiempo real (calculadoras) | real time.
tiempo real (tiempo empleado - fabricación) | clock time.
tiempo recio | rigorous weather.
tiempo regulado | metered time.
tiempo regular (meteorología) | poor weather.
tiempo reintegrado (ordenador) | reimbursed time.
tiempo requerido para iniciar alguna cosa | lead time.
tiempo requerido para pasar de densidad de flujo residual negativa a densidad de flujo de saturación positiva (núcleos magnéticos) | switching time.
tiempo requerido para que el flujo varíe a razón de 2,718 por segundo (reactor nuclear) | period.
tiempo requerido para que el material retorne a su estado primitivo (prueba de materiales) | patience.
tiempo requerido para que una solución de gelatina y agua se espese y quede como jalea | jelling.
tiempo requerido por el índice de un instrumento para quedar en reposo aparente después de un cambio especificado en el valor de la cantidad medida | responsiveness.
tiempo requerido por una cadena binaria para completar su respuesta a un impulso de entrada | carry time.
tiempo residual medio de las células | mean cell residence time.
tiempo riguroso | rigorous weather.
tiempo seco y frío | cold-dry weather.
tiempo sicotécnico (sicotecnia) | reaction time.
tiempo sidéreo | star time.
tiempo sidéreo transcurrido | elapsed sidereal time.
tiempo sin ocupación (telefonía) | idle time.
tiempo sin sobreestadías (transportes) | free time.
tiempo sin utilizar | waste of time.
tiempo sincopado (música) | ragtime.
tiempo solar aparente | apparent solar time.
tiempo solar medio | mean solar time.
tiempo solar verdadero | apparent time.
tiempo tasable | chargeable duration.
tiempo tecnológico | process time.
tiempo tipo | standard time.
tiempo tormentoso | stormy weather.
tiempo total de subida y bajada de la jaula (pozo extracción de minas) | winding time per cage.
tiempo transcurrido desde el embarque del material y el recibo de este material por el usuario | shipping time.
tiempo transcurrido desde el principio de la prueba hasta que aparece un pequeño desgaste (cojinetes) | dwell period.
tiempo transcurrido desde que empieza la fabricación hasta estar disponible para entrega | supply pipeline.
tiempo transcurrido desde que se coge una pieza del suelo (talleres) | floor-to-floor time.
tiempo transcurrido desde que se pide el material hasta su recibo | order and shipping time.
tiempo transcurrido después de la parada | elapsed time after shutdown.
tiempo transcurrido en acorrlar un incendio (bosques) | corral time.
tiempo transcurrido entre dos afilados | run between grindings.
tiempo transcurrido entre el error en una fecha dada a otra fecha (cronómetros) | epoch.
tiempo transcurrido entre el final de la colada en la lingotera hasta la introducción en el horno de recalentar (lingotes) | track time.
tiempo transcurrido entre el principio de la preparación para la producción y la terminación del primer artículo | preproduction period.
tiempo transcurrido entre la emisión del impulso y la recepción del eco (radar) | reflection interval.
tiempo transcurrido entre la graduación de la espoleta y el momento de dar fuego (cañones) | dead time.
tiempo transcurrido entre la iniciación de una compra y el recibo del material | procurement lead time.
tiempo transcurrido entre la llegada y salida de un buque (puertos) | turnround.
tiempo transcurrido hasta que se produce la avería (mecanismos) | time to failure.
tiempo útil | usage time | up-time | available machine time | operational time.
tiempo útil (ordenador) | productive time.
tiempo útil de máquina desaprovechado | machine spoilt work time.
tiempo variable de | spring breakup.
tiempo y medio de pago por horas de trabajo extraordinario | time and a half for overtime.
tiempos básicos holgados (taller) | loose standards.
tiempos bastante cortos | short enough times.
tiempos de fabricación para las partes componentes | processing times for components.
tiempos de trabajo a prima | piecework times.
tiempos muertos (máquinas) | idling.
tienda | store | shop.
tienda al por menor | retail shop.
tienda cónica de campana | bell tent.
tienda de antigüedades | antiquarian's shop.
tienda de campaña | tent | pavilion | canvas house.
tienda de comestibles | grocery.
tienda de empalmador (telefonía) | jointer's tent.
tienda de grabados | print shop.
tienda de recuerdos | gift shop.
tienda de servicio | service shop.
tienda exenta de impuestos (aeropuertos) | duty-free shop.
tienda mal surtida | bad-stocked shop.
tienda que vende guantes | notion store.
tienda que vende material informático | computer shop.
tienda que vende una línea de productos | limited-line store.
tienda vivienda de los pieles rojas | tepee.
tiendaje (conjunto de tiendas de campaña) | tentage.
tiendas de campaña | tentage.
tiendas múltiples (comercio) | multiple shops.
tiendas para personal naval que venden con poco beneficio | navy exchange.
tiende a infinito | it approaches infinity.
tiende a un límite (series) | it approaches a limit.
tiende hacia cero (series) | it shrinks to zero.
tiene cuenta | it pays for itself.
tiene herramental para trabajar diferentes tipos de máquinas | it is tooled up to deal with different types of engines.
tiene la misma probabilidad de estar en | it is equally likely to be in.
tiene potestad para hacerlo | he is empowered to do it.
tienta de alambre de plomo (alambre fino de plomo que se coloca entre el eje del cojinete durante el montaje para averiguar el huelgo) | lead.
tienta para espesores | feeler gage.
tiento (de pintor) | hand rest.
tiento de cuchilla muy fina | gage leaf.
tiento para rectificado de cilindros | piston feeling feeler gage.
tiera de pan llevar | corn land.
tierno | tender.
tierra | earth | ground | soil | dirt.
tierra (circuitos eléctricos) | earth fault.
tierra (electricidad) | earthing point | earth leakage.
tierra (para distinguir del mar) | shore.
tierra (propiedad rústica) | estate.
tierra a babor | land to port.
tierra a la vista | land ho!.
tierra absorbente | absorbent earth.
tierra ácida | acid stain.
tierra adámica | adamic earth.
tierra agrícola | arable land | cropland.
tierra aluminosa | aluminous earth.
tierra apisonada | beaten-down earth.
tierra arable | infield.
tierra arenosa | grit.
tierra azul | blue earth.
tierra blanda en los costados (fallas o diques) | vees.
tierra bolar | bole.
tierra cocida | baked clay.
tierra cocida pulverizada para desengrasar la arcilla plástica | grit | grog | rough stuff.
tierra cocida refractaria | refractory fired body.
tierra compacta | compact earth.
tierra comunal | common land.
tierra cultivable | arable land.
tierra cultivada | cultivated land | cultivated area.
tierra de alfareros | pottery clay | potter's earth | potter's clay.
tierra de almáciga | foster earth.
tierra de alumbre | aluminous earth.
tierra de aluvión | dirt | alluvium.
tierra de batán | fuller's earth | fulling clay | kieselguhr.
tierra de batán activada | activated fullers earth.
tierra de batanero | kil.
tierra de compensación (capacidad de tierra - electricidad) | capacity earth.
tierra de cultivo | cropland.
tierra de descombro (construcción) | overburden.
tierra de desmonte | fill earth.
tierra de diatomeas | diatomaceus earth.
tierra de dominio público | public domain land.
tierra de fuller (arcilla) | fuller earth.
tierra de fundición | molding loam.
tierra de Hall | aluminite.
tierra de hierro | iron clay.
tierra de huesos | bone phosphate.
tierra de infusorios | infusorial earth | molera | rock flour | fossil meal | fossil farina.
tierra de jaboneros | aluminous soap | bleaching clay.
tierra de la red | mains earth.
tierra de labor | cropland | land available for crops.
tierra de loza | earthenware clay.
tierra de miga | easily-worked soil.
tierra de moldear | molding earth | molding loam.
tierra de moldeo (mezcla de arcilla ferruginosa o caliza con arena, a la que se añade polvo de carbón, estiércol, paja, etc., para darle cohesión y porosidad) | loam.
tierra de pan llevar | grain-bearing land.
tierra de porcelana | kaolin.
tierra de sombra de Colonia | German umber.
tierra de terraplenes | embankment material.
tierra de trigo | grain-growing land | corn land.
tierra diatomácea | diatomaceous earth.
tierra embargada (por deudas) | extended land.
tierra endurecida (geología) | hardpan.
tierra estabilizada | stabilized earth.
tierra excavada | dirt.
tierra firme | dry land.
tierra floja | loose earth.
tierra friable | crumbling earth.
tierra grasa | pipe-clay.
tierra gredosa | clayey marl.
tierra impermeable | impervious soil.

tierra impermeable compactada | compacted impervious earth.
tierra maicera | corn land.
tierra mantecosa (marina) | cape fly away.
tierra mollar | open soil.
tierra o piedras (aeropuertos) | shoulder.
tierra pantanosa | bog-land.
tierra para fabricar ladrillos | brickmaking earth.
tierra para loza | crockery earth.
tierra ponderosa | artificial heavy spar.
tierra por sotavento (navegación) | land on the lee beam.
tierra roturada | breaking.
tierra sacada de una excavación | spoil.
tierra submarina (cable submarino) | sea earth.
tierra suelta | loose earth | light soil.
tierra turbasa | bog earth.
tierra turbosa | musk soil.
tierra vegetal | mold (Estados Unidos) | soil | mould | mould (Inglaterra) | meat earth | leaf mold.
tierra verde | green earth.
tierra virgen | fallow ground.
tierras agrícolas | field-land.
tierras bajas de Escocia | lowlands.
tierras baldías | public lands.
tierras céricas | ceric earths.
tierras cultivadas | field-land.
tierras de aluvión | derelict lands.
tierras de la Corona (Inglaterra) | crown lands.
tierras de préstamo | back cutting.
tierras en explotación | land in farms | farm land.
tierras inundables | tidelands.
tierras ítricas | ytteric earths.
tierras mojadas | wetland.
tierras raras | rare earths.
tierras solonétzicas | solonetzic earths.
tierras submarginales | submarginal lands.
tieso | tough | stiff | tense | tight | taut | hard.
tieso (botánica, zoología) | erect.
tiestos | shard.
tifón | typhoon.
tiglico | tiglic.
tigre | tiger.
tigua (Amyrís balsamífera) | waika pine | West Indian sandalwood | torchwood.
tigua (Amyris balsamifera - L) | amyris wood.
tija (llave) | shank.
tija de la llave | key shank.
tija de martillo (relojes) | stalk.
tijera | shear.
tijera cepilladora (máquina) | planoguillotine.
tijera circular | shearing wheel.
tijera cortapernos | bolt-clippers.
tijera de calderero en cobre | coppersmiths's shear.
tijera de cocodrilo | alligator shears.
tijera de corte progresivo | scimitar shear.
tijera de chapa | nibbler.
tijera de discos | revolving cutter machine.
tijera de engranajes de gran potencia | high-duty geared guillotine.
tijera de guillotina | guillotine | crocodile shears.
tijera de guillotina de manivela en voladizo | overcrank guillotine shearer.
tijera de mandíbulas | alligator shears.
tijera de mano para chapa fina | snip.
tijera de podar | pruning shears | pruner.
tijera eléctrica para tochos calientes | electric-driven hot bloom shear.
tijera hidráulica | hydraulic shearing machine.
tijera hidráulica de carrera ascendente y costado abierto para tochos | open side up-cutting hydraulic slab shear.
tijera hidráulica para tochos calientes con corte hacia abajo y hacia arriba | down-and-upcutting hydraulic hot bloom shear.
tijera para angulares | angle iron shears.
tijera para cortar angulares | angle iron cutting machine.
tijera para cortar dientes (hoja de sierra) | gummer shear.
tijera para cortar redondos | bar cropper.
tijera para cortes circulares | circle shear.
tijera para chapas | sheet-shearing machine.
tijera para hierros en U | channel cropping machine.
tijera para manejo de sillares | block-handling pincer grab.
tijera para perfiles | bar-shear.
tijera para perfiles laminados | profile iron shear.
tijera para recortar chapa | squaring shear.
tijera para setos | hedge trimmer.
tijera para trocear tiras de chapa | scrap shear.
tijera para trocear tiras de recortes de chapas | scrap chopper.
tijera podadora | pruning shears.
tijera yetapá (Paraguay-arrastres de troncos) | dog.
tijera-cepilladora (para chapas) | planoshear.
tijera-pinza | pince-ciseaux.
tijera-punzonadora de palanca | lever punching and shearing machine.
tijeras | scissors.
tijeras circulares (cizallas de ruedas cortantes) | shear wheels.
tijeras cortapernos | bolt-cutting pliers.
tijeras curvas | curved scissors.
tijeras de bordar | embroidery scissors.
tijeras de costura | cutting-out scissors.
tijeras de guillotina | guillotine shears.
tijeras de hojalatero | tin snips | snips.
tijeras de manicura | cuticle scissors.
tijeras de mano | hand shears.
tijeras de mano para chapa | hand plate shears.
tijeras de palanca | lever shears.
tijeras de perforación (sondeos) | drilling jars.
tijeras de pescar (sondeos) | fishing jars.
tijeras de picar cinta o tela | serrating shears.
tijeras de podar | lopping-shears | pruning scissors | clippers.
tijeras de podar arriates | edging-shears.
tijeras de quijadas | cropping shears.
tijeras de tambor rotativo | rotating drum shears.
tijeras grandes | shears.
tijeras mecánicas | shearing machine.
tijeras para chapas | plate shears.
tijeras para latón | brass shears.
tijeras para lupias | bloom shears.
tijeras para metales | metal shears.
tijeras para perfiles laminados | bar cutter.
tijeras para tubos | pipe snips.
tijeras para viguetas laminadas | joist shears.
tijeras picafestones | pinking shears.
tijeretazo | clip.
tilbe | baffle.
tilde | tilde.
tilia glabra) | American basswood.
tilo americano | basswood.
tilo americano (Tilia americana | American basswood.
tilo de América | bass.
tilo silvestre (Tila vulgaris) | common lime.
tilosis | ptilosis.
tilla (embarcaciones) | cuddy.
timador | grifter | confidence man.
timar | chisel (to).
timbal de pescado | fish-pie.
timbal sinfónico (música) | symphonic kettle-drum.
timbales (música) | kettle drum.
timbrado | stamped | stamping.
timbrado en seco (imprenta) | blind printing.
timbrar (calderas) | badge (to).
timbrar (papel, cartas) | stamp (to).
timbrar una caldera | badge a boiler (to).
timbrazo | ring.
timbre | stamp | bell | beeper | printed stamp | impressed stamp | seal.
timbre (acústica) | color (EE.UU.) | tone | tone color | timbre.
timbre (calderas) | working pressure | test plate.
timbre (heráldica) | achievement.
timbre (sellos) | stamping.
timbre (voz) | ring.
timbre de alarma | alarm bell.
timbre de alarma (ferrocarril) | emergency brake.
timbre de alto el fuego (buques) | cease-fire bell.
timbre de corriente alterna | ringer | magneto bell.
timbre de la caldera (chapa colocada sobre ella) | boiler test plate.
timbre de la letra de cambio | bill tax.
timbre de letra de cambio (comercio) | bill stamp.
timbre de llamada | call bell.
timbre del cheque | cheque stamp.
timbre eléctrico | electric bell.
timbre electromagnético | magneto bell.
timbre en derivación | biased bell.
timbre fiscal | revenue stamp | revenue stamp | inland revenue stamp.
timbre máximo (calderas) | peak rating.
timbre móvil | documentary stamp.
timbre seco (documentos) | dry stamp.
timbre supletorio (teléfonos) | extension bell.
timbre telefónico selectivo | harmonic telephone ringer.
timbres fiscales | tax stamps.
timidez | fearfulness.
timidina | thymidine.
timidina tritiada | tritiated timidine.
timocracia | timocracy.
timol | thymol.
timón | helm.
timón (arado) | beam.
timón (buques) | rudder.
timón (cohetes) | flap.
timón (molino de viento) | fantail.
timón a la vía | helm amidship.
timón activo (buques) | active rudder.
timón adicional para el paso del canal de Suez | Suez rudder.
timón antipicado y antibalance (torpedo aéreo) | antidive and rolling rudder.
timón biplano | biplane rudder.
timón bloqueado | rudder lock.
timón colgado (buques) | clear-water-type rudder | unsupported rudder.
timón compensado | balanced rudder.
timón compensado (avión) | balanced elevator.
timón con alma de acero forjado | forged steel-built rudder.
timón con plano de compensación (aviones) | horn-balanced rudder.
timón currentilíneo | faired rudder.
timón currentilíneo incompensado | streamlined nonbalanced rudder.
timón de agua (hidros) | water rudder.
timón de altura (aviones) | elevator | altitude rudder | elevating plane.
timón de costado (remolcadores de río) | flanking rudder.
timón de dirección | direction rudder.
timón de dirección (aviones) | rudder.
timón de dirección (aviones, submarinos) | vertical rudder.
timón de doble chapa | double plated rudder.
timón de dos chapas | double plate rudder.
timón de inmersión (submarinos) | diving rudder | hydroplane.
timón de partes soldadas | fabricated rudder.
timón de proa | forward rudder | bow rudder.
timón de profundidad (aviones) | elevating plane | flipper.
timón de profundidad (submarinos) | elevator.
timón de resistencia | drag rudder.
timón de rumbo | steering rudder.
timón de zafrán de chapa central | center plate rudder.
timón delantero | forward rudder.
timón equilibrador | balancing rudder.
timón grueso no currentilíneo | thick-displace-

ment rudder.
timón hipocompensado (con el centro de presión a popa del eje de giro) | underbalanced rudder.
timón horizontal | horizontal rudder.
timón horizontal (aviones) | flying tail.
timón lateral | lateral rudder.
timón para el canal de Suez | salmon tail.
timón parcialmente compensado | partly balanced rudder.
timón parcialmente equilibrado | partially-balanced rudder.
timón servogobernado | servocontrolled rudder.
timón sobrecompensado (con el centro de presión a proa del eje de giro) | overbalance rudder.
timón suspendido compensado (el contorno alto del timón es paralelo a la popa) | spade-type balanced rudder.
timón suspendido semicompensado (buques) | semi-spade rudder.
timón todo a una banda | full rudder.
timón todo a una banda (buques) | full helm.
timonel | pilot | steersman | wheelman | helmsman.
timonel automático (buques) | automatic helmsman | auto-helmsman | pilot aid.
timonel de bote | boat-steerer.
timonel de reserva | lee helmsman.
timonel mecánico (buques) | gyropilot.
timonería del freno | brake rigging | brake-control linkage | brake linkage.
timones dobles inclinados aproximadamente a un ángulo de 15 grados (petroleros) | twin rudders canted at about a 15° angle.
timones horizontales (submarinos) | diving planes.
timones interconectados | interconnected rudders.
timones verticales (torpedos) | gyro rudders.
timpa | timp.
timpa (alto horno) | tymp.
timpanismo (medicina) | tympany.
timpanitis (medicina) | tympany | meteorism.
tímpano (anatomía, frontón de ventana, arcos) | tympanum.
tímpano (arcos) | tympan | gablet | spandrel.
tímpano (arquitectura) | tympanum | pediment | spandrell.
tímpano (del oído) | drum.
tímpano aligerado (arcos) | open spandrel.
tímpano de celosía (arcos) | braced spandrel.
tímpano esculpido (puentes) | sculptured spandrel.
timpanometría (medicina) | tympanometry.
tina | vat | tub | trough | bowl | bowl.
tina abierta (teñido) | open beck.
tina con aspadera (teñido) | reel dyeing machine.
tina con aspadera (teñido de telas en cuerda) | winch.
tina de alimentación (fabricación papel) | machine chest.
tina de blanquear | poacher.
tina de blanquear (papel) | poacher.
tina de curtir | tan pit.
tina de descrudecimiento (seda) | scouring tub.
tina de encolar | size box | size beck.
tina de encolar (telas) | dressing trough.
tina de enfriamiento (elaboración cerveza) | coolship.
tina de enjuague | rinsing vat.
tina de fermentación | tun.
tina de lixiviación | leaching vessel.
tina de maceración (caucho) | soaking vat.
tina de mezcla (cerveza) | mash tun | kieve.
tina de mordentado | mordanting vat.
tina de remojar | layer.
tina de reposo de la tela blanqueada | white bin.
tina de tintoreros | cask.
tina grande para llevar agua | cowl.
tina madre (colorante de tina) | reduction vat.
tina para cerner harina | bolting tub.
tina para desalar | steep tub.
tina para fermentar cerveza | ale vat.
tina para la casca (curtición pieles) | layaway pit.
tina para teñir | dye-tub.
tina para tiras de los botes (pescantes botes salvavidas en buques) | fall tub.
tina sana (teñidos) | healthy vat.
tinada | feed lot.
tinaja | jar.
tinción | staining.
tinción a la tina | vat dyeing.
tinción de cueros con solventes | solvent-assisted leather dyeing.
tinción diferencial (microbiología) | differential staining.
tinción negativa (con fosfowolframato potásico - microscopio electrónico) | negative staining.
tinción vital | vital staining.
tíndalo (Afzelia africana - Smith) | afzelia.
tineo (Weinmannia trichosperma) | thoninia | tingeo.
tíneo (Weinmannia trichosperma - Cav) | tineo.
tingente | tingent.
tingibilidad | tinctability | stainability | tingibility.
tingible | tingible | tinctable | stainable.
tingladillo (buques) | clincher work.
tingladillo ahusado | bevel siding.
tinglado | shed.
tinglado que sólo abriga los frentes de trabajo de las calderas | semioutdoor boilerhouse.
tingle | crumbling iron.
tinieblas | murk.
tinta | ink.
tinta antirrepinte | nonsetoff ink.
tinta autográfica | autographic ink.
tinta azul inactínica | nonactinic blue ink.
tinta azul-negra | blue-black ink.
tinta brillante | gloss ink.
tinta con un pigmento cerámico | ceramic ink.
tinta china | India ink.
tinta de copiar | copyable ink.
tinta de doble tono | doubletone ink | bitone ink.
tinta de doble tono (imprenta) | duotone ink | varishade ink.
tinta de escribir de color | colored writing ink.
tinta de grabar | etching ink.
tinta de imprenta | printery ink.
tinta de imprenta dorada | alchemic gold.
tinta de imprimir | printing ink.
tinta de imprimir acuosa | water-based printing ink.
tinta de negro de humo | lamp-black ink.
tinta de paso | intermediate tint.
tinta de secado rápido | quick-drying ink.
tinta de secado ultrarrápido | extra fast drying ink.
tinta de seguridad invisible | invisible safety ink.
tinta de tampones | endorsing ink.
tinta dorada | gold ink.
tinta en pasta | ink paste.
tinta en polvo | ink powder.
tinta encáustica | encaustic ink.
tinta espesa | muddy ink.
tinta ferrogálica | iron gall ink.
tinta fluida | thin ink | long ink.
tinta fluorescente amagnética | nonmagnetic fluorescent ink.
tinta fluorescente para detección magnética de grietas | fluorescent magnetic flaw-detection ink.
tinta magnética | magnetic ink.
tinta metálica (tipografía) | metallic ink.
tinta metálica de bronce o de oro (imprenta) | bronze ink.
tinta negra | black ink.
tinta no reproducible | nonreproducing ink.
tinta no reproducible (litografía) | indicial ink.
tinta para duplicador | duplicating ink.
tinta para impresión offset | offset ink.
tinta para impresión por transferencia | offset ink.
tinta para pigmentar con carbón | carbonizing ink.
tinta para pinceles de dibujantes | brush ink.
tinta para tampones de timbrar | stamp-pad ink.
tinta planográfica | planographic ink.
tinta plateada | aluminum ink.
tinta que no mancha | nonsmudge ink.
tinta serigráfica | serigraphic ink.
tinta simpática | invisible ink.
tinta tipográfica | printery ink.
tinta tipográfica de color | colored printing ink.
tintado | dyed.
tintar (textiles) | dye (to).
tintas hipsométricas (planos) | hypsometric tints.
tintas indelebles | security inks.
tintas para impresión flexográfica | flexographic printing inks.
tintas para la siderografía | steel engraver's inks.
tinte | stain | shade | dyestuff | tinge | tincture | dye | inhibiting dye | dyed color.
tinte (colores) | hue.
tinte al alcohol (colorante para maderas) | spirit stain.
tinte al óleo | oil stain.
tinte azulado | bluish tinge.
tinte azulado pálido | faint bluish tinge.
tinte de tina (telas) | vat-dyed.
tinte indicador (laboratorio) | indicator dye.
tinte marcador usado en el mar | sea marker.
tinte oscuro (colores) | darkness.
tinte que no requiere modiente | substantive dye.
tinte rastreador | dye tracer.
tinte rhodamina B | rhodamine B dye.
tinte rojo | grenadine.
tinte sólido | lasting dye | fast dye | permanent dye.
tinte uniforme | level dyeing | flat tint.
tinte uniforme (telas) | levelness.
tinte verdoso | greenish tinge.
tinte verdoso apagado | faint greenish tint.
tintero | inkpot | ink-tub | socket.
tintero (imprenta) | ink block.
tintero (para entintar los rodillos) | ink-trough.
tintero (tipografía) | printer's block.
tintero del pescante | davit socket.
tintes ipsométricos (cartografía) | gradient tints.
tintinear | clink (to) | jingle (to).
tintinear (máquinas) | clatter (to).
tintineo | ring | clinking | clink | jingle | chinking.
tintómetro | tintometer | dyeometer.
tintorería | dye-works | dyeing plant | dyehouse.
tintorero | dyer | stainer.
tintura | dye | stain | tincture.
tintura (textiles) | dyeing.
tintura al naftol | naphtol dyeing.
tintura alcohólica | spirit.
tintura con colorantes reactivos | dyeing with reactive dyes.
tintura de motas (lanas) | burl dyeing.
tintura de tornasol | litmus solution.
tintura verde de emulsión ácida (fotografía) | acid green.
tinturación
tioacetato de urea | thioacetate urea.
tioantimonita sódica o potásica | crocus of antimony.
tiocianatos | thiocyanates.
tioeter | thioether.
tiofeno | tiophen.
tiol | thiol.
tionilo | thyonil.
tioorgánico | thioorganic.
tiorba (música) | theorbe.

tiorrodaceas (bacteriología) | sulfur purple bacteria.
tiosulfato | hyposulfite.
tiosulfato sódico | antichlor.
tipa (Tipuana speciosa) | tipa.
típico | normal.
tipificación | standardization | typing.
tipificar | standardize (to) | typify (to).
tipo | rate | sort | standard | kind.
tipo (imprenta) | text.
tipo anormal (de motor, de auto) | distorted design.
tipo aplicado a una póliza anulada antes de su vencimiento | short rate.
tipo base | base rate.
tipo colectivo (seguros) | blanket rate.
tipo común (tipografía) | body type.
tipo contributivo | tax rate.
tipo corriente | standard make.
tipo de acuerdo a las condiciones del asegurado | experience rating.
tipo de adorno (tipografía) | display type.
tipo de alquiler | rental rate.
tipo de arancel | tariff rate.
tipo de avión | type aircraft.
tipo de cambio | rate of change | rate of exchange | exchange rate.
tipo de cambio a la par comercial | arbitrated par of exchange.
tipo de cambio de divisa actual | current rate of exchange.
tipo de cambio del mercado libre | open-market rate of exchange.
tipo de cambio entre dos divisas y una tercera | cross rate.
tipo de cambio flotante | floating exchange rate.
tipo de cambio único | single exchange rate.
tipo de cambio variable | sliding parity.
tipo de cambio vigente | rate of exchange ruling at the time.
tipo de carga | class of loading.
tipo de compra | buying rate.
tipo de descuento | bank rate | discount rate.
tipo de descuento privado | open market discount rate.
tipo de dos puntos (tipografía) | drop-letter.
tipo de emisión de acciones | issue price of shares.
tipo de flete consolidado | interline rate.
tipo de impresión | type.
tipo de impuesto | tax rate.
tipo de interés | interest rate | rate of interest.
tipo de interés (bonos) | coupon rate.
tipo de interés a plazo largo | long rate.
tipo de interés bancario | bank rate.
tipo de interés efectivo | real interest rate.
tipo de interés inferior en las inversiones | cutoff rate.
tipo de interés normal | standard rate.
tipo de interés para depósitos | deposit rate.
tipo de interés para prestamos pagaderos a la demanda | call rate.
tipo de interés pignorativo | bank rate for collateral loans.
tipo de interés preferente (economía) | prime rate.
tipo de interés según antecedentes del asegurado | experience rate.
tipo de interés según criterio | judgement rate.
tipo de interés vigente | standard rate.
tipo de intervención oficial | official intervention rate.
tipo de latón | brass type.
tipo de licencia fiscal | occupation tax.
tipo de magma anómalo | anomalous magma type.
tipo de maquinaria | make of machinery.
tipo de nación más favorecida | most-favoured-nation rate.
tipo de ocho puntos (imprenta) | bourgeois.
tipo de ojo mayor o menor que el cuerpo respectivo (tipografía) | bastard type.
tipo de organización | type of organization.
tipo de perfil en badén (carreteras) | hidden-dip type of profile.
tipo de prima | premium rate.
tipo de prima fijado por una oficina especializada | tariff rate.
tipo de repliegue (ecuación integral) | convolution type.
tipo de rescate | redemption rate.
tipo de subasta (subastas) | upset price.
tipo de tubo recomendado | preferred tube type.
tipo de $5^1/_2$ puntos (tipografía) | agate.
tipo del flete | freight rate.
tipo del impuesto | rate of the tax.
tipo del mercado | market rate.
tipo del seguro | insurance-rate.
tipo diamante (tipografía) | gem.
tipo efectivo de interés | effective interest rate.
tipo fijo | flat rate.
tipo fiscal | revenue stamp.
tipo flexible de cambio | flexible exchange rate.
tipo impositivo científico | scientific tariff.
tipo máximo legal de interés | usurious rate of interest.
tipo mínimo de interés bancario | prime rate.
tipo mínimo fijado (subastas) | minimum upset price.
tipo negrilla | bold type.
tipo neto | net rate.
tipo no de serie | off-standard type.
tipo normal (tipografía) | medium.
tipo oficial (moneda) | official.
tipo oficial de cambio | official exchange rate.
tipo para publicidad (imprenta) | ad face.
tipo particular de avión o cohete | configuration.
tipo perfeccionado | improved design.
tipo preferente | preferential rate.
tipo reglamentario | service pattern.
tipo salarial de ajuste periódico | measured day rate.
tipo titular | display type.
tipo uniforme de salarios | flat rate of pay.
tipogafía | printery house.
tipografía | printery | printery plant | printery works | printing | typesetting | typography.
tipografía publicitaria | advertising typography.
tipografiar | type (to).
tipógrafo | imposer | form-man | form-setter | typographer.
tipógrafo (cajista - tipografía) | compositor.
tipolitografía | typolithography.
tipología | typology.
tipología arquitectónica | architectonic typology.
tipología de caracteres tipográficos | typology of typographic characters.
tipología de la superficie | surface typology.
tipología urbanística | urbanistic typology.
tipólogo | typologist.
tipometría (tipografía) | typometry.
tipómetro (imprentas) | type-high gauge.
tipómetro (tipografía) | type scale | type gage.
tipoquímico | typochemical.
tipos aprobados | approved makes.
tipos de cambio de fluctuación libre | freely fluctuating exchange rates.
tipos de imprenta | sorts.
tipos de nubes | cloud patterns.
tipos de palo seco para tarjetas o membretes | copperplate gothic.
tipos de riesgos en inversiones | types of investment risk.
tipos de salarios | rates of pay.
tipos de suelos | soil patterns.
tipos de usuarios | user types.
tipos flotantes (banca) | floating rates.
tipos impositivos progresivos | progressive rates.
tipos machacados (muy desgastados) | battered type.
tipos medios de cambio | average rates of exchange.
tipos no convencionales | nonconventional types.
tipos no corrientes en un almacén de tipos y que pueden emplearse en la linotipia poniéndolos a mano | side sorts.
tipos pegados (tipografía) | baked types.
tipos puestos boca abajo para que impriman una marca negra cuando faltan tipos (tipografía) | turned sorts.
tipos que quedan pegados después de imprimir | caked type.
tipos sueltos | solid matter.
tira | slip | cutting | strap | list | ribbon | riband | ship | strip.
tira (áreas) | ribbon.
tira (de aparejo) | hauling part | fall.
tira (de cuero, etc.) | stripe.
tira antirradárica de papel metalizado (aviones) | window.
tira bimetálica | bimetallic strip.
tira bordeadora (carreteras) | curb strip.
tira de | shred.
tira de acero móvil | travelling steel strip.
tira de apoyo | column strip.
tira de cable del aparejo izador de la tapa de escotilla (buques) | hatch-cover purchase wire.
tira de cuero de refuerzo (en la suela) | foxing.
tira de chapa de plomo para hacer estanca la unión del tejado a un muro | soakers.
tira de lona de refuerzo (velas) | tabling.
tira de madera | slat | slot.
tira de mosaico aerofotográfico | strip mosaic.
tira de papel | strip of paper | tab.
tira de papel de suma | tape.
tira de papel donde se ha calcado con grafito la huella de una inscripción | brass-rubbing.
tira de papel impresa para pegar encima de una errata (libros) | erratum slip.
tira de papel o tela pegada al lomo de los pliegos cosidos antes de encuadernar (libros) | back strip.
tira de película cinematográfica | film strip.
tira de plástico renovable | renewable plastic strip.
tira de plomo para separar las líneas (tipografía) | slug.
tira de recauchutar (autos) | camelback.
tira de recorte de chapa | scrap strip.
tira de relleno | filler strip.
tira de separación | distance strip.
tira de tejido vascular (botánica) | trace.
tira de vidrio | ribbon of glass.
tira delgada de madera | slat.
tira extruida de arcilla refractaria para obturar las juntas entre dos gacetas (hornos de loza) | wad.
tira larga de tela que se despliega en una fachada o entre las dos aceras de una calle (anuncios) | flannelgraph.
tira metálica antirradar | window.
tira para conexión a masa | grounding strap.
tira protectora | guard strip.
tira redonda de caucho | rubber band.
tira separadora | dividing-strip.
tira sin imágenes que precede al filme (cine) | leader.
tira u hoja de papel unida a un documento | buck slip.
tirada | stretch | edition.
tirada (periódicos) | circulation.
tirada (tipografía) | run.
tirada a máquina (tipografía) | machining.
tirada aparte | reprint.
tirada certificada (periódicos) | certified sale.
tirada de lujo | edition de luxe.
tirada de un libro | impression of a book.
tirada especial (periódicos) | offprint.
tirada limitada (periódicos) | limited circulation.
tirada media (periódicos) | average circulation.
tirada pagada (periódicos, revistas) | paid circulation.
tirada vendida (periódicos) | net paid circula-

tion (newspapers).
tirado a cordel | laid out by the line.
tirado a lo alto | upcast.
tirado por tractor | tractor drawn.
tirador | thrower | puller | pelter.
tirador (de bota) | tag.
tirador (de muebles) | handle.
tirador (de puerta) | pull.
tirador de fusil | rifle-shot.
tirador de pistola | pistol shooter.
tirador de primera | crack shot.
tirador de pruebas (obrero de imprenta) | prover.
tirador del depósito de descarga | cistern-pull.
tirador que ataca el flanco de una columna | flanker.
tirafondo | long bolt | log-screw | lag-screw | lag bolt | lag screw | sleeper-screw | tap bolt.
tirafondo (carriles) | screw-spike.
tirafondo (tornillo de rosca para madera de cabeza cuadrada) | coach-screw.
tirafondo (vía férrea) | spike | rail screw.
tirafondo de ojo | lag-screw eye.
tirafondo de punta cónica | cone-point lag screw.
tirafondo de tonelero | cooper turret.
tirafondos de expansión | stud lag.
tirafrictor | lanyard | firing key | firing line | fuse lighter.
tiraje | printout.
tiraje (cine) | copying process.
tiraje (de un libro) | printery.
tiraje (filmes) | duplication.
tiraje (imprenta) | presswork.
tiraje (pruebas de imprenta) | pulling.
tiraje (tipografía) | run.
tiraje de producción | production run.
tiraje de una prueba (imprenta) | proving.
tiraje en hueco (tipografía) | copperplate printing.
tiraje por reducción (fotografía) | reduction printing.
tiralíneas | tracer | drawing pen.
tiralíneas (pluma de dibujo) | straight-line pen.
tiralíneas de fuente | fountain ruling pen.
tiralíneas de puntear (dibujo) | pricker.
tiralíneas del compás | pen point.
tiralíneas doble | railroad pen.
tiralíneas grueso | border pen.
tiralíneas para curvas | swivel pen.
tiralíneas para curvas de nivel | contour pen.
tiralíneas para rayado | hatching pen.
tiralíneas para trazar líneas de puntos | dotting pen.
tiralizos (telares) | harness motion | spring shaft | shaft carrier.
tiralizos de rodillo | roll harness top.
tiralizos para tafetán | roll and spring top.
tiramollar (aparejos) | overhaul (to).
tirando a rojo | approaching to red.
tirando a rojo (colores) | bordering on red.
tiranta | tie bolt | stretcher piece.
tirantas entre viguetas de piso | stiffening.
tirante | span | tense | tension member | tensive | backstay | guy | guy | tie beam | pull-off | link | yoke | crossbar | transom | operating rod | drawbolt | tight | strut | stretcher piece | tie | tie bolt | tie bar.
tirante (calderas) | stay rod | stay bar.
tirante (carpintería) | scantling.
tirante (cerchas) | stringer.
tirante (construcción) | binding beam.
tirante (de cercha) | stretcher | hog rod.
tirante (entre viguetas del piso) | strutting piece.
tirante (ferrocarril) | brace.
tirante (máquinas) | stay.
tirante (muros) | cramp iron.
tirante (varilla) | tie rod | drawing rod.
tirante articulado | flexible tie.
tirante articulado (calderas) | link stay.
tirante con cabeza de palma (calderas) | palm stay.
tirante con gancho | dragrope.
tirante de acero | steel tie.
tirante de aguja (ferrocarril) | pull rod.
tirante de angular | angle strut.
tirante de caja de fuegos | firebox stay.
tirante de caldera | boiler stay.
tirante de cercha | truss rod.
tirante de conexión | connecting link.
tirante de hierro | iron tie.
tirante de hierro redondo | brace rod.
tirante de la caja (vagones) | truss rod | body truss rod.
tirante de las agujas (cambio de vía) | switch rod.
tirante de maniobra (cañones) | dragrope.
tirante de placa de guarda | pedestal cap | axle guide stay | axle guard strut | horn plate stay.
tirante de placa de guarda (locomotoras) | hornstay | pedestal binder.
tirante de placa tubular (calderas) | belly stay.
tirante de poligonación (línea de contacto de ferrocarril eléctrico) | steady span of polygon.
tirante de reglaje (frenos) | pull-rod.
tirante de retenida (aviación) | antidrag wire.
tirante de sujeción | sprag.
tirante de suspensión (locomotora o vagones) | spring hanger.
tirante de suspensión de resorte (vagones) | swing hanger.
tirante de tiras de chapa o cable con un tensor | bucking brace.
tirante de tracción | tie rod.
tirante de tracción (aeroplanos) | drift wire.
tirante de tracción (aviones) | drag wire.
tirante del arrollador (tejido punto) | drawoff band.
tirante del cielo (hogar calderas) | roof bar.
tirante del eyector | ejection tie bar.
tirante diagonal | diagonal bar | brail.
tirante horizontal (telefonía) | back brace.
tirante inclinado | angle tie.
tirante inferior de reglaje (frenos) | bottom pull rod.
tirante lateral (línea eléctrica) | steady span.
tirante longitudinal | longitudinal stay | longitudinal bar.
tirante para medias | supporter.
tirante para muro de sostenimiento de tierras | land-tie.
tirante roscado (calderas) | screwed stay.
tirante suspendido por su centro (cerchas) | hanging tie.
tirante tipo dentado (encofrados) | snap tie.
tirante transversal | transom bar.
tirante transversal (catenaria de cable) | cross wire.
tirante transversal de la dirección (ruedas delanteras autos) | track rod.
tirante vertical | vertical strut.
tirante vertical del cielo del hogar | firebox crown staybolt.
tirantes de la caldera | boiler braces.
tirantes de tracción | traces.
tirantes para encofrados | form ties.
tirantez | tension | tightness | stretch.
tirantez de la correa | belt tension.
tirar | slip (to) | pitch (to) | heave (to) | throw (to) | strike off (to) | draw (to).
tirar (barrenos) | shoot (to).
tirar (chimeneas) | draw off (to).
tirar (dados) | cast (to).
tirar (hacer fuego) | fire (to).
tirar (un cohete) | let off (to).
tirar a (un color) | incline (to).
tirar abajo | draw down (to).
tirar al vuelo (caza de aves) | shoot flying (to).
tirar bien (la chimenea, el fuego) | draw (to).
tirar con escopeta | shotgun (to).
tirar con fuerza | tug (to).
tirar con honda | sling (to).
tirar con todas sus fuerzas | dead lift.
tirar de | tug (to) | pull (to) | lug (to).
tirar de enfilada | slant (to).
tirar de las riendas (caballos) | pull in (to).
tirar en el ciclóstilo | cyclostyle (to).
tirar en retirada (buques) | fire on the quarter (to).
tirar en retirada (buques guerra) | fire astern (to).
tirar hacia adentro | pull in (to).
tirar hacia arriba | pull up (to) | drag up (to) | draw up (to).
tirar la pelota fuera de los límites (tenis) | out (to).
tirar la plomada | plumb-line (to).
tirar los fuegos (hogares) | dump the fire (to).
tirar más allá del objetivo | overshoot (to).
tirar por encima de | overreach (to).
tirar por la borda | go by the board (to).
tirar por salvas | fire salvoes (to).
tirar prospectos al aire para que caigan sobre los espectadores | fly-post (to).
tirar sobre | rifle (to).
tirar un barreno | fire a shot (to).
tirar un barreno (minas) | blast a hole (to).
tirar un tiro | let off (to).
tirar una galerada (tipografía) | pull a proof (to).
tirar una prueba (imprenta) | proof (to).
tirar una prueba (tipografía, etcétera) | prove (to).
tirar una pueba (tipografía) | pull (to).
tirarse con paracaídas | bailout (to) | descend (to).
tiras de cobre con rectitud y planidad especial para tiras de piso de terrazo | terrazo strip.
tiras de cuero de diversos anchos | cottles.
tiras de guayacán para la bocina | sterntube bearing strips.
tiras de papel metálico antiradar (aviones) | flasher.
tiras de papel para reforzar el primero y último pliego (libros) | guards | hinges.
tiras metálicas para protejer partes terminadas durante el recocido o termotratamiento (metalurgia) | rider strips.
tiras para botes | boat falls.
tiratacos (telar) | picker.
tiratrón | thyratron.
tiratrón (triodo de atmósfera gaseosa) | gas-filled triode.
tiratrón con gas | gas filled thyratron.
tiratrón con regulación por rejilla | grid-controlled thyratron.
tiratrón con rejilla de blindaje | shield grid thyratron.
tiratrón con rejilla de protección | shield-grid thyratron.
tiratrón de argón | argon thyratron.
tiratrón de estado sólido | solid-state thyratron.
tiratrón de hidrógeno | hydrogen thyratron.
tiratrón de rejilla de protección | shield-grid thyratron.
tiratrón de xenón | xenon-filled thyratron.
tiratrón desconectador | trigger thyratron.
tiratrón generador de dientes de sierra | thyratron saw-tooth wave generator.
tiratrón relleno de gas xenón | xenon-gas-filled thyratron.
tiravira | crosshaul | parbuckle.
tiravira (buques) | man-rope.
tiravira (para troncos) | crotch chain.
tiravirar | parbuckle (to).
tírese (imprentas) | good for printing.
tírese (pruebas de imprenta) | press.
tireta (para coser correas) | lace.
tireta de cuero | leather strip | thong.
tireta de tripa (para coser correas) | gut lacing.
tiretas de cuero (para correas) | lacing.
tiretas para coser correas | belt laces.
tiristor (electrónica) | thyristor.
tiristor (rectificador controlado por silicio) | thyristor.
tiristor bidireccional | bidirectional thyristor | triac.
tiristor triodo bidireccional | bidirectional triode thyristor.

tirita (cerámica) | thyrite.
tirita (regulador) | thirite.
tiritaña (tela) | linsey-woolsey.
tiro | fire | shooting | shot.
tiro (chimeneas) | air head.
tiro (de chimenea) | draft | draught.
tiro (de un viento) | pull.
tiro (Méjico - tipografía) | run.
tiro (sísmico) | shot.
tiro (ventilación) | drawing.
tiro a barbeta (cañones) | overbank-fire.
tiro a ciegas (artillería) | blind firing.
tiro a discreción | running fire | independent firing.
tiro a distancia conocida | known-distance firing.
tiro a dos o más blancos (artillería) | divided fire.
tiro a horquilla | bracketing.
tiro a tiempos (artillería) | firing with time fuse.
tiro abierto | traversing fire.
tiro abierto por completo | full blast.
tiro activado (hornos) | activated draft.
tiro al blanco | target practice | shoot.
tiro al blanco en galería | gallery practice.
tiro al plato (deporte) | trapshooting.
tiro al vuelo | flying shot.
tiro antiaéreo | ack-ack | flak | antiaircraft fire | ground fire.
tiro antiaéreo dirigido continuamente al avión atacante | continuously-pointed fire.
tiro antiaéreo naval | naval A.A. fire.
tiro artificial | artificial draught.
tiro auxiliar (barrenos) | square up.
tiro certero | crack shot.
tiro colectivo | group fire.
tiro con armas portátiles | small-arms fire.
tiro con bala | ball firing.
tiro con balas trazadoras | tracer fire.
tiro con cañón | gunnery.
tiro con pistola | pistol shooting.
tiro con puntería adelantada (blanco móvil) | leading fire.
tiro con puntería directa | direct-aimed fire.
tiro con reloj (artillería) | clock method.
tiro concentrado | concentrated fire | fixed fire.
tiro concentrado (artillería) | point fire.
tiro contra blancos navales | naval target firing.
tiro contra blancos navales (artillería costa) | degree firing.
tiro contra blancos terrestres (artillería de costa) | mil firing.
tiro convergente | concentrated fire | converging fire.
tiro curvo | high-trajectory fire.
tiro curvo (artillería) | plunging fire.
tiro de acoso | harassing fire.
tiro de aire | air draught.
tiro de artillería | artillery fire.
tiro de avión a avión | air-to-air firing.
tiro de barrera | curtain fire | screen fire | barrage fire.
tiro de barrera (artillería) | drumfire | barrage.
tiro de barrera de encerramiento (artillería) | box barrage.
tiro de caza (buques guerra) | firing ahead.
tiro de combate | field firing | combat firing.
tiro de comprobación (artillería) | calibration fire.
tiro de concentración sobre el blanco | time-on-target fire.
tiro de contrabatería | counterbattery fire | counterfire.
tiro de corrección | adjustment fire.
tiro de cortina móvil (artillería) | creeping barrage.
tiro de demostración (artillería) | demonstration shoot.
tiro de depresión | depression firing.
tiro de destrucción | destruction fire.
tiro de disuasión | deterrent fire.
tiro de eficacia (artillería) | fire for effect.
tiro de enfilada | raking fire | enfilade.
tiro de enfriamiento | cooling draught.
tiro de flecha | flight shooting.
tiro de fogueo | dry firing | blank firing.
tiro de franqueo (túneles) | bearing-in shot.
tiro de horquilla | bracket fire.
tiro de horquilla (artillería) | ranging fire.
tiro de hostigamiento | harassing fire.
tiro de instrucción | practice fire.
tiro de interdicción | interdictory fire | screen fire.
tiro de interdicción (artillería) | interdiction fire.
tiro de la chimenea | chimney draught | funnel draught.
tiro de mortero (artillería) | mortar fire.
tiro de neutralización (artillería) | neutralization fire.
tiro de percusión (artillería) | percussion-fire.
tiro de perros (trineos) | dog-team.
tiro de precisión (artillería) | precision fire.
tiro de preparación | preparatory fire | preparation fire.
tiro de protección | covering fire.
tiro de protección (artillería) | supporting fire.
tiro de ráfaga (ametralladora) | running fire.
tiro de rebote | bound shot.
tiro de recepción (artillería) | acceptance firing.
tiro de reglaje | fire for adjustment.
tiro de reglaje (artillería) | ranging fire.
tiro de reglaje sobre blanco auxiliar | registration fire.
tiro de revés | reverse fire.
tiro de siega (ametralladora) | sweepin fire.
tiro de siega (milicia) | mowing fire.
tiro de sumersión (artillería) | plunging fire.
tiro de superficie (buques de guerra) | S. U. fire.
tiro de superficie (no antiaéreo) | surface fire.
tiro de tierra al avión | ground-to-air firing.
tiro de velocidad (sísmica) | surface velocity profiling.
tiro de verificación | verification fire.
tiro desde un avión | air firing.
tiro desde vehículos | vehicular firing.
tiro directo (chimeneas) | direct draft.
tiro directo (tiro sobre un blanco visible al apuntador) | direct fire.
tiro directo sobre blancos móviles | direct fire on moving targets.
tiro eficaz | effective fire.
tiro en abanico (sismógrafos) | fan shooting.
tiro en caza (buques) | bow fire.
tiro en pauta (sísmica) | pattern shooting.
tiro espacial | space launch.
tiro fijante (artillería) | plunging fire | low-angle fire | downward-fire.
tiro forzado | blast draft | artificial draught.
tiro forzado (chimeneas) | forced draught.
tiro graneado | dropping fire | running fire.
tiro hacia adelante | forward pull.
tiro impreciso (artillería) | inaccurate fire.
tiro individual | individual firing.
tiro individual (cañones) | continuous fire.
tiro inducido (chimeneas) | exhaust draft | induced draught.
tiro inducido por eyector | ejector-type induced draught.
tiro inferior | downdraught.
tiro intenso de ametralladora (aviación) | squirt.
tiro invertido | back-draught.
tiro mal reglado (artillería) | ill-controlled fire.
tiro marchando con arma a la cadera (infantería) | marching fire.
tiro marchando con puntería sin encaramiento (infantería) | marching fire.
tiro masivo (artillería) | mass fire.
tiro natural (chimeneas) | stack effect.
tiro observado | observed fire.
tiro para asentamiento de la pieza (artillería campaña) | settling shot.
tiro por alto | upcast.
tiro por aspiración (chimeneas) | induced draft | induced draught | exhaust draught | exhaust draft.
tiro por encima de las tropas propias | overhead fire.
tiro por piezas (batería artillería) | independent fire.
tiro por ráfagas | tiers of fire.
tiro por ráfagas (artillería) | burst fire.
tiro por salvas | salvo firing | volley firing | battery fire.
tiro preplaneado (artillería) | preplanned fire.
tiro progresivo | searching fire.
tiro progresivo (artillería) | echelon fire.
tiro propio para que se delaten las baterías enemigas | registration fire.
tiro rasante | terrestrial fire | ground level fire | horizontal fire.
tiro real (chimeneas) | actual draft.
tiro repartido (entre varios blancos) | distributed fire.
tiro retardado | hung shot.
tiro semiautomático | semiautomatic firing | S. A. firing.
tiro sin apuntar | random shot.
tiro sin visibilidad (artillería) | blind firing.
tiro sobre blanco remolcado | towed target firing.
tiro sobre la posición futura (blanco móvil) | predicted firing.
tiro terrestre | ground fire.
tiro terrestre (no antiaéreo) | surface fire.
tiro útil (chimeneas) | available draught.
tirocinio | tirocinium.
tirocinios | tirocinia.
tiroides (medicina) | thyroid.
tirolita | thyrite.
tirón | pull | haul | hauling | zooming.
tirón (aviones) | pull-up.
tirón de disparo | release pull.
tirón ejercido sobre una carga suspendida de un paracaídas cuando éste se abre por completo | parachute-opening shock.
tirón violento | lug.
tiros de cadenas | leads of chains.
tiros de cuele | cut shots.
tiros de hueco (barrenos) | blank shots.
tiros retrasados (barrenos) | delay shots.
tirotear | fusillade (to).
tiroteo | fusillade.
tisaje | weaving.
tisaje alternativo (tejido punto) | reciprocatory knitting.
tisaje del algodón | cotton weaving.
tisaje en húmedo | wet weaving.
tisis de los mineros | miner's phthisis.
tisonita (mineralogía) | tysonite.
tisú (tela) | tissue.
tisú de oro | cloth of gold.
titanato de bario | barium titanate.
titanato de cadmio | cadmium titanate.
titanato de estroncio | strontium titanate.
titanato de plomo | lead titanate.
titanio (No es necesario el temple y se consiguen cargas de rotura a la tracción de 152-224 Kg/mm^2 y límites elásticos de 144-216 Kg/mm^2 - Se pueden maquinar y conformarse en frío) | maraging steels.
titanio (Tc) | titanium.
titanio oxidado ferrífero | ilmenite.
titanio platinizado | platinized titanium.
titanio-aluminio y niobio (aceros ultrarresistentes) | maraging.
titanuro | titanide.
titilación | titillation | scintillation.
titilación (telecomunicación) | flutter.
titilación aural | aural flutter.
titilación por avión | aircraft flutter.
titilar | scintillate (to).
titka (Pentace burmanica - Kurz) | takalis.
titrato | titrate.
titulación | titration | titling | twinkling.
titulación (de una escritura) | premises.
titulación (química) | titrating.

titulación (TV) | slating.
titulación bacteristática | bacteristatic titer.
titulación complejométrica (química) | complexometric titration.
titulación con precipitación | precipitation titration.
titulación culombímetra | coulometric titration.
titulación diferencial (química) | differential titration.
titulación por retorno | back titration.
titulación R | R titration.
titulación T | T-titration.
titulado | licensed.
titulado (de un empleo) | warrant.
titulado (funcionarios) | professional.
titulador (cine) | caption writer.
tituladora (cine) | titler.
titular | title (to) | holder.
titular (de un empleo) | head | occupant.
titular (de una cuenta) | holder.
titular (de una pensión, etc.) | nominee.
titular de la patente | patent holder.
titular de licencia | licensee.
titular de póliza de seguros | policyholder.
titular de renta vitalicia sobre una finca | life tenant.
titular de un derecho de caza | game-tenant.
titular de una cuenta | name of an account.
titular de una cuenta (bancos) | holder of an account | account holder.
titular de una licencia (telecomunicación) | patentee.
titular de una patente | patentee.
titular de una pensión por accidente | industrial disablement pensioner.
título | label | title | titre | head | degree | full title | rubric | licence (Inglaterra) | charter | heading | security | license (EE.UU.).
título (jurisprudencia) | title.
título (número de hilos de seda) | titer.
título (textiles) | titre.
título (vapor de agua) | quality.
título a perpetuidad | perpetual title.
título a toda la anchura de la página (periódicos) | streamer.
título a todo lo ancho de la plana (periódicos) | streamer headline | banner.
título adquirido por prescripción | prescriptive title.
título al portador | floater | bond payable to bearer | share warrant | bearer bond.
título amortizado a plazos | installment bond.
título aparente | colorable title.
título bastardo (libros) | fly title.
título con aplazamiento | continued bond.
título con garantía revocada | rescission bond.
título convertible | interchangeable bond.
título de colección | series title.
título de concesión (minas) | claim licence.
título de crédito | debenture.
título de Deuda | certificate of indebtness.
título de enlace (cine) | bridging title | continuity title.
título de grandes letras en página interior (periódicos) | binder line.
título de hipoteca | mortgage-deed.
título de ingreso | revenue bond.
título de inversión legal | eligible bond.
título de la deuda | bond.
título de la mezcla | rate of mixture.
título de la propiedad | document of title.
título de página | head-line.
título de página (libros) | running title.
título de préstamo | loan certificate.
título de propiedad | possessory title | deed | title to property.
título de propiedad de un inmueble | tenure.
título de propiedad depositado en calidad de hipoteca | mortgage-deed.
título de propiedad por compra de bienes incautados por el estado | tax title.
título de renta vitalicia | perpetual bond.
título de sentencia | statement label.
título de traslación de dominio | conveyance.
título de traspaso | conveyance.
título de un artículo (periódicos) | head-line.
título definitivo | definitive certificate.
título del mercado monetario | money market paper.
título dintel | blanket head.
título embutido en el texto | cut-in head.
título en arquitectura naval | endorsement in naval architecture.
título en cuyo precio estan incluídos los intereses (bolsa) | flat bond.
título endosado | indorsed bond.
título falso | sham title.
título garantizado | underlying security.
título garantizado por hipoteca | mortgage debenture.
título impreso sobre un trozo de piel pegada en el lomo del libro (encuadernación) | fly wing.
título insuficiente | cloud on title.
título internacional (numeración de la seda) | international titer.
título legal del oro | legal fineness of gold.
título legítimo | valid title.
título nobiliario | personal bond.
título nominativo | registered certificate | registered bond | inscribed bond.
título para compra de equipo | equipment bonds.
título prioritario | underlying bond.
título profesional | professional degree.
título provisional | scrip.
título provisional (filmes) | scratch.
título provisional de acciones (antes de la incorporación) | preorganization certificate.
título que cobija todas las columnas de un artículo (periódicos) | blanket head.
título registrado | title of record.
título sin el cupón del próximo pago | ex coupon.
títulos | securities | equities.
títulos (acciones) | holding.
títulos (bolsa) | securities.
títulos a largo plazo | long dated securities.
títulos al portador | active bonds | bearer securities.
títulos animados | live titles.
títulos con cotización oficial | listed securities.
títulos crediticios de primera clase | gilt-edges securities.
títulos de ahorro | savings bonds.
títulos de cuenta | accounts titles.
títulos de empresa de servicio público | public-utility securities.
títulos de interés fijo | nonequity securities.
títulos de la deuda | government bonds.
títulos de la deuda pública | national bond certificates.
títulos de propiedad | treasury stock | title deeds | documents of title.
títulos de renta fija | nonequity securities.
títulos de renta fija (bolsa) | fixed interest securities.
títulos de segunda categoría | second class papers.
títulos en cartera | securities portfolio.
títulos en circulación no amortizados | outstanding securities.
títulos en concepto de garantía | securities held in pledge.
títulos en garantía | stocks held as security | securities pledged.
títulos en garantía (Bolsa) | pawned stock.
títulos en prenda (Bolsa) | pawned stock.
títulos especiales | specialities.
títulos fraudulentos (banca) | wildcat securities.
títulos negociables | negotiable paper | marketable securities.
títulos no rescatables | irredeemable security.
títulos nominativos | registered scrip | personal bond.
títulos redescontables | bank eligible securities.
títulos rescatables | redeemable securities.
títulos sin valor | wildcat securities.
tixómetro | thixometer.
tixotropía | thixotropy.
tixotropía de la arcilla | clay thixotropy.
tixotropo | thixotrope.
tixoviscosímetro | thixoviscometer.
tiza | chalk | whiting.
tiza (dibujo) | drawing chalk | crayon.
tiza de carpintero | graphic clay.
tiza de color | colored chalk.
tiza de maderero | lumber crayon.
tiznadura | smudge | smut.
tiznadura (ensuciamiento de tinta de un pliego a otro - tipografía) | setoff.
tiznón | smudge | smut.
tizón | mildew | black rust | rust.
tizón (añublo) | cockle | blast.
tizón (aparejo de muros) | perpend stone.
tizón (aparejos muros) | perpender.
tizón (botánica) | smut.
tizón (carbón) | brand.
tizón (construcción) | binding stone.
tizón (muros) | inband | inbond stone | bond | bondstone | bonder | band-stone | jumper | binder | header | heading.
tizón a sardinel | bullheader.
tizón biselado (muros) | clipped header.
tizón de traba (muros) | shiner.
tizón falso (muros) | blind header.
tizonadura | set-off.
tmesis | tmesis.
toalla de hilo | linen towel.
toalla de papel | paper towel.
toalla de rizo | Turkish towel.
toalla de rizos | huckaback towel.
toalla nido de abejas | honeycomb-weave towel.
toalla rusa | Turkish towel.
toalla sin fin | round towel | jack towel | roller towel.
toalla sin fin (lavabos trenes, fábricas, etc.) | horse-towel.
toba | hassok | sinter.
toba andesítica | andesitic tuff.
toba calcárea | calctuff | tufa.
toba caliza | tufa.
toba compuesta (geología) | welded tuff.
toba cristalina | crystal tuff.
toba de explosión | explosion-tuff.
toba lítica | lithic tuff.
toba riolítica | rhyolithic tuft | rhyolithic tuff.
toba vítrea | vitric tuff.
toba volcánica | tuff | volcanic tuff.
tobera | tue-iron | twyer | snout | tuyere | nozzle | nose-piece | blast pipe | blastpipe | bellows pipe.
tobera (de fragua) | tewel.
tobera (hidráulica) | adjutage | ajutage.
tobera (soplante alto horno) | nose-pipe.
tobera acelerante | acceleration nozzle.
tobera aceleratriz | acceleration nozzle.
tobera aforada | metering nozzle.
tobera ajustable (alto horno) | adjustable tuyere.
tobera anular | ring nozzle.
tobera axisimétrica | axisymmetric nozzle.
tobera ciega (convertidores) | dummy tuyere.
tobera cilíndrica (hidráulica) | cylindrical mouthpiece.
tobera con enfriamiento por agua | water tuyere.
tobera con entrada de agua inferior (alto horno) | bottom-fed tuyere.
tobera con entrada lateral de agua | side-fed tuyere.
tobera cónica | conical nozzle | conical tuyere.
tobera convergente | convergent mouthpiece | contracting nozzle.
tobera convergente (inyector) | combining tube.
tobera convergente (tobera de mezcla - inyector) | combining cone.
tobera da escape | exhaust nozzle.

tobera de aceleración | accelerating jet.
tobera de aforo | measuring nozzle.
tobera de aguja | needle nozzle | pintle nozzle.
tobera de aire | air nozzle.
tobera de baja expansión | underexpanded nozzle.
tobera de cobre (alto horno) | copper tuyere.
tobera de cohete | rocket nozzle.
tobera de choque | impingement nozzle.
tobera de chorro | jet cone | jet nozzle.
tobera de descarga | efflux nozzle | ajutage | delivery cone | discharge nozzle.
tobera de doble válvula | double-valve nozzle.
tobera de entrada de aire | air inlet nozzle.
tobera de entrada del desrecalentador | desuperheater inlet nozzle.
tobera de escape | discharge nozzle.
tobera de escape (aviación) | jet stack.
tobera de escape (locomotoras) | exhaust pipe.
tobera de escoria | monkey.
tobera de exhaustación | exhaust nozzle.
tobera de exhaustación de abertura constante (motor de chorro) | fixed-area exhaust nozzle.
tobera de exhaustación de los gases del cohete | rocket tube.
tobera de exhaustación de sección variable (motor de chorro) | variable-area exhaust nozzle.
tobera de expansión | expansion nozzle.
tobera de inyección | feed nozzle | injector nozzle.
tobera de inyección del combustible | fuel-injection nozzle.
tobera de inyector | cone.
tobera de la válvula de inyección del combustible | fuel-injection valve nozzle.
tobera de mezcla (inyector) | mixing-cone.
tobera de paredes ventiladas | ventilated wall nozzle.
tobera de perfil convergente-divergente | convergent-divergent nozzle.
tobera de pétalos acharnelados (motor de avión) | hinged-petal type nozzle.
tobera de petróleo | oil nozzle.
tobera de presión | pressure nozzle.
tobera de propulsión | propulsion nozzle.
tobera de pulverización | spray nozzle.
tobera de reflujo | reflux nozzle.
tobera de salida del aire | air discharge nozzle.
tobera de salida del estatorreactor | ramjet tailpipe.
tobera de sección variable regulada por la velocidad del motor | engine speed-controlled variable area nozzle.
tobera de tipo Venturi | Venturi-type nozzle.
tobera de trabajo | gill.
tobera de turbina | turbine nozzle.
tobera de vapor (inyector) | steam cone | steam nozzle.
tobera de vaporización | atomizing nozzle.
tobera de ventilación | air nozzle.
tobera del etalaje | bosh tuyere.
tobera del extractor de polvos | dust-extractor nozzle.
tobera del inyector (motores) | fuel-valve nozzle.
tobera del motor cohético del misil balístico | ballistic missile engine rocket nozzle.
tobera difusora | diffuser nozzle.
tobera divergente | divergence nozzle | expanding nozzle.
tobera divergente (hidráulica) | divergence mouthpiece.
tobera divergente (inyectores) | delivery tube | delivery cone.
tobera en que el fluido descarga a presión mayor que la exterior | underexpanding nozzle.
tobera en que el fluido descarga a presión menor que la exterior | overexpanding nozzle.
tobera enfriada por sudación | sweat cooled nozzle.
tobera eyectora (aerodinámica) | effuser.
tobera giratoria | swiveling nozzle.
tobera hiladora | spinning sprayer.
tobera inclinada (hélice de buques) | tilted duct.
tobera inobstruible | nonclog nozzle.
tobera isentrópica | isentropic nozzle.
tobera medidora | gaging nozzle | metering nozzle.
tobera medidora del caudal | flow nozzle.
tobera medidora del flujo | flow-metering nozzle.
tobera múltiple | multiple nozzle.
tobera obstruida | blocked nozzle.
tobera orientable | swivelling nozzle | vectored thrust nozzle | swiveling nozzle.
tobera para chorrear agua | sandblowing nozzle.
tobera para chorrear arena | sandblast nozzle.
tobera para el quemador de combustible | fuel burner nozzle.
tobera para el viento caliente (alto horno) | hot-blast bustle pipe.
tobera para gas | gas tip | gas nozzle.
tobera para hilar | spinneret | spinning nozzle.
tobera para producción de niebla de agua (contraincendios) | fog nozzle.
tobera parabólica | parabolic nozzle | German nozzle.
tobera plana | nozzle plate.
tobera primaria | primary nozzle.
tobera primaria accionada por aire comprimido | pneumatically operated primary nozzle.
tobera propulsora | propelling nozzle.
tobera propulsora convergente-divergente de geometría modificable (motor de chorro) | variable geometry convergent-divergent propelling nozzle.
tobera que pierde | running nozzle.
tobera reductora del ruido | noise reducer nozzle.
tobera rociadora | spray nozzle.
tobera rotatoria de exhaustación | rotating exhaust nozzle.
tobera soplante | blast nozzle.
tobera subsónica de corriente uniforme | uniform flow subsonic nozzle.
tobera sumergida | built-up tuyere.
tobera supersónica (velocidad de salida con M > 1) | supersonic nozzle.
tobera termopropulsiva | thermopropulsive nozzle.
tobera ultrasónica | ultrasonic nozzle.
toberista | nozzleman.
tobermorita | tobermorite.
tobilleras (para proteger) | ankle-pad.
tobillo | talus.
tobillo (calcetería) | ankle.
tobogán | spiral chute.
tocadisco automático | automatic record changer.
tocadiscos | player | record player.
tocadiscos de gran fidelidad | high fidelity record player.
tocadiscos estereofónico | stereophonic record player | stereoplayer.
tocador | dresser.
tocador (muebles) | dressing table.
tocamiento | feeling | feel.
tocante al procedimiento | respecting procedure.
tocar | dab (to) | feel (to).
tocar (campanas) | ring (to).
tocar (partes móviles de máquinas) | foul (to).
tocar (timbre o campanilla) | ring (to).
tocar (un instrumento) | touch (to).
tocar a rebato | sound the tocsin (to).
tocar a su fin | draw to a close (to).
tocar con la piedra de toque (docimasia) | touch (to).
tocar con los fondos (buques) | bottom (to).
tocar con otra parte (una puerta al abrirse contra el piso) | ride (to).
tocar con un tono dado (música) | pitch (to).
tocar el fondo | graze the bottom (to).
tocar el fondo con la quilla | strike (to).
tocar el fondo con la quilla (buques) | graze (to).
tocar el tambor | drum (to) | beat (to) | play the drum (to).
tocar en (un puerto) | put in (to).
tocar fondo | touch bottom (to).
tocar fondo (buques) | bump (to).
tocar tirando del badajo (campanas) | clapper (to).
tocar un asunto | raise a point (to).
tocar unos cuantos compases de música detrás de los títulos (televisión) | noodle (to).
tocar zafarrancho de combate (buques) | beat to quarters (to).
tocata (música) | toccata.
tocino | lard.
tocino de hoja | leaf-fat.
tocino salado y no ahumado | green bacon.
tocodinamómetro (medicina) | tocodynamometer.
tocología | tocology.
tocón | stub | stump.
tocón (agricultura) | stump.
tocón (árboles) | nog.
tocón apto para producir brotes (árboles) | stock.
toconaje | stumpage.
tocoyo | greys.
tocho | ingot.
tocho (sección transversal entre 16 y 36 pulgadas^2) | billet.
tocho (sección transversal mayor de 36 pulgadas^2) | bloom.
tocho cilíndrico de cobre o bronce o latón para formación de varillas o tubos por extrusión | billet.
tocho con segregación de azufre | sulfur-printed billet.
tocho cortado | parted billet.
tocho corto (por no haber acero bastante) | part ingot.
tocho cuadrado de lados convexos y cantos achaflanados | Gothic section.
tocho de pulvimetal extruido | extruded powder-metal billet.
tocho desbastado | roll-cogged billet.
tocho descostrado | scalp billet.
tocho en bruto | use.
tocho escarpado con soplete | deseamed billet.
tocho forjado de gran integridad | high-integrity forging billet.
tocho fundido dos veces al vacío | double-vacuum-melted billet.
tocho irradiado con trazador radioactivo | tagged billet.
tocho laminado | rolled billet.
tocho marcado con defectos | defect-marked billet.
tocho para estirar alambre | wirebar.
tocho para forja | forging billet.
tocho para sacar varilla por laminación | wirebar.
tocho para tornillos | screw blank.
tocho parcialmente martillado | ancony.
tocho parcialmente orjado | partially forged billet.
tocho pulvimetalúrgico | powder-metallurgy billet.
tocho que tiene aproximadamente la forma final después de ser forjado en la prensa o martillo pilón | use.
tocho recalcado (aceros) | upset bloom.
tocho redondo embutido a la prensa (fabricación tubos estirados) | thimble.
tocho redondo embutido a la prensa (tubos estirados) | bottle.
tocho redondo perforado en el centro (fabricación tubos sin costura) | bloom.
tocho tubular | piped billet.
toda la cablería está oculta (electricidad) | all wiring is concealed.
toda la instalación está oculta (electricidad) | all wiring is concealed.

toda la orquesta (música) | whole-orchestra.
toda la tripulación | all hands.
todas las aristas se redondearán a un radio de $^1/_8$ de pulgada | all corners rounded off with a $^1/_8$ inch radius.
todas las dimensiones en milímetros | all dimensions in millimeters.
todas las disputas y diferencias que puedan surgir entre las partes respecto de las condiciones de este convenio o la realización de dichas condiciones mientras el convenio esté en vigor | all disputes and differences which may arise between the parties hereto as to the terms of this agreement or the implement of said terms during the currency of this agreement.
todas las esquinas redondeadas a 6 mm | all corners rounded to 6mm.
todas las medicinas deben estar fuera del alcance de los niños | keep all medicines out of the reach of children.
todas las partidas del pasivo | all liability.
todas las soldaduras serán continuas | all welds continuous.
todas las soldaduras serán entancas al agua | all welds watertight.
todas las solicitudes serán atendidas | all aplications will be acknowledged.
todas las vergas menos las del palo trinquete | after yards.
todavía aún | still.
todavía por nombrar | yet to be named.
todo | total.
todo a ceñir (de bolina - marina) | close-hauled.
todo a estribor | hard-a-ported.
todo aparato para remediar una dificultad | doctor.
todo bien y adiós (TV) | woof.
todo comprendido (gastos) | inclusive.
todo de madera | all wood | all-timber.
todo de metal | all metal.
todo el mundo a cubierta (buques) | all hands on deck.
todo el mundo a sus puestos (en la cubierta de botes de un buque) | all hands to quarters.
todo el mundo sabe que | no one is unaware that.
todo el trayecto | all the way.
todo está en regla | everything is O.K.
todo incluido | all-inclusive.
todo lo necesario para un programa excepto el guardarropa y el escenario (televisión) | properties.
todo lo que está por encima de la cintura (brillantes) | bezel.
todo o nada (mercancía) | AON.
todo riesgo (créditos documentarios) | all risks.
todo se desarrolló conforme al programa | everything went off according to schedule.
todo uno | all ups | ungraded.
todo uno de primera calidad (minas) | through-and-through.
todo va perfectamente (nave espacial) | all system go.
todo vendido | booked to capacity.
todo-nada | on-off.
todos los cantos cortados con la autógena se alisarán con esmeriladora | all burned edges to be snagged with grinding tool.
todos los circuitos ocupados | all trunks busy.
todos los engranajes están rectificados | all gears are ground.
todos los gastos comprendidos | inclusive of all charges.
todos los gastos incluidos | all expenses included.
todos los licitadores serán precalificados | all bidders shall be prequalified.
todos los precios son netos | all prices net.
todos los servicios | all-service.
toga de los graduados universitarios | gown.
tojino | lug piece | knob | cleat | angle clip | angle lug.
tojino (buques) | notch.
tojino (casquillo - construcción naval) | clip.
tojino (construcción buques) | lug.
tojino de chapa marginal (buques) | margin clip.
tojino de chapa marginal (tapa del doble fondo) | margin lug.
tojino de unión | fixing lug.
tojino de unión (buques) | tie bar.
tojino de unión a la varenga | floor lug | floor clip.
tojino de unión al forro (buques) | shell lug.
tojino estajado (buques) | offset clip.
tojino extremo | end lug.
tojino forjado | smithed cleat.
tojino para izar (estructuras prefabricadas) | lifting lug.
tojino para serretas (bodegas de buques) | sparring cleat.
tojino soldado para hacer tracción sobre él (buques) | draw crip.
tojino vertical de varenga | floor vertical lug.
tojinos para serretas de bodega | hold baten cleats.
tojo | furze.
tokamak | tokamak.
tola blanca (Gossweilerodendron balsamiferum - Harms) | white tola | achi | tola white | tola | agba.
tolan (Canthium didymum) | Ceylon boxwood.
toldilla (buques) | roundhouse | poop | awning.
toldilla corrida (buques) | full poop.
toldilla de popa (buques) | poop deck.
toldilla de saltillo | raised quarterdeck.
toldilla larga (buques) | long poop.
toldo | awning | shade | canvas awning | canopy.
toldo de aluminio con persiana | shutter-shade aluminum awning.
toldo de bote | canopy | canopy cover | boat awning.
toldo de ventana | marquee.
toldo del puente (buques) | bridge awning.
tolerabilidad a la vibración | vibration tolerability.
tolerable | permissible.
tolerado | permissive.
tolerancia | admissible error | allowance | tolerance | permissible deviation | ply.
tolerancia (de fabricación) | limit.
tolerancia (de máquinas, etc.) | truth.
tolerancia (fotografía) | breadth.
tolerancia (mecánica) | margin.
tolerancia (monedas) | remedy.
tolerancia a la aceleración (personas) | acceleration tolerance.
tolerancia a los ejercicios corporales | exercise tolerance.
tolerancia acumulativa | cumulative tolerance.
tolerancia admisible | permissible tolerance.
tolerancia al sodio (plantas) | sodic tolerance.
tolerancia bilateral | bilateral tolerance.
tolerancia de ajuste | allowance.
tolerancia de ajuste negativa | interference.
tolerancia de ajuste positiva | clearance.
tolerancia de barrenado | boring tolerance.
tolerancia de compresión de la forma (imprenta) | allowance for squeeze.
tolerancia de contracción | shrinkage allowance.
tolerancia de corte | cutting tolerance.
tolerancia de curvado | bend allowance.
tolerancia de defectos de los materiales | material's tolerance for defects.
tolerancia de desequilibrio comparada con el diámetro de la sierra circular | imbalance tolerance versus blade diameter.
tolerancia de desgaste de contacto | contact wear allowance.
tolerancia de equilibrio | imbalance tolerance.
tolerancia de esfericidad | sphericity tolerance.
tolerancia de fabricación | running truth | manufacturing tolerance | permissible tolerance.
tolerancia de forma | form tolerance.
tolerancia de humedad | regain.
tolerancia de laminación | rolling-margin.
tolerancia de laminación (metales) | rolling tolerance.
tolerancia de laminado | rolling-margin.
tolerancia de más | plus tolerance.
tolerancia de más o menos dos grados | tolerance of plus or minus two degrees.
tolerancia de más 5% | plus 5 per cent tolerance.
tolerancia de medida (aparatos) | meter error.
tolerancia de ortogonalidad | squareness tolerance.
tolerancia de planeidad | straightness tolerance.
tolerancia de rectitud | straightness tolerance.
tolerancia de repetibilidad de corte de ± 0,01 milímetros | cutting repeatibility tolerance of ± 0.01 mm.
tolerancia de seguridad | safety margin.
tolerancia de variación de la frecuencia | frequency tolerance.
tolerancia de 3 micrómetros en ovalidad | tolerance of 3 micron in ovality.
tolerancia del diámetro primitivo | effective-diameter tolerance.
tolerancia diametral | diametric tolerance.
tolerancia diamétrica | diametral clearance.
tolerancia dimensional | dimensional tolerance | size margin.
tolerancia dimensional en longitud | overall dimensional tolerance.
tolerancia en el ánima (tubos) | bore tolerance.
tolerancia en el espesor | thickness tolerance | thickness deviation.
tolerancia en el espesor de la pared (tubos) | tolerance on wall thickness.
tolerancia en el lote | lot tolerance.
tolerancia en el tamaño | size tolerance.
tolerancia en el tamaño de una característica | feature tolerance.
tolerancia en la anchura | allowance in the width.
tolerancia en la calibración de frecuencia | frequency calibration tolerance.
tolerancia en la concentricidad | concentricity tolerance.
tolerancia en la estabilidad de frecuencia | frequency stability tolerance.
tolerancia en la fecuencia del transmisor | transmitter frequency tolerance.
tolerancia en la liga | allowance in alloy.
tolerancia en la luz (tubos) | bore tolerance.
tolerancia en la posesión de un terreno | estate at sufferance.
tolerancia en la situación del centro del agujero | hole-center tolerance.
tolerancia en longitud (telecomunicación) | length-margin.
tolerancia en más | margin over.
tolerancia en más de una curvatura deseada | overbending.
tolerancia en más menos | up-and-down tolerance.
tolerancia en menos | margin under | minus tolerance.
tolerancia en perpendicularidad | perpendicularity tolerance.
tolerancia escasa | tight tolerance.
tolerancia estable mínima del control automático | minimum stable automatic control tolerance.
tolerancia exigida para moldear | molding demanded tolerance.
tolerancia extrema para diámetro primitivo | extreme pitch diameter tolerance.
tolerancia fundamental (ajustes) | grade tolerance.
tolerancia geométrica | geometrical tolerance.
tolerancia impuesta | prescribed tolerance.
tolerancia lineal | linear tolerance.
tolerancia más pequeña | narrower tolerance.
tolerancia máxima | high limit.
tolerancia mayor que la normal | wide tolerance.
tolerancia menor que la normal (alta preci-

sión) | close tolerance.
tolerancia metálica (tolerancia de forma expresada en variación dimensional total - perfiles) | metal tolerance.
tolerancia metálica máxima | maximum metal limit.
tolerancia metálica mínima | minimum metal limit.
tolerancia mínima | low limit | tight tolerance.
tolerancia muy pequeña | tight tolerance.
tolerancia normal | commercial tolerance | published tolerance.
tolerancia normal de fabricación | normal working tolerance.
tolerancia para ajustar a mano | hand-fitting allowance.
tolerancia para el equilibrado | balancing tolerance.
tolerancia para el muelleo (curvado de chapas) | overbending.
tolerancia para el rectificado | grinding allowance.
tolerancia para escariado | reaming allowance.
tolerancia para la contracción del modelo | pattern shrinkage allowance.
tolerancia para resistir valores anormales de la gravitación | G-tolerance.
tolerancia para volar a altas altitudes | altitude tolerance.
tolerancia para volar a bajas presiones | altitude tolerance.
tolerancia pequeña | close tolerance.
tolerancia permitida | permissible tolerance | allowable tolerance.
tolerancia permitida a los fabricantes | maker's allowed tolerance.
tolerancia ponderal | weight tolerance.
tolerancia por humedad | allowance for moisture.
tolerancia posicional | positional tolerance.
tolerancia precisa | exacting tolerance.
tolerancia realizable | realizable tolerance.
tolerancia restringida | tight tolerance.
tolerancia unilateral | unilateral limit.
tolerancias admisibles de variación | permissible limits of variation.
tolerancias admisibles del peso | permissible weight deviations.
tolerancias admitidas | permitted variations.
tolerancias angulares | angular tolerances.
tolerancias convenidas | agreed upon tolerances.
tolerancias de extrusión | extrusion tolerances.
tolerancias de fabricación | factory limits.
tolerancias de fabricantes de calibres | gagemarker's tolerances.
tolerancias de la temperatura de colada | pouring temperature tolerances.
tolerancias de laminación | mill tolerances.
tolerancias de las partes componentes de la pieza | piece-part tolerances.
tolerancias de los componentes | component tolerances.
tolerancias de maquinado | machining tolerances.
tolerancias de montaje | assembly tolerances.
tolerancias de planeidad | flatness tolerances.
tolerancias de vibración | vibration tolerances.
tolerancias de 5 micrómetros en el diámetro y de 2 micrómetros en la ovalidad | tolerances of 5 micron on diameter and 2 micron on ovality.
tolerancias del calibrador | gage tolerances.
tolerancias del equilibrado (ejes, ruedas) | balance tolerances.
tolerancias del tamaño | limits of size.
tolerancias dimensionales | size limits.
tolerancias eléctricas | electrical tolerances.
tolerancias funcionales | functional tolerances.
tolerancias industriales | engineering tolerances.
tolerancias intolerables | condemning limits.
tolerancias longitudinales | linear tolerances.
tolerancias más rígidas que las normales | closer-than-standard tolerances.
tolerancias máxima y mínima | plus and minus limits.
tolerancias mecánicas | mechanical tolerances.
tolerancias muy pequeñas | extremely tight tolerances | extremely close tolerances.
tolerancias muy precisas | ultra-fine tolerances | extremely close tolerances.
tolerancias nominales dimensionales | nominal size limits.
tolerancias ultraprecisas | ultraprecise tolerances.
tolerancias vertical y lateral | vertical and lateral tolerances.
tolerante a la sal (plantas) | salt tolerant.
tolerar | connive (to) | stand (to) | tolerance (to).
tolete | thole | rowlock | poppet.
tolete (remos) | pin.
tolete de horquilla (botes) | boat crutch | swivel rowlock | crutch.
tolobato (arquitectura) | tholobate.
tolueno | toluene.
toluídico | toluic.
tolva | tremie | hopper | hopper | bin | hooper | trough | trunk | funnel | feeding box | feeding trough | grain box.
tolva (molino de harina) | mill-hopper.
tolva alimentadora electrovibrada | electrically-vibrated feed hopper.
tolva cargadora del mezclador | mixer bin.
tolva colectora de polvos | dust hopper.
tolva compensadora (silos para cereales) | garner.
tolva con embudo | tremie.
tolva con válvula de descarga | valved tremie.
tolva de aire | air scoop.
tolva de alimentación | breast box | feed hopper.
tolva de almacenamiento | storage hopper.
tolva de carbón | coal hopper.
tolva de carga | loading hopper | feedbox | bath hopper | charging funnel | batch hopper | charging hopper.
tolva de carga (cañones) | ammunition hopper.
tolva de carga (minas) | loading chute.
tolva de carga del tragante | furnace top hopper.
tolva de cenizas | ash hopper.
tolva de evacuación | discharging spout | spout.
tolva de machacadora | crusher head.
tolva de mineral | ore bunker.
tolva de precipitación | precipitation hopper.
tolva dosificadora | measuring hopper.
tolva ensacadora | bagging bin.
tolva medidora (hormigonera) | batcher.
tolva oscilante | shaking chute.
tolva para carga del cajón | skip pocket.
tolva para cargar palanquillas | billet chute.
tolva para cereales | grain hopper.
tolva para el cemento | cement hopper.
tolva para el fundente | melt hopper.
tolva para el fundente (soldadura) | flux hopper.
tolva para mineral | ore pocket | ore-chute.
tolva pesadora | weigh-hopper.
tolva receptora | receiving hopper.
tolva selectora automática | automatic selecting hopper.
tolva vibratoria | vibratory hopper.
tolva-báscula | weigh-hopper.
tollendi | altius non tollendi.
toma | fix | take | takeup | uptake | plug.
toma (calderas, transformadores, tuberías) | tapping.
toma (de agua, electricidad, etc.) | feeding-point.
toma (de agua, vapor, electricidad) | intake.
toma (de corriente, de temperatura, etc.) | tapping.
toma (de corriente, etc.) | collection.
toma (de datos) | capture.
toma (de ondas, corriente, etc.) | pickup.
toma (de una tubería, de un transformador, de corriente) | tap.
toma (electricidad) | takeoff.
toma (engranajes) | mesh | meshing.
toma (red eléctrica) | distribution point.
toma (tarjetas) | pick-up.
toma (telecomunicación) | seizure.
toma alta de la mar (bomba de circulación de buques) | high-sea inlet.
toma anemométrica | pressure pilot inlet.
toma auxiliar | convenience outlet.
toma central | centre tap | center tap.
toma de aceite | oil intake.
toma de agua | tapping point | standpipe | hydrant | intake.
toma de agua (canales) | offtake.
toma de agua (en un río o lago) | crib.
toma de agua (ferrocarril) | water pillar | water crane.
toma de agua (presas) | discharge intake.
toma de agua contra incendios | fire hydrant.
toma de agua de la mar (buques) | sea injection.
toma de agua de mar (buques) | sea chest.
toma de agua de mar (condensador buques) | injection scoop.
toma de agua del mar (buques) | injection.
toma de agua en la ladera del vaso (embalses) | shore intake.
toma de aire | scoop | air inlet | air intake | air hole | air bleed.
toma de aire (automóvil) | air manifold.
toma de aire a succión | ramming air intake.
toma de aire adicional | air bleed.
toma de aire cuya sección o forma puede variarse en vuelo (aeroplanos) | variable geometry intake.
toma de aire del carburador | carburetor-air scoop.
toma de aire dinámica (motores) | air scoop.
toma de aire dinámica (motores avión) | ramming air intake.
toma de aire dirigida en el sentido de la marcha para aumentar la presión de entrada (motores avión) | ramming air intake.
toma de aire dirigida en sentido de la marcha (motor aviación) | ramming intake.
toma de aire dorsal | dorsal air intake.
toma de aire en el arranque de las alas (aviones) | wing root air intake.
toma de aire en el borde de ataque (alas aviones) | leading-edge air intake.
toma de aire en sentido de la marcha (aviones) | ram scoop intake.
toma de altura pronunciada (aviación) | steep climb.
toma de apuntes | note-taking.
toma de bobina | coil tap.
toma de bordes redondeados | rounded-lip intake.
toma de bordes vivos (no redondeados) | sharp-lip intake.
toma de cámara en movimiento | panning.
toma de carga paulatina (reactor nuclear) | slow-make charge.
toma de conjunto (cine) | master shot.
toma de corriente | current collection | current tap | switch | conduit box | tapping point | convenience receptacle.
toma de corriente (electricidad) | outlet.
toma de corriente de clavija | peg swich.
toma de corriente de lira (trenes eléctricos) | bow collector.
toma de corriente de pértiga | rod current collector.
toma de corriente para locomotora de minas | mine locomotive current collector.
toma de corriente para soldar | welding point.
toma de decisión | decision-making.
toma de decisiones | decision making.
toma de decisiones descentralizadas | decentralized decision taking.
toma de exteriores (radio-TV-cine) | nemo.
toma de fuerza | power takeoff.
toma de fuerza (de un tractor) | takeoff.
toma de fuerza regulada por amplificador magnético | magnetic-amplifier-regulated power

supply.
toma de gas | gas up-take | gas catcher.
toma de gas (alto horno) | gas exit pipe.
toma de gas del tragante (alto horno) | gas offkate.
toma de gas lateral (alto horno) | downtake | downcomer | downcome.
toma de inventario | inventory taking.
toma de la casa de máquinas (central hidroeléctrica) | power intake.
toma de lecturas de medidas | meter reading.
toma de mar (buques) | seacock | sea inlet | suction box.
toma de mar de la cámara de bombas | pumproom suction.
toma de mar para agua de refrigeración situada cerca del pantoque (buques) | cooling water low suction.
toma de mar situada en la zona del pantoque (buques) | low sea inlet.
toma de medidas de un buque para reproducir el plano de formas | taking-off.
toma de muestras | coring | collection of samples | sampling.
toma de muestras de aire | air sampler.
toma de muestras del suelo | probing.
toma de petróleo | oil intake.
toma de posesión | occupation | entry | take-over | seizing | seizure.
toma de posesión (de un cargo) | accession to office.
toma de posesión (de un empleo) | occupancy.
toma de posesión del cargo | induction.
toma de posesión después de la firma del contrato | occupation on completion.
toma de presión | pressure tapping | pressure tap.
toma de profundidad (minas submarinas fondeadas) | depth taking.
toma de profundidad hidrostática (minas submarinas fondeadas) | hydrostat depth-taking.
toma de selector | picking-up a selector.
toma de tierra | earth plate | earth connection | ground.
toma de tierra (aviación) | landing approach.
toma de tierra (electricidad) | ground connection.
toma de tierra del abonado | service ground.
toma de tierra equilibrada (electricidad) | counterpoise.
toma de tierra múltiple | ground mat.
toma de una escena con imagen y sonido | take.
toma de vapor | drawing-off | throttle valve | input | input of steam | throttle.
toma de vapor (calderas) | offtake.
toma de vapor (locomotoras) | boiler drum.
toma de vapor del inyector | injector throttle | injection cock.
toma de vapor vivo | bleeder point.
toma de vapor vivo (de vapor) | bleed.
toma de vista a distancia | long shot.
toma de vistas (cine) | take.
toma de vistas (de un filme) | shooting.
toma de vistas (estudios de cine) | pickup.
toma de vistas con maqueta (cine) | miniature work | model work.
toma de vistas descuadrada (cine) | off-over shooting.
toma de vistas en directo (TV) | live pickup.
toma de vistas en travelín (cine) | traveling shot.
toma de vistas imagen por imagen (cine) | stop-motion shooting.
toma de vistas por helicóptero | helivision.
toma de vistas siguiendo al ejecutante | follow shot.
toma del conductor aéreo | overhead conductor tap.
toma del transformador | transformer tap.
toma directa (autos) | high gear | direct drive.
toma directa (motores) | direct connection.
toma en directo (TV) | live shot.
toma exterior de aire para el sobrealimentador del motor (aviones) | intake header.
toma fuera de los estudios | nemo.
toma ininterrumpida de cámara | shot.
toma instantanea fotográfica | stills.
toma intermedia | tapping.
toma legal de posesión (de propiedades) | eviction.
toma lenta de una imagen (cine) | ralenti.
toma para micrófono | microphone adapter.
toma para muestreos | sampling insert.
toma para sacar muestras | sampling offtake.
toma ponorámica (TV) | panning.
toma progresiva | gradual pickup.
toma seguida (cámara) | travel shot.
toma situada en la contracción de la vena (hidráulica) | vena-contracta tap.
toma superflua (microbiología) | luxury uptake.
toma tacométrica | tachometer drive.
toma telefónica | telebriefing receptacle.
toma y daca | give-and-take.
tomacorriente | receptacle | plug cluster | plugging device | tap.
tomacorriente (electricidad) | service box.
tomacorriente (sondeos) | socket.
tomacorriente con conexión de antena y tierra | radio outlet.
tomacorriente de clavija | plug-in outlet | peg switch.
tomacorriente de pértiga | whip current collector.
tomacorriente de techo | ceiling outlet.
tomacorriente múltiple | receptacle outlet.
tomacorriente para fuerza | power plug.
tomacorriente para lámpara | lighting outlet.
tomacorriente puesto a tierra | safety outlet.
tomacorriente que tiene contacto con tierra | ground outlet.
tomacorriente tapado (electricidad) | capped outlet.
tomadas de N en N (permutaciones) | taken N at a time.
tomadas en cuenta | taken into account.
tomado al azar | taken at random.
tomado de la red | mains-operated.
tomado del bebedero de la pieza fundida | gated from the casting.
tomador | payee | taker.
tomador (carda) | taker-in.
tomador (de una letra) | drawee.
tomador (de una letra de cambio) | purchaser.
tomador a la gruesa | borrower on bottomry.
tomador de la cruz (buques) | bunt gasket.
tomador de mallas (tejeduría) | looper | loop taker.
tomador de rizos (velas) | point.
tomadores de rizos (velas) | reef points.
tomaina | ptomaine.
tomamuestras | sampler.
tomando momentos con relación a uno de los apoyos (vigas) | taking moments about one of the supports.
tomar | pick up (to) | mark off (to) | tap (to) | grasp (to).
tomar (agua, electricidad) | tap (to).
tomar (el pulso) | feel (to).
tomar (una hipoteca) | take up (to).
tomar a préstamo | borrow (to).
tomar a su cargo los gastos de | defray the cost of (to).
tomar a viva fuerza | force (to).
tomar agua | water (to).
tomar agua (locomotoras) | water (to).
tomar aliento | breathe (to).
tomar altitud (aviones) | eat up altitude (to).
tomar altura | climb (to).
tomar carbón | coal (to).
tomar carga | load (to).
tomar carga (buques) | load up (to).
tomar combustible | take bunkers (to).
tomar con la cuchara (cucharear - excavadoras) | grab (to).
tomar cuerpo (pudelado) | come to nature (to).
tomar de | borrow from (to).
tomar de enfilada (milicia) | rake (to).
tomar de enfilada una trinchera (con fuego de ametralladora) | rake a trench (to).
tomar de punta la aguja (ferrocarril) | face the switch (to).
tomar de talón la aguja (ferrocarril) | trail the points (to) | burst open the points (to).
tomar de talón las agujas | pass the points trailing (to).
tomar dinero a préstamo | borrow money (to).
tomar dos rizos (velas) | double-reef (to).
tomar el cambio de punta (ferrocarril) | pass the points facing (to).
tomar el control | takeover (to).
tomar el largo (marina) | off (to) | gain an offing (to).
tomar el largo con todas las velas (buque de vela) | crowd off (to).
tomar el mando | assume the command (to).
tomar el mando (marina guerra) | fly one's flag (to).
tomar el remolque por la proa-babor del buque | take the tow rope by the bow-port of ship (to) .
tomar el rumbo más seguro y confortable | heave (to).
tomar en alquiler | rent (to).
tomar en carga | fetch (to).
tomar en consideración una instrucción | staticize (to).
tomar en consideración una queja | entertain a claim (to).
tomar grano (azúcar) | acquire face (to).
tomar huelgo (máquinas) | work loose (to) | loosen (to).
tomar impulso | pick up momentum (to).
tomar incremento | increase (to) | rise (to).
tomar juramento | swear in (to).
tomar juramentos | administer oaths (to).
tomar la altura del sol (navegación) | take the sun (to).
tomar la capa (marina) | lay to (to).
tomar la consistencia del cuero | become leathered (to).
tomar la delantera | spearhead (to).
tomar la embocadura (música) | tongue (to).
tomar la ofensiva | assume the offensive (to).
tomar la parte de | side (to).
tomar la posición orto (química) | enter the ortho position (to).
tomar la resolución de | resolve (to).
tomar las agujas de punta (ferrocarril) | pass the points facing (to).
tomar las huellas digitales | fingerprint (to).
tomar las medidas necesarias para | provide for (to).
tomar las riendas del gobierno | take the reins of government (to).
tomar más ceñido el viento (yates de vela) | outpoint (to).
tomar medida a | measure (to).
tomar medidas | make provision for (to).
tomar medidas legales | take legal measures (to).
tomar medidas legales para cobrar una deuda | take steps to recover a debt at law (to).
tomar muestras | sample (to) | thieve (to).
tomar muestras (sondeos) | core (to).
tomar nota | minute (to).
tomar nota de | note (to) | take down (to) | record (to).
tomar parte en una manifestación | demonstrate (to).
tomar parte por | side (to).
tomar pátina (colores) | mellow (to).
tomar pie | effect a lodgement (to).
tomar por avante (marina) | build a chapel (to) | luff up (to).
tomar por el talón (agujas ferrocarril) | trail (to).

tomar posesión | take up (to) | take over (to) | vest (to).
tomar posesión de | occupy (to).
tomar posesión de la presidencia | induct into the chair (to).
tomar posesión de un cargo | enter (to).
tomar precauciones | make provisions for (to).
tomar prestado | take up (to).
tomar prestado a largo plazo | borrow long (to).
tomar prestado mediante hipoteca | borrow on mortgage (to).
tomar razón | note (to).
tomar rizos (velas) | reef (to).
tomar su forma inicial (muelles) | jump back (to).
tomar su partido | make up (to).
tomar turno para entrar en dique (buques) | stem (to).
tomar un abono | commute (to).
tomar un trabajo a tanto alzado | job (to).
tomar un viraje muy ceñido (autos en curvas) | cut a corner (to).
tomar una curva (ferrocarril, carretera) | negotiate (to).
tomar una decisión | carry a resolution (to).
tomar una forma longitudinal parecida a un calamar por presión excesiva del viento (paracaídas inflado) | squid (to).
tomar una marcación | take a bearing (to) | bear (to) | shoot a bearing (to).
tomar una vuelta (coches) | round (to).
tomar vacaciones | lay off (to).
tomar velocidad | get on (to).
tomará posesión de su cargo | he will enter upon his duties on.
tomas de agua de mar (buques) | sea connections.
tomas de aire del motor | engine air-intakes.
tomas y descargas al mar (buques) | sea connections.
tomates de invernadero | greenhouse tomatoes | glass-house tomatoes.
tomates deshidratados por aspersión | spray-dried tomatos.
tomates hidropónicos | hydroponic tomatoes.
tomates madurados en espaldar | vine-ripened tomatoes.
tomavistas estático | stepwise-operated camera.
tómbola benéfica | charity bazaar.
tómbolo (geografía física) | loop.
tómbolo (geología) | land-tied island | tombolo.
tomear (Honduras) | baiting.
tomentoso (botánica) | downy | cottony | nappy.
tomo uno (ligamentos tejeduría) | down one-up one.
tomo uno y dejo uno (ligamentos) | up one-down one.
tomografía | planigraphy | body-section radiography | sectional radiography | laminography | tomography.
tomografía computerizada | computed tomography.
tomografía de rutina de todo el pulmón | routine full-lung tomography.
tomografía del pulmón | lung tomography.
tomógrafo (radiología) | laminagraph.
tomógrafo axial computarizado por rayos X | scanner.
tomógrafo axial computarizado que utiliza ultrasonidos en vez de rayos X (medicina) | octason.
tonal | tonal.
tonalidad | tonality | coloring.
tonalidad (colores) | hue.
tonalidad (fotografía, cine, televisión) | key.
tonalidad (música) | tonality.
tonalidad clara | light key.
tonalidad con radiaciones rojas (lámparas) | warm tone.
tonalidad de color | color shade.
tonalidad de llamada | ringing tone | ring tone.
tonalidad de llamada (telefonía) | ringing tone signal.
tonalidad de toma (telefonía) | seize tone.
tonalidad oscura | low key.
tonalidad oscura (cuadros) | low key.
tonalidad propia del salón (acústica) | room tone.
tondino | astragal.
toneaduras de magnesio | magnesium turnings.
tonel | tun | tub | butt | cask | hogshead | barrel.
tonel (acrobacia aérea) | cartwheel.
tonel (de vino) | pipe.
tonel (revolución completa alrededor del eje longitudinal - aviones) | roll.
tonel de amalgamación | amalgamating tub.
tonel de desarenar | rumbling-mill | rumble.
tonel desarenador (funderías) | foundry rattler | rattling-barrel | rumbler.
tonel empezando y terminando en vuelo invertido (aviones) | outside roll.
tonel lento | aileron roll.
tonel lento (aviación) | slow roll.
tonel lleno | full cask.
tonel para desarenar (fundición) | cleaning barrel.
tonel para galvanoplastia | plating barrel.
tonel rápido (avión) | snap roll.
tonelada americana | short ton.
tonelada corta (907,1848 Kgr - EE.UU.) | short ton.
tonelada de (marina) | cubic-ton-mile.
tonelada de arqueo | measured ton | measurement ton.
tonelada de arqueo (tonelada Moorson = 100 pies cúbicos = 2,88 metros cúbicos) | register ton.
tonelada de arqueo bruta compensada (buques) | compensated gross registered ton.
tonelada de arqueo total | gross register ton.
tonelada de desplazamiento | displacement ton.
tonelada de ensayos | assay ton.
tonelada de flete (40 pies^3 ó 1.016 kilos - EE.UU.) | freight ton.
tonelada de fuerza | tonf.
tonelada de refrigeración | ton of refrigeration.
tonelada de registro | vessel ton.
tonelada de registro (buques) | vessel ton.
tonelada de registro (tonelada Moorson = 100 pies cúbicos = 2,88 metros cúbicos) | register ton.
tonelada de registro bruto | gross register ton.
tonelada de registro bruto (buques) | gross ton.
tonelada inglesa (1,016 kilos) | English ton.
tonelada larga (1,016 kilos) | English ton.
tonelada larga (2.240 libras) | long ton.
tonelada larga=1.016 kilos (Inglaterra) | gross ton.
tonelada-milla | ton-mile | freight density.
tonelada-milla de carga | cargo ton mile.
toneladas-millas netas remolcadas por hora de locomotora de mercancías (ferrocarril) | net ton-miles hauled per freight-engine hour.
toneladas de arqueo bruto | gr. tons.
toneladas de registro neto | net tonnage.
toneladas facturadas | invoiced tons.
toneladas-kilómetros de carga efectuadas | freight ton-kilometers performed.
toneladas-kilómetros de correo efectuadas | mail ton-kilometers performed.
toneladas-kilómetros de exceso de equipaje | excess baggage ton-kilometers.
toneladas-kilómetros de pago disponibles | revenue ton-kilometers available.
toneladas-kilómetros de pago efectuadas (aviones) | revenue ton-kilometers performed.
toneladas-kilómetros efectuadas sin remuneración | nonrevenue ton-kilometres performed.
toneladas-millas netas por horas de tren de mercancías | net ton-miles per goods train hours.
toneladas-millas netas por vagón-día | net ton-miles per wagon-day.
tonelaje | dead weight capacity | tonnage.
tonelaje (movimiento de mercancías) | turnover.
tonelaje amarrado (buques) | laid-up tonnage.
tonelaje bruto de registro | gross register tonnage.
tonelaje bruto del buque | ship's gross tonnage.
tonelaje de arqueo bajo cubierta | under deck register.
tonelaje de arqueo según reglas del Támesis (yates) | tons T.M.
tonelaje de arqueo total | gross register tonnage.
tonelaje de buques con máquina de vapor | steam tonnage.
tonelaje de buques de pasaje | passenger-liner tonnage.
tonelaje de buques propulsados por motor diesel | diesel tonnage.
tonelaje de carga | deadweight tonnage.
tonelaje de carga totalmente congelada y en parte congelada (buques) | whole and part-reefer tonnage.
tonelaje de desplazamiento | displacement tonnage.
tonelaje de la flota mercante | merchant fleet's tonnage.
tonelaje de las embarcaciones a flote (ríos) | floatage.
tonelaje de registro | register tonnage.
tonelaje de registro bruto | gross tonnage.
tonelaje de transporte para cargamentos refrigerados | refrigerated tonnage.
tonelaje desguazado | broken up tonnage.
tonelaje disponible | available cargo.
tonelaje inmovilizado (de buques) | idle tonnage.
tonelaje mercante excluido petroleros | non-tanker mercantile tonnage.
tonelaje neto | net tonnage.
tonelaje neto de registro | net register tonnage.
tonelaje para transporte de cereales | grain tonnage.
tonelaje que transporta sólo crudos (transportes petroleros) | dirty tonnage.
tonelaje refrigerado en buques de servicio irregular | tramp reefer tonnage.
tonelaje remolcado (locomotoras) | tonnage rating.
tonelámetro | meter-ton.
tonelapondio | tonf.
tonelería | coopery.
tonelería para áridos | slack cooperage.
tonelería para líquidos | tight cooperage.
tonelero | cooper | butt maker | hooper | barrel maker | back maker.
toneles para curtidurías | tannery vats.
toneles para sólidos | slack cooperage.
toner (copiadoras) | toner.
tongada | couch | stage | layer | round | tier | bed | ledge.
tongada de cadena estibada (buques) | tier.
tongada de hormigón | concrete bed.
tongada de un cabo adujado | flake.
tónica (música) | key note | tonic.
tónica de los tiempos | tonic of the times.
tonicidad | tonicity.
tónico (gramática) | tonetic.
tonificar | tone (to).
tonina (pez) | dolphin.
tonlar (circuito telefónico) | tonlar.
tono | tune | shade.
tono (colores) | hue.
tono (de color) | tint.
tono (física) | pitch.
tono (música) | tone | key.
tono (sonidos) | pitch.
tono alternativamente bajo y alto | high-and-low tone.
tono complejo (acústica) | complex tone.
tono completo | whole tone.
tono conectado | tone on.
tono de batido | beat note.
tono de fondo | background tint.
tono de frecuencia variable (acústica) | warble tone.
tono de la pulsación | beat tone.

tono de marcación | marking tone.
tono de ocupado (acústica) | busy tone.
tono de prueba | test tone.
tono de soprano | high-pitched tone.
tono de trabajo (telefonía) | making tone.
tono de verificación | check tone.
tono de 1.000 ciclos por segundo (acústica) | reference tone.
tono del color | hue of the color.
tono eólico | aeolian tone.
tono fijo (acústica) | fixed pitch.
tono grave (acústica) | deep tone.
tono indicador de localización | range tone.
tono inyectado de 84 kilohertzios | injected tone of 84 kilocycles.
tono lateral | sidetone.
tono lateral (telefonía) | sidetone.
tono local | side tone.
tono menor | minor.
tono neutro (apagado - colores) | art shade.
tono no reticulado (fotograbado) | continuous tone.
tono normal | standard pitch.
tono producido cuando predominan las altas frecuencias | high-pitched tone.
tono sostenido (mercados) | level tone | fully steady tone.
tono uniforme (mercados) | level tone.
tonomecánica (lingüística) | tonomechanics.
tonómetro (acústica, calderas) | tonometer.
tonos altos | treble.
tonos audibles desplazados en frecuencia | frequency-shift audio tones.
tonos claros | light key.
tonos más brillantes del maquillado (cine, TV) | liner.
tonos sobrios (cuadros) | low key.
tonotecnia | tonotechnics.
tonsurar | cut the hair of (to).
tooide | thooid.
toona (Cedrela calantas - Burkhill).
toona (Cedrela toona) | sadao dong.
topacio | topaz.
topacio ahumado | scotch topaz.
topacio de Bohemia | quartz topaz.
topacio de color rojo sangre | Brazilian ruby.
topacio genuino alterado en su color | burnt topaz.
topacio occidental | citrine.
topacio oriental | Indian topaz | Oriental topaz.
topacio verdoso | aquamarine topaz | Brazilian aquamarine.
topacio violeta o rojizo | red topaz.
topadora | bulldozer.
topadora (sierra para nivelar los extremos de los rollizos - aserradero) | butter.
topadora niveladora de hoja angulable | angling bulldozer.
topadora niveladora de hoja recta | dozer | bulldozer.
topar | knock (to).
tope | butt | stop | lug | frog | nose | top | check | end | catch | shoulder | snug.
tope (de cerradura) | stump.
tope (de válvula) | catcher.
tope (excéntrica) | snug.
tope (ferrocarril) | buffer | bumper.
tope (jaula de mina) | kep.
tope (relojes) | locking.
tope (telar) | frog.
tope ajustable | adjustable snug | setting stop.
tope amortiguador | shock-absorbing bumper.
tope amortiguador de depresión (cañón) | depression buffer.
tope amortiguador de elevación (cañón) | elevation buffer.
tope bombeado (vagones) | convex buffer.
tope ciego (minas) | airless end.
tope compensador | compensating buffer | equalizing buffer.
tope de aguja (ferrocarril) | bearing stud.
tope de arrastre | carrier | driver | work carrier.
tope de caldera (buques) | boiler chock.
tope de caucho | rubber stop.
tope de convergencia (cañón) | parallax limit stop.
tope de cuero del batán (telares) | lay buffer.
tope de choque | buffer-block.
tope de desembrague (máquinas herramientas) | knockoff.
tope de desviación (deslizadero forestal) | breastwork log.
tope de detención (contra el vuelco) | overthrow stop.
tope de disco | plate buffer.
tope de disco (vagones) | disc buffer.
tope de ejercicios | drill stop.
tope de empuje | tappet.
tope de excéntrica | eccentric snug | eccentric stop | eccentric catch.
tope de extremidad | check end.
tope de fijación | locking toe.
tope de fin de carrera | stroke-end stop.
tope de fin de carrera (cepilladora) | dog.
tope de fin de carrera (jaula de minas) | keep.
tope de final de carrera | positive stop.
tope de frenado reostático | dynamic braking stop.
tope de impulsor | follower stop.
tope de inmovilización | locking toe.
tope de inversión de marcha | knocker-out.
tope de la caña del ancla | canting piece.
tope de la chapa (lado menor de la chapa) | plate butt.
tope de la pinza (plato tornos) | collet pad.
tope de la producción | production ceiling.
tope de madera | spile.
tope de margen | margin stop.
tope de margen de cabeza | head lay.
tope de margen lateral (tipografía) | side lay.
tope de muelle | spring top.
tope de parada | buffer-stop | finger stop.
tope de paso corto (hélices) | fine-pitch stop.
tope de paso largo (hélices) | coarse-pitch stop.
tope de puerta | doorstop.
tope de puntería azimutal | training stop.
tope de puntería en elevación | elevation stop.
tope de quilla (costura transversal) | keel-plate butt.
tope de redescuento | rediscount ceiling.
tope de resorte | spring buffer.
tope de retención del timón | rudder stop.
tope de retenida | checking finger.
tope de retroceso | rebound-check | rebound-stop.
tope de sector de tiro en azimut | training buffer.
tope de seguridad | positive stop | safety stop.
tope de tabulación | tabulation stop.
tope de telar | loom buffer.
tope de torre (cañones en torre) | training stop.
tope del carro (tornos) | carriage stop.
tope del cerrojo (cañón) | gate stop.
tope del conmutador de listo para hacer fuego (cañones) | gun-ready switch striking plate.
tope del engranaje de elevación | elevation stop.
tope del forro (buques) | shell butt.
tope del palo (buques) | masthead.
tope del paso (hélice paso modificable) | pitch stop.
tope del pilote | pile butt.
tope del pistón | piston retainer.
tope del timón | rudder stop.
tope elástico | elastic buffer | spring buffer.
tope en el suelo para puerta | door check.
tope fijo | dead stop | fixed stop.
tope final correctamente situado | accurately positioned dead stop.
tope final de carrera | overtravel limit.
tope graduable | adjustable stop | adjustable dog.
tope hidráulico | hydraulic buffer stop.
tope hidráulico (vagones) | hydraulic buffer.
tope inferior | lower stop.
tope limitador | fence | limit stop.
tope limitador del recorrido | trip dog.
tope micrométrico | micrometric stop.
tope móvil | movable stop.
tope móvil (telares) | live frog.
tope neumático | pneumatic buffer.
tope para el cartucho | cartridge stop.
tope para la barra de alineación (cañón) | tram block.
tope para taladrar a la profundidad deseada | depth top.
tope plano (vagones) | flat buffer.
tope rotatorio | rotary stop.
tope seco (vagones) | deadwood | dead block.
tope trasero | backstop.
topes ajustables | settable stops.
topes de anticipos a crédito | advances ceilings.
topes de fin de carrera (jaula minas) | landing chairs.
topes de fin de carrera (jaulas minas) | landing dogs.
topes de goma (ballestas de autos) | bumper blocks.
topes de inversión de marcha (máquina herramienta) | stroke dogs.
topes de la traca de cinta | sheerstrake butts.
topes de seguridad (jaula minas) | safety keps.
topes del timón (cubierta buques) | deck stops.
topes hidráulicos de final de carrera (jaulas de minas) | hydraulic keps.
topes limitadores de la puntería en azimut (cañón) | train positive stops.
topes regulables progresivamente | steplessly settable tops.
topetazo | bump.
tópico (medicamento externo-medicinas) | topic.
tópicos | topics.
topo | mole.
topocéntrico | topocentric.
topoclimatología | topoclimatology.
topoclimatológico | topoclimatological.
topoclinio (dasonomía) | topocline.
topodemo (biología vegetal) | topodeme.
topófisis | topophysis.
topogalvanotaxis | topogalvanotaxis.
topogeodésico | topogeodesic.
topografía | land surveying | land surveying | surveying | survey.
topografía acústica | acoustic topography.
topografía autogenético | autogenetic topography.
topografía caracterizada por planicies y circos (fase parcial de glaciación) | biscuit-board topography.
topografía de la superficie (papel) | surface contour.
topografía de la superficie de la pieza a trabajar | topography of the work surface.
topografía de la superficie de los diamantes naturales | surface topography of natural diamonds.
topografía de los cristales de grafito | topography of graphite crystals.
topografía de prominencia y caldera (morrenas) | hummocky topography.
topografía de superficies rugosas | rough surface topography.
topografía del fondo del mar | sea floor topography.
topografía del terreno | lie of the land.
topografía dinámica (oceanografía) | dynamic topography.
topografía exhumada | exhumed topography.
topografía fotográfica | photographic surveying.
topografía militar | military topography.
topografía plana | plane surveying.
topografía por barrido con rayos X | scanning X-ray topography.
topografía por radar | radar surveying.
topografía por rayos Roentgen | X-ray topography.
topografía senil (geología) | old age topography.
topografía submarina | underwater topography.

topógrafo | topographer | land surveyor | surveyor.
topograma | topograph | topogram.
topograma de difracción radiografiado | X-ray diffraction topograph.
topograma de potencia reactiva | reactive power topogram.
topogramas del diamante por rayos Roentgen | X-ray topograms of diamond.
topología (matemáticas) | topology.
topología algebraica | algebraic topology.
topología característica | standard topology.
topología de conjuntos | set topology.
topología de las redes eléctricas | network topology.
topología estructural | structural topology.
topología funcional | functional topology.
topología metrizable | metrizable topology.
topologización (topología) | topologization.
topólogo | topologist.
topometeorología (estudio de los fenómenos entre las escalas micro y mesometeorológica) | topometeorology.
topometría | topometry | plotting of points.
topométrico | topometric.
toponimia | toponymy.
toponimia lunar | lunar toponimy.
toponimista (persona) | toponymist.
topónimo | place name.
topoquímica | topochemistry.
topoquimiotáctico | topochemotactic.
topoquimiotaxis | topochemotaxis.
toposcopio | toposcope.
toposecuencia (petrografía) | toposequence.
topotáctico | topotactic.
topotaxia | topotaxy.
topotaxia (biología) | topotaxis.
toque | touch.
toque de fajina (milicia) | fatigue call.
toque de llamada de oficiales | officers' call.
toque de marcha | marching off call.
toque de queda | curfew.
toque de silencio (milicia) | lights out.
toque de tambor | beat | beating.
toque del avión con la pista (aterrizaje) | touchdown.
toque del tren de aterrizaje con la pista | touch down (to).
toque suave | feather touch.
toques (de corneta o tambor) | sounds.
tor (superficie) | donut.
tora (Argentina) | bolt.
torax | thorax | chest.
torbanita (geología) | boghead cannel.
torbellino | swirl | eddy | whirlwind | whirl | vortex | slipstream | twister.
torbellino de arena | sand pillar.
torbellino de la hélice (aviones) | backwash | slipstream.
torbellino de polvo | dust whirl.
torbellino de viento | whirlwind.
torbellino forzado | forced vortex.
torbellino rectilíneo | line vortex.
torbellino superficial de eje horizontal (hidráulica) | surface roller.
torbellino viscoso | viscous vortex.
torbellinos | vortices.
torbellinos de esquina | corner eddies.
torbellinos de extremo de pala (hélice) | blade tip vortices.
torbellinos en herradura | horseshoe vortices.
torbellinos helicoidales oblicuos | skewed helical vortices.
torbellinos marginales | trailing vortex.
torbenita | copper uranite.
torca (geología) | sand pipe.
torcedor | thrower | twister.
torcedor de seda | silk thrower.
torcedor de seda (hilado de seda o rayón) | throwster.
torcedora | stranding machine.
torcedora de cordones | rope strand twister.
torcedura | torsion | strain | twister | kink | wrench.
torcedura (piezas fundidas) | crook.
torcedura (Venezuela) | twist.
torcedura de guía de onda | waveguide twist.
torcedura del cigüeñal forjado para formar las diversas muñequillas (forja de cigüeñales) | twisting.
torcer | contort (to) | turn off (to) | turn (to) | inflect (to) | spring (to) | twine (to) | twist (to) | screw (to) | turn out (to).
torcer (hilo) | throw (to).
torcer (tejeduría) | throw (to).
torcer el hilo antes de encanillarlo | rove (to).
torcer lana | slub (to).
torcerse | jet out (to) | buckle (to) | spring (to).
torcerse las hojas en la prensa (litografía) | cock (to).
torcerse lateralmente (pilotes) | skew sidewise (to).
torcida | lamp wick.
torcidas de fibras completamente sintéticas | fully synthetic fiber twists.
torcidas de lana mezclados (textil) | fibre mixed yarns.
torcido | skew | twisted | warped.
torcido (ejes) | out of true.
torcido (estadística) | skewed.
torcido a la derecha | right-hand twisted.
torcido cruzado | diamond twist.
torcido de algodón | cotton twist.
torcido de chapé | schappe silk twist.
torcido de seda basta | bourrette twist.
torcido de selfactina | mule twist.
torcido en espiral | helically wound.
torcido llameado-tejidos) | flake twist.
torcidos blandos de hilos de algodón para géneros de punto y bonetería | soft twisted cotton yarns for hosiery and knitting.
torcidos de algodón (textil) | cotton twists.
torcidos de rayón y fibrana | rayon and spun rayon twists.
torcidos mixtos | mixed twists.
torcimiento | skewing | skewness | warping | wryness | warp.
torcimiento positivo (estadística) | positive skewness.
torcreto
toreumatografía | toreumatography.
toreumatología | toreumatology.
toreutica (escultura en relieve) | toreutics.
toriado (impregnado con toria) | thoriated.
torianita | thorianite.
toriar | thoriate (to).
tórico | toric.
toricónico | toriconical.
toriesférico | torispherical.
torio (Th) | thorium.
torio generado en reactor nuclear de uranio | uranium reactor-generated thorium.
torio infisionable | unfissionable thorium.
torio-228 | radiothorium.
torita (SiO_4Th) | thorite.
tormenta | storm | thunderstorm.
tormenta auroral | auroral storm.
tormenta ceraunosa | lightning storm.
tormenta con aparato eléctrico | lightning storm.
tormenta de área reducida | small-area thunderstorm.
tormenta de extensión reducida | small-area storm.
tormenta de fuego | fire storm.
tormenta de ruidos (sol) | noise storm.
tormenta delante de un frente frío | prefrontal thunderstorm.
tormenta eléctrica | electric storm | thunderstorm.
tormenta equinocial | line storm.
tormenta geomagnética | geomagnetic storm.
tormenta giratoria | revolving storm.
tormenta giratoria tropical | tropical revolving storm.
tormenta ionosférica | radio storm | ionospheric storm.
tormenta magnética | magnetic storm.
tormenta prefrontal | squall-line thunderstorm.
tormenta tropical | tropical storm.
tormentas equinocciales | equinoctials.
tormentas ionosféricas | radio storms.
tormentoso | gusty.
tormentoso (botánica) | woolly.
tormentoso (tiempo) | angry.
tornádico | tornadic.
tornado | tornado.
tornado (EE.UU.) | twister.
tornado hecho | mature tornado.
tornado incipiente | infant tornado.
tornado sobre agua de mar | waterspout.
tornadógeno | tornado-producing.
tornadora (cuerdas y cables) | layer.
tornaguía | landing certificate.
tornapunta | iron spur | push pole brace | sloping post | brace | diagonal brace | diagonal tie | strut | spur shore | spur | spur brace | spreader | knee brace | batter brace | beam arm | shoe | prick post.
tornapuntado | strut-braced | strutted.
tornapuntar | strut (to) | brace (to).
tornar | render (to).
tornasol | shot color | chatoyancy.
tornasolado | chatoyant | versicolor | moiré finish | cymophanous.
tornasolado (telas) | shot | changeable.
tornavoz (de púlpito) | soundboard.
torneado | turning.
torneado a la cuerda (cerámica) | cord throwing.
torneado a mano | manually turned.
torneado a máquina | engine-turned.
torneado al aire | turning on the face plate.
torneado al aire (sin puntos) | facing.
torneado brillante | bright turned.
torneado cilíndrico | cylindrical turning.
torneado con gran avance de la herramienta | heavy-feed turning.
torneado con herramienta de punta de diamante | diamond-turned.
torneado de copia | forming.
torneado de esquinas | shoulder turning.
torneado de piezas en ángulo | turning angles.
torneado de rodillos | roll turning.
torneado del extremo de una barra | spotting.
torneado del vidrio | glass turning.
torneado elíptico | elliptical turning.
torneado en ángulo (torno) | turning to an angle.
torneado en basto | rough-turned.
torneado en basto por medio del soplete oxiacetilénico | oxygen machining.
torneado en fino | fine-turned.
torneado en la rueda de alfarero (cerámica) | throwing.
torneado esférico | spherical turning.
torneado por deformación plástica bajo presión sobre un mandril (tornos) | flow turning.
torneado por electroerosión | spark turning.
torneado superficial del colector con herramienta de diamante (motor eléctrico) | diamond skimming of the commutator.
torneado vibratorio | vibratory turning.
torneadura cilíndrica | straight turning.
torneadura con ovalidad | ovality turning.
torneaduras | turnings.
tornear | turn (to).
tornear a las dimensiones exactas | turn to gage (to).
tornear a medidas aproximadas | rough-turn (to).
tornear a medidas finales | finish-turn (to).
tornear a un diámetro menor | undercut (to).
tornear al aire (sin puntos) | face (to).
tornear con copiador | copyturn (to) | copy-turn (to).
tornear con cuchilla perfilada | skive (to).
tornear con exactitud | turn true (to).
tornear con herramienta de punta de diamante | diamond-turn (to).

tornear cónico | taper turn (to).
tornear émbolos con menor diámetro | undercut pistons (to).
tornear en basto | rough-turn (to).
tornear interiormente | turn out (to) | turn off (to).
tornear superficialmente | skimming (to).
tornear una esquina | turn to a shoulder (to).
torneo | tournament.
torneo cilíndrico (tornos) | straight turning.
torneo con herramienta de forma análoga al perfil deseado | form-turning.
torneo con ovalidad | ovality turning.
torneo cuidadoso | fine turning.
torneo de copia | copy turning.
torneo en fino (acabado al torno) | finish turning.
tornería | turnery.
tornería de fantasía | fancy turnery.
tornero | turner | lather | lathe operator.
tornero (cerámica) | thrower.
tornero desbastador | rough turner.
tornero que rosca | screwcutter.
tornillería | bolts and nuts.
tornillo | bolt | screw | male screw.
tornillo a paño | flush screw.
tornillo alimentador (sondeos) | temper screw.
tornillo antagonista | antagonizing screw.
tornillo antagonista (teodolitos) | clip screw.
tornillo calibrador | metering screw.
tornillo cilíndrico largo con punta cónica | lag-screw.
tornillo con cabeza cilíndrica agujereada diametralmente | tommy head screw.
tornillo con cabeza hueca cuadrada o exagonal (para introducir la llave de apriete) | socket screw.
tornillo con mordientes de plomo | padded vise.
tornillo con pie | standing vise.
tornillo con piedra (aparatos de medición) | jewel support.
tornillo con reborde en la cabeza | collar screw.
tornillo cónico | taper screw.
tornillo corrector | setscrew.
tornillo cuya cabeza tiene dos ranuras ortogonales con más profundidad en el centro que en la periferia | Phillips screw.
tornillo de accionamiento del contrapeso | poise drive screw.
tornillo de ajuste | temper screw | setscrew.
tornillo de ajuste de elevación | elevation adjusting screw.
tornillo de ajuste de la derivación | bias adjusting screen.
tornillo de ajuste de la palanca | lever set screw.
tornillo de ajuste del ángulo de la guía lateral de escuadrar el papel | jogger angle control screw.
tornillo de ajuste del cilindro descargador | doffer set screw.
tornillo de ajuste del posicionador | positioner-adjusting screw.
tornillo de ajuste del tubo del nivel | level tube adjusting screw.
tornillo de ajuste para el movimiento lento (máquinas) | slow-motion adjusting-screw.
tornillo de ajuste preciso | fine-adjustment screw | fine adjustment screw.
tornillo de apriete | press screw | clamping screw.
tornillo de apriete manual (sin destornillador) | thumbscrew.
tornillo de aproximación (aparatos) | slow-motion screw.
tornillo de aproximación (aparatos topográficos) | tangent screw.
tornillo de armado (espoletas) | arming screw.
tornillo de armar (astilleros) | service bolt.
tornillo de Arquímedes | spiral conveyor | Archimedean screw | screw.
tornillo de Arquímedes para arena | spiral sand pump.
tornillo de arrastre | driving screw.
tornillo de avance | feeding screw | feed screw | lead screw.
tornillo de ayustar | rigging screw.
tornillo de banco | clamp | bench vice | vice.
tornillo de banco con mordazas revestidas de chapas de plomo | padded vise.
tornillo de banco de apriete rápido | quick-acting vise.
tornillo de banco de base pivotante | swiveling-base vise.
tornillo de banco de boca estrecha | dog-nose vise.
tornillo de banco de ebanista | joiner's vice.
tornillo de banco de encuadernar | book clamp.
tornillo de banco de mordazas | jaw vise.
tornillo de banco de mordazas estrechas | pig-nose vise.
tornillo de banco de mordazas giratorio (talleres) | swivel vise.
tornillo de banco para afilar sierras | saw vice.
tornillo de banco para plomeros | pipe-fitters' vice.
tornillo de banco para sujetar tubos (plomería) | pipe clamp.
tornillo de banco para tubos | pipe vice.
tornillo de banco paralelo | parallel vice.
tornillo de bloqueo | lockscrew | parking lock.
tornillo de cabeza acanalada | serrated head screw.
tornillo de cabeza avellanada | countersunk head screw.
tornillo de cabeza con ranuras en cruz | recessed-head screw.
tornillo de cabeza cuadrada | square headed screw.
tornillo de cabeza embutida | flush screw.
tornillo de cabeza exagonal | hex-head screw.
tornillo de cabeza grande | large-headed screw.
tornillo de cabeza hendida | grub-screw.
tornillo de cabeza hendida en cruz | cross-recessed head screw | cross-slotted screw.
tornillo de cabeza hueca con multirranuras | multiple-spline socket screw.
tornillo de cabeza moleteada | gallery screw | knurled head screw | milled edge screw | thumbscrew.
tornillo de cabeza perdida | flathead stove bolt | flathead screw.
tornillo de cabeza ranurada | slotted screw | slotted head screw.
tornillo de cabeza redonda | roundhead screw.
tornillo de cabeza semicircular | half round screw.
tornillo de carpintero | vise.
tornillo de centrar | centring screw.
tornillo de coincidencia (aparatos topográficos) | tangent screw.
tornillo de cremallera | drill vise.
tornillo de doble rosca cuya separación es la mitad del paso | double-threaded screw.
tornillo de dos roscas cuya separación es la mitad del paso | two-start thread.
tornillo de elevación | raising screw.
tornillo de elevación de la consola | knee elevating screw.
tornillo de empalmar (carpintería) | abutting frame.
tornillo de enfoque | focusing screw.
tornillo de entibación | lag screw.
tornillo de extremo redondeado | round point screw.
tornillo de fijación | binding screw | setscrew | clamp screw | locating screw | lockscrew | binder screw | attaching screw.
tornillo de fijación de la manivela | crank lock screw.
tornillo de fijación de la rueda alimentadora del papel | pull-out wheel locking screw.
tornillo de fijación del aro de cierre | locking ring lockscrew.
tornillo de fijación del cojinete | bearing anchor screw.
tornillo de fijación del tope trasero | backstop locking screw.
tornillo de filete cuadrado | flat threaded screw.
tornillo de filetes convergentes | hourglass screw | Hindley's screw.
tornillo de gancho para techar | roofing hookbolt.
tornillo de guía | lead screw.
tornillo de hierro de cabeza plana para madera | iron countersunk wood screw.
tornillo de hombro | shoulder screw.
tornillo de inmovilización | lockscrew.
tornillo de la tapa | cover screw | lid screw.
tornillo de latón | brass screw.
tornillo de latón para madera | brass wood-screw.
tornillo de llamada | drag-screw | draw-screw | counternut.
tornillo de llamada (aparatos topográficos) | tangent screw.
tornillo de mano | filing vice.
tornillo de mano de cola | pin-vice.
tornillo de mariposa | butterfly screw.
tornillo de mariposa (sin destornillador) | thumbscrew.
tornillo de mesa con pie | leg vice.
tornillo de montaje | assembly screw.
tornillo de mordazas accionado por leva | cam-action vise.
tornillo de mordazas con pestaña | flanged vise.
tornillo de mordazas de doble husillo | double-screw vise.
tornillo de mordazas grandes | heavy vise.
tornillo de mordazas para cepilladora | planer vise.
tornillo de mordazas para limadora | shaper vise.
tornillo de movimiento lento | fine-pitch screw.
tornillo de movimiento rápido | quick motion screw.
tornillo de nivelación lenta | fine leveling screw.
tornillo de nivelación precisa | fine leveling screw.
tornillo de orejetas | finger-screw | butterfly screw.
tornillo de orejetas (sin destornillador) | thumbscrew.
tornillo de palometa (sin destornillador) | thumbscrew.
tornillo de parada | banking screw.
tornillo de paso diferencial | differential screw.
tornillo de paso fino | slow motion screw.
tornillo de paso grande | quick motion screw | long pitch screw | coarse-pitch screw | quick-pitch screw | quick-thread screw.
tornillo de paso pequeño | fine-pitch screw.
tornillo de paso pequeño (aparatos) | slow-motion screw.
tornillo de paso rápido | long-pitched screw | long pitch screw.
tornillo de pasos contrarios | right and-left screw | compound screw.
tornillo de potencia | power screw.
tornillo de precisión (aparato topográfico) | tangent screw.
tornillo de precisión azimutal | tangent screw for azimuth.
tornillo de precisión para el ajuste zenital | tangent screw for altitude.
tornillo de presión | pressure-screw | adjusting screw | gripping screw | setscrew | pinching screw | clamp.
tornillo de presión (electricidad) | grub screw.
tornillo de prueba | probe screw.
tornillo de puntería en elevación | elevating screw.
tornillo de purga de aire (tuberías) | bleeder screw.
tornillo de reglaje | adjusting screw.
tornillo de reglaje de la burbuja (niveles) | bubble nut.
tornillo de reglaje del balancín | rocker lever adjusting screw.

tornillo de regulación | regulator set-screw.
tornillo de regulación (relojes) | timing screw.
tornillo de regulación de cabeza esférica | ball headed aiming screw.
tornillo de regulación de la altura de la llama (lámpara de seguridad) | pricker.
tornillo de regulación del aire | air adjusting screw.
tornillo de regulación del cerrojo | latch adjusting screw.
tornillo de regulación del empujaválvula | tappet aiming screw.
tornillo de resalto | shoulder screw.
tornillo de retención | hold down screw.
tornillo de retención del muelle del retén | detent spring retaining screw.
tornillo de rosca a derechas y a izquierdas | right and-left screw.
tornillo de rosca cuadrada | square screw.
tornillo de rosca dextrogira | right-handed screw.
tornillo de rosca laminada | rolled thread screw.
tornillo de rosca métrica | metric screw.
tornillo de rosca para madera | wood screw | lag bolt.
tornillo de rosca plana | flat threaded screw.
tornillo de rosca truncada | flat-threaded screw.
tornillo de roscas diferenciales | differential screw.
tornillo de sectores sin rosca | interrupted screw.
tornillo de seguridad | lock screw | lockscrew.
tornillo de separación | stretching screw.
tornillo de sujeción | attachment screw | hold-down screw | lockscrew | grub-screw | setscrew | clamping screw | gripping screw.
tornillo de sujeción del limbo vertical (topográfico) | clamping screw for vertical circle.
tornillo de tensión | stretching screw.
tornillo de tensión de la cadena | chain adjusting screw.
tornillo de tetón | tit screw.
tornillo de tracción | pulling screw.
tornillo de trinca | lockscrew.
tornillo de unión | attachment screw | connecting screw.
tornillo del fiador | detent screw.
tornillo del freno | brake screw.
tornillo del retén | detent screw.
tornillo del soporte | bracket screw.
tornillo diferencial | compound screw.
tornillo embutido | inlaid screw.
tornillo extractor | jackscrew.
tornillo fiador | grub-screw.
tornillo fijador | setscrew.
tornillo forzador | forcing screw.
tornillo glóbico | hourglass screw.
tornillo globoide | Hindley's screw | hourglass screw.
tornillo graduador | temper screw.
tornillo guía | guide-screw.
tornillo guía del disparador | trigger guide screw.
tornillo guía del eje del cierre | lock shaft guide screw.
tornillo helicoidal | screw.
tornillo hembra | companion screw | female screw | interior screw | internal screw.
tornillo hueco | hollow screw.
tornillo irreversible | self-locking screw.
tornillo macho | exterior screw | external screw | outside screw.
tornillo micrométrico | micrometer screw.
tornillo micrométrico de paso pequeño | fine-setting micrometer screw.
tornillo nivelador (para nivelar máquinas) | jackscrew.
tornillo nivelante | leveling screw | levelling screw | adjusting screw.
tornillo nivelante (aparato topográfico) | foot screw.
tornillo para afilar sierras | filing vice.
tornillo para cebar | priming screw.
tornillo para cubierta | deck bolt.
tornillo para el movimiento lento (aparatos) | slow-motion screw.
tornillo para empalme de correa | belt jack.
tornillo para levantar la aguja (brújulas) | needle lifter screw.
tornillo para madera | box screw.
tornillo para madera de cabeza cuadrada | lag screw.
tornillo para madera que no necesita abrir antes su agujero | self-tapping screw.
tornillo para metales | metal screw | machine screw.
tornillo para unir partes de máquinas | cap screw.
tornillo paralelo para taladradora | drill vise.
tornillo patrón | master screw.
tornillo plurirroscas | multiple-thread screw.
tornillo prisionero | keep pin.
tornillo prisionero de punta ahuecada | cup-point setscrew.
tornillo que no puede desapretarse | self-locking screw.
tornillo regulador | lead screw | temper screw | regulating screw | check screw.
tornillo sin cabeza | plug screw | grub-screw | headless screw.
tornillo sin fin | endless screw | perpetual screw | creeper | screw | worm.
tornillo sin fin (aparatos topográficos) | tangent screw.
tornillo sin fin albardillado | hourglass worm.
tornillo sin fin con rosca de entrada múltiple | multistart worm.
tornillo sin fin de accionamiento de la mesa | table-driving worm.
tornillo sin fin de acero de tres dientes | three-tooth steel worm.
tornillo sin fin de cuatro dentaduras | four-start worm.
tornillo sin fin de evolvente de círculo | involute worm | involute helicoidal worm.
tornillo sin fin de paso grande | rapid-lead worm.
tornillo sin fin de puesta en marcha | start worm.
tornillo sin fin de puntería en elevación | elevating worm.
tornillo sin fin de rosca rectificada | thread ground worm.
tornillo sin fin maestro de accionamiento | master driving worm.
tornillo sin fin mezclador | mixing worm.
tornillo sin fin sinistrorso | left-hand worm.
tornillo sin fin tractor | draw-screw.
tornillo sinfín | worm | wormwheel | worm gear.
tornillo sinfín conductor | driving worm.
tornillo sinfín de accionamiento | actuating screw.
tornillo sinfín de acero cementado | case-hardened-steel worm | casehardened steel worm.
tornillo sinfín de rosca triple | triple-thread worm.
tornillo sinfín del regulador | governor worm.
tornillo sinfín dextrorso | right hand worm.
tornillo sinistrorso | L. H. screw.
tornillo sostenedor | retaining screw.
tornillo sujetador (encuadernación) | screw post.
tornillo sujetador de elevación (máquinas herramientas) | elevation clamping screw.
tornillo sujetador de la caja | housing clamping screw.
tornillo tangencial micrométrico (teodolito) | gradienter.
tornillo tangente (aparatos topográficos) | tangent screw.
tornillo tangente (teodolito) | fine adjustment screw.
tornillo tangente micrométrico graduado | graduated micrometer tangent screw.
tornillo tensor | takeup screw.
tornillo tope reglable | adjustable thrust stop.
tornillo tractor | puller screw.
tornillo transportador | creeper | spiral conveyor.
tornillo-eje | pivot screw.
tornillos antagonizantes | clip screws.
tornillos antigonizantes | antagonizing screws.
tornillos de ajuste del tintero (offset) | ink duct adjusting screws.
tornillos de armar (astilleros) | erection bolts.
tornillos del volante de compensación (relojería) | auxiliary attachment.
tornillos nivelantes (aparatos topográficos) | plate screws.
tornillos que sujetan el movimiento a la caja (relojes) | case screws.
tornillos reapretados | re-tighten screws.
torniquete | whirler | turnstile | turnbuckle.
torniquete (cirugía) | garrot | tourniquet.
torniquete con extremos de gancho | hook-and-hook turnbuckle.
torniquete con grillete en cada extremo | shackle-and-shackle turnbuckle.
torniquete de gancho y ojo | hook-and-eye turnbuckle.
torniquete de horquilla en cada extremo | jaw-and-jaw turnbuckle.
torniquete de horquilla y ojo | jaw-and-eye turnbuckle.
torniquete de manguito | sleeve turnbuckle.
torniquete de obenque | rigging turnbuckle.
torniquete de planchas | plate whirler.
torniquete hidráulico | reaction-wheel.
torniquete tubular | pipe turnbuckle.
torno | whim | windle.
torno (carretel - pozo petróleo) | cathead.
torno (de elevar pesos) | axletree.
torno (de izar) | whim.
torno (de tornear) | lathe.
torno (para elevar pesos) | winch.
torno a mano para subir materiales (edificios) | mason's horse.
torno al aire | face lathe | facing lathe | pole lathe.
torno al aire (torno de plato) | chuck plate lathe.
torno arrastrador de vagones | car puller.
torno automático | auto | auto-lathe | automatic lathe.
torno automático alimentado con barra | bar-fed automatics.
torno automático de herramientas múltiples | multitool automatic lathe.
torno automático de husillos múltiples | multiple spindle automatics.
torno automático de pluricuchillas | multitooled automatics.
torno automático de plurihusillos | multispindle automatics.
torno automático de seis husillos | six-spindle automatics.
torno automático monohusillo | single-spindle automatic lathe | single spindle automatics.
torno automático para cigüeñales | automatic crankshaft turning lathe.
torno automático para torneo de conformación | form-turning automatic.
torno automático programable | programmable lathe.
torno auxiliar para carga pequeña (grúas de gran potencia) | whip hoist.
torno carrusel | floor lathe.
torno con bancada prismática | gantry lathe.
torno con cabezal de engranajes | geared lathe | geared-head lathe.
torno con cabezal revólver | monitor lathe.
torno con caja de cambios rápidos | quick change gear lathe.
torno con punto fijo cónico | speed-lathe.
torno con una sola velocidad | single-geared lathe.
torno copiador | tracer lathe | repetition lathe | copy turning lathe.
torno copiador (mecánica) | tracing lathe.
torno copiador semiautomático de velocidad

constante | semiautomatic constant speed copying lathe.
torno corrector de hilos de rosca | screwthread corrector lathe.
torno chino | differential windlass.
torno chino (para elevar pesos) | Chinese windlass.
torno de acanalar | fluting lathe.
torno de alfarero | pallet | potter's lathe.
torno de bancada | bed-lathe.
torno de bancada corta | short bed lathe.
torno de bancada escotada | gap-bed lathe | g. b. lathe | break lathe.
torno de bancada partida | break lathe.
torno de barrenar | boring lathe | drilling lathe.
torno de cable | winch.
torno de carro | sliding lathe | slide lathe.
torno de cercenar | slicing lathe.
torno de cilindrar | sliding lathe | plain turning lathe | plain lathe.
torno de conformar | spinning lathe.
torno de copiar | copying lathe | contouring lathe | repetition lathe.
torno de copiar hidráulico | hydraulic tracing lathe.
torno de cordelero | rope maker's wheel.
torno de cordeleros | reel.
torno de chapista | spinning lathe.
torno de desbastar | roughing lathe | forge lathe.
torno de desenrollado de troncos (para sacar chapas) | peeler.
torno de despojar | backing-off lathe | relieving lathe.
torno de destalonar | relieving lathe | backing/off lathe | backing lathe.
torno de doble carro | double-saddle lathe.
torno de doble herramienta | duplex lathe.
torno de dos carros para tornear rotores | rotor turning two saddle lathe.
torno de dos puntos | double center lathe.
torno de dos tambores (grúas) | two drum crab.
torno de elevar pesos | arbor wheel.
torno de elevar pesos de aire comprimido | pneumatic hoist.
torno de embutir | figuring lathe | spinning lathe | chasing lathe.
torno de entallar | mandrel lathe | spinning lathe.
torno de entallar metales | bulging lathe.
torno de extensión | extension lathe.
torno de extracción | extracting winch | hauling winch | tackle | hoisting crab.
torno de extracción (minas) | mine hoist.
torno de extracción accionado a mano (minas) | stowce.
torno de foso | pit lathe.
torno de fricción | friction reel.
torno de halar | hauling gear.
torno de herramentista | toolroom lathe.
torno de husillo | spindle lathe.
torno de izar | drum | hoisting winch | crab.
torno de izar de pequeño tamaño | monkey winch.
torno de izar pequeño de aire comprimido | tugger hoist.
torno de izar pequeño de manivela | crab winch.
torno de izar pesos | hoist.
torno de latonero | fox lathe.
torno de levantamiento del brazo (grúas) | boom hoist drum.
torno de mando por monopolea y caja de velocidades | all-gear single-pulley lathe.
torno de mandrilar | chucking lathe.
torno de maniobras (sondeos) | drawworks.
torno de mano | gypsy winch.
torno de mano de relojero | turns.
torno de mano para relojero | throw.
torno de marquetería | figuring lathe.
torno de mecánico | power-lathe.
torno de modelista | patternmaker's lathe.
torno de pedal | foot lathe.
torno de plato | surface lathe | flywheel lathe | facing lathe | face lathe | chucking lathe.
torno de plato al aire | chuck lathe.
torno de plato combinado | combination lathe.
torno de plato horizontal | boring mill | turning mill.
torno de pluricuchillas | multitool lathe.
torno de polea escalonada | cone lathe.
torno de pozo de mina | staple shaft hoist.
torno de precisión | precision lathe.
torno de precisión con herramienta de partículas múltiples de diamante | multiple-diamond tooled precision lathe.
torno de precisión para microacabados | microfinish high-precision lathe.
torno de pulir | grinding lathe | buffing lathe.
torno de puntos | pole lathe | center lathe | centring lathe.
torno de puntos fijos | dead center lathe.
torno de refrentar | facing lathe.
torno de refrentar tuercas | nut facing lathe.
torno de repetición | forming lathe.
torno de reproducir | contour lathe.
torno de repujar | spinning lathe.
torno de retenida | preventer winch.
torno de roscar | screwcutting lathe | screw machine | engine lathe.
torno de roscar tuercas | nut-threading lathe.
torno de simple engranaje (puente-grúa) | single-purchase crab.
torno de sondeo | drilling winch | draw works.
torno de soporte lateral para izar pesos | gipsy winch.
torno de taladrar | boring lathe.
torno de trocear | cutting-off lathe | slicing lathe.
torno de tronzar | slicing lathe.
torno de vapor | steam winch | donkey winch | donkey engine.
torno de varal | bar lathe.
torno dedicado a trabajos de entretenimiento del taller | run-of-shop lathe.
torno del cable de la grúa | crane winch | crane gear.
torno del freno a mano | brake winding drum.
torno del freno de mano | brake-reel.
torno diferencial | differential windlass.
torno eléctrico | electric hoist.
torno electrico para izar pesos | electric winch.
torno electrolítico | electrolytic lathe.
torno elevador | crab.
torno elevador de engranajes de doble tambor | double-drum geared hoist.
torno elevador de pared | gypsy winch.
torno elevador exterior | gypsyhead.
torno geométrico | geometric lathe.
torno hidráulico para izar pesos | hydraulic winch.
torno manual de hilar lana | jersey wheel.
torno manual para hilar lino | Saxony wheel.
torno mecánico | engine lathe.
torno mecánico de alfarero | jigger-machine | jigger.
torno mecánico paralelo | power lathe.
torno monopolea | coneless lathe.
torno mural para elevar pesos | wall crab.
torno neumático para elevar pesos | compressed-air hoist.
torno para acaber pistones | piston finishing lathe.
torno para amantillar (grúas) | luffing winch.
torno para banco | bench lathe.
torno para bandajes | tire-turning lathe.
torno para barrenar cañones | cannon-boring lathe | gunboring lathe.
torno para bronce | fox lathe.
torno para cadenas | chain winch.
torno para cañones | gun-lathe.
torno para centrado de lentes por el método de interferencia | interferential lens-centering lathe.
torno para cigüeñales | crankshaft lathe.
torno para cilindros de laminador | roll lathe | roll turning lathe.
torno para conformar por estirado | flow-forming lathe.
torno para descortezar lingotes | ingot peeling lathe.
torno para desenrollar chapas finas de troncos | veneer peeling lathe.
torno para destalonar fresas | cutter relieving lathe.
torno para ejes | shaft turning lathe | axle turning lathe.
torno para elevar pesos | crab.
torno para entallar | carving lathe.
torno para grifería | brassfinisher's lathe.
torno para herramientas de sondeo (sondeos) | calf wheel.
torno para izar compuertas | gate hoist.
torno para machos (moldería) | core lathe.
torno para matrices | die lathe.
torno para moldear loza hueca (cerámica) | jolley.
torno para moldear platos | flatware jigger.
torno para poleas | pulley-lathe.
torno para producción en serie | production lathe.
torno para proyectiles | shell-turning lathe.
torno para pulidoras | polishing-head.
torno para rayar (armas) | rifling bench.
torno para redondos | bar-stock lathe | bar turner.
torno para relojería | watchmaker's lathe.
torno para retornear manguetas | journal truing lathe.
torno para retornear muñones de manivelas (locomotoras) | crankpin returning machine.
torno para roscar (tornillos) | chasing lathe.
torno para roscar de gran precisión | high precision screw cutting lathe.
torno para roscar tubos de revestimiento de pozos de petróleo | oil well casing screwing lathe.
torno para ruedas de ferrocarril | railway wheel lathe.
torno para ruedas de locomotoras | locomotive wheel lathe.
torno para ruedas de vagones | carriage wheel lathe | car wheel lathe.
torno para sacar chapas por desenrollo (troncos árboles) | veneer peeling machine.
torno para terminar con herramienta de diamante | diamond finishing lathe.
torno para todo uso | general purpose lathe.
torno para torneadura de superprecisión | superprecision turning lathe.
torno para tornear ejes de levas | cam turning lathe.
torno para tornear y barrenar los cuerpos de las ruedas de coches de ferrocarril | railway wheel center boring and turning lathe.
torno para tornear y rectificar ruedas de coches de ferrocarril | railway carriage wheel turning and grinding lathe.
torno para trabajar barras | bar work lathe.
torno para trabajos pesados | heavy-duty lathe.
torno para vainas | cartridge case lathe.
torno paralelo | horizontal lathe | engine lathe | jour lathe | slide lathe | sliding lathe.
torno paralelo de refrendar y roscar | sliding surfacing and screw cutting lathe.
torno paralelo de varias herramientas de corte simultáneo | multicut lathe.
torno principal (grúas) | main crab.
torno rápido | speed-lathe | high-speed lathe.
torno revólver | turret lathe | capstan lathe.
torno revólver de carro portaherramienta | ram-type turret lathe.
torno revolver de tipo de carro soporte | saddle-type turret lathe.
torno revólver para agujeros pequeños | micro-capstan lathe.
torno revólver para grifería | brassfinisher's turret lathe.
torno revolver para trabajo de barra | ram-type turret lathe.
torno revolver para trabajos pesados | heavy-

duty turret lathe.
torno revólver vertical | vertical turret lathe.
torno semiautomático | semiautomatics | semiautomatic lathe.
torno simple | plain lathe.
torno sin contrapunto | face lathe.
torno sin puntos | facing lathe.
torno vertical bimontante | two-standard vertical lathe.
torno vertical de plato | vertical chucking lathe.
torno vertical de plato neumático | vertical air chuck lathe.
torno vertical de puente para tornear y mandrinar | double standard vertical boring and turning mill .
torno vertical de un montante | one-standard vertical lathe.
torno vertical de varios mandrinos (torneado exterior de ejes) | rigidturner.
torno vertical portátil (para tornear grandes piezas hasta 7 metros de diámetro que se colocan sobre el piso del taller y quedan inmóviles girando el carro portacuchillas del bastidor del torno) | floor lathe.
toro | taurine | bull.
toro (arquitectura) | breast.
toro (geometría) | anchor ring | tore | ring body.
toro (moldura) | roll molding.
toro de escape (turbina vapor) | belt | exhaust belt.
toro semental | sire | bull for service.
toro utrero | two-year bull.
toroidal | toric | toroid.
toroide | toroid.
toroide de ferrita | ferrite toroid.
toroide de vidrio para betatrón | glass betatron toroid.
toroide del ciclotrón | cyclotron dee.
toroide hueco (sincrotón) | doughnut.
toroide magnético | magnetic toroid.
toroide magnético de cinta delgada | thin-ribbon magnetic toroid.
torón | toron.
torón (ayuste de cuerdas) | leg.
torón (cables) | strand.
torón (cuerdas) | ply | strand.
torón (emanación de torio) | thoron.
torón (radon-220) | thoron.
torón colchado en redondo | round-twisted strand.
torón de alambre | wire strand.
torón de alambre con alma de fibra textil | fiber-center wire strand.
torón de cáñamo | hemp strand.
torón hueco | hollow strand.
torón metálico | wire strand.
torón preformado (cables) | preformed strand.
torón trialámbrico para aserrar piedras blandas | sand sawing strand.
toronado (cables) | laying.
toronado (cables, cordones) | laid.
toronar (cables) | lay (to).
toronja (botánica) | citron.
toronjil | citronella.
toros algébricos | algebraic tori.
toros nodulares (matemáticas) | knotted tori.
toroso (botánica) | knobbed.
torpe | clumsy | lethargy.
torpedeamiento (pozo petróleo) | bom frac | shooting.
torpedeamiento (pozos) | well shooting.
torpedeamiento de pozos de petróleo (incendios) | oil well shooting.
torpedeamiento por vibración (incendio pozo de petróleo) | vibratory frac.
torpedeamiento por vibración (rocas) | vibrofrac.
torpedear | torpedo (to).
torpedear (un plan) | sandbag (to).
torpedear el plan | torpedo the plan (to).
torpedear un pozo de petróleo (para apagar un incendio) | shoot a well (to).
torpedear un proyecto de ley | kill a bill (to).
torpedista | torpedoman.
torpedista (buque de guerra) | torpedoist.
torpedo | torpedo.
torpedo (argot marina) | tin fish.
torpedo (pez) | electric ray.
torpedo (pozos de petróleo) | shell.
torpedo acústico | acoustic torpedo.
torpedo aéreo | aerial torpedo.
torpedo antisubmarinos | antisubmarine torpedo.
torpedo autodirigido buscador del blanco | homing torpedo.
torpedo ayudado por cohete | rocket-aided torpedo.
torpedo contra buques de superficie | antisurface vessel torpedo.
torpedo cortarredes (defensas de puertos) | net-cutting torpedo.
torpedo de dos plazas (auto) | runabout.
torpedo de largo alcance | long-range torpedo.
torpedo de trayectoria sinuosa (ataque a convoyes) | curly torpedo.
torpedo dirigido | directed torpedo.
torpedo dirigido por hombre rana | piloted torpedo.
torpedo para aviones | aircraft torpedo.
torpedo perdido | stray torpedo.
torpedo por autoguiado acústico pasivo | torpedo with passive acoustic homing head.
torpedo propulsado por cohete | rocket-assisted torpedo.
torpedo sin estela | wakeless torpedo.
torpedos humanos | human torpedoes.
torpeza | maladroitness.
torporlogaritmo natural negativo de la energía (neutrones) | lethargy.
torques (yelmo de armadura antigua) | torse.
torr (mm Hg) | torr.
torr (unidad de presión) | torr.
torre | tower.
torre (arquitectura) | spire.
torre (buque guerra) | turret.
torre (edificios) | turret.
torre aislada en la base | base-insulated tower.
torre almenada | machicolated tower.
torre catalizadora | catalyst tower.
torre con movimiento de puntería en dirección motorizado (cañones) | power-trained turret.
torre cónica | conical spire.
torre cuádruple (artillería) | quadruple turret.
torre de absorción | absorbing tower | absurber | absorber.
torre de absorción (petróleo) | absorption column | absorption tower.
torre de amarre | anchorage post.
torre de amarre (dirigibles) | mooring tower | mooring mast.
torre de amarre para dirigibles | airship mooring tower.
torre de anclaje | anchor tower | strain tower | dead-end tower.
torre de antena | radio mast.
torre de borbotaje | bubble tower.
torre de burbujeo | bubble tower.
torre de cables accionada por diesel (sondeo) | diesel-powered cable rig.
torre de cambio de dirección | corner tower.
torre de carbonatación | carbonating tower.
torre de carpintero | carpenter's rig.
torre de celosía | lattice tower.
torre de celosía (satélites) | truss tower.
torre de colimación | collimation tower.
torre de combate (torre de mando - buques de guerra) | conning tower.
torre de concentración (química) | graduation tower.
torre de control | control tower.
torre de control de aerodromo | aerodrome control tower.
torre de control de combate (buques) | fighting control tower.
torre de control de vuelos | flying control tower.
torre de control del aeropuerto | airport control tower.
torre de control del teleférico | cableway control tower.
torre de depuración | purifying tower.
torre de descarbonizar el propano | propane decarbonizing tower.
torre de desgasificación | degassing tower.
torre de desnitrificación | denitration tower.
torre de destilación | distillation tower.
torre de destilación fraccionada | fractionating tower.
torre de dos cañones telemandada | remotely-controlled two-gun turret.
torre de elaboración | processing tower.
torre de enfriamiento | quench tower | wind tower | water tower.
torre de enfriamiento con paredes de persianas | louvred spray pond | louvre-fenced spray pond.
torre de enfriamiento con tiro natural | natural draft cooling tower.
torre de enfriamiento de corrientes cruzadas del aire y agua de aspersión | crossflow cooling tower.
torre de enfriamiento de corrientes opuestas del aire y agua de aspersión | counterflow cooling tower.
torre de enfriamiento de tiro forzado | forced cooling tower | forced-draught cooler.
torre de enfriamiento por contacto directo | quenching tower.
torre de entrenamiento (de paracaidistas) | landing trainer.
torre de entrenamiento de paracaidistas | parachute tower.
torre de esquinas de hierros perfilados y arriostramiento de tubos | semitubular tower.
torre de expansión (petróleo) | flash tower.
torre de extensión (sondeos) | telescoping derrick.
torre de extinción | quenching tower.
torre de extracción | extraction tower.
torre de extracción de pantallas difusoras | baffle-plate tower.
torre de extracción de platos | plate tower.
torre de fraccionación | bubble tower.
torre de fraccionamiento | fractionating tower.
torre de fraccionamiento (química) | topping tower.
torre de fraccionamiento secundario | after fractionating tower.
torre de homenaje (castillo) | donjon.
torre de la estación reemisora | relaying tower.
torre de lavado | scrub.
torre de lavado (gases) | washing tower.
torre de lavado (química) | tower scrubber.
torre de lavado de gases | scrubber | washer.
torre de mando | control tower.
torre de mando blindada | armored conning tower.
torre de mando currentiforme (submarinos) | fin.
torre de mando de gran altura de forma currentilínea (submarinos) | sail.
torre de montacarga para edificación | builder's tower.
torre de montaje | assembly tower.
torre de perforación | boring rig | rig.
torre de perforación (sondeos) | derrick tower | derrick | drilling derrick.
torre de popa (buques de guerra) | after turret.
torre de predestilación | preflash tower.
torre de primera destilación (petróleo) | stripping towers.
torre de rebose | overflow tower.
torre de rectificación de relleno | packed tower | packed rectifying column.
torre de refrigeración | cooling tower.
torre de regulación del tráfico aéreo (aeropuertos) | primary fly.
torre de retransmisión (radio) | relay tower.
torre de separación | stripping tower.
torre de separación de petróleo crudo | crude

still | crude stripping tower.
torre de sondeo | drilling frame | head-gear.
torre de sondeo (sondeos) | derrick.
torre de sondeos | boring tower.
torre de taladrar | oil-derrick.
torre de taladrar (sondeos) | derrick.
torre de toma de agua (embalses) | intake tower.
torre de un transportador | conveyor tower.
torre de vigía | lookout tower.
torre del cañón | gunhouse.
torre del casquete de burbujeo | bubble-cap tower.
torre del elevador | hoist tower.
torre del homenaje (castillos) | keep.
torre depuradora | scrubber.
torre detrás de la de proa en crujía (buques de guerra) | B turret.
torre directora de tiro | main director tower.
torre doble (con dos cañones) | double turret.
torre elevadora | lift-tower.
torre elevadora del hormigón | concrete hoisting tower.
torre empacada | packed tower.
torre enfriadora | cooling tower.
torre exploradora (radar) | scanner tower.
torre grúa | crane tower.
torre hiperbólica de enfriamiento | hyperbolic cooling tower.
torre hiperbólica de hormigón armado | concrete hyperbolic tower.
torre inclinada | leaning tower.
torre lanzamisiles (para dar estabilidad direccional) | tower launcher.
torre más a proa en crujía (buques guerra) | A. turret.
torre metálica | steel tower.
torre metálica de celosía | pilon.
torre metálica de celosía para líneas de transporte a alto voltaje | high-tension pilon.
torre metálica para líneas de energía eléctrica | pylon.
torre para ejercicios de salvamento (bases de submarinos) | escape training tower.
torre para el cracking (fabricación gasolinas) | cracker.
torre para estirar tubos de vidrio para termómetros | thermometer-tube drawing tower.
torre para la prueba estática de cohetes espaciales | rocket static test stand.
torre para lavado de minerales | ore-washing tower.
torre para probar a la caída diversos mecanismos o piezas | drop tower.
torre para recuperación del agua (pozo petróleo) | water-reclaimer tower.
torre para sondeos de petróleo | oil derrick.
torre para tratamiento de la gasolina (refinería petróleo) | gasoline treater.
torre portalente | lens turret.
torre principal de vigilancia (bosques) | primary look-out.
torre reactora | reactor tower.
torre rellena (química) | packed tower.
torre revólver (tornos) | monitor.
torre rociadora | spray tower.
torre terminal de línea eléctrica aérea | dead-end tower.
torre vertical de celosía a la que se adosa el cohete lanzasatélites | launcher-umbilical tower.
torre vertical de lavado | vertical scrubbing tower.
torrecilla de escape | escape tower.
torrecilla en la parte alta del fuselaje (aviones) | top turret.
torrecilla saliente de un fuselaje (aviones) | blister.
torre-depósito de agua (de agua) | standpipe.
torrefacción | torrefaction | roasting.
torrefactar | torrefy (to).
torreno guardacambio (vía férrea) | towerman.
torrente | ravine stream | mountain creek | mountain stream | gully.
torrente barroso (geología) | cold lahar.
torrente de lava solidificada | coulee.
torrente de palabras | flow of words.
torrente persistente | constant current | perpetual torrent.
torrente que arrastra fangos | silt-bearing stream.
torrentera | arroyo.
torrentes de lava | lava flows.
torreón | tower.
torreón (faros) | murette.
torrero (encuellador - sondeos) | derrickman.
torrero de faro | lighthouse man.
torrero de faro marítimo | lighthouse keeper.
torres de refrigeración | cooling towers.
torres que marcan la milla medida en la costa | measured-mile towers.
torreta (de cañón o ametralladora - aviones) | turret.
torreta (tornos) | turret | turret head.
torreta accionada por palanca (tornos revólver) | lever-operated capstan.
torreta cuadrada (tornos) | square turret.
torreta de acrílico (aviones) | acrylic canopy.
torreta de ametralladora | machine gun turret.
torreta de ametralladora (avión) | gun-ring.
torreta de cola (aviones) | tail turret.
torreta de filtración del lubricante (tornos) | filter tower.
torreta de lentes | lens turret.
torreta de punzonadora | punch-press turret.
torreta debajo del fuselaje (aviones) | belly turret.
torreta dorsal (aviones) | dorsal turret.
torreta en la parte inferior del fuselaje | lower turret.
torreta en la parte inferior del fuselaje (aeroplanos) | bottom turret.
torreta en la parte superior del fuselaje (aviones) | back turret.
torreta esférica con cañón situada en la panza (aviones) | ball turret.
torreta exagonal (tornos) | hexagon turret.
torreta giratoria | cupola.
torreta giratoria (tornos) | full swing tool rest.
torreta hexagonal (torno) | hex turret.
torreta lateral | wing turret.
torreta montada sobre carro (tornos) | capstan-head slide.
torreta motorizada (aviones) | power turret.
torreta para la ametralladora o cañón (aviones) | gun turret.
torreta portaobjetivos (cámara tomavistas) | lens turret.
torreta situada debajo y detrás del morro (bombardero) | chin turret.
torreta situada en la cola (aviones) | rear turret.
torreta situada en la parte superior (aviones) | dorsal turret.
torreta transparente (aeroplanos) | conservatory.
torreta ventral (aviones) | ventral turret.
torridez | torridity | torridness.
tórrido | torrid.
tórrido (calor) | melting.
torrotito (buques) | staff jack.
torrotito de proa (buques) | jack.
torsibilidad | torsibility.
torsible | torsible.
torsioflexural | torsioflexural.
torsiografía | torsiography.
torsiógrafo | torsiograph.
torsiógrafo de desplazamiento de fase | phase-shift torsiograph.
torsiógrafo mecánico | mechanical torsiograph.
torsiógrafo modulado en frecuencia | frequency-modulated torsiograph.
torsiógrafo óptico | optical torsiograph.
torsiograma | torsiogram.
torsiometría | torsiometry.
torsiómetro | torsion tester | torque measurer | torsionmeter | torque gage | torsiometer | torquemeter | twistmeter.
torsiómetro (hilados) | twist counter.
torsiómetro de espejo | mirror torquemeter.
torsiómetro de inducción | induction torsion meter.
torsiómetro de reluctancia | reluctance torque meter.
torsiómetro de reluctancia magnética | magnetic reluctance torsionmeter.
torsiómetro de tipo de capacidad | capacity type torquemeter.
torsiómetro electromagnético | electromagnetic torquemeter.
torsiómetro hidráulico | hydraulic torsionmeter | hydraulic torquemeter.
torsiómetro magnético | magnetic torquemeter.
torsiómetro óptico | optical torsionmeter.
torsión | twist off | twisting | wring | wringing | torsion.
torsión (Inglaterra) | doubling.
torsión a la izquierda | left-hand twist.
torsión aerodinámica | aerodynamic twist.
torsión angular | angular twist.
torsión compensada | balanced twist.
torsión con inversión | reversed torsion.
torsión corriente (textiles) | openband twisting.
torsión de crespón | crepe twist.
torsión de fabricación (cuerdas) | afterturn.
torsión de fabricación (torones de cuerdas) | foreturn.
torsión de izquierda a derecha (textiles) | openband twisting.
torsión de la cuerda | rope spin.
torsión de la mecha (hilatura) | roving twist.
torsión de trama | filling twist.
torsión de urdimbre | warp twist.
torsión del cable | cable twist.
torsión del hilado | spinning twist.
torsión dextrogira | right-handed twist.
torsión dextrogira (tejeduría) | reversed twist.
torsión elástica | elastic twist.
torsión elasticoplástica | elasticoplastic torque.
torsión en la corteza terrestre | crust torsion.
torsión en S | weft way twist | filling twist.
torsión en seco | dry twisting.
torsión en Z (calabrotes) | warp twist.
torsión falsa | false twist.
torsión flexural del ala | wing flexure-torsion.
torsión floja | loose twisting | loose twist.
torsión fuerte | hard twist.
torsión geométrica (alabeo - ala avión) | geometric twist.
torsión homódroma | homodromous torsion.
torsión intermitente | intermittent twisting.
torsión inversa | reverse twist.
torsión inversa (hilos) | crossband twist.
torsión magnética | magnetic twist.
torsión par motor | twist.
torsión pasajera | false twist.
torsión plástica | plastic torsion.
torsión regular (textiles) | openband twisting.
torsión suplementaria (cuerdas) | hardening.
torsión terciaria | third time twisting.
torsión uniforme | uniform twist.
torsión variada | nonuniform torsion.
torsión violenta | wrench.
torsiona | torsional.
torsionamiento | twisting.
torsivo | torsional.
torso (cuerpo humano) | torse.
torsor (fuerza y un par-estática) | wrench.
torta | cake | cake.
torta (cerámica) | lining.
torta (de prensar) | press-cake.
torta (residuo de semillas, etc.) | mill-cake.
torta amarilla (uranio) | yellow cake.
torta de aceite | oil-meal.
torta de cachaza (torta del filtro-prensa-fabricación azúcar | filter cake.
torta de cera | cake wax.
torta de cieno | sludge blanket.
torta de colza | colza cake.
torta de escorias | caked clinker | slag pancake

| clinker cake.
torta de filtro | filter cake.
torta de filtro-prensa | press-cake.
torta de linaza | oil cake.
torta de lino para ceba (animales) | marc.
torta de orujo | oil cake.
torta de pulpa | pulp cheese.
torta de residuos de pescados | scrap cake.
torta de resina | resinous cake.
torta de semilla de algodón | oil cake.
torta de semillas de algodón | cotton cake | cotton-seed cake.
torta para el ganado | oil cake.
tortas de hielo | lily-pad ice.
tortas de hielo (hielo de mar) | pan ice | pancake ice.
tortícolis | wrineck.
tortilla (suelo) | hardpan.
tortor | racking-stick.
tortuga (pantalla) | turtle.
tortuga acuática | shell-back.
tortuga de mar (zoología) | sea turtle.
tortuga palustre | emyd.
tortuosidad | winding.
tortuoso | winding | circuitous | crooked | flexuose | sinuous.
tortuoso (caminos) | cranky.
tortura policial | police torture.
toruloso (botánica) | knobbed.
torunda | swab.
torunda de gasa | gauze swab.
torunda estéril de un solo uso (cirugía) | sterile disposable swab.
torzal | double yarn | doubled yarn | twine | twist.
torzal (de fibras textiles) | sliver.
torzal (hilatura) | rove.
torzal de seda | organzine.
torzal para lizos | heddle twine.
torzal para lizos (tejeduría) | harness thread.
torzales | plait laces.
tos seca | hack.
tosca (capa de roca debajo del terreno blando) | hardpan.
toscamente labrado | rudely-worked.
toscamente trabajado | rudely-worked.
tosco | hard | clumsy | raw | unpolished.
tosco (telas) | rough.
tosco de estampa en estado recién estampado (forja) | as stamped.
tosco de extrusión sin haber sufrido ningún postratamiento | as extruded.
tosco de forja | as-forged.
tosco de fundición | rough-cast.
tosco de laminación según sale del laminador | as-rolled.
tosco de soldadura | as welded.
toscorugoso | coarse.
toser con tos seca | hack (to).
tostación | roasting | calcining.
tostación cloridizante | chloridizing roasting.
tostación clorurante | chloridizing roasting.
tostación con sal común para convertir ciertos metales en cloruros de separación más fácil (tratamiento minerales) | chlorination.
tostación de blendas | blende roasting.
tostación de minerales | ore roasting.
tostación desoxidante | reducing roasting.
tostación en lecho fluidizado | fluidized-bed roasting.
tostación en montón | stall roasting | open heap roasting.
tostación en montón (metalurgia) | heap roasting.
tostación en solera | hearth roasting.
tostación escorificante | slag-roasting.
tostación final (minerales) | finishing roasting.
tostación fluidizante (industria del cinc) | fluo-solids.
tostación fluidizante (minerales) | fluo-solid roasting.
tostación forzada | blast-roasting.
tostación magnética | magnetic roasting.
tostación magnetizante | magnetizing roast.
tostación magnetizante fluidizada | fluidized magnetizing roasting.
tostación oxidante | blast-roasting | oxidizing roasting.
tostación para eliminar por completo el azufre | dead roast.
tostación para obtener concentración en nódulos (metalurgia) | kernel roasting.
tostación salina (minería) | salt roasting.
tostación sulfatante | sulfation roasting | sulfate roast.
tostación sulfatante (piritas) | sulfatizing roasting.
tostación sulfatante del sulfuro de níquel | sulfation roasting of nickel sulfide.
tostación superficial (tostación de concentrados muy pulverizados en grandes cámaras de combustión-metalurgia) | flash roasting.
tostación total | dead roasting.
tostación vitrificante | sinter-roastig.
tostación volatilizante | volatilization roasting.
tostado | scorched | calcined.
tostado (piedras preciosas) | burning.
tostado acompañado de concreción | blast roasting.
tostado del grabado | baking.
tostado en un lecho fluidizado | roasted in a fluidized bed.
tostador | cooker.
tostador de minerales | mine burner | ore burner.
tostador de tipo de lecho fluidizado (metalurgia) | fluidized-bed-type roaster.
tostadora de pan | toaster.
tostadora eléctrica | electric toaster.
tostadura | torrefaction | roasting.
tostar | toast (to) | calcine (to) | crisp (to) | scorch (to).
tostar (minerales) | roast (to).
tostar (quemar por el sol) | tan (to).
tostar completamente | dead-roast (to).
tostar la sangre de drago | burn in (to).
tostión sulfatante | sulfatic roast.
tostión vitrificante | sinter-roastig.
tostión volatilizante | volatilization roasting.
total | amount | total | aggregate | full | all up.
total (programa) | running count.
total acumulado | running total | accumulated total | progressive total.
total balance | balance sheet total.
total circulante | rolling total.
total cobrado | total collected.
total de autos de un país | car population.
total de comprobación | hash total.
total de comprobación (informática) | total hash.
total de control | batch total | check sum | hash total.
total de ganado que pasta (pastizal) | range count.
total de honorarios ajustados | trimmed total fees.
total de intereses sobre saldos | equated calculation of interest.
total de la tripulación (buques) | all told.
total de los autos (abogacía) | face of record.
total de ordenes para su ejecución | back log.
total de picaduras (material) | pit count.
total de sólidos disueltos | total dissolved solids.
total de ventas | total turnover | turnover.
total de verificación | checking total.
total emisivo | total emissivity.
total gastado | total dispersed.
total general | grand total.
total general (gran total) | general total.
total global | grand total.
total indemnización | full compensation.
total lineal de publicidad | advertising volume | advertising lineage.
total mezclado | scramble total.
total para verificación | proof total.
total sustractivo | minus total.
total todo incluido | all-including total.
totales - adiciones y asientos | footings (and) extensions and postings.
totalidad | full.
totalidad de cualquier cantidad de material en un proceso | inventory.
totalidad de las averías sufridas por ambos buques cuando ambos son culpables (abordajes) | hotchpotch.
totalización | summation.
totalización automática | automatic totalling.
totalizado (EE.UU.) | totaled.
totalizado (Inglaterra) | totalled.
totalizador | summator | recording | recorder | tally counter | tally | full adder | integrator | totalizator.
totalizador (telefonía) | position meter.
totalizador bidireccional de impulsos | bidirectional pulse totalizer.
totalizador de duración de las comunicaciones (teléfonos) | group-occupancy time meter.
totalizador de impulsos eléctricos | electrical impulse summator.
totalizador de llamadas | integrated-demand meter.
totalizador de tiempo | reset timer.
totalizador de tiempo de funcionamiento | elapsed time recorder.
totalizador de voltaje | voltage integrator.
totalizador del contador | meter register.
totalizador electromagnético | electromagnetic totalizer.
totalizador sumador (calculadora electrónica) | accumulator.
totalizar | integrate (to) | total (to) | totalize (to) | add up (to) | add up (to).
totalizar los diagramas (máquinas vapor) | combine the diagrams (to).
totalmente | throughout | fully.
totalmente a la derecha | fully to the right.
totalmente acotado | totally bounded.
totalmente amortizado | fully written off.
totalmente austenítico | fully austenitic.
totalmente automatizado | fully-automated.
totalmente desembolsado | fully paid.
totalmente despreciable | utterly negligible.
totalmente encerrado | fully-shrouded.
totalmente hacia abajo | fully downwards.
totalmente introducido en | fully inserted in.
totalmente liberada (acciones) | nonassessable.
totalmente pagado | paid in full.
totalmente regulable | fully adjustable.
totalmente relajado de esfuerzos | fully stress relieved.
totalmente soldado | through-welded | totally welded | all welded.
totara (Podocarpus totara) | totara.
totumito (Capparis spp) | zorrocloro.
tovalop (seguridad en petroleros) | tovalop.
towhai (Weinmannia racemosa) | saissi | towhai.
toxenzima | toxenzyme.
toxicante | toxicant.
toxicante selectivo | selective toxicant.
toxicidad | toxicity.
toxicidad (gases de guerra) | mortality product.
toxicidad inhibitoria | inhibitory toxicity.
toxicidad por inhalación | inhalation toxicity.
toxicidad química | chemical toxicity.
toxicidad rádica | radium toxicity.
tóxico | poisonous | foul.
tóxico mineral | mineral poison.
toxicógeno | toxicogenic.
toxicología | toxicology.
toxicología de los primates | nonhuman primate toxicology.
toxicología del carbonilo de níquel | nickel carbonyl toxicology.
toxicología industrial | industrial toxicology.
toxicología veterinaria | veterinary toxicology.
toxicólogo de alimentos | food toxicologist.
toxicomanía | drug-habit.
toxicómano | drug-taker.
toxina | toxin.

toxínico | toxinic.
toza | log.
traba | obstacle.
traba (para caballos) | clog.
traba de estiba (Argentina, Paraguay) | dunnage.
traba por gas (pozo petróleo) | gas lock.
trabado (caballos) | fettered.
trabado (de sierras) | spring-set.
trabado por aire | airbound.
trabador del diferencial (autos) | differential lock.
trabaja artístico | art work.
trabajabilidad | machinability.
trabajable | workable | workable | machinable.
trabajable en caliente | hot-workable.
trabajable en frío | cold-workable.
trabajado | wrought.
trabajado a la perfección | high-wrought.
trabajado en basto | rough-wrought.
trabajado en caliente | hot-worked.
trabajado en frío (deformado en frío - metales) | cold-worked.
trabajado en frío con gran intensidad | heavily cold-worked.
trabajado en frío por estirado | cold worked by drawing.
trabajado en la máquina | machined.
trabajado en tosco | rough-wrought.
trabajador | worker | labourer (Inglaterra) | labourer | workman | stiff.
trabajador (fronterizo) | commuter.
trabajador a destajo | pieceworker.
trabajador a domicilio | outworker | home-worker.
trabajador a tiempo completo | full-time worker.
trabajador a tiempo parcial | partial-time worker.
trabajador agrícola | land-worker.
trabajador autónomo | free lance | self-employment.
trabajador de muelle | longshoreman.
trabajador de puerto | longshoreman.
trabajador de temporada | seasonal worker.
trabajador emigrante | migratory worker.
trabajador en cuerno | horner.
trabajador especializado | skilled worker.
trabajador estacional | seasonal worker.
trabajador eventual | temporary worker.
trabajador familiar sin salario | unpaid family worker.
trabajador foráneo | foreign worker.
trabajador independiente | self-employed.
trabajador por cuenta propia | self-employment.
trabajador portuario | docker.
trabajador que produce según el valor de la paga | marginal labourer.
trabajador sin cualificación | threshold worker.
trabajador tipo | pace setter.
trabajadores de color | colored labor.
trabajadores de granjas avícolas | poultry workers.
trabajadores de las industrias gráficas | printing-trades workers.
trabajadores de más de cuarenta años de edad | 40-plus workers | over-40 workers.
trabajadores de planta | regular workers.
trabajadores en jornada reducida | part-time workers.
trabajadores especializados | skilled labor.
trabajadores eventuales | casual workers.
trabajadores inexpertos | handicapped workers.
trabajadores minusválidos | handicapped workers.
trabajadores no especializados | unskilled labour.
trabajadores portuarios | port workers.
trabajadores rurales a jornal | hired farm working force.
trabajadores sindicados | union labour.
trabajadores sometidos a irradiaciones | radiation workers.
trabajando con intensidad | on the job.
trabajando todo el año | round-the-calendar.
trabajando todo el día | round-the-clock.
trabajando 16 horas diarias cinco días a la semana | working sixteen hours a day five days a week.
trabajando 24 horas al día | round-the-clock.
trabajando 360 días al año | round-the-calendar.
trabajar | labor (to) | machine (to) | work (to) | work (to).
trabajar (buque en mar agitada) | strain (to).
trabajar (cables) | ride (to).
trabajar (chapas, etc.) | fabricate (to).
trabajar (elementos estructurales) | be stressed (to).
trabajar (estructura del buque) | pant (to).
trabajar (la cadena del ancla) | ride (to).
trabajar (minas) | improve (to).
trabajar (resistencia materiales) | be in stress (to).
trabajar a destajo | work by the job | job (to).
trabajar a la compresión (resistencia de materiales) | be in compression (to).
trabajar a la tracción | be in tension (to).
trabajar a plena producción | go all out (to).
trabajar asiduamente | drive away (to).
trabajar como estibador | lump (to).
trabajar con el martillo | hammer (to).
trabajar con gancho de pudelar | rabble (to).
trabajar con la fresa | bore out (to).
trabajar con la gubia | scoop (to).
trabajar con la guimbarda | plough (to).
trabajar con las varillas tiracables (canalización eléctrica) | rod (to).
trabajar con pico | pick-work (to).
trabajar con tesón | work without a let-up (to).
trabajar con tesonería | work feverishly (to).
trabajar continuamente las veinticuatro horas del día | operate around the clock (to).
trabajar contra la mar y el viento (buques) | labor (to).
trabajar durante la hora de la comida (talleres) | work through meal hours (to).
trabajar el mineral en la gamella | rock the ore (to).
trabajar en caliente | hot-work (to).
trabajar en frío | cold-work (to).
trabajar en la prensa hidráulica | hydraulic press (to).
trabajar en realce (minas) | rise (to) | breakup (to).
trabajar en relieve | boss (to).
trabajar en telegestión | teleprocess (to).
trabajar horas extras | do overtime (to).
trabajar imperfectamente por error de centrado (estampa alta y baja) | mismate (to).
trabajar la pasta (fabricación papel) | mill (to).
trabajar la tierra | dig (to).
trabajar moviéndose la mesa en la dirección de la rotación de la fresa (fresadoras) | climb cut (to).
trabajar por encima de su temperatura de congelación | operate above its freezing temperature (to).
trabajar por turnos | work on a shift basis (to).
trabajar sin levantar cabeza | work without a let-up (to).
trabajar sobre el ancla (buques) | ride hard (to).
trabajar tres turnos de ocho horas por día | operate three 8 hour shifts per day (to).
trabajar una cosa | hew (to).
trabajarse fácilmente (rocas, piedras, etc.) | work freely (to).
trabajo | work | piece of work | task | employment | making | duty | labor (EE.UU.) | labour.
trabajo a corta distancia | close-in work.
trabajo a cualquier temperatura en la que no hay relajación de esfuerzos internos durante el trabajo o durante el enfriamiento después del trabajo (aleaciones para altas temperaturas) | cold working.
trabajo a destajo | work by the price | jobbing | job work | jobbing-work | taskwork | bargain work | time work | piece rate wage payments | piecework | piece work.
trabajo a destajo (minas) | charter.
trabajo a domicilio | outwork | homework system | home industry.
trabajo a jornal | hour work | flat-rate work | day labor | timework.
trabajo a la flexión | bending stress.
trabajo a mano | hand labor | manual labor.
trabajo a mano (hornos metalúrgicos) | hand rabbling.
trabajo a mano (tornos) | hand-tooling.
trabajo a martillo (barrenos) | single-handed boring.
trabajo a pie de obra | site work.
trabajo a prima | piecework.
trabajo a ritmo lento (talleres) | work rule.
trabajo a temperatura entre 600 y 800 °C (aceros) | warm-working.
trabajo a tiempo parcial | part-time.
trabajo a trato | piecework.
trabajo abrumador | back-breaker.
trabajo acabado | plain work.
trabajo acabado con calibre (tornos) | gage sizing work.
trabajo administrativo | desk work | paper work.
trabajo agotador | fag | exacting labor | exhausting work.
trabajo agrupado | batched job.
trabajo al día | hand-to-mouth working.
trabajo al freno (motores) | shaft work.
trabajo animal | animal labor.
trabajo atrasado | backlog.
trabajo basto | rough work.
trabajo bien ejecutado | neat work.
trabajo bien retribuido | fat job.
trabajo calado (en telas) | drawn thread work.
trabajo calentando la zona a trabajar con el soplete (trabajos de tubos en el horno) | flame spinning.
trabajo calificado | skiller labor.
trabajo casualmente reversible | trivially reversible work.
trabajo censal | census work.
trabajo científico | project.
trabajo clave | key job.
trabajo con aguja infernal | plug and feathering.
trabajo con el cepillo de ranurar | ploughing.
trabajo con el gancho de pudelar | rabbling.
trabajo con estudio de tiempos | time-studied job.
trabajo con jornada reducida | short-time working.
trabajo con la azuela o el cepillo | dubbing.
trabajo con la gubia | gouging.
trabajo con mallas al revés (tejido de punto) | purling.
trabajo con maza y cuña (minas) | pool.
trabajo con maza y punterola (minas) | moiling.
trabajo con pico y pala | pick-and-shovel work.
trabajo con redondos (tornos) | bar work.
trabajo con turbina de aire comprimido | air-turbine work.
trabajo consumido | expended work.
trabajo continuado durante todo el año | all-year-round working.
trabajo continuo | continuous duty.
trabajo continuo (con los turnos necesarios) | work round the clock.
trabajo continuo (marcha continua) | continuous working.
trabajo continuo hasta terminar una faena (con los turnos necesarios) | out-of-face work.
trabajo cooperativo | teamwork | joint work.
trabajo de aficionado | amateur work.
trabajo de afino | fine working.
trabajo de alineamiento | alignment job.

trabajo de aspiración | intake work.
trabajo de canalizaciones | ducting work.
trabajo de cilindrar (tornos) | surfacing work.
trabajo de circa (minería) | resuing.
trabajo de compresión | compression work.
trabajo de conformación | forming work.
trabajo de conservación | maintenance labor.
trabajo de coordinación | liaison work.
trabajo de copia | repetition work.
trabajo de coronas (dentistas) | crownwork.
trabajo de cuero | leather work.
trabajo de desbaste | roughing job.
trabajo de desmonte | earthmoving | dirt moving.
trabajo de detalle | detail work.
trabajo de entretenimiento de la línea estando ésta con corriente (línea eléctrica) | live-line work.
trabajo de equipo | group work.
trabajo de estajadura (chapas de buques) | joggle-work.
trabajo de extracción (gas ionizado) | work function.
trabajo de facturación | invoice work.
trabajo de forja | shape work.
trabajo de fresado | milling work.
trabajo de impulsión (bombas) | pressure work.
trabajo de infraestructura | permanent-way work.
trabajo de investigación iniciador | pioneer research work.
trabajo de laboratorio | labwork | laboratory work.
trabajo de librería | book work.
trabajo de los metales | metalwork.
trabajo de mala calidad | underwork.
trabajo de marro (perforación) | double-handed boring.
trabajo de matricería | die work.
trabajo de menores | child labor.
trabajo de muelles (puertos) | dock work.
trabajo de oficina | desk work | clerical work.
trabajo de pacotilla | underwork.
trabajo de pequeña serie | job-lot work.
trabajo de plato (tornos) | chuck work.
trabajo de punto | knitting | knotwork.
trabajo de punto sencillo | plain work.
trabajo de rectificado | grinding job.
trabajo de régimen (motores) | schedule work.
trabajo de reglaje (aviones) | rigger's work.
trabajo de relieve | boss work.
trabajo de renovación de traviesas (vía férrea) | tie-renewal work.
trabajo de reparación sin plazo fijo de terminación | nonscheduled repair work.
trabajo de repaso | repassing work.
trabajo de restauración | restoration work.
trabajo de subida | lifting work.
trabajo de torno | process of turning.
trabajo de transformación | refitting job.
trabajo de troquelería | die work.
trabajo de un buque | labor (EE.UU.) | labour (Inglaterra).
trabajo de vía | trackwork.
trabajo deficiente | substandard work.
trabajo del suelo | tillage.
trabajo deliberadamente lento | go slow.
trabajo delicado | near work.
trabajo diario | daywork.
trabajo diario que debe rendir un obrero (minas) | darg.
trabajo difícil | hard work.
trabajo directo más gastos generales | conversion cost.
trabajo durante el año | interim work.
trabajo durante el invierno | through-the-winter work.
trabajo duro | hard work | hard labor.
trabajo duro (máquinas) | punishing work.
trabajo efectuado sobre la viga | work done on the beam.
trabajo eléctrico | electrical work.
trabajo en báscula | alternating operation.
trabajo en cadena | production-line work.
trabajo en caliente | hot-working | warm-working.
trabajo en ciclo poco intenso | shallow-cycle work.
trabajo en colaboración | combined work.
trabajo en cuero | leather work.
trabajo en curso de ejecución | work in hand.
trabajo en chapa gruesa | heavy platework.
trabajo en el banco (talleres) | benchwork.
trabajo en el bastidor de bordar | framework.
trabajo en el esterior (minas) | surface work.
trabajo en el exterior (minas) | grasswork.
trabajo en el plato (tornos) | facework.
trabajo en el sitio de emplazamiento | at-site work.
trabajo en el suelo del taller | floor work.
trabajo en el taller | shopwork.
trabajo en frío | cold-forming | cold working.
trabajo en frío sobre moldes apropiados (chapas) | deep-drawing.
trabajo en grupo | teamwork.
trabajo en horas extraordinarias | overwork.
trabajo en permutación | alternating operation.
trabajo en que sólo se construye una sola cosa | one-off job.
trabajo en relieve | embossed work.
trabajo en ristra (calcetería) | string work.
trabajo en roca (minas) | stonework.
trabajo en roca (minería) | rockwork.
trabajo en roca estéril (minas) | deadwork.
trabajo en serie | production work | repetition work.
trabajo en sitios especiales | lieu work.
trabajo en sitios estrechos | confined space work.
trabajo en terreno duro por medio de cuñas y machos | beataway.
trabajo en tibio (aceros) | warm-working.
trabajo en unidades absolutas necesario para elevar una unidad de masa desde el nivel del mar a una cierta altura | dynamic number.
trabajo en vacío | no load work.
trabajo en vacío (electricidad) | no-load work.
trabajo específico de deformación | specific strain energy.
trabajo estacional | seasonal work.
trabajo excesivo | overwork | overworking.
trabajo extraordinario | extra work.
trabajo fácil | easy work.
trabajo fácil (minas) | leppey.
trabajo fastidioso | mean job.
trabajo ficticio | make-work.
trabajo fijo | regular job.
trabajo fino | close work.
trabajo forestal | forestry work.
trabajo hecho a horas perdidas | by-job | bay job.
trabajo hecho a máquina | machine work.
trabajo hecho por | work done by.
trabajo hecho por buzos | work done by divers.
trabajo hecho según un pedido | custom-work.
trabajo imprevisto | nonscheduled work.
trabajo improductivo | deadwork.
trabajo iniciador | pioneering work.
trabajo intelectual | mental labor.
trabajo interno | internal work.
trabajo libre (Iberoamérica) | trailing.
trabajo macroscópico (termodinámica) | macroscopic work.
trabajo mal alineado | badly aligned job.
trabajo mal hecho | sloppy workmanship.
trabajo mancomunado | teamwork | joint work.
trabajo manual | hand work | handiwork | handwork | manual labor | handicraft.
trabajo mecánico | machining | energy | mechanical work.
trabajo mecánico (horno metalúrgico) | mechanical rabbling.
trabajo minucioso | fiddling job.
trabajo monótono | monotonous work.
trabajo muy variado | jobbing work.
trabajo neto producido | net work output.
trabajo no en serie | one-off job.
trabajo no productivo | nonproduction work.
trabajo nocturno | night labor.
trabajo normal (motores) | schedule work.
trabajo pagado por adelantado | dead horse.
trabajo para dar forma a las chapas | plate forming work.
trabajo penoso | hard work | collar-work | fag.
trabajo perjudicial | loss.
trabajo pesado | tough job.
trabajo por jornada | day shift.
trabajo por pieza | piecework.
trabajo por testeros (minas) | overhand stoping.
trabajo por turnos | shift-working.
trabajo por unidad de masa del aire | work per unit of mass of air.
trabajo por unidad de volumen o por unidad de masa requerido para romper el material | breaking toughness.
trabajo potencialmente reversible | possibly reversible work.
trabajo precursor | pioneer work.
trabajo preferencial | foreground job.
trabajo preliminar | spade-work | preparatory work.
trabajo premiado | award-winning paper.
trabajo preparatorio | preparatory work | spade-work.
trabajo preparatorio (minas) | deadwork.
trabajo preparatorio (minería) | opening.
trabajo preparatorio de una cimentación | groundwork.
trabajo programado | systems work.
trabajo promotor de fatiga | fatigue-inducing work.
trabajo que perjudica la salud | health-endangering work.
trabajo realizado durante la semana | prior work week.
trabajo realizado en una transformación (termodinámica) | work for a process.
trabajo realizado por el sistema | shaft work done by system.
trabajo remunerado por unidad de obra realizada | work at pieces rates.
trabajo remunerado por unidad de tiempo | work at time rates.
trabajo resistente | resistance energy.
trabajo rudo | hard work | back-breaker.
trabajo salteado | odd work.
trabajo secundario | bywork.
trabajo seguido con los turnos necesarios | round-the-clock work.
trabajo seguido hasta terminar (con el mismo turno) | out-of-face work.
trabajo sencillo | straight work.
trabajo servil | menial work.
trabajo sin carga | no load work.
trabajo sin reservas de materias primas | hand-to-mouth working.
trabajo sobre la orilla (dragado) | bank working.
trabajo subordinado preferente | foreground initiated background job.
trabajo superfluo | make-work job.
trabajo suplementario | parergon.
trabajo toreutico | toreutic work.
trabajo ulterior | further work.
trabajo útil | effective power.
trabajo variado | odd work.
trabajo y pausa | mark and space.
trabajo y reposo | mark and space.
trabajos | works.
trabajos a mano para eliminar aberraciones en una zona localizada (superficies ópticas) | figuring.
trabajos a media ladera | hillside workings.
trabajos antiguos | old workings.
trabajos antiguos (minas) | ancient workings.
trabajos artísticos (artes gráficas) | printing on enamel stock.
trabajos criptográficos | encrypt.
trabajos de aproche (milicia) | approach works.

trabajos de campo | field work | fieldwork.
trabajos de campo (topografía) | ground survey.
trabajos de cerrajería | fitter's work.
trabajos de complemento (pozos petrolíferos) | workover.
trabajos de conservación | maintenance works.
trabajos de construcción | construction work.
trabajos de descombro | clearing operations.
trabajos de desmonte de tierras | earthmoving duties.
trabajos de ejecución única | one-shot jobs.
trabajos de entretenimiento | maintenance works.
trabajos de explanación | earthwork.
trabajos de explotación | development works.
trabajos de gabinete de ingeniería | engineering.
trabajos de impresión de prospectos | job-printing.
trabajos de indagación | exploratory works.
trabajos de mina | mine-diggings.
trabajos de montaje | fitter's work.
trabajos de primer establecimiento (minería) | preliminary work.
trabajos de prospección | exploratory works.
trabajos de prospección (minas) | burrowing for lodes.
trabajos de reconocimiento | exploratory works.
trabajos de reforzamiento | reinforcing works.
trabajos de reparación del casco en varadero (buques) | repair work of hull on slipway.
trabajos de tendidos (electricidad) | laying operation.
trabajos de trazado (minas) | opening operations.
trabajos de trazado (minería) | forewinning operations.
trabajos de trazado (trabajos de preparación-minas) | first working.
trabajos de trazado y de acceso (minas) | development work.
trabajos del interior (minas) | bottom workings.
trabajos durante las vacaciones de verano | summer vacation jobs.
trabajos ejecutados simultáneamente | concurrent jobs.
trabajos en capa (minas) | seam work.
trabajos en chapas de acero de pequeño espesor | tinsmithing.
trabajos en chapas de aluminio | tinsmithing.
trabajos en líneas eléctricas bajo tensión | life-line work.
trabajos en manto (minas) | seam work.
trabajos en profundidad | deep working.
trabajos en roca (minas) | mullocking.
trabajos forzados a perpetuidad | lifer.
trabajos geológicos | geological works.
trabajos hechos entre el pozo y la cara de trabajo (minas) | backbye work.
trabajos insignificantes | odd jobs.
trabajos para vidriería | glaziers' work.
trabajos portuarios | pier operations.
trabajos preparatorios | first-mining | preliminary work.
trabajos preparatorios (minas) | forewinning | driving headways | back work.
trabajos preparatorios (minería) | narrow work.
trabajos que sólo pueden ser hechos por un gremio determinado de obreros | demarcation.
trabajos reiterativos | recurring jobs.
trabajos sobre el terreno | fieldwork.
trabajos subacuáticos | subaquatic works.
trabajos subterráneos | tunneling.
trabajos variados (no de serie) | odd jobs.
trabajoso | fastidious.
trabalinguetes | pawl catcher.
trabanca | paper-hanger table.
trabante (botánica) | satellite.
trabar | interlock (to) | shackle (to) | jam (to) | seize (to) | lock (to) | fasten (to).
trabar (a un animal) | clog (to).
trabar (combate) | commit (to).
trabar bien los materiales por la acción de la apisonadora (carreteras) | lock (to).
trabar conocimiento con | meet (to).
trabar la mezcla | temper (to).
trabarse (minas) | fitcher (to).
trabazón | compactness | bracing | union | mating.
trabazón de hiladas | joggle-work.
trabazón de las piedras (aparejo) | binding of stones.
trabazón de tizones diagonales | raking bond.
trabécula (botánica) | crossbar.
trabilla | sash bolt.
trabilla (de traje) | belt.
trabilla de fleje (para cajas de madera, etc.) | strap anchor.
traca (buques) | stake | strake.
traca baja de mamparo (buque sin doble fondo) | bulkhead floor.
traca central del doble fondo | inner bottom middle line strake.
traca central del doble fondo (buques) | middle line strake of the inner bottom.
traca contigua a la de aparadura (buques madera) | riser.
traca de aparadura (buques) | sandstrake | garboard strake | garboard.
traca de cierre (traca de pantoque - buque soldado) | closing strake.
traca de cinta (buques) | sheerstrake.
traca de cinta de la toldilla | poop sheerstrake.
traca de cinta del puente cubierto (buques) | bridge sheerstrake.
traca de costado de la ciudadela (buques) | bridge side strake.
traca de cuchillo (buques) | gore strake.
traca de eslora (cubiertas de buques) | tie plate.
traca de la flotación (buque rompehielos) | ice strake.
traca de los fondos (buques) | bottom strake.
traca de primer plano (buques) | inside strake.
traca de refuerzo (buques) | doubling strake.
traca de refuerzo para el roce (buques) | rubbing strake.
traca de segundo plano (buque remachado) | outside strake.
traca de ventilación (buque madera) | air strake.
traca debajo de la cinta (buques) | topside strake.
traca del pantoque | bilge strake.
traca del pie (mamparo) | bottom strake.
traca exterior (buque remachado) | outside strake.
traca exterior (buques) | outer strake.
traca inferior de mamparo | lowest strake of bulkhead.
traca intercalada (buques) | stealer.
traca interior (buques) | inside strake.
traca interior (forro de buques) | inner strake.
traca perdida | goring strake.
traca perdida (buques) | stealer | drop-strake.
traca remachada longitudinalmente (buques) | longitudinal riveted strake.
tracanil de la cubierta inferior | lower deck stringer.
tracas de ligazón | binding strakes.
tracas de proa | harpings.
tracción | traction | haulage | draft | draw | draught | pull | pulling.
tracción (de un viento) | pull.
tracción (helice) | thrust.
tracción (resistencia materiales) | tension.
tracción a brazo | man haulage | hand drive.
tracción a punto fijo (remolcadores) | bollard pull.
tracción adicional | added traction.
tracción al excavar (dragas rosario) | digging pull.
tracción al sacar la almeja cargada (dragas) | grabbing pull.
tracción alternada | alternating pull.
tracción animal | horse haulage | animal haulage.
tracción axial | axis-traction.
tracción circunferencial | ring tension.
tracción con locomotoras diesel | diesel traction.
tracción de
tracción de prueba estática sobre bolardo (remolcadores) | static bollard test pull.
tracción de un cable en una canalización (para pasarlo) | duct-rodding.
tracción debida a la corriente de agua (geología) | stream traction.
tracción del ancla | anchor pull.
tracción del hilo (líneas telegráficas) | killing of wire.
tracción distorsional | distortional pull.
tracción doble por cabeza | double-headed traction.
tracción eléctrica | electric traction.
tracción en el cable | line pull.
tracción en el gancho (locomotoras) | drawbar pull.
tracción en horizontal | level traction.
tracción en la barra | drawbar pull.
tracción en líneas principales (ferrocarriles) | main-line haulage.
tracción en pruebas sobre bolardo (remolcadores) | trial bollard pull.
tracción en recta (ferrocarril) | straight-haulage.
tracción especificada en la barra de enganche (locomotoras) | rated drawbar pull.
tracción hacia abajo | downward-pull.
tracción lateral | lateral pull.
tracción máxima en la arrancada | maximum tractive effort at starting.
tracción máxima sobre bolardo (remolcador) | maximum bollard pull.
tracción mecánica | power haulage.
tracción mecanizada | mechanized draught.
tracción monofásica (ferrocarriles) | single-phase traction.
tracción múltiple | multiple pulling.
tracción o compresión por medio de gatos | jacking.
tracción por acumuladores | accumulator traction.
tracción por caballerías | horse-drawn.
tracción por cable flotante sin fin (minas) | overhead endless-rope haulage.
tracción por locomotora | locomotive drive.
tracción por vapor | steam traction.
tracción por vía férrea | rail traction.
tracción preliminar | ante-tension.
tracción rítmica | rhytmical pulling.
tracción sobre bolardo (remolcadores) | bollard pull.
tracción sobre el barrón del mandrino | mandrel-bar drawing.
tracción subterránea (minas) | underground traction.
tracción tangencial | hoop tension.
tracción unilateral | one-sided pull.
tracción violenta | lug.
traccionabilidad | tractionability.
traccionabilidad del terreno | soil tractionability.
traccionable | towable.
traccional | tensional.
tracemos la tangente | let us draw the tangent.
tracería | tracery.
tracería flamígera (arquitectura) | flamboyant tracery.
tracería mudéjar | Moresque tracery.
tracoma | granular lids.
tractivo | tractive.
tracto (anatomía) | tract.
tractolina | tractoline.
tractómetro | pullmeter.
tractor | tractor.

tractor acuático (remolcador con propulsión Voith-Schneider) | water tractor.

tractor agrícola | agricultural tractor | farm tractor | ploughing tractor.

tractor agrícola de 5 a 10 cv | mule.

tractor agrícola pequeño de unos 6 caballos | cub tractor.

tractor automóvil | motor tractor.

tractor auxiliar | helper tractor.

tractor con brazo empujador lateral | side boom tractor.

tractor con cuchilla frontal fija o inclinable o giratoria | angledozer.

tractor con ruedas de neumático | pneumatic wheel tractor.

tractor con tren de remolques sobre neumáticos y accionamiento individual de cada una de las ruedas por motor eléctrico dentro de la llanta neumática | turnatrain.

tractor de arrastre de troncos (corta forestal) | log hauler.

tractor de arrastre del obús | howitzer motor carriage.

tractor de cadenas | track tractor.

tractor de carga | cargo tractor.

tractor de cuatro ruedas motrices | four-wheel-driven tractor.

tractor de disco aterrazador (movimiento de tierras) | terracer.

tractor de gasolina | gasoline-driven tractor.

tractor de hoja de empuje angular | trailbuilder.

tractor de la brocha | broach puller.

tractor de oruga | tracklayer tractor | crawler tractor.

tractor de plataforma | tractor truck.

tractor de recuperación (de coches averiados) | recovery tractor.

tractor de rueda alta | high clearance tractor.

tractor de tres ruedas | three wheel tractor.

tractor diesel de orugas | diesel-powered crawler tractor.

tractor diesel eléctrico de brazo lateral para empujar vagones | diesel-electric side-arm pusher.

tractor eléctrico para sirga | mule.

tractor grúa | boom tractor.

tractor hortícola | horticultural tractor.

tractor industrial | industrial tractor.

tractor ligero | midget tractor.

tractor oruga | crawler | caterpillar tractor | full track tractor | track type tractor | tracklaying tractor.

tractor oruga con motor diesel | diesel-engined crawler tractor.

tractor para cañones | gun tractor.

tractor para cultivos en surcos | row-crop tractor.

tractor para el arrastre de aviones | towing dolly.

tractor para movimientos de tierras | earth-moving tractor.

tractor para obras públicas | contractor's type tractor.

tractor para trabajos extrapesados | extr aheavy-duty tractor.

tractor para transporte de carros de combate | tank transporter.

tractor para transporte de troncos | logging tractor.

tractor pequeño de acumuladores | electric horse.

tractor pequeño de hoja empujadora que se introduce en la bodega para cargar el cucharón de la grúa de descarga (buques) | payloader.

tractor pesado de seis ruedas con tracción en todas | six-wheel six-wheel drive heavy tractor.

tractor potente de cuatro ruedas motrices | prime mover.

tractor que puede circular por carretera o por vía férrea | trackmobile.

tractor remolcador | tow tractor.

tractor salvacarros | tank-retriever tractor.

tractor sobre orugas | crawler tractor.

tractor sobre ruedas | wheel type tractor.

tractor suplementario para tracción | snap tractor | snatch tractor.

tractor volante | flying tractor.

tractores enviados desarmados | knocked-down shipped tractors.

tractorista | tractor operator | driver.

tractorizado | tractor-operated.

tractriz | antifriction curve.

tractriz (catenaria) | tractrix.

tradición | delivery.

traducción | traslation | rendering | translation | interpretation.

traducción abreviada | abridged translation.

traducción automática (ordenador) | mechanical translation.

traducción con máquina electrónica | machine translation.

traducción de lenguajes (informática) | language translation.

traducción de señales telegráficas en caracteres | code translation.

traducción errónea | mistranslation.

traducción fiel | accurate translation | close translation.

traducción incorrecta | loose translation.

traducción íntegra | cover-to-cover translation.

traducción interlineal | gloss.

traducción yuxtalineal | juxtalineal traduction.

traducir | translate (to) | render (to).

traducir al inglés | translate into English (to).

traducir de un lenguaje a otro (informática) | translate (to).

traducir del inglés | translate from English (to).

traducir erróneamente | mistranslate (to).

traducir una tarjeta | interpret (to).

traductor | translator.

traductor audible del efecto Doppler | audible doppler enhancer.

traductor de datos | data translator.

traductor de fórmulas (lenguaje) | formula translator.

traductor de registrador | register's translator.

traductor de rutas (telefonía) | routing translator.

traductor electrónico | electronic translator.

traductor instrucción a instrucción | one to one translator.

traductor jefe | chief translator.

traductor línea a línea | one to one translator.

traductora | translatress.

traer | carry (to) | get (to) | fetch (to).

traer a colación y partición | bring into hotchpot (to).

traer a la memoria | call to remembrance (to).

traficante | monger | barterer | trader.

traficante sin licencia | interloper.

traficar | deal (to) | traffic (to) | trade (to).

traficar (EE.UU.) | merchandize (to).

traficar sin licencia | interlope (to).

tráfico | traffic | trading.

tráfico (de carruajes) | staging.

tráfico (telefonía) | working.

tráfico (telefonía, telegrafía) | message handling.

tráfico a pie (pavimentos) | foot-traffic.

tráfico aéreo | air traffic.

tráfico aéreo de pasajeros | air passenger traffic.

tráfico aéreo local | local air traffic.

tráfico bilateral (telefonía) | two-way traffic.

tráfico combinado | composite traffic.

tráfico cursado | carried load.

tráfico de armas | arms traffic.

tráfico de buques portacontenedores | container ship traffic.

tráfico de cargas incompletas de vagones | less-than-wagon-load traffic.

tráfico de cargas unificadas | unit load traffic.

tráfico de cercanías (EE.UU.) | commuter traffic.

tráfico de cercanías (ferrocarril - G.B.) | residential traffic.

tráfico de comunicaciones | communication traffic.

tráfico de corta distancia | local traffic.

tráfico de detalle | less-than-wagon-load traffic.

tráfico de detalle (ferrocarril) | less-carload traffic.

tráfico de escala (telecomunicación) | through traffic.

tráfico de espera (telecomunicación) | waiting traffic.

tráfico de estupefacientes | drug-traffic.

tráfico de heroína | heroin traffic.

tráfico de larga distancia | bypass traffic.

tráfico de larga distancia (carreteras) | through traffic.

tráfico de mercancías | goods traffic.

tráfico de peatones (pavimentos) | foot-traffic.

tráfico de personas (pavimentos) | foot-traffic.

tráfico de prueba | test traffic.

tráfico de recogida | pickup traffic.

tráfico de salida (puertos) | outbound traffic.

tráfico de sobrecarga (telecomunicación) | overflow traffic.

tráfico de sobrecarga (telefonía) | overflow traffic.

tráfico de socorro (radiocomunicaciones que siguen a la captación de una señal de petición de auxilio) | distress traffic.

tráfico de tracción eléctrica | electrically-hauled traffic.

tráfico de tránsito | transit-traffic.

tráfico de tránsito (carreteras) | through traffic.

tráfico de tránsito (telefonía) | transit traffic.

tráfico de viajeros | passenger traffic.

tráfico de viajeros (ferrocarril - Inglaterra) | coaching traffic.

tráfico del aerodromo | aerodrome traffic.

tráfico desaprovechado (telefonía) | waste traffic.

tráfico diferido (telefonía) | delayed traffic.

tráfico directo (telefonía) | express traffic.

tráfico en cajones de paredes desmontables | containers traffic.

tráfico en contenedores | containers traffic.

tráfico en sentido único | one-way traffic.

tráfico en tránsito (telecomunicación) | viarouting traffic | transit traffic.

tráfico en un sólo sentido | one-way traffic.

tráfico entre redes | internet traffic.

tráfico escaso | light traffic.

tráfico externo de llegada (telefonía) | incoming trunk traffic.

tráfico ferroviario | railway traffic.

tráfico ideal (telefonía) | pure-change traffic.

tráfico interinsular | interisland traffic.

tráfico interno de salida (telefonía) | outgoing internal traffic.

tráfico interurbano | intercity traffic.

tráfico interurbano (carreteras) | through traffic.

tráfico limítrofe (telecomunicación) | junction traffic.

tráfico local | local traffic.

tráfico máximo horario | peak-hour traffic | peak hour traffic.

tráfico medio en días laborables | traffic per average working day.

tráfico mixto | composite traffic.

tráfico no sujeto a horario | nonscheduled traffic.

tráfico ofrecido (telecomunicación) | offered load.

tráfico por vagones completos | wagonload traffic.

tráfico puramente aleatorio | pure-chance traffic | pure-change traffic.

tráfico regional | junction traffic.

tráfico regional (telefonía) | toll traffic.

tráfico registrado y directo | store-and-forward traffic.

tráfico regularizado (telefonía) | smooth traffic.

tráfico Roll-on/Roll-off | Ro-Ro traffic.

tráfico simple | simplex operation.
tráfico simultáneo sobre antena común | common aerial working.
tráfico sujeto a horario | scheduled traffic.
tráfico unidireccional | one-way traffic.
tráfico unidireccional por la glorieta | rotary traffic.
tráfico vial | highway traffic.
tragable | swallowable.
tragaluz | light | light well | dormer window | dream-hole | fanlight | skylight | bull's eye.
tragaluz (arquitectura) | lucarne.
tragante | catch-basin inlet | inlet.
tragante (alto horno) | top | tunnel-head | furnace top | throat | shaft top.
tragante (hornos) | tunnel | mouth.
tragante abierto (alto horno) | open top.
tragante de cloaca | sewer inlet.
tragante de chimenea | chimney flue.
tragante de humos (depósito locomotoras) | smokejack.
tragar | guzzle (to) | swallow (to).
trago | draught.
trago (octetos) | gulp.
trai (Fagraea fragans) | anan | reriang.
trai (Fagraea fragrans) | tam sao.
trai (Fagraea fragrans Roxb) | Burma yellow-heart.
trai (Fragaea fragrans) | yellow-heart.
traíla acarreadora | carrying scraper.
traílla | leash | lash.
traílla (de perros) | lead.
traílla (de un perro) | slip.
traílla (excavaciones) | pan.
trailla (pala de arrastre) | buck scraper.
traílla automotriz | tractor scraper.
traílla cargadora | scraper loader.
traílla cargadora (túneles) | slusher.
traílla de cable de arrastre | power scraper | cable excavator.
trailla de hoja angular | angledozer.
traílla de tracción sobre orugas | crawler-pulled scraper.
traílla de tres | leash.
traílla hidráulica | hydraulic scraper.
traílla mandada por cable | cable scraper.
traílla motorizada | motor scraper | moto-scraper.
traje | attire | dress | suit.
traje antigás (milicia) | gas clothing.
traje antinuclear | antinuclear suit.
traje astronáutico | spacesuit.
traje caldeado por electricidad (aviadores) | electric suit.
traje con paracaídas | parasuit.
traje contra las radiaciones atómicas | antinuclear suit.
traje de bucear | scuba.
traje de buzo | diver's bell suit.
traje de campaña | marching order.
traje de combate (marina) | battle dress.
traje de corte | court dress.
traje de etiqueta | court dress.
traje de faena (milicia) | fatigue dress | fatigue uniform.
traje de mecánico | fatigues | overalls.
traje de paisano | civvies | civies.
traje de paisano (militares) | plain clothes.
traje de protección | overall.
traje de vuelo | flight suit.
traje espacial | spacesuit.
traje espacial (astronáutica) | space suit.
traje espacial lunar | lunar space suit.
traje especial para resistir los efectos de la fuerza centrífuga (piloto avión) | antiblackout suit.
traje extravehicular | extravehicular suit.
traje interior para buzos | diving underwear.
traje para piscinas | swim suit.
traje presurizado | pressure suit.
traje protector contra inmersión en agua fría | immersion suit.
trajes de protección para soldadores | welders' protective clothings.
trajes para excursionistas | duffel.
TRAM (sistema plurisensor de reconocimiento y ataque de objetivos) | target recognition and attack multisensor (TRAM).
trama | mesh.
trama (cine) | matte.
trama (fotograbado) | ruled screen.
trama (red - fotograbado) | half-tone screen.
trama (tejido) | woof.
trama (tejidos) | abb | web | weft.
trama (tejidos-EE.UU.) | filling.
trama (televisión) | line.
trama (TV) | raster.
trama cromática (televisión) | color field.
trama cruzada (tejidos) | crosshatch.
trama de (televisión) | raster of 405 lines display.
trama de contacto (fotograbado) | contact screen.
trama de dibujo | figured filling.
trama de estambre | worsted filling.
trama de fondo | ground pick | binding pick | binder pick.
trama de fondo (pasada inferior) | ground filling | ground weft.
trama de fondo (tejeduría) | bottom shot.
trama de fondo (tela doble) | binding weft.
trama de fondo de lino | linen ground weft.
trama de forro | inner packing weft | back weft | backing filling | filling weft.
trama de franja | fringe weft.
trama de pelo | pile weft.
trama de perlé | bead weft.
trama de retorno (tejeduría) | reversing weft.
trama de seda | shute.
trama de selfactina | mule-spun yarn.
trama del envés (tela de dos caras) | backfilling.
trama exploradora | raster grid.
trama floja (hilatura) | no-throw.
trama mental | mental frame.
trama papelera | paper web.
trama sobrerretorcida | kinky filling.
trama televisiva | television raster.
trama y punto | grating and dot.
trama y urdimbre (textil) | porter and shot.
tramado | put-up.
tramador | weaver.
tramar | weave (to) | lay (to).
tramar (complot) | devise (to).
tramitación | procedure.
tramitación de la conciliación industrial | industrial conciliation machinery.
tramitación inicial | preliminary steps.
tramitación judicial | procedure.
tramitación procesal | procedure.
tramitar | carry on proceedings (to) | transact (to) | process (to).
tramitar mensajes (radio) | process (to).
trámite | procedure | proceeding | procedure.
trámite burocrático complicado | entangled bureaucratic proceeding.
trámite de legalización | legalization procedure.
trámite y aprobación de un proyecto de ley | passage.
trámites | proceedings | red tape | paperwork.
tramo | span | course | range | stretch | band.
tramo (de tubería, de cable) | run.
tramo (escaleras) | flight.
tramo (ferrocarril) | block.
tramo (geología) | occurrence.
tramo (minas) | slice.
tramo (por un avión) | leg.
tramo (puentes) | bay.
tramo (río o canal) | reach.
tramo (ríos) | track.
tramo (topografía) | link.
tramo basculante (puentes) | bascule leaf.
tramo compensdo (topografía) | adjusted link.
tramo contiguo al muro (edificios, estribos de puentes) | tail-bay.
tramo de acceso (puentes) | approach span.
tramo de anclaje (puentes) | anchor span.
tramo de ataque (minas) | driving trough.
tramo de avance (túneles) | leading length.
tramo de báscula (puentes) | bascule span.
tramo de báscula de tablero único (puentes) | single-leaf bascule span.
tramo de canal entre dos esclusas | pond.
tramo de conducto | conduit run.
tramo de estabilización en profundidad del torpedo | torpedo recovery range.
tramo de navegación (puentes sobre ríos) | navigation span.
tramo de orilla (puente de barcas en ríos de marea) | link span.
tramo de orilla (puente pontones) | hinge bay.
tramo de orilla (puentes) | shore span | end span | sidespan | flanking span.
tramo de retorno (transportador de correa) | return strand.
tramo de ruta | route segment.
tramo de soporte anular (puente giratorio) | rim-bearing span.
tramo de soporte central | center-bearing span.
tramo de tubos que se están soldando (oleoductos) | firing line.
tramo de un vuelo | flight sector.
tramo de viga continua | fixed girder span.
tramo de viga continua de celosía | continuous-truss span.
tramo de vigas de alma llena parcial | half-through plate girder-span.
tramo de vigas doble T laminadas | rolled-I-beam span.
tramo de vuelo | range of flight.
tramo en voladizo | cantilever span.
tramo extremo (puentes) | end span.
tramo final (puentes) | end span.
tramo fluvial | river tract.
tramo horizontal (carreteras) | level run.
tramo inferior | lower reach.
tramo inferior (ríos) | lower track | plain-track.
tramo instalado (tuberías) | laying length.
tramo lateral (puentes) | sidespan.
tramo levadizo (puentes) | draw.
tramo levantable (puentes) | raisable span.
tramo medio (ríos) | valley track.
tramo oblicuo (puentes) | skew span.
tramo portador (transportador de cinta) | carrying strand.
tramo que cruza un río (líneas eléctricas aéreas) | river span.
tramo recto (de tubería, etc.) | straight run.
tramo recto (escaleras) | straight flight.
tramo recto (puentes) | square span.
tramo superior (ríos) | mountain track.
tramo superior del río | head of the river.
tramo uniformemente cargado con extremos apoyados | freely-supported uniformily-loaded span.
tramos de la nivelación | level runs.
tramoyista | scene-shifter | stage machinist.
tramoyista (teatros) | shifter | machinery man.
trampa | pitfall | hatch | web | trap | trapdoor | fake.
trampa (caza) | gin.
trampa (de caza) | deadfall.
trampa (maquinaria) | trap.
trampa (vías férreas) | trap point.
trampa adiabática (reacción termonuclear) | adiabatic trap | magnetic mirror.
trampa anticarros | tank trap.
trampa antisifonaje (retretes) | antisiphonage trap.
trampa con flotador de bola | ball float steam trap.
trampa con hembras vírgenes como señuelo para insectos (entomología) | virgin female trap.
trampa contra carros | antitank trap.
trampa contracarros | tank trap.
trampa de aire (del aire comprimido, del vapor) | air trap.
trampa de ecos (televisión) | power equalizer.
trampa de gases del cohete | rocket gas trap.

trampa de iones de cañón curvado | bent-gun ion trap.
trampa de línea | line trap.
trampa de onda | wave trap.
trampa de resorte | spring trap.
trampa de semiconductor | semiconductor trap.
trampa estratigráfica (petróleo) | stratigraphic trap.
trampa explosiva | booby trap.
trampa magnética de iones | ion-trap magnet.
trampa mixta | combination trap.
trampa para pescar | ark-net.
trampa para rayos cósmicos | cosmic-ray trap.
trampa profunda | deep trap.
trampilla | fall-down.
trampilla (de piso) | scuttle.
trampilla de inspección | inspection trap.
trampilla para clasificar | sorting trap.
trampolín (corta forestal) | springboard.
trampolín (piscinas) | diving board.
tranca (de puerta) | crossbar | strongback.
trancanil (buques) | stringer | deck stringer.
trancanil de baos | beam stringer.
trancanil de chapa (buques) | plate stringer.
trancanil de madera (buques) | boundary plank | margin plank.
trancantil de los baos de bodega | hold beam stringer plate.
trance | juncture.
tranco (hogar hornos) | firebridge.
tranco de siega | windrow.
trancha (fragua) | cold cutter.
tranformación martensítica inversa (conversión de la martensita en austenita al calentar) | reverse martensitic transformation.
tranformador de energía solar | solar conversion device.
tranformador de igualación de impedancia | impedance matching transformer.
tranformador de transformación constante | tapless tranformer.
tranformador elevador | step-up transformer.
tranmisión fraudulenta de la propiedad | fraudulent conveyance.
tranmisión por cable | rope drive.
tranmisión por tornillo sinfín | worm gearing.
tranquero (de puerta) | bond-timber.
tranquilidad | calm.
tranquilidad de marcha | easiness.
tranquilización del baño líquido (metalurgia) | killing.
tranquilizador | tranquilizer.
tranquilizante | calming agent.
tranquilo | calm | comfortable | still.
tranquilo (agua, etc.) | smooth.
tranquilo (música) | calm | tranquil.
tranquillón | meslin.
transacción | bargain | compromise | trade-off | deal | dealing | operation.
transacción ABC (venta petrolífera) | ABC transaction.
transacción al contado | cash transaction.
transacción bancaria | banking operation.
transacción bursátil | transaction at the stock exchange.
transacción comercial | business deal.
transacción con los acreedores | compo.
transacciones | transactions | turnover | arrangement.
transacciones comerciales | commercial transactions | dealings.
transacciones consumadas | completed transactions.
transacciones del día | day's proceedings.
transacciones en el bolsín | outside transactions.
transacciones falsas | bogus transactions.
transacciones fuera del edificio de la bolsa | over-the-counter market.
transacciones monetarias | money transactions | monetary affairs.
transacciones para liquidación corriente (bolsa) | cash grain.
transacciones unilaterales | unrequited exports.
transactínido | transactinde.
transadmitancia | transfer admittance.
transadmitancia (electrodos) | transadmittance.
transadmitancia directa para señales pequeñas | small signal forward transadmittance.
transanular | transannular.
transbordador | tender | traveling platform | transporter.
transbordador (entre vías de ferrocarril) | transfer table.
transbordador (ferrocarril) | traverse table | railway-slide.
transbordador (vías de ferrocarril) | traverser.
transbordador aéreo | aerial bridge | aerial ferry.
transbordador anfídromo (buque) | double-end ferry.
transbordador con tracción sobre cadenas (ríos) | chain ferry.
transbordador costero (buque) | coasting ferry-boat.
transbordador de asalto | assault ferry.
transbordador de dos cascos | twin-hulled ferry.
transbordador de pasaje | passenger ferry.
transbordador de pasajeros | passenger ferry.
transbordador de pasajeros con aletas hidrodinámicas | hydrofoil passenger ferry.
transbordador de tierras propulsado por diesel | diesel-engined train ferry.
transbordador de trenes | trainferry | train ferry.
transbordador de trenes y camiones | road-rail ferry.
transbordador de vagones vacíos (ferrocarriles) | empty-wagon traverser.
transbordador de vehículos de carga por popa | stern loading vehicle ferry.
transbordador en catamarán | twin-hulled ferry.
transbordador espacial | space shuttle | shuttle.
transbordador interviario (ferrocarriles) | traversing table.
transbordador para automóviles | motorcar ferry.
transbordador para automóviles (buque) | vehicle ferry.
transbordador para pasajeros y automóviles | passenger and automobile ferry.
transbordador para vehículos | vehicular ferry.
transbordador para vehículos carreteros | road vehicle ferry.
transbordador rompehielos para pasajeros y vehículos | icebreaker passenger and vehicle ferry.
transbordador rompehielos para trenes | icebreaker rail ferry.
transbordador volante (paso de ríos) | flying ferry.
transbordadores aéreos | air ferries.
transbordar | transfer (to).
transbordar (ferrocarril) | interchange (to).
transbordar (mercancías) | reload (to).
transbordar el correo (de un buque a otro en la mar) | pass mail (to).
transbordar el práctico (puertos) | tranship pilot (to).
transbordar la carga | transload (to).
transbordar prácticos (puertos) | transship pilot (to).
transbordar una locomotora de una vía a otra (estación ferrocarril) | traverse a locomotive (to).
transbordo | transfer | trans-shipment | transhipment | transhipping.
transbordo (aviación) | connexion (G.B.).
transbordo (ferrocarril) | interchange.
transbordo de carga | transshipment.
transbordo de mercancías | goods transhipment | turnover of cargo | transhipment of goods | freight transfer.
transbordo de viajeros | transhipment of passengers.
transbordo directo | direct transhipment.
transceptor | transceiver | transreceiver.
transceptor de datos | data transceiver.
transceptor de facsímile | facsimile transceiver.
transceptores de verificación de continuidad (comunicaciones) | continuity check transceivers.
transcodificador | transcodificator | transcoder.
transconductancia | transconductance.
transconductancia en c.c | d-c transconductance.
transconductancia estática (transistores) | static transconductance.
transcribir | transcribe (to) | post (to) | transliterate (to).
transcripción | transcription.
transcripción fonológicaf | phonological transcription.
transcripción verbatim | verbatim transcript.
transcriptor | transcriber | writer.
transcriptor de salida | output writer.
transcriptor directo de salida del sistema | direct system output writer.
transcultural | transcultural.
transcurianos | transcurium elements.
transcurrido el plazo | upon expiry of the time limit.
transcurrido un plazo de 10 días | elapsed a period of 10 days.
transcurrir (el tiempo) | lapse (to).
transcurrirá algún tiempo antes que retornen las condiciones normales | it will take some time before normal conditions return.
transcurso | range.
transducción | transduction.
transducir | transduce (to).
transductor | transductor | transducer.
transductor (mecánico-eléctrico) | pickoff.
transductor accionado por péndulo | pendulum-operated transducer.
transductor bilateral | bilateral transducer | reversible transducer.
transductor capacitivo de pequeña impedancia | low-impedance capacitive transducer.
transductor captador de diferencias de presión | pressure-difference transducer.
transductor cerámico piezomagnético | piezomagnetic ceramic transducer.
transductor cinematográfico | motion-picture pickup.
transductor de caudal a frecuencia | flow-to-frequency transducer.
transductor de cinematografía a televisión | motion picture pick-up.
transductor de corriente alterna | AC transducer.
transductor de diodo | diode transducer.
transductor de dos puertas | two-port.
transductor de entrada optoelectrónico | optoelectric input transducer.
transductor de inductancia diferencial | differential inductance transducer.
transductor de inductancia mutua | mutual-inductance transducer.
transductor de magnetoestricción de alto coeficiente de calidad | high-Q magnetostriction transducer.
transductor de medida (electricidad) | measuring transductor.
transductor de modos | mode transducer.
transductor de posición angular | angular-position pickup.
transductor de presión absoluta | absolute pressure pickup.
transductor de presión de diafragma en catenaria | catenary diaphragm pressure transducer.
transductor de presión de tierras raras mezcladas con cloruro de zirconio | rare-earth pressure transducer.
transductor de presión diferencial | differential pressure pickup.
transductor de regulación de la velocidad | speed-setting transducer.

transductor de reluctancia ajustable | variable reluctance transducer.
transductor de secuencias | sequence transducer.
transductor de sonar para exploración submarina de los substratos del fondo | boomer.
transductor de telemedida | telemetering pickup.
transductor de tubo electrónico | electron-tube transducer.
transductor de variación proporcional | linear transducer.
transductor de vibración | vibration pickup.
transductor del extensímetro | strain-gage transducer.
transductor del pulso (medicina) | pulse pickup.
transductor disimétrico | dissymmetrical transducer.
transductor eléctrico | electric transducer.
transductor electroacústico | electroacoustic transducer.
transductor electroacústico piezoeléctrico | piezoelectric electroacoustic transducer.
transductor electrocinético | electrokinetic transducer.
transductor electroestrictivo | electrostrictive transducer.
transductor electromagnético que transforma un impulso eléctrico en otro mecánico registrable en un disco | cutter.
transductor electromecánico | electromechanical transducer | electromechanical transductor.
transductor electrostático | electrostatic transducer | condenser pickup.
transductor fotoeléctrico | photoelectric transducer.
transductor lineal | linear transducer.
transductor magnetoestrictivo | magnetostrictive transducer.
transductor mecanoeléctrico | mechanic-electric transducer | mechanoelectrical transducer.
transductor mecanoelectrónico | mechano-electronic transducer.
transductor mensurante | measuring transducer.
transductor modal | mode transducer.
transductor multiterminal | multiterminal transducer.
transductor ortomodo | orthomode transducer.
transductor para el control de la posición | position control transducer.
transductor para indicación posicional | position transducer.
transductor para medida de pesos | weight transducer.
transductor para medir presiones | pressure transducer.
transductor pasivo | passive transducer.
transductor piezoeléctrico | piezoelectric transducer | piezo-type transducer | crystal transducer.
transductor piezoeléctrico de película delgada depositado por vapor | vapor-deposited thin film piezoelectric transducer.
transductor piezo-eléctrico ultrasonoro | ultrasonic piezoelectric transducer.
transductor piroeléctrico | pyroelectric transducer.
transductor por flexión | bender transducer.
transductor potenciómetro de vía de alambre | wire-track potentiometer transducer.
transductor recíproco | reciprocal transducer.
transductor reversible | reversible transducer.
transductor saturable | saturable transductor.
transductor selectivo | selective network.
transductor sensible a la aceleración | acceleration-sensitive transducer.
transductor simétrico | symmetrical transducer.
transductor sónico | sonic transducer.
transductor sónico subacuático | underwater sound transducer.
transductor sonógeno submarino | underwater sound projector.
transductor ultrasónico | ultrasonic transducer.
transductor ultrasónico de baja frecuencia | low-frequency ultrasonic transducer.
transductor unilateral | unilateral transducer.
transductores electromagnéticos | electromagnetic transducers.
transección (botánica) | transection.
transecuatorial | transequatorial.
transespecífico | transpecific.
transesterificación | cross-esterification.
transfasor (informática) | transfasor.
transferabilidad | transferability.
transferencia | movement | transference.
transferencia (contratos) | assignment.
transferencia (de fondos) | earmarking transaction.
transferencia (de informaciones) | move.
transferencia (de tierras) | release.
transferencia (de un título) | demise.
transferencia (electricidad) | changeover.
transferencia (puños de calcetines) | topping.
transferencia a la memoria auxiliar | swap out.
transferencia a una cuenta (bancos) | transfer to an account.
transferencia a una galería del plano determinado por dos plomadas en el exterior (minas) | coplaning.
transferencia balística | free fall transfer.
transferencia bancaria | credit transfer | bank transfer | checkless transfer.
transferencia cablegráfica | cable transfer.
transferencia condicional | conditional transfert.
transferencia de activo (economía) | spin-off.
transferencia de beneficios | transfer of profit.
transferencia de calor | heat transfer.
transferencia de calor en convección forzada | forced-convection heat transfer.
transferencia de calor y materia por filtración y difusión | filtration-diffusion heat and mass transfer.
transferencia de capital al extranjero | transfer of capital abroad.
transferencia de carga | charge exchange.
transferencia de color fotográfica | photo colour transfer.
transferencia de control | transfer-of-control | control transfer.
transferencia de datos | data movement.
transferencia de energía del circuito de salida al de entrada | feedback.
transferencia de fondos | transfer of funds.
transferencia de fondos por correo | mail transfer.
transferencia de grabación | dub.
transferencia de impresión | print-through.
transferencia de información desde la memoria principal a periféricos (informática) | output.
transferencia de la banda sonara de un film a otro | re-recording.
transferencia de la cantidad de movimiento | momentum transfer.
transferencia de los totales | total rolling.
transferencia de masa | mass transfer.
transferencia de masa en fase gaseosa | gas-phase mass transfer.
transferencia de órbita coplanar de doble impulsión | two-impulse coplanar orbital transfer.
transferencia de propiedad | transfer of ownership.
transferencia de tecnología | know-how transference | transfer of technology.
transferencia de totales | total transfer.
transferencia de un blanco del aparato buscador al director del tiro | target acquisition.
transferencia de un ordenador a otro | download.
transferencia de una acción por un agente que tiene una orden de compra y otra de venta en similares condiciones | cross sale.
transferencia de una página de la unidad memoria a la memoria centralizada (informática) | page turning.
transferencia de valores | switch.
transferencia declarada | certified transfer.
transferencia del calor del plasma | plasma heat transfer.
transferencia del contenido de una memoria a otra (informática) | dump storage.
transferencia electrónica | electronic transfer.
transferencia electrónica de pagos | electronic funds transfer.
transferencia en blanco | blank transfer.
transferencia en bloques | block transfer.
transferencia entre órbitas | orbital transfer.
transferencia incondicional | unconditional transfer.
transferencia incondicional de control (informática) | unconditional transfer of control.
transferencia interorbital | interorbital transfer.
transferencia interplanetaria | interplanetary transfer.
transferencia lineal energética | linear energy transfer.
transferencia magnética | magnetic transfer.
transferencia metálica | metal transfer.
transferencia óptima de débil empuje | optimum low-thrust transfer.
transferencia por arco corto (soldadura) | short-circuit transfer.
transferencia por arco largo | spray transfer.
transferencia por cable | cable transfer.
transferencia por correo aéreo | air mail transfer.
transferencia por cortocircuitos | short-circuit transfer.
transferencia por pulverización (soldadura) | spray transfer.
transferencia por resonancia | resonance transfer.
transferencia postal | mail transfer | postal order.
transferencia radiativa no gris | nongray radiative transfer.
transferencia sistemática de control | unconditional transfer of control.
transferencia telegráfica | telegraph transfer.
transferencia telegráfica (bancos) | telegraphic transfer.
transferencia térmica convectiva | convective heat transfer.
transferencia térmica por medio de remolinos | eddy conduction.
transferencia unilateral | unilateral transfer.
transferencias entre bancos y compañías | interbank and intercompany transfers.
transferencias entre sucursales | interbranch transfers.
transferibilidad | assignability.
transferible | assignable | alienable | transferable.
transferidor | transferer | transferor.
transferidor (obrero calcetería) | transferer.
transferidor (obrero de calcetería) | topper.
transferir | demise (to) | consign (to) | relocate (to) | assign (to) | turn over (to) | shift (to) | give away (to) | transfuse (to) | transfer (to) | move (to) | transmit (to) | offset (to) | grant (to).
transferir (una tierra) | release (to).
transferir de la memoria auxiliar a la central alternativamente (ordenador) | ping-pong (to).
transferir de una memoria auxiliar a la central | roll (to).
transferir de una memoria auxiliar a la central (informática) | roll in (to).
transferir el arbitraje a otro mercado | backspread (to).
transferir el riesgo | passing of the risk.
transferir la pista sonora de un filme a otro | rerecord (to).
transferir un programa o segmento de programa desde la memoria principal a un soporte externo (informática) | roll out (to).
transfluxor (núcleo ferromagnético) | transflu-

xor (ferromagnetic core).
transforación | transforation.
transformación | transformation | change | process | converting | conversion.
transformación (matemáticas) | mapping | translate.
transformación abierta (matemáticas) | open mapping.
transformación adiabática | adiabatic change of state.
transformación adiabática irreversible | irreversible adiabatic transformation.
transformación afín | affine transformation.
transformación alfa-beta | alpha beta transformation.
transformación bainítica | bainitc transformation.
transformación bilineal | bilinear transformation | linear fractional transformation.
transformación canónica | canonical transformation.
transformación conforme | conformal mapping | conformal transformation.
transformación de bifásica a exafásica (electricidad) | two-to-six-phase transformation.
transformación de coordenadas | coordinate transformation.
transformación de coordenadas polares | polar coordinate mapping.
transformación de desperdicios de papel en pasta | pulping.
transformación de energía | energy transfer.
transformación de exploración | scan conversion.
transformación de fase | phase transformation.
transformación de la austenita en martensita | austenite-to-martensite transformation.
transformación de la austenita en otros productos sin producción intermedia de martensita | austempering.
transformación de Laplace asimétrica | one-sided Laplace transformation.
transformación de materia fértil en materia fisil (por ejemplo, torio-232 en uranio-233 —reactor nuclear) | conversion.
transformación de mercancías en almacén | processing of goods in bond.
transformación de núcleo de substancia fértil en núcleo de substancia fisil (utilización de plutonio como combustible y producción de más plutonio por conversión de uranio-238) | breeding.
transformación de orden a desorden (aleaciones) | order-disorder transformation.
transformación de trifásica a dodecafásica (electricidad) | three-to-twelve-phase transformation.
transformación de trifásica a exafásica (electricidad) | three-to-six-phase transformation.
transformación de un espacio | mapping of a space.
transformación de un montaje en serie por otro en derivación con ayuda de un puente (motores) | bridge transition.
transformación del espacio bidimensional en el espacio tridimensional | transformation of 2-space into 3-space.
transformación del número de líneas (televisión) | line translation.
transformación desdoblada (metalografía) | split transformation.
transformación displaciva (simetría de cristales) | displacive transformation.
transformación energética (termodinámica) | power process.
transformación equimutante (determinantes) | equimutant transformation.
transformación equipotente | equipotent transformation.
transformación eutectoide | eutectoid transformation.
transformación fotovoltaica de la energía solar | solar energy photovoltaic conversion.
transformación fraccionaria lineal | linear fractional transformation.
transformación gamma-alfa | gamma-alpha change.
transformación hodográfica | hodograph transformation.
transformación homográfica | homographic transformation.
transformación inducida por esfuerzos | stress-induced transformation.
transformación inoculada con germanio | germanium-inoculated transformation.
transformación isogonal | isogonal transformation.
transformación isotérmica reversible | reversible isothermal transformation.
transformación lineal | linear transformation.
transformación lineal no singular | nonsingular linear transformation.
transformación martensítica inducida por esfuerzo | stress-induced martensitic transformation.
transformación martensítica isoterma | isothermal martensitic transformation.
transformación metalográfica | metallographic transformation.
transformación microestructural | microstructural transformation.
transformación monoidal | monoidal transformation.
transformación monotrópica | monotropic transformation.
transformación no adiabática | nonadiabatic transformation.
transformación no adiabática irreversible | irreversible nonadiabatic transformation.
transformación peritéctica | peritectic transformation.
transformación por enfriamiento continuo | continuous cooling transformation.
transformación que conserva el área | area-preserving transformation.
transformación que disminuye la distancia | distance-decreasing transformation.
transformación reversible (termodinámica) | ideal process.
transformación sin difusión | diffusionless transformation.
transformada (función matemática) | transform.
transformada exponencial | transcendental transform.
transformadas de Laplace | Laplace transforms.
transformador | transformer.
transformador (electricidad) | converter.
transformador a bajo voltaje para alumbrado | low-voltage lighting transformer.
transformador acoplador | coupling transformer.
transformador acorazado | shell transformer.
transformador acorazado (electricidad) | shell-type transformer.
transformador acorazado de distribución (electricidad) | distributed shell-type transformer.
transformador aislado en aceite con autoenfriamiento | oil-insulated self-cooled transformer.
transformador antideflagrante para minas | flameproof mining transformer.
transformador apuntador | peaking transformer.
transformador armónico | harmonic transformer.
transformador audio de pequeño tamaño | miniature audio transformer.
transformador autoenfriado relleno de aceite | oil-filled self-cooled transformer.
transformador bifásico-trifásico | two-phase three-phase transformer.
transformador compensador | balancer transformer.
transformador compensador de voltaje | suction transformer.
transformador con aislamiento de gas ininflamable | gas-insulated transformer.
transformador con circuito magnético todo de hierro | closed-core transformer.
transformador con circulación de aceite a presión y enfriamiento exterior por agua | forced oil water-cooled transformer.
transformador con circulación de aceite a presión y ventilación artificial | forced-oil air pressure transformer.
transformador con circulación del aceite a presión | forced oil transformer.
transformador con el mismo número de vueltas en el primario y secundario | one-to-one transformer.
transformador con el neutro puesto a tierra | grounding transformer.
transformador con el núcleo embebido en resina sintética | resin-embedded core transformer.
transformador con enfriamiento por aire | aircooled transformer.
transformador con entrehierro | air gap transformer.
transformador con reactancia de dispersión | leakage-reactance transformer.
transformador con regulación por bobina móvil | moving-coil-regulated transformer.
transformador con relación variable bajo carga | load tap-changing transformer.
transformador con toma central | center-tapped transformer.
transformador con tomas en el secundario para diversas relaciones de transformación | secondary tapped transformer.
transformador con tomas variables | tap-changing transformer.
transformador con varias relaciones de transformación | multiratio transformer.
transformador con varios primarios o secundarios | multiple transformer.
transformador con voltajes iguales en el primario y secundario | one-to-one transformer.
transformador condensador de resonancia | resonance capacitor transformer.
transformador conectado en triángulo y en estrella | delta-Y connected transformer.
transformador conectado en triángulo-zigzag | delta-zigzag transformer.
transformador cuarto de onda de banda ancha con secciones múltiples | wideband multisection quarter-wave transformer.
transformador de acoplo (guía de ondas) | doorknob transformer.
transformador de adaptación | matching transformer.
transformador de adaptación de impedancias | impedance matching transformer.
transformador de adaptador único | single-stub transformer.
transformador de alimentación (alumbrado) | distribution transformer.
transformador de alimentación de energía eléctrica | power supply transformer.
transformador de alta tensión | H. V. transformer.
transformador de amperaje | current transformer.
transformador de audio | audio transformer.
transformador de audiofrecuencia | A. F. transformer.
transformador de audiofrecuencias | audiofrequency transformer.
transformador de baja frecuencia en oposición (radio) | push-pull.
transformador de banda ancha de hiperfrecuencia | high-frequency wide-band transformer.
transformador de base de tiempo de línea (TV) | line output transformer.
transformador de campo giratorio | rotating-field transformer.

transformador de circuito magnético abierto | open-core transformer.
transformador de coeficiente de inducción variable | suction transformer.
transformador de columnas | leg transformer.
transformador de conexión en T | teaser transformer.
transformador de conmutación de reglaje en carga | on-load tap-changing transformer.
transformador de coordenadas (aparato) | resolver.
transformador de corriente con el arrollamiento primario inmergido en aceite y con cuba de porcelana | oil-immersed porcelain-clad wound-primary current transformer.
transformador de corriente trifásica en continua | three phase to continuous current motor-generator.
transformador de cuarto de onda | Q transformer | matching section transformer.
transformador de desequilibrio a equilibrio | unbalance-to-balance transformer.
transformador de dispersión | open-core transformer.
transformador de dispersión magnética | leakage-flux transformer | leak transformer.
transformador de distribución impregnado con silicona y enfriado con aire | aircooled silicone-impregnated distribution transformer.
transformador de distribución para montar sobre postes | pole-mounting distribution transformer.
transformador de dos devanados de relación variable | variable-ratio two-winding transformer.
transformador de dos tensiones de salida | dual-voltage transformer.
transformador de enchufe | plug-in transformer.
transformador de energía | power transformer.
transformador de enlace | interstage transformer.
transformador de enlace (entre una línea y un cable coaxial) | conversion transformer.
transformador de entrada (radio) | input transformer.
transformador de entrada con toma central | center-tapped input transformer.
transformador de equilibrado de impedancias | impedance-matching transformer.
transformador de excitación | exciting converter | exciter transformer.
transformador de fase aislada | phase-isolated transformer.
transformador de ferrorresonancia | ferroresonant transformer.
transformador de frecuencias | frequency transformer | frequency changer.
transformador de guía de ondas | grating converter.
transformador de guiaondas | wave converter.
transformador de hiperfrecuencia | high-frequency transformer.
transformador de imagen | image converter.
transformador de impulsos | impulse transformer | pulse transformer.
transformador de información numérica a información analógica | digital-to-analog decoder.
transformador de intensidad | current transformer.
transformador de intensidad acorazado | sealed-in-steel power transformer.
transformador de intensidad compensado | compensated current transformer.
transformador de intensidad de alta frecuencia | high-frequency current transformer.
transformador de intensidad defasador | quadrature transformer.
transformador de interior (no al aire libre) | indoor transformer.
transformador de modo (guía de ondas) | baffle plate converter | baffle plate.
transformador de multiarrollamientos en derivación | multiwinding transformer.
transformador de núcleo cerrado | close coil transformer | closed-core transformer.
transformador de núcleo de hierro | core-type transformer.
transformador de núcleo y bobina | core-and-coil transformer.
transformador de oscilaciones | jigger.
transformador de oscilaciones de alta frecuencia | high-frequency oscillation transformer.
transformador de par | torque converter.
transformador de pasamuro | bushing transformer.
transformador de potencia supraconductivo | superconducting power transormer.
transformador de potencial constante | constant-potential transformer.
transformador de preamplificación | preamplification transformer.
transformador de regulación de corriente constante | constant-current-regulating transformer.
transformador de regulación del voltaje | voltage control transformer.
transformador de rejilla | grid transformer.
transformador de relación de transformación regulable | variable voltage transformer.
transformador de relación de transformación unidad | one-to-one transformer.
transformador de relación de voltaje regulable | variable-ratio transformer.
transformador de relación regulable | switch over transformer.
transformador de soldadura para varios soldadores | multioperator welding transformer.
transformador de soldar | welding transformer.
transformador de tensión de pequeño volumen de aceite | low-oil-volume voltage transformer.
transformador de tres enrollamientos sintonizados | triple-tuned transformer.
transformador de válvula preamplificadora (radio) | driver transformer.
transformador de velocidad | matching stub | velocity transformer.
transformador de ventilación forzada | air-blast transformer.
transformador de vibrador (electricidad) | vibrator transformer.
transformador de voltaje | tension transformer | potential transformer | pressure transformer.
transformador de voltaje con partidor capacitivo | capacitor voltage transformer.
transformador de voltaje con pequeña cantidad de aceite | oil-minimum type voltage transformer.
transformador de voltaje para corriente alterna | alternating-current voltage transformer.
transformador de voltaje regulable | varying-potential transformer.
transformador del circuito de regulación | control circuit transformer.
transformador del número de líneas (televisión) | line transformer.
transformador diferencial | hybrid transformer.
transformador diferencial (telefonía) | hybrid coil.
transformador distribuidor | distribution transformer.
transformador doméstico | house transformer.
transformador elevador de voltaje | booster transformer | stepup transformer | positive booster transformer.
transformador en aceite autorrefrigerado | oil-immersed self-cooled transformer.
transformador en aceite enfriado por aire a presión (electricidad) | oil-immersed forced-air-cooled transformer.
transformador en aceite herméticamente cerrado | oil-filled hermetically sealed transformer.
transformador en aceite refrigerado por aceite a presión | oil-immerse forced-oil-cooled transformer.
transformador en aceite refrigerado por agua | oil-immersed water-cooled transformer.
transformador en atmósfera de nitrógeno | sealed-in-nitrogen transformer.
transformador en baño de aceite | oil transformer.
transformador en baño de aceite con autoenfriamiento | oil-immersed natural cooling transformer.
transformador en baño de aceite con enfriamiento forzado por circulación de aceite | oil-immersed forced oil-cooled transformer.
transformador en baño de aceite con enfriamiento por circulación de agua | oil-immersed water-cooled transformer.
transformador en baño de aceite con enfriamiento por corriente de agua | water-cooled oil-immersed transformer.
transformador en baño de aceite con ventilación artificial | oil-air pressure transformer.
transformador en contrafase de núcleo saturable | push-pull saturable-core transformer.
transformador en cuadratura | quadrature transformer.
transformador en derivación | shunt transformer.
transformador en estrella abierta-triángulo abierto | open-wye open-delta transformer.
transformador en paralelo | multiple transformer.
transformador en seco antideflagrante | flameproof dry-type transformer.
transformador en serie | series transformer | current transformer.
transformador en series paralelas | multiple series transformer.
transformador enfriado por aceite a presión | forced-cooled transformer.
transformador enfriado por chorro de aire | air blast transformer.
transformador equilibrador (rectificador vapor de mercurio) | interphase transformer.
transformador equilibrante de impedancia | impedance matching transformer.
transformador erizo | hedgehog transformer.
transformador estático | stationary transformer | static transformer.
transformador estático (electricidad) | mutual inductor.
transformador estático para convertir corriente trifásica en monofásica de frecuencia triple | tripler transformer | frequency converter | frequency tripler.
transformador estrella-estrella (electricidad) | star-star transormer.
transformador estrella-tierra-triángulo | Y-grounded-delta tranformer.
transformador exafásico | hexaphase transformer.
transformador giratorio | dynamotor.
transformador integrador de intensidad | summation transformer.
transformador interetápico | interstage transformer.
transformador intermediario | intervening transformer.
transformador intermedio | adaptor transformer.
transformador lleno de líquido ininflamable | nonflammable liquid-filled transformer.
transformador microfónico | microphonic transformer.
transformador monocíclico | monocyclic transformer.
transformador monofásico | monophase transformer.
transformador monofásico autoenfriado | single-phase air-cooled transformer.
transformador monofásico de flujo de dispersion | single-phase stray flux transformer.
transformador monofásico en triángulo-estre-

lla | single-phase delta-star transformer.
transformador monofásico para alumbrado enfriado por aire y antideflagrante | aircooled flameproof single.phase lighting transformer.
transformador monofásico-polifásico | single-phase-multiphase transformer | single-phase-polyphase transformer.
transformador multiplicador de fases | phase-multiplying transformer.
transformador no acorazado | core-type transformer.
transformador oleoenfriado | oil-cooled transformer.
transformador oscilatorio | oscillatory transformer.
transformador para aparatos de medida | instrument-transformer.
transformador para aviación relleno de siliconas | silicone-filled aircraft transformer.
transformador para el alumbrado | lighting transformer.
transformador para fuerza motriz | power transformer.
transformador para horno de arco | arc furnace transformer | spotlight transformer.
transformador para impulsos | peaking transformer.
transformador para intensidad constante | suction transformer.
transformador para minas | mining-transformer.
transformador para pruebas de descarga disruptiva | flashing transformer.
transformador para pruebas de intensidad | current-testing transformer.
transformador para rectificadores | rectified transformer.
transformador para timbres | bell-transformer.
transformador para varios circuitos | multicircuit transformer.
transformador pequeño (conexión en T de dos transformadores) | teaser.
transformador policíclico | polycyclic transformer.
transformador probado con sobrevoltaje | impulse-tested transformer.
transformador rebajador del voltaje | negative booster.
transformador reductor | step down transformer | reducing transformer | choke transformer.
transformador reductor bifásico | two-phase stepdown transformer.
transformador reductor de tensión | negative booster transformer.
transformador regulador | booster transformer.
transformador regulador de tono (telecomunicación) | tone control transformer.
transformador relleno de gas inerte enfriado al aire | aircooled inert gas transformer.
transformador rotatorio síncrono | synchronous rotary converter.
transformador seco blindado | sealed dry-type transformer.
transformador simétrico | push-pull transformer.
transformador simétrico-asimétrico | balanced unbalanced transformer | balum.
transformador simétrico-asimétrico (televisión) | bazooka.
transformador sin aceite aislado con silicona | silicone-insulated dry type transformer.
transformador sin aceite con enfriamiento por aire | dry-type air-cooled transformer.
transformador sin aceite de enfriamiento | dry-transformer.
transformador sin núcleo magnético | air core transformer.
transformador sin toma intermedia (electricidad) | no tap transformer.
transformador sin tomas variables | no tap-changing transformer.
transformador síncrono | synchrocontrol transformer.
transformador síncrono medidor del error (servomecanismo) | resetter.
transformador sintonizado | resonance transformer.
transformador toroidal | ring transformer.
transformadores agrupados | banking transformers.
transformadores con repartición de carga regulada funcionando en derivación sobre la línea | paralleled load ratio control transformers.
transformadores conectados en serie | cascade-connected transformers.
transformadores conectados en T | T-connected transformers.
transformadores conectados en V | V-connected transformers.
transformadores montados en paralelo | banked transformers.
transformando | transformand.
transformando invariante | invariant transformand.
transformar | process (to) | turn to (to) | change (to) | convert (to) | mutate (to) | translate (to).
transformar en sulfato | vitriolate (to).
transformar punto A en punto B | map point A into point B (to).
transformarse | revert (to).
transformismo (geología) | transformism.
transformista | transformist.
transformista (biología) | progressionist.
transfundir (medicina) | transfuse (to).
transgredir (leyes) | contravene (to).
transgresión | excess | encroachment | trespass | entrenchment.
transgresión (geología) | transgression.
transgresión concordante (geología) | parallel transgression.
transgresión eustática | eustatic transgression.
transgresión posglaciar | postglacial transgression.
transgresión premeditada | overt act.
transgresor | wrongdoer | invader.
transgresor de la ley | lawbreaker.
transhorizonte | beyond-the-horizon | transhorizon.
transhumancia | transhumance.
transhumante | transhumant.
transhumar | transhume (to).
transición | crossing-over.
transición a fractura frágil | nil ductility transition.
transición activa-pasiva | active-passive transition.
transición catastrófica | catastrophic transition.
transición conductiva | breakover.
transición cuántica | quantum jump.
transición de campo forzada | field-enforced transition.
transición de energía fotoelectrónica | photon-electron energy transition.
transición de la rotura dúctil a la rotura frágil | ductile-to-brittle transition.
transición de orden superior (termodinámica) | transition of higher order.
transición del vuelo subsónico al supersónico | transition from subsonic to supersonic flight.
transición electrónica | electron crack | jump of electrons.
transición estructural | structural transition.
transición fotomagnética | photomagnetic transition.
transición irradiativa | radiationless transition | nonradiative transition.
transición isómera | isomeric transition.
transición isomérica | isomeric transition.
transición nula | nil transition.
transición óptica doble | double-optical transition.
transición ópticamente permitida | optically permitted transition.
transición orden-desorden | order-disorder transition.
transición permitida | allowed transition.
transición por medio de un rodillo | knuckle transition.
transición progresiva | taper transition.
transición prohibida | forbidden transition.
transición sólido a líquido | solid-to-liquid transition.
transiciones alfa favorecidas | favored alpha transitions.
transiciones de interbanda | interband transitions.
transiciones de retorno de espín | spin-flip transitions.
transiciones dispersivas | dissipative transitions.
transiciones prohibidas de orden 1 permitidas | allowed 1-forbidden transitions.
transigir | compromise (to) | compound (to) | come to terms (to) | effect a settlement (to) | transact (to).
transiluminación | transillumination | through-illumination | diascopy | contact illumination.
transiluminar | transilluminate (to).
transinformación | transinformation.
transionosférico | trans-ionospheric.
transistancia | transistance.
transistor | transistor.
transistor aleado | alloy transistor.
transistor aleado-difuso | post-alloy-diffused transistor.
transistor anular | annular transistor.
transistor con aleación de impureza difusa | alloy diffused transistor.
transistor con base de aleación difusa | alloy-diffused base transistor.
transistor con canal de capa epitaxial | epitaxial-layered-channel transistor.
transistor CS | CS transistor.
transistor de aleación | alloyed transistor.
transistor de aleación difundida | alloy-diffused transistor.
transistor de aleación en la superficie | surface alloy transistor.
transistor de aleación silícea | silicon-alloy transistor.
transistor de aleación-difusión | post-alloy-diffused transistor.
transistor de almacenamiento de carga | charge-storage transistor.
transistor de avalancha | avalanche transistor.
transistor de barrera de unión | bonded-barrier transistor.
transistor de barrera intrínseca | intrinsic barrier transistor.
transistor de barrera superficial | surface barrier transistor | surface-barrier transistor.
transistor de base epitaxial y emisor aleado | alloy-emitter epitaxial-base transistor.
transistor de base metálico | metal-base transistor.
transistor de base obtenida por difusión de una impureza | diffused base transistor.
transistor de base por difusión | diffused-base transistor.
transistor de campo | fieldistor.
transistor de campo de arrastre | drift field transistor.
transistor de campo interno | drip transistor | drift transistor.
transistor de capa | overlay transistor.
transistor de capa emisora múltiple | multiple-emitter-overlay transistor.
transistor de capas delgadas depositadas | thin-film transistor.
transistor de código fotosensible | code photo transistor.
transistor de cola | tail transistor.
transistor de compuerta metálica | metal-gate transistor.
transistor de conductores anchos | wide-lead transistor.
transistor de conmutación | switching transistor.
transistor de contacto puntual | point-contact

transistor.
transistor de deriva de unión PN | PN junction drift transistor.
transistor de desplazamiento de electrones | drift transistor.
transistor de difusión microaleado | microalloy diffused transistor.
transistor de econolina | econoline transistor.
transistor de efecto de campo | unipolar transistor | field effect transistor.
transistor de efecto de campo de doble puerta | dual-gate field-effect transistor.
transistor de efecto de campo de metal óxido semiconductor | metal-oxide-semiconductor field effect transistor.
transistor de efecto de campo de puerta aislada | insulated gate field effect transistor.
transistor de efecto de campo fotoeléctrico | photofet.
transistor de efecto de campo metal-óxido semiconductor | metal-oxide semiconductor field-efect transistor.
transistor de formación por crecimiento | growth-junction transistor.
transistor de fusión | melt-back transistor.
transistor de germanio | germanium transistor.
transistor de germanio aleado | alloy germanium transistor.
transistor de juntura | junction transistor.
transistor de líquido | liquid transistor.
transistor de microaleación | microalloy transistor.
transistor de microondas | microwave transistor.
transistor de nivel bajo | low-level transistor.
transistor de núcleo saturable | magnetic logic unit.
transistor de película delgada | thin-film transistor.
transistor de película delgada insaturada | unsaturating thin-film transistor.
transistor de pluricélulas | multimesh transistor.
transistor de potencia | power transistor.
transistor de potencia con silicio difuso | silicon diffused power transistor.
transistor de potencia montado en paralelo | parallel power transistor.
transistor de punta de contacto | point-contact transistor.
transistor de punta y unión | point-junction transistor.
transistor de puntas | point transistor.
transistor de punto de contacto para hiperfrecuencias | VHF point-contact transistor.
transistor de resistividad de base variable | graded based transistor.
transistor de silicio | silicon transistor.
transistor de silicio aleado | alloy silicon transistor.
transistor de silicio de aleación de precisión | silicon precision alloy transistor.
transistor de silicio nitruro metálico | metal-nitride-silicon transistor.
transistor de silicio p-n-p para alta frecuencia | p-n-p high-frequency silicon transistor.
transistor de sobrecarga | transistor overlay.
transistor de tetrodo | tetrode transistor.
transistor de tiempo de tránsito mínimo | depletion layer transistor.
transistor de tres uniones | three-junction transistor.
transistor de una sola unión | unijunction transistor.
transistor de unión de doble en la base | double-base junction transistor.
transistor de unión fluctuante | floating-junction transistor.
transistor de unión por aleación | alloy-junction transistor.
transistor de unión positiva-negativa-positiva | p-n-p junction transistor.
transistor de unión que funciona en alud | avalanche operated junction transistor.
transistor de uniones | junction transistor.
transistor de uniones NPIN | NPIN junction transistor.
transistor del tipo de empobrecimiento | depletion-type transistor.
transistor detector | sensing transistor.
transistor doble difundido | double-diffused transistor.
transistor en paralelo | shunt transistor.
transistor en plástico con blindaje metálico | metal-shielded plastic transistor.
transistor epitaxial | epitaxial transistor.
transistor epitaxial plano | planar epitaxial transistor.
transistor epitáxico de silicio | silicon epitaxial transistor.
transistor filamentario | filamentary transistor.
transistor fuente común | CS transistor.
transistor mando de indicación | nixie-driver transistor.
transistor monounión programable | programmable unijunction transistor.
transistor mos de efecto de campo | mos field-effect transistor.
transistor MOS de geometría | maze-geometry MOS transistor.
transistor MOS parásito | parasitic MOS transistor.
transistor N-P-I-N | transistor N-P-I-N.
transistor NPN | NPN transistor.
transistor NPNP | NPNP transistor.
transistor optoelectrónico | optoelectronics transistor.
transistor para aparatos de corrección auditiva | hearing-aid transistor.
transistor pentodo | pentode transistor.
transistor pentodo de efecto de campo | pentode filed-effect transistor.
transistor planar | planar transistor.
transistor plano de silicio | planar silicon transistor.
transistor por crecimiento | ground-junction transistor.
transistor por crecimiento variable | rate-grown transistor | transistor rate-grown.
transistor por fusión | alloyed transistor.
transistor práctico | practical transistor.
transistor puntual | point-contact transistor.
transistor que trabaja en clase B | B-operated transistor.
transistor real | practical transistor.
transistor tetrodo de puntas | point-contact transistor tetrode.
transistor tetrodo de unión | tetrode junction transistor.
transistor triodo | triode transistor.
transistor unipolar | unipolar transistor.
transistores de polaridad opuesta | opposite-polarity transistors.
transistorización | transistorization.
transistorizado | solid state | transistor-operated | transistorized.
transistorizar (dotar de transistores) | transistorize (to).
transitabilidad | trafficability.
transitabilidad del terreno | soil trafficability.
transitabilidad sobre el suelo | land locomotion.
transitable (terrenos) | passable.
transitar | transit (to).
transitario | forwarding agent | freight forwarder.
transitividad | transitivity.
transitividad métrica | metric transitivity.
tránsito | transit | passage | traffic.
tránsito aéreo | air transit.
tránsito aéreo (aerodromos) | air traffic.
tránsito con conmutación | transit with switching.
tránsito de dominio (diodo) | domain transit.
tránsito de entrada | inbound traffic.
tránsito de la población del área urbana a áreas suburbanas y rurales | mass transit.
transito de peatones | foot traffic.
tránsito de vehículos | vehicular transit | vehicular traffic | vehicle traffic.
tránsito en sentido único | one-way traffic.
tránsito entre pisos | inter-floor traffic.
tránsito intestinal (medicina) | intestinal transit.
tránsito militar | military traffic.
tránsito peatonal | foot traffic | pedestrian transit.
tránsito rápido sobre carriles | rail rapid transit.
tránsito rodado | vehicular traffic.
tránsito vehicular | vehicular transit.
transitor de efecto de campo unipolar | unipolar field-effect transistor.
transitoridad simple máxima | maximal simple transitivity.
transitoriedad | transiency.
transitorio | temporary | transient | transitory.
transitorio (activo) | unadjusted.
transitorio de ataque (acústica) | driving transient.
transitorios previstos sin parada de emergencia | anticipated transients without scram.
transitrón (electrotecnia) | transitron.
transitrón integrador de acoplamiento de pantalla | miller transitron.
translación de agujas (telares de punto) | racking.
translación de exploración | traverse scanning.
translación de los nudos (estructura) | joint translation.
translador (telefonía) | translator.
translador telefónico | telephone translator.
translauréntico | translawrentium.
transliteración | transliteration | metagraphy.
transliteración de caracteres griegos en caracteres latinos | transliteration of Greek characters into Latin characters.
transliteración fonémica | phonemic transliteration.
transliteración internacional | international transliteration.
transliteración jeroglífica | hieroglyphic transliteration.
translocación | translocation.
translucidez | translucidity | translucency.
translucirse | transpire (to).
transmarino | transmarine.
transmarino (región) | oversea.
transmigración | transmigration.
transmisibilidad | transmissibility.
transmisibilidad acústica | acoustic transmittivity.
transmisible | negotiable.
transmisible (bienes, derechos) | descendable | descendible.
transmisión | transmittal | transmission | demise | driving | driving-motion | driving gear | shafting | gearing.
transmisión (del calor) | conveyance | conduction.
transmisión (por correa, cadena, etc.) | drive.
transmisión (por testamento) | demise.
transmisión (radio) | sending.
transmisión (radio, telegrafía) | keying.
transmisión a alta presión | high-pressure transmission.
transmisión a alto voltaje | high-pressure transmission.
transmisión acopada | cup drive.
transmisión alámbrica | transmission by wire.
transmisión aritmética de reacción | regenerative digital transmission.
transmisión automática | talented transmission.
transmisión automática de imágenes | automatic picture transmission.
transmisión automática de telegrama con ordenadores | automatic telegram tranmission with computers .
transmisión automática del par | torquematic transmission.
transmisión automática radioeléctrica de datos | radio data link.

transmisión baja (autos) | underdrive.
transmisión bidireccional | duplex transmission.
transmisión bidireccional simultanea (telecomunicación) | full-duplex transmission.
transmisión bilateral con conmutación automática | antivoice-operated transmission.
transmisión canalizada | channeling.
transmisión cerca del suelo (autos) | underdrive.
transmisión con banda lateral única con una parte de la banda residual lateral | vestigial sideband transmission.
transmisión con banda lateral única suprimida | single sideband suppressed carrier transmission .
transmisión con dos bandas laterales | double sideband transmission.
transmisión con matrices (radio) | matrixing.
transmisión con matrices (radiotécnica) | matrixing.
transmisión con portadora interrumpida | voice-operated transmission.
transmisión con portadora suprimida | suppressed carrier transmission.
transmisión controlada de datos | data-directed transmission.
transmisión de acontecimientos en la calle por cámaras móviles (televisión) | field pickup.
transmisión de ángulo | angle drive.
transmisión de banda lateral asimétrica | asymmetric sideband transmission | asymmetrical-sideband transmission.
transmisión de banda lateral residual | vestigial sideband transmission.
transmisión de cadena encerrada | enclosed chain transmission.
transmisión de camino múltiple | multipath transmission.
transmisión de datos | data link.
transmisión de datos del recorrido | range data transmission.
transmisión de datos desde la estación terrestre de seguimiento a la cosmonave | up data.
transmisión de datos y conversación interpoladas | interpolated data and speech transmission.
transmisión de datos y texto (TV) | telematic.
transmisión de derechos | transfer.
transmisión de energía | power transmission.
transmisión de filme por televisión | movie telecast.
transmisión de imágenes | television transmission | facsimile transmission | picture telegraphy.
transmisión de imágenes fijas | still-picture transmission.
transmisión de imágenes por línea telefónica | visual telephony.
transmisión de información aérea | track telling.
transmisión de la potencia | power flow.
transmisión de la propiedad | transfer of title | conveyance of title | conveyance of ownership.
transmisión de la propiedad gratuitamente | voluntary conveyance.
transmisión de los acarreos | ripple through carry.
transmisión de microondas dirigidas | beamed microwave transmission.
transmisión de ondas reflejadas verticalmente | vertical-incidence transmission.
transmisión de orientación | bearing transmission.
transmisión de patente | assignation of patent.
transmisión de presión | transfer-barrier.
transmisión de reglaje | marking transmission.
transmisión de señales | signaling.
transmisión de señales de crominancia y luminancia dentro de la misma gama de frecuencia de vídeo (tv color) | interleaving.
transmisión de señales falsas | meacon.
transmisión de señales por medio de conductores metálicos | line pickup.
transmisión de tecnología | technology transfer.
transmisión de techo (máquinas) | overhead motion | overhead driving motion.
transmisión de televisión por satélite transcontinental | transcontinental satellite television transmission.
transmisión de una patente | assignment of a patent.
transmisión de vías múltiples | multipath transmission.
transmisión de vídeo | video transmission.
transmisión del calor en los límites de un fluido | fluid-side heat transfer.
transmisión del calor por movimiento horizontal del aire | advection.
transmisión del mismo programa de una estación central a una red de estaciones (radio) | chain broadcast.
transmisión del movimiento | gear.
transmisión del movimiento a los distribuidores (máquinas de vapor) | connecting gear.
transmisión desmodrómica | positive transmission.
transmisión directa | direct drive.
transmisión dirigida (radio) | beam transmission.
transmisión dúplex (telecomunicación) | duplex transmission.
transmisión eléctrica | electric transmission.
transmisión eléctrica de imágenes que se reproducen sobre papel | facsimile.
transmisión electrónica de filmes por televisión | film pickup.
transmisión en cadena (radio) | networking.
transmisión en múltiple | multiplex transmission.
transmisión en paralelo | parallel transmission.
transmisión en que el arco abrazado por el cable sobre la polea motriz es una semicircunferencia | half-wrap drive.
transmisión en que el cable abraza dos veces la polea motriz | full-wrap drive.
transmisión en secuencia | sequential transmission.
transmisión en serie | serial transmission.
transmisión enteramente a cadena | all-chain drive.
transmisión facsímil | facsimile transmission.
transmisión flexible | flexible shafting | flexible joint.
transmisión fototelegráfica | picture call.
transmisión hereditaria | heritability.
transmisión hidráulica | fluid drive.
transmisión hidrocinética | hydrokinetic transmission.
transmisión hidromecánica | hydromechanical transmission.
transmisión independiente | individual drive.
transmisión intermedia | countershaft | counterdriving motion | countergear | countershafting.
transmisión intermedia por correa | belt gearing.
transmisión mandada | positive transmission.
transmisión manual por cinta perforada | torn tape relay.
transmisión monocromática | monochrome transmission.
transmisión múltiple con división de tiempo | time-division multiplexing.
transmisión múltiple de información por división de tiempo | time division multiplexing.
transmisión mundial de televisión por satélites artificiales | television relaying via satellites.
transmisión neumática | pneumatic transmission.
transmisión no simultánea | nonsimultaneous tranmission.
transmisión oleohidráulica | oleohydraulic transmission.
transmisión óptica | visual communication.
transmisión óptica (radioondas) | line-of-sight transmission.
transmisión óptica por microondas | line-of-sight microwave communication.
transmisión pantográfica | pantographic transmission.
transmisión planetaria de triple reducción | three-step planetary transmission.
transmisión polarizada | polar transmission.
transmisión por altísimo voltaje a gran distancia | long-distance extra-high-voltage transmission.
transmisión por balancín | beam drive.
transmisión por cable | rope gearing.
transmisión por cadena | chain gear.
transmisión por correa | belt driving.
transmisión por corriente de dos polaridades | double current transmission.
transmisión por eje hueco (tracción eléctrica) | quill drive.
transmisión por ejes y engranes | positive drive.
transmisión por engranajes | wheel gear | gear drive.
transmisión por fricción | friction drive.
transmisión por haz de alta frecuencia | high-frequency beamed transmission.
transmisión por herencia | devolution.
transmisión por línea | transmission by wire.
transmisión por manivela | crank gear.
transmisión por microbanda | microband transmission.
transmisión por multicanales | multipath transmission.
transmisión por palancas | leverage.
transmisión por paquetes (teleproceso) | packet switching.
transmisión por poleas escalonadas | cone-pulley drive.
transmisión por reflexiones sucesivas | multihop transmission.
transmisión por registros | record oriented transmission.
transmisión por rozamiento | friction gear.
transmisión por rueda de fricción | friction gearing.
transmisión por supresión de la frecuencia portadora | suppressed carrier transmission.
transmisión por supresión de onda portadora | suppresed carrier transmission.
transmisión por tornillo sin fin encima del eje | overhead worm drive.
transmisión por un fluido | fluid drive.
transmisión por una banda lateral | single-sideband transmission.
transmisión por varias vías | ray diversity.
transmisión punto a punto | point-to-point transmission.
transmisión radial simultánea (radio/TV) | simulcasting.
transmisión rígida | rodding.
transmisión Rockwood | pivoted motor mount.
transmisión secuencial | sequential transmission.
transmisión simultánea | simultaneous transmission | multiplexing.
transmisión simultánea de muchas informaciones independientes entre sí | multiplexing.
transmisión simultánea por división de frecuencia | frequency-division multiplexing.
transmisión simultánea sobre varias frecuencias | compound signal.
transmisión sin componente útil | A.C. transmission.
transmisión sin cortes (telecomunicación) | blind transmission.
transmisión sin onda portadora | suppressed carrier transmission.
transmisión sincronizada | synchromesh transmission.
transmisión suave de la potencia | shockless power transmission.
transmisión sucesiva de señales (televisión en color) | time multiplex.
transmisión tactual | tactual transmission.
transmisión televisada | telecast.
transmisión transparente | data link escape

(DLE).
transmisividad | transmissitivity | transmissiveness | transmissivity.
transmisividad acústica | sound transmissivity.
transmisividad atmosférica | atmospheric transmissivity.
transmisómetro (visibilidad) | transmissometer.
transmisor | communicator | transmitter | transmitter | tapper.
transmisor (radio) | radiator.
transmisor (telefonía) | sender | transmitter.
transmisor acústico | sound transmitter.
transmisor alimentado a mano | manually energized transmitter.
transmisor alimentado por células solares | solar-powered transmitter.
transmisor automático de control secuencial | sequentially controlled automatic transmitter.
transmisor automático de señales horarias | chronopher.
transmisor barométrico | baroswitch.
transmisor con modulación de fase | phase modulation transmitter.
transmisor con telemotor hidráulico | hydraulic telemotor transmitter.
transmisor conectado | X-on.
transmisor controlado | controlled sender.
transmisor de a bordo (aviones) | airborne transmitter.
transmisor de acoplamiento de inducción | inductive transmitter.
transmisor de aeronaves | airborne transmitter.
transmisor de alcances | range transmitter.
transmisor de baliza adireccional | nondirectional beacon transmitter.
transmisor de baliza de destellos | rotating beacon transmitter.
transmisor de canales simultáneo de alta frecuencia | H. F. channellized transmitter.
transmisor de canales simultáneos | channelized transmitter.
transmisor de cinta perforada (telegrafía) | tape transmitter.
transmisor de cinta perforada accionado por leva (telegrafía) | camming tape transmitter.
transmisor de coincidencia lenta | fine coincidence transmitter.
transmisor de corriente portadora | carrier transmitter.
transmisor de chispas de extinción rápida | quenched gap spark transmitter.
transmisor de defasaje | phase-opposition transmitter.
transmisor de distancias | range transmitter.
transmisor de frecuencia regulada | frequency-controlled transmitter.
transmisor de hiperfrecuencia de amplia banda | wideband V. H. F. transmitter.
transmisor de imagen | visual transmitter.
transmisor de imágenes | picture transmitter.
transmisor de impulsos | pulsed transmitter.
transmisor de inclinación de planeo | glide-slope transmitter.
transmisor de modulación de fase | phase-modulated transmitter.
transmisor de onda media | medium-wave transmitter.
transmisor de órdenes | talkback | order transmitter.
transmisor de órdenes a la máquina | engine-order transmitter.
transmisor de órdenes de tiro | gun order transmitter.
transmisor de perturbaciones radáricas | radar-jamming transmitter.
transmisor de radar | radar transmitter.
transmisor de radio | X-mitter.
transmisor de radioenlace | link transmitter.
transmisor de reserva | standby transmitter.
transmisor de señal audible | aural transmitter.
transmisor de señales | sender.
transmisor de sonar | sonar transmitter.
transmisor de teclado | keyboard transmitter.
transmisor de televisión | vision transmitter | visual transmitter.
transmisor de televisión de rayos infrarrojos | infrared ray television transmitter.
transmisor de textos a distancia | teleprinter.
transmisor de tubos de vacío | vacuum-tube transmitter.
transmisor del graduador de espoletas | fuze setting transmitter.
transmisor del indicador del ángulo del timón | rudder indicator transmitter.
transmisor del modo de verificar el planeo (aeródromos) | glide-pattern transmitter.
transmisor del registrador | register sender.
transmisor del sonido | sound transmitter.
transmisor desconectado | X-off.
transmisor distribuidor | distributor transmitter | transmitter-distributor.
transmisor electromagnético de posición angular (sistema de transmisión síncrona de la casa Muirhead) | magslip.
transmisor funcionando con una sola frecuencia | fixed-frequency transmitter.
transmisor lasérico | laser transmitter.
transmisor magistral | master transmitter.
transmisor móvil | mobile transmitter.
transmisor para la telerreproducción de imágenes | facsimile telegraph transmitter.
transmisor perturbador (radar) | hodge-podge.
transmisor portátil de televisión | walkie-lookie.
transmisor principal | main transmitter.
transmisor que envía una señal al radiofaro de aterrizaje (aviación) | challenger.
transmisor radárico con base en tierra | lamp set.
transmisor radio transportado en el paracaídas | parachute-borne radio transmitter.
transmisor receptor | transmitter receiver.
transmisor receptor radárico | radar head.
transmisor repetidor | relay transmitter | repeater transmitter.
transmisor telefónico | telephone transmitter.
transmisor telegráfico | telegraph transmitter.
transmisor telegráfico para facsímil | facsimile telegraph transmitter.
transmisor telemedidor | telemetry transmitter.
transmisor televisivo | picture transmitter | video transmitter.
transmisor transistorizado de doble banda lateral con supresión de la portadora | transistorized double-sideband suppressed-carrier transmitter.
transmisor-receptor.
transmisor-receptor de datos | data-loop transceiver.
transmisor-receptor de facsímile | facsimile transceiver.
transmisor-receptor portátil (radio) | handy talkie.
transmitancia (admitancia cruzada - oscilaciones) | cross admittance.
transmitancia (luminotecnia) | transmittance.
transmitancia de luz | light transmittance.
transmitancia de un haz de diámetro pequeño en relación con su longitud | beam transmittance.
transmitancia luminosa | luminous transmittance.
transmitancia radiante | radiant transmittance.
transmitente | transferer | transmitting.
transmitido por el suelo | soil-borne.
transmitido por la leche | milkborne.
transmitido por la simiente | seed borne.
transmitido por las moscas | fly-born.
transmitido por los alimentos | food-borne.
transmitido por mosquitos | mosquito-borne.
transmitiendo | on air.
transmitir | transfer (to) | transmit (to) | send out (to) | send (to).
transmitir (una enfermedad) | communicate (to).
transmitir a (una cosa) | pass over (to).
transmitir a tierra los datos (satélite artificial) | playback the data (to).
transmitir a un avión en vuelo el rumbo (desde tierra) | vector (to).
transmitir en clave | transmit in code (to).
transmitir en serie | serialize (to).
transmitir en serie (G.B.) | serialise (to).
transmitir por cable coaxial (TV, radio) | pipe (to).
transmitir por endoso | negotiate by endorsement (to).
transmitir por relevador | translate (to).
transmitir por repetidor | relay (to).
transmitir por señales o por radio | message (to).
transmitir por télex | teleprint (to).
transmitir simultáneamente sobre el mismo hilo (telegrafía o telefonía alámbrica) | multiplex (to).
transmitir simultáneamente sobre la misma onda vectriz (radio, TV) | multiplex (to).
transmitir un mensaje por heliógrafo | heliograph (to).
transmitir un programa de discos gramofónicos (radio) | transcribe (to).
transmitir un programa por teléfono a otra estación (radio o televisión) | feed (to).
transmitir una petición de comunicación | pass a call (to).
transmodulación | monkey chatter.
transmodulación (electricidad) | cross-modulation.
transmutabilidad | transmutability.
transmutable | transmutable.
transmutación | transmutation.
transmutación atómica | atomic transmutation.
transmutación natural | natural transmutation.
transmutación nuclear | nuclear transmutation.
transmutar | transmute (to) | alchemize (to).
transnacional | transnational | multinational.
transoceánico | transoceanic.
transonancia | transonance.
transónico (número de Mach entre 0,9 y 1,1) | transonic.
transparencia | transparency | translucency | translucidity | diaphaneity | pellucidity | pellucidness.
transparencia (cine) | back projection.
transparencia (del papel) | look-through.
transparencia (telas) | sheerness.
transparencia acústica | acoustic transparency.
transparencia atmosférica | atmospheric transparency.
transparencia de la película | film transparency.
transparencia eléctrica | electrical transparency.
transparencia óptica | optical transparency.
transparencia vítrea | glassy transparency.
transparente | hyaline | araneous | transparent | lucid | clear | colorless | liquid.
transparente (agua) | lucid.
transparente (telas) | sheer.
transparente a la luz visible | transparent to visible light.
transparente a la radiación infrarroja | transparent to infrared radiation.
transparente a la radiación nuclear | nudome.
transparente a las irradiaciones | radiotransparent.
transparente a las partículas alfa | transparent to alpha particles.
transparente a las radiofrecuencias | radiofrequency-transparent.
transparente a los rayos Roentgen | radiolucent.
transparente como vidrio | glasslike.
transparente indicando la altura de los edificios (mapas) | height overlay.
transparentes para retroproyector | overhead projector transparencies.
transparentes sin carbono | carbonless transparencies.

transparentizar | transparentize (to).
transpasar | demise (to) | transfer (to) | convey (to).
transpasar con una bala | hole (to).
transpasivación | transpassivation.
transpasivar | transpassivate (to).
transpasivo | transpassive.
transpiración | transpiration | sweating.
transpirar | transpire (to) | exude (to).
transpirómetro | transpirometer.
transplantar (plantas) | line out (to) | prick out (to).
transplantar con el almocafre | dibble (to).
transplante de tejido humano | human tissue transplantation.
transplutonianos | transplutonics.
transpolar | transpolar.
transpondedor | transponder.
transpondedor de coincidencia | coincident transponder.
transpondor | transponder.
transpondor coherente | coherent transponder.
transpondor de banda cruzada | cross-band transponder.
transpondor de radar | radar transponder.
transpondor de seguridad | secure transponder.
transponer términos (ecuaciones) | rearrange (to).
transporado a hombro | man-transported.
transportabilidad | transportability | portability.
transportable | transportable | removable | mobile | movable.
transportable por un hombre | man portable.
transportación | transportation.
transportado a brazo | hand-carried.
transportado a mano | hand-carried | man-transported.
transportado en acémilas | animal borne.
transportado en automóvil | carborne.
transportado en avión desde G.B. a Madrid | airfreighted from the U. K. to Madrid.
transportado en camión cuba | tank-trucked.
transportado en globo (globo libre o globo sonda) | balloon-borne.
transportado en un buque | shipborne.
transportado en un satélite artificial | satellite-borne.
transportado mecánicamente | mechanically conveyed.
transportado por agua | waterborne.
transportado por aire comprimido (materiales pulverulentos) | airborne.
transportado por avión | airborne.
transportado por buques | seaborne.
transportado por canal | canal borne.
transportado por cohete | rocket-borne.
transportado por el aire | air ferried.
transportado por ferrocarril | rail-shipped | railborne | rail-hauled.
transportado por helicóptero | helicopter-transported.
transportado por mar | seaborne.
transportado por río | river-borne.
transportado por tren | railborne.
transportado por un planeador | gliderborne.
transportador | protractor | follower | transporter | conveyor | conveyer | rider.
transportador (instrumento) | protractor.
transportador a sacudidas | vibrating conveyer.
transportador aéreo | aerial cableways | aerial ropeway | aerial transporter | overhead runway | overhead carrier.
transportador aéreo de tipo de péndulo | overhead pendulum-type conveyor.
transportador aéreo de vaivén | jig-back.
transportador alimentador | feeder conveyor | feed conveyor.
transportador automático de parar y volver a arrancar | stop-and-go automatic conveyor.
transportador cargador | transporter-charger.
transportador con listones | flight conveyor.
transportador con montaje flexible | flex-mount conveyor.
transportador con paletas rascadoras | scraper conveyor.
transportador de aguilón | boom conveyor.
transportador de alimentación continua | continuous-flow conveyor.
transportador de arrastre | drag conveyor.
transportador de artesas | pan-type conveyor | pan conveyor.
transportador de banda | belt conveyer | belt conveyor.
transportador de banda articulada | apron conveyor.
transportador de banda de acero | steel belt conveyor.
transportador de bandejas | pallet conveyor.
transportador de cable | aerial railway | cable railway.
transportador de cable aéreo | rope transveyor.
transportador de cadena | chain conveyor | apron conveyor.
transportador de cangilones | bucket conveyor | bucket chain.
transportador de cangilones basculantes | pivoted-bucket carrier.
transportador de cangilones pivotantes | pivoted bucket conveyor.
transportador de carbón | coal-conveyor.
transportador de carga | loading conveyor.
transportador de cazoletas en V | V-bucket conveyer.
transportador de cenizas | ash conveyor.
transportador de cinta | belt conveyor.
transportador de cinta ahuecada (hecha cóncava por dos rodillos inclinados laterales) | troughed band conveyor.
transportador de cinta con estación terminal que alimenta a diversos sitios por medio de cintas transportadoras individuales | power-swung tail conveyor.
transportador de cinta con paletas | drag conveyor.
transportador de cinta cóncava | trough conveyor.
transportador de cinta de acero | steel band conveyor | steel plate conveyor.
transportador de cinta de tela metálica | mesh belt conveyer.
transportador de cinta desde la cara de trabajo (minas) | face belt conveyor.
transportador de cinta sin fin | endless belt conveyor | endless-band conveyor.
transportador de cinta volcadora | tippler-belt conveyor.
transportador de círculo entero | circular protractor.
transportador de correa | belt conveyor.
transportador de correa curvilínea (en sección transversal) | curvilinear belt conveyor.
transportador de correa de gran velocidad para relleno (minería) | slinger.
transportador de correa deformada transversalmente en forma cóncava | throughed belt conveyor.
transportador de correa sin fin | band conveyor.
transportador de correa vibrante | vibrating-type conveyor.
transportador de cubetas | trough conveyor.
transportador de derivas y alzas (artillería) | range-deflection fan.
transportador de documentos | document conveyor.
transportador de estera | apron conveyor.
transportador de filas de roldanas | skate-wheel conveyor.
transportador de grados | protractor.
transportador de hélice | worm conveyor.
transportador de información | information carrier.
transportador de limbo | limb protractor.
transportador de línea de tarjetas | card-line carrier.
transportador de listones | apron conveyor.
transportador de moldes | mold conveyor.
transportador de oxígeno (química) | oxygen-carrier.
transportador de paletas | push-plate conveyor | flight conveyor | flight feeder | push-through conveyor.
transportador de placas | apron conveyor.
transportador de puente | bridge transporter.
transportador de raederas | scraper conveyor.
transportador de rasquetas | scraper conveyor.
transportador de rastras | flight conveyor | flight drag conveyor | scraper flight conveyor.
transportador de rastrillos | rake conveyor.
transportador de sacos | bag conveyor.
transportador de sacudidas | jigger conveyor | jigging conveyor | shaker-conveyor.
transportador de sólidos fluidificados | air-slide conveyor.
transportador de tornillo | conveying screw.
transportador de tornillo de Arquímedes | auger conveyor.
transportador de tornillo esmaltado para carbón | enameled coal screw.
transportador de tornillo helicoidal | screw conveyor.
transportador de tornillo sin fin | spiral conveyor.
transportador de tracción lateral | sidepull conveyor.
transportador de vaivén | shuttle conveyor.
transportador descendente | decline conveyor.
transportador dosificador de tornillo de Arquímedes | metering screw conveyor.
transportador elevador de noria | roundabout elevator conveyor.
transportador helicoidal | helical conveyer.
transportador helicoidal por gravedad | gravity-spiral conveyor.
transportador hidráulico | hydraulic conveyor.
transportador isométrico | isometric protactor.
transportador magnético de virutas | magnetic swarf conveyor.
transportador mecánico | power conveyor.
transportador mecánico de sacudidas | mechanical vibrating conveyor.
transportador monocarril | monorail conveyor.
transportador monorrail aéreo | overhead monorail conveyor.
transportador neumático | airlift.
transportador nomónico (cristalografía) | gnomonic protractor.
transportador oscilante | oscillating conveyor.
transportador oscilante de bolas | ball shaker conveyor.
transportador para clasificar huevos al trasluz | candling conveyor.
transportador para grandes cargas | heavy-duty conveyor.
transportador por arrastre | rope conveyor.
transportador por gravedad | gravity conveyor.
transportador por sacudidas | shaker conveyor.
transportador portátil | portable transporter.
transportador replegable | retractable conveyor.
transportador reversible | shuttle conveyor.
transportador reversible inclinado | inclined reversible conveyor.
transportador sinfín | screw conveyor.
transportador sobre el que se ejecuta una fase de una elaboración | line.
transportador teleférico | trolley conveyor.
transportador terrestre de correa (correa de 1 metro de ancho y con longitud hasta 5 ó más kilómetros y capacidad de transporte hasta 1.000 ton/hora | overland conveyor.
transportador vertical de bateas | trayveyor.
transportador vertical de cangilones | elevator.
transportador vibratorio | vibrator conveyor.
transportadores de municiones (personas) | ammunition handlers.
transportador-saltarregla | bevel protractor.
transportando materias en suspensión | carr-

ying suspended matter.
transportar | transport (to) | convey (to) | wheel (to) | carry (to) | tote (to).
transportar (el tiro a otro blanco) | transfer (to).
transportar (una carga) | haul (to).
transportar a brazo | manhandle (to).
transportar a remo | pull (to).
transportar agua en una canalización de madera | flume (to).
transportar al papel | plot (to).
transportar de una orilla a otra orilla | ferry (to).
transportar el tiro (artillería) | switch fire (to) | shift (to).
transportar en avión | lift (to).
transportar en avión (tropas) | emplane (to).
transportar en balsa | raft (to).
transportar en barcazas | lighter (to).
transportar en camión | truck (to).
transportar en carretilla | barrow (to).
transportar en el aire (hojas, etc.) | float (to).
transportar en jangadas (ríos) | run logs (to).
transportar en recipientes cerrados | containerize (to).
transportar en un remolque (EE.UU.) | trailerize (to).
transportar en un remolque (G.B.) | trailerise (to).
transportar fuerza motriz | convey power (to).
transportar maderas a flote | run logs (to).
transportar maderas por el agua | drift (to).
transportar o viajar en trineo | sledge (to).
transportar personal o carga (marina) | lift (to).
transportar personal o material por el aire | ferry (to).
transportar por agua (EE.UU.) | freight (to).
transportar por camión | motor (to).
transportar por el aire | fly (to) | air ferry (to).
transportar por el aire (personal o material) | airlift (to).
transportar por ferrocarril | rail (to) | railroad (to).
transportar por medio de una canalización | pipe (to).
transportar por tierra | freight (to).
transportar por tuberías | pipeline (to).
transportar por vía aérea (personal o material) | airlift (to).
transportar tropas | troop (to).
transportar tropas en camiones | embus (to) | entruck (to).
transportar volando de un sitio a otro (aeroplanos) | ferry (to).
transporte | hauling | handling | haul | movement | transport | porterage | haulage | portage | shipping | freightage | conveyance | carriage.
transporte (de energía) | conveyance.
transporte (de mercancías, paquetes) | porterage.
transporte (imágenes ópticas, litografía) | transfer.
transporte (tiro artillero) | transfer.
transporte a cielo abierto | surface conveyance.
transporte a corta distancia | short-distance transport.
transporte a gran distancia | long-hauled shipment.
transporte a granel | bulk haulage | bulk conveying.
transporte a hombros | man-pack transport.
transporte a lomo de mulo | muleback transportation.
transporte a puerto distinto más alejado que el de descarga (mercancías por mar) | overcarriage.
transporte acuático | water carrier.
transporte adicional | overhaul | overhaul.
transporte aéreo | skylift | air transport | airlift | air transportation.
transporte aéreo a cortas distancias | short haul air transportation.
transporte aéreo a intervalos frecuentes | taxi service.
transporte aéreo continuo estratégico | strategic airlift.
transporte aéreo de tropas en gran escala | large-scale air trooping.
transporte aéreo en grandes cantidades | large-scale air-carrying.
transporte aéreo interurbano | intercity air transportation.
transporte aéreo por planeadores | air trailer transportation.
transporte aéreo rápido | quick transportation.
transporte aéreo táctico en el teatro de operaciones | theater airlift.
transporte asegurado (seguro de mercancías | insured transit.
transporte automático | automatic conveying.
transporte calorífico radiativo | radiative heat-transfer.
transporte colectivo | groupage transport.
transporte combinado (navegación marítima) | intermodal transport.
transporte combinado por ferrocarril y ríos | rail-cum-water transport.
transporte comprendido | including carriage.
transporte con bicheros (corta de troncos) | brutting.
transporte con cuchara de arrastre (minas) | slushing | scraping.
transporte de acarreos | bed-load transport.
transporte de armadías por mar | sea rafting.
transporte de carbón menudo con agua por una tubería | coal pipelining.
transporte de desechos sólidos por agua | water carriage of garbage.
transporte de despachos por palomas mensajeras | pigeon-post.
transporte de energía a gran distancia | long-distance conveyance of power.
transporte de lanzadera que no requiere volver el camión | no-turn shuttle hauling.
transporte de lingotes | ingot conveyance.
transporte de madera en balsas o jangadas | rafting.
transporte de maderas por flotación | rafting.
transporte de materiales de combate del buque a la playa | ship-to-shore combat materials conveying.
transporte de materiales radiactivos | radioactive materials transportation | shipping of radioactive materials.
transporte de mercancías de contrabando primero a un puerto neutral (de donde se transborda para su destino) | continuous voyage.
transporte de mercancías por buque sin horario fijo y que zarpa cuando ha obtenido carga suficiente | berth traffic.
transporte de mercancías por carretera | road goods transit.
transporte de muy alta tensión a gran distancia | long distance extra-high voltage transportation .
transporte de pasajeros por carretera | road passenger transport.
transporte de personal dentro de la mina | man-riding.
transporte de petróleo en el mar Artico (buques) | Arctic oil transportation.
transporte de puerta a puerta | floor-to-floor conveying | pickup and delivery.
transporte de remolques carreteros por ferrocarril | rail-trailer transportation.
transporte de remolques por ferrocarril | piggyback service.
transporte de sedimentos (ríos) | sediment transport.
transporte de sedimentos en suspensión | suspended sediment transport.
transporte de semilla por el viento | self-sown seedling.
transporte de troncos con sus copas | full-tree logging.
transporte de troncos cortados | logging-transportation | logging.
transporte de troncos hasta la orilla del río | log-rolling.
transporte de troncos por cable aéreo | high-lead logging | high-line logging.
transporte de tropa | troop transport.
transporte de viajeros por ferrocarril | rail-passenger transport.
transporte del metal de aportación (soldadura) | metal transfer.
transporte del personal sentado en vagonetas al fondo de la mina | man-riding haulage.
transporte del tiro (artillería) | shift.
transporte eléctrico de fuerza | electrical conveyance of power.
transporte eléctrico por inducción | contactless electric transport.
transporte electrónico | electronic conduction.
transporte en barca (ríos) | ferrying.
transporte en carrocería dotada de ruedas retráctiles para circular por ferrocarril y ruedas para circular por carretera | roadrailer.
transporte en contenedores | container transport.
transporte en portaaviones | carrier-borne.
transporte en que la carga (buque) | free in out stowed.
transporte en suspensión de sólidos (aguas corrientes) | solid discharge.
transporte en trenes directos | line haul.
transporte en vehículos madereros | truck logging.
transporte entre fases de fabricación (talleres) | in-process handling.
transporte entre talleres (factorías) | inter-shop transport.
transporte eólico | aeolian transport.
transporte ferroviario | rail haulage | rail transportation.
transporte fluvial | water carriage.
transporte fluvial de fondo | bed load.
transporte fluvial por el interior | domestic water transportation.
transporte hidráulico | sluicing | hydraulicking.
transporte hidráulico de sólidos | hydraulic transport of solids.
transporte interior de la factoría | in-plant transportation.
transporte interior en los talleres | internal works transport.
transporte intermodal | intermodal transport.
transporte internacional | international traffic | international forwarding | international carriage.
transporte interno de materiales (fábricas, etcétera) | handling.
transporte interprocesal (talleres) | in-process handling.
transporte longitudinal | end hauling.
transporte marítimo | sea transport.
transporte mecánico | mechanical haulage | motor transport.
transporte motorizado | motor transport | motor carrier.
transporte neumático de cereales | pneumatic grain conveying.
transporte neumático de polvos industriales | industrial powder pneumatic conveying.
transporte para llevar abastecimientos (como caravana de camellos, convoy de mulos, columna de camiones, etc.) | pipeline.
transporte por buque | transport by ship.
transporte por buques | shipboard carriage.
transporte por caballos (minas) | flatting.
transporte por cable sin fin | endless rope haulage.
transporte por canalización | pipage.
transporte por carretera | trucking | highway transportation | road haulage.
transporte por coche | carting | cartage.
transporte por expreso | expressage.
transporte por ferrocarril | railroad transpor-

tation | railway transport | railway-borne freight | carriage by rail.
transporte por gabarras | barging | lighterage.
transporte por mar | sea carriage.
transporte por medio de tubería | pipelining.
transporte por mulo | mule haulage.
transporte por ríos y canales | inland water transport.
transporte por teleférico | telpherage | telpherage.
transporte por tierra | overland transport.
transporte por tubería | pipeline carriage.
transporte por tuberías | pipage.
transporte por vía terrestre | land carriage.
transporte público | public carrier.
transporte público urbano | urban public transportation.
transporte puerta a puerta | door-to-door delivery.
transporte rápido (comercio) | express traffic.
transporte regional | regional transportation.
transporte rodado | haulage.
transporte sobre la espalda de cuartos de reses descuartizadas | lugging.
transporte sobre la nieve | oversnow transport.
transporte sobre ruedas | wheeling.
transporte socializado | socialized transport.
transporte suplementario (movimiento de tierras) | extra lead.
transporte tectónico | tectonic transport.
transporte terrestre | land-conveyance | transport by land | onshore transportation.
transporte terrestre y marítimo | land and sea transport.
transporte transcontinental | transcontinental shipment.
transporte urbano | urban transportation.
transportes | carriage.
transportes de movilización | mobilization transports.
transportes por carretera | goods transport industry.
transportes públicos | public conveyance.
transportista | handler | shipper | freight contractor | carrier | forwarding agent | forwarder | freight forwarder.
transportista a larga distancia | over-the-road carrier.
transportista aéreo | air carrier.
transportista con tarifas independientes más bajas que las aprobadas | outsider.
transportista de camión | motor carrier.
transportista de muebles | mover.
transportista entregador | delivering carrier.
transportista por carretera | road haulier.
transportista recogedor y distribuidor | pickup and delivery carrier | collection and delivery carrier.
transportistas | wagon jobbers.
transposición | change-over | transplacement | transposition.
transposición (química) | rearrangement | rearrangement.
transposición con clave variable | variable key transposition.
transposición de borrasca | storm transposition.
transposición de materia grabada a un nuevo disco | dubbing.
transposiciones coordinadas (telefonía) | coordinated transpositions.
transposiciones por rotaciones (líneas telefónicas) | twisting transpositions.
transrelajación | transrelaxation.
transresistencia | transresistance.
transtrictor (transistor) | transtrictor.
transudar | ooze (to).
transuránico (de número atómico superior a 92) | transuranic.
transvase (de líquidos) | racking.
transvase con manguera de la cerveza desde la cuba de fermentación a los barriles después de extraer la levadura | racking.
transvección | transvection.
transversal | broadside | cross | cross-sectional | latitudinal | thwart | traverse.
transversal (buques) | athwartship.
transversal a la fibra (madera) | across grain.
transversal al rumbo | across course.
transversalidad | transversality.
transversalmente | across.
transverso (anatomía, zoología) | transverse.
transvestismo (medicina) | transvestism.
tranvía | tramway | tram.
tranvía de caballos | horse-car.
tranvía eléctrico | electric tram.
tranvía monocable | single-rope cable tramway.
trap | traprock.
trapa | preventer rope.
trapa (trinca - botes, etcétera) | grip.
trapa (trinca - buques) | gripe.
trapa de gancho de bote | boat gripe.
trapecial.
trapecio de la dirección (autos) | steering quadrangle.
trapecio de suspensión | trapeze bar.
trapecio isósceles | isosceles trapezoid.
trapero | ragpicker.
trapezoedro | tetragonal trisoctahedron.
trapezoidal | trapezoid | tapered.
trapezoidal (correas) | V | vee | wedge.
trapezoide | parallel trapezium | trapezoid.
trapiche | cane mill | grinding mill | edge mill | sugar mill.
trapichear (azúcar) | grind (to).
trapichero | millworker.
trapo | rag | cloth.
trapo de franela para limpiar el cañón (armas portátiles) | four by two.
trapo para limpiar | clout.
trapo para limpiar máquinas | wiper.
trapos de lana pura | all-wool rags.
trapos de paño | cloth rags.
trapos deshilachados | devilled rags.
trapos para bruñir metales | brass-rags.
trapos para la limpieza (talleres) | wiping rags.
tráquea | weasand.
tráquea (medicina) | windpipe.
tráquea (zoología) | air tube.
traquetear | jerk (to) | jigger (to) | jolt (to).
traqueteo | shaking | jerking.
traquita eutaxítica | eutaxitic trachyte.
traquita olivínica | ciminite.
tras el hecho | ex post facto.
trasatlántico completamente climatizado | completely air-conditioned liner.
trasatlántico con máquina a popa | machinery-aft liner.
trasatlántico con propulsión turboeléctrica | turboelectric liner.
trasatlántico de carga y pasaje sin línea fija | passenger-cargo round-the-world liner.
trasatlántico de construcción reciente | modern-built steamer.
trasatlántico de motores diesel | motor liner.
trasatlántico de turbina bihélice de vapor | twin-screw steam-turbine passenger liner.
trasatlántico de turbinas | turbine liner.
trasatlántico de vapor con turbinas engranadas de cuatro hélices | quadruple-screw geared-turbine passenger steamship.
trasbordar | tranship (to).
trascanado | backwinding | redrawing.
trascanadora | redraw machine | backwinder.
trascanar | backwind (to) | rewind (to).
trascanar (encajes) | jack off (to).
trascanar (seda) | redraw (to).
trasconductancia de la rejilla a la placa | screen-to-plate transconductance.
trasdós | extrados.
trasdos (arcos) | back.
trasdós (avión) | upper surface.
trasdós de un arco | back of an arch.
trasdós del muelle | spring extrados.
trasdosear | extradose (to).
trasegador | pourer.
trasegador de botellones | carboy pourer.
trasegar | draw off (to) | empty (to) | pour off (to) | transfer (to).
trasegar (vinos) | tun (to) | flinch (to).
trasero (ejes, ruedas) | hind.
trasferencia | transfer.
trasferencia de áreas de memoria intermedia | exchange buffering.
trashoguero (fraguas) | backwall.
trasiego | decantation.
trasiego (del vino) | drawing-off.
trasiego (vinos) | racking.
traslación | traslation | shifting.
traslación (carro de puente-grúa) | traversing.
traslación (carro puente grúa) | racking.
traslación (fallas) | heave.
traslación (puente-grúa) | travelling (G.B.) | traveling (Estados Unidos).
traslación a lo largo del eje X | translation along the X axis.
traslación de derecho o dominio | lapse.
traslación de dominio | demise.
traslación de dominio (jurisprudencia) | passing of property.
traslación de un punto a otro en un intervalo dado de tiempo (aeroplanos, misiles) | vector.
traslación del carro (puente-grúa) | crab traverse.
traslación lateral | traverse.
trasladar | shift (to) | turn over (to) | translate (to) | transfer (to) | convey (to) | relocate (to) | transmit (to).
trasladar (empleados) | displace (to).
trasladar el impuesto | shift tax (to).
traslado | removal.
traslado (abogacía) | tenor.
traslado a aeronave de distinta capacidad | change of gauge.
traslado a un puesto de menor importancia | demotion.
traslado a una comisión (asuntos) | committal.
traslado al libro mayor | posting.
traslado de escolares en autobuses de un barrio a otro para integrarlos en escuelas plurirraciales (EE.UU.) | busing.
traslado de jurisdicción (cambio de tribunal - en un pleito) | change of venue.
traslado de los totales | total rolling.
traslado de pérdidas | loss carryover.
traslado de personal | transfer.
traslado de productos agrícolas | transporting agricultural products.
traslador | translator.
traslador con circuito de memoria (telefonía) | wired memory translator.
traslapar | overcast (to) | lap (to).
trasluzcopio | scotoscope.
trasmallo | flue-net.
trasmallo (red) | flue.
trasmisión de datos desde la cosmonave a la estación terrestre de seguimiento | down data.
trasmitir (radio) | beam (to).
traspasable | alienable.
traspasado | punchthrough.
traspasador | exchanger.
traspasar | perforate (to) | transmit (to) | setover (to) | make over (to) | assign (to) | abalienate (to) | cede (to) | sell (to) | hand over (to).
traspasar (letras) | negotiate (to).
traspasar un negocio | transfer a business (to).
traspaso | handing-over | transferal | transfer | cession | grant | alienation | delivery | abalienation | posting | assignation.
traspaso (acreedores) | assignment.
traspaso (de bienes, etc.) | devolution.
traspaso (de cheques) | kiting.
traspaso al período anterior (contabilidad) | carry-back.
traspaso de bienes | alienation of property.
traspaso de dominio | abalienation | alienation of property.
traspaso de fondos presupuestarios | transfer of budget funds.
traspaso de una deuda | substitution of a debt.

traspaso por escritura | conveyance by deed.
traspasos dentro del grupo | group transfers.
trasplantar | transplant (to).
trasplante | transplantation.
trasplante (medicina) | transplant.
trasponer | pass over (to).
trasportado en depósitos sobre camión | tank-trucked.
trasportador para el frente de arranque (minas) | face conveyor.
trasquilar | crop (to).
traste (de guitarra) | stop.
trasto (cosa cuyo nombre no se sabe o recuerda) | hootnany.
trastornado (personas) | unsettled.
trastornador | disrupter.
trastornar | overturn (to).
trastorno | upthrow.
trastorno (medicina) | disturbance.
trastorno cerebro vascular (medicina) | stroke.
trastorno isotópico | isotopic disorder.
trastornos | impairments.
trastornos (medicina) | disorder.
trastornos autorregresivos | autoregressive disturbances.
trastornos de precios (esfuerzo conjunto de los bajistas - bolsa) | raid.
trastornos del modo de ser | mood disorders.
trastornos espaciales | space disturbances.
trastornos sensoriales | sensory impairments.
trastrocado | inverse.
trastrocar | overturn (to) | reverse (to).
trastrorno visual pasajero producido por aceleración (aviación) | redout.
trastrueque | transposition.
trasvasar | decant (to) | shank off (to).
trasvasar el mosto a la cuba (cerveza) | mash off (to).
trasvase | decantation.
trasvase (cerveza) | mashing-off.
trasvase de la carga de un petrolero a otro | consolidation of oilers.
tratado | treaty.
tratado (aceros) | conditioned.
tratado a presión | pressure-treated.
tratado acústicamente | acoustically-treated.
tratado anódicamente | anodically-treated.
tratado bipartito | two-parties treaty.
tratado comercial | commercial treaty | commodity agreement | trade agreement | treaty of commerce.
tratado con agua oxigenada | hydrogen peroxide-treated.
tratado con anhídrido sulfuroso (frutas) | sulfured.
tratado con boro | boron-treated.
tratado con cera | wax-treated.
tratado con rayos X | X-rayed.
tratado con resina | resin-treated.
tratado con un fungicida | fungicide-treated.
tratado con un inhibidor | inhibited.
tratado cuatripartito | four-parties treaty.
tratado de arbitraje | arbitration treaty.
Tratado de Desnucleización Submarina | Submarine Denucleization Treaty.
tratado de reciprocidad | reciprocal treaty.
Tratado de Roma (CEE) | Treaty of Rome.
tratado elemental | first book.
tratado fiscal | tax treaty.
tratado multinacional preferencial arancelario | customhouse preferential multinational treaty.
tratado mutuo comercial | reciprocal trade agreement.
tratado para eliminar la electricidad estática | antistatic treated.
tratado para que tenga resistencia en estado húmedo o empapado en agua | wet-strength treated.
tratado para resistir a la intemperie | weatherability-treated.
tratado por irradiación | radiation-processed.
tratado térmicamente | heat-treated.
tratador de aceites | oil treater.
tratados en vigor | treaties in force.
tratamiento | treatment | processing | process | management.
tratamiento (aceros, etc.) | conditioning.
tratamiento (de la información) | handling.
tratamiento (de un asunto) | handling.
tratamiento (medicina) | management.
tratamiento a baja temperatura | low-heat treatment.
tratamiento a baja temperatura (criotratamiento - metalurgía) | deep-freeze treatment.
tratamiento a baja temperatura para relajar esfuerzos residuales | low-temperature stress-relieving treatment.
tratamiento a célula llena (maderas) | full-cell treatment.
tratamiento a célula vacía (maderas) | empty-cell treatment.
tratamiento a distancia utilizando un ordenador y una red informativa | teleprocessing.
tratamiento a fondo | thorough-going treatment.
tratamiento a temperaturas bajo cero (acero rápido) | cold-treatment.
tratamiento a temperaturas bajo cero (aceros) | refrigeration treatment.
tratamiento a temperaturas bajo cero (aceros rápidos) | stubzero treatment.
tratamiento acústico de salas | room acoustic treatment.
tratamiento adecuado | ad hoc treatment.
tratamiento adicional | retreating.
tratamiento aeróbico de desperdicios de proceso de frutas | aerobic treatment of fruit processing wastes.
tratamiento aerosólico | aerosol treatment.
tratamiento agrupado | batch processing.
tratamiento aluminizante | aluminizing treatment.
tratamiento anaeróbico de los efluentes | waste disposal anaerobic treatment.
tratamiento anódico | anodic treatment.
tratamiento anódico pregalvanoplástico | anodic pre-plating treatment.
tratamiento antes de galvanoplastiar | preplating treatment.
tratamiento antes de la corta (árboles) | prefelling treatment.
tratamiento antes de pintar | prepaint treatment.
tratamiento antes de sembrar (semillas) | presowing treatment.
tratamiento antiarrugas (telas) | anticrease process.
tratamiento antiencogimiento (telas) | shrinkproofing treatment | shrink-resist treatment.
tratamiento antipolilla | mothproofing.
tratamiento antisonoro | acoustic treatment.
tratamiento automático de la información | automatic data processing | electronic data processing (E.D.P.).
tratamiento biológico | biological treatment.
tratamiento biológico de aguas residuales | biological wastewater treatment.
tratamiento colectivo | joint treatment.
tratamiento comercial recíproco | reciprocal trade agreement.
tratamiento con aceite (pieles) | dressing.
tratamiento con ácido diluído (telas) | souring.
tratamiento con cloro de agua conteniendo amoníaco | break point process.
tratamiento con cortisona (medicina) | management by cortisone.
tratamiento con doble revenido | double-tempering treatment.
tratamiento con fosfato corrosiorresistente | corrosion-resistant phosphate treatment.
tratamiento con fosfatos de hierro y manganeso (metales) | parcolubrizing.
tratamiento con hidrógeno naciente para reducir la capa superficial de óxido de cromo antes de la nitruración (aceros inoxidables) | malcomizing process.
tratamiento con metafosfatos (agua calderas) | threshold treatment.
tratamiento con mezclas grasas para hacerlo flexible (cueros) | currying.
tratamiento con una única unidad central (informática) | uniprocessing.
tratamiento con vapor de agua | steam cure.
tratamiento continuo (calculadora) | on-line processing.
tratamiento contra el azulado (agricultura) | anti-stain treatment.
tratamiento contra la herrumbre | rust proofing | rustproofing.
tratamiento contra la radiación | radiation hardening.
tratamiento contra plaga | pest control.
tratamiento correcto de la asfixia | correct treatment of asphyxia.
tratamiento de agua de caldera | boiler water treatment.
tratamiento de aguas residuales | waste water treatment.
tratamiento de alta frecuencia (medicina) | high frequency treatment.
tratamiento de arenas | sand-conditioning.
tratamiento de atenuación de tensiones internas | stress-relief treatment.
tratamiento de cintas de seda | silk ribbon processing.
tratamiento de curación | aging treatment.
tratamiento de datos | data handling.
tratamiento de datos por teclado | key processing.
tratamiento de desechos industriales | industrial waste treatment.
tratamiento de desechos radiactivos | radioactive waste treatment.
tratamiento de estabilización | aging treatment.
tratamiento de finos (metalurgia) | sliming.
tratamiento de hilos de algodón | cotton yarn processing.
tratamiento de la basura | waste treatment.
tratamiento de la cefalea (medicina) | management of migraine.
tratamiento de la enfermedad | management of the disease.
tratamiento de la imagen | picture processing.
tratamiento de la información | information processing | data processing.
tratamiento de la información (calculadoras) | data handling.
tratamiento de la interrupción | interrupt handling.
tratamiento de la piel con cal | pelt liming.
tratamiento de la superficie con sulfato de cobre y limaduras de hierro para conseguir un revestimiento conductor de cobre (electroplastia) | oxidizing.
tratamiento de las aguas residuales | sewage engineering.
tratamiento de las virutas | chip processing.
tratamiento de los desperdicios radiactivos | radioactive waste disposal.
tratamiento de los efluentes | waste disposal.
tratamiento de los gaseados con gas mostaza (milicia) | demustardization.
tratamiento de los nudos antes de pintar | knotting.
tratamiento de los nudos de las maderas resinosas antes de pintarlas | killing.
tratamiento de los pedidos | order handling.
tratamiento de maderas con una mezcla amoniatos metálicos y un ácido antiséptico | aczolling.
tratamiento de maduración por esfuerzos producidos por cargas exteriores | stress-aging-treatment.
tratamiento de minerales (minería) | mineral dressing.
tratamiento de normalización (aceros) | homogenizing treatment.
tratamiento de poligonización (metalurgia) | polygonization treatment.

tratamiento de prealmacenamiento | prestorage treatment.
tratamiento de prerrevenido | pretempering treatment.
tratamiento de programas no prioritario | background processing.
tratamiento de programas prioritarios | foreground processing.
tratamiento de quemado | burnout process.
tratamiento de recocido de relajación de esfuerzos interiores (aceros) | stabilizing-annealing treatment.
tratamiento de registros | record handling.
tratamiento de residuos radiactivos | radioactive waste disposal.
tratamiento de residuos sólidos | solid-waste management.
tratamiento de restos de la corta (forestal) | broadcast.
tratamiento de revenido y homogenización | tempering and homogenization treatment.
tratamiento de texto | word processing.
tratamiento del agua | water conditioning | water processing | water treatment.
tratamiento del agua de alimentación de calderas | boiler feed-water conditioning.
tratamiento del agua en el exterior de la caldera | external boiler water treatment.
tratamiento del caldo en la cuchara (metalurgia) | ladle treatment.
tratamiento del combustible agotado (reactor nuclear) | fuel reprocessing.
tratamiento del efluente | effluent disposal.
tratamiento del hormigón con gas de fluoruro de silicio (lo hace acidorresistente) | concrete ocrating.
tratamiento del líquido usado en electrólisis | plating waste treatment.
tratamiento del mineral | ore process | ore working.
tratamiento del terreno antes de plantar | preplanting ground treatment.
tratamiento desoxidante | pickling.
tratamiento diferido | batch processing.
tratamiento directo con el ordenador | on line processing.
tratamiento electroconvulsivo (medicina) | shock treatment.
tratamiento electrolítico en una solución caliente de fosfato de zinc | granodizing.
tratamiento eliminador | eliminative treatment.
tratamiento en ácido fosfórico (aceros) | cosietizing.
tratamiento en el autoclave | autoclave treatment.
tratamiento en el fondo del agujero | downhole treatment.
tratamiento en el horno | kilning.
tratamiento en el tambor con abrasivo de carburo de silicio | silicon rolling.
tratamiento en el tambor con arena mezclada con agua o aceite | sand rolling.
tratamiento en el tambor para desoxidar | pickle roll.
tratamiento en lista (datos) | list processing.
tratamiento en los surcos (agricultura) | in furrow treatment.
tratamiento en seco de aluviones | alluvium dry vanning.
tratamiento en solución hirviente de bicromato sódico (magnesio) | dichromate process.
tratamiento en un baño de cal | liming.
tratamiento enfriando en solución de silicato sódico (aleaciones aluminio) | ZD treatment.
tratamiento erróneo | malpractice.
tratamiento exhaustivo | thorough-going treatment.
tratamiento final | head end.
tratamiento final (nuclear) | tail end.
tratamiento fosfatizante | phosphating treatment.
tratamiento germicida | germicidal treatment.
tratamiento hidrófugo con siliconas | silicone water repellent treatment.
tratamiento homogeneizador | normalizing treatment.
tratamiento homogenizante | homogenizing treatment.
tratamiento húmedo | wet treatment.
tratamiento industrial | processing.
tratamiento inhibidor | inhibitive treatment.
tratamiento inmediato | real time processing.
tratamiento inmediato (informática) | demand processing.
tratamiento integrado de datos | integrated data processing.
tratamiento interno del agua de calderas | internal boiler water treatment.
tratamiento isotérmico | isothermical treatment.
tratamiento lineal | demand processing.
tratamiento magnético para el recocido | magnetic annealing treatment.
tratamiento magnetotérmico | magnetothermal treatment.
tratamiento mancomunado | joint treatment.
tratamiento municipal de desechos | municipal waste treatment.
tratamiento numérico de los datos | data-logger.
tratamiento óptimo | most beneficial treatment.
tratamiento óptimo de revenido | optimum tempering treatment.
tratamiento para evitar el polvo | dustproofing.
tratamiento para quitar las sustancias preservadoras | depreserving treatment.
tratamiento para reducir la microsegregación de los componentes aleantes durante la solidificación | homogenization treatment.
tratamiento para relajar esfuerzos residuales (soldaduras) | stress-relief treatment.
tratamiento por absorción de silicio | siliconizing.
tratamiento por disolución de un componente (aceros) | re-solution treatment.
tratamiento por inmersión | dipping.
tratamiento por inversión | reversible process.
tratamiento por lavado | pour-on treatment.
tratamiento por lotes | batch processing.
tratamiento por precipitación (aleaciones de aluminio) | artificial aging.
tratamiento por prioridad | priority processing.
tratamiento por recalentamiento | reheat-treatment.
tratamiento por redisolución a 920° ± 10 °F por 45 minutos (aleaciones) | resolution treating at 920° ± 10° for 45 min.
tratamiento por temple escalonado | step-quenching treatment.
tratamiento por vía seca | dry treatment.
tratamiento posaluminizante | post-aluminizing treatment.
tratamiento possoldadura para relajr esfuerzos internos | postweld stress-relief treatment.
tratamiento posterior | after treatment.
tratamiento preliminar | preliminary treatment | pretreatment.
tratamiento preservativo | preservative treatment.
tratamiento previo | coaxing.
tratamiento que no produce fisuración (aceros) | nonembrittling treatment.
tratamiento químico desinfectante | disinfectant chemical treatment.
tratamiento químico preliminar | preliminary chemical treatment.
tratamiento quiropódico | chiropodic treatment.
tratamiento regenerativo después de termofluencia (fluencia residual) | regenerative heat-treatment after stressing in creep.
tratamiento secativo | blotter surface treatment.
tratamiento secuencial | batch processing.
tratamiento secuencial a distancia (informática) | remote batch processing.
tratamiento simple de memoria intermedia (informática) | simple buffering.
tratamiento sobre mesas oscilantes (minerales) | tabling.
tratamiento superficial con fosfato de cinc (aceros) | granodizing.
tratamiento superficial del carbón con solución de cloruro cálcico para reducir el estado polvoriento del carbón | dustproofing.
tratamiento térmico | heat treatment.
tratamiento térmico en la intimidad de la materia | through thermal treatment.
tratamiento termomecánico | thermomechanical treatment.
tratamiento termomecánico de preirradiación | preirradiation thermal-mechanical treatment.
tratamiento tributario | tax treatment.
tratamientos alternativos | alternative treatments.
tratamientos de las aguas cloacales | sewage treatment.
tratante | trader | dealer | monger.
tratar | treat (to) | process (to) | process (to) | work up (to).
tratar (aceros, aire) | condition (to).
tratar (cuero, telas) | prepare (to).
tratar (un asunto) | touch (to).
tratar con ácido | acidize (to).
tratar con agua (cueros) | sam (to).
tratar con baños fríos (medicina) | tub (to).
tratar con cedreleón (papel) | cedarize (to).
tratar con desprecio | contemn (to).
tratar con hidrógeno | hydrogen-treat (to).
tratar con irradiaciones | radio (to).
tratar con nitrógeno | nitrogen-treat (to).
tratar con rayos X | ray (to).
tratar con un baño | dip (to).
tratar con un inhibidor | inhibitor-treat (to).
tratar con un preservativo | preservative-treat (to).
tratar con un radioisótopo | trace (to).
tratar con una sal de fósforo (aceros, etc.) | phosphate (to).
tratar con vapor | steam (to).
tratar con vapor de agua para obtener una estructura lisa (fabricación jabón) | fit (to).
tratar de explicar | comment (to).
tratar de violar (a una mujer) | interfere with (to).
tratar el combustible irradiado (central nuclear) | reprocess (to).
tratar en atmósfera rarificada | vacuum-treat (to).
tratar en el chorro de arena o de perdigones | blast (to).
tratar en frío | cold treat (to).
tratar en tambor giratorio (limpieza, esmaltado, etcétera) | barrel (to).
tratar las pieles para quitar la cal antes de curtirlas | bate (to).
tratar los fangos (metalurgia) | slime (to).
tratar por lotes | batch process.
tratar por rayos X | X-ray (to).
tratar por redisolución (aleaciones) | resolution-treat (to).
tratar químicamente | treat (to).
tratar superficialmente | surface-treat (to).
tratar ulteriormente | after treat (to).
tratar un asunto | handle (to).
trato | treatment | intercourse.
trato (comercio) | deal.
trato de nación más favorecida | most favored-nation treatment | most favoured nation treatment.
trato de privilegio | special treatment.
trato entre terrateniente y aparcero | privity of estate.
trato justo | fair deal.
trato más favorecido | preferential treatment.
trato preferencial | preferential treatment.
trauma síquico | psychic trauma.
traumatismo por aplastamiento | crush injury.
traumatología | traumatology.
traumatólogo | traumatologist.
travelín (cine) | travelling (G.B.).
travelín (estudios cine, TV) | traveling (Estados

Unidos).
traversina (telas) | bolster.
travertino | tufa | sinter.
travertino (toba calcárea) | fresh-water limestone.
travertino calcífero (toba calcárea) | calc-sinter.
través (fortificación) | traverse.
travesaño | transom | traverse | bridging-piece | tie | waist rail | girth rail | nogging | spreader spreader | cross member | crossbar | cross beam | cross timber | cross-bearer | stretcher | bunk | longeron | head beam | sleeper.
travesaño (afuste de cañón) | transom.
travesaño (de coche) | horn-bar.
travesaño (de silla) | rung | round.
travesaño (de un vagón) | headstock.
travesaño (marco de fundición) | stay.
travesaño (minas) | bunton.
travesaño (puertas) | rail.
travesaño (telar a mano) | crossbar.
travesaño (telares) | girt.
travesaño acodado de unión | jointing bent spacer.
travesaño anterior | front cross member.
travesaño apoyatroncos (vagón para transporte de troncos) | log bunk.
travesaño central | center traverse beam.
travesaño central (puertas) | lock rail | middle rail.
travesaño de acuñamiento (arcos) | striking plate.
travesaño de cabeza (vagones) | end-sill.
travesaño de encuentro (ventana guillotina) | meeting rail.
travesaño de encuentro (ventanas) | check rail.
travesaño de escala | ladder rung.
travesaño de limonera | shaft bar.
travesaño de pie | bottom spreader.
travesaño de poste | cross buck | crossbuck.
travesaño de prensa | bed or arbor press.
travesaño de silla | spell.
travesaño de tope (ferrocarril) | buffer beam.
travesaño del bogie de motores | motor-bogie bolster.
travesaño del piso (puentes) | deck crossbearer.
travesaño del telar | loom cross rail.
travesaño frontal | headstock.
travesaño inferior | bottom rail.
travesaño para andamiaje (posteleros de grada de construcción - astilleros) | spall.
travesaño para los pies | foot spar.
travesaño para poste (líneas telegráficas) | pole arm.
travesaño portacarrocería | body bracket.
travesaño portaherramienta (cepilladora de montantes) | crossrail.
travesaño posterior (locomotora) | tailpiece.
travesaño posterior (locomotoras) | back bumper | drawbar.
travesaño saliente en un pie derecho para apoyar tablones de andamio | spaul.
travesaños | girts.
travesaños de la torre de perforación | derrick girts.
travesaños del chasis | chassis cross members.
travesaños diagonales (marcos de minas) | dividers.
travesero | transom.
travesero de atado | stringer.
travesero de sostenimiento (caja de vagones) | end timber.
travesero de topes (locomotora) | buffer-beam.
travesero de ventana | astragal.
travesero superior | outrigger.
travesía | run | trip | voyage | passage.
travesía (del mar) | crossing.
travesía del Atlántico | Atlantic run.
travesia sin albura (ferrocarriles) | all-heart tie.
traviesa | splice bar | sleeper | cross beam | crosshead | cross hammer | cross timber | cross member | rail bearer | railway tie.
traviesa (carpintería) | brown post.
traviesa (de vía férrea) | crosstie | sleeper.
traviesa (ferrocarril) | tie bar.
traviesa (ferrocarril - EE.UU.) | tie.
traviesa (vía de ferrocarril) | rail-bearer.
traviesa adicional para soportar el tirante (arquitectura) | princess post.
traviesa bateada | packed sleeper.
traviesa cajeada en el taller (ferrocarril) | ready-formed sleeper.
traviesa colocada en sentido longitudinal (ferrocarril) | stringer.
traviesa con grapa metálica clavada en las cabezas (para que no se abra) | lopped sleeper.
traviesa creosotada | creosoted tie.
traviesa de acero | steel sleeper | steel tie.
traviesa de acero estampada | pressed sleeper.
traviesa de agujas (vía férrea) | head tie.
traviesa de árbol enterizo de poco diámetro (vía férrea) | pole tie.
traviesa de asbestocemento (vía férrea) | asbestos cement sleeper.
traviesa de cabeza (locomotora) | buffer-beam.
traviesa de cabeza (locomotoras) | bumper beam.
traviesa de camino (ferrocarril) | head block.
traviesa de clase inferior (vía férrea) | cull.
traviesa de dos caras | pole tie.
traviesa de ferrocarril | cross sleeper.
traviesa de hormigón (ferrocarril) | concrete sleeper.
traviesa de hormigón armado | ferroconcrete tie.
traviesa de hormigón armado (vía férrea) | reinforced-concrete sleeper.
traviesa de junta (ferrocarril) | joint sleeper.
traviesa de junta (vía férrea) | joint tie.
traviesa de medio rollizo | half-round tie | halved tie.
traviesa de medio tronco (vía férrea) | pole tie.
traviesa de palo (vía férrea) | rifle tie.
traviesa de parrilla | bearing bar.
traviesa de rollizo (ferrocarril) | target tie.
traviesa de rollizo (vía férrea) | rifle tie.
traviesa del cambio de vía | switch block.
traviesa del pivote del bogie | bogie bolster | truck bolster.
traviesa desbastada con la azuela | split tie.
traviesa frontal | buffer beam.
traviesa frontal (locomotora) | buffer-beam.
traviesa impregnada (ferrocarril) | impregnated tie.
traviesa inclinada (curvas ferrocarril) | canted sleeper.
traviesa inyectada (ferrocarril) | impregnated tie.
traviesa inyectada a presión | pressure-treated sleeper.
traviesa metálica | metal sleeper.
traviesa metálica (ferrocarril) | iron tie.
traviesa metálica (que une las apeas - minas) | strap.
traviesa móvil | crosshead.
traviesa oscilante (bogie de locomotora) | swing bolster.
traviesa para ferrocarril de hormigón pretensado | prestressed-concrete railway sleeper.
traviesa que conserva los costados del rollizo | half moon tie.
traviesa que no es de madera (vías férreas) | substitute tie.
traviesa superior de pivote del bogie motor | motor truck bolster.
traviesa tratada químicamente | impregnated tie.
traviesaje | sleepering.
traviesas de ferrocarril de maderas de coníferas | softwood railway ties.
traviesas unidas a las columnas de apoyo (pórticos) | girts.
trayecto | stretch | haul | passage | path.
trayecto (de onda reflejada) | hop.
trayecto (ferrocarril) | run.
trayecto aleatorio | random walk.
trayecto asignado a una locomotora (ferrocarriles) | run.
trayecto binario | binary path.
trayecto corto | short path | short hop | short run.
trayecto de alejamiento (artillería antiaérea) | receding leg.
trayecto de aproximación | approaching leg.
trayecto de camino | ride.
trayecto de la corriente | current path.
trayecto de vuelta | return leg.
trayecto estocástico | stochastic path.
trayecto óptico | optical train.
trayecto parcial (de un recorrido) | stage length.
trayecto por ferrocarril | railroad haul.
trayecto rasante | grazing path.
trayecto recorrido (por un avión) | leg.
trayecto sin parada | nonstop run.
trayecto sin paradas (trenes) | break.
trayecto sin pendientes (horizontal - vía férrea) | dead level.
trayecto subsónico | subsonic leg.
trayecto único (radio) | single hop.
trayectografía | trajectory plotting.
trayectografía (misiles y vehículos cósmicos) | trajectography.
trayectoria | trajectory | range | ray | patch | trail | track.
trayectoria (balística, matemáticas) | path.
trayectoria (hidráulica) | flowage.
trayectoria (proyectiles) | flight.
trayectoria aleatoria | random walk.
trayectoria ascendente | upward trajectory.
trayectoria balística | ballistic trajectory.
trayectoria braquistocrona | minimum time path.
trayectoria con levitación de la persona | subgravity trajectory.
trayectoria cósmica | cosmic trajectory.
trayectoria curva | arcuate path.
trayectoria de aproximación de un avión al aterrizar (portaaviones) | groove.
trayectoria de ascensión | climb path.
trayectoria de aterrizaje | landing path.
trayectoria de aterrizaje preferida | preferred landing path.
trayectoria de descenso (aviones) | descent lane.
trayectoria de deslizamiento | glide-path.
trayectoria de despegue (aeronáutica) | take-off path.
trayectoria de encuentro | coasting trajectory.
trayectoria de fase | phase trajectory.
trayectoria de giro | path of revolution.
trayectoria de ida y vuelta a la Luna | round trip trajectory to moon.
trayectoria de infiltración | leakage path.
trayectoria de interceptación | intercept profile | interception trajectory.
trayectoria de la partícula | track of the particle.
trayectoria de línea visual | line-of sight path.
trayectoria de los filetes líquidos | flow-line path.
trayectoria de misil con una parte curva y otra lineal-tangente | linear tangent missile trajectory.
trayectoria de partícula alfa | alpha-track.
trayectoria de planeo | glide path | glide slope | glide-path.
trayectoria de planeo con instrumentos (aeropuertos) | ILS glide path.
trayectoria de reentrada en la troposfera (cosmonaves) | re-entry trajectory.
trayectoria de retorno a la tierra | earth-return trajectory.
trayectoria de retroceso (tubo rayos catódicos) | retrace.
trayectoria de reunión de satélites | satellite rendezvous trajectory.
trayectoria de salida | departure trajectory.
trayectoria de seguridad | arming range.

trayectoria de subida a velocidad constante curvada por la gravedad | constant velocity gravity-turn climb trajectory.
trayectoria de tiempo mínimo | minimum time path.
trayectoria de transmisión (telecomunicación) | transmission path.
trayectoria de un avión esperando órdenes para aterrizar (aeropuertos) | holding pattern.
trayectoria de un avión navegando | plot.
trayectoria de vuelo | flight track.
trayectoria de vuelo antes de lanzar bombas (aviones) | bombing run.
trayectoria de vuelo ascendente | climbing course.
trayectoria de vuelo de mínima duración | minimal flight path.
trayectoria de vuelo de tiempo mínimo | minimum time flight path.
trayectoria de vuelo de un avión de caza cuando ataca a un blanco móvil | pursuit curve.
trayectoria de vuelo en forma de ocho vista de costado y en forma de S vista desde arriba o desde abajo (aviación) | lazy eight.
trayectoria de vuelo más allá del punto de ataque antes de retornar a la base (bombardeo por una serie de aviones) | spacer leg.
trayectoria de vuelo proyectada en un plano vertical (aviación) | slope.
trayectoria de vuelo que debe seguir un avión propio | keystone track.
trayectoria del centro de gravedad | path of centroid.
trayectoria del ciclón | cyclone path.
trayectoria del flujo de dispersión | leakage-flux path.
trayectoria del fotón | photon's path.
trayectoria del huracán | hurricane track.
trayectoria del misil | missile's flight.
trayectoria del protón | proton track.
trayectoria descendente | downward trajectory.
trayectoria descrita por el vértice de la pala (hélices, rotores) | track.
trayectoria descrita por las puntas de las palas (rotores o hélices) | blade track.
trayectoria después de entrar largo en el campo (aterrizaje) | overshoot path.
trayectoria directa | through path.
trayectoria elíptica | elliptical path.
trayectoria elíptica circunlunar | circumlunar elliptical trajectory.
trayectoria en picado | diving course.
trayectoria en vuelo propulsado | powered flight trajectory.
trayectoria fósil de fisión de uranio (rocas) | fossil track.
trayectoria helicoidal | helical path.
trayectoria híbrida (cosmonaves) | hibrid trajectory.
trayectoria incatalizada | uncatalyzed path.
trayectoria iónica | ionic track.
trayectoria libre media de absorción | absorption mean free path.
trayectoria libre media de atenuación | attenuation mean free path.
trayectoria libre media de colisión geométrica | geometric collision mean free path.
trayectoria media de las líneas de fuerza | mean path of lines of force.
trayectoria múltiple | multipath | multipath | multipath.
trayectoria óptima de intercepción | optimum interception trajectory.
trayectoria oscilante amortiguada | damped oscillating trajectory.
trayectoria para un aterrizaje suave (astronáutica) | soft-landing trajectory.
trayectoria parásita | sneak path.
trayectoria preestablecida para un avión propio con objeto de comprobar la defensa antiaérea | canned track.
trayectoria prescrita antes de aterrizar (aviones) | approach pattern.
trayectoria radioeléctrica | radio path.
trayectoria rasante | flat trajectory.
trayectoria real | ground track.
trayectoria rectilínea | straight-line path.
trayectoria reglamentaria de aterrizaje (aviación) | procedure track.
trayectoria verdadera | actual path.
trayectorias de los esfuerzos (fotoelasticidad) | stress trajectories.
trayectorias ortogonales | orthogonal trajectories.
trayectorias susceptibles para la fisuración por corrosión bajo esfuerzo | susceptible paths for stress-corrosion cracking.
trayectorias sustentadoras de reentrada (cosmonaves) | re-entry lifting trajectories.
traza | draught | track.
traza (de impacto de meteorito) | scar.
traza (geometría discriptiva) | trace.
traza (sísmica, química) | trace.
traza acústica | sound track.
traza acústica (filme sonoro) | sound record.
traza acústica simétrica | push-pull sound track.
traza axial | axial trace.
traza de amplitud variable | variable-area track.
traza de humo (avión lanza humos) | smoke trail.
traza de humo dejada por avión ardiendo en vuelo | smoke trail.
traza de impacto de meteorito | meteorite impact scar.
traza de ionización | track | ionization track | ionization path.
traza de la imagen | picture trace.
traza de la matriz (álgebra) | trace of the matrix.
traza de partícula radiactiva | track.
traza de un avión atacante propio (radar) | faker track.
traza de una sucesión (topología) | trace of a sequence.
traza del horizonte | horizon trace.
traza del plano | plane trace.
traza foliar (Cicadales) | girdle.
traza fotográfica (sobre una placa fotográfica) | photographic trail.
traza iónica | ion trails.
traza luminosa (TV) | spot.
traza radárica | radar trace.
trazable | plottable.
trazado | alignment | projected | plotting | plotting | draft | draught | laying-out | layout | outlining | setting out | marking-out | mapping | lineage | lining out | lining off.
trazado (curvas) | plotting.
trazado (de curvas) | pegging out.
trazado (de un plano) | contour.
trazado (de una carretera) | lie.
trazado (de una línea) | scribing.
trazado (de una pieza para maquinaria) | marking-off.
trazado (dibujo) | laying down.
trazado (en la sala de gálibos) | laying-off.
trazado (mapas) | drafting.
trazado (minas) | honeycombing | development | developing.
trazado (obra fortificación) | ground-plan.
trazado (topografía) | progression | plat.
trazado a diamante | diamond scribing.
trazado a escala natural (sala gálibos) | full-scale lofting.
trazado autográfico | autographic plotting.
trazado auxiliar (topografía) | random traverse.
trazado cerrado (topografía) | closed survey | loop traverse.
trazado con piquetes | staking out.
trazado de caminos | route design.
trazado de coordenadas | polar plot.
trazado de curvas | curve plotting.
trazado de curvas (ferrocarril) | alignment of curves.
trazado de la curva | curve layout.
trazado de la espiral por ordenadas | location of spiral by offsets.
trazado de la irradiación | radiation tracking.
trazado de la leva | cam layout.
trazado de la línea de máxima carga (buques) | fixing of maximum load line.
trazado de la señal | signal tracing.
trazado de ordinograma | flowcharting.
trazado de planos | plotting.
trazado de radar | radar trace.
trazado de reflexiones (sísmica) | reflecting picking.
trazado de un esquema de guía | making a working sketch.
trazado de un esquema de trabajo | making a working sketch.
trazado de un ferrocarril | alignment of a railway.
trazado de un plano | planning.
trazado de una curva | plotting of a curve.
trazado definitivo (ferrocarril, carretera) | final location.
trazado del frente (ejércitos) | location of the military line.
trazado en el taller | laying-out.
trazado en forma nomográfica | plotted in nomographic form.
trazado en la divisoria | ridge location.
trazado en la sala de gálibos (astilleros) | lofting.
trazado exponencialmente | exponentially mapped.
trazado gráfico | paper location | plot | graph plotting.
trazado individual | offset plotting.
trazado litográfico (astilleros) | lithographic lofting.
trazado poligonal (topografía) | polygonal course.
trazado por coordenadas polares | polar plotting.
trazado punto a punto | point by point plotting.
trazado sobre el terreno (carretera, ferrocarril) | location survey.
trazado sobre el terreno (carreteras, ferrocarriles) | location.
trazador | modeler | marker | marker-off | drawer | tracer lever | draughtsman.
trazador (persona) | plotter | tracer.
trazador automático de gráficos | plotter.
trazador de ataque | attack plotter.
trazador de baja radioactividad | low-activity tracer.
trazador de circuitos impresos | printed circuit generator.
trazador de contorno | contour plotter.
trazador de curvas | X-Y plotter | curve plotter | incremental plotter | graph plotter | patter tracer.
trazador de curvas de la calculadora electrónica | plotter of the computer.
trazador de curvas de nivel | contour finder.
trazador de derrota (aviones) | flight log.
trazador de derrota decca | decca flight log.
trazador de diagramas de ataque | attack plotter.
trazador de gálibos (astilleros) | loftsman.
trazador de gráficos | graph plotter.
trazador de histogramas | histogram plotter.
trazador de humo (proyectil) | smoke-tracer.
trazador de las líneas del campo magnético (electricidad) | field mapper.
trazador de líneas | liner.
trazador de perfil sísmico | seismic profiler.
trazador de perfiles | profiler.
trazador de perfiles de reflexión (prospección geofísica) | reflection profiler.
trazador de reflexión | reflection plotter.
trazador de ruta (aviación) | flight log.
trazador de sala de galibos | ship's draughtsman.
trazador de sala de gálibos (astilleros) | linesman.
trazador de sala de gálibos (EE.UU.) | developer.
trazador del campo magnético | field plotter.

trazador del rumbo | course plotter.
trazador electrónico | electronic plotter.
trazador electrónico de isobaras (mapa meteorológico) | weather plotter.
trazador electrónico del diagrama de Nyquist | electronic Nyquist plotter.
trazador gráfico X-Y | X-Y plotter.
trazador isotópico | isotopic tracer | isotopic indicator.
trazador nocturno | night tracer.
trazador para inyección de agua | waterflood tracer.
trazador radiactivo | radioactive tracer.
trazador radiactivo empleado con la varilla de soldar | welding-rod tracer.
trazador radioisotópico | radioisotope tracer.
trazadora de representación visual | optical display plotter.
trazadores no radiactivos | nonradioactive tracers.
trazar | delineate (to) | draw (to) | plot (to) | plot (to) | trace (to) | layout (to) | line out (to) | route (to) | set out (to) | lay out (to) | line off (to) | mark out (to) | map out (to) | mark off (to).
trazar (alineación topográfica) | run (to).
trazar (carreteras, ferrocarriles) | locate (to).
trazar (curvas) | set out (to).
trazar (curvas, etc.) | put in (to).
trazar (el rumbo) | lay (to).
trazar (línea de conducta) | lay down (to).
trazar (líneas) | setoff (to).
trazar (minas) | develop (to).
trazar (planos) | lay down (to).
trazar (sobre madera o metal) | scribe (to).
trazar (sobre un plano) | lay off (to).
trazar (topografía) | plat (to).
trazar (un filón) | train (to).
trazar (un plan) | draw out (to).
trazar a cordel | adjust by the line (to).
trazar a escala | scale (to).
trazar con cordel entizado | chalk line (to).
trazar el camino a recorrer sobre el plano | shape the course (to).
trazar el corte para labrar un sillar | line out a stone (to).
trazar el plano de | plan (to).
trazar el rumbo | track (to).
trazar en espiral | corkscrew (to).
trazar en la sala de gálibos (astilleros) | lay off on the mould loft (to).
trazar gráficamente | graph (to).
trazar la derrota (buques) | shape the course (to).
trazar la derrota (navegación) | prick off (to).
trazar los gálibos | mold (to).
trazar los gálibos (buques) | mould (to).
trazar mapas | map (to).
trazar o puntear sobre la carta (marina) | prick up (to).
trazar piezas en el mármol (talleres) | mark off (to).
trazar rayas | line (to).
trazar un filón hasta su origen (minas) | chase (to).
trazar un itinerario | mark out a course (to).
trazar un itinerario (topografía) | traverse (to).
trazar un mapa | protract (to).
trazar un plan | draw a plan (to).
trazar un rumbo | plot a course (to).
trazar una alineación (topografía) | run a line (to).
trazar una curva de nivel | run a contour (to).
trazar una línea | run a line (to).
trazar una obra (fortificación) | site (to).
trazar una perpendicular | draw a perpendicular (to).
trazar una poligonal (topografía) | traverse (to).
trazar una tangente | draw a tangent (to).
trazarastro | trace.
trazas | showings | trace | vestige.
trazas de adición de cerio | trace addition of cerium.
trazas de mineral | mineral shows.
trazas de petróleo | oil shows.
trazas que forman las imágenes de una estrella en una placa fotográfica | trails.
trazo | tracing | mark.
trazo (de una línea) | running.
trazo (dibujo) | trace.
trazo de referencia | guiding line | strobe.
trazo de retorno | return line.
trazo isoclínico | isoclinic line.
trazo lleno | solid line.
trazo que indica horas (esfera de reloj) | leader.
trazos (probetas) | datum point | pop marks | prick-punch marks.
trazos taquimétricos | stadia wires | stadia hairs.
trébede | brandreth.
trébedes | spider | trivet.
trébol (cilindro de laminador) | wobble.
trébol (cilindro de laminadores) | wobbler.
trébol (Platymiscium pinnatum) | quira | macacauba.
trébol (Platymiscium polystachyum - Jap) | vencola.
trecena | thirteenth.
trecho | tract | space | stretch.
trefilado | wiredrawing.
trefilado con lubricante líquido (alambres) | wet-drawn.
trefilado de alambres de aluminio | aluminum wire drawing.
trefilado en húmedo (alambres) | wet-drawn.
trefilado en seco (alambre) | soap drawing.
trefilador | wiredrawer | wire drawer.
trefiladora con bobinadoras que giran de modo que se produce resbalamiento | slip wiredrawing machine.
trefiladora de agujeros múltiples | multi-die machine.
trefilar | draw wire (to) | draw (to).
trefilar (alambres) | wiredraw (to).
trefilería | drawing-mill | wire mill | wiredrawing works | wireworks.
trefle (cilindro de laminador) | wobble.
trefle (cilindro de laminadores) | wobbler.
trefle (laminadores) | wabbler.
tregua | cease-fire.
tregua laboral | cooling-off period.
treguerita | troegerite.
treinta | thirty.
trematodo | fluke.
trematología | thremmatology.
tremedal | quag | quaking-bog.
trementina | white resin | turpentine | pine resin | terebinth | rosin spirit.
trementina bruta secada sobre el árbol | American frankincense.
trementina de Burdeos | galipot.
trementina de Chipre | Chios turpentine.
trementina destilada en el vacío | destructively distilled turpentine.
trementina mineral | white spirit.
trementino (Prioria copaifera) | trementino.
trementino (Prioria copaifera - Griseb) | cativo.
tremielga | electric ray.
tremógrafo | tremograph.
tremograma | tremogram.
tremolar (una bandera) | fly (to).
tremolar la bandera | fly the flag (to).
trémolo | flutter.
trémolo (acústica) | quaver | flutter.
trémulo (música) | trembling.
tremulosidad | tremulousness.
tren (cosas una detrás de otra) | train.
tren (de engranajes, de palancas, etc.) | system.
tren (de máquinas o aparatos) | range.
tren a lomo | mule train.
tren a lomo (milicia) | pack train.
tren acabador (laminador) | finishing mill.
tren aéreo (avión remolcando varios planeadores) | air train.
tren alternativo (máquinas) | alternating motion.
tren arrastrado por un tractor | tractor-train.
tren articulado | articulated train.
tren articulado de barcazas (transporte fluvial) | barges articulated train.
tren ascendente | down-train.
tren aterrizador (aviones) | ground gear.
tren aterrizador delantero | nose gear.
tren automotor reversible | reversible self-propelled train.
tren bidireccional de impulsos | bidirectional pulse train.
tren blindado | armored train | armoured train.
tren con coches intercomunicantes | vestibule train.
tren con dos locomotoras en cabeza | double-header.
tren con recargo del billete por velocidad | extra-fare train.
tren con ruedas de neumáticos | pneumatic-tired train.
tren con tracción diesel | diesel-worked train.
tren con una locomotora en cabeza | single-headed train.
tren contador de ruedas dentadas (contadores) | counting train.
tren continuo (laminador) | continuous mill.
tren continuo de chapa | tandem plate mill | tandem mill.
tren continuo de laminación | billet continuous mill.
tren continuo desbastador | tandem roughing mill.
tren continuo para banda caliente (laminador) | continuous hot-strip mill.
tren continuo para laminar en frío | tandem cold mill.
tren cuarto (tren doble dúo - laminador dúo-dúo) | four-high mill.
tren de acabado (telas) | finishing range.
tren de acabado y rameado | tenter finishing range.
tren de alambre | wire mill | wire rod mill | rod-rolling mill.
tren de alambre (laminador) | rod mill | looping mill.
tren de amaraje (tren del flotador-hidros de flotadores) | float carriage.
tren de amaraje de flotadores (aviones) | flotation gear.
tren de aprestar | starching range.
tren de apresto y acabado (telas) | starching and finishing range.
tren de aprovisionamiento de la flota (petroleros, buques talleres, remolcadores, etc.) | fleet train.
tren de artillería | artillery-train.
tren de aterrizaje | undercarriage | aircraft undercarriage | alighting gear | landing gear.
tren de aterrizaje (aeronaves) | landing undercarriage.
tren de aterrizaje (aeroplanos) | landing chassis.
tren de aterrizaje construido para usar esquís o ruedas (aviones) | ski-wheel assembly.
tren de aterrizaje de carretones (aeronaves) | bogie landing gear.
tren de aterrizaje no retractable (aviones) | fixed landing gear.
tren de aterrizaje principal de babor (aviones) | port main undercarriage.
tren de automotores | motor coach train.
tren de auxilio | wrecker | wrecking train.
tren de barcanzas remolcadas por un remolcador | waterborne train.
tren de barcas (lana) | leviathan rinsing machine.
tren de barcazas (navegación) | string of lighters.
tren de barcazas (remolcadas) | barge-train.
tren de barcazas remolcadas | seatrain.
tren de blanqueamiento continuo | continuous bleaching range.

tren de blanqueo (telas) | bleaching range.
tren de bombas de mina | lift.
tren de cámaras de movimiento (soplantes) | chamber train.
tren de cardas para la lana | woollen card set.
tren de carga (cálculo de puentes) | load train.
tren de cargas | load train.
tren de cargas (pruebas de puentes) | truck loads.
tren de cercanías | shuttle-train | accommodation train.
tren de coches-cama (ferrocarril) | sleeper.
tren de combate | armament train | combat train.
tren de combate (milicia) | first-line transport.
tren de combate del batallón | battalion combat train.
tren de composición limitada | limited train.
tren de conmutación (telefonía) | switch train.
tren de correo | mail train.
tren de chapa fina | sheet rolling mill.
tren de chapas | plate mill.
tren de desbaste (hierro pudelado) | forge rolls | forge train.
tren de desbaste (laminador) | rougher | blooming.
tren de desbaste (laminadores) | roughing-rolls.
tren de desbaste (metalurgia) | cogging mill.
tren de descrudado | boil-out range.
tren de dragados | dredging equipment.
tren de dragas | armada of dredgers.
tren de embotellación | bottling line.
tren de encalar y urdir (urdimbres de lana) | ward dresser.
tren de encapsular botellas (talleres) | bottle-capping line.
tren de encogimiento (acabado telas) | shrinking range.
tren de encolar y urdir (lana) | dresser.
tren de engranajes | gearset | gear-work | gearing | gear train | toothed gearing | train | line of gear | cluster gear | swing | gear cluster.
tren de engranajes de la distribución (motores) | timing-gear train.
tren de engranajes en tanden (turbinas) | dual-tandem train.
tren de engranajes invertido | reverted gear train.
tren de engranajes para inversión de marcha | reverse train.
tren de engranajes para roscar | screw-cutting train.
tren de engranajes planetarios | planetary set | planetary gear train.
tren de engranajes rectos | spur-gear train.
tren de enlace | connection | connexion.
tren de escalas | way train.
tren de estampado (telas) | printery range.
tren de flotadores remolcados por un remolcador | tug-train.
tren de fondeo (equipo de fondeo - buques) | ground-tackle.
tren de formar perfiles por rodillos | forming mill.
tren de fresas | milling cutter gang.
tren de fresas (fresadoras) | cutters gang.
tren de fresas (máquinas) | grouped cutters.
tren de fresas sobre el mismo eje | gang mills | ganged cutters.
tren de herramientas | gang tools.
tren de humectación y planchado (tejeduría) | hydro-pressing unit.
tren de ida | down-train.
tren de ida y vuelta | shuttle-train.
tren de impulsiones modulado en amplitud | amplitude-modulated pulse train.
tren de impulsos | pulse stream | burst.
tren de impulsos (telefonía automática) | digit train.
tren de impulsos de sincronismo | sync block.
tren de impulsos de tensión | train of voltage pulses.
tren de impulsos electrónicos | pulse train.
tren de impulsos equivalente a una impulsión | impulse equivalent pulse train.
tren de impulsos identificables | market train.
tren de impulsos largos | boxcars.
tren de impulsos negativos | negative pulse train.
tren de impulsos no identificados | market train.
tren de impulsos periódicos | periodic pulse train.
tren de impulsos repetidor (telecomunicación) | repeating pulse train.
tren de impulsos sin señal de referencia | markerless pulse train.
tren de impulsos video | video pulse train.
tren de inflamación (espoletas) | igniter train.
tren de laminación | rolling mill rolls | rolling-mill.
tren de laminación con seis cilindros | five-roll mill.
tren de laminación cruzada | cross-rolling mill.
tren de laminación de desbastes planos | slabbing-mill.
tren de laminación de dos cajas | double mill.
tren de laminación de fleje en frío | backed-up mill.
tren de laminación de fleje o de banda | strip mill.
tren de laminación de palanquilla | billet mill.
tren de laminación de perfiles comerciales | cotton tie mill.
tren de laminación doble | double mill.
tren de laminación irreversible | one-direction mill.
tren de laminación para grandes perfiles | heavy section rolls.
tren de laminadores | mill train.
tren de laminar | mill train.
tren de laminar en caliente | hot mill.
tren de laminar irreversible | nonreversing mill | nonreversible rolling mill.
tren de laminar perfiles | shape mill.
tren de laminar perfiles comerciales pequeños | hoop-mill.
tren de laminar redondos | rod mill.
tren de laminar repetidor | repeating mill.
tren de laminar trío | trio mill.
tren de lavado | laundry.
tren de lavado (lana suarda) | scouring train.
tren de lavadoras (lana) | leviathan rinsing machine.
tren de lupias (hierro pudelado) | forge train.
tren de mensajería | parcels train.
tren de mercancías | goods train | freight train | luggage train.
tren de mercancías con enganches flojos (entre vagones) | loose-coupled freight train.
tren de mercancías con frenado parcial | partly-braked freight train.
tren de mercancías frenado a mano | hand-braked freight train.
tren de mercerizar | mercerizing range.
tren de meteoros | meteor train.
tren de molinos | grinding train.
tren de montaje | production line | mounting line.
tren de montaje (talleres) | line.
tren de ondas | wave train.
tren de ondas de alta (tensión) | spindle.
tren de oscilaciones | oscillation train.
tren de oxidación (teñido de telas) | oxidizing range.
tren de palancas | compound levers | bank of levers | lever system | leverage.
tren de planeadores | train of gliders.
tren de producción (talleres) | line.
tren de pudelaje | puddle-train.
tren de pudelar | puddle rolls.
tren de puentes | bridge-train.
tren de puentes pesados | heavy bridge train.
tren de pulsaciones | pulse train.
tren de ráfagas | gust train.
tren de rodillos | roller train.
tren de ruedas | mounted wheels.
tren de ruedas (relojes) | works.
tren de ruedas cortantes | gang of cutting wheels.
tren de ruedas dentadas | range.
tren de ruedas dentadas de inversión (tornos) | tumbler-gear train.
tren de sanforizar | sanforizing range.
tren de secar (telas) | drying range.
tren de socorro | life train | breakdown train | relief train.
tren de sondeo | drilling rig | head-gear | rig | boring rig.
tren de sondeo a la cuerda | cable ring.
tren de sondeo para pozos petrolíferos | petroleum perforator.
tren de sondeos | core drill.
tren de suministros | supply train.
tren de tachos (azúcar) | effect.
tren de teñido continuo | continuous dyeing range.
tren de teñir | dyeing range.
tren de tránsito rápido | rapid transit train.
tren de transporte de remolques carreteros (ferrocarril) | trucktrain.
tren de trapiches (azúcar) | mill train.
tren de tropas | troop train.
tren de vagonetas (minas) | trip | jag | journey | rake.
tren de varilla | wire mill.
tren de varillas (sondeos) | stand.
tren de varios coches | multicar train.
tren de vástagos | string of casing.
tren de viajeros | passenger train.
tren de viajeros que van a embarcar en un puerto | boat train.
tren del metro | tube train.
tren desbastador | puddle-train | puddle rolling mill | roughing mill.
tren desbastador (laminación) | soft mill.
tren desbastador (laminador) | puddle rolls | breaking down mill | billeting roll | rougher.
tren desbastador (laminadores) | roughing-rolls.
tren desbastador (pudelaje) | muck-train.
tren desbastador de palanquilla | rumpling mill.
tren desbastador de pudelaje | muck mill.
tren desbastador reversible | reverse cogging mill | reversing cogging mill | reverse blooming mill.
tren desbastador reversible dúo de una caja | reversing single-stand two-high blooming mill.
tren desbastador trío | three-high rougher | three-high blooming mill.
tren desmultiplicador (de velocidad) | reducing train.
tren desplazable | gear cluster.
tren desplazable (cambio de autos) | balladeur train.
tren desplazable (cambio de marcha) | slide block.
tren desplazable (engranajes) | sliding train.
tren detonante (espoletas) | detonating train.
tren diesel de unidades múltiples | multiple-unit diesel train.
tren directo | through train.
tren dúo | two-high train | two-high mill.
tren dúo (laminadores) | duo mill.
tren dúo doble | double-duo mill.
tren dúo doble para redondos | double-duo rod mill.
tren dúo irreversible (laminadores) | pass-over mill.
tren dúo irreversible de dos cajas para laminar redondos | two-high nonreversing two-stand rod-mill.
tren dúo para chapa | two-high plate mill.
tren dúo para desbastar | two-high rougher.
tren dúo reversible de dos cajas para laminar chapa | two-high reversing two-stand plate mill.
tren dúo reversible para desbastar | two-high reversing blooming-mill.
tren dúo universal | two-high universal mill.

tren eléctrico | electric train.
tren électrico con dos conductores | two-men-operated train.
tren eléctrico con un solo conductor | one-man-operated electric train.
tren epicicloidal | epicyclic train.
tren equipado con freno de discos | disc-braked train.
tren explorador | pilot train.
tren explosivo (espoletas, etc.) | explosive train.
tren explosivo de la bomba | bomb explosive train.
tren explosivo de la espoleta | fuze train | fuze igniter | fuze explosive train.
tren facultativo | auxiliary train.
tren hospital | hospital train | ambulance railway train.
tren laminador | mill | rolling mill train | roll-train.
tren laminador acabador en caliente doble dúo reversible | four-high reversing hot finishing mill.
tren laminador con cambio de dirección de la pieza a laminar | cross-country mill.
tren laminador continuo de banda de aluminio | continuous aluminum strip mill.
tren laminador cuarto para reducción en frío | cold-reduction four-hihg mill.
tren laminador de banda en frío de 5 cajas | five-stand tandem cold strip mill.
tren laminador de bandas en frío | cold strip mill.
tren laminador de barras comerciales | merchant bar mill.
tren laminador de barras comerciales (no especiales) | merchant-bar train.
tren laminador de carriles | rail train.
tren laminador de perfiles comerciales | merchant train.
tren laminador de tubos | tube rolling train.
tren laminador de una caja | single-stand finishing mill.
tren laminador doble dúo de bandas en frío | four high cold strip mill.
tren laminador doble dúo para bandas | four-high strip rolling mill.
tren laminador doble dúo para pasada superficial | four-high skin pass mill.
tren laminador doble dúo para redondos | four-high rod-mill.
tren laminador en frío doble dúo | four high cold rolling mill.
tren laminador en frío doble dúo tándem de cuatro cajas | four high four stand tandem cold reduction mill .
tren laminador para perfiles comerciales | merchant mill train.
tren laminador rápido | high-speed rolling mill.
tren laminador tándem de banda en frío de cuatro cajas | four stand tandem cold strip mill.
tren laminador universal | universal mill.
tren lanzadera | shuttle train.
tren local | way train.
tren logístico | supply train | accompanying supplies.
tren manual (laminación) | hand-mill.
tren mediano (laminador) | big mill.
tren mensajero | parcels train.
tren monocarril | monorail train.
tren moviéndose continuamente en una vía en circuito cerrado y cargándose y descargándose por medios mecánicos | merry-go-round train.
tren múltiple trío | three-high cluster mill.
tren óptico | optical train.
tren para acabar al ancho deseado | broadside mill.
tren para circulación en lanzadera en que la locomotora está siempre en el mismo extremo del tren y éste tiene un furgón de cola con cabina de mando a distancia de la locomotora que unas veces hace tracción del tren y otras lo empuja | push-pull train.
tren para cortado de bandas y flejes | slitting mill.
tren para chapa fina (laminador) | thin sheet mill.
tren para desherbado químico de la vía (ferrocarril) | track-spraying train.
tren para rociar herbicidas sobre la vía | weedkiller spray train.
tren para transportar contenedores | container train.
tren pequeño para laminar en frío | baby-roll mill.
tren periódico de impulsos | periodic pulse train.
tren pescadero | fish train.
tren planetario | planet unit.
tren postal | mail train.
tren que lamina chapa defectuosa | full mill.
tren que para en todas las estaciones | accommodation train.
tren que puede laminar dos tochos simultáneos o independientemente en caminos que son paralelos | two strand mill.
tren que recoge a los pasajeros de un buque | boat train.
tren quinto | five-roll mill.
tren rápido | highball.
tren rápido de mercancías | fast goods train | high-speed freight train.
tren regimental (milicia) | field train.
tren reversible de laminación | reversing rolling mill.
tren sondeador para pozos petrolíferos | petroleum perforator.
tren sostenido (deportes) | even pace.
tren tipo (cálculo de puentes) | load train.
tren tipo (pruebas de puentes) | standard train.
tren totalizador del contador | meter counting train.
tren trío | three-high mill | three-high rolling mill.
tren trío de desbaste | three-high blooming mill | three-high cogging mill.
tren trío reversible | three-high-reversing mill.
tren unidad | train unit.
tren universal de sondeo | combination rig.
trencilla | gimp | braid | galloon | tape.
trencilla lisa | plain braid.
trencha | ripping chisel.
trenes de olas | sets of waves.
trenodia | threnody.
trenza | plait | braid | twist.
trenza (de cabello) | cue.
trenza (de cáñamo o paja) | sennet.
trenza aceitada (cierre de escotillas) | oil-soaked gasket.
trenza de algodón | gasket | cotton fox | cotton braid.
trenza de amianto | asbestos cord.
trenza de apoyo de la capota | hood rest strip.
trenza de cáñamo | gasket | hemp gasket.
trenza de paja | pedal.
trenza para empaquetaduras (máquinas) | packing tow.
trenza plana | flat braid.
trenza redonda | round braid.
trenzado | stranding | plaiting | plaited | braided | braiding | knit.
trenzado con fibra de vidrio | glass fiber braided.
trenzado de fibras | fibrous braiding.
trenzado de madejas (para empacarlas) | knotting.
trenzado diagonalmente | diagonally-braided.
trenzado labrado | fancy braid.
trenzado plano | plain braid.
trenzado redondo | tubular braid.
trenzador | weaver.
trenzadora | stranding machine | braider | braiding machine.
trenzadora (cordelería) | plaiting machine.
trenzadora de cuerdas | rope spinning machine.
trenzadora mecánica para cuerdas | rope braiding machine.
trenzadora mecánica para lizos | heald braiding machine.
trenzar | braid (to) | strand (to) | plat (to) | weave (to) | mat (to) | entwine (to).
trenzar (cabellos, etc.) | plait (to).
trenzar (cables) | braid (to).
trenzar con fibra de vidrio (cables eléctricos) | glass-braid (to).
trenzas | plaiting.
trepa (madera) | vein.
trepabilidad (aptitud para subir pendientes) | gradability.
trepado (papel continuo) | tear line.
trepado del papel continuo | between set perforation.
trepador (telefonía) | gaff.
trepadora | scrambler.
trepadora (planta) | vine.
trepadores (para postes) | gaffs | climbing shoes.
trepadores para postes | pole climbing irons.
trepadores para postes de madera | pole climbers.
trepamiento | creepage.
trepanabilidad de la roca (sondeos) | rock drillability.
trepanación de proyectiles | shell piercing.
trepanación del alma (tochos) | core trepanning.
trepanación electroerosiva | electroerosive trepanning.
trepanación en caliente por presión de un punzón hueco | hollow punching.
trepanado corte de un agujero en la envuelta para poder despoletar (bomba sin explosionar) | trepanning.
trepanadora | trepanner.
trepanadora para tajos largos | longwall trepanner.
trepanar | trepan (to).
trépano | drill-jar | drilling bit | cross mouthed chisel | bore bit | miner's auger | trepan | drill jar | boring bit.
trépano (cirugía) | perforator.
trepano (para sondeo a la cuerda) | churn.
trépano (perforación) | bore-bit.
trépano (sondeos) | bit | jackhammer.
trépano acanalado | fluted bar bit.
trépano acanalado (sondeos) | fluted bit.
trépano acanalado para roca | fluted rock bit.
trépano accionado por cable (sondeos) | wire-line bit.
trépano adiamantado | diamond drill.
trépano adiamantado (perforaciones) | diamond-studded boring crown.
trépano adiamantado con agujeros múltiples para distribuir el lodo (sondeos) | multi-point diamond bit.
trépano adiamantado de tipo escalonado (sondeos) | stepped diamond crown.
trépano adiamantado de tipo radial | radial diamond crown.
trepano big eye (sondeos) | big eye bit.
trépano compuesto | boring crown | boring head.
trépano con aletas terminado en punta | diamond point bit.
trépano con diamantes colocados en espiral | spiral set diamond bit.
trépano con diamantes engastados a mano en la superficie (sondeos) | surface-set diamond crown.
trépano con diamantes engastados en la superficie | surface-set diamond bit.
trépano con diamantes engastados en la superficie (sondeos) | surface-set bit.
trépano con diamantes engastados mecánicamente (sondeos) | mechanical set diamond core bit.
trépano con diamantes engastados superficialmente | surface set diamond bit.
trépano con diamantes industriales | diamond-drill bit.

trépano contundente (perforación) | blunt chisel.
trépano cortante (sondeos) | chopping bit.
trépano cortante (trépano de bisel - sondeos) | cutting bit.
trépano de aletas | blade bit.
trépano de aletas (sondeos) | step bit.
trépano de caída libre | free-falling bit.
trépano de corona | splayed drill | crown-saw.
trépano de corona (sondeos) | star bit.
trépano de corona de diamantes para pozos de petróleo | diamond oil well bit.
trépano de corte en cruz (sondeos) | star bit.
trépano de cuatro aletas (sondeos) | four-wing bit.
trépano de cuchara | spoon bit | auger-nose shell.
trépano de chorro | jet bit.
trépano de chorro (sondeos) | jet-bit.
trépano de dedos múltiples | blue demon bit.
trépano de dentista | dental engine.
trépano de diamantes orientados por el vector de mayor dureza (sondeos) | orientated diamond drill bit.
trépano de diamantes orientados según el vector duro (sondeos) | oriented diamond bit.
trépano de granalla (sondeos)
trépano de guía (sondeos) | pilot bit.
trépano de láminas (sondeos) | drag bit.
trépano de moleta (sondeos) | rock bit.
trépano de moletas (sondeos) | roller bit.
trépano de percusión con puntas de carburo de volframio | tungsten-carbide-tipped percussion drill.
trépano de perforación inclinada (sondeos) | directional bit.
trépano de puntas de diamante | diamond point rotary bit.
trépano de rodillo | roller bit.
trépano de rodillo de cuatro conos | four-cone roller bit.
trépano de rodillos (sondeos) | roller bit.
trépano de sondar | earth borer.
trépano de sondeo | drilling bit | drilling head | boring chisel.
trépano de sondeo adiamantado sinterizado | sintered diamond drill crown.
trépano de sondeo con diamantes colocados en espiral | scroll-type drill bit.
trépano de toberas | jet bit.
trépano dentado (sondeos) | sawtooth bit.
trépano en cola de pescado (sondeos) | fishtail bit.
trépano engastado con diamantes pequeños | bit set with small diamonds.
trépano ensanchador (sondeos) | underreamer.
trépano excéntrico | eccentric bit | eccentric chisel.
trépano grande para abrir agujeros en terrenos húmedos | miser.
trépano hueco | mining hollow drill.
trépano iniciador accionado con cable (sondeos) | spudding bit.
trépano múltiple | multiple blade.
trépano para arcilla (sondeo) | mud-bit.
trépano para arcilla (sondeos) | claying bar.
trépano para roca | rock boring bit.
trépano para roca (sondeos) | rock bit | rock drill bit.
trepano para sondeo a la cuerda | churn drill.
trépano para sondeo por percusión | borer bit.
trépano para sondeos | drilling crown.
trépano para testigos (sondeos) | core cutter.
trépano piloto (sondeos) | pilot bit.
trépano plano (cincel de boca plana-sondeos) | flat chisel.
trépano plano de corte en punta de diamante (sondeos) | V-shaped chisel.
trépano plano de corte recto (sondeos) | straightedged chopping bit.
trépano plegadizo (sondeos) | collapsible bit.
trépano que no extrae muestras (sondeos) | noncoring bit.
trépano que no extrae testigos (perforaciones) | noncoring bit.
trépano rectificador (pozos) | reamer bit.
trépano rotatorio de chorro hidráulico | hydraulic rotary jet drilling head.
trépano rotatorio de sondeo | rotary drill bit | rotary boring crown.
trépano sacamuestras (sondeos) | core drill bit.
trépano sacamuestras impregnado de diamantes | diamond-impregnated core bit.
trépano sacatestigos (sondeos) | core drill bit.
trépano sacatestigos con diamantes engastados a mano (sondeos) | handset diamond core bit.
trépano salpicado de diamantes | diamond-studded drilling tool.
trépano sin interior (sondeo con diamantes) | blasthole bit.
trepano tricónico (sondeos) | tricone bit.
trépano triturante | crushing bit.
trépano-tricono (sondeos) | three-roller bit.
trepar | climb (to) | shin (to).
trepar (una planta) | trail (to).
trepidación | flutter | quake | tremor | vibration | jerking | shaking | jarring.
trepidación pasajera del casco (buques) | hull whipping.
trepidación producida por la hélice (aviación) | airscrew flutter.
trepidante | jolty | vibrating.
trepidar | jar (to) | jerk (to) | vibrate (to) | judder (to) | jolt (to) | purr (to) | quake (to).
trepsología | threpsology.
tresbolillo | quincunx.
tresillo (música) | triplet.
tresnal | stack | stook.
tresnal de lino | flax stack.
tría | sorting.
tría (preparación minerales) | spalling.
tría a mano | hand picking | hand sampling.
tría a mano (minerales) | scheidage.
triac (electrotecnia) | triac.
tríada | triad.
triada estratégica | strategical triad.
triada ordenada | ordered triad.
triada ortogonal | orthogonal triad.
triádico | triad.
triado | sorted.
triadora (granja) | sorter.
trialuminato | trialuminate.
triangulabilidad | triangulability.
triangulable | triangulable.
triangulación | survey.
triangulación (vigas celosía) | cancelation.
triangulación de primer orden | first-order triangulation.
triangulación empleando bengalas de paracaídas para hacer observaciones simultáneas | flare triangulation.
triangulación en sentido de un arco (topografía) | arc triangulation.
triangulación gráfica | graphic triangulation.
triangulación nadiral | nadir-point triangulation.
triangulación por bandas | strip-triangulation.
triangulación por observaciones desde la costa al buque (cartografía) | shore-ship triangulation.
triangulación radial analítica | analytic radial triangulation.
triangulación radial por fajas (aerofotogrametría) | strip radial triangulation.
triangulación topográfica | topographical triangulation.
triangulado | triangular.
triangular | triangulate (to) | triangular | vee | wedge | three-cornered.
triangular (química) | three-membered.
triángulo | triangle.
triángulo (electricidad) | mesh | delta.
triángulo acutángulo | acute triangle | acute angled triangle.
triángulo astronómico | celestial triangle | astronomical triangle | navigational triangle.
triángulo bisectriz | bisector triangle.
triángulo casi equilátero (topografía) | well-conditioned triangle.
triángulo circular (con lados de arco de círculo) | circular triangle.
triángulo consistente (topografía) | strong triangle.
triángulo curvilátero | curvilinear triangle.
triángulo de entrada (turbinas) | inlet diagram.
triángulo de fuerzas | force-triangle.
triángulo de impedancias | impedance triangle.
triángulo de inversión de marcha (ferrocarril) | Y-track.
triángulo de la corriente | current triangle.
triángulo de posición (marina) | astronomical triangle.
triángulo de presiones | pressure triangle.
triángulo de puntería | aiming group.
triángulo de recalentamiento (ciclo de refrigeración con compresión seca) | superheat horn.
triángulo de vía para invertir la marcha | reversing triangle.
triángulo del viento (navegación aérea) | wind triangle.
triángulo equiángulo | equiangular triangle.
triángulo escaleno | scalenous triangle.
triángulo esférico de 90° | quadrant.
triángulo esférico equilátero | equilateral spherical triangle.
triángulo esférico sobre la esfera celeste | celestial triangle.
triángulo esférico trirrectangular | quadrantal spherical triangle.
triángulo formado por tres líneas de posición que no se cruzan en un punto (navegación) | cocked hat.
triángulo incorrecto (topografía) | ill-conditioned triangle.
triángulo mixtilíneo | mixtilinear triangle.
triángulo navegacional | navigational triangle.
triángulo oblicuángulo | oblique triangle.
triángulo rectángulo isósceles | isosceles right-angled triangle.
triángulo rectilíneo | plane triangle.
triángulo superior (ruedas delanteras autos) | top wishbone.
triángulo terrestre (navegación) | terrestrial triangle.
triángulo vectorial de voltajes | vector voltage triangle.
triángulos congruentes | congruent triangles.
triar (metalurgia) | spall (to) | lob (to).
triar (minería) | sort (to).
triar a mano | hand-sort (to).
triarticulado | three-pivoted | three-jointed | three-hinged.
triaxial | triaxial.
triaxialidad de la Tierra | triaxiality of the earth.
triaxialmente anisótropo | triaxially anisotropic.
tribalismo | tribalism.
triboacabado (con muela abrasiva o chapa metálica impregnada con polvos abrasivos) | lapping.
triboelectricidad | triboelectricity.
triboeléctrico | triboelectric.
triboelectrificación | triboelectrification.
tribofísico | tribophysical.
tribología | tribology.
tribológico | tribological.
tribólogo | tribologist.
triboluminiscencia | triboluminescense.
triboluminiscente | triboluminescent.
tribomanómetro | tribomanometer.
tribómetro (física) | tribometer.
tribómetro (medidor de rozamientos) | tribometer.
tribopulimentado | lapped.
tribopulimentar | lap (to) | lap-finish (to).
tribopulimento (con muela abrasiva o chapa metálica impregnada con polvos abrasivos) |

lapping.
triborresistente | triboresistant.
tribosensible | tribosensitive.
tribotermoluminiscencia | tribothermoluminescence.
tribromuro de fósforo | phosphore tribromide.
tribuna | grandstand | gallery | platform.
tribuna (de espectadores) | stand.
tribuna al aire libre | exedra.
tribuna cubierta | grandstand.
tribuna de la prensa | press-gallery.
tribuna libre (sección de un periódico) | open letter bag.
tribunal | courthouse | forum | court | bar.
tribunal (jurisprudencia) | bench.
tribunal administrativo | administrative tribunal.
tribunal arbitral | arbitration court | court of arbitration.
tribunal arbitral mixto | mixed arbitral tribunal.
tribunal civil | city court.
tribunal competente en asuntos testamentarios | surrogate court.
tribunal consular | consular court.
tribunal de aguas | swainmot.
tribunal de apelación | court of appeal | appeal court | appellation court | court of appeals.
tribunal de apelación en materia aduanera y de patentes | court of customs and patent appeals.
tribunal de apelaciones | appellate court.
tribunal de arbitraje | court of arbitration.
tribunal de autos | court of records.
tribunal de casación | court of review.
tribunal de conciliación | council of conciliation | court of conciliation.
tribunal de corrección | court of correction.
Tribunal de Cuentas | general accounting office.
tribunal de cuentas estatal | audit department.
tribunal de derecho común (hay tres en Inglaterra) | court of exchecquer.
tribunal de dos o más jueces para revisar decisiones judiciales anteriores | divisional court.
tribunal de encuesta | court of inquiry.
tribunal de equidad | court of equity | court of conscience | equity court | chancery.
tribunal de equidad (jurídico) | court of chancery.
tribunal de herencias | probate court.
tribunal de honor | court of honor.
tribunal de honor (milicia) | honor committee.
tribunal de jurados | jury.
tribunal de justicia | court of justice | judicial court | law court.
Tribunal de Justicia Europeo | European court of justice.
tribunal de lindes | land court.
tribunal de lo criminal | felony court.
tribunal de lo penal | court of oyer and terminer.
tribunal de lo penal (EE.UU.) | court of sessions.
tribunal de menores | juvenile court | children's court.
tribunal de policía militar (Estados Unidos) | provost court.
tribunal de primera instancia | inferior court | trial court | court of common pleas | court of first instance.
tribunal de primera instancia civil | court of common pleas.
tribunal de reclamaciones | court of claims.
tribunal de reclasificación | reclassification board.
tribunal de registros | court of records.
tribunal de sesiones | court of sessions.
tribunal de testamentarías | surrogate court.
tribunal del jurado | jury court.
tribunal en pleno | court in banc | full court.
tribunal federal de primera instancia (EE.UU.) | district court.
Tribunal Fiscal (EE.UU.) | Tax Court.
tribunal imparcial | fair court.
tribunal inferior | base court.
tribunal internacional de justicia | international court of justice.
tribunal itinerario | circuit court.
tribunal marítimo | court of admiralty | naval court | maritime court.
tribunal médico | medical board.
tribunal mercantil | commercial court.
tribunal penal | criminal court.
Tribunal Permanente de Arbitraje de la Haya | Hague Court of Arbitration.
tribunal remitente | recommitting court.
tribunal sentenciador | sentencing court.
tribunal sucesorio | probate court.
tribunal superior de Justicia (G.B.) | chancery.
tribunal supremo | supreme court | court of last appeal | High Court | highest Court of Appeal.
Tribunal Supremo de los Estados Unidos | United States Supreme Court.
tribunal testamentario | probate court.
Tribunales de los Estados federales (EE.UU.) | State Courts.
tributación | taxation | taxation.
tributación confiscatoria | confiscatory taxation.
tributación escalonada | graduated taxation.
tributación progresiva | progressive taxation.
tributación proporcional | proportional taxation.
tributación regresiva | regresive taxation.
tributante | taxpayer.
tributario | fiscal.
tributario acordante | accordant tributary.
tributario que entra en el río principal en dirección hacia aguas arriba | barbed tributary.
tributarismo | tributarism.
tributo | tallagc | tax | tribute | imposition | impost | assessment | tailage.
tributo (minería) | bing tale.
tributo a las ventas | sales tax.
tributo de mejoría | assessment for improvement.
tributo patrimonial | capital levy.
tributo suntuario | sumptuary tax.
tributos | excise duties.
tricelular | tricellular.
tricentésimo | three-hundredth.
tricésimo | thirtieth.
triclínico | anorthic.
tricloroetileno | trichlorethylene | westrosol.
triclorosilano ($SiHCl_3$) | trichlorosilane.
tricloruro | trichloride | terchloride.
tricloruro de nitrógeno | agene.
tricoideo | hair-like.
tricolor | tricolor | three-color.
tricolorímetro | tricolorimeter.
tricoma | scale.
tricoma (botánica) | trichome.
tricomale (Berrya ammonilla) | trincomali wood.
tricón (radionavegación) | tricon.
tricono | tricone.
tricono ensanchador (pozos) | bit reamer.
tricontinental | tricontinental.
tricot liso (por trama) | plain knit.
tricot liso (tela) | jersey.
tricot liso por recogida | jersey stitch.
tricot liso por urdimbre | jersey cloth.
tricot liso por urdimbre (género punto) | rayon jersey.
tricot por urdimbre | tricot.
tricotina (tela) | cavalry twill.
tricotomía (estadística) | trichotomy.
tricotosa rectilínea | tricot machine.
tricotosa rectilínea de doble urdimbre | double knit machine.
tricromasía | trichromasy.
tricrómata | trichromat.
tricromatismo | trichromatism.
tricromía | three-color process.
trícromo | trichrome.
tricromo (estampado) | three-color.
tricromoscopio | trichromoscope.
tridiagonalización | tridiagonalization | tridiagonalizing.
tridiagonalizar una matriz | tridiagonalize a matrix (to).
tridimensionabilidad | tridimensionality.
tridimensional | tridimensional | three dimensional | 3-D.
tridimensionalidad | tridimensionality.
tridimensionalidad visual | visual tridimensionality.
tridimita | tridymite.
tridireccional | tridirectional | three way.
tridop (seguimiento de proyectiles) | tridop.
triductor | triductor.
triédrico | trihedral.
triedro | trihedron.
trielco | trielcon.
trielectródico | three-electroded.
trieno | triene.
triescalonado | three stage.
triesférico | trispherical.
trietápico | three stage.
tri-etilamina-xilidina | tri-ethylamin-xylidin.
trifario | trifarious.
trifásico | triphasic.
trifilar | three-wire.
trifluorbromometano (contraincendios) | pyroforane 1301.
trifluoruro | trifluoride.
trifluoruro de cloro | chlorine trifluoride.
trifluoruro de plutonio | plutonium trifluoride.
trifonía | triphony.
triforio | blind-storey.
triforio (arquitectura) | triforium.
triformo | triformic.
trifurcación | trifurcation.
trigal | corn field.
trigatrón (radar) | trigatron.
trigénico (genética) | trigenic.
trigésimo | thirtieth.
trigo | wheat | grain.
trigo (G.B.) | corn.
trigo a granel en silo | bulk wheat ex-silo.
trigo arisnegro | blackish beard wheat.
trigo averiado | offal wheat.
trigo con espigas | eared corn.
trigo de otoño | fall wheat.
trigo de primavera | spring wheat.
trigo desraspado | beardless wheat.
trigo duro | durum wheat | hard wheat.
trigo duro rojo de invierno | hard red winter wheat.
trigo en hierba | green corn.
trigo espigado | eared corn.
trigo marzal | spring wheat.
trigo molido | grist.
trigo o maíz (navegación marítima) | heavy grain.
trigo para entrega futura | contract wheat.
trigo para entrega futura (comercio) | wheat futures.
trigo para entrega inmediata | spot wheat.
trigo para moler | grist.
trigo que falta para cumplir una obligación | short wheat.
trigo sarraceno | buckwheat.
trigo semolero | hard wheat.
trigo tardío | late wheat.
trigon (música) | trigon.
trígono (microdepresión triangular natural en las caras octaédricas-diamantes) | trigon.
trigono (zodíaco) | trigon.
trígono piramidal (diamantes) | pyramidal trigon.
trigonocéfalo amarillo | large-head.
trigonometría electrónica | electron trigonometry.
trigonometría esférica | spherical trigonometry.
trigonometría métrica diferencial | metric differential trigonometry.
trigonometría plana | plane trigonometry.
trigonómetro | trigonometer.
trigradual | three stage.
trigrama | trigram.

trihíbrido (genética) | trihybrid.
trihorario | three-hour-range.
trilateración | trilateration.
trilateración espacial | space trilateration.
trilateralismo | trilateralism.
trilaurilamina | trilaurylamine.
trileno | trilene.
trilineal | trilinear.
trilingüista | trilinguist.
trilita | trinol.
trilito | trilithon.
trilladora | thresher.
trilladora a brazo | hand-threshing machine.
trilladora de alimentación longitudinal | end delivery thresher.
trilladora de alimentación longitudinal (agricultura) | long thresher.
trilladora de alimentación transversal | broad thresher.
trilladora de lino | flax thrasher.
trilladora mecánica | thrasher.
trillar | thresh (to) | thrash (to).
trillo (Iberoamérica) | ride.
trimen de popa | after peak.
trimen de popa (buques) | afterpeak.
triмérido | trimeride.
trímero | trimer.
trimero estable | stable trimer.
trimestral | quarterly.
trimestralmente | quarterly.
trimestre | quarter | quarter.
trimetal | trimetal.
trimetálico | trimetal.
trimetileno (química) | trimethylene.
trimétrico (cristalografía) | trimetric.
trimolecular | termolecular.
trimotor | three-engined.
trimotórico | trimotored.
trinar (una nota) | shake (to).
trinca | securing device | locking | hold-down | tie-down | lash-rope | lashing-rope | seizing.
trinca (buques) | holdfast.
trinca (marina) | mouse | preventer.
trinca de bote | boat lashing.
trinca de elevación (cañón) | elevation lock.
trinca de la puntería en azimut (cañón) | train securing device.
trinca de proyectiles | shell latch.
trinca de retenida del aterrizador cuando está replegado (aviones) | up lock.
trinca del ancla | anchor lashing.
trinca del bauprés (buque de vela) | gammoning.
trinca para la carga (aviones) | freight lashing.
trinca para los mandos (aeroplano aparcado) | ground lock.
trinca que evitar el balance u oscilación | sway brace.
trinca vertical | hold-down device.
trincabombas (aviones) | bomb ribs.
trincado | locked.
trincado automático (marina) | automatic locking.
trincado con el trinquete | pawling.
trincado en azimut (cañón) | stowed in train.
trincado en dirección (cañón) | stowed in train.
trincado en elevación (cañón) | stowed in elevation.
trincado térmico | thermal ratchetting.
trincafiar (velas) | marl (to).
trincamiento | securing.
trincar | lock (to) | set taut (to) | seize (to) | lash (to) | fasten (to).
trincar (botes, timón, etcétera) | gripe (to).
trincar (marina) | house (to) | secure (to) | tie down (to).
trincar el bauprés (marina) | gammon (to).
trincar el timón (buques) | chock the rudder (to).
trincar entre sí las dos piezas de un palo (marina) | woold (to).
trincar la barra (timón) | jam the helm (to).
trincas | tie-ins.
trincas para inmovilizar la grúa cuando hace mucho viento (muelles, astilleros) | hurricane tiedowns.
trincas para sujetar a cubierta (buques) | tie downs.
trinchador | trencher.
trinchera | trench | intrenchment | cut | cutting | notch | ditch.
trinchera cortafuegos | fire-trench.
trinchera de acceso (ferrocarril) | approach cutting.
trinchera de ataque (grandes excavaciones) | gullet.
trinchera de carretera | highway through-cut.
trinchera de cimentación (presas) | cutout trench.
trinchera de comunicación | connecting trench.
trinchera de enlace (entre paralelas de zapa) | switch trench.
trinchera de ferrocarril | railway-cutting.
trinchera de fondo muy estrecho y paredes inclinadas | canch.
trinchera de la pantalla de hormigón en masa (presa) | mass-concrete cutoff trench.
trinchera de letrina | slit trench.
trinchera de primera línea | fire-trench.
trinchera de reconocimiento | pit test.
trinchera en terreno horizontal (ferrocarril) | level cutting.
trinchera en terreno ondulado (ferrocarril) | hogbacked cutting.
trinchera estrecha usada como letrina | straddle trench.
trinchera individual | individual trench.
trinchera-refugio (ataques aéreos) | slit trench.
trincheras de comunicación | communication trenches.
trincheras discontinuas | disconnected trenches.
trinchero | dresser | trencher.
trinchero (mueble) | dumbwaiter.
trineo | sledge | sled.
trineo (explotación forestal) | jumper.
trineo automóvil | motor sleigh.
trineo de aparejo | rigging sled.
trineo de aparejo (explotación forestal) | pig.
trineo de arrastre (para troncos) | scoot.
trineo de perros | dogsled.
trineo motorizado de bandas de caucho con garras de acero | snowmobile.
trineo para arrastre de troncos | dray.
trineo para troncos | ground skidder.
trineo sobre carriles acelerado por un motor cohético (experimentación) | rocket sled.
trínica flexible (Ascidios) | test.
trinistor (seminconductor) | trinistor.
trinitrobutiltolueno | Baur's musk.
trinitrotolueno | trinitrotoluene.
trinitrotuoleno fundido | cast TNT.
trino | ternary | quaver.
trino (canto) | shake.
trino (música) | trill.
trinomio | trinomial.
trinoscopio (TV) | trinoscope.
trinquetar | ratch (to).
trinquete | tripping device | trigger | tripper | detent | stop | pawl | ratch | release | click | drop pawl | pallet | pall | catcher | dog | spring catch | keeper.
trinquete (jaula de mina) | kep.
trinquete de abanico (vela) | bentinck sail.
trinquete de alimentación de la cinta (ametralladora) | belt-feed pawl.
trinquete de arrastre | driving ratchet | driving pawl | feed pawl | pulling pawl.
trinquete de avance | feed ratchet | feed pawl.
trinquete de avance (telefonía) | stepping pawl.
trinquete de avance automático | power-feed pawl.
trinquete de báscula | double ratchet.
trinquete de calzo (minas) | chock-releaser.
trinquete de desembrague | disengaging pawl.
trinquete de enclavamiento | locking pawl.
trinquete de freno | brake pawl.
trinquete de freno de mano | brake dog.
trinquete de fricción | friction catch | friction pawl | friction ratcher gear.
trinquete de interlínea (máquina escribir) | line-feed ratchet.
trinquete de palanca | lever latch.
trinquete de parada | stop pawl | stop catch | gripping pawl | grip pawl.
trinquete de retenida | holdback pawl | catch pawl.
trinquete de retenida de la cinta | belt-holding pawl.
trinquete de retenida del tambor | drum stop pawl.
trinquete de retroceso (portaherramienta de cepilladora) | clapper box.
trinquete de tracción | pulling pawl.
trinquete del disco de leva | cam disc ratchet wheel.
trinquete del escape (relojes) | detent lever.
trinquete elevador | lifting pawl.
trinquete impulsor | driving ratchet | driving pawl.
trinquete motor | driving pawl.
trinquete para el movimiento del sedal de pescar | reel click.
trinquete propulsor | trip pawl.
trinquete reversible | reversible ratchet | reversible claw.
trinqueteo | ratchetting.
trinquetes de seguridad (jaula de minas) | bearing up-stops.
trinquetilla (vela) | fore staysail.
trinqueval (arrastre de troncos de árboles) | yarding arch.
trinquival | lorry.
trinquival doble (saca forestal) | mule cart.
trío | trio.
triodo | three-electrode vacuum tube | three-electrode valve.
triodo (electrónica) | triode.
triodo (válvula electrónica) | triode.
triodo amplificador | amplifying triode.
triodo con gas | trigger tube.
triodo con rejilla puesta a tierra | grounded-grid triode.
triodo de ánodo móvil | vibrotron.
triodo de gas | gas relay | gastriode.
triodo de gas activado por amplificador | amplifier-actuated gas triode.
triodo de germanio | germanium triode.
triodo de gran potencia de hiperfrecuencia | high-power ultrahigh-frequency triode.
triodo de microondas de pequeña potencia | low-power microwave triode.
triodo doble | twin triode | duotriode | double triode.
triodo gemelo | twin triode.
triodo hexodo mezclador | triode hexode mixer.
triodo planar | planar triode.
triodo simétrico accionado por la rejilla | grid-driven push-pull triode.
triodo triple diodo | triple-diode triode.
triodo túnel | tunnel triode | evaporated thin-film triode.
triodo-pentodo | triode pentode.
trioles | triols.
trióxido de antimonio | white antimony.
trióxido de arsénico | arsenic glass | white arsenic.
trióxido de bismuto | bismuth yellow.
tripa | gut.
tripa (lo que sirve para llenar o rellenar, de un cigarro puro, etc.) | filler.
tripa (materia para rellenar) | filling.
tripa (puros) | core | fillers.
tripa de gato | gut.
tripartismo | tripartism.
tripas para embutidos | casings.
tripería | gut-works.
tripión | tripion.
triplano de caza | triplane fighter.
triple | triple | three-ply | treble | treble.

triplemente excitado | triply-excited.
triplete | triplet.
triplete (radio) | triad.
triplete anisótropo | anisotropic triplet.
triplete aplanático | aplanatic triplet | triple aplanat.
triplete de carga | triplet.
tríplete genuino formado por | beryl triplet.
tripleto | triplet.
triplexo | triplex.
triplexor (radar) | triplexer.
triplica | surrebutter.
triplica el rendimiento | it trebles output.
triplicación | triplication.
triplicado | triplicate.
triplicador | tripler.
triplicar | triple (to) | rejoin (to).
triplicar (jurisprudencia) | surrebut (to).
triploide | triploid.
trípode | dolly | tripod.
trípode de báscula (máquina fotográfica) | cradle-head.
trípode de la cámara fotográfica | camera stand.
trípode de patas cortas | baby legs.
trípode de patas extensibles | extension tripod | extension-leg tripod.
trípode de patas telescópicas | adjustable tripod.
trípode para medición con la cinta métrica | taping tripod.
trípode telescópico | extension tripod.
trípoli | kieselguhr | mountain meal | fossil flour.
trípoli (geología) | rottenstone.
trípoli (harina fósil) | diatomaceous earth.
trípoli diatomita | guhr.
tripolifosfatos | tripolyphosphates.
triposicional | three stage | three way.
tripositivo | tripositive.
tríptico | tryptic.
tripton | abioseston.
triptosa de laurilo (bacteriología) | lauryl tryptose.
tripulación | complement | crew | equipage | personnel.
tripulación (buques) | company | manning.
tripulación alertada | alert crew.
tripulación combatiente (aviones) | combat crew.
tripulación de presa | prize crew.
tripulación de relevo | relief crew | staged crew.
tripulación de tierra que trabaja en un campo de aviación | line crew.
tripulación de una aeronave | aircrew.
tripulación de vuelo | flight crew.
tripulación del avión | plane crew.
tripulación del buque | ship's company.
tripulación e instrumentos | payload.
tripulación en cuadro | skeleton rew.
tripulación mínima autorizada | basic crew.
tripulación para combate nocturno | night-fighting crew.
tripulación universal (buques) | general purpose crew.
tripulado (aeroplanos) | crew-served.
tripulado escasamente (buques) | shorthanded.
tripulante | crewman.
tripulante que no hace guardias (contramaestre, carpintero, lampista, etc.) | day worker | idler.
tripulante responsable del bienestar de los pasajeros y de la seguridad del cargamento (aviación) | flight attendant.
tripular | fit out (to) | man (to).
tripular (un buque) | man her (to).
triquífero | hair-producing.
triquita | trichite.
triquita (metalurgia) | whisker.
triquita de diamante | diamond whisker.
triquitas (cristalografía) | whiskers.
triquitraque | cracker.
trirreactor | three engined jet aircraft.
trirrefinado | triple-refined.
triscado | spring-set | set.
triscado ondulado (sierra de cortar) | wave set.
triscado raspador (sierra) | raker set.
triscador | saw jumper | saw-upsetter | saw set.
triscador (sierras) | swage | jumper.
triscador de sierras | saw swage.
triscador para sierra circular | setting stake.
triscadora | setting-machine | saw-setting machine.
triscadura | setting | jumping.
triscar (sierra) | upset (to).
triscar (sierras) | jump (to) | set (to) | saw set (to) | set out (to).
trisección inversa (topografía) | three-point resection.
trisecular | trisecular.
trisistor (semiconductor) | trisistor.
trisoctaedro tetragonal | tetragonal trisoctahedron.
trisoctaedro trigonal | trigonal trisoctahedron.
trisómico | trisomic.
tristetraedro | tristetrahedron.
tristetraedro trigonal | trigonal tristetrahedron.
trisulfuro de antimonio | antimony red.
trisulfuro de arsénico | arsenic orange | king's yellow | auripigment | arsenic yellow.
tritanopia | blue blindness.
triterio | triterium.
triterpeno con 6 enlaces dobles pero que es una mezcla de isómeros de doble enlace | squalene.
tritia (óxido de tritio) | tritia.
tritiación (tratamiento con tritio) | tritiation.
tritiar (saturar con tritio) | tritiate (to).
triticale (cereal híbrido de trigo y centeno) | triticale.
tritio | hydrogen 3.
tritio (hidrógeno 3) | tritium.
tritio (H_3) | tritium.
tritio (T) | H^3.
tritón | triton.
tritón (núcleo del tritio) | triton.
tritón (Triton rubicundus) | triton.
tritonitrotolueno | triton.
tritono (música) | tritone.
tritopirámide | tritopyramid.
tritorónico | three-standed.
triturabilidad | triturability | grindability | crushability.
triturable | crushable | grindable | triturable.
trituración | powdering | crushing | mastication | comminution | pounding action | kibbling | stamping.
trituración (minerales) | bucking.
trituración (pulverización) | grinding.
trituración a mano | hand crushing.
trituración a mano (minas) | ragging.
trituración de minerales | ore spalling.
trituración del mineral | ore breaking.
trituración en molino de muelas verticales | mulling.
trituración escalonada | stage crushing.
trituración fina | fine-crushing | fine grinding | all-sliming | sliming.
trituración gruesa | coarse-crushing | coarse grinding.
trituración húmeda | damp crushing.
trituración limitada | arrested crushing.
trituración por cilindro en seco (minerales) | dry rolling.
trituración primaria | precrushing.
trituración secundaria | regrinding.
triturado | crushed | milled.
triturado a mano | hand-ground.
triturador | pounder | triturator | grinder | masticator | disintegrator | pulper | pulverizer.
triturador de basuras domésticas | household garbage-grinder.
triturador de bolas | ball mill.
triturador de cerniduras | screening grinder.
triturador de cilindros | roll crusher | roller crusher.
triturador de desechos | waste pulper.
triturador de granzas | screening grinder.
triturador de mineral | ore stamp.
triturador de mixtos (minería) | middles crusher.
triturador de muelas | pug-mill.
triturador de muelas verticales | edge mill | edge runner.
triturador de pólvora | stamper.
triturador de residuos | waste pulper.
triturador de tambor | drum mill.
triturador en seco | dry pulverizer.
triturador para virutas | eddy mill.
triturador por choque | impact pulverizer.
triturador primario | precrusher.
triturador rotativo | rotary crusher.
trituradora | kibbler | grinding machine | masher | shredder | crushing machine.
trituradora de anillos | ring crusher.
trituradora de basuras | garbage grinder.
trituradora de broza | burr crusher.
trituradora de carbón | coal breaker | coal crusher.
trituradora de cereales | grain crusher.
trituradora de cilindros | crushing mill.
trituradora de conos | cone crusher | conical breaker.
trituradora de coque | coke breaker.
trituradora de discos | disk crusher.
trituradora de grafito | blacking mill.
trituradora de granos | feed grinder.
trituradora de madera | hog.
trituradora de madera (recortes, virutas, etc.) | edging grinder.
trituradora de mandíbulas | jaw crusher.
trituradora de martillos | hammer mill | hammer breaker | hammer crusher.
trituradora de mineral | ore crusher.
trituradora de virutas metálicas | metal turning crusher.
trituradora mezcladora | mixing-mill.
trituradora para finos | fine-crusher | fine crusher.
trituradora para gruesos | coarse crusher.
trituradora secundaria (tren de quebrantadoras) | recrusher.
trituradora-mezcladora | grinder and mixer.
triturar | pound (to) | crush (to) | stamp (to) | triturate (to) | grind (to) | pestle (to) | shred (to) | chop (to) | kibble (to) | meal (to) | masticate (to).
triturar (madera) | hog (to).
triturar a mano | hand break (to) | spall (to).
triturar en basto | coarse grind (to).
triunfo aplastante | crushing victory.
trivalente | three-condition | tervalent | triad.
trivalvado | three-valved.
trivalvo | three-valved.
trivalvular | three-valved.
trivariante | trivariate.
triyoduro de iridio | iridium triioide.
triza | shred.
trizona | trizone.
troca (telas) | knot.
trocar | interchange (to) | barter (to) | exchange (to).
troceado | chop and leach | cutting off.
troceado en el torno | parting off.
troceador | chopper.
troceador de luz | light chopper.
troceador luminoso | light chopper.
troceadora | husker shredder | cutting-off machine.
troceadora de arrabio | pig-breaker.
troceadora de chatarra | scrap breaker.
troceadora de tallos | stalk cutter.
troceadora hidráulica | hydraulic cropping machine.
troceados de madera | wood chips.
troceados madereros (fabricación de papel) | chips.
troceados madereros (fabricación papel) | wood chips.
troceados madereros para pasta papelera |

pulpwood chips.
trocear | slice (to).
trocear (forestal) | break-down (to).
trocear a la longitud deseada | part-off to length (to).
troceo | cutting | cutting off | junking.
troceo (de la madera) | crosscutting.
troceo automático | automatic cut-out.
troceo de la chatarra | scrapping.
troceo de piedras con cuñas | coping.
troceo de rocas grandes (minas) | blockholing.
troceo en el torno | parting off.
trocitos | lozenge.
troclea (anatomía) | pulley.
trocoide | spherical lune | roulette.
trocoide acortada | curtate trochoid.
trocoide alargada | prolate trochoid.
trocotrón | trochotron.
trocha | trail | tract.
trocha (Iberoamérica) | ride.
trocha para pasar | passing lane.
trofolítico (ecología) | tropholytic.
troje | granary.
troje de tabaco | tobacco barn.
trole | trolley.
trole (explotación forestal) | buggy.
trole (motón corredizo - explotación forestal) | bicycle.
trole (tranvía eléctrico) | fishing pole | fishing rod.
trole de arco (lira) | bow type trolley.
trole de pértiga | pole trolley.
trole que se escapa del hilo de trabajo | flying trolley.
trolebús | trolleybus.
tromba (meteorología) | funnel cloud.
tromba de agua | flush | waterspout.
tromba de agua (meteorología) | waterspout.
tromba de arena (meteorología) | sand pillar.
trombocito (medicina) | platelet.
trombón (guía de ondas) | trombone.
trombón (instrumento musical) | trombone.
trombonista | trombone-player.
tromel | riddle drum | slug.
tromel (metalurgia) | revolving screen | trommel.
tromel clasificador | sizing drum | classifying trommel | screening drum | sorting drum.
tromel desenlodador | cleaning trommel.
tromel para finos (minería) | fine trommel.
tromel para gruesos | coarse trommel.
tromelar (metalurgia) | trommel (to).
trompa | trumpet arch.
trompa (anatomía) | tube.
trompa (arquitectura) | pendentive.
trompa (elefante) | snout.
trompa (elefantes) | trunk.
trompa (música) | Jew's-harp.
trompa (química) | sucking pump.
trompa acústica | horn | acoustic horn.
trompa de agua | water-jet pump | water blast.
trompa de caza (música) | hunting horn.
trompa de líquido | liquid jet pump.
trompa de vacío | water jet pump.
trompa de vacío (química) | filter pump.
trompa electromagnética | electromagnetic horn.
trompa hidráulica | water-jet pump.
trompa hiladora | spinning nozzle.
trompa soplante | blast-pump.
trompeta (eje trasero autos) | nose-piece.
trompeta de llaves | keyed trumpet.
trompeta de pistones (música) | valve trumpet.
trompeta de varas (música) | slide trumpet.
trompeta del eje trasero (autos) | rear-axle nose piece.
trompeta del puente trasero | rear-axle flared tube.
trompeta mayor (milicia) | trumpet-major.
trompetas carbonosas (tobera de bomba de inyección) | carbon trumpets.
trompito (Guarea trichiloides) | yamao | trompillo.
trompo | spinning top | gig.
trompo (trochus zizyphinus) | top-shell.
trona (carbonato de sosa nativo o mezcla natural de sal y sosa) | trona.
tronar (cañones) | roll (to).
troncado (estadística) | censored.
tronco | stock.
tronco (anatomía) | trunk | main body.
tronco (árboles) | stem | trunk | body.
tronco (buques) | trunking | trunk.
tronco (de árbol) | bole.
tronco (geometría) | frustum.
tronco (hortalizas) | stalk.
tronco cabecero (corta de árboles) | head block.
tronco cortado por el pie del árbol | butt cut.
tronco corto | billet.
tronco de alumbrado y ventilación (buques) | light trunk.
tronco de árbol sin defectos | prime log.
tronco de chapas o tablones alrededor de una escotilla de entrepuente que se rellena con grano para que al asentarse la carga de la bodega inferior se rellenen los huecos de la estiba (carga a granel en buques) | feeder.
tronco de escape (buques) | escape trunk.
tronco de escotilla no refrigerada (buques) | nonrefrigerated hatch trunk.
tronco de exhaustación del motor (buques) | engine-exhaust trunk.
tronco de exhaustación del motor propulsor (buques) | main-engine exhaust manifold.
tronco de expansión (buques) | expansion trunk.
tronco de línea coaxial abierta | coaxial-stub.
tronco de municiones (buques de guerra) | munition trunk.
tronco de pirámide | frustum.
tronco de ventilación (buques) | air trunk.
tronco fósil | coal pipe.
tronco frenador (almadias) | holding boom.
tronco oblicuo de cilindro circular recto | oblique frustum of right circular cylinder.
tronco para aserrar | bolt.
tronco para la orza | centerboard trunk.
tronco para sacar chapas por desenrollado | peeler.
tronco que puede aserrarse | saw log.
tronco resinado (árboles) | tapped log.
tronco sin ramas | clean bole.
tronco sumergido (ríos) | snag.
tronco vaciado para canalizaciones | pump-log.
troncocónico | trunco-conical.
troncocónico escalonado | step-tapered.
troncos para madera contrachapeada | timber for veneers.
troncho (de col) | stump.
tronera | vent | barbican | embrasure | loophole | crenel.
tronera (alto horno) | tuyere arch.
tronera (arquitectura) | oilet.
troneta para luz | dream-hole.
trono para arrastre de troncos | logging winch.
tronzador | parting tool | log-maker.
tronzadora | part-off machine.
tronzadora múltiple (forestal) | slasher.
tronzar | log (to) | dock (to).
troostita (metalografía) | troostite.
troostita (variedad de willemita) | troostite.
troostítico | troostitic.
tropa | troop.
tropa sacrificada | forlorn hope.
tropas | personnel.
tropas aeroportadas | glider borne troops.
tropas aerotransportadas | airborne troops | airlifted troops | air troops.
tropas agazapadas en el terreno | ground-groveling troops.
tropas aisladas | penned troops.
tropas anfibias mantenidas a bordo hasta su empleo | floating reserve.
tropas bisoñas | green troops.
tropas combatientes | fighting troops.
tropas con caretas antigases | masked troops.
tropas de asalto | assault troops.
tropas de cobertura | covering forces.
tropas de defensa ABQ | decontamination troops.
tropas de desembarco | landing troops.
tropas de desembarco aéreo | air landing troops.
tropas de gran moral | high-spirited troops.
tropas de la cabeza de puente | bridgehead troops.
tropas de refuerzo | fresh troops | reinforcing troops.
tropas de relevo | relieving troops.
tropas de socorro | relieving troops.
tropas desembarcadas | sea-landed troops.
tropas desplegadas | extended troops.
tropas emboscadas | ambushed troops.
tropas escalonadas | echeloned troops.
tropas escogidas | picked troops.
tropas helicotransportadas | helicopter-transported troops.
tropas mercenarias | hired troops.
tropas motorizadas | self-propelled troops.
tropas no acorazadas | nonarmored troops.
tropas organizadas | embodied troops.
tropas para servicios auxiliares | service troops.
tropas paracaidistas | paratroopers | paratroops | parachute troops.
tropas que ocupan un puesto | post.
tropas selectas | elite troops.
tropas sin foguear | green troops.
tropas técnicas de armamento | ordnance troops.
tropas terrestres | ground troops.
tropas transportadas en planeadores | glider troops.
tropear un rebaño (Iberoamérica) | trail herding (to).
tropeico | keel-shaped.
tropezar | hit (to).
tropezar con | encounter (to) | fall aboard (to).
tropezar contra | knock up (to).
tropezar contra una cosa baja | stub (to).
tropicalización | tropicalization | tropicproofing.
tropicalizado | tropic-proof | tropicalized.
tropicalizar (proyectar aparatos para trabajar en ambientes calientes y húmedos) | tropicalize (to).
tropiezo | setback.
tropismo (biología) | tropism | tropism.
tropocinesis (genética) | tropokinesis.
tropodispersión | troposcatter.
tropología | tropology.
tropometría | tropometry.
tropómetro | tropometer.
tropopausa (meteorología) | tropopause.
troposfera | troposphere.
troposférico | tropospheric.
tropotrón (magnetrón) | tropotron.
troquel | die mold | die | shaper | punch | stamp | drive | stamper.
troquel (de fragua) | sow.
troquel (de prensa) | press tool.
troquel acabador | finisher die | finishing die | shaving die.
troquel acabador (forja) | finisher.
troquel colocador | gage die.
troquel combinado | combination die | compound die.
troquel compuesto | compound die.
troquel contráctil | contracting die.
troquel cortador (en la prensa) | cutting die.
troquel de abocardar | bulging die | bulge die.
troquel de ángulo agudo (prensa embutir) | air forming die.
troquel de central | centri-die.
troquel de columna central | centre post set.
troquel de corte | shearing die | cutoff die.
troquel de división | index die.
troquel de doble acción (prensas) | double-action die.
troquel de embutición | pressing die.

troquel de embutir | forming die.
troquel de estampa | boss bed die.
troquel de extrusión | extrusion die.
troquel de forjar | forging die.
troquel de imprimir en relieve a diversos niveles | countersunk die.
troquel de labios | lipped die.
troquel de latón | brass plate | brass die.
troquel de moldear | moulding die.
troquel de moldeo por inyección | extruding die.
troquel de pluripunzones | multipunch die.
troquel de prensa de forjar | forging machine die.
troquel de punzonar | piercing die | punching die | puncher die.
troquel de rebordear | die plate.
troquel de rebordear (chapas) | curling die.
troquel de recortar (de piezas estampadas) | trimming die.
troquel de varias piezas | sectional die | segment die.
troquel desbarbador (de piezas estampadas) | trimming die.
troquel desbastador | roughing die.
troquel desrebabador | trimmer die.
troquel en dos piezas | two-part die.
troquel encabezador | heading die.
troquel estampador | stamping die.
troquel extrusionador para perfiles de contornos complicados. (El metal se extrusiona en chorros separados que se sueldan al salir) | porthole die.
troquel extrusor | extrusion die.
troquel formador de la prensa troqueladora | punch-press forming die.
troquel hembra | female die.
troquel maestro | master die.
troquel múltiple | gang dies.
troquel para acuñar moneda | mint die.
troquel para acuñar monedas | coining hammer.
troquel para compactar | compacting die.
troquel para descostrar | scalping die.
troquel para dobladillar chapa (prensa de embutir) | hemming die.
troquel para estampación en caliente | drop-forging die.
troquel para estampar | binder's stamp.
troquel para estampar tapas en prensa (libros) | block.
troquel para forjar en caliente | hot-forging die.
troquel para forjar en prensa | press forging die.
troquel para hacer una matriz | patrix.
troquel para la formación del tubo | pipe forming die.
troquel para mantequilla | butter print.
troquel para plegar en ángulo en que el punzón golpea sobre toda la chapa y el fondo de la estampa (plegado chapas) | bottoming die.
troquel para plegar en ángulo en que el punzón sólo toca la chapa en tres puntos y ésta se pliega sin tocar el fondo de la estampa | air bending die.
troquel para rebabar en caliente cigüeñales estampados | crankshaft hot trimming die.
troquel para rebordear | beading die.
troquel para reembutir | redrawing die.
troquel para soldar (soldadora por resistencia) | welding die.
troquel partido | split die.
troquel penúltimo | penultimate die.
troquel perforador | perforating die.
troquel reductor | reducing die.
troquel respaldado | backed stamper.
troquel revestido de resina fenólica | phenolic-resin-faced die.
troquel tipo | master die.
troquelabilidad | stampability.
troquelable | stampable.
troquelado | formed | die-cut | diecast | punching | punch-pressing | stamped | stamping.
troquelado (en la prensa) | pressed.
troquelado en caliente | hot die forging | hot die-pressed.
troquelado en frío con el martillo pilón | drop-hammer coining.
troquelado por laser | laser-diesinking.
troquelador | puncher.
troqueladora | stamping machine.
troqueladora de cigüeñal | crank shaper.
troqueladora-acanaladora | creaser and slotter.
troqueladora-acanaladora (imprenta) | cutter and creaser | creaser and cutter.
troquelar | drop-forge (to) | punch (to) | punch-press (to) | die-forge (to) | die (to).
troquelar en caliente | hot die-press (to).
troquelar en frío con el martillo pilón | drop-form (to).
troquelar por inyección | extrude (to).
troquelería | stampware.
troqueles en serie | follow dies | gang dies.
troqueles para estampados progresivos | progressive stamping dies.
troqueles progresivos | multistage dies | step dies.
troqueles progresivos (estampación en prensa) | progressive dies.
troqueles que originan formación excesiva de rebabas | open dies.
troquelista | diesinker.
troquilo | trochilus.
troquillón | skein.
troquillón de seda | silk skein.
trote corto | easy trot | jog trot.
trote de perro | jog trot.
trote gimnástico | jogging.
troza | log | skid.
troza corta (Ecuador, Puerto Rico, Uruguay) | bolt.
troza después de quitar los costeros | cant.
troza pequeña | choker.
troza resinada | tapped log.
trozador | log maker | crosscutter.
trozilla (Panamá) | bolt.
trozo | portion | piece | cantle | mammock | section | log | fragment.
trozo (de columna) | frustum.
trozo (de tubería, de cable) | run.
trozo cilíndrico de la caja de fuegos | firebox roof sheet.
trozo corto de tubo | tube stub.
trozo corto de tubo cerrado por un extremo | pillbox.
trozo de angular | lug piece.
trozo de barra cortada | length.
trozo de cadena que une al buque a la cadena del muerto (fondeo permanente) | riding cable.
trozo de forma de cubo | cube.
trozo de grasa de ballena | flitch.
trozo de metal | bit of metal.
trozo de metralla | splinter.
trozo de muro entre una ventana y el piso | breast.
trozo de plástico inicial (máquina moldeadora) | billet.
trozo de tubería aislada del resto por bridas ciegas (tubería) | blanked-off line.
trozo defectuoso (de pieza de tela) | bribe.
trozo grande | hunk | lump.
trozo muy pequeño cortado de un alambre | cut-wire.
trozo pequeño de angular (construcción buques) | lug.
trozo repintado (tipografía) | slur.
trozos de carne limpia envasada y congelada dispuestos para ser cocinados | prefabricated cuts of beef.
trozos de lana | shorts.
trozos de tocho de longitud apropiada para forjarlos | uses.
trozos de vidriado que se acumulan en la parte alta (hornos de vidrio) | droppers.
trozos grandes de hielo que al amanecer remontan a la superficie desde el fondo (ríos) | ice meers.
trozos pequeños de cuarzo natural (fabricación de cristales de cuarzo sintético) | nutrient.
trozos sueltos de hielo en su primera fase de formación | lily-pad ice.
trucado (cine) | faking.
trucar un motor | soup up (to).
truco (cine) | makeup.
truco óptico | optical trick.
trucos cinematográficos
trueno | report | thunderclap.
trueque | trade-in | swap | clearing | bartery | barter | exchange.
trueque de algodón contra trigo | cotton-against-wheat barter.
trueque de algodón por aviones | cotton/aircraft barter.
trueque de un terreno por otro | excambion.
trueque por trueque | even-handed exchange.
truficultura | truffle-growing.
trujal | oil-works | olive-oil mill | oil-press | press-house | extrusion press | expresser | oil-mill.
trulla | brick trowel | trowel.
trulla del corazón (moldeo) | heart trowel.
truncación base | basic truncation.
truncación de los espectros (hidrodinámica) | truncation of spectro.
truncación mayor básica | basic major truncation.
truncación menor básica | basic minor truncation.
truncado | blunt | truncate.
truncado (botánica, zoología) | lopped.
truncador de ondas senoidales | sine wave clipper.
truncamiento | truncation.
truncamiento (crestas de corriente) | clipping.
truncar | truncate (to).
trust | trust.
trust de empresas | merger.
trust de inversión flexible | flexible trust.
trust de valores | holding company.
trust que revierte al que lo ha creado | resulting trust.
trustificar | trustify (to).
tsanya (Cistanthera papaverifera - A. Chev) | tsanya.
tschermigita (mineralogía) | ammonia alum.
tsuga del Canadá (Tsuga canadensis) | eastern hemlock.
tsuga del Pacífico (Tsuga Heterophylia) | tsuga albertiana.
tsuga del Pacífico (Tsuga heterophylla Sarg.).
tsunami | tidal wave.
tsunami (oceonografía) | tsunami.
tuba | saxhorn bass | tuba.
tuba acuágena (geología) | aquagene tuff.
tuberculación (corrosión de tubos) | tuberculation.
tuberculado | tuberculate.
tuberculización | tuberculation.
tuberculización del tubo | pipe tuberculization.
tubérculo | tubercle.
tubérculo (anatomía) | corpus.
tubérculo de la patata | potato tuber.
tuberculosis | consumption.
tuberculosis bovina | grapes.
tuberculosis de las aves | going light.
tuberculoso | consumptive | tuberculate.
tubería | conduit | tubecraft | tubing | hosepipe | loop | run of pipes | line of pipes | line | linepipe | plumbing | manifold | pipe work | pipeline | pipe.
tubería (con tolerancias pequeñas de fabricación y con características mecánicas y químicas bien detalladas) | tubing.
tubería (Chile) | piping.
tubería (de agua o gas) | main.
tubería acodada | bent tubing.
tubería aisladora del agua (sondeos) | water

string.
tubería auxiliar de vapor | auxiliary steam pipes.
tubería bimetálica | bimetallic tubing.
tubería cebada | prefilled line.
tubería cementada (pozos) | cemented casing.
tubería cerámica | ceramic tubing.
tubería cobresoldada en bisel | bevel brazed tubing.
tubería colectora | gathering line.
tubería colectora de gases | vapor-gathering line.
tubería combinada (sondeos) | combination string.
tubería comercial | merchant pipe.
tubería con aletas anulares (tubería flexible) | annular convoluted tubing.
tubería con aletas interiores | inner-fin tubing.
tubería con las juntas abiertas | open-joint pipe.
tubería con pared más gruesa en la zona del roscado | external upset tubing.
tubería con rosca | threaded pipe.
tubería conductora del lodo de inyección (sondeos) | mudline.
tubería continua de duelas de madera | continuous wood-stave pipe.
tubería curvada en U | U-bent tubing.
tubería curvada sobre montea y dispuesta para su montaje definitivo | prefabricated piping.
tubería de abastecimiento | supply pipe.
tubería de aceite | oil piping.
tubería de aceite para mandos hidráulicos | hydraulic oil piping.
tubería de acero | steel piping.
tubería de acero al carbono electrosoldada por resistencia | electric-resistance-welded carbon steel tubing.
tubería de acero aleado | alloy piping.
tubería de acero cobresoldada | copper-brazed steel tubing.
tubería de acero electrosoldada | electrically-welded steel tubing.
tubería de acero inoxidable | stainless tubing.
tubería de acero probada a presión | pressure-test steel tubing.
tubería de achique de sentina | bilge suction pipes.
tubería de agua | water pipe.
tubería de agua a presión | pressure water piping.
tubería de agua de gran diámetro | large diameter water line.
tubería de agua para incendios (poblaciones) | fire main.
tubería de aguas sucias | soil piping.
tubería de aire comprimido | airline | air line | compressed-air mains.
tubería de alimentación | flow piping | feed pipes.
tubería de alimentación (caldera) | feed line.
tubería de alimentación (de gasolina, aceite, etc.) | food line.
tubería de alimentación de combustible | fuel line.
tubería de aluminio | aluminum tubing.
tubería de aluminio para riegos | aluminum tubing for irrigation.
tubería de aluminio plateada | silver-lined aluminum tubing.
tubería de arcilla | clay pipe.
tubería de aspiración | induction line | suction line.
tubería de aspiración del aceite | oil-suction piping.
tubería de aspiración del petróleo (petroleros) | oil-suction piping.
tubería de baja presión | low-pressure piping.
tubería de baldeo (buques) | flush pipe | flushing line.
tubería de baldeo de cubierta | wash deck line.
tubería de baldeo y contraincendios (buques) | saltwater service system.
tubería de captación | gathering line.
tubería de carga | force main.
tubería de carga (petroleros) | cargo lines | cargo piping | pipage.
tubería de caucho | rubber tubing.
tubería de cobre | copper line | copper tubing.
tubería de cobre de poco espesor | light-gage copper tubing.
tubería de codo doble | pipe offset.
tubería de conducción de vapor | main pipe.
tubería de contraincendios de cubierta | deck fire main.
tubería de desagüe | soil pipe.
tubería de desagüe (minas) | rising main.
tubería de descarga | discharge lines | flow line.
tubería de descarga de gases (petroleros) | gas vent line.
tubería de descarga de sentina | bilge delivery pipes.
tubería de descargas sanitarias (buques) | sanitary drainage piping.
tubería de desprendimiento de gas | gas-freeing line.
tubería de distribución | manifolding | distribution line.
tubería de distribución de acetileno | acetylene gas line.
tubería de duelas zunchadas mecánicamente | machine-banded pipe.
tubería de entubación (pozo petróleo) | casing pipe.
tubería de entubación (pozos) | casing.
tubería de espiral de alambre revestida de tejido impregnado con plástico | fabric tubing.
tubería de exhaustación | exhaust piping.
tubería de explotación (pozo petróleo) | tubing.
tubería de expulsión de gases | vapor piping | gas-ejecting piping.
tubería de extracción | blowout pipes.
tubería de extracción (pozo petróleo) | tubing.
tubería de fibrocemento | asbestos-cement pipe.
tubería de frenado | brake pipe.
tubería de frenaje (trenes) | train pipe.
tubería de gas bruto (hornos de coque) | foul gas main.
tubería de gas natural entre estados federados (EE.UU.) | interstate natural gas pipeline.
tubería de gases | gas-tubing.
tubería de gran calidad | high-quality tubing.
tubería de gran diámetro | large bore linepipe.
tubería de hierro negro (sin galvanizar) | black pipe.
tubería de hormigón centrifugado | centrifugal concrete pipe.
tubería de hormigón pretensado | prestressed-concrete piping.
tubería de impulsión | lead line.
tubería de impulsión (bomba de mina) | standpipe.
tubería de impulsión (bombas de minas) | plunger lift.
tubería de impulsión (minas) | rising main.
tubería de inundación de pañoles de municiones | magazine sprinkling system.
tubería de inundación de pañoles de municiones (buques de guerra) | magazine flooding system.
tubería de junta flexible | flexible-joint pipe.
tubería de junta machihembrada | flush joint casing.
tubería de juntas articuladas | flexibly jointed pipe | articulated joint tube.
tubería de la espuma | foam line.
tubería de la salmuera | brine piping.
tubería de llegada del fueloil al inyector (motores) | fuel-oil jumper line.
tubería de llenado | filling line.
tubería de media luna | cradle invert pipe.
tubería de pequeño calibre | fine tubing.
tubería de pequeño diámetro | fine tubing.
tubería de pequeño diámetro y espesor | small diameter thin-wall tubing.
tubería de pequeño espesor | light-gage tubing.
tubería de perforación | drill pipe.
tubería de petróleo | oil piping.
tubería de plástico para buques | marine plastic piping.
tubería de plomo | lead piping.
tubería de politeno | polythene piping.
tubería de presión | pressure pipe line.
tubería de producción (pozo petróleo) | tubing | flow string.
tubería de producción (pozos petróleo) | oil string.
tubería de producción (sondeos) | production string.
tubería de producción (tubería de ademe - pozo petróleo) | casing tubing.
tubería de refrigerante en líquido | liquid line.
tubería de renovación del aire | air refreshing pipe.
tubería de respiro (buques) | air refreshing pipes.
tubería de retorno | return line.
tubería de retorno debajo del nivel del agua (calderas) | wet return.
tubería de retorno del agua (calderas) | downcarrier.
tubería de retorno sobre el nivel del agua (calderas) | dry return.
tubería de revestimiento | tubing.
tubería de revestimiento (pozo petróleo) | tubing | casing.
tubería de revestimiento (sondeos) | liner.
tubería de salida | lead-off tubing.
tubería de sentinas | bilge pipes.
tubería de servicio (acometada) | service pipe.
tubería de subida | riser pipe.
tubería de succión | suction tubing.
tubería de succión de la draga | dredge pipe.
tubería de toma (acometada) | service pipe.
tubería de toma del vapor | steam way.
tubería de vapor | vapor line | steampipe | steam line | steam piping.
tubería de vapor integral de la caldera | boiler integral piping.
tubería de vapor para contraincendios | steam smothering line.
tubería de vapor soldada a tope | butt-welded steam piping.
tubería de vaporización de contraincendios (buque) | steaming-out line.
tubería de vaporización de tanques (petroleros) | steaming-out piping.
tubería de ventilación | vent line.
tubería de ventilación de tanques (petroleros) | vent line.
tubería de vidrio | glass tubing.
tubería del aceite | oil line | oil-duct.
tubería del aceite sobrante | oil overflow.
tubería del agua | waterline.
tubería del agua dulce (buques) | fresh-water piping.
tubería del aire | air pipe line.
tubería del aire de arranque | starting piping.
tubería del calentador de alimentación | feed-heater tubing.
tubería del fueloil | fuel-oil line.
tubería del sistema de frenado | brake line.
tubería del viento | horseshoe main.
tubería del viento (altos hornos) | blast pipe.
tubería delgada de calidad apropiada para reactor nuclear | thin-walled reactor-grade tubing.
tubería desviadora | bypass.
tubería dislocada (pozo petróleo) | collapsed casing.
tubería doble-extrafuerte | double-extra-strong pipe.
tubería empotrada | roughing-in.
tubería en funcionamiento (con líquido circulante) | live line.
tubería en general | plumbing.
tubería estirada | drawn tubing.
tubería estirada de aleación de aluminio |

aluminum alloy seamless tubing.
tubería estirada de sección lagrimiforme | streamline tubing.
tubería estriada de aluminio | fluted aluminum tubing.
tubería ferrítica normalizada | normalized ferritic piping.
tubería final de revestimiento (pozos petróleo) | oil string.
tubería flexible | flexible pipe.
tubería flexible con aletas helicoidales | helically convoluted tubing.
tubería flexible con trenzado metálico | flexible braided metal line.
tubería flexible de cobre para vapor | copper flexible steam pipe.
tubería flexible del freno | flexible brake pipe.
tubería flexible no metálica | alphaduct conduit.
tubería flotante | floating pipe line.
tubería formada uniendo tubos individuales | erected pipe line.
tubería forrada de cemento (pozos) | cement-lined line.
tubería forzada | penstock | force main | filled pipe line.
tubería forzada (hidráulica) | full pipe.
tubería forzada enterrada | buried penstock.
tubería funcionando en la gama de temperaturas 550-600 °C | tubing operating at temperatures in the range 550-600 °C.
tubería general del frenado (trenes) | train pipe.
tubería giratoria para conectar tubos de ademe (pozos petróleo) | spinning line.
tubería hermética | airtight lines.
tubería hidráulica | hydraulic tubing.
tubería interconectadora | interconnecting piping.
tubería maestra | main pipe.
tubería marítima | sea line.
tubería metálica | metal piping | metal tubing.
tubería metálica flexible | flexible metallic tubing.
tubería metálica revestida de plástico | plastic-coated metal tubing.
tubería múltiple de toma (turbina hidráulica) | intake manifold.
tubería neumática (transporte de correspondencia) | suction tube.
tubería normalizada | normalized piping.
tubería normalizada (fabricada con arreglo a normas) | normalized piping.
tubería para agua de lastre | ballast piping.
tubería para agujas hipodérmicas | needle tubing.
tubería para canalización eléctrica | electrical tubing.
tubería para cebar motores | primer line.
tubería para condensadores | condenser tubing.
tubería para conducción de humos | fume-ducting piping | fume ducting piping.
tubería para el condensado | drip line.
tubería para fabricar ampollas | ampul tubing.
tubería para industrias lácteas y de alimentación | sanitary tubing.
tubería para líquidos | fluid line.
tubería para petróleo | oil line | oil pipe.
tubería para rellenar (minas) | gob-stowing pipes.
tubería para renovar el aire | air refreshing pipes.
tubería para riego por aspersión | spraying lines.
tubería para transporte de líquidos | liquid-carrying line.
tubería plástica | plastic pipe.
tubería plástica reforzada | reinforced plastic pipe.
tubería principal | trunk | main line | main pipe | mains.
tubería principal de achique (buques) | main drain.
tubería principal de alimentación | feeder main.
tubería principal de contraincendios | fire-fighting mains.
tubería principal de contraincendios (buques) | fire main.
tubería principal de impulsión | pumping main.
tubería principal de la salmuera | brine main.
tubería principal de recogida de vapores y gases (buque para transporte de gases licuados) | vapour relief main.
tubería principal del agua | water main.
tubería principal del viento | blast main.
tubería principal del viento (alto horno) | air main.
tubería principal periférica para achique final de tanques (petroleros) | ring main stripping line.
tubería que descarga debajo de la superficie del líquido | drowned return.
tubería que se extiende verticalmente a través de un edificio (para agua, gas, etc.) | rising main.
tubería que sigue la pendiente hidráulica | flow-line pipe.
tubería receptora | receiver pipes.
tubería recocida | normalized piping.
tubería rellena de líquido | fluid-filled pipeline.
tubería revestida (pozos) | coasted casing.
tubería revestida de cemento | cement-lined pipe.
tubería revestida de polietileno | polyethylene-coated tubing.
tubería rugosa | rough pipe.
tubería sin costura | seamless tubing.
tubería soldada | fabricated pipework | welded tubing | welded pipe line.
tubería soldada a solape por forja | forged lap-welded tubing.
tubería soldada en caliente | hot-welded tubing.
tubería soldada longitudinalmente | seamed tubing.
tubería soldada revestida exteriormente de cemento | welded cement-lined pipe.
tubería soldada y estirada | welded-and-drawn tubing.
tubería submarina | undersea pipeline | offshore pipeline.
tubería submarina con perforaciones para salida del aire a presión (rompeolas) | air-screen pipe.
tubería sumergida | submerged pipeline.
tubería tendida en zanja | pipes set in trench.
tubería transportando materias sólidas en un vehículo apropiado | solids-carrying pipeline.
tubería unida con enchufe y cordón | socket-and spigot-jointed pipe.
tubería vástago | drill pipe.
tubería vertical | riser.
tubería vitrificada | vitrified pipe.
tubería voluminosa | bulk piping.
tubería y accesorios | pipes and fittings | tubular goods.
tuberías | ductwork.
tuberías de cobre con aletas en espiral | spirally gilled copper tubing.
tuberías de descargas | boat lines.
tuberías de empuje intermitente (aviones) | puff-pipes.
tuberías de tanques (petroleros) | tank piping.
tuberías de tubos pivotantes | walking pipes.
tuberías del depósito | tank piping.
tuberías en paralelo | parallel pipes.
tuberías ramificadas | branching pipes.
tubería-vástago | drilling pipe.
tubero | pipelayer | pipe fitter | pipeman.
tubiforme | tubiform | pipy.
tubillo | malleolus.
tubina centrípeta | inward flow turbine.
tubista | pipeman | pipe fitter | pipelayer.
tubo | duct | tubing | tube | pipe | culm.
tubo (buques) | jumper.
tubo (chimeneas) | shank.
tubo (de aireación) | funnel.
tubo (de canela, etc.) | quill.
tubo (de estufa) | flue-pipe.
tubo (Iberoamérica) | pipe.
tubo (tubería agotamiento minas) | stock.
tubo (Uruguay) | tube.
tubo a presión | flue pipe.
tubo abductor | flow pipe | leading tube | delivery tube.
tubo abductor de gas | gas-leading tube.
tubo abocardado | bellmouthed tube | drifted hole.
tubo abocinado | drifted hole.
tubo abollonado | embossed tube.
tubo acanalado | fluted tube.
tubo acodado | bent pipe | knee bend | elbow pipe | elbow.
tubo acodado en forma de L para unir dos tubos en ángulo recto | ell.
tubo activado | fired tube.
tubo acústico | speaking tube | voice tube.
tubo achatado | flattened tube.
tubo aductor | inlet tube.
tubo ahorquillado (pantalones - bifurcación de tubería) | breeches pipe.
tubo aislador protegido | armored conduit.
tubo aislante | conduit.
tubo aislante (electricidad) | tubing.
tubo al vacío | vacuum tube.
tubo alimentador | filler | flow pipe | feedpipe.
tubo alimentador del lodo (sondeos) | standpipe.
tubo almacenador de datos | storage tube.
tubo almacenador de datos (electrónica) | memory tube | memorizing tube.
tubo almacenador de datos numéricos | electronic memory tube.
tubo almacenador de imágenes | image storing tube.
tubo almacenador de inscripción de caracteres | character-writing storage tube.
tubo aluminizado para TV | TV-aluminized tube.
tubo amplificador | amplifier valve.
tubo amplificador de salida | output tube.
tubo amplificador de televisión | teletube.
tubo analizador | scanning tube.
tubo aplastable para farmacia | pharmaceutical collapsible tube.
tubo ascendente | riser | rising pipe | riser pipe | ascending pipe.
tubo asfaltado | asphalt-coated pipe.
tubo atenuador | attenuator tube.
tubo atenuador de descarga gaseosa de poca iluminación | low-level gaseous discharge attenuator tube.
tubo atirantador (calderas) | stay tube.
tubo atmosférico | air tube.
tubo autoprotector | autoprotective tube.
tubo autozunchado (cañón) | autofrettaged barrel.
tubo autozunchado (cañones) | cold-worked barrel.
tubo bajante | falling line.
tubo barométrico (instrumento) | tailpipe.
tubo Bergmann | metal raceway.
tubo bifurcado | branch pipe | branch tube | forked pipe.
tubo bifurcado (pantalones - bifurcación de tubería) | breeches pipe.
tubo biselado | slant.
tubo borbotador | bubbling tube.
tubo broncesoldado | bronzewelded pipe.
tubo burbujeador | sparger.
tubo calefactor | heating tube.
tubo calentador | heater pipe.
tubo calorifugado | lagged tube.
tubo cañón para ejercicios (artillería) | subcaliber gun.
tubo capilar | capillary | restrictor.
tubo captador de imágenes | storage camera tube.
tubo catalizador | catalysing tube.
tubo catódico | thermionic tube.

tubo catódico de doble haz | double beam cathode-ray tube.
tubo catódico de imagen con máscara | shadow-mask tube.
tubo catódico de pantalla absorbente | dark trace tube.
tubo cerámico acabado de cocer | as-fired ceramic tube.
tubo cerámico poroso | porous ceramic tube.
tubo cerrado | closed tube.
tubo cilíndrico | cylindrical tube.
tubo cobresoldado | brazed tube.
tubo codificado | coding tube.
tubo colador (pozos petróleo) | screen casing.
tubo colador (sondeos) | screen pipe.
tubo colector | header | collecting tube | gallery pipe.
tubo colector de vapor (locomotora) | dome steam pipe.
tubo colector del vapor (calderas) | dry pipe.
tubo comercialmente recto | commercially straight pipe.
tubo compensador | expansion pipe | balance pipe.
tubo completamente recto | plain straight tube.
tubo con acanaladaduras funiformes (cobre) | rope-fluted tube.
tubo con acanaladuras funiformes (cobre) | rope-reeded tube.
tubo con aletas exteriores de poca altura | low-fin tube.
tubo con aletas longitudinales en posiciones diametralmente opuestas | tube longitudinally finned at diametrically opposite positions.
tubo con alta transferencia térmica | high-heat transfer tube.
tubo con brida | flanged pipe.
tubo con brida integral | flange pipe.
tubo con bridas soldadas | welded-on flange pipe.
tubo con canales interiores en espiral | rifled pipe.
tubo con cátodo calentado iónicamente | ionic-heated-cathode tube.
tubo con collarín | flanged pipe.
tubo con costura longitudinal a tope no soldada | open butt seam tube.
tubo con costura longitudinal engatillada | lock seam tube.
tubo con diámetro interior de 0,6 a 2,3 milímetros (dispositivo de expansión) | capillary tube.
tubo con diámetro interior variable (diámetro exterior constante y espesor variable) | butted tube.
tubo con discos cerámicos superpuestos | stacked ceramic valve.
tubo con el espesor de catálogo | card-weight pipe.
tubo con embudo para orinar (aviones) | relief tube.
tubo con espinas longitudinales | spined tube.
tubo con extremo enchufado | socketed tube.
tubo con extremo final perforado (inyecciones cemento) | wellpoint.
tubo con extremos en pico de flauta | mitered tube.
tubo con fugas | leaky pipe.
tubo con gas residual | gassy tube.
tubo con hendidura | split tube.
tubo con incrustaciones interiores (tubería de agua) | tuberculated pipe.
tubo con mayor espesor en los extremos que en el centro | double-butted tube.
tubo con nervios | gilled tube.
tubo con ondulaciones longitudinales convexas exteriores | reeded tube.
tubo con periferia exterior ondulada y periferia interior plana | reeded outside, plain inside tube.
tubo con periferia exterior poligonal y periferia interior concéntrica circular | polygonal outside, round inside tube.
tubo con protuberancia longitudinal | lip tube.
tubo con refuerzos circulares | ring-stiffened tube.
tubo con rosca interior | internal thread tube.
tubo con superficie exterior aumentada | extended-surface tube.
tubo con vacío imperfecto (radio) | gassy tube.
tubo concentrador del haz electrónico | focusing tube.
tubo condensador | condenser tube.
tubo conductor | conductor pipe.
tubo conductor del lodo | mud conveyor.
tubo cónico | cone pipe.
tubo cónico con espesor constante de las paredes | taper tube.
tubo cónico de unión | increaser.
tubo contador | counter tube.
tubo contador (nucleónica) | scaling tube.
tubo contador de autoexcitación | self-quenched counter tube.
tubo contador de cátodo externo | external cathode counter tube.
tubo contador de cátodo frío | cold-cathode counting tube.
tubo contador de décadas de cátodo frío | cold-cathode decade scaling tube.
tubo contador de fisión | fission counter tube.
tubo contador de haz electrónico | electron-beam scaling tube.
tubo contador de helio | helium counter tube.
tubo contador de inmersión | dip counter tube.
tubo contador de neutrones | neutron-counting tube.
tubo contador de protones de retroceso | recoil proton counter tube.
tubo contador de radiación | tube count | radiation counter tube.
tubo contador de vapor orgánico (detección de radiactividad) | organic quenched counter tube.
tubo contador de ventana | window counter tube.
tubo contador Geiger-Mueller | Geiger-Mueller counter tube.
tubo contador para líquidos | liquid counter tube.
tubo contador policatódico | polycathode counter tube.
tubo contador por décadas | decade scaler.
tubo contador preliminar | prescaler.
tubo convergente cónico | conical converging tube.
tubo convertidor de imagen | image-converter tube | image-viewing tube.
tubo convertidor de vapor de mercurio y cátodo líquido | pool tube.
tubo corredizo | sliding barrel.
tubo corrugado | corrugated pipe.
tubo corto | stub pipe.
tubo corto (calderas) | nipple.
tubo corto (tubería) | tail.
tubo corto de empalme | nipple.
tubo corto de escape de cada cilindro a la atmósfera (motores aviación) | stub pipe.
tubo corto de pequeño diámetro conteniendo radón | radon seed.
tubo corto de unión (tuberías) | hogger.
tubo cuadrado | square tube.
tubo cuentagotas | dropping tube.
tubo curvado | bend | bent pipe | angle pipe.
tubo curvado con la pared arrugada en el lado interior | cockled tube.
tubo de absorción | absorption tube.
tubo de acero | cast-steel pipe.
tubo de acero al carbono soldado a solape para tuberías hidráulicas | hydraulic lap-welded carbon steel pipe.
tubo de acero al carbono soldado con solape en rodillos | roll lap-welded carbon steel pipe.
tubo de acero al molibdeno sin costura estirado en frío | cold-drawn seamless molybdenum steel pipe.
tubo de acero alquitranado en caliente | tar enameled steel pipe.
tubo de acero con revestimiento asfáltico | bitumen-lined steel tube.
tubo de acero chapado de cobre | copper-clad steel tube.
tubo de acero electrosoldado | electric-welded steel tube.
tubo de acero electrosoldado a tope por resistencia | electric-resistance butt-welded steel tube.
tubo de acero estirado en frío sin costuras | seamless cold-drawn steel tube.
tubo de acero estirado para calderas terminado en caliente | hot-finished seamless steel boiler tube.
tubo de acero inoxidable austenítico soldado longitudinalmente | longitudinally welded austenitic stainless steel tube.
tubo de acero inoxidable soldado por arco de tungsteno en atmósfera inerte | inert-tungsten arc welded stainless steel pipe.
tubo de acero remachado | r. s. pipe.
tubo de acero revestido con cemento de poca cal (soluciones corrosivas) | duroline pipe.
tubo de acero revestido de hormigón | steel-lined concrete pipe.
tubo de acero soldado | welded steel-tube.
tubo de acero soldado al arco con dos pasadas (una interior y otra exterior) | double-arc-welded steel pipe.
tubo de acero soldado cincado en caliente | hot-dipped zinc-coated welded steel pipe.
tubo de acero soldado en hélice (de una banda ancha) | helically welded steel pipe.
tubo de acero soldado por electrofusión | electric-fusion-welded steel tube.
tubo de acero suave electrosoldado | electrically-welded mild-steel tube.
tubo de acero suave sin costura terminado en caliente | hot-finished seamless mild-steel tube.
tubo de acometida a la alcantarilla | soil pipe.
tubo de acometida al alcantarillado (casas) | house drain.
tubo de admisión | intake pipe | inlet pipe | admission pipe | induction pipe.
tubo de afluencia | inflow tube | influx tube | filling tube.
tubo de agotamiento | exhausting pipe.
tubo de aire | air pipe | air tube.
tubo de aireación | breather.
tubo de alcantarilla | culvert pipe.
tubo de aletas | ribbed pipe | ribbed tube.
tubo de aletas bimetálicas | bimetallic finned tube.
tubo de aletas exteriores | externally ribbed tube.
tubo de aletas integrantes | integral fin tube.
tubo de aletas interiores | internally ribbed tube.
tubo de aletas soldadas en espiral | spiral welded fin tube.
tubo de algodón trenzado | braided cotton tube.
tubo de alimentación | service pipe | feed pipe | delivery tube | delivery pipe.
tubo de alimentación del carburador | pump-to-carburetor line.
tubo de alimentación que llega hasta el fondo para disminuir el ruido de entrada del agua (depósitos) | drowning pipe.
tubo de alineación de haz | shaped beam tube.
tubo de almacenamiento | radechon.
tubo de almacenamiento de cámara | camera storage tube.
tubo de almacenamiento de carga | charge-storage tube.
tubo de almacenamiento de información de televisión | television information storage tube.
tubo de almacenamiento de visión directa | direct view storage tube.
tubo de alta presión | high-pressure pipe.
tubo de alto vacío | highly-evacuated tube | high vacuum tube.
tubo de alto vacío (termiónica) | hard tube.
tubo de aluminio con aletas interiores | inner-

finned aluminum tubing.
tubo de aluminio soldado en hélice | helical-weld aluminum pipe.
tubo de ánima | adapter.
tubo de ánima (cañones) | liner.
tubo de ánimas múltiples | multibore tube.
tubo de ánodo enfriado | cooled-anode valve.
tubo de ánodo rotatorio | rotating anode tube.
tubo de antisifonaje | back vent.
tubo de anudar | knotting tube.
tubo de arcilla vitrificada para alcantarillado | vitrified-clay sewer pipe.
tubo de argón | argon gas tube.
tubo de aspersión | spray tube.
tubo de aspiración | aspiring tube | breather pipe | suction tube | sucker | draft tube | breather.
tubo de aspiración (bombas) | tailpipe.
tubo de aspiración (draga succión) | drag pipe.
tubo de aspiración de la bomba de sentina | bilge pump suction pipe.
tubo de avenamiento | drainpipe | draintile | drainage-tube | farm drain | tile pipe.
tubo de avenamiento de fibra impregnado con alquitrán | fiber pitch-impregnated drain pipe.
tubo de baja microfonicidad | low-microphonic tube.
tubo de bajada | down main | downspout | dowel pipe.
tubo de bajada de aguas (edificios) | downpipe | gutter pipe.
tubo de bajada de aguas pluviales (edificios) | leader.
tubo de bajada de aguas pluviales (tejados) | stack pipe.
tubo de bajada fluvial | rain leader.
tubo de bajante de aguas (edificios) | rainwater pipe.
tubo de barro cocido | tile pipe | earthenware duct.
tubo de barro poroso | tile.
tubo de barro vidriado | glazed-tile pipe.
tubo de bifurcación | diminished pipe.
tubo de bifurcación (tuberías forzadas) | wye-pipe.
tubo de bocina (buques) | shaft tube.
tubo de bocina con luchaderos de caucho refrigerado con agua (buques) | water-lubricated rubber bearing stern tube.
tubo de bolas (química) | bulb tube | bulb.
tubo de bolas para absorción de alcalis (química) | potash bulbs.
tubo de caída barométrica | barometric discharge pipe.
tubo de caldera | boiler tube.
tubo de caldera electrosoldado | electrically-welded boiler tube.
tubo de calor (satélites) | heat pipe.
tubo de calor de conductancia variable | variable conductance heat pipe.
tubo de cámara de televisión | television camera tube.
tubo de cámara del tipo de almacenamiento | storage-type camera tube.
tubo de cámara fotoconductor | photoconductive camera tube.
tubo de camisa interior recambiable (cañones) | removable-liner barrel.
tubo de campo (física) | tube of force.
tubo de campo retardador | retarding-field tube.
tubo de cañón | aiming tube | aiming rifle.
tubo de captación | pickup pipe.
tubo de captación cromática | color pickup tube.
tubo de cartón | paper tube.
tubo de cartón para llevar una cantidad pequeña de un producto químico | cartridge.
tubo de casquillo loctal | loctal tube.
tubo de cátodo de charco de mercurio | mercury pool cathode tube.
tubo de cátodo frío | glow discharge tube.
tubo de cátodo incandescente | hot-cathode tube.
tubo de cátodo líquido | pool tube | pool tank.
tubo de caucho | rubber tubing.
tubo de cebado (bombas) | priming tube.
tubo de cemento amiantado | asbestos-cement pipe.
tubo de circulación (calderas) | field tube.
tubo de cobre | copper conduit | copper tube.
tubo de cobre endurecido por el curvado en frío | copper pipe hardened by cold bending.
tubo de cobre para condensador | copper condenser tube.
tubo de cobre sin costura (para gases o líquidos) | copper water tube.
tubo de cobre sin costura forjado en prensa hidráulica | hydraulic-forged seamless copper tube.
tubo de combustión (química) | combustion tube.
tubo de combustión de mullita (química) | mullite combustion tube.
tubo de comunicación | conduit | connecting tube | conduit pipe | connecting pipe.
tubo de condensación (química) | receiver.
tubo de condensador de latón | brass condenser tube.
tubo de conducción | conduit pipe.
tubo de conducción en serie (electrónica) | series-passing tube.
tubo de conexión | connecting pipe | interconnector.
tubo de conexión triple | tee.
tubo de conmutación | gate-tube.
tubo de corriente | stream tube.
tubo de corriente (electricidad) | tube of flow.
tubo de cripton | krypton tube.
tubo de cristal (lámparas) | chimney glass.
tubo de cristal estirado | drawn-out glass tube.
tubo de crominancia | chrominance tube.
tubo de cuarzo | quartz tube.
tubo de cuarzo para láser | quartz laser tube.
tubo de cuna (cañones) | cradle tube.
tubo de chimenea | tunnel.
tubo de derivación | bypass pipe.
tubo de desagüe | delivery pipe | drainpipe | catch drain | gutter pipe | overflow-pipe.
tubo de desagüe (de baño, etc.) | waste pipe.
tubo de desahogo | relief tube.
tubo de desbordamiento | overflow pipe.
tubo de descarga | offtake | let off pipe | by-wash | delivery pipe | blowoff pipe | drainpipe | drain spout | discharge pipe.
tubo de descarga al exterior (buques) | overboard discharge pipe.
tubo de descarga corona | corona tube.
tubo de descarga de arco de vapor de mercurio | mercury vapor arc-discharge tube.
tubo de descarga de cátodo frío | luminous tube.
tubo de descarga de cenizas | cinder chute | cinder-pocket.
tubo de descarga de la bomba alimentadora | feed pump delivery pipe.
tubo de descarga de la bomba de circulación | circulating pump discharge pipe.
tubo de descarga gaseosa | rhemtron | gaseous discharge tube.
tubo de descarga lateral | lateral delivery pipe.
tubo de descarga luminosa | glow-discharge tube.
tubo de descarga por aspiración (excavaciones) | wellpoint.
tubo de desgaste (pozo petróleo) | wash pipe.
tubo de destellos de xenón | xenon flash tube.
tubo de destellos laser | laser flash tube.
tubo de desviación | displacement tube | deflection tube.
tubo de desviación de haz | beam-deflection tube.
tubo de diámetro exterior reducido por estirado a través de un troquel | cold-sunk tube.
tubo de diámetro interior grande | wide-bored tube.
tubo de dilatación | expansion pipe.
tubo de discos | disk-seal tube.
tubo de discos paralelos | disc-seal valve.
tubo de disminución de presión | baffle tube.
tubo de disparo (electrónica) | trigger tube.
tubo de distribución | feed tube.
tubo de distribución del aire | air distributing pipe.
tubo de dragado (draga succión) | dredge pipe | dredging tube.
tubo de drenaje | drainage-tube | drainpipe | weep pipe.
tubo de ebonita | ebonite tube.
tubo de eje percutor | needle case.
tubo de elementos múltiples | multielement tube.
tubo de elementos separados (rayos X) | cascade tube.
tubo de enchufe | faucet pipe | socket pipe.
tubo de enfocamiento (microscopios, telescopios) | draw-slide.
tubo de ensayo | test-tube | test tube.
tubo de ensayo (química) | boiling tube | closed tube.
tubo de entrada | supply pipe | conducting pipe | inlet tube | inlet | influent pipe | inlet pipe.
tubo de entrada de aire | air intake pipe | air inlet pipe.
tubo de entrada del combustible | fuel pipe | fuel inlet pipe.
tubo de escape | exhaust pipe | evacuation pipe | exhaust.
tubo de escape (máquina vapor) | blowpipe.
tubo de escape (máquinas vapor) | blast pipe.
tubo de escape (motor aviación) | smokestack.
tubo de escape de la caja de humos (locomotora vapor) | petticoat pipe.
tubo de escape de presión | breather pipe.
tubo de escape dirigido especialmente para conseguir empuje adicional (motor alternativo) | augmenter tube.
tubo de estrangulación | choke tube.
tubo de estrías helicoidales | helically-fluted tube.
tubo de evacuación | leading-off tube | blowdown pipe | discharge pipe | eduction pipe | blowoff pipe | blowout pipe | waste pipe.
tubo de evacuación de sección rectangular | box drain.
tubo de evacuación interior | internal blowdown pipe.
tubo de exhaustación | evacuation pipe | exhaust pipe | exhaust | draft tube.
tubo de exhaustación (motores) | tailpipe.
tubo de experimentación | experiment thimble.
tubo de expulsión | blowoff | expulsion tube.
tubo de extracción | drawoff pipe | blowoff pipe.
tubo de extracción de superficie | scum pipe.
tubo de extracción del fondo (calderas) | blowoff pipe.
tubo de extracción por el fondo (calderas) | bottom off pipe | blowout pipe.
tubo de fibra bituminado | bituminized-fiber tube.
tubo de fibra de vidrio revestido de caucho silicónico | silicone rubber-coted fiberglass tubing.
tubo de focalización periódica | periodically focused tube.
tubo de fotodestellos | photoflash tube.
tubo de fuerza magnético | magnetic tube of force.
tubo de fuerza o magnético | shell.
tubo de fundición | iron pipe.
tubo de fundición (hierro) | cast-steel pipe.
tubo de fundición centrifugada | centrifugal cast-iron pipe | spun-iron pipe | spun-cast iron pipe.
tubo de fundición de enchufe y cordón | cast-iron spigot and socket tube.
tubo de fundición esferoidal | SG iron tube.
tubo de gas | gas pipe.
tubo de gas con conmutación de rejilla |

grid-switched gas tube.
tubo de gatera (caja de cadenas) | chain pipe (ships).
tubo de gatera (caja de cadenas de buques) | spurling pipe.
tubo de goma | hose.
tubo de gran diámetro | heavy-gage tube.
tubo de gran diámetro interior | large-bore pipe.
tubo de gran espesor | heavy-gage tube | thick-walled tube.
tubo de grés | earthenware duct.
tubo de gres de paredes perforadas | perforated vitrified clay pipe.
tubo de gres vidriado | glazed stoneware pipe.
tubo de haces | beam power tube.
tubo de haces electrónicos dirigidos | beam-power tube | beam deflection tube.
tubo de haz conmutado | gated-beam tube.
tubo de haz electrónico | beam valve | electron-beam tube | electron beam tube.
tubo de haz lineal | linear beam tube.
tubo de haz orbital | orbital beam tube.
tubo de haz periódico | gated-beam tube.
tubo de haz radial | radial beam tube.
tubo de hierro | iron pipe.
tubo de hierro colado | cast-iron pipe.
tubo de hierro galvanizado | galvanized iron pipe.
tubo de hierro revestido de aluminio metálico | metallic aluminum coated ferruginous tube.
tubo de hierro zincado | galvanized iron pipe.
tubo de hincar (sondeos) | drive pipe.
tubo de hiperfrecuencias | microwave tube.
tubo de hormigón armado | reinforced-concrete pipe.
tubo de hormigón poroso | porous concrete pipe.
tubo de hormigón pretensado centrifugado | spun prestressed-concrete pipe.
tubo de hormigón zunchado | prestessed-concrete tube.
tubo de humos | flue tube.
tubo de humos (caldera) | flue.
tubo de humos (calderas) | fire tube.
tubo de ignición | ignition tube.
tubo de imagen | kinescope.
tubo de imagen (TV) | picture tube.
tubo de imagen con ángulo de desviación de 110 grados (TV) | picture tube with a angle of deviation of 110 degrees.
tubo de imagen de enfoque propio | self focused picture tube.
tubo de imagen de haz reflejado | reflected-beam kinescope.
tubo de imagen electrónica | electron image tube.
tubo de imagen en color de reflexión | reflection color tube.
tubo de imagen extraplano | thin picture tube.
tubo de imbornal | scupper pipe.
tubo de impulsión | force pipe.
tubo de impulsión (bombas) | delivery pipe | discharge pipe.
tubo de impulsión (bombas de mina) | run pipe.
tubo de impulsión del combustible | fuel pressure pipe.
tubo de impurificación | doping tube.
tubo de inyección | injection pipe.
tubo de inyección de agua | flush-type pipe.
tubo de inyección de aire | air-supply pipe.
tubo de inyección de sentina | bilge injection pipe.
tubo de ionización por ondas de choque | shock tube.
tubo de izar cenizas (buques) | ash shoot.
tubo de junta espiral soldada a tope | spiral-butt-welded-joint pipe.
tubo de junta lisa | flush joint pipe.
tubo de junta longitudinal engatillada soldada en espiral | spiral-lock-seam-welded joint pipe.
tubo de junta solapada soldada en espiral | spiral-lap-welded-joint pipe.
tubo de la arena | sand pipe.
tubo de la bomba | pump tube.
tubo de la bomba de purga a los tubos de admisión (motores) | induction pipe.
tubo de la camisa de vapor | jacket steam pipe.
tubo de la dirección (autos) | steering column | steering pillar.
tubo de la tubería de impulsión (desagüe de minas) | tree.
tubo de lámpara | lamp glass | chimney.
tubo de lanzamiento | launcher tube.
tubo de latón | brass pipe | brass tube.
tubo de latón de paredes gruesas fundido verticalmente | brass shell.
tubo de latón estirado | drawn brass tube.
tubo de latón que se moja en abayalde para marcar agujeros de remaches | marker.
tubo de lectura de salida | readout tube.
tubo de limpieza | drawoff pipe | mud pipe.
tubo de líneas de fuerzas | force tube.
tubo de lubricación | oil pipe | oil tube | oil-duct.
tubo de llamas (turbina de gases) | flame tube.
tubo de llegada | leading tube | branch pipe | inflow tube | supply pipe | head pipe.
tubo de llegada de aire | air inlet pipe.
tubo de llegada del vapor | entrance steam pipe.
tubo de llenado | filling tube.
tubo de llenado del combustible | fuel filler pipe.
tubo de machos (moldería) | core tube.
tubo de magnesita revestido de metal (horno eléctrico) | metal-cased magnesite tube.
tubo de microondas | microwave tube | amplitron.
tubo de modulación de velocidad | inductive output tube | inductive-output valve.
tubo de mu variable | variable-mu tube.
tubo de muestreo | tube sampler.
tubo de neón | neon tube.
tubo de nilón | nylon tube.
tubo de nivel | water gage column.
tubo de nivel (calderas) | gage glass | water glass.
tubo de nylon extruido | extruded nylon tubing.
tubo de obturación | seal pipe.
tubo de obturación (sondeos) | dip pipe.
tubo de onda progresiva con corriente transversal | transverse-current traveling-wave tube.
tubo de onda progresiva de bajo nivel de ruido | low-noise traveling-wave tube.
tubo de onda progresiva del tipo de hélice | helix type traveling-wave tube.
tubo de onda regresiva | backward-wave tube | backward wave tube.
tubo de ondas progresivas | traveling wave tube.
tubo de ondas progresivas (electrónica) | traveling-wave tube.
tubo de palastro | plate pipe.
tubo de pantalla luminiscente | luminescent-screen tube.
tubo de pantalla oscura | black face tube.
tubo de paredes gruesas conformado en caliente que después se estira (fabricación tubos estirados sin soldadura) | hollow.
tubo de paredes perforadas | perforated wall tube.
tubo de paso | bypass.
tubo de paso de mamparo (buques) | stuffing tube.
tubo de paso de pared (instalación eléctrica) | leading-in tube.
tubo de perforación | drill pipe.
tubo de perforación (sondeos) | drive pipe.
tubo de periferia continua inicial | seamless tube.
tubo de pesadas (química) | weighting tube.
tubo de peso normal | service-weight pipe.
tubo de pínula (topografía) | vane tube.
tubo de Pitot con toma estática | Pitot static tube.
tubo de Pitot con toma estática (aviones) | pressure head.
tubo de pitot estático para recibir las presiones estáticas y dinámicas del aire (aviones) | airspeed head.
tubo de Pitot micrométrico | micro Pitot tube.
tubo de Pitot presostático (aviones) | pressure head.
tubo de plástico | plastic pipe | plastic tubing.
tubo de plástico lamelar | laminated plastic tube.
tubo de plástico reforzado con vitrofibra | glass-fiber reinforced plastics pipe.
tubo de plomo | lead tube.
tubo de plomo en carrete | drummed lead pipe.
tubo de poco espesor | light-walled pipe.
tubo de poco peso | lightweight pipe.
tubo de polietileno de paredes flexibles | flexible wall polyethylene pipe.
tubo de politeno extruido | extruded polythene pipe.
tubo de porcelana | porcelain tube.
tubo de potencia de haz dirigido | beam power tube.
tubo de presión | pressure pipe.
tubo de presión del aire | air pressure pipe.
tubo de propagación de ondas | progressive-wave tube | traveling-wave tube.
tubo de protección (cables) | kickpipe.
tubo de puntería | aiming rifle | aiming tube.
tubo de purga | drainpipe | drain | blow-through pipe | bleeder | drip pipe | drip.
tubo de quinqué | lamp glass.
tubo de rayos catódicos | pix tube | indicator | image reproducer | cathode-ray screen | cathode ray tube | ray tube | tube.
tubo de rayos catódicos con cono metálico | metal cone cathode-ray tube.
tubo de rayos catódicos de alto vacío | high-vacuum cathode ray tube.
tubo de rayos catódicos de caras rectangulares | rectangular-faced cathode-ray tube.
tubo de rayos catódicos de deflexión magnética | electromagnet cathode-ray tube.
tubo de rayos catódicos de gran persistencia luminosa | long-persistence cathode-ray tube.
tubo de rayos catódicos de persistencia de imagen | direct-viewing memory tube.
tubo de rayos catódicos del receptor (televisión) | picture tube.
tubo de rayos catódicos modulado por deflexión | deflection-modulated CRT.
tubo de rayos catódicos para almacenamiento | cathode-ray storage tube.
tubo de rayos catódicos para almacenamiento de carga | cathode-ray charge storage tube.
tubo de rayos catódicos para proyección | projection cathode-ray tube.
tubo de rayos catódicos para televisión | television tube | television picture tube.
tubo de rayos X | shearer tube.
tubo de rayos X sumergido en aceite antirradiactivo | ray-proof oil-immersed X-ray tube.
tubo de reacción | soaking tube.
tubo de reactancia | reactor tube.
tubo de rebose | overflow-pipe | waste pipe.
tubo de rebose del radiador | radiator overflow.
tubo de recorrido electrónico dirigido | deflection tube.
tubo de rectificar | rectifying tube.
tubo de reglaje (microscopio) | drawtube.
tubo de rejilla de cuadro (electrónica) | frame-grid tube.
tubo de rejilla luminescente | grid-glow tube.
tubo de rellenar | filling pipe.
tubo de relleno (minería) | slurry piping.
tubo de respiro | breather.
tubo de respiro (recipientes) | vent.
tubo de respiro (tanques) | breather pipe.
tubo de respiro de un deposito de combustible | fuel-tank vent.
tubo de respiro del cárter | crankcase breather.
tubo de respiro del depósito de aceite | oil vent.
tubo de retorno | return pipe.
tubo de retorno del combustible (inyector) |

fuel leak pipe.
tubo de retrete | soil pipe.
tubo de revestimiento | lining tube.
tubo de revestimiento (sondeos) | drive pipe.
tubo de salida | delivery pipe | efflux pipe | effluent pipe | blowoff pipe | leading-off tube.
tubo de salida (abridora) | discharge flue.
tubo de salida de gases | blowoff pipe.
tubo de salida de un canalón de recogida de aguas | pap.
tubo de salida del aceite | oil drainer.
tubo de sección no circular (cuadrada, exagonal, etc.) | nonround tube.
tubo de sección redonda | circular tube.
tubo de sección reducida | restrictor.
tubo de sedimentos (sondeos) | basket.
tubo de seguridad | safety tube | guard tube.
tubo de seguridad (laboratorios) | safety funnel.
tubo de sifonaje | hush pipe.
tubo de sondeo (sondeos) | drive pipe.
tubo de sondeo con recalcado exterior (en la zona del roscado) | external upset drilling pipe.
tubo de subida | riser.
tubo de succión (dragas) | suction frame.
tubo de succión (turbina) | draught-tube.
tubo de succión (turbinas) | draught box.
tubo de suficiente longitud para rebajar la temperatura de los gases antes de que entren en un horno | baffle tube.
tubo de televisión en colores de un solo cañón | single-gun color television tube.
tubo de tipo de celular | cell-type tube.
tubo de toma | pickup pipe | intake pipe.
tubo de toma de agua (calderas) | water pipe.
tubo de toma de agua o petróleo colocado en un muelle (puertos) | pipe davit.
tubo de toma de vapor seco (calderas) | dry pipe.
tubo de toma de vapor vivo | live steam pipe.
tubo de torsión | torsion tube.
tubo de transmisión | grip tube | grief pipe.
tubo de unión | joint pipe | connecting pipe.
tubo de unión articulado | flexible connecting pipe.
tubo de unión del sifón de una taza de retrete con el bajante | soil pipe.
tubo de vacío | vacuum tube.
tubo de vapor articulado | flexible steam pipe.
tubo de varias rejillas | multigrid tube.
tubo de ventilación | vent pipe | air channel.
tubo de ventilación (buques) | air duct.
tubo de ventilación (cárter de motor) | breather pipe.
tubo de ventilación del tanque (petroleros) | vent.
tubo de vidrio | glass tube | all-glass tube.
tubo de vidrio calibrado | gage glass.
tubo de vidrio del indicador del nivel del agua | water gage glass.
tubo de vidrio del nivel de agua | glass water gage.
tubo de vidrio graduado | graduated glass tube.
tubo de vidrio soplado | blowpipe.
tubo de vuelta del aceite | oil return ring.
tubo defasador | phase inverter | phase-inverter tube.
tubo deflector del rebufo (cañón aéreo) | blast tube.
tubo deformado | buckled tube.
tubo del amortiguador | damper's tube.
tubo del arenero (locomotoras) | sand pipe.
tubo del cañón | gun barrel.
tubo del cañón de hipervelocidad | hypervelocity gun barrel.
tubo del condensador | condenser tube.
tubo del inyector | injector pipe.
tubo del manómetro de vapor | gage steam pipe.
tubo del mismo peso por unidad de longitud y con el espesor igual al espesor medio del tubo considerado | equivalent round tube.
tubo del objetivo | barrel.
tubo del rebosadero | waste pipe.
tubo del sillín (bicicleta) | saddle pin.
tubo del sillín (bicicletas) | seat tube.
tubo del sobrante | overflow-pipe | overflow.
tubo dentro de la cámara cilíndrica de combustión | combustion-chamber liner.
tubo despumador | scum pipe.
tubo detector | counter tube.
tubo detector con cátodo externo | external cathode counter tube.
tubo detector con helio | helium counter tube.
tubo detector para cartuchos de combustible nuclear fisurados | burst cartridge detection tube.
tubo detector proporcional | proportional counter tube.
tubo dilatado por presión hidráulica | expanded pipe.
tubo disector (televisión) | dissector tube.
tubo distribuidor | bus pipe.
tubo divergente cónico | conical diverging tube.
tubo doblado dos veces | doubly-bent tube.
tubo donde se mete un sistema óptico | body tube.
tubo donde se montan las lentes (fotografía) | lens barrel.
tubo dosificador (química) | measuring tube.
tubo eductor | eduction pipe.
tubo electrómetro | electrometer valve.
tubo electrónico | electronic tube | electron tube | tube.
tubo electrónico (EE.UU.) | vacuum tube.
tubo electrónico (G.B.) | valve.
tubo electrónico blando (con gas) | soft tube.
tubo electrónico con bombeo continuo | pumped tube.
tubo electrónico con una pequeña cantidad de gas | gaseous tube.
tubo electrónico de alto voltaje | high-tension gun.
tubo electrónico de base octal | octal base tube.
tubo electrónico de calidad especial | premium tube.
tubo electrónico de campo cruzado | crossed-field gun.
tubo electrónico de cátodo incandescente | hot-cathode electron gun.
tubo electrónico de cerámica de alúmina | alumina ceramic electron gun.
tubo electrónico de cierre hermético | sealed tube.
tubo electrónico de cuadrete | quad valve.
tubo electrónico de destellos | electronic flash tube.
tubo electrónico de discos | disk seal tube.
tubo electrónico de fase separadora | buffer valve.
tubo electrónico de filamento caldeado | filament-type tube.
tubo electrónico de haz fino | fine-focus gun.
tubo electrónico de rejilla-pantalla | screen-grid tube.
tubo electrónico de salida | output tube.
tubo electrónico de tipo modular (fabricado con módulo) | modular-type electron tube.
tubo electrónico de velocidad variable | velocity step tube.
tubo electrónico en cascada | cascade tube.
tubo electrónico filiforme | pencil tube.
tubo electrónico memorizador | storage tube.
tubo electrónico noval | noval tube.
tubo electrónico radiactivo | radioactive tube.
tubo electrónico relleno de gas | gas tube.
tubo elevador | lift pipe.
tubo embutido a presión | pressed-in tube.
tubo emisor | bottle.
tubo en circuito cerrado que contiene material fisil (reactor nuclear) | hot loop.
tubo en el extremo biselado | end-beveled tube.
tubo en L | L.
tubo en S (plomería) | gooseneck.
tubo en T | tee | three limb tube.
tubo en T con codo | single-sweep T.
tubo en U | hairpin tube | U-tube.
tubo en Y | Y-tube.
tubo en Y (pantalones - bifurcación de tubería) | breeches pipe.
tubo encintado | tape-wrapped tube.
tubo encorvado | bent tube.
tubo enderezador de vapor de mercurio | capacitron.
tubo enfriado por agua | water cooled tube.
tubo engrasador | oil filler.
tubo enmanguitado (cañones) | jacketed tube.
tubo enterrado | soil-surrounded tube.
tubo equilibrador | balancer pipe.
tubo equilibrador de presiones | balanced pipe.
tubo equivalente | replacement tube.
tubo estabilizador | glow-cap divider | ballast tube.
tubo estabilizador de la tensión | voltage-stabilizing tube.
tubo estay (calderas) | stay tube.
tubo estirado | drawn tube | solid-drawn tube | seamless tube.
tubo estirado con mandril | mandrel-drawn tube.
tubo estirado de perfil longitudinal escalonado | stepped drawn tube.
tubo estirado en frío | cold-drawn tube.
tubo estriado | fluted tube.
tubo exagonal | hexagonal tube | hexagon tube.
tubo extensible | hose.
tubo extruido | extruded tube.
tubo filtro (sondeos) | screen pipe.
tubo final | tailpipe.
tubo flexible | hose pipe | hose | flexible pipe | hose | loom.
tubo flexible a rótula | ball joint hose.
tubo flexible aislador (electricidad) | circular loom.
tubo flexible armado con espiral de alambre | wired hose.
tubo flexible de plástico | flexible plastic pipe.
tubo flexible de plástico de gran diámetro para el transporte marítimo de líquidos | dracone.
tubo flexible de unión | connecting tube.
tubo flexible ondulado para transmitir movimiento al interior de un recipiente donde se ha hecho el vacío | bellows | syphon bellows.
tubo flexible para comunicar el instructor con el alumno (aviones) | gosport.
tubo fluorescente (alumbrado) | flashtube.
tubo fluorescente duradero | long-lasting fluorescent tube.
tubo formado por dos chapas semicirculares cuyas costuras longitudinales están formadas por dos barras (lock-bar) de forma de doble T donde encajan los bordes de las chapas | lock-bar pipe.
tubo forrado con mantas de magnesia (termoaislamiento) | magnesia wrapped lagged tube.
tubo fotoeléctrico | phototube.
tubo fotoeléctrico multiplicador de electrones | photoelectric electron multiplier tube.
tubo fotoluminiscente | photoglow tube.
tubo fotoluminoso | photoglow tube.
tubo fotomultiplicador | phototube | photomultiplier tube.
tubo galvanizado | galvanized pipe.
tubo Geiger de ventanilla en el extremo de poco ruido de fondo | low-background end-window Geiger tube.
tubo Geiger-Muller | Geiger-Muller tube.
tubo generador de base de tiempos (tubo rayos catódicos) | signal converter.
tubo generador de electrones secundarios | electron multiplier.
tubo generador de señales | signal generating tube.
tubo graduado (química) | measuring cylinder.
tubo guardavientos (tubo por dentro del cual pasa el viento de alambre) | guy-wire protector.
tubo guía | conductor pipe.
tubo guía (sondeos) | surface casing | conduc-

tor-string.
tubo guía de la carga iniciadora | primer guide tube.
tubo guiador | guide tube.
tubo guiador durante el lanzamiento | launching tube.
tubo hecho con aleación de plomo | compo pipe.
tubo hembra | female pipe.
tubo hervidor (calderas) | boiling tube.
tubo igualador | balance pipe.
tubo imagen (TV) | teletron.
tubo inclinado | sloped pipe.
tubo inclinado de agar | agar slant.
tubo indicador de neón | neon indicator tube.
tubo indicador de sintonía | tuning-indicator tube.
tubo indicador del nivel de agua | water gage column.
tubo inexcitado | unfired tube.
tubo inflable de gran diámetro de plástico que rodea al buque mientras descarga (muelle de descarga de petroleros) | floating inflatable oil booms.
tubo inscriptor de caracteres | character-writing tube.
tubo intensificador de silicio | silicon intensifier tube.
tubo interior de toma de vapor (calderas) | dry pipe.
tubo interior del nivel de agua | internal water gage pipe.
tubo introscopizado | introscopized tube.
tubo inversor | reversal tube.
tubo inyector | jet pipe.
tubo inyector con barrena | jet auger.
tubo isotérmico | heat pipe.
tubo laminado sobre formero (resinas sintéticas) | rolled laminated tube.
tubo laminado sobre un mandril para reducir su diámetro | cold-reduced tube.
tubo lanzacohetes | rocket-launching tube | rocket tube.
tubo lanzaminas (submarinos) | minelaying tube.
tubo lanzatorpedo de proa | bow torpedo-tube.
tubo lanzatorpedo de superficie | above water torpedo tube.
tubo lanzatorpedo estañado interiormente | tinplated torpedo tube.
tubo lanzatorpedos | torpedo gun | torpedo tube | impulse tube.
tubo lanzatorpedos antisubmarinos | A/S tube.
tubo lanzatorpedos de superficie | A. W. tube.
tubo lanzatorpedos quíntuple colocado sobre la flotación | above-water pentad torpedo tube.
tubo lanzatorpedos submarino | submerged torpedo tube.
tubo libre de la interferencia Barkhausen | Barkhausen free tube.
tubo limpiado con escobillón | ramrodded clean tube.
tubo liso de acero (los extremos no están roscados) | nonscrewed steel tube.
tubo liso por el interior y estriado exteriormente | fluted outside, plain inside tube.
tubo luminiscente | tubular discharge lamp.
tubo luminoso | light pipe.
tubo magnetrón conmutador de haz | magnetron beam-switching tube.
tubo mandrilado por ex | roller expanded tube.
tubo mandrinado en la unión a la placa (condensadores) | rolled-in tube.
tubo melífero | honey-tube.
tubo memorador (electrónica) | memory tube.
tubo memorizador (electrónica) | memorizing tube.
tubo memorizador de imágenes | picture storage tube.
tubo memorizador electrónico | electronic memory tube.
tubo memorizador fotoelectrónico | photoelectronic storage tube.
tubo metálico | metal tubing | metal tube.
tubo metálico eléctrico reforzado con plástico | plastic-armored electrical metallic tubing.
tubo metálico flexible | metal hose.
tubo metálico ondulado | corrugated metal tube.
tubo mezclador | converter tube | mixer tube.
tubo miniatura | bantam tube.
tubo monitor de línea (TV) | line monitoring tube.
tubo monobloque (cañones) | monobloc barrel.
tubo móvil (microscopios, telescopios) | draw-slide.
tubo móvil para enfocar (microscopio) | draw-tube.
tubo muestreador para sacar líquidos de recipientes de unos 90 cm. de largo y 3 cm. de diámetro | thief.
tubo multielectrodo | multielectrode tube.
tubo múltiple | multiple-unit tube.
tubo multiplicador de electrones controlado por una rejilla | grid-controlled electron multiplier tube.
tubo negro | black pipe.
tubo neumático | pneumatic post.
tubo neumático para distribuir correspondencia | postal tube.
tubo niquelado interiormente | internally nickel-plated pipe.
tubo no redondo | nonround tube.
tubo o recipiente o pieza fundida que pierde en la prueba hidráulica o en servicio | leaker.
tubo obstruido por incrustaciones | scale clogged tube.
tubo octagonal | octagon tube.
tubo ondulado corto | pipe bellows.
tubo oval | oval tube.
tubo ovalizado | ovalled tube.
tubo para aguas de alcantarilla | sewerage pipe.
tubo para agujas hipodérmicas | hypodermic needle tubing.
tubo para bajante pluvial | conductor pipe.
tubo para canalizaciónes eléctricas | conduit pipe.
tubo para cebar un barreno | reed.
tubo para colgar cortinas | curtain pole.
tubo para cubrejunta interior (junta de tubos soldados) | chill ring.
tubo para cultivos | culture tube.
tubo para deshelar el terreno (placeres) | steam point.
tubo para destilación fraccionada | distilling tube.
tubo para extraer electrones de los iones negativos de hidrógeno | stripper.
tubo para funcionamiento impulsivo (electrónica) | trigger tube.
tubo para inyección de lechada cemento | grout pipe.
tubo para la cadena | chain pipe.
tubo para la destilación fraccionada | fractionating column | distilling head.
tubo para la lectura pirométrica (hornos) | pyrometer sighting tube.
tubo para laboreo hidráulico de arenas | spatter tube.
tubo para las varillas de combustible nuclear | fuel rod tube.
tubo para medir la presión estática | static tube.
tubo para medir la presión estática del aire tranquilo | static-pressure tube.
tubo para paso de cables eléctricos | conduit.
tubo para pavonar clavos | nail-blueing tube.
tubo para reestirar | redraw tube.
tubo para reproducción de la imagen | viewing storage tube.
tubo para sondeo de tanques | tank-sounding tube.
tubo para testigo | core barrel.
tubo para traqueotomía (cirugía) | tracheostomy tube.
tubo para videofrecuencias | video tube.
tubo para visión nocturna | silicon intensifier tube.
tubo pequeño de rayos catódicos (sintonía de aparatos de radio) | electric eye.
tubo perforado | perforated tube.
tubo perforado (entubado de pozos) | liner.
tubo perforador (sondeos) | drive-tube.
tubo perforador con raspatubos (sondeo pozo petróleo) | go-deviled drill pipe.
tubo piezométrico | piezometric tube | piezometric level.
tubo plantador (Iberoamérica) | planting tube.
tubo portamensaje | message tube.
tubo portaobjetivo (telescopios) | outer tube.
tubo portaocular | eye tube.
tubo portaocular (microscopio compuesto) | drawtube.
tubo portarretículo (anteojos) | inner tube.
tubo portatestigos | core barrel.
tubo portaviento (alto horno) | belly pipe | blowpipe.
tubo portaviento (ventilador) | blast pipe.
tubo posterior del cuadro (bicicletas) | stay.
tubo protector | tubular housing | conduit.
tubo protector de documentación postal | postal tube.
tubo que contiene sensores electrónicos para medir presión y caudal (hidrología) | ferret.
tubo que crea ondas de radiofrecuencia | travelling wave tube.
tubo que encierra el eje motor (autos) | torque tube.
tubo que pierde | leaky pipe.
tubo que pierde por tener inclusiones de arena | sandblower.
tubo que se extiende verticalmente a través de un edificio para agua | riser pipe.
tubo que se pide indicando el diámetro exterior | O. D. pipe.
tubo quemador (lámpara de soldar) | flame tube.
tubo rebosadero | overflow stand.
tubo recalentador | overheating pipe.
tubo receptor | receiving tube.
tubo recocido por completo | full-annealed pipe.
tubo rectangular | rectangular tube.
tubo rectificado con taco abrasivo | honed tube.
tubo rectificador | rectifying valve.
tubo recubierto de cloruro de polivinilo | PVC-covered tube.
tubo redondo con acabado cuidadoso del ánima (estirado de tubos) | jack-bore tube.
tubo redondo por dentro con ondulaciones exteriores longitudinales (fabricación piñones) | pinion tube.
tubo reductor (artillería) | subcaliber gun.
tubo reemplazable (cañón) | replaceable barrel.
tubo reforzado por recalcadura | upset pipe.
tubo refrigerado por aire | air-cooled tube.
tubo refrigerante | cooling pipe | refrigerator pipe.
tubo regulador | control tube.
tubo regulador de tensión | VR tube (voltage-regulator tube).
tubo relleno de pez rubia | rosin-filled tube.
tubo relleno de pez rubia (curvado de tubos) | pitch loaded tube.
tubo relleno de pez rubia (para curvarlo) | resin loaded tube.
tubo relleno de plomo fundido (curvado de tubos) | lead-loaded tube.
tubo repartidor de cátodo frío | stepping tube.
tubo respiratorio (anatomía) | pipe.
tubo retractable para abastecer en vuelo (avión nodriza) | boom.
tubo revestido de plástico | plastic-coated tube.
tubo rígido de plástico | rigid-plastic pipe.
tubo rociador | spray tube | sparger | sparge pipe.
tubo sanitario | cesspipe.
tubo secador | dry pipe.
tubo secretor del pulgón (entomología) |

nectary.
tubo semiacabado que ha de sufrir una reducción en su sección transversal | tube stock | tube bloom.
tubo sin costura | solid-drawn tube | seamless pipe | seamless tube.
tubo sin costura de gran espesor | extra heavy seamless pipe.
tubo sin costura forjado por rotación | rotary forged seamless tube.
tubo sin culote | wire-in tube.
tubo sin juntas | jointless tube.
tubo sin revestimiento protector | bare pipe.
tubo sin soldaduras | seamless tube.
tubo sobre el cual se enrolla la bobina de papel | core.
tubo soldado a solape | lap-welded pipe.
tubo soldado a solape con grieta longitudinal por donde pierde | iron blower.
tubo soldado a tope | butt-welded tube.
tubo soldado en espiral | spiralwelded tube.
tubo soldado en horno | furnace-welded pipe.
tubo sometido a presión interna | pressurized tube.
tubo soporte | standpipe.
tubo soporte de la antena | aerial support tube.
tubo soporte del nivel de agua (calderas) | water gage standpipe.
tubo succionador de una draga | dredging tube.
tubo sujetador | attaching tube.
tubo sumador | adder tube.
tubo sumador binario | binary adder tube.
tubo tapafogonazos (ametralladora, cañón) | flashtube.
tubo telescópico | extension tube | drawtube | telescopic pipe | telescopic tube.
tubo telescópico del agua de enfriamiento del pistón | piston cooling water telescopic pipe.
tubo televisivo (televisión) | picture tube.
tubo televisivo en colores con indicación de la posición del haz electrónico | beam-index color television tube.
tubo termiónico | hot-cathode tube | thermionic tube.
tubo termoiónico de alto vacío | thermionic vacuum tube.
tubo testigo | comparison tube | indicating tube.
tubo testigo (sondeos) | core tube.
tubo tiratrón | thyratron tube.
tubo tomavistas | pickup tube.
tubo tomavistas de televisión | television pick up teletube.
tubo toroidal | toroidal tube.
tubo transformador de imágenes | image-viewing tube | image converter tube.
tubo transmisor de órdenes (buques de guerra) | armored tube.
tubo tungar (electrónica) | tungar bulb.
tubo Venturi | Venturi.
tubo vertedor | scoop tube.
tubo vertical | standpipe | riser.
tubo vertical abierto para limitar la carga de una tubería | standpipe.
tubo vertical de bajada | downcomer.
tubo vertical de flujo descendente | downfeed riser.
tubo vertical de purificación (destilación) | column.
tubo vidriado | glazed pipe.
tubo y unión | casing and coupling.
tubo zunchado | banded pipe.
tubo-eje de la dirección (bicicleta) | head tube.
tubo-faro (radar) | lighthouse tube.
tubo-horno de la turbina de combustión | gas-turbine flame tube.
tubos | plumbing.
tubos al tresbolillo (calderas) | staggered pitched tubes.
tubos colocados al tresbolillo | staggered pitched tubes.
tubos comunicantes | communicating pipes.
tubos cortos sin costura de paredes gruesas (materia prima en fabricación tubos estirados) | hollow blooms.
tubos cortos sin costura de paredes gruesas (materia prima fabricación tubos sin costura) | hollows.
tubos de aluminio soldados por inducción | induction-welded aluminum tubing.
tubos de aspiración bifurcados | siamesed induction pipes.
tubos de cielo (alambique) | roof tubes.
tubos de cristal negros | bugles.
tubos de drenaje | drain pipes.
tubos de enfriamiento del atemperador | attemperator cooling tubes.
tubos de fundición de unos 3 metros de largo (agotamiento minas) | pump tree.
tubos de grés | stoneware pipes | masonry saw.
tubos de madera | wooden pipe lines.
tubos de plomo del comercio | commercial lead piping.
tubos de plomo y granalla que no han sufrido cambio químico durante su fabricación | blue lead.
tubos de polietileno y de poliamida | polyethylene and polyamide hoses.
tubos de reacción (misiles) | puff-pipes.
tubos de turbulencia arrastrados por un chorro | jet-driven vortex tubes.
tubos distanciados colocados en cadena | chain pitched tubes.
tubos en cadena (calderas) | chain pitched tubes.
tubos en serie | series pipes.
tubos graduados (laboratorios) | volumetric glassware.
tubos lanzatorpedos quíntuples | pentad torpedo tubes.
tubos para ampollas | ampoule tubing.
tubos para oleoamortiguadores (hidráulica) | oleo tubes.
tubos para refrigeración | refrigeration pipes.
tubos pintados según el código de colores | color-code tubes.
tubos puestos en cruz | cruciform tubes.
tubos rotos (sondeos) | hell raiser.
tubos sin costura extruidos | extruded seamless tubing.
tubos soldados en grupo (equipo de deshidrogenación de butano) | harps.
tubo-soporte del manillar (bicicletas) | extension stem.
tubo-tirante (calderas) | distance tube.
tubuladora (geología) | sand pipe.
tubuladora de admisión | inlet manifold.
tubuladora de impulsión (bombas) | head pipe.
tubuladura | muzzle | manifold | nozzle | neck | branch | tubing | tubulure.
tubuladura (grifos) | tailpipe.
tubuladura de admisión (motores) | induction manifold.
tubuladura de admisión de seis aberturas | six-port inlet manifold.
tubuladura de aluminio para la aspiración | aluminum induction manifold.
tubuladura de aspiración (motores) | induction manifold.
tubuladura de aspiración del motor | engine-induction manifold.
tubuladura de escape (motores) | exhaust manifold.
tubuladura de escape forrada (motores) | lagged exhaust manifold.
tubuladura de unión | connecting branch.
tubuladura en H (bombas impelentes verticales de simple efecto - minas) | H piece.
tubuladura para el combustible | fuel manifold.
tubular | tubular.
tubular (neumático de bicicleta) | cushion tire.
tubular de gran espesor de paredes | heavy wall tubular.
tubularidad | tubularity.
tubulura | tubulure.
tuerca | hollow screw | nut | screw nut.
tuerca (de radios de ruedas) | nipple.
tuerca (tubos) | lock nut.
tuerca a paño | flush nut.
tuerca accionadora del disparador | striker-operating nut.
tuerca agarrotada | frozen nut | tight nut.
tuerca ahuecada | recessed nut.
tuerca ajustadora | adjusting nut.
tuerca almenada | notched nut | slotted nut | castle nut.
tuerca almenada (con entallas) | castellated nut.
tuerca alta | deep nut.
tuerca autoblocante | self-locking nut.
tuerca autorretenedora | stiffnut.
tuerca autorretenedora para aviones | aircraft stiffnut.
tuerca baja | shallow nut.
tuerca cautiva | captive nut.
tuerca cerrada | acorn nut.
tuerca ciega | blind nut.
tuerca cilíndrica | round nut | cylindrical nut.
tuerca con arandela-freno | washered nut.
tuerca con brida | flange nut.
tuerca con collarín de nilón | nylon-collared nut.
tuerca con entalladuras | recessed nut.
tuerca con entallas | castle nut.
tuerca con hueco poligonal (para introducir la llave) | internal wrenching nut.
tuerca con maniguetas | lever nut.
tuerca con tetones | horned nut.
tuerca conformada en frío | cold-formed nut.
tuerca cónica | cone nut.
tuerca cremallera | rack nut.
tuerca cuadrada | square nut.
tuerca de acoplamiento | housing nut.
tuerca de agujeros (en las caras) | holed nut.
tuerca de ajuste | set nut.
tuerca de ajuste de la varilla | rod adjusting nut.
tuerca de ajuste rápido | quick nut.
tuerca de aletas | wing nut.
tuerca de apriete | maiden nut | hold-down nut | binding nut.
tuerca de apriete de la bocina | sterntube nut.
tuerca de apriete rápido | speed nut.
tuerca de aterrajar | die nut.
tuerca de canales múltiples | gang channel nut.
tuerca de cañón | barrel-nut.
tuerca de caperuza | acorn nut.
tuerca de clavar | driving nut.
tuerca de contera del cilindro (cañón) | rear cylinder nut.
tuerca de estay de caja de fuegos | firebox stay nut.
tuerca de estay de caldera | boiler stay nut.
tuerca de fijación | assembling nut | lock nut | binding nut.
tuerca de fijación de la válvula a la llanta (autos) | rim nut.
tuerca de fijación del batiente (limadoras) | clapper-clamping nut.
tuerca de forma exagonal para repasar roscas | hexagon die nut.
tuerca de garganta | grooved nut.
tuerca de golpeo | driving nut.
tuerca de graduación | set nut.
tuerca de inmovilización | jam nut.
tuerca de la chaveta de la manivela | crank cotter nut.
tuerca de la envuelta | housing nut.
tuerca de la hélice | propeller nut.
tuerca de la tapa | housing nut.
tuerca de latón | brass nut.
tuerca de linterna | sleeve-nut | barrel-nut.
tuerca de manga | sleeve nut.
tuerca de maniobra | operating nut.
tuerca de mariposa | butterfly nut | wring nut | fly-nut | wing nut | flarenut | lever nut | thumbnut | finger nut | hand nut.
tuerca de montaje | driving nut | pilot nut.
tuerca de ojo | eye nut.
tuerca de orejeta | lugged nut.
tuerca de orejetas | hand nut | butterfly nut |

fly-nut | ear-nut | wing nut | thumbnut | fine nut | finger nut | wring nut | wing screw | flarenut.
tuerca de palomilla | wing screw | wing nut.
tuerca de partida | split nut.
tuerca de pequeña altura | thin nut.
tuerca de perno | bolt nut.
tuerca de perno de cojinete de cruceta (motores) | crosshead bearing bolt nut.
tuerca de perno de la placa de asiento | foundation plate bolt nut.
tuerca de perno de tapa del condensador | condenser door bolt nut.
tuerca de pistón | piston nut.
tuerca de poca altura | shallow nut.
tuerca de presión | set nut | packing nut | clamp nut.
tuerca de reborde | flange nut.
tuerca de reglaje | regulating-nut | adjusting nut | set nut.
tuerca de regulación | regulating-nut.
tuerca de retenida | retaining nut.
tuerca de rotación del mecanismo de puntería en dirección | traversing swivel nut.
tuerca de seguridad | fast-on nut | check nut | lock nut.
tuerca de sombrerete | domed nut | bonnet nut.
tuerca de sombrerete (tuerca ciega) | box nut.
tuerca de sujeción | hold-down nut.
tuerca de testera del cilindro (cañón) | forward cylinder nut.
tuerca de unión | union | coupling nut.
tuerca deficiente | sub-standard nut.
tuerca del cubo de hélice aérea | aircraft-propeller hub nut.
tuerca del eje | axle nut.
tuerca del eje de cola (buques) | propeller-shaft nut.
tuerca del eje de la hélice | propeller-shaft nut.
tuerca del estay | stay nut.
tuerca del husillo (tornos) | lead screw nut.
tuerca del husillo (tuerca embragable - tornos) | clasp nut.
tuerca del pasador del eje | axis pin nut.
tuerca del prensaestopas | packing nut | gland nut | gland follower.
tuerca del soplete | blow gun nut.
tuerca desplazable | traveling nut.
tuerca desplazable de la lenteja del péndulo (para variar el período de oscilación) | rating nut.
tuerca divida en dos mitades | split nut.
tuerca esférica | ball nut.
tuerca estrellada | star nut.
tuerca exagonal | hexagonal nut.
tuerca floja | loose screw | loose nut.
tuerca forzadora | forcing nut.
tuerca frenada | safetied nut.
tuerca frenada por una chapita | nut secured by a locking plate.
tuerca guía | pilot nut.
tuerca hueca | gland nut.
tuerca imperdible (sujeta a una parte para que no se pierda) | captive nut.
tuerca inaflojable | antivibration nut.
tuerca inmovilizada | safetied nut.
tuerca inmovilizada con pasador | locked nut.
tuerca inmovilizada por el óxido | rust-cemented nut | frozen nut.
tuerca mal ajustada | loose screw.
tuerca móvil | sliding nut.
tuerca octagonal | octagonal nut.
tuerca ochavada | octagonal nut.
tuerca para ajuste del freno | brake-adjusting nut.
tuerca para repasar roscas | die nut.
tuerca perdida | flush nut.
tuerca punzonada en frío | cold punched nut.
tuerca que no cumple con la norma específica | sub-standard nut.
tuerca redonda | ring nut.
tuerca redonda con agujeros | capstan nut.
tuerca sin roscar | blank nut.
tuerca sujetadora | clamping nut | retaining nut.
tuerca tapón | flanged nut.
tuerca tensora | adjusting nut.
tuerca-manguito | housing nut.
tuerca-tapón | plug nut.
tuero | cloven timber.
tuétano | marrow.
tuétano (de espoleta) | ring composition.
tufo | effluvium | exhalation.
tufógeno | tufogenic.
tugurio | den.
tuistor | twistor.
tul | bobbinet.
tul de dibujos | figured net.
tul de Flandes | Flemish ground.
tul de Malinas | Mechlin ground.
tul droschel | droschel ground.
tul francés | French ground.
tul labrado | sprig net.
tul liso indivisible | plain ground.
tul liso indivisible (tela) | nontraverse ground.
tulio (Tm) | thulium.
tuliorradiografía (por isótopo de tulio) | thulium radiography.
tulipifero americano (Liriodendron tulipifera) | American whitewood | yellow poplar.
tullido | crippled.
tumba (de árboles) | felling.
tumba orientada (Iberoamérica-corta de árboles) | throwing.
tumba por arrastre (Ecuador-apeo de árboles) | timber driving.
tumba por desarraigo | grub felling.
tumbado (buques) | lopsided.
tumbador (cerraduras) | tumbler.
tumbador (de árboles) | faller.
tumbador (de tochos) | tripper.
tumbador de clavija | pin tumbler.
tumbadora de árboles | treedozer.
tumbaga | leaf brass | Dutch brass.
tumbaga (bisutería) | tombac.
tumbaga (cobre, 80%, y zinc, 20%) | Dutch gold.
tumbaga en hojas delgadas | Dutch foil.
tumbar | rundown (to) | overturn (to).
tumbar (árboles) | fell (to).
tumbar (echar abajo cortando) | cut down (to).
tumbar de un disparo | rifle (to).
tumbarse (buques) | lie on her beam-ends (to) | lie along (to).
tumefacción | swelling | intumescence.
tumescencia | tumescence.
tumescente | tumescent.
tumor | growth.
tumor óseo | osteophyma.
tumoración (medicina) | enlargement.
túmulo | tumulus.
túmulo (arqueología) | barrow.
túmulo neolítico | Neolithic tumulus.
túmulos (arqueología) | tumuli.
tumulto | outbreak.
tumulto político | political turmoil.
tundición (de pieles) | shearing.
tundido (telas) | shorn.
tundido sobre descanso abierto | gap rest shearing.
tundidor (de tejidos) | cropper.
tundidora | cloth shear | shearing machine.
tundidora (de paños) | shear.
tundidora (lino) | cropping machine.
tundidura | cloth shearing.
tundir (paños) | shear (to).
tundizno | shear flock | flock | short staple wool.
tundra | bog-ice.
tundra (América del Norte) | wild.
tundra fósil | fossil tundra.
túnel | tunnel | tube.
túnel (buques) | alley.
túnel aerodinámico | wind-tunnel | wind tunnel | flume.
túnel aerodinámico a densidad normal | atmospheric-density tunnel.
túnel aerodinámico bidimensional ranurado | two-dimensional-slotted wing tunnel.
tunel aerodinámico con corriente vertical de aire | free-spinning wind tunnel.
túnel aerodinámico con energía suministrada por arco voltaico | electric-arc-driven wind tunnel.
tunel aerodinámico criogénico | cryogenic wind tunnel.
tunel aerodinámico de aire comprimido | compressed-air wind tunnel | compressed-air tunnel.
tunel aerodinámico de baja velocidad | low speed wind tunnel.
túnel aerodinámico de cámara cerrada | closed-chamber wind tunnel.
túnel aerodinámico de cañón hipersónico | hypersonic gun tunnel.
túnel aerodinámico de circuito cerrado | return-flow wind tunnel | closed-circuit wind tunnel.
túnel aerodinámico de chorro libre | open-jet wind tunnel.
túnel aerodinámico de densidad regulable (física) | variable-density wind tunnel.
túnel aerodinámico de flujo cerrado | closed jet wind tunnel | closed-jet wind tunnel.
túnel aerodinámico de flujo de agua | wet wind tunnel.
túnel aerodinámico de flujo inducido | induced-flow wind tunnel.
túnel aerodinámico de flujo libre | nonreturn flow wind tunnel.
túnel aerodinámico de impulso hipersónico (que emplea un arco eléctrico para presionizar el aire de una cámara que descarga en el túnel) | hotshot tunnel.
túnel aerodinámico de inducción de gran velocidad | induction-type high-speed wind tunnel.
túnel aerodinámico de onda de choque hipersónico | hypersonic shock tunnel.
túnel aerodinámico de onda de choque reflejada | reflected-shock tunnel.
túnel aerodinámico de soplado intermitente | blowdown-type transonic tunnel.
túnel aerodinámico de velocidad sónica | sonic-speed wind tunnel.
túnel aerodinámico para pruebas de barrena (aviones) | vertical spinning tunnel.
túnel aerodinámico para pruebas de hélices | propeller-testing tunnel.
túnel aerodinámico simulador de condiciones a diferentes altitudes | altitude wind tunnel.
túnel aerodinámico subsónico | subsonic wind tunnel.
túnel aerodinámico supersónico | supersonic wind tunnel.
túnel aerodinámico supersónico de corriente intermitente | intermittent-flow supersonic wind tunnel.
túnel aerodinámico supersónico de 3 machios | Mach-3 wind tunnel.
tunel aerodinámico vertical | vertical wind tunnel.
túnel aerodinámico vorticial | vortex tunnel.
túnel alimentador | feeder tunnel.
túnel aliviadero (presas) | spillway tunnel.
túnel auxiliar | pioneer tunnel.
túnel carpiano (anatomía) | carpal tunnel.
túnel carretero | road tunnel.
túnel circulado por tracción a vapor (ferrocarril) | steam-worked tunnel.
túnel circulado por tracción eléctrica (ferrocarril) | electric-worked tunnel.
túnel con transportador de cinta caldeado con gas | gas-fired conveyor tunnel.
tunel contra aludes | avalanche gallery.
túnel de barrena | spin tunnel.
túnel de calor radiante caldeado con gas | gas-fired radiant tube.
túnel de carretera de dos pisos | double-deck highway tunnel.
túnel de cavitación | cavitation tunnel.
túnel de circuito abierto | open circuit wind

tunnel.
túnel de circulación con paredes de vidrio | glass-walled circulating-tunnel.
tunel de control | drift tunnel.
túnel de derivación | diversion tunnel.
túnel de desagüe | drainage tunnel.
túnel de descarga | tailrace tunnel.
túnel de desviación | diversion tunnel.
túnel de doble vía | double-track tunnel.
túnel de dos calzadas unidireccionales | two-lane one-way tunnel.
túnel de drenaje central para servicio de varias minas | central drainage tunnel.
túnel de evacuación de las aguas del río (construcción presas) | drain tunnel.
túnel de exploración | drift.
túnel de pruebas de filas de alabes | cascade tunnel.
túnel de pruebas de sobrevelocidad | overspeed testing tunnel.
túnel de pruebas hidrodinámicas con pequeña turbulencia | low-turbulence tunnel.
túnel de recocido (fabricación vidrio) | lehr.
túnel de toma | intake tunnel.
túnel de viento | wind-tunnel.
túnel de viento de circuito cerrado | closed circuit wind tunnel.
túnel de voladura | powder drift.
túnel del eje (buques) | shaft tunnel | shaft alley.
túnel en espiral | loop tunnel.
túnel en herradura | horseshoe tunnel.
túnel en lazo | loop tunnel.
túnel en piedra (minas) | stone head.
túnel en una ladera para extracción de vagonetas (minas) | foot hill.
túnel excavado en el gelisuelo (Artico) | permafrost tunnel.
túnel excavado en el hielo (Artico) | ice tunnel.
túnel excavado en roca | rock-bored tunnel.
túnel ferroviario | railroad tunnel.
túnel formado abriendo una trinchera profunda y recubriéndola después de terminado | cut-and-cover tunnel.
tunel formado por corrosión | corrosion tunnel.
túnel forzado (conducción aguas) | pressure tunnel.
túnel helicoidal | helicoidal tunnel.
túnel hidrodinámico | water tunnel.
túnel hidrodinámico de flujo cerrado y circuito cerrado | closed-circuit closed-jet type water tunnel.
túnel hidrodinámico de presión regulable | variable-pressure water tunnel.
túnel hipersónico | hypersonic tunnel.
tunel no revestido en la roca | unlined rock tunnel.
tunel no revestido por su interior | unlined tunnel.
túnel para cocheras de vagones | car shed tunnel.
túnel para el cambio de velocidades | gearbox tunnel.
tunel para ensayos de vuelo libre | free flight wind tunnel.
túnel para la producción de ondas de choque | shock tube.
túnel para peatones | footway tunnel | pedestrian tunnel.
túnel para pruebas de insonorización | sound test tunnel.
túnel para tuberías (buques) | pipe tunnel.
túnel para voladura (galería pequeña para voladuras - canteras) | gopher hole.
túnel revestido | lined tunnel.
túnel revestido de hormigón | concrete-lined tunnel | concrete-revetted tunnel.
túnel revestido de hormigón con entradas laterales a los abrigos individuales de misiles | utilidor.
túnel revestido parcialmente | partly lined tunnel.
túnel semisumergido | floating tunnel.
túnel solamente para ferrocarril | railway-only tunnel.
tunel supersónico | supersonic wind tunnel.
túnel supersónico continuo de circuito cerrado | closed-circuit continuous supersonic tunnel.
túnel supersónico de flujo continuo de presión regulable | variable-pressure continuous-flow supersonic tunnel.
tunel taladrado con maquinaria especial | bored tunnel.
túnel vehicular de dos calzadas | two-lane vehicular tunnel.
tunelista | tunneler | tunnel builder.
tunelización | tunnelling | tunneling.
tunelizado de electrones en diamantes naturales | channelled of electrons in natural diamonds.
tunelizar | tunnel (to).
tungstato de cadmio (pinturas fluorescentes) | cadmium tungstate.
tungstatos fosforescentes | tungstate phosphors.
tungstenizado | tungsten-containing.
tungsteno | tungsten.
tungsteno infiltrado con plata (metalurgia) | silver infiltrated tungsten.
tungsteno toriado | thoriated tungsten.
túnica (anatomía) | coat.
túnica (botánica) | envelope.
túnica media (arterias) | media.
tunicado (botánica) | coated.
tupé | top | foretop | forelock.
tupelo (Nyssa aquatica) | tupelo.
tupelo negro (Nyssa aquatica) | tupelo gum.
tupelo negro (Nyssa sylvatica) | black tupelo.
tupí | spindle molder | shaper.
tupí (cepilladora de eje vertical - carpintería) | button set.
tupí (para labrar madera) | router.
tupí de doble eje (carpintería) | double-spindle shaper.
tupí de ranurar (carpintería) | grooving head.
tupi giroscópico | gyroscopic top.
tupí para modelos (carpintería) | pattern miller.
tupido | close-grained | tight | dense | thick | close.
tupido (textura) | close woven.
tupido (vegetación) | heavy.
turba | peat.
turba (combustible) | turf.
turba asociada o embebida en acarreo glacial | drift peat.
turba calcárea | eutrophic peat.
turba calcinada | charred peat.
turba compacta | pitch peat.
turba compuesta de bandas de restos de vegetales alternando con bandas de materia sapropélica | banded peat.
turba de algas de agua dulce | conferva peat.
turba de bosques | carr.
turba de fragmentos de materia vegetal | chaff peat.
turba de pantanos | bog peat.
turba dragada | dredged peat.
turba eutrófica | calcareous peat | eutrophic peat.
turba eutrópica | eutropic peat.
turba extraída a mano | hand-won peat.
turba extraída en capas | milled peat.
turba hullificada | carbonized peat.
turba local | azonal peat.
turba macerada | macerated turf.
turba musgosa | moss peat.
turba muy bituminosa | creashy peat.
turbación | confusion.
turbar | confuse (to).
turbera | muskeg | peatery | peat bog | turbary | bog | hag | peat moor.
turbera alta | high moor.
turbero | peat-worker.
turbia (agua) | silty.
turbia (con paño-gemas) | flawed.
turbidez | turbidity.
turbidez (líquidos) | muddiness | cloud.
turbidez permanente | permanent turbidity.
turbidígeno | turbidigen.
turbidimetría | turbidimetry.
turbidímetro | turbidimeter.
turbidímetro fotoeléctrico | photoelectric turbidimeter.
turbiedad | turbidity.
turbiedad (líquidos) | cloudiness.
turbiedad por ácido tánico (vinos, cervezas, etc.) | chill haze.
turbiedad por precipitación de complejos orgánicos de fosfato férrico (vinos) | metal casse.
turbina | turbine.
turbina accionada por gases de exhaustación | exhaust-gas turbine.
turbina accionada por gases de exhaustación de un motor alternativo | blowdown turbine.
turbina accionada por vapor de exhaustación | exhaust-steam turbine.
turbina anegada | drowned turbine.
turbina aspirante | syphon turbine.
turbina atmosférica | air turbine.
turbina avante de alta presión | h. p. ahead turbine.
turbina avante de media presión | i.p ahead turbine.
turbina axial | axial-flow turbine | parallel flow turbine.
turbina centrífuga | outward-flow turbine.
turbina centrífuga (filamentos de rayón) | centrifugal pot.
turbina centrífuga (rayón) | spinning pot | spinning box.
turbina centrípeta | centripetal turbine.
turbina con el condensador colgado de la parte inferior | underslung condenser turbine.
turbina con engranaje reductor de velocidad | reduction-geared turbine.
turbina con envuelta única para los elementos de marcha avante y ciar (buques) | single-cylinder turbine.
turbina con extracción | pass-out turbine.
turbina con extracción intermedia de vapor a presión constante | pass-out turbine.
turbina con paletaje nuevo | rebladed turbine.
turbina de acción | impulser | action turbine.
turbina de acción (de vapor) | impulse turbine.
turbina de acción y de impulsión | reaction-and-impulse turbine.
turbina de acción y reacción | impulse-reaction turbine | disc-and-drum turbine.
turbina de acción y reacción de tres expansiones | triple-expansion impulse-reaction turbine.
turbina de admisión interior | inside admission turbine.
turbina de admisión parcial | fractional supply turbine | partial admission turbine.
turbina de admisión radial | radial admission turbine.
turbina de admisión radial monoetápica | single-stage radial inflow turbine.
turbina de admisión total | full supply turbine | full admission turbine.
turbina de aire caliente | air turbine.
turbina de aire caliente de ciclo cerrado | closed-cycle air turbine.
turbina de aire comprimido | air-driven turbine | compressed-air turbine | air turbine.
turbina de aire comprimido de rotación planetaria del eje | planetary rotating air turbine.
turbina de álabes regulables | adjustable-blade turbine | adjustable blade turbine.
turbina de alta presión | h.p turbine | high-pressure turbine.
turbina de aviación | aeroturbine.
turbina de baja presión | l-p turbine | low-pressure turbine.
turbina de baja presión toda de reacción | all-reaction low-pressure turbine.
turbina de cámara abierta | open-flume turbine.
turbina de ciar | reversing turbine | astern turbine.

turbina de ciar (buques) | impulse astern turbine.
turbina de ciar de baja presión | L. P. astern turbine.
turbina de ciclo cerrado | aerodynamic turbine.
turbina de ciclo Rankine | Rankine-cycle turbine.
turbina de combustión | combustion gas turbine | gas generator | power-gas turbine.
turbina de combustión aviónica | airborne gas turbine.
turbina de combustión caldeada con turba | peat-burning gas turbine.
turbina de combustión con combustibles sólidos pulverizados | solid-fuel gas turbine.
turbina de combustión con enfriamiento por líquido | liquid-cooled gas turbine.
turbina de combustión con paletas cerámicas | ceramic bladed gas turbine.
turbina de combustión cuya energía se utiliza en gran parte para mover una hélice y el resto en la acción de un chorro de gases | propeller-turbine engine | turboprop.
turbina de combustión cuya energía se utiliza en la acción de un chorro | turbojet.
turbina de combustión de cámara giratoria | rotating boiler gas turbine.
turbina de combustión de ciclo abierto | open-cycle gas turbine.
turbina de combustión de ciclo regenerativo | regenerative-cycle gas turbine.
turbina de combustión de exhaustación recalentada | exhaust-heated type gas turbine.
turbina de combustión de flujo axial | axial-flow gas-turbine.
turbina de combustión de flujo axial de un escalón | single-stage axial-flow gas turbine.
turbina de combustión de gases cloacales | sewage gas turbine.
turbina de combustión de presión constante y ciclo cerrado | close-cycle constant-pressure gas turbine.
turbina de combustión interna | internal combustion turbine | gas turbine | gas-turbine.
turbina de combustión no aviatoria | nonaircraft gas turbine.
turbina de combustión para aviones | aircraft gas turbine.
turbina de combustión para locomotora | locomotive gas turbine.
turbina de condensación (vapor) | condensing turbine.
turbina de contrapresión sin condensador | backpressure turbine.
turbina de crucero | cruising turbine.
turbina de cuerpo cilíndrico | barrel-cased turbine.
turbina de disco y tambor | disc-and-drum turbine.
turbina de doble admisión de dos estatores | double-admission twin-cylinder turbine.
turbina de doble efecto | double-flow turbine.
turbina de doble expansión | two-stage turbine.
turbina de dos corrientes contrarias | double-flow turbine.
turbina de dos cuerpos con un solo eje | single-axis two-cylinder turbine.
turbina de eje horizontal | horizontal shaft turbine.
turbina de engranajes de acción y reacción | impulse-reaction geared turbine.
turbina de escalones de presión | pressure-staged turbine.
turbina de escape libre | direct-condensing turbine.
turbina de expansión simple | single stage turbine.
turbina de extracción | pass-out turbine.
turbina de extracción de vapor | bleeder turbine.
turbina de flujo axial | journal turbine.
turbina de flujo centrípeto | inward radial flow turbine.
turbina de flujo radial de doble rotación | double-rotation radial-flow turbine.
turbina de gas accionada por gasificador de pistón libre | gasifier-driven gas turbine.
turbina de gas aeronáutica | aeronautical gas turbine.
turbina de gas de centrales electronucleares | nuclear-powered gas-turbine.
turbina de gas de ciclo no recuperativo | nonrecuperative gas turbine.
turbina de gas natural | natural gas turbine.
turbina de gas tipo aviación | aero gas turbine.
turbina de gas unidireccional regenerativa de cielo abierto | open-cycle regenerative unidirectional gas turbine.
turbina de gases | gas generator | gas-turbine | combustion gas turbine | internal combustion turbine.
turbina de gases alimentada por petróleo denso | heavy-oil-powered gas turbine.
turbina de gases con cámaras múltiples de combustión | multican engine.
turbina de gases con compresor axial | axial compressor gas turbine.
turbina de gases con compresor centrífugo | centrifugal compressor gas turbine.
turbina de gases con motor de chorro | gas-turbine-cum-jet.
turbina de gases cuya energía se utiliza en la acción de un chorro | jet turbine engine | jet engine.
turbina de gases de alto horno | blast-furnace-gas turbine.
turbina de gases de ciclo abierto | straight gas turbine.
turbina de gases de ciclo cerrado | closed-cycle gas turbine.
turbina de gases de ciclo cerrado de combustión de carbón | coal-burning closed-cycle gas turbine.
turbina de gases de ciclo de volumen constante | explosion gas turbine.
turbina de gases de ciclo semicerrado | semi-closed cycle gas turbine.
turbina de gases de combustión | combustion gas turbine.
turbina de gases de combustión de carbón | coal-burning gas turbine.
turbina de gases de chorro y hélice (aviones) | compound propeller engine.
turbina de gases de explosión | explosion gas turbine.
turbina de gases de pequeña potencia | low-rated gas turbine.
turbina de gases de presión constante | constant-pressure gas turbine.
turbina de gases de presión constante de ciclo abierto | open-cycled constant-pressure gas turbine.
turbina de gases de recuperación | recuperative gas turbine.
turbina de gases marina | marine gas turbine.
turbina de gases para automóviles | automotive gas turbine.
turbina de gases para helicópteros | helicopter gas-turbine.
turbina de hélice (aviación) | airscrew-turbine.
turbina de hélice de flujo invertido | reverse-flow airscrew-turbine.
turbina de helio | helium turbine.
turbina de impulsión | velocity turbine.
turbina de impulsión (de vapor) | impulse turbine.
turbina de inyección parcial | partial injection turbine.
turbina de inyección total | full injection turbine.
turbina de libre desviación | tangential wheel.
turbina de marcha atrás | reversing turbine | astern turbine.
turbina de marcha atrás (buques) | impulse astern turbine.
turbina de marcha avante | ahead turbine.
turbina de marcha avante de alta presión toda de impulsión | all impulse high-pressure ahead turbine.
turbina de media presión | intermediate pressure turbine | mixed-pressure turbine | i.p. turbine.
turbina de motor de chorro | jet-engine turbine.
turbina de pluriexhaustación | multiple exhaust turbine.
turbina de reacción | back turbine | reaction turbine.
turbina de reacción (hidráulica) | pressure turbine.
turbina de reacción axial monoetápica | single-stage axial impulse turbine.
turbina de reacción completa | full-reaction turbine.
turbina de reacción con envuelta de caracol (turbina hidráulica) | spiral cased reaction turbine.
turbina de reacción de alimentación por canal | open penstock reaction turbine.
turbina de rotor hueco | gashed rotor turbine.
turbina de rueda de impulsión de tres expansiones | three-row impulse wheel turbine.
turbina de sobrealimentación (motores) | charging turbine.
turbina de tambor | drum turbine.
turbina de un solo rotor | single spool engine.
turbina de vapor | steam turbine.
turbina de vapor biexpansional de dos estatores en tanden | tandem compound steam turbine.
turbina de vapor con ciclo de regeneración térmica (entre expansiones) | reheat steam turbine.
turbina de vapor con gas | steam-cum-gas turbine.
turbina de vapor con la expansión de alta de impulsión y la de media y baja de reacción | disc-and-drum turbine.
turbina de vapor con sobrecalentamiento intermedio (entre expansiones) | reheat steam turbine.
turbina de vapor de contrapresión con extracción intermedia de vapor | pass-out back pressure steam turbine.
turbina de vapor de extracción de dos presiones | dual-pressure extraction steam turbine.
turbina de vapor de media presión | IP turbine.
turbina de vapor de mercurio | mercury-vapor turbine.
turbina de vapor de reacción sin condensación | noncondensing impulse steam turbine.
turbina de vapor en que los estatores de alta y baja presión están separados con acoplamiento en paralelo y el conjunto tiene por lo tanto dos ejes | cross-compound turbine.
turbina de vapor engranada de gran potencia | high-powered geared steam turbine.
turbina de vapor marina con recalentamiento intermedio del vapor entre las expansiones | reheat marine steam turbine.
turbina de vapor mercúrico | mercury turbine.
turbina de vapor para buques mercantes | mercantile steam turbine.
turbina de vapor sangrado | extraction turbine.
turbina de vapor saturado | wet steam turbine.
turbina de vapores combinados | binary vapor turbine.
turbina del gasificador | gasifier turbine.
turbina engranada | gear-connected turbine.
turbina engranada de doble reducción | double-reduction-geared turbine.
turbina eólica | wind turbine.
turbina hidráulica | hydroturbine | hydraulic turbine | water turbine.
turbina hidráulica anegada | submerged turbine.
turbina hidráulica con canalización de vapor para combatir la formación de hielo en el interior | cored turbine.
turbina hidráulica con rodete de tambor en

que el chorro de agua entra a través de los álabes desde la periferia al centro del rodete y desde aquí vuelve a pasar por los álabes hasta salir al exterior | cross-flow turbine.
turbina hidráulica de gran salto | high-head turbine.
turbina hidráulica de hélice | propeller-type turbine.
turbina hidráulica de paletas orientables | feathering-blade water turbine.
turbina Kaplan | Kaplan turbine.
turbina Kaplan monorrodete | single-runner Kaplan turbine.
turbina marina | marine turbine.
turbina mixta | mixed-flow turbine | reaction-and-impulse turbine.
turbina mixta (de acción y reacción) | combination turbine.
turbina mixta (turbina helicocentrípeta) | combined flow turbine.
turbina monoestatórica | single-cylinder turbine.
turbina múltiple | multistage turbine.
turbina para accionamiento de generadores | generator-driving turbine.
turbina para buques mercantes | marine turbine.
turbina para grandes presiones de vapor | high-head turbine.
turbina para la expansión del helio | helium-expansion turbine.
turbina parcial | divided turbine.
turbina Pelton | waterwheel.
turbina Pelton de dos rodetes y de chorro único | single jet twin runner Pelton turbine.
turbina probada al freno | brake-tested turbine.
turbina radial | radial flow turbine.
turbina radial centrífuga | radial outward-flow turbine.
turbina radial centrípeta | radial inward-flow turbine.
turbina radial polietápica | multistage radial turbine.
turbina regenerativa de combustión interna | regenerative gas turbine.
turbina sin condensación de una rueda de impulsión | solid-wheel turbine.
turbina sobrecargada (trabajando con mayor potencia que la de régimen) | uprated turbine.
turbina superpuesta (al condensador) | topping turbine.
turbina tangencial | tangential flow turbine.
turbina tubular | tubular turbine.
turbina vertical de hélice de paso invariable (hidráulica) | vertical fixed-propeller turbine.
turbina-bomba reversible (central hidroeléctrica) | pump-turbine.
turbina-bomba reversible (embalse de agua bombeada) | reversible pump-turbine.
turbinal (zoología) | spiral-coiled.
turbinista | turbininist | turbine-maker.
turbinología | turbinology.
turbio | clouded.
turbio (agua) | puddled.
turbio (líquidos) | cloudy | cloud | muddied | dreggish | roiled.
turboagitador | turboagitator.
turboaireador | turboaerator.
turboalternador | turbine-type machines | turbine generator | turboalternator | turbogenerator.
turboalternador de turbina de combustión | gas turboalternator.
turboalternador de turbina de gases | gas turbogenerator.
turboalternador de vapor de flujo axial | axial flow steam turbo alternator.
turboalternador de vapor de flujo radial | radial flow steam turboalternator.
turboalternador de vapor de varias expansiones con reductor de velocidad | multistage geared steam turboalternator.
turboalternador enfriado con hidrógeno | hydrogen-cooled turboalternator.
turboalternador hidráulico | water turboalternator.
turboarrancador | turbostarter.
turboarrancador de monocombustible | monofuel turbostarter.
turboarrancador neumático | pneumatic turbostarter.
turboaspirador | turbocollector.
turbobomba | turbine pump | turbopump.
turbobomba sin paletas | vaneless turbopump.
turbociclón | turbocyclone.
turbocirculador | turbocirculator.
turbocompresión | turbosupercharging.
turbocompresor | turbocompressor | axial-flow compressor.
turbocompresor (motores) | turboblower.
turbocompresor accionado por el vapor de exhaustación | exhaust steam-driven turbocompressor.
turbocompresor accionado por gases de exhaustación | exhaust-driven turbocompressor | exhaust turbocompressor.
turbocompresor accionado por los gases de escape | exhaust gas-driven turbocompressor.
turbocompresor accionado por los gases de la exhaustación (motor diesel) | turbosupercharger.
turbocompresor de aviación | aircraft turbosupercharger.
turboconvector | turboconvector.
turboconvertidor | turboconvertor.
turbodínamo | turbodynamo | turbine-type machines | turbogenerator.
turbo-embrague | fluid flywheel.
turboestrático | turbostratic.
turboexhaustor | turboexhauster.
turboexpansión | turboexpansion.
turboexpansor (licuación de gases) | turboexpander.
turboextracción de testigos (sondeos) | turbocoring.
turboextractor multigradual | multistage turboexhauster.
turbogenerador | turbogenerator.
turbogenerador con extracción intermedia de vapor para diversos servicios (máquinas de baja presión o para servicios auxiliares) | pass-out turbogenerator.
turbogenerador de condensación por extracción | extraction-condensing turbine-generator.
turbogenerador de vapor de mercurio | mercury turbogenerator.
turbohélice | turboprop | turboprop-jet engine | propjet | propeller-turbine engine.
turbohélice (aeroplanos) | turbine-driven propeller.
turbohélice de doble compresor | two-spool turbojet.
turbointerruptor de mercurio | mercury turbine interrupter.
turbomáquina | turbine-type machines | turbomachine.
turbomáquina de flujo axial | axial turbomachine.
turbomáquina de flujo radial | radial turbomachine.
turbomáquina térmica | thermical turbomachine.
turbomaquinaria | turbomachinery.
turbomedidor horomecánico | horomechanical turbometer.
turbomezclador | turbomixer.
turbomotor | turboengine | tubomotor.
turbomotor compuesto | compound turbine engine.
turbonada | vortex | storm | squall.
turbonave | turbine ship.
turboneumático | turbopneumatic.
turboperforación | turbodrilling.
turboperforación (pozos petróleo) | turbodrill.
turboperforación de sondeos profundos (pozos petróleo) | turbodrilling of deep boreholes.
turbopropulsión | turbopropulsion.
turbopulverizador | turbopulverizer.
turbo-refrigerador | turbine cooler unit.
turborreactor | turbojet | turboreactor.
turborreactor a postcombustion | turboramjet.
turborreactor con compresor centrífugo | centrifugal-flow jet engine.
turborreactor con dos compresores uno de alta y otro de baja presión montados en línea (aviones) | twin spool turbojet.
turborreactor con poscombustión | turboramjet engine | turbojet engine with afterburner.
turborreactor con ventilador entubado | ducted fan turbojet.
turborreactor de doble flujo | by-pass turbojet | bypass jet.
turborreactor de doble manguito | twin spool turbojet.
turborreactor de flujo axial | axial flow turbo jet.
turbosecador | turbodryer.
turbosina | jet fuel.
turboso | peaty.
turbosobrealimentación por medio de los gases de escape | exhaust-gas turbocharging.
turbosobrealimentador (motor diesel) | turbosupercharger.
turbosobrealimentador (motores) | turbocharger.
turbosobrealimentador accionado por gases de exhaustación | exhaust gas turbine-driven charger | exhaust turbosupercharger.
turbosondeo | turbine drilling.
turbosoplante | turbocharger | turbobooster | blowers.
turbosoplante (para hornos) | turboblower.
turbosoplante accionada por los gases de exhaustación | exhaust-gas-driven turbocharger.
turbotransmisión | turbotransmission.
turbotransmisión hidráulica | hydraulic turbotransmission.
turboventilador | turboblower | turboventilator | turbofan.
turbulencia | turbulence | swirl | eddy.
turbulencia (meteorología) | gustiness.
turbulencia a la entrada | inlet turbulence.
turbulencia a popa por los gases de la chimenea (portaaviones) | stack wash.
turbulencia acuífera | aquifer turbulence.
turbulencia aerodinámica | burbling.
turbulencia anisótropa homogénea | homogeneous nonisotropic turbulence.
turbulencia atmosférica | atmospheric turbulence.
turbulencia atmosférica transversal | bolster eddy.
turbulencia de altura | clear air turbulence.
turbulencia de ángulo | corner eddy.
turbulencia de la capa límite | boundary layer turbulence.
turbulencia de la corriente libre | free-stream turbulence.
turbulencia de pared | wall turbulence.
turbulencia desordenada | random turbulence.
turbulencia en aire claro (meteorología) | clear air turbulence.
turbulencia en tiempo sin nubes | clear-air turbulence.
turbulencia estadística | random turbulence.
turbulencia fenomenológica | phenomenological turbulence.
turbulencia isótropa | isotropic turbulence.
turbulencia isotrópica incomprensible | incompressible isotropic turbulence.
turbulencia localmente isotrópica | locally isotropic turbulence.
turbulencia parietal | wall turbulence.
turbulenciador (dispositivo para dar movimiento de torbellino al aire) | swirler.
turbulenciar | swirl (to).
turbulenciógeno | turbulence-producing.
turbulento (flujo) | sinuous.
turbulizador | turbulizer.
turgencia | turgot | swelling.

turgente | bosselated | swelling.
turgita | hydrohematite.
turismo | tourism.
turismo automovilístico | motoring.
turmalina azul | blue schorl.
turmalina azul-verdosa pálido | aquamarine tourmaline.
turmalina corroída (mineral) | ragged tourmaline.
turmalina de grano fino de color azul-pizarra | blue peach.
turmalina ferrífera | ferriferous tourmaline.
turmalina negra | aphrizite | schorl.
turmalina verde | Brazilian emerald | African emerald.
turmalina verde-claro (Mesa Grande, California) | emeralite.
turmalinado | tourmalinated.
turnar (en un empleo) | rotate (to).
turno | rotation | round | time.
turno (de sondistas) | tour.
turno con personal fijo | fixed shift.
turno de atraque (a muelle) | turn.
turno de atraque (al muelle) | stem.
turno de carga cuando el carbón está sobre muelle y no por el orden de llegada del buque | colliery turn.
turno de día | day shift.
turno de guardia | trick.
turno de la mañana | morning shift.
turno de noche | night pair | night shift | dog shift.
turno de noche (minas) | dying shift.
turno de raleo (Iberoamérica-bosques) | thining cycle.
turno de tarde | swing shift.
turno de trabajo | spell | shift.
turno de trabajo (factorías) | tour.
turno del mediodía (trabajo a tres turnos) | back-shift.
turno diario | daily rota.
turno franco de servicio (marineros) | spell below.
turno laboral | shift.
turno que se emplea en trabajos ininterrumpidos durante toda la semana | swing shift.
turno rotatorio | rotating shift.
turón (zoología) | foumart.
turpentine (Syncarpia hilli) | satinay red.
turpidez | turpitude.
turquesa (gema) | turkis.
turquesa azul pálido o azul verdoso del sudoeste de USA | American turquoise.
turquesa con aspecto agrietado | eggshell turquoise.
turquesa oriental | agaphite.
Turquía | Turkey.
turraeanthus vignei - Hutch Dalz) | wansenwa.
turtó (torta de semillas oleaginosas) | cake.
turtosa (Oldfieldia africana) | turtosa.
tusón | fleece wool.
tutela | wardship.
tutela dativa | guardianship ad litem.
tutela jurídica | legal protection.
tutela legítima | tutorship by nature.
tutela testamentaria | tutorship by will.
tutor | conservator | trustee | governor.
tutor (de planta) | prop.
tutor dativo | guardian ad litem.
tutor testamentario | guardian by statute | testamentary guardian.
tutora | tutoress.
tutoría | tutorage.
tutorial | tutorial.
tutriz | tutoress.
tutú (traje de ballerina) | tutu.
tuya africana (Tetraclinis articulata) | thuya.
TV difundida directamente por satélite | direct broadcast satellite TV.
tweed (tela) | tweed.
twistor doble | piggyback twistor.
twystron (tubo de microondas híbrido entre el de ondas progresivas y el klistrón) | twystron.
tyndaloscopio | tyndalloscope.
Typotrón (tubo de memoria incriptor de caracteres) | Typotron.
tyrotricina | tyrothricine.

U

ubatán (Astronium gracile) | guaribu.
ubatan (Astronium gracile - Engl) | ubatan.
ubicación | bucket | emplacement | location | lie | situation | siting.
ubicación (de una obra) | site.
ubicación de datos | data layout.
ubicación de la prensa | damsite.
ubicación de la presa | dam site.
ubicación de una central | power site.
ubicación del puente | bridge site.
ubicación en el tambor | drum location.
ubicación y orientación (satélites) | positioning and orientation.
ubicaciones protegidas | protected locations.
ubicar | site (to).
ubitrón (microondas) | ubitron.
ubre | teat.
udómetro | udometer.
ufanía | haughtiness.
úlcera | fester.
úlcera corneal | helcoma.
úlcera en la boca | canker.
úlcera frambésica | yaw.
úlcera producida por sales de cromo (obreros de tenerías) | chrome sore.
úlcera superficial | fester.
ulceración (medicina) | canker | helcosis.
ulceración por sales de cromo | chrome ulceration.
ulexita | cotton ball | boronatrocalcite.
ulmaceo | elmy.
ulmo (Eucryphia cordifolia - Cav) | ulmo.
ulterior | subsequent.
última caja acabadora (tren continuo de laminar) | bullhead.
última capa de enlucido de yeso blanco (enlucidos) | skim coat.
última capa de enlucido de yeso blanco (muros) | white coat.
última cuaderna a proa (buques que tienen botalón) | knight head frame.
última entrada (almacenes) | last-in first-out.
última etapa de la reacción (química) | ultimate stage of reaction.
última fase (cohetes) | upper stage.
última fase de vida de una rueda con llanta gruesa que ha sido rectificada varias veces (ferrocarriles) | one-wear wheel.
última fila | rear row.
última fracción de destilación | end-product.
última lámpara (de receptor radio) | power tube.
última línea corta de un párrafo (tipografía) | club line.
última línea de resistencia (milicia) | final protective line.
última línea de un párrafo (tipografía) | break.
última mano (pintura, etc.) | finish.
última mano (pinturas) | finishing coat | topcoat.
última parte del toque de retreta | last post.
última pasada del tejido | fell of the cloth.
última prueba (imprenta) | brush-proof.
última velocidad | high gear.
última voluntad ante testigos posteriormente formalizada | nuncupative will.
ultimación | finishing.
últimamente | of late.
últimas escorias del afino (rabo de zorro - metalurgia) | foxtail.
últimas palabras | expiring words.
ultimidad | ultimacy | ultimateness.
último | extreme.
último avión de una formación | tail-end Charlie.
último cartucho | last round.
último de la fila | file-closer.
último ejercicio calificado | last year examined.
último en entrar primero en salir | last in first out.
último plazo | time limit.
último precio | bed rock price | bottom price | lowest price.
ultimo remate | end-all.
último tablón de una traca (buque madera) | shutter strake.
último toque (a un asunto) | finishing.
últimos precios (cotizaciones) | going-to-press prices.
últimos reflejos del sol que se pone | afterglow.
ultra pequeño | ultra-small.
ultraacústica | supersonics | ultrasonics.
ultraacústico | supersonic | ultrasonic.
ultracentrífuga con rotor de suspensión magnética | magnetic-suspension ultracentrifuge.
ultraconvergencia | overconvergence.
ultracorto | ultrashort.
ultradelgado | ultrathin.
ultraestable | highly stable.
ultraestructural | ultrastructural.
ultrafiltración | ultrafiltration.
ultrafino | ultrathin.
ultrafrecuencia | ultra high frequency.
ultrahermética | ultratight.
ultraísmo | ultraism.
ultralargo | ultralong.
ultramar | overseas | oversea.
ultramarino | transmarine | oversea.
ultramicroanálisis | ultramicroanalysis.
ultramicrometría | ultramicrometry.
ultramicrómetro electrónico | electronic ultramicrometer.
ultramicroquímica | ultramicrochemistry.
ultramicrorraspadura | ultramicroscratching.
ultramicroscópico (bacilos) | filter-passing.
ultramicroscopio | ultramicroscope | hypermicroscope.
ultramicrotomía | ultramicrotomy.
ultramicrotomo | ultramicrotome.
ultramoderno | ultramodern.
ultranegro | blacker-than-black.
ultraprecisión | superprecision.
ultrapulimento | superfine polishing.
ultrapuro | ultrapure.
ultrarrápido | split-second | superquick | ultrarapid | high-velocity.
ultrarrápido (aparatos) | high speed.
ultrarrápido (contactores) | quick-break.
ultrarrápido (mecanismos) | instant.
ultrarrojo | ultrared.
ultrasensible | supersensitive.
ultrasonda | supersonic recorder echo.
ultrasónica | ultrasonics.
ultrasónica de hiperfrecuencias | microwave ultrasonics.
ultrasónica por reflexión de impulsos | pulse reflection ultrasonics.
ultrasónicamente agitado | ultrasonically agitated.
ultrasónico | supersonic | ultrasonic.
ultrasonido | ultrasound | ultra sound.
ultrasonido diagnóstico | diagnostic ultrasound.
ultrasonido en la medicina | ultrasonic in medicine.
ultrasonidos focalizados | focused ultrasounds.
ultrasonografía | ultrasonography.
ultrasonografía con escala de grises (medicina) | gray-scale ultrasonography.
ultrasonografía del páncreas (medicina) | ultrasonography of pancreas.
ultrasonografía retroperitoneal | retroperitoneal ultrasonography.
ultrasonografía transrectal (medicina) | transrectal ultrasonography.
ultrasonográfico | ultrasonographical.
ultrasonorizador | ultrasonorizator.
ultrasonoro | ultrasonic | superaudible | supersonic.
ultrasonoscopia | ultrasonoscopy.
ultrasonoscopio | ultrasonoscope.
ultrasonoscopizar | ultrasonic-test (to).
ultrasonoterapia | ultrasonotherapy.
ultravioleta | ultraviolet.
ululación (campo de frecuencia entre 0,1 y 10 a 20 hertzios - acústica) | wow.
ululación (cinta) | wow.
ululato del buho | whoop (to).
umbela (botánica) | rundle.
umbo (zoología) | umbo.
umbonado (botánica) | embossed.
umbonal | umbonal.
umbones | umbones.
umbónico | umbonic.
umbra (óptica, astronomía) | umbra.
umbra (zoología) | char.
umbráculo | umbraculum.
umbral | sill | threshold | step.
umbral (óptica, sicología) | limen.
umbral (presas) | cill.
umbral (puerta) | saddle | sill.
umbral absoluto | absolute threshold.
umbral acromático | achromatic threshold.
umbral anterior (televisión) | front porch.
umbral auditivo | minimum audible.
umbral bicromático | bichromatic threshold.
umbral cromático (biología) | chromatic threshold.
umbral de asiento (busco - esclusas y dique seco) | clap-sill.
umbral de audibilidad | threshold of audibility | threshold of hearing | hearing threshold | minimum audibility.
umbral de audición | audibility threshold.
umbral de compuerta (busco) | gate sill.
umbral de detección | detection threshold.
umbral de detección (radar) | threshold of detection.
umbral de diferencia | difference threshold.
umbral de diferencia de luminancia | luminance-difference threshold.
umbral de energía | cut-off energy | threshold of energy.
umbral de esclusa | lock sill | lock-sill.
umbral de frecuencia | threshold of frequency.
umbral de inestabilidad | instability threshold.
umbral de la audibilidad | audibility threshold.
umbral de luminiscencia | threshold of luminescense.
umbral de mejoras | improvement threshold.
umbral de percepción | perception threshold.
umbral de percepción normal (acústica) | mean threshold of feeling.
umbral de pista | threshold of runway | runway threshold.
umbral de puerta | doorsill | door sill.
umbral de reacción | reaction threshold.
umbral de reaprovisionamiento | order point.
umbral de rentabilidad | break even point.
umbral de sensación dolorosa | threshold of feeler.
umbral de sensación dolorosa (acústica) | feeling threshold.
umbral de sensibilidad | quieting signal sensitivity | quieting sensitivity | minimum wavelength | sensibility threshold.
umbral de sublimación catódica | sputtering threshold.
umbral de toxicidad | toxicity threshold.
umbral del vertedero | crest.
umbral dentado (presas) | indented sill.
umbral denticulado (presas) | indented sill.
umbral desviador (resalto - pie de presas) | deflector sill.
umbral diferencial de intensidad | differential threshold of intensity.
umbral diferencial de sensación | differential threshold of sensation.
umbral discriminatorio | discriminator threshold value.
umbral efectivo | effective cut-off energy.
umbral efectivo del boro | effective boron cut-off.
umbral efectivo del cadmio | effective cadmium

cut-off.
umbral empotrado en las jambas | lug sill.
umbral encajado | slip sill.
umbral fotoeléctrico | photoelectric threshold.
umbral fotonuclear | photonuclear threshold.
umbral logarítmico | logarithmic threshold.
umbral luminoso | light minimum | light threshold.
umbral máximo de interferencia | maximum interference threshold.
umbral normal de audibilidad | normal threshold of audibility.
umbral perceptible | differential threshold.
umbral posterior (televisión) | back porch.
umbral sonoro | audibility threshold.
umbral terminal del ejercicio físico | terminal threshold for physical work.
umbral visual | visual threshold.
umbrela (zoología) | umbrella.
umbría | shade.
umgusi (Baikiaea plurijuga) | umgusi.
umohoita | umohoite.
un consejo | a piece of advice.
un corte y vuelta de braza (nudo) | half hitch and timber hitch.
un disco en el eje | single disc on shaft.
un grillete de cada 25 (cadenas de anclas) | one shackle out of 25.
un inspector por cada doce soldadores | one supervisor to every twelve welders.
un millón de veces | millionfold.
un motor parado de los cuatro | one engine stopped out of four.
un solo carácter | singular character | skeletal character.
un tal caso ocurrió en | one such instance arose in.
una centésima parte | one one-hundredth part.
una de cemento por tres de arena | one of cement to three of sand.
una de las correas que sujetan el paracaídas a la persona | riser.
una de las principales causas de | one of the chief causes of.
una desviación de estos parámetros significará una desviación en las propiedades | a deviation in these parameters will mean a deviation in the properties.
una lectura de aparato | mark.
una letra con todas las copias (comercio) | set of exchange.
una malla al derecho y otra al revés | knit one, purl one.
una octava más bajo (música) | double.
una parte de la bolsa de Londres asignada a los corredores de seguros marítimos | Lloyd's rooms.
una salida por mes (buques) | one sailing a month.
una tras otra (bombardeo aéreo) | in train.
una vez al año | once a year.
una vez cada minuto | once-every-minute.
una vez visto no se olvida | once seen it can never be forgotten.
una vuelta en 32 calibres (rayado cañón) | one turn in 32 calibers.
unanimidad | consensus.
unanimidad (votos) | solidness.
unanimidad de opinión | consensus.
unario | unary.
uncífero | hook-bearing.
unciforme | unciform | hook-shaped | hooked.
uncinado | hooked | uncinate.
unción | consecration.
undoso (zoología) | billowy.
ungir (obispo, rey) | consecrate (to).
ungüento | ointment | salve.
unguiculado (ungulado - botánica) | clawed.
unguífero (quelífero - zoología) | clawed.
unguligrado | hoofs-walking | unguligrade.
ungusi (Baikiaea plurijuga) | Rhodesian teak.
uniaxial | single-axis | uniaxial.
uniaxialidad | uniaxiality.
uniáxico | uniaxial.
unible | attachable.
única de cambio | sola bill.
única de cambio (letras) | sole bill.
única instancia | single instance.
únicamente magnético (campos de fuerzas) | purely magnetic.
unicelular | one celled.
unicidad | unicity | uniqueness.
unicidad del límite | uniqueness of the limit.
unicidad del valor | singlevaluedness.
único | unmatched.
único acreedor | single creditor.
unicolor | single-colored | unicolor | one-colored.
unicom (frecuencia 122,8 MHz EE.UU.) | unicom.
unidad | unit.
unidad (de disco, cinta...) | drive.
unidad (de peso, medida etc.) | denomination.
unidad (organización) | outfit.
unidad a la que se asigna directamente personal | manning unit.
unidad a la que se va destinado (milicia) | unit of assignment.
unidad absoluta de fuerza | poundal.
unidad acorazada | armor unit.
unidad adaptora de datos | data addapter unit.
unidad agregada | attached unit.
unidad anticarros | tank destroyer unit.
unidad antipalúdica | malaria control unit.
unidad antisubmarinos | hunter killer unit.
unidad arbitraria | arbitrary unit.
unidad aritmética | arithmetic unit.
unidad aritmética en paralelo | parallel arithmetic unit.
unidad aritmética lógica | arithmetic logic unit.
unidad astronómica (distancia del sol a la tierra) | astronomical unit.
unidad automática del aterrizador | self-breaking strut.
unidad automatizada | automated unit.
unidad auxiliar de tablero | keyboard unit.
unidad auxiliar para la descarga dinámica | swap allocation unit.
unidad blindada | armor unit.
unidad buscadora de caminos (telefonía) | path-search unit.
unidad cartográfica | mapping unit.
unidad central | processing unit | main frame.
unidad central de proceso | processor | central processing unit.
unidad central de tratamiento | central processing unit.
unidad combatiente | combat unit.
unidad comercial integral más pequeña (materias textiles) | unit package.
unidad completa | assembly.
unidad con administración independiente | self accounting unit.
unidad con marcación automática | automatic dialing unit.
unidad conectable | plug-in unit.
unidad constituida | constituted unit.
unidad constituida (milicia) | complete command.
unidad de acción | singleness of purpose.
unidad de aislamiento térmico | clo.
unidad de alimentación | power pack | feed unit.
unidad de alimentación AB | AB power pack.
unidad de almacenamiento en tambor magnético | magnetic-drum storage unit.
unidad de almacenamiento informático | cartridge.
unidad de análisis de microfilm | film scanner.
unidad de aumento (óptica) | diameter.
unidad de barrido | scanner unit.
unidad de base avanzada para reparaciones de tipo medio (marina) | Cub.
unidad de bombeo (pozo petrolífero) | jack.
unidad de bulbo sumergido (turbina hidráulica) | submerged bulb unit.
unidad de cantidad de electricidad (10 culombios) | abcoulomb.
unidad de capacitancia (10^9 faradios) | abfarad.
unidad de cassette | cassette tape unit.
unidad de cinta | tape unit | tape deck.
unidad de cinta de cassette | cassette unity.
unidad de cinta magnética | magnetic tape drive.
unidad de clasificación mecánica | machine records unit.
unidad de color primario | primary color unit.
unidad de comienzo (telefonía) | originating unit.
unidad de comparación con el mapa (radar) | auto radar plot | chart comparison unit.
unidad de compensación (acústica) | equalizer unit.
unidad de conductancia | mho.
unidad de conductancia (10^{-9} mho) | abmho.
unidad de conexión | attachment.
unidad de contratación | round lot.
unidad de contratación (bolsa) | round lot.
unidad de control | gating unit.
unidad de control (calculadora electrónica) | control unit.
unidad de control (telegrafía) | signaling unit.
unidad de control a distancia | remote control unit.
unidad de control de cinta magnética | magnetic-tape control unit.
unidad de control de programas | program controller unit.
unidad de control de transmisión | central terminal.
unidad de control y medida | gauge control unit.
unidad de conversación (de un teléfono durante la conversación) | traffic unit.
unidad de conversación (telefonía) | unit call.
unidad de cristal a temperatura controlada | temperature controlled crystal unit.
unidad de cristal sellado | sealed crystal unit.
unidad de cuenta | unit of account.
unidad de cuenta europea | european unit of account | european currency unit (E.C.U.).
unidad de datos | data item.
unidad de datos (informática) | item.
unidad de demora verdadera | true-bearing unit.
unidad de diafonía | crosstalk unit.
unidad de diferencia de frecuencia musical igual a 1/100 de un semitono | cent.
unidad de diferencia de potencial (10^8 voltios) | abvolt.
unidad de disco | gate file | file unit.
unidad de disco intercambiable | disk cartridge unit.
unidad de discos | drawer file.
unidad de discos móviles | exchangeable disc store.
unidad de dosis en la piel (rayos X) | unit skin dose.
unidad de dotación reglamentaria | unit of issue.
unidad de enrejado básico | basic-grid unit.
unidad de entrada | input unit.
unidad de escala | scaling unit.
unidad de estroncio (picocurio por gramo de calcio) | strontium unit.
unidad de evacuación de heridos | clearing unit.
unidad de flujo acústico (acústica) | vu.
unidad de flujo luminoso | lumen.
unidad de fotoelasticidad | brewster.
unidad de fuego | basic load of ammunition.
unidad de fuego (número especificado de disparos por cañón) | unit of fire.
unidad de impresión | print unit.
unidad de inductancia (10^9 henrios) | abhenry.
unidad de infección viral | viral infection unit.
unidad de información | item | transmission frame | frame.
unidad de intensidad (10 amperios) | abampere.
unidad de intensidad de tráfico | erlang.

unidad de interconexión | interface unit.
unidad de lectura/perforación | read/punch unit.
unidad de lógica cableada | wire-program unit.
unidad de longitud | linear unit.
unidad de luminosidad | stilb.
unidad de llamada | ringer unit.
unidad de llamada automática (telefonía) | automatic calling unit.
unidad de mando | unity of command.
unidad de masa atómica | atomic mass unit (AMU) | amu (atomic mass unit) | physical mass unit.
unidad de masa atómica unificada | unified atomic mass unit.
unidad de medida | measure.
unidad de medida circular = 0,573 grados = 0,01 radián | centrad.
unidad de medida del tamaño de hilos (número de gramos en una longitud de 9.000 metros) | denier.
unidad de medida igual a (comercio arenques - Escocia) | cran.
unidad de memoria | memory unit.
unidad de muestreo | unit of sampling | sampling unit.
unidad de obra | unit quantity.
unidad de ocupación (de un teléfono durante la conversación) | traffic unit.
unidad de oropel | tinsel unit.
unidad de perturbación | trouble unit.
unidad de perturbación (telefonía) | truble unit.
unidad de peso atómico | atomic weight unit.
unidad de pirolización isomerizante | isocracker.
unidad de planteamiento de terapia | therapy planing unit.
unidad de potencia | power unit.
unidad de potencia aparente (circuito de corriente alterna con reactancia) | volt-ampere.
unidad de precipitación | precipitation unit.
unidad de presentación visual | video display unit.
unidad de presión = 1,0335 Kg. $\times$ cm^3 | atmosphere.
unidad de proceso | run unit.
unidad de proceso de datos | data processor.
unidad de propulsión por cohetes | cluster.
unidad de recepción y clasificación | receiving and classification unit.
unidad de recorte | shaping unit.
unidad de reformado catalítico (refinería de petróleos) | platforming.
unidad de refrigeración por chorro de vapor de agua | steam-jet refrigeration unit.
unidad de registro exploratorio | scan-buffer unit.
unidad de reposición | replacement unit.
unidad de representación gráfica | graphic display unit.
unidad de representación visual | video display unit.
unidad de representación visual (ordenador) | visual display unit.
unidad de representación visual de gráficas | graphic display unit.
unidad de reserva | back-up unit.
unidad de respuesta audible | audio responde unit.
unidad de respuesta vocal | audio responde unit | voice answer-back unit | voice response unit.
unidad de retardo lineal | linear delay unit.
unidad de salida | output unit.
unidad de selectores | selector bay.
unidad de sensación auditiva | bel.
unidad de señalización | signaling unit.
unidad de separación | separating unit.
unidad de separación por tamaños | size-separation unit.
unidad de servicios (milicia) | service unit.
unidad de succión quirúrgica (hospital) | surgical suction unit.
unidad de tiempo geológico | chronostratigraphic unit.
unidad de tipo aditivo | add-on unit.
unidad de trabajo | task.
unidad de trabajo (informática) | job.
unidad de trabajo de separación | separative work unit.
unidad de transacción | even lot.
unidad de transmisiones para apoyo aéreo | air support signal unit.
unidad de tratamiento | processing unit | program step.
unidad de tratamiento (informática) | activity.
unidad de tritio | tritium unit.
unidad de ventilación con divisor de flujo | flow divider ventilation unit.
unidad de visualización | data display unit | display unit.
unidad de volumen (UV-ancho) | VU.
unidad de voz (telefonía) | voice unit (V.U.).
unidad departamental | unit-assembly.
unidad derivada | derived unit.
unidad destacada (milicia) | detached unit.
unidad disco intercambiable | interchangeable disk cartridge.
unidad económica básica para recoger y presentar estadísticas censales | establishment.
unidad eléctrica | electrical unit.
unidad electrostática | electrostatic unit (E.S.U.).
unidad en prueba | unit under test.
unidad en pulgadas cúbicas | inch-cubed unit.
unidad encargada de inutilizar o recoger las bombas caídas sin estallar | bomb disposal unit.
unidad fonolocalizadora | sound unit.
unidad formativa de arcilla hueca en forma de botella sin fondo | bottle brick.
unidad formativa de placas (microbiología) | plaque-forming unit.
unidad fundamental de muestreo | ultimate sampling unit.
unidad gravimétrica (prospecciones) | gravity unit.
unidad = lumen x estereorradian | candle.
unidad impresora/perforadora | printer/punch unit.
unidad incorporada de control | self-contained control unit.
unidad internacional de pesca de ballena = ballena azul = 2 ballenas de esperma | whale unit.
unidad lógica | logical unit.
unidad lógica de umbral | threshold logic unit.
unidad lógica y aritmética | arithmetic and logic unit.
unidad logística | administrative unit.
unidad Mache | Mache unit.
unidad matriz | matrix unit.
unidad mecanohidráulica | mechano-hydraulic unit.
unidad médica móvil | mobile medical unit.
unidad militar | outfit.
unidad monetaria europea | european currency unit (E.C.U.).
unidad motriz | power pack.
unidad móvil (TV) | mobile unit.
unidad móvil de prospección petrolífera submarina | offshore mobile drilling unit.
unidad móvil de reparación | mobile repair group.
unidad muestral | sample unit.
unidad múltiple de señalización | multiple signal unit.
unidad muscular | myon.
unidad nutricional estandar | standard nutritional unit.
unidad operacional (computadora) | operational unit.
unidad orgánica | organic unit.
unidad para medir la extensión de un documento (90 palabras en Inglaterra y 100 palabras en Estados Unidos) | folio.
unidad para repostar aviones en vuelo | refueling unit.
unidad primaria de muestreo | primary sampling unit.
unidad principal | main frame.
unidad procesadora | processing unit.
unidad propulsora de ariete | ramjet unit.
unidad que mantiene y repara la aviación de una flota | fleet aircraft service squadron.
unidad que transfiere personal a otra | losing unit.
unidad racionalizada | rationalized unit.
unidad receptora de línea | line-receiver unit.
unidad reproductiva | breeding unit.
unidad residente | resident unit.
unidad sievert (radiología) | sievert unit.
unidad sindical | syndical unicity.
unidad táctica fundamental | basic tactical unit.
unidad temporizadora de impulsos | pulse-timing unit.
unidad térmica | heat unit.
unidad terminal (telecomunicación) | terminal unit.
unidad terrestre equipada y entrenada para el rápido transporte por aire | aero transportable unit.
unidad transmisora de distancia | range transmission unit.
unidad visualizadora (terminal) | display station.
unidad X (radiaciones) | X unit.
unidades acordes | consistent units.
unidades coherentes | coherent units.
unidades de archivo de anaquel abierto (registros) | open-shelf file units.
unidades de conexión de enlaces internos | junctor link units.
unidades de control microprogramadas modificables por un programa | program-modifiable microprogrammed control units.
unidades de entrada | input units.
unidades de entrada (telecomunicación) | linking panel.
unidades de trabajo de separación | separation working units (S.W.U.).
unidades de transmisión (telecomunicación) | transmission units.
unidades entrantes | incoming units.
unidades idiógenas | idiogenites.
unidimensional | one-dimensional | single dimensional | unidimensional.
unidireccional | one-way | monodirectional.
unidireccional (circuito) | simplex.
unidireccionalidad | unidirectionality.
unido | linked | close | connected | conjunct | attached | coherent.
unido a la parte anterior | front-connected.
unido a lo largo | longitudinally-united.
unido a masa (motores) | earthed.
unido a mortaja (carpintería) | mortised.
unido a polos opuestos (electricidad) | oppositely-poled.
unido a tierra | earth-connected.
unido a tierra (electricidad) | earthed.
unido a una póliza | endorsement on a policy.
unido con biela | link coupled.
unido con cubrejunta | butt-strapped.
unido con pasador (estructuras) | pin-connected.
unido con tojinos al forro de chapa (buques) | lugged to plating.
unido con tubería a todas las partes de | piped to all parts of.
unido de forma que se puede soltar | releasably-attached.
unido en cremallera (vigas de madera) | joggled.
unido en obra | field-jointed.
unido por el exterior | outside-connected.
unido por el interior | inside-connected.
unido por un adhesivo (fabricación papel) | pasted.
unido rígidamente | rigidly jointed.
unidor | uniter.

unidora de bandas (textil) | sliver lap machine.
unificación | consolidation | standardization | unification.
unificación de la defensa | defense unification.
unificado | unified.
unificador | consolidator.
unificar | unify (to) | standardize (to) | unite (to) | unitize (to).
unificar (deudas, índices, etc.) | consolidate (to).
unificar criterios | unite criterions (to).
unifilar | unifilar.
uniformar | standardize (to).
uniforme | steady | regular | level | even | equable | equal.
uniforme (iluminación) | flat.
uniforme (traje) | uniform.
uniforme de campaña | fatigues.
uniforme de faena | working uniform.
uniforme de gala | court dress.
uniforme de verano | summer uniform.
uniforme militar | military dress.
uniforme reglamentario | service uniform | prescribed uniform.
uniformemente | evenly | even.
uniformemente acotada en E (funciones) | pointwise bounded on E.
uniformemente convergente | uniformly convergent.
uniformemente distribuido | continuously distributed.
uniformidad | evenness | equability.
uniformidad (conjuntos topológicos) | smoothness.
uniformidad (de conducta) | consistency.
uniformidad de la composición | composition uniformity.
uniformidad en la interpretación | interpretation uniformity.
uniformitarismo | uniformitarianism.
uniformización | uniformization.
unilamelar | unilaminar.
unilaminado | one-layered.
unilaminar | unilaminar.
unilateral | ex parte | one-way | single-sided.
unilateralidad | unilaterality.
unilateralización | unilateralization.
unilateralizar | unilateralize (to).
unilcuadio (elemento radioactivo artificial de número atómico 104) | unnilquadium (Unq - I.U.P.A.C.).
unilcuadio (I.U.P.A.C.) | rutherfordium (Rf--USA) | kurtschatovium (ku-U.R.S.S.).
unilhéxio radioactivo artificial de número atómico 106) | unnilhexium (Unh - I.U.P.A.C.).
unilingüismo | unilinguism.
unilocular | one celled.
unilpentio (elemento radioactivo artificial de número atómico 105) | unnilpentium (Unp - I.U.P.A.C.).
unilpentio (IUPAC) | hahnium (Ha-EE.UU.).
unilpentio (I.U.P.C.) | nielsbohrium (Ns--U.S.S.R.).
unimodular | unimodular.
uninegativo | uninegative.
unión | tie | clinging | connexion | connection | connexion (G.B.) | coupling | connecting | linking | linkage | joint | assemblage | assembling | connexion | bonding | edge fastening | fay | fusion | junction | linking up.
unión (programas) | link.
unión (transistores) | junction.
unión (tuberías) | union.
unión a barbilla | rabbeting.
unión a bayoneta | bayonet attachment.
unión a caja y espiga | grooving and feathering joint.
unión a cola de milano | dovetailing.
unión a charnela | folding joint | hinge-joint.
unión a chaveta | keyed connection.
unión a espiga doble | double-tongued joint.
unión a inglete | mitering | miter joint | mitring.
unión a las alas con tojinos | flange-cleat connetion.
unión a nudo | knot coupling.
unión a paño | flush connection.
unión a pivote | pivotal connection.
unión a rebajo | rabbeting.
unión a tierra | earth connection.
unión a tierra (puesta a tierra - electricidad) | grounding.
unión a tope | butting joint | abutment.
unión a tope (electrotecnia) | butt-jointing.
unión a tope con dos cubrejuntas laterales | fishing.
unión acartelada | bracketed connection.
unión aduanera | customs union | tariff union.
unión al alma con tojinos | web-cleat connection.
unión articulada | hinged connection.
unión articulada con pasador | knuckle pin joint.
unión central de tiristor | thyristor centre junction.
unión circunferencial para tubería (con extremos ligeramente doblados y solapados y remachados) | bump joint.
unión con cubrejunta | butt-joint with cover.
unión con espigas | pegging.
unión con pasador | pin connection | cottered end-joint.
unión con pasadores | pegging.
unión con ranura de encaje | fillistered joint.
unión cóncava de dos superficies (generalmente perpendiculares) | fillet.
unión cónica | taper.
unión contorneada | contoured junction.
unión covalente | covalent bond.
unión crediticia | credit union.
unión curvada de dos superficies que se cortan | fillet.
unión de acciones | stock pool.
unión de brida y manguito | connecting socket.
unión de cabeza de clavo | nail-head bond.
unión de carril | junction-rail.
unión de caucho a metal | rubber-to-metal bonding.
unión de continuidad | continuity-bond.
unión de chapas de madera | lay-up.
unión de charnela | knuckle pin joint.
unión de doble hembra | double female connection.
unión de doble macho | double male connection.
unión de dos balas de lana en una sola (para activar la carba a bordo) | double-dumped wool.
unión de dos materiales por una capa intermedia adhesiva | combining.
unión de dos metales forzando el borde de uno en el material del otro | staking.
unión de dos partículas en colisión formando una partícula compleja simple | attachment.
unión de dos piezas de metal con un tercer metal de menor temperatura de fusión | soldering.
unión de dos terminaciones | two-port junction.
unión de empresas | combine.
unión de gremios asociados | associated-craft union.
unión de guíaonda axialmente asimétrico | axially unsymmetrical waveguide junction.
unión de guías de ondas | pipe joint.
unión de la caña a los brazos (anclas) | throat.
unión de la trama (textiles) | web-bonding.
unión de la viga al pie derecho | beam-to-stanchion connection.
unión de las grietas superficiales (lingotes) | healing.
unión de las hojas del puente al cerrarse (puente de báscula) | decking.
unión de manguera | hose union.
unión de metales | bonding of metals.
unión de metales disimilares | dissimilar-metal joining.
unión de nervios (bóveda gótica) | boss.
unión de nucleones | nucleon pairing.
unión de puntales por travesaños | bridging.
unión de reborde | lip union.
unión de redes geodésicas | tie.
unión de sociedades | merger | merger proper.
unión de taza (tubería de plomo) | cup joint.
unión de tiras de filmes (cine) | splicing.
unión de tubo flexible | hose adapter.
unión de tubos | pipe-union.
unión de tuerca | union.
unión de un itinerario (topografía) | traverse tie.
unión de un metal con un cerámico | ceramic-to-metal seal.
unión de una consonante final a la vocal siguiente | liaison.
unión de varias lentes brutas en una herramienta curva para pulirlas | blocking.
unión defectuosa | malunion.
unión del ala al fuselaje | wing root.
unión del cubrejunta al carril (que impide la dilatación de la vía) | freezing.
unión del margen de la tapa del doble fondo | tank side connection.
unión del vidrio al metal | glass-metal seal.
unión económica de Bélgica | Benelux.
unión eléctrica | interlinking.
unión eléctrica para continuidad de potencial | bonding.
unión empernada | bolted connection.
unión en bisel | scarfed joint.
unión en forma de caballete | saddle joint.
unión en T | tee | elbow joint.
unión en T en serie | series tee junction.
unión en T paralelo | shunt tee junction.
unión en Y (ondas) | wye junction.
unión entre metales empleando un adhesivo orgánico | bonding.
Unión Europea de Pagos | European Payments Union (E.P.U.).
unión flexible | flexible connector.
unión giratoria | swivel joint | swing joint.
unión gremial | labor union.
unión macho-hembra | box and pin.
unión metálica descubierta | unenclosed metal junction.
unión monetaria | monetary union.
unión NI | NI junction.
unión obtenida por difusión de una impureza (electricidad) | diffused junction.
unión óptica | coupling medium.
unión piezoeléctrica | piezojunction.
unión p-n con polarización directa | forward-biased p-n junction.
unión p-n de semiconductores de polaridad inversa | reverse-biased semiconductor p-n junction.
unión por bridas | flange coupling.
unión por cubrejunta | joint with butt strap.
unión por chavetas | keying.
unión por choque de dos campos de hielo | rafting.
unión por dados (empalmes madera) | doweling.
unión por enmanguitado en caliente | sweating.
unión por espiral de transición | spiraling.
unión por fusión | fusion-bonding.
unión por fusión calorífica | ceramic bond.
unión por fusión térmica | heat fusion bond.
unión por laminación | rolling bonding.
unión por pasador | pin-joint.
unión por pasadores cilíndricos | pinning.
unión por platos (ejes) | flange coupling.
unión por ritmo de crecimiento | rate-grown junction.
unión posterior de los labios menores (anatomía) | fourchette.
unión posterior de los labios menores de la vulva (anatomía) | fourchet.
unión rebajada | flat seam.
unión remachada | pin-joint.
unión sellada | sealed junction.
unión sexual (animales) | mating.

unión sin cartabones | bracketless connection.
unión sin cartelas | bracketless connection.
unión sin costura | seamless coupling.
unión solapada y soldada | overcast joint.
unión térmica | thermal bond.
unión traslapada (Chile) | lapped joint.
unión venoarterial (cirujía) | venoarterial shunt.
unión vidrio-metal (válvula electrónica) | glass-to-metal seal.
unionar (Puerto Rico) | unionize (to).
uniones | fastenings.
uniones de empresas | industrial combinations.
uniones de la chapa marginal del pantoque | bilge-margin connections.
uniones en L | ells.
uniones en la obra (no hechas en el taller) | site connections.
unionismo | unionism.
unionista | unionist.
uniparámetro | uniparameter.
unipersonal | one-man.
unípodo | unipod.
unipolar | unipolar | single pole | single throw | single-polar | monopole | acyclic.
unipolar (cables) | single core.
unipolaridad | unipolarity.
unipolo | unipole.
unir | unite (to) | match (to) | link (to) | fay (to) | splice (to) | put into (to) | adjoin (to) | attach (to) | coalesce (to) | bond (to) | bind (to) | consolidate (to) | strap (to) | tie (to).
unir (elementos) | compact (to).
unir (empresas) | consolidate (to).
unir a caja y espiga | cock (to).
unir a espiga (carpintería) | cog (to).
unir a inglete | miter (to).
unir a lengüeta | tongue (to).
unir a masa (motores) | earth (to).
unir a media madera | lap joint (to).
unir a tierra (electricidad) | earth (to).
unir a tope | butt joint (to).
unir a una estación de triangulación (topografía) | tie to a triangulation station (to).
unir con cable al chigre | bring (to).
unir con casquillos | lug (to).
unir con curva de acuerdo | radius (to).
unir con curva de transición (vía férrea) | transition (to).
unir con dados de madera | coak (to).
unir con espigas | peg (to).
unir con pasadores | stud (to).
unir con pasadores de aletas | split pin (to).
unir con pernos | join by bolts (to).
unir con platos (ejes) | flange (to).
unir con recubrimiento | lap joint (to).
unir con tornillos | screw together (to).
unir con tojinos | lug (to).
unir dos chapas o tablones por sus caras | fay (to).
unir en matrimonio | marry (to).
unir entre sí | conflate (to).
unir ideas | pool ideas (to).
unir los ángulos por curvas (alineaciones) | adjust angles by curves (to).
unir los cabos | clench (to).
unir peonaje a la mano de obra especializada (para que vayan aprendiendo) | dilute labor (to).
unir por cabillas | driftbolt (to).
unir por calentamiento | heat-bond (to).
unir por clavijas | dowel pin (to).
unir por dados | dowel (to).
unir por elementos | duct-splice (to).
unir por medio de pasadores | dowel (to).
unir por presión | pressure-bond (to).
unir solidamente | anchylose (to).
unir sus fuerzas | combine forces (to).
unir tiras (filmes) | splice (to).
unirse | conjugate (to) | cleave (to) | combine (to) | connect (to) | associate (to) | muster (to) | conjoin (to).
unirse (fracturas de huesos) | join together (to).
unirse a una formación - aviación) | formate (to).
unirse en sociedad | fellowship (to).
unirse para un fin determinado | team (to).
uniseleccionar | uniselect (to).
uniselector | selector switch | rotary line-switch | uniselector | stepper-switch.
unisexualidad | unisexuality.
unisonancia | unisonance.
unisonante | unisonant.
unisonar | sound alike (to).
unisonidad | unisonity.
unísono | unisonant | unisonous.
unitaridad | unitarity.
unitario | unitary.
unitarismo | unitarism.
unitor (electrónica) | unitor.
univalencia | singlevaluedness.
univalente | univalent | single-purpose.
universal | all-service | universal.
universal (aparatos eléctricos) | all-mains.
universal (aparatos radio) | all-wave.
universal (máquinas) | general-purpose | multipurpose.
universalizable | universalizable.
universalización del derecho de autor | copyright's universalization.
universidad donde se ha estudiado | Alma Mater.
universitario (persona) | college man.
universo | universe.
universo en expansión | expanding universe.
univibrador | flip-flop.
univocal (telecomunicación) | speech plus simplex.
univocamente | in some unique way.
univocidad | uniqueness | univocity.
unívoco | unambiguous | single-valued.
uno a uno | one-for-one.
uno de cuatro | one out of every four.
uno de los | one-for-one.
| K-electron **uno de los carenados de las ruedas (aterrizador fijo)** | wheel spat.
uno de los meridianos principales de una lente tórica | cylinder axis.
uno de los oficiales responsables del transporte de una bomba nuclear desde la entrega hasta que es lanzada | bomb commander.
uno de una serie de tanques de combustible iguales | fuel cell.
uno inmediatamente detrás de otro | in close train.
uno para observar el blanco y otro para gobernar el misil | command-guided missile.
uno tras otro | in trail.
untador | spreader.
untar con | spread (to).
untar con clara de huevo (encuadernación) | glair (to).
unto de rana (soborno) | bribe money.
untuosidad | oiliness | unctuousness.
untuosidad (aceites, lubricantes) | slipperiness.
untuoso | greasy | unctuous.
uña | frog | gripe | toe | pawl | nail.
uña (ancla) | peak | pea | bill.
uña (ancla sin cepo) | spur.
uña (botánica, zoología) | ungula.
uña (botánica-zoología) | claw | fluke.
uña (extractor, etc.) | horn.
uña con griposis | gryposed nail.
uña de accionamiento | actuating pawl.
uña de adaptación | matching probe.
uña de alimentación (fusil) | cartridge feed pin.
uña de apriete | dog hook.
uña de arrastre | driving finger | driving tongue | engaging dog | drive pin | striker pin | catch nose.
uña de arrastre (papel) | pin feed.
uña de arrastre (tornos) | catch pin.
uña de cambio | changing finger.
uña de disparo (tubo lanzatorpedos) | tripper.
uña de enclavamiento | interlock finger.
uña de expulsión | ejecting finger.
uña de parada | holding dog.
uña de retención | holding dog | retaining pawl.
uña de retenida | checking finger.
uña de retenida para mantener abierto el cierre | breechblock open retaining catch.
uña de sujeción | feather.
uña del ancla | anchor bill.
uña del estopor (buques) | devil's claw.
uña del extractor | horn of extractor | extractor toe | extractor horn.
uña del percutor | cocking toe.
uña esférica (geometría) | ungula | spherical cone.
uña impulsora | driving lug.
uña para desgarrar el terreno (cangilones de dragas) | ripping claw.
uña puntiaguda | spur.
uña retenedora | retaining catch.
uña retenedora de la palanca de cierre | breech mechanism lever retaining catch.
uña retenedora del cartucho | cartridge retaining catch.
uña sujetapapel (máquina imprimir) | gripper.
uñas de arrastre | pin feed.
uñeta | teat.
uñeta (de trinquete) | locking finger.
uñeta (herramienta para calafatear remaches) | rivet tool.
uñeta (remachado) | rivet set.
uñeta de retención | retainer ratchet.
uñeteado (acción de hacer estanca la cabeza de un remache) | gardening-up.
uñeteado (de cabeza de remache) | tomahawking.
uñeteador de remaches | rivet chisel.
uñetear (cabezas de remaches) | jag the head (to).
uñetear (cabezas remaches) | jag (to).
uñetear (remaches) | tomahawk (to) | garden-up (to).
uñetear una cabeza de remache | caulk a rivet head (to).
upas (Antiaris toxicaria - Lesch.)
upsiloidal | upsiloidal.
uracero (zoología) | horn-tail.
uranato amónico | ammonium uranate.
uranato de sodio | yellow oxide.
uranato sódico | sodium uranate.
urangrün | uranochalcite.
urania | urania.
uránido | uranide.
uránidos | uranides.
uranífero | uranium-containing | uranium-bearing | uraniferous.
uraniferosidad | uraniferosity.
uranilo | uranyl.
uraninita | coracite | pitchblende | pitch ore | pechblende | uraninite.
uraninita torionífera | broggerite.
uranio | U | uranium-235 at 20% enrichment | uranium | U 235 | actinium-uranium | nonfissile U 238 | actinouranium.
uranio agotado (subproducto de instalaciones de difusión gaseosa) | depleted uranium.
uranio alfa | alpha uranium.
uranio beta | beta uranium.
uranio cuasi natural | near-natural uranium.
uranio desnaturalizado | denaturalized uranium.
uranio empobrecido (subproducto de instalaciones de difusión gaseosa) | depleted uranium.
uranio enriquecido | enriched uranium.
uranio enriquecido isotópicamente | isotopically enriched uranium.
uranio irradiado | irradiated uranium.
uranio ligeramente enriquecido | near-natural uranium.
uranio ligero (U-235) | light uranium.
uranio natural | natural uranium | unenriched uranium.
uranio o boro | loading.
uranio para combustible nuclear | nuclear-fuel uranium.

uranio piceo | pitch ore.
uraniognomónico | uraniognomonic.
uranita | uranite.
urano puro refinado | yellow cake.
uranocalcita | uranochalcite.
uranocircita | uranocircite.
uranocre | uranopilite.
uranoelectricidad | uranoelectricity.
uranófana | uranotile | uranophane.
uranopilita | uranopilite.
uranosferita | uranospherite.
uranospatita | uranospathite.
uranospinita | uranospinite.
uranotalita | uranothallite.
uranotile | uranotile.
uranotilo | uranophane | uranotyle.
uranotilo beta | beta-uranotile.
uranotita | uranotite.
uranotorianita | uranothorianite.
uranotorita | uranothorite.
uranuro | uranide.
urbanidad | comity.
urbanismo | urbanism | city planning | town planning.
urbanista | urbanist | town planner | city planner | urban specialist.
urbanizar | urbanize (to).
urbitrón (ondas milimétricas) | urbitron.
urca (buque) | hooker.
urceiforme | flagon-shaped | flask-shaped.
urdidera (tejeduría) | asple.
urdido | put-up | dressing.
urdido a mano | chain warping | lease warping.
urdido en enjullos | beam warping.
urdido en fajas | sheet warping.
urdido en ovillos | ball warping.
urdido por fajas | mill warping.
urdido sobre plegadores | beam warping.
urdidor | warper | warping.
urdidor (máquina) | warper.
urdidor (tejeduría) | asple | frame mill.
urdidor de conos | cone warping machine.
urdidor de cuentas | bead loom.
urdidor escocés | horizontal warper | sectional warper.
urdidor mecánico con plegador | beam warper.
urdidor para bobinas cruzadas | cheese warping machine.
urdidor para ovillos | ball warper.
urdidor plegador (textil) | beam warper.
urdidor por secciones | horizontal warper | sectional warper.
urdidora | warping machine.
urdidora (textil) | warping machine.
urdidora porta-hilos | self stopping beaming machine.
urdidor-plegador de enjullos parciales | section beam warper.
urdidura | warping.
urdimbre | warping | warp.
urdimbre (cinta sin fin metálica de máquina fabricar papel) | shute wire.
urdimbre (de seda) | cane.
urdimbre (tejidos) | reed | porter.
urdimbre aprestada | dressed warp.
urdimbre ascendente | ascending warp.
urdimbre blanqueada | bleached warp.
urdimbre cruda | grey warp.
urdimbre de bucles (tejeduría) | terry warp.
urdimbre de cinco portadas | five beer warp.
urdimbre de continua de hilar | ring warp.
urdimbre de cuenta espesa | closely-set warp.
urdimbre de cheviot | cheviot warp.
urdimbre de dibujo | figure warp.
urdimbre de fondo | ground warp | foundation warp.
urdimbre de forro | back warp | packing warp.
urdimbre de forro de yute | jute filling warp.
urdimbre de hilo torcido | doubled warp.
urdimbre de hilos teñidos | yarn-dyed warp.
urdimbre de ligadura de algodón | cotton binding warp.
urdimbre de ligamento (tejeduría) | binding warp.
urdimbre de motivo | pattern warp.
urdimbre de pelo | nap warp.
urdimbre de pelo (telas) | pile-warp.
urdimbre de perlé | bead warp.
urdimbre de punto de gasa | gauze weave warp.
urdimbre de refuerzo | packing warp.
urdimbre de rizo | snarl warp.
urdimbre de rizo (tejeduría) | terry warp.
urdimbre de rizo (telas) | pile-warp.
urdimbre de rizos | loop warp.
urdimbre de selfactina | mule warp | medio twist.
urdimbre de selfactina (tejeduría) | mock water.
urdimbre de selfactino | medio yarn.
urdimbre de vuelta | crossing warp.
urdimbre del dibujo | pattern warp.
urdimbre del revés | backing warp.
urdimbre en crudo | gray warp | grey warp.
urdimbre en ovillo | ball warp.
urdimbre encolada | dressed warp.
urdimbre engomada | dressed warp.
urdimbre floja | soft warp.
urdimbre fuerte | hard warp yarn.
urdimbre ligera | light warp.
urdimbre mal encolada | soft warp.
urdimbre polícroma | multicolored warp.
urdimbre vellosa | nap warp.
urdimbre y trama | reed and pick.
urdir | lay (to) | weave (to).
urdir (tejeduría) | warp (to).
urdir un plan | hatch a plan (to).
ureal | ureal.
ureico | ureal.
ureilita (mineralogía) | ureilite.
ureinas | ureines.
uretanizar | urethanize (to).
uretra | passage.
urgencia | emergency.
urgente (mensajes) | hot.
urgentemente necesitado | desperately needed | badly needed.
urna | casket | urn.
urna (botánica) | pitcher.
urnirse para un mismo fin | club (to).
urodinámica (medición) | urodynamics.
uroflujometría (medicina) | uroflowmetry.
uroflujómetro (medicina) | uroflowmeter.
urografía | urography.
urología | urology.
urólogo | urinologist.
uromanometría (medicina) | uromanometry.
urraca (zoología) | pie.
ursidas (meteoros) | ursids.
ursigrama (transmisión de datos geofísicos) | ursigrama.
ursurpación (de patentes) | infringement.
urticaria | nettle rash | hives.
urucurana (Hieronyma alchorneoides - Fr) | urucurana.
urunday (Astronium gracile) | urunday-ita.
usabilidad | usability.
usable | usable.
usadero | usable.
usado | used | spent | secondhand | worn out.
usado (libros) | worn away.
usado (lubricantes) | dirty.
usado con propósitos de negocios | used for business.
usado con propósitos de recreo | used for pleasure.
usado en vez de un líquido | used in lieu of a liquid.
usanza | custom of trade | custom.
usanza de pago | tenor.
usar | use (to).
usar de su derechos | exercise one's right (to).
usar el aerómetro | spindle (to).
usar las herramientas por debajo de sus posibilidades | baby (to).
usar tácticas obstruccionistas | use obstructionist tactics (to).
usarse (baños, etc.) | waste (to).
usina (Argentina, Bolivia, Uruguay) | powerhouse.
usina (Chile y Uruguay) | factory.
usina siderúrgica (Argentina, Bolivia, Uruguay) | steelworks.
uso | usance | usage | wear | wearing | custom.
uso a bordo (buques) | shipboard use.
uso a la intemperie | outside use.
uso cada vez más extendido | ever-extending use.
uso comercial | commercial usage.
uso conjunto de las políticas monetaria y fiscal | fiscal-monetary mix.
uso consuntivo | consumptive use | evapotranspiration.
uso de gasolina fuera de la carretera | nonhighway use of gasoline.
uso de herramientas de diamante | diamond tool usage.
uso de términos dialectales | patavinity.
uso del microprocesador | use of the microprocessor.
uso diario | day-to-day use.
uso discrecional | optional use.
uso dudoso | ancipitis usus.
uso eficiente de la electricidad | efficient electricity use.
uso excesivo | overuse.
uso extraterrestre | extraterrestrial use.
uso general | general service.
uso imprudente | injudicious use.
uso ingenieril | engineering usage.
uso negligente | negligent use.
uso nocturno | nighttime use.
uso pasivo | permissive use.
uso poco preciso | lax use.
uso repetido | repeatable use.
uso sin derecho | adverse use.
uso tecnológico de los productos de la madera | engineered use of wood products.
uso y abuso de los plásticos | use and misuse of plastics.
uso y costumbre | use and wont.
uso y desgaste | wear and tear.
uso y tenencia | use and occupancy.
usoempleo | use.
usos | customs.
usos a los que se destina el aparato | uses to which the machine is put.
usos comerciales | trade customs.
usos correctos | fair practice.
usos de compra (comercio) | buying habits.
usos mercantiles | mercantile usages.
usos subterráneos de la energía nuclear | underground uses of nuclear energy.
usos y costumbres de la mar | uses and customs of the seas.
ustílago (botánica) | smut.
ustulación | ustulation.
usual | customary | common | conventional.
usuario | user | wearer.
usuario de carretera de peaje | highway user.
usuario de carreteras | highway user.
usuario de la carretera | road-user.
usuario de terminal | terminal user.
usuario exigente | choosy customer.
usuario que llama (telefónica) | party calling.
usuarios de herramientas de diamante | users of diamond tool.
usuarios de isótopos radioactivos | isotope users.
usuarios de productos de diamantes industriales | industrial diamond products users.
usuarios del agua subterránea | groundwater users.
usucapiente | usucapient.
usucapir (jurisprudencia) | usucapt (to).
usufructo | usufruct | use | estate for life | life interest | life estate | life-interest.
usufructo (de un derecho) | enjoyment.
usufructo adverso | adverse enjoyment.
usufructo por el marido de los bienes de su

esposa | curtesy.
usufructo reversible | resulting use.
usufructo vidual | curtesy.
usufructuario | beneficial occupant | beneficial owner | limited owner | usufructuary.
usufructuario vitalicio | life tenant.
usura | lucre | usury | gain | wear and tear.
usurero | extortioner.
usurpación | deforcement | encroachment.
usurpación (de dominio) | disseizing.
usurpación de bienes raices | disseizing.
usurpación de una patente | infringement of a patent.
usurpación del nombre de otro | false personation.
usurpador | disseizor.
usurpador (persona) | disseizer.
usurpador de los derechos de otro | claim-jumper.
usurpar | deforce (to) | encroach (to) | accroach (to).
usurpar (patentes) | infringe (to).
usurpar el dominio | disseize (to).
usurpar el domino (jurisprudencia) | disseise (to).
usurpar el nombre de otro | personate (to).
usurpar una concesión minera | muscle in on a claim (to).
utensilio | implement | tool.
utensilios | implements | tool kit.
utensilios de cocina | kitchen-furniture.
utensilios de hierro esmaltado | enamel ware.
utensilios de pedernal | flint implements.
utensilios desechables (laboratorios) | disposable glassware.
utensilios humanos (arqueología) | implements.
utensilios plásticos (laboratorio) | plastic ware.
utensilios sanitarios | sanitary ware.
útero (laboratorio) | plastic ware.
| matrix **útil** | serviceable.
útil (anchura, superficie) | working.
útil acodado | bent tool.
útil de brazos radiales | spider jig.
útil de dibujo | drafting tool.
útil de fijación | holding jig.
útil de gestión | management tool.
útil de montaje | erecting jig | assembly jig.
útil de tornear interiores | inside turning tool.
útil giratorio | revolvable jig.
útil para armar costillas (aviones) | rib assembly jig.
útil para construir alas | wing-building jig.
útil para montaje del fuselaje | fuselage assembly jib.
útil para montaje final | final assembly jig.
útil para taladarar largueros (aviones) | spar drilling jig.
útil para taladrar | drilling jig.
útil para taladrar agujeros opuestos | tumble jib.
útil para taladrar cordones de costillas | rib boom drilling jig.
útil para taladrar paredes de doble curvatura | double-curvature panel drill jig.
útil rotativo para soldar | manipulator.
utilancia | utilance.
útiles | implements.
utilidad | convenience | service ability | return | profit gain | utility | usefulness.
utilidad accidental | casual income.
utilidad bruta | trading income.
utilidad comercial | merchandising profit.
utilidad de la posesión | possession utility.
utilidad de operación | operating profit.
utilidad esperada (estadística) | expected utility.
utilidad financiera neta | net financial income.
utilidad marginal | marginal utility.
utilidad mínima | marginal utility.
utilidad neta | clear profit | balance of income | net return.
utilidad neta de operación (contabilidad) | net income from operations.
utilidad terminada | expiral utility.
utilidad y gastos | margin and expense.
utilidades | earnings | returns.
utilidades a plazo largo | long-range profits.
utilidades acumuladas | retained earnings.
utilidades antes de los impuestos | pretax earnings.
utilidades anticipadas | anticipated profits.
utilidades capitalizadas | accumulated capital.
utilidades decrecientes | diminishing returns.
utilidades en realización | gain on realization.
utilidades extraordinarias | melon.
utilidades incorporadas | corporate surplus.
utilidades o pérdidas en cambios | losses and gains on foreign exchange.
utilidades obtenidas | profit performance.
utilidades por venta de bienes de producción | capital gains.
utilidades retenidas | retained income.
utilitarios | utilities.
utilizabilidad | usability | useability | serviceability.
utilizable | serviceable | alive | available | usable.
utilizable en rectificadoras para engranajes | for use in gear grinder.
utilización | usage | harnessing.
utilización (de ríos, calor geotérmico, etc.) | harnessing.
utilización agrícola de fangos cloacales | sewage sludge agricultural utilization.
utilización anual del avión | aircraft annual utilization.
utilización anual media del avión | average annual utilization of aircraft.
utilización combinada de dos ciclos de trabajo (sistema de dos fluidos) | topping.
utilización conjunta | joint use.
utilización conjunta de ficheros | file sharing.
utilización de aguas negras | sewage disposal.
utilización de datos industriales | industrial data handling.
utilización de eriales | reclamation of wasteland.
utilización de las cintas alternativamente | rotation of tapes.
utilización de los sobrantes de líquidos | liquid waste disposal.
utilización de una biblioteca | library use.
utilización de una vía en ambas direcciones para toda circulación (tramo en doble vía por avería en una vía) | wrong line.
utilización del agua del río | development of the river.
utilización del calor sobrante | waste heat utilization.
utilización del combustible | fuel usage.
utilización del material (relación del peso neto al peso bruto) | material utilization.
utilización del personal | personnel utilization.
utilización del plutonio en reactores de potencia | plutonium utilization in power reactors.
utilización en común de un ordenador central por varios usuarios por medio de sus terminales propios | time-sharing.
utilización en tiempo compartido | time-sharing.
utilización intensiva de capital | capital-intensive.
utilización intensiva de la biblioteca | intensive library use.
utilización multifuncional | multifunctional utilization.
utilización óptima del agua | water conservation.
utilizador | user.
utilizando calculadoras | computer-aided.
utilizando un elemento activo por bitio (informática) | using one active element per bit.
utilizar | use (to) | use up (to) | operate (to).
utilizar (material usado) | reclaim (to).
utilizar (ríos) | harness (to).
utilizar en báscula | alternate (to). o) | operate (to).
utilizar otra vez | re-use (to).
utilizar piezas de máquinas rotas para construir o arreglar otra máquina | cannibalize (to).
utilizar piezas útiles de un equipo para reparar otro | cannibalize.
utilizar un crédito | use a credit (to).
utilizar un laser | laserize (to).
utillaje | tool kit | tool setup.
utillaje mediano | medium duty tools.
utópico | utopian.
utopiología | utopiology.
utraquista | utraquist.
utrículo del Carex (botánica) | flask.
uva | grape.
uva moscatel | muscatel.
uva temprana | early grape.
uvanita | uvanite.
uvarovita | chrome garnet.
uvas de mesa | table grapes.
uvas embarriladas | barrelled grapes.
uvas en racimo | bunch grapes.
uve | vee.
uvicón (TV) | uvicon.
uvífero | grape-bearing.
uviforme | grape-shaped | grape-like.

V

V de mecánico | V block.
va a pasar del vuelo subsónico al supersónico (aviones supersónicos en vuelo) | she is about to go supersonic.
va adelantado con arreglo al programa | it is ahead of schedule.
vaca | cow.
vaca de leche | milker.
vaca lechera | milker.
vaca marina | sea cow.
vaca marina con cola | dugong.
vacación anual | annual holiday.
vacaciones | holidays | leave.
vacaciones (de un obrero) | layoff.
vacaciones (obreros) | lay-up.
vacaciones (tribunales, Congreso, etc.) | recess.
vacaciones con paga entera | leave on full day.
vacaciones con sueldo entero con aumento de 30 días por cada año | leave on full pay at the rate of 30 days for each year.
vacaciones de Pascuas | Easter holidays.
vacaciones pagadas | holiday with pay | paid holidays.
vacaciones retribuidas | holidays-with-pay.
vacancia | vacancy | voidance.
vacante | empty | free.
vacante hace tiempo | long-vacant.
vacas de gran producción lechera | high-yielding cows.
vaciadero (lugar de descarga) | dumping-ground.
vaciadero (minas) | dump-heap | mullock dump.
vaciadero alto (de un lavabo, del baño, etc.) | safe.
vaciadero de productos de dragado | dumping ground | spoil ground.
vaciado | teeming | depletion | casting | veed out.
vaciado (de una obra artística) | cast.
vaciado (medicina) | voiding.
vaciado a voluntad (informática) | snapshot dump.
vaciado de escalones (cimentaciones) | cutting-in steps.
vaciado de la memoria | core dump | memory dump | storage dump.
vaciado en la base del diente (engranaje) | undercut.
vaciado en la muela (filo de herramientas) | hollow-ground.
vaciado en yeso | plaster cast.
vaciado rápido del combustible | fuel jettisoning.
vaciador | scooper | emptier | pourer.
vaciador (sondeos) | sand pump.
vaciador de urgencia | blow-down.
vaciadora | emptier.
vaciadora de alcantarilla | gully emptier.
vaciadura (acanaladura - de la bayoneta) | fuller.
vaciaje | voiding.
vaciamiento | carving | scooping | evidement | emptying | voidance | hollowing | vacuation | exhaustion | cutting away.
vaciamiento (acanaladura - bayonetas) | fullering.
vaciamiento (del cárter) | draining.
vaciamiento del combustible (de tanques, depósitos, etc.) | defueling.
vaciamiento en arco | arched hollow.
vaciante en la hora de máxima velocidad | ebb strength.
vaciar | excavate (to) | pour (to) | scratch (to) | bail (to) | pump-out (to) | discharge (to) | runoff (to) | empty (to) | evacuate (to) | void (to) | dump (to) | let off (to) | hollow out (to) | drain (to) | clean out (to) | clear (to) | hollow (to).
vaciar (agua) | scoop (to).
vaciar (bodegas de buques) | clear (to).
vaciar (calderas) | rundown (to) | runoff (to) | drain (to) | rundown (to).
vaciar (calderas, etc.) | blow over (to).
vaciar (pozo) | bail out (to).
vaciar (un sitio) | rifle (to).
vaciar de golpe | dump (to).
vaciar el cárter (motores) | drain the sump (to).
vaciar en forma de V | vee out (to).
vaciar la pista | run out (to).
vaciar por paracéntesis (medicina) | tap (to).
vaciarse | discharge (to) | flow out (to).
vacilación | demur.
vacilar | demur (to) | wabble (to).
vacilar (la luz) | blink (to).
vacío | lag | hollow | void | vacancy | vacuity | vacuum | empty.
vacío (memoria) | quiescent.
vacío (trenes) | light.
vacío absoluto | perfect vacuum.
vacío atmosférico lunar | lunar vacuum.
vacío bajo | low vacuum | rough vacuum.
vacío casi perfecto | high vacuum.
vacío comprendido entre 760 torr hasta 1 torr | rough vacuum.
vacío conseguible (condensador de vapor) | attainable vacuum.
vacío de aire | exhausted.
vacío de poder (política) | power vacuum.
vacío del condensador | condenser vacuum.
vacío en la aspiración | intake depression.
vacío energético | energy gap.
vacío entre barriles estibados (buques) | contline.
vacío entre torones (calabrotes) | contline.
vacío imperfecto | low vacuum | partial vacuum.
vacío impositivo (fiscal) | tax loophole.
vacío intersticial | interstitial.
vacío muy elevado | ultrahigh vacuum.
vacío parcial | vacuum.
vacío parcial de 10^{-5} Hg | vacuum of 10^{-5} Hg.
vacío parcial menor de 10^{-2} Torricelli | vacuum lower than 10^{-2} Torr.
vacío perfecto | absolute vacuum.
vacío posible | practicable vacuum.
vacío preliminar | fore-vacuum.
vacío probado para evitar entradas de aire | vacuum-tested for leaks.
vacíos (gravas y arenas) | voids.
vacíos de aire (hormigones, etc.) | air voids.
vacíos reticulares (cristalografía) | lattice vacancies.
vacíos subsuperficiales | subsurface voids.
vacka (geología) | wacke.
vacuidad | vacuity | vacancy.
vacuna | vaccine.
vacuna contra la gripe | antiflu vaccine.
vacuna preventiva | inoculation.
vacunación | vaccinization | vaccination.
vacunación antitífica | antityphoid vaccination.
vacunación en masa | mass vaccination.
vacunacionista | vaccinationist.
vacunar | vaccinate (to) | inoculate (to).
vacuoaccionamiento | vacuum control.
vacuoaccionar vacuum-operate (to).
vacuoamortiguador | vacuum dashpot.
vacuoaspirador de polvo | vacuum dust exhauster | vacuum cleaner.
vacuocaldeo | vacuum-firing.
vacuocomprimido | vacuocompressed.
vacuocongelación | vacuum freezing.
vacuocristalizador | vacuocrystallyzer.
vacuodepresor | vacuodepressor.
vacuodesaireador | vacuum deaerator | subatmospheric deaerator.
vacuodesecador | vacuum desiccator.
vacuodesempolvamiento | pneumatic dedusting.
vacuodesgasificación | vacuodegasification | vacuum degassification | vacuum degassing.
vacuodesgasificado | vacuum-degassed.
vacuodeshidratar (hormigones) | vacuumize (to).
vacuodestilar | vacuodistil (to).
vacuoelevador | pneumatic elevator.
vacuoembutición | vacuum drawing.
vacuoempaquetado | vacuum-packed.
vacuoencapsulado | vacuum-encapsulated.
vacuoenfriamiento | vacuum cooling.
vacuoenvasado | vacuum-packaged.
vacuoextracción | vacuum stripping.
vacuoextracción a baja temperatura | low-temperature vacuum extraction.
vacuoextracción de polvos | pneumatic dust extraction.
vacuoeyector | vacuum ejector.
vacuofermentador con camisa de vapor | steam jacketed vacuum fermenter.
vacuofiltración | vacuum filtration.
vacuofiltración de cienos | sludge vacuum filtration.
vacuoformar | vac-form (to).
vacuofrenar | vacuum-brake (to).
vacuofreno | vacuum brake.
vacuofritar | vacuum sinter (to).
vacuofundir | vacuum melt (to).
vacuofusión | vacuum melting.
vacuohorno | vacuum oven.
vacuoimpregnación | vacuoimpregnation | vacuum impregnation.
vacuoinstalación para descarga de cereales (puertos) | pneumatic grain-discharging plant.
vacuoirradiar | vacuum-irradiate (to).
vacuola (biología) | vacuole.
vacuolicuado (metalurgia) | vacuum-melted.
vacuolimpieza del polvo | suction dusting.
vacuometalización | vacuum coating | vacuum metallizing | vacuometallization.
vacuometalurgia | vacuum metallurgy.
vacuometría | vacuometry.
vacuómetro | vacuum gauge | vacuummeter | pressure vacuum gage | vacuum indicator | vacuum gage.
vacuómetro de alambre caliente | hot-wire vacuum-measuring gage.
vacuómetro de conductividad térmica de fleje bimetálico | bimetallic strip gage.
vacuómetro de Dubrovin | cartesian diver gage.
vacuómetro de ionización | ionization vacuum gage.
vacuómetro electrónico | ionization gage.
vacuomicrobalanza | vacuum microbalance.
vacuomultiplicador de fuerza | vacuum booster.
vacuonormalizado (aceros) | vacuum-normalized.
vacuoobturador | vacuum seal.
vacuopesaje | vacuum weighing.
vacuopresor | vacuopressor.
vacuorreforzador | vacuum booster.
vacuorregulación | vacuum control.
vacuosecado | vacuum-dried.
vacuosecador | vacuum dryer.
vacuoservomotor | vacuum servo.
vacuosinterización | vacuum sintering.
vacuosinterizar | vacuum sinter (to).
vacuosolidificado | solidified in vacuo.
vacuostato | vacuostat | vacuistat | vacustat.
vacuosucción | pneumatic suction.
vacuosujeción | vacuum clamping.
vacuotecnia | vacuum engineering | vacuotechnics.
vacuotermotratar | vacuum heat-treat (to).
vacuotratar | vacuum-treat (to).
vacuounión | vacuojunction.
vacuovaporización | vacuum steaming.
vadear | wade (to).
vado | ford | passing place.
vado (ríos) | wade | crossing.
vado de sacos de arena | sandbag ford.
vado pavimentado | paved ford.
vadoso (geología) | vadose.
vagar (animales) | lop (to).
vaginado (botánica) | sheathed.

vago | faint.
vago (silueta, etc.) | looming.
vagón | waggon | car | railcar.
vagón (ferrocarril) | wagon.
vagón abierto | open truck | open wagon.
vagón abierto de caja deslizable sobre el bastidor | shock-absorbing open wagon.
vagón abierto de mercancías | open goods wagon.
vagón ambulancia | hospital wagon.
vagón autobasculante | self-tipping railway wagon.
vagón barrenador | drill carriage.
vagón barrenador (túneles) | drill jumbo.
vagón basculador | dumper.
vagón basculador abierto para mineral de hierro | iron-ore open tippler wagon.
vagón basculando en todos sentidos | universal-tipping wagon.
vagón basculante | dumping car | dump car | dump wagon | tip wagon | tipper.
vagón basculante automático | automatic tipper.
vagón basculante de caja de aluminio | aluminum bodied tipper.
vagón basculante de costado y hacia atrás | end-and-side tip wagon.
vagón basculante de puerta abatible | drop-door dump car.
vagón basculante en todos sentidos | all-round dumping-wagon.
vagón basculante por delante | front tipper.
vagón batea | gondola car.
vagón batea de piso muy bajo con entrantes huecos para las ruedas | wheel-pocket flat car.
vagón batea de plataforma rebajada | depressed-center flat car.
vagón cargado con carretilla de horquilla elevadora | fork truck-loaded wagon.
vagón cargado con remolques carreteros (ferrocarril - EE.UU.) | trailerlot.
vagón cerrado | box wagon | boxcar | house car | closed truck | closed wagon | covered truck | covered wagon.
vagón cerrado con puerta ancha | wide-door box car.
vagón circulando en vacío | empty wagon.
vagón cisterna | tank car | tank truck | tank wagon | carload | rail tank wagon | rail tanker | rail tank car | boiler truck.
vagón cisterna para petróleo | petroleum car.
vagón completo | carload | car load | consolidated car | fully laden truck.
vagón completo para descargas parciales | drop shipment.
vagón con amortiguador de tacos de caucho | rubber-cushioned car.
vagón con bastidor muy bajo en la zona entre carretones (ferrocarril) | drop-girder wagon.
vagón con cuchara para el caldo (metalurgia) | hot-metal ladle car.
vagón con fondo en tolva | saddle-bottomed wagon.
vagón con fondo en V invertida (salida por los dos costados) | saddleback car.
vagón con freno de vacío | vacuum-fitted wagon.
vagón con frenos | braked car.
vagón con tabiques divisorios móviles | railway compartmentizer car.
vagón con tolva | hoppered wagon.
vagón con tolva de descarga a los dos costados | gable-bottom car.
vagón con tolva interior invertida (salida por los dos costados) | saddleback car.
vagón con ventanillas para transporte de ganado | windowed stock car.
vagón correo | mail-carriage.
vagón cuadra | horse-box.
vagón cuba | rail tank car | cistern wagon | tank car.
vagón cuba para asfalto | bitumen tanker.
vagón cuba para cerveza | beer van.
vagón cuba para petróleo | oil tank car | oil car | oil-tank truck.
vagón de acero | steel carriage | steel car.
vagón de acero para carbón | steel coal wagon.
vagón de basculación longitudinal | end-tipping wagon.
vagón de basculamiento por ambos lados | double-side tipping wagon.
vagón de basculamiento por los dos costados | double-side dump car.
vagón de bastidor para cargas pesadas | well wagon.
vagón de bogies | bogie wagon.
vagón de bordes altos | box wagon | boxcar.
vagón de bordes bajos | gondola car | low-sided wagon.
vagón de caja basculante | box tipping wagon.
vagón de caja metálica | steel-sided wagon.
vagón de caja oscilante | rocker dump car.
vagon de carbón | coal-truck.
vagón de carga | good truck.
vagón de carga (EE.UU.) | freight truck.
vagón de carga incompleta | part-load truck.
vagón de carga por lotes | merchandise car.
vagón de carga por milla | car mile.
vagón de carga variada a gran velocidad | package car.
vagón de cereales | grain-car.
vagón de cola | rear wagon | end carriage.
vagón de costado deslizable | sliding side wagon.
vagón de costados metálicos | steel-sided wagon.
vagón de cuatro ejes | four-axle car.
vagón de cuatro ruedas | four-wheeled wagon.
vagón de descarga doble (salida por los dos costados) | saddleback car.
vagón de descarga frontal | front-discharge wagon.
vagón de descarga lateral | side-discharging wagon.
vagón de descarga por el fondo | bottom dump car | bottom-discharge wagon | bottom-opening wagon.
vagón de doble tolva | double hopper car.
vagón de dos pisos para el transporte de automóviles | two-tier motor car transporter.
vagón de equipajes (trenes) | fourgon.
vagón de ferrocarril | railroad car.
vagón de ferrocarril para tránsito de viajeros | transit car.
vagón de fondo abatible | drop-bottom car.
vagón de fondo movil | larry.
vagón de garita | cupola car | lookout car.
vagón de gran distancia entre ejes | long-wheelbase van.
vagón de mercancías | goods truck | goods-waggon | goods-van | freight car | freighter.
vagón de mercancías (EE.UU.) | truck.
vagón de mercancías (en una ruta, para varios destinatarios) | peddle car.
vagón de mercancías (EE.UU.) | car.
vagón de mercancías cerrado | box freight car | covered goods van.
vagón de mercancías de bordes altos | high open goods wagon.
vagón de mercancías de gran capacidad | high-capacity goods wagon.
vagón de mineral | ore wagon | ore car.
vagón de observación (del paisaje) | sightseeing car.
vagón de plataforma baja | basket car.
vagón de plataforma baja (a poca altura sobre la vía) | trolley.
vagón de plataforma muy rebajada en el centro | well wagon.
vagón de socorro | ambulance wagon.
vagón de techo deslizante | sliding-roof wagon.
vagón de trampilla | drop-bottom car.
vagón de tres tolvas | triple hopper car.
vagón de vuelco lateral | side-dumper | side-tilting car | side-tipping truck | side tip wagon | side-dump car.
vagón del servicio (ferrocarril) | dinghy.
vagón dinamométrico | dynamometer car.
vagón distribuidor de balasto | ballast hopper truck.
vagón equipado con freno de discos (ferrocarril) | disc-brake equipped car.
vagón estafeta | mail-carriage.
vagón estafeta (ferrocarril) | mail van | mail coach.
vagón extranjero | foreign car.
vagón frigorífico | insulated van | ice-car | ice car | refrigerator railway van | refrigerator car | refrigerated car.
vagón frigorífico (ferrocarril) | reefer.
vagón frigorífico cargado con hielo | iced refrigerator car.
vagón frigorífico de refrigeración mecanizada | mechanically cooled refrigerator car.
vagón frigorífico para carnes | meat refrigeration van.
vagón frigorífico para transporte de canales de reses | meat-rail car.
vagón góndola | well car | well wagon.
vagón inmovilizado (esté vacío o cargado) | stabled wagon.
vagón jaula | stockcar.
vagón laterobasculador | side tip wagon.
vagón limpiado con aspiradora de polvos | vacuumed car.
vagón lubricado con almohadilla (ferrocarril) | pad-lubricating wagon.
vagón medidor de gálibos de obras (ferrocarriles) | clearance car.
vagón omnibasculante | universal-tipping wagon.
vagón para alojar personal (ferrocarril) | boarding car.
vagón para carbón | coal car | coal-wagon.
vagón para carbón de fondo plano | flat-bottom coal wagon.
vagón para cargar por lotes | package car.
vagón para cargas por lote | merchandize car.
vagón para determinar el gálibo de puentes y túneles (ferrocarril) | clearance wagon.
vagón para el mezclador giratorio del caldo | hot metal mixer car.
vagón para el transporte de semirremolques carreteros | piggyback car.
vagón para ganado | drover car | stockcar | cattle car | cattle truck.
vagón para mineral todo de acero | all-steel mineral wagon.
vagón para transportar carriles | railcar.
vagón para transporte de astillas | chip-car.
vagón para transporte de caballos | horse-box.
vagón para transporte de carriles | rail-carrying wagon.
vagón para transporte de lingotes | ingot casting car.
vagón para transporte de maderas | timber wagon.
vagón para transporte de personas (ferrocarril) | rail transit car.
vagón para transporte de pescado | fish van.
vagón para transporte de plátanos | banana van.
vagón para transporte de remolques carreteros | trailer-carrying car.
vagón para transporte de troncos | logging car.
vagón para transportes variados | pan-transporting truck.
vagón plataforma | trailer flat car | flat truck | float | flatbed truck | flat | flatcar | platform car | platform wagon.
vagón plataforma con la parte central más baja | center-depressed flat car.
vagón plataforma de cañón | railway gun car.
vagón plataforma de costados altos | high-sided open wagon.
vagón plataforma de extremo en cremallera | end-racked flat car.
vagón plataforma para el transporte de cañones | cannon transport wagon.

vagón plataforma para grandes pesos de doslargueros acodados sobre dos carretones | crocodile truck.
vagón plataforma para transporte de remolque carreteros | trailer-flat car.
vagón plataforma sobre carretones | bogie platform wagon.
vagón portacuchara (acerías) | casting car.
vagón precintado | leaded wagon.
vagón que descarga en las estaciones del trayecto recorrido | station-order car.
vagón que se ha soltado | slip-carriage.
vagón raso | flat car.
vagón recogedor del cok (fabricación cok) | coke-car.
vagón refrigerado | refrigerated rail vagon.
vagón registrador de defectos de la vía | detector car.
vagón registrador de las desigualdades de la vía (ferrocarril) | track-recorder car.
vagón restaurante | diner.
vagón sin carga colocado entre dos vagones cargados (ferrocarril) | idler.
vagón sin costados para transporte de tochos (acerías) | railer.
vagón taller | tool wagon.
vagón tolva | hooper car | hopper-bottom car | hopper car.
vagón tolva cerrado | closed hopper wagon.
vagón tolva con fondo de V invertida | gable-bottom car.
vagón tolva con impulsión de aire para la descarga | airslide hopper car.
vagón tolva cubierto | covered hopper car.
vagón tolva para carbón | hopper coal wagon.
vagón tolva para transportar granel construido de aleaciones livianas | light-alloy bulk hopper car.
vagón tolva pesador | scale car.
vagón tractor | dummy wagon.
vagón-cisterna de bogie | bogie tank wagon.
vagón-cuadra | cattle van.
vagón-cuba para gas | gas reservoir wagon.
vagonero (minas) | trainman.
vagonero del exterior (minas) | putter-out.
vagonero del interior (minas) | pusher-on.
vagones | boxcars.
vagones en mal estado de conservación | bad order cars.
vagones que se han cortado de un tren en marcha | runaway-trucks.
vagones vacíos | empties.
vagones-millas por tren-milla | car-miles per train-mile.
vagoneta | wagonette | bogey.
vagoneta (de mina) | hutch.
vagoneta (minas) | hurley | barrow | delivery car | larry | trolley | tub | corf | wagon.
vagoneta basculadora | tip car | tip.
vagoneta basculante | cradle car | dumper | tip wagon | dump truck.
vagoneta cargada | full tub.
vagoneta de carbón (minas) | coal tub.
vagoneta de contrapeso | tension car.
vagoneta de descarga automática | throw-off car.
vagoneta de dos ruedas para transportar (metalurgia) | trolley.
vagoneta de inspección | inspection trolley.
vagoneta de mano para reconocer la vía férrea | pushcart.
vagoneta de mina | corve | box | tram | rolley.
vagoneta de mineral | hutch.
vagoneta de pico | scoop wagon.
vagoneta de teleférico | runaway.
vagoneta de volquete | hinged-body car.
vagoneta de vuelco frontal | kickback dump.
vagoneta Decauville | jubilee wagon | industrial car.
vagoneta especial para llevar el carbón a los hornos de coque | larry.
vagoneta lanzadera (minas) | shuttle car.
vagoneta para minerales | ore wagon.
vagoneta para plano inclinado | incline car.
vagoneta para plano inclinado (minas) | giraffe.
vagoneta para recoger los despuntes | crop-end bogie.
vagoneta para remoción de escorias | slag buggy.
vagoneta para secar ladrillos (hornos) | brick wagon.
vagoneta para tochos | billet trolley | bloom trolley.
vagoneta para transporte de basuras (minas) | dolly wagon.
vagoneta pequeña (minas) | dilly.
vagoneta pequeña que se desliza entre las vías principales (plano inclinado minas) | barney.
vagoneta portacuchara (acerías) | ladle truck | ladle car.
vagoneta volcadora | cradle car | tripping car.
vagonetas para lingoteras | ingot car.
vagonetero | hurrier.
vagonetero (minas) | dragman | drawer | jig-hitcher | trammer | runner-on | roller | runner | hutch runner | gang rider | buggyman | putter.
vagón-gálibo para puentes y túneles (ferrocarriles) | clear car.
vagón-grúa | wrecker | crane wagon | derrick car.
vagón-millas por vagón-día | wagon-miles per wagon-day.
vagón-taller | repair wagon.
vagón-tolva | hopper wagon.
vagón-tolva para carbón | coal hopper car.
vagra (buques) | keelson.
vagra (fondos de buques) | side girder.
vagra central | center keelson | center girder | centre girder.
vagra central intercostal (buques) | intercostal bottom centerline girder.
vagra de construcción | riband.
vagra de construcción (buques) | harping.
vagra de construcción (buques en grada) | ribband | sheering batten.
vagra de construción (buques) | sheer batten.
vagra de chapa | plate keelson.
vagra de pantoque | bilge keelson | bilge stringer.
vagra de refuerzo (buques) | bar stringer.
vagra del pantoque (plano formas buques) | bilge ribband.
vagra diametral | centre girder.
vagra intercostal (buques) | intercostal stringer | intercostal side girder.
vagra intercostal de pantoque | bilge intercostal keelson | bilge intercostal stringer.
vagra intercostal del fondo (buques) | intercostal bottom side girder.
vagra lateral | side keelson.
vagra lateral continua (buques) | continuous botton side girder.
vagra lateral del fondo (buques) | bottom side girder.
vagra lateral estanca al agua de la pontona | pontoon watertight side girder.
vagra muy alta (buques) | deep centreline girder.
vagra plana (plano formas de buques) | bilge diagonal | diagonal.
vaguada (meteorología) | trough.
vaguada de aguas arriba | lower thalweg.
vaguada ecuatorial (meteorología) | equatorial trough.
vaguada intertropical | intertropical trough.
vaharada de aire caliente y llamas que salen de una abertura (hornos de vidrio) | sting-out.
vaho | breath | effluvium | steam | steam fog | mist | vapour (Inglaterra) | exhalation.
vaho (sobre un espejo) | blur.
vahos | fumes.
vaina | pod | quill | can | husk | sheath | sheath | shuck | jacket.
vaina (botánica) | cod | wall.
vaina (cables eléctricos) | sheathing.
vaina (camisa - para el combustible nuclear del reactor) | can.
vaina (de legumbre) | pod.
vaina (legumbres) | hull | shell.
vaina ajustada continua | continuous close-fitting sheath.
vaina catódica | cathode sheath.
vaina combustible del proyectil (carro de combate) | combustible cartridge case.
vaina de acero (cartuchos) | steel cartridge case.
vaina de almidón | starch sheath.
vaina de aluminio sin costura | aluminum seamless sheath.
vaina de cartucho disparado | spent cartridge case.
vaina de electrones | electron sheath.
vaina de elemento combustible (reactor nuclear) | fuel-element sheath.
vaina del proyectil | shell case.
vaina metálica | metal scabbard.
vaina metálica de cartucho | cartridge case.
vaina no rígida | collapsible cladding.
vaina que no encaja bien en la recámara (cañón) | tight case.
vaina tubular | tubular cladding.
vaina vacía (municiones) | brass.
vainas disparadas reutilizables | reusable fired cases.
vainas para elementos combustibles (reactor nuclear) | fuel element cans.
vainas revestidas con acero inoxidable (combustible nuclear) | stainless steel clad cans.
vainica | hemstitch | hemstitching.
vainica (en telas) | drawn thread work.
vainillina | vanilla.
vaivén | sway | swing | push-pull | teeter | push and pull | ratline | ratling | seesaw.
vaivén (movimiento) | reciprocation.
vaivén (tejeduría) | roving frame.
vaivén ascendente y descendente | reciprocating vertical movement.
vaivén axial | axial reciprocation.
vaivén de la herramienta | reciprocation of the tool.
vaivén del marco de la sierra | reciprocation of the saw frame.
vaivén vertical | rock.
vaivenes verticales | vertical reciprocations.
vajilla de estaño | pewter.
vajilla de porcelana | chinaware.
vale | I.O.U. | warrant | paybill.
vale fraccionario (valores, certificado de acción fraccionaria) | scrip
vale la pena el averiguar si | it is worth enquiring whether.
vale la pena tenerlo en cuenta | it is worth considering.
vale lo tachado (corrección pruebas imprenta) | stet.
vale provisional | allotment note.
valeculado | grooved.
valedero por dos días | holding good for two days.
valedero y cobrable | good and collectable.
valencia (química) | atomicity | valency | adicity.
valencia mínima (química) | lowest valence.
valencia positiva | positive valence.
valencia residual | auxiliary valency.
valencia residual (química) | auxiliary valence.
valentinita | antimony-bloom.
valer | do (to).
valerianato | valerianate.
valerolactona | valerolactone.
valerse de | use of (to).
vales gratuitos para adquirir alimentos | welfare checks.
vales por pagar | payables.
valiato | vilayet.
validación | probate.
validación de la exportación | export validation.
validación del tiempo de vuelo | flight time crediting.
validar | validate.

validez | validity | force | strength.
validez (de billetes de ferrocarril) | availability.
validez de datos muestrales (estadística) | validity of sample data.
validez de la predicción | prediction validity.
validez de posesión | validity of possesion.
validez de una prueba | strength of a test.
validez del billete del viajero en distintas líneas | ticketing.
validez ético-jurídica | ethical-judicial validity.
válido (contrato) | lawful.
válido (contratos) | effectual.
válido hasta su revocación | good till cancelled.
válido siempre que y <1 | valid as long as y <1.
valija | valise | mail | packet.
valija de correo | mailbag.
valija diplomática | diplomatic pouch.
valona (carretes) | flange | end plate.
valona de carrete | bobbin flange.
valor | consideration | price.
valor (comercio) | worth.
valor (crédito - de las cosas) | currency.
valor (de una expresión) | bearing.
valor (estadística) | weight.
valor (reactividad) | worth.
valor a la par | par or face value | par value.
valor a nuevo | replacement value.
valor a su vencimiento | value at maturity.
valor absoluto | absolute value.
valor aceptable | go value.
valor aceptado internacionalmente | internationally-accepted value.
valor actual | present worth | current value.
valor actual (efectos comerciales) | present value.
valor actual de una póliza de seguro de vida | present value of a life policy.
valor agregado | value added | value added by manufacture.
valor al cobro | value for collection | value date.
valor al por mayor en el país importador (aduanas) | domestic value.
valor al vencimiento | value at maturity | maturity value | cash at maturity.
valor alimentario | feeding value.
valor añadido | value added by manufacture | added value.
valor añadido de la explotación | added value from trading.
valor añadido neto | net value added.
valor aproximado | short-term value.
valor arrendable | rentable value.
valor asegurable | insurable value.
valor asegurado | insured value | amount value.
valor atípico (estadística) | outlier.
valor atribuible | ascribable value.
valor atribuible al buque | ship imputable value.
valor básico | rated value.
valor calorífico | fuel value.
valor calorífico inferior | net calorific value.
valor capitalizado | capitalized value.
valor catastral | assessed value | assessed valuation | taxable value.
valor censal | rental value.
valor central | central value | median.
valor circunstancial | factitious value.
valor comerciable | merchantable value.
valor comercial | trade in value | market value | marketability.
valor como abono | manurial value.
valor como chatarra | breakup value | scrap value.
valor como chatarra (máquinas) | salvage value.
valor compensado (topografía) | adjusted value.
valor con interés variable | unfunded security.
valor contable | book value | present worth.
valor contante | cash value.
valor contributivo | contributory value.
valor cotizable | listed security.
valor crítico | emergency point. esent worth.
valor crítico del parámetro | parameter critical value.
valor cromático | color-value.
valor cuadrático medio | root mean square value.
valor cuantitativo reproducible | reproducible quantitative value.
valor dado en prenda | pledge of the title.
valor de cambio | trade in value | exchangeable value.
valor de capitalización del suelo | land rent value.
valor de casi saturación | near-saturation value.
valor de combustión neto | lower heating value.
valor de consigna | set value | set point.
valor de contrata | contract value.
valor de conversión | conversion value.
valor de cotización | service value.
valor de cresta de intensidad del campo | peak field strength.
valor de demultiplicación | range of gear reduction.
valor de desecho | salvage | breakup value.
valor de desguace | breakup value.
valor de fábrica | manufacturer's rating.
valor de inventario | book value | stock taking value.
valor de la abscisa | X-coordinate.
valor de la cartera de valores (bolsa) | value of the portfolio.
valor de la corrección | amount of correction.
valor de la energía liberada por fisión | energy-per-fission value.
valor de la nota | note-value.
valor de la pendiente (matemáticas) | value of the slope.
valor de la pérdida | amount of loss.
valor de la protección del seguro | value of insurance protection.
valor de la raíz del cuadrado promedio | root mean square value.
valor de la refractariedad a la temperatura de trabajo (ladrillos refractarios) | refractoriness-under-load value.
valor de las pérdidas | figure of loss.
valor de liquidación | break up value.
valor de liquidación (negocios) | liquidation value.
valor de máxima probabilidad | most probable value.
valor de mercado | M.V. (market value) | market value.
valor de monopolio | monopoly value.
valor de mostrador | counter value.
valor de negocio en marcha | going-concern value.
valor de paso al reposo (relé) | drop-out value.
valor de progresión | increment size.
valor de puesta en trabajo | pickup value | pull-in value.
valor de recuperación | salvage value | break up value | recovery value.
valor de reducción | reduction value.
valor de referencia | set value | set point.
valor de reposición | replacement value.
valor de reposición al coste | reproduction cost value.
valor de reposo | quiescent value.
valor de rescate | salvage value.
valor de rescate (seguros) | surrender value.
valor de rescate de una póliza de seguros | surrender value of a policy.
valor de rescate del seguro de vida | cash surrender value of life insurance.
valor de rescate en efectivo | cash surrender value.
valor de resiliencia Izod | Izod impact value.
valor de ruido (acústica) | noise figure.
valor de salvamento | salvage value.
valor de suministro (comercio) | value of delivery.
valor de tasación | appraisal value | appraised value.
valor de trabajo | pick-up value.
valor de un elemento de control | control rod worth.
valor de un inmueble | value of a building.
valor de un negocio en marcha | going value.
valor de una licencia | licence value.
valor de una póliza de seguro | value of an insurance policy.
valor de utilización | service value.
valor de venta | M.V. (market value) | trade value | market sealable value.
valor de venta (seguro) | market value.
valor de venta aproximado | approximate sale value.
valor de verdad | truth value.
valor declarado | declaration of value | declared value | stated value.
valor declarado (seguros) | value declared.
valor del arriendo | rental value.
valor del buque y cargamento salvado | salved value.
valor del cambio | exchange-value.
valor del costo | cost value.
valor del mercado | actual market value | true value.
valor del par en que se pierde el sincronismo (motor síncrono) | pull-out torque.
valor del patrimonio sin cargas | property equity.
valor del producto nacional bruto | value of gross national product.
valor del ruido | noise measure.
valor del suelo | land-value.
valor del terreno | land-value.
valor del trabajo por unidad de sección (resiliencia) | work-per-unit-area value.
valor depreciado | depreciated value | scrap value.
valor descontado | commuted value.
valor deseado | set point | desired value.
valor después del deterioro | damage value.
valor diferencial de una barra de control (reactor nuclear) | differential control rod worth.
valor documental | documentary value.
valor dominante (estadística) | mode.
valor económico | economic worth.
valor efectivo | asset | real value | cash value | actual value.
valor efectivo del rescate | cash surrender value.
valor eficaz | R.M.S. value | root sum square | virtual value | effective value.
valor eficaz (corriente alterna) | root mean square value.
valor eficaz (electricidad) | root-mean-square value.
valor eficaz de la corriente que produce el ruido | RMS noise.
valor eficaz de la magnitud periódica | RMS value of a periodic quantity.
valor eficaz de la tensión (electricidad) | root-mean-square voltage.
valor eficaz de los enlaces de flujo magnético | RMS value of the flux linkages.
valor eficaz del voltaje (corriente alterna) | root-mean-square voltage.
valor empírico | empirical value.
valor en aduana | customs value | value in customs.
valor en aduana (mercancías) | bonded value.
valor en aduana para pago de derecho | dutiable value.
valor en alquiler | letting value.
valor en buen estado | sound value.
valor en cambio (Bolsa) | valuta.
valor en conjunto | aggregate value.
valor en cuenta | value in account.
valor en cuenta (bancos) | value on account.
valor en dolares constantes | real dollar value.
valor en el mercado | market value.
valor en estado deteriorado | damaged value.
valor en garantía | value secured.
valor en la frontera | boundary value.

valor en libros (contabilidad) | carrying values.
valor en liquidación | surrender value | liquidating value | breakup value | realization value.
valor en litigio | value of matter in dispute.
valor en plaza | commercial value | market value | market value.
valor en prenda | value secured.
valor en reactividad | reactivity worth.
valor en renta | rental value.
valor en reposo (radio) | quiescent value.
valor en venta | marketable value.
valor energético | energy-value.
valor entero por exceso | ceiling.
valor entre crestas | peak-to-peak value.
valor erróneo | freak value.
valor esperado | expectation value.
valor esperado (estadística) | expected value.
valor estético inferior | lower aesthetical value.
valor estimado | appraised value | estimated value.
valor extrapolado | extrapolated value.
valor extremo | outlier.
valor facial (sellos) | face value.
valor fertilizante | fertilizing value.
valor ficticio | factitious value.
valor firme | sound value.
valor fiscal | fiscal value.
valor futuro | prospective value.
valor G (radioquímica) | G value.
valor global | aggregate value.
valor global agregado | aggregate value added.
valor gravable | taxable value.
valor horario | clock-hour value.
valor imponible | taxable value | rateable value | assessed valuation.
valor imponible (de un inmueble) | ratal.
valor imponible (inmuebles) | ratable value.
valor imputado | derived value.
valor indeseable | undesirable value.
valor indeterminado | indefinite value.
valor industrial | commercial value.
valor inicial | starting value.
valor inscrito en bolsa | listed security.
valor insertado | listed security.
valor instantáneo | instantaneous value.
valor instantáneo variable | varying instantaneous value.
valor intrínseco | internal value.
valor justo | sound value | fair value.
valor justo de mercado | actual cash value | fair market value.
valor justo de venta | fair market value.
valor legal | legal tender.
valor legal no reembolsable | irredeemable legal tender.
valor liminar | liminal value.
valor límite | extreme value | cutoff point | maximum rating | rating | limiting value.
valor lineal instantáneo | liniva.
valor liquidativo | breakup value.
valor líquido de un pagaré | the proceeds of a note.
valor líquido de una propiedad | proprietary equity.
valor locativo | rentable value | letting value.
valor locativo imponible (inmuebles) | ratal.
valor marcado en la pesa | face value of weight.
valor mas bajo (telecomunicación) | quieter rating.
valor más probable | most probable value.
valor matemático | mathematical value.
valor máximo | ceiling | peak value | peak.
valor máximo de corriente al cerrar un interruptor | making current.
valor máximo de todos los valores mínimos | maximum value of all minimum values.
valor máximo instantáneo (corriente alterna) | crest value.
valor mediador | mediatory value.
valor medible directamente | directly measurable value.
valor medio | average value | average amount | mean value.
valor medio aritmético | arithmetic mean value.
valor medio convenido entre comprador y vendedor (minerales) | assay split.
valor medio cuadrático | RMS value.
valor medio cuadrático (electricidad) | root-mean-square value.
valor medio de la entropía en un intervalo de tiempo | time-average entropy.
valor medio de los resultados de la prueba | average of test results.
valor medio de semiperiodo | half-period average value.
valor medio de un grupo de observaciones | median value | median.
valor medio de una magnitud periódica | mean value of a periodic quantity.
valor medio del factor de interconexión | mean interconnecting number.
valor medio del semiciclo | half-cycle average value.
valor medio en un intervalo de tiempo | time-average value.
valor medio generalizado | general mean value.
valor medio mínimo especificado | specified minimum average value.
valor medio periódico | cyclic mean value.
valor mercantil | market value.
valor mínimo de la presión del terreno | active earth pressure.
valor mínimo permitido | smallest allowable value.
valor modal | modal value.
valor modal (estadística) | mode.
valor monetario | capital.
valor neto | face | clear value.
valor neto contable | net book value.
valor neto de realización | net proceeds.
valor neto en libros | net book value.
valor neto según libros | net book value.
valor no nulo de la circulación | nonnull circulation value.
valor nominal | nominal value | stated value | face amount | rating | par value.
valor nominal (acciones) | face value.
valor nominal (acciones, etcétera) | face.
valor nominal de las acciones | denomination of shares.
valor nominal de 30 dólares por acción | stated value of 30 dollars per share.
valor nominal del pagaré | face of note | face of the note.
valor numérico de la corriente | rated current.
valor nutritivo | feeding value | food value.
valor observado (astronomía) | apparent value.
valor para préstamos | loan value.
valor patrimonial (bolsa) | capital assets.
valor permitido | allowable value.
valor ponderado de la tensión | weighted voltage value.
valor ponderado de una carga hidrodinámica | velocity head-weighted value.
valor por avería gruesa (seguro maritimo) | contributory value.
valor por concepto de alquiler | rental value.
valor por unidad | per unit value.
valor posible | sound value.
valor precalculado | precomputed value.
valor predeterminado de la maquinaria antigua | old machine salvage foregone.
valor prefijado | set point.
valor prescrito | desired value.
valor previsto | expected value | expectation value.
valor principal de la cotización | market leader.
valor probativo | probative value.
valor probatorio del documento | document probatory value.
valor propio | eigenvalue.
valor propio de la matrix | eigenvalue of the matrix.
valor real | actual value.
valor real (ecuaciones) | real value.
valor real de las mercancías importadas | actual value of imported goods.
valor real de mercado | actual market value.
valor real en el mercado | actual cash value.
valor recibido (economía) | value received.
valor rechazado | rejected value.
valor relativo (matemáticas) | local value.
valor reparado | repaired value.
valor residual | salvage value | scrap value.
valor residual (chatarra) | salvage value.
valor residuario (máquinas) | salvage value.
valor resultante cuadrático | root-sum-square value.
valor según balance | book value.
valor según factura | invoice value.
valor según inventario | ledger value.
valor según libro | book value.
valor señalado | signal worth.
valor simbólico | token value.
valor simple numérico | scalar value.
valor sin impuestos | ex tax value.
valor sin impuestos (mercancías) | bonded value.
valor total de la reactividad | total reactivity worth.
valor tributario | taxable value.
valor umbral | threshold value.
valor una vez deteriorado | damaged value.
valor unitario | per unit value.
valor utilitario | utility value.
valor vectorial | phasor value.
valor venal | salable worth | marketable value | market value.
valor venal (comercio) | commercial value.
valor verdadero | real value.
valorable | rateable | ratable.
valorable (química) | titratable.
valoración | appraisal | computation | titre | assessment | assessment | estimation | estimate | estimating | appraisal | evaluation | figuring out | valuation.
valoración (de una solución determinada por análisis volumétrico) | titer | titre.
valoración (química) | standardization | titration.
valoración a ojo | estimation at random.
valoración a punto final | end-point titration.
valoración acidimétrica | acidimetric titration.
valoración acidimétrica por potenciometría | potentiometric acidimetric titration.
valoración actuarial | actuarial valuation.
valoración aduanera | valuation for customs purposes.
valoración alcalimétrica | alkalimetric titration.
valoración amperimétrica | amperometric titration.
valoración catastral | tax valuation.
valoración cerimétrica | cerimetric titration.
valoración colorimétrica | colorimetric titration.
valoración con el voltámetro | coulometric titration.
valoración conductimétrica | conductometric titration.
valoración culombímetra | coulometric titration.
valoración de acciones a base de las utilidades | capitalization of earnings.
valoración de daños nucleares | nuclear damage assessment.
valoración de inventario | inventory valuation.
valoración de la calidad | quality assesment | quality assessment.
valoración de la obra por los materiales consumidos y los jornales empleados y el alquiler y amortización de los medios auxiliares | daywork.
valoración de la propiedad | appraisal of property.
valoración de méritos personales | merit rating.
valoración de pastas papeleras | pulp evaluation.
valoración de precipitaciones | precipitation titration.
valoración de sonoridad | loudness rating.

valoración de tareas | job grading.
valoración de trabajos según su dificultad | ranking method.
valoración del baño de decapadod | pickling bath titration.
valoración del día de trabajo | measured day work.
valoración del diseño | design appraisal.
valoración del esfuerzo | effort rating.
valoración del mineral a la vista | estimate of ore in sight.
valoración del proyecto | design appraisal.
valoración del rendimiento | assessment of efficiency.
valoración del riesgo (seguros) | risk assessment.
valoración del trabajo | job's rating | job evaluation.
valoración diferencial | differential pricing | differential titration.
valoración eléctrica | electrode titration.
valoración electrolítica | electrolytic titration.
valoración electrométrica | electrometric titration.
valoración estimada de la actuación | flat ratings.
valoración exigente | no excuses-permitted rating.
valoración fluorescente | fluorescence titration.
valoración gravimétrica | gravimetric titration.
valoración gravivolumétrica | gravivolumetric titration.
valoración individual | merit rating.
valoración logística | logistic assessment.
valoración oxidativa | oxidative titration.
valoración polarométrica | polarometric titration.
valoración por indicador cromático | color-indicator titration.
valoración por oxidación-reducción | oxidation-reduction titration.
valoración por oxidorreducción | oxidation-reduction titration.
valoración potenciométrica | potentiometric titration.
valoración potenciométrica de precipitacion | potentiometric precipitation titration.
valoración redox potenciométrica | potentiometric redox titration.
valoración sobre coste total | full cost pricing.
valoración vatimétrica | voltammetric titration.
valoración voltamétrica | voltametric titration.
valoración yodométrica | iodometric titration.
valorado | valued.
valorado con una solución valorada de un agente precipitante | titrated with a standard solution of a precipitating agent.
valorado hasta turbidez permanente | titrated just to a permanent turbidimetric.
valorado potenciométricamente | potentiometrically titrated.
valorador | titrator.
valorador (química) | titrant.
valorador fotoeléctrico | photoelectric titrator.
valorador por corrientes de hiperfrecuencia | high-frequency titrimeter.
valorante (química) | titrant.
valorar | titrate (to) | prize (to) | evaluate (to) | estimate (to) | appraise (to) | assess (to).
valorar (química) | titrate (to) | standardize (to).
valorar en menos | misprise (to).
valorar un artículo | cost an article (to).
valorar un edificio | assess a building (to).
valores | valuables | securities | stocks.
valores (sellos, moneda) | denomination.
valores ajustados (estadística) | fitted values.
valores al cobro | bills for collection.
valores amortizables | redeemable securities.
valores bancarios | banking securities | bank shares | bank paper.
valores bursátiles | stock exchange securities | listed securities.
valores comparables internacionalmente | internationally comparable values.
valores comprados y conservados como inversión | digested securities.
valores con interés variable | unfunded securities.
valores convertibles | convertible securities.
valores cotizables | listed securities.
valores cotizables (bolsa) | listed stock | marketable securities.
valores cotizados | securities quoted in the official list.
valores dados en prenda | pledged securities.
valores de banco | bank money.
valores de bolsa de sociedades que prometen inmediatos beneficios (EE.UU.) | go-go funds.
valores de bolsa supercotizados | features.
valores de buena inversión | investment stock.
valores de cartera (economía) | investment shares.
valores de empresas de servicio público | public-utility securities.
valores de expectación del momento cinético | angular-momentum expectation values.
valores de inversión | asset values.
valores de la media muestrales | sample mean values.
valores de las acciones | stock values.
valores de primera clase | primary securities.
valores de renta fija | securities with fixed income | fixed interest-bearing values | fixed-income securities | fixed interest securities | funded securities.
valores de renta variable | determinable interest securities.
valores de seguros | insurance shares.
valores de toda confianza | gilt-edges securities.
valores del Estado | government bonds.
valores determinados a una capacidad por departamento (programación) | shadow price.
valores disponibles | cash assets | liquid assets.
valores en cartera | items collectible | investments | holdings | collectible securities.
valores en cartera (bancos) | securities held.
valores en custodia | securities held in safekeeping | securities in custody.
valores especiales | specialities.
valores especulativos | unsound securities.
valores exentos | tax exempt securities.
valores exigibles | receivables.
valores faltantes | missing values.
valores fiduciarios | notes.
valores garantizados | nonforfeiture values.
valores industriales | industrials | industry funds | industrial securities.
valores inmovilizados | fixed assets.
valores inscritos | inscribed stock.
valores inscritos en bolsa | listed securities.
valores inscritos en la cotización oficial | listed stock.
valores interpolados | interpolated values.
valores mobiliarios | securities | transferable securities.
valores negociables | negotiable securities.
valores no bursátiles | unlisted securities.
valores no inscritos en la bolsa | unlisted securities.
valores no negociables | ineligible papers.
valores no recobrables | bills irrecoverable.
valores no vendidos en Bolsa (EE. UU.) | over-the-counter securities.
valores nominales | ratings.
valores nominativos | nominative securities.
valores pagados por intervención | bills paid by intervention.
valores para los cuales la función se anula (matemáticas) | intercepts.
valores petrolíferos (Bolsa) | oil shares.
valores por cobrar | receivables.
valores poseídos | securities owned.
valores posibles | tentative values.
valores que se cotizan en bolsa | stock exchange securities.
valores realizables | liquid assets.
valores rentables | investment securities.
valores reportables (bolsa) | contangoable stocks.
valores seguros | gilt-edges securities.
valores sin antecedentes de ganancias | unseasoned securities.
valores sin cotización | unlisted stock.
valores sobre el extranjero (economía) | foreign securities.
valores tabulados | tabled values.
valores válido-inválido | valid-invalid values.
valores y créditos entregados en garantía | securities and credits given as a guarantee.
valorimetría | titrimetry.
valorimétrico | titrimetric.
valorímetro | titrimeter.
valorización | upgrading | valorization.
valorización repetida | back titration.
valorizar | value (to) | valorize (to).
valpurgita | walpulgite.
vals (música) | waltz.
valuable | rateable | ratable.
valuación | rate | valuation | appraisal.
valuación de daños | estimate of damages | adjustment of claims.
valuación de la producción | valuation of output.
valuación de puestos | job evaluation.
valuación insuficiente | understatement.
valuación por la aduana | customhouse assessment.
valuador | valuer.
valuador experto | expert appraiser.
valuar | rate (to) | prize (to) | measure (to) | appraise (to).
valuar en exceso | overvalue (to).
valva (botánica) | valve.
valva (zoología) | valve.
valva inferior (zoología) | large valve | lower valve.
valva interna (zoología) | inner valve.
válvula | valve | tube.
válvula (acústica) | pallet.
válvula (bombas) | cap.
válvula (de dirigible) | crab pot.
válvula accionada por diferencia de presiones | differential-pressure-operated valve.
válvula accionada por fluido | fluid-powered valve.
válvula accionada por la aspiración | suction-actuated valve.
válvula accionada por leva | poppet-valve.
válvula accionada por muelle | spring-loaded valve.
válvula accionada por regulador hidráulico | cataract-controlled valve.
válvula agrietada | cracked valve.
válvula aisladora | isolator valve.
válvula aisladora del combustible | fuel-isolating valve.
válvula amortiguadora | cushion valve | absorber valve.
válvula amortiguadora de las oscilaciones | surge arrestor valve.
válvula amortiguadora de oscilaciones | surge damping valve.
válvula amortiguadora de retención | cushioned check valve.
válvula amplificadora | magnifier valve | amplifier valve.
válvula amplificadora con cátodo a tierra | earthed-cathode operation.
válvula amplificadora de radar de onda progresiva | travelling wave radar amplifier valve.
válvula amplificadora de teléfono | telephone amplifying tube.
válvula amplificadora por haces | beam-power tube.
válvula angular de contrapresión | angle back-pressure valve.
válvula angular de retención | angle check valve.
válvula antiexplosiones | explosion valve.

válvula antimicrofónica | antimicrophonic valve.
válvula anular | annular valve.
válvula apantallada | screened valve.
válvula audio-amplificadora | audio-amplifying valve.
válvula automática de cobre contra la inundación (manguerote de ventilación en buques) | copper float.
válvula automática de despresión | automatic decompression valve.
válvula automática de retención | automatic non-return valve.
válvula automática para puntería en elevación | elevating auto valve.
válvula autorreductora | automatic reducing valve.
válvula autorreguladora de presión del vapor | automatic steam-pressure regulating valve.
válvula auxiliar | jockey valve.
válvula auxiliar de arranque | auxiliary starting valve.
válvula auxiliar de funcionamiento suave | lightly-operated pilot valve.
válvula auxiliar en derivación | bypass valve.
válvula auxiliar pequeña equilibrada | pilot valve.
válvula auxiliar reforzadora | booster pilot valve.
válvula auxiliar reguladora del aceite | pilot oil regulating valve.
válvula avisadora de la sobrepresión (EE. UU.) | sentinel relief valve.
válvula bellota | acorn tube.
válvula birrejilla | bigrid valve.
válvula birrejilla (radio) | dual-grid tube.
válvula blanda | soft valve.
válvula blindada | screened valve.
válvula bruta de estampa | valve as stamped.
válvula colectora | collection valve.
válvula compensadora | compensating valve.
válvula compensadora de la dilatación | expansion-compensating valve.
válvula compleja (termiónica) | multielement tube.
válvula con asiento de caucho | rubber-seated valve.
válvula con carga por palanca (calderas) | lever-loaded valve.
válvula con cátodo de óxido | oxide-cathode valve.
válvula con cátodo en la parte superior | oilcan tube.
válvula con cátodo equipotencial | indirectly-heated valve.
válvula con cuerpo de fundición | iron-body valve.
válvula con deflector | masked valve.
válvula con descarga sifónica | siphonic discharge valve.
válvula con empaquetadura de cuero | leather-packed valve.
válvula con guarniciones de bronce de cañón | gunmetal-trimmed valve.
válvula con la cubierta por ánodo | catkin tube.
válvula con lubricación sin empaquetadura | glandless lubricated valve.
válvula con manguito sobre el vástago para maniobra con llave | lock-shield valve.
válvula con rejilla blindada | screen-grid valve.
válvula con revestimiento cauchotado | rubberlined valve.
válvula cónica | needle valve.
válvula contra sobrepresiones | release valve.
válvula controladora del sistema de contraincendios (aeroplanos) | fire valve.
válvula de acción directa | pop valve.
válvula de acción lenta | slow-opening valve.
válvula de acción rápida | pop action valve.
válvula de acero forjado | forged-steel valve.
válvula de actuación | actuation valve.
válvula de admisión | throttle valve | throat valve | admission valve | intake valve | inlet valve.
válvula de admisión (motores) | induction valve.
válvula de admisión de aire | vacuum valve | air inlet valve | air valve.
válvula de admisión de la turbina | turbine throttle valve.
válvula de admisión del vapor | steam valve.
válvula de admisión parcialmente tapada | masked-inlet valve.
válvula de aguja | pin valve | needle valve.
válvula de aguja accionada por presión diferencial | differential needle valve.
válvula de aire | relief valve | air valve | breather.
válvula de aire caliente | hot-blast valve.
válvula de aislamiento | isolating valve.
válvula de aislamiento del regulador de alimentación | feed regulator isolating valve.
válvula de aislamiento del vapor | main steam-line isolation valve.
válvula de alarma | alarm valve.
válvula de alimentación | feed valve | filling valve.
válvula de alimentación (calderas) | feed check valve.
válvula de alimentación principal | main feed check.
válvula de alivio de sobrepresión | surge valve.
válvula de apertura rápida | QO valve.
válvula de arranque (motores) | starting valve.
válvula de asiento | globe valve.
válvula de asiento con tapón de punta | needlepoint globe valve.
válvula de asiento cónico | miter-seated valve | tulip valve | poppet-valve | conical seat valve | conical-faced valve | cone-seated valve.
válvula de asiento cónico (motores) | mushroom valve.
válvula de asiento esférico | spherical-seated valve.
válvula de asiento plano | flat-seated valve | flat-face valve.
válvula de aspersión | flush valve.
válvula de aspiración | inlet valve | intake valve | suction valve.
válvula de aspiración (bombas) | foot valve.
válvula de aspiración de aire | air suction valve.
válvula de aspiración de carrera corta de aberturas múltiples | multiport low-lift suction valve.
válvula de aspiración de la bomba de circulación | circulating pump suction valve.
válvula de aspiración de la circulación principal situada un poco por debajo de la flotación (buques) | main circulating high-suction valve.
válvula de balancín | rocker operated valve.
válvula de barrido | scavenger valve.
válvula de bola | ball-check.
válvula de bola y asiento | ball-and-seat valve.
válvula de bomba | leaf valve.
válvula de bridas | flanged valve.
válvula de bronce | brass valve.
válvula de cabeza de seta | mushroom headed valve.
válvula de cambio de dirección | deflecting valve.
válvula de cambio de marcha | reversing-valve.
válvula de camisa | sleeve valve.
válvula de camisa graduable | adjustable port valve.
válvula de campana | double-beat valve | cup valve | bell valve | Cornish valve | two-beat valve.
válvula de cañón (órgano) | pallet.
válvula de carga | charging valve | filling valve.
válvula de carrera vertical | straight-lift valve.
válvula de carrete | spool valve.
válvula de cátodo caliente rellena de gas de rejilla regulada | grid-controlled gas-filled hot cathode valve.
válvula de cátodo de charco (radio) | tank.
válvula de cátodo frío | cold-cathode tube.
válvula de caucho | rubber valve.
válvula de cebado | priming-valve.
válvula de cebado (bombas) | primary valve.
válvula de cierre | cutoff valve | across-the-line valve | shutoff valve | stop valve | screwdown valve | closing valve.
válvula de cierre automático | automatic stop valve.
válvula de cierre de la turbina | turbine stop valve.
válvula de cierre de seguridad | safety shutoff valve.
válvula de cierre del colector de vapor (locomotora) | manifold shutoff valve.
válvula de cierre del gas | gas check-valve.
válvula de cierre del mamparo | bulkhead stop valve.
válvula de cierre magnético | magnetic shutdown valve.
válvula de cierre mandado | positively-seated valve.
válvula de cierre para el embalamiento | runaway stop valve.
válvula de cierre total | shutoff valve.
válvula de cierre vertical | lift-valve.
válvula de cierre y retención (tuberías) | screwdown monreturn valve.
válvula de cinco electrodos | pentagrid.
válvula de compensación | equalizing valve.
válvula de compuerta | gate valve | sluice valve.
válvula de compuerta automática | automatic gate-valve.
válvula de compuerta con abrazadera | clamp gate valve.
válvula de compuerta con desplazamiento del vástago | rising-stem gate valve.
válvula de compuerta de caras paralelas | parallel-face valve | parallel-slide valve.
válvula de compuerta de cuña | wedge-gate valve.
válvula de compuerta de doble disco | double-disc gate valve.
válvula de compuerta de vástago ascendente | rising-stem gate valve.
válvula de compuerta de vástago no ascendente | nonrising-stem gate valve.
válvula de compuerta del cajón flotante | floating caisson gate.
válvula de compuerta montada en bronce con cuerpo de fundición | iron-body bronze-mounted gate valve.
válvula de comunicación | communication valve.
válvula de contacto | tripping valve.
válvula de contención (tuberías) | reflux-valve.
válvula de contracorriente | backflow valve.
válvula de contraflujo | reverse-flow valve.
válvula de contrapresión | back valve | back pressure valve.
válvula de control | controlling valve | control valve.
válvula de control (pozo petróleo) | blowout preventer.
válvula de control (sondeos) | drilling head.
válvula de control de dirección (refrigeración) | back-seating valve.
válvula de control de la potencia | power-control valve.
válvula de control de la presión | pressure control valve.
válvula de control de servomotor | servoengine control valve.
válvula de corredera | gate valve.
válvula de corredera (máquina alternativa de vapor) | slide-valve.
válvula de corredera de mamparo | bulkhead sluice.
válvula de corte remoto | remote cut-off valve.
válvula de cuartete | quad valve.
válvula de cuello | throat valve.
válvula de cuello (marina) | throttle valve.
válvula de cuello (turbinas) | stop valve.
válvula de cuello (turbinas, máquinas alternativas) | main steam valve.

válvula de cuello de asiento sencillo para sobrevelocidad (turbina vapor) | single-seated runaway stop-valve.
válvula de cuello de doble asiento | double-beat throttle valve.
válvula de cuello de la caldera | boiler stop-valve.
válvula de cuello de la máquina propulsora | main-engine stop valve chest.
válvula de cuello de la turbina | turbine stop valve.
válvula de cuero | leather flap.
válvula de cuerpo oval | oval-bodied valve.
válvula de cuerpo redondo | round-bodied valve.
válvula de culata de tipo de seta (motores) | overhead mushroom type valve.
válvula de charnela | clapper | hinged valve | open flap valve | swing valve | clack valve | clack | flap valve | flap | leaf-valve.
válvula de charnela (achicador) | flash valve.
válvula de charnela de disco interior | enclosed flap valve.
válvula de charnela de impulsión | pressure clack.
válvula de dardo (sondeos) | dart valve.
válvula de débil consumo | low-consumption valve.
válvula de derivación | bypass valve.
válvula de derivación accionada eléctricamente | electrically-operated by-pass valve.
válvula de derivación automática accionada por relé | relay-operated automatic bypass valve.
válvula de derrame | overflow valve.
válvula de desagüe | sluice valve.
válvula de desagüe (tuberías) | washout valve.
válvula de desagüe del cilindro recuperador | recuperating cylinder drain valve.
válvula de desahogo | snifter valve | bleeding valve | pressure-relief valve | pet-valve | off-relief valve.
válvula de desahogo (tubería hidráulica) | blowoff valve.
válvula de desahogo a mano (calderas) | manual blow-down valve.
válvula de desahogo de explosión (cárteres de motores) | explosion relief valve.
válvula de desahogo de la expansión | expansion relief valve.
válvula de desahogo reguladora de la presión | pressure regulating relief valve.
válvula de descarga | delivery valve | unloading valve | release valve | relief valve | blowoff valve | discharge valve | escape valve.
válvula de descarga (pozo petróleo) | flow-line valve.
válvula de descarga a la atmósfera | atmospheric relief valve.
válvula de descarga a plena sección | full lift valve.
válvula de descarga automática | flush valve | automatic unloader valve | automatic flushing flap | automatic blowout valve.
válvula de descarga de aceite | oil relief valve.
válvula de descarga de la bomba de aceite | oil pump delivery valve.
válvula de descarga de la presión del aceite | oil-pressure relief valve.
válvula de descarga de presión | pressure-unloading valve.
válvula de descarga de sentina | bilge discharge valve.
válvula de descarga del interenfriador | intercooler unloader valve.
válvula de descarga lenta | slow leak valve.
válvula de descarga rápida | rapid release valve | dump valve.
válvula de descarga regulada por flotador | float-controlled outlet valve.
válvula de desconexión de emergencia para sobrevelocidad | overspeed emergency trip valve.
válvula de desviación | bypass valve.
válvula de desviación de carga espacial | space-charge deflection tube.
válvula de disco | disc valve | deck valve.
válvula de disco con movimiento vertical | poppet-valve.
válvula de disco giratorio sobre un eje diametral | pivoted disc valve.
válvula de disparo | pop valve.
válvula de distribución | distributing valve.
válvula de doble acción para evitar una presión excesiva interior o la formación de un vacío | sniffle valve.
válvula de doble asiento | double-beat valve.
válvula de doble compuerta | double gate valve.
válvula de doble efecto | shuttle valve.
válvula de doble paso | double-ported valve.
válvula de drenaje | drain valve.
válvula de emergencia | emergency valve.
válvula de emisión | eduction valve.
válvula de emisión débil | dull emitter | dull filament valve.
válvula de entrada de agua del mar (buques) | sea inlet.
válvula de entrada de aire | snifter valve | relief valve | air inlet valve.
válvula de entrada del agua del mar | sea injection valve.
válvula de entrada del combustible (carburador) | float needle valve.
válvula de entrada y salida del aire (transformadores, etc.) | breather.
válvula de equilibrio | equilibrium valve | equalizing valve.
válvula de escape | eduction valve | exhaust valve | escape valve | outlet valve.
válvula de escape (neumáticos) | deflator.
válvula de escape de aire | air release valve.
válvula de escape de descompresión | compression-relieving exhaust valve.
válvula de escape de gas | gas-freeing valve.
válvula de escape libre (autos, motos) | cutout.
válvula de estanqueidad | sealing valve.
válvula de estrangulación | restrictor valve.
válvula de evacuación | eduction valve | exhaust valve.
válvula de evacuación para tuberías | tubing bleeder.
válvula de exhalación (máscaras protectoras) | exhalation valve.
válvula de exhaustación | exhaust valve | escape valve.
válvula de exhaustación con linterna (motor diesel) | exhaust valve with valve casing.
válvula de exhaustación de resorte (motores) | poppet-type exhaust valve.
válvula de exhaustación oscilante | oscillating exhaust valve.
válvula de expansión | expansion valve.
válvula de expansión de pistón | piston expansion valve.
válvula de expansión de presión constante | constant-pressure expansion valve.
válvula de extracción de fondo (calderas) | blowoff valve.
válvula de extracción de superficie (calderas) | scum valve.
válvula de filamento brillante | bright filament valve.
válvula de filamento sombrío | dull filament valve.
válvula de flotación del entubado (pozo petróleo) | casing float valve.
válvula de flotador | ball cock | float valve.
válvula de flotador con apertura lateral inferior | low-side float valve.
válvula de frenado | brake valve.
válvula de fuerza | power tube.
válvula de fundición con guarniciones de latón | brass trimmed cast-iron valve.
válvula de gafas (altos hornos) | goggle valve.
válvula de gas | gas vent.
válvula de gas del globo | balloon valve.
válvula de globo tipo aguja | needlepoint valve.
válvula de graduación | graduating valve.
válvula de gran carrera de apertura | highlift valve.
válvula de guillotina | guillotine valve.
válvula de haz de luz | light valve.
válvula de hidrante de incendio | fire hydrant valve.
válvula de imagen electrónica | electron image tube.
válvula de imbornal (buques) | clack box.
válvula de impulsión | delivery valve | pressure valve.
válvula de impulsión (bombas) | discharge valve | head valve.
válvula de impulsión de aire | air delivery valve | air discharge valve.
válvula de incomunicación | shutoff valve.
válvula de indicador con dispositivo de seguridad para la presión máxima | maximum pressure indicator-cum-relief valve.
válvula de inhalación | inhalation valve.
válvula de inodoro (retretes) | air trap.
válvula de intercomunicación | cross valve.
válvula de introducción | inserting valve.
válvula de inundación del sumergidor (mina explosiva submarinos) | sinker flooding bung.
válvula de inversión | reversing-valve.
válvula de inversión de tipo de pistón | piston-type reverse valve.
válvula de inversión del aire | air reversal valve.
válvula de inyección | injection valve.
válvula de inyección (inyector - motor diesel) | fuel valve.
válvula de inyección del combustible (inyector - motor diesel) | fuel-inyection valve.
válvula de inyección por mezcla | jet injection valve.
válvula de la bomba de aceite | oil pump valve.
válvula de la palanca universal para la puntería en elevación | joystick elevating valve.
válvula de la tobera de ciar | astern nozzle valve.
válvula de la toma de gas | gas stand-pipe valve.
válvula de la tubería | pipe valve.
válvula de lanzamiento | starting valve.
válvula de lengüetas | feather valve.
válvula de limpieza | blowoff valve | blowoff.
válvula de limpieza automática | flushometer.
válvula de linterna | gridiron valve.
válvula de líquido | cutoff.
válvula de llenado | filling valve.
válvula de mal tiempo (imbornales buques) | storm valve.
válvula de mando | pilot valve.
válvula de mando del relé de autorregulación de volumen | A. V. C. relay operating valve.
válvula de manguito | equilibrium valve.
válvula de maniobra | control valve | controlling valve | manoeuvring valve | working valve.
válvula de maniobra del freno | brake control valve.
válvula de maniobra principal | main maneuvering valve.
válvula de máquina hidráulica | hydraulic valve.
válvula de mariposa | flap valve | pivoted disc valve | pivot valve | butterfly valve | strangler.
válvula de mariposa de entrada de aire | air inlet disc valve.
válvula de mariposa motorizada | motorized butterfly valve.
válvula de mariposa servoaccionada | servomotor-operated butterfly valve.
válvula de marmita (globos) | crab pot valve.
válvula de mezcla automática | automatic mixture valve.
válvula de microondas de gran potencia | high-power microwave valve.
válvula de movimiento vertical | lifting valve.
válvula de obturación (de macho cónico) | plug valve.
válvula de onda progresiva | traveling-wave tube.

válvula de palanca | lever valve.
válvula de parada | shutoff valve | stop valve.
válvula de parrilla | gridiron valve.
válvula de paso | flow valve | line valve | screwdown valve.
válvula de paso automática | automatic by-pass valve.
válvula de paso completo (válvula sin reducción en la sección de paso) | full-way valve.
válvula de paso directo | straigtway valve.
válvula de paso para igualar presiones | pressure-equalizing by-pass valve.
válvula de paso único | one-way valve.
válvula de pasos múltiples | multiport valve.
válvula de pie (bombas) | foot valve.
válvula de pie (tubería bombas) | suction valve.
válvula de pistón | piston valve.
válvula de pistón inmersor | plunger valve.
válvula de placa con guía | pot valve.
válvula de platillo | tappet valve.
válvula de potencia de haz electrónico | beam-power tube.
válvula de prueba | gage valve.
válvula de pulverización (motores) | spray valve.
válvula de pulverización del combustible (motores) | fuel-spray valve.
válvula de purga | through valve | bleeder valve | blowoff valve | drip valve | drain valve.
válvula de purga de aire | air escape valve.
válvula de reactancia | reactance tube.
válvula de rebose | overflow valve.
válvula de recuperación (amortiguador hidráulico) | rebound valve.
válvula de regulación | regulating valve.
válvula de regulación de aceite | oil control valve.
válvula de regulación de la descarga | outlet control valve.
válvula de regulación de la marcha lenta | idling speed control valve.
válvula de regulación de la palanca universal para la puntería en altura | joystick elevating control valve.
válvula de regulación de la presión mínima del combustible (turbina de gases) | idling control valve.
válvula de regulación de la puntería azimutal por palanca universal | joystick training control valve.
válvula de regulación del caudal (pozo petróleo) | flow nipple.
válvula de regulación del cierre de la alimentación accionada por flotador (calderas) | float-operated closed feed control valve.
válvula de regulador de tipo equilibrado de doble asiento (turbina vapor) | double-beat balanced-type governor valve.
válvula de rejilla blindada | shield grid valve.
válvula de rejilla faradizada | S. G. valve.
válvula de rejilla pantalla | screen grid tube.
válvula de resorte | spring valve.
válvula de resortes | poppet-valve.
válvula de respiración (pozo petróleo) | breather.
válvula de resucitación (medicina) | resuscitation valve.
válvula de retardo | delay valve.
válvula de retención | check valve | nonreturn valve | stop valve | foot valve | fort valve.
válvula de retención (tuberías) | reflux-valve | retaining valve.
válvula de retención automática | self-acting check valve.
válvula de retención con muelle | spring-resistance valve.
válvula de retención de bola | ball check valve.
válvula de retención de charnela | swing check valve.
válvula de retención de disco con vástago | poppet check valve.
válvula de retención del arrancador de aire | nonreturn air-starter valve.
válvula de retención del imbornal | scupper nonreturn valve.
válvula de retención doble | double return valve.
válvula de retención equilibrada | balanced check valve.
válvula de retención esférica | ball retaining valve.
válvula de retención para tubería de sondeo | drill pipe float.
válvula de retenida | nonreturn valve | expanding valve.
válvula de retorno de alimentación (calderas) | feed check-valve.
válvula de retorno de la presión | pressure-return-type valve.
válvula de salida | outlet valve.
válvula de salida (de receptor radio) | power tube.
válvula de salida de aire | air outlet valve.
válvula de sección de paso total (sin estrangulación) | free-flow valve.
válvula de seccionamiento | sealing-off valve | isolating valve.
válvula de secuencia múltiple | multiple sequence valve.
válvula de seguridad | pressure-relief valve | relief valve | release valve.
válvula de seguridad (calderas) | safety-relief valve | blow-valve.
válvula de seguridad (cilindros) | priming-valve.
válvula de seguridad (compresores de aire) | unloader.
válvula de seguridad con descarga a plena sección | full bore safety valve.
válvula de seguridad contra explosiones (cárter motor diesel) | explosion relief valve.
válvula de seguridad de ayuda eléctrica | electrically-assisted safety valve.
válvula de seguridad de cámara de expansión | huddling-chamber safety valve.
válvula de seguridad de contrapeso | weighted-safety-valve | dead weight safety valve | d. w. safety valve.
válvula de seguridad de contrapeso (calderas) | steam balance.
válvula de seguridad de descarga rápida (calderas) | pop valve.
válvula de seguridad de la bomba con descarga a la aspiración | close circuit pump relief valve.
válvula de seguridad de la circulación del aceite | oil relief valve.
válvula de seguridad de muelle | spring-controlled relief valve.
válvula de seguridad de palanca | lever safety valve.
válvula de seguridad de palanca y muelle (locomotora) | locomotive balance.
válvula de seguridad de resorte | pop safety valve | spring-loaded safety valve | spring load safety valve.
válvula de seguridad de ruido sordo (locomotoras vapor) | muffled safety valve.
válvula de seguridad de sobrecarga | overload relief valve.
válvula de seguridad de vaciado rápido | pop valve.
válvula de seguridad del aceite accionado por pistón | piston operated oil relief valve.
válvula de seguridad del cilindro | cylinder safety valve | cylinder relief valve | cylinder escape valve.
válvula de seguridad del refrigerante primario | primary refrigerant pressure relief valve.
válvula de seguridad del vapor sobrecalentado | reheated-steam relief valve.
válvula de seguridad doble | double safety valve.
válvula de seguridad en derivación (bombas) | bypass relief valve.
válvula de seguridad para presión y vacío | pressure and vacuum vent valve.
válvula de seguridad sin asiento | seatless blowoff valve.
válvula de seguridad sin reducción en la sección de paso | fullbore safety valve.
válvula de sentina de bodega | hold bilge valve.
válvula de seta | poppet-valve.
válvula de sobrecarga | bypass valve | blast gate.
válvula de sobrepresión (turbocompresor) | blast gate.
válvula de solenoide | selenoid valve.
válvula de sombrerete | bonnet valve | crown valve.
válvula de soplado de doble apriete | double-tightening blowoff valve.
válvula de soplado de la cámara de aire | air vessel blowing valve.
válvula de soplado de la recámara | breech airblast valve.
válvula de suministro | delivery valve.
válvula de surgencia (pozo petróleo) | flow nipple.
válvula de tapón | orifice flange.
válvula de tiempo de tránsito | transit-time tube.
válvula de toma auxiliar | bypass.
válvula de toma de agua | water valve.
válvula de toma de agua de mar (buques) | seacock | main injection valve | injection valve.
válvula de toma de agua del mar (buques) | sea valve.
válvula de toma de aire | air inlet valve.
válvula de toma de la circulación principal situada cerca del pantoque (buques) | main circulating low-suction valve.
válvula de toma de mar (buques) | inlet valve.
válvula de toma de vapor (calderas) | stop valve.
válvula de traslado (shunt) | transition rectifier.
válvula de traspaso | crossover valve.
válvula de tres vías | triple valve | switch valve | cross valve.
válvula de triple paso | cross valve.
válvula de urgencia | emergency valve.
válvula de vaciado (cabeza de torpedo) | Kingston valve.
válvula de vaciado (tuberías) | washout valve.
válvula de vaciado rápido | quick-jettison valve.
válvula de vaciado rápido de depósitos (aviones) | jettison valve.
válvula de vacío | vacuum valve.
válvula de vacío mantenido | pumped rectifier.
válvula de vacío pentodo | vacuum-tube pentode.
válvula de vacío termiónica polielectródica | multielectrode thermionic vacuum tube.
válvula de vacío tetrodo | vacuum-tube tetrode.
válvula de vapor del inyector | injector steam valve.
válvula de varias vías | star valve.
válvula de vástago | poppet-valve.
válvula de vena líquida recta (hidráulica) | straight flow valve.
válvula de ventilación | venting valve.
válvula del amplificador de baja frecuencia (radio) | bottle.
válvula del combustible | fuel valve.
válvula del combustible accionada por leva | cam-operated fuel valve.
válvula del combustible de inyección por compresor | blast-type fuel valve.
válvula del control del aceite | oil control valve.
válvula del costado del buque | shipside valve.
válvula del limitador | limiter valve.
válvula del modulador | modulator valve.
válvula del obturador | trap valve.
válvula del regulador | governor-valve | regulator valve.
válvula del sobrante | overflow valve | return valve.
válvula del sobrante de la bomba de aire | air pump overflow valve.

válvula del sobrante de la bomba de sentina | bilge pump relief valve.
válvula derivadora | diverting valve.
válvula descargadora de la templa (azúcar) | strike valve.
válvula distribuidora | controlling valve.
válvula distribuidora (pozo petróleo) | manifold valve.
válvula distribuidora del aire | air distributor valve.
válvula distribuidora del aire comprimido | distributing air valve.
válvula doble | tandem valve.
válvula doble de alimentación | double feed valve.
válvula dosificadora | metering valve.
válvula dosificadora micrométrica | micrometer-adjusted metering valve.
válvula electrométrica | electrometer valve.
válvula electroneumática | electro-air valve | electropneumatic valve.
válvula electrónica | tube | vacuum tube | electron tube.
válvula electrónica bielectródica | two-electrode vacuum-tube.
válvula electrónica de báscula | flip-flop tube.
válvula electrónica estabilizadora de voltaje | stabilovolt tube.
válvula electrónica octoelectródica | eight-electrode vacuum-tube.
válvula electrónica pentaelectródica | five-electrode electron tube.
válvula electrónica trielectródica | three-electrode vacuum tube.
válvula electrónica triodo | vacuum-tube triode.
válvula electroquímica | electrochemical valve.
válvula emisora (de receptor radio) | power tube.
válvula emisora sombría | dull emitter.
válvula en el fondo del achicador | bailer valve.
válvula en la culata para entrada del combustible (cilindro de motor) | intake port.
válvula encamisada con cerámica | ceramic-lined valve.
válvula enfriada por aire | air-cooled tube.
válvula enfriada por corriente de aire | air blast-cooled valve.
válvula equilibrada | Cornish valve | equilibrated valve | balance valve | balanced valve.
válvula equilibrada (bombas) | pet-valve.
válvula equilibrada de aguja | balanced needle valve.
válvula esférica | ball-check | ball valve | globe valve.
válvula esférica de retención | ball check valve.
válvula estabilizadora | ballast valve | regulating valve.
válvula estabilizadora del voltaje (redes eléctricas) | barretter | ballast tube.
válvula estanca | well-seating valve | droptight valve.
válvula excitadora de presión | actuating pressure valve.
válvula faradizada (radio) | screened valve.
válvula fluídica | fluidic valve.
válvula fotoeléctrica | phototube.
válvula fotoeléctrica con cátodo de cadmio | cadmium cell.
válvula generadora (de receptor radio) | power tube.
válvula graduable | graduable valve.
válvula hidráulica auxiliar | pilot-type hydraulic valve.
válvula hidráulica de maniobra | hydraulic working valve.
válvula hidroneumática de regulación | hydropneumatic control valve.
válvula hidrostática | hydrostatic valve.
válvula horizontal de retención | lift check valve.
válvula inclinada de asiento cónico (tuberías) | miter-valve.
válvula inferior | lower valve.
válvula interceptadora | intercepting valve.
válvula interior | inner valve.
válvula invertida (motores) | drop-valve.
válvula iónica | ionic valve.
válvula Kingston | Kingston valve.
válvula limitadora | restrictor valve.
válvula limitadora de la presión | pressure-limiting valve.
válvula limitadora del flujo del gas | gas flow limiting valve.
válvula maestra | master valve | master gate.
válvula maestra con válvula auxiliar | pilot-master valve.
válvula maestra con válvula auxiliar regulada por solenoide | selenoid-controlled pilot-master valve.
válvula maestra de cierre rápido | quick closing master valve.
válvula maestra por la cual pasan las herramientas de perforación (sondeos) | drilling valve.
válvula mandada de asiento cónico | drop-valve.
válvula mandada por leva | cam-actuated valve.
válvula manorreductora | pressure reducer.
válvula manorreguladora | pressure regulating valve | pressure regulator valve.
válvula mantenedora de la presión | pressure maintaining valve.
válvula maquinada de redondo de acero | bar-stock valve.
válvula mecanizada | geared valve.
válvula metálica | metal tube.
válvula metalizada | spray-shielded valve.
válvula mezcladora | mixing valve | blending valve.
válvula mezcladora (radio) | mixer tube | mixer.
válvula mezcladora de cristal de cuarzo | crystal mixer.
válvula mezcladora de potencia de banda ancha | wideband power mixer tube.
válvula miniatura | miniature valve | acorn tube.
válvula miniatura (radio) | bantam tube.
válvula moderada | throttling valve.
válvula moderadora | retarding valve.
válvula moduladora | modulating valve.
válvula motorizada | motorized valve.
válvula motorizada telemandada | remote-controlled motor-operated valve.
válvula múltiple | multiple-unit tube.
válvula multiplicadora-amplificadora | amplifier-multiplier tube.
válvula neumática | pneumatic valve.
válvula neumática de regulación de la alimentación | air operated feed-regulating valve.
válvula obturada por fuelle | bellows-sealed valve.
válvula obturada por suciedad | dirt-clogged valve.
válvula obturadora | plug valve.
válvula osciladora de modulación de velocidad del tipo de línea coaxial | coaxial-line velocity modulated oscillator valve .
válvula oscilante | rocking valve | rocker valve.
válvula para ensacar | bagging-off valve.
válvula para evitar el vacío (tuberías) | anti-vacuum valve.
válvula para la conmutación telefónica | speech switching valve.
válvula para potencia de elevación (cañón) | elevating power valve.
válvula para regular la inundación (buques) | flood-control valve.
válvula para variar la compresión | compression change-over valve.
válvula pequeña (termiónica) | acorn tube.
válvula piezolimitadora | pressure-limiting valve.
válvula plana | doorknob tube.
válvula poliodo | polyode valve.
válvula preamplificadora | preamplifying tube.
válvula preamplificadora (radio) | driver valve.
válvula principal | master valve.
válvula principal accionada por válvula auxiliar | pilot-operated master valve.
válvula principal de aire de arranque | master air-starting valve.
válvula principal de cierre | main stop valve.
válvula principal de inyección | main injection valve.
válvula principal de inyección (buques) | injection valve.
válvula principal de regulación | main check valve.
válvula principal del vapor (turbinas, máquinas alternativas) | main steam valve.
válvula protectora | guarding valve.
válvula purgadora | purging valve.
válvula purgadora de aire | air cock.
válvula purgadora de cienos | desludging valve.
válvula purgadora de sedimentos | drain valve.
válvula que por la radiación solar cierra el quemador principal (boya luminosa) | sun valve.
válvula que se abre hacia abajo (motores) | drop-valve.
válvula que se agarra | foul valve.
válvula receptora (termiónica) | receiving tube.
válvula recta | line valve.
válvula rectificadora | rectifying tube | rectifying valve.
válvula rectificadora (electrónica) | rectifier.
válvula rectificadora (termiónica) | rectified tube.
válvula rectificadora de potencia | power rectifying valve.
válvula rectificadora de vidrio a vapor de mercurio | glass bulb rectifier.
válvula reductora | reducing valve | easing valve | restrictor.
válvula reductora de presión (alto horno) | snort valve.
válvula refrigerada por agua | water cooled tube.
válvula refrigerada por sales metálicas (motores) | salt-cooled valve.
válvula regulada por la presión del aceite | oil pressure controlled valve.
válvula regulada por presión diferencial | pressure-differential valve.
válvula reguladora | control valve | governor-valve | ballast valve | throttle valve.
válvula reguladora (radio) | ballast tube.
válvula reguladora accionada termohidráulicamente | thermohydraulically operated control valve.
válvula reguladora de alimentación de cierre automático (calderas) | feed check-valve.
válvula reguladora de disco equilibrada | balanced disc regulating valve.
válvula reguladora de la corriente | flow-regulating valve.
válvula reguladora de la presión del vapor | steam-pressure regulating valve.
válvula reguladora de la velocidad | restrictor valve | restriction valve.
válvula reguladora de nivel | altitude valve.
válvula reguladora del agente pulverizador | atomizing-agent control valve.
válvula resistente al amoníaco | ammonia valve.
válvula retardadora de la admisión de aire | air delay valve.
válvula rompevacío de charnela | vacuum breaker check valve.
válvula secuencial | sequence valve.
válvula selectora | selector valve.
válvula selectora de cuatro vías | four-way selector valve.
válvula selectora electrohidráulica | electrohydraulic selector valve.
válvula selectora manual | manual selector valve.
válvula silenciosa (que no golpea) | nonslam valve.

válvula sin ánodo (termiónica) | plateless valve.
válvula sin empaquetadura | packingless valve.
válvula situada en la derivación de una tubería | root valve.
válvula sónica | Mach-one valve | sonic valve.
válvula sopladora | air blast valve.
válvula sucia | foul valve.
válvula sumergida | drowned valve.
válvula telemandada | remotely-controlled valve.
válvula terminal | terminal valve.
válvula termiónica | electron valve | bulb | thermionic valve | thermionic rectifier.
válvula termiónica (EE.UU.) | thermionic vacuum-tube.
válvula termiónica pequeña | acorn valve | apple.
válvula tipo hongo | mushroom valve.
válvula tiratrón | thyratron tube.
válvula tubular | pocketed valve.
válvula ultrasónica de luz | ultrasonic light valve.
válvula umbral (radar, televisión) | clipper tube.
válvula umbral (radar, TV) | threshold tube.
válvula vacuorreguladora | vacuum breaker.
válvula vibratoria | flutter valve.
valvulado | valvate.
valvulaje | valving.
valvulaje de admisión (motores) | inlet porting.
válvula-relé | thyratron.
válvulas afinadas (regulación de la distribución) | timing valves.
válvulas de vacío conectadas como triodo | triode-connected vacuum tubes.
válvulas en contrafase push-pull.
válvulas en la culata accionadas por empujador (no por muelles) | pushrod-operated overhead valves.
válvulas montadas en paralelo | parallel-mounted valves.
válvulas para tuberías | piping valves.
válvulas regladas (regulación de la distribución) | timing valves.
valvulería | valving.
valvulina (aceite lubricante de gran viscosidad obtenido como residuo) | cylinder stock.
valla | fence | paling | picket-fence.
valla de anuncio | billboard.
valla de listones | lattice fence.
valla de medianeria | party fence.
valla de radar | radar fence.
valla de tablas | board fence | hoarding.
valla eléctrica (para ganado) | electric fence.
valla paraarenas | sand fence.
valladar | fencing.
vallado | picket-fence | railing | enclosure | inclosure | picketing | fence | fencing | fenced | stockade.
vallado alrededor de un edificio | hoarding.
vallar | fence (to) | hedge (to) | close in (to).
valle | hollow | valley.
valle aclinal | acclinal valley.
valle ancho y abierto | dale.
valle anticlinal | anticlinal valley.
valle colgado (valle tributario más alto que el principal) | hanging valley.
valle con el río en seco | dead valley.
valle con laderas escarpadas | gorgelike valley.
valle con paredes muy escarpadas | precipitous-walled valley.
valle consecuente | consequent valley.
valle contraclinal | contraclinal valley.
valle de dislocación (geología) | rift valley.
valle de hundimiento | fault-block valley.
valle del silicio (California) | silicon valley.
valle dendrítico | dendritic valley.
valle en anfiteatro | amphitheatrical valley.
valle encajonado | deep valley.
valle epigenético | superimposed valley.
valle epigénico | epigenetic valley.
valle estructural (geología) | structural valley.
valle fallado (geología) | rift valley.
valle fluvial | river valley.
valle fluvial sin glaciación | nonglaciated river valley.
valle insecuente | insequent valley.
valle inundado | drowned valley.
valle maduro (geología) | mature valley.
valle monoclinal | asymmetric valley.
valle pequeño | creek.
valle profundo | low valley.
valle resecuente (geología) | resequent valley.
valle senil | late mature valley.
valle senil (geología) | old-age valley | full mature valley.
valle sinclinal | trough valley | canoe valley.
valle submarino | sea valley.
valle sumergido | drowned valley | firth.
valle suspendido (valle tributario más alto que el principal) | hanging valley.
valle suspendido glaciárico | glacial hanging valley.
valle tectónico (geología) | structural valley.
valles sinuosos | meandering valleys.
vanadato | vanadate.
vanadinita | vanadinite.
vanadio (V) | vanadium.
vandalismo | vandalism.
vandenbrandeita | vandenbrandeite.
vanguardia | avant-guard | advance guard.
vanidad | haughtiness.
vanisado (tejido de punto) | plating.
vanisado (tejido punto) | plated.
vanisado invertido (tejido punto) | reverse plating.
vanisar (tejido punto) | plate (to).
vanner (metalurgia) | vanner.
vano | bay | span.
vano (de puerta o ventana) | opening.
vano (líneas eléctricas) | throw.
vano (luz o hueco) | clear.
vano alimentado (líneas de toma de corriente) | feed-in span.
vano anclado (líneas aéreas) | anchor span.
vano de la hélice (buques) | screw aperture | propeller aperture | screw race.
vano de puerta | doorway | door-opening.
vano del arco | arch span.
vano del puente | bridge span.
vano entre apoyos (vigas) | unsupported span.
vano entre dientes (engranajes) | tooth space.
vano para la hélice (codaste) | aperture.
vano transversal | cross-span.
vanos de derivación (construcción de presas) | diversion openings.
vanos de derivación (lumbreras provisionales - construcción de presas) | closure openings.
vánova | bedspread.
vanuranilita | vanuralite.
vapoaccionado | steam-actuated | steam-powered.
vapoacumulador | steam accumulator.
vapoamortiguador | steam cushion.
vapocalentado | steam-heated.
vapocalentador de aire | steam air heater.
vapoesterilizado | steam sterilized.
vapoexcitar | steam-excite (to).
vapoeyector para extraer agua | water gun.
vapofreno | steam brake.
vapogenerador | steam raiser.
vapografía | vapography.
vapohermético | steam tight.
vapohumidificación | steam humidification.
vapoinyector | steam injector.
vapometalurgia | vapometallurgy.
vapopermeable | vapor-permeable.
vapopulverizador | steam-blast atomizer.
vapor | mist | fume | vapour (Inglaterra) | damp.
vapor a altísima presión | top up steam.
vapor a presión | live steam | pressurized steam.
vapor a temperatura reducida | reduced-temperature steam.
vapor acuoso | vapor (EE.UU.) | vapour (Inglaterra).
vapor ascendente (fabricación gas de agua) | up run.
vapor comprado (no producido por uno mismo) | bought-out steam.
vapor condensado | condensed steam.
vapor condensado (tuberías vapor) | drip.
vapor cruzado (fabricación gas de agua) | split run.
vapor de aceite | oil vapor.
vapor de agua | steam | aqueous vapor.
vapor de agua a bajo precio | low-cost steam.
vapor de agua a presión menor que la atmosférica | subatmospheric steam.
vapor de agua activo | motive steam.
vapor de agua condensado en la estela (aviones) | vapour (Inglaterra) | vapor (EE.UU.).
vapor de agua extraido para calentamientos | extra steam.
vapor de agua fuertemente recalentado | highly-superheated steam.
vapor de agua geotérmico | geothermal steam.
vapor de agua húmedo | moist steam | supersaturated steam | low-quality steam.
vapor de agua inradioactivo | nonradioactive steam.
vapor de agua inyectado en la carga (columna de fraccionamiento) | open steam.
vapor de agua precipitable (nubes) | precipitable water vapor.
vapor de agua seco | dry steam.
vapor de agua sobresaturado | supersaturated steam.
vapor de contracorriente (gas de agua) | back run.
vapor de escape | dead steam.
vapor de exhaustación | exhaust steam | dead steam | waste steam.
vapor de expansión | expansion steam.
vapor de petróleo | oil vapor.
vapor de petróleo a alta presión | blue gas.
vapor de purga | purging steam | purge steam.
vapor de sangría (de turbinas, etc.) | bled steam.
vapor de sangría de la turbina | turbine bleed steam.
vapor de toma intermedia | pass-out steam.
vapor descendente (fabricación gas de agua) | down run.
vapor desprendido del combustible | vapour (G.B.) | vapor (EE.UU.).
vapor desprendido del combustible líquido en las tuberías | fuel vapor.
vapor desrecalentado | desuperheated steam.
vapor en fase de expansión | expanding steam.
vapor estrangulado | wiredrawn steam.
vapor húmedo | wet steam.
vapor húmedo oxigenado | wet oxygenated steam.
vapor impregnado de aceite | oily vapor.
vapor laminado | wiredrawn steam.
vapor luminoso | luminous vapor.
vapor neblinoso cargado de bióxido de carbono | cold-damp.
vapor para calentamiento del agua de alimentación | feedwater heating steam.
vapor para la estanqueidad del prensa (turbina vapor) | gland-sealing steam.
vapor para uso industrial | process steam.
vapor pirolizado | pyrolyzed vapor.
vapor que se escapa por los prensas (máquinas vapor) | gland steam.
vapor recalentado | overheated steam | superheated steam.
vapor recalentado enfriado | attemperated steam.
vapor sangrado | extracted steam.
vapor saturado | anhydrous steam | wet steam.
vapor saturado seco | dry saturated steam.
vapor seco | anhydrous steam | dry vapor.
vapor sofocante | choking vapor.
vapor vivo | fresh steam.
vapor vivo a presión reducida | reduced-pressure live steam.
vapores | fumes | mistiness.

vapores ácidos | acid vapors | acid fumes.
vapores amoniacales | ammonia vapors.
vapores atractivos | attractant vapors.
vapores de zinc | zinc fumes.
vapores densos | gross vapors.
vapores extintores de incendios | fire-quenching vapors.
vapores salientes de la parte alta (columna de destilación) | overhead.
vapores y gases | vapors.
vaporímetro (química) | vaporimeter.
vaporizable | vaporizable | evaporable.
vaporización | vaporization | evaporation | evaporating | steaming.
vaporización (de una caldera) | rating.
vaporización a altas temperaturas y presiones | advanced steaming.
vaporización de un líquido | boiloff.
vaporización explosiva (vaporización rápida cuando el agua contiene una gran concentración de sólidos) | explosive boiling.
vaporización instantánea | flash-off | flashing.
vaporización intermitente | batch vaporization.
vaporización máxima continua (calderas) | maximum continuous rating.
vaporización súbita | flash vaporization.
vaporizado (tejidos) | steaming.
vaporizado ácido (curado de telas) | acid aging.
vaporizado de las husadas | cop steaming.
vaporizado húmedo (estampado telas) | aging.
vaporizado seco (tejeduría) | dry blowing.
vaporizador | evaporator.
vaporizador (estampado telas) | ager.
vaporizador de halotano | halothane vaporiser.
vaporizador en ácido (curado de telas) | acid ager.
vaporizadores de litio | lithium vaporizers.
vaporizar | volatilize (to) | vaporize (to) | vapourize (to) | evaporate (to) | steam (to).
vaporizar (materias textiles) | age (to).
vaporizar súbitamente | bump (to).
vaporizarse | be vaporized (to).
vaporoso | cloudy.
vaposecador | steam-heated oven.
vaposecar | vapor-dry (to).
vapotrón (tubo electrónico) | vapotron.
vapoturbina | steam turbine.
vaqueta | cowhide | kip leather.
vaqueta (cuero) | kipskin | curried leather.
vaqueta de telar | loom rod.
vaquillona (Iberoamérica) | young cow.
vaquillonas (cueros) | light hides.
vaquillonas (pieles) | veal skins | runners.
vaquita (Argentina, Honduras, Paraguay) | leaf beetle.
var (unidad de energía reactiva) | var.
var (unidad de fuerza reactiva) | var.
var (unidad de potencia reactiva) | var.
vara | verge | rod | stick.
vara (carruaje de caballos) | hitching-rail | hitching-post.
vara (coches) | shaft.
vara (de carro) | pole.
vara (telares) | temple.
vara buscadora (de agua o minerales subterraneos) | dipping rod | dowsing rod | divining rod.
vara de agrimensor | range pole.
vara de medir | rod | staff | yardstick.
vara de París = 1,1884 metros | aune.
vara de rabdomante | divining rod.
vara de tacos (telar) | loom spindle.
vara de zahorí | divining rod.
varactancia | varactor.
varactor | varactor.
varactor de almacenamiento | charge-storage varactor.
varada | beaching.
varada (buques) | stranding.
varada (encalladura - buques) | grounding.
varada en dique | dry-docking.
varadero | marine railway | careening slipway | stocks | ship carrier | slip | skid | slipway.
varadero (cargas submarinas) | rail.
varadero (para buques) | hauling slip | gridiron.
varadero con varios cabrestantes de izada | synchrolift.
varadero de cargas de profundidad (minadores) | depth charge rail.
varadero del ancla (buques) | anchor bed.
varadero para cargas de profundidad (minadores) | depth charge chute.
varado | astrand.
varado (buques) | aground.
varado en bajamar (buques) | sewed.
varado en pleamar (buques) | sewed | sued.
varado en seco (buques) | high and dry.
varado en seco por mareas vivas (buques) | beneaped.
varado por falta de agua (buques) | neaped.
varal (barandilla de carruaje) | stake.
varal (teatros) | side-lights.
varales (Argentina) | dray | rack.
varar | strand (to) | ground (to).
varar (buques) | run aground (to).
varar (Chile) | hang up (to).
varar en dique seco | drydock (to).
varas de amarre | binder.
varear (frutos de un árbol) | beat down (to).
varec | kelp.
varenga (buques) | rung | floor | floor frame.
varenga alta (buques) | deep floor.
varenga armada (buques) | bracket floor | open floor.
varenga baja (buques) | shallow floor.
varenga de la bovedilla | transom frame.
varenga del peto de popa (buque) | transom floor.
varenga estanca (buques) | watertight floor.
varenga intercostal (buques) | intercostal floor.
varenga llena (buques) | plate floor | solid floor.
varenga maciza (buques) | solid floor.
varenga maestra (buques) | main floor | midship floor.
varenga no estanca (buques) | nonwatertight floor.
varenga pique (buques) | crutch.
varengaje | flooring.
varengaje (buques) | floor framing | floor boarding.
varengas con vagras intercostales (buques) | bottom transverses with intercostal girders.
varengas de la cámara de máquinas | engine room floors.
varengas del extremo de proa | fore end floors.
vareta | lath.
vareta (construcción naval) | lath.
varhorímetro | reactive voltampere-hour meter.
varía de blando a duro | varies from soft to hard.
varía de poroso a compacto | varies from porous to compact.
variabilidad | variance | variability.
variabilidad (tiempo) | changeability.
variabilidad de inclinación del brazo (grúas) | luffability.
variabilidad de largo período | long-period variability.
variabilidad decílica | decile variability.
variabilidad del viento | wind variability.
variabilidad estadística | statistical variability.
variabilidad interdiurna | interdiurnal variability.
variable | fluctuant | fluctuating | floating | moving | changeable | changing | nonuniform.
variable (barómetros) | change.
variable (viento) | inconstant.
variable aleatoria | random variable | variate.
variable aleatoria continua | continuous random variable.
variable aleatoria de pronóstico (estadística) | forecasting random variable.
variable aleatoria discreta | discrete random variable.
variable con la frecuencia | frequency-sensitive.
variable con memoria | allocated variable.
variable continua | continuous variable.
variable dependiente | dependent variable.
variable eléctricamente | electrically alterable.
variable en el espacio | spatially-varied.
variable escalar | scalar variable.
variable estadística | variate.
variable estadística normalizada | normalized variate.
variable excluida | excluded variable.
variable exponencialmente distribuida | exponentially distributed variable.
variable imaginaria | dummy variable.
variable independiente | argument.
variable manipulada | manipulated variable.
variable máxima | largest variate.
variable mensurable | measurable variable.
variable no aleatoria | nonrandom variable.
variable p-ádica | P-adic variable.
variable reguladora | manipulated variable.
variable subsidiaria (integración) | subsidiary variable.
variable vectorial aleatoria | vector random variable.
variables adicionales (programación lineal) | slack variables.
variables artificiales | artificial variables.
variables auxiliares | slack variables.
variables cataclísmicas | cataclysmic variables.
variables cualitativas | qualitative variables.
variables cualitativas codependientes | jointly dependent qualitative variables.
variables de eclipse | eclipsing variables.
variables de entrada no eléctricas | nonelectrical input variables.
variables de estado | variables of state.
variables demográficas | demographic variables.
variables en correlación | correlated variables.
variables independientes | independent variables.
variables interrelacionadas | interrelated variables.
variables velocidependientes | speed dependent variables.
variació secular | secular variation.
variación | mismatching factor | hunting | variance | variation | change | range | rate | mutation.
variación a lo largo de la cuerda | chordwise variation.
variación acíclica | noncyclic variation.
variación acotada | bounded variation.
variación adiabática | adiabatic change.
variación agrupada | pooled variance.
variación aleatoria | straggling.
variación amplia | wide range.
variación amplia de frecuencia | wide frequency coverage.
variación amplia de voltaje | wide voltage range.
variación anisótropa en la resistencia a la abrasión (diamantes) | anisotropic variation in abrasion resistance.
variación anormal | abnormal variation.
variación anormal de la temperatura atmosférica | subsidence inversión.
variación anual | annual rate.
variación aperiódica | noncyclic variation.
variación atmosférica diurna | diurnal atmospheric variation.
variación brusca | sudden alteration.
variación casual | straggling.
variación casual instrumental | instrumental straggling.
variación cíclica del paso del rotor (helicóptero) | cyclic pitch change.
variación colectiva del paso (helicóptero) | collective pitch change.
variación conjunta | joint variation.
variación de alcance | change in range.
variación de azimut | azimuth rate.
variación de corriente anódica | plate-current shift.

variación de costo estimado | variance from estimated cost.
variación de energía en el núcleo del reactor | reactor core excursion.
variación de entropía | entropy change.
variación de escala de los datos | data scaling.
variación de existencias | change in stock.
variación de fase | phase shift.
variación de forma | alteration of shape.
variación de la cantidad de movimiento | momentum change.
variación de la cantidad de movimiento en la unidad de tiempo | rate of change of momentum.
variación de la carga | load variation.
variación de la densidad linear (hilos) | linear unevenness.
variación de la distancia respecto al tiempo | rate of change of distance with respect to time .
variación de la energía | power rate.
variación de la energía cinética | change in kinetic energy | kinetic-energy change.
variación de la entropía molar | change in the molal entropy.
variación de la frecuencia | frequency pulling | frequency variation | frequency swing.
variación de la frecuencia (osciladores) | frequency drift | pulling.
variación de la frecuencia del oscilador | oscillator drift.
variación de la frecuencia por efecto Doppler | Doppler shift.
variación de la potencia | power swing | power fluctuation.
variación de la reactividad | reactivity drift.
variación de la relación entre los voltajes del primario y secundario (transformadores) | ratio error.
variación de la reserva obligatoria (bancos) | variation of compulsory reserve.
variación de la temperatura | temperature cycling.
variación de la tunelización con la temperatura | tunnelling variation with temperature.
variación de la velocidad | speed adjustment.
variación de la velocidad (motores síncronos) | hunting.
variación de la velocidad de avance (buques en mar gruesa) | surging.
variación de la voz en circuito telefónico cuando sobre el mismo hilo se transmite telegráficamente | Morse flutter.
variación de los impulsos | glitter.
variación de lote a lote | batch to-batch variation.
variación de masada a masada | batch to-batch variation.
variación de precios | price alteration.
variación de renta en la que el asegurador pagará la renta determinada aunque el rentista perezca antes | refund annuity.
variación del alargamiento | strain range.
variación del alza (tiro artillería) | change in range.
variación del ángulo de extremo | end angle change.
variación del ángulo del brazo (grúas) | luffing.
variación del brillo (estrellas) | light-change.
variación del cambio de dirección del eje (giroscopio) | wander rate.
variación del cambio de pendiente | rate of change of grade.
variación del cero (contador electrónico) | drift.
variación del error | rate of change of error.
variación del esfuerzo | stress range.
variación del par de la hélice | propeller torque variation.
variación del par motor | torque swing.
variación del precio para satisfacer a compradores y vendedores | clearing the market.
variación del promedio | variance from the average.
variación del régimen (electricidad) | load variation.
variación del valor contable de las existencias | change in the book value of stocks.
variación del voltaje | voltage range.
variación del voltaje rejilla-cátodo | grid swing.
variación diaria del campo magnético de la tierra | diurnal variation.
variación diurnal | diurnal range.
variación en alcance por unidad de tiempo (artillería) | range rate.
variación en cantidad | mix variance.
variación en consumo | spending variance.
variación en el espesor | deviation in thickness.
variación en el plano de las caras (troqueles) | lock.
variación en la dirección de un buque fondeado para poder compensar las agujas | swinging.
variación en la unidad de tiempo | time rate.
variación en menos | undersize variation.
variación entre grupos | between groups variance.
variación estadística | statistical straggling.
variación gradual | tapering.
variación intolerable del espesor (chapas) | depth intolerable variation.
variación intraestacional | intraseasonal variation.
variación lenta de frecuencia | frequency drift.
variación lenta y progresiva (nucleónica) | drift.
variación macroscópica de flujo | macroscopic flux variation.
variación magnética | magnetic variation.
variación media de la velocidad | average range in velocity.
variación media de mareas | mean tidal variation.
variación melódica (música) | winding.
variación mínima detectable | minimum detectable change.
variación no lineal de la relación par motor/deflexión | nonlinear torque/deflection relationship.
variación pequeña del voltaje | ripple.
variación periódica | time variation.
variación periódica de la amplitud | beats.
variación por saltos | hopping.
variación progresiva de la sección | gradual sectional variation.
variación rápida | pulsing | surge.
variación regional cuantitativa | quantitative areal variation.
variación rítmica del nivel del agua en el tubo de nivel (calderas) | boiler hunting.
variación secular de la declinación (brújula) | secular change in declination.
variación sinuosa del rumbo (buques) | sinuating.
variación temporal | temporal variation.
variación térmica de la longitud | thermal length variation.
variación termométrica anual | annual thermometric range.
variación total (electricidad) | swing.
variación total de cresta a cresta | peak-to-peak swing.
variacional | variational.
variaciones (música) | variations.
variaciones activas del circulante | changes in current assets.
variaciones admisibles de la dimensión | dimension permissible variations.
variaciones cíclicas (servomecanismo) | jitter.
variaciones cíclicas de la velocidad | cyclic speed variations.
variaciones de fluctuación caótica | randomly-fluctuacting variations.
variaciones de la carga | load swings.
variaciones de la dureza | hardness variations.
variaciones de la frecuencia (radio) | swinging.
variaciones del centro al limbo (astronomía) | center-limb variations.
variaciones eustáticas | eustatic changes.
variaciones intolerables | intolerable variations.
variaciones locales de la dureza | local hardness variations.
variaciones magnéticas anuales | annual magnetic variations.
variaciones por temporada | seasonal fluctuations.
variado | nonuniform | different | many-sided | checkered | assorted.
variador | shifter | waver.
variador (de presión del aceite, etc.) | loader.
variador de avances (taladradora, máquinas herramientas) | feed variator.
variador de fase | phase shifter | phase splitter.
variador de fase del colector | commutator phase advancer.
variador de fase del rotor | rotor phase advancer.
variador de forma del impulso | pulse shaper.
variador de frecuencia | hiccough.
variador de frecuencia a un nivel superior | stepup frequency changer.
variador de frecuencias | frequency shifter.
variador de inductancia (radio) | variocoupler.
variador de la presión del aceite | oil pressure loader.
variador de relación de transformación (transformadores) | underload tap changer.
variador de toma bajo carga (transformador) | load tap-changer.
variador de velocidad | variable speed device.
variador de velocidad de izada según la carga (motores de grúas) | load discriminator.
variador de velocidades | speed selector | speed variator | variator.
variador del empuje (motor de chorro) | thrust spoiler.
variador del paso | pitch-varying mechanism.
variador del timbre (sonidos) | pitch waver.
variador electrónico | electronic variator.
variador hidráulico de velocidad | hydraulic speed variator | hydraulic velocity variator.
variador mecánico de la velocidad | mechanical speed variator.
variador modal | mode changer.
variale estocástica | random variable.
variancia (estadística) | variance.
variancia muestral | sample variance.
variando bruscamente | abruptly varying.
variando en peso de diez libras a dos toneladas | ranging in weight from ten pounds to two tons.
variando proporcionalmente | linearly-varying.
variante | alternative arrangement | variate | variant.
variante (carretera, ferrocarril) | realignment | line change.
variante (de un modelo) | version.
variante (de un trazado) | deviation.
variante (modificación) | change of line.
variante de carretera | realignement.
variante de túnel aerodinámico hipersónico | wave superheater.
varianza (estadística) | variance.
varianza de una distribución de probabilidad (estadística) | variance of a probability distribution.
varianza dentro de los grupos | within-groups variance.
varianza dentro del grupo (estadística) | within group variance.
varianza intrabloque | interblock variance.
varianza observada | observed variance.
varianza residual | residual variance.
variar | vary (to) | fluctuate (to).
variar al azar | vary randomly (to).
variar alternativamente de dirección (viento) | veer and haul (to).
variar armónicamente | vary harmonically (to).
variar de destino las inversiones | reroute investments.
variar de dirección (filones) | cast (to).

variar entre | range (to).
variar estadísticamente | vary randomly (to).
variar gradualmente (radio, TV) | fade (to).
variar la amplitud (frecuencia o fase - onda eléctrica) | modulate (to).
variar la inclinación del brazo (grúas) | luff (to).
varias veces | severalfold.
varicap (condensador) | varicap.
varidireccional | varidirectional.
variedad | range.
variedad (matemáticas) | manifold.
variedad abierta (matemáticas) | open variety.
variedad abierta contráctil de dimensión 3 (topología) | contractible open 3-manifold.
variedad amarilla de cuarzo | false topaz.
variedad azul de espato fluor | blue-John.
variedad bidimensional (topología) | two-manifold.
variedad blanca y ligera de carbonato cálcico (mineralogía) | rock meal.
variedad casi compleja (matemáticas) | almost complex manifold.
variedad de aplicaciones | versatility.
variedad de conocimientos | versatility.
variedad de cuarzo con fibras de asbestos | cat's quartz.
variedad de diamante negro | bort.
variedad de dimensión | (n-1)-connected 2n-manifold.
variedad de empleos | versatility.
variedad de estannita (estannina) | bell-metal ore.
variedad de jade | ax-stone.
variedad de jamesonita | feather-ore.
variedad de mesolita | cottonstone.
variedad de mosca artificial verdeoscura (pesca) | doctor.
variedad de ópalo que flota en el agua | floatstone.
variedad de rhyodacita vitrea | craignurite.
variedad de salita en cristales | baikalite.
variedad de zafiro | asteria.
variedad diferenciable (matemáticas) | smooth manifold.
variedad impura de caolín | kaolinic earth.
variedad impura de muscovita que contiene óxido de cromo | avalite.
variedad invariante (matemáticas) | invariant manifold.
variedad ligera de amianto | fossil cork.
variedad no compacta (matemáticas) | noncompact manifold.
variedad ordenada de las fibras | staple array | staple diagram.
variedad orientable | orientable manifold.
variedad orientable (matemáticas) | orientable manifold.
variedad reniforme | reniform variety.
variedad rojiza de chabaita | acadialite.
variedad singular | singular variety.
variedad tardía (frutas) | late-maturing variety.
variedad verde de granate andradítico | bobrovska garnet.
variedades abiertas (matemáticas) | open manifolds.
variedades cobordantes (topología) | cobounding manifolds.
variedades de dimensión n | n-manifolds.
variedades diferenciables (matemáticas) | differentiable manifolds.
variedades mezcladas (matemáticas) | tangled manifolds.
variedades mezcladas (topología) | tangled manifolds.
variegación (genética) | variegation.
variegado (genética) | variegate.
varilla | bar | culm | wand | verge | link | stick | staff | stem | lath | rod | shank.
varilla (de flotador) | tickler.
varilla (paraguas, abanicos) | rib.
varilla acodada | offset rod.
varilla aflojadora (tela de gasa de vuelta) | slackener.
varilla aforadora | gaging pole.
varilla apoyada en un balancín | pendulum-supported rod.
varilla articulada | articulated rod.
varilla atirantadora | sag rod.
varilla calibradora | rod gage.
varilla calidad para tuercas fabricada con precisión | scrapless nut quality wire.
varilla cerámica extruida | extruded ceramic rod.
varilla combustible unos 8 milímetros de diámetro de dióxido de uranio | uranium dioxide fuel pin.
varilla con fundente | fluxed rod.
varilla con refuerzos espiralados | spiraled reinforced rod.
varilla conductora (electricidad) | connecting-rod.
varilla corrediza | sliding rod.
varilla cortada para formar un perno | bolt blank.
varilla cuadrada (sondeo petróleo) | kelly.
varilla de accionamiento | actuator.
varilla de accionamiento de la bomba de extracción (pozo petróleo) | sucker rod.
varilla de accionamiento del pistón (bomba aspirante) | sucker rod.
varilla de acoplamiento | connecting rod | link rod.
varilla de aforar | gauging rod | gaging stick | dip stick.
varilla de ajuste | shim rod | setting rod | adjusting rod.
varilla de apriete del freno | brake connecting rod.
varilla de arrastre | pull rod | drag link.
varilla de arrastre (sondeo petróleo) | kelly.
varilla de arrastre (tornos) | driving-plate pin.
varilla de bomba | pump tree | spear.
varilla de bomba elevadora (minas) | bucket rod.
varilla de bronce para soldar | brazing brass | bronzewelding rod.
varilla de carburo de silicio mezclada con cerámica | ceramic bond silicon carbide stick.
varilla de carga (sondeos) | drill stem.
varilla de combustible (reactor nuclear) | fuel rod.
varilla de combustible nuclear revestida con zirconio | zirconium-clad fuel rod.
varilla de comprobación | feeler pin.
varilla de conexión | stretcher rod | tie rod.
varilla de conexión del enclavamiento del solenoide del embrague | clutch solenoid interlock link.
varilla de contacto | bar contact.
varilla de cremallera | rack link.
varilla de cristal | cane glass.
varilla de cruces (telares) | lease bar.
varilla de desenganche | releasing rod.
varilla de empuje | pushing rod | pushrod.
varilla de enclavamiento | lock rod.
varilla de encruzamiento (telares) | lease bar.
varilla de encruzamiento acanalada | ribbed lease rod.
varilla de encruzamiento plana (tejeduría) | flat lease rod.
varilla de entrecruzamiento (telares) | crossing rod.
varilla de eslabón giratoria | swivel rod.
varilla de fiador | catch rod.
varilla de guía | guide bar | guide rod.
varilla de hierro con que el trépano se une al tren de varillas (sondeos) | auger stem.
varilla de hierro torsionada (para hormigón) | twisteel.
varilla de horquilla | clevis link.
varilla de impulsión | pushrod.
varilla de laser | laser rod.
varilla de levantamiento | tappet.
varilla de levantamiento (telares) | lifter.
varilla de levantamiento de platillo (empujador de platillo-válvulas) | flat-bottom tappet.
varilla de limpieza | cleaning rod.
varilla de lizos | shaft rod.
varilla de llamada | drawbar.
varilla de madera flexible | flexible wooden rod.
varilla de mando | pushrod | operating rod | actuating rod | control bar | control rod.
varilla de mando de válvula (motores) | digger.
varilla de mando del freno | brake pull rod.
varilla de maniobra | control bar.
varilla de maniobra (agujas ferrocarril) | connecting-rod | pull-rod.
varilla de maniobra de las agujas (cambio de vía) | switch rod.
varilla de maniobra del caballero (balanzas) | rider-slide.
varilla de metal de aportación (soldadura) | filler rod.
varilla de metal de aportación (soldeo por gas) | welding rod.
varilla de nivel | dipstick.
varilla de ojal | eyed rod.
varilla de péndulo (aparato regulador) | boss rod.
varilla de pequeñísimo diámetro | rondel.
varilla de perforación | drill rod.
varilla de pistón cromada dura | hard chrome-plated piston rod.
varilla de pletina | flat-steel rod.
varilla de portaaros (telares) | poker.
varilla de rabdomante | wiggle stick.
varilla de refuerzo (ganchos de molde - moldería) | dabber.
varilla de refuerzo (molde de arena) | prod.
varilla de reglaje | control rod | setting rod.
varilla de regulación | regulating rod.
varilla de relleno para soldeo oxiacetilénico | gas welding filler rod.
varilla de seguridad | safety rod.
varilla de seguridad (para romperse antes que un mecanismo importante) | safety rod.
varilla de separación (agujas - ferrocarril) | stretcher rod.
varilla de separación de las agujas (tirante de agujas - vía férrea) | bridle rod.
varilla de soldadura con núcleo ácido (varilla hueca de soldar rellena de fundente pastoso ácido) | acid core solder.
varilla de soldar para recrecimientos duros | hardfacing welding rod.
varilla de soldar que desprende pocos humos | low-fuming welding rod.
varilla de sonda | drill-pole | bore rod | boring rod | drill rod.
varilla de sonda - varilla graduada | gage rod.
varilla de sondeo | drill pipe | drilling pipe | bull rod | boring bar.
varilla de sujeción lateral | lateral restraint link.
varilla de suspensión | hanging rod.
varilla de tracción | draw-rod | connecting rod | pull-rod.
varilla de tracción (sondeos) | rod line.
varilla de transmisión | flat rod.
varilla de transmisión del movimiento | motion-rod.
varilla de tungstato cálcico impurificada con neodimio | neodymium-doped calcium tungstate rod.
varilla de unión | connecting-rod | tie rod | tie bar.
varilla de uranio | slug.
varilla de uranio metálico | uranium metal rod.
varilla de uranio metida dentro de un tubo metálico | canned uranium rod.
varilla de vidrio impurificado con neodimio | neodymium-doped-glass rod.
varilla de visillo | curtain rod.
varilla del balancín de válvulas (motores) | pushrod.
varilla del cambio de marcha (máquina vapor) | reach rod.
varilla del flotador | float-spindle.

varilla del paralelogramo de Watt | radius bar.
varilla del plegador (telar) | beam bar.
varilla del pulsador | pushrod | feeler pin.
varilla del taco (telar) | picking spindle.
varilla del trinquete | pawl rod.
varilla delgada | slender rod | wire.
varilla directriz del equilibrador | equilibrator guide rod.
varilla donde se sujetan las lentes para el pulido (óptica) | mallet stick.
varilla empujaválvulas | tappet rod.
varilla en rollo (hormigón armado) | coiled bar.
varilla encapsulada | encapsulated rod.
varilla enterrada | ground rod.
varilla estriada | ribbed rod.
varilla fluorescente | fluorod.
varilla graduada | index rod | meter stick.
varilla guía | tracking rod.
varilla guiahilos de alza (telar) | guide rail lifting rod.
varilla guiahilos de alza (telares) | poker.
varilla hidrométrica | hydrometric staff.
varilla hueca | hollow rod | piping.
varilla hueca de acero que une el tren de varillas con el trépano | drill steel.
varilla impulsora | push-rod.
varilla introducida dentro de un tubo estirado cuya sección se está reduciendo por laminación | broach.
varilla laminada | rolled wire.
varilla lapeadora de madera de haya | beechwood lapping stick.
varilla levantaválvulas | tappet rod.
varilla lisa | plain rod.
varilla maciza para perforar | boring rod.
varilla maestra | main rod.
varilla medidora del nivel (líquidos en un depósito) | dip rod.
varilla metálica de aportación (soldadura de fragua) | glut.
varilla metálica embebida en el hormigón | fauton.
varilla metálica recubierta de refactarios suspendida dentro de la cuchara y que termina en la buza (acerías) | stopper-rod asembly.
varilla oscilante | rocking rod.
varilla palpadora (torno copiador) | copy spindle.
varilla para anulación rápida de la constante de multiplicación (reactor nuclear) | safety rod.
varilla para averiguar el nivel del lubricante en el cárter (motores) | oil level dip-stick.
varilla para hacer tuercas | nut wire.
varilla para lizo | heald rod.
varilla para medir el nivel de un líquido | dipstick.
varilla para medir la profundidad del líquido (depósitos) | measuring-rod.
varilla para regular el nivel de energía (reactor nuclear) | power-control rod.
varilla para ribete de calendario de pared | calender slide.
varilla para soldadura | welding rod.
varilla para soldar | welding rod.
varilla para suspender y llevar corriente a los cátodos (cuba para electroplastia) | slinging wire.
varilla portaherramienta para taladros profundos | rifling rod.
varilla portanapas | lap roller | lap rod.
varilla que une el acelerador al carburador (autos) | metering rod.
varilla redonda de unos 6 milímetros para estirar alambre (fabricación alambre) | wire rod.
varilla redonda o exagonal de acero para perforar carbón | drill steel.
varilla reglable | adjustable strut.
varilla sujetapapel | bail.
varilla tensora | brace rod | radius-rod.
varilla transparente | light pipe.
varilla transversal | crossbar.
varilla trazadora | marking rod.
varilladora (hormigón) | rodding machine.
varillaje | rodding | rod linkage.
varillaje (de freno, etcétera) | rods.
varillaje completamente compensado | fully-compensated rigging.
varillaje de distribución | valve gear rods.
varillaje de mando | control linkage.
varillaje de mando (de un órgano) | linkage.
varillaje de mando del freno | brake-control linkage.
varillaje de maniobra (timonería - frenos, etc.) | follow-up.
varillaje de maniobra del arenero (locomotoras) | sand rigging.
varillaje de transmisión (sondeos) | shackle line.
varillaje del alerón | aileron linkage.
varillaje del freno | lever arrangement | brake rigging | brake linkage.
varillaje del freno (autos) | hookup.
varillaje para soportar la arena (moldería) | crab.
varillar (hormigón) | rod (to).
varillas articuladas | linked rods.
varillas brillantes torneadas | shafting.
varillas de combustible para reactor nuclear | nuclear-reactor fuel rods.
varillas de rubí para maseres ópticos | optical maser ruby rods.
varillas de sonda | rods.
varillas o cables de acero para pretensar (hormigón armado) | tendons.
varillas tiracables (electricidad) | conduit rods.
varindor (inductor) | varindor.
varioacoplador (radio) | variocoupler.
variocromismo | variochromism.
variómetro | syntonizing inductance | jigger | variable inductor.
variómetro (radio) | variometer.
variómetro de antena | aerial variometer.
variómetro magnético | magnetic variometer.
varir (cultivos) | rotate (to).
variscico (geología) | hercynian.
varistor | varistor | varistor.
varistor (resistencia) | varistor.
varita de avellano para rabdomancia | dowsing rod.
varita de radiestesista | dipping rod | divining rod | dowsing rod.
varita de virtudes (de un prestidigitador) | conjurer's wand.
varita de zahori | dipping rod | dowsing rod.
varita mágica (de un prestidigitador) | conjurer's wand.
varitrón | varitron.
varmetro | var-meter.
vármetro (electrónica) | var-meter.
varón | man.
varones del timón (buques) | boggin line | rudder pendants.
varotrón (electrónica) | varotron.
varva (capa de cieno depositada en un lago durante un año) | varve.
vasar | glass-rack | glass stand | plate-rack.
vasar de balance (buques) | swinging tray.
vasar de balance (cocinas de buques) | swinging tray.
vaselina | mineral jelly | petrolatum | petroleum jelly.
vaselina líquida | liquid parafin.
vasera | glass stand | glass-rack.
vasija | pan | cup | vessel.
vasija (recipiente estanco) | container.
vasija de contención | safety vessel.
vasija de cristal | glass pot.
vasija de decantación | decanting vessel.
vasija de fermentación | fermenting vessel.
vasija de hormigón pretensado de reactor | prestressed concrete reactor vessel.
vasija de seguridad (reactor nuclear) | pressure vessel.
vasija de seguridad de hormigón pretensado (central nuclear) | prestressed-concrete pressure vessel.
vasija del reactor nuclear | nuclear reactor containment vessel | reactor pressure vessel (RPV).
vasija para desagüe (minas) | dan.
vaso | glass | vessel.
vaso (anatomía) | vessel.
vaso (botánica) | tube.
vaso (capitel columna) | drum.
vaso (de acumulador) | container.
vaso (de embalse) | impounding reservoir.
vaso aerífero (botánica) | air vessel.
vaso captador de arrastres (hidráulica) | debris basin.
vaso cerrado | closed vessel.
vaso con pico (química) | beaker.
vaso de acumulador | battery jar | accumulator box.
vaso de amortiguamiento (pie de presa) | stilling basin.
vaso de boca ancha | beaker.
vaso de cristalización (química) | crystallization vessel.
vaso de estaño | pewter.
vaso de extracción (química) | extractive vessel.
vaso de filtración en caliente (química) | beaker.
vaso de levigaciones | decanting jar.
vaso de pila | battery jar.
vaso de precipitados | beaker.
vaso de vidrio para acumulador | glass accumulator box.
vaso del embalse | reservoir basin.
vaso graduado | graduate | graduated vessel | measuring glass.
vaso graduado de vidrio | glass graduate.
vaso leñoso | wood vessel.
vaso linfático | vas.
vaso para agua | tumbler.
vaso para análisis (química) | beaker.
vaso poroso | porous pot | clay cell.
vaso sanguíneo | vas.
vástago | pin | shank | stem | rod | spindle.
vástago (árbol, familia) | offshoot.
vástago (botánica) | offset | shoot.
vástago (de prensa hidráulica) | ram.
vastago (electricidad) | hickle.
vástago (Uruguay) | centre | core.
vástago acodado (botánica) | stool.
vástago cuadrado | kelly.
vástago de aislador | insulator pin.
vástago de bomba | spear.
vástago de bronce laminado | rolled bronze stem.
vástago de chapa laminada | rolled-plated stem.
vástago de destornillador | screwdriver blade.
vástago de graduación | graduating stem.
vástago de la bomba | spars.
vástago de la reja (arados) | coulter stem.
vástago de la válvula de descarga | blowoff valve spindle.
vástago de la válvula de seguridad | scape valve spindle.
vástago de mandril | chuck stem.
vástago de perforación | auger stem | drill-pole.
vástago de sondeo | boring rod.
vástago de tope | buffer stem.
vástago de transmisión (sondeo petróleo) | kelly.
vástago de transmisión (varilla de arrastre - sondeos) | grief stem.
vástago de válvula | valve spindle | valve rod | valve stem.
vástago de válvula de compuerta | gate stem.
vástago del distribuidor | slide-rod.
vástago del distribuidor (máquina vapor) | valve rod.
vástago del freno | recoil rod | buffer rod.
vástago del husillo (hilatura) | shank of skewer.
vástago del oscilador | oscillator spindle.
vástago del pistón | piston rod.
vástago del pistón del freno | recoil piston rod.

vástago del pistón del recuperador | recuperator piston rod.
vástago del timón | rudderpost.
vástago del tope | buffer rod | buffer plunger | buffer shank.
vástago graduado | index rod.
vástago guía (máquina vapor horizontal y locomotora vapor) | tail rod.
vástago hueco | hollow rod.
vástago impulsor | bumper rod | plunger rod.
vástago no desplazable | nonrising stem.
vástago para broca postiza | drill rod.
vástago pulido (sondeos) | pony rod.
vástago roscado | screw rod.
vástago roscado de freno | brake staff.
vástago roscado del freno | brake screw.
vástagos | pins.
vastedad | vastness.
vasto | far-flung | extensive | huge.
vatiado | wattfull.
vatiaje | wattage | watt density.
vatiaje nominal | wattage rating.
vaticinios políticos | political forecasts.
vatígrafo | recording wattmeter.
vatihorímetro | energy meter.
vatímetro | voltammeter | wattmeter.
vatímetro astático | astatic wattmeter.
vatímetro compensado | compensated wattmeter.
vatímetro de balanza | watt-balance | watt balance.
vatímetro de corriente alterna | alternating-current watt-hour meter.
vatímetro de corriente alterna de circuito magnético cerrado | iron-circuit alternating-current wattmeter.
vatímetro de disco de inducción | induction wattmeter | induction-disc wattmeter.
vatímetro de núcleo ferromagnético | iron-cored wattmeter.
vatímetro dinamométrico | dynamometer wattmeter.
vatímetro electrónico | electronic wattmeter.
vatímetro funcionando por torsión | torque-operated wattmeter.
vatímetro horario totalizador | integrating watthour meter.
vatímetro monofásico astático | astatic single phase wattmeter.
vatímetro para medir la potencia reactiva | reactive power meter.
vatímetro registrador | indicating wattmeter.
vatímetro totalizador | integrating wattmeter.
vatímetro-horario de corriente continua | direct-current watthour meter.
vatios efectivos (corriente alterna) | true watts.
vea el compuesto específico | see specific compounds.
véase la documentación adjunta | see attached documentation.
vección | vection.
vecinal | vicinal.
vecindad (matemáticas) | neighborhood (EE.UU.).
vecindad de un punto | neighborhood of a point.
vecindario | community.
vecinismo (genética) | vicinism.
vecinista | vicinist.
vecino | vicinal | resident.
vectar | vector (to).
vectógrafo | vectograph.
vector | missile | vector.
vector (comunicaciones) | carrier.
vector atómico | atomic vector.
vector cinético | angular-momentum vector.
vector cinético orbital | orbital angular-momentum vector.
vector con distribución Rayleigh | Rayleigh-distributed vector.
vector contravariante | contravariant vector.
vector covariante | covariant vector.
vector de Burger (cristalografía) | Burger vector.
vector de colisión | collision vector.
vector de columna (álgebra matricial) | column vector.
vector de corriente | current vector.
vector de corriente (electricidad) | phasor.
vector de impulsión | impulsive force vector.
vector de la malaria | malaria-carryer.
vector de la matriz hemisimétrica | vector of the skew matrix.
vector de la velocidad de corte | cutting speed vector.
vector de posición | radius vector | position vector.
vector de primera especie (matrices) | prime.
vector de radar | radar vector.
vector de segunda clase (matrices) | point.
vector de transferencia | transfer vector.
vector del viento | wind vector.
vector desequilibrado | unbalanced phasor.
vector deslizante | sliding vector.
vector duro (talla de diamantes) | hard plane | off grain.
vector eléctrico | electric vector.
vector fijo | bound vector.
vector gradiente | gradient vector.
vector impulso | momentum vector.
vector irrotacional | irrotational vector.
vector latente | latent vector.
vector libre | free vector.
vector ligado | bound vector.
vector magnético terrestre | earth's magnetic vector.
vector mayoritario (electrónica) | majority carrier.
vector momental | momental vector.
vector nuclear de medio alcance | medium-range nuclear vector.
vector ortonormal | orthonormal vector.
vector planal | plane vector.
vector producto de dos vectores | cap product.
vector propio | eigenvector.
vector que representa el rumbo verdadero y la velocidad real del aeroplano | air vector.
vector rotacional (matemáticas) | curl.
vector solenoidal | solenoidal vector.
vector suma | vector sum.
vector unitario | unit vector.
vectores de dureza en el diamante | hardness vectors in the diamant.
vectores de dureza máxima en el diamante | maximum hardness vectors in the diamond.
vectores unidos punta con cola | tip-to-tail fashion vectors.
vectorialidad | vectoriality.
vectorización | vectoring.
vectorización de interrupciones | interrupt vectoring.
vectormetro | vectormeter.
vectorscopio | vectorscope.
veda | closed season.
vedado | closed.
vedado (Chile) | closed area.
vedado forestal | forest preserve.
vedado total (Argentina, Chile) | sanctuary.
vedija | fleck.
vedija (lana) | lock.
vedija de lana | flake | flock wool | flock | locks.
vedijas de algodón | cotton flocks.
vedijas de la cabeza | head-locks.
vedijoso | flaky.
veedor | overlooker | overseer | supervisor.
veeduría | overseer's office.
vega | plain | open plain.
vega inundada | flooded plain.
vegetación | vegetation.
vegetación de las riberas boscosas (ríos) | woodland-riparian vegetation.
vegetación existente en un terreno | vegetation cover.
vegetación quemada por la helada | frost-bitten vegetation.
vegetación ribereña | riparian vegetation.
vegetal | vegetable.
vegetal con estructura fibrosa | texturizable plant.
vegetal texturizable | texturizable plant.
vegetales blanqueados | blanched vegetables.
vegetales comestibles | eatable vegetables.
vegetales congelados | frozen vegetables.
vegetales de raíces | root vegetables.
vegetales deshidrocongelados | dehydrofrozen vegetables.
vegetales en conserva con color verde brillante | greened canned vegetables.
vegetariano | vegetarian.
vegetativo | vegetative.
vehículo | vehicle | vehicle.
vehículo (disoluciones) | propellant.
vehículo (medio) | medium.
vehículo accionado por acumuladores | battery vehicle.
vehículo accionado por reacción | reaction-powered vehicle.
vehículo acorazado de orugas | full-tracked armor-protected vehicle.
vehículo aerodinámico | aerodynamic vehicle.
vehículo aeroespacial | aerospace vehicle.
vehículo ambulante lunar | lunar roving vehicle.
vehículo anfibio | amphibious vehicle.
vehículo anfibio para transporte de cargas | amphibious load carrier.
vehículo anfibio todo-terreno | all-terrain vehicle.
vehículo armado para la recuperación de vehículos averiados | armored recovery vehicle.
vehículo arrastrado | drawn vehicle.
vehículo articulado | articulated vehicle.
vehículo balístico | nonlifting vehicle | ballistic vehicle.
vehículo basculante | tilting vehicle | dumper.
vehículo blindado de combate | armored combat vehicle.
vehículo circunnavegacional | circumnavigational vehicle.
vehículo colorante | tinting medium.
vehículo comercial que emite humo con exceso | smoker.
vehículo comercial que emite humo en exceso | smoke-emitting vehicle.
vehículo compuesto de aceite y barniz (pintura) | megilp.
vehículo con conducción a la derecha | right-hand controlled vehicle.
vehiculo con horquilla elevadora | fork-truck.
vehículo con motor de gasolina para el arranque de los motores de un avión en tierra | battery cart.
vehículo con plataforma de carga a baja altura (cerca del suelo) | low-loading vehicle.
vehículo con plataforma de carga cerca del suelo | low-loader vehicle | low loader.
vehículo con reentrada giratoria | spinning re-entry vehicle.
vehículo convertible para usarse como automóvil o como avión | aerocar.
vehículo cósmico | aerospace vehicle.
vehículo cósmico de exploración | probe-type space vehicle.
vehículo cósmico en rotación | rotating space vehicle.
vehículo cósmico rotativo | rotating aerospace vehicle.
vehículo de alquiler | hackney carriage.
vehículo de apoyo logístico | logistics support vehicle.
vehículo de combate sobre orugas | tracked combat vehicle.
vehículo de construcción integral | integral construction vehicle.
vehículo de cuatro ruedas en que los dos ejes van unidos por una sola pértiga graduable | pole wagon.
vehículo de dos pisos | two-tier vehicle.
vehículo de exploración cósmica (astronáutica) | space probe.

vehículo de exploración lunar | lunar excursion module.
vehículo de exploración submarina para una inmersión de 3000 metros | research vehicle for a submergence of 3000 meters.
vehículo de gran potencia | heavy-duty vehicle.
vehículo de horquilla | fork truck.
vehículo de investigación cósmica | space-research vehicle.
vehículo de lanzamiento | booster vehicle.
vehículo de lanzamiento de satélites | satellite launch vehicle.
vehículo de masa variable | variable-mass vehicle.
vehículo de motor | motor vehicle.
vehículo de ocho ruedas | eight-wheeled vehicle.
vehículo de propulsión iónica | ion-driven vehicle.
vehículo de reconocimiento lunar | lunar reconnaissance vehicle.
vehículo de reentrada de forma cónica (cosmonaves) | conical shaped reentry vehicle.
vehículo de rescate | rescue vehicle.
vehículo de rescate para sumergencia a gran profundidad | deep submergence rescue vehicle.
vehículo de ruedas que puede desplegarse por ciénagas o fango | swamp buggy.
vehículo de salvamento | rescue vehicle.
vehículo de suspensión neumática | air-cushion vehicle.
vehículo de tracción eléctrica | electrically powered vehicle.
vehículo de tracción por acumuladores | accumulator vehicle.
vehículo de transporte | carrier | transporter.
vehículo de transporte de tropas | troop carrier.
vehículo de tres ruedas | three wheeler.
vehículo de un solo agente (cobrador y conductor al mismo tiempo) | one-man car.
vehículo desembarcado de helicóptero | helicopter-landed vehicle.
vehículo deslizante por reacción del aire sobre el suelo | hovertruck.
vehículo eléctrico | electric vehicle.
vehículo eléctrico de acumuladores | battery-electric vehicle.
vehículo en levitación por reacción de aire comprimido sobre el suelo | air-cushion rider.
vehículo en órbita | orbiting vehicle.
vehículo en órbita sobre un planeta | orbiter.
vehículo en reentrada basculando lentamente | slowly tumbling re-entry vehicle.
vehículo enfriador | cold carrier.
vehículo espacial | craft | space vehicle | spacecraft.
vehículo espacial dirigible | dirigible space vehicle.
vehículo espacial que en la reentrada en la atmósfera dispara varias cabezas nucleares con objetivos diferentes | multiple independently targeted reentry vehicle .
vehículo espacial reutilizable | reusable space vehicle.
vehículo habitado maniobrable | maneuverable manned vehicle.
vehículo hipersónico | hypersonic vehicle.
vehículo industrial | industrial vehicle.
vehículo interplanetario de energía solar | solar powered interplanetary vehicle.
vehículo lanzasatélite | satellite launching vehicle.
vehículo levitante por acción de chorros de aire sobre una superficie horizontal | acv.
vehículo levitante por la reacción de chorros de aire sobre el terreno | ground effect machine.
vehículo levitante por reacción de aire sobre una superficie horizontal | hovercraft.
vehículo levitante por reacción de chorros de aire sobre una superficie | cushioncraft.
vehículo líquido | liquid carrier.
vehículo logístico lunar | lunar logistic vehicle.
vehículo lunar | lunar module.
vehículo lunar de alunizaje suave | soft-landed lunar vehicle.
vehículo maniobrable para la reentrada (cosmonave) | marv (maneuverable re-entry vehicle).
vehículo maniobrable para la reentrada (cosmonaves) | maneuverable re-entry vehicle.
vehículo monoplaza | singleseater.
vehículo no tripulado | pilotless vehicle.
vehículo oleorresinoso | oleoresinous vehicle.
vehículo orbital | orbital vehicle.
vehículo orbital con personal | manned orbital vehicle.
vehículo oruga | tracked vehicle.
vehículo para acarreo | trap car.
vehículo para alunizaje | lunar landing vehicle.
vehículo para campotraviesa | off-the-road vehicle.
vehículo para grandes profundidades oceánicas | deep ocean vehicle.
vehículo para pinturas | paint vehicle.
vehículo para salvamento de emergencia | emergency rescue vehicle.
vehículo para servicio de restaurante (ferrocarril) | catering vehicle.
vehículo para suspensión acuosa | slurry vehicle.
vehículo para terrenos accidentados | rough-terrain vehicle.
vehículo para todo terreno | rugged go-anywhere vehicle | off-highway vehicle.
vehículo para transportar armas ligeras | weapons carrier.
vehículo para transporte de personal (minas) | man-riding car.
vehículo para transporte de tropas | troop-carrier.
vehículo para un fin específico | special purpose vehicle.
vehículo patinando (carreteras) | skidding vehicle.
vehículo por propulsión y planeo | boostglide vehicle.
vehículo portador orbital | orbital carrier vehicle.
vehículo portante | lifting vehicle.
vehículo puesto en órbita | orbital vehicle.
vehículo que dispara en marcha | hit-and-run vehicle.
vehículo que maniobra para efectuar una reunión con un objeto orbitante (cosmonaves) | chaser.
vehículo que puede funcionar en la nieve | weasel.
vehículo que se eleva verticalmente | vertically rising vehicle.
vehículo que se traslada sobre un colchón de aire comprimido | cushioncraft.
vehículo que sigue una trayectoria balística | nonlifting vehicle.
vehículo radioguiado sin conductor | pilotless guided vehicle.
vehículo remolcador | prime mover.
vehículo reutilizable | reusable vehicule.
vehículo robotizado | robotized vehicle.
vehículo satelital (alrededor de la Tierra) | satellite vehicle.
vehículo satélite de la tierra | earth satellite vehicle.
vehículo sin piloto | decoy.
vehículo sobre carriles | rail-guided vehicle.
vehículo sobre colchón de aire | hovertrain.
vehículo submarino | submarine vehicle | undersea vehicle.
vehículo submarino de rescate | rescue submarine vehicle.
vehículo submarino para exploración de grandes profundidades | deep submergence vehicle | deep sea vehicle.
vehículo submarino para explorar grandes profundidades | deep-diving vehicle.
vehículo submarino para transitar sobre el fondo marino | sea bed vehicle.
vehículo submarino tripulado | manned undersea vehicle.
vehículo submarino tripulado para exploración de grandes profundidades | manned deep sea vehicle.
vehículo terrestre levitante | ground-effect machine.
vehículo todo terreno | go-anywhere vehicle.
vehículo tractor con su remolque | combination vehicle.
vehículo transmisor | carrier.
vehículo transoceánico | transoceanic vehicle.
vehículo tripulado | man-carrying vehicle.
vehículo universal para la diseminación de información técnica | universal vehicle for the dissemination of technical information.
vehículo utilitario | utility vehicle.
vehículo volquete | tipper vehicle.
vehículo-lanzadera espacial | space-lab.
vehículos acorazados de combate (Inglaterra) | A vehicles.
vehículos autorizados para rodar | licensed vehicles.
vehículos de la compañía (milicia) | company transport.
vehículos de reentrada multiple e independiente | multiple independently reentry vehicles.
vehículos para transporte de carga (ejército inglés) | B vehicles.
vehículos por vía de tránsito por hora (carreteras) | vehicles per hour.
vehículos submarinos | underwater vehicles.
veinte mazos de a diez madejas | bole.
veintena | score.
vejar | vex (to).
vejez | ebb of life.
vejiga | bleb | vesica.
vejiga (biología) | bladder.
vejiga (defecto plástico) | blister.
vejiga de aire (zoología) | poke.
vejiga de esponjamiento (enlucidos de cal) | expansion blister.
vejiga natatoria (de peces) | sound.
vejiga natatoria (peces) | gas bladder | swim bladder | air bladder.
vejiga sobre la pintura | bead-on-paint.
vejigoso | blistered.
vela | sail | candle | puncheon.
vela (minas, túneles) | strut.
vela (puntal de gran diámetro - minas) | fore set.
vela (puntal de madera de gran diámetro - minas, túneles) | punch-prop.
vela (puntal grueso de túnel) | prop.
vela (puntal muy grueso) | vertical stull | pitprop.
vela al tercio | lugsail.
vela al tercio (buques) | lug.
vela baja (buques de vela) | course.
vela bien llena (con viento) | clean full sail.
vela bien llena (de viento) | rap full sail.
vela cangreja | gaff sail | boom sail.
vela con componente vertical hacia abajo (buques) | driving sail.
vela con rizos tomados | reefed sail.
vela cuadrangular | quadrilateral sail.
vela de abanico (buques) | spirtsail.
vela de batículo | jigger.
vela de batículo (buques vela) | ringsail.
vela de capa (buques) | riding-sail.
vela de gavia | topsail.
vela de guairo | mutton sail.
vela de mesana de cangrejo | mizzen.
vela en arco (barra curva elástica de sección abierta y de paredes delgadas) | shell-arch.
vela en que la componente vertical del viento actúa hacia arriba | lifting sail.
vela latina | lateen.
vela mesana (fragata de cuatro palos) | jigger.
vela moldeada (de parafina) | mould chandle.
vela pequeña | taper.
vela rastrera | saveall.
vela rifada | rented sail.
vela sin viento (buque vela) | becalmed.

vela solar | solar sail.
vela triangular | Bermudian sail | jib-headed sail | leg-of-mutton sail.
vela trinquete | foresail | fore course.
vela trinquete sin botalón | lug foresail.
velacho | fore-topsail.
velacho bajo | lower fore topsail.
velado (de placas) | fogging.
velado (defecto de superficies recien barnizadas | clouding.
velado (fotografía) | foggy | fogged.
velado dicroico (placa fotográfica) | red fog | green fog.
velado por la luz (placa fotográfica) | light-struck.
velador | stand.
velamen | sails | velamen | canvas.
velamen (buques) | cloth.
velamen del paracaídas | parachute canopy.
velamen normal (buque vela) | plain sail.
velar | watch (to) | veil (to).
velarización (lingüística) | velarization.
velarse (fotografía) | fog (to).
velarse (placas fotografías) | film over (to).
velas altas (buques) | light sails.
velas de popa | after sails.
velas infladas | bellying sails.
velas mayores (buques) | courses.
velería (arte) | sailmaking.
velero | sail plane | sailboat | sail.
velero (aeronáutica) | saliplane.
velero (avión) | performance-type glider.
velero (avión para vuelo a vela) | sailplane.
velero (obrero) | sailmaker.
veleta | cock | vane | weathercock.
veleta en T (aeródromos) | tee | wind tee.
veleta en T (aeropuertos) | landing T.
velillo (tejeduría) | veiling.
velo | velamen | voile.
velo (de algodón) | fleece.
velo (de humo, de bruma, de carda) | film.
velo (fotografía, TV) | fog.
velo (televisión) | setup.
velo (textiles, fotografía) | veil.
velo crespón | crepe voile.
velo de algodón | plain voile cloth.
velo de carda | web | card web.
velo de filadiz | schappe voile.
velo de placas o películas fotográficas que mojadas con revelador de hidroquinona se exponen al aire | aerial oxidation fog.
velo de revelado | development fog.
velo dicroico (fotografía) | dichroic fog.
velociamortiguador | speed checker.
velociaumentador | speed increaser.
velocidad | rate | velocity | speed.
velocidad (autos) | gear.
velocidad (de la marea) | drift.
velocidad (de un buque) | sailing.
velocidad a chorro libre | spouting velocity.
velocidad a gran altitud de vuelo | high flight speed.
velocidad a la cual es máxima la resistencia en el agua (hidros) | hump speed.
velocidad a la que cesa la aceleración de una partícula cayente por ser la resistencia del aire igual y opuesta a la fuerza que actúa sobre la partícula | terminal velocity.
velocidad a la que se igualan el esfuerzo de tracción y la resistencia (velocidad de equilibrio - trenes) | free-running speed.
velocidad a la que se manifiesta la vibración aeroelástica (aviones) | flutter speed.
velocidad a plena carga | full-load speed.
velocidad a que se igualan el esfuerzo de tracción y la resistencia (trenes) | balancing speed.
velocidad absoluta | absolute velocity.
velocidad absoluta (velocidad respecto a tierra - aviación) | ground speed | groundspeed.
velocidad absoluta de entrada | absolute inlet velocity.
velocidad absoluta de salida | absolute outlet velocity | absolute exit velocity.
velocidad acelerada | accelerated velocity.
velocidad aerodinámica (aviones) | airspeed.
velocidad afélica | aphelic velocity.
velocidad aguas abajo | downstream velocity.
velocidad al recorrer un contorno de la plantilla (cabezal copiador) | cornering speed.
velocidad al tomar tierra (paracaidistas) | landing velocity.
velocidad alcanzada cuando se ha consumido todo el propulsante (cohetes) | all-burnt velocity.
velocidad angular | change of direction per unit time | angular rate | angular velocity | angular speed | pulsation.
velocidad angular (aviones) | rate of turn.
velocidad angular de deformación (fluidos) | rate of angular deformation.
velocidad angular de viraje (aviones) | rate of turn.
velocidad angular diurna | angular diurnal velocity.
velocidad angular en elevación | elevating rate.
velocidad aparente | apparent speed.
velocidad areal (astronomía) | areal velocity.
velocidad arresonante | nonresonant speed.
velocidad ascensional | rate of climb | ascensional speed | climbing speed | climb rate.
velocidad ascensional al nivel del mar (aviones) | rate of climb at sea level.
velocidad astronáutica | astronautical speed.
velocidad azimutal del blanco | target training rate.
velocidad bisónica | twice speed of sound.
velocidad característica | specific speed.
velocidad característica de exhaustación | characteristic exhaust velocity.
velocidad cerca de la del sonido | near-sonic speed.
velocidad cinemática | kinematical velocity.
velocidad circunferencial | surface speed | circumferential speed | peripheral speed | tip velocity.
velocidad circunferencial de las paletas (turbinas) | tip speed.
velocidad comercial | commercial speed | cruising speed.
velocidad comercial (ferrocarril) | average speed including stoppages.
velocidad comercial (trenes) | schedule speed.
velocidad comprobada | proven speed.
velocidad con el aterrizador desplegado | landing-gear-extended speed.
velocidad con los flaps desplegados | wing-flap-extended speed.
velocidad con motor propulsor auxiliar en caso de avería del motor propulsor principal (buques) | get-home speed.
velocidad con que toca la pista un avión | touchdown speed.
velocidad con relación a la del lanzacohete (aviones) | initial velocity.
velocidad con relación al viento (aviones) | actual speed.
velocidad con respecto del aire (aviones) | airspeed.
velocidad constante | stable speed | steady velocity.
velocidad constante de grabar | constant groove speed.
velocidad constante de un cuerpo que cae en el aire o agua cuando la resistencia de rozamiento es igual a la acción de la gravedad | terminal velocity.
velocidad constante después de haber terminado la aceleración (puente-grúa) | free speed | balanced speed.
velocidad corpuscular | particle velocity.
velocidad corregida | corrected speed.
velocidad cósmica | cosmical velocity.
velocidad crítica | critical velocity | critical.
velocidad crítica (ejes) | whirling speed.
velocidad crítica (sistema rotatorio) | critical speed.
velocidad crítica de desplome (aviones) | stalling speed.
velocidad crítica de primer orden | first-order critical speed.
velocidad crítica de resonancia (motores) | resonant critical speed.
velocidad crítica inferior | lower critical velocity.
velocidad crítica inferior (ejes) | minor critical speed.
velocidad crítica superior | major critical speed.
velocidad cronometrada oficialmente | officially-timed speed.
velocidad cuadrática media | mean-square speed.
velocidad cuando se ha consumido todo el combustible o el oxidante (cohetes) | burnt velocity | burnout velocity.
velocidad cuando termina la combustión del combustible (cohetes) | burn velocity.
velocidad de absorción | absorption velocity.
velocidad de absorción (nucleónica) | uptake rate.
velocidad de accionamiento del aterrizador | landing-gear-operating speed.
velocidad de alimentación | feed rate.
velocidad de alimentación de la tela (batanes) | lap feeding speed.
velocidad de amantillado | luffing speed.
velocidad de amortiguamiento | quenching rate.
velocidad de apisonado | rolling speed.
velocidad de aproximación | approach speed | closing velocity.
velocidad de aproximación (de dos cuerpos entre sí) | closing rate.
velocidad de aproximación entre dos móviles | rate of closure.
velocidad de arranque (motores) | cranking speed.
velocidad de arrastre | hauling speed.
velocidad de arrastre (hidráulica) | drag velocity.
velocidad de aserrado en centímetros^2/minuto | speed of sawing in cm^2/min.
velocidad de aspiración | inductional velocity.
velocidad de aspiración (del aire) | inflow.
velocidad de ataque del buque | ship's attacking speed.
velocidad de aterrizaje | landing speed | touchdown speed.
velocidad de avance | rate of feed | rate-of-spread | forward speed.
velocidad de avance (máquina herramienta) | feed rate.
velocidad de avance (palas) | crowding speed.
velocidad de avance de la soldadura | weld travel speed.
velocidad de avance de la varilla | rod feed speed.
velocidad de avance del frente de arranque (minas, túneles) | rate of advance of face.
velocidad de avance del incendio | fire rate-of-spread.
velocidad de avance del rectificado | grinding-feed rate.
velocidad de avance hiperlenta | extra low forward speed.
velocidad de barrenado | drilling speed | boring speed.
velocidad de barrido | scanning rate.
velocidad de basculamiento | toggle speed.
velocidad de borrado | erasing speed.
velocidad de caída | rate of fall.
velocidad de caída adiabática | adiabatic lapse rate.
velocidad de cálculo | design airspeed.
velocidad de cambio de alcances | rate of change of range.
velocidad de cambio de la aceleración | snap | jerk (cams).
velocidad de carga | charging rate.

velocidad de carga del cargamento (buques) | cargo-loading rate.
velocidad de cierre | closing speed.
velocidad de circulación | circulation velocity.
velocidad de combustión | burn-off rate | burning rate | combustion velocity.
velocidad de combustión ultrarrápida | instantaneous burning rate.
velocidad de compensación | trim speed.
velocidad de consolidación | consolidation rate.
velocidad de consumo del electrodo | electrode burn-off rate.
velocidad de contracción | contraction rate.
velocidad de contrato (buques) | legend speed.
velocidad de corrosión | corrosion rate.
velocidad de corrosión en mm/año | corrosion rate in mm/year.
velocidad de corte | cutting speed.
velocidad de corte a mano | hand-cutting speed.
velocidad de corte cambiada durante el funcionamiento | change-under-cut speed.
velocidad de corte óptima | optimum cutting speed.
velocidad de crecimiento | growth rate.
velocidad de crecimiento (de un fenómeno) | steepness.
velocidad de crucero (aviones) | operating speed.
velocidad de crucero al nivel del mar | sea-level cruising speed | cruising speed at sea level.
velocidad de curado | cure rate.
velocidad de choque | striking velocity | impact velocity.
velocidad de deformación | rate of deformation.
velocidad de deposición | deposit rate | deposition speed.
velocidad de deposición (electrodos) | burn-off rate.
velocidad de deposición (electrodos soldadura) | rate of deposition.
velocidad de deposición de 90 pies de soldadura por hora | deposition rate of 90 feet of welding per hour.
velocidad de deposición del metal | metal deposition rate.
velocidad de depresión (nivel de un pozo) | rate of drawdown.
velocidad de descarga | discharge speed | rate of discharge.
velocidad de descarga del cargamento | cargo-discharging rate.
velocidad de descarga en toneladas por hora desde la bodega al muelle | hatch speed.
velocidad de descenso | lowering speed | rate of descent.
velocidad de descenso vertical | sinking speed.
velocidad de descoloración (tintes) | rate of fading.
velocidad de desintegración | decay rate | disintegration rate.
velocidad de desintegración (radioactividad) | rate of decay.
velocidad de deslizamiento | drift velocity.
velocidad de despegue | getting-off speed | getaway speed | takeoff speed | take off speed.
velocidad de despegue (cohetes) | liftoff speed.
velocidad de despegue (hidros) | hump speed.
velocidad de despegue de la embarcación sobre aletas hidrodinámicas | takeoff speed of the hydrofoil vessel.
velocidad de despegue sin peligro | take-off safety speed.
velocidad de desplazamiento de los electrones | electron drift velocity.
velocidad de desplazamiento litoral | littoral transport rate.
velocidad de desplome (aviones) | stall velocity.
velocidad de desprendimiento de calor | heat-release rate.
velocidad de desviación | drift rate.
velocidad de detonación | detonation velocity.
velocidad de difusión | diffusion speed.
velocidad de diseño (buques) | legend speed.
velocidad de disparo | missing speed.
velocidad de dosis (radiación) | dose rate.
velocidad de dosis absorbida | absorbed dose rate.
velocidad de dosis de exposición | exposure dose rate.
velocidad de ejecución | travel speed.
velocidad de elevación | elevation velocity.
velocidad de eliminación | clearance rate.
velocidad de embalamiento | runaway speed.
velocidad de embutición | drawing speed.
velocidad de enfriamiento | quenching rate.
velocidad de engelamiento | rate of icing.
velocidad de engrane | meshing speed.
velocidad de enhebrado (laminadores) | threading speed.
velocidad de entrada | ingoing velocity | inlet velocity.
velocidad de entradas del aire (serpentín) | face velocity of the air.
velocidad de equilibrio | balanced speed.
velocidad de erosión | eroding velocity.
velocidad de escape | cosmical velocity.
velocidad de escape (astronáutica) | escape velocity.
velocidad de escape de la atracción terrestre | earth's escape velocity.
velocidad de escape del gas | rate of escape of the gas.
velocidad de escritura | writing speed.
velocidad de estiraje | drawing speed.
velocidad de exploración | scanning speed | spot speed | pickup velocity.
velocidad de extinción | quenching rate.
velocidad de extracción | extration rate.
velocidad de extracción (minas) | rope speed.
velocidad de eyección | ejection velocity.
velocidad de fase | phase velocity.
velocidad de fase del circuito de interacción | interaction circuit phase velocity.
velocidad de filtración | filtration velocity | percolation rate.
velocidad de fluencia máxima permisible | maximum permissible fluence rate.
velocidad de formación igual a la velocidad de desaparición | rate of formation equal to rate of disappearance.
velocidad de frecuencias críticas (ejes) | whipping speed.
velocidad de fuga (astronáutica) | escape velocity.
velocidad de fuga (turbina hidráulica) | runaway speed.
velocidad de funcionamiento del motor | engine-operating speed.
velocidad de fusión | melt-off rate | melting rate.
velocidad de fusión del electrodo | electrode burn-off rate.
velocidad de fusión específica del electrodo | electrode specific melting rate.
velocidad de gelificación (jaleas) | setting time.
velocidad de giro horizontal (grúas) | horizontal luffing speed.
velocidad de grupo | group velocity | envelope velocity.
velocidad de hundimiento | sinking speed.
velocidad de hundimiento en el mar (buques) | sinking velocity.
velocidad de ignición | igniting velocity.
velocidad de impresión de cuatro líneas por segundo | four lines per second print-out speed.
velocidad de impresión en listado | list speed.
velocidad de inmersión | sinking speed.
velocidad de intercambio isotópico | isotope exchange rate | isotopic rate of exchange.
velocidad de interceptación | intercept speed.
velocidad de izada | hoisting speed | lifting speed.
velocidad de izada de 30 pies/minuto (grúas) | lifting rate of 30 feet per min..
velocidad de la alternancia | speed of reciprocation.
velocidad de la corriente | current velocity.
velocidad de la deformación | strain rate.
velocidad de la embutición | draw speed.
velocidad de la exhaustación del cohete | rocket exhaust velocity.
velocidad de la hélice | propeller speed.
velocidad de la marea | drift of the tide.
velocidad de la mesa (máquina-herramienta) | bed speed.
velocidad de la mesa durante la carrera de corte (cepillos) | cut table speed.
velocidad de la mesa durante la carrera de retorno (cepillos) | return table speed.
velocidad de la prueba | rate of test.
velocidad de la reacción | rate of reaction.
velocidad de laminado (metalurgía) | rolling speed.
velocidad de las paletas (turbinas) | blade speed.
velocidad de las puntas de las palas del rotor | rotor tip speed.
velocidad de lectura | read rate | rate of reading.
velocidad de lectura (ordenador) | reading rate.
velocidad de liberación (astronáutica) | escape velocity.
velocidad de liberación (cohetes) liberation velocity.
velocidad de línea en baudios (teleproceso) | baud rate.
velocidad de los cangilones (número de cangilones que pasan por minuto - dragas) | bucket speed.
velocidad de llegada | striking velocity.
velocidad de llegada (proyectiles) | terminal velocity.
velocidad de llegada al suelo (paracaidistas) | striking velocity.
velocidad de llenado de los encofrados | rate of filling forms.
velocidad de manipulación (Morse) | key speed.
velocidad de marcha | rate of march | traveling speed.
velocidad de marcha (buques) | sea speed.
velocidad de migración del plano de exfoliación (metalurgia) | grain boundary migration rate.
velocidad de movimiento | rate of flow.
velocidad de onda | phase velocity | wave velocity.
velocidad de orbitación | orbiting velocity.
velocidad de orbitación supercircular | supercircular orbiting velocity.
velocidad de orientación (artillería) | azimuth velocity.
velocidad de partida | getaway speed.
velocidad de paso | flowing-through velocity | rate of flow.
velocidad de película sonora | sound speed.
velocidad de penetración | piercing speed | penetration rate.
velocidad de penetración en las picaduras (oxidación) | rate of penetration in pits.
velocidad de pérdida (aviones) | stalling speed.
velocidad de pérdida (radiación) | loss rate.
velocidad de pérdida del flujo | rate of loss of flux.
velocidad de perforación | punching rate | boring speed.
velocidad de permeación | permeation rate.
velocidad de pirólisis | pyrolysis velocity.
velocidad de planeo | rate of glide | gliding speed | soaring velocity.
velocidad de plegado | beaming speed.
velocidad de polarización (electricidad) | polar velocity.
velocidad de precipitación | settlement rate.
velocidad de prensado | pressing speed.
velocidad de producción de la cantidad de movimiento | rate of production of momentum.
velocidad de propagación | propagation velocity.
velocidad de propagación de la fractura frágil | brittle fracture velocity.

velocidad de propagación de las ondas Alfvén a lo largo del campo magnético | Alfvén speed.
velocidad de propagación en el medio | bulk velocity | plate velocity.
velocidad de propagación longitudinal | bar velocity.
velocidad de pruebas | trial speed.
velocidad de punta | peak speed.
velocidad de puntería | aiming velocity | traverse rate.
velocidad de puntería azimutal | training rate.
velocidad de puntería en elevación | elevation velocity.
velocidad de puntería en elevación de 20 grados por segundo | elevating speed of 20 degrees per second.
velocidad de punto luminoso | spot speed.
velocidad de ramificación en cadenas | rate of chain branching.
velocidad de reacción | reaction rate.
velocidad de reacción específica (química) | specific reaction ratio.
velocidad de reacción nuclear | nuclear reaction rate.
velocidad de reblandecimiento | softening rate.
velocidad de reciprocación | speed of reciprocation.
velocidad de recuento del escintilómetro | scintillation counter counting rate.
velocidad de regeneración de la imagen | refresh rate.
velocidad de régimen | operating speed | free-running speed | rating speed | design speed | normal speed | normal working speed | normal speed | rated speed.
velocidad de régimen (motor eléctrico) | balancing speed.
velocidad de régimen (motores térmicos) | governed speed.
velocidad de remoción del metal (máquina herramienta) | rate of metal removal.
velocidad de reposición del sistema de control | control system reset rate.
velocidad de reproducción (facsímile) | reproduction speed.
velocidad de resbalamiento | rate of side-slip.
velocidad de resolidificación | rate of resolidification.
velocidad de respuesta | response rate.
velocidad de respuesta de 15 milisegundos (instrumentos) | speed of response of 15 milliseconds.
velocidad de respuesta del embrague | clutch response speed.
velocidad de retorno (máquinas herramienta) | reversing speed.
velocidad de retroceso | reverse speed | return speed | recoil velocity.
velocidad de rotación | rotative speed | speed of rotation | spinning speed | turnover rate | revolution speed.
velocidad de rotación de la herramienta | tool rotational speed.
velocidad de rotación de la pieza | work rotation speed.
velocidad de rotación de la tierra | earth's rate of rotation.
velocidad de rotación en la punta de la pala (hélice, rotor) | tip speed.
velocidad de rotación escasa | low rotational speed.
velocidad de salida | exit velocity | emergent velocity | discharge speed | outlet velocity.
velocidad de salto | slew rate.
velocidad de satelización | satellization velocity.
velocidad de sedimentación | settlement rate | settling rate | deposition speed | deposit rate.
velocidad de sensibilidad por rayos infrarrojos (filmes) | red speed.
velocidad de sensibilización (tubo de memoria por carga) | priming speed.
velocidad de separación | staging velocity | cutoff velocity.
velocidad de soldeo | welding rate.
velocidad de soldeo de 2,5 metros/hora | welding speed of 2.5 m/hour.
velocidad de solicitación | constraining speed.
velocidad de subida | climb speed | lifting speed.
velocidad de termotransferencia | heat-transference rate.
velocidad de toma de oxígeno | oxygen uptake rate.
velocidad de trabajo (soldeo) | travel speed.
velocidad de tracción | pulling speed.
velocidad de transferencia | transfer rate.
velocidad de transferencia de bits | bit rate.
velocidad de transferencia de masa | rate of mass transfer.
velocidad de transferencia del bitio de 1,25 MHz | bit transfer rate of 1.25 MHz.
velocidad de transmisión (telegrafía) | word rate.
velocidad de transmisión de 2.400 baudios | transmission rate of 2,400 bauds.
velocidad de transmisión por línea (telegrafía) | transmission line speed.
velocidad de transmisión telegráfica | telegraph transmission speed | telegraph signaling speed.
velocidad de traslación (grúas) | traveling speed.
velocidad de tratamiento | manipulation rate.
velocidad de tratamiento de los documentos (informática) | document handling speed.
velocidad de un objeto considerada en conjunto | remote velocity.
velocidad de una corriente o de un banco de hielo flotante en millas náuticas/día o en nudos (navegación marítima) | drift.
velocidad de una reacción | rate of a reaction.
velocidad de variación | rate of change.
velocidad de ventilación | ventilation rate.
velocidad de vertido (en la lingotera) | teeming speed.
velocidad de vuelo | flight velocity.
velocidad de 2.500 rotaciones/hora | velocity of 2,500 revolutions/hour.
velocidad del aire | air velocity | airspeed.
velocidad del cabezal de 1/16 de pulgada por minuto por cada pulgada de longitud de la distancia entre puntos de la probeta (máquina de prueba de materiales) | head speed of 1/16 inch per minute per inch of gage length.
velocidad del cable | rope speed.
velocidad del ciclo | cycling speed.
velocidad del cohete fotónico | photonic rocket velocity.
velocidad del chorro | jet velocity.
velocidad del chorro de gases del cohete | rocket exhaust velocity.
velocidad del eje | spindle speed.
velocidad del eje primario | input-shaft speed.
velocidad del estirado | draw speed | rate of drawing.
velocidad del filme | film speed.
velocidad del gancho sin carga (grúas) | light-hook speed | light-line speed.
velocidad del husillo | spindle speed.
velocidad del huso | spindle speed.
velocidad del inducido | rotor speed.
velocidad del lanzador | launcher velocity.
velocidad del objetivo | target speed.
velocidad del obturador | obturator's speed.
velocidad del pistón | stroking speed | piston speed.
velocidad del rotor | rotor speed.
velocidad del satélite selenoide | selenoid satellite velocity.
velocidad del sondeo | drilling speed.
velocidad del sonido | velocity of sound | mach.
velocidad del sonido en agua del mar | velocity of sound in sea water.
velocidad del sonido en el aire | acoustic velocity.
velocidad del sonido en las condiciones existentes en la garganta de la tobera (cohetes) | critical throat velocity | throat velocity.
velocidad del tambor registrador | drum speed.
velocidad del transportador | conveyor speed.
velocidad del vaivén | speed of reciprocation.
velocidad del viento | wind rate.
velocidad del viento en millas por hora | miles-per-hour wind velocity.
velocidad directa | high gear.
velocidad económica | saunter.
velocidad eléctrica (rotor motor eléctrico) | speed-frequency.
velocidad electroforética | electrophoretic velocity.
velocidad electronorregulada | electronically-controlled speed.
velocidad en azimut | azimuth speed.
velocidad en el círculo de contacto (engranajes) | pitch-line velocity.
velocidad en el punto de caída (balística) | striking velocity.
velocidad en elevación del blanco | target elevating rate.
velocidad en emersión (submarinos) | surface speed.
velocidad en inmersión | submerged speed.
velocidad en la boca (cañones) | initial velocity.
velocidad en la boca con carga de guerra (cañones) | full charge muzzle velocity.
velocidad en la circunferencia primitiva de 30.000 pies/minuto | pitch-line velocity of 30,000 ft/minute.
velocidad en la línea primitiva (engranaje cónico) | pitch-line velocity.
velocidad en la punta de la pala de la hélice | propeller-tip speed.
velocidad en marcha lenta | tick-over speed.
velocidad en millas | mileage.
velocidad en millas por hora igual al diámetro en pulgadas de las ruedas motrices (locomotoras) | diameter speed.
velocidad en pruebas del contrato | contract speed on trials.
velocidad en servicio (buques) | sea speed.
velocidad en servicio a plena carga (buques) | service speed fully loaded.
velocidad en tierra | land speed.
velocidad en vacío | no load speed | idling speed | idling rpm.
velocidad en vacío (chigres y cabrestantes) | slack rope speed.
velocidad en vuelo horizontal | level-flight speed.
velocidad en vuelo picado | diving speed.
velocidad especifica de succión (bombas) | suction specific speed.
velocidad excesiva | overspeed.
velocidad fásica | wave velocity | phase velocity.
velocidad final | final velocity | terminal velocity.
velocidad gobernada | controlled rate.
velocidad gobernada por regulador | governor-controlled speed.
velocidad gradiental del viento | gradient wind speed.
velocidad hiperlenta | extremely low speed.
velocidad hipersíncrona | suprasynchronous speed.
velocidad hipersónica | hypersonic speed.
velocidad horaria | hourly rate.
velocidad imagen del eslabón (en el polígono de velocidades) | velocity image.
velocidad inacusable | blind speed.
velocidad indicada con relación al aire | indicated airspeed.
velocidad indicada mínima de sustentación con flaps salientes | indicated stalling speed, flaps down.
velocidad indicada por el horario (trenes) | schedule speed.
velocidad inducida | induced velocity.
velocidad inducida en el canal hidrodinámico | tunnel-induced up-wash velocity.
velocidad inducida por el rotor | rotor induced velocity.

velocidad inicial | initial velocity.
velocidad inicial (armas de fuego) | muzzle velocity.
velocidad inicial con carga reducida | reduced charge muzzle velocity.
velocidad inicial de aumento de presión | initial rate of pressure increase.
velocidad inicial según la tabla de tiro | range table muzzle velocity.
velocidad instantánea de variación | instantaneous rate of change.
velocidad instantánea del pistón (cinemática) | instantaneous piston velocity.
velocidad kerma | kerma rate.
velocidad lenta de deposición (electrodo) | slow-burnoff rate.
velocidad lenta estable de izada (grúas) | stable creeping speed.
velocidad lenta para recibir el tocho (laminadores) | threading speed.
velocidad lentísima | extremely low speed.
velocidad límite | terminal velocity.
velocidad lineal | speed | linear speed.
velocidad marcada en un cartel | posted speed.
velocidad más probable | most probable speed.
velocidad másica | mass-flow rate.
velocidad másica del refrigerante por tonelada de refrigeración | mass-flow rate of refrigerant per ton of refrigeration.
velocidad máxima | top speed.
velocidad máxima (buques de guerra) | operational speed.
velocidad máxima al nivel del mar | maximum speed at sea level.
velocidad máxima continua del motor | maximun continuous engine speed.
velocidad máxima de basculamiento | maximum toggle speed.
velocidad máxima de crucero | maximum cruising speed.
velocidad máxima de inmersión (submarinos) | crash-dive speed.
velocidad máxima de un dispositivo | peak speed.
velocidad máxima del viento admisible para seguridad (generador eólico) | furling speed.
velocidad máxima para saltar en paracaídas (aviones) | jump airspeed.
velocidad media | mean speed | average speed.
velocidad media (aeronaves) | block speed.
velocidad media (electrones) | drift speed.
velocidad media corregida en la boca (cañones) | mean corrected muzzle velocity.
velocidad media cuadrática | average-square velocity | mean square velocity | root-mean-square velocity.
velocidad media de las medias | mean-of-means speed.
velocidad media de marcha | average running speed.
velocidad media de penetración (nucleónica) | drift velocity.
velocidad media del aeroplano | terminal to terminal speed.
velocidad media del pistón | average piston speed | piston average speed.
velocidad media desde la arrancada a la parada | start-to-stop speed.
velocidad media en el trayecto | average end-to-end speed.
velocidad media en la boca | average muzzle velocity.
velocidad media máxima del pistón | maximum mean piston speed.
velocidad medida en el canal hidrodinámico de pruebas (buques) | measured tunnel velocity.
velocidad medida por la adición de una sal (corriente de ríos) | salt-velocity.
velocidad menor que la máxima empleada en maniobras (buques guerra) | stationing speed.
velocidad mínima de despegue sin peligro | minimum take-off safety speed.
velocidad mínima de sustentación | critical speed.
velocidad mínima de sustentación (aviones) | stalling speed.
velocidad mínima de termofluencia a 400 grados C | minimum creep rate at 400 C.
velocidad mínima de un motor | idling speed.
velocidad mínima de vuelo | minimum flying speed.
velocidad mínima para gobernar (buques) | minimum control speed | steerage way | steerageway.
velocidad muy lenta (motores, gancho de grúa, etc.) | creeping speed.
velocidad natural de fase del modo de vibración (cigüeñales) | natural phase velocity of the mode of vibration .
velocidad navegable | navigable speed.
velocidad no cavitante | noncavitating speed.
velocidad no nula | nonzero velocity.
velocidad nominal | nominal speed | rate speed | rated speed.
velocidad nominal de estela (buques) | wake nominal velocity.
velocidad nominal en la boca | nominal muzzle velocity.
velocidad normal | normal speed.
velocidad normal de funcionamiento | rating speed | rated speed.
velocidad normal de marcha | free-running speed.
velocidad normal de marcha (motor eléctrico) | balancing speed.
velocidad normal más dos tercios de ella (1,67 veces la velocidad normal-buques de guerra) | flank speed.
velocidad operacional de 2,2 machios | operating speed of mach 2.2.
velocidad orbital para mantener una órbita de radio constante | circular velocity.
velocidad ordenada por el buque guía | signaled speed.
velocidad para usar el piloto automático | automatic pilot speed.
velocidad peligrosa | critical speed.
velocidad pendular | hunting speed.
velocidad periférica | rim speed | surface speed | peripheral velocity | peripheral speed | tip speed | circumferential velocity.
velocidad periférica (engranajes) | pitch-line velocity.
velocidad periférica (volantes) | bursting speed.
velocidad periférica de la pieza (tornos) | lathe cutting speed.
velocidad periférica en pies por minuto (muelas) | surface feet per minute.
velocidad periférica rotórica | rotor rim speed.
velocidad perihélica | perihelion velocity.
velocidad perpendicular a la dirección del movimiento | cross velocity.
velocidad potencial de estela (buques) | wake potential velocity.
velocidad preestablecida | preset velocity.
velocidad preseleccionada | preselected speed.
velocidad prevista | designed speed.
velocidad prevista (buques) | legend speed.
velocidad propia | own speed.
velocidad que no debe emplearse (revoluciones de un eje) | barred speed.
velocidad rápidamente variable | rapidly varying velocity.
velocidad reducida | reduced rate.
velocidad reducida (por engranaje desmultiplicador de tornillo sin fin) | screwing speed.
velocidad regulable | variable velocity.
velocidad relativa | comparative velocity | relative velocity.
velocidad relativa (aviones) | airspeed.
velocidad relativa calibrada (aviones) | calibrated airspeed.
velocidad relativa de salida | relative exit velocity | relative outlet velocity.
velocidad relativa del viento | downwash.
velocidad relativa equivalente (aviación) | equivalent airspeed.
velocidad relativa indicada (aviones) | indicated airspeed.
velocidad relativa verdadera | true airspeed.
velocidad relativista | relativistic speed.
velocidad remanente | remaining velocity.
velocidad remanente (balística) | final velocity.
velocidad remota | remote velocity.
velocidad requerida para despegar (avión rodando) | unstick speed.
velocidad retrógrada | retrograde velocity.
velocidad rotacional | rotational speed.
velocidad rotatoria | rotation speed.
velocidad sin carga | no load speed | idling speed.
velocidad sin carga (motores) | idling rpm.
velocidad sin remolque (remolcadores) | free-running speed.
velocidad sobremultiplicada (automóviles) | overdrive.
velocidad sónica | sonic speed.
velocidad sostenible | maintainable speed.
velocidad sostenida en la mar | sustained sea speed.
velocidad subsónica | subsonic speed.
velocidad superorbital | superorbital speed.
velocidad supersónica | supersonic speed.
velocidad tangencial | circumferential velocity | circumferential speed.
velocidad tangencial (compresor axial) | whirl velocity.
velocidad telegráfica | modulation rate.
velocidad teórica de avance de la hélice si no hubiera resbalamiento | pitch speed.
velocidad torsional crítica | critical torsional speed.
velocidad transmitiva de señal | signaling rate.
velocidad transónica | transonic speed.
velocidad ultralenta | ultraslow speed.
velocidad unitaria | rate of speed.
velocidad variable | sliding velocity.
velocidad variada | variable velocity | nonuniform velocity.
velocidades correspondientes | corresponding speeds.
velocidades críticas de orden superior (motores) | higher critical speeds.
velocidades críticas de vibraciones de torsión (cigüeñales) | torsional vibration critical speeds.
velocidades en resonancia (motores) | tuned speeds.
velocidades isocinéticas | isokinetic velocities.
velocidades óptimas | optimal speeds.
velocidades y avances (máquina herramienta) | speeds and feeds.
velocidad-ingreso del dinero | income-velocity of money.
velociindicador | speed indicator.
velocilimitador | speed limiter.
velocímetro | speedometer | speed indicator | velocimeter.
velocímetro (automóviles) | speedometer.
velocímetro de impulsiones predesencadenadas | sing-around velocimeter.
velocipreselección | speed preselection.
velocirreducción | speed retarding.
velocirreductivo | speed retarding.
velocirreductor | speeder | speed-reducer.
velocirregulación | speed control.
velocirregulado | speed-regulated.
velociselección | speed selection.
velocisensible | speed-sensitive.
velómetro | velometer.
velovelista | soaring pilot.
veloz | expeditious | fast | swift | up-to-the-minute.
veloz (aeroplanos) | hot.
veludillo | velveteen.
veludillo (tela) | velour.
vellayim (Holoptelea integrifolia) | vellayim.
vello | hair.
vello (plantas) | nap.
vello (zoologia) | velvet.

vellocino de oro (mitología) | golden fleece.
vellón | wool fleece.
vellón (lana) | fleece.
vellón roto | broken fleece.
vellones escogidos | cased fleeces.
vellosidad | fleeciness.
vellosidad (de las telas) | cover.
vellosidad (tejidos) | fluffiness.
velloso | fuzzy | downy.
velloso (telas) | napped.
vena | vein | vena | pay-streak.
vena (explotación de placeres) | pay channel.
vena (parte de un placer donde ocurre la máxima concentración de oro) | pay-lead.
vena calcárea o esquistosa (de una capa de carbón) | bone.
vena contraída | vena contracta.
vena contraída (hidráulica) | contracted vein.
vena de placer aurífero | run of gold.
vena del chorro | jetstream.
vena emisaria | emissarium.
vena estéril (botánica) | sterile vein.
vena fluida (física) | jet.
vena medular | vein of medulla.
vena porta | portal vein.
vena que corta el filón principal | crossbar.
vena radial | radial.
vena rica de mineral | course.
vena transversal (zoología) | cross vein.
venablo | spear.
venalidad (de un juez) | barratry.
vencejo | swift | martinet.
vencer (juicio) | defeat (to).
vencer (letras) | become due (to) | fall due (to).
vencer (obstáculos) | get over (to).
vencer (plazos, letras, etc.) | expire (to).
vencer (un plazo) | fall (to).
vencer un contrato | expire contract (to).
vencer un plazo | expire term (to).
vencerse (letras) | mature (to).
vencido | loser | arrears.
vencido (comercial) | past due.
vencido (comercio) | in arrear.
vencido (cheques) | stale.
vencido (efectos) | past-due.
vencido (intereses) | outstanding.
vencido (letras, plazos) | matured.
vencido (plazos) | due | overdue.
vencido el plazo | after expiration of the term.
vencido y cobrable | due and receivable.
vencido y no pagado (letras) | overdue.
vencido y pagadero (economía) | due and payable.
vencimiento | effluxion | deadline | time limit | usance | target date.
vencimiento (contratos, pólizas) | expiry.
vencimiento (de plazos, letras, etc.) | expiration.
vencimiento (de un plazo) | due.
vencimiento (efectos comerciales) | falling due.
vencimiento (letras, plazos) | maturity.
vencimiento a fecha fija | fixed maturity.
vencimiento acelerado | accelerated maturity.
vencimiento de un efecto | tenor.
vencimiento de una letra | term of a bill.
vencimiento del contrato | expiry of the contract.
vencimiento del efecto | draft maturity.
vencimiento del giro | draft maturity.
vencimiento máximo (préstamos) | longest maturity.
vencimiento medio | average maturity | average due date.
vencimiento mensual | monthly instalment.
vencimiento natural (comercio) | running off.
venda | binding | band | fillet.
vendaje | bracer | dressing.
vendaje (cables) | bandage.
vendaje alrededor del cuerpo | girdle.
vendaje de sujección | retaining bandage.
vendaje fijo con pasta de París | jacket.
vendaje quirúrgico | surgical dressing.
vendajes (forestal) | capping.
vendajes ortopédicos | orthopaedic bandages.
vendar | band (to) | bandage (to) | fillet (to).
vendar (heridas) | bind (to).
vendas elásticas de goma | rubber elastic bandages.
vendaval | gale | storm | blow.
vendedor | seller | dealer | vender | salesman.
vendedor (sociedad colectiva) | vendor.
vendedor a domicilio | door-to-door salesman.
vendedor al detalle | retailer.
vendedor al por mayor | jobber.
vendedor al por menor | retailer.
vendedor ambulante | huckster | flying trader | hawker | vender.
vendedor autorizado | licenced vendor.
vendedor con cartelones con precios | frontsman.
vendedor de aceite | oilman | oil-merchant.
vendedor de billetes de teatro y ferrocarril o de pasajes para buques o aviones | booking clerk.
vendedor de colores | oilman | oil-merchant.
vendedor de cristalería | glassman.
vendedor de cuero al por menor | leather cutter.
vendedor de divisas al contado con intención de volver a comprarlas a plazos | swap.
vendedor de legumbres | greengrocer.
vendedor exclusivo | exclusive seller.
vendedor marginal | marginal seller.
vendedor publicista | advertising salesman.
vendedor regional | regional salesman.
vendedor remiso | reluctant seller.
vendedor y comprador marginales | marginal pair.
vendedores distribuidores | distributor salesmen.
vender | utter (to) | sell (to) | setover (to) | vend (to) | deal (to) | market (to).
vender (comercio) | realize (to).
vender (letras) | negotiate (to).
vender a consignación | sell on consigment (to).
vender a crédito | sell on credit (to).
vender a más precio que otro | oversell (to).
vender a mayor precio | outsell (to).
vender a precios inferiores | undercut prices (to).
vender a subasta | set up (to).
vender acciones | put stock (to).
vender acciones al futuro | sell futures (to).
vender al descubierto | sell short (to) | short (to).
vender al fiado | trust (to).
vender al menudeo | retail (to).
vender al por mayor | deal wholesale (to).
vender al por menor | retail (to).
vender con pérdida | dump (to) | dump goods (to).
vender demasiado | oversell (to).
vender en consignación | sell on consignment (to).
vender en el mercado | market (to).
vender en firme | sell firm (to).
vender en liquidación | close out (to).
vender en pública subasta | auction (to) | auctioneer (to).
vender en subasta | sell by auction (to) | sell at auction (to).
vender la madera en pie (bosques) | sell timber standing (to).
vender más | outsell (to).
vender más que lo que se dispone | oversell (to).
vender mercancías a comisión | sell goods on a commission basis (to).
vender mercancías por cuenta del comitente | sell goods for the account of the principal (to).
vender muchas cosas al mismo tiempo | sell off (to).
vender o comprar para mantener el precio | hold the market (to).
vender para entrega futura | sell forward (to).
vender por adelantado | book in advance (to).
vender por anticipado | preselling.
vender por debajo de la tasa | scalp (to).
vender por debajo del precio | sell below current prices (to).
vender por encima del valor | sell above current value (to).
vender por orden judicial una hipoteca | foreclose (to).
vender regalado | give away (to).
vender según muestra | sell by sample (to).
vender todas las existencias | sell out (to).
vender valores y comprar otros | switch (to).
vender valores y comprar otros (Bolsa) | switch investments (to).
venderse a las dos partes | double-cross (to).
venderse bajo reserva de llegada | sell to arrive (to).
venderse bien | find a ready sale (to).
vendí | certificate of sale | bill of sale.
vendibilidad | salability | marketability | saleability | saleability.
vendible | saleable | salable | merchantable | alienable.
vendido con pérdida | sold at loss.
vendido en cuñetes (clavos, tornillos, pernos) | marketed in kegs.
vendido en fábrica | ex works.
vendido en obra | sold on spot.
vendido sin intereses | sold flat.
vendiendo cheques | check trading.
vendimia | harvest | harvesting | vintage | grape picking.
vendimiador | grape-picker | grape gatherer.
vendimiar | gather grapes (to) | gather the vintage (to).
venduta | vendue.
veneno | poison.
veneno combustible | burnable poison.
veneno consumible (reactor nuclear) | burnable poison.
veneno metabólico | metabolic poison.
veneno por contacto | contact poison.
veneno que afecta a todo el cuerpo | systemic poison.
venenos de catalizadores | catalyst poisons.
venenos de fisión (nuclear) | fission poisons.
venenos nucleares | poison materials.
venenos que matan con poco dolor | actual poisons.
venepuntura (cirugía) | venepuncture.
venera (concha grande) | escallop.
venerable (masonería) | master.
venereólogo | venereologist.
venero | pay-streak.
venero de agua interior (presas de tierra) | pipe.
venesección (medicina) | abstraction.
venia | leave.
venia del tribunal | leave of court.
venidero | approaching.
venir | come (to).
venir a las manos | engage (to).
venir a los pies de uno | come to heel (to).
venir al caso | come to the point (to).
venir de un puerto (buques) | hail (to).
venir después de | follow (to).
venir en auxilio de | relieve (to).
venir en cabeza | head (to).
venirse abajo | tumble (to) | fall (to).
venoarterial (cirugía) | venoarterial.
venta | laid-up shipping | sale | dealing.
venta a ciegas | blind selling.
venta a crédito | credit sale.
venta a cuenta | sale for the account.
venta a granel | heavy sales | selling in bulk.
venta a los detallistas | retailing.
venta a plazos | instalment system | instalment selling.
venta a plazos con mercancía depositada | hire purcharse.
venta a plazos con mercancía en depósito | layway plan.
venta a precios fijos | sales at fixed rates.
venta a precios muy bajos | riot selling.

venta a prueba | sale on trial.
venta a través de reuniones particulares en el domicilio | party plan selling.
venta a un precio superior a lo normal | selling at premium.
venta ajustada | tie-in sale.
venta al contado | cash sale | cash and carry.
venta al descubierto | time bargain | bear sale.
venta al embarcar | sale on shipment.
venta al por mayor | wholesaling | wholesale.
venta al por menor | retail | retailing.
venta ambulante de libros | colportage.
venta antes de comprar | short sale.
venta anticipada | advance sale.
venta aparente | wash sale.
venta audaz | hard sell.
venta bajo reserva | conditional sale | sale with reservation.
venta con pacto de retroventa | trading in.
venta con pagos a plazos | deferred-payment sale.
venta con pérdida | selling at a loss.
venta condicional | conditional sale.
venta de acciones a los trabajadores con indicación de recompra | employee stock repurchase agreement.
venta de acciones compradas hace más de seis meses y que no valen su costo | tax selling.
venta de acciones en mano | long sale.
venta de acciones por certificado (sin entrega) | selling against the box.
venta de acciones por otras que se creen mejores | switching.
venta de artículos que el venedor no tiene aún | short sale.
venta de artículos selectos a precios altos | trading up.
venta de artículos sin repuestos | closed stock.
venta de bienes decomisados | tax sale.
venta de bienes embargados | distress-sale.
venta de bienes encautados por el fisco | tax sale.
venta de bienes por impuestos no pagados | tax sale.
venta de liquidación (mercancías) | clearance sale.
venta de madera en pie (bosque) | sale on the stump.
venta de mercancías | marketing of goods.
venta de mercancías a menor precio | dump.
venta de mercancías averiadas por incendio | fire sale.
venta de patentes y de información técnica al extranjero | know-how.
venta de plazas en exceso sobre su capacidad (aviones, hoteles) | overbooking.
venta de productos en el extranjero a precio inferior al del propio mercado | dumping.
venta de restos | scrap sale.
venta de saldos (liquidación) | clearance sale.
venta de urgencia | distress selling.
venta de valores | sales from the portfolio.
venta de valores no favorables para invertirlos en valores más ventajosos a plazo corto | switch.
venta del fabricante directamente al público | direct marketing.
venta diaria | daily sale.
venta difícil | close bargain.
venta directa entre fabricantes | OEM market.
venta ejecutiva | execution sale | executory sale.
venta en depósito privado aduanero | sale in bonded warehouse.
venta en descubierto | selling short | short sale.
venta en descubierto (mercado a plazo-bolsa) | short selling.
venta en el extranjero | sales abroad.
venta en el ramo de mercaderías | commodity line sale.
venta en exclusiva | exclusive dealing.
venta en fresco (pescado, verduras, etc.) | fresh market.
venta en liquidación | sale for the settlement.
venta en liquidación (liquidación) | clearance sale.
venta en mercado con compra en otro | spread.
venta en pública subasta | sale by auction | public sale by auction | vendue.
venta en pública subasta por agente judicial | sheriff's sale.
venta en reuniones caseras | party plan selling.
venta en subasta | auction sale.
venta en un mercado con compra en otro | straddle.
venta enviando un artículo para su compra o devolución | inertia selling.
venta especulativa a la baja | bear sale.
venta fácil | ready market | quick sale.
venta ficticia | wash-sale | wash sale.
venta forzosa | compulsory sale | forced sale.
venta hipotecaria | foreclosure sale.
venta incondicional | absolute sale.
venta judicial | foreclosure sale | sheriff's sale | judicial sale.
venta para entrega futura | short sale.
venta para entrega inmediata | spot sale.
venta por concesionario | concession sale.
venta por convencimiento | soft sell.
venta por correo | mail order selling | mail order business.
venta por correspondencia | mail order selling.
venta por debajo de la tasa | scalping.
venta por fin de temporada | seasonal sale.
venta por inventario | inventory sale.
venta por liquidación el mismo día (bolsa) | cash contract.
venta por marca (publicaciones) | brand selling.
venta por persuasión | soft sell.
venta por subasta | auction-sale.
venta promocional | promotional selling.
venta protectora | hedge selling.
venta pública | auction | auction-sale | public sale | public auction sale.
venta rápida | quick sale | quick returns.
venta real | effective sale.
venta reclamo | bargain sale.
venta restringida | moderate sale.
venta según muestra | sale by sample.
venta selectiva | selective selling.
venta simulada | simulated sale.
venta total del carbón de una minas | vend.
ventaja | advantage.
ventaja de medir carga por dimensiones extremas | ship's favor.
ventaja de operación | operating leverage.
ventaja del viento (buques vela) | weather gauge.
ventaja electoral | election lead.
ventaja financiera en favor de los fundadores | promotion profit.
ventaja recíproca | mutual advantage.
ventajas demostradas en el funcionamiento | performance-proved advantages.
ventajas e inconvenientes | pros and cons | advantages and disadvantages.
ventajas extrasalariales | extrasalary advantage.
ventajas y desventajas | plus and minus.
ventajoso | expedient.
ventajoso para los negocios | beneficial to business.
ventalla (botánica) | valve.
ventana | window.
ventana (en una capa de recubrimiento) | inlier.
ventana (sobres de cartas) | window.
ventana a prueba de incendio | fire window.
ventana abatible | drop window.
ventana abatible (sobre un eje horizontal) | drop-sash.
ventana apaisada (más ancha que alta) | gap window.
ventana cerámica para guía de onda | ceramic waveguide window.
ventana ciega | dummy window.
ventana circular | compass-window.
ventana circular (aviones) | porthole.
ventana circular con barrotes radiales | marigold window.
ventana circular u oval | bull's eye arch.
ventana con burlete de caucho | rubber-gasketed window.
ventana con burletes | weather-stripped window.
ventana con cristales romboidales | lattice window.
ventana con dobles hojas que forman una cámara de aire | storm window.
ventana con hojas de desplazamiento horizontal | horizontal-sliding window.
ventana con montante regulable | storm window.
ventana con presión regulada | pressurized window.
ventana con reja | barred window.
ventana condenada | fixed light.
ventana de amplio campo visual | wide-view window.
ventana de báscula | balance window.
ventana de bisagras | hinging window.
ventana de bronce | bronze window.
ventana de buharda | dormer window.
ventana de buhardilla | dormer.
ventana de cinco puntas (arquitectura) | cinquefoil.
ventana de contrapeso | balance-operated window | double-hung window.
ventana de desplazamiento vertical hacia abajo | wind-down window.
ventana de dos hojas | double-sashed window.
ventana de dos hojas giratorias de eje vertical | casement window.
ventana de guillotina | sash window | drop-sash | guillotine-window | double-hung window.
ventana de hoja basculante | pivot-hung window | pivoted window | center hung window.
ventana de hoja basculante hacia dentro sobre eje inferior horizontal | hopper light.
ventana de hoja basculante sobre eje inferior horizontal | hopper window.
ventana de hoja basculante sobre un eje horizontal | hopper-casement.
ventana de hojas dobles | double-glazed window.
ventana de hojas verticales colgadas | hinging window.
ventana de lanceta | lancet window.
ventana de lanzamiento (satélites) | launch window.
ventana de lectura (cine) | sound gate.
ventana de medio punto | roundheaded window.
ventana de ojo de buey | bull's eye window.
ventana de paso libre (lanzamiento de cosmonaves) | window.
ventana de proyección (cinematógrafo) | film gate.
ventana de reflexión térmica | heat-reflecting window.
ventana de salida (magnetrón) | output window.
ventana de tracería circular | circular traceried window.
ventana de tracería geométrica | geometric traceried window.
ventana de una hoja que gira sobre un eje vertical en el centro del marco | vertically pivoted window.
ventana del crucero (catedrales) | transeptal window.
ventana doble | double window.
ventana electromágnetica (oceanografía) | electromagnetic window.
ventana embisagrada por la base | drop window.
ventana en un tabique | borrowed light.
ventana espacial | window.
ventana fija | nonopening window.

ventana ojival puntiaguda | lancet window.
ventana oval | ox-eye.
ventana para disminuir el resplandor exterior | glare-reducing window.
ventana resonante | resonant window.
ventana saliente | shot-window.
ventana saliente apoyada en ménsulas | oriel.
ventana saliente en redondo | compass-window.
ventana simulada | dead window | blank window.
ventana sónica (medicina) | sonic window.
ventana tectónica | geological window.
ventana telemétrica | range gate.
ventana vertical en una cubierta | luthern.
ventanaje (arquitectura) | fenestration.
ventanal | window.
ventanas abiertas hace más de veinte años | ancient lights.
ventanas de presión para guía de ondas | wave guide pressure windows.
ventanas en un muro medianero | ancient lights.
ventanilla | sight hole | fairlight.
ventanilla (de banco) | wicket.
ventanilla (registro - envolventes) | cutout.
ventanilla de caja (bancos) | counter.
ventanilla de chapa | iron slide.
ventanilla de iluminación | illumination window.
ventanilla de inspección | gloryhole | inspection port.
ventanilla de la cubierta de vuelo (aviones) | flight deck window.
ventanilla de medio tono (artes gráficas) | halftone window.
ventanilla de observación | observation port | observation window.
ventanilla de pagos | teller window.
ventanilla de pagos (Bancos) | teller's window.
ventanilla de proyección (cabina de cines) | picture gate.
ventanilla de servicio (pañol de herramientas) | service hatch.
ventanilla de vidrio del túnel aerodinámico | glass wind tunnel window.
ventanilla en la parte central (fuselaje) | waist window.
ventanilla lateral (autos) | sidelight.
ventanilla posterior | rear window.
ventanilla transparente | transparent lid.
ventanillas con cristales coloreados | tinted windows.
ventanillas de la cabina de mando (aviones) | cockpit windows.
ventanillas para ventilación (automóviles) | vent windows.
ventanillo | sigthole | peephole.
ventanillo de encendido | firing door.
ventanillo de inspección | inspection window.
ventanillo sobre una puerta | hopper light.
ventanillos | louvres.
ventanita de cuarzo (microinformática) | quartz window.
ventarrón | blast.
ventas a empresas afiliadas | intercompany sales.
ventas a flote | sales to arrive.
ventas a plazos | installment sales.
ventas anticipadas | prospective sales.
ventas automáticas | automatic vending.
ventas de cuentas combinadas | combined account deals.
ventas efectuadas bajo órdenes de comprar y vender al mismo precio | matched sales.
ventas en abonos | installment sales.
ventas en baja | plummeted sales.
ventas en barriles | barrelage sales.
ventas en los mercados exteriores | sales on foreign markets.
ventas en mostrador | over-the-counter sales.
ventas estimadas | sales potential.
ventas máximas | peak sales.
ventas netas a capital de trabajo | net sales to working capital.
ventas netas a inventario (contabilidad) | net sales to inventory.
ventas para entregar | arrival sales.
ventas para llegar | sales to arrive.
ventas por agentes | sales per sales person.
ventas por hora hombre | sales per manhour.
ventas provisionales | approval sales.
venteada (madera) | honeycombed.
venteadura | bubble.
venteadura (madera) | wind shake.
venteadura (maderas) | honeycombing.
venteadura (vidrios) | bleb.
ventear (moldería) | vent (to).
venteo (moldería) | venting.
venteroles (relojes) | fly.
ventiducto | ventiduct | ventilating duct.
ventifacto (geología) | ventifact.
ventifactos (geología) | ventifacts.
ventilación | venting | ventilation | draught | aeration | aerage | airing | airiness | air cooling.
ventilación a presión | plenum ventilation.
ventilación antitropa | antitropal ventilation.
ventilación artificial | artificial ventilation.
ventilación ascendente | ascensional ventilation | antitropal ventilation.
ventilación aspirante (minas) | exhaust ventilation.
ventilación auxiliar | secondary ventilation.
ventilación centralizada | centralized ventilation.
ventilación de espacios de buques | ventilation of ship spaces.
ventilación de los espacios de carga | cargo-space ventilation.
ventilación de túneles de transito rápido | rapid transit-tunnel ventilation.
ventilación del frente de trabajo (minas) | face-airing.
ventilación del núcleo | core ventilation.
ventilación descendente | descensional ventilation | downward ventilation | down ventilation.
ventilación descendente (minas) | downhill ventilation.
ventilación descendente (minería) | homotropal ventilation.
ventilación diagonal (minas) | diagonal ventilation.
ventilación en circuito cerrado | closed-circuit ventilation.
ventilación en depresión | vacuum ventilation.
ventilación forzada (motores eléctricos) | forced draught.
ventilación homotropal | descensional ventilation | homotropal ventilation.
ventilación impelente | supply ventilation | plenum ventilation.
ventilación impelente o aspirante (minas) | push-pull ventilation.
ventilación insuficiente | poor ventilation.
ventilación insuficiente (minas) | dull.
ventilación insuficiente (minería) | dacker.
ventilación insuficiente en una mina | dacker of wind.
ventilación insuflante | plenum ventilation.
ventilación interior | thru-ventilation.
ventilación intermitente | intermittent aeration.
ventilación mecánica por insuflación | forced draught | pressure-draught.
ventilación natural | natural ventilation.
ventilación por aspiración | extract ventilation | induced draught | exhaust draught.
ventilación por aspiración (minas) | exhaust ventilation.
ventilación por cajillo (buques) | trunk ventilation.
ventilación por hogares (minas) | furnace-ventilation.
ventilación por impulsión | supply ventilation.
ventilación por la chimenea | funnel ventilation.
ventilación por la misma corriente de aire (ventilación de minas) | course ventilation.
ventilación por presión | forced ventilation.
ventilación por succión | exhaust ventilation.
ventilación regulable | adjustable ventilation.
ventilación retrógrada (minas) | reversed ventilation.
ventilado | aired | vented | aerated.
ventilado a través de un conducto | duct-ventilated.
ventilado artificialmente | artificially-ventilated.
ventilado por conducto | pipe-ventilated.
ventilado por tubería | pipe-ventilated.
ventilador | brattice | airer | air blower | exhaust-fan | fan | blast engine.
ventilador (túnel) | blowhole.
ventilador accionado a mano | fanner.
ventilador accionado por motor | motor-driven ventilator.
ventilador aspirador | aspirating ventilator | induced draft fan.
ventilador aspirante | vacuum fan | extraction ventilator | extraction fan | extractor | extract fan | exhaust ventilator | exhaust blower | exhauster | exhaust fan | suction fan | air exhauster | air trap | draw-through fan.
ventilador aspirante colocado sobre una ventana | porthole fan.
ventilador aspirante de techo | extractor ventilator.
ventilador aspirante del depurador | purifier extraction fan.
ventilador axial | axial-flow fan.
ventilador axial con aletas de guía | vaneaxial fan.
ventilador axial polietápico | multistaged axial fan.
ventilador centrífugo | centrifugal blower | centrifugal fan | pressure blower | dynamical fan | fan blower | paddle-wheel fan | screw fan.
ventilador centrífugo accionado por los gases de escape | exhaust-driven centrifugal blower.
ventilador centrífugo aspirante | induced draught centrifugal blower.
ventilador centrífugo de engranajes | gear-driven centrifugal blower.
ventilador centrífugo pluripalas | multivane centrifugal fan.
ventilador colocado en la cumbrera | ridge ventilator.
ventilador con pabellón de descarga | discharge stack fan.
ventilador con palas curvadas en el sentido de giro | forward-curved blade fan.
ventilador con palas curvadas en sentido contrario a la marcha | backward-curved blade fan.
ventilador continuo sobre caliente | heat valve.
ventilador de aletas | wing fan.
ventilador de aletas rectas | straight-blade fan.
ventilador de aspiración | suction ventilator.
ventilador de aspiración inducida (ventilación de motores) | pick-a-back fan.
ventilador de baja presión | vent set.
ventilador de calefacción | heating fan.
ventilador de circulación de aire | air circulating fan.
ventilador de cuello de cisne | swanneck ventilator.
ventilador de cuello de cisne (buques) | gooseneck ventilator.
ventilador de chimenea | chimney ventilator.
ventilador de dos oídos | double inlet fan.
ventilador de emergencia | emergency fan.
ventilador de enfriamiento | cooling fan.
ventilador de estrella | spider-type fan.
ventilador de exhaustación | strip air fan.
ventilador de exhaustación accionado por correa | belt-driven exhausting fan.
ventilador de extracción de techo (talleres) | roof-extraction fan.
ventilador de flujo axial de paso regulable | variable-pitch axial flow fan.
ventilador de flujo axial reversible | reversible

axial flow fan.
ventilador de flujo mixto (axial y centrífugo) | mixed-flow fan.
ventilador de funcionamiento silencioso | quiet-running fan.
ventilador de hélice | propeller fan.
ventilador de hongo (buques) | mushroom ventilator.
ventilador de los gases de recirculación | recirculating gas fan.
ventilador de mina | mine ventilator.
ventilador de paletas | fan ventilator.
ventilador de paletas aerodinámicas | airfoil fan | aerofoil fan.
ventilador de paletas planas | plate-type fan.
ventilador de pipa (buques) | cowl ventilator | cowl-head ventilator.
ventilador de rueda de palas | paddle-wheel fan.
ventilador de rueda de paletas | paddle-blade fan.
ventilador de seta (buques) | mushroom ventilator.
ventilador de techo | roof vent.
ventilador de tiro equilibrado | balanced-draught fan.
ventilador de tiro forzado | f-d fan | forced-draught blower | forced-draft fan.
ventilador de tiro inducido | i-d fan.
ventilador de un oído | single-inlet fan.
ventilador de vena fluida no guiada | nonguide-vein type fan.
ventilador del aeroenfriador | aircooler fan.
ventilador eductor | exhaust fan.
ventilador eléctrico | motor-driven ventilator.
ventilador entubado | duct fan.
ventilador estático | displacement fan | propulsion fan.
ventilador extractor | extraction ventilator | extractor ventilator | extractor | induced draft fan.
ventilador extractor de aire | air extractor ventilator.
ventilador helicoidal | disc fan | screw fan | helical fan | helicoidal blower.
ventilador impelente | pressure-fan | compressing fan | pressure blower | positive pressure blower | positive blower | blower | plenum fan | blowing fan.
ventilador impelente (soplante) | force-fan.
ventilador impelente de un oído | single-inlet impeller.
ventilador marino de plástico | plastic marine fan.
ventilador mecánico | power-fan.
ventilador motorizado de extracción colocado en el techo (talleres) | powered roof exhaust fan.
ventilador multigradual de palas contrarrotantes | multistage contrarotating fan.
ventilador oscilante | oscillating fan.
ventilador para circular aire caliente | hot-air fan.
ventilador para crear viento artificial (cine) | wind machine.
ventilador para cubilotes | cupola blower.
ventilador para enfriar el aire circundante al operario (talleres calientes) | man-cooler.
ventilador para escotilla (buques) | wind scoop.
ventilador para funderías | foundry blower.
ventilador para habitaciones | air trunk.
ventilador para introducir el carbón pulverizado (hornos cemento) | firing fan.
ventilador para mina de carbón | colliery fan.
ventilador portátil de gran desplazamiento de aire | air mover.
ventilador reforzador (de la circulación) | booster fan.
ventilador rotatorio | air propeller.
ventilador secundario (minas) | booster.
ventilador sobre consola | bracket-type fan.
ventilador soplador sobre el motor (motor auto) | pusher-type fan.
ventilador torpedo de flujo axial | torpedo axial flow fan.
ventilador tuboaxial | tubeaxial fan.
ventilador volumétrico | volume blower | displacement ventilator.
ventiladores centrífugos acoplados compactamente | close-coupled centrifugal fans.
ventiladores de bodega | hold-ventilators.
ventiladorista | fanman.
ventilar | riffle (to) | aerate (to) | air (to) | fan (to) | vent (to) | ventilate (to).
ventilar (datos) | explode (to).
ventilar (minas) | sweep (to).
ventilar a presión | force-ventilate (to).
ventilar la bodega (buques) | air the hold (to).
ventilar por aspiración | exhaust-ventilate (to).
ventilar un tajo grisuoso (minas) | dad (to).
ventildor regulado por la inclinación de las paletas | vane-controlled fan.
ventiloconvector | ventiloconvector.
ventiloconvectores | fan-coils.
ventilotecnia | fan engineering.
ventisca | snowdrift | blizzard | blizzard | drifting snow | drift wind | snow drift | snow squall.
ventisca alta (meteorología) | blowing snow.
ventisca baja (meteorología) | low drifting snow.
ventisquero de tipo alasqueño | piedmont glacier.
ventolina | fanning breeze | light wind.
ventosa | venting valve | ventouse | vent | ventiduct | air check | vacuum cup | suction pad | sucker | sucker pad | suction cup.
ventosa (aspirador de polvos) | nozzle.
ventosa (cañerías) | air valve | air hole.
ventosa (hornos) | draught-hole.
ventosa (máquina de encuadernar) | feeding sucker.
ventosa (medicina) | cup.
ventosa (tuberías) | air inlet valve | air release valve | air outlet.
ventosa aspiradora de caucho | rubber sucker.
ventosa de aire | air vent.
ventosa de caucho | rubber suction pad.
ventosa de caucho para toma de papel | rubber sucker.
ventoso (rafagoso - viento) | gustful.
ventoso (viento) | gusty.
ventrecha (pescados) | belly.
ventrículo | ventricle.
ventriloquia | ventriloquism.
Venturi con cavitación | cavitating Venturi.
venturímetro | Venturi meter | venturimeter.
ver | sight (to).
ver (una causa o litigio) | try (to).
ver antes de transmitir (estudios de televisión) | preview (to).
ver aparecer un buque por el horizonte | rise a ship (to).
ver de una ojeada | glimpse (to).
vera (Bulnesia arborea) | verawood.
veranillo de San Miguel (meteorología) | Indian summer.
verano | summer.
verbal | oral.
verbalizar | minute (to).
verbatim | verbatim.
verdaderamente | actually.
verdadero | right.
verdago de cuero | cowhide.
verde (árboles) | sappy.
verde (frutos) | crude.
verde (legumbres) | fresh.
verde ácido | acid green.
verde azulado mate | gobeling blue.
verde brillante (colorante) | brilliant green.
verde de Cassel | Cassel's green.
verde de cobalto | green bice.
verde de cobre (malaquita) | green mineral.
verde de cromo | chrome green.
verde de China (locao) | Chinese green.
verde de París | imperial green.
verde de Scheele (arsenito cúprico) | Scheele green.
verde de Schweinfurt (acetoarsenito cúprico) | Schweinfurst green.
verde esmeralda | emerald green.
verde mineral (carbonato básico de cobre de color verde) | mineral green.
verde naciente | faint green.
verdear | green (to).
verder muchos valores de bolsa | unload (to).
verderón de las nieves (pájaro) | snowflake.
verdete cristalizado | crystallized verdigris.
verdín | mould (Inglaterra) | mold (Estados Unidos).
verdor | green | greenness.
verdugada (de ladrillos) | row.
verdugada (hilada de ladrillos en muro de mampostería) | lacing course.
verdugada de asiento (muros) | cover stones.
verdugada de ladrillo (muro de mampostería) | brick tie.
verdugón | welt.
verduguete (botes) | rubber.
verdulero | greengrocer | trucker.
verdura | green | greenness.
verduras | vegetable | garden stuff | greens | green stuff.
verduras de hoja (lechugas, escarolas) | leafy greens.
verduras irradiadas con isótopos | irradiated green vegetables.
vereda | bypath | trail | track | ride | lane | footway | footpath | path.
vereda (Argentina, Bolivia, Ecuador) | dry road.
vereda para mulos | mayor ride.
veredicto | deliverance | verdict.
veredicto de culpabilidad (abogacía) | verdict of guilty.
veredicto de culpabilidad (derecho) | verdict of guilty.
veredicto de hechos probados y encargando las conclusiones al tribunal | special verdict.
veredicto pronunciado por un juez | direct veredict.
veredicto público | public verdict.
verificación (comprobación - de aparatos) | calibration.
verga (buques) | yard.
verga de rastrera (buque de vela) | lower studding sail yard.
verga de velacho bajo (buque de vela) | lower fore topsail yard.
verga seca | bare yard.
verga seca (fragata de cuatro palos) | jigger yard.
vergas bajas | lower yards.
vergencia (lentes) | vergency.
vergencia en dioptrías | dioptral distance.
vergencia noroeste | northwest.
vergencia reducida | equivalent vergence.
vergencia reducida (óptica) | reduced vergence.
vergencia reducida del punto focal (óptica) | reduced focal point vergence.
vergüenza moral | decency.
verídico | documentary | true.
verificable | controllable.
verificación | gaging (EE.UU.) | testing | monitoring | scrutineering | examining | proof | proving | proof | averment | checking | check-out | check.
verificación (cronómetros) | rating.
verificación (de cuentas) | controlling | examination.
verificación (instrumentos de medida) | dial test.
verificación (matemáticas) | hold.
verificación al mismo tiempo de varias dimensiones | multiple dimensions checking.
verificación automática | automatic check.
verificación contable | audit.
verificación cruzada | cross-checking.
verificación de aduanas | jerquing.
verificación de contadores | meter testing.
verificación de cuentas | auditing of accounts.

verificación de errores | error checking.
verificación de la aduana | customs examination.
verificación de la calidad | quality inspection.
verificación de la cifra clave | check digit verification.
verificación de la tendencia económica | economic trend check.
verificación de las aristas de corte | cutting edges verification.
verificación de las características de funcionamiento | proof of performance.
verificación de máquina | machine check.
verificación de mercancías | goods inspection.
verificación de notas personales | reference check.
verificación de paridad | parity check.
verificación de pesas y medidas | assay of weights and measures | assay of weight and measures.
verificación de posibilidades | polling.
verificación de redundancia | redundancy check.
verificación de selección | selection check.
verificación de transferencia (fotocomponedora) | transfer check.
verificación de valided | validity check.
verificación de zona | area monitoring.
verificación del encaminamiento del tráfico | traffic route testing.
verificación del espesor | thickness testing.
verificación del precio | price inspection.
verificación deportiva | sportive scrutineering.
verificación doble | twin check.
verificación en fábrica | office test.
verificación en tierra (avión) | ground test.
verificación en vuelo | flight verification.
verificación estática | static test.
verificación final | final check.
verificación incorporada | hardware check | built-in check.
verificación lista en mano | checkup.
verificación manual | manual verification.
verificación marginal | marginal checking.
verificación óptica de perfiles | shadow-graphing.
verificación ordinaria | routine testing.
verificación por bucle | loop checking.
verificación por duplicación | duplication check.
verificación por elementos físicos | hardware check.
verificación por medio de dos piquetes (nivelación) | peg adjustment.
verificación por onda cuadrada | square wave testing.
verificación por programa | program check.
verificación por resección (triangulación) | resection checking.
verificación por saltos | leapfrog test.
verificación por selectivas pruebas | testing.
verificación por sondeos | spitting.
verificación por suma | summation check.
verificación por superposiciones | peek-a-boo.
verificación programada | programmed check.
verificación punto por punto (línea eléctrica) | cut-and-try-method.
verificación redundante | redundant check.
verificación visual | sight check.
verificado | certified | checked.
verificado contra el mayor | in agreement with general ledger.
verificado en el campo | field-checked.
verificado experimentalmente | experimentally verified.
verificado ópticamente | visually verified.
verificado visualmente | visually verified.
verificador | gauge (G.B.) | gage (EE.UU.) | trier | examiner.
verificador (persona, aparato) | checker.
verificador automático de la velocidad | automatic speed checker.
verificador de cinta | tape verifier.
verificador de conexiones de carriles | railbond tester.
verificador de contadores | meter superintendent | meter tester.
verificador de desgasificación (tanques petroleros) | gas verifier.
verificador de engranajes por un solo flanco de la dentadura | single-flank gear tester.
verificador de materiales | material checker.
verificador de modulación | modulation monitor.
verificador de patentes | patent examiner.
verificador de pesas y medidas | sealer.
verificador de pila | battery gage.
verificador de pirómetros | pyrometer tester.
verificador de planeidad | surface gage | evenness tester.
verificador de superficies planas | scribing board.
verificador de telas | cloth looker.
verificador de telas (tejeduría) | cut looker.
verificador de transistores en circuito (no es necesario desoldar las conexiones del transistor) | in circuit transistor tester.
verificador de uniformidad del hilo | evenness tester.
verificador del electroaislamiento | insulation tester.
verificador óptico de perfiles (amplificador óptico) | shadowgraph.
verificador óptico de planeidad | optical flatness.
verificador sónico | sonic tester.
verificadora | verifier.
verificadora de fichas perforadas | card verifier.
verificar | control (to) | test (to) | verify (to) | check (to) | audit (to) | monitor (to).
verificar (cronómetros) | rate (to).
verificar (cuentas) | examine (to).
verificar (instrumentos) | adjust (to).
verificar (máquinas) | overhaul (to).
verificar (pagos) | effect (to).
verificar (sumas, etc.) | prove (to).
verificar (telas) | perch (to).
verificar con la plomada | plumb-line (to).
verificar con relación a | check against (to).
verificar el calibre (cañones) | tertiate (to).
verificar el contenido de humedad | monitor moisture content (to).
verificar el grado de humedad (telas, aire ambiente) | condition (to).
verificar el pago | effect payment (to).
verificar el peso | check the weight (to).
verificar el peso (Casa de la Moneda) | pound (to).
verificar el sistema | monitor the system (to).
verificar errores | edit (to).
verificar la densidad del humo | monitor the smoke density (to).
verificar la presión | monitor the pressure (to).
verificar la verticalidad de | plumb (to).
verificar los libros (contabilidad) | audit the books (to).
verificar peso y ley de las monedas | pyx (to).
verificar por rayos X | X-ray (to).
verificar por segunda vez | re-check (to).
verificar una tarjeta | key-verify (to).
verificar visualmente | monitor visually (to).
verificarse (ecuaciones) | hold (to).
veril | isobath.
veriles | isobathic lines.
verilla de bobina | bobbin spindle.
verja | railing | grate | grating | grill.
verja (reja - ventana, etc.) | grille.
verja de hierro | iron railing.
verjurado (papel) | laid.
vermicida | helminthicide.
vermiculita | vermiculite.
vermífugo | anthelmintic | vermicidal.
vermú | vermouth.
vernalización | jarovization.
vernalización (agricultura) | vernalization.
vernalizar | vernalize (to) | yarovize (to).
vernalizar (agricultura) | jarovize (to).
vernicoso (botánica) | varnished.
veros (heráldica) | vair.
verosimilitud | reasonableness.
verosimilitud matemática | mathematical likelihood.
verosimilitud máxima (estadística) | maximum likelihood.
verrucano (geología) | verrucano.
verruga | wart.
verruga (piezas fundidas) | swell.
versado | experienced.
versado en | conversant with.
versal | capital letter.
versalitas (tipografía) | small caps.
versatilidad | versatility | versatileness.
versatilidad de las flotas mercantes comerciales | commercial fleets versatility.
verse | meet (to).
versicolor | versicolor.
versificación estrófica | strophic versification.
versiforme | varying in form | versiform.
versión | version | rendering.
versión (medicina) | turning.
versión adaptada a la marina (aviones) | navalized version.
versión ampliada | scaled-up version.
versión civil (de un avión militar) | civil version.
versión con mayor velocidad | souped up version.
versión de producción en serie | production version.
versión económica | cut-rate version.
versión en escala aumentada | scaled-up version.
versión en metro (poesía) | metrical versión.
versión mejorada | beefed-up version.
versión militar del avión comercial | military version of the commercial aircraft.
versión naval del avión comercial | naval version of the commercial aircraft.
versión reducida | scaled-down version | cut-rate version | cut-down versión.
versiones en lengua no inglesa | language versions other than English.
verso | offside.
verso (de hoja) | reverse.
verso (libros) | even page | even-numbered page.
verso (tapa inferior - encuadernación) | offboard.
verso blanco | blank verse.
verso libre | blank verse.
versolibrista | verslibrist.
versor | versor.
vertebrado | vertebrae.
vertebrado pisciforme cartilaginoso | cartilaginous fishlike vertebrate.
vertedera (cuchara de fundición) | nose.
vertedera (del arado) | moldboard | mouldboard.
vertedera (dragas) | chute.
vertedero | refuse dump | sink | submerged weir | dump.
vertedero (de un estanque) | overfall.
vertedero (hidráulica) | escape | weir | spillway.
vertedero (lugar de descarga) | dumping-ground.
vertedero (minas) | landing.
vertedero (ríos) | lasher.
vertedero aéreo | aerial dump.
vertedero aforador | gage weir.
vertedero al aire libre | open dump.
vertedero anegado de pared delgada | submerged thin-plate weir.
vertedero con contracción | contracted weir.
vertedero con cresta aguda | sharp-crested weir.
vertedero con entalladura en triángulo rectángulo invertido (hidráulica) | right-angled V-notch weir.
vertedero con ranura en V | V-notch weir.
vertedero de aforo | weir | measuring weir.

vertedero de aguas sobrantes (presas) | leaping weir.
vertedero de alivio | side-flow weir.
vertedero de alzas móviles | shutter weir.
vertedero de basuras | pig-tub.
vertedero de basuras (casas) | rubbish chute.
vertedero de basuras (costado del buque) | slop chute.
vertedero de canal lateral | side-channel spillway.
vertedero de cenizas | ash shoot.
vertedero de compuertas Stoney (presas) | suspended frame weir.
vertedero de crecidas | spillway.
vertedero de crecidas (presas) | waste weir.
vertedero de crecidas abocinado | bellmouth overflow spillway.
vertedero de crecidas de sifón autocebable (presas) | self-priming syphon spillway.
vertedero de cresta ancha | broad-crested weir | flat-crested weir.
vertedero de cresta curva | round-crested weir.
vertedero de cresta delgada | sharp-crested weir.
vertedero de cresta libre (presas) | open spillway.
vertedero de cresta redonda | round-top weir.
vertedero de cresta redondeada | round-crest spillway.
vertedero de choque | impact weir.
vertedero de escombros | muck dump.
vertedero de escotadura rectangular | rectangular weir.
vertedero de escotadura rectangular (hidráulica) | rectangular notch weir.
vertedero de la cocina (buques) | galley shoot.
vertedero de lámina adherente (presas) | full-apron spillway.
vertedero de pared delgada | sharp-edged weir.
vertedero de pared gruesa | broad-crested weir.
vertedero de pozo (presas) | shaft spillway.
vertedero de pozo acampanado | bellmouthed weir.
vertedero de presa | dam spillway.
vertedero de productos de dragado | dumping ground.
vertedero de saetín | chute spillway.
vertedero de superficie | overflow weir | fixed weir.
vertedero de superficie (presas) | overflow.
vertedero del efluente | effluent weir.
vertedero en pared delgada | narrow weir | thin-edged weir | sharp-crested weir.
vertedero en sifón | siphon spillway.
vertedero en trompa | trumpet shaft spillway.
vertedero erosionado | eroded spillway.
vertedero lateral | lateral flow spillway.
vertedero libre | overfall spillway | free weir | free overfall.
vertedero para coque | coke shoot.
vertedero para despuntes | crop chute.
vertedero proporcional | proportional weir.
vertedero público | landfill.
vertedero rectangular en pared delgada | sharp-crested rectangular weir.
vertedero regulador (presas) | regulating weir.
vertedero rozador | skimming weir.
vertedero sanitario de basuras urbanas en depresiones del terreno | sanitary landfill.
vertedero sin compuertas (presas)0045- | rollway.
vertedero sin contracción de la vena flúida | suppressed weir.
vertedero sobre pilotaje | pile-weir.
vertedero sumergido | flush weir | submerged orifice | submerged overfall | drowned weir.
vertedor | bailer.
vertedor para achicar | bail.
verter | discharge (to) | shed (to) | spill (to) | effuse (to) | cast (to) | pour (to) | tip (to).
verter a gotas | drop (to).
verter alrededor | circumfuse (to).
verter contenidos de cinta | pool (to).
verter en la obra | situ-pour (to).
verter in situ | situ-pour (to).
verter por canaleta distribuidora (hormigón) | spout (to).
verter por el fondo | bottom-pour (to).
verter por la cresta (presas) | overtop (to).
verter por la vertedera | chute (to).
verterse | flush over (to).
vertex (zoología) | vertex.
vertible | spillable.
vertical | vertical | perpendicular.
vertical (diámetro) | erect.
vertical del lugar | local vertical.
verticalidad | plumbness.
verticalidad del soporte | verticality of the support.
verticalmente | plumb.
verticalmente movible | vertically movable.
vértice | corner | top | vertex | peak | angular point | summit.
vértice (cartabones) | toe.
vértice (colinas) | hilltop.
vértice (conchas) | apex.
vértice (curvas) | apex.
vértice (de un banco submarino) | knoll.
vértice (pliegue geológico) | apex.
vértice (topografía) | hub.
vértice de cierre (topografía) | closing corner.
vértice de la cartela | bracket toe.
vértice de la escala social | top of the social ladder.
vértice de la rosca | thread crest.
vértice de la trayectoria | trajectory apex.
vértice de poligonal (topografía) | turning point.
vértice de un filón (minería) | apex of a lode.
vértice de una poligonal (topografía) | traverse station.
vértice del angular | root of bar.
vértice del cono primitivo (engranaje cónico) | pitch cone apex.
vértice del puente de medida (electricidad) | bridge apex.
vértice escalonado | apex step.
vértice inferior de la cartela de bao (buques) | under side of beam knee.
vértice primitivo (engranaje cónico) | pitch apex.
vértice topográfico | landmark.
vértices (curvas) | apices.
vértices del polígono | polygon vertices.
verticidad | verticity.
vertido | spill.
vertido accidental de petróleo | accidental oil spill.
vertido controlado | landfill.
vertido de la memoria sobre un soporte | memory dump.
vertido en el sitio de emplazamiento | field-poured.
vertido «in situ» | field-poured.
vertiendo por el pico (crisoles) | lip pouring.
vertiente | watershed | slope | sloping ground.
vertiente (montañas) | side.
vertiente del lado del viento (cubiertas) | windward slope.
vertiente escarpada (montañas) | cragged side.
vértigo | giddiness | vertigo.
vértigo (de los caballos) | loco.
vértigo alternobárico (medicina aeronáutica) | alternobaric vertigo.
vértigo por pérdida de orientación al atravesar una nube (aviación) | cloud vertigo.
vertimiento del metal fundido | teeming.
vertimientos de desperdicios en los océanos | ocean dumping.
vesica | vesica.
vesicación por la humedad (pinturas) | moisture blistering.
vesicante | vesicant.
vesícula | blister | bladder | popout | vesicle | vesicula.
vesiculación | blistering.
vesiculación (vaina) | pimpling.
vesiculación al calentar después de la primera cochura (acero esmaltado) | reboil.
vesiculación de la película de pintura | paint film blistering.
vesiculación por hidrógeno | hydrogen blistering.
vesiculado | blistered.
vesicular | vesical.
vesiculoso | honeycombed | blistered.
veso (turón - mustela putorius) | fitch.
veso (turón - zoología) | fitchet.
vespal | wasp-pertaining.
vespicida | wasp-killer.
vestibulado | vestibuled.
vestíbulo | vestibule | hall | entry | lobby.
vestíbulo (casas, coches ferrocarril, anatomía) | vestibule.
vestíbulo (del oído) | vestibule.
vestíbulo (hornos) | vestibule.
vestíbulo de entrada | entrance vestibule.
vestíbulo para comprobación de equipajes (aeropuertos) | baggage check-out lobby.
vestido | attire | dress.
vestido de orlón | orlon suit.
vestido de pieles (personas) | furred.
vestido tobillero | ankle length dress.
vestidos | clothing.
vestidos infectados | infected clothing.
vestidura (autos) | upholstery.
vestigial | vestigial.
vestigio | vestige | trace | sign | track.
vestigio inestable envuelto por un cristal | armored relict.
vestigios de filón en roca alterada (geología) | broil.
vestimenta | clothing.
vestimenta acorazada de tela de nilón (milicia) | nylon fabric armor vest.
vestimenta antigás | antigas clothing.
vestimenta con aire interior a presión (laboratorios nucleares) | pressurized suit.
vestimenta con caldeo eléctrico | electrically-heated clothing.
vestimenta con calefactor | heated clothing.
vestimenta contra fogonazos | flashproof clothing.
vestimenta de cuero para mineros que trabajan en lugares húmedos | back skin.
vestimenta de dos o más piezas de ropa blindada (aviadores) | flak suit.
vestimenta de plástico inflada a presión (contra polvos radioactivos) | pressurized plastic clothing.
vestimenta de seguridad | safety clothing.
vestimenta de vuelo | flying clothing.
vestimenta de vuelo (aviadores) | flight gear.
vestimenta de vuelo presionizada | pressurized flight-suit.
vestimenta discreta | sober dress.
vestimenta especial para resistir la inmersión en agua fría (aviadores) | exposure suit.
vestimenta incombustible | fireproof suit | flameproof clothing.
vestimenta industrial electronosoldada | electronically welded industrial clothing.
vestimenta para el combate | combat clothing.
vestimenta para flotar en el agua | floating suit.
vestimenta para lluvia | rainwear.
vestimenta para salvamento de personal de submarinos en inmersión | submarine escape inmersion suit.
vestimenta para soldar | welders' clothing.
vestimenta para soportar valores anormales de la gravitación | anti-G suit.
vestimenta para soportar valores anormales de la gravitación (aviación) | G-suit.
vestimenta para trabajos en sitios calientes (talleres) | hot clothes.
vestimenta para vuelos | flying suit | flight clothing.
vestimenta para vuelos a grandes altitudes |

high-altitude flying suit.
vestimenta parabalas | bullet-proof suit.
vestimenta presionizada | pressurized suit.
vestimenta presionizada para vuelos a gran altitud | pressure suit.
vestimenta presionizada para vuelos espaciales | pressure suit.
vestimenta protectora industrial | protective industrial clothing.
vestimenta protectora ventilada interiormente a presión | pressure-ventilated protective suit.
vestimenta salvavidas inflable | life jacket | life vest.
vestir | dress (to) | vest (to) | attire (to) | coat (to).
vestir un palo (buques) | rig a mast (to).
vestir una noticia (periodismo) | embellish a news (to).
vestuario | cloak-room | locker room.
vestuario (de un soldado o marinero) | full bag.
vestuario (talleres y minas) | change house.
vestuario de los maquinistas | engineers' changing room.
vesuvianita | cyprine | brown hyacinth.
veta | packthread | vein | leader | lead 11 | speck | speckle | seam | streak.
veta (geología) | lode.
veta (madera) | vein.
veta (maderas) | raise grain.
veta (minas) | line | leading 11.
veta (trepa - maderas) | grain.
veta acostada (minería) | flat vein.
veta boba (minería) | sterile vein.
veta clavada | vertical vein.
veta corrida | continuous vein.
veta de arcilla entre la roca madre y las paredes (filones) | pug.
veta de cajón (minas) | inclined lode.
veta de cuarzo | quartz reef | quartz vein.
veta de cuarzo (filones) | cross spur.
veta de oro | gold vein.
veta de relleno de falla | slip vein.
veta de resbalamiento | vertical lode.
veta de resbalón | vertical lode.
veta de resina | resin seam.
veta de tambor (minas) | bunchy vein.
veta descompuesta | rotten lode.
veta dislocadora (filón dislocador - minas) | dislocator.
veta echada (minas) | inclined vein.
veta en cuña | gash vein.
veta entrelazada (maderas) | interlocking grain.
veta filón | fissure vein.
veta floreada (Chile) | flat grain | flat-sawn.
veta interfoliada | interfoliated vein.
veta llena de resina | pitch streak.
veta madre | main lode.
veta manteada | horizontal vein.
veta metalífera | roke.
veta metalífera (minería) | ore vein.
veta pequeña (minas) | scun.
veta pequeña de mineral | streak.
veta podrida | rotten lode.
veta principal | champion lode.
veta ramal (minas) | branch vein.
veta recostada (minas) | inclined vein.
veta rechazada (minas) | dislocated vein.
veta transversal | counterlode.
veta-capa | sille.
vetar | veto (to).
vetar una ley | veto a law (to).
vetarrón (minas) | big lode.
vetas de cuarzo aurífero | veinlets of gold-bearing quartz.
vetas pardas o rojizas (madera aserrada de Tsuga) | water stain.
veteado | speckled | mottled | veining | streaky.
veteado (fibra - de la madera) | graining.
veteado (madera) | marbled.
veteado (maderas) | fiddleback.
veteado (mármol, etc.) | clouding.
veteado (piedras) | cloudy.
veteado alfa | alpha veining.
vetear | speckle (to) | vein (to) | streak (to) | intervein (to).
vetear (imitar la trepa de madera - pintura) | grain (to).
vetear (madera) | marbleize (to).
veterano con experiencia combatiente | combat-experienced veteran.
veterar (madera) | marble (to).
veterinaria | veterinary.
veterinario | veterinary.
veterinario profesional | professional veterinary.
vetisesgado (maderas) | crosswise-grained.
vetita (geología) | fibre | fiber hebra.
vetita (minas) | string.
vetitivo | vetitive.
veto | restraint.
veto implícito | pocket veto.
veto indirecto | pocket veto.
veto suspensivo | suspensive veto.
vexilado | vexillate.
vexilar (adjetivo) | vexillary.
vexilario | vexillary.
vexilo | web.
vexilo (botánica) | vexillum.
vexilo (de pluma) | vane.
vexilología (ciencia de las banderas) | vexillology.
vexilólogo | vexillologist.
vexilos (botánica) | vexilla.
veza | vetch.
vía | plate | way | route | track | tracing | tract | path | channel | course.
vía (avión) | wheel track.
vía (calculadora electrónica) | bus.
vía (camino a seguir) | via.
vía (comunicaciones) | routing.
vía (ferrocarril) | road | roadway | permanent way.
vía (medicina) | passage.
vía (minas) | opening | roadway.
vía a lo largo del muelle fuera del cobertizo | apron track.
vía a todo lo largo del taller | shop-length runway.
vía administrativa | government proceedings.
vía aérea | aerial track | airway | overhead track | overhead runway.
vía aerífera (botánica) | air passage.
vía ancha | broad gage.
vía apartadero | layby | trap siding | shunt | lie by | lie-bye | passing track | passing place | pit track | turnout.
vía apartadero (ferrocarril) | loop line | sidetracking | passing track.
vía ascendente | down road | ascending tract.
vía ascendente (ferrocarril) | inbound track.
vía auxiliar | shunting track.
vía auxiliar de paso (ferrocarril) | relief track.
vía banalizada (ferrocarril) | track for either direction or two-way working .
vía central de un haz de vías | running track.
vía cerrada (ferrocarril) | line blocked.
vía con carril de doble seta | bullhead track.
vía con carriles de zapata | flat-bottom track.
vía con las juntas de carriles enfrente una de otra | square-joints track.
vía con traviesas de hormigón | concrete-sleepered track.
vía contraria | wrong road.
vía corriente (ferrocarril) | running line.
vía de abastecimiento | channel of supply.
vía de acceso | pathway | approach | communication | driveway.
vía de acceso (calculadora) | port.
vía de acortamiento | cutoff.
vía de agua | leakage.
vía de agua (buques) | leak.
vía de apartadero | passing loop.
vía de apremio | judicial compulsion | foreclosure proceedings.
vía de apremio (jurisprudencia) | suplementary proceedings | compulsory proceedings.
vía de arrastre | feed track | haulage-operated track.
vía de cambio | switch track.
vía de carga | loading siding | railway siding.
vía de carga (ferrocarril) | siding.
vía de carga de carbón (ferrocarril) | coaling-siding.
vía de carga directa (del camión al vagón) | team track.
vía de circunvalación | belt line.
vía de clasificación | marshalling line.
vía de clasificación (ferrocarril) | drill track | distributing track.
vía de clasificación (ferrocarriles) | assembling track.
vía de colada (fundición mecanizada) | casting track.
vía de comunicación | communication circuit | channel of communication | chain of communication | telecommunication circuit.
vía de comunicación telefónica | speech channel.
vía de conversación | speech path.
vía de cruzamiento (ferrocarril) | crossing loop.
vía de depósito | wagon deposit siding.
vía de derivación (ferrocarril) | branch track | loop line.
vía de desbordamiento (telecomunicación) | overflow route.
vía de desmonte (ferrocarril) | cutout.
vía de desviación (ferrocarriles) | lead track.
vía de desvío | crossover.
vía de detención | hold track.
vía de encaminamiento de una comunicación | route of a call.
vía de enlace | connecting line.
vía de entrada | entrance track.
vía de escala (ferrocarril) | backbone.
vía de extracción del mineral (minas) | ore road.
vía de fichas | card track.
vía de formación (de trenes) | draw-out track | drawoff track.
vía de formación de trenes (ferrocarriles) | making-up siding.
vía de grúa | craneway.
vía de información | information channel.
vía de la ambigüedad | via of ambiguity.
vía de la báscula (ferrocarril) | scale track.
vía de la derecha (ferrocarril) | outbound track.
vía de la grúa | crane track.
vía de la lanzadera (tejeduría) | race.
vía de lanzamiento | launching track.
vía de llegada | receiving track.
vía de llegada (ferrocarril) | arrival line.
vía de maniobra | railway siding | shunting track.
vía de maniobra (ferrocarril) | shunting-loop.
vía de maniobra por palo (ferrocarril) | poling track.
vía de maniobras | shunting-line | shunting siding.
vía de maniobras (ferrocarril) | drill track.
vía de navegación interior | inland waterway.
vía de paso | passing track | runaround track.
vía de registro | recording track.
vía de retorno (minas) | back gate.
vía de retorno (vagones) | return siding.
vía de rodadura | roller track | runway.
vía de rodadura de grúa montada al aire libre | outdoor crane runway.
vía de rodadura de la grúa | crane runway.
vía de rodadura del carro (puente-grúa) | crab track.
vía de rodillos de alimentación | live-roller track.
vía de rodillos fijos | fixed-roller track.
vía de salida | departure line.
vía de segunda preferencia | second-choise route.
vía de servicio | siding.

vía de tracción animal | horse-road.
vía de tráfico | lane.
vía de transbordo | interchange track | transfer | transfer.
vía de transbordo (ferrocarril) | transfer track.
vía de transferencia de información | bus.
vía de tránsito | traffic lane.
vía de transmisión | channel.
vía de transmisión (telecomunicación) | transmission path | transmission facility.
vía de transmisión reversible | reversible path.
vía de transporte | portage route.
vía de traslación | runaway.
vía de unión | junction line.
vía de ventilación (minas) | bolthole | air road.
vía Decauville | industrial track | jubilee track.
vía descendente (ferrocarril) | outbound track.
vía destrozada por un descarrilamiento (ferrocarril) | ripped track.
vía desviada (ferrocarril) | diverging road.
vía diagonal de enlace (ferrocarril) | crossover.
vía diagonal de unión (haz de vías paralelas) | scissors crossing.
vía directa (ferrocarril) | through road.
vía doble | double-track.
vía dúplex | duplex channelling.
vía ejecutiva | proceedings of execution | proceedings of attachment | executive proceeding.
vía en contrapendiente | countergrade siding.
vía en curva | curve track.
vía en desmonte | railway-cutting.
vía en horizontal | level tangent track.
vía en la que no se detienen los trenes | running track.
vía en lomo de asno (estación de clasificación) | running down plant.
vía en terraplén | railway-embankment.
vía en trinchera | railway-cutting | cutting.
vía en trinchera (ferrocarril) | cut.
vía en zigzag | switchback.
vía enarenada (ferrocarril) | sand siding.
vía enarenada por completo (final líneas) | sand trap.
vía estrecha (ferrocarril) | narrow gage.
vía férrea | track | line | railway line | railroad track.
vía férrea de la mina | hauling track.
vía final (ferrocarril) | settling road.
vía húmeda | humid process.
vía húmeda (química) | moist way.
vía jerárquica (milicia) | line of command.
vía judicial | procedure.
vía láctea | galaxy.
vía lateral (ferrocarril) | branch line.
vía libre | clear road | line clear | normal clear | clear track | empty track.
vía libre (ferrocarril) | all right | track open | road clear.
vía magnetohidrodinámica para vehículo cósmico en el momento de la reentrada en la atmósfera | magnetohydrodynamic re-entry vehicle channel.
vía muerta | spur track | sidesway | dead end siding.
vía muerta (estaciones) | stub track.
vía muerta (ferrocarril) | blind track | branch terminal line | dead-end siding | short dead end | siding | sidetracking.
vía muerta (ferrocarril) | sidetrack.
vía múltiple | multichannel.
vía navegable | water route.
vía no electrificada | nonelectrified track.
vía ocupada (ferrocarril) | line occupied.
vía para cargar ténderes (ferrocarril) | coaling track.
vía para reparaciones de vagones | repair track.
vía para tracción por locomotora | locomotive-operated track.
vía para transbordo entre el vagón y camión | team track.
vía para trenes de carga | freight track.
vía para vagones para reparar | bad order track.
vía peraltada (ferrocarril) | banked track.
vía preferente | first-choice route.
vía principal | running track | main path | main line | main track.
vía principal transmisora | bus.
vía provisional | shoofly track.
vía pública | thoroughfare | high road | highway.
vía rebalastada | reballasted track.
vía recta (ferrocarril) | straight track.
vía seca (química) | dry method | dry way.
vía secundaria | side-track.
vía secundaria (ferrocarril) | sideline.
vía sobre cojinetes (ferrocarril) | chair track.
vía sonora (filmes) | soundtrack.
vía soportada al centro | center-bound track.
vía suspendida | runway.
vía telefónica | voice-grade channel.
vía terrestre | land route.
vía transportadora de rodillos | roller-conveyor track.
vía única | single track | single-track.
vía única (ferrocarril) | single line.
vía única que precede a un haz de vías (ferrocarril) | bottleneck.
vía urbana de tráfico rápido | freeway.
vía válvula de retención | via a nonreturn valve.
viabilidad | livability | road condition | feasibility.
viabilidad de los corderos | lamb livability.
viabilidad económica | economic viability.
viabilidad operacional | operational viability.
viable | feasible | workable.
viable para autos (carreteras) | motorable.
viaducto | viaduct.
viaducto de acceso | approach viaduct.
viaducto de dos pisos | double deck viaduct | two level viaduct | double-deck viaduct.
viágrafo | viagraph.
viajante | traveller | traveler.
viajante (comercio) | traveling salesman.
viajante (de ventas) | salesman.
viajante a comisión | commission traveler.
viajante de comercio | commercial traveler.
viajante de ventas de maderas | wood broker.
viajar | travel (to).
viajar en aeroplano | wing (to).
viajar en automóvil | motor (to) | auto (to).
viajar en los estribos (trenes) | travel on footboards (to).
viajar en tren | railroad (to).
viajar en trineo de perros | mush (to).
viaje | traveling (Estados Unidos) | travelling (G.B.) | turn | travel.
viaje aéreo redondo (salida y vuelta al mismo sitio) | round-trip flight.
viaje al extranjero | foreign voyage.
viaje comercial | business trip.
viaje corto | trip.
viaje de altura (buques) | ocean travel.
viaje de corta duración para reglar la maquinaria y equipo y que se familiarice la tripulación | shakedown cruise.
viaje de ida | single journey | going trip.
viaje de ida y vuelta | return trip | round trip | round turn of trip.
viaje de ida y vuelta sin demora en el sitio de descarga (aviones, buques) | turn-around.
viaje de negocios | tour of duty.
viaje de prueba | trial run.
viaje de pruebas (avión) | shakedown cruise.
viaje de retorno (avión de carga) | backhaul.
viaje de vacío | noncargo.
viaje en lastre | ballast voyage.
viaje en situación | conjunction-class trip.
viaje en trineo de perros | mush.
viaje entre los límites de una jurisdicción extranjera | foreign voyage.
viaje inaugural (buques, aviones) | inaugural run | maiden voyage.
viaje interplanetario | interplanetary travel.
viaje medio por pasajero (aviación) | average length of passenger haul.
viaje por mar | cruise | voyage | passage.
viaje por zona encima de la de perturbaciones atmosféricas (aviación) | high-above-the-weather travel.
viaje redondo | turn-around.
viaje redondo (buques) | voyage | turnround.
viaje sin pagar billete (ferrocarril) | ticketless travel.
viaje todo comprendido | inclusive tour.
viaje trasatlántico sin escalas (aviación) | global travel.
viajero | passenger | traveller | traveler.
viajero abonado (ferrocarril) | commuter.
viajero aéreo | air traveler.
viajero-kilómetro | passenger-kilometer.
viajeros de cercanías (ferrocarril) | commuters.
viajeros de cercanías (ferrocarril - G.B.) | outer suburban residents.
viajeros-millas por accidente mortal | passenger-miles per fatal accident.
viajes por mar | seafaring.
vial | vial.
vialidad | trafficability.
vialidad (carreteras) | viality.
vías apartaderos para estancia de vagones | stabling sidings.
vías de acceso | routes of approach.
vías de acceso principales biosintéticas | major biosynthetic pathways.
vías de clasificación en lomo de asno (ferrocarril) | hump yard.
vías de clasificación paralelas (ferrocarril) | gridiron.
vías de clasificación paralelas - vías de parrilla (ferrocarril) | gridiron tracks.
vías de clasificación por accionamiento mecánico | poling yard.
vías de derecho | due course of law.
vías de hecho | assault and battery.
vías de la prensa de platina | bed tracks.
vías de maniobra | switching yard.
vías fluviales | waterways.
vías navegables | waterways.
vías paralelas de patio | body tracks.
vías radiales | radiating tracks.
vías sinérgicas | synergic paths.
vías transeuropeas | trans-European routes.
vías y obras | ways and structures.
viáticos (milicia) | travel pay.
viáticos por día | per diem allowances.
víbora | adder.
víbora de cabeza de lanza | large-head.
víbora de Russel | tic polonga.
vibración | play | tremble | tremor | beat | vibration | chattering | chatter | fluttering | flutter | jerk | jolting | jarring | swinging | sway | jerking | shaking | shake.
vibración (acústica) | quaver.
vibración (cuchilla del torno) | spring.
vibración (de una herramienta) | jumping.
vibración (ondas) | pulse.
vibración (por estar floja la herramienta) | chatter.
vibración (válvulas) | surging.
vibración a una velocidad crítica | thrash.
vibración acumulada | cumulative vibration.
vibración acústica | sonic vibration | sound vibration | acoustic oscillation.
vibración aeroelástica alar | wing flutter.
vibración aeroelástica con la palanca de mando suelta durante el vuelo | stick-free flutter.
vibración aeroelástica de las palas del helicóptero | helicopter blade flutter.
vibración aeroelástica de pérdida de velocidad (aeroplanos) | stalling flutter.
vibración aeroelástica supersónica del panel | supersonic panel flutter.
vibración amortiguada | damped vibration.
vibración amortiguada por electroimán | magnet-damped vibration.
vibración aperiódica | aperiodic vibration.
vibración armónica simple | simple harmonic vibration.

vibración audible | sound vibration.
vibración autoexcitada | self-excited vibration.
vibración axial ultrasónica | axial ultrasonic vibration.
vibración binodal | two-noded vibration.
vibración binodal de flexión de corto período | low-period flexural 2-node vibration.
vibración circular | circular vibration.
vibración cuasiarmónica | quasiharmonic vibration.
vibración de aguja | needle talk | needle chatter.
vibración de alta frecuencia | screech.
vibración de alta frecuencia del alerón | aileron flutter.
vibración de armadura | armature chatter.
vibración de baja frecuencia | rumbling vibration.
vibración de baja frecuencia transmitida mecánicamente al disco (gramófonos) | rumble.
vibración de contactos | contact chatter.
vibración de flexión | bending vibration | flexural vibration.
vibración de la línea de ejes suscitada por la hélice | propeller exciter shafting vibration.
vibración de la línea de perforación (sondeos) | drilll column vibration.
vibración de la punta (trépanos) | wobbling.
vibración de las paletas excitadas por el vapor (turbina de vapor) | steam-excited blade vibration.
vibración de los conductores de líneas eléctricas aéreas | overhead-line conductor vibration.
vibración de primer grado | one-noded vibration.
vibración de resonancia | resonance vibration.
vibración de resonancia producida por elasticidad de la película de aceite y la masa del eje (cojinetes planos) | oil film whirl.
vibración de segundo grado | two-noded vibration.
vibración de tres nodos | three-noded vibration.
vibración del aro del pistón | piston-ring flutter.
vibración del buque | ship vibration.
vibración del cabezal de la muela abrasiva mientras avanza hacia la pieza a trabajar (rectificadores) | stick-slip.
vibración del casco a proa y popa por la acción de las olas (buques) | panting.
vibración del casco mantenida por la hélice (buques) | propeller-excited hull vibration.
vibración del conductor | conductor vibration.
vibración del empenaje | empennage vibration.
vibración del resorte helicoidal | helical spring surging.
vibración elástica | elastic vibration.
vibración electrónica | electronic vibration.
vibración en el seno de la masa (hormigones) | pervibration.
vibración eólica | aeolian vibration.
vibración estadística | random vibration.
vibración estructural (avión) | buffeting.
vibración excesiva | overvibration.
vibración excitada magnetoestrictivamente | magnetostrictively excited vibration.
vibración extensional | extensional vibration.
vibración flexural de baja frecuencia | low-frequency flexural vibration.
vibración flexural vertical | vertical flexural vibration.
vibración forzada | forced oscillation.
vibración forzada resonante | resonant forced vibration.
vibración galopante (vibración que se propaga a lo largo del cable - líneas eléctricas aéreas) | galloping.
vibración inducida por los sonidos | sonic-induced vibration.
vibración interna del hormigón en masa | pervibration.
vibración lateral (ejes en rotación) | whirling.
vibración longitudinal | linear vibration.
vibración longitudinal (línea ejes de buques) | axial vibration.
vibración modulada | modulated vibration.
vibración parásita | flutter.
vibración pasajera | transient vibration.
vibración periódica | regular vibration.
vibración por resonancia | sympathetic vibration.
vibración por simpatía | sympathetic vibration.
vibración producida por la hélice (buques) | fantail vibration.
vibración producida por los resaltos (pista de despegue) | bump vibration.
vibración propia | natural vibration.
vibración pulsante | pulsation-induced vibration.
vibración resonante torsional | resonant torsional vibration.
vibración reticular | lattice vibration.
vibración ruidosa | banging vibration.
vibración según la dirección del espesor | thickness vibration.
vibración seudoarmónica | pseudoharmonic vibration.
vibración sonora | sound vibration.
vibración suscitada por la hélice | propeller-induced vibration.
vibración telemedida | telemetered vibration.
vibración torsional (ejes) | whirling.
vibración transversal | thickness vibration.
vibración uninodal | single-node vibration | one-noded vibration.
vibración vertical de la válvula de seguridad del cilindro | cylinder relief valve popping.
vibraciones aeroelásticas (temblor - aviones) | flutter.
vibraciones aeroelásticas del fuselaje del helicóptero | helicopter fuselage elastic vibrations.
vibraciones antinodales | antinodal vibrations.
vibraciones de dilatación | extensional vibrations.
vibraciones de frecuencia sónica | sonic vibrations.
vibraciones de red cuantificadas | quantized lattice vibrations.
vibraciones electromagnéticas entre rayos Roentgen y rayos ultravioleta | Grenz rays.
vibraciones excitadas | forced vibrations.
vibraciones forzadas | constrained vibrations.
vibraciones inducidas | forced vibrations.
vibraciones inducidas en el casco (buques) | springing.
vibraciones intolerables | intolerable vibrations.
vibraciones oscilatorias | oscillatory vibrations.
vibraciones propias | eigenvibrations.
vibraciones resonantes forzadas | forced-resonant vibrations.
vibraciones reticulares | lattice vibrations.
vibraciones transitorias | shock transients.
vibraciones transmitidas por la cimentación | foundation-transmitted vibrations.
vibraciones transmitidas por la estructura | structure-borne vibrations.
vibrado a su frecuencia resonante | vibrated at its resonant frequency.
vibrado de imagen (televisión) | flopping over.
vibrado electrónicamente a su frecuencia resonante propia | electronically vibrated to its natural resonant frequency.
vibrador | make-and-break | jolter | shakeout | shaking apparatus | trembler | tikker | vibrator.
vibrador (radio) | ticker | buzzer chopper.
vibrador (telégrafo) | ticker.
vibrador asíncrono | nonsynchronous vibrator.
vibrador de aire comprimido | air-powered vibrator.
vibrador de baja frecuencia para descargar vagones tolvas | low-frequency car shaker.
vibrador de cajón | skip shaker.
vibrador de frecuencia (radio) | warbler.
vibrador de inmersión (hormigón) | immersion vibrator.
vibrador de inmersión para hormigón | immersion concrete vibrator | inmersion concrete vibrator.
vibrador de llamada (telefonía) | pole changer.
vibrador de martillo neumático | pneumatic-hammer vibrator.
vibrador de mesa (de gran superficie) | pan vibrator.
vibrador de muelle | whip.
vibrador de placa | plate vibrator.
vibrador neumático | pneumatic vibrator | air operated vibrator.
vibrador oscilográfico | oscillograph vibrator.
vibrador para descompactar la carga de vagones tolvas | car shaker.
vibrador para facilitar la descarga de materiales en tolvas | bin activator.
vibrador para funderías | foundry shake-out.
vibrador para hormigón | concrete vibrator.
vibrador para hormigón de tipo sumergible | immersion-type concrete vibrator.
vibrador para pruebas de inducidos | armature testing growler.
vibrador piezoeléctrico | crystal vibrator.
vibrador piezoeléctrico con su montaje | crystal unit.
vibrador sísmico | seismic vibrator.
vibrador telefónico | buzzerphone.
vibrador ultrasónico electrodinámico | electrodynamic ultrasonic vibrator.
vibrador ultrasónico magnetoestrictivo | magnetostrictive ultrasonic vibrator.
vibradora | shiver | shakeout machine.
vibradora de tamices | sieve shaker.
vibradorista (persona) | vibratorist.
vibrafonista (música) | vibraphone-player.
vibrafonista (músico) | vibrafonist.
vibráfono | vibraphone.
vibramortiguador dinámico | dynamic vibration absorber.
vibrando en un plano | linearly vibrating.
vibrando verticalmente | vertically vibrating.
vibrante | vibrative | vibrant | vibrating.
vibrar | vibrate (to) | shiver (to) | throb (to) | flutter (to) | jar (to) | chatter (to).
vibrar (cañones al disparar) | jump (to).
vibrato (acústica) | vibrato.
vibratorio | oscillatory.
vibratorio (medicina) | purring.
vibratrón | vibratron.
vibrión (bacteriología) | vibrio.
vibrión (biología) | wiggler.
vibrisa | vibrissa.
vibrisal | vibrissal.
vibrisas | vibrissae.
vibroabsorbedor | vibration absorber.
vibroabsorbente | vibration-absorbing.
vibroaislador | vibroinsulator.
vibro-aisladores | vibro-isolators.
vibroamortiguador | vibrodamper.
vibroapisonador | vibrotamper.
vibrocardiógrafo | vibrocardiograph.
vibrocentrifugar | vibrocentrifuge (to).
vibroclasificador | vibroclassifier | vibration sorter.
vibrocompactación | vibrocompaction | vibratory compacting | swaging | vibrocompactation.
vibrocompactado | vibration-compacted.
vibrocorrosión (entre partes muy próximas) | chafing corrosion.
vibrocorrosión interfacial localizada (superficies intimamente en contacto) | false brinelling.
vibrocorrosión interfacial localizada de superficies íntimamente en contacto (engranajes) | fretting corrosion.
vibrodesmoldeador (funderías) | rapper.
vibroenfriador | vibrocooler | cooling vibrator.
vibroexcitador | vibration exciter.
vibroflotación (minería) | vibroflotation.
vibróforo | vibrophore.
vibróforo de hiperfrecuencia | high-frequency vibrophore.
vibrogénesis | vibrogenesis.
vibrógrafo | vibrograph | vibration recording apparatus.

vibrógrafo amplificador | amplifying vibrograph.
vibrograma | vibrogram.
vibroinstalado | vibroinstalled.
vibrómetro | vibrometer | amplitude meter.
vibrómetro de lengüeta | reed-vibrometer.
vibromotriz | vibromotive.
vibrónico | vibronic.
vibropendular | vibropendulous.
vibroperforación | vibrodrilling.
vibropulimento | vibropolishing.
vibrorrotación | vibrorotation.
vibroscopio | vibroscope.
vibroscopizar | vibroscopize (to).
vibrosecador | vibrodryer | drying vibrator.
vibroseparador | vanner.
vibrosísmico | vibroseismic.
vibrotaladrar | vibrodrill (to).
vibroterapia | vibrotherapeutics.
vibrotón (triodo electrónico) | vibroton.
vibrotransportador hidráulico | hydraulic vibrator conveyor.
vibrotransportador tubular | tubular vibrator conveyor.
vicario general | commissary.
vicealmirante | vice admiral.
vicenario | vicenary.
vicennial | vicennial.
vicepresidente | assistant to the president | deputy president | deputy chairman.
vicepresidente ejecutivo | executive vice-president.
vicesecretario | assistant secretary.
vicetesorero | assistant treasurer.
viciación (de un contrato) | infection.
viciado (aire) | spent | stale | foul | bad unwholesome.
vicinal (cristalografía) | vicinal.
vicinal (química orgánica) | vicinal.
vicio | vice.
vicio (de un contrato) | joker.
vicio (jurisprudencia) | defect.
vicio de consentimiento | bilateral mistake.
vicio de dicción | grammatical error.
vicio de forma (abogacía) | defect of form.
vicio de forma (documentos) | flaw.
vicio de forma (jurídico) | non-compliance with the procedure.
vicio de forma (jurisprudencia) | defect in the form.
vicio de origen | original vice.
vicio inherente | vice propre.
vicio manifiesto (jurídico) | apparent defect.
vicio oculto | latent effect.
vicio oculto (jurídico) | hidden defect.
vicio procesal | mistake in procedure.
vicio propio (mercancías) | inherent vice.
vicio redhibitorio | redhibitory defect.
vicisitudes del tiempo atmosférico | vagaries of the weather.
víctima propiciatoria | scapegoat.
victoria | victory.
victoria corroborada | confirmed victory.
victoria decisiva | clear-cut victory.
vid | grapes | vine | grape.
vida | being | life | living.
vida anaeróbica | anaerobic life.
vida de almacenaje | storage life.
vida de cuartel | camp.
vida de los neutrones térmicos | lifetime of thermal neutron.
vida de portadores de la carga | lifetime of charge carriers.
vida eficaz | effective lifetime.
vida en estado estacionario | steady-state lifetime.
vida en funcionamiento | operating life.
vida estimada | rated life.
vida fraccionaria (reacciones químicas) | fractional life.
vida media | average life.
vida media (cuerpos radiactivos) | half life.
vida media (isótopos) | mean lifetime.
vida media biológica | biological half-time.
vida media del mesón (nucleónica) | meson's mean lifetime.
vida nominal (luminosidad) | rated life.
vida piscícola | fish life.
vida probable | expectation of life | estimated life.
vida residual | remaining life.
vida silvestre | wildlife.
vida tipo (cojinetes) | rated life.
vida tipo de un grupo de cojinetes de bolas | rating life.
vida útil | pot life | useful life | service life | length of life.
vida útil (tiempo transcurrido entre la terminación de un producto y el tiempo en que ya no es utilizable) | working life.
vida útil del activo depreciable | useful life of depreciable property.
vida útil en depósito | shelf life.
vida útil estimada | expected useful life.
videnciar | vidence (to).
vidente (persona) | clairvoyant.
vídeo | video.
vídeo cancelado | canceled video | cancelled video.
vídeo cohesionado | cohered video.
vídeo lento | slow-down video.
videoamplificador | video amplifier.
videoamplificador fotomultiplicador | photomultiplier video amplifier.
videocaptación | video pickup.
videocasete | video-cassette | video tape.
videocentro | videocenter.
videocine | video movie.
videocinta | videotape.
videoconferencia | videoconference.
videodatáfono | wiewdata.
videodectector | video detector.
videodifusión | telecast.
videodisco | videodis.
videodiscriminador | videodiscriminator.
videoenlace | video link.
videófono | videophone | videotelephone | picture phone | videocorder.
videofrecuencia | video link | vision frequency.
videofrecuencia (TV) | video frequency | visual frequency.
videogénico | videogenic.
videograbación | videorecorder | video-cassette.
videografo | video tape recorder | videocassette | videograph.
videógrafo (operador de TV) | videographer.
videoinversión | reverse video.
videométrico | videometric.
videomodulación | vision modulation.
videónica | videonics.
videorreception | video reception.
videorreceptor | vision receiver.
videorregistrador | videorecorder.
videoseñal | vision signal.
videoseñal compuesta | composite picture signal.
videotelefonía | telephone image.
videoteléfono | see-as-you-talk telephone | videophone.
videotexto | videotext | videotex.
videotransistor | videotransistor.
videotransmisor | video transmitter.
videotrón (monoscopio) | videotron.
vidicón (televisión) | vidicon.
vidicón (tubo captador de la cámara de TV) | vidicon.
vidicón para cámara de telecine | vidicon for film camera.
vidicón tricolor (TV) | tricolor vidicon.
vidriado | glazing | glass-lined | glassing | gloss | flown | glazed.
vidriado (cerámica) | varnish.
vidriado a la sal (cerámica) | salt glaze.
vidriado alcalino | alkaline glaze.
vidriado alcalinobórico | alkaline boracic glaze.
vidriado alcalinoplumbífero | alkaline-plumbiferous glaze.
vidriado alcalinotérreo | alkaline earthy glaze.
vidriado autoopacificante | self-opacifying glaze.
vidriado blanco brillante (porcelana) | blanc de chine.
vidriado cerámico | ceramic glaze.
vidriado céreo o marfilino | smear.
vidriado común | salt glazing.
vidriado común (cerámica) | salt glaze.
vidriado fusible | fusible glaze.
vidriado moderadamente duro | moderately hard glaze.
vidriado opaco (porcelana) | opaque glaze.
vidriado para porcelana | porcelain glaze.
vidriado poroso | porous glaze.
vidriado rojo de cobre | copper red glaze.
vidriado silícico | silicious glaze.
vidriado sin plomo (cerámica) | leadless glaze.
vidriado transparente incoloro | colorless transparent glaze.
vidriado vitrificado | fritted glaze.
vidriar (alfarería) | varnish (to).
vidriar (esmaltar - cerámica) | glaze (to).
vidriar (loza) | enamel (to).
vidriera | stained glass | glass window | window.
vidriera (en un techo) | lay light.
vidriera coloreada | stained-glass window | colored glass window.
vidriera corrediza | sash.
vidriera de colores | stained glass window.
vidriera emplomada | leaded lights | fretwork.
vidriera historiada | storied window.
vidriería | glaziery | glass works | glass work.
vidriería (fábrica de vidrio) | glasshouse.
vidriero | glass founder | glassmaker | glass worker.
vidriero (cristalero - obrero) | glazier.
vidrio | glass | crystal.
vidrio (de ventana) | light.
vidrio aburbujado | blebby glass.
vidrio aburbujado para obtener efectos decorativos | bubble glass | foam glass.
vidrio acanalado | ribbed glass.
vidrio activado con plata | silver-activated glass.
vidrio afiligranado | lace-glass | reticulated glass.
vidrio aislante | insulating glass.
vidrio al fosfato | phosphate glass.
vidrio aluminocálcico | alumina-lime glass.
vidrio aluminoso | aluminous glass.
vidrio alveolar | foamglass.
vidrio apropiado para aparatos de laboratorio | chemical glass.
vidrio armado | gauze glass | armored plate | wired glass | wire glass.
vidrio artístico | art glass.
vidrio aventurino | aventurine glass.
vidrio aventurio | astralite glass.
vidrio azul oscuro que solo transmite luz ultravioleta | chance glass.
vidrio catedral | cathedral glass.
vidrio celular | cellular glass | foamglass | foamed glass | foam glass.
vidrio cilindrado (de espejo, de escaparate) | plate glass.
vidrio colado | flown glass | cast glass.
vidrio coloreado | stained glass | colored glass.
vidrio combado | curved glass panes.
vidrio compactado | tempered glass.
vidrio con capa externa muy delgada en compresión y las capas interiores en tensión | toughed glass.
vidrio con didimio | didymium glass.
vidrio con óxido de plomo | lead glass.
vidrio con potasio y gran cantidad de plomo | flint glass.
vidrio con superficie picada intencionalmente | chipped glass.
vidrio con superficie texturada | textured surface glass.
vidrio con 3 a 4% de magnesia | magnesia glass.

vidrio con 5% de óxido de boro | borosilicate glass.
vidrio conteniendo plutonio | plutonium-bearing glass.
vidrio conteniendo un combustible nuclear | radioactive fuel-bearing glass.
vidrio contrachapado compuesto de varias capas de vidrio transparente y coloreado | cased glass.
vidrio corrugado | corrugated glass.
vidrio cuentahilos | linen tester.
vidrio cuentahilos (lupa) | pick glass | pick counter.
vidrio cuentahilos (microscopio para contar hilos) | linen prover.
vidrio cuentahilos (tejeduría) | counting glass.
vidrio curvado | curved crystal.
vidrio chapado (vidrio incoloro chapado con una capa fina de vidrio muy coloreado) | flashed glass.
vidrio de antimonio | antimony glass.
vidrio de arroz | rice-stone glass.
vidrio de bario | barium glass.
vidrio de berilo coloreado con óxido crómico | scientific emerald.
vidrio de cal y potasa | Bohemian glass | potash-lime glass.
vidrio de cobalto y potasio molido | samlt.
vidrio de color azul oscuro | cobalt blue glass.
vidrio de color esmeralda obtenido fundiendo berilo | emerald glass.
vidrio de fosfatos alcalinos mixtos | mixed-alkali phosphate glass.
vidrio de fusión rápida | soft-melting glass.
vidrio de hierro (meteoritos) | iron glass.
vidrio de neodimio | neodymium glass.
vidrio de nivel lenticular de burbuja | circular level vial.
vidrio de plomo | lead-glass | lead glass.
vidrio de plomo y sílice | lead-silica glass.
vidrio de potasio y boro | crown glass.
vidrio de relieves | figured rolled plate.
vidrio de sílice | silica glass.
vidrio de sílice al vapor | wet silica glass.
vidrio de sosa y cal | soda-lime glass.
vidrio de ventana | windowpane.
vidrio decorado | decorated glass.
vidrio decorado a mano | cut glass.
vidrio decorativo | ornamental glass.
vidrio del tablero de copiar | copyboard glass.
vidrio derretido | molten glass.
vidrio despulido por ácido | acid ground glass.
vidrio doble | double glass.
vidrio doble para ventana | double-thick window glass.
vidrio en cilindros | cylinder glass.
vidrio en granalla | glass grit.
vidrio en tubo redondo | round tubular glass.
vidrio endurecido | tempered glass | toughened glass.
vidrio escarchado | ice glass | ambitty.
vidrio escintilante | scintillating glass.
vidrio esmaltado | enameled glass.
vidrio esmerilado | ground glass.
vidrio especial para imitar gemas | paste.
vidrio especializado industrial | specialist glass.
vidrio estampado | figured glass.
vidrio estratificado | laminated fiberglass.
vidrio estriado | rippled glass | ribbed glass | corrugated glass | fluted glass.
vidrio fabricado con tierras raras | Crookes glass.
vidrio ferromagnético (vidrio ópticamente transparente que es ferromagnético a la temperatura ambiente) | ferroglass.
vidrio flint-glass con talio en vez de plomo | thallium glass.
vidrio florentino | florentine glass.
vidrio fotoacondicionador | light-conditioning plomo | glass.
vidrio frágil | fragile crystal.
vidrio fundido | glass-metal | metal.
vidrio fundido purgado | plain.
vidrio fundido sin burbujas | plain.
vidrio grabado | etched glass.
vidrio grabado con diamante | diamond-engraved glass.
vidrio hilado | spun glass | spun crystal.
vidrio impregnado | bonded glass.
vidrio impreso | pressed glass.
vidrio impurificado con neodimio | neodymium-doped glass.
vidrio inastillable | nonshattering glass.
vidrio incandescente | metal.
vidrio incoloro | flint glass.
vidrio incoloro muy transparente | crystal glass.
vidrio incrustado | incrusted glass.
vidrio industrial | mechanical glass.
vidrio infrangible | safety glass.
vidrio insensible a las radiaciones | radiation-insensitive glass.
vidrio irradiado | dosed glass.
vidrio jaspeado | jasperated glass | muslin glass | marbled glass.
vidrio labrado | figured glass.
vidrio laminado | rolled plate | sheet glass.
vidrio lechoso (cristal) | milk-glass.
vidrio líquido | molten glass.
vidrio liso para una cara y labrado por la otra | maze glass.
vidrio magnesífero | magnesia-containing glass.
vidrio mate | rough glass | alabaster glass.
vidrio mitad plateado y mitad claro (sextante) | horizon glass.
vidrio moldeado | pressed glass.
vidrio molido | glass-dust | powdered glass.
vidrio mosaico | millefiori.
vidrio muselina | muslin glass | mousseline glass | mousseline.
vidrio natural de color azabache y de lustre vítreo (de origen volcánico) | black lava glass.
vidrio o lente en forma de cristal de reloj | coquille.
vidrio obrado | processed glass.
vidrio opalino | bone glass | cryolite glass | opaline | opal glass.
vidrio óptico | optical glass | lens.
vidrio óptico con propiedades ópticas distintas en planos diferentes | crystal.
vidrio óptico de color | colored optical glass.
vidrio ordinario con adición de óxidos férricos o de manganeso | black glass.
vidrio orgánico | organic glass.
vidrio ornamental | crystal glass.
vidrio oscuro | moderation glass.
vidrio para cristales | broad glass.
vidrio para cristales de mala calidad (edificios) | skylight.
vidrio para encristalar | glaze.
vidrio para gafas de soldar | filter glass.
vidrio para joyería | jewellery glass.
vidrio para ventanas | sheet glass.
vidrio para ventanillas de automóviles | automotive glass.
vidrio plano | plane glass | flat glass | sheet glass.
vidrio plano laminado texturado en una cara | cathedral glass.
vidrio plano pulido (de espejo, de escaparate) | plate glass.
vidrio plano pulido por ambas caras | patent plate.
vidrio plateado | argentine glass.
vidrio poco fusible | hard glass.
vidrio polarizado | polarized glass.
vidrio poroso | frit.
vidrio prensado | pressed glass.
vidrio pulverizado | powdered glass | glass powder.
vidrio pulverulento de viscosidad menor de 10^{11} poises | powdered glass of viscosity less than 10^{11} poises.
vidrio que absorbe rayos ultravioletas | document glass.
vidrio que contiene óxido bórico | borax glass.
vidrio que pasa desde el horno a través de un baño de metal líquido a menor temperatura para que se solidifique | float glass.
vidrio radiofotoluminiscente | radiophotoluminescent glass.
vidrio recién solidificado | just-solidified glass.
vidrio recocido | annealed glass.
vidrio redondo para dar luz (buques) | deadlight.
vidrio resistente a las balas | bullet resistant glass | bullet-resistant glass.
vidrio resistente a los alcalis y ácidos | acid-alkali-resisting glass.
vidrio revestido con una película de oro | gold film-coated glass.
vidrio revestido de una película de oro | gold-coated glass.
vidrio rojo con partículas de protóxido de cobre coloidal | copper red glass.
vidrio rugoso | figured glass.
vidrio semióptico | semioptical glass.
vidrio semióptico apropiado para prismas | stirred white plate.
vidrio silicónico | silicone glass.
vidrio sinterizado | sintered glass.
vidrio soluble | soluble glass | water glass.
vidrio solubre potásico | potassium waterglass.
vidrio soplado | blown-glass.
vidrio soplado a mano | punch-ware.
vidrio tallado | cut glass | configurated glass | crystal glass.
vidrio tallado a mano | cut glass.
vidrio templado | tempered glass | hardened glass | toughened glass.
vidrio templado de gran resistencia al choque | armor-plate.
vidrio termorresistente | heat resisting glass | oven glass.
vidrio textil | textile glass | textil glass.
vidrio transparente | transmitting glass.
vidrio transparente a la luz ultravioleta | corex glass.
vidrio transparente a los rayos ultravioletas | uviol glass.
vidrio traslúcido | visionproof crystal.
vidrio turbio | addle glass.
vidrio verde | emerald glass | hard glass.
vidrio verde esmeralda para botellas de veneno | actinic green.
vidrio volcánico | volcanic glass | hyalolith.
vidrio volcánico ácido | acid volcanic glass.
vidrio volcánico capilar | capillary volcanic glass.
vidrios de réflexión para indicador de nivel (calderas) | reflex gage glasses.
vidrios para relojes | watch glasses.
vidrios portadores de combustible nuclear | nuclear fuel-bearing glasses.
vidrioso | glasslike | vitreous.
viene de la primera página | continued from page one.
viento | stay rope | guy | air blast | wind | guy.
viento (chimeneas, etcétera) | stay.
viento (de un poste) | tieback.
viento (máquina soplante) | blast.
viento a favor | kind wind | helping wind.
viento a la cuadra (buques) | quarter-wind.
viento acústico | acoustic wind.
viento alisio | trade wind.
viento anabático | anabatic wind.
viento anclado al otro lado de la carretera (líneas telefónicas) | stub gut.
viento anclado al otro lado de la carretera (poste línea telefónica) | overroad stay.
viento anticiclónico | anticyclonic wind.
viento aparente | apparent wind.
viento ascendente | upper wind.
viento balístico | ballistic wind. $.
viento bochornoso | parching wind.
viento borrascoso | rough wind.
viento caliente | parching wind.
viento caliente (alto horno) | warm blast | hot blast.

viento caliente seco | dry parching wind.
viento catabático | katabatic wind.
viento causado por diferencias en la temperatura horizontal | thermal wind.
viento ciclostrófico | cyclostrophic wind.
viento contrario | upwind | adverse wind | wind down | dead wind | headwind.
viento contrario fuerte (marina) | muzzler | nose ender.
viento de alambre | guy wire.
viento de aleta - viento largo (buques) | free wind.
viento de anclaje | anchor-stay.
viento de bolina (marina) | sharp wind.
viento de cadena | chain stay.
viento de cara | upwind.
viento de cola | tailwind.
viento de cola (aviones) | downwind.
viento de costado | crosswind.
viento de chimenea | funnel stay | belly stay.
viento de glaciar | glacier wind.
viento de la hélice (aviones) | propeller draught.
viento de la onda explosiva | blast wind.
viento de la torre de perforación | derrick guy line.
viento de la torre de perforación (sondeos) | derrick guy.
viento de popa (navegación) | following wind.
viento de proa | headwind | head-on wind.
viento de proa (buques) | dead wind.
viento de través | crosswind.
viento de través (navegación) | beam wind.
viento de un candelero de toldo (buques) | rafter.
viento del alud | avalanche wind.
viento del este | easterly wind.
viento del gradiente | gradient wind.
viento del largo | onshore wind.
viento del mar | onshore wind.
viento del noroeste | nor' wester.
viento del proyectil (huelgo en la recámara) | windage.
viento del rebufo | blast wind.
viento descendente | katabatic wind.
viento destrógiro | veering.
viento diabático | diabatic wind.
viento diagonal | quartering wind.
viento eléctrico | electrical wind | electric wind.
viento en altura | upper wind.
viento en calma | ash breeze.
viento en pleno costado (avión) | full crosswind.
viento en popa | before the wind.
viento en popa cerrado | wind right astern.
viento en popa cerrado (buques) | downwind.
viento enriquecido con oxígeno (alto horno) | enriched blast.
viento entablado | settled wind.
viento escaso (marina) | sharp wind.
viento estable | steady wind.
viento estelar | stellar wind.
viento favorable | kind wind.
viento flojo | gentle breeze.
viento franco | leading wind.
viento fresquito | mackerel-breeze | loom gale.
viento frío (alto horno) | cold blast.
viento fuerte | high wind.
viento fuerte de proa | dead noser.
viento fuerte frío del noroeste (Cumberland) | helm wind.
viento gélido | freezing wind.
viento geostrófico | geostrophic wind.
viento glacial | freezing wind.
viento hecho | steady wind | settled wind.
viento hecho y fresco | steady breeze.
viento helador | bitter wind.
viento huracanado | storm | storm of wind.
viento inferior (postes, chimeneas, etcétera) | lower stay.
viento instantáneo | spot wind.
viento inyectado | blast.
viento ionosférico | ionospheric wind.
viento isobárico | gradient wind.
viento largo | mackerel-breeze.
viento litoral | coastal wind.
viento llovedero | rain-bringing wind.
viento manejable | easy gale.
viento moderado (náutica) | loom wind.
viento moderador del clima | doctor.
viento muy húmedo | moisture-laden wind.
viento nulo | zero - wind.
viento oxigenado (alto horno) | oxygen-enriched blast | oxygenated blast.
viento oxigenado (altos hornos) | enriched air.
viento por la aleta (buques) | quarter-wind.
viento posterior | back guy.
viento provocado | afterwind.
viento que amontona la nieve | drifter.
viento que gira de izquierda a derecha | veering.
viento que rola en sentido contrario a las agujas de un reloj | backing wind.
viento que sopla en dirección cola-proa (aviación) | tail-on wind.
viento que vira con el sol | round wind.
viento rafagoso | squally wind | fishtail wind.
viento redondo | brisk wind.
viento relativo | relative wind.
viento seco (soplantes) | dry-air blast.
viento seco caliente descendente sobre la falda de sotavento (montañas) | foehn wind.
viento sobre las crestas de las olas | spoondrift.
viento solar | solar wind.
viento terral | offshore wind | land-wind.
viento terral (de tierra al mar) | solar wind.
viento vorticoso | whirlwind.
vientos (metalurgia) | air gate.
vientos alisios | trade winds.
vientos alisios del NE (hemisferio boreal) | prevailing westerlies.
vientos alisios del Nordeste | northeast trade winds.
vientos contralisios | antitrade winds.
vientos contrarios (navegación) | foul winds.
vientos cruzados | X-wind | X winds.
vientos de la atmósfera superior | upper-air winds.
vientos de la chimenea | funnel guys.
vientos de proa (navegación) | foul winds.
vientos del Este | easterlies.
vientos del Este estratrosféricos | stratospheric easterlies.
vientos del este polares | polar easterlies.
vientos del oeste | westerlies.
vientos locales que se repiten anualmente | anniversary winds.
vientos propicios (navegación) | friendly winds.
vientos variables | baffling winds.
vientre | paunch.
vientre (alto horno) | breast | bose | belly | waist | shaft.
vientre (de cuerda vibrante) | loop.
vientre (horno de cuba) | saucer bosh.
vientre (ondas estacionarias) | point of maximum vibration.
vientre de onda | antinode.
vientre de oscilación | oscillation loop.
vientre de voltaje | potential loop.
vientre del crisol | crucible belly.
vientre del horno | furnace belly.
vierteaguas | boot.
vierteaguas (portillo de luz) | rigol.
vierteaguas (portillo de luz - buques) | watershed.
vierteaguas (portillo de luz buques) | wriggle.
vierteaguas (portillo de luz-buques) | brow.
vierteaguas (ventanas) | wash | drip rail.
vierteaguas (ventanas, etc.) | flashing board.
vierteaguas de cobre | copper-flashing.
vierteaguas inferior (techos) | base flashing.
vierteaguas superior (ventanas) | cap flashing.
viga | boom | timber | stretcher | beam | girder.
viga (Bolivia) | baulk.
viga (construcción) | joist.
viga acartelada | gusset girder.
viga ancha de poca altura (hormigón armado) | slab band.
viga anular (en planta) | ring girder.
viga apoyada | supported beam.
viga apoyada con voladizos | free-free beam.
viga apoyada en dos puntos con un voladizo | overhanging beam.
viga apoyada en el cabecero | tail beam.
viga apoyada en los extremos | simply supported beam | simple beam.
viga apoyada en pies derechos que soporta los pies de los cabios cuando no hay muro debajo (cubiertas) | eaves plate.
viga armada | fished beam | strengthened beam.
viga armada curva | bow truss.
viga armada de puente | bridge truss.
viga armada de tablero superior | deck truss.
viga armada empleada en el montaje | erection truss.
viga armada en una sola dirección (hormigón) | one-way beam.
viga armada por la parte inferior | truss beam | trussed beam.
viga artesonada | girder box.
viga articulada | articulated girder.
viga articulada en los extremos | hinged beam.
viga atirantada | trussed beam.
viga auxiliar (montaje vigas de punetes) | service girder.
viga axial | axial girder.
viga central | center girder.
viga circunferencial para recibir el empuje (cúpulas) | ring girder.
viga compuesta | compound girder | compound beam | composite beam | built-up girder.
viga compuesta de dos superpuestas empernadas con tacos interiores de separación | keyed beam.
viga compuesta de dos tablones con una chapa de acero intercalada | flitch-plate girder.
viga compuesta encabillada | doweled beam.
viga con el cordón inferior poligonal | fish-bellied girder.
viga con el cordón superior curvo | hogbacked girder | hogging girder | hog-frame | curved-top chord girder.
viga con extremos empotrados | fully restrained beam.
viga con los cordones superior e inferior en forma de triángulo isósceles | delta girder.
viga con los extremos apoyados | free free-beam.
viga con sección transversal que disminuye linealmente | linearly tapered beam.
viga con un encofrado suspendido | outrigger.
viga continua | continuous girder | continuous beam.
viga continua de celosía | continuous framed girder.
viga continua de cinco tramos con los extremos apoyados | pinned end five-span continuous beam.
viga corta para unir a un brochal | tail beam.
viga cruciforme | cruciform girder.
viga cuadrada | balk.
viga curvada circularmente | circular-curved beam.
viga de abeto | fir joist.
viga de acero curva y preflexada para incorporar hormigón al cordón inferior | preflexed beam.
viga de acero de sección en H | arch-girder.
viga de acero embebida en hormigón | concrete-encased steel beam.
viga de acero laminado cortada en zigzag por el centro del alma y unidas las dos mitades | castellated beam.
viga de acero pretensada | prestressed steel beam.
viga de ala ancha | wide-flange girder.
viga de alas anchas | wide flange beam | broad-flange girder.
viga de alas paralelas | parallel-flange beam.
viga de alma doble | double-webbed girder.
viga de alma llena | web girder | plate-web

girder | plate girder | plain web girder.
viga de alma llena parcial | half-through plate girder.
viga de alma llena soldada | welded solid-web girder | welded plate girder.
viga de alma llena totalmente soldada | all-welded plate girder.
viga de altura grande en el apoyo | deep-haunched girder.
viga de anclaje | anchoring beam.
viga de anclaje (armadura de hogar - hornos) | buckstay.
viga de apoyo (sobre un muro) | wall plate.
viga de apoyo de baos (buques) | longitudinal deck girder.
viga de apoyo de puntales (buques) | runner.
viga de apuntalamiento | needle.
viga de arco circular | circular-arched rib.
viga de arco parabólico | parabolic arched rib.
viga de atirantar (montantes colocados contra los muros laterales-calderas) | buckstay.
viga de cajón de alma llena | solid-web box-shaped girder.
viga de cajón de chapas soldadas | welded plate box girder.
viga de cajón rectangular con almas múltiples | rectangular multiweb box girder.
viga de celosía | open-web frame | open web girder | trussed beam | truss | trellis girder | truss beam | braced girder | lattice girder | lattice frame | lattice beam | lattice truss.
viga de celosía con barras superfluas | deficient truss.
viga de celosía con cordones no paralelos | inclined chord girder.
viga de celosía de cordones superior e inferior curvos | double-arched truss.
viga de celosía de lúnula | crescent truss.
viga de celosía de nudos rígidos | rigid frame.
viga de celosía de tubos soldados | weldad tubular-steel truss.
viga de celosía en K | K truss.
viga de celosía en K de cordón superior curvo | curved-chord K-truss.
viga de celosía en N con el cordón superior curvo | hogback N girder.
viga de celosía hiperestática | overrigid frame.
viga de celosía isostática | just-rigid frame.
viga de celosía lenticular | lenticular truss.
viga de celosía para puentes | braced bridge girder.
viga de celosía remachada | riveted truss.
viga de celosía sencilla | single-intersection truss.
viga de celosía tridimensional | space truss.
viga de celosía tubular | box-section lattice girder.
viga de cimentación | grade beam | foundation girder.
viga de compresión dentro del ala (aviones) | internal wing truss.
viga de contraventeamiento (estructuras) | wind girder.
viga de cordón curvo | cambered truss.
viga de cordón superior curvo | camel-back truss.
viga de cordones paralelos | parallel boom girder | parallel-flanged girder.
viga de doble T con el ama oxicortada longitudinalmente en forma almenada (se separan las dos mitades, se hacen coincidir las cabezas de las almenas y se sueldan). | castellated beam.
viga de doble triangulación | double-intersection truss | double cancellation truss.
viga de emparedado (viga compuesta de alma de chapa entre dos vigas de madera) | flitch beam.
viga de encepado (cepo - que une cabezas de pilotes) | cap.
viga de ensamble | built up girder.
viga de entramado | grooved beam.
viga de fundamentación | grade beam.
viga de gran altura | deep beam.
viga de hormigón armado | reinforced-concrete beam.
viga de hormigón armado postensada | post-tensioned concrete beam.
viga de hormigón ligeramente armada | underreinforced concrete beam.
viga de hormigón postensado | postensioned concrete beam.
viga de hormigón pretensado con enlace pretensado | pretensioned bonded prestressed concrete beam.
viga de madera compuesta con llaves | keyed beam.
viga de madera de piezas empalmadas con llaves | joggle built beam.
viga de madera lamelada | laminated plywood beam.
viga de madera laminada y encolada | glued-laminated beam.
viga de maxima resistencia | strongest beam.
viga de ménsula | outlooker.
viga de piso | floor joist | floorbeam.
viga de refuerzo | stiffening girder.
viga de rigidez (puente colgante) | stiffening girder.
viga de rodadura del puente-grúa | crane girder.
viga de rodamiento | runway girder.
viga de sección en Z para techos | Z-section roofing beam.
viga de sección transversal variable | variable cross section beam.
viga de separación | spreader.
viga de sujeción | clamping beam.
viga de suspensión | suspension girder.
viga de T sencilla | T beam.
viga de tablones adosados | flitched beam.
viga de tablones empernados | built-up wooden beam.
viga de torsión | torque beam.
viga de triangulación sencilla | single-cancellation truss.
viga de triangulación subdividida | divided-triangular truss.
viga de unión | bond-timber.
viga de unión (aviones) | outrigger | tail outrigger.
viga del cielo del hogar | crown bar.
viga del corredor (dirigibles) | corridor girder.
viga del puente | bridge girder.
viga del tren de aterrizaje principal (aeronáutica) | main-gear beam.
viga deslizable dentro de otra de sección rectangular | expandable beam.
viga doble T | flanged beam | I-bar | I-girder.
viga doble T con alas ahusadas | sloping-flange I beam.
viga doble T con el alma oxicortada longitudinalmente en forma almenada. Se separan las dos mitades y se hacen coincidir las cabezas de las almenas y se sueldan. Resulta una viga del mismo peso | expanded beam.
viga doble T de ala ancha | girder beam.
viga doble T de alas con bordes convergentes | sloping-flange I beam.
viga doble T de alas muy anchas | differdange beam.
viga doble T de alma llena de gran altura | deep plate I girder.
viga elastoplástica | elastoplastic beam.
viga embrochalada | dragon beam.
viga empotrada | fixed beam | restrained beam.
viga empotrada en los dos extremos | built-in beam.
viga empotrada en un extremo y apoyada en el otro | semifixed girder.
viga empotrada en un extremo y libre en el otro | free beam.
viga en arco | arch-girder | arched girder.
viga en arco parabólico biarticulada | parabolic two-hinged arched rib.
viga en consola | overhung girder.
viga en el dominio rígidoplástico (resistencia materiales) | rigid-plastic beam.
viga en ménsula | semigirder | overhung girder.
viga en ménsula (empotrada en un extremo y libre en el otro) | semibeam.
viga en ménsula de celosía | framed cantilever truss.
viga en N | Whipple-Murphy truss | n-truss.
viga en saliente | overhung girder.
viga en T | tee-shaped beam | tee.
viga en T sacada cortando una vigueta doble T por la mitad del alma | split-beam T.
viga en voladizo | cantilever girder | overhung girder | semigirder.
viga en Z | Z-beam.
viga ensamblada | compound beam.
viga entablillada (para reforzarla) | fishing beam.
viga equilibrada en voladizo | balanced-cantilever girder.
viga equivalente | equivalent girder.
viga equivalente al casco (resistencia del casco de buques) | hull girder.
viga estampada de acero de sección doble T | H-section steel stamping.
viga exterior (arquitectura) | wall beam.
viga flectada | flexed beam.
viga formada por un alma de chapa entre dos vigas de madera | flitched beam.
viga frontal auxiliar de corrimiento (de una viga de puente) | launching nose.
viga hiperestática | indeterminant beam.
viga horizontal de madera para arriostrar dos muros | flier.
viga I | I beam.
viga intercostal | intercostal girder.
viga laminada de alma llena | plain girder.
viga laminada de pequeña luz | stocky beam.
viga laminada de rodadura (polipastos) | runway beam.
viga laminada doble T | H beam.
viga laminar encolada creosotada (madera) | creosoted glued laminate girder.
viga lateral (cubierta de buques) | side girder.
viga lateral de escotilla | hatch side girder.
viga lateral longitudinal de la cubierta | continuous deck side girder.
viga longitudinal | longitudinal girder | wale.
viga longitudinal de apoyo de los baos de la cubierta (buques) | centreline deck girder.
viga longitudinal de apoyo de una cubierta (buques de madera) | riser.
viga longitudinal del cielo del hogar | longitudinal roof bar.
viga longitudinal del cielo del hogar (calderas) | longitudinal crown bar.
viga longitudinal en la cubierta | deck longitudinal.
viga maestra | chief beam | principal beam | bind-beam | sleeper | bridging joist | plate trimmer | dormant-tree | dormer | main beam | main girder | bearing beam | dormant tree | summer.
viga maestra de madera | petrail.
viga maestra del caballete | arris rafter | arris beam.
viga maestra del techo | roof plate.
viga metálica aligerada | expanded beam.
viga metálica de cordones paralelos | parallel boom girder.
viga mixta | composite beam.
viga multitramos | multiple span beam.
viga Murphy | n-truss.
viga no prismática | nonprismatic beam.
viga no prismática de paredes delgadas | thin-walled nonprismatic beam.
viga no triangulada | nontriangulated frame.
viga oscilante | swing beam | floating beam.
viga para colgar andamios (edificios) | outrigger.
viga para evitar el quebranto (buques de poco calado) | hogging girder.
viga para junta de dilatación | expansion joint beam.

viga para reasierre | cant.
viga parabólica | parabolic girder.
viga parabólica de lúnula | sickle-shaped girder | crescent-shaped girder.
viga pequeña | girt.
viga portagrúa | crane girder.
viga prefabricada pretensada | precast prestressed beam.
viga preflectada | preflexed beam.
viga pretorsada | pretwisted beam.
viga principal | main girder | main beam.
viga que atraviesa un muro y está apoyada en los extremos sobre puntales (recalzo de edificios) | needle.
viga que enlaza pies derechos | girt.
viga que forma el eje de la armazón (dirigible rígido) | axial girder.
viga rectangular maciza | solid rectangular beam.
viga reforzada | trussed beam.
viga repartidora de la carga (grúas) | lifting yoke | adjust a-load beam.
viga sana | soundbeam.
viga secundaria | pony girder.
viga semiempotrada | restrained beam.
viga soldada | fabricated girder.
viga solera | grade beam.
viga solera apoyada en una zapata | grade beam seated on footing.
viga T con bulbo en el alma | deck beam.
viga transversal | head tree | nog | cross beam.
viga transversal de apeo (recalzo muros) | needle beam.
viga travesera | bridging beam.
viga triangulada | triangulated girder.
viga triangular | delta girder.
viga tubular | box girder | box beam.
viga tubular de celosía | lattice-work box girder.
viga tubular de multialmas | multiweb box beam.
viga Vierendeel | open-panel truss.
viga voladiza | outrigger | beam cantilever.
viga voladiza (empotrada por un extremo y libre en el otro) | cantilever.
viga Warren | triangular truss | half-latticer girder.
viga-balancín (tren sondeos) | walking beam.
viga-carrera para soportar una cúpula | curb plate.
viga-montante | soldier beam.
viga-riostra | bridging joist.
vigas clavadas | nailed beams.
vigas de arquitrabe | fascia beams.
vigas de rodadura | runway beams.
viga-tirante | tie beam.
vigencia | attachment | duration | validity | term.
vigencia (de contratos) | currency.
vigencia de la póliza | term of insurance | life of the policy | policy period.
vigencia de un convenio | life of an agreement.
vigencia de una garantía | life of a guaranty.
vigencia de una patente | life of a patent.
vigente | ruling | in force | existing | unexpired.
vigente a partir de la fecha de mañana | effective tomorrow's date.
vigía | masthead | outlook | watch.
vigía (marina) | lookout | lookout-man.
vigía (vigilancia antiaérea) | ground observer.
vigía de incendios forestales | fire spotter.
vigía del espacio aéreo | sky watcher.
vigía que dirige el rumbo (buque entre hielos) | scunner.
vigilancia | tentering | control | patrol | lookout | guard | monitoring | superintendence | surveillance.
vigilancia (máquinas) | attendance.
vigilancia a distancia | remote supervision.
vigilancia acústica | acoustical surveillance.
vigilancia aérea | air search.
vigilancia con radar | radar surveillance.
vigilancia continuada | follow-up.
vigilancia de costas | coast-watching.
vigilancia de la calidad del agua | water quality surveillance.
vigilancia de la radiactividad | radiation monitoring | radiaton monitoring.
vigilancia de líquidos emisores de partículas alfa | monitoring of α -active liquors.
vigilancia de los calibradores | gage surveillance.
vigilancia de los fuegos (calderas) | fire control.
vigilancia de radio | radio watch.
vigilancia de rumbo | heading monitoring.
vigilancia de tiempos | watchman's clocking.
vigilancia de transmisión | look-through.
vigilancia del personal | monitoring of personnel.
vigilancia del régimen alimentario | dietary survey.
vigilancia efectiva | efficient supervision.
vigilancia higiénica | sanitary control.
vigilancia local (ambiente) | site monitoring.
vigilancia meteorológica | meteorological watch.
vigilancia por radar | radar surveillance.
vigilancia radar | radar surveillance.
vigilancia radiológica | radiological survey.
vigilancia radiológica del personal | personnel monitoring.
vigilancia submarina | subaqueous surveillance.
vigilancia y fiscalización de los alimentos | food policy.
vigilante | keeper | lookout-man | looker-out | lookout | listener | surveyor | griffon | guard watch | watchkeeper | tender | overlooker | overseer.
vigilante de fuegos forestales | firefighter.
vigilante de la carga y descarga (buques) | cargo sheet clerk | ship's clerk.
vigilante de la vía | trackwalker.
vigilante de máquinas | engine minder.
vigilante de noche | night-watchman.
vigilante de puerta de entrada a los muelles | dock gateman.
vigilante de radar | scope dope.
vigilante de taller | shopwalker.
vigilante de tienda (para impedir raterías) | shopwalker.
vigilante de un lugar incendiado | fire chaser.
vigilante de una tienda grande | floorwalker.
vigilante de vía (ferrocarril) | linesman | lineman.
vigilante del oleoducto | line walker.
vigilante del puente | deck watchman.
vigilante en tiempo de niebla (ferrocarriles) | fogman.
vigilante en tierra de puntos de caída de minas submarinas lanzadas por avión | minewatcher.
vigilante jefe | superintendent.
vigilante nocturno (talleres) | watchman.
vigilante para avisar incendios (bosques) | fire ranger.
vigilante para incendios (bosques) | fireguard.
vigilante para prevenir incendios | fire-watcher.
vigilante que coloca petardos en la vía en tiempo de niebla (ferrocarriles) | fogger.
vigilante que recorre la vía | lengthsman.
vigilantes | watchmen.
vigilar | stand guard (to) | superintend (to) | tail (to) | control (to) | oversee (to).
vigilar (máquinas) | attend (to).
vigilar (un trabajo) | overlook (to).
vigilar el agua contaminada | monitor contaminated water (to).
vigilar la intensidad de la dosis | monitor the dose rate (to).
vigilar la reacción | monitor the reaction (to).
vigilar los cobros | follow up invoices (to).
vigilar los huelguistas una fábrica | picket (to).
vigor | elan | kick | force | greenness.
vigor (de un viejo) | greenness.
vigor mental | mental stamina.
vigorosamente | sound.
vigoroso (fotografía) | plucky.
vigoroso (negativos) | brilliant.
vigota | blind pulley | deadeye | bull's eye.
viguería | joisting | beaming | girderage.
viguería de madera sin las tablas de piso | naked flooring.
vigueta | girder | beam | purling | lumber.
vigueta (hierros laminados) | profile.
vigueta armada | trussed joist.
vigueta con bulbo | bulb steel.
vigueta con losa a un solo lado (hormigón) | exterior beam.
vigueta de acero | steel beam.
vigueta de acero con listón de madera sobre el ala para poder clavar | nailer joist.
vigueta de acero de ala ancha | wide-flanged steel joist.
vigueta de acero laminado con altura aumentada por inserción de una chapa soldada en el alma o por corte del alma en zigzag soldando después de desplazar relativamente las dos mitades cortadas | expanded rolled steel section.
vigueta de acero nervada laminada en caliente | solid-ribbed hot-rolled steel section.
vigueta de acero soldado de gran luz | long-span welded-steel joist.
vigueta de celosía | bar joist | truss joist.
vigueta de descansillo (escaleras) | landing trimmer.
vigueta de enlace | tail boom.
vigueta de hormigón armado en una sola dirección | one-way concrete joist.
vigueta de izada de pesos (grúas) | lifting beam.
vigueta de los bastones (erizos) | spigot beam.
vigueta de noria | open-well joint.
vigueta de piso | rib | floor joist.
vigueta de puente | bridging joist.
vigueta de repartición de cargas | mudsill.
vigueta de techo | ceiling joist.
vigueta del tablero (puentes) | floor beam | floor-carrying beam.
vigueta del tablero - vigueta transversal (puentes) | floorbeam.
vigueta doble T de alas iguales de aluminio | symmetrical aluminum alloy I-beam.
vigueta en forma de Z utilizada para cierre de escotillas | hatch section.
vigueta final de tablero | end floor beam.
vigueta laminada | rolled girder | joist.
vigueta laminada de acero | stel joist.
vigueta laminada de acero de alma foraminada | open-web steel beam.
vigueta laminada de alas anchas | broad-flange beam.
vigueta laminada de poco peso | junior beam.
vigueta longitudinal central del techo (coches del metro) | monitor rail.
vigueta longitudinal que limita el ancho de la calzada (puente de pontones) | ribband.
vigueta precomprimida de bloques de hormigón | prestressed-concrete block joist.
vigueta prefabricada | precast joist.
vigueta transversal del piso apoyada en los cordones de las vigas principales (puentes) | needle beam.
vigueta U para construcción de vagones | car-building channel.
vigueta zeta | zee bar.
viguetas de soporte de la cola (aviones) | booms.
viguetas del tablero prefabricadas y pretensadas | prestressed precast deck girders.
viguetas laminadas con aligeramientos en el alma | lightsteel.
viguetas metálicas aligeradas | lightsteel.
viguetas prefabricadas pretensadas | pretensioned precast ribs.
viguetas que soportan la cuba (alto horno) | mantle beams.
vinagre | acetum.
vinagre decolorizado | crystal vinegar.
vinatera (de motón) | strap.
vinatera (vela de buque) | becket | furling line | lizard.
vinatera (velas) | furl line.

vinaza | poor wine.
vinaza de remolacha | beet vinasse.
vinazas | vinasses.
vinazas (líquidos residuales de la destilación del alcohol) | spent wash.
vinculable (jurisprudencia) | entailable.
vinculación | entail | linking.
vinculación hidráulica | hydraulic linkage.
vinculado | linked.
vinculado (mecánica) | restricted.
vinculador (de propiedades) | entailer.
vincular | entail (to).
vínculo | link | entail | tie | bond | privity | constraint | tie-in.
vínculo (símbolo de agrupación) | vinculum.
vínculo (sistemas mecánicos) | restraint.
vínculo cinemático | kinematic constraint.
vínculo de consanguinidad | next of kin.
vínculo rígido | rigid linkage | rigid bond.
vínculos | ties | vincula.
vindicar | justify (to) | vindicate (to) | reclaim (to).
vinhatico de espinho (Chloroleucon vinhatico) | vinhatico de espinho.
vinícola | wine producing | vinicultural.
vinícola (país) | viny.
vinicultor | viniculturist | winegrower.
vinicultura | viniculture.
vinífero | wine-producing.
vinificador | vinificator.
vinificador térmico | thermal vinificator.
vinilacetileno | vinyl acetylene.
vinilación | vinylation.
vinilcloracetatos (química) | vinylchloracetates.
vinílico | vinyl.
vinilita (plásticos) | vinylite.
vinilo | vinyl.
viniltolueno | vinyltoluene.
vino añejo | aged wine.
vino de baja graduación | low-graded wine.
vino de Canarias | canary.
vino de cuerpo | full-bodied wine.
vino de frutas | fruit wine.
vino de mucha graduación | heavy wine.
vino de orujo | pressurage.
vino de uvas | genuine wine.
vino de 4 años de crianza | wine of four years.
vino en proceso de crianza | young wine.
vino en rama | green wine.
vino encabezado | fortified wine.
vino generoso | fortified wine.
vino hecho | full-bodied wine.
vino moscatel | muscatel.
vino muy alcohólico | heavy wine.
vino natural | genuine wine.
vino natural de uva con más del 12% de alcohol | natur wine.
vino oloroso | fruity wine.
vino tinto de Burdeos | claret.
vino turbio | addle wine.
vino verde | young wine | hard wine.
vinos de una bodega | cellar.
viña | vineyard.
viñador | vinegrower.
viñedo | vineyard.
viñeta | adornment | text ullustration.
viñeta (imprenta) | vignette.
viñeta (páginas) | border.
viñeta (tipografía) | cut.
viñetado (tipografía) | vignetting.
viñetar (libros) | vignette (to).
viñetas (tipografía) | flowers.
viñetas de naipes | card pips.
viñetista | vignettist.
viñetista (artes gráficas) | vignette-engraver.
viola | tenor.
viola (música) | viol.
violación (de derechos) | infringement.
violación (no cumplimiento-nucleónica) | violation.
violación de domicilio | illegal entry.
violación de fianza | bail jumping.
violación de garantía | breach of warranty.
violación de la conservación del espín isotópico | violation of isotopic spin conservation.
violación de la ley | indictable offence.
violación de la paridad | parity violation | violation of parity.
violación de las limitaciones de la teoría | violation of the limitations of the theory.
violación de los derechos de | invasion of the rights of.
violación de los principios fundamentales de simetría | violation of the fundamental principles of symmetry.
violación de patente | patent infringement.
violación de una patente | patent infringement.
violación del contrato | breaking of contract.
violación del pacto | breach of covenant.
violación del tránsito | traffic violation.
violador de fianza | bail jumper.
violar | break in (to).
violar (a una mujer) | defile (to).
violar (la ley) | break (to).
violar (leyes) | contravene (to).
violar el armisticio | violate the armistice (to).
violar el bloqueo | infringe the blockage (to).
violar el contrato | break the contract (to).
violar el reglamento | contravene the regulations (to).
violar la caja fuerte | tamper with the cage (to).
violar la consigna | break bounds (to).
violar la libertad bajo fianza | jump bail.
violar las reglas establecidas | foul (to).
violar o tratar de violar (a una mujer) | assault (to).
violencia (enfermedad) | acuteness.
violencia del tiempo (navegación) | stress of weather.
violencia explosiva | explosive violence.
violentar | enforce (to).
violento (venenos) | potent.
violento (viento) | rough.
violeta de metilo | aniline violet.
violín | fiddle.
violín (bauprés de buque) | bee.
violín sobre la montura (atalaje de carruajes) | pole yoke.
vira (calzado) | welt.
virada (con el cabrestante) | heaving.
virada (del viento) | chop.
virada con todo el timón metido a una banda | full-rudder turn.
virada en redondo (buques) | putting about.
virada por avante | tack.
virada por avante (buque de vela) | going about.
virada por avante (buques) | club hauling.
virado (fotografía) | toning.
virado con baño de sulfato de cobre y citrato de potasio y ferricianuro de potasio | copper toning.
virado de un reactivo | colour reversion.
virador | rolling gear | barring gear | jacking engine | turning gear | turning motor.
virador (fotografía) | toner.
virador (máquinas) | jacking gear.
virador (para máquina) | barring motor.
virador a mano (máquinas) | hand turning gear.
virador de cadena (buques) | messenger chain.
virador del motor | engine-turning gear.
virador eléctrico (motor marino) | electric starter (marine engine).
virador para turbina | turbine barring gear.
viraje | turning | turn | swinging | swerve.
viraje (autos) | bend.
viraje (filme) | dye toning.
viraje a velocidad normalizada | standard rate turn.
viraje al plato (viraje a plano-aviación) | flat turn.
viraje ascendente | climbing turn.
viraje ascendente (avión) | climb turn.
viraje azul (fotografía) | blue toning.
viraje brusco (aviación) | break.
viraje brusco desde la línea recta de vuelo para prepararse para aterrizar (formación aérea) | pitchout.
viraje ceñido | tight turn.
viraje cerrado | tight turn | shallow turn | steep turn.
viraje cronometrado | timed turn.
viraje de poco radio | tight turn.
viraje de procedimiento | procedure turn.
viraje en dirección del viento | downwind turn.
viraje en la vertical | sharp turn.
viraje en la vertical (aviación) | vertical turn.
viraje en que el avión cambia de rumbo a la velocidad de 3 grados por segundo | rate one turn.
viraje en que la parte alta del fuselaje se inclina hacia el interior de la curva | inside turn.
viraje en S para aterrizar | S turn for landing.
viraje en vuelo horizontal | level turn.
viraje en vuelo planeado | gliding turn.
viraje hacia fuera (aviones) | outside turn.
viraje inclinado | banked turn.
viraje muy inclinado (aviación) | flipper turn.
viraje peligroso | awkward corner.
viraje poco amplio | shallow turn.
viraje por redondo (buques) | wearing | veering.
viraje por redondo (marina) | veering.
viraje químico | chemical toning.
viraje reglamentario (avión antes de aterrizar) | procedure turn.
viraje reglamentario a la derecha | procedure turn right.
viraje sin derrape (aviones) | true-banked turn.
viraje sin visibilidad (carreteras) | blind corner.
viraje sobre el ala | sharp turn.
virar | chop about (to) | turn (to) | about ship (to).
virar (análisis volumétricos) | change color (to).
virar (buques) | cast about (to).
virar (el cabrestante) | heave around (to).
virar (el viento) | shift (to) | veer (to) | chop (to).
virar (fotografía) | bleach (to) | tone (to).
virar (máquinas) | jack over (to).
virar (marina) | haul in (to) | heave (to).
virar (química) | change color (to).
virar (un motor) | crank (to).
virar (viento) | chop round (to).
virar a pico (anclas) | heave apeak (to).
virar a pico (cadena del ancla) | heave short (to).
virar bruscamente (aviones) | break-off (to).
virar cara al viento fondeando el ancla a sotavento (buque de vela) | club haul (to).
virar con el cabrestante | heave in (to).
virar con exceso | oversteer (to).
virar con exceso (fotografía) | overtone (to).
virar demasiado inclinado (aviones) | overbank (to).
virar en poco espacio (buques) | go right-about (to).
virar en redondo (buques) | go about (to) | put about (to) | wind (to) 00.
virar en redondo (buques, aviones) | turn back (to).
virar en redondo facheando el trinquete (buque de vela) | boxhaul (to).
virar hacia (navegación) | lay on (to).
virar hacia afuera (formaciones de aviones, convoyes marinos, etc.) | peel (to).
virar por avante (buques de vela) | tack (to).
virar por avante (marina) | stay (to).
virar por redondo (buque de vela) | veering.
virar por redondo (buques) | veer (to).
virar por rendondo (marina) | wear (to).
virar rápidamente (aviones) | kick (to).
virar sobre la proa | heave ahead (to).
virar sobre un cabo | heave at a rope (to).
virgación (geología) | virgation.
virgen | virgin | unused.
virgen (cinta) | unrecorded.
virgen (geología) | native.

virgen (terrenos) | wildcat.
virginia muy fuerte (tela) | Indian shirting.
vírgula | prime.
virgulilla (tipografía) | prime.
virgulita | stem.
virial tensorial | tensor virial.
vírico | viral.
virlota | crosse.
viroide (medicina) | viroid.
virola | bush | hoop | collar | ring | tip | thimble | ferrule.
virola (anillo - cuerpo de caldera) | course.
virola (calderas) | shell plate.
virola (calderas cilíndricas) | strake.
virola (relojes) | collet.
virola (Virola koschnyi) | Virola merendonsis | virola.
virola con bridas (calderas) | flanged belt.
virola cónica de calderas | conical boiler course.
virola cónica de transición (calderas) | conical transition belt.
virola de extremidad (calderas) | end course | end shell ring.
virola de la caja de humos (locomotora) | smokebox shell.
virola del cuerpo cilíndrico (calderas) | shell belt.
virola del horno (hogar de caldera) | flue belt.
virola Merendonis - Pitt) | banak.
virología | virology.
virólogo | virologist.
virólogos | virologists.
viroso | virose.
virotillo articulado (calderas) | expansion staybolt.
virotillo articulado (cielo del hogar) | sling stay.
virotillo articulado (tirante articulado que permite la dilatación de la placa tubular-caja de fuegos) | flexible stay bolt.
virotillo articulado del cielo del hogar | expansion crown staybolt.
virotillo de cobre | copper staybolt.
virotillo de dilatación (calderas) | expansion staybolt.
virotillo del cielo del hogar (calderas) | bridge stay | girder stay.
virotillo hueco | hollow stay bolt.
virotillo recalcado explosivamente (calderas) | explosively-set staybolt.
virotillo roscado (calderas) | stay bolt.
virtual | virtual.
virtuosidad (artistas) | virtuosoship.
viruelas (superficie barnizada) | pitting.
virulencia (enfermedad) | malignity.
virus de la aspermia del tomate | tomato aspermy virus.
virus de la deformación nervaria de las hojas del tabaco | tobacco vein-distorting virus.
virus de la rabia | rabies virus.
virus del catarro | cold virus.
virus del enrollamiento de la hoja (patatas) | leaf-roll virus.
virus del nanismo de la avena | oat dwarf virus.
virus vegetal | plant virus.
viruta | cutting | chip | chipping | thread.
viruta (uranio, plutonio) | swarf.
viruta desnuda | naked chip.
viruta discontinua | tear-chip.
viruta fina para embalar | excelsior.
viruta flúida continua (tornos) | continuous chip | flow-chip.
viruta fría de acero | steel wool.
viruta rizada | curling chip.
virutas | shavings | chippings | filings | eddying process | cuttings.
virutas de cobre | copper scraping | copper turnings.
virutas de hierro | iron turnings | iron borings | iron parings.
virutas de la canteadora de chapas | edgings.
virutas de lingotes (estereotipia) | chips.
virutas de maquinado de hierro fundido | C.I. borings.
virutas de maquinado del hierro fundido | cast iron swarf.
virutas de taladrado | drill cuttings | boring chips | borings.
virutas de taladrar | drillings.
virutas de torno | turnings.
virutas del cepillado | planing cuttings.
virutas finas de acero | steel wool.
virutas finas de madera | wood-wool.
virutas metálicas (de torno, cepilladora, etc.) | swarf.
visación (topografía) | sighting.
visada por el ánima | boresighting.
visado (pasaportes) | visa.
visado consular | consular visa.
visado consular de la factura | consular visa of invoice.
visado de entrada | entry visa.
visado de pasaportes | visa of passports.
visado de salida | exit visa.
visado de tránsito | transit visa.
visado de tránsito colectivo | collective transit visa.
visado por el cajero | initialled by the cashier.
visado y sellado | attested and sealed.
visar | endorse (to) | aim (to) | vise (to).
visar por el ánima | boresight (to).
vísceras | inwards.
viscoelasticidad | viscoelasticity.
viscoelástico | viscoelastic.
viscofluencia | viscous creep.
viscofluencia a altas temperaturas | high-temperature creep.
viscofluencia de estado permanente | steady-state creep.
viscofluencia pasajera | transient creep.
viscofluencia terciaria | tertiary creep.
viscometría sónica | sonic viscometry.
viscómetro | viscometer.
viscoplástico | viscoplastic.
viscosa (química) | viscose.
viscosa (xantato de celulosa) | viscose.
viscosidad | viscosity | viscidity | spissitude.
viscosidad (barnices, pinturas) | tack.
viscosidad (combustibles líquidos) | pumpability.
viscosidad cinemática | kinematic viscosity.
viscosidad cinemática de remolino | kinematic eddy viscosity.
viscosidad cinética | kinetic viscosity.
viscosidad crítica | breakdown viscosity.
viscosidad de la mezcla | viscosity of the mix.
viscosidad de la tinta | ink tack.
viscosidad de pinturas | tack.
viscosidad de pulverización | atomization viscosity.
viscosidad de remolinos | eddy viscosity.
viscosidad de una dispersión de celulosa o pasta en hidrato cuproamónico (papel) | cuprammonium viscosity.
viscosidad del chocolate fundido | chocolate viscosity.
viscosidad dinámica | coefficient of molecular viscosity | coefficient of viscosity.
viscosidad magnética | magnetic viscosity | magnetic after-effect.
viscosidad medida por caída de bola | ball-drop viscosity.
viscosidad que depende de la presión | pressure-dependent viscosity.
viscosidad relativa | relative viscosity.
viscosidad turbulenta | eddy viscosity.
viscosilla | rayon waste.
viscosimetría | viscometry.
viscosímetro | viscometer | viscosimeter.
viscosímetro de bola de caída libre | falling-sphere viscometer.
viscosímetro de bola descendente | falling-ball viscosimeter.
viscosímetro de capa oscilante | oscillating cup viscometer.
viscosímetro de esfera rodante | rolling sphere viscometer.
viscosímetro de medida de tiempos | time viscometer.
viscosímetro de peso de caída libre | falling-weight viscometer.
viscosímetro electromagnético | electromagnetic viscometer.
viscosímetro rotacional | rotational viscometer.
viscosímetro vibracional | vibrational viscometer.
viscoso | viscid | viscous | mucid | limy | slimy | tacky | tacky | glairy | heavy-bodied | heavy.
viscoso (líquidos) | stringy.
viscosoelástico | viscoelastic.
visera | visor | shade | flag | eye-shade.
visera (cascos) | peak.
visera (chimenea locomotora) | lip.
visera (de alero) | verge.
visera (de gorra, de una señal) | vizor.
visera (de puerta o ventana) | larmier.
visera (faro de automóvil) | bezel.
visera antisolar (fotografía) | lens-hood.
visera de cámara de televisión | lens screen.
visera de cámara tomavistas | flag | gobo | lens screen.
visera de puerta o ventana | pentice | penthouse.
visera de señales | hood.
visera de tribuna (hipódromos, etcétera) | fling canopy.
visera del objetivo (aparatos topográficos) | lens shade.
visera del ocular (aparato óptico) | eye shield | eye guard.
visibilidad | sight distance | visibility range.
visibilidad (techo de nubes - meteorología) | ceiling.
visibilidad de la señal (ferrocarril) | signal aspect.
visibilidad del satélite artificial | artificial satellite visibility.
visibilidad en dirección inclinada (ni horizontal ni vertical) | slant range visibility.
visibilidad en dirección no horizontal | slant visibility.
visibilidad en tierra | ground visibility.
visibilidad en vuelo | flight visibility.
visibilidad escotópica | scotopic visibility.
visibilidad horizontal escasa | poor horizontal visibility.
visibilidad ilimitada (aviación) | ceiling unlimited.
visibilidad indicada en la carta | charted visibility.
visibilidad microscópica | microscopical visibility.
visibilidad nula | nil visibility.
visibilidad nula (aviación) | ceiling zero.
visibilidad nula en sentido vertical y horizonal | zero-zero.
visibilidad oblicua | slant visibility.
visibilidad panorámica | panoramic visibility.
visibilidad reducida | poor visibility.
visibilímetro | visibility meter.
visible | conspicuous.
visible a simple vista (estrellas) | lucid.
visible al microscopio | microscopically visible.
visible brillantemente a la luz del sol | brilliantly visible in sunlight.
visillo | shade.
visiofonía | visiophony.
visiófono | videophone.
visiogénico | visiogenic.
visión | vision | video.
visión acromática | achromatic vision.
visión binocular | retinal disparity.
visión defectiva (luminotecnia) | tritanomalous visión.
visión directa | foveal vision.
visión doble | double vision.
visión escotópica | night vision | rod vision.
visión escotópica (ojo) | scotopic vision.
visión estereoscópica | solid vision | stereoviewing | stereovision.

visión fotópica | daylight vision | cone vision.
visión indirecta | extrafoveal vision.
visión momentánea | glimmer | blink.
visión nocturna | night vision.
visión orientada al resultado | result-oriented view.
visión periférica | indirect vision | peripheral vision.
visión seudoscópica | pseudoscopic vision.
visiotelefonía | visiotelephony.
visita | calling.
visita (Aduanas) | searching.
visita (buques neutrales) | visit.
visita (de Aduana) | search.
visita con guía | conducted visit.
visita de inspección | working visit | survey.
visita de la aduana | jerquing | customs search.
visita de la aduana a bordo | rummmage.
visita del representante | representative call.
visita oficial | official visit.
visita por un oficial de estado mayor | staff visit.
visitador | examiner.
visitador de asistencia médica domiciliaria | caseworker.
visitante | caller.
visitante de la feria | fairgoer.
visitar (máquinas) | overhaul (to).
visitar un buque (aduanas) | jerque (to).
visitas a clientes | round of customers.
visitas a fábricas industriales | plant tours.
visitas de inspección gratis | free-of-charge inspection visits.
visitas turísticas | sightseeing trips.
visivo | visual.
vislumbre | glimpse | glimmer.
viso | luster (EE.UU.).
viso (géneros) | water.
viso (telas) | lustre (Inglaterra).
visón | mink.
visor | viewer | sight | finder.
visor (cámara fotográfica) | ground glass.
visor (fotografía) | view finder.
visor angular (fotografía) | angle finder.
visor antisol (automóviles) | sun visor.
visor azimutal (peloro) | sight vane.
visor claro (fotografía) | brilliant view-finder.
visor colimador de artillería | gun sight.
visor de abertura | retractable visor.
visor de cámara oscura | reflecting view-finder.
visor de cuadro (visor iconométrico - fotografía) | frame view-finder.
visor de diapositivas | slide viewer.
visor de envolvente | envelope viewer.
visor de fibras | fiberscope.
visor de microfilm | microfilm viewer.
visor de prisma | prismatic eye.
visor de proa | bow visor.
visor de rayos laser | laser sight.
visor de reflejo brillante (cámaras) | brilliant finder.
visor del ánima | boresight.
visor del horizonte | horizon sensor.
visor electrónico | electronic viewfinder.
visor enderezador | reversal finder.
visor giroscópico | gyro gunsight.
visor iconométrico | direct vision finder | iconometer view finder.
visor interior del ánima (cañones) | muzzle bore sight.
visor lanzatorpedos | torpedo sight.
visor óptico | optical viewfinder.
visor oscuro (máquina fotográfica) | indirect view finder.
visor posterior de ánima (cañones) | breech bore sight.
visor prismático | prismatic eye.
visor reflex | reflex sight.
visor-copiador (microfilm) | viewer printer.
visos (joyería y tejidos) | wave.
vista | vision | vista | perspective | outlook | lookout.
vista (cristal de gafas) | vista.
vista (tribunal) | hearing.
vista a vuelo de pájaro | bird's-eye view | eye view.
vista aérea | aero view.
vista aforador | customs appraiser.
vista aguas arriba | upstream view.
vista axial | axial view.
vista cercana | closeup.
vista de abajo arriba | bottom view.
vista de aduana | surveyor.
vista de aduanas | collector of the customs | customs officer.
vista de apelación | hearing on appeal.
vista de canto | edge view.
vista de conjunto | overall view | closeup | general view | conspectus.
vista de costado | side elevation | side view.
vista de costado (dibujo) | end elevation.
vista de costado (dibujos) | side elevation.
vista de frente | front view | end view.
vista de frente (dibujo) | face plan.
vista de perfil | profile view.
vista de proa | bow view.
vista de un escrito dado en prueba (jurisprudencia) | oyer.
vista de un objeto desde arriba | plan-view.
vista de una causa | trial | hearing.
vista del mar | seascape.
vista desde atrás | viewed from the rear.
vista desde el aire | pilot's eye view.
vista desde lo alto (dibujo) | top view.
vista despiezada | exploded view.
vista detallada | close-up view.
vista dimétrica (dibujo) | dimetric view.
vista en alzado (dibujo) | elevation view.
vista en alzado (dibujos) | elevational view.
vista en arista (dibujo) | edge view.
vista en corte (dibujos) | sectional view | cross-sectional drawing | cutaway view.
vista en la que un objeto llena todo el campo de visión | closeup.
vista en perspectiva | perspective view | pictorial.
vista en planta | plan-view.
vista en planta (dibujo) | plan view | top view.
vista en transparencia de un mecanismo interior | phantom view.
vista esquemática | schematic view.
vista fotográfica impecable (cine) | eagle.
vista fotográficamente mala (cine) | buzzard.
vista frontal (dibujo) | front view.
vista general | conspectus | overview.
vista hiperscópica | hyperscopic view.
vista hiposcópica | hyposcopic view.
vista lateral | side view.
vista lateral en alzado (dibujo) | side elevational view.
vista lateral izquierda | left-side view.
vista lordótica | lordotic view.
vista oblicua (cine) | angle-view.
vista opaca (TV) | telop.
vista ortográfica | orthographic view.
vista ortoscópica | orthoscopic view.
vista panorámica | sweeping view | panorama.
vista parcial (dibujos) | scrap view | local view.
vista posterior | back view.
vista posterior (dibujo) | rear view.
vista posterior izquierda | left rear view.
vista próxima | close-up view.
vista que se desvanece y se va cambiando en otra (filmes) | dissolving view.
vista seccional | sectional view.
vista transparente (dibujo esquemático con el contorno exterior y por transparencia la disposición de los elementos interiores) | phantom view.
vista vertical (dibujos) | elevation view.
vistazo | glance | glimpse.
Visto Bueno | approved | visa.
visto desde contera (cañón) | viewed from the rear.
visto desde el extremo posterior | facing read end.
visto por debajo de un eje óptico | looking down on an optic axis.
visto por el exterior | looked at from the outside.
visto que | considering.
vistosidad del automóvil | eye appeal of the car.
visual | ocular | visual.
visual (topografía) | line | shot.
visual atrás | reverse bearing.
visual auxiliar (topografía) | side shot.
visual cuesta abajo (topografía) | downhill sight.
visual cuesta arriba (topografía) | uphill sight.
visual de frente | plus sight.
visual frontal | front sight.
visual frontal (nivelación) | minus.
visual hacia atrás | backsight.
visual hacia atrás (nivelación) | plus sight.
visual hacia atrás (topografía) | minus sight.
visual hacia delante (topografía) | plus sight.
visual inversa (topografía) | backsight.
visual muy inclinada (topografía) | steep sight.
visuales compensadas (topografía) | balanced sights.
visuales no compensadas (topografía) | unbalanced sights.
visualidad cromática | chromatic visuality.
visualidad de la pista | runway visual range.
visualizable | displayable.
visualización | visualization | visual display.
visualización de datos | data visualization.
visualización de diagnóstico por ultrasonido | diagnostic visualization.
visualización de la corriente | flow visualization.
visualización de la palabra de información | display of the data word.
visualización de los filetes de corriente | flow visualization.
visualización del flujo | flow visualization.
visualización en cristal líquido | liquid crystal display.
visualización espacial | spatial visualization.
visualización por microscopio de barrido electrónico | scanning-electron-microscope display.
visualización transitoria | soft copy.
visualización ultrasónica | ultrasonic visualization.
visualizador | tracer | viewer | visualizer.
visualizador doble | divided light.
visualizador radiactivo | radioactive tracer.
visualizar | visualize (to) | visualise (to).
visualmente minusválido | visually handicapped.
visualmente separable | visually separable.
visuocomunicación | visuocommunication.
visuofrecuencia | visual frequency.
visuoindicador | visual indicator.
visuomotor | visuomotor.
visuosintonización | visual tuning.
vital | live | life-giving.
vitalicio | for-life.
vitamina | advitant.
vitamina B2 | riboflavin.
vitamina B6 | pyridoxine.
vitaminas | vitamins.
vitaminizar | vitaminize (to).
vitaminología | vitaminology.
vitamino-resistente | vitamin-resistant.
vitascopio | vitascope.
vitelinato de plata (química) | silver vitellin.
vitelo (de huevo) | yolk.
viticultura | viticulture.
vitola | point gage | ball caliber | gage (EE.UU.) | gauge (G.B.).
vitola para calibrar proyectiles | shot gauge.
vitola para sierras | saw gage.
vitrain (constituyente separable de carbones brillantes) | vitrain.
vitral | stained-glass window.
vitral historiado | storied window.
vitrales (iglesias) | glasswork | glass work.
vitralista | vitralist.

vítreo | vitreous | glassy | glasslike.
vítreolitoidal | glassy-lithoidal.
vitreoplasticidad | vitreoplasticity.
vitreoplástico | vitreoplastic.
vitrescibilidad | vitrescibility.
vitrescible | vitrescible.
vitrial | stained glass window.
vitrificabilidad | vitrifiability.
vitrificación | vitrification | vitrifaction.
vitrificación de residuos radioactivos líquidos | vitrification of liquid radioactive waste.
vitrificación por fusión | fusing.
vitrificado | glasslined | glazed.
vitrificador | vitrifier.
vitrificar | vitrify (to).
vitrificar por fusión (esmaltes) | fuse (to).
vitrina | glass-cupboard | glass case.
vitrina colocada en el centro | island show-case.
vitrina de cristal | glass display case.
vitrina transparente (molusco) | glass-snail.
vitrinita (carbones) | vitrinite.
vitriol rojo | cobalt vitriol.
vitriol rosa | cobalt vitriol.
vitriolar (convertir en vitriolo) | vitriolate (to).
vitriolo | vitriol.
vitriolo azul | copper vitriol | copper sulphate | blue vitriol.
vitriolo blanco | zinc sulphate.
vitriolo de hierro (sulfato ferroso) | iron vitriol.
vitriolo de plomo | lead vitriol.
vitriolo de uranio | uranium vitriol.
vitriolo rojo | red vitriol.
vitriolo rojo (mineral) | botryogen.
vitriolo verde | copperas.
vitrobasalto | vitrobasalt.
vitroclástico | vitroclastic.
vitrofibra | glasswool | glass | glass fiber | fiber glass | fibreglass (G.B.) | fiberglass.
vitrofibra impregnada con un plástico | plastics-impregnated fiberglass.
vitrofibra texturada | braided fiber glass.
vitrofido | vitrophyre.
vitrófiro | vitrophyre.
vitrofusión | vitromelting.
vitroplumbífero | vitroplumbiferous.
vitrorresinoso | vitreoresinous.
vituallas | accouterment | food supplies | food.
viuda con viudedad | dowager.
viva (pólvoras) | strong.
vivac | bivouac.
vivac en trenes de campaña | train bivouac.
vivacidad | brightness.
vivacidad (explosivos) | quickness.
vivacidad (química, pólvoras) | liveliness.
vivacidad de color | high color.
vivacidad de la combustión | combustion vivacity.
vivacidad de la pólvora | powder vivacity.
vivacidad del operador | operator alertness.
vivaque (para carros de combate) | harbour (Inglaterra) | harbor (EE.UU.).
vivaquear | bivouac (to).
vivaz (arbusto) | hardy.
vivaz (botánica) | evergreen.
vivaz (colores) | live.
víveres | supplies | food supplies | food | provisions | foodstuffs | stores.
vivero | hotbed | nursery-garden | nursery.
vivero (de barco de pesca) | well.
vivero (piscicultura) | crawl.
vivero de álamos | populetum.
vivero de chopos | populetum.
vivero de peces (cajón agujereado de madera) | fish car | car.
vivero de peces (en un buque pesquero) | fish well.
vivero de pescado | fish preserve.
vivero de pescado (en un buque pesquero) | wet well.
vivero de plantas | plantation.
vivero de plantas frutales | fruit plant nursery.
vivero forestal | forest nursery | seedling nursery.
viveza (colores) | glow.
viveza (del color) | depth.
vivianita | blue ochre | blue iron earth | blue iron ore.
vivienda con instalación eléctrica | wired home.
vivienda multifamiliar | multifamilly dwelling.
vivienda pública | public housing.
vivienda social | public housing.
viviendas de alquiler reducido | low-rent housing.
viviendas de propiedad cooperativa | co-op housing.
viviendas de renta limitada | limited-profit housing.
viviendas públicas de renta baja | low-rent public housing.
viviente | living | live.
vivificante | life-giving | health-building.
vivir | live (to).
vivir en | occupy (to).
vivir en tiendas | camp out (to).
vivo | live.
vivo (color) | hot.
vivo (colores) | high.
vivo (costura) | rib | welt.
vivo (costura de un vestido) | pin-tuck.
vivo (costura de vestido) | pinched tuck.
vivo (ganado) | on the hoof.
vivo (música) | lively.
vobulación (TV) | wobbulation.
vobulador | wobbulator.
vocablo | term | word.
vocabulario (ordenador) | vocabulary.
vocabulario convencional | code.
vocabulario médico | medical vocabulary.
vocabulario sistemático | classified vocabulary.
vocacional | vocational.
vocal (de un comité) | director.
vocal titular | regular member.
vocal transitoria (lingüística) | murmur vowel.
vocalización | vocalization.
vocear | whoop (to).
vocera | prolocutrix.
vocero | prolocutor | fugleman.
vocero de la minoria | minority leader.
vocero del Gobierno | government spokeman.
voces de aves (zoología) | voices.
voces de mando reglamentarias | standard commands.
vocodificador | vocoder.
vodas | voice operated device anti-singing (V.O.D.A.S.).
vodas (telefonía) | vodas.
vogad | voice operated gain adjusting device (V.O.G.A.D.).
vogad (telefonía) | vogad.
volabilidad (aptitud para volar) | flyability.
volada (grúas) | radius.
voladizo | jut | setoff | corbeled.
voladizo (arquitectura) | projecture.
voladizo del alza (presas) | shutter wing.
voladizo delantero (chasis autobuses) | front overhang.
voladizo en flecha (aeroelasticidad) | swept cantilever.
voladizo trasero (chasis autobuses) | rear overhang.
volado (con explosivo) | blasted.
volado con mina | mined.
volado en pruebas | test flown.
volador (túneles) | needle beam.
voladura | blast | blowing up | blasting.
voladura con cámara de expansión | cushioned blasting.
voladura con carga adosada (de un carril, de una viga) | plastering.
voladura con cargas retardadas en milisegundos (carreteras) | millisecond blast.
voladura con retraso de milisegundos en los cebos de las cargas sucesivas | split-second delay blasting.
voladura controlada | controlled blasting.
voladura de canteras | quarry shooting.
voladura de rocas | rock-blasting.
voladura de túneles | coyote-hole blasting.
voladura del frente de una cantera | heading blasting.
voladura del puente | bridge demolition.
voladura lunar | lunar blasting.
voladura nuclear subterránea (minería) | nuclear blast.
voladura por barrenos de levantamiento (canteras) | snakeholing.
voladura por cámaras | gopher hole blasting | chamber blast.
voladura por pozos | wellhole blasting.
voladura por rotación (voladuras rocas) | rotation firing.
voladura prematura del puente | bridge premature blowing.
voladura propagada | propagation blasting.
voladura sin barreno | adobe shooting.
voladura y desescombro (minas, túneles) | drilling-blasting-mucking cycle.
voladuras de cantera retardadas entre cada barreno | one hole per delay quarry blasts.
voladuras sucesivas | sequential blastings.
volandera (caja del eje) | axlebox.
volandera (carruajes) | body washer.
volando (aviones) | airborne | underway.
volante | driving-wheel | slip | flyer.
volante (carda de lana) | fancy roller | fancy roll.
volante (de máquina) | flier | bob.
volante (de reloj) | balance.
volante (máquinas) | wheel | fly | flywheel.
volante (paleontología) | volant.
volante (regulador de paletas) | fly-governor.
volante (reloj) | balance wheel.
volante a mano de maniobra | control hand wheel.
volante a mano del movimiento longitudinal de la mesa | longitudinal table motion handwheel.
volante amortiguador de vibraciones de torsión | detuner flywheel.
volante de aspas (máquina herramienta) | pilot wheel.
volante de avances a mano | hand feed wheel.
volante de cesión | fly-power.
volante de depósito | deposit slip.
volante de derivas | deflection handwheel.
volante de dirección (autos) | steering wheel.
volante de dirección con aro de madera (autos) | wood-rimmed steering wheel.
volante de dirección de dos radios (automóviles) | two-spoke steering wheel.
volante de funcionamiento | actuating handwheel.
volante de inercia cardánico (satélites) | gimballed momentum wheel.
volante de la máquina | engine flywheel.
volante de llanta plana | flat-rimmed handwheel.
volante de mando | steering wheel | operating handwheel.
volante de maniguetas | spoked handwheel.
volante de maniguetas radiales | pilot wheel | capstan wheel.
volante de maniobra | operating handwheel | hand wheel.
volante de mano | hand wheel.
volante de mano del carro transversal (tornos) | cross-slide handwheel.
volante de mano para el avance longitudinal (máquinas herramientas) | hand wheel for longitudinal feed.
volante de manobra del freno | brake wheel.
volante de plástico moldeado | molded plastic handwheel.
volante de puntería ayudada | rate-aided handwheel.
volante de puntería en elevación | elevating handwheel.
volante de puntería en elevación (cañones) | elevating wheel.

volante de radios curvos | dished-arm handwheel.
volante de varias piezas | sectional flywheel.
volante del apuntador en elevación (cañones) | layer's handwheel.
volante del eje transversal de puntería en elevación | elevating cross-shaft handwheel.
volante del freno de mano | brake hand wheel.
volante del motor | engine flywheel.
volante del reglaje a mano | adjusting hand wheel.
volante del tablero de alimentación | feedboard handwheel.
volante dentado | cogged flywheel.
volante derecho de puntería en elevación (cañones) | right elevating handwheel.
volante izquierdo de puntería de elevación (cañones) | left elevating handwheel.
volante para amortiguar los esfuerzos por vibraciones de torsión (ejes cigüeñales) | detuning flywheel.
volante portasierra (sierra de cinta) | saw pulley.
volante regulador | balance wheel.
volante regulador (motores) | storage flywheel.
volante tensor | tension wheel.
volante ventilador | fan flyweel.
volar | fly (to).
volar (aviación) | wing (to).
volar (con una mina) | blow (to).
volar (construcción) | corbel (to).
volar (hacer explosión) | blowout (to).
volar (hacer explosión - estallar) | fulminate (to).
volar (minas) | explode (to) | go off (to).
volar (voladuras) | discharge (to).
volar a baja altura para darse cuenta de los obstáculos para el aterrizaje | drag the field (to).
volar a cierta distancia de un avión sin piloto y controlar su velocidad y dirección de vuelo | pace (to).
volar a gran altitud (eliminando así los inconvenientes del mal tiempo) | fly above the weather (to).
volar a gran altura | fly upstairs (to).
volar a la altitud asignada o deseada | be at altitude (to).
volar a lo largo de un haz direccional de radio | ride the beam (to).
volar a punto fijo (helicópteros) | hover (to).
volar a ras de tierra (a unos 10 metros del suelo) | hedgehop (to).
volar alrededor del centro de una tempestad para determinar la dirección y velocidad del viento | box a storm (to).
volar bajo | buzz (to).
volar bajo (a unos 10 metros del suelo) | hedgehop (to).
volar bajo sobre una zona para examinarla antes de aterrizar | drag (to).
volar bajo y observar un campo (aviación) | shoot a field (to).
volar cerca del terreno (aviación) | belly down (to).
volar con aletazos grandes (aves) | oar (to).
volar con explosivo | blowup (to).
volar con mina | mine (to).
volar con viento de costado (aviación) | quarter (to).
volar de escolta | fly escort (to).
volar de retorno sin carga | deadhead (to).
volar en círculo | orbit (to).
volar en círculos | fly round and round (to).
volar en espiral | corkscrew (to) | spiral (to).
volar en horizontal (aviones) | fly level (to).
volar en lanzadera | shuttle (to).
volar en pedazos | break into flinders (to) | burst to pieces (to) | fly to pieces (to).
volar en pruebas | flight-test (to) | test-fly (to).
volar en sinusoide (aviones) | porpoise (to).
volar en un velero (aviación) | sailplane (to).
volar hacia una fuente emisora de radiaciones utilizando como guía las ondas radiadas | home on (to).
volar hacia una fuente emisora de radiaciones utilizando como guía las ondas radiadas (aviones) | home (to).
volar irregularmente (aviación) | waffle (to).
volar la roca | blast the rock (to).
volar manejando brutalmente los mandos | horse an airplane (to).
volar más allá del blanco (bombardeo aéreo) | overshoot (to).
volar muy bajo sin necesidad (postinearse-piloto volando) | flat-hat (to).
volar pesadamente (proyectiles) | lob (to).
volar siguiendo el curso de un río | fly the wet beam (to).
volar siguiendo una señal unidireccional | fly the beam (to).
volar sin barrenar (voladuras) | bulldoze (to).
volar sin dirección determinada (aviones) | loiter (to).
volar sin finalidad alguna | stooge around (to).
volar sin referencias visuales sobre la tierra o el cielo | fly blind (to).
volar sin restricciones sobre un área determinada eligiendo altitud o blancos | free-lance (to).
volar sin visibilidad con ayuda de instrumentos | fly on instruments (to).
volar sobre un obstáculo | clear (to).
volar sobre una línea férrea | fly the iron compass (to).
volar un aparato con única y completa responsabilidad | solo (to).
volar un convertidor (con explosivo) | blow a converter (to).
volar yendo y viniendo entre dos puntos | shuttle (to).
volatería | poultry | fowling | fowls.
volatibilidad | volatility.
volátil | volatile.
volátil (colores cerámicos) | flowing.
volatilizable | volatilizable.
volatilización | volatilization.
volatilización irreversible | irreversible volatilization.
volatilizar | volatilize (to).
volcadero | tipple.
volcado | upset.
volcador | turning device | reverser | tilter.
volcador de vagones | tippler | tipper | tipple | revolving tippler.
volcador de vagones de carbón | coal tipple.
volcador de vagones de descarga lateral | side-discharge tippler.
volcador de vagones rotativo | rotating car dumper.
volcador giratorio para vagones | rotary car dumper.
volcador para vagones | wagon tippler.
volcán | volcano.
volcán compuesto | compound volcano.
volcán con borde | rim volcano.
volcán con cráter compuesto de capas de toba y lava | bedded volcano.
volcán con erupciones periódicas de gran violencia | explosive vulcano.
volcán de aire | air volcano.
volcán de escudo | shield volcano.
volcán de fango | mud volcano | mud cone.
volcán de fuego | paint pot.
volcán de lodo | mud volcano.
volcán durmiente | dormant volcano.
volcán en actividad | active volcano.
volcán inactivo | quiescent volcano.
volcanicidad | volcanicity.
volcánico | igneous.
volcanismo cenozoico | cainozoic volcanism.
volcanismo cratogénico | cratogenic volcanism.
volcanismo lunar | moon volcanism.
volcanizar | vulcanize (to).
volcanología | volcanology.
volcanología física | physical volcanology.
volcanológico | volcanological.
volcanólogo | volcanologist.
volcanosísmico | volcanoseismic.
volcanotectónico | volcanotectonic.
volcar | turn over (to) | turn down (to) | turn upside down (to) | tipple (to) | tip (to) | tilt (to) | upset (to) | capsize (to) | overturn (to) | overthrow (to).
volcar (coches) | go over (to) | breakdown (to).
volcar la memoria del ordenador | dump (to).
volea (atalaje de coches) | swingle-bar.
volea (carros) | neck yoke.
volea (carruajes) | whippletree.
voleo (atalaje) | whipple-tree.
volframio | wolfram | tungsten.
volinista solista | solo violinist.
volocidad en aguas tranquilas (buques) | calm water speed.
volovelismo | sail flying.
volquete | tumbril | waggon | tip car | cart | dumping cart | dumper | dumpcart.
volquete a mano para hormigón | concrete buggy.
volquete autopropulsado | dumper.
volquete con el extremo abierto | open-end dumping car.
volquete con pico | scuttle shaped tipping hopper.
volquete para transporte de roca | rock-carrying dumping vehicle.
VOLSCAN (ayuda al aterrizaje de aviones) | VOLSCAN.
voltage anódico de cebado | anode breakdown voltage.
voltage de cortocircuito | short-circuit voltage.
voltage de polarización inversa | reverse-bias voltage.
voltage de regulación | regulating voltage.
voltage eficaz aplicado a los ánodos de los rectificadores | RMS voltage impressed upon rectifier anodes.
voltage instantáneo máximo de ánodo en la dirección de la corriente | crest forward anode voltage.
voltaje | electrical pressure | voltage.
voltaje (electricidad) | potential | pressure | tension.
voltaje a circuito abierto | open-circuit voltage.
voltaje a toda potencia | full-rated voltage.
voltaje acelerador | accelerating voltage.
voltaje acelerador del haz | beam accelerating voltage.
voltaje acelerante | beam voltage | acceleration voltage.
voltaje activo | active voltage.
voltaje adicional | boosting voltage | auxiliary voltage.
voltaje admisible de rejilla | grid acceptance.
voltaje agrupador | buncher voltage.
voltaje al fin de la carga (acumulador) | end-of-charge voltage.
voltaje al fin de la descarga (acumuladores) | end-of-discharge voltage.
voltaje aleatorio y fluctuaciones (corriente eléctrica) | noise.
voltaje alterno de pico de la abertura | peak alternating gap voltage.
voltaje anódico (klistrón) | beam voltage.
voltaje anódico directo | forward anode voltage.
voltaje anódico inverso | inverse anode voltage.
voltaje anódico inverso de punta | peak inverse anode voltage.
voltaje antipolarizador | backing voltage.
voltaje aparente (termiónica) | lumped voltage.
voltaje aplicado | impressed voltage.
voltaje bajo de desconexión | low striking voltage.
voltaje compuesto (termiónica) | lumped voltage.
voltaje con excitación común | common-mode voltage.
voltaje constante | constant voltage.
**voltaje constante con pequeña variación cícli-

ca | ripple voltage.
voltaje constante de una señal antes y después de la transmisión de impulsos sincronizadores (televisión) | pedestal.
voltaje contrario | bucking voltage.
voltaje crítico | critical pressure.
voltaje crítico de corona | critical corona voltage.
voltaje crítico de rejilla | critical grid voltage.
voltaje crítico disruptivo | disruptive critical voltage.
voltaje de activación (de un circuito) | firing voltage.
voltaje de actuación | actuating voltage.
voltaje de actuación (servomecanismos) | stick-off voltage.
voltaje de alimentación | supply voltage | input voltage.
voltaje de alimentación anódica | plate-supply voltage.
voltaje de alimentación de hiperfrecuencia$ | radiofrequency feedback voltage.
voltaje de ánodo (radio) | plate voltage.
voltaje de arranque | starting voltage.
voltaje de barrido | sweep voltage.
voltaje de barrido en diente de sierra | sawtooth sweep voltage.
voltaje de bloqueo | trapping voltage.
voltaje de bloqueo (pantalla luminiscente) | sticking voltage.
voltaje de caldeo | heating voltage.
voltaje de carga | impressed voltage | charging voltage.
voltaje de cebado | priming potential | firing voltage.
voltaje de cebado (del arco) | priming voltage | firing potential.
voltaje de cebado (soldadura eléctrica) | striking voltage.
voltaje de cebado de rejilla | critical grid voltage.
voltaje de cebado del arco | starting arc voltage.
voltaje de compensación | equalizing pressure | equalizing voltage | compensating voltage | bucking voltage.
voltaje de conducción (radio) | firing potential.
voltaje de contorneamiento (aisladores de rosario) | flashover voltage.
voltaje de contorneamiento en húmedo (aisladores) | wet flashover voltage.
voltaje de contorneamiento en seco (aisladores) | dry flashover voltage.
voltaje de corriente alterna | alternating-current voltage | alternating-current pressure.
voltaje de corriente continua | continuous current pressure | continuous current voltage.
voltaje de corte | cutoff voltage.
voltaje de corte del blanco | target cutoff voltage.
voltaje de choque | surge voltage.
voltaje de dar fuego (armas) | firing voltage.
voltaje de deposición | deposition voltage.
voltaje de descarga | discharge voltage.
voltaje de descarga (pararrayos) | arcover voltage.
voltaje de descarga disruptiva | sparkover voltage | puncture potential.
voltaje de descomposición | decomposition pressure.
voltaje de desconexión | triggering voltage | breaking intensity.
voltaje de desenganche (relés) | dropout voltage.
voltaje de desexcitación (relés) | dropout voltage.
voltaje de desintegración | disintegration voltage.
voltaje de desviación | deflecting voltage | sweep | sweep voltage.
voltaje de detrás de la reactancia subtransitoria | voltage behind subtransient reactance.
voltaje de diodo | voltage diode.
voltaje de disociación electrolítica | electrolytic dissociation pressure.
voltaje de disparo (relés) | dropout voltage.
voltaje de dispersión | leakage voltage.
voltaje de encendido (motores) | firing voltage.
voltaje de entrada | supply voltage | sending-end voltage | input voltage.
voltaje de entrada (radio) | threshold voltage.
voltaje de entrada alternativo | swing.
voltaje de entrada de la señal de prueba | test signal imput voltage.
voltaje de entrada de signo positivo | positive-going input woltage.
voltaje de equilibrio de fases | phase-balance voltage.
voltaje de excitación | driving voltage | exciting voltage.
voltaje de excitación (relés) | sealing voltage.
voltaje de exploración | scanning voltage.
voltaje de exploración (televisión) | sweeps.
voltaje de extinción | extinguishing voltage.
voltaje de fase | phase pressure.
voltaje de fase (sistema trifásico) | phase voltage | voltage-to-neutral.
voltaje de formación de arco en condiciones húmedas (aisladores) | wet flashover voltage.
voltaje de formación de chispas | sparking voltage.
voltaje de formación del arco | striking voltage | minimum flashover voltage.
voltaje de formación del arco en un aislador seco | dry spark-over voltage.
voltaje de funcionamiento | operating voltage.
voltaje de funcionamiento (relés) | pickup voltage.
voltaje de hiperfrecuencia | radiofrequency voltage.
voltaje de impedancia | impedance voltage.
voltaje de iniciación del arco (soldadura eléctrica) | striking voltage.
voltaje de iniciación del efecto corona (electricidad) | corona-starting voltage.
voltaje de ionización | ionization voltage.
voltaje de ionización (gas o vapor) | breakdown voltage.
voltaje de la corriente | current voltage.
voltaje de la chapa | plate voltage.
voltaje de la descarga disruptiva | disruptive voltage.
voltaje de la línea | line pressure.
voltaje de la red | line voltage.
voltaje de la rejilla apantallante (tetrodos) | screen grid voltage.
voltaje de la rejilla del activador | trigger grid voltage.
voltaje de línea | line voltage.
voltaje de luminiscencia | glow potential.
voltaje de luminiscencia (célula fotoeléctrica) | blue-glow voltage.
voltaje de modulación (Klystron) | buncher voltage.
voltaje de modulación lineal | linearly-modulated voltage.
voltaje de nodo | node voltage.
voltaje de ondulación | ripple voltage.
voltaje de oscilación | oscillating voltage.
voltaje de perforación | punch-through voltage.
voltaje de perforación (aislamientos) | disruptive voltage.
voltaje de perforación (dieléctricos) | puncture voltage | breakdown voltage.
voltaje de perforación del transistor | transistor punch-through voltage.
voltaje de pico | crest voltage.
voltaje de pico inverso de ánodo | peak inverse anode voltage.
voltaje de pila o de acumulador | cell voltage.
voltaje de placa (válvula termiónica) | anode voltage.
voltaje de polaridad constante | unidirectional voltage.
voltaje de polarización | polarization voltage | bias-voltage.
voltaje de polarización de la rejilla de control (tubo de vacío) | control grid bias.
voltaje de polarización de rejilla | grid polarization voltage | grid bias.
voltaje de polarización de rejilla (radio) | bias.
voltaje de polarización de rejillas (válvulas) | bias.
voltaje de polarización del tiratrón | thyratron bias voltage.
voltaje de polarización directa | forward-bias voltage.
voltaje de producción del arco en condiciones húmedas (aisladores) | wet spark-over voltage.
voltaje de proyecto | design pressure.
voltaje de prueba | test pressure | testing pressure | proof pressure.
voltaje de prueba no disruptivo | test withstand voltage.
voltaje de realimentación | feedback voltage.
voltaje de recebado (arco eléctrico) | restriking voltage.
voltaje de recebado (arcos eléctricos) | reignition voltage.
voltaje de recuperación | recovery voltage.
voltaje de reencendido (arco eléctrico) | restriking voltage.
voltaje de referencia preseleccionado | preselected reference voltage.
voltaje de régimen | rated current | rated voltage | rated working voltage | normal voltage | normal working pressure | operating potential | operating voltage | safe operating voltage | working voltaje | working pressure | rated pressure.
voltaje de régimen del soldeo | welding load voltage.
voltaje de restablecimiento (arco eléctrico) | restriking voltage.
voltaje de restablecimiento con la frecuencia normal de servicio | recovery voltage.
voltaje de ruptura | breakdown voltage | breaking intensity.
voltaje de ruptura asintótico | asymptotic breakdown voltage.
voltaje de ruptura entre drenador y puerta | drain-gate breakdown voltage.
voltaje de salida del oscilador | oscillator output voltage.
voltaje de salida modulado | modulated output voltage.
voltaje de salto del arco con aislador húmedo (aisladores) | wet flashover voltage.
voltaje de salto del arco con aislador seco (aisladores) | dry flashover voltage.
voltaje de saturación | saturation voltage.
voltaje de servicio | operating voltage | operating pressure | operating potential | safe operating voltage | normal voltage | closed-circuit voltage | working voltaje.
voltaje de servicio (electricidad) | nameplate pressure.
voltaje de soldeo | welding pressure | welding voltage.
voltaje de supresión del haz (televisión) | blackout point.
voltaje de trabajo | operating pressure | driving potential.
voltaje de una fase de la estrella | star voltage.
voltaje de una fase de la estrella (sistema trifásico) | Y-voltage.
voltaje de una fase en triángulo | delta voltage.
voltaje de verificación | calibration voltage.
voltaje del acumulador | accumulator voltage.
voltaje del ánodo | anode voltage.
voltaje del ánodo dividido por el factor de amplificación (radio) | cutoff voltage.
voltaje del arco | arc voltage.
voltaje del baño | bath voltage.
voltaje del baño (galvanoplastia) | pressure of bath.
voltaje del cañón electrónico (betatrón) | gun voltage.
voltaje del circuito inducido (transformadores) | secondary voltage.
voltaje del electrodo | electrode pressure.

voltaje del error de salida | output error voltage.
voltaje del filamento | filament pressure.
voltaje del filamento (tubo electrónico) | heater voltage.
voltaje del inducido | armature voltage.
voltaje del inductor | field voltage.
voltaje del rotor del transmisor de coincidencia | coincidence transmitter rotor voltage.
voltaje del secundario (transformadores) | secondary voltage.
voltaje desplazador del falso cero (servomecanismos) | antistick-off voltage.
voltaje diametral (sistema polifásico) | diametral voltage.
voltaje directo | forward voltage.
voltaje discriminador de impulsos | pulse discrimination voltage.
voltaje disruptivo | minimum flashover voltage | sparking voltage | rupturing voltage | critical gradient.
voltaje disruptivo (cables eléctricos) | flashover voltage.
voltaje disruptivo (dieléctricos) | puncture voltage.
voltaje disruptivo en seco (aisladores) | dry flashover voltage.
voltaje efectivo | virtual volts.
voltaje eficaz | effective alternating voltage | RMS voltage.
voltaje eficaz (corriente alterna) | root-mean-square voltage.
voltaje eficaz de desconexión (disyuntor con extinción del arco) | normal frequency recovery voltage.
voltaje eficaz de la señal | signal voltage.
voltaje en avance de fase | leading voltage.
voltaje en derivación | shunt voltage.
voltaje en diente de sierra | sawtooth voltage | sweep voltage.
voltaje en el colector | commutator voltage.
voltaje en el extremo receptor | receiving end voltage.
voltaje en el extremo transmisor | sending-end voltage.
voltaje en fábrica | station pressure.
voltaje en fase con la corriente | active voltage.
voltaje en kilovoltios empleado en la prueba de lluvia de 30 segundos (aisladores) | insulator rating number.
voltaje en la línea | pressure in line.
voltaje en las bornas | terminal pressure.
voltaje en las bornas (de un generador) | output voltage.
voltaje en las bornas (de un receptor) | input voltage.
voltaje en las bornas de la dínamo | dynamo terminal voltage.
voltaje en las bornas para potencia total | input voltage for full output.
voltaje en las escobillas | brush voltage.
voltaje en oposición | bucking voltage.
voltaje en oposición de fase | out-of-phase voltage.
voltaje en reposo | rest potential.
voltaje en retardo de fase | lagging voltage.
voltaje en servicio | steady voltage.
voltaje en vacío | open circuit voltage.
voltaje entre conductores (línea trifásica) | line-to-line voltage.
voltaje entre fase y el neutro | star voltage.
voltaje entre fase y el neutro (corriente trifásica) | neutral-to-line voltage.
voltaje entre fase y el neutro (sistema trifásico) | voltage-to-neutral.
voltaje entre fase y neutro (sistema trifásico) | Y-voltage.
voltaje entre fases | mesh voltage.
voltaje entre fases (electricidad) | interlinked voltage.
voltaje entre fases (sistema trifásico) | line voltage.
voltaje entre fases de corriente alterna | line-to-line voltage.
voltaje entre fases unidas | interlinked pressure | interlinking voltage.
voltaje entre la línea y tierra | line-to-ground voltage.
voltaje entre neutro y una fase (sistema trifásico) | phase voltage.
voltaje equilibrado | offset voltage.
voltaje equivalente | equivalent pressure.
voltaje estabilizado con una resistencia en derivación | shunt-stabilized voltage.
voltaje estático tierra-base | quiescent ground-to-base voltage.
voltaje exterior | external pressure.
voltaje final | cutoff voltage.
voltaje final de recepción | receiving end voltage.
voltaje inductivo | inductive voltage.
voltaje instantáneo máximo inverso de ánodo | crest inverse anode voltage.
voltaje interespiral | interturn voltage.
voltaje interfásico | interphase tension.
voltaje interior (electricidad) | internal pressure.
voltaje interruptor | quench voltage.
voltaje inverso de ionización | flashback voltage.
voltaje inverso máximo | inverse peak volts.
voltaje inverso máximo de cresta | maximum peak inverse voltage.
voltaje inyectado | injected voltage.
voltaje letal | lethal voltage.
voltaje límite de funcionamiento | limit operating voltage.
voltaje máximo | maximum pressure | limiting pressure | peak voltage.
voltaje máximo (que puede dar un generador) | ceiling voltage.
voltaje máximo admisible | hold off voltage.
voltaje máximo de servicio | voltage rating.
voltaje máximo en circuito abierto (soldadura eléctrica) | striking voltage.
voltaje medio | medium pressure | average pressure.
voltaje medio (electrodos) | bias.
voltaje mínimo | minimum pressure.
voltaje modulador del sonido | audio modulating voltage.
voltaje momentáneo | instantaneous voltage | transient voltage.
voltaje momentáneo máximo | crest voltage.
voltaje negativo de la rejilla | negative grid voltage.
voltaje no disruptivo | withstand voltage.
voltaje no peligroso | safe voltage.
voltaje no sinusoidal | nonsinusoidal voltage.
voltaje nominal | design voltage.
voltaje normal (relés) | pickup voltage.
voltaje normal a plena carga | normal full-load voltage.
voltaje normal de servicio | normal operating voltage.
voltaje nulo de polarización (radio) | zero bias.
voltaje ondulado | ripple voltage.
voltaje pasajero de alta frecuencia que aparece entre los contactos después de cortar la corriente (conmutadores) | restriking voltage.
voltaje perturbador | noise voltage.
voltaje poligonal (sistema polifásico) | polygonal voltage.
voltaje positivo | positive voltage.
voltaje producido | developed voltage.
voltaje pulsatorio | pulsating voltage.
voltaje real | effective pressure.
voltaje realimentado | fed back voltage.
voltaje rectificado | rectified voltage.
voltaje reducido | diminished pressure.
voltaje reflejado | reflected voltage.
voltaje reforzador | boost voltage.
voltaje regulado con precisión | precisely controlled voltage.
voltaje regulado de las líneas | line-regulated voltage.
voltaje relumbrador (lámparas) | voltage flare.
voltaje residual | residual voltage | discharge voltage.
voltaje resultante | resultant voltage.
voltaje retardatorio | restraint voltage.
voltaje silenciador (radio) | squelch voltage.
voltaje simétrico | push-pull voltage.
voltaje sofométrico | psophometric voltage.
voltaje suplementario | boosted voltage.
voltaje transitorio | transient pressure.
voltaje transitorio de ruptura (disyuntores) | transient recovery voltage.
voltaje unidireccional | unidirectional voltage.
voltaje variable | variable pressure.
voltajes en contrafase | push-push voltages.
voltajes sincronizados | phased voltages.
voltametría | voltametry.
voltamétrico | voltametrical.
voltámetro | voltameter.
voltámetro de gas | gas coulometer.
voltámetro de hidrógeno | hydrogen voltameter.
voltámetro de valoración | titration coulometer.
voltámetro para la valoración voltamétrica | coulometric-titration coulometer.
voltamperio (circuito de corriente alterna con reactancia) | volt-ampere.
voltamperio reactivo (unidad de energía reactiva) | var.
volteachapas | plate turner.
volteador | tumbler | turning device.
volteador (de tochos) | tripper.
volteador (laminadores) | tilter.
volteador (sondeos) | hand wrench.
volteador (teñido de madejas) | rotating rod.
volteador de carraca para roscar | ratchet threader.
volteador de cordones | swath turner.
volteador de cuadernas (obrero que trabaja las cuadernas de figura en la mesa de volteo) | frame turner.
volteador de lingotes | ingot tumbler.
volteador de tochos (laminadores) | quarter-turn guide.
volteador de tozas (serrerías) | log turner.
volteador de troncos | log turner.
volteador de trozas (sierras) | canter | canting machine.
volteador de vagones | car tipper.
voltear | tip (to) | turn (to) | vault (to).
voltear (cuadernas) | frame (to).
voltear (cuadernos, baos) | bend (to).
voltear (transportador) | trip (to).
voltejear (buques) | tack (to).
voltejear (dar bordadas - marina) | beat up (to).
volteo a caballo | mounted gymnastics.
volteo de cuadernas | frame-turning.
volteo del ala | vane beam.
volteo del torno | swing of a lathe | swing of the lathe.
volteo dirigido (apeo de árboles) | gun.
volteo orientado (Iberoamérica-corta de árboles) | throwing.
volteo por desarraigo (Iberoamérica) | grub felling.
voltereta | turnover.
volthorímetro | volt-hour meter.
voltiamperímetro | voltammeter.
voltímetro | voltage tester | voltmeter.
voltímetro acústico | speech voltmeter.
voltímetro aperiódico | aperiodic voltmeter.
voltímetro avisador | signal voltmeter.
voltímetro bipolar | bipolar voltmeter.
voltímetro con indicación numérica | digital voltmeter.
voltímetro cuadrático | square-law voltmeter.
voltímetro de acumulador | battery gage.
voltímetro de amplitud (corriente alterna) | crest voltmeter.
voltímetro de conversión térmica | thrmal transfer voltmeter.
voltímetro de corriente alterna | alternating-current voltmeter | A. C. voltmeter.

voltímetro de corriente continua | D. C. voltmeter.
voltímetro de cresta de impulsión | impulse peak voltmeter.
voltímetro de diodo | diode voltmeter.
voltímetro de dos lecturas | double-range voltmeter.
voltímetro de equilibrio | paralleling voltmeter.
voltímetro de gran impedancia | high-impedance voltmeter.
voltímetro de lámpara termiónica | valve voltimeter.
voltímetro de oposición | slide-back voltmeter.
voltímetro de resorte | marine voltmeter.
voltímetro de solución de sal metálica | metal voltmeter.
voltímetro de triodo | triode voltmeter.
voltímetro de tubo electrónico para medir las tensiones de pico de rayos X | tube voltmeter to measure X-ray tube peak voltage.
voltímetro de válvula electrónica | vacuum-tube voltmeter.
voltímetro digital de muestreo | clamp-and-hold digital voltmeter.
voltímetro electrodinámico | dynamometer voltmeter.
voltímetro electrolítico | electrolytic voltmeter.
voltímetro electromagnético | electromagnetic voltmeter.
voltímetro electrónico | electronic voltmeter | tube voltmeter.
voltímetro electrónico de pico sobre el valor medio | peak-above-average voltimeter.
voltímetro electrostático | electrostatic voltmeter.
voltímetro empleado para averiguar el voltaje al final de un cable alimentador | pilot voltmeter.
voltímetro indicador de coincidencia de fases | phase voltmeter.
voltímetro numeral registrador | recording digital voltmeter.
voltímetro opticoelectrónico | electron optical voltmeter.
voltímetro para grandes voltajes | high-pressure voltmeter.
voltímetro para medir el potencial eléctrico entre una estructura y el terreno | corrosion voltmeter.
voltímetro para medir el valor máximo del voltaje (corriente alterna) | peak voltmeter.
voltímetro portátil para comprobar pilas o acumuladores | cell tester.
voltímetro registrador | voltage recorder.
voltímetro termiónico | thermionic voltmeter.
voltímetro universal de válvula termiónica de varias escalas | multipurpose multirange thermionic valve voltmeter.
voltímetro-ohmimetro-miliamperímetro | voltmeter-ohmmeter-milliammeter.
voltinidad (sericultura) | breeding rhythm | voltinity.
voltinismo (número de crías por año) | voltinism.
voltio | V.
voltio ohm miliamperímetro (instrumento de medida) | volt ohm milliammeter.
voltio-amperio | ampere-volt.
voltioamperio-hora | voltampere-hour.
voltiohmímetro | voltohmeter.
voltiohmimiliamperímetro | volt-ohm-milliammeter.
voltios respecto al conductor neutro (corriente trifásica) | volts to neutral.
voltios-amperios reactivos | reactive volt-amperes.
voltólisis | voltolysis.
voluble (botánica) | twinning.
volumen | cubic contents | bulk.
volumen (capacidad de un soporte) | volume.
volumen (datos) | amount.
volumen acumulado | volume stored.
volumen aparente | stacked content.
volumen aspirado | aspirated volume.
volumen atómico | atomic volume.
volumen barrido efectivo | effective swept volume.
volumen barrido por el pistón | piston swept volume.
volumen bombeado | pumpage.
volumen comercial | volume of trade.
volumen comercial de la plantación de árboles | stand volume.
volumen comercial del rodal | stand volume.
volumen crítico | critical volume.
volumen de activación de 10 cm^3 mol^{-1} | activation volume of 10 cm^3 mol^{-1}.
volumen de agua derivada (riegos) | diversion duty of water.
volumen de billetes en circulación | notes in circulation.
volumen de control | control volume.
volumen de crédito | volume of credit.
volumen de exportación | volume of exports.
volumen de facturación | turnover.
volumen de ficheros | multifile volume.
volumen de fuego | volume of fire.
volumen de la cámara de combustión (cohete) | chamber volume.
volumen de los espacios vacíos (terrenos, hormigón, etc.) | pore volume.
volumen de los negocios | business figure.
volumen de madera en pie (bosques) | standing volume.
volumen de negocio | volume of business.
volumen de negocios | turnover.
volumen de ocupación | volume of employment.
volumen de primas (seguros) | volume of premiums.
volumen de roca (sondeos) | drill ouput.
volumen de roca por cada tiro | burden.
volumen de siniestros (seguros) | loss burden.
volumen de suelo o roca en su sitio original | bank measure.
volumen de tráfico (telefonía) | traffic flow.
volumen de transporte libre (movimientos de tierras) | free-haul yardage.
volumen de un peso de un quilate de agua destilada (a 4 ºC = 0,2 mililitros) | water carat.
volumen de una excavación (antes de excavar) | bank measure.
volumen de vapor (calderas) | bulk of steam | head of steam.
volumen de ventas | sales volume | turnover.
volumen de visitas médicas | volume of physician visits.
volumen del depósito | receiver volume.
volumen del espacio fásico | phase-space volume.
volumen del líquido desplazado por el plancton desecado | displacement volume.
volumen del recipiente intermedio (máquina vapor) | receiver volume.
volumen del tráfico (radios) | loading.
volumen del tránsito | traffic flow.
volumen del yacimiento (petróleo) | reservoir volume.
volumen desplazado | swept volume.
volumen desplazado por minuto (compresores) | displacement.
volumen eficaz | sensitive volume.
volumen emergido | emerge volume.
volumen en mililitros ocupado por 1 gramo de fibra después de decantarse en 1 litro de suspensión de 0,1% de consistencia | flobility.
volumen en pie por milla cuadrada (bosques) | standing volume per square mile.
volumen en yardas^3 (excavaciones) | yardage.
volumen engendrado al girar | volume got by rotating.
volumen específico | volume per unit of mass.
volumen específico (inversa de la densidad) | specific volume.
volumen específico aparente | bulk index.
volumen específico de una substancia en su estado crítico | critical volume.
volumen excluido de dimensión Q | Q-dimensional excluded volume.
volumen físico de las exportaciones | quantum of exports.
volumen global de consumo | throughput.
volumen inmenso | sheer volume.
volumen íntegro total | total gross volume.
volumen interior del cilindro | cylinder volume.
volumen másico | relative density | mass volume.
volumen másico del agua | relative density of water.
volumen mínimo | minimal volume.
volumen molal | mole volume | molal volume.
volumen molar de 7 cm^3 mol^{-1} | molar volume of 7 cm^3 mole^{-1}.
volumen ocupado por el agua | water space.
volumen ortobárico | orthobaric volume.
volumen sonoro | loudness.
volumen sumergido | immersed-volume.
volumen total | gross volume.
volumen total de huecos (reactor) | void content.
volumen total de la respiración (medicina) | tidal volume.
volumen vaciado | volume drained.
volumen verdadero más el volumen de los poros cerrados | apparent volume.
volúmenes de excavación | excavation quantities.
volumenómetro | volumometer | volumenometer.
volumescopio | volumescope.
volumetría | volumetry.
volumétrico | volumetric | titrimetric.
volúmetro | volume indicator | volumeter | vu meter (VU) | V. U. indicator.
volúmetro (telefonía) | speech level meter | electrical speech level meter.
volúmetro para determinar la densidad | specific gravity volumeter.
volúmetro para gas | gas volumeter.
volúmico | voluminal.
voluminal | voluminal.
volumínico | voluminal.
voluminosidad | voluminosity.
voluntad de luchar | will to fight.
voluntad de solucionar el conflicto | will of solving the conflict.
voluntario | free.
voluntario (soldado) | enlistee.
voluta | volute | helix.
voluta (capitel jónico) | roll.
voluta (de violón, de capitel jónico) | scroll.
voluta (del capitel jónico) | bolster.
voluta de entrada a la turbina | turbine inlet volute.
voluta de la salida | outlet volute.
voluta jónica | Ionic scroll | Ionic volute.
voluta tallada en el final de la roda (buques de madera) | fiddle-head.
voluta vertical en el extremo de un pasamanos (escaleras) | monkey tail.
volva (botánica) | wrapper.
volvedor de chapas (laminación) | turnover.
volvedor de tochos | billet tilter.
volver | turn over (to).
volver (dirigir - la mirada o el pensamiento) | cast (to).
volver (la esquina) | go round (to).
volver a abrir | reopen (to).
volver a admitir | reinstate (to).
volver a afinar (motores) | retime (to).
volver a apretar | re-tighten (to).
volver a apuntar (cañones) | re-lay (to).
volver a arar | cast (to).
volver a batería | runout (to).
volver a cajear (traviesas) | rechair.
volver a calcar de nuevo | retrace (to).
volver a carbonear | rebunker (to).
volver a cargar | reload (to).
volver a cargar combustible (buques) | rebunker (to).

volver a circular | recyclage | recirculate (to).
volver a circular (en un circuito) | recycle (to).
volver a cocer (metalurgia) | re-anneal (to).
volver a cocer (refractarios) | refire (to).
volver a colocar | replace (to) | re-lay (to).
volver a colocar en su sitio | restore (to).
volver a comprar | repurchase (to).
volver a comprobar | recheck (to).
volver a considerar la sentencia (abogacía) | open a judgment (to).
volver a considerar un asunto (EE.UU.) | table a motion (to).
volver a dar cuerda (relojes) | rewind (to).
volver a dar vuelta | return (to).
volver a debitar en cuenta (contabilidad) | redebit (to).
volver a dibujar de nuevo | retrace (to).
volver a distribuir | re-allocate (to).
volver a dragar | redredge (to).
volver a engranar | remesh (to).
volver a enseñar | retrain (to).
volver a evaporar | re-evaporate (to).
volver a fabricar | remanufacture (to).
volver a forjar | re-forge (to).
volver a formular | restart (to).
volver a fotografiar | rephotograph (to).
volver a herrar | reshoe (to).
volver a herrar (caballos) | reseat (to).
volver a iniciar un proceso después de un error | rerun (to).
volver a la posición de fuego | runout (to).
volver a la posición inicial | right (to) | recover (to).
volver a la superficie (buzos) | surface (to).
volver a la vida civil (desmovilización) | separate (to).
volver a lapear | relap (to).
volver a llenar | refill (to).
volver a medir | resurvey (to).
volver a modelar | remodel (to).
volver a montar el percutor | recock (to).
volver a nivelar | re-level (to).
volver a pagar | resume payment (to).
volver a pasar el peine de roscar (tornillos) | retap (to).
volver a pasar el tiralíneas de tinta | reink (to).
volver a pasar sobre un sitio | retread (to).
volver a perforar | drill up (to) | drill out (to).
volver a poner a dimensiones (piezas) | resize (to).
volver a poner en bandolera (hélice, rotor helicóptero) | refeather (to).
volver a poner en batería (cañones) | re-lay (to).
volver a poner en cero (instrumentos) | reset to zero (to).
volver a poner en marcha (motores) | relight (to).
volver a poner punta | retip (to).
volver a poner una pieza en el plato (tornos) | rechucking.
volver a prensar (prensa) | re-press (to).
volver a presentar | re-present (to).
volver a pretensar | re-prestress.
volver a refrigerar | refreeze (to).
volver a reglar (motores) | retime (to).
volver a repoblar (bosques) | retimber (to).
volver a revenir | retemper (to).
volver a soldar | reweld (to).
volver a su posición anterior bajo la acción de un resorte | springback (to).
volver a subir | remount (to).
volver a sus condiciones anteriores | revert to its prior conditions (to).
volver a tarifar | re-rate (to).
volver a tomar | resume (to).
volver a tomar (posición enemiga) | recapture (to).
volver a tomar (un calabrote) | reman (to).
volver a tomar su forma (cuerpos elásticos) | resile (to).
volver a tornear | re-turn (to).
volver a una época anterior (filmes) | cutback (to).
volver a usar | re-use (to).
volver a utilizar | recycle (to).
volver a verificar | re-check (to).
volver al estado inicial | restore (to).
volver al revés | turn out (to) | invert (to).
volver de arriba abajo | turn upside down (to).
volver del revés | turn (to).
volver en coche | drive back (to).
volver hacia atrás | regress (to).
volver otra vez a la formación después de un ataque (aviones) | re-form (to).
volverse | turn (to).
volverse a helar | regelate (to).
vomitivo | puking.
vómito | vomit.
vorágine | ULF.
vórtex (anatomía) | vortex.
vórtice | eddy | wind burble | vortex.
vórtice (hidráulica) | whirlpool.
vortice de la tempestad | eye of the storm.
vórtice forzado | forced vortex.
vórtice hipotético que circula alrededor de la línea de los centros de presión (aerodinos) | bound vortex.
vórtice lineal | line vortex.
vórtice superfluido | superfluid vortex.
vórtice viscoso | viscous vortex.
vórtices | vortices.
vórtices de Karmán | vortex street.
vórtices en filas paralelas con rotación opuesta | vortex street.
vórtices giratorios | spinning vortices.
vórtices lineales turbulentos | turbulent line vortices.
vórtices rectilíneos | rectilinear vortices.
vorticidad | vorticity.
vorticidad absoluta | absolute vorticity.
vorticidad ciclónica | cyclonic vorticity.
vorticidad en sentido de la corriente | streamwise vorticity.
vorticidad originada por onda de choque | shock-generated vorticity.
vorticidad turbulenta | turbulent vorticity.
vorticoso | whirling.
vortiginoso | vorticial.
votación | vote | voting | balloting | poll | polling.
votación (de una ley) | passing.
votación (parlamento) | division.
votación condicional (jurídico) | contingent voting.
votación de arbitraje | runoff vote.
votación en toda la nación | nationwide poll.
votación nominal | roll call vote.
votación por lista | yea-and-nay vote | yea-and-nay-vote.
votación por papeletas | poll.
votante | voter.
votante inscrito (en el censo) | registered voter.
votar | vote (to).
votar en contra | black balling (to).
votar en elecciones | poll (to).
votar por poder | vote by proxy (to).
votar una ley | pass a law (to).
votar verbalmente | record a vote (to).
voto | vote | polling | suffrage.
voto afirmativo | yea.
voto dado por orden de preferencia | preference voting.
voto de amén | vote blindly given.
voto de confianza | vote of confidence.
voto de no confianza | no-confidence vote.
voto de reata | vote blindly given.
voto emitido por un mandatario | proxy.
voto empatado | tie vote.
voto en contra | dissenting vote.
voto negativo | nay.
voto plural | cumulative voting.
voto por acción con derecho | ordinary voting.
voto por accionista | common law voting.
voto que se efectúa poniéndose de pie | standing vote.
voz | voice | word | speech.
voz áfona | weak voice.
voz de cabeza (música) | falset.
voz de mando | word.
voz de mando dada por cualquier miembro de la dotación al observar una avería grave (cañones, etc.) | silence.
voz de soprano | soprano voice.
voz llena | full voice.
voz preventiva | preparatory command.
voz que no se acusa en la pantalla (televisión) | off-screen voice.
vranilo | wranyl.
vual | voile.
vuela | voile.
vuelcavagones | car dumper | wagon tippler.
vuelco | recumbence | dump | overturning | tumble | toppling | tipping | tilting | upsetting | turnover | upset | breakdown.
vuelco de cinta | tape dump.
vuelco de la memoria | memory dump | core dump.
vuelco de un almacenamiento a otro soporte | storage dump.
vuelco dinámico de la memoria | dynamic dump.
vuelco por error irreversible | disaster dump.
vuelco póstumo | postmortem dump.
vuelo | flight | flying.
vuelo a altitud constante a lo largo de la falda de una montaña | contour flying.
vuelo a gran altitud | highflying.
vuelo a vela | gliding | sailing flight.
vuelo a vela aprovechando las corrientes térmicas del aire | thermal soaring.
vuelo abortado | abort.
vuelo acrobático | flying trick | acrobatic flight.
vuelo aéreo | air flight.
vuelo alrededor de zonas tormentosas y con aprovechamiento de vientos de cola (aviación) | pressure pattern navigation.
vuelo ascendente | climbing-flight.
vuelo ascendente a diversas velocidades (aviones) | sawtooth climb.
vuelo ascendente para determinar el techo de servicio (aviones) | check climb.
vuelo astronáutico | spaceflight.
vuelo automático | pilotless flight.
vuelo automático programado | programmed automatic flight.
vuelo bajo | dicing | low flying.
vuelo bajo y acrobacia no necesaria (postineo-aviación) | flathatting.
vuelo balístico (cohetes) | coasting flight.
vuelo cartográfico | mapping flight.
vuelo circumsolar | solar orbital flight.
vuelo circunlunar | lunar orbital flight.
vuelo cohético | rocket flight.
vuelo con alas batientes (aves) | rowing flight.
vuelo con aviones de reacción por chorro | jet flight.
vuelo con contacto visual del terreno | contact flying.
vuelo con instrumentos | instrument flying.
vuelo con la cabina sin visibilidad | hooded flight.
vuelo con mal tiempo | bad weather flight.
vuelo con motor | engined flight.
vuelo con potencia propulsiva asimétrica (por ejemplo, un cuatrimotor con tres motores) | asymmetric power flight.
vuelo con sustentación por las alas (avión de despegue vertical) | wing-borne flight.
vuelo con trayectoria de colisión (misiles) | collision course flight.
vuelo con un solo motor | single-engined fly.
vuelo con visibilidad | contact flying.
vuelo con 3 machios | trisonic flight.
vuelo contratado | charter flight.
vuelo corto (aviación) | flip.
vuelo corto a baja altitud | hopping.
vuelo corto a baja altitud (aviación) | hop.
vuelo cósmico | spaceflight.
vuelo cósmico interplanetario | interplanetary

space flight.
vuelo cósmico suborbital tripulado | manned suborbital space flight.
vuelo curvilíneo | curvilinear flight.
vuelo de acrobacia | trick flying.
vuelo de ascenso vertical a pequeña velocidad | low-speed vertical-ascent flight.
vuelo de avance con sustentación | lifting forward flight.
vuelo de cohete de potencia limitada | power-limited rocket flight.
vuelo de comprobación | check flight | check ride.
vuelo de contorno | hedge-hopping.
vuelo de corta distancia | short-haul flight.
vuelo de demostración | demonstration flight.
vuelo de dirigible | airship flight.
vuelo de duración | endurance flight.
vuelo de emplazamiento | positioning flight.
vuelo de entrenamiento | practice flight | familiarization flight | training flight | instructional flight.
vuelo de espera para aterrizaje | holding pattern.
vuelo de exploración | sweep.
vuelo de familiarización | orientation flight | familiarization flight.
vuelo de familiarización de ruta | route familiarization flight.
vuelo de impulsos sucesivos (cohetes) | skip flight.
vuelo de instrucción | instructional flight.
vuelo de la caza de escolta de cada costado de la formación cruzándose constantemente entre sí | scissoring.
vuelo de la lanzadera (tejeduría) | shoot.
vuelo de larga distancia | long-haul flight.
vuelo de noche | night flying.
vuelo de observación (aviación) | contact mission.
vuelo de pájaro | crow flight.
vuelo de particulares | private flying.
vuelo de proficiencia (aviación) | proficiency flight.
vuelo de prueba | proving flight | test hop | trial run | trial flight | check flight.
vuelo de prueba (aerofotogrametría) | dry run.
vuelo de pruebas | test fly | trial flight.
vuelo de recepción | acceptance flight.
vuelo de reconocimiento | survey flying | reconnaissance flight | observation flight.
vuelo de referencia dirigida | directed reference flight.
vuelo de retorno sin carga (avión de transporte) | deadheading.
vuelo de transformación (de un tipo de avión a otro) | transition flight.
vuelo de travesía | cross-country flight.
vuelo de un avión radioguiado sin tripulante a bordo | nolo flight.
vuelo de veleros | aerodonetics.
vuelo dejando una traza de humo o de una sustancia visible en forma de letras (aviones) | skywritting.
vuelo del helicóptero por acción del rotor | rotor-borne helicopter flight.
vuelo del prototipo | prototype flight.
vuelo desde portaaviones | carrier flying.
vuelo desde una base a un punto distante y retorno a la base original | round-trip flight.
vuelo después de soltar el cable de remolque (planeador) | free flight.
vuelo después que se ha terminado el combustible (misil guiado) | free flight.
vuelo directo | through flight.
vuelo dirigido | solo flight.
vuelo en aeroplano | aeroplane flight.
vuelo en ascendencia térmica | thermal soaring.
vuelo en ascendencia térmica (aeronáutica) | soaring on thermal upcurrents.
vuelo en círculo | circling.
vuelo en condiciones árticas | arctic conditions flying.
vuelo en crucero (aviación) | cruising.
vuelo en formación | formation flight.
vuelo en línea recta | straight flight.
vuelo en misión de combate | operational flight.
vuelo en picado | nose-dip.
vuelo en solitario (aviación) | solo flight.
vuelo en un avión monomotor | single-engine flight.
vuelo en zigzag (aviación) | bracketing.
vuelo encabritado (aviación) | tail-down flight.
vuelo equilibrado | trimmed flight.
vuelo equilibrado con mandos sueltos (aeronaves) | hand-off trimmed flight.
vuelo espacial tripulado (cosmonave) | manned spaceflight | manned space flight.
vuelo estacionario (aviación) | hovering.
vuelo estacionario (helicóptero) | hovering flight.
vuelo estratosférico | stratosphere flying.
vuelo fletado | chartered flight.
vuelo fotográfico de comprobación | reflight.
vuelo guiado inercialmente | inertially guided flight.
vuelo hacia o sobre un blanco | target run.
vuelo horizontal | flying level.
vuelo inaugural | maiden flight.
vuelo instrumental | blind flight.
vuelo intergaláctico | intergalactic flight.
vuelo interplanetario con potencia limitada | power-limited interplanetary flight.
vuelo invertido | inverted flight.
vuelo isobárico | aerologation | pressure pattern flying.
vuelo lento | slow-flying.
vuelo libre (globo esférico) | free flight.
vuelo lunar con vehículo habitado | manned lunar flight.
vuelo meteorológico | meteorological flight | weather flight.
vuelo muy bajo en misión fotográfica sobre una zona muy defendida | dicing.
vuelo no remunerado | nonrevenue flight.
vuelo no tripulado a Marte | unmanned flight to Mars.
vuelo nocturno de avión de chorro | night jet flight.
vuelo ocasional | charter flying.
vuelo orbital | orbital flight.
vuelo orbital de prueba | test orbital flight.
vuelo orográfico (planeadores) | orographic soaring | slope lift soaring.
vuelo para aerofotocartografía | photomapping flight.
vuelo para arrojar pienso a animales aislados (por inundación, nieves, etc.) | haylift.
vuelo para esquivar un ataque probable al aeródromo | fugitive sortie.
vuelo para fines administrativos (aviación) | administrative flight.
vuelo para la entrega del aeroplano | delivery flight.
vuelo para repostar | refueling flight.
vuelo planeado | glide | gliding flying | gliding flight.
vuelo que marcó un hito | history-making flight.
vuelo radiogoniométrico hacia la estación de origen | homing.
vuelo radioguiado$ | radio flying.
vuelo radioguiado de retorno a la base (aviación) | homing flight.
vuelo rasante | skimming flight | hedgehopper | hedgehop | low flying.
vuelo rasante (aviación) | hedgehopping.
vuelo rasante sobre el agua (aviación) | water-hopping.
vuelo rasante sobre el terreno | hedge-hopping.
vuelo rectilíneo | rectilinear flight.
vuelo recto horizontal | straight level flight.
vuelo redondo de reconocimiento meteorológico | weather track.
vuelo regular de reconocimiento meteorológico desde Alaska al Polo Norte y regreso (aviación) | Ptarmigan flight.
vuelo remolcado (planeadores) | aerotow flight.
vuelo seguido desde tierra por radar | radar-tracked flight.
vuelo simulado en una cámara de descompresión | chamber flight.
vuelo sin escala | straight flight.
vuelo sin escala en que despegue y aterrizaje se hacen en el mismo lugar | round-robin.
vuelo sin escalas | nonstop flight.
vuelo sin motor | motorless flight | aerodonetics.
vuelo sin movimientos (aviones) | smooth ride.
vuelo sin pasajeros pero con la tripulación | ferry flight.
vuelo sin periodicidad | charter flying.
vuelo sin piloto | pilotless flight.
vuelo sin visibilidad | flying blind | blind navigation.
vuelo sin visibilidad (aviación) | blind flying.
vuelo sobre el agua | overwater flight.
vuelo sobre el eje del haz radárico (proyectil teledirigido) | beam riding.
vuelo sobre el mar | overwater flight.
vuelo sobre las nubes | over-the-top flying.
vuelo solo (sin instructor o copiloto) | solo | solo flight.
vuelo súbito (de un pájaro) | flush.
vuelo terrestre | land flight.
vuelo tomando marcaciones a intervalos predeterminados y empleando la navegación a estima entre aquéllas | fix-to-fix flying.
vuelo transpolar | transpolar flight.
vuelo trascendental del Apollo 8 | epochal Apollo 8 flight.
vuelo trisónico | trisonic flight.
vuelo uniforme | steady flight.
vuelo vertical (helicópteros) | vertical flight.
vuelos con horario fijo | schedule flights.
vuelos regulares | schedule flights.
vuelta | slue | spire | loop | gyration | turning | round | turn | turnover | spin | sweep | wheeling | twirl | winding | revolution.
vuelta (de un cable) | kneck.
vuelta (de una cadena) | nip.
vuelta (de una cuerda alrededor de) | lap.
vuelta (tejido de punto) | round.
vuelta a cero (índice de instrumentos) | kick.
vuelta a la derecha (tejido gasa de vuelta) | right crossing.
vuelta a la izquierda (tejido gasa de vuelta) | left crossing.
vuelta a la posición de reposo | homing.
vuelta a su posición anterior | spring.
vuelta al baño del material depositado en el cátodo (galvanoplastia) | resolution.
vuelta al estado inicial | reset.
vuelta alargada (conchas) | large whorl.
vuelta completa | round turn.
vuelta completa (de pista, de circuito, etc) | lap.
vuelta de ballestrinque | fisherman's knot | clove hitch.
vuelta de bita | bitter.
vuelta de boza (para acortar un cabo) | sheepshank.
vuelta de cabo (nudo) | hitch.
vuelta de cadenas (anclas buques) | foul hawse.
vuelta de campana del anteojo (teodolito) | plunging.
vuelta de la máquina de extracción (minas) | bond.
vuelta de orientación (avión antes de aterrizar) | procedure turn.
vuelta de remallar (calcetería) | looping round.
vuelta de rezón | fisherman bend.
vuelta del ala (sombreros) | cock.
vuelta del pie (bajante de aguas) | shoe.
vuelta del punto (tubo rayos catódicos) | retrace.
vuelta en las cadenas de las anclas (buque fondeado con dos anclas) | elbow in the hawse.
vuelta Immelmann doble (aviación) | Cuban eight.
vuelta muerta (de una estacha) | round turn.

vuelta por tierra (electricidad) | ground return.
vuelta sencilla (alambre en bobina) | wap.
vuelta sencilla (de concha espiral) | gyration.
vuelta sencilla de escota | common bend | sheet bend.
vuelta sencilla de escota (nudo) | single bend.
vuelta sobre el ala | wing over.
vueltas (costura) | facing.
vueltas transversales a una ligada para abarbetarla | frapping turns.
vuelto a forjar | reforged.
vuelto a vender | resold.
vuelto hacia afuera | out-turned.
vuelto hacia arriba | upward.
vuelto hacia dentro | inturned.
vuelva a su formación inicial o a su primitiva actividad (órdenes navales) | as you were.
vuelve rápido la hoja (música) | turn over quickly.
vulcanismo | vulcanism | volcanism.
vulcanismo extrusivo | extrusive vulcanism.
vulcanismo geosinclinal andesítico | geosynclinal andesitic volcanism.
vulcanizabilidad | vulcanizability.
vulcanización | vulcanization | vulcanizing | curing | cure.
vulcanización (del caucho) | metalization.
vulcanización a presión (caucho) | press cure.
vulcanización de maderas | haskinization.
vulcanización en caliente (caucho) | open cure | steam cure.
vulcanización en frío | cold vulcanization.
vulcanización en frío (caucho) | cold cure | liquor cure.
vulcanización por irradiación (caucho) | radiation vulcanization.
vulcanizado | cured | vulcanizate.
vulcanizado de caucho | rubber vulcanizate.
vulcanizado de caucho blando | soft rubber vulcanizate.
vulcanizado de caucho natural | natural rubber vulcanizate.
vulcanizado de negro de carbón | carbon-black vulcanizate.
vulcanizado de neopreno | neoprene vulcanizate.
vulcanizado elastomérico | elastomeric vulcanizate.
vulcanizador | vulcanizer.
vulcanizador de pequeñas averías sin desmontar la cubierta (neumáticos) | spot vulcanizer.
vulcanizar | vulcanize (to) | cure (to).
vulcanizar (el caucho) | metalize (to).
vulcanología | volcanology.
vulcanólogo | vulcanologist.
vulgar | common | raw.
vulnerabilidad | vulnerability.
vulnerabilidad a la corrosión alveolar superficial (metales) | vulnerability to pitting attack.
vulnerabilidad de la industria nuclear | nuclear industry vulnerability.
vulnerabilidad del blanco | target vulnerability.
vúmetro | V.U.-meter.
vunerable a la fisuración por choques | vulnerable to splitting by shocks.

wad | wad | bog manganese.
wanda (Mimusops djave) | pearwood.
wando (Eucalyptus redunca) | wandoo.
wawa (Triplochiton scleroxylon - K. Schum) | wawa.
wawabima (Sterculia rhinopetala - K. Schum) | wawabima | brown sterculia.
wealdense (capa del Cretáceo) | wealdian stage.
weber | weber.
weber (flujo magnético) | weber.
weberes-espiras | weber-turns.
weberes-vueltas (electricidad) | weber-turns.
weberio (unidad de flujo magnético) | weber.
websterita | alley stone.
wehnelt (tubos catódicos) | wehnelt.
weismanismo | weismannism.
weli-penna (Anisophyllea cinnamoides) | weli-penna.
wengé (Millettia laurentii - Willden) | wengé.
Westland pine (Dacrydium colensoi) | westland pine.
whisky de maíz | mule.
widdringtonia sudafricana (Widdringtonia whytel) | clanwilliam cedar.
willemita (ortosilicato de cinc) | willemite (zinc orthosilicate).
wisky con sabor a turba | peat-reek.
wollastonita | scale stone.
wulfenita | yellow lead ore | wulfenite.
wulo (Combretodendrom africanum-Exell) | abine | abale | wulo.

xantato | xanthate.
xanteno | xanthene.
xantofíceas | xanthophycease.
xantofila (botánica) | xantophyl.
xantogenación (rayón, viscosa) | xanthation.
xantopsia | yellow vision.
xenia (medicina) | xenia.
xenoblasto | xenoblast.
xenocristal | xenocryst | cadacryst.
xenofobia | antiforeignism.
xenofóbico | xenophobic.
xenófobo | antiforeign.
xenógeno | xenogenous.
xenoglosia | xenoglosy.
xenolito | xenolith | exogenous enclosure | accidental inclusion.
xenolito congénere | autolith.
xenolitos accidentales (chimeneas diamantíferas) | floating reefs.
xenomórfico | anhedral.
xenomorfo | xenomorphous.
xenón | xenon.
xenón (química) | xenon.
xenon terrestre | terrestrial xenon.
xenón 1 | radiogenic xenon 129.
xerocopia | xerocopying.
xerocopiado | xerocopying.
xerodermia | xerodermia.
xerófilo | xerophilous.
xerofito (botánica) | xerophyte.
xeroftalmia | scheroma.
xerogel | xerogel.
xerografía | xerography.
xerografía a distancia | long-distance xerography.
xerografía a larga distancia | long distance xerography.
xeroreproducción | xeroprinting.
xerorradiografía | xeroradiography.
xerorradiográfico | xeroradiographic.
xerosis | xerosis.
xerótico | xerotic.
xerotolerante (botánica) | xerotolerant.
xeroxar | xerox (to).
xilema | xylem.
xilema (plantas) | xilem.
xileno (hidrocarburo aromático) | xilene.
xileno (química) | xylene.
xileno | xilol.
xilenol | xylenol.
xilocromo | xylochrome.
xilofón (música) | xylophone.
xilofotografía | photo-xylography.
xilografía | woodcut | xylograph | wood plates | block print.
xilografía (arte) | xylography.
xilógrafo | xylographer | wood borer.
xiloide | xyloid.
xiloidina | nitrostarch.
xilómetro | xylometer.
xilonita | xylonite.
xilópano (mineralogía) | xylopal.
xiloplástico | xyloplastic.
xilosa | beech-wood sugar | xylose.
xilotécnia | xylotechny.
xilotila (mineralogía) | xylotile.
xilotipo | xylotype.
xister (Medicina) | xyster.

Y

y a sabiendas de que esto no era cierto | and knowingly that this was not certain.
Y de reducción (tuberías) | reducing Y.
y embebidas en hormigón de grava menuda | rubble concrete.
y hacerse a la mar (buques de guerra) | readiness for sea period.
y para que así conste | in witness whereof.
Y reductora (tuberías) | reducing lateral.
y SE (hemisferio boreal) | prevailing westerlies.
ya bien | off and on.
ya hecho | ready-made.
ya mal | off and on.
ya publicado | already issued.
ya taladrado | predrilled.
ya tratado por inyección de agua (recuperación de pozos petroleros) | watered-out.
yacal (Shorea spp) | yacal.
yacimiento | formation | deposit | mineral occurrence | measures | bed | brood.
yacimiento (de mineral) | lens.
yacimiento (geología) | measure.
yacimiento (minas) | layer.
yacimiento (minerales) | occurrence.
yacimiento alóctono | allochthonous deposit.
yacimiento aluvial | alluvial deposit.
yacimiento aluvial (geología) | stream-moved deposit.
yacimiento aurífero (minería) | gold field.
yacimiento bauxitífero | bauxite-bearing occurrence.
yacimiento biogénico (mineralogia) | biogenic deposit.
yacimiento biógeno | biogenous deposit.
yacimiento bioquímico (minería) | biochemical deposit.
yacimiento clástico | clastic deposit.
yacimiento coluvial | colluvium.
yacimiento coprolítico | coprolitic deposit.
yacimiento criptomagmático | cryptomagmatic deposit.
yacimiento de acumulación | cumulose deposit.
yacimiento de agregaciones de mineral en rocas sedimentarias | bedded ore deposit.
yacimiento de aluvión | placer deposit.
yacimiento de amianto | asbestos bed.
yacimiento de arcilla arenosa | dank.
yacimiento de arena aurífera | lead.
yacimiento de arena neogénica | neogenic sand deposit.
yacimiento de bauxita | bauxite deposit.
yacimiento de carbón | coal occurrence | coal-bed.
yacimiento de cobre | copper deposit.
yacimiento de contacto | contact deposit.
yacimiento de contacto (geología) | contact bed.
yacimiento de filones metalíferos | metalliferous lode deposit.
yacimiento de gas (geología) | gas strata.
yacimiento de hidrocarburos | pool.
yacimiento de hierro | iron deposit.
yacimiento de impregnación | impregnation.
yacimiento de insectos (paleontología) | insect occurrence.
yacimiento de mineral de hierro | mine earth.
yacimiento de petróleo | petroleum occurrence | oil occurrence | oil strata | oil pool | accumulation | reservoir.
yacimiento de placer diamantífero | diamondiferous placer deposit.
yacimiento de plomo | lead deposit.
yacimiento de radiolarios fósiles | Barbados earth.
yacimiento de relleno de cavidades | cavity-filled ore deposit.
yacimiento de riqueza variable | bunch.
yacimiento de roca o mineral desprendido del filón principal (aluvión-acarreos) | float.
yacimiento de sustitución (geología) | replacl pool | accumument deposit.
yacimiento de uranio | uranium occurrence.
yacimiento de uranio de alta ley | high-grade uranium deposit.
yacimiento detrítico | clastic deposit.
yacimiento diamantífero | diamond pan | banket reef.
yacimiento diluvial | diluvial deposit.
yacimiento dislocado | dislocated deposit | faulted deposit.
yacimiento eflorescente | efflorescent deposit.
yacimiento en capas | stratified deposit.
yacimiento en declinación (campo con producción decreciente - petróleo) | declining field.
yacimiento en masa | orebody.
yacimiento estratificado | bedded deposit.
yacimiento explotable | payable orebody.
yacimiento extenso | extensive deposit.
yacimiento extraglacial (minería) | extraglacial deposit.
yacimiento filoniano | kindly ground | vein deposit.
yacimiento fluvioglaciar | aqueous-glacial deposit.
yacimiento glaciárico | glacial deposit.
yacimiento heteromésico | heteromesical deposit.
yacimiento heterotáxico | heterotaxial deposit.
yacimiento heterotópico | heterotopical deposit.
yacimiento hipotáxico | hypotaxic deposit.
yacimiento homotaxial | homotaxial deposit.
yacimiento hullero | coal deposit.
yacimiento irregular (bolsón) | bunchy.
yacimiento isomésico | isomesical deposit.
yacimiento isópico | isopic deposit.
yacimiento lenticular | channel deposit | shoestrings.
yacimiento marino | marine bed.
yacimiento marino pérmico de fosforita | Permian marine phosphorite deposit.
yacimiento metálico subacuático | subaquatic metallic deposit.
yacimiento metalífero | ore deposit | ore bed.
yacimiento mineral | mineral deposit.
yacimiento mineral inconsolidado | unconsolidated mineral deposit.
yacimiento muy estratificado (geología) | highly stratified reservoir.
yacimiento nerítico | shallow-sea deposit.
yacimiento peniconcordante de uranio | peneconcordant uranium deposit.
yacimiento petrolífero | pool | oil field.
yacimiento piroclástico | agglutinate.
yacimiento pluvial | pluvial deposit.
yacimiento productivo | productive pool.
yacimiento profundo (petróleo) | deep field.
yacimiento rico | bunny.
yacimiento rico pero poco potente (minas) | bonney.
yacimiento salino estratificado | bedded salt deposit.
yacimiento sedimentario | stratified deposit.
yacimiento superficial de cuarcita calcedónica o criptocristalina | silcrete.
yacimiento vertical de oro dentro del cuarzo (Australia) | reef.
yacimiento virgen | maiden field.
yacimientos | diggings.
yacimientos contemporáneos | synchronous deposits.
yacimientos cumulosos | cumulose deposits.
yacimientos de nubes ardientes (formadas por erupciones de tipo Pelée - geología) | nuées ardentes deposits.
yacimientos en filón | lode deposits.
yacimientos en montón (minería) | massive deposits.
yacimientos en zonas de contactos | contact-zone deposits.
yacimientos metalíferos | metalliferous deposit.
yacimientos rudáceos | rudaceous deposits.
yantinita | ianthinite.
yarda | YD (yard) | inch-yard.
yarda (medida) | yard.
yarda de tela (en sentido de la urdimbre) | cloth yard.
yarda de tres pies = 36 pulgadas | cloth yard.
yardaje | yardage.
yardang | yardang.
yardas de suelo o roca medida en su posición original | bank yards.
yarmouth (periodo interglacial) | yarmouthian stage.
yarovización | jarovization.
yatagán | ataghan.
yate aparejado de queche | ketch-rigged yacht.
yate con aparejo de balandra | cutter-rigged yacht.
yate con casco en catamarán (dos flotadores separados soportando la cubierta) | catamaran yacht.
yate de clase única | one-class yacht.
yate de plástico reforzado con fibra de vidrio | reinforced plastic yacht.
yate de recreo | cruiser.
yate de regatas | race-about.
yate de vela con popa de canoa | canoe yacht.
yate monotipo | one-class yacht.
yate pequeño de regatas de unos 6 metros en la flotación | half-rater.
yatralíptica | iatraliptics.
yatrofísico | iatrophysical.
yatroquímica | iatrochemistry.
yaya (Oxandra lanceolata - Baill) | yaya.
yegua | mare.
yeguada | haras | stud.
yelmo | helm | helmet | heaume | casque | galea.
yema | shoot | bud | gemma.
yema (botánica) | eye | button.
yema (de huevo) | yolk.
yema adventicia | latent bud.
yema de adventicia | adventitious bud.
yema de fruta (árboles) | fruit-bud.
yema de huevo (Aspidosperma vargasii) | yema-de-huevo.
yema de las semillas | seed bud.
yema en reposo | latent bud | dormant bud.
yema en reposo (botánica) | epicormic shoot bur.
yema floral (botánica) | bearer.
yemación (botánica) | budding.
yemación de la patata | potato budding.
yemar (botánica) | bud (to).
yemas | gemmae.
yente | going.
yermo | desert 00 | unimproved.
yero (botánica) | tare.
yerro | error | lapse.
yerro (Chile) | break.
yesar | gypsum quarry.
yesca | tinder.
yesca química | chemical tinderbox.
yesear | gypsum pit.
yesera | gypsum furnace | gypsum-kiln.
yesería (obra de yeso) | plasterwork.
yesífero | gypsum bearing | gypsiferous.
yeso | dried calcium sulfate | gypsum | chalk | plaster of Paris.
yeso (paredes de un sondeo) | gyp.
yeso alumbrado | marble cement.
yeso amasado | kneadable gypsum.
yeso anhidro | dead-burned plaster.
yeso blanco (enlucidos) | finishing plaster.
yeso calcinado | land plaster.
yeso calentado durante 3 horas a temperatura de 426° grados Kelvin | dead-burnt plaster.
yeso con gran cantidad de impurezas | cement plaster.
yeso de calidad superior | ground gypsum.
yeso de dentista | dentist's plaster.
yeso de vaciar | casting plaster.
yeso especular (mineralogía) | selenite.
yeso fascicular | fascicular gypsum.
yeso fibroso | annaline | satin spar.

yeso para mezclar con cal | gaging plaster.
yeso para pisos (yeso calcinado a 480 °C y finamente molido) | flooring plaster.
yeso puro | neat plaster.
yesofilia | gypsophily.
yesófilo | gypsophilous.
yesones | old plaster.
yesosis | gypsosis.
yesoso | gypseous | gypsous | plastery.
yetapá (arrastre de troncos) | grab.
ylem (plasma primordial) | ylem.
yódico | iodic.
yodirita | iodyrite.
yodo | iodine.
yodo radiactivo | radioactive iodine.
yodo radioactivo | radioiodine.
yodo 131 | iodine 131.
yodoformo | iodoform.
yodoplatinato | iodoplatinate.
yodurante | iodizer.
yoduro (química) | iodide.
yoduro de cadmio | cadmium iodide.
yoduro de plata | silver iodide.
yogur | yoghourt.
yokewood (Catalpa speciosa) | yokewood.
yola | yawl | gig.
yola (del almirante) | galley.
yola de regatas | racing gig.
yola de regatas a remo | outrigger.
yolista | gigsman.
yon (Anogeissus acuminata - Wall) | yon | takien nu.
yugado | jugate.
yugo | yoke.
yugo de colleras | neck yoke.
yugo de cubierta (buque de madera) | deck transom.
yugo de empuje (chumacera empuje) | pad.
yugo de empuje (chumacera Michel) | thrust shoe.
yugo de fijación | fastening yoke.
yugo del alcázar (buques madera) | poop deck-transom.
yugo del freno | brake beam.
yugo del gancho de tracción | draw hook yoke.
yugo escocés (mecanismo) | Scotch yoke.
yunke | anvil.
yunque (martillo pilón) | anvil-die.
yunque de acanalar | grooved anvil.
yunque de cabeza redonda | round anvil.
yunque de calderero | chamfering anvil.
yunque de dos picos | rising anvil.
yunque de embutir | chasing anvil | embossing anvil.
yunque de espiga | bickern.
yunque de estampar | swage anvil.
yunque de forja | blacksmith's anvil.
yunque de herrador | farrier's anvil.
yunque de pico sencillo | single bick anvil.
yunque de redondear chapas | chasing anvil.
yunque de tornillo de banco | anvil vise.
yunque de zapatero | hobbing-foot.
yunque del martillo | hammer block.
yunque multiplicador de la presión | pressure-multiplying anvil.
yunque para fondos | bottom anvil.
yunque para roblonar | riveting anvil.
yunque tetraédrico | tetrahedral anvil.
yunta | team.
yunta de cuatro cadenas (Bolivia) | four paws.
yute | paat-hemp | gunny | jute.
yute de calidad inferior | inferior jute.
yute embalado | packed jute.
yute engrasado | batched jute.
yute prensado | compressed jute.
yute sin embalar | loose jute.
yutero | jute.
yuxtalineal | juxtalinear.
yuxtalitoral | juxtalittoral.
yuxtaponer | juxtapose (to).
yuxtaposición de buques navegando | juxtaposition of ships moving at speed.
yuxtaposición longitudinal | endwise juxtaposition.
yuxtapuesto | opposed.

Z

zacatera (Honduras) | range plant cover.
zafar | clear (to).
zafar (marina) | trip (to).
zafar el ancla (ancla al izarla) | break ground (to).
zafar el ancla del fondo | breakout the anchor (to).
zafar las cuñas | take out wedges (to).
zafar licenciar (tropas) | release (to).
zafarrancho de combate | general quarters.
zafarse | come off (to).
zafiro | shapphire | sapphire.
zafiro alexandrítico | blue alexandrite.
zafiro asteriado | asteriated sapphire.
zafiro azul pálido | Ceylon sapphire | aquamarine sapphire.
zafiro color púrpura | bengal amethyst.
zafiro de Ceilán | Ceylon sapphire.
zafiro de color violeta a purpúreo | amethystine sapphire.
zafiro de ojo de gato | asteriated sapphire.
zafiro del Brasil (variedad azul de turmalina) | Brazilian sapphire.
zafiro hembra | female sapphire | blue fluorspar.
zafiro incoloro | leucosapphire.
zafiro macho | male sapphire | indigo-blue sapphire.
zafiro oriental | blue hyaline quartz | blue sapphire | Burma sapphire.
zafiro oriental de color azul verdoso | cat sapphire.
zafiro sintético con la superficie brillante | flame-glossed sapphire.
zafiro tallado en cabujón | cabochon sapphire.
zafiro verdadero sin color característico | cat sapphire.
zafiro verde-amarillento | chrysolite sapphire.
zafra | harvesting | harvest.
zafra (azúcar) | grinding season.
zafra (de azúcar) | crop.
zafra (minas) | rubbish.
zafrán (timón) | cheek.
zafre | zaffre.
zafre (óxido azul de cobalto - cerámica) | zaffer.
zafrero | rubbish carrier.
zaga (coches) | footboard.
zaga (de carro) | dicky.
zaga (de carruaje) | back.
zaguán | vestibule.
zaguero | back.
zaguero (ejes, ruedas) | hind.
zaguero (milicia) | serrefile.
zahinar | sorghum field.
zahorí | rhabdomancer | water-finder | diviner.
zahoriar | rhabdomance (to).
zahurda | hogsty.
zaina | Spanish sorghum.
zaino | chestnut.
zalea | mat | pelt.
zallar (marina) | trip (to).
zamarra | sheepsking | slab ingot.
zamarra (metalurgia) | slab | ore bloom.
zamarra (pudelado) | half bloom | bloom | lump | ball.
zamarra de chatarra (pudelado) | scrap ball.
zamarra de hierro | loop.
zamarra de hierro pudelado | puddled ball.
zamarra de pudelaje | puddle ball.
zamarra que se ha sacado demasiado pronto (horno pudelado) | cobble.
zambullida | dip | plunging | dousing.
zambullir | duck (to) | douse (to) | dip (to) | immerge (to) | immerse (to).
zambullirse | duck (to) | dowse (to).
zampeado | invert | inverted arch | reversed arch | riprap | paving.
zampeado (esclusas) | invert.
zampeado (hidráulica) | apron | soleing.
zampeado (presas) | hearth.
zampeado (umbral - presas) | floor.
zampeado de hormigón | concrete bed.
zampeado de hormigón armado | reinforced-concrete invert.
zampeado de la esclusa | lock chamber invert.
zampear | riprap (to) | riprap (to) | pave (to) | pitching.
zanahoria | carrot.
zanca | stringer | spur.
zanca (aves) | shank.
zanca (escalera) | horse | string | carrier.
zanca a la francesa | housed string.
zanca a la francesa (escaleras) | close string.
zanca a la inglesa | open string.
zanca de cremallera | open string.
zanca de madera con escotaduras para huellas y contrahuellas (escaleras) | notch-board.
zanca en cremallera (zanca a la inglesa - escalera de madera) | cut string.
zanca exterior (escaleras) | face string.
zanca recta | housed string | close string.
zanco | stilt.
zángala | buckram.
zangalete (tela algodón) | sarcenet.
zángano | drone.
zanja | channel | ditch | drain | trench | furrow | graff.
zanja continua de transporte de maderas en agua corriente | flume.
zanja cortafuegos | fire-trace | ditch check.
zanja de avenamiento rellena de grava | French drain.
zanja de captación | catch drain.
zanja de circunvalación | marginal ditch.
zanja de contención | ditch check.
zanja de desagüe | leader | bleeder trench | drainage channel | drainer.
zanja de drenaje | drainage ditch | draining ditch.
zanja de préstamo (carreteras) | borrow pit | side cutting.
zanja de préstamo (excavaciones) | borrow.
zanja de retención (contra las orugas) | insect-trench.
zanja de saneamiento | berm.
zanja del talón (presas) | heel trench.
zanja honda | gully.
zanja interceptora (hidráulica) | cutoff trench.
zanja maestra | main ditch.
zanja para avenamiento | drainage ditch.
zanja para colocar un tubo de drenaje | chase.
zanja pequeña de desagüe | grip.
zanja perimetral para contener las escorrentinas | contour furrow.
zanja profunda | gullet.
zanjadera | backdigger.
zanjadora | ditch digger | trencher.
zanjadora de aguilón | boom ditcher.
zanjadora de cangilones | trencher | trench digger.
zanjadora de cuchilla | blade ditcher.
zanjadora de pala giratoria | swing-shovel trencher.
zanjadora de rosario | ladder-type trencher.
zanjadora de rueda de noria | wheel ditcher.
zanjar | compromise (to) | settle amicably (to).
zanjar las disputas | settle disputes (to).
zanjar las reivindicaciones | settle revendicatios (to).
zanjar los desacuerdos | settle disputes (to).
zanjar reclamaciones | settle claims (to).
zanjar una dificultad | arrange a difficulty (to).
zanjas anticarros | antitank ditches.
zanjear | trench (to) | hoe (to).
zanjeo | ditching.
zanquilargo | long-legged.
zanthoxylum flavum - Vahl | yellow sanders.
zapa | sap | mining.
zapa cubierta | blind sap.
zapa volante | flying sap.
zapador | pioneer | miner.
zapador (ejército) | sapper.
zapallo (Pisonia spp) | zapallo.
zapapico | mattock | mattoch | pick mattock | pickaxe | pickax.
zapar | excavate (to).
zaparsocavar | sap (to).
zapata | set shoe | runner | soleplate | solepiece | saddle | foot block | footing piece | block | collector-shoe.
zapata (ancla, freno mecánico, contacto eléctrico, patín de cola de aviones) | shoe.
zapata (carril) | lower flange.
zapata (de freno) | drag | skid shoe.
zapata (de jaula de mina) | riser head.
zapata (de muro) | footing.
zapata (de timón) | sole.
zapata (frenos) | friction block.
zapata (jaula minas) | slipper.
zapata (unión de dos piezas) | angle block.
zapata aislada (pilares) | isolated footing.
zapata aislada de columna | isolated column footing.
zapata asimétrica (cimentación) | unsymmetrical footing.
zapata autoenergizante | self-energizing shoe.
zapata circular | round footing.
zapata circular articulada de un metro de diámetro que toma la inclinación del terreno (estructuras desmontables militares) | camel's foot.
zapata circular con paramentos inclinados | sloped round footing.
zapata colocada a poca profundidad por debajo de la superficie del terreno (columnas) | surface footing.
zapata combinada constituida por una losa y pedestal | combined slab-and-pedestal footing.
zapata con chaqueta de vapor (prensa para lanas) | jacketed pressing plate.
zapata con extremos en forma de esquí | ski nosed shoe.
zapata con paramentos inclinados (cimientos) | sloped footing.
zapata con paramentos superiores inclinados (cimientos) | sloped-top footing.
zapata cortante (sondeos) | drive shoe.
zapata de acoplamiento | coupling shoe.
zapata de apoyo | setting shoe | bearing shoe.
zapata de cementación | cementing shoe.
zapata de cimentación (muros) | pad foundation.
zapata de cojinete (vía férrea) | chair foot.
zapata de columna | column footing.
zapata de contacto (ferrocarril eléctrico) | ramp shoe.
zapata de contacto (zapata de toma - electricidad) | contact plow.
zapata de contracción externa | external-contracting shoe.
zapata de curvar | bending shoe.
zapata de desgaste (quilla madera) | worm shoe.
zapata de freno | brake block | brake rubber | brake shoe.
zapata de freno (carruajes) | rubber.
zapata de freno desprendida y que va arrastrándose sobre la vía (tren en marcha) | dragging brake-shoe.
zapata de freno regulable | adjustable brake block.
zapata de fricción | friction block.
zapata de fricción interna | internal friction shoe.
zapata de fundición | cast-iron shoe.
zapata de guía | guide shoe.
zapata de la cruceta | crosshead slipper.
zapata de la oruga (tractor de oruga) | track plate.
zapata de los gigantones (lanzamiento buques) | poppet board.
zapata de los gigantones de proa (botadura

buques) | solepiece.
zapata de madera para repartir la carga de un puntal | shole.
zapata de ménsula | cantilever footing.
zapata de muro | wall footing.
zapata de muro de contención | retaining-wall footing.
zapata de oruga | crawler shoe | crawler track link.
zapata de pila de puente | bridge pier footing.
zapata de pilón (bocarte) | stamp shoe.
zapata de toma de corriente | contact shoe | plow.
zapata del carril (carril Vignole) | rail foot | rail shoe.
zapata del codaste | solepiece.
zapata del entubado | casing shoe.
zapata del freno (carruajes) | drag shoe.
zapata del marco de la hélice (buques) | solepiece.
zapata del mecanismo de la picada | picking shoe.
zapata del timón | rudder sole.
zapata del umbral (presas) | cill lip.
zapata dentada rotatoria para tubos | rotary milling shoe.
zapata encajadora (sondeos) | drive shoe.
zapata escalonada (cimentación) | stepped footing.
zapata expansible | expansible shoe.
zapata flotadora | float shoe.
zapata individual | isolated footing.
zapata negativa | negative shoe.
zapata nervada | ribbed fouting.
zapata para apoyar el gato | jacking shoe.
zapata para repartir la carga (cimentación) | spread footing.
zapata para repartir la carga sobre el terreno | mudsill.
zapata paralela (telar) | parallel shoe.
zapata polar (generadores eléctricos) | pole shoe.
zapata positiva | positive shoe.
zapata propulsora (sondeos) | drive shoe.
zapata que tiende a separarse cada vez más del tambor (frenos) | nonself-energizing shoe.
zapata revestida de un tejido (frenos) | fabric-faced shoe.
zapata rotatoria dentada (sondeos) | milling shoe.
zapata sobre pilotes (pilares) | pile footing.
zapata soporte | bearing shoe.
zapatas (astilleros) | ways.
zapatas de apoyo de madera de azobé | azobe supports.
zapatas de guía (jaula minas, etc.) | guide shoes.
zapatas de la oruga (tractores) | track shoes.
zapatas guiadoras | guiding shoes.
zapatas sujetas laterálmente por los forjados del piso | footings steadied by floors.
zapatazo (vela al viento) | flap.
zapatear (velas al viento) | flap (to).
zapateo de las velas (buque de vela) | flapping of the sails.
zapatero (Casearia praecox) | Maracaibo boxwood.
zapatero (Casearia praecox - Gris) | zapatero.
zapatero (Casearia praecox Griseb) | West Indian boxwood.
zapatero (Gossypiospermum praecox) | Venezuelan boxwood.
zapatilla | sandal.
zapatilla (grifos) | joint ring.
zapatilla (grifos de agua) | leather washer.
zapatillas protectoras colocadas sobre el calzado natural (centrales nucleares) | slip-on protector.
zapato | shoe.
zapato (bocarte) | stem.
zapato (neumáticos) | boot.
zapato (para cubierta de autos) | patch.
zapato flotador (tuberías) | float shoe.
zapatos con puntera de cobre | copper-toed shoes.
zapatos cosidos a mano | hand-sewn shoes.
zapatos de lona y caucho para las regiones polares | mukluk.
zapatos de suela clavada | pegged-sole shoes.
zapote (Achras sapota) | sapodilla | zapote.
zapote (Achras zapota - L) | chicle tree.
zaranda | sifter | screen | trommel | strainer.
zarandeado por huracanes y mar gruesa (buques) | pounded by gales and heavy seas.
zarandero | screen tender.
zarandón | chaff riddle.
zaratita | emerald nickel.
zaraza | kalankar | printed calico | calico.
zaraza glaseada | chintz.
zarazas moradas (tipografía) | purple pads.
zarcillo (botánica) | runner.
zarcillo (plantas trepadoras) | cirrus.
zarcillos | pendent.
zarigüeya | possum.
zarigüeya (América del Sur) | opossum.
zarpa | claw | gripe.
zarpa (cimientos de muros) | scarcement.
zarpa (muros) | setoff | toe.
zarpar | leave port (to).
zarpar (anclas) | start (to).
zarpar (buques) | put forth (to) | put to sea (to) | sail (to) | make sail (to) | depart (to) | leave (to).
zarpar (hacerse a la mar - buques) | get under way (to).
zarpar el ancla | atrip (to) | trip (to).
zarpar el ancla (buques) | aweigh (to).
zarzo | harp | hurdle.
zarzo de mañanería | cocooning frame.
zebrano (Brachystegia fleuryana - Chev) | zebrano.
zénit (astronomía) | vertex.
zenit del observador | observer's zenith.
zenit geodésico | geodetic zenith.
zenografía (estudio del planeta Júpiter) | zenography.
zenográfico | zenographic.
zeolita | zeolite.
zeolita (mineralogía) | zeolite.
zeolita acicular | needle zeolite.
zeolita artificial | permutit.
zeolita cálcica para aplicación caliente | hot-lime zeolite.
zeolita de tipo analcimo | analcime-type zeolite.
zeolita férrica | iron zeolite.
zeolita fibrosa | needle zeolite.
zeolita manganesífera | manganese zeolite.
zeolita sódica | base-exchange material.
zeolitización | zeolitization.
zeoscopio | zeoscope.
zeroide | zeroid.
zeunerita | zeunerite.
zézé (música) | banjo.
ziegelina | tile ore.
zigomorfo (zoología) | monosymmetrical.
zigoto | ovum.
zigzag | zigzag | crankle.
zigzageado | zigzaggy.
zigzageamiento | zigzagging.
zigzaguear | zigzag (to).
zigzagueo (automóviles) | shimmy.
zimasa (bioquímica) | zymase.
zimógeno | zymogen.
zimohidrólisis | zymohydrolysis.
zimólisis | zymolysis.
zimólogo | zymologist.
zimometría | zymometry.
zimoplático | ferment-forming.
zimoscopio | zymoscope.
zimotecnia | zymotechnics.
zimotecnología | zymotechnology.
zimotecnólogo | zymotechnologist.
zimotermia | zymothermy.
zimurgia | zymurgy.
zimurgista | zymurgist.
zinc | zinc.
zinc electrodepositado con pureza mayor de 99,9% | electrolytic zinc.
zinc en granalla | drop zinc.
zinc en polvo | zinc powder.
zinc globular | drop zinc.
zinc granular | drop zinc.
zinc muy puro | fine zinc.
zinc obtenido directamente de su mena en una operación | virgin spelter.
zinc procedente de los baños de galvanizado (tiene algo de hierro) | zinceisen.
zinc refinado | zinc powder.
zinc sublimado | flowers of zinc.
zincabilidad | zincability.
zincable | zincable.
zincado | zinc-plating | zincing | zinc-coated | zincification.
zincado (alambres) | patented.
zincado por inmersión en baño activo | hot-dip galvanized.
zincar | zinc-plate (to) | zincify (to) | zinc (to).
zíncico | zincous.
zincograbado | zincograph.
zincografía | zinc printing | zincography.
zincógrafo | process-engraver.
zincógrafo (tipografía) | blockmaker.
zincoide | zincoid.
zincolita | zincolyte.
zincometalizar | zinc-metallize (to) | zinc-spray (to).
zinconita | zinc bloom.
zincoso | zincky | zincous | zinky.
zincotipia | zinc engraving.
zingana (Brachystegia fleuryana - Chev) | zingana.
zinquería | zinc works.
zíper | zipper.
zircaloy (aleación) | zircaloy.
zircón | zircon.
zircón alfa verde-olivino (Ceilán) | beccarite.
zircon genuino de Australia | Australian zircon.
zircón incoloro | Ceylon diamond.
zircón metamíctico | metamict zircon.
zirconato de plomo | lead zirconate.
zirconía | zirconia.
zirconia de pureza óptima | ultrahigh purity zirconia.
zirconia estabilizada con magnesia | magnesia-stabilized zirconia.
zirconia fundida estabilizada | fused stabilized zirconia.
zirconia impurificada con uranio | uranium-doped zirconia.
zirconio | zirconium.
zirconio exento de hafnio | hafnium-free zirconium.
zirconio fundido al arco eléctrico | arc-melting zirconium.
zirconita (mineralogía) | jacinth.
ziricote (Cordia dedecandra) | ziricote.
zócalo | footstall | base | bearer | apron | bedplate | pedestal | socket | socle | shelf | skirt.
zócalo (arquitectura) | plinth.
zócalo (edificios) | footing block | dado.
zócalo (máquinas) | sole.
zócalo (paredes) | baseboard.
zócalo de bayoneta | bayonet base.
zócalo de bayoneta (lámpara eléctrica) | bayonet socket.
zócalo de discos | wager socket.
zócalo de ladrillo | brick base.
zócalo de porcelana | porcelain socket.
zócalo de prensa | pallet.
zócalo de relé enchufable | relay plugboard.
zócalo de tubo | tube socket.
zócalo de un contador | meter base.
zócalo del arquitrabe (puertas) | plinth block.
zócalo del batán (telares) | lay beam.
zocalo octal | octal socket | octal plug.
zócalo para transistores | breadboard socket.
zócalo portaválvula | tube socket.
zócalo saliente | footing.
zodiaco | zodiac.

zoético | zoic.
zofra | backband.
zoico | zoic.
zona | zone | location | area | field | expanse | range.
zona (geología) | assize.
zona a barlovento (explosión nuclear en la mar) | fallout area.
zona a batir (artillería) | objective zone.
zona a bordo para las formaciones (buques guerra) | parade.
zona a sotavento de una montaña | rain shadow.
zona abisal | abyssal zone.
zona abrigada del viento | lee shelter.
zona aduanera | customs area.
zona aduanera marítima | customs waters.
zona adyacente | adjacent zone.
zona adyacente a una estación en la que hay dificultad de recibir otras estaciones (televisión) | blanket area.
zona afectada por el calor | heat affected zone.
zona afectada por el calor de la soldadura | weld-heat-affected zone.
zona afectada por las heladas | frost-affected zone.
zona afótica (oceanografía) | aphotic zone.
zona al abrigo de las lluvias | rain shadow.
zona alguífera | algae-bearing area.
zona alrededor de una estación transmisora (donde la intensidad del campo varía de 5 a 10 milivoltios por metro) | B-Service Area.
zona ampliada | enlarged area.
zona anacústica | anacoustic zone.
zona anamórfica | anamorphic zone.
zona anódica (prospección geofísica) | positive zone.
zona anterior de una playa | beach face.
zona antirradárica | window corridor.
zona anular alrededor de un radio transmisor en la que no pueden recibirse radioseñales | skip zone.
zona aquebradizada | embrittled zone.
zona arquibéntica (oceanografía) | archibentic zone.
zona atonal | hearing threshold difference.
zona audible | audible range.
zona avanzada | forward area.
zona barrida por el fuego | fire-swept zone.
zona batida | beaten zone | danger area.
zona batida (milicia) | danger space.
zona batida por los vientos | breezy area.
zona binaria | binary scale.
zona boscosa | forested area.
zona cartografiada | mapped area.
zona catamórfica | katamorphic zone.
zona catiónica | cathionic zone.
zona caucionaria (minería) | cautionary zone.
zona censual | census tract.
zona cerealista | cereal-growing area.
zona ciega del radar | radar blind spot.
zona colindante | adjacent zone.
zona comercial | trading estate | trading area.
zona comercial aduanera | customs-free trade zone.
zona con abundancia de agua | water-rich area.
zona con campo magnético de gran intensidad (reactor termonuclear) | mirror.
zona con circuito de vía (estación clasificación) | track-circuited area.
zona con escasez de agua | water-poor area.
zona con gran desprendimiento de calor | hotspot.
zona con mayor temperatura que el resto | hotspot.
zona con película superficial incompleta (plásticos) | dry-spot.
zona con pequeñas abrasiones | rubmark.
zona con pérdida de adherencia entre los componentes (plásticos de fibra de vidrio) | let-go.
zona con precipitación pequeña de lluvia situada a sotavento de una cordillera | rain shadow.
zona con vida marina | abyssal zone.
zona construida | built-upon area.
zona contaminada | contaminated area.
zona cortafuegos | firebreak.
zona costera | coastal area | tideland.
zona crepuscular | twilight zone.
zona crítica | critical range.
zona cuprífera | copperbelt.
zona de abastecimiento | distribution zone.
zona de ablación (glaciar) | dissipator.
zona de acceso prohibido | no go.
zona de acción eventual (artillería) | contingent zone.
zona de acercamiento | approach zone.
zona de acuerdo | area of agreement.
zona de agitación | agitation zone.
zona de agua agitada (aguas de río) | rip.
zona de agua relativamente tranquila después de dos o tres olas | smooth.
zona de aireación | aeration zone.
zona de alimentación (glaciares) | gathering zone.
zona de almacenaje al aire libre | farm.
zona de almacenamiento al aire libre | ground storage area.
zona de almacenamiento del mineral | ore stockyard.
zona de alta temperatura en un sólido o líquido a lo largo de la trayectoria de un fragmento de fisión o de otra partícula hiperenergética | thermal spike.
zona de altas presiones | high-pressure belt.
zona de amaraje | water airfield.
zona de andamiajes y de herramental (astilleros) | staging and kitting area.
zona de aparcamiento de aviones | hardstand.
zona de aplanamiento del flujo | flux flattened region.
zona de aproximación instrumental | instrument-approach zone.
zona de arenales (geología) | sand belt.
zona de ascendencia | upwind región.
zona de aterrizaje | alighting area | landing area.
zona de aterrizaje de paracaidistas | jump area.
zona de bajas presiones | low altitude area.
zona de bajas presiones (meteorología) | trough.
zona de balance de mareas | intercotidal.
zona de borneo (buque anclado) | swinging berth.
zona de caída de una nave espacial | footprint.
zona de caldeo | firing zone.
zona de calmas | calm belt.
zona de calmas tropicales | horse latitudes.
zona de captación de señales de sincronización (televisión) | collecting zone.
zona de cementación | belt of cementation.
zona de colonización | settlement area.
zona de combate | combat area.
zona de comunicaciones | communication zone | logistic zone | logistical zone.
zona de concentración | mounting base.
zona de concentración montajee | mounting area.
zona de congelación | zone of freezing.
zona de consolidación de varias cabezas de playa (desembarcos) | lodgement area.
zona de contacto puntual | kneck.
zona de contacto puntual (semiconductores) | kneck.
zona de control de un aeropuerto | terminal control area.
zona de convergencia | convergence zone.
zona de convergencia antártica | Antarctic convergence.
zona de convergencia intertropical | intertropical convergence zone.
zona de costa comprendida entre la pleamar y la bajamar | foreshore.
zona de crisis económica | area depressed.
zona de cultivo de frutos cítricos | citrus belt.
zona de choque (reactor) | impingement area.
zona de defensa artillera | gun defense zone.
zona de defensa por aviones | airplane defense area.
zona de deformaciones elásticas | elastic range.
zona de degradación | gradation zone.
zona de deposición máxima | depocenter.
zona de descarbonatación (zona de calcinación - horno de cemento o de cal) | decarbonation zone.
zona de desembarco | landing area.
zona de deslizamiento (cristalografía) | slip-band.
zona de desplazamiento | displacement spike.
zona de desprendimiento | disengaging area.
zona de desprendimiento de virutas | chip release area.
zona de destino | area of destination.
zona de detonación | flash zone.
zona de difusión (periódicos) | circulation area.
zona de disgregación (fallas) | shear zone.
zona de dispersión | dispersal area | area of dispersion.
zona de efectividad | range of effectiveness.
zona de ejército | army area.
zona de embarque en helicóptero | pick up zone.
zona de enfriado del clinker (horno rotatorio de cemento) | soaking zone.
zona de enganche | bonding zone.
zona de erosión (geología) | belt of weathering.
zona de estacionamiento | staging area.
zona de estacionamiento (aeropuertos) | standing | holding area.
zona de estacionamiento de aeronaves (aeropuertos) | apron.
zona de estacionamiento de hidroaviones | seadrome.
zona de estacionamiento disperso | dispersal area.
zona de estiraje | drafting field.
zona de etapas | communication zone.
zona de exclusión del reactor | reactor exclusion area.
zona de fabricaciones en caliente | hot line.
zona de fatiga | fatigue range.
zona de filtraje | filtrage zone.
zona de fluencia | flowage zone.
zona de formación del clinker (horno cemento) | burning zone.
zona de fragilidad | range of brittleness.
zona de fragilidad en caliente | hot brittleness area | red-short range.
zona de frecuencia de la señal | signal frequency-range.
zona de fuego rasante | band of fire.
zona de gelisuelo continuo | continuous permafrost zone.
zona de gran radioactividad | hotspot.
zona de granizo (meteorología) | hail area.
zona de hundimiento | area of subsidence.
zona de identificación de la defensa aérea | air defense identification zone.
zona de igual intensidad de señal (aeródromos) | equisignal sector.
zona de igualdad de fases (radioseñales) | equiphase zone.
zona de impermeabilización (presas) | sealing strip.
zona de inestabilidad meteorológica | squall line.
zona de información de suelo | fir.
zona de inmersión óptima para eludir la detección por un buque con sonar (submarinos) | best depth range.
zona de interferencia (radar - EE.UU.) | mush area.
zona de interferencia (radar - G.B.) | nuisance area.
zona de interferencia del ruido | nuisance area.
zona de la aduana | customs territory.
zona de la avería | fault zone.
zona de la cámara de caldeo que se extiende desde el extremo de carga hasta 0,75 de la

longitud (horno de recalentar lingotes) | tonnage zone.
zona de la falla | fault zone.
zona de la totalidad (eclipses) | belt of totality.
zona de lanzamiento (paracaidistas) | landing area.
zona de lanzamiento con paracaídas | drop zone.
zona de libre cambio | free trade zone.
zona de libre cambio del mundo libre | free trade area of the entire free world.
zona de localización de incendios (aviación) | designated fire zone.
zona de los vientos alisios | trade-wind belt.
zona de llamas (cámara combustión de turbina de gases) | primary zone.
zona de lluvias tropicales | tropical rain belt.
zona de maniobra | scratch area.
zona de maniobra (aeródromos) | maneuvering area.
zona de maniobra del aerodromo | aerodrome maneuvering area.
zona de mareas | tidal zone.
zona de materiales (astilleros) | staking yard.
zona de meandrismo (ríos) | meander belt.
zona de mineral muy rico | bonanza.
zona de montaje de bloques modulares (astilleros) | modular assembly area.
zona de montaje de subconjuntos modulares (astilleros) | sub-assembly area.
zona de navegación guiada | radio range.
zona de níquel sin electrodepositar | skips.
zona de observación nuclear-biológica y química | nuclear-biological-chemical area of observation .
zona de ocupación reglamentada | regulated stay area.
zona de operaciones | zone of operations.
zona de oxidación (metalurgia) | oxidizing zone.
zona de parada (pista despegue) | stopway.
zona de pequeños planetas (astronomía) | planetoid ring.
zona de perturbación | mush area.
zona de pista magnética (cinta) | zone track.
zona de practicaje (puertos) | pilotage water.
zona de precalentamiento (horno rotatorio para cemento) | cold zone.
zona de precipitación de carburos | carbide precipitation range.
zona de preferencia | zone of preference.
zona de presión | pressure belt.
zona de protección contra el fuego (sembrados, bosques) | safety belt.
zona de prueba de motores | run-up area.
zona de pruebas | test area.
zona de punto equivalente | equivalent dot area.
zona de radiación | radiation area.
zona de recepción (radio) | receiving area.
zona de reclutamiento | recruiting depot.
zona de reducción | reducing zone.
zona de reglaje | turndown.
zona de repartición | distributing zone.
zona de repostaje (aeropuertos) | refuelling apron.
zona de reproducción | breeding ground.
zona de resbalamiento (cristalografía) | slip-band.
zona de respiro del obrero | breathing zone of the operator.
zona de retaguardia | back area | rear area.
zona de reunión | rendezvous area | marshalling area.
zona de rompientes | surf zone.
zona de ruptura (geología) | ruptured zone.
zona de seguridad | clear zone | safety zone.
zona de separación | parting strip.
zona de separación entre las dos mitades del molde (moldería) | parting.
zona de silencio | area of silence | dead zone | skip zone | zone of silence.
zona de silencio (radio) | blind spot | dead spot | null | skip zone | skip distance.
zona de soberanía | sovereign base area.
zona de sobrecalentamiento | overheating zone.
zona de solidificación (metales fundidos) | freezing range.
zona de sombra | shadow zone.
zona de sombra (radar) | blind area | risk area.
zona de terreno afecto a una casa | curtilage.
zona de terreno pantanoso en invierno y seco en verano | playa.
zona de tiendas | shopping center.
zona de tiro | fire zone.
zona de tráfico | traffic area.
zona de transición entre el agua libre y el hielo consolidado | broken belt.
zona de tránsito de la cápsula espacial | spacecraft traffic zone.
zona de tránsito directo | direct transit area.
zona de trituración | crush zone.
zona de ubicación de instrucciones | instruction area.
zona de ubicación del programa | program storage.
zona de un aeropuerto con exclusión de pistas | flight line.
zona de un disco o tambor | sector.
zona de vegetación lujuriante | flush.
zona de velocidad limitada (carreteras) | restricted area.
zona de velocidades de trabajo (motores) | range of working speeds | speed range.
zona de vertido de dragados (marina) | spoil-dumping area.
zona de vertido de escombros | spoil-dumping area.
zona de vertimiento de productos de dragados (dragas) | dispersal area.
zona de vivaques | bivouac area.
zona de vivaques de invierno | winter bivouac area.
zona de yacimientos de carbón | coal field belt.
zona débilmente alumbrada | dimly lit area.
zona decadente | decadent district.
zona deficiente de perlita | ferrite ghost.
zona deglaciada | deglaciated zone.
zona dejada en seco por la bajamar | flat.
zona del aeropuerto donde se estacionan los aviones | terminal apron.
zona del blanco | target area.
zona del interior (estrategia) | zone of interior.
zona del nife (geología) | nife-zone.
zona del terreno que ha sido modificada de su estado natural | improved ground.
zona deprimida | area depressed | distressed area.
zona desboscada (en bosque virgen) | clearing.
zona desértica | desert belt.
zona desierta | depletion region.
zona desoxidante | reducing zone.
zona destruida por el fuego (bosques) | burn.
zona detrás de una obstrucción en la trayectoria de un haz radárico | radar shadow.
zona disfótica (oceanografía) | dysphotic zone.
zona donde hay escasez de pasta (papel) | grease-spot.
zona donde hay gran desprendimiento de calor | hot spot.
zona donde los hombres ranas de lanzan el agua (demoliciones submarinas) | splash line.
zona donde se cultiva | belt.
zona edificada | built-up area.
zona eficazmente batida | effective pattern | effective beaten zone.
zona en que la segregación es grande (lingotes) | hot spot | hotspot.
zona enfocada (fotografía) | coverage.
zona entre dos nervaduras (bóveda nervada) | web.
zona entre líneas en el sistema Decca de navegación | lane.
zona epilitoral | epilittoral zone.
zona equifásica (radioseñales) | equiphase zone.
zona equiseñal | bisignal zone | equisignal zone.
zona esfera esterlina | sterling area.
zona esférica | zone of a sphere.
zona estacional | platform.
zona estancial | sojourn zone.
zona eufótica (oceanografía) | euphotic zone.
zona explorada (cobertura - radar) | coverage.
zona explotable | pay zone.
zona explotada no rellenada (laboreo por tajos grandes) | march.
zona extramorrénica | extramorainic area.
zona fallada | fault space.
zona fértil | blanket.
zona final del infrarrojo | far-infrared.
zona final del ultravioleta | extreme ultraviolet.
zona fiscal | assessment district | taxing precinct.
zona fortificada | fortified area.
zona fracturada | crushed zone.
zona fracturada (geología) | crush-belt.
zona franca | bonded area | free zone | free trade zone.
zona franca (aduanas) | foreign-trade zone.
zona fría | cold area.
zona fumarólica | fumarolic area.
zona gaseada | gassed area.
zona geoquímica metalífera | metalliferous geochemical zone.
zona hipergénica | hypergenic zone.
zona horaria (EE.UU.) | time zone.
zona hullera | coal-belt.
zona impresionada | impressed area.
zona inactiva (reactor nuclear) | cold area.
zona informativa de un sector | section display.
zona interfacial | interface.
zona intermedia de combustión de gases mixtos (soplete) | feather.
zona intermediaria | buffer area.
zona isorradiométrica | isorad area.
zona karstificada | karstified zone.
zona libre de obstáculos (pista aerodromos) | clearway.
zona libre de obstáculos (pistas despegue) | cleared area.
zona libre de obstáculos al final de una pista de despegue | overrun.
zona limpia de vegetación a lo largo de una frontera que atraviesa un bosque | boundary vista.
zona litoral (geología) | tidal zone.
zona logística | logistic zone | logistical zone.
zona mal cartografiada | poorly-mapped area.
zona mareal | tidal zone.
zona marginal | fringe area.
zona marítima con rocas - arrecifes - naufragios - etc | foul ground.
zona marítima donde no se permiten ataques contra submarinos (para que puedan pasar los propios) | submarine haven.
zona minada | mined area | mine belt.
zona minera | mineral belt | mining area.
zona mineralizada | mineral zone | mineral-bearing zone.
zona monetaria | currency area.
zona móvil de baja presión | low.
zona muerta | dead zone.
zona muerta (radar) | dead spot | hole.
zona muerta (servomecanismos) | backlash.
zona muerta del servomecanismo | servo backlash.
zona muy boscosa | densely wooded area.
zona necesitada | needy area.
zona negra (fotomecánica) | solid area.
zona nerítica | neritic zone.
zona neutra | bisignal zone.
zona nivométrica | snow course.
zona no agrícola | nonagricultural area.
zona nudosa (maderas) | knot cluster.
zona nutricia | driver zone.
zona ocupada por paracaidistas (en territorio enemigo) | airhead.
zona pantanosa | swampland.
zona pantanosa (en una región árida) | alkali fat.
zona pantanosa selvática | boggy forest area.

zona para acampar | camp lot.
zona para recibir los productos calientes recién laminados (acerías) | hotbed.
zona para recogida del agua de lluvia | rainwater catchment area.
zona peatonizada | pedestrian-only zone.
zona peligrosa | danger area.
zona peligrosa más allá del límite de 3 millas (aviación) | airspace warning area.
zona pequeña anticiclónica o de altas presiones | ridge.
zona pequeña de concentración de esfuerzos (estructuras) | hard spot.
zona periférica | fringe area.
zona perlítica | pearlitic range.
zona petrolífera | oil-belt | oil zone | oil-containing area.
zona plegada (geología) | bow area.
zona posterior | back area.
zona productiva | pay zone.
zona productora | producing area.
zona prohibida | off-limit | closed area | prohibited area.
zona protegida | protected zone.
zona punteada | stippled zone.
zona que contiene varias palabras | multi-word field.
zona que periódicamente es cubierta y descubierta por el mar (oceanografía) | dries.
zona que periodicamente es cubierta y descubierta por el mar (playas) | uncovers.
zona radiactiva | hot area.
zona rayada (dibujos) | shaded area.
zona receptora | destination field.
zona redonda o alargada de luz en el cielo en un punto a 180° del sol | counterglow = gegenschein.
zona reforzada de la flotación (buque rompehielos) | ice-belt.
zona reforzada para recibir el empuje de la catapulta (aviones) | catapult point.
zona regulada de permanencia | regulated stay area.
zona representada (mapas) | coverage.
zona reproductora | breeder zone.
zona reservada | standby block.
zona reservada (operaciones aéreas) | blind bombing zone.
zona reservada para maniobras | military reservation.
zona restringida | restricted area.
zona segura para maniobrar (buques en bahía o en dársenas) | sea room.
zona sembrada de minas | mined area.
zona servida (comunicaciones) | coverage.
zona servida por puente-grúa | crane-covered area.
zona sin cepillar (maderas) | skip.
zona sin corrientes de aire | draft-free area.
zona superficial (desecación de maderas) | case.
zona superficial arenosa (hormigón) | sand streak.
zona tampón | buffer area.
zona terminal (circuitos impresos) | blivet.
zona tormentosa del Atlántico entre los 39 y 50 grados de latitud | forties.
zona trabajada por la herramienta | tooled area.
zona tranquila en la superficie del agua (buque virando) | slick.
zona tranquila en la superficie del mar (buque virando) | greyslick.
zona transparente incolora (plástico opaco o coloreado) | window.
zona tropical | tropical zone.
zona vedada | offset.
zona verde | green area.
zona vital | key area.
zona yacente entre las áreas más positivas y negativas de un cratón | cratonic shelf.
zonación | zonation | zoning.
zonación irregular | irregular banding.
zonado | zoned.
zonal | areal.
zonal (listado - mineralogía) | banded.
zonalmente asimétrico | zonally aysmmetrical.
zonaria | fungus-beetle.
zonas con el subsuelo helado permanentemente | merzlota.
zonas de aluviones | alluvial areas.
zonas de menor translucencia (plásticos translúcidos) | densification.
zonas de menos translucencia (plásticos translúcidos) | gas-mark.
zonas de refracción variable producidas por variación de la presión en un fluido (óptica) | schlieren.
zonas de silencio del radar | radar blind spots.
zonas difíciles de limpiar | hard-to-clean areas.
zonas hormigonadas | expanses of concrete.
zonas peligrosas de la puntería azimutal | training danger zones.
zonas que permanecen más calientes durante la solidificación (piezas fundidas) | hotspots.
zonas verticales principales de contraincendios (buques) | main vertical fire zones.
zonda (meteorología) | zonda wind.
zonificación | zoning.
zonoedros | zonohedra.
zonulolisis enzimática | enzymatic zonulolysis.
zoofisiología | zoophysiology.
zoofito | animal plant | phytozoon.
zoofitografía | zoophytography.
zoogenética | zoogenetics.
zoogenia | zoogamy.
zoografía | zoogeography.
zooide asexual que produce zooides sexuales de un sexo por gemación | stock.
zooide de una colonia (zoología) | person.
zooide pelágico | free-swimming zooid.
zoolita cúbica | cubizite.
zoolito (animal fósil) | zoolith.
zoología | zoology.
zoología forestal | sylvatic zoology.
zoología marina | marine zoology.
zoología y geografía física | mamelon.
zoomorfismo | zoomorphism.
zoomorfo | zoomorphous.
zoonomía | physiology.
zoonosis | zoonosis.
zooplanctón | zooplankton.
zooscopia | zooscopy | hallucination of seeing animals.
zootecnia | animal industry.
zootécnico | husbandman.
zooxantela (ecología) | zooxanthella.
zoquete | stock | stub.
zoquete de leña | billet.
zoquete de madera | block.
zorra | self-loading skidder.
zorra (Argentina) | kiln bunk | kiln truck.
zorra (carretón) | drug.
zorra (Uruguay) | bummer.
zorrera | foxhole.
zorrilla | pickup cart.
zorrilla para transporte de troncos | logging arch.
zorrilla para transporte de troncos (dos ruedas grandes con eje) | timber wheels.
zorrilla para troncos | timber wagon.
zorrilla portatroncos | timber cart | logging sulky | logging wheels.
zorrillo (carretón) | drug.
zorro | fox.
zorro del norte de Africa | fennec.
zorro polar | Arctic fox.
zostera marina | eelgrass.
zozobrado (hundido - buques) | foundered.
zozobramiento | capsizing.
zozobrar | upset (to) | turn upside down (to) | wreck (to) | upend (to).
zozobrar (buques) | capsize (to) | keel over (to) | lie along (to) | turn turtle (to).
zueco | clog.
zueco (zapato) | sabot.
zueco de doblador (estirado del alambre) | doubler's clog.
zulaque | mastic.
zumbador | beeper | buzzer | hummer.
zumbador (alarma) | rattler.
zumbador (electricidad) | rattler.
zumbador (telefonía) | howler.
zumbador de lengüeta | reed-hummer.
zumbador de tono bajo | low-toned buzzer.
zumbador microfónico | microphone buzzer.
zumbador para probar aislamientos | growler.
zumbar | buzz (to).
zumbar (abejas) | drone (to).
zumbar (balas) | ping (to).
zumbar (máquinas) | purr (to).
zumbido | hum | humming | buzzing | birr | droning | purring.
zumbido (de abejas) | drone.
zumbido (electrónica | ripple.
zumbido (insectos) | drumming.
zumbido (máquinas) | purr.
zumbido (minas) | bump.
zumbido (teléfonos) | tone.
zumbido de corriente alterna | AC hum.
zumbido de engranajes (por exceso de huelgo) | gear growl.
zumbido de la interportadora | intercarrier hum.
zumbido de la red (electricidad) | mains hum.
zumbido del generador | generator hum.
zumbido del micrófono | microphone hum.
zumbido indicador de avería | trouble tone.
zumbido magnético | magnetic hum.
zumbido por la red (radio) | mains hum.
zumo (de frutas) | juice.
zumo cargado con sustancias nutritivas | nutrient-laden juice.
zumo cítrico | citrus squash.
zumo concentrado | concentrated juice.
zumo congelado recién exprimido | fresh-frozen juice.
zumo corrosivo | corrosive juice.
zumo de fruta | fruit squash.
zumo de limón concentrado y congelado | frozen concentrated lemon juice.
zumo de naranja congelado | frozen orange juice.
zumo de naranja en polvo | orange powder.
zumo de primer prensado | first-run juice.
zumo de uvas blancas | white grapefruit juice.
zumo despectinizado | depectinized juice.
zumo en polvo (de frutas) | dry juice.
zumo fermentado | fermented juice.
zumo para beber | beverage juice.
zumo pasteurizado | pasteurized juice.
zumo pasteurizado envasado en botes | canned pasteurized juice.
zumos cítricos | citrus juice.
zumos de fruta obtenidos mecánicamente | processed fruit juices.
zumos de naranja en conserva | processed orange juices.
zunchado | ferruling | coiled | banded | strapping | ringing.
zunchado (artillería) | frettage.
zunchado (cañones) | bound.
zunchado (hormigón, cañones) | hooping.
zunchado (minas) | curd-ring.
zunchado (pilotes) | ferruled.
zunchado de cañones | gun autofrettage.
zunchado en caliente (tubos) | hot-shrinking hooped.
zunchadora | strapper.
zunchadora de inducidos | banding machine.
zunchadura (hormigón, cañones) | hooping.
zunchamiento | ringing.
zunchamiento (de cajas) | strapping.
zunchar | ring (to) | hoop (to) | band (to) | bind with iron (to) | collar (to) | ferrule (to).
zunchar (cañones) | coil (to) | build up (to).
zunchar (hormigón, cañones) | hoop (to).
zunchar en caliente | sweat (to).
zunchar un pilote | ferrule a pile (to).

zuncho | steel band | ferrule | collar | clamp | | band | binding hoop | ring | hoop.
zuncho (cañones) | coil.
zuncho de acero | steel ring.
zuncho de arrastre | lug band.
zuncho de botalón | boom iron.
zuncho de cepo de ancla | anchor stock hoop.
zuncho de corona de pescante de carga | derrick pendant hoop.
zuncho de cubo (ruedas de madera) | hub band.
zuncho de culata | breech ring.
zuncho de culata (cañón) | breech housing.
zuncho de extremidad con cáncamos para amarre de estays (palos de buques) | crance iron.
zuncho de extremidad provisto de cáncamos para amarre de estays (palos de buques) | cranse.
zuncho de extremo del puntal de carga (buques) | derrick cap piece.
zuncho de fijación | bearing strap.
zuncho de freno | brake hoop.
zuncho de hierro | iron hoop.
zuncho de la culata (cañones) | housing.
zuncho de latón | brass hoop.
zuncho de mastelerillo para la obencadura | mast funnel.
zuncho de pilote | pile ring | pile hoop.
zuncho de pilotes | pile ferrule.
zuncho de retenida del cohete al lanzacohetes (aviones) | lug band.
zuncho de retenida del puntal de carga | derrick guy hoop.
zuncho de suspensión | lifting band.
zuncho de suspensión (vergas) | sling hook.
zuncho de tensión | drawband.
zuncho del eje | axle hoop.
zuncho del puntal de carga | derrick hoop.
zuncho en la parte alta para amarrar la obencadura (palos buques) | hound band.
zuncho metálico en un palo (buques) | withe.
zuncho para barriles | barrel locking ring.
zuncho para encofrado de pilar redondo | steel band for round column form.
zuncho para obenques (palos buques) | shroud hoop.
zuncho para poste | pole band.
zupia | lees.
zurcidor | darner.
zurcidora | darner.
zurcir | fine-darn (to) | fine-draw (to).
zurcir el molde | bodge (to).
zurdo | left-handed.
zurlita (variedad verde o blanca de melitita) | zurlite.
zuro | cob.
zurrador (de pieles) | dresser.
zurrapas | lees.
zurrón (de añil) | seron.
zurupeto | curbstone broker | kerbstone broker | kerb broker | outside broker | outsider.
zwitterión | dual ion.
zwitterion (aminoácidos) | inner salt.

APÉNDICE

APPENDIX

INTERCONVERSIONES
INTERCONVERSIONS

1.º The thermal units Caloria and Btu, refer to the thermochemical units.
2.º The electrical units are absolute units.
3.º Except as indicated, the values of ounce and pound, are avoirdupois.
4.º The term horsepower refers to mechanical horsepower.
5.º The term caballo is the metric horsepower of 75 kilogram-meters/second.

amperio = 0.1 abampere.
amperio/centímetro^2 = 6.45163 amperes/inch^2.
amperio/decímetro^2 = 9.19 amperes/foot^2.
amperio-hora = 360 abcoulombs.
amperio-vuelta = 1.25663 gilberts.
amperio-vuelta/centímetro = 2.54 ampere turn/inch.
amperio-vuelta/metro = 0.0125663 oersteds.
área = 0.02471044 acres (USA).
área = 0.02471061 acres (G.B.).
área = 1.076.387 feet^2 (USA).
área = 1.076.394 feet^2 (G.B.).

caballo = 41.855 Btu/minute.
caballo = 542.475 foot-pounds/second.
caballo = 0.98631 horsepower (mechanical).
caballo = 0.074978 horsepower (boiler).
caballo = 0.985924 horsepower (electric).
caballo = 735.499 watts.
caballo/centímetro^2 = 6.3633 horsepower/inch^2.
caballo/centímetro^3 = 1.6163 horsepower/inch^3.
caballo-hora = 0.98631 hoserpower/hour.
caballo-hora = 2.647.799 joules.
caballo/metro^2 = 0.09163 horsepower/foot^2
caballo/metro^3 = 0.02793 horsepower/foot^3
caballo/tonelada = 1.00214 horsepower/ton (long).
caballo/tonelada = 0.89477 horsepower/ton (short).
caloría = 0.0039683 Btu.
caloría = 4.184 joules.
caloría/amperio-hora = 0.011622 joules/abcoulomb.
caloría/centímetro^3 = 112.371 Btu/foot^3.
caloría/ºC = 0.0022046 Btu/ºF.
caloría/ºC = 2.32444 joules/ºF.
caloría/gramo = 1.8 Btu/pound.
caloría/gramo = 1.399.76 foot-pounds/pound.
caloría/(gramo × ºC) = 1.8 Btu/(pound × ºC).
caloría/(gramo × ºC) = 1 Btu/(pound × ºF).
caloría/(gramo × ºC) = 1.054.35 joules/(pound × ºF).
caloría/hora = 0.0011622 watt.
caloría/kilo = 0.0018 Btu/pound.
caloría/metro^3 = 0.11237 Btu/foot^3
caloría/minuto = 0.069733 watt.
caloría/segundo =4.184 watts.
caloría/(segundo × centímetro^2) = 318.531 Btu/(day × foot^2) = 4,184 watts/centimeter^2.
caloría/(segundo × centímetro^2) = 13.272.1 Btu/(hour × foot^2).
caloría/(segundo × centímetro^2 = ºC) = 7.373.39 Btu/(hour × foot^2 × ºF).
caloría/centímetro^2 = 3.6867 Btu/foot^2.
caloría tonelada = 0.00403 Btu/ton (long).
caloría/tonelada = 0.003599 Btu/ton (short).
caloría-centímetro/(hora = centímetro^2 × ºC) = 1.6127 But-foot/(day × foot^2 × ºF.
caloría-centímetro/(hora × centímetro^2 × ºC) = 19.3527 But-inch/(day × foot^2 × ºF).
caloría-centímetro/(segundo × centímetro^2 × ºC) = 5.805.8 Btu/(day × foot^2 × ºF).
caloría-centímetro/(segundo × centímetro^2 × ºC) = 241.909 Btu-foot/(hour × foot^2 × ºF).
caloría-centímetro/(segundo × centímetro^2 × ºC) × 4.03118 Btu-foot/(minute × foot^2 × ºF).
caloría-centímetro/centímetro^2 = 1.4514 Btu-inch/foot^2.
centiárea = 10.7638 foot^2; centiárea = 1.1959 yard^2.
centígramo = 0.154323 grains.
centigramo/litro = 4.3698 grains/foot^2.
centilitro = 0.61025 inch^3.
centímetro = 0.03280845 foot (G.B.).
centímetro = 0.03280833 foot (USA).
centímetro = 0.3937014 inch (G.B.).
centímetro = 0.3937 inch (USA).
centímetro = 2.3622 picas (printer's).
centímetro = 28.3464 points (printer's).
centímetro circular = 0.155 circular inch.
centímetro de mercurio (0 ºC) = 27.845 pounds/foot^2
centímetro de mercurio (0 ºC) = 0.19336 pounds/inch^2.
centímetro/ºC = 0.018226 foot/ºF.
centímetro/ºC = 0.21872 inch/ºF.
centímetro/segundo = 1.9685 feet/minute.
centímetro/segundo = 0.032808 foot/second.
centímetro/(segundo × segundo) = 1.34215 miles/(hour × minute).
centímetro^2 = 0.197352 circular inch.
centímetro^2 = 197.352 circular mils.
centímetro^2 = 0.15500079 inch^2 (G.B.).
centímetro^2 = 0.15499969 inch^2 (USA).
centímetro^2/dina = 478.8 feet^2/pound.
centímetro^2/dina = 69,947 inch^2/pound.
centímetro^2/segundo = 0.0160183 poise-foot^2/pound.
centímetro^2/segundo = 0.154999 inch^2/second.
centímetro^2-metro = 0.50852 inch^2/second.
centímetro^2-metro = 6.1023 inch^2.
centímetro^2-metro^2 = 0.011581 foot^4.
centímetro^2-metro^2 = 1.66853 inch^2-foot^2.
centímetro^2-metro^2 = 240.268 inch^4.
centímetro^2-metro^2 = 9460 inch^3
centímetro^2-metro^3 = 0.03799 foot^3
centímetro^3 = 0.0610238 inch^2 (G.B.).
centímetro^3 = 0.0610233 inch^3 (USA).
centímetro^3 × 16.889 minims (G.B.).
centímetro^3 = 16.23 minims (USA).
centímetro^3 = 0.04496 Cylindrical foot.
centímetro^3 = 0.077688 cylindrical inch.
centímetro^3 (módulo resistente) = 0.0000353147 foot^3
centímetro^3 (módulo resistente) = 0.0050852 inch^3-foot.
centímetro^3 (módulo resistente) = 0.0610237 inch^3.
centímetro^3/gramo = 0.0160183 foot^3/pound.
centímetro^3/segundo = 0.0021188 foot^3/minute.
centímetro^3-atmósfera = 0.074733 foot-pounds.
centímetro^3-atmósfera = 0.101325 joules.
centímetro^3-atmósfera/gramo = 0.04359 Btu/pound.
centímetro^3-atmósfera/gramo = 33.898 foot-pound/pound.
centímetro^4 = 0.011586 × 10^{-5} foot^4 = 0,24251 × 10^{-4} inch^4 = 0.166853 × 10^3 inch^2 foot^2.
centímetro^5 = 0.3799 × 10^{-7} foot^5 = 0.946 × 10^2 inch^5.
culombio = 0.1 abcoulomb.
culombio/kilogramo = 3,057.04 statcoulombs/ dyne.
culombio/centímetro^2 = 6.4516 coulombs/inch^2.

decámetro = 32.80845 feet (G.B.).
decámetro = 32.80833 feet (USA).
decámetro^2 = 0.0247106 (G.B.).
decámetro^2 = 0.0247104 acre (USA).
decámetro^2 = 119.5994 yards^2 (G.B.).
decámetro^2 = 119.5985 yards^2 (USA).
decigramo = 1.54342 grains.
decilitro = 0.003531 foot^3.
decímetro = 0.3280845 foot (G.B.).
decímetro = 0.3280833 foot (USA).
decímetro^2 = 0.1076394 foot^2 (G.B.).
decímetro^2 = 0.1076387 foot^2 (USA).
decímetro^2 = 15.500079 inches^2 (G.B.).
decímetro^2 = 15.499969 inches^2 (USA).
decímetro^3 = 61.02389 inches^2 (G.B.).
decímetro^3 = 61.02338 inches^2 (USA).
decímetro^4 = 240.2659 inches^4.

frigoria = 3.9683 Btu.
frigoria = 4.184 joules.
frigoria/hour = 0.001559 horsepower.
frigoria/segundo = 3.968 Btu/second = 5.615 horsepower = 4.186 kilowatt.

gramo = 15.43235 grains.
gramo/centímetro = 39.1982 grains/inch.
gramo/centímetro = 0.180166 poundal/inch
gramo/centímetro = 0.20159 pound/yard
gramo/(centímetro × centímetro) = 0.06719 pound/(foot × second).
gramo/centímetro^2 = 0.45762 poundal/inch^2.
gramo/centímetro^2 = 0.04816 pounds/foot^2.
gramo/centímetro^2 = 0.014223 pounds/inch^2.
gramo/(centímetro^2 × hora) = 22,296.82 grams/(foot^2 × day).
gramo/(centímetro^2 × hora) = 6.45162 grams/(inch^2 × hour).
gramo/centímetro^3 = 62.42832 pounds/foot^3.
gramo/centímetro^3 = 10.0224 pounds/gallon (G.B.).
gramo/centímetro^3 = 9.7111 pounds/gallon (dry-USA).
gramo/centímetro^3 = 8.3454 pounds/gallon (liquid-USA).
gramo/centímetro^3 = 0.75248 ton (long)/yard^3.
gramo/centímetro^3 = 0.84278 ton (short)/yard^3.
gramo/decímetro^3 = 0,3276 ounce/foot^3
gramo/inch = 15.43235 grains/inch.
gramo/inch = 0.026455 pound/foot.
gramo/(hora × metro^2) = 0.0597 grain/(hour × foot^2).
gramo/litro = 70.17 grains × gallon (G.B.).
gramo/litro = 0.16035 ounce × gallon (USA).
gramo/litro = 0.16035 ounce × gallon (G.B.).
gramo/litro = 0.1335 ounce × gallon (USA).
gramo/litro = 1000 parts/million.
gramo/metro = 14.411 grains/yard.
gramo/metro^2 = 0.029493 ounces/yard^2.
gramo/metro^2 = 0.327706 $\times 10^{-2}$ ounces/foot^2.
gramo/metro^2 = 0.99279 pounds/acre.
gramo/metro^2 = 2.54908 ton (long)/mile^2.
gramo/metro^3 = 0.436998 grain/foot^3.
gramo/metro^3 = 0.070157 grain/gallon (G.B.).
gramo/metro^3 = 0.05841 grain/gallon (USA).
gramo/metro^3 = 1 part/million.
gramo/mililitro = 0.036126 pound/inch^3.
gramo/mililitro = 62.4262 pound/foot^3.
gramo/mililitro = 0.752459 ton (long)/yard^2.
gramo/mililitro = 10.0221 pound/gallon (G.B.).
gramo/mililitro = 8.34517 pound/gallon (USA).
gramo/tonelada = 0.007 grain/pound.
gramo/tonelada = 0.032 ounce/ton short).
gramo-centímetro = 0.930113 $\times 10^{-7}$ Btu.
gramo-centímetro = 0.01388 ounce/inch.
gramo-centímetro = 0.980665 $\times 10^{-4}$ joules.
gramo-centímetro/centímetro^3 = 0.01422 inch-pound/inch^3.
gramo-centímetro/gramo = 0.42189 $\times 10^{-4}$ Btu/pound.
gramo-centímetro/gramo = 0.032808 pound-foot/pound.
gramo-centímetro/segundo = 980.665 ergs/second.
gramo-centímetro/segundo = 0.7233 $\times 10^{-4}$ foot-pounds/second.
gramo-centímetro^2 = 0.005467 ounce-inch^2.
gramo-centímetro^2 = 0.0003417 pound-inch^2.

hectárea = 2.471061 acre (G.B.).
hectárea = 2.471044 acre (USA).
hectárea = 107.639.4 feet^2 (G.B.).
hectárea = 107.638.7 feet^2 (USA).
hectárea = 11.959.94 yard^2 (G.B.).
hectárea = 11.959.85 yard^2 (USA).
hectárea-milímetro = 353.114 foot^3.
hectárea-metro = 8.1081 acre-foot.
hectogramo = 0.267922 pound (apothecary or troy).
hectogramo = 0.220462 pound (avoirdupois).
hectolitro = 0.6289 barrel of oil.
hectolitro = 2.749688 bushels (G.B.).
hectolitro = 2.837819 bushels (USA).
hectolitro = 21.9975 gallons (G.B.).
hectolitro = 22.7026 gallons (dry-USA).
hectolitro = 26.4178 gallons (liquid-USA).
hectolitro = 703.921 gills (G.B.).
hectolitro = 845.368 gills (USA).
hectolitro = 175.98 pints (G.B.).
hectolitro = 181.62 pints (dry-USA).
hectolitro = 211.342 pints (liquid-USA).
hectolitro/hectarea = 1.1127 bushel (G.B.)/acre.
hectolitro/hectarea = 1.14843 bushel (USA)/acre.
hectolitro/hora = 21.997 gallons (G.B.)/hour.
hectolitro/hora = 26.417 gallons (USA)/hour.
hectómetro = 328.0845 feet (G.B.).
hectómetro = 328.0833 feet (USA).
hectómetro = 109.3615 yards (G.B.).
hectómetro = 109.3611 yards (USA).
hectómetro^2 = 2.471061 acres (G.B.).
hectómetro^2 = 2.471044 acres (USA).
hectómetro^2 = 107,639.4 feet^2 (G.B.).
hectómetro^2 = 107,638.7 feet^2 (USA).
hectómetro^2 = 11,959.94 yards^2 (G.B.).
hectómetro^2 = 11,959.85 yards^2 (USA).
hertzio = cycle/second.
hombre-hora/10 metros = 0.3048 man-hour/10 foot.
hombre-hora/10 metro^2 = 0.0929 man-hour/10 foot^2.
hombre-hora/1.000 metro^2 = 0.8361 man-hour/1000 yards.
hombre-hora/tonelada-kilómetro = 1.6351 man-hour/ton (long)-mile.
hombre-hora/tonelada-kilómetro = 1.46 man-hour/ton (short)-mile.

julio = 0.00094845 Btu.
julio =0.73756 foot-pound.
julio/amperio-hora = 0.0027777 joule/abcoulomb.
julio/centímetro^3 = 26.8392 Btu/foot^3.
julio/(centímetro^3 × °C) = 14.9107 Btu/(foot^3 × °F).
julio/culombio = 10 joules/abcoulomb.
julio/(culombio × °C) = 5.5555 joules/(abcoulomb × °F).
julio/°C = 0.00052691 Btu/°F.
julio/gramo = 0.430211 Btu/pound.
julio/gramo = 334.552 foot-pounds/pound.
julio/gramo = 0.00016896 horsepower-hour/pound.
julio/(gramo × °C) = 0.23884 Btu/(pound × °F).
julio/(gramo × °C) = 185.863 foot-pound/(pound × °F).
julio-centímetro/(segundo × centímetro^2 × °C) = 0.192726 Btu-inch/(second × foot^2 × °F).
julio-centímetro/(segundo × centímetro^2 × °C) = 57.8178 Btu-foot/(hour × foot^2 × °F).

kilocaloría = 3.9683 Btu.
kilocaloría = 1,184 joules.
kilocaloría/hora = 0.0015585 horsepower.
kilocaloría/hora = 1.16222 watts.
kilocaloría/kilovatio-hora = 2.95918 Btu/horsepower-hour.
kilocaloría/metro^2 = 0.36866 Btu/foot^2.
kilocaloría/metro^3 = 0.112371 Btu/foot^3.
kilocaloría (metro^3 × °C) = 0.062 28 Btu/(foot^3 × °F).
kilocaloría/minuto = 3.96832 Btu/minute.
kilocaloría/minuto = 69.7332 watts.
kilocaloría/segundo = 5.61082 horsepower.
kilocaloría/tonelada = 4.032 Btu/ton (long).
kilocaloría/tonelada = 3.6 Btu/ton (short).
kilocaloría-metro/(hora × metro^2 × °C) = 0.67197 Btu-foot/(hour × foot^2 × °F).
kilocaloría-metro/(hora × metro^2 × °C) = 8.0636 Btu-inch/(hour × foot^2 × °F).
kilográmetro = 0.00930113 Btu.
kilográmetro = 232.715 foot-poundal.
kilográmetro = 7.233 foot-pounds.
kilográmetro = 9.80665 joule.
kilográmetro = 0.00272407 watt-hour.
kilográmetro/gramo = 4.2189 Btu/pound.
kilográmetro/gramo = 3,280.83 foot-pounds/pound.
kilográmetro/gramo = 9.80665 joules/gram.
kilográmetro/segundo = 0.00930113 Btu/second.
kilográmetro/segundo = 232.715 foot-poundals/second.
kilográmetro/segundo = 7.233 foot-pounds/second.
kilográmetro/segundo = 9.80665 watts.
kilogramo = 0.01968412 hundredweight (long).

kilogramo = 0.02204622 hundredweight (short).
kilogramo = 32.15074 ounces (apothecary or troy).
kilogramo = 35.27396 ounces (avoirdupois).
kilogramo = 70.9315 poundal.
kilogramo = 2.679228 pounds (apothecary or troy).
kilogramo = 2.2046223 pounds (avoirdupois).
kilogramo/caballo = 2.235 pound/horsepower).
kilogramo/centímetro = 5.6 pounds/inch.
kilogramo/centímetro^2 = 14.2234 pounds/inch^2.
kilogramo/centímetro^2 = 0.9143 ton (long)/foot^2.
kilogramo/centímetro^2 = 1.024 ton (short)/foot^2.
kilogramo/centímetro^3 = 36.127 pound/inch^3.
kilogramo/hectárea = 0.007964 hundredweight (long)/acre.
kilogramo/hectárea = 0.008919 hundredweight (short)/acre.
kilogramo/hectárea = 0.89217 pound/acre.
kilogramo/hectolitro = 0.80178 pound/bushel (G.B.).
kilogramo/hectolitro = 0.77686 pound/bushel (USA).
kilogramo/hora = 2.204622 pounds/hour.
kilogramo/hora = 0.036743 pound/minute.
kilogramo/kilogramo = 0.062 pound/ounce.
kilogramo/kilogramo × caballo) = 1.01397 pound/(pound × horse-power).
kilogramo/kilómetro = 0.39198 grain/inch.
kilogramo/kilómetro = 0.6719 pound/100 feet.
kilogramo/kilómetro = 3.548 pound/mile.
kilogramo/metro = 391.982 grains/inch.
kilogramo/metro = 0.6719702 pound/foot.
kilogramo/metro = 2.01591 pound/yard.
kilogramo/metro^2 = 327.66 ounces/foot^2.
kilogramo/metro^2 = 0.20481 pound/foot^2.
kilogramo/metro^2 = 1.843 pound/yard^2.
kilogramo/(metro^2 × hora) = 0.20481 pound/(foot^2 × hour).
kilogramo/metro^3 = 0.1602 ounce/gallon (G.B.).
kilogramo/metro^3 = 0.1334 ounce/gallon (USA).
kilogramo/metro^3 = 0.0624283 pound/foot^3.
kilogramo/metro^3 = 1.68556 pound/yard^2.
kilogramo/milímetro^2 = 1422.33 pound/inch^2.
kilogramo/milímetro^2 = 91.44 ton (long)/foot^2.
kilogramo/milímetro^2 = 102.21 ton (short)/foot^2.
kilogramo/milímetro^2 = 0.6349 (long)/inch^2.
kilogramo/milímetro^2 = 0.7112 ton (short)/inch^2.
kilogramo/minuto = 1.41726 ton (long)/day
kilogramo/minuto = 1.58733 (short)/day.
kilogramo/nudo = 2.2046 pound/knot.
kilogramo/tonelada = 7 grain/pound.
kilogramo/tonelada = 2.24 pound/ton (long).
kilogramo/tonelada = 2 pound/ton (short).
kilogramo/tonelada-kilómetro = 3.604 pound/ton (long)-mile.
kilogramo/tonelada-kilómetro = 3.219 pound/ton (short)-mile.
kilogramo-centímetro = 1.574 ounce-foot.
kilogramo-centímetro = 0.8681 pound-inch.
kilogramo-centímetro^2 = 0.002373 pound-foot^2.
kilogramo-centímetro^2 = 0.341716 pound-inch^2.
kilogramo-metro = 0.00930113 Btu.
kilogramo-metro = 232.715 poundal.
kilogramo-metro = 7.233 pound-feet.
kilogramo-metro = 86.796 inch-feet.
kilogramo-metro = 0.365303 horsepower-hour.
kilogramo-metro = 9.80665 joules.
kilogramo-metro = 9.8065 newton-meter.
kilogramo-metro = 0.00272407 watt-hour.
kilogramo-metro/gramo = 4.21892 Btu/pound.
kilogramo-metro/gramo = 3,280,83 foot-pounds/pound.
kilogramo-metro/segundo = 0.00930113 Btu/second.
kilogramo-metro/segundo = 7.233 foot-pounds/second.
kilogramo-metro/segundo = 0.0131509 horsepower.
kilogramo-metro/segundo = 0.80665 watts.
kilogramo-metro^2 = 23.7302 pound-foot^2.
kilogramo-metro^2 = 1.5253 ton (long)-inch^2.
kilogramo-metro^2 = 1.7085 ton (short)-inch^2.
kilogramo-metro^2/segundo = 23.7304 pound-foot^2/second.
kilohertzio = kilocycle/second.
kilojulio = 0.9478 Btu.
kilojulio = 737.56 foot-pound.
kilolitro = 27.49697 bushels (G.B.).
kilolitro = 28.26819 bushels (USA).
kilolitro = 24.4417 firkins (G.B.).
kilolitro = 29.3531 firkins (USA).
kilolitro = 219.9756 gallons (G.B.).
kilolitro = 227.0258 gallons (dry-USA).
kilolitro = 264.1779 gallons (liquid-USA).
kilolitro = 109.9878 pecks (G.B.).
kilolitro = 113.5128 pecks (USA).

kilómetro = 49.7096 chains (Gunter's).
kilómetro = 32.8083 chains (Ramsden's).
kilómetro = 3,280.845 feet (G.B.).
kilómetro = 3,280.883 feet (USA).
kilómetro = 0.6213722 miles (statute-G.B.).
kilómetro = 0.6213699 miles (statute-USA).
kilómetro = 0.539593 miles (nautical-USA).
kilómetro = 1.093615 yards (G.B.).
kilómetro = 1,093.611 yards (USA).
kilómetro/hora = 54.68 foot/minute.
kilómetro/hora = 0.911342 foot/second.
kilómetro/(hora × segundo) = 0.911342 (foot/second × second).
kilómetro/minuto = 54.68055 feet/minute.
kilómetro/minuto = 37.28219 miles/hour.
kilómetro/minuto = 0.621369 miles/minute.
kilómetro^2 = 247.1061 acres (G.B.).
kilómetro^2 = 247.1044 acres (USA).
kilómetro^2 = 0.3861034 miles^2 (G.B.).
kilómetro^2 = 0.3861007 miles^2 (USA).
kilómetro^3 = 0.239911 miles^3 (statute).
kilotonelada = 984.2064 tons (long).
kilotonelada = 1,102.3112 tons (short).
kilovatio-hora/gramo = 608.276 horsepower-hour/pound.
kilovatio-año = 11,747.3 horsepower-hour.
kilovatio-año = 1.34102 horsepower-year.
kilovoltio-centímetro = 100^{11} abvolts/centimeter.
kilovoltio-centímetro = 3.33564 statvolts/centimeter.
kilovoltio/centímetro = 2,540.005 volts/inch.
kilovoltio/centímetro = 2.54005 volts/mill.

lambertio = 2.05362 candles/inch^2.
lambertio = 929.034 lumens/foot^2.
litro = 0.02749697 bushel (G.B.).
litro = 0.02837819 bushel (USA).
litro = 0.03531583 foot^2 (G.B.).
litro =0.03531544 foot^2 (USA).
litro = 0.2199756 gallon (G.B.).
litro = 0.2270258 gallon (dry-USA).
litro = 0.2641779 gallon (liquid-USA).
litro = 7.039219 gills (G.B.).
litro = 8.45368 gills (USA).
litro = 35.19609 ounces (fluid-G.B.).
litro = 33.81475 ounces (fluid-USA).
litro = 1.759809 pints (G.B.).
litro = 1.816195 pints (dry-USA).
litro = 2.113423 pints (liquid-USA).
litro/caballo = 1.7834 pints (G.B.)/horsepower.
litro/caballo = 2.1423 pints (liquid-USA)/horsepower.
litro/kilogramo = 0,0160189 foot^3/pound.
litro/kilogramo = 27.6807 inch^3/pound.
litro/kilogramo = 35.8824 foot^3/ton (long).
litro/kilómetro = 0.354015 gallon (G.B.)/mile.
litro/kilómetro = 0.425156 gallón (USA)/mile.
litro/minuto =2.118927 foot^3/hour.
litro/segundo = 2.118927 foot^3/minute.
litro/segundo = 0.03531 cusec.
litro/segundo = 0.0784787 yard^3/minute.
litro/(segundo × kilómetro^2) = 0.090909 cusec/mile^2.
litro/tonelada = 0.22343 gallon (G.B.)/ton (long).
litro/tonelada = 0.23958 gallon (USA)/ton (short).
litro/atmósfera = 0.0961046 Btu.
litro/atmósfera = 74.7354 foot-pound.
litro/atmósfera = 101.328 joules.

megajulio = 948.452 Btu.
megajulio = 737.560 foot-pounds.
megajulio = 0.372505 horsepower-year.
megámetro = 621.3722 miles (G.B.).
megámetro = 539.593 nautical miles (USA).
megámetro = 621.3699 (statute miles).
megatonelada = 984,602.4 tons (long).
megatonelada = 1.102.311.2 tons (short).
megavatio = 948.452 Btu/second.
megavatio = 737,560 foot-pounds/second.
megavatio = 10^6 joules/second.
metro = 3.280854 feet (G.B.).
metro = 3.280833 feet (USA).
metro = 39.37014 inches (G.B.).
metro = 39.37 inches (USA).
metro = 1.093615 yards (G.B.).
metro = 1.093611 yards (USA).
metro/°C = 1.8226 foot/°F.
metro/hora = 3.28083 feet/hour.

metro/hora = 0.0546806 foot/minute.
metro/kilo = 1.4882 feet/pound.
metro/minuto = 196.85 feet/hour.
metro/minuto = 0.0546806 feet/second.
metro/segundo = feet/minute.
metro/segundo = 2.23693 miles/hour.
metro/(segundo × segundo) = 2.23693 miles/(hour × second).
metro^2 = 10.76394 feet^2 (G.B.).
metro^2 = 10.76387 feet^2 (USA).
metro^2 = 1.195994 yards^2 (G.B.).
metro^2 = 1.195985 yards^2 (USA).
metro^2/caballo = 10.913 feet^2/horsepower.
metro^3 = 28.3774 bushels (USA).
metro^3 = 27.4962 bushels (G.B.).
metro^3 = 219.969 gallon (G.B.).
metro^3 = 264.170 gallon (USA).
metro^3 = 1.307956 yards^3 (G.B.).
metro^3 = 1.307942 yards^3 (USA).
metro^3/caballo = 35.806 feet^3/horsepower.
metro^3/hectárea = 14.291 feet^3/acre.
metro^3/hora = 0.0098096 cusec.
metro^3/kilogramo = 16.0185 foot^3/pound.
metro^3/kilogramo = 27,679.9 inch^3/pound.
metro^3/kilogramo = 35,881.4 foot^3/ton (long).
metro^3/kilogramo = 99.776 gallon (G.B.)/pound.
metro^3/minuto = 1.1674 acre foot/day
metro^3/minuto = 0.58857 cusec.
metro^3/segundo = 35.323 cusec.
metro^3/segundo = 35.323 feet^3/second.
metro^4 = 115.807 foot^4.
metro^4 = 1.66853 × 10^4 inch^2-foot^2.
metro^4 = 2.40512 × 10^6 inch^4.
mho = 10^{-9} abmho.
mho/centímetro = 2.54005 mhos/inch.
microgramo/gramo = 1.01604 gram/ton (long).
microgramo/gramo = 0.907184 gram/ton (short).
microgramo/gramo = 0.035839 ounce/ton (long).
microgramo/gramo = 0.031999 ounce/ton (short).
microohmio = 1.000 abohms.
microohmio-centímetro = 6.015294 circular mill-ohms/foot.
microohmio-centímetro = 0.3937 microhm-inch.
microvoltio = 100 abvolts.
microvoltio/°C = 55.5556 abvolts/°F.
microvoltio/°C = 0.555556 microvolts/°F.
microvoltio/metro = 1 abvolt/centimeter.
miligramo = 0.01543235 grain.
miligramo/centímetro = 0.0391983 grain/inch.
miligramo/centímetro^2 =0.294935 ounces/yard^2.
miligramo/centímetro^2 = 0.0327706 ounces/foot^2.
miligramo/centímetro = 89.2179 pound/acre.
miligramo/gramo = 35.84 ounces/ton (long).
miligramo/gramo = 32 ounces (avoirdupois)/ton (short).
miligramo/gramo = 32.6666 ounces (troy)/ton (long).
miligramo/gramo = 29.1666 ounces (troy)/ton (short).
miligramo/gramo = 2.24 pounds (avoirdupois)/ton (long).
miligramo/gramo = 2 pounds (avoirdupois)/ton (short).
miligramo/gramo = 2.72222 pounds (troy)/ton (long).
miligramo/gramo = 2.43055 pounds (troy)/ton (short).
miligramo/kilogramo = 0.03584 ounce (avoirdupois)/ton (long).
miligramo/kilogramo = 0.032 ounce (avoirdupois)/ton (short).
miligramo/kilogramo = 0.0024 pound (avoirdupois)/ton (long).
miligramo/kilogramo = 0.002 pound (avoirdupois)/ton (short).
miligramo/kilogramo = 0.0027222 pound (troy)/ton (long).
miligramo/kilogramo = 0.0024305 pound (troy)/ton (short).
miligramo/kilogramo = 0.03266 miligram/assay ton (long).
miligramo/kilogramo = 0.02916 miligram/assay ton (short).
miligramo/litro = 0.070155 grain/gallon (G.B.).
miligramo/litro = 0.058416 grain/gallon (USA).
miligramo/litro = 1 part/million.
miligramo/metro^2 = 0.2949 × 10^{-4} ounce/yard.
miligramo/metro^2 = 0.0929 milligram/foot^2.
miligramo/metro^2 = 0.6451 × 10^{-3} milligram/inch^2.
miligramo/milímetro = 0.391982 grain/inch.
miligramo/segundo = 0.19048 pound/day.
miligramo/segundo = 0.031058 ton (long)/year.
miligramo/segundo = 0.034786 ton (short)/year.
mililitro = 0.0351961 ounce (fluid-G.B.).
mililitro = 0.0338147 ounce (fluid-USA).
mililitro/litro = 76.825 minim (G.B.)/gallon (G.B.).
mililitro/litro = 61.457 minim (USA)/gallon (USA).
milímetro = 0.03937014 inch (G.B.).
milímetro = 0.03937 inch (USA).
milímetro de lluvia/hectárea = 353.153 foot^3.
milímetro de lluvia/hectárea = 2,199.69 gallon (G.B.).
milímetro de lluvia/hectárea = 2.641.73 gallon (USA).
milímetro de lluvia/hectárea = 0.015932 inch of rainfall/acre.
milímetro de lluvia/metro^2 = 0.035315 foot^3.
milímetro de lluvia/metro^2 = 0.21997 gallon (G.B.).
milímetro de lluvia/metro^2 = 0.26417 gallon (USA).
milímetro^2 = 1,973.53 circular mils.
milímetro^2 = 0.0015499969 inch^2 (USA).
milímetro^2 = 0.0015500079 inch^2 (G.B.).
milímetro^2 = 1.550 mils^2.
milímetro^3 = 0.0168936 minim (G.B.).
milímetro^3 0.0162306 minim (USA).
milivoltio = 100.000 abvolts.
milivoltio/metro = 1.000 abvolts/centimeter.
miriagramo = 22.046223 pounds.
miriámetro = 6.21369 miles (statute).

newtonio = 7.23301 poundals.
newtonio = 0.224809 pounds.
newtonio = 3.59694 ounces.
newtonio metro^2 = 0.671969 poundal/foot^2.
newtonio metro^2 = 0.145038 × 10^{-3} pound/inch^2.
newtonio metro^2 = 0.0208854 pound/foot^2.
newtonio metro^3 = 6,365,88 pound/foot^3.
newtonio metro^3 = 0.00019786 slug/foot^3.
newtonio-centímetro = 1.416112 ounce-inch.
newtonio-metro = 23.7304 poundal/foot.
newtonio-metro = 0.737562 pound/foot.
newtonio-metro = 8.85075 pound/inch.
newtonio-metro = 141.612 ounce-inch.
newtonio-metro/centímetro = 1.8734 pound-/foot/inch.
newtonio-metro/segundo = 8.8507 pound-inch/second.
ohmio = 10^9 abohms.
ohmio-centímetro = 0.3937 ohms-inch.

partes/millón = 0.43698 grain/foot^3.
partes/millón = 0.0701549 grain/gallon (G.B.).
partes/millón = 0.0584165 grain gallon (USA).
partes/millón = 8.34521 pounds/million gallons (USA).
partes/millón = 10.022 pounds/million gallons (G.B).
poise = 0.067197 poundal-foot^2.
poise = 0.067197 pound/foot × second.
poise = 0.00208855 pound-second/foot^2.
poise = 0.00208855 slug/foot × second.
poise = 0.145038 × 10^{-4} pound-second/inch^2.

quintal métrico = 1.9684128 hundredweights (long).
quintal métrico = 2.2046223 hundredweights (short).
quintal métrico = 220.4622 pounds.

stoke = 0.155 inch^2/second.
stoke = 558.001 inch^2/hour.
stoke = 3.87501 foot^2/hour.
stoke = 0.016018 poise^3/pound.
stoke = 0.061023 poise-inch^3/gram.
tonelada = 19.682 hundredweights (long).
tonelada = 22.04622 hundredweights (short).
tonelada = 0.9842064 ton (long).
tonelada = 1.1023112 tons (short).
tonelada de desplazamiento = 35 feet^3.
tonelada de registro = 100 feet^3.
tonelada/hectárea = 0.3983 ton (long)/acre.
tonelada/hectárea = 0.4459 ton (short)/acre.
tonelada/hora 0.6125 pound/second.
tonelada/kilómetro = 1.5839 tons (long))/mile.
tonelada/kilómetro = 1.774 tons (short)/mile.
tonelada/metro^2 = 204.815 pounds/foot^2.
tonelada/metro^2 = 1.42233 pounds/inch^2.
tonelada/metro^3 = 62.4283 pounds/foot^3.
tonelada/metro^3 = 0.036127 pound/inch^3.
tonelada-centímetro = 72.33 pounds-foot.
tonelada-kilómetro = 0.61156 ton (long)-mile.
tonelada-kilómetro = 0.68494 ton (short)-mile.
tonelada-kilómetro/litro = 2.78012 ton (long)-mile/gallon (G.B.).
tonelada-metro = 7.233 pound-feet.
tonelada-metro = 3.229 ton (long)-feet.
tonelada-metro = 3.616 ton (short)-feet.
tonelada-metro^2 = 10.5938 ton (long)-feet^2.
tonelada-metro^2 = 11.8651 ton (short)-feet^2.
tonelámetro = 7.233 pound-feet.
tonelámetro = 3.299 ton (long)-foot.
tonelámetro = 3.616 ton (short)-foot.
voltio = 10^8 abvolts.

voltio/centímetro = 0.0084725 statvolt/inch.
voltio/centímetro = 2.54005 volts/inch.
voltio/milímetro = 25.40005 volts/inch.
voltio/milímetro = 0.02540005 volts/mil.
vatio = 3.41443 Btu/hour.
vatio = 0.73756 foot-pound/second.
vatio = 0.00134102 horsepower (mechanical).
vatio = 0.000101942 horsepower (boiler).
vatio = 0.00134048 horsepower (electrical).
vatio/centímetro^2 = 76,130.6 Btu/(day × foot^2).
vatio/centímetro^2 = 3,172.11 Btu/(hour × foot^2).
vatio/centímetro = 41,113.1 foot-pound/(minute × foot^2).
vatio/centímetro = 1.24585 horsepower/foot^2.
vatio/(centímetro^2 × °C) = 1761.1 Btu/(foot^3 × hour × °F).
vatio-centímetro/(centímetro^2 × °C) = 16,651.5 Btu-inch/day × foot^2 × °F).
vatio/centímetro/(centímetro^2 × °C) = 693.814 Btu-inch/(hour × foot^2 × °F):
vatio-hora = 3.41443 Btu.
vatio-hora = 2,655.22 foot-pounds.
vatio-hora/gramo = 1,548.76 Btu/pound.
vatio-hora/gramo = 0.608277 Horsepower-hour/pound.
vatio-hora/tonelada-kilómetro = 1.635 watt-hour/ton (long)-mile.
vatio-hora/tonelada-kilómetro = 1.46 watt-hour/ton (short)-mile.
vatio-segundo = 23.7303 foot-poundals.
vatio-segundo = 0.73756 foot-pound.

INTERCONVERSIONS

INTERCONVERSIONES

1.° Las unidades térmicas Btu y Caloría son unidades termoquímicas.
2.° Las unidades eléctricas son absolutas.
3.° De no indicarse lo contrario, el valor de ounce y pound son «avoirdupois».
4.° El término horsepower se refiere al mechanical horsepower.
5.° El término caballo es el caballo métrico de 75 kilográmetros/segundo.

abampere = 10 amperios.
abcoulomb = 10 culombios.
abfarad = 1 gigafaradio.
abhenry = 1 nanohenrio.
abmho = gigamho.
abmho/inch = 0,3937 gigamho/centímetro.
abohm = 1 nanoohmio.
abohm-inch = 0,002540005 microohmio-centímetro.
abvolt = 0,01 microvoltio.
abvolt/°F = 0,018 microvoltios/°C.
abvolt/inch = 0,3937 microvoltios/metro.
acre = 0,4046872 hectáreas = 4 roods.
acre-foot = 1233,49 metros^3.
acre-foot/day = 1233,49 metros^3/día.
acre-foot/hour = 342,626 litros^3/segundo^2.
acre-foot/mile^2 = 467,25 metros/kilómetro.
acre-foot/minute = 20,5576 metros^3/segundo.
acre-inch = 102,79 metros^3.
acre-inch/hour = 28,55 litros/segundo.
ampere/circular mil = 197,3519 kiloamperios/centímetro^2.
ampere/foot = 0,0328 amperio/centímetro.
ampere/foot^2 = 0,10763 amperio/centímetro^2.
ampere/inch^2 = 0,155 amperio/centímetro^2.
ampere/mil^2 = 1,550 amperio/milímetro^2.
ampere/turn/inch = 0,3937 amperio-vuelta/centímetro.
anstron = 10^{-7} milímetros.
apostilb = 10^{-4} stilb.
assay ton (G.B.) = 29,167 gramos.
assay ton (USA) = 32,666 gramos.
astronomical unit = 1,495 × 10^{-8} kilómetros.

bag (G.B.) = 109,107 litros = 3 bushels británicos.
bag of cement = 42,63 kilogramos = 94 libras.
bale = bala = 10 resmas de papel.
barleycorn = 1/3 pulgada = 0,84667 centímetros.
barrel (brewer's) = 117,3452 litros.
barrel (G.B.) = 163,655 litros = 36 galones.
barrel (dry, USA) = 115,6246 litros.
barrel (liquid, USA) = 119,2371 litros = 31,5 galones.
barrel-bulk = 0,4645 metros^3.
barrel of cement = 170,55 kilogramos.
barrel of oil (USA) = 158,9838 litros.
barrel of/hour = 3,8155 metros^3/día.
base box (tinplate) = 20,2322 metros^2.
board-foot = 0,00235975 metros^3.
Board of Trade unit = 8.600 kilocalorías.
bolt of cloth = 36,5761 metros = 120 pies.
Btu = 1054,35 julios = 0,25196 kilocalorías.
Btu (60 °F)/°F = 1,89828 julios/°C.
Btu/day = 252 calorías/día.
Btu/(day × foot^2) = 0,011301 caloría/(hora × centímetro^2).
Btu/(day × foot^2 × °F) = 0,02034 caloría/(hora × cm^2 × °C).
Btu/foot^2 0,271245 caloría/centímetro^2.
Btu/(foot^2 × minute) = 2,7124 kilocaloría/(metro^2 × minuto).
Btu/(foot^3 = 0,0372589 julio/centímetro^3 = 8,89810 kilocaloría/metro^2.
Btu/(foot^3 (60 × °F, 30 inch. Hg. saturado con vapor de agua a la temperatura ambiente) = 9,547 kilocaloría/metro^3 (0 °C. 760 mm Hg, seco) = 9,49 kilocaloría/metro^3 (0 °C. 760 mm Hg, saturado) = 9,05 kilocalorías/metro^3 (15 °C. 760 milímetros. Hg, kilocaloría/metro^2 (60 °F, 30 inch Hg. saturado).
Btu/(foot^3 × °F) = 0,0670661 julio/(centímetro^3 × °C) = 16,0185 kilocaloría/(metro^3 × °C).
Btu/hour = 0,069998 caloría/segundo = 0,293071 vatio.
Btu/(hour × foot^2) = 0,31524 milivatio/centímetro^2 = 0,27124 caloría/(hora × centímetro^2).
Btu/(hour × foot^2 × °F) = 0,13562 milicaloría/(segundo × centímetro^2 × °C) = 0,56782 milivatio/(centímetro^2 × °C).
Btu/(hour × foot^2) = 0,0103497 milivatio/centímetro^8 = 2,47199 microcaloría/(segundo × centímetro^2) 8,8991 kilocalorías/(hora × metro^3).
Btu-foot/(hour × foot^2 × °F) = 14,8816 caloría-centímetro/(hora × centímetro^2 × °C) = 0,0172957 vatio-centímetro/(centímetro^2 × °C).
Btu-inch/foot^2 = 0,68896 caloría-centímetro/centímetro^2.
Btu-inch/(day × foot^2 × °F) = 0,0516723 caloría-centímetro/(hora × centímetro^2 × °C).
Btu-inch/(hour × foot^2 × °F) = 1,24013 caloría-centímetro/(hora × centímetro^2 × °C).
Btu-inch/(second × foot^2 × °F) = 5,1877/julios-centímetro/(segundo × centímetro^2 × °C).
Btu-inch/(hour × inch^2 × °F) = 0,1785 kilocaloría-centímetro/(hora × centímetro^2 × °C).
Btu-inch^2 = 39,06 caloría/centímetro^2.
Btu-inch^3 = 15,376 caloría/centímetro^3.
Btu/minute = 0,0238919 caballo = 17,5725 vatios.
Btu/(mol × °F) = 0,45358 kilocaloría/(mol × °C).
Btu/pound = 2,326 julios/gramo 0,555556 kilocaloría/kilogramo.
Btu/(pound × °F) = julios/(gramo × °C) = 1 caloría/(gramo × °C) = 426,93 kilogramo-metros/(kilogramo × °C).
Btu/second = 1,43365 caballos = 1,05448 kilovatios = 0,251966 kilocalorías por segundo.
Btu/ton (long) = 248,008 calorías/tonelada.
Btu/ton (short) = 277,76 calorías/tonelada.
bucket (G.B.) = 18,18383 litros = 4 galones.
bundle = 2 resmas de papel.
bushel (G.B.) = 36,367667 litros = 36,3687 decímetros^3 = 8 galones.
bushel (USA) = 25,23829 litros = 35,2393 decímetros^3 = 64 droy pints = 4 pecks.
bushel (G.B.)/acre = 0,8986 hectolitros/hectárea.
bushel (USA)/acre = 0,870754 hectolitros/hectárea.
butt (G.B.) = 572,7907 litros = 126 galones.
button = 0,625 milímetros.
cable = 219,456 metros = 120 brazas británicas.
candle/foot^2 = 3,38157 mililambertios.
candle/inch^2 = 486,945 mililambertios.
carat = 4 gramos.
cental = 45,35924 kilos.
centigrade heat unit = 1,8 Gtu = 0,4536 kilocalorías.
centiskope = 0,01 stokes.
centweight = 50,802 kilogramos = quintal de 112 libras.
chain (Gunter's) = 20,11684 metros = 22 yardas.
chain (Ramden's) = 30,48006 metros = 100 pies.
chain^2 (Gunter's) = 404,6873 metros^2.

chain^2 (Ramden's) = 929,0341 metros^2.
chaldron (G.B.) = 1,1638 metros^3 = 36 bushels.
chaldron (USA) = 1,26861 metros^3 = 36 bushels.
circular inch = 5,06709 centímetros^2.
circular mil = 0,000506709 milímetros^2.
circular mil-foot = 0,15444 milímetros^3.
circular mil-inch = 0,01287 milímetros^3.
clove (G.B.) = 3,62273 kilogramos = 8 libras.
coomb (G.B.) = 145,4707 litros = 4 bushels.
cord = 3,62458 metros^3.
cord-foot = 0,45307 metros^2 = 16 lies^3.
cruple = 20 gramos.
cubic 18 pulgadas = 45,72 centímetros.
cubic feet per minute = 28,317 litros por minuto.
cubic foot = 1728 cubic inches = 0,028 m^3.
cubic inch = 16,387 cm^3.
cubic yard = 0,76453 metros^3.
cumin = 28,317 litros por minuto.
cusec = 28,3162 litros/segundo.
cusec/mile^2 = 11 litros/segundo-kilómetro^2.
cusec/year = 892784 metros^3.
customary stone = 8 libras = 3,6267 kilogramos.
cylindrical foot = 0,022241 metros^3.
cylindrical inch = 12,8729 centímetros^3.

degree (English-hydrometry) = 14,3 partes/millón = 14,3 miligramos/litros.
degree = 60 minutos = 3.600 segundos = 0,0174533 radian.
degree/foot = 0,000572614 radianes/centímetro.
degree/inch = 0,00687137 radianes/centímetro.
douzieme = 0,188 milímetros.
drachm (fluid, G.B.) = 3,55153 mililitros.
dram (Apothecary, Troy) = 3,889735 gramos.
dram (Avoirdupois) = 1,771845 gramos = 27,34 gramos.
dram (fluid, USA) = 3,69661 mililitros.

ell = 1,143002 metros.

fathom = 1,828804 metros = 16 pies.
fathom^3 of timber = 6,116 metros^3.
firkin (G.B.) = 40,91364 litros = 9 galones.
firkin (USA) = 34,06796 litros.
fluid ounce = 28,413 centímetros^3 (G.B.) = 295737 centímetros^3 (USA).
foot = 0,304006 metros = 12 pulgadas.
foot-candle = 10,7639 lux.
foot-lambert = 0,000342624 candela/centímetro^2.
foot/°F = 54,86411 centímetros/°C.
foot/hour = 0,3048006 metros/hora.
foot × hour × °F/Btu = 57,7789 = centímetro × °C/vatio = 241,909 centímetro × segundo × °C/caloría = 0,671969 metro × hora × °C/kilocaloría.
foot/pound = 0,6719/kilogramo.
foot/minute = 0,3048 metro/hora.
foot of air = 0,3725 kilogramo/metro^2.
foot of mercury = 0,4143 kilogramo/centímetro^2.
foot of water = 0,030479 kilogramo/centímetro^2.
foot-ounce = 0,084738 julios.
foot-pound = 1,35582 julios = 0,138255 kilográmetros.
foot-pound/foot = 0,453 kilográmetro/metro.
foot-pound/pound = 0,00298907 julio/gramo.
foot-pound/slug = 0,092902 julio/kilogramo.
foot-poundal = 0,0421403 julios.
foot-ton (long) = 3,03703 kilojulios.
foot-ton (short) = 2,7114 kilojulios.
foot^2 = 0,09290341 metros^2 = 144 pulgadas^2.
foot^2/gallon (G.B.) = 0,02043 metros/litro.
foot^2/gallon (USA) = 0,02454 metros^2/litro.
foot^2/horsepower = 0,091632 metros^2/caballo.
foot^2/hour = 0,258064 estokios = 0,092903 metro^2/hora.
foot^2 × hour × °F/Btu × inch = 693,347 centímetro × °C/vatio = 2902,91 centímetro × segundo × °C/caloría = 8,06363 metro × hora × °C/kilocaloría.
foot^2/pound = 0,20481 metros^2/kilogramo.
foot^2/second = 929,03 estokios = 334,451 metros^2/hora.
foot^2-ton (long) = 0,09439 tonelámetro-metro^2.
foot^2-ton (short) = 0,08428 tonelámetro-metro^2.
foot^3 = 28,316223 litros = 1728 pulgadas^3.
foot^3 (Modulus of section) = 28,31701 centímetros^3.
foot^3/acre = 0,06995 metros^3/hectárea.
foot^{3}gallon (G.B.) = 0,006227 metros^3/litro.
foot^{3}gallon (USA) = 0,007478 metros^3/litro.
foot^3/hour = 28,316 litros/hora.
foot^3/megawatt = 0,02831 metros^3/megavatio.
foot^3/minute = 0,471938 litros/segundo.
foot^3/second = 101,941 metros^3/hora = 28,3162 litros/segundo.
foot^3/pound = 62,426 mililitros/gramo.
foot^{3}therm = 0,0011237 metros^3/megacaloría.
foot^3/ton (long) = 127,8688 mililitros/kilogramo = 0,027869 metros^3/tonelada.
foot^3/ton (short) = 0,031209 metros^3/tonelada.
foot-kip = 1,3558 kilojulios.
foot-pound/hour = 0,376617 milivatios.
foot-pound/minute = 0,022597 vatios.
foot-pound/(pound × °F) = 0,00538032 julio/(gramo × °C) = 0,54864 kilogramos/metro/(kilogramo × °C).
foot-pound/second = 1,35582 vatios = 1,35582 julios/segundo.
foot^3-atmosphere = 2,8693 kilojulios.
foot^{3}atmosphere/pound = 6,3255 julios/gramo.
foot^3-(pound/inch^2) = 195,238 julios.
foot^3-(pound/inch^3)/pound = 0,43026 julios/gramo.
foot^4 = 86,3097 decímetro^4.
foot^5 = 0,00263328 metros^5.
forty = 16,18748 hectáreas.
furlong (USA) = 201,1684 metros.

gallon (G.B.) = 4,5459585 litros.
gallon (dry, USA) = 4,404787 litros = 2 pottles.
gallon (liquid, USA) = 3,7853285 litros = 231 pulgadas^3 = 8 pints.
gallon/acre (G.B.) = 11,233 litros/hectárea.
gallon/acre (USA) = 9,3537 litros/hectárea.
gallon/hour (G.B.) = 4,54595 litros/hora.
gallon/hour (USA) = 3,78532 litros/hora.
gallon/mille (G.B.) = 2,82473 litros/kilómetro.
gallon/mile (USA) = 2,35209 litros/kilómetro.
gallon/minute (G.B.) = 272,758 litros/hora.
gallon/minute (USA) = 0,0630888 litros/segundo.
gallon/pound (G.B.) = 10,022 litros/kilogramo.
gallon/pound (USA) = 8,3452 litros/kilogramo.
gallon/second (G.B.) = 16,3659 metros^3/hora.
gallon/second (USA) = 3,785328 litros/segundo.
gallon/yard^2 (G.B.) = 5,4369 litros/metro^2.
gallon/yard^2 (USA) = 4,5272 litros/metro^2.
gallon/yard^3 (G.B.) = 5,946 litros/metro^3.
gallon/yard^3 (USA) = 4,951 litros/metro^3.
geepound = 14,5939 kilogramos = 35,174 libras.
General Electric unit = 3,05314 gramos-metro.
gill (G.B.) = 0,142061 litros = 5 ounces = 1/4 pinta.
gill (USA) = 0,1182942 litros = 1/4 pinta.
grade = 100 minutos centesimales = 3.240 segundos centesimales = 0,01570796 radian.
grain = 64,798918 miligramos.
grain/foot^3 = 2,2883 gramos/metro^3.
grain/100 foot^3 = 0,0228835 gramos/m^3 = 0,0228842 miligramos/litro.
grain/gallon (G.B.) = 14,25418 gramos/metro^3.
grain/gallon (USA) = 17,11844 gramos/metro^3.
grain/inch = 2,551133 gramos/metro.
grain/pound = 0,1428 gramos/kilogramo.
grain/yard = 0,07086 gramos/metro.
grain/yard^3 = 0,08475 gramos/metro^3.
grain/hour/foot^2 = 16,7 gramos/hora/metro^2.
grain/24 hours/100 inch^2 = 15,5 gramos/24 horas/metro^2.
gram/ton (long) = 0,984206 miligramos/kilogramo.
gram/ton (short) = 1,102311 miligramos/kilogramo.
gram/yard^2 = 1,19603 gramos/metro^2.

haft section = 129,472 hectáreas.
hand = 10,16002 centímetros = 4 pulgadas.
hank = 768,1 metros.
hasp = 3291,8 metros.
heer = 548,64 metros.
hide of land = 40,467 hectáreas.
hogshead (G.B.) = 286,3877 litros = 63 galones.
hogshead (USA) = 238,4757 litros = 66 galones.
horsepower (boiler) = 9809,5 julios/segundo.
horsepower (electrical) = 746 julios/segundo.
horsepower (mechanical) = 745,702 julios/segundo.
horsepower-hour = 2,68453 megajulios.
horsepower-hour/pound = 5,91837 kilojulios/gramo.
horsepower-year = 23516,5 megajulios.
hundredweigth (long) = 50,80235 kilogramos = 112 libras.
hundredweigth (short) = 45,35924 kilogramos = 100 libras.
hundredweigth (long)/15 fathoms = 1,8519 kilogramo/metro.
hundredweigth (short)/15 fathoms = 1,6535 kilogramo/metro.
hundredweigth (long)/90 fathoms = 30,865 kilogramos/100 metros.
hundredweigth (short)/90 fathoms = 27,558 kilogramos/100 metros.
hundredweigth (long)/acre = 125,53 kilogramos/hectárea.

hundredweigth (short)/acre = 112,08 kilogramos/hectárea.
hundredweigth (long)/nautical mile = 27,419 kilogramos/kilómetro.

inch = 25,4 milímetros.
inch/°F = 4,572 centímetros/°C.
inch/foot = 8,333 centímetros/metro.
inch/inch/hour = 24 centímetros/centímetro/día.
inch/inch/°F = 1,8 centímetro/centímetro/°C.
inch of air = 0,031052 kilogramos/metro^2.
inch of mercury = 0,0345316 kilogramo/centímetro^2.
inch of water = 0,0025373 kilogramos/centímetro^2.
inch of rainfall/acre = 102,9702 metros^3.
inch-ounce = 7,0615 milijulios.
inch-pound = 0,112985 julios.
inch-pound/inch^3 = 0,0068947 julios/centímetro^3.
inch-ton (long) = 253,086 julios.
inch-ton (short) = 225,95 julios.
inch-ton (long)/inch^3 = 15,445 julios/centímetro^3.
inch-ton (short)/inch^3 = 13,8126 julios/centímetro^3.
inch^2-foot = 196,649 centímetros^3.
inch^2-foot^2 = 5993,29 centímetros^4.
inch^2 = 6.451625 centímetros.
inch^2/hour = 1,79211 miliestokios = 0,00064516 metro^2/hora.
inch^2/second = 6,4516 estokios = 2,32258 metros^2/hora.
inch^2/inch^3 = 0,3937 centímetro^2/centímetro^3.
inch^{2}pound = 1,45038 centímetro^2/newtonio.
inch^2/ton (long) = 6,47492 × 10^{-9} centímetros^2/dina.
inch^2/ton (short) = 7,25191 × 10^{-9} centímetros^2/dina.
inch^3 = 16,3871 centímetros^3.
inch^3/horsepower = 16,1629 centímetros^3/caballo.
inch^3/pound = 36,1263 milímetros^3/kilogramo.
inch^2-inch^2 = 41,623 centímetros^2-centímetro^2.
inch^4 = 41,6231 centímetros^4.
inch^5 = 105,731 centímetros^5.
iron = 0,5283 milímetros.

joule/(pound × °F) = 0,003067 julios/(gramo °C)
joule/(foot^2 × inch × second × °F) = 0,004921 julios/(centímetro^2 × centímetro × segundo × °C).
joule/abcoulomb = 0,1 julio/culombio.
joule/(abcoulomb × °F) = 0,18 julio/culombio × °C).
joule (coulomb = °F) = 1,8 julio/(culombio × °C).
joule/statcoulomb = 2,99793 gigajulio/coulombio.
joule/statcoulomb × °F) = 5,39627 gigajulio/coulombio × °C).

keel = 21,54 toneladas.
kilderkin (G.B.) = 81,82728 litros = 18 galones.
kiloton (long) = 1016,047 toneladas.
kiloton (short) = 907,184 toneladas.
kilowatt-hour/pound/°F = 14,2866 kilojulios/gramo/°C.
kilowatt-hour/ton (long) = 0,9842 kilovatio-hora/tonelada.
kilowatt-hour/ton (short) = 1,1023 kilovatio-hora/tonelada.
kilowatt-hour/foot^2/inch/hour/°F = 4,9212 julios/centímetro^2/centímetro/segundo/°C).
kilowatt/mile = 0,621369 kilovatio/kilómetro.
kip = 453,592 kilogramos.
kip-foot = 1355,7 julios.
kitt = 0,08728 metro^3.
knot (USA) = 1,853248 kilómetros/hora.
knot (G.B.) = 1,85318 kilómetros/hora.
last (G.B.) = 2,90949 metros^3 = 2909,5 litros = 80 bushels.
league (nautical) = 5.55974 kilómetros = 3 millas marinas.
league (statute) = 4,82804 kilómetros = 3 millas terrestres.
line = 2,1166 milímetros.
line = 1 maxvellio.
line/inch^2 = 0,155 gaussios.
link (Gunter's) = 0,201168 metros = 0,66 pies.
link (Ramden's) = 0,3048 metros = 1 pie.
liter-atmosphere = 101,328 julios.
load (G.B.) = 114,305 kilogramos.
load (G.B.-capacity) = 1454,707 litros.
long hundredweight (G.B.) = 112 libras 50,802 kilogramos.
long ton = 1016,05 kilogramo = 2240 libras.
lumen/foot^2 = 0,00107639 lambertios.
lumen/(foot^2 × steradian) = 3,38157 mililambertios.

mach = 345 metros por segundo.
man-hour/10 foot = 3,28 hombres-hora/10 metros.
man-hour/10 foot^2 = 10,76 hombres-hora/10 metros^2.
man-hour/ton (long)-mile = 0,61156 hombres-hora/tonelada-kilómetro.
man-hour/ton (short)-mile = 0,68494 hombres-hora/tonelada-kilómetro.
man-hour/1000 yard^2 = 1.1559 hombres-hora/1.000 metros^2.

megaton (long) = 1.01604 megatonelada.
megaton (short) = 0,90718 megatonelada.
megmho/inch^2 = 0,3937 megamho/centímetro^3.
megohm/mile = 0,621369 megaohmnio/kilómetro.
metric ton = 1000 kilogramos.
mho (mile, pound) = 5.709,97 mho (metro, gramo).
mho/circular mil-foot = 1,01529 magamhos/centímetro.
microfarad/mile = 0,62136 microfaradio/kilómetro.
microinch = 25,4 milimicrómetro.
microinch/inch = 0,01 micrómetro/centímetro.
microvolt/°F = 1,8 microvoltio/°C.
mil = 25,4 micrómetros = 0,0254 milímetros = 25,4 micras.
mil^2 = 645,1628 micrómetros^2.
mile (geographical) = 1,85324 kilómetros.
mile (nautical, G.B.) = 1,853181 kilómetros.
mile (nautical, USA) = 1,853248 kilómetros.
mile (statute, G.B.) = 1609,3425 metros.
mile (statute, USA) = 1609,3472 metros.
mile/gallon (G.B.) = 0,354016 kilómetros/litro.
mile/gallon (USA) = 0,425153 kilómetro/litro.
mile/(hour × second) = 0,4470408 metros/segundo.
mile/minute = 26,82245 metros/segundo.
mile of land = 259 hectáreas.
mile of standard cable (G.B.) = 0,925 decibelios.
mile of standard cable (USA) = 0,946 decibelios.
mile^2 (G.B.) = 258,99880 hectáreas.
mile^2 (USA) = 258,9998 hectáreas.
mile^3 = 4,1682068 kilómetros^3.
mile = 2,359 metros^3.
milliampere/foot^2 = 0,10763 miliamperio/decímetro^2.
milligram/assay ton (G.B.) = 30,612 miligramos/kilogramo.
milligram/assay ton (USA) = 34,2857 miligramos/kilogramo.
milligram/foot^2 = 10,763 miligramos/metro^2.
milligram/inch = 0,03937 gramos/metro.
milliinch = 25,4 micrómetros.
milliliter/gallon (G.B.) = 0,2199 mililitros/litro.
milliliter/gallon (USA) = 0,2642 mililitros/litro.
million of barrel of oil oil/day = 1,8391 metro^3/segundo.
million of foot^3 = 28361 metros^3.
million of gallons (G.B.)/day = 52,6059 litros/segundo.
million of gallons (USA)/day = 43,804 litros/segundo.
miner's inch = 1,2 pies^3 por minuto = 34 litros por minuto.
minim (G.B.) = 0,0591922 mililitros.
minim (USA) = 0,0616102 mililitros.
mutchkin = gills.

nall (G.B.) = 57,1499 milímetros = 2,5 pulgadas.
nautical mile = 1853,18 metros = 6088 pies.
noggin (G.B.) = 0,142061 litros = 1/32 galón.
noggin = 1/32 galón británico = 0,14206 litros.
ohm/mile = 0,6213 ohmio/kilómetro.
ohm/pound = 2,2046 ohmios/kilogramo.
ohm-circular mil/foot = 0,166229 microohmio-centímetro.
ounce (Apothecary, Troy) = 31,10348 gramos = 480 gramos.
ounce (Avoirdupois) = 28,34952 gramos = 437,5 gramos.
ounce (fluid, G.B.) = 28,4122 mililitros = 8 dracmas.
ounce (fluid, USA) = 29,5728 mililitros = 1/4 gill.
ounce/basis box (tinplate) = 0,701 gramos/metro^2.
ounce/engine-mile = 17,85 gramos/motor-kilómetro.
ounce/foot^2 = 305,1505 gramos/metro^2.
ounce/foot^3 = 1,0017 kilogramo/metro^3.
ounce/gallon (G.B.) = 6,2368 gramos/litro.
ounce/gallon (USA) = 7,4893 gramos/litro.
ounce/inch^2 = 4,39417 gramos/centímetro^2.
ounce/inch^3 = 1,73 gramos/centímetro^3.
ounce/pint (G.B.) = 50 gramos/litro.
ounce/pint (USA) = 59,922 gramos/litro.
ounce/pound = 62,5 gramos/kilogramo.
ounce/ton (long) = 27,9018 miligramos/kilogramo.
ounce/ton (short) = 31,25 miligramos/kilogramo.
ounce/yard = 31 gramos/metro.
ounce/yard^2 = 33,9056 gramos/metro^2.
ounce (troy)/1000 ampere-hour = 30,7 miligramos/amperio-hora.
ounce (troy)/day = 1,2959 gramos/hora.
ounce (troy)/gallon (G.B.) = 6,842 gramos/litro.
ounce (troy)/gallon (USA) = 8,216 gramos/litro.
ounce (troy)/ton (long) = 30,6124 miligramos/kilogramo.
ounce (troy)/ton (short) = 43,2857 miligramos/kilogramo.
ounce (troy)/year = 0,003548 gramos/hora.
ounce-inch = 7,06155 milijulios.
ounce-inch^2 =0,1829 kilogramo/centímetro^2.

pace = 0,762 metro = 2,5 pies.

pach = 240 libras.
palm = 76,20015 milímetros.
peck (G.B.) = 9,09192 litros = 20 galones.
peck (USA) = 8,80957 litros = 8 dry quarts.
pennyweight 1,555174 gramos = 24 gramos.
pennyweight/gallon (G.B.) = 0,34209 gramos/litro.
pennyweight/gallon (USA) = 0,41083 gramos/litro.
perch = 5,0292 metros = 5 yardas.
perch (masonry) = 0,708 metros^3.
pica (printers) = 4,21753 milímetros.
pint (G.B.) = 0,568244 litros = 1/8 galón.
pint (Dry, USA) = 0,550599 litros = 1/2 cuartillo.
pint (Liquid, USA) = 0,473166 litros = 1/8 galón.
pint per acre (G.B.) 1,3908 litros por hectárea.
pint per acres (USA) 1,1692 litros por hectárea.
pint (G.B.)/horsepower = 0,5605 litros/caballo.
pint (liquid, USA)/horsepower = 0,4667 litros/caballo.
pipe = 572,81 litros.
point (paper) = 25,4 micrómetros.
point (printers) = 0,3514605 milímetros.
poise-inch^3/gramo = 16,38716 centímetros^2/segundo.
poise-foot^3/pound = 62,428 centímetros^2/segundo.
pole = 5,6292 metros.
post = 0,007077 metros^3.
pottle (G.B.) = 2,27298 litros.
pound (apothecary, troy) = 0,3732417 kilogramos.
pound (avoirdupois) = 0,4535923 kilogramos.
pound centigrade unit = 453,6 calorías.
pound-perpendicular foot = 0,138255 kg. m.
pound of water (39,2 °F)/second = 0,45363 litros/segundo.
pound/acre = 1,1208 kilogramos/hectárea.
pound/(foot × second) = 14,8816 poises.
pound/1000 ampere-hour = 0,454 gramos/amperio-hora.
pound/basis box (tinplate) = 11,2 gramos/metros^2.
pound/bushel (G.B.) = 1,2472 kilogramos/hectolitro.
pound/bushel (USA) = 1,28722 kilogramos/hectolitro.
pound/fathom = 0,248 kilogramos/metro.
pound/foot = 1,48816 kilogramos/metro.
pound/100 feet = 14,881 gramos/metro.
pound/foot^2 = 4,88241 miligramos/metro^2.
pound/1000 feet^2 = 4,8824 gramos/metro^2.
pound/(foot^2 × year) = 133,8 miligramos/(centímetro^2 × día).
pound/foot^3 = 16,01882 gramos/litro.
pound/gallon (G.B.) = 99,7792 gramos/litro.
pound/gallon (USA) = 119,8291 gramos/litro.
pound/horsepower = 0,4474 kilogramos/caballo.
pound/inch = 17,8579 kilogramos/metro.
pound/inch^2 = 70,3067 gramos/centímetro^2.
pound/inch^3 = 27,6799 gramos/centímetro^3= 27,6807 gramos/milímetros.
pound/mile = 0,28184 kilogramo/kilómetro.
pound/million of gallons (G.B.) = 99,776 miligramos/metro^3.
pound/million of gallons (USA) = 119,826 miligramos/metro^3.
pound/minute = 27,21555 kilogramos/hora.
pound/second = 1632,933 kilogramos/hora.
pound/ton (long) = 0,4464 kilogramo/tonelada.
pound/ton (short) = 0,5 kilogramo/tonelada.
pound/ton (long)-mile = 0,2775 kilogramo/tonelada-kilómetro.
pound/ton (short)-mile = 0,3105 kilogramo/tonelada-kilómetro.
pound/yard = 0,496053 kilogramo/metro.
pound/yard^2 = 0,5425 kilogramo/metro^2.
pound/yard^3 = 0,593273 kilogramo/metro^3.
pound-foot = 1,35582 newtonio-metro = 1,35582 julios.
pound-foot/second = 1,35582 vatios = 1,35582 julios/segundo.
pound-foot^2 = 421,401 kilogramos-centímetro^2.
pound-foot^2/second = 0,0421401 kilogramo/metro^2/segundo.
pound-hour/foot^2 = 1,72369 megapoises = 17576,7 kilogramos/segundo/metros^2.
pound-inch =0,112985 newtonio-metro = 0,112985 julios.
pound-inch^2 = 2,926408 kilogramos/centímetros^2.
pound-second/foot^2 = 478,803 poises = 4,88243 kilogramo-segundo/metro^2.
pound-second/inch^2 = 68,94731 kilopoises.
poundal = 14,0981 gramos = 13825,5 dinas.
poundal/foot^2 = 0,15175 kilogramo/metro^2.
poundal/inch = 5,55042 gramos/centímetro.
poundal/inch^2 = 2,1654 gramos/centímetro^2.
poundal/inch^3 = 0,860319 gramos/centímetros^3.
poundal-foot = 0,0421401 newtonio-metro.
poundal-second/foot^2 = 14,8816 poises = 0,15175 kilogramos-segundo/metro^2.
puncheon (G.B.) = 318,217 litros = 70 galones imperiales.
puncheon (USA) = 317,97 litros = 84 galones americanos.

quart (G.B.) = 1,13649 litros = 1/4 galón.
quart (dry, USA) = 1,101197 litros = 1/8 peek.
quart (liquid, USA) = 0,946332 litros = 1/4 galón.
quarter (linear, G.B.) = 22,86 centímetros 1/4 yarda.
quarter (dry, G.B.) = 290,9413 litros = 8 bushels.
quarter (long, G.B.) = 12,7006 kilogramos.
quarter (long, G.B.) = 254,012 kilogramos.
quarter (short, G.B.) = 11,3398 kilogramos.
quarter (short, USA) = 226,796 kilogramos = 1/4 de tonelada.
quarter-quarter section = 1,6187 hectáreas.
quarter section = 64,784 hectáreas.
quartern (dry, G.B.) = 2,27298 litros = 1/2 galón.
quartern (liquid, G.B.) = 0,142061 litros = 1/32 galón.
quintal (long, G.B.) = 50,802 kilogramos.
quintal (short, USA) = 45,359 kilogramos.
quire = 25 hojas = 1 mano papel.

register ton = 100 pies^3 = 2,8316 metros^3.
rod (volume) = 28,3167 metros^3 = 1000 pies^3.
rod (linear) = 5,0292 metros = $5^1/_2$ pulgadas.
rood (G.B.) = 1011,711 metros^2 = 40 perchas^2.
rope (G.B.) = 6,095991 metros.

sack = 109,103 litros = 3 bushels.
sack of cement = 42,638 kilogramos = 94 libras.
sack of cement/yard^3 = 55,77 kilogramos/metro^3.
sackle of cable (G.B.) = 22,86 metros.
sackle of cable (USA) = 27,432 metros.
scruple (Apothecary) = 1,2959784 gramos.
sea-mile/candle = 0,29 microlux.
seam (G.B.) = 290,9413 = 8 bushels.
second-foot = 1,69902 metro^3/minuto.
second-foot/year = 892784 metros^3.
section = 258,99 hectáreas.
shipping ton: (G.B.) 42 pies^3 = 1,189 metros^3; (USA) = 40 pies^3 = 1,133 metros^3.
short hundredweight = 100 libras = 45,36 kilogramos.
short to (USA) = 907,18 kilogramos = 2000 libras.
shot of cable (G.B.) = 22,86 metros.
shot of cable (USA) = 27,432 metros.
skein = 109,728 metros = 120 yardas.
slug = 14,5939 kilogramos.
slug/foot^3 0,515375 gramos/centímetro^3.
slug-foot-second = 478.803 poises = 4,88243 kilogramo-segundo/metro.
span = 122,86 centímetros = 9 pulgadas.
square foot = 144 square inches = 929,03 cm^2.
square inch = 6,45 centímetros^2.
square mile = 2,59 kilómetros^2 = 640 acres.
square rod = 30,25 yardas^2 = 25,29 metros^2.
square of flooring = 9,29 metros^2.
staek of woog = 108 cubic feet.
standard = 3,672 metros^3 = 165 pies^3.
standard of battens = 4,6015 metros^3.
standard of wood (Christiania) = 2,92019 metros^3.
standard of wood (Drammen) = 3,44405 metros^3.
standard of wood (Gothemburg) = 3,398 metros^3.
standard of wood = (London) = 7,6437 metros^3.
standard of wood = (Scandinavian, Petersbourg) = 4,6711 metros^3.
standard of wood = (long, Quebec) = 7,7871 metros^3.
standard of wood = (short, Quebec) = 6,4891 metros^3.
standard of wood = (USA) = 4,7164 metros^3.
statampere = 0,333563 nanoamperio.
statcoulomb = 0,333563 nanoculombio.
statfarad = 1,11265 picofaradios.
stathenry = 0,898758 terahenrios.
statmho = 1,11265 picomohs.
statoersted = 0,333563 picooesrstedios.
statohm = 0,898758 teraohmios.
statute mile = 1609,344 metros.
statvolt = 299,793 voltios.
statvolt/°F = 539,627 voltios/°C.
statvolt/inch = 118,029 voltios/centímetro.
statweber = 299,793 weberios.
stone (legal, G.B.) = 6,35029 kilogramos = 14 libras.
stone (customary, G.B.) = 3,62873 kilogramos.
strike (G.B.) = 72,735 litros = 2 bushels.

tablespoonful = 15 mililitros.
teaspoonful = 5 mililitros.
therm = 25196,59 kilocaloría = 100.000 Btu.
therm/gallon (G.B.) = 23,208 kilojulios/centímetro^3 = 5,54314 gigacaloría/metro^3 = 5,54501 thermie/litro.

thermie = 4,1855 megajulios = 999,69 kilocalorías = 1,16264 kilovatio/hora.
thermie/liter = 4,18538 kilojulios/centímetros^3 = 0,999662 gigacaloría/metro^3.
tierce = 158,982 litros = 42 galones americanos.
ton (assay, G.B.) = 32,666 gramos.
ton (assay, USA) = 29,16667 gramos.
ton (displacement) = 0,9911 metros^3.
ton (register) = 2,83167 metros^3.
ton (shipping, G.B.) = 1,189 metros^3.
ton (shipping, USA) = 1,132 metros^3.
ton (long, G.B.) = 1,01604 toneladas = 1016,04 kilogramos.
ton (short, USA) = 0,907184 toneladas = 907,18 kilogramos.
ton (long)/acre = 2,5107 toneladas/hectárea.
ton (short)/acre = 2,2421 toneladas/hectárea.
ton (long)/circular inch = 2 kilogramos/milímetro^2.
ton (long)/foot = 3,3333 toneladas/metro.
ton (short)/foot = 2,976 toneladas/metro.
ton (long)/foot^2 = 1,09366 kilogramo/centímetro^2.
ton (short)/foot^2 = 0,97648 kilogramo/centímetro^2.
ton (long)/foot^3 = 35,881 toneladas/metro^3.
ton (short)/foot^3 = 32,0367 toneladas/metro^3.
ton (long)/hour = 0,28223 kilogramos/segundo.
ton (long)/inch of immersion = 0,4 tonelada/centímetro de inmersión.
ton (long)/inch^2 = 1,57487 kilogramos/milímetro^2.
ton (short)/inch^2 = 1,4063 kilogramos/milímetro^2.
ton (long)/mile = 0,63134 tonelada/kilómetro.
ton (short)/mile = 0,56369 tonelada/kilómetro.
ton (long)/mile^2 = 3,9229 kilogramo/hectárea.
ton (long)-mile = 1,63519 tonelada/kilómetro.
ton (short)-mile = 1,46 tonelada/kilómetro.
ton (long)-mile/gallon (G.B.) = 0,359697 tonelada-kilómetro/litro.
ton (short)-mile/gallon (USA) = 0,3857 tonelada-kilómetro/litro.
ton (long)-mile/mile = 1,016 tonelada-kilómetro/kilómetro.
ton (short)-mile/mile = 0,90718 tonelada-kilómetro/kilómetro.
ton (long)/yard = 1,1111 tonelada/metro.
ton (short)/yard = 0,992 tonelada/metro.
ton (long)/yard^2 = 1,215 tonelada/metro^2.
ton (short)/yard^2 = 1,084 tonelada/metro^2.
ton (long)/yard^3 = 1,32893 tonelada/metro^3.
ton (short)/yard^3 = 1,18654 tonelada/metro^3.
ton of refrigeration (commercial, G.B.) = 0,93692 kilocalorías/segundo.
ton of refrigeration (commercial, USA) = 0,83999 kilocalorías/segundo.
ton (long)-foot = 3039,03 newtonio-metro = 0,309691 tonelada/metro.
ton (short)-foot = 0,2765 tonelada/metro.
ton (long)-foot^2 = 0,094394 tonelada/metro.
ton (short)-foot^2 = 84,2807 kilogramo/metro^2.
ton (long)-inch = 253,086 newtonio/metro = 25,807 kilogramos-metro.
ton (short)/inch = 225,95 newtonio/metro = 23,042 kilogramo-metro.
ton (long)-inch^2 = 0,6556 kilogramo/metro^2.
ton (short)-inch^2 = 0,5853 kilogramo/metro.
them (G.B.) = 100.000 Btu = 25.196,59 kilocalorías = 25,19 termiamétrica.
township = 9,323994 hectáreas.
troy ounce = 480 gramos = 31,104 gramos.
troy pound = 5760 gramos.
township = 93,240 kilómetros^2 = 26 millas^2.
tun = 0,9538 metro^3 = 252 galones americanos.
tun = 1145,6 litros = 252 galones ingleses.

volt/inch = 0,3937 voltios/metro.
volt/mil 39,37 voltios/milímetro.

water carat = 0,2 milímetros.
watt/inch^2 = 0,37059 caloría/(segundo × centímetro^2).
watt-hour/ton (long)-mile = 0,6116 vatio/tonelada-kilómetro.
watt-hour/ton (short)-mile = 0,685 vatio-hora/tonelada-kilómetro.
wey (capacity, G.B.) = 1454,707 litros = 406 bushels.
wey (mass, G.B.) = 114,305 kilogramos = 252 libras.

yard = 0,91439 metros.
yard/hundredweight (long) = 17,99 metros/tonelada.
yard/hundredweight (short) = 20,17 metros/tonelada.
yard of land = 12,14 hectáreas = 3 acres.
yard^2 = 0,8361307 metros^2
yard^2/pound = 1,8436 metros^2/kilogramo.
yard^3 = 0,764559 metros^3
yard^{3}foot = 2,508 metros^3/metro.
yard^3/horsepower = 0,7541 metros^3/caballo.

ABREVIATURAS INGLESAS DE UNIDADES Y SUPLEMENTARIAS
ENGLISH ABBREVIATIONS FOR UNITS

Å	*Angstrom* = Angstrom (10^{-8})
A	Acceleration; Analog signal
amu	*atomic mass unit* = unidad de masa atómica
A, amp	*ampere* = amperio
asb	apostilb; TV unit ($1/\pi$ bujías/m^2)
At	*ampere turn* = amperios vuelta
atm	*atmosphere* = atmósfera
b	*bar* = bario
B	*bel* = belio; magnetic induction
barn	*barnio* (10^{-24} cm^2)
bit	*bitio* = unidad de información
Btu	*British thermal unit* = unidad térmica británica
c	*curie* = curio; velocity of light
C	*coulomb* = culombio; velocity of light
cal	*calorie* = caloría
cd	*candle* = bujía, candela
c/s	*cycles per seconds* = ciclos por segundo
°C	grados Celsius
cwt	*hundredweight* = quintal inglés = 112 libras = 50,802 kilogramos
d	*day* = día
dB, db	*decibel* = decibelio
dyn	*dyne* = dina
emu	*electromagnetic unit* = unidad electromagnética
esu	*electrostatic unit* = unidad electrostática
eV	*electronvolt* = electrón voltio
F	*farad* = faradio
°F	*degree Fahrenheit* = grado Fahrenheit
ft	*foot* = pie
ft·lb	*foot pound* = libra de fuerza por pie (0,1382 kgm)
fth	*fathom* = braza (1,828 m)
g	*gramm* = gramo
G	*giga* = giga (10^9); conductance; weight Power gain
Gs	*gauss* = gaussio
Gb	*gilbert* = gilbertio (1,25 amperios/vuelta)
gal	*gallon* = galón (EE. UU.): 3,785 litros; G.B.: 4,543 litros
GeV	*gigaelectron-volts* = gigaelectrón voltios.
gr	*grain* = grano
GWh	*gigawatt-hour* = gigavatios hora
hr	*hour* = hora
H	*Henry* = henrio; enthalpy
HP	*horsepower* = caballo de fuerza (1,018 Cv)
Hz	*hertz* = hertzio
in Hg	*conventional inch of mercury* = pulgada convencional de mercurio
J	*joule* = julio (0,1019 kgm)
kcal	*kilocalorie* = kilocaloría
kg	*kilogramm* = kilogramo
kgf	*kilogramm-force* = kilogramo fuerza
kn	*knot* = nudo (1 milla/hora)
°K	*degree Kelvin* = grado Kelvin (0 °K = − 273,15 °C)
kp	*kilopond* = kilopondio
kw·hr	*kilowatt-hour* = kilovatio hora
l	litre = litro = dm^3; inductance
lb	*pound* = libra (0,45359 kg)
lb·f	*pound-force* = libra de fuerza
lm	*lumen* = lumen (flujo luminoso)
lo	*logon* = logonio
lx	*lux* = lux
m	*metre* = metro = 39,37 in

M	*mach* = unidad de velocidad del sonido (1 mach = 345 m/seg) £ machio
mb	*milibar* = 1000 barias = 0,750 mm Hg
min	*minute* = minuto
ml	*millilitre* = mililitro
mm Hg	*millimetre of mercury* = milímetro de mercurio
M	*mega* = 10^6
mph	*miles per hour* = millas por hora
Mx	*maxwell* = maxwell (10^{-8} Wb)
nt	*nit* = punto pequeño
N	*newton* = newton = 100.000 dinas = 0,102 kg; index of refraction. Number
oz	*ounce* = onza (28,35 gramos)
n.m.	*nautical mile* = milla náutica (1.853,24 metros)
Np	*neper* = néper (8,69 decibelios)
Oe	*oersted* = oersted ($4\pi\ 10^{-3}$ amperios-vuelta por metro)
P	*pascal* = pascal; momentum of a particle
Po	*poise* = poise (viscosidad)
pH	*hydrogen ion exponent* = exponente de ion de hidrógeno
phon	*phon* = *fonio*
psec	*peak-second* = pico segundo
r	*roentgen* = roentgenio
rad	*rad* = rad (unidad de dosis de radiación absorbida)
rd	*radian* = radián, unidad de medida angular (1 rd = 57,3°)
rd-sec	*radian per second* = radián por segundo
rev-min	*revolution per minute* = revoluciones por minuto
°Rk	*degree Rankin* = grado Rankin
S	*siemens* = siemens (conductancia); entropy
SK	*stokes* = stokes (fluorescencia)
sec	*second* = segundo
T	*tesla* = tesla =1 Wb/m^2; absolute temperature
Te	*tera* = 10^{12}
tn	*ton* = tonelada *short ton* (USA) = 2.000 lb = 907,2 kg *long ton* (UK) = 2.240 lb = 1.016 kg
V	*volt* = voltio
VA	*volt-ampere* = voltio amperio
VC	*volt-coulomb* = voltio culombio
W	*watt* = vatio; energy
Wb	*weber* = weber = 10^8 mx
Wh	*watt/hour* = vatio/hora
yd	*yard* = *0,914 m* = *yarda*
yr	*year* = año
Ω	*ohm* = ohmio (resistencia eléctrica)
μ	*micrometre* = micron (micra) = ($\mu = 10^{-3}$ mm); magnetic moment
a	*are* = área = 100 m^2
a	*acre* = unidad de superficie = 0,404686 hectáreas
ab	*absolute* = absoluto
ah	*ampere hour*
A G	*american gallon* = galón americano = 3,7853 litros
apoth	*apothecary* = unidades de farmacia
av	*avoirdupois (Standard System)*
at wt	*atomic weight*
bd ft	*board foot* = volumen de 2,3598 decímetros cúbicos de madera
BHP	*brake horsepower* = caballos al freno (caballo inglés)
Bi	*biot* = 10 A
bu	*bushel* = medida de capacidad para áridos = 35,238 litros (USA) = 36,37 litros (UK)

chu *centigrade heat unit* = 0,4536 kilocalorías
CN *cetane number* = índice de cetano
cfh *cubic feet per hour* = pies cúbicos por hora = 28,317 litros por hora
cfs *cubic feet per second* = pie cúbico por segundo =28,317 litros por segundo
cfm *cubic feet per minute* = pie cúbico por minuto =28,317 litros por minuto
cgs *centimetre-gram-second* = centímetro-gramo-segundo
cirmil *circular mil* = milésima circular
cp *candle power*
cps *cycle per second*
cumin *cubic foot per minute* = pie cúbico por minuto = 28,317 litros por segundo
cusec *cubic feet per second* = pie cúbico por segundo = 28,317 litros por segundo
ct *carat* = quilate
ch *chain* = cadena: unidad de longitud para agrimensura Gunter's chain: 100 eslabones (links) = 22 yardas de longitud (UK); Engineers chain: 100 pies de longitud (USA)
deg *degree* (C-K-F-R)
dK *deka* = 10 veces mayor
dr *dram* = dracma
dr. ap *dram, apothecaries* = masa de 60 gramos = 3,88 gramos
dr. fl *dram, fluid* = dracma de líquido = 3,697 centímetros cúbicos
dr. t *dram troy*
dry pt dry pint
dwt dead weight tons = toneladas de porte
E *electromotive force; electric field; ilumination*
ehp *effective horsepower*
EG *band gap*
ET *english ton*
ETG *english ton gross*
ETN *english ton nett*
f *frecuency*
fpm *feet per minute* = pies por minuto
fps *feet per second* = pies por segundo
Fr *franklin*
fath *fathom* = braza británica = 1,8288 metros
fir *firkin* = 9 galones = 34,068 litros (USA) = 40,914 litros (UK)
fc *foot candle*
fl oz *fluid ounce* = onza de líquido = 28,413 centímetros cúbicos (G.B.); 29,573 centímetros cúbicos en (USA)
ft la *foot lambert*
fur *fur long* = estadio = 201,168 metros
ft lbf *foot pound-force*
gi gill = copa = medida de capacidad para líquidos
ft pdl *foot* = poundal
gill americano = 1/4 pinta = 0,118292 litros
gill británico = 1/4 de pinta 0,142061 litros
Fr *franklin*
glb *geepound* = masa de 14,594 kilogramos
GLN *gallon* = galón
gms, gram gramos
gpd *gallon per day* = galón/día
gpm *gallons per minute* = galones por minuto
gps *gallons per second* = galones por segundo
API American Petroleum Institute (grados API = 141,5/densidad a 60 °F − 131,5)
grn *grain* = grano
ha *hectare*
hghd *hogshead-tonl* = medida de capacidad
hogshead americano = 63 galones americanos = 238,48 litros
hogshead británico = 63 galones imperiales = 286,40 litros.
HP-hz *horsepower-hour* = caballo-hora
ic *integrated circuit*
IG *imperial gallon* = galón imperial
I-G FET *transistor*
ihp *indicated horsepower* = caballo indicado
Imp *imperial*
Imp GLN *imperial gallon* = galón imperial
in *inch* = pulgada = longitud de 25,4 milímetros = 1/12 foot
ipy *inch per year* = pulgada por año
IT *International Steam Table* = Tabla Internacional de Vapor
kWh *kilowatt-hour* = kilovatio-hora
Kip *kilopound* = 1000 libras = 453,6 kg fuerza
l atm *libre atmosphere*
La *lambert* = $1/\pi$ sb
lb *pound* = libra 453,5924 gramos
lbal *pound* = 14,098 gramos-fuerza
lea *league* = legua británica
nautical league = legua marina = 3 millas marinas = 5,5567 kilómetros
Statute league = legua terrestre = 3 millas terrestres = 4,8280 kilómetros
li *link* = *longitud igual a la centésima parte de la cadena de agrimensor.*
ly *light year*
lpw lumen por watio
LSIC large-scale integration
LT long ton
M Maxwell
m pace *military pace* = paso militar = 72,2 centímetros.
Mgd *million gallons per day* = millón de galones por día
a c *alternating current*
mi *mile* = milla (geographical mile = 1853,25; nautical mile = 1852 metros; statute mile = milla terrestre = 1609,344 metros)
mil milésima de pulgada = 0,0254 milímetros = 25,4 micras
MOST Mos transistor
m *minin* = medida de capacidad para líquidos (farmacia)
americano = 1/60 de fluid dram = 0,061612 centímetros cúbicos
británico = 1/60 de fluid drachm = 0,059194 centímetros cúbicos
mg *million gallons* = millones de galones
MT metric ton = tonelada métrica = 1000 kilogramos
naut mi nautical mile = milla náutica = 6088 pies = 1853 metros
NHP *nominal horsepower* = caballo nominal
NO *octane number* = índice de octano
P momentum. Pound
p-c printed circuit
pcf *pound per cubic foot* = libra por pie cúbico = 16,018 kilogramos por m^3
pc *parsec* = 3,439 años luz
pcu *pound centigrade unit* = unidad de calor = 0,4536 kilocalorías
ppm *parts per milion* = partes por millón
pdl *poundal* = unidad de fuerza
phr per hundred resin; per hundred rubber
Np Neper
N m Neutom metre
pk *peck* = medida de capacidad para áridos
americano = 8 dry quarts = 8,8096 litros
británico = 2 galones imperiales = 9,0922 litros
pnch *puncheon* = medida de capacidad para líquidos
americano = 84 galones americanos = 317,97 litros
británico = 70 galones imperiales = 318,23 litros
psf *pound per square foot* = libra por pie cuadrado = 4,88243 kilogramos por metro cuadrado
psi *pound per square inch* = libra por pulgada cuadrada = 0,07037 kilogramos por centímetro cuadrado
psig pounds per square inch absolute
psig poung per square inch gage
pz piezo (presion)
pt *pint* = pinta = medida de capacidad
Q electric charge
qr *quarter* = longitud igual a 1/4 de yarda = 22,860 centímetros
quarter = volumen de 8 bushels británicos = 290,9 litros
quarter = unidad de masa = 226,795 kilogramos (USA) = 254,01 kilogramos (UK)
Qm quintal = 100 kg (métrico)
qt *quart* = cuartillo = (medida de capacidad) = 1,136 litros (UK) = 1,101 litros (USA)
RPM revolution per minute
rps radian per second
R resistance/Roentgen
RF Radio frequency
RM Research Method
RL resistor logic
s *scruple* = escrupulo británico (medida de peso en farmacia) = 1,2959 gramos = 20 granos.
s ap apothecaries' scruple
sb *stilb* = brillo de 1 bujía por centímetro cuadrado
sh *short* = corto
sh cwt short hundredweight
sh ton *short ton* = tonelada corta = tonelada americana = 907,18 kilogramos = 2000 libras
shp *shaft horsepower* = caballo en el eje
sic silicon integrated circuit
SI International System of units

sr *steradian* = estereorradián
sq *square* = cuadrado
Sk stokes
stat mi *statute mile* = milla terrestre = 1.609,344 metros
std *standard* = tipo
standard = 3,672 metros cúbicos (madera) = 165 pies cúbicos
t troy tonne
th *term* = termia
tn l *ton, long* = tonelada británica = 1016,05 kilogramos = 2240 libras
tn sh *ton, short* = tonelada americana = 907,18 kilogramos = 2000 libras
tpa *tons per annum* = toneladas por año
trce *tierce* = 158,98 litros
tsf *ton per square foot* = tonelada por pie cuadrado
Tw Twaddell (escala de densidades)
U potential diference
Var Voltamperio reactivo
V (electric potential) = Volt
Y admittance
yd *yard* = yarda = 0,9143984 metros (G.B.)
yard = yarda = 0,9144018 metros (USA)
Z *Noise figure* = Factor de ruidos

PESOS Y MEDIDAS EN PAISES DE LATINOAMERICA
CUSTOMARY WEIGHTS AND MEASURES IN LATINAMERICAN COUNTRIES

ARGENTINA

adarme = 1,7945 gramos.
arroba = 11,485 kilogramos.
barril = 76 litros.
braza = 1,7332 metros.
cuadra = 130 metros.
cuarta = 0,59375 litro.
cuarter = 114 litros.
fanega 137,1977 litros.
frasco = 2,375 litros.
grano = 0,049848 gramos.
lastre = 2.058 litros.
legua = 5.200 metros.
libra = 459,4 gramos.
libra de farmacia = 344,5 gramos.
línea = 2,006 milímetros.
octava = 0,14844 litros.
onza = 28,7125 gramos.
pie = 0.28887 metro.
pipa = 456 litros.
pulgada = 24,072 milímetros.
quintal = 45,94 kilogramos.
tonelada (áridos) = 1028,983 litros.
tonelada = 918,8 kilogramos.
vara = 0,8666 metros.
vara^2 = 0,75 metros^2.

BRASIL

almeida = 31,95 litros.
alqueire = 50 kilogramos.
alqueire mineiro = (Estados de Minas Geraes. Espíritu Santo, Goiaz y Rio de Janeiro) = 484 áreas.
alqueire paulista (Estados de Sao Paulo, Paraná, Santa Catharina, Río Grande do Sul y Matto Grosso) = 242 áreas.
alqueire (Estados de Bahía, Goías, Paraná, Rio de Janeiro, Río Grande do Sul y Santa Catharina) = 40 litros.
alqueire (Estados de Amazonas, Espíritu Santo, Maranhao, Matto Grosso, Minas Geraes, Paraná, Piaui y Sao Paolo) = 50 litros.
Alqueire (Estado de Bahía) = 80 litros.
alqueire (Estados de Ceara y Goías) = 128 litros.
alqueire (Estado de Río Grande do Norte) = 160 litros.
arratel = 0,45905 kilogramos.
arroba = 14,69 kilogramos.
arroba (métrica) = 15 kilogramos.
braça = 2,2 metros.
canada = 2,75 litros.
covado = 0,685 metros.
cuarta = 0,371 hectáreas.
fanga = 145 litros.
garrafa = 0,666 litros.
legoa = 6,6 kilómetros.
libra = 459,05 gramos.
mil covas = 3,025 metros^2.
milha = 1.995 metros.
moio = 21,76 hectolitros = 15 fanegas.
oitava = 3,586 gramos = 118 de onza.
onça = 28.688 gramos.
palmo = 22 centímetros.
passo = 1,65 metros.
pe = 0,33 metro.
pipa = 479,16 litros.
pollegada = 2,75 centímetros.
quadra de sesmaria (Estado de Río Grande do Sul) = 8.712 áreas.
quadra gaucha (Estados de Maranhao y Piaui) = 174,24 áreas.
quadra paraibana (Estados de Bahía, Goiaz, Minas Geraes, Ceara y Pernambuco) = 121 áreas.
quartilho = 0,69 litros.
quarto = 9,7 litros.
quilate = 195 liligramos.
quintal 58,76 kilogramos.
sacco (Café) = 60 kilogramos.
tarefa bahiana (Estados de Bahía, Goiaz, Minas Geraes, Ceara y Pernambuco) = 4.356 metros^2.
tarefa cearense (Estado de Ceara) = 3.630 metros^2.
tarefa gaucha (Estado de Río Grande do Sul) = 968 metros.
tarefa nodestina (Estados de Sergype, Alagoas y Río Grande do Norte) = 3.025 metros.
tonel = 958,3 litros.
tonelada = 793,25 kilogramos.
vara = 1,1 metros.

COLOMBIA

arroba (capacidad) = 16,14 litros.
arroba (masa) = 12,5 kilogramos.
azumbre = 2,02 litros.
braza = 1,60 metros.
carga = 135 kilogramos.
celemín = 4,625 litros.
fanegada = 0,64 hectárea.
fanga = 55,5 litros.
libra = 0,50 kilogramo.
onza = 31,25 gramos.
quilate = 200 miligramos.
quintal = 50 kilogramos.
saco = 62,5 kilogramos.
saco (café) = 70 kilogramos.
vara = 0,80 metro.

COSTA RICA

arroba (capacidad) = 16,6 litros.
arrobe = 35,21 litros.
braza = 1,672 metros.
caballería = 45,25 hectáreas.
cafa = 16 kilogramos.
cazuela = 16,6 litros.
fanega = 400 litros.
libra = 0,46 kilogramo.
quintal = 46 kilogramos.
saco (café) = 69 kilogramos.
vara = 0,836 metro.

CUBA

bocoy = 6,62 hectolitros.
caballería = 13,4202 hectáreas.
fanega = 105,75 litros.
libra = 0,46 kilogramo.
quintal = 46 kilogramos.
saco (café) = 90 kilogramos.
tercio (tabaco) = 50,55 kilogramos.
vara = 0,848 metro.

CHILE

almud = 8,083 litros.
arroba = 11,502 kilogramos.
arrobe = 35,21 litros.
braza = 1,672 metros.
cuadra = 125,5 metros.
cuadra^2 = 1,572 hectáreas.
fanega = 96,996 litros.
fanga = 96,996 litros.
galón = 4,54 litros.
grano = 0,05 gramo.
legua = 4,51 kilómetros.
libra = 460,093 gramos.
línea = 1,93 milímetros.
onza = 28,75581 gramos.
pinta = 0,56 litro.
quintal = 46,0093 kilogramos.
vara = 0,836 metro.
vara^3 = 0,58427 m^3.

ECUADOR

arroba (capacidad líquidos) = 16,14 litros.
fanga (capacidad áridos) = 55,5 litros.
libra = 0,46 kilogramo.
pie = 0,3048 metro.
quinta = 46 kilogramos.
vara = 0,8359 metro.

EL SALVADOR

botella = 0,73 litro.
braza = 1,672 metros.
cafa = 16 kilogramos.
cazuela = 16,6 litros.
fanega = 55,5 litros.
libra = 0,45378 kilogramo.
quintal = 45,378 kilogramos.
vara = 0,836 metro.

GUATEMALA

arroba (capacidad) = 16,14 litros.
arroba (masa) = 11,5 kilogramos.
braza = 1,672 metros.
caballería = 45,13 hectáreas.
cafa = 16 kilogramos.
cuarta = 0,209 metro.
fanga = 55,5 litros.
legua = 4,825 kilómetros.
libra = 0,46 kilogramo.
manzana = 69,9 áreas.
quintal = 46 kilogramos.
caso (café) = 69 kilogramos.
tonelada = 920 kilogramos.
vara = 0,836 metro.
vara^2 = 0,699 área.

HONDURAS

arroba (capacidad) = 16,6 litros.
arroba (masa) = 11,5 kilogramos.
cafa = 16 kilogramos.
cazuela = 16,6 litros.
fanga = 55,5 litros.
libra = 0,46 kilogramo.
manzana = 69,9 áreas.
mecate = 20 metros.
milla = 1,85 kilómetros
quintal = 46 kilogramos.
tonelada = 997,185 kilogramos.
vara = 0,836 metro.
vara^2 = 0,699 área.

MEXICO

adarme = 1,798 gramos.
arroba = 11,50616 kilogramos.
barril = 74,9 litros.
cántaro = 11,50616 kilogramos.
carga (capacidad) = 1,816 hectolitros.
carga (masa) = 140 kilogramos.
cuarterón = 24,9 litros.
cuartillo (capacidad áridos) = 1,8918 litros.
cuartillo (capacidad líquidos) = 0,456264 litro.
cuartillo (aceite) = 0,506162 litro.
fanega = 90,82 litros.
jarra = 8.215 litros.
legua = 4,179 kilómetros.
libra = 0,460246 kilogramo.
marco = 230,123 gramos.
ochava = 3,596 gramos.
onza = 28,765 gramos.
pie = 278,6 milímetros.
pulgada = 23,3 milímetros.
quintal = 46,024634 kilogramos.
tercio = 73,64 kilogramos.

NICARAGUA

arroba = 11,5 kilogramos.
cafa = 16 kilogramos.
cahíz = 607,6 litros.
cazuela = 16,6 litros.
libra = 0,46 kilogramo.
manzana = 70,5 áreas.
milla = 1,866 kilómetros.
quintal = 46 kilogramos.
tonelada = 920,19 kilogramos.
vara = 0,836 metro.

PARAGUAY

arroba = 11,48 kilogramos.
cuadra = 86,6 metros.
cuadra^2 = 0,75 hectárea.
cuarta = 0,757 litro.
fanega = 288 litros.
legua = 4,33 kilómetros.
legua^2 = 1,875 hectáreas.
libra = 0,459 kilogramo.
pie = 0,2855 metro.
quintal = 45,94 kilogramos.
vara = 0,866 metro.
vara^2 = 0,75 metro.

PERU

arroba (capacidad líquidos) = 12,563 litros.
braza = 1,672 metros.
celemín (granos) = 4,625 litros.
fanega = 55,5 litros.
fanegada = 289,475 áreas.
libra = 0,46 kilogramo.
onza = 28,69 gramos.
quintal = 46 kilogramos.
topo = 27,06 áreas.
vara = 0,836 metro.

URUGUAY

cuadra = 85,9 metros.
cuadra^2 = 0,737881 hectáreas.
libra = 0,4594 kilogramo.
quintal = 45,94 kilogramos.
vara = 0,859 metros.
vara^2 = 0,737881 metro^2.

VENEZUELA

arroba = 11,455 kilogramos.
fanega = 55,5 litros.
fanegada = 0,699 hectáreas.
legua = 5,575 kilómetros.
libra = 0,459 kilogramo.
libra (métrica) = 1 kilogramo.
milla = 1,858 metros.
onza = 28,69 gramos.
vara = 0,836 metro.

dic10010 11

SIGNOS Y SIMBOLOS

' || minuto de arco | minuto de tiempo | pies
'' || segundo de arco | segundo de tiempo | pulgadas
|| antes de numeral significa número ordinal. # 23 = N.º 23 || después de un numeral significa (libras de peso. 3 # = 3 libras), o también (libras/pie^2 = 23 libras/pie^2).

SISTEMA INTERNACIONAL DE UNIDADES
—SI UNITS—

Las unidades SI son un conjunto de unidades seleccionadas internacionalmente para su uso científico y tecnológico. El sistema comprende siete unidades principales y dos unidades suplementarias.

Unidades SI principales

Physical quantity Magnitud	Name of SI unit Nombre de la unidad	Symbol for unit Símbolo de la unidad
length-longitud	metre-metro	m
mass-masa	kilogram-kilogramo	kg
time-tiempo	second-segundo	s-seg
electric current- intensidad corriente eléctrica	ampere-amperio	A
thermodynamic temperature- temperatura termodinámica	Kelvin-grado Kelvin	K-°K
luminous intensity- intensidad luminosa	candela	cd
amount of substance- cantidad de materia	mole	mol

Unidades SI suplementarias

plane angle-ángulo plano	radian	rad-rd
solid angle-ángulo sólido	steradian-estereoradian	sr

Las unidades derivadas se forman combinando las unidades fundamentales.

Unidades SI derivadas con nombre especiales

Physical quantity Magnitud	Name of SI unit Nombre de la unidad	Symbol for SI unit Símbolo de la unidad
frequency-frecuencia	herzt	Hz-hz
energy-energía	joule-julio	J
force-fuerza	newton	N
power-potencia	watt-vatio	W
pressure-presión	pascal	Pa
electric charge- cantidad electricidad	coulomb-culombio	C
electric potential difference- diferencia de potencial eléctrico	volt-voltio	V
electric resistance- resistencia eléctrica	ohm-ohmio	Ω
electric conductance- conductancia eléctrica	siemens	S
electric capacitance- capacidad eléctrica	farad-faradio	F
magnetic flux- flujo de inducción magnética	weber-weberio	Wb
inductance-inductancia	henry-henrio	H
magnetic flux density- magnetic induction- inducción magnética	tesla	T
luminous flux- flujo luminoso	lumen	lm
illuminance- illumination- iluminación	lux	lx
absorbed dose- dosis absorbida	gray	Gy

Las unidades se usan con prefijos delante de la palabra para indicar múltiplos o submúltiplos de 10

Múltiplos y submúltiplos decimales que se usan con las unidades SI

Submultiple Submúltiplo	Prefix Prefijo	Symbol Símbolo
10^{-1}	deci	d
10^{-2}	centi	c
10^{-3}	milli-mili	m
10^{-6}	micro	μ
10^{-9}	nano-milimicro	n
10^{-12}	pico-micromicro	P
10^{-15}	femto-fento	f
10^{-18}	atto	a
Multiple Múltiplo	**Prefix Prefijo**	**Symbol Símbolo**
10^{1}	deca	da
10^{2}	hecto	h
10^{3}	kilo	K
10^{6}	mega	M
10^{9}	giga	G
10^{12}	tera	T
10^{15}	peta	P
10^{18}	exa	E

NUMERACION ESCRITA

Los países anglohablantes emplean el punto para separar la parte decimal y la coma para marcar los períodos de tres cifras. En los países hispanoblantes es lo contrario.

SIGNIFICADO DE LAS UNIDADES DE MILLON, BILLON, ETC.

(9.ª Conferencia General de Pesas y Medidas-París, 1949)

English Inglés	Value in USA Valor en Estados Unidos (Varían de mil en mil)	Valor en Inglaterra y resto del mundo (Varían de millón en millón)
Million	10^{6} (millón)	10^{6} (millón)
Billion	10^{9} (mil millones)	10^{12} (billón)
Trillion	10^{12} (billón)	10^{18} (trillón)
Quatrillion	10^{15} (mil billones)	10^{24} (cuatrillón)
Quintillion	10^{18} (trillon)	10^{30} (quintillón)
Sextillion	10^{21} (mil trillones)	10^{36} (sextillón)
Septillion	10^{24} (cuatrillón)	10^{42} (septillón)
Octillion	10^{27} (mil cuatrillones)	10^{48} (octillón)
Nonillion	10^{30} (quintillón)	10^{54} (nonillón)
Decillion	10^{33} (mil quintillones)	10^{60} (decillón)
Undecillion	10^{36} (sextillón)	10^{66} (undecillón)
Duodecillion)	10^{39} (mil sextillones)	10^{72} (duodecillón)
Tredecillion	10^{42} (septillón)	10^{78} (tredecillón)
Quattuordecillion	10^{45} (mil septillones)	10^{84} (cuatordecillón)
Quindecillion	10^{48} (octillón)	10^{90} (quindecillón)
Sexdecillion	10^{51} (mil octillones)	10^{96} (sexdecillón)
Septendecillion	10^{54} (nonillón)	10^{102} (septendecillón)
Octodecillion	10^{57} (mil nonillones)	10^{108} (octodecillón)
Novemdecillion	10^{60} (decilión)	10^{114} (nonendecillón)
Vigintillion	10^{63} (mil deciliones)	10^{120} (vigintillón)

Equivalencia de las unidades de millón, billón, etc.

Nombre español y valor numérico	Nombre y valor numérico en	
	Estados Unidos	Inglaterra
Millón (10^{6})	Million (10^{6})	Million (10^{6})
Billón (10^{12})	Billion (10^{9})	Billion (10^{12})
Trillón (10^{18})	Trillion (10^{12})	Trillion (10^{18})
Cuatrillón (10^{24})	Cuatrillion (10^{15})	Quatrillion (10^{24})
Quintillón (10^{30})	Quintillion (10^{18})	Quintillion (10^{30})
Sextillón (10^{36})	Sextillion (10^{21})	Sextillion (10^{36})
Septillón (10^{42})	Septillion (10^{24})	Septillion (10^{42})
Octillón (10^{48})	Octillion (10^{27})	Octillion (10^{48})
Nonillón (10^{54})	Nonillion (10^{30})	Nonillion (10^{54})
Decillón (10^{60})	Decillion (10^{33})	Decillion (10^{60})
Undecillón (10^{66})	Undecillion (10^{36})	Undecillion (10^{66})
Duodecillón (10^{72})	Duodecillion (10^{39})	Duodecillion (10^{72})
Tredecillón (10^{78})	Tredecillion (10^{42})	Tredecillion (10^{78})
Cuatordecillón (10^{84})	Quattuordecillion (10^{45})	Quettuordecillion (10^{84})
Quindecillón (10^{90})	Quindecillion (10^{48})	Quindecillion (10^{90})
Sexdecillón (10^{96})	Sexdecillion (10^{51})	Sexdecillion (10^{96})
Septendecillón (10^{102})	Septendecillion (10^{54})	Septendecillion (10^{102})
Octodecillón (10^{108})	Octodecillion (10^{57})	Octodecillion (10^{108})
Novendecillón (10^{114})	Novemdecillion (10^{60})	Novemdecillion (10^{114})
Vigintillón (10^{120})	Vigintillion (10^{63})	Vigintillion (10^{120})

ESCALAS DE PLANOS

Escala 1/10 = pulgada/0,000 1578 milla terrestre = pie/0,00 18936 milla terrestre.
Ejemplos

Escala 1/5000 = 1 pulgada/(0,000 1578 × 500) milla terrestre = 1 pulgada/0,0789 milla terrestre = 1 pie/(0,00 18936 × 500) milla terrestre = 1 pie/0,09468 milla terrestre

Escala 1/1.000.000 = 1 pulgada/(0,000 1578 × 100 000) millas terrestres = 1 pulgada/15,78 millas terrestres = 1 pie/(0,00 18936) millas terrestres = 1 pie/189,36 millas terrestres

PENDIENTES

1 milímetro/metro = 1/1000 = 1 ‰ = 1 pulgada/83,33 pies = 0,012 pulgada/pie
Ejemplo
15 milímetros/metro = 15/1000 = 1,5 % = (0,012 × 15) pulgada/pie = 0,18 pulgada/pie

SIGNOS Y SIMBOLOS

′ ‖ minuto de arco | minuto de tiempo | pies
″ ‖ segundo de arco | segundo de tiempo | pulgadas
‖ antes de un numeral significa número ordinal. # 23 = N.º 23 ‖ después de un numeral significa (libras de peso. 3 # = 3 libras), o también (libras/pie^2 23 # = 23 libras/pies^2).

EQUIVALENCIAS

Para utilizar las tablas (formato 8 × 10) en la conversión de valores, indicados por números superiores a 100, o por decimales se debe descomponer esos números en grupos de dos algoritmos, deduciéndose para cada grupo la correspondiente equivalencia.

(2124,26 acres = 2.100 acres + 24 acres + 0,26 acres)

Acres a Hectáreas.—Acres-pie a Millares de metros^3.—Acres-pie por milla^2 a Milímetros.—Atmósferas a Libras por pulgada^2.—Brazas británicas a metros.—British Thermal Unit (BTU) a Kilocalorías.—Caballos de vapor (CV) a Kilovatios (KW).—Centímetros^2 a Pulgadas^2.—Centímetros^3 a Pulgadas^3.—Galones americanos a Litros.—Galones americanos por acre a Litros por hectárea.—Galones americanos por pie^2 a Litros por metro^2.—Galones americanos por pie^3 a Litros por metro^3.—Galones británicos a Litros.—Galones británicos por acre a Litros por hectárea.—Galones británicos por pie^2 a Litros por metro^2.—Galones británicos por pie^3 a Litros por metro^3.—Gramos a onzas (avoirdupois).—Hectáreas a Acres.—Horsepower (HP) a Caballos de vapor (CV).—Horsepower (HP) a Kilowatios (KW).—Kilocalorías a BTU (British Thermal Unit).—Kilográmetros (Kgm) a Libras por pie.—Kilogramos por centímetro^2 a Libras por pulgada^2.—Kilogramos a Libras inglesas.—Kilogramos por metro a Libras por yarda.—Kilogramos por metro^2 a Libras por pie^2.—Kilogramos por milímetro^2 a Toneladas por pulgada^2 británica.—Kilovatios (KW) a Caballos de vapor (CV).—Libras a Kilogramos.—Libras por galón americano a Kilogramos por litro.—Libras por galón británico a Kilogramos por litro.—Libras × pie a Kilogramos × metro.—Libras × pulgada a Kilogramos × centímetro.—Libras por pie a Kilogramos por metro.—Libras por pie^2 a Kilogramos por metro^2.—Libras por pie^3 a Kilogramos por metro^3.—Libras por yarda a Kilogramos por metro.—Libras por yarda^2 a Kilogramos por metro^2.—Libras por yarda^3 a Kilogramos por metro^3.—Litros a Galones.—Metros a Pies.—Metros^2 a Pies^2.—Metros^3 a Pies^3.—Milibares (mb) a Pulgadas.—Milímetros a Pulgada británica.—Millas marinas a Kilómetros.—Millas marinas a Millas terrestres.—Millas terrestres a Kilómetros.—Millas^2 a Kilómetros^2.—Onzas a Gramos (avoirdupois).—Pies^2 a Metros^2.—Pies a Metros.—Pies^3 a Litros.—Pies^3 a Metros^3.—Pulgadas a Centímetros.—Fracciones de pulgada a Milímetros.—Pulgadas^2 a Centímetros^2.—Pulgadas^3 a Centímetros^3.—Pulgadas a Milímetros.—Quintales británicos a Kilogramos.—Toneladas americanas a Toneladas métricas.—Toneladas británicas a Toneladas métricas.—Toneladas por pulgada^2 británica a Kilos por milímetros^2.—Yardas a Metros.—Yardas^2 a Metros^2.—Yardas^3 a Metros^3.—Medidas barométricas-Barometrical measures.—Medidas de presiones.—Equivalencia entre grados FAHRENHEIT y grados CELSIUS.—Tabla de interpolación en grados absolutos.—Equivalence between degrees CELSIUS and degrees FAHRENHEIT.—Interpolation table in absolute degrees.—Equivalencia entre diversas escalas de temperaturas.

Acres a Hectáreas

Acres	Hectáreas	Acres	Hectáreas	Acres	Hectáreas	Acres	Hectáreas
1	0,40	26	10,52	51	20,64	76	30,75
2	0,81	27	10,92	52	21,04	77	31,16
3	1,21	28	11,33	53	21,45	78	31,56
4	1,62	29	11,74	54	21,85	79	31,97
5	2,02	30	12,14	55	22,26	80	32,37
6	2,41	31	12,54	56	22,66	81	32,78
7	2,83	32	12,95	57	23,06	82	33,18
8	3,24	33	13,36	58	23,48	83	33,59
9	3,64	34	13,76	59	23,87	84	33,99
10	4,04	35	14,16	60	24,29	85	34,39
11	4,45	36	14,56	61	24,68	86	34,80
12	4,86	37	14,98	62	25,09	87	35,21
13	5,26	38	15,38	63	25,49	88	35,61
14	5,66	39	15,78	64	25,90	89	36,01
15	6,07	40	16,19	65	26,30	90	36,42
16	6,47	41	16,59	66	26,71	91	36,82
17	6,88	42	16,99	67	27,11	92	37,23
18	7,28	43	17,40	68	27,52	93	37,63
19	7,69	44	17,81	69	27,92	94	38,04
20	8,09	45	18,21	70	28,32	95	38,45
21	8,49	46	18,61	71	28,73	96	38,85
22	8,90	47	19,02	72	29,13	97	39,36
23	9,31	48	19,42	73	29,55	98	39,66
24	9,71	49	19,83	74	29,95	99	40,06
25	10,11	50	20,24	75	30,36	100	40,48

Acres-pie a Millares de metros^3

Acres-pie	Millares de m^3	Acres-pie	Millares de m^3	Acres-pie	Millares de m^3	Acres-pie	Millares de m^3
1	1,23	26	32,07	51	62,91	76	93,74
2	2,49	27	33,30	52	64,14	77	94,98
3	3,70	28	34,54	53	65,37	78	96,21
4	4,93	29	37,77	54	66,61	79	97,44
5	6,17	30	37,00	55	67,84	80	98,68
6	7,40	31	38,24	56	69,07	81	99,91
7	8,63	32	39,47	57	70,31	82	101,14
8	9,86	33	40,70	58	71,54	83	102,38
9	11,10	34	41,94	59	72,77	84	103,61
10	12,33	35	43,17	60	74,01	85	104,85
11	13,57	36	44,41	61	75,24	86	106,08
12	14,80	37	45,64	62	76,47	87	107,31
13	16,03	38	46,87	63	77,71	88	108,55
14	17,29	39	48,10	64	78,94	89	109,78
15	18,50	40	49,34	65	80,17	90	111,01
16	19,99	41	50,57	66	81,42	91	112,25
17	20,97	42	51,80	67	82,64	92	113,48
18	22,20	43	53,04	68	83,88	93	114,72
19	23,43	44	54,27	69	85,11	94	115,95
20	24,67	45	55,51	70	86,34	95	117,18
21	25,90	46	56,74	71	87,58	96	118,42
22	27,13	47	59,97	72	88,81	97	119,65
23	28,37	48	59,20	73	90,04	98	120,88
24	29,61	49	60,44	74	91,28	99	122,12
25	30,84	50	61,67	75	92,51	100	123,36

Atmosferas a Libras por pulgada^2

Atmósferas	0	1	2	3	4	5	6	7	8	9
0		14,71	29,41	44,12	58,82	73,54	88,24	102,94	117,65	132,35
10	147,07	161,76	176,47	191,17	205,89	220,59	235,29	250,01	264,70	279,41
20	294,13	308,83	323,53	338,23	352,94	367,65	382,35	397,06	411,76	426,47
30	441,18	455,88	470,59	485,29	500,01	514,72	529,41	544,12	558,82	573,53
40	588,24	602,94	617,65	632,35	647,06	661,77	676,47	691,18	705,88	720,59
50	735,31	750,01	764,73	779,42	794,12	808,83	823,54	838,24	852,94	867,66
60	882,36	897,06	911,77	926,47	941,18	955,89	970,59	985,31	1000,02	1014,72
70	1029,43	1044,13	1058,83	1073,54	1088,24	1102,95	1117,67	1132,36	1147,08	1161,77
80	1176,48	1191,19	1205,89	1220,61	1230,30	1250,01	1264,72	1279,42	1294,13	1308,83
90	1323,54	1338,25	1352,95	1367,66	1382,36	1397,07	1411,78	1426,48	1441,19	1455,89

(23 atmósferas = 338,23 libras por pulgada^2)

Acres-pie por milla² a Milímetros

Acres-pie por milla²	mm	Acres-pie por milla²	mm	Acres-pie por milla²	mm	Acres-pie por milla²	mm
1	0,47	26	12,38	51	24,29	76	36,19
2	0,95	27	12,86	52	24,76	77	36,67
3	1,43	28	13,33	53	25,24	78	37,15
4	1,90	29	13,81	54	25,72	79	37,62
5	2,38	30	14,29	55	26,19	80	38,10
6	2,86	31	14,76	56	26,67	81	38,58
7	3,33	32	15,24	57	27,14	82	39,05
8	3,81	33	15,71	58	27,62	83	39,53
9	4,28	34	16,19	59	28,09	84	40,00
10	4,76	35	16,67	60	28,58	85	40,48
11	5,24	36	17,14	61	29,05	86	40,96
12	5,71	37	17,62	62	29,53	87	41,43
13	6,19	38	18,09	63	30,00	88	41,91
14	6,66	39	18,57	64	30,48	89	42,38
15	7,15	40	10,05	65	30,95	90	42,86
16	7,62	41	19,53	66	31,43	91	43,34
17	8,09	42	20,03	67	31,91	92	43,81
18	8,57	43	20,48	68	32,38	93	44,29
19	9,04	44	20,95	69	32,86	94	44,76
20	9,52	45	21,43	70	33,34	95	45,24
21	10,00	46	21,91	71	33,81	96	45,72
22	10,48	47	22,38	72	34,29	97	46,19
23	10,95	48	22,86	73	34,76	98	46,67
24	11,43	49	23,34	74	35,24	99	47,15
25	11,91	50	23,81	75	35,72	100	47,62

Brazas británicas a Metros

Brazas	Metros	Brazas	Metros	Brazas	Metros	Brazas	Metros
1	1,82	26	47,55	51	93,27	76	138,99
2	3,66	27	49,38	52	95,09	77	140,82
3	5,48	28	51,20	53	96,93	78	142,65
4	7,31	29	53,03	54	98,75	79	144,48
5	9,14	30	54,86	55	100,58	80	146,31
6	10,97	31	56,69	56	102,41	81	148,13
7	12,80	32	58,52	57	104,24	82	149,96
8	14,63	33	60,35	58	106,07	83	151,79
9	16,46	34	62,18	59	107,91	84	153,63
10	18,29	35	64,01	60	109,73	85	155,45
11	20,11	36	65,84	61	111,56	86	157,28
12	21,94	37	67,66	62	113,39	87	159,12
13	23,77	38	69,49	63	115,22	88	160,93
14	25,60	39	71,32	64	117,04	89	162,76
15	27,43	40	73,15	65	118,87	90	164,59
16	29,26	41	74,98	66	120,71	91	166,42
17	31,09	42	76,81	67	122,53	92	168,25
18	32,92	43	78,64	68	124,36	93	170,08
19	34,74	44	80,29	69	126,19	94	171,92
20	36,57	45	82,29	70	128,02	95	173,74
21	38,40	46	84,12	71	129,85	96	175,56
22	40,23	47	85,95	72	131,67	97	177,39
23	42,06	48	87,78	73	133,51	98	179,22
24	43,89	49	89,61	74	135,33	99	181,05
25	45,72	50	91,44	75	137,16	100	182,89

British Thermal Unit (BTU) a Kilocalorías

BTU	Kilocalorías	BTU	Kilocalorías	BTU	Kilocalorías	BTU	Kilocalorías
1	0,25	26	6,55	51	12,85	76	19,15
2	0,50	27	6,80	52	13,10	77	19,41
3	0,76	28	7,05	53	13,35	78	19,65
4	1,00	29	7,30	54	13,61	79	19,91
5	1,26	30	7,55	55	13,86	80	20,16
6	1,51	31	7,81	56	14,11	81	20,42
7	1,76	32	8,06	57	14,36	82	20,66
8	2,01	33	8,31	58	14,62	83	20,91
9	2,26	34	8,56	59	14,87	84	21,17
10	2,52	35	8,81	60	15,12	85	21,42
11	2,77	36	9,07	61	15,37	86	21,67
12	3,02	37	9,32	62	15,62	87	21,92
13	3,27	38	9,57	63	15,87	88	22,17
14	3,52	39	9,82	64	16,13	89	22,43
15	3,78	40	10,08	65	16,38	90	22,68
16	4,03	41	10,33	66	16,63	91	22,93
17	4,28	42	10,58	67	16,88	92	23,18
18	4,54	43	10,83	68	17,13	93	23,43
19	4,78	44	11,09	69	17,39	94	23,69
20	5,04	45	11,34	70	17,64	95	23,94
21	5,29	46	11,59	71	17,89	96	24,19
22	5,54	47	11,84	72	18,14	97	24,44
23	5,79	48	12,09	73	18,39	98	24,69
24	6,05	49	12,35	74	18,65	99	24,95
25	6,30	50	12,60	75	18,90	100	25,21

Caballos de vapor (CV) a Kilovatios (KW)

CV	KW	CV	KW	CV	KW	CV	KW
1	0,73	26	19,12	51	37,51	76	55,89
2	1,47	27	19,85	52	38,24	77	56,63
3	2,21	28	20,59	53	38,08	78	57,36
4	2,94	29	21,32	54	39,72	79	58,11
5	3,68	30	22,06	55	40,45	80	58,84
6	4,41	31	22,80	56	41,18	81	59,57
7	5,14	32	23,54	57	41,92	82	60,31
8	5,88	33	24,27	58	42,65	83	61,04
9	6,61	34	25,00	59	43,39	84	61,78
10	7,35	35	25,74	60	44,13	85	62,51
11	8,09	36	26,47	61	44,87	86	63,25
12	8,82	37	27,21	62	45,61	87	63,98
13	9,56	38	27,94	63	46,33	88	64,73
14	10,29	39	28,68	64	47,07	89	65,45
15	11,03	40	29,42	65	47,80	90	66,19
16	11,77	41	30,15	66	48,54	91	66,93
17	12,50	42	30,89	67	49,27	92	67,66
18	13,49	43	31,62	68	50,01	93	68,40
19	13,97	44	32,36	69	50,74	94	69,13
20	14,71	45	33,09	70	51,48	95	69,87
21	15,45	46	33,83	71	52,22	96	70,60
22	16,18	47	34,56	72	52,95	97	71,34
23	16,91	48	35,30	73	53,69	98	72,08
24	17,65	49	36,03	74	54,43	99	72,81
25	18,38	50	36,77	75	55,16	100	73,55

Centímetro² a Pulgadas²

Cm²	0	1	2	3	4	5	6	7	8	9
0		0,15	0,31	0,46	0,62	0,77	0,93	1,06	1,24	1,39
10	1,55	1,70	1,86	2,01	2,17	2,32	2,48	2,63	2,79	2,94
20	3,10	3,25	3,41	3,56	3,72	3,87	4,03	4,18	4,34	4,49
30	4,65	4,81	4,96	5,12	5,27	5,42	5,58	5,73	5,89	6,05
40	6,20	6,35	6,61	6,66	6,83	6,97	7,13	7,29	7,44	7,59
50	7,76	7,90	8,06	8,21	8,37	8,52	8,68	8,83	8,99	9,14
60	9,30	9,46	9,62	9,76	9,92	10,07	10,23	10,38	10,54	10,69
70	10,85	11,00	11,16	11,31	11,47	11,63	11,78	11,93	12,09	12,24
80	12,40	12,55	12,71	12,86	13,02	13,17	13,34	13,48	13,65	13,79
90	13,95	14,10	14,26	14,41	14,57	14,72	14,88	15,03	15,19	15,35

Centímetros³ a Pulgadas³

Cm³	0	1	2	3	4	5	6	7	8	9
0		0,06	0,12	0,18	0,24	0,30	0,36	0,42	0,48	0,54
10	0,61	0,67	0,73	0,79	0,85	0,92	0,97	1,03	1,09	1,16
20	1,22	1,28	1,34	1,41	1,46	1,52	1,58	1,65	1,70	1,76
30	1,83	1,89	1,95	2,01	2,07	2,13	2,19	2,25	2,32	2,38
40	2,45	2,51	2,57	2,62	2,68	2,74	2,81	2,86	2,92	2,99
50	3,05	3,11	3,17	3,23	3,29	3,35	3,41	3,47	3,54	3,60
60	3,66	3,72	3,78	3,84	3,91	3,97	4,03	4,08	4,14	4,21
70	4,27	4,33	4,39	4,45	4,51	4,57	4,63	4,69	4,75	4,82
80	4,88	4,94	5,01	5,06	5,12	5,18	5,24	5,31	5,37	5,43
90	5,49	5,55	5,61	5,68	5,74	5,79	5,85	5,91	5,98	6,04

Galones americanos a Litros

Galones	Litros	Galones	Litros	Galones	Litros	Galones	Litros
1	3,78	26	98,41	51	193,05	76	287,69
2	7,57	27	102,21	52	196,83	77	291,46
3	11,35	28	105,99	53	200,62	78	295,25
4	15,14	29	109,77	54	204,40	79	299,03
5	18,93	30	113,56	55	208,19	80	302,82
6	22,71	31	117,34	56	211,97	81	306,61
7	26,49	32	121,13	57	215,76	82	310,39
8	30,28	33	124,91	58	219,54	83	314,17
9	34,09	34	128,70	59	223,33	84	317,96
10	37,85	35	132,48	60	227,11	85	321,74
11	41,63	36	136,27	61	230,91	86	325,53
12	45,42	37	140,05	62	234,68	87	329,31
13	49,21	38	143,84	63	238,47	88	333,12
14	52,99	39	147,62	64	242,26	89	336,88
15	56,77	40	151,42	65	246,04	90	340,67
16	60,56	41	155,19	66	249,82	91	344,45
17	64,34	42	158,98	67	253,62	92	348,34
18	68,13	43	162,76	68	257,39	93	352,02
19	71,91	44	166,55	69	261,18	94	355,81
20	75,70	45	170,33	70	264,96	95	359,59
21	79,49	46	174,12	71	268,75	96	363,38
22	83,27	47	177,90	72	272,53	97	367,17
23	87,06	48	181,69	73	276,32	98	370,95
24	90,84	49	185,47	74	280,11	99	374,73
25	94,63	50	189,26	75	283,89	100	378,53

Galones americanos por acre a Litros por hectárea

Galones por acre	Litros por Hectárea	Galones por acre	Litros por Hectárea	Galones por acre	Litros por Hectárea	Galones por acre	Litros por Hectárea
1	9,35	26	243,19	51	477,04	76	710,88
2	18,71	27	252,55	52	486,39	77	720,23
3	28,06	28	261,90	53	495,74	78	729,59
4	37,41	29	271,26	54	505,11	79	738,94
5	46,77	30	280,62	55	514,45	80	748,29
6	56,12	31	289,96	56	523,81	81	757,65
7	65,48	32	299,32	57	533,16	82	767,01
8	74,82	33	308,67	58	542,51	83	776,35
9	84,18	34	318,02	59	551,87	84	785,71
10	93,54	35	327,38	60	561,22	85	795,06
11	102,89	36	336,73	61	570,57	86	804,43
12	112,24	37	346,09	62	579,93	87	813,77
13	121,61	38	355,44	63	589,28	88	823,12
14	130,95	39	364,79	64	598,63	89	832,48
15	140,31	40	374,15	65	607,99	90	841,83
16	149,66	41	383,50	66	617,34	91	851,18
17	159,02	42	392,85	67	626,71	92	860,54
18	168,37	43	402,22	68	636,05	93	869,89
19	177,72	44	411,56	69	645,42	94	879,25
20	187,07	45	420,91	70	654,76	95	888,61
21	196,43	46	430,27	71	664,11	96	897,95
22	205,78	47	439,62	72	673,46	97	907,31
23	215,13	48	448,98	73	682,82	98	916,66
24	224,49	49	458,33	74	692,18	99	926,02
25	233,85	50	467,68	75	701,53	100	935,38

Galones americanos por pie² a Litros por metro²

Galones por pie²	Litros por m²	Galones por pie²	Litros por m²	Galones por pie²	Litros por m²	Galones por pie²	Litros por m²
1	40,74	26	1059,41	51	2078,01	76	3096,60
2	81,48	27	1100,11	52	2118,71	77	3137,30
3	122,23	28	1140,80	53	2159,40	78	3178,12
4	162,98	29	1181,61	54	2200,21	79	3218,81
5	203,72	30	1222,30	55	2241,01	80	3260,01
6	244,47	31	1263,11	56	2281,70	81	3300,31
7	285,22	32	1303,81	57	2322,40	82	3341,10
8	325,96	33	1344,60	58	2363,21	83	3381,81
9	366,70	34	1385,32	59	2403,90	84	3422,50
10	407,45	35	1426,21	60	2444,70	85	3463,30
11	448,19	36	1466,80	61	2485,41	86	3504,01
12	488,94	37	1507,61	62	2526,20	87	3544,81
13	529,68	38	1548,32	63	2566,91	88	3585,52
14	570,42	39	1589,01	64	2607,61	89	3626,30
15	611,17	40	1629,80	65	2648,40	90	3667,01
16	651,91	41	1670,51	66	2689,10	91	3707,80
17	692,66	42	1711,32	67	2729,91	92	3748,51
18	733,41	43	1752,01	68	2770,61	93	3789,21
19	774,15	44	1792,80	69	2811,40	94	3830,00
20	814,89	45	1833,51	70	2852,21	95	3870,71
21	855,64	46	1874,31	71	2892,91	96	3911,51
22	896,38	47	1915,01	72	2933,61	97	3952,21
23	937,13	48	1955,70	73	2974,40	98	3923,01
24	977,87	49	1996,51	74	3015,21	99	4033,72
25	1018,61	50	2037,21	75	3044,80	100	4074,51

Galones americanos por pie³ a Litros por metro³

Galones por pie³	Litros por m³	Galones por pie³	Litros por m³	Galones por pie³	Litros por m³	Galones por pie³	Litros por m³
1	133,67	26	3475,59	51	6817,49	76	10159,40
2	267,35	27	3609,26	52	6951,17	77	10293,11
3	401,03	28	3742,94	53	7084,85	78	10426,80
4	534,71	29	3876,62	54	7218,52	79	10560,41
5	668,38	30	4010,29	55	7352,21	80	10694,21
6	802,06	31	4143,97	56	7485,88	81	10827,80
7	935,73	32	4277,64	57	7619,55	82	10961,50
8	1069,41	33	4411,32	58	7753,23	83	11095,23
9	1203,09	34	4545,99	59	7886,91	84	11228,81
10	1336,76	35	4678,67	60	8020,50	85	11362,51
11	1470,44	36	4812,35	61	8154,26	86	11496,20
12	1604,12	37	4946,02	62	8287,93	87	11629,80
13	1737,79	38	5079,71	63	8421,61	88	11763,51
14	1871,47	39	5213,38	64	8555,29	89	11897,21
15	2005,15	40	5347,05	65	8688,96	90	12030,90
16	2138,82	41	5480,73	66	8822,64	91	12164,52
17	2272,51	42	5614,41	67	8956,32	92	12298,21
18	2406,17	43	5748,08	68	9089,99	93	12431,90
19	2539,85	44	5881,76	69	9223,67	94	12565,61
20	2673,53	45	6015,44	70	9357,34	95	12699,30
21	2807,20	46	6149,11	71	9491,02	96	12832,91
22	2940,88	47	6282,79	72	9624,72	97	12966,60
23	3074,56	48	6416,46	73	9758,37	98	13100,30
24	3208,23	49	6550,14	74	9892,05	99	13234,13
25	3341,92	50	6683,82	75	10025,71	100	13367,61

Galones británicos a Litros

Galones	Litros	Galones	Litros	Galones	Litros	Galones	Litros
1	4,54	26	118,19	51	231,84	76	345,50
2	9,09	27	122,74	52	236,39	77	350,04
3	13,63	28	127,29	53	240,94	78	354,59
4	18,18	29	131,83	54	245,48	79	359,14
5	22,73	30	136,38	55	250,04	80	363,68
6	27,27	31	140,93	56	254,37	81	368,22
7	31,82	32	145,47	57	259,12	82	372,77
8	36,37	33	150,02	58	263,67	83	377,31
9	40,91	34	154,56	59	268,21	84	381,86
10	45,46	35	159,12	60	272,76	85	386,42
11	50,00	36	163,65	61	277,31	86	390,95
12	54,55	37	168,20	62	281,85	87	395,51
13	59,09	38	172,75	63	286,41	88	400,05
14	63,64	39	177,29	64	290,94	89	404,59
15	68,18	40	181,85	65	295,49	90	409,14
16	72,73	41	186,38	66	300,03	91	413,68
17	77,28	42	190,93	67	304,58	92	418,23
18	81,83	43	195,48	68	309,13	93	433,77
19	86,37	44	200,03	69	313,67	94	427,32
20	90,92	45	204,57	70	318,22	95	431,87
21	95,46	46	209,11	71	322,76	96	436,42
22	100,01	47	213,66	72	327,31	97	440,96
23	104,56	48	218,21	73	331,85	98	445,50
24	109,11	49	222,75	74	336,41	99	450,05
25	113,65	50	227,31	75	340,95	100	454,60

Galones británicos por acre a Litros por hectárea

Galones por acre	Litros por hectárea	Galones por acre	Litros por hectárea	Galones por acre	Litros por hectárea	Galones por acre	Litros por hectárea
1	11,23	26	292,07	51	572,90	76	853,70
2	22,48	27	303,30	52	584,13	77	864,97
3	33,70	28	314,53	53	595,36	78	876,20
4	44,93	29	322,77	54	606,60	79	887,41
5	56,17	30	337,00	55	617,83	80	898,70
6	67,40	31	348,23	56	629,16	81	909,91
7	78,63	32	359,47	57	640,30	82	921,12
8	89,87	33	370,71	58	651,53	83	932,40
9	101,10	34	381,93	59	662,76	84	943,61
10	112,23	35	393,17	60	674,00	85	954,84
11	123,57	36	404,40	61	685,23	86	966,07
12	134,80	37	415,63	62	696,46	87	977,30
13	146,03	38	426,87	63	707,71	88	988,51
14	157,27	39	438,10	64	718,93	89	999,81
15	168,51	40	449,33	65	730,26	90	1011,01
16	179,73	41	460,57	66	741,40	91	1022,21
17	190,97	42	471,80	67	752,63	92	1033,50
18	202,20	43	483,03	68	763,86	93	1044,71
19	213,43	44	494,26	69	775,10	94	1055,92
20	224,67	45	505,51	70	786,33	95	1067,20
21	235,90	46	516,73	71	797,56	96	1078,41
22	247,13	47	527,96	72	808,80	97	1089,61
23	258,37	48	539,20	73	820,13	98	1100,90
24	269,37	49	550,43	74	831,26	99	1112,12
25	280,83	50	561,66	75	842,50	100	1123,31

Galones británicos por pie^2 a Litros por metro^2

Galones por pie^2	Litros por m^2	Galones por pie^2	Litros por m^2	Galones por pie^2	Litros por m^2	Galones por pie^2	Litros por m^2
1	48,93	26	1272,21	51	2495,52	76	3718,91
2	97,87	27	1321,31	52	2544,52	77	3767,81
3	146,80	28	1370,10	53	2593,41	78	3816,71
4	195,73	29	1419,01	54	2642,31	79	3865,62
5	244,66	30	1468,01	55	2691,30	80	3914,61
6	293,59	31	1516,91	56	2740,31	81	3963,50
7	342,53	32	1565,80	57	2789,11	82	4012,51
8	391,46	33	1614,81	58	2838,21	83	4061,42
9	440,49	34	1663,61	59	2887,11	84	4110,31
10	489,32	35	1712,61	60	2953,90	85	4159,21
11	538,26	36	1761,61	61	2984,91	86	4208,21
12	587,19	37	1810,52	62	3033,82	87	4257,21
13	636,23	38	1859,61	63	3080,72	88	4306,01
14	685,95	39	1908,42	64	3131,71	89	4355,01
15	733,98	40	1957,31	65	3180,60	90	4403,91
16	782,92	41	2006,21	66	3229,61	91	4452,82
17	831,85	42	2055,20	67	3278,51	92	4501,81
18	880,78	43	2104,12	68	3327,41	93	4550,70
19	929,71	44	2153,01	69	3376,31	94	4599,61
20	978,65	45	2202,01	70	3425,31	95	4648,61
21	1027,61	46	2250,91	71	3474,31	96	4697,51
22	1076,50	47	2299,81	72	3523,22	97	4746,41
23	1125,41	48	2348,71	73	3572,10	98	4795,41
24	1174,42	49	2397,71	74	3621,01	99	4844,32
25	1223,41	50	2446,61	75	3670,01	100	4893,31

Galones británicos por pie^3 a Litros por metro^3

Galones por pie^3	Litros por m^3	Galones por pie^3	Litros por m^3	Galones por pie^3	Litros por m^3	Galones por pie^3	Litros por m^3
1	160,6	26	4174,0	51	8187,5	76	12201
2	321,1	27	4334,6	52	8348,0	77	12363
3	481,6	28	4495,2	53	8508,6	78	12522
4	642,2	29	4655,6	54	8669,2	79	12683
5	802,7	30	4816,2	55	8829,6	80	12843
6	963,8	31	4976,7	56	8990,3	81	13004
7	1123,8	32	5137,2	57	9150,7	82	13164
8	1284,3	33	5297,9	58	9311,3	83	13325
9	1444,8	34	5458,3	59	9471,8	84	13485
10	1605,4	35	5618,9	60	9632,3	85	13646
11	1765,9	36	5779,4	61	9792,9	86	13806
12	1926,5	37	5939,9	62	9953,4	87	13967
13	2087,0	38	6100,5	63	10114	88	14127
14	2247,7	39	6261,1	64	10275	89	14288
15	2408,2	40	6421,6	65	10435	90	14449
16	2568,6	41	6582,1	66	10596	91	14609
17	2729,2	42	6742,6	67	10756	92	14771
18	2889,7	43	6903,2	68	10917	93	14930
19	3050,2	44	7063,7	69	11077	94	15091
20	3210,8	45	7224,3	70	11238	95	15251
21	3371,3	46	7384,8	71	11398	96	15413
22	3531,9	47	7545,3	72	11559	97	15572
23	3692,5	48	7705,9	73	11719	98	15733
24	3852,9	49	7866,4	74	11881	99	15893
25	4013,5	50	8027,0	75	12040	100	16054

Gramos a Onzas (avoirdupois)

Gramos	0	1	2	3	4	5	6	7	8	9
0		0,03	0,07	0,10	0,14	0,17	0,21	0,24	0,28	0,32
10	0,35	0,38	0,42	0,45	0,49	0,53	0,56	0,60	0,63	0,67
20	0,70	0,75	0,77	0,81	0,84	0,88	0,92	0,95	0,98	1,02
30	1,06	1,09	1,13	1,16	1,91	1,23	1,27	1,30	1,34	1,38
40	1,41	1,45	1,48	1,52	1,55	1,58	1,62	1,65	1,69	1,72
50	1,76	1,79	1,83	1,87	1,90	1,94	1,97	2,02	2,04	2,08
60	2,12	2,15	2,18	2,22	2,26	2,29	2,32	2,36	2,39	2,43
70	2,47	2,50	2,54	2,57	2,61	2,64	2,68	2,72	2,75	2,78
80	2,82	2,85	2,89	2,93	2,96	2,99	3,03	3,07	3,11	3,13
90	3,17	3,21	3,24	3,28	3,31	3,35	3,39	3,42	3,45	3,49

Hectareas a Acres

Hectáreas	0	1	2	3	4	5	6	7	8	9
0		2,47	4,94	7,41	9,88	12,35	14,82	17,29	19,79	22,24
10	24.71	27.18	29,65	32,12	34,59	37,06	39,53	42,00	44,48	46,95
20	49,42	51,89	54,36	56,84	59,30	61,77	64,25	66,72	69,19	71,66
30	74.13	76.61	79,07	81,54	84,02	86,49	88,96	91,43	92,91	96,37
40	98,84	101,31	103,78	106,26	108,73	111,21	113,67	116,14	118,61	121,08
50	123,56	126.12	128,49	130,97	133,44	135,91	138,38	140,85	143,32	145,79
60	148.27	150,74	153,22	155,68	158,15	160,62	163,09	165,56	168,04	170,51
70	172,98	175,45	177,93	180,39	182,86	185,33	187,81	190,27	192,75	195,22
80	197,69	200.16	202,63	205,10	207,57	210,04	212,52	214,98	217,46	219,93
90	222,40	224,87	227,34	229,81	232,28	234,75	237,22	239,72	242,17	244,64

Horsepower (HP) a Caballos de vapor (CV)

HP	CV	HP	CV	HP	CV	HP	CV
1	1,01	26	26,36	51	51,70	76	77,05
2	2,03	27	27,37	52	52,72	77	78,06
3	3,04	28	28,38	53	53,73	78	79,08
4	4,05	29	29,40	54	54,75	79	80,09
5	5,07	30	30,41	55	55,76	80	81,11
6	6,08	31	31,43	56	56,77	81	82,12
7	7,09	32	32,44	57	57,79	82	83,13
8	8,12	33	33,46	58	58,80	83	84,15
9	9,12	34	34,47	59	59,81	84	85,16
10	10,13	35	35,48	60	60,83	85	86,18
11	11,15	36	36,49	61	61,84	86	87,19
12	12,16	37	37,51	62	62,86	87	88,02
13	13,18	38	38,52	63	63,87	88	89,22
14	14,19	39	39,54	64	64,88	89	90,23
15	15,20	40	40,55	65	65,90	90	91,25
16	16,22	41	41,56	66	66,91	91	92,26
17	17,23	42	42,58	67	67,93	92	93,27
18	18,25	43	43,59	68	68,94	93	94,29
19	19,26	44	44,61	69	69,95	94	95,30
20	20,27	45	45,62	70	70,97	95	96,32
21	21,29	46	46,64	71	71,98	96	97,33
22	22,30	47	47,65	72	72,99	97	98,34
23	23,32	48	48,66	73	74,02	98	99,36
24	24,33	49	49,68	74	75,02	99	100,37
25	25,34	50	50,69	75	76,04	100	101,39

Horsepower (HP) a Kilowatios (KW)

HP	KW	HP	KW	HP	KW	HP	KW
1	0,74	26	19,38	51	38,03	76	56,67
2	1,49	27	20,13	52	38,77	77	57,42
3	2,24	28	20,88	53	39,52	78	58,16
4	2,98	29	21,62	54	40,36	79	58,91
5	3,73	30	22,37	55	41,11	80	59,65
6	4,47	31	23,21	56	41,75	81	60,40
7	5,21	32	23,86	57	42,50	82	61,14
8	5,96	33	24,61	58	43,25	83	61,89
9	6,71	34	25,35	59	43,99	84	62,63
10	7,45	35	26,09	60	44,74	85	63,38
11	8,21	36	26,84	61	45,48	86	64,13
12	8,94	37	27,59	62	46,53	87	64,87
13	9,69	38	28,33	63	46,98	88	65,62
14	10,44	39	29,08	64	47,72	89	66,36
15	11,18	40	29,83	65	48,47	90	67,12
16	11,93	41	30,58	66	49,21	91	67,85
17	12,67	42	31,31	67	49,96	92	68,60
18	13,42	43	32,06	68	50,70	93	69,35
19	14,16	44	32,81	69	51,45	94	70,09
20	14,91	45	33,55	70	52,19	95	70,84
21	15,66	46	34,31	71	52,94	96	71,58
22	16,41	47	35,04	72	53,69	97	72,33
23	17,15	48	35,79	73	54,43	98	73,07
24	17,89	49	36,52	74	55,18	99	73,83
25	18,64	50	37,28	75	55,92	100	74,58

Kilocalorías a BTU (British Thermal Unit)

Kilocalorías	0	1	2	3	4	5	6	7	8	9
0		3,96	7,94	11,90	15,87	19,84	23,81	27,77	31,74	35,71
10	39,68	43,65	47,62	51,59	55,55	59,53	63,49	67,46	71,43	75,39
20	79,36	83,33	87,31	91,27	95,24	99,20	103,17	107,14	111,11	115,08
30	119,05	123,01	126,98	130,95	134,92	138,89	142,86	146,82	150,79	154,76
40	158,73	162,70	166,66	170,63	174,60	178,57	182,54	186,52	190,48	194,44
50	198,41	202,38	206,35	210,32	214,28	218,25	222,22	226,19	230,16	234,13
60	238,09	242,06	246,03	250,00	253,97	257,94	261,90	265,88	269,84	273,81
70	277,78	281,75	285,71	289,68	293,65	297,62	301,59	305,54	309,53	313,49
80	317,46	321,43	325,40	329,37	333,33	337,30	341,27	345,24	349,21	353,18
90	357,14	361,11	365,08	369,05	373,02	376,98	380,96	384,92	388,89	392,86

Kilográmetros (Kgm) a Libras por pie

Kgm	0	1	2	3	4	5	6	7	8	9
0		7,23	14,46	21,69	28,93	36,16	43,39	50,63	57,86	65,09
10	72,33	79,56	86,79	94,02	101,26	108,49	115,82	122,96	130,19	137,42
20	144,66	151,89	159,12	166,36	173,59	180,82	188,05	195,29	202,53	209,75
30	216,99	224,22	231,45	238,69	245,92	253,16	260,38	267,62	274,85	282,08
40	289,32	296,55	303,78	311,02	318,25	325,48	332,71	339,95	347,18	354,42
50	361,66	368,88	376,12	383,35	390,58	397,82	405,04	412,28	419,52	426,74
60	433,98	441,22	448,44	455,68	462,92	470,15	477,38	484,62	491,84	499,07
70	506,31	513,54	520,77	528,02	535,24	542,47	549,71	556,94	564,17	571,41
80	578,64	585,87	593,10	600,34	607,34	614,80	622,04	629,27	636,50	643,73
90	650,97	658,20	665,43	672,67	679,90	687,13	694,37	710,60	708,83	716,06

Kilogramos por centímetro^2 a Libra por pulgada^2

Kg por cm^2	0	1	2	3	4	5	6	7	8	9
0		14,22	28,45	42,67	56,89	71,12	85,34	99,56	113,79	128,01
10	142,23	156,46	170,68	184,90	199,14	213,35	227,57	241,80	256,02	270,24
20	284,47	298,69	312,91	327,14	341,36	355,58	369,82	384,03	398,26	412,48
30	426,70	440,93	455,15	469,37	483,59	497,82	512,04	526,51	540,49	554,72
40	568,93	583,16	597,38	611,60	625,84	640,05	654,27	668,51	682,72	696,94
50	711,17	725,39	739,62	753,84	766,06	782,28	796,51	810,73	824,95	839,18
60	853,41	867,62	881,85	896,07	910,29	924,53	938,74	952,96	967,19	981,41
70	995,63	1009,85	1024,08	1038,31	1052,52	1066,75	1080,97	1095,19	1109,42	1123,64
80	1137,86	1152,09	1166,31	1180,53	1152,76	1208,98	1223,21	1237,43	1251,65	1265,87
90	1280,12	1294,32	1308,54	1322,77	1336,99	1351,21	1365,44	1379,66	1393,88	1408,12

Kilogramos a Libras inglesas

Kg		Lb	Kg		Lb	Kg		Lb
0,45	1	2,20	3,63	8	17,64	27,22	60	132,28
0,91	2	4,41	4,08	9	19,84	31,75	70	154,32
1,36	3	6,61	4,54	10	22,05	36,29	80	176,37
1,81	4	8,82	9,07	20	44,09	40,82	90	198,43
2,27	5	11,02	13,61	30	66,14	45,36	100	220,46
2,73	6	12,23	18,14	40	88,19			
3,18	7	15,43	22,68	50	110,23			

Kilogramos por metro a Libras por yarda

Kg por m	0	1	2	3	4	5	6	7	8	9
0		2,01	4,03	6,04	8,06	10,08	12,09	14,11	16,12	18,14
10	20,16	22,17	24,19	26,20	28,22	30,24	32,25	34,27	36,28	38,30
20	40,31	42,33	44,35	46,36	48,38	50,39	52,41	54,42	56,44	58,46
30	60,48	62,49	64,51	66,52	68,54	70,55	72,57	74,58	76,60	78,63
40	80,63	82,65	84,66	86,68	88,70	90,71	92,73	94,75	94,79	98,77
50	100,79	102,82	104,82	106,84	108,85	110,87	112,89	114,91	116,93	118,93
60	120,95	122,97	124,98	127,01	129,02	131,03	133,06	135,06	137,08	139,09
70	141,11	143,12	145,14	149,16	149,17	151,19	153,20	155,22	157,24	159,26
80	161,27	163,29	165,30	167,32	169,33	171,35	173,36	175,38	177,40	179,41
90	181,43	183,44	185,46	187,47	189,49	191,51	193,52	195,54	197,55	199,58

Kilogramos por metro^2 a Libras por pie^2

Kg m^2	0	1	2	3	4	5	6	7	8	9
0		0,20	0,40	0,61	0,81	1,02	1,22	1,43	1,64	1,84
10	2,04	2,25	2,45	2,66	2,86	3,07	3,27	3,48	3,68	3,89
20	4,09	4,31	4,50	4,72	4,91	5,12	5,32	5,53	5,73	5,93
30	6,14	6,34	6,55	6,75	6,96	7,16	7,37	7,57	7,78	7,98
40	8,19	8,39	8,61	8,80	9,02	9,21	9,44	9,63	9,83	10,03
50	10,24	10,44	10,65	10,85	11,06	11,26	11,46	11,67	11,87	12,08
60	12,28	12,49	12,69	12,90	13,11	13,32	13,51	13,72	13,93	14,14
70	14,34	14,54	14,75	14,95	15,15	15,36	15,56	15,77	15,97	16,18
80	16,38	16,59	16,79	16,99	17,20	17,40	17,61	17,82	18,02	18,22
90	18,43	18,63	18,84	19,04	19,25	19,45	19,66	19,86	20,07	20,28

Kilogramos por milímetro² a Toneladas por pulgada² británica

Kgs. por mm²	Tons. por pulg.² británica	Kgs. por mm²	Tons. por pulg.² británica	Kgs. por mm²	Tons. por pulg.² británica
1	0,63	23	14,61	46	29,21
2	1,27	24	15,22	47	29,81
3	1,91	25	15,91	48	30,52
4	2,54	26	16,61	49	31,12
5	3,17	27	16,22	50	31,75
6	3,61	28	17,13	51	32,41
7	4,44	29	18,41	52	33,01
7,5	4,76	30	19,02	53	33,71
8	5,08	31	19,71	54	34,32
9	5,71	32	20,31	55	34,71
10	6,35	33	21,02	56	35,61
11	6,98	34	21,61	57	36,23
12	7,62	35	22,32	58	36,81
13	8,25	36	22,91	59	37,51
14	8,89	37	23,51	60	38,22
15	9,52	38	24,12	65	41,33
16	10,26	39	24,81	70	44,41
17	10,97	40	25,41	75	47,61
18	11,43	41	26,02	80	50,81
19	12,06	42	26,71	85	54,02
20	12,71	43	27,31	90	57,12
21	13,30	44	27,91	95	60,31
22	14,01	45	28,61	100	63,51

Kilovatios (KW) a Caballos de vapor (CV)

KW	CV	KW	CV	KW	CV	KW	CV
1	1,35	26	35,35	51	69,34	76	103,33
2	2,72	27	36,71	52	70,70	77	104,69
3	4,07	28	38,06	53	72,06	78	106,05
4	5,44	29	39,42	54	73,41	79	107,41
5	6,79	30	40,78	55	74,77	80	108,77
6	8,15	31	42,15	56	76,13	81	110,13
7	9,52	32	43,50	57	77,49	82	111,49
8	10,87	33	44,86	58	78,85	83	112,85
9	12,23	34	46,22	59	80,21	84	114,22
10	13,59	35	47,58	60	81,57	85	115,57
11	14,95	36	48,94	61	82,93	86	116,93
12	16,32	37	50,30	62	84,29	87	118,29
13	17,69	38	51,66	63	85,65	88	119,65
14	19,03	39	53,03	64	87,02	89	121,01
15	20,39	40	54,38	65	88,37	90	122,37
16	21,75	41	55,74	66	89,73	91	123,73
17	23,11	42	57,10	67	91,09	92	125,08
18	24,47	43	58,46	68	92,45	93	126,44
19	23,83	44	59,82	69	93,81	94	127,80
20	27,19	45	61,18	70	95,17	95	129,16
21	28,55	46	62,54	71	96,53	96	130,52
22	29,92	47	63,91	72	97,89	97	131,88
23	31,27	48	65,26	73	99,26	98	133,24
24	32,63	49	66,62	74	100,61	99	134,60
25	33,99	50	67,98	75	101,97	100	135,97

Libras a kilogramos

Libras	Kg	Libras	Kg	Libras	Kg	Libras	Kg
1	0,45	26	11,79	51	23,13	76	34,47
2	0,91	27	12,24	52	23,58	77	34,93
3	1,36	28	12,71	53	24,04	78	35,38
4	1,81	29	13,15	54	24,49	79	35,83
5	2,27	30	13,60	55	24,94	80	36,28
6	2,72	31	14,06	56	25,40	81	36,74
7	3,17	32	14,52	57	25,85	82	37,19
8	3,62	33	14,96	58	26,30	83	37,64
9	4,09	34	15,42	59	26,76	84	38,10
10	4,53	35	15,87	60	27,22	85	38,55
11	4,98	36	16,32	61	27,66	86	39,01
12	5,44	37	16,78	62	28,12	87	39,46
13	5,89	38	17,23	63	28,57	88	39,92
14	6,35	39	17,69	64	29,04	89	40,37
15	6,80	40	18,14	65	29,49	90	40,82
16	7,25	41	18,59	66	29,93	91	41,27
17	7,72	42	19,05	67	30,39	92	41,73
18	8,16	43	19,50	68	30,85	93	42,28
19	8,61	44	19,95	69	31,29	94	42,63
20	9,07	45	20,41	70	31,75	95	43,09
21	9,52	46	20,86	71	32,20	96	43,54
22	9,97	47	21,31	72	32,65	97	43,99
23	10,43	48	21,77	73	33,12	98	44,55
24	10,88	49	22,22	74	33,56	99	44,90
25	11,34	50	22,68	75	34,01	100	45,36

Libras por galón americano a Kilogramos por litro

Libras por galón	Kg por litro	Libras por galón	Kg por litro	Libras por galón	Kg por litro	Libras por galón	Kg por litro
1	0,11	26	3,12	51	6,12	76	9,10
2	0,24	27	3,23	52	6,23	77	9,22
3	0,36	28	3,35	53	6,35	78	9,34
4	0,48	29	3,47	54	6,47	79	9,46
5	0,59	30	3,59	55	6,59	80	9,58
6	0,71	31	3,71	56	6,72	81	9,70
7	0,83	32	3,83	57	6,83	82	9,82
8	0,95	33	3,95	58	6,95	83	9,94
9	1,07	34	4,07	59	7,07	84	10,07
10	1,19	35	4,19	60	7,18	85	10,18
11	1,31	36	4,32	61	7,31	86	10,31
12	1,43	37	4,43	62	7,42	87	10,42
13	1,55	38	4,55	63	7,54	88	10,55
14	1,67	39	4,67	64	7,66	89	10,66
15	1,79	40	4,79	65	7,78	90	10,78
16	1,92	41	4,92	66	7,90	91	10,90
17	2,03	42	5,03	67	8,02	92	11,03
18	2,15	43	5,15	68	8,14	93	11,14
19	2,27	44	5,27	69	8,26	94	11,26
20	2,39	45	5,39	70	8,38	95	11,38
21	2,51	46	5,51	71	8,50	96	11,50
22	2,63	47	5,63	72	8,62	97	11,63
23	2,75	48	5,75	73	8,74	98	11,74
24	2,87	49	5,87	74	8,86	99	11,86
25	2,99	50	5,99	75	8,98	100	11,98

Libras por galón británico a Kilogramos por litro

Libras por galón	Kg por litro	Libras por galón	Kg por litro	Libras por galón	Kg por litro	Libras por galón	Kg por litro
1	0,09	26	2,59	51	5,08	76	7,58
2	0,19	27	2,69	52	5,18	77	7,68
3	0,29	28	2,79	53	5,28	78	7,78
4	0,39	29	2,89	54	5,38	79	7,88
5	0,49	30	2,99	55	5,48	80	7,98
6	0,59	31	3,09	56	5,58	81	8,08
7	0,69	32	3,19	57	5,68	82	8,18
8	0,79	33	3,29	58	5,78	83	8,28
9	0,89	34	3,39	59	5,88	84	8,38
10	0,99	35	3,49	60	5,98	85	8,48
11	1,09	36	3,59	61	6,08	86	8,58
12	1,19	37	3,69	62	6,18	87	8,68
13	1,29	38	3,79	63	6,28	88	8,78
14	1,39	39	3,89	64	6,38	89	8,88
15	1,49	40	3,99	65	6,48	90	8,98
16	1,59	41	4,09	66	6,58	91	9,07
17	1,69	42	4,19	67	6,68	92	9,17
18	1,79	43	4,29	68	6,78	93	9,27
19	1,89	44	4,39	69	6,88	94	9,37
20	1,99	45	4,49	70	6,98	95	9,47
21	2,09	46	4,68	71	7,08	96	9,57
22	2,19	47	4,68	72	7,18	97	9,67
23	2,29	48	4,78	73	7,28	98	9,77
24	2,39	49	4,88	74	7,38	99	9,87
25	2,49	50	4,98	75	7,48	100	9,98

Libras × pie a Kilogramos × metro

Libras × pie	Kg × m	Libras × pie	Kg × m	Libras × pie	Kg × m	Libras × pie	Kg × m
1	0,13	26	3,59	51	7,05	76	10,51
2	0,28	27	3,73	52	7,18	77	10,65
3	0,42	28	3,87	53	7,33	78	10,78
4	0,55	29	4,01	54	7,46	79	10,93
5	0,69	30	4,15	55	7,60	80	11,05
6	0,82	31	4,28	56	7,74	81	11,19
7	0,96	32	4,42	57	7,88	82	11,32
8	1,10	33	4,56	58	8,01	83	11,47
9	1,24	34	4,70	59	8,15	84	11,62
10	1,38	35	4,84	60	8,29	85	11,73
11	1,52	36	4,98	61	8,44	86	11,88
12	1,66	37	5,11	62	8,57	87	12,02
13	1,79	38	5,25	63	8,72	88	12,16
14	1,93	39	5,39	64	8,84	89	12,31
15	2,07	40	5,53	65	8,98	90	12,44
16	2,21	41	5,66	66	9,12	91	12,58
17	2,35	42	5,80	67	9,26	92	12,72
18	2,49	43	5,94	68	9,40	93	12,86
19	2,62	44	6,08	69	9,54	94	12,99
20	2,76	45	6,22	70	9,67	95	13,14
21	2,90	46	6,36	71	9,81	96	13,27
22	3,04	47	6,49	72	9,95	97	13,42
23	3,17	48	6,63	73	10,09	98	13,55
24	3,31	49	6,77	74	10,23	99	13,69
25	3,45	50	6,91	75	10,36	100	13,82

Libras × pulgada a Kilogramos × centímetro

Libras × pulgada	Kg × cm	Libras × pulgada	Kg × cm	Libras × pulgada	Kg × cm	Libras × pulgada	Kg × cm
1	1,15	26	29,95	51	58,75	76	87,56
2	2,30	27	31,10	52	59,91	77	88,72
3	3,46	28	32,25	53	61,06	78	89,86
4	4,61	29	33,41	54	62,21	79	91,02
5	5,76	30	34,56	55	63,36	80	92,17
6	6,91	31	35,72	56	64,52	81	93,33
7	8,06	32	36,86	57	65,67	82	94,47
8	9,21	33	38,02	58	66,82	83	95,63
9	10,36	34	39,17	59	67,97	84	96,78
10	11,52	35	40,32	60	69,12	85	97,93
11	12,67	36	41,47	61	70,27	86	99,08
12	13,82	37	42,62	62	71,44	87	100,23
13	14,97	38	43,78	63	72,58	88	101,39
14	16,13	39	44,94	64	73,73	89	102,54
15	17,28	40	46,08	65	74,88	90	103,69
16	18,43	41	47,23	66	76,04	91	104,84
17	19,58	42	48,38	67	77,19	92	106,01
18	20,73	43	49,54	68	78,34	93	107,15
19	21,89	44	50,69	69	79,49	94	108,31
20	23,04	45	51,84	70	80,65	95	109,45
21	24,19	46	52,99	71	81,80	96	110,60
22	25,35	47	54,15	72	82,95	97	111,76
23	26,49	48	55,30	73	84,10	98	112,91
24	27,65	49	56,45	74	85,26	99	114,06
25	28,80	50	57,60	75	86,40	100	115,22

Libras por pie a Kilogramos por metro

Libras por pie	Kg por m	Libras por pie	Kg por m	Libras por pie	Kg por m	Libras por pie	Kg por m
1	1,48	26	38,69	51	75,89	76	113,11
2	2,98	27	40,18	52	77,38	77	114,59
3	4,46	28	41,66	53	78,87	78	116,08
4	5,95	29	43,16	54	80,36	79	117,05
5	7,44	30	44,64	55	81,85	80	119,05
6	8,92	31	46,13	56	83,33	81	120,55
7	10,41	32	47,62	57	84,82	82	122,03
8	11,90	33	49,10	58	86,31	83	123,52
9	13,39	34	50,59	59	87,80	84	125,01
10	14,88	35	52,80	60	89,29	85	126,49
11	16,37	36	53,57	61	90,77	86	127,98
12	17,85	37	55,06	62	92,26	87	129,47
13	19,34	38	56,55	63	93,75	88	130,96
14	20,83	39	58,03	64	95,34	89	132,45
15	22,32	40	59,53	65	96,73	90	133,93
16	23,81	41	61,02	66	98,21	91	135,52
17	25,29	42	62,50	67	99,70	92	136,92
18	26,78	43	63,99	68	101,19	93	138,41
19	28,27	44	65,47	69	102,68	94	139,89
20	29,76	45	66,96	70	104,27	95	141,38
21	31,25	46	68,45	71	105,66	96	142,86
22	32,75	47	69,94	72	107,15	97	144,35
23	34,22	48	71,43	73	108,64	98	145,84
24	35,72	49	72,92	74	110,12	99	147,34
25	37,20	50	74,40	75	111,62	100	148,82

Libras por pie^2 a Kilogramos por metro^2

Libras por pie^2	0	1	2	3	4	5	6	7	8	9
0		4,89	9,76	14,64	19,53	24,41	29,29	34,17	39,05	43,94
10	48,82	53,70	58,58	63,29	68,35	73,23	78,11	83,00	87,70	92,76
20	97,65	102,53	107,41	112,29	117,17	122,06	126,94	131,83	136,70	141,59
30	146,47	151,35	156,23	161,13	166,00	170,88	175,76	180,66	185,53	190,42
40	195,29	200,18	205,16	209,94	214,83	219,72	224,59	229,47	234,35	239,23
50	244,12	249,01	253,88	258,76	263,65	268,53	273,42	278,29	283,18	288,06
60	292,85	297,82	302,71	307,59	312,47	317,85	322,24	327,12	322,01	336,88
70	341,77	346,65	351,53	356,41	361,30	366,18	371,06	375,94	380,83	385,72
80	390,59	395,47	400,36	405,42	410,12	415,00	419,89	424,77	429,65	434,53
90	439,41	444,30	449,18	454,06	458,94	463,83	468,72	473,59	478,47	483,36

Libras por pie³ a Kilogramos por metro³

Libras por pie³	Kg por m³	Libras por pie³	Kg por m³	Libras por pie³	Kg por m³	Libras por pie³	Kg por m³
1	16,01	26	416,48	51	816,94	76	1217,41
2	32,04	27	432,50	52	832,96	77	1233,41
3	48,06	28	448,52	53	848,98	78	1249,50
4	64,07	29	464,54	54	865,01	79	1265,51
5	80,09	30	480,55	55	881,02	80	1281,51
6	96,11	31	496,57	56	897,03	81	1297,51
7	112,13	32	512,59	57	913,05	82	1313,51
8	128,15	33	528,62	58	929,07	83	1329,51
9	144,17	34	544,63	59	945,09	84	1345,51
10	160,18	35	560,65	60	961,12	85	1361,60
11	176,20	36	576,66	61	977,13	86	1377,60
12	192,22	37	592,68	62	993,24	87	1393,61
13	208,25	38	608,70	63	1009,21	88	1409,61
14	224,26	39	624,72	64	1025,20	89	1425,61
15	240,28	40	640,74	65	1041,21	90	1441,72
16	256,30	41	656,76	66	1057,21	91	1457,72
17	272,32	42	672,78	67	1073,20	92	1473,71
18	288,33	43	688,79	68	1089,32	93	1489,71
19	304,35	44	704,82	69	1105,32	94	1505,70
20	320,37	45	720,83	70	1121,31	95	1521,81
21	336,39	46	736,85	71	1137,30	96	1537,81
22	352,12	47	752,87	72	1153,31	97	1553,81
23	368,42	48	768,89	73	1169,31	98	1569,80
24	384,44	49	784,91	74	1185,40	99	1585,81
25	400,46	50	800,92	75	1201,42	100	1601,81

Libras por yarda a Kilogramos por metro

Libras por yarda	Kg por m	Libras por yarda	Kg por m	Libras por yarda	Kg por m	Libras por yarda	Kg por m
1	0,49	26	12,89	51	25,29	76	37,70
2	0,99	27	13,39	52	25,79	77	38,19
3	1,49	28	13,89	53	26,29	78	38,69
4	1,98	29	14,38	54	26,78	79	39,18
5	2,48	30	14,88	55	26,28	80	39,68
6	2,97	31	15,37	56	27,77	81	40,18
7	3,47	32	15,87	57	28,27	82	40,68
8	3,96	33	16,38	58	28,77	83	41,27
9	4,46	34	16,86	59	29,36	84	41,66
10	4,96	35	17,36	60	29,76	85	42,16
11	5,45	36	17,86	61	30,26	86	42,66
12	5,96	37	18,35	62	30,75	87	43,15
13	6,44	38	18,35	63	31,25	88	43,65
14	6,94	39	19,34	64	31,74	89	44,14
15	7,44	40	19,84	65	32,24	90	44,64
16	7,93	41	20,33	66	32,74	91	45,14
17	8,43	42	20,83	67	33,23	92	45,63
18	8,92	43	21,33	68	33,73	93	46,13
19	9,43	44	21,82	69	34,22	94	46,63
20	9,92	45	22,33	70	34,72	95	47,12
21	10,42	46	22,81	71	35,22	96	47,62
22	10,92	47	23,32	72	35,74	97	48,11
23	11,40	48	23,81	73	36,25	98	48,61
24	11,90	49	24,30	74	36,73	99	49,10
25	12,40	50	24,80	75	37,23	100	49,60

Libras por yarda² a Kilogramos por metro²

Libras por yarda²	Kg por m²	Libras por yarda²	Kg por m²	Libras por yarda²	Kg por m²	Libras por yarda²	Kg por m²
1	0,54	26	14,10	51	27,66	76	41,22
2	1,08	27	14,65	52	28,21	77	41,77
3	1,63	28	15,19	53	28,75	78	42,32
4	2,17	29	15,73	54	29,29	79	42,85
5	2,71	30	16,27	55	29,84	80	43,39
6	3,25	31	16,81	56	30,37	81	43,94
7	3,79	32	17,36	57	30,92	82	44,48
8	4,34	33	17,90	58	31,46	83	45,03
9	4,88	34	18,45	59	32,02	84	45,56
10	5,42	35	18,98	60	32,54	85	46,11
11	5,96	36	19,53	61	33,09	86	46,65
12	6,51	37	20,07	62	33,63	87	47,19
13	7,05	38	20,61	63	34,17	88	47,73
14	7,59	39	21,15	64	34,72	89	48,28
15	8,13	40	21,71	65	35,26	90	48,83
16	8,67	41	22,24	66	35,80	91	49,36
17	9,22	42	22,78	67	36,34	92	49,90
18	9,76	43	23,32	68	36,88	93	50,45
19	10,31	44	23,87	69	37,43	94	50,99
20	10,85	45	24,41	70	37,97	95	51,53
21	11,39	46	24,95	71	38,52	96	52,07
22	11,93	47	25,49	72	39,05	97	52,62
23	12,47	48	26,04	73	39,60	98	53,16
24	13,02	49	26,58	74	40,14	99	53,71
25	13,56	50	27,13	75	40,68	100	54,24

Libras por yarda³ a Kilogramos por metro³

Libras por yarda³	Kg por m³	Libras por yarda³	Kg por m³	Libras por yarda³	Kg por m³	Libras por yarda³	Kg por m³
1	0,59	26	15,42	51	30,25	76	45,08
2	1,18	27	16,02	52	30,85	77	45,68
3	1,78	28	16,61	53	31,44	78	46,27
4	2,37	29	17,20	54	32,03	79	46,86
5	2,96	30	17,79	55	32,63	80	47,46
6	3,55	31	18,39	56	33,22	81	48,05
7	4,15	32	18,98	57	33,82	82	48,64
8	4,71	33	19,57	58	34,41	83	49,24
9	5,33	34	20,17	59	35,01	84	49,84
10	5,93	35	20,76	60	35,59	85	50,42
11	6,53	36	21,35	61	36,19	86	51,02
12	7,12	37	21,95	62	36,78	87	51,62
13	7,71	38	22,54	63	37,37	88	52,20
14	8,30	39	23,13	64	37,97	89	52,80
15	8,89	40	23,73	65	38,56	90	53,39
16	9,49	41	24,32	66	39,15	91	53,98
17	10,08	42	24,92	67	39,75	92	54,58
18	10,67	43	25,52	68	40,34	93	55,17
19	11,28	44	26,10	69	40,93	94	55,77
20	11,86	45	26,69	70	41,52	95	56,36
21	12,45	46	27,29	71	42,12	96	56,95
22	13,05	47	27,88	72	42,72	97	57,55
23	13,64	48	28,47	73	43,30	98	58,14
24	14,23	49	29,07	74	43,90	99	58,73
25	14,83	50	29,66	75	44,49	100	59,32

Litros a Galones

Litros	0	1	2	3	4	5	6	7	8	9
0		0,22	0,44	0,66	0,88	1,11	1,31	1,53	1,75	1,97
10	2,19	2,41	2,63	2,85	3,07	3,29	3,52	3,73	3,95	4,17
20	4,39	4,61	4,83	5,05	5,27	5,49	5,71	5,93	6,16	6,37
30	6,59	6,81	7,03	7,25	7,47	7,69	7,91	8,13	8,25	8,57
40	8,79	9,01	9,23	9,45	9,67	9,89	10,11	10,33	10,55	10,77
50	10,99	11,21	11,43	11,65	11,87	12,09	12,31	12,54	12,75	12,97
60	13,19	13,41	13,63	13,85	14,08	14,29	14,51	14,73	14,96	15,17
70	15,39	15,61	15,84	16,06	16,27	16,49	16,71	16,93	17,15	17,37
80	17,59	17,82	18,03	18,25	18,47	18,69	18,91	19,13	19,35	19,57
90	19,80	20,01	20,23	20,45	20,67	20,89	21,12	21,33	21,55	21,78

Metros a Pies

m		Pies	m		Pies
0,30	1	3,28	6,10	20	65,62
0,61	2	6,56	9,14	30	98,43
0,91	3	9,84	12,19	40	131,23
1,22	4	13,12	15,24	50	164,04
1,52	5	16,40	18,29	60	196,86
1,83	6	19,69	21,34	70	229,66
2,13	7	22,97	24,38	80	262,47
2,45	8	26,25	27,44	90	295,28
2,74	9	29,53	30,48	100	328,08
3,05	10	32,82			

Metros² a Pies²

Metros²	0	1	2	3	4	5	6	7	8	9
0		10,76	21,53	32,29	43,06	53,82	64,58	75,35	86,11	96,88
10	107,64	118,42	129,17	139,93	150,70	161,46	172,22	132,99	193,75	204,52
20	215,28	226,04	236,81	247,57	258,33	269,11	279,86	290,63	301,39	312,15
30	322,92	333,68	344,45	355,21	365,97	376,74	387,51	398,27	409,03	419,79
40	430,56	441,32	452,09	462,85	473,62	484,38	495,14	505,92	516,67	527,43
50	538,21	548,96	559,73	570,49	581,25	592,02	602,78	613,54	624,32	635,07
60	645,84	656,60	667,36	678,14	688,89	699,66	710,42	721,18	731,95	742,72
70	753,48	764,24	775,00	785,77	796,53	807,32	818,06	828,82	839,59	850,35
80	861,11	871,88	882,64	893,41	904,17	914,93	925,70	936,82	947,24	957,99
90	968,75	979,52	990,28	1001,05	1011,81	1022,57	1033,34	1044,10	1054,87	1065,63

Metros³ a Pies³

Metros³	0	1	2	3	4	5	6	7	8	9
0		35,31	70,63	105,94	141,26	176,57	211,89	247,52	282,52	317,83
10	353,15	388,46	423,78	459,09	494,41	529,72	565,04	600,35	635,67	670,98
20	706,29	741,62	776,92	812,24	847,55	882,87	918,18	953,52	988,81	1024,14
30	1059,44	1094,76	1130,07	1165,39	1200,85	1236,02	1271,33	1306,65	1341,96	1377,27
40	1412,59	1447,91	1483,22	1518,53	1553,85	1589,16	1624,48	1659,79	1695,11	1730,42
50	1765,75	1801,05	1836,37	1871,68	1907,01	1942,31	1877,63	2012,94	2048,26	2083,57
60	2118,89	2154,20	2189,52	2224,83	2260,14	2295,46	2330,77	2366,09	2401,42	2436,72
70	2472,03	2507,35	2542,66	2577,98	2613,29	2648,62	2683,93	2719,24	2758,55	2789,87
80	2825,18	2860,51	2895,81	2931,13	2966,44	3001,75	3037,07	3072,38	3107,71	3143,02
90	3178,33	3213,64	3248,96	3284,27	3319,59	3354,90	3390,22	3425,53	3460,85	3496,16

Milibares (mb) a Pulgadas

mb	0	1	2	3	4	5.	6	7	8	9
940	27,76	27,79	27,82	27,85	27,88	27,91	27,94	27,96	27,99	28,02
950	28,05	28,08	28,11	28,14	28,17	28,20	28,23	28,26	28,29	28,32
960	28,35	28,38	28,41	28,44	28,47	28,50	28,53	28,56	28,58	28,61
970	28,64	28,67	28,70	28,73	28,76	28,79	28,82	28,85	28,88	28,91
980	28,94	28,97	29,00	29,03	29,06	29,09	29,12	29,15	29,18	29,20
990	29,23	29,26	29,29	29,32	29,35	29,38	29,41	29,44	29,47	29,50
1000	29,53	29,56	29,59	29,62	29,65	29,68	29,71	29,74	29,77	29,80
1010	29,83	29,85	29,88	29,91	29,94	29,97	30,00	30,03	30,06	30,09
1020	30,12	30,15	30,18	30,21	30,24	30,27	30,30	30,33	30,36	30,39
1030	30,42	30,45	30,47	30,50	30,53	30,56	30,59	30,62	30,65	30,68
1040	30,71	30,74	30,77	30,80	30,83	30,86	30,89	30,92	30,95	30,98
1050	31,01	31,04	31,07	31,09	31,12	31,15	31,18	31,21	31,24	31,28

Ej.: 951 milibares = 28,08 pulgadas.

Milímetros a Pulgada británica

Milímetros	0	1	2	3	4	5	6	7	8	9
0		0,03	0,07	0,11	0,15	0,19	0,23	0,27	0,31	0,35
10	0,39	0,42	0,46	0,50	0,54	0,58	0,62	0,66	0,70	0,74
20	0,78	0,81	0,85	0,89	0,93	0,97	1,01	1,05	1,09	1,13
30	1,17	1,21	1,24	1,28	1,32	1,36	1,40	1,44	1,48	1,52
40	1,56	1,59	1,63	1,68	1,71	1,75	1,79	1,83	1,87	1,92
50	1,95	1,98	2,02	2,06	2,11	2,15	2,18	2,22	2,26	2,30
60	2,34	2,37	2,42	2,45	2,49	2,53	2,58	2,62	2,66	2,69
70	2,73	2,76	2,80	2,84	2,88	2,92	2,96	3,01	3,04	3,08
80	3,13	3,15	3,19	3,23	3,27	3,31	3,35	3,39	3,43	3,48
90	3,51	3,54	3,58	3,62	3,66	3,70	3,74	3,78	3,82	3,86

Millas marinas a Kilómetros

Millas	Km	Millas	Km	Millas	Km	Millas	Km
1	1,85	26	48,18	51	94,51	76	140,84
2	3,71	27	50,03	52	96,36	77	142,69
3	5,56	28	51,88	53	98,21	78	144,55
4	7,41	29	53,74	54	100,07	79	146,40
5	9,26	30	55,59	55	101,92	80	148,25
6	11,11	31	57,44	56	103,78	81	150,13
7	12,98	32	59,30	57	105,33	82	151,96
8	14,82	33	61,15	58	107,48	83	153,81
9	16,68	34	63,00	59	109,34	84	155,67
10	18,53	35	64,86	60	111,19	85	157,52
11	20,39	36	66,71	61	113,04	86	159,37
12	22,24	37	68,56	62	114,91	87	161,24
13	24,09	38	70,42	63	116,75	88	163,08
14	25,95	39	72,27	64	118,61	89	164,93
15	27,79	40	74,13	65	120,46	90	166,79
16	29,65	41	75,98	66	122,04	91	168,64
17	31,50	42	77,83	67	124,16	92	170,49
18	32,36	43	79,68	68	126,02	93	172,35
19	34,21	44	81,54	69	127,87	94	174,22
20	37,07	45	83,39	70	129,72	95	176,05
21	38,92	46	85,42	71	131,58	96	177,92
22	40,78	47	87,09	72	133,43	97	179,75
23	42,62	48	88,95	73	135,28	98	181,61
24	44,47	49	90,81	74	137,13	99	183,46
25	46,32	50	92,65	75	138,99	100	185,32

Millas marinas a Millas terrestres

Millas marinas		Millas terrestres	Millas marinas		Millas terrestres
0,87	1	1,15	17,37	20	23,03
1,74	2	2,30	26,05	30	34,55
2,61	3	3,45	34,74	40	46,06
3,48	4	4,61	43,42	50	57,58
4,34	5	5,76	52,11	60	69,09
5,21	6	6,91	60,79	70	80,62
6,08	7	8,06	69,47	80	92,12
6,95	8	9,21	78,16	90	103,64
7,83	9	10,36	86,84	100	115,15
8,68	10	11,52			

dic10125 49

Millas terrestres a Kilómetros

Millas	Km	Millas	Km	Millas	Km	Millas	Km
1	1,60	26	41,85	51	82,07	76	122,31
2	3,22	27	43,45	52	83,68	77	123,92
3	4,83	28	45,06	53	86,29	78	125,53
4	6,44	29	46,67	54	86,90	79	127,14
5	8,04	30	48,28	55	88,51	80	128,74
6	9,65	31	49,89	56	90,12	81	130,36
7	11,26	32	51,49	57	91,74	82	131,97
8	12,87	33	53,10	58	93,34	83	133,58
9	14,48	34	54,72	59	94,95	84	135,19
10	16,09	35	56,32	60	96,56	85	136,79
11	17,70	36	57,93	61	98,17	86	138,41
12	19,32	37	59,54	62	99,77	87	140,02
13	20,92	38	61,16	63	101,39	88	141,63
14	22,53	39	62,76	64	103,01	89	143,23
15	24,14	40	64,38	65	104,61	90	144,84
16	25,74	41	65,98	66	106,22	91	146,45
17	27,35	42	67,59	67	107,83	92	148,06
18	28,96	43	69,20	68	109,43	93	149,67
19	30,57	44	70,82	69	111,65	94	151,28
20	32,18	45	72,42	70	112,65	95	152,89
21	33,79	46	74,03	71	114,26	96	154,50
22	35,40	47	75,63	72	115,87	97	156,18
23	37,02	48	77,24	73	117,48	98	157,72
24	38,62	49	78,85	74	119,09	99	159,34
25	40,23	50	80,46	75	120,72	100	160,93

Millas^2 a Kilómetros^2

Millas^2	Km^2	Millas^2	Km^2	Millas^2	Km^2	Millas^2	Km^2
1	2,59	26	67,34	51	132,09	76	196,84
2	5,18	27	69,93	52	134,68	77	199,43
3	7,77	28	72,52	53	137,27	78	202,02
4	10,36	29	75,11	54	139,86	79	204,62
5	12,95	30	77,71	55	142,45	80	207,20
6	15,54	31	80,29	56	145,04	81	209,79
7	18,13	32	82,88	57	147,64	82	212,38
8	20,72	33	85,48	58	150,22	83	214,97
9	23,32	34	88,06	59	152,82	84	217,56
10	25,90	35	90,65	60	155,40	85	220,15
11	28,49	36	93,24	61	157,99	86	222,74
12	31,08	37	95,83	62	160,58	87	225,33
13	33,67	38	98,42	63	163,17	88	227,92
14	36,26	39	101,01	64	165,76	89	230,51
15	38,86	40	103,61	65	168,35	90	233,10
16	41,44	41	106,19	66	170,90	91	235,69
17	44,03	42	108,78	67	173,53	92	238,28
18	46,62	43	111,37	68	176,12	93	240,87
19	49,21	44	113,96	69	178,72	94	243,46
20	51,80	45	116,55	70	181,30	95	246,06
21	54,39	46	119,15	71	183,89	96	248,64
22	56,98	47	121,73	72	186,48	97	251,23
23	59,57	48	124,32	73	189,07	98	253,82
24	62,16	49	126,91	74	191,66	99	256,41
25	64,75	50	129,50	75	194,25	100	259,01

Onzas a Gramos (avoirdupois)

Onzas	0	1	2	3	4	5	6	7	8	9
0		28,34	56,70	85,05	113,40	141,75	170,10	198,45	226,80	255,15
10	283,50	311,84	340,19	368,54	396,89	425,24	453,59	481,94	510,29	538,64
20	566,99	595,34	623,69	652,04	680,39	708,74	737,09	765,44	793,79	822,14
30	850,59	878,83	907,19	935,53	963,88	992,24	1020,58	1048,93	1077,28	1105,63
40	1133,49	1162,33	1190,68	1299,03	1247,38	1275,73	1304,08	1332,43	1360,78	1389,13
50	1417,48	1445,82	1474,17	1502,53	1530,88	1559,23	1587,56	1615,94	1644,27	1672,62
60	1700,95	1729,32	1757,67	1786,02	1814,37	1842,74	1871,07	1899,42	1927,77	1956,13
70	1984,47	2012,81	2041,17	2069,54	2097,86	2126,21	2154,57	2182,91	2211,26	2239,61
80	2267,96	2296,31	2324,66	2353,01	2381,36	2409,71	2438,06	2466,41	2494,76	2523,11
90	2551,46	2579,80	2608,15	2636,50	2664,85	2693,20	2721,55	2749,90	2778,26	2806,60

Pies^2 a Metros^2

Pies^2	Metros^2	Pies^2	Metros^2	Pies^2	Metros^2	Pies^2	Metros^2
1	0,09	26	2,41	51	4,73	76	7,06
2	0,18	27	2,51	52	4,83	77	7,15
3	0,28	28	2,60	53	4,92	78	7,24
4	0,37	29	2,69	54	5,01	79	7,34
5	0,46	30	2,79	55	5,10	80	7,43
6	0,56	31	2,88	56	5,20	81	7,52
7	0,65	32	2,97	57	5,29	82	7,61
8	0,74	33	3,06	58	5,39	83	7,71
9	0,83	34	3,16	59	5,48	84	7,80
10	0,93	35	3,25	60	5,57	85	7,89
11	1,02	36	3,34	61	5,66	86	7,99
12	1,11	37	3,43	62	5,76	87	8,08
13	1,20	38	3,53	63	5,85	88	8,17
14	1,30	39	3,62	64	5,94	89	8,26
15	1,39	40	3,71	65	6,03	90	8,36
16	1,48	41	3,81	66	6,13	91	8,45
17	1,58	42	3,90	67	6,22	92	8,54
18	1,67	43	3,99	68	6,34	93	8,64
19	1,76	44	4,08	69	6,41	94	8,73
20	1,85	45	4,18	70	6,50	95	8,82
21	1,95	46	4,27	71	6,59	96	8,91
22	2,04	47	4,36	72	6,68	97	9,01
23	2,13	48	4,45	73	6,78	98	9,11
24	2,23	49	4,55	74	6,88	99	9,19
25	2,32	50	4,64	75	6,96	100	9,29

Pies a Metros

Pies	Metros	Pies	Metros	Pies	Metros	Pies	Metros
1	0,30	26	7,92	51	15,54	76	23,16
2	0,61	27	8,22	52	15,85	77	23,47
3	0,91	28	8,53	53	16,15	78	23,77
4	1,52	29	8,83	54	16,45	79	24,08
5	1,52	30	9,14	55	16,76	80	24,38
6	1,82	31	9,44	56	17,06	81	24,68
7	2,13	32	9,75	57	17,37	82	24,99
8	2,44	33	10,05	58	17,67	83	25,29
9	2,74	34	10,36	59	17,98	84	25,64
10	3,04	35	10,66	60	18,28	85	25,90
11	3,35	36	10,97	61	18,59	86	26,22
12	3,65	37	11,27	62	18,89	87	26,51
13	3,96	38	11,58	63	10,20	88	26,82
14	4,26	39	11,88	64	19,50	89	27,13
15	4,57	40	12,19	65	19,82	90	27,43
16	4,87	41	12,49	66	20,12	91	27,73
17	5,18	42	12,80	67	20,42	92	28,04
18	5,48	43	13,10	68	20,72	93	28,34
19	5,79	44	13,42	69	21,03	94	28,65
20	6,09	45	13,71	70	21,33	95	28,95
21	6,41	46	14,02	71	21,64	96	29,26
22	6,70	47	14,32	72	21,94	97	29,56
23	7,01	48	14,63	73	22,25	98	29,88
24	7,31	49	14,93	74	22,55	99	30,17
25	7,62	50	15,24	75	22,86	100	30,48

Pies^3 a Litros

Pies^3	Litros	Pies^3	Litros	Pies^3	Litros	Pies^3	Litros
1	28,31	26	736,24	51	1444,21	76	2152,12
2	56,64	27	764,56	52	1472,51	77	2180,43
3	84,95	28	792,87	53	1500,80	78	2208,71
4	113,27	29	821,19	54	1529,21	79	2237,01
5	141,58	30	849,61	55	1557,42	80	2265,31
6	169,92	31	877,83	56	1585,70	81	2293,70
7	198,22	32	906,14	57	1614,10	82	2322,01
8	226,53	33	934,46	58	1642,42	83	2350,31
9	254,85	34	962,77	59	1670,01	84	2378,61
10	283,17	35	991,09	60	1699,01	85	2406,91
11	311,49	36	1019,61	61	1727,31	86	2435,32
12	339,81	37	1047,71	62	1755,71	87	2463,60
13	368,12	38	1076,00	63	1784,00	88	2491,90
14	396,44	39	1104,41	64	1812,32	89	2520,31
15	424,75	40	1132,72	65	1840,61	90	2548,51
16	453,07	41	1161,01	66	1868,91	91	2576,80
17	481,49	42	1189,31	67	1897,21	92	2605,12
18	509,70	43	1217,62	68	1925,51	93	2633,50
19	538,02	44	1245,92	69	1953,90	94	2661,80
20	566,34	45	1274,33	70	1982,31	95	2690,21
21	594,65	46	1302,62	71	2010,53	96	2718,42
22	622,97	47	1330,93	72	2038,82	97	2746,71
23	651,29	48	1359,21	73	2067,11	98	2775,11
24	679,60	49	1387,50	74	2095,50	99	2803,40
25	707,92	50	1415,81	75	2123,81	100	2831,71

Pies³ a Metros³

Pies³	0	1	2	3	4	5	6	7	8	9
0		0,02	0,05	0,08	0,11	0,14	0,16	0,19	0,22	0,25
10	0,28	0,31	0,33	0,36	0,39	0,42	0,45	0,48	0,50	0,54
20	0,56	0,59	0,62	0,65	0,67	0,70	0,74	0,76	0,79	0,82
30	0,85	0,87	0,91	0,93	0,96	0,99	1,01	1,05	1,07	1,10
40	1,13	1,16	1,19	1,22	1,24	1,27	1,30	1,33	1,35	1,38
50	1,41	1,44	1,47	1,50	1,52	1,56	1,58	1,62	1,64	1,67
60	1,69	1,74	1,75	1,78	1,82	1,84	1,87	1,89	1,93	1,95
70	1,98	2,01	2,03	2,06	2,09	2,13	2,15	2,18	2,20	2,24
80	2,26	2,29	2,32	2,35	2,37	2,40	2,43	2,46	2,49	2,52
90	2,55	2,57	2,60	2,63	2,66	2,69	2,72	2,75	2,77	2,80

Pulgadas a Centímetros

Pulgadas	Cm	Pulgadas	Cm	Pulgadas	Cm	Pulgadas	Cm
1	2,54	26	66,04	51	129,54	76	193,04
2	5,08	27	68,58	52	132,08	77	195,58
3	7,62	28	71,13	53	134,62	78	198,12
4	10,16	29	73,66	54	137,16	79	200,66
5	12,70	30	76,20	55	139,70	80	203,20
6	15,24	31	78,74	56	142,24	81	205,74
7	17,70	32	81,28	57	144,78	82	208,28
8	20,32	33	83,82	58	147,32	83	210,82
9	22,86	34	86,36	59	149,86	84	213,36
10	25,40	35	88,90	60	152,42	85	215,93
11	27,94	36	91,44	61	154,94	86	218,44
12	30,48	37	93,98	62	157,48	87	220,98
13	33,02	38	96,52	63	160,02	88	223,52
14	35,56	39	99,06	64	162,56	89	226,06
15	38,11	40	101,60	65	165,11	90	228,63
16	40,64	41	104,14	66	167,64	91	231,14
17	43,18	42	106,68	67	170,18	92	233,68
18	45,72	43	109,22	68	172,72	93	236,22
19	48,26	44	111,76	69	175,26	94	238,76
20	50,81	45	114,31	70	177,83	95	241,30
21	53,34	46	116,84	71	180,34	96	243,84
22	55,88	47	119,38	72	182,88	97	246,38
23	58,42	48	121,93	73	185,42	98	248,93
24	60,96	49	124,46	74	187,42	99	251,46
25	63,50	50	127,01	75	190,51	100	254,00

Fracciones de pulgada a Milímetros

Fracc. de pulg.	mm	Fracc. de pulg.	mm	Fracc. de pulg.	mm	Fracc. de pulg.	mm
1/64	0,39	17/64	6,74	33/64	13,09	49/64	19,45
1/32	0,79	9/32	7,14	17/32	13,49	25/32	19,84
3/64	1,19	19/64	7,54	35/64	13,89	51/64	20,24
1/16	1,59	5/16	7,93	9/16	14,28	13./16	20,63
5/64	1,98	21/64	8,33	37/64	14,68	53/64	21,03
3/32	2,38	11/32	8,73	19/33	15,08	27/32	21,43
7/64	2,77	23/64	9,12	39/64	15,47	55/64	21,82
1/8	3,17	3/8	9,54	5/8	15,87	7/8	22,22
9/64	3,57	25/64	9,93	41/64	16,28	57/64	22,62
5/32	3,96	13/32	10,31	21/32	16,66	29/32	23,02
11/16	4,36	27/64	10,71	43/64	17,06	59/64	23,41
3/16	4,76	7/16	11,12	11/16	17,46	15/16	23,81
13/64	5,15	29/64	11,50	45/64	17,85	61/64	24,20
7/32	5,55	15/32	11,90	23/32	18,25	31/32	24,60
15/64	5,95	31/64	12,30	47/64	18,65	63/64	25,01
1/4	6,36	1/2	12,70	3/4	19,06	1	25,40

Pulgadas^2 a Centímetros^2

Pulgadas^2	Cm^2	Pulgadas^2	Cm^2	Pulgadas^2	Cm^2	Pulgadas^2	Cm^2
1	6,45	26	167,74	51	329,03	76	490,32
2	12,91	27	174,19	52	335,48	77	496,77
3	19,36	28	180,65	53	341,93	78	503,23
4	25,81	29	187,10	54	348,39	79	509,68
5	32,25	30	193,55	55	354,84	80	516,13
6	38,71	31	200,00	56	361,29	81	522,58
7	45,16	32	206,45	57	367,75	82	529,03
8	51,61	33	212,90	58	374,19	83	535,48
9	58,07	34	219,35	59	380,64	84	541,93
10	64,51	35	225,81	60	387,11	85	548,39
11	70,97	36	232,26	61	393,55	86	544,84
12	77,41	37	238,72	62	400,00	87	561,29
13	83,88	38	245,16	63	406,45	88	567,75
14	90,32	39	251,61	64	412,92	89	574,19
15	96,78	40	258,06	65	419,35	90	580,64
16	103,23	41	264,52	66	425,81	91	587,12
17	109,68	42	270,97	67	432,26	92	593,55
18	116,13	43	277,43	68	438,71	93	600,00
19	122,58	44	283,87	69	445,16	94	606,45
20	129,03	45	290,32	70	451,62	95	612,90
21	135,48	46	296,77	71	458,06	96	619,35
22	141,93	47	303,24	72	464,51	97	625,32
23	148,39	48	309,68	73	470,97	98	632,26
24	154,85	49	316,13	74	477,42	99	638,71
25	161,29	50	322,58	75	483,87	100	645,16

Pulgadas^3 a Centímetros^3

Pulg.^{3}	Cm^3	Pulg.^{3}	Cm^3	Pulg.^{3}	Cm^3	Pulg.^{3}	Cm^3
1	16,38	26	426,06	51	835,80	76	1245,41
2	32,78	27	442,45	52	852,10	77	1261,81
3	49,16	28	458,84	53	868,50	78	1278,30
4	65,55	29	475,23	54	884,90	79	1294,61
5	81,94	30	491,72	55	901,30	80	1311,01
6	98,32	31	508,00	56	917,70	81	1327,41
7	114,72	32	524,39	57	934,10	82	1343,71
8	131,10	33	540,77	58	950,60	83	1360,11
9	147,48	34	557,19	59	966,90	84	1376,51
10	163,87	35	573,55	60	983,20	85	1392,91
11	180,26	36	589,93	61	999,61	86	1409,40
12	196,65	37	606,33	62	1016,11	87	1425,71
13	213,03	38	622,72	63	1032,40	88	1442,12
14	229,42	39	639,10	64	1048,81	89	1458,50
15	245,82	40	655,48	65	1065,22	90	1474,81
16	262,19	41	671,87	66	1081,61	91	1491,21
17	278,58	42	688,26	67	1097,90	92	1507,61
18	294,97	43	704,65	68	1114,33	93	1524,01
19	311,35	44	721,03	69	1130,71	94	1540,41
20	327,74	45	737,42	70	1147,10	95	1556,81
21	344,13	46	753,80	71	1163,51	96	1573,32
22	360,51	47	770,19	72	1179,91	97	1589,61
23	376,91	48	786,58	73	1196,30	98	1605,91
24	393,29	49	802,98	74	1212,62	99	1622,30
25	409,68	50	819,35	75	1129,13	100	1638,71

Pulgadas a Milímetros

GALGAS n.º	British Standard		Birmingham Wire and Stubs (alambre)		Birmingham Sheet and Hoop (chapas flejes)		Brown and Sharp. Americana	
	Pulgada	mm.	Pulgada	mm.	Pulgada	mm.	Pulgada	mm.
0000	0,400	10,160	0,454	11,530			0,4600	11,684
000	0,372	9,448	0,425	10,795	0,5000	12,700	0,4096	10,404
00	0,348	8,839	0,380	9,652	0,4452	11,308	0,3648	9,265
0	0,324	8,229	0,340	8,636	0,3964	10,068	0,3248	8,251
1	0,300	7,620	0,300	7,620	0,3532	8,971	0,2893	7,348
2	0,276	7,010	0,284	7,213	0,3147	7,993	0,2576	6,543
3	0,252	6,400	0,259	6,578	0,2804	7,122	0,2294	5,827
4	0,232	5,892	0,238	6,045	0,2500	6,350	0,2043	5,189
5	0,212	5,384	0,220	5,588	0,2225	5,651	0,1819	4,621
6	0,192	4,876	0,203	5,156	0,1981	5,031	0,1620	4,115
7	0,176	4,470	0,180	4,572	0,1764	5,480	0,1443	3,664
8	0,160	4,064	0,165	4,190	0,1570	3,987	0,1285	3,263
9	0,144	3,657	0,148	3,759	0,1398	3,550	0,1144	2,906
10	0,128	3,251	0,134	3,403	0,1250	3,175	0,1019	2,588
11	0,116	2,946	0,120	3,048	0,1113	2,827	0,0907	2,304
12	0,104	2,640	0,109	2,768	0,0991	2,517	0,0808	2,520
13	0,092	2,336	0,095	2,413	0,0882	2,240	0,0719	1,827
14	0,080	2,032	0,083	2,108	0,0785	1,193	0,0641	1,627
15	0,072	1,828	0,072	2,828	0,0699	1,775	0,0570	1,449
16	0,064	1,625	0,065	1,651	0,0625	1,587	0,0508	1,290
17	0,056	1,422	0,058	1,473	0,0556	1,412	0,0452	1,149
18	0,048	1,219	0,049	1,244	0,0495	1,257	0,0430	1,009
19	0,040	1,016	0,042	1,066	0,0440	1,117	0,0359	0,911
20	0,036	0,914	0,035	0,889	0,0392	0,995	0,0319	0,811
21	0,032	0,802	0,032	0,812	0,0349	0,886	0,0284	0,722
22	0,028	0,711	0,028	0,711	0,0312	0,793	0,0253	0,643
23	0,024	0,609	0,025	0,635	0,0278	0,706	0,0225	0,573
24	0,022	0,558	0,022	0,558	0,0247	0,628	0,0201	0,573
25	0,020	0,508	0,020	0,508	0,0220	0,559	0,0179	0,454
26	0,018	0,457	0,018	0,457	0,0196	0,498	0,0159	0,404
27	0,016	0,416	0,016	0,406	0,0174	0,443	0,0141	0,360
28	0,014	0,375	0,014	0,355	0,0126	0,396	0,0126	0,321
29	0,013	0,345	0,013	0,330	0,0139	0,353	0,0112	0,285
30	0,012	0,314	0,012	0,304	0,0123	0,312	0,0100	0,254
31	0,011	0,294	0,010	0,254	0,0110	0,279	0,0089	0,226
32	0,010	0,274	0,009	0,228	0,0098	0,248	0,0079	0,201
33	0,010	0,254	0,008	0,203	0,0087	0,220	0,0070	0,180
34	0,009	0,233	0,007	0,177	0,0077	0,195	0,0063	0,160
35	0,008	0,213	0,005	0,127	0,0069	0,175	0,0056	0,142
36	0,007	0,193	0,004	0,101	0,0061	0,154	0,0050	0,127
37	0,006	0,172			0,0054	0,137	0,0044	0,113
38	0,006	0,152			0,0048	0,121	0,0039	0,100
39	0,005	0,132			0,0043	0,109	0,0035	0,089
40	0,004	0,121			0,0038	0,098	0,0031	0,079
41	0,004	0,111			0,0034	0,087	0,0028	0,071
42	0,004	0,101			0,0030	0,077	0,0025	0,063
43	0,003	0,091			0,0027	0,069	0,0022	0,056
44	0,003	0,081			0,0024	0,061	0,0020	0,051
45	0,002	0,071			0,0021	0,054	0,0017	0,048
46	0,002	0,060			0,0019	0,048	0,0015	0,039
47	0,002	0,050			0,0017	0,043	0,0014	0,035
48	0,001	0,040			0,0015	0,038	0,0012	0,031

Quintales británicos a Kilogramos

Quintales	Kg	Quintales	Kg	Quintales	Kg	Quintales	Kg
1	50,80	26	1320,91	51	2590,91	76	3861,11
2	101,61	27	1371,71	52	2641,72	77	3911,81
3	152,42	28	1422,50	53	2692,51	78	3962,61
4	203,23	29	1473,30	54	2743,30	79	4013,40
5	254,01	30	1524,21	55	2794,10	80	4064,21
6	304,81	31	1574,90	56	2844,92	81	4115,11
7	355,61	32	1625,71	57	2895,71	82	4165,80
8	406,41	33	1676,51	58	2946,51	83	4216,61
9	457,24	34	1727,31	59	2997,30	84	4267,40
10	508,02	35	1778,21	60	3048,11	85	4318,21
11	558,81	36	1828,91	61	3098,91	86	4369,20
12	609,61	37	1879,72	62	3149,70	87	4419,81
13	660,41	38	1930,50	63	3200,51	88	4470,61
14	711,23	39	1981,41	64	3251,41	89	4521,41
15	762,13	40	2032,11	65	3302,11	90	4572,21
16	812,90	41	2082,91	66	3352,90	91	4623,01
17	863,61	42	2133,71	67	3403,70	92	4673,81
18	914,41	43	2184,50	68	3454,51	93	4724,60
19	965,32	44	2235,31	69	3505,32	94	4775,43
20	1001,60	45	2286,11	70	3556,11	95	4826,21
21	1066,81	46	2336,90	71	3606,91	96	4877,01
22	1117,60	47	2387,71	72	3657,71	97	4927,81
23	1168,41	48	2438,51	73	3708,50	98	4978,60
24	1219,22	49	2489,31	74	3759,41	99	5029,40
25	1270,11	50	2540,11	75	3810,11	100	5080,21

Toneladas americanas a Toneladas métricas

Ton. amer.	Ton. métric.	Ton. amer.	Ton. métric.	Ton. amer.	Ton. métric.	Ton. amer.	Ton. métric.
1	0,90	26	23,58	51	46,26	76	68,94
2	1,81	27	24,49	52	47,17	77	69,85
3	2,72	28	25,41	53	48,08	78	70,76
4	3,63	29	26,31	54	48,98	79	71,66
5	4,53	30	27,22	55	49,89	80	72,57
6	5,44	31	28,12	56	50,80	81	73,48
7	6,35	32	29,03	57	51,70	82	74,38
8	7,25	33	29,93	58	52,61	83	75,29
9	8,16	34	30,80	59	53,52	84	76,21
10	9,07	35	31,75	60	54,43	85	77,11
11	9,97	36	32,65	61	55,33	86	78,12
12	10,88	37	33,56	62	56,25	87	78,92
13	11,79	38	34,47	63	57,15	88	79,83
14	12,71	39	35,38	64	58,06	89	80,74
15	13,61	40	36,28	65	58,96	90	81,64
16	14,51	41	37,19	66	59,87	91	82,55
17	15,42	42	38,12	67	60,78	92	83,46
18	16,32	43	39,00	68	61,68	93	84,36
19	17,23	44	39,91	69	62,59	94	85,27
20	18,14	45	40,82	70	63,51	95	86,18
21	19,05	46	41,73	71	64,42	96	87,01
22	19,95	47	42,63	72	65,31	97	87,99
23	20,86	48	43,54	73	66,23	98	88,91
24	21,77	49	44,45	74	67,13	99	89,82
25	22,68	50	45,53	75	68,03	100	90,72

Toneladas británicas a Toneladas métricas

Ton. británic.	Ton. métric.	Ton. británic.	Ton. métric.	Ton. británic.	Ton. métric.	Ton. británic.	Ton. métric.
1	1,01	26	26,41	51	51,81	76	77,22
2	2,03	27	27,43	52	52,83	77	78,24
3	3,05	28	28,44	53	53,86	78	79,25
4	4,06	29	29,46	54	54,86	79	80,26
5	5,08	30	30,48	55	55,88	80	81,28
6	6,09	31	31,49	56	56,89	81	82,30
7	7,11	32	32,51	57	57,91	82	83,31
8	8,12	33	33,53	58	58,93	83	84,34
9	9,14	34	34,54	59	59,94	84	85,34
10	10,16	35	35,56	60	60,96	85	86,36
11	11,17	36	36,57	61	61,97	86	87,38
12	12,19	37	37,59	62	62,99	87	88,39
13	13,20	38	38,61	63	64,02	88	89,41
14	14,22	39	39,63	64	65,02	89	90,43
15	15,24	40	40,64	65	66,04	90	91,44
16	16,26	41	41,65	66	67,05	91	92,46
17	17,27	42	42,67	67	68,07	92	93,47
18	18,28	43	43,69	68	69,09	93	94,49
19	19,30	44	44,70	69	70,12	94	95,50
20	20,32	45	45,72	70	71,12	95	96,52
21	21,34	46	46,73	71	72,13	96	97,55
22	22,35	47	47,75	72	73,15	97	98,56
23	32,36	48	48,77	73	74,17	98	99,57
24	24,38	49	49,79	74	75,18	99	100,59
25	25,40	50	50,80	75	76,20	100	101,61

Toneladas por pulgada² británica a Kilos por milímetros²

Tons. por pulg.² británica	Kilos por mm²	Tons. por pulg.² británica	Kilos por mm²
1	1,57	26	40,95
2	3,15	27	43,52
3	4,72	28	44,11
4	6,30	29	45,67
5	7,87	30	47,25
6	9,45	31	48,82
7	11,02	32	50,41
8	12,61	33	51,97
9	14,17	34	63,55
10	15,76	35	65,12
11	17,32	36	56,71
12	18,90	37	58,27
13	20,47	38	59,85
14	22,05	39	61,42
15	23,62	40	63,01
16	25,21	41	64,57
17	26,77	42	66,15
18	28,35	43	67,73
19	29,93	44	69,31
20	31,51	45	70,87
21	33,07	46	72,45
22	34,65	47	74,02
23	36,22	48	75,61
24	37,81	49	77,17
25	39,37	50	78,76

Yardas a Metros

Yardas	Metros	Yardas	Metros	Yardas	Metros	Yardas	Metros
1	0,91	26	23,77	51	46,63	76	69,49
2	1,83	27	24,68	52	47,55	77	70,41
3	2,74	28	25,60	53	48,46	78	71,33
4	3,66	29	26,52	54	49,37	79	72,23
5	4,57	30	27,43	55	50,29	80	73,15
6	5,48	31	28,34	56	51,22	81	74,06
7	6,40	32	29,26	57	52,12	82	74,98
8	7,31	33	30,17	58	53,04	83	75,89
9	8,23	34	31,09	59	53,95	84	76,82
10	9,14	35	32,00	60	54,86	85	77,72
11	10,05	36	32,91	61	55,78	86	78,63
12	10,97	37	33,84	62	56,69	87	79,55
13	11,88	38	34,74	63	57,60	88	80,46
14	12,80	39	35,66	64	58,52	89	81,38
15	13,71	40	36,57	65	59,43	90	82,29
16	14,63	41	37,49	66	60,35	91	83,22
17	15,51	42	38,40	67	61,26	92	84,12
18	16,45	43	39,32	68	62,17	93	85,04
19	17,37	44	40,24	69	63,09	94	85,95
20	18,28	45	41,14	70	64,00	95	86,86
21	19,20	46	42,06	71	64,92	96	87,78
22	20,12	47	42,97	72	65,83	97	88,69
23	21,03	48	43,89	73	66,75	98	89,61
24	21,94	49	44,81	74	67,66	99	90,53
25	22,86	50	45,72	75	68,59	100	91,44

Yardas² a Metros²

Yardas²	Metros²	Yardas²	Metros²	Yardas²	Metros²	Yardas²	Metros²
1	0,83	26	21,73	51	42,65	76	63,54
2	1,67	27	22,57	52	43,47	77	64,38
3	2,51	28	23,41	53	44,31	78	65,21
4	3,34	29	24,24	54	45,15	79	66,05
5	4,18	30	25.08	55	45,99	80	66,89
6	5,01	31	25,93	56	46,83	81	67,73
7	5,85	32	26,75	57	47,65	82	68,56
8	6,68	33	27,59	58	48,49	83	69,39
9	7,52	34	28,43	59	49,33	84	70,23
10	8,36	35	29,26	60	50,17	85	71,07
11	9,19	36	30,01	61	51,01	86	71,91
12	10,04	37	30,93	62	51,84	87	72,74
13	10,87	38	31,77	63	52,67	88	73,57
14	11,70	39	32,60	64	53,51	89	74,41
15	12,54	40	33,44	65	54,34	90	75,25
16	13,38	41	34,28	66	55,18	91	76,08
17	14,21	42	35,11	67	56,02	92	76,93
18	15,05	43	35,95	68	56,85	93	77,76
19	15,88	44	36,79	69	57,69	94	78,59
20	16,72	45	37,62	70	58,52	95	79,43
21	17,55	46	38,46	71	59,36	96	80,26
22	18,39	47	39,29	72	60,20	97	81,10
23	19,39	48	40,14	73	61,03	98	81,94
24	20,06	49	40,97	74	61,87	99	82,78
25	20,91	50	41,81	75	62,71	100	83,61

Yardas^3 a Metros^3

Yardas^3	Metros^3	Yardas^3	Metros^3	Yardas^3	Metros^3	Yardas^3	Metros^3
1	0,76	26	19,88	51	38,99	76	58,10
2	1,53	27	20,64	52	39,76	77	58,87
3	2,29	28	21,40	53	40,52	78	59,63
4	3,06	29	22,18	54	41,28	79	60,40
5	3,82	30	22,93	55	42,05	80	61,16
6	4,58	31	23,70	56	42,81	81	61,93
7	5,53	32	24,46	57	43,58	82	62,69
8	6,12	33	25,23	58	44,34	83	63,45
9	6,88	34	25,99	59	45,10	84	64,24
10	7,64	35	26,75	60	45,87	85	64,98
11	8,41	36	27,52	61	46,64	86	65,75
12	9,17	37	28,28	62	47,40	87	66,51
13	9,93	38	29,05	63	48,16	88	67,28
14	10,70	39	29,82	64	48,94	89	68,03
15	11,46	40	30,58	65	49,69	90	68,81
16	12,34	41	31,34	66	50,47	91	69,57
17	12,99	42	32,11	67	51,22	92	70,34
18	13,76	43	32,87	68	51,99	93	71,10
19	14,52	44	33,64	69	52,75	94	71,87
20	15,29	45	34,40	70	53,51	95	72,64
21	16,05	46	35,17	71	54,28	96	73,39
22	16,83	47	35,93	72	55,04	97	74,16
23	17,58	48	36,69	73	55,82	98	74,92
24	18,34	49	37,46	74	56,57	99	75,69
25	19,11	50	38,23	75	57,34	100	76,46

Medidas barométricas-Barometrical measures

Pulgadas	mm	Pulgadas	mm	Pulgadas	mm	Pulgadas	mm
28,15	715	29,65	753	30,14	765,5	30,49	774,5
28,35	720	29,69	754	30,16	766	30,51	775
28,54	725	29,73	755	30,18	766,5	30,53	775,5
28,74	730	29,77	756	30,20	767	30,55	776
28,94	735	29,82	757	30,22	767,5	30,57	776,5
29,13	740	29,85	758	30,24	768	30,59	777
29,17	741	29,89	759	30,26	768,5	30,61	777,5
29,22	742	29,92	760	30,28	769	30,63	778
29,25	743	29,64	760,5	30,30	769,5	30,65	778,5
29,29	744	29,96	761	30,32	770	30,67	779
29,33	745	29,98	761,5	30,33	770,5	30,69	779,5
29,37	746	30,00	762	30,35	771	30,71	780
29,42	747	30,02	762,5	30,37	771,5	30,75	781
29,45	748	30,04	763	30,39	772	30,79	782
29,49	749	30,06	763,5	30,41	772,5	30,83	783
29,53	750	30,08	764	30,43	773	30,87	784
29,57	751	30,10	764,5	30,45	773,5	30,90	785
29,61	752	30,12	765	30,47	774	30,94	786

Medidas de presiones

Libras por pulgada²	Atmósferas	Kilos por centímetro²	Milímetros de mercurio	Libras por pulgada²	Atmóferas	Kilos por centímetro²	Milímetros de mercurio
1	0,068	0,070	5,18	26	1,772	1,830	134,68
2	0,136	0,140	10,36	27	1,840	1,900	139,86
3	0,207	0,211	15,54	28	1,908	1,971	145,04
4	0,273	0,281	20,72	29	1,976	2,041	150,23
5	0,340	0,351	25,90	30	2,045	2,111	155,40
6	0,409	0,422	31,36	31	2,113	2,182	160,58
7	0,477	0,492	36,36	32	2,181	2,256	165,76
8	0,546	0,563	41,44	33	2,249	2,323	170,94
9	0,613	0,633	46,62	34	2,317	2,393	176,12
10	0,681	0,703	51,80	35	2,385	2,463	181,30
11	0,749	0,774	56,99	36	2,453	2,534	186,48
12	0,818	0,844	62,16	37	2,523	2,604	191,66
13	0,886	0,915	67,34	38	2,590	2,675	196,84
14	0,954	0,985	72,52	39	2,658	2,745	202,03
15	1,022	1,055	77,70	40	2,726	2,815	200,58
16	1,090	1,126	82,88	41	2,794	2,886	205,59
17	1,158	1,196	88,06	42	2,862	2,956	210,61
18	1,226	1,267	93,24	43	2,931	3,027	215,62
19	1,295	1,537	98,43	44	2,999	3,097	220,33
20	1,364	1,407	103,60	45	3,067	3,167	225,65
21	1,431	1,478	108,78	46	3,135	3,233	230,66
22	1,499	1,548	113,96	47	3,204	3,308	235,68
23	1,567	1,619	119,14	48	3,271	3,379	240,69
24	1,636	1,689	124,32	49	3,339	3,449	254,71
25	1,703	1,759	129,50	50	3,408	3,519	250,73

TABLA I

Equivalencia entre grados FAHRENHEIT y grados CELSIUS

°F	°C	°F	°C	°F	°C
−459,69	−273,16	0	−17,78	600	315,56
−400	−240	1	−17,22	700	371,11
−300	−184,44	2	−16,67	800	426,67
−273,16	−169,53	3	−16,11	900	482,22
−200	−128,89	4	−15,56	1.000	537,78
−100	− 73,33	5	−15	2.000	1.093,33
− 90	− 67,78	6	−14,44	3.000	1.648,89
− 80	− 62,22	7	−13,89	4.000	2.204,44
− 70	− 56,67	8	−33,33	5.000	2.760
− 60	− 51,11	9	−12,78	6.000	3.315,56
− 50	− 45,66	10	−12,22	7.000	3.871,11
− 40	− 40	20	− 6,67	8.000	4.426,67
− 30	− 34,44	30	− 1,11	9.000	4.982,23
− 20	− 28,89	40	+ 4,44	10.000	5.537,79
− 10	− 23,33	50	10	11.000	6.093,35
− 9	− 22,78	60	15,56	12.000	6.648,91
− 8	− 22,22	70	21,11	13.000	7.204,47
− 7	− 21,67	80	26,67	14.000	7.760,02
− 6	− 21,11	90	32,22	15.000	8.315,58
− 5	− 20,56	100	37,78	16.000	9.871,13
− 4	20	200	93,33	17.000	10.426,69
− 3	− 19,44	300	148,89	18.000	10.982,24
− 2	− 18,89	400	204,44	19.000	11.357,80
− 1	− 18,33	500	260	20.000	12.093,35

TABLA II

Tabla de interpolación en grados absolutos

°F	°C	°F	°C
0,5	0,277	100	55,56
1	0,555	200	111,11
2	1,110	300	166,67
3	1,665	400	322,22
4	2,220	500	277,78
5	2,776	600	333,33
6	3,330	700	388,89
7	3,886	800	444,44
8	4,444	900	500
9	4,999	1.000	555,56
10	5,555	2.000	1.111,11
20	11,11	3.000	1.666,67
30	16,67	4.000	2.222,22
40	22,22	5.000	2.777,78
50	27,78	6.000	3.333,33
60	33,33	7.000	3.888,89
70	38,39	8.000	4.444,44
80	44,44	9.000	5.000
90	50	10.000	5.555,56

EJEMPLOS

Equivalencia de −51 °F

Por la Tabla I .... −50 °F = − 45,56 °C
Por la Tabla II .... − 1 °F = − 0,555 °C

−51 °F = − 46,115 °C

Equivalencia de 2336,2 °F

Por la Tabla I 2000 °F = 1.093,33 °C
Por la Tabla II 300 °F = 166,67 °C
30 °F = 16,67 °C
6 °F = 3,33 °C
0,2 °F = 0,11 °C

2336,2 °F = 1.280,11 °C

TABLA I

Equivalence between degrees CELSIUS and degrees FAHRENHEIT

°C	°F	°C	°F	°C	°F
−273.16	−459.69	3	37.4	900	1,652
−200	−328	4	39.2	1.000	1,832
−100	−148	5	41	2.000	3,632
− 90	−130	6	42.8	3.000	5,432
− 80	−112	7	44.6	4.000	7,322
− 70	− 94	8	46.4	5.000	9,032
− 60	− 76	9	48.2	6.000	10,832
− 50	− 58	10	50	7.000	12,632
− 40	− 40	20	68	8.000	14,432
− 30	− 22	30	86	9.000	16,232
− 20	− 4	40	104	10.000	18,032
− 10	+ 14	50	122	11.000	19,832
− 9	15.8	60	140	12.000	21,632
− 8	17.6	70	158	13.000	23,432
− 7	19.4	80	176	14.000	25,232
− 6	21.2	90	194	15.000	27,032
− 5	23	100	212	16.000	28,832
− 4	24.8	200	392	17.000	30,632
− 3	26.6	300	572	18.000	32,432
− 2	28.4	400	752	19.000	34,232
− 1	30.2	500	932	20.000	36,032
0	32	600	1,112	21.000	37,832
1	33.8	700	1,292	22.000	39,632
2	35.6	800	1,472	23.000	41,432

Interpolation table in absolute degrees

°C	°F	°C	°F
0.5	0.9	100	180
1	1.8	200	360
2	3.6	300	540
3	5.4	400	720
4	7.2	500	400
5	9	600	1,080
6	10.8	700	1,260
7	12.6	800	1,440
8	14.4	900	1,620
9	16.2	1.000	1,800
10	18	2.000	3,600
20	36	3.000	5,400
30	54	4.000	7,200
40	72	5.000	9,000
50	90	6.000	10,800
60	108	7.000	12,600
70	126	8.000	14,400
80	144	9.000	16,200
90	162	10.000	18,000

EXAMPLES

Equivalence of −160 °C

By Table I	− 100 °C =− 148 °F
By Table II	− 60 °C =− 108 °F
	− 160 °C =− 256 °F

Equivalence of 6.422,5 °C

By Table =I ...	6.000 °C = 10,832 °F
	400 °C = 720 °F
By Table II .	20 °C = 36 °F
.	2 °C = 3.6 °F
.	0,5 °C = 0.9 °F
	6.422,5 °C = 11,592.5 °F

Equivalencia entre diversas escalas de temperaturas

grados Kelvin °K	grados Celsiuos °C	grados Fahrenhcit °F	grados Rankine °R
1	°C + 273,16	0,555 (°F + 459,69)	0,5555 °R
°K − 273,16	1	0,55555 (°F − 22)	0,5555 (°R − 471,67
1,8 °K − 459,69	1,8 °C + 32	1	°R − 459,69
1,8 °K	1,8 °C + 491,67	°F + 459,69	1